本书为2022年度湖北省高等学校哲学社会科学研究
重大项目“《清实录》湖北史料整理与研究”
（批准号：22ZD001）阶段性成果

荆楚文库

湖北《清实录》中史料辑录（一）

谢贵安 谢 盛 主编
谢 盛 编著

荆楚文库编纂出版委员会
武汉出版社

荆楚文库

《清实录》中湖北史料辑录

QINGSHILU ZHONG HUBEI SHILIAOJILU

图书在版编目（CIP）数据

《清实录》中湖北史料辑录：全十册 / 谢贵安，谢盛主编、编著；喻俊虹，金诗灿编著.
—武汉：武汉出版社, 2023.8
ISBN 978-7-5582-6172-5
Ⅰ.①清…　Ⅱ.①谢… ②谢… ③喻… ④金…
Ⅲ.①湖北—地方史—史料—清代
Ⅳ.① K296.3
中国版本图书馆 CIP 数据核字(2023) 第 165120 号

责任编辑：陈艾利　谌丽平　杨　振　贾慧敏
整体设计：范汉成　曾显惠　思　蒙
技术编辑：沈力夫
责任印制：代　湧
出版发行：武汉出版社（中国·武汉）
地址：武汉市江岸区兴业路 136 号
电话：027-85606403　邮政编码：430014
录排：武汉尚品书缘有限公司
印刷：湖北新华印务有限公司
开本：720mm×1000mm　1/16
印张：247.75　插页：20
字数：3400 千字
版次：2023 年 8 月第 1 版　2024 年 6 月第 1 次印刷
定价：1180.00 元（全十册）

ISBN 978-7-5582-6172-5

出版说明

湖北乃九省通衢，北学南学交会融通之地，文明昌盛，历代文献丰厚。守望传统，编纂荆楚文献，湖北渊源有自。清同治年间设立官书局，以整理乡邦文献为旨趣。光绪年间张之洞督鄂后，以崇文书局推进典籍集成，湖北乡贤身体力行之，编纂《湖北文征》，集元明清三代湖北先哲遗作，收两千七百余作者文八千余篇，洋洋六百万言。卢氏兄弟辑录湖北先贤之作而成《湖北先正遗书》。至当代，武汉多所大学、图书馆在乡邦典籍整理方面亦多所用力。为传承和弘扬优秀传统文化，湖北省委、省政府决定编纂大型历史文献丛书《荆楚文库》。

《荆楚文库》以“抢救、保护、整理、出版”湖北文献为宗旨，分三编集藏。

甲、文献编。收录历代鄂籍人士著述，长期寓居湖北人士著述，省外人士探究湖北著述。包括传世文献、出土文献和民间文献。

乙、方志编。收录历代省志、府县志等。

丙、研究编。收录今人研究评述荆楚人物、史地、风物的学术著作和工具书及图册。

文献编、方志编录籍以 1949 年为下限。

研究编简体横排，文献编繁体横排，方志编影印或点校出版。

《荆楚文库》编纂出版委员会

2015 年 11 月

《清实录》的特征、修纂及价值

（代序）

《清实录》是清代官方所修本朝编年体史书，包括太祖、太宗、世祖、圣祖、世宗、高宗、仁宗、宣宗、文宗、穆宗、德宗、宣统共十二朝实录。除此十二朝实录外，另有后金时期所修的图文并茂的《满洲实录》，满语意为“先代光明汗事例书”，是后修《清太祖实录》的底稿。《清实录》卷帙浩繁，共计 4433 卷，3000 余万字。在清代国史久修未成、民国所修《清史稿》未定稿、今国家清史编纂委员会所纂《清史》尚未成书的背景下，《清实录》作为完整记载清代历史的史书，其在清史研究中的地位不言而喻。与其他朝代的实录相比，《清实录》亦有其明显的特征和突出的史料价值。下面，从其所具特征、修纂过程和史料价值三方面，作一述论。

一、《清实录》的特征

《清实录》是中国传统社会最后一部帝王实录专史，具有鲜明的特殊性：从文本上看，它用满、汉、蒙古三语修纂而成，因此留下了三种不同的文本；从体例上看，它改变了此前实录的编年附传特征，变成了编年体史书；从内容上看，它反映了清朝汉化的历史趋势。

1.满、汉、蒙古三种文本并修

《清实录》是中国历代帝王实录中，唯一修成满文、汉文和蒙古文三种文本的史书。

组织纂修《清实录》的清王朝，为贯彻其“满蒙联姻”和“满汉一家”的基本国策，在实录修纂上采取了三种文本并存的方式，纂修成满文本、汉文本和蒙古文本。中华书局版《清实录·影印说明》在介绍“《清实录》写本及现存情况”时指出：“《满洲实录》共有四部。这部书每页三栏，用满、汉、蒙三种文字书写，并有图。”1925年故宫博物院成立后清点实录时，发现“太祖、太宗、世祖（以上三朝实录为雍正、乾隆间校订本）、圣祖、世宗、高宗、仁宗、宣宗、文宗、穆宗十朝实录满、汉、蒙文本各有四部。另外，盛京崇谟阁藏有十朝实录满、汉文本各一部，共计满、汉文本实录各五部，蒙文本实录四部”。可见，除了乾隆八年（1743）新增的盛京藏本只缮成满、汉两种文本外，其他的藏本如皇史宬本、乾清宫小红绫本、呈审本小黄绫本、内阁副本都缮成满、汉、蒙古三种文本。

满、汉、蒙古三种文本在修纂中何者最先编撰，即哪一种文本能够成为修纂底本呢？有人笼统地认为，实录修纂是先修汉文本，“满、蒙文实录的修纂较汉文实录大为简略，满、蒙文纂修官只须坐待汉文实录定稿后将其翻译成满、蒙文即可”[①]。其实，满、汉、蒙古三种文本的修纂顺序，随清朝汉化程度的加深发生了根本性的变化。

起初，在清朝汉化程度不高时，实录修纂的第一步是修满文本，然后翻译成蒙古文本和汉文本。但随着汉化程度的加深，懂得满、蒙古文的人越来越少[②]，因此修纂实录时，便先修毕汉文本，然后再翻译成满文本和蒙古文本。满、汉、蒙古诸文本修纂顺序的变化，还与实录中记载的史料的文本变化有关。太祖、太宗、世祖三朝，由于身处关外或初入关内，大臣多为满、蒙古旧臣，诏令、奏疏等档案文件多由满、蒙古文写成，故纂修实录时，便先将满、蒙古文史料整理消化，撰成满文实录，然后再译成汉文本和蒙古文本。但圣祖朝以后的实录，档案文件多为汉文，因此撰写实录时便先撰成汉文本，然后再译成满文本和蒙古文本。

各种研究及证据都说明，太祖、太宗和世祖三朝实录是先修成满文

① 王清政：《〈大清历朝实录〉纂修考》，武汉大学1999年硕士学位论文，第55页。

② 杨亚庚、王小影：《以〈清实录〉为依据看清朝中期满语文的衰微》，《长春师范学院学报（人文社会科学版）》2005年第6期。

本，然后译成汉文本，再从汉文本译成蒙古文本的。

日本学者松村润认为，雍正年间所修《清太祖实录》，“汉文本是从《武皇帝实录》满文本直译出来的、文体极其朴素的本子，在康熙重修时作了订正，乾隆本作了进一步雕琢。满文本虽是康熙重修本，但没有大的变化，乾隆本沿袭了康熙本，仅在缀字法上有变化”。他还指出，顺治年间重修《满洲实录》汉文本是4卷4册，而满文本、蒙文本分为8卷8册，其原因是，“把满文翻译成汉文后，其份量只有原来的三分之二或一半。于是崇德初纂时，把满文本、蒙文本的够合成一册汉文本的份量合为一册汉文本”①。其言表明，《清实录》在顺治年间也是先修满文本，后译为汉文本。尽管后世对三朝实录进行了改修，但先修成满文底本，然后再译成汉文的顺序并未改变。佟佳江指出，乾隆时所改修之“汉文本《清太祖高皇帝实录》不是汉文本《清太祖武皇帝实录》的增删和润饰，而是依据重修的满文本《清太祖高皇帝实录》翻译的。《清太祖高皇帝实录》上述两条史料所以错误，应该做如下推测。将扎亲和桑古里误为一人，可能是重修满文本《清太祖高皇帝实录》所误，或者由满文本译成汉文本时所误”②。也证明了《清太祖实录》是先修成满文本，后译成汉文本。

那么蒙古文本是直接从满文本译成的，还是从汉文本译出来的呢？对这一问题，齐木德道尔吉在《满文蒙古文和汉文〈清太祖实录〉之间的关系》一文中有研究，他指出，“清朝乾隆本《太祖实录》的编纂过程是先将满蒙文原件根据实录编写的需要撰写为满文实录体文字，在此基础上译成汉文，最后从汉文译成蒙古文”，“蒙古文同满文原件有如此大的距离，说明译成蒙古文时，根本看不到满文原件，所根据的只是汉文和满文实录文字”。在将满文原件编成满文实录时，并未将蒙古文原件编

① ［日］松村润著，敖拉译：《清太祖实录研究》，《蒙古学信息》2002年第1期。
② 佟佳江：《汉文本〈清太祖高皇帝实录〉订误二则》，《满族研究》1994年第4期。

成蒙古文实录，而仍是“先将蒙古文原件根据实录编写的需要译写为满文实录文字，在此基础上译成汉文。乾隆本的蒙古文则从汉文定稿译成蒙古文，导致与原件形成较大的反差”。他举例说，《旧满洲档》的满文原始记载的词义为“与科尔沁之奥巴台吉结盟”，乾隆本汉文改为“上以科尔沁台吉奥巴倾心归附，与结盟好”。多出的“倾心归附”一词，使原义完全改变。汉文《太祖武皇帝实录》作“与奥巴结盟”，汉文康熙本《太祖高皇帝实录》作“上与科尔沁奥巴台吉结为盟好”，其词义与原始记载相符。乾隆本满文只增加了“han”一个词，其余同《旧满洲档》一致。蒙古文同乾隆本汉文完全相同。“由此可以看出，乾隆本满文实录与《旧满洲档》的记录相近，改动并不大，而乾隆本蒙古文则是乾隆本汉文的忠实翻译。”①

关于满文本先修，然后再译成汉文和蒙古文的顺序，以及以后的变化状况，笔者另辟蹊径，从中华书局影印本《清实录》每朝实录前所附《修纂官》中加以证实。各朝《清实录》前都附有《修纂官》，列有各种修撰工种或官职，其中有一个工种或官职叫“翻译”，是了解何种文本才是翻译而来的重要线索。某朝实录修纂时如果设“满文翻译”或“蒙古文翻译”，而不设“汉文翻译”，或所设“翻译官”中多为满族人和蒙古族人，很少有汉族人出现，那么就表明此时的实录修纂是以汉文本为底本，而满、蒙古文本只是从汉文本翻译过来的。如果“翻译官”中只有汉族人和蒙古族人，则表明此时的实录修纂是以满文本为底本，然后翻译成汉文本和蒙古文本的。

乾隆朝所修《清太祖实录》的《修纂官》中设有“翻译”一职，共有内阁办事中书刘式、内阁撰文中书尔格、内阁办事中书黄国材、翰林院七品笔帖式苏赫、翰林院笔帖式博尔坤 5 人。从名字上看，有蒙古族 3 名（尔格、苏赫、博尔坤），汉族 2 名（刘式、黄国材）。这表明，纂

① 齐木德道尔吉：《满文蒙古文和汉文〈清太祖实录〉之间的关系》，《内蒙古大学学报（人文社会科学版）》2003 年第 1 期。

修的底本是满文本，然后由上述蒙古族、汉族翻译官翻译成蒙古文本和汉文本。《清太宗实录》前附《修纂官》中亦有“翻译”一职，计有内阁办事中书或撰文中书宽布、赛图、俄赫臣、法良、布兰泰、胡世通、杨柱、多萨纳、陶鼐、常绶，翰林院七品笔帖式傅珅、纳林、宜尔彩、喀拜，翰林院八品笔帖式郭琛、石殿柱、常寿、阿哈达、曹元，翰林院笔帖式张仲智。从名字上看，有蒙古族10人、汉族10人。这证明了《清太宗实录》的修纂底本仍然是满文本，汉文本和蒙古文本均是由上述蒙古族、汉族翻译官翻译过来的。《清世祖实录》前附《修纂官》也有“翻译”一职，共有12人，即内阁撰文中书赵尔图、周新邦、陈启霖，内阁办事中书宽布、简立、顾大位，七品笔帖式努黑、塞勒祜、郭洪、博世泰、张荩、钱文彪。从名字上看，有蒙古族4人、汉族8人。这也证明了满文本是《清世祖实录》的修纂底本，而汉文本和蒙古文本则是由满文本翻译而成。

自康熙年间始，由于清朝汉化程度的加深，奏疏等文件档案以汉文本为多，故此后的新修实录（不包括前三朝实录的改修）的修纂底本，不再是满文本，而改为汉文本了。从雍正朝纂修《清圣祖实录》开始，历代均以汉文本为修纂底本，然后再翻译成满文和蒙古文。无论是满文本还是蒙古文本，均是从汉文本翻译过来的。因为当时无论是满族人还是蒙古族人，都容易将汉文翻译成各自的语言，而要在满文、蒙古文之间对译，难度要大得多。《清圣祖实录》前附《修纂官》中，专设“翻译满文”和“翻译蒙古文”，可以推想《清实录》修纂过程变为以汉文本为底本，再翻译成满文、蒙古文。“翻译满文”官员共有户部郎中兼佐领觉罗勒尔森等22人，基本上都是懂满语的满族人。“翻译蒙古文”官员共有工部郎中泰明山等20人，大都是懂蒙古语的蒙古族人。高宗时修纂《清世宗实录》，仍然设有“翻译满文”和“翻译蒙古文”，而无“翻译汉文”一职，证明此时修实录，仍然是先修汉文本，然后再分别译成满文和蒙古文。该朝“翻译满文”官员共有佐领松禄等22人，绝大多数是懂满文的满族人，但此时因汉化的影响，许多满人早已忘记了自己的母语，只得起用专门培养出来的人才，如“翻译举人”刘锟，“翻译生员”英永、额尔登额等。该实录所附《纂修官》中的“翻译蒙古文”官员共有佐领候补员外郎僧德等22人，也基本上都是懂蒙古语的蒙古族人。仁宗时修纂的《清高宗实录》所附《纂修官》中有“翻译满洲文”一项，共有礼部额外主事觉罗克兴阿等78人，多为懂满语的满族人，其中有“翻书房翻译官”凤龄、玉保、详太等人。“翻译蒙古文”官员共有太仆寺候补主事景善、候补主事乌尔棍扎布等35人，也基本上都是会蒙古文的蒙古族人，其中有“翻译生员”西拉布、惠成、额林布等人，表明会用蒙古文写作的蒙古族人缺乏，故通过学校培养人才来完成翻译任务。《清仁宗实录馆奏折档》更是明确指出，蒙古文、满文纂修官无须编创，“俟汉书纂成后方能起稿”，主要工作是将“汉书”译成蒙古文和满文，因此实录馆简选蒙古文、满文纂修官的主要条件是“翻译精熟”。①

从道光年间开始，各朝所修实录前所附《修纂官》不再标明“翻译满洲文”和“翻译蒙古文”了，而直接标明“翻译官”。但根据“翻译官”中的名字可见，其成员不是满族人便是蒙古族人，极少有汉人。这表明，此时仍以汉文本作为修纂底本，再分别翻译成满文和蒙古文。道光朝所撰《清仁宗实录》前附《修纂官》中有“翻译官”一目，内有候补笔帖式德凌阿等88人，虽未标明是翻译何文，但从官员的名字来看，基本上都是满族人名和蒙古族人名。名单中很少有汉族人名，表明此时基本上是从汉文本向满文、蒙古文本翻译，修纂的底本是汉文本无疑。《清仁宗实录》的修纂底本是汉文本，还有一个重要的证据可以证明。《清宣宗实录》卷51载，道光三年四月丙辰，宣宗称自己“特派大臣等开馆，恭修实录”，“现将汉本陆续进呈完竣，每日敬谨展阅”，可见所修底本是汉文本。宣宗决定“除俟全书告成，再行分别给予恩叙外”，先行奖赏，除奖赏监修总裁官、副总裁官外，特别提到“署汉总纂官戚人镜、

① 《清仁宗实录馆奏折档》，载《文献丛编》第36辑，国立北平故宫博物院1936年版。

汉总校官彭邦畴、钟昌，俱着赏给大卷纱褂料一匹；汉纂修官穆馨阿、德兴、帅承瀚、李昭美、蒋立镛、姚元之、许乃赓、方传穆、那峨、凌泰封、张万年、王丙、邵正笏、陈继昌、陈功、姜坚、陈沄、周祖培，俱着赏给小卷纱袍料一件；汉详校官蒋明远等八员，着各赏给小卷纱褂料一件；收掌官穆克登阿等十九员，着各赏给兼丝葛一件。以示奖励”。这里奖赏的对象基本上都是汉文本的纂修官员。这充分证明，道光时所修《清仁宗实录》是先修成汉文本，汉文本修成后，受赏的自然都是汉文本纂修官员了。至于满文、蒙古文本，是以后据汉文本翻译而成的。咸丰、同治和光绪朝分别所修《清宣宗实录》《清文宗实录》和《清穆宗实录》，前附《纂修官》所列“翻译官”中，虽未分满文、蒙古文，但从人名可见，基本上都是满族人和蒙古族人，则表明这一时期的实录修纂仍然是以汉文本为底本，俟其修成，再译成满文、蒙古文本。

至于民国时修成的《清德宗实录》，更是连“翻译官”名目都没有了，因为清朝灭亡后，过去的修纂制度不复存在，经费也很拮据，因此根本就没有打算修满文本和蒙古文本，自然用不着翻译了。此后修成的《宣统政记》亦是如此。

根据清代实录修纂制度，实录修成后，要抄缮成五份，分别藏于皇史宬（大红绫尊藏本）、乾清宫（小红绫御览本）、内阁实录库（小红绫副本、小黄绫呈审本）、盛京崇谟阁（大黄绫尊藏本）。除内阁小红绫副本基本散失外，其他四份至今犹存，不过收藏地点多有变动：原藏皇史宬的大红绫尊藏本，现藏于中国第一历史档案馆；原藏盛京崇谟阁的大黄绫尊藏本，现藏于辽宁省档案馆；原藏乾清宫的小红绫御览本，现藏于故宫博物院图书馆。只有原藏于内阁实录库的小黄绫呈审本收藏地未发生变动。除了盛京崇谟阁那一份只有满、汉两种文本各一部，计 2 部外，其他四份都是满、蒙古、汉三种文本各一部，计 12 部。也就是说，当时共有满文本实录五份，计 5 部；蒙古文本实录四份，计 4 部。这些满文、蒙古文本的《清实录》，并非完帙，有部分分册散落在外。

2.去掉附传并对人物事迹作特殊处理

与唐、宋、明等朝实录属于“编年附传”体不同[①]，《清实录》去掉了人物附传，成为纯粹的编年体，对此判断学术界并无异议。[②] 然而，《清实录》在成为编年体的同时，仍然保留了此前实录“编年附传”体的某些特征和相应体例。下面就其原因、形式和标准逐一叙述。

第一，去附传的事实与原因。

《清实录》变成单纯的编年体，相对于唐、宋、明等朝实录来说是一个巨变，但相对于《元实录》来说，则是一次回归。《元实录》修纂时，是将实录体中的附传单独编纂，成《累朝皇后功臣列传》。元仁宗至大四年（1311）五月丙子，“命翰林国史院纂修先帝实录及累朝皇后、功臣列传，俾百司悉上事迹”[③]。这说明，《元实录》本身只有编年，并未将附传插入实录的编年之中。《清实录》由于其全帙至今保存，使今人得窥其实际面貌，的确没有附传。民国时人所修之《清史稿》，将清代从太祖至德宗的十一朝实录，列入卷146《艺文志二》的“编年类”中，是准确地把握住了《清实录》的体裁特征。

《清实录》中大量的人物记载只是有关大臣薨卒的流水账式记录，不再有附传的出现。如《满洲实录》卷7载，天命七年七月，“大臣硕翁科罗巴图鲁卒，年六十四岁”。这显然是一则编年记事。《清太祖实录》卷3载，辛亥年八月丙戌，“上弟达尔汉巴图鲁贝勒舒尔哈齐薨，年四十八。子六人：长阿敏，次扎萨克图，次图伦，次寨桑古，次济尔哈朗，次篇古”。比前一则对人物的介绍稍丰富一些，不过也只是多了六个儿子的资料。

类似的情况很多，下面再举数例：

① 参见谢贵安《中国实录体史学研究》，武汉大学出版社2007年版，第152页。

② 瞿林东：《中国史学史纲》，北京出版社1999年版，第677页；冯尔康：《清史史料学》，沈阳出版社2004年版，第27页。

③ 《元史》卷24《仁宗纪一》。

（乾隆四年三月己未）喀尔沁扎萨克郡王依达木扎布、喀尔喀郡王多尔济扎勒故，赐祭如例。（《清高宗实录》卷 88）

（嘉庆二年八月己未）大学士诚谋英勇公阿桂卒，晋赠太保，赐祭葬，谥“文成”，入祀贤良祠。（《清仁宗实录》卷 21）

（嘉庆四年九月丙寅）怡亲王永琅薨，遣贝子奕纯回京，带领侍卫十员奠茶酒。（《清仁宗实录》卷 51）

由上可见，实录只记人物的薨卒。

另有一些人物薨卒的记载略微丰富一些，除了卒讯和赐祭外，还简要提示其人的功绩和品德，但离附传的标准仍然相差较远：

（雍正十二年十月癸丑）又谕：“原任大学士田从典，品行端直，老成谨厚，居官廉洁，奉国公忠，应入贤良祠，以风有位，着九卿会议具奏。”寻议：“照例入祠立传，再于其家赐祭一坛。”从之。（《清世宗实录》卷 148）

（乾隆六年十二月乙未）太子太保尚书衔食俸徐元梦故，遗疏闻。谕：“徐元梦人品端方，学问优裕，践履笃实，言行相符，历事三朝，数十年如一日，着加赠太傅，入京师贤良祠，赏银二千两办理后事。并令和亲王、大阿哥往奠茶酒，已有旨了。应得恤典，着察例具奏，该部知道。”寻以礼部请，予祭葬如例，于本家赐祭一坛。赐谥“文定”。（《清高宗实录》卷 156）

这一类人物记载，较少介绍表字、籍贯和履历，不像唐、宋、明等朝实录中的附传。显然，《清实录》已去掉了附传，远离了唐、宋、明诸朝实录的“编年附传”体，而向单纯的编年体发展。对于《清实录》去掉附传的行为，王德毅认为是一大缺憾：“然清代实录，不载臣工言行事迹，于士大夫之卒，亦不予立传，但录谕旨章奏，这在保存官方的史料上，固然已做到十全十美，但良将谋臣名儒硕士隐遗之行事，则没而不彰，不可不谓为缺典。”①

那么《清实录》去掉附传的原因是什么呢？有人以为《清实录》中不为臣工立传，是为避免史官褒贬，王德毅则认为此举不免因噎废食。②若说因惧怕褒贬臣工就去掉附传，那么清代国史馆一直坚持修撰列传，不仅设《贰臣传》，还设《逆臣传》，就是为了表示贬斥。也有人认为《清实录》去掉附传，是为了避免触犯清代的文字狱。王德毅指出：“尤其清代文网严密，史官亦惧贾祸，于奉命修实录时，全录谕旨章奏比较安全。”③ 此说亦待商榷。实录若保留附传，写人物事迹，未必触犯清代文网，清代国史馆修撰列传并未招来文字之祸。

《清实录》去掉附传，主要与清人注重史学体裁的功能区分有关。清人在编纂《皇朝通志》时，也是将原本应有的本纪和列传从中剔除。据《四库全书总目提要》称：乾隆时敕修《皇朝通志》时，“二十略之目亦与郑樵原本同，而纪传、年谱则省而不作，盖《实录》《国史》，尊藏金匮，与考求前代、删述旧文，义例固不侔也”。乾隆敕修的《皇朝通志》之《凡例》明确表示：“郑樵《通志》仿历代史例，有本纪，有列传，又有年谱，其自序：‘以《唐书》《五代史》皆本朝大臣所修，微臣所不敢议，故纪传与年谱并讫隋而止。’《续通志》于唐、五代及宋、辽、金、元各增辑纪传，至明代事迹，具见《明史》，即从郑氏不载唐、五代纪传之例，不加添纂。若我国家列圣相承，文德武功胪具实录者，藏诸金匮石室；至于臣工事实，自有《国史列传》及《宗室王公功绩表传》诸书为之叙述，兹编亦仍郑氏之例，不复载入。”意思是说，《清实录》负责载录列朝帝王的事迹，《国史列传》等负责记载大臣们的事迹，因此《皇

---

① 王德毅：《北宋九朝实录纂修考》，载《宋史研究论集》第 2 辑，台北鼎文书局 1972 年版，第 112 页。

② 王德毅：《北宋九朝实录纂修考》，载《宋史研究论集》第 2 辑，台北鼎文书局 1972 年版，第 112～113 页。

③ 王德毅：《北宋九朝实录纂修考》，载《宋史研究论集》第 2 辑，台北鼎文书局 1972 年版，第 113 页。

朝通志》就无须再记述帝纪和列传了。这种功能区分的思想，是导致《清实录》去掉附传的重要原因，它与《国史列传》分担不同的任务。金毓黻指出："清代实录之例，不以大臣传附入实录书卒之下，与前代异，即以国史已别为之立传也。"[①] 在实录中，有不少地方直接说明应将人物事迹宣付国史馆，以修列传。《清德宗实录》卷 207 载，光绪十一年五月癸丑，"予关外阵亡前广东高州镇总兵杨玉科赐祭一坛，追谥'武愍'，并将事迹宣付国史馆立传"。再如《清穆宗实录》记曾国藩事，转录同治帝要求将"其生平政迹事实，宣付史馆"[②] 的谕旨。《清德宗实录》记韩超之事时，亦转录光绪帝"着将该故员生平事迹宣付史馆立传"[③] 的谕旨。上述记载表明，实录不负责给人物立传，立传由国史馆负责。《清实录》虽然有时也通过谕旨等形式称述人物的事迹，但用传记的形式进行记载，还是由国史馆所修的《国史列传》负责。《清实录》之所以用谕旨的形式来叙述人物事迹和品德，是想保持实录以记载帝王"文德武功"为核心的特质，而纯粹记载人物的表字、籍贯和履历，则由专门的《国史列传》来负责。这证明了清代不同史体功能区分的趋向。此外，《清实录》去掉附传可能也与《元实录》的影响有关。《元实录》是少数民族建立的统一政权所修的史书，《清实录》也是如此，因此，前者没有附传，对后者可能会产生一定的影响。

第二，《清实录》人物事迹的记述形式。

虽然说《清实录》去掉附传，趋向纯粹的编年体，然而，该录似乎并未将附传"斩草除根"，而是"藕断丝连"，仍然保存了一些变相的人物传记。这分为三种情况：

其一是对人物事迹直接记载。清初的几部实录，对人物事迹是直接记载的，而且形式比较完备，显然是人物附传的孑遗。清皇室成员昭梿

① 金毓黻：《中国史学史》，河北教育出版社 2000 年版，第 168 页。
② 《清穆宗实录》卷 328，同治十一年二月丙寅。
③ 《清德宗实录》卷 77，光绪四年八月戊戌。

在《啸亭杂录》“国史馆”条明确指出：“国初沿明旧制，惟修列圣实录，附载诸勋臣于内，只履历官阶而已。”① 据《满洲实录》卷3载，辛丑年“九月，内中宫皇后薨。后姓纳喇，名孟古哲哲，乃叶赫国扬吉努贝勒之女，年十四适太祖。其面如满月，仪范端淑，器量宽洪，庄重恭俭，聪颖柔顺，见逢迎而心不喜，闻恶言而色不变。口无恶言，耳无妄听。不悦委曲谗佞辈，适合太祖之心，始终如一，毫无过失。太祖深为悼惜，将四婢殉之。宰牛马各一百致祭，斋戒月余，日夜思念，痛泣不已，将灵停于院内，三载方葬于尼雅满山”。这是一篇完整的后妃传记。《满洲实录》卷7载，天命六年六月十四日，“左固山一等总兵额亦都卒，年六十岁，起于戎行，奋其勇力，往往争先破敌，累立功勋，故以宗妹妻之，升为上将。当祭奠之日，帝临其墓，哀痛三次而回”。这篇传记则较为简略，但勾勒了额亦都的主要事迹。《清太祖实录》中也有一些类似人物附传的记录。如卷7载：

> 左翼固山额真总兵官一等大臣扎尔固齐费英东卒，年五十有七。费英东，苏完人也。初率众来归，上授为一等大臣，复以皇子阿尔哈图土门贝勒褚英女妻之。费英东为人忠直，见国事稍有阙失，辄毅然强谏，毕智殚力，克输勇略，以佐成帝业。疾革时，天色明朗，日西向，忽片云顿起，如鼓声铿锵，雷电雨雹骤至，不移时而霁，遂卒。诚开国之良臣云。②

这也是一篇比较完备的人物传记。《清太宗实录》中也有人物附传的痕迹。《清太宗实录》卷29载，崇德元年五月壬子，“贝勒萨哈廉薨。萨哈廉，和硕礼亲王代善第三子也。通晓满、汉、蒙古文义，明达聪敏，掌理礼部事务，一切皇猷，多所赞助。至是薨，年三十有三”。由上可

① 昭梿：《啸亭杂录》，中华书局1980年版，第399页。

② 《清太祖实录》卷7，天命五年三月丙戌。

见，清初实录对人物的记载，尚明显保存了唐、宋、明等朝实录人物附传的模式，似乎表明，清代实录并非一开始就摒弃人物附传，而是曾经模仿前朝实录撰写人物附传，后来才确立功能区分的宗旨，将附传明确留给国史馆去修纂。

其二是以转录碑文的形式详细叙述人物的生平，与附传无异。清代实录有时还转录皇帝为亲王撰写的碑文，这些碑文完整详细地记述了传主的一生事迹，与以往实录中的附传相比，无甚差别。顺治皇帝曾为和硕肃亲王豪格撰写过一通碑文，属于一篇完备的人物传记，被实录详载其中。据《清世祖实录》卷 107 载，顺治十四年二月庚寅，立和硕肃亲王碑。碑文先介绍了豪格的出身："和硕肃亲王豪格，系太宗文皇帝长子，朕亲兄也。"然后说他的品行和功绩："智略超群，英勇盖世。其征蒙古扎鲁特、东揆、察哈尔、鄂尔多斯等国，及征明数次，平定朝鲜，入山海关，破流贼兵二十万诸功，前碑载之详矣。"特别介绍了顺治三年（1646）的那次战功："统率大军往征四川贼寇，至陕西，立解汉中府之围，所属州县，尽为平定。攻克三寨山、张阁老崖等处山寨三座，各寨俱就招抚。击败水陆马步兵二十二次，追杀八次。又招抚伪总兵、副将、参、游以下官百十二员，士卒翕然归命。陕中逋寇，扫荡无余。"以及在四川消灭张献忠的事迹："又复入川，攻克内江县，击败张献忠一百三十六营，斩贼首献忠及其伪巡抚、总兵等官二千三百有奇，俘获无算，广宣德意，招徕文武官二百三十五员，马步兵六千九百九十有余，四川大定。"最后说："建此奇功，宜膺上赏。睿王摄政，掩其开疆拓土之勋，横加迫胁，幽囚之惨，忠愤激烈。以疾薨逝……"这是利用记录碑文的形式，将豪格一生的事迹作了记录。类似的例子还有光绪皇帝为其生父醇亲王奕譞所写的一篇碑文，转载于《清德宗实录》卷 310 中。据该录称，光绪十八年四月己酉，"上亲撰醇贤亲王碑文"。文曰：

我本生考醇贤亲王，皇祖宣宗成皇帝第七子也，母庄顺皇贵妃。生而明敏，敦厚孝谨，为皇祖所钟爱。六龄入上书房读书，十龄能骑射，习火枪。文宗显皇帝御极，封为郡王，眷遇优渥，往往乘舟赋诗，从猎行围，一如家人礼。穆宗毅皇帝嗣位，两宫皇太后垂帘听政，晋封亲王，授御前大臣。命在弘德殿照料读书，入则辅导圣躬，出则规画戎略，创立神机营，选八旗兵丁之材者，亲加训练，由是京师有炮队劲兵。同治十三年，穆宗升遐，皇太后命予小子入承大统。我本生考醇贤亲王深怀谦抑，于皇太后前辞免职务，懿旨俯允，而倚畀益隆，命以亲王世袭罔替。凡军国重大之事，无不咨焉。既仍管神机营，又以创设海军，命综其事。岁丙戌，躬阅海口形势，遂由天津历烟台、旅顺，轮舶驭风，海波不兴。各国使臣，鳞集羽辏，争睹颜色。于是讲求船械，议辟铁路，恢恢乎有经营六合之规。盖上禀慈训，下集群谋，殚心竭思，未尝一日释也。至于经始大工，百度俱举，程材度地，昕夕靡懈，而雄文丽句，浩若江海，举笔立就，得于登临览观时为多。尝辑典谟中法语，大书一通。并述列圣艰难之业，东朝覆育之恩，成《诫勉诗》二章，揭诸讲殿之壁，俾予小子出入省览。又尝鉴宋明议礼之失，具疏密奏皇太后，谓历代继体之君，推崇本生父母，当以宋孝宗不改子偁秀王之封为至当，将来如有援引治平嘉靖之说进者，务加屏斥，俾千秋万世，勿再更张。迨光绪十五年，大臣中有请议尊崇典礼者，仰蒙皇太后宣示此疏，褒扬我本生考醇贤亲王，以为纯臣心事，古今莫及。呜呼！仪礼为人后者之义。高宗纯皇帝《濮议辨》，昭示于先，本生考醇贤亲王《豫杜妄论疏》，阐发于后，实足以尽人伦之极则，而立臣子之大防。此所谓一言而为万世法者也。本生考醇贤亲王以道光二十年九月二十一日诞生，光绪十六年十一月二十一日薨逝，春秋五十有一……

从上可见，在去掉附传的《清实录》中，实际上还存有附传的痕迹。

其三是以皇帝谕旨形式叙述人物事迹，多出现在清中后期实录中。自《清圣祖实录》以后，不再出现上述直接记载人物生平的情况，而是以皇帝的宣谕来叙述和表彰人物，但仍然具有人物附传的痕迹。《清圣祖实录》卷 197 载，康熙三十九年正月丁巳，“上以巴林淑慧长公主薨”，谕曰：“公主系朕之姑。太皇太后在时，公主特蒙眷爱，因以托朕，朕亦面允公主，待姑年迈时，迎至京师，凡一切应用之物朕皆承理，以终天年。及公主病笃，见朕亲临视疾，含笑而逝。病笃之人，朕见者亦多矣，如此含笑而逝者，从未一睹。公主生逢泰运，居蒙古地方五十余载，毫不生事。躬享高年，子孙繁盛。含笑长逝，诸福备矣。朕叹悼之怀，因少解焉。”这是对长公主事迹的简要介绍。《清高宗实录》卷 215 载：乾隆九年四月乙丑，乾隆皇帝谕曰：“顺懿密太妃，侍奉皇祖三十余年，淑慎温恭，慈祥和易，诞育贤王，寿逾七帙，福德兼备，亦史册所罕见。朕心敬礼，虔祝康宁。近日体中违和，方期调治痊可。今日闻病势沉重，朕已降旨亲往看视。乃启驾之先，奏报太妃薨逝……”《清仁宗实录》也通过选录皇帝谕旨来记述人物的事迹。《清仁宗实录》卷 191 记载了浙江提督李长庚的事迹，也是以皇帝宣谕的形式叙述的：

（嘉庆十三年正月戊午）又谕：“浙江提督李长庚，宣力海洋，忠勤勇敢，不辞劳瘁，懋著威声。数年以来，因闽、浙一带洋盗滋事，经朕特命为总统大员，督率各镇舟师在洋剿捕。李长庚身先士卒，锐意擒渠，统兵在闽、浙、台湾及粤省洋面往来跟剿，艰苦备尝，破浪冲风实已数历寒暑。每次赶上贼船，无不痛加剿杀，前后歼毙贼匪无数，擒获贼船多只。蔡逆亡魂丧胆，畏惧已极，闻李长庚兵船所至，四处奔逃。正在盼望大捷之际，乃昨据阿林保等奏到，李长庚于上年十二月二十四日，由南澳洋面驶入粤洋，追捕蔡逆，望见贼船只剩三只，穷蹙已甚。官兵专注蔡逆，穷其所向，追至黑水洋面，已将蔡逆本船击坏。李长庚又用火攻船一只，乘风驶近，挂住贼船后艄，正可上前擒获，忽暴风陡作，兵船上下颠播。李长庚奋勇攻捕，被贼船炮子中伤咽喉、额角，竟于二十五日未时身故。览奏为之心摇手战，震悼之至……”

这种通过皇帝谕旨的形式记载和表彰人物事迹的做法，直到晚清都没有改变。据《清德宗实录》卷241载，光绪十三年四月辛酉，谕内阁："前任绥远城将军福兴，于咸丰、同治年间从事戎行，转战广东、广西、湖南等省，叠著战功。历任都统、将军，克勤厥职。前因患病开缺，兹闻溘逝，轸惜殊深。加恩着照将军例赐恤。任内一切处分，悉予开复。应得恤典，该衙门查例具奏。伊孙笔帖式铁宝，着赏给主事，分部行走。用示笃念荩臣至意……"这种宣谕的形式，一般是由皇帝概括某官员一生的重要事迹和品行，但不像其他实录附传那样，将人物名字、表字、籍贯等要件全部记载。因此，与附传相比，它还不能被称为附传，只能说留有附传的痕迹。

第三，《清实录》载录人物的标准。

实录附传的设置有其标准，官员入传都有相应的品级规定。《清实录》能够通过皇帝宣谕的形式对官员事迹进行表彰，虽无明文规定受表彰官员品级，但实际上也有相应的内在标准。根据考察可知，皇后、亲王、大学士、疆吏等才能够享受被实录记载事迹的待遇。

首先是皇后，其为《清实录》的人物叙述对象之一。实录的主要传主是皇帝，除皇帝外，皇后也是记述的对象。《清实录》用宣谕形式记载皇后事迹，如《清宣宗实录》卷236载，道光十三年四月己巳申刻，皇后崩。"上临视悲痛"，谕内阁："本日申刻，皇后薨逝。回思嘉庆十三年二月，奉皇考仁宗睿皇帝恩命，作配朕躬。嘉庆二十五年，奉圣母皇太后懿旨，立为皇后，正位中宫，事朕二十六年，柔嘉维则，孝敬无违，此宫中府中所共知者。今抱沉疴，竟成长逝。失此内佐，痛何忍言……"前述《满洲实录》卷3所载中宫皇后纳喇孟古哲哲的事迹，则是另外一例。类似的尚有一些。但总体上看，关于皇后的记载比较少，而关于亲王的记载则比较多。这是因为一朝的皇后一般来说只有一个，而亲王则有很多的缘故。

其次是亲王宗室，其事迹在清中后期实录中，通过宣谕表彰的形式，得到详细记载。《清宣宗实录》卷50载：

> （道光三年三月己亥）谕内阁："朕伯成亲王永瑆，天资超迈，学问渊深。自幼即仰承皇祖高宗纯皇帝恩眷，迨嘉庆初年，蒙皇考仁宗睿皇帝简任军机大臣，领侍卫内大臣，管理宗人府及部旗事务，俱能恪恭职守。并以王精于书法，特旨命书裕陵圣德神功碑，又将诒晋斋墨刻，颁赏臣工。朕亲政以来，因念王年齿既高，凡遇内廷宴赉召对，特免叩拜。上年染患痰证，步履维艰，谕以在家静养，仍食全俸，并屡遣人存问。方冀旧疴渐愈，今遽闻薨逝，实深震悼。着赏给陀罗经被，派大阿哥即日带领侍卫十员代朕前往赐奠。着加恩于例赏外，由广储司库赏银五千两，经理丧事。朕再示期亲临赐奠，以示优恤。所有饰终典礼，着各该衙门察例具奏。"寻议上，赐祭葬，谥曰"哲"。

直到光绪朝实录，仍然在利用这种形式记述人物生平和德行。《清德宗实录》卷418载：光绪二十四年四月癸巳，谕内阁："朕叔恭亲王，天赋聪明，宅心忠正，自幼为皇祖宣宗成皇帝所钟爱，遗诏封为亲王。迨皇考文宗显皇帝御极，命在军机处行走。同治初年，两宫皇太后特加倚畀，授为议政王。旋命以亲王世袭罔替，并加一贝勒，赏食双俸。凡军国重事，无一不尽心规画，上协圣谟。中间养疴数年，又复起膺重寄，夙夜匪懈，始终不渝。二月杪，痰喘频作，犹力疾视事……不意于本月初十日，遽尔薨逝……"记述了奕䜣一生的行迹。

其三是大学士和疆吏，其事迹也是通过宣谕形式得到表彰，亦多出现在清中后期实录中。大学士杜受田、文祥、全庆、左宗棠、荣禄、鹿传霖、王文韶等都曾被实录记载过事迹。《清文宗实录》卷84载，咸丰三年二月癸未，谕内阁："原任协办大学士晋赠太师大学士杜受田，于道光十六年，蒙皇考简用上书房师傅，与朕朝夕讲贯，发明唐虞三代心传，十余年间，敦诲不倦，朕亲承启迪，获益良多。即位后，咨访古今政治利弊暨民生疾苦，无不尽心匡弼，献纳嘉谋。倘能久在左右，于时事艰虞，尚冀多所补救。本日临雍讲学，追思曩日讨论之功，宜沛恩施，以昭笃眷。杜受田之父杜堮，前已赏加礼部尚书衔，着再加恩，赏食全俸。杜受田灵柩，尚未归里，着派惇郡王奕誴前往赐祭一次，用示朕崇儒重道之至意。”这里对杜受田的父亲杜堮作了交代，对杜受田与咸丰帝的师生关系作了叙述，对杜受田在上书房教书一事作了介绍，对杜受田学术发明和教学态度都作了说明，与人物附传实多相仿之处。《清德宗实录》更是密集地以宣谕的形式，表彰和评述了大学士们的业绩和德行。该实录卷 31 载，光绪二年五月乙未，谕内阁：“大学士文祥，清正持躬，精详谋国，忠纯亮直，诚恳公明。由部曹荷文宗显皇帝特达之知，荐升卿贰，并令在军机大臣上行走。复蒙两宫皇太后、穆宗毅皇帝重加倚畀，同治四年间，因奉天马贼肆扰，特派带兵出关剿捕，地方赖以廓清，旋经简任纶扉，深资辅弼。于国计民生利病所关及办理中外交涉事务，无不尽心筹画，实为股肱心膂之臣。只以积劳成疾，屡请开缺，朝廷宽予假期，曾遣御医诊视，赏给人参，俾得安心调理，并于召见军机大臣时，叠次垂询，方冀克享遐龄，长承恩眷，兹闻溘逝，震悼良深。”寻予祭葬，谥“文忠”。入选《清实录》人物事迹表彰的还有总督和巡抚等地方疆吏，如曾国藩、韩超、曾国荃、刘坤一、刘锦棠、张之洞等。《清穆宗实录》卷 328 对两江总督曾国藩进行了表彰：

（同治十一年二月丙寅）谕内阁：“大学士两江总督曾国藩，学问纯粹，器识宏深，秉性忠诚，持躬清正，由翰林蒙宣宗成皇帝特达之知，荐升卿贰。咸丰年间，创立楚军，剿办粤匪，转战数省，叠著勋劳。文宗显皇帝优加擢用，补授两江总督，命为钦差大臣，督办军务。朕御极后，简任纶扉，深资倚任，东南底定，厥功最多。江宁之捷，特加恩赏给一等毅勇侯，世袭罔替，并赏戴双眼花翎。历任兼圻，于地方利病，尽心筹画。老成硕望，实为股肱心膂之臣。方冀克享遐龄，长承恩眷。兹闻溘逝，震悼良深。曾国藩着追赠太傅，照大学士例赐恤……”

《清德宗实录》卷290，光绪十六年冬十月庚戌，通过诏书记载了曾国藩的弟弟曾国荃的事迹，对曾国荃剿灭太平天国的过程、任山西巡抚的事迹、担任两江总督时进行的整顿，也有连续的叙述。

其四是战死疆场的将领，他们的事迹在实录中也会获得记录和表彰。据《清穆宗实录》卷98载，同治三年三月己巳，谕内阁：“李鸿章奏‘统兵大员因伤出缺’一折，遇缺提奏提督江西南赣镇总兵程学启，由安庆来归，带队攻克皖城。上年复随李鸿章督兵由沪赴苏，所向无敌，两年之间，先后克复苏州省城、嘉兴府城及江浙名城十数处，实为东南战功称最。朝廷见其谋勇兼优、勋劳卓著，叠擢提镇，赏给世职，殊恩异数，屡锡褒嘉。乃于本年攻克嘉兴时，该提督躬冒矢石，首先登城，致枪子贯脑，绝而复苏。屡经降旨询问病状，方冀安心调治就痊，重资任使，讵意竟因伤重出缺。将才难得，悼惜殊深。程学启着追赠太子太保衔。照提督阵亡例从优赐恤。任内一切处分，悉予开复，加恩予谥，入祀昭忠祠。所有战绩及死事情形，宣付国史馆立传……伊子程建勋，着俟及岁时带领引见，候旨施恩……”寻谥“忠烈”。《清德宗实录》卷495载，光绪二十八年二月辛丑，谕内阁：“袁世凯奏提督大员战功卓著，请宣付史馆立传，并建立专祠各折片，已故直隶提督聂士成，秉性忠贞，沉毅果敢，历随前大学士李鸿章征剿发捻各寇，摧坚陷阵，叠著战功。嗣在北洋整顿海防，讲求训练，壁垒一新。前岁拳匪事起，仓猝用兵，备多力分，众寡不敌，卒以身殉。洵属大义懔然，披览死绥情状，至为惨烈，悯悼弥深。聂士成着追赠太子少保，照提督阵亡例赐恤，加恩予谥。该提督平生战功事迹及死事本末，一并宣付国史馆立传……”赐祭葬，谥“忠节”。

总而言之，《清实录》在实录体的发展中，追随另一个少数民族建立的统一政权元朝的实录纂修路线，去掉了附传，成为单纯的编年体史书，然而，它又通过直接记录、碑文转载和谕旨宣示等特殊的形式，大量记载了清代皇后、大学士、疆吏、武将的事迹，仍然保留了人物附传的一些痕迹，表现出《清实录》在附传体例的变革及保留之间冲突与妥协交织的状态。

3.修纂中的汉化现象

《清实录》用汉族儒家的伦理观念及其载体，对满洲观念和风俗进行粉饰，形成了《清实录》修纂中的汉化现象。入据中原的清廷在汉文化的影响下，对其早期民风习俗的原始粗犷和初期实录的质陋粗疏感到不安，开始按汉文化或儒雅化的标准，从内容和形式上，修改和润饰早期的实录，出现了实录“儒雅化”的现象和趋势。以《清圣祖实录》成书为标准，此前的三朝实录照此重改，此后的实录照此纂修，清代实录的修纂更加符合“实录体式”，进入了一个儒雅精致的时代。下面，从纂修观念和编修体例两个方面，讨论一下《清实录》的汉化现象。

第一，《清实录》内容与观念上的汉化。

清代前三朝实录，早期的版本比较朴实，较少修饰，包含着更加详细和更有价值的史实，经过修改，文字更加雅致，但原始信息逐渐消失。随着汉化的不断加深，清代的史学开始产生了三种汉化的倾向：对史学正统观念、史学尊君意识和史学雅化的追求。

其一是汉文化中正统观念的注入。清代在纂修《清实录》时，刻意维护清朝的正统地位，对于入关前与明朝的关系，不断在实录中加以修改和掩饰，把建州女真打扮成自古就是一个与明对等的政权。将对明朝的称谓，从“大明”改为“明”。清早期所修的《太祖武皇帝实录》(《清太祖实录》之初纂本）中，由于民族正统意识尚未觉醒，因此凡记载明与清之间的战与和、交涉等事，对明朝仍持恭顺和敬畏的态度，在文字上多用敬语，如称明朝为“大明国”等，但是，清入关后，经过顺治、康熙两代的汉化，接受了汉族的正统观念，萌生了民族自尊和正统观念，开始修改实录中对明的措辞。陈捷先指出，“康熙重修本强调正统”，“尽删对明朝的敬词字样，而以明清为对等的国家”。[①] 入关后，清廷又在《清实录》中动手脚，强调明朝居正统，但已被李自成推翻，清朝是从“闯贼”手中夺取的天下，因此是继承了明朝的正统。高宗指出：“我朝为明复仇讨贼，定鼎中原，合一海宇，为自古得天下最正。”[②]

其二是汉文化中尊君意识的贯彻。随着汉文化中“尊君”观念和“为尊者讳”史学意识影响的加深，清廷对早期实录中的随意和直率日益感到不安，不断地对开国君主的形象和事迹进行修改、润饰和隐讳，突出尊君意识。首先是通过将其身后的谥号、庙号和身份不断加到该君主实录的书名上，或在实录的叙述中“预支”使用，以突出尊君意识。以《清太宗实录》为例，顺治六年（1649）正月至十二年（1655）二月，世祖命大学士范文程等开馆纂修《清太宗实录》的汉文初纂本，当时的书名是《大清太宗应天兴国弘德彰武宽温仁圣睿孝文皇帝实录》。康熙六年（1667）十一月，圣祖命秘书院大学士班布尔善等继续校对《清太宗实录》，十二年（1673）至二十一年（1682），又命图海为监修总裁官开馆订正此实录，书成后，改名为《大清太宗应天兴国弘德彰武宽温仁圣睿孝隆道显功文皇帝实录》，书名较前本多了“隆道显功”四字。不断为列代祖先加谥是汉族王朝的一贯做法，目的就是尊君尽孝，清修实录也不断地将增谥加在书名上，既反映了其尊君意识，也反映了其汉化的状态。其次是《清实录》模仿汉族王朝史书撰写的方法，用后加的谥号、庙号和身份，作为君主的代称。作为早期修纂本的《太祖武皇帝实录》，记载了努尔哈赤家族成员的名字，如努尔哈赤的祖父作“觉常刚”或“觉昌安”（满文作 giocangga），父亲作“塔克世”或“塔石”（taksi），太祖本人在该实录中也被记为 Nurhaci。[③] 然而，这些名字在康熙重修本中全都因避讳而不载，仅分别用“景祖”“显祖”“上”等尊号来代替。经过以

① 陈捷先：《满文清实录研究》，台北大化书局 1978 年版，第 41 页。
② 《清高宗实录》卷 1142，乾隆四十六年十月甲申。
③ 陈捷先：《满文清实录研究》，台北大化书局 1978 年版，第 45 页。

上的修改和处理，君主的地位及尊严得以空前突出和加强。

其三是汉文化中文明风俗的渗透。清代早期版本的实录保留了满洲原始、荒蛮的旧俗，如人殉、父兄死而子或弟承其妻等，但是随着汉化加深，清统治者对其祖先某些落后的风俗习惯深以为耻，遂开始修改实录，进行粉饰和掩盖。早期的《太祖武皇帝实录》记载了清始祖的部落图腾是鹊鸟，但到了康熙重修时，觉得本族起源于鹊鸟比较丢人，因此改为："后世子孙俱以鹊为神，故不加害。"① 又觉得以鹊为神的信仰也比较低级，最后改成了"自此后世子孙俱德鹊，诫勿加害云"②。满洲早期版本的实录，还记载了许多"未开化"的风俗，如子娶后母、侄娶叔母和弟娶嫂等，后来对早期实录进行持续的修改，将这些满洲旧俗一一进行修改和隐讳。初纂本《清太宗实录》卷 21 还保留了一些满洲婚姻旧俗的痕迹，如天聪九年十二月初三日，"莽古儿泰贝勒六子迈答里、光衮、查哈量、阿哈塔、舒孙、噶纳亥，得格垒贝勒之子邓什库等俱为庶人。初满洲国本族妇女及伯母叔母嫂等，皆无嫁娶之禁，后汗以乱伦严禁之。莽古儿泰、得格垒二贝勒既行悖逆之事，即为仇敌，因令众贝子愿者便娶莽古儿泰二妻，和格贝勒纳其一，姚托贝勒纳其一。得格垒一妻，阿吉格贝勒纳之，其余侍妾并罪犯之妻妾，俱各配人"。重修本则改为："莽古尔泰昌六子迈达里、光衮、萨哈联、阿克达、舒孙、噶纳海，德格类子邓什库等俱降为庶人，属下人口财产入官。"莽古尔泰是清太宗的五哥，和格（豪格）是太宗的长子，豪格纳莽古尔泰一妻，就是侄娶伯母；姚托（岳托）是代善的长子，岳托纳莽古尔泰一妻，就是侄娶叔母；得格垒（德格类）是清太祖第十一子，阿吉格（阿济格）是清太祖第十二子，阿济格纳德格类妻，就是弟娶嫂。这种"乱伦"现象是符合满洲旧俗的，尽管此前"汗以乱伦严禁之"，但因将莽古尔泰和得格垒视

① 罗振玉校理：《太祖高皇帝实录稿本三种》，载《清史资料》第 2 辑《开国史料》（二）第 7 册，台北台联国风出版社 1969 年版，第 6 页。

② 罗振玉校理：《太祖高皇帝实录稿本三种》，载《清史资料》第 2 辑《开国史料》（二）第 7 册，台北台联国风出版社 1969 年版，第 418 页。

为仇敌，因此又允许这种“乱伦”行为的发生，结果留下了满洲旧俗的痕迹。重修本《清太宗实录》“以其不合儒家伦常规范，而俱行删削，满洲婚姻旧俗，遂不得其详”①。《清太宗实录》初纂本还载，崇德七年七月初三日，“正黄旗厄里克淫其父婢女生子，又满洲壮丁十七名，止编兵三名”。子淫其父婢女且生出一子，亦属乱伦。初纂本虽然用了“淫”字来表达儒家式伦理判断，但仍然觉得有辱满洲形象，因此在重修本《清太宗实录》中干脆将此事删掉。顺治改缮本《太祖武皇帝实录》中记载有太祖之嫔御与孟革卜卤私通及孟革卜卤谋逆伏诛之事，“自此哈达国遂亡，后太祖欲以女莽姑姬与孟革卜卤为妻，放还其国，适孟革卜卤私通嫔御，又与刚盖通谋欲篡位，事泄，将孟革卜卤、刚盖与通奸女俱伏诛”。但康熙迄乾隆间重修的《清太祖实录》则为之讳。该书卷 3 载，己亥年秋九月丁未朔，“万汗卒，子扈尔干继之，立八月卒，弟康古鲁继之，康古鲁卒，弟孟格布禄继之，至是乃灭。其后上欲释孟格布禄归国，适孟格布禄与我国大臣噶盖谋逆事泄，俱伏诛”。完全不提孟革卜卤（孟格布禄）私通嫔御之事。这是顺治朝以后清廷汉化加深，对这类行为产生羞耻感后，为太祖讳饰而删削的。早期版本《太祖武皇帝实录》卷 2 曾载中宫皇后薨后，“太祖爱不能舍，将四婢殉之，宰牛马各一百致祭，斋戒月余”。但在乾隆校定本《清太祖实录》卷 2 中，只说“孝慈皇后崩”时“上悼甚，丧殓祭享，仪物悉加礼，不饮酒茹荤者逾月”。经此一改，“这种殉葬的满洲旧俗，也在乾隆朝成书的本子里被删除净尽了”②。早期的《太祖武皇帝实录》，在卷 2 中记载了天命三年（1618）太祖对归顺酋长给予妻奴（性奴）的事实。但到了乾隆定本《清太祖实录》卷 5 中便将妻奴之事抹掉了。可见，清早期实录比较质朴和率真，记载了一些满洲旧俗，但康雍乾时期日染汉俗，受儒家伦理浸润益深，结果对早期实录中的满洲旧习多有删除，表明实录修纂的汉化趋势。

---

① 庄吉发：《故宫档案述要》，台北故宫博物院 1983 年版，第 327～328 页。

② 陈捷先：《满文清实录研究》，台北大化书局 1978 年版，第 54 页。

第二，《清实录》“体式”的汉化。

清代太祖、太宗、世祖三朝实录不仅在观念和内容上不断汉化，而且在修纂形式上也不断汉化，在语言上越来越用规范的文言文写作，并带动满文本中的满语词汇和语法向汉语靠近。

其一是向中原“实录体式”的标准靠拢。中原汉族政权确立的实录体式，是以文字表现内容的。女真—清朝政权在初期所修的实录，受其文化水平的限制，却是图文相配的。清朝所修的第一部实录《太祖实录图》（一名《满洲实录》）是用绘画和文字兼有的形式进行表述。受汉族实录体式的影响，后来所修的《清太祖实录》便去掉了图画，成为单纯的文字本。清廷曾认为实录“与历代帝王实录体例不合，寻命内国史院大学士希福、刚林等以满蒙汉三体文字改编实录”①。康熙六年（1667），圣祖指出前修《太宗文皇帝实录》内有“字义未当，姓名舛错者”，于是大臣们进行了详细的校勘，指出了前修《太宗文皇帝实录》不合标准的地方：有前后颠倒的，有取材遗漏的，有将本不应书的琐屑事务记载的，有前后重复的，有不书干支而只书年月日的，有满汉词义虽合而汉文近于俚俗的，有语气未顺的。② 于是对太宗实录进行了重修，使其格式、语言更加规范，符合中原实录体式。在清朝修纂实录的实践中，最终出现了《清圣祖实录》这样合乎中原体式的实录。于是雍乾时将此实录作为改修前三朝实录的范本以及未来各朝实录修纂的标杆。雍正十二年（1734），大学士鄂尔泰等指出前“三朝实录内，人名地名字句，与《圣祖仁皇帝实录》未曾画一”，要求以后者为标准，对前三朝实录进行重新修改。③ 到乾隆四年（1739）最终完成了前三朝（太祖、太宗和世祖）实录的修订工程。实录形式汉化的一个重要方面，是用干支代替数字的记年方式，并进行补朔，即为每月的第一天加上“朔”字，以表示本月

---

① 庄吉发：《故宫档案述要》，台北故宫博物院 1983 年版，第 318 页。

② 《内阁档案题稿》，转引自徐中舒《内阁档案之由来及其整理》，载《明清史料》甲编第 1 本，台北维新书局 1972 年版，第 10 页。

③ 《清世宗实录》卷 149，雍正十二年十一月庚子。

的开头。同时，也将北方民族的十色配十二生肖的传统纪年方法，改为干支纪年方法。《清实录》形式的汉化，还表现在其修改本中都将女性的名字删去，而代之以“氏”。如褚英、代善的生母之名字“哈哈纳扎亲”被改作“元妃佟甲氏”，莽古尔泰的生母之名“滚代”被改作“富察氏”，“孝慈武皇后孟古姐姐”改作“孝慈高皇后叶赫纳喇氏”，多尔衮生母之名“阿把亥”改作“大妃乌喇纳喇氏”，“皇妃赖”改作“侧妃伊尔根觉罗氏”。这种去掉妇女名字的做法，显然是受到汉文化的影响。

其二是《清实录》语句的汉化。首先表现在从音译名词向意译名词的转变。《清太祖实录》《清太宗实录》初纂本和早期修改本，在翻译满洲人名、地名和官名时，以音译为主，但到了后来的修改本和定本中，便改为以意译为主了。太祖的实录从初纂本《太祖武皇帝实录》到康熙改修本《太祖高皇帝实录》尚存在大量的音译名词，前者音译时颇为粗疏，后者则作了一些雅化处理，前者多用汉字直接拟音，后者则在音译时尽量合乎汉名习惯。如，人名：除烟—褚宴，厄儿得溺—额尔德尼，孟革卜卤—孟格布禄，呵呵里—何和里，多儿哄—多尔衮，多躲—多铎，兆里兔—卓礼克图，非英冻—斐英东。地名：他们（潭名）—阏门。部族名：胡笼—扈伦，尼康外郎—尼堪外兰，夜黑—叶赫，煮户—珠扈，胯儿胯—喀尔喀。可见，前者只管用汉字拟音，不管这种音译是否会带来歧义和误解，后者则注重汉字的意思，尽量用名词词汇来翻译，避免用动词、象声词、形容词、副词和句子来表达，以免产生误解。到了定本《清太祖实录》中，音译更加规范、更加汉化，如“除烟”改为“褚英”、“非英冻”改为“费英东”、“多里哄”改成“多尔衮”、“多躲”改作“多铎”、“阿布太”改作“阿巴泰”、“巴布亥”成了“巴布海”。满文“efu”一词，在早期满洲部族中意为“姑父、姨父”，但入关以后用“额驸”来翻译该词，受到汉文“驸马”一词的影响，后来变成“驸马”的专称。乾隆校订本《清太祖实录》卷 3 载，辛亥年十二月，“上命额驸何和里、巴图鲁额亦都、达尔汉侍卫扈尔汉三人，率兵二千”。这里的“额驸”就是“驸马”意译。据同书卷 2 载，戊子年四月，“董鄂部主克辙巴颜之孙何和里亦率本部军民来归，上以长女妻之”，可见，额驸确已成为驸马的代称。这是从音译向意译转变，并且所译汉文的词义，对满文原词也有了限定。

其三是《清实录》字句的雅化。《清实录》在汉化过程中，文字方面的润饰十分明显。这种润饰有三种明显的倾向：一是以汉族伦理为导向，二是以文雅的字词为君主粉饰，三是词句上比较庄重典雅。如开国神话中三仙女生满洲始祖的故事，在《太祖武皇帝实录》卷 1 中载：“天生汝，实令汝为夷国主，可往彼处。”① 康熙朝重修本改成：“天生汝以定乱国，可往治之。”② 对清太宗生母孝慈皇后的赞词，《太祖武皇帝实录》卷 2 作：“其面如满月，丰姿妍丽，器量宽洪，端重恭俭，聪颖柔顺，见逢迎而心不喜，闻恶言而色不变。口无恶言，耳无妄听，不悦委曲谗佞辈，吻合太祖之心，始终如一，毫无过失。”③《清太祖实录》改成：“仪范端淑，心性宽和，庄敬聪慧，词气婉顺。闻誉言不喜，闻恶言不怒。天性恬愉，弗渝其常。不悦谄谀，不信谗佞，不亲细务。耳无妄听，口无妄言。遵道循礼，盛德格天。”前者用了突出容貌的语句“其面如满月，丰姿妍丽”，这在儒家伦理中是不被推崇的，因此后者改用突出德行的语句“仪范端淑，心性宽和”。

总而言之，《清实录》的汉化过程，也就是儒雅化的过程，是用汉族儒家的伦理和观念及其载体文言文，对满洲观念和风俗进行粉饰和雅化，使之看起来符合儒家的风格和汉族的风俗。然而，以女真—满洲民族为主的清朝政权，一方面大力推行汉化政策，一方面也自觉地保持其本民族的某些特色，在实录修纂中产生了某种拒斥汉化的现象。清廷在用汉

---

① 《清太祖武皇帝实录》卷 1，转引自潘喆等编《清入关前史料选辑》第 1 辑，中国人民大学出版社 1984 年版，第 298 页。

② 罗振玉校理：《太祖高皇帝实录稿本三种》，《清史资料》第 2 辑《开国史料》（二）第 7 册，台北台联国风出版社 1969 年版，第 3 页。

③ 《清太祖武皇帝实录》卷 2，转引自潘喆等编《清入关前史料选辑》第 1 辑，中国人民大学出版社 1984 年版，第 322 页。

字书写实录的同时，也坚持用满文和蒙古文写实录文本，保持其民族印记，顽强地突出其民族特征。

二、《清实录》的修纂

1.清前期实录的修纂过程

清前期实录包括太祖、太宗、世祖三朝三部。太祖和太宗都是生活于东北，世祖福临时入主中原，但朝政基本上仍由满洲旧贵族把持。至诞生于中原的圣祖开始，清朝才开始了全新的政治局面。

第一，《清太祖实录》的修纂。

《清太祖实录》是记载努尔哈赤的实录，是以图文并茂的《先代光明汗事例书》为底稿、去图后修纂而成的文字本。

《先代光明汗事例书》是皇太极天聪六年（1632）十一月由书房秀才杨方兴最先提请修纂的。他当时提议所修的是实录，但修成的是满语所称的《先代光明汗事例书》，由张俭、张应魁二画匠绘图。[①] 天聪九年（1635）八月初八日，绘图完成，清太宗赏赐两位画匠人、牛不等。[②] 崇德元年（1636）十一月十五日，该书的文字部分最终完成，每页均用满、蒙古、汉三种文字书写。为了纪念生母，太宗将《先代光明汗事例书》改名为《太祖太后实录》。[③] 这部有文有图的初纂本《太祖太后实录》，在太宗死后遭到皇太极同父异母之弟摄政王多尔衮的修改。多尔衮对皇太极竭力美化自己生母而贬低多尔衮生母的文字进行了删削和修改，并去掉了皇太极生母“太后”之名，将实录改称《太祖武皇帝实录》。[④] 此书就是《清太祖实录》赖以修纂的底稿。

《清太祖实录》经历了从《太祖武皇帝实录》到《太祖高皇帝实录》

---

① 《旧满洲档》，天聪九年八月初八日。

② 中国第一历史档案馆编：《清初内国史院满文档案译编》（上册），光明日报出版社 1989 年版，第 184 页。

③ 《满文老档》（下册），中华书局 1990 年版，第 1698 页。

④ 《清世祖实录》卷 54，顺治八年闰二月乙亥。

的变化过程。入关后的顺治朝，受到汉化的影响，完全按照中原体式修成《清太宗实录》，为了整齐体例，便在同一实录馆中对图文并茂的《清太祖实录》进行了去图和改修处理。改修本《太祖武皇帝实录》于顺治十二年（1655）完成。① 将此前满文、蒙古文、汉文三体合璧改为分别抄写成满、蒙古、汉三种文字。但是到了康熙年间，《清太祖实录》被再次作了修改。圣祖即位之初，彭之凤便上《请修实录疏》，提请新修太祖、太宗、世祖朝实录。不过，直到新修《清太宗实录》完成后，《清太祖实录》才得以重修。康熙二十一年（1682）十月十八日，清廷正式“重修《太祖高皇帝实录》”，任命武英殿大学士勒德洪为监修总裁官，大学士明珠等人为总裁官，内阁学士萨海等人为副总裁官。② 次年二月四日，才任命了纂修官，包括内阁侍读学士翁英、翰林院侍读学士朱之佐等人。③ 这次重修，由于太祖已新加谥号，因此便将《太祖武皇帝实录》改为《太祖高皇帝实录》。二十五年（1686）二月二十日，《太祖高皇帝实录》的重修工程正式完成，圣祖在太和门举行了进呈仪式，并赏赐纂修各官。④ 至十月二十七日，监修总裁等官“恭送《太祖高皇帝实录》《圣训》，至皇史宬尊藏”⑤。康熙朝重修是一次彻底的修改，从形式到内容都作了改动。《太祖武皇帝实录》本为 4 卷，此次改修，加上 53 通谕文后，正文变成了 10 卷；增加序、目、表、凡例，合为 12 卷，体例准照新修成的《清太宗实录》。

至雍正、乾隆朝，《清太祖实录》再一次遭到修改，其汉文本更加雅致化和规范化。雍正十二年（1734）十一月，大学士鄂尔泰认为“太祖

① 《清世祖实录》卷 89，顺治十二年二月丁卯。

② 《清圣祖实录》卷 105，康熙二十一年十月辛卯；又《清史稿·圣祖本纪二》载：“冬十月辛卯，诏重修《太祖实录》。”

③ 《清圣祖实录》卷 107，康熙二十二年二月丙子。笔者案：据康熙间勒德洪等《进（太祖）实录表》称“于康熙二十二年二月初七日，命臣勒德洪为监修总裁官”纂修实录，此说有误，实际上康熙二十二年二月是任命纂修官的时间。

④ 《清圣祖实录》卷 124，康熙二十五年二月甲辰。

⑤ 《清圣祖实录》卷 127，康熙二十五年十月戊寅。

高皇帝、太宗文皇帝、世祖章皇帝三朝实录内，字画、音句、人名、地名之属，有与《圣祖仁皇帝实录》未曾画一者”，建议对前三朝实录进行修改。二十九日，世宗便任命大学士鄂尔泰等为总裁官，开始修改。[①]乾隆四年（1739）十二月，改修告成，即为当下通行的《清太祖实录》（《太祖高皇帝实录》）。

第二，《清太宗实录》的修纂。

清初议修《清太宗实录》始于顺治六年（1649）正月八日，世祖命大学士范文程等充任总裁官、学士王铎等充任副总裁官，“纂修《太宗文皇帝实录》”并择当日“开馆”[②]。这次修纂进展不大。世祖亲政后，内院大学士希福再次提出修纂《清太宗实录》的建议。顺治九年（1652）正月二十九日，朝廷正式下令纂修《清太宗实录》，以大学士希福、范文程等5人为总裁，以学士伊图等12人为副总裁，以侍读学士麻禄等26人充纂修官。[③]二月一日，在礼部为修纂官员设宴激励。[④]顺治十二年（1655）二月十二日，《清太宗实录》正式完工，同时修成的还有改修本《太祖武皇帝实录》。[⑤]这次修纂的《清太宗实录》是初修本，共65卷。

康熙六年（1667）十一月十二日，圣祖将一干大臣召进殿内，明确指出“前修《太宗文皇帝实录》内有字义未当、姓名舛错者”，要求他们提出意见，于是大臣们对实录进行誊录和更改，结果发现问题很多，因此建议干脆重修。[⑥]于是，二十三日，圣祖“命内秘书院大学士班布尔善等校对《太宗文皇帝实录》”[⑦]。之所以命班布尔善等“校对”《清太宗实录》，说明此次重修并非另起炉灶，而是修改。但是，当时《清世祖实

① 《清世宗实录》卷149，雍正十二年十一月庚子。

② 《清世祖实录》卷42，顺治六年正月丁卯。

③ 《清世祖实录》卷62，顺治九年正月辛丑。

④ 《清世祖实录》卷63，顺治九年二月癸卯。

⑤ 《清世祖实录》卷89，顺治十二年二月丁卯。

⑥ 徐中舒：《内阁档案之由来及其整理》，载《明清史料》甲编第1本，台北维新书局1972年版，第10页。

⑦ 《清圣祖实录》卷24，康熙六年十一月癸亥。

录》刚开馆纂修不久，无暇顾及《清太宗实录》的修改。直到十一年（1672）《清世祖实录》告成后，《清太宗实录》的重修才正式提上日程。

康熙十二年（1673）七月十五日，清廷正式启动《清太宗实录》的重修工作，组成了完善的修纂团队，命大学士图海为监修总裁、大学士索额图等4人为总裁官、学士郭四海等10人为副总裁官、内阁侍读学士禅塔海等34人为纂修官。八月正式开馆。① 二十年（1681），《清太宗实录》重修行将告成，进入誊录阶段，因此“命考取善书监生恭缮《太宗文皇帝实录》”②。二十一年（1682）九月二十二日，重修《清太宗实录》工作完成，朝廷举行了进呈仪式，圣祖驾临太和门，站立目迎实录进宫。总裁等修纂各官上表，举行进实录仪式。诸王、贝勒、贝子、公率文武群臣行庆贺礼。礼毕，由皇帝赐茶。③ 进呈仪式中的《进实录表》，实是由时任日讲起居注官、翰林院侍讲学士的张玉书代为撰写。据该表得知，当时为了统一实录中的人名译写，还特地修纂了《满洲蒙古汉人名》若干卷。④

重修虽然告终，但圣祖对《清太宗实录》的校订并未停止，直到康熙五十六年（1717）还与大学士马齐讨论校订之事。校订方法是以满汉文互校，满汉文意不明者，将内阁所贮底稿取出校对。⑤ 至雍正十二年（1734），《清太宗实录》与《清太祖实录》《清世祖实录》一道，以新成的《清圣祖实录》为标准进行校订，体例字句划一，而不轻易更改其内容。直到乾隆四年（1739）十二月，《清太宗实录》校订工作终于完成⑥，形成定本65卷，合首卷的表、目录、凡例3卷，共为68卷，即为

① 《清太宗实录》首卷，康熙十六年八月壬戌。
② 《国子监志》卷40《生徒六》。
③ 《清圣祖实录》卷104，康熙二十一年九月丙寅。
④ 张玉书：《张文贞集》卷1《进〈太宗文皇帝实录〉表》，景印文渊阁四库全书本。
⑤ 《康熙起居注》，康熙五十六年七月六日戊午。
⑥ 《太宗文皇帝实录·序》，乾隆四年十二月十日。

现在通行的本子。《清太宗实录》从顺治九年（1652）正月二十九日始修，至顺治十二年（1655）二月十二日告成，初修本纂修共历时三年零两个月；若以乾隆四年（1739）十二月的定稿计算，则历时 87 年之久。

第三，《清世祖实录》的修纂。

顺治十八年（1661）正月，玄烨继位。七月六日，户科给事中彭之凤疏请修纂前三朝实录，其中太祖、太宗两朝实录是重修，而《清世祖实录》则是初修。[①] 但这次修纂并未真正开展，直到圣祖亲政后，才应礼部尚书黄机的奏请，于康熙六年（1667）九月五日正式纂修《清世祖实录》。[②] 任命大学士班布尔善为监修总裁官，大学士巴泰等 5 人为总裁官，学士塞色黑等 12 人为副总裁，侍读学士达哈他等 14 人为满纂修官，侍读学士单若鲁等 14 人为汉纂修官。[③] 二十日，赐宴礼部，“诘旦开馆”[④]。据纂修官申涵盼称，实录馆“月余汇取章疏册籍至馆，按年分月，每一直约两月，而一年毕。计岁周可脱稿”，但是人各为事，事各为文，既不贯融，事亦多舛误，“稿出而复毁者屡矣”，过了很久，“条例乃定”，“甫一年，草创粗具，而冗复遗漏者尚多。其讨论润色之功，百倍于起稿时”。[⑤] 至八年（1669）三月一日，《清世祖实录》“纂修草稿告成”。清廷决定“量留纂修等官详加校对”，其余纂修人员先行议叙，早日离馆。[⑥] 但定稿的过程中，实录馆官员有所更替，六月以内秘书院大学士巴泰充任监修总裁官。[⑦] 接近完成时，急需大量誊录人员，特别是

---

① 《清圣祖实录》卷 3，顺治十八年七月癸丑；又《皇清奏议》卷 17。

② 《清史稿·圣祖本纪一》。朱金甫认为“《世祖章皇帝实录》，于康熙六年（1667年）开馆，康熙十一年（1672 年）成书”（见《清代皇帝〈实录〉撰修制度概述》，载清代宫史研究会编《清代宫史求实》，紫禁城出版社 1992 年版，第 312 页）。

③ 《清圣祖实录》卷 24，康熙六年九月丙午。

④ 申涵盼：《忠裕堂集·纂修两朝实录记》，畿辅丛书本，第 39 页。

⑤ 申涵盼：《忠裕堂集·纂修两朝实录记》，畿辅丛书本，第 39 页。

⑥ 《清圣祖实录》卷 28，康熙八年三月甲午朔。

⑦ 《清圣祖实录》卷 30，康熙八年六月甲戌。

汉字誊录人员。康熙十年（1671），令国子监遴选善书监生送部考选，以便誊录实录定稿。① 因为康熙时修实录，仍然是先纂成满文本，然后再译成汉文本，汉文本誊录当在修纂工程的后期，故需大量汉字誊录人员。康熙十一年（1672）五月二十日，《清世祖实录》全书告竣。② 清廷在太和殿举行了告成礼。七月四日，对监修总裁官和纂修官等赏赐鞍马、银币等。③ 十二年（1673）四月二十七日，监修总裁、副总裁等从实录馆将《清世祖实录》恭送至皇史宬尊藏。④ 随着《清世祖实录》尊藏皇史宬中，圣祖朝的修纂宣告结束。

《清世祖实录》修纂的背景，据乔治忠等称，是亲政的康熙帝向以鳌拜为首诋毁世祖汉化措施的守旧派所进行的反击。康熙帝在亲政的当月便批准黄机奏修《清世祖实录》的请求，所颁谕旨实际上已定下基调，否定所谓"清世祖遗诏"中对世祖朝政体改革的诋毁。康熙七年（1668）正月，康熙帝为顺治帝立"孝陵神功圣德碑"，亲撰碑文，盛赞其政治举措，将守旧辅政大臣炮制的所谓"遗诏"几乎逐条予以驳斥。"向守旧派反击，从重新评价清世祖朝政治开始，是最为方便的。纂修实录，目的即在于此"⑤。《清世祖实录》修成后，后世对其中的技术性问题作了订正。雍正十二年（1734）十一月，世宗以《清世祖实录》中有人名、地名、字画、音句等与新成的《清圣祖实录》不一致，特命大臣详加查对，"谨稽前后之文，参考异同之迹，谐声转注求一定之指归，舆地官阶溯当时之规制"⑥。校订工作于乾隆四年（1739）十二月完成。雍乾校订本成为现今通行的定本，正文 144 卷，合首卷序、目表、凡例 3 卷，共 147

---

① 《国子监志》卷 40《生徒六》。

② 《清史稿·圣祖本纪一》：康熙十一年"五月乙丑，《世祖实录》成"。

③ 《清圣祖实录》卷 39，康熙十一年七月丁未。

④ 《清圣祖实录》卷 42，康熙十二年四月丙寅。

⑤ 乔治忠、侯德仁：《〈清世祖实录〉的纂修及康熙初期的政治斗争》，《清史研究》2000 年第 4 期。

⑥ 《清世祖实录》卷首《乾隆朝进实录表》。

卷。《清世祖实录》从康熙六年（1667）九月五日开始修纂，至康熙十一年（1672）五月二十日告成，历时四年零九个月。若以乾隆四年（1739）十二月的定稿计算，则历时 72 年之久。

2.清中期实录的修纂过程

清中期实录包括圣祖、世宗、高宗和仁宗四朝实录。圣祖康熙帝是出生于中原的第一代清朝君主，康熙帝亲政后摆脱了鳌拜等满洲旧贵族的影响，开始了面向中原的革新运动，使清政权成为包括满、汉在内的各民族的国家机构。至宣宗道光帝时，清朝遭到了来自西方强国大英帝国的入侵，转入衰世。因此，本书将仁宗以前的清朝实录称为清中期实录。

第一，《清圣祖实录》的修纂。

康熙六十一年（1722）十二月十九日，胤禛即位伊始，大学士马齐等便奏请纂修《清圣祖实录》[①]，于是雍正帝命马齐为实录馆监修总裁，吏部尚书一等公隆科多等 4 人为总裁，礼部尚书张廷玉等 6 人为副总裁，开馆纂修《清圣祖实录》，并规定在实录馆兼职之臣如有升转者，仍兼实录馆旧职；如外调地方任职，须尽快奏报。[②] 嗣君即位不到一月就启动大型皇帝实录的修纂工程，为清代实录修纂史上之首次，可能与世宗急于通过纂修实录证明自己得位之正的心理有关。

雍正元年（1723）正月八日，大学士监修总裁马齐等“议奏纂修《圣祖仁皇帝实录》开馆事宜，并开列纂修、翻译、收掌人员请旨”，获得批准。[③] 元年（1723）三月九日，实录馆“纂《圣祖仁皇帝实录》首篇及首卷二册进呈御览”，世宗“敬谨阅毕”后首肯[④]，成为后面遵行的

---

① 《清世宗实录》卷 2，康熙六十一年十二月庚午。

② 《清世宗实录》卷 2，康熙六十一年十二月乙亥。

③ 《清世宗实录》卷 3，雍正元年正月戊子；《清世宗宪皇帝圣训》卷 9《法祖》；中国第一历史档案馆编：《雍正朝汉文谕旨汇编》第 1 册，广西师范大学出版社 1999 年版，第 15 页。

④ 《清世宗实录》卷 5，雍正元年三月戊子。

样本。四年（1726）十月八日，世宗审阅康熙四十七年（1708）实录后，要求纂修实录总裁官张廷玉将圣祖对其评语“喜怒不定”及其背景“据实添载实录中”①。世宗对实录修纂进程了如指掌，又为实录馆增添了蒋廷锡、张廷玉两位监修总裁，“一馆同时置三位监修总裁，这在清代纂修实录史上是空前绝后的，体现了世宗对实录纂修的高度重视”②。世宗的目的，无疑是对《清圣祖实录》中可能出现的夺嫡等敏感问题加以监控，设三个监修总裁，有令其互相监督之意。与前三朝实录不同，《清圣祖实录》是先修汉文本，然后再译成满文、蒙古文本。因此，雍正元年（1723）时，便“命考取善书监生十二人恭缮《圣祖仁皇帝实录》”③。这些监修当是善书汉文的监生。至雍正九年（1731）十二月二十日，“恭纂《圣祖仁皇帝实录》《圣训》告成”④。这次修成的满、汉、蒙古三种文本的《实录》《圣训》，加上目录和凡例，共 1029 卷⑤，其中汉文本《清圣祖实录》正文是 300 卷，加上首卷 3 卷，共计 303 卷。次日，世宗抚今忆昔，感慨良多，于是命商量议叙实录馆人员。⑥《清圣祖实录》从康熙六十一年（1722）十二月十九日马齐奏请纂修并获任监修总裁开始，到雍正九年（1731）十二月二十日告成并进呈止，共历时 9 年。

《清圣祖实录》汉文本的正文为 300 卷，只有乾隆皇帝实录的五分之一。对此，有学者认为世宗“对实录的记载进行了大量的删改、歪曲”。提出雍正篡改康熙实录最突出的证据是，康熙实录只有 300 卷，而乾隆

---

① 《清世宗实录》卷 49，雍正四年十月丙寅。

② 王清政：《〈大清历朝实录〉纂修考》，武汉大学 1999 年硕士学位论文，第 25 页。

③ 《国子监志》卷 40《生徒六》。

④ 《清世宗实录》卷 113，雍正九年十二月己酉。《清史稿·世宗本纪》亦载：雍正九年十二月“己酉，《圣祖实录》《圣训》告成”。

⑤ 张廷玉：《恭进〈圣祖仁皇帝实录〉表》，选自《澄怀园文存》卷 2，清乾隆刻本。

⑥ 《世宗宪皇帝上谕·内阁》卷 113；又《清世宗实录》卷 113，雍正九年十二月庚戌。

在位时间与康熙相差无几，其实录却长达1500卷，是康熙实录的5倍！因此“大量删去了对雍正皇帝继承帝位不利的记载”[①]。此言不无道理，但可能夸大了这一现象。雍正朝所修《清圣祖实录》（300卷）与其前朝康熙所修《清世祖实录》（144卷）相比，内容增加了1倍多。其后《清世宗实录》虽只159卷，但仅记雍正十三年之事，以比例而计，又多于《清圣祖实录》，这说明《清实录》篇幅有一种由少到多的趋势。至于嘉庆朝之所以将乾隆实录修成1500卷之巨，则与保守老成、依赖父训的嘉庆帝的取向有关。

第二，《清世宗实录》的修纂。

雍正十三年（1735），高宗即位，十月，大学士鄂尔泰等“奏请纂修皇考《世宗宪皇帝实录》”，十月三日，高宗即命总理事务王大臣详议监修总裁及纂修人员的人选和开馆事宜。[②] 十五日，总理事务王大臣等便“议奏纂修实录开馆事宜”。高宗当即命大学士鄂尔泰为监修总裁官，大学士尹泰、张廷玉等4人为总裁官，尚书任兰枝等7人为副总裁官。[③] 十一月一日，正式“开馆纂修《世宗宪皇帝实录》”[④]。乾隆六年（1741）三月二十九日，高宗说他读过一遍太祖、太宗、世祖、圣祖以及“皇考实录、宝训”，要求“再按次进呈”，让他“循环览诵”。[⑤] 这里所说“皇考实录”，应该是已经修纂完成的部分《清世宗实录》。至乾隆六年（1741）十二月十一日，“《世宗宪皇帝实录》《圣训》告成”，计159卷，

---

① 李建宏：《〈清实录〉纂改问题之我见》，《山西档案》1997年第3期。

② 中国第一历史档案馆编：《雍正朝汉文谕旨汇编》第2册，广西师范大学出版社1999年版，第302页；又《清高宗实录》卷4，雍正十三年十月戊辰。

③ 中国第一历史档案馆编：《雍正朝汉文谕旨汇编》第2册，广西师范大学出版社1999年版，第323页；又《清高宗实录》卷4，雍正十三年十月庚辰。

④ 《清世宗实录》首卷《进实录表》称雍正十三年十二月开馆，而《清高宗实录》卷6称雍正十三年十一月丙申朔（初一日）“开馆纂修《世宗宪皇帝实录》”，当是后者。因为《进实录表》是事后追述，而《清高宗实录》所载则有档案为依据。

⑤ 《清高宗实录》卷139，乾隆六年三月甲午。

另有首卷3卷，共为162卷。高宗于保和殿举行接受仪式，然后来到太和殿，举行庆贺礼。① 次日，高宗决定对史臣进行表彰和奖赏。② 至此，《清世宗实录》的修纂落下了最后的帷幕。好附庸风雅的高宗难抑诗兴，御制诗作，成《皇考实录、圣训告成，恭纪长律四首》③，并令群臣和之。裘曰修、汪由敦等均和诗奉承。④

《清世宗实录》从雍正十三年（1735）十一月一日正式“开馆纂修《世宗宪皇帝实录》”始，到乾隆六年（1741）十二月十一日告成并进呈止，共历时六年零两个月。

第三，《清高宗实录》的修纂。

嘉庆四年（1799）正月，太上皇高宗弘历崩逝，仁宗颙琰亲政。二月，仁宗即命修“皇考”《实录》，召见监修总裁大学士庆桂，殷殷寄望，并任命庆桂为监修总裁官。⑤ 二月九日，仁宗正式下诏任命实录馆正、副总裁，以王杰等4人为总裁，布彦达赍、纪昀等6人为副总裁。⑥ 稍后又以工部侍郎童凤三为实录馆副总裁官。⑦ 同时，开始选择新的编纂实录场所。三月十四日，仁宗谕内阁：“现在恭纂《高宗纯皇帝实录》，宜择洁净处所敬谨纂办。且在事承办大小各员，人数众多，更须地方宽

---

① 《清高宗实录》卷156，乾隆六年十二月壬寅。朱金甫也认为《清世宗实录》“乾隆六年（1741年）成书”（见《清代皇帝〈实录〉撰修制度概述》，载清代宫史研究会编《清代宫史求实》，紫禁城出版社1992年版，第312页）。

② 《清高宗实录》卷156，乾隆六年十二月癸卯。

③ 张廷玉等编：《皇清文颖》卷首23，景印文渊阁四库全书本。

④ 裘曰修：《恭和御制诗》卷1，载《裘文达公诗集》，清嘉庆刻本；汪由敦：《恭和御制〈世宗宪皇帝宝录〉告竣敬受礼成元韵》，载《松泉集》卷10，景印文渊阁四库全书本。

⑤ 《钦定光绪大清会典事例》卷1051《翰林院·职掌》，宣统二年（1910）商务印书馆版。

⑥ 中国第一历史档案馆编：《嘉庆道光两朝上谕档》第4册，广西师范大学出版社2000年版，第49页；《清仁宗实录》卷39，嘉庆四年二月丁酉。

⑦ 中国第一历史档案馆编：《嘉庆道光两朝上谕档》第4册，广西师范大学出版社2000年版，第103页；《清仁宗实录》卷41，嘉庆四年三月丁亥。

敞。”并亲自推荐清字经馆，说此地颇为“整齐静肃”，可作为实录馆，同时“将清字经馆后屋四十余间，一并归入。俾纂办之地，益得宽展”。还特地强调当他出入清字经馆毗邻的西华门时，“在馆总裁各官，毋庸照清字经馆之例，排班站立”。① 十月十八日，仁宗路过实录馆，“因念在馆人员值此天气渐寒，朝夕纂办，着加恩于例支柴炭外，所有冬腊正三月，每月赏银五十两，以为灯火薪水之资，在广储司库内支领，并着为例”②。仁宗对所修的实录很感兴趣，留下了多次阅读《清高宗实录》的记载。③ 他对实录修纂工作抓得很紧，一直坚持亲自审阅黄绫本，督责甚严，对抬头、点画、脱文等错误亦一一指出。④ 六年（1801）二月二十九日，仁宗谕令吉纶、玉麟、恩普、刘凤诰“俱着授为总纂官，遇有陈奏事件，并着列名在副总裁之后”⑤。总纂官地位仅次于副总裁官，高于纂修官。这是清代修书各馆中第一次设立总纂一职。嘉庆十年（1805）闰六月，仁宗发现实录馆总裁各官对于所缮正本“又不细阅，遽行进呈。及至面询，多有未经寓目，互相推诿”，批评他们“殊失敬事之义”，因此严令“惟专看正本之人是问”。⑥ 十二月二十二日，仁宗即“以内阁学士英和、光禄寺卿初彭龄为实录馆总校官”⑦。十一年（1806）三月四日，“实录将次告成”⑧。工作的重点转向缮写。至嘉庆十二年（1807）

---

① 中国第一历史档案馆编：《嘉庆道光两朝上谕档》第4册，广西师范大学出版社2000年版，第92页；《清仁宗实录》卷40，嘉庆四年三月壬申。

② 《清仁宗实录》卷53，嘉庆四年十月癸卯。

③ 《清仁宗实录》卷54，嘉庆四年十一月丙寅；卷55，嘉庆四年十一月辛未；卷58，嘉庆五年正月庚辰。

④ 《清仁宗实录》卷126，嘉庆九年二月乙亥；卷129，嘉庆九年五月戊戌；卷139，嘉庆十年正月辛亥；卷154，嘉庆十年十二月癸未。

⑤ 中国第一历史档案馆编：《嘉庆道光两朝上谕档》第6册，广西师范大学出版社2000年版，第57页。

⑥ 《清仁宗实录》卷146，嘉庆十年闰六月庚戌。

⑦ 《清仁宗实录》卷155，嘉庆十年十二月辛丑。《嘉庆道光两朝上谕档》第10册第821页径作：“内阁奉上谕：‘英和、初彭龄俱着充实录馆总校官。钦此！’”

⑧ 《清仁宗实录》卷158，嘉庆十一年三月壬子。

正月十一日，“实录全书，现已恭缮完竣”①。三月十五日，举行了进呈仪式②。《清高宗实录》全书正文1500卷，加上首卷5卷，共计1505卷。篇幅为有实录以来最大者，“自有载籍图书以来，未有若斯之盛者也”③。兴奋异常的仁宗，不仅将在馆各员交部议叙，而且还推恩前任实录修纂官员，甚至推恩纂修官员的子孙。④ 五月二十日，仁宗为庆贺纂成《清高宗实录》之功，赐监修总裁等官“宴于礼部，并赏鞍马、银币有差”⑤。

《清高宗实录》从嘉庆四年（1799）二月仁宗任命庆桂为监修总裁始，至嘉庆十二年（1807）三月十五日告成进呈，共历时八年零两个月。

仁宗是一位平庸的守成之君，但在其父实录的纂修上，却多有创举。如在实录馆首设专勘稿本的总裁官和总纂官，在议叙上首开中期议叙之例，赏赐推恩至正、副总裁亲属，等等，均为后朝所因循。此外，成书篇幅巨大，亦为空前绝后之举。不过，仁宗重视实录的修纂，仍然是为了固守先君之道，从其父的实录中学习和模仿为治之方。这也难怪，在清朝历代皇帝中，仁宗是阅读本朝所修实录最多的一位。

第四，《清仁宗实录》的修纂。

嘉庆二十五年（1820）七月，宣宗旻宁继位，八月二十九日，即谕令内阁“恭纂大行皇帝实录，应在紫禁城内择地开馆”，于是将会典馆整修为实录馆，而将会典馆移往棉花胡同官房。⑥ 九月七日，“命恭纂《仁宗睿皇帝实录》”，以大学士托津为监修总裁官，大学士戴均元等4人为总裁官，吏部左侍郎恩铭等6人为副总裁官，并首设蒙古文实录副总裁，

---

① 《清仁宗实录》卷173，嘉庆十二年正月癸丑。

② 《清仁宗实录》卷176，嘉庆十二年三月丁巳；《清史稿·仁宗本纪》亦载：嘉庆十二年三月“丁巳，《高宗实录》《圣训》成”。

③ 《清高宗实录》首卷《序》。

④ 《清仁宗实录》卷176，嘉庆十二年三月丁巳。

⑤ 《清仁宗实录》卷180，嘉庆十二年五月辛酉。

⑥ 中国第一历史档案馆编：《嘉庆道光两朝上谕档》第25册，广西师范大学出版社2000年版，第380页；《清宣宗实录》卷3，嘉庆二十五年八月壬子。

由博启图担任。[①] 但宣宗以枢臣拟写的仁宗遗诏有舛误为由，清洗前朝旧臣，将大学士托津、戴均元交部严议，因此，实录馆监修总裁托津、总裁戴均元尚未入馆便被革职。次日，新入值军机处的大学士曹振镛成为实录馆监修总裁。[②] 二十二日，又命实录馆总裁官汪廷珍“敬谨专勘稿本”[③]。曹振镛上任第六天就拟订了纂修计划，同时奏明实录馆所需房间已装修完毕，工作人员已行文各所在衙门咨送，并已行文钦天监选择开馆日期，行文礼部拟定开馆仪注。[④] 经过周密的准备，实录馆于嘉庆二十五年（1820）十月十二日正式开馆。[⑤] 实录馆提出的许多要求，都得到宣宗的大力支持。由于在馆人员增多，实录馆办公用房不敷使用，要求内务府赶修添盖。为了保证熟手不致因甄别而流失，要求实录馆供事免于按旧例五年报满甄别。[⑥] 其后又五次奏请添人[⑦]，均为宣宗所批准。道光元年（1821）二月六日，任命都察院左副都御史同麟、兵部主事玉庆为实录馆清文总纂官，候补四品京堂周系英、翰林院侍读学士史

---

① 《清宣宗实录》卷 4，嘉庆二十五年九月庚申。关于戴均元任总裁官，包世臣《艺舟双楫》（清道光安吴四种本）卷 7 下“附录一”下《清故予告太子太保文渊阁大学士食全俸晋太子太师在籍除名大庾戴公墓碑》载：“上以公先帝老臣，派充实录馆正总裁。”

② 《清宣宗实录》卷 4，嘉庆二十五年九月辛酉；《清史列传》卷 32《托津列传》。又《嘉庆道光两朝上谕档》第 25 册第 408 页载：“嘉庆二十五年九月初八日内阁奉上谕：‘着派大学士曹振镛充实录馆监修总裁官。钦此！’”

③ 《清宣宗实录》卷 5，嘉庆二十五年九月乙亥。又《嘉庆道光两朝上谕档》第 25 册第 428 页所载大同小异。

④ 《清仁宗实录馆奏折档》，载《文献丛编》第 36 辑，国立故宫博物院 1936 年版。

⑤ 《清仁宗实录馆奏折档》，载《文献丛编》第 36 辑，国立故宫博物院 1936 年版。

⑥ 《清仁宗实录馆奏折档》，载《文献丛编》第 36 辑，国立故宫博物院 1936 年版。

⑦ 《清仁宗实录馆奏折档》，载《文献丛编》第 36 辑，国立故宫博物院 1936 年版。

致俨为汉文总纂官。[①] 二年（1822）七月十日，一直对实录跟踪阅读的宣宗，发现在书写嘉庆十四年（1809）十月六日万寿节仁宗御太和殿受贺一事时，误书皇子行礼；乾清宫赐宴，又误列皇孙入宴，“实属疏忽，总纂周系英着交部议处”，其未看出错误的总裁等官，“除文孚、王鼎、杜堮现在出差免其交议外，余着加恩改为察议，纂修李昭美系据内外记注恭载入书，其错误尚属有因，着免其议处”[②]。

道光四年（1824）正月二十九日，宣宗谕内阁：“恭纂皇考《仁宗睿皇帝实录》，现届告成，所有皇史宬、盛京尊藏本二分，首页应列前衔。着查照旧式，将监修总裁曹振镛、戴均元、英和、汪廷珍四人衔名，排次缮写。”[③] 三月二十九日，宣宗对“皇考《仁宗睿宗皇帝实录》《圣训》告成”后的进呈仪式作了部署。[④] 第二天，宣宗正式晓谕内阁诸臣，宣布：“皇考《仁宗睿皇帝实录》《圣训》告成。着于四月二十日受书御殿，各该衙门敬谨豫备。”[⑤] 至此《清仁宗实录》全部纂毕。《清仁宗实录》正文 374 卷，加上首卷 4 卷，共计 378 卷。四月二十日，清廷举行隆重的进呈仪式，然后，派出捧书的贝子、公及宗人府官，由保和殿恭送《实录》《圣训》至乾清宫安设。宣宗复诣香案前行礼。[⑥] 进呈完毕，清廷接着对实录馆官员进行了大规模的升赏议叙。

《清仁宗实录》从嘉庆二十五年（1820）九月七日命托津为监修总裁官，至道光四年（1824）三月三十日宣宗正式宣布告成，共历时三年零七个月。

---

① 《清宣宗实录》卷 13，道光元年二月丁亥。

② 中国第一历史档案馆编：《嘉庆道光两朝上谕档》第 27 册，广西师范大学出版社 2000 年版，第 386 页；《清宣宗实录》卷 38，道光二年七月壬午。

③ 《清宣宗实录》卷 64，道光四年正月癸巳。

④ 中国第一历史档案馆编：《嘉庆道光两朝上谕档》第 29 册，广西师范大学出版社 2000 年版，第 101～102 页；又《清宣宗实录》卷 66，道光四年三月壬辰。

⑤ 中国第一历史档案馆编：《嘉庆道光两朝上谕档》第 29 册，广西师范大学出版社 2000 年版，第 102 页；《清宣宗实录》卷 66，道光四年三月癸巳。

⑥ 《清宣宗实录》卷 67，道光四年四月癸丑。

3.清后期实录的修纂过程

道光二十年（1840），震惊世界的第一次鸦片战争爆发，清朝开始逐步衰落。记载道光朝的《清宣宗实录》以及其后的《清文宗实录》《清穆宗实录》《清德宗实录》，比附实录所修的《宣统政纪》，皆属于清代后期实录。

第一，《清宣宗实录》的修纂。

道光三十年（1850），即位伊始的文宗奕詝诏令修纂《清宣宗实录》，二月二十日，任命大学士穆彰阿为监修总裁官，协办大学士户部尚书祁寯藻等4人为总裁官，户部左侍郎阿灵阿等6人为副总裁官，赛尚阿兼蒙古副总裁官。① 关于这次人事任命，翁心存在日记中作了详细的记载，说那天四更下雨，但雨时下时停，云气沉沉。内阁奏请委派实录馆各官，于是便有了上述人事任命。② 五月八日，任命实录馆副总裁官刑部左侍郎周祖培“敬谨专勘稿本”③。后因周祖培在刑部事繁，改由刑部尚书杜受田专勘稿本。十月，实录馆中发生了第一次人事大变动。此前，监修总裁首席军机大臣穆彰阿因防堵“叛匪”不力被革职，三十日，改任大学士祁寯藻为实录馆监修总裁官。④ 咸丰二年（1852）四月五日，文宗因为“现在恭纂皇考《宣宗成皇帝实录》已进至道光十五年”，谕令吏部

---

① 《清文宗实录》卷4，道光三十年二月癸未。又《嘉庆道光两朝上谕档》第55册第339页载有一份道光三十年二月拟定的实录馆官员名单：“监修总裁穆彰阿，总裁祁寯藻、文庆、赛尚阿、杜受田，副总裁阿灵阿、季芝昌、福济、瑞常、周祖培、翁心存，蒙古副总裁赛尚阿。”

② 翁心存著，张剑整理：《翁心存日记》第2册，中华书局2011年版，第784页。

③ 《清文宗实录》卷9，道光三十年五月己亥。《嘉庆道光两朝上谕档》第55册第232页载：“道光三十年五月初八日内阁奉上谕：‘恭纂皇考《宣宗成皇帝实录》稿本，着周祖培敬谨专司勘办。钦此！’”另据《翁心存日记》第2册第800页载：“初八日……是日有旨命周祖培专办实录稿本。”

④ 《清文宗实录》卷20，道光三十年十月戊子。又《嘉庆道光两朝上谕档》第55册第491页载：“道光三十年十月三十日内阁奉上谕：‘着派大学士祁寯藻充实录馆监修总裁官，左都御史季芝昌充总裁官，侍郎朱凤标充副总裁官。钦此！’”

议叙所有在馆之提调、总纂、纂修、协修、校对、收掌、翻译、誊录及供事等官。[①] 二十三日，因杜受田出差，专勘实录稿本一事由翁心存“敬谨接办”[②]。七月十九日，正式任命工部尚书翁心存为实录馆总裁官，专勘稿本。[③] 咸丰四年（1854），实录馆最高领导监修总裁祁寯藻致仕，改由贾桢接任。十一月二十五日，“命协办大学士贾桢为大学士，管户部事，充实录馆监修总裁官”[④]。六年（1856）六月三十日，实录告成在望时，贾桢却以丁忧去职，由文庆继任第四任监修总裁。九月十八日，宣宗传谕内阁：“现在恭纂皇考《宣宗成皇帝实录》，业已告成。”进呈时，“应派贝子、公以下宗室官员”恭捧实录，而亲王、郡王、贝勒等左右护视，相关礼仪，令宗人府会同礼部，查照道光年间礼节具奏。[⑤] 十月一日，文宗正式宣布“皇考《宣宗成皇帝实录》《圣训》告成”[⑥]。十一月一日，正式举行进呈仪式。由监修总裁大学士文庆等奉上《进实录表》，宣宗驾临保和殿行礼恭迎，再至太和殿“作乐宣表”。然后派出捧书的贝子、公及宗人府官，“由保和殿，恭奉《实录》《圣训》至乾清宫安设”，皇帝则到香案前行礼。[⑦] 最后，清廷对实录馆纂修人员进行了大规模的升赏恩赐，此次进呈实录476卷，加上首卷5卷，共计481卷。

---

① 中国第一历史档案馆编：《咸丰同治两朝上谕档》第2册，广西师范大学出版社1998年版，第125页；《清文宗实录》卷58，咸丰二年四月乙酉。

② 中国第一历史档案馆编：《咸丰同治两朝上谕档》第2册，广西师范大学出版社1998年版，第160页；《清文宗实录》卷60，咸丰二年四月癸卯。

③ 《清文宗实录》卷66，咸丰二年七月丁卯。又《咸丰同治两朝上谕档》第2册第272～273页载：“咸丰二年七月十九日内阁奉上谕：‘恭纂皇考《宣宗成皇帝实录》稿本，着派翁心存敬谨专司勘办。钦此！’”“咸丰二年七月十九日内阁奉上谕：‘翁心存着充实录馆总裁官，邵灿着充副总裁官。钦此！’”

④ 《清文宗实录》卷152，咸丰四年十一月庚寅。

⑤ 中国第一历史档案馆编：《咸丰同治两朝上谕档》第6册，广西师范大学出版社1998年版，第242页；《清文宗实录》卷208，咸丰六年九月壬申。

⑥ 中国第一历史档案馆编：《咸丰同治两朝上谕档》第6册，广西师范大学出版社1998年版，第257页；《清文宗实录》卷209，咸丰六年十月乙酉朔；《清史稿·文宗本纪》亦载：咸丰六年十一月“乙卯朔，《宣宗实录》成”。

⑦ 《清文宗实录》卷211，咸丰六年十一月乙卯朔。

《清宣宗实录》从道光三十年（1850）二月二十日始修，至咸丰六年（1856）十月一日正式宣布告成为止，历时六年零九个月。

第二，《清文宗实录》的修纂。

咸丰十一年（1861）七月，不到6岁的载淳即位，是为穆宗，母即慈禧太后。十月二十六日，慈禧令开馆“恭修《文宗显皇帝实录》”，任命大学士桂良为监修总裁官，大学士贾桢等4人为总裁官，吏部左侍郎李菡等6人为副总裁官，理藩院右侍郎察杭阿为蒙古副总裁官。[①] 稍后，御史钟佩贤、给事中孙楫秉承慈禧旨意，以前顾命大臣载垣“假传谕旨造作赞襄政务名目”为由，要求已定为矫传的谕旨“不应载之实录”。[②] 同治元年（1862）四月十日，命实录馆副总裁官、工部尚书李菡敬谨专勘稿本。[③] 五月十三日，文宗谕令实录馆总裁官，自道光三十年正月十五日以后，至咸丰十一年七月十六日止，“凡有交涉外国事件，着照皇祖《宣宗成皇帝实录》之例，另为一书”，叮嘱总裁等官“敬谨纂辑，毋稍漏略”[④]，此即《筹办夷务始末》之由来。六月，桂良死于任上。七月十六日，乃命大学士衔管工部事翁心存为实录馆监修总裁官[⑤]，负责实录馆的总体事务。但四个月后，翁心存病死。十一月二十二日，又任命大学士贾桢为实录馆监修总裁官。[⑥] 实录馆三易监修总裁官。清代惯例，实录修纂过程中需以次进呈皇帝审阅，但因穆宗年幼，九月二十六日，乃派惠亲王绵愉、恭亲王奕䜣、醇郡王奕譞、大学士祁寯藻、礼部尚书

① 中国第一历史档案馆编：《咸丰同治两朝上谕档》第11册，广西师范大学出版社1998年版，第470页；《清穆宗实录》卷8，咸丰十一年十月辛巳。

② 《清穆宗实录》卷10，咸丰十一年十一月癸卯。

③ 中国第一历史档案馆编：《咸丰同治两朝上谕档》第12册，广西师范大学出版社1998年版，第167页；《清穆宗实录》卷24，同治元年四月壬戌。

④ 《清穆宗实录》卷28，同治元年五月甲午。

⑤ 中国第一历史档案馆编：《咸丰同治两朝上谕档》第12册，广西师范大学出版社1998年版，第337页；《清穆宗实录》卷34，同治元年七月丁酉。

⑥ 《清穆宗实录》卷50，同治元年十一月庚午。中国第一历史档案馆编：《咸丰同治两朝上谕档》第12册，广西师范大学出版社1998年版，第662页作“贾桢着充实录馆稿本总裁”，误，故实录改之。

倭什珲布、兵部右侍郎伊精阿每日在弘德殿代为审阅《清文宗实录》黄绫本。① 同治三年（1864）八月十二日，《清文宗实录》纂修“过半”②。至同治五年（1866）十一月二十二日，穆宗正式宣布“皇考《文宗显皇帝实录》《圣训》告成”，要求各衙门做好准备。③ 十二月八日，朝廷举行进呈仪式，然后对修纂人员进行升赏。

《清文宗实录》正文356卷，另有首卷4卷，合计360卷。从咸丰十一年（1861）十月二十六日始修，到同治五年（1866）十一月二十二日穆宗正式宣布修成，共历时五年零两个月。

第三，《清穆宗实录》的修纂。

同治十三年（1874）十二月，4岁的德宗载湉继位，是为光绪皇帝，由慈禧太后垂帘听政。光绪元年（1875）二月二日，“内阁奏请开馆恭修《穆宗毅皇帝实录》”，旋为慈禧太后批准。④ 七日，任命大学士宝鋆为监修总裁官，协办大学士英桂等4人为正总裁官，侍郎恩承等6人为副总裁官，理藩院尚书皂保为蒙古总裁官。⑤ 六月十一日，命礼部右侍郎徐桐为实录馆稿本总裁。⑥ 清代实录例由皇帝把关，由于德宗年幼，乃于光绪二年（1876）十一月二十五日派御前大臣伯彦讷谟祜、奕劻、景寿，户部右侍郎翁同龢，兵部右侍郎夏同善，每日在毓庆宫审阅《清穆宗实录》黄绫本。⑦ 洋务仍然是当时敏感的内容，御史刘恩溥建议“编纂实

① 中国第一历史档案馆编：《咸丰同治两朝上谕档》第13册，广西师范大学出版社1998年版，第470页；《清穆宗实录》卷80，同治二年九月庚午。
② 《清穆宗实录》卷112，同治三年八月庚辰。
③ 中国第一历史档案馆编：《咸丰同治两朝上谕档》第16册，广西师范大学出版社1998年版，第338页；《清穆宗实录》卷190，同治五年十一月丁丑。
④ 《清德宗实录》卷4，光绪元年二月庚午。
⑤ 《清德宗实录》卷4，光绪元年二月乙亥。
⑥ 《清德宗实录》卷11，光绪元年六月丙子。
⑦ 《清德宗实录》卷43，光绪二年十一月壬午；翁同龢：《翁同龢日记》第3册，中华书局1993年版，第1225页。

录，关涉洋务各条，请饬慎密办理”，得到皇帝的肯定。[①] 光绪三年（1877）九月二十七日，《清穆宗实录》修纂“全书过半”，照例议叙在馆人员。[②] 四年（1878）十二月二十七日，宝鋆公务繁忙，虽然免去国史馆总裁、阅兵大臣差使，但仍保留了实录馆监修总裁的职务。[③] 五年（1879）十一月七日，德宗正式宣布“《穆宗毅皇帝实录》《圣训》告成”[④]，二十五日，朝廷举行了进呈仪式。然后照新章程对实录馆人员进行了升赏，但已离馆之正、副总裁亦不再议叙。

《清穆宗实录》正文 374 卷，另有首卷 4 卷，合计 378 卷。从光绪元年（1875）二月二日奏请修纂，到光绪五年（1879）十一月七日正式宣布告成，共历四年零十个月。

第四，《清德宗实录》的修纂。

《清德宗实录》由清实录馆始修，但完成于民国时期。光绪三十四年（1908）十月，德宗去世，3 岁的溥仪即皇帝位。宣统元年（1909）二月二日，是正式修纂《清德宗实录》的日期[⑤]，朝廷“以恭修《德宗景皇帝实录》，派大学士世续为监修总裁官；大学士那桐、张之洞，尚书陆润庠、溥良为总裁官；侍郎唐景崇、瑞良、郭曾炘、熙彦，署侍郎王垿，内阁学士麒德为副总裁官；侍郎恩顺为蒙古总裁官”[⑥]。六月二十九日，

---

① 中国第一历史档案馆编：《光绪宣统两朝上谕档》第 3 册，广西师范大学出版社 1996 年版，第 197—198 页；《清德宗实录》卷 54，光绪三年七月己巳。

② 中国第一历史档案馆编：《光绪宣统两朝上谕档》第 3 册，广西师范大学出版社 1996 年版，第 442—443 页；《清德宗实录》卷 62，光绪三年十一月壬申。

③ 中国第一历史档案馆编：《光绪宣统两朝上谕档》第 4 册，广西师范大学出版社 1996 年版，第 412—413 页。

④ 中国第一历史档案馆编：《光绪宣统两朝上谕档》第 5 册，广西师范大学出版社 1998 年版，第 378 页；《清德宗实录》卷 103，光绪五年十一月丙子。

⑤ 《清史稿·宣统本纪》载：“（宣统元年）二月壬子，修《德宗实录》。”

⑥ 《宣统政纪》卷 8，宣统元年二月壬子。

以“恭纂《德宗景皇帝实录》稿本”，令“陆润庠敬谨专司勘办”。[①] 二年（1910）七月二十五日，命协办大学士徐世昌充实录馆总裁官。[②] 宣统三年（1911）闰六月二十五日，清廷任命学部左侍郎宝熙为实录馆副总裁。[③] 十月四日，隆裕太后借宣统帝之口宣谕道：“世续现已销假，其原充之文华殿大学士、实录馆监修总裁、文渊阁领阁事、国史馆总裁，均着照旧补充。”[④] 辛亥革命后，隆裕太后携6岁皇帝溥仪宣告退位，但修纂工作仍在进行。

溥仪居紫禁城小朝廷时的内务府大臣耆龄在其所撰的《赐砚斋日记》中，记录了《清德宗实录》的修纂过程：1919年阴历六月初七日，奎濂因进献了《清德宗实录》的经费，获赏头品顶戴。辛酉十二月初十日（辛酉年为1921年，但十二月初十日已是1922年1月7日），“《德宗景皇帝实录》告成，恭进首函礼成，世相进太傅，陈师傅加太傅衔，宝、郭二总裁加太子少保衔，在事文武员均记录二次，在事提调均准奏保。”[⑤] 可见，至1922年1月7日，《清德宗实录》定稿本完成。据监修总裁世续所上《进（德宗）实录表》，后题“宣统十三年十二月初十日，经筵讲官太保文华殿大学士文渊阁领阁事国史馆总裁总管内务府大臣臣世续、太保毓庆宫授读臣陈宝琛、经筵讲官变通旗制处大臣总理禁烟事务大臣学部左侍郎臣宗室宝熙、头品顶戴典礼院副掌院学士署掌院学士

① 中国第一历史档案馆编：《光绪宣统两朝上谕档》第35册，广西师范大学出版社1996年版，第277页；《宣统政纪》卷16，宣统元年六月丙午。叶昌炽：《奇觚庼文集》（民国十年刻本）卷下《太保东阁大学士赠太傅陆文端公墓志铭》载：“今上御极，赏穿戴嗉貂褂，以《德宗景皇帝实录》稿本告成，授太保。”

② 中国第一历史档案馆编：《光绪宣统两朝上谕档》第36册，广西师范大学出版社1996年版，第290页；《宣统政纪》卷39，宣统二年七月丙寅。

③ 中国第一历史档案馆编：《光绪宣统两朝上谕档》第37册，广西师范大学出版社1996年版，第201页；《宣统政纪》卷57，宣统三年闰六月辛酉。

④ 中国第一历史档案馆编：《光绪宣统两朝上谕档》第37册，广西师范大学出版社1996年版，第313页；《宣统政纪》卷65，宣统三年十月戊戌。

⑤ 耆龄：《赐砚斋日记》，《中和月刊》1943年第4卷第6期，第62页。

臣郭曾炘等谨上表"[①]，亦可为证。又王国维在《郭春榆宫保七十寿序》中称《清德宗实录》"讫事于辛酉之冬"[②]。《清德宗实录》定稿本成，共597卷，另有首卷4卷。同年（1922）同月十六日，"《德宗景皇帝实录》尊藏皇史宬，在衙门前跪送。"[③] 实录进呈后不久，世续便因病去世，终年69岁。

有学者认为，1922年所上为稿本，此后《清德宗实录》的纂修工作还在继续，1924年11月25日，冯玉祥将溥仪逐出紫禁城，溥仪先栖醇王府，后辗转至天津张园，"实录的纂始终没有停止"。至1927年，"《德宗实录》正本终于告成，缮成二份"，当时中华民国总统徐世昌也以"经筵讲官太保体仁阁大学士督办津浦铁路大臣专司训练禁卫军大臣"头衔名列总裁官之中。[④] 笔者认为，《清德宗实录》的正本并非在1927年才完成，而是与定稿本几乎同时完成的。定稿本现藏于北京大学图书馆，其《进实录表》所署日期，是"宣统十三年十二月初十日"，而正本原藏皇史宬，今藏中国第一历史档案馆，即大红绫本，其《进实录表》所署日期也是"宣统十三年十二月"。而且，自1924年被驱逐后，清廷纂修《清德宗实录》的条件已不复存在，只能在稿本上做些文字的修改。因为实录修纂需要的各种史料都藏在紫禁城中，一旦离开宫中，便无法进行修纂了，因此不可能再从事正本的修纂工作。据笔者推测，1927年完成的只是一部抄缮本，即今藏于辽宁省档案馆的小红绫本，其《进实录表》的日期，正是"宣统十九年（1927）"。

《清德宗实录》是清代最后一部以"实录"命名的帝王实录，也是中国历史上最后一部帝王实录。

《清德宗实录》计597卷，从宣统元年（1909）二月二日派世续等

---

① 《清德宗实录》首卷《进实录表》。

② 转引自金毓黻《清国史德宗本纪稿本解题》，《学原》1947年第1卷第8期。

③ 耆龄：《赐砚斋日记》，《中和月刊》1943年第4卷第6期，第62页。

④ 王清政：《〈大清历朝实录〉纂修考》，武汉大学1999年硕士学位论文，第31页。

"恭修"，至1927年《清德宗实录》小红绫本抄缮完成，历时约18年。因皇朝倾覆，遭值动乱，因此成为清代纂修时间最长的实录之一。

第五，《宣统政纪》的修纂。

《宣统政纪》是德宗实录馆遗老仿照实录体修撰的一部宣统皇帝溥仪的实录，记载光绪三十四年（1908）十月一日（癸丑）至宣统三年（1911）十二月二十五日（戊午）间的史事，计70卷，另有首卷1卷。但由于时至民国，因此不敢署"实录"之名，而命名为"政纪"。

《宣统政纪》修纂的时间，历来均无明确说明。据笔者研究，该书是在《清德宗实录》稿本完成的癸丑年（民国二年，1913年）十二月十九日之后，于甲寅年（民国三年，1914年）正月十九日开始修纂的。据《宣统政纪》最后一卷（即卷70）所附载的工作进程记录："纂修官温肃恭纂。总纂官熊方燧恭辑。监修总裁世（续）恭阅，一签，正月十五日。正总裁那（桐）　月　日。专司稿本陆（润庠）恭复阅，甲寅二月初五日……宗室宝（熙）恭阅二签，九月初六日。陈（宝琛）恭阅三签，三月初十日……郭（曾炘）恭阅五签，十一月二十一日。"可以发现，全书稿本审阅完毕，也才是甲寅年的十一月，甲寅年即1914年，也即民国三年。也就是说，《宣统政纪》稿本完成的时间，应该是民国三年，即1914年。不过，此后可能进行了一些修改，但当1924年溥仪等被驱逐出宫后，《宣统政纪》修纂的可能性便不复存在，只能是做些文字修改和抄缮的工作。

1934年，"大满洲帝国国务院"影印《大清历朝实录》时，溥仪派人到天津取回《宣统政纪》和《清德宗实录》，合印于《大清历朝实录》中。20世纪80年代中华书局影印《清实录》时，也将《宣统政纪》一起影印，可见它也被人们视为《清实录》的一部分。

三、《清实录》的价值

《清实录》篇幅巨大，记载广泛，具有很高的文献史料价值，对于清史研究、清代史学史研究都有重要的意义。

有人曾从意识形态立场对《清实录》的价值作过消极的评价，认为："由于实录是站在清朝统治阶级立场来编纂的，对于某些史实的记载，也成问题，书中对于皇帝皇室的起居、婚丧、祭祀等等，连篇累牍，占了很大的篇幅；这些材料，除开研究清朝宫室的一些礼节掌故之外，可说一无用场；此外对于官吏的黜陟，除极小部分外，也是没有用处的。"①这种认识显然比较偏颇。作为清代史料的浓缩和纂辑，《清实录》无疑是清代历史的珍贵记录，特别是雍正以前的实录，因所采用的档案不少已亡佚，所以具有不可取代的文献史料价值。

1.《清实录》具有广泛的清史文献价值

《清实录》是对清代起居注和档案整理后的载录，是对原始史料有限度的加工和记载，保留了清代史实，记录了从努尔哈赤建立后金到辛亥革命长达 295 年（1616—1911）的清朝历史，反映了清朝政治、经济、文化等方面的众多历史事实，从清朝开国的神话传说到努尔哈赤举兵称金，从清顺治入关占领中原到康熙平定三藩、统一台湾，从晚清西人入侵和开展洋务到清末新军的建立与清朝被推翻，无不纳入其中，为研究清代历史提供了丰富可信的史料。有人认为，《清实录》是有关清朝历史最系统、最全面的一部资料长编，对清朝每年每月每日所发生的大事均有记载。② 也就是说，《清实录》具有广泛的清史文献价值。

《清实录》广泛地记载了清朝历史各个侧面，展现了清代宏阔的历史画面，其覆盖面十分广泛，上至帝王将相，中达文人士大夫，下及贞女烈妇，社会各阶层的状况尽收眼底。与此同时，《清实录》还广泛记载了清代的政治、军事、经济、文化、外交等各种史实，为清史研究提供了重要的历史文献。清代每一朝实录前都有修纂凡例，是其内容的采择依据，从中反映出《清实录》内容的类别，政治、军事、经济及文化等各方面内容都被采入书中。下面以《清圣祖实录·修纂凡例》为例，来观

---

① 陈象恭：《谈清实录和清史稿》，《历史教学》1957 年第 1 期。

② 郭康松：《浅议〈清实录〉的编纂及价值》，《咸宁师专学报》1997 年第 1 期。

察《清实录》的具体内容。

其一，清朝政治。一是关于清帝的各种活动：对登极、亲政典礼，祭祀天地、太庙、山陵、日月、社稷，郊祀跻配，奉先殿升附配享，祭堂子拜神；御殿视朝；册立皇后，册封皇妃，册立皇太子等；恭谒山陵、临幸阙里、礼仪宴赉，亲征朔漠、阅视河工、指示方略等事皆予记载。二是有关皇室的各项重要事件和活动，如太皇太后及皇太后圣寿节、万寿节的庆贺礼仪与宴筵，公主下嫁，郡主、郡君等出嫁，宗室封爵等事。三是有关朝廷举行的重要典礼和仪式：对元旦、冬至等大庆贺礼仪和筵宴，大丧礼仪、奉安地宫礼仪，每岁祭历代帝王、先师孔子及先农等典皆加记载。四是有关政府官吏的升黜除授、入觐陛辞：对异姓王、公、侯、伯、精奇尼哈番升降黜革，外藩王、贝勒、贝子、公之封授袭替及升降黜革，文武大臣的京察、大计和升降等事亦作记载。五是有关朝廷法律与司法：对文武大臣犯罪、拘禁迁谪及正法、特恩宽宥；不论官吏军民犯叛逆大罪正法者，肆赦、停刑、恤刑，律例有更定者；更定督捕条例；特遣官员缉拿口外窃贼等，均作记载。

其二，清朝民族与外交。对满汉文武官员奉使外国外藩事关大典者；差遣大臣往四十九旗蒙古会盟、劝农、训俗；边远地方土司、酋长归化投诚，宣抚、宣慰、招讨等使授职、袭职，改土归流；远方外国慕化归诚、遣使进贡、赐封爵、给敕印，外藩来朝及遣使进年贡、遣侍子入学、请通市，定年贡则例，特恩减免贡物及宴赉，各作详录。宣宗以后的实录，则记载了与英国、法国、德国、荷兰、美国等西方国家的关系和外交活动。

其三，清朝军事。对清代开拓疆土，设立、改设、分置和裁并边镇及卫所；命将出征、调兵、筹饷一切方略，军中奏报军机、纳降、献捷、凯旋、迎劳；山海贼寇，地方官兵剿抚平定；兴灭继绝，绥定喀尔喀、拉藏疆土，安集所属人众；平定察哈尔、罗刹，所属兵丁编设佐领，分隶八旗；平定三逆、台湾等处，安插投诚兵丁；平定朔漠，安置厄鲁特降人；筹画海疆事宜；八旗分设佐领，增添甲兵；直隶各省水陆标营兵制，及驿传、烽堠添设、裁减、归并；八旗及直隶各省绿旗兵奉恩诏及特旨颁赏，扈从、出征、戍防兵于常例给饷外，特恩加赏等事，都予详载。

其四，清朝经济。对每岁人丁户口、田地、税粮、茶盐、铸钱之数；凡开垦军屯、圈拨地土、编审人丁、折征漕粮、蠲除赋役、停罢岁办诸物，并漕运、钱法、茶盐、榷关则例有更定者；王以下文武各官俸禄、军士月粮则例有更定者；遇恩诏及特旨蠲免直隶各省新旧额赋，遇灾荒发粟蠲赋，于常例外特恩赈恤，以及赈济外藩蒙古，各作详录。对各项工程注意记载，如修葺坛、庙、奉先殿；营建山陵，重建阙里文庙，及凡在祀典诸神庙宇，直隶各省先贤庙宇、书院，岳渎等庙宇及其赐书匾额；重建太和殿、修葺乾清宫；黄淮两河、运河、永定河疏筑事宜；直隶各省及边塞地方建筑城垣，疏浚河渠，滨海滨江地方筑堤捍水，一切重大工役等。

其五，清朝文化。对皇帝钦定的定礼仪、正乐律、治历法、勘方舆活动；授先贤后裔五经博士世袭；直隶各省乡试、文武会试、殿试、传胪，殿试制题，特恩开科、增广乡会试中额，及增加取进府、州、县、卫学文武生员，御试博学宏词，及钦赐举人一体会试、殿试，选庶吉士及教习、授职；国子监及直隶各省学政条例有更定者；纂修实录、圣训、玉牒、国史、起居注、典训、方略、一统志、《明史》；钦定各种书籍，各作详录；对伦常和风俗的旌扬，如旌表孝子、顺孙、义夫、节妇、烈妇、烈女等；对天象云物、气候征应及日食星变、地震，以及颁历、进春等，都进行了记载。利用《清实录》记载的文教史料，王惠洁撰写了一篇题为《从〈清太宗实录〉看皇太极时期的文化、教育》的论文，对创制新满文、翻译典籍、重用儒臣、设立文化机构等文化措施以及对重办学、施行科举、尊孔圣等教育措施进行了探讨。[①]

---

① 王惠洁：《从〈清太宗实录〉看皇太极时期的文化、教育》，载铁玉钦主编《沈阳故宫文集》，南开大学出版社 1992 年版，第 155～163 页。

从以上《清圣祖实录》修纂凡例所涉及的内容来看，《清实录》对清代历史的记载是相当全面的。对此，学者们多有肯定。有人指出："清代实录的内容广泛、丰富，涉及清代政治、经济、文化、外交、宗教、教育、财政、赋役、自然灾害、天文地理、皇族、宫廷等各个方面。"①

《清实录》虽然记事全面，追求"巨细靡遗"，但也并非遇事皆载的流水账簿。康熙五十九年（1720），副都统永泰上书称《清世祖实录》失载其祖图赖的事迹，圣祖即命大学士马齐核查。马齐审核后具奏："实录只载国家大政，其余细微之事，例不编入。"② 可见，《清实录》还具有特殊的采录宗旨和取舍标准，史料不仅广泛，而且重要。

2.《清实录》具有独到的清史文献价值

《清实录》不仅具有史料的广泛性，而且具有独到性，不少史实都为其他史书记载不详或完全失载。清代所修的有关本朝历史的典籍很多，如《起居注》（今已不全）、《清史列传》、《清三通》、《清会典》、《吏部则例》、《大清律例》、《赋役全书》、《大清通礼》，以及历朝"奏议""朱批谕旨""方略"等，民国所修的有关清朝的史籍也有《清史稿》《清朝续文献通考》等书，这些典籍虽然对清朝历史的记载也相当丰富，但是并不能取代《清实录》，由于体裁或内容的局限，它们要么比较琐碎（如《起居注》），要么各有侧重（如《清三通》《清会典》《吏部则例》），要么比较零散（如"朱批谕旨"），不如《清实录》兼收并蓄、博采综录和首尾相续。仅就史料的记载来看，《清实录》中的许多记载都具有独到的价值。

《清实录》的独到性，主要表现在两个方面：一是在记叙同一历史事实时，与其他史书的记载有所不同，实录的记载要么角度独特，要么更加具体；二是其部分史料具有唯一性。换言之，实录的史料具有某种程度的不可替代性。

---

① 李建宏：《〈清实录〉的史料价值》，《档案学通讯》1995年第3期。

② 《清史列传》卷14《马齐》，中华书局1928年版，第9页。

第一，《清实录》的史料与其他史书的记载有所不同。

《清实录》在记载某些历史事实时，有时候相当具体和完整。如《清世祖实录》卷119所载顺治十五年七月戊午的一则对吏部的上谕，对于清代政治制度史的研究十分重要：

> 自古帝王设官分职，共襄化理，所关甚巨，必名义符合，品级画一，始足昭垂永久，用成一代之典。本朝设内三院，有满汉大学士、学士、侍读学士等官。今斟酌往制，除去内三院秘书、弘文、国史名色，大学士改加殿阁大学士，仍为正五品，照旧例兼衔。
>
> …………
>
> 内阁，满字称为多尔吉衙门，汉字称为内阁。
>
> 翰林院，满字称为笔帖黑衙门，汉字称为翰林院。其侍读学士以下员数官衔，满名照汉官称谓。通着察例详议具奏。
>
> 六部，满汉尚书，俱作正二品，满字仍称阿里哈昂邦，汉字仍称尚书。满汉侍郎，俱作正三品，满字仍称阿思哈尼昂邦，汉字仍称侍郎。理事官，满字称为一齐下喇哈番，汉字称为郎中，俱作正五品。副理事官，满字称为爱惜喇库哈番，汉字称为员外郎，俱作从五品。主事，满字称为额者库哈番，汉字仍称为主事，俱作正六品。司务，添设满官，汉字仍称为司务，满字仍称为他库喇布勒哈番，俱作从九品。
>
> …………
>
> 各衙门见任各官，俱照本品改衔供职。以后升除衔品，俱照新制。凡改定官名，通行传谕。至各衙门满汉启心郎，原因诸王、贝勒管理部院事务而设，今宗人府启心郎仍照旧，其余部院满汉启心郎俱着裁去，照原品另用。其太常寺等衙门，满汉官名品级，着一并详议画一具奏。

以上记载了清朝前期满汉官制、名称和品级的画一措施，方便了满汉官制的对应和参考，对于清代官制史的研究非常珍贵，对清代政治制度史的研究能够起到深化作用。《清会典》中虽然载录了各衙门的相关情况，但并没有将某一官名的满文名称与汉文名称逐一介绍并作比照。此条史料，后来为《皇朝文献通考》卷77《职官考一》所转录，但在原始性上，《皇朝文献通考》显然不及《清世祖实录》，属于二手史料。

第二，《清实录》的部分史料具有唯一性。

《清实录》以清代档案为史源，但档案保存并不容易，有不少档案最终散佚，实录反而成了史源，史料具有独特性甚至唯一性。如《清高宗实录》卷36载：

> （乾隆二年二月乙丑）谕履亲王允祹、庄亲王允禄、果亲王允礼："皇考世宗宪皇帝临御十三年，所降谕旨、所行政事，现在恭修实录，敬谨叙入，但皇考前在藩邸时事迹，并无记载。我皇考与皇祖圣祖仁皇帝、世祖章皇帝不同，皇祖圣祖仁皇帝、世祖章皇帝皆自冲龄即位，临御以前，并无应行恭纪之事。皇考即位之时，年已四十有五，从前恭侍皇祖，承欢慈颜，恪遵庭训，仰蒙皇祖恩勤教育。及处朕伯叔之间，诸事如何措置之处，理宜详载，以备将来纂修国史，叙入皇考本纪。雍正七年，皇考曾于养心殿连日召见诸王公文武大臣、官员等，面谕以皇考所行所历之事。时朕与和亲王亦预闻焉。其后皇考屡向朕弟兄降旨，欲将自幼阅历之事俟闲暇之时，再行详悉告谕，而竟未果。现在大臣中经阅其事者甚少，即或有人虽及其时，而于关系内廷之事，亦无从得知。惟有诸叔父，皆及其时，经阅其事。履亲王、庄亲王、果亲王，尔三人尚其思绎，各据所见所闻所记者，恭录呈览。候朕笔削更定后，再交大学士等纂入国史皇考本纪。"

此条上谕，表达了高宗对世宗历史的记录要求，相当重要，但查《乾隆朝上谕档》第155页载录乾隆二年二月七日的内容，并无此条上谕，证明了这条上谕最早只见于《清高宗实录》，具有独特的价值。

乾隆四十六年（1781）十月，高宗命部臣核对国史吴三桂传内所载具疏的内容，发现“上谕部臣一条，遵照康熙十三年四月实录原文叙入；又《耿精忠传》内所载议政王等复核精忠罪状，较尚之信尤为重大，且与安亲王书，语多狂悖一条，遵照二十一年正月实录原文叙入。其三桂原疏及精忠原书，馆中积年检查红本，并无此二种，他本中亦未见附载”①。这条史料证明，国史列传的史料来自实录，而更原始的档案则散佚无存，无从查找。这使《清实录》成为最独特的史料。乾隆四十六年十二月，高宗令“国史馆查取《刘进忠传》”，该馆复称“刘进忠未立专传，惟实录红本内载有刘进忠事迹始末”，并将“摘叙事迹进呈”。② 从这条史料来看，实录的记载常为国史所没有。乾隆五十年（1785）五月二十二日，有大臣“遵旨查噶礼之母呈控被噶礼用毒谋害一案”，发现“所有康熙年间原案及噶礼之母原呈，俱检查无存，惟查康熙五十三年实录内所载刑部原题内叙噶礼之母呈词较详，谨将实录抄录呈览”。③ 这封奏疏表明，记载噶礼毒母一案的原始档案均已不存，《清实录》成为记载这一案件的唯一史料。相似的情况还有很多。乾隆五十七年（1797）二月二十三日，有大臣复奏：“前将康熙十三年吴三桂奏章交查国史馆、内阁，据复查无此件红本，臣等遵旨恭查实录内载有此事之处，夹签进呈。”④ 显然，吴三桂康熙十三年（1674）的奏疏，原始档案已散佚不见，只有《清圣祖实录》卷 45、46 有记载，可为此事的唯一线索。

有一种情况是，某一事件的原始档案部分散佚，《清实录》成为散佚

① 中国第一历史档案馆编：《乾隆朝上谕档》第 10 册，中国档案出版社 1991 年版，第 854 页。

② 中国第一历史档案馆编：《乾隆朝上谕档》第 10 册，中国档案出版社 1991 年版，第 929 页。

③ 中国第一历史档案馆编：《乾隆朝上谕档》第 10 册，中国档案出版社 1991 年版，第 634 页。

④ 中国第一历史档案馆编：《乾隆朝上谕档》第 10 册，中国档案出版社 1991 年版，第 689 页。

部分的唯一记载。乾隆五十年（1790）五月，有大臣“遵旨查康熙年间给事中王原参奏吏部郎中陈汝弼一案，谨将红本抄录呈览”，但他们发现“其议政大臣、九卿等复审及定案二本，检查无存，谨于康熙四十四年实录内将议政大臣、九卿等复审后节次所降谕旨恭录进呈”。[①] 这说明，此案审讯部分的档案，皆已无存，只能靠实录的记载，关于这一部分内容，实录是唯一的史料。

3.前三朝实录早期版本的特殊史料价值

《清实录》的史料价值，还必须动态地加以审视，即根据其不同的版本分析其不同的史料价值，然后始能正确地进行应用。《清实录》自《清圣祖实录》以后，都只有一个定本流传下来，而其太祖、太宗和世祖三朝实录，则经过多次修纂，产生了多个版本，除雍乾校订本（迄今流行的定本）外，还有早期版本流传下来。这些早期版本中的每一个版本都不完全相同，它们与雍乾校订本之间也有较大的差异。今天留传下来的版本，太祖实录依次是《太祖武皇帝实录》（顺治重修本），康熙第一次修改本、第二次修改本、第三次改修本（康熙三次改修本被罗振玉编成《太祖高皇帝实录稿本三种》），雍乾校订本《太祖高皇帝实录》（定本）；太宗实录依次是现藏台北故宫博物院的《清太宗实录》初纂本和今天流行的定本《太宗文皇帝实录》；世祖实录依次是《世祖实录稿本残卷》和雍乾校订本《世祖章皇帝实录》（定本）。这些版本的价值规律是，版本产生得越早，其史料的原始性越强，其价值越高；而版本形成得越晚，其改纂和润色越多，史料的真实性越受影响。三朝实录的早期版本，保存了更多的历史真实信息。

第一，保存了明清君臣关系的真实记录。早期的实录版本，称明为“大明”，后修实录则改之为“明”。《太祖武皇帝实录》中，对明朝仍持恭顺和敬畏的态度，在文字上多用敬语，如称明朝为“大明国”等，记

---

① 中国第一历史档案馆编：《乾隆朝上谕档》第10册，中国档案出版社1991年版，第642页。

录了建州女真对明朝的臣属关系。但是，后修实录则加以讳饰，康熙重修本《清太祖实录》“尽删对明朝的敬词字样，而以明清为对等的国家”①。以努尔哈赤祖父与父亲死于古勒兵火的一段记述为例，《太祖武皇帝实录》卷1记努尔哈赤听到其祖父与父亲被杀后，在与明朝官员交涉时，“太祖奏大明曰：‘祖父无罪何故杀之?’诏下，言：‘汝祖父实是误杀。’遂还其尸，仍与敕书三十道，马三十匹，复给都督敕书”②。“太祖奏大明”，显然是臣向君的求诉。康熙朝第一次修改本将这段改为：“上闻之大恸，悔恨不已，谓明边吏曰：‘我祖父无过，何故加害?’明国答言：‘非有意加害，乃误耳。’遂归其丧。”③ 将“大明”改为“明国”，明朝所下诏书和努尔哈赤接受明朝敕书之事一笔勾销。康熙朝第二次修改本将这段改为：“上闻之大恸，勃然震怒，谓明边吏曰：‘我祖父无故被害，汝等乃我不共戴天之仇也。汝何辞?’明边吏答曰：‘非有意也，误耳!’乃归二祖丧。”④ 将努尔哈赤原来委屈的态度，变成了凛然不可侵犯的态度，将努尔哈赤上奏改为责问明朝边吏，强调明朝和建州是有“边界”的。康熙朝第三次修改本，甚至把“明边吏答曰”改成“明遣吏曰”，表现出明朝对建州女真的惧怕以及明、满之间的对等地位。⑤ 相比较而言，《太祖武皇帝实录》记载更为真实。太祖、太宗实录的早期修纂本中，天聪九年（1636）以前，经常有“建州卫”的称谓。《太祖武皇帝实录》卷3曾记载天命四年（1619）朝鲜遣使之事：

---

① 陈捷先：《满文清实录研究》，台北大化书局1978年版，第41页。

② 《清太祖武皇帝实录》卷1，载潘喆等编《清入关前史料选辑》第1辑，中国人民大学出版社1984年版，第304页。

③ 罗振玉校理：《太祖高皇帝实录稿本三种》，载《清史资料》第2辑《开国史料》（二）第7册，台北台联国风出版社1969年版，第25页。

④ 罗振玉校理：《太祖高皇帝实录稿本三种》，载《清史资料》第2辑《开国史料》（二）第7册，台北台联国风出版社1969年版，第209～210页。

⑤ 罗振玉校理：《太祖高皇帝实录稿本三种》，载《清史资料》第2辑《开国史料》（二）第7册，台北台联国风出版社1969年版，第431～432页。

> 五月二十八日，朝鲜遣官一员，从者十三人，并前使者赍书至。其书曰："朝鲜国书，平安道观察使朴化，致书于建州卫马法足下，吾二国地土相连，大明为君，吾二国为臣，经二百余载，毫无怨恶……"

但是到了《清太祖实录》定本里面，则改成："庚戌，朝鲜遣使者一人、从十三人，随我国使臣赍书至。其辞曰：'朝鲜国平安道观察使朴化，顿首致书满洲国主。吾二国接壤而居，明与我二国，历二百余载，毫无怨恶……'"① 可见，早期修纂本中，还保留了朝鲜国书中的"建州卫马法"的称呼，但到了改修本中竟将"建州卫"改称"满洲国"，将"马法（即酋长之义）"改为"国主"。

第二，保存了清女真部落的真实信息。《太祖武皇帝实录》记载了努尔哈赤家族成员的名字，如努尔哈赤的祖父作"觉常刚"或"觉昌安"（满文作 giocangga），父亲作"塔克世"或"塔石"（taksi），其生母姓"奚塔喇"（hitara），名"厄墨气"（emeci），其妻即太宗生母作"孟古哲哲"或"孟古姐姐"（monggojeje）等，太祖本人在实录中也被记为 Nurhaci，"最多只在名字上划些圆圈，以作敬讳的表示"②。然而，这些名字在康熙重修本中或因避讳，或因重男轻女而不载。后妃的名字代之以"氏"。如褚英、代善生母的名字"哈哈纳扎亲"被改作"元妃佟甲氏"，莽古尔泰生母之名"滚代"被改作"富察氏"，"孝慈武皇后孟古姐姐"被改作"孝慈高皇后叶赫纳喇氏"，多尔衮生母之名"阿把亥"被改作"大妃乌喇纳喇氏"，"皇妃赖"被改作"侧妃伊尔根觉罗氏"。三朝实录早期初纂本还透露出满洲的君臣关系的真实状态，满洲政权并不像汉族政权那样等级森严。天聪八年正月初一日，初纂本《清太宗实录》载太宗皇太极前往大贝勒代善府第拜年的场景是："上行三跪九叩头礼。大

---

① 《清太祖实录》卷 6，天命四年五月庚戌。

② 陈捷先：《满文清实录研究》，台北大化书局 1978 年版，第 45 页。

贝勒令其子芍托阿哥跪奏曰：‘上行九拜，异日必生九子，一统天下，永享遐龄，共乐太平。’”雍乾校订本则觉得以君拜臣特别不妥，故改为：“诣大贝勒代善第拜之，以代善兄行，有加礼。代善令其子硕托跪奏曰：上恩优渥，臣无以报，惟愿上富寿多男，一统天下，永享太平。”① 刻意隐瞒皇太极向兄长代善行三跪九叩头大礼的实情，而改以模糊的“有加礼”字样，朦胧其事。三朝实录的早期修纂本，还保存了许多满洲旧俗，如子娶后母、侄娶叔母和弟娶嫂等。此外，人殉旧俗、赏赐“妻奴”制度等在早期版本中有记载，而为改修本所隐讳。初修本《清世祖实录》残卷载：

> （崇德八年八月丁亥）敕谕都尔白特索朗阿：“汝都尔白特索朗阿，原系内里特地方人，巴祁蓝、撒木世噶往征乌龙江时，有布颜图带领六十人逃亡，汝率领七人将布颜图追回，又擒获二十人。索海、撒木世噶往征乌龙江时……因汝尽心乡导，赐汝达儿汉名，免汝供应马匹牲畜，令子孙仍袭其名。”②

所载信息丰富，但定本《清世祖实录》则简化成“以杜尔伯特部落索朗阿，随征黑龙江等处为乡导，及擒获逃亡布颜图等功，赐名达尔汉”数语，删减了不少满洲部落情况的细节。

4.满文、蒙古文《清实录》特殊的史料价值

《清实录》是用满、汉、蒙古三种文字修纂而成，除汉文本外，保藏在北京、沈阳、台北及其他地区的满文、蒙古文《清实录》具有独特的史料价值。

其一，从满文实录中可以弄清被汉文实录所掩盖的历史真相。在乾隆朝之前，实录修纂的程序是先修成满文本，然后翻译成蒙古文本和汉

---

① 庄吉发：《故宫档案述要》，台北故宫博物院 1983 年版，第 327 页。

② 《世祖实录稿本残卷》，《文献丛编》1934 年第 20 期，第 552 页。

文本；乾隆朝以后是先修成汉文本，然后再翻译成满文本和蒙古文本。① 因此，清代早期的实录，满文实录是最原始的文本，在翻译成蒙古和汉文本时，进行了一些带有政治倾向的技术性处理。要弄清历史真相，满文本无疑是"第一手材料"。雍乾校订本（即定本）《清太祖实录》删去了原始档案中满洲对明朝的敬称，而在《满洲实录》的满文本中，仍然保留了对明朝的敬词，如"nikan i daiming gurun i wan lii han i juwan emuci sahahuûn honin aniya"，翻译过来就是"汉人大明国万历汗的第十一年癸未"；再如"daiming gurun i wan lii i taidzi tai boo hergen i lii ceng liyang"，翻译过来就是"大明国万历汗的太子太保官衔的李成梁"，里面都称明朝为"大明"，而不像定本那样改称"明"。雍乾校订本《清太祖实录》汉文本还删略了满洲殉葬旧习，但《满洲实录》的满文本却记载了这一历史事实。如太祖以四个婢女殉葬皇太极生母之事，《满洲实录》是这样写的："taidzu sure beile haji fujin ofi，delheme yadame，fujin i takûraha duin sain hehe，be dahabuha."翻译过来就是"由于太祖聪睿贝勒所爱的福晋单独地离去，便把福晋使唤的四个好婢女殉葬了"。尽管汉文本《满洲实录》也记载了这一事实，但满文本以原汁原味的形式，还原了历史场景和真相。

其二，满文、蒙古文本实录可以用来与汉文本对照，改正汉文本中的翻译错误。

在记述留守辽阳的满洲将臣时，《太祖武皇帝实录》称这些人为"多毕（或多铎弼）叔叔"、"背胡吉叔叔"、"沙进"和"素把海（或苏巴海）姑夫"，但定本《清太祖实录》汉文本则写成："命族弟铎弼、贝和齐及额驸沙进、苏把海统兵守辽阳。"② 其实，只有苏把海可以称"姑夫"，因为他娶了太祖的宗妹，而沙进则不能称"姑夫"。《清太祖实录》定本

① 参见谢贵安《〈清实录〉稿底正副本及满汉蒙文本形成考论》，《史学集刊》2008年第2期。

② 《清太祖实录》卷8，天命七年正月甲寅。

则把他们都称为“额驸”，显然不对。《太祖武皇帝实录》所称“多毕叔叔”“背胡吉叔叔”，此“叔叔”置于人名之后，并非表示家庭亲属关系，而是对长辈的尊称，然而《清太祖实录》汉文本却译成“族弟”，实有不妥。考《满洲实录》的满文本，则发现所记与《太祖武皇帝实录》相同，从而证明了《清太祖实录》的错误。

关于费扬古的称号与名字，定本《清太祖实录》汉文本称：“天命七年七月乙未朔，一等大臣硕翁科罗巴图鲁安费扬古卒，年六十四。”① 这种记载较《太祖武皇帝实录》增加了硕翁科罗巴图鲁的本名“安费扬古”（an fiyanggû），但这种记载大有问题。硕翁科罗巴图鲁在《太祖武皇帝实录》中有记载：“雄科落初名谙班哥，因其英勇超众，故名雄科落（即硕翁科罗）把土鲁。”② 康熙朝重修《清太祖实录》时，在初稿本中还录了这段文字：“春科落初名昂邦费扬古，因其英勇超众，故名雄科落把土鲁。”③ 这两段记载中，“谙班”与“昂邦”都是满文 amban 一词的音译，意思为“大臣”“大人”等，“偏哥”与“费扬古”则为满文 fiyanggû 一名的音译。满洲人的名字常常以排行来命名。fiyanggû 原意是“老幺”，因此硕翁科罗巴图鲁的本名应是“费扬古”，“谙班”或“昂邦”只是他的官衔。定本《清太祖实录》汉文本取 amban 的第一音节，称硕翁科罗姓“安”，非也。按照满洲早期习俗，所赐“巴图鲁”（勇士）称号，前面再加特殊的限定词，就成了此人的专称。如费扬古的限定词是“硕翁科罗”（šongkoro，其义为“海东青”，乃东北的珍贵名雕），于是，“硕翁科罗巴图鲁”就是费扬古的专称，有专称的人必不再记载他的本名。因此，定本《清太祖实录》称“硕翁科罗巴图鲁安费扬古”（满文本作 šongkoro baturu an fiyanggû）既不合满洲习惯，也将其姓名弄错了。考

---

① 《清太祖实录》卷 8，天命七年七月乙未。

② 《太祖武皇帝实录》卷 1，载潘喆等编《清入关前史料选辑》第 1 辑，中国人民大学出版社 1984 年版，第 306 页。

③ 罗振玉校理：《太祖高皇帝实录稿本三种》，载《清史资料》第 2 辑《开国史料》（二）第 7 册，台北台联国风出版社 1969 年版，第 30 页。

《太祖武皇帝实录》满文本载："nadan biyade，uju jergi amban šongkoro baturu mimeme akû oho，ninju duin se bihe."翻译过来就是："（天命七年）七月里，第一级的大臣硕翁科罗巴图鲁死了，得岁六十四。"这才是正确的写法，既不将 amban（谙班）断章取义成 an 而硬说成是费扬古的姓，也不在已称费扬古专称"硕翁科罗巴图鲁"后再提他的名字"费扬古"。可见，满文实录对于改正《清实录》中汉文错误乃至其他满文错误，都有重要意义。①

清人入关后，随着汉化程度的加深，蒙古文修成的《清实录》似乎成了一种象征，然而，蒙古文实录的价值还是受到了学者们的重视，不仅在于它"提供了在满洲统治当时，蒙古公文书或文献书写的方式，尤其是当时在北京和朝廷中，所用的一套格式"，而且"也可以借它，来找出若干或部分的，非汉语人名地名的正确读音"。②

蒙古文实录可解决汉文本中的地名问题。《清世宗实录》汉文本载，雍正九年十月癸卯，"随于木城、噶顺、镜儿泉、察罕哈麻尔、陶赖、搜济一带，各设卡伦"③。译意与译音混杂在一起。根据蒙古文实录，则可以发现这些地名作"Modun-u Qota，Tasun，Toli Bulaγ，Čaγan Qamar，Seüji"，据此可知，"木城"（Modun-u Qota）、"镜儿泉"（Toli Bulaγ）两个地名是译意，其他地名则系译音。

蒙古文实录还可以解决汉文本中的人名问题。《清世宗实录》汉文本载，雍正九年三月乙丑，"命左副御史二格，协办肃州军需事务"。"二格"，蒙古文实录作"Elke"，汉译当作"额勒和"，不作"二格"。

蒙古文实录还可以解决汉文本中的官制问题。借蒙古文实录来了解官制名称的意义，如《清世宗实录》汉文本"雍正九年二月癸卯"条，载有蒙古鄂尔多斯地方的"余丁"一词，其原意是指"披甲"以外的壮

---

① 以上参见陈捷先《满文清实录研究》，台北大化书局 1978 年版，第 79～81 页。

② 札奇斯钦：《故宫博物院所藏蒙文清朝实录简介》，《故宫文献季刊》1973 年第 4 卷第 2 期。

③ 《清世宗实录》卷 103，雍正九年二月癸卯。

丁。“余丁”，蒙文实录作“qamǰilγan-u eres”，意即“支援的男丁们”，也就是支援披甲们的壮丁们之意，蒙古文将“余丁”的含义，说得比汉文更清楚。①

在《清实录》诸文本中，满文和蒙古文本的历史文献价值显然也是不容小觑的。

总而言之，《清实录》是清朝所撰的有关清代历史的重要史籍，也是一部不可多得的历史文献著作，对于研究清代历史、清代历史文献学及史学，都具有不可轻视的史料和文献价值。清代前三朝实录的早期版本，保存着真实的女真部落的历史文化信息。《清实录》的满文本和蒙古文本，更是研究少数民族历史文献学和史学的重要资料，也是用以考证汉文本实录和清代历史事实的独特依据。正因为《清实录》具有重要的历史文献价值，因此受到了当代学者的重视，摘录和选编《清实录》内容的作品层出不穷，运用其史料研究清史的工作方兴未艾。《〈清实录〉中湖北史料辑录》正是在这种背景下产生的，其意义不言而喻。

谢贵安

2022 年 7 月 10 日序于武昌珞珈山麓、东湖之滨

---

① 札奇斯钦：《故宫博物院所藏蒙文清朝实录简介》，《故宫文献季刊》1973 年第 4 卷第 2 期。

编辑说明

一、《清实录》是清代官方所修本朝编年体史书，属于史料基本来源于政府档案的国史，包括太祖、太宗、世祖、圣祖、世宗、高宗、仁宗、宣宗、文宗、穆宗、德宗、宣统共十二朝实录。除此十二朝实录外，另有图文并茂的《满洲实录》，为后金时期所修，叙述范围与《清太祖实录》相仿。《满洲实录》，满语意为“先代光明汗事例书”，后修《清太祖实录》时据之以为底稿。《满洲实录》在乾隆时被重新发现，并作了重缮重绘，改名为《开国实录》。由于不是正式的实录，故本书对其史料摒而不录。宣统朝实录与其他十一朝实录有所不同，不是当朝所修，而是清朝灭亡后，由溥仪小朝廷在故宫的后宫所修。由于时为民国，惧国民之议，不敢取实录之名，故改称《宣统政纪》，实为宣统三年间的实录，故本书仍将其中史料一并辑录。

二、《清实录》的版本，迄今为止，仍以1986—1987年北京中华书局所出《清实录》最为权威且最为流行。此版本是中华书局联合中国第一历史档案馆、北京大学图书馆和北京故宫博物院图书馆，根据中国第一历史档案馆所藏原皇史宬大红绫尊藏本进行整理影印。其佚失部分，以故宫博物院图书馆所藏小红绫御览本及辽宁省档案馆所藏原崇谟阁大黄绫尊藏本补齐。所缺《清德宗实录》及《宣统政纪》，则据北京大学图书馆所藏定稿本影印。合称《清实录》。中华书局版《清实录》为16开精装本，共60册，4433卷，目录42卷。全书编有简目和分册总目，每册另有分册目录，加印中缝，注明朝代、年份、卷数，颇为完善。本书辑录之史料，皆据中华书局版录入。

三、《清实录》中每朝实录的名称皆有繁、简两种称呼，如努尔哈赤的实录，既称《大清太祖承天广运圣德神功肇纪立极仁孝睿武端毅钦安弘文定业高皇帝实录》，亦称《太祖高皇帝实录》；皇太极的实录，既称《大清太宗应天兴国弘德彰武宽温仁圣睿孝敬敏昭定隆道显功文皇帝实录》，也称《太宗文皇帝实录》。本书依学界惯例，统一其名称，分别称作《清太祖实录》《清太宗实录》等。至于《宣统政纪》，则仍其原名。

四、《清实录》各朝实录的卷数原为汉字标识，现一律改为阿拉伯数字。如“卷之二十一”改为“卷21”，“卷之一百九十八”改为“卷198”等。

五、本书史料的选取范围以今日湖北省境域为限，若一条史料中既有湖北又有他省相关内容时，则一般以省略号将他省部分略去。由于湖北与湖南在清康熙三年（1664）之前统属湖广省，有些史料难以截然分开，故酌量保留分省前与湖北省紧密相关的湖南史料。有些史料为中央给地方的诏令，湖北理在其中，对此等史料，亦纳入本书范围。

六、本书对于中央官职以湖广命名者，如户部湖广司、刑部湖广司、都察院湖广道监察御史等，其相关史料亦录入本书范围。

七、本书按政治、军事、经济、交通、文教、司法、土司和涉外八大类编纂，大类下又分若干小目，每一小目中按时间先后顺序编排史料。本书内容之分类，既与《〈明实录〉中湖北史料辑录》基本保持一致，同时又突出清代湖北历史的重要特征。

八、本书限于篇幅，每条史料一般只分入一个小目，少数重要史料，必须分入两个或两个以上小目时，尽量做到有所侧重，详略不一。

九、每条史料在分类时，所放位置完全依与湖北关系如何来决定。例如，即使某条史料所述内容主要关于政治，但只要涉及湖北之事为军事，则入于军事类，以此类推。

十、每条史料一般排版为一个自然段，若史料过长或有必要时，则分为若干自然段。

十一、《清实录》原本为抄本，间有抄写错误。本书在整理过程中，对明显的错字，径予改正，不出校记。对原书中无法辨认的字或无法校正的缺字，均用□标明。

十二、《清实录》的语言文字与今接近，且本书为便于阅读和应用的简体字本，故原文中的繁体字与异体字（少量地名、人名用字除外）均统一改为《通用规范汉字表》所规定的规范字，如“駐劄”改为“驻扎”，“迺”改为“乃”，“摉捕”改为“搜捕”，“拏获”改为“拿获”，“拴拏”改为“擒拿”等。

十三、凡括号内的文字，均为编著者所加。

目　录

一、政治

1. 行政建置

（顺治三年十月）丙子，改湖广承天府为安陆府。（《清世祖实录》卷28）

（顺治六年五月丁丑）裁直隶河间、永平，江南苏州、松江，山东兖州、东昌，浙江湖州，陕西巩昌、西宁、肃州同知十员；直隶顺天、河间，江南凤阳，河南开封、南阳、汝宁、归德，湖广黄州、岳州、郧阳、安陆、衡州，江西南昌、吉安、袁州、抚州、饶州、九江、南安，浙江杭州、温州通判二十一员。（《清世祖实录》卷44）

（顺治八年三月）丁亥，都察院条议巡方事宜："一、按臣之差额宜定。督学，则直隶一差，江宁、苏松应分为二差……浙江、江西、湖北、湖南、福建、河南、山东、山西、陕西、四川、广东、广西各为一差……一、出差之限期宜严。御史奉差，一经命下，应照主考、分考例回避，不见客，不收书，不用投充书吏员役，不赴宴会饯送。领敕后三日内，即出都门。一、在差之员役宜禁。入境之日，止许自带经承文卷书吏。所至府州县，取书吏八名、快手八名，事毕发回，随地转换。不得留按差、书吏、承差名色，不得设中军、听用等官以及主文代笔，暨府州县运司等官铺设迎送，概应严禁。一、在差之事迹宜核。命下之日，每一差立为一册。自出都以及入境一应条陈、举劾、勘报等事按日登记，以凭考核。一、差满之期候宜定。督学奉差，或三年，或二年半，俟岁考、科考一周造册报满。巡漕盐政一年交代，其余大差、中差以一年六个月为期，皆照例三月前报满。至于声望应褒、溺职当撤者，不拘年月，差回之日，公同考核，三日内议定优劣，具疏奏请，分别劝惩。”从之。（《清世祖实录》卷55）

（顺治十二年正月）壬子，谕内外文武官员等：“朕奉天子民，孜孜图治，夙兴夜寐，罔敢怠荒，庶望休息安养，渐兴教化，以奏升平……已有谕旨，自朕躬阙失以及政事未当之处，俱令各官悉心条奏，采择施行。兹以朕思虑所及，先颁敕谕，着各该管衙门，作速遵奉……一、历代州县之制，自汉以来，皆以人户分大小。隋有闲剧冲要之等，唐有赤畿望紧之差，明时因之酌为繁简，定有成例，随才器使，各尽其用。今掣签未尝不公，但精明强干者，或置于简僻，无可展布。而剧要地方，或以付衰弱之人，致公事废弛，钱粮侵欠，虽加罪责，事已莫追。着吏部详察旧例，参酌时宜，将地方分为三等，具疏奏夺。应选官员，考其身言书判，精加拣择，亦分三等具奏。上等者列名引见，候朕面定，方将上等之缺，从公掣签。其考居二等者，授二等地方；三等者，授三等地方，不必引见。俱从公掣签，务使州县各官，人地相称……以上事款，内外文武衙门作速遵行。系在外者，该部誊发各总督、巡抚，将行过缘由逐款奏缴，不许视为具文，玩忽迁延，自干宪典。”（《清世祖实录》卷88）

（顺治十二年十一月戊申）裁……湖广……武昌府大有仓、荆州府常积仓、襄阳府均州广积仓、岳州府广丰仓、澧州万盈仓、安陆府广盈仓、德安府大盈仓、岳州府安福仓大使各一员，九溪仓、永定仓、广盈仓副使各一员，大庸、铜鼓、黎平、中潮、隆里、新化屯、平茶、平茶屯、安福、桃川、枇杷、澧州、均州、德安、郴州、锦田各所吏目各一员。（《清世祖实录》卷95）

（顺治十三年二月辛未）裁江南、陕西、山西、山东、湖广、河南六省兴屯道同知。（《清世祖实录》卷98）

（顺治十六年闰三月）甲戌，裁湖广都司断事一员。（《清世祖实录》卷125）

（顺治十七年四月乙酉）吏部尚书孙廷铨奏言：“年来川、湖、广西、云、贵地方委用官员，因边地新开，一时乏人料理，即与题补实授一体序俸升迁。至有俸未数月辄得迁转内地者，是此官止为借径，而边地依旧乏人。其于人地相需之初议，大不符矣。自今以后，凡边地委任官员，题请实授者，宜量加‘署职’字样。俟历任二年，果有实绩可观，方准实授。其前此已经实授者，俱照此例算俸。间有实授未几已转内地者，俟应升之日，仍以边方缺出升补。”得旨：“所奏是，着即照议行。”（《清世祖实录》卷134）

（顺治十八年四月）甲申，吏部议复原任左都御史魏裔介疏言，湖广总督宜驻荆州。查前此湖督春驻荆州，秋驻武昌，今应专驻荆州，以资保障。从之。（《清圣祖实录》卷2）

（顺治十八年十一月）癸巳，命山东总督移驻济南府，提督移驻青州府，湖广总督移驻武昌府，提督移驻荆州府。（《清圣祖实录》卷5）

（康熙元年正月）辛丑，山东道御史赵祥星条奏：“江南省上江、下江学道二员，湖广省湖北、湖南学道二员，应俱裁并归一。”部议如所请。从之。（《清圣祖实录》卷6）

（康熙元年八月戊申）裁湖广上江、下江、武昌、荆西四道缺。（《清圣祖实录》卷7）

（康熙二年四月甲寅）增设江南、湖广、陕西三省按察使各一员。

(《清圣祖实录》卷9)

(康熙三年正月甲戌)添设湖广按察使司按察使员缺，驻扎长沙府。(《清圣祖实录》卷11)

(康熙三年正月辛卯)命湖广右布政使移驻长沙，辖长、宝、衡、永、辰、常、岳等七府，郴、靖二州。(《清圣祖实录》卷11)

(康熙三年三月甲戌)以湖广武昌、汉阳、黄州、安陆、德安、荆州、襄阳、郧阳八府，归湖广巡抚管辖；以长沙、衡州、永州、宝庆、辰州、常德、岳州七府，郴、靖二州，归偏沅巡抚管辖。(《清圣祖实录》卷11)

(康熙三年四月)戊申，裁郧阳抚治缺。(《清圣祖实录》卷11)

(康熙四年五月)丁未，议政王贝勒大臣、九卿科道会议，吏部题请裁并督抚一疏，得旨："湖广、四川、福建、浙江四省，仍各留总督一员。贵州总督，裁并云南。广西总督，裁并广东。江西总督，裁并江南。山西总督，裁并陕西。直隶、山东、河南，设一总督，总管三省事。其凤阳巡抚、宁夏巡抚、南赣巡抚俱裁去。伊等应驻何地，着确议具奏。"(《清圣祖实录》卷15)

(康熙五年十一月)丁亥，以湖广黎平府改隶贵州省。(《清圣祖实录》卷20)

(康熙五年十二月)甲寅，以湖广西山逆贼已平，命南汝总兵官马呈祥自邓州移驻南阳。(《清圣祖实录》卷20)

（康熙六年七月甲寅）吏部题，议政王贝勒大臣、九卿科道等会议裁官一疏："应将河南等十一省，俱留布政使各一员，停其左右布政使之名。至江南、陕西、湖广三省，俱有布政使各二员驻扎各处分理，亦应停其左右布政使之名，照驻扎地名称布政使。其各省守巡道一百八员、推官一百四十二员，俱照议一并裁去。"得旨："允行。"（《清圣祖实录》卷23）

（康熙六年十月）戊寅，命湖北驿传道移驻湖南，管理湖南驿粮事务。湖北粮道仍留湖北，管理湖北驿粮事务。（《清圣祖实录》卷24）

（康熙七年十月）庚寅，裁湖广总督缺。（《清圣祖实录》卷27）

（康熙九年正月戊申）复设湖广分守武昌道、分巡上荆南道、分守郧阳道三缺。（《清圣祖实录》卷32）

（康熙九年三月）庚午，复设四川湖广总督一员、福建总督一员。（《清圣祖实录》卷32）

（康熙十四年闰五月庚戌）添设湖广荆州府江防同知缺。（《清圣祖实录》卷55）

（康熙十四年十一月壬辰）添设湖广省仙桃镇同知一员。（《清圣祖实录》卷58）

（康熙十九年二月辛巳）以四川平定，裁郧阳抚治缺。（《清圣祖实录》卷88）

（康熙二十一年二月辛巳）裁郧阳提督缺，设副将一员、中军都司一

员、左右二营守备二员，留兵一千六百名。（《清圣祖实录》卷101）

（康熙二十一年六月甲午）裁湖广省行都司缺。（《清圣祖实录》卷103）

（康熙二十五年三月己未）吏部议复……得旨："旗兵驻防江宁、杭州，俱设理事厅官。其西安、荆州、镇江、福州、广州等处均有旗兵驻防，应将本省事简地方官员内，酌量改设理事厅官一员。"（《清圣祖实录》卷125）

（康熙二十六年三月）乙酉，大学士等奏："臣等遵旨传谕九卿等集议应行应改事务。诸臣佥云，皇上夙夜孜孜，勤求治理，政务俱已全备，寰宇已极升平，并无应行应革事件。前辅政大臣时，各省皆有总督。自皇上亲政以来，酌裁总督员缺。惟设江南江西一总督、广东广西一总督、云南贵州一总督、湖南湖北一总督、四川陕西一总督、浙江福建一总督，后将浙江福建总督缺改为福建总督。然浙江、福建，皆系近海地方，请仍改福建总督为浙江福建总督，似属有益。"从之。（《清圣祖实录》卷129）

（康熙二十七年三月辛卯）裁湖广总督缺。（《清圣祖实录》卷134）

（康熙二十七年九月）癸巳，吏部尚书阿兰泰、兵部尚书纪尔他布、工部尚书苏赫奏："湖广地方辽阔，统制兵马，应复设总督，于地方有益。"报可。（《清圣祖实录》卷137）

（康熙二十七年十月丁巳）兵部题："湖广省复设总督，应并设中营副将一员、左右营游击二员、守备三员、千总六员、把总十二员、兵二千名。"从之。（《清圣祖实录》卷137）

（康熙二十七年十一月己亥）改湖广平溪、青浪二卫学入贵州管辖。

（《清圣祖实录》卷137）

（康熙五十四年十二月）丙子，升直隶巡道张圣弼为湖广按察使司按察使。（《清圣祖实录》卷266）

（雍正三年三月丁未）裁湖北掌印都司一员、都司经历一员。（《清世宗实录》卷30）

（雍正三年八月）己卯，谕吏部、都察院："安民必先弭盗，盗风不息，皆由有司官讳盗不报之故。不但江南地方盗贼素多，近闻河南、湖广路上有过往官员被劫者，州县官贿赂事主，通同隐匿，司道既无觉察，督抚亦受蒙蔽，以致盗贼无忌，贻害不小，不可不严行稽察。朕思巡按御史久经裁汰，自不可复。今或于满汉御史并部员内拣选贤能官，酌量于湖广、江南、浙江、福建、山东、河南等省，每省或差二员，或一员，或两省差一员兼理。令其专司稽察盗贼并巡查驿站烟墩，倘有纵容盗贼、隐讳不报者，许据实题参。一切地方事务，差员不得干预。若生事滋扰，必从重治罪。尔等详细酌议具奏。"（《清世宗实录》卷35）

（雍正三年十一月）乙卯，九卿遵旨议复设立各省巡察官并该员出差事宜及地方官盗案处分十一条："一、出差官职司巡察，应令礼部铸给关防，以重职掌。一、各州县盗案，于巡察官处一体通报，以凭稽察。一、巡察官令于所历地方密访盗贼窝藏之处，会同地方文武官弁协力捕缉，以清盗源。一、冲途驿站，有差使肆行骚扰者，详报巡察官，据实题参。一、道路烟墩，应令巡察官加意查察。倘有防守疏懈者，题参议处。一、巡察官务于一年内，遍历通省各府，悉行访察。一年之内，克称厥职，从优议叙。倘遇有盗案通同隐匿，或在地方生事滋扰者，该督抚查参议处。一、承缉盗案，初限不获，降一级，无级可降之官，革职，俱留任，仍照旧例遵行外，至再限不获，例应调用革职者，今议再留任一年。如一年内能获盗过半，照例开复，如再不获，始照例调用革职。其承缉官将一案盗犯全获者，每案纪录二次。一、请宽承缉盗首之处分，嗣后限内获盗过半并获盗首者，免其参处；限内获伙盗过半而盗首未获者，罚俸一年；再限不获盗首者，罚俸二年；三限不获盗首者，降一级留任。一、凡事主报盗，如有地方官借端吓阻者，核实题参，照讳盗例革职。其有失察书役需索及拖累事主者，一并题参，从重议处。若事主有以窃报强，挟制官府，妄行控告者，查明治罪。一、地方官遇有盗案，一面申报上司，即一面关会邻境州县营汛等官，遍处查察。一月内拿获邻境案内盗首者，加一级，再纪录一次；拿获伙盗者，每一名纪录一次。拿获之兵役，令原失事之地方官给银二十两。一月后拿获者，纪录三次；拿获过半者，纪录二次。一、捕盗厅官，于所属州县官，如有讳盗不报及以强为窃，察出揭报者，免议；失察者，罚俸一年；徇隐不报者，革职。如所辖地方缉拿盗犯，三月内全获一伙者，准其纪录一次。”得旨：“依议，浙、闽二省，不必派官前往……湖北、湖南二处，共派一员……着大学士九卿等，于小京堂及科道各部郎中内拣选引见。至所议请宽承缉盗首之处分一条，甚是，着照所议行。”（《清世宗实录》卷38）

（雍正三年十一月辛酉）裁直省首领佐贰等缺……湖北府知事二员、照磨一员、仓大使一员、州同一员……（《清世宗实录》卷38）

（雍正四年七月）戊午，谕内阁：“朕昨览湖广安陆府属有一县名，即系‘景陵’二字，见之心甚不安。该省督抚不具奏请改，于心独安乎？此县名，着内阁拟改请旨。”寻内阁撰拟具奏。得旨：“着改为天门县。”（《清世宗实录》卷46）

（雍正五年五月丙子）添设湖北汉阳县汉口镇巡检一员，从湖北巡抚宪德请也。（《清世宗实录》卷57）

（雍正五年九月癸亥）吏部议复河南总督田文镜疏奏，南阳府属，旧有南召县，顺治十六年裁并南阳县管辖，止设巡检一员，驻扎南召旧署。但其地界连万山，路通山陕湖广，五方丛杂，实属要区，请将南阳府通判移驻南召，其原驻南召之雅路镇巡检改驻南召嵩县适中之李清店地方。应如所请。从之。（《清世宗实录》卷61）

（雍正五年九月）甲戌，添设湖北粮道库大使一员，裁蒲圻县羊楼司巡检一员，从署湖广总督福敏请也。（《清世宗实录》卷61）

（雍正六年六月庚辰）移湖北汉阳府粮捕通判驻汉口镇，荆州府粮捕通判驻沙市，从湖广总督迈柱请也。（《清世宗实录》卷70）

（雍正六年八月己丑）户部议复湖广总督迈柱疏言，荆州一府，绵延千有余里。其所属之归州、巴东、兴山、长阳四州县，施州卫、大田所，俱地处山僻，离府穹远。请将归州升为直隶州，裁施州、大田二卫所，归并为县。施州卫所管之施南十五土司，应归县辖。同巴东、兴山、长阳三县，俱隶归州。卫所原设之游击、把总仍留弹压。其卫守备、千总，守御所千总俱裁去，设归州州判一员、新县知县一员、典史一员、巡检一员，卫教授改为教谕，其训导应仍旧制。均应如所请。从之。寻定新设县曰恩施。（《清世宗实录》卷72）

（雍正七年三月）戊辰，移湖北沔阳州新堤镇巡检驻州南锅底湾，从湖北巡抚马会伯请也。（《清世宗实录》卷79）

（雍正七年四月丙子）兵部议复巡察湖广御史王瓒条奏驿站苗疆事宜：一、巴陵县之岳阳驿，近在县城，请归并该县管理。其湖南桥头铺应另设一驿，即以岳阳驿驿丞移驻。一、湖北武昌府进京大路，由黄陂县至河南信阳州中间杨店驿、小河司、广水、李家寨等处，民居稠密，道里平坦，请将黄陂、孝感、云梦、安陆、应山及平靖关原设夫马酌量抽拨，改置驿递五站，以便往来。一、楚俗熟习符咒，有作奸犯科、惑世诬民者，请照光棍例治罪。均应如所请。得旨："此本内议称熟习符咒之人照光棍例治罪，而未议及通行晓谕之后方照此例定拟，甚属疏漏。从前屡降谕旨，凡有改定科条，须宽其期限，悉令家喻户晓而犹有不率教者加以严惩，始不为枉。今法司更定律例，而不示以遵行之期，是谓不教而杀。且地方官亦有难于奉行之处。着另议具奏。"寻议："应自雍正庚戌年为始，犯者为首立斩，为从拟绞监候。行令该地方官，遍行晓谕。"从之。（《清世宗实录》卷80）

（雍正七年四月）丁亥，移湖北荆州徐关于田家洲，更名田关，从湖北巡抚马会伯请也。（《清世宗实录》卷80）

（雍正七年五月丁巳）谕内阁："向来有司官补授之时，回避本省，盖因地方密迩，恐其中有嫌疑牵制等弊也。朕思……湖广之湖北、湖南……虽同在一省中，而幅员辽阔，相距甚远，定制各设巡抚司道以统辖之，其情形原与隔省无异。则官员选补，不过有同省之名，而并无嫌疑牵制之处。况既系同省，则于彼处人情土俗较他省之人更为熟悉，未必不于地方有所裨益。嗣后凡江苏、安徽、湖北、湖南、陕西、甘肃诸处，府州县以下官员得本省之缺不在本籍巡抚统辖之内者，不必令其回避。其相隔在五百里之内者，仍照隔省回避之例一体遵行。"（《清世宗实录》卷81）

（雍正七年七月丁卯）改湖广黄州府属黄陂县、德安府属孝感县，俱隶汉阳府统辖，从湖广总督迈柱请也。（《清世宗实录》卷83）

（雍正七年十一月丁亥）移湖北武昌守道驻黄州府城，安陆府同知驻沔阳州之黄蓬山。从湖广总督迈柱请也。（《清世宗实录》卷88）

（雍正九年六月）辛酉，改湖北蕲州、汉阳二营守备缺为都司佥书，从湖广总督迈柱请也。（《清世宗实录》卷107）

（雍正九年十二月癸丑）复设湖北孝感县马溪河巡检一员；改应山县平里市巡检为平靖关巡检，移驻三里店，从升任湖北巡抚魏廷珍请也。（《清世宗实录》卷113）

（雍正十年十二月癸亥）添设湖北汉阳府同知一员，驻扎汉口镇，专司督捕该镇及汉阳、汉川二县巡缉事宜，仍兼理清军水利等务。其移驻汉口镇之通判，仍回汉阳府城驻扎，协理孝感、黄陂二县捕务。从升任湖北巡抚王士俊请也。（《清世宗实录》卷126）

（雍正十年十二月壬申）移湖北应城县崎山镇巡检驻长江埠，松滋县红崖巡检驻磨盘州，监利县瓦子湾巡检驻朱家河，从升任湖北巡抚王士俊请也。（《清世宗实录》卷126）

（雍正十一年三月庚戌）裁湖北归州属南逻巡检一员、牛口巡检一员，兴山县属高鸡寨巡检一员，长阳县属蹇家园巡检一员，从升任湖北巡抚王士俊请也。（《清世宗实录》卷129）

（雍正十一年八月）甲戌，吏部议复湖广总督迈柱疏言，湖北恩施县忠建地方离县窎远，请改为忠建镇，添设巡检一员。土司经历寨一带地方，应添设经制外委把总各一员、兵九十五名，分汛防守。均应如所请。从之。（《清世宗实录》卷134）

（雍正十二年三月壬辰）移湖广恩施县戎角塘把总一员，驻东乡，从湖广总督迈柱请也。（《清世宗实录》卷141）

（雍正十二年九月戊子）改湖北黄冈县下庶乡等地方归黄州府同知管理，团风等地方归通判管理，从湖广总督迈柱请也。（《清世宗实录》卷147）

（雍正十三年三月）己卯，吏部等衙门议复湖广总督迈柱条奏苗疆建置事宜：一、彝陵州请改置一府，裁知州、州判、学正、吏目缺，设知府、通判、教授、训导、经历、司狱各一员。附郭一县，设知县、教谕、典史各一员，俱驻府城；分防同知一员，驻湾潭。一、容美土司请改一州，设知州、吏目各一员，驻州城；州同一员，驻五里坪；州判一员，驻北佳坪。改慈利县属之大崖关归新州管辖，添设巡检一员驻扎其地。其大崖关外原设土百户一员，请行裁汰。一、五峰司请改置一县，设知县、典史各一员，驻县城。改长阳县属之渔洋关归新县管辖，添设县丞一员，驻扎其地。所有新改州县及归州、长阳、兴山、巴东等州县，俱隶彝陵新设之府管辖。一、府属地方，请设游击一员、守备一员、千总二员、把总四员、外委千把总四员、兵七百名，分防驻扎。其各紧要隘口，酌添塘汛三十九处，武弁俱于彝陵镇右营内抽拨。均应如所请。从之。寻定彝陵新设府曰宜昌，附郭县曰东湖，容美新设州曰鹤峰，五峰新设县曰长乐。（《清世宗实录》卷153）

（雍正十三年十一月）壬寅，吏部、兵部会议："湖广总督迈柱疏称，忠峒宣抚司田光祖十五土司公恳归流，必须分设一府五县，始足以资治理。请于恩施县地方建设府治，添设知府一员，以原设恩施县为附郭首邑。施南司、桐子园、大田镇、官渡坝四处各设县治，隶新设之知府管辖，再设同知一员。其施南二县，设通判一员。其大田镇、桐子园、官渡坝三县设经历一员，兼管司狱事务。其恩施县添设县丞一员，崔家坝添设巡检一员，施南新设县添设知县一员、典史一员，桐子园新设县添设知县一员、典史一员，大旺添设县丞一员，卯峒百户司添设巡检一员，大田镇新设县添设知县一员、典史一员，官渡坝新设县添设知县一员、县丞一员、典史一员，南坪堡添设巡检一员。其新设之恩施府及先设之彝陵府，准归荆州道统辖。其归荆州道原辖之安陆府，改隶襄阳道。德安府改隶武汉黄道统辖。又称议设一府五县，其营制汛防，应设副将一员、中军都司一员、左右营守备二员、千总四员、把总八员，共经制官一十六员，马步守兵一千五百五十七名，内设外委九员，均听彝陵镇总兵统辖。又称四川夔州府属之建始县，去恩施不过百里，请改归楚省恩施新设府管辖。应如所请。”寻又议定：“府名曰施南，府郭县曰恩施，属县曰宣恩、来凤、咸丰、利川，移建始来属。”从之。（《清高宗实录》卷6）

（乾隆元年三月丁巳）户部议复：“前署湖广总督大学士迈柱疏称，忠峒等十五土司地方改土为流，议设知府、同知、通判、知县、县丞、经历、典史、巡检等官，额编俸银共八百三十余两，各项人夫铺兵岁给工食银共四千九百八十余两，请按年在司库地丁银两动支。应如所请。”从之。（《清高宗实录》卷15）

（乾隆元年四月戊寅）湖广总督迈柱疏请：“改四川夔州府属之建始县归楚省新设之施恩[1]府管辖。驻防塘汛官兵，亦改归施州营统辖。”下部知之。（《清高宗实录》卷16）

（乾隆二年八月丙子）户部议复署湖广总督史贻直疏言，湖北新设施南一府，两厅五县。经前督臣迈柱奏设铺递司兵二百七十四名，今逐一查勘，其中有并无公文来往、应请酌减者，共八十二名。即以议减铺兵工食，抵给新设典史巡检各官役食，余银仍归原款。应如所请。从之。（《清高宗实录》卷49）

---

① 恩：应为“南”。

（乾隆三年正月乙亥）命湖北改土归流之县贡赋悉照原额。谕曰："湖北忠峒等土司，改土归流，增设施南一府，统辖恩施、宣恩、咸丰、利川、来凤、建始六县。除恩施系属旧县，建始自川省改归，并恩施分归咸、利二县之田地人丁向有定额，无庸另议外，其余改土地方，新入版图者，该督抚现在查勘，分别升科。但该土司向来输纳秋粮，不计田地多寡，每年统计止纳七十三两六钱四分。今若照内地科则征收，必至加于前数。朕心爱养土民，望其共受国恩，原不计贡赋之多寡。乾隆元年曾降谕旨，将容美司改设之鹤峰、长乐二州县成熟田地即照原额秋粮银九十六两之数作为征收定额。今忠峒土司与容美事同一例，着将查明成熟田地，即照原额秋粮银七十三两六钱四分之数按田分派，作为定额，无庸另拟科则。俾土疆黎庶永沾薄赋之恩。至乾隆二年未完秋粮，一并豁免。该部即遵谕行。"（《清高宗实录》卷61）

（乾隆三年七月）癸亥，兵部议准湖广总督宗室德沛奏称，湖广汉口一镇，为七省水陆通衢。其管辖之汉阳营驻扎汉阳府城，兼辖汉阳、汉川两县，缉防不能遍及。请将武昌水师营额设守备一员、千总一员、把总二员、制兵二百八十一名，改归汉阳营管辖，驻扎汉口镇防守，仍管理水师船只事务。其汉阳营都司，改为游击，即以水师守备为该营守备。从之。（《清高宗实录》卷72）

（乾隆三年十二月戊戌）（刑部）又议准湖北巡抚崔纪疏言，湖北按察使衙门黄州、郧阳二府，俱向无监狱；武昌、蒲圻、汉川、松滋、宜城、房县、竹溪、保康、兴山等九县，或向无监狱，或监狱窄小，请分别添建。从之。（《清高宗实录》卷83）

（乾隆四年七月乙巳）吏部等部议复："湖广道监察御史吴士功奏'定例开列京堂翰詹等官，将应补应升人员照例开列。其正开列者，例有降级留任等项，俱不开列具题。至转补及其次应升人员，例载俱另缮夹单，与题本一同进呈’等语。内有降留等事故者，未曾议及。臣愚以为循资格虽有其次之分，广登庸岂无不次之擢？请嗣后京堂翰詹等官，凡有降留等项事故者，开列本内，勿论正开夹单，俱行扣除。俟开复后，通行开列。臣等酌议，请嗣后凡其次应升京员开写夹单者，如有降革留任案件，于该员名下注明。其应升外官及对品转补，亦一并注明。”从之。（《清高宗实录》卷96）

（乾隆五年十月）壬子，户部议复：“护湖北巡抚严瑞龙疏称‘新例守巡各道每年出巡一次，所有武汉黄德道经管道仓，请令武昌府兼管’等语。查该道常驻黄州，于道仓势难兼顾，应如所请办理。”从之。（《清高宗实录》卷128）

（乾隆六年三月乙酉）吏部议复：“护理湖北巡抚印务布政使严瑞龙奏请将鲇鱼口等要缺巡检三年无盗案即升之例停止，差遣一体委调，应如所请。至广东南海各属巡检，事同一例，应照此行。”从之。（《清高宗实录》卷139）

（乾隆七年四月戊午）湖北巡抚范璨奏：“武汉黄德一道，经管省城常平仓谷，嗣以该道驻守黄州，拨归武昌知府就近管理。惟本管府原有谷一十万石，势难兼顾。查省城现有驿道，事务尚简，常驻会城，应将道仓改令经管。”得旨：“如所议行。”（《清高宗实录》卷165）

（乾隆七年十月己亥）吏部议准山西巡抚喀尔吉善奏称，祁县向设有龙舟峪巡检驻扎北关。查该处并非隘口，又无市集，惟县属子洪镇在县南适中之地，人烟凑集，路当豫、楚孔道，崇山叠嶂，宵小易于窃发。应将北关巡检移驻该镇……从之。（《清高宗实录》卷176）

（乾隆九年二月甲子）（吏部）又议复：“湖北学政吴嗣爵奏称，向例训导专用岁贡，其由生员补廪挨次二十余年，始得出贡。又候选十余年，大约迟暮方能补缺。其有教谕训导兼设之处，一学两官，尚可协同办理。若施南府恩施、建始二县，只设训导一员，况地属苗疆，必须年壮学优、实心牖迪，方为有益。请以会试后拣选之明通举人选授，以教谕管训导事，仍照教谕原衔升转。应如所请。”从之。（《清高宗实录》卷211）

（乾隆十年四月丁巳）吏部等部议复：“署理湖广总督鄂弥达奏称，湖北容美土司地方于雍正十三年改土归流，建置鹤峰一州、长乐一县。该县渔洋关为土汉门户要隘，陆续招垦，生齿日繁，兼有枕近渔洋之仁和坪，烟户甚众，止设县丞微员，不足弹压。查湾潭地方为鹤峰、长乐之界，向因该州县兵米需员转运，遂将宜昌同知驻扎其地。该处地僻事简，兵米而外，该同知实少承办之事，请将宜昌府同知移驻渔洋地方，专司民事，查办垦务，其仁和坪亦令就近管理。原驻渔洋之县丞移驻湾潭，代办兵米，于鹤峰城汛内拨外委千总一员、兵十五名，合渔洋兵五名，共二十名，驻扎渔洋，以资防范。应如所请。”从之。（《清高宗实录》卷238）

（乾隆十年十月壬戌）兵部议准湖广总督鄂弥达疏称，楚省苗疆副参十缺，向来均系调补，调补后再遇缺出，内地人员恐难其选，因于本年六月题请拣选保题应升人员掣补，嗣准部复。永绥、靖州副将，桂阳参将，缺俱紧要。施南、永顺二协，宜章、临武参将二缺，视永绥等缺有间，议令酌改……施南、永顺、宜章、临武四缺，改土归流多年，应与沅州、辰州、宝庆三缺并列为苗疆次要缺。缺出，于内地拣选调补，乏人，题明由部将卓荐一等记名人员，请旨拣补。从之。（《清高宗实录》卷251）

（乾隆十一年六月庚辰）吏部议准湖广总督鄂弥达疏称，宜昌府长乐县县丞改驻湾潭，办理兵米，前经奏准遵行。查该县丞原驻渔洋，在县之极东，今改驻湾潭，在县之极西，应请从长乐县城分划，自北门外仁育之西半乡霞口溪起，并礼教、智慧、信孚三乡，归县丞分管。自县起，并仁育之东半乡以及义正一乡，归典史分管。凡清查保甲、缉拿逃盗匪类等事，均照调换界内管理。从之。（《清高宗实录》卷269）

（乾隆十一年六月壬午）吏部议准湖北巡抚开泰疏称，蕲水县地方辽阔，有上、下、南、北、永福五乡，周三百余里，向由典史稽查巡缉，不免顾此失彼。查有巴河、兰溪巡检二员，堪以就近分管。应将附近巴河之北乡归巴河巡检专汛，附近兰溪之永福乡归兰溪巡检专汛，其上、下、南三乡，仍令典史照旧管理。从之。（《清高宗实录》卷269）

（乾隆十一年十一月）丁酉，吏部议准调任湖北巡抚开泰等疏称，黄梅县属三十六镇，典史分管三十镇，清江巡检分管五镇，新开口巡检止管一镇，繁简悬殊。且典史所管汛地，有远至一百余里者，巡缉难周，请将典史分巡三十镇内，与新开镇附近之蔡山、堠塘、太白三镇，改拨新开口镇巡检管辖。一应疏防参处，均照所分汛地查参。从之。（《清高宗实录》卷278）

（乾隆十二年三月壬子）颁给湖北安陆府沙洋管理水利同知、钟祥县石牌水利县丞关防，潜江县高家场巡检兼管水利印记，天门县岳口水利县丞关防，荆门州建阳马驿兼理巡检事钤记，从总督塞楞额请也。（《清高宗实录》卷287）

乾隆十二年丁卯八月己未朔，吏部等部议复："湖广总督塞楞额等奏称'湖北施南、宜昌二府之知府、同知、通判，所属之鹤峰、长乐、恩施、宣恩、来凤、咸丰、利川等七州县，向俱定为苗疆要缺，在外拣员调补，并二府之经历，司狱七州县之州同、州判、县丞、吏目、巡检、典史各员缺，俱五年俸满即升。今该处人民渐次蕃庶，风俗亦觉醇良，间有命盗案件，不难审理。请将二府府厅各官、七州县及所属佐杂，俱归部选，其五年即升之例概停。再，二府各官，向俱优给养廉，今既改为选缺，亦应量减。知府原给银二千二百两，应各减四百两。七州县原给银千二百两，应各减二百两。同知以下等官，向以苗疆照内地之数加给一半，请将加给数内，酌减一半’等语，均应如所请。”从之。（《清高宗实录》卷296）

（乾隆十三年十二月戊戌）都察院等衙门议奏：“酌定满汉御史分理十五省，并稽察在京各部院衙门事件之例。从前御史，只六道分查各部院衙门事件，而分省只十四，虽有京畿一道专刷各部院衙门卷宗，并不稽查直隶事件，其直隶事件俱分隶各道，今请将京畿道并入十四道，共为十五道……应设满汉御史各二员，次湖广道，办理湖广案件，稽查通政司、国子监……以上十五道，满汉御史各二十八员，除河南道、京畿道掌印，仍照旧例听都察院拣选保题外，余各道俱以满汉各一员为掌印。再稽查宗室事件，系宗室御史专责，宗室御史今既与各道御史一体升迁，应与各道御史一体办事……至御史原系言官，凡遇有应行奏闻事件，不必拘定省分衙门，仍听随时据实陈奏。所有应添设湖广、江西、福建、四川、广东、广西、云南、贵州八道印信，行文礼部铸给。”得旨：“依议，各御史风闻言事，不域以地，但既按省分道，专司稽察该省事务，则本省之人自应回避本省。其应如何定例之处，着再行妥议具奏。”寻议：“除现任汉御史内有本省人现在本省道缺办事者，都察院遵旨令其回避，酌拨别道，移会吏部注册，嗣后御史缺出，吏部将所出之缺分别省分。如有奉旨记名、应行回避者，查明扣除，即以其次之人带领引见补放。”从之。（《清高宗实录》卷331）

（乾隆十四年十二月丙子）定外任借支养廉例。谕：“给事中葛峻起奏‘请申严私放官债之弊’一折。欲使月选各官，知所顾惜，而射利之徒，不得居奇巧取。意非不善，而未得善为办理之道。盖折扣重利之债，本非人所乐从。特迫于程限，资斧维艰，宿逋负累，不能不出于称贷，即重利有所不顾耳。若如该给事中所奏，定以治罪之条、处分之例，势必称贷无门，于人事多所未便。更或私相授受，居奇者益逞其挟制之术，转致阳奉阴违，有名无实，又孰从而禁之？朕思外任官各有养廉，本该员应得之项，但例应到任后起支。今若于引见得缺之后，准其于户部具呈豫支，酌量道路之远近以定多寡。知照该上司，于该员到任后，扣除归款。不愿者听，一转移间，将扣折重利之弊，可不禁自止。此虽细故，而曲体人情，实乃加恩格外。如此而尚有簠簋不饬、侵帑剥民、罔恤官箴者，绳以重辟，其又奚辞？其如何分别省分，着为定数，着九卿详悉定议具奏。至所奏严禁听信长随之弊，仍属空言。其何以责成各督抚禁止之处，亦着九卿一并议奏。”寻议：“……湖北、江苏、安徽、陕西道府七百两，州县三百两，同知、通判二百五十两，州同、州判一百两，佐杂等官四十两……均俟引见得缺后，吏部汇行知照户部。有情愿借支者，即持凭赴部具呈，取具连名互结，札库照发。不愿者听，知照该督抚，到任后，于应得养廉限一年内分作四季扣完……至拣发道府以下试用人员，请按分发省分，照实授官减半酌给，委署有缺时坐扣。如有升迁、调任、丁忧者，即咨行新任、调任扣抵。其赴京起复候补，有续借银，亦于新任内接扣。参革、告病等官，于本员名下勒追。在途病故及到任后尚未扣清而病故者，于通省道府以下，例应借支养廉等官摊扣。至所奏严禁听信长随之弊，久有例禁，请嗣后令督抚转饬各该上司，按季查核。如奉行不力，将该上司照失察例议处，督抚照不行详查例查议。”从之。（《清高宗实录》卷354）

（乾隆十六年二月己丑）兵部议准原任湖广总督永兴疏称，随州之随阳店等处，各应设汛。每汛置兵四名，于宜昌、襄阳、均房等镇营兵内抽拨。将德安营千总移驻随州，随州外委撤回德安营。从之。（《清高宗实录》卷383）

（乾隆十七年三月壬戌）吏部议准给事中朱若东条奏，湖北、云南、陕西、福建、广西等省新设之府州官员凭限，请酌加增减，载入新修会典。从之。（《清高宗实录》卷410）

（乾隆十七年四月）庚子，吏部议准湖北巡抚恒文疏称，汉阳为附郭首邑，政务殷繁，请将大冶县县丞移驻汉阳。从之。（《清高宗实录》卷412）

（乾隆十八年三月癸酉）户部议复："湖北巡抚恒文疏称，恩施县外屯一处，距郡城四百余里，在川省巫山、奉节、建始三县之中，屯民五百余户。遇一切公务，以越建始，往返旬余，实为不便。从前改卫为县时，建邑尚隶川省，是以未及议归。今建邑已改隶施郡，请将外屯一处改建始县管辖。其顷亩粮银额征、烟户册籍，饬令恩施县造移建邑接管。应如所请。"从之。（《清高宗实录》卷435）

（乾隆十九年四月戊申）湖广总督开泰等议复调任湖北布政使德福奏请裁汰驿丞、添设巡检各事宜："查黄州府属之李坪等五驿，并非冲衢孔道，不须专员管理，应如所奏，将李坪驿务并归团风镇巡检兼管，阳逻驿务并归阳逻镇巡检兼管，巴水归蕲水县知县兼管，西河归蕲州知州兼管，双城归广济县知县兼管。又称郧阳府属之郧县及郧西县，距省二千余里，各仅知县一员、典史一员。郧县之江峪塘、郧西县之上津堡地方，各距城百余里，奸良混杂。亦应如所奏，于该二处各添设巡检一员。再，查襄阳府属谷城县马脑观地方，离县窎远，接连川省，尤为紧要。该县亦止知县一员、典史一员，应请添设巡检一员。"下部议行。（《清高宗实录》卷461）

（乾隆十九年九月庚子）吏部议准湖广总督开泰等疏称，湖北黄州等府属裁汰驿丞，添设巡检。所有黄冈县属之李坪、阳逻二驿，就近裁归团风镇、阳逻镇。各巡检兼理，应颁兼管字样印信。郧县之江峪塘、郧西县之上津堡、谷城县之马脑观，添设巡检三员，应给印信。再添设巡检三员，应给养廉银一百八十两、俸银九十四两五钱六分。额设皂隶六名，应共给银三十六两。弓兵一十八名，应共给银一百八两。奉裁五驿驿丞衙署，仍有差使往来住宿，其马棚等项，亦需照旧应用，应请存留，听兼管各员经理。从之。（《清高宗实录》卷473）

（乾隆二十年八月丙寅）建湖北郧县江峪塘巡检、郧西县上津堡巡检、谷城县马脑观巡检衙署，从总督开泰请也。（《清高宗实录》卷495）

（乾隆二十年十一月己亥）工部议准署湖广总督湖北巡抚张若震奏称，荆州府属江陵、监利二县滨江田庐，全赖堤垸保障。该二县地方辽阔，均止县丞一员，堤务难周，应分员督办。所有江陵县堤工，请自松滋县上古墙一带，令虎渡司巡检管理；襄江直路一带，令潭湾司巡检管理；其荆江北岸等处，仍归县丞管理。监利县堤工，自北大兴垸起至永丰垸，令分盐司巡检管理；自莲台垸起至吉老垸，令朱家河巡检管理。从之。（《清高宗实录》卷510）

（乾隆二十一年四月庚申）兵部议复："湖广总督硕色疏称'安陆营制，额设都司、把总、外委各一员，兵二百八十一名，辖钟、京两营水陆塘汛三十四处，汛广兵单。查远安营额设弁三十一员、兵四百九十四名，又卫昌营额六百九十名，均可裁拨。应将远安营存城千总一员，带现食马一守六养廉七分，并抽远安营洋坪汛兵十五名，卫昌营北佳坪三名，高桥、楼角、三岔口、三塘内各一名，合二十一名，添入安陆营。新添千总存城，辖钟祥县汛水陆二十三塘。以原设把总一员，辖京山县汛水陆十一塘协防多宝湾汛。以原设外委把总一员，仍专防多宝湾水塘。其抽添兵二十一名，俟各营缺出，照战二守八，移粮安陆营，召募完日，添入府城十五名，添防京山县四名，添拨丽阳二名。将洋坪汛把总一员、马兵四名、守兵一名撤回存城，该汛止留战兵一名、守兵四名，令附近之观音岩汛把总兼管。再安陆营丽阳塘汛，较石牌塘尤为紧要，请添设外委把总一员，以原设便委一员改驻石牌’，均应如所议办理。”从之。（《清高宗实录》卷511）

（乾隆二十二年三月癸丑）吏部议复湖广总督硕色疏称，谷城郧县、郧西均有新设巡检，其分管村堡，请于谷城分拨二十九，于郧县分拨二十，于郧西分拨一十三。应如所请。从之。（《清高宗实录》卷535）

（乾隆二十四年四月辛酉）吏部议准署湖北巡抚庄有恭疏称，兴国州幅员辽阔，吏目巡缉难周，请将兴国州之兴教、下丰乐、宣化、兴瑞、东乡、仁义、上乐平、永乐、朝阳、归化拨归富池巡检管辖，辛亭、丰义、善福、永章、永城、宝政、怀仁、崇仁、乐岁、安乐、中丰乐、上丰乐、辛安拨归黄颡口巡检管辖，丰叶、伏近、长庆、永伏、修善、上阳、辛慈口、吉口、宣教、辛兴、下阳、辛从庆、修净、下双迁、上双迁仍令吏目稽查。从之。（《清高宗实录》卷584）

（乾隆二十四年十一月壬申）谕：“直隶州知州调取引见，应与道府各员一并按照省分远近，酌量分别年分着为定例……湖北、陕西、甘肃等省着以七年为期……庶该员等赴部之期，既属适均，而甄择人材，亦为有益。”（《清高宗实录》卷601）

（乾隆二十五年七月甲辰）改定督抚及各道食俸数。户部议复：“湖北布政使公泰奏称，道员向有参政、参议、副使、佥事等衔，俸银分别三、四、五品支给。乾隆十八年，奉旨俱为正四品，停其兼衔，品级既经改正，食俸应照品级。今查湖北、河南、陕西等省道员，原编俸银照三品一百三十两者九缺，江苏省九十五两者一缺。请嗣后道员食俸，俱照四品支给。应如所请。再各省督抚，均兼尚书侍郎衔，其俸银亦应照兼衔。查两江、两广、湖广、闽浙总督，俱兼尚书衔，而食俸仍照二品、三品。江苏、浙江、广东、福建、湖北、湖南巡抚，俱兼侍郎衔，而食俸仍照三品。应请将各省兼尚书衔之总督，均支食一品俸。兼侍郎衔之巡抚，均支食二品俸，通行遵照。”从之。（《清高宗实录》卷 616）

（乾隆二十六年二月乙酉）吏部等部议复：“两江总督尹继善疏称，江宁添设布政司，应照苏州布政司之例……均应如所请。至各直省布政使养廉，从前各照本省额征耗羡酌定。但事务繁简不同，自宜多寡适均……其安徽、湖北、四川三省，原定各八千两……应仍其旧。”从之。（《清高宗实录》卷 630）

（乾隆二十六年七月乙巳）兵部等部议奏：“查原议裁之湖广德安所、浙江衢州所两千总缺，经各该抚议复，有专管漕运事务，均准存留……均应如所议。”从之。（《清高宗实录》卷 640）

（乾隆二十八年五月庚辰）兵部议准湖广总督爱必达等奏称，湖北武昌城守营，与督臣驻扎同城。汉阳营仅隔一江，黄州协、道士洑、德安、兴国四营距省仅二三百里，应隶督标。荆州城守并兼辖之水师营距省六七百里，至宜昌止二百余里，应隶宜昌镇。岳州城守并水师二营，虽隶湖南，而地在湖北，千把皆督臣考验，亦应隶督标……以上各协事务，向由该协径详督臣，并无兼辖稽核之责，请均分隶管辖。从之。（《清高宗实录》卷 687）

（乾隆三十年二月壬寅）吏部议复：“湖北巡抚王检等奏称，沔阳州辖新堤地方经前署抚爱必达奏准添设文泉县治，将原驻通判改为知县，锅镇巡检改为典史，并请建城垣、仓库、监狱等项在案。现查该处地洼，城仓各项俱未兴工，且于民情不便，请将新设文泉县裁，新堤等处仍隶沔阳，即移该州州同驻扎，定为沿江要缺，在外选补，无庸复设通判，典史仍改为巡检，分司堤垸。应如所请。惟文泉县训导应否裁汰，或仍

改为沔阳州训导，复设巡检是否仍驻锅底湾，该抚等均未声明，应令详酌咨到再议。”从之。（《清高宗实录》卷729）

（乾隆三十年九月庚辰）吏部议准湖北布政使三宝奏称，官员参罚应否离任，以例载处分为衡，尤以有无加级纪录为断。第升补拣发人员，前历他省任内，其有无加级纪录无从查核，请除已抵销外，于引见补授时，内部照案开明，咨该员新任省分督抚，饬藩司存档，庶不致办理舛错。从之。（《清高宗实录》卷744）

（乾隆三十年九月甲午）铸给湖北荆门州新城司改驻京山县宋河镇、当阳县漳河司改驻河溶镇两巡检图记，从湖广总督吴达善请也。（《清高宗实录》卷745）

（乾隆三十年十月乙卯）吏部议准湖北按察使雷畅奏称，沿江河州县，或遇伤尸漂流过境，畏承缉之累，不行捞获，或案情发觉关查，止以未经获尸回复。请嗣后州县遇伤尸过境未经捞获者，照失察例罚俸一年。若地保人等呈报，地方官讳匿不报，应照邻邑巧为诿卸不往相验例降三级调用。从之。（《清高宗实录》卷746）

（乾隆三十二年九月）己亥，吏部议复湖广总督定长奏称，孝感县属之杨店，北至小河溪九十里，南至滠口一百里，东至黄陂县城七十里，西至孝感县城五十里，为四路居中要站，差使络绎，该处向系孝感县马溪河巡检管辖。该巡检现驻三汊埠，不临大路，烟户无多，请将巡检移驻杨店。应如所请。从之。（《清高宗实录》卷794）

（乾隆三十三年九月甲辰）吏部议复：“湖北巡抚程焘奏称‘武昌、黄州二府属江面盗窃之案，向归各州县承缉。嗣改设武黄同知，将沿江之黄冈、蕲水、广济、蕲州、黄梅、大冶、武昌、兴国等八州县捕务，均归管辖。查所辖江面六百四十余里，该同知驻扎广济，呈报踏勘，往返需时，请仍归各州县就近查报承缉，同知统为督催’等语，应如所请。该同知既专司捕务，除督催外，仍一体侦缉，逾限不获，与州县一例处分。”从之。（《清高宗实录》卷819）

（乾隆三十四年正月）庚戌，军机大臣会同礼部等部议奏：“据各督抚遵旨复奏到，各省学政按临各府州，随带铺陈、家人、幕友、夫马、船只，除直隶等十四省向系学政自行发价雇觅仍照旧外，其广西、湖南、云南、贵州四省，系官为供应，应禁止，一体责令自雇。至护送敕印、扛抬文册卷箱夫马，各省亦未画一。请嗣后学政考竣一府，即将寻常文卷封固，交提调官径送学政衙门。其必应随带者，用夫十二名护送敕印，用马四匹，路险加夫四名、水路船一只，遇滩险加小船二只，均于驿站夫马船只内拨给报销。余夫马暨日用食物，令自行雇觅。如滥应、滥索并短发价值及发价后州县缴回学政收受者，令该督抚参奏，督抚徇隐，并议处。再，各省考棚一切应用之物及学政衙门额设书役工食，应酌动公项报部，不得令地方官再行捐备。至学政养廉，各省原额多寡不等，殊未平允……湖北三千两，俱酌增至三千二百两……”从之。（《清高宗实录》卷827）

（乾隆三十五年闰五月辛亥）移湖北蕲州茅山桥巡检驻彭思桥，从巡抚梁国治请也。（《清高宗实录》卷860）

（乾隆三十五年十月甲戌）建湖北黄梅县属新开镇巡检衙署，从巡抚梁国治请也。（《清高宗实录》卷870）

（乾隆三十七年七月癸卯）湖北巡抚陈辉祖奏：“湖北省兵米，除荆州等二十府州县均系印官经管，及卫昌一营附近无员可管，且为数无多，应仍旧责成长乐县县丞办理外，其武昌、襄阳、郧阳三通判旧管兵米及

存贮襄漕米谷，请俱改归三知府就近经管。”下部知之。（《清高宗实录》卷912）

（乾隆四十年二月乙巳）礼部等部议复：“署江西巡抚布政使李瀚奏称，钦天监所颁《时宪书》，按省次序，如盛京所属地方及各蒙古扎萨克并平定之准部回部等处，均分别刊载。今……湖广已分为湖北、湖南……其太阳出入、昼夜、节气、时刻，恐各省不同，请照盛京所属尼布楚城等处之例，各按分隶省城之地图北极高度定纬及地之经度所列，于《时宪书》内添注省名，分晰开载，以归画一。应如所请。”从之。（《清高宗实录》卷977）

（乾隆五十年二月壬午）吏部等部议奏：“据湖广总督特成额奏称，施南一府，先于改土归流案内设有同知一员，专驻忠峒，嗣于乾隆二十五年裁改。查该府所辖六县，惟宣恩一县四至俱在楚境之中，此外咸丰、来凤两县，北与四川之酉阳、黔江及湖南之龙山等处交界；其恩施、利川、建始三县，西与四川之石砫、奉节、巫山等处交界，犬牙相错，环绕皆山。民人生齿日繁，俗称刁悍，若非设有专员稽查，易滋事端。现在施南全属仅通判一员，驻扎唐崖。其北面来凤、咸丰、宣恩三县，疆界毗连，巡防较易。其西面恩施、利川、建始三县，俱去数百里外，鞭长莫及，请复设同知一员，专司捕务，以重地方。但湖北省丞倅皆关紧要，难以裁撤。惟湖南省辰州府所属四县应有捕务，向来俱系通判办理，其附府同知，于听差之外别无专司，请裁汰，改为施南府捕盗同知。均应如所请。”从之。（《清高宗实录》卷1224）

乾隆五十年乙巳六月戊寅朔，吏部等部议准湖广总督特成额奏称，施南府属建始县，与四川巫山、奉节等县毗连，宵小易藏，应添设县丞一员。查来凤县县丞分驻大旺，事务甚简，该县设有卯岗巡检一员，可以就近管理，应请以大旺县丞改为建始县县丞，移大岩镇驻扎，照旧定

为简缺，归部铨选。从之。（《清高宗实录》卷1232）

（乾隆五十一年十一月戊寅）吏部等部议准湖广总督李侍尧等疏称，江面应改辖者，巴陵县城陵矶至金泊港，归该县典史辖。金泊港起南至磊石，西至苍梧台等处，归鹿角主簿辖。荆河脑、城陵矶以下，向隶临湘、监利二县，改白螺矶巡检辖。荆河脑西以下等处，归朱家河巡检辖。城陵矶以下至荷叶洲、补虔洲，归长安司巡检辖。岳州营毛圻头至新洲，水道三百九十余里，应以左司把总为专防。石山门、天花塘二汛，以外委把总二员协防。荆州水师营侯索脑等汛之协防外委，应改专司巡缉。荆河脑北岸，归驻防监利县汛弁管理。监利添设巡船二，责成白螺矶巡检会营弁巡查。武家嘴塘船一，撤回岳州营。各员弁照例存记功过，疏防参处。至临湘新淤洲，各烟户鱼船应就近改隶监利，所有渔课，仍归巴陵、临湘二县完纳。从之。（《清高宗实录》卷1268）

（乾隆五十二年二月）戊辰，吏部议复："江西巡抚何裕城奏称，江西、湖北交界之处，向设城子镇巡检一员驻扎，乾隆二十三年，移驻德化县之小池口，遂无专员分驻。该处为江西扼要之区，应仍设巡检以资查缉……"从之。（《清高宗实录》卷1275）

（乾隆五十四年闰五月丙戌）吏部议准安徽巡抚陈用敷奏，凤阳县属蚌埠集……再六安州属马头汛，亦系通津，商民繁夥，向无专员。查有霍山县千罗巡检，前因彼处逼近湖北罗田县之瓮门关，是以设立……从之。（《清高宗实录》卷1330）

（乾隆五十六年三月辛丑）吏部议复湖广总督毕沅奏称，湖北安陆一府，地处荆襄要冲，统辖荆门、钟祥、京山、潜江、天门、当阳六州县，幅员辽阔，讼狱繁多，为楚省第一难治之区。且沿江堤塍防护，均关紧要，该府治理，颇费周章。请将安陆府属荆门州改为直隶州知州，以附近当阳并荆州府属之远安二县拨归管辖，仍定为冲繁疲难要缺，在外拣选题补。其原设州同一员亦改为直隶州州同，经理各属粮捕事宜，仍定为简缺，归部铨选。至学正、训导、吏目、巡检等官，悉照旧制。应如所请。从之。（《清高宗实录》卷 1375）

（乾隆五十六年六月己未）吏部议准湖广总督毕沅奏称，江陵县郝穴镇、监利县朱家河巡检二缺应裁，各改设主簿一缺。从之。（《清高宗实录》卷 1381）

（乾隆五十七年二月庚戌）吏部等部议复湖广总督毕沅疏称安陆府属荆门州改为直隶州，荆门州州同改为直隶州州同，裁改管辖各事宜：一、安襄郧荆道应换给敕书。一、安襄郧道关防应改为湖北分守安襄郧荆兵备道兼理水利之关防，荆门州印信应添铸直隶荆门州印，安陆府同知关防应改为安陆府分驻臼口管理粮捕水利同知之关防，荆门州州同关防应改为直隶荆门州沙洋水利州同兼管粮捕事务之关防。一、该直隶州知州业将蕲州知州胡齐仑题补，饬令赴任。至该州州同，尚未到任。所有应办事务并处分，均以该州到任为始。即令陆衣曾为署衔办理，以专责成。一、该州管辖当阳、远安二县，钱粮仓库交代奏销等事，应由该州督催核转。其该州自理等事，应由本管安襄郧荆道督催核转。一、该州所辖二县，远安向无堤塍，其当阳堤塍应该县估修，由该州查验结报，该州本境堤塍应由本管道查验结报。一、安陆府同知原驻荆门州属之沙洋，今该州与当阳、远安二县已非所辖，请改于钟祥县属臼口地方移驻。至该州属沙洋襄河堤塍一道，上自何家嘴起，至荆门、潜江交界之萧家湾止，应归该州督修。其潜江县堤塍并天门、钟祥、京山等县堤工，仍饬安陆府同知督办。一、该州自理刑名命盗等案，应请由州径详臬司审转。所辖二县案件，应由该州审转。一、荆门、当阳、远安三州县，上司批审，邻邑咨查，一切已、未结等案，应饬安陆、荆州二府移送该州审办，均以到任之日为始。一、该州安置军流，应以该州为专管，以安襄郧荆道为兼辖。一、安陆府督缉荆门、当阳二州县，荆州府督缉远安县，一切应参案件均以新任到任之日截扣。其该州处分及督缉二县兼辖处分，亦以到任为始。一、荆门、当阳二州县军流，应仍照安陆府原定道里表佥发。远安县军流，亦仍照荆州府原定表佥发。一、当阳、远安二县应考生童，应由该州复考转送学院录取。至该州州学应考生童，应由该州考试，径送学院考取。一、新改各员应支廉俸等项，仍照旧办理。均应如所请。从之。(《清高宗实录》卷1396)

(乾隆五十八年四月甲申) 兵部议准湖广总督毕沅疏称，安陆营额设都司、千把、外委等官，仅止六员，分防钟祥、京山二县，路当冲剧。其水陆塘汛二十三处并郡城仓库城门以及护饷解犯等事，只分千总一人专管，未免官少事繁。又竹山营地居偏僻，分防竹山一县，塘汛止一十三处，额设游击、守备、千把等官共有十一员，与安陆情形迥别，请于竹山营裁把总一员，酌添于安陆营，分管旱塘。其原管界山汛归并右哨把总管辖，化峪河口汛归并左哨千总管辖，仍令该哨外委协防。再安陆营丽阳驿外委协防水陆二十三汛，巡察难周，应止分给就近之龚家集五塘，其余十八塘俱归就近千把分管。从之。(《清高宗实录》卷1427)

(嘉庆元年十一月壬子) 惠龄奏："灌湾脑、凉山二处贼匪次第剿除，所有枝江、宜都二县事宜，必须酌量经理。一、灌脑山应移置武弁，改设塘汛。一、聂家河为宜都、长阳二县要冲，请暂留乡勇，以资防守。一、枝江、宜都二县城中，请各留兵弹压。一、乡勇绅士等器械，应查明存贮销毁。一、逃出被掳良民，应饬属妥为安抚。一、邪匪所遗田地房产，应查明变价充公。一、枝江、宜都二县民人骂贼捐躯者，应一体查办。"下军机大臣议行。(《清仁宗实录》卷11)

(嘉庆十五年十一月) 乙亥，改湖北襄阳府樊城同知为盐捕同知，移宜昌渔洋关同知驻归州新滩，改归州州判为随州唐县镇州判、随州唐县

镇巡检为东湖县南沱巡检，从巡抚同兴请也。（《清仁宗实录》卷 236）

（道光元年十月戊子）先是，四川总督蒋攸铦、陕西巡抚朱勋、湖北巡抚毓岱奏："遵旨会议各该省边境老林，置官防察……添设湖北郧阳府同知、训导、照磨各一员，驻白河口。裁德安府通判、司狱并保康县训导缺，改宜昌府司狱为竹溪县丰溪巡检，移房县板桥巡检驻砖磨坪。以上同知、通判、知县并陕西陕安道、汉中府，湖北安襄郧荆道、郧阳府，均改为题缺。"下军机大臣议。至是，议上。得旨："川、陕、楚老林地方幅员辽阔，近年开垦日广，客户增多，山深路险，稽查难周。该督等请将同知、通判、知县、佐杂并守备、千总酌量添设及改选为题之处，系为因地制宜起见。军机大臣，吏、兵二部均各议准，着即照所议办理。至道府职分较大，若将陕安、安襄郧荆二道，汉中、郧阳二府，一概改为在外题补，不惟有违定例，且行之日久易滋流弊。着不准改为题缺，仍照旧例行。"（《清宣宗实录》卷 24）

（道光四年六月丙午）改湖北白河厅抚民同知为郧阳府分防督捕同知；九道梁巡检、砖磨坪巡检仍归房县管辖；白河厅训导为保康县训导；移白河厅丰溪巡检驻丰乐河，为钟祥县丰乐河巡检。改白河厅照磨为谷城县张家集巡检，驻张家集。从总督李鸿宾请也。（《清宣宗实录》卷 69）

（道光十二年七月甲戌）裁湖北施南府通判、保康县训导二缺，从总督卢坤请也。（《清宣宗实录》卷 216）

（道光十三年正月）戊寅，谕内阁："前因阮元奏请云南、贵州两省有应升之本籍游击，遇参将缺出，即于该二省内互为调升，当降旨交兵部议奏。兹据奏，查定例福建、浙江两省陆路参将应题缺出，如本省无合例之员，准其于两省通融题补……该督所奏'系与定例相符'等语，惟总督兼辖两省者多，如两江、两广、陕甘、湖广等省，事同一律，该

部所称定例始自何时，各省办理有无两歧，自应妥立章程，以昭画一。着该部详细查明，定议具奏。”（《清宣宗实录》卷229）

（道光十三年正月）乙酉，谕内阁：“前因阮元奏请云南、贵州两省有应升之本籍游击，遇参将缺出，即于该二省内互为调升，当交兵部查奏，系与定例相符。惟总督兼辖两省者多，办理有无两歧，复经降旨，着该部详查议奏。兹据查明……两江、两广、湖广等省，或有题缺，或无题缺，与云、贵、闽、浙均有题缺者不同，办理势难画一……各省均不准违例滥请，以符定制。”（《清宣宗实录》卷229）

（道光二十年五月）己亥，谕内阁：“给事中周春祺奏‘外省大员不应以隔品试用人员署理’一折，着吏部议奏。其署湖北臬司之候补道查廷华、署直隶宣化府知府之候补同知师兆熊、署长芦盐运司之运判杨成业是否违例之处，并着该部查明具奏。”寻奏：“查廷华系查炳华之误。查炳华、师兆熊、杨成业等署理各缺，均与例案相符，并无错误。该给事中所请嗣后不应以隔品人员署理之处，应饬各督抚声明办理。”得旨：“嗣后凡遇藩臬、运司、道府出缺时，着该督抚等因地因时察看情形，先尽递次应署人员署理，不得遽以隔品人员署理。其有一时乏人，亦着将不得不以隔品及试用人员署理之处据实详细声明，以符定例而昭体制。”（《清宣宗实录》卷334）

（咸丰八年四月庚午）又谕：“据侍郎万青藜奏‘九江收复后，宜于北岸择要设县守御’一折，据称“九江府滨临大江北岸，与湖北黄梅县错壤。该县地势辽阔，有三十六陆镇、三十六水镇，号称难治。若割黄梅县近江之地，上自龙坪之西，下至梅家洲之东，各迤北数十里，择形胜处所另设一县，归九江府统属，其武弁水师均归九江镇标管辖，如此扼要严防，庶于北岸可资守御，郡城可保无虞”。着何桂清、耆龄、官文、胡林翼按照该侍郎所奏，遴派妥员前往详细踏看，体察情形，妥议

具奏。将此各谕令知之。”（《清文宗实录》卷252）

（同治元年七月丙午）谕议政王、军机大臣等：“恭亲王等奏‘遵议改设长江通商大臣’一折，各国于沿海五口通商历年已久，均有旧章可循。而长江上下，计有二千余里，地处腹心，事关创始，自应将通商大臣改驻长江。着曾国藩于镇江、金陵或汉口、九江察度形势，择一扼要之处咨商薛焕，酌量具奏。至通商大臣廉俸以及委员差役并沿江口岸应否设立行馆之处，即着曾国藩、薛焕悉心核定。廉俸于何处支给，委员差役应设若干，务当核实议定，未可稍涉浮冒。其上海及长江一带中外交涉事件，固应归通商大臣专管……薛焕现在办理比利时国换约事宜，着于事竣后，或亲赴长江沿途察看，或江面尚难行走，即由曾国藩酌定，会同具奏，候旨遵行。原折着钞给阅看，将此由五百里各谕令知之。”（《清穆宗实录》卷35）

（同治五年六月辛酉）军机大臣会同兵部等部核议钦差大臣官文等会奏长江水师事宜：一、新设长江提督应驻太平府以资控制，无庸议驻芜湖……一、长江提督有交涉外国事件，定为文武兼用之缺，仍归江、楚两总督节制，遇有紧要事件，准其单衔具奏。一、提督之下，设岳州、汉阳、湖口、瓜洲四总兵，并隶以狼山镇总兵，共六标二十四营……一、副将、参将、游击为营官，拟沿江分汛建立衙署。一、都司以下为哨官，即住哨船办公，不准建衙。一、每营皆以都司二员管驾长龙船为左右领哨，分派守备管驾三板船为副领哨。一、各营皆设督阵大三板一号、长龙二号、副将营三板四十号，参将营、游击营各递减十号。一、领哨都司另给无兵三板一号，以期打仗便捷。一、自提督以下，均酌设稿书书识，办理文案。一、兵丁优给口粮，按季在江宁、武昌两盐道库支领。一、凡副将营设都守、千把、外委四十三缺，参将营三十三缺，游击营二十三缺。一、提督准给坐船四号，总兵三号，副参游各二号，都司以下至外委各一号。一、千把、外委员缺，由提督遴员题补。都守员缺，由提督主稿，会同总督办理。副、参、游均作为题缺。至总兵缺出，则以该提督并江、楚两总督所保堪胜人员候旨简放。一、酌留江楚厘卡数处，由各盐道经收，为长江水师俸饷船炮之费。一、于安庆、武昌、长沙三省城设局，制造子药。一、于汉阳、吴城、草鞋夹三处，各设船厂，排定各营哨，轮年修理。一、雨篷、旗帜等项，酌筹经费，按年交哨官承领修换。一、廉俸兵米，均照陆营支给。一、申明登岸、吸洋烟、赌博三禁，违者分别参办。一、水师责成，以驱逐游匪、严防劫盗为重，遇有失事，即行开参。一、归隶长江人员，有原保官阶较大、未经补实者，准以小缺借补。一、战船不准擅离汛地，私借者照例议处。一、长龙长四丈有奇，安炮六位。三板长二丈九尺，安炮四位……一、禁止商民私设炮船，即于战船内奏派巡缉私盐，其未经奏派者，概不准干预盐务。一、建立衙署军装局，即于酌留厘卡内动款支用。一、京口、狼山、湖口、汉阳、岳州五处水师标营，悉归长江提督节制。其向无水师名目者，仍照旧章办理。一、水师技艺，首重驾船，次演炮，哨官则兼阅枪箭。每年春季，提督在上江会同两湖总督简阅一次，秋季在下江会同两江总督简阅一次，核其优劣，分别保奖参办。以上三十条，均应如所奏办理。未尽事宜，仍令该督等妥议具奏。从之。（《清穆宗实录》卷178）

（同治九年六月丁未）移湖北武昌城守营分防金口、簰洲二汛，外委各一员于省城，黄州协阳城把总于黄安县城，黄安县外委于黄陂站，巴河口塘外委于麻城县属两路口。改道士洑外委隶兴国营。裁道士洑守备、把总、额外外委各一员，李家渡额外外委一员，金口、簰洲、李家渡兵丁共一百二十八名，从总督李鸿章请也。（《清穆宗实录》卷284）

（光绪二年正月）辛丑，兼署湖广总督湖北巡抚翁同爵奏："请将江夏县浒黄巡检移驻均州孙家湾地方，以资弹压。"下吏部议。折包吏部议复："俟查。"（《清德宗实录》卷25）

（光绪二年六月乙巳）兼署湖广总督湖北巡抚翁同爵奏："请将江夏县浒黄巡检改为繁缺。"下吏部议。折包 （《清德宗实录》卷35）

（光绪三年正月）癸未，总理各国事务衙门奏："议复署湖广总督翁同爵奏'湖北宜昌应设税关监督'一折。伏查咸丰十一年十月，议复湖广督臣官文奏请汉口设关折内，声请将该关即由汉黄德道管理，旋颁发江汉关监督关防各等因在案。今该署督奏请将荆宜施道移扎宜昌府城，监督宜昌关税务，兼办通商事件并请饬部铸造关防颁发钤用。核与汉黄德道兼管江汉关成案相符，应如所请办理。又查烟台会议条款内，开通商口岸，新添宜昌、芜湖、温州、北海共四处。除北海一口统由粤海关监督兼辖外，其芜湖、温州两处现已通商设关，应照宜昌成案，均以该管道员兼充监督，以归一律，并应移咨礼部，铸铜质关防各一颗，颁发芜湖、温州两关，以昭信守。惟该三关责任繁巨，必得谙练税务之员始堪胜任，拟请照同治三年本衙门奏准章程，嗣后遇有缺出，将保奖存记海关道各员与京察记名人员一体开单，请旨简放。"均从之。折包 （《清德宗实录》卷46）

（光绪十四年七月甲寅）谕军机大臣等："有人奏'请将湖北提督仍驻谷城并抽拨省城防军分扎楚豫交界'一折，据称'湖北提督原驻谷城，自咸丰年间移驻襄阳。谷城为盗匪出没之区，宜有重臣弹压，请仍移回驻扎，以资控制。暨襄阳等处为楚北门户，现存防军不敷分布，请于省城防军抽拨数营，分扎巡缉'各节，着裕禄、奎斌体察情形，妥筹具奏。另片奏'光化县老河口镇文武各衙门每交冬令，勒令各镇致送银钱'等语。地方各官，借端科敛民财，大干例禁。着该督抚等确切查明，严行禁止。原折片均着钞给阅看，将此各谕令知之。"寻奏："体察情形，湖北提督仍应驻扎襄阳，现驻襄樊防营尚敷巡缉，毋须另行调拨。再查光化县老河口镇文武各衙门，尚无每交冬令勒令乡镇致送银钱实据。"报闻。（《清德宗实录》卷257）

（光绪十六年四月庚子）湖广总督张之洞奏："湖北施南府同知，向以利川县建南镇地连川界，捕务关系甚重，移设驻防。惟形势今昔不同，现查有该县西六十里之汪家营，已成巨镇，且当冲要，应请将施南府同知移驻汪家营，以资镇摄。"下吏部议。（《清德宗实录》卷284）

（光绪十六年七月）甲申，吏部奏："会议湖广总督等奏'湖北施南府同知移驻利川县汪家营'，依议行。"早事　（《清德宗实录》卷287）

（光绪二十三年五月辛丑）湖广总督张之洞奏："湖北东湖、竹溪二县地方，今昔情形不同。原定繁简各缺分，拟请互相更改，以符名实。"下部议行。（《清德宗实录》卷405）

（光绪二十四年七月己未）湖广总督张之洞奏："湖北荆州沙市镇开关通商以后，交涉愈繁，地方尤为紧要。应请将沙市关监督荆宜施道并江陵县知县衙门移驻沙市地方，以资镇摄。"下所司议行。（《清德宗实录》卷423）

（光绪二十四年七月乙丑）谕内阁："国家设官分职，各有专司。京外大小各官，旧制相沿，不无冗滥。近日臣工条奏，多以裁汰冗员为言。虽未必尽可准行，而参酌情形，实亦有亟当改革者。朕维授事命官，不外综核名实。现当开创百度，事务繁多，度支岁入有常，岂能徒供无用之冗费，致碍当务之急需？……惟湖北、广东、云南三省，督抚同城，原未画一……今昔情形，确有不同。所有督抚同城之湖北、广东、云南三省巡抚并东河总督，着一并裁撤。其湖北、广东、云南三省，均着以总督兼管巡抚事……至各省漕运多由海道，河运已属无多，应征漕粮，亦多改折。淮盐所行省分，亦各分设督销。其各省不办运务之粮道、向无盐场仅管疏销之盐道，亦均着裁缺，归各藩司巡守道兼理。此外如各省同通佐贰等官，有但兼水利盐捕并无地方之责者，均属闲冗，即着查明裁汰。除应裁之京外各官，本日已降谕旨，暨裁缺之巡抚、河督、京卿等员听候另行录用外，其余京外尚有应裁文武各缺及一切裁减归并各事宜，着大学士、六部及各直省督抚，分别详议筹办，仍将筹议情形，迅速具奏。内外诸臣，即行遵照切实办理，不准借口体制攸关，多方阻格，并不得以无可再裁，敷衍了事。至各省设立办公局所，名目繁多，无非为位置闲员地步，薪水杂支，虚縻不可胜计。叠经谕令裁并，乃竟置若罔闻，或竟听委员劣幕舞文，一奏塞责，殊堪痛恨。着各督抚懔遵前旨，将现有各局所中冗员一律裁撤净尽，并将候补、分发、捐纳、劳绩等项人员一律严加甄别沙汰，限一月办竣复奏。似此实力剔除，庶几库款渐裕，得以宏拓新规。惟不准瞻徇情面，阳奉阴违，致干咎戾。当此国计艰难，朕宵旰焦劳，孜孜求治，诏书敦勉，动以至诚。尔在廷诸臣暨封疆大吏，若具有天良，其尚仰体朕怀，力矫疲玩积习，一心一德，共济时艰，庶几无负委任。若竟各挟私意，非自便身图，即见好僚属，推诿因循，空言搪塞，定当予以重惩，决不宽贷。”现月 （《清德宗实录》卷424）

（光绪二十四年八月丁未）又谕：“钦奉懿旨，湖北、广东、云南三省巡抚，现经裁撤。地方一切事宜，总督能否兼顾，究竟巡抚是否可裁，着军机大臣会同吏部妥速议奏。”外记注 （《清德宗实录》卷428）

（光绪二十四年九月乙卯）（云贵总督崧蕃等）又奏：“遵裁巡抚、粮道等缺。”得旨：“着归入议裁湖北等省巡抚各缺案内妥议具奏。”随手 （《清德宗实录》卷429）

（光绪二十四年九月戊辰）又钦奉懿旨，前因湖北、广东、云南三省巡抚并河道总督应否复设，先后谕令军机大臣、吏部会同妥议具奏。兹据详加拟议会奏、请旨办理各折片，各省总督、巡抚，国初以来，屡经裁移改设，本已斟酌尽善。现在应行整顿诸大端，不在裁减职官，而在综核名实。总督专重典兵，巡抚专重吏治，诚能各举其职，自可相得益彰。倘使坐拥封圻，辜恩溺职，同城则各执意见，专任则益形丛脞，徒事更张，无裨实际，甚无谓也。所有湖北、广东、云南三省巡抚，均着悉仍旧制，毋庸裁并。湖北巡抚，着曾钰补授……嗣后各局所冗员，仍应认真裁汰。其实缺地方各员，不必轻议裁撤，以重职守。外记注 （《清德宗实录》卷430）

（光绪二十四年十二月癸卯）湖广总督张之洞奏，湖北汉口华洋交涉地方紧要，拟请将汉口同知改为夏口抚民同知，以资治理，并陈分别措置各情形。下吏部议行。折包 （《清德宗实录》卷436）

（光绪二十五年三月癸亥）改湖北汉口同知为夏口抚民同知，从湖广总督张之洞请也。（《清德宗实录》卷441）

（光绪二十六年闰八月乙巳）又谕："电寄刘坤一等，现定于闰八月初八日启銮，西幸长安。清江所设转运总局，着即移至汉口，清江改为分局。自汉口以上应如何添设分局之处，着刘坤一、张之洞饬令恽祖祁妥筹办理。"随手 （《清德宗实录》卷470）

（光绪二十六年九月甲戌）两江总督刘坤一等奏："江浙漕粮，由鄂运陕，拟于汉口设立总局，老河口、龙驹寨各设分局，经理收米、雇船、过驳、起岸等事……"下部速议。折包 （《清德宗实录》卷472）

（光绪二十六年九月）己丑，谕军机大臣等："岑春煊奏'米石将抵陕境，请分定设局省分'一折，此项运陕米石，在汉口、老河口、龙驹寨等处，设立总、分各局……是设局转运交兑，应归南省迅速照议办理。惟沿途需用船只骡驮，仍应由地方官相助为理……岑春煊倘因目前雇备骡驮无款垫办，应准由行在户部暂行借拨若干，以资应用。将来仍由南省解还，庶几各专责成，不至两误。将此由五百里谕知刘坤一等，并谕岑春煊知之。”寄谕 （《清德宗实录》卷473）

（光绪二十六年十一月辛巳）湖广总督张之洞奏：“请将汉阳县丞移设刘家庙，改为夏口厅分防县丞。”从之。（《清德宗实录》卷475）

（光绪二十七年十月丁酉）湖广总督张之洞等奏：“湖北巡抚裁而复设，所有抚标两营原额现由督标添拨兵丁，以符成数，请饬立案。”下部知之。折包 （《清德宗实录》卷488）

（光绪三十年九月壬寅）（湖广总督张之洞）又奏：“督粮道缺改设施鹤兵备道及裁湖北各官缺。”均如所请行。折包 （《清德宗实录》卷535）

（光绪三十年十一月庚辰）谕内阁：“政务处、吏部会议林绍年奏‘督抚同城，事权不一，请裁巡抚’一折，云南、湖北巡抚两缺，着即行裁撤，湖广总督、云贵总督均着兼管巡抚事。”现月 （《清德宗实录》卷537）

（光绪三十二年七月）壬寅，商部奏：“汉口商务繁要，遵章设立商务总会，并请发给关防，俾昭信守。”如所请行。随手 （《清德宗实录》卷562）

（光绪三十三年八月丁卯）（湖广总督张之洞）又奏：“改湖北缉捕营为水陆巡缉营，并酌定饷章。”又奏：“请将湖北光化县治移驻老河口。”均下所司知之。折包 （《清德宗实录》卷577）

（光绪三十四年五月癸卯）（湖广总督陈夔龙）又奏：“请将宜昌府通判移驻东湖县属之鸦雀岭，以资控驭。”下吏部议。折包 （《清德宗实录》

卷592）

（宣统元年闰二月丙申）湖广总督陈夔龙奏：“吏部议准湖北宜昌府通判移驻东湖县之鸦雀岭，以该通判原系简缺，应否改为要缺，或仍作简缺，须由臣察看情形办理。查该通判移驻鸦雀岭，系因地制宜，借资控驭起见。缉捕抚绥一切事宜，虽视从前职任较重，比之冲繁要缺，尚属有闲，应请仍作为简缺。”下吏部知之。折包 （《宣统政纪》卷10）

（宣统元年八月己丑）湖广总督陈夔龙奏：“现就署内设立宪政筹备处。”下所司知之。折包 （《宣统政纪》卷19）

（宣统二年三月壬申）署湖广总督瑞澂奏：“裁撤局所，归并藩司，拟设度支公所，分科治事，以节经费。”下部知之。折包 （《宣统政纪》卷33）

（宣统二年六月甲戌）又谕：“湖北布政使王乃徵奏‘筹备宪政，酌分缓急’一折，着在京各衙门、各省督抚归并御史赵炳麟条陈，一并详议具奏。”（《宣统政纪》卷37）

（宣统二年八月戊寅）（督办盐政大臣载泽等）又会奏：“四川盐道本有综理全纲之责……其原收加厘钱文，应令湖北川盐总局如数代收，照常拨解。”均依议行。官报 （《宣统政纪》卷40）

（宣统三年正月辛酉）湖广总督瑞澂奏：“湖北省城商埠各级审判厅依限成立。”下法部知之。折包 （《宣统政纪》卷48）

（宣统三年九月）癸酉，谕内阁：“朕缵承大统，于今三载……川乱首发，鄂乱继之。今则陕湘警报叠闻，广赣变端又见……鄂湘乱事，虽涉军队，实由瑞澂等乖于抚驭，激变弃军，与无端构乱者不同。朕维自咎用瑞澂之不宜。军民何罪？果能翻然归正，决不追究既往。朕以眇眇之躬，立于臣民之上，祸变至此，几使列圣之伟烈贻谋，颠坠于地……”（《宣统政纪》卷62）

（宣统三年九月戊寅）又谕：“朕勤求治理，惟日孳孳，作新厥民，犹如不及。近因川鄂事变，下诏罪己，促进宪政，另行组织内阁，宽赦党人。昨日又俯允资政院之请，将所拟宪法重要信条十九条宣誓太庙，颁布天下。所以期人民之进步，示好恶以大公……今各省纷扰，祸变日深……据袁世凯电奏‘奉到初九日恩旨四件，已令各军停进，一面出示晓谕招抚，并向武昌宣布德意解散’等语，办理甚合朕意。并着将十二日准资政院起草宪法、十三日颁布信条谕旨，一并宣示。仍恐远迩未及周知，用再谆切宣谕有乱事省分。凡统兵大员，务皆仰体朕心，剀切布告，妥速安抚，俾皆晓然朝廷实心与民更始，不忍再以兵力从事之意。人同此心，心同此理，或亦可涣然冰释乎？至种族革命之谬说，容或有之，究居少数。况同在九州之近，更何有畛域可分？舜东夷而禹西羌，皆中夏之圣帝……想我爱国军民，必能共矢公心，咸登新治，无偏无倚，同我太平也。”（《宣统政纪》卷63）

（宣统三年十月戊戌）以直隶候补道张广建署山东布政使……川鄂事起，罪己之诏甫颁，杀人之祸愈烈，以致旬日之内，望风离异者，十有余省。大势所在，非共和无以免生灵之涂炭，保满汉之和平。国民心理既同，外人之有识者，持论亦无异致。是君主立宪政体，断难相容于此后之中国……（《宣统政纪》卷65）

（宣统三年十一月）壬申，谕内阁：“朕钦奉隆裕皇太后懿旨，内阁代递唐绍怡电奏，民军代表伍廷芳坚称‘人民志愿，以改建共和政体为目的’等语。此次武昌变起，朝廷俯从资政院之请，颁布宪法信条十九条，告庙宣誓，原冀早息干戈，与国民同享和平之福。徒以大信未孚，政争叠起。予惟我国今日于君主立宪、共和立宪二者以何为宜，此为对内对外实际利害问题，固非一部分人民所得而私，亦非朝廷一方面所能专决。自应召集临时国会，付之公决……”（《宣统政纪》卷67）

（宣统三年十二月庚子）内阁总理大臣袁世凯奏：“本月初六日，奉旨国会选举暨开会地点可酌量变通办理等因，臣原拟会员每州县各一人，每旗各一人，地点定为北京，磋商越二十日。伍廷芳坚持不让，遂强定为选举区二十四处，一省为一处，内外蒙为一处，前后藏为一处，每处三人。臣以人数太少，众情不服，现拟改为二十八处。一省为一处，蒙藏合为六处，每处六人，共一百六十八人，与资政院额数相去不远。其国体未决以前，民党惧罹刑网，不敢来京会议，拟酌定为天津、汉口、青岛三处。如蒙俞允，拟仍电商伍廷芳，从速核复。再民军所拟优待皇室条件，前曾代请面奏。此次两面派人暗中商议，如改为国会议决国体，则优待皇室条件似亦应由国会议定，能否照前优隆，臣未敢豫决。”报闻。（《宣统政纪》卷69）

2. 颁铸印信

（顺治二年闰六月丙午）铸给招抚广东、江西、福建、湖广、云贵各关防。（《清世祖实录》卷18）

（乾隆元年十一月辛卯）署湖广总督史贻直疏言：“彝陵州已改设宜昌府，请将彝陵镇改名宜昌镇，换给该镇敕书、关防及镇标中军游击关防。”下部知之。（《清高宗实录》卷30）

（乾隆五年九月己卯）吏部议准护湖北巡抚布政使严瑞龙奏，沔阳州州判分驻仙桃镇，从前未经颁给钤记。今于乾隆二年又兼管州北水利，

请铸给沔阳州仙桃镇兼管水利州判钤记。从之。（《清高宗实录》卷126）

（乾隆六年八月壬戌）刑部等部议准刑部尚书署湖广总督那苏图奏称，嗣后文武大小衙门，一切差票概用印信，如无印信，衙门即用自刻钤记。其朱票、小票、衙单永行禁止。倘有仍前混用者，该管上司揭报题参，将出票之员，照行文移遗漏钤盖印信例，罚俸二年。从之。（《清高宗实录》卷149）

（乾隆八年六月庚辰）湖北巡抚晏斯盛奏准："原任荆关监督将税务关防移送到臣，该关距臣驻扎之武昌计程千里，耳目难周，请设监督一员前往该关，专司其事。"得旨："有旨谕部，但汝此奏巧矣。朕固知汝是此等人，此等事尚可，若诸事如此，后悔莫及，慎之戒之。亦不必尽批示，汝会意可耳。"（《清高宗实录》卷195）

（乾隆十一年正月庚寅）铸给湖北宜昌府分防渔洋关同知、长乐县分防湾潭县丞关防，从湖广总督鄂弥达请也。（《清高宗实录》卷257）

（乾隆十二年三月壬子）颁给湖北安陆府沙洋管理水利同知、钟祥县石牌水利县丞关防，潜江县高家场巡检兼管水利印记，天门县岳口水利县丞关防，荆门州建阳马驿兼理巡检事钤记，从总督塞楞额请也。（《清高宗实录》卷287）

（乾隆十四年五月癸丑）又谕："从前令顾琮暂署总漕，伊谢恩折内，但言'催攒漕运，不及河道'一语……今又奏称'漕运总督关防，理应委员赍交，俟瑚宝一到淮安，即可有印办事，庶无耽延'等语，此又因朕旨而不敢留总漕印也。夫瑚宝现在楚省，尚须俟唐绥祖到任后交代，然后赴淮。乃即将漕督印务豫行赍送，伊但知瑚宝一到，即可有印办事，不致耽延，而现在漕运之事，转致无印可用，不更耽延乎？顾琮每事糊

涂，屡经诫谕，而糊涂更甚，着再传旨申饬。”（《清高宗实录》卷341）

（乾隆十七年十二月辛卯）铸给湖北汉阳县江防水利县丞关防，从巡抚恒文请也。（《清高宗实录》卷428）

（乾隆十八年二月丙午）铸给沔阳州管理水利州同关防，从湖北巡抚恒文请也。（《清高宗实录》卷433）

（乾隆十八年四月壬子）命湖广总督永常、护军统领努三驰驿前往安西，并颁给钦差大臣关防。（《清高宗实录》卷437）

（乾隆十九年八月丙寅）吏部议准湖北巡抚张若震疏称，恩施县县丞移驻木贡村，应建衙署，并颁给恩施县分驻木贡县丞关防。从之。（《清高宗实录》卷471）

（乾隆十九年十一月己丑）广西提督史宏蕴奏：“前经湖北巡抚张若震奏请各营兵入伍及拔补千把取原籍印甘各结一折，经部议准在案。查籍贯有远近，即行查有难易，且文移往返纷繁。请嗣后募兵仍照旧例，止令开报实在姓名、年貌、籍贯，取具保结存案外，至拔补外委，实营员进身之阶，应无论本省、外省之人，必取原籍印甘各结，以备稽查。”得旨：“着照所请行。”（《清高宗实录》卷476）

（乾隆二十年二月癸丑）（吏部）又议准湖北巡抚张若震奏：“郧阳监狱独归知府经管，与各府体制不宜，应照施南府例，令经历兼管。安陆府虽系照磨兼管，而印内未经镌明，应将安陆府照磨、郧阳府经历印信内均添‘兼管司狱’字样。”从之。（《清高宗实录》卷482）

（乾隆二十三年十月己未）吏部议准湖广总督硕色等奏称：“湖北省

管水利各官，应专责成。黄州、襄阳二府同知，江夏县县丞，汉阳县蔡店镇，汉川县刘家隔，广济县马口、武穴二镇，黄梅县清江镇，应城县长江埠，沔阳州沙镇、锅底湾，天门县乾镇，江陵县虎渡口、龙湾市，监利县窑圻、分盐、朱家河、白螺矶等各巡检，皆分管水利，关防印信均未兼衔，请改铸。蒲圻、黄陂、江陵、监利、公安、石首等六县县丞亦管堤工，未有关防，请补给。其兼管水利之咸宁、嘉鱼、汉阳、汉川、孝感、广济、云梦、应城、当阳、松滋等县各典史，系专司监狱躧缉之员，例不颁给关防，难昭信守，应勿庸兼管。至黄州、蕲州、荆州、荆左、荆右、沔阳等六卫，屯田坐落之处，有应修堤垸，应令守备协同水利同知查办。”从之。（《清高宗实录》卷 572）

（乾隆二十七年四月辛卯）铸给停前镇巡检司带管驿务、小里潭巡检司兼理水利印二，从湖北巡抚汤聘请也。（《清高宗实录》卷 659）

（乾隆二十七年十二月）丁未，吏部等部议复湖广总督爱必达奏称，安陆府属沔阳州，接壤汉阳，地方千里，仅知州一官，照察难周。查州属之新堤镇，地滨大江，商贾辐辏，请于该处添设县治，与沔阳州分地管理，均改隶汉阳府辖，裁去驻扎新堤之安陆府通判为知县衙署，改锅底湾巡检为典史，沔阳州训导为县学训导。其沔阳州粮捕事务归汉阳通判管理，安陆府粮捕事务归安陆同知管理，各改铸关防印信。应如所请。从之。（《清高宗实录》卷 677）

（乾隆二十八年十二月丙申）吏部议准湖北布政使柏琨奏请更正事宜：一、各官赴任文凭，乾隆七年，部臣以缴凭迟延，行令藩司赍送，经原署广西布政使唐绥祖奏准，封交抚臣转发。而楚省相沿，藩司咨送，嗣后请由该藩司查明造册，声明有无违限，同文凭送抚复核咨部。一、现在办理捐免保举执照应否缴销，例无明文，未能画一，请将此项执照于户部行知后，即行申缴，督抚按季送部。其候补候选各员，俟领凭赴

任后，随将捐免保举执照同原捐各照，并缴督抚汇送。从之。（《清高宗实录》卷700）

（乾隆三十年五月戊戌）吏部议准湖北巡抚李因培疏称，文泉县治，裁归沔阳州管辖。汉阳府通判关防，铸有文字，自应删去另拟。从之。（《清高宗实录》卷737）

（乾隆三十年十一月壬申）（吏部）又议准贵州巡抚方世俊奏称，贵州巡抚关防，有兼理湖北、川东等处地方字样，查向隶楚省之平江、青浪、偏桥、镇远、石开、铜鼓六卫，川省之湄潭、龙泉、瓮安、余庆等四县，俱已改隶黔省。现隶川、楚等省各地方，黔省并未管辖，应将关防改铸。从之。（《清高宗实录》卷748）

（乾隆三十三年二月庚辰）铸给……湖北省分守安襄郧兵备道兼管水利事务、甘肃省抚治西宁兵备道各关防，从各督抚请也。（《清高宗实录》卷805）

（乾隆三十五年七月辛酉）移湖北郧县江峪塘巡检驻黄龙堡，铸给印信，从巡抚梁国治请也。（《清高宗实录》卷865）

（乾隆四十年九月甲戌）吏部奏："贡监职员遇铨选考试等事，不及回籍起咨，例得取具同乡京官印结。然必同系一省，体察方能确实。若江苏之与安徽、湖北之与湖南、陕西之与甘肃，业分两省，自非同乡，乃往往互相出结，恐滋朦混。请嗣后业经分省者，均不准通融出结。如该省京官稀少，或有京官而无印信、有印信而官阶在八品以下例不出结者，仍遵向例，先取同乡京官图结，再加具邻省京官印结。"报闻。（《清高宗实录》卷991）

（乾隆四十一年八月）丙辰，谕曰："陈辉祖奏'请除豫印空白陋习'一折，已交该部速行，详议具奏矣。豫印空白，本非例所应有。况付之书役携带，更难保无从中滋弊，自当亟行禁止。但该署督既欲剔除积弊，又为条列代印章程，未免另生枝叶，久之仍恐有名无实。且文武各衙门缮办案牍册籍，理应详慎校核，俾无舛误。如办理未能妥协，经两司查出应改者，即可声明更正。视其事小而错少者量为记过，事大而错多者即为参奏，予以处分，庶有司办公，不敢草率，且可永除豫印空白之弊，方为尽善。湖广一省如此，各省谅亦相同，自应一体严禁。其如何分别定例之处，并着该部一并详议具奏。"（《清高宗实录》卷1015）

（乾隆四十六年八月壬申）吏部议准湖北学政吴省钦奏称，全楚原设学政一员，通辖两省，雍正四年分设湖南学政后，湖北仍用旧给湖广学政关防，名实不符。请易湖北学政字样铸给。从之。（《清高宗实录》卷1138）

（乾隆五十六年四月乙卯）改湖北施南协右营存城、建始、崔家坝三汛钤记为中营字样，归中军都司专辖，从湖广总督毕沅请也。（《清高宗实录》卷1376）

（乾隆五十七年二月庚戌）吏部等部议复湖广总督毕沅疏称，安陆府属荆门州改为直隶州，荆门州州同改为直隶州州同，裁改管辖各事宜：……一、安襄郧道关防应改为湖北分守安襄郧荆兵备道兼理水利之关防，荆门州印信应添铸直隶荆门州印，安陆府同知关防应改为安陆府分驻臼口管理粮捕水利同知之关防，荆门州州同关防应改为直隶荆门州沙洋水利州同兼管粮捕事务之关防……均应如所请。从之。（《清高宗实录》卷1396）

（嘉庆五年三月癸亥）又谕："荆州将军弘丰、副都统海兴阿题报交印、接印日期各一本，殊可不必。向来督抚因公离省，为时稍久，有具题交代印信日期者，若带印公出，未离本省，即无交卸印篆之事。今弘丰虽带兵协剿，尚在湖北境内，即带印前往，未为不可。且既奏明将印信交与海兴阿代管，亦何必复行具题？实属重复。嗣后有似此代管印信为时不久，业经奏明者，均无庸具题，以归简易，着为令。”（《清仁宗实录》卷61）

（道光二年四月壬戌）铸给湖北郧阳府白河厅添设同知、照磨、训导，竹山县巡检关防印信，从巡抚杨懋恬请也。（《清宣宗实录》卷34）

（道光四年十一月）丙午，铸给湖北改设郧阳府分防督捕同知关防，钟祥、谷城、房三县所属四巡检印信，从巡抚杨懋恬请也。（《清宣宗实录》卷75）

（道光十六年二月丙寅）铸给湖北房县三岔口巡检印信，从护巡抚张岳崧请也。（《清宣宗实录》卷278）

（道光三十年六月庚寅）改铸湖北汉阳县知县印信，从巡抚龚裕请也。（《清文宗实录》卷12）

（咸丰元年五月辛卯）改铸湖北江陵县知县印信，从巡抚龚裕请也。（《清文宗实录》卷33）

（咸丰二年十月壬辰）钦差大臣署湖广总督徐广缙奏报接受钦差大臣关防，并陈在事镇将，半月以来，按兵不动，积玩已久。得旨：“镇将各员，玩泄固久。然其中不无可用之人，第观驾驭何如耳。朕知汝办事，才尚可观，然望汝扩充度量，不致褊狭。懔之。”（《清文宗实录》卷73）

（咸丰三年二月乙酉）命礼部铸给湖北巡抚、按察使，安徽巡抚、布政使、按察使各关防印信。（《清文宗实录》卷 84）

（咸丰三年二月戊戌）改铸湖北学政、布政使、督粮道，盐法武昌道，汉黄德道，武昌府知府、同知、通判，武黄同知，布政司库大使、照磨，按察司经历、司狱，粮储道库大使，江夏县知县，武昌府儒学、司狱，江夏县儒学，汉阳府知府、经历，汉阳县知县、县丞，湖北提督，督标中军副将、中营中军都司、左营游击、左营中军守备、右营游击、右营中军守备，抚标左营中军参将、中军守备，右营游击、中军守备，武昌城守营参将、中军守备，汉阳营游击、中军水师守备各关防印信条记，从署总督张亮基等请也。（《清文宗实录》卷 86）

（咸丰四年四月戊寅）改铸湖广总督关防，从巡抚青麐等请也。（《清文宗实录》卷 126）

（咸丰四年十二月乙卯）补铸湖北布政使、盐法武昌道，武昌、汉阳、黄州、安陆、德安五府知府各关防印信，从总督杨霈请也。（《清文宗实录》卷 155）

（咸丰五年九月癸酉）改铸湖北巡抚关防，从巡抚胡林翼请也。（《清文宗实录》卷 177）

（咸丰六年八月甲辰）改铸湖北潜江县知县印信，从巡抚胡林翼请也。（《清文宗实录》卷 206）

（咸丰七年三月戊午）补铸湖北汉黄德道关防，从总督官文等请也。（《清文宗实录》卷 221）

（咸丰七年五月癸丑）改铸湖北蒲圻县知县印信，从巡抚胡林翼请也。（《清文宗实录》卷225）

（咸丰七年九月癸未）改铸湖北光化县左旗营巡检印信，从巡抚胡林翼请也。（《清文宗实录》卷235）

（咸丰七年九月癸巳）补铸湖北布政使经历、库大使，按察使经历，粮储道库大使，武昌府同知、儒学、司狱，江夏县儒学、浒黄巡检，武昌县儒学、白湖镇巡检，咸宁县儒学，嘉鱼县石头口巡检，蒲圻县儒学、港口巡检，崇阳县桂口巡检，兴国州州判，汉阳府同知、通判、经历、司狱，汉阳县县丞、仁义司巡检，蕲水县巴河巡检、兰溪巡检，蕲州州判，监利县白螺矶巡检各关防印信条记，从巡抚胡林翼请也。（《清文宗实录》卷235）

（咸丰七年十月丁丑）改铸湖北襄阳府知府印信，从巡抚胡林翼请也。（《清文宗实录》卷238）

（咸丰九年五月戊子）改铸湖北荆宜施道关防，石首县、郧县知县各印信，从巡抚胡林翼请也。（《清文宗实录》卷283）

（同治元年正月己丑）添铸湖北江汉关、山东海关两监督关防，从户部暨总理各国事务衙门请也。（《清穆宗实录》卷15）

（同治元年六月丁丑）补铸湖北郧阳府同知，湖南绥宁营游击、通道县儒学，山东宁阳县儒学各关防条记，从总督官文，巡抚李续宜、毛鸿宾、谭廷襄请也。（《清穆宗实录》卷32）

（同治元年十二月丁酉）补铸湖北武黄同知、来凤县知县、黄州卫守

备、黄冈县巡检各关防印信，从巡抚严树森请也。（《清穆宗实录》卷52）

（同治元年十二月壬寅）补铸湖北郧西县知县、浙江乐清县儒学印信条记，从巡抚严树森、左宗棠请也。（《清穆宗实录》卷53）

（同治二年十月乙未）补铸福建延建邵道、湖北监利县窑圻巡检各关防印信，从巡抚徐宗干、严树森请也。（《清穆宗实录》卷83）

（光绪三年正月）癸未，总理各国事务衙门奏："议复署湖广总督翁同爵奏'湖北宜昌应设税关监督'一折。伏查咸丰十一年十月，议复湖广督臣官文奏请汉口设关折内声请将该关即由汉黄德道管理，旋颁发江汉关监督关防各等因在案。今该署督奏请将荆宜施道移扎宜昌府城，监督宜昌关税务，兼办通商事件，并请饬部铸造关防，颁发钤用。核与汉黄德道兼管江汉关成案相符，应如所请办理……"均从之。折包 （《清德宗实录》卷46）

（光绪五年五月壬辰）湖广总督李瀚章等奏："湖北学政关防，因覆舟落水，请另铸关防，并先刊木质关防应用。"从之。（《清德宗实录》卷95）

（光绪八年九月癸卯）改铸湖北布政使印信，从湖广总督涂宗瀛请也。（《清德宗实录》卷152）

（光绪二十四年七月甲戌）又谕："电寄谭继洵，湖北巡抚关防着交张之洞收缴，谭继洵来京听候简用。"电寄 （《清德宗实录》卷425）

（光绪二十八年五月庚申）换铸湖北襄阳府知府印信，从湖北巡抚端方请也。（《清德宗实录》卷499）

（光绪二十八年八月丙午）换铸湖北黄安县印信，从湖北巡抚端方请也。折包 （《清德宗实录》卷504）

（光绪三十一年正月甲申）改铸湖北荆宜道关防，从湖广总督张之洞请也。折包 （《清德宗实录》卷541）

（光绪三十三年十月壬戌）换铸湖北江汉关监督关防，从湖广总督赵尔巽请也。早事 （《清德宗实录》卷581）

（光绪三十四年二月戊寅）换铸湖北德安府知府印信，从湖广总督赵尔巽请也。折包 （《清德宗实录》卷587）

（光绪三十四年七月辛亥）换铸湖北荆州府知府印信，从湖广总督陈夔龙请也。（《清德宗实录》卷594）

（光绪三十四年十月己巳）换铸湖北盐法道印信，增铸巡警劝业道关防，从湖广总督陈夔龙请也。折包 （《清德宗实录》卷597）

（宣统二年十月甲午）增铸湖北高等地方初级三厅，汉口、宜昌、沙市三商埠地方初级六厅，并各厅内附设检察厅印信，从湖广总督瑞澂请也。折包 （《宣统政纪》卷43）

（宣统三年九月丁丑）又谕："电寄袁世凯，据电奏'现在汉口渐次收复，湖北人员，来者寥寥。拟委随来之黄降道开文暂署汉黄德关道，直隶候补知县凌绍彭暂署夏口厅同知，并各颁木质关防，以便办理交涉，抚辑地方，并筹善后'等语，着照所请。该衙门知道。"（《宣统政纪》卷63）

（宣统三年九月戊寅）又谕："电寄袁世凯，据电奏'请将湖北布政使连甲革职留任，随营效力。地方善后事宜，即委该司妥筹办理，并发给木质关防’等语，着照所请。该衙门知道。”（《宣统政纪》卷63）

3. 规章措施

（顺治十八年闰七月丙申）吏部题：“奉旨行查事件，各省督抚因无限期，任意迟延。今量其远近，酌定限期。自文到日为始，直隶、山东、山西、河南、陕西限四个月，江南、浙江、湖广、江西限五个月，福建、广东、广西限六个月，云南、贵州、四川限七个月。有繁大事件，许令题明宽限，违限者按年月处分。各部院题复违限，亦照此处分。”从之。（《清圣祖实录》卷4）

（雍正三年十一月）乙卯，九卿遵旨议复设立各省巡察官并该员出差事宜及地方官盗案处分十一条：“一、出差官职司巡察，应令礼部铸给关防，以重职掌。一、各州县盗案，于巡察官处一体通报，以凭稽察。一、巡察官令于所历地方密访盗贼窝藏之处，会同地方文武官弁协力捕缉，以清盗源。一、冲途驿站，有差使肆行骚扰者，详报巡察官，据实题参。一、道路烟墩，应令巡察官加意查察。倘有防守疏懈者，题参议处。一、巡察官务于一年内，遍历通省各府，悉行访察。一年之内，克称厥职，从优议叙。倘遇有盗案通同隐匿，或在地方生事滋扰者，该督抚查参议处。一、承缉盗案，初限不获，降一级，无级可降之官，革职，俱留任，仍照旧例遵行外，至再限不获，例应调用革职者，今议再留任一年。如一年内能获盗过半，照例开复，如再不获，始照例调用革职。其承缉官将一案盗犯全获者，每案纪录二次。一、请宽承缉盗首之处分，嗣后限内获盗过半并获盗首者，免其参处；限内获伙盗过半而盗首未获者，罚俸一年；再限不获盗首者，罚俸二年；三限不获盗首者，降一级留任。一、凡事主报盗，如有地方官借端吓阻者，核实题参，照讳盗例革职。其有失察书役需索及拖累事主者，一并题参，从重议处。若事主有以窃报强，挟制官府，妄行控告者，查明治罪。一、地方官遇有盗案，一面申报上司，即一面关会邻境州县营汛等官，遍处查察。一月内拿获邻境案内盗首者，加一级，再纪录一次；拿获伙盗者，每一名，纪录一次。拿获之兵役，令原失事之地方官给银二十两。一月后拿获者，纪录三次；拿获过半者，纪录二次。一、捕盗厅官，于所属州县官，如有讳盗不报及以强为窃，察出揭报者，免议；失察者，罚俸一年；徇隐不报者，革职。如所辖地方缉拿盗犯，三月内全获一伙者，准其纪录一次。”得旨：“依议，浙闽二省，不必派官前往……湖北、湖南二处，共派一员……着大学士九卿等，于小京堂及科道各部郎中内拣选引见。至所议请宽承缉盗首之处分一条，甚是，着照所议行。”（《清世宗实录》卷 38）

（雍正五年闰三月辛未）兵部议复：“署理湖广总督福敏条奏防范苗疆事宜五款：一、严禁苗民互为婚姻。一、严禁奸民与苗借债鬻产。一、严禁奸民勾引凶苗，掘人冢墓，掠人牛畜，为己报仇泄忿。一、凶苗拒捕，责令营弁协拿，禁止苗民毋得私藏军器，贩卖火药。一、凶苗越界抢掠，责令邻省文武官弁协力捕缉。俱应如所请。”从之。（《清世宗实录》卷 55）

（乾隆六年八月壬戌）刑部等部议准刑部尚书署湖广总督那苏图奏称，嗣后文武大小衙门，一切差票概用印信，如无印信，衙门即用自刻钤记。其朱票、小票、衙单永行禁止。倘有仍前混用者，该管上司揭报题参，将出票之员，照行文移遗漏钤盖印信例罚俸二年。从之。（《清高宗实录》卷 149）

（乾隆十四年五月）壬戌，钦差户部尚书舒赫德奏：“臣由黄螂所沿金沙江而行，于黄草坪见江滩北岸有木扎数筏，查北岸悬崖峭壁一线可通，皆凉山生苗地界，毗连阿都沙吗、陆格、陆耀所辖诸夷，与中国隔绝，不应内地民人在此舣筏。随询据称‘系江西、湖广人领票入山伐木，于水口滚放扎筏出卖，有在内停住一二年者’等语，此等商民，深入猓地，年久人多，难保无勾结煽诱情事。查此一带苗界系四川建昌所属，前项停住商人，应作何着令速归，并嗣后给票采木、查禁私越之处，请敕该总督查酌，具奏办理。”奏入。下策楞、岳钟琪议奏。寻奏：“……惟该处距凉山生番四百余里，向未设汛，稽察稍疏，不免滋事。应出示严禁，并通饬各该衙门嗣后概不得给照，行令建昌道每年巡查一次。”得旨：“着照所议，实力行之。”（《清高宗实录》卷340）

（乾隆十五年二月辛卯）兵部议复：“湖北布政使严瑞龙奏称：‘在京内务府、八旗等衙门咨外省督抚事件悉系清文，督抚接到，必须译汉转行。向有笔帖式及理事厅省分，即可随到随译，否则每交所属满员译汉，所属不能必在同城，外府距省远近不等，非独往返耽延，倘事关机密，难保必无泄漏舛错。湖北省督抚等衙门俱无笔帖式，同城亦无理事厅员，凡奉到清字咨文，必发荆州府理事同知，或将军衙门笔帖式，译出转行。荆州距省七百里，往返延误，实多未便，若请添笔帖式，又于定例有碍。请敕部行知在京八旗等衙门，如有径行外省督抚事件，照咨部转行例，即由该衙门清汉兼行。’应如所请。嗣后内务府等衙门并八旗满蒙旗分，于径行外省事件，俱交各处笔帖式译汉兼行。”从之。（《清高宗实录》卷359）

（乾隆二十九年正月壬申）湖广总督李侍尧、两淮盐政高恒奏楚省盐价章程：“臣高恒赴楚，公同体察，缘淮商成本，各纲既不相同，即一纲亦不能画一。如癸未纲，每引实需成本，加以余息三钱，计每包卖银二钱三分一厘，应即照此定为限制。现在各商浮滥费用，详加厘剔，从此成本轻一分，卖价自减一分。嗣后汉口卖价，总以淮盐成本为准。请以甲申纲为始，每纲于纲首盐船开江之日，查取商人成本余息，核定每包应卖银若干，移明楚省，饬商遵照。”得旨：“如所议行。”余有旨谕，谕军机大臣等：“朕前谕高恒赴楚面同李侍尧会议盐务事宜，今据奏到，所办甚属允协，已于折内批示如所议行。从前湖广行盐之弊，总由不按淮商成本，折衷定价。是以汉口卖商从中意为低昂，甚至抬价，赊欠侵吞，种种作奸，而扬商窎远阻碍，遂不得不受其挟制。今高恒遵旨前往，李侍尧与之协力清厘，将成本核定，加以余息，明立限制，情理皆得其平，鹾政可以永行无弊。且撤去匣商，节减糜费，则商力裕而民食益充。若非朕深究弊源，以会商为两省通气之法，安能得其要领若此？不但该商民等当为欢欣感切，该督该盐政公同筹办，益当踊跃倍常，溢于言表。今览所奏，似不过就事完事，初不以积弊有年始得洞中窾要为喜。岂该督等彼此成见未化，仅借此调停了局？抑以前此两两相持，迄无定夺，尚不足为盐法之累耶？着传谕李侍尧、高恒，令其详悉复奏。再长芦盐政，原有每年自赴山东严查道库、体察商情之例。楚省距维扬虽较山东稍远，然究属该盐政统辖之区，现在一经亲行，已有明验。嗣后该盐政或酌量于一二年中亲往巡视一次之处，着一并令其定议奏闻，候朕降旨。”寻李侍尧奏：“上年奉旨饬高恒赴楚会商，询明现在成本，加以余息，酌中定价。从此商力日裕，成本日轻，卖价平减。皆由睿虑周详，无微不至。乃臣等于从前办理未当，经奉旨遵照妥办缘由，并未切实奏明，实属草率，非敢稍存成见。”得旨：“览，此奏甚明矣。”高恒奏：“盐法两两相持，商民并累，幸蒙圣恩教导，与督臣李侍尧协力清厘，得以永行无弊。至盐臣赴楚巡视年限，查楚省距扬稍远，请嗣后二年一次，奏明前往。如二年内有必须查办会商之处，随时奏请。”得旨：“知道了，不必定年限，于应去之时请旨可也。”（《清高宗实录》卷703）

（乾隆三十九年十月）辛丑，谕：“据文绶奏‘川省军需，前经奏准仿照楚省章程，一切采办挽运，民间自相帮贴之费，先于司库酌借，仍即催解归款，现应按限完缴’等语，川省百姓，踊跃奉公，趋事恐后，甚属可嘉。目下大功将成，尤应多方体恤，所有川省民间借用官项，准俟军务告竣，再行收纳归款，以纾民力。”该部即遵谕行。（《清高宗实录》卷969）

（乾隆五十三年十月乙巳）大学士等议准钦差大学士公阿桂、湖广总督毕沅条奏荆州临江堤塍各事宜："一、岁修万城堤，责成大员经理，每年秋汛后，令荆州水利同知会同江陵县将应修处所勘估造册，送荆州府并荆宜施道复勘后，移咨藩司，借项兴修，于次年摊征归款。如银数在五百两以下，仍令民修，该道、府妥查督办，每年奏销后，令藩司亲往查勘，督抚于春汛前，复轮往查看。一、岁修堤塍，定限保固十年，限内冲溃，即将承修人员参处，仍将补筑夫工等银着追。一、堤面堤身，应照现定丈尺，加高培厚。一、岁修工程，募雇人夫，令该同知亲身督办，该道、府随时密查，如假手家丁书役，参究。一、万城大堤，估需银五百两以上，先于司库借给，应令该督豫筹报部，仍将次年摊征归款细数，送部查核。一、万城堤工向系民修，今工在五百两以上，准借项官办，仍应摊征归款，恐地方官吏加派滋弊，应令公举诚练绅耆三四人，专司银钱册档。一、新筑石矶随时修补，责成该道、府、同知按年查勘，坍蛰即行报修，并将窖金洲萌长芦根刨尽，不许民人居住。一、每堤五百丈，设堤长、圩甲各四名，立卡住宿，如有獾洞、蚁穴，报明补修，汛涨时多备守水器具，协同民人防护。该道、府亲往巡查，水利官防护不力，纠参。一、堤上民房，令该府县出示概行迁居，其沙市稠密处所民房，俟倾倒时报地方官，察勘无碍堤面处所盖造。堤外龙尾等洲，民筑土堰，有碍涨水流行，应概刨毁。一、堤工自逍遥湖至玉路口，令江陵县县丞管，自玉路口至黄家场，令沙市巡检管，自黄家场至拖茅埠，令郝穴巡检管，遇防汛等事，就近督办。一、荆州同知向系选缺，今将万城大堤责成专管，请改调缺，在外拣题，并将衙署移建堤所。"均应如所请。从之。（《清高宗实录》卷1315）

（乾隆五十五年五月己酉）湖广总督毕沅、湖北巡抚惠龄奏防范铜运章程："一、铜船应责成永宁道于雇募时验明稳固坚厚。其有现行打造者，亦责令监造官查察，毋许偷工减料。一、向例每船载铜七万斤，多则私带，少则盗卖亏短，应责成江北厅逐一过秤。其船身吃水若干尺寸，并船户头舵姓名，移知接护州县，随时验明。一、应将宜昌至汉口一切新旧险滩刊刻一纸，饬巴东县交给运员，传知各船户水手，并令所过州县将险滩名目标立两岸，俾知趋避。一、水摸捞费，每获沉铜百斤，给工价三钱，请嗣后遇水深四丈以外者，每百斤加银一钱，俾得踊跃从事。一、铜船沉溺处所，应饬运员亲属及沿江州县丁役严加查察，毋任水摸私放水底，夜间窃取。”得旨：“有治人，无治法，以实妥为之。”（《清高宗实录》卷1355）

（嘉庆十五年五月）壬申，谕内阁：“前因嘉庆七年剿办邪匪大功告蒇，经额勒登保等奏‘川、楚、陕三省深山老林，路径分歧，酌议每年总兵会哨二次，提督会哨一次，三年之后地方日臻宁谧，即行停止’，当经降旨，以所议会哨之例，于三年后不必停止，或隔年一行，或隔二年一行，认真巡缉。今已逾数年，虽各营有巡阅旧章，但恐视为具文，奉行故事。嗣后川、楚、陕三省，每年轮派一省提镇，着于边界遍历周查，既可巡阅营伍，又可借资弹压，每巡哨一次，即行具奏。该提镇等惟当随时随地督率稽查，不可有名无实。”（《清仁宗实录》卷229）

（道光五年七月甲辰）谕军机大臣等：“李鸿宾等奏‘筹议约束粮船水手章程’一折，据称‘湖北额设粮船一百八十只，每届兑米开行之际，头舵、水手悉由各船旗丁雇觅，责成卫所运弁查开姓名籍贯，赍交粮道厅员查核，取具十船连环保结。各帮水手向听弁丁约束，并无立教敛钱树党索值情事，惟水手良莠不齐，仍当议定章程，逐层纠察。嗣后各帮头舵、水手，未雇之先，由旗丁详慎选募。既雇之后，由运弁取结确查。水手应得雇值，按程支给，无许刁难需索。其运弁失察及县营弹压，分别赏罚’各章程，俱着照该督等所议，妥为办理，无得日久生玩，视为具文……”（《清宣宗实录》卷86）

（道光十年十二月乙巳）钦差户部尚书王鼎等奏："会筹两淮盐务，拟定章程十五条。一、两淮杂费，除养廉、兵饷、水脚、部饭等项作正开销，此外普济、育婴、书院、义学等项亦从其旧。惟各堂董事，滥厕多名，与书楼、务本堂、孝廉堂等处，岁需银二十余万两，应行裁汰。其各衙门公费及盐政、运司、书役、辛工、纸饭并乏商月折等项，岁需银八十余万两，应加删除。再汉口各岸商，按引抽捐各衙门公费，定为每引捐银四钱，永不加增。各费共减银一百十余万两，科则成本，可以稍轻。一、运商请引，先向有窝之家出价买单，然后赴司纳课，窝家辗转私售，以一纸虚根，先正课而享厚利，致商本加重，昂价病民。惟相沿已久，姑留根名，每纲每引，酌给银一钱二分。嗣后请引，按纲给单，不准豫请数纲。一、领运旧例，名目过多，致运司衙门书吏多至十九房，商人办运请引文书辗转至十一次。盐务大小衙门节节稽查，有名无实，徒为需索陋规之具，应交运司查明删并。一、商课入库，不分正杂，笼统动支，迨遇紧饷，百计凑解，有豫纳、减纳、贴色、贴息、印本抵课等弊，俱应查禁，将正项贮库候解，并听部拨。杂费另贮外库，不许将正项那垫及商人干预。一、淮南设有总商筹办通纲公事，应择各商内公正醇谨、行盐最多者数人，为办事之商。至办公一项，照减定额数指领，不准立总商名目。一、庚寅纲引现已冬杪，尚未行运，己丑仍余积引三分，辛卯即应开纲，岂能一年行三纲之盐？请于道光十一年正月，即开辛卯本纲，其庚寅、己丑积引随时带销，另款存拨。遇畅销提纲时，仍补销以符原额。一、淮南北商欠，若按纲带征，仍致套搭，占碍新纲，应分别停缓，俟课款充裕时归补。内惟帑本利息一项，仍在新纲引内摊征。一、收盐桶秤，旧有定制，请由运司烙发，不准私制。责成场官随时稽查，运司于运河要道北桥处所亲莅抽秤，如格外重斤，将秤验各官参撤。一、运盐不脚，埠头串同商伙从中勒扣，船户意图带私，甘心忍受，且有出钱买装者，应将例价照实核发，各船挨次编号，连环保结。倘仍蹈故习，查出严办，该埠保一并治罪。一、盐船遭险，例有津贴，并准批补沉失之盐，免其输课。近以守轮待售，时日迁延，船户盗卖后凿沉空船。运商利有津贴批补，且可分装多船，越轮先售，遂相效尤，应停其津贴，准其补运，不准免课。一、仪征河道淤阻，应勘估挑浚，即以挑出之土，培筑泰堤，俾速转运，以轻商本。一、运盐向自仪征运至汉口折回，转售于各岸，往返脚费加重，致引地为江船粮船各私所隐占，应饬盐道查明各口岸每年额销引若干，将水程豫为给发，佥商运赴该处，俾水贩就近领卖，水程照例汇缴，以免越运转折。一、船至汉西两岸，大商抬价，封轮挨卖，守候既久，百弊丛生，汉岸滞盐不下二千万砠，应派公正之员驻守汉岸，会同盐道办理散轮事宜，不许再有整轮，以免滞销。一、盐务之官，有与商人联姻换帖者，俱令回避。各场分司大使，应照州县之例，察看人地，随时调换。至湖北盐道督销功过，应归兼辖盐务之总督考核，会同该省督抚具奏，以专责成。一、淮北湖运各岸，近年额引销不及半，积盐无商收买，各灶吁求调剂，应先行筹款，收买灶盐，以济口食。其盐存贮各场，俟来年秋单发运时，查照销滞各岸，委员领运，售盐缴价，以还原本。”得旨：“均着照所议办理，该部知道。”（《清宣宗实录》卷182）

（道光二十二年十一月）癸酉，谕内阁：“朕恭读《高宗纯皇帝实录》，内载乾隆五年五月奉谕旨：膺牧民之任者，均有弭盗之责，原不容有此疆彼界之分，着嗣后凡有邻省连界地方积窝逃盗，访实之后，或径行差捕，或知会密拿，庶盗案易结，盗源渐清，而邻境彼此均受其益等因，钦此。圣谕煌煌，实为息盗安民之良法，允宜恪遵成宪，实力奉行……”（《清宣宗实录》卷385）

（道光二十八年七月辛丑）湖广总督裕泰等奏：“遵旨筹议苗疆善后事宜。一、裁汰经费。苗疆原设屯苗义学一百馆，嗣添设二十馆。年来各苗生童多能自行劝学，原设一百馆足资课读，续添二十馆应行裁汰。又均屯委员久经裁汰，所有薪水工食谷九百二十七石零，应酌留书役工食谷一百四十石，余俱核删，留充屯费。一、佃户还租尾数。明定限制，屯长斗级人等遇有合勺尾数，辄将两手捧量为一合，一手撮量为一勺，实属积弊。请嗣后完租尾数在六合以上者进取一升，以下者退出不计。一、屯田征租执照红簿改用厅县印信，向来各佃交租即由屯弁给予收条，既不盖用印信，难免重征之弊。嗣后执照红簿，改由厅县盖用印信，用连三板串，遇佃户交租，即行截串给领，以备稽核。一、苗人款头名目永远禁革。近年乾州苗人于各寨议立款首，把持公事，嗣后苗民如有户婚、田土、斗殴等事，即赴厅县呈控，如有私自议款情事，即行拿究。仍将禁革款头名目出示晓谕，俾知懔戒。一、收缴枪械，私采硝磺责成查报。此次办理善后，已据各厅县收缴枪械五千七百余件，恐仍有未尽。又苗疆出产硝磺，应一并严禁。如有私造私藏器械及私采硝磺制造火药，责成各厅县督率苗官查报。苗官知情隐匿，一体惩办。一、苗官贤否，核实甄别。额设苗备弁，请于年终甄别一次，如果约束安静，承催全完，将该把总外委列为一等，予以超擢。苗千总在任五年无过，拔补守备。守备在任五年无误，记功一次，再历三年，奏请赏都司衔。如有索诈苗众，怠玩误公，按其情节轻重责革办理。一、归并屯仓，裁汰屯长。凤凰等厅县共设屯仓一百二十六所，原设总屯长四十名，每名授田十五亩，散屯长一百六十名，每名授田七亩五分。现据辰沅道查明各屯仓相近者共二十三所，可以归作十仓，撤去屯仓十三所，裁汰总散屯长共二十名。其原授田亩，仍给佃种，俾免失业。一、苗官札付，分别钤印给发。凤凰等五厅县共设苗守备、千总、外委四百八十六名，向由厅县送道验看，详由督抚、提臣会印给札，事涉烦琐，请拔补苗外委把总，由道给札，苗千总札付，由抚臣钤印颁发，苗守备由督臣钤印颁发，以归简易。一、民苗举人，酌减会试盘费。边字号、田字号苗举人会试，历由道捐给银两，并劝令屯苗兵勇每名帮贴银谷。近来兵勇生计维艰，力难帮贴。查有屯防加增义谷六百石，请每岁撙节谷三百石，留于乡试年，帮给民苗举人每名谷二石，恩科举人一体照给，永远禁止屯苗帮贴，亦毋庸由道捐给路费。一、新旧佃欠分别豁免。查道光二十一年至二十六年，佃欠未完谷一万二千五百五十余石，请概予豁免。二十七年未完谷二万九百

五十余石，请缓至二十九年起，分作三年带征，以纾佃力。”下部议，从之。（《清宣宗实录》卷457）

（道光三十年十月丁亥）又谕：“裕泰、龚裕奏‘同知议论鹾务新章，其子率行刊刷，请将该同知交部议处’一折，淮南盐务新定章程，必须楚岸各员实力奉行，不分畛域，方可收畅销实效。该同知议论新章利病，显有阻挠情事。其子又复刊板刷送，虽经自行检举，板片亦查明销毁，而刊刷散布，难免商情不为摇惑，于鹾务大有关系。武昌府同知劳光泰，着交部严加议处，仍着陆建瀛查明该同知所论利病，系何意见，据实具奏。”（《清文宗实录》卷20）

（咸丰八年七月己亥）改定湖北漕务章程：一、有漕州县核减向日浮收之数，分别折价，所有由单、串票、样米、差费等类概行革除。一、折收北漕，照部定每石一两三钱之数，共正耗银二十一万四千余两并津贴帮丁兑费银六万八千余两，均解交粮道库，暂行提充军饷。一、各州县折解南粮，每石酌定一两五钱，共应解银二十万六千五百余两，除支发满汉各营兵食外，尚余银八九万两，存留藩库，备灾缓拨补之用。一、漕南水脚及随漕等项银两，现因漕船停运，均解交道库报拨，并暂济兵饷。一、粮道以下各官漕规及各衙门书吏杂费概行裁革。一、漕南折价，民间输将自易，毋许各州县稍有蒂欠。至将来运河修复，仍设法办解本色，应令随时体察情形核办。从巡抚胡林翼请也。（《清文宗实录》卷259）

（光绪元年五月乙卯）湖广总督李瀚章等奏整饬归州滩务章程。报闻。折包 （《清德宗实录》卷10）

（光绪二十四年四月甲辰）署湖广总督谭继洵奏：“遵议改试武科章程六条。一、武童均归团练操演。一、枪炮分别考试。一、兵勇乡试先录科。一、武生武举通习算学。一、试场兼操技艺。一、训练定赏罚。”

下部议。折包 （《清德宗实录》卷418）

（光绪三十一年十二月乙卯）湖广总督张之洞奏："遵旨拟订中国矿务章程，谨纂成正章七十四款、附章七十三条呈进，请饬部复核。"下外务部、商部议。折包 （《清德宗实录》卷553）

（光绪三十三年四月己丑）湖广总督张之洞奏："学堂风气嚣张，不守礼法，即冠服一端，率皆短衣皮鞋，仿效西式。请制定冠服程式，以遏乱萌。"得旨："所奏甚是。着学部会同礼部，将所拟学堂冠服章程，妥议具奏。"寻奏："遵议学堂冠服章程，缮单呈览。"从之。折包 （《清德宗实录》卷572）

（光绪三十三年五月戊午）湖广总督张之洞奏："矿务轇轕日多，请将前奏章程，饬部早日严定，以杜滋蔓。"下部议。寻奏："该督原拟章程，至为周密，惟前订部章，立法较严之处，遵行已久，自应查酌增改，免致纷歧。至交涉各条，系参酌商约订定，自可按照办理，谨核明呈览，候旨颁行。"从之。折包 （《清德宗实录》卷574）

（光绪三十三年九月丙申）谕军机大臣等："护理湖广总督李岷琛奏'筹议湖北巡缉江防章程'一折，着各该督抚体察情形，妥速商酌，认真办理。原折着钞给阅看。"现月 （《清德宗实录》卷579）

（宣统元年八月庚子）湖广总督陈夔龙奏："鄂省财政支绌，善后局积亏太甚，挹注无从。拟援直隶成案，试办公债票，以资弥补，并将贷还公债期限、数目及贷还公债章程，缮单呈览。"下度支部议。折包 （《宣统政纪》卷20）

（宣统元年十一月乙丑）御史麦秩严奏："各省开办警察以来，惟天津、武昌两属颇著成效，其余大都敷衍塞责，借口款绌……今各省主持警务，如民政司巡警道等官，非明定选任章程，不足以得人才。请饬民政部援照法学两部成案，切实保荐，并将民政司巡警道选任章程，妥速编定，奏准颁行。如各省果有历办警务成绩卓著之员，准由该督抚送部考验，毋庸由督抚奏保，以示统一。”下民政部议。折包 （《宣统政纪》卷26）

（宣统三年五月甲寅）又谕：“电寄各省督抚，陆军部奏，湖广总督、河南巡抚电奏拟派督练公所人员核与定章不符各一折。督练公所暂行官制，业经奏定章程，自应照章办理。嗣后各省督练公所应派军事参议官以下各员，务各查照定章，和衷商榷，仍由陆军部奏充，以免歧异。将此通电各督抚知之。”电寄 （《宣统政纪》卷54）

4. 人事任免

（顺治元年七月壬子）以故明给事中冯杰为户科右给事中……礼部主事高去奢为湖广道御史……（《清世祖实录》卷6）

（顺治元年八月庚辰）以故明兵部主事叶廷秀为河南道监察御史，湖广道监察御史李春蓁为广西道监察御史。（《清世祖实录》卷7）

（顺治二年二月丙辰）转户部右侍郎王公弼为本部左侍郎……魏琯为湖广道试监察御史……湖广参政道李嵩为山东布政使司参政督粮道……（《清世祖实录》卷14）

（顺治二年三月）壬辰，湖广巡抚王梦尹引年乞休。允之。（《清世祖实录》卷15）

（顺治二年四月丙子）授中书科中书舍人姜金允福建道试监察御史……制敕房中书舍人吴赞元湖广道试监察御史……（《清世祖实录》卷15）

（顺治二年五月）庚子，遣福建道试御史姜金允巡按江北，湖广道御史高去奢提督江北学政，广西道御史李发元巡视两淮盐课，贵州道御史刘明偀巡漕。时陕西道御史赵开心亦在应差之列，以其直声久著，令别候优擢。（《清世祖实录》卷16）

（顺治二年闰六月癸卯）升礼部左侍郎孙之獬为兵部尚书兼都察院右副都御史……原任大同巡抚江禹绪仍以兵部右侍郎兼都察院右佥都御史，提督军务，招抚湖广……（《清世祖实录》卷18）

（顺治二年闰六月）甲辰，命湖广道试御史吴赞元巡按江西……陕西道试御史马兆煃巡按湖北。（《清世祖实录》卷18）

（顺治二年七月己未）允吏部议，和硕英亲王阿济格委署湖广……以故明兴国州知州何鸣銮为都察院右佥都御史，巡抚湖广等处，提督军务；投诚伪官李之纲为湖广按察使司佥事，郧襄兵备道；白身张佐为湖广按察使司佥事，管分守荆西道参议事；陈五鼎为湖广按察使司佥事，荆西兵备道。余俱依用。（《清世祖实录》卷19）

（顺治二年七月己未）以故明……刑部右侍郎潘士良为兵部右侍郎兼都察院右佥都御史，抚治郧阳等处，提督军务。（《清世祖实录》卷19）

（顺治二年七月己未）升山西阳和道副使南洙源为湖广布政使司参政，管左布政使事；山东督粮道参政李嵩为湖广布政使司右布政使；大理寺寺正李之茂为湖广按察使司副使，水利道。调淮徐道副使萧时彦为湖广按察使司副使，武昌兵备道；扬州道佥事王尔禄为湖广按察使司佥事，管分守武昌道参议事。以故明山西按察使杨本铖为湖广按察使司按察使；山东驿传道副使胡来陛为湖广按察使司副使兼布政使司参议，督粮道；山西大同道参议李汝标为湖广布政使司参议兼按察使司佥事，驿传道；淮徐道佥事范鸣珂为湖广按察使司佥事，下江防道；江西水利道佥事刘开文为湖广按察使司副使兼布政使司参议，下荆南道。（《清世祖实录》卷19）

（顺治二年七月庚申）调山东莱州道参政崔光前为湖广布政使司参政兼按察使司佥事，分巡湖北道；山东济宁道参政朱国柱为湖广布政使司参政兼按察使司佥事，岳州兵备道；东昌道参政李栖凤为湖广布政使司参政兼按察使司佥事，分巡上荆南道；兖西道参政章于天为湖广布政使司参政兼按察使司佥事，荆南兵备道；武德道参政高士俊为湖广布政使司参政，分守下湖南道；济南道参政李翔凤为湖广布政使司参政兼按察使司佥事，上江防兵备道；山西冀南道参政马鸣佩为湖广布政使司参政兼按察使司佥事，分巡下湖南道。升直隶蓟州知州曹泰然为湖广按察使司佥事，管分守湖北道参议事；山东平度州知州李懋祖为湖广按察使司佥事，郴桂兵备道；河南怀庆府推官李家选为湖广按察使司佥事，管分守上湖南道参议事；直隶永平府推官褚应于为湖广按察使司佥事，靖州兵备道。（《清世祖实录》卷19）

（顺治二年七月乙丑）以礼部郎中庄宪祖为吏科给事中……刑部郎中柯士芳为湖广道监察御史……工部主事卢传为湖广道监察御史……（《清世祖实录》卷19）

（顺治二年八月辛巳）以故明锦衣卫指挥包泰亨为湖广掌印都司……都司管参将事袁捷为湖广掌印都司。（《清世祖实录》卷20）

（顺治二年十月）辛巳，调陕西清军道佥事徐养元为湖广按察使司佥

事，提调湖北学政；督粮道佥事赵渔为湖广按察使司佥事，提调湖南学政。（《清世祖实录》卷21）

（顺治二年十月乙酉）遣湖广道御史柯士芳巡视长芦盐政。（《清世祖实录》卷21）

（顺治二年十月）丙申，以故明郧阳抚治苗胙土为都察院右佥都御史，巡抚南赣汀韶等处地方提督军务。（《清世祖实录》卷21）

（顺治二年十月）丙午，升……湖广参政李翔凤为都察院右副都御史，巡抚江西地方兼理粮饷……（《清世祖实录》卷21）

（顺治二年十一月辛亥）以右都督祖可法为左军都督府左都督，充镇守湖广总兵官……（《清世祖实录》卷21）

（顺治二年十一月壬子）改浙江总督张存仁为兵部右侍郎兼都察院右副都御史……升河南巡抚罗绣锦为兵部右侍郎兼都察院右副都御史，总督湖广四川军务兼理粮饷。（《清世祖实录》卷21）

（顺治二年十一月戊寅）升山西参政迟变龙为江西布政使司左布政使……户部郎中李钟秀为湖广布政使司参议兼佥事，上江兵备道……（《清世祖实录》卷21）

（顺治二年十二月）丁酉，吏部以和硕德豫亲王多铎委署浙江官职二百十一员，多罗英郡王阿济格委署江西、湖广官职八员，题请实授。其应回避者，俟咨取赴部另用……（《清世祖实录》卷22）

（顺治三年正月戊辰）升江西南康知府童达行为本省布政使司参政，

饶南道。以故明……湖广荆西道副使赵振业为山西按察使司佥事，管督粮道右参议事……（《清世祖实录》卷23）

（顺治三年二月辛巳）江南苏松常镇督粮道王檥奏言："臣职司江南督粮，而官衔仍带湖广，不便统辖，乞改为江南官衔。"奏入，下部议。寻议："南京未改为江南省时，各道俱于别省两司带衔。今既改为省，应如王檥所请，其各道官衔，俱应一体更改。"从之。（《清世祖实录》卷24）

（顺治三年二月乙未）郧阳抚治潘士良，以才力不及免官。（《清世祖实录》卷24）

（顺治三年二月）己亥，以故明湖广道御史夏继虞为江南按察使司佥事，安庆道。（《清世祖实录》卷24）

（顺治三年三月）己未，升……湖广下湖南道参政马鸣佩为户部右侍郎，总督江南各省粮储兼理钱法，驻扎江宁府。（《清世祖实录》卷25）

（顺治三年四月丁酉）以汉军举人张昌允为山东按察使司佥事，管分守济南道参议事……委署陕西巡抚石凤台为湖广布政使司参议，分守荆西道……委署陕西榆林道王世恩为湖广按察使司佥事，分巡下湖南道。（《清世祖实录》卷25）

顺治三年丙戌五月丙午朔，升……山西汾州府知府林维藩为湖广按察使司副使，分巡荆西道……（《清世祖实录》卷26）

（顺治三年五月）丁卯，升直隶昌平道佥事金柱为浙江布政使司右布政使；湖广承天府知府胡腾蛟为本省按察使司副使，岳州兵备道。（《清世祖实录》卷26）

（顺治三年五月辛未）升直隶大名府知府陈维新为山西按察使司副使，分巡昌平道；山东东昌府知府迟日益为湖广按察使司副使，分巡荆西道。（《清世祖实录》卷26）

（顺治三年五月）癸酉，升直隶顺广道佥事甘文奎为湖广布政使司参议兼按察使司佥事，分巡郧襄兵备道。（《清世祖实录》卷26）

（顺治三年六月）戊寅，革湖广右布政使李嵩、驿传道佥事李汝标职，降提学道佥事赵渔二级调用，以其赴任规避违限也。（《清世祖实录》卷26）

（顺治三年六月甲申）升河南怀庆府知府黄昌为湖广按察使司副使兼布政使司参议，分守湖北道……（《清世祖实录》卷26）

（顺治三年六月庚寅）升湖广上荆南道参政李栖凤为本省布政使司右布政使，江南督粮道；参议郑廷櫆为湖广按察使司副使，驿传道；山西大同道佥事童可选为湖广布政使司参议兼按察使司佥事，分巡荆南道；湖广武昌道佥事王尔禄为本省布政使司参议，提调湖北学政；江西九江道参议黄澍为湖广布政使司参议，提调湖南学政。（《清世祖实录》卷26）

（顺治三年六月辛卯）升户部郎中蔺民孚为湖广按察使司佥事，分巡上荆南道……江南通州知州黑星为湖广按察使司佥事，管武昌道参议事。（《清世祖实录》卷26）

（顺治三年六月壬辰）升湖广下湖南道参政高士俊为都察院右副都御史，巡抚湖广，提督军务。（《清世祖实录》卷26）

（顺治三年六月）戊戌，遣湖广道监察御史卢传巡按苏松……（《清世祖实录》卷 26）

（顺治三年八月丙戌）吏部奏言："原任郧阳抚治右佥都御史徐起元，当闯寇犯郧，苦守三载不肯从逆。及英王渡江，投诚效力，历著劳绩。曾经梅勒章京屯泰具题，奉有俟朝见后加一级用之旨。今议加为右副都御史，仍以巡抚推用。"从之。（《清世祖实录》卷 27）

（顺治三年八月）辛卯，升山东兖东道参政于变龙为本省布政使司右布政使，札委湖广汉阳兵巡道郑清为陕西按察使司按察使。（《清世祖实录》卷 27）

（顺治三年八月）丙申，升大名道副使齐国儒为湖广布政使司参政兼按察使司副使，荆南兵备道……（《清世祖实录》卷 27）

（顺治三年九月己酉）补原任河南道御史张煊为浙江道监察御史，授进士崔允弘为湖广道试监察御史，高景为湖广道试监察御史。（《清世祖实录》卷 28）

（顺治三年十月）丙戌，遣……贵州道监察御史曹叶卜巡按湖北。（《清世祖实录》卷 28）

（顺治三年十月）癸巳，擢……枣强知县刘显名为湖广道御史……（《清世祖实录》卷 28）

（顺治三年十月癸巳）以故明郧阳抚治徐启元为都察院左副都御史。（《清世祖实录》卷 28）

（顺治三年十月癸巳）升湖广右布政使李栖凤为都察院右副都御史，巡抚安徽。（《清世祖实录》卷28）

（顺治三年十月甲午）遣湖广道监察御史崔允宏巡按浙江。（《清世祖实录》卷28）

（顺治三年十月己亥）升河南河北道参政苏宏祖为山东布政使司右布政使，湖广湖北道参政崔光前为本省布政使司右布政使……（《清世祖实录》卷28）

（顺治三年十一月）丁未，升湖广荆州府知府余必跃为本省按察使司副使，分巡湖北道……（《清世祖实录》卷29）

（顺治三年十一月）辛亥，遣湖广道监察御史高景巡按宣大。（《清世祖实录》卷29）

（顺治四年二月）辛卯，升……湖广汉阳府知府王崇儒为本省按察使司副使兼参议，分守岳州道……（《清世祖实录》卷30）

（顺治四年二月丁酉）郧阳抚治潘士良以不称职解任。（《清世祖实录》卷30）

（顺治四年三月）壬子，以委署湖广武汉兵备道李藻为本省按察使司佥事，管分守湖北道参议事……江西驿传道戴国士为湖广按察使司佥事，靖州兵备道……（《清世祖实录》卷31）

（顺治四年三月己未）招抚湖广兵部右侍郎江禹绪引疾乞休。允之。（《清世祖实录》卷31）

（顺治四年三月己未）以署甘肃巡抚周伯达为都察院右佥都御史，巡抚江宁；延绥巡抚赵兆麟为都察院右佥都御史，抚治郧阳……（《清世祖实录》卷31）

（顺治四年四月丁丑）升管保定茨沟营参将事副将万代程为湖广安陆府副将。（《清世祖实录》卷31）

（顺治四年四月癸巳）湖广右布政使崔光前以病致仕。（《清世祖实录》卷31）

（顺治四年五月）壬子，升湖广荆西道副使迟日益为本省布政使司右布政使……（《清世祖实录》卷32）

（顺治四年五月癸丑）升江南江宁府知府李正茂为湖广按察使司副使，荆西道。（《清世祖实录》卷32）

（顺治四年六月壬申）遣湖广道试监察御史刘显名巡按广东。（《清世祖实录》卷32）

（顺治四年六月丙子）以山西雁平道佥事卢震阳为陕西布政使司参政兼按察使司佥事，潼关道；陕西关内道参议白士麟为湖广按察使司副使兼布政使司参议，督粮道……（《清世祖实录》卷32）

（顺治四年六月）壬午，授委署广东岭西道苏宗贵为湖广按察使司副使，郧襄兵备道……（《清世祖实录》卷32）

（顺治四年七月癸卯）升湖广荆南道参政齐国儒为本省布政使司左布

政使……（《清世祖实录》卷 33）

（顺治四年七月丁巳）升江西提学道副使张嶙然为福建布政使司参政兼按察使司佥事，分巡漳南道……河南大梁道佥事卫之琯为湖广布政使司参议兼按察使司佥事，分巡荆南道。（《清世祖实录》卷 33）

（顺治四年七月丙寅）升湖广岳州府知府马宏长为河南按察使司副使，分巡大梁道。降补湖广武昌道副使屠奏疏为陕西布政使司参议兼按察使司佥事，分巡洮岷道。（《清世祖实录》卷 33）

（顺治四年七月丙寅）吏部议："原任湖广巡抚王聚奎系甄别留用之官，宜静听推补，乃以母病冒昧渎奏，应降二级调外用。"得旨："王聚奎着革职。"（《清世祖实录》卷 33）

（顺治四年八月）辛巳，升湖广武昌兵备道副使萧时彦为本省布政使司参政，分守下荆南道；陕西临巩兵备道参议夏扬名为湖广按察使司副使兼布政使司参议，分守下湖南道……（《清世祖实录》卷 33）

（顺治四年八月乙酉）升南赣总兵官都督同知柯永盛为右都督，充提督湖广总兵官……（《清世祖实录》卷 33）

（顺治四年八月乙酉）补原任山西参议郝絅为湖广布政使司参议兼按察使司佥事，武昌兵备道。升湖广安陆府知府李絮飞为陕西按察使司副使，临巩兵备道。（《清世祖实录》卷 33）

（顺治四年九月）丙午……升陕西河东兵粮道副使马之先为湖广按察使司按察使……降补湖广管左布政事参政南洙源为浙江布政使司参议兼按察使司佥事，驿传道。（《清世祖实录》卷 34）

（顺治四年十月丙戌）升直隶天津道副使黄纪为陕西布政使司参政，靖远兵备道；浙江处州府知府张以谦为湖广按察使司副使，荆西兵备道……（《清世祖实录》卷34）

（顺治四年十一月）戊戌，升……湖广宝庆府知府董应魁为本省按察使司副使兼布政使司参议，分守武昌道。（《清世祖实录》卷35）

（顺治四年十一月）乙卯，升湖广荆州府知府陈培桢为本省按察使司副使，屯盐水利道。（《清世祖实录》卷35）

（顺治四年十一月）己未，遣广西道监察御史王守履巡按湖北……（《清世祖实录》卷35）

（顺治五年三月丙午）吏部奏言："江南、河南、秦楚、浙闽等处票委官员赴任，迟延真伪难凭，请自今以后，一概停止，以杜顶替匿诈之弊。"从之。（《清世祖实录》卷37）

（顺治五年三月）甲子……补……原任四川道试监察御史张濩为湖广道试监察御史。（《清世祖实录》卷38）

（顺治五年闰四月）己未，升湖广右布政使迟日益为都察院右副都御史，巡抚本省，提督军务。（《清世祖实录》卷38）

（顺治五年五月戊辰）升两淮运使夏时芳为陕西布政使司参政兼按察使司副使……湖广黄州府知府牛铨为本省按察使司副使兼布政使司参议，督粮道。（《清世祖实录》卷38）

（顺治五年五月）乙亥，升浙江管按察使事副使刘自竑为湖广布政使司参政，管右布政使事；湖广武昌府知府王羔为本省按察使司副使，靖州兵备道……（《清世祖实录》卷38）

（顺治五年六月丙申）以兵科左给事中郝璧为江南布政使司参议兼按察使司佥事，徽宁兵备道……升……河南大梁道佥事李呈祥为湖广布政使司参议兼按察使司佥事，武昌兵备道……（《清世祖实录》卷39）

（顺治五年六月）壬寅，遣湖广道监察御史卢传巡按陕西。（《清世祖实录》卷39）

（顺治五年七月辛未）升山东登州道副使杨云鹤为福建布政使司参政，分守漳南道；山东莱州道参议张祺为湖广按察使司副使，分巡荆南道。（《清世祖实录》卷39）

顺治五年戊子八月癸巳朔，遣贵州道监察御史曹叶卜巡按顺天，湖广道监察御史张瀎巡按淮扬。（《清世祖实录》卷40）

（顺治五年八月乙巳）升山西河东道参政王显祚为陕西按察使司按察使，管右布政使事……湖广下江防道佥事范鸣珂为陕西布政使司参议……（《清世祖实录》卷40）

（顺治五年八月）戊午，升……江南淮徐道参议张兆罴为湖广按察使司副使，郴桂兵备道；浙江金衢道佥事周汉杰为湖广布政使司参议，下江防道……（《清世祖实录》卷40）

（顺治五年九月庚辰）升山东右布政使苏弘祖为陕西布政使司左布政使……湖广荆西道参议石凤台为陕西按察使司副使兼布政使司参议，分

守关西道……补原任湖广武昌道参议郝絅为浙江布政使司参议，屯田水利道。（《清世祖实录》卷40）

（顺治五年九月）丙戌，升……河南开封府知府周荃为湖广按察使司副使兼布政使司参议，分守荆西道……（《清世祖实录》卷40）

（顺治五年十一月）丙子，辅国公恭安卒。恭安，贝勒阿敏第四子，阿敏得罪幽系，恭安以未分家子连坐，废为庶人。后念系宗室，复封为辅国公，随和硕郑亲王济尔哈朗征湖广，卒于军中，年二十六。（《清世祖实录》卷41）

（顺治五年十二月丁酉）以阿达哈哈番马光先为山东按察使司按察使……升兵部郎中……李发藻为湖广按察使司佥事，管督粮道参议事。（《清世祖实录》卷41）

（顺治五年十二月乙卯）遣河南道监察御史王应元巡按山东，山西道监察御史陈棐巡按湖北……（《清世祖实录》卷41）

（顺治六年正月）乙丑，升福建运使范登仕为福建布政使司参政兼按察使司佥事，巡海道。札委广西布政使马鸣鸾为湖广按察使司佥事，荆西兵备道。（《清世祖实录》卷42）

（顺治六年正月）庚午，升……山东运使王尔翼为湖广布政使司参政兼按察使司佥事，上江兵备道……（《清世祖实录》卷42）

（顺治六年二月癸卯）以拜他喇布勒哈番兼一拖沙喇哈番熊维杰为山西布政使司参政兼按察使司佥事，分巡冀宁道。升……兵部员外郎管郎中事李仲熊为湖广按察使司佥事，管分守上湖南道参议事。（《清世祖实录》

卷42）

（顺治六年四月己亥）授行取浙江昌化县知县李人龙为礼科给事中……湖广石首县知县王佐为云南道试监察御史……（《清世祖实录》卷43）

（顺治六年四月己亥）升陕西苑马寺卿宋炳奎为本省布政使司参政兼按察使司佥事，分巡河西道……补……原任陇西道参议彭三益为湖广布政使司参议兼按察使司佥事，分巡上荆南道……（《清世祖实录》卷43）

（顺治六年四月癸丑）郧阳抚治赵兆麟以丁父忧将回籍终制，总督罗绣锦疏留，允之。（《清世祖实录》卷43）

（顺治六年五月）壬午，升……湖广驿传道副使郑廷櫆为福建布政使司参政兼按察使司副使，管按察使事……江南驿传道参议王燧为湖广按察使司副使兼布政使司参议，分守岳州道……湖北提学道佥事王尔禄为浙江按察使司副使，宁绍兵备道……（《清世祖实录》卷44）

（顺治六年六月）辛丑，升河南右布政使张大任为湖广布政使司左布政使，刑部郎中……王锡隆为湖广按察使司佥事，分巡湖北道……（《清世祖实录》卷44）

（顺治六年七月）乙丑，升刑部郎中翟文贲为浙江布政使司参议兼按察使司佥事，提学道……兵部主事李承尹为湖广按察使司佥事，湖北提学道……（《清世祖实录》卷45）

（顺治六年八月乙巳）降补原任湖广巡抚高士俊为山西布政使司参议，分巡冀南道；湖广布政使司左布政使齐国儒为山西按察使司副使，分守河东道。（《清世祖实录》卷45）

（顺治六年九月庚午）湖广右布政使刘自竑久病不痊，勒令休致。（《清世祖实录》卷46）

（顺治六年十月）甲辰，遣……云南道试监察御史王佐巡按湖北。（《清世祖实录》卷46）

（顺治六年十一月丙辰）湖广左布政使张大任以老病休致。（《清世祖实录》卷46）

（顺治六年十一月甲戌）升工部郎中高舟桂为江南按察使司佥事，扬州兵备道；刑部郎中韩永馨为湖广按察使司佥事，荆南兵备道；楼晟为湖广按察使司佥事，上江防兵备道。（《清世祖实录》卷46）

（顺治七年三月乙卯）升湖广按察使马之先为本省布政使司左布政使……（《清世祖实录》卷48）

（顺治七年三月）己卯……湖广巡抚迟日益、江宁巡抚土国宝、甘肃巡抚周文叶、山西巡抚刘弘遇、操江巡抚李日芃俱仍以都察院右副都御史加兵部右侍郎……（《清世祖实录》卷48）

（顺治七年四月）己丑，升蓟州道副使李中梧为湖广按察使司按察使……江南凤泗道副使刘奇遇为湖广布政使司参政，分守荆西道……（《清世祖实录》卷48）

（顺治七年四月）壬子，升太仆寺卿孟明辅为通政使司通政使……湖广道御史高去奢为大理寺寺丞。（《清世祖实录》卷48）

（顺治七年七月癸丑）裁……湖广、湖南提学，荆南兵备管理屯盐、水利、仓粮……等道共十七员……湖广武昌肇陈口缉盗等同知共十三员……湖广武昌捕盗……等通判共十五员。（《清世祖实录》卷49）

（顺治七年七月）壬戌，升湖广布政使司左布政使马之先为都察院右副都御史，巡抚陕西。（《清世祖实录》卷49）

（顺治七年七月辛未）补裁缺原任通州道副使刘应锡为蓟州道……湖广荆南道佥事韩永馨为陕西关西道……湖广屯田水利道陈培桢为陕西榆林兵备道……（《清世祖实录》卷49）

（顺治七年八月）壬寅，以山西按察使林德馨为湖广布政使司左布政使，陕西按察使黄纪为湖广布政使司右布政使……福建提学道佥事闵度为湖广布政使司参议兼按察使司佥事，靖州兵备道；湖广襄阳府知府陆登甲为两淮都转运盐使司运使……（《清世祖实录》卷50）

（顺治七年九月）丁卯，以……湖广下荆南道参政萧时彦为山西按察使司按察使……（《清世祖实录》卷50）

（顺治七年十月壬寅）升河南右参政佟延年为山东按察使司按察使……湖广道监察御史张瀍为湖广布政使司参议，分守下荆南道……（《清世祖实录》卷50）

（顺治七年十月甲辰）升陕西商雒道参议张国泰为四川按察使司副使，分巡上川南道；湖广湖北道佥事李藻为四川布政使司参议，分守川北道……（《清世祖实录》卷50）

（顺治七年十二月）乙酉，升……兵部郎中刘升祚为湖广按察使司佥

事，管湖北道参议事；兵部郎中吴之允为湖广按察使司佥事，下江防道。（《清世祖实录》卷51）

（顺治八年二月丙戌）升山西冀宁道参政熊维杰为浙江按察使司按察使……湖广武昌道副使董应魁为山东布政使司参政，驿传道……（《清世祖实录》卷53）

（顺治八年闰二月乙丑）谕吏部："国家设官图治，必公忠自持，殚力报效，方能裨益民生，共襄盛治。若借权行私，肥己蠹国，不知开代纪纲，不念民生疾苦，此等不肯自爱之人，徒取备员，毫无实效，皆由用人无定衡之故。朕自亲政以来，屡下诏谕，嘉与更始。近见部院诸臣，因仍前弊，未能洗涤肺肠，托名熟练，持禄养交，习为固然。其有年届悬车，恋恋爵禄，岂真有心报国？不过假借朝廷之官，为养身之计。朕今令吏部具列各部院堂官职名，亲行更定，与天下见之……徐起元任风宪之官，不能称职，念其守郧阳来归有功，着调用……自今以后，朕所亲定留任者，着尽心供职，不得虚应故事、苟且塞责。年老致仕者，仍着有司相待以礼。其调用者，须淬砺更新，惩改前非，以不负朕因才器使之意。内外大小臣工，亦应各遵所谕，自维何等官职，便应尽何等事业。若仍前上下交欺，不求实效，法必不贷，尔部可传谕通知。"（《清世祖实录》卷54）

（顺治八年三月）壬辰，遣监察御史张慎学巡按顺天……聂玠巡按湖北……（《清世祖实录》卷55）

（顺治八年四月壬子）升新平路参将中军守备董天擎为湖广掌印都司……（《清世祖实录》卷56）

（顺治八年五月壬辰）以御史盛复选为山西按察使司佥事，冀宁

道……佟凤彩为湖广按察使司佥事，武昌道……（《清世祖实录》卷57）

（顺治八年六月）戊辰，以刑部主事……郝浴为湖广道监察御史……行人司行人……王荃可为湖广道试监察御史。（《清世祖实录》卷57）

（顺治八年八月己酉）授庶吉士方悬成、胡亶、张表、曹本荣、王清、张士甄为内翰林秘书院编修……杨旬瑛为湖广道御史……（《清世祖实录》卷59）

（顺治八年八月丁巳）遣湖广道监察御史杨旬瑛巡按广东……（《清世祖实录》卷59）

（顺治八年九月戊寅）以御史曹叶卜为陕西按察使司佥事，宁夏道；王显为湖广按察使司佥事，下江道。升……六安州知州邱承绪为湖广按察使司佥事，荆西道……湖广汉阳府知府傅应星为山东都转运盐使司运使……（《清世祖实录》卷60）

（顺治八年十月乙丑）调陕西按察使司按察使王显祚为福建按察使，升……湖广德安府知府李慎修为陕西按察使司副使，庄浪道……工部主事……吴之纪为湖广按察使司佥事，荆西道……（《清世祖实录》卷61）

（顺治九年三月壬午）升河南右布政使张儒秀为浙江布政使司左布政使……湖广武昌道参议李呈祥为山东按察使司副使，天津道……浙江绍兴府知府刘桓为湖广按察使司副使，靖州道……（《清世祖实录》卷63）

（顺治九年三月壬午）补原任山东兖西道参政张国士为湖广布政使司参政，岳州道；湖广荆西道副使周荃为山东按察使司副使，青州道……（《清世祖实录》卷63）

（顺治九年四月己未）擢鸡泽县知县刘秉政为云南道试监察御史……元氏县知县祖永杰为湖广道试监察御史……（《清世祖实录》卷64）

（顺治九年四月己巳）升山西右布政使马光先为本省布政使司左布政使……湖广按察使李中梧为河南布政使司右布政使……湖广督粮道佥事李发藻为陕西布政使司参政，西宁道……山西永宁州知州刘凤翔为湖广按察使司佥事，武昌道……（《清世祖实录》卷64）

（顺治九年七月）乙亥，补原任福建左布政使朱鼎新为广西布政使司左布政使。升……江西岭北道参政张凤仪为湖广按察使司按察使。补原任陕西关南道副使朱受祜为湖广布政使司参政，督粮道。升……湖广武昌府知府王维屏为河南按察使司副使，通密道；荆州府同知李浴日为四川按察使司佥事，安绵道……（《清世祖实录》卷66）

（顺治九年七月戊戌）以一等阿达哈哈番江南提督总兵官祖泽远为兵部尚书兼都察院右副都御史，总督湖广、四川等处。（《清世祖实录》卷66）

（顺治九年十月甲寅）以浙江道试监察御史李成纪巡按苏松河南道……湖广道试监察御史祖永杰巡按山东……（《清世祖实录》卷69）

（顺治九年十月）庚申，以广东道试监察御史王允祚巡按湖北……（《清世祖实录》卷69）

（顺治九年十月庚申）升四川按察使吴一元为本省布政使司右布政使，湖广上荆南道参议彭三益为广东按察使司副使……（《清世祖实录》卷69）

（顺治十年正月癸未）郧阳抚治都察院右副都御史赵兆麟以病乞归，允之。（《清世祖实录》卷71）

（顺治十年正月庚寅）补原任登莱巡抚朱国柱仍以兵部右侍郎兼都察院右副都御史，抚治郧阳，提督军务。（《清世祖实录》卷71）

（顺治十年二月癸亥）以故明兵部尚书张缙彦为山东布政使司右布政使……起用原任湖广提学道李棠馥为湖广布政使司右参议，荆西道……（《清世祖实录》卷72）

（顺治十年二月癸亥）升浙江布政使司右参政徐为卿为本省布政使司左布政使……福建兴化府知府朱国藩为湖广按察使司副使，上荆南道……湖广按察使司副使郧襄道苏宗贵为陕西苑马寺卿兼按察使司佥事。（《清世祖实录》卷72）

（顺治十年三月）丁丑，升湖广黄州府知府郭鸣凤为本省按察使司副使兼参议，汉黄等处兴屯道；直隶顺德府知府宫家壁为湖广按察使司佥事，管参议事，武岳等处兴屯道。（《清世祖实录》卷73）

（顺治十年五月壬申）升福建布政使司右布政使周亮工为本省左布政使……四川川北道参议李藻为湖广按察使司副使，下荆南道……湖广武昌道佥事佟凤彩为河南布政使司参议，督粮道……（《清世祖实录》卷75）

（顺治十年六月丙辰）升湖广右布政使黄纪为陕西布政使司左布政使……江南淮海道参议卞三元为湖广按察使司副使，上荆南道……编修张弘俊为湖广布政使司参议，武昌道……（《清世祖实录》卷76）

（顺治十年闰六月丙寅）升湖广左布政使林德馨为都察院左副都御

史……（《清世祖实录》卷76）

（顺治十年七月乙未）考授兵部主事孔自洙为福建按察使司佥事，刑部主事部焕元为湖广按察使司佥事……（《清世祖实录》卷77）

（顺治十年七月丙辰）升江宁副使林天擎为湖广布政使司参政，管左布政使事；广东按察使曹国柄为湖广布政使司右布政使。（《清世祖实录》卷77）

（顺治十年八月壬辰）补外转侍讲韦成贤为江南布政使司右参政，江宁等府督粮道……编修张道湜为湖广布政司右参议，下荆南道……（《清世祖实录》卷77）

（顺治十一年正月）丙申，升江西操捕都司佥书毛凤翔为山西掌印都司，江西管屯都司佥书陈应龙为湖广掌印都司。（《清世祖实录》卷80）

（顺治十一年正月乙巳）升江西右布政使庄应会为广西布政使司左布政使……广西按察使张自昌为湖广布政使司右布政使……陕西提学道参议田厥茂为湖广布政使司参政，湖北道……（《清世祖实录》卷80）

（顺治十一年正月己酉）擢江南督粮道参议袁廓宇为都察院右佥都御史，巡抚偏沅，提督军务；江西饶南九江道参议胡全才为都察院右佥都御史，抚治郧阳，提督军务。（《清世祖实录》卷80）

（顺治十一年正月己酉）降补山西右布政使于时跃为湖广按察使司副使，驿传道。升莒州知州陈全国为湖广按察使司佥事，湖北道。（《清世祖实录》卷80）

（顺治十一年二月）庚午，甄别各直省督抚。加江南总督马国柱太子太保，直隶总督马光辉、湖广总督祖泽远俱太子少保……湖广巡抚迟日益革职……（《清世祖实录》卷81）

（顺治十一年二月庚午）允郧阳抚治朱国柱解任回京调理。（《清世祖实录》卷81）

（顺治十一年二月庚午）升河南睢陈道副使祖重光为江西布政使司右参政，湖西道；湖广安陆府同知张武烈为本省按察使司佥事，上荆南道；经略军前办事原任宁羌州知州赵焘为湖广按察使司佥事，管参议事，下荆南道。（《清世祖实录》卷81）

（顺治十一年二月壬午）升通政使司通政使耿焞为都察院右副都御史，巡抚山东……湖广布政使司参政管左布政使事林天擎为都察院右佥都御史，巡抚湖广……（《清世祖实录》卷81）

（顺治十一年二月庚寅）调湖广右布政使张自昌为广西布政使司左布政使。（《清世祖实录》卷81）

（顺治十一年三月戊申）升陕西驿传道副使余应魁为湖广布政使司参政，督粮道。（《清世祖实录》卷82）

（顺治十一年三月乙卯）补原任湖广道御史杨旬瑛为江南道监察御史。（《清世祖实录》卷82）

（顺治十一年三月戊午）升江南右布政使郑廷櫆为湖广布政使司左布政使……湖广按察使张凤仪为本省布政使司右布政使……（《清世祖实录》卷82）

（顺治十一年四月甲戌）升浙江金衢道参政冯如京为江南布政使司右布政使……湖广襄阳府知府冀如锡为河东陕西运盐使司运使……降补原任浙江温处道参议吕阳为湖广按察使司佥事，下江防兵备道。（《清世祖实录》卷83）

（顺治十一年四月癸未）升陕西关西道参政陈培桢为山东按察使司按察使……河南汝南道副使管起凤为湖广按察使司按察使……（《清世祖实录》卷83）

（顺治十一年五月）庚子，改广东右布政使李长春为湖广布政使司右布政使，管左布政使事，从经略洪承畴请也。（《清世祖实录》卷83）

（顺治十一年五月）丁未，遣刑部郎中刘玉佩往直隶，刘世杰往江南，萧家芝往浙江，吴颖往四川，王度往湖广，笪重光往陕西，霍炳往河南，刘芳声往广东，孙允裕往山西，杨兆鲁往山东；大理寺左寺正桑芸往福建，右寺正甯承勋往江西恤刑。（《清世祖实录》卷83）

（顺治十一年六月丙寅）考选内秘书院中书舍人陈嘉猷、湖广襄阳府推官刘文雋为吏科给事中……（《清世祖实录》卷84）

（顺治十一年六月庚午）升……湖广荆西道参议李棠馥为陕西按察使司副使，驿传道……（《清世祖实录》卷84）

（顺治十一年九月庚子）升山西驿传道副使周召南为山东布政使司参政，登莱道……湖广下荆南道参议张道湜为陕西布政使司参议，分守商雒道。（《清世祖实录》卷86）

（顺治十一年十一月庚戌）升湖广督粮道参政余应魁为江南按察使司按察使……湖广武昌道参议张弘俊为广西按察使司副使，清军驿传道……（《清世祖实录》卷 87）

（顺治十一年十二月戊午）升陕西右布政使彭有义为山西布政使司左布政使，湖广右布政使张凤仪为本省布政使司左布政使……湖广靖州道副使刘桓为湖广布政使司参政，督粮道……补裁缺御史……杨世学为湖广布政使司参议，分守武昌道……（《清世祖实录》卷 87）

（顺治十一年十二月壬申）升四川按察使徐永祯为陕西布政使司右布政使，陕西按察使张尔素为湖广布政使司右布政使。（《清世祖实录》卷 87）

（顺治十二年正月）癸卯，升湖广驿传道副使于时跃为都察院右佥都御史，巡抚广西，提督军务。（《清世祖实录》卷 88）

（顺治十二年正月戊申）升工部员外郎狄敬为湖广按察使司佥事，提调学政。（《清世祖实录》卷 88）

（顺治十二年二月）癸酉，改四川建昌道副使冯士标为福建按察使司副使，巡海道；湖广靖州道副使李翀霄为本省按察使司副使，清军驿盐道。（《清世祖实录》卷 89）

（顺治十二年四月己未）升广东参议陈贽为陕西按察使司副使，肃州兵备道……调湖广上荆南道副使卞三元为本省按察使司副使，驿传道；驿传道副使李翀霄为本省按察使司副使，分巡上荆南道。（《清世祖实录》卷 91）

（顺治十二年四月丙子）补服阕御史刘达为湖广道监察御史。（《清世

祖实录》卷91）

（顺治十二年六月甲寅）以刑部主事顾仁巡按顺天……江南道监察御史张朝瑞巡按湖北……湖广道监察御史祖永杰巡按河南……（《清世祖实录》卷92）

（顺治十二年七月）壬辰，遣……刑部……员外郎……方享咸往湖广、广西……恤刑。（《清世祖实录》卷92）

（顺治十二年七月丙午）升江西右布政使范登仕为本省左布政使……补外转吏部主事戴玑为湖广按察使司佥事，上江防道。（《清世祖实录》卷92）

（顺治十二年八月）甲戌……改补四川遵义道佥事冯嘉会为湖广按察使司佥事，分巡湖北道。（《清世祖实录》卷93）

（顺治十二年九月癸巳）升河南汝南道参政楼希昊为江西按察使司按察使……降补原任礼部郎中加从四品郭一鹍为湖广按察使司佥事，分巡武昌兵备道。（《清世祖实录》卷93）

（顺治十二年九月）乙巳，升湖广荆州府同知娄镇远为本省按察使司佥事，分巡湖北道。（《清世祖实录》卷93）

（顺治十二年九月）丁未，升湖广下荆南道副使李藻为太常寺少卿……（《清世祖实录》卷93）

（顺治十二年十月乙卯）以经略洪承畴军前办事原任山西平阳府知府张云龙为湖广按察使司佥事，分巡武昌道。（《清世祖实录》卷94）

（顺治十二年十月甲子）补原任户部右侍郎曹溶为广东布政使司左布政使……吏部郎中阎廷谟为湖广按察使司副使，分巡下荆南兵备道……湖广道监察御史刘达为山东按察使司副使，分巡东昌兵备道。改补湖广湖北道佥事冯嘉会为山西按察使司佥事，分巡冀宁兵备道；湖广武昌道佥事郭一鹍为浙江按察使司佥事，分巡杭严兵备道……（《清世祖实录》卷94）

（顺治十二年十月戊辰）补原任御史李敬为江西道监察御史，庶吉士熊侪鹤为湖广道监察御史……（《清世祖实录》卷94）

（顺治十二年十二月癸酉）以原任詹事府少詹事黄志遴为湖广布政使司左布政使……（《清世祖实录》卷96）

（顺治十三年三月乙未）升湖广按察使管起凤为福建布政使司右布政使……（《清世祖实录》卷99）

（顺治十三年四月癸酉）升山西督粮道参政王来用为湖广按察使司按察使……（《清世祖实录》卷100）

（顺治十三年闰五月癸丑）升陕西右布政使徐永祯为四川布政使司左布政使……兵部郎中……宋之屏为湖广布政使司参议，分守荆西道……（《清世祖实录》卷101）

（顺治十三年闰五月己未）升湖广右布政使张尔素为通政使司通政使。（《清世祖实录》卷101）

（顺治十三年六月辛卯）升河南右布政使陈培祯为江南布政使司左布

政使……陕西按察使祖重光为湖广布政使司右布政使；蓟州道副使马登科为湖广布政使司参政，督粮道……（《清世祖实录》卷102）

（顺治十三年七月）甲寅，升编修达哈塔为内国史院侍读，补原任御史陈棐为湖广道监察御史。（《清世祖实录》卷102）

（顺治十三年九月辛酉）补原任河南大梁道参政祖建衡为山西布政使司参政，冀南道……升山西阳和道副使刘兴汉为湖广布政使司参政，分守上荆南道；湖广驿盐道副使卞三元为陕西苑马寺卿……（《清世祖实录》卷103）

（顺治十三年十月甲申）升户部郎中刘果远为湖广按察使司佥事，提调学政。（《清世祖实录》卷104）

（顺治十三年十月乙酉）补原任湖广右布政使曹国柄为山西布政使司右布政使，升……福建按察使田起龙为湖广布政使司右布政使……湖广兴屯道副使郭鸣凤为本省按察使司按察使，补……原任宣大兴屯道邢以忠为湖广按察使司副使，驿传道……（《清世祖实录》卷104）

（顺治十三年十月甲午）谕吏部："郧阳抚治胡全才着升兵部右侍郎兼都察院右副都御史，总督湖广等处地方军务，兼理粮饷。"（《清世祖实录》卷104）

（顺治十三年十月）丙申，升都察院左佥都御史张尚为都察院右副都御史，抚治郧阳等处。（《清世祖实录》卷104）

（顺治十三年十月庚子）改吏科副理事官李腾龙为陕西道监察御史……吏科副理事官马腾陞为湖广道监察御史。（《清世祖实录》卷104）

（顺治十四年正月庚申）升四川川北道参政卢慎言为江南按察使司按察使……湖广上荆南道参政刘兴汉为福建布政使司参政，督粮道……（《清世祖实录》卷106）

（顺治十四年二月戊子）升福建右布政使管起凤为河南布政使司左布政使……湖广上荆南道副使李翀霄为江南布政使司参政，分守江宁道……补……山东兴屯道戴圣聪为湖广按察使司佥事，下江防兵备道。（《清世祖实录》卷107）

（顺治十四年二月）乙未，升陕西关内道参议刘馀瑨为广西按察使司副使，分巡府江兵备道；湖广德安府知府李蔚春为山东都转运盐使司运使；江南池州府知府颜敏为湖广按察使司副使，分巡上荆南道……（《清世祖实录》卷107）

（顺治十四年二月庚子）遣督捕副理事官赵之麟巡按广东……山东道御史李赞元巡按湖北……（《清世祖实录》卷107）

（顺治十四年三月甲寅）升广西左江道参议汪继昌为湖广按察使司副使，下江防兵备道。（《清世祖实录》卷108）

（顺治十四年三月戊午）补原任湖广右布政使祖重光为山西布政使司右布政使……（《清世祖实录》卷108）

（顺治十四年三月乙丑）遣湖广道御史马腾陛巡视长芦盐政。（《清世祖实录》卷108）

（顺治十四年四月甲申）升湖广兴屯道佥事宫家璧为江南按察使司副

使，苏松兵备道。（《清世祖实录》卷109）

（顺治十四年四月丙午）降补湖广按察使王来用为江西布政使司参政，督粮道……（《清世祖实录》卷109）

（顺治十四年七月）甲辰，升山东青州府知府于际清为湖广按察使司副使，驿传道……（《清世祖实录》卷110）

（顺治十四年七月）乙卯，改补湖广下江防道佥事戴圣聪为山西按察使司佥事，昌平道。（《清世祖实录》卷110）

（顺治十四年）九月庚子朔，补服阕御史上官鋐为湖广道监察御史。（《清世祖实录》卷111）

（顺治十四年十月癸未）升湖广沔阳州知州宣文衡为本省按察使司佥事，分巡湖北道。（《清世祖实录》卷112）

（顺治十四年十二月丙戌）升湖广按察使郭鸣凤为福建布政使司右布政使。（《清世祖实录》卷113）

（顺治十五年正月癸丑）升广西桂林道副使刘通为本省布政使司参政，分守桂平道；湖广下荆南道副使阎廷谟为苑马寺卿兼陕西按察使司佥事……（《清世祖实录》卷114）

（顺治十五年正月癸亥）升福建督粮道参政刘兴汉为湖广按察使司按察使……（《清世祖实录》卷114）

（顺治十五年二月壬申）升山西岢岚道副使马叶曾为福建布政使司参

政，督粮道；广东岭东道参议李文煌为湖广按察使司副使，分巡下荆南道……湖广上江道佥事戴玑为陕西布政使司参议，分守西宁道。（《清世祖实录》卷115）

（顺治十五年二月癸未）升山东沂州道佥事李茂为山西按察使司副使，易州道……补服阕河南提学道佥事李愫为湖广按察使司佥事，上江防兵备道。（《清世祖实录》卷115）

（顺治十五年三月甲寅）升浙江右布政使周文叶为广西布政使司左布政使……补原任湖广辰州道陈士本为本省按察使司佥事，下江防道。（《清世祖实录》卷115）

（顺治十五年六月）辛未，擢湖广督粮道参议赵廷臣为都察院右佥都御史，巡抚贵州，提督军务，以经略大学士洪承畴荐举故也。（《清世祖实录》卷118）

（顺治十五年九月戊午）升浙江督粮道参政周天裔为湖广按察使司按察使……湖广下荆南道佥事赵焘为贵州布政使司参议，管按察使司副使事，提调学政……（《清世祖实录》卷120）

（顺治十五年十月甲子）改授户部郎中田六善为江南道监察御史……兵部郎中……冯班为湖广道监察御史……（《清世祖实录》卷121）

（顺治十五年十月）辛未，以随征内阁中书舍人徐腾蛟为湖广布政使司参议，分守湖北道。（《清世祖实录》卷121）

（顺治十五年十月癸酉）升山西冀宁道参政孙登第为四川按察使司按察使，湖广驿传道副使于际清为苑马寺卿……（《清世祖实录》卷121）

（顺治十五年十月癸酉）补外转左春坊左赞善薛沄为江南按察使司副使，苏州兵备道；翰林院编修曹申吉为湖广布政使司参议，下荆南道；检讨陈子达为湖广布政使司参议，上湖南道；兵科给事中刘文隽为福建按察使司副使，清军驿传道。（《清世祖实录》卷121）

（顺治十五年十月戊寅）补原任浙江左布政使徐为卿为江南布政使司左布政使……升……工部郎中王维诚为湖广按察使司佥事，分巡湖北道。（《清世祖实录》卷121）

（顺治十五年十月己丑）升湖广汉阳府知府邱俊孙为山西布政使司参政，分守冀宁道……补……江西岭北道陈彩为湖广按察使司副使，驿传道。（《清世祖实录》卷121）

（顺治十五年十月己丑）遣广东道监察御史牟云龙巡按浙江……湖广道监察御史马腾陞巡按苏松……河南道监察御史李廷松巡按湖北……（《清世祖实录》卷121）

（顺治十五年十一月）戊戌，升江西按察使王舜年为山西布政使司右布政使……湖广武昌道参议杨世学为浙江按察使司副使，清军驿传道；湖广郧阳府同知胡养忠为本省按察使司佥事，管上湖南道参议事。（《清世祖实录》卷121）

（顺治十五年十一月庚戌）升井陉道副使薛信辰为江西按察使司按察使……补原任湖广上湖南道参议陈子达为湖广布政使司参议，分守武昌道。（《清世祖实录》卷121）

（顺治十五年十二月戊寅）以户部主事王同春为江南按察使司佥事，

提调上江学政；刑部员外郎王发祥为湖广按察使司佥事，提调湖北学政……（《清世祖实录》卷122）

（顺治十六年正月癸卯）起降调原任湖广巡抚林天擎为都察院右佥都御史，巡抚云南，赞理军务，从经略洪承畴请也。（《清世祖实录》卷123）

（顺治十六年正月）庚申，升广东右布政使徐化成为河南布政使司左布政使……湖广襄阳府知府杨宗岱为福建都转运盐使司运使。（《清世祖实录》卷123）

（顺治十六年三月）甲辰，以湖广巡抚张长庚捐赈饥民，加兵部尚书衔。（《清世祖实录》卷124）

（顺治十六年三月庚戌）升陕西按察使翟凤翥为湖广布政使司右布政使。（《清世祖实录》卷124）

（顺治十六年四月壬寅）补服阕福建督粮道参政蓝润为广东布政使司参政，分守岭南道……西宁道副使郭亮为湖广布政使司参政，分守上荆南道……湖广荆西道佥事李承尹为江南布政使司参议，漕储道；湖广武昌道佥事张云龙为江西布政使司参议，分守南昌道……湖广荆西道参议宋之屏为江南按察使司副使，分巡池太道……湖广荆州府知府孟泰为浙江按察使司副使，分巡温处道……刑部郎中杨志远为湖广按察使司佥事，分巡下江防道……（《清世祖实录》卷125）

（顺治十六年四月癸丑）升陕西汉羌道副使崔之瑛为山西布政使司参政，分守口北道……湖广上荆南道副使颜敏为本省布政使司参政，分守荆西道……陕西河西道参议张元璘为湖广按察使司副使，分巡武昌道；福建建南道参议孔自洙为湖广按察使司副使，分巡荆西道……（《清世祖实

录》卷125）

（顺治十六年七月甲子）升湖广按察使周天裔为陕西布政使司右布政使……湖广督粮道参议陈正中为四川按察使司副使，分巡松龙兵备道；陕西商雒道参议刘继昌为湖广按察使司副使，分巡湖北道……（《清世祖实录》卷127）

（顺治十六年七月）壬申，升河南河南道参政刘楗为湖广按察使司按察使……（《清世祖实录》卷127）

（顺治十六年七月辛巳）升直隶怀来道副使吴执忠为湖广布政使司参政，分守督粮道……湖广湖北道参议徐腾蛟为陕西按察使司副使，分巡河西道；湖广武昌道参议陈子达为陕西按察使司副使，分巡宁夏道；湖广下荆南道参议曹申吉为河南按察使司副使，分巡睢陈兵备道……（《清世祖实录》卷127）

（顺治十六年八月）壬辰，升山东东昌道副使郎永清为湖广布政使司参政，分守下荆南道；广东驿传道副使吴嵩允为湖广布政使司参政，分守湖北道；山西大同道佥事戚良宰为湖广布政使司参议，分守武昌道……（《清世祖实录》卷127）

（顺治十六年九月壬戌）升湖广下荆南道副使李文煌为山西布政使司参政，分守冀宁道……（《清世祖实录》卷128）

（顺治十六年九月乙亥）加调征云南经略右标提督总兵官右都督张勇为左都督……剿抚四川右路总兵官都督同知马宁、湖广左路总兵官都督同知张国柱为右都督……（《清世祖实录》卷128）

（顺治十六年十月己亥）升江西南昌道参议张云龙为山东按察使司副使，分巡登莱兵备道；礼部郎中王辅运为湖广按察使司佥事，分巡上荆南道。（《清世祖实录》卷129）

（顺治十六年十月）壬子，补外转陕西道监察御史姜图南为江西布政使司参议，分守南昌道……升……福建建宁府知府谢祖悌为湖广按察使司副使，分巡上江防兵备道……礼部郎中刘源湛为湖广按察使司佥事，分巡下荆南道。（《清世祖实录》卷129）

（顺治十六年十一月辛未）升浙江右布政使员尽忠为湖广布政使司左布政使。（《清世祖实录》卷130）

（顺治十六年十一月丙子）升署副将管湖广安陆副将事吴汝凤为江南镇江府副将……黄州参将佟透为湖广均房副将……（《清世祖实录》卷130）

（顺治十六年十一月甲申）升兵部郎中宋祖法为福建按察使司佥事……陕西庆阳府知府杨藻凤为湖广按察使司副使，俱提调学政。（《清世祖实录》卷130）

（顺治十七年正月）戊寅，升广西按察使毕振姬为湖广布政使司右布政使，管左布政使事；贵州参政管左布政使事黄中通为广西按察使司按察使；湖广荆西道参政颜敏为贵州按察使司按察使，管本省布政使司左布政使事。（《清世祖实录》卷131）

（顺治十七年二月庚寅）升山东武德道副使佟彭年为山西布政使司参政，分守河东道；陕西中路道副使王廷谏为湖广布政使司参政，分守荆西道……（《清世祖实录》卷132）

（顺治十七年二月壬辰）湖广总督李荫祖以病奏请回京调理。允之。（《清世祖实录》卷132）

（顺治十七年二月壬辰）加湖广巡抚张长庚太子少保，以捐赈武昌、汉阳二府饥民故也。（《清世祖实录》卷132）

（顺治十七年二月戊戌）补外转工科左给事中陈台孙为福建布政使司参议，督粮道。升……湖广武昌府知府梁知先为两淮都转运盐使司运使。（《清世祖实录》卷132）

（顺治十七年二月甲辰）升署副将管福建延平副将事袁如桂署都督佥事，管广西思南副将事；湖广常德副将郝尔德为都督佥事，管湖广安陆副将事……副将管四川永宁镇标左营事贾应魁为署都督佥事，管湖广武昌城守参将事……（《清世祖实录》卷132）

（顺治十七年三月）丁卯，遣湖广道监察御史冯班巡视长芦盐政……（《清世祖实录》卷133）

（顺治十七年三月己巳）户部等衙门议奏："各省拖欠钱粮，应请差员彻底清查，以杜侵欺之弊。江南省差户、兵、工三部官各一员，浙江、福建二省，差户、工二部官各一员，广东、江西、山西、山东、湖广、陕西六省，差户部官各一员。"从之。（《清世祖实录》卷133）

（顺治十七年三月庚午）升山西按察使于际清为福建布政使司右布政使……湖广驿传道副使陈彩为江南布政使司参政，分守常镇兵备道……（《清世祖实录》卷133）

（顺治十七年四月）丙戌，遣江西道监察御史顾豹文巡按湖北，浙江

道监察御史仵劭昕巡按湖南。（《清世祖实录》卷134）

（顺治十七年四月甲午）命湖广巡抚张长庚仍以太子少保、兵部尚书兼都察院右副都御史，总督湖广等处军务，兼理粮饷。（《清世祖实录》卷134）

（顺治十七年四月）乙未，遣湖广道监察御史张凤起巡按苏松。（《清世祖实录》卷134）

（顺治十七年四月癸卯）以浙江左布政使白秉贞为都察院右副都御史抚治郧阳等处，提督军务。（《清世祖实录》卷134）

（顺治十七年四月己酉）转湖广右布政使翟凤翥为福建布政使司左布政使。升浙江温处道参政祁彦为福建按察使司按察使；湖广武昌道副使张元璘为福建布政使司参政，分守漳南道……（《清世祖实录》卷134）

（顺治十七年五月戊午）升湖广按察使刘楗为本省布政使司右布政使……（《清世祖实录》卷135）

（顺治十七年五月戊辰）转山东右布政使袁一相为浙江布政使司左布政使。升山东督粮道参政王孙蔚为湖广按察使司按察使……刑部郎中盛际斯为湖广按察使司佥事，分巡武昌兵备道……（《清世祖实录》卷135）

（顺治十七年五月）戊寅，升福建驿传道副使潘超先为山西布政使司参政，分守口北道；山东莱州府知府邓廷罗为湖广按察使司副使，分巡靖州兵备道；直隶真定府知府蔡祖庚为河南按察使司副使，分巡通蓟兵备道；保定府知府佟国玺为湖广按察使司副使，分巡下荆南道……（《清世祖实录》卷135）

（顺治十七年六月）戊子，谕吏部："楚省重地，巡抚务在得人，乃克胜任。杨茂勋着改兵部左侍郎兼都察院右副都御史，巡抚湖广等处地方兼提督军务。"（《清世祖实录》卷136）

（顺治十七年六月己亥）补考选礼部主事钱延宅、行人司行人董文骥为江南道试监察御史……顺德府推官萧震为湖广道试监察御史……（《清世祖实录》卷137）

（顺治十三年七月己巳）升江南督粮道参政范廷元为河南按察使司按察使……福建巡海道副使宋可发为湖广布政使司参政兼按察使司副使，分巡驿传道；湖广湖北提学道佥事狄敬为陕西布政使司参议，管按察使司副使事，分巡潼关道；河南驿传道佥事陈士本为湖广布政使司参议，管按察使司副使事，分巡湖北道……降补郧阳抚治张尚为江南布政使司参议，管按察使司副使事，分巡淮海兵备道。（《清世祖实录》卷138）

（顺治十七年十月）戊戌，调湖广左布政使员尽忠为广东布政使司左布政使……升……浙江温处道副使孟泰为湖广布政使司参政兼按察使司副使，分巡荆西道……湖广下江防道佥事杨志远为广西布政使司参议，管按察使司副使事，分巡宾州兵备道……（《清世祖实录》卷141）

（顺治十七年十一月辛未）升贵州按察使颜敏为广西布政使司右布政使……陕西东路道副使李登第为湖广布政使司参政兼按察使司副使，分巡下江防道……（《清世祖实录》卷142）

（顺治十七年十二月癸巳）升湖广上湖南道副使胡允为云南布政使司参政，分守金沧道……湖广辰州府知府苏弘谟为云南按察使司副使，清军驿传道；安陆府知府马逢皋为云南按察使司副使，分巡临安兵备道

……（《清世祖实录》卷143）

（顺治十七年十二月）丙申，升山西右布政使徐炟为贵州布政使司左布政使……陕西商雒道参议盛复选为湖广按察使司副使，分巡下荆南道；湖广武昌道参议戚良宰为福建按察使司副使，分巡福宁道……（《清世祖实录》卷143）

（顺治十七年十二月）癸卯，补原任浙江道御史季振宜为湖广道监察御史。（《清世祖实录》卷143）

（顺治十八年五月）癸亥，升湖广按察使王孙蔚为福建布政使司右布政使，以原任湖广按察使刘兴汉为江南按察使司按察使。（《清圣祖实录》卷2）

（顺治十八年五月）丁卯，定六部满洲、蒙古、汉军郎中、员外郎员数……湖广司、陕西司……江西司郎中各一员，员外郎各二员……（《清圣祖实录》卷2）

（顺治十八年六月）甲午，升河南管粮道马元为湖广按察使司按察使。（《清圣祖实录》卷3）

（顺治十八年）九月丁丑朔，吏部遵旨议复："湖广、福建、广东三省左布政使员缺，应转右布政使内，虽无俸满之人，与其将按察使及支三品俸加一级郎中优升，不如将右布政使不拘俸满无事故者转补……"从之。（《清圣祖实录》卷4）

（顺治十八年九月丁丑）工部议复工科给事中王曰高条奏芦政利弊四款：一、严催征以惩积欠。一、清踏勘以核实数。一、按地形以清课额。

一、酌久任以专责成。俱应如所请。得旨："江南、江西、湖广每省差满、汉司官各一员，笔帖式一员，严行清查。"（《清圣祖实录》卷4）

（顺治十八年九月）辛卯，转福建布政使司右布政使王孙蔚为左布政使，山西右布政使蓝润为湖广布政使司左布政使……（《清圣祖实录》卷4）

（顺治十八年九月壬辰）添设直隶、山东、山西、河南、云南五省提督，调……湖广提督柯永盛为山西提督……（《清圣祖实录》卷4）

（顺治十八年九月癸巳）以礼部郎中孔印樾为河南按察使司佥事，提调学政……刑部郎中李可乔为湖北按察使司佥事，提调学政……（《清圣祖实录》卷4）

（顺治十八年九月甲午）升随征浙江总兵官董学礼为湖广提督。（《清圣祖实录》卷4）

（顺治十八年十一月）壬辰，以侍读学士孙代为江南布政使司右布政使，升监察御史刘显贵为湖广布政使司左布政使……（《清圣祖实录》卷5）

（顺治十八年十二月癸酉）升湖广巡抚杨茂勋为贵州总督，以都察院左副都御史刘兆麒为湖广巡抚。（《清圣祖实录》卷5）

（康熙元年二月庚申）升郧阳抚治白秉真为山西总督。（《清圣祖实录》卷6）

（康熙元年二月）己巳，以顺天府府尹王来任为郧阳抚治。（《清圣祖实录》卷6）

（康熙二年二月己未）升湖广湖北道吴嵩印为湖广按察使司按察使，荆南道郎永清为山东按察使司按察使。（《清圣祖实录》卷8）

（康熙二年五月）乙酉，升吏部郎中祖泽深为湖广布政使司右布政使。（《清圣祖实录》卷9）

（康熙二年八月丙申）升四川按察使朱之瑶为湖广布政使司右布政使。（《清圣祖实录》卷9）

（康熙二年十月）丙午，升湖广按察使吴嵩印为河南布政使司右布政使。（《清圣祖实录》卷10）

（康熙二年十一月庚辰）以江西右布政使王鍈为江南布政使司左布政使……升贵州贵宁道陈丹陛为湖广按察使司按察使。（《清圣祖实录》卷10）

（康熙二年十二月）乙未，升浙江按察使法若真为湖广布政使司右布政使。（《清圣祖实录》卷10）

（康熙二年十二月）乙卯，升山东按察使郎永清为湖广布政使司右布政使……（《清圣祖实录》卷10）

（康熙三年正月庚辰）升云南按察使李本晟为河南布政使司右布政使，湖广驿盐道宋可发为山西按察使司按察使，湖广荆西道王廷谏为山东按察使司按察使。（《清圣祖实录》卷11）

（康熙三年正月丁亥）以刑部郎中王自新为湖广按察使司佥事，提调学政……（《清圣祖实录》卷11）

（康熙三年六月己亥）升江南淮海道佟国桢为江南按察使司按察使……陕西河西道李荣宗为湖广按察使司按察使。（《清圣祖实录》卷12）

（康熙三年十月）丁亥，升陕西宁夏总兵官胡茂祯为湖广提督。（《清圣祖实录》卷13）

（康熙四年三月）甲午，以原任郧阳抚治王来任为广东巡抚。（《清圣祖实录》卷14）

（康熙四年八月戊午）升山西冀宁道缪正心为湖广布政使司右布政使。（《清圣祖实录》卷16）

（康熙五年八月）辛酉，以刑部郎中李可汧为湖广按察使司佥事，提调学政。（《清圣祖实录》卷19）

（康熙六年闰四月己卯）升浙江按察使罗森为陕西布政使司右布政使……山东济南道阎廷谟为湖北按察使司按察使。（《清圣祖实录》卷22）

（康熙六年六月乙酉）以原任广东左布政使于际清为山西布政使司左布政使，原任山东右布政使于朋举为湖广布政使司右布政使。（《清圣祖实录》卷22）

（康熙六年十月己丑）以原任湖广右布政使法若真为江南布政使司布政使。（《清圣祖实录》卷24）

（康熙七年正月戊申）升左副都御史莫洛为山西陕西总督，湖广巡抚刘兆麒为四川总督。（《清圣祖实录》卷25）

（康熙七年正月壬戌）以原任南赣巡抚林天擎为湖广巡抚。（《清圣祖实录》卷25）

（康熙八年九月丙申）吏部等衙门复核各督抚功过，分别具题。得旨："山西陕西总督莫洛革职。河道总督杨茂勋、原任福建总督祖泽溥、原任直隶山东河南总督白秉贞、原任延绥巡抚张中第俱原品休致。原任湖广总督张长庚着以原品随旗行走。原任山西陕西总督卢崇峻削尚书衔，留阿思哈尼哈番，随旗行走。陕西巡抚白清额降四级，随旗行走。湖广巡抚林天擎留任。直隶巡抚金世德降二级留任。"（《清圣祖实录》卷31）

（康熙八年九月）辛丑，以兵部郎中魏学渠为湖广按察使司佥事，提调学政。（《清圣祖实录》卷31）

（康熙八年十一月）甲辰，升山西冀宁道缪正心为湖广布政使司布政使。（《清圣祖实录》卷31）

（康熙八年十二月）戊辰，升吏部郎中马斯良为湖广按察使司按察使。（《清圣祖实录》卷31）

（康熙九年四月）己丑，命吏部左侍郎管右侍郎事蔡毓荣为四川湖广总督，驻扎荆州府。（《清圣祖实录》卷33）

（康熙九年六月）壬寅，以原任湖广右布政使刘楗为江西布政使司布政使，原任福建按察使安世鼎为江西按察使司按察使。（《清圣祖实录》卷33）

（康熙九年七月）壬午，湖广巡抚林天擎以病乞休，命以原官致仕。（《清圣祖实录》卷33）

（康熙九年八月乙未）以内秘书院学士董国兴为湖广巡抚。（《清圣祖实录》卷33）

（康熙九年九月戊辰）升云南按察使张彦珩为湖广布政使司布政使。（《清圣祖实录》卷34）

（康熙十年五月辛酉）升江西按察使安世鼎为湖广布政使司布政使。（《清圣祖实录》卷36）

（康熙十年七月己未）升陕西洮岷道副使高翼辰为湖广按察使司按察使，四川永宁道副使黄龙为江西按察使司按察使。（《清圣祖实录》卷36）

（康熙十一年正月）己巳，湖广巡抚董国兴以病乞休。允之。（《清圣祖实录》卷38）

（康熙十一年三月庚申）升河南布政使徐化成为湖广巡抚。（《清圣祖实录》卷38）

（康熙十二年正月庚寅）以户部郎中张萃为四川按察使司佥事，提调学政；郑崑璧为湖广按察使司佥事，提调学政……（《清圣祖实录》卷41）

（康熙十二年六月壬寅）以原任安徽巡抚张朝珍为湖广巡抚。（《清圣祖实录》卷42）

（康熙十二年十一月）癸巳，升湖广武昌道徐惺为河南按察使司按察使……（《清圣祖实录》卷44）

（康熙十三年二月戊申）以原任福建布政使崔代补湖广布政使司布政使。（《清圣祖实录》卷46）

（康熙十三年八月）丙申，湖广总督蔡毓荣丁父忧，命在任守制。（《清圣祖实录》卷49）

（康熙十三年十月己亥）以原任湖广布政使郎永清为河南布政使司布政使。（《清圣祖实录》卷50）

（康熙十五年二月庚午）加湖广提督桑峨右都督衔，以岳州败贼功议叙也。（《清圣祖实录》卷59）

（康熙十五年二月辛未）以湖广提督王可臣为銮仪卫銮仪使。（《清圣祖实录》卷59）

（康熙十五年七月丙戌）升江南安徽按察使丁思孔为湖北布政使司布政使。（《清圣祖实录》卷62）

（康熙十五年八月甲戌）调湖北布政使丁思孔为江南江苏布政使司布政使。（《清圣祖实录》卷62）

（康熙十五年九月乙未）升河南按察使徐惺为湖北布政使司布政使。（《清圣祖实录》卷63）

（康熙十五年九月戊申）升湖广郧阳道参政石琳为河南按察使司按察使。（《清圣祖实录》卷63）

（康熙十六年七月甲辰）以原任湖广巡抚董国兴为河南巡抚。（《清圣

祖实录》卷68）

（康熙十六年十月丙寅）以原补江西提学副使未任撤回蒋永修为湖广按察使司副使，提调学政。（《清圣祖实录》卷69）

（康熙十七年六月庚午）升湖广湖北按察使高翼辰为福建布政使司布政使，湖广下江防道于成龙为福建按察使司按察使。（《清圣祖实录》卷74）

（康熙十七年六月戊子）升江南分巡淮扬道佟康年为湖北按察使司按察使。（《清圣祖实录》卷74）

（康熙十八年二月）戊寅，升湖广驿盐道余三级为山东按察使司按察使。（《清圣祖实录》卷79）

（康熙十八年四月丙寅）命郧阳抚治杨茂勋升补四川总督，仍驻郧阳，俟恢复四川之日赴任。（《清圣祖实录》卷80）

（康熙十八年六月庚午）升湖南布政使安世鼎为江西巡抚，陕西布政使巴锡为甘肃巡抚，湖北粮道李为霖为云南按察使司按察使。（《清圣祖实录》卷81）

（康熙十八年十月辛未）又遣给事中莫罗、郎中伊尔格图赍敕赴湖广，詹事库勒纳、郎中额尔赫图赍敕赴广西，其敕谕与谕陕西诸将大指略同。（《清圣祖实录》卷85）

（康熙十九年三月）壬辰，升湖北按察使佟康年为福建布政使司布政使。（《清圣祖实录》卷89）

（康熙十九年三月戊午）升湖广武昌道吴毓珍为湖北按察使司按察使，湖南粮储道柯永升为江西按察使司按察使。（《清圣祖实录》卷89）

（康熙十九年四月庚午）升江西布政使司布政使王新命为湖广巡抚。（《清圣祖实录》卷89）

（康熙二十年十二月辛巳）绥远将军湖广总督蔡毓荣疏言："逆氛既靖，正臣束身待罪之时，请赐解职，俾臣得入觐天颜，出庐父墓。"上慰留之。（《清圣祖实录》卷99）

（康熙二十一年正月丙寅）调湖广总督蔡毓荣为云南贵州总督。（《清圣祖实录》卷100）

（康熙二十一年正月己巳）调江西总督董卫国为湖广总督。（《清圣祖实录》卷100）

（康熙二十一年五月）癸丑，升广西苍梧道李世昌为湖广按察使司按察使。（《清圣祖实录》卷102）

（康熙二十一年五月）壬申，升贵州按察使李辉祖为湖广布政使司布政使。（《清圣祖实录》卷102）

（康熙二十一年八月甲午）升湖广粮储道胡戴仁为广东按察使司按察使。（《清圣祖实录》卷104）

（康熙二十二年五月辛亥）升湖北粮道章钦文为江西按察使司按察使……（《清圣祖实录》卷109）

（康熙二十二年闰六月）己巳，升安徽按察使王定国为湖广布政使司布政使。（《清圣祖实录》卷110）

（康熙二十二年七月戊子）升湖广武昌道卢崇兴为安徽按察使司按察使。（《清圣祖实录》卷111）

（康熙二十二年八月戊午）以刑部郎中姚淳焘为湖广按察使司佥事，提调学政。（《清圣祖实录》卷111）

（康熙二十二年十月丁卯）升湖广按察使李世昌为云南布政使司布政使。（《清圣祖实录》卷112）

（康熙二十三年正月壬辰）升山西雁平道张道祥为湖北按察使司按察使。（《清圣祖实录》卷114）

（康熙二十三年正月）丙申，谕大学士等曰："副都御史塞克德自简任以来，并未见陈奏一事，才具庸劣，且非淳良之人，可令解任。朕观部院官员，懒惰者甚多，一遇苦差，或有称病规避者。嗣后部院官员，或病，或有事故，俱着注册，以凭分别勤惰。今观尚书萨穆哈黾勉供职，部务渐觉整理，且各处工程钱粮俱得节省，着察所降之级复还。"又谕曰："督抚乃封疆大臣，通省民命所关，世祖皇帝时，所用者尚属循良。逮至辅臣时，自用张长庚、白如梅、张自德、贾汉复、屈尽美、韩世琦等匪人以来，扰害地方，以致百姓困苦已极。今之督抚较前虽觉稍愈，而相沿成习，尚未尽改。见在浙江、湖广总督，江宁巡抚员缺，最为紧要，必择贤能补授，方于地方有济。如不得其人，则百姓受害，不可胜言矣。此三缺尔等加意详审，务得相宜之人补授为当。"寻大学士等遵旨，公同举出浙江巡抚王国安、湖广巡抚王新命、安徽巡抚徐国相等。得旨："王国安升补浙江总督，徐国相升补湖广总督，王新命调补江宁巡

抚。”(《清圣祖实录》卷114)

(康熙二十三年二月己未)以原任江宁巡抚慕天颜为湖广巡抚。(《清圣祖实录》卷114)

(康熙二十三年七月乙亥)以原任湖北按察使吴毓珍为山东按察使司按察使。(《清圣祖实录》卷116)

(康熙二十三年九月戊寅)调湖广巡抚慕天颜为贵州巡抚。(《清圣祖实录》卷116)

(康熙二十三年九月辛卯)升浙江布政使石琳为湖广巡抚。(《清圣祖实录》卷116)

(康熙二十三年十二月)庚戌,以翰林院侍讲李振裕提督江南学政……湖广驿盐道宫梦仁为山东按察使司副使,提调学政……(《清圣祖实录》卷118)

(康熙二十五年三月癸亥)升江西赣南道丁炜为湖北按察使司按察使。(《清圣祖实录》卷125)

(康熙二十五年四月戊申)以原任湖北布政使李辉祖为四川布政使司布政使。(《清圣祖实录》卷125)

(康熙二十五年六月)乙卯,吏部以湖北布政使王定国故员缺,开列湖南按察使范时秀、广东按察使胡戴仁。得旨:“胡戴仁升补湖北布政使司布政使,范时秀着来京以旗缺用。”(《清圣祖实录》卷126)

（康熙二十五年六月戊辰）升湖广下荆南道沈志礼为广东按察使司按察使。（《清圣祖实录》卷126）

（康熙二十五年十一月）丁酉，调湖广巡抚石琳为云南巡抚，以原任云南布政使田启光为河南布政使司布政使。（《清圣祖实录》卷128）

（康熙二十五年十二月丙辰）升福建布政使张汧为湖广巡抚。（《清圣祖实录》卷128）

（康熙二十六年十二月）庚戌，以礼部郎中任塾为山东按察使司佥事，提调学政……山西太原府知府郑侨生为湖广按察使司副使，提调学政……（《清圣祖实录》卷132）

（康熙二十七年二月）己酉，升安徽布政使柯永升为湖北巡抚。（《清圣祖实录》卷133）

（康熙二十七年二月庚申）升湖广按察使郑端为江南安徽布政使司布政使。（《清圣祖实录》卷133）

（康熙二十七年三月丁酉）升江西驿盐道线一信为湖北按察使司按察使。（《清圣祖实录》卷134）

（康熙二十七年三月壬寅）升直隶巡道胡献徵为湖北布政使司布政使。（《清圣祖实录》卷134）

（康熙二十七年四月戊申）调湖北布政使胡献徵为江苏布政使司布政使。（《清圣祖实录》卷135）

（康熙二十七年四月癸丑）升浙江按察使佟国佐为湖北布政使司布政使。（《清圣祖实录》卷135）

（康熙二十七年六月丁未）调河南巡抚丁思孔为湖广巡抚……（《清圣祖实录》卷135）

（康熙二十七年六月庚午）吏部题："本月二十四日，臣等遵奉谕旨，湖广藩臬等官关系紧要，其布政使缺令御史于养志补授，按察使缺令御史李钠补授，并令驰驿速往。查见任湖广布政使佟国佐、按察使线一信应请撤回，赴部另补。"从之。（《清圣祖实录》卷135）

（康熙二十七年九月）戊戌，升湖广巡抚丁思孔为湖广总督。（《清圣祖实录》卷137）

（康熙二十七年十月癸卯）调安徽巡抚杨素蕴为湖广巡抚……（《清圣祖实录》卷137）

（康熙二十七年十二月乙巳）补原任湖北按察使线一信为湖南按察使司按察使。（《清圣祖实录》卷138）

（康熙二十七年十二月）乙卯，调湖北布政使于养志为江苏布政使司布政使。（《清圣祖实录》卷138）

（康熙二十七年十二月庚申）升广东按察使沈志礼为湖北布政使司布政使。（《清圣祖实录》卷138）

（康熙二十八年二月）己未，谕扈从部院诸臣曰："大理寺少卿张鹏翮为人颇优，前任兖州府时，居官素善，着从优升补浙江巡抚；浙江按察使卞永誉着升补浙江布政使；江苏按察使李国亮着升补江苏布政使，俱着明日即行赴任。其先补江苏布政使于养志，仍回湖北布政使任。”（《清圣祖实录》卷139）

（康熙二十八年六月）丁卯，以原任湖广布政使佟国佐为江南安徽布政使司布政使。（《清圣祖实录》卷141）

（康熙二十八年十月己丑）以兵部右侍郎吴琠为湖广巡抚。（《清圣祖实录》卷142）

（康熙二十九年二月乙亥）调湖北按察使李钠为广西按察使司按察使，升山西河东道王毓贤为湖北按察使司按察使。（《清圣祖实录》卷144）

（康熙二十九年六月）癸未，升湖广布政使于养志为偏沅巡抚，浙江布政使卞永誉为福建巡抚。（《清圣祖实录》卷146）

（康熙二十九年七月壬辰）升广西按察使李钠为福建布政使司布政使，广东按察使李炜为湖北布政使司布政使，浙江按察使马如龙为浙江布政使司布政使，湖广下荆南道张�为福建按察使司按察使。（《清圣祖实录》卷147）

（康熙二十九年十二月戊午）以原任山西提学道朱雯补山东按察使司副使，提调学政……工部郎中邱园卜为湖广按察使司佥事，提调学政……（《清圣祖实录》卷149）

（康熙三十年九月甲子）升湖南按察使线一信为湖北布政使司布政使。（《清圣祖实录》卷153）

(康熙三十一年九月辛亥)湖广巡抚吴琠丁母忧，命回籍守制。(《清圣祖实录》卷156)

(康熙三十一年九月)己巳，升江宁管理织造桑额为湖广巡抚。(《清圣祖实录》卷156)

(康熙三十一年十月)壬辰，调湖广巡抚桑额为山东巡抚。(《清圣祖实录》卷157)

(康熙三十一年十月乙未)以工部左侍郎年遐龄为湖广巡抚。(《清圣祖实录》卷157)

(康熙三十二年三月)癸亥，升湖北粮储道王道熙为江西按察使司按察使。(《清圣祖实录》卷158)

(康熙三十三年正月)丁卯，以……刑部郎中岳宏誉为湖广按察使司佥事，提调学政……(《清圣祖实录》卷162)

(康熙三十三年二月丁丑)升湖南巡抚王樑为漕运总督，以原任湖北布政使李炜为江南安徽布政使司布政使。(《清圣祖实录》卷162)

(康熙三十三年四月)戊寅，调湖广总督丁思孔为云南贵州总督。(《清圣祖实录》卷163)

(康熙三十三年四月)辛卯，升原任湖广巡抚吴琠为湖广总督。(《清圣祖实录》卷163)

(康熙三十三年五月)丁未，升江苏按察使王燕为湖北布政使司布政

使……（《清圣祖实录》卷163）

（康熙三十四年八月己未）升湖广武昌道孟世泰为河南按察使司按察使。（《清圣祖实录》卷168）

（康熙三十四年九月）乙酉，升湖北布政使线一信为安徽巡抚。（《清圣祖实录》卷168）

（康熙三十五年六月壬子）升湖广总督吴琠为都察院左都御史。（《清圣祖实录》卷174）

（康熙三十五年七月戊午）升河南巡抚李辉祖为湖广总督。（《清圣祖实录》卷174）

（康熙三十六年二月壬午）升湖北按察使王毓贤为贵州布政使司布政使。（《清圣祖实录》卷180）

（康熙三十六年二月甲申）以刑部郎中刘体元为广西按察使司佥事，提调学政；云南永昌道王琯为湖广按察使司副使，提调学政。（《清圣祖实录》卷180）

（康熙三十六年二月辛丑）升山东登莱道高缉睿为湖北按察使司按察使。（《清圣祖实录》卷180）

（康熙三十七年三月戊寅）升湖广布政使王燕为贵州巡抚。（《清圣祖实录》卷187）

（康熙三十七年三月）丁亥，升贵州按察使任风厚为湖广布政使司布

政使。（《清圣祖实录》卷187）

（康熙三十八年）六月戊戌朔，谕大学士等：“当今凡事俱可缓图，惟吏治民生最难刻缓。谚云‘湖广熟，天下足’，江浙百姓全赖湖广米粟。朕南巡江浙，询问地方米贵之由，百姓皆谓数年来湖广米不至，以致价值腾贵。然楚省官吏并未奏报水旱。又闻湖南百姓甚苦，皆由兴永朝、王樑、杨凤起三人相继扰害所致。见任总督李辉祖为人诚实、办事颇优，但俱系于成龙荐举，欲其不徇情面，将从前废弛整理，断断不能。李辉祖可召进京，以侍郎用。原任左都御史郭琇，前为吴江县知县，居官甚善，百姓至今感颂。其人亦有胆量、无朋比，郭琇着补授湖广总督，令驰驿赴任。”（《清圣祖实录》卷193）

（康熙三十八年六月戊戌）转户部右侍郎钱三锡为左侍郎。调刑部左侍郎田雯为户部左侍郎，管右侍郎事。转刑部右侍郎徐潮为左侍郎，以湖广总督李辉祖为刑部右侍郎。（《清圣祖实录》卷193）

（康熙三十八年十二月）壬申，以工部郎中秘丕笈为陕西按察使司佥事，提调学政……户部郎中王祚兴为湖广按察使司佥事，提调学政……（《清圣祖实录》卷196）

（康熙四十年二月癸亥）湖广总督郭琇以疾乞休，温旨慰留之。（《清圣祖实录》卷203）

（康熙四十年三月）壬辰，升湖北按察使高绢睿为福建布政使司布政使。（《清圣祖实录》卷203）

（康熙四十年九月壬子）升广东肇高廉罗道李华之为湖北按察使司按察使。（《清圣祖实录》卷205）

（康熙四十一年四月庚申）升贵州按察使李基和为湖北布政使司布政使。（《清圣祖实录》卷207）

（康熙四十一年闰六月己酉）升湖广下荆南道许嗣兴为广东按察使司按察使。（《清圣祖实录》卷208）

（康熙四十一年十二月）丁酉，以翰林院编修顾悦履提督山东学政……翰林院检讨潘宗洛提督湖广学政……（《清圣祖实录》卷210）

（康熙四十二年四月戊戌）升安徽巡抚喻成龙为湖广总督。（《清圣祖实录》卷212）

（康熙四十二年七月己未）以原任贵州按察使何显祖为湖广按察使司按察使。（《清圣祖实录》卷212）

（康熙四十二年十月己卯）升原任湖广布政使王道熙为太仆寺卿。（《清圣祖实录》卷213）

（康熙四十三年二月戊子）湖广巡抚年遐龄以疾乞休。允之。（《清圣祖实录》卷215）

（康熙四十三年二月癸巳）升湖北布政使李基和为江西巡抚。（《清圣祖实录》卷215）

（康熙四十三年三月壬寅）升江苏布政使刘殿衡为湖广巡抚。（《清圣祖实录》卷215）

（康熙四十三年五月）癸亥，以原任贵州布政使复职候补王毓贤为湖北布政使司布政使。（《清圣祖实录》卷216）

（康熙四十三年）十二月丁卯朔，调四川布政使郑昱为安徽布政使司布政使，升湖北按察使何显祖为四川布政使司布政使，四川川东道侯居广为福建按察使司按察使。（《清圣祖实录》卷218）

（康熙四十三年十二月乙酉）升江西赣南道徐栴为湖北按察使司按察使。（《清圣祖实录》卷218）

（康熙四十四年八月戊午）升广东巡抚石文晟为湖广总督。（《清圣祖实录》卷222）

（康熙四十四年十二月戊午）以翰林院编修赵申季提督山东学政……编修顾图河提督湖广学政……（《清圣祖实录》卷223）

（康熙四十五年四月）辛丑，以原任湖北按察使李华之为贵州按察使司按察使。（《清圣祖实录》卷225）

（康熙四十五年十月）甲辰，以翰林院侍讲吴昺提督湖广学政。（《清圣祖实录》卷227）

（康熙四十六年五月丙子）先是，湖广总督石文晟以病乞休，疏未批发。至是，谕大学士等曰："石文晟人极粗鄙，若为土司而罢其职，似未得体。彼既自行引病请休，可令解任。"（《清圣祖实录》卷229）

（康熙四十六年六月丁亥）以原任广东广西总督革职郭世隆为湖广总督，仍革职，戴罪效力。（《清圣祖实录》卷230）

（康熙四十六年十二月辛卯）以刑部郎中蒋德昌为湖广按察使司佥事，提调学政。（《清圣祖实录》卷231）

（康熙四十七年正月）壬申，以刑部郎中袁乃瀜为湖广按察使司佥事，提调学政。（《清圣祖实录》卷232）

（康熙四十七年八月）壬申，湖广巡抚刘殿衡丁父忧，令回旗守制。（《清圣祖实录》卷233）

（康熙四十七年十月）癸亥，升湖北按察使徐栴为浙江布政使司布政使。（《清圣祖实录》卷235）

（康熙四十七年十二月乙卯）升陕西西宁道迟炘为湖北按察使司按察使。（《清圣祖实录》卷235）

（康熙四十七年十二月丁巳）以内阁学士黄秉中为浙江巡抚。调贵州巡抚陈诜为湖广巡抚。升山东布政使蒋陈锡为山东巡抚，云南布政使刘荫枢为贵州巡抚。（《清圣祖实录》卷235）

（康熙四十八年四月）甲子，以吏部郎中董思凝为湖广按察司佥事，提调学政。（《清圣祖实录》卷237）

（康熙四十八年七月甲申）升云南按察使张圣猷为湖北布政使司布政使。（《清圣祖实录》卷238）

（康熙四十九年十月丙子）升湖广总督郭世隆为刑部尚书。（《清圣祖实录》卷244）

（康熙四十九年十月丙子）升陕西巡抚鄂海为湖广总督。（《清圣祖实录》卷244）

（康熙五十年四月庚申）升湖广巡抚陈诜为工部尚书。（《清圣祖实录》卷246）

（康熙五十年四月甲戌）以原任湖广巡抚刘殿衡为湖广巡抚。（《清圣祖实录》卷246）

（康熙五十年十月壬午）升湖北按察使迟炘为贵州布政使司布政使，江西驿盐道段志熙为云南按察使司按察使。（《清圣祖实录》卷248）

（康熙五十年十一月）丁亥，升山东东兖道牟钦元为湖北按察使司按察使。（《清圣祖实录》卷248）

（康熙五十年十二月庚午）升贵州按察使李锡为湖北布政使司布政使。（《清圣祖实录》卷248）

（康熙五十一年二月己未）以翰林院编修陈恂提督山东学政……原授湖广学道服阕候补蒋德昌为湖广按察使司佥事，提调学政。（《清圣祖实录》卷249）

（康熙五十一年六月甲子）升湖广粮道张文灿为浙江按察使司按察使。（《清圣祖实录》卷250）

（康熙五十一年七月）丙午，升浙江驿盐道吕犹龙为浙江按察使司按察使，命湖北粮储道新升浙江按察使张文灿带升衔留原任。（《清圣祖实录》

卷250）

（康熙五十二年正月）甲辰，升江苏按察使卢询为云南布政使司布政使，湖北按察使牟钦元为江苏布政使司布政使。（《清圣祖实录》卷253）

（康熙五十二年二月甲寅）升山东登莱道甘国璧为江苏按察使司按察使，直隶通永道张连登为湖北按察使司按察使。（《清圣祖实录》卷253）

（康熙五十二年四月甲寅）谕吏部："川陕总督殷泰，前曾因病奏请解任调理。朕念殷泰清洁自持，约束属下恩威并用，陕省军民罔不感戴，朕甚爱惜，令在任调摄，已有谕旨。今病势未能即愈，总督印务虽有巡抚署理，但陕西地方辽阔，最属紧要，总督员缺，不可久悬，殷泰着解任。湖广总督鄂海屡任陕西，熟谙地方，兵民情性俱所深悉，且才具颇优，将鄂海调补川陕总督。"（《清圣祖实录》卷254）

（康熙五十二年四月）癸亥，以湖广提督额伦特为湖广总督。（《清圣祖实录》卷254）

（康熙五十二年四月乙亥）以左春坊左赞善薄有德提督湖广学政。（《清圣祖实录》卷254）

（康熙五十三年正月戊辰）升湖北布政使李锡为偏沅巡抚。（《清圣祖实录》卷258）

（康熙五十三年六月）辛卯，升浙江按察使吕犹龙为湖北布政使司布政使，贵州按察使李世仁为江苏布政使司布政使。（《清圣祖实录》卷259）

（康熙五十五年二月丙子）升贵州按察使白潢为湖北布政使司布政

使，四川建昌道王沛憻为贵州按察使司按察使。（《清圣祖实录》卷267）

（康熙五十五年闰三月）癸亥，谕吏部："湖广总督额伦特着署理西安将军事务，并协同川陕总督办理军饷。湖广地方紧要，总督事务着工部右侍郎满丕前往署理。"（《清圣祖实录》卷268）

（康熙五十五年闰三月）戊寅，以原任江苏布政使金世扬为云南布政使司布政使，原任四川布政使宋致为湖南布政使司布政使，原任江苏布政使牟钦元为湖北布政使司布政使。（《清圣祖实录》卷268）

（康熙五十五年十一月乙未）升安徽布政使张圣佐为河南巡抚，湖广按察使张文灿为湖广布政使司布政使。（《清圣祖实录》卷270）

（康熙五十六年正月辛巳）升湖广上荆南道孔毓珣为广西按察使司按察使。（《清圣祖实录》卷271）

（康熙五十六年六月）乙未，补原升未任湖广布政使护理贵州巡抚事白潢为江西布政使司布政使。（《清圣祖实录》卷272）

（康熙五十六年九月癸酉）以翰林院编修嵇曾筠提督山西学政……编修缪沅提督湖广学政……（《清圣祖实录》卷274）

（康熙五十七年二月）丙午，以通政使张连登为湖广巡抚。（《清圣祖实录》卷277）

（康熙五十七年十一月）壬寅，升原任湖北布政使吕犹龙为福建巡抚。（《清圣祖实录》卷282）

（康熙五十七年十二月）丙午，以原任湖北布政使牟钦元为河南布政使司布政使。（《清圣祖实录》卷282）

（康熙五十八年六月）丁巳，转工部右侍郎署理湖广总督事务满丕为左侍郎，升内阁学士穆尔台为工部右侍郎。（《清圣祖实录》卷284）

（康熙五十九年七月）庚午，升江苏按察使李馥为安徽布政使司布政使，湖北按察使张圣弼为湖北布政使司布政使。（《清圣祖实录》卷288）

（康熙五十九年八月丙午）升浙江盐驿道裴𢚸度为湖北按察使司按察使，福建兴泉道葛继孔为江苏按察使司按察使。（《清圣祖实录》卷288）

（康熙五十九年十一月）丙寅，以翰林院侍讲马豫提督浙江学政……检讨黎致远提督湖广学政……（《清圣祖实录》卷290）

（康熙六十年闰六月乙亥）升湖北按察使裴𢚸度为贵州布政使司布政使。（《清圣祖实录》卷293）

（康熙六十年七月己亥）升直隶天津道谢赐履为湖北按察使司按察使。（《清圣祖实录》卷293）

（康熙六十年十月）甲子，升湖广布政使阿琳为太仆寺卿。（《清圣祖实录》卷295）

（康熙六十一年十一月）丙戌，升湖广岳常道赵弘运为湖北按察使司按察使。（《清圣祖实录》卷300）

（康熙六十一年十一月戊戌）命工部左侍郎署湖广总督满丕来京，在

原任侍郎内行走。升广东巡抚杨宗仁为湖广总督……（《清世宗实录》卷1）

（雍正元年正月甲申）调湖北按察使赵弘运来京。擢云南广南府知府蔡起俊为湖北按察使司按察使。（《清世宗实录》卷3）

（雍正元年正月癸巳）调江西巡抚王企埥、湖北巡抚张连登来京。升贵州布政使裴徫度为江西巡抚，山西布政使纳齐喀为湖广湖北巡抚……（《清世宗实录》卷3）

（雍正元年五月癸巳）湖广总督杨宗仁折荐广东南海县知县宋玮升补湖南宝庆府知府，广州守备范宗尧改补湖北汉阳县知县。奉上谕："各省尽属版图，在在皆需贤员，何地非民，何缺非要？隔省题官实属越例。假若别省贤员，彼之督抚不加褒奖、不行荐擢者，备将情节声明密奏则可。今因初次，朕姑从尔请。特谕。"（《清世宗实录》卷7）

（雍正元年五月己亥）湖北布政使张圣弼缘事革职，升河南按察使朱纲为湖北布政使司布政使，监察御史张保为河南按察使司按察使。（《清世宗实录》卷7）

（雍正元年九月己丑）以原任广西布政使王沛憻为太常寺卿，原任湖北布政使张文灿为太仆寺卿。（《清世宗实录》卷11）

（雍正元年十二月壬子）调湖北布政使朱纲为湖南布政使司布政使，湖南布政使郑任钥为湖北布政使司布政使。（《清世宗实录》卷14）

（雍正元年十二月己未）又谕："昨引见新科进士名单内，有用点记名者三十员，虽有年纪，人尚可用，着以知县即用。现今湖广请发人员，该部将候补州县之员拣发十五员，此内亦选五员发往。又名单内有尖圈记名者十七员，年力尚壮，传问伊等，有愿在各馆效力及在内官学教习者，令各自陈明。若行走勤谨、学问好者，朕仍拔为翰林。”（《清世宗实录》卷14）

（雍正二年八月己卯）调湖北按察使蔡起俊来京，升河南开归道陈时夏为湖北按察使司按察使。（《清世宗实录》卷23）

（雍正二年十二月丁丑）调江西布政使张楷来京，升直隶巡道常德寿为江西布政使司布政使，直隶守道桑成鼎为湖北按察使司按察使。（《清世宗实录》卷27）

（雍正二年十二月辛巳）湖广总督杨宗仁题：“长茅关土司指挥使覃显喆故，无嗣，请以其甥田司南承袭。”下部知之。（《清世宗实录》卷27）

（雍正三年三月庚戌）湖北巡抚纳齐喀患病，请假调理，以湖广总督杨宗仁兼署巡抚事。（《清世宗实录》卷30）

（雍正三年五月丙辰）以总督仓场侍郎法敏为湖北巡抚；户部右侍郎托时为总督仓场侍郎；户部额外侍郎觉罗塞德为户部右侍郎；光禄寺卿杭奕禄为都察院左副都御史，仍管光禄寺卿事。（《清世宗实录》卷32）

（雍正三年六月）庚午，湖北按察使桑成鼎缘事革职，升湖南岳常道王克庄为湖北按察使司按察使。（《清世宗实录》卷33）

（雍正三年七月壬子）调湖广提督魏经国为江南提督，銮仪使署四川提督赵坤为湖广提督。升四川松潘总兵官周瑛为四川提督。以广东提督董象纬为銮仪卫銮仪使。升广东琼州总兵官万际瑞为广东提督。（《清世宗实录》卷34）

（雍正三年八月甲戌）升安徽巡抚李成龙为湖广总督，以盛京工部侍郎魏廷珍为安徽巡抚，擢署光禄寺少卿增寿为盛京工部侍郎。（《清世宗实录》卷35）

（雍正三年十二月）乙丑，解四川巡抚王景灏任，调湖北巡抚法敏为四川巡抚，以湖广总督李成龙兼管湖北巡抚事务。（《清世宗实录》卷39）

（雍正四年二月乙亥）升湖北布政使郑任钥为湖北巡抚，湖北按察使王克庄为湖北布政使司布政使，刑部郎中宪德为湖北按察使司按察使。（《清世宗实录》卷41）

（雍正四年九月丙午）以都察院左都御史福敏署理湖广总督，大学士马齐暂署都察院事。（《清世宗实录》卷48）

（雍正四年十月丁丑）解江西布政使丁士一任，升湖北粮道王承烈为江西布政使司布政使。（《清世宗实录》卷49）

（雍正四年十月）乙酉，转工部右侍郎史贻直为左侍郎，升都察院左副都御史刘师恕为工部右侍郎，以湖北巡抚郑任钥为都察院左副都御史。（《清世宗实录》卷49）

（雍正四年十月乙酉）解江西巡抚汪漋任，以吏部右侍郎迈柱署江西巡抚，升湖北按察使宪德为湖北巡抚，以云南学政翰林院侍读蔡嵩为湖北按察使司按察使。（《清世宗实录》卷49）

（雍正四年十一月辛卯）以翰林院编修杨超曾提督陕西学政，修撰于振提督湖北学政……（《清世宗实录》卷50）

（雍正四年十二月壬午）以江南京口将军何天培为兵部尚书……湖广总督宜兆熊署理直隶总督。调工部右侍郎刘师恕为礼部右侍郎，协办直隶总督事。（《清世宗实录》卷51）

（雍正五年二月癸亥）升湖北按察使蔡嵩为太仆寺卿。（《清世宗实录》卷53）

（雍正五年二月甲子）升刑科给事中王肃章为湖北按察使司按察使。（《清世宗实录》卷53）

（雍正五年二月乙亥）升湖北布政使王克庄为太常寺卿。（《清世宗实录》卷53）

（雍正五年闰三月戊辰）命署湖广总督福敏回京，升署江西巡抚迈柱为湖广总督。（《清世宗实录》卷55）

（雍正五年闰三月）己巳，升巡察湖广御史赵城为湖南布政使司布政使。（《清世宗实录》卷55）

（雍正五年五月癸酉）调湖北巡抚宪德为四川巡抚，四川巡抚马会伯为湖北巡抚。（《清世宗实录》卷57）

（雍正五年六月）戊戌，解陕西西安巡抚法敏、陕西西安按察使塞钦、江西按察使积善任。以刑部右侍郎张保为陕西西安巡抚，升户部员外郎硕色为陕西西安按察使司按察使兼理河东盐务，湖北盐驿道柳国勋为江西按察使司按察使。（《清世宗实录》卷58）

（雍正五年九月乙丑）调浙江布政使孔毓璞为陕西甘肃布政使司布政使。升河南按察使彭维新为浙江布政使司布政使，内阁侍读学士李秉忠为河南按察使司按察使，湖广武昌道吕耀曾为四川按察使司按察使。（《清世宗实录》卷 61）

（雍正五年十月辛丑）加湖广总督迈柱兵部尚书衔。（《清世宗实录》卷 62）

（雍正六年二月辛卯）调江西布政使徐鼎为直隶布政使司布政使，升湖南按察使李兰为江西布政使司布政使，湖北武昌道赵弘恩为湖南按察使司按察使。（《清世宗实录》卷 66）

（雍正六年四月）丙午，湖北布政使黄焜缘事革职，调直隶布政使徐鼎为湖北布政使司布政使，升山东按察使杨绍为直隶布政使司布政使。（《清世宗实录》卷 68）

（雍正六年七月戊寅）加工部主事管式龙翰林院检讨衔，提督湖北学政。（《清世宗实录》卷 71）

（雍正六年十一月丁巳）以翰林院侍讲凌如焕提督湖北学政。（《清世宗实录》卷 75）

（雍正七年八月乙丑）裁湖北襄阳府大盈仓大使、樊城县税课大使二缺，从署湖北巡抚徐鼎请也。（《清世宗实录》卷 85）

（雍正七年九月癸酉）调湖南巡抚王国栋来京，升署湖北巡抚四川布政使赵弘恩为湖南巡抚，署四川按察使高维新为四川布政使司布政使。（《清世宗实录》卷 86）

（雍正七年十月）癸卯，以湖广总督迈柱兼理湖北巡抚印务。（《清世宗实录》卷87）

（雍正七年十一月丙子）升山东布政使费金吾为湖北巡抚。（《清世宗实录》卷88）

（雍正七年十二月）辛亥，谕内阁："……原任侍郎阿克敦，前在广东署事任内，尚无贪赃犯法等情，今着宽免释放，命往水道工程效力，以赎前愆……其湖广革职粮道王恕，着交与阿克敦等带往办事效力。"（《清世宗实录》卷89）

（雍正八年五月戊辰）调江南安徽巡抚魏廷珍为湖北巡抚，升浙江布政使程元章为安徽巡抚，调江南安徽布政使张元怀为浙江布政使司布政使，以两淮盐政噶尔泰兼理江南安徽布政使司布政使事务。（《清世宗实录》卷94）

（雍正八年十月癸丑）升江南江苏按察使徐本为湖北布政使司布政使，直隶清河道王纮为江南江苏按察使司按察使。（《清世宗实录》卷99）

（雍正九年二月己酉）湖北按察使王肃章缘事革职，升湖南粮驿道刁承祖为湖北按察使司按察使。（《清世宗实录》卷103）

（雍正九年四月甲午）调湖北巡抚魏廷珍来京，升广东布政使王士俊为湖北巡抚……（《清世宗实录》卷105）

（雍正九年九月辛未）以署江南按察使右通政乔世臣署江南江苏巡抚。调署江苏巡抚王国栋署浙江巡抚，湖北按察使刁承祖为江南江苏按

察使司按察使。以鸿胪寺卿署河南按察使唐继祖为湖北按察使司按察使。（《清世宗实录》卷110）

（雍正九年十月）戊申，升湖北巡抚魏廷珍为礼部尚书。（《清世宗实录》卷111）

（雍正十年七月戊戌）以浙江总督署刑部尚书李卫署直隶总督，安徽巡抚程元章署浙江总督，湖北布政使徐本署安徽巡抚，原任陕西甘肃布政使钟保署湖北布政使司布政使。（《清世宗实录》卷121）

（雍正十年八月）癸未，实授李卫为直隶总督……钟保为湖北布政使司布政使……（《清世宗实录》卷122）

（雍正十年十一月庚寅）调安徽学政内阁学士王兰生提督陕西学政……湖北学政翰林院侍讲凌如焕……俱仍留任。（《清世宗实录》卷125）

（雍正十年十一月癸巳）升江南安徽布政使冯景夏为都察院左副都御史，江西按察使李兰为江南安徽布政使司布政使。调湖北按察使唐继祖为江西按察使司按察使。升湖南辰沅靖道王柔为湖北按察使司按察使。（《清世宗实录》卷125）

（雍正十年十一月庚子）加两江总督尹继善兵部尚书衔，升湖北巡抚王士俊为河东总督，实授乔世臣为江苏巡抚，以内阁学士协理西安巡抚事德龄为湖北巡抚……（《清世宗实录》卷125）

（雍正十年十二月丁卯）江西按察使唐继祖患病解任，升湖北粮道张廷枢为江西按察使司按察使。（《清世宗实录》卷126）

雍正十一年癸丑九月己卯朔，以湖南巡抚赵弘恩署两江总督，两江总督高其倬以总督衔管理江苏巡抚事务，湖北布政使钟保署湖南巡抚。（《清世宗实录》卷135）

（雍正十一年九月癸巳）以江西按察使孙诏署湖北布政使司布政使，监察御史凌燽署江西按察使司按察使。（《清世宗实录》卷135）

（雍正十一年十一月辛丑）以陕西西安按察使杨馝署湖北布政使司布政使，湖北德安府知府伟瑸署陕西西安按察使司按察使。（《清世宗实录》卷137）

（雍正十一年十二月庚申）升四川巡抚宪德为工部尚书。转礼部右侍郎留保为左侍郎。升湖北布政使钟保为礼部右侍郎，仍署湖南巡抚……陕西甘肃按察使李世倬为湖北布政使司布政使……（《清世宗实录》卷138）

（雍正十二年二月己未）加户部员外郎蒋蔚翰林院检讨衔，提督湖北学政。（《清世宗实录》卷140）

（雍正十二年五月壬辰）以湖北巡抚德龄协同署陕西总督刘於义办理西路军需事务，陕西西安布政使杨馝署湖北巡抚，河东盐运使程仁圻署西安布政使司布政使。（《清世宗实录》卷143）

（雍正十二年八月）丙寅，谕办理军机大臣等："朕闻侍郎马尔泰之母年已七十有余，马尔泰着回京供职，俾得就近侍养。其所管西宁事务，着原任湖北巡抚德龄前往办理。其肃州协办军需，仍着副都御史二格前去。"（《清世宗实录》卷146）

（雍正十二年八月）辛未，调湖北按察使王柔来京，直隶按察使窦启

瑛为湖北按察使司按察使。升工部郎中多纶为直隶按察使司按察使。(《清世宗实录》卷146)

(雍正十二年十一月)丙子，谕内阁："四川布政使刘应鼎，朕原不知其人，因伊在四川建昌道任内称誉者甚多，是以就近历升至布政使，亦驾轻就熟之意。数年以来，朕观其屡次奏折，并无实心实政有裨地方之处，心亦疑之。今据总督黄廷桂参奏，显有贪利营私种种劣迹。刘应鼎深负任用，着解任，交与该督审拟。四川布政使员缺着湖北按察使窦启瑛补授，湖北按察使员缺着河南管河道白映棠补授。"(《清世宗实录》卷149)

(雍正十二年十一月戊子)命原任湖北按察使王柔前往江南，与太仆寺卿俞兆岳协办海塘事务。(《清世宗实录》卷149)

(雍正十二年十二月癸亥)调湖南按察使胡瀛为湖北按察使司按察使，湖北按察使白映棠为湖南按察使司按察使。(《清世宗实录》卷150)

(雍正十三年正月壬辰)解四川巡抚鄂昌任，调署湖北巡抚杨馝为四川巡抚，以左佥都御史吴应棻署湖北巡抚，实授程仁圻为陕西西安布政使司布政使。(《清世宗实录》卷151)

(雍正十三年二月癸亥)以工部尚书协办大学士徐本兼管都察院左都御史事。升左佥都御史吴应棻为兵部右侍郎，仍署湖北巡抚。(《清世宗实录》卷152)

(雍正十三年七月)壬寅，浙江按察使杨弘绪缘事革职，调湖北按察使胡瀛为浙江按察使司按察使，升湖北粮道袁承宠为湖北按察使司按察使。(《清世宗实录》卷158)

（雍正十三年七月己未）调湖北布政使李世倬来京，升户部郎中安图为湖北布政使司布政使。（《清世宗实录》卷158）

（雍正十三年七月）辛酉，谕内阁："迈柱简任封疆宣力有年，着补授内阁大学士，来京办事，湖广总督员缺着张广泗补授。迈柱俟张广泗到任，将总督事件交代清楚，起程来京……"（《清世宗实录》卷158）

（雍正十三年八月甲戌）吏部题："湖广总督迈柱、陕西总督查郎阿已奉谕旨补授大学士，其应加殿阁及兼尚书职衔，恭候钦定。"得旨："迈柱着为武英殿大学士兼吏部尚书，查郎阿着为文华殿大学士兼兵部尚书。"（《清世宗实录》卷159）

（雍正十三年八月庚寅）调刑部尚书张照回京，以湖广总督张广泗总理苗疆事务，谕令速往办理。以大学士迈柱暂署湖广总督印务。（《清高宗实录》卷1）

（雍正十三年八月甲午）谕总理事务王大臣、办理苗疆军务王大臣："经理苗疆，原为宁谧地方起见，从前皇考谕旨，至为明晰。乃逆苗反复不常，近复骚扰内地，百姓被其荼毒，是以皇考特命提督哈元生为扬威将军。又因地方辽阔，苗众甚多，恐哈元生一人料理未能周到，复令湖广提督董芳为副将军，先后遣发滇、楚、两粤官兵前往会剿，又命尚书张照等总理抚定苗疆兵马钱粮一切事务……其总理苗疆事务，令张广泗前往黔省料理。当日皇考以张广泗曾任贵州巡抚，熟悉苗疆情形，且从前原系伊承办之事，故特用为湖广总督，俾得就近接应办理……"（《清高宗实录》卷1）

（雍正十三年十一月戊申）谕大学士迈柱着来京办事，其湖广总督印

务着户部尚书史贻直暂行署理。(《清高宗实录》卷 6)

(乾隆元年三月己未)(吏部)又议准大学士前署湖广总督迈柱奏:外省题补要缺请立限期,以杜观望规避,违限者照迟延例议。道府州县贤否,责令各上司查核,四季申送藩臬,藩臬转呈督抚。从之。(《清高宗实录》卷 15)

(乾隆元年四月庚午)以江西盐驿道阎尧熙为湖北按察使。(《清高宗实录》卷 16)

(乾隆元年四月辛未)以原任湖北布政使李世倬为通政使司右通政。(《清高宗实录》卷 16)

(乾隆元年四月壬申)以右通政高其倬为湖北巡抚,暂署湖南巡抚印务。(《清高宗实录》卷 16)

(乾隆元年七月戊午)调署湖南巡抚钟保为湖北巡抚,湖北巡抚高其倬为湖南巡抚。(《清高宗实录》卷 23)

(乾隆元年十二月丁丑)以颜清如实授湖广提督。(《清高宗实录》卷 33)

(乾隆二年正月戊午)湖北巡抚钟保奏:"湖南常德府知府李元英素性贪残,居心奸险。"得旨:"知道了,有旨谕部,将李元英调补湖北,汝试看,若果有劣迹,具本题参。"(《清高宗实录》卷 35)

(乾隆二年三月壬子)命湖北巡抚钟保来京,调广东巡抚杨永斌为湖北巡抚,以两淮盐政尹会一署理广东巡抚,调天津盐政三保巡视两淮盐政。(《清高宗实录》卷 39)

（乾隆二年五月）己酉，以湖北巡抚钟保署理工部左侍郎。（《清高宗实录》卷43）

（乾隆二年九月乙未）调湖北巡抚杨永斌为江苏巡抚，以署礼部侍郎张楷署理湖北巡抚印务。（《清高宗实录》卷50）

（乾隆二年九月戊戌）谕八旗都统等："上年三月间曾经降旨，将荆州、江宁咨送官员内告请留京效力行走之协领常在噶尔萨、云布，着照原衔即行补用，佐领五金儿、金图，防御珠成额，着以原衔试用，俟一年期满，行走果好再行实授。原嘉其不恋故土，告请留京效力之忱，故准留京居住。伊等留京之后，若以尚未补用不予食俸，情殊可悯，着交各该旗查明此项人员。已经补用者，其未用之前，未经支领之俸，着照伊等原衔补给。其未经补用者，亦着照伊等原衔补行给俸，派委相当差使，效力行走。"（《清高宗实录》卷50）

（乾隆二年九月甲辰）命户部尚书署湖广总督史贻直回部办事，以甘肃巡抚德沛为湖广总督，山西按察使元展成为甘肃巡抚。（《清高宗实录》卷51）

（乾隆二年九月）己酉，谕总理事务王大臣："德沛在甘肃巡抚任内声名甚好，今已用为湖广总督。伊前所奏'开渠凿井、兴修水利'等事，皆利益民生、爱养黎元之切务。历来督抚，似此留心本计者，颇不多见。但伊在任未久，各处工程，有大概告成者，亦有未曾就绪者，或有计议兴作、尚未举行者，应寄信与大学士查郎阿、新任巡抚元展成督率属员接续办理，无废前功。其因时制宜之处，又在伊等临期斟酌，总以利济民生为要。元展成到任时，着查郎阿将朕此旨传谕知之。"（《清高宗实录》卷51）

（乾隆二年十月丙申）实授崔纪为陕西巡抚，尹会一为河南巡抚，张楷为湖北巡抚……（《清高宗实录》卷 54）

（乾隆三年三月乙卯）谕：“……崔纪不便仍留西安之任，着调补湖北巡抚，将张楷调补西安巡抚，速赴新任。张楷到任后，崔纪交代，再赴楚省。至秦省凿井灌田之事，张楷可善体民情，妥协办理。”（《清高宗实录》卷 64）

（乾隆三年五月壬申）吏部议奏：“调任陕西巡抚崔纪，自陈旷职，恳请黜退，应照才力不及降二级调用。”得旨：“崔纪在陕西巡抚任内凿井灌田一事，经理未善，以致滋累，咎无可辞，本应处分。但其本意系为百姓起见，且其才尚属可用，是以调任湖北巡抚，冀其克自奋励，以观后效。崔纪着照部议所降之级，从宽留任。”（《清高宗实录》卷 69）

（乾隆三年五月）庚辰，吏部议奏：“湖广道御史陶正靖条奏，孔氏执事官封典并观礼员数及量加纪录，不得更有超越，致干铨政。应如所请。”从之。（《清高宗实录》卷 69）

（乾隆三年十月甲辰）实授孙嘉淦为直隶总督，甘汝来为吏部尚书。以广西巡抚杨超曾为兵部尚书，湖北布政使安图署广西巡抚，湖南按察使严瑞龙为湖北布政使，直隶清河道彭家屏署湖南按察使。（《清高宗实录》卷 79）

（乾隆四年三月壬子）调湖北学政开泰为安徽学政，以翰林院侍讲张映辰为湖北学政。（《清高宗实录》卷 88）

（乾隆四年七月丙寅）以闽浙总督郝玉麟为吏部尚书，调湖广总督宗

室德沛为闽浙总督，以兵部侍郎班第为湖广总督。（《清高宗实录》卷97）

（乾隆四年九月癸酉）（江苏巡抚张渠）又奏："科臣王丕烈条奏'本省之官不得延请本省之人为幕宾'，遵行在案。臣上年自苏赴楚时，延请长洲县监生顾敷入幕，可保必无在外招摇之事。今调任江苏，自与定例不符，但可信者一时难得，请将顾敷暂留幕中。"得旨："此在汝则可耳，然亦须时时留心，毋堕彼术中也。"（《清高宗实录》卷101）

（乾隆五年三月丁未）召山西布政使胡瀛来京引见。调四川布政使高山为山西布政使。以湖北按察使阎尧熙为四川布政使，武汉黄德道吴龙应为湖北按察使。（《清高宗实录》卷112）

（乾隆五年三月丙寅）调湖北驿盐道朱伦瀚来京，以御史用。（《清高宗实录》卷113）

（乾隆五年四月己亥）福建按察使张嗣昌奏："请令分巡道五员照湖北道员岁巡之例，各于每年冬月出巡所辖。"得旨："告之德沛，听其议奏。"（《清高宗实录》卷115）

（乾隆五年五月丁未）以湖广总督班第兼署湖北巡抚事。（《清高宗实录》卷116）

（乾隆五年七月癸酉）调江苏巡抚张渠为湖北巡抚。以江苏布政使徐士林为江苏巡抚，苏州织造安宁为江苏布政使……（《清高宗实录》卷122）

（乾隆五年十一月己巳）以刑部尚书那苏图署湖广总督，工部尚书来保兼署刑部尚书。（《清高宗实录》卷130）

（乾隆五年十二月戊戌）湖北巡抚张渠故，以直隶布政使范璨为湖北巡抚，以革职吏部尚书刘於义署直隶布政使。（《清高宗实录》卷132）

（乾隆六年正月甲午）命原任湖广总督班第仍在军机处行走。（《清高宗实录》卷135）

（乾隆六年三月庚寅）命兵部左侍郎舒赫德管理步军统领事务，以原任湖广总督班第为兵部尚书，因奉差在外，命工部尚书公哈达哈兼署。（《清高宗实录》卷139）

（乾隆六年四月）丙申，谕："据福建布政使乔学尹奏称'父年已届八旬，迎养在署，不服闽省水土，恳请调补邻近省分以遂私情'等语，着将严瑞龙调补福建布政使，乔学尹调补湖北布政使。"（《清高宗实录》卷140）

（乾隆六年四月丁未）实授乔学尹为湖北布政使。（《清高宗实录》卷140）

（乾隆六年五月癸巳）贵州提督王无党以调任湖广具折谢恩。得旨："楚黔均为苗疆，而楚省地方尤属辽阔。汝其加意勉力整饬营伍，安辑军民，以副委任之意。"（《清高宗实录》卷143）

（乾隆六年八月己酉）召吏部尚书署两江总督杨超曾回部办事。调湖广总督那苏图为两江总督，直隶总督孙嘉淦为湖广总督，江南河道总督高斌为直隶总督。以江南副总河完颜伟为江南河道总督……（《清高宗实录》卷149）

（乾隆六年八月辛酉）以湖北按察使吴龙应为山西布政使，湖南按察

使彭家屏为江西布政使，江西盐驿道石去浮为湖北按察使，贵州贵东道王玠为湖南按察使。（《清高宗实录》卷149）

（乾隆六年九月甲子）谕："那苏图不必候孙嘉淦到楚，着即赴两江新任，以便杨超曾回部办事。"（《清高宗实录》卷150）

（乾隆七年二月甲午）调湖北布政使严瑞龙为山西布政使，以署广西巡抚安图仍为湖北布政使。（《清高宗实录》卷160）

（乾隆八年二月甲午）调福建巡抚刘於义为山西巡抚。命前任湖广总督孙嘉淦署福建巡抚，仍俟审题谢济世一案完竣，再赴闽省。（《清高宗实录》卷184）

（乾隆八年三月庚午）调安徽巡抚喀尔吉善为山东巡抚，山东巡抚晏斯盛为湖北巡抚，湖北巡抚范璨为安徽巡抚。（《清高宗实录》卷187）

（乾隆八年闰四月）癸酉，谕曰："长芦盐政三保现在患病，一时难以痊愈，着解任回京调理。其员缺着江宁织造伊拉齐补授。伊拉齐未到任之前，着傅清暂行兼管。江宁织造事务，着西宁管理。西宁所管荆州关税，着照例交与该抚兼管。"（《清高宗实录》卷191）

（乾隆八年十一月辛巳）命山东布政使包括来京候旨，以原任湖北布政使乔学尹为山东布政使。（《清高宗实录》卷204）

（乾隆九年正月庚子）谕大学士等："王安国报丁父忧，其兵部尚书员缺着彭维新补授，户部侍郎员缺着湖北巡抚晏斯盛补授，湖北巡抚印务着许容前往署理，以观后效。"（《清高宗实录》卷209）

（乾隆九年二月）丙辰，谕曰："给事中陈大玠奏'许容捏款诬陷谢世济以致民怨沸腾，许容身为大臣，敢肆其欺罔，罪既无逃于刑书，位何堪列于寮寀？伏乞收回成命，另简贤员，庶欺罔知儆，而于封疆有益'等语，邹一桂所奏亦同。朕因湖北巡抚员缺，一时不得其人，许容久历外任，颇能办事，是以宥过，令其署理，以观后效。今陈大玠既如此陈奏，其言亦是。许容不必署理湖北巡抚印务，晏斯盛着仍留原任，户部侍郎员缺着汪由敦调补，兵部侍郎员缺候朕另降谕旨。向曾用赵宏恩、石麟，皆以言官纠论而罢，夫人材难得，岂可一弃终不复用？若果新进之人师师济济，朕亦何乐于必用已罢之人？用人之难，外臣何由得知？其出于不得已者，往往类此。然言官各抒己见，陈奏朕前，乃其职掌。今陈大玠、邹一桂两人所奏相合，显有商谋扶同之处。且近日有旨，金溶、沈廷芳着仍以御史用，独非弃而复用者乎？言官何无论列者？此风亦不可长。但朕既不用许容，此中情事姑不究问，莫谓朕终不知也。将此并谕诸臣知之。"（《清高宗实录》卷210）

（乾隆九年二月丁丑）以湖广总督阿尔赛为户部尚书，荆州将军鄂弥达为湖广总督。（《清高宗实录》卷211）

（乾隆九年五月辛卯）谕："朕前降旨将襄郧道王概调补四川松茂道，今据巡抚晏斯盛等奏'王概生母年老多病，难以入川，恳请改补近地'等语，着仍留襄郧道任。其松茂道员缺紧要，着总督庆复、巡抚纪山于所属知府内拣选一员题补。"（《清高宗实录》卷216）

（乾隆九年九月庚辰）以甘肃按察使鄂昌为广西布政使，湖北粮道顾济美为甘肃按察使。（《清高宗实录》卷224）

（乾隆十年四月己酉）谕军机大臣等："前张允随奏称，昭通镇总兵陈纶年力就衰，耳亦重听，不胜昭通要缺之任。昨陈纶来京陛见，朕看其重听是实，精神尚不甚衰，或可用于事简之地，是以命往湖广候缺。尔等可寄信与鄂弥达，令其留心试看，若尚可用，即调补一缺。如不可用，亦据实陈奏。”（《清高宗实录》卷238）

（乾隆十年九月戊戌）实授尹继善为两江总督，慧中为陕西布政使，安图为湖北布政使……（《清高宗实录》卷249）

（乾隆十年十一月丁丑）湖北巡抚晏斯盛母老请养，以兵部侍郎开泰为湖北巡抚，国子监祭酒鄂容安署兵部侍郎。（《清高宗实录》卷252）

（乾隆十一年三月丁卯）又谕：“据湖广总督鄂弥达等奏称‘湖北按察使石去浮父母年俱八旬，恳恩终养’等语，石去浮准其回籍养亲，湖北按察使员缺着徐杞前往署理。”（《清高宗实录》卷260）

（乾隆十一年十月己卯）以湖北巡抚开泰、江西巡抚陈宏谋对调。（《清高宗实录》卷277）

（乾隆十一年十月戊子）调河南布政使严瑞龙为湖北布政使，以河南按察使王兴吾为布政使。（《清高宗实录》卷277）

（乾隆十一年十月辛卯）江西巡抚调任山东巡抚塞楞额以升授湖广总督谢恩请训。得旨：“楚省吏治非江西可比，被孙嘉淦、鄂弥达诸人废弛极矣。汝其善为整顿料理，空云感激朕恩而无实力施为，其何益之有？至江西一应事宜，与开泰详言之。”（《清高宗实录》卷277）

（乾隆十一年十一月辛酉）湖广总督塞楞额以初莅楚省具折请训。得旨：“前折已批示，兹再谕者，实心妥办，毋欲速以见长，毋日久而生怠。至两省巡抚，其人皆外似正人而内实不无迁就者，一时无人，去之

不能尽去。卿亦只得与之和衷策励，用其材以济吾事而已矣。”（《清高宗实录》卷279）

（乾隆十二年八月丙子）谕：“据湖广总督塞楞额等奏称‘新任湖北督粮道石杰现在总理瞻对军需，款项繁重，请令暂缓离任’等语，朕前因湖北督粮道陈仁系陈宏谋一族，降旨将石杰调补。伊前在瞻对之役办理粮饷甚属妥协，现又有金川之事，转运督饷需人料理。石杰原系卓异人员，因其贤能谙练，是以办理军务，若令其离任，转致无缺可归。石杰着仍以四川建昌道兼管川省军需事务，俟事竣照例卓异，送部引见。陈仁在川或令其署理建昌道，或另行委用，听该督酌量奏闻。”（《清高宗实录》卷297）

（乾隆十二年十月丙子）命顺天学政吕炽、江苏学政尹会一、安徽学政观保仍留原任。调山东学政于敏中为浙江学政，浙江学政陈其凝为山东学政，湖北学政宋邦绥为山西学政，山西学政夏廷芝为湖北学政……（《清高宗实录》卷301）

（乾隆十二年十一月辛卯）谕：“据山西巡抚准泰奏称‘学政有统率士子之责，晋省两年中，如天镇之抢粮，乡宁、静乐、镇宁等处之聚众抗官，皆劣衿倡首。该学政从前未报劣行，宽纵之咎已属难辞。镇宁等未结之案，该学政有无瞻徇之处，现在查核’等语，夏廷芝着来京供职，其任内如有应参之案，着准泰查参。宋邦绥仍留湖北学政之任，山西学政着德保去。”（《清高宗实录》卷302）

（乾隆十二年十二月己巳）命陕西巡抚徐杞来京候旨，调湖北巡抚陈宏谋为陕西巡抚，以仓场侍郎彭树葵署湖北巡抚。（《清高宗实录》卷304）

（乾隆十三年七月戊戌）谕军机大臣等：“新任安陆府知府王文裕，

前于签掣同知引见时，观其人将来似有出息，于伊名单记以‘府’字。及吏部以安陆府缺请旨，一时未得其人，检阅名单，因伊是武昌同知，就近补放，及请训召对，询知其尚未抵同知之任。知府乃地方大员，关系紧要，伊以捐纳之员未亲民事恐难胜任，可将此情节传谕塞楞额、彭树葵，令知该员补放知府，并非因才情出众逾格拔用，着该督抚留心试看，斟酌奏闻。如于知府不甚相宜，不若奏明仍补同知为妥。”（《清高宗实录》卷319）

（乾隆十三年闰七月戊午）实授书山为仓场侍郎，以原任仓场侍郎吴拜为内阁学士兼礼部侍郎。实授彭树葵为湖北巡抚，以宗人府府丞张师载为仓场侍郎……（《清高宗实录》卷320）

（乾隆十三年闰七月己巳）命湖广总督塞楞额、署江苏巡抚安宁来京候旨。以福州将军新柱署理湖广总督，两江总督尹继善兼理江苏巡抚。（《清高宗实录》卷321）

（乾隆十三年十月戊申）又谕曰：“总督新柱因新任安陆府知府王文裕不能胜任，请与郧阳知府张世芳对调……”（《清高宗实录》卷327）

（乾隆十四年正月丙辰）谕：“前因川省粮运浩繁需员经理，曾派出云、贵、湖广、河南等省道府同知等三十余员，令其前往差委。但各该员俱有本任应办事务，未便缺员，着吏部于应用道府司员及候补候选道府同知内速行拣选，带领引见，候朕酌量分发各该省委用。”（《清高宗实录》卷332）

（乾隆十四年三月）壬戌，谕军机大臣等：“前经降旨，命总督新柱前往云南，会同舒赫德履勘金沙江工程。今舒赫德办理川省军需就绪，起程前赴云贵一路稽查营伍，新柱由楚赴滇，约计贵州途次即可相会，

所有滇黔营伍着传谕新柱一同查阅，随到随办。舒赫德不必留待，亦不必赶赴……”（《清高宗实录》卷336）

（乾隆十四年四月壬辰）以湖北巡抚彭树葵为仓场总督。调江西巡抚唐绥祖为湖北巡抚。以甘肃布政使阿思哈为江西巡抚。起原任浙江布政使张若震为甘肃布政使，原任仓场总督张师载仍以原衔协办江南河务。（《清高宗实录》卷338）

（乾隆十四年四月戊戌）又谕曰："唐绥祖着速赴湖北新任，不必候阿思哈到江省交代，江西巡抚印务着布政使彭家屏署理。其湖广署总督瑚宝于唐绥祖抵楚后，将湖广总督印务交唐绥祖暂行署理，再赴漕运总督之任。"（《清高宗实录》卷339）

（乾隆十四年十二月辛卯）以吉林将军永兴为湖广总督，湖广总督新柱为吉林将军。（《清高宗实录》卷355）

（乾隆十五年正月癸酉）吏部左侍郎介福缘事降调，以原任湖广总督鄂弥达补授。（《清高宗实录》卷357）

（乾隆十五年十一月乙丑）以山西巡抚阿里衮为湖广总督。调广西巡抚阿思哈为山西巡抚，仍兼管提督事务。调安徽巡抚卫哲治为广西巡抚。以西安布政使定长为安徽巡抚，湖南按察使周人骥为西安布政使，广西左江道沈世枫为湖南按察使。（《清高宗实录》卷377）

（乾隆十六年正月丙午）又谕曰："湖北巡抚即着严瑞龙署理。严瑞龙在布政使中历任已久，前因安徽巡抚缺出，朕已向军机大臣等降旨，令严瑞龙署理。旋忆伊前此来京陛见时，观其人不过循谨奉职，非出色之员。且向日张廷玉曾在朕前屡次保荐，恐伊未必即能胜任，是以改用定长。今观唐绥祖贪婪败检，该督永兴令其密查，皆能据实查明揭报。永兴来京后，严瑞龙复具折续参，且称伊业经奏请陛见。但该督既已前来，伊若同时来京，则唐绥祖为所欲为，吏治将不可问。是严瑞龙能以地方公事为重，颇知大体，甚属可嘉。若谓严瑞龙参劾巡抚即用伊为巡抚，此则不然。唐绥祖之劣迹，永兴已为先发，其款据俱一一明确。严瑞龙之秉公据实，自可膺封疆之寄。设令挟私倾陷，则必不能逃朕洞鉴也。若谓其为张廷玉所荐，则张廷玉罪由自取，至其所荐之人，朕岂尽皆不用耶？朕之办理政务，一出于大公至正，全无成心，即此可见。并将此宣谕中外诸臣，共励亮工之谊，自邀鉴用之恩。其所遗布政使员缺，着朱一蜚调补。广东布政使员缺，着石柱补授。”（《清高宗实录》卷380）

（乾隆十六年正月丙午）谕军机大臣等：“严瑞龙署理湖北巡抚，朕已明降谕旨宣布中外，阿里衮新莅楚任，现与共事，惟当一秉虚公，不必因其曾劾巡抚稍存意见。朕用伊为巡抚，本不因其参劾巡抚也，朕之大公至正，阿里衮自所深知。至督抚同事一方，稍有成意，于地方公事甚为无益。将此传谕知之。”（《清高宗实录》卷380）

（乾隆十六年二月辛卯）调福建按察使明德为湖北按察使，山东按察使德舒为福建按察使，湖北按察使德文为山东按察使。（《清高宗实录》卷383）

（乾隆十六年四月乙卯）以直隶布政使恒文为湖北巡抚。（《清高宗实录》卷386）

（乾隆十六年五月己亥）以安徽按察使范时绶为湖北布政使，河南粮驿道崔应阶为安徽按察使。（《清高宗实录》卷388）

（乾隆十六年十月戊戌）湖南巡抚杨锡绂丁忧，以湖北布政使范时绶

署理湖南巡抚。（《清高宗实录》卷400）

（乾隆十六年十月己亥）又谕曰："鄂敏着更名鄂乐舜，湖北布政使员缺即着鄂乐舜补授，所遗四川按察使员缺着宋寿图补授。"（《清高宗实录》卷400）

（乾隆十七年五月丁亥）贵州按察使严有禧患病解任，以湖北上荆南道屠嘉正为贵州按察使。（《清高宗实录》卷415）

（乾隆十七年六月丙辰）又谕："甘肃巡抚杨应琚丁忧，员缺着鄂乐舜补授，所遗湖北布政使员缺着德福补授，浙江按察使员缺着同德补授。"（《清高宗实录》卷417）

（乾隆十七年八月壬寅）谕军机大臣等："永常奏'请拣选州县佐杂各十员，发湖北省差遣委用'等语。朕于乾隆十五年正月谕各督抚，外省拣发人员将来皆有民社之责，当俟引见发往，朕或有巡幸，督抚等皆先期豫知。而此等拣发之员并非急不容缓，或于起驾之前，或俟回銮之后，俱可随时奏请。传谕甚为明晰，永常初任总督或尚未及闻，恒文外任已久，会商时何以不行告知耶？着将此折存记，俟回京日交部拣选，引见发往。另行传谕该督等知之。"（《清高宗实录》卷420）

（乾隆十七年十月甲午）以湖北粮储道李治运为安徽按察使。（《清高宗实录》卷424）

（乾隆十八年八月辛丑）谕："湖广总督永常出差事竣，前已降旨令其由安西顺道回任。俟伊到楚后，开泰即仍回贵州巡抚之任，定长着来京陛见。"（《清高宗实录》卷445）

（乾隆十八年八月甲辰）调湖北布政使德福为广东布政使。以湖南按察使沈世枫为湖北布政使，湖南辰沅永靖道夔舒为湖南按察使。（《清高宗实录》卷445）

（乾隆十八年九月甲子）命詹事府少詹事陈浩提督湖北学政。（《清高宗实录》卷446）

（乾隆十八年九月壬申）又谕："前命策楞查察南河积弊，即令接办河道总督，原系暂署，其于河务究非素习，所有江南河道总督着尹继善补授……开泰着补授湖广总督……"（《清高宗实录》卷447）

（乾隆十八年十月辛丑）调山西巡抚胡宝瑔为湖南巡抚，湖北巡抚恒文为山西巡抚。以陕西布政使张若震为湖北巡抚，山西按察使唐绥祖为陕西布政使，陕西汉兴道蒋洲为山西按察使。（《清高宗实录》卷449）

（乾隆十八年十一月庚辰）又谕曰："张若震以擢授巡抚，具折谢恩，并请陛见。已于折内批谕，令其不必来京，即赴新任矣。张若震久历外任，于吏治尚能熟练，且各省藩司中资俸之深，亦无有过之者，湖北巡抚缺出，一时不得其人，是以特加擢用耳。此番擢用，虽出于伊之望外，但朕于用人行政，一秉至公，决不因其为张廷玉之侄而遂稍存意见、不加倚任。然张若震若因此而妄自满假，又或自揣才分，得此已足，以为外而总督，内而尚书、大学士，非所敢望，遂一切模棱了事，以为保守官职之计，则将来获罪更重，此等均不能逃朕洞鉴。张若震当益加奋勉，国家恩泽必当善为承受，亦即伊勉图报效之地也。可再传谕张若震知之。"（《清高宗实录》卷451）

（乾隆十九年十月己酉）以湖北按察使明德为四川布政使，云南迤西道梁翥鸿为湖北按察使。（《清高宗实录》卷474）

（乾隆十九年十月甲寅）广西巡抚李锡秦因病解任，调安徽巡抚卫哲治为广西巡抚，浙江巡抚鄂乐舜为安徽巡抚。以浙江布政使周人骥为浙江巡抚。调河南布政使叶存仁为浙江布政使。以山东按察使阿尔泰为河南布政使，湖北荆宜施道卢宪观为山东按察使。（《清高宗实录》卷474）

（乾隆二十年二月乙卯）调湖北按察使梁翥鸿为广西按察使，以江南粮道清馥为湖北按察使。（《清高宗实录》卷482）

（乾隆二十年六月癸丑）又谕曰："开泰着调补四川总督，即赴新任。大学士黄廷桂着调任陕甘总督，将川督应办事务交明开泰，即赴肃州。刘统勋将现办事务一一交明，回京供职。湖广总督印务着硕色前往署理……"（《清高宗实录》卷490）

（乾隆二十年十二月壬戌）命刑部湖广司员外郎眭朝栋提督贵州学政。（《清高宗实录》卷503）

（乾隆二十一年二月丙辰）以湖北按察使清馥为直隶布政使，候补道塔永宁为湖北按察使。（《清高宗实录》卷507）

（乾隆二十一年二月）戊辰，实授硕色为湖广总督，郭一裕为云南巡抚。以山西巡抚恒文为云贵总督，以甘肃布政使明德为山西巡抚……（《清高宗实录》卷507）

（乾隆二十一年三月丁酉）以湖北按察使塔永宁、陕西按察使吴士功对调。（《清高宗实录》卷509）

（乾隆二十一年十一月辛亥）湖北巡抚张若震故，调署陕西巡抚卢焯

署湖北巡抚。(《清高宗实录》卷527)

(乾隆二十一年十二月壬申)谕:“据卢焯奏‘接奉廷寄新任巡抚陈宏谋谕旨二道,即一面先行筹办,一面专差赍递’等语,所办甚合机宜。封疆大臣,本不当存彼此之见,若以已经调任,遂谓与己无涉,或拘泥以为非所当与,皆非实心任事之道,卢焯能知大体,实属可嘉。至所奏粮饷,即就陕省现贮仓谷内动拨,无庸归化城等处运补,既省脚费,且于晋省边储有益,亦得缓急轻重之宜。卢焯以京卿署理抚篆,至陕后未见有所作为,因军需事重,恐不胜任,故改调湖北,今以办理此事观之,尚克副委任,着加恩实授湖北巡抚。”(《清高宗实录》卷528)

(乾隆二十二年三月丁巳)以四川按察使公泰为湖南布政使。降贵州布政使吴士端为四川按察使。调湖北布政使沈世枫为贵州布政使,陕西布政使刘藻为湖北布政使。以陕西按察使塔永宁为陕西布政使,前任湖南布政使汤聘以布政使衔管陕西按察使事。(《清高宗实录》卷535)

(乾隆二十二年六月庚午)又谕曰:“卢焯已有旨革职,湖北巡抚员缺着庄有恭戴罪署理……”(《清高宗实录》卷540)

(乾隆二十二年七月壬辰)以湖北布政使刘藻为云南巡抚。调浙江布政使富勒浑为湖北布政使。以江苏按察使杜官德为浙江布政使,淮扬河道吴嗣爵为江苏按察使,浙江粮道傅靖为云南布政使,贵州粮道吴绍诗为云南按察使。(《清高宗实录》卷542)

(乾隆二十二年七月丁未)以江西按察使苏崇阿为山西布政使,常镇道亢保为江西按察使,湖北按察使吴士功为陕西布政使,江西驿盐道和其衷为湖北按察使。(《清高宗实录》卷543)

（乾隆二十二年九月己酉）以热河道常亮为湖北布政使。（《清高宗实录》卷547）

（乾隆二十三年正月癸巳）命革职湖北巡抚卢焯在巴里坤办理粮饷处效力。（《清高宗实录》卷554）

（乾隆二十三年三月丁未）又谕曰："周琬现在丁忧，福建巡抚员缺着吴士功补授。吴士功未到任之前，巡抚印务着杨应琚兼管……庄有恭着调署江苏巡抚，所遗湖北巡抚员缺着冯钤补授，其山东布政使员缺着徐铎补授，山东按察使员缺着台柱调补，所遗浙江按察使员缺着李治运补授。"（《清高宗实录》卷559）

（乾隆二十三年三月戊申）调湖北布政使常亮为江苏布政使，湖南布政使公泰为湖北布政使，江苏布政使吴嗣爵为湖南布政使。（《清高宗实录》卷559）

（乾隆二十三年四月癸酉）以湖北按察使和其衷为贵州布政使，归绥道图桑阿为湖北按察使。（《清高宗实录》卷561）

（乾隆二十三年四月丙子）调湖北巡抚冯钤为湖南巡抚，署江苏巡抚庄有恭署湖北巡抚。以广州将军李侍尧署两广总督。（《清高宗实录》卷561）

（乾隆二十三年五月癸卯）谕曰："湖北按察使图桑阿系总督硕色之侄，湖南按察使沈作朋系巡抚冯钤儿女姻亲，俱例应回避。图桑阿着调补河南按察使，沈作朋着调补湖北按察使，其湖南按察使员缺着严有禧调补。"（《清高宗实录》卷563）

（乾隆二十四年四月）戊午，谕："浙闽总督员缺着杨廷璋补授，庄

有恭着调补浙江巡抚。湖北巡抚员缺，一时不得其人，周琬守制已逾一载，着前往署理。”（《清高宗实录》卷584）

（乾隆二十四年九月庚午）谕：“湖广总督硕色现在患病，着来京调治。其员缺着苏昌前往署理，所署工部尚书事务着李元亮兼署，吏部侍郎员缺着海明署理，其李元亮兼署之兵部尚书事务着如松署理。”（《清高宗实录》卷597）

（乾隆二十四年九月辛未）实授苏昌为湖广总督，海明为吏部侍郎。以正红旗汉军副都统赫赫为内阁学士兼礼部侍郎。（《清高宗实录》卷597）

（乾隆二十五年十月庚寅）以江西按察使亢保为湖北布政使，湖北驿盐道石礼嘉为江西按察使。（《清高宗实录》卷623）

（乾隆二十六年二月己亥）湖广总督苏昌奏：“湖北按察使沈作朋委署布政使事，虽勤慎自持，而一切未能展拓，循谨有余，振作不足。”得旨：“卿可传旨申饬，彼在军机处非不能办事，今至外任即图安逸，是不能承受朕恩矣。若再不改，即行参奏。”（《清高宗实录》卷631）

（乾隆二十六年四月壬辰）谕曰：“尚书李元亮现在患病，着解任调理。李侍尧着补授户部尚书，来京供职。两广总督员缺着苏昌调补，爱必达着调补湖广总督……”（《清高宗实录》卷635）

（乾隆二十六年四月癸巳）谕曰：“爱必达已调补湖广总督，着即赴新任，其云贵总督印务着刘藻暂行署理……”（《清高宗实录》卷635）

（乾隆二十六年八月戊寅）谕：“前苏昌密奏‘周琬情性乖张，奏事倒提月日，掩饰己过’一折，朕以其事无实迹，或系督抚意见不合，尚未遽信。令爱必达于到楚后留心体察，据实查奏。今奏称‘周琬遇事偏执，与苏昌有意掣肘，于地方要务及保题委署等事，系苏昌曾经酌定者，必欲反其所为，以致司道等恐致迟误，诡以并未禀过督臣为词。其接见属员，如意所私喜者，则竟日闲谈，而实有公事急需面禀之员，或屡日不得一见。又如今岁天门、潜江、沔阳等各州县，五六月间因雨水被潦，例应于夏灾案内奏报，而周琬竟以为每年常有之事，匿不上闻；于归州知州赵泰交诬窃为盗、宜昌府知府佛保住酷刑妄断一案，则意存曲庇，种种行为乖谬’等语。周琬由刑部司员，因其尚有才具，历加简擢，用至巡抚，理应感激奋勉，乃竟于地方政务不能和衷共济，任意妄行，而徇庇劣员，玩视民瘼，尤为深负委任。周琬着革职，发往巴里坤，令其自备资斧，效力赎罪。苏昌、爱必达折并发，湖北巡抚员缺着汤聘补授。河南现有堵筑堤工及经理赈恤之事，胡宝瑔抚豫日久，一切情形均所熟谙，着仍补河南巡抚，其江西巡抚员缺即着常钧调补，胡宝瑔速赴新任。俟胡宝瑔到豫，常钧再往江西。此时巡抚印务汤聘暂行署理，俟常钧到日再赴湖北之任，湖北巡抚印务着爱必达暂行兼管。”（《清高宗实录》卷642）

（乾隆二十六年八月辛巳）以贵州布政使徐垣、湖北布政使亢保对调。（《清高宗实录》卷642）

（乾隆二十七年二月庚午）以湖北按察使沈作朋为布政使，督粮道高诚为按察使。（《清高宗实录》卷654）

（乾隆二十七年八月甲辰）调江西巡抚明山署广东巡抚，湖北巡抚汤聘为江西巡抚。以山西布政使宋邦绥为湖北巡抚，甘肃按察使文绶为山西布政使。（《清高宗实录》卷668）

（乾隆二十七年九月）壬戌，谕曰：“各省学政现届差满，山东学政

蒋元益于本年任事无庸更换，江苏学政着李因培调补……湖北学政着朱丕烈去……”（《清高宗实录》卷670）

（乾隆二十七年十月辛卯）又谕曰：“宋邦绥来京陛见，已面谕令其驰往湖南署理巡抚印务，俟陈宏谋赴任湖南，再回湖北本任，其湖北巡抚印务现有爱必达兼摄……着传谕该督抚等知之。”（《清高宗实录》卷672）

（乾隆二十七年十月辛卯）以湖北布政司照磨兼管驿盐道库大使事，从调任巡抚汤聘请也。（《清高宗实录》卷672）

（乾隆二十八年五月己巳）以广西按察使柏琨为湖北布政使。（《清高宗实录》卷686）

（乾隆二十八年五月甲戌）又谕曰：“刘纶着调补户部尚书，兵部尚书员缺着陈宏谋补授，着即前往湖北署理湖广总督，兼署巡抚事务……”（《清高宗实录》卷687）

（乾隆二十八年五月壬午）谕军机大臣等：“辅德已补授湖北巡抚，但叶存仁现在出差，辅德护理抚篆，地方事务殷繁，甚关紧要，且湖北巡抚印务尚有陈宏谋在彼兼署，着传谕辅德，俟叶存仁回豫后，再赴新任。”（《清高宗实录》卷687）

（乾隆二十八年六月壬寅）命协办大学士梁诗正为大学士，仍兼吏部尚书事务。户部尚书刘纶协办大学士。以兵部尚书署湖广总督陈宏谋为吏部尚书……（《清高宗实录》卷689）

（乾隆二十八年十月甲申）谕：“自来内外大臣中有奉职克勤、扬历资深者，皆晋秩宫衔，以示优眷……浙闽总督杨廷璋、湖广总督李侍尧、

两广总督苏昌、四川总督阿尔泰，俱加太子太保……”（《清高宗实录》卷696）

（乾隆二十八年十一月辛酉）谕曰：“崔应阶奏‘张师载现已病故’，河东河道总督员缺着叶存仁补授……常钧着调补湖北巡抚……”（《清高宗实录》卷698）

（乾隆二十九年二月辛丑）以湖南按察使五讷玺为湖北布政使。（《清高宗实录》卷705）

（乾隆二十九年五月庚午）调湖北按察使费元龙为广东按察使，以浙江督粮道雷畅为湖北按察使。（《清高宗实录》卷711）

（乾隆二十九年六月甲辰）谕曰：“杨廷璋现在交部严加议处，着解任来京候旨。苏昌着调补闽浙总督，两广总督员缺着李侍尧调补。李侍尧未到任之前，着明山暂行署理。吴达善着调补湖广总督，其云贵总督员缺着刘藻补授。”（《清高宗实录》卷713）

（乾隆二十九年六月丙午）调湖北巡抚常钧为云南巡抚，以甘肃布政使王检为湖北巡抚，安西道恒光为甘肃布政使，调湖北布政使三宝为四川布政使。（《清高宗实录》卷713）

（乾隆二十九年七月辛亥）以四川布政使三宝、湖北布政使五诺玺对调。（《清高宗实录》卷714）

（乾隆二十九年十月癸巳）调贵州巡抚图勒炳阿为湖南巡抚，以陕西布政使方世俊为贵州巡抚，起革职湖北巡抚宋邦绥为陕西布政使。（《清高宗实录》卷720）

（乾隆二十九年十月丙申）谕曰："乔光烈现已革职，何逢僖又降补来京，湖南仅有藩司赫升额一人，又系新任，若照例将抚篆交该司护理，恐难兼顾。总督吴达善现在湖南会审新宁县案件，所有湖南巡抚印务即着吴达善暂行兼署，俟图勒炳阿到任交代后，再赴湖北。其湖北巡抚王检现已起身赴任，王检到任后，常钧即赴云南新任。"（《清高宗实录》卷721）

（乾隆三十年闰二月戊辰）谕："江西巡抚员缺着明山调补，广东巡抚员缺着王检调补，湖北巡抚员缺着李因培补授……"（《清高宗实录》卷731）

（乾隆三十年闰二月乙亥）湖广总督吴达善奏："二月初六日在东省迎銮，扈从镇江，叠蒙召见，复荷赏赉，于闰二月初六日回任。"得旨："览。今用李因培为湖北巡抚，此人甚能办事，学问亦好，但未免自恃其才，好居人上，又系初任民事，一切汝宜留心。若有不妥，善为规劝，彼若不听，据实奏闻。此人久未擢用，亦欲折炼其气质，今觉比先改观，但恐其志满，则终于易盈，负朕造就之意耳。"（《清高宗实录》卷731）

（乾隆三十年十一月）乙酉，谕曰："吏部尚书傅森宣力有年，齿臻耆耋，现以患病请假，行走维艰，着授为内大臣，俾得在家从容颐养。所遗员缺着托恩多调补，兵部尚书员缺着托庸补授，冯钤着调补安徽巡抚，李因培着调补湖南巡抚，其湖北巡抚员缺着汤聘补授。李因培速赴湖南新任，其湖北巡抚印务着交与总督吴达善兼署，冯钤俟李因培到任后，即赴安徽新任，托庸俟冯钤到任后，再行来京供职。托恩多仍暂管兵部，俟托庸来京后，再到吏部新任。汤聘现在护理陕西巡抚印务，俟和其衷回任后，再赴湖北之任。"（《清高宗实录》卷748）

（乾隆三十一年二月壬寅）命陕甘总督杨应琚以大学士管理云贵总督。调湖广总督吴达善为陕甘总督。以福建巡抚定长为湖广总督。调湖南巡抚李因培为福建巡抚，云南巡抚常钧为湖南巡抚，湖北巡抚汤聘为云南巡抚。（《清高宗实录》卷754）

（乾隆三十一年二月癸卯）谕军机大臣等："刘藻已降补湖北巡抚，俟杨应琚到滇交代后，即赴湖北新任。彼时定长如尚未到楚，刘藻可暂摄总督事务，令吴达善前往陕甘总督新任。吴达善到任后，和其衷仍回西安，汤聘再赴云南巡抚之任。杨应琚现在办理军务，所有巡抚应办地方事宜自难兼管，汤聘未到任之前，或须仍留常钧在滇办理，着杨应琚酌量行之。李因培此时亦不必即赴福建，俟常钧交代到任后，再自湖南起程赴任。"（《清高宗实录》卷754）

（乾隆三十一年二月癸亥）以礼部右侍郎鄂宁为湖北巡抚。（《清高宗实录》卷755）

（乾隆三十一年二月）甲子，谕曰："鄂宁已补授湖北巡抚，所有多伦诺尔应查税务，着期成额前往查办。"（《清高宗实录》卷755）

（乾隆三十一年二月甲子）谕军机大臣等："前经降旨吴达善，令其俟刘藻到任后即交代，前赴甘肃新任。今刘藻已经革职，其湖北巡抚员缺令鄂宁补授，但鄂宁初任封疆，所有巡抚应办之事，尚须久任者协同经理，未能兼摄总督印务。着传谕吴达善，于鄂宁抵楚时，将巡抚任内一切事宜逐一详悉告知，以便接办无误，俟定长到任后，再行前往甘肃任事，至总督任内应办之事亦俱于交代时备细告知定长。可将此于吴达善奏折之便传谕知之。"（《清高宗实录》卷755）

（乾隆三十一年二月甲子）又谕曰："鄂宁已补授湖北巡抚，所有多

伦诺尔税务一事，已降旨令侍郎期成额前往查办，鄂宁接到谕旨，可速来行在请训，以便赴湖北新任。”（《清高宗实录》卷755）

（乾隆三十一年七月丙申）以湖北布政使三宝、湖南布政使赫升额对调。（《清高宗实录》卷765）

（乾隆三十一年九月己卯）调四川按察使石礼嘉为湖北按察使，降福建巡抚李因培为四川按察使。（《清高宗实录》卷768）

（乾隆三十一年十二月乙巳）谕曰：“常钧着来京陛见，湖南巡抚员缺着鄂宁调补，鄂宝着补授湖北巡抚。鄂宝未到任之先，其巡抚印务着定长暂行兼署。（《清高宗实录》卷774）

（乾隆三十一年十二月乙巳）又谕：“据期成额、定长奏‘布政使赫升额有应行审讯事件，请旨革职’等语，赫升额着革职，所遗湖北布政使员缺着闵鹗元补授。”（《清高宗实录》卷774）

（乾隆三十二年二月乙卯）以江苏按察使揆义为江西布政使。调山西按察使吴虎炳为江苏按察使，湖北按察使石礼嘉为山西按察使。以原任福建按察使朱珪为湖北按察使。（《清高宗实录》卷779）

（乾隆三十二年十一月）壬子，谕曰：“范时绶来京召见，奏对时神气短弱，恐于封疆重寄难任烦劳，着留京另用。湖北巡抚员缺着鄂宝调补，其贵州巡抚员缺着良卿署理。”（《清高宗实录》卷799）

（乾隆三十三年二月丙戌）调山东巡抚彰宝为江苏巡抚，福建巡抚富尼汉为山东巡抚，湖北巡抚鄂宝为福建巡抚。以陕西布政使程焘为湖北巡抚……（《清高宗实录》卷805）

（乾隆三十三年三月癸卯）以湖北按察使朱珪、山西按察使夔舒对调。（《清高宗实录》卷806）

（乾隆三十三年六月壬午）又谕："前因舒赫德、鄂宁妄奏招致缅匪投降一事，经部议处革职，降旨俟鄂宁到京，再降谕旨。今详询鄂宁，此事尚由听信舒赫德之言，不能力为主持所致，而鄂宁之最难辞咎者，则在前此屡檄额勒登额，进援不应，而不身赴军营督办也……第念伊前在湖北等省，于内地巡抚事务尚能黾勉办理，鄂宁着降补福建巡抚，其革职之案带于新任，十年无过方准开复……"（《清高宗实录》卷813）

（乾隆三十三年七月辛丑）以刑部员外郎德福为湖北按察使。（《清高宗实录》卷815）

（乾隆三十三年九月）癸巳，谕："各省学政现届差满，顺天学政倪承宽、浙江学政周煌、湖南学政陈科捷、广西学政朱丕烈，俱系本年任事，无庸更换……湖北学政着戴第元去……"（《清高宗实录》卷818）

（乾隆三十三年十月庚午）谕曰："正蓝旗蒙古都统员缺着福永补授。乌噜木齐提督员缺着马铭勋补授，仍办湖广提督事务，俟李国柱回任时，再赴新任。其四川提督员缺，着董天弼补授。"（《清高宗实录》卷821）

（乾隆三十三年十二月己未）漕运总督杨锡绂故，以山东布政使梁翥鸿署漕运总督，山东按察使尹嘉铨为山东布政使，服阕湖北按察使雷畅为山东按察使。（《清高宗实录》卷824）

（乾隆三十四年正月戊子）又谕曰："湖广总督吴达善着驰驿速赴新任。"（《清高宗实录》卷826）

（乾隆三十四年七月己亥）调兵部尚书陆宗楷为礼部尚书，刑部尚书蔡新为兵部尚书。以江西巡抚吴绍诗为刑部尚书，四川布政使海明为江西巡抚，江宁布政使梁国治为湖北巡抚……（《清高宗实录》卷839）

（乾隆三十四年十月壬戌）谕："贵州省现有查办事件，着派侍郎钱维城即速驰驿前往，会同湖广总督吴达善赴黔查办。"（《清高宗实录》卷844）

（乾隆三十四年十月癸亥）谕军机大臣等："……着传谕吴达善，即将总督印务及所署荆州将军印俱交梁国治暂行兼署，此旨一到，该督即日起身，驰驿兼程前往。一到黔省，即将各案紧要关键速即讯究确信……将此密谕知之。"（《清高宗实录》卷844）

（乾隆三十四年十月甲子）调河南巡抚喀宁阿为贵州巡抚，安徽巡抚富尼汉为河南巡抚。以江苏布政使胡文伯为安徽巡抚，安徽按察使姚成烈为江苏布政使，直隶热河道增福为安徽按察使，湖北荆南道金祖静为贵州按察使。（《清高宗实录》卷845）

（乾隆三十五年三月癸未）以湖北按察使德福署湖南巡抚，荆宜施道秦鐄为湖北按察使，山东登莱青道郝硕为浙江按察使。（《清高宗实录》卷854）

（乾隆三十五年四月丁卯）又谕曰："江西按察使佛德，明知王涛在任与揆义、黄肇隆有种种交结索借情事，并不据实奏闻，讳匿取巧。已降旨令其明白回奏，将来奏到时，自有应得处分……其广东布政使员缺着闵鹗元调补，所遗湖北布政使员缺着富尼汉补授。"（《清高宗实录》卷857）

（乾隆三十五年五月壬辰）谕军机大臣等："前因吴达善等黔省审办各案俱已陆续完结，曾降旨令吴达善即回湖广总督之任，钱维城、富察善即行回京。今据该督等具奏'审拟桐梓县刁民聚众'一折，业经批交三法司核拟速奏矣。折内称'李方荣一犯聚众时列名登簿，藏石岩孔洞黄连树下石穴中，现已委员前往搜查，俟饬起到日，按名核办'等语。吴达善等在黔为日已久，此案既经审明，惟藏匿名簿一节尚须查究，着传谕伊等速行提验，彻底清查，办理完竣后仍遵前旨即行起程。其另折所奏'桐梓县知县私改协济兵差底帐'一案，所有革职各员即交与宫兆麟查审，吴达善等毋庸在彼会办。"（《清高宗实录》卷859）

（乾隆三十五年六月乙未）又谕曰："吴达善等在黔查办逆苗一案，首恶要犯俱已就擒，办理颇为妥速，已将该督等交部议叙矣……伊等在黔半载有余，现在案已完结，更无应办之事。着传谕吴达善，着即回湖广总督之任，钱维城、富察善亦即起程回京。"（《清高宗实录》卷863）

（乾隆三十五年九月壬戌）以湖北盐法道朱椿为广西按察使。（《清高宗实录》卷869）

（乾隆三十六年三月庚戌）湖北按察使秦鐄缘事降调，以湖南粮储道刘秉恬为湖北按察使。（《清高宗实录》卷880）

（乾隆三十六年三月庚午）命侍读学士边继祖提督湖北学政。（《清高宗实录》卷881）

（乾隆三十六年五月辛丑）又谕曰："明山现在交部严加议处……明山着即解任，听候部议。陕甘总督员缺着吴达善调补，吴达善未到任之先，着陕西巡抚文绶前往暂署，陕西巡抚印务着布政使勒尔谨暂行护理，

湖广总督员缺着富明安调补……”（《清高宗实录》卷884）

（乾隆三十六年五月辛丑）又谕曰：“富明安现已调任湖广总督，伊此时起程不远，计尚未出江南境，接到此旨，可即由彼处前赴湖广总督之任，不必来京请训……”（《清高宗实录》卷884）

（乾隆三十六年九月己亥）又谕：“各省学政现届差满。福建学政汪新、湖南学政褚廷璋、贵州学政孙士毅、湖北学政边继祖俱系本年任事，无庸更换……”（《清高宗实录》卷892）

（乾隆三十六年九月丁卯）又谕曰：“永德办事拘谨，于要缺不甚相宜，着调补广西巡抚。所有湖南巡抚员缺着梁国治调补，其湖北巡抚员缺着陈浑祖调补。”（《清高宗实录》卷893）

（乾隆三十六年十月戊辰）以陕西按察使毕沅为陕西布政使，湖北襄郧道敦福为陕西按察使。（《清高宗实录》卷894）

（乾隆三十六年十月戊寅）谕军机大臣等：“富尼汉奏‘督抚藩臬等衙门有坍塌处所，一体酌准借支闲款动修，不得过二千两之数，仍限三年于养廉内坐扣’一折，所见甚属卑鄙。衙署为办公之所，间遇坍塌，自应随时修整。在道府以下等官，廉俸无多，准其先行借款动用，分年扣还，尚属近理。至督抚两司，养廉甚厚，每岁所得数至万金有余，折内所称修署之用，多者不过二千，何难及时自行修葺？乃欲援引僚属之例，借项续还，专为节省己资，鳃鳃过计，实属可鄙。富尼汉人本平常，前在山东巡抚任内屡获愆尤降调，旋复加恩擢授河南巡抚，仍然拘谨无能，事多丛脞，难以复膺封疆之寄。因其尚无大过，特降为湖北布政使，以观后效。乃自到任以来，毫无振作，即所陈事件，率皆摭拾琐屑，无裨实政。今复见小若此，明系逢迎督抚之意，更不止于不达事理矣。此后若再不知儆惕，痛自惩艾，即藩司之任，恐亦难胜，不能再望承受朕恩矣。富尼汉着传旨申饬，并将此详谕知之。”（《清高宗实录》卷894）

（乾隆三十七年五月甲子）以江西巡抚海明为湖广总督，山东布政使海成为江西巡抚，山东按察使国泰为山东布政使，山东运河道孙廷槐为山东按察使。（《清高宗实录》卷909）

（康熙三十七年六月）甲申，谕曰：“文绶着调补四川总督，其陕甘总督员缺着海明调补，阿尔泰着署理湖广总督。文绶着即驰驿赴四川新任。阿尔泰俟文绶到日，再赴湖广总督之任……”（《清高宗实录》卷911）

（乾隆三十七年六月）丙戌，谕曰：“阿尔泰年力衰迈，于封疆重寄究非所宜，即湖广恐亦难胜任，着仍以散秩大臣留于川省南路军营，专办粮运事务。所有湖广总督员缺仍着海明补授，其陕甘总督员缺即着勒尔谨署理……”（《清高宗实录》卷911）

（乾隆三十七年六月辛卯）湖广总督海明病故，以陕西巡抚富勒浑为湖广总督，河南布政使巴延三为陕西巡抚，河南按察使张镇为河南布政使。（《清高宗实录》卷911）

（乾隆三十七年七月丁酉）又谕曰：“富勒浑已补授湖广总督，所遗浙江巡抚员缺，已令熊学鹏署理。该抚久任浙江，于地方事务素所谙练，不必再赴行在请训，着即速赴浙江任事。至湖广总督印务，现有陈辉祖署理，富勒浑俟熊学鹏到浙后，即来请训，再赴湖广新任。将此由四百里传谕知之。”（《清高宗实录》卷912）

（乾隆三十七年十一月乙酉）谕曰：“富勒浑着驰驿前往四川，有查办事件。所有湖广总督印务，着陈辉祖暂行署理。”（《清高宗实录》卷921）

（乾隆三十七年十二月丁亥）又谕曰："文绶原系弃瑕录用之人，因其在陕西巡抚任内办事尚属认真，加恩擢授总督……文绶身为封疆大吏，如此居心，岂可不重加惩治？文绶着革职，交与富勒浑一并严讯……并着富勒浑悉心经理，毋使稍有迟误，不得以专办日行事件，稍存膜视，其湖广总督事务，仍着陈辉祖就近署理。俟剿平金川后，刘秉恬再回成都任事，富勒浑仍回湖广总督之任。将此通谕知之。"（《清高宗实录》卷923）

（乾隆三十七年十二月丁亥）又谕曰："文绶于交查阿尔泰款迹一节，敢于袒护欺饰，已降旨将伊革职，交富勒浑一并查审。其总督员缺，令刘秉恬补授，仍令在美诺、布朗郭宗一带，经理安置降番事宜，并就近督催粮运……刘秉恬既在小金川地方综理弹压，其总督任内常行事件，难以分心遥办，并有旨令富勒浑在省暂行署理，代办一切事务，并督催内地续运粮饷。俟大功告竣，刘秉恬回至成都，富勒浑再回湖广总督之任……（《清高宗实录》卷923）

（乾隆三十八年正月己亥）以湖南按察使敦福为湖北布政使，湖南盐驿道农起为湖南按察使。（《清高宗实录》卷924）

（乾隆三十八年六月）甲寅，谕："小金川逆酋僧格桑侵占底木达等处，并扰及木果木军营之事，昨已有旨通谕矣……文绶去年获咎之由，系沾染外省袒护恶习，尚无大罪，在当时不得不加以创惩，念其向来颇能办事，尚可弃瑕录用。文绶着加恩补授湖广总督，仍照富勒浑之例署理四川总督印务，在省办理地方事务，如有关系军需之事，仍着往来查办。其湖广总督印务，仍着陈辉祖暂行署理……"（《清高宗实录》卷937）

（乾隆三十八年十一月）壬申，谕曰："梁国治着来京，在军机处行走，湖南巡抚员缺着巴延三调补，仍署理山西巡抚。敦福着调补湖南布政使，护理湖南巡抚事，其湖北布政使员缺，即着吴虎炳调补。毕沅着补授陕西巡抚，其陕西布政使员缺，着富纲补授。"（《清高宗实录》卷947）

（乾隆三十八年十二月戊戌）又谕："据陈辉祖奏'湖北按察使刘秉愉感中风邪，精神惝恍，察看病势非旦夕可痊，请解任回籍调理'等语，刘秉愉着准其解任回籍调治，湖北按察使员缺着杨仲兴补授。"（《清高宗实录》卷948）

（乾隆三十九年七月）乙卯，谕曰："陈辉祖奏'湖北臬司杨仲兴于案牍不能细心推鞫，动多粗率，请与湖南按察使农起对调'一折，所奏非是。陈辉祖既称杨仲兴勘鞫案情于分肌擘理之处未中肯綮，即不能胜臬司之任。乃又称其人尚明爽，酌调湖南犹堪胜任，殊非情理。湖北、湖南虽省分略有繁简，而臬司为刑名之总汇则同，既不宜于此又安能复宜于彼？岂湖北则惧其贻误，而湖南竟可置之不顾耶？杨仲兴原非朕所素知之人，上年冬以俸满来京引见，观其人似直爽，且任道员年久，是以用为按察使。陈辉祖如果见其不堪司臬，即当据实直陈，朕必奖其公正。乃奏折抑扬并用，既攻其短，又不肯直斥其非，必因杨仲兴诸事不能相合，故欲改移隔省，又以其为朕所特简，因而曲事调停。封疆大臣办事，不应若此，陈辉祖着交部议处。至杨仲兴因案经指驳，心辄生疑，遇有公事，阻令属员，不向陈辉祖关白，竟欲掣抚臣之肘，即不能令其仍任臬司，杨仲兴着调取来京引见，再降谕旨。湖北按察使员缺着农起调补，其湖南按察使员缺着郑大进补授。藩臬两司固朕所简用，而督抚尤朕所倚畀以察吏者，察吏当自藩臬始，是以朕于藩臬两司，凡经督抚奏其不能胜任，或改调，或另用，无不即时降旨准行。即如今春裴宗锡奏臬司瑭琦性情偏拗，朕知其才不及杨魁远甚，而又自不服愚，故不能与之和衷，因将瑭琦调取来京引见后观其果属年老不及，另以京堂补用。

是督抚之与藩臬，又何所顾忌而必为之委曲迁就耶？然此等习见，非公明老练之督抚，每不能免。陈辉祖之于杨仲兴，特其显然者，即前此裴宗锡面奏瑭琦，其词亦若茹若吐，经朕察其底里，始肯尽言，恐外省风气大半如此，不可不知改也。将此通谕知之。”（《清高宗实录》卷962）

（乾隆三十九年九月辛亥）谕：“各省学政现届差满……湖北学政着胡高望去……学政之职，惟在公慎自矢、整饬士习、兴起文风，此外更无可训谕。伊等接奉此旨后，即各赴新任，不必来京请训。（《清高宗实录》卷966）

（乾隆四十年二月乙未）以甘肃驿传道秦雄飞为湖北按察使。（《清高宗实录》卷977）

（乾隆四十年十二月丙辰）调广西巡抚熊学鹏为广东巡抚，以湖北布政使吴虎炳为广西巡抚。（《清高宗实录》卷998）

（乾隆四十年十二月戊午）以四川按察使李世杰为湖北布政使，四川驿传道杜玉林为四川按察使。（《清高宗实录》卷998）

（乾隆四十一年二月）己酉，谕曰：“文绶着实授四川总督，其湖广总督员缺仍着富勒浑调补，俟大兵凯旋后，即行赴任。”（《清高宗实录》卷1002）

（乾隆四十一年二月己未）又谕：“据郝硕奏‘请于官兵凯旋后即来京请训，再赴浙江藩司新任’一折，不便准行。郝硕查办粮运，已阅二载有余，必有经手承办之事，此际大功告成，所有一应军需报销，正宜乘经办熟手未散之时，及早上紧赶办，庶不致舛错稽延。若遽各回本任，设有未经明晰之案，必须行文别省咨询，不但案牍纷繁，徒延时日，且恐督办大员远离该处，其下承办各员，妄恃无可查对，任意混开，于销算军需要务甚有关系。至浙江藩司现有徐恕署理，郝硕自可毋庸急于前往。且不独郝硕一人为然，即刘秉恬、富勒浑、鄂宝、颜希深等，均各有经手事件，现当赶办报销，亦不可即离川省。统俟将各人经办之事，查有头绪，造册交文绶、李湖查核，方可各自奏明起程请训，各赴本任，不必更候各案题达。昨于富勒浑调补湖广总督旨内，有俟大兵凯旋后即赴新任之语。楚督印务现有陈辉祖兼署，富勒浑亦俟将经手之案办毕，交文绶等核办，再赴新任，不必拘泥前旨也。可将此各传谕知之。”（《清高宗实录》卷1003）

（乾隆四十二年二月戊午）以河南按察使荣柱为河南布政使，湖北驿盐道赵铨为河南按察使。（《清高宗实录》卷1027）

（乾隆四十二年三月壬申）以安徽按察使农起为安徽布政使，调湖北按察使秦雄飞为安徽按察使，以广东肇罗道福川为湖北按察使。（《清高宗实录》卷1028）

（乾隆四十二年五月丁亥）调礼部尚书永贵为吏部尚书。以湖广总督富勒浑为礼部尚书，浙江巡抚三宝为湖广总督，甘肃布政使王亶望为浙江巡抚，甘肃宁夏道王廷赞为甘肃布政使。（《清高宗实录》卷1033）

（乾隆四十二年五月戊子）谕军机大臣曰：“富勒浑已降旨补授礼部尚书，所有礼部事务，现有丰升额管理。富勒浑应俟军需报销事竣，再行来京供职。现新授布政使王廷赞着即赴省接篆。王亶望于交代后，即来京请训，前往浙江任事。三宝俟王亶望到浙后，再赴湖广总督之任。将此由四百里传谕富勒浑、三宝、王亶望，并谕令勒尔谨知之。”（《清高宗实录》卷1033）

（乾隆四十二年八月壬子）又谕："各省学政现届差满，应行更换……湖北学政着洪朴去……此内有现出试差人员，若回京请训再行赴任，徒劳驿传往返。学政之职，惟在公慎自矢、整饬士习、兴起文风，此外更无可训谕。伊等接奉此旨，即各赴新任，不必来京请训。"（《清高宗实录》卷1039）

（乾隆四十三年八月戊辰）又谕："前因福州府知府缺出，曾降旨令该督抚于通省知府内拣员调补……今据德保奏请将漳州府知府姚棻调补福州府……朕因素知姚棻能事，前此漳州缺出，特从湖北调任该郡，实系因地择义，岂可轻于更调……"（《清高宗实录》卷1064）

（乾隆四十四年正月）己丑，谕曰："陈辉祖着调补河南巡抚，其湖北巡抚员缺，即着郑大进补授。陈辉祖接奉谕旨，即将印信交与三宝兼署，迅速前往河南。郑大进俟陈辉祖到后，将一切现办事宜详晰告知，即行起程，赴湖北新任，俱不必来京请训。"（《清高宗实录》卷1074）

（乾隆四十四年正月乙未）又谕曰："三宝着补授大学士，仍暂行兼管湖广总督事务。俟朕酌量得人，另简总督后，三宝再行来京，入阁办事。两江总督员缺着萨载补授，仍兼管江南河务，所有江南河道总督员缺，着李奉翰署理。"（《清高宗实录》卷1074）

（乾隆四十四年二月丙寅）谕："据陈辉祖奏'现在豫省堤工重务，需员差委，即将来每岁修防疏泄，其稽察厘剔，既不便令同官久任之员，致多瞻徇，而地方要件，亦有随时查办之事，必得妥干之员，以资遴委。因初莅豫省，属员均系甫经识面之人，若奏请拣发，亦恐人地生疏。恳请将现任湖北同知永庆、陈嘉谟、陈文纬，通判归朝煦，知县李之骏发往豫省'等语。督抚奏调隔省官员，屡经降旨饬禁，但豫省现有堵筑漫工，急需干员差委，非寻常奏调者可比。所有陈辉祖请调豫省之永庆等五员，俱准其发往差委，遇缺酌补，嗣后不得援以为例。该部知道。”寻大学士暂署湖广总督三宝等奏：“武昌府同知永庆，系附省首厅；汉阳府同知陈嘉谟，承办事繁，均难骤易生手，请仍留湖北。”得旨：“如所请行。”（《清高宗实录》卷1076）

（乾隆四十四年三月丙申）又谕曰：“周元理审拟井陉县刁民梁进文等抗官殴差一案，于该县科派累民等情事置之不问，竟云并无不合，显欲为之消弭开脱，其咎甚大，非寻常徇庇可比，难以复居总督之任，已降旨将该督解任，令英廉前往署理……着传谕三宝，即将湖广总督印务交郑大进暂行署理，不必俟图思德交代，亦不必来京请训，即着驰驿速赴福建……”（《清高宗实录》卷1078）

（乾隆四十四年三月戊戌）又谕曰：“直隶总督员缺着杨景素调补，闽浙总督员缺着三宝调补，图思德着补授湖广总督，其贵州巡抚员缺着舒常补授……”（《清高宗实录》卷1078）

乾隆四十四年己亥三月庚子，谕军机大臣等：“昨已降旨，令三宝调补闽浙总督。其湖广总督员缺，令图思德补授。所遗贵州巡抚员缺，令舒常补授。并谕令三宝即速驰驿赴闽，其总督印务交郑大进暂行署理。至舒常由京赴黔，未免略需时日。着传谕图思德，不必候舒常交代，即将贵州巡抚印务交布政使李本暂行护理，即赴湖广总督新任，不必来京请训。将此由五百里发往，仍着图思德将接奉谕旨起程日期复奏，并谕令云贵总督李侍尧知之。”（《清高宗实录》卷1079）

（乾隆四十四年四月庚申）又谕：“前据阿桂等奏‘于三月二十九日开放引河，水势畅达，计算四月初七八日以内，可以合龙’等语……今日据三宝复奏，于三月二十二日自楚起程，按日而计，杨景素约须五月中方得到直，恐英廉未必能于朕启銮前回京……”（《清高宗实录》卷1080）

（乾隆四十四年五月丙申）又谕："据广西按察使哈靖阿奏'巡抚吴虎炳于四月二十八日病故'等语，广西巡抚员缺着李世杰补授，其湖北布政使员缺着梁敦书补授。"（《清高宗实录》卷1082）

（乾隆四十四年九月戊戌）谕曰："窦瑸现已丁忧，其湖广提督员缺，李国梁将届服满，即着前往署理，俟服阕后，再行实授。"（《清高宗实录》卷1091）

（乾隆四十四年十月甲寅）谕军机大臣等："前据陈辉祖奏'豫省现有堵筑工程及查勘赈恤等务，所需差委办事之员倍于往昔。查有原任湖北荆州府知府永福现在丁忧回旗，请于百日后照例引见时，发往河南差遣委用'等语。今日该旗将永福带领引见，仍令在原衙门行走矣。旗员由外任丁忧回旗，百日后该旗带领引见，例应在原衙门行走。近年来复令吏部查明此等人员，于每岁十月带领引见一次，如有堪胜外任者，仍记名简用，从无各督抚奏请指发外省补用之例。陈辉祖以豫省现办工赈，请将永福发往，不过借此为词。其实豫省现在工次人员甚多，遇事足供委使，岂专恃永福一人办事乎？若此端一开，旗员必视督抚奏留为捷径，纷纷恳请，日久必致滋流弊，并致旗员无一回旗守制，在原衙门行走，于情理亦未允协。如冬间引见时，朕看永福若尚能胜外任，原可记名候简，然亦须俟得缺后方可发往，并非一经记名，即得邀简发也。陈辉祖前奏不可行，将此谕令知之。"（《清高宗实录》卷1092）

（乾隆四十四年十二月戊午）以工部尚书富勒浑为湖广总督，吏部侍郎绰克托为工部尚书。（《清高宗实录》卷1096）

（乾隆四十五年五月己丑）调河南布政使江兰为云南布政使，安徽布政使农起为河南布政使。以湖北按察使福川为安徽布政使。（《清高宗实录》

卷1106）

（乾隆四十五年五月庚寅）以署直隶按察使刘峨为湖北按察使。（《清高宗实录》卷1106）

（乾隆四十五年六月乙卯）命大学士三宝来京入阁办事，调湖广总督富勒浑为闽浙总督，以署云贵总督舒常为湖广总督。（《清高宗实录》卷1108）

（乾隆四十五年十二月辛亥）实授李国樑为湖广提督。（《清高宗实录》卷1120）

（乾隆四十六年二月己未）以湖北按察使刘峨为安徽布政使。（《清高宗实录》卷1125）

（乾隆四十六年二月庚申）调湖南按察使庆玉为湖北按察使，福建按察使李庆棻为湖南按察使。以延建邵道秦承恩为福建按察使。（《清高宗实录》卷1125）

（乾隆四十六年十一月戊午）以甘肃盐法道汪新为湖北按察使。（《清高宗实录》卷1145）

（乾隆四十六年十二月己巳）调广西巡抚姚成烈为湖北巡抚。以广西布政使朱椿为广西巡抚，广西按察使富躬为广西布政使。（《清高宗实录》卷1146）

（乾隆四十六年十二月庚午）召湖北布政使梁敦书来京，以福建按察使永庆为湖北布政使，云南迤东道伊星阿为福建按察使，四川川东道姚

梁为广西按察使。（《清高宗实录》卷1146）

（乾隆四十七年二月戊辰）转刑部右侍郎姜晟为左侍郎。以左副都御史汪承霈为右侍郎，湖北布政使梁敦书为左副都御史。（《清高宗实录》卷1150）

（乾隆四十七年五月丁酉）又谕："湖南巡抚李世杰现已来京陛见，其护理巡抚印务之布政使叶佩荪业经降调。计此时姚成烈已回湖北巡抚之任，舒常俟姚成烈到时，即带印前往湖南，兼署巡抚印务。（《清高宗实录》卷1156）

（乾隆四十七年九月）辛亥，谕："前因陈辉祖查抄王亶望资财一案，彼既恣贪侈用，而呈览物件，无甚入观者，疑有抽换情弊。然朕本不欲办，但不可不明此疑，因传谕盛住留心察访……陈辉祖身为总督，即无抽换入己之事，而于属员通同抵匿，置若罔闻，其庸懦无能，即与勒尔谨无异，岂可复膺封疆之任，陈辉祖着革职拿问，所有闽浙总督员缺着富勒浑补授，其河南巡抚员缺着李世杰调补……李世杰赴豫必由湖北经过，接奉此旨，即带印迎交舒常接收，迅速赴豫。将此各谕令知之。"（《清高宗实录》卷1165）

（乾隆四十八年三月壬寅）以湖北按察使汪新为山西布政使。（《清高宗实录》卷1176）

（乾隆四十八年三月）癸卯，以江南盐道冯廷丞为湖北按察使。（《清高宗实录》卷1176）

（乾隆四十九年正月丙辰）又谕："前据永德奏广东盐商派捐公费一案，因降旨令福康安前往审办。兹据奏'查讯此案大概情形'一折，于总督巴延三虽未据审有染指分肥情事，但巴延三身任总督，于此等商总派累亦照积弊办理，并未据实奏明，显有回护，其咎已无可辞，且为人拘懦，难胜烦剧，若仍留总督之任，将来办理诸事必多贻误。巴延三着来京候旨，两广总督员缺着舒常调补，其湖广总督员缺着特成额补授……其湖广总督印务，特成额未到之先，即着舒常就近交伊星阿暂行兼署。”（《清高宗实录》卷1197）

（乾隆四十九年七月丁巳）以湖北巡抚姚成烈为礼部尚书，调湖南巡抚李绶为湖北巡抚，以山东布政使陆耀为湖南巡抚，山东按察使冯晋祚为山东布政使。（《清高宗实录》卷1210）

（乾隆四十九年九月戊辰）谕军机大臣等：“……李绶现已调任湖北，计日内陆耀即可抵湖南接任，此事着交与陆耀督率地方官随时访察，以渐查办。但宜加意严密，勿任吏胥从中滋扰，以期杜绝根株……将此由五百里传谕李绶、陆耀，并谕李世杰、孙士毅知之。”……（《清高宗实录》卷1215）

（乾隆四十九年十月乙巳）以浙江粮道王廷燮为湖北按察使。（《清高宗实录》卷1217）

（乾隆四十九年十一月）己未，调安徽按察使福宁为湖南按察使，以湖北粮道郭世勋为安徽按察使。（《清高宗实录》卷1218）

（乾隆五十年正月丁巳）谕曰：“左都御史周煌奉职有年，小心勤慎，前因年力就衰，病体未能痊愈，奏请开缺回籍。周煌着加恩以兵部尚书致仕并加太子少傅衔，用昭优眷。左都御史员缺着纪昀补授，李绶着补授兵部侍郎，所遗湖北巡抚员缺着吴垣调补……（《清高宗实录》卷1222）

（乾隆五十一年二月）己亥，以陕西布政使图萨布为湖北巡抚。调湖南布政使秦承恩为陕西布政使。以直隶按察使英善为湖南布政使，刑部员外郎同兴为直隶按察使。（《清高宗实录》卷1249）

（乾隆五十一年五月丁巳）又谕："昨因四德等查抄富勒浑家人殷士俊资财累万，富勒浑显有纵容照应情弊，已降旨将富勒浑革职，解赴浙江交阿桂等归案秉公审办矣……旋据孙士毅奏到富勒浑长随殷士俊等在外婪索招摇，富勒浑不能约束……是此案之败露，虽系孙士毅访查具奏，而其实始于舒常，继以穆腾额，并非孙士毅首先举发。孙士毅经朕降旨严切询问，焉敢复顾情面，不行据实直陈，以避举发之名，自取重戾乎？设此案先为孙士毅所举发，朕亦不肯即以原参之人畀以被参之缺，致起攻讦之风……且孙士毅承朕密谕，是以查参究办，原属秉公。所有两广总督员缺，即着孙士毅补授，仍兼署广东巡抚。今春孙士毅进京陛见时，曾面奏粤东水土潮溽，与病体非宜，情愿留京供职，屡次恳切乞恩。但现在乏人，孙士毅自当勉力任事，俟朕将来酌量得人时再行更调。其广东巡抚员缺着图萨布调补，李封着补授湖北巡抚，其苏州布政使员缺着长麟补授。特成额着来京陛见，其湖广总督印务，着图萨布留彼暂行署理，李封着即赴湖北新任……明谕中外知之。"（《清高宗实录》卷1254）

乾隆五十一年丙午五月己未，谕："都察院奏'据湖北江陵县民蒋鲁玉等控告县书苏秉六等克扣赈项，舞弊侵吞'一折……此案关系甚大，着派李侍尧、勒保驰驿前往，彻底查办，严审定拟具奏。所有随带司员，着一并驰驿。其原告蒋鲁玉等，交该部照例解往。昨经降旨，令特成额来京陛见。湖广总督印务，着调任广东巡抚图萨布留彼暂行署理。湖北巡抚已将李封补授，李封奉到谕旨，着即赴新任。特成额接奉前旨，自已起程，图萨布着俟李侍尧到彼，将总督印务交李侍尧暂行署理，即行起程，前赴广东新任。李侍尧俟特成额陛见回任，再行来京复命。"（《清高宗实录》卷1255）

（乾隆五十一年六月）辛丑，谕曰："富勒浑久膺简畀，历任封疆，方资倚毗，初不料其纵容家人，恣意婪索……闽浙总督员缺着富纲调补，特成额着调补云贵总督，所遗湖广总督员缺着毕沅补授，江兰着补授河南巡抚。毕沅自调豫省以来，办理灾赈河防事事妥协，且在巡抚任内资俸已深，是以擢用总督……此时河南藩司印务仍着江兰管理，毕沅亦不必交卸巡抚印务，仍留豫省，会同秉公实力经理，将诸事办完。毕沅酌量可以起身时，即行奏闻，候朕简放藩司，再行交卸巡抚印篆，前赴湖广新任。楚省有李侍尧在彼署理，原不至乏人也……"（《清高宗实录》卷1257）

（乾隆五十一年闰七月己卯）以湖北粮道周樽为陕西按察使。（《清高宗实录》卷1260）

（乾隆五十一年九月辛未）谕："各省学政现届差满，应行更换之期……湖北学政着张焘去……（《清高宗实录》卷1264）

（乾隆五十一年十月辛丑）以甘肃按察使陈淮为湖北布政使，广东惠潮嘉道双鼎为湖北按察使。（《清高宗实录》卷1266）

（乾隆五十一年十一月戊子）谕军机大臣等："前据李侍尧奏请于封篆后起程来京陛见。湖广地方紧要，近闻李封年老龙钟，易于遗忘，办理巡抚事务，已恐不能裕如，若令兼署督篆，或更致竭蹶。浦霖人较明白，尚能办事，湖南同一楚省，所有总督印务，令其兼署，亦属便易。着传谕李侍尧，酌量情形，如李封精力尚能兼署督篆，不妨仍令李封署理。如李封不能兼署，即将督篆交浦霖暂署，先行据实奏闻，以便交印起程，来京陛见。此际拿段文经之信如何，速奏来。"（《清高宗实录》卷1269）

（乾隆五十一年十二月己未）以湖北驿盐巡道张廷化为按察使。（《清高宗实录》卷1271）

（乾隆五十二年正月己卯）又谕曰："台湾奸民林爽文等纠众滋事一案，该督常青剿捕逆匪，一切调度堵御机宜，办理尚属镇静妥协……湖广系腹地省分，且地方宁谧无事，常青自能胜任，即着调补湖广总督，俟李侍尧到闽接印后，常青即来京请训，再行赴任。现在李侍尧自京启程，常青到楚，往返尚需时日，李封年老，兼署督篆恐精神未能周到，所有湖广总督印务，着舒常驰驿前往署理，俟常青抵任后，再行回京。"（《清高宗实录》卷1272）

（乾隆五十二年三月辛卯）谕曰："湖北巡抚李封来京陛见，奏称'年力就衰，遇事健忘，恐贻误封疆要务，恳请留京补用'等语。观其词意出于忱悃可怜，着照所请，准其留京。姜晟着补授湖北巡抚，所遗刑部侍郎员缺，即着李封补授。湖北现有舒常在彼兼署巡抚事务，姜晟俟会试出榜请训后，即行前赴新任。"（《清高宗实录》卷1277）

（乾隆五十二年四月丙午）谕："本日召见湖北按察使张廷化，据奏伊父现年七十八岁，未经迎养，恳请留京等语，张廷化着准其留京侍养。胡翘元现出山东学差，所有鸿胪寺卿即着张廷化署理，所遗湖北按察使员缺，着李天培补授。"（《清高宗实录》卷1278）

（乾隆五十二年八月丁酉）又谕曰："台湾逆匪林爽文等于光天化日之下，胆敢纠众不法，劫县戕官，前特派总督常青前往台湾，授为将军，督办剿捕事宜……现又添派四川屯练降番，并于湖北、湖南等省挑备兵数万，陆续遄程前往……所有应用军糈，已于浙江、江南、江西、湖广、四川等省拨运米百余万石……至常青剿捕贼匪，虽未能蒇功奏绩，念伊

究系年老，尚无贻误，着于福康安到台湾后，即行来京陛见，再赴湖广总督之任。”（《清高宗实录》卷1286）

（乾隆五十二年十月）丁未，谕曰：“兵部尚书庆桂差竣回京，福长安毋庸署理兵部尚书，现在舒常署理湖广总督，所有工部满尚书事务，即着福长安署理。”（《清高宗实录》卷1290）

（乾隆五十二年十二月己酉）又谕曰：“台湾贼匪滋扰嘉义县城时，普吉保、恒瑞先后带兵前往援应，俱未能奋勇杀散贼匪……至常青剿捕台湾逆匪，虽未能督率将弁克期奏绩，但自驻守郡城以来，贼匪屡经攻扰，伊已年老尚能临阵杀贼，将郡城保护无虞，并节次派拨弁兵，援应嘉义，调度尚属有方。虽不宜复任总督，但伊从前曾任福州将军，熟悉该处情形，且以闽浙总督调补该处将军，呼应较灵，于办理一切善后事宜，更为得力。所有福州将军员缺，即着常青补授，将来大功告成后，即留于台湾，带同普吉保办理善后事宜。其湖广总督员缺即着舒常补授，所有工部尚书员缺着福长安补授。”（《清高宗实录》卷1295）

（乾隆五十二年十二月庚申）又谕曰：“西安将军长清病故，所遗员缺着兴肇调补……所有荆州将军员缺即着图桑阿调补。”（《清高宗实录》卷1295）

（乾隆五十三年四月辛丑）吏部议复：“湖广总督舒常等奏请将甄别大挑举人列入一等次等之员，通融兼补专简缺。查大挑举人自应照原定等第补用，除专简之员不得补一字缺，一字之员不得补两字缺外，请嗣后遇有一字缺出，俟一字之员用完，方准将两字之员补用。专简缺出，俟专简之员用完，方准将两字一字之员统较到省先后，挨次补用。同日到省，按照科分。同科同日到省，按照中式名次。”从之。（《清高宗实录》卷1302）

（乾隆五十三年七月）庚辰，谕："……特成额擢用湖广总督，在任三年之久，首为废弛，所有活埋冒赈各案，俱系伊任内之事，乃于该管堤工，又复毫无觉察，其罪竟不减于富勒浑、雅德，似此负恩溺职，岂可复令驻扎回疆、仍带翎顶、管束人众？特成额着革职，拿交刑部治罪，所有乌什事务，着侍郎明兴前往接管……勒保现署陕甘总督，回任尚需时日，所有山西巡抚事务着梁肯堂暂行前往署理……梁肯堂俟头起银两解送出境后，即由彼速赴山西署事。梁肯堂未到之前，山西巡抚印务暂交郑源璹护理，直隶布政使印务着富尼善署理，其按察使印务着该督拣选妥协道员，奏明署理。朕本欲舒常来京供职，因其曾任湖广总督，上年李侍尧调任闽浙，一时乏人，以舒常人尚小心，是以差往署理，续行实授。今该省似此种种废弛贻误，舒常并未据实陈奏，咎无可辞，岂可复膺封疆之任？舒常即着解任，留于荆州工次，效力自赎。李封曾任该省巡抚，并不能实力整顿，相沿玩误。伊亦无颜在京供职，并着前往荆州管工，效力自赎。其行在刑部印钥，着福康安带管。现在荆州堤塍、城垣各工，已命阿桂、德成前往勘办……所有湖广总督员缺，着毕沅补授。目下河南并无紧要应办之事，毕沅接奉此旨，不必来行在请训，即速往荆州，办理抚恤各事。其河南巡抚员缺，着伍拉纳补授。徐嗣曾现在台湾承办城工诸事，其巡抚事务系伍拉纳护理，伍拉纳俟徐嗣曾回至内地后，再赴河南新任。伍拉纳未到之前，河南巡抚事务着惠龄速行前往署理。惠龄现在出差，距豫省不远，伊系朕素知之人，不必再来请训，即着就近驰往河南署事……将此通谕知之。"（《清高宗实录》卷1309）

（乾隆五十三年七月辛巳）又谕："昨因近年湖北吏治废弛已极，荆州现复有溃决堤塍、淹毙多命之事，不可不严行办理。已明降谕旨，将特成额革职拿问，舒常、李封管工自赎，其承修及该管各官员，交阿桂查明严参，分别从重治罪着赔。因念姜晟到任未久，俟查明后尚可从宽，但姜晟擢用湖北巡抚已将年余，于该省官员似此种种玩误，并未据实陈奏。即如匣费一事，昨舒常前来行在陛见，朕面加询问，亦据奏实有其事。两淮盐引，在楚省行销地方各官，其职专在缉私督销，乃竟敢借端向商人勒索，层层剥削，以致商力疲乏，配运不前，积压课引。姜晟若无染指情事，何不据实查参？乃到任一年，并未奏及。兹于该管堤工，复有漫淹之事，虽因履任未久，从宽免治其罪，岂可复膺封疆之任，享丰厚养廉乎？姜晟着即来京。舒常与李封同系该省督抚，舒常业经解任，李封亦着解任，前往荆州管工自效。其刑部左侍郎员缺即着姜晟补授，姜晟接奉此旨，即速起程来京供职，务于朝审以前赶到。其湖北巡抚员缺着惠龄补授，惠龄接奉此旨，即着速赴湖北任事。所有湖北巡抚印篆，着姜晟亲带于途次，迎交惠龄接收。毕沅昨已补放湖广总督，其未到之先，湖广总督印务仍着舒常暂行署理，俟毕沅到后再行交代。朕因该地方官员因循玩愒，误公殃民，至于已极，不得不严加惩创。毕沅、惠龄受朕深恩，擢用督抚。伊二人到彼后，堤工及抚恤各事宜皆有阿桂等在彼经理，惟地方一切事务，必须实力整顿，一洗从前积习，俾吏治日有起色。如嗣后该省尚有仍前玩误及再有染指匣费等项情弊，则是伊二人不能承受朕恩，自蹈咎戾。勉之，慎之。至河南巡抚员缺，昨本令惠龄前往署理，今惠龄已补放湖北巡抚，应即速赴新任，所有河南巡抚印务，即着梁肯堂前往署理。梁肯堂现护送户部解往荆州银两，俟头起银两出境后，梁肯堂即由彼速往河南署事，其未到之先，即着景安暂行护理，以便毕沅速赴湖广新任……”（《清高宗实录》卷 1309）

（乾隆五十四年八月甲戌）又谕：“据毕沅奏‘湖北荆州府地广人稠，讼繁政剧，为楚省难治之区。降调知府张方理到任一载以来，尽心整顿，大有起色。且万城堤坝各工，皆系该员经理，现在江陵、监利一带秋深水落，即有续办要工，仰恳准令张方理加倍捐复，仍留荆州府任，以收驾轻就熟之效’等语。张方理因前署山东济南府任内承审孙家驷控案，不行据实查办，审理又复稽延，经部议降三级调用，不准抵销，处分较重。该督等奏请捐复留任，于例本属不合，姑念该员于荆州府任内办理地方事务尚为得力，且现有承办要工，未便遽易生手。张方理着准其加倍捐复原官，仍留荆州府知府之任。但以应行降调之员遽准留任，恐启外省夤缘趋避之渐，张方理着仍带革职留任，四年无过方准开复。”（《清高宗实录》卷1337）

（乾隆五十五年二月）丙子，谕据毕沅等奏‘请以咸丰县知县陈元京调补江夏首邑’一折，已批交该部议奏矣。因思首府、首县系省会要区，事务殷繁，所关綦重，必须实心办事、明干有为之人方足以资委任。近来各省督抚往往以各员应对之间口才便捷且或以酬应见长遂尔加之识拔，调补首府、首县之任，殊不知所用非人，于地方要务必致废弛贻误……遇有首府、首县缺出，必择诚实谙练、认真办事之人奏请调补。如或因属员应酬取巧遽行甄拔，不能察其诚伪，致劣员得以滥竽，公事隳废，贻误地方，一经发觉，不特该府县身罹重谴，即保题之各督抚，亦必均获咎戾。所谓自贻伊戚，朕不能稍为宽贷也。将此通谕知之。”（《清高宗实录》卷1349）

（乾隆五十五年七月己亥）以贵州督粮道孙曰秉为湖北按察使。（《清高宗实录》卷1359）

（乾隆五十五年九月）庚子，谕：“湖北巡抚员缺着福宁补授，和宁着调补陕西布政使，所遗四川布政使员缺着英善补授……”（《清高宗实录》卷1363）

（乾隆五十五年九月庚子）又谕：“……长麟即着革职……所有山东巡抚员缺，着惠龄调补，其湖北巡抚员缺，已降旨着福宁补授，此时先着毕沅兼署。惠龄自京回任，谅此时甫经到楚，接奉此旨，即行驰赴新任，可不必来京请训。惠龄未到之前，着胡季堂暂理山东巡抚事务……”（《清高宗实录》卷1363）

（乾隆五十六年十一月癸未）以少詹事岳起为奉天府府尹，湖北布政使陈淮为贵州巡抚。（《清高宗实录》卷1390）

（乾隆五十六年十一月乙酉）调贵州布政使汪新为湖北布政使，以山西按察使万宁为贵州布政使。（《清高宗实录》卷1390）

（乾隆五十八年三月乙卯）以云南巡抚谭尚忠为刑部右侍郎。调贵州巡抚冯光熊为云南巡抚。以四川布政使英善为贵州巡抚，浙江按察使闻嘉言为四川布政使，湖北安襄郧道田凤仪为浙江按察使……（《清高宗实录》卷1425）

（乾隆五十八年八月）壬午，以湖北荆宜施道布颜为云南按察使。（《清高宗实录》卷1435）

（乾隆五十八年九月）甲辰，谕曰："毕沅奏'湖广提督俞金鳌腿疾未能即痊，恳请解任回籍'等语。俞金鳌在提督任内有年，今因年老患病恳请解任，着准其解任回籍，并加恩赏给左都督衔以示优眷。所有湖广提督员缺着梁朝桂调补……"（《清高宗实录》卷1436）

（乾隆五十八年九月甲辰）又谕："据书麟等奏'查江苏省东海水师营所辖洋面与山东洋面毗连，向来互相推诿'一折……现在山东巡抚系江兰护理，此事非伊才具所能查办，即将来惠龄到任，亦未必能办理妥协。且惠龄现署四川督篆，交代起程尚属需时，所有山东巡抚员缺着福宁调补，即赴新任，其湖北巡抚即着惠龄补授。惠龄未到任以前，湖北巡抚印篆着毕沅兼署……"（《清高宗实录》卷1436）

（乾隆五十九年五月辛丑）以湖北按察使孙曰秉为山东布政使。（《清

高宗实录》卷1452)

(乾隆五十九年五月壬寅)以湖北汉黄德道张长庚为湖北按察使。(《清高宗实录》卷1453)

(乾隆五十九年七月甲辰)又谕:“前因全德参奏‘巴宁阿在两淮盐政任内有与商人往来交结’各款,而书麟于奉旨查询时,并未查明参奏,是以将该督交部严加议处,并令将因何徇隐不奏之处,据实具奏。兹据奏称‘巴宁阿在盐政任内所行无耻之事,因平素不与商人接见,毫无闻见,实为辜负委任’等语,实不成话。书麟于奉旨查询时,既未经据实陈奏,今复经饬询,尚以素不接见商人为词,意存回护……松筠此次奉差湖北,经过卫辉府时,适遇地方被水,即能体朕如伤在抱之意,留驻该处,督率抚恤,并不置身事外,深堪嘉奖,足资倚任……松筠即升授工部尚书,前往驻藏办事。其荆州审办关税一案本非紧要,无难即日完结,着松筠于审案事毕,拜发奏折后,即由荆州就近驰驿,前往西藏办理驻藏事务,实心任事,用副委任。”(《清高宗实录》卷1457)

(乾隆五十九年八月甲申)谕军机大臣等:“河南民风淳朴,地方素属安静,惟愚人多信邪教者……目下湖广地方紧要,福宁接奉此旨,不必绕道登封,即速赴新任。福宁曾任湖北巡抚,今补授该省总督,原以资驾轻就熟。该督由藩司未逾数年擢授今职,尤宜急思感奋,妥办一切,以副委任……”(《清高宗实录》卷1459)

(乾隆五十九年九月)甲辰,谕曰:“惠龄两任湖北巡抚,于该省邪教重案未能觉察,咎实难辞。且伊母现已年逾七旬,惠龄着来京供职,俾得就近侍养。姚棻着调补湖北巡抚,其广西巡抚员缺着成林补授。”(《清高宗实录》卷1461)

（乾隆五十九年九月乙巳）又谕曰："毕沅业于邪教案内降授巡抚，惠龄亦不得谓无过，且伊母业已年老，惠龄着来京供职。现已将姚棻调补湖北巡抚，但姚棻尚有应办事件，未能即刻交代，到楚尚需时日。所有湖北巡抚事务，此时仍着惠龄办理，俟姚棻到楚后，惠龄再行交卸来京。其姚棻未到之前，惠龄务须会同福宁认真办理，若因卸事在即，意存懈怠，以致再有贻误，恐惠龄不能当其咎也。将此谕令知之。"（《清高宗实录》卷1461）

（乾隆五十九年十月）己卯，谕曰："陈用敷着调补湖北巡抚，所有安徽巡抚员缺即着惠龄调补。安徽距京较近，因惠龄现有老亲，是以将伊调补，以便就近迎养，用示体恤。"（《清高宗实录》卷1463）

（乾隆六十年正月）丙戌，谕曰："苏凌阿自署理两江总督以来，办理事务尚无贻误，但念伊年已八十，两江事务殷繁，精神究恐不能周到，两江总督员缺着福宁调补。毕沅前因竹溪县邪教夺犯殴差一案，降补山东巡抚，咎在失察，尚非不可原宥之过，着加恩仍补授湖广总督。毕沅当感激朕恩，倍加认真奋勉以赎前愆，所遗山东巡抚员缺着玉德补授……玉德着即驰往山东接印任事，毕沅于交卸抚篆后再赴湖广之任。福宁俟毕沅到楚交代后，即赴两江之任……"（《清高宗实录》卷1468）

（乾隆六十年正月戊子）谕曰："陈用敷着调补贵州巡抚，其湖北巡抚员缺着英善调补。英善现在四川办理军需奏销，其未到任以前，所有湖北巡抚印务着毕沅兼署……"（《清高宗实录》卷1468）

（乾隆六十年二月癸丑）又谕曰："陈用敷现已革职解交刑部治罪，惠龄尚在湖北缉拿邪教要犯，未能即赴调任，所有安徽巡抚印务着交周樽暂行护理。"（《清高宗实录》卷1470）

（乾隆六十年四月己酉）又谕曰："惠龄现在湖北办理粮运事宜，未能即赴安徽巡抚之任，俟即日军务告竣，另候简用……"（《清高宗实录》卷1477）

（乾隆六十年五月戊辰）又谕曰："祖之望前已补放云南布政使，念其亲老，着调补湖北布政使，俾就近迎养，以示体恤。祖之望接奉此旨，即速赴新任，接受抚藩两篆，以便汪新交代，速赴安徽新任。俟军务完竣，毕沅回至武昌接交抚篆后，祖之望再行来京请训亦不为迟，其云南布政使员缺着熊枚补授……"（《清高宗实录》卷1479）

（嘉庆二年八月庚子）敕谕曰："汪新奏'藩司祖之望现丁外艰，该员经手军需，款项繁多，未便另易生手，请暂行留任'等语。从前曾有在任守制者，乾隆数十年来，久经停止，无论内外大臣并无一人夺情之事，即道府以下官员亦均令其离任终制。今湖北荆襄一带匪徒滋扰，现经官兵剿捕，藩司为钱粮总汇，经手军需，一切事务纷繁，难以遽易生手，自未便复拘常例。况既据该抚具折奏恳，令祖之望在任守制，实出不得已，着照所请暂留湖北布政使之任，以资经理。该藩司每日办公，着以素服视事，遇有典礼应用吉服，俱不必与。其在内署时仍准其持服，庶于公务、私情得以兼尽，此系为军务需人起见，权宜办理，并非开在任守制之例。将此通谕知之。"（《清高宗实录》卷1497）

（嘉庆元年六月乙亥）谕内阁："魁伦自署理闽浙总督以来，查拿洋盗及办理地方事务，俱能实心整饬……汪新现在湖北督办军需，一切已为熟谙，着即调补湖北巡抚，以资驾轻就熟之益。其安徽巡抚员缺着张诚基补授。"（《清仁宗实录》卷6）

（嘉庆元年七月庚戌）调江宁布政使陈奉兹为安徽布政使，山东布政使孙曰秉为江宁布政使。以山东按察使康基田为布政使。调湖北按察使

张长庚为山东按察使。以湖北荆宜施道高杞为按察使。（《清仁宗实录》卷7）

（嘉庆元年九月癸丑）加湖南巡抚姜晟总督衔。以湖广提督刘君辅年老留营防堵，另候简用。以都统衔鄂辉为湖广提督。（《清仁宗实录》卷9）

（嘉庆二年三月甲子）以太常寺卿施朝干为宗人府府丞，仍留湖北学政任……（《清仁宗实录》卷15）

（嘉庆二年八月庚子）准湖北布政使祖之望在任守制，以军务需人故也。（《清仁宗实录》卷21）

（嘉庆二年九月乙酉）以湖北按察使高杞为福建布政使，调山东按察使张长庚为湖北按察使，以山东登莱青道荆道乾为按察使。（《清仁宗实录》卷22）

（嘉庆二年九月丁亥）调云贵总督勒保为湖广总督，以湖广提督鄂辉为云贵总督。（《清仁宗实录》卷22）

（嘉庆三年三月癸酉）以河南巡抚景安为湖广总督，调山西巡抚倭什布为河南巡抚，以兵部右侍郎伯麟署山西巡抚。（《清仁宗实录》卷28）

（嘉庆三年四月）癸卯，以福建布政使高杞为湖北巡抚，福建按察使李殿图为布政使，浙江温处道刘烒为福建按察使。（《清仁宗实录》卷29）

（嘉庆四年五月乙酉）调安徽布政使孙玉庭为湖北布政使。以云南按察使孙藩为安徽布政使，陕西督粮道张端城为云南按察使。（《清仁宗实录》卷29）

（嘉庆五年正月辛未）以湖广总督倭什布不能办贼，命来京候旨。命伊犁将军松筠驰赴湖北督兵剿贼。以湖南巡抚姜晟为湖广总督，刑部右侍郎祖之望为湖南巡抚……（《清仁宗实录》卷58）

（嘉庆五年二月庚戌）以贵州巡抚冯光熊为兵部左侍郎，刑部右侍郎琅玕为贵州巡抚，湖北巡抚高杞为刑部右侍郎。（《清仁宗实录》卷60）

（嘉庆五年六月乙卯）又谕："本日召见新授广西思恩府知府金之忠、新选湖北宜昌府知府卢溶。朕察看二人才具，金之忠虽捐纳出身，但在直隶山东历任有年，且曾任济南首府，办理公务，自能熟谙。思恩府仅止四属，广西现又无事，员缺尚非紧要。至湖北荆宜一带，窜匪尚未剿净，宜昌府系选缺，但该处现有团练乡勇督率堵守之事，且该府所属，共有七州县，事务亦繁。卢溶系捐纳出身，初登仕版，不足以资经理，所有湖北宜昌府知府员缺，着金之忠调补，速赴新任。其所遗广西思恩府知府员缺，即着卢溶补授。"（《清仁宗实录》卷69）

（嘉庆五年十月戊辰）调湖广总督姜晟为直隶总督，云贵总督书麟为湖广总督。以贵州巡抚琅玕为云贵总督，刑部右侍郎伊桑阿为贵州巡抚……（《清仁宗实录》卷75）

（嘉庆五年十月）庚午，调湖北按察使张长庚为贵州按察使，贵州按察使成宁为湖北按察使。（《清仁宗实录》卷75）

（嘉庆六年四月辛酉）谕内阁："据书麟奏'现因感受潮湿，胸腹胀懑，日渐委顿，难望即痊，深恐贻误军务，请简员来楚接办，回赴后路医治'等语。书麟历任封圻，公勤素著，朕所深信。自调任湖广总督后，督兵剿贼不辞劳瘁，现在大功将次告竣，岂肯以偶抱微疴辄思委卸？自因楚境气候不时，山岚蒸湿，书麟年近七旬，每日骑马疾驰，以致感冒寒热，积劳成疾。所奏俱属真情，朕心深为廑念。书麟着准其来京供职，伊本系协办大学士，加恩补授吏部尚书，并派乾清门侍卫孟住带同御医田广福驰驿前往诊治。书麟之子云麾使吉郎阿，亦着一并驰驿同往省视。书麟接到此旨后即缓程来京，现在天气渐热，途次不妨稍为憩息，并着田广福沿途调治，以冀速痊。书麟未到京以前，吏部尚书事务仍着庆桂署理。至湖广总督员缺紧要，一时简放乏人，倭什布办理军务虽非所长，而于该省情形尚为熟悉，着加恩补授湖广总督，仍戴三品翎顶。所有湖北巡抚员缺着全保补授，全保不必来京请训，即驰驿前赴湖北军营带兵，与长龄、明亮、孙清元等一同剿贼。所有楚省粮饷地方事务责成倭什布一手经理，该督务须倍加感奋，诸臻妥善，以副委任。”（《清仁宗实录》卷82）

（嘉庆六年四月壬戌）谕内阁：“书麟奏称患病，恳请至军营后路调理，当经降旨令其回京供职。其湖广总督员缺紧要，因念倭什布办理军务非其所长，而于湖北地方情形自应谙悉，是以将伊补授，仍令戴用三品翎顶，以观后效。兹据德楞泰奏，年来湖北办理粮饷总不能随时接济，以致军行乏食，贼匪不能克期剿竣，实由于此。此次德楞泰追剿徐添德，粮饷不继，赖书麟捐给银两，俾兵丁沿途购买，得以无误。其长龄、明亮、孙清元各路军粮，亦皆不能接济。并据奏‘前岁德楞泰在湖北剿贼时，兵丁行走四十五日，仅得五日之粮’等语，倭什布本由湖广总督降补湖北巡抚，皆伊任内之事。昨年因该省办理军务总未奏请拨饷，经朕降旨查询，遂不待伊等奏请，节次拨发饷项，计本年两次所发已有六十万两，何至不能接济军食？前此伊等不奏请拨饷之故，不过欲图见好，殊不思粮饷不继，军务一日不完，则军需一日不减，所费更大。且剿贼本以安民，朕从不于帑金稍有吝惜，即近日川陕两省饷银，亦皆不待奏请，先行拨发。朕豫筹军食，时刻萦怀，岂忍令兵丁等效命戎行，枵腹从事？乃楚省数年以来，积玩因循，并不视为要务，自书麟到后，虽极力整顿，尚不能随时接济。倭什布在楚省督抚两任，时日最久，其玩误之咎，实无可辞，有忝封疆重寄，岂可复邀升擢？倭什布即着解任来京候旨，所有湖广总督员缺着吴熊光补授，即驰驿前赴新任。其河南巡抚员缺着颜检补授，亦着驰驿速赴新任，以便吴熊光交卸赴楚。”（《清仁宗实录》卷 82）

（嘉庆六年四月壬戌）命长龄暂署湖广总督，俟吴熊光到任后，仍赴军营带兵。（《清仁宗实录》卷 82）

（嘉庆七年二月庚申）命塔尔巴哈台参赞大臣贡楚克扎布来京，调科布多参赞大臣策拔克为塔尔巴哈台参赞大臣，巴里坤领队大臣宜兴为科布多参赞大臣。赏已革湖北粮储道舒永阿蓝翎侍卫，为巴里坤领队大臣。（《清仁宗实录》卷 94）

（嘉庆七年七月）己卯，以湖北布政使孙玉庭为广西巡抚，赏还二品顶带；候补布政使同兴署湖北布政使。（《清仁宗实录》卷 100）

（嘉庆七年七月庚辰）调福建按察使乔人杰为湖北按察使，湖北按察使成宁为福建按察使。（《清仁宗实录》卷 100）

（嘉庆九年四月乙酉）以河南开归道胡克家为湖北按察使。（《清仁宗实录》卷 128）

（嘉庆九年七月）己亥，以山西巡抚伯麟为云贵总督，湖北布政使同兴为山西巡抚，河南按察使台斐音为湖北布政使，山西冀宁道庆格为河南按察使。（《清仁宗实录》卷 131）

（嘉庆十年四月乙卯）谕内阁：“本日吏部带领月选官引见，有签掣竹溪县知县王家榕跪奏履历后，自称恐不胜民社之任，恳恩改用京职，当交吏部询问。该员自认冒昧糊涂，经吏部参奏'请将该员以知县用之处注销，缺归月选'等语。王家榕由保举孝廉方正引见，加恩以知县用，如果自揣不胜民社之任，则当于在部候选及掣签验看时自行呈明，乃引见时冒昧陈奏，明系因签选竹溪，知该处地方连年教匪滋扰，现在甫经平定，治理不易，始为此非分之请，实属取巧规避。王家榕着革去知县，并将孝廉方正注销，以教职降用。因思湖北竹溪地方山谷险隘，兵燹甫靖，一切抚绥安辑，必须贤干之员方足以资整顿，其毗连之竹山县情形亦属相同。着将竹溪、竹山二县知县俱改为题缺，所有竹溪县一缺，着该督抚即行遴员题补。其竹山县一缺，并着查明现在知县是否实能胜任，据实具奏。此系因时制宜，期于吏治、民生均有裨益。该部即遵谕行。"（《清仁宗实录》卷142）

（嘉庆十年六月庚申）以广东巡抚百龄为湖广总督，调广西巡抚孙玉庭为广东巡抚，以江苏布政使汪日章为广西巡抚……（《清仁宗实录》卷145）

（嘉庆十年七月壬子）湖北布政使台斐音缘事降调，赏二等侍卫，为库尔喀喇乌苏领队大臣。以顺天府府尹章煦为湖北布政使。（《清仁宗实录》卷147）

（嘉庆十年十一月丙辰）以山东巡抚全保为湖广总督，调安徽巡抚长龄为山东巡抚……（《清仁宗实录》卷152）

（嘉庆十一年五月丙寅）调江西巡抚景安为湖南巡抚。以江苏布政使张师诚为江西巡抚，湖北按察使胡克家为江苏布政使。调福建按察使袁秉直为湖北按察使。以福建台湾道庆保为按察使。（《清仁宗实录》卷161）

（嘉庆十一年八月庚寅）工部尚书姜晟因病请解任。允之。以江苏巡抚汪志伊为工部尚书。调广西巡抚汪日章为江苏巡抚。以广西布政使恩长为巡抚，山西按察使李铉为广西布政使，湖北盐法道常明为山西按察使。（《清仁宗实录》卷165）

（嘉庆十一年十月）甲申，谕内阁："……全保……其湖广总督员缺，着汪志伊补授，汪志伊俟到京请训后，再赴新任。汪志伊未到之前，其湖广总督印务，着瑚图礼暂行兼署……将此通谕知之。"（《清仁宗实录》卷168）

（嘉庆十一年十一月戊申）以山西按察使常明为陕西布政使，湖北督粮道张映汉为山西按察使。（《清仁宗实录》卷170）

（嘉庆十一年十一月庚申）命协办大学士户部尚书禄康为大学士，管理户部事务；刑部尚书长麟协办大学士；调吏部尚书德瑛为户部尚书；以湖北巡抚瑚图礼为吏部尚书，工部右侍郎文宁为步军统领，内阁学士成书为工部右侍郎兼正蓝旗满洲副都统，内务府正白旗护军统领佶山为总管内务府大臣。（《清仁宗实录》卷171）

（嘉庆十一年十一月庚申）以湖北布政使章煦为巡抚，调云南布政使阿礼布为湖北布政使，以江西按察使蒋攸铦为云南布政使，山东兖沂曹道陈预为江西按察使。（《清仁宗实录》卷171）

（嘉庆十二年七月癸丑）以乌里雅苏台参赞大臣常安为湖北布政使。（《清仁宗实录》卷183）

（嘉庆十二年十二月）己丑，湖北巡抚章煦请假葬亲。允之。以安徽巡抚董教增暂署湖北巡抚，安徽布政使鄂云布护理巡抚。（《清仁宗实录》卷190）

（嘉庆十三年六月乙巳）以河东河道总督吴璥为刑部尚书，盛京刑部侍郎马慧裕为河东河道总督，浙江布政使崇禄为盛京刑部侍郎，湖北巡抚章煦为刑部左侍郎，江宁布政使许兆椿为刑部右侍郎，陕西布政使常明为湖北巡抚，福建按察使庆保为陕西布政使……（《清仁宗实录》卷197）

（嘉庆十三年七月）辛未，湖北布政使常安年老，命来京另候简用。以山西按察使张映汉为湖北布政使，服阕按察使刘清为山西按察使。（《清仁宗实录》卷198）

嘉庆十三年戊辰十二月丁未，谕内阁："据汪志伊、常明奏'湖北荆宜施道邱勋病故出缺，请将试用道胡鏻补授'一折。向来外省道府请旨缺出，例应由内开单奏请简放，概不准在外保题升补，定制綦严。近因各省督抚遇有请旨之缺，辄以捐纳分发候补人员开单请简，与例不符。特准御史陆言等所奏，交吏部申明旧例，议定章程，如再有违例保题及专折奏请者，将该督抚予以处分。乃该省现出有荆宜施道请旨一缺，该督抚竟特保胡鏻一人，专折请简，实属不合。胡鏻本系已故刑部尚书胡季堂之子，由荫生加捐道员，年齿尚轻，于吏事亦未必即能练达。该督抚何得意存市恩，辄将伊保奏，致启幸进之渐，所请着不准行。汪志伊、常明着传旨申饬，并交部议处。"（《清仁宗实录》卷205）

（嘉庆十四年正月丁卯）以山东巡抚百龄为两广总督，调江西巡抚吉纶为山东巡抚，以广东布政使先福为江西巡抚，调江西布政使衡龄为广东布政使，以湖北按察使袁秉直为江西布政使，调湖南按察使曾燠为湖北按察使，以湖南辰沅永靖道傅鼐为按察使。（《清仁宗实录》卷206）

（嘉庆十四年三月丁丑）以前任湖北布政使常安为太常寺卿。（《清仁宗实录》卷208）

（嘉庆十四年十月壬寅）以甘肃按察使陈祁为布政使，湖北荆宜施道陈桂生为甘肃按察使。（《清仁宗实录》卷219）

（嘉庆十四年十二月乙巳）陕西巡抚成宁缘事革职，调山西巡抚初彭龄为陕西巡抚，以广东布政使衡龄为山西巡抚……以湖北按察使曾燠为广东布政使，江西督粮道周季堂为湖北按察使。（《清仁宗实录》卷223）

（嘉庆十五年二月丙申）命大学士四川总督勒保来京供职，以湖北巡抚常明为四川总督，调云南巡抚同兴为湖北巡抚……（《清仁宗实录》卷225）

（嘉庆十五年九月壬戌）调湖广总督汪志伊为闽浙总督，以工部尚书马慧裕为湖广总督，命俟南河大工告蒇，再赴新任。（《清仁宗实录》卷234）

（嘉庆十五年十一月甲子）以江南河道总督徐端不胜河督之任革职，留工效力。以浙江巡抚蒋攸铦为江南河道总督。调湖北巡抚同兴为浙江巡抚，广西巡抚钱楷为湖北巡抚。以理藩院右侍郎成林为广西巡抚。（《清仁宗实录》卷236）

（嘉庆十五年十一月甲子）调湖北布政使张映汉为山西布政使，山西布政使素纳为湖北布政使。（《清仁宗实录》卷236）

（嘉庆十六年闰三月）丁未，调正白旗蒙古副都统成格为正蓝旗满洲副都统，以湖广道御史绪庄为正白旗蒙古副都统。（《清仁宗实录》卷241）

（嘉庆十六年四月癸酉）命湖北巡抚钱楷来京以侍郎用。以山西布政使张映汉为湖北巡抚，山西按察使陈桂生为布政使，冀宁道钱臻为按察

使。(《清仁宗实录》卷242)

(嘉庆十六年五月辛巳)命兵部尚书刘权之为大学士，总理工部事务，吏部尚书邹炳泰协办大学士。以户部右侍郎江苏学政刘镮之为兵部尚书，前任湖北巡抚钱楷为户部右侍郎。(《清仁宗实录》卷243)

(嘉庆十六年十一月甲申)谕内阁："同兴奏'请将原任湖北知府现在捐复在部候选之阿霖，赏发山东委办案件，俟一二年后，有相当知府缺出，奏请补用'一折，殊属冒昧。各直省遇差委乏员，只应请旨拣发，不准指名奏请，屡经饬禁，即有曾任本省之员缘事降革离任，捐复后，该抚以借资熟手为词奏恳赏发原省，已属违例。况阿霖原系湖北知府，与山东地方素不相习，现在东省并无关系紧要、必需请员帮办事件，若以审理词讼为名，则何省不可借口？自系阿霖因铨选需时，干求同兴恳恩奏请，豫为得缺地步。此端一开，凡在部候选人员得缺稍难者，皆可夤缘亲旧，拣择省分，大启奔竞之门，于铨政殊有窒碍。同兴所奏不准行，并着交部察议。"(《清仁宗实录》卷250)

(嘉庆十六年十一月己丑)调广东按察使陈若霖为湖北按察使，以广东粮储道温承志为按察使。(《清仁宗实录》卷250)

(嘉庆十八年三月甲戌)以直隶布政使方受畴为浙江巡抚。调湖北布政使素纳为直隶布政使。以江苏按察使巴哈布为湖北布政使，安徽宁池太广道杨懋恬为江苏按察使。(《清仁宗实录》卷267)

(嘉庆十八年七月壬午)以湖北督粮道张凯元为广西按察使。(《清仁宗实录》卷271)

(嘉庆十八年八月癸卯)命吏部右侍郎戴联奎提督顺天学政，工部右

侍郎陈希曾提督江苏学政……翰林院侍讲朱士彦提督湖北学政……（《清仁宗实录》卷272）

（嘉庆十九年正月癸未）以贵州巡抚许兆椿为刑部左侍郎，江苏布政使庆保为贵州巡抚。调浙江布政使常格为江苏布政使，贵州布政使福昂为浙江布政使。以四川按察使常发祥为贵州布政使。调湖北按察使陈若霖为四川按察使。以甘肃兰州道严烺为湖北按察使。（《清仁宗实录》卷283）

（嘉庆十九年四月戊辰）谕军机大臣等："据初彭龄、台斐音奏，桂芳于上月二十六日行抵武昌，因患病不能前进，伊二人已先行驰赴广西等语。桂芳途次患病，未能前进，广西审案紧要，着初彭龄、台斐音二人迅即兼程前往，会同蒋攸铦秉公查办。此旨到日，桂芳如已病痊，自已趱程赶赴前途，若病尚未愈，毋庸勉强起程。广西之案，有初彭龄等三人，足敷办理，桂芳着在武昌安心调理。"（《清仁宗实录》卷289）

（嘉庆二十年五月甲午）以湖北按察使严烺为甘肃布政使，陕西督粮道周光裕为湖北按察使。（《清仁宗实录》卷306）

（嘉庆二十年八月丁丑）以湖北布政使巴哈布为湖南巡抚，山西按察使讷福为湖北布政使……（《清仁宗实录》卷309）

（嘉庆二十一年正月庚寅）谕内阁："马慧裕等奏'湖北崇阳县士民具呈代前任该县知县李梦珠出资捐复原官'一折，所奏不可行。李梦珠系部议降调，引见奉旨以巡检补用之员。如果该员官声素好，于补用巡检之后，该督抚保题升用尚无不可，若士民人等具呈代去任之员捐复原官，则此风断不可长，李梦珠着不准其捐复。"（《清仁宗实录》卷315）

（嘉庆二十一年五月辛卯）以湖广总督马慧裕为都察院左都御史，浙江巡抚孙玉庭为湖广总督。调湖北巡抚张映汉为浙江巡抚。以江苏布政使杨頀为湖北巡抚。调江宁布政使陈桂生为江苏布政使。以江苏按察使李尧栋为江宁布政使，江南河库道伊什扎木素为江苏按察使。（《清仁宗实录》卷318）

（嘉庆二十一年六月）壬戌，命新调浙江巡抚张映汉仍为湖北巡抚，调湖北巡抚杨頀为浙江巡抚。（《清仁宗实录》卷319）

（嘉庆二十一年七月丁巳）以署湖广总督、都察院左都御史马慧裕为礼部尚书，都察院左都御史庆溥为理藩院尚书，工部左侍郎景禄为左都御史。（《清仁宗实录》卷320）

（嘉庆二十一年七月丁巳）以湖北巡抚张映汉署湖广总督。（《清仁宗实录》卷320）

（嘉庆二十一年十一月壬子）调湖广总督孙玉庭为两江总督，以河南巡抚阮元为湖广总督，调贵州巡抚文宁为河南巡抚，以刑部右侍郎朱理为贵州巡抚，都察院左副都御史彭希濂为刑部右侍郎。（《清仁宗实录》卷324）

（嘉庆二十二年七月癸丑）山西布政使刁振翎以年老不职革职，以湖北按察使周光裕为山西布政使，起降调甘肃布政使严烺为湖北按察使。（《清仁宗实录》卷332）

（嘉庆二十二年九月癸丑）调两广总督蒋攸铦为四川总督，湖广总督阮元为两广总督。以广西巡抚庆保为湖广总督……（《清仁宗实录》卷334）

（嘉庆二十三年正月庚申）以江苏江宁盐法道方体为湖北按察使。

（《清仁宗实录》卷338）

（嘉庆二十四年四月己丑）湖北按察使方体因病乞休。允之。以安襄郧荆道陈廷桂为按察使。（《清仁宗实录》卷356）

（嘉庆二十四年闰四月庚子）以直隶按察使岳龄安为山东布政使，湖北安襄郧荆道祥泰为直隶按察使。（《清仁宗实录》卷357）

（嘉庆二十四年闰四月）乙卯，湖北布政使讷福以病乞解任。允之。以湖南按察使海龄为湖北布政使，四川川东道严士鋐为湖南按察使。（《清仁宗实录》卷357）

（嘉庆二十四年六月）癸巳，湖北布政使海龄以亲老乞改京职，命以三品京堂补用。以江西按察使承光为湖北布政使，山东兖沂曹济道童槐为江西按察使。（《清仁宗实录》卷359）

（嘉庆二十四年八月己未）以湖广总督庆保兼署湖南巡抚。（《清仁宗实录》卷361）

（嘉庆二十五年四月戊申）调湖广总督庆保为云贵总督。以湖北巡抚张映汉为湖广总督。调贵州巡抚毓岱为湖北巡抚。以福建布政使明山为贵州巡抚，福建按察使孙尔准为布政使，浙江杭嘉湖道舒灵阿为福建按察使。（《清仁宗实录》卷369）

（嘉庆二十五年六月丁未）以湖北布政使承光为盛京刑部侍郎，江苏按察使麟祥为湖北布政使，广西左江道明安泰为江苏按察使。（《清仁宗实录》卷372）

（嘉庆二十五年九月丙寅）调山东布政使岳龄安为陕西布政使，陕西布政使徐炘为山东布政使，山东按察使童槐为湖北按察使，湖北按察使陈廷桂为陕西按察使，陕西按察使斌良为河南按察使，河南按察使琦善为山东按察使。（《清宣宗实录》卷4）

（嘉庆二十五年十一月己卯）以湖北按察使童槐为通政使司副使，山东兖沂曹济道卢坤为湖北按察使。（《清宣宗实录》卷9）

（嘉庆二十五年十二月戊戌）调江西布政使嵩孚为山西布政使……以湖北按察使卢坤为甘肃布政使，擢陕西西安府知府邓廷桢为湖北按察使。（《清宣宗实录》卷11）

（嘉庆二十五年十二月甲辰）命湖北布政使麟祥、湖南按察使敦良来京，以已革山东按察使温承惠为湖北布政使，调甘肃按察使诚端为湖南按察使，以江苏淮扬道徐承恩为甘肃按察使。（《清宣宗实录》卷11）

（嘉庆二十五年十二月丙午）命湖广总督张映汉来京，以浙江巡抚陈若霖为湖广总督，刑部左侍郎帅承瀛为浙江巡抚……（《清宣宗实录》卷11）

（道光元年二月乙未）降年力就衰湖北布政使温承惠六部郎中，以江苏按察使廉敬为湖北布政使，调湖南按察使诚端为江苏按察使……（《清宣宗实录》卷13）

（道光元年二月己亥）以前任湖广总督张映汉为刑部右侍郎。（《清宣宗实录》卷13）

（道光元年三月癸丑）命前任湖北布政使麟祥以三品京堂候补。（《清宣宗实录》卷14）

（道光元年七月丁卯）调湖北巡抚毓岱为江西巡抚。以江苏布政使杨懋恬为湖北巡抚。调湖北布政使廉敬为江苏布政使。以安徽按察使德奎为湖北布政使，安徽庐凤道惠显为按察使。（《清宣宗实录》卷21）

（道光元年八月癸巳）改户部浙江、四川二司汉郎中，山西、江西二司汉员外郎，河南、湖广二司满洲主事为题缺。（《清宣宗实录》卷22）

（道光元年十一月乙卯）以通政使司副使奎昌为詹事府詹事，内阁侍读学士长旺为太常寺卿，鸿胪寺卿那丹珠为太仆寺卿，大理寺少卿杨怿曾为光禄寺卿，仍留湖北学政任。（《清宣宗实录》卷26）

（道光元年十二月戊子）命署山西巡抚陕甘总督长龄来京，以江西布政使邱树棠为山西巡抚，湖北按察使邓廷桢为江西布政使，山东运河道陆言为湖北按察使。（《清宣宗实录》卷27）

（道光二年五月戊戌）以山东布政使程祖洛为陕西巡抚，湖北按察使陆言为山东布政使，陕西按察使诚端为江西布政使。调山西按察使常文为陕西按察使。（《清宣宗实录》卷36）

（道光二年五月己亥）调直隶按察使常德为山西按察使，以广东盐运使卢元伟为直隶按察使，调广东按察使黄鸣杰为湖北按察使……（《清宣宗实录》卷36）

（道光二年九月庚寅）以四川总督蒋攸铦署刑部尚书，命来京供职。调湖广总督陈若霖为四川总督，漕运总督李鸿宾为湖广总督。以江苏巡抚魏元煜为漕运总督，刑部左侍郎韩文绮为江苏巡抚，吏部左侍郎王引之署刑部左侍郎。（《清宣宗实录》卷41）

（道光二年九月辛卯）谕军机大臣等："昨有旨，令蒋攸铦署理刑部尚书，来京供职。陈若霖调补四川总督，李鸿宾补授湖广总督，魏元煜补授漕运总督，俱应即赴新任。所有四川总督着呢玛善署理，湖广总督着杨懋恬署理，江苏巡抚着玉辂暂行护理。李鸿宾俟魏元煜到任后，即行交卸起程，魏元煜此时亦毋庸来京请训，俟明年押运抵杨村时，再行进京陛见。将此各谕令知之。"（《清宣宗实录》卷41）

（道光三年九月戊寅）以湖北按察使黄鸣杰为浙江布政使，调浙江按察使吴荣光为湖北按察使……（《清宣宗实录》卷58）

（道光三年十月癸亥）以湖北按察使吴荣光为贵州布政使，浙江盐运使宋如林为湖北按察使。（《清宣宗实录》卷60）

（道光三年十二月戊午）贵州按察使祥德因病解任，调湖北按察使宋如林为贵州按察使，以浙江盐运使王惟询为湖北按察使。（《清宣宗实录》卷63）

（道光四年闰七月戊申）以湖北布政使德奎为都察院左副都御史，浙江按察使伊里布为湖北布政使，浙江盐运使富呢扬阿为按察使。（《清宣宗实录》卷71）

（道光四年九月壬寅）以浙江布政使黄鸣杰署巡抚。调湖北布政使伊里布为浙江布政使，山东布政使费丙章为湖北布政使，湖北按察使王维询为浙江按察使，浙江按察使富呢扬阿为湖北按察使。以山东按察使讷尔经额署布政使。降调前任江苏巡抚韩文绮为山东按察使。（《清宣宗实录》卷73）

（道光五年七月辛丑）以湖北荆宜施道兴科为四川按察使。（《清宣宗实录》卷86）

（道光五年八月丁巳）命翰林院侍读学士彭邦畴提督顺天学政，礼部左侍郎汪守和提督安徽学政……河南道御史王赠芳提督湖北学政……（《清宣宗实录》卷87）

（道光五年十月甲寅）贵州布政使吴荣光请解任回籍省亲，允之。以湖北按察使富呢扬阿为贵州布政使，浙江杭嘉湖道源溥为湖北按察使。（《清宣宗实录》卷90）

（道光五年十月辛巳）……调湖北按察使源溥为甘肃按察使，以山西归绥道岳祥为湖北按察使。（《清宣宗实录》卷90）

（道光六年正月壬子）湖北按察使岳祥因病解任，调四川按察使兴科为湖北按察使，以前任四川按察使吉恒署按察使。（《清宣宗实录》卷94）

（道光六年二月癸丑）以山西按察使邱鸣泰为湖北布政使，安徽庐凤道戴聪为山西按察使。（《清宣宗实录》卷95）

（道光六年二月癸亥）调湖北布政使邱鸣泰为安徽布政使，安徽布政使徐承恩为湖北布政使。（《清宣宗实录》卷95）

（道光六年五月戊戌）调两广总督阮元为云贵总督，湖广总督李鸿宾为两广总督，以刑部尚书嵩孚为湖广总督……（《清宣宗实录》卷98）

（道光六年九月辛卯）命署漕运总督理藩院尚书穆彰阿来京供职，以前任湖北巡抚杨懋恬署漕运总督。（《清宣宗实录》卷105）

（道光六年十二月癸丑）以甘肃布政使杨健为湖北巡抚，仍留甘肃办理军需，未到任前，命湖广总督嵩孚兼署。（《清宣宗实录》卷111）

（道光七年正月戊子）调江西按察使福珠隆阿为湖北按察使，湖北按察使兴科为江西按察使。（《清宣宗实录》卷113）

（道光七年闰五月）辛酉，湖北布政使徐承恩因病解任，以湖南按察使吴光悦为湖北布政使，广西左江道龚鲲为湖南按察使。（《清宣宗实录》卷119）

（道光七年九月乙卯）命湖北按察使福珠隆阿以三品卿衔巡视两淮盐政，以两淮盐政张青选为湖北按察使。（《清宣宗实录》卷125）

（道光七年九月乙丑）湖北按察使张青选缘事降调，以山东盐运使李文耕为湖北按察使。（《清宣宗实录》卷126）

（道光七年十月戊子）以正红旗汉军副都统裕诚为内阁学士，兼礼部侍郎衔。湖北布政使吴光悦为都察院左副都御史……（《清宣宗实录》卷128）

（道光七年十月戊子）调山东布政使贺长龄为江宁布政使，以山东按察使钟祥为布政使，调湖北按察使李文耕为山东按察使，以四川成绵龙茂道尹济源为湖北按察使。（《清宣宗实录》卷128）

（道光七年十月戊子）以广东按察使周锡章为湖北布政使，候补四品京堂姚祖同为广东按察使。（《清宣宗实录》卷128）

（道光十年四月丙戌）调四川布政使桂良为广东布政使。以湖北按察使尹济源为四川布政使，河南开归陈许道栗毓美为湖北按察使。（《清宣宗实录》卷167）

（道光十年六月乙卯）以服阕布政使林则徐为湖北布政使。（《清宣宗实录》卷170）

（道光十年十一月丙寅）湖北巡抚杨健以年力就衰并办理公事随声附和，降三品顶带休致。以礼部左侍郎杨怿曾为湖北巡抚。（《清宣宗实录》卷179）

（道光十年十一月壬午）以江苏巡抚卢坤为湖广总督，调湖南巡抚程祖洛为江苏巡抚……（《清宣宗实录》卷180）

（道光十年十一月壬午）湖北学政贺熙龄以亲老乞养，允之。命翰林院编修许应藻提督湖北学政。（《清宣宗实录》卷180）

（道光十年十一月癸未）调湖北布政使林则徐为河南布政使，以山西按察使额腾伊为湖北布政使，调湖南按察使夏修恕为山西按察使。（《清宣宗实录》卷180）

（道光十一年二月癸巳）调福建布政使孔昭虔为贵州布政使，以福建按察使惠吉为布政使，湖北荆宜施道光聪谐为福建按察使。（《清宣宗实录》卷184）

（道光十一年七月癸酉）以办灾迟缓，降湖北布政使额腾伊为江苏按察使，以江苏按察使衍庆为湖北布政使。（《清宣宗实录》卷193）

（道光十二年三月甲寅）以湖北按察使栗毓美为河南布政使，甘肃甘凉道朱树为湖北按察使。（《清宣宗实录》卷207）

（道光十二年八月甲午）以湖南巡抚吴荣光兼署湖广总督，山东巡抚讷尔经额为湖广总督……（《清宣宗实录》卷218）

（道光十三年正月丁酉）湖北巡抚杨怿曾因病解任，以贵州布政使麟庆为湖北巡抚，江苏按察使额腾伊为贵州布政使……（《清宣宗实录》卷230）

（道光十三年三月己亥）江南河道总督张井因病解任，以湖北巡抚麟庆为江南河道总督，刑部右侍郎鄂顺安为湖北巡抚。调盛京工部侍郎裕泰为刑部右侍郎。（《清宣宗实录》卷234）

（道光十三年四月壬寅）调湖北巡抚鄂顺安为山西巡抚，山西巡抚尹济源为湖北巡抚。（《清宣宗实录》卷235）

（道光十三年九月丙戌）以詹事府詹事张岳崧为湖北布政使。（《清宣宗实录》卷243）

（道光十四年正月壬辰）湖广总督讷尔经额奏："遵旨查办苗疆厅县占补地丁、朘削科敛各弊。查湖北武昌道邵甲名办事精细，曾任湖南学政，熟悉该省情形，现委赴湖南，会同抚臣委员，按款访查，研究复奏。"得旨："所委甚好，但总要汝给伊主张，俾伊得尽其长，方于公务有裨，其留意焉。"（《清宣宗实录》卷248）

（道光十四年七月）壬午，河南巡抚杨国桢以母病乞养，允之……以……湖北荆宜施道裕谦为江苏按察使。（《清宣宗实录》卷254）

(道光十五年正月壬申)又谕:“讷尔经额等奏‘甄别同知、知县请分别勒休改补学习’一折。湖北德安府同知莫树蕃年近七旬,精力就衰,难期振作,着即勒令休致。钟祥县知县张从鼎前因不谙水利堤工撤任,现已年届六旬,于繁剧之区,修防诸务,经理难周,着留该省以相当简缺知县酌量改补,仍照例送部引见。公安县新选知县韩树椿初登仕版,事欠阅历,遽令到任,难期办理妥协,着饬赴该管之荆州府听候差遣,果能谙练再令赴任。至实缺人员,历任在半年外者,才不胜任,即概予休致,不得因其正途出身率请改教,前曾降旨通谕遵行。恩施县知县耿锡嘏既系办事迂拘,难胜民社之任,自应遵奉前旨,予以休致,该督等率因该员系进士出身,请以教职改补,着不准行,耿锡嘏着即勒令休致。”(《清宣宗实录》卷262)

(道光十五年五月己卯)以湖北按察使朱树为河南布政使,福建汀漳龙道程铨为湖北按察使。(《清宣宗实录》卷266)

(道光十五年十月癸酉)湖北巡抚尹济源因病赏假,以布政使张岳崧护巡抚。(《清宣宗实录》卷273)

(道光十五年十二月己卯)以湖北盐法道邵甲名为浙江按察使。(《清宣宗实录》卷276)

(道光十六年二月丙辰)湖北巡抚尹济源因病解任,调江西巡抚周之琦为湖北巡抚,以江苏布政使陈銮为江西巡抚……(《清宣宗实录》卷278)

(道光十七年正月庚子)以江苏巡抚林则徐为湖广总督。调江西巡抚陈銮为江苏巡抚,湖南巡抚裕泰为江西巡抚。(《清宣宗实录》卷293)

（道光十七年四月戊午）谕内阁："朕思为政之道，首戒欺蒙，盖欺则情理不能实，蒙则弊端所由作，故六部九卿各衙门之公务，无论巨细，必当遵依例案而行。遵依例案，即所以防书吏舞文弄法之奸，庶可免其欺蒙也。即如日前兵部议奏三等侍卫男爵克兴额一折，既知按例应行革职，即当按例具奏，不应援引湖广随营效力云骑尉李绍西仍留世职之事，比拟甚属不伦……"（《清宣宗实录》卷296）

（道光十七年八月戊辰）谕军机大臣等："湖北正考官翰林院侍讲贾桢系上书房行走之员，着林则徐于该员出闱后，即传旨令该员迅速回京供职。将此谕令知之。"（《清宣宗实录》卷300）

（道光十七年十一月）庚辰，湖广总督林则徐奏谢降级留任恩。得旨："嗣后诸事，毋忘'诚实'二字，万毋自弃，以副朕得人难之苦衷，懔之，慎之。"……（《清宣宗实录》卷303）

（道光十八年四月）甲子，以云南布政使伍长华为湖北巡抚，陕西按察使刘鸿翱为云南布政使，河南粮盐道李钧为陕西按察使。（《清宣宗实录》卷308）

（道光十八年十月壬申）命湖北按察使程铨留京，以四品京堂候补。以驻藏帮办大臣鄂顺安为湖北按察使。（《清宣宗实录》卷315）

（道光十八年十一月）乙巳，以山东按察使李宗传为湖北布政使，服阕按察使邵甲名为山东按察使。（《清宣宗实录》卷316）

（道光十八年十一月）癸丑，命湖广总督林则徐为钦差大臣，驰往广东查办海口事件，该省水师兼归节制。（《清宣宗实录》卷316）

（道光十八年十一月癸丑）以漕运总督周天爵署湖广总督，仓场侍郎铁麟署漕运总督，兵部右侍郎功普署仓场侍郎。（《清宣宗实录》卷316）

（道光十九年三月乙巳）两江总督陶澍因病解任，调钦差大臣湖广总督林则徐为两江总督。以河南巡抚桂良为湖广总督，河南布政使朱树为巡抚，湖北按察使鄂顺安为河南布政使，长芦盐运使卞士云为湖北按察使。（《清宣宗实录》卷320）

（道光十九年六月丙寅）以河南巡抚署湖广总督周天爵为闽浙总督，江苏布政使牛鑑为河南巡抚……（《清宣宗实录》卷323）

（道光十九年六月辛卯）调闽浙总督周天爵为湖广总督，湖广总督桂良为闽浙总督。（《清宣宗实录》卷323）

（道光十九年七月辛酉）新授湖广总督周天爵奏报任事谢恩。得旨："卿之果敢从公，朕所素知，两湖一切政务，次第认真整顿可也。"（《清宣宗实录》卷324）

（道光十九年九月乙未）以湖北按察使卞士云为湖南布政使，直隶永定河道文冲为湖北按察使。（《清宣宗实录》卷326）

（道光十九年十月丁丑）湖北布政使李宗传因病解任，以云南按察使孙善宝为湖北布政使，浙江盐运使费开绶为云南按察使。（《清宣宗实录》卷327）

（道光二十年二月甲子）以拿获教匪出力，予湖北候补知府但明伦即补，并加道衔，巡检张钜下部议叙。（《清宣宗实录》卷331）

（道光二十年二月戊寅）谕军机大臣等："前据周天爵奏'留举人江开襄办盐务'。本日有人奏'安徽举人江开，夤缘在湖广总督署中好为大言，该督为其所动，派在汉口经理盐务，该地方呼为小总督，恐文武员弁借为引援，易滋流弊'等语。汉岸盐务，督销者有盐道，查引者有同知，缉私者有委员。如果办理不善，该督自可撤任严参，另派委员办理，何必用一举人，致招物议？在周天爵原奏，自因初至湖北，地方官员未及周知，是以暂留该举人襄办盐务。今已逾半载，该处情形谅已熟悉。湖北、湖南两省，岂乏经理盐务、实心任事之员派委办理，以专责成？着周天爵即将该举人饬回原籍，毋任逗留干预。又另片奏'广东武举韦允升，现在湖北效力，又开幸进之门'等语。广东武举韦允升，前因访出从逆教匪多名，经该督保奏加恩以千总用，亦应饬回原籍，以千总用，不得久留楚省，致启奔竞之渐。将此谕令知之。"寻奏："江开、韦允升俱遣回籍。"得旨："甚是，此乃朕不令卿有物议之意也。"（《清宣宗实录》卷331）

（道光二十年二月甲申）以湖北按察使文冲为河东河道总督，山东运河道林绂为湖北按察使。（《清宣宗实录》卷331）

（道光二十年九月甲午）命户部左侍郎吴其濬、刑部左侍郎麟魁驰往湖北查办事件。（《清宣宗实录》卷339）

（道光二十年十一月甲寅）以湖南巡抚裕泰为湖广总督，未到任前，以钦差户部左侍郎吴其濬暂署。以湖南布政使王藻护巡抚。（《清宣宗实录》卷341）

（道光二十年十二月己卯）调福建巡抚吴文镕为湖北巡抚，未到任前，以湖广总督裕泰兼署。以云南布政使刘鸿翱为福建巡抚。调甘肃布政使梁萼涵为云南布政使。以广西按察使郭文汇为甘肃布政使，江西按

察使刘体重为湖北布政使，直隶通永道存兴为江西按察使，长芦盐运使徐堪为湖北按察使……（《清宣宗实录》卷343）

（道光二十一年正月甲辰）以才不胜任，降湖北按察使徐堪为道员。以四川建昌道张日晸为湖北按察使。（《清宣宗实录》卷345）

（道光二十一年三月）戊子，湖广总督裕泰奏："饬令有缺州县各回本任，以重职守。"得旨："所办甚是。"（《清宣宗实录》卷348）

（道光二十一年五月癸亥）调四川按察使李星沅为江苏按察使，湖北按察使张日晸为四川按察使，以江西吉南赣宁道赵仁基为湖北按察使。（《清宣宗实录》卷352）

（道光二十一年五月壬午）调湖北巡抚吴文镕为江西巡抚，江西巡抚钱宝琛为湖北巡抚。（《清宣宗实录》卷352）

（道光二十一年七月壬戌）以陕西延榆绥道郭熊飞为湖北按察使。（《清宣宗实录》卷354）

（道光二十一年八月庚子）以江西布政使赵炳言为湖北巡抚。（《清宣宗实录》卷356）

（道光二十二年四月甲午）湖北布政使刘体重因病解任，以陕西按察使朱士达为湖北布政使，广东盐运使傅绳勋为陕西按察使。（《清宣宗实录》卷371）

（道光二十二年六月甲辰）以降调湖北布政使孙善宝为浙江布政使，仍留江苏办理粮台。以六品顶带已革安徽布政使管遹群署浙江布政使。

(《清宣宗实录》卷376)

(道光二十三年十一月庚寅)调湖北按察使郭熊飞为江苏按察使,江苏按察使陈功为湖北按察使。(《清宣宗实录》卷399)

(道光二十三年十二月)甲子,谕内阁:"前因查库御史、银库司员罚赔库项,限内陆续全完,降旨交军机处存记,年终汇奏。兹据开单呈览,所有历任查库御史,已革左副都御史续龄着以七品笔帖式用,已革光禄寺卿张秉德仍着革职,已革奉天府府丞骆秉章着以庶子用,已革告病内阁侍读学士张鉴着以七品小京官用,已革吏科给事中景斌着以七品笔帖式用,已革户科掌印给事中炳辉着以七品笔帖式用,已革兵科给事中舒光仍着革职,已革工科给事中苏芳阿着以主事用,已革工科给事中萨霖着以七品笔帖式用……已革湖北安襄郧荆道吴式敏着以七品小京官用……"(《清宣宗实录》卷400)

(道光二十四年三月乙未)湖广总督裕泰奏报回任。得旨:"外任愈久,愈当慎勉,始终如一,人之所难。懔之。"(《清宣宗实录》卷403)

(道光二十五年七月甲子)以湖北盐法道程焕采为按察使。(《清宣宗实录》卷419)

(道光二十六年八月丙辰)以户部右侍郎徐士芬提督顺天学政……翰林院编修梁同新提督湖北学政……(《清宣宗实录》卷433)

(道光二十六年八月丁巳)调湖北学政梁同新提督湖南学政,湖南学政江国霖提督湖北学政。(《清宣宗实录》卷433)

(道光二十七年正月丁酉)命湖北布政使朱士达原品休致,以陕西按

察使唐树义为湖北布政使，调广东按察使严良训为陕西按察使……（《清宣宗实录》卷438）

（道光二十七年十一月戊寅）命山东布政使王笃来京，以湖南按察使徐泽醇为山东布政使，调湖北按察使程焕采为湖南按察使，以服阕按察使常大淳为湖北按察使。（《清宣宗实录》卷449）

（道光二十八年三月戊戌）广西提督马殿甲因病解任，调湖北提督闵正凤为广西提督，以直隶大名镇总兵官罗应鳌为湖北提督，直隶督标中军副将炳文为大名镇总兵官。（《清宣宗实录》卷453）

（道光二十八年六月）己酉，以甘肃按察使云麟为广西布政使，湖北汉黄德道陶樑为甘肃按察使。（《清宣宗实录》卷456）

（道光二十八年十二月丁卯）以湖北按察使常大淳为陕西布政使，直隶按察使龚裕为甘肃布政使。（《清宣宗实录》卷462）

（道光二十八年十二月戊辰）以直隶口北道恒福为按察使，右春坊右庶子骆秉章为湖北按察使。（《清宣宗实录》卷462）

（道光二十九年闰四月癸酉）调湖北巡抚赵炳言为湖南巡抚。以贵州布政使罗绕典为湖北巡抚，湖北按察使骆秉章为贵州布政使，山西归绥道椿寿为湖北按察使。（《清宣宗实录》卷467）

道光二十九年己酉八月丙寅朔，以大理寺少卿雷以諴为奉天府府丞，兼提督学政……命江苏学政青麐、山东学政冯誉骥、河南学政俞长赞、湖北学政龙启瑞、四川学政支清彦、贵州学政翁同书仍留任。（《清宣宗实录》卷471）

（道光二十九年十月戊辰）湖北布政使唐树义因病解任，以广西按察使劳崇光为湖北布政使，陕西督粮道吴鼎昌为广西按察使。（《清宣宗实录》卷473）

（道光二十九年十一月甲辰）调山西巡抚龚裕为湖北巡抚，以山西布政使兆那苏图为巡抚……（《清宣宗实录》卷474）

（道光三十年三月辛亥）谕内阁："吏部尚书文庆保举之直隶宣化府知府炳纲，刑部尚书陈孚恩保举之湖北候补知县饶拱辰……均着各该督抚迅即饬令来京，交吏部带领引见，伺候召见。"（《清文宗实录》卷6）

（道光三十年四月丙戌）谕军机大臣等："……广西臬司升任藩司劳崇光着准其暂留粤西督办，俟军务告蒇，再赴湖北藩司新任。将此由四百里谕令知之。"（《清文宗实录》卷8）

（道光三十年八月癸未）广西布政使张云藻因病解任，调湖北布政使劳崇光为广西布政使，陕西布政使常大淳为湖北布政使。以前任广西布政使云麟为陕西布政使。（《清文宗实录》卷16）

（道光三十年十一月丙午）闽浙总督刘韵珂因病解任，调湖广总督裕泰为闽浙总督，未到任前，以福建巡抚徐继畬署理。调云贵总督程矞采为湖广总督，未到任前，以湖北巡抚龚裕署理。（《清文宗实录》卷22）

（道光三十年十一月丙午）以浙江巡抚吴文镕为云贵总督，湖北布政使常大淳为浙江巡抚，云南按察使梁星源为湖北布政使。（《清文宗实录》卷22）

（咸丰元年正月甲午）谕内阁："龚裕奏请开复县卫等官顶戴一折。湖北潜江县知县龚焕枝、黄州卫守备王吉昌，前因经征钱粮完解不力，降旨摘去顶带。兹据奏称该员弁于被参后赶紧如数全完，尚知愧奋。龚焕枝、王吉昌均着开复顶带。"（《清文宗实录》卷25）

（咸丰元年二月壬午）江苏巡抚傅绳勋因病解任，以江宁布政使杨文定为江苏巡抚。调湖南布政使祁宿藻为江宁布政使。以湖北按察使椿寿为湖南布政使，科布多参赞大臣瑞元为湖北按察使。（《清文宗实录》卷28）

（咸丰元年五月辛丑）又谕："本日据周天爵等驰奏'黔兵大挫贼锋，请鼓励出力将弁，并请将救应太迟及逗遛不进各将官分别惩处'……已分别降旨矣……湖北盐道姚莹曾任海疆，著有劳绩，朕知其谋略素优，是以饬令前赴军营。赛尚阿到后，赞画需人，想该员必能随同运筹，不负委任也……"（《清文宗实录》卷33）

（咸丰元年五月乙巳）以安徽布政使蒋文庆为巡抚，按察使李本仁为布政使……以湖北盐法道姚莹为广西按察使。（《清文宗实录》卷34）

（咸丰二年五月戊午）命前任湖北巡抚罗绕典驰往湖南，帮办军务。（《清文宗实录》卷61）

（咸丰二年五月庚申）调浙江巡抚常大淳为湖北巡抚……（《清文宗实录》卷61）

（咸丰二年八月甲申）以前任湖北巡抚罗绕典署江西巡抚。（《清文宗实录》卷68）

（咸丰二年八月辛卯）又谕："张亮基奏'请调道府各员赴湖南差遣'

等语。云南粮储道崔光笏、贵州黎平府知府胡林翼、湖北黄州府知府徐丰玉均着准其调赴湖南，以资差委。俟军务告竣，再行饬令回任。”（《清文宗实录》卷69）

（咸丰二年八月癸巳）调湖北巡抚常大淳为山西巡抚。以署江西巡抚罗绕典为湖北巡抚，江西学政刑部左侍郎张芾署江西巡抚。（《清文宗实录》卷69）

（咸丰二年九月己酉）又谕：“自广西军兴以来，将及两载……徐广缙平素办事慎密有为，操纵合宜，朕所深悉。着即授为钦差大臣，接受关防，并署理湖广总督，所有军营及地方文武统归节制。赛尚阿所带文武各员着徐广缙察看酌量，分别去留。该大臣膺兹重任，必能整饬纪律，严明赏罚，迅奏肤功，以慰朕望。所有广东、广西、江西、湖北与湖南毗连地方，均责成各该督抚提镇等严密堵御，勿令窜越。务期同心协力，扫荡妖氛，以绥疆圉。”（《清文宗实录》卷71）

（咸丰二年十月壬辰）闽浙总督季芝昌以疾乞休。允之。调云贵总督吴文镕为闽浙总督。以湖北巡抚罗绕典为云贵总督，广东布政使崇纶为湖北巡抚。（《清文宗实录》卷73）

（咸丰二年十二月甲午）以前任湖南巡抚骆秉章暂署湖北巡抚。（《清文宗实录》卷79）

（咸丰二年十二月丁酉）谕内阁：“前有旨令骆秉章署理湖北巡抚，着于荆州、襄阳二府内，酌量何处紧要，暂行驻扎，办理地方事宜。”（《清文宗实录》卷80）

（咸丰二年十二月辛丑）以湖南巡抚张亮基署湖广总督，湖南布政使潘铎署巡抚，湖南按察使岳兴阿为湖北布政使，湖南衡州府知府陶恩培为按察使。调河南按察使张集馨为湖北按察使……（《清文宗实录》卷80）

（咸丰三年正月庚戌）以湖北按察使张集馨署河南按察使。（《清文宗实录》卷81）

（咸丰三年正月乙丑）又谕："张亮基奏'请饬催臬司、粮道迅赴新任'等语。岳兴阿业经升授湖北布政使，现在武昌收复，招集安抚，均关紧要，着即兼程速抵新任。湖南粮道董醇亦着迅速赴任，毋再迟延。其前经拣发湖南知县二十员，着该部查明，饬催赴省，听候差委，如有托故迟延、逾限不到者，该署督抚等即指名严参，以杜规避。湖北巡抚崇纶并新放湖北道府各官着该部一并行文，催令速赴新任。"（《清文宗实录》卷82）

（咸丰三年正月甲戌）又谕："御史王茂荫奏'保举人才，请备擢用'等语。除已革候补知府谢继超业经准令张亮基带赴湖北差委外，所有刑部额外主事刘存厚、前广西候补州同杨培堃二员，着该部及该抚饬令前赴向荣军营，听候差委。在籍之翰林院编修林汝舟，着怡良等饬令前赴江南，交该督抚差委。（《清文宗实录》卷83）

（咸丰三年正月乙亥）实授张集馨河南按察使，以陕西候补道江忠源为湖北按察使……（《清文宗实录》卷83）

（咸丰三年二月丙子）命户部右侍郎青麐提督湖北学政。（《清文宗实录》卷84）

（咸丰三年二月丁丑）命湖北按察使江忠源、江南寿春镇总兵官邓绍良速赴钦差大臣向荣军营，听候差遣。（《清文宗实录》卷84）

（咸丰三年二月甲午）命在籍前任漕运总督朱树、陕西布政使陶廷杰、湖北布政使唐树义等督办贵州团练事宜。（《清文宗实录》卷85）

（咸丰三年二月乙未）命前任湖北布政使唐树义赴湖北帮办抚辑事宜。（《清文宗实录》卷85）

（咸丰三年三月壬子）命湖北按察使江忠源驰赴江南，帮办军务。（《清文宗实录》卷87）

（咸丰三年三月丁巳）署湖南巡抚潘铎因病解任，以署湖北巡抚骆秉章署湖南巡抚。（《清文宗实录》卷88）

（咸丰三年四月庚子）谕内阁："吏部奏'遵查运司到任迟延'一折，并查明未据咨报到省之司道各官，开单请旨……其单开之四川布政使杨培……湖北武昌府知府延志……均逾凭限，未据咨报到任，着各该省及沿途各督抚一体饬催速赴新任。其有业经到任尚未缴凭者，即着该督抚查明各该员到任日期，迅速报部，并将文凭送部查销，以符定例。"（《清文宗实录》卷92）

（咸丰三年六月丁酉）以前任湖北布政使唐树义署湖北按察使。（《清文宗实录》卷98）

（咸丰三年七月己酉）以署湖广总督张亮基兼署湖北提督。（《清文宗实录》卷99）

（咸丰三年八月己卯）调闽浙总督吴文镕为湖广总督，以署四川总督慧成为闽浙总督……（《清文宗实录》卷102）

（咸丰三年八月癸未）以署湖广总督张亮基为山东巡抚，未到任前，以山东布政使崇恩暂行署理。（《清文宗实录》卷103）

（咸丰三年九月辛酉）以湖北按察使江忠源为安徽巡抚，未到任前，以安徽布政使刘裕鉁暂署。（《清文宗实录》卷106）

（咸丰三年九月壬戌）命前任湖北布政使唐树义以二品顶带为湖北按察使。（《清文宗实录》卷106）

（咸丰三年九月癸亥）又谕："……昨有旨，已将江忠源补授安徽巡抚，并命唐树义以二品顶带补授湖北臬司矣……湖北省新造炮船，仍须驶赴下游，以助江面攻剿。该署督俟吴文镕抵楚后，将现在地方情形详细告知，即行交卸，赴山东新任……将此由六百里加紧谕令知之。"（《清文宗实录》卷107）

（咸丰四年二月甲午）以礼部右侍郎青麐为湖北巡抚，命丁忧湖北巡抚崇纶协办防剿事宜。（《清文宗实录》卷122）

（咸丰四年二月甲午）命翰林院侍讲学士冯誉骥提督湖北学政。（《清文宗实录》卷122）

（咸丰四年六月癸未）以山东按察使谭廷襄为顺天府府尹，未到任前，仍以刑部左侍郎李钧兼署。顺天府府尹杨霈为湖北巡抚兼署湖广总督，四川按察使夏廷樾为湖北布政使，陕西潼商道徐之铭为湖北按察使……（《清文宗实录》卷133）

（咸丰四年七月壬子）又谕："杨霈……另片奏'请将被贼蹂躏各州

县分别办理’等语，地方被贼肆扰，州县文武罪名，原不准稍从末减。姑念湖北现在委用乏人，各该州县中，如果情有可原、尚能戴罪图功者，着暂准其量加宽典。其平日居官庸劣及毫无准备、畏葸退缩之员，即按律重惩，断无足惜。此系权宜办理，该抚务当确核功过，信赏必罚，不可徒为委员开脱。所保之黄安县知县许赓藻，已明降谕旨，以湖北知府升用，先换顶带，并赏戴花翎。因思黄州府知府周炳鑑，该省奏报中从未叙及，黄州府为扼要重地，如知府得人，各属团练用命，不但为楚省屏障，兼可为皖、豫声援。该府周炳鑑此时倘尚未到任，即可将许赓藻升补是缺，即使业已到任，而才力或有不逮，亦可撤回，以许赓藻奏补。如实系无须更调，即将许赓藻暂留黄安本任，毋庸开缺，均着该抚察看具奏。将此由六百里加紧谕令知之。”寻奏：“周炳鑑现署郧阳府，请将许赓藻署黄州府，仍兼摄黄安县事。”从之。（《清文宗实录》卷136）

（咸丰四年八月戊戌）调四川按察使胡林翼为湖北按察使，陕西按察使文俊为四川按察使……（《清文宗实录》卷141）

（咸丰四年八月甲寅）又谕：“骆秉章奏‘请饬升任湖北藩司夏廷樾在川省督办劝捐’等语。现在曾国藩等统领水陆各军东下剿贼，叠获胜仗，剿办正在得手。惟需饷浩繁，湖南阖省捐输，尚难久支供亿。湖北新遭蹂躏，亦恐筹画维艰。广东自七月以来，匪徒滋蔓，邻省军资，更难令其接济。四川省素称殷实，果能实力劝谕，捐输当可踊跃。着照骆秉章所请，即令夏廷樾在川筹办劝捐，协济兵饷。裕瑞接奉此旨，即传谕该藩司认真督办。惟夏廷樾甫抵川省，于该省情形未能熟悉，且各路劝谕，亦必需人助理。并着裕瑞拣派公正贤员，帮同该藩司妥为筹办，务须设法劝导，不可稍事扰累。一俟办有成效，仍饬夏廷樾迅速回楚，不准在川逗遛。将此由六百里加紧谕令知之。”（《清文宗实录》卷142）

（咸丰四年九月戊寅）赏署湖北巡抚曾国藩兵部侍郎衔，办理军务。

以江苏布政使陶恩培为湖北巡抚，未到任前，以湖广总督杨霈兼署。（《清文宗实录》卷145）

（咸丰五年正月丁丑）以湖北按察使胡林翼为布政使，调四川按察使文俊为湖北按察使，以四川成绵龙茂道马秀儒为按察使。（《清文宗实录》卷156）

（咸丰五年二月）乙巳，谕内阁："陶恩培奏'请饬催道员赴任'等语。湖北荆宜施道雷维翰例限久逾，延不到任，着该部饬催迅速赴任，并查明该员因何迟延逾限之处，先行照例议处。湖北督粮道金安清前经黄宗汉委令赴上海防剿，现在该县业已克复，并着饬催迅速赴任。此外部选及拣发该省各员着一并饬催，并查明逾限人员，据实参奏。调任湖北按察使文俊着迅赴新任，无庸来京请训。"（《清文宗实录》卷159）

（咸丰五年三月乙丑）以湖北布政使胡林翼署巡抚，按察使文俊为布政使，广西平乐府知府李孟群署湖北按察使。（《清文宗实录》卷161）

（咸丰五年七月癸亥）以署湖北布政使文俊为江西巡抚，未到任前，以江西布政使陆元烺署理……（《清文宗实录》卷171）

（咸丰五年七月甲子）以四川按察使马秀儒为湖北布政使，陕西延榆绥道祥奎为四川按察使。（《清文宗实录》卷171）

（咸丰五年九月乙酉）命湖广总督官文为钦差大臣，督办湖北军务。（《清文宗实录》卷178）

（咸丰五年十一月丙寅）又谕："……至山东绅士，除毛鸿宾应赴湖北外，其余各员亦未必皆能办事……"（《清文宗实录》卷182）

（咸丰六年十月丁未）实授李孟群湖北按察使。（《清文宗实录》卷210）

（咸丰六年十二月甲午）谕内阁：“胡林翼奏‘历陈湖北兵政吏治’一折。湖北省自贼匪窜扰以来，兵政废弛，吏治阘茸，已非一日。现在武昌、汉阳均已克复，善后事宜亟应次第筹办。该抚所陈裁汰募勇、添设重兵、严查保甲、简选贤员各事宜，剀切详明，实为今日要务，着照所请。所有该省汰勇事宜，即责成候补道魁联严行简练。其武汉豫设水陆重兵，为扼守上游、控制长江之计，前已谕令官文等筹办，即着该抚会同办理。至州县为亲民之官，尤应严加遴选。其悬缺地方，如果委署之员实能经理妥协，才具出众，即准其不拘资格，专折奏请，朕必破格录用，不吝恩施。胡林翼身任巡抚，于通省应办事宜责无旁贷，既能确有所见，即着实力举行，总期遇事整顿，俾地方日臻完善，毋得徒托空言、始勤终怠。”（《清文宗实录》卷215）

（咸丰七年三月己卯）以湖北按察使李孟群为安徽布政使，两淮盐运使罗遵殿为湖北按察使。（《清文宗实录》卷222）

（咸丰七年六月壬子）云南巡抚舒兴阿因病乞假，命来京以内阁学士候补。以云南布政使桑春荣为巡抚，湖南按察使刘源灏为云南布政使，前任湖北按察使徐之铭为湖南按察使。（《清文宗实录》卷229）

（咸丰七年十二月壬子）又谕：“前因胡林翼奏四川试用县丞缪玉藻管解湖北军饷无误，请免补本班，以知县留于四川补用，当经降旨准行。兹据吏部查明缪玉藻奖叙与奏定章程不符，请旨遵办。缪玉藻着给与县丞本班尽先补用，其以知县补用之处，着即撤销，以示限制。”（《清文宗实录》卷241）

（咸丰八年二月丁巳）又谕："官文等奏'遵旨酌保州县可用人员'一折。湖北候补同知黄昌辅才识优长、民情爱戴，着以知府交军机处记名，遇有湖北知府缺出，请旨简放。候补知县林之华守洁才优、官声卓越，钟谦钧洁己奉公、民情悦服，均着以同知直隶州仍留湖北尽先补用。林之华因经征被议一案，仍着该督抚照例办理。"（《清文宗实录》卷245）

（咸丰八年四月）戊午，谕内阁："何桂清奏'豫筹淮南引盐销路，请派员前赴湖北察看'等语。候补盐运使前任湖北督粮道金安清现在赴部引见，着该部查明该员是否到部，即饬前往湖北，由荆襄宜昌一带驰赴汉口，察看情形，就近禀请该省督抚酌定章程，奏明办理。"（《清文宗实录》卷251）

（咸丰八年六月丁卯）湖北布政使马秀儒因病解任，以按察使罗遵殿为布政使，荆宜施道庄受祺为按察使。（《清文宗实录》卷257）

（咸丰八年八月辛未）谕内阁："前因湖北巡抚胡林翼丁伊母忧，当降旨令其穿孝百日后仍署巡抚，俟军务完竣，补行守制。兹据胡林翼奏'扶柩回籍，恳请终制'并官文奏'届期仍令署理巡抚印务'各一折。现在楚境虽已肃清，而逆氛未靖，大军水陆东下，运筹机宜、储备粮饷以及地方善后、边防各事宜，均关紧要。胡林翼熟习情形，实心任事，当此时势多艰，正臣子力图报效之日，未可拘泥恒情，致误事机。胡林翼着仍遵前旨，于假满后署理湖北巡抚印务，俟军务完竣，准其补行终制，以遂其孝思。"（《清文宗实录》卷262）

（咸丰八年九月壬午）命协办大学士柏葰为大学士，管兵部事；协办大学士翁心存为大学士，管户部事；官文以湖广总督协办大学士……（《清文宗实录》卷263）

（咸丰九年二月庚申）又谕："胡林翼奏'请调京外各员随营差委'一折。翰林院编修林汝舟、卫荣光，检讨童棫，着吏部查明该员等如在京供职，即奏请豫备召见，如业已回籍，着各该原籍督抚给咨来京，伺候召见。员外郎衔候补主事林聪彝、户部主事阎敬铭、选授江西奉新县知县张建基均着发往湖北，交官文、胡林翼差遣委用。"（《清文宗实录》卷276）

（咸丰九年四月壬戌）闽浙总督王懿德因病解任，以福建巡抚庆端为闽浙总督，湖北布政使罗遵殿为福建巡抚，未到任前，以布政使瑞璸署理。（《清文宗实录》卷281）

（咸丰九年四月壬戌）以湖北按察使庄受祺为布政使，荆宜施道严树森为按察使。（《清文宗实录》卷281）

（咸丰九年六月癸丑）浙江巡抚胡兴仁奏："请将延解地丁之嘉兴令余祚馨等暂行革留勒解。"得旨："均照所拟，此折并未声叙各县欠数，殊属非是，着补行具奏。"又奏："留省差委之湖北粮道万启琛现已服阕，请就近起复。"批："着照所请，就近起复，一俟经手事件完竣，即行给咨赴部，俟到部后照例铨选，不准再奏。在外开选，得缺后方行赴部，以杜取巧。"（《清文宗实录》卷285）

（咸丰十年正月壬申）谕内阁："官文奏'请将拣发知府降补同知'等语。湖北拣发知府潘祥新前经官文奏请改归京职，仍以郎中回原衙门即补，当经吏部核与定例不符，行令更正。兹据该督请以同知降补，着即给咨送部引见。其应否以同知降补，或可改补京职之处，着吏部于带领引见时，声明请旨。"（《清文宗实录》卷305）

（咸丰十年闰三月甲寅）以湖北按察使严树森为布政使，督粮道唐训

方为按察使，实授恩锡安徽按察使。(《清文宗实录》卷313)

咸丰十年庚申闰三月乙卯，实授毓科江西巡抚，调署福建布政使张集馨署江西布政使，以福建按察使裕铎为布政使，降调湖北布政使庄受祺为福建按察使。(《清文宗实录》卷314)

(咸丰十年五月癸丑)安徽按察使恩锡缘事降职，以湖北安襄郧荆道毛鸿宾为安徽按察使。(《清文宗实录》卷319)

(咸丰十年七月丁未)又谕："本日据官文奏'署四川总督东纯在湖北途次病故'一折，已令崇实署理四川总督矣……"(《清文宗实录》卷325)

(咸丰十年七月戊午)又谕："骆秉章奏'遵旨督办四川军务，现在筹调湖南、湖北兵勇'并'请令左宗棠入川'各折片……东纯已在湖北病故，昨命崇实暂署四川总督……"(《清文宗实录》卷326)

(咸丰十年九月庚戌)以安徽按察使毛鸿宾为江苏布政使，湖北荆宜施道李续宜为安徽按察使。(《清文宗实录》卷331)

(咸丰十年十月庚辰)以湖北布政使严树森为河南巡抚，未到任前，以河东河道总督黄赞汤暂行兼署。湖北按察使唐训方为布政使，广东盐运使裕麟为湖北按察使，河南按察使边浴礼为布政使，南汝光道郑元善为按察使。(《清文宗实录》卷333)

(咸丰十年十一月丙辰)实授胡林翼湖北巡抚。(《清文宗实录》卷336)

(咸丰十年十二月丙戌)命协办大学士湖广总督官文为大学士，仍留总督任；协办大学士户部尚书周祖培为大学士，管理户部事务……(《清

文宗实录》卷 339)

(咸丰十一年正月庚寅)署湖南巡抚翟诰奏请将升任湖北按察使裕麟暂留湖南按察使署任，以资熟手。从之。(《清文宗实录》卷 340)

(咸丰十一年五月甲辰)命三等侍卫穆克登阿留于湖北，交官文差遣委用。(《清文宗实录》卷 352)

(咸丰十一年七月甲午)以降调河南巡抚庆廉为江西布政使，湖北荆宜施道文辉为江西按察使，候补四品京堂阎敬铭署湖北按察使。(《清文宗实录》卷 356)

(咸丰十一年八月戊辰)湖北巡抚胡林翼因病乞假，以安徽巡抚李续宜暂署湖北巡抚。(《清穆宗实录》卷 2)

(咸丰十一年九月壬寅)调安徽巡抚李续宜为湖北巡抚，仍驻扎湖北、安徽交界地方，督办军务。(《清穆宗实录》卷 5)

(咸丰十一年十一月)己酉，谕内阁："前据官文奏请将黄州府知府张丞实改调施南府知府，并将补用知府黄益杰拟补黄州府知府，其襄阳府知府陈元章留省察看之缺，请以同知吴嗣仲升补，当交吏部议奏。兹据吏部奏称，黄州、施南二府均系繁缺，张丞实既于黄州府繁缺不能胜任，施南府繁缺亦未便听其改补。张丞实所遗黄州府及陈元章所遗襄阳府二缺，均系请旨之缺，例不准随折请简，请另行简放。其施南府知府一缺，据该督声称，湖北候补试用知府均未相宜，请旨一并简放，自系遵照定例奏请办理。惟施南府一缺，前因简放无人，谕令官文、胡林翼于该省内择其人地相宜之员奏请简放，该督请以张丞实改调施南府知府，系属遵旨拣调。至黄州、襄阳二府地处冲剧，防务紧要，该督请以黄益杰补授黄州府知府、吴嗣仲升补襄阳府知府，亦系为军务需材、人地相宜起见。张丞实着仍准其调补施南府知府，所遗黄州府知府员缺，仍着以黄益杰补授。吴嗣仲仍着升补襄阳府知府缺，此系因该督遵奉谕旨改调员缺，并该省军务甫平，为缺择人，从权允其所请。嗣后该省及各直省督抚于应行请旨各缺，均不得援以为例，概行随折将本省人员奏请简放，以示限制。”（《清穆宗实录》卷11）

（咸丰十一年十二月丁丑）改安徽巡抚彭玉麟为水师提督。调湖北巡抚李续宜为安徽巡抚，河南巡抚严树森为湖北巡抚……（《清穆宗实录》卷14）

（咸丰十一年十二月戊寅）谕议政王、军机大臣等：“据宝鋆将毛昶熙寄伊信函呈览，均已阅悉。现已将严树森调补湖北巡抚，河南巡抚令郑元善补授矣……”（《清穆宗实录》卷14）

（咸丰十一年十二月庚辰）谕议政王、军机大臣等：“贾臻奏‘逆匪围扑郡城，官军力战获胜，现仍固守待援’一折……严树森调补湖北巡抚，系为地择人起见，不仅因该大臣参奏，为此调停之举。朝廷任用封疆大吏，出自特简，如果其人尚能实心办事，岂因一二事办理未协遂加摈斥？即如言路宏开以后，谤毁胜保者不知凡几，悉皆存而不论，以示用人之专。惟该大臣系皇考文宗显皇帝弃瑕录用之员，总当返躬自责，严以律己而宽以待人，方不失名臣矩矱。该大臣胆勇颇有而嗜好亦多，如能尽去所短，与士卒同甘苦，实力剿除各匪，不专以招抚为事，将直东交界次第肃清，则前此谤该大臣者，未必非誉该大臣之人。若专尚意气，喜佞恶直，则逢迎谄谀之人纷然得志，甚至到处骚扰不能觉察，则凡不肯阿附之地方官，群得起而与该大臣为难，断不止严树森一人……”（《清穆宗实录》卷14）

（同治元年正月丙午）见该大臣虑远思深，实深嘉悦，已明白宣示，仍令该大臣节制四省矣……严树森调补湖北巡抚，不日即可抵任。该抚办事甚属认真，器局较小，军务恐非所长，自应饬令李续宜先驻六安，兼以回顾鄂疆。其所需湘勇全饷，即着该大臣知照官文、严树森接续拨解，不得稍有欠缺。多隆阿因鄂省军粮未到，未能进攻庐州，庐郡一日不克，则官军一日不得东下，恐军情变迁靡定，不可不迅图克复。前谕该大臣将江南北饷项，通盘筹画，原因专恃楚省供应东征，必有停兵待饷之虞。仍着该大臣通筹兼济，以期师行迅速……（《清穆宗实录》卷17）

（同治元年正月壬子）督办云南军务张亮基奏："请以前任湖北按察使裕麟随营差遣。"允之。（《清穆宗实录》卷17）

（同治元年二月甲寅）钦差大臣官文奏："请饬前任吉林双城堡总管平海赴湖北军营听候调遣。"允之。（《清穆宗实录》卷18）

（同治元年七月乙巳）谕议政王、军机大臣等："曾国藩奏'安徽抚臣闻讣丁忧，应否赏假回籍'一折。从前胡林翼在湖北巡抚任内丁忧，曾经给假两月回籍，并令穿孝百日后，仍行署理巡抚。此时皖省军务方殷，防剿事宜头绪纷繁，较胡林翼在鄂时情形尤为紧要，李续宜若回籍两月，则皖北军务无人统摄……（《清穆宗实录》卷35）

（同治元年八月丁卯）以湖北布政使唐训方暂署安徽巡抚，湖北按察使阎敬铭署布政使。（《清穆宗实录》卷37）

（同治元年八月庚午）又谕："前因官文等奏称记名道郑兰委办江汉关税务，熟悉地方情形，请以该员补授汉黄德道员缺，当经降旨允准。兹据吏部奏称'湖北汉黄德道一缺系五月内截缺，未经该省扣留，该部以浙江候选道白让卿题补斯缺奉旨在先，官文等请以郑兰补放在后，与定例不符，请将郑兰撤销’等语。郑兰办理江汉关税事务，既据官文等奏称于地方税务均有裨益，自应准其所请，以资熟手。所有汉黄德道员缺仍着郑兰补授，其应行签升之白让卿一员着留于湖北，遇有该省选缺道员缺出，即着尽先坐补。此系因人地相需起见，他省不得援以为例。”（《清穆宗实录》卷37）

（同治元年九月乙亥）湖广总督官文等奏：“请留丁忧湖北按察使阎敬铭仍办粮台事务。”允之。（《清穆宗实录》卷44）

（同治元年九月乙亥）实授湖北盐法道栗燿按察使。（《清穆宗实录》卷44）

同治元年壬戌十月庚子，谕议政王、军机大臣等：“本日有旨，将阎敬铭赏给二品顶带，署理山东巡抚……阎敬铭前任鄂省监司，办理诸务均能认真妥协，今朝廷破格用才，不得已而夺情起用者，系为地方紧要，亟须择人而理，该署抚膺特达之知，当兹时事多艰，自必能矢金革毋避之义，移孝作忠，感激驰驱，以图报效。阎敬铭接奉此旨，着即由寄居临晋地方，即行驰赴新任，毋庸拘守百日孝满之期，并着将起程日期迅速驰奏，以慰廑系。将此由五百里谕令知之。”（《清穆宗实录》卷47）

（同治元年十月庚子）赏丁忧湖北按察使阎敬铭二品顶带，署山东巡抚。（《清穆宗实录》卷47）

（同治元年十月辛丑）又谕：“翰林院侍读学士颜宗仪，前蒙文宗显皇帝简放云南学政，旋即告病规避，本年简放湖北正考官，差竣时复命为云南学政，并明降谕旨，令其即赴新任，毋庸来京请训。乃本日忽据该员到京呈递谢恩折片，据称‘绕道北上，途次未接部文，亦未接督抚知会，到京始见邸钞’等语。阅其所递折内恭录谕旨，将‘即赴新任，毋庸来京请训’字样全行节去。该员既称到京得见邸钞，何以又不将谕旨全录？总系因到京递折之举，显与谕旨相背，是以工于掩饰，意存含混，此等巧于尝试之风，断不可长。颜宗仪着降为编修，限于五日内即行起程，赴云南学政之任，不准迟延。”（《清穆宗实录》卷47）

（同治元年十一月）丁卯，谕内阁：“官文、严树森奏‘臬司栗燿因病出缺，请旨简放’，另片奏‘道员厉云官堪胜臬司’，并严树森奏‘道员需才，请饬员外郎范泰亨等三员赴湖北，以道员差委’各一折，本日已降旨将厉云官署理湖北按察使矣。刑部员外郎范泰亨、前安徽候补知府李宗羲、刑部候补主事倪文蔚均着发往湖北，交官文、严树森差遣委用。朝廷任用贤才，寤寐旁求，惟恐不及。封疆大吏均有荐贤之责，屡降谕旨，令各该督抚随时保奏，以备简任。而量才器使，如何录用，则黜陟之柄，操之自上，非臣下所能干预，故能纲纪整饬，在诸臣有荐贤之美，而无专擅之名。从前巡抚胡林翼荐举人才以救时艰，亦止胪列才行，听候朝廷录用，从未有指明某缺恳请简放者，故进贤甚多，而人心悦服。近来曾国藩、骆秉章屡奉谕旨，令其荐举贤才，该督等详审谨慎，不敢自专。曾国藩且有‘泛论人才则可，指明某缺则不可’之奏，杜渐防微，深得古大臣寅畏不敢自专之义。乃湖北省自本年以来，遇有该省藩臬总兵及请旨简放之道府缺出，往往仅保一员，恳请简放。朝廷因其期在得人，悉加优容，俯允所请。第恐各省纷纷效尤，不免有纲纪陵替之弊。官文、严树森在督抚中俱属亲信之员，如于所属文武员弁有堪备方面监司等职者，不妨于平时胪列密陈，方合以人事君之义，何得直待有缺始行保荐，在朝廷虽谅其无他，而于该督抚殊失寅畏之道。嗣后湖北省有才堪录用之员，着官文、严树森随时会同密陈，不得指明某缺恳请简放，以符定制。至员外郎范泰亨等三员，虽贤名素著，惟径请越级以道员补用，殊非明试以功之义。着俟到省后著有劳绩，再行具奏，庶各部司员不至心存希冀，以外间保举为捷径也。将此通谕知之。”（《清穆宗实录》卷49）

（同治元年十一月丁卯）以湖北荆宜施道厉云官署按察使。（《清穆宗实录》卷49）

（同治二年正月戊午）又谕："官文、严树森奏'请将声名平常、年衰体弱之知县分别降补休致'一折。湖北遇缺即补知县罗嘉穑虚浮诞伪，补用知县陈恩霈性情浮躁，均着以府经历县丞降补，陈恩霈着仍留云骑尉世职。应城县知县赵庆龄年力就衰，补用知县汪铭体弱多病，均着以原品休致，以肃官方。"（《清穆宗实录》卷55）

（同治二年正月己巳）两广总督刘长佑等奏："请将奉差在粤前任湖北按察使裕麟留于广东差委。"允之。（《清穆宗实录》卷56）

（同治二年二月辛巳）又谕："前因官文等奏，湖北署应城县知县景汇于失守县城后，旋即随同官军克复，请将该员革职留任，当经降旨允准。兹据吏部奏'该员克复城池后并未另有劳绩，与奏定章程不符'等语，署应城县长阳县知县景汇失守城池，例有应得之咎，惟该员与贼接仗，身受多伤，与空言随同克复者究属有间，景汇着仍照前旨，准其革职留任。"（《清穆宗实录》卷57）

（同治二年四月癸巳）实授湖北布政使唐训方安徽巡抚。（《清穆宗实录》卷64）

（同治二年四月乙未）以湖北荆宜施道厉云官为布政使，督粮道武蔚文为按察使。（《清穆宗实录》卷64）

（同治二年五月戊午）贵州布政使海瑛因病解职，以按察使龚自闳为布政使，前任湖北按察使裕麟为贵州按察使。（《清穆宗实录》卷67）

（同治二年五月癸酉）谕议政王、军机大臣等："有人奏'湖北臬司武蔚文年力恐难胜任'，并'请饬回籍道员唐启盛赴湖北差委'各折片。地方大吏办理公事，全视其精神能否周到，原不必拘定年岁，如其年老而精力不衰仍可肆应，即令其理繁治剧，亦不至以废弛贻误。若如折内所奏，武蔚文步履渐衰，于所属各员罕与接见情形，恐难得力。着官文、严树森查明该臬司年力果否衰颓，是否可胜臬司之任，于该省吏治防务是否尚能得力，均着据实复奏，毋稍徇隐。补用道员唐启盛前在署荆州守任内政声何如，于行军战守机宜是否洞晓，现在告假回籍后曾否销假回鄂，均着官文、严树森详细查明。如果该员政声素著、才品兼优，现尚未经销假，即着饬令仍赴湖北差委，俾得及时自效，毋任投闲置散。原折片各一件，均着钞给阅看，将此各谕令知之。"寻奏："遵查武蔚文现在精力尚堪胜臬司之任，于吏治防务不至贻误。唐际盛政声素著，才华肆应有余，惟于行军战守机宜尚不能洞彻，现饬假满回鄂，听候差委。"报闻。（《清穆宗实录》卷68）

（同治三年三月戊辰）命翰林院修撰孙家鼐提督湖北学政。（《清穆宗实录》卷98）

（同治三年三月戊辰）湖北按察使武蔚文因病解职，以候补布政使唐训方署湖北按察使。（《清穆宗实录》卷98）

（同治三年四月）壬午，谕内阁："贵州布政使龚自闳、湖北粮储道吴焯……均着开缺送部引见。（《清穆宗实录》卷100）

（同治三年四月癸巳）以广东布政使吴昌寿为湖北巡抚，未到任前，以署按察使唐训方暂署……（《清穆宗实录》卷101）

（同治三年七月庚戌）以直隶布政使郑敦谨为河东河道总督，湖北按察使唐训方为直隶布政使，湖北荆宜施道唐际盛为按察使。（《清穆宗实录》卷109）

（同治三年十一月庚戌）谕内阁："乔松年奏'遴员请补知府、同知、州县等缺'一折……所有该抚奏请升补太平府知府等缺之湖北补用同知唐景皋等，既据声称人地相需、才堪胜任，即着依拟分别升补、补授，以重地方。他省不得援以为例。（《清穆宗实录》卷121）

（同治四年三月丁未）以安徽按察使何璟为湖北布政使。（《清穆宗实录》卷133）

（同治四年四月己巳）以河南巡抚张之万署河东河道总督，调湖北巡抚吴昌寿为河南巡抚，以河东河道总督郑敦谨为湖北巡抚。（《清穆宗实录》卷135）

（同治四年闰五月戊子）命前任湖北布政使庄受祺、山东道员钟文赴钦差大臣曾国藩军营听候差委。（《清穆宗实录》卷143）

（同治四年十一月壬申）以户部右侍郎董恂为都察院左都御史，湖北巡抚郑敦谨为户部右侍郎，管钱法堂事。（《清穆宗实录》卷160）

（同治四年十一月壬申）擢直隶按察使李鹤年为湖北巡抚。（《清穆宗实录》卷160）

（同治五年正月丙戌）河南巡抚吴昌寿降调，调湖北巡抚李鹤年为河南巡抚，以前任山西巡抚曾国荃为湖北巡抚，调陕西巡抚赵长龄为山西巡抚，仍以刘蓉署陕西巡抚。（《清穆宗实录》卷167）

同治五年丙寅四月甲辰，谕内阁："安徽安庐道陈濬、江西盐法道吴集禧、陕西陕安道何丙勋、湖北郧阳府知府陈寿图……均着开缺送部引见。"（《清穆宗实录》卷175）

（同治五年七月乙丑）命湖北按察使唐际盛来京，以浙江盐运使李榕为湖北按察使。（《清穆宗实录》卷180）

（同治五年七月壬午）命湖北巡抚曾国荃帮办钦差大臣官文军务。（《清穆宗实录》卷181）

（同治六年正月丙寅）以江苏巡抚李鸿章为湖广总督，仍在营督办剿匪事宜。调湖南巡抚李瀚章为江苏巡抚，命署理湖广总督……（《清穆宗实录》卷194）

（同治六年十月）丁亥，以湖北按察使李榕为湖南布政使，湖北安襄郧荆道王文韶为按察使。（《清穆宗实录》卷213）

（同治六年十月丙申）湖北巡抚曾国荃因病解职，调广西巡抚郭柏荫为湖北巡抚，未到任前，以湖北布政使何璟护理。（《清穆宗实录》卷214）

（同治六年十一月庚午）署两湖总督李瀚章奏请令护理巡抚何璟兼理藩司。得旨："郭伯荫到任需时，何璟现在护理巡抚，未便兼理藩篆，湖北布政使着王文韶署理，其按察使印务，着该署督派员署理。"（《清穆宗实录》卷217）

（同治六年十二月丁酉）调署湖广总督江苏巡抚李瀚章为浙江巡抚，命署江苏巡抚郭柏荫赴湖北巡抚本任，以江苏布政使丁日昌为巡抚。（《清

穆宗实录》卷219)

(同治六年十二月庚子)以湖北巡抚郭柏荫署湖广总督,仍以湖北布政使何璟护巡抚。(《清穆宗实录》卷220)

(同治七年十二月丙寅)陕西布政使林寿图开缺养亲,以四川按察使翁同爵为陕西布政使,湖北安襄郧荆道英祥为四川按察使。(《清穆宗实录》卷249)

(同治八年正月壬寅)暂革湖南布政使李榕职,听候查办。以湖北按察使王文韶署湖南布政使。(《清穆宗实录》卷251)

(同治八年五月甲戌)以湖北按察使王文韶为湖南布政使,湖北荆宜施道张建基为按察使。(《清穆宗实录》卷258)

(同治八年八月甲子)调湖北布政使何璟为山西布政使,以湖北按察使张建基为布政使。(《清穆宗实录》卷265)

(同治八年八月乙丑)以记名按察使刘策先为湖北按察使。(《清穆宗实录》卷265)

(同治八年十二月甲辰)命协办大学士湖广总督李鸿章驰赴贵州督办军务。(《清穆宗实录》卷272)

(同治八年十二月甲辰)以浙江巡抚李瀚章署湖广总督,浙江布政使杨昌濬署巡抚。(《清穆宗实录》卷272)

同治九年庚午二月壬子,谕内阁:"协办大学士湖广总督李鸿章着带

兵先赴陕西，督办该省援剿事宜，俟陕西肃清，仍即驰赴贵州督办军务。”（《清穆宗实录》卷277）

（同治九年八月丁酉）调直隶总督曾国藩为两江总督，未到任前，以江宁将军魁玉兼署。调湖广总督李鸿章为直隶总督。以浙江巡抚李瀚章为湖广总督，浙江布政使杨昌濬为巡抚。（《清穆宗实录》卷288）

（同治九年闰十月丁亥）湖广总督李瀚章陛见，以湖北巡抚郭柏荫兼署湖广总督。（《清穆宗实录》卷295）

（同治十年二月己巳）又谕：“前据李瀚章、郭柏荫奏‘湖北汉黄德道员缺，拣调无人，请以李明墀补授是缺’，经吏部议，以与例不符驳令另行拣员请补。兹据李瀚章、郭柏荫奏称‘湖北实缺道员中，实无堪调是缺之员，汉黄德道政务殷繁，且有中外交涉事件。李明墀现署是缺，熟悉情形，请仍以该员补授’等语，着吏部议奏。另片奏‘汉黄德道一缺，请查照题调要缺之例，先尽实缺拣调。如无员可调，或以候补道员请补，或以现任知府请升，或酌保数员开单请简’等语。道府员缺或题或调均有定章，所请酌保数员开单请简之处，殊于定例不合，着毋庸议。其请变通汉黄德道章程，或以候补道员请补，或以现任知府请升之处，着吏部议奏。”（《清穆宗实录》卷304）

（同治十年三月）戊申，谕内阁：“吏部奏‘遵议湖北汉黄德道一缺，前已奏定改为由外调补，不得作为题补之缺，李瀚章等请以候补道李明墀补授是缺，与奏定改缺原案不符。至该督等奏请变通汉黄德道补缺章程，既与前次奏案相背，且甫经改定，未便又议更张’等语。湖北汉黄德道一缺，李明墀例不应补，自应照章议驳。惟据该督等声称是缺政务殷繁，且有中外交涉事件，李明墀情形熟悉，实属人地相宜，着照所请，即以李明墀补授汉黄德道员缺，嗣后不得援以为例。”（《清穆宗实录》

卷307）

（同治十年七月丁巳）以湖北荆宜施道恭镗为奉天府府尹。（《清穆宗实录》卷316）

（同治十年十二月乙亥）又谕："李瀚章、郭柏荫奏'请将庸劣不职各员分别降革'一折。湖北请补德安府同知，遇缺即补。同知直隶州知州李玉墀行止诡诈、声名平常，候补知县左逢泰心地糊涂、举止轻浮，均着即行革职。前署麻城县知县候补知县张鸿举才识平庸、不胜民社之任，着以府经历县丞降补，以示惩儆。"（《清穆宗实录》卷326）

（同治十二年三月壬午）湖北布政使张建基因病解职，以前任甘肃布政使林之望为湖北布政使。（《清穆宗实录》卷350）

（同治十二年五月）己卯，以江苏江安粮道王大经为湖北按察使。（《清穆宗实录》卷352）

（同治十二年十二月戊子）湖北巡抚郭柏荫因病解职，以湖南布政使吴元炳为湖北巡抚，湖南按察使涂宗瀛为布政使……（《清穆宗实录》卷360）

（同治十三年九月丁未）以安徽巡抚英翰为两广总督，未到任前，以广东巡抚张兆栋兼署。调湖北巡抚吴元炳为安徽巡抚。以前任陕西巡抚翁同爵为湖北巡抚，未到任前，以湖广总督李瀚章兼署。（《清穆宗实录》卷371）

（光绪元年二月癸未）陕西巡抚邵亨豫因病解职，以前湖北巡抚曾国荃为陕西巡抚。现月　（《清德宗实录》卷4）

（光绪元年四月庚辰）以湖北郧阳府知府庆裕为奉天府府尹，未到任以前，命岐元署理。现月档 （《清德宗实录》卷7）

（光绪元年五月壬子）命湖广总督李瀚章前往云南查办事件，以湖北巡抚翁同爵兼署湖广总督。现月档 （《清德宗实录》卷10）

（光绪元年八月丁卯）命湖北布政使林之望、江苏按察使应宝时均开缺来京，另候简用。以安徽按察使孙衣言为湖北布政使，江苏遇缺即补道勒方锜为江苏按察使。（《清德宗实录》卷15）

（光绪元年十二月）丁丑，谕内阁："崇实等奏'筹办边务请饬调员差委'等语……湖北候补知州李钠、候补知县张锡銮、丁忧回河南原籍湖北郧县知县章樾，着直隶总督，热河都统，湖北、河南各巡抚，分饬各该员等克日启程，驰赴奉天，交崇实等差委。"现月 （《清德宗实录》卷23）

（光绪元年十二月壬午）四川总督吴棠因病乞休，调湖广总督李瀚章为四川总督，以湖北巡抚翁同爵兼署湖广总督。现月 （《清德宗实录》卷24）

（光绪二年四月）乙亥，谕内阁："翁同爵奏'请将平庸不职及年力就衰并人地不宜之州县，分别降调、休致、改补'一折。湖北武昌县知县张炅赋性鄙琐、不洽舆情，黄梅县知县覃瀚元声名平常、办事粗率，均着以府经历县丞降补。钟祥县知县郑燡林、天门县知县傅诗皆年近七旬，精力衰颓，均着以原品休致。广济县知县李裕后才具迂拘，监利县知县谢家兰赋性固执、不堪繁剧，均着开缺，以简缺改补。兴国州知州燕永烈办案轻忽，通城县知县陈惟谟才少历练，蕲水县知县徐兆英性情

软弱，京山县知县张金澜事鲜振作，石首县知县雷登蟾才欠开展，均着开缺，酌量补用。”现月 （《清德宗实录》卷29）

（光绪二年九月戊辰）调四川总督李瀚章为湖广总督，以山东巡抚丁宝桢为四川总督……现月 （《清德宗实录》卷40）

（光绪三年二月甲辰）调湖北布政使孙衣言为江宁布政使，以开缺福建布政使潘霨为湖北布政使。（《清德宗实录》卷48）

（光绪三年四月己丑）谕内阁：“李瀚章奏‘请调员差委’等语。浙江候补知县盛宇怀，着浙江巡抚饬令该员迅赴湖北，交李瀚章等差遣委用。”现月 （《清德宗实录》卷50）

（光绪三年八月乙未）以前陕西巡抚邵亨豫为湖北巡抚。现月 （《清德宗实录》卷55）

（光绪三年八月壬子）派吏部右侍郎崇绮、湖北巡抚邵亨豫赴河南查办事件，以湖广总督李瀚章兼署湖北巡抚。现月 （《清德宗实录》卷56）

（光绪三年九月丁巳）以新疆后路筹兵转饷出力，赏太仆寺卿刘典头品顶戴，陕西巡抚谭钟麟花翎……湖南道员王加敏改留湖北，以道员遇缺尽先题奏。剿捕 （《清德宗实录》卷57）

（光绪四年三月己未）调湖北巡抚邵亨豫为湖南巡抚，以湖北布政使潘霨署湖北巡抚。（《清德宗实录》卷69）

（光绪四年三月己巳）又谕：“本月初九日，有旨令邵亨豫调补湖南巡抚，湖北巡抚已命潘霨署理。该藩司署任后，于巡抚应办事宜能否措

置裕如、悉臻妥协，着李瀚章随时随事留心察看，据实奏闻。将此密谕知之。”现月 （《清德宗实录》卷70）

（光绪四年七月辛亥）实授潘霨为湖北巡抚。（《清德宗实录》卷76）

（光绪四年七月辛亥）以湖北按察使王大经为湖北布政使，四川川东道姚觐元为湖北按察使。现月 （《清德宗实录》卷76）

（光绪五年闰三月甲申）以直隶布政使周恒祺为山东巡抚。调浙江布政使任道镕为直隶布政使。以……湖北荆宜施道孙家谷为浙江按察使……现月 （《清德宗实录》卷91）

（光绪五年四月庚申）谕内阁：“李瀚章等奏‘查明衰庸不职各员，请旨勒令休致’等语。湖北坐补东湖县知县金大镛老态龙钟，南漳县知县陈祖心病势缠绵，均着勒令休致，以肃官方。”现月 （《清德宗实录》卷93）

（光绪六年正月壬午）又谕：“李瀚章等奏‘请将知府勒令休致’等语。湖北宜昌府知府贾万青才短识暗、办事颟顸，着即勒令休致，以肃官常。”记注 （《清德宗实录》卷107）

（光绪六年正月癸巳）以江西布政使彭祖贤为湖北巡抚。记注 （《清德宗实录》卷108）

（光绪六年正月癸巳）以彭祖贤尚未到任，命湖广总督李瀚章兼署湖北巡抚。记注 （《清德宗实录》卷108）

（光绪六年二月庚子）以江苏淮扬海道庞际云为湖北按察使。现月

（《清德宗实录》卷109）

（光绪六年三月己卯）以湖北武昌盐法道蒯德标署湖北按察使。（《清德宗实录》卷111）

（光绪六年五月）壬辰，以湖北安襄郧荆道方大湜为直隶按察使。现月 （《清德宗实录》卷113）

（光绪六年九月戊寅）谕军机大臣等："鲍超奏'请调员来营'等语。候补主事陈昌、前湖北监利县知县黎埗均在四川原籍，着丁宝桢饬令该员等迅速前赴鲍超军营。将此谕令知之。"洋务 （《清德宗实录》卷119）

（光绪七年八月壬申）以湖北按察使庞际云为湖南布政使，湖北盐法道蒯德标为湖北按察使。记注现月 （《清德宗实录》卷134）

（光绪八年正月辛亥）漕运总督周恒祺因病乞休，以广西巡抚庆裕为漕运总督，广西布政使倪文蔚为广西巡抚，湖北安襄郧荆道徐延旭为广西布政使。现月 （《清德宗实录》卷142）

（光绪八年三月乙未）以湖南巡抚涂宗瀛为湖广总督，未到任前，以湖北巡抚彭祖贤兼署，以前福建巡抚卞宝第为湖南巡抚。现月 （《清德宗实录》卷144）

（光绪八年十月乙亥）以前湖北巡抚潘霨为江西巡抚。记注 （《清德宗实录》卷153）

（光绪九年正月甲午）湖北布政使王大经因病解职，以湖北按察使蒯德标为布政使，以安襄郧荆道黄彭年为按察使。现月 （《清德宗实录》

卷 158)

(光绪九年五月壬寅)湖广总督涂宗瀛因病乞休，以湖南巡抚卞宝第署湖广总督，前云南巡抚潘鼎新署湖南巡抚。现月 (《清德宗实录》卷 163)

(光绪九年十月丁丑)署湖广总督卞宝第奏："请将总兵刘福兴留两湖差委。"允之。折包 (《清德宗实录》卷 172)

(光绪十年七月壬戌)以记名提督吴凤柱署湖北提督。折包 (《清德宗实录》卷 190)

(光绪十一年二月乙未)命湖南巡抚卞宝第回任，以安徽巡抚裕禄署湖广总督……现月 (《清德宗实录》卷 204)

(光绪十一年二月丁酉)以云南布政使刚毅为山西巡抚，广东按察使沈镕经为云南布政使，湖北荆宜施道于荫霖为广东按察使。现月 (《清德宗实录》卷 204)

(光绪十一年七月)甲辰，谕军机大臣等："户部总理各国事务衙门奏'请催解东北边防经费'一折……着该将军、督抚、监督，将欠解银两赶紧筹解，倘再迟延，即着户部照贻误京饷例，指名严参。原单着分别摘钞，给与阅看。将此由五百里谕知福州将军，直隶、两江、闽浙、湖广、两广、四川、江苏、浙江、安徽、江西、福建、湖北、湖南、广东、河南、山东各督抚，并传谕粤海关监督知之。"现月 (《清德宗实录》卷 211)

(光绪十一年八月丁卯)调奉天府府丞兼学政朱以增为顺天府府丞……命……翰林院编修张仁黼提督湖北学政……现月 (《清德宗实录》

卷 213)

(光绪十一年十月己丑)以江苏布政使谭钧培为湖北巡抚，未到任前，以湖广总督裕禄兼署。现月　(《清德宗实录》卷 218)

(光绪十一年十二月癸酉)调湖北按察使黄彭年为陕西按察使，陕西按察使温忠翰为湖北按察使。现月　(《清德宗实录》卷 221)

(光绪十二年五月癸巳)广东巡抚倪文蔚因病解职，调湖北巡抚谭钧培为广东巡抚。现月　(《清德宗实录》卷 228)

(光绪十二年五月甲午)以直隶布政使奎斌为湖北巡抚，调湖南布政使松椿为直隶布政使……现月　(《清德宗实录》卷 228)

(光绪十二年八月丙子)湖北按察使温忠翰因病解职，以山东盐运使福润为湖北按察使。现月　(《清德宗实录》卷 231)

(光绪十二年十一月甲寅)调湖北按察使福润为山东按察使，山东按察使成允为湖北按察使。现月　(《清德宗实录》卷 235)

(光绪十三年正月癸丑)实授裕禄为湖广总督。现月(《清德宗实录》卷 238)

(光绪十三年七月甲戌)命两江总督曾国荃来京陛见，调湖广总督裕禄署两江总督，兼办理通商事务大臣。现月　(《清德宗实录》卷 245)

(光绪十三年十月)乙未，谕内阁："倪文蔚奏'调员差遣'等语。湖北候补道陈建侯、在籍直隶州知州何嗣焜，着奎斌、崧骏饬令各该员

迅赴河南，交倪文蔚差遣委用。”现月　（《清德宗实录》卷 248）

（光绪十四年三月丙子）命河南开归陈许道鞠捷昌、广东肇阳罗道孔宪穀、湖北荆宜施道广毓、广东雷州府知府成治，开缺送部引见。现月　（《清德宗实录》卷 253）

（光绪十四年九月甲戌）以前湖广总督李瀚章为漕运总督，未到任前以淮扬海道徐文达暂行护理。现月　（《清德宗实录》卷 259）

（光绪十五年六月丁丑）调湖北布政使蒯德标为福建台湾布政使，以云南按察使邓华熙为湖北布政使，福建盐法道岑毓宝为云南按察使。现月　（《清德宗实录》卷 271）

（光绪十五年七月甲寅）以湖广总督裕禄为盛京将军。现月　（《清德宗实录》卷 272）

（光绪十五年七月丙辰）调两广总督张之洞为湖广总督，漕运总督李瀚章为两广总督。现月　（《清德宗实录》卷 272）

（光绪十五年十一月）己酉，谕内阁："张之洞奏'调员差委'等语。候选道蔡锡勇、山西候补道陈占鳌、候选知府沈嵩龄、广东候补知州凌兆熊、候补知县赵凤昌、江苏补用知县薛培榕均着发往湖北，交张之洞差遣委用。"现月　（《清德宗实录》卷 276）

（光绪十五年十二月壬申）以甘肃布政使谭继洵为湖北巡抚。现月　（《清德宗实录》卷 278）

（光绪十六年正月戊申）改丁忧湖北宜昌镇总兵罗缙绅为署任。现月

（《清德宗实录》卷280）

（光绪十六年闰二月乙丑）（湖广总督张之洞）又奏："请饬催江苏知县薛培榕来鄂差委。"得旨："薛培榕业经李瀚章奏准暂留广东，着毋庸调赴湖北。"（《清德宗实录》卷282）

（光绪十六年八月庚戌）调湖北布政使邓华熙为江苏布政使，江苏布政使黄彭年为湖北布政使。现月 （《清德宗实录》卷288）

（光绪十六年十月壬子）广东布政使蒯德标因病解职，以湖北按察使成允为广东布政使，前浙江按察使陈宝箴为湖北按察使。现月 （《清德宗实录》卷290）

（光绪十六年十二月癸丑）以广东按察使王之春为湖北布政使。现月 （《清德宗实录》卷292）

（光绪十七年五月）庚寅，谕内阁："户部奏'稽查云南运铜各员期满，请旨更换'一折……该部查照例案，将经过之四川、湖北、江苏、直隶等省藩臬开列名单，请旨更换。四川着派德寿，湖北着派王之春……即责成各该员严饬各道府及沿途地方文武员弁，认真稽查……（《清德宗实录》卷297）

（光绪十八年正月己卯）湖广总督张之洞等奏："湖北人员拥挤，捐纳保举道府等官，请停分发一年。"下吏部议。（《清德宗实录》卷307）

（光绪十九年二月戊午）以捐助直赈，予江西知县何其坦俟补缺后在任以道员即选。复降调前任湖北孝感县知县亢廷镛原官。（《清德宗实录》卷321）

（光绪十九年十月戊辰）以湖广总督张之洞兼署湖北巡抚。现月（《清德宗实录》卷329）

（光绪二十年五月）辛丑，谕内阁："户部奏'稽查云南、贵州两省铜铅运务各员期满，请旨更换'一折……该部查照例案，将经过之四川、湖北、江苏、直隶等省藩臬开列名单，请旨更换。四川着派王毓藻、湖北着派陈宝箴……即责成各该员严饬各道府及沿途地方文武员弁认真稽查，催趱护送前进。如有无故逗遛及盗卖短少等弊，详报该督抚严行参办。沿途应需水师照料之处，即由派出之员，详咨前途督抚及水师提督调遣……现月（《清德宗实录》卷341）

（光绪二十年十月丙辰）又谕："电寄张之洞。据电奏'调员差委'等语，朱采、黄遵宪均着准其调用，其新加坡总领事，即由该督电知龚照瑗改派。所请李先义在粤募勇五六营赴江，应需饷项，着电商李瀚章借拨。又请调江汉关税务司穆和德，已饬总理衙门传谕赫德办理矣。"电寄（《清德宗实录》卷351）

（光绪二十年十月戊午）以湖北按察使陈宝箴为直隶布政使。现月（《清德宗实录》卷351）

（光绪二十年十月己未）以福建盐法道龙锡庆为湖北按察使。现月（《清德宗实录》卷352）

（光绪二十年十一月己亥）又谕："电寄谭钟麟。龙锡庆前已简放湖北按察使，着谭钟麟传知该臬司速赴新任，毋庸来京请训。"电寄（《清德宗实录》卷354）

（光绪二十一年七月甲子）以湖北按察使龙锡庆为浙江布政使，湖北汉黄德道恽祖翼为湖北按察使。现月　（《清德宗实录》卷373）

（光绪二十一年十一月甲寅）命两江总督刘坤一、湖广总督张之洞各回本任。现月　（《清德宗实录》卷380）

（光绪二十一年十二月庚寅）又谕："电寄王之春。着暂缓交卸启程，仍在鄂候旨。"电寄　（《清德宗实录》卷382）

（光绪二十二年十月甲子）以湖北按察使恽祖翼为浙江布政使，江苏江安粮道马恩培为湖北按察使。现月　（《清德宗实录》卷396）

（光绪二十三年五月辛亥）谕内阁："户部奏'稽查云南、贵州两省铜铅运务各员，期满请旨更换'一折……该部查照例案，将经过之四川、湖北、江苏、直隶等省藩臬各员开列名单，请旨更换。四川着派裕长，湖北着派王之春……即责成各该员严饬各道府及沿途地方文武员弁认真稽查，催趱护送前进。如有无故逗遛及盗卖短少等弊，详报该督抚严行参办。沿途应需水师照料之处，即由派出之员详咨前途督抚及水师提督调遣……（《清德宗实录》卷405）

（光绪二十三年十一月癸卯）调湖北布政使王之春为四川布政使，直隶布政使员凤林为湖北布政使，四川布政使裕长为直隶布政使。现月（《清德宗实录》卷412）

（光绪二十四年四月）丁酉，湖北按察使马恩培因病解职，以湖北汉黄德道瞿廷韶为湖北按察使。现月　（《清德宗实录》卷418）

（光绪二十四年八月辛丑）赏前湖广道御史文悌以知府候补。阁抄

（《清德宗实录》卷427）

（光绪二十四年八月癸卯）湖北布政使员凤林因病解职，以病痊前奉天府府尹善联为湖北布政使。外记注　（《清德宗实录》卷428）

（光绪二十四年十二月丙戌）以云南布政使于荫霖为湖北巡抚。（《清德宗实录》卷435）

（光绪二十五年五月丁未）又谕："本日召见之浙江候补道刘祖桂着交军机处存记。该员在湖北有经手事件，着仍交张之洞等差遣委用。"现月　（《清德宗实录》卷444）

（光绪二十六年二月庚辰）调广东提督张春发为湖北提督，未到任前，以湖广总督张之洞兼署。现月　（《清德宗实录》卷459）

（光绪二十六年三月丁巳）以委办厘局不实不尽，革湖北试用知府丁柔克、大挑知县刘震岳职，并讯办。折包　（《清德宗实录》卷461）

（光绪二十六年七月）庚戌，谕军机大臣等："王之春奏'增兵设防，请调员差委'等语。在籍翰林院编修蔡金台、选用道张祖同、湖北补用直隶州诸可权、湖北候补知县李昌洵均着准其调赴安徽，差遣委用。至所请已革道员刘作樑投效之处，着毋庸议。将此谕令知之。"现月　（《清德宗实录》卷466）

（光绪二十六年闰八月乙巳）又谕："岑春煊奏'调员差遣'一折。除广西思恩府知府余诚格系实缺人员不准奏调外，所有湖北候补道陈芝诰、副将王世雄，着湖北、两江各督抚饬令各该员前往陕西，交岑春煊差遣委用。"现月　（《清德宗实录》卷470）

（光绪二十六年闰八月丙辰）调湖北巡抚于荫霖为河南巡抚，河南巡抚裕长为湖北巡抚。现月　（《清德宗实录》卷471）

（光绪二十六年闰八月庚申）又谕："电寄于荫霖。于荫霖现已调补河南巡抚，该省地方紧要，着即日交卸，迅速赴任，妥筹办理，毋稍延缓。湖北巡抚着张之洞暂行兼署。"电谕　（《清德宗实录》卷471）

（光绪二十六年九月己丑）调四川布政使周馥为直隶布政使，以前湖北布政使员凤林为四川布政使。现月　（《清德宗实录》卷473）

（光绪二十六年九月甲午）命湖北巡抚裕长开缺另候简用，调江西巡抚景星为湖北巡抚……（《清德宗实录》卷473）

（光绪二十六年十一月辛巳）以奉委招摇，革湖北试用知县张巽亮、补用县丞陈长卿职。折包　（《清德宗实录》卷475）

（光绪二十六年十二月己酉）以湖北按察使瞿廷韶为湖北布政使。现月　（《清德宗实录》卷476）

（光绪二十六年十二月庚戌）以江西督粮道李岷琛为湖北按察使。（《清德宗实录》卷476）

（光绪二十六年十二月辛亥）以江苏布政使聂缉椝为湖北巡抚……（《清德宗实录》卷476）

（光绪二十六年十二月癸丑）命福州将军景星即赴新任，以湖广总督张之洞兼署湖北巡抚。（《清德宗实录》卷477）

（光绪二十七年正月庚辰）调江苏巡抚松寿为河南巡抚，湖北巡抚聂缉椝为江苏巡抚，河南巡抚于荫霖为湖北巡抚。现月 （《清德宗实录》卷478）

（光绪二十七年二月壬子）命广西巡抚黄槐森开缺候简，调湖北巡抚于荫霖为广西巡抚。现月 （《清德宗实录》卷480）

（光绪二十七年二月癸丑）以开缺山西巡抚锡良为湖北巡抚。现月 （《清德宗实录》卷480）

（光绪二十七年三月辛巳）命湖北巡抚锡良开缺候简。以护理陕西巡抚端方为湖北巡抚，陕西布政使升允署陕西巡抚。（《清德宗实录》卷481）

（光绪二十七年四月辛丑）调河东河道总督任道镕为浙江巡抚，以前湖北巡抚锡良为河东河道总督。现月 （《清德宗实录》卷482）

（光绪二十七年五月）庚午，召见直隶候补道吴永。得旨："着以道员发往湖北，并交军机处存记。"（《清德宗实录》卷483）

（光绪二十七年五月）己丑，谕内阁："王之春奏'遵保文武各员请旨录用'一折……湖北补用同知直隶州诸可权……均着交军机处存记。现月 （《清德宗实录》卷483）

（光绪二十七年十月戊戌）以不知检束，革湖北兴国营参将唐涂职。折包 （《清德宗实录》卷488）

（光绪二十七年十月壬子）复已革湖北补用知府前广济县知县彭广心

职。现月 （《清德宗实录》卷488）

（光绪二十七年十月）乙卯，召见湖北候补道钱绍桢。得旨："着交军机处存记。"（《清德宗实录》卷488）

（光绪二十七年十月丙辰）召见翰林院编修王同愈。得旨："着发往湖北交张之洞差遣。"（《清德宗实录》卷488）

（光绪二十七年十二月甲寅）又谕："前户部尚书立山之子、奉宸苑员外郎联荣，着以郎中补用。前兵部尚书徐用仪之子、户部主事徐士钟，着以员外郎补用。前吏部左侍郎许景澄之子、湖北候补知县许鼎钧，着以直隶州知州补用。前内阁学士联元之子、笔帖式椿寿，着以主事补用。前太常寺卿袁昶之子、刑部主事袁允橚，着以员外郎补用。"现月 （《清德宗实录》卷492）

（光绪二十八年三月乙亥）准湖南在籍前湖北候补道周乐，重与鹿鸣筵燕，赏三品卿衔。现月 （《清德宗实录》卷497）

（光绪二十八年六月辛亥）命湖广总督张之洞充督办商务大臣。现月 （《清德宗实录》卷501）

（光绪二十八年九月癸亥）调湖广总督张之洞署两江总督，以湖北巡抚端方兼署湖广总督。现月 （《清德宗实录》卷505）

（光绪二十八年十一月乙亥）兼署湖广总督湖北巡抚端方奏："宜都县知县李天柱循声卓著，现在签升京职，请开缺，仍留鄂省差遣。"允之。折包 （《清德宗实录》卷508）

（光绪二十八年十二月辛丑）兼署湖广总督湖北巡抚端方奏："卢汉铁路应征厘税事宜，须早筹定。"报闻。折包 （《清德宗实录》卷509）

（光绪二十八年十二月壬子）调陕西按察使樊增祥为浙江按察使，以湖北武昌盐法道许涵度为陕西按察使。现月 （《清德宗实录》卷510）

（光绪二十九年正月丙寅）安徽布政使员凤林因病解职，以安徽按察使联魁为安徽布政使，湖北荆宜施道濮子潼为安徽按察使。现月 （《清德宗实录》卷511）

（光绪二十九年二月壬子）以湖北安襄郧荆道朱其煊为福建按察使。（《清德宗实录》卷512）

（光绪二十九年三月辛酉）署湖广总督端方奏："改设夏口抚民同知，仍请以冯启钧补授。"允之。折包 （《清德宗实录》卷513）

（光绪二十九年五月辛未）引见候选道梁敦彦。得旨："着发往湖北，以道员补用，并交军机处存记。"现月 （《清德宗实录》卷516）

（光绪二十九年闰五月癸巳）谕军机大臣等："电寄端方。道员魏瀚已有旨，饬令会办船政事宜，该员现在湖北当差，着端方传谕，迅赴福建接办。"电寄 （《清德宗实录》卷517）

（光绪二十九年闰五月丁酉）以湖北按察使李岷琛为江西布政使，江西督粮道宝棻为湖北按察使。现月 （《清德宗实录》卷517）

（光绪二十九年六月戊午）调江西布政使李岷琛为湖北布政使，以直隶按察使杨士骧为江西布政使。调湖北按察使宝棻为直隶按察使，以湖

北汉黄德道岑春蓂为湖北按察使。现月 （《清德宗实录》卷518）

（光绪二十九年八月丁巳）又谕："电寄柯逢时。电悉。时艰饷绌，大异从前，该抚务当力任其难，迅速赴任筹办。湖北试用同知姜恩治工防一营准其调往，余着户部将议奏各节行知查照。"电寄 （《清德宗实录》卷520）

（光绪三十年十一月癸卯）以翻译勤慎，予荆州驻防笔帖式佈叶春以主事升用。折包 （《清德宗实录》卷538）

（光绪三十年十二月）丙午，谕内阁："史念祖着赏给道员，发往湖北，交张之洞差遣委用。"（《清德宗实录》卷539）

（光绪三十年十二月庚戌）调山东布政使黄建筦为江宁布政使。以山东按察使尚其亨为山东布政使。调山西布政使吴廷斌为云南布政使，云南布政使张绍华为山西布政使。以湖北荆宜施道余肇康为山东按察使。（《清德宗实录》卷539）

（光绪三十年十二月己巳）吏部奏："湖北武昌道遗缺，应否归选？"得旨："着照专例办理，其不在专例内者，仍照奏定章程办理。"（《清德宗实录》卷540）

（光绪三十一年五月辛丑）（盛京将军赵尔巽）又奏："请调京外人员内阁中书沈兆祉等二十六员以资任使。"又奏："请调署广西右江镇总兵黄忠浩办理营务，湖北道员史念祖、襄阳府知府邓嘉缜、广西南宁府知府王人文赴奉办理善后事宜。"……均如所请行。随手 （《清德宗实录》卷545）

（光绪三十一年九月辛巳）广西巡抚李经羲因病解职，调署贵州巡抚林绍年为广西巡抚，以湖北按察使岑春蓂署贵州巡抚，以奉天驿巡道增韫署湖北按察使。现月 （《清德宗实录》卷549）

（光绪三十一年九月癸未）以直隶按察使宝棻为浙江布政使，调署湖北按察使增韫为直隶按察使。现月 （《清德宗实录》卷549）

（光绪三十二年正月甲午）浙江按察使王仁宝因病解职，调湖南按察使颜钟骥为浙江按察使，以湖北汉黄德道继昌为湖南按察使。现月 （《清德宗实录》卷554）

（光绪三十二年四月丁巳）以署湖南按察使张鹤龄为奉天提学使……翰林院侍读学士黄绍箕为湖北提学使……现月 （《清德宗实录》卷558）

（光绪三十二年七月壬子）以湖北安襄郧荆道梁鼎芬为湖北按察使。（《清德宗实录》卷562）

（光绪三十三年五月辛丑）命湖广总督张之洞协办大学士。现月 （《清德宗实录》卷573）

（光绪三十三年六月癸酉）授协办大学士张之洞为大学士，仍留湖广总督任……现月 （《清德宗实录》卷575）

（光绪三十三年七月丁巳）以山东巡抚杨士骧署直隶总督，山东布政使吴廷斌署山东巡抚，调四川总督赵尔巽为湖广总督……现月 （《清德宗实录》卷576）

（光绪三十三年十月）辛巳，谕军机大臣等："都察院代奏四川在京铁路股东截取州同邓代聪等呈称‘川汉铁路款蚀工悬，请简重臣督办’一折……兹该职商等复行具呈妄渎，请另派重臣督办，并牵及鄂省由汉口上通宜昌之铁路，均拟招股与川省合办，不欲川鄂两省督臣与闻，尤属越俎垄断，谬妄支离，难保无挟私牟利情弊。所呈均着毋庸置议。”现月　（《清德宗实录》卷581）

（光绪三十三年十一月癸丑）验放各省明保人员。得旨：“道员王元常着发往湖北以道员补用……”（《清德宗实录》卷583）

（光绪三十三年十二月癸未）湖北按察使梁鼎芬因病解职，以湖北荆宜施道陈夔麟为湖北按察使。现月　（《清德宗实录》卷585）

（光绪三十四年正月戊戌）以湖北候补道高凌霨为湖北提学使。现月　（《清德宗实录》卷586）

（光绪三十四年二月庚申）调湖广总督赵尔巽为四川总督，四川总督陈夔龙为湖广总督。现月　（《清德宗实录》卷587）

（光绪三十四年二月戊辰）调贵州按察使杨文鼎为湖北按察使，以吏部左丞常裕为贵州按察使。现月　（《清德宗实录》卷587）

（光绪三十四年二月戊辰）调江西按察使陆钟琦为湖南按察使，湖北按察使陈夔麟为江西按察使。现月　（《清德宗实录》卷587）

（光绪三十四年五月）癸巳，谕内阁：“自咸丰同治以来，发、捻、回各匪扰乱各省，陆续戡定，其文武大员勋绩卓著者，皆已懋赏酬庸，或锡予爵职。现计阅时五十余年，各勋臣子孙，其名位显达者固不乏人，而浮沉下位、伏处乡里者亦复不少。方今朝廷保民绥边，锐意尚武，闻鞶思将，弥念前劳，当经谕令各省督抚、各旗都统，将勋绩尤为卓越诸臣后裔，查明有何官职汇报。兹据军机大臣开单呈览，自应渥沛恩施……前湖北提督向荣之曾孙向楷着以知府分省即补，向迺全着以主事补用……前兵部尚书彭玉麟之次孙、湖北补用道彭见绥着以道员记名简放，曾孙彭万澂着以主事分部补用……现月　（《清德宗实录》卷591）

（光绪三十四年七月）丁酉，谕军机大臣等："电寄赵尔巽。电悉。所请以王秉恩充驻宜昌铁路总理、洪子祁帮办路工、杜成章管理路款各差，着照所请。该部知道。"（《清德宗实录》卷594）

（光绪三十四年十二月丙寅）引见第三期保荐人员。得旨："署外务部右丞外务部右参议张荫棠，着以外务部左右丞请旨简放……湖北候补道钱绍桢着以道员记名简放……"现月　（《宣统政纪》卷4）

（宣统元年九月丙辰）又谕："电寄陈夔龙。袁树勋电奏'请调湖北道员梅光羲来粤，充审判厅筹办处会办'等语，着陈夔龙转饬该员迅速赴粤。"（《宣统政纪》卷21）

（宣统元年九月庚申）谕军机大臣等："电寄陈夔龙。电奏悉，湖北道员梅光羲既经袁树勋奏调广东差委，着仍遵前旨赴粤，所请留于原省委用之处，着毋庸议。"电寄　（《宣统政纪》卷21）

（宣统元年九月辛未）湖北布政使李岷琛因病解职，以湖北按察使杨文鼎为布政使，直隶清河道李树棠为湖北按察使。（《宣统政纪》卷22）

（宣统元年十月丁亥）调湖广总督陈夔龙为直隶总督兼北洋大臣，未到任以前，以布政使崔永安暂行护理。（《宣统政纪》卷23）

（宣统元年十月丁亥）以江苏巡抚瑞澂署湖广总督，调山西巡抚宝棻为江苏巡抚，以山西布政使丁宝铨为山西巡抚。（《宣统政纪》卷23）

（宣统元年十月）戊子，谕军机大臣等："电寄陈夔龙。瑞澂、宝棻均着迅速来京陛见。湖广总督着杨文鼎暂行护理，江苏巡抚着陆钟琦暂行护理。"（《宣统政纪》卷23）

（宣统元年十一月乙丑）调署湖广总督江苏巡抚瑞澂奏："请将候补知府应德闳留苏，仍办清理财政事宜。"得旨："仍遵前旨，饬应德闳赴滇差委，所请留苏之处，着毋庸议。"折包 （《宣统政纪》卷26）

（宣统元年十二月丁亥）擢陕西陕安道沈潜为湖北按察使。现月（《宣统政纪》卷27）

（宣统元年十二月）戊子，谕内阁："前经查明咸丰同治以来，戡定发、捻、回各匪，文武大员之子孙，业已加恩录用。兹据续行查出各员，自应一体施恩……前浙江提督邓绍良之长孙、湖北候补通判邓世勋，着以直隶州知州仍留原省即补……前工部左侍郎吕贤基之嫡长曾孙、承袭骑都尉兼一云骑尉湖北候补知府吕美璟，着以知府仍留原省即补……前署贵州巡抚韩超之孙、湖北候补主簿选用知县升用直隶州知州韩方朴，着以知府遇缺即选……用示朝廷培植世臣、激励将士之至意。"现月（《宣统政纪》卷27）

（宣统二年正月乙丑）以四川松潘镇总兵张彪为湖北提督。（《宣统政纪》卷30）

（宣统二年二月辛巳）引见州县事实最优等在任候选道湖北宜都县知县王国铎。得旨："着在任以道员尽先补用。"现月 （《宣统政纪》卷31）

（宣统二年三月）丁巳，谕军机大臣等："电寄瑞澂等，据电奏'湘省善后交涉事宜，亟须妥员赞助，由瑞澂檄委前署江汉关道吴肇邦、湖北候补道黄以霖、李保洤、徐之棨，候选道王得庚，随同杨文鼎前往湖南，听候差委'等语，着照所请。"电寄 （《宣统政纪》卷33）

（宣统二年三月丁卯）以武昌盐法道马吉樟为湖北按察使。现月 （《宣统政纪》卷33）

（宣统二年五月乙巳）引见廷试游学毕业生。得旨："进士项骧、林大间、程鸿书、陈箓、唐有恒、刘钟华均着授为翰林院编修……湖北补用知县曹濬湘着仍以知县归原省补用……现月 （《宣统政纪》卷36）

（宣统二年五月戊申）实授瑞澂为湖广总督，杨文鼎为湖南巡抚。现月 （《宣统政纪》卷36）

（宣统二年五月己酉）以顺天府府尹王乃徵为湖北布政使，以开缺广东盐运使丁乃扬为顺天府府尹。现月 （《宣统政纪》卷36）

（宣统二年七月癸卯）以湖北荆宜施道吴品珩为安徽按察使。（《宣统政纪》卷38）

（宣统二年七月乙丑）以哈尔滨江关道施肇基署外务部右丞，以……分省补用道熊希龄试署湖北交涉使……（《宣统政纪》卷39）

（宣统二年八月己卯）又谕："电寄赵尔巽。据电奏'川省铁路公司呈请电调湖北候补道施纪云赴沪接办川路，迅筹善后'等语，着照所请。该部知道。"电寄 （《宣统政纪》卷40）

(宣统二年八月乙未)命河南布政使朱寿镛开缺，调湖北布政使王乃徵为河南布政使。现月 (《宣统政纪》卷41)

(宣统二年八月乙未)以湖北提学使高凌霨为布政使。现月 (《宣统政纪》卷41)

(宣统二年八月乙未)以分省补用道施炳燮为湖北交涉使。现月 (《宣统政纪》卷41)

(宣统二年八月丙申)以翰林院修撰王寿彭为湖北提学使。现月 (《宣统政纪》卷41)

(宣统二年十一月乙卯)调陕西布政使余诚格为湖北布政使，以顺天府府尹钱能训为陕西布政使。(《宣统政纪》卷44)

(宣统二年十二月丙申)湖广总督瑞澂奏“患病日深，恳恩开缺，以重地方而免旷误。”得旨：“湖广地方重要，端赖勤加治理之员，该督向来力任劳怨、认真办事，朕深资倚任，焉能听其引退？着再赏假十五日，安心调理，如病稍痊，即行销假。”(《宣统政纪》卷47)

(宣统三年正月壬寅)谕军机大臣等：“电寄沈秉堃，据电奏‘广西边事重要，请调四川候补道文伟、湖北补用道张缉光……以资任使’等语，着照所请。”电寄 (《宣统政纪》卷48)

(宣统三年四月丙子)(东三省总督赵尔巽)又奏：“请将已革湖北候补直隶州知州赵凤昌开复原官，调东委用。”如所请行。随手 (《宣统政纪》卷52)

（宣统三年四月癸巳）湖南提学使吴庆坻因病解职，以湖北候补道黄以霖署湖南提学使。现月 （《宣统政纪》卷 53）

（宣统三年五月戊申）引见廷试游学毕业生。得旨："进士江古怀、何育杰、钟世铭、刘冕执、俞同奎、高胜儒、凌春鸿、吴乃琛、孙昌润、罗忠诒、刘国珍、刁作谦、陈祖良、梁赉奎、陈训昶、董如奉、林葆恒、叶可樑、朱天奎、韩楷均着授职翰林院编修……湖北补用知县黄希仲，着仍以知县归原省即用……"现月 （《宣统政纪》卷 54）

（宣统三年闰六月庚子）陕西巡抚恩寿因病解职，以湖北布政使余诚格为陕西巡抚，未到任前，以布政使钱能训暂行护理。现月 （《宣统政纪》卷 57）

（宣统三年闰六月辛丑）以安徽布政使连甲为湖北布政使，安徽提法使吴品珩为布政使，甘肃甘凉道张毅为安徽提法使。现月 （《宣统政纪》卷 57）

（宣统三年八月乙巳）命翰林院编修夏寿田等调归四川差遣，从督办粤汉、川汉铁路大臣端方请也。（《宣统政纪》卷 60）

（宣统三年八月丁巳）又谕："袁世凯现简授湖广总督，所有该省军队暨各路援军，均归该督节制调遣。荫昌、萨镇冰所带水陆各军，并着袁世凯会同调遣，迅赴事机，以期早日戡定。"（《宣统政纪》卷 61）

（宣统三年八月庚申）又谕余诚格："据电奏悉，袁世凯前已有旨，补授湖广总督，谕令迅速赴任矣……"（《宣统政纪》卷 61）

（宣统三年八月壬戌）又谕："袁世凯现已补授湖广总督，所有长江一带水陆各军，均着暂归该督节制调遣，会同沿江各该督抚妥筹办理。"（《宣统政纪》卷61）

（宣统三年九月乙亥）又谕："袁世凯现授为内阁总理大臣，所有派赴湖北陆海各军及长江水师，仍归袁世凯节制调遣。"（《宣统政纪》卷63）

（宣统三年九月壬午）又谕："电寄袁世凯，据电奏'请将湖北汉黄德道齐耀珊撤任，随营效力，俟查明各司道下落，再分别汇案奏参'等语，着照所请。该衙门知道。"（《宣统政纪》卷63）

（宣统三年九月甲申）又谕："电寄袁世凯，据电奏'请将湖北提法使马吉樟即行撤任，随营效力，俟查明情节汇案奏参，并请以湖北候补道祝书元署理湖北提法使'等语，着照所请。该衙门知道。"（《宣统政纪》卷64）

（宣统三年九月丙戌）以湖北候补道赵基年试署湖北高等审判厅厅丞。（《宣统政纪》卷64）

（宣统三年九月戊子）署湖广总督王士珍因病解职，赏直隶候补道段芝贵副都统衔，暂护湖广总督。（《宣统政纪》卷64）

（宣统三年九月辛卯）以第二军总统段祺瑞署理湖广总督，兼办剿抚事宜……（《宣统政纪》卷64）

（宣统三年十月壬寅）又谕："电寄段芝贵，据电奏'请将湖北提学使王寿彭撤任。武昌府知府赵毓楠，前已由藩臬两司详请委员代理，应与王寿彭均俟查明情节汇案参办'等语，着照所请。"（《宣统政纪》卷65）

（宣统三年十月乙巳）又谕："电寄段祺瑞，据电奏'请饬署汉黄德道黄开文兼办武汉交涉事宜，并请以申保亨署理湖北巡警道，陈镜心署理湖北汉阳府知府'等语，着照所请。内阁知道。"（《宣统政纪》卷65）

（宣统三年十月辛酉）又谕："电寄段祺瑞，据电奏'委分省补用道祝芾署湖北盐法武昌道，兼办督销事宜'等语，着照所请。"（《宣统政纪》卷66）

（宣统三年十一月己巳）又谕："电寄段祺瑞，内阁代递电奏悉，署安襄郧荆道湖北试用道喜源着即行革职，准其留营效力。"（《宣统政纪》卷67）

（宣统三年十二月甲午）以邮传部右参议陈毅为左参议，湖北开缺检察厅检察长梅光羲署右参议。（《宣统政纪》卷69）

（宣统三年十二月庚戌）黑龙江巡抚周树模、荆州副都统舒清阿因病乞解职。得旨："着赏假一个月，毋庸开缺。"（《宣统政纪》卷70）

荆楚文库

《清实录》中湖北史料辑录（三）

谢贵安 谢　盛 主编
谢　盛 编著

荆楚文库编纂出版委员会
武汉出版社

2. 防剿太平

(咸丰二年三月)甲子,谕军机大臣等:“本日据程矞采驰奏‘探闻粤匪逃窜,筹办防堵情形并续调官兵’一折……其续调湖北兵一千名,并着飞咨调至楚、粤交界,以备缓急。该督仍会同提督,督饬文武员弁,于近粤要隘加意严防,毋稍疏忽。将此由六百里谕令知之。”(《清文宗实录》卷56)

(咸丰二年四月庚子)谕军机大臣等:“……湖南官兵屡次调拨赴粤,兵力较单,现调湖北各兵亦难克期赶到,此时湖南防剿紧要,所有前备四川兵二千名,已谕令程矞采酌量催调赴楚矣……”(《清文宗实录》卷59)

(咸丰二年四月庚子)又谕:“程矞采……该督前调湖北之兵,着即飞催赶到……此时湖南防剿紧要,着该督酌量情形,如须调用,即着飞咨四川,催令迅速赴楚,以备攻剿……”(《清文宗实录》卷59)

(咸丰二年五月壬子)又谕:“……湖北与湖南紧连,该督仍当随时知会龚裕,严拿匪徒,豫为防范,仍不可稍涉张皇,以安人心。将此由六百里谕知程矞采、骆秉章,并谕令龚裕知之。”(《清文宗实录》卷61)

(咸丰二年五月戊午)又谕:“……着赛尚阿迅即驰赴楚境,扼要驻扎,统领诸军。一切调度,俱由该大臣相机妥筹,毋稍迟误。粤西所调湖南防兵、征兵暨湖北官兵,俱着先行遣回,以资策应……朕思全楚人心素称强固,当兹贼氛肆扰,在籍官绅士庶谅必志切同仇,咸深义愤。着程矞采遍行晓谕,如有绅民团练自固藩篱、互相保卫、杀贼立功者,即行破格保奏,候朕施恩……该大臣督抚提镇等,其各协力同心,以副委任。”(《清文宗实录》卷61)

（咸丰二年五月戊午）又谕："程矞采奏'粤匪窜至永州，官兵击退获胜情形'一折，该匪既有直达湘汉之谣，更恐衡、永一带所在会匪啸聚，且郴州戕官案内漏网余匪，亦恐乘机勾结。况湖北省城获有伪示，则该匪耳目心腹散置两楚，正复不少，事机稍涉迟钝，必至势若燎原……"（《清文宗实录》卷61）

（咸丰二年五月庚申）谕军机大臣等："……赛尚阿接奉前旨，想已调回湖南征兵、防兵并湖北官兵，着该督即与该大臣妥筹分拨，严密布置……本日又据龚裕奏，荆州接壤湖南，水陆营兵仅七百余名，现已咨商将军台湧酌派满洲绿营等兵分防要隘。应如何缉匪安民，镇静不扰，该督仍当妥筹兼顾。其湖南与两粤交界处所，尤须严饬地方州县实力防堵，并剀切晓谕绅民团练保卫，自顾身家，断不可为讹言摇惑，纷纷迁徙。倘有杀贼立功或堵御剿贼者，即随时查明保奏，以昭激劝。贼匪剽悍，利在急趋，虽颇猖獗，亦有冒险孤注之势。若能叠挫其锋，官民同心合力，转移之机，亦在反掌。该督务须通盘筹度，出以镇静，以固人心。将此由六百里谕知程矞采并谕骆秉章、龚裕知之。"（《清文宗实录》卷61）

（咸丰二年五月甲子）谕军机大臣等："龚裕奏'筹办防堵事宜，请酌拨官兵军饷'一折，粤西逆匪窜入楚境，湖北与湖南接壤，必应豫筹防堵。据奏，已调宜、施各营兵一千名，派员管带，交将军台湧分派严防，并咨明程矞采等迅派官兵堵截。即着严饬两省带兵文武，于水路各要隘认真堵截，毋任贼匪拦入。尤须察看地势，扼要设防，严密侦探，但不得过事张皇，转致人心摇惑。前已有旨，令提督博勒恭武暂缓来京陛见，所有湖北防堵事宜，着与将军台湧会同地方官妥为布置。粤西军饷，准其酌量截留，以济急需，仍俟部拨饷款到日，即行照数解还。现当防堵吃紧之时，龚裕虽经革职，岂能置身事外？若不激发天良，意存诿卸，设有疏虞，朕必重治其罪。程矞采身任兼圻，更属责无旁贷，务当通筹全局，不可顾此失彼，致误事机。将此由五百里谕知程矞采、龚裕，并谕台湧、博勒恭武知之。”（《清文宗实录》卷61）

（咸丰二年五月壬申）谕军机大臣等：“台湧奏‘驰往荆州等处，择要设防’一折……湖北与湖南连境，前已谕令龚裕随时与台湧会商，妥为布置。兹据该将军奏称，即日驰往荆州所属石首、监利两县，将所带满营官兵一千六十余员名择要设防。所有该处各紧要隘口，即责成该将军严密防守，毋得稍有疏虞。所称‘派兵作为水探，豫防江陵、公安交界处所，并酌量抽调满汉官兵’等情，均着照所议办理。仍随时知照督抚、提镇一体妥筹，勿致顾此失彼。并剀谕居民，断勿惊惶迁徙，于抚绥弹压之中，尤当示以镇静。将此由五百里谕令知之。”（《清文宗实录》卷62）

（咸丰二年五月癸酉）谕军机大臣等：“……赛尚阿到楚尚需时日，所有现在防剿事宜，即责成程矞采、劳崇光会商妥办。该督等其同心勠力，迅扫贼氛，以慰廑望。湖南、湖北两省舆地驿路形势，着详细绘图贴说呈览。将此由六百里谕令知之。”（《清文宗实录》卷62）

（咸丰二年六月癸未）湖北巡抚龚裕等奏：“洞庭湖宽阔数百里，水陆交通，此时贼在永州，自应豫为筹防。已拨调省兵丁二百名，赴蒲圻县设防。博勒恭武现将提标兵五百名带赴荆江下游嘉鱼等县，察看水陆地势，择要防堵，仍俟所调各兵陆续到省，妥为布置。”报闻。（《清文宗实录》卷63）

（咸丰二年六月丙戌）谕军机大臣等：“据赛尚阿驰奏……另片奏‘添调兵丁’等语，四川前调之兵，业据徐泽醇奏称遴派启程，自未便复令折回抽换。其松潘、建昌二镇续调官兵并湖南、湖北添调新兵，即着

赛尚阿、程矞采酌量情形随时飞调，或拨赴军前，或酌留防守，一切机宜，朕亦不为遥制……”（《清文宗实录》卷63）

（咸丰二年七月辛酉）又谕：“常大淳奏‘湖南岳州府为湖南全省屏障，现拟亲赴该处查看情形，督同府县及绅士等，筹备防堵，酌定章程’等语。两湖交界地方，犬牙相错，自应不分畛域，扼要设防。据称岳州绅士吴巽行、方宗钧等才略可用，着即密向咨询，与地方官妥筹布置。其由武昌至岳州所过地方，水陆各要隘，应行察看设备之处，并着豫为筹办，毋稍疏虞，将此谕令知之。”（《清文宗实录》卷66）

（咸丰二年七月甲戌）谕军机大臣等：“常大淳奏‘查勘岳州水陆要隘筹防各事宜，并请补调邻省官兵’一折。现在贼匪窜踞郴州，意图下窥衡湘，赛尚阿、程矞采合驻衡郡，罗绕典、骆秉章驻守长沙，复派徐广缙督带粤东兵勇驰赴湖南会同督办。各省续调官兵，计日亦可到齐，衡湘一带，大兵云集，当不致任贼北窜。惟两楚地界处处毗连，自应厄要豫防。所有常大淳亲赴岳州，筹备洞庭湖渔船团练堵御各事宜，均着照所议办理。据称湖北防堵，陆路兵力尚单，本日已寄谕蒋文庆、陆应谷于安徽省挑取精兵一千名，河南省挑取精兵二千名，派定管带将弁，配足军装器械，豫备调遣。着常大淳随时确切侦探，如湖南剿办得手，征调自可从缓，倘有警信，即行飞调。皖、豫距楚较近，亦不致有误事机。另片奏‘筹防荆州一带，并咨调驻防满洲营兵一千四百名分拨驻守’等语，着会同将军台湧、提督博勒恭武熟筹妥办。台湧应驻何处，自应体察情形，扼要驻扎，以便调度。该将军、巡抚、提督等总须慎密筹防，尤当持以镇静，不可稍涉张皇，致滋惊扰。将此由六百里谕知常大淳，并谕台湧、博勒恭武知之。”（《清文宗实录》卷67）

（咸丰二年八月癸未）又谕：“有人奏‘湖南、湖北筹办防堵，请招募水勇’一折，据称‘湖南之洞庭湖、湖北之大江，均有捕鱼小船不下数千百只。大江口岸水手惯习打捞，名曰水摸，以水摸驾使渔船，可佐水师’等语。渔户熟谙水性，若用之得宜，亦可以备缓急。前据常大淳奏称，洞庭一带已豫为布置。其余两省水路要隘，着该督抚等饬属各就地方情形详加体察，咨访绅民，如渔船可用，即行妥为豫备，一遇警急，该渔户等既可自保生业，亦可协助水师剿捕，勿任令贼匪勾结，致贻他患。原折着钞给阅看。因思楚省当此防剿吃紧之时，府厅州县稽察弹压尤贵得人，其循声卓著、素得民心者，必应重以委任，俾尽所长。若才力不及，平时既不能振作，又安望其为民御侮捍患？该督抚等务须严加甄汰，另择人地相宜之员随时酌调，断不可稍存迁就，致误事机。将此由四百里各谕令知之。”（《清文宗实录》卷 68）

（咸丰二年八月甲申）又谕：“……岳阳该处近接湖北，有无准备，想湖南前调湖北各兵，此时势难挽回，已饬续调安徽、河南精兵前往湖北备用……赛尚阿移营衡州以后，与程矞采如何布置两楚交界、如何设防并贼匪窜扰各处情形，着即迅速据实奏闻，毋再延宕……将此由六百里谕令知之。”（《清文宗实录》卷 68）

（咸丰二年八月甲申）又谕：“……所有湖南前调湖北省官兵，谅此时分布各处，难以调回，已谕知常大淳，并飞调河南、安徽兵三千名前往湖北，听候调遣。该大臣到后，察看情形，如岳州势当孔急，则两省交界处所，尤当力筹堵御，万不可再令蔓延。湖北兵力较单，豫、皖征调，恐到亦需时，如何计出万全，俾居民不致惊扰之处，着与常大淳妥商办理……”（《清文宗实录》卷 68）

（咸丰二年八月甲申）又谕：“常大淳奏‘贼情紧急，请拨回前调官兵，并请饬催各省官兵’一折。粤匪自窜踞道州后，连陷数城，兹复勾结土匪，窜入安仁、攸县，岳州戒严，该郡及所属之巴陵、临湘、平江各县，均与湖北连界，自应不分畛域，协力堵御。该抚请将调赴湖南官兵就近拨回，自系为贼情紧急起见，惟湖南剿匪，正须厚集兵力，前调湖北各兵能否拨回，势难遥制。着该抚随时咨会钦差大臣等，应如何移缓就急之处，酌量办理。至所调安徽兵一千名、河南兵二千名，前已有旨令各该抚选备候调。本日复有旨，饬令迅速前往，以备调遣，谅可不日抵楚。该抚即会同将军台湧、提督博勒恭武妥为布置，于毗连各要隘严密设防，断不可稍有疏虞，致贼乘间而入。尤须抚绥弹压，密拿奸细，示以镇静，毋致人心惶惑。将此由六百里谕令知之。”（《清文宗实录》卷68）

（咸丰二年八月甲申）调安徽兵一千名、河南兵二千名，赴湖北剿贼。（《清文宗实录》卷68）

（咸丰二年八月甲申）谕军机大臣等：“现因粤匪窜扰湖南，其邻近之湖北、江西两省，防堵紧要。已有旨令安徽、河南各调精兵，迅赴各该省听候调遣。惟豫、皖两省调兵过多，须于邻省备调接应，以壮声威。着舒兴阿、张祥河于陕甘各标官兵内选备精兵三千名，豫派得力将弁，妥备军装器械。如安徽、河南等省咨调，即奏明派往毋误。将此由四百里各谕令知之。”（《清文宗实录》卷68）

（咸丰二年八月甲申）又谕：“常大淳奏‘前调河南、安徽官兵，请仍饬如数调赴湖北’一折。前据该抚奏请派调安徽兵二千名、河南兵二千名，当谕令蒋文庆、陆应谷选派备调。续据陆应谷以‘河南官兵未能多调’，陆建瀛以‘安徽官兵请俟江西得有续报，再行调遣’等语先后奏到，复经降旨，令蒋文庆等仍遵前旨，抽拨足数，赶紧派往湖北。本日复谕令……其先经该抚奏调之安徽兵一千名，亦谕知陆建瀛等仍派赴楚。即着该抚与将军、提督扼要派拨，妥为布置，毋致稍有疏虞。将此由五百里谕令知之。”（《清文宗实录》卷68）

（咸丰二年八月甲申）又谕：“陆建瀛奏‘江西警报叠至，请将湖北省所调安徽官兵先行改赴江西’一折……本日常大淳奏，贼扑长沙省城，恐分窜岳州、常德，直逼湖北。是现在情形，湖北尤为紧要。所有前调安徽官兵一千名，着仍遵前旨，飞速调赴湖北……”（《清文宗实录》卷68）

（咸丰二年八月丙戌）又谕：“……且恐贼计诡谲，阳扑省城，而阴遣伙党窜扰岳州，湖北防兵亦仅能自顾，无暇越境攻击，朕心实深焦灼……”（《清文宗实录》卷68）

（咸丰二年八月己丑）谕内阁：“前据罗绕典等奏，逆匪于七月二十八日由醴陵猝至省城，逼近南门，占踞妙高峰、鳌山庙一带分扰。当经谕令赛尚阿统领大兵迅赴长沙应援，并谕令徐广缙星速赴楚督剿。本日复据罗绕典、骆秉章、鲍起豹驰奏‘该匪于二十九等日对城开放枪炮，均经我兵击退。该匪仍踞鳌山庙及马姓高屋，于墙隙开炮，伤我兵勇。经该抚等密挑壮兵潜往放火，该匪纷纷逃散，现在大股继至，分扰城外各处’等语。逆匪自窜踞郴州以后，胆敢绕越衡郡，直扑省垣。该大臣等若能迎头截击，何至令其肆行冲突？即使贼匪冒险深入，亦应迅速发兵救援，将现在攻剿情形详细奏闻，何以半月以来，并无奏章报到？殊出情理之外。赛尚阿、程矞采均着摘去顶带，拔去花翎，仍着赛尚阿统带官兵驰援长沙。徐广缙此时当已督带精兵行抵楚境，着即并力夹击，使贼匪进退无路，庶期一鼓成擒。湖北提督博勒恭武现在岳州防堵，亦着带兵前进，赶紧应援。罗绕典等务当激励兵勇绅民，尽力守护，毋稍疏虞。朕现复简派各省劲兵即日赴援，必当殄此丑类，拯我穷黎。赛尚阿统领全军，程矞采节制两湖，均属责无旁贷，倘再玩误失机，自问当得何罪。懔之。”（《清文宗实录》卷69）

（咸丰二年八月己丑）谕军机大臣等：“本日据罗绕典等驰奏‘逆匪攻扑长沙省城，情形危急’一折，已谕令赛尚阿统领大兵前来救应，并谕令徐广缙迅赴湖南督办矣。因思湖南、湖北唇齿相依，若长沙稍有疏虞，则湖北更难防堵。台湧现在荆州一带择要严防，自可有备无患。博勒恭武近在岳州，着即督带官兵，星速驰往长沙援剿，解南省之围，即可杜贼北窜之路。该将军等当酌量缓急，毋得坐失事机。原折着钞给阅看。将此由六百里加紧各谕令知之。”（《清文宗实录》卷69）

（咸丰二年八月己丑）又谕：“……赛尚阿统领大兵，此时谅已行抵长沙，湖北提督博勒恭武扎营岳州，去长沙甚近，计不日亦可带兵赶到……该抚等惟当激励守城兵民绅勇，竭力固守，无稍疏懈……”（《清文宗实录》卷69）

（咸丰二年八月己丑）又谕：“据罗绕典等奏‘湖南省城情形危急’一折……湖北防堵之兵已谕令相机赴援，该大臣务当振刷精神，策励将士，毋再玩延，致干重罪。将此由六百里加紧谕令知之。”（《清文宗实录》卷69）

（咸丰二年八月辛卯）又谕：“张亮基奏‘行抵湖南常德府，筹办堵剿’一折……昨复令湖北提督博勒恭武由岳州带兵接应。现在张亮基业已行抵常德府城，复调辰沅道所属土兵一千名、镇筸镇兵八百名并前调之贵州兵一千名合力进剿，着该抚即亲督将弁，与省城派出兵勇内外夹击，痛加剿洗……”（《清文宗实录》卷69）

（咸丰二年八月辛卯）谕军机大臣等：“张亮基奏‘途次闻警，赶调兵练，设法堵剿’一折……昨又谕令湖北提督博勒恭武由岳州就近带兵接应，此时谅俱赶到……该抚统辖全省，责无旁贷，务当和衷商榷，统筹全局，并力进剿，以期迅扫贼氛，勿负委任。将此由六百里谕令知之。”（《清文宗实录》卷69）

（咸丰二年八月癸巳）又谕：“张亮基奏‘省城被围紧急，请添兵筹饷，并于要路设防’一折……叠经降旨，令徐广缙星夜前往督办，并令湖北提督博勒恭武就近接应……所请湖北、贵州兵各一千名，并借拨银十万两，已有旨分别饬令酌派备调，并谕湖北筹款接济矣……将此由六百里谕令知之。”（《清文宗实录》卷69）

（咸丰二年八月癸巳）又谕：“张亮基奏‘常德防堵紧要，请于湖北、贵州二省各调兵一千名，借拨银十万两，飞解来楚，以济急需’，又奏‘请饬云南督抚挑选大理提标精兵五百名，派委龙陵营参将韦中魁管带来楚，以备调遣’等语，着吴文镕、吴振棫即照所请，挑兵五百名，饬韦中魁管带赴楚。至湖北、贵州调兵数已不少，所请各续调兵一千名，着常大淳、蒋霨远酌量情形，先其所急，以备调遣。其借拨银十万两，贵州恐难济急，并着常大淳于湖北各款内筹解湖南应用，咨部拨还，无稍延缓。将此由六百里各谕令知之。”（《清文宗实录》卷69）

（咸丰二年八月辛丑）谕军机大臣等：“……叠经降旨，严饬该抚带兵赴援，并令湖北提督博勒恭武由岳州赴长沙援剿……至请将贵州新兵一千名及四川军饷十万两分别督催赴省解衡及湖北官兵毋庸撤回……之处，均着赛尚阿酌量缓急，分别办理可也。将此由六百里各谕令知之。”（《清文宗实录》卷70）

（咸丰二年八月）丁未，谕军机大臣等：“……仍飞咨台湧、博勒恭武于荆州、岳州水陆要隘及常德一带严加堵截……”（《清文宗实录》卷70）

（咸丰二年九月辛亥）谕军机大臣等：“……至贼匪豕突狼奔，行踪靡定，所有湖北防堵事宜，并着徐广缙悉心筹画，以杜北窜。现在岳州、荆州等处，督办防剿之博勒恭武、台湧能否得力，着即确查，一面奏闻，一面酌量调度，毋误事机……将此由六百里谕知徐广缙、罗绕典、张亮基、鲍起豹、骆秉章，并传谕程矞采、向荣知之。”（《清文宗实录》卷71）

(咸丰二年九月癸丑)谕军机大臣等:"台湧奏'移营荆州、沙市,分拨官兵堵御'一折,据称逆匪有'从衡阳攻取长沙,直扑荆州'之语。经该将军飞饬地方官,于江陵、公安二县水路各要隘分兵严防,复自行统带精兵移营沙市,扼要调度。惟满营兵丁经分拨一千七百余名分防要隘,存城之兵只有二千余名,势难拨往他处防堵。现在安徽、河南两省官兵,先后已抵岳州、武昌,惟荆州水路防兵尚形单弱。本日据徐广缙奏于八月十七日自梧州启程赴楚。现在计已驰抵大营,着体察情形,如长沙贼匪被我兵攻剿,意图北窜,务须先期探明,密派将弁带兵绕出贼前,迎头截击。其水路船只亦须饬令收净,毋令贼匪乘机抢去,以致顺流北下,更难措手。荆、岳皆楚北紧要门户,断不可稍有疏虞。并着常大淳派委员弁,合力堵剿,毋稍大意。将此由六百里谕知徐广缙、台湧、常大淳,并谕博勒恭武、双福知之。"(《清文宗实录》卷71)

(咸丰二年九月己未)谕军机大臣等:"常大淳奏'贼欲北窜,湖北防御兵单,请饬湖南速派官兵来岳助防,并恳添调官兵'一折。湖北与湖南紧连,水陆处处可通,现在长沙大兵云集,该匪被剿急迫,难保不分股北窜。所调陕甘各兵到楚尚需时日,仍恐缓不济急。该抚奏称,盘获奸细,据供逆匪有欲分三股来攻湖北,一由澧州,一由巴陵,一由平江,各于陆路行走。何以又供称火药枪炮拟用船载,由水路前进?与罗绕典等咨称'该匪分两次坐船五十余只,欲窜下游'等语亦不符合。究竟贼踪现在如何情形,湖北水陆要隘处所如何设法布置,严密堵御之处,该抚均未详悉筹及,朕心实深系念。且岳州一路实为北省屏障,又关系湖南运饷要道,设有疏虞,所关非细,着徐广缙与罗绕典、张亮基等会商,于长沙大营速筹精兵数千名前赴岳州,交博勒恭武添派扼要严防。如贼众北窜,所有水陆两路必应派兵绕出贼前,设伏截击,断不可但事尾追,致贼窜逸,又蹈桂林前辙。其湖北冲要各处,着台湧、常大淳、博勒恭武、双福等相机调度,扼要严防。仍宜示以镇静,毋得稍露张皇,

转致居民惊扰。常大淳所请饷银三十万两，已饬部速议具奏矣。将此由六百里各谕令知之。”（《清文宗实录》卷71）

（咸丰二年九月己未）又谕：“程矞采奏，湖北、江西境地毗连，亟须筹防。岳州水陆交冲，尤关紧要，必须重兵驻扎，方足以资堵御。该处兵力既单，博勒恭武现在岳州，是否可期得力，着徐广缙迅即酌量情形，选派大员，统带精兵，前往策应，务须杜贼北窜之路。至江西交界地方逼近贼踪，该大臣仍当随时知照该省，一体严防，应如何调遣协济之处，毋稍疏忽……该大臣膺兹重任，总期南北两省通筹兼顾为要。将此由六百里谕知徐广缙并传谕程矞采知之。”（《清文宗实录》卷71）

（咸丰二年九月己未）调陕甘官兵三千名赴湖北剿贼。（《清文宗实录》卷71）

（咸丰二年九月壬戌）又谕：“……至湖北、江西交界各处，并着该将军、巡抚、提镇等一体严防，毋任余匪分窜，总期扫荡妖氛，勿留余孽，以靖疆圉。”（《清文宗实录》卷71）

（咸丰二年九月壬戌）谕军机大臣等：“……其湘阴一带尤关紧要，应如何豫为堵截、遏贼北窜之路，着即妥密布置，毋失事机。并随时飞咨湖北、江西一体严防，总期四面兜围，俾贼进退失据，自不难克期殄除。张亮基所奏筹办各路堵击情形，布置尚属妥善。第恐贼到兵散，仍属无补，总宜拣派得力将弁督带兵勇，择要严防，以期人人用命，方能有济。师克在和不在众，该大臣等谅能同心协力，迅奏肤功也。将此由六百里谕知徐广缙、罗绕典、张亮基、鲍起豹、骆秉章并传谕和春、向荣知之。”（《清文宗实录》卷71）

（咸丰二年九月庚午）谕军机大臣等：“寄谕署江西巡抚张芾，御史彭庆钟奏‘防贼窜逸，请饬屯扎江西要地’一折，据称‘……楚地白莲教余党根株未断……’等语……其防堵员弁，遇有警报，能否与楚省兵勇协力夹攻，着该署抚察核情形，奏明办理……”（《清文宗实录》卷72）

（咸丰二年十月癸未）谕军机大臣等：“常大淳奏‘土匪纠党图劫，派兵堵御进剿’一折，据称‘湖南临湘县土匪王万里等纠集多人，欲行抢掠，经提督博勒恭武、盐法道王东槐派兵会拿，该匪先已闻风逃窜。现派臬司、副将于湖北交界堵御’等语……着徐广缙于长沙大营酌拨精兵，派委员弁，在南北接壤水陆各要隘合力防剿，或迎头截击，或两面夹攻，俾贼进退无路，自不难一鼓成擒……”（《清文宗实录》卷73）

（咸丰二年十月丙戌）又谕：“有人奏‘请筹安徽防堵事宜’，据称‘皖省设防不在省城，而在安庆府属之宿松县，此地与湖北黄梅、江西彭泽各县交界，大江中流，有小孤山为门户。于此善为防堵，贼自无从飞越。至于陆路，独太湖县界连湖北……惟当令府县各官劝谕绅民互相保卫，并立法以拿土匪，悬赏以缉游匪。无庸官办防堵，招集无赖，徒滋扰害’等语。着蒋文庆按照所陈各节详细体察，不动声色，妥为筹办。其应行严防之处，仍遵前旨，慎密守御，不可徒事张皇，转滋流弊。将此谕令知之。”（《清文宗实录》卷73）

（咸丰二年十一月己酉）谕军机大臣等：“……现在贼由宁乡白箬铺逃去，此地距县城仅五十里，有小路可达湘乡、常德、岳州、荆州一带，随处皆可窜越。若不严行追捕，听其一路裹胁，必至余灰复然，又成巨患。着徐广缙飞饬各镇将分带兵勇星速拦追，乘其纷纷逃溃之时，痛加剿洗，速蒇大功……”（《清文宗实录》卷75）

（咸丰二年十一月壬子）又谕：“徐广缙奏‘贼匪由西路窜逃，官兵追剿情形’一折……仍随时知照广西、湖北一体严防堵截，勿令余匪窜

入……”(《清文宗实录》卷75)

(咸丰二年十一月丁巳)谕军机大臣等:“据常大淳、双福先后驰奏‘逆匪窜入岳州,府城失守,湖北情形紧急’各一折,览奏曷胜愤闷……岳州以北,尚有蒲圻、嘉鱼、咸宁等县,何以不择要堵截?遽称撤兵回省,竟全然置之不顾耶?……此时贼踞岳州,是否分股北扰?蒲圻以北水陆要隘如何堵截?着该大臣迅即统带大兵,亲往岳州一带,严督各提镇将等设法绕出贼前,并力兜剿,断不得再任奔突。常大淳、双福驻扎武昌,防护省城及境内水陆紧要地方,与台涌分饬文武严密防堵,徐广缙仍当设法派兵接应。朕连日望报甚殷,该大臣想已续有奏报在途,以后军情,务须随时由六百里驰奏,以慰朕怀……即如徐广缙前奏内,向荣于追贼吃紧之时,又以兵单为词,俟调省城兵到,随后尾追,此等举动,安能不失机会耶?该大臣统领大军,责无旁贷,南北两省皆所统辖,现在贼已窜踞岳州,咽喉要路为其所扼,军饷银两何路绕越,荆州防兵亦单,武昌城守尤要,该大臣应于何处驻扎调度,必当全盘筹画,勿致顾此失彼。陕甘续调之兵迅速催令赶到,兵贵神速,当此万分吃紧之际,若不就现在兵将相机调遣,即再调远兵,亦缓不济急。朕宵旰焦劳,省躬滋惧,该大臣等同膺委任,当如何尽心竭力,为朕分忧也。将此由六百里加紧谕知徐广缙,并谕令罗绕典、张亮基、鲍起豹、双福、台涌知之。”(《清文宗实录》卷76)

(咸丰二年十一月戊午)谕军机大臣等:“……岳州为北省屏障,最关紧要,前于九月间,因博勒恭武在岳州防堵,兵力尚单,且未知能否得力,屡次谕令徐广缙等速派精兵数千赴岳扼要严防……复降旨令徐广缙等速派精兵,前往南北要隘合力防剿,原以防守岳州为第一要务。朕早料贼匪诡诈,必由此路北窜,即该大臣亦见及此,何以此次贼匪窜入岳境,竟无湖南派往官兵与博勒恭武会同夹击?且博勒恭武系湖北提督,越境防守,该督抚等何以不早派得力镇将协同防守?……岳州东达武昌,西达荆州，均关紧要。常大淳、双福等现在湖北省城防堵，本日已有旨，令骆秉章留于湖北，帮同办理。台湧防守荆州，兵力亦形单弱，仍着该大臣速派劲兵及续调到陕甘新兵，酌量分赴武昌、荆州，协同守御，总以镇抚人心为要，万勿再有疏虞。至汉口地方商贾辐辏，为大江南北咽喉，尤贼匪垂涎之地，必应设法防护。且恐匪徒溷迹勾串，更须严密查拿奸细，饬令地方官督率绅耆，合力团练，以资保卫。岳州为两楚重地，一旦失守，该大臣督抚等自问当得何咎……将此由六百里谕知徐广缙，并谕令罗绕典、张亮基、鲍起豹、台湧、常大淳、骆秉章、双福知之。”（《清文宗实录》卷76）

（咸丰二年十一月戊午）命前任湖南巡抚骆秉章留于武昌省城，帮办防堵事务。（《清文宗实录》卷76）

（咸丰二年十一月庚申）荆州将军台湧奏：“遵旨慎密巡防，湖北地方尚为安谧。”得旨：“湖北防堵，着加意慎密办理。”（《清文宗实录》卷76）

（咸丰二年十一月辛酉）又谕：“……岳州湘阴一带，乃南北两省要隘，朕早料及贼匪穷蹙，必由此路奔窜，九月间屡降谕旨，令该大臣等派拨精兵前往协防。即徐广缙前次奏报，亦经派兵扼贼北窜之路……提督善禄计已行抵湖北，着即截留该省，扼要驻扎，帮同剿捕。武昌、汉阳、荆州水陆各要隘，俱着分派精兵，并新调到陕甘劲旅一律防堵，毋任再有窜逸……”（《清文宗实录》卷76）

（咸丰二年十一月辛酉）谕军机大臣等：“……本日有人奏，武昌、荆州及樊城等处宜各设重兵，防贼分窜，各处团练皆有名无实，一闻贼警，纷纷搬徙，该大臣督抚等须严饬地方官，先期晓谕居民同心协力保卫城垣，以期众志成城，迅扫贼氛。毋再延误，致干重罪。将此由六百里谕令知之。”（《清文宗实录》卷76）

（咸丰二年十一月壬戌）谕军机大臣等："陆建瀛奏'查明长江守御'一折，已有旨，谕令江苏、安徽、江西一体严防矣。据称'逆匪若窜入长江，惟有于湖北之汉口以下，至黄州所属之蕲州、广济等县，察看江岸宽窄，约计炮力能及处所，较定准头，节节严防，以备不虞'等语。逆匪窜入岳州，昨已谕令徐广缙、常大淳等，将武昌、汉口、汉阳、荆州水路各要隘分设重兵，防贼奔窜，并谕以汉口地方为大江南北咽喉，贼易垂涎，尤应设法保护。兹据陆建瀛所奏各节，该督籍隶楚北，所奏自系实情。着徐广缙、常大淳按照所陈，悉心体察水陆地势，扼要设防。尤须派委得力大员前往督率，豫为布置，镇抚人心。毋至临时猝办，稍有延误。将此由六百里各谕令知之。"（《清文宗实录》卷76）

（咸丰二年十一月壬戌）又谕："陆建瀛奏'查明长江设法守御情形'一折，据称'彭泽县属小孤山，一拳孤露，挺峙江心，既乏藏兵之地，又无泊舟之所，难以设防。宜于湖北汉口以下，至黄州所属之蕲州、广济等县节节严防'等语，所奏自系实在情形，已有旨谕令徐广缙、常大淳迅筹妥办矣。惟江路绵延数千里，现在贼匪被剿，窜入岳州，难保不窥伺武昌、汉阳，希图顺流东下。江西、安徽、江苏沿江各处，自应一体豫筹防守。着陆建瀛、杨文定、蒋文庆、张芾各就地方情形详加察看，凡属扼要处所，妥为设防，总以镇静人心为要。至管带兵勇，尤贵得人，务当遴派得力文武员弁，饬令认真督率，毋致临时猝办、稍有延误。将此由四百里各谕令知之。"（《清文宗实录》卷76）

（咸丰二年十一月癸亥）谕内阁："本日徐广缙等奏'岳州失守，急筹堵剿'，复据常大淳等奏'贼匪窜踞岳城，湖北省城防堵情形'各一折，披览之余，实深愤懑。自贼窜长沙，叠经降旨，令于岳州、荆州各要隘严密堵剿，该地方官应如何认真防守……现在贼众盘踞岳郡，窥伺武昌。据常大淳奏，向荣已派总兵常禄、王锦绣带兵赴援，已抵湖北省垣。仍着徐广缙飞饬向荣统领重兵，星速由通城、崇阳绕出武昌，截贼前路。该大臣亦即亲督镇将直赴武昌，于水陆要隘分布兜剿。荆州一带，着将军台涌等一体严密防范，毋任匪党窜逸，并着罗绕典、张亮基、鲍起豹等严防贼匪回窜之路。现复添调各省精兵陆续前进，誓必灭此丑类，拯我生民。该大臣等俱有天良，其各悉心筹画，庶可以功补过。倘仍前玩忽，再失事机，其能当此重罪耶？近来地方恶习，一闻警报，辄借词择险防堵，先行出城，规避取巧，实堪痛恨。该大臣督抚等着随时严查，倘贼经过地方，文武员弁仍蹈此等恶习，即一面奏闻，一面正法，以昭炯戒而肃军律。”（《清文宗实录》卷76）

（咸丰二年十一月癸亥）又谕：“现在逆匪窜入岳州，将窜湖北。河南省应办防堵，着派署布政使郑敦谨驰赴信阳州一带，会同南阳镇总兵柏山扼要筹办。署河南巡抚琦善，着迅速启程，驰抵楚、豫交界地方督饬严防……”（《清文宗实录》卷76）

（咸丰二年十一月癸亥）谕军机大臣等：“昨已有旨，饬令陆建瀛等于安徽、江西沿江一带节节严防。本日据常大淳等奏‘逆匪窜入岳州后，掳船四五百只，顺流直下，前队已窜入江夏县之金口，距省城六十里’等语。已明降谕旨，令署江西巡抚张芾亲赴九江，安徽按察使张熙宇出省，各会同镇将，于江防扼要处所督办防堵矣……”（《清文宗实录》卷76）

（咸丰二年十一月癸亥）又谕：“本日据徐广缙等奏‘岳州失守’并常大淳等奏‘贼踪逼近湖北省城’各一折，览奏实深愤懑，已明降谕旨，将徐广缙革职留任，张亮基、鲍起豹降四级留任矣……现在该匪掳船四五百只，聚众数万，直抵距武昌六十里之金口。湖北省城危急，防兵仅止三千余名，益以王锦绣、常禄赶到之兵，亦仅止五千余名，深恐不敷堵御。且该省沿江直下，经九江至安庆，瞬息千里，防不胜防。而对江之汉口，尤为贼所垂涎。北由孝感，西由荆州、襄阳，则河南震惊。贼势剽急，所陷城池，掳掠即行，并不似永安、道州尚为久踞之计。其心叵测，若再迁延观望，只事尾追，贻祸何可胜言？该大臣等以为朕不能执法从事耶？着徐广缙亲督大兵迅即绕赴武昌，设法救援，并飞饬向荣等先到之兵，与湖北现有兵勇合力攻击，并设法腰击在后之大股贼匪，毋令会齐并力死拒。其博勒恭武收回溃散之兵，与瑞元防守蒲圻之兵，能否在通城、崇阳一带接应，以牵制贼匪，使不能由陆路蹑我之后？所有各路运到军饷火药与武昌城内军饷火药，应如何密筹分别布置？文报往来，驿路如何绕越？省垣备御之器械土石，如何源源接济？着徐广缙、常大淳等妥密办理。城内奸细尤须昼夜侦缉，防守不力之文武员弁，一经查明，即行按律正法。务期保守武昌、汉阳两处，于水路上游严兵扼守，毋令贼匪更肆窜扰。荆州一带，台湧仍遵前旨，严密防堵。仍着罗绕典等严防该匪回窜长沙、常德等郡，万勿再有疏虞，致干重罪。将此由六百里谕知徐广缙、罗绕典、台湧、张亮基、骆秉章、常大淳，并谕鲍起豹、双福，并传谕向荣知之。”（《清文宗实录》卷76）

（咸丰二年十一月癸亥）又谕：“裕瑞、伊琫额奏‘遵保堪赴军营差遣之旗员，并挑选驻防精兵五百名备调’一折。现在逆匪窜扰湖北交界，该处防剿吃紧，所有成都驻防蒙古协领保庆、正黄正红旗满洲协领英安、正红旗满洲佐领吉祥、镶黄旗满洲佐领托卜冲武、正白旗蒙古防御毓祥、正蓝旗满洲防御奎壁、正蓝旗满洲骁骑校扎木丹、镶黄旗满洲骁骑校特音等八员，着即饬令管带所选精兵五百名迅赴湖南，交四川提督苏布通阿统带调遣，毋稍迟误。将此由六百里谕令知之。”（《清文宗实录》卷76）

（咸丰二年十一月乙丑）又谕：“琦善奏‘请添调精兵，以资调遣’等语，着讷尔经额挑选直隶督标、提标精兵各二千名，正定镇属之龙泉、倒马、固关三营精兵共一千名，大名镇标精兵一千名，舒兴阿、张祥河挑选陕西汉中、陕安二镇精兵各一千名，甘肃督标精兵一千名，迅派得力将弁管带，均交琦善调遣。现在贼由岳州窜至湖北武昌、汉阳一带地方，朕已命徐广缙督饬向荣等统领大兵飞速应援，邻近省分亦命该督抚严兵固守。着琦善迅即驰赴河南，统带新调精兵，协力防剿。并着严饬带兵各员，务各约束兵丁，于经过地方，毋得借端讹索，扰累民间。如有多用民夫、需索使费诸弊端，即按照军律惩办。沿途各督抚等着一体严查，倘州县办差丁役有借兵差名目滥派闾阎者，除将该丁役从重治罪外，并将该州县严行参处，毋稍徇隐。将此通谕知之。”（《清文宗实录》卷 76）

（咸丰二年十一月乙丑）谕军机大臣等：“……惟贼船已于十二日至武昌省城江面，复绕登对岸，攻扑汉阳府城。又有股匪六七千人，由蒲圻陆路窜下，直抵省城东门外，分作两翼扑城，贼势猖獗已极。湖北存城官兵仅止五千有余，情形甚属危急。武昌重地，且为南北咽喉，岂容稍有疏虞？常禄、王锦绣所带之兵未到省城，先被贼匪追袭，止剩一千余名，是否有退缩情事，着徐广缙查明具奏。该大臣务当统带官兵，星速北来，并飞催统领官兵之向荣及各带兵大员带领兵勇，兼程前进，救援武昌。万不可稍有耽延，再误事机。常大淳、双福驻扎省垣，守城是其专责，务须督饬在城文武绅民竭力守御，以待援兵，并随时严查城内居民，无令奸匪溷入。汉阳与武昌对岸，仅隔一江，实属唇齿相依，亦须饬令该城文武并绅民人等合力固守，就近为武昌声援。又据常大淳片奏‘湖北口粮等需无从购办，请饬湖南粮台多为备办’，又‘湖南大营带有粤西炮船，请飞调来北助剿’各等语。着徐广缙即照该抚所请，酌量妥速办理，毋稍贻误。常大淳所请‘饬江南水师广艇炮船逆溯截击’一节，已由六百里谕令陆建瀛迅速赶办矣。本日据给事中曹楙坚奏，汉阳同知张曜孙素得民心，请督令办理团练堵剿。朕思岳州失守，并非贼匪攻陷，实由地方官弃城而逃，深可寒心。若城中文武得人，登陴坚守，贼进则受挫，退则被追，何至肆行无忌？现在防堵切近地方官，必应择其才能干济、民心素服者，调遣位置，庶能为民保障，不致临事巧避，再蹈覆辙也……前有旨，谕裕瑞挑选成都驻防兵五百名，派员管带至楚，交苏布通阿统领。此项兵到，该大臣即饬令该提督遵照，以备调遣。又御史王之斌奏‘楚境水陆要隘应行防剿情形’一折，一并钞给阅看。将此由六百里加紧谕知徐广缙、罗绕典、张亮基、常大淳、双福、台湧、骆秉章，并传谕向荣知之。”（《清文宗实录》卷76）

（咸丰二年十一月乙丑）又谕：“现在逆匪窜踞岳州，直犯武昌，势甚猖獗，沿江各省均须急筹防堵……常大淳等片奏‘请调江南水师广艇炮船并中号、小号炮船多只，拦截九江，顺风逆溯武昌一路，迎头截击’等语。着该督酌量缓急，无分畛域，合力堵截。并着该督抚等分饬地方文武大员，于沿江水陆要隘节节严防，毋得稍有疏失。将此由六百里各谕令知之。”（《清文宗实录》卷76）

（咸丰二年十一月乙丑）又谕：“据琦善奏‘遵赴楚、豫交界督防，请饬陕甘挑选鸟枪、长矛、单刀兵丁并调甘肃铜炮’等语。着舒兴阿、张祥河专选夙习鸟枪、长矛、单刀兵丁，无须弓箭，不必按营匀派，惟择技艺精熟者逐加挑选，毋以庸劣充数。其带兵各员，尤须年力精壮，方可得力，着一并遴选。不得派委怯懦将弁，倘查有吸食鸦片弁兵，尤应严加斥汰，毋令滥竽。至例给余夫，原借以纾兵力，着准其酌量由本处自行携带，每百名只准带余夫三十名，照例折给夫价，以免派累民夫之弊……又据御史王茂荫奏‘湖北省地居腹里，自襄阳间道，可直达陕西之商州，请饬豫筹严防，以杜贼匪窜越之路’等语。现在贼匪窜至湖北，所有邻境，均须严密防堵。前已寄谕舒兴阿、张祥河，于南山一带，不动声色，妥为布置。着该督抚遴派明干大员，前赴陕西、湖北交界地方，扼要防守，随时侦探，严查奸细，毋任贼匪偷越。至山溪僻径应如何筹防，并着相机妥办，总以镇静人心为要。御史王茂荫原折，着钞给阅看。将此由六百里各谕令知之。”（《清文宗实录》卷76）

（咸丰二年十一月）丙寅，谕内阁：“前因岳州失守，将派往防堵之湖北提督博勒恭武先行革职，并交徐广缙查明该革员是否御贼受伤，又谕令将弃城逃走各员一并严行查办。守土各官，遇有贼匪窜扰，如能相机筹度，或婴城固守，或出城奋击，文武各尽职守，何致任贼横行，毫无阻遏？近日地方恶习，一闻警报，借词防堵，出城规避。前已降旨，饬令该大臣督抚等随时查办。因思带兵员弁遇有要隘可扼，仍须督兵堵剿，又岂可借词退避城中，弃险不守？现在贼匪经过处所，如有出城逃避员弁，即当按律惩办。倘临阵畏葸不出以致弃险失机者，亦应查明严参治罪，以肃军律，毋稍偏徇。将此通谕知之。”（《清文宗实录》卷76）

（咸丰二年十一月丙寅）谕军机大臣等：“太常寺少卿雷以諴奏‘湖北省沿江一带，如江夏之青山，黄州之阳逻、团风、三江口，武昌之樊口，大冶之道士洑，蕲州之州城，广济之田家镇、武穴，皆扼要地方。阳逻江面较狭，道士洑矶险水急，实吴楚门户关键，在省城下游，现在逆匪窥伺武昌，恐因省城难攻，潜行东下，则东南震动，亟应加意筹防，策出万全’等语。着徐广缙、常大淳按照所奏，体察情形，凡属要隘地方，迅速派兵严密防守，务饬带兵将领认真督率。其省城上游之金口等处水陆各要隘，仍须设法堵御，以杜贼党续至。又片奏‘江夏县所属之土桥，武昌县所属之葛店、华容等处，皆系达江南省必由之路’。着该大臣等派委得力员弁，扼要防堵，并随时知照江南、安徽一体严防，毋得稍涉大意，又失事机，致干重罪。向荣何日赶到湖北省城一带，该大臣何日督兵入湖北境，即由六百里奏闻，毋再迁延，致朕南望益增焦灼也。雷以諴原折片，均钞给阅看。将此由六百里各谕令知之。”（《清文宗实录》卷76）

（咸丰二年十一月丙寅）又谕：“昨因逆匪窜扰武昌，已有旨谕令陆建瀛酌量军情，如必须亲往，即扼要调度。本日复据雷以諴奏‘江南富庶，贼易觊觎，若顺流东窜，在在可虑’等语，着陆建瀛、杨文定、蒋文庆、张芾仍遵前旨，分饬地方文武大员，各于水陆要隘节节严防，毋稍疏失。现在丰工正当吃紧之际，朕心深为悬系。若陆建瀛驻工督办一切，呼应较灵，更易集事。倘因军情紧急，必须该督前往调度，亦不能不先其所急。朕思青麐交卸学政，尚未来京，着即暂留工次，帮同该督等督率弹压。如陆建瀛前往要隘防堵，工次仍有大员帮办，亦不为无益……如长江防堵，水陆要地，需用此炮，即可暂移济用。惟应位置得地，护守得人，断勿稍有疏虞，是为至要。雷以诚原折片、御史王茂荫所奏'江防形势'一折，均着钞给阅看。将此由五百里各谕令知之。"（《清文宗实录》卷76）

（咸丰二年十一月丙寅）又谕："前因楚匪北窜，河南亟须防堵，谕令郑敦谨驰赴信阳州一带，会同南阳镇总兵柏山扼要筹办。本日据陆应谷奏'贼情紧急，请调兵防堵'一折，河南与湖北毗连地方甚多，水陆皆通，在在堪虞。此时逆匪围扑武昌、汉阳，势甚紧急，南省追兵计日赶到，合力夹击，难保不再图北窜……该署抚即督同郑敦谨、柏山、崇安等严密防守，并晓谕近楚居民团练保卫，无致惊惶迁徙，仍须密查奸细，严防捻匪勾结……将此由五百里谕知陆应谷，并传谕郑敦谨、柏山等知之。"（《清文宗实录》卷76）

（咸丰二年十一月丁卯）谕军机大臣等："……粤、楚地方，每因奸匪勾串内应，以致失事。现在办理防堵，无论城乡水陆，总以盘查奸细为第一要务。一切布置机宜，尤须加意慎密，使贼无从探听。而贼中情伪，又必应确侦豫防，方不至堕其奸计。其界连湖北、江西之英山、霍山、太湖、婺源、祁门、建德等县，并着严密设防，毋令贼匪窜入。将此由六百里各谕令知之。"（《清文宗实录》卷77）

（咸丰二年十一月己巳）谕军机大臣等："现在贼入长江，直犯武昌、汉阳二郡，下游江防，最关紧要。本日军机大臣奏'有人呈称，宜用木筏收束江面，如闸口式，使贼船不得畅行，再于隘口击之。其法各于江面较窄之处多用木筏横截彼岸，连以铁钩，防贼冲越，覆以湿土，防贼焚烧。彼岸既阻，贼船必由此岸鱼贯而下，我兵即于闸口设防。系平坦处，则多设炮位，系高阜处，则多安滚石。彼过一船，我击一船，每数十里或一二百里安设一闸，若贼过第一闸，则将上闸木筏多用火具烧然，顺流放下，使贼船至第二闸时前有闸阻，后有筏烧'各等语。长江一带木筏本多，若任其为逆匪所得，更助凶焰，自应豫为收集，借作江防。惟当如何运用，何地安设，尤须层层虑及，方免疏虞。着徐广缙、常大淳、陆建瀛、杨文定、蒋文庆、张芾各就江面情形悉心体察，不必拘定如此办法，总期因地设险，毋资贼用。惟贼情诡诈，若图北窜，势必水陆兼下，牵掣我兵。沿江州县陆路要隘，亦必须处处扼险防守，不可顾此失彼。将此由五百里各谕令知之。"（《清文宗实录》卷 77）

（咸丰二年十一月己巳）又谕："有人奏'湖北省城拿获奸细数十人，现皆监禁'等语。贼匪正在武昌、汉阳盘踞，城中奸细必多，已获之犯，讯明如果属实，即应正法，以绝勾串内应，切勿迟疑，致滋他变。近日失陷城池，多因奸细溷入，着徐广缙、常大淳密饬地方官无论城乡要隘，均应严密盘查，不可稍有疏忽。逆匪等自岳州窜逼湖北省城，围扑汉阳及龟山营盘，情形紧急，数日来未接徐广缙奏报，朕心实深焦灼。叠经降旨，令向荣赶紧赴援，并令徐广缙督饬大兵星速前进，不知此时如何攻剿？向荣虽经获咎，而该大臣仍令其统领诸军，朕亦念其前守桂林之劳，停其发遣，俾令赶赴长沙协同固守，两月以来，尚无贻误。此次贼匪北窜岳州，向荣不能迅速救援，而其赶派常禄、王锦绣带兵星驰赴援武昌，到在贼前，见事尚属机警。向荣久于行阵，朕看其屡次举动，尚非无用之才。此时武昌戒严，正伊奋激图报之日，如能迅速剿贼，不但可赎前愆，并可重邀恩眷。着徐广缙即将此旨宣示向荣，俾知感励。朕用人一秉大公，功罪皆由自取，想该革员必能仰体朕始终成全之至意。将此由五百里谕知徐广缙、常大淳，并传谕向荣知之。"（《清文宗实录》卷 77）

（咸丰二年十一月己巳）又谕："陆应谷奏'河南与湖北交界地方防堵吃重，请饬催前调官兵'一折……现在贼势猖獗，楚、豫交界地方，堵剿十分吃紧，着李僡、郭梦龄迅派得力将弁管带挑选精兵星速启行，驰往河南以资调遣，毋得稍有延误。将此由五百里各谕令知之。"（《清文宗实录》卷77）

（咸丰二年十一月庚午）谕军机大臣等："前因湖北贼势猖獗，安徽、河南均须防堵，先后降旨调山东精兵三千名，分赴各该省协防。兹据李僡奏称'东省额兵不多，时须派捕捻、幅各匪，又应分巡回空军船，未便征调'等语，自系实在情形。惟皖、豫两省与湖北交界地方防堵紧急，着李僡仍遵前旨，将调赴安徽兵二千名、河南兵一千名，迅即派委得力员弁管带，星速前往，毋稍迟误……"（《清文宗实录》卷77）

（咸丰二年十一月辛未）谕内阁："军兴以来将两年矣，广西疮痍未复，湖南又遭涂炭，近乃逆氛更炽，扰及武昌、汉阳，所过郡县，悉被蹂躏……每阅军报，至地方被害情形，朕心如捣。前命徐广缙统领大兵分饬提镇追剿群匪，直抵武昌。复命陆建瀛、蒋文庆、张芾等各督官兵溯流迎击。昨又命琦善统带各省马步精兵万余，屯守河南南阳、汝宁、光州一带，为楚应援，另调吉林、黑龙江劲旅随后接应，合三省之兵力，不分畛域，直趋湖北合力攻剿。逆贼以左道煽惑愚民，肆行抢掠，荼毒生灵，实属覆载不容，神人共愤。经我军叠次歼戮外，其凶悍之贼不过数千，余众大半皆裹胁之徒，其甘心从逆者无多。揆之天道人心，贼匪恶贯满盈，必当指日歼除，不致久为民患。朕不惜数千万帑金，借资剿办，本日又特颁部帑，以济军需，此外仍饬宽为筹拨，源源接济。该大臣督抚等均当仰体朕心，为民除害。行军之道，纪律为先，务须信赏必罚，约束严明，俾知有进无退，人皆用命。即小胜小负，亦兵家之常事，总宜据实奏报，不可稍有粉饰。朕赏功罚罪，悉以军报为衡，倘有偏重偏轻，何以令在营军士知感知惧？至团练乡勇，乃民间自为守御，借以保卫身家，或各村自为一团，或数村共为一团，其经费应由绅董自行经理，岂可官为抑勒？且以守望相助之俦，辄复纷纷调遣，必致迁地弗良，转滋流弊。民间捐助军饷，好义急公，朕方破格施恩。若地方官借捐输为名，委员四出苛派骚扰，胥吏因缘为奸，又何以安善良而昭激劝？即如会筹军饷条款内税契一节，亦国家成例，然或办理不善，亦足以滋扰累。朕宵旰焦劳，冀苏民困，吾民一日不安，朕心一日不释。前此被贼滋扰省分，叠经降旨，令该督抚查明奏请，分别蠲缓抚恤。兹者岳州失守，扰及武昌、汉阳一带，眷怀南服，忧思益深，若再令疆吏饬属照常征纳，小民其何以堪？着该督抚悉心体察被贼地方，分别蠲缓，奏请恩施。其余应行征收钱粮之处，亦着严查各州县，总期照旧开征，毋得稍有浮勒，庶几吾民于颠沛困苦之时，不至再受追呼迫切之累。该大臣督抚等，即刊刻誊黄，遍谕闾阎，其各仰体朕意，速振军心，用歼群丑，毋再因循玩泄，致干重罪。将此通谕知之。”（《清文宗实录》卷77）

（咸丰二年十一月辛未）谕军机大臣等：“本日据陆建瀛、张芾各奏江防紧急情形，已降旨饬令分投防剿，并明降谕旨剀切通谕矣。逆匪窜入长江，攻扑武昌、汉阳一带，前据常大淳奏报后，又逾数日，未得续报。徐广缙自报岳州失守以后，亦无奏报，是否因道路梗塞，文报不通？朕南望殷忧，莫名焦灼。现在武昌城守情形若何？徐广缙、向荣是否已统带大兵绕赴湖北逆匪后队？如尚留踞岳州，作何分路攻击？湖南兵勇数万，急宜趋赴前途，或由江西捷径绕赴武昌，或取道蒲圻一带，将陆路窜扑武昌东门之贼剪除，并将被贼占踞之大洪山等处即行夺回。省城形势既壮，自能保固。至汉阳切近省城，情形危急，必应迅速分兵救应。贼众精锐不过数千，余皆裹胁，现在声称数万，大半乌合之徒，总以合力攻剿为第一要义。若但纷纷防堵，则水陆四达，防不胜防。徐广缙抵武昌后，当权衡全局，一面凭城固守，一面飞咨荆州将军台湧督兵东下，并知会下游各省师船溯江西上，迎头截击。及河陕北路之兵，亦可由襄阳建瓴而下，乘贼首尾势分，拣选精锐，并力兜剿。勿但株守一隅、毫无布置，致贼匪肆行无忌。徐广缙业已迁延于前，若再任贼蔓延，自问当得何罪。再昨已有旨切谕向荣，该革员久历戎行，尚属可用。因思苏布通阿系向荣推引，赛尚阿奏令来营，前据徐广缙奏明，已饬管带川兵前进。该员如果得力，可令与向荣会同督带镇将，奋力冲锋，以期克敌制胜。军营恶习，争功妒能，最易误事，向荣与苏布通阿平素既无猜嫌，临阵必互相应援，不致掣肘。该大臣到营日久，于诸将材质高下等差，谅已确加辨察，尤当随时激励鼓舞，使之齐心勠力，勿蹈前此覆辙。师克在和，此语当时刻铭心也。至大营兵勇虽多，患在未能选练，团勇一项尤不足恃，急宜分别良莠，妥为裁遣，以整军威而节滥费。本日据户部片奏，请将兵勇去留确数、在营月日及节次伤亡弁兵数目分晰造报。着即照所议迅速办理，原片钞给阅看。随营各勇名目甚多，人数甚众，倘一时难于尽遣，亦须酌量缓急，不动声色，设法妥办，俾留营者驱使可收实用，而遣散者亦不至别滋事端，方为妥善。前有人奏'湖北形势紧要'一折，着摘要一并钞给阅看。将此由六百里各谕令知之。"（《清文宗实录》卷 77）

（咸丰二年十一月辛未）又谕："陆建瀛奏'豫筹三省防堵'，张芾奏'先委臬司驰赴九江防堵'各一折。前因岳州失守，叠经降旨，谕令毗连各省迅速设防。现在贼匪攻扑武昌及汉阳一带，其下游各省，处处可通，急应严密防堵，俾不至分路窜扰。而江西之九江府，水陆皆与楚北毗连，尤为扼要之地，前有旨，令张芾督兵堵御。兹据奏，已委臬司恽光宸前往会同该护镇道暨署总兵音德布、游击薛升堂，并革员刘炽昌等筹办。张芾着仍遵前旨，驰往督率调度。省城重地，陈孚恩与陆元烺等仍当全局筹画，勿稍疏虞。所调镇江舢板船仅四只，虽有水师方翔统带，是否足资抵御？陆路及江岸扼要处所，亦必须派兵设炮，互为接应……本日已明降谕旨，令徐广缙、琦善与陆建瀛等三面兜剿。现在河工军务均关紧要，陆建瀛着仍遵前旨，酌量情形，如须亲往督兵调度，即星夜驰赴九江上游一带扼要处所，与张芾、蒋文庆等相机布置，并随时知照徐广缙、琦善等合力进攻。粤、楚前调安徽之兵，此时能否撤回，并着咨商办理。江西之兵如能迎赴上游，亦可助楚北声势。至江苏拨饷，若全数截留江西、安徽，不知楚省能否敷用？军情缓急，难以悬揣。该督等亦应与楚省督抚随时咨商，不可稍分畛域，致误事机……江防虽有远近缓急，必须层层布置，尤应于陆路险要设防，不可稍有疏忽。又闻奸匪到处潜踪，其衣服发辫暗有记号，亟应严密搜查，以清内患。本日有人奏'议防不知议剿'各折片，一并摘要钞给阅看。将此由六百里各谕令知之。"（《清文宗实录》卷77）

（咸丰二年十一月壬申）谕军机大臣等："寄谕钦差大臣署湖广总督徐广缙等，御史陈庆镛'条陈军务'一折，朕详加披览，所奏不为无见。昨因两载军兴，生民涂炭，深宫自省，寝馈难安，特降旨宣示朕意，并晓谕统兵大员严明纪律，信赏必罚。复令查明被贼处所，分别蠲缓抚恤。该御史现尚未睹明诏，而所请特沛纶音，刊刻誊黄，与昨降谕旨实相吻合。其所陈各节，亦切中时弊。当此防剿吃紧，首重人和，如地方官能得民心，镇将等能得兵心，何患不众志成城、同仇敌忾？至所称宽胁从以散贼党，练精锐以遏贼锋，惟在统兵大员体察民情，振作士气，俾贼势日孤，军威日壮，庶可扫此妖氛。其有能擒斩逆首者，除赏银十万两外，即封爵之荣、世职之赏，朕亦不吝。该大臣等即悬示赏格，俾人人晓喻。倘陷于贼营之人有能杀贼效命、自拔来归者，亦可予以自新，加之重赏。其将弁兵勇有不用命及退避不前者，即分别严惩，无稍姑息。该御史折，钞给阅看，即着采择筹办。前据陆建瀛奏防江之法，以黄州府所属之蕲州、广济等县为最要，雷以諴奏沿江情形亦甚详核，兹发去武昌下游各要隘说帖一纸，其所称青山、阳逻镇、武矶头、道士洑等处均可设防，着该大臣督抚等体察情形，严密防御。水路固属紧要，陆路尤不可忽。该匪驾船窜驶，必有陆路奸细为之接引，若于陆路要隘处所暗伏兵勇，多备枪炮，则贼船经过，何难轰击歼擒？该大臣督抚等务当

不分畛域，全局筹画，勿稍疏虞。将此由六百里各谕令知之。”（《清文宗实录》卷77）

（咸丰二年十一月壬申）又谕：“前因贼匪北窜，降旨令舒兴阿、张祥河派员于楚省交界地方扼要严防。本日据御史陈庆镛奏‘湖北间道，自襄阳至郧阳即可入陕西商州’等语，着舒兴阿等仍遵前旨，于楚、陕毗连南山一带要隘妥为布置，先事豫防，勿致临时失措，仍当镇静持重，毋稍惊扰为要……将此由五百里谕令知之。”（《清文宗实录》卷77）

（咸丰二年十一月壬申）又谕：“前因江防紧要，叠次降旨，令陆建瀛酌度情形，如须亲往督办，即着驰赴上游扼要调度。现已数日未接湖北续报，贼氛方炽，难保不顺流东下扰及沿江一带，该督前奏守御长江，惟有力争上游之法，所见极是……该督籍隶湖北，于长江形势险要素为熟悉，此时武昌、汉阳戒严，恐无暇顾及江防，江西兵力又形单薄，朕再四思维，湖北黄州、蕲州、广济等处沿江险隘，恐有疏虞，所关甚重。着陆建瀛迅即驰往九江上游，扼长江之险，援应湖北，即为江西、安徽自固藩篱之计。军事变迁，旦夕不一，必须筹之于先，庶免临时仓猝。朕闻黄州迤南百二十里为道士洑，江面最窄，有山可据，地势极为险峻，应否于此地扼守，与徐广缙南路之兵互为声援，一面与蒋文庆、张芾熟筹布置。贼情诡诈，必不专由水路前来，其陆路险要地方，亦恐该匪勾结土匪，与水路船只互相牵掣，仍须水陆兼顾，毋致失险。即如昨谕，该督等收集木筏，借作江防，亦须斟酌行之，不可拘泥。沿江船只必须豫先收集，以备我用，毋为贼匪所得……将此由六百里谕知陆建瀛、杨以增、青麐，并传谕查文经知之。”（《清文宗实录》卷77）

（咸丰二年十一月癸酉）又谕：“本日据徐广缙驰奏‘十一月十八日行至湘阴途次，探明汉阳府城失守，并查明岳州文武先期逃散情形’一折，览奏曷胜愤懑。自贼匪攻窜岳州，叠经降旨，令徐广缙统带大兵，分饬提镇直抵武昌一带，绕出贼前迎头截击……蒲圻县城存兵仅四百名，贼众大至，以致失守。知县周和祥骂贼不屈，被戕甚惨，不愧守土之官，嘉奖之余实堪怜悯。周和祥着赏加道衔，照道员例赐恤，并于蒲圻县建立专祠，以慰忠魂。同时殉难之县丞、千总及阵亡之带兵将备二员，均着查明请恤，并附于周和祥专祠以昭旌奖。又据台湧奏，荆宜施道文辉在白螺矶分防驻守，不能督兵堵剿，退离防所。着徐广缙、常大淳查明参奏，其余退避各员弁并着查明分别参奏，台湧着交部议处。向荣计抵武昌，福兴、玉山、苏布通阿等追剿之兵计已到齐。徐广缙着毋庸株守湘阴，仍遵前旨，兼程驰赴武昌一带，督率兵勇，与常大淳前后夹攻，毋得再有迟误。岳州府城着罗绕典、张亮基、鲍起豹等酌量带兵前往收复，并抚绥难民，毋令失所。武昌下游，朕已谕令陆建瀛统带大兵溯流而上，信阳以北复令琦善带兵兼程前进，会合兜剿，并调集东三省劲旅，前往接应，誓必灭此群丑，以彰天讨而快人心。汉阳失守情形，文武如何下落，并着该大臣等查明速奏，伤亡兵丁照例议恤。”（《清文宗实录》卷77）

（咸丰二年十一月癸酉）谕军机大臣等：“据徐广缙驰奏‘追剿贼匪情形，并汉阳失守’一折，岳州为南北咽喉，该匪既纷纷窜去，即应赶紧收复，着即由湖南酌调文武大员来岳州驻扎，分兵固守，堵贼回窜之路，万不可再有疏失。汉阳与武昌仅隔一江，逆匪既踞汉阳，则武昌更形危急。省垣重地，且为南北关键、四通八达之区，所关甚巨，着徐广缙带领南省追兵星速至汉阳、武昌一带，合力攻剿。常大淳、双福当督饬在城文武竭力守御，并与城外救援各将密商内外夹击，万勿株守城中、一筹莫展，致误事机。土匪晏仲武勾结逆贼围抢饷鞘，该大臣业经派委邓绍良等带兵剿办，此股匪徒谅不难克期殄灭。现在楚北军情，着徐广缙随时飞咨河南、江西、安徽、江宁各督抚准备兜剿，三面围击，不可任令窜逸，复致滋蔓难图。台湧驻扎荆州，据江上游，着一面择要防守，勿令股匪窜入，仍一面派委得力水师兵船，顺江直下，应援武昌，毋稍迟误。廉昌等弃城而逃，情节可恶，已命刑部按律治罪。巴图解饷如何被劫，着查明参奏。通判郑德基、守备王福海尚能保护十余万军饷送至省城，不致为贼所掠，着徐广缙酌量保奏。将此由六百里各谕令知之。”（《清文宗实录》卷77）

（咸丰二年十一月癸酉）又谕：“逆匪扑入汉阳，沿江下游地方，在在堪虞，情形十分紧要，已谕令徐广缙兼程前进，迅速兜剿矣。着陆建瀛酌带江南水陆官兵即驰赴上游，与徐广缙、常大淳等合力夹击。江防利用火攻，务将枪炮、火箭、火罐等件配带齐全，以期应用，尤须派带得力将弁，毋得以庸懦滥充。江苏、安徽、江西一带均当亟为设备，自固藩篱。着杨文定、蒋文庆、张芾遵照叠次谕旨，妥筹布置，互相应援。至陆路各要隘尤恐有土匪勾结，并着一体严防，毋致稍有疏失。将此由六百里各谕令知之。”（《清文宗实录》卷77）

（咸丰二年十一月癸酉）又谕：“本日据徐广缙奏‘贼匪北窜，汉阳府城失守，督兵进剿’等语，楚、豫交界地方最关紧要，急应严密防堵。着陆应谷即遵前旨，亲往要隘处所督饬文武员弁实力严防，勿任贼匪阑入，并着琦善兼程前进，陈金绶亦即飞催所调各路官兵星速遄行，毋得稍有迟误。所有火器营官兵四十名、火箭二千枝并各旗营火药二万斤，即着琦善酌量差遣应用。河南兵饷前已先由户部筹拨矣。将此由六百里各谕令知之。”（《清文宗实录》卷77）

（咸丰二年十一月乙亥）谕内阁：“已革广西提督向荣自抵广西军营，节次剿贼获胜，虽间有挫衄，而每遇接仗，尚能身先士卒，本年桂林、长沙省城先后被围，向荣均有守御之劳。现在逆匪攻扑武昌，亦经向荣先派常禄、王锦绣带兵赴援，并亲督兵勇追至蒲圻，福兴、玉山、苏布通阿等皆出其后，是向荣督兵剿贼，虽未见成效，究属老于行阵，临事尚知机警。该员前因规避获咎，因念将材难得，朕旋即加恩停其发遣，命赴湖南军前戴罪立功，经徐广缙派令总统诸军。昨又降旨剀切训谕，令会同苏布通阿共筹剿贼事宜，并谕徐广缙将此旨宣示，该员具有天良，谅必知感知奋。朕复博稽众论，皆以向荣屡保危城，缓急可恃，宜专委任，以重责成，与朕所见适相符合。向荣即着免其发遣，并赏还提督衔，帮办军务，提镇以下悉听节制，迅即统带大兵驰赴武昌，解省城之围，并杜贼奔窜之路。凡湖南军营得力将弁，并准酌量檄调来营，以备差遣。向荣经此次破格任用，宜如何感恩图报，果能迅扫妖氛，即可懋邀恩赏。倘始终不知奋勉，朕惟有执法从事，决不姑容，懔之，勉之。"（《清文宗实录》卷77）

（咸丰二年十一月乙亥）又谕："贼匪肆扰，自粤而楚，已逾两载。现复窜入岳州、汉阳，扰及武昌，叠经降旨，令徐广缙统率大兵，绕出贼前，会同毗连各省之督抚，三路兜剿……"（《清文宗实录》卷77）

（咸丰二年十一月乙亥）又谕："昨据徐广缙查奏岳州失守情形，与汉阳相继失守，当有旨令该大臣迅赴武昌一带，与常大淳内外夹攻，并令台湧一体设法应援矣……至汉阳相继失陷，并无月日及详细情形，究竟现在逆匪分为几股？其陆路由蒲圻、咸宁与水路沿江而下之贼作何分合？系何头目统带？武昌省城系十二日被攻，十九日报到，至今旬余，未得续报，朕心焦灼难言。逆首洪秀泉、杨秀青、冯云山、萧潮溃、罗亚旺等是否确在贼营？何贼分扑武昌、汉阳？现在贼众多寡？汉阳城守文武如何下落？该匪陷汉阳后是否又窜他处？该大臣统率全军，兼辖两省，自应通筹兼顾，勿再迟缓失机。着即确查，一一具奏。仍亲督大兵，由间道绕赴武昌下游险隘，扼定该匪去路。必须水陆并剿，勿令该匪再行夺险占踞。仍与向荣渡江之军并力攻击汉阳之贼。琦善已驰赴河南，陆建瀛亦溯江迎击，该大臣等三面攻剿，定可立殄群凶。湖南贼匪与各县小股土匪，着责成张亮基、鲍起豹尽数搜捕，并确探岳州贼匪。如未尽窜，即严饬将弁趁其攻扰湖北之时，赶紧兜围，迅速收复，此举最为紧要。湖北荆州一带虽有台湧防堵，尚觉空虚，着罗绕典拣带得力文武员弁兵勇驰赴襄阳，与荆州水陆各兵表里密防，遏贼西窜，俾不得由汉江北驶，则徐广缙、向荣援救武昌、汉阳之兵可资得力……云南游击陈得功、都司安如嵩着查明，如未带兵来楚，即咨该省督抚饬调来楚，以资差遣。连日据侍郎吕贤基、太常寺少卿雷以諴条奏军务各折片，多有可采之处，着摘要钞给该大臣等阅看。将此由六百里谕知徐广缙、台湧、罗绕典、张亮基、常大淳、骆秉章，并谕向荣、双福、鲍起豹、苏布通阿、福兴知之。”（《清文宗实录》卷77）

（咸丰二年十二月丙子）又谕：“……现在贼匪窜至湖北，而湖南各属伏莽尚多，徐广缙即日驰往湖北，着张亮基督饬各地方官酌量情形，密速查办，有须发兵剿办者，分别办理，准其便宜从事，一切不为遥制。惟各属会匪潜滋日久，此时查办，仍须各就地方情形，察其轻重缓急，或密与公正绅士妥筹，次第酌办，俾要犯歼擒，匪党解散，地方渐就廓清，方为妥善……将此由六百里各谕令知之。”（《清文宗实录》卷78）

（咸丰二年十二月）丁丑，谕内阁：“本日据陆应谷驰奏‘湖北贼匪情形’一折，逆贼于十一月十三日攻陷汉阳府城，旋即占踞江面，直扑武昌。现在向荣已赶至离江夏六十里地方追剿，大获胜仗，杀贼二千余人。福兴、玉山、苏布通阿等统带大兵，计已次第赶到，着徐广缙即督率诸将迅扫贼氛。向荣经朕破格任用，并假以事权，提镇以下悉听节制，自当愈知感奋，趁此声威，痛加剿洗，速解省城之围，并杜贼纷窜之路。陆建瀛、琦善南北两路已令进兵合击。至各省绅士，朕先后降旨命罗绕典、陈孚恩、曾国藩等于本籍湖南、江西帮办防剿事宜。其余各省在籍绅士，值此贼匪肆扰之时，谅必志切同仇，为民捍患。着该督抚传旨，令该绅士等各就该地方情形帮同团练，保卫乡闾，或用坚壁清野之法，使贼不能掳掠逼胁。一切布置经费，应由公正绅士筹办，不得官为抑勒，致滋流弊。该督抚等惟当遴选贤能之员，与各绅民同心协力，严缉土匪，密拿奸细，以杜勾串。被贼裹胁穷民皆吾赤子，尤当分别良莠，予以自新。有能杀贼立功、自拔来归或歼擒贼首者，立即奏明，优加恩赏。朕宵旰焦思，誓必殄此群凶，绥我黎庶。封疆文武大吏，其各仰体朕心，毋负委任。将此通谕知之。”（《清文宗实录》卷 78）

（咸丰二年十二月丁丑）谕军机大臣等：“候补四品京堂胜保奏‘江南省城亟宜扼要设防’一折。现在逆匪窜入汉阳沿江一带，防御吃紧，江南省城尤为重要，必应筹备严密，乃可杜贼匪之觊觎。着祥厚、陆建瀛、杨文定、霍隆武、文艺按照所奏，妥速筹商，无论驻防、绿营、水师、陆路各官兵，遴派得力将弁，一体勤加操演，务令悉成劲旅，以卫省垣，并于江岸上游择要严防，扼贼东下之路……”（《清文宗实录》卷 78）

（咸丰二年十二月丁丑）又谕：“陆应谷驰奏‘贼匪窜踞汉阳府城，将汉口及江面用船搭造浮桥，围住武昌省城。湖北应山以下，孝感、黄陂、黄冈等处驿路梗塞，现由应山县将夹板文报退回，另由新野递至襄阳’等语。豫省防堵，此时甚为吃紧，着琦善速即兼程带兵驰往河南、湖北交界处所，择要防剿，万勿迟延。琦善未到以前，着陆应谷尽心妥筹，毋稍贻误。至湖北文报，既由该署抚改道飞递，着即通饬各该州县改设驿站，小心递送，毋致遗失迟误。将此由六百里各谕令知之。”（《清文宗实录》卷 78）

（咸丰二年十二月丁丑）又谕：“……兹据陆应谷奏‘贼匪窜至汉阳，逼近河南，请饬催邻省官兵迅速赴豫’一折，着舒兴阿、张祥河、李僡、郭梦龄迅饬带兵将弁，管带前调精兵星速驰赴河南，以资防剿，毋稍迟误。将此由五百里各谕令知之。”（《清文宗实录》卷 78）

（咸丰二年十二月戊寅）谕军机大臣等：“蒋文庆驰奏‘军情紧急，请迅催援兵’一折……有人奏‘九江官兵分布官牌夹、瑞昌马头、小池口、胡家埠等处，实非要隘，不若直趋上游，与湖北防兵共守道士洑、牛贯矶各隘口，尤为扼要’等语，并着该督等体察情形，因地相机酌量妥办。将此由六百里各谕令知之。”（《清文宗实录》卷78）

（咸丰二年十二月戊寅）又谕：“有人奏‘现在贼匪滋事，声息四路潜通，湖北省夏间即有伪示，直隶、山东、山西等省亦有之，急宜严防奸细内应’等语。近来盗贼横行，毫无忌惮，往往潜聚多人，乘机窃发。现当楚氛未靖，难保无奸细暗中溷入，如果地方官查拿严密，自足以寒贼胆而消逆萌。倘仍积习相沿，规避处分，必致养痈贻患。着讷尔经额、李僡、郭梦龄严密饬属，随时留心访查。如有形迹可疑之人，设法盘诘，从重惩治，不得稍有疏懈。至沿途驿站，现当军报来往吃紧之际，尤宜认真整顿，不可视为具文。将此各谕令知之。”（《清文宗实录》卷78）

（咸丰二年十二月戊寅）又谕：“据徐广缙驰奏‘军营近日情形’一折，览奏曷胜愤懑，不料军营将弁以及地方文武胆玩至于此极。该大臣身为统帅，正当用人之际，虽不能概行参奏，亦当择尤惩办，以儆将来。岳州府城，贼既窜出，现在是否收复，何以并未奏及？该府为两楚咽喉，此时赶紧据守，尚可杜贼回窜之路。巴陵、临湘一带土匪自应迅速歼除，该大臣既不能即赴武昌，亦岂可置之不顾？若有疏虞，关系甚重。昨已降旨，命向荣帮办军务，假以事权，亦必须有重兵，俾资调遣。福兴、玉山等曾否带兵赶到？据称苏布通阿督带川兵渡江截堵，是否能与向荣声势相援？向荣着即酌量情形，相机布置。武昌近日文报不通，粮储匮乏，必须及早解围，或分兵渡江，攻取汉阳，亦可以分贼势。向荣既经帮办军务，节制各师，即当申明纪律，严定赏罚，以振军威，万不可再蹈从前积习。徐广缙现尚未抵武昌，军营一切情形，即着向荣随时奏报，以慰悬念。现闻道路梗阻，务须改设驿站，以通军报。南北两省被贼地方，查无下落之微末员弁及地方生监中有无从贼之人，着徐广缙等分别访查，奏明究办。翰林院编修蔡寿祺陈奏时务数事，并着摘录交该大臣

阅看，采择办理。将此由六百里加紧各谕令知之。”（《清文宗实录》卷78）

（咸丰二年十二月己卯）又谕：“前命徐广缙由湖南间道疾趋武昌，以解省城之围，并命陆建瀛溯流直上，扼守九江上游，琦善统带重兵，兼程前赴楚、豫交界，三面合剿。连日据各路奏报，向荣已抵江夏地方，与贼接仗获胜，其余镇将统带大兵已由南路次第赴援，惟北路及大江迤东尚恐未能兼顾。陆建瀛、琦善以邻省督抚分路赴楚会剿，不免限于疆域，未能号召诸军，会筹夹击，着颁发钦差大臣关防两颗，分交陆建瀛、琦善祗领。陆建瀛即督率水陆官兵驰赴大江上游，饬属将各险要妥为防守，即可直抵楚省，应援武昌。琦善计已早过保定，所有前调官兵，迅即催赴河南，将南汝光等处要隘布置防守，仍即统兵出境进攻，与湖北向荣等所带大兵合力剿贼。徐广缙即当亲赴武昌一带，与陆建瀛、琦善水陆兜围，万不可各存意见，致误事机。现在兵力不为不厚，军饷不为不充，该大臣等经朕特简，务期同心勠力，迅奏肤功，毋负委任。”（《清文宗实录》卷78）

（咸丰二年十二月己卯）谕军机大臣等：“昨据徐广缙奏军营将弁及地方文武胆玩情形，已有旨，令择尤惩办。本日复明降谕旨，将福兴革职，和春等革职留任矣。逆匪猖獗，叠陷城池，朕以徐广缙总制两粤素有威望，特命为钦差大臣，并署理湖广总督，督剿贼匪。是朕之倚畀甚重，乃因镇将不遵调度，辄请另简重臣，岂身任兼圻，统制军务，尚不得为重臣耶？当此防剿吃紧之际，军情旦夕变迁，又何能遽易生手，更致呼应不灵？顷命向荣帮办军务，仍补授广西提督。不特向荣当知感奋，力图报效，即该大臣亦得指臂之助，但须同心合力，严申纪律，督率诸军，迅剿群丑，又何必迟疑退诿，另请简员耶？所有湖南、湖北两路剿贼事宜，即责成徐广缙、向荣二人专办。本日复明降谕旨，颁给陆建瀛、琦善钦差大臣关防，所有江苏、安徽、江西毗连湖北各要隘，责成陆建瀛妥为布置，仍令于上游扼要堵剿……朕所以命陆建瀛、琦善为钦差大臣者，以湖北贼势猖獗，当其下游，则江西等省最为吃重，防其北窜，则河南信阳、新野一带亦甚紧要，不但自固藩篱，必当出境合剿。该大臣等膺此重任，务宜度地相机，互为声援，或密行札商，约期会剿，三路并进。贼纵猖狓，亦有应接不暇之势。前之被贼牵掣者，今即以之制贼。徐广缙等虽各分各路，所办实一事，断不可稍存疆界之见，总期勠力同心，声势联络。若何路致贼窜逸，朕惟何路大臣是问。果能出奇制胜，迅奏肤功，朕必加以懋赏，克膺殊眷。若但知设防，不图进攻，邻省设或有疏虞，本境亦岂能自固？老师糜饷，伊于胡底？该大臣等接奉此旨，其各仰体朕意，和衷共济，懔之勉之。将此由六百里加紧各谕令知之。”（《清文宗实录》卷78）

（咸丰二年十二月癸未）谕军机大臣等：“贼匪纷窜湖北，叠经降旨，令徐广缙绕出贼前截剿。自十一月十九日，常大淳、双福驰奏武昌被围，十分危急，迄今已届两旬，未据该署抚续将情形入奏。而徐广缙本月初三日所奏，有‘武昌可保无虞’一语。省垣防兵及续到官兵仅五千余名，虽向荣各队陆续赶到，而贼焰方张，未识能否制胜，朕心悬系，昼夜焦思。徐广缙接奉叠次谕旨，尚未驰抵湖北扼要驻扎，武昌是否解围，岂竟毫无消息？现在贼势如何，大兵是否到齐，如何进剿，省城是否可保无虞，毗连各境有无窜匿，着徐广缙迅即查明，详细具奏，以慰朕念。向荣已补授广西提督，着即将驰抵武昌连日进剿及省垣守御情形、汉阳水陆各要隘是否均有贼扰、现在如何筹办，一面知照徐广缙，一面专折具奏，无稍迟延。本日据陆应谷奏，前调陕甘赴楚官兵三千，于十一月十一日全数出河南境，现在已到湖北若干，未到者屯聚何所，着向荣妥为布置，切勿置之无用之地，或被贼匪假扮兵勇，溷入我军，又致堕其诡计。前据台湧奏，荆宜施道文辉禀报，有‘闻常德被围’之语，该大臣何以并未奏及？荆襄一带亦甚紧要，现在如何设防，万勿大意。将此由六百里各谕令知之。”（《清文宗实录》卷78）

（咸丰二年十二月甲申）又谕："徐广缙奏'武昌追剿情形及剪除巴陵土匪'一折。逆匪围扑武昌，向荣赶到后，扎营白木岭，福兴、玉山、苏布通阿、马龙等续到之兵，径趋武昌东门。十一月十七日，向荣亲督头队，由长虹桥直抵贼营，开放枪炮。该逆分队抗拒。和春、秦定三、李瑞等分股攻击，轰毙贼匪多名，斩获数十名，现仍分路进剿。惟陆路固须进攻，水路尤宜严防，经徐广缙饬令苏布通阿带兵过江，遏其上窜荆襄之路，并咨两江督抚将上海所造舢板等船驾赴九江，以阻匪船东下。该大臣等即督饬镇将相机进剿，迅解武昌之围，分路接应，毋令水陆纷窜。至巴陵土匪晏仲武等，经徐广缙派阿勒经阿、邓绍良、江忠源等带领兵勇剿办……该匪等均受伪职，为贼后应，罪大恶极，业已明正典刑，扫其巢穴。该大臣即统带重兵前进，将临湘、蒲圻一带土匪乘势剿洗，直抵武昌，与向荣等迅殄群丑，毋稍延缓。此次剿办土匪出力员弁，着酌保数员，候朕施恩，毋许冒滥。"（《清文宗实录》卷78）

（咸丰二年十二月甲申）谕军机大臣等："徐广缙奏'武昌追剿情形并剿办土匪'一折，据称武昌城外陆路之匪仅系分股。向荣已抵武昌，与福兴、和春等所带各兵分股夹击，计此时又阅两旬，该大臣定遵叠奉谕旨，驰赴湖北，亲督各路官兵与向荣会筹攻剿。省垣被围日久，内外文报不通，不堪再事迁延。向荣业经赶到武昌，直抵贼营，着与诸将妥速筹剿，当接仗获胜之后士气倍奋，务须趁此机会，竭力歼除，能与城内拒守官兵出奇接应，水陆两路节节设伏要击，不令该匪顺流下窜，尤为周密。军情变迁不一，全在该大臣与向荣等勠力同心，相机办理，迅速布置，朕断不为遥制。前有旨，令苏布通阿与向荣合力剿贼。嗣据该大臣奏称'欲令其渡江，遏贼窜往荆襄之路'，不知此时究竟如何调遣？总当察度缓急，毋误事机。前谕罗绕典驰赴荆襄，扼要驻守，此时曾否奉到谕旨前往？台涌督防荆州西路，能否兼顾？该大臣须通盘筹度，不可顾此失彼。本日据张芾奏'请将福建调到官兵三千名，仍令由江西绕出九江上游，杜贼东窜'等语，所奏不为无见。现在贼匪掳掠船只甚多，奔突靡定。该大臣由南路追剿，琦善由北路前进，该匪被剿顺流东窜，则湖北黄蕲、江西九江等处最为吃重。昨已命陆建瀛由九江溯流直上，此项官兵，该大臣正可与之熟筹，分布蕲黄以下水陆各要隘，万不可令贼夺险东下，又滋蔓延。开隆阿业由江西遵旨折回湖北，该侍卫系吉林人，若令管带吉林官兵，较可得力。该大臣即饬该员前赴河南，交琦善酌量差遣……将此由六百里各谕令知之。”（《清文宗实录》卷78）

（咸丰二年十二月甲申）又谕：“……贼匪现在武昌水陆盘踞，围扑省城，向荣等赴援之兵先后赶到，合力进攻。该匪掳掠船只甚多，若被剿顺流东窜，九江甚为吃重。陆建瀛不日即可驰抵九江，着即会同商办，务期层层布置，声势联络，不可稍有疏虞。侍卫开隆阿业经赴楚，已谕知徐广缙令其赴豫，听琦善差委矣。将此由六百里谕令知之。”（《清文宗实录》卷78）

（咸丰二年十二月丙戌）谕军机大臣等：“朕闻逆匪现踞汉阳、汉口为巢穴，于江面上下抢掠船只，搭造浮桥两座直接湖北省城，以通往来，复于武昌城外屯扎贼营数处，作攻围之计。昨据徐广缙奏称，陆路之匪仅系分股，其大股全在水路，我兵即能歼除陆匪，亦仍无补。是贼匪势甚猖獗，而我兵进剿是否能制贼死命，尚无把握。因思贼匪大股虽在水路，而其巢穴俱在江北，我军均在江南，若一面援应省城，一面遴选精兵，由沔阳间道至孝感、黄陂，潜出汉阳之后，直捣巢穴，前后夹击，亦出奇制胜之举。着徐广缙、向荣体察地方情形，如可照办，迅即派提镇大员带兵绕道，密速前往，既可安置驿站，与河南声势联络，且可杜贼匪纷窜之路。惟军营情事变幻不常，向荣及领兵各大员务须随时察看缓急，大江南北两岸并上下游要隘，均宜兼顾。逆匪大股既在水路，亟应设法火攻，并先焚其浮桥，截贼为二，使其首尾不能相顾，并随时密咨陆建瀛会同夹击，互相策应。再襄阳、荆州一带，系陕、豫两省门户，最关紧要，前已谕令罗绕典前赴防堵，此时曾否驰往，殊为悬系。着即酌带官兵，与台湧会筹办理，并与河南南阳驻守带兵文武大员及陕西接壤处所随时知照，声息相通，互为接应，不可稍分畛域，致误事机。武昌被围多日，常大淳等久无奏报，朕心焦灼，寝馈难安。向荣已授广西提督兼帮办军务，着即将湖北省城及军营近日情形，一面知照徐广缙、陆建瀛、琦善等，一面随时奏闻，以慰朕念。驿站文报，尤须设法妥递，万不可为贼所得，致漏军情。自十一月十一日以后，所有寄该大臣等各谕旨日期，着钞单给阅。曾否陆续接到，有无遗失之处，着徐广缙等按单查明具奏。将此由六百里谕知徐广缙、向荣，并谕令罗绕典、台湧知之。”（《清文宗实录》卷79）

（咸丰二年十二月丙戌）又谕：“逆匪纷窜湖北，围扑武昌，叠经谕令陆建瀛兼程驰赴九江上游一带，迅筹江防，遏贼东下之路，并颁给钦差大臣关防。复命户部先拨库帑银三十万两，以济军需。现在该大臣行抵何处，水陆各要隘如何设防，文武员弁所用何人，谅已一一筹办。刻下武昌驿路阻隔兼旬之久，常大淳等并无奏报，朕心焦灼，寝馈难安。本日已寄谕徐广缙、向荣等赶紧进攻，速解省城之围，并催令罗绕典迅赴荆襄等处，与台湧防堵西北上游。惟贼匪掳船甚多，若被剿顺流东窜，则江西、安徽等处万分吃重。陆建瀛前已计及，于九江水陆上游扼要布置，着即迅速驰往，将筹剿各事宜由六百里驰奏，以慰朕怀。该匪现踞汉阳，将武昌、汉口俱搭浮桥，三面接应，省城势甚危急。向荣等援兵先后已到武昌，若能渡江直捣贼巢，水陆并进，陆建瀛、张芾等复于九江上游要隘，派兵前后夹击，使贼首尾不能相顾，自可一鼓成擒。倘逆匪舍船登岸，分扰黄州一带，则陆路与安徽接壤，处处可虞。亦必须先期择险，设伏要击，方能互相策应。若贼匪下窜黄蕲一带，我之水师既须防其火攻，且可设法用火烧贼船只，或仿古人柴荻灌油，系走舸于船尾之法行之。但必宜暗藏港汊，俟贼船过后绕出上游，顺流乘风，方可得手。陆建瀛于楚北水陆地势素所深知，着即通盘筹画，与徐广缙、向荣互相知会，协力同心，殄此丑类。毋得稍分畛域，致误事机。将此由

六百里谕令知之。”（《清文宗实录》卷79）

（咸丰二年十二月丙戌）又谕：“蒋文庆密奏‘筹截贼匪情形’一折……英山、霍山、太湖、宿松等县与湖北黄州处处毗连，情形最属吃紧，省城尤关重要，务当派拨兵勇，扼险防守，毋任贼匪由陆路窜越。其水路要隘，亦须布置周密，勿稍疏失。将此由六百里谕令知之。”（《清文宗实录》卷79）

（咸丰二年十二月丁亥）谕军机大臣等：“昨据琦善奏‘请稍宽时日，再行会合兜剿’等语，览奏太觉颟顸，殊失朕望。此次逆匪占踞汉阳，围困武昌，兼旬以来，未接常大淳奏报。徐广缙自南而北，水陆中途贼匪星罗棋布，既以道路梗阻，未能迅抵鄂垣。陆建瀛溯流上行，势又不能疾驶。该匪往来汉江南北，无所顾忌，设任其到处冲突，则楚、豫壤地毗连，难保不潜谋滋扰。况应山、孝感、黄陂一带皆有贼营，现在文报不通，豫界防剿正当吃紧之时，即使北路贼踪稍远，而武昌为心腹重地，稍有疏虞，便难措置。所以特命琦善与陆建瀛等均为钦差大臣，以便会合剿办。在琦善经朕弃暇录用，方将大加委任，即盼迅奏肤功，殄兹群丑，在此一举。乃该大臣自上月二十七日出京，本月初五日始由保定启程，似此缓辔徐行，将何日始抵豫省耶？军情缓急，朕原不必遥制，而道里远近，行程迟速，岂不可以逆计？各路调集官兵一时本难到齐，但应催令迅速前来，毋许沿途逗遛。该大臣即当星驰先抵豫、楚交界，将各州县形势险要与现在防守情形一一察度。其分派各属之文武员弁，如有不能得力、应行更调之处，沿途亦可察访，到彼后更可面询机宜，是否可用……楚、豫唇齿相依，楚省得安，则豫省之藩篱自固。若心存畛域，但以聊固吾圉为谋，则贼氛所至，将有不堪设想者。该大臣欲为先固藩篱之计，正当迅速驰往，将先到各兵拣选骁勇将弁管带，亲自统率越境进攻，其在后各兵陆续赶到，正可以壮声威。陈金绶如尚未入豫境，即飞檄饬令带兵先行，毋稍迟滞。行军原贵慎重，但非迟缓之谓。

趁此贼众蚁聚武、汉之间，尚未四窜，该大臣与徐广缙、陆建瀛三人所办实系一事，无论何人先行赶到，先行设法筹攻，何人首先破贼擒渠，策勋当居第一，若坐视不救，国法难宽。爵赏斧钺，朕惟功罪是视，不稍宽假，亦无所吝惜也。朕日夕焦劳，不安寝馈，何暇再宽时日，为该大臣等诿卸地步？所有一切事宜，着迅速密筹妥办，先行由驿驰奏，毋许稍有迟缓。将此由五百里谕令知之。”（《清文宗实录》卷79）

（咸丰二年十二月丁亥）又谕：“前有旨，令舒兴阿、张祥河派委明干大员，前赴陕西、湖北交界地方，扼要防守。续据张祥河奏‘遵旨相机妥办’。现在逆匪攻扑武昌，益形猖獗，所有东、南、北三路，叠派钦差大臣徐广缙、陆建瀛、琦善各带重兵，分道进剿。深恐该逆被创西窜，则襄阳间道可以直达商州，其郧西、郧县、竹山、竹溪等处路径丛杂，随处可通兴安之白河、洵阳、平利以及镇安、山阳、商南等县。现派罗绕典驰赴襄阳一带，与荆州将军会筹防剿，必须邻省声势联络，方不致有疏虞。着舒兴阿即日酌带官兵，迅速驰往陕西与湖北接壤处所，察度形势险隘，择要严防。务须随时督饬地方文武员弁严密稽查，勿使奸细阑入，或假作楚省难民与南山无业之徒，潜相勾结。所有一切调度，并着该督抚会商筹办，一面飞咨新任陕西提督桂明接奉谕旨后迅即赴任。仍须妥慎筹办，不可先事张皇，致扰居民。该督何时可以驰抵陕省，并着先行奏报。将此由五百里谕知舒兴阿，并谕张祥河知之。”（《清文宗实录》卷79）

（咸丰二年十二月戊子）谕内阁：“据陆应谷奏‘探闻湖北大兵追剿情形，并出省调度’一折，该匪自占踞汉阳之后，窜至黄陂、滠口地方，经向荣督同张家祥带兵追杀二千余人，并将浮桥烧断，逆匪窜至黄州，复经官兵截剿，歼毙甚多。贼势已挫，第恐剿败之后，四散窜逸……琦善接奉叠次谕旨，必当兼程径赴楚、豫交界，督同陈金绶筹办防剿事宜，毋庸先行到省，致稽时日……黄州一带毗连江西、安徽等处，陆建瀛此时当已驰抵……徐广缙、陆建瀛、琦善仍当随时互相知照，总期勠力同心，和衷共济，蠢兹丑类何难一鼓荡平？该大臣等身受重恩，自必妥筹制胜，以副朕望也。陆应谷交卸巡抚印务后，仍着奏明，听候谕旨。”（《清文宗实录》卷79）

（咸丰二年十二月己丑）谕军机大臣等：“……捻匪结伙肆行，最为地方之害。现当楚匪未靖，逼近豫省，恐暗中勾引，为患更甚，必应及早掩捕，以免蔓延。着陆建瀛、杨文定、蒋文庆、琦善、陆应谷、李僡各派明干司道大员，前往交界处所，督同各该地方文武选带兵役，严密查拿。务期不分畛域，合力兜捕，迅将首要各犯悉数擒获。此等稔恶匪徒，法所难宥，拿获讯明后，即当按律正法，俾匪徒知所儆畏。若照寻常盗案审转，致稽时日，转恐有意外之虞……将此各谕令知之。”（《清文宗实录》卷79）

（咸丰二年十二月）庚寅，谕内阁：“徐广缙驰奏‘武昌追剿贼匪，叠次大获胜仗’一折，据称‘逆匪自到武昌，分股四面滋扰。福兴、玉山、苏布通阿带兵先后赶到，经向荣商令径逼洪山扎营。向荣大队从长虹桥一路转战而进，绕赴东路，至鲁家港扎营。十一月二十三日，分派兵勇二十余队合力进攻，贼势披靡，歼毙甚多，并将贼踞民房焚毁殆尽。二十八日，向荣等选兵三千余名，分路进剿，施放枪炮喷筒，抛掷火罐，当将贼巢攻夺。生擒逆匪多名，夺获黄袍、黄旗及炮械、骡马等件，贼营一律烧毁。官兵直追至武昌城下，该匪逃至江岸，因汉阳浮桥先被我军拆断，贼仍折回死拒，现在督兵剿洗’等语。逆匪窜扰武昌，经此次痛剿，贼锋已挫，武昌自可解围。惟占踞汉阳及水路各匪，势必闻风纷窜。徐广缙现已赶赴武昌，着与向荣督饬带兵各员渡江奋力环攻。上游荆襄、下游黄蕲各处，飞即分派精兵截击，并着罗绕典、台湧于荆襄一带遏贼西窜。陆建瀛计已驰抵九江，遏贼东路，着与张芾、蒋文庆严防江西、安徽水陆要隘，相机进攻。陆应谷已抵南阳，琦善不日亦可到豫，

北路大兵，陆续云集，该大臣、将军、督抚、提镇等务当不分畛域，同心协力，迅扫贼氛，毋稍延误。”（《清文宗实录》卷79）

（咸丰二年十二月庚寅）谕军机大臣等：“本日据徐广缙驰奏‘追剿贼匪，叠次大获胜仗’一折，逆匪自到武昌，分股滋扰，经向荣督同福兴、玉山、苏布通阿等合力进剿，叠获胜仗，省城当可解围。惟南岸之贼，仍系分股，其大股俱在水路及江北汉阳、汉口等处，难保不闻风四窜。且贼情诡谲异常，更恐以南岸之贼牵掣我师，其大股复潜图他窜，如广西、湖南即前车之鉴。贼由水路，则江西、安徽、江苏等省，陆路则河南之信阳、南阳等处，在在均关紧要。至西北郧襄一带，为川陕门户，并须严防窜越。徐广缙计已驰抵武昌，前奏拟派苏布通阿驰往上游，杜贼西窜之路，此时是否已有布置？着与向荣迅速筹办，万不可令贼匪夺险分窜。罗绕典此时是否已抵襄阳？台湧荆州兵单，亦恐未能力遏贼锋，必须派得力将弁添兵防剿。陕西交界处所，已谕令舒兴阿等派兵设防，务须声势联络，不可稍分畛域。武昌若已解围，向荣察看贼势，何处吃重，即督率镇将相机攻剿，总以绕出贼前截击或伏兵要隘接应，断不可徒事尾追，又致滋蔓。至福建兵未能出力，业经向荣惩办。军营近来习气，必应严加整顿，此后倘有畏葸不前者，无论将弁兵丁，即以军法从事，断勿姑容。其出力将士，立予奖励，俾人知惩劝，则兵气更扬。至江面下游一带，陆建瀛计已统带重兵溯流而上。江西、安徽水陆要隘，防不胜防，惟有择险据守，确探贼踪，督兵进剿，并随时知照张芾、蒋文庆、杨文定及江宁将军祥厚一体严防。现在汉阳尚有贼踞，孝感、黄陂一带均有贼营，去豫甚近，情形更为紧急。若贼匪乘虚北窜，而琦善尚未到境，岂不坐失事机？朕所以叠次严催琦善驰赴楚、豫交界者，正恐汉阳贼窜，北路当冲。着该大臣遵奉前谕，与陈金绶统带大兵，星速趱行，倘楚匪窜入豫境，朕必治以迁延之罪。琦善未到以前，陆应谷计已驰抵南阳，所调直隶及山东、山西、陕西各劲旅，计亦先行赶到，兵力不为不厚。即着陆应谷妥为布置，堵剿兼施，并随时知照湖北军营，

联为一气，毋得稍有推诿。将此由六百里各谕令知之。”（《清文宗实录》卷79）

（咸丰二年十二月庚寅）又谕：“前谕令舒兴阿带兵驰赴陕西接壤湖北地方，择要严防。本日据徐广缙奏‘向荣等进剿武昌城外贼匪，叠获胜仗’等语，逆党围攻武昌，匝月以来，屡被官兵剿击。惟占踞汉阳及水路各匪尚多，若被我兵进剿，势必纷纷窜逸。其上游郧襄一带，楚、陕毗连地方，路径丛杂，随处可通，防守甚关紧要，舒兴阿接奉前旨，自必赶紧启程。惟到陕尚需时日，着舒伦保、张祥河迅即会商，派委得力文武大员，选带精兵前往交界处所，督率地方官察看要隘，妥速设防。并谕绅民团练，互相保卫，务期与楚省声势联络，以免疏虞。并随时严防土匪，密查奸细，毋致暗相勾结。凤邠道文海，人尚谙练，即着张祥河派往办理防堵事宜。将此由六百里各谕令知之。”（《清文宗实录》卷79）

（咸丰二年十二月壬辰）谕军机大臣等：“张芾奏‘驰抵九江筹防情形’一折。逆匪窜扰湖北，逼近江西，现在大兵攻剿，武昌当可解围。贼既穷蹙，势必纷窜，毗连各要隘急宜堵御。张芾现已驰抵九江，并于道士洑安设营垒，派委大员带领兵勇前往驻扎……如向荣等攻剿得手，尚须东路策应，陆建瀛即带领兵勇溯流而上，与武昌大兵合力夹击，或武昌围解，贼匪纷窜，顺流而下，则迎头截击，与向荣等派出之兵两面兜剿，更可得力。惟水路固宜严防，陆路亦必分兵守御，总期妥为布置，毋堕贼匪声东击西奸计。其‘雇募粮船水手以壮声威’一节，即着该督抚等商酌办理。将此由六百里各谕令知之。”（《清文宗实录》卷79）

（咸丰二年十二月壬辰）又谕：“……现在向荣等得获胜仗，尽将贼营烧毁，武昌自可解围。江中浮桥既被我兵烧断，当不患乏船济渡。徐广缙计已抵武昌省城，即与向荣督饬南岸大兵设法渡江，将黄陂一带贼营痛加攻剿，能将水面及汉口土城贼匪合力围攻，即可乘势收复汉阳，为一鼓歼除之计。惟贼情诡诈，势必又图他窜，不上窥荆沔，则下扰黄蕲，徐广缙、向荣务须通筹豫防。倘贼顺流东窜，江省兵单，甚为可虑，着即由大营选派奇兵，绕出下游，与陆建瀛派防之兵扼要合剿，勿任窜逸。其西北荆襄一带，亦必须派兵，与台湧、罗绕典协同防堵，仍随时知照河南出兵夹击。该大臣等总当合力同心，互为声援，以期无失事机。切勿专顾本境，致贼远扬，又蹈从前覆辙。将此由六百里各谕令知之。”（《清文宗实录》卷79）

（咸丰二年十二月癸巳）谕内阁：“本日据徐广缙驰奏‘逆匪攻陷武昌，省城失守’一折，览奏愤恨，莫可言喻。向荣等追剿贼匪，于省城之东叠获胜仗。而西面平湖、文昌各门滨临大江，该逆开挖地道，竟于本月初四日地雷轰发，守陴兵溃，武昌省城，遂至失守。该大臣前次奏报，尚云武昌自可解围，乃数日之间，遽报失陷，岂军情缓急，但凭禀报，如在梦中耶？徐广缙自长沙前赴湖北，本已迁延，向荣为军营统领，虽经赶到获胜，乃不能乘势择要攻剿，迟延数日，致误事机，均属罪无可逭。现值剿办吃紧之际，若即重治其罪，转得置身事外。徐广缙着革去两广总督，拔去双眼花翎，仍以钦差大臣暂署湖广总督。向荣着革职，仍帮办军务，戴罪剿贼，以观后效。武昌为省会要地，乃竟被贼攻陷，官兵士民惨遭荼毒，朕自愧自恨用人失当，不能迅速拯我生民、殄兹群丑，顾瞻南服，寝馈难安。前已令琦善、陆建瀛为钦差大臣，各带重兵驰往迎剿，又命陕甘总督舒兴阿、四川将军署总督裕瑞各选精兵驰往楚省交界，合力剿捕。其各勠力同心，以靖疆圉，毋得各存畛域，观望迁延，致干重罪。武昌城内文武各员，着徐广缙查明具奏。”（《清文宗实录》卷79）

（咸丰二年十二月癸巳）谕军机大臣等：“本日据徐广缙驰奏‘逆匪攻扑武昌，省城失守’，览奏焦急之至，已明降谕旨，将该大臣等革职，戴罪自效矣。徐广缙督兵迟缓，致误事机，向荣虽于城东叠获胜仗，未能保护省城，均属罪无可解。现当贼势猖獗、剿办吃紧之际，是以姑从宽典。徐广缙着即兼程前赴武昌，会合向荣，妥筹兜剿，一面知照罗绕典、台涌等严防上游，一面飞咨陆建瀛、张芾等各派精兵溯流而上，一律截击，毋得再有迟延。湖北省城文武下落，并着迅速查明具奏。至武昌省中截留军饷三十余万尽为贼得，军营支用如何接济，此时拨饷在途者尚有若干，着徐广缙飞催前途绕道解运，并须加倍慎重。本日已寄谕叶名琛，令其设法筹画，由江西、湖南解运军营，以济急需矣。将此由六百里加紧谕令知之。”（《清文宗实录》卷79）

（咸丰二年十二月癸巳）又谕：“前谕令舒兴阿驰赴陕、楚毗连处所，择要设防。复谕令舒伦保、张祥河于舒兴阿未到之前，派委文武大员迅往交界严密防守。本日据徐广缙驰奏，本月初四日武昌失守，逆匪势益猖獗，陕西路通湖北郧阳等处，防守紧要。着舒兴阿即遵前旨，迅督精兵，兼程前进。其未到陕以前，仍着舒伦保、张祥河饬令所派各员，妥速设防，毋稍延误。将此由六百里各谕令知之。”（《清文宗实录》卷79）

（咸丰二年十二月癸巳）又谕：“前谕令琦善驰赴楚、豫交界地方，与陈金绶统带大兵迅速进剿，并令陆应谷驰赴南阳，妥为布置。该大臣等谅已兼程前进，设法妥筹矣。现在武昌失守，楚、豫毗连处所，防剿十分吃紧。琦善、陈金绶着即督兵前进，与徐广缙、向荣、陆建瀛等各路精兵四面兜围，相机进剿。断不可各分畛域，致误事机。将此由六百里加紧各谕令知之。”（《清文宗实录》卷79）

（咸丰二年十二月癸巳）又谕：“本日据徐广缙奏‘武昌省城被贼攻陷’一折，览奏焦急之至。陆建瀛前奏先回省城料理，即赴九江防剿。惟现在贼势益张，剿办万分吃紧，着该大臣迅速兼程驰赴九江，会同张芾选派得力将弁，一面扼要严防，一面溯流直上，会合楚省官兵前后夹击，无稍迟误。至安徽水陆各路与湖北多有毗连，若贼匪乘势东窜，在在堪虞。着陆建瀛、蒋文庆将现在调到各兵遴选得力员弁管带，分守要隘，一律堵截，毋得稍有疏虞。将此由六百里加紧各谕令知之。”（《清文宗实录》卷79）

（咸丰二年十二月癸巳）又谕：“现在贼势猖獗，四川与湖北毗连，亟应调兵策应。裕瑞现署总督，未便远离省城，着即选派得力镇将，酌带精兵，顺流直抵湖北交界，与徐广缙等会同剿办，毋稍延误。所需经费，并着该督设法筹办，以济急需。将此由六百里谕令知之。”（《清文宗实录》卷79）

（咸丰二年十二月丙申）又谕：“据陆应谷、琦善先后驰奏‘探闻武昌失守情形，并催前调官兵兼程赴豫’各一折，已寄谕直隶、陕甘、山西各督抚迅催官兵前赴河南矣……现在湖北汉阳、德安、安陆一带，数百里无兵防守，而河南南阳、信阳处处吃重，若非协力攻剿，贼匪滋蔓，何所底止？着该大臣等随时知会徐广缙、向荣、陆建瀛三面兜围，总期不分畛域，并力进攻。切勿稍事迁延，贻误事机。将此由六百里各谕令知之。”（《清文宗实录》卷80）

（咸丰二年十二月丙申）又谕：“寄谕大学士直隶总督讷尔经额、陕甘总督舒兴阿、陕西巡抚张祥河、署山西巡抚郭梦龄，现在贼陷武昌，豫省防剿万分吃紧，着该督抚等迅饬前调官兵兼程前进，速抵豫、楚交界，听候钦差大臣琦善调遣，毋得稍有迟误。将此由六百里各谕令知之。”（《清文宗实录》卷80）

（咸丰二年十二月丙申）又谕：“据陆应谷、琦善先后奏‘探报逆贼攻陷武昌，将兵民一律杀害，银米掳掠上船，文武各官均已殉难’，又据张芾奏‘向荣退驻青山，贼船数百已至黄州掠粮’各等语，览奏愤恨，莫可名言。徐广缙兼辖两省，不能迅速督兵前进，力解武昌之围，以致省垣失陷。若再令东窜江西，北窜河南，自问当得何罪！武昌失守后，贼匪是否占踞，分股他窜？抑已大队出城，另图滋扰？向荣不能力救危城，乃退守青山，现拟作何进止？昨有旨令向荣署理湖北提督，仍帮办军务，责无旁贷。据张芾奏，探武汉下游，如黄州、大冶等处，并无一兵堵截。该大臣与向荣岂任听逆匪东窜，束手无策耶？现在九江告急……岂有坐视该逆横行，不谋截击之理？着向荣即速选派得力镇将大员，先行统带精兵数千名，无论水陆各路，设法绕至九江上游，与张芾会同截击，遏贼东窜。陆建瀛计亦驰抵九江，两省共办一事，断不许稍存畛域之见。向荣仍察看贼势，何处紧急，即带兵前往攻剿，毋失事机。省城被陷，文武官员如何殉节情形，着该大臣等迅速查明具奏，并分派官兵拨往北路，与河南大兵会合筹剿，令逆匪不得北窜。该逆自粤而楚，所至蹂躏不堪，倘再蔓延他省，则九江以下，无险可守，东南数省绎骚。应山以北稍有疏虞，河洛亦为之震恐。该大臣等抚心自问，应如何为朕分忧耶？将此由六百里谕知徐广缙、向荣，并传谕军营提镇将弁等知之。”（《清文宗实录》卷80）

（咸丰二年十二月丙申）又谕：“陆建瀛奏遵旨筹办并催调官兵启程出省各折片。又张芾奏‘九江待兵孔急’一折。现在贼船数百，已至黄州劫粮，所调官兵至九江者，仅止百余，即下巢湖、武穴镇、老鼠峡等处江面屯兵，均仅二三百名。贼氛逼近，守御实嫌单薄。该大臣既于本月十五日自江宁启程，着迅速兼程前进。所调官兵船只即派游击杨冠春、周鳌统带，与方翔径抵九江上游，迎头堵截。所请饬调直隶、山东兵三千名，无论该二省调防兵数，已经不少，即使再加调遣，亦恐缓不济急。兹已谕知徐广缙、向荣派得力镇将统带重兵，绕至九江截击，并令向荣察看贼势，何处吃紧，即行亲赴应援矣。其前经调赴江西未至之兵，着陆建瀛严札飞催。陆建瀛未到以前，着张芾设法妥筹防守，如可力争上游，扼要进攻，即着相机办理。琦善即日可抵楚、豫交界，本日已饬令统带生力劲兵疾趋湖北，遏贼东窜，并饬徐广缙会合剿办……江西、安徽陆路与湖北毗连处所一律严防。该大臣驰赴蕲黄一带，与徐广缙、琦善会剿情形，随时奏报，以慰廑念。将此由六百里各谕令知之。”（《清文宗实录》卷 80）

（咸丰二年十二月丙申）钦差大臣琦善奏‘行过河南省城途次，探报湖北贼匪情形’。得旨：“兼程前进，勿稍迟延。汝抵信阳后，即行进剿。若徒自固藩篱，是示弱于贼，转招外侮也。”（《清文宗实录》卷 80）

（咸丰二年十二月丁酉）又谕：“据御前行走哲里木盟长亲王巴图、昭乌达盟长郡王那木济勒旺楚克、卓索图盟长郡王色伯克多尔济等呈称，伊等现因年班来京，闻湖北逆匪攻扑城池，凡属蒙古臣仆，同深愤恨，愿各拣精兵，自备资斧，前往报效，由军机大臣代奏。该盟长等世受国恩，情殷图报，具见忠悃。惟现在军营拨调各省精兵足资剿办，所有呈请备兵赴剿之处，着暂行无庸前往，仍听候谕旨调遣。该盟长等志切同仇，深堪嘉尚，着俟军务告竣时，再予恩施。”（《清文宗实录》卷 80）

（咸丰二年十二月丁酉）谕军机大臣等：“裕瑞奏‘贼匪窜扰湖北，川省应办防堵，请将前派赴楚之成都驻防官兵截留，与绿营兵丁分布防范’一折。逆匪分窜湖北，汉阳、武昌相继失守，四川夔州府属之巫山县与楚省宜昌、荆州毗连，亟应调集官兵严密防堵。所有前派赴楚之成都驻防旗兵五百名，着准其截留在川，与建昌等绿营兵五百名统交重庆镇总兵皂陞管领，星速驰往巫山下游等处，分驻要隘，实力巡防。并多备器械，安设炮位，盘查奸细，侦探贼情，以固川省门户，即为楚北声援。至保甲团练，本属弭盗良法，刻下楚疆不靖，尤应认真编查。着裕瑞通饬所属及川东一带各地方文武实力奉行，一体防范，毋得稍有疏虞。夔州所属城垣堡寨应修处所，并饬地方官督率绅民人等赶紧筹画，次第兴修，务期有备无患，是为至要。将此由五百里谕令知之。”（《清文宗实录》卷 80）

（咸丰二年十二月戊戌）谕军机大臣等："昨据江西探报，贼船数百已至黄州掠粮，九江势甚急迫。又据陆应谷奏'附近河南信阳州之应山、黄陂等处，俱有贼匪'等语，河南、安徽、江苏皆与山东毗连，亦应早为防范。着李僡侦探贼踪远近，察看地方情形，于交界扼要处所带兵前往，驻扎调度，以资防守。将此谕令知之。"（《清文宗实录》卷80）

（咸丰二年十二月戊戌）署江西巡抚张芾奏武昌失守、九江紧急情形。得旨："览奏。贼船已近道士洑，江西省十分吃紧，现虽饬向荣等分兵截剿，只恐断难赶上，汝在九江，惟有竭力防堵。朕日夜悔恨无及，若江省再遭蹂躏，朕咎更深矣。"（《清文宗实录》卷80）

（咸丰二年十二月己亥）谕军机大臣等："前据徐广缙奏报武昌失守情形，未能详悉，数日又无续报。本日陆应谷奏'据李殿华等探禀，武昌城内兵民数万人，尽遭贼匪惨害'。朕览奏，悲悯之余，尤深愤懑。该大臣屡次迁延，坐视贻误，是何肺腑？向荣等虽于城外攻剿，亦未能力解省围，致数万生灵罹此惨毒，若再不急图补救，自问于心何安！现在荆州盘获奸细，有窥伺荆襄之信。而下游黄州一带，有贼船游奕，距道士洑甚近，贼情诡诈异常，声东击西，是其故智。陆建瀛溯流而上，九江等处兵力太单，朕心甚为廑念。昨已有旨，谕令该大臣等选派得力镇将，绕赴江西、湖北交界，遏其东窜。此举万不可稍缓、再有贻误。并着向荣确切侦探，何处紧急，即提兵亲往救援，并随时知照陆建瀛、张芾等不分畛域，合力兜剿。如荆襄一带吃重，亦即先其所急，不可顾此失彼。贼情诡诈，惯为牵堕之计，向荣谅已深悉。有人奏'守城宜限以日期，并兵将赶紧赴援，各专责成'等语，着钞给阅看，如可试行，即通饬遵办。汉阳、武昌殉难文武官员，即速查明具奏。将此由六百里各谕令知之。"（《清文宗实录》卷80）

（咸丰二年十二月己亥）署河南巡抚陆应谷奏："据湖北孝感县知县李殿华探禀武昌失守情形，钞录呈览。"得旨："据李殿华等详禀情形，阖城文武兵丁及百姓不下数万，遭此惨毒，朕垂泪览之，犹自恨无德无才，不能感格上苍也。"（《清文宗实录》卷80）

（咸丰二年十二月己亥）又谕："现在贼船游奕黄州、武昌县等处，距道士洑甚近，势将沿流东下。陆建瀛自必遵奉节次谕旨，迅速驰抵九江，着即会同蒋文庆、张芾互为掎角，相机防剿。木篺[①]拒贼之说，已据该大臣复奏，兹有人陈奏十二条，是否有可采择，原折钞给阅看。江苏道员吴健彰捐备连环马炮六百余尊，谅已酌量带赴军营。此项炮位，为行军利器，但须慎重调拨，不可聚于一处，付之庸懦弁兵，遇贼率行委弃，转为贼匪所得，贻害不浅，慎之慎之。又有人奏守城章程一条，所称'守土官及赴援兵将立限责成'等语，一并钞给阅看，酌量办理。将此由六百里加紧各谕令知之。"（《清文宗实录》卷80）

（咸丰二年十二月己亥）又谕："据台湧等奏'拿获奸细，有贼匪约于正月初间窜扰荆州之说。该城守兵仅三千余名，不敷防剿，武汉迤西无官兵驻守堵截'等语。着琦善、陆应谷迅将已到南阳之西安驻防兵一千名，即饬统领官员星夜管带，驰赴荆州，交台湧派拨守御。现计该大臣早已行抵信阳，所有豫境防剿事宜，即与该抚陆应谷将调到各兵严密布置。陈金绶带兵应于何路进攻？断不可以有用之兵，置之无用之地。自南阳至信阳一路，凡有邻楚州县，水陆要隘如何设防，务须声势联络，相机进剿，为楚北援应……至贼匪分布奸细，窥探军情，据荆州获犯供有数十人，恐各路四散者甚多，并着严饬文武随时密拿，勿堕奸计。所有郡县城濠应行及早修浚之处，即行妥筹办理。将此由六百里各谕令知之。"（《清文宗实录》卷80）

---

① 篺：应为"簰"。

（咸丰二年十二月己亥）又谕：“台湧、官文、贵陞奏‘荆州吃重，请添兵防剿’一折。武昌失守，荆州急宜严防，满营存城官兵仅三千余名，实属单薄。现调陕西绿营兵一千名，饬令速赴荆州，又谕令琦善、陆应谷将已抵南阳之西安驻防兵一千名就近先行驰赴荆州，以备调遣。昨据罗绕典奏，由长沙挑带陕西营官兵五百名，并川勇、亳勇前赴荆襄。刻下计可抵郡，着台湧等会同熟筹，妥为布置，务期严密设防，以遏贼奔窜之路。仍宜严拿奸细，密设侦探，不可稍有疏懈，致误事机。将此由六百里加紧谕令知之。”（《清文宗实录》卷80）

（咸丰二年十二月己亥）又谕：“昨据张芾奏，贼船数百已至黄州掠粮。是该匪已有东下之势，江宁省城尤为紧要。现在陆建瀛驰赴九江督剿，杨文定行抵省垣，着会同该将军、副都统，督同藩司祁宿藻等妥速筹商，遴派得力将弁于江岸上游扼要防守，遏贼东下之路……”（《清文宗实录》卷80）

（咸丰二年十二月庚子）谕军机大臣等：“徐广缙奏‘查明湖北署抚臣殉难情形’一折，已明降谕旨，将常大淳赐恤矣……向荣现扎营洪山一带，与岳州大营声势自必联络。惟贼匪占踞武、汉之间，游船已抵道士洑，其为意图东窜，而以别股牵掣我军，情形显然。现在北路尚有重兵，而东路陆建瀛等兵力甚单，专望向荣飞派将弁带兵绕出黄州下游，协同截剿，遏贼窜路。向荣与苏布通阿等尚知兵机，岂竟坐拥重兵，为该大臣前途保卫，任听下游失事耶？军营近来习气，推诿迁延，固属可恨，而统兵大员用心亦复如是。前者桂林围解，留兵自卫，辄以恐贼回窜为词，不旋踵而全州失守，扰及楚南。今长沙围解，贼入岳州，弃而不守，旋复攻陷汉阳、武昌，而该大臣逗遛巴陵，又以恐贼南窜为词。试思贼匪遍满武、汉之间，掳船千计，其意非欲顺流东窜而何？江皖兵单力弱，又系财赋之区，贼若水陆齐下，大势将不可问。该大臣统领数万重兵，即武、汉尚未收复，不能全军东援，亦必须分拨精兵保护下游，与陆建瀛会合截击，方为统筹全局。若竟以岳郡为藏身之固，以全师为自卫之谋，甘心失机，又蹈重罪，亦何面目对殉难官兵及数万生灵耶？前有旨，令骆秉章署理湖北巡抚，并令于荆、襄两郡择要驻扎，崇纶未到以前，所有湖北省一切事宜即着会同徐广缙筹办。另片奏'江苏、福建等省饷项仍应取道江西，解赴长沙，由原办粮台转运。其川省解到饷银，就近解往荆州，分投粮台支应'等语，业经交部查照办理矣。将此由六百里各谕令知之。"（《清文宗实录》卷80）

（咸丰二年十二月庚子）又谕："寄谕陕甘总督舒兴阿、陕西巡抚张祥河，昨据台湧等奏'荆州防兵需饷孔急，请饬部就近筹拨'，已交户部速议矣。现在武昌失守，荆州防堵万分吃紧，陕省距荆州较近，着该督抚于陕西省库存各款移缓就急，酌量协济，迅速解赴荆州，以应急需，切勿迟误……"（《清文宗实录》卷80）

（咸丰二年十二月）辛丑，谕内阁："前因广西逆匪窜扰湖南，赛尚阿师久无功，特命徐广缙为钦差大臣，就近督办。乃由梧州抵衡州军营，业已迁延多日，长沙被围两月有余，若非向荣及地方文武竭力守御，几致失事。及解围后，徐广缙始抵长沙省城，而逆匪已乘虚复陷岳州，长驱北窜，直扑武昌……惟向荣及诸将先后赶到武昌，与贼接仗，虽屡次获胜，而主将远隔数百里外，兵机紧急，何所禀承？汉阳既已失守，武昌省垣又复沦陷，文武官员、兵丁人民，数万生灵，惨遭荼毒……向荣自抵军营，两载有余，虽亦不免挫失，而桂林、长沙两处守城均能迅速赴援，追贼湖北，亦系该员首先赶到。朕用人略短取长，毫无成见，但能勇于任事，即可承受朕恩。向荣着即授为钦差大臣，接受关防，赏还提督顶带，专办军务，所有军营文武统归节制……值此剿贼吃紧之际，陆建瀛、琦善、向荣虽分省统兵，实则共办一事……"（《清文宗实录》卷80）

（咸丰二年十二月辛丑）谕军机大臣等："本日已明降谕旨，授向荣为钦差大臣，专办军务，将徐广缙革去署任，即行拿问矣。逆匪占踞武昌，窥伺九江，贼船数百只，逼近黄州下游，九江等处情形十分紧急。该大臣既膺重任，责无旁贷，着即遵前旨，迅速选派镇将，拨兵数千，前赴九江一带，遏贼分窜。仍随时知照陆建瀛、张芾合力兜剿，无论水陆两路，万不可任贼东窜。其武昌、汉阳之贼，并着相机进剿，以图克复。荆襄一带及江北与河南交界处所，并随时知照琦善、陆应谷派兵接应……将此由六百里加紧谕知向荣，并着将此旨传谕军中带兵各大员知之。"（《清文宗实录》卷80）

（咸丰二年十二月辛丑）又谕："本日据蒋文庆驰奏'军情紧迫，奉调之兵止到浙江兵一千名，山东头二三起官兵甫抵皖境'等语，安徽陆路毗连湖北，防堵情形极为吃重，现在陆建瀛所带之兵不及五千，仍须南北邻省官兵协力堵截，方不致有疏虞……将此由六百里加紧各谕令知之。"（《清文宗实录》卷80）

（咸丰二年十二月辛丑）又谕："本日已明降谕旨，授向荣为钦差大臣，又命张亮基署湖广总督，潘铎署湖南巡抚矣……骆秉章前已谕令署理湖北巡抚，并令于荆、襄两郡酌量驻扎，着张亮基会同商定司道以下各员应于何处分驻，印信遗失者奏明颁发。程矞采督办粮台，亦应移至岳州一带，粮台分设应在何处，着张亮基等一并会筹妥办，毋得稍有贻误。将此由六百里加紧各谕令知之。"（《清文宗实录》卷80）

（咸丰二年十二月）壬寅，谕内阁："明年二月二十六日，孝和睿皇后永远奉安山陵，业经降旨，定于二十日启銮，奉安礼成后，恭诣慕陵行敷土礼。事关国家大典，岂敢稍从简略？惟现因剿办楚匪，直隶调兵数千……兵差络绎，畿辅地方支应实繁，民力已恐竭蹶。若再以跸路经

行致烦供亿，朕心实有不安……”（《清文宗实录》卷 80）

（咸丰二年十二月癸卯）谕军机大臣等：“据向荣奏筹剿情形并陆应谷奏探报贼情各一折。该逆攻陷武昌后，于汉阳、汉口搭有浮桥，将城内银钱搬入船内，并有贼船三四百只，滋扰黄州府及武昌县。现在向荣拟设法将贼船、桥焚毁，断其往来，自应如此办理。所奏调集炮船、招募水摸、豫备火攻之具，已谕知张亮基、潘铎迅速妥筹照办矣。至所探黄州、武昌两城不能固守，距营一二百里并无官兵防堵，似此情形，则九江最为急迫。前已叠次谕令陆建瀛迅带水陆官兵前往迎击，并令张芾等严密布置。惟陆建瀛并未征调他省劲旅，所带兵勇不及五千人，九江上游一带，兵力单弱，朕心深为悬念。必须豫、楚两路大兵迅往应援，堵截方能严密，三路始可会剿。朕所以屡谕琦善、向荣等，令其各选精兵，驰往九江及安徽一带，与陆建瀛会合堵截，正是此意。若南北两路各固藩篱，不能迅速应援，则贼匪窥伺东路兵单，势必水陆下窜，两江当冲，设有疏失，亦必掣动全局。向荣既膺兹重任，必当通筹合计，一面攻剿武汉贼匪，一面即派提镇大员统兵疾趋，绕出黄州之前，或道士洑尚可扼守，即于彼处堵贼东下。计湖南镇将派拨船炮，带兵北来，亦可克期而至，前后夹击，定能得手。琦善与向荣共办一事，若逆匪窜至豫省，向荣之有意欲清本境，琦善之诿过于人，断难逃朕鉴也。琦善已抵信阳，即统兵驰赴湖北，并着陈金绶仍遵前旨，由安徽一带抄出贼前迎剿，兵贵神速，万不可稍事迁延。至陆建瀛兼辖三省，前曾具奏，有力争上游之说。自省城水路前赴九江，已觉迟缓，一切调度均须虚心集益，勿稍嚣矜。张芾、蒋文庆各有守土之责，亦须与陆建瀛同心合力，断不可稍存意见，致失事机。总之，该大臣督抚等或在本境捍御，或出邻省应援，各尽心力，不分畛域，自有实效，朕惟知赏功罚罪而已。向荣拟调广东水师拖船战船，着照议飞咨叶名琛等调拨应用。陆应谷奏‘探报贼匪有窥伺荆襄之意’，该大臣等亦当密商台湧等密为防范。将此由六百里加紧各谕令知之。”（《清文宗实录》卷 80）

（咸丰二年十二月癸卯）又谕："据向荣奏称，逆匪攻陷武昌，仍于汉阳、汉口搭有浮桥，必须多备炮船，将浮桥焚毁，方可进剿。前刑部郎中卢应翔所带炮船，曾在长沙靳家河击贼，现在停泊何所？总兵音德布在常德设防，游击韩世禧分防长沙，该处距贼较远，着张亮基、潘铎饬令音德布、韩世禧于常德、长沙多雇船只，率领前带官兵前进。韩世禧所带湖南兵数百名，着饬令于长沙防城楚兵内再挑数百，凑足千名，以资调遣。副将邓绍良所带兵勇，即于岳州一带多雇船只，并于洞庭湖招募水摸二三百名，豫备柴草、硝磺等物，同卢应翔船只迅速驶往。以期合力进攻，焚断浮桥，剿办可以得手，断不可稍有迁延，致误事机。向荣既命为钦差大臣，一切调度事有专责，兵机贵速，尤忌牵掣。张亮基平素办事尚不迂缓，今与向荣共事一方，必须和衷共济。谅不以前在云南曾有会同参劾向荣之奏，稍存意见也。黄州府、武昌县文武下落，着迅速查明具奏。将此由六百里加紧谕令知之。"（《清文宗实录》卷80）

（咸丰二年十二月乙巳）又谕："昨据向荣奏筹剿情形，已有旨命张亮基、潘铎饬令音德布、韩世禧于常德、长沙多雇船只，再挑防城楚兵数百，凑足千名，并令邓绍良招募水摸二三百名，同卢应翔船只迅速驶往，以为合力进剿，兼用火攻之计。本日据张亮基奏筹办湖南堵剿事宜，仍以防贼回窜为词，意在只顾湖南一省藩篱，而置湖北于不问，殊属不知缓急。桂林围解，邹鸣鹤即以防贼回窜为词，长沙围解，徐广缙又以此借口。试思贼陷岳州，弃而不守，合股下窜，现在占踞汉阳、武昌，搭造浮桥，并掳船数百只，其势将顺流东窜，已属无疑。我兵现患无船，必须于上游多觅船只，豫备火具，乘流驶下，剿办方可得手，岂可再将有用之兵置之空闲之地？虽湖南各处土匪亦应剿办，只须本省防兵酌量派拨并与绅士设团保卫，自可渐就清理。徐广缙但知自卫，全不以下游地方为意，朕是以将其拿问治罪，专责向荣以剿贼，并派镇将带兵应援九江等处。张亮基已署理湖广总督，统辖两省，岂可再蹈徐广缙覆辙？

着仍遵前旨，饬令音德布、韩世禧、邓绍良、卢应翔等统带兵勇船只，迅速前往湖北，听候向荣调度。设有贻误，朕惟该署督是问……将此由六百里谕令知之。”（《清文宗实录》卷80）

（咸丰二年十二月乙巳）钦差大臣琦善等奏：“驰抵信阳，迅筹会剿。”得旨：“屡次廷寄，想已接奉遵行。第楚省剿办情形，不可暂缓，琦善系朕特简，应如何激发天良，以副委任？汝之才能远过徐广缙，此事若不能办竣，何以对天下人？若果能成此伟绩，爵赏可致也。”（《清文宗实录》卷80）

（咸丰三年正月戊申）又谕：“张亮基奏‘查明逆匪萧潮溃实已轰毙’等语。萧潮溃一犯，系贼中著名凶悍首逆，伪号西王。经生擒贼党罗五等供称，该逆前在长沙城外被炮轰毙，尸埋老龙潭地方。现已起获尸身，验明枭锉，并将罗五等六犯剜心，致祭阵亡将士，差足泄公愤而慰忠魂。逆贼洪秀泉等肆扰楚、粤，罪恶滔天，所有著名逆党非死即逃，现在所余无几。着统兵大臣暨各督抚等，晓谕军营将弁兵勇及地方文武并绅民人等，合力同心，共殄丑类。至胁从之徒，本非甘心从逆，如能擒杀贼匪，自拔来归者，不但免其治罪，并可立邀重赏。现在大兵云集，四面兜剿，该逆等罪恶贯盈，神人共愤，断不能久稽显戮也。”（《清文宗实录》卷81）

（咸丰三年正月戊申）又谕：“陆建瀛奏‘江南兵溯流西上，势逆而难，若有兵从襄阳顺流而下，直抵汉口，牵制贼匪，使不能克期东下，则江南进兵径赴武昌，可期兜剿取胜’等语。荆襄一带地居上游，现在添调防守，兵力尚单，势难分兵东下。昨据向荣奏‘调卢应翔所带炮船及音德布、韩世禧、邓绍良各带官兵于常德、岳州、长沙一带多雇船只，豫备火攻之具，驶至荆口，将贼船及浮桥烧毁’，即是从上游出兵，制贼东下之意。已叠谕张亮基等如数趱发，不准借词留缓。着向荣迅速催调，俟炮船一到，即飞咨琦善、陆建瀛等各路进兵，合力兜剿，毋失事机。至黄州府、武昌县为省城东面门户，若任贼踞守，江南兵何由前进？当乘该处贼数未多、盘踞未久，即行遣兵截击，与下游声势方可联络。朕叠次谕向荣派兵绕赴九江，想已迅往应援。昨徐广缙奏‘大营兵勇，现在暂撤卓刀泉驻扎’等语。武昌被贼踞守，主客之势互易，必应相机进取，毋任贼得从容布置，分窜下游。其湖北粮台尚无定设地方，贼情狡狯，万一断我饷道，于大局尤为可虑。该大臣遇事勇敢，于一切事宜仍须随时随事妥筹办理，不可稍涉大意，致有疏虞。将此由六百里加紧谕令知之。”(《清文宗实录》卷 81)

(咸丰三年正月壬子)谕军机大臣等：“琦善等奏‘严催未到官兵’一折，据奏，山西、直隶、陕西各官兵甫经行过许州，其汉中、陕安、甘肃督标兵丁尚未行抵该处。即着琦善等飞札严催，一俟到有成数，即先尽陈金绶带领，迅速驰赴安徽察看水陆地方，何处紧急，即由何处迎剿。如贼匪尚未窜出楚境，即由九江或安徽陆路直抵黄州，与向荣派出镇将前后夹击。军情变幻不常，陈金绶自能相机进取，先其所急。琦善已将先到官兵分布南阳、信阳、罗山、光山、商城诸处，其在后续到之兵，日内当亦不少。即着亲自统带，迅赴湖北，确探贼踪，与向荣密为期会，一则专攻汉阳，一则专剿武昌，两路同时并举，俾贼匪彼此不能兼顾。现在向荣已飞调湖南上游船炮驶至金口会合，若水路乘势下攻，焚贼浮桥船只，两江水师亦溯流而上，迎头截击，大江南北两岸又有琦善、向荣督兵合击，该匪水陆受创，前后被攻，当可聚而歼旃。前任吉林副都统富春现在饬赴军营，着琦善派令带队剿贼。其湖北西路，尤须防其乘虚窜扰，着琦善与向荣豫为准备，万勿疏虞……将此由六百里谕知琦善、陈金绶、陆应谷，并传谕郑敦谨、沈兆沄、张集馨知之。”(《清文宗实录》卷 81)

(咸丰三年正月壬子)又谕：“向荣奏‘进攻贼营，并筹办各情形’

一折，已谕知张亮基按照该大臣叠次咨调，赶雇船只，迅速应付，并饬将长沙、常德存兵驰赴下游合剿。又谕知琦善，一俟调兵齐集，克期出境，攻复汉阳，以为北路援应。该大臣现驻卓刀泉，并分兵长虹桥、金口，为三路进攻之计。据称'此时船炮未齐，而贼匪屯聚江面，攻之过急，则东窜之势愈速'，自系实在情形。向荣现已授为钦差大臣，一切调度不致牵制掣肘，着即飞催上游官兵船炮迅速前来金口，乘势下击……南北两岸，琦善与向荣合力进剿，一攻汉阳，一攻武昌，水陆互应，使贼腹背受敌，聚而歼旃，在此一举。苏布通阿、马龙等若能渡江，绕往北面堵剿，更可得力。金口地方，控扼上游，为粮糈军饷赴营要道，尤须妥为布置，勿令梗阻。至所称'添设驿站，收集溃兵'各节，均着照所奏办理。潮勇凶悍性成，前此遣散，既不得法，此时必应善为驾驭。万勿听其一面之词，倚为心腹，致有勾结情弊，所关非细。军情变幻不常，该大臣既膺重任，一切调度，朕亦不为遥制。惟须统筹全局，断不可令贼匪纷窜邻境，再误事机。省城文武，据奏巡抚藩臬道员及署提督总兵均已殉节，尚未叙明情形，着再详细确查。并此外各员及汉阳府、黄州府、武昌县文武下落，一并查明，据实具奏。将此由六百里谕令知之。"（《清文宗实录》卷81）

（咸丰三年正月壬子）又谕："本日向荣驰奏剿贼情形，据称江面过宽，贼船较多，非多拨炮船，不能拦江截击。经该大臣行调长沙、常德官兵，配驾炮船，驶下金口会击，乃徐广缙仍以留防为词，转调较远之衡、永，撤回北省官兵，似此不知缓急，无怪坐失事机，自蹈重罪。张亮基现署督篆，统辖两省，岂可稍分畛域？虽湖南防守及剿办土匪亦需兵力，而本省存兵及绅士团练尽可借以自固。军情紧急，岂身膺疆寄者竟漫无权衡耶？向荣现已饬张国樑选善驾船然炮之捷勇二百名，委头目管带。其咨取长沙一带船只，即着张亮基、潘铎赶即封雇三四百号，多安大炮，委员星夜驰往。并节次谕令饬音德布、韩世禧、邓绍良多雇船只，招募水摸，同卢应翔船只一并迅速开行，驶至金口，听该大臣调拨。

现在三路会剿，琦善已拟由信阳前进，陆建瀛计已驰抵九江。当此吃紧之际，若上游官兵炮船稍有迟误，即江岸两路夹击亦难得手，必致贼船乘虚顺流东下，毫无牵制。下游之两江水师独当其冲，何以抵御？年来粤、楚军营恶习，直以纵贼出境为了事，以留兵自卫为得计，张亮基目睹覆辙，经朕叠次诰诫，谅不至稍存意见也。其武昌殉难文武，据向荣查奏，尚未确有实据，着张亮基再行确查，同汉阳、黄州两郡文武一并详晰查奏。将此由六百里谕令知之。”（《清文宗实录》卷81）

（咸丰三年正月癸丑）谕军机大臣等：“昨据向荣奏，武昌城内逃出百姓声称逆匪已将城内大炮扛抬上船，其被胁男妇，纷纷驱至船上，有水路逃窜之说。本日又据陆应谷奏‘探闻贼在武昌，过年后即分三路东下，水陆并进，犯安庆、江宁二处，并欲截瓜州水口粮船，招集丰北饥民，现贼约四五万，能打仗者万余’各等语。自贼踞武昌以来，叠次谕令陆建瀛督带大兵溯流追剿，该大臣此时是否已抵九江，水陆要隘如何布置，尚未奏报，朕心甚为焦急。逆匪蓄谋已久，若一旦顺流东下，九江首当其冲，该大臣驰抵该处，务须与张芾妥速筹备，并知照向荣所调湖南上游船炮由金口驶下，与江省水师会合夹击。其陆路各要隘，亦须督饬带兵各镇将等确探贼踪，迎击兜剿。现在向荣派郭仁布带领闽兵前往应援，陈金绶亦自河南带兵从安徽一路绕出贼前，若水陆声势联络，贼匪定难飞越。皖省地方多与楚境毗连，贼氛迫近，情形吃紧。江宁虽处下游，一水直达，该抚等亟应严密堵截，择要设防，尤以固人心、戢内奸为要……总之，军务情形变幻靡定，全在该大臣等相机设法，以备不虞。贼匪窜扰楚、粤，吾民被害已甚，倘复任其阑入江境，肆行滋扰，朕惟该大臣等是问。将此由六百里谕知陆建瀛、杨文定、蒋文庆、张芾，并谕知祥厚等传谕祁宿藻、联英、倪良燿知之。”（《清文宗实录》卷81）

（咸丰三年正月甲寅）谕军机大臣等：“陆应谷奏‘湖北襄阳府属北乡一带，土匪滋扰，旱路新集、烟家店等处系郭大安、董如林、易有道等为首，伙匪一千三四百人，拒伤兵勇，夺去大炮四尊。水路董家埠、古城营等处，匪首孙贵、乐玉石、刘见澜、刘子槐等聚众一千六七百人，抢劫商船三百余只，制有黄旗、红袍、抬枪、大炮等件。该处与河南新野县连界，已派总兵柏山带兵驰赴新野，会同襄阳府严密剿擒'等语。土匪乘间窃发，必应及早歼除，现在河南前往之兵止一千余名，恐尚不敷剿捕，着舒兴阿即遴派得力文武大员，酌带弁兵驰赴襄阳，会同河南官兵迅速兜剿，务将首伙匪犯悉数歼擒，毋留余孽。其商州等处通楚各路径，着一律严防，勿任偷越。罗绕典计已遵旨驰赴襄阳，并着舒兴阿知照筹商，妥速办理，不得稍存畛域之见，致误事机。将此由六百里谕令知之。"（《清文宗实录》卷81）

（咸丰三年正月甲寅）又谕："劳崇光奏'广西承办楚省粮台各员，应饬令回粤截数报销'等语。逆匪前窜楚境，粤西原调兵勇跟踪追剿，军营支应仍归广西粮员承办。现在逆匪由湖南窜至湖北，距粤已远，若仍令广西粮员随营前往，人地未免生疏，采办运送，一切诸费周章。且各员办理支应为日既久，经手饷银数目纷繁，报销时恐滋轇轕，自应赶紧清厘，以重帑项。所有广西原调各起兵勇支应事宜，着该督抚等即由楚省派员接办，饬令广西随营各粮员概行回粤，俾得截数赶办报销。以后无论续调何省兵勇，均归楚省军营支应，以便查核。前有旨，令骆秉章于荆州、襄阳二府酌量驻扎。该署抚现驻何处，罗绕典是否已抵襄阳，现在如何缉拿土匪，筹画布置，着一并奏闻。将此由六百里谕知张亮基、潘铎，并谕罗绕典、骆秉章知之。"（《清文宗实录》卷81）

（咸丰三年正月甲寅）又谕："陆应谷奏'探闻湖北逆匪情形，并派兵剿办襄阳土匪'及'请派重兵，合守襄阳、樊城'各折片。襄阳据楚北上游，为陕、豫门户，最关紧要。朕早筹虑及此，曾谕令罗绕典带兵前往，相度驻扎。现在该处土匪纠众抢夺，该抚能不分畛域，即令柏山带兵驰赴襄阳，会同该府攻其不备，所办甚合机宜。此等乌合之众，趁此机会，剿办尚易，务即督饬弁兵赶紧掩捕，尽数歼除，万不可令其窜逸，致与武昌逆众勾结，更滋蔓延。该抚探闻黄州逆匪情形，尚未据向荣奏报，不知是否确实。惟昨据向荣奏，武昌城内逃出百姓，声称逆匪将城内大炮扛抬上船，恐有顺流东下之势。该抚亦称‘闻贼众有分三路水陆并进之信’，是九江以下，十分吃重。现在东路兵单，朕心甚为焦急。前谕陈金绶酌带劲兵前赴安徽一带迎剿，谅已迅速启行，所有调往河南之各路重兵，谅亦陆续到齐。现闻贼船蚁聚武、汉之间，琦善所带火箭，施放必可得力，着即带兵进攻。如贼匪竟弃武昌、汉阳，全股东下，琦善即当督兵赶紧跟追。倘或尚留贼匪，牵掣我师，亦只可酌量分兵留守。该大臣仍率重兵追击，不得以收复汉阳为词，致滋延误。至樊城与襄阳相为犄角，陆应谷拟俟南阳防兵到齐，酌留一二千名，其余皆令带兵大员带赴樊城，与襄阳全力防卫，较之株守豫境，更为扼要，着该大臣等酌量布置。至剿办襄阳土匪，亦关紧要，倘须添兵协剿，即着琦善随时体察，酌拨应援，务在统筹全局，先其所急。将此由六百里各谕令知之。”（《清文宗实录》卷81）

（咸丰三年正月甲寅）又谕：“陆应谷奏‘襄阳土匪滋扰，现派镇将督兵合剿’一折，该匪等胆敢因武昌失守，纠众抢夺，抗拒官兵，不法已极。陆应谷不分畛域，派兵会拿，自应如此办理。本日已寄谕陕甘总督舒兴阿，迅速派委得力将弁，星速驰往该处，协力擒拿。惟陕甘兵到尚需时日，襄阳界连陕、豫，地据上游，最为紧要。前有旨令罗绕典驰往驻扎，兵力尚单，若不急将土匪扑灭，恐滋勾结为患，着向荣悉力筹画是否能暂为分兵，前往会剿。倘因武昌一带贼势紧急，即飞咨陕西、河南并力剿办。刻下武汉逆贼踪迹如何？前调湖南船炮何时驶到金口？倘该逆等弃武昌、汉阳，全股顺流东下，两江情形关系紧要，向荣必当统领大兵跟踪追剿，断不可稍有延缓。若贼留余匪牵掣我兵，而以大股潜入江境，亦须察看缓急，酌留官兵在楚，仍当督率重兵，水陆紧追，使贼匪无暇喘息，与九江、安徽、江宁等处官兵前后夹击，贼匪进不得攻城肆掠，退有大军紧蹑其后，剿办庶可得力。从前粤、楚失计，贼来不能堵截，贼窜又不能力追，向荣深知其弊，岂可自蹈覆辙？该大臣军营有无文员襄办文案，如有应行调用之人，即着一面奏明，一面调营差委。又据陆应谷奏称‘闻贼匪于上年十二月十三日前往黄州，知府、副将豫行迁避，以官兵诈称百姓，诱贼入城，设席送酒，贼匪饮醉，被官兵尽行杀戮。后数日贼来复仇，行至郭店，向荣派兵赶到，复获胜仗’，又‘贼分股至蔡店，向民人逼索钱谷，满载欲行，又经我兵截杀，夺回钱谷’各等语，河南探报，虚实难凭，仍着向荣确查，并随时将贼匪情形具奏。将此由六百里谕令知之。”（《清文宗实录》卷 81）

（咸丰三年正月乙卯）谕内阁：“向荣奏‘贼匪被击下窜，亲督诸军追击’一折。逆匪窜踞武昌，经该大臣于正月初一日分派官兵四路进攻，鏖战六时之久，杀贼无数，夺获炮械多件。初二日环城火起，我军出队进攻，该逆纷纷弃营乱窜，被官兵杀毙多名。该大臣督率镇将等分攻东南二门，各兵勇踊跃争先，该逆不敢抵拒，下城逃窜，我军一拥入城，分投赶杀。该逆后队四散，各由草湖、汉阳两门逃出，拥抢上船，我军追抵江边，将贼匪歼毙及扑水淹毙者无算，其江心驶过贼船，复经岸上官兵枪炮击坏。现在收复武昌省城，贼船已驶往汉镇下及离省六十里之阳逻地方。向荣一面留兵在省弹压防守，即亲督诸军紧蹑贼踪，追击绕截，办理甚合机宜。着即督率总兵和春、李瑞、秦定三等，分带各路兵勇，水陆并下，乘贼势窜逃之余迅速追剿，毋令会合，并力东驶。至武昌城内文武殉难人民惨遭荼毒，亟应大员前往抚绥，招集流亡。着张亮基、骆秉章即日兼程驰赴武昌，并着河南藩司严正基自岳州先行驰往，将被难居民加意抚恤，戕害尸骸分别查认收殓，并将武昌、汉阳殉节文武官员迅速详查被害各情节，即行驰奏。其汉阳城中贼匪是否全行逃窜，着现在驻扎黄陂之总兵吉顺先行带兵前往收复。前已谕令陈金绶，带兵由安徽一路绕出贼前截击。琦善着即日统兵与向荣两路合力追剿，陆建瀛统领江省水陆重兵迎头夹击，毋任贼匪东窜，并着张芾、蒋文庆、杨

文定等一体饬属严密防堵，毋得稍有疏虞。”（《清文宗实录》卷81）

（咸丰三年正月乙卯）谕军机大臣等：“向荣奏‘贼匪被击下窜’一折，贼匪占踞武昌、汉阳，经该大臣派委兵勇分路进击，逆匪纷纷逃窜，我军收复武昌省城。现在头队贼船二百余只已驶下阳逻地方，该大臣先派玉山、刘开泰等管带兵勇驰往下游道士洑，会同该处官兵战船，扼要截堵，并令和春、李瑞、秦定三统带官兵沿江追击，布置尚属妥协，着即相机进攻，与琦善、陆建瀛三面会剿。贼匪银粮辎重尽在船中，若能设法烧毁，剿办更易得手。前调湖南船炮此时是否调到，已叠次严谕张亮基等筹办矣。苏布通阿等所带官兵若由金口乘船下击，必可得力，仍须随时知照陈金绶两路夹攻。江省兵力太单，惟借南北两路合剿，向荣统筹全局，谅必能先其所急也。本日军机大臣奏，有人呈称贼匪掳船甚多，宜用火攻。现虽窜出武昌，而东驶船只攒聚江面，正可相度地势，乘风纵火，烧毁贼船。或设伏用间，或选派心腹弁兵溷入贼中相机行事，或募水摸凿沉贼船，惟在随时酌办，朕亦不为遥制，原呈着摘钞阅看。该大臣久历戎行，于现在军营中将弁自必知之最悉，如有才技出众、有勇有谋者，着即据实奏明，以备录用。此次若有素所深知堪备将材者，无论何省营弁，一并保奏，慎密为要。将此由六百里加紧谕令知之。”（《清文宗实录》卷81）

（咸丰三年正月乙卯）又谕：“向荣奏‘贼匪被击下窜，现督诸军追剿’一折，据称头队贼船已驶下阳逻地方，距道士洑二百余里。陆建瀛已抵九江，着即督带兵勇并水陆得力将弁迎头截击，遏其直下之路，与向荣、琦善等分路夹攻，互为犄角，不可再令纷窜。所带马炮六百尊，前有旨，谕令妥为布置。此项利器，必须得力将弁管带，万不可稍有疏失，并着张芾、蒋文庆严密守御，互为接应。江宁省城紧要……两处江口关系南北全局，断不可使贼抢占，致有梗阻。江岸上游亦须密为布置，务期声势联络，互为策应。本日军机大臣奏，有人呈称‘贼匪掳船甚多，宜用火攻'，现在贼已窜出武昌，其银粮辎重尽在船中，若于沿江港汊豫伏船只，多备火器，于贼船攒聚之处乘风纵火烧毁，自不难夺其所恃。如能设法计诱，或密选心腹将弁，改装溷入贼营，或募水摸凿船使沉，惟在相机设法，不可拘泥。至广艇是否可用，已有旨，谕令杨文定饬令吴健彰酌办……将此由六百里加紧各谕令知之。"（《清文宗实录》卷81）

（咸丰三年正月乙卯）又谕："本日据向荣奏'逆匪窜出武昌，势将东下'一折。镇江、瓜州为大江南北咽喉重地，漕粮运道，文报往来，在在均关紧要。其为东南门户，较之武昌、汉阳，尤为吃紧……"（《清文宗实录》卷81）

（咸丰三年正月乙卯）又谕："武昌逆匪，经向荣于正月初一日派兵四路进攻，初二日逃窜出城，拥抢上船，至离城六十里之阳逻地方停泊。下游情形危急，全赖北路重兵星驰截剿，与向荣南路追兵势成犄角，以遏其锋。倘株守信阳，专以待兵未齐借口，必致贻误事机。琦善接到此旨，即刻兼程带兵前进，乘贼匪甫经逃逸，相机追剿，一面严饬得力镇将，管带兵勇，于江面北岸沿途截追，可期得手。至武昌收复，本日已谕令张亮基、骆秉章等驰往抚绥难民，若汉阳贼匪亦全数窜出，着吉顺就近收复，交张亮基等妥为安集。琦善应即统兵与向荣会筹合剿，迅速前进，断不可以收复汉阳为词，在彼迟留。至贼船现处下游，当以火攻为要，着该大臣体察形势，酌量密办。倘经朕谆谆训诫，琦善、陈金绶仍不迅速遵办，致贼匪闯入九江、宿松，顺流下驶，朕必治以迁延贻误之罪。陈金绶久历行阵，于将弁中实有谋勇出众或一技之长，有可资委任者，准其据实保奏，候朕录用。琦善赴楚后，河南防堵事宜，陆应谷督同地方官严密布置，勿稍疏懈。至襄阳土匪滋事，派兵会剿，现在曾否扑灭，并着该抚随时据实奏闻。将此由六百里加紧各谕令知之。"（《清文宗实录》卷81）

（咸丰三年正月己未）谕军机大臣等："罗绕典奏'请截留饷银'等语，据称'所带官兵，盐粮不敷，于外省解交湖南饷银截留三万两'。朕思该处需用孔亟，着即照所请行。惟钦差大臣向荣大营筹办防剿，万分吃紧，所需军饷刻不容缓，嗣后务须统筹全局，先其所急，不得将过境饷银辄请截留。现在武昌省城业已收复，前已谕令张亮基、骆秉章驰赴省城，办理抚绥事宜。荆襄一带是否仍须巡抚驻扎，着即会议具奏。罗绕典现已驰抵襄阳，所有团练防堵并缉拿土匪、盘诘奸细各事，着知会台湧一体筹办，不可稍有疏虞。襄阳土匪，前据陆应谷奏称派兵协剿，是否已就肃清，并着随时奏报，以慰朕怀……将此由六百里各谕令知之。"（《清文宗实录》卷82）

（咸丰三年正月己未）又谕："据户部奏'遵议徐广缙奏请拨帑'一折，已照所请办理矣。现在武、汉两城，逆匪下窜，该大臣统带诸军分途追击，一切转运饷糈，必须源源接济。前命张亮基、骆秉章等即日驰赴武昌，驻扎调度。本日又据罗绕典奏，驰抵襄阳，并先与台湧筹商移兵防堵各事宜。着张亮基、骆秉章会同妥为布置。现在贼匪东窜，粮台随营移设，所有该部先后议拨银两，着向荣与张亮基等查照部开清单，飞咨各该省起解饷银。应由何处行走，解赴何处，可期接应急需，分别妥筹办理。将此由六百里谕知向荣、张亮基、骆秉章并台湧、罗绕典知之。"（《清文宗实录》卷82）

（咸丰三年正月庚申）谕军机大臣等："有人奏'风闻直隶、天津地方有形迹可疑之人盘踞城外，自上年十二月间陆续而来，约有八百余人，口操山东、湖北两省土音，在西关、北关客店分住。每人携带软鞘虎头刀一把或二把不等，两股服饰各归一色，各有头目一名，众人皆听主使。其与市间交易，多用洋钱，其姓氏皆称姓张，并云被灾逃难，欲到保定府，俟同伴到齐，即行前往'等语……"（《清文宗实录》卷82）

（咸丰三年正月辛酉）又谕："张亮基奏'筹拨湖北军饷'各折片，已饬户部速议具奏，并谕令叶名琛等赶紧筹款接济矣。逆匪窜出武昌，全行上船，在江面阳逻一带屯泊。如果上游船炮应手，正可乘此顺流焚剿。据徐广缙奏，现已酌拨炮位，多备船只，又添置渔船，应募水摸，业经派定，交付鲍起豹管带，一俟船炮到齐，即与续置火船押往金口。着张亮基仍遵前旨，迅速办理，听候钦差大臣向荣调拨。至军饷一节，尤关紧要，昨已据户部奏明，开单飞咨各省，并有旨，谕令向荣、张亮基等按单催提。惟各处道路梗塞，恐委解各员绕越行走，不免耽延时日，朕心实深焦灼。着张亮基等先行就近设法筹画，或于本省富户商贾暂为贷借，或将应存米粮运赴军营，以资接济，务须通盘筹画，先其所急。若但以军饷不继一奏了事，辗转稽延，恐致贻误。武昌省城今已收复，前谕令张亮基、骆秉章即日驰往。现在招集流亡，抚绥难民，弹压土匪，一切均须妥办。武昌饷银究被贼匪掠去若干，该署督等到省后是否尚可稽查，着即一并具奏，飞咨户部查照。再襄阳土匪滋事，此时是否肃清，仍当随时知照罗绕典筹商剿办，立净根株。湖南防剿各事宜，即责成潘铎相机妥筹，毋得稍有疏虞。将此由六百里加紧各谕令知之。"（《清文宗实录》卷82）

（咸丰三年正月癸亥）又谕："本日张亮基奏'据实举劾州县'一折，已有旨准照所请分别办理矣……即如程矞采身任湖广总督，办理地方防堵，毫无布置，任贼肆窜。斥革后仍令留办粮台，效力赎罪，该革员受朕格外恩施，宜何如力图后效？乃以武昌失守、眷属存亡未卜、惊忧成疾为词，恳回本籍调理，而张亮基即代为具奏乞恩……冀得脱身事外……且如常大淳等以身殉国，甚或全家被难，情形极为可惨，以该革员较之，尚得遂其幸生苟免之私，而顾恝然求去耶？……"（《清文宗实录》卷82）

（咸丰三年正月癸亥）谕军机大臣等："武昌贼匪东窜，据向荣奏报已届旬日，贼踪现向何处，抑仍在黄州上游之阳逻地方屯聚，未据续行奏到……本日据浙江学政万青藜奏称‘该处上游北岸黄州武穴镇，南岸瑞昌马头，系江广咽喉，须重兵防堵。九江城西龙开河地面得劲兵驻守，可与瑞昌马头接应，并将河口挑挖宽深，以所挑之土堆高基址，坚筑土城，与郡城掎角，以障卫陆兵。而迁驻水师，更于黄梅之新开镇、小池口等处扼要筑堡，防贼偷渡，即与武穴镇沿江接应。贼匪四面受敌，必不致径犯长江’等语，该学政籍隶九江，熟悉该处地方形势险要，所奏不为无见。不知该处是否如此布置，此时情形又复如何，着陆建瀛、张芾会同向荣迅速筹办，一面知照湖北督抚一体办理，并将现在防剿情形迅即具奏。原片着钞给阅看。将此由六百里加紧谕知陆建瀛、张芾，并谕向荣知之。”（《清文宗实录》卷82）

（咸丰三年正月乙丑）谕军机大臣等：“向荣奏督兵追堵贼船情形并遣撤闽兵各折片。逆匪连樯东窜，该大臣挑选壮兵二千余名，随同各将官昼夜兼程，不带锅帐，冒雨前进，绕至贼船之前，行走尚为迅速。所称将士艰苦情形，一切具悉，果能如此出力，尽洗从前迁延恶习，贼氛虽炽，何患无功？着该大臣随时查察，传旨酌量奖励，以作士气。逆匪已至九江，我兵无路可绕贼前，已由该大臣札饬兴国州赶办船只，又飞咨张芾赶紧雇觅，现在船只是否敷用，不致误事？……将此由六百里加紧谕令知之。”（《清文宗实录》卷82）

（咸丰三年正月乙丑）又谕：“……向荣孤军前进，军行粮随，最关紧要。张亮基署理湖广总督，责无旁贷，务须及早筹备，源源接济，毋得以不敢牵制空言塞责。至所称‘挑兵数百，凑成千名，俟抵岳州，再为筹画’一节，并着迅即调集催进，勿致误事。武昌省城及黄州府城被贼抢去军饷若干，系何省批解？张亮基此时想已由岳州驰赴武昌，着即详细具奏，并飞咨该部查核。将此由六百里加紧谕令知之。”（《清文宗实录》卷82）

（咸丰三年正月丙寅）谕军机大臣等："前因贼匪势将东窜，屡次谕令陈金绶管带精兵迅赴安徽一带迎剿，并谕琦善兼程前进，为陈金绶接应。本日据蒋文庆由六百里加紧驰奏，贼匪全行东下，已到小孤山，省垣危在呼吸。叠次迎催陈金绶前往应援，仅据霍邱县探报云'该提督带兵由罗山、光州、固始到安徽颍州一带，绕道湖北黄州府，尚无起身确期'等语，览奏实深焦灼……陈金绶叠奉谕旨严催，若仍绕道湖北，更恐缓不济急，着即径由霍邱县取道六安州，不分星夜，兼程直赴安庆，以救危急……将此由六百里加紧各谕令知之。"（《清文宗实录》卷 83）

（咸丰三年正月丙寅）又谕："蒋文庆驰奏'探闻逆匪全股入皖，省垣危急，请催援兵'一折，览奏不胜焦急。向荣昨日报到，已由陆路兼程赶到九江，飞咨张芾及兴国州迅雇船只，即图东下。如此时船能应手，计已顺流前赴安徽应援……"（《清文宗实录》卷 83）

（咸丰三年正月丁卯）谕军机大臣等："向荣、张芾奏'贼船东下，赶赴九江'一折。逆匪已至九江，我兵无路可绕贼前，已由该大臣札饬兴国州赶办船只，并飞咨张芾赶紧雇觅，以期迅速进剿……将此由六百里加紧各谕令知之。"（《清文宗实录》卷 83）

（咸丰三年正月戊辰）又谕："琦善、陈金绶奏'分带官兵进剿'一折。前因逆匪自武昌东窜，皖省待援甚急，叠经降旨，令陈金绶带兵赴皖截击，并令琦善督兵前往接应。兹据奏称，陈金绶于本月十九日先将已到之直隶提标暨各镇兵管带启程，驰赴安徽一带截剿。琦善亦于是日带兵，前往湖北、江西一带沿途确探，何路吃重，即由何路相机截追。现在贼匪已逼皖省，情形紧急。陈金绶着即迅赴安庆等处，琦善所带之兵亦应径赴安徽，为陈金绶后路接应，若由湖北、江西绕道，转恐缓不济急。该大臣等自豫启程，已属迟延，必须兼程驰赴贼匪所在地方，尽

力追截，毋得再涉纡缓，致误事机……”（《清文宗实录》卷 83）

（咸丰三年正月戊辰）又谕：“舒兴阿奏‘带兵驰抵陕西省城，会筹防堵事宜’一折，据称商州、潼关等处并接壤湖北之关埡子、白河一带，均已分派官兵，于三路扼要防堵……”（《清文宗实录》卷 83）

（咸丰三年正月己巳）谕军机大臣等：“张亮基奏‘驰赴湖北省城，筹办抚绥各事宜’一折。逆匪全股东下，武昌、汉阳两城现经收复，所有招集流亡，严查土匪，在在均关紧要。骆秉章已由岳州驰赴武昌，张亮基亦经接受湖广总督关防，并于湖南总局装米五千石、制钱五千缗，由水路运赴北省，着即兼程前往，安抚招徕，与骆秉章熟商筹办。至所称‘两城收复，需用孔繁，苦于无可设措’等语，虽系实在情形，惟部拨款项，均系极力搜括，以供大军急需，犹恐不给。若贼退之后，纷纷请帑办理善后，该署督试思现在各省何处更能接济？前据骆秉章请拨银三十万两，已交户部速议。本日该署督又请于附近各省先行借给，一并饬部核议。惟此时筹画情形，支绌万难，即河南、川、陕，亦均有请拨请留之款，该署督等身任封疆，岂不计及全局耶？抑明知拨款之艰，而姑为此请耶？现在该省漕粮业经展缓，或于丰收地方劝令富绅大贾量捐银米，或于各该州县内酌量碾动仓谷，以为赈恤难民之用，当此帑项万分艰难之时，惟在该署督等权其轻重缓急，设法筹办，期于库款地方两有裨益。若如所云力图整理，与从新创造无殊，则凡一切缮修，均须请帑，何所底止耶？向荣大营现在待饷甚急，该署督务当仍遵前旨赶紧筹解，源源接济，断不准将各省解饷借口截留，致有贻误。至向荣军营各省兵丁，除裁汰伤亡外，现有若干名，留于湖南、湖北之各省兵丁若干名，并所募勇除遣散外仍有若干名，着即将约略名数，查明具奏。武昌、汉阳、黄州等属文武各员，着即查明如何殉难及是否逃避各情，分别详细具奏，毋再延缓。将此由六百里谕知张亮基，并谕骆秉章知之。”（《清文宗实录》卷 83）

（咸丰三年正月壬申）又谕："前李僡奏'遏贼北窜，莫如扼守黄河'，当有旨，令该河督该抚等一体办理。现在贼匪东窜，已过九江，难保无奸细渡河窥探。朕闻琦善在豫，出示晓谕，凡有荆楚口音、形迹可疑者，概行禁止。若搜出奸匪实据，许民擅杀，楚匪不敢偷渡，查办实为严密……"（《清文宗实录》卷83）

（咸丰三年正月甲戌）谕军机大臣等："……已有旨，令琦善酌拨精兵赴淮扬一带，交杨殿邦调遣，着即飞咨调拨，以资援应。向荣军营兵丁，除随时裁汰及打仗阵亡外，实在兵数若干名，着查明具奏。襄阳、荆州调拨各省官兵，现在可以移调军营者，着向荣酌量调用，但须拣选精锐，勿以怯懦充数。江宁等处地方紧要，向荣务当督率镇将，极力保护为要。将此由六百里加紧各谕令知之。"（《清文宗实录》卷83）

（咸丰三年正月甲戌）又谕："前因安徽军情紧急，叠次谕令琦善、陈金绶督兵迅速驰往援剿……前在黄陂驻扎之陕西兵一千七百余名，总兵吉顺想亦管带赴皖，兵力不为不厚……"（《清文宗实录》卷83）

（咸丰三年正月乙亥）谕军机大臣等："琦善奏'遵旨前进，并陈实情'一折，前经叠降严旨，令该大臣驰往安徽援救。乃自正月二十一日，在湖北应山东旺镇奏事，至二十五日，尚在该处等候驮骡。昨已据周天爵奏报安庆失守，转瞬贼艅东驶，江宁省城，危在旦夕。该大臣坐拥重兵，逍遥楚、豫之间，必俟驮骡齐集，岂不贻误？且骡头不足，势不能不配用夫扛，所有带兵大小官员本当沿途随时稽察，亦何致募夫过多，即虞泄漏？况驮骡六千头，即须夫数千人，此数千人岂尽属可靠耶？……"（《清文宗实录》卷83）

（咸丰三年正月乙亥）又谕："前经叠降谕旨，令陈金绶催督官兵迅赴安徽，并令其将军情专折具奏。昨据周天爵驰报，安庆失守。复谕令琦善等迅速赴援，总以保卫江淮为要。乃据琦善奏称，大军仍在应山，因驮骡未齐，不能前进。而该提督自十九日由信阳启程之后，旬日以来，未见奏报究竟行抵何处。大江南北望援甚急，若专俟驮骡备齐再行前进，岂不贻误事机……”（《清文宗实录》卷83）

（咸丰三年二月己卯）又谕：“……福建省……惟该省前次调赴楚省官兵，经向荣奏查临阵辄先退避，总兵郭仁布驾驭无能，此等征兵赴调，糜饷失机，实堪痛恨。业经向荣饬令，撤回闽省……”（《清文宗实录》卷84）

（咸丰三年二月辛巳）又谕：“礼部尚书奕湘奏‘湖北、江西遍山产木，可随时砍伐，编造木簰[①]，上安炮位，以一半防守大江上游各港口，堵截逆匪回路，一半顺流直下，冲击逆匪，与水路官兵声势应援’等语。逆匪掳掠船只下窜，我军乏船，转须雇觅。现在贼船虽已东窜，湖北、江西水路各要隘仍须豫为布置，不可因贼踪已远，防范又疏。着张亮基、骆秉章、张芾各派文武干员，酌量情形，加意防守。既可力扼上游，亦可为下游应援。慎勿稍涉大意，致有疏虞。将此由六百里各谕令知之。”（《清文宗实录》卷84）

（咸丰三年二月甲申）谕军机大臣等：“……琦善究在何处，岂仍驻应山，尚未前进耶？江南之与湖北，孰重孰轻？若既纡道行走，又复沿途耽阁，是直欲以无贼之区为藏身之固，岂大臣公忠为国之心乎？琦善所带之兵除拨出外，尚复不少，昨已谕令驻扎江北浦口一带，为陈金绶接应，并着陈金绶、胜保飞催前进。至该提督久历戎行，于一切用兵之法自必悉合机宜，仍与胜保和衷商榷，计出万全。将此由六百里加紧各

---

① 簰：应为“簰”。

谕令知之。”（《清文宗实录》卷84）

（咸丰三年二月甲申）又谕：“前因荆州防堵紧要，有旨令舒兴阿等调陕西绿营官兵一千名，复令琦善等将已抵南阳之西安驻防满兵一千名，拨赴荆州。现在贼匪东窜，荆襄渐就肃清，江宁需兵甚急，所有陕西绿营官兵一千名，并甘州、陕安官兵七百余员名，即饬副将锡普常阿、都司雍恰布等管带，迅赴向荣军营候拨……”（《清文宗实录》卷84）

（咸丰三年二月乙酉）又谕：“……琦善、陈金绶带兵由黄州、黄梅一带前赴江宁，向荣二月初间亦可赶到，该大臣等务当督率在城绅民兵勇竭力固守，以待外援，俟大兵云集，内外夹攻，必可解围。贼匪诡计百出，总宜严防奸细，以杜内应。将此由六百里加紧谕令知之。”（《清文宗实录》卷84）

（咸丰三年二月戊子）又谕：“陆应谷奏‘襄阳土匪渐就肃清，驰赴归德防堵’一折。襄阳土匪聚众滋扰，经陆应谷派总兵柏山带兵驰往，督同湖北员弁剿办，先后捕获一百数十名，并将著名匪犯擒获正法，余匪纷纷逃散，道路已渐肃清，惟首要各犯尚未就获。罗绕典现驻襄阳，着即严饬员弁督率兵勇，严密侦缉，务将首要郭大安、孙贵等及其余伙党一并擒获，按律惩办，毋留余孽。所有豫省派往弁兵着即撤回，仍饬各文武于交界处所认真巡缉，毋令此拿彼窜……将此由五百里谕令知之。”（《清文宗实录》卷85）

（咸丰三年二月）乙未，谕内阁：“陈金绶、胜保奏‘湖北黄梅以下，沿途有乡勇骚扰情事’等语。广东各勇经向荣已于九江遣散七千，仅留一千名，由陆路前进。所称沿途扰害，是否即系遣散广勇，着琦善、向荣、陈金绶等严行查拿，就地正法。所过地方官均饬令一体严缉，从重惩治。各属团练绅民如遇此等凶徒，并饬随地拿获，格杀勿论，以肃纪

律而靖闾阎。”（《清文宗实录》卷85）

（咸丰三年二月戊戌）又谕：“……另片奏，粤楚乡勇沿途滋扰，且恐潜通消息，易聚难散，别滋事端。前已有旨，令该大臣等严拿惩办，并准团练绅民格杀勿论。仍着向荣于所带募勇加意防范，总以陆续设法遣散为要，慎勿勉强羁縻，致贻后患。近日攻剿防堵各情形并随时驰奏，以慰朕怀。将此由六百里各谕令知之。”（《清文宗实录》卷86）

（咸丰三年二月壬寅）又谕：“胜保奏‘亟筹大局，宜速饬信阳兵移扎六安、庐州等处……并将襄阳驻守之兵进移湖北汉阳等处，以备调赴下游，堵贼上窜’各等语，所奏不为无见。军情变幻，原难逆料，必期有备无患……”（《清文宗实录》卷86）

（咸丰三年二月）甲辰，谕内阁：“前据惠亲王等奏‘请添兵剿贼’并亲王衔定郡王载铨复奏‘酌派精兵’各折，先后交大学士、军机大臣、九卿会同户部议奏，兹据合词复奏，所议各条，均属周妥。现在钦差大臣向荣统带各路大兵，并续到之陕甘兵，咨调之云南、贵州、湖北等省官兵，钦差大臣琦善，帮办军务陈金绶、胜保等统带京火器营及吉林、黑龙江马队，并西安等处驻防……星驰会合，南北两路，并力进攻……其由襄阳撤回之直隶大名、宜昌、陕甘、湖广、云南各标镇兵，均令赶赴江北琦善、陈金绶军营，由该大臣等择要调扎，以为两岸攻剿之助……”（《清文宗实录》卷86）

（咸丰三年三月戊申）又谕：“现在贼匪攻陷江宁、扬州，叠饬各路大兵会剿，难保该逆被创后不沿江回窜。湖北武、汉、黄各郡，虽经收复，各要隘防堵仍不可松懈。据琦善奏‘该逆不肯轻弃船只，现在江面肆意游奕’等语，着该署督抚察看沿江地方，如道士洑、黄石港等险要处所，必须设法防守。当此无事之时，正可安排船炮，以备不虞，并可为下游调拨攻剿之用。仍须搜捕奸细，毋令潜伏勾结。再湖北巡抚崇纶、藩司岳兴阿叠经降旨谕令赴任，现在行抵何处，着张亮基等查明，催令迅速到任，毋再迟延。将此由五百里谕令知之。”（《清文宗实录》卷87）

（咸丰三年三月癸丑）谕内阁：“张亮基等奏‘土匪滋扰，现在剿办’一折。湖北通城县西北乡土匪因抗粮，纠众肆行抢劫。该署督等现派臬司江忠源带领兵勇驰赴该县剿办，江忠源昨已有旨令驰赴向荣军营帮办军务。现在通城土匪，倘剿办需时，着该署督等另派大员接办，仍令江忠源即赴向荣军营，毋稍迟延。至该县匪徒抗粮滋事，实属目无法纪，着即按名拿获，严行惩办，并查明起衅根由。如系官吏苛勒，激成事端，一并严参惩治。署通城县知县林之华，辄因征漕进省，请示办理，殊属不知缓急，着先行交部议处。”（《清文宗实录》卷87）

（咸丰三年三月癸丑）又谕：“据叶名琛、柏贵奏‘广东省城，自闻武昌、安庆失守，讹言纷起，人心颇觉震惊……当此匪扰兵分之际，不可不密为防范’等语……”（《清文宗实录》卷87）

（咸丰三年三月甲子）钦差大臣湖北提督向荣奏：“连破七桥瓮贼营，大获胜仗。”得旨：“汝能连获胜仗，朕怀甚慰，惟盼汝攻复金陵，俾逆贼无遗类方好。汝自统师以来，倍著奋勇，胆气尤壮，朕知汝非偏裨之将，故任之重，责之专。”（《清文宗实录》卷88）

（咸丰三年三月丙寅）钦差大臣湖北提督向荣奏：“续获胜仗，夺回钟山。”得旨：“有此捷仗，贼胆已落。然城外贼营分布，现已夺获之处，不可稍涉大意，复令该贼窜扰也。”（《清文宗实录》卷89）

（咸丰三年三月）戊辰，谕内阁：“张亮基、崇纶奏‘剿办通城等属土匪，叠获胜仗，并添兵速剿’一折。湖北通城县土匪滋事，嘉鱼县地方复有匪徒劫狱焚署、戕害书役之案，经该署督等派委臬司江忠源，督同都司戴文兰、守备马良勋分道往剿。该匪等纠约伙党，欲为负嵎抗拒之计。业经士民等将通城县首要匪犯方九五、葛柏相、夏继纲、刘其辟等拿获，就地正法。惟首逆刘立简窜至麦园土匪罗经仁家，与何葛墹地方首匪何天进纠约死党，潜相勾结，该臬司乘夜驰往，出其不意，奋勇剿杀，立将首逆刘立简擒获，并获从犯多名，烧毁贼巢。罗经仁等翻山窜逸，官兵追至葛家坪，与贼鏖战，杀毙二百数十名，生擒十余名。次日，贼复分路设伏，来扑营盘，把总滕家盛、蒋大胜、倪长智，六品军功林志祺、伍坤德，抄出营后，竭力追杀，毙贼甚众。三日之内，共毙贼匪四百余名。正拟拔营前进，复闻崇阳县有逆匪陈北斗、汪姓等聚众焚劫。该臬司即禀商该署督，调六品顶带江忠济、教谕刘长佑所带楚勇，并郧阳镇守备石清吉所带防守官兵驰赴军营，会同都司戴文兰进剿。此股匪徒，枭獍遗孽，辄敢煽众滋事，勾结焚掠，亟应迅速扑灭，以净根株。臬司江忠源前经降旨，令其驰赴向荣军营。现在剿办湖北匪徒，着暂缓启程，即行督带兵勇赶紧筹办，务将著名首逆悉数歼擒，毋任一名漏网，以靖地方。”（《清文宗实录》卷89）

（咸丰三年四月丙子）谕内阁：“张亮基、崇纶奏‘剿办土匪，叠获全胜，并委员接办剿捕事宜’一折。湖北崇阳、嘉鱼匪徒陈申子等一股，自通城何葛墹折回崇阳桂口地方，意欲径袭崇阳，遥为掎角。臬司江忠源于三月十五日驰抵桂口，分队夹攻，阵斩逆首陈申子等，歼毙匪党五百余名，余匪四散。该臬司复乘胜攻剿通城何葛墹一股，于十七日拔营入山，该匪何田俊负嵎抗拒，复经兵勇杀贼七十余人，将何田俊房屋、祠堂一并焚毁。该匪等屡受大创，乘胜速剿，无难立尽根株。现在江忠源已遵旨赴江南向荣军营帮办军务，着即令署汉阳府知府张汝瀛前往接办。所有兵勇，均由该府调遣，以专责成。该署督等现复添派镇将，带兵分往崇阳、蒲圻要隘，合力防剿，务将各股土匪及未获逆首何田俊、罗经仁并嘉鱼首犯熊开宇等迅速悉数擒获，严行惩办，毋得稍留余孽。”

（《清文宗实录》卷 90）

（咸丰三年四月）丁丑，谕军机大臣等："琦善、陈金绶、胜保奏'筹拨官兵防剿'一折，据称'贼匪屡被攻剿，逃入土垒坚匿，须设间用奇，方能攻破，并于要隘驻兵，防贼抄越。前拨襄阳撤回各兵现尚未到，先将吉林已到之兵及防堵浦口之黑龙江官兵派拨助剿'等语。本日已降旨，令沿途各督抚迅催前项官兵赶赴大营应用矣。贼情诡谲，既坚守不敢迎拒，又时出窥探，引诱我兵。且探闻江岸贼船欲由仪征趋刘家集，抄出军营之后，鬼蜮伎俩，不可不防，着即妥筹布置。如能设法火攻，继以陆路官兵，进剿当可得手。该大臣等谋勇兼施，谅不使贼匪久踞孤城，耗我兵力也……将此由六百里谕令知之。"（《清文宗实录》卷 90）

（咸丰三年四月己卯）又谕："裕瑞奏'请减撤防兵'等语，现在逆匪窜踞江省，湖北荆、宜两属均已撤防……所有绿营官兵，着即减撤一千名饬归原伍。其余五百名，仍着该署督派令总兵皂陞择要分防，随时体察情形，再行撤退……"（《清文宗实录》卷 90）

（咸丰三年四月壬午）又谕："琦善、陈金绶、胜保奏'痛剿贼匪，焚毁贼营'一折……倘逆贼被攻，溃围而出，或东走泰通下游一带，或回窜金陵，或沿江上溯湖北、江西等处，均不可不豫防。着随时咨会向荣、杨文定及上游各省督抚，严防要路，截其纷窜。将此由六百里谕令知之。"（《清文宗实录》卷 90）

（咸丰三年四月）庚寅，谕内阁："张亮基、崇纶奏'匪徒聚众抗粮，焚署戕官，现在调兵剿办'一折，据称'湖北广济县属乡民因该县知县蔡润琛出示未将应征各乡明晰指出，以致希图一律蠲缓，聚众数百人拥至县署，并分起抢夺。经该署督等委署黄州府知府邵纶、黄梅县知县鲍开运各带兵勇驰往查办，业经歼擒多名。乃匪党愈聚愈多，闯入县署，以致邵纶、鲍开运同时被戕，县署亦被焚毁。现在委令臬司江忠源带兵顺道先行剿办，并署提督阿勒经阿挑选精兵，带赴广济接办’等语。匪徒聚众戕官，实属罪大恶极，即着阿勒经阿、江忠源等督率兵勇，迅速剿办，务将倡首之奸棍方四象等悉数擒拿，尽法惩治，毋令一名漏网。江忠源俟剿办事竣，再赴向荣军营。广济县知县蔡润琛于应征应免各乡未经明晰指出，致匪徒有所借口，又复擅离职守，借病逗遛，种种昏谬，实堪痛恨。广济县典史汤朝瓒、把总卫广春，于该署府等被戕之时坐视不救。蔡润琛、汤朝瓒、卫广春均着革职拿问，交张亮基等严行审讯，按律分别定拟具奏，并将署知府邵纶、知县鲍开运被戕情节查明请恤。”（《清文宗实录》卷91）

（咸丰三年四月丁酉）又谕：“湖北按察使江忠源亲历行间，战功屡著，前曾谕令驰赴江南，帮办军务。现在该署督等委令顺道剿办广济县匪徒，倘此时尚未竣事，即着署提督阿勒经阿接办。该署督等即饬江忠源统带兵勇，迅速驰赴安徽凤阳一带，会同周天爵等攻剿。该臬司系向荣军营帮办，并可与向荣声息相通，南北联为一气，此股匪徒，不难克期殄灭。再，昨将湖北武昌同知梅体萱简放凤阳府知府，该员当武昌失守时是否在任，现在有无事故，并着查明具奏。将此由六百里加紧谕知张亮基、崇纶，并传谕江忠源知之。”（《清文宗实录》卷92）

（咸丰三年四月癸卯）谕军机大臣等：“……惟贼船散去多只，系往何处？是否驶赴上游，抑系分泊北岸？其船上有无贼匪潜藏偷越，又图他窜？均须随时侦探，知照皖省、江北水陆地方，并上游湖北、江西一体严防……已有旨，谕令湖北臬司江忠源督带楚勇一千七百名，由广济县驰赴江北，会同截击。徐、宿为北方门户，不能不先其所急，谅该大臣等全局在胸，必不至顾此失彼……”（《清文宗实录》卷92）

（咸丰三年四月甲辰）又谕：“……前经降旨，令江忠源由广济带领

练勇赴皖会剿，但恐该臬司到皖较迟，此时惟有会同现到各兵扼要攻剿，勿令该逆更窜他处……”（《清文宗实录》卷92）

（咸丰三年五月癸丑）又谕：“……前据向荣等奏‘设法遣散船户水手人等’。现在上窜船只，是否即系解散各船，被胁难民抑系逆匪被剿穷蹙，分股由水路潜逃，希图窜扰上游等处，着向荣等严密侦探。如系逆匪乘间回窜，即督饬上游炮船极力攻剿，并飞咨湖北、安徽、江西各督抚合力夹击，总须彼此声息迅速相通，慎勿堕贼奸计。若此项船只实系被胁难民，何以水营炮船又复轰击？且琦善、李嘉端两处亦未据称向荣等知照，情节甚属可疑，着一并确查，迅速具奏。将此由六百里加紧谕令知之。”（《清文宗实录》卷93）

（咸丰三年五月甲寅）又谕：“张亮基、崇纶奏‘剿办广济匪徒，连获胜仗’一折，另片奏‘掩擒匪党，蹑缉逸犯’等语。湖北广济县匪徒抗粮戕官，经臬司江忠源于前赴江南军营之便，先行率兵剿捕，并经署提督阿勒经阿、署汉黄德道徐丰玉前往会剿。四月二十三、四等日，叠次接仗获胜，毙贼五百余名，生擒数十名。二十七日，遴委员弁带勇跟追，复捕贼十七名，余匪迫入湖汊，溺毙无数。该匪大受惩创，势穷力蹙。现经江忠源等传示贼巢，广为晓谕，被胁愚民解散甚多，此后办理较易。该臬司现已启程，由九江赴皖会剿，着即责成署提督阿勒经阿、署汉黄德道徐丰玉督饬兵勇迅速搜捕，务将首要各犯悉数擒获，尽法惩治，勿任一名漏网。”（《清文宗实录》卷93）

（咸丰三年五月丁巳）谕军机大臣等：“……江忠源由广济赴皖，已谕令探明贼踪，改道赴豫，该抚即飞催前进协剿可也……”（《清文宗实录》卷94）

（咸丰三年五月己未）又谕：“张芾奏‘贼船回窜，请饬江忠源速赴安庆下游迎剿’并‘请挑选湖广精兵来江会剿’各等语……是此项船只，不尽系胁从解散之船，沿江一带，自应合力攻剿。该抚业经飞调赣、袁各处官兵来省，即着知照湖北张亮基等会商堵击，一面认真举行团练，以定人心。倘江岸情形紧要，必须出省调度，即着酌量前往，勿徒株守南昌。张亮基等亦当实力侦探，迅派精兵出境应援，万不可专恃设防，徒分畛域，无济于事……”（《清文宗实录》卷94）

（咸丰三年五月辛酉）又谕：“……九江为江西、湖北两省关键，贼既回窜，堵御尤关紧要。此时凤阳之贼窜入河南，江忠源驰往救援，已恐缓不济急，着即驻扎九江府城，妥为布置，本日已谕令湖广督抚迅调重兵前来策应……”（《清文宗实录》卷94）

（咸丰三年五月乙丑）又谕：“据张亮基、崇纶奏，贼匪分股溯江上窜，于五月初七日停泊彭泽，臬司江忠源驻扎九江防守，该署督拟即亲带兵勇赴道士洑、黄石港一带驻扎等语……贼党回窜江西，湖北适当上游，情形均极吃紧，前谕令张亮基等与江西省会商堵击，现在彭泽江面既有贼船驶至，该署督带兵出省筹办，着确加侦探，如实系解散投诚之人，即剀切晓谕，令其呈缴军火器械，妥为招抚安插；倘查系贼匪，迅即迎剿，并知照江忠源合力夹击，务当即速殄灭，毋任上窜，又致蔓延。本日已谕令向荣等密探贼情，妥慎筹办矣。将此由六百里谕令知之。”（《清文宗实录》卷95）

（咸丰三年五月丙寅）谕军机大臣等：“……至安徽、江西、湖北上游驶窜各船究竟是否均系真贼，所奏殊未明晰，仍须确查。随时知照邻省，严防妥办……”（《清文宗实录》卷95）

（咸丰三年五月丁卯）又谕：“……现在江西情形吃重，该抚当与在籍尚书陈孚恩悉心妥筹，将本省各路防兵移缓就急，或就近咨商湖北拨

兵接应……”（《清文宗实录》卷95）

（咸丰三年五月壬申）谕军机大臣等：“寄谕钦差大臣向荣、帮办军务许乃钊，据张芾奏‘贼踪逼近江省，已调回湖北臬司江忠源至省协防，并请饬向荣添兵赴援’等语……”（《清文宗实录》卷95）

（咸丰三年六月己卯）谕军机大臣等：“……本日已谕令湖广督抚迅速拨兵应援，向荣军营能否拨兵前往之处，着酌量缓急办理……”（《清文宗实录》卷96）

（咸丰三年六月己卯）又谕：“……惟江西待援甚迫，若待他处拨兵前往，均属缓不济急。湖广为江西最近省分，着该署督抚等即于湖北、湖南两省遴选得力镇将，带兵迅速赴援，俾得速解省城之围，万不可稍有耽延，致误事机。其湖北应行设防之处，仍着该督抚各就现存之兵移远就近，扼要驻扎，以遏逆匪被剿上窜之路。将此由六百里加紧各谕令知之。”（《清文宗实录》卷96）

（咸丰三年六月壬午）又谕：“崇纶奏‘逆匪分窜江西，现因该省兵单，拟由楚多发兵勇，派委干员，统领前赴江西会剿。灭此股匪，胜于防范戒严’等语，所见甚合机宜。前因贼船直扑江西省城，谕令该署督抚等即于湖北、湖南两省遴选得力镇将，派兵迅速赴援……张亮基现往道士洑一带履勘要隘，着即就近速派得力镇将大员，统带兵勇二三千名赶赴江西救援。骆秉章亦即酌派兵勇数千，遴委镇将管带，直赴南昌，合力攻剿。除江西之贼匪，即可以固全楚之藩篱。该署督抚等务各不分畛域，协济邻封……湖北防堵不可稍疏，崇纶现驻省垣，一切防守事宜，着与张亮基会商妥办。应行添补之枪炮军械，着即赶紧制造，毋误事机……将此由六百里加紧各谕令知之。”（《清文宗实录》卷96）

（咸丰三年六月戊子）钦差大臣湖北提督向荣等奏叠次攻城及镇江师船接仗情形。得旨：“不克金陵，大局不定。向荣等激发天良，鼓励将士，于夏末秋初之际，务期克复坚城，生获渠凶，若稍有耽延，国法实难再宥也。”（《清文宗实录》卷97）

（咸丰三年六月辛卯）又谕：“……此股贼匪本不甚多，若不及早歼除，则裹胁日众，或与皖、楚各匪勾连，剿办更难得力……”（《清文宗实录》卷97）

（咸丰三年六月癸巳）又谕：“张芾奏‘连日剿贼获胜情形’一折，据称‘该逆于永和、得胜两门外连扎三营，分股在各门攻扰……六月初二日，江忠源等派令楚勇、九江镇兵……分三路进攻，毙贼多名’。又片奏‘该逆用地雷于得胜门新筑月城外轰塌城墙六丈有余，蜂拥而上，经江忠源带同伊弟江忠济督率楚勇，首先击退’各等语。逆匪攻扑南昌，经张芾、陈孚恩、江忠源等督率兵勇缒城杀贼，叠获胜仗。江忠源所带楚勇尤能勇往出力。江忠源着赏给白玉翎管一支、白玉四喜搬指一个。所有在事出力之文武员弁、绅民兵勇，着该抚核实查明，先行保奏，以昭激劝。现在向荣已派镇将大员带兵驰赴江西，并湖北、湖南各督抚亦派拨将弁兵勇前往助剿，指日大兵云集，蠢兹丑类，不难克日荡平也。”（《清文宗实录》卷97）

（咸丰三年六月癸巳）又谕：“张芾奏守御事宜并与贼匪接仗情形各折片，贼情变诈百出，仍须加意严防……前据向荣奏，已派总兵音德布带兵一千二百名，于六月初七日启行，前赴江西。其湖南、北各路援兵，谅均不日可到……至现扰江西之贼首，系何姓名？贼众究有若干？是否洪逆分股，抑系金陵遗散之楚匪另股分扰？现有生擒贼党，着即讯明具奏……”（《清文宗实录》卷97）

（咸丰三年六月甲午）又谕："……河南之贼……如余匪窜入皖、楚各界，亦即严饬该镇等出境奋力追击，并随时飞咨邻省合力防剿，毋误事机。将此由六百里谕知陆应谷，并谕令经文岱、柏山知之。"（《清文宗实录》卷98）

（咸丰三年六月甲午）又谕："昨据陆应谷奏'逆贼由河南许州窜至西平等处，经该抚饬令总兵柏山等一路追剿'等语。河南与湖北接壤，襄阳樊城地方尤扼形胜，急宜严密设防，杜其窜扰。将军台湧现已启行来京陛见，无论行抵何处，着即折回荆州，探明贼踪。如窜楚境，即着带兵迎头剿截，以遏贼锋。并着张亮基、崇纶速饬襄阳一带文武各员一体严防，毋令贼匪乘间窜入。将此由六百里各谕令知之。"（《清文宗实录》卷98）

（咸丰三年六月乙未）又谕："陆应谷奏'官兵追贼获胜，南窜股匪将尽'一折，并'遂平县剿匪情形'等语。此股逆党所余无几，万不可稍留遗孽，令其流入皖、楚，更相勾结，着该抚督饬柏山等速筹兜截，净扫根株……"（《清文宗实录》卷98）

（咸丰三年六月乙未）又谕："张芾奏'楚勇抢护省城出力'一折，此次贼匪轰塌城墙，乘势抢扑，该楚勇等能于仓猝之间奋勇抢护，俾城内得以赶紧修筑……均属奋勇可嘉……本日张亮基奏'已饬都司戴文兰管带湖北兵一千名……星夜驰往'……"（《清文宗实录》卷98）

（咸丰三年六月丁酉）前任湖北布政使唐树义奏报遵办湖北抚辑事宜。得旨："事事会同督抚振刷为之。"又奏："贼犯中州，以形势而论，河北自可无虞。"批："现在贼已偷渡河北，窜扰怀庆。朕为天下臣民主，何敢先自扰乱惊惶？亦何忍不为民请命于天，置大局于不问也？惟冀速救民劫，迅扫妖氛。彼时汝可来京，晤对有期。"（《清文宗实录》卷98）

（咸丰三年六月癸卯）又谕："本年正月间，逆匪自武昌溃围而出，窜入江省，直扑金陵……"（《清文宗实录》卷98）

（咸丰三年六月癸卯）又谕："……其罗山一带……倘兵力实有不敷，该处与陕、楚毗连，着该抚即行咨商舒兴阿，于所带防兵内酌量分拨。襄阳防兵亦可咨商张亮基就近酌拨协剿，相机妥办，勿涉张皇。将此由六百里谕令知之。"（《清文宗实录》卷98）

（咸丰三年七月己酉）又谕："张亮基奏'筹办楚、豫交界情形'一折……信阳与湖北接壤，防堵最关紧要。该署督已调官兵一千七百余名，交唐树义驰赴三关等处扼要堵剿，并分委官绅劝谕团练，以为策应，又委罗遵殿驰赴襄阳防堵。所有兵勇，俱由该署司调遣，布置尚属周妥……该署督务当严饬交界防堵各员越境迎剿，与豫省在事文武不分畛域，合力夹击，以期克日殄灭。万勿自固藩篱，徒事株守，致误事机。如楚北兵勇有可分拨豫省之处，即着迅派驰往协剿。将此由六百里谕令知之。"（《清文宗实录》卷99）

（咸丰三年七月壬子）又谕："陆应谷奏'官兵追剿贼党窜入楚境及折回省城布置情形，并拿获逆书'等语。逆贼自攻扑怀庆后，其零股余贼由汝宁一带转窜而南，朕早知其必趋楚境。兹据陆应谷奏'该逆由罗山县属之宣化镇渡河窜入楚境，总兵王家琳已跟踪往剿。此股零匪虽已无多，但恐沿途裹胁，又成滋蔓，不得以已入楚境遂置之不问。此时柏山已赴桐柏，经文岱与伊里绷阿又赴正阳，仅委王家琳一员追剿，实难保其必能得力。该抚折回省城，意以捻匪为重，归德、陈州等处逼近省垣，布置诚不容缓，而南路遗孽仍须速派干员，与湖北所派带兵大员会合兜剿，以净根株……将此由六百里谕令知之。"（《清文宗实录》卷99）

（咸丰三年七月壬子）又谕："本日据陆应谷奏'河南零股贼匪窜入楚境'一折，前据张亮基奏称，已调官兵一千七百名，交唐树义驰赴三关等处扼要堵截，又委罗遵殿督带兵勇驰赴襄阳防堵。着该署督即饬各该员等相机迎击，勿留余孽……"（《清文宗实录》卷99）

（咸丰三年七月癸丑）又谕："据李嘉端奏'难民雷姓、李姓自金陵城内逃出，供称逆匪杨秀青于三月杪病故，现系伪丞相充伪东王。近日出令，皆伪北王韦姓主张，仍假托杨逆之名。城内长发贼仅七百余名，湖南从贼者约千人，湖北约五六百人，因人少，驱令妇女抬物守城'等语。逆匪占踞三城江面，未能肃清，陆路官兵亦难得力。向荣初到江南，即欲在上游准备炮船，顺流而下。后因湖北既未能备办，即卢应翔所带之船亦因不能得力，旋即撤去……向荣于湖广情形素为熟悉，应用何项船只可以得力，并需用兵勇为数多寡，枪炮军械何项适用，着体察情形，迅即咨商张亮基等妥筹办理。如该大臣营中有堪带水师之员，即派往湖北统带遄行，总期兵力足资剿办，即可与下游艇船并力夹攻，廓清江面，以孤贼势。至金陵、镇江两城，仍当迅图克复，不得因筹调船炮，株守坐待，致误事机也。李嘉端折片，着钞给阅看。将此由六百里谕令知之。"（《清文宗实录》卷99）

（咸丰三年七月癸丑）又谕："李嘉端奏'探闻近日水陆贼情及筹办防剿'一折。水路贼船自金陵窜出，沿江抢掠。河南旱路之贼攻陷罗山后，拆屋扎簰①，意欲顺淮东下，又由仙花镇东窜黄安，逼近皖境。该省水陆各要隘，亟宜严密堵截……将此由六百里谕令知之。"（《清文宗实录》卷99）

（咸丰三年七月甲寅）谕军机大臣等："张芾奏'逆匪攻扑省城，连

---

① 簰：应为"簰"。

发地雷，经兵勇抢护获胜’一折，据称‘六月二十三日寅刻，该逆于前次轰塌城垣缺口之西，复用地雷轰塌城身四丈有余，贼众蜂拥而至。江忠济与已革九江镇总兵清保督同楚勇将贼击退，右边复轰塌五丈有余……’等语……”（《清文宗实录》卷100）

（咸丰三年七月辛酉）又谕：“张亮基等奏‘贼匪南窜楚境，叠获胜仗’一折。豫省贼匪由罗山县窜入湖北黄安、麻城一带，经该署督等派委文武兵勇水陆夹击，叠获胜仗。除临阵擒斩外，其余股匪不过二三百人，贼势穷蹙已极，剿办尚属迅速。该署督等已饬各州县晓谕各乡团，遇有零星贼匪窜入，即行捆献，并饬将各要路多设陷阱，水路将船只提开，桥梁撤拆，布置亦合机宜。楚北当兵燹之余，岂堪再遭蹂躏？张亮基等务当严饬各路带兵文武，趁此贼势溃散，四面兜剿，将此股逆匪，悉数歼除。万不可任其余烬复然，致滋蔓延。都司善保临阵先退，着即查明参奏。其接仗出力之员弁兵勇，并阵亡兵勇，斩擒贼匪名目，均着详细查明具奏……将此由六百里谕令知之。”（《清文宗实录》卷100）

（咸丰三年七月辛酉）又谕：“陆应谷奏‘剿捕败窜零匪，歼灭殆尽，出力人员拟请恩施’一折。豫省逆匪南窜，惟柏山跟踪追剿，屡有斩擒。王家琳此次带兵剿截，不过折回零匪，既经楚省知照无须前进，而本省边界余匪仍须实力搜捕，不可以逐贼出境遂为了事。该抚所请查明在事出力人员拟请恩施之处，务须认真核实保奏，毋许冒滥。将此由六百里谕令知之。”（《清文宗实录》卷100）

（咸丰三年七月辛酉）又谕：“吕贤基、李嘉端奏‘贼匪分窜，筹办堵剿情形’一折。逆匪分窜肆扰，由黄安、麻城攻陷罗田，扑入英山，窜至太湖，亟宜剪除净尽。着该侍郎等即责令带兵各员扼要堵截，合力剿洗，并饬各该地方官及营汛员弁等认真防守城垣，巡查江面，毋任匪党阑入……将此由六百里各谕令知之。”（《清文宗实录》卷100）

（咸丰三年八月甲戌）又谕："……应如何豫备战船及雇觅民船堵截窜扰之处，着该抚与陈孚恩、江忠源及地方官绅等迅速筹办，妥为布置，仍随时知照湖北并下游各省一体设法堵截，无任贼艅往来窜驶，致滋蔓延。将此由六百里谕令知之。"（《清文宗实录》卷102）

（咸丰三年八月丁丑）钦差大臣湖北提督向荣等奏报攻袭雨花台等处贼营情形……（《清文宗实录》卷102）

（咸丰三年八月戊寅）谕军机大臣等："……川省与楚省毗连，现在贼氛未靖，筹办防堵尚恐不敷，势难外调，自系实在情形……"（《清文宗实录》卷102）

（咸丰三年八月甲申）又谕："张芾奏'省城堵御接仗情形'一折，七月十八日至二十七日，江西守城官兵叠次破贼地道，并经湘勇、楚勇与滇兵、楚兵、川勇、贵勇分路进攻，乘胜追杀，贼匪从后左右抄出，兵勇支持不住，致阵亡百余名之多……现在吉安府城被匪攻扑，总兵阿隆阿带兵六百名，前往剿捕，兵力尚单。该抚已派令湖南道员夏廷樾、知州朱孙诒等带领楚勇、湘勇驰往援应，着即督饬该员等合力攻剿，迅速扑灭。江忠源奏'请制造战船，购备炮位'一折，本日已分别谕知四川、两湖、广东各督抚办理……"（《清文宗实录》卷103）

（咸丰三年八月癸巳）又谕："张亮基等奏筹备船炮各情形，并绘图贴说，览奏均悉。贼匪占踞江面，必须炮船会剿，方可肃清。前据骆秉章奏'广东拖罟船及快蟹船向俱安设炮位，转运轻便'，已饬叶名琛等速为筹备。兹复据该署督等奏称'现拟买船更造，委已革同知劳光泰、张曜孙估买江船五十只，改造战船。骆秉章亦饬属买钓钩等船五十只，运赴湖北，一律改造，另备中船、小船，并募勇铸炮'各事宜，均着照议办理。该署督等务将各船所需兵勇挑选足额，勤加练习，迅饬驶往下游，以备攻剿。至所需经费，前经部拨广东银二十万两，据奏尚未解到，并请暂借四川银十万两，已饬户部一并速为筹议。将此由六百里各谕令知之。”（《清文宗实录》卷104）

（咸丰三年八月癸巳）又谕：“前因江忠源奏‘请制战船，以清江面’，当即谕令四川总督裕瑞并湖广各督抚，仿照广东拖罟船式制造百余只，以资调遣。昨据张亮基等奏‘现已估买江船五十只，改造战船，骆秉章亦饬属买钓钩等船五十只，运赴湖北，一律改造。另备中船、小船，募勇铸炮，并请借拨四川银十万两，协助经费’等语，此项船只已由楚省制备，川省毋庸制造。惟所需经费较多，着裕瑞即设法筹拨银十万两，赶紧解赴湖北，以济要需，毋稍延误。将此由五百里谕令知之。”（《清文宗实录》卷104）

（咸丰三年八月乙未）又谕：“……金陵、扬、镇三城，该逆联为一气，总由不能肃清江面之故。节次谕令叶名琛等雇备船炮，并令湖南、湖北制造战船，其红单船只已抵闽洋，着即饬令和春、麟桂等迅速催提，驶入江口，为水陆夹攻之计……”（《清文宗实录》卷104）

（咸丰三年九月甲辰）又谕：“寄谕钦差大臣琦善、向荣，两江总督怡良，署江苏巡抚许乃钊，安徽巡抚李嘉端等，据查文经奏‘统筹江南大局，酌拟四条呈览’一折，所奏甚是。其速募战舰一条，尤为肃清江面要著。前经叠谕湖北、湖南各督抚赶紧制造，嗣经该省奏称，民船不适于用，业已收买江船，照广东船式改造，可安炮位而利遄行。着即迅催张亮基等派委得力员弁，雇募舵丁、水手驶赴江南，以资攻剿。广东所募红单船，早抵闽洋，此时当可入口，又有知县林德泉所雇拖罾船，现泊上海，均着飞催前进，万勿刻迟。至逆匪于江岸遍设炮台，以致我兵船不能前进，故自艇船入江以来，虽屡次接仗，未闻越北固金山而上至黄天荡者。该臬司所请攻夺五龙山、北固山、象山、沙洲圩等处炮台，并扼守东西梁山，实为安排水战之急务，尤宜及早图维，先夺炮台，而后战舰得以畅行无阻。其区别练勇一条，亦切中募勇情弊。着该大臣督抚等体察情形，迅速筹办，庶不致坐耗时日，糜饷老师也。原折着钞给阅看。将此由六百里各谕令知之。”（《清文宗实录》卷105）

（咸丰三年九月丙午）又谕：“本日据江忠源奏‘窜扰江西省城之贼叠受惩创，于八月二十二日乘风下窜，现已跟踪追剿，惟水路船只，自被贼扰后，一时实难雇觅’，又据李嘉端奏‘有贼船陆续停泊安庆，占踞府城，请饬亟为应援’各一折，是由江西击退之贼，非上窜湖北，即全数下扰安庆。江忠源虽已跟踪追剿，而苦无船只，恐剿办未易得手。张亮基等前奏筹备船炮，此时谅已办有成效，如尚办不足数，着即将业经改造若干只，先行派委得力员弁管带，星速驶赴下游，听候江忠源调遣，协同截剿，毋得延误。将此由六百里加紧谕令知之。”（《清文宗实录》卷105）

（咸丰三年九月壬子）又谕：“……江西败窜余匪占踞安庆，欲图牵掣金陵大兵，前已饬湖广、江西速备船炮，下驶援应，并谕江忠源跟踪追剿……”（《清文宗实录》卷105）

（咸丰三年九月壬子）又谕：“江西下窜贼船占踞安庆，前有旨，令江忠源跟踪追剿，现在复有贼船数百闯入裕溪，情形紧急……着先会同李嘉端设法水陆防剿，使该匪不致扰及庐州，俟湖北船炮兵勇到时，即可进援安庆，力保皖疆，万勿再令贼匪北窜。将此由六百里加紧谕令知之。”（《清文宗实录》卷105）

（咸丰三年九月丙辰）又谕：“张亮基、崇纶奏‘江西解严，贼图窜楚，现在办理情形’一折。楚省与江西、安徽接壤处所，凡水陆要隘，悉经派兵防守，所办均属周妥。惟昨据李嘉端奏称东关失守、庐郡危急，已有旨谕该署督等，将前奏改造之战船，速行挑选兵勇，配齐炮位，派员管带驶往安徽交江忠源，以资攻剿。贼情诡谲异常，声东击西，是其惯技。此时情形，深恐江西、金陵两股逆匪直扑皖省，复图北窜。其窜楚之匪虽驶近田镇，仍徘徊不前，是欲牵掣楚兵，使不能救援安徽，已可概见。着该署督等遵照前旨，速将前项船只派员带赴安徽，并飞催江忠源迅速赴皖剿办，万勿稍有迟误。想该署督等定能统筹全局，先其所急也。将此由六百里加紧谕令知之。”（《清文宗实录》卷106）

（咸丰三年九月庚申）又谕：“……前因安徽贼踞安庆，进逼庐州，屡饬江忠源赶紧赴援，须俟皖省剿办就绪，方能移兵协剿。此时江南军务，该大臣责无旁贷，惟有设法肃清江面，断贼接济，尤为急务。前命广东督抚雇备拖罟船百只、快蟹船数十只驶赴江南，并令购备夷炮解至武昌，配船运往，会合夹击。复经张亮基奏，买船改造战舰，兼备中船、小船共四百只，驶往下游。此项船只，曾有旨谕令先尽所有交江忠源，飞催赴皖协剿……”（《清文宗实录》卷106）

（咸丰三年九月壬戌）又谕：“自逆匪窜踞金陵，已逾半载。向荣统带大兵虽屡挫贼锋，未能克期收复，朕宵旰焦劳，无时或释。因念向荣带兵以来，将弁中奋勇打仗者颇不乏人，即如湖北红山之役，一日破贼十三垒……然从征将弁日久勤劳，若不量加奖叙，何以激励戎行？该大臣前保之副将德安、瑞格、明安泰均经朕简放总兵，此外军营各员叠次打仗杀贼尤为出力者，着向荣、许乃钊秉公酌核保奏，候朕施恩，总期无滥无遗，以作士气。此旨着宣示军营，俾咸知感奋。仍着该大臣等激励将弁迅图克复，扫穴擒渠，以副朕望。将此由六百里谕令知之。”（《清文宗实录》卷106）

（咸丰三年九月癸亥）又谕：“……昨有旨，已将江忠源补授安徽巡抚，并命唐树义以二品顶带补授湖北臬司矣……湖北省新造炮船，仍须驶赴下游，以助江面攻剿。该署督偰吴文镕抵楚后，将现在地方情形详细告知，即行交卸，赴山东新任……将此由六百里加紧谕令知之。”（《清文宗实录》卷107）

（咸丰三年九月甲子）又谕：“江忠源奏‘田镇失守，道员同时阵亡’一折……江忠源亲随楚勇亦皆血战阵亡，所存无多，未见大兵随后援应。现在南岸兴国一带江面二千余里，悉经贼船分布，虽候届初冬，东风未必时作，难保该逆不由陆路窥伺省垣。且江面俱是贼船，该署督等所派劳光泰带去之新造炮船十余只，能否不致疏失？其余续造船只收集何处，均须豫为准备。江忠源现与唐树义会同音德布驰赴武昌……张亮基现未交卸，且熟悉楚省军情，即与崇纶督同唐树义严饬地方文武员弁，赶紧设法堵截逆船溯流而上，如道士洑、蕲州等处均可扼守，万不可令其肆意冲突。其南岸陆路有无兵勇堵守，亦着迅速布置。此时贼艅聚集何处，并着迅速查奏。将此由六百里加紧各谕令知之。”（《清文宗实录》卷107）

（咸丰三年九月乙丑）谕军机大臣等：“……昨复据江忠源奏，江西贼船自九江窜扰兴国，官军失利。河南、山东与皖、楚毗连，为畿辅屏障。若不将直隶贼匪及早歼除净尽，倘南来股匪窜及豫东，南北合股，必又直犯京师，天下事尚堪设想欤？……”（《清文宗实录》卷107）

（咸丰三年九月乙丑）又谕：“……昨复据江忠源奏，贼匪由九江窜扰湖北兴国，田镇失守……着陆应谷即饬令徐广缙会同总兵柏山及地方官督率弁兵，与各属办理团练绅民并力严防……”（《清文宗实录》卷107）

（咸丰三年九月丙寅）又谕：“……英桂现已简放河南巡抚，谕令迅赴新任，以防楚匪北窜之路……”（《清文宗实录》卷107）

（咸丰三年九月丙寅）又谕："前由江西下窜贼船，半在安庆、巢、庐一带滋扰，半由九江窜入湖北兴国州一带。河南与皖、楚毗连，不可不严加防范。徐广缙剿办归德等处土匪，已有成效，各处团练，正可协助兵力之不足。英桂接奉此旨，自以严防楚、皖贼匪为要，迅即启程，万勿稍有迟延。并着察看情形，何处吃紧，即驰往驻扎，督同总兵柏山及地方文武员弁与团练绅民，一体扼要防堵……将此由六百里谕令知之。"（《清文宗实录》卷107）

（咸丰三年九月戊辰）又谕："……现在江西窜出贼匪占踞安庆，庐州情形危急，且湖北复有贼船上窜，扰及蕲州，其势亦甚猖獗。该二省均与河南接壤，巡抚陆应谷业经革职，新任巡抚英桂尚未到任，大河以南无人调度，着该督即带兵驰赴楚、豫交界要隘，督同总兵柏山与徐广缙所带兵勇，严扼楚匪北窜之路，并可兼防皖匪窜及豫境……现在吴文镕已抵武昌，张亮基自湖北驰赴山东巡抚新任，已令其取道河南，即可于沿途相机剿办分窜之贼。就目下情形而论，该督援应直隶，则少觉迂迟，进扼皖、楚，则其势较顺，总以遏贼北窜为要。仍须随时与直隶统兵大员知照，倘有警急，即行带兵北上，勿误事机。将此由六百里加紧谕令知之。"（《清文宗实录》卷107）

（咸丰三年九月戊辰）又谕："前据江忠源奏'田镇失守，道员同时阵亡'，当有旨令张亮基等设法赶紧堵截。兹据吴文镕奏'贼匪扰及蕲州，距省甚近，咨调援兵'一折，该督历任封圻，朕所倚赖，现值防剿吃紧之时，着与崇纶安抚省垣居民，劝令协同固守。并着台涌迅调荆州满营官兵二千名，克日至省援应，与唐树义带回广济兵勇并江忠源收集溃散之兵，先行分拨布置。江西之兵二千名虽经该督咨调，恐一时不能赶到，仍着就本省情形酌量远近，于他镇协营飞札调遣，并咨调湖南兵勇船只自上游驶至汉江，与张亮基购造各船，会集迎剿。如探明贼匪尚在蕲州，即于道士洑西塞山至黄口港一路险窄江面扼要堵截。黄州为省城屏蔽，不可令该匪窜入，尤不可株守省城、不为迎头截击之计也。该逆既踞安庆，复窥庐州，恐其仍图北窜。其扰湖北之贼，如由蕲水、麻城延入光山、汝阳等处，亦属可虑……而豫省南路空虚，捻匪出没无定，深防窜楚之匪与之勾结……至皖省情形危急，周天爵病剧未能兼顾，江忠源亦不能不迅赴新任，兼可于沿途带兵出奇横截。无论江面、陆路，能将楚、皖之贼隔断，则两处剿堵，均易得手。所有楚北剿贼事宜，即着吴文镕、崇纶会同台涌竭力筹办，并可与骆秉章、曾国藩迅速咨商，接济兵勇饷需。将此由六百里加紧各谕令知之。”（《清文宗实录》卷 107）

（咸丰三年九月己巳）谕军机大臣等：“吴文镕、崇纶奏‘贼氛逼近省垣’一折，逆匪由九江逆流而上，武昌城内居民逃避一空，存城兵一千余名，不敷分布。该督等拟带兵勇于附城四面分扎，虽非守城正办，亦系因时变通，有万不得已之势。惟逆匪上窜，若武昌不能固守，则长江上下尽为贼踞，剿办愈难措手。能否分扼南北两岸，择要固守？该督等虽势处万难，亦当力图堵御，以遏贼冲，其与豫省毗连等处，尤当扼其北窜之路。昨已有旨，谕令该督等酌调本省官兵并荆州满营官兵及湖南兵勇船只，本日复谕令骆秉章、曾国藩酌派兵勇船炮前往协剿。吴文镕统辖两省，务当权其缓急，酌量调拨，与崇纶督率司道等悉心筹画，相机截剿。仍督饬所属，劝谕居民团练，俾各安生业，互相保卫，勿令纷纷迁徙。倘能固结人心，即可借资守御也。将此由六百里加紧谕令知之。”（《清文宗实录》卷 107）

（咸丰三年九月己巳）又谕：“武昌省城兵力单弱，昨已有旨，令台涌派满营官兵二千名驰赴省城，并该督咨调江西兵二千名，合计兵力尚恐不足剿办。长江上游，武昌最为扼要，若稍有疏虞，则全楚震动。着骆秉章、曾国藩选派兵勇，并酌拨船炮，派委得力镇将驶赴下游，与吴文镕等会合剿办，力遏贼冲，毋稍延误。将此由六百里加紧谕令知之。”（《清文宗实录》卷 107）

（咸丰三年九月己巳）又谕："……惟湖北蕲州上窜贼匪，恐其扰及豫境，亦不能不兼筹并防。着该侍郎传谕该革员，侦察楚、皖贼踪，何处紧要，即带兵勇赴何路迎剿……"（《清文宗实录》卷107）

（咸丰三年九月庚午）又谕："现在江西逆匪窜踞安庆，逼近庐州，复有另股贼匪窜扰湖北蕲州一带，难保不意图北窜。黄河为南北要隘，果能认真守御，逆匪岂能飞渡……其河南地面上接山、陕，下达江境，楚、皖匪徒尤易乘间偷渡，昨已谕令王履谦、长臻等实力巡查，并着英桂于南北两岸严饬地方文武一体认真稽查……"（《清文宗实录》卷107）

（咸丰三年九月庚午）荆州将军台湧奏："逆匪回窜楚境，现即统带满兵二千驰赴武昌防剿。"得旨："汝所带之兵尚属可用，着相机进剿，扼贼回窜，尤须扼其北窜豫省之路为要著。"（《清文宗实录》卷107）

（咸丰三年九月辛未）又谕："据张芾奏'请饬川、广等省拨兵筹饷，以援楚、皖'等语，现在贼匪由九江逆流西上，昨据吴文镕奏，业已窜扰蕲州一带，逼近省垣。又据李嘉端奏，贼匪现从巢县退出，仍在皖境滋扰。是楚、皖情形，必须于附近省分拨兵救援，若待川、广等省拨兵筹饷，必至缓不济急。目下江西甫经解围，自应防贼回窜，然拨兵往前协剿，使贼无暇分扰，较之株守本境，当更得力。着该抚于所留兵勇内酌量分拨，以为江忠源等援应。其夏廷樾所造船只谅已完竣，应如何驶赴下游交江忠源调遣之处，着即妥筹办理。至湖北需饷紧要，即着该抚于截留江南大营军饷内设法分解，以资接济……将此由六百里加紧谕令知之。"（《清文宗实录》卷107）

（咸丰三年十月壬申）河东河道总督长臻奏："东省防堵紧要，拟即驰赴济城，择要设防。"得旨："前已有旨令汝毋庸回济，是时楚匪恐由

河南北扰，汝自应仍驻河南，稽查黄河偷渡为最要……”（《清文宗实录》卷108）

（咸丰三年十月甲戌）谕军机大臣等：“……江省若不趁此迅筹进取，倘皖、楚贼匪乘间又复北窜，该大臣等但拥重兵，为贼牵掣，坐视北省警急，不思赴援，于心何安？……”（《清文宗实录》卷108）

（咸丰三年十月甲戌）又谕：“前因江西贼匪窜扰湖北，逼近武昌省垣，当经谕令骆秉章、曾国藩派拨兵勇船炮，驶赴下游会剿，谅已遵照筹办矣。现在台湧所带官兵及咨调江西官兵未知何日赶到，武昌兵单，实恐不敷剿捕。曾国藩团练乡勇甚为得力，剿平土匪业经著有成效，着即酌带练勇驰赴湖北，合力围攻，以助兵力之不足。所需军饷等项，着骆秉章筹拨供支。两湖唇齿相依，汉、黄一带尤为豫省门户，该抚等自应不分畛域，一体统筹也。将此由六百里谕令知之。”（《清文宗实录》卷108）

（咸丰三年十月乙亥）又谕：“寄谕湖广总督吴文镕等，本日据青麐奏‘该逆大股扑到汉阳，于九月十八日入城，汉口一带梗塞’等语。前据骆秉章、曾国藩酌派兵勇船炮迅赴湖北协剿，并着台湧带兵赴省，以资援应，未知何日可到。该督等只可就现有官兵，妥为守御，以待援兵之至，并将现在情形迅速奏报，以慰朕怀。又青麐奏称，贼至田家镇，已革同知劳光泰所带潮勇倒戈相向，以致官兵伤溃。如果属实，亟应从严惩办。着该督等查明劳光泰已通贼，即行凌迟处死，再行奏闻。如尚未通贼，亦应科以军律，从重惩治。至汉阳被陷，文报驿站务宜设法绕道行走，勿致疏失。将此由六百里加紧谕令知之。”（《清文宗实录》卷108）

（咸丰三年十月乙亥）又谕：“寄谕陕甘总督舒兴阿，本日据青麐奏，探闻逆匪已窜入汉阳府城，前次吴文镕等亦有武昌城空市绝、势难凭城固守之奏，是其情形甚属危急……现有徐广缙协同地方防剿，而楚北贼势猖獗，恐复窜入豫省。该督虽现在河北，以目下情形缓急而论，自应仍赴楚、豫交界，杜贼北窜为要。即直境剿败余匪，回窜豫境，亦可随时搜捕……”（《清文宗实录》卷108）

（咸丰三年十月乙亥）又谕：“据青麐奏‘考试德安，闻贼匪已扰及汉阳，现在督率地方官招募壮勇，并传谕绅士人等协力保卫’等语。该学政虽无地方之责，值此贼氛逼近，着即暂驻德安，督饬地方文武严密防堵。贼匪已入汉阳府城，不知武昌省城情形如何，着即迅速探明具奏。所称拿获逃勇，据供田镇之败系已革同知劳光泰带领潮勇倒戈所致，实堪痛恨。劳光泰如已通贼，即由汝处将该犯解到，凌迟处死，再行奏闻。如尚未通贼，自有该督抚遵旨严办。此时江面是否为贼所踞，南北驿递文报应如何绕越行走，俾免稽迟贻误之处，并着该学政酌量妥速办理，仍与吴文镕、崇纶等随时互相知照，毋失事机。将此由六百里加紧谕令知之。”（《清文宗实录》卷108）

（咸丰三年十月乙亥）又谕：“前因贼近庐州，授江忠源为安徽巡抚，谕令迅赴新任。嗣据吴文镕等奏报并未提及，该抚是否已抵武昌，甚为悬系……”（《清文宗实录》卷108）

（咸丰三年十月丙子）又谕：“昨因贼匪扰及蕲州，距省甚近，当经谕令台湧迅调满洲兵二千名，带赴武昌救援。本日据江忠源等奏‘省城危急情形，并探知黄州、汉阳亦经失守，该抚设法先图收复汉阳’等语，现在该省兵力单薄，当此防剿吃紧之际，着台湧迅将前调官兵，无分水陆，星速带往省城，相机截剿。该将军兼署提督，所有绿营未经征调之兵，并着挑选劲旅，酌量飞调，派委得力将弁，一并管带前往，以资夹击。万勿稍涉迟延，致误事机，并先将启程日期，飞速由驿奏报。将此由六百里加紧谕令知之。”（《清文宗实录》卷108）

（咸丰三年十月丙子）又谕："湖北自田家镇兵溃以后，黄州、汉阳均被贼陷，贼船上驶，省垣极为危急。凡川、陕与湖北交界地方，均关紧要，必须一律严防。着裕瑞、舒伦保、桂明、张祥河迅即各派官兵，于湖北接壤各要隘严密防守，实力巡查，盘缉奸宄，万不可令贼匪阑入。本日舒伦保奏挑备官兵，折内已批示，如遇调拨，即令该将军统带。现既防备楚省，舒伦保未可远离陕境。如有旨调拨所备官兵，即派协领并满洲镇将统带启行可也。将此由六百里各谕令知之。"（《清文宗实录》卷108）

（咸丰三年十月丙子）又谕："昨因湖北军情紧急，谕令舒兴阿驰赴楚豫交界，扼贼北窜。本日据江忠源、唐树义等奏，逆匪已至黄冈，府城失守，贼船全泊汉水。复据青麐奏，探闻贼于九月二十三日窜至孝感放火，德安人民逃徙。贼若由此北窜，逼近豫境，情形万分吃重。总兵柏山及徐广缙所带兵勇，均属单薄，恐难抵御。舒兴阿接奉前旨，想已渡河而南，着即兼程前进，直赴楚境迎击，与江忠源等兵勇并力堵剿，万不可任贼北窜。郝光甲所带之兵，昨已有旨，令该督调回备用矣。沿途侦探楚匪踪迹，并该督何时可抵楚境，随时奏闻，以慰悬念。将此由六百里加紧谕令知之。"（《清文宗实录》卷108）

（咸丰三年十月丙子）又谕："本日据青麐、江忠源、唐树义等奏报'武昌被围，黄州、汉阳两府失守，孝感县亦有贼匪滋扰'，览奏实深焦灼。吴文镕等前奏有'带兵勇于附城四面分驻'之语，现在是否驻扎城外，抑已入城据守，未据奏报，倍深悬系，着即将近日情形飞速入奏。该督抚等务当激励绅民兵勇，竭力堵御，坚守待援，以冀转危为安。将此由六百里加紧谕令知之。"（《清文宗实录》卷108）

（咸丰三年十月丙子）又谕："江忠源等奏'武昌被围，会兵进剿'，并青麐奏‘贼势逼近德安，设法筹防’各折，览奏焦灼实深。贼船布满江路，进泊汉水，湖北武昌危急，而德安、襄阳紧接河南，尤为吃重。江忠源既不能渡江赴省，只有与唐树义合兵，先为收复汉阳之计。惟汉水贼船瞬息可到襄阳，青麐所奏贼踪已至孝感，所有江北各路关系自楚入豫大局。江忠源等既在北路，即着扼要堵截，一面商同罗遵殿所募义勇协力夹击，并号召各郡县绅衿民勇赶紧团集，合力堵御。现已谕令舒兴阿，带兵由河南直赴楚境会剿。江忠源等探知贼踪所向，何处紧急，即飞咨舒兴阿由何路迎截，与该抚等官兵前后夹攻，庶可得力，总不可令该逆再行扰及豫境为要。将此由六百里加紧谕令知之。”（《清文宗实录》卷108）

（咸丰三年十月丙子）又谕：“昨因武昌兵单，不敷剿办，谕令曾国藩即酌带练勇，驰赴湖北，并着骆秉章筹拨军饷。谅该抚等接奉谕旨，即遵照筹办矣。本日据江忠源、唐树义驰奏‘田家镇兵溃之后，贼船上驶，武昌被围’等语，武昌省垣情形万分危急，江忠源尚须先赴汉阳，以图收复，未能即抵武昌。着曾国藩遵照前旨，赶紧督带兵勇船炮驶赴下游会剿，以为武昌策应。所需军饷等项，着骆秉章即设法供支，以资接济，毋稍延误。将此由六百里加紧各谕令知之。”（《清文宗实录》卷108）

（咸丰三年十月丁丑）又谕：“琦善等奏‘连日围攻情形’一折，扬城贼匪，穷蹙已极，城外炮台业经筑竣，正可乘高下击，昼夜环攻，克复扬城，毋任他窜。现在江面上游一带，贼船分窜安徽集贤关，及湖北黄州、汉阳各府，均被窜扰。若不赶紧合力进取，倘皖、楚贼匪乘间北窜，该大臣等岂能株守一隅，置大局于不顾？……”（《清文宗实录》卷108）

（咸丰三年十月戊寅）又谕：“现在逆匪窜扰湖北，汉阳、黄州先后失守，安徽集贤关亦有贼匪占踞，难保不乘虚北窜。据陆应谷奏，请派兵驻守襄阳。着舒兴阿即体察情形，扼要堵截。至黄河口岸，叠次谕令王履谦、长臻等收集船只，严防河岸。此时楚匪情形紧急，更当加意防范，不可稍涉疏忽。其煤盐各船，虽为便民起见，究不如暂为收集，使贼匪无从掠船偷渡，更为周密。前谕长臻毋庸回济，谅已折回，其所带河标弁兵即可分拨防守，遏贼北窜。将此由六百里加紧各谕令知之。”（《清文宗实录》卷108）

（咸丰三年十月戊寅）又谕：“据陆应谷奏‘豫省东南防堵紧要等情’一折，现在逆匪窜扰湖北，黄州、汉阳相继失守，武昌省城戒严。豫省南、汝、光一带处处与楚省毗连，信阳距汉阳尤为逼近，安徽集贤关已被贼扰，归德一带防堵亦关紧要。英桂现已补授河南巡抚，责无旁贷，着即兼程前赴楚、豫交界，相机布置，毋稍迟延，并着将启程赴豫日期迅速奏闻。至黄河渡口各处，均关紧要，务须随时与王履谦、长臻知照，饬令地方官加意严防，收集船只，盘查奸细，毋任贼匪乘间偷渡。将此由六百里谕令知之。”（《清文宗实录》卷108）

（咸丰三年十月己卯）湖南巡抚骆秉章等奏‘贼船上窜，现办防剿情形’。得旨：“楚南防堵，尚可稍缓。前已有旨，令湖南拨兵勇协济湖北，若湖北贼匪歼灭，湖南自可无虞，务须不分畛域，统筹大局，不可只顾一省。”（《清文宗实录》卷108）

（咸丰三年十月庚辰）又谕：“……而安徽、湖北沿江千里，贼踪来往自如，必须于上游堵截，方能断贼接应。此项船只、炮械均称坚利，已有三十余只之多，如果管带得人，亦可协助攻剿。着该大臣豫派得力将弁，一俟船到，即候顺风，驶至上游扼要处所，或可横截贼艅，断其来往之路……将此由六百里加紧谕令知之。”（《清文宗实录》卷108）

（咸丰三年十月庚辰）又谕：“据吴文镕、崇纶奏‘严守省城’一折，贼船乘风窜泊武昌迤北之塘角江面，旋驶往对江之汉阳府城外及汉口镇两岸肆行焚掠。该督抚等现已入城坚守，着即督同在省文武，将现到之兵勇妥为布置。臬司唐树义前已带兵行至黄陂，本日复飞谕该员星速带兵回省，以资堵剿，能否觅船径渡，并着吴文镕等设法派员迎催前进。其从前救援江西之湖南候补道夏廷樾所带兵勇数千名，尚未撤归，着该督等迅即飞咨张芾，饬令该道即日带兵赴援，万勿稍误事机。至所需饷银，已谕知裕瑞，迅由四川省筹拨接济矣。计日援兵齐集，即可将此股逆匪痛加剿洗。此时武昌省城，情形万分危急，朕南望不胜悬念，该督抚等惟当登陴固守，以待援兵，勉之。张亮基交卸后，是否已启程前赴山东新任，着即查明具奏。将此由六百里加紧谕令知之。”（《清文宗实录》卷108）

（咸丰三年十月庚辰）又谕：“吴文镕等奏‘严守省垣情形’一折，前据江忠源等奏称‘江面梗阻，未能渡江’，谕令即在江北扼截贼匪北窜之路。现在该逆已将停泊省城塘角江面之船，全行开至汉阳城外及汉口镇两岸，计船约有六七百只。该督抚等登陴固守，虽经江西赴援兵勇到有二千余名，兵力尚单，省垣危急。唐树义系本省臬司，所带各兵尚可得力，即着设法迅速绕赴省垣，协同防守。前经叠谕舒兴阿，带兵由河南直赴楚境会剿，不日即可赶到。江忠源现系安徽巡抚，皖省现在情形亦甚吃紧，此时台涌若由荆州带兵已抵安陆，则江北一带有大员驻扎，尚可相机策应。着该抚斟酌缓急，仍以速赴新任为是。皖省自集贤关失守后，安庆贼踪已有北向庐州之意，池州复又被贼占踞，朕心殊深悬系，谅该抚必能统筹全局，先其所急也。将此由六百里加紧谕知江忠源，并传谕唐树义知之。”（《清文宗实录》卷108）

（咸丰三年十月庚辰）又谕：“前因武昌警急，降旨令台涌迅调官兵，星速带往省城，相机协剿，谅该将军接奉谕旨，即遵照筹办矣。本日据奏，贼匪逼近武昌，该将军业经将到齐之五队满兵四百余名带赴安陆，并催齐提郧二标兵，一并由安陆绕道前行，以为省城应援，自应如此办理。惟据奏，贼船布满江面，并有上窜荆襄之说，是荆襄一带情形亦甚吃紧。着该将军酌量缓急，如能前往武昌，即行赴援，如江路梗阻，不能即抵省城，只可于江北要隘地方遏贼北窜，并严防荆襄等处，万勿令贼匪乘虚纷窜。将此由六百里加紧谕令知之。”（《清文宗实录》卷108）

（咸丰三年十月壬午）又谕：“……江西省城虽已解围，而湖北、安徽贼踪纷扰，仍须防其北窜……”（《清文宗实录》卷109）

（咸丰三年十月壬午）又谕：“……现在湖北贼匪纷扰，急须江西拨兵援应。而闽省与江西毗连，亦不能不兼顾。着该抚酌量情形，如有可分之兵，迅即选派得力将弁管带赴闽，会同协剿。将此由六百里谕令知之。”（《清文宗实录》卷109）

（咸丰三年十月壬午）又谕：“据奕经奏‘皖北紧要，请饬河南巡抚转饬徐广缙进驻蒙亳一带，惩办土匪并遏南贼分窜’等语……舒兴阿现已带兵由河南赴楚，并着随时知照，何路紧急，即由何路会剿，毋误事机。将此由六百里谕令知之。”（《清文宗实录》卷109）

（咸丰三年十月乙酉）又谕：“据吴文镕等奏‘贼匪盘踞汉阳、汉口，省城危急’一折，览奏曷胜焦灼。逆匪占踞汉阳，江面梗阻，此时自应急攻汉阳，以掣贼势。江忠源现已谕令暂留湖北督带兵勇进剿汉阳贼匪，并令唐树义设法渡江，与该督抚等合力守御。台湧自荆州带兵赴援，不知现抵何处。前已叠降谕旨，令舒兴阿由河南驰入楚境，督兵援应，本日复催令前进，计日当可赶到。夏廷樾所带兵勇数千，已谕张芾饬催该员迅赴武昌，曾国藩亦可由湖南带勇赴援。该督等婴城固守，惟有激励将士兵勇尽力捍御，以待援兵。前谕裕瑞于四川拨饷银数万两先为接济，该督等即行飞催可也。将此由六百里加紧谕令知之。”（《清文宗实录》卷109）

（咸丰三年十月乙酉）又谕："前据台涌奏'贼匪逼近武昌，催兵应援'，当谕令酌量缓急前往赴援。本日据吴文镕、崇纶奏'省城困守危殆'等语，已谕令江忠源暂留湖北，先行攻剿汉阳，唐树义迅速渡江，援应武昌。现在省城待援甚急，着台涌督催官兵飞速前进，如能设法渡江，即可会同该督抚等并力剿贼，援救武昌。设或江路梗阻，不能前进，即会同江忠源歼除汉阳逆匪，以图收复，再行移兵保卫省垣。着该将军酌量情形办理，毋稍迟缓，致误事机。将此由六百里加紧谕令知之。"（《清文宗实录》卷109）

（咸丰三年十月乙酉）又谕："前因贼匪窜踞汉阳一带，武昌省城危急，谕令舒兴阿带兵由河南直入楚境赴援。本日据陆应谷奏称'湖北贼匪探由汉阳分为两股，一窜嘉鱼之牌洲，一窜蔡店，窥伺德安。江面贼船围攻武昌，文报不通，孝感已被占踞，黄陂、滠口均有贼匪'等语，现在武昌危急，必须先将汉阳一带贼匪剿除，既可以杜其北窜之路，并可以解省城之围。舒兴阿已行抵汴梁，着即带兵确探贼踪，迎头截剿。前在怀庆留防之甘肃提标游击王定埜管带官兵五百八十名，即着交舒兴阿军营酌量调遣。郝光甲所带之兵，前有旨，令调至该督军营，着即飞速催调，勿任迟延。将此由六百里加紧谕令知之。"（《清文宗实录》卷109）

（咸丰三年十月乙酉）又谕："据吴文镕、崇纶奏，逆匪窜踞汉阳一带，江面贼船蚁聚，武昌省城势甚危急。已命江忠源带兵急攻汉阳，唐树义前赴武昌助剿。惟贼势猖獗，兵力甚单，着张芾迅速饬令夏廷樾，将前所带兵勇尽数带往，应援武昌。如该员业已启行，无论行抵何处，着即飞催前进，无稍延误。将此由六百里加紧谕令知之。"（《清文宗实录》卷109）

（咸丰三年十月乙酉）又谕："寄谕河南巡抚英桂，据陆应谷奏'湖北逆匪由汉阳分为两股，一窜嘉鱼之牌洲，一窜蔡店，窥伺德安。江面贼船约二千余只，孝感已被占踞，黄陂、滠口均有贼匪’等语。河南信阳罗山距黄陂等处仅百余里，统计防兵仅八百余名，兵力实形单弱，已谕令舒兴阿由河南带兵直赴楚境剿贼，计已由汴梁前进。该抚此时已抵豫境，着即驰赴楚、豫交界，为舒兴阿后路接应。柏山已由固始折回南阳，并着该抚体察情形，何处紧要，相机调拨，总以遏贼北窜为要。将此由六百里加紧谕令知之。”（《清文宗实录》卷109）

（咸丰三年十月乙酉）又谕：“前因安徽地方紧要，谕令江忠源前赴新任。现在安徽集贤关业已收复，巢县贼匪退去，皖省情形较缓，而楚北贼势披猖。江忠源着暂留湖北，统带兵勇迅赴汉阳一带，直捣贼巢，设法克复，以为武昌声援。此时省城望援万分紧迫，若我兵急攻汉阳，亦可牵制贼势，以解省围。唐树义系本省臬司，仍应设法渡江，与该督抚等并力守御。此时德安情形如不甚吃紧，自应移兵先其所急。舒兴阿由河南带兵入楚，江北诸郡当可声势联络，遏贼北窜，总以统筹全局、保卫省垣为要。将此由六百里加紧各谕令知之。”（《清文宗实录》卷109）

（咸丰三年十月乙酉）又谕：“前因安徽情形吃紧，谕令江忠源速赴巡抚新任。本日据吴文镕等奏‘贼踞汉阳、汉口，省城困守，势甚危急’，已谕令江忠源暂留湖北，督带兵勇迅速援剿……将此由六百里谕令知之。”（《清文宗实录》卷109）

（咸丰三年十月乙酉）又谕：“前经叠次谕令沿河各督抚等，严查河岸，收集船只，毋得再有疏忽，致贼抢渡。本日据陆应谷奏，逆匪由汉阳分窜，窥伺德安，江面湾泊贼船约二千余艘，黄陂、滠口均有贼匪，难保不意图北窜。黄河为南北要隘，必应认真巡查，着奕经、王履谦、杨以增、长臻、英桂、崇恩督饬河工地方员弁实力巡查，收集船只，勿令奸细溷迹偷渡。沿河地方辽阔，兵力或有不敷，仍须劝谕近河地方绅民团练，帮助官兵缉拿奸匪，严查口岸船只，务使兵民声势联络，匪徒无隙可乘。如有稽查不严，致奸细偷越及逆匪抢渡之事，必将该处地方文武即行正法。该侍郎、督抚等尤当不分畛域，一体稽查，毋得稍有推诿，致干重咎。将此由六百里各谕令知之。”（《清文宗实录》卷109）

（咸丰三年十月丙戌）又谕：“本日据江忠源奏‘大江贼势蔓延，盘踞汉水等情’一折，贼船布满江面，荆襄一带，路通川省，防剿最关紧要，若将江面贼船剿除，则川省可保无虞。着裕瑞遵照前旨，赶紧筹拨银十万两，迅速解赴湖北，以济急需。如能设法购备船只，配齐炮械，派委得力将弁带兵驶赴下游武汉一带，协助攻剿，即可杜贼上窜荆襄之路，于川省大局亦有裨益。前有旨，令李嘉端咨明该督，催令刑部主事杨熙雇募壮勇，迅赴江忠源军营听候调遣，此时募勇想有成数，着该督即饬该员管带壮勇炮船，由宜昌、荆州顺流下驶，毋稍迟延。将此由六百里加紧谕令知之。”（《清文宗实录》卷109）

（咸丰三年十月丙戌）又谕：“前因武昌危急，谕令曾国藩赶带兵勇船炮驶赴下游会剿，并谕令骆秉章设法筹饷接济，谅已遵照办理。本日据江忠源奏‘孝感业已收复，汉川贼匪亦闻风下窜，现至滠口扎营，派员于牛湖搭造浮桥进攻汉口。十月初五日，击沉贼船数只，毙贼多名，因无船只，不能追赶’等语，湖北情形紧要，现已有旨，令江忠源暂留剿贼。着曾国藩将选募拟赴江西之楚勇六千名，迅即酌配炮械，筹雇船只，即由该侍郎督带，驶出洞庭湖，由大江迎头截剿。江面贼船肃清，不特两楚门户借可保卫，并可杜贼纷窜豫省及秦蜀之路，想曾国藩与江忠源必能统筹全局也。将此由六百里加紧谕令知之。”（《清文宗实录》卷109）

（咸丰三年十月丙戌）帮办军务安徽巡抚江忠源奏：“驰救德安以防北窜，现已进逼汉口。”得旨：“已有旨，暂留汝在湖北剿贼，兹览汝奏，适相符合。武汉最为紧急，设法分路剿洗，兼杜北窜，亦应防其西窜。该逆匪即时北窜，患虽速，尚易为力，若任其扰及秦蜀，则大事无了局矣。”（《清文宗实录》卷109）

（咸丰三年十月戊子）谕军机大臣等：“……原以该大臣老成宿将，必能为朕分忧，自桂林解围以至武昌，将该逆穷追南窜，该大臣与诸将士辛苦艰难，朕夙夜在心，特悬不次之赏，以待奏凯酬庸。乃竟于抵金陵后一味迁延，不知朕宵旰焦劳之苦，是向荣无福受朕恩眷，言之殊堪愤惜……”（《清文宗实录》卷109）

（咸丰三年十月己丑）又谕：“台涌奏‘撤回官兵防守荆郡’一折，前因湖北省城待援甚急，谕令台涌督催官兵前进。兹据该将军奏称，接准崇纶函称，连日拿获奸细多名，余匪船只尽泊汉阳小河口内外、大江上下，据供，由水路直上荆州，再到长沙，该将军现已折回等语。前据江忠源奏称，贼船现已驶赴下游阳逻一带地方，武昌省城解严。惟贼情诡诈，难保不复图上窜，窥伺荆襄。荆州为楚西重镇，且为入蜀咽喉，自宜豫为防范。台涌着即将驻防官兵撤回，并添调宜昌镇兵扼守荆州，与官文、贵陞督率官兵严密堵御，如遇贼匪上窜，仍须于城外择要截剿，不可株守城内，致失事机。该将军现署提督，满汉官兵均归统辖，一切调度，必当酌量缓急，相机布置。倘有疏虞，惟该将军及副都统等是问。并着与吴文镕、崇纶随时知照，互为声援。将此由六百里加紧谕知台涌，并谕官文、贵陞知之。”（《清文宗实录》卷109）

（咸丰三年十月壬辰）谕军机大臣等：“琦善奏‘请暂留总兵协剿，并沥陈攻剿情形’一折……琦善以防贼北窜为解，而贼已扰及畿辅。向荣以防贼南窜为解，而贼已蔓延江西、湖北、安徽等处，尚称维持全局，不知何处始是偏隅。现在瞿腾龙既已准留，若再不迅图克复，更从何处添兵，何处筹饷耶？……”（《清文宗实录》卷110）

（咸丰三年十月壬辰）又谕："江忠源奏'酌带兵勇，绕道赴任'一折，前因贼踞汉阳，武昌危急，令江忠源暂留湖北。该抚现已由黄陂一带取道六安，径赴庐郡……本日据吴文镕、崇纶奏，江忠源原带兵勇，如武昌解严，即可酌赴皖省。该抚务当先将带到兵勇迅速布置，不可专待楚北撤回兵勇，致有延误。至安徽与湖北、河南交界地方，均须酌度缓急，相机防御。如有警急，该抚仍当驰往协剿，毋误事机……将此由六百里加紧谕令知之。"（《清文宗实录》卷110）

（咸丰三年十月壬辰）又谕："据吴文镕等奏'贼船下窜''设法追剿'各一折，逆匪窜扰汉、黄等处，经江忠源等沿江追剿，击获船只，该逆开帆驶去。旋又有贼船数十只回窜至汉口下数里停泊，现在阳逻以下黄州一带，均有贼艅来往。江忠源业已赴皖，唐树义势难渡江赴省应援，所有汉阳各处贼匪，即责成该臬司扼要截剿，并杜其北窜之路。将此由六百里加紧传谕知之。"（《清文宗实录》卷110）

（咸丰三年十月癸巳）又谕："青麐奏'湖北、江西、安徽三省大江均被贼踞，请责成江忠源会剿'一折，昨据江忠源奏'贼船下窜，武昌解严，已由黄陂一带取道六安，径赴庐郡'，当即谕令该抚抵任后，仍当于湖北、河南交界地方相机防御。现在逆船虽经下窜，尚在黄州一带往来，不可不严加防范。青麐现在考试德安，着于试毕后暂驻该府，所有江北等处，即着该学政会同臬司唐树义督率地方文武员弁，实力防剿，并劝谕绅民广为团练。仍随时知照英桂、江忠源一体严防，以遏贼匪北窜之路。将此由六百里谕令知之。"（《清文宗实录》卷110）

（咸丰三年十月辛丑）谕军机大臣等："……徐广缙素为乡里推服，该员随处劝捐，粗有头绪，即防兵亦再难抽拨。该抚现已驰赴南阳，堵御楚匪，势难兼顾归德，自系实在情形。徐广缙着暂留归德，以资防剿……舒兴阿所带兵勇刻下应已到齐，着即由信阳一带前赴楚省，督同该臬司唐树义将阳逻一带逆匪合力兜擒，迅速剿除，毋稍延误。南阳界连湖北，防剿吃紧，英桂驰抵该处，着即严饬地方文武督率兵勇实力巡防，无令逆匪北窜。至黄河各处口岸，自应派委妥员认真巡查，以防偷渡，应毋待谆谆训饬也。将此由五百里谕令知之。”（《清文宗实录》卷110）

（咸丰三年十一月癸卯）又谕：“前因湖北贼匪滋扰，谕令舒兴阿将所带官兵由信阳前赴楚省，督同臬司唐树义迅将阳逻一带逆匪合力兜擒。本日据吴文镕奏‘贼已下窜，武汉江面并无贼船，舒兴阿所带陆路之兵可毋庸来楚’等语。现在贼匪盘踞皖省，非厚集兵力不足以资剿办，已叠次谕令江忠源星速赴任。皖省情形实属吃紧，舒兴阿着毋庸赴楚，即日带兵由豫迅往安徽，与江忠源会合进剿……将此由六百里谕令知之。”（《清文宗实录》卷111）

（咸丰三年十一月壬子）谕军机大臣等：“……河南虽界连楚、皖，惟楚北贼艅已经下窜，唐树义带兵跟踪追击，该匪必顺流而南。设与皖省匪徒汇为大股，北向奔突，不但庐州可危，即颍、凤、蒙、亳一带皆系曾被蹂躏之区，兵勇无多，人心未固……”（《清文宗实录》卷112）

（咸丰三年十一月壬子）又谕：“前据英桂奏，驰赴南阳防堵。当降旨谕令严饬地方文武督率兵勇，实力巡防。本日青麐奏报‘贼由黄冈逼近光州，又信阳州捻匪四起，与随州紧连’等语，是光州、信阳等处均关紧要，信阳仅有派防兵勇一千余名，实形单薄……该抚现带兵勇驻扎南阳郡城，惟光州、信阳一带俱接壤湖北，距南阳尚远，该抚务当统筹兼顾，督饬总兵柏山拨兵防堵，并饬光州所属严密设防，无令楚北贼匪阑入豫境，仍派委妥员将黄河口岸认真巡查，密防奸细偷渡，是为至要……将此由六百里加紧谕令知之。”（《清文宗实录》卷112）

（咸丰三年十一月壬子）又谕："前据吴文镕等奏'贼船停泊黄州，省城未可撤防'，本日复据青麐奏，德安精兵调空，乡勇未尽可恃。是该督与该学政一则防贼回窜，一则虑贼旁扰，均系就所驻之地而言。此时巴河一带为贼踪蚁聚之所，自以急剿黄州逆匪为尤要。楚省兵单，即并力进剿，犹恐不能得手，岂可再于无贼之地分布设防？现在青麐已饬副将骆永忠驰赴黄州，本日复传谕唐树义尽力跟剿，着该督等悉心体察，如防城兵勇尚可分拨，即行酌量调往，庶可得力。其德安府城系北连豫省之地，亦关紧要，已谕知青麐妥为防守。据青麐奏，十月二十三、四日，唐树义获有胜仗。二十八日，复有大股直扑黄州，兵皆溃散，未据该督抚奏报，朕心甚为悬系。又据奏称，潮勇素称顽健，倘散布勾结，尤为可虑。此项潮勇用之固难，若驱之不用，又恐助逆为患，应如何驾驭弹压，着与青麐妥商办理。将此由六百里加紧谕令知之。"（《清文宗实录》卷112）

（咸丰三年十一月壬子）又谕："青麐奏'德安府防兵不敷，乡勇未可尽恃'等语，所奏德安各属，处处吃紧，自系实在情形。惟据另折陈奏，黄州较德安尤为吃重，骆永忠之兵，不能不令其驰赴。是该学政续接探报，已深悉巴河一带贼情紧急。湖北兵力之单，不独德安一处，当贼扰孝感时，固须严扼该郡，以杜北窜之路。贼已下窜，自应拨兵跟剿。吴文镕若只顾省垣，诚属不知缓急。惟移兵就贼，亦自应先其所急。前据该督奏，唐树义驰抵黄州，击贼获胜，系十月十九日之事。今该学政片奏，二十三、四日复有胜仗，又有二十八日贼扑黄州，兵皆溃散之语，所探是否确实？其贼由黄冈逼近光州一节，黄冈距光州二百余里，既有唐树义带兵在彼，谅不至遽行逼近。本日已谕知英桂，于楚、豫交界一律严防，南阳、信阳等处均令兼顾。所有楚、豫接壤地方，如何防剿贼匪之处，该学政即可随时知照英桂相机妥办。唐树义剿贼情形，连日未据吴文镕等奏报。骆永忠所带之兵现已调赴黄州，即着唐树义督带兵勇紧蹑贼踪，尽力追杀，毋使再行回窜。另折奏'盘获奸匪之廪生罗晋象、武童黄金鳌等，恳请鼓励，并审讯匪犯、究出重情之该委员等’。着青麐酌量保奏，以奖微劳。将此由六百里加紧谕知青麐，并传谕唐树义知之。”（《清文宗实录》卷112）

（咸丰三年十一月己未）又谕：“据唐树义奏‘追击逆匪情形及带兵旋省，另筹剿御’一折。逆船蚁聚巴河一带，自二十一日至二十八日经唐树义叠次攻剿，均不能得力。而该逆狡猾愈甚，现复聚集兰溪、蕲州、田家镇等处，并有添筑土城情事。是黄州一带江面，全为贼踞，而下游贼船，亦复不少。该处毗连皖、豫，关系北路大局，自应迎头截剿，扼其北窜之路。乃该臬司一路尾追，复以省城兵单遽行带兵折回武昌，竟致置兵于无贼之地，实不可解。着吴文镕、崇纶传旨谕令该臬司，仍即带兵星夜渡江前进，督同候补知府伍煋等，务将黄州一带逆匪并力夹击，以挫贼锋，仍兼防北窜之路，断不准借口兵单，致滋贻误。至武昌防守事宜，并如何派拨兵勇协剿之处，即着该督抚等熟筹兼顾，毋误事机。将此由六百里加紧谕令知之。”（《清文宗实录》卷112）

（咸丰三年十一月己未）又谕：“袁甲三奏缕陈皖省南北两路情形，并酌量驻扎地方各折片，均能按切时势，自应如此办理……徐广缙已有旨准留归德，复严谕舒兴阿自陈州赴皖，毋庸折往湖北……”（《清文宗实录》卷112）

（咸丰三年十一月庚申）又谕：“江忠源奏，逆匪于十一月十二日大股攻扑庐州，郡城危急。该抚所带仅止兵七百余名，庐州新募勇亦只二千余名，单弱已极。江忠源前次饬令前赴武昌之楚勇一千余名，湖南兵六百名，云南、四川兵未渡江者，亦多留守武昌。此项兵勇，久随江忠源历阵，兵将相习。湖北省城存兵尚不为少，而庐州危急万分，稍有疏虞，致贼北窜，所关非细。着吴文镕、崇纶迅饬原带此项兵勇之都司戴文兰并备弁人等，赶紧将江忠源原带兵勇全数带赴庐州，听候调遣，万勿迟误。其黄州逆匪，即责成唐树义实力追剿，勿得株守省垣，借词诿卸。将此由六百里加紧谕令知之。”（《清文宗实录》卷112）

（咸丰三年十一月丁卯）又谕：“前据台湧奏称‘应否统兵赴援，请旨遵行’一折，朕详阅所奏，先后接据吴文镕、崇纶函咨，一则令其带兵赴省，一则令其不必来省，是该督抚各执一词，意见已属两歧。兹据崇纶奏力筹剿贼各情，并称吴文镕闭城坐守等语，朕以吴文镕老成练达，现当楚北逆氛未靖，一切筹防筹剿堪资倚任，讵该督一味株守，不图前进，竟置大局于不问，是诚何心？试思贼情紧急，又岂安坐衙斋所能了事？崇纶与吴文镕办事一方，应如何协力同心，迅图攻剿？乃遇事龃龉，先已不能和衷，又安望其于事有济？倘因各怀己见，致误事机，该督抚等厥罪惟均，朕断不能为之曲宥。现既据称该逆于田镇筑垒扎营，显有负嵎抗拒情事。其巴河一带，贼船蚁聚尚多，分踞黄州之贼亦复不少。臬司唐树义曾否遵旨前往，设法兜剿，着吴文镕一面严饬该臬司迅图剿洗，一面亲督官军出省督战，并察看何路紧要，即驰往何路截剿，不准以守候船炮造齐，致滋延误。所有省城防守事宜，即着责成崇纶妥筹布置，倘有疏虞，亦必重治其罪，决不宽贷。台湧前选满汉官兵，应否饬令带赴下游，会合追击，并着该督抚会商兼顾，不得各执己见，贻误事机，懔之。崇纶因病请假，着即赏假十日调理，一切防剿要务，仍当尽心筹画，毋稍诿卸。将此由六百里加紧谕令知之。”（《清文宗实录》卷113）

（咸丰三年十二月壬申）又谕：“据青麐奏‘沥陈楚北情形’一折，现在逆匪窜踞黄州一带，该处为皖、豫要冲，关系江北大局，若非并力迎击，何以遏贼北窜之冲？武昌存城官兵将及二万，乃吴文镕等坐拥有用之兵于无贼之地，是徒知株守一隅，置通省全局、天下大局于不问，老成疆吏，何遽出此？吴文镕畏懦形于外，而中无布置，深堪痛恨。臬司唐树义前因败退遁回省城，已不可解，而派援黄州之副将骆永忠又复带兵回省，吴文镕所谓调度者何在？且两旬以来，并未据该督等将紧要军情随时入告，岂徒事闭城坐守，遂足为藏身之固耶？着吴文镕懔遵前旨，迅即督兵出省，迎贼所向，奋力进攻，断不准再事迁延，致干重罪。其省城防剿，仍着崇纶妥筹布置，亦不得借词诿卸。该督抚身膺重寄，倘因各执一见，致误事机，朕惟知执法从事，决不姑宽也。懔之懔之。将此由六百里加紧谕令知之。”（《清文宗实录》卷114）

（咸丰三年十二月乙亥）又谕：“现在贼匪窜扰黄州一带，已命吴文镕带兵出省剿办。武昌重地，防守紧要，本日有旨，令台涌兼程驰赴德安，接办防剿事务。青麐俟台涌到德安接办后，即着赶赴武昌，筹办防剿事宜，并将抵省日期，迅速由驿驰报，毋稍延缓。将此由六百里加紧谕令知之。”（《清文宗实录》卷114）

（咸丰三年十二月乙亥）又谕：“前曾谕令吴文镕出省剿办黄州一带贼匪，本日复催令前进，并命青麐前赴武昌省城。现在德安一带，并无大员驻守，着台涌于接奉此旨后，即刻兼程驰往德安，接办防堵事宜，以便青麐启程赴省。德安等处近邻河南，江面贼艘尚未扫除净尽。该逆诡计多端，必须刻刻防其北窜。该将军兼署提督，所有江北水陆各路，均着督率地方文武认真严防。其上游荆襄各属，并应严密堵御，随时稽查，毋令贼踪阑入。荆州驻防官兵，即着官文、贵陞统带防守。该将军行抵德安日期，迅即具奏，毋稍延缓。将此由六百里加紧谕知台涌，并谕官文、贵陞知之。”（《清文宗实录》卷114）

（咸丰三年十二月乙亥）湖广总督吴文镕奏参：“已革总兵官杨昌泗退兵回省，请发往军台效力。”得旨：“杨昌泗虽迹涉退避，参之固当。唐树义夜遁黄州，何不严参，亦未闻论及。此何时也，尚存一重文轻武之心，尔辈有此习者，即立正典刑，不足蔽辜！”又奏：“抚臣崇纶坚僻自是，将来恐有贻误，请另简重臣，以期事归画一。”批：“汝二人厥咎维均，负气诡辞，无耻已极！胆大已极！”（《清文宗实录》卷114）

（咸丰三年十二月丁亥）又谕："前因黄州一带为皖、豫要冲，关系江北大局，严饬吴文镕亲自统兵进剿，已据吴文镕将遵旨带兵出省各事宜详细具奏矣。兹复据崇纶奏称'现值饷匮兵微，应先遣唐树义领兵进剿，俟兵饷充足，督臣再行亲往，乃吴文镕任性偏执，匆促即行'等语。崇纶前以吴文镕闭城坐守参奏，此次奏报各情，何以自相矛盾，殊堪诧异。现在逆匪虽多半下窜皖省，若被我兵剿捕紧急，难保不由江路回窜楚北。吴文镕前奏带兵出省，自应遵照谕旨办理。着即赶紧渡江，亲赴黄州督剿，并着严饬唐树义等迅速前往，水陆会剿，毋许少有迟误。其省城内外防守事宜，仍责成崇纶严密布置，毋稍疏虞。至所调荆州驻防兵二千名，已据吴文镕奏称，令升任凉州副都统魁玉统带赴省。着即催令迅速赶到，协同防堵为要。将此由五百里谕令知之。"（《清文宗实录》卷115）

（咸丰三年十二月己丑）又谕："本日据江忠源驰奏'贼匪轰城，督兵抢护'一折，逆匪屡次用地雷轰城，经该抚督率将弁兵勇抢护，转危为安。江忠源谋勇兼施，深堪嘉尚。马良勋、戴文兰扼险杀贼，尤为奋勇。已明降谕旨，与守城出力人员分别奖励矣。现在和春带兵，计已赶到庐郡，已有旨，令其总统各路赴援官兵迅解城围。该抚即与该提督激励将士，内外夹攻，总以及早解围为要。昨据奏，贼匪由蕲水窜入英山，扬言欲至六、霍。该处北通光、固，最关紧要。江忠源虽在城中，势难兼顾，仍当力筹全局，随时知照舒兴阿、福济相机援应，万不可任贼北窜。前据江忠源奏，总兵音德布非统御之才。究竟带兵能否得力，着江忠源与和春确查，据实具奏，毋任贻误。将此由六百里加紧各谕令知之。"（《清文宗实录》卷115）

（咸丰三年十二月甲午）又谕："……江忠源以知县调赴军营，屡立战功，超擢臬司，令其帮办军务。本年在江西守城，尤为出力，倍著忠

勤，旋即授为安徽巡抚，由湖北力疾赴皖……”（《清文宗实录》卷116）

（咸丰三年十二月乙未）又谕：“……其自楚窜扰英山之贼，如何截其来路，使之不能连结，均着妥筹办理。将此由六百里加紧谕令知之。”（《清文宗实录》卷116）

（咸丰四年正月辛亥）又谕：“……本日又据慧成奏，探报金陵大帮贼船，陆续开往上游。恐其并赴庐州，或分赴江西、湖北并东坝等处，着向荣迅即侦探明确贼船究往何处。如我兵并力攻城，亦可牵制贼船不敢远窜。或乘贼船驶往他处，设法攻取金陵。其东坝一带，并着严饬该处带兵员弁实力防御，毋令贼踪阑入。原折着钞给阅看。将此由六百里谕令知之。”（《清文宗实录》卷118）

（咸丰四年正月乙丑）又谕：“叶名琛奏‘请将道员留办剿捕’等语。广西右江道张敬修前经劳崇光奏委购办船炮，督带赴楚……张敬修着毋庸前赴楚省，即饬回广西右江道本任。该督抚即督饬该员，务将股匪迅速剿除，毋留余孽。”（《清文宗实录》卷119）

（咸丰四年正月丁卯）又谕：“崇纶、青麐奏‘探闻黄州营盘被贼攻焚，兵勇全行溃散’一折，览奏殊堪诧异。逆贼窜踞黄州，前经吴文镕督兵进剿，节次奏报尚有斩获。乃此次进仗，竟致兵勇相继溃逃，全军败散，且营盘十一座尽被贼匪焚烧。总督吴文镕并有骑骡避至灵沙河之事，其余各官，亦不知下落。现在逆众占踞堵城大营，并闻阳逻一带已有贼船陆续上窜，若不赶紧迎头堵剿，必致贼势愈张，办理更形棘手。台湧现驻德安，着即酌带官兵驰赴前路，确探贼踪所向，尽力迎剿。其溃散兵丁，仍当招集。至该处募勇，屡次遇贼首先溃逃，恐有奸匪从中勾结，必须加意严防，毋蹈前辙。该将军当此军情紧迫之际，惟当激励将士，星速趱程前进，总以迅扫妖氛为要，毋得稍事迁延，致有贻误。

并将酌带兵数、启程日期，先行由驿驰报。仍确查吴文镕现在何处，各员弁如何下落，及此次失事实在情形，切实具奏。又据崇纶等片称‘探闻唐树义统领舟师，因见火起兵散，将船炮退至叶家洲’等语，此项船炮，着毋庸撤回省城，一并归台湧统带调遣，以备水陆夹攻。所有德安北路等处，仍着台湧设法筹顾，毋稍疏虞。将此由六百里加紧谕令知之。”（《清文宗实录》卷119）

（咸丰四年正月戊辰）又谕：“本日台湧奏称，贼匪水陆并进，窜至汉阳。该将军已飞调官兵，在武胜关外一带与豫省防兵互为联络，以壮声威。惟贼势狓猖，意图北窜。固楚北之藩篱，即可以保河南之门户。英桂现在汝阳，与湖北黄陂等处接壤，台湧所带兵力，甚形单薄，恐未足挫此凶锋，此时楚北军情，万分吃紧，亟宜以剿为防。着英桂飞饬总兵柏山，选带精兵，出境截杀，与台湧联兵应援，迅荡贼氛。不得区分畛域，但知防守本境，置邻省于不顾，稍有疏虞，罪将谁诿？其光州、信阳各处，与德安、麻城毗连，并着英桂督饬所属，一体严防，毋稍疏失。至湖北大兵云集，所需火药军饷，如有应行接济之处，仍着该抚与台湧随时知照，妥为办理。将此由六百里加紧谕令知之。”（《清文宗实录》卷119）

（咸丰四年正月己巳）谕军机大臣等：“……又据崇纶、青麐、台湧先后奏到，黄州大营失利，营盘尽被贼匪焚烧，兵勇全行溃散，探闻贼匪水陆已至汉阳。江北情形，如此紧急，该大臣等尤应兼筹并计，肃清畿辅，为移兵南下之举……倘皖楚贼党北窜，与此股逆匪勾结，剿办更难得手。该大臣等惟当懔遵叠次谕旨，赶紧设法攻剿，迅速奏功，以慰朕念，勿得再有迁延，致干重罪。将此由六百里加紧谕令僧格林沁、胜保等知之。”（《清文宗实录》卷119）

（咸丰四年正月己巳）又谕：“昨因台湧奏探黄州官兵剿贼失利，贼至汉阳，该将军所带官兵尚形单弱，谕令英桂飞饬柏山带兵出境，与台湧联络应援。兹据该抚奏称统筹豫省全局，北路重于南路，所有光州、汝宁、信阳一带，责成镇道等会商堵剿，该抚带兵回省，确探贼踪，随时筹度等语。此时楚北情形，较之河北彰卫等处尤为紧急，贼势狓猖，必须防其北窜。着英桂即遵前旨，严催总兵柏山飞速带兵前进，以剿为防，与台湧所带官兵联为一气，以期力遏贼氛。该抚现已回省，倘楚、豫交界地方情形紧急，调度恐致有误，着即折回汝阳等处，督同南汝光道余炳焘、汝宁府知府廖甡妥为守御，无失事机……将此由六百里加紧谕令知之。”（《清文宗实录》卷119）

（咸丰四年二月癸酉）又谕：“武昌为省垣重地，距汉阳仅一江之隔，贼匪窜踞汉阳，势必扰及武昌，崇纶、青麐守御省城情形甚属危急。唐树义炮船究在何处逗遛？吴文镕是否查有下落？省城待援甚急，实深悬系。台湧接奉此旨，着即督催官兵相机进剿，并将近日贼踪动静及武昌情形迅速奏闻，仍着随时知会英桂、柏山等于楚、豫交界处所联络声势，力挫贼锋，遏其北窜。其荆襄一带，仍当随时兼顾，督饬员弁严加防守。佈克慎现退至孝感一带地方，已有旨将该员革职，令其随同该将军带兵进剿。其溃散兵勇，应如何分别收集，并着妥筹办理，无误事机。将此由六百里加紧谕令知之。”（《清文宗实录》卷120）

（咸丰四年二月癸酉）河南巡抚英桂奏：“南路边防吃重，现驻汝郡办理防剿情形。”得旨：“汝能随机应变，不致拘泥，甚是。楚省尤关紧要，着迅速探听武昌城信息，加紧驰奏。”（《清文宗实录》卷120）

（咸丰四年二月癸酉）湖北学政青麐奏陈武昌紧急情形。得旨：“览奏曷胜愤闷。本日已有旨催台湧进兵，不知赶得上否。吴文镕丧律遭败，俾贼势复张，深堪痛恨，现在并无下落，至该督能全大节与否，朕实不能许之。”又奏：“唐树义统带炮船尚无确音。”批：“唐树义真系一无用

之辈，前此起用，该员并不知感，惟以高节自居，谓勉强出山，稍酬高厚，屡次抗违，死有余辜。”（《清文宗实录》卷120）

（咸丰四年二月丙子）谕军机大臣等：“……现在独流溃窜余匪，仍踞束城村一带，而皖、楚贼势方张，尤不可不豫筹防堵……”（《清文宗实录》卷120）

（咸丰四年二月庚辰）又谕：“……至豫省南路防堵楚匪情形，仍着妥筹办理，毋稍疏虞。将此由六百里加紧谕令知之。”（《清文宗实录》卷121）

（咸丰四年二月辛巳）又谕：“湖北贼势披猖，亟须遏其纷窜。前调湖南之兵谅已启程，仍着骆秉章于交界处所派兵严密设防，杜其窜扰。如须出境协剿，即着无分畛域，严饬带兵员弁随同台涌协力剿击。曾国藩统带炮船想已开行，着即兼程驰赴下游，迎头截剿。此时水路进攻，专恃湖南炮船遏其凶焰，务须赶紧前进，勿稍延误。至炮船所需粮饷，现据户部奏称，湖南、江西各省如有款可筹，自当就近提用。着曾国藩迅即咨明各该抚，酌量筹办。将此由六百里加紧各谕令知之。”（《清文宗实录》卷121）

（咸丰四年二月壬午）又谕：“台涌奏贼匪分窜德安一带，派兵剿捕，孝感、应山等处叠有斩擒，并扼要布置各情形。当此逆势披猖，该督必当统筹全局，妥为布置。惟兵力尚觉单弱，本日据曾国藩奏，已于正月二十八日督带炮船，自衡州启程，统计全军约一万七千余人。曾国藩一人统领重兵，朕心实深悬系。台涌统辖两省，责无旁贷，所有湖南炮船应如何调拨布置之处，着该督与该侍郎和衷筹画，以期迅殄贼氛。现在魁玉已带兵由武昌上援，自可酌量调度。佈克慎现由麻城带兵到营，着即饬令该革员前往曾国藩水营，随同管带炮船，稍赎前愆。至都司董玉龙等，在黄陂一带收集溃散兵勇，分路进剿。该督务须严饬该员等迅速进攻，扼要堵截，毋得稍涉迁延，再误事机。将此由六百里加紧谕令知之。”（《清文宗实录》卷121）

（咸丰四年二月壬午）又谕：“本日据青麐奏称，探闻曾国藩带勇，已距金口百有余里。贵州道胡林翼随同前来，现复退往上游。贼船飘忽上窜，急须出其不意，顺流轰击。该侍郎炮船早入楚北，胡林翼何以退守？着曾国藩饬知该道迅速前进，无稍迟延。其应如何相机攻剿之处，着随时知照台湧，务期水陆声息联络，合力剿办，勿稍疏虞。将此由六百里加紧谕令知之。”（《清文宗实录》卷121）

（咸丰四年二月癸未）又谕：“自逆匪窜扰以来，长江数千里，任贼往来游驶。现在金陵未克，庐州复陷，而回窜武昌之贼，纷纷驶赴汉阳、金口一带，逆踪飘忽，非亟筹肃清江面之计，不能奏功。曾国藩现由湖南统带舟师顺流迎击，业于正月二十八日启程，计期应可行抵楚北。上年八月间，张芾有饬令夏廷樾修造船筏之奏。此项战船为数若干？停泊何处？即着陈启迈饬知陆元烺拣派谙习军务及熟悉水师得力员弁，配齐军火炮位，星速管带，驶出九江，择扼要之区，截贼往来之路，与曾国藩声势联络，上下夹击。非但遏贼分窜南昌，且使皖、楚纷扰之贼首尾不能相顾，庶剿办可期得力。该抚等惟当妥速筹办，不准迁延迂缓，致误事机。陈启迈着即兼程前赴新任，其未到任以前，即着陆元烺赶紧筹办，勿稍迟延。将此由六百里谕知陈启迈并传谕陆元烺知之。”（《清文宗实录》卷121）

（咸丰四年二月甲申）谕军机大臣等：“据青麐奏‘武昌被围已久，请饬川、陕、河南拨兵拨饷’一折，览奏均系棘手情形，并无筹办之策。该学政系防堵大员，屡次总以呼应不灵为说，前次寄谕内业经严斥。现在贼船陆续上窜，荆州情形亦甚吃重，而孝感、应山等处皆有贼匪肆扰，贼船盘踞江面，台涌所带官兵无多，亦岂能飞渡，竟置北岸于不顾？省城防兵共有六千，江面炮船亦尚有二十余只，昨据崇纶、青麐奏报攻剿情形，尚云击沉贼船多只。而青麐则总称地利、人心两不足恃，且崇纶奏报均与青麐联衔，而青麐则单衔具奏，并云崇纶不及会衔。岂有同在一城防守，竟至隔阂如是？值此危急之时，两人各存意见，必致误事。河南地面紧接江北，前谕英桂饬总兵柏山越境协剿，自为德安、襄阳一带吃重，剿楚省之逆匪，即固河南之藩篱。断不能令绕越赴鄂，为该抚等株守省城之用。四川松潘等处官兵由荆江下驶较为便捷，本日已谕知裕瑞迅速飞催，谅可计日赶到。陕西调兵已多，即由商雒一带派兵出境，仍在大江以北，亦属缓不济急。该学政昧于事机，不知轻重。该抚复一筹莫展，徒事抵牾，岂江北各府非该抚等所辖耶？至折内所陈，明言贼在汉阳，陆续上窜，忽又言武昌被围，既言曾国藩于正月杪可以启程，而青麐正月二十八日所发之报，又称曾国藩已距金口不远。其侦探之不确，已可概见。崇纶前此请饬吴文镕出省剿贼，逮朕严谕吴文镕前赴黄州，该抚又称省城紧要，请令暂留，似此毫无定见，即知省城布置亦未必确有把握。现在台涌已授为湖广总督，亟应先将江北逆匪剿除，以杜北窜。该抚等但当协力和衷，固守省垣，不得徒以无可筹办借词，为他日卸罪地步。总之，德安一带贼匪尽除，则汉口逆匪自不敢径攻武昌。而川兵直抵荆襄，曾国藩亦顺流下驶，会同夹击，尚可得手。朕于军形缓急，慎重权衡，并非重北轻南，不为湖北省垣计也。将此由六百里加紧各谕令知之。”(《清文宗实录》卷121)

(咸丰四年二月甲申)又谕：“连日据台涌、崇纶、青麐奏，贼船回窜武昌，纷纷驶扰汉阳、金口一带，并探闻岳州复有贼艅停泊。节经谕令台涌由德安督兵进剿，兼扼荆襄要隘。并据曾国藩奏报，于正月杪统带船炮水勇驰赴下游，迎头截击。惟贼踪剽疾，尤应防其乘虚分窜，所有陕省界连湖北之商雒一带，均须一体设防，扼要堵剿。桂明现驻潼关，着即严饬带兵员弁实力巡防，随时与楚省知照，联络声势，互为应援，毋任匪踪阑入。并着王庆云督饬各该地方文武，严密防守边境，勿稍疏失。将此由六百里加紧各谕令知之。”（《清文宗实录》卷121）

（咸丰四年二月）乙酉，谕军机大臣等：“……现在皖、楚贼氛已逼豫境，较前情形更为紧急，是以令该大臣等分兵往援，尚恐一千名不敷剿办。若此股贼匪不能克日殄灭，致令大兵为所牵掣，迟延贻误之罪，更将何辞？……”（《清文宗实录》卷121）

（咸丰四年二月乙酉）又谕：“……英桂前奏暂驻汝郡，原为楚北贼氛逼近，该抚居中驻扎，以为各路应援。现在楚省逆贼虽盘踞汉阳，窜扰沿江地面，而皖省之贼已入豫境，英桂统辖全省，自当相度缓急，扼要严守，切不可顾此失彼，致有疏虞……”（《清文宗实录》卷121）

（咸丰四年二月戊子）又谕：“……至商雒一带防堵事宜亦关紧要，仍着舒伦保、王庆云督饬分防之督粮道陈景亮确探湖北贼踪，认真严防，勿稍松懈。如须添调甘肃官兵移远就近，以备防剿，并着与易棠随时知照，妥速筹办。将此由六百里加紧谕令知之。”（《清文宗实录》卷121）

（咸丰四年二月己丑）又谕：“前因贼船窜扰汉阳、金口一带，已谕陈启迈饬派得力水师员弁管带炮船驶出九江，断贼往来之路。兹据崇纶、青麐奏称，该逆以船为巢，大江之上任意游行，现在湖北兵力甚形单弱，不敷剿办。上游、下游贼船随地肆扰，势甚猖獗，着陈启迈仍遵前旨，迅即配齐炮船，派委得力将弁，由南昌、九江星速驶赴楚北，会同进剿。如炮船一时骤难齐备，亦必须先拨精兵二千名派员管带，由陆路前往湖北援应，仍一面筹画船炮，设法协剿。该抚等务当统筹全局，不分畛域，合力攻剿，遏楚北之凶锋，即可保浔江之门户。该抚接奉此旨后迅即筹办，不准稍有迁延，致误事机。此时陈启迈如尚未到任，即着陆元烺先行遵旨筹办，无稍迟误。将此由六百里加紧谕知陈启迈，并传谕陆元烺

知之。”（《清文宗实录》卷121）

（咸丰四年二月己丑）又谕：“崇纶、青麐奏报近日贼情一折，逆匪盘踞汉郡，近又南窜岳州，逼近长沙，其荆襄上游等处亦甚吃重。台涌现授总督，自应探贼所向，相机进剿，势难遽赴武昌，防守省城。崇纶职任守土，青麐系防堵大员，均属责无旁贷，自以力捍危城为要。据称背城一战，恐系因筹防棘手，姑为出城之说，为他日卸责地步。此股贼匪既系乌合之众，长发贼目无多，台涌兵到，汉阳不难克复。其省垣重地，仍责成该抚等竭力防堵。若擅离城池，致有疏失，朕惟崇纶、青麐是问。至驿站文报，仍着随时设法绕道行走。楚北贼势蔓延，大股已窜过岳州。现在荆襄一带，该逆是否分股旁窜，并着速行侦探，随时奏闻。将此由六百里加紧谕令知之。”（《清文宗实录》卷121）

（咸丰四年二月戊戌）又谕：“台涌奏‘分派官兵三路剿贼，大获胜仗，克复黄陂县城，现筹速剿孝感一带股匪，进攻汉阳’等语。前据崇纶等奏，汉阳逆匪半系乌合，长发老贼为数无多，自不难克日扫除。若稍事迁延，致贼势鸱张，更难歼灭。该督节制两省，务当统筹全局，乘此声威，督率官兵将孝感一带贼匪迅速歼除，一面督兵收复汉阳，保卫武昌，一面与骆秉章、曾国藩迅筹剿办，务将岳州湘阴等处逆匪次第殄除。毋得株守德安，仅派弁兵搜捕零匪，致误大局。荆襄一带是否有贼上窜，仍须督饬文武员弁实力防守……将此由六百里加紧谕令知之。”（《清文宗实录》卷122）

（咸丰四年三月庚子）又谕：“本日据青麐奏‘省城因援兵不至，实难保守’，并历陈他处‘保全城池总赖外援接应’等语，现在皖省及东豫情形均极吃紧，即有可调之兵，各处亦俱须援应，岂能专顾湖北？即汉阳、黄州等处逆匪纷扰，亦当次第歼除，岂能专顾武昌省城？青麐叠次奏报，不但毫无筹画，且于别处情形总未知悉，侦探亦不能确实，是以所奏军情，于现在时势，总皆隔膜。至所称意见所及，权不能行，尤属借词推诿。与崇纶同在一城，每次皆单衔具奏，并不会衔，是青麐先已自存意见。青麐现已授为湖北巡抚，统辖全省，尚得谓事权不属乎？哓哓渎辩，于事何济？此时惟有尽心筹画，竭力防守。台湧已克复黄陂，进攻汉阳，当可与省城声势联络。至曾国藩所带船炮，现因贼由岳州上窜，近逼长沙，该侍郎初抵长沙省城，已与贼遇，不能克期下驶。着青麐、崇纶就现有兵勇，于城内外审度机宜，妥筹布置，与台湧随时知照，尽心堵御，毋徒坐待援兵、诿过他人也。将此由六百里加紧谕知青麐，并谕崇纶知之。”（《清文宗实录》卷123）

（咸丰四年三月甲辰）又谕：“台湧奏‘统筹两省全局’一折，所见俱是。楚北逆匪全股盘踞汉阳，其分窜德安一带之贼，前经台湧拨兵截剿，业将黄陂县城攻克。必须乘胜进攻，将云梦、应城、孝感等处余匪次第歼除，方能全军南注，为肃清汉阳之计。武昌省垣为江路阻隔，目下贼踪蚁聚北岸，省城情形较缓，且存城兵勇为数尚多，足敷布置。若将北路得力之兵撤调赴省，则江北更属空虚。崇纶现在丁忧，仍留该省办理防剿事宜。已授青麐为湖北巡抚，叠据该抚奏报各情，惟以孤守无援为词，别无筹办之策。节经谕令就现存之兵尽心守御，惟能否得力，殊不足恃。着台湧体察机宜，随时与该抚互为知照，以期声势联络。所调江西水陆各军，并着飞提驶赴上游，会合迎剿。倘能先将江面疏通，则汉阳与武昌南北无阻，剿办庶易得力。该督又称岳州对岸之荆河脑地方为荆州要口，若窜岳之贼被剿穷蹙，恐由此路旁趋至荆，所虑亦不为无见。昨据骆秉章等奏称，带勇分剿靖江乔口及宁乡等处贼匪，办理尚属得手。该逆现已全数下窜，曾国藩亦即统领兵勇，跟踪进剿，仍着台湧兼筹扼截之策，于四川松潘、建昌两镇官兵提到后，即严饬各该员弁，将此项兵丁驻扎荆州，严密布置，以扼贼匪上窜之路。仍须探明岳州贼情，如须出境迎击，即克期统带前往，与湖南会剿，勿以有用之兵置之无用之地。本日已谕令佈克慎署理湖北提督，该员现在黄陂一带进剿，着即毋庸前赴湖南。台湧身任兼圻，责无旁贷，一切剿办机宜，惟当妥筹大局，迅扫妖氛，以副委任。将此由六百里加紧谕令知之。”(《清文宗实录》卷123)

（咸丰四年三月）己酉，谕军机大臣等：“前因台湧奏统筹两省全局，当经谕令体察机宜，与巡抚青麐互相知照，以期声势联络。本日据青麐奏‘连日击贼获胜，惟因援兵不至，省城兵勇无多，未能分拨进剿’一折，现在贼氛肆扰，各路官兵业已无可征调，且恐缓不济急。台湧现在剿办云梦、应城、孝感等处余匪，务须赶紧歼除，统兵全力南注，将汉阳屯踞贼匪剿洗，则江面自无虞梗塞。青麐职任巡抚，防守省城，是其专责，据称连日击贼获胜，兵勇尚能齐心，惟有激励将士竭力固守。昨据陆元烺奏，抽拨江西防兵五百名、练勇五百名，派委南昌协副将罗玉斌管带赴楚援剿。着青麐即行派员迎提，以资协剿。将此由六百里加紧各谕令知之。”(《清文宗实录》卷123)

（咸丰四年三月壬子）又谕：“台湧奏孝感贼势狓猖并兵单饷乏各情。江北云梦、应城两处贼匪，经台湧叠次剿败，退窜出湖，惟孝感县属又有贼船阑入。着该督即就现有兵勇，迅速相机迎剿，堵贼窜路。其涢口要隘往来逆船，仍须及早剿洗，务将此股逆匪扫除净尽，方能以次攻克汉口、汉阳。该督所称兵力单薄，自系实在情形，所有松潘、建昌两镇官兵，仍着派员迎提前进，以资攻剿。其窜往湖南贼众，据骆秉章等奏报，节次截剿获胜，收复岳州府城。惟该逆全数由洞庭湖下窜，则鄂省大江南北均形吃重。曾国藩统带舟师，于二月二十八日自长沙启程，跟踪追剿，自可扼贼后路。并着台湧派员绕越，迎催东下，为肃清江面之计。断不准青麐、崇纶等擅行截留，专事防守武昌，致误全省大局。据该督奏称，省城兵勇为数尚多，足敷堵御。惟目下江路阻隔，能否设法疏通，与省城联络声势，并着相机筹办？上游荆襄一带仍应严密筹防，勿致顾此失彼。该督统辖全省，惟当随事酌度缓急，妥速办理，仍与骆秉章、曾国藩等互为声援，以期并力剿除。勿令由岳州下窜逆踪，再滋延蔓。将此由六百里加紧谕令知之。”（《清文宗实录》卷124）

（咸丰四年三月壬子）又谕：“昨据张亮基奏‘初七日督率兵勇，于黑家庄地方剿匪获胜’，本日据胜保奏‘该抚玩视军务，观望逗遛，并欺饰冒功’各折片，览奏曷胜骇异。张亮基前由云南巡抚调任湖南，适闻贼窜长沙，即奏请防守常德，拥兵折回，并截留长沙军饷，举动乖方，不知事势缓急。嗣经严饬赴省，保守城池，并办理湖南、湖北善后事宜，尚有头绪，是以于署湖广总督任内调令巡抚山东。该员交卸时，贼氛将近武昌，并不将以前有无布置、如何守御情形详细向吴文镕告知，辄即赶紧渡江，专为自全之计……张亮基前已革职留任，着即革任，发往军台效力赎罪，即交胜保派员押解启程，不必再留军营，俾军务告竣后，转得希冀邀恩也。”（《清文宗实录》卷124）

（咸丰四年三月壬子）又谕：“前因曾国藩督带兵勇船炮，需饷甚巨，曾降旨令裕瑞迅速筹款，派员解楚。本日据台涌奏‘孝感一带贼势披猖，该督带兵堵剿，军饷缺乏，情形万分窘迫’等语，已谕令骆秉章速行筹款，以资接济。惟该省前经奏明存款无多，不敷支发，非邻省赶紧协济，必至贻误军需。着裕瑞接奉此旨，即迅速妥筹，无论该省何款项下，立即设法筹拨银十万两，派委妥员飞速解交湖北德安一带台涌军营，并檄饬沿途小心护解，毋得稍有疏忽。将此由六百里加紧谕令知之。”（《清文宗实录》卷124）

（咸丰四年三月壬子）又谕：“……且湖北逆贼经台涌击败后，复有大股贼船四五百只，窜踞孝感县属之龙宫庙、红鸾渡一带肆掠，虽去潼关尚远，而商雒等处均与湖北毗连，舒伦保能否分身，亦难悬揣。着舒伦保、王庆云即行妥商陕西防堵如何布置，但期有可靠之人，总以分兵赴豫策应为要。将此由六百里加紧各谕令知之。”（《清文宗实录》卷124）

(咸丰四年三月癸丑)又谕:“……河岸防御关系匪轻,倘皖、楚贼匪阑入豫省,而潼关之兵始行出境堵截,仍恐缓不济急……至商雒等处与湖北毗连,应如何派兵防堵之处,即着王庆云妥筹办理。将此由六百里加紧谕令知之。”(《清文宗实录》卷124)

(咸丰四年三月丁巳)又谕:“前据骆秉章奏,收复岳州,贼船下窜,曾国藩已由长沙省城跟踪追剿。当经谕令台涌派员提催,不准青麐等截留。原以楚南道路虽通,楚北贼氛尚炽,必须乘胜东下,将汉江一带贼匪全行歼灭,以次肃清长江,为扫荡东南之计。非谓岳城既复,即可置北省为缓图也。本日据曾国藩奏搜捕湖汉,并剿办崇通股匪各情。是水军虽已抵岳,而驰赴下游尚无确期。现在湖北贼情吃紧,不但汉口、汉阳亟应克复,即孝感等处亦岂宜久任狓猖?况云梦、应城退窜之贼尚在涢口上下盘旋,台涌兵力过单,未能兼顾。襄阳、武胜均属扼要之区,既未便移兵助剿。其前调松潘、建昌两镇官兵,迄无抵荆消息。佈克慎所带东路弁兵数止千名,即陆元烺派拨罗玉斌管带之防兵五百名、练勇五百名全到湖北,仍须有水路炮船,方能夹击。据官文、贵陞所奏,荆河已有逆匪船只,该处守城兵仅八百名,沿河沙市梭缉之马步队各兵亦不过千余,鄂省兵勇如此单弱,岂可仍在上游迟滞?着懔遵前次谕旨,迅赴湖北,先清江汉,与台涌等联络声威,毋再延缓。其湖汉藏匿余匪想已无多,着骆秉章严饬地方文武实力搜捕。崇阳、通城各匪盘踞未久,当易扑灭,着即饬胡林翼等分投剿办。曾国藩所统水勇,既不准青麐等留守武昌,若骆秉章欲借曾国藩为保障,任意牵留,朕亦不能宽宥也。将此由六百里加紧各谕令知之。”(《清文宗实录》卷124)

(咸丰四年三月庚申)又谕:“崇纶、青麐奏‘武昌击贼获胜’一折,贼匪盘踞汉阳、汉口一带,叠经崇纶等督令兵勇焚毁江面贼船多只,先后毙贼无算。该逆复于初四日游驶渡至半江,即经已革总兵杨昌泗出队迎剿，崇纶等登城督饬兵勇施放连环枪炮，逆贼头船胆敢冒死登岸，经崇纶等飞调川勇截杀，齐声呐喊，立毙长发贼二百余人，割取首级十余颗，夺获器械多件，江面各船亦被枪炮击毁多只，其汉阳以上鹦鹉洲贼船亦经游击侯凤岐、千总陈庆有用炮船全行击退。初五日，复经崇纶、青麐密饬侯凤岐等督带大小炮船渡江直扑对岸贼船，连放火箭、火弹，贼众惊溃，扑水溺毙者甚多。两次水路合击，剿办尚属得手。即着青麐会同崇纶，严饬带兵员弁并力进攻，以殄妖氛。所有在事出力人员，并准酌量保奏，毋许冒滥。”（《清文宗实录》卷125）

（咸丰四年三月庚申）又谕：“昨据崇纶、青麐等奏‘武昌连日击贼获胜’一折，汉阳、汉口一带，逆艅游驶江面，意图直扑武昌。此次水陆交战，尚能稍挫贼锋。省城现存兵勇约有万余，兵力不为单弱，青麐等惟当鼓舞士气，激励民心，一面妥筹守御，一面设法剿洗。乃叠次奏报，总以外援不至为词，且以台涌未能由德安分兵到省，徒深焦灼。该抚等只知顾一省垣，其江北肆扰股匪岂可置之不办耶？台涌随营兵勇，收合堵城残败，不过二千余名，以之分剿云梦、应城、孝感等处贼众，仅能以少击多。万一趋兵南下，而该逆伺隙北窥，全局所关与武昌一省孰轻孰重？况江面全为贼踞，该督又岂能飞越而渡？即令统此二千兵勇全数赴鄂，视省中现有官兵，所增亦属无几，青麐等于军情缓急机宜何不加忖度如此？朕统筹大局，总以肃清江面为要，但使江路一通，不独武昌南北两岸联为一气，即上下游纷窜逆匪，亦易于次第歼除。台涌节制两湖，无论何路剿匪事宜，均应熟筹兼顾，相机而行。荆州一带筹防是否严密？孝感、汉阳等处如何督率进攻？佈克慎以获咎大员特恩派令带罪杀贼，着即饬令分投进剿，以期稍赎前愆。本日青麐单衔奏报，亦不过沥陈剿办逆匪之难，毫无实济。现值贼匪猖獗，处处剿办皆属紧要，岂独武昌然耶？青麐身任巡抚，责无旁贷，崇纶系特留帮办防剿之员，亦岂能置身事外？务即审度事势，堵剿兼筹，仍设法与台涌联络声援，及早扫荡。倘稍有疏虞，或借词豫为诿卸地步，朕必重治其罪，决不宽贷。至屡次奏称，所发折件，均未接到谕旨。着台湧迅速就近饬查是否驿递迟延。青麐亦当设法差人迎提饬催，岂能宴坐以待，致误事机？将此由六百里加紧谕知台湧、青麐，并谕令崇纶知之。”（《清文宗实录》卷125）

（咸丰四年三月庚申）又谕：“昨经降旨，谕令曾国藩迅由岳州统领舟师驰赴楚北，为肃清江汉之计。原以该省军情紧要，不独上游荆江一带筹防至重，而孝感等县贼势方张，屯踞汉阳、汉口逆众仍复肆意游驶。此股一日不除，武昌一日不能解围。叠据青麐等奏报各情，仅知专顾省城，能否分兵渡江，以剿为防，迄未筹计及此。台湧带兵督剿云梦等处窜匪，兵力甚属单弱，即汉阳一带，尚未能力扫凶氛，更难渡江援应武昌。大江南北，任贼往来纷突，非亟筹廓清江面，何以为捣穴擒渠之计？着曾国藩迅即遵照前旨，克日帅师东下，迎贼所向，并力歼除。此时得力舟师，专恃曾国藩水上一军，倘稍涉迟滞，致令汉阳大股窜踞武昌，则江路更形阻隔，曾国藩惟当权衡缓急，相机速办。朕既以剿贼重任付之曾国藩，一切军情不为遥制。应如何与台湧、青麐等联属声威，互相援应，并着随时妥筹，毋误事机为要。将此由六百里加紧谕令知之。”（《清文宗实录》卷125）

（咸丰四年三月辛酉）谕军机大臣等：“……兹据台湧奏‘德安、云梦相继失守’，已催令舒伦保带兵速赴武胜关，与台湧合力攻剿。惟潼关一带空虚，必须重镇方足以资防守。本日已有旨，令扎拉芬署理西安将军，着即督兵驻扎潼关，筹办防堵。其毗连湖北之商雒等处，仍着与王庆云随时咨商办理，毋稍疏虞。将此由六百里加紧谕令知之。”（《清文宗实录》卷125）

（咸丰四年三月辛酉）又谕：“……本日据台湧奏‘贼匪窜扑德安、云梦等处，相继失守，该督绕赴武胜关，遏其窜路，徐图克复’等语，台湧所带兵勇本系收集溃败之余，复经挫折，更属单弱。武胜关为楚、豫交界要隘，且由德安至信阳一带径路纷歧，必须扼要严守，方能遏贼窜逸。着舒伦保迅速督饬原带官兵驰赴武胜关，与台湧联络声势，防剿兼施，总以堵贼北窜为要。现在阜城未复，临清又陷，万不可再令逆匪续行阑入豫境，致滋蔓延。将此由六百里加紧谕令知之。”（《清文宗实录》卷125）

（咸丰四年三月辛酉）又谕：“台湧奏‘贼众抄扑郡县，相继失守’一折，览奏曷胜愤懑。该督自上年十二月驰抵德安，接办防堵，迄今数月之久，自应先事豫筹，妥为布置。前此克复黄陂，正望其督兵进剿，何以所带兵勇遇贼即溃，以致德安、云梦、孝感、应山等处相继失守？据称兵勇多系收集溃散之余，将士亦无固志，何以不能多方激励？坐视溃败，仅欲以一死塞责，于事何益？逆匪窜入德安，其势甚张，此时总以扼守要隘、杜其北窜为第一要著。该督现驻武胜关，该处与豫省毗连，务即督饬佈克慎带兵实力堵御，勿令逆匪阑入河南境界。该督统辖全省，责无旁贷，虽事处万难，仍当熟计兼筹，以冀保全大局。岂可专恃血气，再以卤莽偾事？此次溃散兵勇，着查讯明确，即行正法，以肃军律。德安等府县文武下落，并着查明具奏。将此由六百里加紧谕令知之。”（《清文宗实录》卷125）

（咸丰四年三月辛酉）又谕：“据台湧奏‘兵勇溃散，郡县相继失守，请饬豫省拨兵助剿’，并据英桂奏‘信阳一带布置情形’各一折。湖北贼匪，连陷云梦、德安等处，势甚猖獗。台湧已督带官兵绕至武胜关，遏贼窜路。该处为由楚入豫扼要之区，果得精兵镇守，逆匪自难窜越。台湧自兵勇溃散之后，所带官兵为数无多，实属难资堵剿。着英桂速即挑选精兵二千名，派委得力员弁星夜驰往，听候台湧调遣。总兵柏山已经英桂派赴武胜关，着即飞催前进，不得稍有迟误。德安等处与豫省交界处所，路径纷歧，仍着随地严密防堵，毋任贼匪绕越。英桂现虽患病，布置尚属得宜，一切防剿，必须尽心筹画，以副委任。林扬祖经该抚派令带兵出省，是否得力，仍当随时察看，毋误事机。将此由六百里加紧谕令知之。”（《清文宗实录》卷125）

（咸丰四年三月辛酉）湖广总督台涌奏：“贼众抄扑德安，郡县失守。”得旨：“何至一无拦阻，任贼长驱，闻风及临敌溃散情形，殊出意外。初十日德安失守，十四日应山失守，彼时何不赶紧驰奏？直待至十七日，始由六百里具奏，又无加紧字样，岂已昏愦糊涂耶？想汝由德安败走，狼狈已极。”（《清文宗实录》卷125）

（咸丰四年三月辛酉）河南巡抚英桂奏：“皖、楚贼氛逼近，派兵堵遏窜渡。”得旨：“饬令柏山前往堵剿，甚是……”（《清文宗实录》卷125）

（咸丰四年三月壬戌）谕军机大臣等：“……昨据台涌奏，湖北逆贼连陷德安、云梦、应山等处。该督绕赴武胜关，已谕令舒伦保、柏山等带兵驰往堵剿。该处与豫省毗连，能否杜其北窜，尚难豫必……”（《清文宗实录》卷125）

（咸丰四年三月壬戌）新授湖北巡抚青麐奏报谢恩。得旨：“汝既为巡抚，尤不可专顾武昌一城，崇纶已有暂留之旨。”（《清文宗实录》卷125）

（咸丰四年三月癸亥）又谕：“英桂……本日已有旨，令杨霈驰驿前往，协同该抚办理防剿事宜，务当于皖、楚、豫省交界地方严密防堵，仍须相机进剿，与邻省声势联络，毋稍疏虞。将此由五百里谕令知之。”（《清文宗实录》卷125）

（咸丰四年三月甲子）又谕：“……现因湖北孝感、云梦、德安、应山相继失守，已饬舒伦保驰扼武胜关要隘……”（《清文宗实录》卷125）

（咸丰四年三月甲子）又谕："骆秉章奏'贼匪由陆路复窜岳州，现筹省城防堵'一折，前因湖南剿办由陆路南犯贼匪获胜，叠经谕令曾国藩统领舟师出境，扫除江面贼踪。乃因蒲圻新到贼众甚多，升用同知直隶州王鑫迎剿于羊楼司地方，拒战失利，折回岳州。该匪全股直扑郡城，曾国藩督率各员带勇轰击，城内各勇乘贼势稍却，缒城而出。曾国藩遽率水勇炮船回省守御，致贼舟前队已至距省百五十里之白鱼矶，览奏曷胜焦灼……惟岳州为南北要隘，上则屏蔽长沙，下则援应武昌，咽喉重地，岂可置之不顾……而胡林翼等一军亦较有接应，且可相机水陆两路援应武昌。曾国藩所统炮船勇多饷足，原为肃清江面，今既未能迅速下驶，亦岂可株守长沙，坐俟逆贼之至，而不为南北两省通筹大局耶……俾湖南境内贼氛扫荡，庶可为援救湖北之计。现在黄州上窜之贼，已叠陷孝感、云梦、德安、应山，北路情形万分吃紧，非有大队水军驶至汉阳江面，无以牵缀该逆之后，别无釜底抽薪良策。骆秉章、曾国藩当如何急筹奏功，为两湖全局计也。王鑫轻进失利，着即革职，该员平素剿匪尚属奋勉，着准其留营带勇，效力赎罪。将此由六百里加紧各谕令知之。"（《清文宗实录》卷125）

（咸丰四年三月丁卯）又谕："前据骆秉章奏'贼匪复由岳州上窜，曾国藩退保省城，并塔齐布一军悬驻崇阳、通城一带，声势隔绝'，已谕令骆秉章力保省垣，曾国藩仍分兵进剿，并饬鲍起豹不得安坐省城，致成株守。本日据曾国藩奏岳州陆军败溃，水路小胜，并船只遇风沉损各情形，已将曾国藩交部严议矣。曾国藩所统各勇为数过多，既须剿办粤逆，又须搜捕土匪，即如所奏，有拨赴平江、通城者，有拨赴临湘、蒲圻者，又有不能依限前进者，散布各处，照料既不能周，剿办自难得力，一有败衄，人无固志，似此何能力图进取？此时肃清江面专恃此军，曾国藩一人诚恐不能处处照顾，着即与骆秉章妥为商榷，不论文武大员、在籍绅士，有可协同带勇之人，即着一面具奏，一面饬令来营管带，以资攻剿……现在湖北待援孔急，若逆匪久踞岳州，分屯益阳，我军阻隔省河，日久相持，下游愈形吃紧。曾国藩以在籍绅士，若只知专顾湖南，不为通筹全局之计，平日所自许者安在？……”（《清文宗实录》卷125）

（咸丰四年四月己巳）又谕：“……惟桂明现在山东军营剿贼，舒伦保饬赴豫、楚迎剿，其刘董各口及豫东所属上下游河岸均虑空虚……”（《清文宗实录》卷126）

（咸丰四年四月己巳）河东河道总督长臻奏：“严防河岸，收集船只，并会商舒伦保、桂明妥筹分布。”得旨：“汝身任河督，责无旁贷，自应严防办理。舒伦保饬赴豫、楚迎剿，桂明已在军营打仗，均不能改撤。”（《清文宗实录》卷126）

（咸丰四年四月）庚午，谕军机大臣等：“曾国藩奏‘剿办崇阳、通城贼匪，续获胜仗’一折。前因逆匪复由岳州上窜，谕令曾国藩统带师船，由长沙进复岳州，兼筹东路，不得专顾湖南，致误事机。本日据台湧奏称，江北贼情猖獗，鄂省情形万分紧急。曾国藩务当通筹全局，迅图克复岳州，直抵湖北武、汉之间，以资救援。至陆路带兵员弁，道员胡林翼、副将塔齐布均能剿匪获胜，即饬由崇、通一路痛加剿除，与师船联络声势，以期与鄂省会合进攻，毋得稍有延误。前在崇、通剿贼获胜各员，着择其尤为出力者，酌保数员，毋许冒滥。台湧饷匮已久，情形危迫，他处拨款甚难，且亦缓不济急。着曾国藩与骆秉章速商迅拨银数万两，妥速解往，以应急需。将此由六百里加紧谕令知之。”（《清文宗实录》卷126）

（咸丰四年四月庚午）又谕：“前谕英桂挑选精兵二千名，派员管带，迅赴武胜关一路，听台湧调遣，并飞催总兵柏山星驰前进。本日据台湧奏，江北贼势日益披猖，所带兵勇俱系惊溃残卒，万难得力。若不速将应山股匪挫其凶锋，致令贼众肆窜，大局更难措手。着英桂、郑敦谨仍遵前旨，将挑选官兵二千名，速即派委得力员弁即日管带启程，赴台湧军营听候调遣。总兵柏山先经英桂派赴信阳州，复有谕旨，令其星驰前进，何以尚未赶到？此时台湧兵单势孤，专恃此军，以助剿办。似此军情紧急，岂容任令迁延？着英桂等飞催柏山，迅速带兵前进，毋稍迟缓。至武胜关防兵五百名，现经台湧札调出关助剿，该处为楚、豫要隘，应如何严兵扼守之处，并着英桂等妥筹办理，不得稍有疏虞。本日已有旨，催令舒伦保督兵赶紧驰赴信阳州、武胜关，扼贼北窜之路。所有沿途夫马车辆，即饬地方官妥速应付，毋误军行。将此由六百里加紧谕知英桂，并谕郑敦谨知之。"（《清文宗实录》卷126）

（咸丰四年四月庚午）又谕："楚北逆匪鸱张，军情万分吃紧，而饷项匮绌，实有不支之势。着王庆云设法筹画，速于陕省无论何项，即行拨款，派员起解，务由豫省取道，径赴江北台湧军营，以资接济。舒伦保带兵驰赴楚省剿贼，曾谕令该抚陆续筹济军饷，并俟甘省官兵到陕，分拨舒伦保军营，该抚谅已一切豫为筹备。至潼关、商雒等处防御，如何布置之处，务须随时妥筹，毋稍疏虞。将此由六百里加紧谕令知之。"（《清文宗实录》卷126）

（咸丰四年四月）辛未，谕军机大臣等："……上窜湖北逆众，久踞汉阳、汉口，复由云梦、孝感叠陷德安、应山，进逼随州。其由金口纷窜之贼，又扰及楚南，再陷岳郡。各路贼情，狓猖至此，朕昕夕焦急，寝食难安。琦善应如何通筹全局，为朕分忧……"（《清文宗实录》卷126）

（咸丰四年四月辛未）又谕："昨据台湧奏，催调黄土关陕甘官兵。已有旨，谕令英桂迅饬带兵各员出境赴援。乃本日据英桂奏报，竟有飞咨台湧暂缓调撤武胜关、黄土关守兵之语，何昏愦若是？调兵进剿，岂得谓之调撤？前次谕令该抚挑选精兵，星夜前进，并催总兵柏山星驰赴援。原令其出境迎剿，该抚乃以遵旨严防交界要隘为词，并欲俟舒伦保、柏山抵信阳后留兵驻关，方可前进，似此必致两处贻误。着英桂、郑敦谨仍遵前旨，饬令武胜、黄土两关陕甘官兵克日前进，总兵柏山亦当兼程前进。台湧现驻应山县境之东旺店，距豫省较近，所有调到豫省之兵，即着台湧相机督率进剿。此时贼势披猖，固不可孟浪轻进，亦岂可任贼北窜，毫无布置？其舒伦保赴援之兵，即系柏山之后路，仍着英桂沿途飞催，并饬经过地方妥为应付，总期兵力厚集，以剿为防。朕所以屡催豫兵赴楚省，正为严遏前路即以固豫省藩篱。该抚所奏，何以尚未深悉朕意耶？另折奏'陈州剿捕吃紧，请留牛鉴暂缓赴颍'等语。现在皖、豫交界情形，较楚、豫交界地方稍有不同，着准其暂留陈州督办土匪。若颍州一带有警，仍应出境会剿，不得区分畛域，致误事机。皖、楚两省军情，仍着英桂随时确探速奏。将此由六百里加紧谕知英桂，并谕郑敦谨知之。"（《清文宗实录》卷126）

（咸丰四年四月戊寅）湖北巡抚青麐等奏报渡江剿贼获胜情形。得旨："此次并非大胜，何必如是铺张？出力人员，姑念其处于贼心，处处棘手，且固守多日，省垣暂可无虞，着准其择尤保奏数员，以示奖励。"又奏："据探德安失守，由督臣撤回各路将弁，以致贼势日张。"批："德郡之失固台湧之罪，然溃散情形出乎意外。汝在彼时，幸贼未窜至，设该逆已扑德安，汝岂能守？现虽愤惋，已无及矣。汝折云不敢不豫为陈明，太不成话，不过希冀免处分起见，亦觉小气，朕非臆度于事后，实时势所必然也。"（《清文宗实录》卷126）

（咸丰四年四月庚辰）又谕："……另片奏'请饬英桂拨回陕甘官兵'等语，现在湖北德安一带贼势披猖，豫省官兵调赴南路居多，若令此项官兵仆仆道途，诚恐彼此皆不得用，已谕知英桂酌量筹办矣。将此由六百里加紧谕令知之。"（《清文宗实录》卷127）

（咸丰四年四月庚辰）又谕："据官文奏'贼扰监利，力筹剿办'一折。该处接壤江陵，为荆州要冲，亟应及早歼除，免致蔓延为患。官文现复添派弁兵前往协剿，合之守备福兴等管带进剿之兵勇一千二百名，是否足敷剿办？驻扎巴东之建昌、松潘二镇官兵，节经谕令裕瑞迅饬带兵之总兵双保、福炘飞速前进，何以尚未赶到？着官文等赶紧派员迎提，毋任再有延宕，一面就现有兵勇，督饬在事文武员弁并力截剿，克日收复县城。贵陞统兵驻扎荆郡水陆要隘，自系为严密筹防起见，仍须探明逆踪所向，相机迎击，力扼贼冲。总期该逆无由上窜西北，则荆州要地庶可无虞。其窜回岳州之贼大举南犯，已由宁乡直趋湘潭，是南北军情，均形吃紧。既不能断贼江面往来之路，尤不可不防其乘虚窥伺，阑入荆江，并着官文激励城守兵丁妥为布置，以固藩篱。舒伦保早经行入豫境，不日即可抵武胜关。本日复传谕柏山，一俟该将军到关后，即会商督兵前进，与台湧合力进攻。所有窜入随州贼众，目下能否稍挫其锋？分踞应山等县各匪，如何次第剿洗？前调之武胜关及黄土关各兵，已据英桂奏报，饬令启程，台湧惟当乘此兵力渐集，迅图攻克各城，仍随时与英桂联络声威，遏贼北窜之路，并设法知照青麐等互为援应，方为周密。粤东应解台湧军饷十余万两，昨经骆秉章等奏称，因道路梗阻暂留湖南，当谕知该抚等，只准酌留三四万两，余仍解赴楚北，以济急需。其四川解楚饷银，亦准官文等酌量留用，但不得全数截留，转滋贻误，即着台湧分委妥员迎提济用……将此由六百里加紧各谕令知之。"（《清文宗实录》卷127）

（咸丰四年四月庚辰）又谕："英桂奏'遵饬武胜、黄土等关带兵各员驰赴楚北进剿，并飞催舒伦保、柏山赴援'等语。现在台湧驻扎应山之东旺店，督兵将应山之匪截击。本日据柏山奏，贼已分股窜往随州，南阳府属之桐柏、唐县一带与随接壤，台湧已令该总兵带兵赴桐、唐堵御。是台湧与柏山现已分路剿办，兵力仍形单弱，必得舒伦保赴援之兵迅速前进，为柏山后路策应，方足以资攻剿。前日据舒伦保奏，初一日督兵行抵河南府城，即由该处趱程赴武胜关堵剿。其续调陕甘官兵，此时计亦陆续赶到，仍着英桂沿途飞催，并饬地方官将夫马车辆妥为应付。至豫省守关各兵既已赴楚，信阳边境空虚，归、陈两郡防兵不多，自应妥筹捍卫，毋得顾此失彼……将此由六百里加紧各谕令知之。”（《清文宗实录》卷127）

（咸丰四年四月庚辰）又谕：“柏山奏‘驰抵防所’一折。楚北贼匪窜扰随州，柏山自固始驰赴武胜关与台湧晤商，复带兵驻扎桐柏、唐县一带，自系为扼贼北窜起见。惟分兵远堵，总不如尽力迎剿。舒伦保统带官兵，现已由河南府督兵前进，日内应已抵武胜关。该将军到关后，着柏山即将随州、应山两路应如何分投进攻之处，与台湧、舒伦保悉心商酌，克日带兵前进剿贼，毋得株守，致误事机。至南阳府属毗连楚境处所，径途歧杂，该总兵现既驻扎桐、唐一带，自应多设侦探，随时严密防范，倘有贼踪阑入，惟该总兵是问。据称泌阳、裕州、舞阳等处探有捻匪蠢动，并着柏山饬令该地方文武设法严拿，毋任蔓延，致与楚匪勾结。”（《清文宗实录》卷127）

（咸丰四年四月辛巳）又谕：“……义宁州等处毗连楚省，此时崇阳、通山一带逆贼聚众，肆出滋扰，该匪等被创逃回，难保不复行勾结，再图窜扰。陆元烺办理此股贼匪，尚为妥速。陈启迈到任后，着即督率文武员弁，不分畛域，实力进剿，将崇、通贼匪尽数歼除，既可固江省之藩篱，即可为楚省之应援。至赴楚援剿之带兵官罗玉斌，现在行抵何处，并着飞催前进。倘查有畏葸情弊，即行严参治罪，毋稍姑容……将此由六百里加紧谕令知之。”（《清文宗实录》卷127）

（咸丰四年四月壬午）谕军机大臣等：“……刻下大江南北，尚未荡平，皖、楚贼氛甚炽，朕眷怀南服，深切隐忧……”（《清文宗实录》卷127）

（咸丰四年四月壬午）又谕："……至步队各官兵，着照拟暂令驻扎曹州，派善禄统带搜捕余孽，弹压土匪，就近与百胜等连络声势，严防南匪续行北窜，并可为豫、楚一带援应……"（《清文宗实录》卷127）

（咸丰四年四月壬午）又谕："据袁甲三奏，临淮地方有小船蜂聚，以贵价购米，所买米石探系运入洪泽湖，归并大船，驾船人多系湖北口音等语。洪泽湖周围广阔，交通江河，贼踪最易潜藏。若如所奏，有小船运米入湖，显系接济逆匪……必当严加搜捕，勿令窝藏……"（《清文宗实录》卷127）

（咸丰四年四月癸未）谕军机大臣等："据王庆云奏'出省筹防，并请添调官兵'一折，现在楚北贼氛方炽，所有陕西潼关迤南商雒一带，毗连壤地，自应严密堵御，以资扼截。本日已谕知扎拉芬于潼关防务尽心督办……"（《清文宗实录》卷127）

（咸丰四年四月癸未）又谕："本日据王庆云奏'探闻楚北贼匪渐近枣阳，请饬丰伸驰往商雒一带督办防务'等语，是陕省现在情形，商雒等处甚关紧要。前据扎拉芬奏，已于本月初三日驰抵潼关，筹办防堵，并咨王庆云迅催续调之兵赴关协防。惟商雒等处各要隘，尚无武职大员督防，不足以壮声援。丰伸接奉此旨，着即带兵驰赴商雒一带扼要驻扎，督饬地方官严密设防，毋稍疏懈。其潼关防务，即责成扎拉芬悉心办理，妥筹布置……"（《清文宗实录》卷127）

（咸丰四年四月甲申）又谕："……惟楚、豫交界，自应山、德安先后失守，贼又北扑随州，西扰安陆。台涌原带之兵复叠次溃失，几不成军。河南武胜等关防兵甚少，着胜保即将留驻曹州之陕甘官兵酌拨一千名或一千五百名，交桂明统带，星速驰往武胜关，或防或剿，随时酌度办理。该提督与舒伦保所带之兵均系陕甘劲旅，自可联络得力。其余官

兵仍留曹州以备调遣。现在楚、豫交界较之皖、豫交界尤为吃重，胜保统筹大局，定能熟审机宜也……”（《清文宗实录》卷127）

（咸丰四年四月甲申）又谕：“台湧奏‘应山贼情，并催调官兵助剿’一折，所称‘贼众心怀疑惧，不敢冒险北窜。现因兵力单薄，恐一战弗克，启贼轻视之见’，自系实在情形。因思提督桂明前带陕甘官兵二千余名随同胜保剿办北窜临清逆匪，追至丰县，业将此股全数剿除，经胜保派令暂驻曹县，以备调遣。本日已谕令胜保，迅即饬令桂明，将此项得胜之师调拨一千名或一千五百名，即由该提督克日统带启程，间道驰赴武胜关，协同台湧并力进攻，为移缓就急之计。舒伦保前奏于初七日由汜水督兵前往，计日亦可赶到。英桂挑拨之河南精兵二千名尚未据报启程，恐一时未能凑集。其江西罗玉斌赴援之兵，着该督飞檄迎提，即由麻城、黄安一带直趋进剿，庶兵力渐集，办理可期得手。至曾国藩所领水师，现为重窜岳州贼匪牵制，四川松潘等处援兵亦恐缓不济急，台湧惟当就现有兵勇防剿兼筹，一面慑以声威，使该逆无从窥我虚实、肆行窜逸。西路安陆、荆州紧接襄阳与豫省毗连处所，路径纷歧，不独东路信阳、桐柏一带应防其偷越北窜，该督尤须妥筹兼顾。总兵柏山前赴桐柏、唐县防守，现在该处是否适当贼冲？并着台湧严饬该总兵相机出境迎截，毋许株守一隅，致误事机。将此由六百里加紧谕令知之。”（《清文宗实录》卷127）

（咸丰四年四月乙酉）谕军机大臣等：“昨因楚、豫交界防剿紧要，谕令胜保将留驻曹州之陕甘官兵酌交桂明带赴武胜关，会同舒伦保、台湧等相机堵剿。兹据胜保奏‘于十三日与善禄督带马步官兵由运河两岸同赴东昌，探贼迎击，其桂明所带陕甘官兵暂驻曹州’等语。曹州地方当南北之冲，固属紧要，惟此时楚、豫交界情形甚为吃重，自应仍饬桂明带兵或一千名，或一千五百名，迅赴武胜关，以资防剿……”（《清文宗实录》卷127）

（咸丰四年四月庚寅）又谕："前据台湧奏'贼扰应山等处'，当经谕令防剿兼筹，堵贼偷越北窜。兹据郑敦谨奏称'应山逆匪于初七日全数窜回德安，随州之贼亦窜回汉、武、襄、樊一带，尚无贼踪。并闻黄安县之南沙河居民及河口等处乡民约杀贼匪多名，该逆现犹盘踞德安'等语，着台湧查明出力绅民人等，分别奖励，以昭激劝。本日已谕令英桂等于楚、豫交界地方督率员弁兵勇实力严防，着台湧即就现在兵勇相机剿办。总兵柏山已由桐柏、唐县一带进剿，舒伦保计日已抵信阳会同剿捕。据胜保奏称，已遵旨饬令桂明带兵二千名由曹州直赴许州一带，探明贼踪，迎头截击。着台湧即督饬现带官兵与各路赴援之兵合力堵剿，不得专事株守，致误事机。将此由六百里加紧谕令知之。"（《清文宗实录》卷128）

（咸丰四年四月庚寅）又谕："郑敦谨奏，探明豫省南路贼匪均已回窜，并皖省捻匪窜扰洑官各情。逆匪于初七日由应山窜回德安，随州之贼亦回武汉一带，总未大受创惩，仍当防其窥伺，再图北窜……杨霈计已抵豫，务即确探楚、豫交界处所何路紧要，即带兵驰赴该处驻扎，协同防剿……"（《清文宗实录》卷128）

（咸丰四年四月辛卯）又谕："……目下楚北贼踪由应山窜回德安，随州之贼亦回武汉，是鄂省望援甚急。该抚等务当督饬水陆各军，迅将此股败窜之匪歼灭净尽，兼可赴援武昌，以顾大局。鲍起豹以提督大员安坐省中，一无布置。该抚等屡次奏报打仗情形，均未叙及。该提督之畏葸无能，已可概见。本日降旨，将鲍起豹革职，不准留营，特命塔齐布署理提督，全省水陆各营皆归统辖。该署提督责无旁贷，即着统领各路将弁相机进剿，以期迅扫贼氛，毋稍延误。将此由六百里加紧谕知骆秉章，并谕塔齐布、曾国藩知之。"（《清文宗实录》卷128）

（咸丰四年四月丙申）谕军机大臣等：“官文等奏‘击退攻扑荆州贼匪’一折，此股逆匪，由随州、枣阳直趋安陆、荆门，进逼荆郡。经官文、贵陞分派游击王国才、协领功额讷等，督兵由东北二路奋力迎击，连获胜仗，剿办尚为得手。惟安陆、荆门系荆州前路屏障，何以任令逆踪先后窜踞，尚未据台涌奏报？此时固以力保荆郡为要，仍须乘胜相机迎截，为前后扼剿之计。该将军等务即严饬带兵员弁迅图截杀，使该逆无由乘虚回窜，方为上策。其逃散余匪，亦应加意搜捕，免致蔓延勾结。至潜江、沔阳、监利一带肆扰土匪，既据奏称派委员弁分投进攻，亟须激励兵勇，次第歼除，庶荆州一郡，不致腹背受敌，而防剿均易于为力。江路现尚阻隔，湖南贼匪亦难保不旁窜勾结。青麐坐守省垣，恐有不能兼顾之势。台涌筹剿北路贼匪，现拟由应山进攻德安等处，所有荆郡一切剿办机宜，该将军等务当随时知照，互为策应。岂得以驿路阻塞为词，遂不思设法疏通，为彼此援应之策耶？另片奏‘请截留川饷，以济军需’，即照所议办理。其余二万五千两，仍着赶紧委员绕道解赴台涌军营应用，毋稍延误。将此由六百里加紧谕令知之。”（《清文宗实录》卷128）

咸丰四年甲寅五月己亥朔，谕军机大臣等：“陈启迈奏‘筹办战船五十只，因广东解炮未到，募勇未足，请俟曾国藩舟师驶出楚境，再行约会夹剿’等语。此次江西筹办战船，为数无多，以之远出赴援，虽形单弱，若以备本省防剿之用，尽敷调遣，现在贼扰湖南，曾国藩舟师恐一时未能东下。据该抚另片奏‘有贼船转入饶河’之语，该省毗连湖北、湖南处所均有匪徒出没，所有本省各隘口需用水师之处，正复不少。着该抚即将已造船只配齐炮械，派员督率兵勇驶赴本省要隘，以资防剿，仍一面督饬赵如胜等赶紧训练水勇，一面于现造各船外陆续添造，总期声势联络，相机进剿，不得株守一隅，置炮船于无用之地。至广东购备炮位，并着该抚与叶名琛等妥商速办，以济急需。将此由六百里加紧谕令知之。”（《清文宗实录》卷129）

（咸丰四年五月癸卯）又谕："……现在湖北应山之贼已回德安，随州之贼攻扑荆州，业经官文、贵陞等督兵击退，舒伦保已抵武胜关，自可与台湧合兵进剿。而豫省南阳一带，仅有襄城营防兵三百名，兵力实形单弱……新野、南阳等处为毗连楚省要地，即责成该总兵竭力防守，断不准令楚北贼匪乘间阑入，倘有疏虞，惟柏山是问……前据杨霈奏'连日操演官兵，拟先往信阳，并即赴光州、南阳周历履勘'等语，是否已经启程，着于楚、皖、豫省交界之处，察看何路紧要，即赴何路协同防剿，不可株守一隅，顾此失彼。英桂现虽告假，仍当懔遵前旨，与署巡抚郑敦谨协力同心，统筹全局……将此由六百里加紧谕知英桂、杨霈、郑敦谨，并传谕柏山知之。"（《清文宗实录》卷129）

（咸丰四年五月甲辰）又谕："陈启迈奏'赴楚援兵遇贼接仗失利，折回义宁州城，现筹防剿'等语。前因湖北崇阳、通山一带贼众肆扰，其地与义宁接壤，叠经谕知该抚迅催带兵赴楚之罗玉斌星速前进。兹据奏称，该副将于江楚交界遇贼接仗失利，折回义宁。是楚省贼匪已阑入江西边境，着即严饬罗玉斌督兵竭力固守，万不可令该处州城再失，致干重咎……仍饬罗玉斌带兵赴楚，将崇、通匪徒协力剿除，以为楚省援应。所有解往湖北饷银并应解金陵兵饷，均着悉心筹画，设法运往。不得因道路梗阻，任意稽延，致误要需。至各省照例陈奏之事，自应专弁赍京，不准擅用驿递。该抚奏报军情，将按月例奏之事附入，实属有违定例。嗣后务当分别缓急，不准因内有一二件关涉军饷之事，一概擅用驿报也。将此由六百里加紧谕令知之。"（《清文宗实录》卷129）

（咸丰四年五月甲辰）湖广总督台湧奏："贼匪窜回随州，迎头堵截。"得旨："现在湖北情急势迫，总以扼其北犯及上窜荆襄为要。"（《清文宗实录》卷129）

（咸丰四年五月乙巳）又谕："……现在北窜之贼尚未殄灭，楚、豫

交界处处设防，各路军营需饷甚巨……”（《清文宗实录》卷129）

（咸丰四年五月戊申）谕军机大臣等：“逆匪由金陵、扬州上窜湖北、湖南，旁扰江西、安徽，皆以掳船为事，沿江一带毫无阻截。琦善、向荣仅于陆路进攻，又不能克期收复，致令贼艅来往自如，若不急图肃清江面，何日始能蒇事……”（《清文宗实录》卷129）

（咸丰四年五月戊申）又谕：“据官文等奏‘宜昌失守，荆州情形紧急’一折，逆匪前扑荆州，经官文等督兵堵剿获胜，乃于三月二十日分三股攻扑宜昌府城。该镇府等出城轰击，毙贼多名，旋即上城守御。贼众于次日聚至三千余名。二十二日，城身因雨塌卸丈余，贼匪即由缺口突入，因而失陷。此股贼匪，是否即由荆门、荆州而来，抑系湖南溃败之匪沿江而上？统计三千余名，其中土匪勾结与裹胁良民，数必不少。是长发真贼无多，若不赶紧扫除，恐愈聚愈众，致令上窜襄樊，于北路关系尤为吃重。且该郡为由川入楚门户，此时各邻省接济饷需，调拨兵勇，均属缓不济急，惟四川相距较近，可以借资援应。裕瑞所奏，驻扎巴东、利川之兵，于四月中旬尚未据报启程赴援。本日复降旨严催裕瑞，迅饬此项官兵兼程前赴宜昌，俟此股贼匪扫荡后，再行酌量何处紧要，派往调遣，仍由官文就近派员迎提。如带兵之总兵双保、福炘有意迁延不进，即由该将军严参治罪。台湧、青麐均有地方之责，虽距该处较远，亦当妥筹兼顾，岂得专管一隅，于荆襄险要情形竟置不问？楚境贼匪叠陷郡县，若再令蔓延，该督抚自问当得何罪。昨据裕瑞奏拨饷银十万两，于四月初八日启程赴楚。现在川、楚道塞，着官文、台湧派员绕道迎护催提，毋稍疏虞。本日王庆云奏，筹银一万两，由商南转解襄阳。着一并迎提，以资接济。将此由六百里加紧谕令知之。”（《清文宗实录》卷129）

（咸丰四年五月戊申）又谕：“陈启迈奏‘湖北逆匪窜扰武宁，现筹援剿’一折，前据奏称‘逆踪甫经退出湖口，复又扰及九江，而楚北崇、通等处逆匪阑入江西边境，罗玉斌赴援楚省之军致遭挫衄，折回义宁’，览奏已深焦急。兹阅陈启迈陈奏各情，武宁县境又有由楚窜入逆匪勾结肆扰，势甚披猖，该处逼近义宁，界连楚北各要隘。现在全楚贼氛方炽，而江西袁州、瑞州、九江等属均有贼匪分窜，若剿办稍有稽延，致该逆愈聚愈众，南昌省垣重地，亦不免因而震动……”（《清文宗实录》卷129）

（咸丰四年五月辛亥）谕军机大臣等：“御史伍辅祥奏‘楚、蜀接壤，请饬川省扼要防堵’一折，现在湖北逆匪扰及宜昌，该郡所属之巴东地方与四川夔州府所属之巫山县界连，又湖北恩施县与川省万县亦有陆路可通，均为入蜀门户，最关紧要。着裕瑞迅派得力将弁，调拨精兵于各该处扼要防守，断贼入蜀之路。仍责令各处紧要地方晓谕居民，实力团练，保卫乡闾，仿照嘉庆年间川省坚壁清野之法一律办理，以冀消患未萌。该御史原折，着钞给阅看。将此由六百里加紧谕令知之。”（《清文宗实录》卷130）

（咸丰四年五月壬子）又谕：“台湧、舒伦保奏‘剿办应山贼匪，大获胜仗’一折，湖北逆匪经台湧叠次剿除，并收复德安、云梦等处，该逆旋由安陆窜至随州，复由随州回窜应山。本月初五日，台湧督率兵勇于县北八里冲一带相度地势，派都司平德带领陕甘兵为头队，都司叶永泰等带领湖北兵为中队，舒伦保亲率西安等兵为后队，复派署应山县知县聂光銮带领乡勇分为左右两翼，防贼旁抄，并派带勇之增生王熙于杨家冈地方僻路埋伏乡勇，防贼偷窜。是日，贼众有四五千人，由东北山后蜂拥而来，直扑官军前队。我兵亦分为五路剿杀，应山乡勇从后追击。贼众抛弃马匹，四散奔逃，我兵歼擒贼匪无数。其逃脱者，由杨家冈僻路偷窜，适遇伏勇，截杀多名，并经乡勇击毙无数，统计鏖战六时之久，经我军痛加剿洗，歼擒殆尽。所有在事文武员弁兵勇，着台湧、舒伦保择尤保奏，仍着台湧等督饬官兵，乘胜进攻汉阳、汉口，务将楚北贼匪悉数扫除，毋任再滋蔓延。”（《清文宗实录》卷130）

（咸丰四年五月壬子）谕军机大臣等："台湧、舒伦保奏'随州贼匪回窜应山，经官军剿杀殆尽，现拟分兵进剿'一折。此时贼匪以汉口、汉阳为巢穴，武昌省垣重地，声息悬隔，急望救援。而安陆、荆门、宜昌均已失陷，该督专驻应山，诚为非计。现据奏称，拟由德安进兵，为直捣汉阳之举。自应迅速进剿，以通大江南北之路。台湧另片奏'出力官兵，请格外奖赏'等语。弁兵打仗出力，自应由统兵大臣随时激励，或指名保奏，或赏给翎顶功牌，均无不可，断无请旨定一赏格之理。所有此次出力官兵，除明降谕旨，准其酌保外，其余仍着台湧、舒伦保自行酌奖，以励军心。崇纶现已革职，所请饬令舒伦保与佈克慎合兵速剿汉阳之处，即着台湧等按照此次寄谕各情，妥商筹办。将此由六百里加紧各谕令知之。"（《清文宗实录》卷130）

（咸丰四年五月壬子）又谕："据台湧、舒伦保奏'会剿随州窜回应山之贼，歼擒殆尽'一折，该督等即由德安一路移兵南向，为进攻汉阳大股贼匪之计。现在楚北逆众仍踞汉阳、汉口为巢穴，自应直捣贼巢，破其坚锐，方能解武昌之危。本日已谕令台湧、舒伦保相度机宜，督师前进。惟武胜、黄土等关为由楚入豫要隘，桐柏、唐县各属亦紧与楚境毗连，大军一经南指，则北路门户空虚。且前次由枣、随下窜逆匪，仍踞扰安陆、荆州一带，均不可不严密筹防，以固豫省藩篱。英桂现已销假，全豫防守事宜责无旁贷。杨霈有协同防守之责，前据奏称，察看何路紧要，即往何路严防。着即统带现有兵勇，克日驰赴武胜关一带，扼要驻守，妥筹堵剿……其归、陈、光、固一路与皖、楚交界处所，仍责成徐广缙、牛鉴认真堵截，务须联络声势，以期周密……将此由六百里加紧谕令知之。"（《清文宗实录》卷130）

（咸丰四年五月甲寅）谕军机大臣等："僧格林沁等……倘皖、楚之贼再行乘间偷渡黄河，勾结为患，又将何以御之？此时若不赶紧图功，

肃清畿辅，宽典不能屡邀，该大臣其自量之。将此由六百里加紧谕令知之。”（《清文宗实录》卷130）

（咸丰四年五月）乙卯，谕内阁：“官文等奏‘官兵进剿监利贼匪，叠获胜仗，收复县城’一折。逆贼占踞监利县城，经官文等派兵往剿获胜，复派令四川廪生张于铭等带勇前往协剿。四月二十五日，守备宗维清督同把总吴鹏程等由中路前进，守备福兴等在后接应，张于铭等由东路前进，文生李光荣等由大江水路策应，盐经历吴振镛等由西路前进，同知汤誉光等督勇接应。二十七日，于太马河地方会齐出队，杀贼一百余名。贼匪败走，兵勇追至刘家铺地方，遇埋伏贼匪数千名。我兵枪炮齐施，鏖战三时之久，轰毙黄衣贼目一名，杀毙一百余名，生擒十五名，贼匪败退入城。二十八日，复倾巢而出，分五路围扑我兵，宗维清等亦分头迎击，李光荣抄至贼后，督勇登陆，掩袭杀毙贼目四名、贼匪一千余名，生擒二百余名，扑水淹毙者不计其数。其被胁之众五六百人，均即释令归农，贼匪大败逃窜，宗维清等当将监利县城收复。三十日，复拔营追剿，于中车湾地方杀毙挖堤筑卡贼匪数十名，生擒贼目一名。吴鹏程等由堤下抄出贼后，复杀毙五十余名，生擒十余名，余匪窜逸。此次歼擒贼目伙贼，前后统计共三千余名，溺毙贼匪无数，立将县城收复，并烧毁木卡，夺获大炮、刀矛、鸟枪、抬枪多件，办理尚为得手。即着官文等督饬带兵员弁绅士，乘胜将各路贼匪迅速歼除，毋任延蔓。”（《清文宗实录》卷130）

（咸丰四年五月乙卯）又谕：“官文等奏‘收复监利县城’一折，此次分督兵勇水陆进攻，当将监利县城收复，斩获亦复不少，办理尚为妥速。其与沔阳、江陵交界地方，土匪未靖，仍应防其与逆党勾结煽惑，复滋蔓延。现既饬令参将佟攀梅会同旗营官兵驻守丫角驿，扼要剿办，务须速筹殄灭，并与守备宗维清等将败逃余匪竭力搜捕，毋任此剿彼窜。目下监利沿江一带情形较缓，所称俟此股土匪办竣后即饬佟攀梅赴援武昌，自系为慎重根本起见。惟天门、潜江等处是否尚有贼踪，安陆、荆门两属逆势多寡何如，西路获胜之军能否溯流而上，惟在随时相机筹办。台湧与舒伦保于收复应山后，由德安一路南行，为次第攻克汉阳之计，是西南荆、安两路，该督等不能兼顾。而荆州一郡，四围皆贼，若非亟筹剿洗，则该郡必致面面受敌。前踞宜昌之匪现窜至宜都、枝江二县，该处界接楚南，贵陞已统带协领依西布、游击王国才所领官兵出境堵剿，并知县陈均远等派带各勇分路前进，扼贼窜路。着即严饬该员弁等合力围剿，并飞咨骆秉章等饬属一体兜擒，勿令与湘潭、靖江回窜之贼会合勾引，致多棘手。四川官兵刻下当已赶到，着官文相机调遣，以资攻剿，仍就荆州现在存城兵勇竭力捍御，随时确探贼情，豫筹布置。务当计及全局，不得顾此失彼，致涉疏虞。所有带勇出力之官绅宗维清、张于铭等，均着先行酌予奖励，以示激劝。将此由六百里加紧谕知官文，并谕庆如、贵陞知之。”（《清文宗实录》卷130）

（咸丰四年五月丙辰）又谕：“……所有窜踞靖港余匪，现已全数窜往下游，是南境情形稍缓，而鄂省望援更急。所称六溪口、倒口、金口等处支河小湖船只，皆被该匪占踞，并于口门筑造炮台，两岸修筑土城，欲为抵拒之计。显系该逆阻我前进要路，复图牵掣官军，自应随地剿除。先将此股灭尽，方能整军出境，为顺流夹击之计。曾国藩添募水陆兵勇及新造重修战船，既据奏称已可集事，则肃清江面之举，仍借此一军，以资得力。现在楚北大股逆踪，尚踞汉阳、汉口一带，其随州、应山等处匪党，经官军剿杀后，台湧与舒伦保即由德安一路督兵南趋，冀可渐次解武昌之危。而由安陆、荆门奔突宜昌逆众，复又下窜宜都、枝江县属，贼势如此延蔓，若剿办再有稽迟，东南大局，不堪设想。塔齐布胆识俱壮，堪膺剿贼之任。着骆秉章即饬统领弁兵迅速出境，与曾国藩会合进攻，务须酌度机宜，随剿随进，方能次第歼除。曾国藩与该署提督共办一事，尤应谋定后战，务期确有把握，万不可徒事孟浪，再致挫失。该署提督等仍当兼筹全局，与官文、台湧、青麐等联络声威，借资援应。

所调粤东红单等船，月内应可由海入江，已节次谕令琦善、向荣飞速迎提，分起布置，以备溯流而上，为沿江节节堵截之用。将此由六百里加紧谕知骆秉章，并谕塔齐布、曾国藩知之。”（《清文宗实录》卷130）

（咸丰四年五月己未）署湖南提督塔齐布奏报到任日期。得旨：“汝统师东下，以打通岳州、速救武昌为要，然一切机宜，总应随时变通。汝初膺重寄，恐有拘泥谕旨处，故谆谆谕也。”（《清文宗实录》卷131）

（咸丰四年五月庚申）又谕：“官文等奏‘收复宜昌府城’一折，逆匪于上月占踞宜昌府城，经署宜昌镇总兵讷钦、署宜昌府知府吴开阳等统带兵勇，水陆进剿，连获胜仗，伤毙贼匪甚多，生擒逆首胡得义、曾大范等七名。五月初一日，复分路进攻，当将府城收复。讷钦等乘胜追杀，毙贼百余名，并烧毁贼船九只。现在余匪被剿南窜，着贵陞督饬各员弁水陆并进，分头堵剿，务将此股逆匪悉数歼除，毋任延蔓。”（《清文宗实录》卷131）

（咸丰四年五月庚申）又谕：“官文等奏‘收复宜昌郡城，贼匪南窜’一折，此股由安陆、荆门分窜宜昌之匪，现经该地方官督率兵勇分投攻击，已将府城收复。惟该逆被剿，渡江南遁，扰及枝江、宜都并阑入松滋县境。该处逼近楚南，本日已谕令骆秉章迅即饬令署提督塔齐布会同曾国藩率领水陆兵勇相机迎头截剿。贵陞现饬千总毕金科、廪生张于铭先行绕越往截，并自行统带依西布、王国才满汉各军渡江追袭。计所带兵勇，尚不单薄，务即一鼓作气，将此股乌合匪众无分水陆，四面兜拿，既不可使之伺隙南犯，尤不可不防其被剿穷蹙，复行回窜。军情变幻靡常，必须随时察看，何路紧要，即赶赴何路截剿，勿令再滋蔓延为要。荆州上游虽已肃清，其安荆一带，及沔阳、潜江各属，是否尚有贼踪？官文于沿江要隘驻兵设防，杜贼回窜，尤应兼筹西北两路，妥为守御。四川松潘、建昌两镇官兵，何以如此迟延？所有带兵之总兵双保、福炘，着官文等遵照前旨查明。如系有心逗遛，贻误事机，即着据实参办，一面仍檄提到营，或防或剿，均可择要调遣。其川省应解饷银，已据裕瑞奏报启程，并着飞速催提，以济要需。至宜昌收复之后，一切抚绥弹压，着即督饬该地方文武体察情形，妥善办理，以期激励民心，借可协同固守。将此由六百里加紧谕知官文，并谕庆如、贵陞知之。”（《清文宗实录》卷131）

（咸丰四年五月己未）又谕：“前因湖北逆匪奔突宜昌，复窜宜都、枝江县属，当经谕知骆秉章，即饬塔齐布统兵出境，与曾国藩会合进攻，随剿随进。本日据官文等奏称，宜昌郡城已于本月初一日收复，贼众窜扰松滋地方，闻荆州兵勇水陆并进，遂渡江南窜。现在大江南岸支河以内弥陀寺地方抢掳船只，希冀水陆分窜。是湖南与湖北交界之处，情形甚为吃紧。着塔齐布迅即带领精兵前往，与曾国藩所带船勇水陆迎头截击，并着骆秉章严饬岳常澧道及地方文武各员弁，拨兵择要堵截，万不可令贼匪乘间复窜南省，致滋延蔓。现在台湧、舒伦保已由德安一路督兵南趋，骆秉章、塔齐布务当与官文、台湧、舒伦保等随时知照，彼此并力夹击，将此股逆匪悉数歼除。昨据塔齐布奏报即赴岳州，已于折中批谕速救武昌，一切机宜总应随时变通。该抚等接奉此旨，务即速筹剿办，毋稍迁延，致误事机。将此由六百里加紧各谕令知之。”（《清文宗实录》卷131）

（咸丰四年五月甲子）又谕：“乐斌、裕瑞、万福奏筹办川疆防堵情形。此时楚北贼氛方炽，虽分窜宜昌一股全行南遁，惟仍扰宜都、枝江县境。倘逆众乘虚回窜，或伺隙西奔，川省边防，关系最要。现据奏称‘由提督万福统带兵勇，前赴万县、夔巫一带扼要驻扎’，即着该提督随时确探贼情，督率先后派防各官兵分守要隘，实力堵截。倘须出境迎剿，亦即向机而行，断不准以防堵为名，致成株守。如有紧要情形，即着万福专折驰奏，一面飞咨裕瑞，毋稍延误。前派赴楚之兵练一千余名，现既未出川境，着准其截留在川，一并归万福管带调遣。但此项练丁，于未经启行之先，即敢在省抢劫滋事，其为目无法纪，概可想见。已据裕瑞奏明，将首犯惩办，尤应严饬带兵各员严行约束，妥为驾驭，方不致别生事端。至驻扎巴东、利川之松潘、建昌两镇官兵，由双保、福炘分带驻守，节经严谕饬催带赴荆州、宜昌协同防剿，迄今数月之久，仍复迁延不进。该总兵等畏葸无能，已堪痛恨，而裕瑞亦复迟延，至今始以屡催罔应等词敷衍参劾。该督节制全省，于带兵之员不能调度，尤属形同聋瞶，朕实为之汗颜。署松潘镇总兵绥宁协副将双保，着革职暂行留任，建昌镇总兵福炘，着先行摘去顶带，均仍责令上紧带兵启程，前赴荆州将军官文军营听候调拨。倘敢再肆稽延，即行从严参办，按律治罪。将此由六百里谕知裕瑞，并谕乐斌、万福知之。”(《清文宗实录》卷131)

(咸丰四年五月乙丑)谕军机大臣等:“台湧奏‘现筹剿贼各情，并遵保应山打仗出力员弁兵勇’一折。逆匪盘踞汉阳、汉口，大江南北，形势阻隔，亟须设法进攻，以期为武昌援应。该督现拟分兵两路，由孝感之杨店驿、应城之长江埠随剿随进，直达汉阳、汉口。着即与桂明、舒伦保迅速督率将弁分路进兵，并着舒伦保飞催所调后起官兵，赶紧由豫入楚，以资攻剿，仍须严防黄州陆路贼匪乘虚北窜。大兵剿办得手，能与武昌声息相通，即知会青麐速行派兵，为两路夹攻之计，毋得稍事迁延。前据青麐奏，孝感练勇得力，饬令该县李殿华抽拨二三千名，由杨店驿进剿。并据官文等奏，饬令参将佟攀梅会同旗营官兵驻守丫角驿，扼要剿办，俟土匪办竣，即令赴援武昌。该督等即可就近饬令该员等督饬兵勇合力夹击，以期迅殄贼氛。将此由六百里加紧各谕令知之。”(《清文宗实录》卷131)

(咸丰四年五月丙寅)又谕:“青麐奏‘进攻逆匪大获胜仗’一折。汉口逆船四百余只，于五月初十日窜赴下游之矶窝地方，砌筑土城望楼，意欲占踞要隘。青麐派委都司周禄等各带兵勇，交已革总兵杨昌泗统带前往攻剿。复派副将书绅等带领各标防兵续往接应，副都统魁玉并饬委协领安贵等酌带满兵协剿，将该逆土城轰倒，该逆齐出抵拒，适书绅等兵赶到，我军勇气倍增，复将贼营四处一律平毁，并连抛火弹、火箭，焚贼望台。逆党势不能支，奔窜回船。我军追至江边剿捕，计杀贼一千余名，溺毙者不计其数，并夺获大船二十余只，焚毁七十余只，击沉三十余只，矶窝一带肃清。其同日由汉口分扑塘角、由鹦鹉洲分扑鲇鱼套之贼船，经侯凤岐等叠开枪炮，该逆仍冒死前进。适杨昌泗由矶窝折回，飞调炮船援应，青麐亦于城上督开大炮轰击，塘角击沉二十余只，鲇鱼套击沉九只，余船退窜。此次逆贼欲占矶窝要隘，并于塘角等处驶船分扑，均经官兵击败，大挫贼锋。务当乘此声威，督饬该将弁等将沿江一带逆匪迅速歼除，毋任盘踞滋扰。”（《清文宗实录》卷131）

（咸丰四年五月丙寅）又谕：“青麐奏‘攻剿矶窝等处逆匪获胜’一折，此次汉口贼船窜扰矶窝，并分扑塘角、鲇鱼套，明系牵掣官军，冀占要隘，为攻扰省垣之计。青麐饬令杨昌泗等带领兵勇合力攻剿，立将贼营数处平毁，并击退塘角两处贼船，剿办尚为得手。刻下宜昌、荆门、监利均已先后收复，舒伦保、桂明督兵已入楚境。昨据台涌奏报，孝感、应城两路水次尚有贼踪。该处湖河港汊甚多，该督已拟分兵由孝感之杨店、应城之长江埠节节设法，随剿随进，以期次第扫荡汉阳、汉口。青麐即当移得胜之师，迅将沿江一带逆匪殄灭，与台涌等会合夹击，不得因武昌可保无虞，专务株守。且石嘴紧对汉阳沌口，即矶窝等处地皆滨江，仍恐该逆再图分扑。欲保省垣，当以肃清江、汉为要。该抚务当统筹全局，与台涌等同心合力，不准各存意见，致失事机。至各省军营剿贼出力各员应行奖励者，恩赏固所不吝，然过于冒滥，转无以激励戎行。朕前因该将弁等著有微劳，准青麐酌保数员，兹披阅该抚保举各单，不但员数太多，即拟保亦多过优之处，姑念省城守御日久，将士辛勤，此次均照所拟破格施恩。此后该抚必须详慎核实，毋得任意滥保，致蹈罪戾。所有五月初十日打仗获胜各员，除另片所保已降旨加恩外，其余均

毋庸再保。青麐身任封疆，务须赏罚严明，以励军心而作士气。将此由六百里加紧谕令知之。”（《清文宗实录》卷131）

（咸丰四年六月己巳）又谕：“前据台涌奏‘贼踞汉阳、汉口，拟由孝感之杨店、应城之长江埠分路进剿，俟舒伦保、桂明来至德安，面商办理’，当谕令该督等迅速分路进兵，并催后起官兵，以资攻剿。兹据舒伦保、桂明奏称‘逆贼四处滋扰，该将军等即于武胜各关择要防剿’等语，仍系前数日情形，何以于五月二十四日具奏之时尚未接准台涌知会，殊不可解。现在贼踞汉阳一带，该督等务当通筹全局，和衷共济，总以随剿随进、援应武昌为要。若株守武胜各关，顿兵不进，岂不贻误事机？现在杨霈已带兵驰往豫、楚交界防堵，舒伦保、桂明自应迅速进兵，并催后路续进之兵赶紧前进，与台涌相机进剿，毋得迟误，致干罪戾。桂明片奏‘请拨饷银’等语，已谕令王庆云再筹银四万两迅解军营。舒伦保、桂明与台涌同援武昌，此项饷银到营时，务即不分彼此，通融支用，以资接济。本日据英桂奏称，前由张店退回麻城股匪，在梅家楼地方滋扰，该署知县带勇进剿，至陇困桥遇害。现在麻城并宋埠、上中驿等处，均有贼匪数千，该抚现已飞咨杨霈由信阳州驰赴光州督剿。该督等督兵前进，仍须懔遵叠次谕旨，严防该逆乘虚北窜，仍随时知照杨霈加意严防为要。将此由六百里加紧各谕令知之。”（《清文宗实录》卷132）

（咸丰四年六月庚午）谕军机大臣等：“……高唐窜匪尚未殄灭，设此股负隅久踞，牵掣我师，或纷窜蔓延，肆行勾结，其患曷可胜言。况皖、楚贼匪，难保不复图北窜，畿辅一日不清，大兵即不能南下。朕宵旰焦劳，难安寝馈，该大臣身受重恩，亦当为朕分忧也……”（《清文宗实录》卷132）

（咸丰四年六月甲戌）谕军机大臣等：“前因贼踞汉阳一带，叠次谕令台涌等通筹全局，迅速进兵援应武昌。兹据青麐奏称‘外援久盼不到，连日逆匪屡扑省城，复于距省上六十里之金口，下七十余里之白湖镇，正东六十里之豹子澥，分股盘踞，省城情形，日形危急’等语。前于五月初八日，即据该督奏称‘驰赴德安，相机进攻汉阳’。嗣于五月二十一日，复据奏称，拟由孝感之扬店、应城之长江埠分兵进剿。自应与舒伦保、桂明赶紧督兵前进，并飞催后起官兵迅图攻剿，何以又隔多日，未见将攻贼情形驰奏？朕心实深焦急。该督身任兼圻，履任之初，正值黄州兵溃，楚、豫门户万分紧要，自不暇兼顾武昌。此时舒伦保、桂明先后带兵赶到，其云梦、应山等处亦渐次肃清，正当严饬官兵会同前进，急攻汉阳、汉口，以为武昌应援。刻下省城守御日久，势甚危急，倘稍有疏虞，该督贻误之罪，岂能稍从末减？着即与舒伦保、桂明迅速进兵，攻克汉阳，为救援武昌之计。或分路进攻，或合力会剿，惟在该督等酌量布置。岂可各存意见，迁延观望，致误事机？台涌与舒伦保、桂明同援武昌，系共办一事，屡次谕旨，均责成该督会同该将军等筹剿，嗣后舒伦保、桂明务与台涌会衔奏事，总期同心协力剿贼，肃清江、汉。倘仍拥兵不进，借词延宕，致有疏失，朕惟执法从事，决不姑宽。将此由六百里加紧谕知台涌，并谕舒伦保、桂明知之。”（《清文宗实录》卷132）

（咸丰四年六月甲戌）又谕：“青麐奏‘省城危急，请饬舒伦保、桂明救援’一折，前有旨，令舒伦保、桂明由应山遄发，不准在武胜各关顿兵不进，谅该将军提督等即可与台涌先后进兵应援武昌。本日复降旨，催令督兵前进，惟贼踪靡定，江北之兵利在速剿，亦须严防贼匪乘间北窜。武昌势固危急，亦须兼筹全局，岂可专恃外援，诿罪他人？青麐仍当激励将士，以剿为守，或扼截该逆登岸之路，或于沿江上下时出奇兵，明攻暗击，总不可稍有疏懈，致堕贼计。前据官文、贵陞奏荆属渐就肃清，现饬双保、福炘督带兵勇，由丫角驿赴潜江，渡襄河，从仙桃镇、麦芒嘴等处随剿随进，以援武昌。并将川饷二万两及盐课所易之银五千余两，派荆州营千总黄家骥等护送，取道大江，顺流赴省。是兵饷均已渐集，青麐即可派拨弁兵，前往迎护。至青麐称‘屡咨督臣应援，数月不复’一节，前据台湧奏，春间所复两函均为贼得，并有来差艾荣即系奸细，前曾入省充勇，有诈领药丸潜运贼营之事。贼情诡谲异常，嗣后来往咨函，益当严密，毋令该逆得知虚实。青麐与台湧均职任疆圻，并当和衷筹办，不得各怀意见，致误军情。将此由六百里加紧谕令知之。”（《清文宗实录》卷132）

（咸丰四年六月庚辰）谕军机大臣等：“台湧奏‘派兵进剿皂市一带贼匪’，并片奏‘将军舒伦保逗遛不进’各情。现在应城亦经收复，德安等处余匪渐就肃清，而天门县属与该县交界之皂市一带尚有贼众盘踞滋扰。台湧现派佈克慎带兵驰往剿办，此股贼匪无多，无难迅就殄灭，自无须大兵全数久驻。该督移师德安以后，将及匝月，仍未督兵南行。即谓必须计出万全方操胜算，亦不应似此迁延株守，致误事机。此时黄州、汉镇大股，负固如常，兼以楚南逆踪全行下窜，皖江溃败之匪纷纷驶入上游，武昌待援情形，何等紧要！倘以援兵未到，致有疏虞，台湧又岂能置身事外？节次所降谕旨，既详且备，着该督迅筹进攻之策，一面严饬佈克慎，速将皂市一股灭尽，以为前路之导；一面统兵前进，探贼所向，奋力歼除。总期节节打通，与省城声势联属，庶可为会合夹攻之计。桂明现已行抵德安，其所带官兵一千八百余名皆系劲旅，或令该提督全数带同进剿，或应留若干扼要设防，均由台湧酌量调度。至桂明如不得力，并着随时察看，据实参奏。舒伦保借病稽迟，既属不能助剿，着即传知该将军来京陛见，所有原带之已到官兵即归台湧统带，其未到之后起各队，仍着檄提来营，以资攻剿。前据官文等奏荆州各属，诸就肃清，已分兵由襄河入江，随地剿洗，冀可直达武昌，是西路亦有应援。当此兵力厚集之时，台湧职任疆圻，膺兹统兵重任，事权既一，责有攸归，惟在体察机宜，妥速筹办，毋得再事迁缓，致干罪戾。将此由六百里加紧谕令知之。”（《清文宗实录》卷133）

（咸丰四年六月辛巳）谕军机大臣等：“……总之，连镇逆匪若能及

早殄除，不但该逆不敢窥伺河北，大兵且可乘势南下，皖、楚之匪亦可次第扫除……”（《清文宗实录》卷133）

（咸丰四年六月）癸未，谕内阁：“台湧奏‘武昌省城失守’一折，逆匪窜扰湖北汉阳、汉口，屡次窥伺省垣，虽经官兵截击，叠获胜仗，而贼势狓猖，武昌待援孔亟，节经谕令台湧进兵策应，乃迁延日久，尚在德安。兹据奏称‘六月初二日，贼由青山一带分扑塘角、洪山等处营盘，兵勇溃败，营被焚烧。青麐派兵出城抵御，甫经接仗，突见城中火起，城上贼旗分布。汉阳、汉口贼船渡江围扑，官军势不能支，省城遽尔失守’，览奏曷胜愤懑。台湧职任兼圻，毫无布置，前次暂予革职，尚望其自赎愆尤。乃一味因循，贻误大局，实堪痛恨。台湧着即革职，交杨霈差遣委用。并着杨霈驰驿速赴新任，统带各路官兵迅筹剿办，务将省城赶紧克复，以次扫除各属贼匪，毋令该逆日久占踞，用副委任。所有武昌城内文武各员下落，即着迅速查明具奏。”（《清文宗实录》卷133）

（咸丰四年六月癸未）又谕：“台湧奏‘武昌失守’一折，武昌一郡，关系东南数省大局，若不亟筹攻克，必致日肆鸱张，势更不可收拾。杨霈在信阳一带，防堵豫、楚要隘，本日已谕令该抚迅即启程南下，将台湧所领各路官军全数统带，探贼所向，速筹剿办。目下皖省贼匪尚复纷纷上窜，楚南逆踪，亦全行下驶，尤非上下游会合夹击不能图功。曾国藩前奏添募兵勇、修造战船，约六月初即可集事。并称塔齐布先已驰赴岳州，一俟料理完竣，即会同率师前进。该提督等着于接奉此旨后，即日督带水陆各军乘势东趋，或合力进攻，或分投截击，总须随剿随进，直达武昌，迅复坚城，灭此狂寇。其应由何路进剿，并如何豫为布置，冀可计出万全，务即妥速筹画，随时奏闻。所有官文等派赴下游助剿之四川官兵，由襄河一路前往，并着塔齐布、曾国藩互为知照，以期联络声势。一面随时照会骆秉章在楚、鄂交界处所妥筹防堵，毋稍疏懈。将此由六百里加紧谕知塔齐布，并谕曾国藩知之。”（《清文宗实录》卷133）

（咸丰四年六月癸未）又谕："现在武昌既失，贼势愈形猖獗，非厚集兵力，难期收复。前调四川松潘、建昌两镇官兵，据官文奏称，已于五月十八、二十等日先后抵荆，并饬该镇双保等由汉阳过江赴省。此时武昌需兵，万分紧急，着官文再行严饬该镇双保、福炘统带官兵星夜前进，听候杨霈调拨，毋许停留。其所需粮饷铅药，即着官文妥筹应付，毋致迟误。至守备宗维清等，前经该将军派令分路觅船，由洪湖一带相机赴省。此外有无可调将领，并着官文酌量派往武昌，以资攻剿。至贵陞所带兵勇，前据奏称撤回虎渡口等处防守，可否即由贵陞统带前进，以为杨霈应援之处，并着官文就目下情形熟筹商办，迅速驰奏。荆州固属紧要，而武汉之贼一日不尽，则荆州一日不能安枕。该将军定能通筹全局，先其所急也。将此由六百里加紧谕令知之。"（《清文宗实录》卷133）

（咸丰四年六月癸未）又谕："现在武昌已失，贼势大炽，难保不复图北窜，豫省南境万分紧要。着英桂即行出省，驰赴信阳州一带往来调度。其黄土、平靖、武胜各关，布置是否严密，光山、商城等处应否添兵扼守，着通筹全局，迅速由驿驰奏。有须应行亲往督防之处，毋得株守一隅，坐视贻误……"（《清文宗实录》卷133）

（咸丰四年六月甲申）又谕："昨据台涌奏报'汉阳大股逆众，于六月初二日攻扑武昌，省垣失守'等语，汉阳本为贼踞，此次武昌再陷，贼匪跨江拒守，其势益张。若不亟将此股歼灭，则大局更不可问。昨已谕令塔齐布等速即统领全军星驰进剿，以期直达武昌，克复城池，谅必遵旨迅速前进。着骆秉章再行酌拨官兵，以为接应，既可作后路声援，即以防逆贼回窜之路。其需用兵饷，亦须饬委贤员妥筹应付，毋稍延误。杨霈由河南驰抵湖北，统带官军前进，惟自北而南，中隔汉阳江面，尚须绕道方抵武昌，不若湖南兵勇可以直达。该抚谅必能通筹全局，一面飞催塔齐布、曾国藩等速带兵船东下，一面再行酌调官兵，以资策应，

与杨霈等两路夹攻，以期迅扫群逆也。将此由六百里加紧谕令知之。”（《清文宗实录》卷133）

（咸丰四年六月）丁亥，谕军机大臣等：“官文奏‘武昌失守，速筹剿办’一折，并另折奏称‘调拨川兵，防剿湖南股匪’等语，据奏，贼众由岳州旁窜常德，现派福炘即带川兵五百名渡江，在公安、澧州交界处所相机剿截，杜贼北窜。而监利、潜江一带，仍有土匪勾结滋扰，沔阳亦尚未复，是荆郡防守情形，不可稍涉松劲。惟武昌一郡，为根本重地，黄州、汉阳仍有大股盘踞，该逆跨江拒守，益肆狓猖，此时自以迅攻武昌为急。所有双保原带之川兵一千五百名，既由襄河一路前进，仍着该将军饬令疾趋进剿，即将天门、沔阳一带道路设法疏通，以期径达汉阳，为迅速进攻之计。惟兵力尚单，所有扎营丫角驿之佐领锡龄阿等所领兵勇，能否分派赴省，并此外有无官兵可拨，着官文等相机调度，速筹进剿。至上游防剿岳州窜匪，亦关紧要。四川练丁一千余员名，既行抵宜昌，即毋庸令其折回，正可择要布置，以助兵力。惟专待川省派员接管，亦恐缓不济急，该将军如有得力将领堪以统带之员，即着先行酌派，督率前进，中途如遇杨霈，即可归该抚统带。设或此项官兵可先抵武昌，亦不必因杨霈未到，逗遛守候，致误事机。官文等惟当统筹全局，方为不负委任。台湧业经革职留营，其巡抚以下各官，前据台湧奏，探系缒城而去，倘或逃至荆州，即着由驿具奏。将此由六百里加紧谕知官文，并谕贵陞知之。”（《清文宗实录》卷133）

（咸丰四年六月丁亥）又谕：“前据台湧奏‘武昌省城失守’，本日据官文等奏‘亟筹派兵随剿随进，以图攻复。而湖南岳州又有大股贼匪旁窜常德，攻扑府城，荆江一水可通，已派兵赴公安、澧州地方防剿，需饷孔殷’等语。裕瑞前经动拨津贴项下银三万两，解往楚省。现在道路梗阻，着饬知委员，径解荆州，交官文截收，设法转运，免致疏失。并着裕瑞于川省藩道各库项下，无论何款，迅速筹拨银数万两，赶紧续派委员，即日启程，解交官文军营，以应急需。此外如有可筹之款，仍着源源接济。其练丁一千一百余名，据官文奏，已抵宜昌。该将军因兵力不敷，已飞咨该督另派大员赴楚统带，即着照议办理，毋庸拘泥前次谕旨再令折回川省。将此由六百里加紧谕令知之。”（《清文宗实录》卷 133）

（咸丰四年六月己丑）又谕：“……现在水路艇师已经叠获胜仗，正可乘此声威，肃清江面。况闻该逆欲将楚省贼船调回，共攻艇师，亟应豫为防范，破其奸谋……”（《清文宗实录》卷 134）

（咸丰四年六月庚寅）湖南巡抚骆秉章奏：“逆贼自湖北窜陷华容县，复勾结贼船窜踞岳州……”得旨：“失守城池暨殉难之文武各员，着查明分别请恤严参……”（《清文宗实录》卷 134）

（咸丰四年六月）甲午，谕军机大臣等：“英桂奏‘遵旨出省，驰赴信阳，并请饬川、陕酌移防兵’一折。湖北与河南接壤，武昌失守，贼势愈张，难保不冀图北窜……该抚出省后，其省城防守及筹画饷银一切事宜，仍着郑敦谨妥为办理，并确探湖北贼情，随时奏报，毋稍迟误。将此由六百里加紧谕令知之。”（《清文宗实录》卷 134）

（咸丰四年六月甲午）又谕：“……现在王庆云业经回省，丰伸在彼督办计历月余，布置当已周妥。现在武昌失守，杨霈由豫赴楚，英桂亦出省往信阳等处堵贼北窜。襄樊一带为陕省咽喉，自应量移防兵，前往扼守。着王庆云酌量情形，即传旨，饬令该署提督移兵前往襄阳，择要扼截，勿但顾陕境，致误事机……将此由六百里加紧谕知王庆云，并谕丰伸知之。”（《清文宗实录》卷 134）

（咸丰四年七月己亥）又谕：“前因武昌失守，特授杨霈为湖北巡抚，谕令统带台湧所领之兵径赴武昌。复以皂市一带尚有贼匪，恐佈克慎不能分身，令桂明作为后路，替回佈克慎随赴武昌，原期迅速进攻，力图克复。本日据台涌奏，皂市盘踞之贼，一律肃清，长江埠续来贼船，亦已击散。佈克慎督兵折赴应城，该处距江口较近，正可催令赶紧前进，为该抚先声。舒伦保、桂明抵德安后迁延不进，前有旨，令舒伦保来京陛见，并令台涌察看桂明，如不得力，即行参奏。本日台涌折内并未遵办，但称‘舒伦保于十一日拔营，十六日始抵卢官店，距双庙驿尚有七十五里。桂明于十七日启程，十九日始抵四里庙，距滠口尚有一百四里，现在飞催’等语。湖北军情急于星火，若皆似此耽延，岂非有心贻误？杨霈既由德安一带赴任，应如何布置，即着节节妥筹，以速为妙。舒伦保、桂明果系有意逗遛，即着查明据实严参。台涌请奖皂市等处剿匪出力人员，并着该抚查明酌保，毋许冒滥。武昌省城文武下落，仍着确查具奏。将此由六百里加紧谕令知之。”（《清文宗实录》卷135）

（咸丰四年七月己亥）又谕：“台涌奏‘皂市贼匪剿尽，并催兵前进’一折，贼陷武昌，已经匝月，此时自以渡江速剿为妙。乃台涌仍复按兵不动，舒伦保、桂明亦复节节耽延，览奏实堪痛恨。台涌以获罪之员，经朕法外施恩，责令杀贼自效，原冀其感愤图报，借赎前愆。若仍株守德安，直待杨霈到后始图随同进攻，岂不更致贻误？应城早经收复，皂市一股现已剿灭，是由湖达江之路已就疏通，台涌及佈克慎现统之兵为数不少，尽可督同迅速进攻。着台涌于接奉此旨后，迅即督兵直达武昌，以图克复，仍一面飞催舒伦保、桂明之兵由东南一路星速遄行，以为杨霈先路之导。倘再有迁延贻误情事，军法具在，岂能幸逃？另折批示严明，台涌宜如何倍加愧惧，力筹剿办耶？将此由六百里传谕知之。”（《清文宗实录》卷135）

（咸丰四年七月辛丑）又谕：“前因武昌失守，当经谕令骆秉章迅催塔齐布等飞速带兵东下，以资援救。嗣据该抚奏称，湖北贼匪窜陷华容、龙阳等县……湖北自省城失陷后援兵甚少，贼势方张，尤为吃紧。着塔齐布飞速统兵前进，为收复武昌之计。杨霈此时未知曾否渡江，该提督由湖南东下较为便捷，着即与杨霈知照，两路夹攻，勿稍延缓，致干咎戾。曾国藩所带战船既以修造竣事，李孟群所募水勇业经到省，着即催令曾国藩迅带头起师船进援常德，与陆路兵勇合力夹击，倘能将岳、常两郡收复，即可乘势进攻武、汉。其澧州一路文报不通，并着确探情形，檄饬地方文武加意防守。常德府与湖北、贵州毗连州县，并着一体严防，毋稍疏懈。将此由六百里加紧谕令知之。”（《清文宗实录》卷135）

（咸丰四年七月）甲辰，湖北学政冯誉骥奏：“行抵信阳，知武昌失守，拟暂驻外府。”得旨：“驻扎处所随时斟酌，现在德安无事，汝可暂驻德安，以后应再为移驻之时，再行奏闻。”又奏：“请将湖北省城移设襄阳，控制全楚。”批：“所筹分路进剿之策，尚不尽非，惟移省襄阳，则断不可行。朕并非豫为逆亿，汝之此奏，明系自便身图。”又奏：“逆贼踞有长江，必不轻弃，克复恐难克期。”又批：“岂可待其自弃？虽克复后抚辑不易，岂能畏难不办？自顾一隅，任其披猖，全楚尚可问乎？”（《清文宗实录》卷135）

（咸丰四年七月乙巳）又谕：“……骆秉章前奏‘胡林翼、周凤山等由益阳取道黄土店，自桃源、武陵边境直抵常德，曾国藩亦由水路前进’，此后并未续报。该将军所称常德、澧州贼皆下窜，究竟窜往何处，亦未详细叙明。澧州与荆州连界，道路并非窎远，何以未将实在情形探明具奏？该将军所筹全局，尚系为图剿武、汉之计，现在贼陷常德，距荆州甚近，逆踪靡定，尤应加意严防。该将军务当体察缓急情形，随时设备，一面确探贼匪是否现尚盘踞常德，抑系窜赴何路，迅速奏闻，毋稍迟缓。杨霈此时谅已驰赴湖北，督兵前进，所有四川赴援兵勇，即可归杨霈调遣。其荆襄一带防守事宜，即责成官文、贵陞实力督办，并与杨霈随时知照，互相策应。军情变幻靡常，惟在该将军等侦探明确，相机布置，毋稍大意。据奏，青麐、魁玉、杨昌泗收集溃兵数千名，绕至长沙，有来荆之说，殊堪诧异。青麐等兵溃后，何以径行远赴长沙，再来荆郡？此信如果属实，着俟青麐等到荆后，即专折迅速入奏，听候谕旨。其所带兵勇，统归官文等派员管带。溃散之余固应收集，惟台湧前在德安即因溃兵失事，此等溃散兵勇本不足恃，且恐与贼匪暗相勾结，该将军等务须悉心详查，分别去留，毋致再蹈前辙。将此由六百里加紧谕知官文，并谕贵陞知之。”（《清文宗实录》卷135）

（咸丰四年七月辛亥）又谕：“前据官文等奏统筹全局各情，专为攻剿武汉起见，并未叙及常德失守情形。兹阅所奏，仍未将澧州、常德一带实在贼情探明奏报，殊深悬念。此时汉阳、武昌大股固应迅图剿灭，该将军等先后拨去官兵练勇，前有旨，令归杨霈调遣，着即催双保、福炘等飞速前进。至常德府城失陷，岳州、龙阳等处贼势尚张，荆州近在对江，倘因备豫稍疏，致逆众乘虚北窜，或旁扰宜昌，上窥襄樊，均不可不严密筹防，以杜该逆奔突之路。目下荆州仅有旗兵分拨防守，是否足敷堵御，派令带兵接应之副将王国才、佟攀梅等能否扼守要隘，官文等惟当斟酌缓急，先事防维，断不可稍涉疏虞，致有贻误……所有前驻岳州之塔齐布一军，已有旨，令该提督相机东下。曾国藩所统水师，想亦分起进剿，并着官文等知照联络，以助声援。总期熟计兼权，毋致顾此失彼。将此由六百里加紧谕知官文，并谕贵陞知之。”（《清文宗实录》卷136）

（咸丰四年七月壬子）又谕：“杨霈奏‘通筹楚北全局’一折，朕详加披览，所称‘安陆肃清，则荆襄巩固，然后可图进取’之语，自系审度情势，为先保江北起见。但此时贼踞武昌，以汉阳、黄州为犄角，若不亟图进取，则该逆日久盘踞，根蒂愈固，攻克愈难。自以迅速进兵，直达武昌为第一要策。桂明、佈克慎、台湧所带之兵计已不少，所驻之应城、长江埠、杨店皆已逼近汉江。台湧前奏，已饬刘富成觅船渡兵，两月以来，当有就绪。该抚既有三路进兵之议，即应赶紧前进，着杨霈即督桂明、佈克慎、台湧各带官兵，分道速剿。至双保一军，前据官文等奏，已饬由沔阳州之仙桃镇、汉阳县之蔡店直捣汉阳。如已启程，则该署总兵已就近抄出汉川、黄陂前路，桂明等所带官兵夹江并进，愈不可缓。倘因安陆土匪，又令双保折回北境，诚恐愈形迂缓。该抚但当以速克武昌为急，不可稍涉迟疑。舒伦保前已有旨，饬令来京陛见，所带官兵即着该抚统带前进。后起之兵，何以至今未到？显系沿途逗遛，即着飞饬严催，以资攻剿。另片奏'请将被贼蹂躏各州县分别办理'等语，地方被贼肆扰，州县文武罪名，原不准稍从末减。姑念湖北现在委用乏人，各该州县中，如果情有可原、尚能戴罪图功者，着暂准其量加宽典。其平日居官庸劣及毫无准备、畏葸退缩之员，即按律重惩，断无足惜。此系权宜办理，该抚务当确核功过，信赏必罚，不可徒为委员开脱。所保之黄安县知县许赓藻，已明降谕旨，以湖北知府升用，先换顶带，并赏戴花翎。因思黄州府知府周炳鑑，该省奏报中从未叙及，黄州府为扼要重地，如知府得人，各属团练用命，不但为楚省屏障，兼可为皖、豫声援。该府周炳鑑此时倘尚未到任，即可将许赓藻升补是缺，即使业已到任，而才力或有不逮，亦可撤回，以许赓藻奏补。如实系无须更调，即将许赓藻暂留黄安本任，毋庸开缺，均着该抚察看具奏。将此由六百里加紧谕令知之。"寻奏："周炳鑑现署郧阳府，请将许赓藻署黄州府，仍兼摄黄安县事。"从之。(《清文宗实录》卷136)

(咸丰四年七月壬子)又谕："岳州一郡为南北冲要，屡经逆众窜踞，此次该逆复由常德全数退窜该郡城外，欲为久踞之计，塔齐布、曾国藩水陆各军皆为所牵掣，不能出湖东下图攻武昌……杨霈现由德安一路进攻武昌，并着骆秉章等设法随时知照，俾彼此互相应援。其湖北难民，应如何安抚资遣之处，并着该抚迅筹办理，毋令别滋事端。将此由六百里加紧谕知骆秉章，并谕塔齐布、曾国藩知之。"(《清文宗实录》卷136)

(咸丰四年七月癸丑)又谕："……英霍一带又与湖北蕲水接连，设该逆乘北路空虚，肆行奔突，为害更巨。着秦定三察看缓急情形，一面攻剿舒城，仍应兼顾后路，以杜逆匪北窜……”（《清文宗实录》卷136）

（咸丰四年七月戊午）又谕：“陈启迈奏‘收复武宁县城，搜剿余匪’一折，江境各股贼匪，前经官兵痛剿，将德安、建昌二县次第收复，此次复攻克武宁，毙贼无数，办理尚属得手。惟败窜逆众，仍纠合余匪，在横路等处屯聚，并有往招武昌贼伙、欲图报复之说……若进剿稍迟，难保不勾引武昌逆匪越境为患……义宁一州，紧连楚北所属之梁江、蒲口等处，均系由楚入江要隘……现在武汉贼氛仍前狓猖，杨霈虽已驰抵德安郡城，其能否进逼汉阳，直抵武昌，尚未可定。而武昌、黄州各州县皆密迩江西，即湖南岳州一带，亦皆犬牙相错。陈启迈务当外殄寇氛，内除土匪，毋得专顾一隅，稍有疏懈。将此由六百里加紧谕令知之。”（《清文宗实录》卷137）

（咸丰四年七月己未）又谕：“前……谕令骆秉章，并谕塔齐布、曾国藩，速将此股逆贼合力歼除，方可出湖东下，为进攻武昌之计。连日未据续报，朕心悬念殊深。此时盘踞武昌之贼，仍恃黄州、汉阳为掎角。杨霈行抵德安后，能否即日渡江进剿，尚未可定……其由平江进剿崇、通之江忠淑一军，前奏早抵湖北，倘剿办得手，亦可由通山、咸宁一路驰赴武昌，攻贼之背，并着该抚等酌度情形，妥速筹办。值此兵力厚集之时，该提督等惟当迅图攻剿，毋致坐失事机。所有紧要军情，即由塔齐布、曾国藩随时由驿驰报，不可稍涉拘泥……将此由六百里谕知骆秉章、塔齐布，并传谕曾国藩知之。”（《清文宗实录》卷137）

（咸丰四年七月庚申）又谕：“……所有此股逆匪，是否下趋武、汉，抑或上窜荆州，亟须探明贼踪，追蹑其后，随地剿灭，方不致令该逆复肆鸱张。塔齐布所统陆路诸军，着即迅速管带启程，由间道驰赴武昌，遵照节次谕旨，为协同攻克之计。曾国藩已率领后起水师，自长沙启行，务即赶紧出湖东下，会合水陆兵勇，沿途察看情势，遇贼即剿，以期节节打通，直达鄂省。倘须先攻汉口贼巢，或用舟师横截江面，断贼往来接济之路，则攻剿武昌较易为力。惟在体察机宜，妥速筹办，以副朕望。仍随时知照官文严防荆襄上游，并知会杨霈迅速督兵进攻武、汉，南北夹击，毋稍延误……将此由六百里加紧谕知骆秉章、塔齐布，并传谕曾国藩知之。”（《清文宗实录》卷137）

（咸丰四年七月壬戌）谕内阁：“官文等奏‘克复沔阳州城，并连获胜仗’一折，逆匪窜踞沔阳州城，经官文等派拨兵勇乡团，会同该州知州萧荫恩并力收复。其沔阳属之洪湖贼巢，亦于十五日经守备衔黄鹏程等督率勇船炮船四面合围，击沉贼船六只，余船败走。连日追剿，又陆续击沉贼船数十余只，杀毙多名。十六日，该州仙桃镇地方有贼千余，上窜鱼泛洪、黑流渡等处。署总兵双保派署参将常德等于七月初七日带领弁兵，会合潜江县知县龚焕枝所带壮勇前往截剿，毙贼三百余名，余贼奔逃，复搜擒数十名。沔阳地接汉阳，此次各路兵勇协力进剿，叠次获胜，并将州城迅速克复，道路疏通。着官文等即饬令带兵文武乘胜前进，随同杨霈将武汉一带贼氛全行扫荡，毋任蔓延。”（《清文宗实录》卷137）

（咸丰四年七月壬戌）又谕：“官文、贵陞奏‘安陆府城失守，派兵援剿’等语。六月二十八日，京山县土匪勾结天门县逆匪，复陷安陆府城。现在沔阳虽已克复，而安陆仍为贼踞，荆州接壤地方，该将军即派员严为扼守，不可稍涉大意。调回张于铭所带之勇五百名，由荆门州进援安陆，是否足资得力，务须妥筹布置。岳州收复，贼匪下窜，沿江一路，即督饬李光荣统带义勇炮船严密堵截，知会湖南追剿之兵相机协剿，务将窜匪扫除净尽，毋任再有蔓延。将此由六百里加紧谕知官文，并谕贵陞知之。”（《清文宗实录》卷137）

（咸丰四年七月丁卯）谕军机大臣等："官文等奏'湖南贼船下窜，现派兵勇堵剿情形'，又据塔齐布等奏'贼匪两次复犯岳州，水师叠获胜仗'一折。此时湖南师船已追至城陵矶下，与监利县属之白螺矶相距咫尺，若能声势联络，剿办更易为力。着官文等飞饬带兵文武各员，务须协力夹攻，俾沿江一带逆踪及早殄灭，荆郡自能安堵……至安陆一股，既经杨霈调兵进剿，该将军复调回福炘，与张于铭分带兵勇，前往应援，目下攻剿能否得手，所称石牌获胜是否确实？该郡紧接荆门，亦距襄阳不远，尤须亟筹攻克，以固北路。仍着官文随时知照杨霈，迅将此股歼灭后，为移师武汉之计，毋致迟延疏失。将此由六百里加紧谕知官文，并谕贵陞知之。"（《清文宗实录》卷137）

（咸丰四年七月丁卯）又谕："……塔齐布、曾国藩等所派水陆员弁，均能奋勇出力，叠次获胜，贼胆已寒，正可乘此声威，顺流东下，以期节节打通，直达武汉。此时沿江一带，贼船鳞比，我水军师船既已进击至城陵矶下，与荆州官兵声势已相联络。本日据官文奏，石首县之调弦口、监利县之白螺矶，已有派防兵勇二千余名，并魁玉、杨昌泗所带官兵二千名，又有川勇一千名暂驻沙市，以为后路。如该提督等乘胜进逼，则荆郡兵勇亦可乘势下击。该提督等如须此项兵力会剿，即与官文妥速商办。原奏内称'与其坐待贼至，不若迎其未至而击之'，所奏甚合机宜。不独擂鼓台一战，即楚省全局，皆应如此办理。该提督等既能见及于此，即着迅速督兵前进，沿江攻剿，毋令坐失事机。武昌既为贼踞，其通城、崇阳一带是否梗阻？塔齐布陆路官兵，能否即由此路前进？若能从此进兵，直攻武昌之背，水师顺流而东，肃清江路，杨霈所带兵勇直捣汉阳贼巢，则我兵愈众，贼势愈分，楚省贼踪当可渐就扫荡……将此由六百里加紧各谕令知之。"（《清文宗实录》卷137）

咸丰四年甲寅闰七月戊辰朔，谕内阁："杨霈奏'剿办安陆贼匪，连获胜仗，收复府城'一折。前因京山县土匪勾结粤匪，窜扰安陆，府城失守。当令杨霈酌派将弁督兵进剿，迅图克复。兹据奏称‘七月十三日，都司刘富成会同代办安陆府事方卓然等，分路夹击，杀贼五六百名。守备石清吉等，带兵潜赴东门外埋伏。刘富成带兵直薄贼垒，鼓噪进攻，立毁贼营，贼众大溃。城中贼匪亦惊惶逃窜，多为伏兵截杀，斩擒千余名。刘富成入城搜捕藏匿余匪，骈斩殆尽，立将郡城收复’等语。着该署督一面酌留兵勇将窜逸余匪尽数搜杀，勿留余孽，一面亲督大兵直捣武汉贼巢，务将楚省逆氛迅速扫荡。”（《清文宗实录》卷138）

（咸丰四年闰七月戊辰）又谕：“杨霈奏‘克复安陆府城，并布置进兵情形’一折，所筹三路进剿机宜，颇为详晰。其西取汉川，东取黄陂，两路兵勇，已不为单。安陆又经收复，可无后顾之虑，亟应迅速督兵前进，不可再事耽延。魁玉、杨昌泗兵勇，昨据官文等奏报，已挑选二千名，饬令统带前往监利防堵。杨霈既借此项兵勇，为东西两军策应。着一面飞速催提，一面严饬襄阳府县多备船只迎候，毋许稍涉迟误。昨据塔齐布、曾国藩等奏报岳州克复以后，复叠获胜仗。湖南水陆各军，已行至城陵矶以下，当谕令速行东下，与该署督为三面夹击之计。并着杨霈将如何会剿之处，妥速咨商，联络声势，以期迅歼群丑。军营情形变易靡常，总须酌量缓急，相机应变。刻下虽船只兵饷未能齐备，亦当设法筹画进剿，不可坐待迁延，致有贻误。将此由六百里加紧谕令知之。”（《清文宗实录》卷138）

（咸丰四年闰七月壬申）河南巡抚英桂奏：“探闻麻城收复，光州边防稍缓，仍驻信阳督办堵御。”得旨：“如是相机驻扎，甚是。”（《清文宗实录》卷138）

（咸丰四年闰七月丙子）谕军机大臣等：“前据杨霈奏三路进攻情形，其居中一路，拟派魁玉、杨昌泗带领。前赴荆州官兵，由襄河直下，当经谕知官文，照杨霈所咨，饬令前往，并谕杨霈迅速催提，以为东西两路策应。兹据官文奏‘双保等督带兵勇，已于七月二十二日克复天门县城。沔阳州知州萧荫恩等，亦于七月十五日将该州所属仙桃镇贼巢攻破，已饬该镇等速行前进，听候杨霈调遣’等语。此即杨霈所筹西路之师，既经沿途攻剿，距汉阳仅止三百余里，即着杨霈催令迅速前进，直取汉川，与东路黄陂之师力图夹击，毋任再延。至杨霈所筹中路之师，现据官文奏，螺山一带贼船甚多，倘南岸攻剿紧急，北岸炮勇千余名尚形单弱。魁玉、杨昌泗已饬由监利驰往螺山，随剿随进，再达武昌，意在重防荆岳交界。此时湖南水师甫经挫衄，螺山地方上通荆郡，下接鄂省，若必令魁玉等折赴襄河，诚恐程途纡缓，且难兼顾荆州。果能与湖南兵勇沿南北两岸，夹攻而下，亦仍不失三路进攻原议。着即照官文所请，责令该革员等管带兵勇，与湖南水陆兵勇节节进逼，毋任南北接壤之处稍有贼艅阑入。杨霈想已于日内进扎杨店，即着迅督东西两路官兵，分道进剿。至青麐原带兵勇，除魁玉等现在带赴螺山四千三百名外，其余兵勇，如杨霈必须调赴襄河，直入汉水，仍着拣派得力将弁径往迎提，管带前进，以资协剿。其克复天门及攻剿仙桃镇出力之官绅兵勇，着官文会同杨霈酌量保奏。将此由六百里加紧各谕令知之。”（《清文宗实录》卷138）

（咸丰四年闰七月戊辰）又谕：“……此时湖北黄州、麻城一带全被贼踞，英、霍之贼倘亦如含山一路逆匪去而复来，两路仍形并重……”（《清文宗实录》卷139）

（咸丰四年闰七月庚辰）又谕：“杨霈奏克复京山等州县，并调荆州官兵军饷及请饬江西派兵出剿各折片。现在京山等州县均已收复，惟汉川尚为贼踞，江北大局，已可粗有头绪，亟应乘势进攻，岂可坐令兵单饷绌，致成株待？杨霈中路舟师由襄阳直达汉水，原为东西两路声援。嗣因官文奏螺山紧要，恐魁玉等折赴襄阳，转形纡缓，是以准其所请，令魁玉等沿北岸夹击而下，径出大江，即可攻汉阳之正面。今据杨霈奏

‘此项官兵，全留荆州，则中路无兵可派。而吴振镛、钟垿等所带兵勇，复经官文改派，则西路之师，亦形单薄’，所筹均系实在情形。着杨霈即飞咨官文，速饬杨昌泗将原带兵勇全数带赴襄阳，毋得再有推诿。其魁玉一员，即着管带荆州，所收余兵一千六百名，留荆交官文调遣。张于铭由钟祥赴汉川之勇，吴振镛等由朱河赴沔阳之兵，钟垿由沔阳赴汉阳之练丁，均着悉照原议，分路进剿，不可再有更调。当此军务吃紧之时，若号令不能画一，将弁无所适从，必致贻误大局。此后杨霈应如何调遣之处，即着一面奏闻，一面迅速布置，不得因意见稍歧，徒延时日。所需荆州截饷，即着咨明官文，如数筹解，倘有借嗣[1]推卸，即行据实具奏。参将王国才亦着迅调赴营，以资差委。至襄阳防兵需饷，前已叠谕王庆云筹办，第该省供给皖、楚军饷为数不少，此时司库亦颇形支绌。山西情形，除拨各路军饷外，并须兼顾京饷，即能酌量拨解，亦恐未可深恃。着杨霈将所需银数咨商各该抚酌办，仍饬该地方官设法劝捐接济，不论银米，但期足敷兵食，较胜远道转输。襄阳为完善之区，现又为司道大员驻扎处所，剿办当易为力。安陆等处余匪，仍着赶紧搜捕，务使一律肃清。杨霈亦不得因此零星遗孽，坐受牵掣，致误克复机宜也。将此由六百里加紧谕令知之。”（《清文宗实录》卷139）

（咸丰四年闰七月庚辰）又谕：“骆秉章等奏‘水陆官军四获胜仗’一折。逆贼窜扰岳州，叠经我兵击退。兹复经水陆官军奋勇齐进，四次获胜，洵足以寒贼胆。正可乘此声威，直捣武汉。着塔齐布、曾国藩将城陵矶余匪迅速剿除净尽，即日整师东下，毋再延误。本日据杨霈奏，京山、孝感等州县先后收复，现已派令佈克慎、台湧带兵由双庙进剿，并令双保、福炘等由天门进取汉川，魁玉、杨昌泗等由襄阳水路进趋汉口，该署督亦即日统师前进。此时南北两路，办理均属得手。并经官文等奏报，已添拨兵勇，派同知衔李光荣等统带，由调弦口协剿。当此官

① 嗣：应为“词”。

兵云集，应如何联络声势、分投进逼之处，并着塔齐布等与杨霈、官文函商妥办，无失事机。至前谕塔齐布陆路官军，能否由通城、崇阳一带直攻武昌之背，并着悉心筹画，随时奏报。塔齐布、曾国藩自带兵以来，既未尝遇败而怯，定不致乘胜而骄，总宜于妥速之中，持以慎重，则楚省贼踪，渐可扫荡……将此由六百里加紧各谕令知之。”（《清文宗实录》卷 139）

（咸丰四年闰七月庚辰）又谕：“……兹据杨霈奏称‘武昌下通九江，为省城第二重门户，必须水陆并下，会同江西兵勇，以扼九江，则楚北庶可肃清’等语，着陈启迈速派兵勇，一出九江，以通江路之声援，一防义宁，以遏陆路之窜越，固江西之藩篱，即可保长江之门户。该抚不得以兵单饷绌为词，置全局于不顾……将此由六百里加紧谕令知之。”（《清文宗实录》卷 139）

（咸丰四年闰七月）癸未，谕军机大臣等：“杨霈奏‘筹画进剿，兵饷竭蹶情形’一折。湖北收复京山等五县之后，大兵四路云集，亟须乘胜直趋武汉，肃清蕲黄，断不能因饷需支绌，致误事机。兹据杨霈奏，官文函称，川饷十万两先已动用，所余无多，续到三万两亦复截留。何至不知缓急若此？荆州现在情形，较之武汉，孰轻孰重；杨霈统带之兵，较之荆郡防兵，孰多孰少，官文岂不知之？乃不顾大局，任意掯留，显系心存畛域。着官文将所有前此截留用剩款项，悉数先行解交杨霈大营，并将以前如何支销各项银两迅即查明，详细开单，由驿具奏。其川省以后解到第二、三起银六万两，即由该署督迎提，改道当阳行走，期于近捷，不准截留荆州。其川兵练丁之饷，仍归襄阳粮台支发，以清款目。该署督仍当迅筹进攻，并一面知会塔齐布、曾国藩等速行东下，会合剿办，不得坐待饷银，转致迟误。官文前奏，原任荆州府现调武昌府知府庄受祺，护送巡抚学政关防，前赴德安。该员何时至荆，其调署武昌曾否到任，省垣失守之时该员是否先已离省，其随同青麐至荆之武昌府遗缺知府禄勋等各员有无札调出省差使，抑系借词随同前往，并已革巡抚崇纶实在下落及藩司岳兴阿、臬司曹楙坚等确实殉难各情节，均着官文、杨霈速即详查，据实复奏。将此由六百里加紧各谕令知之。”（《清文宗实录》卷139）

（咸丰四年闰七月丙戌）又谕：“……其由兴国州窜扑武宁之贼，众至二万，该县甫经收复，城内弁兵不过千余，不敷堵剿……江西与鄂楚毗连处所甚多，若杨霈等进兵攻剿，前后夹击，更恐逆匪乘隙窜扰江西，是内患未靖，又须堵御外来贼党，倘防剿稍疏，势必滋蔓难图。着该抚严饬带兵文武员弁，防剿兼筹，不得稍涉大意，并将逆匪情形随时驰奏。阵亡之游击富克金泰等，着查明请恤。将此由六百里加紧谕令知之。”（《清文宗实录》卷139）

（咸丰四年闰七月丁亥）又谕：“……至向荣所称‘上游红单、拖罾等船，究嫌单薄’等语，亦系实在情形。逆贼既经屡败，其纠合皖、楚逆党大帮回驶，固在意计之中。且湖南贼船经我兵勇大加焚毁，已追至嘉鱼境内。倘武汉一经收复，该逆溃窜下驶，上游师船实当其冲。下游战船既有八九十只，分调十余只，不至遽形短少。着向荣即知会陈金绶等，如北岸无须多船，即饬陈国泰将所带红单船分拨十只或十五只，迅赴上游协同攻剿，不得稍存畛域，借词揞留。将此由六百里加紧各谕令知之。”（《清文宗实录》卷139）

（咸丰四年闰七月丁亥）又谕：“塔齐布、曾国藩奏‘沿江追杀贼匪，水陆续获大胜’一折。前据杨霈奏收复湖北京山各州县并所筹各路进剿各情。业经谕令该署督迅速督兵驰赴武汉，以期与上游水陆官军会合剿办。现在塔齐布、曾国藩自岳州城陵矶以下沿江追击，将二百余里贼巢剿洗殆尽，已追至嘉鱼县属，后起大队官兵，亦即日跟踪前进。是楚南一军，愈逼愈紧，渐可驶抵武昌。杨霈倘仍株守德安，不即统兵前往，必致东下之师又成孤军无援之势，于攻克武昌全局，仍无裨益。着杨霈即照前奏三路进兵之议，迅饬领兵各员分道进攻，总以星速出江为要。一面亲率精锐，由杨店进发，直趋汉口，会督各路兵勇，与塔齐布、曾国藩所统各军协同攻剿。乘此声势，上下夹击，自无难一鼓歼除。杨霈与塔齐布等一经会合，兵力更厚，或先克武昌，或并攻汉阳，惟在随时审察军情，相机速办。仍须四面兼顾，不致该逆被剿穷蹙，复有乘虚奔突之患。此时攻剿吃紧，杨霈断不可再事耽延，塔齐布、曾国藩亦应倍加慎重，总期计出万全，肃清江汉，毋负委任。臬司胡林翼带勇剿贼，尚称得力，着即随同塔齐布等前往湖北，毋庸留于岳州。知府罗泽南本系随营协剿之员，亦着毋庸派赴江西。所有岳州善后防堵事宜，即饬驻扎该郡办理粮台之藩司夏廷樾妥为筹办。将此由六百里加紧各谕令知之。”（《清文宗实录》卷 139）

（咸丰四年闰七月己丑）又谕：“杨霈奏‘督兵进剿，变通调遣’一折，并‘招安投诚’各等语。现在塔齐布、曾国藩业已督兵进驻罗山，该署督既于十八日移营前进，着即遵前旨，迅由扬店直趋汉口，会合湖南得胜之师，乘此声威，尽歼群丑，不得稍有耽延，致失机会。并飞催魁玉等统带兵勇即行前进，或由沔阳直攻汉阳，或随同塔齐布等径攻武昌，毋许迁延观望，有误事机。逆匪自踞武、汉以后，未经大受惩创，此次官兵前后夹击，该逆必四处奔窜，以图牵制我军，分我兵力。该署督务当统筹全局，杜其纷窜，为次第克复武、汉之计，断勿令此剿彼窜，为害他处也。至从逆匪徒，既已悔罪投诚，原可予以自新之路，惟须察其真伪，暗相钤制，庶不至中其奸谋。所有投诚之蒋菖梧、李士林等二名，即饬游击吴登鳌、知县李殿华等加意防范。如果不遵约束，未能得力，即不动声色，严密惩办。若能带领壮勇杀贼立功，亦可宽其既往，酌量保奏。惟在驾驭得宜，自可获效，该署督谅能妥筹办理也。将此由六百里加紧谕令知之。”（《清文宗实录》卷 140）

（咸丰四年闰七月丙申）又谕："骆秉章奏'通筹防剿大局'，并'饬绅民捐办船炮'各折片。前以岳州紧要，叠谕骆秉章等饬令胡林翼带兵前往防堵。旋经曾国藩等奏请将该员带往湖北，复经降旨允准。其岳郡防守事宜，谕令派员接办。兹据骆秉章奏称'岳州必须重兵驻守，方为计出万全。湖南官兵之曾经战阵者，均已调赴湖北，若胡林翼复行随征，则该郡实无可倚恃'等语……着骆秉章等即饬胡林翼仍驻岳州，无庸随往湖北，并饬令督率兵勇，严密防堵，以为曾国藩等后路声援。若武汉贼匪被剿下窜，岳州防堵较缓，仍可饬令胡林翼出境随剿。惟在该抚等体察情形，熟筹妥办……将此由六百里各谕令知之。"（《清文宗实录》卷140）

（咸丰四年八月己亥）又谕："……又以李士林已受杨霈招安，向景昌蒙禀，遽令该捻首径行赴楚，以致沿途滋扰，跟追官兵均有伤亡。览奏实堪痛恨。该捻首被剿穷蹙，饰词投诚，本难凭信。该县即一时被愚，亦应禀候英桂饬知，再行遵办。何以遽令率领多匪，竟往湖北？其为听信通贼差役，有意纵放，已可概见……至李士林一犯，如果实心投诚，何以沿途犹敢抗拒官兵，甚至戕害带兵武弁，狼子野心，不问可知。杨霈前次奏到，朕即觉其事无把握。今沿途既有如此情形，但事羁縻，终防变幻。该犯既在军营，不难设法掩捕，着杨霈仍遵前旨，不动声色，严密查办。不可因其小有斩擒，遽信为实心归顺，亦不可轻信属员，遂谓驾驭得宜。当此军务吃紧之际，若留此等匪徒在营，不但于楚北军情有碍，且恐一有反复，则贼中并得知豫省虚实，又启窥伺之心，所关匪细。杨霈谅能体会此意，不至受人愚蒙也。将此由六百里各密谕知之。"（《清文宗实录》卷141）

（咸丰四年八月庚子）又谕："……此时塔齐布、曾国藩等东下之师，已追至嘉鱼、蒲圻一带，恐楚境下游逆匪闻风溃窜，更向东南奔突，则义宁陆路边界与下游九江门户，均当其冲……另片奏'应解两湖饷银，除解过四万两外，尚难即时应解’等语，亦系实在情形。着准其俟续有收款，即行如数起解。该抚仍当督饬所属，设法催征，毋得借词诿卸，致误要需。将此由六百里加紧谕令知之。”（《清文宗实录》卷141）

（咸丰四年八月庚子）荆州将军官文等奏：“官兵收复嘉鱼、蒲圻二县，仍由清潭口进剿。”报闻。（《清文宗实录》卷141）

（咸丰四年八月辛丑）又谕：“袁甲三……另奏‘统筹全局’一折。水陆扼要，上下游并力夹攻，诚为得计。惟此时长江千里皆为贼扰，布置为难。一俟武汉、黄州等处江路渐通，即可择要扼守，遏贼往来之路。原折留览。将此由六百里加紧谕令知之。”（《清文宗实录》卷141）

（咸丰四年八月丁未）署湖广总督杨霈奏督催各路兵勇剿办情形，并派知县李殿华督同李士林径赴汉川。得旨：“刘富成、双保、福炘，岂可令牵缀一隅？既有襄勇千余，自可无虞。昧机猛进，固属不可，疑前虑后，未免有过当处。总在汝随时斟酌情形，得进则进为要，断不可拘泥谕旨。李士林狼子野心，恐非诚心悔过者，汝接到寄谕，自有办法矣。”（《清文宗实录》卷142）

（咸丰四年八月辛亥）湖南提督塔齐布等奏：“剿办崇阳贼匪，大获胜仗，官军进驻金口。”得旨：“此时非徒知谨慎所能了事，汝等自湘潭大捷后，屡次得手，有此声威，岂可自馁？惟利在速战，莫待两下相持，师劳饷乏，大有可虑，塔齐布不致为崇阳一股牵掣方好。”（《清文宗实录》卷142）

（咸丰四年八月甲寅）又谕：“骆秉章奏‘叠次攻剿通城贼匪，克复县城’等语。贼匪窜踞通城，屡被官兵攻剿，歼毙多名。七月二十九日，贼匪大股拥出，江忠淑等督勇迎剿，枪炮齐施，歼毙贼匪二百余名。复出奇兵，从后抄出，毙贼百余名，并杀死伪军帅蔡姓，贼目廖四、廖六等。闰七月初七日夜，贼匪潜开城门，由北路逃窜。江忠淑等侦知，带勇四路截击，毙贼三百余名。夺门直入，复毙贼百余名，生擒八十余名，夺获枪炮、旗帜多件，米二千余石，立将县城克复。现在通城余匪，尚未净尽，着该抚督饬兵勇，迅速搜捕，务当尽数歼除，毋留余孽。所有在事出力各绅勇，着查明酌保，毋许冒滥。”（《清文宗实录》卷142）

（咸丰四年八月甲寅）又谕：“……至通城已经收复，曾国藩水师近驻嘉鱼，塔齐布亦往剿崇阳股匪，此路一通，当可直抵武汉，会合进剿。所有湖北粮台事务，或即令胡林翼办理，着飞咨曾国藩等，以免贻误军行。其从前湘阴失事之同城文武，着骆秉章查明下落具奏。将此由六百里加紧谕令知之。”（《清文宗实录》卷142）

（咸丰四年八月戊午）又谕：“自逆贼窜踞金陵，分扰扬镇，继复攻陷安庆、庐州等处，蹂躏再及武汉，长江之险，半为贼占……湖南曾国藩统带兵船，现已沿江东下，直抵金口，距武昌仅六十里，是剿贼兼赖水军，已有明验……上年曾谕四川、湖广等处，雇匠造船……着裕瑞督饬湖北藩司夏廷樾办理战船，以资攻剿……此项战船，如由川之涪江取径辰、沅，势在曾国藩之后。若由夔巫上游径赴荆江，直逼汉水，当可与曾国藩会合。俟江、汉道通，即可节节攻剿，截断安庆、九江两路贼船。着裕瑞与夏廷樾悉心筹议，将如何办理之处，迅速具奏……将此由六百里加紧谕知裕瑞、骆秉章，并传谕夏廷樾知之。”（《清文宗实录》卷143）

（咸丰四年八月戊午）又谕：“……曾国藩水师，亦驶至嘉鱼、金口等处，不日克复武汉，江路已颇得手……”（《清文宗实录》卷143）

（咸丰四年八月辛酉）署湖广总督杨霈奏：“贼众攻扑杨店，督兵剿击，大获胜仗。”得旨：“观此情形，该逆急思北窜，正可趁其离巢，放手歼除，尤冀塔齐布等速复汉、武两城。”（《清文宗实录》卷143）

（咸丰四年八月辛酉）又谕：“本日据杨霈奏‘京山贼匪全数剿灭，南兵已逼武汉，恐贼全力北窜，现筹堵剿’一折，湖北贼匪，自我兵克复安陆府城后，窜回京山。本月初间，经杨霈督饬官兵全行殄灭，京山境内肃清，天门余匪亦已无多，现由汉川一带进剿。湖南水师行抵金口，接仗获胜，距武昌省城仅数十里，计日即可与北师会合，攻克武汉，所办尚为得手。惟是贼以南师日逼，势必全力北趋，亡命铤走，亟应严为防备。且汉川之贼，又已窜入涢口，窥伺之意显然。虽经杨霈派令襄阳兵勇相机防剿，并设法拟将湖中贼船焚烧，而汉川、黄陂一带路径纷歧，贼匪均可窜逸，北窥信阳等处。襄阳兵勇既经调拨，防守稍形单弱，楚、豫界连，防守尤关紧要。英桂现驻信阳，叠据奏称饬派兵勇，在各边境严密布置。着即于信阳、武胜等关加意严防，毋许稍涉疏虞。至豫省各属捻匪，日肆鸱张。南、汝、光等属毗连楚北，匪徒出没靡常，尤恐地多伏莽，亟应赶紧歼除，先清内患，以绝楚贼勾结觊觎之心……至楚省情形，仍应随时侦探，与杨霈联络声势，随时戒备，豫为并力堵剿之计，毋误事机。将此由六百里加紧谕令知之。”（《清文宗实录》卷143）

（咸丰四年八月辛酉）又谕：“杨霈奏‘贼扑杨店营盘，督剿获胜’，并‘剿灭京山贼匪’各等语。此次逆匪分扑杨店营盘，经杨霈督率弁兵剿击，大获胜仗。我军追杀，直抵野猪湖边，贼船现匿湖中。汉川之贼，亦由涢口入湖，该署督现饬游击赵鸿举等加意严防，并派兵接应。着即严饬该员等实力防剿，毋令窜入德安府，致滋延蔓。前经叠次谕令杨霈迅速进兵，克复武汉。现据奏称，贼势全伙北趋，于汉川、黄陂一带水陆屯聚，武汉之贼已为数无多，自系因上游剿办得手，故该逆铤而走险，意图北窜，为牵掣我兵南下之诡计。杨霈此时自应权其缓急，先将北路布置周密，然后节节进攻。固不可迁延观望，坐失事机，亦不可深入重地，致该逆乘虚北窜，方为妥善。其武汉之贼，本日已谕令塔齐布、曾国藩水陆并进，迅图克复。该署督亦即严饬魁玉、杨昌泗会同李孟群合力夹击，如能克复武汉，则贼巢已破，剿办自易得力。其湖中贼船，务当赶紧设法全数烧毁，毋令久踞。至该署督所带官兵六千余名，各营情形，强弱不一，惟当实力训练，信赏必罚，庶几渐有起色。所挑精锐之兵，亦当分配各营，毋令疲弱之师萃聚一处，致贻后患。荆州现在防堵情形较缓，杨霈所带兵勇尚形单弱，所有前留荆州之四川练丁一千一百余名，着官文尽数拨调，速赴杨霈大营。再，留荆之防兵，能否抽拨助剿，并着官文酌量选派，以资剿办。将此由六百里加紧各谕令知之。”（《清文宗实录》卷143）

（咸丰四年八月辛酉）又谕：“前据塔齐布等奏羊楼洞剿贼大获胜仗，并曾国藩搜捕湖河，进驻嘉鱼，拟赴金口会剿各情形，当经批令速战，勿令塔齐布一军为崇阳所牵掣。原以逆贼恃武汉为老巢，若能急破其窟穴，则汉江以下余匪，自可迎刃而解。本日据杨霈奏，京山贼党，已被大军剿灭。惟由白水湖窜驶野猪湖之贼，竟于八月十七日，分三路攻扑杨店营盘，经官兵迎敌击退，贼船伏匿湖中。并据探报，汉川逆众，有从涢口入湖消息。大抵楚省贼情，南击则北窜，铤险狂奔，是其惯技。塔齐布等自十五日奏到后，迄今旬日，未见续报，朕心实深悬系。据杨霈奏‘塔齐布陆路之师尚在攻剿崇阳、咸宁未下，现闻武昌、汉阳贼众无多，飞饬魁玉、杨昌泗会同李孟群等乘虚攻复’等语，朕思崇阳一股，经普承尧、罗泽南等攻破贼卡后，计已胆寒，惟曾国藩必俟此股蒇事，方攻武汉。两下相持，若逆匪另逞诡谋，则全势北趋，恐杨霈兵勇过单，未能遏其凶焰，而曾国藩所带均系师船，水战有余，陆攻不足，务须与塔齐布妥筹兼顾，水陆并进，为克复武汉之计。该提督是否能亲来督剿，或抽派陆路得力将弁与曾国藩会合之处，均着迅速商办，总以捣穴擒渠、不被牵掣为要。李孟群已抵金口，魁玉、杨昌泗亦前往武昌，亟当乘此声威，各路并举。谅塔齐布、曾国藩接奉此旨，必能赶紧进兵，勿但专

顾一隅也。将此由六百里加紧谕令知之。”（《清文宗实录》卷143）

（咸丰四年八月）乙丑，谕内阁：“杨霈奏‘各路剿贼，叠获胜仗，收复城池’一折。湖北官兵，自剿灭京山股匪，并击败杨店扑营各贼后，复有贼船四五百只，欲由刘家隔上窜。游击赵鸿举等督率兵勇，分三路迎击，杀贼二千余人，烧毁贼船三百余只，夺获六十余只。蕲水县知县际亨，于八月初三日，管带练勇，收复蕲水、广济二县城池，擒斩贼匪四百余名。罗田县城，亦经知县彭仲芳派勇收复。其前次被剿伏匿之野猪湖贼船，经杨霈派委员杨光澍会同孝感县知县李殿华抄入湖中，潜行纵火，将贼船焚烧，风势飘骤，火光烛天。刘富成之兵，复施放火箭，湖心贼船，惊骇四散，窜出湖口马溪河一带。汉川县系马口贼匪，亦经沔阳州乡勇剿击获胜。另片奏‘据报二十二日，水陆官兵进攻汉阳，商民人等同往接应，贼众惊溃，即日将汉阳、汉口收复。并于二十三日，克复武昌’等语，着将克复情形，详细驰奏，并着杨霈会同塔齐布、曾国藩等尽扫妖氛，毋任逃窜。其各路剿贼叠次出力在事文武员弁、绅士兵勇等，着杨霈择尤保奏，候朕施恩，以示鼓励。”（《清文宗实录》卷143）

（咸丰四年八月乙丑）谕军机大臣等：“本日据杨霈奏‘克复武昌、汉阳’等语，据称，探闻八月二十二日，官兵水陆进攻，并商民等数千人驰往接应，即日克复汉阳、汉口。二十三日，克复武昌省城。现在贼匪尚有一万余人分路逃窜，情形若何，尚未据塔齐布、曾国藩奏到。该逆被剿情急，难保不亡命狂奔，勾结皖省逆匪蔓延为患。着和春等派委得力将弁，带领兵勇，于安徽、湖北毗连处所扼要严守，加意防范，毋令贼匪窜入，剿办更难得手……将此由六百里加紧谕令知之。”（《清文宗实录》卷143）

（咸丰四年八月乙丑）又谕：“本日据杨霈奏称‘探闻南北省官兵于二十二日，水陆并进，纠约商民，即日攻克汉阳、汉口。二十三日，克复武昌省城，贼匪分路逃窜，约计尚有万余人’等语，览奏稍慰朕怀，想塔齐布等亦即有捷报在途矣。楚北贼匪，本恃武汉为老巢，现已破其巢穴，则下游余匪，自易剿除。惟据称，分窜贼匪，尚有万余人。塔齐布、曾国藩等水陆各军如何剿办，此股余匪究竟窜往何处，未据声叙明晰。该逆被剿穷蹙，豕突狼奔，踪迹靡定。且汉川、黄陂一带贼匪尚多，尤虑勾结为患。杨霈驻扎杨店，现已谕令进攻黄州，赶紧克复，并严防逆匪北窜。塔齐布剿办崇阳一股，是否已就肃清，此时武汉收复后，即可会合曾国藩水师并力东下，廓清江面。该提督等务当与杨霈妥商筹办，勿令东下之师为楚省零匪所牵掣。将此由六百里加紧谕令知之。”（《清文宗实录》卷 143）

（咸丰四年八月乙丑）又谕：“本日据杨霈奏‘探闻克复武昌、汉阳’等语，该匪被剿紧急，难保不乘隙窜入邻省。现在江西武宁等处贼匪未就肃清，九江尚为贼踞，若该逆豕突狼奔，勾结蔓延，为患甚巨。着陈启迈于江西、湖北毗连处所，迅即派委将弁督率兵勇扼要驻扎，加意严防，毋令贼匪窜入境内，致滋纷扰。将此由六百里加紧谕令知之。”（《清文宗实录》卷 143）

（咸丰四年八月乙丑）又谕：“杨霈奏‘各路剿贼获胜，收复蕲水等县城池’，缮折后复据报‘武昌、汉阳均已克复，由八百里加紧驰奏’等语，据称溃逃余匪，既有四散之势，即须筹分路追剿并杜其北窜之计。虽汉川之贼有常德堵剿，长江埠、新沟一带有赵鸿举、王国桢等防堵，该署督又已分饬佈克慎进驻滠口，桂明分驻马溪河，刘富成往扎孝感，杨世泽等往扎黄陂，布置尚属周妥。而黄州郡城久为贼踞，许赓藻所带仅系乡勇，未必可恃以收复，杨霈即可调得胜之师前往黄州一路相机剿办。该处距孝感、黄陂等处不远，即佈克慎、桂明、刘富成等四路截剿之师，均可就近扼击。该署督统领全军，务当通筹大局，将楚北余匪悉数扫除。其武汉江面，应否酌留水师扼守之处，并着与曾国藩等酌议布置，并将攻克武汉情形迅速驰奏。至九江、安庆尚为贼匪渊薮，已谕令和春、福济、陈启迈加意严防，仍着杨霈不分畛域，互为声援，毋稍大意。此次八百里折报附有红旗，是否确系该署督所发，亦着附便奏闻。将此由六百里加紧谕令知之。”（《清文宗实录》卷143）

（咸丰四年九月己巳）谕军机大臣等：“杨霈奏‘击散贼匪，汉川、黄陂等处渐次肃清’一折，并据塔齐布、曾国藩奏‘克复崇阳，旋在咸宁大获胜仗’等语。马溪河一带，湖中贼船经我兵勇合力剿击，擒斩甚多，北窜贼匪均已击散。其由襄河、涢口、蔡店拥扑汉口贼船二千余只，亦经曾国藩、魁玉、杨昌泗等水陆截剿，斩杀焚溺，不计其数。南北两军，办理均甚得手。杨霈于二十七日拔营赴省，自可与曾国藩通筹全局，为水陆并进之举。惟武汉新复，应如何酌留兵勇防堵，使贼匪不得乘虚觊覦，方为妥善。现派桂明带兵驰赴黄冈一带，督同许赓藻等督率练勇乡团堵剿。如能收复黄州，楚境一律肃清，即可乘此声威，水陆并进，会同江西兵船下攻九江，直达安庆。该署督等相机办理，务臻妥协。至马队及宁夏、延绥等营官兵留驻杨店，即可为北路声援。前据杨霈奏，武汉克复，尚有贼万余，并此次窜出沙口之贼为数尚复不少，此时攻剿下游，仍须厚集兵力。曾国藩等本日奏报尚系克复崇阳，其攻剿武汉情形仍未奏到。塔齐布陆路官兵，此时谅与曾国藩水路合为一军，着俟杨霈抵省后，商榷挑选精兵，水陆进剿，朕日盼捷音之至也。所有克复武汉情形，着杨霈、塔齐布、曾国藩迅速驰奏。将此由六百里加紧各谕令知之。”（《清文宗实录》卷144）

（咸丰四年九月庚午）谕军机大臣等：“……据杨霈奏，武汉现已克复，湖南水师指日即可下驶至黄州、九江等处。现在芜湖业已收复，若两路夹击，梁山一带贼船自可克期殄灭……”（《清文宗实录》卷144）

（咸丰四年九月庚午）又谕：“前因江西武宁等处贼匪未尽肃清，恐武汉克复后，余匪逃窜勾结，令陈启迈于湖北接境地方严防。兹据陈启迈奏，贼船复犯吴城，尽被官军焚毁。惟由瑞昌翻山越窜之贼，虽被游击景星等追杀，逃回兴国，其义宁西路苦竹岭一带，亦经吴锡光击回湖北，究恐去而复来，未可以目前小有胜仗，致疏防范。且江西地面，北邻楚省，南接粤东，现在韶连各属粤匪纷起，窜扰长宁、龙南等县，均经兵勇击退，该抚仍当严饬镇道等迅速剿捕净尽。其由楚入江路径，不但丛山密箐皆可伏匿，前此楚贼由崇通窜越，屡窥武义，即为前车之鉴。昨据塔齐布、曾国藩奏，崇阳克复，咸宁大获胜仗。系在攻克武汉以前，杨霈亦奏称，汉川、黄陂等处渐就肃清。是湖北剿办得手，江西更形吃重，陈启迈身任疆圻，粤匪、楚匪均应筹防，不可稍形疏懈……将此由六百里加紧谕令知之。”（《清文宗实录》卷144）

（咸丰四年九月辛未）谕内阁：“塔齐布、曾国藩奏‘水陆大军，同日克复武昌、汉阳’一折，览奏欣慰。上年江、皖回窜之贼，重扰汉阳、汉口，于今夏再陷武昌。叠经降旨，令塔齐布、曾国藩于收复岳州后，分督水陆两军，扫荡嘉鱼、蒲圻一带沿江贼垒，会合荆州官兵，乘胜直捣武、汉。兹于八月二十一、二等日，塔齐布由油坊岭进扼洪山，曾国藩筹定沿江三路齐下之策，以陆兵分攻东西两岸，水师从中路冲击，游击杨载福等纵火将盐关并东岸花园贼船悉数烧毁。其花园陆路之贼，经知府罗泽南、知县李续宾、文生李光荣等分三路进剿，烧其湖边划船百余号，跃登木城砖城，贼众大溃。西岸魁玉、杨昌泗之兵适攻虾蟆矶贼营，冲进土城，亦纵火焚烧。计两岸陆军，击杀贼匪一千数百余名，生擒一百四十余名，割取首级四百余颗，焚死、溺死者无算。道员李孟群督同杨载福等乘胜直追，将沿江木栅烧毁，攻破汉关、白沙洲、金沙洲贼营三座，进攻鲇鱼套，大烧贼舟，江水为沸。李孟群率前营西渡，攻汉阳朝宗门。杨载福等驶出贼前，烧毁贼船辎重，回舟与李孟群入汉，焚其口内之船。魁玉、杨昌泗之兵会合夹击，将晴川阁下木栅、大别山下木垒尽行攻毁。武昌逆贼，乘夜开东北门逃窜，仍留悍贼数百，在西南城上坚守。我军于二十三日，用炮向汉阳、望山等门轰击，别遣壮勇从僻处攀登，举火为号。各营拥入，杀贼百余人，生擒伪将军陈昌贵、伪总制丁履之等二十余人，汉阳城上之贼，方与水师对击。杨昌泗已带兵勇由南门梯绳而入，武昌、汉阳两城同时克复。武昌陆路窜匪，经塔齐布在洪山一带扼要设伏，歼毙贼匪一千数百人。二十四日，塔齐布、曾国藩入城安抚遗黎，杨霈亦拔营渡江，即着迅赴鄂垣，与曾国藩等妥筹善后事宜，并会商分路追剿，肃清楚境。此次克复两城，三日之内焚舟千余，踏平贼垒净尽，运筹决策，甚合机宜，允宜立沛殊恩，以酬劳勩。杨霈着补授湖广总督。曾国藩着赏给二品顶带，署理湖北巡抚，并加恩赏戴花翎。塔齐布着赏穿黄马褂，并赏给骑都尉世职。广西升用道李孟群，着赏加按察使衔，并赏给珠尔杭阿巴图鲁名号。候选知府罗泽南，着记名以道员用。候选知县李续宾，着以直隶州知州升用，并赏换花翎。游击杨载福，着以参将补用，并赏加副将衔。守备萧捷三，着以都司升用，并赏换花翎。都司彭三元，着以游击补用。守备唐得陞，着以都司升用，并赏换花翎。同知衔文生李光荣，着以府经历县丞遇缺即选。已革副都统魁玉、已革总兵杨昌泗，均着加恩开复原官。其余出力文武员弁兵勇，着曾国藩、塔齐布查明保奏，候朕施恩。”（《清文宗实录》卷144）

（咸丰四年九月辛未）谕军机大臣等：“塔齐布、曾国藩奏‘水陆大军，同日攻克武、汉二城’一折，览奏欣慰，已明降谕旨，分别加恩，并令将出力员弁择尤保奏矣。此次两城克复，声威大振，北窜余匪，复经杨霈叠次剿杀，渐就廓清，是楚省大局已定。即应分路进剿，由九江、安庆直抵金陵，扫清江面……杨霈昨奏，已于二十七日拔营赴省，谅已与曾国藩、塔齐布晤及。应如何分兵前进，如何留兵防守，当已计议周妥。杨霈所称会同曾国藩等各选精锐，水陆下击，湖北善后事宜，交臬司等妥办。似该督亦拟督师出境，但此时黄州未复，胡林翼尚在岳州，曾国藩等水陆大军正在建瓴破竹之时，万难坐待省城布置完善，再同该督前进。且大江风信靡常，逆艅回窜，固应严防，即崇阳等处余匪，抄袭我军之后，亦甚可虑，自宜酌留大员督办，以为大军后路声援。若专委之臬司，诚恐呼应不能甚灵。着杨霈与曾国藩、塔齐布妥速商定，即行具奏。曾国藩以杀贼自任，必能谋定后战，计出万全。杨霈遇事持重，审度精详，谅不至孟浪同进，致令楚境空虚也。昨据塔齐布等奏，有'崇阳余烬复合，戕官踞城'之语，是否所留钮芳津等荆勇续有挫衄？陈启迈昨奏，亦称楚匪窥伺德安、义宁，经江西兵勇剿败，窜回楚境。难保不系此股回扑，着杨霈迅即派兵前往扑灭，并饬桂明督同许赓藻收复黄州等处城池。果能一律肃清，则桂明之兵，即可由黄梅、广济一带间道斜出，仍与曾国藩等会合，庶英山、太湖贼援亦断，皖省剿办亦易得手……楚省防贼回窜及搜捕江北等处余匪事宜，朕以责之杨霈。该督等务当协力妥筹，不可稍存大意。即官文意有所见，亦可与杨霈会商，慎勿各存成见，致误事机。武昌、汉阳殉难及逃避文武实迹，现在当可详查，着即迅速查明，分别具奏。将此由六百里加紧各谕令知之。"（《清文宗实录》卷144）

（咸丰四年九月辛未）湖南提督塔齐布、前任礼部侍郎曾国藩奏报："官军克复武昌、汉阳两城。"得旨："览奏感慰实深，获此大胜，殊非意料所及。朕惟兢业自持，叩天速赦民劫也。"（《清文宗实录》卷144）

（咸丰四年九月甲戌）又谕："前以武汉克复，水陆各军，亟应为沿江东下之计，曾谕令杨霈等或分兵前进，或留兵防守，会商妥办。本日据塔齐布、曾国藩奏，搜剿襄河贼匪，以二十余号战船焚毁贼舟千余只，现在河内逆船无多，当可悉数歼除。是上游如安陆、襄阳，南北枝流如德安、孝感、沔阳、荆州等处，均可无虞牵掣，曾国藩等可以扬帆东下，肃清江面。据称'细察大局，尚有三端可虑'等语，自系实情。武汉逃匪皆归下游，蕲黄一带，贼尚数万，此次东出长江，不得不加慎重。况屡胜之下，兵勇气骄，转饷稍迟，军心涣散，所筹皆思患豫防之策，已谕令裕瑞、叶名琛、柏贵、陈启迈筹款拨解，以资接济。惟攘外必先安内，此时黄州尚未克复，崇阳亦有复踞之信，均应酌分兵力，剪除余匪。省垣善后事宜，杨霈固责无旁贷。至曾国藩等以剿贼自任，虽当乘此机会，急思顺流而下，以次攻复沿江诸城，然须计出万全，谋定后战，方无挫衄之虞，着杨霈等悉心布置。地方之事朕既已责之杨霈，则严遏乱萌，保护饷道，该督必须节节妥筹，曾国藩、塔齐布方能专意剿贼。其水陆弁勇等务须开诚布公，消其骄悍之心，鼓其勇敢之气，策励抚绥，宽猛兼济。至出力将士，尤须及时酌保，不可使有觖望。曾国藩处事精详，必能与塔齐布妥为驾驭……将此由六百里加紧各谕令知之。”（《清文宗实录》卷144）

（咸丰四年九月己卯）又谕：“陈启迈奏‘九江官军进剿失利’一折，楚北逆众，既经上游兵勇追剿得手，则溃败余匪纷纷下窜，本应及早筹防……”（《清文宗实录》卷145）

（咸丰四年九月壬午）谕军机大臣等：“杨霈奏‘驰抵省城查看情形，会筹追剿，并收复黄州府、武昌县城池’各等语。现在曾国藩、塔齐布水陆之师均已分起东下，杨霈业饬魁玉、杨昌泗、福炘、双保与桂明会合同往，并咨江西、安徽一律堵剿，所筹尚合机宜。前降旨，赏给曾国藩兵部侍郎衔办理军务，毋庸署理抚篆，诚以楚北兵威大振，曾国藩即可与塔齐布同出长江，以次扫荡九江等处贼艘，顺流收复安庆各城……武汉既复，岳州防务较缓，并可饬令胡林翼速来楚北，以资弹压抚绥。曾国藩等专意东下，得杨霈后队之师，既可互相策应。如杨霈督兵会剿，有夏廷樾等驻扎近省要隘，亦可后顾无虞。层层布置，总宜计出万全。惟汉川、应、沔一带，湖泽既渐肃清，襄阳即非吃紧之地，丰伸前此所驻各兵应移何处截扼，杨霈务即咨商王庆云，速饬丰伸择要移防，以便该督等出境剿贼。崇阳县城复被贼陷，官文曾咨商杨霈与塔齐布拨兵往剿，该督务当战守互资，内外兼顾。所称省垣残破，善后事宜，以造船铸炮、练兵储粮为要务，自应次第举行。该督责无旁贷，务当择要驻兵，妥筹布置，总期沿江痛加剿洗，使该逆窥伺之心绝，则楚北之民安。至兵饷一节，已饬四川、山、陕各督抚拨解，并饬部迅发执照，以便劝捐。惟曾国藩、塔齐布各营军饷，向来取给于湖南，现在相距路远，转运更难，该督须随时接济，毋令匮乏。襄阳等处尚属完善，仍当设法劝捐，不得专恃邻省。杨霈以总督兼署巡抚，封疆应办之事，当饬藩臬道府等妥为经理，剿贼机宜，仍须与曾国藩等熟思审处。江皖毗连楚鄂，以后追剿情形，迅速奏报，以慰悬系。将此由六百里加紧谕令知之。"（《清文宗实录》卷 145）

（咸丰四年九月壬午）又谕："本日据杨霈奏'黄州府、武昌县均已收复，曾国藩、塔齐布水陆之师已分起下行'等语。前此搜剿襄河贼匪，曾国藩奏称'细察大局，尚有三端可虑'，当即谕令乘此机会，谋定后战。诚以克复沿江诸城，在此一举，必当计出万全，断不可稍有挫衄。现在黄州、武昌次第收复，我兵水陆并进，其行抵何处及如何布置情形，谅曾国藩等必有奏报在途。黄州贼匪水陆奔窜，大冶、蕲州、兴国一带，江面贼船聚泊尚多，我兵乘胜追剿，自必势如破竹。惟黄州而下即系九江，该郡久为贼踞……曾国藩前已赏给兵部侍郎衔，毋庸署理湖北巡抚，既无地方之责，即可专力进剿，但必须统筹全局，毋令逆匪南北分窜，方为妥善……将此由六百里加紧谕令知之。"（《清文宗实录》卷 145）

（咸丰四年九月甲申）又谕："曾国藩等奏'统筹三路进兵，直捣下游'一折，览奏布置各情，甚合机宜。以长江大局而论，楚北上游既已渐次肃清，则各路官军乘胜东趋，自成破竹之势。杨霈前奏坐守不如进攻，拟亲督后队会合下击。今曾国藩等定拟南北两路，一由塔齐布进攻兴国等处，一由杨霈派令桂明等进攻蕲州一带，曾国藩水师则由中路直下。似此三军齐发，直捣贼巢，原属制胜上策。但下游贼艅蚁集，我兵分道进攻，若非首尾相顾，联络一气，则能分而不能合，殊非兵家所宜。

所筹于黄州会合北军，于田家镇、富池口会合南军，虽声势不至隔绝，但兵机移步换形，贼情亦诡诈百出，总须出奇应变，步步为营，以免孤军深入，方操胜算。其桂明一军，较之楚南兵勇，强弱是否相当？倘彼强此弱，南岸被剿紧急，该逆必至伺隙北渡，该督等曾否虑及？此次东下之师，关系大局转机，务期成算在胸，相机筹办，能制贼而不为贼制，庶可次第廓清也。将此由六百里加紧谕知杨霈、曾国藩、塔齐布，并谕桂明知之。”（《清文宗实录》卷145）

（咸丰四年九月丁亥）又谕：“……现在楚北东下之师，曾国藩与塔齐布、桂明定议分三路直捣贼巢……楚师既由西而东，势如破竹，皖兵即应自北而南并力夹击，务须联络声援，会合一气，为扫荡逆氛之计……将此由六百里加紧各谕令知之。”（《清文宗实录》卷146）

（咸丰四年十月庚子）谕军机大臣等：“……惟曾国藩与塔齐布等分兵三路直捣下游，计黄州以下贼匪，势必窜入江境。武宁虽已解围，其邻楚水陆各境，深防溃匪奔突。且据该抚片奏，星子县属神灵湖地方迎剿匪船，余匪逃窜出湖，尤恐楚匪大股冲入陆路，则勾结义武余党……势更不可收拾。该省兵力本单，若处处分防，愈嫌支绌。惟有豫筹迎击，将义武各处严密布置后，即令恽光宸督率吴锡光，赶紧带同兵勇驰往九江，调集炮船，一面由水路会合楚北之师，沿江剿捕，一面督催陆兵环攻九江郡城，迅图克复，时时与曾国藩等知会筹商，万勿株待楚军，转致迟误……”（《清文宗实录》卷147）

（咸丰四年十月甲辰）又谕：“曾国藩、塔齐布奏‘陆军克复兴国、大冶两城，水师进攻蕲州，大获胜仗’一折。楚省官军于收复武汉诸城以后，由曾国藩等统带全师，分三路东下，先攻南岸兴国贼巢。罗泽南等于九月二十日驰抵该州境内，即截断大冶贼匪归路，使不得合而为一。该逆纠众来扑，我师分头迎击，四面围攻，立斩贼先锋数人，贼即奔溃。

追杀十余里，共毙贼三四百名，生擒五十三名。次日，罗泽南等督队直抵州城，城外盘踞之贼，悉数狂窜。官军即由南门入城，搜获伪知州胡万智一名，凌迟枭示，复搜捕余匪多名，立予正法。其大冶之贼，经塔齐布督领阿达春、王国才等分兵设伏进剿，于该县五里牌地方，击杀多贼。该逆仍抵死抗拒，塔齐布怒马冲阵，登时擒斩逆首，群贼纷纷溃窜，我兵乘胜施放火箭、火弹，立毁贼营二座。败匪拌死复来，另有伏贼突起，塔齐布令亲军数人向前刺取，四路短兵相接，贼势大溃，尸横遍野。我兵由北关追出南关，分路扼剿，毙贼一千余名，夺获器械千余件。余贼争桥过河，桥断坠死者约百余名，落水溺毙又千余名，生擒一百三十四名，概予凌迟，以泄民愤。各营水师，分扎蕲州上游。杨载福等探知该州贼党意欲伺隙来扑，即督同秦国禄等分带长龙、三板各船，自蒜花墩出队迎战。该逆先行开出百余船，放炮迎拒，我军奋勇轰击，逆船势不能支，尽行下窜。我战船一半追赴下游，一半攻击未开之贼船，自午至酉，酣战数时，将六十余号船只概行烧尽，毙逆不可数计。此次陆军分途进剿，同日克复两城，水师亦大获胜仗。即着曾国藩、塔齐布乘势激励各路兵勇，沿江夹击，以次歼除余党，迅靖妖氛。所有在事出力员弁兵勇，并着准其择尤保奏，候朕施恩。”（《清文宗实录》卷147）

（咸丰四年十月甲辰）又谕：“曾国藩等奏‘水陆剿贼’一折，并片奏‘筹攻铁锁情形’。此次连克兴国、大冶两城，南岸贼巢已破，而蕲州贼势尚众，水师既经攻剿得手，何以桂明等陆路一军未能赶到？该提督所统兵勇较南岸能否得力，前已有旨查询。且南军攻逼紧急，则该逆必伺隙北窜，亦经朕早虑及此。今览所奏各情，适与朕前旨相符。曾国藩经朕畀以剿贼重任，事权不可不专，自桂明以下文武各员，均归节制，倘有不遵调遣，或迁延畏葸、贻误事机者，即着该侍郎专衔参奏，以肃戎行。该逆现于田家镇筑城挖濠，并于蕲州城外筑垒安炮，显系欲图久踞。此时进剿之计，自属北重于南。该侍郎等拟令南军渡江会剿，并筹攻田镇对岸之半壁山，设法毁贼铁锁，即着相机速办，仍严檄催提北路官兵协同围剿。一俟蕲州收复，应如何分兵南下，直捣九江、安庆，并着随时体察情形，统筹办理，以副委任。将此由六百里加紧谕令知之。”（《清文宗实录》卷147）

（咸丰四年十月乙巳）又谕：“……湖北兴国、大冶已经收复，曾国藩等水陆各军指日东下，应如何联络接应之处，并着统计兼筹，以期会合夹击，速清丑类……”（《清文宗实录》卷147）

（咸丰四年十月乙巳）又谕：“前因武汉等处先后克复，水陆各军需饷孔亟，当谕令王庆云迅筹银二十四万两，解赴曾国藩等军营应用。兹据该抚奏称，已拨银六万两，于九月二十五日委员管解启程，由荆子关水路前赴襄阳。现在楚氛甫靖，曾国藩、塔齐布统师进剿，粮台支应，刻不容缓。陕省解饷之员究未能熟悉道途，倘有贻误，关系非轻。着杨霈遴委干员，前往迎提，护送至曾国藩等军营，听候拨用。昨据曾国藩等奏，克复兴国、大冶，南岸贼巢已破，惟蕲州贼势尚众，于田家镇筑城挖濠，并于蕲州城外筑垒安炮，显系欲图久踞。已有旨，令曾国藩等迅速筹办，该督系该侍郎等后路接应，亦当筹画进攻。前奏分兵进剿，近日行抵何处，与一切布置情形，着即随时驰奏，以慰廑念。将此由六百里谕令知之。”（《清文宗实录》卷147）

（咸丰四年十月辛亥）又谕：“曾国藩、塔齐布奏‘水陆两军大获胜仗’一折，曾国藩等自克复兴国、大冶后，水陆并进……哨官任星元等复抄出蕲州以下之钓鱼台地方，逆击而上，将贼船裹入中段，该逆仓卒不能退转，遂各弃船登岸。我军一面攒轰登岸之贼，一面纵火将上犯贼船悉数焚夺，计延烧贼船约八十只，夺获四十六只，并获巨炮六十三尊，各项军械不计其数。此次水陆两军均获大胜……我军已占形势，着曾国藩、塔齐布督饬各军，迅速克复蕲州，顺流东下，将浔、皖各处贼匪悉数扫除。所有在事出力员弁兵勇，着该侍郎等查明据实保奏，候朕施

恩。”（《清文宗实录》卷148）

（咸丰四年十月辛亥）又谕：“曾国藩、塔齐布奏‘水陆官军续获大胜’一折，此次陆路官军踏破半壁山贼巢，虽已占据险隘，而蕲州未复，田镇未破，两岸贼众尚有四万余人。倘江西战船一时未能出湖，湖北后路官军相距又远，曾国藩等以孤军转战，即屡次获胜，亦尚可虞。前次杨霈奏，请亲督后队会合下击，至今未见启程，现在夏廷樾是否到省？武汉等处布置事宜，当已渐次就绪，北路桂明一军总未会合，非杨霈亲督后军前往接应，恐此路软弱，则塔齐布以一路兼顾南北两岸，愈形支绌。着杨霈迅督官军妥筹进剿，以为曾国藩等后路声援……将此由六百里加紧各谕令知之。”（《清文宗实录》卷148）

（咸丰四年十月丁巳）谕内阁：“曾国藩、塔齐布奏‘水陆叠获大胜，毙贼万余，断贼江面铁锁’一折。曾国藩等官军自踏破蕲州半壁山贼营，余贼聚集湖汉。十月初二日，忽出数千人搦战，塔齐布随督参将周凤山等兵击退焚烧富池口贼营一座，至军山嵴扎营。初四日，塔齐布遣人搭造浮桥，忽贼千余人前来阻遏，江中贼匪登岸，及田家镇贼约共二万余人，占踞半壁山旧垒。罗泽南督兵坚持不动，贼众屡次来扑，我军突起，大呼冲阵，连毙执旗贼目，余众尽靡，回奔半壁山。我军乘胜追杀上山，杀贼千余人，从峭壁之上坠下死者千余人，余贼奔江觅船，自行挤溺，及被我军焚烧，歼戮殆尽。我军尽焚南岸贼营，并将贼横江铁锁及竹缆等尽行斫断。是日，塔齐布兵亦隔港分击，斩获甚多，我军浮桥，是夕始成。初五日，田家镇贼三千余人复渡江来犯，欲抢浮桥。塔齐布率游击阿达春等迎击，罗泽南兵亦奋力冲截，贼始败溃。该逆见我军尽赴下游，开船百余从上游登岸，欲扑罗泽南营。彭三元等奋力堵截，沿江追击，毙溺各数十名，焚毁贼船三只。蕲州城下贼船，经我军屡次诱击不出。初八日，彭玉麟、萧捷三等移营攻打，适逆船数十自钓鱼台下开窜。我军追剿，烧毁二十余只，夺获二只，乘胜冲过贼营，进扎骨牌矶。此次水陆叠胜，将士用命，以少击众，杀贼逾万，洵属调度有方。着曾国藩等乘胜即将蕲州、田镇速行克复，顺流直下，以次扫除浔、皖各贼，迅殄妖氛。”（《清文宗实录》卷149）

（咸丰四年十月丁巳）谕军机大臣等：“曾国藩、塔齐布奏‘南路陆军毙贼万余，斫断江中铁锁，并水师屡获胜仗’一折，览奏稍慰朕怀。此次我军陆路夺取半壁山，水师亦屡获大胜，逆贼不敢复窥南岸，办理甚为得手。惟蕲州之贼坚匿不出，田镇亦未克复，北岸情形，甚为吃重。据奏，北兵不甚得力。究竟桂明一军现在何处，何以总未与南军会合，殊不可解。前谕令杨霈亲督后军前往接应，此时是否已经启程，久未据奏。曾国藩等孤军深入，甚为可虑。着杨霈迅速前进，为曾国藩等后路声援，不准稍有迁延，致滋贻误。田镇为皖省门户，逆匪必图久踞，设此股贼匪不能迅速剿除，则曾国藩、塔齐布两军为其牵掣，不能乘胜下击，办理又多棘手。前此曾国藩等奏，北路兵勇未能会合夹击，当谕令曾国藩节制诸军，如有不遵调遣、贻误事机者，即着专衔参办。乃此次桂明等仍未会同剿贼，如不得力，即着曾国藩严参惩办。此时江面已可渐就肃清，务当趁此声威，迅调南兵渡江会剿，克日收复蕲州田镇，即可分路直捣下游，并随时知照江西、安徽水陆各军互相策应，毋失事机。将此由六百里加紧各谕令知之。”（《清文宗实录》卷149）

（咸丰四年十月）甲子，谕内阁：“曾国藩、塔齐布奏‘攻破田家镇贼巢，毁尽逆船，收复蕲州’一折。逆贼踞守田镇老巢，自我军攻夺半壁山后，仍于南岸富池口结营抗拒，复用铁锁横江，阻我舟师进逼之路。我军战船于十二日进扎见峰觜地方，次日列船出队，南岸陆军排列六千人，以助声威。逆众自牛肝矶悉锐来拒，我水师第一队急桨驶至铁锁之前，贼用炮船护救，第二队环围击之，逆势退却，当将贼船铁码先行斩截，继以火具镕化，须臾锁断，飞棹驶下，逆众登时溃乱，仓皇窜逸。维时陆军亦从半壁山飞驰而来，与水勇争前刺杀，即将富池口贼营烧毁。

逃窜不及之匪，全数追逐落水。该逆见官军冲过铁锁，悉数扬帆下窜，我军且追且烧。邬穴以下贼船，又经官军鼓棹穷追，焚毁净尽。共计烧船四千余号，并所夺贼船五百余只一并烧毁。田镇之贼，遂不战而自溃。其分踞蕲州贼匪，于十三、四日，两次来扑官军营盘，均经我兵奋力击退，斩获多名。旋闻下游贼势大败，老巢已破，亦即宵遁，官兵即时克复州城。曾国藩、塔齐布自岳州统师东下以来，沿江攻克城池，歼除丑类，所向克捷，皆由同心戮力，调度有方。节次披览奏章，朕心实深欣慰。在事文武员弁兵勇，亦能人人用命，奋不顾身，尤堪嘉奖……”（《清文宗实录》卷149）

（咸丰四年十月甲子）又谕：“据曾国藩、塔齐布奏‘本月十三日，官军大破田家镇贼防，斫断铁锁，焚毁贼船四千余号，并将夺获贼船五百余号一并焚毁，余匪宵遁。蕲州之贼闻信后，亦弃城逃往广济、黄梅一带。水师前队，已于十九日追贼至九江，沿途续焚贼船百余号……’等语，楚境逆贼，自半壁山大加诛戮之后，田镇、蕲州又不战而溃，纷窜下游，到处冲突，势所必至。虽已饬令和春、福济等分兵接应楚师，严防北窜要隘，但据袁甲三前奏，庐州舒城之贼复陷庐江，四城犄角，我军有应接不暇之势……”（《清文宗实录》卷149）

（咸丰四年十月甲子）又谕：“曾国藩、塔齐布奏‘大破田家镇贼巢’一折，览奏欣慰。此次烧毁贼船至四千余号之多，田镇、蕲州之贼溃败奔窜，皆由该侍郎、提督等筹画尽心，和衷共济。即杨载福、彭玉麟、罗泽南等亦能人人用命，制胜出奇，朕心实深廑念。现在水师前队早抵九江，该郡城外已无贼艅，大队舟师自可顺流下捣。惟北岸之贼，窜往广济、黄梅一带，止系闻败溃逃，并未大受惩创。北岸一军系桂明统带，何以屡次奏报，并未见其带兵助剿？即扼堵蕲州之军，亦并无该提督在内，究竟逗遛何处，殊不可解。魁玉、杨昌泗等遇贼即挫，犹是从前孱弱积习。如此军威大振，尚不能鼓舞奋兴，尤为可恨。今塔齐布已率罗泽南等渡江而北，自系先其所急，为节节打通之计。但广济、黄梅直接皖境，皖省西南一带，如潜山、太湖等处，皆为贼踞，一闻楚军进剿，势必悉力抗拒。若北岸一军再有迁延，必致塔齐布等后路无援，殊为可虑。着曾国藩等即行严饬桂明等迅速进剿……”（《清文宗实录》卷149）

（咸丰四年十一月丙寅）又谕：“……现在曾国藩等水军已收复蕲州，追至九江，即可直达安庆……”（《清文宗实录》卷150）

（咸丰四年十一月丁卯）谕军机大臣等：“前因曾国藩等水陆官军自蕲州直下，逆匪败窜广济、黄梅，当谕令托明阿、向荣等拨兵向上迎击，截其分支四窜之路，并严饬师船迅速上驶……至曾国藩等斩断田镇贼炼，系分船四队，以一队专管毁断铁锁，以一队围攻其护锁之船，使之不能相救。江路一开，四队战船皆可分投焚剿，下游江面较宽，施展更易为力。江南、江北两营，师船之外，尚有多桨快船，岂不能酌量分队，仿照办理？总由水师将弁，不思设法，以致贼炼未能即破，而我师复自为锁缆，拦截上游。似此相持，将使红单各船终无上驶之期，徒以俟湖北师船一到合力夹攻为词。岂湖北一军之外，各营水师人员，皆应坐视旁观、束手无策耶？……”（《清文宗实录》卷150）

（咸丰四年十一月）辛未，谕军机大臣等：“前以上游楚师节节下逼，诚恐溃窜之匪窜入皖境，于北路咽喉、腹内郡县，均有关系……”（《清文宗实录》卷150）

（咸丰四年十一月）庚辰，谕内阁：“杨霈奏‘官军克复广济、黄梅，全楚肃清’一折。楚北溃匪，自田家镇受创以后，勾结安庆贼众，并入广济、黄梅两县，仍图乘虚窜扰。当经塔齐布自南岸率领陆军渡江会剿，魁玉、杨昌泗亦跟踪追击，行抵广济，塔齐布与罗泽南等由菩提坝南路进攻，贼势溃散，收复广济县城。余贼仍窜往黄梅，官兵拔营追袭，该逆分三大股迎拒，塔齐布督同周凤山、罗泽南等分中左右三路迎击，贼众披靡。魁玉、杨昌泗后队继至，与塔齐布大军直抵贼营，纵火焚烧，即将黄梅县城克复，楚北境地一律肃清。其九江贼匪，亦经李孟群、彭玉麟等会同夹攻，渐次剿洗。该督现由黄州移兵援应后路，指日塔齐布与曾国藩水师会合，即可直达安庆，齐捣金陵贼巢，谅无难一鼓歼除，廓清余孽也。”（《清文宗实录》卷151）

（咸丰四年十一月庚辰）谕军机大臣等：“杨霈奏‘克复广济、黄梅’一折，所叙进攻九江情形，似该郡贼党，尚复不少……杨霈折内有‘逆踪窜扰瑞昌’之语，未据详晰声叙。如果系大股分窜，则该逆仍欲上窥湖北，兴国、大冶一带，尚未可恃以无虞。杨霈既驻黄梅、广济之间，与瑞昌仅隔一江，自应酌量分兵渡江会剿，先通水师之路，然后能上保楚境，下捣皖城。该督前奏，除桂明、李光荣兵勇撤回外，北岸兵勇尚不下一万六千人。与其分驻田镇、蕲州，遥作声援，何如合力进攻，杜其绕窜？倘南北两岸专恃一塔齐布奔驰追剿，则湖北、江西两省官兵，岂不均成虚设耶？江西派出督剿之臬司恽光宸、前任总兵赵如胜，距省稍远，亦可由曾国藩等就近调度，俾有禀承，不可稍存畛域，贻误事机。将此由六百里加紧各谕令知之。”（《清文宗实录》卷151）

（咸丰四年十一月丙戌）又谕：“曾国藩、塔齐布奏官军克复黄梅县城，并剿办情形各一折。我军克复广济之后，于初四日收复黄梅，是陆路一军，颇为得手。惟大股逆匪，尚聚于孔垄驿、小池口等处，我军水陆两路声势未免隔绝。况江西水师未能得力，两岸贼营甚多，水陆抗拒，曾国藩水上一军介处贼营之中，情形颇觉危险。据奏所虑各端，甚为周密，此时自应于屡胜之后，倍加慎重，万勿稍涉孟浪，致误事机。倘将孔垄驿等处贼匪剿尽，扎营江岸，使水师与陆路互相联络，然后相机进剿，庶不致有顾此失彼之虞。杨霈现驻黄梅、广济之间，即应督饬魁玉、杨昌泗等迅速进剿。北岸一带，即责成该督实力攻剿，俾塔齐布、罗泽南等可以全师渡江，为图攻九江之计。若专恃该提督一人奔驰南北两岸，徒劳兵力，更恐锐气销磨，于攻剿转无裨益……将此由六百里加紧各谕令知之。”（《清文宗实录》卷 152）

（咸丰四年十一月癸巳）谕军机大臣等：“……又据和春、福济奏‘楚北败匪，由太湖窜至英山，县城失守’等语，湖北逆匪经曾国藩等大军痛剿之后，余匪窜入皖境，本属意中之事……杨霈现驻黄梅、广济之间，该处与皖境毗连，该督应即相机移师前进，遏贼北窜之路。着即悉心筹画，迅速办理，毋得以楚境肃清，稍分畛域……孔垄驿、小池口等处贼匪是否业已歼除？塔齐布等能否渡江攻剿浔郡？此时该侍郎等所带兵勇，虽不能分拨赴吴城协剿，亦当设法兼顾，毋令分窜。总之，上游攻剿得手，则江西、安徽皆匪踪所必至，杨霈等务当统筹全局，使水陆各军联为一气，将滨江两岸贼氛以次扫除，实深殷盼。将此由六百里加紧各谕令知之。”（《清文宗实录》卷 152）

（咸丰四年十一月癸巳）又谕：“前因曾国藩等水陆各军节次于蕲、黄、田镇等处大挫贼锋，朕即虑楚军得胜之后，该逆必纷纷旁窜，谕令和春等赶紧克复各城，毋使大兵为贼牵掣，致逆匪被逼，有北窜之虑……”（《清文宗实录》卷 152）

（咸丰四年十一月癸巳）又谕：“……塔齐布等陆路一军，须攻克孔垄驿、小池口之后始能渡江，进取浔城……仍着责成居隆阿挑选精壮，认真训练，以资攻剿，勿专待楚军援助，致失机宜。将此由六百里加紧谕令知之。”（《清文宗实录》卷 152）

（咸丰四年十二月丙申）又谕：“曾国藩、塔齐布奏‘水陆官军续获大捷，肃清浔郡江面’一折，逆匪自黄梅受创后，纠合安庆新到之贼，盘踞孔垄驿、小池口一带，与对岸之九江贼巢联络抗拒。本月初七日，罗泽南、李续宾、彭三元等由北岸督兵进至濯港地方，突遇大股贼众。我勇分东西两路冲杀，贼势溃败，追入濯港市内，击毙、溺毙者，贼尸山积。其溃逃之贼，经兵勇分投追杀，并抄击树林中伏贼，前后共毙匪一千四五百名，生擒八十五名，夺械无算。十二日，塔齐布率领全军进攻孔垄驿，三面环剿。我兵勇不避枪炮，一齐突入土城，仍用长围困逼，逆众溺入泥淖中，死者千余人，被诸勇追杀者又二千人。因即纵火焚烧街市，余贼无一得脱，生擒长发贼七十九名，伪丞相总制等多名。孔垄驿既破，小池口之贼亦即闻风先遁。余贼争驾小划，驶入南岸。我军乘势追击，沉毁贼船多只，旋回柁北攻，将北岸洲尾大木籓[①]一座乘风烧毁，余船亦被焚烧，复延烧洲岸贼营一座……”（《清文宗实录》卷153）

（咸丰四年十二月丙申）谕军机大臣等：“曾国藩、塔齐布奏陆路兵单，南北不能兼顾。朕已早虑及此，是以叠次降旨，命杨霈出省督剿北岸……原以皖、鄂、江西三省带兵之员，多有距本管督抚较远而离曾国藩大军转近者，非事权归一，则呼应不灵，倘隔绝推诿，于军情大有关系。所有湖北臬司胡林翼所带之勇，副将王国才、都司毕金科所带之兵，均着杨霈饬令星夜驰赴曾国藩等军营，悉听该侍郎等调遣……皖、鄂毗连各属，昨已谕杨霈移师前进，迅速防剿，着即懔遵办理……并防逆贼由瑞昌扰窜兴国，转出曾国藩等大军之后。不得专驻楚境，致成株守。杨霈带兵出省后，湖北省不免空虚，着俟克复九江后，即饬胡林翼带兵回至楚境，以资防堵……将此由六百里加紧各谕令知之。”（《清文宗实录》卷153）

（咸丰四年十二月戊戌）又谕：“和春、福济奏‘克复英山县城’一折，前据和春等奏‘楚北败匪，由太湖窜扰英山’，当经谕令督饬文武赶紧剿办。兹据奏称，十一月初十日，英山县知县苏秀槐，招集团练，并

---

① 籓：应为“簰”。

商拨湖北罗田壮勇进剿，杀毙守门逆匪，夺入县城，歼贼无算。逃窜之贼，并经练勇截杀多名。该县甫经到任，前因本城兵勇空虚，被贼突窜，旋即克复城池，尚知奋勉，应得处分，着加恩免议。湖北罗田县知县彭仲芳，派拨壮勇逾境援剿，洵属得力，着赏加知州衔，以示鼓励。”（《清文宗实录》卷153）

（咸丰四年十二月戊戌）又谕：“……胡林翼现在带兵由湖北追贼东下，未能调回黔省……”（《清文宗实录》卷153）

（咸丰四年十二月壬寅）谕军机大臣等：“……本日据杨霈奏‘即日进驻广济，布置周妥，由武穴至曾国藩水师营面商’等语，自系尚未接奉叠次饬令该督赴皖会剿谕旨。此时浔郡江面，据曾国藩等奏，业已肃清。塔齐布由小池口渡江，扎营于九江东门外，水师前队亦堵扼湖口。该督复派王国才带兵四千驰赴黄梅，由曾国藩等调遣……此时北岸情形，颇为紧要……该督务当懔遵叠次谕旨，迅速前进……并着该督饬令胡林翼等，严防浔江贼匪上窜楚境，以杜纷扰。将此由六百里加紧谕令知之。”（《清文宗实录》卷153）

（咸丰四年十二月壬寅）湖广总督杨霈奏：“拿获谋逆贼目陈殿元，严行讯办。”得旨：“惟有就地正法办法最妥。”（《清文宗实录》卷153）

（咸丰四年十二月庚申）谕军机大臣等：“……杨霈既未能遽攻安庆，而赴援黄梅之刘富成等又复不能得力，北弱于南，殊为可虑……杨霈现驻广济，即着会合皖兵，先取黄梅，进取太湖、宿松，为节节打通之计。湖北本境，仍应兼顾，不但防贼回窜，即搜捕土匪、安定人心亦关紧要。小池口及田家镇等处要隘有无防兵，能否与南岸联络，尤宜妥筹布置。署提督丰伸已准其开缺，该员所带驻扎襄阳之陕兵，必须派一妥员管带……将此由六百里加紧各谕令知之。”（《清文宗实录》卷155）

（咸丰五年正月丙子）谕军机大臣等："陶恩培奏'总督营盘失利，退回汉口，恐逆踪回窜武汉，请拨援兵来鄂'等语。杨霈于上年十二月十七日在广济发报，但言逆匪分扰黄梅，并无贼扰广济之事，何以忽有此败，实所不解。究系皖贼上窜，抑或另有股匪突起？杨霈所带兵勇为数不少，何至遽尔失利？即或小有挫失，亦不应一退再退、径回汉口，详细情形，着该督速行驰奏。陶恩培所称恐逆贼水陆上窜，虽未必即有此事，惟大兵全力专注九江，该逆知楚省空虚，北军软弱，乘间回扑，亦不可不防。此时豫、皖两省均无兵可拨，惟有曾国藩、塔齐布之兵可以就近赴援，着该侍郎、提督迅即确探贼踪，如果实有此事，即飞速分拨官兵。如胡林翼、王国才所带兵勇，无论何人，皆可令其折回迎剿，既以保障鄂省，且免九江官军腹背受敌之患。陶恩培既经抵省，虽城中兵饷未充，亦当力筹堵御，万不可稍涉张皇，以致人心愈惑。杨霈断无竟回武昌之理，现在作何行止？本日已谕知官文，酌拨荆州官兵，顺流下剿。该督务即咨催，会合前进，以剿为防。若武汉稍有疏失，恐该督不能当此重咎也。将此由六百里加紧各谕令知之。"（《清文宗实录》卷156）

（咸丰五年正月丙子）又谕："杨霈在广济失利，兵勇溃散，退回汉口镇，已谕令曾国藩、塔齐布分兵剿办矣。惟曾国藩等水陆各军围攻九江，正当吃紧之际，分兵少，则不足以敷剿办；若分兵过多，恐江西贼匪复肆猖獗。且该逆或竟由广济上窜武汉，正须迎头截击，借资得力。荆州地居上游，兵力较厚，着官文调派精兵，迅速沿江直下，与曾国藩等分派兵勇，会合兜击，毋稍延缓。至官文应否亲统官兵前进，以壮声势，如未便遽离荆州，即派委得力将弁统带进剿，着就现在情形，妥筹办理，并迅速由驿驰奏。将此由六百里加紧谕令知之。"（《清文宗实录》卷156）

（咸丰五年正月丙子）又谕："英桂现驻陈州，着即确切侦探楚北情形，迅速具奏。倘武汉果有贼警，所有楚豫毗连各处要隘，着该抚妥速布置，严密防范，断不可稍有疏虞。将此由六百里加紧谕令知之。”（《清文宗实录》卷156）

（咸丰五年正月辛巳）又谕：“杨霈奏‘贼由黄梅回窜汉镇，现由德安相机进剿’一折，杨霈督兵广济，为楚军后路，致令逆贼回窜失利，节节退守，实属调度乖方。杨霈着即革职，并拔去花翎，暂留本任。仍着收集兵勇，相机进剿，以赎前愆。并着官文、曾国藩、塔齐布迅速拨兵援应，毋令蔓延。”（《清文宗实录》卷157）

（咸丰五年正月辛巳）谕军机大臣等：“前因陶恩培奏‘杨霈自广济行营失利，退回汉口’，当谕令曾国藩、塔齐布，于胡林翼、王国才所带兵勇中酌量折回迎剿。兹据杨霈奏称贼由黄梅、武穴窜至汉镇，该督现驻德安，严防北窜等语，更堪诧异。自十二月二十九日起至本月初七日，计期不过一旬，何以一退再退？全军挫败，该督复退至德安，以赶调兵勇为词，殊属不成事体。曾国藩等督师九江，杨霈为其后路应援，现在九江尚未攻克，汉口又遭窜扰，督剿失利，在该督罪无可辞。而东下之师，腹背受敌，思之实堪痛恨。所有陕甘官兵及宜昌镇兵二千余名，现已调赴德安。沔阳等处练勇，亦经调往。杨霈断无株守德安之理，着一面遏其北窜，一面相机进剿。其首先溃败兵勇，并着从严惩办。仍须于收集之后，认真防范，毋生他变。武昌省城，着责成陶恩培竭力保护，毋稍疏虞。惟湖北兵力既不足恃，贼势又甚猖獗，亟须得力将弁前赴援剿。着曾国藩与塔齐布悉心商办，或该提督亲自督兵往援，或派罗泽南、胡林翼、李孟群等酌带兵勇，星驰剿办。总期扫除贼氛，使水陆各军均无后顾之虑方为妥善。谅曾国藩等必能统筹全局，妥为办理。至前命官文派兵会剿，本日又谕令迅速拨往，着杨霈飞催前进，以资协剿。将此由六百里加紧各谕令知之。”（《清文宗实录》卷157）

（咸丰五年正月辛巳）又谕："湖北与豫境毗连，该逆现踞汉口，难保不豕突狼奔，肆行窜扰。英桂驻扎陈州，相距较远。前据奏，邱联恩带兵控制光、商一带，所有楚、豫交界各要隘，即着责成该总兵严密布置，确探贼踪所在，相机堵剿，不得稍有疏虞。将此由六百里加紧谕令知之。"（《清文宗实录》卷157）

（咸丰五年正月辛巳）又谕："……曾国藩、塔齐布水陆两军互相援应，攻剿正在吃紧。而安徽上窜之贼又踞汉口，杨霈退守德安，曾国藩等亟须分兵救援，岂能绕出庐州以北？……"（《清文宗实录》卷157）

（咸丰五年正月）甲申，谕军机大臣等："……现在上窜楚北之匪又复占踞汉口，曾国藩等兵阻九江，连日尚无奏报，若再不从下游迎击而上，则芜湖以上沿江贼船，何时始能扫荡？楚师腹背受敌，而江南师船从容观望，倘有疏失，咎将谁诿？着向荣等再行加紧严催，务令克日上驶……将此由六百里加紧各谕令知之。"（《清文宗实录》卷157）

（咸丰五年正月乙酉）又谕："陶恩培奏'贼扰汉镇、汉阳，并省城防御情形'一折。前据杨霈奏，贼匪窜回汉口，该督退驻德安。当经谕催官文由荆州派兵，与杨霈调集之兵勇合力歼剿。并谕杨霈相机前进，陶恩培保护省垣，曾国藩等拨兵援应。兹阅该抚所奏，李孟群自下游带领炮船四十只，曾国藩亦派炮船八十余只，均经接续赶到，武昌当可无虞。惟该逆于汉阳滨江筑垒，意图抗拒，非水陆各路纠集兵力，迅速扫除，诚恐复成蔓延之势。杨霈既已挫师于前，若再株守德安，任令贼氛猖獗，更复何颜对朕？此时亟应重整兵威，与官文、曾国藩等派往各兵勇协同兜剿，以赎前愆。陶恩培虽以坚守省城为要务，亦不能将宜昌、陕甘各兵徒为保卫武昌之计，置汉口、汉阳于不顾。炮船虽到，而陆路尚须精兵协剿，曾国藩、塔齐布围攻九江，若楚北贼党未除，后顾甚有可虑，着再于陆军内酌派赴援。惟此股贼匪，据陶恩培奏，俱系江南老贼。而英桂前奏，则云曾国藩等水军于上年岁底，在九江两次失利，战船兵勇损伤甚多，以致该逆回窜黄梅、广济等处，由蕲、黄直达汉江。究系何路贼匪，九江近日接仗如何，朕心实深悬系。着曾国藩等飞速奏闻，以慰殷念。楚北贼焰复然，于曾国藩等剿贼机宜大有关系，此时惟有会合各兵，迎贼攻剿，使曾国藩、塔齐布各军无腹背受敌之患，方为妥善。四川、陕西饷银，本日已谕令该督抚赶紧筹解，到楚后着杨霈、陶恩培分济军食，不得全数留于武昌，致各军有匮缺之虑。荆州援兵，并着杨霈等飞催前往。将此由六百里加紧各谕令知之。”（《清文宗实录》卷157）

（咸丰五年正月丙戌）又谕：“曾国藩等奏‘水陆剿贼情形’，并‘内河水师三获胜仗’各一折。此次我军进剿梅家洲贼卡，未能攻入小池口，复先胜后挫，是陆路尚未得手。而水师锐气过盛，由湖口驶至姑塘以上，长龙、三板各船与外江师船隔绝，虽四十里之内，贼艅肃清，但江舰板重，小船不能相辅，以致逆氛顿炽，两次被贼袭营，办理未为得手。曾国藩自出岳州以后，均能与塔齐布等协力同心，扫除群丑，此时偶有小挫，尚与大局无损。曾国藩自请严议之处，着加恩宽免……前据陶恩培奏贼扰汉口、汉阳，曾国藩已派李孟群等带领炮船前往救援，未知近日楚北情形，究竟如何，并着随时奏闻，以慰悬系。将此由六百里加紧各谕令知之。”（《清文宗实录》卷157）

（咸丰五年正月辛卯）又谕：“曾国藩、塔齐布先后奏报陆军渡江剿贼，并迎剿九江城中扑营逆匪及筹办情形各折，览奏殊深悬系。所称办理错误之处，如水师冲入内河，以致声势隔绝，诚不免锐进贪功。至武汉收复后，未留后路声援一节，则其势本有不及。水陆两军全数进剿，犹恐兵力单弱，若彼时即分防武汉，兵数愈少，刻下更不知如何棘手。以现在情形而论，上窜汉口之贼，现有杨霈督兵江北，李孟群等师船亦已驶抵武昌，统计杨霈收集及续调之汉川官兵、沔阳等处练勇，不下六七千名。李孟群战船可用者，亦尚有四五十号，胡林翼等回援之兵，复有三千余名，尽可相机夹击。曾国藩等既定直捣金陵之计，即着迅速设法攻克九江，合军东下，毋得再存顾虑。该侍郎等营中粮饷军资，上赖湖南，下赖江西接济，此时若轻舍九江，回顾武汉，不但江西之贼全行窜出，即汉口之贼，亦必愈逼愈上。两路饷道皆梗，孤军尤属可虞，自以力攻九江为扼要之策……李孟群、彭玉麟等武昌水营需用粮饷铅药及修整船只经费，着杨霈迅筹接济，并知会骆秉章一体筹款拨解，不得推诿。杨霈自抵德安后，未据续有奏报。现由何路进剿汉镇，续调兵勇已到若干，荆州官兵是否即能下击，均着迅速奏闻。该督节节退守，已属咎无可辞。若再株守德安，致逆贼负嵎久踞，试问能当此重咎否耶？将此由六百里加紧各谕令知之。”（《清文宗实录》卷157）

（咸丰五年正月癸巳）谕军机大臣等：“昨据官文等奏，汉镇逆匪，突入襄河，扰及沔阳。本日杨霈奏称‘贼由汉镇分窜汉川之麦旺嘴，经沔阳乡勇截击，余匪穷蹙，仍思折回汉镇，复经乡团拦截，歼毙多名，仅剩四五百人，奔至侏儒山，未能窜出’等语，与该将军所奏情形不同。若如该督所奏，是襄河一带贼势尚不十分吃紧，但逆匪系分股上窜，希图牵掣我兵。然仙桃镇已被焚掳，所称仅四五百人，尚恐未确。官文已派兵勇前往剿办，自应飞饬各员确探贼踪，迎头截击。汉阳、汉口贼匪不过六七千人，并未抢有船只。李孟群炮船已抵省城，王国才、胡林翼陆路兵勇，彭玉麟水勇，指日均可抵省，军威已壮，武昌可保无虞，但李孟群等亦断无株守省垣之理。汉口贼匪尚多，攻剿汉口，即以保护武昌。况有胡林翼、玉山、刘富成等陆路兵勇接应，水师亦不为孤。着杨霈饬令各该员等，先剿汉镇，以扫贼巢，勿任负嵎久踞。至襄河一带师船，能否驶入？该逆窜扰仙桃镇，业经官文酌派满洲兵四百名，并调团勇四千名，协同沔阳州知州萧荫恩力图攻剿。如果贼势猖獗，兵力尚单，杨霈仍须饬令李孟群等水军设法追剿，并能否添派陆军策应之处，相机酌办，务将上窜之匪尽数歼除，勿令滋蔓。官文奉到昨降谕旨，是否亲

自带兵前进，谅该将军必能斟酌尽善，妥为筹办也。将此由六百里加紧各谕令知之。”（《清文宗实录》卷157）

（咸丰五年二月甲午）荆州将军官文等奏：“遵调满营精兵，仍由贵陞统带，迅赴下游会剿。”得旨：“汝未便远离荆州，自属实情。惟贵陞能否得力，殊深系念。川陕军饷，已有寄谕，令伊等催解矣。”（《清文宗实录》卷158）

（咸丰五年二月甲午）湖北巡抚陶恩培奏：“逆贼分踞汉口、汉阳，水师获胜，臬司带兵回省，现筹以战为守之策，请迅拨饷银，以济急需。”得旨：“各处饷银，已有旨，令杨霈、官文等迅速分解。汝既知以战为守，岂能聚集多兵株守武昌？况逆匪现已分股上窜，更应追剿。”（《清文宗实录》卷158）

（咸丰五年二月丙申）谕军机大臣等：“……至楚省军情，据该抚奏报，与杨霈所奏大致尚同。惟塔齐布已到汉镇之语，未为确实。窜扰仙桃镇之贼，是否已被荆州兵勇击退，亦未据楚省奏报。着英桂一面严防信阳等处，一面确切探明，随时具奏。将此由六百里加紧谕令知之。”（《清文宗实录》卷158）

（咸丰五年二月丙申）钦差大臣向荣奏：“叠次攻剿镇江贼匪，并筹调兵勇，布置上下游要隘。”得旨：“……上游师船已回武昌，俟回窜楚北之贼剿灭净尽，方能再下九江……”（《清文宗实录》卷158）

（咸丰五年二月丙申）湖南巡抚骆秉章奏：“贼窜汉口。现筹造炮船，添募壮勇，为援剿之计。”得旨：“所造炮船，仍应接济曾国藩，是为至要。”又奏：“请将已革道州知州王揆一暂留军营带勇。”批：“王揆一获罪甚大，汝今又欲令其带勇，以观后效，豫为将来保举地步，着不准行。

带勇或武弁，或绅士，皆可，亦何必须一革员耶？”（《清文宗实录》卷158）

（咸丰五年二月乙巳）谕军机大臣等：“杨霈奏‘克复汉川、蕲水，进攻汉口，并截剿上窜贼匪’一折，又据陶恩培奏‘逆贼勾结兴国州通山县土匪肆扰，省垣吃紧，并请饬曾国藩、塔齐布回军江、汉’各折片。详览杨霈所奏，现在刘富成等兵勇已至蔡店，进逼汉阳，与胡林翼等水陆夹击。汉川既经克复，上窜岳口之贼与汉口之贼隔绝不通，现派兵勇分路进攻。惟该督驻扎德安，原为防贼北窜。而陶恩培奏称，逆贼勾结兴国等处土匪，大肆杀掠，省垣愈形吃紧。该督与省城声息隔绝，此时总当迅速克复汉阳、汉口，为保守武昌之计。该督万勿株守德安，借词延误。况该督由北路节节进攻，距汉镇仅二百余里，能否分兵兼顾武昌，较之曾国藩等折回援应，尤为便捷。现在武昌兵力单弱，督队打仗，仅胡林翼、常恩二员。设该省稍有疏虞，贻误之罪，杨霈岂能诿卸耶？曾国藩等前因战船损坏，全数开赴上游修理，又因陆军锐气尚盛，仍欲鼓行东下，直捣金陵。原以逆匪上窜，牵掣我师，若辗转回顾，不但前功可惜，且恐兵勇之气不能复振。是以谕令该侍郎等攻克九江，即合军东下。惟现在贼踞汉口、汉阳，武昌情形关系紧要，设有疏失，该逆势踞上游，我兵仍系腹背受敌。应如何设法协济武昌，而与攻剿九江大局仍无妨碍，着曾国藩等体察现在情形，或该侍郎带兵自行前往，仍留塔齐布会同江西兵勇攻剿九江，务当统筹全局，斟酌办理。杨霈、曾国藩接奉此旨，即将如何筹办情形，迅速具奏，以慰廑念。陶恩培仍当督饬胡林翼等以剿为防，固守省垣，以待援兵之至。所需军饷，已饬邻省拨解矣。该抚片奏‘省城现任候补各员闻警逃匿’等语，实出情理之外，着即查明参办。金安清等已有旨饬催矣。将此由六百里加紧各谕令知之。”（《清文宗实录》卷159）

（咸丰五年二月丙午）谕军机大臣等：“英桂奏‘遵旨布置楚豫边防，并密县郑州等处剿匪情形’一折，又片奏‘请饬调北路凯撤官兵，更换豫省兵勇'等语……昨据杨霈奏，克复汉川、蕲水，刘富成之兵已至蔡店，进逼汉阳。又据陶恩培奏，逆贼勾结兴国、通山土匪，大肆杀掠，武昌颇属吃重，襄河亦有匪艅。现虽南阳一带未闻警报，防范仍须严密。光、商一路，该抚已派成景带兵驻扎，邱联恩移扎信阳，借以控制南阳。该抚现在陈州居中调度，务须随时侦探，何路吃紧，即往何路策应，毋稍迟延。署密县知县胡燕清前已降旨革职，着毋庸议，并责令随同剿捕，不准稍留余孽。将此由五百里谕令知之。"（《清文宗实录》卷159）

（咸丰五年二月丁未）谕军机大臣等："官文等奏'仙桃镇击贼获胜，岳家口追贼失利'一折，详览所奏，贼踪距荆郡不过百余里之遥，该处官兵既须分布设防，又须沿河下击，实有无可抽拨之势。杨霈安坐德安，所带兵勇至一万七千余名之多，于襄河之贼，则称为意图牵掣，于汉镇之贼，则称为势难久踞，且应赴上游，应剿汉口，尚在游移未定，究竟一月以来，所办何事？该督折内'已有贼至岳口'之语，则该逆之窥伺荆襄，已无疑义，犹以收复汉川、蕲水谓为贼匪声势隔绝，抑何愦愦至此？贵陞此次失利，诚不免孟浪失机，何以与贼接仗之时，仅有荆州官兵，而该督所派之李锦銮、葛以敦、蒋立松等并未见随同援应。是该督直置荆襄门户于不顾，而终日筹画，不出杨店、蔡店数十里之间，殊为可恨。现在荆州紧急，载增既已出城，郡城重地，亦不可无人镇守。官文所称亲督进剿之处，务须斟酌尽善，不可轻为尝试。杨霈前派各兵，着即飞催前进，并于进攻汉阳兵勇内酌量改拨，折赴上游，以遏襄河贼势。若再事耽延，是杨霈屡次玩误，朕不能再以薄罚示惩也。逆匪由江入汉，竟分两岸北趋，显系水陆并进。昨据陶恩培奏，贼船放入襄河口内，为数不少，且有我军战舰二十余只，是该逆无船可掳之说，断不可信。李孟群等水师仅在外江轰击，亦须追入内河，方能破其藏匿之路。其沔阳以上沿河船只，亦应一体撤赴上游，方能绝其抢掠。以武昌现在情形而论，患不在江面，而在兴国、通山一路土匪。曾国藩等进攻九江，连日不知胜负若何，或酌分陆军以救武昌东路，或再添派水师沿江而上，协济李孟群等之师，使得进剿襄河，则上游可冀得手，于浔郡事机亦有裨益，着即妥为筹酌，迅速奏闻。贵陞实在下落，仍着官文确查具奏。将此由六百里加紧各谕令知之。”（《清文宗实录》卷159）

（咸丰五年二月己酉）又谕：“……王国才业已由武宁回援武汉，绕出兴国之背。虽该州一带土匪横行，王国才能否速到武昌，尚难豫料，而有此一军剿捕土匪，即可稍分武昌吃紧之势。曾国藩续由楚省招募水勇，亦恐有需时日，必得将湖内长龙一百余号速图驶出，与塔齐布陆兵会合，迅歼丑类，克复九江，始能与武汉水师声援联络。所需军饷，并着陈启迈就近随时接济为要。将此由六百里加紧各谕令知之。”（《清文宗实录》卷159）

（咸丰五年二月壬子）又谕：“杨霈奏‘进攻汉阳、汉口获胜，并分剿系马口等处贼匪情形’一折。官军连日分投进剿，虽据报各有斩获，而伤亡兵勇甚多，汉阳、汉口并未克复，岳家口、仙桃镇之贼，亦未能剿除净尽，贼势各路蔓延，亟图上窜。北岸天门等处，仅有守备穆祖索朗等督带兵勇，剿办殊形单弱。着杨霈飞饬杨昌泗带兵与刘富成会合前进，并着官文饬令魁玉、锡龄阿会督兵勇，无分南北岸，并力夹击，杜贼上窜之路。或尚须添拨兵勇，俾敷攻剿，仍着官文、杨霈妥为调派，毋稍疏忽。李孟群等进攻汉阳，均以贼匪抄袭，未能攻入。现驻武昌兵勇足资援应，着陶恩培饬令胡林翼等斟酌情形，渡江协剿，以期及早收复。此时兵勇既已分路进剿，杨霈自应飞速前进，临阵调度，断不准株守德安，致滋贻误。另片奏‘请饬山西、陕西、四川按月筹饷五万两’等语，现已谕知各该省筹解，仍着官文等于解到后分拨应用，毋得专顾一处。所请拨高唐兵丁，俟窜往冯官屯之余匪歼尽，当即酌拨前往。昨据军机大臣议复礼部侍郎杜翻奏‘请汰冗兵’一折，内称‘各省征调官兵，未必尽皆精锐，应由各省督抚及带兵大员于征调之初、到营之后，认真简阅，裁汰疲弱’等语，自为撙节军饷起见，着官文等按照所议，

认真办理，毋得视为具文。原折着钞给阅看。将此由六百里加紧各谕令知之。”（《清文宗实录》卷159）

（咸丰五年二月癸丑）荆州将军官文等奏：“逆匪攻陷天门等处，已添派兵勇堵剿，旋经兵勇克复天门县城，击退襄河两岸贼匪。”报闻。（《清文宗实录》卷159）

（咸丰五年二月乙卯）谕军机大臣等：“前因襄河贼匪上窜岳口，官军失利，曾谕曾国藩等或酌分陆军，或添派水师，折回会剿。嗣据曾国藩等奏整顿水师情形并湖北赴浔协剿官军已先后回援。复谕令该侍郎等迅将陷入内河各船设法驶出，为水陆夹击之计。该侍郎等谅必筹画尽善，不至顾此失彼。兹据侍郎王茂荫奏‘贼以九江为扼要，故用全力守之，曾国藩等不可回救武汉，亦不可多分兵力’等语，现在塔齐布围攻九江，并未撤兵，王茂荫尚未知悉，且不知此时荆襄紧急，武汉兵勇不能得力，有不得不分兵援应之势……军情移步换形，固不容专顾一隅，亦岂可处处受贼牵掣？着曾国藩、塔齐布仍遵叠奉谕旨，迅图克复九江，则上下游江路自通，贼艅可断。其应拨兵回援及如何前后兜剿之处，均着妥速筹办。王茂荫折是否有可采择，即着酌量办理。又军机大臣议复礼部侍郎杜翻奏‘请裁汰冗兵’一折，内称‘各省征调官兵未必尽皆精锐，应由各省督抚及带兵大员于征调之初、到营之后，认真简阅，裁汰疲弱’等语，自为撙节军饷起见，请曾国藩、塔齐布按照所议，妥为筹办，并知照陈启迈一体懔遵办理。原折各一件，均着钞给阅看。将此由六百里谕令知之。”（《清文宗实录》卷160）

（咸丰五年二月戊午）又谕：“杨霈奏‘贼匪大股上窜，连日进攻情形并扼要截击’一折，览奏实深愤急。该督自贼由黄梅回窜，节节退避，迨贼踞汉镇，复株守德安。屡次谕令迅速进攻，而月余以来，毫无布置，所派兵勇遇贼辄溃，以致该逆窥我虚实，纷纷上窜，该督迁延贻误，罪无可辞。此时逆贼欲窥伺襄阳，该郡北接河南，倘稍有疏虞，致逆贼勾结豫省土匪肆行猖獗，为害愈烈。该督现驰赴随州一带，意在迎头遏截，但贼势剽疾，所称派兵于山径埋伏截剿，亦恐不足深恃。且贼情诡谲，往往避实击虚，德安虽轻于襄阳，杨昌泗收集之兵勇是否足资堵御？杨霈惟当确探贼踪，就现有兵勇酌量调度，以遏贼锋，断不可任贼蔓延。所调四川兵勇，已谕令乐斌迅速派赴楚北，并谕扎拉芬带兵由潼关前往，该督务即飞速迎提。再高唐裁撤川勇，已据崇恩奏，派杨熙等管带资遣回籍。该督亦可酌量截留，以厚兵力。前据官文奏，襄河南北两岸击贼下窜。荆州情形如果稍缓，亦可分拨兵勇与杨霈会合进剿。逆匪大股上窜，则汉阳、汉口贼巢自必空虚，陶恩培亦当督饬胡林翼、李孟群水陆诸军，乘势进剿。倘能得手，即可分投追击，使该逆首尾不能相顾，剿办较易为力。杨霈督兵剿贼，既不能杜贼回窜，若再令该逆扰及襄阳，朕惟执法从事，决不宽贷。所有现在贼情，着该督等迅速驰奏，以慰悬系。将此由六百里加紧各谕令知之。”（《清文宗实录》卷160）

（咸丰五年二月戊午）又谕：“前因逆匪回窜湖北，占踞汉口、汉阳等处，叠经谕令杨霈等厚集兵勇，分投攻剿。本日据杨霈奏‘进攻汉阳，官兵伤亡甚多。本月十三等日，有贼匪数千窜至汉川，并窜新沟地方。其凶悍之贼，分道由汉川、应城等处小路上窜，倘直达襄阳，该郡恐为所袭’等语。现在杨霈由随州一带迎头截击，如上窜之贼径犯襄阳，该郡兵勇为数无多，恐难抵御。着扎拉芬接奉此旨后，即带兵前赴湖北，与杨霈等会同攻剿，探明襄樊等处何路紧急，即由何路进攻，以剿为防。该将军务当确切侦探，相机进剿，毋稍迟延，并着将带兵启程日期及探报楚省现在情形，先行由驿具奏。将此由六百里加紧谕令知之。”（《清文宗实录》卷160）

（咸丰五年二月戊午）又谕：“楚北贼匪，由应城所属西窜。拿获贼众，有‘该逆悉索凶悍之党，意图径犯襄阳，欲与豫匪勾结’等语。胡林翼、李孟群等水陆各军尚在沌口一带。杨霈派杨昌泗防守德安，自带兵勇驰赴随州，意恐该匪由应城间道窜出安陆、天门之上，为迎前截遏之计，是襄阳十分吃重，该处地接河南，平旷无险，杨霈等所带兵勇屡经溃散，果否能遏逆氛，尚无把握。而德安北迩三关，各属上年曾遭蹂躏，城空地瘠，即杨昌泗兵力亦单，恐未能抵御。英桂昨奏，已饬南阳府会同在防将备堵守。此时河南边界毗连襄阳、德安两郡地方，较前吃紧。该抚前派邱联恩移师扎营信阳州之西双河，居中调度，原为控制三关、策应南阳起见。着即严饬该镇将等，将南路边防严密布置，一面侦探贼踪，随时援应，勿令逆匪北犯。英桂近在陈州，更应探明何路紧急，驰往堵剿，不得稍存大意，致有疏虞。将此由六百里加紧谕令知之。”（《清文宗实录》卷160）

（咸丰五年二月己未）谕军机大臣等：“英桂奏‘楚北逆氛复炽，豫省边防吃紧’一折。逆贼占踞汉阳等处，官军叠次进剿，未能得手。该逆由应城上窜，逼近南阳，豫省素多捻匪，倘逆匪北来勾结，贻患非轻。该抚现已由陈州驰赴信阳，相机布置……”（《清文宗实录》卷160）

（咸丰五年二月己未）又谕：“本日据英桂奏‘楚北逆氛复炽，现饬南路加意戒备’等语。该逆由应城上窜，非西犯襄阳，即北窜南阳，楚、豫交界，防堵万分吃紧……该抚侦探贼踪，何路吃重，即飞催带兵大员驰往何处策应，断勿令贼匪窜入豫境，勾结蔓延……其德安失守之信是否属实，仍着确探速奏。所请接济经费，已饬令户部迅速筹议矣。将此由六百里加紧谕令知之。”（《清文宗实录》卷160）

（咸丰五年三月乙丑）谕内阁：“官文、杨霈奏‘武昌失守，抚臣殉难’各等语，览奏殊堪愤懑。逆匪上窜汉口，武昌省城兵力本单，嗣因胡林翼、李孟群等水陆赴援，屡有胜仗，方冀危城克保。乃该逆遽由兴国、通山、沌口、塘角等处四面攻扑，官兵竟日鏖战，众寡不敌，以致省城失陷，巡抚捐躯。杨霈以总督统领全军，自退至汉口后，叠次进攻，毫无把握，此次省城被贼环扑，又不能迅速救援，即按律惩办，亦属罪无可逭。惟现在江北一带防剿需人，该督业已革职，着仍暂留本任，戴罪自效。如再不将回窜逆匪一律肃清，迅图克复，致令逆踪扰及上游或久踞武汉，即行从重治罪，决不宽贷。”（《清文宗实录》卷161）

（咸丰五年三月乙丑）又谕：“官文、杨霈奏，此次武昌失陷，虽因兵力饥疲，奸匪内应，究因汉川进攻之兵，不能得力，以致省城孤立无援。现在胡林翼等兵勇尚在金口南岸，李孟群等师船尚扎京山，或不难攻复武昌，断贼南窜湖南之路。而杨昌泗、刘富成之兵，遇贼即退，万分怯弱，虽杨霈续派兵勇前往，为数仅止二千，若再有挫失，则德安迤北，可以径达信阳，德安迤西，又为径趋襄阳之路，逆势蔓延，岂堪复问？官文所请酌添湖南官兵，已谕骆秉章酌办，能否抽拨，尚难豫计，即使稍有接济，亦于北岸防剿无裨。前谕僧格林沁抽拨之兵，本日据奏，已挑选马队一千五百名、步队二千五百名，即日启程。业经谕令英桂径行催赴荆襄一带，杨霈务当妥为调遣，或力扼襄阳，或进攻德安，总以迅速剿办为要，不得再有疏失。倘荆襄稍有蹉跌，或该逆声东击西，乘我兵力全注襄阳，又从德安窜扑豫境，朕必将杨霈从重治罪，决不能再邀宽典也。前调四川兵勇各一千名，本日复经降旨饬催，此项兵勇，先从荆州经过。官文本辖兵勇，如尚敷布置，不可率行截留，俟续有川兵到时，再行分拨会剿。此时楚省贼势，南北蔓延，几至无从着手，官文等分办、合办，同系一事。大江以北，朕统以责之杨霈。荆州防守事宜，即责成官文布置。南岸攻剿事宜，即责成胡林翼妥办。其如何互相援应，迅图肃清之处，该将军等务当熟计兼权，亦不能自分畛域也。将此由六百里加紧各谕令知之。”（《清文宗实录》卷161）

（咸丰五年三月乙丑）又谕：“据杨霈奏‘胡林翼、王国才、石清吉等兵勇，约计虽有六七千人，惟粮饷缺乏，川、陕各饷，尚未解到。若湖南就近可以接济，金口尚能驻扎，则相机进剿。若不能驻扎，则设法渡江，上扼汉川等处，以固荆襄门户’等语，着骆秉章悉心筹画。湖南兵勇倘有可抽拨，即当派委得力将弁管带，赴下游速为援应，所需粮饷，就近设法接济。如或该省兵勇不敷抽拨，而胡林翼等兵勇又复上扼汉川，则金口一带，势难兼顾，恐逆匪乘虚上驶。该省与湖北毗连，在在可虑，尤宜于南北交界处所、水陆要隘，加意严防，毋得稍有疏懈。将此由六百里加紧谕令知之。”(《清文宗实录》卷161)

(咸丰五年三月甲戌)又谕：“……又据曾国藩等奏称‘临淮关由寿州、光、固以达麻城，程途甚迩。若令袁甲三由临淮招募寿、光二处练勇五千，由麻城出黄州之背，并力邀击，则蕲、黄可复，皖、鄂两省，便可声息相通’等语。该侍郎所筹，自因江北一带并无得力劲旅，故拟添此一军，以资进剿。惟临淮防堵亦甚紧要，此时能否分兵前进，着和春等酌度情形，妥筹办理。庐州贼匪既已穷蹙，官军长围已合，何以日久尚未得手？总须早复庐郡，大兵便足敷分拨。务即迅图克复，毋再迟延。将此由六百里加紧谕令知之。”(《清文宗实录》卷162)

(咸丰五年三月丙子)谕军机大臣等：“……至拨赴河南之马步队官兵四千名，业经降旨，令赴湖北迎剿……”(《清文宗实录》卷162)

(咸丰五年三月丙子)又谕：“前因襄樊紧急，曾谕令扎拉芬带兵迅赴湖北，与杨霈等会同攻剿。本日据载龄奏‘请饬扎拉芬驻扎枣阳，扼守由楚入陕要隘’等语，该将军带兵赴楚，原为探明贼踪，以剿为防。现在该逆上窜，尚无定向，若令扎拉芬专驻枣阳，转成株守。务须确探贼踪，若枣阳紧急，即会同杨霈实力截剿，倘该逆纷窜他处，即当带兵迅出贼前，迎头截击，切勿只顾一隅，致误事机。将此由六百里加紧谕令知之。”(《清文宗实录》卷162)

（咸丰五年三月辛巳）又谕："……现在贼踞德安，南、汝、光、商，均属接壤。英桂已抵信阳，即可就近调度。邱联恩现赴三关堵御，着饬令该总兵加意严防，以固边圉……楚北军情，并着英桂随时确探，迅速具奏。将此由六百里加紧谕令知之。"（《清文宗实录》卷 162）

（咸丰五年三月癸未）河南巡抚英桂奏："德安贼匪东窜，现饬弁兵出关堵剿。"得旨："览奏曷胜焦急，以后情形，迅速驰奏。汝能随时相机调遣，勿稍拘泥方妥。"（《清文宗实录》卷 163）

（咸丰五年四月己亥）谕军机大臣等："本日据官文奏'贼踪不致西窜，荆州地方安堵'，又据英桂奏'贼复窜逼德安，河南边防吃紧'各一折。该逆自小河溪窜回武汉，本未大受惩创，其去而复来，固在意计之中。英桂所称，三月二十八日，刘富成等接仗失利，退至平林市地方，事在官文发报以后，此时江北情形，不得谓贼锋稍挫。杨霈退扎随州，其始意原为援应襄阳，今扎拉芬已抵樊城，与襄阳一江之隔，所带陕兵，即可由彼直下。而杨霈逗遛枣阳，日久未据奏报军情，观其咨会官文、英桂之语，总欲俟北兵全到，方图下击，是坐拥多兵，徘徊于随州、枣阳之间，迹似居中调度，实则进退无据。前此奏报收复德安，不过摭拾各属禀报之词，均于大股贼匪无涉。此后贼回汉口，复窜应山，均未迅速入奏，岂江北一带，遂可安然坐镇耶？现在常亮所带马队早抵南阳，计日当可与扎拉芬会合。扎拉芬后起官兵，想亦陆续赶到，即着该将军整队前进，与杨霈合兵下击，不得任令杨霈借口耽延。孔广顺所带步队，到信阳者已有两起，英桂拟令径赴德安，毋庸绕道随州，所见甚是。杨霈若仍在随州坐待北兵，是故为纡折之计，置江北大局于不顾，自问当得何罪。荆州现在虽尚安堵，兵力仍形单薄，逆匪诡谲异常，难保不尚图窥伺，官文但当妥为防御，力保荆郡。宜昌匪徒，尤当设法肃清，以通川兵川饷入楚之路。所需饷银，现在川、陕两省，均有续报启程之款，着官文专弁催提到楚，与杨霈军营通融分用。杨霈何日由随州进兵，扎拉芬何时与杨霈会合，均着速行驰奏。南岸武昌一带，据英桂探报，连日均有胜仗，而官文奏报常恩到荆州，并未述及，是否确有捷音，亦着迅速探明奏报。将此由六百里加紧各谕令知之。”（《清文宗实录》卷164）

（咸丰五年四月己亥）又谕：“英桂奏‘楚北逆匪复窜逼德安，严防豫南边境’一折，该逆前由小河溪退回武汉，因闻武昌官兵连获胜仗，不敢上窜，复折回孝感县杨店地方，分股窜扰，逼近德安。现在罗山之九里关及信阳三关，情形吃重，该抚已派委员弁，添募乡勇，分投防堵，布置尚属周密。其孔广顺所带步队官兵，计日可全抵信阳，该抚现将此项官兵暂屯关外，与邱联恩互为声援，并即由信阳出关，径取德安，毋庸绕道随州，致多纡折。又因豫省勇多兵少，已将山东壮勇一千名截回，当俟冯官屯残匪扫数歼除，再行酌调官兵，赴豫协剿。杨霈现在随州，已谕令赶紧进剿。惟该督所带兵勇屡经溃败，恐难得力，着英桂即催令常亮所带马队，星速前进，赶赴杨霈军营，听候调遣。仍严饬该镇道等，于各处要隘加意防备，断不可稍有疏懈。其楚北贼情，仍着确切侦探，随时具奏。将此由六百里加紧谕令知之。”（《清文宗实录》卷164）

（咸丰五年四月辛丑）署湖北巡抚胡林翼奏：“添募兵勇，分路进剿。”得旨：“览奏，分南北进攻，并防旁窜，布置尚合机宜，总以实力防剿，以分贼势为要。”（《清文宗实录》卷164）

（咸丰五年四月丙午）谕军机大臣等：“曾国藩等奏陈‘水陆军情’一折，行兵之道，合则力厚，分则力薄，自师船陷入鄱湖，贼匪再扰武汉、广饶一带，复有贼踪窜突，该侍郎等水陆两军，实有不能不分之势。现在金口一军相隔虽远，昨据胡林翼奏，由湖南添船募勇，兵威复振。曾国藩若竟回剿楚北，恐九江、湖口、小池口之贼势必内犯江西，而塔齐布陆军亦无声援……此时鄱湖师船出泊九江，能否保护，使无意外之虞，惟在该侍郎酌度情形，妥为筹画。设或九江难以停泊，而武汉情形更为吃紧，即分兵应援武汉，曾国藩仍带兵船居中策应。江面得此一军，亦足断贼匪往来之路。该侍郎所谓‘千里驰逐，不如坚扼中段’，所奏亦不为无见。当此上下皆贼，总宜计出万全，勿以浪战失机，勿以迟回误事。一切机宜，朕亦不为遥制。该侍郎不可因挫失之余，遂至束手无策，仍当激励军士，踊跃用命，谋定后动，勿负初心，以副委任……将此由六百里加紧谕令知之。”（《清文宗实录》卷165）

（咸丰五年四月戊申）谕军机大臣等：“杨霈奏‘北路官兵尚留信阳，恳请饬催’一折，据称‘贼匪复窜德安，现会集各路兵勇分道攻剿。惟孔广顺统带之步队二千五百名，因途中阻雨，于四月初二日始抵信阳，复经英桂暂留，并因兵丁口粮等尚未豫备，以致未能前进，请饬迅速来楚’等语。此项步队官兵，前经英桂奏称，于行抵信阳后暂屯关外，与邱联恩互为声援。现在杨霈拟令常亮等由马平港进攻德安，其汉阳一路，派孔广顺步队兵为头队，扎拉芬马步兵为二队，由汉川取道进攻，已谕令照拟办理。豫省边防固属紧要，惟坐守不如迎剿，且山东续调之兵一千名即日抵豫，足敷防堵。所有孔广顺兵二千五百名，着英桂饬令该总兵统带，即日启程，前赴汉川一带，会合进剿，并将口粮等项克期豫备，毋得稍涉迟误。该官兵启程日期，并着即行驰奏……将此由六百里加紧谕令知之。”（《清文宗实录》卷165）

（咸丰五年四月戊申）又谕：“杨霈奏‘贼匪复窜德安，统兵分道攻剿’一折。逆贼窜踞德安，驱逐民人，修垒筑台，显系意图久踞，以为乘间北犯之计。该督请以常亮、讷钦、杨昌泗等所带兵勇，由应山进攻德安，而令孔广顺、扎拉芬与该督现带兵勇沿河进剿汉川，意在先复武汉，以为攻贼之所必救，固应如此分道进攻。惟讷钦在德安曾经失利，致贼入城，未可深恃。扎拉芬、孔广顺多系生力官军，以之进剿汉川，尽可得力。若该督再同往汉川，则德安盘踞之贼，又生诡计，非上犯荆襄，即袭我汉川官军之后，殊非善策。杨霈着毋庸前赴汉川，即由随州星速进兵，督同常亮等先复德安，将内河之贼节节扫除，再行进逼汉阳。其汉川一路，即责成扎拉芬督同孔广顺等进剿。未到之川勇，即作为扎拉芬之第三队，兵力亦不虞单薄。杨霈自正月以来，节节退守，从未得一胜仗。逗遛随州、枣阳，又复经旬匝月。现在德安贼势渐坚，该督转拟率兵南下，岂该逆盘踞坚城，后路之忧未靖，该督遂能克复汉阳，不虑腹背受敌耶？常亮已抵南阳，该督令其赴德安，则须绕道而东，孔广顺现在信阳，该督令其赴汉川，则又须绕道而西，取路未免不顺，惟马队不宜于水路，不能不为此调拨。仍着催令赶紧趱行，或可以其迅速，补其纡折。本日已有旨，谕知英桂令孔广顺即日出关前进，想不日定可驰抵京山一带，如果尚未到齐，即着扎拉芬严催前进。该督现带之兵，合之原派常亮等之兵，不下八九千人，务将德安逆贼克日剿尽，不准再事迁延。该督何日驰抵德安，并着迅速驰奏。至所需饷银，现在川、陕等省，均有续报启程之款，前经谕知官文，专弁催提，与杨霈通融分用，着该督一体严催，遵旨分拨，嗣后再有续解之款，亦着照此办理。将此由六百里加紧谕令知之。”（《清文宗实录》卷 165）

（咸丰五年四月丁巳）谕军机大臣等：“扎拉芬、杨霈奏‘武汉贼匪上窜德安，我军进攻’，并‘常亮失利退回，扎拉芬被围冲出受伤’各折片，览奏实深焦急。此次贼匪大股分扑平林市长林冈，杨昌泗等迎剿，先胜后挫。常亮所带马队退回时，反将步队冲乱。扎拉芬营盘被围，该将军受伤，溃围而出。现在逆势猖獗已极，襄阳一带情形甚属吃重。前据乐斌等奏称，先后调派兵勇数千名，归颜朝斌统带赴楚。又据僧格林沁奏，派刘衡等带投诚义勇前往助剿。此项兵勇谅已陆续抵楚，着该督等迅速催提，奋力攻剿。扎拉芬现在是否由南路赴襄阳？该郡系粮台重地，且尚有后起步队，该将军到彼，一面严密布置，一面仍赶紧整顿，与杨霈诸军合力进剿。杨霈屡次挫失，若再不知奋勉，致逆匪肆扰襄樊一带，自问当得何罪。现在茌平县冯官屯贼匪悉数殄灭，投诚两湖义勇，僧格林沁已派员管带回籍，交该督等调遣，并据该大臣现派勇目詹起纶等八名，于到楚后暗探贼营，设法解散。该督即当随时察看情形，剿抚兼施，妥为办理。将此由六百里加紧各谕令知之。”（《清文宗实录》卷166）

（咸丰五年四月丁巳）又谕：“现在楚北贼势猍猖，亟宜派兵策应。着西凌河于冯官屯驻扎官兵内挑选绿营步队精兵二千名，配齐军装器械，拣派得力将弁管带，即日启程，前赴湖北杨霈军营，听候调遣，并将该官兵启程日期先行具奏，毋稍迟延。将此由六百里谕令知之。”（《清文宗实录》卷166）

（咸丰五年四月丁巳）又谕：“本日据英桂奏‘探闻贼窜随州’一折，此次逆匪分股陆续上窜德安，据河南所获逆犯讯有‘欲由随州、枣阳窜往襄樊’之供，南阳一带，亟应加意严防。现在扎拉芬于五里墩营盘被扑后，是否赴襄整旅，尚无确信。杨霈、常亮均退去唐县镇驻扎，贼势逾张，我兵更形单弱，若襄阳有警，豫省边防吃重。该抚已知会孔广顺，即由关外拔营，向应山进发，急宜迅催该提督径赴随州会剿，遏楚北贼锋，即以保护豫省边界。至常亮挫失，半由所带马队于地势不宜，不如饬令常亮将马队退扎三关，以防豫境。将此由六百里加紧谕令知之。”（《清文宗实录》卷166）

（咸丰五年四月己未）又谕：“杨霈奏‘扎拉芬因伤身故’一折。扎拉芬于五里墩地方与贼接仗，杨霈近在数里之间，并不实力救援，反因枪炮之声已息，疑其已赴襄阳，迨经败兵驰报，始知该将军已因伤身故，种种贻误，殊出情理之外。杨霈现统兵勇为数不少，着将扑窜随州之贼迅速歼除，以期进攻德安，遏贼上窜。至扎拉芬所统陕兵，均属劲旅，除溃亡以外，所存尚有若干。并着杨霈设法招集，随营攻剿，不得俟孔广顺之兵到齐，始行前进。倘再不知愧奋，则畏葸贻误之罪，断难幸邀宽宥也。将此由六百里加紧谕令知之。”（《清文宗实录》卷166）

（咸丰五年四月辛酉）谕军机大臣等："本日据英桂奏'湖北贼窜随州，逼近南阳，德安仍有贼踪，请饬拨北路胜兵前往'一折，现在河南省南路边防极为吃紧，湖北攻剿之兵尚形单弱，均非厚集重兵，不足以资剿办。所有冯官屯军营存兵，除步队二千名业经派员带往湖北，并令健锐营、内外火器营官兵分起回京外，其余四千名，着西凌阿迅即一并统带，悉数启程。路过河南，着截留一千五百名，交英桂调遣，以资防守。此外官兵，该都统即行带赴湖北，会同官文等合力攻剿，将窜踞随州之贼赶紧歼除，毋任蔓延。前僧格林沁奏，两湖投诚义勇，派令候选知府刘衡等管解前往湖北。此项义勇，即归西凌阿统带，尤应妥为驾驭，不可稍涉大意，致贻他患。将此由六百里加紧谕令知之。"（《清文宗实录》卷 166）

（咸丰五年五月壬戌）谕军机大臣等："昨因逆匪窜踞随州，谕令西凌阿带兵驰赴湖北，本日复授西凌阿为钦差大臣，督办湖北军务，所有冯官屯现存官兵四千名，着该大臣挑选马队官兵二千名，交克兴阿、都兴阿、史荣椿统带，仍驻扎冯官屯，听候调遣。其史荣椿所带巡捕营官兵二百余名，着即撤回归伍，其余官兵，该大臣即统带前往，由河南驰赴湖北，会同官文等相机进剿，毋稍迟误。至河南需兵防堵，该大臣路过河南，仍着留兵一千五百名，交英桂调遣。孔广顺所带官兵计已早到，统归该大臣调度。其刘衡等带往之投诚义勇，应如何示以恩信，使之感激用命，西凌阿在营日久，必能妥为驾驭，以助兵力。湖北兵勇屡经溃散，多不足恃，必当加以挑选，方可留营，不至徒糜军饷。将此由六百里加紧谕令知之。"（《清文宗实录》卷 167）

（咸丰五年五月壬戌）又谕："昨据英桂奏'探闻湖北随州被贼占踞，德安贼踪未退'，本日已授西凌阿为钦差大臣，统兵赴鄂督剿。着桂良于直隶省挑选精兵三千名，崇恩于山东省挑选精兵二千名，配齐军装火药，听候调遣。将此各谕令知之。"（《清文宗实录》卷 167）

（咸丰五年五月）丙寅，谕军机大臣等："李孟群奏'整顿水师，请旨简放臬司，并派统领，以资节制'一折。前因北岸贼匪复扰武、汉，经曾国藩派令李孟群回鄂援剿，现已由湖南添备炮船百余只，选募水勇千余人，由金口进扎军山、沌口一带，连获胜仗，军威复振。该员水军本归曾国藩统领，现在曾国藩战船尚未驶出鄱阳，若一切奏报军情及调兵筹饷等事，仍待曾国藩调度，鞭长莫及，难免贻误。胡林翼现驻江夏县属袁家河，相距较近，李孟群所带船勇，即着胡林翼就近统带，会齐两岸水陆各军，迅图克复武、汉两城，直捣贼巢，正以牵制该逆，使不敢上窜。其湖北臬司员缺，仍着李孟群暂行署理。将此由五百里谕知胡林翼，并传谕李孟群知之。"（《清文宗实录》卷 167）

（咸丰五年五月丁卯）谕军机大臣等："英桂奏'光、息等属捻匪肆扰，拨兵剿捕，并请催北路胜兵'一折。现在德安、随州贼势方张，河南边防正在吃紧，而湖北潜回捻匪窜扰光、息，拒捕戕官，复有霍邱捻匪滋扰该处，与固始、商城壤地毗连，亦应豫筹堵剿……至逆匪现踞随州，本日据官文奏报，已近唐县镇地方，有趋枣阳之势。该抚已饬崇安带河北官兵驰赴南阳，与庆德协力防堵。即着催令克日启程，如能进逼襄樊，协同楚兵，以剿为防，亦即相机筹办。冯官屯军营派往湖北投诚义勇人数众多，沿途能否安静，殊不可知。今光、息等属捻匪肆行，河南内患已可深虑，若此项义勇经过豫境，再有滋扰，或稍形反侧，则河南全局将不可问，着英桂一并妥为防范……湖北军情，仍着随时确探奏报……将此由六百里加紧谕令知之。"（《清文宗实录》卷 167）

（咸丰五年五月戊辰）又谕："……另片奏'东省兵力较单，请免派候调官兵'等语，固系实在情形。但此项官兵系豫备调遣，并非令其克日启程，该省官兵即不能派足二千名之数，亦必得豫备一千五百名听候调遣。如果湖北军务得手，河南防堵稍松，即派出之后，仍令归伍，亦

未可定。该抚即当仍遵前旨，妥为挑选，务期精锐可恃，以备调遣。将此由五百里谕令知之。”（《清文宗实录》卷167）

（咸丰五年五月戊辰）又谕：“……永州府为湖南省西南门户，其界连广西富川、恭城等县，贼匪众多，自应实力堵剿。惟界连广东、湖北等处，逼近贼氛，堵御均关紧要。王葆生等练勇得力，未便专注一隅，其应否移屯永州之处，着骆秉章体察情形，妥为办理……将此由五百里谕令知之。”（《清文宗实录》卷167）

（咸丰五年五月庚午）革职留任湖广总督杨霈奏：“克复随州，贼匪败窜德安，拟即分队进攻。”得旨：“逆匪并未大受惩创，分窜无定，殊深廑虑。”（《清文宗实录》卷167）

（咸丰五年五月戊寅）谕内阁：“杨霈奏‘剿贼获胜，进攻德安’一折。前据杨霈奏，游击常德等协同署知州严澍森等进剿随州，叠次获胜，适提督孔广顺督兵赶到，遂于四月二十九日克复州城。兹据奏称，该匪败窜后，于应山县属马平港、长林冈一带掳掠，复被官军袭杀。初八日，有贼三四千人上窜，刘富成带兵迎剿，严澍森督团策应。官军与贼遇于中途，刘富成手刃贼目数人，兵勇鏖战，复杀百余名。乘胜追至河边，山水暴发，该匪被逼淹没，不计其数。我军过河追杀四十余里，计共歼毙千数百名，生擒四十六名，夺获马匹器械多件。贼锋已挫，着官文督饬孔广顺等迅速进攻德安，毋稍迟延。”（《清文宗实录》卷168）

（咸丰五年五月己卯）湖广总督官文奏：“探闻贼窜府河，调盐道常恩带勇赴潜江，以为沔阳、德安应援，并现与荆州左翼副都统载增商筹防守。”得旨：“着饬令载增会同地方文武，仍须妥慎防范。”（《清文宗实录》卷168）

（咸丰五年五月）辛巳，谕军机大臣等："西凌阿奏'督兵驰抵汴梁，分起前进，并筹拨军需'一折。前据杨霈奏，四月二十九日收复随州，派兵进攻德安。官文奏，于五月十一日督兵启程，驰赴枣阳，并探闻随州、德安之贼已陆续下窜，出府河而至襄河。逆匪奔窜无常，总未大受惩创。官文所带川兵及该大臣所带兵勇，均系精锐之师，必须赶紧会合，探明贼踪，痛加剿洗，力挫凶锋。兵贵神速，断不可稍涉观望，致误事机。僧格林沁前奏，派勇目詹起纶等赴楚侦探贼情。该勇目等如探明逆匪情形，该大臣查勘确实，即可相机布置，并将所探情形随时附报具奏。现派绵洵帮办该大臣军务，业经启程，并带银四万两前往。该大臣驰抵楚省，所需军饷，可先与官文通融办理也。将此由六百里加紧谕令知之。"（《清文宗实录》卷168）

（咸丰五年五月壬午）谕军机大臣等："……至上下游江面，贼船往来无定，复闻江陵逆匪多造船簰[①]，欲顺流冲突，为下援瓜镇之计。此时急务，必应严饬水师各船合力堵剿，使瓜镇之贼不能互相援应……"（《清文宗实录》卷168）

（咸丰五年五月癸未）谕军机大臣等："英桂奏'探报楚北贼情，并收复光山县城'一折，所奏贼自随州退出，占踞德安情形，与官文昨奏大略相同……"（《清文宗实录》卷168）

（咸丰五年五月丁亥）又谕："胡林翼奏'攻剿武汉贼匪获胜'一折。上月二十六日，副将王国才等进攻汉阳西门，胡林翼亦于是日督队力攻南岸贼营，分兵三路，派千总何绍彩等分攻江边白沙洲并江堤八步街等处贼营，该逆悉锐抵拒。经记名知府彭玉麟饬江边陆师赶回横截，自率水勇助战，何绍彩等三营亦飞驰援应，两路横冲，将追贼三百余名全数

① 簰：应为"簰"。

截杀。其前路冲锋悍贼，亦经岸上兵勇围剿，无一得脱。计共杀骑马黄衣贼目五人，斩获首级二百三十一颗，生擒伪总制伍大溃等二十六名，夺获马匹军械多件。另片奏，初十、十一等日，武昌贼匪直犯金口，并下游另股贼匪循江上窜，经该署抚督同彭玉麟、李孟群等分兵攻剿，水陆四战，共擒斩七百余名，剃发逃散者约千余人。着胡林翼严饬水陆各营实力进剿，务将武汉分踞之贼歼除净尽，迅图克复，勿稍迟延。”（《清文宗实录》卷168）

（咸丰五年五月丁亥）又谕：“胡林翼奏‘武昌连次获胜情形’各折片，览所奏军情，武汉贼势尚形猖獗，该署抚所带兵勇既嫌单薄，自未便再行分拨。折内所称拟选派精卒，委臬司管带，渡江协剿，系恐贼由汉沔上窥荆襄，绕出水师后路。但此时随州已复，沔阳一带贼匪亦经击退，孔广顺所带官兵已由枣阳一路进剿德安，西凌阿所统官军不日可出豫境，当可遏贼上窜。若李孟群再带兵渡江，恐该署抚兵力愈单，金口一带不能堵截，转致该逆沿江上窜，未为得计。所称拟令李孟群挑选兵勇管带渡江之处，仍着该署抚酌量缓急，相机办理。塔齐布现在九江，未能即时攻克，万不能分身来楚。孔广顺进攻北岸，必须德安之贼扫除，方能进捣汉阳。该署抚惟当就现有兵力速筹剿办，如江北肃清，西凌阿等自能进兵，与南岸夹击也。溃败兵勇随时裁汰，所办甚是。至所裁之数至一千三四百名，应如何添补助剿，并着妥筹办理。昨据御史张骏奏‘请实行乡团，以节糜费’等语，并着该署抚饬属妥办，如湖北黄州、沔阳等处乡团颇能得力，而河南各属即借乡团为名抗粮滋事，总在体察民情，慎选牧令，固不得视为具文，亦不可拘泥成法。原折着钞给阅看。将此由六百里谕令知之。”（《清文宗实录》卷168）

（咸丰五年六月）乙未，谕军机大臣等：“……义宁……与湖北通城、湖南平江等处均属接壤，万不可令其日久负嵎，致三省声势隔绝，剿办愈难得手……将此由六百里各谕令知之。”（《清文宗实录》卷169）

（咸丰五年六月丁酉）谕军机大臣等："官文奏'行抵襄阳，布置进剿情形'一折。德安贼匪，经官兵截剿，意在下窜。而天门、京山，贼已分股窜扑。该处逼近安陆，道路处处可通，设窜入襄河，勾结肆扰，不特荆襄可虑，且恐由上游各处再图北窜，自应分路进兵，为四面兜围之计。该督现派川兵先赴天门，并催杨昌泗等由皂市前进，叶椿所带之勇饬赴京山，又留川兵二千驻扎安陆，以为天门、京山两路援应，相机前进，布置尚属周密。西凌阿此时谅已驰抵楚境，即当迅速前进，按照官文所咨情形，乘德安贼匪无多，将郡城克期收复，使该逆不敢觊觎北犯，庶可节节进逼，由杨店一路进攻汉口。该督即统带兵勇由襄河两岸水陆并进，直捣汉川，仍当与西凌阿、胡林翼声势联络，随时知照，合力兜击，以期克复武、汉两城。该大臣等务须乘贼锋甫挫，赶紧分路进剿，毋得稍事迁延，致失机会。至投诚义勇，仍着该大臣妥为约束，毋令别滋事端。将此由六百里加紧各谕令知之。"（《清文宗实录》卷169）

（咸丰五年六月辛丑）谕军机大臣等："据载增等奏'鄢家湾等处剿贼获胜，探闻逆情，图窜荆襄'，并西凌阿奏'请饬督臣会剿德安'，及胡林翼奏'筹攻武汉'各情形，所筹均尚周密。官文前奏，咨商西凌阿，先复德安，扼贼北窜，令讷钦进兵，以为后应。该督由襄阳亲率各兵勇从襄河两岸水陆并进，本为居中策应之法。据载增等奏，逆匪窥探荆襄道路，约会汉川贼匪分路赴襄，若由天门县绕越仙桃镇，恐匪踪横出潜江，直窜安陆，已饬常恩带乡勇就近兼顾。其安陆一路，即着官文前调之杨昌泗、叶椿各兵移往驻扎。惟官文以随、枣一带均经布置，谓北路可以无虞。又闻德安贼匪将欲下窜，而西凌阿则称该逆死守德安，经刘富成等带兵进攻，该逆滚木、擂石布置甚密，似无下窜之意。该大臣兵力单薄，不敷围剿，请饬官文会同合剿德安。其天门、京山等处股匪，该督已分派兵勇堵剿，若德安克复，则余匪不击自退。现在西凌阿已于六月初四日由信阳赴楚，着官文一面饬令湖北粮台将西凌阿军营应需军火等项随时支应，一面酌量情形，亲自督兵，与西凌阿会合，攻克德安，先清北面，以遏贼北窜之路。然后与胡林翼会合水陆，进攻武汉，于南北形势，似属相宜。着官文通筹大局，相机办理，朕亦不为遥制，惟不可以德安一城委之西凌阿，致令兵力单薄，未能一鼓歼除。其沔阳、天门一带，业经载增等多调练勇，并饬署藩司常恩带潜江乡勇就近防堵。沙阳一路正当贼冲，仍着官文拨兵援剿，以免疏虞。胡林翼驻营金口，屡次剿贼获胜，惟无大兵会合，未能即复武汉。据奏，欲攻汉阳，必以北兵于溳口、蔡店扼其险要，并以水师横出襄河之内，方可并力武昌，所见尚合机宜。该署抚拟商该督，将南勇、义勇及川兵之服习水土者先行前进，着官文俟北路进兵渐有头绪，即应商同该署抚筹画进攻武汉，迅奏肤功，以慰盼望。将此由六百里加紧各谕令知之。”（《清文宗实录》卷169）

（咸丰五年六月丙午）又谕：“……另片奏‘营兵无可再调，请将备调河南兵一千名留于本省防堵’等语。现在湖北贼踞德安，豫省防务，亦未可稍松。惟东省洋面既系吃紧，着暂将此项官兵留于山东防堵……”（《清文宗实录》卷169）

（咸丰五年六月丙辰）又谕：“王履谦奏‘黄河漫口，下流渐涸，无险可扼，请饬直隶、河南、山东各督抚拨兵防守’等语。楚北逆氛未靖，河防极关紧要……”（《清文宗实录》卷170）

（咸丰五年六月丙辰）湖广总督官文奏：“由襄阳督师启程，会同南北两军布置进剿。”得旨：“汝既与西凌阿会攻德安，务期迅速克复，勿令旁窜为要。布置以后，进剿机宜，尚属妥慎。”（《清文宗实录》卷170）

（咸丰五年六月庚申）谕内阁：“和春、福济奏‘贼陷英山，旋即克复’一折。此股贼匪骤陷英山，经罗田县官绅等不分畛域，带勇助剿，俾得即行克复，实堪嘉尚。所有在事出力及捐资供应之官绅义勇人等，着和春等酌量保奏，候朕施恩。已革道员何桂珍、英山县知县苏秀槐，虽经失守于前，即能收复于后，功过尚足相抵，均着免其议处。”（《清文宗实录》卷170）

（咸丰五年六月辛酉）谕军机大臣等：“官文奏‘克复云梦、应城两城，筹攻德安’一折。该逆踞守德安，原图牵我北路兵力，使不能与武汉之师会合。今两处县城均经收复，德安藏匪亦不过二三千人，正可迅筹攻克。惟长江埠贼船下窜道人桥，虽经团勇击败，仍扎营以防回窜，并于两岸河道均用木石截塞，当可绝其应援。仍应责成该县王培厚等实力堵剿，俾德安贼匪不至有豕突狼奔之虑。西凌阿于初四日自信阳督队启程，绵洵行抵襄阳，已由陆路驰往大营，此时谅已会合。官文亦由水路进发，该大臣等务当趁此贼势中断之时，四路围击，谋勇兼施，捣其巢穴。至设法招降，令被掳之人作为内应，尤宜出以慎重，勿堕诡计。如能先克德安，则进兵汉阳不致有后顾之患。汉川为通达府河之路，若所派兵勇随剿随进，逆匪势成孤立，无难悉数歼除也。将此由六百里各谕令知之。”（《清文宗实录》卷170）

（咸丰五年七月壬戌）又谕：“……楚北之贼复窥伺平江等处，又有黔匪滋扰西路，该省兵勇既多调赴在外，不敷分布，必须罗泽南一军折回湖南防剿，自系实在情形……”（《清文宗实录》卷171）

（咸丰五年七月丁丑）谕军机大臣等：“西凌阿、绵洵奏‘逆匪窜扑，步兵溃散’一折，又据奏‘退回随州收集兵勇，相机前进’等语，览奏实堪痛恨。西凌阿统领诸军剿办楚匪，乃抵德安后毫无布置，并未督兵攻剿。及贼匪扑出，营盘辄被烧毁，孔广顺、讷钦所带步兵望风而靡，营盘亦被贼踞，可见平日既调度乖方，临时又不能相机策应。如果联络扎营，互相援应，何至遇贼即溃耶？至五营义勇，屡次谕令该大臣妥为驾驭，乃竟有邢兴未等率众投入贼伙之事。我军虚实，该逆得以周知，其患更甚。该大臣等因长林冈势难久驻，退回随州，所带马队兵勇仅止三千，义勇二千余名，兵力愈形单弱。本日已谕令都兴阿，将冯官屯官兵二千名带赴湖北军营，交西凌阿等调遣，以资攻剿。官文前奏，督兵由襄阳启程，顺流下击。此次我兵失事，贼势更形猖獗，该督自应赶紧驰赴德安，会同攻剿，使军威复振，以遏贼锋。至逆匪北窜，固不可不防，然能奋力进攻，该逆方自保之不暇，何能远窜？若如西凌阿之以严防北窜为词，以掩其节节退守之罪，是又蹈杨霈故辙，国法具在，岂能屡邀宽宥耶？现在存营义勇是否足恃，溃散兵勇应如何分别留撤，该大臣等务当悉心筹画，毋令再滋他变。将此由六百里加紧各谕令知之。”（《清文宗实录》卷172）

（咸丰五年七月丁丑）又谕：“英桂奏‘探闻德安贼匪突出窜扑，官军失利，现筹严防信阳三关，并剿办匪徒情形’一折……而楚北官军现经失利，则信阳三关愈形吃重，必得在防文武严密戒备，不可稍形松懈……至西凌阿退驻随州，兵勇溃散已多，不敷攻剿，本日已谕知官文带兵前进，会同剿办，并谕都兴阿管带驻扎冯官屯之官兵二千名，即日赴楚助剿。该副都统带兵经过豫省，所需军火，并着英桂随时接济，毋令缺乏。将此由六百里加紧谕令知之。”（《清文宗实录》卷172）

（咸丰五年七月丁丑）又谕：“本日据西凌阿等奏，德安城内贼匪分三股窜出，已革参将刘富成等督兵抵御，因众寡不敌，以致兵勇营盘被贼焚毁占踞。孔广顺所带兵勇逃散居多，五营义勇并多投入贼营。该大臣现在退守随州，严防北窜，楚北贼势披猖，必得厚集兵力，以资剿办。所有驻扎冯官屯官兵二千名，皆系劲旅，着都兴阿即日统带启程，前赴湖北西凌阿军营，听候调遣。该官兵启行时，所需军装、口粮、车辆等项，着崇恩迅速应付，毋误军行，并将启程日期先行具奏。将此由六百里各谕令知之。”（《清文宗实录》卷172）

（咸丰五年七月丁丑）钦差大臣西凌阿等奏："德安逆匪分股窜扑，兵勇溃散，自请治罪。"得旨："联络扎营，何至若是挫败？西凌阿到楚以来并无大举，遭此失事，军威何日复振，岂事前漫无防范耶？"（《清文宗实录》卷172）

（咸丰五年七月庚辰）又谕："骆秉章奏'南北两路剿贼获胜情形'一折。湖北通山等处逆匪，被湖南兵勇击退后，仍踞通城，意图南窜。经魁联、江忠济分遣楚勇，出境迎剿，自三月二十二日至二十七日，连获胜仗，先后毙贼二百余名及六七百名不等，贼已败窜。复有崇阳逆党及江西义宁贼匪，分股再踞通城，并由临湘小路窜及新墙，经江忠济派出之守备徐志近、郭汉云等迎击，毙贼无数。湘阴长乐团勇复会合四万余人分途进攻，毁贼营棚八十余架，连日乘胜追杀，沿途毙贼，每仗不下数百人。该匪全数遁归老巢，湖南北境，边防尚能堵御。着骆秉章即饬江忠济等激励团勇，分投堵剿，将通城交界各处聚匪并力歼灭，以固藩篱……"（《清文宗实录》卷172）

（咸丰五年七月癸未）谕军机大臣等："曾国藩、塔齐布奏'拟移浔郡陆军，会剿湖口'等语……该逆四出滋扰，或窜入江西腹地，或上结湖北逆党，均属可虑……义宁贼匪，已由通城屡扰临湘等处，虽经湖南兵勇击退，而崇阳、通山一带尚与义宁之贼络绎狓猖。罗泽南赴剿后，未知情形若何，此亦该侍郎等后路之患，不可不兼权并计，期出万全也。将此由六百里加紧谕令知之。"（《清文宗实录》卷173）

（咸丰五年七月乙酉）谕军机大臣等："官文奏'移营岳口，督催兵勇，分取汉川、德安'一折，据称'胡林翼于初九日渡江，十三日攻破蔡店。该督现饬李保邦等进攻汉川，直趋蔡店，仍饬颜朝斌等进攻德安，并亲赴岳口地方调度诸军'，布置均属周妥。西凌阿一军，昨经降旨，谕令迅速前进，克复德安。该大臣务宜力图振作，以赎前愆。所带兵勇足资攻剿，不得专待官文所派之兵，迁延株守，更增罪戾。至随营义勇反侧情形，叠经西凌阿奏报，现据官文奏称‘已密咨该大臣严加防范，伺便即聚而歼旃’，自系为亟除内患起见。惟该义勇，除投贼外，尚存二千余名，人数众多，歼除未易。倘因机事不密，竟致倒戈，为害非细。西凌阿前奏，饬令施绍恒等造具花名清册，随时查点。其愿归田里者，即行资遣，若能因此相安，自可逐渐解散；其心怀叵测、得有实据者，即行正法，以儆其余。似此恩威并用，妥为驾驭，庶不致激而生变。官文所请饬催饷银，已谕黄宗汉，按月拨银五万两解至荆州，由该督酌量缓急，分拨各营。并谕崇恩将漕粮变价银十四万两，速解西凌阿军营，以资接济。将此由六百里各谕令知之。”（《清文宗实录》卷173）

（咸丰五年七月乙酉）又谕：“本日据官文奏‘投诚毛勇，恐其生变回窜河南，请饬防堵’等语，已谕令西凌阿妥为驾驭矣。此项义勇，前由冯官屯赴楚，道经河南，路径熟悉，现因官军失利，投入贼营者已有六百余名之多。若辈狼子野心，万一引贼北窜，亦不可不防。着英桂严饬文武员弁随时侦探，加意防范，毋稍疏懈。将此由六百里谕令知之。”（《清文宗实录》卷173）

（咸丰五年七月丁亥）谕内阁：“官文奏‘崇、通股匪屡扰蒲圻县境，叠经击退获胜’一折。本月初二日，湖北逆匪由崇、通等处窜至蒲圻县之中港地方，经该县知县孙守信等督带团勇追剿至卢家桥，歼毙逆匪数十名。初六日，该逆复纠众千余，分路直扑新店。该县会同守备叶定国、千总樊文忠，带勇分投迎剿，新店团首等亦各带勇助剿。鏖战三时，贼众披靡，乘胜追杀十余里，杀贼百余名，坠崖落涧死者无算，生擒伪司马等五名，立时正法，夺获抬枪器械多件。维时分水坳、胡家桥各有贼匪窜扰，亦经团首贺鹏抟等击退。蒲圻为武、汉、金口后路，现在股匪击退，该督仍当督饬文武绅团协力齐心，严加防堵。”（《清文宗实录》卷

173）

（咸丰五年七月丁亥）又谕："官文奏'剿办蕲水贼匪获胜'等语，湖北蕲水县竹瓦店一带有贼千余，由上巴河窜入滋扰，经署麻城县事蕲水县知县刘綮派令兵勇迎剿，毙贼三百余名。余贼复集各路窜匪三千余人，在朱泗桥等处筑立土城抗拒。官绅壮勇分投进剿，复调罗田麻城等勇会合分路直捣贼巢，当将土城五座同时轰塌，计毙贼约二千余名，生擒四十八名。余匪乱窜，我军又追杀百余名，击毙伪将军卒长等多名，夺获军械无算。此次剿办蕲水县窜匪屡战屡捷，各路官绅团练杀贼尚称勇敢，着仍饬该地方官绅严密堵剿，搜捕窜匪，毋任蔓延。"（《清文宗实录》卷173）

（咸丰五年七月丁亥）又谕："官文奏'克复汉川县城'一折，湖北官军，自攻破分水觜贼巢后，于本月十四日，升用知县李保邦等疾趋汉川，冲破贼营。逆匪将各门紧闭，我军逼近城垣，枪炮齐施，该逆开炮拒敌。正鏖战间，魁玉等督催后队兵勇齐到，前队兵勇乘势登城而入，逆众开东门逃奔，我军进城搜杀，并在外尾追，毙贼无算，当将县城收复。此次汉川攻克，南北两军声势已可联络，着官文即饬该员弁乘胜迅赴下游接应，并饬该地方官安抚难民，搜捕余匪，毋留余孽，一面即会同西凌阿等收复德安，毋再迟延。"（《清文宗实录》卷173）

（咸丰五年七月丁亥）又谕："本日官文奏'克复汉川'，并'蒲圻县境击退崇、通股匪'，又'蕲水县击退窜贼'各折片。前因西凌阿督兵失利，叠次谕令官文会剿德安。此时胡林翼已过江，攻破蔡店，李保邦等亦破分水觜贼巢，攻克汉川，我军上下之气已联，官文正可乘此机会，进剿德安。据奏'先派颜朝斌前往应援，该督亲带旗绿各营兵赴下游接应，或进府河夹攻德安，或出襄河进剿武汉，察看缓急援应'等语，惟是德安未克，汉阳又为该逆老巢，守之必力，该督徘徊于中路，恐有腹背受敌之虞。况西凌阿兵威已挫，独力难支，着官文仍遵前旨，迅往德安会剿，勿再延缓。西凌阿到楚后并未打仗，兵勇业已溃散，驾驭无方，思之殊堪痛恨。屡次谕令带兵进剿，不得株守随州坐待官文援应，现在曾否拔营前进，亦未据奏到。倘再不知愧奋，立功赎罪，更有何颜对朕耶？胡林翼着与李孟群所带炮船及魁玉、常恩等各兵联络声势，进取武汉，俾该逆南北不能相顾，庶剿办可望得手。将此由六百里加紧各谕令知之。”（《清文宗实录》卷173）

（咸丰五年八月辛卯）又谕：“官文奏‘官军攻克汉镇，进围汉阳府城，并搜捕汉川余匪，堵截德安窜逆，叠获大胜’一折，据称‘本月十五日，经胡林翼督饬知府彭玉麟等用火龙船攻毁汉口浮桥，冲出大江，会合胡林翼等大兵水陆并进，该处民勇亦同时接应，杀贼无算，立将汉镇克复，又渡河追至汉阳，将东西门外土城尽毁。胡林翼亲冒矢石，杀至龟山。十六日，该抚督率各路兵勇齐攻汉阳，又将四面贼卡土城尽行踏毁。汉川余匪，亦经李保邦等分投搜捕。残贼败逃，无难次第扑灭。其德安之贼屡次图窜，均经官军击回’等语。此次胡林翼亲督水陆各军奋勇渡江，立克汉镇，复能不避艰险，进逼汉阳，办理均属得手。着即乘此声威，激励兵勇，迅图克复汉阳。并着官文会同西凌阿，将德安贼匪合力夹击，悉数歼除，毋再延缓。”（《清文宗实录》卷174）

（咸丰五年八月辛卯）谕军机大臣等：“官文奏‘官军克复汉镇，进围汉阳，现拟亲往涢口相机进剿’一折。此次汉川、汉口先后克复，汉阳逆匪亦已穷蹙，德安贼援已断，其图窜汉川者，复经兵勇截击歼擒。若能乘此机会，南北夹攻，何患德安不克？官文所派颜朝斌等一军，现在全抵应城，正当德安之西南。该督亲往涢口，当德安之东南。西凌阿若株守随州，不思进取，岂将以攻复之事全诿之南军耶？况该大臣兵勇不下八千，随州团练数逾二万，北路声势不为不壮，何以连日尚未进兵？朕授西凌阿为钦差大臣，原不专为德安计，今并一德安亦不能克，溃败退缩，任意迁延，一至于此，试问何颜对朕？着即督率官兵团勇迅速前进，与南路兵勇前后夹击，务将德安府城克期攻复，不得再有耽延。所统各镇将内有畏葸不前、约束不严者，即行据实严参，进兵日期并着速行具奏。官文现往涢口，正可上援德安，下应汉阳。着一面会同西凌阿迅速夹攻，一面与胡林翼声势联络，以期肃清江北，毋失事机。再西凌阿前奏，实存投诚义勇二千二百余名，现已造具花名清册。其窜入贼伙之六百六名，系何姓名，何处籍贯，亦着查明造册附报，咨送军机处呈览。将此由六百里加紧各谕令知之。”（《清文宗实录》卷174）

（咸丰五年八月甲午）谕军机大臣等：“……据探德安贼匪无多，所有信阳防堵事宜，着交邱联恩接办……”（《清文宗实录》卷174）

（咸丰五年八月乙未）钦差大臣西凌阿等奏：“督兵分路前进，并约期夹攻德安，以图进取。”得旨：“西凌阿等此次进兵，若不能迅复德安，国法岂能再宥耶？”（《清文宗实录》卷174）

（咸丰五年八月丁酉）谕军机大臣等：“都兴阿等奏‘驿路被淹，绕探赴楚’一折，此项官兵赴楚攻剿，刻难迟缓。现因东昌一带赴豫之路水势浩大，无可绕行，该副都统拟绕至德州等处，再行分起由直隶境界赶程前进。所有军装口粮，东省尚未运送到营，着崇恩设法解送，俾得星速遄行。其经由直隶地面，并着桂良饬令地方官备办车辆，接济军粮，毋令缺乏，致滋贻误。将此由五百里各谕令知之。”（《清文宗实录》卷174）

（咸丰五年八月己酉）谕军机大臣等：“昨据官文奏‘酌带兵勇，于初七日起，分起折赴德安，此时谅已陆续驰抵该郡，与西凌阿等南北夹攻’，本日据西凌阿等奏‘已于七月二十九日，移营长林冈。八月初九日，进攻府城，间有斩擒，该逆坚匿不出’，览所奏情形，东、西、北三面，尚皆声势联络，惟南面一带无兵截剿。官文前派颜朝斌由应城取道，前往会攻，何以日久尚未见到？该督现又将中路川兵派往颜朝斌处，是该参将所带兵勇较多。着即严行札催，饬令迅速前进，截住德安南面，俾该逆无从下窜，则攻克较易为力，而官文亦可兼顾水陆两路。据西凌阿等奏，获犯供出德安之贼窜回汉阳者三千名，存城之贼不过五六千人，并有已往金陵求救之语。是该逆不能坚拒，必图南窜，既死守待援，亦必从南面勾结。其汉川、汉阳兵勇炮船，虽有常恩管带，是否足恃，魁玉等接驻仙桃镇，能否严扼中路，并着官文妥筹布置。德安府城固不可不以全力进攻，胡林翼一军深入无援，亦不可不为接应，庶免顾此失彼。西凌阿此次进攻府城，仍未见实有把握，此时各营兵勇已步步进扎，即着迅速设法，务将城池克期攻复，以便与官文合兵南下，直捣汉阳。不得因该逆现已不能北窜，遂视进取为缓图，倘旷日相持，贼援踵至，该大臣等延误之罪不能曲贷也。将此由六百里加紧各谕令知之。”（《清文宗实录》卷175）

（咸丰五年八月甲寅）又谕：“载增奏‘荆州门户紧要，拟亲往潜、沔一带督兵堵剿’一折，据奏，贼由府河窜出，常恩所带兵勇遇伏溃败，伤亡甚多。胡林翼汉阳大营，被贼潜袭，兵勇惊溃，蔡店亦于初五日复失。魁玉在沔阳，仅止兵勇二百名，荆州门户空虚，自系实在情形。该署将军欲亲往潜、沔一带，原为严扼中路之计。惟所称前往该处，代督官文水陆诸军，以便该督间道轻骑，驰赴德安，似欲将官文所统各军留于潜、沔，而令官文往就西凌阿之军，所虑未为周密。官文带往德安之兵，已于初七日启程，势不能再令折回沔阳。且进攻城池，亦非可以单骑从事。该署将军到沔后，所谓代督者，仍不过魁玉、萧荫恩兵勇。其李保邦等汉川一路，及颜朝斌由应城赴德安一路，皆系官文所统，均不能拨归潜、沔一带。如果沔阳等处，魁玉竟不可恃，必须该署将军亲往，止可咨商官文酌量抽拨兵勇，以资堵剿。其水陆各军，何路应驻汉川，何路应赴德安，仍由官文调度，庶彼此皆能相顾，方为妥善。将此由六百里加紧各谕令知之。”（《清文宗实录》卷175）

（咸丰五年八月丙辰）谕军机大臣等："官文奏'金口陆营失陷，大江贼势复炽，请增兵催饷'一折。胡林翼一军，前由金口力战渡江，进逼汉阳。兹因崇、通股匪窜扑金口，李孟群力战四日，众寡不敌，以致陆营失守，水师势孤。胡林翼与李孟群素来用兵尚合机宜，现虽兵勇溃散，逆焰复炽，谅能重整队伍，不致顿挫军威。义宁州城业经克复，罗泽南带兵搜捕股匪已至崇、通一带，官文现已飞调前赴金口会剿，该处距武昌不远，着胡林翼就近传令，迅速赴援，勿稍迟误。蔡店上窜之贼已经击退，襄河似可无虞，该督布置中路情形，亦属周妥，惟当会督兵勇速攻德安，以期及早克复，然后合兵南下，则胡林翼一军，不至孤立，而武汉各城，亦可次第奏功矣。本日据王庆云奏，已筹拨饷银三万两，于本月十七日解赴楚北大营。其山东、四川应解饷银，已谕令该督抚迅速拨解，并谕令陕西省速筹银数万两解赴襄阳粮台，交该督等分拨应用。将此由六百里加紧各谕令知之。"（《清文宗实录》卷175）

（咸丰五年九月辛酉）谕军机大臣等："胡林翼奏'金口兵溃，回剿奓山各勇亦因饷绌溃散，请仍饬罗泽南来鄂会剿'等语。金口、蔡店等处陆军先后挫溃，胡林翼由蔡家岭移扎大军山，王国才亦引军退驻，水军势成孤立，贼锋猖獗，南北两岸，胡林翼实难兼顾。前据曾国藩奏，官军已入湖口县城，师船冲出大江，惟下钟山与梅家洲贼巢未破。本日又据陆元烺奏，湖口连获胜仗，马受祜收复都昌，剿办已有头绪。此时武汉贼情较为吃紧，着曾国藩仍饬罗泽南迅即带兵赴鄂会剿，冀可转败为功。谅曾国藩必能妥筹全局，速饬应援也。将此由六百里加紧谕令知之。"（《清文宗实录》卷176）

（咸丰五年九月辛酉）又谕："胡林翼奏'饷绌兵溃，请饬川督带勇赴楚，并饬四川等省按月济饷'等语。现因胡林翼陆兵溃散，水军孤立无援，战守均形单弱。官文已赴德安，会同西凌阿督兵攻剿，万一贼匪上窜，窥伺荆州，深为可虑。前有驻扎夔巫之署松潘镇总兵德恩带兵二千名，着黄宗汉先令驰赴荆州一带协剿，如该员不能得力，即于镇将中另派妥员，带兵前往。其夔巫等处与湖北接壤，防堵尤关紧要，该督应否亲自督兵驻扎，抑或另派大员带兵防守，并着体察情形，酌量办理。至胡林翼军营饷糈缺乏，自应急筹接济。前已谕令吴振棫于该省无论何款，速筹银数万两，解往襄阳粮台应用，并着黄宗汉遵照前旨，迅速筹拨。该督等接奉此旨后，即悉心广筹粮饷，按月各拨银数万两解赴襄阳粮台，为官文、胡林翼等水陆各军支发兵饷之用，务当源源解楚，毋稍延误。将此由六百里加紧各谕令知之。”（《清文宗实录》卷176）

（咸丰五年九月辛酉）又谕：“胡林翼奏‘收集溃军，急筹防剿’各等语，此次贼匪由崇、通、兴国扑我金口陆营，德安、应城之贼亦从上游分窜汉口，兵勇溃散。胡林翼暂驻大军山，收集溃勇，加以裁汰，并募湖南得力壮勇，以振军威。惟湖南募勇尚需时日，即川兵亦恐未能速到，着饬李孟群、王国才等力图整顿，不可挫折锐气，使贼势益张，并饬杨载福赶将船只修捻，以资防剿，俟罗泽南一军到楚，水陆均有策应，庶大局尚可挽回。前据载增奏，常恩在柘树口遇伏兵败，以致贼扑蔡店，汉阳之匪亦突出抄袭。该署将军欲亲赴潜、沔堵剿，已令官文妥筹兼顾。着胡林翼等随时咨商官文等，不致顾此失彼，方为妥善。将此由六百里加紧谕令知之。”（《清文宗实录》卷176）

（咸丰五年九月）丙寅，谕军机大臣等：“据曾国藩奏‘已革道员剿贼屡胜，请令督办皖、楚交界团练’等语。已革道员何桂珍于正月间克复蕲水，五月间克复英山，复在罗田各属叠获胜仗，堵剿尚属认真。已降旨，将何桂珍赏给六品顶带，其出力员弁绅勇，准曾国藩择尤保奏。现在皖、楚两省军务方殷，其交界处所，每为两省兵力所不及。如安徽之太湖、宿松、英山、霍山，湖北之黄梅、广济、蕲水、蕲州、罗田、麻城，土匪蜂起，旋复旋失，非有专责之员督办团练、严清土匪，不能断贼接济之路。既据曾国藩奏，何桂珍往来该处，与各绅耆信义相孚，颇资得力，着即饬令该员督办各该属团练，将皖、楚交界土匪次第剿除。已复地方，责令劝谕绅民同心固守，未复地方，并令设法收复，遇有贼踪上窜湖北，亦可从后要击。所需粮饷，准其于各该属劝捐动用，如皖、楚两省稍有余力，仍着随时接济，毋任饥疲溃散，致误事机。至英山克复出力员弁，前准和春等酌保，着即咨明曾国藩，与蕲水、罗田各案一并保奏，以归画一。将此由五百里各谕令知之。”（《清文宗实录》卷176）

（咸丰五年九月戊辰）谕军机大臣等：“西凌阿等奏‘督兵攻剿获胜’一折，此次我军分路进攻德安，该逆闭门坚守，迨义勇撤队，该匪辄由地道拥出，并于濠内绕往接应。西门亦有贼匪突出扑营，虽经马队截击，该逆并未大受惩创，兵勇且有伤亡。该大臣等统领大军屡次进攻，总未得手，设下游贼匪纷纷上窜，贼援愈众，则贼守益坚，安望即时克复？至随州勇队见贼退却，义勇多人又投入贼伙，似此漫无纪律，何以操胜算而挫凶锋？着该大臣等严申军律，激励将弁兵勇，迅图克复郡城，毋再迁延贻误，自干咎戾。官文此时谅已前赴德安，参将颜朝斌在城南扎营，兵力较单，恐未可深恃。该督务当赶紧前进，与西凌阿等四面环攻，以期力破贼巢，毋稍延缓。将此由六百里加紧各谕令知之。”（《清文宗实录》卷176）

（咸丰五年九月辛未）谕军机大臣等：“本日据载增等奏‘汉川复失，贼逼沔、潜，荆州实形吃重’一折，据称自奓山、金口相继失利后，贼势猖獗，炮船陆勇，均由黄陵矶，大、小军山退至新堤、嘉鱼两岸分扎，与沔、潜通连之蒲团、侏儒山等处，皆为贼踞。八月二十一日，贼扑汉川城外营盘，常恩、李保邦兵力不支，汉川复失，现退回仙桃镇、鄢家湾等处驻扎。胡林翼前奏，暂驻大军山，收集溃勇，现复退至新堤、嘉鱼两岸，是否与贼接仗，及如何布置情形，何以未据该抚奏报？官文此时计已驰抵德安，自难回兵援剿。但贼逼沔、潜，荆州情形万分紧要，常恩等驻扎仙桃镇等处，兵勇甚单，设有疏虞，所关非细。该督统辖全省，其应如何设法援应之处，务即迅速妥筹，与载增等所派兵勇并力截击，以遏贼窜荆州之路。现命黄宗汉将驻扎夔巫之兵勇二千先行饬调前赴荆州，以资援应，但恐一时未能即到。胡林翼兵勇虽已溃散，仍当力求整顿，以振军威，并飞催所募湖南新勇星速赴鄂。罗泽南之兵如已驰抵大营，即可会合兵力，迅图攻剿，以遏凶锋，并严饬李孟群等招集兵勇，扼要堵截。沔、潜一带经载增等分拨兵勇，防贼纷窜，复于郡城附近抽调满洲营精兵交魁玉督带，办理尚合机宜。着即严饬各该员实力防堵，毋稍疏懈。所有近日贼势及官文、胡林翼如何布置防剿，务须随时奏报，以慰悬系。将此由六百里加紧各谕令知之。”（《清文宗实录》卷177）

（咸丰五年九月辛未）又谕：“据载增等奏‘汉川复失，下游皆系贼巢，情形较前倍觉吃紧’，前有旨，令黄宗汉饬署松潘镇总兵德恩管带夔巫防兵二千名赴荆协剿，并另派镇将接办夔巫防务，如须亲往驻扎，并着酌度办理。现在胡林翼之军甫经挫败，官文前往德安，未能兼顾，而荆州兵力尚单，恐该匪上窜，未能抵御。湖北接壤蜀境，惟有从夔巫上游派兵下压，庶堵剿较易为力，着将德恩防兵迅饬赴荆。惟贼氛既极吃紧，川兵仅止二千，尚恐难资堵击，必须量添兵勇，并另派得力大员统领，方可借挫凶锋。川楚唇齿相依，能保荆州，即以固川省门户。黄宗汉统辖全蜀，自未便出境，着察看情形，于将军乐斌、提督万福二员中酌量一员，派拨兵勇数千名，即由夔巫一带驰往荆州，会合攻剿，以资援应。川省兵力，何处尚堪调拨，着该督酌度办理，并即迅速驰奏。将此由六百里加紧谕令知之。”（《清文宗实录》卷177）

（咸丰五年九月癸酉）谕军机大臣等：“官文奏进攻德安获胜及中路现尚无虞各情形一折，所叙获胜各情，与西凌阿前次奏报，虽日期稍有先后，而逆匪死拒情形大略相同。该督既称德安利在速战，即应迅图攻克，以绝该逆望援之心。颜朝斌驻扎府城西南，兵力甚单，即该督添派叶永泰带往之勇亦属无多，若俟郧兵、泸勇到齐，诚恐贼援大至，不但德安难复，且于大局更增棘手。其中路一军经此挫败，万难得力，常恩、李保邦等兵勇均已不可深恃，李孟群既已赶赴沙湖，即可责令专办中路，与载增所派防兵会同严扼潜、沔一带，以为荆州屏障。该督仍带所调兵勇与西凌阿迅速进攻德安，俟克复后，再与胡林翼等会合图复武汉，不可再有延滞。本日又据胡林翼奏‘请饬川省拨兵筹饷’一折，此时四川情形，欲每月筹银十万两，实属力有未逮。已谕知吴振棫于陕西续收捐输项下，按九、十、十一三个月，每月解银五万两，交该署抚军营应用。其所需川兵，前已谕知黄宗汉，先将署总兵德恩所带夔巫防兵二千名饬赴荆州，并于乐斌、万福二员中酌量一员，添拨兵勇数千名随后继进。此时中路官兵失利，荆州吃紧，甚于下游，必俟府河逆踪扫荡，此项官兵方可会合，进图武汉。当此贼氛复炽，汉川迤西空虚尤甚，该署抚务当速整军威，力图进取，不可因此挫折坐失机宜。将此由六百里加紧各谕令知之。”（《清文宗实录》卷177）

（咸丰五年九月）庚辰，谕军机大臣等：“西凌阿等奏‘连次歼贼获胜’一折，所奏不过堵剿情形，并未实力筹攻。如初六日之战，以已败之贼背城反噬，几被围裹。初九日之战，既传知颜朝斌出队夹攻，何以又未交战，直至颜朝斌营盘被困，始于次日往援？十一日之战，又以猝不及防，几堕逆匪诡计。种种疏失，不但郡城不能攻克，即该逆分股出扑，亦仅勉强支持。每次伤亡兵勇总有数十余名之多，似此调度乖方，毫无把握，安望其克复德安耶？仍着督饬各营将弁合力进攻，不得待贼出扑始筹堵御。官文由安陆、京山一带进发，为日已久，亦未免迟滞，此时谅已驰抵德安。西凌阿等于进攻机宜，尚未能操胜算，官文到后，务当妥筹布置，大振军威，并力攻克府城，使江北之贼先绝根株，然后武汉等处会剿易于得手，谅该督亦必早计及此也。西凌阿等另片奏‘请调余丁马匹’等语，吉林、黑龙江两处间散，未必能如所请之数，已有旨，令景淳等各豫备数百名候调矣。惟都兴阿所带冯官屯马队二千名，已于初九日由河南卫辉启程，不日可抵德安，着官文与西凌阿等妥商，或此项官兵到后，毋须再调余丁马匹，或仍须添调，而数目可以酌减，均着迅速奏明，再行降旨饬调可也。将此由六百里加紧各谕令知之。”（《清文宗实录》卷177）

（咸丰五年九月壬午）又谕：“……惟前经降旨，令黄宗汉酌拨兵勇赴湖北助剿，尚未据该督复奏。此时兵力，是否足敷调遣？着黄宗汉酌量抽拨，即交蒋玉龙统带前往……”（《清文宗实录》卷178）

（咸丰五年九月壬午）又谕：“……惟现在楚北逆匪势其[①]猖獗，荆襄一带防剿万分吃紧，川省官兵调赴楚北者已属不少，而夔巫等处尚须驻兵严防，是川兵能否再行调拨，尚未可定……”（《清文宗实录》卷178）

（咸丰五年九月乙酉）又谕：“骆秉章奏‘官军会剿湖北通城逆匪，克复县城’一折。湖北通城等县为贼首钟姓纠党屯聚，意图抗拒，骆秉章札饬浙江宁绍台道罗泽南带勇进攻，纵火焚烧贼垒，该逆夺门狂奔，当将县城收复。其奔窜贼匪，复为罗泽南伏勇截杀殆尽。罗泽南带领兵勇屡著战功，此次攻克通城，尤属奋勇可嘉，着发去白玉翎管一枝、绿玉四喜搬指一个、荷包八个、火镰一把，交罗泽南祗领。仍饬会攻武汉，迅殄寇气。所有罗泽南一军在事出力人员，着曾国藩核明保奏。其平江四营各绅勇，并着骆秉章饬令罗泽南查明，由该抚据实保奏，以示奖励。”（《清文宗实录》卷178）

（咸丰五年九月乙酉）谕军机大臣等：“本日据西凌阿等奏‘马队官兵杀贼获胜，步队兵勇失利溃散’一折，并片奏‘孔广顺有意退却’等语。西凌阿、绵洵总统诸军，剿办楚北逆匪，兵勇屡次溃散，调度乖方，

---

① 其：应为“甚”。

毫无纪律，已将西凌阿、绵洵革任留营，并授官文为钦差大臣，督办军务矣。官文接奉此旨，着即驰抵德安，妥筹攻剿事宜。西凌阿等所带马队，尚属奋勇可用，或仍令该革员等督带，以赎前愆。至步队募勇，遇贼即逃，懦怯已极，投诚义勇一项本有三千，今已止存六百，余皆逃入贼营，此等情形，几于不可收拾。官文接统全军，应如何力加整顿，号令严明，信赏必罚，以期挽回恶习，转败为功，着即妥筹办理，以副委任。都兴阿即日可到，所带皆系劲旅，堪以制胜。本日据奏，颜朝斌一军在德安城南驻扎，屡挫贼锋，现复添派兵勇助剿。至窜扑江家集之贼，虽经常恩击退，究未能剿除净尽，官文已檄饬李孟群与常恩会合，力图蔡店，扼守要隘，布置均属周密。罗泽南克复通城，即由崇阳一带乘胜前进，与胡林翼合攻金口，再图武昌，所有南路军务，谅可渐有起色。该大臣即驰往德安，先筹克复，然后统兵南下，迅扫逆气，速奏肤功，以慰殷望。将此由六百里加紧谕令知之。”（《清文宗实录》卷178）

（咸丰五年九月丙戌）谕军机大臣等：“据曾国藩奏罗泽南带兵援鄂，距该侍郎军营甚远，请令该道自行奏报军情。并据李孟群奏称‘驰赴中路，力图整顿’各等语，自蔡店失利，府河后路空虚，常恩等兵勇遇贼却退，武汉贼势愈肆披猖。官文前赴德安，中路各军必应有所统属。李孟群已于本月十六日督同参将赵鸿举等由沙湖至仙桃镇，所有中路各军，着官文即饬李孟群就近调度，所需军饷，并着饬令庄受祺由粮台筹款拨解。罗泽南移师援鄂，业已克复通城，即日当与胡林翼会合。嗣后罗泽南剿办情形，即着胡林翼奏报，毋庸交曾国藩转奏，以省往返耽延。将此由六百里各谕令知之。”（《清文宗实录》卷178）

（咸丰五年九月丁亥）谕军机大臣等：“前因廓尔喀借端滋扰，占踞地方，当饬黄宗汉酌调川兵三千名，令乐斌统带赴藏，以备攻剿……惟前因湖北需兵，曾谕该督调拨，又渐届严寒，揆之天时人事，尚难遽议兴兵……”（《清文宗实录》卷178）

（咸丰五年九月己丑）谕军机大臣等："……惟湖北贼势猖獗，防剿吃紧，曾谕黄宗汉派兵助剿，尚未据该督复奏……"（《清文宗实录》卷178）

（咸丰五年十月辛丑）又谕："前因湖北贼势猖獗，荆州吃紧，曾谕令黄宗汉饬催署松潘镇总兵德恩带夔巫防兵二千名，迅赴荆州防剿，并令再拨兵勇数千名，于将军乐斌、提督万福二员中酌量一员，统带赴荆，以资援应。本日据官文奏，汉阳逆匪倾巢上窜，官兵失利，汉川复失。该逆窜至鄢家湾、麦旺觜一带，恐其窥伺荆襄，大局攸关，必得添兵防备。德恩所带防兵，着即严催迅赴荆襄，听候官文调遣，毋稍迟误。续拨赴荆兵勇，究有若干，乐斌、万福二员何人可往，并着一面筹度，一面迅速具奏……将此由六百里加紧谕令知之。"（《清文宗实录》卷180）

（咸丰五年十月辛丑）又谕："官文奏'汉川复失，中路官军失利'一折。前据该大臣奏'中路情形，尚可无虞'，又奏'常恩带兵进袭蔡店'各折，似尚有把握，何以数日之间，遽有此失？据称汉川失守后，鄢家湾之军亦相继溃挫，逆众已至麦旺觜盘踞。是中路情形，万分吃紧。李孟群业于九月十六日，由沙湖至仙桃镇。中路各军，已有旨，令其就近调度。何以此次折内，尚称飞催该署臬司迅赴襄河？该署臬司系专办中路之员，岂可任其久驻潜、沔之间，致下游贼踪猖獗上窜？着官文严饬李孟群迅即前进，所有襄河上下贼匪，责令一力攻剿，该大臣得以先顾德安，不受牵掣。该大臣自钟祥、京山一路行走，至今尚未行抵德安，亦未免过于迟滞。着即迅速启程，一面接受关防，督办北路攻剿事宜，一面兼顾中路，并将潜、沔等处妥为布置，毋任顾此失彼。常恩、魁玉、锡龄阿不能实力堵御，着该大臣即将该员等溃败情形查明具奏，前次收复汉川，是否派有驻守员弁？此次失守，亦着查明下落，一并具奏。将此由六百里加紧谕令知之。"（《清文宗实录》卷180）

（咸丰五年十月）壬寅，谕军机大臣等："官文奏'德安府城于十月初四日克复，现在督饬兵勇追剿逆匪，拟即振旅南下'。该逆匪弃城逃逸，如果下窜武、汉，则该大臣自应克日南下，跟踪追剿，俾武、汉贼匪不致更增凶焰，即可与胡林翼等迅图克复两城，廓清楚境。惟昨据该大臣奏称，汉川复失，鄢家湾之军相继溃挫，麦旺觜已为贼踞，中路情形，万分吃紧。倘此股逸贼竟由府河上窜，为麦旺觜等处贼匪援应，则该大臣自不得遽行南下，以致顾此失彼。着官文确探贼踪，妥为斟酌，饬令常恩、魁玉、锡龄阿等实力堵御，毋稍疏懈。并遵照前旨，严催李孟群迅速前进，将麦旺觜等处贼匪设法扫除，毋令愈聚愈多，转难措手。至此次南北各路官军进攻德安，何项兵勇最为出力，并着查明具奏。再本日复据胡林翼奏'克复崇阳，并蒲圻官军先胜后挫'一折，崇阳县城池于九月十四日，经罗泽南带兵克复，本可即与该抚夹攻蒲圻。惟逆贼石达开率众数万人上窜，悉踞武昌南岸，较罗泽南之军多至十倍，以致与胡林翼阻隔。罗泽南所带各勇虽仅五千余人，然皆精锐，自江西饶州、义宁转战无前，遂能连克崇、通，今以数万贼匪蜂拥相逼，深虞挫失。现在德安既经克复，着官文酌量派拨精兵，遴委得力将弁统带前进，接应罗泽南之师，以壮军威。胡林翼进剿蒲圻，虽未得手，小挫之后，士气尚能振作，仍着胡林翼激励将士，速行进攻，以期与罗泽南一军克期会合，庶不至彼此隔绝，致有疏虞。将此由六百里加紧各谕令知之。"（《清文宗实录》卷180）

（咸丰五年十月壬寅）察哈尔都统西凌阿等奏收复德安府城，派兵追剿情形。得旨："德郡并非攻破，实该逆有意窜逸，难保无另有诡谋，着即赶紧追剿，毋稍松劲。"（《清文宗实录》卷180）

（咸丰五年十月壬寅）湖广总督官文奏："谢授钦差大臣恩。"得旨："汝节钺督师，时时以迅图扫荡、毋负委任之专为念。军务贵速，不可过于拘泥，寓慎重于机变之中方妥。今续阅汝报，知德安已复，但未详叙

情形，料应奏报在途矣。”（《清文宗实录》卷180）

（咸丰五年十月甲辰）谕军机大臣等：“载增等奏‘贼匪攻陷沔阳州城，旋经官兵克复’一折。沔阳为荆州门户，虽经我军收复，而仙桃镇、鄢家湾等处均为贼踞，自应赶紧堵剿，毋任上窜。德安已无贼踪，该大臣即可由汉川一带相机进剿。其夔巫防兵二千名，着即飞催赴荆，应即由荆至潜、沔一带，会同攻剿，着官文酌量调度。得此生力之军，又有李孟群所带炮船八十余只在长湖驻扎，兵力不为不厚。着官文、载增即饬李孟群与魁玉等合力夹击，先将仙桃镇等处贼匪悉数歼除，该大臣即可统领全军，进攻武汉。罗泽南一军为贼阻隔，谅已遵旨派兵前往接应。沔阳州知州萧荫恩是否先期出城，招集团练，有无逃避情事，并着官文确查具奏。将此由六百里加紧谕令知之。”（《清文宗实录》卷180）

（咸丰五年十月戊申）谕军机大臣等：“前据胡林翼奏‘逆首石达开率贼数万上窜’，早虑罗泽南兵单不敌，恐有挫失，已谕知官文派拨精兵，前往接应。览本日该署抚奏罗泽南一军接仗情形，将士兵勇，均能奋不顾身，以少击众。惟彭三元、李杏春俱冲锋殒命，殊为可惜。虽二十六日，羊楼洞之捷尚能转败为胜，士气不衰，究竟伤损精锐，皆因兵单所致。胡林翼所统各军既已力加整顿，即着与罗泽南会合，直抵蒲圻。石达开、韦俊均系著名悍贼，现既麇聚咸宁，即应合力进攻，能将该逆歼戮，则咸、蒲一带贼匪自必瓦解。罗泽南之兵本扎崇阳、羊楼两处，今既并归羊楼，则崇、通后路有何接应？此时贼势甚炽，攻剿机宜，固不在专守城池。而此军一移，诚恐得而复失，不特前功可惜，抑且后顾堪虞。应调何处兵勇以为后路接应，该署抚即与官文商酌，如荆州新到川兵及德安得胜兵丁皆可分拨，着该署抚飞咨官文，迅速调度。罗泽南一军，于剿贼极有关系，而崇、通、咸、蒲又为江西、湖南四达之冲，该逆既以全力来抗，我军亦必并力会攻，始能得手。此处关键一得，即可乘胜长驱，由金口直趋武汉，切勿稍存大意，致误事机。再该署抚两次折内，均有‘岳州兵挫’之语，是否系湖南防兵，逆贼是否不至上窜，未见骆秉章奏报，并着该署抚将详细情形附报具奏，以慰廑念。将此由六百里谕知胡林翼，并传谕罗泽南知之。”（《清文宗实录》卷180）

（咸丰五年十月乙卯）谕军机大臣等：“前因德安克复，逆贼由孝感逃回武汉，谕令官文迅从汉川一路进剿，并恐罗泽南兵力单弱，令拨精兵接应。昨据载增等奏，魁玉等攻克仙桃镇、鄢家湾等处，中路渐就疏通，该大臣正可督师南下。乃览本日官文奏报‘收复汉川县城，仍暂驻德安部署’一折，实堪诧异。官文驰抵德安，已在攻复郡城之后，计今又逾半月，不即乘此声威、趱程进发，远驻无贼之地，似此有意迁延，避难就易，何以激励军心？罗泽南以五千余勇敌贼数万，因彭三元等剿办失利，扼驻羊楼，事机吃紧，急盼北路援兵会剿，何以此次未闻筹及？现在中、北两路均已得手，即当统率官兵，由北而南，与襄河兵勇乘势下压，约会胡林翼等，为三面兜剿之计。其西凌阿所带马队，酌量留驻德安，以固北路，不得借布置善后为词，致失机宜，自干罪戾。将此由六百里加紧谕令知之。”（《清文宗实录》卷181）

（咸丰五年十月乙卯）钦差大臣湖广总督官文奏报击退襄河贼匪，收复汉川，并暂驻德安情形。得旨：“汝又远驻德安，岂置窜逆于不顾耶？前屡次谕令不可择驻无贼之地，若如是行止，避难就易，徒知收已成之功，将何颜以对众将士，复何颜讋言入奏耶？”（《清文宗实录》卷181）

（咸丰五年十月己未）又谕：“官文奏‘驰赴中路，督攻汉阳’一折，据奏，由蔡店进攻汉阳之兵共一千九百余名，由杨店进攻汉口之兵共二千九百余名，由侏儒山进攻汉阳之南勇共三千余名，加以颜朝斌所带川兵二千五百名，数已逾万。果能分投并进，并力会攻，原不难力克汉阳，联络南岸。但阅该大臣所奏，有‘催兵起队后，即日由德安启程’之语，似全队进兵，尚需时日。军务贵速，岂可空言布置，迟迟不发？着严督派出诸将克日前进，齐抵汉阳、汉口，不准稍有迟滞。该大臣前此奉旨进攻德安，在京山、安陆一带屡次耽延。此次驰赴中路，若专恃派出兵勇，而该大臣又沿途逗遛，深恐兵心懈怠，无以鼓锐气而奏肤功。着即亲统官军，趱程前进，与各路兵勇同抵该郡，以期迅速攻克。夔巫防兵，已谕黄宗汉飞催前进，但恐缓不济急，该大臣惟当迅克汉阳，则大江南岸声息自通。若北岸徒事迁延，而以道路穹远之兵指为接应南军之用，倘罗泽南一军稍有挫失，该大臣亦不能借口诿过也。其侯凤岐所带官兵，仍着该大臣严催速进，毋许迟延。将此由六百里加紧谕令知之。”（《清文宗实录》卷181）

（咸丰五年十一月甲子）又谕：“胡林翼奏‘羊楼洞官军剿贼大胜’一折。罗泽南分剿崇阳余匪，乘胜进驻羊楼洞。十月初三日，逆首韦俊、石达开合悍贼二万余人，自蒲圻分途来扑。罗泽南派令李续宾等分投迎击，各路兵勇，无不争先用命，奋力截杀，共毙贼二千余人。贼众大败，官兵追杀十余里，复生擒百余名。现在胡林翼已统军与罗泽南会合，着即并力进攻，尽歼丑类。所有杀贼出力员弁兵勇，着胡林翼汇案请奖，候朕施恩。”（《清文宗实录》卷182）

（咸丰五年十一月辛未）谕军机大臣等：“……十月十一日，复因湖北汉川失守，四川续拨赴荆兵勇究有若干，乐斌、万福二员何人可往，谕令黄宗汉筹度速奏，迄今一月，亦未据奏报。此皆军务紧要事件，何以乐斌、黄宗汉置若罔闻，并不即行复奏？着即懔遵谕旨，赶紧筹办，毋再迁延，自干咎戾。将此由五百里谕令知之。”（《清文宗实录》卷183）

（咸丰五年十一月）甲戌，谕军机大臣等：“陆元烺奏‘贼窜义宁，总兵打仗阵亡，并请饬部改拨滇、黔各省兵饷，及浙省应拨江西饷需，请催解接济’各等语。义宁为湖北崇、通后路，罗泽南之师自崇阳、通城、蒲圻一路进仗，甫经克复三城，而该州境内，复被贼匪阑入，不但旁窜内犯，延蔓可虞，兼恐牵掣罗泽南之后。该道现与胡林翼合军，势难返顾，陆元烺已檄调赣南道耆龄、署参将遮克敦布带勇千数百名驰往援剿，如能将义宁贼匪扫数歼除，即着饬令耆龄等前往崇、通一带，随剿随进，与罗泽南互为声援，不可株守本境……将此由六百里谕令知之。”（《清文宗实录》卷183）

（咸丰五年十一月）己卯，谕军机大臣等：“官文奏‘前军攻剿贼匪，连获大胜，请留罗泽南助剿’一折。罗泽南自入楚境，连克三城，逆首石达开率其败窜余众逃回江西，其在武汉之贼当必闻风窘蹙。此次官文前队，已将汉阳出巢贼匪痛加歼剿，军情正在吃紧。据该大臣奏称，江西欲令罗泽南回军剿贼。自系因匪踪阑入义宁境内，急筹堵御起见。惟该道一军甚为得力，若遽撤回江西，则楚军攻剿武汉恐难得手。罗泽南仍应由蒲圻进发，俾官文各军得以专注汉阳，早图克复。着官文、胡林翼传谕该道，俟江、汉肃清，再行回兵援应江西。官文亦当乘此机会，速饬王国才、都兴阿、讷钦赶紧攻克汉阳府城，为进捣武昌之举。至石达开著名凶悍，既已窜扰义宁州界……不得专恃罗泽南一军仆仆往返，以致顾此失彼，受贼牵掣。将此由六百里加紧谕知官文、曾国藩、胡林翼、陆元烺，并传谕罗泽南知之。”（《清文宗实录》卷183）

（咸丰五年十一月己卯）钦差大臣湖广总督官文奏：“盐道常恩等在蔡店遇贼失利，泸勇致有溃挫，旋即合军击退贼众，请予免议。”得旨：“既已查明，或败属有因，或功足抵过，均着免其置议。”（《清文宗实录》卷183）

（咸丰五年十一月庚辰）谕军机大臣等：“昨据官文奏，江西因匪踪阑入义宁，欲令罗泽南回军剿贼。已谕知官文等传谕该道毋庸撤回江西，并谕令曾国藩、陆元烺酌量调兵援剿义宁矣。崇阳、通城，系江西、湖北往来要路，向为盗贼渊薮。罗泽南带兵不过数千，现须由蒲圻进发，与胡林翼会攻武汉。而义宁州贼势又炽，可见崇、通后路尚未肃清，恐我军不免受其牵掣。因思江西升用知府周汝筠所带南康县练勇六千名，上年经陈启迈派往龙南一带并广东韶州剿匪，现在广东业已肃清，江西南路情形较缓，此项练勇，着该署抚查明，即令全数调赴崇、通等处，仍交周汝筠统带剿贼，以为罗泽南一军后路。至周汝筠未到以前，江西有无可调之兵，着曾国藩、陆元烺酌量先行拨往助剿。俟义宁克复后，即遵前旨，将耆龄等所带兵勇，一并饬赴湖北，既可固江西之藩篱，并可绝武汉贼党之援应，于大势当有裨益。将此由六百里加紧各谕令知之。”（《清文宗实录》卷184）

（咸丰五年十一月）癸未，谕内阁：“和春、福济奏‘捻匪窜入英山，请将被戕各员议恤’等语。捻匪李兆受窜踞英山，诡称投诚，已革道员何桂珍密约罗田等处团练会捕，谋泄被戕，英山县知县苏秀槐、署桐城县事候补县丞任春和、代理太湖县从九品娄业仕、把总高长发、勇目贾奎龙同时被害。经委员刘兆彭调集罗田、英山各勇会合进攻，当将英山克复。匪首李兆受胆敢戕官踞城，实属罪大恶极。着和春等查明该匪首是否歼毙，毋任窜逸，并督饬兵勇务将余匪搜捕净尽，以绝根株。”（《清文宗实录》卷184）

（咸丰五年十一月）戊子，谕内阁：“官文、胡林翼等奏‘水陆剿贼大胜，克复咸宁、金口’一折。逆贼自蒲圻败窜后，复约兴国、大冶之贼麇聚咸宁县城。本月十一日黎明，罗泽南乘大雾压城列队。贼瞥见旌旗林立，登时大乱，纵火焚烧桥亭。兵勇分路急攻，直逼城下，鼓勇齐登，当将县城克复。武昌城内，复出贼八九千人，于五里街等处修筑木垒，以扼官军。罗泽南乘贼垒未定，与李续宾等分率各营，于十四日直冲贼队，殪其前锋数十人。其伏贼复被蒋益澧等搜杀净尽，贼众大溃。杨载福督水师自六溪口拔营，派都司鲍超等由南岸而下，游击李成谋等由北岸继发，十二日齐抵金口，鲍超奋勇当先，李济清等分左右抄出。

鏖战逾时，鲍超中炮受伤，进仗益力，各军火器齐发，贼悉弃船而遁，岸上群贼，即时惊溃，计烧沉贼船大小数十号，夺获大炮六十余尊，焚毙贼匪无算。杨载福遂将水师分泊金口，率副将王国才等进屯沌口。此次水陆获胜，大振军威，着官文、胡林翼等即督各路胜军迅克武汉。”（《清文宗实录》卷184）

（咸丰五年十二月甲午）又谕：“……其夔巫防兵，已经德恩带往湖北，倘酉阳等处情形吃重，川省兵力空虚，即着咨商官文，调回本省协剿……”（《清文宗实录》卷185）

（咸丰五年十二月丙申）谕军机大臣等：“……前谕令将黄赞汤所带练勇四千名，分拨布置，原恐湖南、湖北逆匪合而为一，扰及袁、临。今既已合股内窜，着陆元烺即将该侍郎所带练勇，派委文武干员统带前进，与周玉衡、周汝筠等合力攻剿……”（《清文宗实录》卷185）

（咸丰五年十二月丙申）又谕：“陆元烺奏‘贼扰临江、瑞州，请拨楚兵助剿，并请调刘长佑带兵’各等语。湖北崇、通贼匪并湖南茶陵州之贼窜入江西，瑞州、临江两府先后失守，贼氛逼近省垣，人情震动……”（《清文宗实录》卷185）

（咸丰五年十二月庚子）谕军机大臣等：“官文奏‘攻破汉阳城外贼垒，并武昌官军大获胜仗’一折。汉阳城外贼卡土城经官文督兵进攻，悉行焚毁。胡林翼、罗泽南亦将武昌保安门外及洪山等处贼垒，分投剿除。南北两路官军，均极得手，武、汉贼匪不能相顾，势极穷蹙。着官文乘此声势，会同胡林翼、罗泽南并力攻剿，节节进逼，迅图克复两城。所奏需饷情形，已谕令河南省速拨银数万两，山西、陕西两省于前拨饷银外，再添拨银二三万两解交，合之该省捐项钱二十余万串，为数已不为少，着该大臣派员分投迎提，一面将捐项设法催缴……将此由六百里

谕令知之。”（《清文宗实录》卷186）

（咸丰五年十二月辛丑）谕军机大臣等：“……而浔城逆贼潜蹑其后，或扰江西腹地，或上窜湖北，下连芜湖，随在可虑……罗泽南进攻武昌正在得手，据胡林翼等奏，即日可期克复，未便遽行撤回，俟武昌克复后，该道或径趋江西，或由崇、通攻贼之后，再当酌量催调……”（《清文宗实录》卷186）

（咸丰五年十二月辛丑）江西学政廉兆纶奏江西省危迫情形，请饬浙江宁绍台道罗泽南回军援剿。得旨：“武昌克复在即，断不能撤劲旅，适中贼牵缀之计。”（《清文宗实录》卷186）

（咸丰五年十二月丙午）谕军机大臣等：“蒋霨远奏‘下游各匪日炽，请饬川、楚两省带饷会剿’一折……川、楚地界毗连，自应以剿为防，庶贼匪不至蔓延为患……着黄宗汉饬令该副将等相机进捣，与黔省官兵协力夹击，毋得区分畛域，专顾本境……”（《清文宗实录》卷186）

（咸丰六年正月丁卯）谕军机大臣等：“蒋霨远奏‘铜仁匪徒连陷府县，请饬催川、楚两省官兵会剿’一折，前已有旨，谕令黄宗汉饬令蒋玉龙、傅崑等带兵相机进捣，与黔兵协力夹击……着蒋霨远探明川、楚官兵现抵何处，派员迎提，以资协击……”（《清文宗实录》卷188）

（咸丰六年二月丁未）谕内阁：“……乃金陵首逆日久稽诛，镇江、瓜州尚未克复，安徽、江西、湖北贼踪肆扰，虽捷奏频闻，势已渐蹙，而劳师数载，兵力渐疲，亟应厚集精兵，以期大举。着内扎萨克哲里木、卓索图、昭乌达、锡林郭勒、乌兰察布、伊克昭各盟于所辖四十九旗内，挑备骁健官兵、膘壮马匹，备齐军装、器械，听候调遣。一俟秋高气爽，即当简派重臣，统帅南下，加以京营劲旅、满汉重兵，分道出师，殄除群丑，谅兹穷寇不难一鼓荡平。各路统兵大臣仍当实力攻剿，将贼匪占踞各城迅图克复，若俟大兵南下，始奏肤功，迟延观望之罪，责有攸归，其各懔之。”（《清文宗实录》卷191）

（咸丰六年二月癸丑）谕军机大臣等：“官文奏‘师久无功，自请从重治罪’等语。前因德安、武汉等处先后被贼蹂躏，杨霈、西凌阿剿办无功，特授官文以督师重任。该大臣总统师干，自当随机应变，出奇制胜。乃遽以调度无方自请治罪，当此事机吃紧之时，岂容置身事外？朕于各路统兵大臣，有功者不吝爵赏，有罪者亦自有权衡。该大臣惟当激励士气，设法围攻，以副委任，岂得以请罪虚文为塞责耶？现在兴国、大冶一带贼援踵至，据称杨载福水军仅能遏贼上游。荆襄水路分歧，宜防窜突，即当杜绝外援，力图克复汉阳，兼顾荆襄门户，并与胡林翼等谋勇兼施，声势联络，以期一鼓荡平。毋得观望畏难，致挫三军锐气。将此由五百里谕令知之。”（《清文宗实录》卷191）

（咸丰六年三月壬戌）又谕：“本日文俊奏‘贼匪攻陷吉安……’，并称‘据胡林翼咨，武汉外援贼匪被剿下窜，有五六千人由大冶、兴国窜入江西’等语。楚北贼党既分股回扰江境北界义宁一带，则武昌、汉阳逆匪无多，正当乘机进取，以捣其虚。官文统师进逼汉阳已逾数月，大小数十战均有斩擒，前奏水陆攻剿情形，筹画似有把握，胡林翼亦屡获胜仗。着该大臣等激励将士，迅克两城，肃清江、汉，为协剿江西之计。若楚贼已经分出，而武汉收复尚稽时日，则我师处处受其牵掣，兵疲饷绌，腹地蔓延，该大臣等岂能辞咎？罗泽南一军最为骁勇善战，前此楚疆危急，经曾国藩派往应援，现在江省如此吃重，该大臣等惟有迅图克复武汉，则罗泽南一军即可回援江西……将此由六百里谕令知之。”（《清文宗实录》卷192）

（咸丰六年三月乙丑）又谕：“寄谕湖广总督官文等，曾国藩、文俊奏‘吉安失陷，石逆久踞临江，南则窥伺赣州、南安，北则踞守武宁、新昌，贼势蔓延，全省几遍。周凤山陆军近日又遭挫折，请饬罗泽南迅速移师来江援剿’，本日复据胡林翼奏‘现在春汛初起，贼舟难于闭藏，已定计力图克复，倘一时未能得手，先以数千人赴援’等语，所筹甚是。胡林翼如能于旬日之间攻克武汉，则罗泽南一军即可回援江西。倘克复尚须时日，先行派兵分援，亦须仍由罗泽南等统带前往，方能得力。该督等务当权其缓急，不可稍存畛域之见，致误事机。将此由六百里谕令知之。”（《清文宗实录》卷192）

（咸丰六年三月戊寅）又谕：“……罗泽南一军，本令俟克复武昌，即行返旆回援江西……降调湖北藩司夏廷樾因病告假，闻在长沙就医，业已痊愈……该二员均籍隶江西，若令协带兵勇赴援，能否得力，并着骆秉章查明具奏。将此由六百里谕令知之。”（《清文宗实录》卷194）

咸丰六年丙辰四月壬寅，谕军机大臣等：“……至武昌叠经大兵围攻，久未能下，汉阳间亦报有胜仗，尤属敷衍塞责。该大臣等总统全师，身膺疆寄，若顿兵坚城，老师糜饷，日复一日，伊于胡底？着官文、胡林翼激励将士，督饬水陆诸军将武、汉两城克期收复，毋得再有迁延，致干咎戾。将此由六百里谕令知之。”（《清文宗实录》卷196）

（咸丰六年四月甲辰）又谕：“官文奏‘上窜麻城、新洲等处贼匪，截剿大胜，惟攻剿武汉，须肃清江面’各等语。武汉贼势，叠据官文、胡林翼奏报，渐就穷蹙，方冀克复有期。乃此次所称剿办情形，以罗泽南伤殒，李续宾撤回，西北两岸空虚，未能杜绝贼援，须令杨载福前往青山布置，以炮船、木簰[①]阻遏江面，使该逆饷绝援孤，不难殄灭。是

---

① 簰：应为“簰”。

克复武汉，尚无把握，老师縻饷，伊于胡底？况江面虽有船簰[①]阻隔，而陆路处处可通，岂能断其接济？至欲派大员前往黄州，联络四邑团练，以壮声威，亦宜早为筹及，何得事事延缓？官文总统全师已逾半载，胡林翼围攻武昌，屡称即可克复。乃迁延日久，迄无成效，殊失朕望。着该大臣等严饬各军，振刷精神，鼓其锐气，克期拔取二城，毋得以逆匪坚匿不出为词，迟延干咎。将此由六百里各谕令知之。"（《清文宗实录》卷196）

（咸丰六年五月壬戌）又谕："据胡林翼奏'候选道江忠济驻兵通城，与贼接仗，力竭捐躯。所部将弁，同时殉难'等语，通城为入江西省要路，与湖南接壤。现在江西贼匪大股回窜，江忠济业已阵亡，该省岳州一带亟须严密防堵，不可稍形松懈。着骆秉章相机扼要，妥筹布置……"（《清文宗实录》卷197）

（咸丰六年五月甲子）又谕："胡林翼奏'水师火攻贼船并剿贼均获大胜'一折。现在汉阳江岸贼船已尽数焚毁，而援军中途剿贼亦获胜仗，办理尚属得手。其鲇鱼套贼船并黄州一带贼船三百余只，即着杨载福乘胜下驶，痛加剿洗，勿令上窜。官文总统全师已逾半载，胡林翼围攻武昌，屡称即可克复。此次逆众战舰，既经焚烧殆尽，断其接济，贼胆已寒，亟应乘此声威，迅图攻克二城。着该大臣等严饬各军，振刷精神，水陆合剿，以期及早奏功，毋再迟延干咎。至搜获该匪伪文，有纠约援贼，夹击官兵营盘之语，并着加意严防，毋堕奸计。将此由六百里谕令知之。"（《清文宗实录》卷197）

（咸丰六年五月甲子）又谕："……另片奏'楚、豫交界地方，有游匪二三千人聚众滋事，经庆德、郑元善等带兵击退'等语。此项游匪虽

---

① 簰：应为"簰"。

系散勇，亦当迅速解散，免致别生事端。着英桂严饬边浴礼，查明抢掠滋事者，剿捕惩办。其中回籍良民分别资送，交该地方官妥为安置，并知照官文派员会同办理，勿令盘踞滋扰。将此由六百里加紧各谕令知之。”（《清文宗实录》卷197）

（咸丰六年五月）戊寅，署湖北巡抚胡林翼奏：“遵奉谕旨，训饬严明，惟誓与兵事相终始，期于殄灭此贼而已。万一变生，亦不敢退怯。”得旨：“汝督军进剿，固不可稍存畏怯。然国体具在，亦应寓慎重于其中。”（《清文宗实录》卷199）

（咸丰六年五月壬午）又谕：“本日据官文奏‘武、汉援贼剿尽，水陆叠胜，现在围攻’一折。武、汉两城，被贼占踞已久，本月叠据胡林翼奏报，武昌贼粮已绝，汉阳贼船被焚。乃北岸官军，并未闻其合力进攻，殊不可解。本日览官文奏报，所称胜仗，不过斩擒零星外援贼匪。至二城情形，则叠卡重濠，坚拒死守如故。乃云专待追下樊口一军折回，始能齐力攻进，殊属支吾掩饰。官文总统全师已逾半载，朕遇事惟知责以实效，岂能任其以搪塞空言，掩其糜饷老师之罪。着即会同胡林翼，仍遵前旨，严督水陆诸军，合力进攻，出奇制胜，迅将二城攻克，毋得再事迁延，致干咎戾。都兴阿既不能即赴金陵，着仍留湖北，俟武、汉克复后，再令前往可也。将此由五百里谕令知之。”（《清文宗实录》卷199）

（咸丰六年七月）庚申，谕内阁：“官文奏‘堵剿下游贼援，并黄州、汉阳剿贼叠获胜仗’一折。武汉逆贼被围日久，密约下游贼党往援，经官文派拨兵勇前往堵截，六月初九日，行至黄州鹅公颈地方，适与贼遇。都司王玉琳等分东西两路迎击，署黄州府知府许赓藻督率团练助战，毙贼千余名，贼众败逃，复追杀数百名，溺死者无数，夺获旗械数百件。将军都兴阿等乘胜进攻黄州，将城外贼垒焚烧，毙贼百余名。二十一日，武昌贼船数十号由襄河口上驶，官军开炮轰击，并纵火焚烧贼船数只，落水死者不计其数。维时陆路有贼千余，由米厂河来扑，官兵奋力进剿，毙贼五百余名，生擒十余名，夺获马匹、器械多件。官文等围攻武昌、汉阳，日久无功，此次各路虽皆获胜，于克复尚无把握，实属迁延贻误。着该大臣等振刷精神，督饬将弁、兵勇实力剿办，克期收复城池，不得以小有胜仗铺张搪塞。倘再因循观望，国法具在，恐该大臣等不能当此重咎也。”（《清文宗实录》卷203）

（咸丰六年八月乙酉）又谕：“官文奏‘汉阳近日攻剿情形，并分兵赴武昌助剿’一折。此次官文督饬李孟群、王国才等进攻汉阳，虽有斩擒，辄因该匪濠垒深厚，伏匿不出，以致我兵未能得手。逆贼被围日久，其势已困，必须乘势进攻，力图克复。虽贼垒坚厚，枪炮尚多，亦当设法攻剿，出奇制胜，断不可借词延宕，致误事机。官文总统诸军，现当攻剿吃紧之际，必当亲督兵勇，奋力围攻，若扎营处所距贼太远，恐呼应不灵，难期得力。武、汉逆匪倚为犄角，若能克复一城，则贼势已孤，并攻较易。着官文、胡林翼各饬将弁水陆并进，毋得日事迁延，致干重咎。至贼援麇至，号称数万，其中多裹胁游民，未必尽如粤匪之凶悍。惟既欲攻城，又御援贼，不免受其牵掣。而现在附近各省，实无可添调之兵。湖南省唇齿相依，道路较近，未知有无可调兵勇，着骆秉章酌量情形，如能抽拨兵勇，速派得力之员统带，前赴湖北会剿。得此一军以御贼援，则官文等可专力攻剿，克复城池，不致两面受敌，为贼牵掣矣。将此由六百里加紧各谕令知之。”（《清文宗实录》卷205）

（咸丰六年九月丙辰）谕军机大臣等：“官文、胡林翼奏‘水陆各军连获胜仗，并贼党上窜，添调兵勇堵剿’一折。武昌援贼，经官军击败后，又复纠黄州屯聚之匪上窜北岸。该督等务饬所派兵勇实力堵剿，使城外之贼绝其外援，城内之贼断其接应，毋令勾结蔓延。至黄州、孝感一带，实为豫省门户，倘上游堵剿严密，势恐纷纷窜往，更当豫饬各属，厚集兵练，妥为防范，杜贼北窜之路，不得稍形松懈。官文现在扎营距汉阳甚近，着即严断贼匪接济，使之坐困，一面督饬将弁相机进攻，早图克复。不得旷日持久，徒托空言，自干咎戾。将此由六百里谕令知之。”（《清文宗实录》卷207）

（咸丰六年九月壬申）谕军机大臣等：“……至樊城土匪滋事，湖北司道大员多在襄阳，自应设法扑灭。该抚既经札饬庆德、边浴礼、周煦徵先后驰往，又调南阳镇兵前赴邓州、新野，自已足资防堵……”（《清文宗实录》卷208）

（咸丰六年九月乙亥）谕军机大臣等：“官文、胡林翼奏‘襄阳匪徒滋事，派兵剿捕’一折。前据英桂奏，襄阳县匪徒聚众滋事，已饬总兵庆德等调拨官兵严密防堵。本日官文等所奏滋事情形，大略相同。襄阳地居孔道，该匪徒勾结被旱贫民肆行焚抢，且据该督等称，探闻北方股匪甚多，实为心腹之患。着官文、胡林翼将调出兵勇饬令星驰前往，即饬马秀儒等会同常恩迅速搜剿，务绝根株，毋任延蔓，一面知照河南官军会同兜捕，以免此拿彼窜。该处贫民因被旱荒，致为匪徒煽惑，自应亟筹解散，庶不致重烦兵力。襄阳等属被旱成灾，何以久稽奏报？着官文等速派妥员查勘，将应行蠲缓抚恤之处，即日奏闻，以纾民困。襄阳府知府海顺等，已据该督等参奏惩处。惟布政使马秀儒、升任安襄郧荆道罗遵殿，均有地方之责，于被旱轻重情形，自应确切查明，具详奏办，何以迟延未报，致酿事端，并着官文等查明参奏。将此由六百里谕令知之。”（《清文宗实录》卷208）

（咸丰六年九月）丙子，荆州左翼副都统载增等奏：“襄阳突起匪徒焚掠樊镇，现已派兵合剿。”得旨：“荆州防兵，固为保守荆州门户，然以剿为防，岂不胜于株守？若贼氛较近，亟宜迎击歼除，万万不可撤退。”（《清文宗实录》卷208）

（咸丰六年十月丙戌）谕军机大臣等："……台拱去镇远较近，设匪众由该厅蔓及郡城，则川、楚要道悉致阻梗，于该省全局殊有关系……"（《清文宗实录》卷209）

（咸丰六年十月己丑）谕军机大臣等："本日据载增等奏'襄阳逆匪，复回扑樊城，现催各路官兵进剿'一折，据称匪徒由樊城退去，窜入光化县境，窥伺老河口，并由马家集窜赴襄阳县境吕堰驿焚掠，复至离樊城十余里之李家楼滋扰。此股匪徒，胆敢勾结党与肆行焚掠，游击温发魁等兵勇迎击，复遭挫折，匪势猖獗已极，必应及早扑灭，毋令蔓延。官文前派常恩带马队九百名，谅已驰抵樊城，即饬该道会同马秀儒等奋力攻剿，并着官文察看情形，如兵力尚单，即由大营添调兵勇，驰往协剿，或常恩带兵未能得手，即另派得力大员统带。该大臣等一面催兵剿捕，一面仍遵前旨，督饬地方官将被胁贫民设法解散，以孤贼势。荆州重地，责成载增、富森严密设防，勿令该匪乘间窜越。该署将军等现催署松潘镇德恩酌挑精锐官兵赴荆，以为后应。此项川兵，仍应饬令相机前进，不可株守一隅，致滋贻误。将此由六百里各谕令知之。"（《清文宗实录》卷209）

（咸丰六年十月庚寅）湖广总督官文等奏："襄阳匪徒窜踞樊镇，饬调马步兵勇驰往剿办，生擒习教匪首朱中立，讯明正法，一面示谕解散胁从。"得旨："匪首既已就戮，尤应以解散胁从为第一要著。"（《清文宗实录》卷209）

（咸丰六年十月甲午）谕军机大臣等："……另片奏'襄樊土匪窥伺新野，官军失利'等语。该县为南阳门户，庆德所带兵勇如果不敷剿办，即着饬令邱联恩带兵前往……"（《清文宗实录》卷209）

（咸丰六年十月丙申）谕军机大臣等："武汉逆贼负嵎已久，据官文、胡林翼奏报‘叠次击败大股贼援，城中之贼，势已穷蹙’，是两城计日可克。乃南岸自八月初七日击败石逆以后，两月未见动静，北岸自八月二十七日击败下游援贼以后，亦但以严遏外援为词，何以于进攻机宜仍复漫无把握？现闻金陵城内贼党相残，杨逆被洪、韦二逆所杀，石逆不服，逃出金陵，洪逆悬赏购石逆首级……此等传言，湖北当有所闻，若不乘此机会迅拔二城，倘石逆不附金陵，自图占踞，必至率其死党或扑湖北，或走江西，皆属可虑。现在饷需日缺，调拨维艰，所望克复上游，即可移师东下……官文、胡林翼身膺督师重任，须当统筹大局，谋勇兼施，何得以城坚贼悍为词，坐拥水陆重兵，日久无功？若云断绝接济可以困贼，何以为时已久尚未蒇功？恐沿江一带港汊纷歧，接济仍未能断绝，不过借口耽延，掩其迁延之咎。经此次剀切申谕后，该大臣等即当严督在事将弁设法进攻，迅将两城克复，俾得分兵东下，大局冀有转机。如敢仍前延玩，必至师老力疲，别生变故，官文等不能当此重咎也。将此由六百里各谕令知之。”（《清文宗实录》卷209）

（咸丰六年十月）壬寅，谕军机大臣等：“英桂奏襄樊匪徒窜入南阳府属之邓州，现已失守，逼近郡城；复据史荣椿奏皖省捻匪蔓扰，已近徐州，情形紧急，均请拨兵援剿各一折……至河南捻匪势尚狓猖，而襄樊匪徒又复四出窜扰，陕西境地毗连，调兵助剿尚属切近，着谭廷襄于该省各营内调兵二千名，派委得力镇将，迅速带往南阳一带，与邱联恩会合攻剿……”（《清文宗实录》卷210）

（咸丰六年十月壬寅）又谕：“前因载增等奏‘襄阳逆匪回扑樊城’，当谕官文饬令常恩会同马秀儒等攻剿。且恐兵力尚单，常恩不能得力，并谕官文添调兵勇，另派大员统带。本日据英桂奏，该匪窜至邓州，裹胁焚掠，兵勇退守州城，即于初九日失陷。此股匪徒既窜新野，复陷邓州，势甚猖獗。该处逼近南阳，仅止六十余里，而襄阳被围，樊城尚为所踞，楚、豫两军不能合力夹击。常恩如果得力，何至郡城日久尚未解围，且至蔓延邻境？着官文等察看营中大员，如都兴阿等实能带兵督剿者，酌派一员迅速前往，统带马步各队相机攻击，以期得力。襄樊得手之后，亟应进剿新邓，与豫军会合，但不可跟踪尾追，驱之北向。总宜设法绕出贼前，迎头截击，是为至要。将此由六百里加紧谕令知之。”（《清文宗实录》卷210）

（咸丰六年十月壬寅）又谕：“……所请饬调陕西官兵，已谕知谭廷襄抽拨精锐二千名，派得力大员带往会剿，并谕官文等另派大员速解襄阳之围，以便与陕、豫官兵夹击……”（《清文宗实录》卷210）

（咸丰六年十月甲辰）又谕：“……而湖北沙口、田镇水陆兵勇屡绝贼援，恐石逆不得逞志于皖、楚，势必窜入江西。该逆于诸贼之中最为凶悍，若令回窜江西，占踞数郡，煽惑莠民，其势愈难收拾。着曾国藩等乘此贼心涣散之时，赶紧克复数城，使该逆退无所归，自不难穷蹙就擒……”（《清文宗实录》卷210）

（咸丰六年十月丁未）陕西巡抚谭廷襄奏：“湖北襄樊土匪滋事，陕省商南一带防务紧要，现饬派兵择要设防，以重边境。”得旨：“已有旨，令汝拨兵助剿。今览奏，商南既近南阳，即可由此出境迎剿，以期迅速。”（《清文宗实录》卷210）

（咸丰六年十月）辛亥，谕军机大臣等：“官文等奏‘襄阳、樊城贼匪被剿败退’一折。前因襄樊匪徒窜扰新野，复陷邓州，谕令官文于都兴阿等大员内酌派一员，统带官军进剿，一俟襄樊得手，即与豫军会剿新邓。本日据官文等奏‘襄阳解围，樊城贼亦败去’，是贼势全注新邓，势将北窜。虽经谕令谭廷襄于陕西拨兵会剿，并据英桂奏称‘已派总兵邱联恩带兵前赴南阳’，惟该二省兵力尚单，现在襄樊兵勇为数不少，自应无分畛域，迅速进击。所有统兵大员，官文当已遵旨酌派。倘都兴阿一时未能前往，亦着拣派得力大员，先行带兵赴邓州等处会剿。务将贼踪迅速扫除，毋以驱贼出境遂为了事，致令蔓延邻省也。将此由六百里谕令知之。”（《清文宗实录》卷210）

（咸丰六年十一月丙辰）谕军机大臣等：“英桂奏‘南阳情形紧急，添兵剿办’等语……英桂因单力尚单，将驻防光山官兵三百名，令参将成景带往援剿，着即督饬该员等迅速进剿，并飞提官文所派湖北官兵合力攻击……将此由六百里谕令知之。”（《清文宗实录》卷211）

（咸丰六年十一月癸亥）又谕：“本日据官文、胡林翼奏‘剿捕襄属窜匪获胜’一折，并另片奏‘都兴阿等驻扎要隘，碍难分赴襄阳，请饬英桂速派马队迎剿’等语，襄阳匪徒窜踞邓州，南阳、新野两处情形危急，都兴阿既不能带兵前往，官文等仍当督饬所派文武各员，无分畛域，赴境追击，与豫省官兵会合，庶可一鼓歼除。现在皖、豫捻匪肆扰，即由三省官兵不能合力兜击所致，官文等岂可再蹈覆辙？且此股匪徒由楚入豫，该大臣等更不得以襄樊无事遂置豫省于不顾。着即严饬唐训方等乘胜进剿，尤应绕出贼前迎击，不得一味尾追，致令北窜。其分窜襄属四乡余匪及随州土匪，并着速饬带兵员弁悉数歼除，毋留余孽。邓州一带地势平衍，马队易于施展……如有马队可以抽拨，亦即酌量调派，协同邱联恩会合楚军奋力进攻，迅图克复……将此由六百里各谕令知之。”（《清文宗实录》卷211）

（咸丰六年十一月壬申）又谕：“本日据胡林翼奏‘襄樊匪众败窜，现饬兵勇约会川、豫两军合力兜剿’一折，襄阳匪徒本系乌合之众，因兵勇先溃，以致贼势日张。虽经官文等派兵剿击获胜，而襄樊之贼窜踞邓州，南阳、新野亦有贼踪，必须楚、豫两省大兵合力兜剿，克期扑灭，方不致蔓延北窜。既据胡林翼奏，舒保等所带马队、唐训方之训勇，均属得力，即着督饬该员等，会同总兵德恩、邱联恩三面合击，以期一鼓歼除。其随州土匪，并着严饬参将文明等迅速掩捕，毋许观望。至盐法道常恩，系官文特派带兵剿贼之员，何以迁延不进，致有贻误？是否托词患病，希图掩饰？已革游击温发魁师行无备，委弃军械，为贼所得，显有畏葸逃避情事，着该大臣等确切查明，严参惩办，以儆怠玩而肃戎行。将此由四百里各谕令知之。”（《清文宗实录》卷 212）

（咸丰六年十一月己卯）又谕：“英桂奏‘官军攻剿襄樊匪徒连获大胜，克复邓州’等语。襄樊匪徒经楚军击败后，窜至河南新野县，连陷邓州，经英桂饬令总兵庆德、邱联恩，候补道周煦徵先后督兵前往剿办……当将州城克复，办理尚为得手。着即严饬邱联恩等会同湖北、陕西各军，乘胜进攻新野等处贼匪，尽歼丑类，毋留余孽。”（《清文宗实录》卷 213）

（咸丰六年十一月庚辰）湖广总督官文等奏：“近在汉阳上游设立修舱船厂，以资防剿。”得旨：“就近办理，甚属妥协。”（《清文宗实录》卷 213）

（咸丰六年十一月壬午）又谕：“胡林翼奏官军克复武昌省城，由八百里驰奏一折，逆贼占踞武昌，官军进攻，叠获大胜，胡林翼复添筑营垒，四面攻围，贼势日蹙。于十月十五等日，该逆叠次奔突，均被官军击败。二十六日，总兵杨载福督率水师进攻武昌鲇鱼套、汉阳南岸嘴贼营，参将王明山等均奋勇血战，贼不能支，被焚战舰五十余只。十一月初五日至十五日，贼众屡次出城决战，均经胡林翼击退，毙贼一千余人，胡林翼遂与官文约期水陆大举。二十二日，杨载福亲督水师十三营，分上下游夹击，将拦江铁锁斫毁，零星贼船悉数焚烧。贼众计穷，遂洞开各门，分七股来扑。官军分投迎剿，鏖战三时，士气益奋。逆贼大败狂奔，官军乘胜入城，纵横剿击，共毙贼一万余人，生擒伪检点古又新等五十四人、先锋党与八百余人，正法、生降四千余人，当将武昌省城克复。其逸出之贼，复被兵勇歼斩无遗，溺死者复不计其数。此股逆贼负嵎日久，经胡林翼激励将士，前后数十战，无不克捷，遂将该城克复，逆众被歼净尽，办理极为得手，自应立沛恩施，以昭懋赏。在事员弁兵勇，着胡林翼查明保奏。”（《清文宗实录》卷213）

（咸丰六年十一月壬午）谕军机大臣等：“据胡林翼驰奏克复武昌省城折内所叙，有‘武、汉同日克复’之语，谅官文当已奏报在途。如果南北两岸均已肃清，所有水陆各营，自应分拨进剿，即已克之两城，亦应留兵防守。胡林翼现拟派兵直下武昌县及大冶、兴国等处，并力剿蕲、黄，以期肃清全境。当此声威甚盛，谅此等零星窜踞之贼，不难克日扫荡，从此建瓴东下。江西、安徽两省均关长江大局，究应先从何处进剿？近日江西抚、建两府官兵连挫，湖南兵勇虽已克复袁州，而崇、通一带终未一律扫除。今又闻义宁窜匪屯踞兴国，是江西待援情形，实为吃重。着官文、胡林翼迅速会商，即将如何分拨、如何酌留之处，妥筹具奏。所有善后安抚事宜，并着该督抚悉心酌办。将此由六百里加紧各谕令知之。”（《清文宗实录》卷213）

（咸丰六年十一月癸未）又谕：“昨据胡林翼奏‘官军于十一月二十二日克复武昌省城’，本日复据官文由八百里驰奏‘水陆攻剿，先克汉阳，杀贼无遗，同日克复武昌’一折。汉阳贼匪凭城固守，我军于十一月十九、二十等日连战皆胜。二十二日，官文亲率员弁由五里墩进攻，外江水师由沌口下驶沙口，炮船亦驶上会剿，李孟群等分攻西、南、北三路城外贼卡，巴扬阿等马队继进，颜朝斌等兵勇与邓清等炮船均各四面环击。该逆出数千人于东门外与大江水师对敌，各贼卡亦开炮如雨。兵勇数伏数起，直越贼濠，立破卡墙数重，卡内贼匪剿杀净尽。李孟群分队抢上龟山，王国才、杨昌泗等攻西门桥、报国庵及南门一带墙栅。该逆四面受敌，惊惶无措，我军一拥而入，杀贼二千余名，平毁土墙，直逼城下，当于申刻将汉阳城池克复。入城后，与贼巷战，毙其黄冠黄衣贼数十名、伙贼二千余名，生擒伪将军等五百余名。逸出之贼，复击毙三千余名，堕江溺毙者千余名，贼艘十余只全行覆没。武昌省城，亦于是日亥刻，经胡林翼等督兵攻复。逆匪踞守武、汉，几及两年，此次同日克复坚城，逆贼鲜有漏网，所有在事出力员弁兵勇，着官文会同胡林翼核实保奏，候朕施恩。”（《清文宗实录》卷213）

（咸丰六年十一月癸未）又谕：“昨据胡林翼奏‘水陆大举，克复武昌省城’，当谕令该大臣等妥筹进剿。本日复据官文驰奏‘同日克复汉阳，贼匪斩杀无遗’，览奏实深嘉悦，已降旨加恩，并令将出力各员保奏矣。我军克复武、汉，已踞长江上游，惟安徽、江西两省贼势未衰，崇、通一带亦未一律肃清，该大臣等固当乘此锐气，建瓴东下。惟须将本境余匪殄除净尽，然后分路下击，方不致有内顾之虞。江面必须有水师扼截，以遏贼船往来。道士洑素称险要，但今昔情形不同，该处现在能否驻扎水军？或此外另有险要堪以扼守？陆路则崇、通一带匪踪出没，亦应留兵防剿。水陆两军位置妥协，则水师据大江之险，陆军遏数省之冲，该匪自无从窜越纷扰。而两城兵燹之余，抚绥不易，务须慎选良吏，安辑民人，使不致流而为匪，则贼势日孤，军声益壮，谅该督抚必能见及此也。现拟先由何路进兵？是否胡林翼督兵在前，官文在后路接应？着即妥筹具奏。所请拨山、陕等省饷银，已降旨交户部速议具奏矣。将此由六百里加紧各谕令知之。”（《清文宗实录》卷213）

（咸丰六年十二月乙酉）又谕：“载增等奏‘官军克复老河口，大获胜仗’等语。襄阳匪众屡窜老河口，盘踞焚烧，势甚猖獗。经署松潘镇总兵德恩等督率兵勇乡团攻剿，前后擒斩匪党共二千余名，当将老河口镇市克复，办理尚属得手。着该署将军等迅饬带兵将弁，将零匪搜捕净尽，毋留余孽。所有前次谷城、光化二处剿贼出力员弁兵勇，着载增等分别奏请奖励。伤亡弁兵，查明请恤。”（《清文宗实录》卷214）

（咸丰六年十二月乙酉）又谕："前因随州土匪蠢动，谕令官文等速饬带兵员弁进剿。现据戴增等奏称'该匪在随州洪山啸聚，经官军击退后，复分为三股，众至数千，于二十日窜至安陆府望城冈，官兵接仗溃败'等语。该逆以乌合之众，何至遽行猖獗？现在安陆府居民迁徙已空，能否固守，载增等尚未探明。而匪势实已蔓延，襄河上下游及荆门等处均形吃重，自应亟筹扑捕。官文等前次派出带兵往剿之参将文明，应即星速前进，与署汉黄德道文辉商同剿办。或兵力尚属不敷，现在武、汉克复，必可分兵援剿。着官文、胡林翼速行筹拨，务将此股土匪迅速歼除，毋任滋蔓。并着载增饬令协领全瑞查看情形，带领防兵迎剿，以期早为蒇事。至安陆府城文武能否实力守御、不致失事之处，并着官文等查明驰奏。将此由六百里各谕令知之。"（《清文宗实录》卷214）

（咸丰六年十二月辛卯）又谕："胡林翼等奏'追剿贼匪获胜，克复武昌县、黄州府二城'一折，十一月二十三等日，经该抚饬水陆各军分路追剿及樊口，贼争先渡水，淹毙无算，败贼又纠武昌县城之贼，意图抗拒。游击李济清首先焚夺贼舟，水勇登岸，由北门攀跻而上，李续宾率陆勇由西门入，贼由东南窜出，各勇追杀十余里，克复武昌县城。杨载福先于二十四等日，将黄州府城下贼船尽焚，并破贼水垒四座。都兴阿马步各军，亦同时掩击，毙贼无数，即将黄州府城克复。现在富新率马队东下穷追，官文添拨马队渡江追剿，李续宾进剿兴国、大冶，楚境即可一律肃清。着胡林翼等乘胜进攻，尽歼丑类，勿留余孽。除李续宾、富新二员业经加恩外，其在事出力员弁，着胡林翼查明，奏请奖励。"（《清文宗实录》卷214）

（咸丰六年十二月甲午）又谕："前据骆秉章奏称，崇阳、通城一带，久为贼薮，因饬即选道王鑫带湘勇并新募兵三千驻扎岳州，以重鄂、湘两省之防。本日复据官文奏'崇阳、通城毗连江西瑞州、义宁，为湖北省城后路。王鑫进剿崇、通土匪极为得力，请留该员督率南勇驻扎崇、通，以清逆党巢穴’等语。王鑫驻扎岳州，督办崇、通、蒲圻等县团练，据称渐有成效。惟崇、通一带介居江西、湖北之间，为逆贼往来孔道。着该督抚即饬该员带兵前进，驻扎崇、通，遇有往来贼匪，随时剿捕，以清巢穴而杜乱萌。将此由六百里谕令知之。”（《清文宗实录》卷215）

（咸丰六年十二月）丙申，谕内阁：“官文等奏‘剿办随州土匪肃清’等语。前据官文奏‘派兵剿捕随州土匪，业将首匪赵邦璧等擒获枭首’，兹据奏称‘该匪等败残余党犹敢负固洪山，经参将文明等督率兵勇，攻夺洪山贼垒，勇目魏占魁等直入贼巢，歼毙匪众数百，生擒赵逆父子，并其主谋逆匪等多名，均即讯明枭示，所有洪山贼巢，尽行焚毁’，所办尚属妥速。逆首赵邦璧聚众滋事，抗拒官兵，实属罪大恶极，现已擒渠扫穴，随州地方肃清。仍着督饬带兵员弁，将该州属及京山等处匪党搜捕净尽，以绝根株。在事出力员弁兵勇，准其择尤保奏，候朕施恩。”（《清文宗实录》卷215）

（咸丰六年十二月丙申）谕军机大臣等：“官文等奏官军克复沿江州县，攻剿广济、黄梅获胜，并克复广济县城各折片。我兵沿江下剿，旬日之内，克复兴国、大冶、蕲水、蕲州四属，并将广济县城攻克，办理尚属得手。惟该匪尚踞黄梅孔陇驿、小池口等处，贼营二百余里，其势尚张，必须节节布置，次第剿除，以冀全楚肃清。前因安徽、江西两省均关长江大局，曾谕令官文等会商应由何路进兵。本日据该大臣等奏称，俟黄梅、广济得手，力攻九江，或全师由浔达皖，或分兵会剿江西。此时水陆大军势如破竹，必应谋定后战，体察江、皖两省情形，相机进攻，务操胜算，方为妥善。各处甫经收复，尤须妥为布置，水陆兼防，毋令该匪乘间上窜，复蹈从前覆辙。此次大军东下，是否胡林翼督兵在前，官文在后路接应，仍着妥筹具奏。本日据给事中宗稷辰奏‘江西义宁州一路与崇、通等处山径可通，距武昌甚近，亟宜扫除’，并称‘道士洑、田家镇宜坚垒屯兵，请饬胡林翼下图九江，未可局守自困’等语。严防崇、通一带，并道士洑等处应否驻扎水军，前已谕令该大臣等筹办，仍着将该给事中所奏情形，筹画办理。原片着钞给阅看。将此由六百里各谕令知之。”（《清文宗实录》卷215）

（咸丰六年十二月甲辰）谕军机大臣等：“官文、胡林翼奏‘收复湖北五州县，并九江焚毁贼船，大获胜仗’一折。楚北官军，自攻克武、汉、黄三郡后，连次收复大冶、兴国、蕲州、蕲水、广济城池……现在楚兵叠胜，机会可乘，亟宜激励将弁，由湖出江，与杨载福、都兴阿水陆之师两路夹攻，俾九江贼匪应接不暇，而克复后亦不致内窜各郡。勿得专恃客兵，为株守待援之计，致误事机。将此由六百里谕令知之。”（《清文宗实录》卷216）

（咸丰六年十二月戊申）谕军机大臣等：“官文、胡林翼奏‘官军克复黄梅县城，现仍严密防剿’一折。湖北上游各路败匪尽窜黄梅县唐家山、孔陇驿、小池口等处，贼营联络，我军水陆并进，克复县城，事机顺利，办理甚属得手。惟该逆尚踞楚、皖连界之福林子地方，贼势尚炽，必须谋定后战，为一鼓歼除之计，不可令败窜余匪抄我后路，致有挫失。小池口贼垒与九江互为犄角，我军早为攻克，则浔城不难克复。现在官文尚在汉阳，胡林翼驻扎武昌，办理善后，即日移师东下。该大臣等何人前进，何人留守地方，着即豫筹定议，迅速奏闻。总期步步为营，将本境余匪尽数扫除，然后水陆进攻，庶不致再蹈从前覆辙。谅该大臣等必能统筹全局，相机布置也。将此由六百里各谕令知之。”（《清文宗实录》卷216）

（咸丰七年正月乙丑）谕军机大臣等：“……惟湖北有吉林等处马队，前经英桂奏调，本日已谕令官文等酌分一千名，饬赴庐州助剿。现在楚北水军战舰已抵九江，或可沿流东下，攻安庆以分庐州等处贼势……”（《清文宗实录》卷217）

（咸丰七年正月丁卯）又谕："官文、胡林翼奏'官军攻毁小池口并九江城外贼垒'一折。官军自克复黄梅县城后，宿松、太湖之贼聚集数万，意图分路四扑。兵勇奋力进剿，纵横冲击，败匪窜归小池口贼巢。兵勇毁其土城及贼垒数座，南岸官军水陆会攻，复将九江城外土城轰倒，擒斩多名，剿办尚属得手。着官文等即督饬将士迅将九江城池克复，以期乘胜东下，尽扫贼氛，毋稍延缓。"（《清文宗实录》卷217）

（咸丰七年正月庚辰）谕军机大臣等："本日据载增等奏'股匪张三彪等勾结四川游勇，裹胁贫民，在竹山县地方滋扰。官军攻剿获胜，余匪由房县、兴山窜入宜昌府城'等语。此股匪徒本系乌合，何以常恩等并不认真兜剿，致该匪肆行奔突，窜入府城？宜昌距荆州甚近，防剿不容稍疏，官文现派李光荣、卢又熊分带川勇各千余名追剿，尚恐兵力不敷，着会同胡林翼酌量抽拨官兵，与常恩等所带兵勇，并署松潘镇德恩等合力迎击，务将府城迅即克复，并将此股匪徒悉数歼除，勿令再至蔓延。倘带兵各员堵剿不力，即着严参惩办。绵洵现已抵任，即应带兵出城，择要驻扎，相机迎剿。载增、富森督率兵勇在城内严密稽查，以资镇定。宜昌文武各员于贼匪攻扑时毫无防范，致郡城失守，着官文、胡林翼即查明该员等下落，据实参奏。将此由六百里各谕令知之。"（《清文宗实录》卷218）

（咸丰七年二月乙酉）又谕："前因襄樊余匪勾结游勇，窜陷宜昌，谕令官文、胡林翼抽拨官兵，迅速进剿，并以荆州防剿吃紧，谕令绵洵出城迎击，载增、富森在城巡防。本日据载增等奏'官文所派之李光荣，因川勇猝变，殁于营中。卢又熊所带之勇虽将另股窜荆之匪击退，而宜昌尚为贼踞，有船一百余只、匪众五千，欲图水陆窥伺荆州'，该郡为楚省上游重镇，万不可稍有疏虞。载增等已令都司宗维清带兵一千，赴宜昌迎剿，又令德恩所带川兵，锡龄阿所带满洲营兵，与卢又熊所带之勇分投策应，并将李光荣原带炮船委员管带，会同水师都司周邦富沿江防御，布置尚属周妥。惟兵分力单，尚恐不敷堵剿。现据胡林翼奏称，已由官文派拨水师都司左光培，并巴扬阿、张万禄马步各军前往荆、宜。该抚复添派宝营、义营兵一千二百人赴援，是否足资攻剿，仍着官文、胡林翼酌量情形，或再于大营内抽拨官兵，迅将宜昌府城克复，力遏其下窜荆州之路。绵洵尚未列衔奏事，如未经抵任，即着兼程前进，仍遵前旨，在城外驻扎，相机迎剿。官文、胡林翼虽相距较远，仍应勤加侦探，随时调度。常恩、德安、阿昌阿追剿不力，业经摘顶示惩，若再不迅复宜昌，致令荆州有警，即着严参治罪。此股匪徒勾结川勇居多，且李光荣所带川勇又已中变，大营遣散川勇正在陆续过荆，若令再有勾结，必致更肆狓猖。着载增等一面妥为弹压，一面实力剿办，毋使顾此失彼。至所请筹拨邻饷，此时邻近省分实已无款可拨，着官文、胡林翼即由武昌粮台酌量拨给，毋令缺乏。将此由六百里各谕令知之。”（《清文宗实录》卷219）

（咸丰七年二月丁亥）谕军机大臣等：“……湖北凯撤陕甘官兵现过河南，着准其截留，归胜保统带。龙泽厚一军本止一千一百余名，现在湖北宜昌失陷，房、竹余匪尚未肃清，陕西边防正关紧要，未便遽行调拨……”（《清文宗实录》卷219）

（咸丰七年二月戊戌）荆州左翼副都统载增等奏‘贼陷远安，逼近荆襄，现筹会剿’情形。得旨：“绵洵现已抵任，谅已遵前旨出城防剿，汝三人务须和衷妥办，以保完善之区。”（《清文宗实录》卷220）

（咸丰七年二月甲辰）谕内阁：“绵洵等奏‘逆匪陷荆门州城，经官兵击退，收复城池，现饬追剿’一折。二月初六日，远安逆匪全窜荆门，遂致州城失陷。该匪即乘势南窜，经马步各队迎头截击，守备胡举高、训导邹汉章等分带川勇、南勇进攻，该匪前后受敌，立即折回。兵勇追至城下，适该州团勇会合夹击，设伏围攻，该匪即于初九日夜半潜开北门遁去。各军分投追剿，并将城内余匪全数歼除，收复荆门州城。着该将军等即饬巴扬阿等乘胜追剿，尽歼丑类，并分兵堵截，毋令旁窜。荆门州文武各员有无先期逃避情事，此次克复州城，是否随同攻剿，着官文、胡林翼会同绵洵等确查具奏。”（《清文宗实录》卷220）

（咸丰七年二月丁未）谕内阁：“官文、胡林翼奏‘宿、太贼匪上犯黄梅，攻剿获胜’一折。安徽宿松、太湖匪众上窜黄梅县地方，经都兴阿等各率兵勇、绅团迎击，共毙贼匪四千余名，夺获马骡数百匹，伪印、旗帜、刀矛无算，伪捣天侯陈姓及伪天王之婿钟贼、曾贼均被歼毙，剿办甚为得手。所有此次攻剿援贼获胜，并小池口踏贼营垒出力员弁绅勇，均着准其汇案保奏，候朕施恩。仍着官文、胡林翼督饬在事文武，水陆环攻，务将小池口及九江郡城之贼赶紧攻克，毋稍延缓。”（《清文宗实录》卷220）

（咸丰七年二月己酉）又谕：“……其九江贼匪，经湖北水师东下，声势甚壮，自可即日攻克。着福兴会同文俊通筹大局，妥为布置，并将现在各路情形奏报，以慰廑念。将此由五百里谕令知之。”（《清文宗实录》卷220）

（咸丰七年三月丙辰）又谕：“绵洵等奏‘剿匪获胜，首犯投诚’，并官文、胡林翼奏‘剿办襄郧匪徒情形’各一折。湖北匪徒刘尚义等自荆门州被剿后，窜踞南漳县属武安堰地方。二月十四、十五等日，经知府唐训方带勇追剿，歼毙七八百名，逃散无数。自十七日至二十日，副都统衔巴扬阿带兵踵至，四面围攻，复毙匪众无算。该匪等穷蹙无路，于二十三日率众投诚，业经绵洵等委员察看，系属实情，着准其分别办理。所有被胁难民，即行妥为遣散。投诚各犯，归入巴扬阿营中，随同打仗，立功赎罪。其未经回籍各川勇，并着分起委员，妥为押解，毋任再滋事端。现在谷城等处另股匪徒尚未尽净，着官文、胡林翼即饬巴扬阿、唐训方等实力进剿，赶紧肃清，并会同陕、豫官军合力搜捕，尽绝根株，毋留余孽。”（《清文宗实录》卷221）

（咸丰七年三月己未）又谕：“英桂奏‘襄樊土匪阑入内乡县城，经官兵会同克复’一折。二月十七日，襄樊土匪窜扰内乡县，署知县杨镛带勇出城迎击，贼已分投窜入县城……现在余匪回窜楚境，着邱联恩乘此声威，迅速追捕兜剿，歼兹丑类，勿留余孽。署内乡县知县杨镛有无弃城逃避情事，并在城文武各员弁下落，着英桂查明具奏。”（《清文宗实录》卷221）

（咸丰七年三月）甲戌，谕内阁：“胡林翼奏‘官军生擒匪首，襄樊肃清’一折。襄阳匪徒高二先等被官军叠次击败，窜匿张家集等地方。三月初五日，候补道唐训方、参将舒保督兵乘雪夜行，四面进攻。初六日遇贼于白家集，被击反走，官军分五路星夜追剿，于郭家冈地方将匪首高二先等生擒正法，零匪被歼净尽，襄樊悉就肃清。此股匪徒，自上年九月滋事，裹胁甚众。襄阳文武力守危城，胡林翼派往各员剿办迅速，均属著有微劳。所有出力员弁及协剿之绅团等，着准其择尤保奏。”（《清文宗实录》卷222）

（咸丰七年三月己卯）又谕：“……九江郡城尚未克复，楚军何能分半赴豫？况已拨往江西广信并李孟群带兵一千五百名援应庐州，武汉存兵已属无多。本日仍谕令官文、胡林翼，如襄樊已就肃清，即于该处官兵内酌拨一千名，驰赴英桂等军营调遣……至李孟群由楚赴皖，本为庐州吃紧起见，本日已将该员简放安徽布政使，尤应赶紧赴任。倘此项兵勇路经河南地方，该抚等不得率请截留，致滋贻误。将此由六百里谕令知之。”（《清文宗实录》卷222）

（咸丰七年五月甲戌）又谕："福济、郑魁士奏'通筹各路情形，请饬催李孟群带兵来庐'等语……李孟群一军由湖北赴援，途次克复英山。而该逆复纠大股，屯踞张家塝地方，图袭黄梅大军之后。该藩司现在罗田，由霍、六一带节节进攻，遏其上窜武汉之路，即以扫荡庐州附近之贼，并非迁延不进……"（《清文宗实录》卷226）

（咸丰七年闰五月壬辰）谕军机大臣等："李孟群奏'沿途剿除皖境续到股匪，拟即进攻霍、六'一折。此次逆匪二万余人，自霍邱图犯湖北，李孟群以二千五百人歼擒渠逆，并将伙匪剿杀殆尽，实能谋勇兼施，深堪嘉尚。员弁绅勇，着准其汇入克复英山案内，由官文、胡林翼分别保奏。英山、罗田乡勇协助官兵剿贼，甚为得力，并着从优请奖，以示鼓励。贼踞霍、六两城，又有李兆受一股踞叶家集，互为犄角，亟宜乘胜剿洗，以除楚、豫之患。该藩司现扎英、霍交界地方，着即会同金光筯合力夹攻，迅歼丑类。俟攻克霍、六，饷道疏通，仍即驰赴庐州，与福济诸军会合剿捕各属匪党。前据官文等奏'翼贼石达开领贼数万，从安庆、彭泽上犯，声言分扰湖北，并扰江西'等语，石逆最为凶悍，此次上窜之贼是否该逆即在其中，抑前往江西，想李孟群必有所闻，着探明具奏。另片奏'请饬湖北在籍刑部主事王柏心赴营'等语，王柏心学问淹通，忠义奋发，既据李孟群保奏，着即由该藩司传旨，令该员到营，帮同筹画用兵机宜。其礼部主事骆敏修应得奖励，着准其并案详请办理。"（《清文宗实录》卷227）

（咸丰七年闰五月癸巳）又谕："前据何桂清奏，逆首石达开由铜井渡江，逃往江北。曾谕令和春等乘贼内讧，规取金陵，并谕德兴阿等扼其北窜之路……石达开系著名剧贼，且闻其善于要结人心，此次逃出金陵，必欲自成一队，非上窜湖北，即蔓延江西、广济、黄梅等处。官文等已厚集官兵堵剿，又有李孟群在英、霍交界地方驻扎，屡获胜仗，楚境当可无虞……"（《清文宗实录》卷227）

（咸丰七年闰五月丁酉）又谕：“……现在李孟群已由湖北罗田进图霍山、六安，若胜保等克复正阳，进兵霍邱，当可与李孟群一军会合，前后夹攻，更为得力……”（《清文宗实录》卷228）

（咸丰七年六月辛亥）又谕：“官文、胡林翼奏‘黄梅、蕲州官军分路剿贼获胜，毁平贼垒’一折。湖北黄梅、蕲州之贼，由安徽宿松等处窥窜。其踞黄梅大河铺者，连营二三十里，并分窜十里铺等处。五月十四等日，将军都兴阿等连破大河铺等贼七垒。二十二日，又破十里铺贼垒，分军进扎。贼之来扑，及分扰黄梅县城、广济县境者，均经各路兵勇分投击走，擒斩甚多，东北路贼十余营悉行遁走。其窜踞蕲州张家塝一带者，分扑胡家凉亭、鸭公觜等军营，官军连战，斩获千数百名不等。贼踞望天畈，并于黄土冈等处结垒，二十七、八等日，官军连次进击，并合蕲州绅勇抄破范家湾及张家塝贼垒，毙贼二千余名。官军乘势进剿，闰五月初二等日，先烧汪家坝、夫子岭贼营三座，连次毙贼一二千名或数百余名，黄土冈等处贼垒亦悉毁平。张家塝、黄土冈贼窜至望天畈等处，伏匿不出，官军连日进攻，均有斩擒。知府邢高魁、朱启仁率勇至青石岭，将山冈下贼巢数十间焚毁，复毙贼千余名。安徽逆匪大股伺窜，叠经剿洗，仍着官文等饬令带兵文武悉力扼剿，务将全股肃清。”（《清文宗实录》卷229）

（咸丰七年六月丙寅）又谕：“官文、胡林翼奏‘皖省贼匪倾巢窜至蕲水’一折，安徽逆匪裹胁宿、太饥民数十万，由黄梅、广济、蕲州等处分路间道上窜，楚军分路抵御，擒斩逆匪已至盈万。无如贼势太众，南勇失利，军垒全失，退至蕲水。胡林翼前往策应，业经收拾队伍，分扎黄州。湖北水陆各军，正在九江小池口围攻吃紧之时，今中路忽为贼断，官文等已调李孟群还攻蕲水，击贼尾路。惟皖省贼氛尚炽，李孟群已抵英山，若令折回，恐庐州更无援应。本日已谕官文等无庸将李孟群一军调回，俾仍由英山前进，节节剿洗，以遏皖省贼势。但道路梗阻，湖北不能接济，所有该藩司一军饷糈，着福济源源分拨，毋令缺乏。此次皖贼由宿、太等处倾巢窜入楚境，实因皖省无兵牵制，致令该逆恣意上窜。福济、郑魁士坐拥重兵，何得株守庐州，一筹莫展？现在逆匪全力注意楚疆，则皖境必有可乘之隙，着福济、郑魁士迅速出兵，为捣虚攻瑕之计，毋得专待李孟群救援，致成坐困之势……将此由六百里谕令知之。”（《清文宗实录》卷230）

（咸丰七年六月丙寅）谕军机大臣等：“官文、胡林翼奏‘贼匪倾巢上窜，南勇败退，贼窜蕲水’一折，据称‘皖匪因年荒粮尽，裹胁饥民数十万，由黄梅、广济、蕲州、蕲水等处间道上窜。我兵分路堵击，杀贼万余。南勇各营于蕲州之望天畈，追贼遇伏，营垒全失，退至蕲水’等语。湖北为上游扼要，该逆意在必争，此次南勇败退，原因贼势众多所致。惟该匪裹胁饥民，不过乌合之众，似尚不难剿散。现在胡林翼已抵黄州，收集溃勇，补制军械，着即督率各路兵勇，迅将上窜各匪分兵截剿，毋令蔓延。该大臣等现调水师炮船，扼守沿江，并调王鑫、刘腾鸿由江西援剿，自因贼众兵单，不敷调遣之故。其李孟群一军本系赴援庐州，现在已抵英山，正宜乘胜进剿。若遽行调回，则庐州当挫败之后困守无援，必至愈形危迫。所有李孟群一军，着毋庸调回，该营兵饷，已谕令福济设法接济矣……将此由六百里谕令知之。”（《清文宗实录》卷230）

（咸丰七年六月丙子）谕军机大臣等：“曾国藩援剿江西之师多系楚勇，素称得力。兹据给事中李鹤年奏，该勇自曾国藩回籍后，渐忘纪律，颇有滋扰情事。此项楚勇现归何人管带，着福兴、耆龄查明。如有滋扰情形，即饬带兵之员妥为约束，无令滋事。前据官文奏，安徽逆匪分股上窜，南勇失利，已檄调王鑫一军回楚应援。但王鑫现在吉安剿匪，颇属得力，如令赴楚，何人可以接管？或因吉安正当吃紧，即将王鑫暂留

江西，俟克复吉安，再令前往湖北，着福兴、耆龄斟酌办理……将此由五百里谕令知之。”（《清文宗实录》卷230）

（咸丰七年七月壬午）又谕：“官文、胡林翼奏水陆布置情形，并叠次堵剿获胜一折。武汉、黄州等处水陆要隘，均经官文等派拨精兵扼守，皖贼无从上窜，并于黄梅等处连日接仗获胜，办理尚属周妥，李孟群一军既可无庸折回。其王鑫等兵勇，前因在吉安剿匪得手，谕知耆龄斟酌情形，或俟吉安克复，再令该员赴楚。此时楚北军情较缓，且江西先派李续宜南勇到营，兵力已敷堵剿，所有王鑫、刘腾鸿各军，着官文、胡林翼即日行文知照耆龄，毋庸折回湖北。至蕲水等处贼匪，非痛加剿洗，不足以杜其窥伺。九江小池口顿兵日久，亦应迅速进攻。胡林翼到黄州后，重振军威，即着督饬兵勇迅速剿办，毋再延缓。将此由六百里谕令知之。”（《清文宗实录》卷231）

（咸丰七年七月己丑）又谕：“英桂奏‘剿办襄樊窜匪，克复邓州、内乡两城，股匪歼除净尽’一折。上年十月间，襄樊土匪由新野攻陷邓州，经英桂饬令总兵庆德、邱联恩及候补道周煦徵等督带兵勇，前往剿办……本年二月间，楚北均、房余匪由南漳窜陷内乡县城，邱联恩自半扎店星驰援剿，署南阳府知府何怀珍及邓州绅士高振宛等各带兵勇乡团，间道赶至内乡……立将县城收复……”（《清文宗实录》卷231）

（咸丰七年七月甲午）又谕：“官文、胡林翼奏‘水陆各军，剿除下游贼垒，叠获胜仗’一折。逆匪纠集大股，于广济内湖童司牌一带筑垒抗拒。六月二十四等日，都兴阿令孔广顺等移兵前进，杨载福派都司胡友亮管带舢板船绕入内湖，贼匪全数出扑，翼长多隆阿迎击，副将鲍超乘胜攻毁贼垒一座，毙贼三百余名，贼被冲突奔逃，复毁贼垒三座，毙贼千余名，内湖水师轰烧贼船百余只，夺获二十余只。李续宾由南岸进攻，毙贼约四五百名，水师复烧毁贼划百数十号。该逆落水，并被我兵追杀及投湖淹毙者，计千数百名，童司牌两岸贼垒悉数毁平，我军追杀十余里，毙贼数百名。胡林翼督同唐训方进扎黄冈之傅家岭，贼匪分路偷扑，我军绕出贼后，齐力追击，毙贼百余名，擒斩长发老贼六十余名，夺获旗械多件。此次剿除贼垒，叠获大胜，办理尚为得手。着官文等乘此声威，迅扫逆氛，毋留余孽。”（《清文宗实录》卷231）

（咸丰七年八月）壬戌，谕内阁：“官文等奏‘黄州官军移营进剿，续获大胜’一折。此次移营进剿窜贼，斩馘甚多，着官文等严饬带兵将弁乘胜下剿，节节扫荡，以期会合诸军，迅克九江府城，毋稍延缓。”（《清文宗实录》卷233）

（咸丰七年八月）戊寅，谕内阁：“官文等奏‘官军扫荡蕲、黄贼巢，攻拔小池口，全楚肃清’一折。皖省逆匪分布蕲、黄等处，并于小池口筑城，与九江犄角，下为皖匪声援，上图窥伺武汉。虽经官军屡次攻击，叠受惩创，该逆抗拒如故。胡林翼亲督所部各队，节节搜剿，擒斩不可胜数。都兴阿等挑选马步各队，将黄梅后山一带贼垒焚毁净尽，马步各军连夜追剿，杀贼三千余名，复追至桂家畈渡河桥，踏毁贼垒十余座。杨载福等水陆并进，直逼小池口各营，四面环攻，奋力登城，歼毙逆贼无数，遂将小池口贼巢攻拔。其逃窜余匪，复经巴克坦布等分路斩杀殆尽，全楚境地一律肃清，剿办尚属得手。着官文等督饬在事文武，乘此声威，攻克九江，并分兵追剿逃窜宿、太股匪，以期迅扫余逆，疏通江路。所有此次出力员弁兵勇，着准其择尤保奏，候朕施恩。”（《清文宗实录》卷234）

（咸丰七年十月戊申）谕内阁：“官文等奏‘克复江西湖口县城’一折，湖北下游官军自克复小池口后，即乘胜围攻九江，并进规湖口……”（《清文宗实录》卷237）

（咸丰七年十月辛亥）谕军机大臣等："胡林翼奏'请起复水师统将，以一事权，并密陈进剿机宜'一折。官军克复小池口、湖口县两处，九江已成孤立之势。即日攻克，水陆大兵即可相机东下，所奏不为无见……着该抚与官文、都兴阿、杨载福等商办，正不必待曾国藩到楚方能定议也……将此由六百里谕令知之。"（《清文宗实录》卷237）

（咸丰七年十月）壬子，谕内阁："福济、郑魁士奏'粤匪、捻匪分路内窜，官军迎剿大获胜仗'一折。湖北窜回逆匪纠合皖省贼捻分股窜扰，一由派河扑庐城，一由巢湖扑店埠，一由巢县夏阁扑柘皋……"（《清文宗实录》卷237）

（咸丰七年十月）乙丑，谕内阁："官文等奏'楚北官军攻克江西彭泽县并两岸伪城'一折……此次楚北官军水陆进剿，办理甚为得手。着官文等乘此声威，激励将士，迅克九江，进攻安庆，并由宿、太节节扫荡，俾皖北一律肃清。"（《清文宗实录》卷238）

（咸丰七年十一月乙酉）又谕："福济奏'请饬胜保等进图六安，并由湖北派兵堵扼英、霍，令李孟群带兵速赴庐州'等语。李孟群一军自鄂援皖，原以疏通庐州西境。现在霍山复陷，该司正当力图克复……至湖北官军沿江攻剿，正当吃紧，前经官文等奏明，实系不能分拨，已饬进剿宿、太之军，为李孟群援应……将此由六百里谕令知之。"（《清文宗实录》卷239）

（咸丰七年十一月庚子）谕军机大臣等："昨据德兴阿、和春先后奏报，本月十二日，克复瓜州、镇江，已谕令该大臣等乘胜进攻，指日大军直抵金陵，不难扫穴擒渠，大功告蒇……杨载福已离楚境，以后军务情形，即着该提督自行奏报。如与都兴阿军营相近，即着会衔具奏，毋庸仍由官文等代奏，以期迅速。将此由六百里谕知官文、都兴阿、胡林

翼，并传谕杨载福知之。”（《清文宗实录》卷240）

（咸丰七年十一月辛丑）谕军机大臣等：“……从前北窜之贼，皆入自豫疆，必须胜保在北路控制，以安腹地，设专事南征，深恐兼顾不及。应俟楚军西来，三面兜围，即可筹复淮南郡县……”（《清文宗实录》卷240）

（咸丰七年十二月乙亥）谕军机大臣等：“本日据李孟群奏‘逆匪大股上窜，兵力未能兼顾，请饬楚北分兵防剿’一折。潜、太大股粤逆乘虚窜入霍山县城，代理知县王自籥等收复后，该匪复由东北窜踞独山、两河口一带。而开顺、叶家集等处捻匪鸱张，地通商、固，李孟群拟即带兵亲往。惟南面及西南一带仅此一军，粤捻交乘，势难兼顾，自系实在情形。楚北麻城、罗田毗连该处，如果任贼窜入，于楚省藩篱大有关系。昨据胜保奏，移营西南亲督进剿，但能兼顾商、固边境。其麻城、罗田等县，着官文等即行派拨兵勇，出境迎剿。或即将进剿宿、太之兵分拨前往，既可与李孟群联络策应，并可扫荡潜、太逆踪，以分贼势。至李孟群所请饷需，前经谕令四川、山东两省各筹银三万两解往，并令由官文、英桂等先行垫解，俟饷银过境时扣还。着李孟群即行派员迎提，以资接济。将此由六百里谕知官文、都兴阿、胡林翼，并传谕李孟群知之。”（《清文宗实录》卷242）

（咸丰八年正月庚辰）谕军机大臣等：“……其南窜枣阳一股，合并楚境黄草坪一带土匪，亡命抢掠，复经兵勇截击，回窜唐县边界之晒山等处。现在豫境之唐县、桐柏及楚境之随州、枣阳，山路丛杂，本有匪徒出没，若再被该匪踞险负嵎，搜捕殊形棘手。英桂已饬德楞额会同邱联恩进剿，尚恐未能得力。舒保带兵现驻襄阳，着官文、胡林翼饬令该营总就近移兵，由随州、枣阳与河南将弁前后夹击，以期尽扫匪踪。至六安、霍山及光州所属之地方均有贼匪滋扰，需兵甚急，所有赴楚补额之吉林、黑龙江余丁四百名，现在路过许州，着英桂暂行截留，以资助

剿，俟东路军情稍松，仍饬该余丁赴楚补额。将此由六百里各谕令知之。”（《清文宗实录》卷243）

（咸丰八年二月乙丑）谕军机大臣等：“……至舒保已抵麻城，何以叠经胜保札催，尚未赶到？楚、豫唇齿相依，岂宜稍分畛域？着官文严饬舒保仍遵前旨，统带马步队迅即出境，由光、商进发，以便沿途协剿……将此由六百里各谕令知之。”（《清文宗实录》卷246）

（咸丰八年三月戊寅）又谕：“本日据官文等奏‘楚省边防吃紧，前派赴商城之舒保一军，已咨调一千五百名，以助都兴阿剿匪’等语。现在固始之贼迭经胜保等督兵剿击，已解城围。英桂剿办阜阳土匪，亦一律肃清，业经行抵汝宁，已谕令就近督兵会剿。商城零匪无多，当可无虞延蔓。英、霍之贼，现已窜入罗田边境，窥伺蕲水、蕲州，都兴阿兵力单薄，楚省军情较为吃重。着官文等即饬舒保一军仍回罗田、麻城一带，会同都兴阿实力防剿，以顾楚省门户。将此由六百里谕令知之。”（《清文宗实录》卷247）

（咸丰八年三月戊寅）又谕：“……本日复据官文等奏，英、霍贼窥伺蕲州，势甚猖獗。已调舒保所带兵勇一千五百名前往助剿。现在豫省情形较缓，而舒保一军既经分拨，为数无多，且蕲州兵力尚单，已谕官文等饬令舒保统带全军，折回蕲、黄一路，协同都兴阿剿匪，着英桂毋庸截留……将此由六百里谕令知之。”（《清文宗实录》卷247）

（咸丰八年三月戊子）又谕：“前因固始被围甚急，谕令官文饬催舒保带兵前进。兹据该大臣奏称‘英、霍逆匪窥伺蕲州、蕲水，于舒保一军抽调一千五百名，驰往援应’，并沥陈‘舒保系二品大员，胜保严札驱迫，加以苛词，于体制未协’等语，朕披览所奏，并未降旨切责胜保。乃本日该副都统奏称‘官文于此事有心挑剔’等语，反复辩论，其意甚属不平。胜保勇往任事，朕屡次嘉许，又见其不免有躁气矜心，曾加训诲。今官文即措词失当，胜保既知师克在和，不值于笔墨之间斤斤计较。况此时掌兵大员，但当共济时艰，岂可各存意见，于公事转有窒碍……至舒保甫经撤回，断无令其仆仆道途之理。况湖北现亦吃重，所奏着毋庸议。将此由六百里谕知胜保，并传谕李孟群知之。”（《清文宗实录》卷248）

（咸丰八年三月庚寅）又谕：“……昨已明降谕旨，派湖北提督德安会同福济办理军务，郑魁士已调往和春军营协同剿匪……”（《清文宗实录》卷248）

（咸丰八年三月辛丑）又谕：“李孟群奏‘击退金家寨贼匪，商城全境肃清’一折……此股贼匪，由英山、罗田窜至商城，经李孟群派兵剿办，该逆穷蹙逃窜，斩馘甚多，办理尚为妥速。所有在事出力员弁兵勇，准其择尤保奏。”（《清文宗实录》卷249）

（咸丰八年四月癸丑）又谕：“胜保、袁甲三……另片奏粤夷窜踞麻城，楚兵均在东、西、南三面，北路空虚，恐该夷由此窜突。已谕知官文等合围兜剿。现在邱联恩已带兵驰赴光、商，胜保仍当迅咨该总兵扼要堵截，毋任窜扰豫疆……将此由六百里谕令知之。”（《清文宗实录》卷250）

（咸丰八年四月癸丑）又谕：“前据官文等奏，粤逆窜陷麻城，该大臣等调派水陆官军，前往攻剿。本日据胜保等奏‘贼踞麻城，楚兵进剿，在东、西、南三面，惟北路空虚，恐该逆北窜’等语，麻城与豫省光、商一带节节毗连，该处甫经被扰，若该逆乘虚北窜，又被蹂躏。李孟群即赴六安。惟邱联恩赴光州防堵，所带兵勇为数无多。官文等现调水陆马步各军分道进剿，自应四面兜围，为就地歼除之计。克复麻城后，如

有旁窜余匪，务即跟踪追剿，杜其北趋。将此由六百里各谕令知之。”（《清文宗实录》卷250）

（咸丰八年四月壬戌）又谕：“寄谕湖广总督官文等，粤逆占踞九江，久未攻克。经杨载福等督兵不分昼夜，水陵环攻，并开挖地道，轰塌城垣，将弁、兵勇均各奋力先登，将坚城克复，剿办深堪嘉尚。此时除分兵留守九江外，杨载福、李续宾等统领得胜之师，分道东征，应先往何处，着即乘此声威，妥速筹办……将此由六百里谕令知之。”（《清文宗实录》卷251）

（咸丰八年四月乙丑）又谕：“前因楚军攻克九江，谕令李续宾统领得胜之师驰赴六安会剿，其宿、太一路贼匪，即令都兴阿统兵剿办。本日据官文等奏‘九江、湖口等处由鄂省分兵防守，李续宾拟酌带兵勇渡江，先清皖北，再议皖南……’等语，所筹进剿机宜与前降谕旨相符……至楚兵深入皖境，米粮、军火必须地方官员随同照料，呼应较灵。即着福济派员绕道，分赴都兴阿、李续宾行营，设立随营支应局，会同楚省委员办理。其粮饷等项，恐皖省无从措办，仍着由湖北筹拨接济……将此由六百里各谕令知之。”（《清文宗实录》卷251）

（咸丰八年五月）丙子，谕内阁：“官文等奏‘皖贼窜入黄安，攻剿获胜’一折。皖省贼匪，由河南光山等处窜入黄安，李续宜随同舒保带领兵勇前往援应，贼众蜂拥来扑，官军齐出奋击，斩馘二百余名。舒保督同副将赵克彰等分路抄击，贼众大败，官军追至城下，踏毁贼垒五座，斩擒无算。着即督饬将弁迅速进攻，克复城池，毋稍迟缓。”（《清文宗实录》卷253）

（咸丰八年五月丙子）谕军机大臣等：“……本日据官文等奏‘贼窜黄安，拨兵援剿获胜’一折，楚北麻城尚未合围，黄安又陷，李续宾一军现已取道黄陂，会同舒保夹攻。拟收复黄安后，并力麻城，再行分拨，肃清皖、豫。惟浙省自处州失陷后贼势日炽，上游各府悉行震动，福兴一军专顾衢州，周天受、明安泰两军力扼金华，兵力尚觉单薄，浙省军情更属紧迫。着官文等酌量情形，通筹大局，如黄安、麻城楚省兵力足敷剿办，即仍遵前旨，迅饬李续宾简带所部精兵驰赴浙江，以资援剿。将此由六百里谕令知之。”（《清文宗实录》卷 253）

（咸丰八年五月癸未）又谕：“前因浙省军情紧急，谕令官文等即饬李续宾迅速赴浙。兹据该大臣等奏称‘自黄安失守，德安、安陆、襄阳各郡县均已戒严。李续宾于九江克复之后，督兵上援黄安，俟贼匪扑灭，再当围剿麻城。皖省贼势，已并趋英、灵、宿、太等处，应以都兴阿、李续宾节节扫荡。若令该藩司赴浙，则楚、豫、皖三省空虚’等语，所奏自系实在情形。浙江处州被陷，各隘均属吃紧，先后由和春等派总兵周天受、明安泰、周天培等驰往援剿，并令和春督办江、浙两省军务，前赴浙江统率诸军。该省兵力已厚，谅可无虞窜突。李续宾现在黄安剿贼，即着毋庸赴浙。该大臣等以皖省形势为贼所必争，拟各路肃清，以全力注于皖北，系通筹全局起见。着官文、都兴阿、胡林翼即相度机宜，妥筹办理可也。将此由六百里谕令知之。”（《清文宗实录》卷 253）

（咸丰八年五月丁亥）谕军机大臣等：“……李续宾因湖北黄安、麻城告警，尚须移师节节往剿，未能他调。都兴阿等亦须留剿宿、太等处，不能径赴皖北。福济已派勇驰赴定远，并由德安抽兵五千名交总兵塔思哈带往，着即责令相机扼剿，勿使临淮之匪与滁贼勾通，以护饷道……将此由六百里各谕令知之。”（《清文宗实录》卷 254）

（咸丰八年五月己丑）谕军机大臣等：“……李续宾现因黄安、麻城告警，未能赴浙，李定太、李元度两军由江西进剿，即可与周天受声势联络，为两路夹攻之计……将此由六百里谕令知之。”（《清文宗实录》

卷 254）

（咸丰八年五月）壬辰，谕内阁：“官文等奏‘官军连克县城，越境追剿’一折，皖匪窜踞湖北麻城，另股窜入黄安，经布政使李续宾驰抵黄安督剿，四面环攻，大股贼匪出扑，伏兵齐起，枪炮如雷，马队纵横冲截，生擒一百余名，歼毙伪丞相，伪先锋，伪检点、指挥、司马等数十名，乘夜逃窜，跟追三十余里，杀贼无算，遂将县城克复。麻城之贼亦于初四日夜间不战而遁，道员李续宜、副将鲍超率马步队日夜穷追，剿办甚属妥速。着李续宾等乘胜追剿，节节扫荡，以期肃清皖、豫。”（《清文宗实录》卷 254）

（咸丰八年五月壬辰）又谕：“官文、胡林翼奏‘请饬调江西下游之师就近援剿浙江’等语……李续宾克复黄安、麻城，已带兵追剿潜、太贼匪，不能赴援浙江……着耆龄即饬萧启江、张运兰、王开化、刘芳贵等各率所部兵勇，就近由祁门、宁国一路兼程前进，驰援杭州……将此由六百里谕令知之。”（《清文宗实录》卷 254）

（咸丰八年五月甲午）谕军机大臣等：“英桂奏‘楚匪阑入光、商，并豫军不能分拨’一折，昨据官文等奏，湖北官兵连次克复黄安、麻城，李续宾已移得胜之师前往商城地界，越境追剿。光、商一带自应添兵夹击，以防北窜。英桂等现将驻扎鹿邑之马步兵勇拨往救援，并将陕西官兵一千名及罗山练勇七百名均拨归邱联恩调遣，着即饬令该镇合力堵剿，并饬该地方官召集团勇，协同剿办，务将窜匪悉数歼除，毋令滋蔓……将此由六百里谕令知之。”（《清文宗实录》卷 254）

（咸丰八年五月）戊戌，谕军机大臣等：“胜保奏‘进驻怀远，派兵赴凤阳一带剿贼获胜’一折，并‘统筹全局，请专责成’等语……光、商窜匪，已有湖北兵勇追剿。其洪泽湖等处，并着庚长添派兵勇严防，

以杜捻逆东窜之路……”（《清文宗实录》卷255）

（咸丰八年五月癸卯）谕军机大臣等：“官文奏‘楚军水陆东征，筹策调度’一折。湖北官兵克复九江、黄安、麻城，军威已壮，自应水陆乘胜进剿皖、豫，先清江北，为直捣金陵之计……所有楚军马步水师应需粮饷，仍由官文等豫筹拨解。至运送粮饷、军火等项，着何桂清、福济、英桂、瑛棨先期派员携带经费，探明大军进止，分段设站，随时转运，以利遄行。至所拨楚军饷项收支各数，在皖者咨送皖省，在豫者咨送豫省，入苏境则咨苏省。各该督抚即饬承办之员，仍照湖北章程销算，以便稽查而免轇轕。楚军进剿皖、豫，水陆各军，即责成都兴阿、李续宾、杨载福统制，他省带兵大员不得调归统辖，以一事权而期得力……将此由六百里各谕令知之。”（《清文宗实录》卷255）

（咸丰八年六月乙巳）又谕：“……李孟群……到庐后与福济商定行止，或仍赴临淮，或援应滁全，均以遏该逆北窜之路，俟北路稍定，再图舒、桐。其时湖北官军，当亦可以东下，两路夹攻，不难扫除巢穴也。将此由六百里各谕令知之。”（《清文宗实录》卷256）

（咸丰八年六月）辛亥，谕军机大臣等：“前据官文奏‘楚军水陆东征，进剿皖、豫，先清江北’……着李续宾迅速前进，即由舒城、庐江围绕而南，使捻匪、粤逆不能勾结，并着官文、胡林翼饬令舒保督带马队，随同进剿。仍随时查看皖、豫两省情形，相机策应，总期节节南逼，毋令北窜。将此由六百里谕令知之。”（《清文宗实录》卷256）

（咸丰八年六月丙寅）又谕：“李孟群奏‘请留马队协剿’等语，据称‘营总讷依琫阿所带马队，自湖北越境追剿，已抵李孟群军营’，现在湖北边境肃清，东征之师业已分路并进，着官文、都兴阿、胡林翼饬令该营总带队协同该藩司进剿，毋庸由张家塝折回，庶马步相辅而行，剿

办较为得力。其马干盐折口粮，即照楚省支发章程，由湖北粮台给领。将此由六百里各谕令知之。”（《清文宗实录》卷257）

（咸丰八年七月戊子）又谕：“……至邱联恩前在光、商等处防堵，此时楚、豫边界业已肃清，该总兵是否尚在该处？若令移赴归、亳交界，堪资得力……”（《清文宗实录》卷258）

（咸丰八年八月癸丑）署河南巡抚瑛棨奏：“湖北枣阳土匪窜扰豫境，拨兵剿办。”得旨：“不准专顾豫境，以邻为壑，迅即出境迎击，赶紧扑灭，勿使啸聚愈多，剿办愈难。”（《清文宗实录》卷261）

（咸丰八年九月丙子）又谕：“胜保奏‘统筹南北大局，请豫筹堵剿’一折，所陈贼势军情，不为无见……前谕官文酌分楚军数千绕赴北路，至今未据复奏，俟其复奏到时，再当察看布置……”（《清文宗实录》卷263）

（咸丰八年九月丙申）又谕：“前据官文奏，遵旨派令游击张万禄带兵一千，粮道唐训方带勇三千，绕道驰赴袁甲三军营，协同剿办。本日据袁甲三奏，捻匪分路北扰，虽击败回窜，而各路吃紧，兵力甚单，不敷防剿，附近各省又属无可抽调，需兵情形实为紧迫。着官文迅即饬令张万禄、唐训方统带前项兵勇星驰前进，绕赴袁甲三军营，以资助剿。张万禄如现在他处，一时未能即往，即着将派令张万禄管带之郧阳镇兵一千名，并交唐训方管带，驰往该处，协同剿办，毋稍延缓。将此由六百里谕令知之。”（《清文宗实录》卷265）

（咸丰八年十月壬戌）又谕：“胜保奏‘皖省军务较繁，请添派大员帮办’等语。巡抚衔浙江布政使李续宾统带楚军，已入皖境，克复舒、桐等县，所向成功，即日与胜保、翁同书会合，正宜南北夹攻，歼除群丑。李续宾着帮同胜保督办安徽军务。”（《清文宗实录》卷267）

（咸丰八年十月己巳）谕军机大臣等："……本日据官文奏李续宾失利情形，与都兴阿所奏大略相同。李续宜、舒保、唐训方等军均已派令赴援，与前旨亦相符合。并拟将已到武昌之湖南兵一千五百名留驻蕲州，四川兵一千名到鄂后，令赴六安暂驻，所筹均尚周妥。李续宾于失挫后，据称业已突出重围，急应速筹援救，以冀重振军威。并着官文严饬李续宜、舒保等，探明李续宾实在驻扎何处，星速驰援，兼程前进，毋许迁延贻误……将此由六百里谕令知之。"（《清文宗实录》卷268）

（咸丰八年十月辛未）谕军机大臣等："……据官文奏，因李续宾三河失利，已留现到武昌之湖南兵一千五百名驻扎蕲州，其四川兵一千名亦拟令暂驻六安。当谕以俟西路军情稍松，即将此两军催令速赴胜保军营听调。即着胜保、翁同书确行侦探，如西南一带道路稍通，即将此项川、楚官兵摧提到营，酌量调拨，以厚兵力。将此由六百里各谕令知之。"（《清文宗实录》卷268）

（咸丰八年十一月甲戌）又谕："……袁甲三为徐、宿匪徒牵掣，一时未必能即赴怀远，此外更无可简派之人，仍着胜保统筹兼顾，俟楚北布置稍定，都兴阿、李续宜等援应桐城，扼守要隘，不至窜入楚境，则官文截留之湖南、四川兵即可次第前来，唐训方等所带兵勇亦可前赴徐、宿……"（《清文宗实录》卷269）

（咸丰八年十一月己卯）又谕："……着官文即饬前派赴援之舒保、李续宜、普承尧等马步各队迅速前进，以剿为防，不准令其蔓及楚疆，致剿办复须费手……将此由六百里各谕令知之。"（《清文宗实录》卷269）

（咸丰八年十一月壬午）谕军机大臣等："前因官文奏'胡林翼葬亲事毕'，当经谕令该署抚即赴湖北署任，筹办军务。本日据都兴阿奏'扼剿上犯贼匪，兵力单薄，势恐难支，请饬胡林翼驻扎黄梅督办’等语，都兴阿撤安庆之围，驰赴宿松后，贼队大至，虽经连次击退，而援兵未到，情形万分危急。胡林翼前在湖北调度各军，悉合机宜。此时该署抚谅已到省，即着前往黄梅一带驻扎，将拨兵筹饷各事宜妥为督办。至都兴阿身任将军，且系帮办军务，除所部各营外，其余兵勇亦应听其调度。所有舒保、李续宜等马步各军，早经官文派出赴援，何以日久不至？即着该将军速行催提，前赴宿、太一路协力攻剿。倘有耽延不进以致贻误机宜者，即着从严参奏。将此由六百里各谕令知之。”（《清文宗实录》卷 269）

（咸丰八年十一月壬辰）谕军机大臣等：“前因胜保军营兵力单薄，谕令官文将截留之湖南、四川官兵二千五百名，俟西路稍松，仍令驰赴胜保军营。兹据胜保奏称‘南北贼众每一窜突，动辄数万，该大臣现在定远，四面皆贼，兵力止有此数，请饬官文将川、楚官兵催令赴营’等语。胜保以重军固守定远，扼制南北贼冲，并兼顾东西两路。当此粤捻各匪势甚猖獗，兵力不敷防剿，自系实在情形。楚北防守事宜官文已布置周备，着即体察近日军情，即饬川、楚官兵迅速前赴胜保军营，以资助剿……将此由六百里谕令知之。”（《清文宗实录》卷 270）

（咸丰八年十二月丁巳）谕军机大臣等：“……分茅岭之贼退至石牌，增垒抗拒，另股复由潜山趋天堂五河，皆可上犯英、霍。该将军现派各军，责成记名副都统多隆阿统带，移营前进，并由官文檄调九江防兵，移扎黄梅，饬令李续宜添调四营前往下游，兵力亦不为单薄。惟都兴阿告假在营调理，虽有多隆阿为前敌，而后路尚无大员总统调度。胡林翼到省后已驰往黄州，着即申明纪律，调度各军，仍以多隆阿为前敌，督饬李续宜等体察情形，节节进剿。胡林翼应否督兵前进，着与官文会商办理，倘因兵力不敷，即着官文酌量调派，为进兵图皖之计，不致迟误事机，是为至要。将此由六百里各谕令知之。”（《清文宗实录》卷 272）

（咸丰九年正月丁酉）谕军机大臣等："曾国藩奏'遵筹全局，请添马队进取'一折，所称安徽贼氛甚恶，湖北据皖境上游，北岸须添足马步三万人，都兴阿、李续宜、鲍超任之，现在水师万余，杨载福、彭玉麟任之，南岸须添足马步二万人，由该侍郎率张运兰、萧启江等任之……该侍郎统筹全局，意在并力大江两岸，为节节进剿之计，所见甚是。惟现在江西南赣等处贼氛尚炽，该侍郎未能即日北行，俟南路稍松，再赴皖、楚交界筹办大局……另片奏'请饬健锐等营选派精练弓马之三四品官赴营'等语，已谕都兴阿先于该营内酌量选派，或京营及东三省中有素所深悉之人，并着指名奏调，以资教练。将来楚军东下，如马队不敷，并可由胜保等军营酌量协拨……将此由六百里谕令知之。"（《清文宗实录》卷274）

（咸丰九年正月丁酉）又谕："曾国藩奏'通筹全局，须添练马队'一折，据称现在贼势以安徽为最重，能据其上游而制其死命，莫如湖北，曾与官文等筹商，北岸添马步三万人，以都兴阿等领其军，中流水师杨载福等任之，南岸亦须添马步二万人，该侍郎自率萧启江、张运兰等前往统领，为三道并进、夹江东下之举……所议军情，均合时势……察哈尔马匹本属无多，节次调往胜保、袁甲三军营，沿途倒毙十之七八，徒滋糜费。是以上年翁同书有筹银购马之请不如仍由湖北采买较为便捷。近年粤捻各匪多用马贼冲锋，官军自应添备骑兵，与步兵相辅。前此湖北练习马队已有成效，自可扩充办理。将来楚军东下，如马队不敷，并可由胜保等军营酌量协拨……将此由六百里各谕令知之。"（《清文宗实录》卷274）

（咸丰九年正月辛丑）又谕："都兴阿奏'患病未能速痊，恳请续假，离营调理'，已降旨赏假两个月矣。该将军现办剿匪事务正当吃紧，据奏有记名副都统多隆阿为前敌，布置尚无贻误，已将所带兵勇悉交统带。

惟军务重大，总须调度有人，胡林翼近在黄州，即着将进止机宜妥为筹画，责成多隆阿督率将士，各加奋勇，不至因主将远离，迁延观望。并着官文与该抚会商妥办，务臻周密，是为至要。将此由五百里各谕令知之。”（《清文宗实录》卷274）

（咸丰九年二月丁巳）又谕：“……逆贼因楚军自宿松上剿，兼之江浦来归，势急纷窜，以冀牵掣我兵。六安州城收复未久，复被贼踞，亟应赶紧堵剿，以免蔓延……”（《清文宗实录》卷276）

（咸丰九年二月丁巳）又谕：“翁同书奏‘逆匪阑入六安州城，请饬楚、豫兜剿’一折。该州甫经收复，于二月初四日被大股粤匪窜入，该抚现商胜保回定远剿办。惟此股本系舒、桐、潜、太匪党，知楚军由宿松进兵，因分路窜扰，先有‘窜霍山后再行合伙，由商城边界绕出麻城，牵掣楚军’之信，嗣又有‘欲由叶家渡图扑固始’之语。其党为逆贼陈玉成所统带，最为凶悍，今既窜陷六安，楚、豫边界，亟应一律堵剿。湖北官军本由宿松进剿，着官文、胡林翼督饬多隆阿等确探贼踪，迅即进兵剿捕。此次匪众以数万计，必须厚集兵力方能有济。并着恒福于商、固一带添兵堵御，一面商同胜保、傅振邦等不分畛域，联络一气，力遏该匪北窜之路，是为至要。将此由六百里各谕令知之。”（《清文宗实录》卷276）

（咸丰九年二月己未）湖北巡抚胡林翼奏：“筹军援皖，必分三路进剿。”得旨：“所奏甚合机宜。”（《清文宗实录》卷276）

咸丰九年己未五月庚午朔，谕军机大臣等：“……至湖北各营东下之师，虽已扎营于英、霍之间，只能为六安后路。须俟分援湖南马步水师撤回，方拟力图进取，一时固难移兵，深入皖境。且都兴阿、杨载福等军，前据官文等奏明，即使东下，亦不能受他人节制也。将此由六百里

各谕令知之。”（《清文宗实录》卷282）

（咸丰九年五月壬申）谕军机大臣等：“前据官文等奏请拨黑龙江西丹一千名赴楚助剿，并派协领巴扬阿裹带军装银两前往调取，当经谕令该将军照数挑选候调。嗣据奕山等奏，已将西丹一千名挑选齐备，俟巴扬阿到后，即可将此项西丹带往湖北军营。所有天津马队，即可毋庸调拨，以免周折。至该大臣等请拨黑龙江马二千匹，亦经谕令该将军照数凑足，统交该协领带往矣。将此谕令知之。”（《清文宗实录》卷282）

（咸丰九年五月庚寅）谕军机大臣等：“官文奏‘探知湖南贼众势将入蜀，请饬曾国藩带兵迅赴夔州’一折……据称该逆蓄谋已久，欲逞志于四川。由湖南入蜀，道路纷歧，若由资江、沅江遽窥常澧，则湖北之荆、宜两郡皆危……湖北水陆各军全力施之于皖省，即再分拨，亦仅能近防洞庭、常澧，不能再顾西路。详览该大臣所奏各情，实为通筹大局起见，本日已谕令有凤派兵扼要严防……此外如江西、湖北、湖南、四川等兵均素称得力，着曾国藩即日统带，由楚江前赴四川夔州扼守，以据两湖上游之势，倘贼踪窜至，即可有备无患……将此由六百里谕令知之。”（《清文宗实录》卷284）

（咸丰九年五月庚寅）协办大学士湖广总督官文奏：“襄阳等属防剿人员，分别请奖。”得旨：“俟窜楚捻匪全股肃清，方准择尤保奏。”（《清文宗实录》卷284）

（咸丰九年五月辛卯）又谕：“……现在皖南既无军可调，而湖北各军又因协剿湖南贼匪，拨兵四出，势难兼顾江西，自应急筹援剿，以顾本省门户……将此由六百里谕令知之。”（《清文宗实录》卷284）

（咸丰九年七月庚午）谕军机大臣等：“曾国藩奏‘攻克景德镇贼巢

并浮梁县城'一折，已降旨先行给奖矣……曾国藩虽先驻宜昌等处，仍当侦探贼情，如宝庆一带未能遏其入川之路，即当亲督兵勇赴蜀，以便调度。堵剿机宜，未可迁延贻误，着曾国藩仍遵前旨，俟到楚后，与官文等妥商进扎地方，并酌拨兵勇以备带往……将此由六百里谕令知之。"（《清文宗实录》卷287）

（咸丰九年七月壬申）又谕："张芾奏'浮梁、景德镇败匪悉窜祁门边境，请饬援师合剿'一折。曾国藩因江西肃清，先调张运兰一军赴援湖南，该侍郎亦即日拔营，由武昌前往宜昌等处。乃浮梁、景德镇败匪，竟倾巢东窜，突至祁门边界，延及箬坑、禾沙坑口一带。建德之军既隔于外，祁门之兵复绌于内，徽州势处甚迫，亟应由江西就近拨兵援应。曾国藩能否暂留兵勇前赴徽州，越境会剿，或以兵力已单，须亲自带往湖北，则江西一省，必尚有可用之兵。着耆龄即行抽拨劲旅，赴祁门一带协剿，着该侍郎与该抚会同商办，以免蔓延。将此由六百里各谕令知之。"（《清文宗实录》卷287）

（咸丰九年七月己丑）又谕："骆秉章奏'官军剿贼大获胜仗，城围立解'一折。石逆自祁阳败窜，纠合各逆首，并力攻扑宝庆。经水陆各军援剿，屡获胜仗，毙贼甚多。六月二十八日，李续宜率全军渡资江，各逆首率贼六七万，径扑半边街大营。刘岳昭等分路截击，破贼垒七座，贼卡三十六处，毙贼二千一百余名，生擒二百六十名，救出难民七八百名。二十九日，各贼齐扑营盘，李续宜督饬马步队前后冲杀，复分捣贼巢，贼匪纷溃，官军四面鏖之，贼尸遍野，余贼渡江东窜，共踏贼营六十五座，贼卡一百三十余处，杀贼八千数百名，溺毙约四五千名。生擒一千七百余名，内有贼目四十八名，救出难民五六千名。资西一带余匪，搜捕净尽，宝郡城围立解，北路、西路已就肃清，剿办甚为得手……"（《清文宗实录》卷289）

（咸丰九年八月丁未）江西巡抚耆龄奏："遵调总兵普承尧等会攻建德，并分派水陆各军严防皖、楚贼匪回窜。"得旨："窜楚逆匪复回冲突，恐致蔓延为患，无大员督率，难期得力。"（《清文宗实录》卷290）

（咸丰九年八月庚戌）谕军机大臣等："官文奏'皖省贼势日张，筹议由楚分路剿办'一折……前此楚军东下，复以深入失利，以致匪势漫无牵制，肆意窜扰……至皖省糜烂已极，胜保自护城挫败后，其势不可复振，非由楚省派兵驰援不能牵制贼势。该大臣等务须亟筹协剿，豫为布置，一俟湖南定局，即照所议，调拨水陆各军分路进剿，实深盼望。官文另片奏'请饬都兴阿赴任'等语，都兴阿着准其赴荆州将军之任，俟大兵东下，再行带兵会剿。都兴阿所部兵勇，即交多隆阿统带。多隆阿系记名副都统遇缺题奏之员，俟有缺出，即行简放……将此由五百里各谕令知之。"（《清文宗实录》卷291）

（咸丰九年八月辛酉）又谕："骆秉章奏'逆贼穷蹙南窜，楚境渐次肃清，现在筹画援剿情形'一折……其李续宜所统湘勇并前调马队，均着仍回湖北，以资防剿。余如道州等处，应行严防各要隘，并着察看贼踪，随时派拨兵勇，前往堵截，以阻其纷窜江西、广东等省。该抚统筹大局，无分畛域，总期迅扫贼氛，毋令滋蔓。其本境零匪，仍着严饬地方文武悉数歼除，无留余孽。将此由六百里谕令知之。"（《清文宗实录》卷292）

（咸丰九年九月庚辰）协办大学士湖广总督官文奏："遵议曾国藩入川之军，可以从缓，拟俟南省撤回各营，分路进攻皖逆。"得旨："俟援楚兵回，速定征皖机宜。"（《清文宗实录》卷294）

（咸丰九年九月庚辰）又谕："官文、胡林翼奏'楚军赴皖，攻克石牌伪城'一折……此次援皖楚军攻拔石牌伪城，斩馘无遗，尽歼丑类，

实足以寒贼胆而快人心。着官文等仍饬各军乘此声威，克复太湖县城，节节进剿，以靖逆氛。”（《清文宗实录》卷294）

（咸丰九年十月庚子）又谕：“……其巴扬阿所带黑龙江马队一千名，本为湖北进剿皖匪之用，况现在甫到直隶境内，距豫省尚远，缓不济急。俟其经过河南时，倘捻氛尚逼省城，准由瑛棨饬令巴扬阿沿途剿洗，以期迅就歼除。倘情形稍松，仍着该副都统管带赴楚北军营，不得任意截留，致有贻误。将此由六百里各谕令知之。”（《清文宗实录》卷296）

（咸丰九年十月癸卯）谕军机大臣等：“据翁同书奏‘皖北糜烂已极，敬拟补救三策’一折，朕详加披阅，所奏不为无见。楚军于八月二十八日攻拔石牌伪城，斩馘无遗，当谕令乘胜克复太湖县城，节节进剿……现在楚省援师尚无到皖日期，该抚惟有扼守寿州，与傅振邦、关保联络一气，互为声援，暂保西路，俟袁甲三到后会商进剿，毋得株守一隅，致成坐困之势。将此由六百里谕令知之。”（《清文宗实录》卷296）

（咸丰九年十月癸卯）又谕：“前据官文奏‘请令曾国藩分兵剿皖’……如楚师腾踔而入，可以收腹背夹攻之效。倘别遣劲旅万人，间道疾趋英、霍，直捣舒城，得舒城则桐城、潜、太皆下……惟楚军东下，节节进取，尚需时日，已谕该抚等力保皖境，以待楚师。着官文、胡林翼将翁同书所陈三策加以参酌，咨商曾国藩，谋定后动，务期计出万全，以奏肤功。原折着钞给阅看。将此由五百里谕令知之。”（《清文宗实录》卷296）

（咸丰九年十月癸卯）又谕：“……巴扬阿所带黑龙江西丹马队一千名，倘经过河南时，贼氛未净，着瑛棨暂令沿途剿洗。如军情稍松，仍遵前旨，饬赴楚北军营，不得久留豫省，致有贻误。将此由六百里谕令知之。”（《清文宗实录》卷296）

（咸丰九年十月乙巳）又谕："……现在贼踪已窜至曹、考一带，恒福业经调派宣化镇总兵阿麟保驰赴大名布置，惟兵力尚单，准其将巴扬阿所带黑龙江西丹一千名暂留堵剿。俟贼踪远遁，即饬巴扬阿统带，由河南前赴湖北……将此由四百里谕令知之。"（《清文宗实录》卷296）

（咸丰九年十月己酉）又谕："僧格林沁等奏'捻匪情形稍缓，请将黑龙江西丹马队留驻豫北防剿'一折……所有巴扬阿统带之马队，着瑛棨仍遵前旨，体察情形，饬令迅赴湖北，不可久事稽延。况此项系生力之军，正宜乘其锐气，以征皖匪，断不准瑛棨任意截留，致有疲乏。至此项马队抵楚时，官文等拟拨向何路进攻，如由光、固、六安一路进兵，需用此军，即可就近调拨。着官文、胡林翼探明巴扬阿马队进抵何处，飞速派员催提可也。将此由六百里各谕令知之。"（《清文宗实录》卷297）

（咸丰九年十一月己丑）谕军机大臣等："前据和春奏，池州逆首韦志俊投诚效顺，献出城池，所部之众，已由总兵李成谋等带赴杨载福水营安插，并设法防守池州各情。曾经寄谕和春，将如何安插及筹计口粮等事与官文等妥商办理……将来楚军东征皖匪，正可借壮声势。惟所部人数众多，一切安插事宜，着官文等妥筹迅速具奏。将此由六百里谕令知之。"（《清文宗实录》卷301）

（咸丰九年十二月丙申）又谕："……萧启江一军，前因曹澍钟奏称，因楚中檄调，急欲回军，曾降旨仍令暂留粤西。昨据曾国藩奏称，并未调回湖北。所有萧启江兵勇，仍着骆秉章接济兵饷，由曹澍钟饬赴庆远一带追剿石逆，毋令蔓延川省，以保完善之区……将此由六百里各谕令知之。"（《清文宗实录》卷302）

（咸丰九年十二月壬寅）又谕："……楚师东征，贼势自必西炽……

若楚师鼓行而东，该逆走险，扰及豫境，诚恐关保等兵力难资堵御，着官文等迅饬李续宜一军，即由光、固一带截其窜豫之路，毋再延缓。其前调西丹马队，计可陆续到楚，并着酌量抽分，交李续宜带往截剿。楚军未到之先，仍着瑛棨等督饬将弁，激励乡团，扼要严防。将此由六百里各谕令知之。”（《清文宗实录》卷 302）

（咸丰九年十二月辛亥）又谕：“骆秉章奏‘楚军越剿黔境贼匪，收复镇远府、卫两城’一折……楚军各路继至，贼势败溃，府、卫两城同时攻入，城外贼营一并踏毁，杀贼数百，夺获军械甚多……”（《清文宗实录》卷 303）

（咸丰九年十二月癸丑）又谕：“……兹复据翁同书奏称‘该逆因闻楚师势盛，遂由江浦、六合带领二十余军意图西窜六安，以拒楚师，北犯寿州，以牵掣皖军。现在庐、舒等处逆踪麕聚’等语……”（《清文宗实录》卷 303）

（咸丰十年正月辛未）又谕：“……不惟川省完善地方，遭其蹂躏，即陕西、湖北亦将震动，于大局甚有关系。着曾望颜严饬川南、川东所属文武一体侦探，相机筹办，并饬酉、秀、彭、涪各防所文武即将窜入黔匪妥速剿办，以杜勾结……将此由六百里谕令知之。”（《清文宗实录》卷 305）

（咸丰十年正月甲申）谕军机大臣等：“和春奏‘官军攻克浦口沿江一带贼垒及九洑洲贼巢，逆势穷蹙，请饬楚、皖各路官军乘机进剿’各等语……”（《清文宗实录》卷 306）

（咸丰十年正月甲申）钦差大臣和春奏报：“洪逆伪诏，号召上游贼党，意图下窜，请饬楚、皖各路统兵大员乘机会剿。”得旨：“此时机会

颇觉可乘，惟在汝等各将帅不分畛域，合力会剿，庶几早收成效。”（《清文宗实录》卷306）

（咸丰十年二月壬子）谕军机大臣等：“……前经官文等奏称‘皖、鄂军务已松，饬令由常德取道入江，径赴川省’，此时万难再令折赴贵州……着曹澍钟即饬刘长佑移得胜之师，会合庆远兵练进剿，并知照骆秉章迅饬田兴恕探明贼踪，迎头截击，毋令阑入黔省，窥伺蜀中，方为妥善……将此由六百里各谕令知之。”（《清文宗实录》卷308）

（咸丰十年三月己巳）又谕：“前因官文奏称‘都兴阿病尚未痊’，当谕令赴荆州将军本任，俟大兵东下，再行带兵会剿。兹据都兴阿奏‘恳请陛见’等语，现在楚师东征，业已克复潜、太，甚属得手。都兴阿着暂缓陛见，俟病体痊愈，仍遵前旨，督率所部兵勇前进，与曾国藩及湖北各军会合夹击，以奏肤功，实深殷盼。将此各谕令知之。”（《清文宗实录》卷309）

（咸丰十年闰三月戊申）又谕：“前因楚省各军分道入皖，攻剿吃紧之时，以得力劲军分拨赴浙，恐兵力空虚，当谕令萧翰庆所带之衡勇、义勇仍留楚省，为入皖剿贼之用。兹据张芾奏‘浙西败匪窜至建平一带，宁国府情形危急，并浙东又有贼氛，徽州防务增严，请暂留援浙楚师’等语……所有萧翰庆一军，着准其留于张芾军营，即饬令进攻旌、太、泾县，速解宁国之围，以保全皖南大局……将此由六百里谕令知之。”（《清文宗实录》卷313）

（咸丰十年闰三月庚申）又谕：“……楚军已定大举入皖，太湖、潜山业经克复，自应亟筹进取。都兴阿病已痊愈，着即督带马步各队四五千名驰赴皖北，或由舒、桐，或由霍、六进兵，与袁甲三等各军联络声势……即着官文、曾国藩、胡林翼将如何进取之处悉心筹酌，传旨令都

兴阿迅速带兵驰往，是为至要。将此由六百里谕令知之。”（《清文宗实录》卷314）

（咸丰十年四月甲申）谕军机大臣等：“……楚军既不能进攻芜湖，但于安徽一带严密扼截，亦足堵其上犯……将此由六百里谕令知之。”（《清文宗实录》卷316）

（咸丰十年五月甲辰）又谕：“……又据胡林翼奏敬举贤才、力图补救并沥陈四川军情各折片……并闻‘贼欲分窜江西、湖北，须俟湖南协防江西兵勇布置妥协，约须八月方能进剿’各情，统筹全局，甚合机宜，即着照所拟办理……再本日据曾望颜奏，萧启江在四川省城病故，其所部全军，请迅由楚省拣选得力大员兼程来川，以资统带。即着官文等于湖南、湖北两省中拣派得力大员，迅速驰往四川，接续管带，以资攻剿。将此由六百里加紧各谕令知之。”（《清文宗实录》卷319）

（咸丰十年六月丙戌）又谕：“……前因李若珠已患痹疾，在江北带兵未能得力，是以命都兴阿驰往督办。本日据该将军奏称，湖北无兵可拨，尚在英山驻扎。似此节节耽延，将来贼势北趋，剿办愈难措手……”（《清文宗实录》卷323）

（咸丰十年六月丁亥）又谕：“……现在逆匪欲扑省城，距川尚远，省中待援孔亟，自应先清腹地，以固川、楚边防……将此由六百里谕令知之。”（《清文宗实录》卷323）

（咸丰十年六月己丑）又谕：“……着骆秉章即驰赴四川督办军务。该抚于湖南绅士素为熟悉，择其晓畅军务者酌量带往，并添募湖南练勇，以资剿办。湖北军营中，曾经仗阵得力之员，籍隶湖南者，亦不乏人，着官文、胡林翼酌派数员，交骆秉章差委……将此由六百里各谕令知

之。”（《清文宗实录》卷323）

（咸丰十年九月辛亥）又谕：“本日据曾国藩奏‘请于该大臣与胡林翼二人中钦派一人带兵北上’一折……徽、宁相继失守，舒、桐方议进兵，皖南北均当吃紧之时，该大臣等一经北上，逆匪难保不乘虚思窜扰及完善之区，江西、湖北极为可虞。曾国藩、胡林翼均着毋庸来京，至鲍超一军，谕知曾国藩饬令迅克宁郡，毋庸前来……将此由六百里加紧谕令知之。”（《清文宗实录》卷331）

（咸丰十年十二月戊子）荆州将军都兴阿奏遵调师船及江防情形。得旨：“李德麟既原泊下游，着照所拟办理，仍随时酌量机宜，务期声势联络，严扼江防。”（《清文宗实录》卷339）

（咸丰十一年二月）丙子，谕军机大臣等：“本日据官文奏‘皖逆由英、霍窜扰黄州，现筹堵剿’一折。皖逆陈玉成因楚军全力谋皖，省会空虚，勾结捻匪十数万，自霍山、英山北路窜越楚境，于二月初七日窜入蕲水，初八日贼分三路，已窜黄郡，距省城仅百余里。贼踪剽疾异常，情形实为紧迫。官文现在亲督存城马步官兵扼驻省外要隘，并督带水师炮船严防江岸，已飞咨骆秉章，暂将入川兵勇驰赴鄂省，一面飞调荆州、襄阳满汉官兵来省痛剿，所筹均尚周密。该大臣即先就现有兵力分拨布置，严密守御，并飞催李续宜、舒保马步官兵迎头截剿，毋稍延缓。胡林翼现在太湖，为桐城诸军后路援应，此时贼由英、霍窜至黄州，省城兵力尚单，防务吃紧，自应先其所急。着该抚迅即派拨精兵，协同堵剿，以期痛歼丑类。骆秉章现已启程由水道入川，计已行抵湖北，着即与官文会商。如省城布置周密，即统率所部驰赴蕲、黄一带，会合湖北各军，将此股逆匪并力剿洗，迅扫逆氛，俟该省军情稍松，再行带兵赴蜀。将此由六百里加紧各谕令知之。”（《清文宗实录》卷343）

（咸丰十一年二月丙子）又谕："本日据官文奏'粤逆勾结皖捻窜至黄州，逼近省城，现筹堵剿'一折。逆首陈玉成勾结皖捻大股，号称十万，由霍山窜蕲水，贼踪剽疾，翻山越岭，间道而行，分三路径扑黄州，去武昌省城仅百余里。现已谕令骆秉章管带入川兵勇迅援武昌，并谕令胡林翼派兵西上，前后夹击，以期力保省垣。该逆飘忽异常，倘被楚军夹击，难保不折向北趋。豫省光、固一带，与楚北蕲水、罗田等处毗连，前因苗练滋事，已谕令毛昶熙等严防光、固。现在粤捻大股窜至黄州，情形尤为紧要，着毛昶熙、严树森速行筹拨兵勇，联络乡团，扼守要隘，严密布置，毋令贼踪阑入豫境。将此由六百里各谕令知之。"（《清文宗实录》卷343）

（咸丰十一年二月己卯）又谕："李续宜奏'皖逆陈玉成纠合大股捻匪，由霍山、英山上犯鄂边。该抚已于二月初六日，由青草塥率全军进剿，六安、寿州一带势难兼顾，请饬袁甲三就近调度分守'各等语。逆匪上犯楚疆，扰及黄州，李续宜督军回顾，本日虽谕令该抚俟楚省军情稍定，即赴寿州，第到任需时，六安、寿州一带防剿不容稍疏。袁甲三现在扼守临淮，务须妥筹兼顾，不准稍涉颟顸。前谕翁同书，俟李续宜到任后再行交卸。此时苗练滋事，寿州等处防剿吃紧，该前抚自应仍遵前旨，严密布置，力保危城。设有紧急，即会商袁甲三分兵协助，不可专待李续宜到任，致误事机。将此由六百里各谕令知之。"（《清文宗实录》卷344）

（咸丰十一年三月甲午）又谕："前因逆首陈玉成上窜，楚北告警，谕令骆秉章行抵湖北，会合剿办。本日据官文等奏'逆首李秀成由广信内犯，围攻建昌，援兵屡挫，抚州亦被贼围，江西省城势甚震动。湖北防剿吃紧，更无别军可援江西之急，请饬骆秉章先援江西'等语。逆匪上窜湖北，复扰及江西，较四川情形更为紧迫，自应移缓就急，督兵援应。着骆秉章迅即由荆州顺流而下，助剿楚北窜匪，再分军由九江迅赴南昌，会同曾国藩、毓科等兵合力剿办。或酌量分兵数千，先行驰赴重庆扼守，俟江西贼势平定，即行率师入蜀。该抚务须斟酌妥善，相机办理，勿稍延缓。将此由六百里谕令知之。”（《清文宗实录》卷345）

（咸丰十一年三月戊戌）谕军机大臣等：“前据官文奏‘逆首李秀成由广信内犯，围攻建昌，援兵屡挫，抚州亦被贼围，江西省城势甚震动’，当经谕令骆秉章迅即由荆州顺流而下，助剿楚北窜匪，分军由九江迅赴南昌，会同曾国藩等兵合力剿办矣……现在逆匪上窜湖北，骆秉章能否分军驰援江西，尚未可定。所有鲍超一军……着曾国藩悉心筹画，不至顾此失彼，方为妥善。将此由六百里谕令知之。”（《清文宗实录》卷345）

（咸丰十一年三月）庚子，谕军机大臣等：“……如该逆西窜，逼近陕境，尚恐兵力单薄，亟应添派官兵前往助剿，毋令窜越至兴安府属之白河、平利、路通、南阳及湖北光化等处……将此由五百里谕令知之。”（《清文宗实录》卷346）

（咸丰十一年三月戊申）又谕：“前因逆匪窜扰楚北，分犯抚、建，谕令骆秉章由荆州下援江、鄂，或分兵数千先赴重庆，俟江西贼势稍平，再行入蜀。本日据骆秉章奏‘接据官文函称，江西抚、建被围，援兵屡挫，湖北贼势扰及黄陂、孝感、云梦、德安等府县。令分兵数千驻扎重庆，以一军援江，一军援鄂，惟所部不满万人，断不能分拨三处，现已拨刘岳昭一军四千六百余人前往湖北，或鄂或江，听候胡林翼等调遣。该抚仍率黄淳熙等营，即日赴川’等语。四川军务吃紧，且为楚省饷源，骆秉章现分两军，一援江西，一赴四川，所筹甚属妥协。着即督率黄淳熙等兵迅速前进，会合萧启江旧旅，将川省逆匪认真剿办，勿令再肆蔓延。其刘岳昭一军，着官文、胡林翼酌度江、鄂情形，相机调遣。倘贼势稍松，仍饬令前往四川，以厚兵力。至匪众窜扰德安、黄州等处，现

在曾否击退，并着官文等随时奏报，以慰廑念。将此由六百里各谕令知之。”（《清文宗实录》卷346）

（咸丰十一年三月戊午）又谕：“本日据官文、胡林翼奏‘湖北兵力不敷剿办，暂难筹拨’，并据李续宜奏‘督兵追剿窜逆，势难兼顾寿州’各一折。逆匪窜陷黄州，武、汉震动，省垣存兵无多。现在孝感各县虽已克复，而窜踞黄州之贼，亟须厚集兵力，四面围攻。官文等奏称，湖北兵勇不敷分剿，若再勉强抽拨，恐愈形单薄，贻误事机，自系实在情形。所有前此谕令该督等调拨精兵二千名赴三河尖驻扎之处，即着暂缓调遣。李续宜业已统兵回援湖北，寿州筹办事宜自难兼顾，即着该抚督饬各路官军规复黄州，毋任久踞，并将德安一带贼匪奋力截击，毋令西窜，俟鄂省军务稍平，再赴新任……将此由六百里谕令知之。”（《清文宗实录》卷347）

（咸丰十一年五月乙巳）谕军机大臣等：“……再前据恭亲王奕䜣等呈递暎国照会内，有‘湖北广济、黄梅两县于三月十二日、十三日先后失陷，黄梅失守之信到九江，藩台私行退去’之语。张集馨赴九江办理通商，何以一闻警报辄即避去？如果属实，必为外国人轻视，着曾国藩严密访查，据实参奏。将此由六百里加紧谕令知之。”（《清文宗实录》卷352）

（咸丰十一年八月辛酉）又谕：“官文等奏‘官军克复德安府城’一折。逆匪窜踞德安府城，经官文等派舒保等率水陆各军围攻，复于西、北两路分路扼守，节节布置。七月十一日，贼众数千由西、北两门窜出，马步官军左右抄击，水师沿岸列炮排轰，并分队登陆接应，贼众溃乱。城内复出贼五六千人，图抄官军之后，官军扼贼归路，会合各军截杀，败贼尽奔河西。官兵缘梯登城，连斩守城悍贼多名，遂于是日将德安府城克复，剿办甚属得手。副都统舒保、广东按察使彭玉麟，均着交部从优议叙。按察使衔道员金国琛，着交军机处记名，遇有道员缺出，请旨简放，并赏加布政使衔。总兵萧庆衍着赏加提督衔，彭炳武着交部从优议叙。”(《清穆宗实录》卷2)

(咸丰十一年八月辛巳)又谕：“……安庆省城被陷九载，楚军由九江进攻，水陆合围，逆首陈玉城叠次纠党来援，均经官军协力击退。城破之日，被歼及溺毙贼匪至一万六千余名。钦差大臣大学士湖广总督官文、钦差大臣两江总督曾国藩，调度有方，均堪嘉尚，官文着加恩赏加太子太保衔，曾国藩着加恩赏加太子少保衔。湖北巡抚胡林翼首先画策，身亲督剿，厥功甚伟，着加恩赏加太子太保衔，并赏给骑都尉世职……”(《清穆宗实录》卷3)

(咸丰十一年八月癸未)谕军机大臣等：“……昨据贾臻两次奏报，探闻楚军克复安庆后，并克复桐城、舒城、卢江各城。楚军东征，本为肃清皖北，今诸城次第克复，或分拨劲旅进援寿州，或驻兵六安、三河尖一带联络声势，亟须早为布置，使苗练有所顾忌。着官文、曾国藩、胡林翼、李续宜通盘筹画，迅速办理。楚军克复安庆后势如破竹，必能乘此声威，剿除皖北逆匪也。将此由六百里加紧各谕令知之。”(《清穆宗实录》卷3)

(咸丰十一年九月丁酉)谕军机大臣等：“本日据袁甲三奏‘皖省军务吃紧，上游楚师得手，贼势已松，请饬催李续宜克日来皖，联络楚、豫声势’一折。李续宜现署湖北巡抚，未能遽行赴皖，惟苗练围攻寿州，捻匪肆扰豫东，亟须认真剿办，以遏该匪等北窜之路。现在舒、桐等处均已克复，多隆阿、曾国荃等军如能分拨扼要进扎，与袁甲三之兵声势联络，相机会剿，则苗练、捻匪均可渐就肃清。着官文、曾国藩、胡林翼、李续宜仍遵前旨，酌量情形，迅速筹办，毋误事机。将此由六百里各谕令知之。”(《清穆宗实录》卷4)

（咸丰十一年九月壬寅）又谕："官文等奏'官军克复黄州府城'等语。逆匪窜踞湖北黄州府城，经官文等调派李续焘等及彭玉麟水陆并进，相机攻剿，并经多隆阿统带马步全队，由蕲水会剿下游败匪，以截逆援。八月二十三日，我军设计诱贼出城，奋力冲击，贼尸遍野。其逃奔三台河渡江者，复被水师截杀殆尽，我军遂攻入城中，当于二十四日将黄州府城克复。着官文等督饬各军，跟踪追剿，毋留遗孽。"（《清穆宗实录》卷5）

（咸丰十一年十月辛未）又谕："据官文等奏'遵派成大吉等统率马步官军，驰往霍山、六安地方择要驻扎，与寿州联络声势'各等语，所办甚为妥协。苗沛霖自破寿城后，意图西窜豫疆，分股扑犯陈州、光、固等处，现在成大吉等已抵霍、六等处，李续宜想亦仍遵前旨，驻扎楚、皖之间，均与寿州相距不远。如果该练尚有可抚之机，见我兵威较盛，则凶焰自戢……将此由六百里谕令知之。"（《清穆宗实录》卷7）

（咸丰十一年十月癸酉）又谕："……本日已明降谕旨，令曾国藩节制浙江全省军务，并令江苏、安徽、江西、浙江巡抚、提、镇以下各官悉归节制，该大臣自不能不统筹兼顾。况安庆已经克复，湖北、江西军情亦有起色，自不至有顾此失彼之虞。着曾国藩即饬左宗棠带领所部兼程赴浙，督办军务，以图挽救东南大局……将此由六百里各谕令知之。"（《清穆宗实录》卷7）

（咸丰十一年十月戊寅）谕议政王、军机大臣等："……如苗党必须剿办，该大臣惟当就现有兵力，会合楚师，妥筹防剿，毋得再以调兵渎请。将此由六百里谕令知之。"（《清穆宗实录》卷8）

（咸丰十一年十月戊寅）又谕："……本日已谕知袁甲三再行妥筹，

如该练实应剿办，即督饬李世忠等会合楚师，速行进兵，毋稍瞻顾……将此由六百里谕令知之。”（《清穆宗实录》卷8）

（咸丰十一年十月庚辰）又谕：“贾臻奏‘探闻长发粤逆由湖北随州窜至固始之丁家埠、周家店一带，声称由阜境之小曹家集渡河，与苗营会话’等语。苗沛霖反复无常，本日据贾臻驰奏情形，能否就抚，尚未可必。现令官文、曾国藩等妥为筹商，如有可乘之机，即将寿城攻克，夺其所恃……将此由六百里谕令知之。”（《清穆宗实录》卷8）

（咸丰十一年十月庚辰）又谕：“……如果苗沛霖真心归顺，即遵前旨办理。倘万不能抚，翁同书即设法赴霍、六约会楚军，克复寿州……将此由六百里各谕令知之。”（《清穆宗实录》卷8）

（咸丰十一年十一月乙未）又谕：“官文、李续宜奏‘官军剿退豫捻，襄阳府属全境肃清’一折。豫省捻匪窜至湖北光化县属拦马河、三尖山等处，图扰河口，经官文等饬令署知县乔云苓会同团绅并会合水路各军分途截击，杀贼甚多。余匪逃回豫境，又分党数千人窜至谷城县之太平店、仙人渡，均州之灵应界、小江口、遇黄顶等处，经各该州县文武督率兵练并水师合力截击，该逆处处受创，即逃回豫省之淅川、内乡、邓州一带远遁，襄阳府境一律肃清，剿办甚为妥速。所有出力员弁兵勇，着官文等择尤保奏，候朕施恩。”（《清穆宗实录》卷10）

（咸丰十一年十一月庚子）谕议政王、军机大臣等：“侍郎宋晋奏‘……两江督臣曾国藩所部不足二万人，饷糈又时不继，东援西剿，兵力愈形单弱。若合四川、湖北、湖南、江西、安徽五省岁入之数，养能战之兵勇十三万人，以七万人分驻防剿，以五万人合湖北之水师大举东征，饷足兵增，可期一劳永逸’各等语。逆匪以金陵为巢穴，苏、常等郡县悉被窜踞，安徽、湖北、湖南、江西、四川贼踪四出，防不胜防。

现在浙江绍郡又陷，省城情形危急，若不迅图大举，扫穴擒渠，筹饷筹兵，迄无了局。该侍郎所筹会剿各情，不为无见，着官文、曾国藩、骆秉章、李续宜、毛鸿宾、彭玉麟等将此折所陈各情悉心妥议，是否可以照办之处，迅速据实具奏。该大臣等洞悉兵机，谅必能通筹全局，和衷商酌，计出万全也……将此由六百里各谕令知之。”（《清穆宗实录》卷10）

（咸丰十一年十一月乙巳）又谕：“薛焕、王梦龄奏‘请饬催各省协饷，按月筹解’等语。镇、扬两营及水师月饷不能按期给发，饥军哗溃堪虞。且曾国藩现在肃清江西、湖北，克复安庆、池州，分兵三路并进，上游军务正在得手之际，若下游防剿未能得力，难保贼匪不乘虚窜扰。此时下游各军自应豫为筹画，宽备饷需，俟曾国藩大军南下，庶可合师扫荡，规复苏、常……将此由五百里各谕令知之。”（《清穆宗实录》卷11）

（咸丰十一年十一月己酉）又谕：“骆秉章奏‘眉州贼党卯逆由太平场窜合李党，而王、周各逆遂分扰铜梁、璧山、永川、大足等县，旋窜合州……道员张由庚所部兵力太单，查楚军仅万余人，无可抽拨。川中兵勇虽多，难期得力，请饬官文等即令刘岳昭来川’等语。李逆分股四出窜扰，剽疾异常，骆秉章兵力不敷剿办，自系实在情形。且四川为湖北上游，如果川省迅速荡平，则楚北益形安谧。现在随州已克，湖北肃清，更应先其所急。着官文、李续宜即饬刘岳昭率所部果后营赶紧前赴四川，交骆秉章分拨剿办，以期迅扫逆氛，肃清蜀境。将此由六百里谕令知之。”（《清穆宗实录》卷11）

（咸丰十一年十一月辛亥）谕议政王、军机大臣等：“现在楚军沿江扫荡，攻克无为等州县，袁甲三亦奏报克复来安，似贼匪畏惧楚军，有思图他窜之意。都兴阿一军兵力无多，万一贼势北窜，则清、淮最关紧要……将此由六百里谕令知之。”（《清穆宗实录》卷11）

（咸丰十一年十一月癸丑）又谕："贾臻奏'闻楚兵已攻破苗党，苗练惊惧，请饬楚军迅速进兵，专意主剿'等语。楚军已抵六安，着彭玉麟即将攻克两圩情形及如何筹度进剿机宜迅速驰奏。苗练以求抚款我，实则安心叛逆。惟该练纠党至二三十万，一闻楚军师律甚严，亦不能不慑其声威。此时若得楚兵鼓勇直前，该练众或可瓦解。倘李续宜等能先派楚军攻克庐郡，是已扼苗逆之背而夺其所恃……将此由六百里各谕令知之。"（《清穆宗实录》卷11）

（咸丰十一年十二月壬戌）又谕："……其来凤一股原系石逆余党，虽屡经击却，而其间隘口纷歧，诚恐与石逆大股纠合。无论扰蜀扰楚，稍一逞志，则其势自张，亟宜湖南、湖北两省并力剿办，方足以遏贼锋。道员刘岳昭一军已由鄂省饬带随州得胜之师，由施南进剿来凤之贼，着官文、李续宜迅饬该员会合湖南各军奋力进剿，务将此股贼匪速就歼除，一俟楚境肃清……将此由六百里各谕令知之。"（《清穆宗实录》卷12）

（咸丰十一年十二月乙丑）又谕："官文、李续宜奏'豫省捻匪窜围枣阳县城，拨兵援剿情形'一折。捻首王怀义等分为二股，一窜赊旗镇，欲扰襄樊，一由唐县至枣阳城外，四面围扑。官文等现已派候选知府毛有铭督率所部，并咨副都统舒保拨兵驰赴枣阳、随州剿办。着即饬令统兵将弁，会同豫省官兵奋力夹击，毋稍迁延。该匪踪迹飘忽，此剿彼窜，是其惯技。严树森务须另派得力将弁，迅督兵勇越境追剿，会合楚军夹击，以期一鼓歼除，毋以驱逐出境即为了事。将此由六百里各谕令知之。"（《清穆宗实录》卷13）

（咸丰十一年十二月乙丑）又谕："前因苗练袭破寿州，谕知李续宜力筹兼顾，能否分兵助剿，妥商具奏。兹据李续宜奏'苗练应剿，已饬援寿各军驻扎霍、六妥为筹办，俟鄂省军务肃清，再赴楚、皖交界'一折……其余援寿各军，应否催令由霍山前进，楚省能否再行添调兵勇前往，均着李续宜悉心酌办。该抚因来凤、枣阳等处军务吃紧，未能远离鄂省，着俟该二处办理得手，仍即驰赴楚、皖交界，力筹兼顾。将此由六百里谕令知之。”（《清穆宗实录》卷13）

（咸丰十一年十二月戊辰）又谕：“……信阳为南北各省驿路通衢，且与湖北界连，甚为紧要。当此贼氛四出，何至一无准备……”（《清穆宗实录》卷13）

（咸丰十一年十二月庚午）谕议政王、军机大臣等：“……镇江为南北咽喉，关系紧要，现在逆匪麇聚，势甚危急。都兴阿虽经派兵赴援，而贼众兵单，一时未能击退。且扬防兵力本不甚厚，诚恐上游贼匪被楚军剿急下窜，麇聚天、六，齐扑扬郡，尤宜豫为防范，以固江北藩篱。着官文、曾国藩迅速会商，如有可筹拨兵勇，即派委妥员统带，交都兴阿严密布置，以备援剿……将此由六百里谕令知之。”（《清穆宗实录》卷13）

（咸丰十一年十二月丁丑）谕：“……此股贼势较重，袁甲三豫备两路接应，共图扫荡，意在必得一统，率楚军之大员前往。着官文、曾国藩酌量情形，一面添兵接应蒋凝学，一面商令李续宜亲行督剿，迅速出省，驰赴皖、楚交界地方，躬亲调度。楚北巡抚，由官文等酌量派员，奏请暂署。官文等于皖事本无畛域，现在皖事较急于楚，谅不至有他诿也……严树森于该省边防谅有布置，惟近防不知远剿，即着该抚会同毛昶熙调拨得力兵勇，派委得力大员统带，克日出境，会同楚、皖各军实力剿办。倘任贼众西趋，或致北犯，朕惟严树森是问。将此由六百里各谕令知之。”（《清穆宗实录》卷14）

（咸丰十一年十二月丁丑）又谕：“……刘岳昭一军现在施南剿办来凤股匪，此军久经行阵，着官文、李续宜、毛鸿宾飞饬该员，即调全军，驰赴夔、万一带，探贼所向，迎头扼截。并令与湖南官军会合剿办，以期歼除巨憝，毋任再事蔓延。昨据毛鸿宾奏‘饬刘岳昭分营由鹤峰州边界进规来凤，即以兼顾永定、龙山，如果石逆一股势将合并，便可横出邀击，与湖南官军协剿’等情，与骆秉章所奏大意相同。惟该员所部仅四千人，恐未能分营兼顾。现在贼势趋重何路，官文即饬该道由何路进剿，随同会商办理，毋得稍存畛域之见，致误事机。川省边防，仍着骆秉章妥为布置。将此由六百里各谕令知之。”（《清穆宗实录》卷14）

（咸丰十一年十二月辛巳）谕议政王、军机大臣等：“……现在归、陈边防应如何严密布置？知府李徵松扼防沈项能否得力？杨飞雄一军应否由省调往扼剿？其余际昌所募楚勇应如何飞催来豫，以资得力？均着郑元善、毛昶熙悉心会商办理……严树森即着前赴湖北，俾李续宜得以即行赴皖……将此由六百里谕令知之。”（《清穆宗实录》卷14）

（咸丰十一年十二月癸未）又谕：“官文等奏击退豫捻，襄、枣获安，并会商防剿苗逆情形各折。逆捻屡纠大股扑犯，虽经官军追逐出境，湖北边界现已肃清，尚未悉数剪灭，难保不乘间回窜。着官文等督饬地方文武兵勇，实力严防，毋稍松懈，如有乘虚窜突，须与豫省官军联络，合力殄除。至苗逆罪状昭著，亟应声罪致讨，诚实正论。叠经寄谕官文、李续宜等酌派得力之军，由三河尖绕至颍州，与袁甲三合力进剿。如果苗逆被剿穷蹙，真心悔罪，一有转圜，该大臣亦可相机妥办。将此由六百里各谕令知之。”（《清穆宗实录》卷14）

（同治元年正月丁亥）又谕：“……至湖南、四川、贵州军务方殷，湖北边境虽已绥敉，尚须筹画东征，均有难以分拨之势。惟浙江全局糜烂，时局攸关，亦应先其所急。着李续宜、江忠义并着骆秉章传谕刘蓉，悉心筹画，各精选一营、两营，派员管带，迅赴左宗棠军营……将此由六百里加紧谕知田兴恕、骆秉章、毛鸿宾、李桓、刘长佑、李续宜、江忠义，并传谕刘蓉知之。”（《清穆宗实录》卷15）

（同治元年正月庚寅）又谕："严树森、毛昶熙奏'贼氛环逼，苗患尤巨，请广选将才，调拨马队'一折……严树森即日交卸，将赴湖北新任。归、陈一带，系毛昶熙专责。郑元善统辖全省，责无旁贷，惟当与毛昶熙和衷商酌，派拨劲兵，分投防剿……将此由六百里谕令知之。"（《清穆宗实录》卷15）

（同治元年正月壬辰）谕议政王、军机大臣等："……另片奏'探悉颍郡情形，并函商楚军进剿'各等语……楚师克复巢县，尚未据有奏报。舒、六现有楚军堵截，庐州贼匪窜路已穷，惟有颍、寿一线可通，自当速与楚师会商联络，力争庐、寿……将此由六百里谕令知之。"（《清穆宗实录》卷15）

（同治元年正月甲午）又谕："严树森奏'河南东路有警，仍将省防兵勇留驻，并饬总兵穆正春赴楚'等折片……穆正春在豫，正资得力。严树森所请饬令带领亲军五百人、马队五十骑随往湖北之处，殊于豫省军务非宜。穆正春如已起程，着即饬令折回河南，仍率所部，交郑元善调遣……严树森赴鄂需员，现在周凤山所招湘勇成军，正当由鄂北行，着即毋庸赴豫，留于湖北，归严树森调遣。郑元善接任豫抚，务将严树森布置一切妥为办理……并着催提余际昌新募楚勇迅速整队赴豫……将此由六百里各谕令知之。"（《清穆宗实录》卷16）

（同治元年正月己亥）谕议政王、军机大臣等："据袁甲三奏'……现在克复江浦，见贴有洪逆伪示，称张、苗两股，一由上游窜入河南，再犯湖北，一由下游径扑清、淮，扼踞蒋坝之说，请饬严防'等语。皖北逆匪经楚军节次剿败，势已穷蹙……前据贾臻奏称，逆匪攻围颍郡甚急，是其分股西窜，已有明征。若复再犯楚、豫，则受贼牵掣，不如先发制人，较有把握。着官文、严树森、郑元善各拨劲旅，迎头截击。倘

该逆尚未窜入楚、豫，即饬进解颍州城围，力杜纷窜，以保完善之区……将此由六百里各谕令知之。”（《清穆宗实录》卷16）

（同治元年正月己酉）又谕：“袁甲三奏‘官军进捣桥林、乌江贼营，连战皆捷，夺回要隘，现约楚军进攻庐郡’一折。官军自攻克浦口后，进捣桥林、乌江贼营，夺回要隘，办理尚为妥速。惟江边尚有贼营二座，如再攻剿得手，则与楚军水师驻扎之地仅隔四十里，声息可通。着李世忠赶紧围攻，将贼营二座一律扫荡，以期疏通江路，与楚军水师联络声势。陆路中隔庐郡，狗逆踞守城中，守备甚严，且力梗南北要路，使楚、皖两军无从会合。着官文、曾国藩迅催多隆阿等军滚营前进……以期会扫贼氛……将此由六百里各谕令知之。”（《清穆宗实录》卷17）

（同治元年二月戊午）又谕：“毛鸿宾奏追剿石逆获胜，并克复来凤县城各折片。石逆久蓄狡谋，垂涎川省，既不得逞于湘、鄂之交，势必由黔江西、秀一带西窜。前经寄谕骆秉章，即饬川东镇、道督率兵勇，会合田兴恕所派之朱凌汉一军并力堵击……将此由六百里各谕令知之。”（《清穆宗实录》卷18）

（同治元年二月戊辰）又谕：“骆秉章奏‘石逆阑入川境，请饬田兴恕来川援剿’一折。石逆由利川僻径，窜越石硅厅，现已至酆都县下游之羊肚溪地方，抢船渡河，势将联合涪州一带滇匪，进窥重庆。该督现饬副将唐友耕一军由青神驶赴重庆，并已革知府唐炯所带黔勇驰赴合州策应，着即迅饬前往，毋稍稽迟。刘岳昭、易佩绅两军，前已有旨，谕令官文、毛鸿宾饬令驰赴夔州，并着骆秉章飞速催提，前往重庆一带助剿。重庆地方物阜民殷，商贾云集，石逆势必疾图扑犯。所有该处江面货船并沿江各州县来往船只，均着该督檄令地方官先期收集，调往别所，毋令该逆抢掳，顺流下窜，回犯荆楚，致成燎原之势。将此由六百里加紧谕令知之。”（《清穆宗实录》卷19）

（同治元年二月庚午）谕议政王、军机大臣等："……所请调之李云麟一员，昨经官文以襄阳剿捻保奏，恐此时该员尚在湖北，着左宗棠一面咨行官文，调取赴浙，更为妥速。将此由六百里谕令知之。"（《清穆宗实录》卷19）

（同治元年二月丁丑）又谕："官文等奏进剿庐郡，连获大胜，并饬周凤山策应援颍各军后路各折片。庐郡城大而坚，我军不能合围，贼逆戒备甚严，粮食充足，立意死守，非四面合击，约期并举，不足以操胜算。目下楚师进攻西面，曾国藩派出之军攻其南面……着即克期进攻，与楚军会合夹击。其通达庐城之巢县、巢湖，为贼匪水陆运粮要道，并着官文等派兵堵截，断其接济，方足制其死命……已革副将周凤山募勇三千人抵鄂，经官文等饬令统领所部，由孝感一带直达光、固，为成大吉等援颍各军后路声援。着即饬令节节扫除，进驻三河尖要地，为成大吉等后路策应……官文等即令奋勉图功，以赎前愆，如或不能得力，仍着从严参奏。将此由六百里各谕令知之。"（《清穆宗实录》卷20）

（同治元年三月癸未）又谕："……狗逆在庐郡，经楚军渐次进逼，情形穷蹙，希图北窜，亦在意计之中。着郑元善、毛昶熙密探，如有北窜消息，即着设法痛剿……将此由六百里各谕令知之。"（《清穆宗实录》卷21）

（同治元年三月癸未）又谕："……据胜保奏'……请饬楚军暂缓进剿苗练'等语，苗沛霖阴蓄异谋已非一日，此次遣人赴胜保处投递禀函，必因畏楚军攻剿，故作此缓兵之计。着官文等密饬成大吉等，如进兵道路经过苗营，苗沛霖果能率众先驱，协助官军，奋勇剿贼，尚可暂缓进攻……将此由六百里各谕令知之。"（《清穆宗实录》卷21）

（同治元年三月戊戌）又谕："……即近日所陈攻庐情形，亦不过遥借楚军声势，于李世忠亦未见驾驭得宜……楚军现在并力东下，未遑顾及淮北，此朝廷用人不得已之苦衷。惟胜保性情骄恣，实所不免，恐李续宜不能与之共事，着曾国藩密属李续宜不必有所避忌……将此由六百里密谕知之。"（《清穆宗实录》卷22）

（同治元年三月戊戌）又谕："官文等'奏击退豫省巨捻，大获胜仗'一折。本年正月间，捻匪窜逼随州所属之小林子地方。二月初间，捻首何广玉窜至应山县属之观音店，距武胜关十余里，均经官军击退。楚省北界与豫省毗连，捻匪乘虚窜突，难保不去而复来。现在汝、光一带遍地捻踪，新蔡尚复被围，转瞬春麦成熟，尤难保不出巢肆掠，不可以暂时驱逐出境，稍涉大意。着官文督饬各将弁实力严防，相机剿办。其各该地方文武员弁，亦当激励兵团，严密堵截，毋令匪踪阑入楚境。多隆阿在庐郡接仗，屡次获胜，即着该大臣催令该将军迅图攻克，毋令陈玉城逸出，以除巨憝。将此由四百里谕令知之。"（《清穆宗实录》卷22）

（同治元年四月甲寅）又谕："官文、严树森奏'发捻合股围扑南阳府城，请饬豫、秦两省拨兵堵剿'，瑛棨、张芾奏'另股马步捻众突入商南县境，提臣亲往督办'，又另片奏'请饬河南抚臣拣派官兵，驰赴商南夹击'各折片……官文现派何绍彩统率四营，由宜昌径赴襄、枣，楚北防务谅可无虞。该省郧阳府毗连陕省，去商、洛尚不甚远，着官文等飞饬该镇，统带得力兵弁，不分畛域，迅赴商州等处，会同孔广顺并力击剿，务将此股窜匪悉数歼除，毋留余孽。李续焘在湖南募勇，尚未起程，必须道经湖北，着官文迅催前进。如楚北防兵因赴援陕省甚形单弱，即可暂留此军，驻扎防剿……将此由六百里加紧各谕令知之。"（《清穆宗实录》卷24）

（同治元年四月丁巳）又谕："……楚边毗连河南地方甚多，并着官

文、严树森督饬地方官妥为防范，毋稍疏懈……将此由六百里各谕令知之。”（《清穆宗实录》卷24）

（同治元年四月甲子）谕议政王、军机大臣等：“官文等奏‘官军进攻庐郡，开挖城河，击贼获胜’一折……着袁甲三即饬该总兵乘势进逼城下，会合楚军迅克庐城，毋令援贼纷集城下，我军腹背受敌，致垂尽之贼余烬复然……将此由六百里各谕令知之。”（《清穆宗实录》卷25）

（同治元年四月庚午）又谕：“……前因商、洛告警，谕令官文调派郧阳镇官兵赴援，着官文等迅饬该镇，越境迎剿，毋许稍事推诿……将此由六百里各谕令知之。”（《清穆宗实录》卷25）

（同治元年四月辛未）谕议政王、军机大臣等：“陕省兵力本不足恃，历年调赴河南等处军营，本省防兵更形空虚。此次逆匪窜入陕境，慓悍异常，现在窜至大峪口等处，已近咸宁县界，无险可扼，情形吃紧，甚属可虑。而另股分围洛南等处，计甚狡诈，非捻逆之志在掳掠者可比。设省城稍有疏虞，则建瓴之势，豫、晋、楚北，均受其害。官文等谅已饬令郧阳防兵前往助剿，着即催令由襄樊、荆子关一带，无分昼夜，星驰入陕，绕前迎击，不准稍形迟缓。其余襄樊等处，如有防兵可以抽调，即派道员金国琛统带，一并前进，以期移缓就急，保全完善……将此由六百里加紧各谕令知之。”（《清穆宗实录》卷25）

（同治元年四月乙亥）又谕：“……张亮基前已行抵宜昌，潘铎拟俟张亮基到川后会同赴滇，着即与骆秉章会商妥办，将林自清入川一事布置就绪，迅即驰赴滇省，毋稍濡滞……将此由六百里各密谕知之。”（《清穆宗实录》卷26）

（同治元年四月丙子）又谕：“……前调湖北省郧阳防兵、河南省之杨飞熊一军，援剿尚为就近，究竟有无赶到？官文等前派何绍彩所统四营官兵由宜昌径赴襄、枣，复经谕令飞饬该镇，即行径赴商州，会同孔广顺兜剿。郑元善于匪由内乡、淅川窜赴陕疆奏内，亦称派令护总兵徐荣柱带兵追击。迄今时阅两旬之久，何尚未闻到陕消息，亦未据该抚奏及？陕省军情紧急，官文等向来办事能顾大局，着即飞饬郧阳防兵及何绍彩之军，星夜赴援……蒲州、同州一带空虚，亟宜堵御。湖北、河南所派之兵，应一面追剿，一面绕出贼前截击……陕省兵力虽不甚厚，而鄂、豫两省之兵，赴援最为切近。如杨飞熊、何绍彩等军，均素称得力，若能迅速赶到，与孔广顺并力剿击，瑛棨等督饬地方，战守兼筹，自可不至任贼猖獗……将此由六百里各谕令知之。”（《清穆宗实录》卷26）

（同治元年四月丙子）又谕：“……复据庆端奏‘台湾彰化县会匪滋事……请留汉黄德道洪毓琛暂行在台会办’等语……升任湖北汉黄德道洪毓琛尚未起程，准其暂留台湾，会同曾玉明等筹办防剿，俟情形稍松，再赴新任……将此由六百里各谕令知之。”（《清穆宗实录》卷26）

（同治元年四月戊寅）谕议政王、军机大臣等：“袁甲三奏皖军会合楚师，克复庐州府城，追剿余贼，歼除殆尽，并庐郡败匪窜至寿州城外，环跪乞降各折片……据奏，多隆阿密约总兵张得胜等诱贼出击，四面合围，该逆众遂分由东北两门，攻扑楚、皖各军营盘。官军奋力迎战，楚师在东门获胜，赶至北门，从贼后包抄，贼遂大溃……将此由六百里各谕令知之。”（《清穆宗实录》卷26）

（同治元年四月己卯）谕议政王、军机大臣等：“袁甲三奏‘逆首陈玉城经苗练生擒，声言解赴胜保军营，余众亦投顺苗练’一折。狗逆屡抗官军，从前李续宾等均被该逆戕害，实属罪大恶极。既经苗练擒获，人心当为大快，而苗沛霖前罪亦可宽宥。如将狗逆解到后，即着胜保将其凌迟处死，务即传首李续宜、多隆阿、袁甲三等楚皖各营，以泄众愤而申天讨。其余安碇、信茂林二犯，亦着胜保饬令苗沛霖即行解赴该大臣军营，明正典刑。倘苗沛霖意存观望，不肯收狗逆即时献出，或纵令窜逸，又如任听张落刑回窜雉河集故智，则是甘心叛逆，罪无可辞。即着曾国藩多隆阿、李续宜等督饬将领，将苗练一并剿洗，尽数歼除，毋留余孽。如苗沛霖业将狗逆释放，或勾结张落刑渡淮北窜，着僧格林沁督兵迎剿。或该逆西趋陈项，抑或由南阳一带奔窜商雒，希图会合发逆，即着胜保、郑元善分饬将弁节节堵截，毋得稍有疏懈，致误事机……将此由六百里加紧各谕令知之。”（《清穆宗实录》卷 26）

（同治元年四月己卯）又谕：“寄谕钦差大臣胜保，苗沛霖前纵张落刑逃窜，此次擒获陈逆，以明其身非背叛，自必将陈逆献出。朝廷即因此施恩，免其治罪，则群议亦可自息。着胜保传谕苗沛霖迅速交出，毋许观望。至余安碇、信茂林二逆，亦投入苗练伙中，着饬令交出，同狗逆一并明正典刑。其余逆党二千余名，现经苗沛霖调赴下蔡等处备用。试思该练既非叛逆，岂肯容留逆党？着责令悉数交出，尽法处治，用明心迹。该大臣前在天长等处，曾为陈逆挫败，此时自必乐于歼除。第思李续宜之兄李续宾在三河阵亡，该抚切齿家仇，尤甚于胜保。现既帮办该大臣军务，即系同办一事。该大臣于接收陈逆后，即将该逆正法，传首李续宜、多隆阿、袁甲三等楚皖各营，以见真伪而快人心。李续宜自必感胜保同仇之意。数月来，披览该大臣等章奏，总觉意见未融。该大臣向来办事直遂径行，因为展转筹画，是即所以保全该大臣之意。将来论克庐郡之功，则胜保擒拿首逆，众有明证。若仅于军营正法，则真伪难明，谤议必多，岂能排众议而曲加殊恩？想该大臣深知此意，必不稍为漏泄也。将此由六百里加紧密谕知之。”（《清穆宗实录》卷 26）

（同治元年四月己卯）又谕：“官文、严树森奏‘楚边不靖，已飞饬何绍彩一军驰赴郧阳，扼守要隘，探明贼踪所向，拔队前进’等语。现在陕省自孝义、镇安失陷后，匪踪距省止数十里，旬日已来，未据瑛棨等驰奏军情，悬盼之余，益深焦急。何绍彩计已行抵郧阳，着即严催该总兵，督率所部，星速赴援，出境夹击，毋得以扼守要隘为词，任意延宕。并着官文等酌派金国琛抽调防兵，分驰赴陕，以期驱贼出关，保全完善……李续焘所募勇丁计已成军，并着官文等催赴豫省，交郑元善调遣，以资防剿。另片奏‘参将李世玉骁勇善战，而历练未久，尚难独当一面。查有游击李殿元本属襄人，现充余际昌营官，老练明白，请饬郑元善量材器使’等语。李世玉一员，前经严树森派赴湖南募勇，着即檄调旋鄂，速饬赴豫，毋许耽延。李殿元现在豫省，着郑元善量加委任，俾尽所长，以资得力。将此由六百里各谕令知之。”（《清穆宗实录》卷26）

（同治元年四月庚辰）又谕：“袁甲三奏‘皖军会合楚师，攻克庐郡，并胜保奏生擒首逆陈玉城’一折……皖军挑选精锐出营力战，楚军从贼后包抄，断其归路，贼遂大溃……着即将该逆陈玉城在军前凌迟处死，并传首皖、楚各营，以申国法而快人心……多隆阿所部楚军实属异常出力，着官文、曾国藩迅速查明在事出力员弁、兵勇保奏，用昭激劝……”（《清穆宗实录》卷26）

（同治元年五月癸未）谕议政王、军机大臣等：“……据托明阿等驰奏‘山阳被陷，贼势猖獗，请饬催各路援兵’一折，已寄谕官文等催何绍彩由郧阳前进，饬多隆阿由皖入关。其杨飞熊一军，已据郑元善奏称饬赴陕州，已催令就近径赴西安会剿矣。各路援兵，计日当可先后赶到。该抚等务当督饬兵勇，激励乡团，战守兼资，毋稍疏懈。将此由六百里谕令知之。”（《清穆宗实录》卷27）

（同治元年五月癸未）又谕：“……惟陕兵单薄，待援孔亟，前据官文等已饬何绍彩一军赴郧阳相机进剿，着郑元善迅速探明。楚军如已入陕，杨飞熊一军即可扼守西北，以断窜贼往来之路，断不可任令贼踪阑入晋省，以期力保完善。如楚军尚未入陕，则事机甚紧，即着仍遵前旨，

饬令杨飞熊星速入陕，毋徒以扼要为词，致同株守……将此由六百里加紧谕令知之。”（《清穆宗实录》卷 27）

（同治元年五月癸未）又谕：“本日据托明阿等奏称‘商州棣花镇之贼分窜洛南、山阳，洛南虽已解围，山阳城池被陷，请饬催楚、豫援兵’等语。山阳与郧阳连界，若何绍彩所部就近进剿，最为近便，即着官文等催令前往，毋许迟误。多隆阿自克复庐郡后，淮南无事可办，若移缓就急，统带兵勇迅速入关，与楚军夹击，该逆必望风窜遁，剿灭不须时日……将此由六百里加紧各谕令知之。”（《清穆宗实录》卷 27）

（同治元年五月乙酉）谕议政王、军机大臣等：“徐宗干奏‘台湾匪徒滋事，现筹剿办情形’一折。台湾彰化县匪徒戴万生等聚众滋事，前经庆端驰奏，当即寄谕该督抚等督饬文武，实力进剿。兹据徐宗干奏，与前情大略相同，所称‘……升任湖北汉黄德道洪毓琛为台民攀留，飞檄权署道篆，以资熟手’等语，所筹与前寄谕一切，均相符合，即照所拟办理……将此由五百里谕令知之。”（《清穆宗实录》卷 27）

（同治元年五月丁亥）谕议政王、军机大臣等：“……该抚自当相度大势，择要严防。其山西之茅津渡、陕西之潼关、鄂省之襄樊等，各防兵应行驻扎处所，着郑元善会商各该省督抚，按照原折所指地方，通筹大局，布置妥协，务令一气联络，互为声援。原折着钞给阅看。将此由五百里谕令知之。”（《清穆宗实录》卷 27）

（同治元年五月己丑）寻奏：“遵查秦、晋两省，自筹战守，势难兼顾豫疆。至南路毗连楚北，伏莽尚多，当即飞咨楚师，协同堵剿。”报闻。（《清穆宗实录》卷 27）

（同治元年五月壬辰）又谕：“托明阿等奏贼匪东趋，渭南县城失守，潼关吃紧，并请催金国琛、何绍彩两军赴陕各折片……郧西一带，现据托明阿等报称，亦有贼匪滋扰，着官文饬令金国琛一军，驻扎郧西一带堵剿。其何绍彩一军，谅已起程，着即飞催迅荆子关入陕，绕出贼北由商州前进。两路夹击，使郧西之贼，不致并归山阳……将此由六百里加紧各谕令知之。"（《清穆宗实录》卷28）

（同治元年五月甲午）又谕："……至正阳一路，与楚北毗连，该省小林店、三里城等处防兵，距豫境贼寨皆在数十里或百里之内，与其株守之待贼，何如移营前进，以剿为防。官文等素顾大局，即着酌量情形，抽拨劲旅数千名，于道员梁作楫等内酌派一员统带，取道信罗，越境会剿。倘豫境南路廓清，仍由官文等撤回调遣。郑元善毋得久留，以致楚防空虚……将此由六百里各谕令知之。"（《清穆宗实录》卷28）

（同治元年五月乙未）又谕："……现在楚军东下，即日进规九洑洲，为合围金陵之计。贼势穷蹙，必将铤而走险，叠谕李鸿章赴镇，以期与江北各军联络一气。着即恪遵前旨，即日前往镇江，整顿一切……将此由六百里谕令知之。"（《清穆宗实录》卷28）

（同治元年五月）丁酉，谕议政王、军机大臣等："官文、多隆阿奏'多隆阿统率马步各军赴陕援剿'一折，所筹援陕之策，深以兵力未厚为虑……多隆阿统带马步各军万余，克日兼程，赴陕援剿，洵能权衡缓急，顾全大局，与叠次寄谕亦相吻合。本日业经明发谕旨，命多隆阿督办陕西军务，全陕官军、旗绿各营、提镇道府以下，统归节制矣。多隆阿忠勇朴诚，战功卓著，兹率得胜之师星驰援陕，定能所到克捷，痛歼丑类，保全关陕完善地方。所需口粮，虽由官文等筹备起程，仍着瑛棨、英桂于山、陕两省，迅速豫为宽筹，探明多隆阿大营，源源解济，以资饱腾而利征剿……鄂省襄郧防剿与何绍彩等军，仍着官文等饬令相时进止，以资兜剿而防纷窜。将此由六百里各谕令知之。"（《清穆宗实录》卷28）

（同治元年五月己亥）又谕："前谕官文等饬令道员金国琛督带所部前赴郧西，接办防务。现在陕西军务，亟需得人整顿，着即饬令该道迅赴陕西，听候委用……本日已谕令多隆阿先于河南阌乡一带截剿回窜匪众，再向潼关一路相机剿办，如陕西情形稍松，即应驻扎北路，以防捻逆被剿奔窜。应于何地驻扎最为适中，可以屏蔽北路之处，着官文会同多隆阿妥筹具奏。将此由六百里谕令知之。"（《清穆宗实录》卷28）

（同治元年五月癸卯）谕议政王、军机大臣等："官文等奏援陕大军起程日期，并派道员会剿豫捻各折片。据称'雷正绾统带头队于本月十五日由庐郡启行，多隆阿即亲督后队继进，拨饷十万两，由襄阳一路解往，并派欧阳正墉等充带所部分道进剿豫捻，疏通驿路'各等语，与历次所降谕旨符合。具见该大臣等公忠体国，不分畛域，与僧格林沁、曾国藩南北兼筹，洵无愧心腹之寄，览奏实深欣悦。现据英桂奏称'陕省窜匪已由河南渑池一带回窜'，是陕省大股已退，雷正绾入关后，剿办余匪，谅可渐次扫荡。多隆阿一军由襄樊前进，即着探明陕省情形。如可无须入关，即于北路适中之地扼扎，以防捻逆北犯。兼可将由陕回窜豫境之匪，就近会同豫军分路截击，尽歼丑类。欧阳正墉等军，即饬分投进剿信阳等处，以清豫捻，并着郑元善酌派兵勇，会同楚军痛剿。其胁从各圩，分别解散，以孤贼势。前谕官文等饬令金国琛迅速赴陕，即着派员接办郧西防务，迅催入陕，听候委用，整顿营伍，以保关陕重地，不至贼匪任意往来……将此由六百里各谕令知之。"（《清穆宗实录》卷29）

（同治元年五月乙巳）河南巡抚郑元善奏："遵旨将逆首陈玉城在河南延津县凌迟处死，并传首楚皖各营。"报闻。（《清穆宗实录》卷29）

（同治元年五月丁未）谕议政王、军机大臣等："……本日据托明阿等奏'潼关肃清，山阳收复，余匪窜赴郧西'，是何绍彩一军正可在该处攻剿，无需入陕。多隆阿现赴鄂省，与官文会商进剿机宜，即着迅速由武昌进发，仍遵前旨，相机办理……将此由六百里各谕令知之。”（《清穆宗实录》卷29）

（同治元年五月庚戌）谕议政王、军机大臣等：“官文等奏‘山阳踞贼窜扑郧西县城，催调各军驰往剿办，并汝捻分窜桐泌等处，派兵驰赴襄阳防剿’，又据托明阿等奏‘后股川匪由太平窜入汉南，急盼援师堵剿。又汉、回互斗，骤难解散，必须慑以兵威，始可安抚。请饬多隆阿、何绍彩、成明等兵星速来陕’各折片。入陕逆众窜犯郧西，虽经何绍彩等迎剿获胜，而兵力尚单，城围未解，亟宜厚集兵力，扫荡逆氛。金国琛勇丁，据奏已陆续赴郧，着官文等迅催前进，分道援剿，并饬颜朝斌挑选劲旅，前往会同剿洗，毋稍迟误。前据多隆阿奏，先派雷正绾等督带马步八营取道襄阳，直入陕境。着多隆阿严催该总兵，赶紧驰赴商南、山阳一带，扼要驻扎，相机进剿，并截贼回窜之路。其穆图善等八营，即着驰赴郧西，会合何绍彩等军并力攻剿，迅解城围……至汝捻陈大喜股匪窜扰唐县平市，逼近枣阳，业经官文等飞催梁作楫督勇赴襄，会同防剿，谅可无虞。仍着官文等督饬越境赴豫欧阳正墉等军，迅速攻捣信阳一路，以牵贼势……蓝、薛二逆，扰及太平县城，复由渔渡关阑入陕省定远厅境，若竟会合邓逆，则势益狓猖，更难扑灭。何绍彩等军，因援剿郧西，急切不能赴陕，着托明阿等迅催马德昭前往汉中，督同邹学墉等严密截剿，迅解定远之围。并严饬官兵，实力堵御，毋令该匪窜越汉江，蔓延为患……将此由六百里各谕令知之。”（《清穆宗实录》卷29）

（同治元年五月己未）又谕：“……该抚既统领全皖军务，自不得专驻六安。而楚北门户应如何兼顾，该抚均当悉心筹酌，用慰廑念……将此由六百里密谕知之。”（《清穆宗实录》卷29）

（同治元年五月）辛酉，谕议政王、军机大臣等：“……并着郑元善

饬令豫省之军，与已抵信阳之楚军等合筹攻剿，毋稍延宕……将此由六百里各谕令知之。”（《清穆宗实录》卷29）

（同治元年六月乙卯）又谕：“……前因陕省军情吃紧，简派多隆阿督办陕西军务，谕令该将军督率将领，由豫省沿河西上。原期驰赴潼关，借资镇抚，兼可迎剿东窜贼匪，保全晋、豫地方。嗣因多隆阿一军须由六安绕赴襄阳入陕，复经谕令该将军探明道路，迅速遄行，毋庸圩道楚省……该将军督办全省军务，责任固重，营务亦繁，必须得一二明干文员，帮同筹办。着官文于属员中，择其才识谙练、晓畅戎机者，如道员金国琛等，简派一二员，交多隆阿军营，以资襄助……将此由六百里各谕令知之。”（《清穆宗实录》卷30）

（同治元年六月戊午）又谕：“……多隆阿一军，本谕令驻扎河南适中之地。惟郧西现又被围，该将军已由郧阳进发……将此由六百里各谕令知之。”（《清穆宗实录》卷30）

（同治元年六月庚申）谕议政王、军机大臣等：“……本日据瑛棨奏，省外回匪，凶势日炽，亟盼多隆阿、何绍彩各军赴援。现在陕省情形吃紧，而皖省地方，为曾国藩大营后路，亦须得力大员督率重兵驻守，以资控制。多隆阿应否统率全军赴陕，或仅令雷正绾所部入关助剿之处，仍着官文、曾国藩迅速会商，权其缓急轻重，妥为调度。雷正绾所部兵数若干，是否足敷援剿之用，并着官文、曾国藩、多隆阿迅查具奏。何绍彩一军，俟金国琛所部到郧西后，官文即行酌度，催令入陕助剿，毋稍迟缓……将此由六百里各谕令知之。”（《清穆宗实录》卷30）

（同治元年六月癸亥）又谕：“毛昶熙奏‘调派精锐兵勇西援河洛，并请饬多隆阿取道汝宁，沿途扫荡贼巢’各折片，又据官文等奏‘逆匪攻陷郧西，并探闻发逆窜出潼关，历河陕等处，疾趋光州，窥伺楚疆，及请将金甸琛免调入秦’各折片。河洛之贼是否他窜，渑池等处有无贼踪，均未据郑元善奏报。着即迅速驰奏，一面侦贼所向，妥筹防剿，必须克日歼除，方免蔓延贻患……郧阳居楚之西北上游，关系甚重。郧西城池，岂可任贼久踞？着多隆阿先其所急，迅督所部同金国琛、何绍彩等军，协力进攻，收复县城。其郧阳府城守事宜，着官文等严饬讷钦等严密布置，力遏贼氛……汉回仇杀，日甚一日，所调各军，迄无一人一骑赶到。该省望援甚急，岂容再事迁延？雷正绾本系陕省总兵，着官文、多隆阿迅催该总兵督率兵勇，星速入关，以期弹压汉回……金国琛剿办郧西贼匪，正当吃紧，着暂缓入秦，俟郧西事竣，再行斟酌办理。其正息、信罗等处贼巢，仍着郑元善督饬张曜等，会同越境攻剿之楚军，节节扫荡，将汝属踞匪悉数歼除，是为至要。将此由六百里各谕令知之。”（《清穆宗实录》卷31）

（同治元年六月乙丑）又谕：“……至吴振棫所称由山阳窜至郧西股匪，现又回窜商州所属之蒲峪地方，尚未据该将军等奏报。着即督饬将弁会合楚军两面夹击，迅速歼除，毋令该匪再得窜扰秦境，肆行蹂躏。将此由五百里各谕令知之。”（《清穆宗实录》卷31）

（同治元年六月乙丑）又谕：“……郑元善所派杨飞熊酌留楚勇一二队，务即饬令密会地方官妥为剿散。该处地方紧要，练众抗官，尤应及早折除萌蘖……信罗一带，楚师业已越境，该抚即饬蒯贺荪等合力剿办……将此由六百里各谕令知之。”（《清穆宗实录》卷31）

（同治元年六月乙丑）又谕：“……至吴振棫所称由山阳窜至郧西股匪，现又回窜商州所属之蒲峪地方，尚未据该将军等奏报。着即督饬将弁会合楚军两面夹击，迅速歼除，毋令该匪再得窜扰秦境，肆行蹂躏。将此由五百里各谕令知之。”（《清穆宗实录》卷31）

（同治元年六月丙寅）又谕："……其大荔县一股围攻同州府城已八昼夜，悖逆情形，殊堪发指，亟宜痛加剿洗，以儆凶顽。着官文、多隆阿仍遵前旨，严催雷正绾统带兵勇，星速入关，会同瑛棨等慑以兵威，勒令该回民将为首滋事之人献出惩办……郧西发逆现既回窜，逼近商南、郧郡情形已松，金国琛早已到郧，足资防守，着官文等速饬何绍彩就近驰赴西安，以厚兵力……将此由六百里加紧各谕令知之。"（《清穆宗实录》卷31）

（同治元年六月）丁卯，谕议政王、军机大臣等："官文、严树森奏'楚军进剿豫捻，蹋毁贼寨贼卡'一折。豫省信罗一带捻巢林立，为楚、豫边境之患。经官文等调派楚军分路进剿，副将周凤山击败涩港踞贼，随将青山店等处贼卡蹋毁……高家店复有孟玉恩等投诚，均经周凤山准予自新，并自领亲军将贼目擒斩，办理甚为得手。即着官文等饬令该副将等乘势进攻，一面饬李续焘新募赴豫之军由武胜关疾进，将信阳之明港、正阳之陡沟老巢，约会周凤山等军同时进攻，毋稍稽迟。信罗一带亦为捻匪巢窟，今新到楚军气势甚盛，再得本省兵为之向导，更为得力。着郑元善迅速拨派劲兵夹击，尽歼丑类，毋留余孽。至投诚之樊绍薪等，着官文等饬知周凤山，务当详察妥办，毋得稍涉大意。将此由六百里各谕令知之。"（《清穆宗实录》卷31）

（同治元年六月壬申）谕议政王、军机大臣等："……此次豫军正在得手之际，务当乘此声威将首匪陈大漋等歼除，胜保谅亦断不至固执前见，并着派兵会合楚、豫各军，将附近著名匪寨痛加剿洗。其被胁各圩，仍当剿抚兼施，酌量解散，以期及早肃清。至西路回窜股匪，扰及叶裕，其前陷郧西之贼，亦扰及淅川厅之戴家河一带，距荆子关仅数十里……着胜保、郑元善、毛昶熙严饬各军，迅速会剿。并着官文、严树森饬令前赴信阳一带助剿之道员欧阳正墉、副将周凤山所部兵勇四面兜击，以期一鼓歼除。如欧阳正墉等兵力尚单，并着官文、严树森迅速添兵往助，以固边圉。至由郧西窜近荆子关股匪，难保不与宛境各股并聚，西扰陕疆，北窥河洛。郑元善现已飞咨多隆阿援秦之师取道宛城，与豫军两面夹击……将此由六百里各谕令知之。”（《清穆宗实录》卷32）

（同治元年六月甲戌）又谕：“……近日河洛虽无贼踪，惟该郡居天下之中，关系中原大局。况陕省回匪乘机窃发，而郧西之贼窜近荆子关，经郑元善调派各军由宛城进剿，难保不逼回陕省，扰及潼关。自应于河洛驻扎重兵，俾秦、豫两省得以随时策应。胜保所统马步各队颇多劲旅，岂可株守太和城内，静待贼来？着仍遵前旨，迅督大队驰赴河洛，择要驻扎，毋再迁延……将此由六百里谕令知之。”（《清穆宗实录》卷32）

（同治元年六月己卯）又谕：“官文奏‘访拿荆、澧二属谋逆匪徒，悉数弋获惩办’一折。湖北荆州府属与湖南澧州所属之松滋、石门等县匪徒贾竹林等，屡次倡乱，谋为不轨，经官文饬令该府州督属严密访拿，于未经起事之先将首要各犯悉数弋获，正法办理，甚为妥速。当此贼氛未靖、四郊多垒之时，煽乱匪徒亟应诛锄净尽。恐乡曲偏隅聚众倡乱、伏而未发者尚多，该大臣仍当严饬各属，认真访缉，防患未然，以免滋蔓。昨据成明奏‘驻扎朝邑县严家庄地方，俟多隆阿、雷正绾等各兵到齐，再议进剿’，本日据英桂奏‘接瑛棨函，以回匪在该省焚杀，日肆猖獗，请速催京兵渡河’等语。成明所带京兵究属无多，曾谕令俟楚兵到齐，再图进取……将此由六百里谕令知之。”（《清穆宗实录》卷32）

（同治元年七月癸未）谕议政王、军机大臣等：“……粤贼窜回豫境，业由裕州、叶县一带南窜，胜保所派副将王佐臣一军已由郾城、舞阳追剿。着郑元善督饬豫省兵勇，并力夹攻，务将此股窜贼歼除净尽，毋令阑入楚境……将此由六百里各谕令知之。”（《清穆宗实录》卷33）

（同治元年七月戊子）谕议政王、军机大臣等：“……楚省道员欧阳正墉及周凤山等所部，自信阳前进，正可会合堵剿。该大臣等即饬各军联络声势，互相兜击……将此由六百里各谕令知之。”（《清穆宗实录》卷33）

（同治元年七月戊子）又谕：“……各军现由平舆直逼该逆老巢，着郑元善督饬兵勇，务将逆首陈大漋等悉数歼擒，毋任漏网。其由宛属窜扑泌阳，围攻桐柏县城粤匪，经知县温逢春等击退，由郧西退入豫境之贼，在淅川、内乡一带掠乡攻城，均经该地方官击败……”（《清穆宗实录》卷33）

（同治元年七月己丑）又谕：“……和州驻马河营盘经杨载福商明李世忠改归楚师接防，原驻兵勇，当经撤归滁州，谅必办理妥协……将此由六百里各谕令知之。”（《清穆宗实录》卷33）

（同治元年七月己丑）又谕：“……楚军由陕省南路入援，势将先顾省城，未能径抵同郡，成明并当于迅解蒲城围后，俟楚军到陕，互相联络，会商进剿……并着探明楚军行抵何处，速行摧提，以资攻剿……至多隆阿一军，前据该将军奏称，于五月初十等日由皖兼程赴陕，迄今将及两月，尚无到陕信息。叠谕官文、多隆阿严催前往，乃竟无一语复奏，迥出情理之外……何以多隆阿一军，久不催令前进，仅为防堵粤捻窜犯楚边之计，置陕省危急于不顾？倘陕省稍有疏虞，必治官文、多隆阿等以贻误军情之罪，毋谓前功可恃，得以仰邀宽贷也。将此由六百里各谕令知之。”（《清穆宗实录》卷33）

（同治元年七月己丑）又谕：“前因逆匪扑犯陕省，当命荆州将军多隆阿督办陕西军务，并令其先派雷正绾一军星驰入陕。嗣据都察院奏，陕西绅士联名呈诉，以回匪肆虐，西同等属百姓横遭惨杀，受害日深，复叠谕该将军等星夜入关，迅速剿办。乃迟至两月之久，尚未据报到陕，实属不知缓急。着官文严催多隆阿等克期前进，力扫寇氛，倘再任意玩

误，必将多隆阿等治罪，决不宽贷。”（《清穆宗实录》卷33）

（同治元年七月甲午）又谕：“托明阿、瑛棨等奏回匪围攻六村堡，官军出队援剿情形，请饬催多隆阿等兼程前进，并请饬成明统兵来陕会剿，及查探张芾等尚无消息各折片，览奏曷胜发指。陕省回匪猖獗，节经谕令官文严催多隆阿星驰援剿。迄今两月，既无入关消息，且无只字奏报，朝廷谕旨辄敢视同弁髦，着官文、多隆阿将因何并不复奏之处明白回奏。陕省军情如此紧急，耽延一日，荼毒无数生灵，糜烂无数地方。多隆阿等即使有所牵制，不能倍道赴陕，亦应即时具奏，朝廷不难另调劲兵星驰前往。乃该省望兵如望岁，而多隆阿等纡道武昌，迟延不进。是此两月内，陕省生灵之惨遭焚杀，皆官文多隆阿等贻误之罪。本日业经明降谕旨，将官文、多隆阿先行交部议处，仍责令该将军督率大队克期赴陕，尽力剿办。若再迁延，定将多隆阿等从重治罪，决不宽贷……成明所部三千兵力尚嫌单薄，楚军既无到陕消息，必须另派劲旅，相机策应……至蓝逆大股，由西乡窜过汉江直抵洋县，该县知县汪湝督率兵勇固守，何以百姓私馈金银，开城迎贼？是否民心忽变，抑或奸细豫先埋伏勾结内应，汪湝平日有无虐民之政，着瑛棨即饬毛震寿查明办理。洋县之贼若再窜往东北，与回匪勾结，则陕西省垣更形危急。郧西防务既松，则防郧之兵应分拨出境迎击，以剿为防，着官文等迅速调派交金国琛统带赴陕，听候谕旨。将此由六百里加紧各谕令知之。”（《清穆宗实录》卷34）

（同治元年七月）乙未，谕议政王、军机大臣等：“……南阳距襄樊不远，该处防兵素称得力，着官文等饬令越境夹击，以剿为防，务将此股匪众聚而歼旃，毋留余孽。将此由六百里各谕令知之。”（《清穆宗实录》卷34）

（同治元年七月戊戌）又谕：“……成明着即统带全军克日渡河，驻扎同郡，会同该地方员弁联络民团，何路紧急，即向何路援应。一俟豫、楚两省援军有到陕者，即着成明会同分投剿击，断不可以防守晋疆为词，任令陕省地方被匪蹂躏……”（《清穆宗实录》卷34）

（同治元年八月壬子）又谕：“多隆阿奏‘兵抵襄樊，飞拨马步各营前进，并督率后队相继入秦’一折……其多隆阿之军，节经谕令将南阳西窜之匪剿办肃清，仍候曾国藩酌量檄调，或即为金陵后路援应。雷正绾一军，曾谕官文飞饬绕截贼前，杜其入陕之路……兹据多隆阿复奏，金国琛等军跟踪追杀，并经饬令马队五营由光化一路间道疾趋，迎头截击，正可与洪贞谦所督各军联络兜剿，严行堵贼北窜及南犯楚疆之路，此股残匪，谅亦不难迅速歼除……多隆阿由樊城进发，仍催督金国琛等会合豫军，扫除镇平败匪，并可沿途侦探……雷正绾与穆图善之军未知现抵何处，着官文、多隆阿催令迅速前赴商南，迎头截剿。其楚省边防与豫省交界之处，即着官文妥筹防范，毋稍疏虞。将此由六百里各谕令知之。”（《清穆宗实录》卷36）

（同治元年八月丙辰）谕议政王、军机大臣等：“成明奏称‘京兵及豫省刚锐勇队在同郡接仗失利’，并官文、多隆阿奏‘楚军先后入关’各一折。成明督军渡河，不能激励兵勇奋力接战，致为贼匪所乘，挫动锐气，马队各营，均皆失守，实堪痛恨……洛河以西，大荔、朝邑等县俱有贼踪，胜保亟宜会合雷正绾所部楚军，分路并进，以分贼势。多隆阿前已令雷正绾一军由荆子关西行，并令穆图善一军继进。着即饬令由武关一带驰入蓝田，直抵省垣，并着官文速饬何绍彩一军，由郧阳、商雒一路驰赴西安，为雷正绾等后路接应，毋稍迟延……将此由六百里加紧各谕令知之。”（《清穆宗实录》卷36）

（同治元年八月戊午）又谕：“……雷正绾、穆图善两军，昨据官文等奏，由荆子关西行，已入陕境。并着飞催该总兵等督兵由商南或淅川进剿，或径赴西安，以固根本。其楚省何绍彩所部，并着催令由郧西一带进兵，使回匪备多力分，我军方可制胜……将此由六百里各谕令知之。”（《清穆宗实录》卷36）

（同治元年八月己未）谕议政王、军机大臣等：“……多隆阿现在计已行过襄阳，着仍遵前旨，就近将镇平败匪扫除净尽，再行相机前进……将此由六百里各谕令知之。”（《清穆宗实录》卷36）

（同治元年八月庚申）谕议政王、军机大臣等：“胜保奏‘陕回猖獗，克日驰抵潼关，相机剿办’，暨官文等奏‘援军赴陕，留兵防守蕲、黄、襄郡’各折片……鄂省援军四出，各处毗连地方，亦须防范周密。官文请以何绍彩所部驻守荆子关，屏蔽三省，并为各军后路接应。襄阳、蕲黄，留金国琛等军防守，不能入陕，即照所拟妥为办理。并饬周凤山、欧阳正墉等军，将信阳等处匪巢迅扫，以通驿路……将此由六百里各谕令知之。”（《清穆宗实录》卷36）

（同治元年八月辛酉）谕议政王、军机大臣等：“……昨据官文奏，何绍彩所部四营驻守荆子关。该处与郧西、商南均属毗连，如豫匪西窜，似已足资堵遏。雷正绾、穆图善两军现驻商南，既有何绍彩之军在荆子关驻扎，则捻匪不能由商南入陕，该处防务较松，着胜保、多隆阿迅饬雷正绾、穆图善率领所部前进……”（《清穆宗实录》卷37）

（同治元年八月乙丑）又谕：“官文、严树森奏‘遵旨会筹军情，并将六省要隘绘图呈览’一折。现在多隆阿已入陕省，何绍彩等驻军荆子关等处，分遏秦豫之冲，楚省已无兵可拨。而川匪窜扰之处，逼近楚疆，上游处处吃重，不能不严为防备，以固根本。着官文、严树森就本省现有兵力，饬令各属加意防范，毋令外匪阑入……郑元善身任封圻，自应力图援救。乃以监临届期，径尔旋省，置军务地方于不顾，实属不知缓急。旋经楚军入境痛剿，始解城围，未闻该抚派兵夹击，以致西路空虚，败贼悉窜镇平、淅川一带……将此由六百里各谕令知之。”（《清穆宗实录》卷37）

（同治元年八月辛未）又谕：“……多隆阿计亦可到西安，俟陕境回匪剿平后，即着照该大臣所拟，令该将军驻扎南阳一带，俾鄂、豫、秦三省交汇之区得此大支劲旅，于全局甚有裨益……将此由六百里谕令知之。”（《清穆宗实录》卷38）

（同治元年八月癸酉）谕议政王、军机大臣等：“本日据多隆阿奏‘楚军回豫，剿办粤逆，调拨庐营赴楚’……各折片，览奏曷胜焦急……粤捻大股又欲由荆子关一路先窜郧阳，勾结二竹逆匪进攻兴安府城，以冀联络汉中之贼，直赴西安。多隆阿现因兵力不敷，拟调庐郡所留四营会合攻剿。惟庐郡相隔遥远，未能即时赶到。多隆阿自应就现有兵力扼要截击，毋令该逆窜入郧阳，与二竹、汉中各股匪合并，致滋蔓延。雷正绾、穆图善两军及义中等营既经多隆阿檄令折回商南、荆子关，并分驰郧西迎剿。着多隆阿即督饬诸军，迅将此路逆匪扫除净尽……官文前已派何绍彩一军驰赴郧阳，着即饬令与多隆阿兵勇会合夹击，并着饬令金国琛、梁作楫所部兵勇分投迎击，一面剿办竹山、竹溪之贼，一面严扼襄郡要隘，以防贼踪窜入……前因皖匪、亳捻及张落刑大股西窜，谕令郑元善克期出省，驰赴洛阳……该抚安坐省垣，于各路防剿情形毫无布置，以致粤捻各逆纷窜西南，晋、陕、楚防同时吃重，实属畏葸取巧，深堪痛恨……将此由六百里加紧各谕令知之。”（《清穆宗实录》卷38）

（同治元年八月丁丑）又谕：“……粤逆大股已越淅川而奔荆子关，欲窜郧阳，勾结由川窜扰二竹股匪，以犯陕境……将此由六百里谕令知之。”（《清穆宗实录》卷38）

（同治元年八月己卯）谕议政王、军机大臣等："……其西窜镇平一带捻匪，若被楚、豫官军击败，势必东窜回巢。着僧格林沁相机迎剿，毋令饱扬……将此由六百里谕令知之。"（《清穆宗实录》卷38）

（同治元年闰八月甲申）又谕："多隆阿奏'督兵攻克荆子关，连日大获胜仗'一折。逆匪窜踞荆子关，图扰秦、鄂之交，经多隆阿由商南督军回剿……"（《清穆宗实录》卷39）

（同治元年闰八月甲申）谕议政王、军机大臣等："多隆阿奏'督兵攻克荆子关'一折。荆子关为豫、秦、鄂三省毗连关隘，逆贼拥众数万，多隆阿督军攻捣，以少胜众，立将关隘夺回，实为督率有方，足以振军威而寒贼胆……何绍彩之军在郧阳防堵楚境，布置均合机宜。惟粤捻巨股，虽经此次惩创，而人数尚多，往来剽悍。逆党本无巢穴，若不及早歼除，不惟西窜秦疆，将与回匪勾结，即鄂、豫两省，所至暴残，流毒伊于胡底？况多隆阿已离楚境，鄂中转运饷道为贼截断，必须将淅川后路打通，方能使鄂省饷糈源源接济。着多隆阿即督诸军，节节扫荡，如能早将此贼扑灭，仍可分军入秦，会剿逆回，廓清陕境……将此由六百里各谕令知之。"（《清穆宗实录》卷39）

（同治元年闰八月乙酉）谕议政王、军机大臣等："官文等奏'川匪窜入楚边，旋经击退，并发捻又犯老河口，现派官军驰剿'一折。川省逆匪万余，由大宁及陕西平利县境窜扰竹溪、竹山，当经该处文武督率兵勇剿击，斩获甚多，立将城池克复。余匪复经沿途绅练截杀，零星败回平利关等处。鄂省地方官绅尚能认真备豫，猝然有警，即时将贼击走出境。惟是游魂靡定，仍复徘徊陕、鄂之交，难保不乘虚回窜，仍着官文等督饬所调何绍彩之军，觇贼所向，实力堵剿。淅川等处，由南阳西窜发捻大股，昨经多隆阿驰报，于荆子关痛加剿击。兹据官文等奏，现复窜及李官桥及老河口地方。该大臣等已饬梁作楫驰往剿办，并饬金国琛各营严镇襄樊，兼为后路策应。着多隆阿速饬金顺、双福暨穆图善等军会合兜剿……郑元善究于何日出省？着即调派得力之兵，与僧格林沁所派恒龄等军合力追剿，并可与楚军周凤山、欧阳正墉等入豫之师声势联络……将此由六百里各谕令知之。”（《清穆宗实录》卷39）

（同治元年闰八月戊子）又谕：“……洋县剿贼亦未得力，着即饬令毛震寿等迅图攻剿。前窜竹溪股匪，回窜砖坪厅，并饬该地方文武实力堵御，毋任得与洋县之贼勾结。此股窜匪，前据鄂省奏闻，已饬何绍彩探踪追击。本日骆秉章奏，亦已派令易佩绅越境追剿。并着饬令毛震寿等即与川、楚各军会合兜截，可图聚而歼旃……将此由六百百里谕令知之。”（《清穆宗实录》卷39）

（同治元年闰八月戊子）又谕：“……四川鹤游坪踞逆分股下窜大宁县城口厅等处，节经兵团截杀，仅余千人，窜往陕西平利县境。此股逆匪，前据官文奏报，由平利窜陷湖北之竹山、竹溪，复回窜陕境之平利关等处。并本日胜保奏，平利郭逆回窜，阑入砖坪厅境，有图勾结洋县贼匪之信。是该逆游魂靡定，虽叠经惩创，而所过攻城陷邑，势颇鸱张，万一与洋县股匪勾结，尤恐滋蔓难图。骆秉章现已派知县易佩绅带楚勇二千一百名，驰往援剿，着即饬令该员与楚省何绍彩之军联络声势，觇贼所向，实力夹击……将此由六百里各谕令知之。”（《清穆宗实录》卷39）

（同治元年闰八月戊子）又谕：“……本日据胜保奏，滇匪郭刀刀一股，阑入砖坪厅，欲由紫阳、石泉，连结洋县之贼，已飞饬毛震寿调兵往剿。惟该藩司兵力未厚，恐其不敷分布，何绍彩能否出境助剿，并着官文等查明，迅速具奏。郑元善折内，有‘淅川贼匪已由李官桥沿河窜入均州、光化一带’之语。官文前奏已饬梁作楫驰往剿办，并饬金国琛严扼襄樊，为后路策应。近日办理情形若何，均、光等处之贼曾否击退，并着官文等详悉奏闻……将此由六百里各谕令知之。”（《清穆宗实录》卷39）

（同治元年闰八月辛卯）又谕："……惟荆子关踞匪甫由淅川窜走，复有捻匪数股，窜至双禄山。多隆阿现饬朱希广等随同穆图善相机防剿，第各路巨匪同时并举，该将军兵分力单，深恐应接不暇，着官文速饬道员梁作楫率勇会剿。金国琛现在襄樊，着即迅饬就近选派兵勇驰赴淅川一带策应，俾穆图善得以回顾荆子关，不至为逆匪所踞……多隆阿一军，将来雕剿捻粤各匪，兼顾楚、豫等省边防，止可作为游军，恐难久驻一处……将此由六百里各谕令知之。"（《清穆宗实录》卷40）

（同治元年闰八月戊戌）又谕："……多隆阿现拟移军豫、楚之交，将粤逆陈得才大股乘机痛洗，具见奋勉图功，不遗余力……将此由五百里谕令知之。"（《清穆宗实录》卷40）

（同治元年闰八月戊戌）又谕："此次亳、颍捻匪并力西趋，经多隆阿督兵迎剿，出奇制胜，竟将数万拒捻一鼓荡平，不特豫、楚边境可安，即胜保一军，亦无腹背受敌之患，实为近日北省军务一大转机。现在多隆阿即拟驰赴楚、豫之交剿办陈得才大股，以期迅速蒇事……将此由六百里谕令知之。"（《清穆宗实录》卷40）

（同治元年闰八月壬寅）又谕："……昨据曾国藩奏到情形，深为轸念。多隆阿现在楚、豫之交，剿办陈得才股匪，谅能迅速奏功，统师南下。第豫捻遍地，难保不乘间他窜，必得湖北另有一支劲旅，以剿为防，方可饬令多隆阿东行，本日已由六百里谕知官文妥筹办理。该将军即函致曾国荃，令其勉力拊循，用维大局。各军营疫气传染，居民闻亦不少，谅贼匪亦难幸免。贼中情形，如有闻见，即着随时驰奏。各营中疫气稍平，并着一并奏闻，以慰廑念。将此由六百里谕令知之。"（《清穆宗实录》卷41）

（同治元年闰八月癸卯）又谕："官文奏'请饬多隆阿速赴西安，会同胜保殄除回匪'，及'官军击退光化河口大股发逆'各折片。多隆阿一军自驰抵商雒后，严扼要隘，屡挫贼氛。近因其剿灭窜豫巨捻，陕防较松，准令驰赴楚、豫之交，迅将陈得才殄灭，再行入陕会剿。至江南各营疾疫盛行，南望增忧，亟思抽调多隆阿劲旅前往助剿，是以谕令官文、多隆阿斟酌办理。此时若即令多隆阿带兵入陕，恐陈得才一股又将复炽，深为楚、豫之忧。且朝令暮改，该将军无所适从，转致贻误。官文此奏，自系尚未知近日情形。着即会商多隆阿，探明陕西、江南何路军情紧要，先其所急，奏请移兵会剿，以壮军威。仍于鄂省中得力将弁，可以接替多隆阿者，饬令统带兵勇驰赴楚、豫之交，会同豫省将弁迅将陈得才一股并力殄除，并驻军于楚、豫边界，堵截入陕捻匪。俾多隆阿全军，可南可北，得以会兵迅殄逆氛，于大局实有裨益。其筹办襄郧防剿事宜，即着照官文所拟办理。将此由六百里各谕令知之。"（《清穆宗实录》卷41）

（同治元年闰八月癸卯）又谕："……据官文等奏，发逆由淅川一带窜近襄樊，现在派兵迎剿。郑元善已饬洪贞谦扼扎唐邓交界，以防回窜。即着遴派劲兵，交洪贞谦驰赴楚境，合力攻剿，不得株守交界处所，致误事机……将此由六百里各谕令知之。"（《清穆宗实录》卷41）

（同治元年闰八月乙巳）又谕："骆秉章奏'截剿石逆情形，并散遣滇练，酌留林自清在川剿贼'各一折。石逆自长宁败遁后，在川、黔边境避兵而行，接踵下窜，不循原路，以窥涪州，即由南川以出彭水黔江，仍回楚境。现咨湖南、北两省，分防要隘，饬吴安康一军先至綦江，以固县城……将此由五百里谕令知之。"（《清穆宗实录》卷41）

（同治元年闰八月戊申）又谕："毛鸿宾奏'楚师越境剿抚黔属各寨，攻克汉寨老巢，现筹办理情形'一折。逆首姜映芳踞守汉寨十有余年，勾煽甚众，经楚师越境攻克，尚为得手……石逆由四川窜入仁怀，该处东入西秀，与黔之松桃、思南、楚南之永绥、龙山、楚北之咸丰、利川，在在毗连，前已谕令骆秉章悉心筹画，为一鼓聚歼之计。仍着懔遵前旨，督饬刘岳昭等分投堵剿，毋令乘间窜逸。并着官文、严树森、毛鸿宾、韩超于连界各处多设侦探，饬令地方官不分畛域，合力剿除，以清积年巨患……广西莲塘久为贼踞，着张凯嵩督饬易元泰等会合楚军，实力剿办，一鼓殄除，毋再延玩。将此由六百里各谕令知之。”（《清穆宗实录》卷41）

（同治元年九月辛亥）谕议政王、军机大臣等：“……捻逆回扑内乡县城，经洪贞谦派队赴援，将贼击败，立解城围。该逆避窜邓州，欲由新野、唐县东遁，着郑元善严饬该署司等，速将此股窜匪迅速殄灭。其窜入随、枣之粤逆，已过应山。余际昌之军，既因张曜围攻陈逆老巢吃紧，未能撤动，郑元善惟当就本省兵力，相机剿办，并着迅催尹嘉宾马步会合卢得胜之军极力扼截……将此由六百里各谕令知之。”（《清穆宗实录》卷42）

（同治元年九月丙辰）又谕：“……至发捻各逆窜犯楚疆，扰及枣阳，现复窜至随州，旁扰京山。此股贼匪踪迹飘忽，较正罗盘踞土匪更形狡悍，尤宜慎重防剿。官文等现已调拨兵勇，分防德安、安陆各境，并调水师炮船驰赴襄河等处上下策应。着即督饬各路将士，分路兜击，务令就地歼除，毋任蔓延他处……另股巨匪盘踞卢氏永宁山中，扰及宜阳，多隆阿一军恐其为所牵掣，楚省边防紧要，官文等当遵照前旨，就现有兵力迅速剿办，毋失机宜。将此由六百里各谕令知之。”（《清穆宗实录》卷42）

（同治元年九月丁巳）又谕：“……此次捻匪出巢，由豫省分路四窜，扰及秦、楚地方，该抚等毫无布置，以致蔓延为患。现在该逆分股回窜，倘该省仍不能实力堵截，任令从容回巢，该抚等扪心自问，所办何事？

应得何罪？懔之。将此由六百里各谕令知之。”（《清穆宗实录》卷42）

（同治元年九月戊午）又谕：“……陕西界连楚、豫，逼近畿疆，今回氛如此猖獗，合境士民盼切该将军率一旅之师拯之水火。多隆阿公忠体国，自能权衡轻重，着即迅督所部，星驰入陕。至发逆陈得才窜至随、枣，该将军已令穆图善等兵勇驰赴光、襄，并飞饬金国琛等军会合并力剿洗，自已足敷剿办。昨据官文等奏，现调兵勇赴德安一带防剿。着官文即严饬穆图善等会同各路兵勇，并力兜剿，痛歼丑类，务令楚、豫边境及早肃清，俾多隆阿于兵勇伤病稍愈后，即可悉锐西趋。后路既毫无牵掣，则攻取回巢，自易得手。将此由六百里各谕令知之。”（《清穆宗实录》卷42）

（同治元年九月己未）又谕：“富森奏‘逆匪分窜安陆、京山等处，拣派官兵赴荆门、沙洋一带防剿’一折。前经官文等奏，发捻窜入随、枣，窥伺德安、安陆等郡，饬调梁作楫等急驰安陆等处，分路防剿。此次富森复拣派协领宝瑞等，统带官兵一千余名前赴荆门、沙洋一带堵剿，着官文、巴扬阿督饬水陆官军奋力兜剿，务将此股贼匪歼除净尽，毋致蔓延为患。其德安等处，仍着严饬各军实力堵御，毋令此击彼窜，是为至要。将此由五百里各谕令知之。”（《清穆宗实录》卷42）

（同治元年九月己未）又谕：“郑元善奏‘豫军追剿南路新野等处窜匪，并袭剿北路永、宜捻逆各情形’一折。南路发捻，前据官文等奏称，现已窜至枣阳等处，尚三万有余，势甚飘忽。而郑元善奏，此次贼众三四万，经洪贞谦督剿，两获大捷，败残匪伙不过一半，情急势蹙，夺路东奔。且既称豫军未便越境远出，又称如楚师得手，仍当会合一气，纯乎纸上粉饰之词，全不足恃。官文等现调兵水陆堵剿，恐仍窜回豫境，该抚务当严饬洪贞谦实力会剿，毋信其虚词饰说，稍涉大意……将此由六百里各谕令知之。”（《清穆宗实录》卷42）

（同治元年九月己未）又谕："……陕省回匪未灭，楚北光、襄一带亦有贼踪，其患甚烈。该省处处毗连，窜扰甚为可虞，着该督严饬带兵各员，务须振刷精神，分拨劲旅，迅将李逆一股扫除净尽，毋任稽诛，再将纷窜各股次第廓清，是为至要。供词着钞给阅看。将此由六百里谕令知之。"（《清穆宗实录》卷42）

（同治元年九月壬戌）又谕："……兹据多隆阿奏'发逆陈得才一股，窜入随、枣、德安一带，自应先其所急，将此股发逆剪灭后，如回匪尚未荡平，再行入关剿办'等语。多隆阿此奏，自在未接本月初九等日谕旨之先，该将军接奉前旨，计已星驰赴陕，现在行抵何处，即着迅速奏闻。多隆阿所称存营兵勇不足六千人，若再分拨，恐不能指挥如意，亦属实情。所有穆图善一军能否由楚境调回，随同入陕，以厚兵力之处，仍着该将军妥筹办理。至发逆陈得才等股，飘忽无定，若不及早歼除，必至不可收拾。官文节制全楚，责无旁贷。前据官文等奏，调拨兵勇，分防德安、安陆各处，并调水师炮船分投策应。该省素多劲旅，足敷剿洗，仍着官文严饬道员金国琛、梁作楫等军奋力兜剿，聚而歼旃，俾多隆阿悉锐西趋，后路毫无牵掣。倘任令豕突狼奔，蔓延为患，定将督剿不力各员弁从重惩办，决不姑宽。前据胜保奏，擒获川匪王现明等犯，讯供'随同郭刀刀由平利县等处沿途裹胁，本年六月间，到湖北郧阳府之竹山、竹溪等县，官民藏躲，有两寨老汉送马十六匹、烟土五百两、洋布不知数目、银数百两。又到宜昌府兴山县，复有老汉送银五千两、烟土五千两'等语。竹山、竹溪等县官弁是否闻警先逃，该处寨民是否实有馈贼情事，并着官文确切查明，据实复奏。将此由六百里各谕令知之。"寻奏："遵查竹山、竹溪等县，当贼匪阑入时，即被剿远遁。所云该官弁闻警先逃并寨民馈送等事，均属子虚。"报闻。（《清穆宗实录》卷43）

（同治元年九月甲子）谕议政王、军机大臣等："……官文等奏'贼窜应城，官军攻克，复经阑入孝感县城，虽当时击走，而贼尚蔓扰黄、李一带，现筹剿办’等语。此股逆匪，现在黄、孝等处，陆通黄、麻，水通武、汉，尤恐其复窥伺皖境英、霍一带，并由江路顺流而下，图犯安庆，均为可虑，着曾国藩于后路水陆等处妥为豫防。唐训方抵皖，于皖省各军，亦即知照，豫为调度，毋失机宜。将此由六百里各谕令知之。”（《清穆宗实录》卷43）

（同治元年九月甲子）又谕：“官文、严树森奏‘邻寇环逼，鄂省兵力不敷，请饬多隆阿回援’一折。该省猝被贼扰，股匪甚多，兵勇分路防剿，几有应接不暇之势。官文等现已咨行多隆阿，克期督兵回援鄂省。第陕省回匪蔓延甚广，曾经谕令该将军移师援陕，势难令其折回楚省，往返奔驰，旷废时日，致陕、楚军务两皆耽延。多隆阿前派穆图善一军赴鄂援剿，若未能遽撤赴陕，不妨暂留楚省。至鄂省尚有李续焘一军，可由豫省调回截剿，先顾本省。并着毛鸿宾赶紧将楚南劲旅挑选数千名，遴派得力镇将管带，克日驰援鄂省。官文等惟当将所调穆正春等各路之军飞催前进，就现有兵力严密堵剿，毋任贼匪南窥省垣，东窜皖境，是为至要。正在寄谕间，续据官文等驰奏‘攻克应城，贼匪窜陷孝感，立时击退情形’一折。贼踪飘忽靡定，意在由楚回皖，归并金陵。该督等现饬舒保等马队并副将蓝斯明等军并力合剿，即着督令该将士等扼要截击，务令就地歼除，毋令回窜皖境。黄安、麻城一带陆路空虚，固应严防，武、汉、黄三郡沿江一带水路尤应严密扼守，汉口至黄州一路商民船只，均须先期提归南岸，毋令贼匪掳掠，纵横江面，致剿办益形费手。将此由六百里各谕令知之。”（《清穆宗实录》卷43）

（同治元年九月乙丑）谕议政王、军机大臣等：“……穆图善现在楚北追剿捻匪，正当吃紧之时，势难折赴西安。德兴阿现在晋省，协同英桂带兵防堵边境，可以就近前赴西安……将此各谕令知之。”（《清穆宗实录》卷43）

（同治元年九月丙寅）又谕：“……前据官文等奏‘另股亳捻，由陈家河等处窜逼枣阳’，又据毛昶熙奏‘河洛捻股，恐夏邑马队，沿途扼截，不敢回巢，现在尚无一定去向’各等语，是该捻慑于声威，旁趋纷窜，已有明证。此时该大臣乘胜进兵，直捣捻匪巢穴，该逆闻风震慑，更难保不四出纷窜，东窥清、淮，西走楚、豫，为移巢避兵之计。若非各路兜剿，为患终无了期……将此由六百里各谕令知之。”（《清穆宗实录》卷43）

（同治元年九月丙寅）又谕：“……皖南军情万紧，豫捻蔓延楚界，上游下驶，一苇可杭。非有精锐之师相机随势，与之相持，则乘隙而来，各防几同虚设……至金陵贼势猖獗，大营既苦守待援，宁国又复吃紧，鲍超之病已否痊愈，曾国荃受伤是否平复，颇深廑念。揆度贼情，北犯楚境，南则图窜江西，均欲断曾国藩、左宗棠等军之上游，且以阻其饷源，计甚狡毒……将此由六百里各谕令知之。”（《清穆宗实录》卷43）

（同治元年九月辛未）又谕：“……发捻各逆由襄郧下窜随州，扰及应山、孝感，逼近黄陂。毛鸿宾已派师船驰赴武汉江面，协同扼防，所办甚是。其岳、澧等处，亦应先事筹防，即着妥为办理……将此由六百里各谕令知之。”（《清穆宗实录》卷44）

（同治元年九月乙亥）又谕：“官文等奏‘克复京山，安陆解围，并应山、孝感股匪窜入黄陂、黄安县境，现在剿办情形，请饬催多隆阿回援’一折。此次陈逆窜陷京山，扑犯安陆府城，穆正春等攻剿颇能踊跃用命，殊堪嘉尚。现在该逆窜由襄、枣，冀图回窜，即着饬令该镇将等跟踪追剿，以期一鼓歼除。其马融和股匪窜至黄陂等处，舒保能以少击众，驰逐三百余里，不愧骁勇善战，着传旨嘉奖，即饬令实力追剿。该逆意欲取道罗、麻，窜回皖境，以图救援金陵，并着官文等檄调成大吉等迎头截剿，与舒保等两面夹击，毋令阑入皖境。黄、孝一带防务，即饬欧阳正墉等分防，以固武汉门户。多隆阿因陕事甚亟，叠谕迅速入关，万难南旋，谅官文等未接前旨，即着就现有兵力，分投堵剿，不可专恃援师李续宜回籍……将此由六百里各谕令知之。”（《清穆宗实录》卷44）

（同治元年九月乙亥）又谕：“……现在发捻各匪由楚省窜近皖境，唐训方因金陵军情棘手，尚稽安庆，袁甲三虽系病躯，又势难回籍，而苗练又刻刻思逞，皖北军情，较前更为吃紧……将此由六百里加紧谕令知之。”（《清穆宗实录》卷44）

（同治元年九月丙子）谕议政王、军机大臣等：“郑元善奏‘克复龙井贼寨’一折。龙井为豫省南路要隘，既经官军攻克，则明港驿路可望疏通，着即责成李续焘迅速进攻，将明港一带贼匪扫除，并将附近陡沟等处贼巢一律攻拔，以期肃清南路。并着饬令署南汝光道蒯贺荪督率所属州县，激励乡团，会同进剿，毋得专恃楚军，自懈战守。前因发捻各股陆续窜入楚境，鄂省兵力不敷分布，曾经谕令官文等将李续焘一军调回。现在安陆府城业已解围，京山、应城等处均经克复，鄂省军情计已稍松，着郑元善随时探明，如楚北兵力已足敷用，即着将李续焘一军仍留豫省，以资得力。将此由五百里谕令知之。”（《清穆宗实录》卷44）

（同治元年十月庚辰）又谕：“……现在陈得才发逆窜入楚境，大肆狓猖，已谕多隆阿专办此股，毋庸入关。同、朝及潼关一带军务，该大臣更责无旁贷，务当懔遵叠次严谕，毋谓朝廷屡次优容，宽典遂可幸邀也……将此由六百里各谕令知之。”（《清穆宗实录》卷45）

（同治元年十月庚辰）又谕：“多隆阿奏‘行抵樊城，督军进剿陈得才大股贼匪’，并密陈‘闻胜保遣员迎调苗练，陆续已入潼关，现在添兵遵旨入陕’一折，据称‘前授荆州副都统萨萨布由陕西差弁至楚，询悉胜保曾遣总兵博崇武前往寿州，迎调苗练，风闻该练陆续已入潼关’等语……将此由六百里加紧密谕知之。”……（《清穆宗实录》卷45）

（同治元年十月庚辰）又谕：“官文奏‘遵旨察看情形，多隆阿一军骤难拔营东下，现拟酌拨何绍彩驰赴江南策应’一折。该大臣顾全大局，畛域不分，深可嘉尚。着即饬令何绍彩统率所部，驰赴江南大营，听候曾国藩、唐训方调遣。多隆阿一军现已入楚，仍应驻楚、豫之交，专剿上游发捻，以通豫西驿路，而固楚北藩篱，兼可扼阻秦关外犯之贼。该营将士冒暑远征，奔驰万里，朝廷念其勤劳，不忍重加更调。楚、豫军事方殷，即应责成该将军实力剿办。惟潼关十分紧急，哈连升被回逆掳去，尚无下落。楚、豫军情现在稍松，该将军自应懔遵叠次谕旨，力顾潼关，不能拔队东征。刻下楚省贼势若何，何绍彩率军东下，现有各军是否足敷分布，并着通盘筹画，务当谋出万全，未可顾此失彼。将此由六百里谕令知之。”（《清穆宗实录》卷45）

（同治元年十月乙酉）又谕：“官文、多隆阿等奏‘回援楚境，屡获全捷，襄河迤北肃清’各折片。此股发逆，系贼首陈得才等所统，为四眼狗部下悍贼，尚有一万四五千人，势必回窜皖、豫，多隆阿自应将此股贼匪乘胜殄灭。惟此时楚、豫交界情形稍松，而陕省同、朝一带贼势较重，成明一军兵力本单，又在朝邑被围，城内粮草缺乏，势颇岌岌。潼关副将哈连升为贼所掳，关城被围，胜保现虽督兵赴华、渭一带进剿，而兵数较单，亦有不能兼顾之势。前因官文奏请将多隆阿一军留驻楚、豫交界地方剿贼，曾经寄谕允行。此时陕省情形较重于楚，多隆阿自应先其所急，驰赴潼关解围，进剿华、渭，俾胜保得以专顾同、朝。陈得才等股匪现虽窜入豫境，难保不回扰楚疆，即着官文拣派得力将士越境剿除，务将此股殄尽，以除后患。马融和股匪现扰黄安一带，并着官文严饬在事文武实力防剿，毋令与陈得才等股匪归并。豫省军营虚报胜仗，借词退避，殊堪痛恨。金国琛、梁作楫等亦蹈此习，该员等于贼至襄阳老河口时并未打仗，佐领安图、富森保等亦未出队，以致逆众长驱，阑入楚境。着官文严行查参，从重惩办，以儆效尤。豫省军营习气甚重，此后该省带兵文武各员，如有仍蹈洪贞谦恶习者，即着多隆阿随时参奏。赵既发私带口粮，擅自离营前赴汉口，情殊可恶，经多隆阿从严参处，所办甚是。惟该革员本系由贼口投诚之人，如不准其赴各营效力，难保不穷而为盗，是以本日明降谕旨，仅将该员革职，永不叙用。将来如有别路各营奏调该革员时，朝廷自有权衡也。嗣后该将军营中遇有此等人，察看其人可用则留之，如实在不堪用，难保不去而从贼者，不如竟予正法，以绝后患。前据官文等奏称，姜台凌股匪复由枣阳回窜襄境，金国琛剿办叠胜，亦难保非捏词虚禀，仍着官文确查具奏。将此由六百里各谕令知之。”（《清穆宗实录》卷 45）

（同治元年十月乙酉）又谕：“……本日据官文、多隆阿奏，窜扰随、枣发逆赖汶洸、陈得才等股，叠经楚军击败，由唐仙镇出湖北界，向桐柏、信阳一带窜走。已谕楚军跟踪追击，并着郑元善迅速调派各军严密堵截，聚而歼旃，毋令再窜他处。将此由五百里各密谕知之。（《清穆宗实录》卷 45）

（同治元年十月丁亥）又谕：“前因陕西军情紧急，叠次谕令多隆阿督带全军驰援潼关，并谕令官文迅派各军追剿由楚窜豫股匪，俾多隆阿迅速督军入陕。嗣据多隆阿驰奏，援军屡获全捷，襄河迤北肃清，接奉廷寄，已遵旨驰回樊城。本日据官文等奏‘官军进剿发逆获胜，败贼由应山窜回桐柏，捻匪张落刑等窜至新野县境，经多隆阿派队扼其东窜，亲赴随州剿办’等语，官文等此奏，自系尚未接奉续寄谕旨，得悉多隆阿必须入陕情形。多隆阿由樊城启行赴陕，计程应已入陕境，所部各军，亦陆续可集。现在行抵何处，即着该将军迅速驰奏……刻下楚北军务较为得手，官文素顾大局，着仍遵前旨，拣派得力将士越境剿洗，就地歼除，俾楚、豫边陲共臻安谧。前据僧格林沁奏‘捻首张落刑自刘集迤南率党抗拒，其姜台凌、王怀义等匪经多隆阿击败，已由南路潜行回巢’，刻下楚、豫之交有无该捻余党，并着官文饬令在事员弁确探贼踪，逐一搜捕，毋留余孽。严树森另折奏‘鄂省被匪窜扰，请将应解漕折银两暂缓筹解’等语。发逆捻匪阑入楚疆，扰及德安、汉阳等府所属地方，漕折银两未能按限催征，而添募营勇筹济饥军，以致库款支绌，自系实在情形。惟此项漕折银两系采买米石弥补京仓之用，关系甚巨，断不可再事迟延。所有湖北欠解咸丰十年漕折银五万两，仍着严树森督饬藩司赶紧筹解。现在发捻各匪被剿他窜，楚境渐就安敉。其本年漕折及十年漕折二款，均着该抚设法催征，务于年内起解到京，以供支放，毋得稍涉推诿，致误要需。前据多隆阿奏，风闻苗练已陆续入潼关。嗣经僧格林沁、毛昶熙查明复奏，该练尚无起程消息，已严谕各路一体堵截。惟陕省回匪情形甚急，多隆阿当遵奉前旨，檄调所部星速入陕，俟抵陕境，即行驰奏，毋稍迟延。将此由六百里加紧各谕令知之。”（《清穆宗实录》卷45）

（同治元年十月庚寅）又谕：“……粤逆由楚境阑入桐柏之平氏，接壤信阳，欧阳正墉等军，业经湖北撤回，设邢集等处匪徒勾合粤逆，剿办更形棘手。郑元善因豫省将领乏人，函致官文，将派往胜保军营之副将刘车龙檄赴南阳，接统洪贞谦所部。据称该副将晓畅戎机，借资统率。官文素顾大局，着即饬令刘车龙留于豫省，督率兵勇，探明粤逆踪迹，实力堵剿。惟南阳一带兵勇不过二千余人，而粤逆尚有数万，深恐兵力不厚，难以剿洗。并着官文恪遵前旨，拣派得力将弁越境跟追，会同刘车龙所统豫军并力兜剿，俾楚、豫边患一律肃清，于该两省军务均有裨益……将此由六百里各谕令知之。”（《清穆宗实录》卷46）

（同治元年十月辛卯）谕议政王、军机大臣等：“……昨据郑元善奏，官军击败援贼，平毁二十余垒。当即谕令该抚责成张曜速拔该匪老巢。现在皖捻先后回巢，其粤逆一股，该抚亦派刘车龙会合楚军兜剿……将

此由六百里各谕令知之。”(《清穆宗实录》卷46)

(同治元年十月癸卯)谕议政王、军机大臣等:“……另片奏‘汝军连破贼寨,剿抚兼施’各等语……与本日胜保、张之万所奏由楚窜回之匪,扰及内乡所属之李官桥,情形大略相同……着即迅饬刘车龙、李世玉等分投堵遏,毋得专恃楚师……将此由六百里各谕令知之。”(《清穆宗实录》卷47)

(同治元年十月丙午)又谕:“官文等奏‘官军剿贼叠胜,全楚肃清’,郑元善奏‘攻复龙井详细情形’各折片。此次发逆由豫阑入楚境,叠陷城池,经舒保、穆正春等分东西两路督军扼剿,力挫贼氛。又经多隆阿回援之师迎剿北路,该逆面面受敌,败窜出境,全楚一律肃清,剿办实属出力,已明降谕旨,将舒保等优加奖赉矣。惟昨据郑元善奏‘发逆已窜至淅川地方,恐由卢氏朱阳关图窜潼关’等语,是此股败匪尚未殄灭,深为楚、豫、秦三省之忧。官文素顾大局,于邻省军务,每能派兵越境剿贼,所向有功。现在楚境业已肃清,何以未将会剿事宜妥为筹画?欧阳正墉等兵调回后,并未闻派令越境追剿。至所称襄阳一带,酌派舒保、穆正春等统兵分路驻守各情,布置固属周密,第以兵自守,究不如以剿为防,尤为合策。楚、豫同是朝廷疆土,如豫省之官不能得力,其黜陟自在朝廷。该大臣等既知豫省之兵不能得力,正不容坐视不救,仍着官文等酌派劲旅,赶紧跟踪追剿,将窜豫发逆就地悉数殄灭,毋令游魂喘息,扰害地方。豫省兵勇本不得力,全在该抚激励整顿,转弱为强,方足以资捍卫。郑元善身为封疆大吏,不思为自强之谋,而惟咎邻省之攘其功,尤属非是。该抚务当极力振作,督饬宛军,会合楚省追剿之师,迅将发逆余党实力迎剿,毋得再事因循,贻误军事,致干重咎……将此由六百里各谕令知之。”(《清穆宗实录》卷47)

(同治元年十一月丙辰)又谕:“……粤匪现由淅川全股窜赴郧阳,

该逆去豫较远，着张之万严饬各军实力堵御，以杜该匪回窜之路。若再有粤逆回扰豫境，惟各该地方官及在防各员是问……将此由六百里谕知张之万，并传谕郑元善知之。”（《清穆宗实录》卷48）

（同治元年十一月丙寅）又谕：“……是汉南贼焰复张，必须迅速剿除，方不至蔓延勾结。多隆阿督办全陕军务，责无旁贷，即着酌量情形，相机拨兵，会合楚军，迅图扑灭……将此由六百里谕令知之。”（《清穆宗实录》卷49）

（同治元年十一月）戊辰，谕议政王、军机大臣等：“……豫省东路军情稍松，宛邓发逆复由淅川败窜郧阳，豫省外患稍靖，正宜及时将南路贼匪速行殄灭……将此由六百里各谕令知之。”（《清穆宗实录》卷49）

（同治元年十一月己巳）谕议政王、军机大臣等：“……鄂省东界紧接皖疆，官文、严树森务须派兵严扼要隘，加意防堵。如庐郡等处情形再形吃重，即着速拨劲旅，前往接应，毋得稍分畛域……本日复据张之万奏‘请调金国琛赴豫’等语，豫省将材甚少，统兵乏员，着官文、严树森即饬金国琛赴豫差委，毋稍迟误。经此由六百里加紧各谕令知之。”（《清穆宗实录》卷50）

（同治元年十一月辛未）又谕：“官文、严树森奏‘发捻复由新邓阑入楚疆，围扑郧阳府城，抢渡襄河，窜扰房、竹’一折。鄂省素多劲旅，甫报肃清，何以该逆由李官桥西窜郧阳，该镇道等竟不能派一旅之师迎头截剿。现既阑入房、竹，不但荆门、宜昌各属路路可通，即陕省之兴安府境亦虞窜越。官文、严树森业经调派道员梁作楫由当远一路探踪拦截，总兵杨朝林驰赴荆门策应，并派护军统领舒保、道员欧阳正墉各率马步诸军探贼所向，相机进剿，兵力不为不厚。着即严饬派出之文武员弁越境追剿，就地歼除，毋徒以逐出本境为了事。惟该匪被剿穷蹙，势必分股窜突，秦、豫边境与鄂省毗连处所，不可不豫作准备。并着多隆阿、瑛棨、张之万各就该省情形，选派得力将弁，择要堵遏，毋使阑入陕、豫境内，与别股勾连，又成不了之局。将此由六百里各谕令知之。”（《清穆宗实录》卷50）

（同治元年十一月丙子）又谕：“瑛棨奏‘逆回围扑省垣，请饬多隆阿赴省，并省城防务紧要，请于穆腾阿、穆图善、德兴阿三员内简择一员，先饬赴任，暨多隆阿粮台军饷，请仍饬湖北筹办’各折片……多隆阿督军剿办陕回，粮台、军火、饷银一切，瑛棨责无旁贷，着即宽为筹备，源源拨解，以期士饱马腾，早清疆圉，何得诿之楚省？况多隆阿已并有胜保之军，陕省必须供应，岂能不宽为筹备？本日已谕令官文、严树森，如陕省有缓急不敷之时，即由湖北设法接济。该抚惟当竭力筹措，以裕军食，毋得坐待邻省协拨，致令停兵待饷，坐失事机。瑛棨所筹派委妥员前往商州适中之地设立转运局，接运楚省解多隆阿军火等项，着照所议办理……将此由六百里各谕令知之。”（《清穆宗实录》卷50）

（同治元年十二月辛卯）又谕：“瑛棨奏‘发逆陈得才等股匪已由竹山一带扎营百余里，直抵陕西平利县，势甚猖獗，当饬毛震寿竭力抽拨兵勇前往堵御’等语。该省腹地回匪未靖，岂可又添外患？毛震寿所部兵勇本不甚多，且攻剿洋县踞匪，日久未克，岂能更有余力兼顾平利？前据官文等奏‘调派梁作楫、杨朝林、唐协和、欧阳正墉等军前往房、竹一带相机剿办，该匪现已窜逼陕境，房、竹情形谅可稍松。着即严饬梁作楫等迅拨劲旅，驰往平利边界，遏贼西窜兴汉之路，务将此股发逆，就地歼除。官文等素顾大局，谅不至驱贼出境，贻患邻封，蹈郑元善覆辙也。将此由六百里各谕令知之。”（《清穆宗实录》卷52）

（同治元年十二月丙申）又谕：“张之万奏‘攻拔小王寨，并陈大澧逃赴随州’各折片。正阳匪首雷青和盘踞小王寨，阻扼官军进攻张澋林之路。经总兵余际昌督军攻克，此后进兵之路，不至为贼寨所阻。着张之万即饬余际昌迅将张漋林老巢攻克，务将该逆首就地歼除……陈大蓁老巢被官军攻克后，窜踞淮南之萧王寨，势已穷蹙。在事文武并不严密堵剿，致令绕出邢集以北，与湖北捻首林振山勾合，远窜随州，渐复猖獗。该带兵镇道毫无堵截，实属玩忽。李续焘一军现在信阳境内，着即饬令该总兵迅速歼擒，并着官文、严树森赶紧派兵会合豫军，一体兜击，不可稍存畛域，致垂尽余匪又形滋蔓。将此由六百里各谕令知之。”（《清穆宗实录》卷52）

（同治元年十二月戊戌）又谕：“官文奏‘陈逆由二竹窜扰平利，现在剿办情形’一折。据称‘该逆窜入陕西之平利，其后队梁逆等尚在竹溪，请饬四川由大宁派兵，陕西由兴汉派兵，三面夹击’各等语。此股皖逆，本系陈玉城余党，因无巢可归，游弋于楚、豫之交，现在复由房、竹窜入平利，南可以扰大宁，北可以窜兴汉，将来与石逆相似，必为川、陕、楚三省边防之患，不可不迅图剿除。前因瑛棨奏闻，曾谕官文等严饬梁作楫等就地歼除。现在梁作楫是否赶到？贼众究趋何处？毛震寿所派之兵已否前往？着瑛棨迅催该藩司调拨。多隆阿剿办回匪正当得手，若任此股阑入兴安，必至于剿回事宜转多掣肘，着该大臣添派劲旅，迅速驰剿。并着骆秉章酌拨数营，与楚、陕之军三面夹击，永除后患。现在川、陕两省逆氛未靖，官文等断不可尽委之邻省，致令贼势蔓延，务饬梁作楫等越境追剿，且设法绕出贼前迎击，期于尽歼，不令旁窜。将此由六百里各谕令知之。”（《清穆宗实录》卷53）

（同治元年十二月）庚子，谕议政王、军机大臣等：“……英桂另奏‘请饬湖北派员，参赞陕西军务’一折，着留中备览。正在寄谕间，文煜驰奏‘连日追击，贼势穷蹙’，石赞清奏‘宋景诗领队北窜，遣员迎前开导’各一折……”（《清穆宗实录》卷53）

(同治元年十二月庚子)又谕:“瑛棨奏‘兴安被围及毛震寿兵勇溃败,饬令卢又熊等分路搜剿获胜,并解汉中之围’等语,据称‘曹逆一股窜踞兴安府之恒口,趋扑府城,先后击退,盘获贼供,有伪齐王现踞竹溪,伪曾王、伪东王在平利、洛河等处,其伪扶王来犯郡城,共有十余万众。镇府两城兵勇单薄,情形正属可虞……’等语。本日据骆秉章奏报,郭刀刀一股已于巴州地方为周达武所追及,全股歼除,生擒首逆。而瑛棨折内所奏,尚属贼窜广元以前之事,亦足见其愦愦。惟陈逆一股,自窜陷房县后,经官军追剿,旋复窜入陕西之平利,而其后队梁逆等尚在竹溪。此股发逆,本陈玉城余党,现在窜扰,为川、陕、楚三省毗连之地,山径丛杂,逼近老林。从前川、楚教匪即于此处肆扰有年,此时若不迅即铲除,一经蔓延,剿办更必棘手。骆秉章既已派兵由太平城口一路进剿,仍着该督添派劲旅,迅速越境追击。官文等仍遵前旨,饬催梁作楫等军,与川、陕官军会合兜剿,务期就地歼除,毋令贼得入山踞险,及与洋县之贼勾结……将此由六百里各谕令知之。”(《清穆宗实录》卷53)

(同治元年十二月辛丑)又谕:“张之万奏‘陈大澾股匪回窜桐柏县境,现办情形,并攻拔蓝青店’各折片。陈大澾一股,经楚省官兵击败,窜回豫省桐柏境内,现又窜至南阳府属地方,非速行剪灭,势将益致蔓延……着即严饬在事文武,迅将陈大澾一股殄尽,并将该逆首就地歼擒,不准再令逃逸。楚省官兵与豫军同办一事,不得稍分畛域,画疆自守。官文、严树森务当饬令总兵沉俊德督率所部越境会剿,以期早殄贼氛……将此由六百里各谕令知之。”(《清穆宗实录》卷53)

(同治元年十二月壬寅)又谕:“……瑛棨奏‘汉南剿贼获胜’一折,既称杀贼无数,生擒至一千七百名之多,现在究窜何处?该抚于此等紧要之处全不留心,现在如何攻剿无一语提及,不知所司何事……该抚于多隆阿月饷,则悉数委之湖北,而于胜保旧部月饷,则又委之直隶等省。

该抚竟可置之不问，有是理乎？本日虽照瑛棨所请，谕令各省按月筹拨，仍着瑛棨随时接济，倘各营或有缺乏，必将该抚藩从重治罪……将此由六百里各谕令知之。”（《清穆宗实录》卷53）

（同治元年十二月丁未）又谕：“……前此发逆窜入楚境，官文、严树森屡次归咎豫省，以邻为壑，岂可自蹈郑元善覆辙？着即严饬梁作楫等，迅即督率楚师，绕出贼前，遏其北窜，一面会合兴安现有兵勇，力解城围，毋得稍分畛域，致干重谴……将此由六百里加紧各谕令知之。”（《清穆宗实录》卷53）

（同治二年正月戊午）又谕：“……至兴安南通楚、蜀，北接省垣，若该匪盘踞日久，必与曹逆勾结，蔓延汉南，为患甚巨。是剿办兴安发逆，又刻不容缓……仍着多隆阿抽拨兵勇，派明干大员统带，由子午谷迎剿遭逆，遏截北窜之路，力保省垣，再行相机进剿。并着官文、严树森严饬梁作楫等赶紧驰赴兴安，力图收复……郧属带兵将领，均系镇道大员，彼此不相统属，未免意存推诿。官文、严树森相距太远，亦恐呼应不灵。即着察看情形，如必须该抚前往调度，即着严树森迅赴郧阳，督率诸军越境援剿。倘该抚不能亲往，务须于派出带兵大员内，责成一员统率，以一事权……将此由六百里加紧各谕令知之。”（《清穆宗实录》卷55）

（同治二年正月己未）又谕：“张之万奏‘请将玩泄地方之府县各员惩办’等语。河南南阳府知府金梁、桐柏县知县邱仲坦，自逆捻陈大喜败窜楚境后，屡经该抚札饬齐集团练，扼堵窜越。乃该逆窜至桐柏境内，距县城仅二十里，并不闻该县督团扼守，且无一字禀报，实属形同聋聩……”（《清穆宗实录》卷55）

（同治二年正月乙丑）谕议政王、军机大臣等：“据兵部奏称‘员外郎余上华呈请简派重臣，督办三省边防’一折。陕西汉中、兴安两府，界连川楚，延袤二千七百余里，山大林深，到处险阻。现在兴安府城被陷，川匪曹灿漳一股窜至宁陕厅，窥伺子午谷，洋县股匪踞城日久，毛震寿所部各营近又失利溃散。是川、粤股匪凶焰日张，势将连成一片，汉江南北，所在燎原，若非三省合力会剿，则贼踪乘间四窜，必至益形滋蔓。前经谕令官文、严树森饬梁作楫越境驰赴兴安一带，追剿陈得才股匪，并已谕令骆秉章派兵赴宁陕地方剿办川匪，迄今未据复奏。现在汉江南北军情紧要，多隆阿一军为同、朝回匪牵掣，未能兼顾，余上华所称合三省兵力，另设知兵大员督办之处，着官文、骆秉章、严树森、瑛棨斟酌情形，迅速会议，妥筹具奏。其各处兴修寨堡及责成该管州县堵截，并派员分道董劝，复行坚壁清野之法，均着官文等一并会议筹办。原折着钞给阅看。将此由六百里各谕令知之。”（《清穆宗实录》卷55）

（同治二年正月丙寅）谕议政王、军机大臣等：“……伪忠逆调集群贼，围攻常熟，拟率二十万众再犯江北，下扰扬州，上窥皖、楚。曾国藩搜获伪文，与都兴阿、李鸿章等先后奏报，大约相符。着曾国藩、都兴阿、富明阿等仍遵前旨，于江面各要隘严密守御，以备不虞。该逆既有上窥皖、楚之说，并着曾国藩迅即咨会官文等妥为布置，毋令逆踪上窜……将此由六百里各谕令知之。”（《清穆宗实录》卷55）

（同治二年正月戊辰）谕议政王、军机大臣等：“……兴安界连楚省，现在楚省无事，着严树森即日出省，驻扎秦、楚适中之地，扼要策应，督率梁作楫等军援陕，务将兴安府城先行克复，节节扫荡，以靖狂氛。李桓到尚需时，严树森能否即督楚军进扎汉中，先将毛震寿奏撤，饬令赴川听候查办之处，着严树森酌度办理。该抚夙矢公忠，情殷桑梓，断不稍存畛域之见。其应如何详审局势，外剿内防，仍随时与官文、多隆阿会商妥办。所有出省督剿日期，着严树森迅速具奏……将此由六百里各谕令知之。”（《清穆宗实录》卷56）

（同治二年二月丁丑）又谕："官文等奏'迎剿豫捻获胜，楚边防剿紧要，未能分兵驰援豫、陕，及参赞多隆阿军务现在无员可派'各折片。豫捻陈大瀇前窜随州，经楚军击败，回窜豫境。此股贼匪，屡经败衄，已成强弩之末，谅不难克日歼除。惟皖捻西趋沈项，诚恐与该逆勾合，剿办又形棘手。着张之万、毛昶熙迅饬余际昌、李续焘等军并力歼除，毋任再行兔脱，并一面饬令张曜、赵鸿举等严扼皖捻西窜之路，以固藩篱。楚、豫边境处处毗连，官文等以防务紧要，未能分兵赴豫，自系实在情形。即着该大臣饬令沉俊德、杨朝林等军严扼随州等处要隘，倘该逆回窜，即与豫军会合夹击，毋稍疏虞。至张之万前奏，上年十二月二十八九日，我军攻克固县镇，陈逆失其巢穴，奔窜随州。此次官文等奏报，则称'十二月二十八日，豫军李续焘、余际昌进剿失利，该逆乘势南窜随州'等语，何以两处奏报，迥不相符？难保非带兵各员捏词禀饰，张之万率行据禀入告。军情奏报岂容稍涉粉饰，着张之万查明，严参惩处，以儆将来。至陕省汉南军务吃重，叠经谕令官文等饬令梁作楫一军越境追剿。复以兴安失守情形万紧，谕令江西布政使李桓驰赴汉南接办，并叠谕严树森即日出省，驻扎秦、楚适中之地，督率梁作楫等军克复郡城。此次该大臣等尚称鄂边吃紧，未能越境遄征，自系尚未接奉寄谕。兴汉为川、陕、楚三边要区，毛震寿株守洋县，毫不得力，李桓到尚需时，设被该逆久踞，旁出肆扰，三省边患伊于胡底？着严树森仍遵前旨，即日驰赴秦、鄂交界地方，扼要驻扎。督饬梁作楫、欧阳正墉等军由竹溪一带扫荡余贼，克日越境驰剿兴安，收复郡城，以副委任。毋得株守边隅，借口兵力不敷，致干严谴。李桓远在江省，即使克日抵秦，亦无得力兵勇足资剿办。兴汉军务，非楚省力筹兼顾，资以兵力，万难蒇事，且恐日形滋蔓，更无了期。该大臣等尤当力顾大局，毋得以接统有人，稍涉推诿。至严树森现在亟须出省，自应添募勇丁，督率前往，以备策应，并可兼顾秦、鄂边防。所有山西奏请添募之勇，自难兼及，即着照官文等所筹，俟袁复清等抵晋时，再由该省备银至鄂，以资招募。陕省兵饷，即着毋庸抵拨，本日已谕知英桂照请办理矣。多隆阿军务参赞需员，官文等以道府大员中实无谙练戎机之员堪膺此选，自系为慎重军务起见。仍着官文等随时留心，如有练习兵事、宅心公正大员，仍行奏明派往，以资臂助。将此由六百里各谕令知之。”（《清穆宗实录》卷57）

（同治二年二月辛巳）又谕：“严树森奏‘鄂省举行武闱乡试，循例办理主考事宜’一折。前因汉南军务吃重，叠经谕令严树森即日出省，驰赴秦鄂交界地方，扼要驻扎，督饬梁作楫等越境驰剿。现在兴安未复，贼氛甚炽，陕南无兵可调，剿办正当吃紧，严树森仍当懔遵叠次谕旨，星驰出省督饬各军，克期规复兴安郡城，以副委任。所有该省武闱主考事宜，着派员办理，以专责成。将此由六百里谕令知之。”（《清穆宗实录》卷57）

（同治二年二月壬午）又谕：“瑛启奏‘收复兴安新旧两城及探闻梁作楫等越境追剿，并褒城失守，旋即克复’各折片。此次兵团会合，克复兴安新旧两城，洵属迅捷。惟该逆西窜汉中，设与蓝曹各逆勾结，则剿办更形棘手。梁作楫等已带楚军由竹山等处越境追剿，颇能不分畛域，着官文、严树森饬令跟踪西进，并着瑛棨饬令邱振家乘胜带团力追。即传谕毛震寿，派兵会同夹击，以期尽歼丑类。此股发逆，人数究有若干，未据瑛棨具奏。既称窜入汉阴、紫阳一带，何以又有绕窜四川之语，着骆秉章查明，迅遵前旨，饬令周达武等节节进剿，会同楚、陕各军相机歼除，以清边患……将此由六百里各谕令知之。”（《清穆宗实录》卷57）

（同治二年二月己丑）又谕：“官文等奏‘竹溪尾贼遁窜，防务紧要，未能督师援陕’，并复陈‘员外郎余上华请派重臣督办三省边防’各折片。前因陕南兴汉紧要，谕令严树森驰赴秦、鄂交界，督师进剿。兹据奏称‘盘踞竹溪之尾贼，经道员梁作楫驰剿，余贼由关垭子等处窜往兴安一路。梁作楫一军仅二千五百人，越境遄征，难操胜算，且恐贼踪回窜，进退维艰。其穆正春、周凤山等军扼扎黄州、德安等处，南御发逆，东防皖捻。疆事孔亟，竟无一兵一将堪以抽调随征，只身前往，无济于事’等语，所筹自系实在情形。着即饬梁作楫、李云麟两军，严扼二竹、郧西两路边隘，借防为剿，以遏该逆回窜之路。如下游军事稍松，兵力足敷抽调，该督抚仍当于陕南力筹兼顾，毋得稍分畛域……至员外郎余上华所呈简派大员督办三省边务之处，前已谕令官文、骆秉章、瑛棨等斟酌速奏。现在官文等奏称，另设大员督办，事关三省全局，鄂省现无堪膺斯选者，川省军务稍松，正可先拨劲旅。其如何合力会剿之处，已咨商骆秉章等再行具奏，并着官文、严树森、骆秉章等迅速会议，一面调派，一面具奏，免致稽迟。将此由六百里各谕令知之。”（《清穆宗实录》卷58）

（同治二年二月庚子）又谕：“李续宜奏‘定期起程赴皖，并请开缺专办军务’一折，李续宜假期已满，因父病未愈，请宽限二十日，于三月初十日起程，着即迅速起程赴皖。该省军情，自僧格林沁擒获逆首张落刑后，近虽尚称平稳，惟和含等城踞匪时图由皖窜楚，以牵掣金陵后路援师，防务仍形吃重……将此由五百里谕令知之。”（《清穆宗实录》卷59）

（同治二年二月壬寅）又谕：“张之万等奏官军追剿光山贼匪获胜，并克复杨寨情形，及剿办荒坡股匪各折片。陈逆纠合亳捻由铜钟一带南窜，经余际昌等督率马队疾驰进剿，追至光山所属吴褚店，毙贼甚多。该匪窜至县南白雀园一带，着张之万速饬余际昌跟踪追蹑，会同楚、皖防兵并力兜剿，务将此股窜匪悉数歼除，以杜后患……本日有人奏‘降补道员金国琛为守兼优，将略实能独当一面。贼扰安陆，由穆正春在河口不能扼截所致，乃不归咎穆正春，而以不遵调度坐保襄樊，奏参金国琛以同知降补，人人称冤’等语。金国琛业经张之万调营差委，该员才具人品谅必知之甚悉。其降补之案，是否实有贻误之处，抑或真有冤抑，并着该抚秉公查访，据实奏闻。将此由六百里各谕令知之。”（《清穆宗实

录》卷59)

(同治二年二月乙巳)又谕:"……骆秉章以陕南军务孔亟,查有候选员外郎李云麟现在鄂省,拟令带队赴川,由该督拨添数营赴陕。李云麟前经官文等奏,饬令与梁作楫两军严扼郧西、二竹,以防为剿。此时如郧西一带防务稍松,着官文等即饬该员就近越剿,并将梁作楫之军一同派往,以厚兵力。三省会剿之事,前本以兴汉地方紧要,谕令严树森带兵出省,驰赴秦、鄂交界督办。嗣据官文、严树森奏,自梁作楫一军而外,穆正春等扼扎黄州、德安等处。严树森并无一兵一将堪以抽调随征,只身前往,无济于事,现尚未能督师援陕,所筹谅亦实在情形。惟兴汉为川、陕、楚三省连界,诚恐群丑蔓延,剿办愈形棘手。官文、骆秉章、严树森等均能素顾大局,鄂省兵力如有可分,仍着随时妥筹兼顾。即周达武一军,川省但能腾那,仍着骆秉章饬令赴陕,以期得力。总之,陕省力难自振,汉南军务纷如,必得川、楚两省协力相资,方冀廓清有日也……将此由六百里各谕令知之。"(《清穆宗实录》卷59)

(同治二年三月己酉)谕议政王、军机大臣等:"张之万奏'东匪窜逼临漳,续派新募楚勇迎剿',并会毛昶熙奏'豫捻窜逼楚疆,现与楚军会剿'各一折……着张之万督饬杨长春与游击徐连升等两军并力堵剿,与直隶省渡河追剿之军会合兜围,将股贼速行殄灭,并催令参将敖天印所带新募楚勇星速驰赴河北地方,以厚兵力……陈大澐以漏刃余生勾结亳捻,被汝军于张冈剿败之后,铤险南窜。余际昌一军由白雀园、虎头关节节追剿,直至麻城县境,办理尚属得手。张之万早经函会鄂省,派兵兜剿。本日严树森所奏,总兵杨朝林即系驻扎麻城,业经谕令该抚速饬迎剿,如其兵力尚单,即令添兵协剿。仍着张之万饬令余际昌乘势进击,与楚军前截后追,谅此败残余匪,不难一鼓歼除。第须将其全股殄灭,渠魁擒戮,毋任再行漏网,复滋延蔓……将此由六百里各谕令知之。"(《清穆宗实录》卷60)

(同治二年三月己酉)又谕:"严树森奏'亲赴下游查阅营垒,并豫捻窜扰光山,鄂北吃重'各折片。前因皖北军情吃紧,已令严树森暂缓兴汉之行。现据该抚奏称'忠逆大股由九洑洲陆续渡江,一窜六合等处,一窜和含,掳粮之贼已至庐州之柘皋店埠一带',又据探称'李世忠驻防九洑洲,营垒被陷,现在该逆围攻江浦、桥林,图扑西梁、裕溪,再犯无、庐'等语,与前日曾国藩所奏情形大略相同。皖北舒、庐、潜、太一带,处处空虚,鄂防甚关紧要。该抚已于二月二十四日起程,亲赴黄州府属之上巴河查阅前敌营垒。即着妥为布置,饬令驻扎之穆正春、王桐柏等督率各军严密防范,毋稍疏虞。并一面知照李续宜迅速起程赴皖,相机防剿,毋再延误。湖北武闱乡试主考事宜,即着官文入闱办理。至陈大濬勾合亳捻南窜,本日据张之万等奏到'该逆在光山县境,经余际昌连日督军驰剿,擒斩约以千计,现已窜至麻城县境,期会楚师前后夹击'等情。此股逆匪行踪飘忽,来往楚、豫之交,已成熟径。若得楚军邀其前,豫军蹙其后,败残之匪,何难一网歼除?本日已谕张之万饬令余际昌一军越境追剿,并着官文、严树森督饬驻扎麻城之总兵杨朝林督率防兵,前后夹击。如兵力不敷,即着速行添调,驰往协剿,务将此股贼匪就地歼除,免致蔓延腹地。严树林俟下游布置稍定,即着取道麻城一带,将会剿事宜妥为筹办,毋误事机。其姜台凌一犯,业经僧格林沁生擒正法。该抚所称与陈大濬合股之亳捻姜台凌,是否另股托名,并着侦探明确,实力剿办。将此由六百里各谕令知之。"(《清穆宗实录》卷60)

(同治二年三月)乙卯,谕议政王、军机大臣等:"瑛棨等奏'详报省城一带情形,匪扑蓝田击退,派员驰赴凤翔防剿,并汉阴石泉解围后,发逆合股西窜,汉中吃紧'各折片。逆匪四伪王由石汉西窜,距汉中府城仅三十里,城固被围甚急。川匪蓝大顺与该逆勾通一气,现在毛震寿驻扎城固,分饬卢又熊专顾汉中。惟隘口纷歧,兵力单薄,该逆全注汉郡,设有疏虞,剿办又觉棘手。多隆阿、雷正绾各军均因攻剿回巢,势难兼顾，是陕南军情十分紧迫。前经寄谕官文等，饬令李云麟会同梁作楫督率防守郧西、二竹之兵越境追剿。此时郧属已无贼踪，岂可借防贼回窜为辞，株守楚境？且此股发逆本系由楚入秦，更不得以驱贼出境，遂可以塞责了事。严树森现因察看下游营垒，不克督兵西上，即着官文等严饬梁作楫、李云麟等，克日督率所部驰赴汉中，相机进剿。倘该员弁意存畛域，玩愒不前，则是以邻为壑，该员等其能当此重咎耶？周达武一军，前据骆秉章奏称，现驻渠县，策应保宁、绥定。第汉中不靖，蜀境亦难安堵，自应先其所急，廓清边患。着骆秉章速饬周达武星驰赴陕，会同汉南各军并力剿洗，聚而歼旃，俾川、陕、楚三省边陲永除后患。官文、骆秉章等务当力顾大局，毋稍推诿，贻误事机。伊昌阿行抵蓝田，回匪率众来扑，经该副都统督率各军固守，游击陈德隆等督勇接仗，将贼压退。此项楚勇一千三百名，即着留守蓝田，以通文报往来之路……瑛棨奏'陕省军需孔亟，现派在籍湖北候补知府赵晏清赴楚劝捐'等语。陕商在鄂省者，较川省为多，瑛棨拟仿照在川陕商一体捐输，自属可行。即着饬令赵晏清妥为办理，如有需地方官帮同劝导之处，并着官文等委派妥员，会同办理……将此由六百里各谕令知之。"（《清穆宗实录》卷60）

（同治二年三月戊午）谕议政王、军机大臣等："官文等奏'皖、豫股捻阑入鄂疆，逼近武汉，调兵进剿'一折。此次捻首陈大澮等勾合亳捻，由罗山、新息窜至麻城，现窜踞白杲镇。该处距黄州甚近，官文等已调派穆正春等移扎旧街、沙河等处，并调周凤山、舒保等马步各军及沿江水师分投巡防，办理均尚周妥。该逆陈大澮等人众虽多，而屡经挫败，已失巢穴，亳捻亦无巢可归。官文等所调各军，均系鄂省得力之将，即着严饬各军，实力兜剿。余际昌一军已至两路口，并着张之万、毛昶熙饬令会同楚军，合力攻剿，尽歼丑类。此股捻逆久为豫患，豫军既未能歼除，以致阑入鄂疆，同为两省边患，自当不分畛域。若豫省再不能遏堵，复令回窜，迄无了期，则豫军之咎更重。务当趁此该逆离巢之际，与楚军和衷商酌，悉数歼除，永除后患。官文等亦当同心讨贼，不得以驱贼出境，即为了事。严树森着俟捻逆剿除后，再行酌量情形，驰赴上巴河察看军情，此时即无庸出省。其武汉防堵事宜，并着官文等妥筹办理，毋稍疏懈。将此由六百里各谕令知之。”（《清穆宗实录》卷61）

（同治二年三月乙丑）又谕：“严树森奏‘皖、豫捻逆窜向东南，追剿情形，并驻扎黄州，就近调度’一折。捻逆陈大澪等由豫省窜扰光山，扰及麻城之白杲镇等处，经官文等调派总兵穆正春等进剿，该匪折向东南，现踞竹瓦店、但店等处。严树森现已带兵出省，驰抵黄州之团风镇扼扎，就近调度。着官文、严树森即饬舒保、成大吉等痛加遏剿，以收夹击之效。现在贼势逼近黄州，虽距武汉较远，而与皖省潜山、太湖一带壤地相连，深虑该逆蓄意东趋，与巢、含、和一带发逆互相勾结。严树森务当督饬诸军，绕出贼前，迎头截剿，毋得任贼窜入皖境，致滋蔓延。并着唐训方选派兵勇，激励乡团，于交界地方严密堵遏，毋令贼踪阑入皖境。前因此股捻匪窜入鄂疆，谕令张之万、毛昶熙饬令余际昌一军会同楚师，合力攻剿。张之万等务宜不分畛域，饬令余际昌越境会剿，毋许观望迟延，致滋贻误。将此由六百里各谕令知之。”（《清穆宗实录》卷61）

（同治二年三月丙寅）又谕：“瑛棨奏‘沔县失守，汉中、凤翔等府军情日紧’一折，另片奏‘发逆围攻汉郡，势甚危急’等语。现在汉郡军情日见紧迫，而所调楚、蜀各军无一至者，设有疏失，后患曷可胜言？据瑛棨奏‘接梁作楫、周有全等来禀，以未奉本省札饬，不敢出境援陕’等语，着官文、严树森懔遵前旨，速饬李云麟会同梁作楫等督率所部，驰赴汉中援剿，毋得稍有迁延，致干重咎。并着骆秉章遵照叠次寄谕，先其所急，迅饬周达武督勇星驰赴陕，会合汉郡诸军尽力剿洗，毋稍推诿，贻误事机……将此由六百里各谕令知之。”（《清穆宗实录》卷61）

（同治二年三月壬申）又谕："……陈大澐等股匪既扰至蕲州，有谋窜黄梅、广济、宿松东下之说，则黄州东路防堵益当严密。官文、严树森务当督饬诸军，绕向东路兜截，迅将该匪就地歼除，不得以驱贼出境，即为了事。穆正春等各军尚扎巴河，杨朝林一军由白杲进扎黄麻坳，成大吉一军屯扎团坡，均距蕲州数十里，何以尚未接仗，着官文等查明具奏，并着严督诸军速行进剿，毋任玩延。将此由六百里各谕令知之。"（《清穆宗实录》卷62）

（同治二年四月戊寅）又谕："前据阎敬铭奏'起程赴东'，当经谕令迅速赴任。复据毛鸿宾奏'臬司丁宝桢慕足勇丁千名，由水路前赴湖北，改由陆路赴东'，此时谅均已起程在道矣……丁宝桢所慕勇丁定能得力，前已据报启行，着即星速驰抵东境，遇贼即击，务将各股匪次第剪减，俾东省早就廓清，方为不负委任。将此由六百里谕知阎敬铭，并传谕丁宝桢知之。"（《清穆宗实录》卷63）

（同治二年四月庚辰）又谕："曾国藩奏'近日军情'等语。逆贼欲解金陵之围，分党由徽宁窥伺江西，由和、含一带图犯湖北，叠经官文、严树森、左宗棠、沈葆桢等奏闻。江省饶、信两防守备尚严，与左宗棠派往皖南之刘典等军声势联络，贼不得逞，而逆谋窜江之意，迄未少息。和、含一带贼众游弋已久，势必欲越皖境，上犯鄂疆，又有由豫窜鄂之捻股，可分党下窜以应之。兹据曾国藩奏，巢县大股窜扑庐江，由界河分窜桐舒。其由鄂东窜捻股，已自蕲水分为两股，一股回窜黄州，一股窜皖，攻扑宿松，越潜、太以扑桐城。庐江、桐城守将，虽均能严备出击，各有斩擒，而桐、舒捻逆势已联成一片。并搜获忠逆伪文，有'将由舒、六而窜英、霍，分道扰犯鄂境'等情。诚如曾国藩所奏，逆谋甚狡，而规画甚大，总欲图解金陵之围。此时曾国荃雨花台之军自不得辄自移动，堕贼诡谋。湖北为数省枢纽，诚不可以稍有疏失。前谕官文、严树森饬令舒保、成大吉等军，将捻股痛加遏剿，豫截豫捻与皖省逆匪勾结之路。严树森已出驻团风，亲督各军分投布置，当不至任贼窜入，肆其狓猖，着即迅筹堵剿。李续宜已自湘启行，道出鄂疆，自可与严树森面为商酌皖、鄂两省堵剿机宜。惟苗练叛迹复著，已踞正阳，围攻寿州，李续宜亟应赶紧赴皖，迅图剿办……李续宜到鄂，与严树森商定一切，着即仍遵叠次谕旨，兼程赴皖。石埠桥虽已解围，巢、含大股贼氛正肆，鲍超之军仍应在北岸相机击剿。当此群丑蓄谋，纷窜皖、鄂，曾国藩所督各路之军几有应接不暇之势。该大臣素能镇定，惟当毅力精心，以图万全……将此由六百里各谕令知之。”（《清穆宗实录》卷 63）

（同治二年四月壬午）又谕：“官文、严树森奏官军剿办捻逆情形，及抽派郎中李云麟率师援陕各一折。捻逆窜扰鄂境，经严树森驰扎团风镇，调派各军分路击剿，先后在望花东界岭及游河背、栗子湾等处获胜，颇有斩擒。而该逆东奔西突，总未大受惩创。昨据曾国藩奏，鄂东捻匪于蕲水分为两股，一股回窜黄州，一股窜入桐、舒，与发逆联合。该逆党与虽众，业已分股下窜，其在鄂境游弋者，势焰谅已稍衰，亟应乘势剿灭。着该大臣等严饬各营将弁并力兜剿，务将此股窜匪就近歼除，毋得观望迁延，致干重咎。陕南郡县匪徒麇集，若不迅图剿灭，不独西安省垣可虑，即川、楚边陲亦无安谧之日。官文等现饬李云麟率所部三千余人由郧阳渡汉而南，着即饬令该员克期进剿。汉中待援孔亟，毋得驻守兴安城内，致误事机。前因汉南军情紧急，即经谕令骆秉章檄调周达武督军援剿。现在贼氛甚炽，恐非李云麟一军所能殄灭，骆秉章自当力顾大局，仍遵前旨，速饬周达武星夜驰援，与李云麟两路夹攻，俾收聚歼之效。如周达武一时不能赴陕，即着藩司刘蓉出省督率劲旅，逾剑阁而北，与鄂军会合攻剿之处，由该督酌量迅速办理。李云麟师至汉中，去楚较远，所有该营军饷等项，并着骆秉章随时协济，就近由夔关税课项下拨给，俾免饥溃。仍着官文、严树森饬属设法转输，源源接济，毋得以道远难至为辞，稍涉推诿。将此由六百里各谕令知之。”（《清穆宗实录》卷 63）

（同治二年四月）甲申，谕议政王、军机大臣等：“……着僧格林沁即由淄川克日返旆南征，与李续宜、唐训方之军南北夹击，毋误事机。李续宜早已自湘启行，前据曾国藩奏称，该署抚行经鄂省，尚须与严树森面筹防剿。现在苗逆叛乱，事机万紧，李续宜着即兼程星速赴皖，毋得在途迟滞……鄂省自蕲水分窜捻股，东越潜、太，着曾国藩迅即调派各军，分投拦剿，毋令并入六安，串合发逆，并与苗练勾结为患。并着官文、严树森督饬鄂省官军，务将由鄂窜皖捻股前截后追，毋任东趋，以邻为壑……将此由六百里加紧各谕令知之。”（《清穆宗实录》卷63）

（同治二年四月乙酉）又谕：“官文等奏‘豫捻被击西趋，现筹兜剿’，穆腾阿等奏‘汉中被围日久，请饬催川、楚援军，并河南筹办军火’各折片。豫捻自上巴河官兵击走后，由但店东趋蕲水、蕲州，分窜广济。经该州县等拦头扼截，设伏击败，折回蕲水，适成大吉等军赶到，先后毙贼多名。该逆由蕲水北之团陂回窜三里畈、但店一带，扰及黄冈县属之夫子河。此次该逆回窜湖北，官军虽颇有斩擒，并未大加惩创。且据生擒贼供‘该逆以两股游弋蕲、广一带，以六股折回，欲由黄安、黄陂窥伺武汉，如有官兵扼截，即由旧路回窜河南’等情，逆踪慓悍靡常，亟宜严为备御。着官文、严树森即饬舒保、穆正春等军分投堵截，与成大吉、王桐柏等军前后夹剿，务令就地歼除，毋任纷窜黄陂，致武汉又形震动。其豫、鄂毗连地方，贼踪往来已成熟径，并着张之万、毛昶熙饬令余际昌等军严密堵遏。倘贼踪逼近，即行越境会击，以剿为防，毋任阑入。曾国藩前奏，捻匪由蕲水分股东越潜、太，窜扑舒、桐，已与渡江发逆合股。何以官文等两次奏报，并未提及？是否游弋蕲、广之贼业已东窜皖疆？着严树森仍遵前旨，迅将此股贼匪前截后追，毋任陆续东窜，与发逆、苗练勾合，贻祸邻封。至陕省汉中被围日久，兵单饷缺，岌岌可危，官文等前已遵饬李云麟率师援陕。着即恪遵前旨，迅饬统率所部星驰前进，速解汉中之围。并着骆秉章仍饬周达武一军就近援剿，会合陕、鄂诸军力图扫荡，以靖邻氛。其川省应协陕饷，即着速为筹拨，以资接济。至多隆阿军火，向由湖北转运。兹据穆腾阿等奏‘接据官文函称，恐鄂省筹解稍有不敷，请咨邻省协济’等语。多隆阿大军，现在攻克仓头镇老巢，正在得手之际，倘致军火缺乏，贻误非轻。本日已谕令英桂筹办解运，并着张之万每月筹拨火药二万斤、火绳二万盘，按月委解潼商道收储，以备要需。其湖北应解军火，仍着源源接济，毋得以晋、豫分任其事，稍存诿卸。将此由六百里各谕令知之。”（《清穆宗实录》卷63）

（同治二年四月癸巳）又谕：“……张之万、毛昶熙奏到‘余际昌追剿捻匪获胜及李世玉等剿办直、东窜匪，李续焘所带勇丁因病裁撤’等折片，所奏总兵余际昌追剿窜鄂捻股于沙子冈获胜，并将回窜之贼夹击于淮河南北等情形，即着张之万等饬令余际昌与添派之副将孙之友等军并力击剿，尽歼丑类……将此由六百里各谕令知之。”（《清穆宗实录》卷64）

（同治二年四月丙申）又谕：“本日据张之万奏‘鄂省捻股回窜，总兵余际昌等阵亡’，并片奏‘前调之金国琛等均因事牵掣，未及来营’等语。豫省军务孔亟，将领乏人，现在张冈之逆尚未剿除，捻氛复由鄂回窜，官军败衄，凶焰甚为猖獗……将此由六百里谕令知之。”（《清穆宗实录》卷64）

（同治二年四月丙申）又谕：“官文、严树森奏‘窜鄂捻股暂时肃清，忠逆大股及苗沛霖党均图犯鄂境，现筹布置情形’一折。所奏豫捻一股，屡经挫败，窜回河南光山、罗山等境。皖捻一股被剿，由广济、黄梅窜走安徽之宿松县境。官文等令提督成大吉由蕲水鼓行而东，跟踪追蹑，并檄总兵穆正春所部，驰扎英、蕲之间，相机会剿。曾国藩前奏由庐江西窜之发逆与由潜、太东窜之捻股，已在桐城地方会合，由舒城窜围六安，势甚凶猛。并有捻股已至霍山县境，搜获忠逆伪文，所称伪酋股数甚多，计欲分党牵掣皖军，而自率悍贼，由舒、六、英、霍疾趋湖北麻城宋埠一带，分犯汉、黄，窥伺荆、襄，与窜陕之陈玉城余党联成一片。逆谋凶狡，适值苗沛霖复行叛乱，逼处鄂边，与发捻勾结肆扰。鄂省为南北枢纽，自应力筹防剿，以图万全。曾国藩现调鲍超萧庆洐等军，由庐、舒进，以解六安之围，令道员李榕一军由潜山进，以击霍山之捻，并令成大吉回顾鄂疆。彭玉麟、杨岳斌所部，各派水师赴鄂，协同防剿。官文等现饬穆正春自巴河抽出所部，前赴英山，会同皖军以剿为防。而令副将王桐柏率所部驻上巴河等处，成大吉扼扎岐亭，舒保马队作为游兵驰骤其间，并罗、麻等界之松子、长岭二关两路口，应山、随州、枣阳、襄樊等处，各派防兵，与内河分防武汉，巴河等处分段巡逻及专防黄郡各水师，均尚布置周妥。曾国藩所派之水师王吉一军，即分列阳逻至汉口一带江面，豫为策应之兵，群逆当不得肆其冲突。即着官文等督饬水陆各军严密设防，贼如犯鄂，临时相机联络接应，毋稍疏虞，致令阑入。严树森仍自巴河回驻团风，该处与巴河紧接，尤为扼要，即着随时妥为调度，固守鄂疆，以副委任……其六安、舒、桐蔓连英、霍一带贼氛，仍着曾国藩、唐训方迅筹剿击。贼如犯鄂，曾国藩即飞饬各军紧蹑，与鄂省诸军前后合力夹击。其李云麟之军现守枣阳，一时不能赴陕。而陕南军务极紧，现在发逆狡谋，又有欲由襄、汉勾连之信，兴、汉贼氛尤应及早扫除。前谕骆秉章饬周达武一军由川赴陕，仍着懔遵叠次谕旨，飞饬该总兵拔队，星驰迅往汉南，以资剿办……览官文等所奏，豫捻被剿，窜回光、罗等境，方以未见豫军机剿为疑。正在寄谕间，张之万等奏到‘截剿回窜捻匪，总兵余际昌遇伏阵亡’等折片，览奏殊堪悼惜。豫军骤失此将，精锐折耗，亟应收合拊循，以冀军声复振。着张之万即饬张曜暂行统摄余际昌所部，招集散亡，加意抚绥，并与鄂军随时联络妥筹防剿。此时豫省惟张曜一人，势不能敷调遣。毛昶熙军营副将陈禄兴、参将尹嘉宁勇略如何，着张之万、毛昶熙于该二员中酌量任使。金国琛一员，前经谕令毛鸿宾饬令赴豫，本日复寄谕该抚督催启行，一俟到豫，即责令带兵防剿，以资得力。将此由六百里谕知官文、严树森、

曾国藩、唐训方、骆秉章、张之万、毛昶熙，并传谕李桓知之。”（《清穆宗实录》卷64）

（同治二年四月丁酉）谕议政王、军机大臣等：“……昨据官文、严树森奏报，鄂疆叠警，曾国藩已调鲍超等军由庐、舒进解六安之围，并令李榕一军由潜山进，以击霍山之捻，分派水师赴鄂，协同防剿，自系顾全大局，即以固鄂为固皖之计。第虑逆谋阴狡，其南北两岸，分路图犯江、鄂逆党，均难保非声东击西诡谋。虽两省之防皆我所必救，势断不能置而不顾。而贼得乘皖省兵分备单之际，麇集群丑，四面围逼，以逞狡图。该大臣驻扎江浒，实为东南全局所系安危，南顾弥增廑念。曾国藩识略素优，当兹搘拄艰难，务宜倍加谨慎，以策万全……着曾国藩、左宗棠随时会商，妥筹办理。曾国荃之军守局尚稳，而兵力已单，旦夕间，如有应行变动切要机宜，亦即酌量进止……将此由六百里各谕令知之。”（《清穆宗实录》卷65）

（同治二年四月辛丑）又谕：“……李桓现在中途，约计不日当可到陕，现复寄谕飞催，并谕官文、严树森饬令李云麟之军，仍即赴陕。该员前为官文等奏留驻防郧、枣，刻下鄂边贼势稍纾，当可移师西向。骆秉章所请量加阶秩，俾资统率之处，应俟李云麟行抵汉中，再为酌办……将此由六百里各谕令知之。”（《清穆宗实录》卷65）

（同治二年四月辛丑）又谕：“骆秉章奏‘筹办会剿汉南逆匪’一折。汉南军务紧要，叠经谕令川、楚拨兵援剿。骆秉章‘以总兵周达武一军所部新旧仅三千余人，万难独剪巨寇，已抽调驻防南江、通江之道员张由庚及总兵朱桂秋两军，共五千余名，由南通出境，先剿汉中之逆。惟发逆号称十余万，仍须湖北分兵会剿，且须统率得人，方能济事。李桓到尚需时，请饬湖北调派李云麟一军驰赴汉南会剿’等语，陕省汉中被围已久，城固、褒沔遍地贼踪，邻省援师岂容日久耽延，致形滋蔓……

李云麟一军，官文等前因发逆图犯鄂境，饬令留守枣阳，暂缓赴陕。现在该省防堵事宜自已布置周妥，其枣阳一路距皖省逆氛尚远，不妨抽调别营驻扎，以资镇遏。且川省援军既已出境，若无鄂军合力夹击，终难聚歼。着官文、严树森即饬李云麟迅率所部，克期出境，由兴安取道西乡，与川中所派之兵会合兜剿，毋稍宕延。川省西防发逆，东御邻氛，堵剿情形亦与湖北相埒，骆秉章尚能不分畛域，抽调赴援。湖北以业经派赴汉南之军，岂可以防务綦严，日久扣留，置邻疆于不顾？官文等务当克日调派，一面将李云麟起程日期迅速驰奏，以慰廑系……将此由六百里谕知官文、严树森、毛鸿宾，并传谕李桓知之。”（《清穆宗实录》卷65）

（同治二年四月癸卯）又谕：“……僧格林沁现因围攻淄川，功在垂成，未便撤围南下。虽据该亲王驰奏，一俟淄川克复，即督率全部回剿苗练。而此军何日可以南下，究难豫定。成大吉业已由鄂旋皖，计日可抵寿州，该提督熟习苗练情形，着即先行檄饬成大吉、蒋凝学、毛有铭会师进讨……李续宜已由水路北来，行将抵鄂，该前抚受恩深重，着曾国藩飞催前进，迅速抵皖，毋再迁延……将此由六百里各谕令知之。”（《清穆宗实录》卷65）

（同治二年五月）甲寅，谕议政王、军机大臣等：“前因江忠义奏‘起程赴粤，头队计抵桂林’，当即谕令前赴粤省，毋庸赴皖。兹据毛鸿宾奏称‘皖南之贼，计图上窜江西。皖北大股贼匪，计欲窥伺英、霍，分扰鄂境，情形万分吃紧。江忠义由醴陵入江，程途较近’，江忠义奏‘筹度缓急情形，请仍遵前旨，就近援江’各一折……”（《清穆宗实录》卷66）

（同治二年五月丁巳）又谕：“张之万、毛昶熙奏‘归陈现无警报，拟合兵围攻张冈，及贼匪窜扰光、固情形，逃将卢得胜请严拿发遣’各折片……已革副将卢得胜本系奉旨查办之员，经余际昌暂留带队，兹复因主将失利，匿迹远扬，实属目无法纪。该抚等请发往新疆，殊觉轻纵，着即飞咨湖北督抚，一体严拿务获，即行正法，以肃军律。将此由六百里各谕令知之。”（《清穆宗实录》卷67）

（同治二年五月戊午）又谕：“官文等奏‘李云麟在营闻讣丁忧’一折。陕南军务孔亟，李云麟已有援陕之命，恐汉中军士闻信后，毛震寿呼应一切不灵，而陕南贼势狓猖，西望不胜焦急……即着官文、严树森迅饬扼守兴安，并会合张由庚等军筹商进取，毋得专待李云麟，致令事机松懈。李云麟部勇，既据官文饬令欧阳正墉权为兼统，即着责成该道员就近妥为弹压，毋令在外滋事。前因李桓患病请假调理，谕令将该藩司所募勇丁交李云麟带赴汉中剿贼，现在李云麟回鄂尚需时日，此项勇丁自应暂缓前进。如李桓病已痊愈，即仍着该藩司督率所部，星驰赴陕，并着该大臣酌量妥筹办理。将此由六百里各谕令知之。”（《清穆宗实录》卷67）

（同治二年五月）己未，谕议政王、军机大臣等：“张之万奏‘河南亟需马队，请酌拨以利进剿’一折，据称‘由楚窜皖之捻勾结发逆，众逾二万，已纷纷回窜豫省，胜负实无把握，请饬僧格林沁、刘长佑将现留三省马队酌拨四五百名来豫’各等语，所奏尚属实在情形……将此由六百里各谕令知之。”（《清穆宗实录》卷67）

（同治二年五月庚申）谕议政王、军机大臣等：“……此时大股逆匪东窜天、六，鄂省边防已松，即着曾国藩、官文、严树森饬令成大吉星夜兼程，移军驰援蒙城，官文等不许执意奏留……将此由六百里加紧各谕令知之。”（《清穆宗实录》卷67）

（同治二年五月癸亥）又谕：“李续宜奏‘病势增剧，请赏假回籍调理’一折。李续宜着照所请，赏假四个月，回籍安心调理。惟刻下楚北、皖南军务虽可少松，江北下游甚为吃紧，苗逆围攻蒙城，情形岌岌，唐训方渐有不支之势，亟盼该前抚赴皖督办。倘回里之后，病势渐轻，仍当赶紧就道，以慰皖北倒悬之望，不必拘泥假期，是为至要。将此由四百里谕令知之。”（《清穆宗实录》卷67）

（同治二年五月癸亥）又谕：“……瑛棨另折奏‘汉中情形危急，石逆中旗现已由川入陕’，另片奏‘请饬官文等速饬李云麟、梁作楫驰援汉中’各等语。前因李云麟回旗穿孝，不克赴陕，谕令骆秉章迅饬张由庚驰赴陕南援剿。据瑛棨奏称‘张由庚现在驻军广元，去陕不远’，着骆秉章飞饬该道员等星速赴援。石逆中旗现在窜至平武之乔庄，势将取道甘肃文县，绕出汉南，并着骆秉章饬令张由庚相机迎击，毋令石逆余党与汉南发逆勾结为患。梁作楫计已督勇行抵兴安，着官文等严饬该员认真扼守，并酌度情形，移师汉郡，与川省官兵会同剿办，更为得力。李桓患病曾否就痊？如一时不克西行，即着官文、严树森选派得力员弁，将李桓所募勇丁带赴陕南剿贼，俾免坐耗饷项。严树森前有‘赴下游察看营垒，以次由襄樊西上’之奏，现在驻扎何处？着与官文妥速筹商，如能由襄樊径赴郧西，俾梁作楫得以移师进剿汉中逆匪，庶于秦、楚两省边防均有裨益，仍着官文、严树森斟酌办理……将此由六百里各谕令知之。”（《清穆宗实录》卷67）

（同治二年五月己巳）又谕：“官文奏‘李桓病难速痊，现令所部西行，归梁作楫调遣，并请饬催李云麟赴陕’，及严树森奏‘亲赴安、麻、黄、德等处察看布置，暂回省垣’各折片。李桓病难速痊，而陕省军务甚为吃紧。官文等将李桓所部勇丁一千余名筹备军储，已令原派营哨各官拔队遄行，驰赴兴安，暂归道员梁作楫统率。着即饬令梁作楫相机调遣，并力进剿。李云麟经此次饬催，亦必当奋发忠义，墨绖赴军。惟计行抵陕南尚需时日，李桓如能速痊，即着官文等饬催赴陕，毋稍稽迟。严树森所奏布置各情，尚属周妥。此时豫东防务较松，而正息一带豫捻复炽，着即严饬总兵穆正春等于黄安、罗山交界等处力筹防剿，并与豫军随时联络，以资策应，毋任窜突。将此由六百里谕令知之。”（《清穆宗实录》卷68）

（同治二年六月丁亥）又谕：“骆秉章奏‘生擒逆首石达开等，并剿灭发逆巨股’一折。逆首伪翼王石达开纠众十万余人，由湖北、贵州等境屡犯四川边界，均经官兵堵截，迄不得逞。复分股旁窜，牵缀大兵，而自率大队由云南之米粮坝踵渡金江。经骆秉章豫派总兵唐友耕、知府蔡步钟等调集汉土各兵分扎沿河要隘，四面兜截……将贼巢一律焚毁……石达开由广西倡乱，窜扰湖南、湖北、江西、安徽，占踞金陵。复拥众出犯浙江、福建、广东等省边境，纷扰滇黔，注意川疆，志在必逞。其攻城戕官，荼毒生灵，罪大恶极，久为覆载所不容……”（《清穆宗实录》卷70）

（同治二年六月乙未）又谕：“……兹据该督奏称，贾洪诏已于二月自川起程回楚，此时定已接奉前旨，着骆秉章再行函催，令其由川赴滇，妥筹办法。至所奏‘刘蓉晓畅戎机，不得不留其在省，李云麟已督兵赴陕，李桓不日亦可驰抵汉南，督率既已有人，似无庸刘蓉前往’等语。现在李桓行抵湖北患病，已赏假回籍调理。李云麟丁忧回旗穿孝，前已谕令不拘假期，赶紧赴陕，恐一两月内尚未必即能抵营……又据瑛棨奏‘蓝逆由洋县窜扰石泉等处，距兴安府城甚近。兴安、石泉、汉阴一带山径丛杂，又无重兵防守，其势断不能支。恐该逆一踞兴安，则陕南大局、川楚边防，皆无日得以休息。必须趁此三边会剿，方易剪除’等语。兴安地方险要，若被逆匪占踞，于楚省边防大有关碍，办理必至棘手。叠经谕令官文等派令梁作楫一军由兴安并力进剿，并将李桓所部勇丁暂归该道员统带，兵力不为不厚。梁作楫现在曾否行抵兴安，着官文、严树森檄催迅进，以保岩疆。如兴安有失，定惟梁作楫是问。浙江盐运使朱孙诒日久尚未到任，着官文、骆秉章查明该员是否在川楚一带，即行具

奏。将此由六百里各谕令知之。”（《清穆宗实录》卷70）

（同治二年七月壬子）又谕：“……现在该逆粮米甚缺，力图占踞汪家寨。该处地广粮多，路通川、陕、楚三省，设被匪众盘踞，为患甚巨。着张集馨饬该地方官鼓励乡团，实力剿洗，并力筹坚壁清野之法，使该逆无粮可掳，自可易于解散……”（《清穆宗实录》卷72）

（同治二年八月辛巳）又谕：“……川、鄂两省援师叠经严谕催促，此时自可陆续前进。多隆阿仍应遵奉前谕，随时兼筹，与刘蓉声息相通，以顾全局……”（《清穆宗实录》卷75）

（同治二年八月丙戌）又谕：“张之万奏‘亳捻扰及许境。经兵练击败，悉数西趋，并另有股匪由淮宁县境直扑西华县城’各折片，据称‘亳捻由临颍一带窜逼许州，占踞城外之大庄、保全两寨。经官军收复后，该匪悉众西遁。讯据贼供，捻首张总愚、程大老坎、李库等均为苗逆所使，纠合悍党，图窜陕西勾结回逆，如潼关有备，即折窜楚北老河口一带，勾约发逆入寇’等语。前因豫省官兵克复张冈，当谕令张之万驻扎许州，遏捻匪西窜之路。乃该抚不知酌量缓急，径回省垣，致该匪得以乘虚奔窜，深入腹地。张之万调度失宜，实难辞咎，着先行交部议处……欧阳正墉一军驻扎襄阳，去南阳不远，着官文等酌量情形，或饬令该道派兵驰赴宛、邓等处，会同豫军截击，或另派得力兵勇出境会剿，均着迅速酌办，毋稍迟延。其商、洛一带亦系该匪熟径，并着多隆阿、张集馨会商布置，以备不虞……”（《清穆宗实录》卷76）

（同治二年九月丁未）谕议政王、军机大臣等：“……唐县股匪距随、枣不远，恐该匪被剿狂窜，阑入楚疆，为患滋大。着官文、严树森派队严防，责令地方文武各员悉心守御，毋任窜犯。如窜近楚边，即饬在防将士出境迎剿，毋存畛域之见……”（《清穆宗实录》卷78）

（同治二年九月戊申）又谕："张集馨奏'楚军回防郧西，现饬石泉等县联团防河，并筹防省城潼关暨汉中近日军情'各折片。川匪蓝二一股窜扰镇安，经多隆阿等派兵进剿，图窜山阳，复为该县团勇截击，未能逞志。着多隆阿、张集馨即饬该地方文武速行进剿，并督令商州知州会合夹击，务令就地歼除，毋任蔓延他处。李桓所募义胜三营楚勇，经官文等留扎郧西，未能进援兴安。川省进援汉南之兵现已云集，该处逆匪被剿穷蹙，势必东趋兴安。汉江以北防兵甚少，石泉令陆堃现约汉阴、宁陕、西乡各厅县，每处挑选壮丁一万名，以一半留守本邑，以一半出境防剿汉江，画河为界，凭险扼守，并令楚师炮船梭巡上下，办理甚合机宜。张集馨现令该员总司其事，着即饬令西乡等厅县一体照办，毋许从中牵掣。如有出力官绅，即着从优保奖。郧阳一带扼要处所，并着官文、严树森饬令梁作楫设法严防，毋令匪踪东窜鄂疆……将此由六百里谕知官文、严树森、多隆阿、骆秉章、刘蓉，并传谕张集馨知之。"（《清穆宗实录》卷78）

（同治二年九月辛亥）谕议政王、军机大臣等："……其窜赴镇安之张逆一股，界连孝义、商州及郧西一带，该抚已咨张集馨等防剿，俟汉郡围解，即调川防之武字、定武两军会剿……李云麟一军，前据奏称已由襄阳起程，当经谕令迅由郧阳赴陕，解汉中之围，分兵救镇安、汉阴等处，并令归刘蓉节制，毋庸单衔奏事。其应由何路进剿，着该抚酌度机宜，就近知照办理。蓝二一股窜扰镇安，业经谕令多隆阿等饬该处地方文武速行进剿。郧阳一带扼要处所，亦谕官文等饬梁作楫一军设法严防，毋令匪踪东窜鄂疆。褒沔一带余匪，亦经谕令骆秉章派兵迅速剿办，与该抚所陈，均相吻合。如贼股纷窜，着飞咨川、楚等省督抚，迎头合击，均须就地歼除，毋任再扰完善……将此由六百里谕令知之。"（《清穆宗实录》卷78）

（同治二年九月壬子）又谕：“官文、严树森奏‘亳捻大股由豫窜鄂，现筹剿办，并请调回梁作楫一军驻扎郧阳’各折片。亳捻程二老坎等大股由豫省叶裕一路南窜唐县，阑入枣阳。经该处文武出城雕剿，贼以马步二万余众直扑县城，计不得逞，复由随州地方扰及钟祥县境。官文等派令副将黄胜日一营移扎钟祥城内，以资守御，并饬总兵赵克彰等水陆各军截击迎剿，布置尚属妥协。着即严督各军，迅速会合剿办，并饬黄胜日与参将蒋荣华等严守安陆府城，保全要郡，毋稍疏虞。其移扎九子墩及由应城前进之总兵梁洪胜、副将王桐柏等军力保武汉一路，相机策应，防剿兼施，痛歼丑类。此股捻匪南趋，为苗逆所嗾使，此时扰及钟祥，尤恐其窥伺襄樊形胜，图与汉南蓝逆等股勾结，不可不为之备。着照官文等所请，即将梁作楫一军由兴安调回，驻扎郧阳，以固鄂西门户，饬令与现扎襄阳之欧阳正墉所部联络堵剿，并着多隆阿、刘蓉、张集馨迅速饬知遵照办理……此时匪踪已越鄂疆，孙之友等曾否蹑追？着即饬令严防回窜，与鄂军联络，实力堵剿。毋得以邻为壑，一经驱贼出境，遂为了事，自蹈军营向来恶习，致干咎戾。将此由六百里谕知官文、严树森、多隆阿、刘蓉、李云麟、张之万，并传谕张集馨知之。”（《清穆宗实录》卷78）

（同治二年九月甲寅）又谕：“……梁作楫一军业经楚省调回，兴安一带空虚可虑，现在城固炮船尽为贼掳，若沿江而下，其势更炽。知府周有全所带炮船自应留泊茶镇，着官文、严树森妥筹办理。其郧阳所属地方，并着该督抚严密防范，以备不虞。周达武、曾纪凤等营分布广元等处，距汉中尚不甚远，着骆秉章饬令该总兵等以剿为防，毋事株守……”（《清穆宗实录》卷78）

（同治二年九月甲子）又谕：“……李云麟前奏‘拟将此股先为扫除，以期次第进剿’，着即迅速进兵。官文等饬令梁作楫所部固守楚边，即与李云麟进剿之军相为策应……”（《清穆宗实录》卷79）

（同治二年九月癸亥）又谕："李云麟奏'兵抵郧西，与贼逼近，探闻汉中失守，现筹防剿各情形'一折。蓝逆勾结回逆，分扰楚陕交界之湖北口，系在何县地方，勾结何路回匪，约计贼数多寡，李云麟谅已督军迎剿，军情贼势，均着官文等随时驰奏。李云麟援剿迟延，以致汉中、城固相继失陷，咎无可辞，所请严议之处，着加恩改为交部议处。该京堂即当激励部将，将镇安股匪痛加剿除，毋任阑入楚境。仍迅即取道兴安，节节进剿，随时与刘蓉会商妥办，毋稍大意。周有全炮船，前经谕令留泊茶镇，该京堂复派张殿甲率该营水师由郧阳上驶，即着饬令认真防剿。梁作楫一军前经官文等调驻郧阳，固鄂西门户，系在汉中等城未失之先，现在汉中、城固不守，倘该逆乘势下窜，兴安空虚，甚属可虑。李云麟请令梁作楫分凯字三营驻兴安，亲统两营扎茶镇，并调度两营水师严行防御，着官文、严树森即饬该道员力顾兴安，毋庸退扎郧阳，以资控扼。如镇安贼众，李云麟兵力不敷，仍着官文等妥筹调派，以壮声援。刘蓉谅已由川入陕，着懔遵前旨，星速前进，严饬毛震寿等绕赴西乡，防堵北面，并督饬张由庚等力图规复郡县，以赎前愆。兴安为楚陕门户，其地险峻易守，该抚当督饬地方文武及楚省援军极力固守，以剿为防，毋使再有疏失。李云麟一军剿办镇安股匪之后，应由何路会剿，着随时知照办理。川中援陕之师前因统率无人，号令不一，致有挫败，该抚到后务当申明禁令，一新壁垒，自能所向有功，不负朝廷破格擢用之意，勉之。将此由六百里各谕令知之。"寻吏部议："李云麟照不应重公罪降二级留任，事关军务，无庸查级纪议抵。"从之。（《清穆宗实录》卷79）

（同治二年九月壬申）又谕："骆秉章奏'攻剿李幅猷股匪叠获大胜，贼势穷蹙远遁，汉南援军先胜后挫，现筹布置情形'各折。发逆李幅猷率党由正安、婺川窜至彭水之周家寨，经官军痛剿，由梅子垭窜酉阳之学堂坪、两河口。前队已窜入黔江，复经官军击败，该逆由线坝遁入湖北之咸丰县界，复折窜黔江，由龙潭奔窜秀山，旋败窜平块……与恽世临前奏发逆阑入楚境，情形大略相同。该逆经楚军截剿之后，复被痛创，残焰谅难再张，亟应协力进剿，以图聚歼。着骆秉章、恽世临各饬在防官军会合进攻，两面夹击，迅歼丑类，务将此股贼匪就地扫除，毋令再肆蔓延……将此由六百里各谕令知之。”（《清穆宗实录》卷80）

（同治二年九月癸酉）又谕：“官文、严树森奏‘亳捻分股窜扰鄂疆，水陆叠剿获胜’一折。捻匪由豫省窜入楚北钟祥县境，折回随、枣，历随州、德安、应山以至孝感、云梦，复分股由随州之茅次畈南趋京山、天门，至应城之长江埠，均经官军水陆截剿，叠获胜仗。官文等现饬各军分道穷追，着即饬令在事文武实力堵剿，务将各匪就地歼除，毋任旁窜。其王金奎一股，复有由豫省临颍、舞阳一带窜扰鄂疆之信，着官文、严树林分布兵勇，严密遏截，并着张之万迅速派兵截击，杜其窜鄂之路。随、枣、应山一带，接壤南阳、信阳，该匪被鄂省追剿紧急，势必回扰豫疆。应城、孝感一带距皖省西界较近，亦应防其窜入。着曾国藩、张之万各于交界地方派兵防堵，会同鄂军前后夹击，毋任匪踪奔突，毫无拦阻。此次捻股分扰鄂、豫两省，飘忽靡常，往来如织。曾国藩、张之万务当与官文等合力同心，将该逆痛加扫荡，毋得各顾本境，强分畛域，致令匪踪蔓延，是为至要。将此由六百里各谕令知之。”（《清穆宗实录》卷80）

（同治二年十月乙亥）又谕：“……陈大凙股匪由随州窜近黄州，势将阑入皖境。曾国藩仍当抽调得力将领，会同鄂军前截后追，以收夹击之效，毋稍大意。曾国藩另片奏‘请留道员黄冕经理江楚海运及筹办米盐互市事宜’等语。黄冕着暂缓赴粤，准其留于苏皖，听候曾国藩差委……将此由六百里各谕令知之。”（《清穆宗实录》卷81）

（同治二年十月丙子）谕议政王、军机大臣等：“……张总愚股匪由登封汝州窜入鲁山县境，经官军追至该县之大营集，进剿获胜……该匪遁至口字河迤南，扼拒山口，未能抢入。此股捻匪人数众多，现被逼剿南趋，势必西窜商雒，南窥宛楚。该处系三省扼要之区，山岭丛杂，且与镇平内乡接壤，逼近武关，为多隆阿大营转运军火之路，亟应加意严防。张之万务当督饬张曜派拨劲旅，严扼镇平内乡交界险要，毋令西窥陕境。仍督率永奎、王文行等各队与张曜所部，就南召山内四面围剿，毋令他窜，并知照楚军迎头会剿，以期迅扫逆氛。陕南兴安一带遍地贼踪，倘被此股捻匪窜入，勾结蔓延，益难收拾。着刘蓉、张集馨督饬商雒文武各员鼓励兵团，严密堵截，一面知照李云麟就近防剿，并着多隆阿筹拨兵勇扼守武关，毋令该匪阑入腹地。至襄、樊、随、枣一带为捻匪由豫窜楚熟径，着官文、严树森迅饬在防将士扼要固守，毋令扰近边界。僧格林沁现已督兵由大名前赴豫省，倘此股捻匪因陕、楚两路防堵严密，折回东窜，即着迎头截击，痛加歼戮，以殄狂氛……将此由六百里谕知僧格林沁、官文、严树森、多隆阿、刘蓉、张之万、唐训方，并传谕张集馨知之。”（《清穆宗实录》卷81）

（同治二年十月）壬午，谕议政王、军机大臣等：“官文等奏大股捻逆图扰汉镇，经官军奋力击退，并郧西击贼获胜，及遵复李云麟一军，无庸另设粮台各折片。此次东窜捻股图扰汉口，经总兵杨朝林等督军击退，败窜河南罗山县属之铁铺耿家楼一带，着官文等督饬在事员弁乘胜跟追，毋令得以喘息。张之万迅派得力将弁迎头截击，倘再任其纷窜蔓延，惟张之万是问。其南窜应城长江埠一股，经副将王桐柏等军分路追击，叠挫贼氛。惟余逆盘踞宋埠、中馆驿、料棚一带，必须迅速歼除。着官文严饬舒保、王桐柏等合力兜击，毋留余孽。该逆不得志于汉镇，或东犯蕲罗，则皖北防堵尤关紧要。着曾国藩督饬陆路兵勇于英、霍一带扼要严防，实力堵剿，毋稍疏懈。陕南逆匪图窜郧西，虽经官军击败，而贼踪剽疾，难保不去而复来，仍着官文等饬令郧阳镇守严密扼堵，不得稍有松劲。李云麟一军仅三千三百人，为数不多，自无庸由湖北另设粮台分局。且据官文等奏‘该营饷项九月以前早已发足，其十月分之饷亦将起运，所需军火源源解济’等语，是李云麟一军并无缺饷之虞。现在汉中、城固俱陷，贼势方张，李云麟当乘此士饱马腾，克期会师进取，不得借筹饷为词，虚糜取巧，贻误戎机，致干重咎……将此由六百里各谕令知之。”（《清穆宗实录》卷 81）

（同治二年十月丙戌）谕议政王、军机大臣等：“……刘蓉现在督饬诸将收集残兵，严防各隘，并檄毛震寿将两城溃卒妥为赀遣。易佩绅所部亦饬大加裁汰，一面派员回楚，募勇三四千名练成劲旅，拟俟果后九营到齐，进驻青石关，先固川省门户，相机雕剿……所筹均尚周妥。第添募之勇，到营尚在腊月，所调之副将唐星照又远在江西，且须回湘募勇亦恐缓不济急。而毛震寿又系革职留营差委之员，尤恐威望不著，呼应不灵。设该匪乘机肆逞，则陕、甘、川、楚边境在在可虞。刘蓉身任封圻，责无旁贷，着即赶紧部署……现在窜鄂捻匪，叠经官军剿败，不日即可扑灭。其张总愚一股，亦经豫军于鲁山等县跟踪追蹑，谅亦不至阑入楚境。着官文、严树森熟审近日军情，如贼势稍松，梁作楫等水陆各军无须回顾襄樊，即饬令溯流而上，进扎兴安，以壮李云麟后路声势……将此由六百里谕知官文、多隆阿、骆秉章、熙麟、严树森、刘蓉、李云麟，并传谕张集馨知之。”（《清穆宗实录》卷 82）

（同治二年十月戊戌）又谕：“官文、严树森奏‘亳捻窜入鄂疆，经官军剿击，遁回豫境，全楚肃清’一折。亳捻程大老坎等由豫入鄂，图窜汉镇，经楚军分道扼击，退踞宋埠、中馆驿一带。官文等豫调周凤山一军扼扎黄郡，舒保督率各军力战，斩馘数千，该逆受创北遁，全楚肃清。而张总愚一股又由唐邓一带窥楚郧阳及均州、光化，势甚吃重。着官文等饬令派出各军，会合豫军，将程大老坎一股奋力夹击，毋任再行窜扰。程逆是否歼毙，并着查明具奏……捻匪假道于豫以扰楚疆，久成轻车熟路。中州门户洞开，以邻为壑，毫无布置，实堪痛恨。着张之万、毛昶熙严饬张曜等会同楚军，前截后追，不得以贼氛出境，遂为了事。若任令程大老坎饱扬回巢，张总愚窜扰秦、楚，必将该抚等重治其罪，决不宽贷，懔之慎之。郧阳防务万紧，道员梁作楫一军无论行抵何处，官文等即檄令就地驻扎，兼顾郧防，与欧阳正墉一军互相策应，以固边圉，毋稍大意。将此由六百里各谕令知之。”（《清穆宗实录》卷83）

（同治二年十月己亥）又谕：“骆秉章奏，川省边防吃紧，未能抽调兵勇赴甘，并李云麟一军所需军饷，请仍由湖北拨解各一折……李云麟现在驻扎何处，前日接仗失利，何以尚未会同刘蓉奏报？着即会商蓝斯明，合力进剿，迅图克复，稍赎前愆。至汉南各营，业归刘蓉部署，所需饷项，向川省拨解，与李云麟无涉。李云麟军饷，自应仍由鄂省接济，着官文、严树森随时拨解，以利军行。将此由六百里谕知官文、多隆阿、骆秉章、熙麟、严树森、刘蓉、李云麟，并传谕恩麟知之。”（《清穆宗实录》卷83）

（同治二年十月辛丑）又谕：“张之万奏‘皖捻由楚归巢，并遏截张总愚股匪西窜，遣撤吴永敖募勇，调张学醇赴豫’各折片。皖捻程二坎分股由楚回窜豫疆，经光山、正阳、息县、汝阳等处兵团截击，并经尹嘉宾一军由淮店扼截，败匪全股遁出豫境……刘蓉、张集馨亦当檄令毗连豫境各州县，联络乡团堵截，毋令与山阳一带股匪勾合。此股贼匪如不能西窜，必将南趋楚境，官文、严树森务当督率襄樊防兵实力堵遏，并会合豫军夹击，切勿稍分畛域……”（《清穆宗实录》卷83）

（同治二年十一月丁未）谕议政王、军机大臣等：“……现在僧格林沁在皖，恐匪众不敢回巢，四出纷扰。该大臣已派苏克金等分路攻剿，一经得手，更恐伺隙旁窜。楚、豫山左各边境，不可不加意防范，力遏贼氛。着官文、吴棠、严树森、张之万、阎敬铭分饬所属，豫为戒备，实力截剿。倘匪踪窜扰何省地方，即惟何省督抚是问，不能宽贷也……

将此由六百里各谕令知之。”（《清穆宗实录》卷84）

（同治二年十一月戊申）又谕：“张集馨奏，收复山阳县城，石泉击贼获胜，雷正绾等军剿办情形，请保出力绅团，并定远厅团勇防剿得力各折片……此股逆匪已距商州不远，该处界连秦、豫、楚三省，山径纷歧，设为该匪盘踞，势将滋蔓难图……周有全所统炮船，现经鄂省檄调，东回郧阳。惟茶镇地方最当冲要，非得此军扼守，不能杜贼纷窜。周有全前已有旨，令其暂署陕安道篆务，着官文、严树森饬令该员速赴新任，并将所部炮船仍归该员统带前进，扼要防守，不得借词奏留。武关一带地近商州，着多隆阿拨兵严密扼守。雷正绾、曹克忠、陶茂林各军分路剿办白吉原等处之贼。该匪现聚麟游一隅，着多隆阿即饬令该将士等绕出贼前，杜其窜往平凉之路……将此由六百里谕知官文、多隆阿、刘蓉、严树森、李云麟，并传谕张集馨知之。”（《清穆宗实录》卷84）

（同治二年十一月己酉）又谕：“……现据李云麟所奏，蓝二顺股匪由山阳窜走中村、银花……着即严饬扼剿贼之东窜商州，北犯洛南各路。如其兵力不敷，即由多隆阿酌量拨兵援济。豫境淅川、楚境郧阳，均属毗连，并着官文、严树森饬令驻郧官军随时侦缉，与秦、豫两省之军相为援应。张总愚一股刻下窜至何处？尤应豫防其与蓝逆窜合，张之万严督豫军实力截剿。此时三省之军，果能乘贼奔窜，并力以图，谅亦不难尽歼丑类，万不可稍存畛域之见……将此由六百里谕知官文、严树森、张之万、多隆阿、雷正绾、刘蓉、李云麟，并传谕张集馨知之。”（《清穆宗实录》卷84）

（同治二年十一月辛亥）又谕：“前据李云麟奏‘蓝二顺股匪由山阳窜走中村、银花一带’，当经谕令李云麟以追贼自任，力筹堵剿，毋任分股北窜商、潼等处……设此股贼匪蔓延楚、豫完善地方，该京堂自问当得何罪。着懔遵前旨，督率兵勇迅解商南城围，剪除蓝逆，稍赎前愆

……将此由六百里谕知多隆阿、刘蓉、李云麟，并传谕张集馨知之。”（《清穆宗实录》卷84）

（同治二年十一月癸丑）又谕：“……张总愚股匪如被豫军剿急，难保不北窜河陕，南趋襄郧，并着多隆阿、张集馨将潼商一路严行筹防，英桂将蒲州一带界连陕洛要隘豫筹防堵。鄂省现已无贼，张曜所部兵力甚单，着官文、严树森速派得力兵勇，越境驰赴淅川助剿，殄豫境之寇氛，即以固楚省之藩篱，毋许稍分畛域。前此余际昌在方家寨剿匪阵亡，即由兵力太单所致，官文、严树森当引为前车之鉴，赶紧派兵协助，毋蹈从前覆辙。程二老坎分股由楚续窜，与前股回窜各匪屯聚沈邱、太和、阜阳边境，经尹嘉宾等军及各路民团由沙河南北两岸沿途截击，歼毙甚多。现经毛昶熙派兵屯扎周口，着张之万、毛昶熙分饬尹嘉宾、徐连陞并李大成、蒋东才等军会合乡团，分路堵截，悉数歼除，毋留余孽。程逆一股前在豫省唐县时不过数千，自入鄂境后，长驱而东，蹂躏千里，自光、罗分股入豫，人数业已逾万，且有所掳楚军号衣多件。着官文、严树森确切查明，系属何路兵勇败挫，毋得讳败为胜，稍事粉饰。程二老坎之弟程大宽，并程大老坎之子程友正赴营纳款，经毛昶熙解赴僧格林沁军营。该逆窜扰数省，楚掠千余里，罪不容诛，自应即行正法，或须暂示羁縻，为诱擒首逆程二老坎之处，着僧格林沁斟酌办理……将此由六百里谕知僧格林沁、官文、多隆阿、严树森、刘蓉、英桂、张之万、毛昶熙、李云麟，并传谕张集馨知之。”（《清穆宗实录》卷84）

（同治二年十一月辛酉）又谕：“……官文、严树森前经寄谕，令其酌拨官军入豫会剿。豫、鄂唇齿相依，淅川与郧阳尤为密迩。该督抚务当不分畛域，克日拨兵入豫，以免张逆溃围出窜，又将扰及鄂疆。谅官文等必能领会机宜，妥筹调拨也。刘蓉并着懔遵叠谕，星速进发，筹复汉疆，与多隆阿及鄂省援军分筹进取，毋稍宕延。将此由六百里各谕令知之。”（《清穆宗实录》卷85）

（同治二年十一月乙丑）又谕："……惟淅川之张总愚一股，该匪负嵎死拒，一日不了，则河南、湖北、陕西三省皆不得安枕。楚、豫兵力亦难匀拨赴陕，着张之万督同张曜及派出各兵认真进剿。如兵力尚单，即飞咨僧格林沁等调拨马队助剿。楚省郧阳防兵现因商雒、淅川一带贼踪未净，固不可以移动。而麻、黄、襄、枣一带防兵，与其设防于境内，不如兜剿于邻封。官文向能不分畛域，严树森亦岂得偏持成见，存此疆彼界之心，致成不了之局，贻祸生灵？着即严饬在防各军，赴豫会剿。张之万久驻许昌，殊无裨益，着懔遵前旨，移营进扎淅川一带，就近督剿，兼遏贼匪纷窜之路。所有张总愚一股，即着责成楚、豫二省协力剿除，倘任蔓延窜越，或时日久稽，即惟官文、严树森、张之万是问。苗逆授首以后，余党以次伏诛，寿、颍各城均已收复，现止剿办零星股匪，可以无须大兵屯聚。淅川张总愚一股，经楚、豫两省兵力夹剿，亦可迅速完竣。是皖省张德胜、蒋凝学、成大吉诸军及楚、豫两省得力劲军，均可移缓就急，分拨赴陕，进扎商雒、荆关等处要隘，归多隆阿、刘蓉调遣……楚、豫交界捻股，即由曾国藩责令皖北楚军会同豫军分投办理……至僧格林沁大军，一俟皖省肃清，即可移扎豫境，就近督饬将弁，相机剿办。如楚、豫将弁各怀观望，不肯奋勇剿洗，即着从严参办，毋稍姑容……将此由六百里各谕令知之。"（《清穆宗实录》卷86）

（同治二年十二月壬午）又谕："前因山阳败匪窜犯商南，叠经谕令李云麟回军剿办。兹据该京卿奏'商南之贼有蓝斯明等夹击，定可收功。目下各营将抵兴安，断难再退。闻西乡踞城之贼因楚师西上，已有惧意，此时进攻西乡，则汉中可望转机。退剿川匪，则兴郡亦成危局。现时贼匪由富水关窜至郧西之赵家川等处，据生擒贼供，该逆欲分为两支，一由郧西下四十里之天河口偷渡，一由郧阳上三十里之武阳等处偷渡竹山、竹溪回川。武阳一带，有梁作楫截剿。郧西一路，经李云麟调总兵蒋运喜率义胜两营回援，并派水师前往堵御'等语。着官文、严树森即饬令梁作楫等，将武阳等处股匪实力歼除。如兵力尚不敷剿办，即着酌度调派，务将此股窜匪尽数殄灭，毋任再有窜越。李云麟既经刘蓉调赴兴安，着即将西乡踞匪先行攻克，会商刘蓉分路进兵，以期节节扫荡。该京卿既称进兵之后，倘所办不能有功，即请置以重刑，谅必确有把握。如任汉中之贼窜犯兴安，阑入完善之区，定惟该京卿是问。另折一件留中备览。将此由六百里各谕令知之。”（《清穆宗实录》卷87）

（同治二年十二月癸未）又谕：“……李云麟督军援陕，所需月饷，楚省仅供其半。张集馨身任封圻，理宜札饬地方官设法接济。若果如李云麟所奏，则张集馨有意掣肘，不顾大局，实出情理之外。惟李云麟所称楚军惊疑解体，几成不测，未免意图耸听……将此密谕知之。”（《清穆宗实录》卷88）

（同治二年十二月己亥）又谕：“张之万奏‘皖匪由桐柏南窜随州，派兵追剿，并飞咨楚省拨兵夹击’等语。皖匪于上月二十七日窜扑桐柏固县寨地方，分股由小林店窜赴楚境，另股三四千名进簿桐柏县城，被该处兵团击退，遂由盘古山等处拥众南走，与前窜楚境之股会合，窜扰随州之新城集，张之万已严饬黄贵诚等拔队跟踪堵剿。惟随州新城集一带，四面皆山，倘被该匪久踞，必至滋蔓难图。着官文、严树森迅派得力将弁，带兵前往随州，与豫省官军两面夹攻，务歼穷寇，毋任阑入楚境。将此由五百里谕令知之。”（《清穆宗实录》卷89）

（同治二年十二月壬寅）谕议政王、军机大臣等：“李云麟奏‘会攻汉郡，分兵留守兴安，并派水陆各营堵剿蓝逆股匪’一折，据称‘……探闻西乡、洋县踞匪因川军云集，图窜汉阴、兴安，东犯襄郡，现已分扰石泉之马家寨等处。经该京卿派兵击退，蓝逆一股扰及上津，欲由甲河等处偷渡回川，已饬派出之兵会梁作楫一军追剿。兴安新旧两城，已派兵留守，俟与刘蓉会晤，共商妥策’等语，览其所奏，仍系豫筹布置，

须俟与刘蓉会晤，方可共商进兵……将此由六百里各谕令知之。”（《清穆宗实录》卷89）

（同治三年正月）丙午，谕议政王、军机大臣等：“……商南股匪窜至山阳、郧西交界之漫川关，着官文、严树森严饬梁作楫一军，会同李云麟所派两营分路夹击，不准再有蔓延。多隆阿因兵力不敷分布，请调石清吉等七营赴陕，着官文等速饬石清吉等七营兼程赴陕，以资攻剿……将此由六百里各谕令知之。”（《清穆宗实录》卷90）

（同治三年正月庚戌）又谕：“官文、严树森奏‘鄂省郧、襄、随、枣，军务紧急，骤难派兵赴豫，并筹调征皖、楚军回鄂，以资援剿’一折，另片奏‘蓝逆窜踞郧县所属之赵家川，攻扑郧西县属之城墙垭等处要隘，均经官军团勇先后击退’等语。发逆蓝二顺已由商南窜绕郧境，捻匪陈大濬、余党陈老阳等，亦由信阳窜入随州之小林店等处，数皆逾万。而苗党漏网之苗添馨，复有纠合宋景诗溃匪图窜孝感之信。鄂省西北边境警报频仍，官文等以众寇环聚鄂疆，兵勇不敷分布，将驻皖之成大吉、石清吉两军调回援剿，自是先其所急。惟随、枣、德安一带，现有总兵杨朝林、赵克彰各营及乌勒喜布等马队前往防剿，总兵王桐柏、周凤山各率所部扼扎于随州之马平港、黄陂县之九子墩等处，今复益以成大吉、石清吉两支劲旅，兵力不为不厚。该大臣等以贼踪散漫，道路纷歧，尚宜以静待动，固属老成持重之见。然筹防不如进剿，近守不若远攻，着即激励诸军，鼓勇前进，迅将窜入小林店之陈老阳等股匪克日歼除。如苗添馨纠合苗党南窜，亦当严饬各将领迎头截剿，毋令阑入楚疆。一俟楚北军务稍松，即恪遵前旨，飞调石清吉七营星速赴陕，交多隆阿调遣，以拯汉南之急。该大臣等素顾大局，谅能妥筹援剿，毋误事机。郧属官军叠经获胜，近复添调唐协和助剿，并着檄饬道员梁作楫等督率各营，将赵家川踞匪剿灭，肃清疆圉。其张总愚一股，业由内乡窜往南召、鲁山一带，贼踪去楚较远，楚军自未便深入会剿。着张之万速饬张曜奋力进攻，若能将盘踞山中之贼聚而歼旃，固属妥善。否则逼令出险，俾苏克金马队得以尽其所长，亦不难于扑灭。该抚务将此股窜匪就地殄除，毋再贻患邻封，致干重咎。将此由六百里各谕令知之。”（《清穆宗实录》卷90）

（同治三年正月庚午）又谕：“李云麟奏，汉中贼党分南北中三路尽力东趋，一由石泉、汉阴出兴安而至郧阳，一由西乡出紫阳、砖坪、平利而至竹山，一由宁陕出镇安而至商州，皆于河南之南阳、湖北之襄阳一带会齐。该京卿已将兴安防守事宜布置，随即驰赴石泉……此股逆众，既有由河南南阳、湖北襄阳一带会齐之谣，官文、严树森、张之万当各饬派出防兵，实力遏截，毋令阑入本境。如能派兵出境，会秦师夹击，更为上策。该督抚等其慎固封守，兼顾邻疆，不得强分畛域。现在张总愚一股尚未扑灭，苏克金马队非僧格林沁亲自督率，恐难得力。皖北应办事宜谅有就绪，该亲王必须移扎豫境，方能尽殄狂氛，肃清中土。着即赶紧区画，一俟皖事布置妥协后，迅即移师进剿，以慰朝廷拯民水火之意。将此由六百里谕知僧格林沁、官文、多隆阿、严树森、张之万、刘蓉、李云麟，并传谕张集馨知之。”（《清穆宗实录》卷92）

（同治三年二月壬申）谕议政王、军机大臣等：“……李云麟驻军饶峰岭，兼顾兴郡之防，务须乘贼穷窜，将宁陕及石泉等处两路逆氛严行截剿，并饬金殿安等军迅由紫阳、西乡一带截剿南路之贼，迅图扫荡。仍随时与鄂、豫两省声息相通，联络接应，以杜贼匪窜越之谋……将此由六百里谕知多隆阿、德兴阿、刘蓉、李云麟，并传谕张集馨知之。”（《清穆宗实录》卷93）

（同治三年二月乙亥）又谕：“张集馨奏‘湘果各军已于正月十一日克复汉中郡城，发逆窜至西乡、石泉地界，屡扑宁陕厅城，均经在城官绅兵勇击退。该逆现由东河贾家营向镇安而去，昼夜行走，势不停留，已飞咨湖北、河南各督抚一体严防’各等语。汉南发逆全股东趋，意图窜扰楚、豫，为回救金陵、牵掣官军之计，其谋甚狡。豫省兵力单薄，张总愚一股尚未就歼，若为发逆所勾结，剿办必更棘手……镇安接壤郧襄，该逆前次本有会兵襄阳之说，不可不豫筹防范。着官文、严树森督饬在防各军实力截击，并添派劲兵前赴郧襄一带探踪迎剿，毋稍大意。湖北、河南如能严密堵遏，该逆穷无复之，难保不分窜商南，由豫窥晋，着沈桂芬相机设防，妥筹办理……将此由六百里加紧谕知僧格林沁、官文、多隆阿、严树森、张之万、沈桂芬，并传谕张集馨知之。”（《清穆宗实录》卷93）

（同治三年二月丁丑）又谕：“前因张集馨、多隆阿、李云麟先后奏陈收复汉中留坝，贼匪分股东窜，叠经谕令多隆阿严防陕省隘口，湖北、河南各督抚迎头堵截。兹据刘蓉奏，收复汉中，贼匪东窜情形，与张集馨等所奏大略相同。该逆因苏州克复，意图回援金陵，率众东窜，行走甚疾。川军甫抵汉中、城固，而逆踪已及汉阴、石泉，势必一由山阳、商雒以趋豫省，一由兴安一带以窥鄂疆。若令窜出山险，则平原旷荡，势必纷扰蔓延，堵截更难得手。刘蓉务宜督率诸军星夜东下，乘势追击，一面饬令李云麟迎头遏截，毋稍松劲。并着官文、严树森饬令襄郧在防将士严扼要隘，仍添派劲旅驰往策应，以厚兵力……刘蓉追剿此股贼匪，务当尽力追蹑，如该匪窜入楚、豫，即着越境穷追，与楚、豫防兵联络夹击，不得稍分畛域，画疆自守，致令滋蔓难图。如楚、豫不能堵截，任贼长驱，视其窜扰何省，惟何省督抚是问。倘前截而后不能追，惟刘蓉、李云麟是问。将此由六百里各谕令知之。”（《清穆宗实录》卷93）

（同治三年二月己卯）谕议政王、军机大臣等：“官文等奏‘皖、豫各捻阑入鄂边，派兵堵剿获胜’一折。皖捻王廷干等由信阳一带阑入随州之小林店，经楚省兵团击走，回窜桐柏之平氏镇。汝捻陈大喜与平氏镇之捻会合，围扑随州，亦经楚军击败，现窜枣阳，着官文、严树森督饬周凤山、赵克彰等将枣阳等处捻众悉数歼除。前据张之万奏，皖匪由桐泌窜随州之新城集，严饬黄贵诚、尹嘉宾、图塔纳拔队追击，何以并未出境会剿？黄贵诚前此追贼不力，仅止摘顶，已属罪重罚轻，着该抚即责令该员等实力进剿，不得强分畛域，以邻为壑。如再不知愧奋，即行严参治罪，以儆玩泄。汉中逆股出窜，有犯郧阳之意。成大吉一军既不能赴陕，即当派令速赴前敌，认真迎剿。若任令阑入楚境，与蓝二逆一股会合，办理更形棘手。道员梁作楫一军小有挫失，是否足资堵御，并着该督抚妥筹调度，毋稍疏虞。豫省张总愚一股未灭，而汉南发逆有分窜南阳之谣，陈大湰一股亦恐被击回窜，实有防不胜防之势……楚省所需马队千名能否匀拨，均着妥筹办理，迅速具奏……将此由六百里各谕令知之。”（《清穆宗实录》卷 93）

（同治三年二月庚辰）谕议政王、军机大臣等：“……李云麟前奏‘驻军饶峰岭，兼顾贼由宁陕、兴安分窜鄂、豫两途’，此次刘蓉奏报，何以有兴安以下文报久梗之言？刘蓉、李云麟务须联络一气，觇贼所趋，尽力追剿……官文、严树森昨奏各路军情，于汉中等贼分窜宁陕、西乡之路，势趋郧竹，尚未深悉。道员梁作楫一军方于郧西与蓝二顺股匪相持，郧边再有贼股纷乘，此军势必难以分应，着官文、严树森懔遵叠谕，严密筹布，增兵堵剿……刘蓉所部各军已成尾追之势，如果能不分畛域，穷追不已，而鄂、豫各边防兵足遏其前，李云麟之军及多隆阿所部，又复从中拦截邀击，谅兹群丑，亦不难就地扫除也。将此由六百里谕知官文、多隆阿、严树森、张之万、刘蓉、李云麟，并传谕张集馨知之。”（《清穆宗实录》卷 93）

（同治三年二月丙戌）山西巡抚沈桂芬奏：“前调东省楚勇毋庸赴晋。”得旨：“此项勇丁既无须拨赴北路，即着该抚转饬该带勇员弁径赴多隆阿军营，以资防剿。”（《清穆宗实录》卷 94）

（同治三年二月丁亥）又谕：“……此股逆匪因金逆首调回，弃城东窜，剽疾异常。若追军少事迁延，势必蔓延楚、豫。刘蓉务当激励诸军，迅速前进，不得以收复汉中郡县遂可塞责……将此由六百里各谕令知之。”（《清穆宗实录》卷94）

（同治三年二月庚寅）又谕：“李云麟奏川、楚各军齐进，发逆避击狂奔，及收复西乡各情形一折。发逆分股东窜，经李云麟督带兵勇在饶峰岭截剿，进赴土门垭。扶逆余党尚踞两河，官军奋击，逆众宵遁。伪天将马逆继至，亦被官军击败，该逆等知中路难犯，欲由石泉、汉阴交界之三官庙直犯兴安，抄楚军后路……而蓝二顺股匪复由郧西扰至洵阳县属之蜀河，是兴安上下均形吃重。虽经李云麟分派水陆各军联络乡团，严密防守，第贼势太盛，必须前后夹击，始可遏截狂氛。着李云麟严饬各军，认真堵御，固守兴安郡县，毋为该匪所乘……蓝二顺一股现已折窜洵阳，郧西情形稍松，官文、严树森当不分畛域，飞饬梁作楫等越境追剿，毋得坐视兴安之急，不思设法应援。该逆图救金陵，锐意东窜，不走湖北，必走河南，节经谕令该督抚等先事筹防。着官文、严树森、张之万分饬派出将领随时侦探贼踪，迎头截击，毋令该匪窜越。张之万仍当严饬张曜等迅将张总愚股匪殄灭，俾得腾出兵力，分路严防。该逆既有‘欲出荆子关，由鄂、豫等省直窜金陵’之说，不可不豫为防范……将此由六百里谕知僧格林沁、官文、曾国藩、多隆阿、严树森、张之万、刘蓉、李云麟，并传谕张集馨知之。”寻李云麟奏：“遵查萧克城乞降之事，为贼首黄姓所觉，伏兵杀之，刘连陞同时被害，并非萧克城豫设埋伏。”报闻。（《清穆宗实录》卷94）

（同治三年二月辛卯）又谕：“官文等奏‘官军克复厉山，立解枣阳、霸山之围，并郧军收复上津堡’一折。皖捻阑入鄂疆，在随枣一带肆扰。此次官军被围至六昼夜之久，幸各将士坚守苦战，援军奋勇驰救，立解重围，军气复振，剿办甚属出力。着官文、严树森激励各军，乘胜穷追，务将此股悉数殄除，肃清边境。上津堡虽经克复，而蓝二顺首恶尚在稽诛，汉南大股发逆悉数东下，张总愚巨股又有‘自南鲁逸出，逼近南阳’之说，败捻已越枣阳，若再上窥襄樊，或直走新邓，势将不可收拾。官文等现饬成大吉等水陆各军分驻襄郧，互相联络。其荆门、荆宜一带又饬周凤山六营居中控扼，所筹均尚周密。即着饬令在防将士严密堵剿，聚歼丑类，不得稍有疏虞。张总愚一股，前据僧格林沁等奏，饬苏克金等诱令出险抄击。此时该逆既已出山，即可用马队冲突，着该大臣严饬苏克金等迎头截击，痛加剿洗。张之万严饬张曜等军会合夹攻，总期一鼓歼灭，毋任旁窜纷趋，又成滋蔓。楚、豫军情万分吃紧，张之万务当振刷精神，督率各军，会合楚师，认真防剿，以保疆圉。将此由六百里各谕令知之。”（《清穆宗实录》卷94）

（同治三年二月庚子）谕议政王、军机大臣等：“张之万奏‘进剿李青店踞逆获胜，该匪翻山夜遁，现在探踪截击’一折。张总愚股匪会合李青店逆党穷蹙纷窜，张曜等亲当其冲，未能力加遏截，致令贼踪横逸，实堪痛恨。现在陕西汉中发逆，日夜锐意东趋，已扰及内乡境内。陈大澐捻股欲向樊城老河口逸出，倘任其乘势勾结，贼氛愈形蔓延，防剿更难分布。着张之万严饬张曜、葛承霖、吴再升等军星速绕出贼前，会合夹击，并饬宋庆等军驰赴嵩县，与张曜等前截后追，痛加剿洗，务将张总愚股匪悉数就地歼除。倘再任令远扬，或致与发逆另股勾合，复行滋蔓，必重治张曜之罪。闻近来张曜大不如前，遇贼不肯奋勇接仗，勿谓朝廷一无闻见也。其陈大澐一股，并着官文、严树森、张之万督饬楚、豫边防各军严密扼截，毋令逸出窜合为患……楚省郧西一带边防，并着官文、严树森饬令派出之梁作楫等军与豫省官军联络防范。张之万仍当督饬李殿元一军严防荆子关要隘，毋令发逆阑入豫疆。如兵力尚单，即着酌量添派，以资扼剿，毋得稍涉大意，致有疏虞。将此由六百里各谕令知之。”（《清穆宗实录》卷95）

（同治三年二月庚子）又谕："……又探称发逆欲从内乡窜合张总愚股匪，现已扰及内乡交界之石楼地方。本日已谕僧格林沁严督苏克金等军实力堵截，张之万严防本境，官文、严树森严扼襄樊，以防陈大澪等股匪勾合皖、粤各逆。前经叠谕刘蓉不分畛域，尽力穷追，着即懔遵前旨，星夜东进，会合李云麟一军紧蹑贼踪，两路夹击，毋稍松劲。至贼踪分窜靡定，倘被楚、豫各军阻截，难保不折回陕境，以窥晋疆。沈桂芬当督饬蒲津一带在防文武，加意严防，以备不虞……"（《清穆宗实录》卷95）

（同治三年三月壬寅）又谕："……蓝逆二顺又由郧西窜及洵阳之蜀河，难保不意图回窜。刘蓉拟留萧庆高、何胜必两军驻扎兴安，所筹系为川、陕两省门户起见，着骆秉章即饬令萧庆高等实力扼扎，相机防剿。刘岳昭所部九营现已回蜀，并着骆秉章会商贾洪诏妥筹调遣。刘蓉新募楚勇三千人已抵万县，该抚现令径趋商州，扼要堵剿，着照所议办理。惟此项楚勇由万赴商，正可拦腰截贼，不可徒成尾追之势，且须兼顾郧防，不可稍分畛域……昨据张之万奏，发逆已窜内乡等处。是楚、豫两省防剿万紧，前已叠谕刘蓉令其东下追贼，以收夹击之效……将此由六百里各谕令知之。"（《清穆宗实录》卷96）

（同治三年三月）丙午，谕议政王、军机大臣等："……陈大澪一股窜至襄阳所属之榆山一带，欲向樊城老河口奔窜。僧格林沁恐各匪勾结为患，已亲统全军赴豫，先至许州一带探剿，所筹深合机宜。着即督同苏克金、傅振邦等诱贼出险，先将此股殄灭，以次削平群寇。张之万督饬地方文武团练协同剿办，均听候僧格林沁调遣，粮饷军火随时筹济，不得迟误。汉中贼匪沿江而下，较旱路尤为剽疾，若过郧阳，指日可到老河口。邓州、新野均属紧要，张之万当抽拨兵勇赴防，毋任阑入，勾合为患。此股窜贼，既有窜过郧阳可到老河口之说，而陈大澪一股亦欲由樊城老河口奔窜，是楚北防务十分吃重，何以近日未据官文等续报情形？着官文、严树森饬令在防将士，昼夜防范，倘兵力尚有不敷，应即相机筹调。樊城一带，倘需水师防剿，亦应一并筹派，不可稍有疏虞……李云麟前奏，调澄汉九营水师防河。何以此股贼匪沿江而下，直犯郧阳，窥伺老河口？足见水师不能得力。着即统率所部，尽力追剿，毋得区分畛域，贻患邻封……”（《清穆宗实录》卷96）

（同治三年三月己酉）又谕：“……此股贼势甚剽疾，并有水路之贼自汉中沿江直下，以犯郧阳。刘蓉、李云麟务当懔遵前旨，督军痛剿，越境穷追，并会合多隆阿一体分兵严行截击，与楚、豫官军联络夹剿，痛歼逆氛，毋得以驱贼出境为了事……将此由六百里各谕令知之。”（《清穆宗实录》卷96）

（同治三年三月辛亥）又谕：“……蔡逆、二顺一股，众约二万人，由郧西上犯洵阳，若不先将此股歼除，势必乘虚窜扰，复致蔓延。李云麟既指画舆图，谓蔡逆已入彀中，可期必灭。即着责成该京堂督率所部，与刘蓉所派湘果等营会合夹击，迅歼贼氛，毋得徒托空言，致干咎戾。其曹灿漳等余逆亦应力图搜剿，以绝根株。刘蓉务饬驻守各军悉力剿捕，迅速蒇事，仍恪遵前旨，东下追贼，以收夹击之效。蔡逆既有偷渡蜀河回川之谋，骆秉章当饬在防员弁兵勇认真防遏，毋令匪踪得以入境。端扶各逆势极慓悍，叠经谕令楚、豫两省督抚派兵迎剿，刘蓉、李云麟现拟分派各营，由洵阳、安康、镇安三路并进，为尾追之师。李云麟拟俟蔡逆破灭，顺流下驶襄樊，相机邀击，为拦截之师。着官文、严树森、张之万添派劲旅，会师夹剿，毋令贼踪深入腹地，致成燎原。发逆裹胁之众，多系德安、襄阳、黄州之人，未必甘心从逆。楚军如能严扼襄樊，相机截剿，则被胁者自必望风解散，着官文等妥筹办理。汉南山路崎岖，被扰之后米粮一空，刘蓉现统各军既以转运为难，将来出境追贼，实有师不宿饱之虞，着官文、严树森、张之万于秦军行抵各该省境内，即着先行筹备一月口粮军火，毋令缺乏。将此由六百里各谕令知之。”（《清穆

宗实录》卷97）

（同治三年三月癸丑）又谕："……陈大溌股匪扰及襄樊，亦恐其与汉中窜匪潜谋合并。该大臣抵许昌后作何筹布，鄂、豫各军堵剿是否得力，应令如何协同剿办之处，着即迅速奏闻，以慰悬廑。将此由五百里谕令知之。"（《清穆宗实录》卷97）

（同治三年三月）丙辰，谕议政王、军机大臣等："……自陕省汉中之贼出窜宁陕、商州一路，并有分由汉江水路下窜者。节据多隆阿、张集馨等奏报，汉南贼欲回救金陵，约于鄂省襄阳老河口等处会齐。官文等前奏克复厉山，并枣阳、霸山解围，收复上津堡等情形折内，具称蓝二顺首恶稽诛，汉南逆匪悉数东下，张总愚股匪自南鲁山中逸出，逼近南阳。豫省败捻又越枣阳，或由王家河以窥襄樊，或由双沟司以达新邓，均未可知。襄樊为全鄂上游，南北锁钥，东西北三面之贼纷沓而来，鄂军能否自固藩篱，犹无把握。所派成大吉、欧阳正墉、梁作楫及副将龙藻琦、都司周有全、总兵周凤山等水陆各军，分驻襄郧并当阳各处，以上各军是否均已到防？何以各军战守情形经月全无奏报？当此金陵垂克之时，若令贼得肆其狡谋，于襄樊一带会齐，乘上游建瓴之势顺流直下，将使围攻金陵大军为所牵动，岂不又碍全局？官文、严树森如不能将此贼严密防剿，致误大局，自问当得何罪。军情紧要，鄂省各路官军深恐事权不一，为兵家大忌。官文、严树森二人内，即当商定一人出省，督办防剿，毋得安坐省垣，一任贼之纷窜，俟得有胜仗，一奏塞责，以为了事。并着于商定出省后，一面迅速奏闻。曾国藩能否亲往金陵，督办攻剿？现在襄樊吃紧，该处为金陵及皖省上游，亟应豫为防范，不可稍涉大意。该督前奏杨岳斌统带师船，严防江面，不能调往他处。此时江面上游有事，着即于杨岳斌、彭玉麟二人内酌留一人防江，一人溯流而上，以资防剿。如鄂省派出成大吉等军无所统率，杨岳斌等无论何人前往，均可登岸，将鄂省各路陆军并归统带调遣，以期得力。僧格林沁日内当已行抵许昌，该处与襄樊较近，军情贼势，谅能侦查明晰。张总愚股匪出山以后，剿办若何？汉中窜匪逼近内淅境地，一犯南阳，与襄樊贼股又虞串合……其襄樊一带窜贼，官文、严树森必当严督将士剿除净尽，不准有以邻为壑之心，并不准以有僧格林沁在豫，稍存推诿。曾国藩为国重任，身系东南全局安危，官文等向来办理军务，尚能不分畛域，均属有功之人。值此大功垂成，尤应始终罔懈，同济艰难，以维全局。若令垂成之功又有中变，事属何人贻误，必将该督抚重治其罪，不能以前此有功，稍从宽宥也。将此由六百里加紧各谕令知之。”（《清穆宗实录》卷97）

（同治三年三月己未）又谕：“……陈大濬回窜淅川之李官桥、襄阳之老河口，发逆窜商南之竹林关等处，是襄、郧二府，均属十分吃重。官文等一月无报，实属不知缓急。究竟所派之梁作楫等军能否得力，应否添调新军，均须认真布置，不至纵匪深入，蹂躏地方。该匪本为图救金陵而来，若由随、枣、黄、麻直趋英、霍，或由水路顺流而下，则曾国藩不能不力争上游，恐于金陵垂成之局又生枝节。襄郧一带地势宽广，官文所派防边各将职分相等，无所统率，必将贻误事机。汉南前车可鉴，官文、严树森当懔遵十六日谕旨，即日商定一人出省督师，一人留办防务，不准稍有迁延，致干咎戾。并仍遵前旨，飞咨曾国藩移调杨岳斌等水师，于襄樊一带督同陆师夹剿……其分窜老河口捻股，着官文等督饬严密截剿。以上各路窜匪，如由何路掣动大局，惟何省督抚是问。其应于何路扼要设防之处，并着僧格林沁、官文等悉心调派，彼此知照，毋误事机……将此由六百里各谕令知之。”（《清穆宗实录》卷97）

（同治三年三月）壬戌，谕议政王、军机大臣等：“……现在曹、蓝各逆势尚猖獗，刘蓉所部近日剿贼情形，未据该抚驰奏，实深廑念。此股匪徒，若不及早扑灭，不独兴安、商州等处受其蹂躏，将来会合发逆，必至窜扰鄂、豫腹地……即着多隆阿商同穆图善，于所部酌调兵勇四千名，交姜玉顺、佘福象统带，驰赴陕南，会同刘蓉各营，迅将曹、蓝各股匪徒尽力剿洗。仍遵前旨，追贼出陕，行抵鄂境，即归官文调遣，并着官文将此起兵勇四千名催提赴鄂，以资得力。刘蓉务当激励诸军，督饬李云麟肃清汉南余孽，毋得任令盘踞蔓延，致辜委任……襄郧军务紧要，不可无大员总统，叠经谕令官文、严树森酌定一人出省督师，尚未据官文等复奏。其陈大漋现由老河口窜往何处，陈得才等匪曾否与陈捻会合，亦未据官文等驰陈，西望不胜焦急。官文威望素著，即着该大臣克日出省，将襄樊等处水陆各军力加整顿，迅殄逆氛。所有在事文武员弁，如恇怯无能，迎剿不力，该大臣务当从严参办，毋得讳饰瞻徇，贻误事机，自取咎戾。官文出省后，省城防务，严树森责无旁贷，并着认真经理，期于有备无患，不可稍涉大意……此由六百里加紧谕知僧格林沁、官文、多隆阿、穆图善、严树森、刘蓉，并传谕张集馨知之。”（《清穆宗实录》卷98）

（同治三年三月壬戌）又谕：“传谕暂署陕西巡抚张集馨，张集馨奏统兵大臣伤病难救，谨陈该营详细情形，密筹办法，与十九日寄谕多隆阿等谕旨大致暗合，本日已另降谕旨，作为特旨，照所陈办理矣。该署抚请令姜玉顺、佘福象率诸将将四千人赴鄂，惟佘福象系汉中镇实缺，当令赴任，归刘蓉节制，以资镇守。所统亲兵不得过多，该处如须留兵防守，刘蓉自能量为调派。姜玉顺即令带兵四千名，由子午谷过宁陕，将窜匪节节扫荡，迅至湖北，交官文调遣……”（《清穆宗实录》卷98）

（同治三年三月癸亥）又谕：“……前据张之万奏，陈大漋一股回窜淅川之李官桥、襄阳之老河口，汉中发逆窜往内乡之下瓦亭，相距甚近，曾否勾合，着僧格林沁、张之万派兵分投堵击，迅速歼灭，毋令勾结东趋，扰及腹地……将此由六百里各谕令知之。”（《清穆宗实录》卷98）

（同治三年三月）甲子，安徽巡抚乔松年奏：“楚、豫接壤之区皆须严为防范，已革带兵官添募勇丁千名勤加训练，借资调遣。”得旨：“张总愚一股勾合发逆，恐其窜扰皖北，该抚当严饬张得胜等将所部兵勇勤加训练，备豫不虞，毋稍松懈。”（《清穆宗实录》卷98）

（同治三年三月）丁卯，谕议政王、军机大臣等：“官文等奏‘捻逆两次图踞襄樊，官军援剿获胜’一折。襄樊为形势之地，久为群寇垂涎，此次捻逆陈大潼等由枣而西，力争上游，其势甚炽。幸成大吉、梁洪胜等军援剿获胜，襄樊赖以复安。惟败捻西趋老河口，而汉南发逆已窜至邓州之厚坡，将与陈大潼一股会合。后股窜至洛南，又将与窜往嵩卢之张总愚捻逆合股。楚、豫各边千有余里，数十万之贼麇聚其间，防务万分吃重。官文等现派水陆防兵严防上游要隘，并于下游黄冈等处相机扼堵，所筹均尚周密。第贼势正盛，而官军分布各处必须总统有人，方能事权归一。着官文恪遵叠次谕旨，即日出省督师，分饬各路将士将西趋老河口捻股乘胜剿灭，并侦探发逆踪迹，迎头截击，毋令与捻匪勾结，蔓延为患。严树森居守省垣，务将汉、黄一带防守先事豫筹，督饬水陆各营严密防范，毋稍疏虞。僧格林沁前已移军嵩县，计张总愚一股不难克日殄除。惟发逆头起窜扰邓州境内，其后股又窜洛南，必须痛加剿洗，方能遏其凶锋，不至窜扰腹地。着僧格林沁会同张之万督饬南路各军，与楚师两路夹击，速殄贼氛。前谕将多隆阿军营马步各队约共五千余名，调赴僧格林沁军营。此时剿办大队捻逆，正宜厚集兵力，仍着僧格林沁将此项马步兵勇迅速催提赴豫。汉南剿贼之姜玉顺一军四千名，并着官文迅速飞调赴楚，借资策应。将此由六百里各谕令知之。”（《清穆宗实录》卷98）

（同治三年三月庚午）谕议政王、军机大臣等：“……惟新野系四达之区，张之万现派永奎等前往援剿，设该匪被剿他窜，南窥襄樊，北走叶裕，在在可虑。僧格林沁自应与张之万分投扼剿，方可力遏狂氛……官文接奉叠次谕旨，计已出省督师，此时鄂、豫边境群贼聚集窥伺，奔突靡定，襄、樊、随、枣一带均关紧要，着官文驰檄各路将领，认真防剿，毋得稍有疏失，致负委任。如发捻各匪被僧格林沁剿败，遁入楚境，即着严饬诸军越境追蹑，会同官文派出之师并力兜剿，庶两路夹击，可收聚歼之效。严树森仍遵前旨，将省城防守及下游堵剿事宜豫为筹办，毋稍大意。将此由六百里各谕令知之。”（《清穆宗实录》卷98）

（同治三年四月壬申）谕议政王、军机大臣等：“……襄樊贼势亦众，官文等前奏鄂省剿办，未即大挫其锋。贼本有于该处聚齐回救金陵之说，亦属不可不防……将此由六百里各谕令知之。”（《清穆宗实录》卷99）

（同治三年四月壬申）又谕：“……兹据曾国藩奏称‘汉中发捻各匪窜至邓州、内乡之交，襄樊贼势甚众，虑由豫、皖陆路冲至凤颍、庐巢一带，掳船南渡，图解金陵之围’等语。皖北防剿各军节经官文、曾国藩移调湖北、皖南，现存皖北各营兵力已不甚厚……将此由六百里谕令知之。”（《清穆宗实录》卷99）

（同治三年四月丁丑）又谕：“官文、严树森奏‘捻逆勾结绕窜枣阳，出省调度，总兵梁洪胜于光化县境续获胜仗’各折片。逆捻自襄樊败走之后，复欲北窜，经梁洪胜等军击败，窜向河南淅川之李官桥等处。汉中逆股窜至邓州、新野之交，适与之合，乘虚阑入枣阳县境。而贼尾股仍在河南内淅、邓州等处，其众数十万，蔓延数百里，逆氛颇炽。其地由湖北之安、麻、蕲、罗，可达英、霍，由河南之信、罗、光、固可达六安，到处空虚。贼之欲绕豫、楚，以扰皖军后路，而解金陵之危，计颇狡毒。官文等以先保汉、黄、安、德四府及力扼长江广汉为切要之图，派令周凤山等军分驻襄阳等处，布置均为妥协。官文现在出省督师，自应择要驻扎，以便居中调度。惟分布各路，兵力尚虞单薄，前谕多隆阿等派令姜玉顺等带兵四千名由宁陕迅赴湖北，交官文调遣曾否起程，即着多隆阿、穆图善催令姜玉顺等星速前往。官文即飞檄迎提，以厚兵力。

穆图善暂署钦差大臣关防，节经谕令将各军分投调拨，何以只字未见复奏……官文等所奏贼窜情形与前日张之万所奏略同，汉中逆匪恐与张总愚、陈大濬等均已勾合，捻逆蜂屯蚁聚，尽窜鄂疆。僧格林沁由嵩县督军驰赴南阳，与邓新及枣阳一带渐近，贼势一片，恐非鄂军独力所可支。僧格林沁大军并傅振邦所带前敌各营，应与鄂军如何联络，前截后追，着即迅速筹办。仍遵前旨，兼顾北路之防，以备贼复回窜豫境……曾国藩前奏派往鄂省之李济清、万化林二营，已据官文等分派襄涢一带。其咨商杨岳斌、彭玉麟于浦口以上津渡节节布置，以防贼之东援，部勒谅臻严密。此时捻逆群党麇集鄂境，其由水陆下窜，图扰皖军后路，以解金陵之危，均须加意防维，不可稍涉大意，谅曾国藩必能筹画万全也……多隆阿所派蓝斯明等军自应由后追蹑，与楚、豫官军前后夹击。蓝二顺逆党尚在蜀河，鄂军凭汉堵击，仅能扼使不得东渡。李云麟前奏，以专剿此贼自任，此时正可与鄂军合力痛歼。若再坐失事机，避贼而行，又复任意枝梧，该京堂自问当得何罪……襄郧与陕毗连，而潼、商等处仍恐余氛未靖，事机均极吃紧。刘蓉责无旁贷，惟当妥筹调度，严饬各路官军戮力灭贼，岂可安坐省垣，转形诿卸……将此由六百里各谕令知之。”（《清穆宗实录》卷99）

（同治三年四月）己卯，谕议政王、军机大臣等：“……现在楚、豫贼匪图犯皖疆以援金陵，不可全无备虞。除富明阿本日所请，如有警信，南渡之军尚须酌撤回扬，准其照办外……如楚、豫贼匪有窜近皖疆之信，即可飞调陈国瑞一军截剿，并遵照叠次谕旨，催提陕西所拨之常星阿等马步各队迅速赴豫。一俟到营，即酌拨马队数百名赴皖，交乔松年调遣，以防贼匪下窜。乔松年即可腾出克蒙额所统马队，全数赴扬归富明阿调遣，以资得力。将此由六百里各谕令知之。”（《清穆宗实录》卷99）

（同治三年四月丙戌）谕议政王、军机大臣等：“僧格林沁奏‘马队追剿发捻，叠获胜仗，现抵随州，调楚、陕步队跟追，并饬豫军蹑剿后股发逆'，官文奏'楚北兵力不敷，请催调秦军来鄂'，另片奏'发捻合股阑入枣阳等处，水陆各军先后获胜，并现在布置各情形'，览奏均悉。发逆梁姓股匪七八千人、张总愚匪股万人及陈得才、陈大漋等股，叠经僧格林沁指挥马步各军痛剿，毙贼甚多，张总愚已身带重伤，余匪越岭逃遁。僧格林沁以枣、随一带地势狭窄，马队难以施展，请飞调萧河清、孟宗福等所带之四千人迅速赴楚。此项步队，屡经饬令多隆阿等拨赴豫省军营，交僧格林沁调遣，何以至今尚未起程？实属不知缓急。着多隆阿、穆图善、刘蓉迅即懔遵前旨，将马步各队照数调派，饬萧河清等改赴楚省，交官文调遣。官文俟此项步队到后，饬令与杨朝林之军追击各股逆匪，以资得力。其常星阿等马队，仍归僧格林沁调度，倘该逆被剿回窜，一至平阔地方，该亲王当扼要豫为布置，迎头截击，为一鼓聚歼之计……发捻各逆由枣入随，经杨朝林督队追击，连获大胜。该逆由钟祥县属之洋梓地方分股扑城，经梁洪胜等水陆堵截，该匪窜臼口镇及马梁内湖等处，亦经张启基等设伏败之。现在随、枣、钟、京贼氛遍地，武汉戒严，官文现饬石清吉移扎杨店，成大吉马步十二营移扎滠口，分扎涢口，杨朝林俟后路稍定，由钟祥水路下驶，会合江长贵节节进攻。又将舒保马队分布于孝感之杨店等处，先顾省垣，兼扼东趋皖省之路，孝感、黄陂水路各分拨炮船扼防，布置已极周妥。着即督饬派出各军，认真剿办，并即督带亲兵溯流而上，先保襄河水面，俟安陆、京、天等处扫荡，即由陆路往云、孝、德安一路督剿，其慎固封守，以纾朝廷南顾之忧。省城防守事宜，着严树森妥筹办理，毋稍大意。所调之姜玉顺等楚勇四千名，着多隆阿、穆图善迅即催令起程。前拨常星阿等马队，迅催前赴僧格林沁军营，到营后应如何分拨湖北，交官文调遣，即由僧格林沁妥筹办理。李云麟所剿蔡逆，蜀河一股曾否殄灭，近日军情何以未据奏报？陕南蓝曹余孽如犯兴安，或图回蜀，李云麟当认真剿洗，不得观望粉饰，致误事机……将此由六百里各谕令知之。"（《清穆宗实录》卷100）

（同治三年四月丁亥）谕议政王、军机大臣等："……惟江北空虚，楚、豫贼匪仍思东窜皖境，以救金陵……其富明阿所统江北之军即可调回扬防，以备截剿楚、豫东窜之贼。以上布置情形是否妥善，着富明阿、李鸿章、冯子材、魁玉通筹大局，妥为办理，一面迅速奏闻。将此由六百里各谕令知之。"（《清穆宗实录》卷100）

（同治三年四月丁亥）又谕："穆图善奏'遣军迎剿南山窜匪'一折，览所奏情形，于叠次寄谕，声复殊未明晰。前因陕省回匪肃清，楚、豫军务紧急，叠谕多隆阿等调派姜玉顺等带勇四千赴鄂，萧河清等带勇四千并常星阿等督带马队前赴豫省军营，归僧格林沁调遣。多隆阿伤病未痊，穆图善署理关防，自应将遵旨调派情形星速驰奏。本日据穆图善奏称'屡奉寄谕，深以陕省余孽未清，仰劳圣虑。现派姜玉顺统带十营，由鄠县涝峪口进剿曹背时股匪'等语，而于屡次催调驰赴鄂、豫马步各军谕旨，竟无一字提及，实属不知缓急。现在陕南发逆勾合捻股窜扰鄂境，随、枣、钟、京贼氛遍地，其滋扰陕省者，仅曹、蓝两逆耳。蓝二顺一股，前已责成李云麟赶紧扑灭。至曹背时一股，刘蓉责无旁贷，且部勇甚多，自应严饬萧庆高等认真剿洗，俾姜玉顺一军克期赴楚，方是正办。乃于派后援鄂一事，刘蓉等竟漠不关心，殊不可解。该抚身受厚恩，务当力顾大局，以副委任。即着督饬各军，迅将盘踞两郎一带之曹逆悉数歼除，毋再迁延干咎。李云麟亦当懔遵前旨，将蜀河等处逆股殄灭净尽。昨据僧格林沁奏'俟萧河清等步队到楚，始可将马队撤至豫境，以防北路'，是楚省需兵甚为紧要。着穆图善商同刘蓉，速饬姜玉顺、萧河清等督带步队，遵照昨日寄谕，赶紧赴楚，归官文调遣。常星阿督带马队速赴僧格林沁军营，以资攻剿……多隆阿所统马队一千五百名，前已照数分拨僧格林沁及定边军营。此外步队，除拨给姜玉顺、萧河清等八千名带赴鄂省外，现存陕省者尚有若干，如果调拨各省后所存无多，不敷防剿，即着刘蓉将所部兵勇匀拨若干，将陕省边防妥为布置，仍一面迅速奏闻。将此由六百里各谕令知之。"（《清穆宗实录》卷100）

（同治三年四月）戊子，谕议政王、军机大臣等：“……鄂省随、枣、钟、京一带贼氛遍地，前经谕令穆图善、刘蓉将派赴豫省之萧河清、孟宗福等所带楚勇四千人改派赴楚，与原派赴楚之姜玉顺等所带四千人一并前往，交官文调遣。其常星阿马队，仍派赴僧格林沁军营，着即懔遵前旨，迅饬萧河清、姜玉顺、常星阿等军克期起程，毋稍延缓。鄂省贼势甚重，专盼前项派拨助剿之兵，穆图善等何以置若罔闻，于奉到谕旨后尚未见有复奏？倘因调派迟延，缓不及事，致令楚疆有失，必惟穆图善刘蓉是问。多隆阿病势若何，刘蓉何日出省，即遵前旨迅速奏闻。将此由六百里各谕令知之。”（《清穆宗实录》卷100）

（同治三年四月己丑）谕议政王、军机大臣等：“曾国藩奏‘徽军挫失，并克复金坛，暨办理竭蹶情形，恳请皖、鄂分任军饷’各折片……刘典、王文瑞各军陆续到后，声势更壮，谅已足敷剿办。发捻窜近随、枣、黄、德，曾国藩已派彭玉麟统率师船上赴九江，防剿北岸鄂、皖江面，兼顾南岸鄱湖、都昌一带，江路当可无虞。惟……其余潜、太、英、霍、桐、舒等县，皆空虚无兵，深虑楚、豫境内发捻大股乘隙东窜……至发捻大股，现在麇聚于随、枣、钟、京等处，鄂省兵力尚敷堵剿，官文、严树森总当严督诸军，将该逆就地殄尽，万不可令其窜入皖境……曾国藩声称户部复奏折内，所称‘湖北等省协济月饷等款为数甚巨，实则所得极少’等语，本日已交户部核办矣。所请将杨岳斌、萧庆衍、蒋凝学、毛有铭、梁美材诸军，仍由鄂省照旧供支，于六成之外酌添一二成之处，着官文、严树森速筹发给……将此由六百里各谕令知之。”（《清穆宗实录》卷100）

（同治三年四月庚寅）谕议政王、军机大臣等：“穆图善奏‘陕省军务渐就肃清，全军遵旨驰援楚、豫，并曹克忠一军攻克马鹿镇等处贼巢’各折片。曹背时一股经提督姜玉顺歼灭殆尽，曹逆亦在诛数。穆图善现檄姜玉顺先行统带九营由南山拔队，援应楚省，饬蓝斯明、萧河清各率所部赴豫，自尚未接到本月十六日令萧河清等改赴楚省之谕。着懔遵前旨，令萧河清、姜玉顺所带步队八千人一并驰援楚省。多隆阿部下马队，除酌留拨给都兴阿外，其余悉令常星阿等统带，仍赴僧格林沁军营。僧格林沁现驰随州，俟西省马步到齐，应如何分拨策应并派防豫省东北两路之处，均着妥为筹画。穆图善欲亲督马步，出关分剿，奋勇可嘉。该将军即妥为部署，亲率各营赴楚，并须激励各军认真出力……官文于陕西兵勇到后，兵力益足，务当妥筹分布，将楚境贼氛节节扫荡，毋留余孽。严树森仍慎固省防，不可稍涉大意。刘蓉已派英毅六营赴襄樊，此军何日到楚，亦可归官文调遣……潼商等处防守紧要，着刘蓉选派得力兵将分股驻扎，以便蓝斯明、萧河清起程赴楚……蔡逆一股经刘蓉派令湘果各营会商李云麟击剿，闻已败窜郧西，着责令该京卿跟踪蹑剿，不得稍留遗孽，贻患邻封。若纵令与楚、豫各匪合股，定惟李云麟是问。将此由六百里各谕令知之。”(《清穆宗实录》卷100)

(同治三年四月壬辰)谕议政王、军机大臣等：“……楚、豫捻匪窜扰随州，号称数十万众，图援金陵，意由江北绕道前进。该将军现将泰兴防兵撤回，并于南渡之军抽回四千，以防西路。留总兵杨心纯守丹阳，令詹启纶统带五千人暂扎丹邑，以便驰助金陵，即着照所拟妥为布置……将此由五百里谕令知之。”(《清穆宗实录》卷101)

(同治三年四月癸巳)又谕：“……豫省捻匪、汉中发匪并趋鄂疆，随、枣、钟、京一带遍地贼踪，官文现已出省督师。唐训方署理巡抚，当此事机吃紧之际，恐不足以资坐镇，着毛鸿宾、郭嵩焘催令吴昌寿赶紧交卸，兼程前进，迅赴湖北巡抚新任，毋稍迟延。将此由六百里谕令知之。”(《清穆宗实录》卷101)

(同治三年四月癸巳)又谕：“官文奏‘随州等处续获胜仗’，张之万奏‘截击发逆获胜，并堵剿信阳等处窜匪’，毛昶熙奏‘连克贼巢，息县渐次肃清’各一折。楚军随同僧格林沁马队在随州击败发捻股匪，斩馘甚多，与僧格林沁前奏情形大略相同。该逆由天门、京山、云梦一带掳掠民船，意图抢渡，均为水师击退，是楚省防堵尚属严密……皖北兵力甚单，深为可虑，前经谕曾国藩能否腾出鲍超一军防剿皖北一带，此时事机紧急，着即檄令该提督统率所部，迅速前往楚、皖交界地方，严密堵遏由信阳东窜之贼。并着官文将天门等处股匪力行扫除，严防东窜皖省之路，不得令该逆阑入，致滋蔓延。仍一面派兵，与豫省派出各军联络，尽歼丑类。多隆阿旧部八千人业已陆续起程赴楚，兵力足资剿办，如何接替分拨，着官文妥筹布置……至发逆后股，由淅川败至板桥，经张曜会同色尔固善马步各军截杀甚多，复追入楚境郧阳所属之羊皮滩，叠获胜仗。该逆势已穷蹙，着僧格林沁、官文、张之万檄饬色尔固善并楚、豫各军前截后追，务将此股殄除，毋留余孽。唐训方久在戎行，熟谙军务，一切战守布置机宜，着与官文悉心筹商，以臻妥善。将此由六百里谕知僧格林沁、官文、曾国藩、富明阿、吴棠、李鸿章、乔松年、张之万、毛昶熙，并传谕唐训方知之。”（《清穆宗实录》卷 101）

（同治三年四月戊戌）又谕：“刘长佑奏‘湖南、湖北两省防剿吃紧，现拟裁撤陈飞熊一军，赴官文军营调遣’等语。湖北虽甚紧要，现有僧格林沁大军及官文出省调度，兵力尚不为薄。惟该逆人数众多，恐铤而走险，东窜堪虞。所有现拟撤裁之陈飞熊一军五百名，着即饬令迅速赴皖北地方，归乔松年调遣。乔松年于此项勇丁到后，即酌量派驻扼要地方，与陈国瑞等军及皖北各军声势联络，毋任楚氛侵入皖疆，回救金陵，方为妥善。将此由五百里各谕令知之。”（《清穆宗实录》卷 101）

（同治三年四月戊戌）又谕：“严树森奏遵旨筹办省防，布置汉黄一带水路情形，并请将陕西所派英毅等二十营撤回各折片。发捻各逆窜楚，股数众多。德安、云梦、应城、随州、京山、天门等处纵横数百里，而大股则麇集于德安之三里店等处，切近城池。官文已抵汉川，涢汉一带当可无虑，着官文严饬水陆各军认真剿办。德安等府县城池，责令各该地方官严密防守，不可稍有疏失。严树森所派驻防涢汉之师，悉归官文调遣。如何路有失，定惟何路带兵官是问。防省之成得升等营，归唐训方调遣。唐训方接署抚篆，办理省城防守事宜，务当随时禀商官文，以一事权。严树森所募之湖南勇丁，如已将次到鄂，即归成世音等训练调拨。如尚未募齐，即可停止，并着官文等酌量办理。另片奏‘刘蓉前派之英毅六营，业由商州径赴襄樊，现有添派湘果马步十四营东下追贼，月需饷银五万七千余两，属由鄂省先行筹拨一月拨济。鄂省饷源将竭，不能为秦军筹此巨款，请饬陕西将英毅、湘果二十营兵勇即日截回。李云麟一军五月以后月饷，由秦筹给’等语。刘蓉所派之英毅六营已入楚境，应否留楚，即着官文知照刘蓉办理。至湘果十四营，前经刘蓉议令撤遣回蜀，当以甘省余孽恐被剿回窜，必须暂缓撤遣，本未令其留楚，着刘蓉仍遵前旨，责令搜剿各路余匪，将来如何区画遣撤，并须妥为筹办。李云麟军饷，五月以后由陕西支发，刘蓉筹解毋误。正在寄谕间，据僧格林沁奏‘督饬马步各队移向应山、信阳一路追剿发逆，叠获胜仗，并函会官文札饬楚、豫官军蹑剿败残余匪’一折。陈大濬与蓝范等逆合股在英山一带麇聚，僧格林沁亲督大队痛剿，擒斩无算。复经傅振邦等马步追蹑，逆众向正南狂奔，该亲王已饬候补道葛承霖等带队追剿，而自带舒通额等马队暂扎信阳，以固北路之防，所办极为周妥。着即督饬各将弁分投蹑剿，务期节节肃清，毋任窜入腹地。该亲王即在信阳州居中调度，倘该逆被击东趋，即可督率舒通额、恒龄等尽力追击，以收聚歼之效。陈国瑞一军应令扼扎何处，截剿窜贼，并着僧格林沁酌量调派。官文务当督饬水军，力固江防陆路，迎剿窜逆。豫军到楚，一并归官文节制调遣，以资得力。将此由六百里谕知僧格林沁、官文、刘蓉，并传谕唐训方知之。”（《清穆宗实录》卷101）

（同治三年四月戊戌）又谕：“……现在汉中发逆悉数东窜鄂北，襄、随一带到处传烽。僧格林沁驻扎楚、豫之交，剿办发捻，断不能移师西向……穆图善前已授为荆州将军，令其带勇赴楚。该将军现已屯兵灞桥，着即统率姜玉顺等军，仍遵前旨，迅赴楚北会剿。正在寄谕间，据雷正绾奏‘请饬多隆阿所部数营拨归都兴阿统率，援剿宁灵，并曹克忠平毁长宁驿、马鹿镇两处贼巢’，刘蓉奏‘生擒曹逆，并将余匪搜捕净尽，蔡逆被剿西窜，官军追剿堵击情形，督催姜玉顺等拔营赴楚’等折片……多隆阿所部，除姜玉顺等马步各队已拨赴楚北，此外如尚有余兵，固可拨赴甘省。如无兵可拨，即着刘蓉将所部酌拨若干，赴雷正绾军营，以厚兵力……将此由六百里各谕令知之。”（《清穆宗实录》卷101）

（同治三年五月庚子）又谕：“穆图善奏，遵派马步官军援楚，现已起程，并请饬河南备办粮草等项各折片。陕省援楚官军经穆图善派拨蓝斯明、萧河清步队作为头起，姜玉顺步队作为二起，克日陆续前进，均归官文调遣。常星阿等六起马队，径赴僧格林沁军营。姜玉顺一军已于四月十七日起程，其蓝斯明、萧河清并常星阿等军究于何日起程，未据穆图善声叙，着该将军即饬蓝斯明等马步各队迅速分赴僧格林沁、官文军营，不得稍事延缓。现在分拨楚、豫各营兵勇，为数已不为少。甘省兵力尚单，不敷攻剿，且刻下甘省回氛尤炽，亟应移缓就急……至萧河清等援楚兵勇应从豫省地方经过，现已由穆图善粮台备银数千两带赴河南一带，会同经过州县豫行备办……穆图善俟分拨各营事竣，即着克日起程赴楚。官文俟穆图善到后，妥商调度，务当力遏贼匪东窜皖疆之路，就地歼除，毋任蔓延。将此由六百里各谕令知之。”（《清穆宗实录》卷102）

（同治三年五月癸卯）谕议政王、军机大臣等：“冯子材等奏‘分兵戍守金坛、丹阳各城，并请分拨兵勇’一折。丹阳攻克之后，经冯子材等派出将弁，将溃贼捕斩殆尽。张文德现在驻守金坛，陶茂森现在防守丹阳，着即饬令该总兵等统领在防将士，严密梭巡，查拿土匪，与句容、东坝等处防兵联络声援，严扼上游窜贼，毋稍疏懈。所称‘镇防兵勇，除留戍镇江、丹阳、金坛三城外，尚可抽出四千名，或派往江皖各省，或分起遣撤’等语。现在发逆麇聚楚疆，时思东窜，皖北防兵究嫌单薄。此项兵勇四千名，着曾国藩、乔松年酌量情形，如可得力，即咨行冯子材等调往临淮，归乔松年调遣，以资防剿。如体察皖北情形，无须添兵，此项兵勇即可不必调往，着一面奏闻，一面咨会冯子材等分起妥为遣撤，以节縻费。将此由五百里各谕令知之。”（《清穆宗实录》卷102）

（同治三年五月甲辰）又谕：“官文奏‘请饬吉林挑选马队赴楚’等语。秦豫发捻，合股窜扰楚疆，亟需马队分途策应。官文现因副都统安图等管带遣撤伤病官兵回旗，即令更换精壮赴楚，另筹银二千两，交安图带赴吉林备用。惟吉林边防紧要，所有存营马队，叠经各路军营奏拨，在防者已属无多。楚北发捻纷乘，应需马队兜击，亦属万不容缓。即着景纶酌量情形，务于万难分拨之中设法抽拨精壮官兵一百名，交安图带赴楚省，以厚兵力……将此由五百里谕令知之。”（《清穆宗实录》卷102）

（同治三年五月乙巳）又谕：“乔松年奏续报皖北情形，并派兵驻守滁州等处各折片。楚北贼匪，分窜信阳、应山等处，贼踪飘忽靡常，不可不严为戒备。该抚已饬臬司英翰驻守亳州，以防土匪，布置尚妥。普承尧、何绍彩两军，经曾国藩派令分驻庐州、巢县，断难移动。鲍超一军，昨据曾国藩奏称，仍遵前旨赴江西援剿，亦未能分顾皖境。陈国瑞一军，该抚拟令扼扎颍、六之间，着即禀商僧格林沁办理……将此由五百里谕令知之。”（《清穆宗实录》卷102）

（同治三年五月乙巳）又谕：“……河南匪势趋重湖北，且时有东窜皖疆回救金陵之意。该亲王驻军信阳州，责任极重，断难西行。甘肃现有都兴阿督办，雷正绾帮办，如果申明纪律，节节剿办，无难立奏肤公也……”（《清穆宗实录》卷102）

（同治三年五月丁未）谕议政王、军机大臣等："官文奏护军统领舒保力战阵亡，并分饬镇将遏贼东趋各折片，已明降谕旨，将舒保优恤，建祠予谥，并将德隆阿等一并附祀专祠矣。发捻合股阑入楚疆，虽经僧格林沁等督率马步各队，累战皆捷。而大股麇聚于皂市巡检司等处，扰及京山，复分股一自宋河至随州之南山，一自杨家河至德安，亘延二百余里。捻首欧老洪图犯德安，窥伺黄、孝，其黄土关一股，复由东篁店广水驿窜至孝感县属之二郎畈等处，是汉江以北，群贼如毛，亟宜尽力剿洗。着僧格林沁、官文等遵照前旨，督饬各军四面兜剿，务将下游武汉及大江北岸窜路竭力遏截，并分饬苏克金、傅振邦等绕出贼前，毋令窜入皖、豫边境。光固一带，着张之万派拨劲兵，豫为防范，以备不虞。英、霍毗连楚境，更觉吃紧，着曾国藩、乔松年督率地方文武严密布置，俾该匪无隙可乘。惟该逆等以援救金陵为名，故能号召匪徒，固结不解。为今之计，若将金陵迅速攻拔，则该逆失所依附，众心涣散，剿灭必易。是攻拔金陵，洵为目前第一要务。曾国荃率师合围，已经数月，布置自必周妥。着即督率诸军，会合彭玉麟水军奋勇进攻，迅拔坚城，以副委任……将此由六百里各谕令知之。"（《清穆宗实录》卷102）

（同治三年五月壬子）谕议政王、军机大臣等："……发逆自窜入平靖、黄土两关之后，分踞信阳西南乡一带，窥伺州城，经僧格林沁督率葛承霖等叠次剿杀，追出武胜关外。此股贼匪出关，现奔何处，着僧格林沁查明具奏，并着饬令葛承霖等跟踪蹑剿，务期扫除净尽，毋任再窜他处。伪启王一股经张曜、色尔固善等追过郧西，因山路崎岖，无从觅食，而光州、罗山一带正当吃紧，发逆各股由大新店窜至罗山之姚家坂、宣化镇及光州之白雀园一带。张之万已派副将徐连陞等前往堵剿，并飞调张曜、色尔固善等队驰赴信阳，归僧格林沁调遣，并留李世玉两营驻防淅川。着僧格林沁相度贼情，妥为调度，以期节节扫荡。豫省西路防兵甚单，多隆阿所部楚军已悉数起程赴楚，着僧格林沁、官文、穆图善酌量情形……昨据德兴阿奏，大股发逆逼近省垣，请截留赴楚兵勇剿办。

已谕令穆图善将后队酌量调回，以资攻剿。其先行起程之马步各队如已到楚、豫，着僧格林沁、官文分别调遣……将此由六百里各谕令知之。”（《清穆宗实录》卷103）

（同治三年五月丙辰）谕议政王、军机大臣等：“官文奏击退皂市、京、天、应城发捻，并蓝逆西窜及发逆尾股窜犯郧西，官兵出境追剿各折片。湖北天门、应城等处贼匪经梁洪胜、李喜溢等屡次剿击，纷纷败退，猛扑京山县城。又经防兵乡团抵御，逆向宋河奔逸至马平港，尾股陆续窜向德安西北之洛阳店、桑树店一带。现在京、天、皂市、应城已无贼踪，而德安极为吃重。皂市败匪全数东趋，东北、东南遍地皆贼。自应山之广水、孝感之小河司、杨店一带，渐近云梦，有自小河溪分窜黄陂、黄安边境者，有由应山而至黄陂站者。官文现调成大吉十营为游击之师，联络石清吉、杨朝林各营相机堵剿，拨李喜溢等防滠口、汉口等处，并留守京、应，仍防被剿各贼回窜云、孝，一面飞催姜玉顺等趱行，并催苏克金、傅振邦绕前截击，布置均属周妥。着即严饬派出各军，以剿为防，并催萧河清等迎头击剿。僧格林沁现扎信阳，着即调派劲旅迎剿。苏克金、傅振邦马步队在应山，尚为贼阻，必须令其设法绕道，务出贼前，断其东趋之路。信、罗、光、固一带逼近贼氛，张之万当严防窜越。该逆若由黄、麻以窥英、霍，则舒、桐、潜、太，路路吃重。曾国藩当懔遵叠次谕旨，增兵严防，并令水师严防江面，毋任窥觎。陈国瑞一军，前经乔松年奏请令驻颍、六一带，着僧格林沁、乔松年飞檄该提督扼扎六安、颍州要隘地方，遇贼即击，毋稍疏懈……官文另片奏‘蓝逆二顺向山阳、镇安等处窜逸，伪启王一股扑郧西县城，梁作楫等率军击败’。此股败匪，与蓝二逆勾合，业由小路窜至陕西，去西安止数十里，穆图善已折回省垣，其先行起程之马步各队，谅可陆续到楚、豫境内，着僧格林沁、官文赶紧催调布置，以厚兵力。近日军情，并着各路勤加侦探，飞速奏闻，以纾朝廷南顾之忧。将此由六百里加紧各谕令知之。”（《清穆宗实录》卷103）

（同治三年五月戊午）谕议政王、军机大臣等："……发捻分窜黄陂、孝感之间，逐渐东趋。曾国藩咨商李鸿章，拨军接守建平、溧水、高淳三县，腾出李榕、王可陞等军渡江而北，扼扎舒、桐，所筹甚是。即着李鸿章迅速拨兵扼守，并着曾国藩饬李榕等迅赴舒、桐，力顾藩篱……将此由六百里各谕令知之。"（《清穆宗实录》卷103）

（同治三年五月辛酉）谕议政王、军机大臣等："僧格林沁奏'官军追剿发逆，屡获胜仗'一折。发捻各匪分股东窜，豫东、楚北并形吃重。僧格林沁令苏克金等移军光山，与张曜等会合进剿，而自扎息县以防北路，着即严饬苏克金等，将窜犯光山之匪迅即剿除。该大臣居中调度，仍当多设侦探，倘逆众东趋，即拔队东下，以固皖省门户……现孝感败贼有直趋黄州之势，着官文懔遵叠次谕旨，严饬派出各军认真剿击，并令水师于沿江一带堵御，毋任一贼偷渡。武昌省城防范最关紧要，唐训方督同在省文武悉心办理，不得稍涉大意。逆窜光山、罗山，则商城、固始均属吃紧。张之万身任豫抚，何得置身事外？着即添调劲旅，以剿为防，并催令张曜等会同僧格林沁所派马队遇贼即击，毋任贼匪东趋，贻邻疆以无穷之患。梁逆由镇安一路窜出大峪口，不过数千败匪，而德兴阿、刘蓉前奏匪众二万余。究竟匪数若干，是否勾结蔡逆合股，近日西安情形若何，曾否与贼接仗，着刘蓉赶紧查明具奏。安贵、梁作楫于此股匪徒窜过郧西，何以不能追击？并着官文严饬该镇道等分兵入陕助剿，不得强分畛域。将此由六百里谕知僧格林沁、官文、乔松年、张之万、刘蓉，并传谕唐训方知之。"（《清穆宗实录》卷104）

（同治三年五月壬戌）又谕："……本年发捻各逆窜扰楚、豫交界，该大臣亲督所部兵勇转战而前，所向克捷，洵属勋劳懋著……"（《清穆宗实录》卷104）

（同治三年五年壬戌）谕议政王、军机大臣等："……现在金陵城中逆党尚多，楚、豫、江西大股为数亦众，用特再降谕旨，着江、浙等省各督抚统兵大臣于奉到此旨时，刊刻誊黄，剀切晓谕，广为播散，或更设局以招抚之。务在宽其格而予以自新，坚从贼者反正之心，即以破贼固结之计。至贼渠狡狯，或有假冒含混、乘机生变等事，亦不可以不防，惟在该督抚及统兵大臣等妥慎办理，以靖地方。将此由五百里各谕令知之。"（《清穆宗实录》卷104）

（同治三年五月壬戌）又谕："官文奏'陕师未至，贼势东趋，现派各营合力截击，并移营孝感督剿'一折，与僧格林沁昨日所奏情形大略尚无歧异。此股发捻阑入楚疆，经僧格林沁督带马步于随州两战大捷，楚军复分投截杀，贼势败窜。惟楚境北路多山，南路多水，马队难于施展。至德安、黄、孝之间，地始平坦，又为贼踪中阻，未能聚而歼旃。僧格林沁昨奏有'贼踪东趋，即拔队迎剿。该逆窜至淮北，一出稻田，马队即可得力'之语。此时随、枣、钟、京、天、应、云、孝、安、应各郡县已无贼踪，全股趋重于黄陂以东。黄安、麻城、黄冈之间倘得马队劲兵，迎头截击，必可大挫凶锋。着该亲王侦探贼踪，相机妥办。官文现派成大吉、杨朝林、石清吉、周凤山各从黄陂、麻城，或迎头截剿，或跟踪追击，并拔营至孝感一带督剿。即着督饬成大吉等星夜跟追，仍设法绕出贼前，会合江、皖各军痛加剿洗，毋令贼匪一意东趋，又成尾追之势。至由陕调楚各军，除孟宗福、黄金山等六营经穆图善等留陕防剿外，其姜玉顺、蓝斯明、谭仁芳等所部各营，业经分起由豫赴楚。并着官文飞速催提，酌量道路远近，饬令分投进兵，毋稍延缓。皖北接壤楚境，六安首当其冲……着曾国藩、乔松年妥筹布置，酌量添调兵勇，扼要防剿，毋稍疏虞……唐训方已抵署任，武昌等处防守事宜，并着严密妥筹，以防贼匪回窜，不得稍涉大意。将此由六百里谕知僧格林沁、官文、曾国藩、富明阿、吴棠、乔松年、张之万，并传谕唐训方知之。"（《清穆宗实录》卷104）

（同治三年五月癸亥）又谕："张之万奏'官军剿办发逆，克复宣化镇，现饬各军赴楚会剿'一折。前因发逆窜至豫东，叠经谕令张之万妥筹防剿。现在宣化镇贼巢虽经副将徐连陞等攻克，而贼踪仍在光、罗境内，必应乘胜痛剿。张之万现饬色尔固善、张曜等统率马步各营驰援东路，所办甚合机宜。即着督饬该副都统总兵等迅速驰抵光、罗一带，会合楚军，认真剿办，以收聚歼之效……将此由六百里各谕令知之。"（《清穆宗实录》卷104）

（同治三年五月甲子）又谕："刘蓉奏，滇发两逆被剿奔窜，克期出省，陈得才一股败回鄂境，陇防官军剿贼获胜各折片……昨据张之万奏'伪启王梁城富一股游驶商州境内，与淅川相距不远'，兹据刘蓉奏'伪扶王陈得才与启逆合股，已至镇安。经官军击败，回窜鄂境'等语。此次窜鄂之贼究系何股，与张之万所奏殊出两歧，着刘蓉查明迅速具奏……将此由六百里各谕令知之。"（《清穆宗实录》卷104）

（同治三年五月）丙寅，谕议政王、军机大臣等："乔松年奏，楚境窜贼渐逼皖省，派队驻守六安，并暂留马队以资防剿，暨筹议裁汰铺兵，皖北开征各折片。前因楚北贼势东趋，六安等处防兵较单，曾经谕令添调兵勇，扼要防剿。其陈国瑞一军即令驻扎正阳，以资扼守。现在发捻各逆窜扰黄陂、黄安等处，麻城一带亦见贼踪，该处皆距英、霍不远，乔松年已饬陈国瑞所派之郭宝昌驰赴六安，会同蒋凝学协力防剿，兼顾英、霍，所筹尚妥。着即督饬派出各军认真堵剿，倘逆踪窜近英、霍，务须合力截击，以剿为防，毋令东窜一步……将此由六百里谕令知之。"（《清穆宗实录》卷104）

（同治三年五月丁卯）又谕："……现在发捻大股由楚、豫图窜皖北一带，已由僧格林沁檄调陈国瑞全军移扎临淮，相机堵剿……将此由六

百里各谕令知之。”（《清穆宗实录》卷104）

（同治三年五月戊辰）又谕：“……楚贼刻思东犯，英、霍一带已觉吃紧，去安庆不远。该大臣自未可轻离根本之地，着俟上游军势渐平，即赴金陵督师，俾各路将帅有所禀承，以蒇全功……将此由六百里各谕令知之。”（《清穆宗实录》卷104）

（同治三年五月己巳）谕议政王、军机大臣等：“……现在楚贼东窜，断不能越皖境而至扬州，是扬防松而皖防急，该将军即赶紧调拨，不得稍存畛域之见。俟皖防无事，再行调回扬营可也。将此由五百里各谕令知之。”（《清穆宗实录》卷104）

（同治三年六月辛未）谕议政王、军机大臣等：“前因皖北兵力单薄，谕令富明阿酌派劲兵，为陈国瑞等后路声援，并令富明阿督饬富陞统带马队，驰赴临淮，与克蒙额合军遏贼东窜。兹据富明阿奏称‘楚、豫发捻下窜，若由巢、滁、定远等处分路直趋，则扬防各路均形吃重。且里下河一带游兵散勇，结队成群，焦湖船只到处聚泊，防务断难稍松，兵力实难远分’等语，所奏尚系实在情形……将此由六百里各谕令知之。”（《清穆宗实录》卷105）

（同治三年六月）癸酉，谕议政王、军机大臣等：“官文奏‘贼趋麻城、黄冈，派兵会剿，拟即赴黄州督师’，曾国藩奏‘复陈近日军情’各一折。逆匪不得逞志于汉口，分股向东北斜趋，官文饬富森保等各军分投截击。黄安、黄陂之贼分窜麻城之岐亭等处，捻逆亦分股由黄陂所属之油榨河窜入罗山县属之仙花地方，又黄安北路之贼分股窜至光山县属之蓟家河等处。成大吉等现将新洲及辛家冲并力攻克，水师炮船在黄冈县境剿退贼匪。官文拟即移营驻扎黄州，着即赶紧驰赴黄州，督饬成大吉等马步水陆各军认真剿办，将黄、麻一带逆匪悉数殄除，毋任蔓延他处。蕲水等处，即责令梁洪胜等实力固守，毋任窜突。该逆未尝一日忘援金陵，其停顿不即东趋，必系探听皖省下游信息，欲以捻逆牵掣上游，便可遂其豕突狼奔之计。僧格林沁现已移扎光州，苏克金等马队皆在豫境，着即饬令该员等将光、罗各境窜匪迅速剿除，并严防楚匪东窜皖境……曾国藩现调周宽世一军移赴皖北，并因黄、麻距皖较近，列城空虚可虑，令陈国瑞驻扎寿州，该处为淮南、江北适中之地，有此劲旅，兼可为庐、寿、舒、六等处游击之师，所筹均妥。着即飞饬该员等迅速到防，毋稍延误……将此由六百里各谕令知之。”（《清穆宗实录》卷105）

（同治三年六月）乙亥，谕议政王、军机大臣等：“……现在楚中之贼仍在麻城、罗田一带，南及蕲水，势将骎骎东犯。陈国瑞率师来皖，正在用兵吃紧之际，张之万何得意存畛域，希图诿卸？着该抚仍遵前旨，将应解陈国瑞月饷一万两照数按月拨解，不准迁延贻误……将此由五百里各谕令知之。”（《清穆宗实录》卷105）

（同治三年六月）己卯，谕议政王、军机大臣等：“张之万奏‘豫军追贼入楚，调回一军扼守光、固，并裁勇练兵’各一折。发逆窜扰光山等处，经副将徐连陞等督率兵勇分投剿洗，该匪避兵远扬，悉向黄安、黄冈一带窜去。张之万现派徐连陞、色尔固善、张曜等军尽赴东路，听候僧格林沁调遣。即着僧格林沁严饬各军出境追蹑，会合楚师两面夹击，务将此股巨匪悉数殄除，毋留余孽。黄州水陆布置，前据官文奏‘已派梁洪胜等营及丁长春等炮船前往扼守’，此时该郡遍地贼踪，官文务当严饬各营实力迎剿，痛扫狂氛，毋令蔓延为患。豫军追贼入楚，豫南门户空虚，张之万现拟于赴楚各队内抽调一军驻扎光、固，防贼回窜，所筹尚是，即着该抚函商僧格林沁斟酌妥办……正在寄谕间，据刘蓉奏‘另股游匪冒称扶逆，前由郧西、镇安窜及凤凰嘴地方，经官军击败，仍回窜郧西’等语。此股贼匪游弋无常，难保不由郧西一带窥伺淅川，着张之万督饬在防将士妥筹扼堵，毋令贼踪东窜。将此由六百里各谕令知

之。”（《清穆宗实录》卷105）

（同治三年六月己卯）又谕：“据刘蓉奏‘陕省自军兴以来，山西每月筹解饷银三万两，直隶、山东每月各筹解银一万两，均按月分解潼关道库，统归多隆阿支发。嗣因回务肃清，兵勇分赴鄂、豫，该三省协济饷银亦遂停拨。现在逆匪肆扰各境，剿办正当吃紧，征兵购粮需费甚巨，请仍饬各该督抚等按月如数拨解，以济急需’等语……将此由五百里各谕令知之。”（《清穆宗实录》卷105）

（同治三年六月甲申）谕议政王、军机大臣等：“官文奏‘官军会剿逆匪，叠获胜仗，并派兵驰援麻城’一折。发捻各逆趋集黄、麻一带，经成大吉、石清吉等军分路剿击，叠有斩馘。惟陈得才大股尚踞麻城白杲、沙河等处，麻城之围未解，亟宜并力扫荡，着官文饬令成大吉、石清吉等营迅将白杲等处之贼痛加剿洗，毋任蔓延。麻城贼氛四逼，城中无粮，甚形危急。周凤山、杨朝林等援军，并着催令迅解城围，不得稍有疏失。前据张之万奏豫省光山等处之贼已窜黄安、黄冈一带，是豫边情形稍松。僧格林沁现扎光山，苏克金等马队已在光、麻之交，若横出与楚军会剿，自更得手。着僧格林沁即饬苏克金等联络夹击，并遵前旨，饬张曜、色尔固善等军出境追蹑，与鄂军四面兜围，务期尽歼丑类，痛殄狂氛。第贼势注意东趋，蕲水之云路口已有梁洪胜五营绕前扼截，该逆不能逞志，恐其由麻城直趋皖境。僧格林沁、官文尤当分饬各军一面迎头拦截，毋得徒事尾追，致贼踪蔓及皖境。其姜玉顺、萧河清、蓝斯明等军已先后驰抵樊城，鄂省兵力不为不厚，现在分别遣留，自已就绪。即着催令径赴黄州、麻城一带，会同成大吉等并力进取，以期厚集，毋稍宕延。官文俟遣撤勇丁、整顿营务办有眉目，即遵前旨移扎黄州，以资调度。将此由六百里各谕令知之。”（《清穆宗实录》卷106）

（同治三年六月）己丑，谕议政王、军机大臣等：、“曾国藩奏‘遵复叠奉谕旨’一折，据称‘……东趋发捻已由麻、黄等县窜入英山境内，调王可陞等移防无为、桐庐等处，周宽世一军已抵南昌，令赴进贤防剿。新调各军尚未到防，安庆人心震动，现催集防兵设法堵遏，俟皖北稍安，李鸿章会剿有期，即当驰赴金陵商办’各等语……官文等前奏贼在黄、麻一带复纠众回窜，盘踞柳林旧街等处，未言东窜英山。本日据曾国藩奏，贼由麻城、黄冈、罗田等县近已窜入英山境内，现令王可陞一军移防无为州，咨李鸿章于新克、长兴各军中分兵守建平，腾出李榕六营驰赴桐城，并调李世忠旧部、陈自明四营由池州驰扎庐江，均属妥协。着即催令各军赶紧到防，毋任贼氛蔓延为患……英、霍去安庆不远，此时楚贼下犯，恐掣金陵全局。果能扼守皖疆，自与金陵大有裨益……黄、麻一带情形若何，官文曾否前赴黄州，着即据实驰奏，以慰廑系。将此由六百里各谕令知之。”（《清穆宗实录》卷106）

（同治三年六月庚寅）又谕：“乔松年奏，陈国瑞一军已抵正阳，该抚拟移扎寿州扼剿，并布置英翰等军择要驻扎，暨颍州所属民间良圩未可平毁各折片。楚境蕲罗贼匪逐渐东趋，是皖境边防愈形吃重。陈国瑞已抵正阳，驻扎防剿，扼贼下窜之路，即着乔松年饬该总兵严密堵御，择要布置，并禀商僧格林沁相几[1]调度……将此由五百里谕令知之。”（《清穆宗实录》卷107）

（同治三年六月壬辰）谕议政王、军机大臣等：“……鄂省发捻东趋，前据曾国藩奏，已由麻、黄等境窜向英山一带，意图由皖回援金陵。僧格林沁已督兵进扎三河尖，陈国瑞驻兵正阳关防堵，天长、六合等防亦当严密布置，扼贼窜突。着富明阿懔遵前旨，督饬扬防水陆各军严扼江北各要隘，毋令零星贼股乘间阑入，扰及完善地方……将此由五百里谕令知之。”（《清穆宗实录》卷107）

① 应为”机“字。

（同治三年六月壬辰）又谕："……陕省逆匪分窜鄜县一带，豫西之防已松，而汝南、新息烽烟甫靖，马步各军均行入楚会剿，后路空虚。僧格林沁现拟进扎三河尖，张之万拟即移军汝郡，以资联络，所筹尚合机宜。现在发逆大股屯聚麻城、黄安一带，曾国藩前奏逆踪已扰及英山，是皖北军情已形吃重。前谕僧格林沁、官文督令苏克金、张曜、成大吉等军分兵绕前截击，毋使悉数东趋。此时僧格林沁进扎三河尖，正可督饬诸军迎头堵剿，即着僧格林沁、官文檄令马步各军联络夹击，迅将黄、麻、英山一带之贼就地殄除，无任窜突。其陈国瑞驻扎正阳之军及皖北各路防兵，并着僧格林沁、乔松年豫筹布置。如贼势悉锐东窜，即令觇贼所向，与鄂军前截后追，力顾皖北完善之区，毋得稍有疏虞。张之万移扎汝宁，该处地方久为贼薮，且麻城逆匪复有窜至商城、新店等情，贼踪飘忽，尤难豫料。即着该抚移营进扎，以壮豫军后路声援，并与僧格林沁妥筹策应，一面将汝南一带搜捕余匪、镇抚地方各事宜督饬地方官妥为办理……此时金陵巢穴已覆，由鄂窜皖之贼自已闻风丧胆，失所依据。该大臣督抚等其各同心戮力，迅奏肤公，肃清皖、鄂，有厚望焉。至该逆虽系声言回救金陵，难保不伺隙蹈瑕，复行回窜鄂省上游及豫南一带，官文、张之万等尤当妥筹备豫，慎固封守，毋为该逆所乘。另片奏'拿获过境陕省兵勇携带妇女，请移案赴楚审办'等语。此次由陕赴楚兵丁周得懋等，竟敢携带妇女同行，实属大干例禁。其所供并非抢自民间，已难凭信。况据周得懋等供称，上年追贼在周家口地方救出张孙氏等，经总兵邱世成令其分留为妻，其刘程氏一名，亦系参将朱殿魁由贼中救出收留。此等妇女，均系遭难流离，殊堪悯恻。该总兵参将等以专阃大员，辄敢乘人之危，擅行收留，即与抢自民间无异。似此劣弁，若不从严重办，何以肃军律而儆效尤？着官文即将此案于豫省咨送到后，严行审讯，按照军法从重治罪，毋稍宽纵。总兵邱世成、游击王占胜、参将朱殿魁等无论在陕、在楚，均着官文严提审讯。其兵丁周得懋、李长春、熊有得三名，即着张之万押解赴鄂，归案审办，以成信谳。将此

由六百里各谕令知之。”（《清穆宗实录》卷107）

（同治三年六月甲午）谕议政王、军机大臣等：“僧格林沁奏‘发捻各逆麇聚麻城一带，飞调陈国瑞等军兜剿，并请将张曜暂革留营，乔松年移扎正阳，调杨长春差委’一折。逆匪趋重麻城一带，张曜奉调作为前敌，并不实力进剿，实堪痛恨。本应从重治罪，此次姑照该大臣所请，张曜即着暂行革职，仍留营效力，以观后效。着僧格林沁督饬该总兵实力进剿，倘再不知愧奋，即行严参惩办。已革提督马德昭久经行阵，带队颇能得力，因熙麟告病开缺，由甘回陕，本日已寄谕刘蓉，饬令马德昭前赴该大臣军营，到营后即由该大臣酌量差委。该逆环逼麻城，以阎家河为巢穴。苏克金等军现已进扎距麻城北四十里之黄土冈，正可乘此逆众纷集之时为一鼓聚歼之计。该处山径既不利马队，该大臣止须多调得力步队合剿，断不可亲自督军前进，致有疏失。据该大臣奏，檄调陈国瑞所部由三河尖、商城一路兼程驰赴麻城，会合苏克金、张曜等并力兜剿，并饬令英翰酌带两营驻扎商城，为陈国瑞后路援应，其余该司所部勇队均归陈国瑞统带赴麻。如此则兵力较厚，自不难迅扫狂氛……僧格林沁折内所称‘准官文咨称，提督成大吉进扎徐门古北冈，会商杨朝林、周凤山，于初六日移扎六合集。被贼包抄后路，新凤等营挫败，该提督拨队策应，将贼击退，现在发捻势将四面合围，断我粮道’等语。此等军情，何以未据官文奏报？着官文即责令成大吉等，将此股逆众尽力剿洗。新凤等营挫败，必须严申纪律，重整军威，方可转败为胜。着将挫败情形据实奏闻，不准一字讳饰。刻下金陵外城已破，而连日未据续报捷音，恐内城各匪仍图死拒。楚北各逆一闻此信，必将拌死东趋，仍图回救。东路皖防，未可稍形松懈。否则占踞麻城，负嵎自固，或因首逆巢穴已覆，仍由旧路回窜，均难着手。该大臣等务须通力合作，探贼所向，就地歼除，毋任日久蔓延，是为至要……陕、豫、楚交界各隘口应须移兵设防、豫防贼匪窜突之处，并着张之万悉心布置，不得稍涉大意。将此由六百里各谕令知之。”（《清穆宗实录》卷107）

（同治三年六月戊戌）谕内阁："……发逆洪秀泉自道光三十年倡乱以来，由广西窜两湖三江，并分股扰及直隶、山东等省，逆踪几遍天下。咸丰三年，占踞江宁省城，僭称伪号，东南百姓遭其荼毒，惨不忍言。罪恶贯盈，神人共愤，我皇考文宗显皇帝赫然震怒，恭行天讨，特命两湖总督官文为钦差大臣，与前任湖北巡抚胡林翼肃清楚北上游……此次洪逆倡乱粤西，于今十有五年，窃踞江宁，亦十二年。蹂躏十数省，沦陷数百城，率能次第荡平，殄除元恶。该领兵大臣等栉风沐雨，艰苦备尝，允宜特沛殊恩，用酬劳勚。钦差大臣协办大学士两江总督曾国藩自咸丰四年在湖南首倡团练，创立舟师，与塔齐布、罗泽南等屡建殊功，保全湖南郡县，克复武汉等城，肃清江西全境……实由该大臣筹策无遗，谋勇兼备，知人善任，调度得宜……"（《清穆宗实录》卷107）

（同治三年六月戊戌）谕议政王、军机大臣等："……各路贼匪皆视金陵为趋向，此时巢穴既覆，则其余窜逸之贼自必闻风丧胆。僧格林沁现已移扎光州，官文度亦进至黄州，即着妥筹会剿，督率官军将麻、黄一带贼氛乘胜扫荡，悉行殄灭，毋令窜突……发捻各逆尚麇集于黄、麻之交，奔窜靡定。曾国藩赴江宁后，安庆地处上游，控制皖南、皖北，不可无大员镇抚，即着彭玉麟驻扎安庆，妥筹防剿。如发逆有东窜之信，即饬防守要隘各军实力迎击，痛加剿洗……而楚、皖之交贼氛尚炽，下游防守不可稍松，着富明阿懔遵前旨，暂缓赴江宁，仍督水陆各军严密防守天、六等处，毋稍疏懈……将此由六百里加紧各谕令知之。"（《清穆宗实录》卷107）

（同治三年七月己亥）又谕："……昨据曾国藩驰奏，金陵克复，全股悍贼歼除。而湖北麻、黄一带贼尚充斥，该逆等声称欲救金陵，故锐意东窜。此时金陵巢穴既覆，此股贼匪闻风丧胆，未必仍敢东趋。僧格林沁已移扎光州，官文亦进至黄州，合力进剿，贼见我军势大，必将折而西奔。恐其逼近川疆，冀图窜逸，均不可以不防。着骆秉章严饬沿江防军，勤加侦探，严密守御，毋令一贼得以阑入，以期尽扫妖氛。将此由六百里谕令知之。”（《清穆宗实录》卷108）

（同治三年七月己亥）又谕：“……昨据曾国藩奏，江宁省城克复，发逆陈得才等由陕窜鄂，声称图救金陵。此时老巢已破，该逆闻风丧胆，自不敢悉力东窜。惟该逆窜突靡定，难保不由湖北边界回窜兴汉一带，不可不豫为防范。蔡逆一股尚未歼灭，着穆图善、刘蓉妥筹防剿，以期肃清陕境，毋稍疏懈。将此由六百里各谕令知之。”（《清穆宗实录》卷108）

（同治三年十一月己亥）谕议政王、军机大臣等：“……现在楚、皖一带贼势寖衰，谅不能肆意北窜，贻害邻疆，扬防一军自可遣撤，以节经费……”（《清穆宗实录》卷120）

荆楚文库

《清实录》中湖北史料辑录（二）

谢贵安　谢　盛　主编
谢　盛　编著

荆楚文库编纂出版委员会
武汉出版社

5. 考铨荐劾

（顺治二年二月戊寅）湖广道监察御史高去奢奏言："台谏之设，所以寄耳目之司。今国运方隆，庶司充列，而独令台省班联，晨星寥落，非所以广言路也。请行部曹改授之法，采其声望素著者铨补。"下部院酌议。（《清世祖实录》卷14）

（顺治二年二月己卯）湖广道监察御史魏琯，以关中初定，治理需人，疏荐故明陕西巡抚张尔忠等六员，见任刑部主事杨可经等二员，以备录用。疏下吏部。（《清世祖实录》卷14）

（顺治二年三月）丙午，山西巡抚马国柱，疏荐故明顺天巡抚张鹏云、湖广巡抚苗胙土、太仆寺少卿王邦柱、巡按陈昌言等。章下吏部。（《清世祖实录》卷15）

（顺治二年六月）己卯，以南京平定，颁赦河南、江北、江南等处诏曰："……朕念峻命之不易，悼斯民之孔艰，深切恫瘝，宜矜诖误，特弘大赉，嘉与维新。所有河南、江北、江南等处地方合行恩例，具列于后……一、河南、江北、江南等处并南京文武官绅及前朝勋臣，倡先慕义投诚归顺者，该部通行察叙，具奏定夺，仍许赴京朝见，验其才品，酌量推用。一、归顺地方，前朝建言降谪诸臣，果系持论公平、有裨治理者，吏部具奏召用。其横被诬害、公论称冤、曾经荐举不系贪酷犯赃者，并与昭雪录用……一、各巡按御史以察吏安民为职，须虚心体访，博采公评，察其操守，咨其议论，核其出纳，阅其判决。务使贤否不淆，纠举允当。不许但凭开报及听信绅衿把持，致拂民情，自贻愆咎……"（《清世祖实录》卷17）

（顺治二年七月壬子）赐招抚南方内院大学士洪承畴敕曰：“朕以江南初经归命，其余各省，远迩未同。恐已归者尚多惊疑，未附者或怀观望。保厘南土，实赖股肱。是用命卿招抚江南各省地方，总督军务，兼理粮饷，暂离阙廷，驰往江南，昭宣德意，一遵近日恩赦诏款，核实举行，使新附兆民咸沾实惠。凡满洲大兵、直省官兵，各有统领，卿宜会同固山额真叶臣及督抚镇等官，调遣约束……凡关国计民生大利大害，不时驰奏，请旨兴革。其山林隐逸及故明废绅才德堪用者，从公咨访，征聘来京。或军前先委署事者，开列上闻，下部察核实授。所属文武有才望出众、御侮保民显著成绩者，特疏荐擢。如奸贪庸懦，即奏请罢斥，毋延时日，致误地方。至用兵之际，有稽迟粮运、违误军机，或临阵退缩、杀良冒功及借军兴以剥民、侵兵饷以肥己者，文官五品以下、武官副将以下，皆以军法从事，镇道等官飞章参劾。其江宁、江西、湖广及将来归附各省，悉听节制。敕中开载未尽事宜，准便宜举行。卿以辅弼忠贞，膺兹重寄，宜开诚布公，集思广益，慎持大体，曲尽群情，期于德威遐布，南服永清。朕方崇带砺，用答肤功，毋得因循轻率，偏执乖方，有负倚托至意。钦哉。”（《清世祖实录》卷19）

（顺治二年九月）癸亥，湖广道御史卢传奏言：“创业之初，用合宜慎，闻江南投顺官次第毕集，请急定铨法。断自去年三月以前者，为故明旧臣；三月以后者，率皆福王新用之人。贿赂钻营，难为确据。宜仍查旧册履历，补以原职，不得任其冒滥，以开幸端。”章下所司。（《清世祖实录》卷20）

（顺治二年十二月己卯）镇守湖广荆州府总兵官郑四维疏劾：“督臣佟养和为左右蒙蔽，以致土寇猖狂，不思进剿，尚议招抚。差官一入贼营，私带弓箭刀枪等物肆行市利。今荆属人民伤掠殆尽。我军内乏刍糗，外无救援，势诚危迫，岂可用此奸党贻误封疆？”奏入。得旨：“郑四维直言无隐，具见为国忠悃。左右奸党是何姓名，着督臣罗绣锦确察具

奏。”（《清世祖实录》卷22）

（顺治三年正月）丙辰，湖北巡按马兆煃疏荐故明大学士姚明恭等十二人。下部知之。（《清世祖实录》卷23）

（顺治十年六月乙未）原任都察院左都御史赵开心劾奏：“湖广巡抚迟日益、偏沅巡抚金廷献、郧襄抚治赵兆麟所辖地方盗贼充斥，奇荒异灾。所在见告贼至，则相率而逃，致兵丁哗扰，焚毁民居。并未闻设法剿抚，溺职殊甚。所当亟行更易，勿令贻误地方。”疏入。得旨：“地方关系，首在巡抚，岂容庸碌充任，贻害封疆。以后用人，须慎加选择。赵兆麟已有旨察议，迟日益、金廷献着议处速奏。”（《清世祖实录》卷76）

（顺治十二年正月）壬子，谕内外文武官员等：“朕奉天子民，孜孜图治，夙兴夜寐，罔敢怠荒，庶望休息安养，渐兴教化，以奏升平。乃疆圉未靖，水旱频仍，储偫不充，兵民憔悴，流离困苦，永念恻然。虽恩赦屡颁，而奉行无法。每思与朕共理天下者，唯尔内外文武诸臣是赖。已有谕旨，自朕躬阙失以及政事未当之处，俱令各官悉心条奏，采择施行。兹以朕思虑所及，先颁敕谕，着各该管衙门，作速遵奉……尔内外诸臣，果能殚力宣猷，克敷膏泽，朕必论功优擢。如仍前怠忽，误国殃民，定置重典。所有事宜，条列于后。一、知府乃吏治之本，若尽得其人，天下何患不治。今各处知府百有余员，其最要者，如直隶之真、保、河间……湖广之武昌、荆、襄……或政事殷繁，或地方扼要，知府之任尤宜得人。如不得其人，致被参劾，迎送劳扰，公务废弛，交代之际，吏胥作奸，为害甚大。与其参之于后，莫若慎之于先。着在京各衙门满汉堂官三品以上及在外督抚，各举才行兼优、堪任知府者一人，详开履历事迹具奏。吏部再加察议，奏请定夺，以备前三十处知府之用。如遇缺出，仍开列正陪，候旨点用。其余各府，且照近例行，有荐举徇私及推诿不荐者，议处……一、历代州县之制，自汉以来，皆以人户分大小。

隋有闲剧冲要之等，唐有赤畿望紧之差，明时因之酌为繁简，定有成例，随才器使，各尽其用。今掣签未尝不公，但精明强干者，或置于简僻，无可展布，而剧要地方，或以付衰弱之人，致公事废弛，钱粮侵欠，虽加罪责，事已莫追。着吏部详察旧例，参酌时宜，将地方分为三等，具疏奏夺。应选官员，考其身言书判，精加拣择，亦分三等具奏。上等者列名引见，候朕面定，方将上等之缺从公掣签。其考居二等者，授二等地方；三等者，授三等地方，不必引见。俱从公掣签，务使州县各官，人地相称。一、水旱灾荒，古今代有，全在预备得法。一省报荒，必有不荒之府。一府报荒，必有不荒之县。荒者当速赈，不荒者即当蚤备。如常平仓之法，米贱则增价以籴，米贵则减价以粜，官民俱便，历代行之，未常有改……若各地方官果有为国为民之心，岂不能于存留项下周详设处？着户部严饬遵行……一、有司贤否，全凭督抚举劾，而督抚又寄耳目于司道府推，层累开报，原期详核。近乃上下扶同，以馈遗之厚薄、情面之大小，颠倒贪廉，俾循良不获上达，奸婪反膺优考，劝惩不公，吏治因之大坏。以后责令司道府推，一应官评，务要细开事迹，转报督抚逐件确核，如开报不实，即先指名题参。至督抚荐语，据事直陈，不得仍袭浮辞故套。如止凭开报，不亲自体访核实，以致贤否混淆，事发一体究治。一、设立学校，原以养育人才，为将来治民之用。着各提学官查照旧制，优奖德行。有败群不检者，确访黜惩，分别优劣，务要公严。有司教官不得徇情通贿，滥举德行，私衅仇诬，捏送行劣。向来情弊，每有不肖之尤，自知公论共弃，畏罪钻营。滥膺优举，或有原非甚劣，偶因别事触犯官吏，遂挟恨主使，以不检开送，尤为可恨。俱着严行饬禁，违者事发治罪。一、濒河郡县，田土尽湮，各地方协济河工，一束之草赔银数钱，征调繁兴，侵那万状。河夫工食不能时给，物力已竭，绩用未成，中原重地，人民苦累，半由于此。自今以后，该管各官，务宜亲驻河干，解到人夫物料严核数目，乘时修筑，工食价直毋得短减，有仍前作弊者，官则题参，吏即拿究，期在早竣，以苏民困。一、近来各处驿递，疲累至极，冲要地方，尤为困苦，皆因马价、草料、工食等银不敷支用。民力既穷，马亦随毙，买补之费，仍出于民，民困如此，势必至驿政尽坏，道路不通。着户、兵二部行各督抚，察地方冲僻及路程远近，每驿应用马匹、草豆、鞍辔、夫役工食数目，钱粮见额若干，应补若干，逐一确算，造册奏报。应用钱粮，准于应解正项钱粮内动支。原解缺额，该部另行酌议，务期久远可行。凡从前倒塌驿站，责令各地方官速行料理。如因仍废弛，着该督抚察明，并道府题参究治。其奉差员役需索骚扰，屡有严禁，着再行申饬，务革积弊。一、各处兵丁日见穷苦，皆因督抚镇道不能洁己厘弊，将领馈送悉出兵身，所领月粮得不偿失，深可痛恨。着严行禁革，应支月粮，务须依期给发，不许官吏需索使费，将领借端侵扣，违者重究。一、大军养马及驻兵地方应支粮米草豆，虽动正项钱粮，而运送脚价及各项器用所费不赀，悉系民间备办，最为苦累。着该督抚详察报部，酌量销算。其有奸贪官吏指称供应大军分外多派，用一科十、折敛入己者，严察劾奏，治以重罪。一、直省地方重大狱情沉积甚多，每处不下数百起，皆因逐件具题。且疏内所载招词批驳之语，重复繁冗，不便览观。人命至重，有罪者尚宜哀矜，无干者岂可淹禁？似此奏谳，虽复延引岁时，安能完结？或致无辜赤子，毕命囹圄，深为怜悯。已经科臣查照会典疏陈，着三法司作速详议复行。以上事款，内外文武衙门作速遵行。系在外者，该部誊发各总督、巡抚，将行过缘由逐款奏缴，不许视为具文，玩忽迁延，自干宪典。”（《清世祖实录》卷88）

（顺治十三年九月）乙卯，京察。在告顺天巡抚杨兴国以老疾致仕。郧阳抚治赵兆麟、原任顺天巡抚今补湖广按察使王来用，俱以才力不及降一级，调外用。（《清世祖实录》卷103）

（顺治十三年九月己巳）京察。湖广总督祖泽远以才力不及降一级，解任回京。操江巡抚秦世祯以才力不及降一级，调外用。湖广巡抚林天擎以才力不及降一级，照旧供职。（《清世祖实录》卷103）

（顺治十七年正月）丁卯，兵部、都察院、兵科、河南道会奏："遵照八法考选军政各官，銮仪卫云麾使黄宠、河南南汝总兵官张应祥、湖广荆州总兵官郑四维……湖广镇筸营副将李祯、广东南雄副将毕科、广州水师右协副将李允香等三百一十员，应分别致仕、降调、革职、提问。"议上。得旨："是。此考选军政官员年老有疾者，着勒令休致。才力不及、浮躁者，着照例分别降调。罢软不谨、酷无款证及在官脱逃者，俱着革职。其贪酷有据、详列事迹纠参者，俱着革职。行令各该抚按，严提究拟具奏。"（《清世祖实录》卷131）

（顺治十八年六月）癸巳，吏部题："巡按已经停差，其地方事务，俱交巡抚管理。今议定巡抚荐举额数……郧阳抚治应荐方面官一员、有司佐贰官共二员、教官二员，湖广巡抚应荐方面官四员、有司佐贰官共七员、教官六员……漕运总督应荐方面官七员、有司官十六员、佐贰官六员，着为例。"从之。（《清圣祖实录》卷3）

（康熙九年四月辛卯）湖广道御史李之芳疏言："皇上因雨泽愆期，特谕大小臣工力图修省。臣查吏部考功事例，有不可不除者，外官参罚处分、降级革职，条例甚多。即罚俸一项，常有莅官一二载，罚俸至五六年，有至十余年者。虽廉能之官，一遇小节细故，即不能久安其位，亦属可惜。况则例纷纭，胥吏欲轻，则有轻条；欲重，则有重款。事同法异，总缘多立名色，便于高下其手。乞敕部院大臣，将该部见行事例彻底厘定，务使永远可行。"疏入，下吏部议。寻吏部复："请委满汉司官，将见行事例厘定画一，进呈御览，钦定遵行。"从之。（《清圣祖实录》卷33）

（康熙九年四月甲辰）吏部议复："湖广道御史徐旭龄疏言，凡降调官员，百姓每每保留，其中不无情弊，请行禁止。应如所请，嗣后凡民保留降调官员者，俱不准行，仍交刑部治罪。如被降之官，果系清廉良吏，许该督抚题请。若系不肖，或科道纠参，将题请留任之督抚照以劣为优例处分。”从之。（《清圣祖实录》卷33）

（康熙十二年五月庚寅）考察直隶各省督抚，浙江总督刘兆麒、江南江西总督麻勒吉、湖广巡抚徐化成、原任山东巡抚丁忧刘芳躅，俱降二级，调外用。（《清圣祖实录》卷42）

（康熙十三年正月）丙子，改江西巡抚董卫国、湖广巡抚张朝珍工部尚书衔为兵部尚书……（《清圣祖实录》卷45）

（康熙十三年二月）辛丑，加湖广总督蔡毓荣兵部尚书衔，以招民议叙也。（《清圣祖实录》卷46）

（康熙十八年十月乙丑）湖广巡抚张朝珍、甘肃巡抚巴锡遵谕自陈，吏部察议，俱拟降调。上曰：“督抚系封疆大臣，凡有旨下部院察议者，尔等务将其人事迹，据实详察。若尔等真见为堪用之人，即应举出奏明。至各省举劾官员，亦应据实详察。若有真见为循良者，亦即指实奏明。传谕满汉诸臣知之。张朝珍、巴锡俱着留任。”（《清圣祖实录》卷85）

（康熙十八年十月壬申）都察院左都御史魏象枢疏荐清廉十人：“原任户部侍郎雷虎……原任湖广布政使未任告病毕振姬……”得旨：“……余下所司详议。”（《清圣祖实录》卷85）

（康熙十八年十月戊子）吏部议复都察院左都御史魏象枢荐举清廉一疏：“查原任侍郎雷虎、班迪已经奉旨，无庸议外……原任湖广布政使毕振姬，年老告病回籍，无庸议……”得旨：“依议补用……”（《清圣祖实录》卷85）

（康熙二十二年十二月丙辰）工部尚书朱之弼、左都御史徐元文，以会推湖广按察使员缺所举非人，各降三级调用。（《清圣祖实录》卷113）

（康熙二十三年正月）丙申，谕大学士等曰："副都御史塞克德自简任以来，并未见陈奏一事，才具庸劣，且非淳良之人，可令解任。朕观部院官员，懒惰者甚多，一遇苦差，或有称病规避者。嗣后部院官员，或病，或有事故，俱着注册，以凭分别勤惰。今观尚书萨穆哈黾勉供职，部务渐觉整理，且各处工程钱粮俱得节省，着察所降之级复还。"又谕曰："督抚乃封疆大臣，通省民命所关，世祖皇帝时所用者，尚属循良。逮至辅臣时，自用张长庚、白如梅、张自德、贾汉复、屈尽美、韩世琦等匪人以来，扰害地方，以致百姓困苦已极。今之督抚较前虽觉稍愈，而相沿成习，尚未尽改。见在浙江、湖广总督，江宁巡抚员缺最为紧要，必择贤能补授，方于地方有济。如不得其人，则百姓受害，不可胜言矣。此三缺尔等加意详审，务得相宜之人补授为当。"寻大学士等遵旨公同举出浙江巡抚王国安、湖广巡抚王新命、安徽巡抚徐国相等。得旨："王国安升补浙江总督，徐国相升补湖广总督，王新命调补江宁巡抚。"（《清圣祖实录》卷114）

（康熙二十五年闰四月乙亥）吏部等衙门遵旨会推广西按察使缺："据吏部侍郎胡简敬保举江南淮扬道高成美拟正，湖广下荆南道沈志礼拟陪。"得旨："凡职任紧要官员奉旨会推，原期从公保举，务得真才，有裨官守。且官评贤否，关系吏治民生，若以本地方人推举本省官员，必致瞻徇滋弊，前已经屡谕申饬甚明。今胡简敬以淮安府人推举淮扬道高成美，殊属不合，着严加议处。九卿等不加详慎，草率拟推，亦属不合，着通行申饬。"（《清圣祖实录》卷126）

（康熙二十八年闰三月壬寅）谕兵部："朕幸江南、浙江，见骁骑校、小拨什库、披甲内曾效力行间，材力壮健者甚多……其行文江宁、杭州、荆州、西安满洲将军、副都统等，如果有才堪管辖及曾经效力者，选择十人或十五人，不拘旗分，遇彼处佐领、防御品级官员、骁骑校缺出，即将选择之人一并咨送来京，尔部引见，以备任用。”（《清圣祖实录》卷140）

（康熙二十九年正月）甲寅，直隶巡抚于成龙以井陉道员缺，保举湖广武昌府知府武廷适、汉阳府知府戴梦熊、黄州府知府王辅，请加拣用，部复：“无庸议。”得旨：“用人之权，关系最为重大。于成龙收罗别省官员之心，破坏定例，将曾经超擢历年未久如许官员保题，尔部不以为非，但称无庸议，殊属不合。且既云直隶好官甚多，今并不能拯救饥民，频多流散。如此，则平日才能，所办何事？武廷适等升转着停止，令其在任久远效力。”（《清圣祖实录》卷144）

康熙二十九年庚午五月辛卯朔，吏部以行取知县事照例请旨。上谕曰：“行取知县，以科道用者甚多。科道职任，关系紧要，着九卿各以平昔所知学问优长、品行可用者面同举奏。”寻户部尚书王隲举清苑县知县邵嗣尧清廉慈惠，兵部尚书李天馥举三河县知县彭鹏、灵寿县知县陆陇其居官有声。上谕大学士等曰：“适九卿列荐，有邵嗣尧、陆陇其、彭鹏三人。其服官廉介，朕所素知。尔汉大学士亦有知者否？”梁清标奏曰：“三人允称廉吏。”徐元文奏曰：“以臣所闻，湖广麻城县知县赵苍璧牧民有声，闻武昌兵噪时，所在州县官俱弃城潜去，惟赵苍璧安抚百姓，修城预备。”上曰：“彭鹏、邵嗣尧、陆陇其、赵苍璧，俱准行取。”（《清圣祖实录》卷146）

（康熙三十年五月乙巳）吏部尚书张士甄降三级调用，以考察云南、山西、陕西、湖广四省学道驳查违例，巧饰具奏故也。（《清圣祖实录》卷151）

（康熙三十七年十二月）丙辰，湖广道御史朱廷铉条奏：“服满候补人员内，有特简者，有卓异者，应不论班次，即行录用。”上谕大学士等曰：“览朱廷铉所奏，未必无故，但所言之事，有当于理。夫治国家者，以人才为要。朕亲简之官，如丁忧服满起补与降级及一概丁忧者，校年补授，何时得录用乎？凡条奏合宜，即为准行。其间有私与否，朕不问也。”（《清圣祖实录》卷191）

（康熙三十八年正月乙未）吏部议复：“湖广道御史朱廷铉疏言，道府以下、州县以上丁忧起复官员内有特用卓异者，请于单月内，不入候补班次，遇缺即用。应如所请。”得旨：“所奏甚是。选法原分单双月，今单月缺出，依议选补，非其应选月分，若遇有缺，将伊等原任何地并履历开明折子，附于本内引见，视其人地相宜补用。”（《清圣祖实录》卷192）

（康熙三十九年正月乙酉）湖广总督郭琇陛辞，奏曰：“皇上命臣选奏丈量地亩官员，有武昌道庄撍、衡永郴道董廷恩、长沙府知府王益曾三人才堪委任……清丈之后，则钱粮似较前差减矣。”上曰：“约减几何？”郭琇奏曰：“大约减十分之二。”上曰：“果于民有益，所减虽倍于此，亦所不惜。若不清丈，以荒田着落他人，征收钱粮，有累穷黎，断不可也。此事綦重，保题丈量官员，尔具疏来，照所请行。”（《清圣祖实录》卷197）

（康熙三十九年十一月癸丑）湖广道御史朱廷铉疏言：“卓异与行取，同膺异数，嗣后应一例引见。”从之。（《清圣祖实录》卷202）

（康熙四十年二月己未）吏科给事中马士芳疏参：“……湖广省大计，巡抚年遐龄徇庇湖北布政使任风厚老病，不行参奏。”得旨：“着王国昌、

年遐龄各行明白回奏。任风厚可着来京引见。”（《清圣祖实录》卷203）

（康熙四十年三月）丙辰，先是吏科给事中马士芳疏参湖广巡抚年遐龄徇庇布政使任风厚老病，不入大计。至是年遐龄遵旨明白回奏。上谕大学士等曰：“任风厚调来引见，其年尚未衰老，可以办事。如尔诸臣，俱系老年，坐而办事，必须老成历练者方能得当，州县官则不可，若道员以上，必以年长者为佳，不惟此也。凡一省易一大吏，一方百姓不能无累，外官惟以清廉为要。郭琇居官清廉而办事和平，如任风厚果系不堪，郭琇岂肯徇庇？任风厚仍赴原任。至于言官参奏不实，若皆交部议处，嗣后谁复敢言？原参官马士芳，着免议。年遐龄奏疏，知道了。”（《清圣祖实录》卷203）

（康熙四十二年五月）丙寅，荆州将军伯莽喀陛辞。上曰：“将军之职，以训练军卒、选阅武弁为要。尔抵任后，可将兵卒勤加训练，武弁严行选阅，有年老庸劣者，谕令告退。”（《清圣祖实录》卷212）

（康熙四十四年三月丁亥）偏沅巡抚赵申乔疏言：“布政使董昭祚、按察使郎廷栋，俱于湖广兵丁鼓噪案革职。但伊等居官勤慎廉洁，恳请留任，俾图后效。”得旨：“董昭祚、郎廷栋，俱革职从宽留任。”（《清圣祖实录》卷224）

（康熙四十九年闰七月庚申）谕九卿等：“自赵申乔参俞益谟之后，为督抚者每每苛求武弁。武弁非读书之人，但披坚执锐，用命杀敌而已。地方文官多有火耗银两，武弁绝无所得，然于兵丁能效力者，必量加赏劝，庶军士尽皆鼓舞，遇敌肯前。若毫无赏劝，何以使人乐为之用乎？昔人云：‘重赏之下，必有勇夫。’今文官生当太平，但知以成法苛求武弁，总不为武弁一筹画之。昔三藩变时，张勇、王进宝、赵良栋、孙思克等戮力为国，扫除逆寇。亦因朕倚任恩深，帑饷繁多，犒赏无缺，故士卒听其指麾，用命效死，乃能成功。武弁虽不可纵之使骄，亦不可摧之使弱。我朝武弁，历来并未骄纵，若挫辱之，使气渐颓，则所关甚大。总督殷泰系穷兵出身，历加擢用至西宁总兵官。朕谕陕西督抚等助以银两，犒赏士卒，是以殷泰得展舒其志。今湖广提督员缺，尔等知总兵官内有才守兼长者，即行举出。如总兵官内无人，副将内设有之，亦行举出。副将内无人，即于文武官员内有确知其可用者，亦行举出。”（《清圣祖实录》卷243）

（康熙五十一年十二月丙辰）吏部议复：“湖广道御史徐树庸疏言，旧例文武卓异及河工荐举各员，俱随本引见。请嗣后直隶各省督抚，如有特荐之员，倘蒙俞允，仍照例令其赴部引见，庶督抚保题，益加详慎。又藩臬与督抚最为亲近，定例大计不得荐举卓异，所以绝夤缘、杜偏听也。嗣后藩臬缺出，督抚不许坐名题补，听部通行开列。均如所题。”从之。（《清圣祖实录》卷252）

（康熙五十二年十二月甲申）吏部议复：“湖广道御史徐树庸疏言，九卿保举升用之员，如有不肖者，查原保举官处分旧有定例，但年久法弛，嗣后保举人员倘贪婪事发，请将原保举之官从重议处。又知府保升道缺，道员保升臬司缺，其升任之后尚未经到任者，不准复行保举。俱应如所请。”从之。（《清圣祖实录》卷257）

（雍正元年五月）甲申，谕内阁：“湖北布政使员缺，朕熟思数日，不得其人。着大学士、尚书、都御史、侍郎、副都御史等各保一人，密折封奏，如更有堪任他职者，亦并缮入。再有裨益政事、启沃朕躬之言，并附陈奏，务宜谨密。所奏必出于公正，倘有交通约会等情，经朕闻知，不独见轻于朕，且彼此非笑，亦当顾惜，尚其慎之。”（《清世宗实录》卷7）

（雍正四年十二月丁卯）署湖广总督福敏等折奏：“请将通省州县各

官酌调繁简，次第调换，以便盘查仓库钱粮。”奉上谕：“湖广一省旧无调繁、调简之例，即他省亦未经通行。朕践阼以来，督抚诸臣往往密为奏请。此举若出于至公，原属美政。倘涉于私比，则其弊不可胜言矣。所以朕不轻开此例，即一时权宜行之，惟视督抚之公私何如，而斟酌于其间耳。朕意调繁，自必皆勤干之员，至于调简，或亦偶有抱屈者，然大都姑容徇庇之举居多。地方繁简固有不同，即就极简州县而论，莫不皆有刑名钱谷之责。其阘茸劣员，安可任其旷官贻误乎？若不过仅短于才，而无荡检逾闲之处，宜勒令退休，系科甲出身者，或题请改教。即如月选各官引见时，朕观其人虽似不及，但岂得以语言、相貌一见而定其优劣，遂将无过之人即行斥革？是以姑且补授，令其莅任，是在尔等督抚大吏秉公衡鉴，明试以功也。朕反复思维，吏治须严为甄别，若系庸材，断宜沙汰。试思一人之荣辱得失，较之国计民生，轻重何啻倍蓰。向来姑容陋习，近于妇人之仁，欲以此沽宽厚之虚名，实不知乖激扬之大典也。地方惟良吏难得，果系有为有守之员，遇因公罣误参劾，仍不妨另为题留。设遇丁艰事故，揆其情理，如非孤子，或亦可在任守制，给假数月，俾得尽其子道，然后赴任。倘该员报本念切，坚欲奔赴，则不必强，或具本题请于服满之日仍补本省，遇缺即用，如此方为鼓励人材之道。今尔楚省牧令中，察有精勤能干之员而在僻地者，用违其才，诚为可惜，尔等题请调繁可也。至于才短而任冲繁之地欲为调简者，当仰遵朕谕，加意斟酌而行。均将与例不符情节，备细声明题奏。又所奏次第调换盘查仓库之说，似可不必。倘或不肖有司彼此互相容隐，反致尔等难于稽察矣，亦何益之有？”（《清世宗实录》卷51）

（雍正七年十一月）癸巳，谕兵部：“闽省武职等官多长于水师，而未谙陆路，着各省督抚于千、把总内挑选人材壮健、弓马娴熟者咨送闽省，交与该督抚，以备题补之用。其应作何酌量咨送名数之处，着该部议奏。”寻议：“江南、湖广应各拣选千总五员、把总四员……行令各该督抚等，给咨赴部引见，恭候钦定，命往闽省。该督抚等遇有陆路守备

员缺，将拣选之千总题补，千总员缺，将把总拔补。”从之。（《清世宗实录》卷88）

（雍正八年五月）壬辰，湖广安陆府知府谈九叙等恭请圣训，上谕曰：“知府一官，有承上率下之责，关系吏治民生，最为紧要，尔等勿视为传舍，但务逢迎上司以图升迁，为荣身之计。果能察吏安民，实尽其道，即使终身不得迁转，亦足留名誉于将来。若一味请托钻营，希图保荐，纵一时幸获寸进，而公论难免，何能掩人之耳目哉？刑名事件，知府尤为上下关键，务期明允公当，地方始无冤民。不可听属员恳求，亦不可畏上司驳诘，而草率苟且，以致讼狱颠倒，下结民怨，上干天和。若催科一节，固有考成，果遇水旱灾荒，自当据实申详，加意抚恤。不可隐匿以图省事，亦不可捏报，以滋弊端。夫宽大惠爱者乃为政之要道，朕非令尔等严厉苛刻以从事也。但古人云‘养稂莠者伤禾稼，惠奸宄者贼良民’，若保全贪官污吏以博长厚之名，纵容地棍土豪以沽安静之誉，此大有害于人心吏治者也。沽名邀誉乃居官之大患，大凡在任时贴德政之歌谣，离任时具保留之呈牒，皆非真正好官也。惟去任之后绅衿百姓思念不忘，则不愧古之循良矣。知府与知县不同，知县为一邑之宰，果能殚竭心力，使四境之内民人乐业，便是良有司。至于知府，则有统辖属员之职，若各属之内有一人居官不善，在知府分内即为一分旷职，不可云洁己谨守遂可无忝牧守之任也。天下人才难得，倘过于苛刻摧残，则因细故微瑕而至于放废终身者不少矣。总之，遇好官则当爱重保护之，遇中材则当劝导扶掖之，遇劣员则当惩治罢黜之，以此督课属员，有不观感兴起者无此情理也。至于参罚案件，外官必不能免，朕从不肯以情有可原之案废弃贤员。常有因公参处之州县官，朕见其人才可用而逾格加恩迁擢者。尔等勿存见小之念，顾惜功名，局于庸众之规模，而无远大之器量也。将此谕旨吏部通行天下之知府、直隶知州知之。”（《清世宗实录》卷94）

（雍正十一年二月）庚午，补行四川、湖北二省及河东总河属员雍正八年分大计。卓异官七员、贪官四员、不谨官四员、罢软官一员、年老官十二员、有疾官五员、才力不及官十二员、浮躁官三员，分别升赏处分如例。（《清世宗实录》卷128）

（雍正十二年二月壬戌）大计浙江、湖广……各省官员及河东二省河官。卓异官二十二员、不谨官三十六员、浮躁官十七员、罢软官二十三员、才力不及官三十一员、年老官五十六员、有疾官二十四员，分别升赏处分如例。（《清世宗实录》卷140）

（雍正十三年十月辛巳）吏部请点各省学政。得旨："各省学政有训导士子、校阅文艺之责，关系甚重，非才守兼优、素有学问者不克胜任。朕即位之初，于诸臣之才学品行，未能深知，难以降旨简用。着大学士、尚书、侍郎于翰林科道部属内，各据所知，保举二三员，开列送部，汇奏请旨。张廷璐、蒋蔚声名好，着仍留江苏、湖北学政之任。"（《清高宗实录》卷5）

（乾隆元年二月辛未）调原任浙江巡抚黄叔琳……湖北武昌府知府张淑郿……赴部引见。（《清高宗实录》卷12）

（乾隆元年六月壬辰）广西巡抚金𫓯密奏："奉旨逮问原任湖广提督董芳，谋勇忠直，可备国家缓急之用。"得旨："国家以赏罚驭群臣，岂汝浅劣小才所能窥其万一哉！"（《清高宗实录》卷21）

（乾隆元年九月庚申）户部尚书署湖广总督史贻直具折谢恩。得旨："览卿奏谢矣。近日有人议论卿操守一节，谓今年春夏之交，颇有风声，近则稍收敛云云。朕风闻如此，岂可因此而责卿，且信卿亦断不敢为，抑亦断不忍为。但朕有所闻而不以告卿，反非君臣一德同心之意。或卿

家人故吏，瞒卿否耶？若然，则当重处，以明白自己心迹，使阖省之人诚心悦服者也。”（《清高宗实录》卷27）

（乾隆二年二月庚申）户部议复署湖广总督史贻直疏言，武昌厂关向系武昌府同知经管，但同知一官，任事太久，交代无期，诚恐从中掩旧那新，转成亏空。而守口家人，又得与关书巡役日久情熟，勾通舞弊。请照各省之例，于就近道府厅员内拣选谙练之员经管，毋庸专委武昌府同知。仍于一年限满，具题考核。应如所请。从之。（《清高宗实录》卷36）

（乾隆二年闰九月）乙丑，定八旗武职年老休致，给全俸半俸之例。谕内阁：“荆州将军衮泰因军政届期，将年老佐领五十泰等七员照例请交部院议处。查文员大计、武员军政，有干八法者，向来皆一体处分。其中有年老一条，例应休致。朕思文职办理地方事务，非年齿迟暮之员所能胜任，故不得不令解退。至若武员分防汛地，操练营伍，固亦需精力强壮之人，但此内不无出兵数次、曾经效力具有军功者，若概以年老照文员一例摈斥，其情亦属可悯。况现今旗员以老告退，查有军功，尚给与半俸，此国家优恤武弁之至意。夫告老者犹且加恩，而现任者遽行罢职，朕心殊为不忍。嗣后如遇出兵效力之将弁，其年齿虽老而精力未至衰惫者，或仍留原任，或调补简缺，以保全其末路。其如何定例之处，着九卿会议具奏。”寻议：“查雍正二年遵旨考选军政，将年老衰颓、曾在军前效力旗员编为五等，分别赏给银两缎匹休致。原系格外施仁，并非定为遵行之成例。今未便援引特恩，分别定议。请嗣后内外八旗武职官员，遇军政之年，派王大臣并该管各上司秉公考验。如年齿虽老而精力未至衰惫、曾经出兵效力著有军功者，令其仍留原任。若年老而精力衰惫，虽有军功，实难任事，应照例令其休致。此等官员内，如有曾经出征打仗受伤及有功牌者，令其原品休致，赏给全俸。其曾经出征、并未打仗及无功牌者，照旗员告休例，令其原品休致，赏给半俸。其效力虽属有年、并未出征者，仍照八旗例，勒令休致。其有年老告休之员，

亦照此例分别办理。”得旨：“允行。”（《清高宗实录》卷52）

（乾隆三年十月庚辰）镶蓝旗蒙古都统鼐格疏言：“荆州将军衮泰咨称，食俸已满三年之骁骑校吉兰泰、诺尔贵，骑射难膺荐举，以未满三年之骁骑校巴雅尔图咨送，可否带领引见，请旨遵行。”得旨：“该将军保举巴雅尔图，亦系未满三年。吉兰泰、诺尔贵骑射虽不应荐举，系已满三年之人。着行文该将军，将吉兰泰、诺尔贵咨送，与巴雅尔图一同带领引见具奏。嗣后各省有似此者，俱着照此遵行。并谕八旗知之。”（《清高宗实录》卷78）

（乾隆五年六月丁亥）（吏部）又议复协理山东道事湖广道监察御史张湄奏请酌改官员亲老改近之例：“臣等详加酌议，中省之人既以边缺为远，则边省之人亦宜以中缺为远。乃历年以来，臣部办理成案，其具呈亲老者，每系掣得远缺之人。诚有如该御史所奏，因得缺险僻、借端规避者，请嗣后边省候补候选官员，父母年老掣得远缺，而该员并不具呈亲老改补，则臣部行文原籍督抚，查明该员果否尚有兄弟奉侍，抑或迎养任所，无庸改补之处，咨部立案。倘有假捏情弊，一经查出，照例指参。至该御史所称‘亲老改近人员，定例不许升转保题，而上司以例不迁调之员，遂漫无可否。其中虽有才能出众者，势必因循就职，仅求无过而止。恳敕下各省督抚，于改补停升之员，尤宜留心查察。如果实心爱民、政绩懋著者，三年之后，许破格保题，或于近省升调，或免其服阕后坐补原缺’等语。此项人员既不准论俸推升，复不准保题升调，无以鼓励人才。嗣后请将亲老改近人员遇三年大计之时，如有历俸已满、才政兼优、堪膺卓异之选，准其一体保举。俟带领引见之时，将该员原系改补近地之处，于折内声明。如奉旨准其卓异注册，即归于卓异班内升用。但此等人员，原因亲老改近，若升远缺，恐无以遂其孝思，仍请于该员近省之缺即用。倘未升丁忧，将来服满候补，即准其照卓异例归于单月，其卓异仍带于新任。再此项人员，倘到任后经该督抚以不能胜

任题请调补简缺者，亦一体改调，将来应补之时，仍令坐补原缺。”从之。（《清高宗实录》卷119）

（乾隆五年六月）丁酉，吏部议奏：“荆州将军衮泰疏保该衙门笔帖式英柱，请送部引见。查各省将军衙门笔帖式专司翻译，并非繁剧。且外省翻译事务较在京部院更为简少，如特疏保荐，即加升用，是在京笔帖式历俸数十年方得升转，而外省笔帖式行走一二年内幸邀荐举，即可不次升擢，未免偏枯。且外任笔帖式六年期满始行调部，论俸候升。若不俟年满准其荐举升用，不独与定例未符，并恐升转太优，渐启钻干营谋之弊。请嗣后外省笔帖式俱照定例，俟六年期满，果有才能出众之员，令该将军等特疏保举引见，如未满年限，不得滥行保荐。其寻常供职之员，六年期满后，仍照例调补京缺。”从之。（《清高宗实录》卷119）

（乾隆六年七月壬辰）刑部尚书署湖广总督那苏图奏：“敬陈镇臣司道官评。”得旨：“知道了。折留览。不能知属员之贤否，何以知斯民之休戚？所当时刻留心者也。”（《清高宗实录》卷147）

（乾隆七年五月壬申）御史胡定参奏：“刑部侍郎赵宏恩，前因工部尚书任内勾通湖广参革道许登瀛纳贿败露，经部议褫职。近复用为侍郎，非所以儆官邪、彰国纪也。请亟予罢斥。”得旨：“前刑部侍郎缺出，一时未得其人。因赵宏恩才尚可用，其从前被参之案，乃收受旧属馈遗，尚非婪赃可比，是以将伊补授。今胡定奏称纳贿之人不应复用。赵宏恩虽非婪赃，究属受贿。胡定指名参奏，亦属可嘉。赵宏恩着不必用，其刑部侍郎员缺，该部另行开列请旨。”（《清高宗实录》卷166）

（乾隆七年十二月辛丑）补行乾隆元年、四年湖北省大计。不谨官五员、年老官三员、有疾官三员、才力不及官三员……分别处分如例。（《清高宗实录》卷181）

（乾隆八年六月己卯）吏部带领湖北降调知县朱继序引见。得旨："朱继序看来才力不及，着以教职用。巡抚范璨将该员出具考语，谓其居官谨饬尚可，若云办事勤勉、有志向上，实与该员不符。朱继序浙江人，范璨未免有瞻顾同乡之意，着饬行。近来各省督抚凡遇降革送部引见之员，其所出考语，大率过优，止知博一人之感悦，而不计该员之可用与否，此风亦不可长。可将此并谕各省督抚知之。"（《清高宗实录》卷195）

（乾隆九年二月丁卯）补行乾隆七年大计。直隶省不谨官二员……湖北省不谨官二员、罢软官二员、年老官二员、有疾官二员、才力不及官四员、浮躁官一员，分别处分如例。（《清高宗实录》卷211）

（乾隆九年九月戊戌）又谕军机大臣等："湖北六月粮价，晏斯盛于今日始行奏到，甚属迟缓。晏斯盛向来尚有要做正人、努力尽职之意，在山东巡抚任内办事差可，但不免好名耳。及调任湖北以来，又不如在山东时，居官一味因循，只图了事，讨好沽名，其实心任事之处甚少。可传旨申饬之，嗣后急须悛改。"（《清高宗实录》卷225）

（乾隆九年十月癸酉）湖广提督王无党奏巡察营伍情形。得旨："且容汝等实力整饬，以观后效也。"（《清高宗实录》卷227）

（乾隆九年十二月壬申）湖北巡抚晏斯盛奏："现在淘汰年老之教谕、训导等官，部文内开，恩贡之应选复谕，岁贡之应选训导，于每科乡试后，各督抚、学政将年力学业堪司教者，准注册备选，其精神衰惫者，给应得职衔，勒令休致。查年力强健，验看立明，学业优劣，非考试则难知，自应淘汰之时，验考并行。但此项人员选期尚远，或将年至七十以上者概行淘汰，毋庸考验，以免龙钟跋涉。又恩岁贡生注册送部后，未经铨选，计年至七十，即于先一年将该生来岁年已七十之处，声明送部销名，给以原衔顶带，毋庸铨选。”得旨：“此未可以概论，譬如逾七十而强壮者，亦不可铨选乎？未至七十而病惫龙钟者，亦可姑容乎？总在汝等实力办理，所见甚迂。”（《清高宗实录》卷231）

（乾隆十年二月壬子）兵部议复：“署湖广总督鄂弥达奏，楚省内地副参，调补实难其选，请于参将、游击内有熟识苗情者豫行保举，遇苗疆副将缺出，内地无合例之员，开列请旨拣放，参将候部掣补。查楚省副将七缺，参将三缺，向例定为调补，遗缺仍归部推。若尽用保举人员，升途有碍，应令该督择系苗疆紧要者改为二三题缺，以便豫保人员掣补。”从之。（《清高宗实录》卷234）

（乾隆十年十一月癸未）吏部带领原任湖北汉川县革职知县曹运等引见。得旨：“曹运着以教职用，俞泰龙着以县佐贰用。看来曹运人甚平常，晏斯盛出具考语，以为资性质直，才堪办事，其瞻徇之习，往往如此，着饬行。”（《清高宗实录》卷253）

（乾隆十年十一月丁酉）湖广提督王无党奏报：“巡视苗疆营伍官兵技艺，优者给赏，劣者斥责，军装不如式者饬令改修。”得旨：“是，武备应不时留心者也。”（《清高宗实录》卷253）

（乾隆十一年二月甲寅）大计乾隆十年分。奉天年老官一员、有疾官一员，湖北年老官四员、不谨官一员、罢软官二员、才力不及官四员……分别处分如例。（《清高宗实录》卷259）

（乾隆十一年十一月辛酉）湖广提督王无党奏：“巡察宜昌、襄阳营汛，考验弁兵技艺，较前大有进益。”得旨：“虽经巡阅，仍应时常留心整饬。汝楚省武备，甚属不及他省，而汝犹为此奏，足见不实。”（《清高宗实录》卷279）

（乾隆十一年十一月辛酉）（湖广提督王无党）又奏："襄阳镇总兵吴士英不谙营伍，且表率无方，统驭乏术，徒滋苛刻之名，难收整顿之效。宜昌镇总兵陈纶年老重听，驭下虽失之宽，但人尚明晰，精力亦未衰惫。"得旨："吴士英不过失之严，而汝以为不宜；陈纶乃实废弛，而汝以为尚可，足见汝取舍好恶不公，亦楚省武备废弛之明验也。"（《清高宗实录》卷 279）

（乾隆十二年五月丁未）定举贤自代例，谕："为国求才者若渴之心，以人事君者忘私之义。朕于京察之年，令自陈大臣各举贤自代，盖以政务殷繁，资人而理。诸臣自当殚竭忠荩，举能其官，以副朕吁俊之意。乃乾隆九年，诸臣所举已有不满朕望者，然尚犹可诿曰初。今次所举，不但允协之未曾，而夷考其中，瞻顾党同，皆所不免，是不可以不谕……不知朕之此旨，原以待出众之材，必猷为特达者而后称……又如户部侍郎李元亮甫荐湖北臬司徐琳，而徐琳即被总督塞楞额参奏，以为办事乖张、居心诈伪。李元亮之特保，何所取耶？……书曰'举能其官，惟尔之能；称匪其人，惟尔不任'，诸臣独不闻之乎？嗣自今诸臣其克勉进贤之谊，勿苟且以塞责，勿假公以济私，勿藏拙以废公，勿勉强以从事。本省藩臬、本省缙绅亦不许举本省官员，着为例。"（《清高宗实录》卷 291）

（乾隆十四年十月庚辰）谕军机大臣等："爱必达奏到'舒赫德、新柱入黔查阅营伍'一折，所称凡在戎行，莫不奋励，乃通套浮词……如伊兄讷亲前往江南，声势赫奕，地方官多方供应，物议沸腾，此乃封疆大吏所当留心，何无一语奏及？看来爱必达自伊兄得罪之后，一味畏首畏尾，膜视地方，全不实心任事。屡经训诲，尚不知改，何以副朕教导成全之恩？着传旨严行申饬，令其将舒赫德、新柱入黔情形详悉据实奏闻。"寻奏："舒赫德、新柱自八月内入黔境后，由南笼、安顺抵省，复由古州、台拱、清江等处赴楚，计在黔三十余日。臣先饬沿途供应勿得轻亵，亦无事浮靡。而钦差约束从人，并无滋扰。间或夫马参差，亦未形诸词色。新疆一带，更复减从轻装。至查阅营伍，官弁则弓箭马步，逐一考校；兵丁则通阅后，各按技艺，复加抽验，考核甚公。”报闻。（《清高宗实录》卷350）

（乾隆十五年二月壬辰）又谕：“据湖北巡抚唐绥祖奏称‘汉阳县知县陈琪，初任未练，禀请改补中缺。据该司等查无规避情节，请以应城令金嶒对调’等语，汉阳县员缺，前经督抚等以该省无才力胜任，堪以调补之员奏请简发。经朕敕部拣选，复带领引见，降旨以陈琪补授。该员到任后，该抚亦须试看年余，方知其才具胜任与否。乃陈琪甫于腊月莅任，视事兼旬，尚未开篆，何由得其拮据实情而辄称该员初任未谙，即行酌调？前既以该省无才力胜任人员请简，今简发之员任事未几，又以才力不克胜任请调，殊非用人之体。况陈琪禀词果出真情，则当其在部拣选时即应呈明。何必俟到任之后，始行具呈？安知非该上司等欲将金嶒调补汉阳，授意该员，令其具禀？此向来外省习气，亦所时有，渐不可长。唐绥祖着传旨申饬，陈琪着仍任汉阳县知县。该抚留心秉公试看，如果实难胜任，亦未便贻误地方，或以教职改用，再行奏闻请旨。”（《清高宗实录》卷359）

（乾隆十五年三月丙寅）谕军机大臣等：“前据军机大臣等议奏更定限期一案，经朕降旨交各该督抚就所属情形一并详悉定议具奏。迄今数月，其办理复奏各省情形虽有不同，但奏到时日，约略计算，当以道里之远近为先后。今据广西、甘肃、贵州、湖南、福建、四川等省奏到，俱系远省，而近省如直隶……湖北等处，转未具奏。即谓行查复核，有需时日，其奏复亦应在远省之先，何以迟滞若此？着传谕该督抚等，令其作速查明，定议具奏。”（《清高宗实录》卷361）

（乾隆十五年五月辛未）湖北巡抚唐绥祖奏："学臣宋邦绥关防严密，鉴拔精当，每于考试生童时，示以立品敦行，奋志功名，反复数千言，士子无不悦服。臣每与讲论吏治，颇能领悟，洵堪大用之员。"报闻。（《清高宗实录》卷365）

（乾隆十六年正月丙午）又谕曰："湖北巡抚即着严瑞龙署理。严瑞龙在布政使中历任已久，前因安徽巡抚缺出，朕已向军机大臣等降旨，令严瑞龙署理。旋忆伊前此来京陛见时，观其人不过循谨奉职，非出色之员。且向日张廷玉曾在朕前屡次保荐，恐伊未必即能胜任，是以改用定长。今观唐绥祖贪婪败检，该督永兴令其密查，皆能据实查明揭报。永兴来京后，严瑞龙复具折续参，且称伊业经奏请陛见。但该督既已前来，伊若同时来京，则唐绥祖为所欲为，吏治将不可问。是严瑞龙能以地方公事为重，颇知大体，甚属可嘉。若谓严瑞龙参劾巡抚即用伊为巡抚，此则不然。唐绥祖之劣迹，永兴已为先发，其款据俱一一明确。严瑞龙之秉公据实，自可膺封疆之寄。设令挟私倾陷，则必不能逃朕洞鉴也。若谓其为张廷玉所荐，则张廷玉罪由自取。至其所荐之人，朕岂尽皆不用耶？朕之办理政务，一出于大公至正，全无成心，即此可见。并将此宣谕中外诸臣，共励亮工之谊，自邀鉴用之恩。其所遗布政使员缺着朱一蜚调补，广东布政使员缺着石柱补授。"（《清高宗实录》卷380）

（乾隆十六年三月丁卯）山东巡抚准泰奏："东省命盗案多……请以自湖北调补山东按察使德文改调福建，德舒仍留山东。"得旨："汝但知东省，而不知闽省臬司为更要也。"（《清高宗实录》卷385）

（乾隆十八年三月甲戌）补行乾隆十六年分广东、广西、湖北、河南等省大计。不谨官十二员、罢软官三员、浮躁官三员、才力不及官十员、年老官二十二员、有疾官十一员，分别处分如例。（《清高宗实录》卷435）

（乾隆十八年三月壬午）兵部议准大学士公傅恒奏："请酌定各省驻防军政卓异人员，凡荐举之员数，仍以驻防之多寡酌中定额。嗣后黑龙江不得过七员……杭州、江宁、荆州均不得过三员……"从之。（《清高宗实录》卷435）

（乾隆十九年二月乙酉）又谕："湖广总督开泰奏'截取举人李兆龙，看其年力，不特不堪知县之任，即改补教职，并恐难司训迪，已勒令休致咨部'等语。知县为举人应选之缺，其有衰迈滥竽者，自应慎重甄别。但改补教职已属降等，如改教后该员自委投闲，志气颓隳，原可随时咨参，即其始尚堪训士，而遇俸满及大计时，量其年力更衰，不妨再令休致。今开泰于截取之日，未试以教职即行淘汰，虽曰加意甄别，然若辈读书上进，即年力才分各有所限，而穷年苦志竟不获一登仕版，揆诸情理，未免过当，此正所谓过犹不及也。朕综理庶政，务在持平，未尝稍有畸重畸轻之见。若各督抚见有开泰此奏，转相仿效，则又非造就人材之本意矣。可通行传谕知之。李兆龙既不胜知县之任，仍着以教职用。"（《清高宗实录》卷456）

（乾隆十九年十一月戊戌）吏部议奏："湖南、湖北、云南、贵州等省俸满各员，请照两广之例，知县以上等官令该督抚确查政绩，保题升用。其州同以下等官，令出具考语，咨部候升。"从之。（《清高宗实录》卷477）

（乾隆二十年二月癸亥）大计乾隆十九年分奉天、直隶、江南、山东、山西、河南、湖南、湖北、四川、广东、云南、贵州十二省官员。卓异官六十八员、不谨官二十六员、年老官四十一员、有疾官三十六员、才力不及官二十九员、浮躁官十二员、罢软官九员，分别升赏处分如例。（《清高宗实录》卷483）

（乾隆二十三年二月庚辰）又谕：“正红旗奏销荆州滋生银两折内，有资济银一项，据称‘每岁所获息银，兵丁内行走勤谨者酌量奖赏’等语，旗下世仆学习清语、骑射最为紧要，诚于清语、骑射俱属优长而当差勤勉者自应奖赏，倘不能如是，但随例赏给，若辈无知，视为固然，反不足以示奖励。着传谕该将军等，此后赏银时，惟择其清语、骑射实属优长而当差勤勉者再行奖赏，仍将赏过人数于年终报明该旗存案，将来遇伊等引见时，朕试其技艺、清语，果皆优长则已，若曾经得赏而实无可观，则断乎不可。”（《清高宗实录》卷557）

（乾隆二十三年二月壬午）兵部议准漕运总督杨锡绂奏称，卫所守千亲老改近，向由各该巡抚主稿。缺有美恶，巡抚未必尽知。恐人怀去就，巧于趋避，请嗣后归漕督查办。缺苦借称亲老请改者参处，无情弊者繁缺题请对调，简缺咨部另补。又押运同知、通判向不论省分远近，概以抵通无欠，分三次议叙，请嗣后除粮多路远之江南、浙江、江西、湖广等省押运官照常议叙外，其粮少路近之河南、山东二省改为四限，初次抵通无欠，纪录二次……四次即升……从之。（《清高宗实录》卷557）

（乾隆二十三年五月丙申）大计湖南省不谨官二员……湖北省不谨官三员、罢软官一员、年老官四员、有疾官一员、浮躁官一员，分别处分如例。（《清高宗实录》卷562）

（乾隆二十四年十月）戊戌，谕：“前经降旨，各省副将历俸五年以上者，着该督提陆续送部引见。而由旗员外补之人，又有五年调换来京，由军机处查奏请旨之例，与绿营汉缺副将等专定五年一次送部者不同。今据李侍尧将历俸五年以上之副将福海送部引见，系遵前旨办理。但该员已届应行调换之期，若甫令回任，旋复调京，不特伊等徒劳仆仆道途，且恐有妨营务。嗣后凡旗员副将，分别道里远近，定以年分，云南、贵州、四川、广东、广西、福建等省着以七年为期，江西、浙江、湖南、湖北、陕西、甘肃等省以六年为期，江南、河南、山东、山西、直隶等省以五年为期，着该督提等届期将该员分别出具考语，送部引见。如有堪胜总兵之任者，一并奏明，或应留京，或回原任，候朕酌量降旨。所有绿营副将仿此画一办理。福海着即留京，其员缺着兵部照例开列请旨。所有军机处查办五年调换之例，着停止。”（《清高宗实录》卷599）

（乾隆二十五年八月己卯）兵部议准湖广总督苏昌奏称，苗疆俸满人员，副参以下、游击以上，例得保题升用。但俸满时，尤必详慎甄别。如材技俱属中平者，只应调回内地，不准即升。倘营伍废弛，亦应随时参处，不得以俸深免议。从之。（《清高宗实录》卷618）

（乾隆二十五年十月戊戌）户部议准湖广总督苏昌奏称，六年俸满千总向例俸薪养廉，于卸事日住支。至奉旨仍回原任候升与俸满开缺者有间，其额支俸薪、养廉、饷米，应照守备送部引见例，支给俸薪、马干及一半养廉。其年满千总遗缺，如委署系候补千把，按其衔缺支给一半俸薪、坐马二匹并酌给步粮三分办公。应如所请。至所称俸满千总内年力未衰，系不应保送仍留原任之弁，应照旧支给，如有革休事故，于卸事日住支，亦应如所请。从之。（《清高宗实录》卷623）

（乾隆二十六年正月庚午）是月，湖广总督苏昌奏：“新任湖北布政使亢保，人尚质实本色，无外官虚浮习气，言论亦明白直爽。”得旨：“所见似之。”（《清高宗实录》卷629）

（乾隆二十六年二月己丑）举行乾隆二十五年大计。直隶不谨官二员……湖北不谨官一员、罢软官二员、年老官四员、有疾官三员、才力不及官一员、浮躁官一员……分别处分如例。（《清高宗实录》卷631）

（乾隆二十六年三月乙卯）兵部议准湖广总督苏昌疏称，襄阳镇驻扎谷城，每年出巡，路经三郡，阅十一协营。若照旧例一次巡察，不无周章。请嗣后令该镇于每年春季巡察下游中、左、右、前襄阳城守，荆门、安陆各营汛，冬季巡察上游均州、郧阳、竹山、竹溪、房县、保康各营汛，俾得详慎考验，署中公务亦不致旷废。从之。（《清高宗实录》卷633）

（乾隆二十六年五月壬寅）举行乾隆二十五年大计。直隶……湖北……卓异官共一百四十员，分别升赏如例。（《清高宗实录》卷636）

（乾隆二十八年七月甲申）（湖广总督李侍尧）又奏："湖北省一应题官、参官向系督抚两衙门轮流主稿，不但政体有碍，且觉形迹可嫌。查各省在外拣选题补之官，大约海疆、苗疆、沿河、沿江之缺，总督主政。内地冲、繁、疲、难兼四、兼三之缺，巡抚主政。其题参劣员，由何衙门访查，则由何衙门主稿。若司道揭报者，仍视江海内地分别主稿。臣与抚臣辅德面商，札令两司将通省各缺按沿江内地酌定，以后举劾，公同会商，分别主稿。"得旨："甚是。"（《清高宗实录》卷691）

（乾隆二十八年十月癸巳）吏部议准湖广总督李侍尧奏称，各省缺出需人署事，该督抚于试用人员及邻近府州县佐杂内拣委不得、委相距太远者署事。至紧要缺人地相需，仍听督抚酌办。有擅离职守无故赴省者，查参照擅离职役例罚俸。久驻省城逗遛不归者，照移驻官员恋居城邑不即移驻例革职。如督抚司道府不行揭参，司道府降一级调用，督抚降一级留任。从之。（《清高宗实录》卷696）

（乾隆二十八年十一月丁巳）吏部议准湖北巡抚辅德奏称，武昌、黄州二府照磨无专管事件，亦无委办差务，应请裁汰。现在黄州照磨童学诗年老勒休，武昌照磨贾铨请咨部另补。从之。（《清高宗实录》卷698）

（乾隆二十九年四月戊戌）补行湖北省乾隆二十八年大计。不谨官一

员、罢软官二员、年老官四员、才力不及官三员，分别处分如例。（《清高宗实录》卷709）

（乾隆二十九年五月庚辰）湖广总督李侍尧奏：“各省千把外委缺出，俱由该将备于现在弁兵内拣选数名，由提镇考验，转送督臣拔补。惟湖广于雍正六年改为湖北二十四营千把，专隶总督考定，知会提督；湖南二十四营千把，专隶提督考定，知会总督，以免路途往返。臣查南省各弁独由提臣考拔，至俸满甄别，仍须送督臣考定。而督臣新任亦有通行调试之例，惟拔补之始，不由督臣考定，似无以昭慎重。应请湖南各标协营千把外委缺出，该营挑选，由提督考验后转送总督考拔。”得旨：“允行。”（《清高宗实录》卷711）

（乾隆三十年五月乙未）又谕曰：“推升贵州铜仁府知府佟世虎于请训召见时，朕观其人殊有习气，奏对亦未能明了。该员前在湖北宜昌府知府任内，总督那苏图曾奏称该员难胜知府之任，今看其人实属平常。知府有表率之责，若办理诸务张皇竭蹶，恐致贻误地方。着传谕方世俊，留心察看，如果不能称职，即行据实具奏，不得稍事姑容。”（《清高宗实录》卷737）

（乾隆三十一年五月乙未）礼部带领浙江、江西、福建、湖南、湖北、陕西等省选拔贡生引见。得旨：“徐之宽、洪煦、潘汝炯、刘学灏、徐承勋、彭良弼、梁震、胡守业、钟蕙、蔡羹元、胡锡瑛、王卉芳等十二名，着以知县试用。张羲年、翟方震、罗棠、朱贵、胡宗寅、方淇、洪枰、陈孔挥、姜文昭、王日华、陈蛟腾、汪浩、干从淳、王廷楷、乐三省、王云洙、钟翔鹏、石应璋、谢肇清、郑资有、林斗南、林青珪、饶澍、黄梅、李楷、林霈、董书、夏大观、殷盘、谭定元、陈以邦、唐可隽、龚大万、张天堉、曾曰明、程凤翙、张绳祖、程文衡、冯相德、崔景灏、吕渊、张贞生、杨袤、李如绅等四十四名，着交吏部询问，愿

以教职用者以教职用，愿以佐贰等官用者以佐贰等官用。”（《清高宗实录》卷761）

（乾隆三十一年七月庚寅）又谕：“去岁吴达善至江南迎銮，曾面奏提督李勋年力衰老，因调其来京陛见。及召对时察其言动，颇为明捷，虽齿逾七十，而精力未衰，遂令仍回原任。昨因办理莽匪之事，调伊为云南提督。李勋到滇后节次奏事，颇中机宜，且因首恶召散，未就弋获，远驻孟艮地方督率总兵严缉，在提督中尚属实心出力、可资倚任者。设如吴达善所云，岂衰颓之人能如此不惮劳剧、黾勉从事乎？看来吴达善不过因其前任湖广提督时曾奏地方事件，人皆憎嫉之。吴达善初至楚省，遽逞私臆入告。夫以封疆大臣，于朕前奏提臣优劣而任性毁誉若此，其他尚可信乎？吴达善着传旨申饬，李勋折并着钞寄阅看。再舒赫德自甘肃回京时奏及该省首邑皋兰县有为上司代办铺设赏需及应付公事之项，致有赔累等语。吴达善前任巡抚总督数年，何以并未筹办及此，亦未据实奏闻？可见该督不过奏对尚好，其于地方事务并不认真整理，嗣后务痛自湔洗，诸事实心妥办，以无负委任。若仍不知悛改，恐不能长受朕恩矣。至吴达善原系陕西驻防，其地即总督所统辖，尤当小心谨慎，毋任其家属恃符滋事。倘管束不严，致有过犯，朕惟于吴达善是问。着将此一并传谕知之。”（《清高宗实录》卷765）

（乾隆三十二年八月癸酉）补行湖北省乾隆三十一年大计。不谨官一员、罢软官一员、有疾官一员、才力不及官一员，分别处分如例。（《清高宗实录》卷792）

（乾隆三十二年十一月戊戌）谕军机大臣等：“前经降旨，令各省督抚将拣发举人详加甄别，其有实在难胜民社之任者酌量改教给衔，俾得各沾恩泽，而于地方政务亦不致滥竽贻误。嗣据陆续奏到，如山东……湖北……各督抚，俱经详行察看，分款甄别，办理固应如此……此项人员，业经拣选，年力自不至于衰迈。但其人才分高下，非到省体察，无由深悉。况各省分发至数十员之多，其中岂竟无一二不堪驱策之人？各该督抚自应仰体朕调剂苦心，据实甄别，奏闻办理。乃一味借口姑容，毫无别白，惟知取悦众人，及至用违其才，因事再加参劾，而官方既多旷废，人才复难保全。如此遇事模棱，并不实心奉公，岂朕委任封疆本意？方观承、冯钤、阿思哈、吴达善俱着传旨申饬，并令再加体察，明白回奏。”……（《清高宗实录》卷798）

（乾隆三十三年九月癸丑）（吏部）又议：“湖北均州知州马伯辂四参限满，承缉不获，照例降调，应令该督出具考语，送部引见。”得旨：“马伯辂系两次降调之员，该部带领引见时提奏。嗣后似此两次降调之员，该部带领引见时，俱行提奏。”（《清高宗实录》卷819）

（乾隆三十四年五月丁亥）又谕曰：“吴达善等奏‘监利县知县周世绪，于湖南巴陵县王起华客船被劫一案，甫据事主具报，即将盗犯全行拿获，审拟抵法’等语。周世绪闻报盗案，能不分疆域，亲将要犯全获，颇属能事，着该督抚出具考语，送部引见。”（《清高宗实录》卷834）

（乾隆三十四年六月己未）谕：“据吴达善等奏‘湖北武昌府知府赵春福才识短浅，办事迟缓，不胜知府之任，请简员另补’一折，赵春福前为礼部司员，经该堂官以繁缺知府保送，简授云南府知府，旋经调任武昌。今据该督等奏‘伊不惟省会首郡，难以胜任，即事简府缺亦不称职’等语，是该员乃一庸碌无能之人，当日在部办事，必不能出色，大略可想。该堂官从前因何举以理烦，所有原保之该堂官，着交部议处。赵春福着送部引见，再降谕旨。”（《清高宗实录》卷836）

（乾隆三十四年六月庚申）又谕曰：“揆义由提督衙门问官，曾任热河道。见其尚属能事，是以用为两司。复因湖北巡抚缺出，一时不能得人，遂加擢用。但其气局略小，能否称职，尚须试察。乃伊自到湖北以来，并未见有实力整顿之处。即屡次具折陈奏，虽连篇累牍，而按之总无实际。整饬官方、留心民瘼之处，不过将寻常应行题达事件改为奏折，敷衍塞责而已，恐未必能副朕委任。近复闻伊在江西藩司任内于举劾属员诸事，颇滋物议，则于封疆重寄，更非所宜。着传谕吴达善密行查察，将揆义到任后声名若何，详加体访，如有劣迹可指，即行据实劾参。若仅循分供职，即将伊居官大概若何，是否能胜巡抚之任，速即据实复奏，毋得稍有瞻徇。”（《清高宗实录》卷836）

（乾隆三十五年六月辛巳）补行湖北省乾隆三十四年分大计。不谨官二员、罢软官一员、年老官一员、有疾官三员、才力不及官三员、浮躁官一员，分别处分如例。（《清高宗实录》卷862）

（乾隆三十五年十月己亥）又谕：“据吴达善等奏‘拿获盗卖硝斤之巡检朱廷瑞家人张玉、余龙，现在提齐案犯，严审究拟’一折，所办甚好，已于折内批示矣。办用官用硝斤，该犯敢于盗卖渔利，甚属可恶，自应审讯明确，按律治罪。但朱廷瑞委办硝斤，亲身督运，沿途既有盗卖情弊，岂得仅诿过于家人？而张玉等所供与幕友程师韩在豫带买，程师韩今已逃回，其说支离难信。且现据将硝包过秤，较正额尚有短少，则非带买私硝，更属显然。朱廷瑞明有知情串卖、希图卸罪情事，不可不彻底根究。此时吴达善已赴湖南兼署抚篆，各犯解到时着交梁国治，隔别详悉严鞫，务令水落石出，毋任稍有遁饰即行定拟具奏。所有出力缉拿之武昌府经历曹文魁尚属能事，着该督抚量其平日居官如何，出具考语，送部引见。将此并谕吴达善知之。”（《清高宗实录》卷871）

（乾隆三十六年六月丙子）又谕：“据梁国治奏‘德安府同知贾钟琪，先经吏部推升福建福宁府知府，因该员赴滇办铜，咨部开缺另选。今察看该员才具中平，难胜知府之任，请敕部毋庸再选’等语，自应如此办理。至将该员请以升衔留任，并不声名送部引见，则所谓知其一不知其二也。此等论俸推升人员，大率循分供职者居多。第因在任事简职闲，处分本少，是以俸满升迁较易，其中原未必有出色之员。昨因推升知府内，经该督抚验系堪胜者，向令出具考语。恐久之或滋流弊，曾降旨停其注考，令送部引见定夺。至此等不能胜任府缺之员，其人材较彼尤逊，若不送部引见，竟准以升衔留任，是庸材既得以藏拙，且省其正署交代、往来跋涉之劳，安坐而得叨荣顶带，为若辈别开捷径，于事体殊觉非宜。恐衰朽无能者并得借以姑容恋栈，其弊更无所底止。嗣后各省推升知府人员，该督抚验系堪胜者，仍遵前旨办理外，其不能胜任之员，亦着一体送部引见。或仍令回任，或留部另用，候朕临时分别降旨。其向例升衔留任，未免过优，应改照卓异人员例，加一级，以示平允，着为令。”（《清高宗实录》卷886）

（乾隆三十六年八月庚寅）兵部议准湖广总督富明安奏称，湖南各镇协营千把俱送总督考拔。其外委、额外外委，除岳州一营近武昌省会仍归总督考定外，其相距甚远者，请归提督考拔。从之。（《清高宗实录》卷891）

（乾隆三十八年二月戊寅）补行乾隆三十七年奉天……湖北……等省及江南、河东河员大计。不谨官十四员、罢软官十七员、年老官七十五员、有疾官二十七员、才力不及官四十员、浮躁官七员，分别处分如例。（《清高宗实录》卷927）

（乾隆三十八年四月己丑）又谕：“据陈辉祖奏‘竹溪县凶犯张世华因图奸杀死四命并致伊母自缢……经光化县知县唐惟克盘获，究出前情，现在审拟具题，该令唐惟克应否送部引见，请旨遵行’等语……至该县唐惟克于该犯甫入县境即能督役捕获，尚属能事。着传谕该抚，将其平日居官如何之处出具考语，送部引见。”（《清高宗实录》卷932）

（乾隆四十年八月乙未）谕："昨据御史戈源参奏'六月分郧阳府知府奉旨开缺已在二十日截缺之后，应归七月铨选。乃吏部先于十七日开缺，辄将本部司官储秘书选补，弊混显然'一折，果如戈源所言，似吏部竟有徇私废公之处，不可不彻底查办。因批交英廉、阎循琦、金简等查奏。今据复奏，吏部向来办理开缺案件，如仅止降革交部议奏者，于议复具题奉旨之日始行开缺，如革职之外尚有余罪者，不俟具题，即行开缺。并查自乾隆二十二年至今，办过成案十余件，查开具奏。至储秘书铨选之处，系按记名俸次，比较挨用。是吏部于此案开缺推补并无违例，戈源所奏未免有意吹求……明季科道往往与部臣抵牾，遇事生风，攻讦不已，久之遂成门户。朕披阅史册，每深恶而痛嫉之。方今政治肃清，不愿言官蹈此恶习，着将此传谕各科道，如再有似此劾参各部事件，查无实据者，即将言事之人交部议处。"（《清高宗实录》卷989）

（乾隆四十一年二月庚申）举行乾隆四十年大计。直隶省不谨官二员……湖北省不谨官一员、罢软官三员、年老官五员、有疾官一员、才力不及官三员、浮躁官二员……分别处分如例。（《清高宗实录》卷1003）

（乾隆四十一年五月乙未）谕军机大臣等："据毕沅奏'陕甘两省各营将备，现俱带领凯旋兵丁回营。内有打仗出力，经将军、参赞奏请升任者，均应送部引见。又各营题升豫保各员，缘近年本营乏人署事，亦未给咨送部。现俱纷纷请咨，共计有六十余员，请分作两班给咨送部'等语，所办亦好，已于折内批示。但此等人员，俱系军营出力，经将军等奏请升擢者多，即送部引见，亦不过仍令回任，无可另为甄别。且伊等甫经凯旋，其本营事务，自须稍为经理。至本省题升豫保各员，亦有署任交代之事，均不必亟亟概行送京。况人数多至六十余员，即分作三班轮替来京，亦无不可。着传谕毕沅，如头班业已起程，即将后班分为两起。若目下头班尚未起程，即酌量分作三四班进京。并俟前班引见回营，再将其次给咨送部，庶营务不致乏人料理。勒尔谨回任后，即照此接办。其湖广、云贵、四川各省回营将弁内有似此者，均着一体办理。将此谕令各督抚知之。”（《清高宗实录》卷1009）

（乾隆四十二年正月丙申）是月，署湖广总督陈辉祖奏：“乾隆三十七年，两湖军政经督臣富勒浑奏请展期，嗣因官弁多出兵金川，经臣将应行斥休各员先行劾奏，军政大典请俟凯旋举行，计至四十年届二年半举劾之期，又经奏请一并展期。自上年凯旋后，臣等逐加考验，两湖地方辽阔，目下将次考竣，惟是本年十月又届军政之年，请统于三月内合并办理。”下部知之。（《清高宗实录》卷1025）

（乾隆四十二年二月戊申）谕曰：“吏部奏‘现在出有湖北督粮道员缺，系简缺，可否即以病痊赴部候补之道员修礼补用，抑仍归部按班铨选’等语。修礼于上年引见时，朕见其病尚未痊愈，是以降旨以简缺道员补用。但其患病已久，一时恐未能即行就痊。伊原系内务府当差之人，着仍以内务府对品之缺补用。所有湖北督粮道一缺，仍归部照例按班铨选。”（《清高宗实录》卷1026）

（乾隆四十二年三月庚寅）谕军机大臣等：“据陈辉祖奏护安襄郧道姚棻率同知府沈树声，知县马乾怡、史湛等，将逆犯严金龙案内应行缘坐之严韩氏、何李氏等及应遣之张志高等共七十二名拿获分别定拟等因一折，已批交该部议奏矣。姚棻等于逆案内未经缉获之犯能悉心体访，前后缉获多犯，颇属能事。姚棻已于上年因系旧记可用之人，特调漳州府繁缺。此案是否即系姚棻访查，抑系沈树声等分投访缉，着传谕陈辉祖据实查明复奏。并将知府沈树声、知县马乾怡、署知县史湛等平日居官如何之处，一并确查，如尚能实心办事，即着出具切实考语，给咨送部引见。”（《清高宗实录》卷1029）

（乾隆四十二年五月）己卯，署湖广总督湖北巡抚陈辉祖复奏："拿获严金龙案内各犯，系护安襄郧道新调福建漳州府知府姚棻督率知县马乾怡、史湛分头缉获。马乾怡诚实练达，史湛明干老诚，应否送部引见？"批："此二人着送部引见。"又奏："知府沈树声止随同姚棻审讯。"得旨："览。"（《清高宗实录》卷1032）

（乾隆四十二年十月）壬寅，谕军机大臣等："据陈辉祖奏到属员贤否折内称'衡州府知府黄树堂接见二次，应对迟缓，胸次似欠开爽。到任后，现办事件尚系率常循分，容留心再看'等语，知府有整饬地方、表率属员之责，黄树堂性既迟缓，且欠开爽，于知府自不相宜。该员到任已七八月，能否略加练习？若仍不过率常循分，即不便姑容贻误。着该抚即速查明，据实具奏，毋得稍存姑息。至贤否折列及佐贰州县等官，必其人尚堪造就成材，以备简用。如汉阳府同知顾驷，该抚称其才识明达，办事勤敏，将来遇有府缺或可擢任。若通省知县甚多，岂能遍列？今长沙县知县范元琳，该抚称其才质迟钝，而黾勉供职，尚无贻误。是该县于长沙首邑，尚恐非宜，将来未必可至府道。因何列入此折，着陈辉祖一并据实奏复。将此遇便谕令知之。"（《清高宗实录》卷1042）

（乾隆四十四年二月甲戌）举行乾隆四十三年大计。奉天罢软官一员……湖北卓异官八员、罢软官二员、年老官九员、有疾官四员、才力不及官二员、浮躁官二员……分别议叙、处分如例。（《清高宗实录》卷1077）

（乾隆四十四年六月）壬戌，兵部议复："前署湖广总督湖北巡抚郑大进疏称'边缺俸满将备人员，弓马可观、训练有方者照例保题；其弓马平常者查平日办事及现在年力，或调回内地，或随时纠劾勒休，将展限一年之例停止'等语。查边俸人员，以练兵安民为首务，至本身弓马平常，原可学习改观。今如该督所奏，是因该员弓马之优劣，方查其平日办事之贤否，未免轻重倒置。请嗣后考察边俸俸满人员，五年内果能整饬营伍、抚绥地方，兼之弓马可观、年力壮盛者，会核保题，照例先行升用。如五年内办事奋勉、勤劳无过，而弓马平常、年力未衰者，调回内地，将边俸升用之处注销，惟循分供职。及弓马不及、年力已衰者，即勒令休致，所有展限一年之例，应如该督所奏停止。至武职人员并无正印佐杂之分，其保荐甄别，总以实授之日，扣算俸满之期，以归画一。”从之。（《清高宗实录》卷1084）

（乾隆四十七年二月丙戌）举行乾隆四十六年大计。奉天省年老官二员……湖北省年老官七员、有疾官二员、才力不及官二员、罢软官二员……分别议处如例。（《清高宗实录》卷1151）

（乾隆四十九年十一月辛巳）又谕：“据特成额奏查阅湖北荆、宜、襄阳一带营伍，有宜昌镇总兵官福揭报宜都营都司罗汉保，襄阳镇总兵仲泰揭报竹溪营守备黄金显，均称年力就衰，弓马平常。随亲加考验，该二员精力俱已衰颓。请旨将罗汉保、黄金显革职等因一折，着照所请，交部办理。总兵有整饬营伍之责，如所属营员内，有年力衰颓、弓马平常者，自应随时体察，据实揭报，何以直至总督查阅营伍时始行揭报？是该总兵等平时有心姑容，及督臣巡查营伍，明知不能掩饰，始以一揭塞责，殊属徇庇取巧。官福、仲泰俱着交部严加议处。至特成额，身任总督，于通省武职人员均应时刻留心。乃于该二员年力衰颓，平素既未能查察，而此时校阅后，折内又未将该总兵瞻徇姑容之处附参，亦属不合，特成额着交部察议。”（《清高宗实录》卷1219）

（乾隆四十九年十二月甲辰）谕军机大臣等：“前召见襄阳镇总兵仲泰，因其年力就衰，清语生疏，深染绿营习气，难胜总兵之任，已有旨，令其在三等侍卫上行走。乃昨据特成额奏到‘各镇考语单内，尚称该员精力壮健，熟悉营伍，操演亦勤’等语。总督统辖通省文武，于各该总兵贤否，自当随时体察，考核允当，始行具奏，方足以备朕拣择。今仲

泰考语，该督率意填注入告，可见其于属员年力才具平时全不留心，特成额着传旨申饬。”（《清高宗实录》卷1221）

（乾隆五十年七月戊申）兵部议准湖广总督特成额奏称，湖北安陆营汛，为滇黔入京水道要冲，差繁民悍，请将都司一缺改为在外拣调。其湖南临武营守备分驻蓝山，事务本简，应归部选。从之。（《清高宗实录》卷1234）

（乾隆五十年九月）壬子，补行湖北省乾隆四十九年大计。卓异官四员，议叙如例。（《清高宗实录》卷1238）

（乾隆五十年十一月辛亥）又谕曰：“各部院衙门保送京察一等人员，例应比照上届之数，咨送吏部。向来办理，未能画一，殊失慎重程材之意。夫三年京察一次，原以激扬黜陟，期于无滥无遗。现届明年京察之期，着各该堂官将属员才具贤否，秉公察看，照上届四十八年保送一等之数出考送部，毋许溢额，致启滥觞，以后即定以为例。但向来有人数比上次多者吏部必驳之语，此则不可。或该堂官因一等人少，不能足额填送，即于咨部时，声明缺额几员何妨？至下次京察，若果出色之员较多，仍许其补还原额。吏部亦不必以上次既经缺额，即行予驳也。若一次少一次，则将来无人可举，成何政体？若各部恐致数少，勉强足数，以符上次，是又徇情虚应故事，总成笑谈矣。今应定例，率以不溢四十八年一等原额为准。至各省举行大计，与京察事同一例。前届甘肃、湖北、江西等省分，因各属内处分人员较多，是以比历次卓荐人少，自不可援以为例。而向来各督抚保荐人员本未明定限制，亦非慎重考绩之道。且各省卓异人员有正荐、附荐之名，同一卓荐而分正附，是名为区别，实易开侥幸之渐，殊不足以澄叙官方。着吏部详核各省大小，缺分多寡，酌中定制。除有处分不合例人员毋许保荐外，其某省应行卓荐几员之处，按其缺分多寡定额并将附荐之名裁去，勿使庸材滥膺荐剡，而才能之员不致稍有沉抑。该部即详晰妥议具奏。”寻议：“嗣后大计卓异人员，计省分大小，缺分多寡，分州县以上至道员为一项，佐杂教职为一项，俱比照上三次酌中定额。至附荐一项，即归入正荐数内，不得仍存附荐名目。如不敷原额，准其声明，下次仍照定额办理。倘保举不实，将原保上司议处。”从之。（《清高宗实录》卷1242）

（乾隆五十一年九月甲午）又谕：“现在京察记名应用道府人员将次用完，遇有缺出，不敷简放。应令各省豫行保举，以备简用……所有江苏、安徽、陕西、甘肃、湖北、湖南、广东、广西八省，着各保举堪胜道员者二员、堪胜知府者四员……各该督抚秉公慎重拣选，据实具奏，并出具切实考语，送部引见，候朕酌量简用。”（《清高宗实录》卷1265）

（乾隆五十一年十月丁未）又谕：“据永保奏‘接商州营游击张濯、商州知州杜锜禀称，于柿坪地方拿获首犯秦国栋并伊子秦周儿二犯，现已委员星往迎提解省审办属实’等语，秦国栋系伊阳戕官案内逆恶首犯，逃窜日久……李侍尧办理乖谬，擒捕迟缓，复获重谴。但伊于军旅本非所长，且经朕屡次严谕督饬之后，尚能愧奋，亲历戎行，一同满兵打仗，尚有汉军旧家风气，究与庸懦畏葸者有间，是以加恩宽释，重加录用，令其署理部旗事务。夏间湖北呈控该地方官侵蚀灾赈一案，派令前往查讯审办，俱属允当。适因湖广总督缺出，即令在彼署理。李侍尧自署督篆以来，将该省积年未结盗案及孝感县抢掠活埋多命讳匿不办之案查出，据实参奏，具见留心整顿，知过认真。且现在各省巡抚内，非资格尚浅，即系才具难胜总督之任者，一时乏人。所有湖广总督员缺，即着李侍尧补授。李侍尧屡获重愆，今又破格弃瑕录用，此朕不得已用人之苦心。李侍尧当知感愧奋勉，痛改前非，嗣后倍宜洁清自矢，正己率属，于地方诸务实力整饬，毋谓已补实缺，始勤终怠，致负委任至意。倘该督不知警省，心存满足，以至再蹈愆尤，必当加倍治罪，断不能再为曲贷也。”（《清高宗实录》卷1266）

（乾隆五十二年正月丁亥）谕军机大臣等："近闻李封年力就衰，有重听健忘之处，恐湖北巡抚事务繁剧，李封未能办理裕如。着传谕舒常于到湖北后，留心体察，如李封精神尚能周到，堪以胜任，即行具奏。若该抚果系精力就衰，于地方事务未能办理妥协，难以胜任，亦即据实奏闻，候朕另行简放。"（《清高宗实录》卷1273）

（乾隆五十三年二月辛亥）举行乾隆五十二年奉天……湖北……并江南、河东河员大计。不谨官二十一员、浮躁官十一员、罢软官十八员、才力不及官三十五员、年老官九十四员、有疾官三十四员，分别处分如例。（《清高宗实录》卷1299）

（乾隆五十四年十一月）庚子，改湖北武昌府清军同知缺归部选，从湖广总督毕沅请也。（《清高宗实录》卷1343）

（乾隆五十五年六月己巳）举行湖北、湖南二省乾隆五十五年军政。卓异官四员、才力不及官二员、有疾官一员，分别议叙、处分如例。（《清高宗实录》卷1357）

（乾隆五十六年正月甲申）谕："前命军机大臣议复浙江提督陈杰条奏'选拔千、把、外委应按照总督、提督驻扎地方就近考验'一折，行令两江等处各就该省营伍道里情形，悉心妥议具奏。彼时朕以此等微末弁兵分隶各提镇标营管辖，其有距总督驻扎地方较远者，于选拔时，必须前赴总督衙门考验，恐资斧维艰，且往返转需时日，是以谕令该督等，将隔省各标营如何就近令提督、总兵自行考拔之处，酌定章程，另行核办，原为体恤末弁起见。嗣据两江、湖广、闽浙等省陆续奏到，情形各有不同。兹福康安奏'千、把二项职分较大，所得养廉较诸文员中州判、县丞为加优，一加拔补，即可食廉，赴考不虞拮据。嗣后各营千、把缺出，请循照旧例，仍送总督考拔。其外委及额外外委缺出，各归就近考拔’等语，所议甚是……着照福康安所议行。该部知道。”（《清高宗实录》卷1370）

（乾隆五十六年二月）壬戌，举行乾隆五十五年大计。直隶省不谨官三员……湖北省不谨官一员、罢软官一员、年老官七员、有疾官四员……分别处分如例。（《清高宗实录》卷1373）

（乾隆五十六年四月庚午）举行乾隆五十五年大计。卓异官奉天省二员、直隶省十二员……湖北省六员……分别议叙如例。（《清高宗实录》卷1377）

（乾隆五十六年四月庚午）吏部奏：“原任湖北粮道王均等，均应不准捐复。”得旨：“王均、张官五俱系听从李天培派带木植，且王均系道员，与臬司并无统辖。张官五系隔省之员，不过交往通情，非逢迎上司可比，情节均尚可原。刘璠于安插土司，捏报病故，其失察之咎，尚属因公。所有王均、张官五、刘璠三员，俱准其捐复。余依议。”（《清高宗实录》卷1377）

（乾隆五十八年五月乙未）谕军机大臣等：“本日召见新选湖北郧阳府知府杨如溎、推升甘肃庆阳府知府蒋勋。朕看此二人，才具均属平庸。知府为方面大员，有表率属员之责，倘才不胜任，必致贻误地方。该二员现已令赴新任，着传谕该督抚等留心察看，如果不能胜任，即据实具奏，另行简用，毋得稍事姑息，致有贻误。”（《清高宗实录》卷1428）

（乾隆五十八年五月丁巳）又谕：“吏部将捐复人员分别准驳开单进呈，内有另单请旨之原任刑部额外主事魏若虚一员。核其情节，该员系额外主事，部中微末之员，因核拟湖北省卢秀等命案，意见不合，不肯随同画稿。虽系拘执己见，而争论尚属因公，且部内办事郎中职分较大之员，于该堂官前亦不敢稍涉违拗，而魏若虚以额外主事能因公辩论，尚属留心官事。况其咎只系失之拘执，并无徇情偏袒情弊，着加恩准其捐复原官，签掣分部学习。”（《清高宗实录》卷1429）

（乾隆五十九年二月丁丑）举行乾隆五十八年大计。直隶省不谨官三员……湖北省不谨官一员、罢软官二员、年老官一员、有疾官一员、才力不及官二员、浮躁官一员……分别处分如例。（《清高宗实录》卷1447）

（乾隆五十九年六月）甲子，谕：“向来漕船全数抵通，所有督催粮船之督抚俱一并议叙。但巡抚督率兑运，催趱开帮，漕船依限抵通，自应交部甄叙。至总督于营伍事务，是其专管，如营务废弛，即应将该督议处，若能整饬训练，方予议叙。至于漕务，则总督并不亲身经理，且如闽浙总督驻扎福建，距浙较远，于浙省漕船开帮趱运之处，并非该督经办，若一体交部议叙，转无以示区别。嗣后漕船全数抵通，止须将该管巡抚照例议叙，其有漕省分之两江、湖广、闽浙总督，俱毋庸一体议叙。”（《清高宗实录》卷1454）

（嘉庆元年十一月丙午）谕内阁：“御史宋澍参奏‘湖北荆宜施道崔龙见之子、就职州判崔景俨，经总督毕沅保奏，交部议叙。巡抚汪新复将崔景俨咨部，请以知县升用，办理朦混。又该督等请将枝江县知县汪云铭调任当阳，为脱卸处分地步，请旨敕部确实查办’一折，已交军机大臣会同本日召见之尚书刘墉等详议具奏矣。楚省办理军务以来，带兵之督抚将在事出力人员专折保奏，于定例稍为假借，朕非不知。即从前福康安、和琳保奏各员，亦间有与例未符之处。朕因军务需人，原难拘定成格，伊等为鼓励勤劳起见，是以即照所请行。但于破格之中，亦当存核实之意。今崔景俨经毕沅以该员办事出力具奏，当即照所请加恩交部议叙，而汪新即将该员咨部，请以知县升用。崔景俨系现任道员崔龙见之子，在伊父任所随同帮办，本属分内之事，非投效人员可比，何得率行咨部，请以知县升用？此等随任子弟，该省地方大小官员，谅必不少。若俱似此越例邀恩，岂不与前代之窜名冒滥军功者相等？该御史所奏尚是，着毕沅、汪新将办理此事何以含混奏咨之处及御史所参情节，据实明白回奏。其枝江县知县汪云铭因何调任当阳，令其规避处分之处，亦着一并据实复奏。”寻据军机大臣等议奏：“毕沅、汪新复奏俱以汪云铭调任当阳，并无与例不符之处，应毋庸议。至崔景俨出力，即系伊父崔龙见在河溶堵截后路之事，应将崔景俨以知县升用查销。该督抚朦混陈奏，应请将毕沅、汪新降二级调用。嗣后军营出力人员，奉旨指明以何项升用者自应遵办。其督抚奏请议叙人员，应令夹单开列何项出身，于何处著有劳绩，是否现任官员子弟，详细注明，于奉旨后，吏部按其出身劳绩，将如何奖励之处具题请旨。”得旨：“毕沅、汪新均改为革职留任，余依议。”（《清仁宗实录》卷11）

（嘉庆四年五月壬戌）又谕：“倭什布奏汉阳府知府明保与伊儿女姻亲，应请回避一折。明保系和珅母族姻戚，平日倚恃和珅势焰，在任声名甚属平常。从前引见知府时，即蒙皇考鉴其人甚庸陋。查伊出身履历，经和珅朦混具奏，亦未令伊递折请训，径赴知府之任，皆朕之所深知。本年曾有人密折将明保参奏，未列实迹，朕因不为已甚，且彼时大员中如景安、秦承恩等尚皆未经查办，何暇责及明保？今既与倭什布系属姻亲，明保才具本不胜外任，着即来京，以部员照例对品补用。”（《清仁宗实录》卷44）

（嘉庆四年九月）丁丑，谕内阁：“倭什布奏‘请将湖北省嘉庆元年、四年两次应行计典递行展限’一折。倭什布抵任后，即有督兵防堵各事宜，无暇办理计典。而藩司孙玉庭甫经到楚，于属员贤否亦未能谙悉。且通省各员多有守御本境并委办军需诸事，未便遽行调验。应如该督等所请，所有湖北嘉庆元年及四年两次计典，着递展至嘉庆五年、六年，

以次举行。”（《清仁宗实录》卷52）

（嘉庆六年二月）己未，谕内阁：“本年京察届期，吏部开列在京各部院大臣及各省督抚名单进呈，请旨甄别……协办大学士总督书麟前在云贵总督任内，办理猓黑，妥速蒇功。兹调任湖广，督兵剿截窜匪，一切正资整饬……余俱照旧供职。”（《清仁宗实录》卷79）

（嘉庆七年三月己丑）补行嘉庆元年、四年大计。湖北卓异官十三员、不谨官五员、罢软官一员、年老官十员、有疾官一员、才力不及官二员，分别议叙、处分如例。（《清仁宗实录》卷96）

（嘉庆八年正月）癸巳，谕内阁：“吴熊光奏‘原任施南府知府周季堂丁忧留营，现已服阕，请送部引见’等语。周季堂在楚有年，前因委办军需，未便骤易生手，特降旨将周季堂留营效用。现在大功告竣，该员已届服阕，呈请起复。若遽行赴部补官，为人子者于心究有未安。着吴熊光给咨周季堂回籍补行穿孝，看视坟茔，不必限以月日，即由本省起程，来京引见。此外在军营丁忧文武各员，目今已无经手紧要事件，其未经服阕者，均令其回籍守制，将来照例起复。其已经服阕者，于军营给咨先回本籍，补行穿孝，均不必限以月日赴部补官，以示体恤。”（《清仁宗实录》卷107）

（嘉庆八年三月壬子）举行嘉庆七年大计。江苏卓异官十五员……湖北卓异官五员、才力不及官一员、有疾官四员、年老官七员……分别议叙、处分如例。（《清仁宗实录》卷110）

（嘉庆八年五月）辛丑，谕内阁：“各省大计军政，关系激扬巨典，向来六法劾参人员循例引见者，均系按例降革勒休。原以甄别人材，责成既专，自当照议黜陟，以示劝惩。昨日兵部带领武职官员引见，内有劾参有疾之原任湖南岳州卫守备周代暄、劾参罢软之原任山西吉州营千总许大诏，均系军政案内应劾之员，本应照例休致革职。朕以该二员从前在河南、湖北军营曾经出力，且所参系有疾罢软，尚无别项劣款，特降旨将周代暄以千总补用，许大诏以把总补用。此系朕轸念微劳，格外施恩，非可援以为例。此后大计军政被劾之员，不得妄思侥幸也。将此通谕知之。”（《清仁宗实录》卷113）

（嘉庆九年四月乙亥）谕内阁：“勒保奏‘本年川省补行大计，所有应行参劾各官员缺，例应归部铨选。惟查该省候补人员，如奉旨发往，军功保奏及奏准留川办理军务出力各项，均系例得先尽补用，合之大挑、投效以及川楚工赈等例，分发试用正佐各员统计不下三百余人。请将计典参劾遗缺，援照成案，遴员补授’等语。川省各班候补人员为数较多，况积年办理军务，保奏留川者，均系出力之员，自应尽先补用。所有此次补行七年大计参劾各员遗缺，着照所请，准其于该省候补人员内遴选本班合例之员，分别题咨补用。因思陕西、湖北两省自用兵以来，保留需次者亦不乏人，情形自属相同，着该督抚查明一体照办。再川省候补者既有三百数十员，此次即将遗缺尽数补用，亦不过十分之一。此外候补人员仍不免于壅滞，陕、楚事同一例，或于邻近省分，查明现在分发人员较少及何项班次稍宽可以通融酌剂之处，拨往候补，庶使微末人员得以渐就疏逐。并着勒保会同吴熊光、方维甸通盘筹核，妥议具奏。或三省情形不同，候补人数多寡互异，各抒所见，自行具奏亦可。该部即遵谕行。”（《清仁宗实录》卷128）

（嘉庆十二年五月戊申）又谕：“本日刑部议复汪志伊奏‘拿获谋叛之湖北提标左营马兵徐荣等，分别治罪’一折，已另降旨饬遵。至折内称‘该管游击雅金泰未便以其不识汉字稍为姑容，请旨革职’一节，外省绿营办理事务，文移往来俱用汉字，该管营员即仅识汉字，尚恐于一切营务不能妥协办理，若并汉字不识，势必至稿案茫然，动形竭蹶。即如已革游击雅金泰于部文内令俟有应减马兵缺出陆续改挑步兵之处，因不识汉字，未能理会部文，先后将马兵王连等二十一名即行降补步兵，办理错谬，以致兵丁不服，酿成事端，是其明验。嗣后旗员及东三省人员有拣补各省绿营武职者，各该管上司保送时不得以不识汉字之人滥行充数。及拣选时，仍着钦派大臣等临期询其是否能识汉字，并面加试验，其不识汉字者不准拣选，方免临事舛误，于营务庶有裨益。”（《清仁宗实录》卷179）

（嘉庆十二年十二月）己巳，谕内阁：“马慧裕奏‘查阅河南省营伍情形，分别奖赏革休’一折，据称‘该省有从前投效军营出力，邀赏衔品部议降等，以把总、外委补用各员。现查南阳镇标及邓新营均有此项人员，内惟一二人弓马可观，余俱不谙营务。念其随征曾经出力，请留营学习二年，期满再行甄别’等语。此项军营投效各员，从前功竣时原因其稍有微劳，特照原赏衔品降等，以营弁补用，俾资造就。今据该抚查明豫省各员弓马多半平常，自应留营学习……所有河南省此项候补把总、外委各员，着即照世职人员之例，均令其在营学习三年，期满甄别。如果练习有成，即咨部挨次拔补。其实在不能当差者，亦着给予原衔顶带，饬令归农，随时报部存案。并着兵部行文川、陕、楚等省，凡有此项员弁，均即照此办理。”（《清仁宗实录》卷189）

（嘉庆十三年十二月乙巳）又谕：“据汪志伊、常明奏‘查明湖北施南府知府尹英图近因耳病渐重，于地方案牍听断维艰，若令回任供职，恐滋贻误’一折，日前召见尹英图时，朕即觉其两耳重听，今据该督等遵旨查明，该员近日耳疾渐重，自难听其恋栈贻误。惟念伊前在军营曾著劳绩，着准令解任，给假回籍调理，如果耳疾治痊，再行送部引见。至外省道府大员遇有年老有疾之人，该督抚原当随时甄别，以重地方。即如尹英图一员，平日见其既患耳聋，听断维艰，早应据实奏闻，何乃迟至降旨谕查，始行奏出？汪志伊、常明均着传旨申饬。各省似此因循

恋职者恐复不少，嗣后各该督抚惟当随时秉公察核，毋得稍存回护。”（《清仁宗实录》卷 204）

（嘉庆十四年四月）己未，举行嘉庆十三年大计。直隶卓异官十八员……湖北卓异官十员、才力不及官一员、年老官六员……分别议叙、处分如例。（《清仁宗实录》卷 210）

（嘉庆十六年四月丁丑）是月，湖广总督马慧裕奏查阅营伍情形。得旨：“所论亦只一边。近闻各营缺额者多，尽被将弁占去，此实大病，不可膜视，应严察密访，切勿姑息了事。”（《清仁宗实录》卷 242）

（嘉庆十六年十月丙寅）湖广总督马慧裕等参奏：“按察使周季堂心术不醇，妄示威福。命工部右侍郎初彭龄驰往会同讯办。”（《清仁宗实录》卷 249）

（嘉庆十七年五月丙子）举行嘉庆十六年大计。直隶卓异官十七员……湖北卓异官九员、才力不及官二员、罢软官二员、年老官四员……分别议叙、处分如例。（《清仁宗实录》卷 257）

（嘉庆十九年六月）丙戌，谕内阁：“马慧裕等奏‘请将拿获沿江沿河积窝巨盗之知县郎锦骏等五员送部引见’等语，所保甚属冒滥。江夏县知县郎锦骏拿获邻境行劫盗犯四名，且曾于上年盘获散布谣言之李占魁一犯，缉捕尚属认真，着准其送部引见。至此案失事在汉阳县地方，该县知县裘行恕若承缉不力，即有应得之咎。今将盗犯拿获，功过仅足相抵。试用县丞黄中立、从九品陈渭、试用知县陶治等各获盗犯数名，该员等差遣奋勉，不过冀图拔补委署，该督等率行奏请送部引见，殊属非是。马慧裕、张映汉俱着传旨申饬，其请将裘行恕等送部引见之处，着不准行。”（《清仁宗实录》卷 292）

（嘉庆二十年四月庚辰）举行嘉庆十九年大计。直隶卓异官十五员……湖北卓异官十员、罢软官二员、才力不及官二员、年老官三员、有疾官一员……分别议叙、处分如例。（《清仁宗实录》卷305）

（嘉庆二十三年六月甲午）举行嘉庆二十二年大计。直隶卓异官十七员……湖北卓异官九员、不谨官一员、罢软官一员、才力不及官二员、年老官四员、有疾官二员……分别议叙、处分如例。（《清仁宗实录》卷343）

（嘉庆二十四年五月己卯）又谕："张映汉奏'教犯王柯赴楚传教，及陈大顺等各犯凑银给与王五保，所有失察之地方文武各官业将传徒人数全行拿获，功过相抵，前参之道府营将可否一并邀免处分。至承审此案及派往缉犯之委员，可否按其劳绩，量加鼓励'等语。传习邪教之犯行踪诡秘，惟恐人知，该管之地方文武官偶失觉察尚非无因，果能留心密访，随时缉获惩办，定案时，朕核其功过尚足相抵，必予宽免处分。其有将著名要犯拿获者，不特免过，尚当加之奖擢。若事前漫无觉察，破案时又回护处分，私自消弭，则其咎不止议处，仍当加重治罪。所有此案失察王柯赴楚传教及陈大顺等各犯凑银给与王五保之地方文武各员，业将案犯全行拿获，其前参之道府营将俱着加恩免其议处。至承审缉犯各委员，着庆保、张映汉秉公查明，择其尤为出力者保奏一二员，候朕施恩。"（《清仁宗实录》卷358）

（道光元年二月己亥）举行嘉庆二十五年大计。直隶卓异官十四员……湖北卓异官九员、罢软官一员、年老官四员、有疾官一员、才力不及官一员……分别议叙、处分如例。（《清宣宗实录》卷13）

（道光元年八月甲午）湖广总督陈若霖奏："立秋后，出省次第考校湖北、湖南营伍。现在全楚旸雨应时，年岁丰稔，地方安静。"得旨：

“此皆仰荷天恩，朕深感慰。然安不忘危，我君臣宜深惕厉。”又奏：“巡阅一周，即将各营将备官兵材技、队伍军实，认真考校具奏。一面将应行举劾之武职及奉旨保举、堪膺专阃之副将一并分别办理。”批：“务在得人，不可以循分供职者塞责保荐。”（《清宣宗实录》卷22）

（道光二年正月甲戌）荆州将军绵龄，副都统齐克唐阿、都明复奏操练章程：“于每月常操十二次内同看六次，并各分三日，轮看佐领日操兵丁，详核优劣，奖拔革退，余日责成协领稽查，如有偷安，随时惩治。”得旨：“所奏章程，尚属可行。务在认真训练，切勿徒尚虚文。满洲旧俗，总以马上、马步箭、鸟枪为要，而马步箭又以挽强命中为要，不可专讲式样。鸟枪则在便捷准头，果能施放迅速而又有准，方能得用，尤不可工于架势也。汝其勤加训练，秉公去取，终始如一，务期尽成有用之兵。勉之慎之。”（《清宣宗实录》卷28）

（道光二年十二月乙巳）又谕：“曾燠奏‘销引考核参差，请画一办理’一折。两淮销引各岸，向例奏销本纲钱粮时题报考核。淮北系按州县缺销分数开参，楚西则既报全完，复按年核其缺销分数，将各盐道奏参。江南省安、池、太纲盐及各食岸，又俱按年奏报开参，办理本未画一。考核销引，只应通计一年销数有无缺溢。若按年考核之外，又复按纲考核，徒成虚报具文，殊非核实之道。着照所请，准其将楚西、淮北按纲题报考核之件即行裁革。除淮南销引业经考核参处外，所有楚西、淮北与安、池、太及各食岸，均自道光二年为始，一律按年考核，汇案奏报。如有缺销，照例开参。该部知道。”（《清宣宗实录》卷46）

（道光三年四月丙辰）又谕：“兵部议复‘云贵总督明山等奏黔省随营世职，赴滇考验，请就近交贵州巡抚甄别’一折。黔省云骑尉、恩骑尉各世职，向例于未经补缺之前，每届三年甄别，俱归总督考验。惟该省各标、协、营距滇遥远，该世职等长途跋涉需费较艰，自应量加体恤，以归简易。着照部议准，将云骑尉、恩骑尉各世职三年甄别，俱由贵州巡抚就近考验弓马，分别应留应斥，据实报部。至云骑尉拣选补缺，仍着赴滇交总督考校。恩骑尉应补千总，着照各营千总补缺之例，以营分远近，归巡抚、提督考拔。此外两江、闽浙、两广、湖广、陕甘等省随营世职，有与总督所驻省分较远者，着各该督抚体察情形，悉心筹议，具奏到日，交部再行核办。”（《清宣宗实录》卷51）

（道光三年九月壬午）谕内阁：“前因湖北粮道多麟代押运到京，经朕召见，虽据奏称实年五十九岁，而精力就衰，人亦平庸，已降旨以六部郎中用矣。因思各省道、府，似此年力衰迈、才具平庸者，恐复不少。若稍事姑容，必致贻误地方，殊非澄叙官常之道。着各该督抚随时察看，秉公甄别，据实具奏，毋得徇隐，以汰冗员而肃吏治。”（《清宣宗实录》卷59）

（道光三年十一月壬辰）引见奉天、陕西、湖北、浙江保举孝廉方正人员。得旨：“王元涛、杨镳、易官善、杨炳以知县用，金柸、吴熙、杨建业、杨粹然以教职用。”（《清宣宗实录》卷61）

（道光四年正月丁亥）又谕：“本年系应行查阅湖北、湖南、云南、贵州营伍之期，湖北、湖南着即派李鸿宾，云南、贵州着即派明山，逐一查阅，务各认真简校。如查有训练不精、军实不齐者，即将废弛之将弁据实劾参，毋得视为具文。”（《清宣宗实录》卷64）

（道光四年二月癸丑）举行道光三年大计。直隶卓异官十六员……湖北卓异官十员、不谨官二员、浮躁官一员、年老官三员、才力不及官三员……分别议叙、处分如例。（《清宣宗实录》卷65）

（道光四年三月甲申）谕内阁：“前据明山等奏请以金世襄升补文山

县知县，当经降旨准行。兹据吏部奏称，金世襄已于本年二月推升湖北武昌县知县，请饬令该督等将文山县另行拣员升调。金世襄在滇年久，熟悉边情，着仍补授文山县知县，照例送部引见。其湖北武昌县知县，着吏部另行铨选。”（《清宣宗实录》卷66）

（道光五年十月）壬午，谕军机大臣等：“朕召见新授湖南提督阎俊烈，人甚粗率。该员曾任湖北提督，平日声名若何，操防训练是否认真，李鸿宾在楚有年，自必确有闻见，着即查明，据实具奏。俟该提督到任后，该督仍留心察看，能否胜任，随时奏闻，毋稍徇隐。将此谕令知之。”（《清宣宗实录》卷90）

（道光六年十二月庚申）谕内阁：“前据嵩孚奏，湖北、湖南各营云骑尉世职补缺，例将该省候补人员通行檄调考核。惟地方穹远，遇有调考，往返需时，有旷操演，请将成例稍为变通。当交兵部议奏。兹据奏称，此项世职，每遇补缺全行檄调，营员未免苦累。着照所请，嗣后遇有守备缺出，轮用世职，先将到标名次在先之员调考。若弓马才具俱堪称职，即将该员题补。倘弓马生疏，饬回原营练习，再调其次之员考验。如仍难称职，即挨次递推调补，下次缺出，仍将前次退回原营之员调考。如练习胜前，准将该员题补。倘仍前生疏，即着勒令休致。所遗世职，另行承袭。至各省云骑尉世职，情形均属相同，俱着照此画一办理。并着该督抚、提督于校阅营伍时，将世职人员择其技艺优长、年分较深及平日差操勤慎者，随时存记。遇有应补缺出，即可核实拣补，以重营务而励人材。”（《清宣宗实录》卷111）

（道光七年二月乙丑）举行道光六年大计。奉天卓异官二员……湖北卓异官八员、不谨官二员、浮躁官一员、有疾官一员、年老官四员……分别议叙、处分如例。（《清宣宗实录》卷114）

(道光七年四月)庚申，谕内阁："昨日镶白旗蒙古将荆州满营应放佐领人员带领引见，其拟正之防御康福开弓脱扣，箭未放出。所有佐领一缺，已着拟陪之斐星额补授，而康福亦未记名。夫佐领等官原为督责兵丁之员，所有骑射理应先自精熟。如康福甫射一箭，遽至脱扣，箭未放出，总由步射生疏所致。似此人员，焉能训练所属？惟阅该员履历，尚有军功，想该将军等以其劳绩始行拟正，是以未将康福交部议处，而该将军等亦俱免议矣。大凡武职官员缺出，在拣选时固当较量劳绩，亦当将骑射认真验看。着各省将军、副都统等，嗣后拣选官员务须秉公，将著有劳绩、骑射精熟者，挑选拟列正陪。倘该员于引见时，仍有步射生疏者，经朕看出，不惟将该员交部严议，定将该将军、副都统等一并交部议处，决不宽贷。"(《清宣宗实录》卷116)

(道光八年三月)辛酉，谕内阁："嵩孚等奏'请将办工出力之捐升人员留楚差委'等语。襄阳府同知捐升道员继德、候补通判捐升知州马宏图办理王家营堤河各工，尚为出力，着交部议叙。嵩孚等请将该二员留楚差委补用之处，与例不符，着不准行。试用府经历虞家惠、试用未入流高文津，催督人夫，始终奋勉，俱着遇有本班缺出，尽先补用。"(《清宣宗实录》卷134)

(道光九年十一月)戊戌，谕内阁："御史何辉绶奏'请定保举御史章程'一折，所奏甚是。御史为风宪之官，必当慎重遴选。此次保送御史内，兵部郎中李熉曾任湖北荆州府知府，因才不胜任，改用今职……此等人员，何得滥行保送御史？李熉、钱学彬均着该部即行扣除，毋庸带领引见。嗣后各部院堂官于所属司员内，凡因私罪降补京职及不胜外任特旨改用人员，不准保送御史，并不得截取外用。"(《清宣宗实录》卷162)

(道光十年二月)戊寅，举行道光九年大计。热河卓异官二员……湖

北卓异官十员、罢软官一员、年老官三员、有疾官三员、才力不及官二员……分别议叙、处分如例。（《清宣宗实录》卷 165）

道光十一年辛卯八月庚辰朔，谕内阁："……该地方官须委任得人，即现在江苏、安徽、江西、湖广等省被水之区，办理灾务之地方官，尤关紧要。着通谕各该督抚加意访查，其有声名平常及才具平庸者，皆不可委任，必应及早撤回，无稍姑息。务当遴委廉干之员，平日实心任事可以信任者，责令认真办理灾赈事宜，俾小民均沾实惠，毋致一夫失所，以副朕廑念民瘼之至意。"（《清宣宗实录》卷 194）

（道光十二年正月辛未）又谕："本年轮应查阅湖北、湖南、云南、贵州营伍之期，湖北、湖南着即派卢坤，云南、贵州着即派阮元，逐一查阅，务各认真简校。如查有训练不精、军实不齐者，即将废弛之将弁据实参劾，毋得视为具文。"（《清宣宗实录》卷 204）

（道光十二年六月戊戌）湖广道御史冯赞勋奏："请复设巡察官，观风整俗。"得旨："着大学士、军机大臣会同吏部、都察院妥议具奏。"寻议："该御史请照雍正年间设巡察官，遍行各府，专司巡察，其地方呈词督抚已审结而翻控者，准其亲提审讯。惟各省督抚，悉由灼知慎简，受恩既重，扬历亦久。若尽委其任于巡察，是未示信任于重臣，而专寄耳目于新进。设奉使非人，私谒苞苴，皆所不免。是畀以纠劾官吏之权，适足开馈遗逢迎之渐，所请应毋庸议。"从之。（《清宣宗实录》卷 214）

（道光十二年十二月丙寅）湖广总督讷尔经额奏："两省文武大员察核未周，请将年终密考缓至明春具奏。"得旨："是。明年年底再行密奏。"（《清宣宗实录》卷 228）

（道光十三年二月庚申）举行道光十二年大计。直隶卓异官十六员

……湖北卓异官十员、浮躁官一员、罢软官一员、年老官三员……分别议叙、处分如例。(《清宣宗实录》卷232)

(道光十三年十月庚戌)谕军机大臣等:"……乃近来江苏、安徽、山东、河南、江西、湖北等省,虽丰歉有时,几于无岁不缓,无年不赈……此必不肖之州县、不堪之胥吏,希图沾润,于勘不成灾者而报灾,即于例不给赈者而捏赈,视灾区为利薮,借民瘼为身图,任意侵吞,以完作欠。而该督抚等又不肯为国任怨,不以国计为亟。是国家徒有加惠之名,而百姓无受惠之实,无非官吏私充囊橐,大吏博取声誉,尚复成何事体!嗣后遇有水旱偏灾,该抚等务须遴派结实可靠道府大员确查,并责成藩司认真稽核,断不可讳灾,亦断不准捏报。倘以展缓殊恩,视为奉行故事,一经科道参奏,或经朕别有访闻,惟该抚等是问。懔之,慎之。将此各谕令知之。"(《清宣宗实录》卷244)

(道光十五年二月辛亥)又谕:"讷尔经额奏'查明销过淮盐引数,请宽免盐道考核'一折。湖广盐务积滞已久,自经整顿之后,销数逐渐加增。惟十三年未销十万余引,委系因灾滞销,于十四年实销数内划补,致缺额二分以上,尚非督销不力。湖北盐法道邵甲名,着加恩免其议处。该督仍当督饬该道设法疏销,以期年清年额,毋许稍涉疏懈。"(《清宣宗实录》卷263)

(道光十六年正月)戊申,谕内阁:"本年轮应查阅湖北、湖南、云南、贵州营伍之期,湖北、湖南着即派讷尔经额,云南、贵州着即派伊里布,逐一查阅,务各认真简校。如查有训练不精、军实不齐者,即将废弛之将弁据实参劾,毋得视为具文。"(《清宣宗实录》卷277)

(道光十六年二月丙寅)又谕:"讷尔经额奏'楚省行销淮盐,一年期满,查明销过引数及缺额缘由'一折。湖北、湖南两省,道光十五年分行销淮盐，缺销在三分以上。据该督查明，实因岸盐短缺，无盐可销，委非该盐道督销不力。所有前任湖北盐法道邵甲名应得处分，着加恩宽免。”(《清宣宗实录》卷278)

(道光十六年七月甲申)又谕：“湖北盐法道办理全省鹾务，最关紧要。新任道员于克襄年力才具是否堪胜此任，着讷尔经额、周之琦公同察看，据实具奏，不得因系特简之员稍存回护。将此谕令知之。”寻奏：“道员于克襄，悃愊无华，到任数月，督销有赢无绌，堪胜盐道之任。”报闻。(《清宣宗实录》卷285)

(道光十七年四月)辛亥，谕内阁：“前因三等侍卫男爵克兴额考验不到，经仁寿等奏参，交部议处。兹据兵部奏‘请将克兴额照违制私罪革职例，议以革职。援引上年湖北提标云骑尉李绍西案，请仍留世职’等语，满洲世仆与绿营官弁不同，此次克兴额于军政之年，经该管大臣考验未到，甚属不堪。克兴额着革去三等侍卫，所兼一等男爵照例一并革退，由该旗另行请袭。兵部堂官援引不当，着传旨申饬。”(《清宣宗实录》卷296)

(道光十九年五月癸丑)补行道光十八年大计。江西卓异官十员……湖北卓异官十员、不谨官三员、年老官五员、有疾官一员、才力不及官一员……分别议叙、处分如例。(《清宣宗实录》卷322)

(道光十九年八月辛巳)谕军机大臣等：“寄谕湖广总督周天爵，湖北黄州府知府德山不患无才，究竟品行若何，着该督密加访察，据实具奏，毋稍迁就。将此谕令知之。”寻奏：“查德山到任先问陋规，所办清结案件，多恃首县，请送部引见。”从之。(《清宣宗实录》卷325)

(道光二十年六月戊寅)湖广总督周天爵奏查阅营伍情形。得旨：

“承平日久，诸多废弛，必当加意训练，期收实效方好。”（《清宣宗实录》卷335）

（道光二十三年十二月壬寅）补行道光二十二年军政。湖广卓异官十员、不谨官一员、才力不及官五员，分别议叙、处分如例。（《清宣宗实录》卷400）

（道光二十五年二月庚戌）举行道光二十四年大计。直隶卓异官十九员……湖北卓异官十员、不谨官一员、罢软官一员、年老官三员、有疾官一员、才力不及官一员……分别议叙、处分如例。（《清宣宗实录》卷414）

（道光二十六年三月己未）谕内阁：“本日召见新选浙江台州府知府福瑞、湖北安陆府知府冯国桢、贵州铜仁府知府赵连标，均系初膺外任人员，察其才具，尚须练习。着各以知府发往原选省分，学习试用。所遗各缺，着该部照例办理。”（《清宣宗实录》卷427）

（道光二十六年十二月乙卯）谕内阁：“御史曹澍钟奏‘州县亏那钱漕供给规礼，请饬大吏廉俭率属’一折，并片陈‘规费名目’等语。各省封疆大吏自宜洁己奉公，廉俭率属，于官民受困之处，深加体恤，实力整顿，方为不负委任。若如该御史所奏，近年钱漕积弊皆由州县趋承上司，供给规礼，因而浮收勒折，朘及小民，又复不自撙节，以致钱漕愈累，仓库愈亏。如楚北之折价完纳，蠹串分肥，江浙之捏报水旱，那借库款办漕，无非以小民之脂膏，供长官之糜费……着通谕各省大吏，务各激发天良，清廉自励，破除情面，于一切地方供给规礼，概行屏绝，俾州县不至借口赔累，浮收钱漕，于体恤之中，即寓整顿之意。倘查有陋习相沿，以趋承为能事，置民力于不顾者，即行严参示惩。各大吏如敢狃于积习，不能洁清自守，经朕访闻，或被科道纠参，定将该督抚等严惩不贷。其各懔之，慎之，勿谓言之不豫也……”（《清宣宗实录》卷437）

（道光二十七年五月庚子）谕军机大臣等："江西九江、南赣二镇地方扼要，一切训练操防必当认真讲求，方期有备无患。现任总兵清保、德坤二员，平日能否申明纪律，俾技艺悉臻精熟，操防果否留心，设遇调遣能否得力可靠，着李星沅于到任后，随时留心察看，据实具奏，毋稍瞻徇。将此谕令知之。"寻奏："江西兵额惟九江、南赣二镇最多，前据抚臣吴文镕来咨，挑选精兵三千四百七十名以备调遣。至德坤前任汉中镇时曾与相处，嗣因领兵赴浙，复于苏省接晤。乍浦之战，该镇颇以身先，向来操防勤慎，虽未通晓兵法，尚不失为中材。清保曾任湖北将官，前面询督臣裕泰，据云该镇在崇阳军营甚属出力。及过九江接见，察其年力方壮，明晰周妥，似可望为干城。近复叠饬所属各营设法整顿，认真挑备，断不准有名无实。"得旨："随时认真察访，阅伍之时，细心校阅，万一有所调遣，不能得力，责有攸归，懔之毋忽。"（《清宣宗实录》卷442）

（道光二十八年二月癸亥）举行道光二十七年大计。奉天卓异官一员……湖北卓异官十员、不谨官三员、年老官二员、有疾官一员、才力不及官一员、浮躁官一员……分别议叙、处分如例。（《清宣宗实录》卷452）

（道光三十年五月甲午）谕内阁："据户部、礼部会议，升任给事中吕贤基陈奏四条一折，学校为教化之原，士子训课，责在校官，校官贤否，责在学政。近日校官一途，半皆年老衰庸及末学浅见之士，着各省学政严行考核，文行兼优者方准列荐，庸劣不职者即行甄别。至于月课岁考，尤须认真举行，所课试卷，按季申送学政，诸生优劣学册，三岁咨部备查，总期实力奉行，毋得日久生懈。其安徽、江苏、江西、湖北等省捐赈银米及道光二十八年推广捐米事例，俱着一律停止。至不肖官员借公营私，贪缘朘削，尤应查办。着各直省督抚等于所属各员内留心访察，无论是否捐输出身，但有贪缘朘削及扰累民生者，随时指名严参

惩办，以儆官邪而挽颓风。”（《清文宗实录》卷 9）

（咸丰元年正月辛丑）湖广总督程矞采奏：“本年大计，请俟藩司徐有壬到任后展限三月举行。”从之。（《清文宗实录》卷 25）

（咸丰元年二月丁亥）举行道光三十年大计。奉天才力不及官一员……湖北卓异官十员、不谨官四员、罢软官一员、浮躁官一员、才力不及官一员、年老官二员、有疾官二员……分别议叙、处分如例。（《清文宗实录》卷 28）

（咸丰元年九月戊辰）湖广总督程矞采等奏：“部选汉阳府通判金本初登仕版，未谙政务，请暂留省学习。”得旨：“着留心察看是否胜任，再行奏闻。”（《清文宗实录》卷 44）

（咸丰元年十二月庚子）湖广总督程矞采奏：“年终密陈文武大员切实考语。”得旨：“卿留心吏治，考语无丝毫不实不尽之处，洵属可嘉。朕用卿封疆重任，原欲代朕治人，俾下情得以上达，方不负古大臣之风。卿若能永保兹念，不惟渥承恩眷，亦可格上天之佑护也。”又批：“阅单开有大臣干预公事者，着随时察访，有确据即行奏参，密考折单。汝既手缮，甚好，嗣后写行书亦可。”（《清文宗实录》卷 50）

（咸丰二年正月乙亥）又谕：“本年轮应查阅湖北、湖南、云南、贵州等省营伍之期。湖北、湖南着即派程矞采，云南、贵州着即派吴文镕，逐一查阅，认真简校，如查有训练不精，军实不齐，即将废弛之将弁，据实劾参，毋得视为具文。”（《清文宗实录》卷 52）

（咸丰二年六月丙申）改湖北黄州府武黄同知为繁疲难要缺，在外调补；潜江县知县为难简缺，归部铨选。从总督程矞采请也。（《清文宗实录》

卷 64）

（咸丰三年正月癸亥）又谕："本日张亮基奏'据实举劾州县'一折，已有旨准照所请分别办理矣。所劾吕裕安、陈敬曾各员，或才品猥鄙，或居心污鄙，自应随时纠参，以肃吏治。惟封疆大吏，为属员标准，表正景正，不易之理。此等劣员，总由历任各上司喜其揣摩迎合，曲为徇庇，以致吏治废弛，养痈贻患，实堪痛恨。即如程矞采身任湖广总督，办理地方防堵，毫无布置，任贼肆窜。斥革后仍令留办粮台，效力赎罪，该革员受朕格外恩施，宜何如力图后效？乃以武昌失守，眷属存亡未卜，惊忧成疾为词，恳回本籍调理，而张亮基即代为具奏乞恩。夫人臣国尔忘家，岂宜巧便身图，置公事于不顾？况当军务万分吃紧，惟知引疾规避，冀得脱身事外，是诚何心？且如常大淳等以身殉国，甚或全家被难，情形极为可惨。以该革员较之，尚得遂其幸生苟免之私，而顾恝然求去耶？前者朕阅其向该署督告病呈词，居心鄙陋，业已灼见肺肝。特以粮台责任重大，该革员既已丧尽天良，留之亦属无益，姑允代奏，饬令回籍。而张亮基前次奏片代陈患病情形，反复觇缕，惟恐不邀允准，且称'该革员除随身行李外，一切存在武昌，均已荡然。当此垂暮之年，未免益增心累'等语。张亮基但欲见好同官，并以代为计及琐屑之语，直达朕前。如果心地纯净无私，此等鄙言，何至流露笔端？朕不欲过事吹求，而诸臣之设心行己、诚伪公私，殆亦难逃朕鉴。偶因张亮基此奏，特加训诫，俾咸知儆省。至督抚职司举劾，察吏所以安民，而在此时尤为急务。除湖南、湖北省各员，仍着张亮基等随时认真甄别外，各直省督抚务须破除情面，严加查察。如有贪鄙不职之员，一经访闻，立即据实严参重惩，不准稍存姑息，任令昏庸恋栈，致酿乱阶。其道府州县各官实有循声众著、才猷卓越者，即当登诸荐牍。或实心任事，悃愊无华，不染卑鄙恶习者，亦当拔尤保举，以挽颓风。各该督抚等经朕简畀封疆重任，其各正身率下，举错公明。当此时势孔艰，需才尤亟，若不激发天良，屏除成见，将所属各员实力甄别举劾，何以振纪纲而苏民困耶？将

此通谕知之。”（《清文宗实录》卷82）

（咸丰三年四月）壬寅，谕内阁：“国家设官分职，凡以为民。百姓之莠良系乎州县之贤否，如果亲民之官抚字催科，廉能称职，自能为民兴利除弊，消患未萌。自逆匪滋事以来，被扰地方惨遭荼毒，即毗连省分亦复征兵调饷，差务纷烦。朕每念抚绥无术，民困未苏，宵旰忧勤，难安寝馈？封疆大吏均有察吏安民之责，应如何遴选贤能，甄汰庸劣，以期吏治民风蒸蒸日上？乃近阅各省督抚章奏，保举劳绩者多，指参劣迹者少。或被人弹劾，降旨密查，犹复曲意弥缝，化大为小。即如湖北广济县知县蔡润琛，若素洽舆情，何至激成变故？……着各直省督抚严饬所属，时加访察，如有贪劣不肖州县，即行据实奏参，并将劣迹指款严讯究办，无稍含混。其阘茸无能者，亦应随时甄别，毋任废弛。如有循声素著者，亦可胪陈实迹，登诸荐牍。务使属员知所劝惩，民情日臻安谧，庶不负朕恐惧修省、孜孜求治之意。将此通谕知之。”（《清文宗实录》卷92）

（咸丰三年九月丙辰）以湖北剿办土匪出力，予按察使江忠源优叙，赏道员徐丰玉按察使衔，知府徐继镛、游击旷辅廷花翎，通判王恒堂等蓝翎。余升赏有差。（《清文宗实录》卷106）

（咸丰五年九月辛酉）以湖北水陆各军剿贼出力，赏千总曾秉忠花翎，五品军功李文盛等蓝翎。余升赏有差。（《清文宗实录》卷176）

（咸丰六年二月丁酉）谕内阁：“现在江苏、安徽、江西、湖北、湖南、广西、贵州各省正当办理军务之际，着该督抚于所属各员中秉公察看，如有官声才具堪胜道府之任者，着各酌保数员，以备简放。”（《清文宗实录》卷190）

(咸丰六年五月壬戌)以湖北叠次剿匪出力，赏守备苏在位、李朝斌、周清元等花翎，湖南训导吴炳崑等蓝翎。余升赏有差。(《清文宗实录》卷 197)

(咸丰六年八月)辛丑，谕内阁："王茂荫奏'保举循声素著之府县等官'一折。前因军务省分委用需人，谕令各督抚于属员中察其才具官声堪胜道府之任者，据实保奏。原因各督抚身任封圻，于属吏之贤否必能灼见真知，并非从前通谕部院大臣保举人才之比。今据王茂荫保奏胡启文等各员，其所列事迹，或得自传闻，或自加评骘，虽不纯系虚声，亦未必尽能确实。惟既据该侍郎胪列入奏，亦应详加访察，以备采择。所有折内开列之告病大兴县知县胡启文……湖北候补知县葛致远……浙江兰溪县训导林鹗十二员，有业经各督抚保举者，有未经保奏者，其平日才具官声是否与该侍郎所奏相符，均着各督抚府尹秉公确查。如有才能出众，堪膺简用者，即行据实保奏，再降谕旨。"(《清文宗实录》卷 206)

(咸丰六年八月己酉)谕内阁："户部奏'部员躐等议叙，与例不符，请旨遵办'一折，所奏甚为平允。前经湖北保奏团练出力之户部额外主事李廷箫、浙江保奏海运出力之户部额外主事王文韶，均请以该部主事尽先补用。兹据该部查明，与例未符。李廷箫、王文韶均着俟学习三年期满后，准其以该部题选各缺，奏请补用。在该员等到部三年即行超补，邀恩已属至优，而于部务亦不至生疏。至各部院议叙人员，有似此躐等保奏者，着吏部查明一体遵照办理。嗣后各省军营大臣及各督抚等保举京员，不得以额外人员奏请即补本衙门题选之缺。如实有劳绩较著、必须从优奖励者，止准以各部通选之缺尽先铨选，仍不得占本衙门题缺以示限制。"(《清文宗实录》卷 206)

(咸丰六年十一月)壬申，谕内阁："胡林翼奏'甄别府县各员，请旨分别惩办'一折。近来盗风日炽，各地方文武官员堵剿奸匪，征解钱粮，岂容以阘茸不职之员滥竽充数？如该署抚所劾各员贻误地方，殊堪痛恨。湖北襄阳府知府革职留任海顺因循畏缩，官声平常，着即革任。候补知府前署荆门直隶州知州潘祥新经征钱漕延不批解，着即革职，并勒限两个月扫数完清，如再玩延，即从严参办。署襄阳同知升用知府王恒堂、千总黄世佑、未入流乔恩保分防樊城汛地，先期逃窜，官声平庸；署襄阳县事拣发知州伊勒哈图于地方匪徒起事，漫无觉察，以上四员业经革职留任，均着革任。署汉阳县事应升知县伍继勋，经手厘金延不造报；代理汉川县事候补县丞曹福增私设抽厘小局，实属贪鄙；通山县知县龙瑞居心狡猾，擅离职守；代理崇阳县事候补府经历县丞万景贤，捏报收复县城；应升知县署钟祥县事马效良操守不谨，性情浮躁，均着革职。利川县知县祁埰年力衰颓，着即勒令休致，以肃吏治而儆官邪。此外文武各员并着该署抚认真察看，如有劣迹昭著之员，仍着随时参奏，毋稍瞻徇。”（《清文宗实录》卷212）

（咸丰七年正月）辛酉，谕内阁：“官文奏‘请将实心任事之知县鼓励’等语。知州衔湖北潜江县知县龚焕枝在任年久，悃愊无华，连年修筑堤工，保卫田庐，办理团防，地方赖以安谧，征粮济饷较他属尤为踊跃，着准其开缺，以知府留于湖北补用。荆门直隶州州同熊登瀛洁己爱民，实心办团，着准其开缺，以知州补用。”（《清文宗实录》卷217）

（咸丰七年正月丁卯）以湖北官军援剿江西贼匪出力，赏守备刘芳贵等花翎，把总唐士珍等蓝翎。余升赏有差。（《清文宗实录》卷217）

（咸丰七年二月乙酉）谕内阁：“胡林翼奏‘请将大计展限’等语。湖北省应行计典，前因办理军务，业经展缓。兹又届大计之期，考核攸关，若再展至下届举行，未免过缓，着于本年秋间具题，以昭详慎。”（《清文宗实录》卷219）

（咸丰七年五月丁巳）以湖北官军援剿江西窜匪并克复奉新、靖安、安义等县城，赏守备吴修考、普承忠花翎，县丞涂崇孟等蓝翎，余升赏有差。（《清文宗实录》卷225）

（咸丰七年闰五月己亥）谕内阁："前据胡林翼奏参失守城池旋即克复之署安陆府知府桂茂等，请旨革职留任，当经降旨允准。兹据吏部援引前奉谕旨，核议具奏，该员等均已宽其失守罪名，若仅予革留，即与开复无异。湖北署安陆府知府桂茂、署随州知州崔兰馨、署谷城县知县孙福海、署光化县知县书绅、署远安县知县赵广恩均着改为革职暂行留任，以观后效。"（《清文宗实录》卷228）

（咸丰七年闰五月乙巳）又谕："官文等奏'请将已革文武各员开复原官'等语。湖北护理提标中军参将拣发都司富康、署宜昌镇总兵督标中军副将景辉、宜昌府知府阮福、东湖县知县王恩纶，前因贼匪窜扰谷城、宜昌各城，经官文等奏参，降旨分别革职留缉。兹据该督等奏称，该革员等于被参后，或堵剿匪徒，叠有斩获，或募勇搜匪，悉数歼擒，地方一律肃清，均知愧奋。景辉、富康、阮福、王恩纶均着开复原官，留于湖北差委，并免缴捐复银两。俟补缺后，仍带革职留任处分。"（《清文宗实录》卷228）

（咸丰七年十二月壬子）以湖北官军分剿江皖贼匪出力，赏副将周宽世总兵衔，赵克彰巴图鲁名号，游击刘连陞、守备张复泰等花翎，余升赏有差。（《清文宗实录》卷241）

（咸丰八年二月丁巳）又谕："胡林翼奏'甄别庸劣各员，请分别革职降补'一折。湖北候补知州徐德澍官声平常，不洽舆情；候补知县张德坚居心险诈，民怨沸腾；升用知县刘壎滥刑肆虐，不得民心；候补从九品汪铭思行踪诡僻，办事荒谬；候补从九品徐源行止不端，夤缘卑鄙；

候补府经历黄自新性情浮躁，劣迹昭著，均着即行革职，拣发知州。钟秀才具短绌，办公竭蹶，着以州判降补，以示惩戒。”（《清文宗实录》卷245）

（咸丰八年十一月）辛卯，谕内阁：“官文奏‘劣员巧于干进，请旨勒休’一折。湖北前署钟祥县知县马效良因操守不谨，性情浮躁，经官文等甄别，奏参革职。乃该员旋赴李孟群军营办理霍山团练，仅及年余，即保升直隶州知州，实属巧于干进。马效良着即勒令休致，永不叙用，以肃功令。”（《清文宗实录》卷270）

（咸丰九年七月壬申）补行七年两湖军政。湖北卓异官二员、有疾官一员，湖南卓异官三员、罢软官一员、有疾官一员，分别议叙、处分如例。（《清文宗实录》卷287）

（咸丰十年正月）庚寅，谕内阁：“本年轮应查阅湖北、湖南、云南、贵州四省营伍之期，湖北着即派官文，湖南即派骆秉章，云南即派张亮基，贵州即派蒋霨远，逐一查阅，认真简校。如查有训练不精、军实不齐，即将废弛之将弁据实参奏，毋得视为具文。”（《清文宗实录》卷306）

（咸丰十年九月辛亥）谕内阁：“官文、胡林翼奏‘派解上忙钱粮全完较多及完不足数之州、县、卫，请分别劝惩’一折。署崇阳县巴东县知县王筠节、署通城县试用知县傅诗、代办孝感县尽先补用同知文希范、罗田县知县潘亮功、安陆县知县李泰源、署随州知州准补施南府同知赵笃庆，征解钱粮均溢定额，洵属催输勤奋，俱着交部从优议叙。黄冈县知县薛元启、署沔阳州知州周开锡、前麻城县知县陈汝蕃，完解钱粮亦属有赢无绌，着交部照例议叙。其催科不力之前署荆门州尽先补用同知直隶州林之华、武昌左卫守备孙殿元，均着摘去顶带。林之华着留于地方协同本任知州牟嗣龙催征，与武昌左卫守备孙殿元一并勒限三个月解

完，如再不知奋勉，即行参办。”（《清文宗实录》卷331）

（咸丰十年十一月庚戌）补行咸丰九年大计。湖北卓异官五员、不谨官二员、浮躁官一员、才力不及官五员、年老官一员、有疾官一员……分别议叙、处分如例。（《清文宗实录》卷336）

（咸丰十一年十一月乙巳）又谕：“官文奏‘请将才不胜任各员分别降补’一折。湖北宜昌府知府刘步驷性情褊狭，才具迂拙，着以同知降补。署东湖县事应山县知县祝祐才质平庸，难膺民社，惟文理尚优，着以府教授归部选用。”（《清穆宗实录》卷11）

（咸丰十一年十一月乙巳）以湖北省城防守出力，予布政使唐训方、署按察使文辉、按察使阎敬铭、总兵官安贵等优叙，余升赏有差。（《清穆宗实录》卷11）

（咸丰十一年十二月辛酉）两江总督曾国藩奏：“请将前任湖北督粮道万启琛留于两江补用，并委署安徽按察使。”允之。（《清穆宗实录》卷12）

（咸丰十一年十二月）癸亥，谕内阁：“吏部奏‘各督抚遴保人员应否引见，请旨办理’一折。现在各省军务未竣，任用需人，所有此次湖北、福建、广东各督抚遴保堪胜道府各员，均着暂缓送部引见，俟军务告竣，再令补行引见，以符定制。另片奏‘原任湖北巡抚胡林翼保举记名道府各员，所请开缺免补本班及免坐补原缺之处，与向办章程不符’等语，兹当求才孔亟之际，业据该前抚切实保奏，自应破格允准以备擢用。所有湖北郧阳府知府李宗焘、汉阳府知府刘齐衔、德安府知府李映棻，均着准以道员交军机处记名，遇有湖北道员缺出，请旨简放。坐补江西永丰县知县张建基着准其免补原缺，记名以湖北知府用。拣发知州王璐着准其免补知州，记名以湖北知府用。蒲圻县知县夏锡麒准其开缺，以湖北知府用。候补同知文希范、候补同知直隶州知州钟谦钧，均着准其免补本班，记名以湖北知府用。此系特旨允准，嗣后各项保举人员，不得援以为例。”（《清穆宗实录》卷12）

（同治元年正月丙午）谕内阁：“朕奉母后皇太后、圣母皇太后懿旨，三载考绩，黜陟巨典，向来满汉诸臣有能夙夜精勤、勋劳懋著者，特加甄叙；其衰庸不职者，亦必立予罢斥，不能故示优容。当此四方多事、百废待举之时，尤应扬清激浊，以树风声。兹因京察届期，吏部开单照例题请，允宜详审，用示甄叙……大学士湖广总督官文久任封圻，虚怀延揽，于吏治戎行均能整饬，着交部从优议叙……”（《清穆宗实录》卷17）

（同治元年三月癸未）又谕：“前因有人奏，严树森到豫抚任后，尚知讲求吏治，惟督办剿匪事宜，未臻尽善。复有人奏参严树森有胆怯见偏，量狭性愎等情。兹又有人奏‘皖师东下，倚全楚为根本，楚抚关系东南安危，非久历戎行、深明将略者万难胜任。严树森战阵之事实非所长，安能望其出境灭贼？官文休休有容，故胡林翼得以宣劳尽力。严树森性情刚愎，若官文待之如胡林翼，该抚必果于自用，万一不和，则楚事必至决裂。严树森前在江夏、随州各任，闻警潜逃。一旦膺鄂抚重任，所统僚属兵勇必将轻其品行，不遵调遣。上游无事，曾国藩始无后顾之忧。该抚无胡林翼之善谋，又无李续宜之敢战，设布置稍疏，贼纵阑入，曾国藩分兵不暇，安望有成’各等语。严树森操守尚好，留意吏治，自莅豫抚任后尚无大过，而人言啧啧，谅非无因。特以办事尚能认真，且仕鄂有年，曾为胡林翼奏保，是以简调鄂抚，冀收驾轻就熟之功。若如所奏各节，是该抚非特不谙军务，抑且不协舆情，任以封圻，殊于楚事未有裨益。现在曾国藩筹画东征，必须后路策应有人，鄂皖联为一气，方能悉锐前行，不至瞻前顾后，关系大局至为紧要。该大臣于鄂中人材兵势见闻已稔，严树森果否能胜鄂抚之任，抑仅长于吏治，他务非其所习，均着具实详悉复陈，毋稍徇隐。原折着钞给阅看。将此谕令知之。”

（《清穆宗实录》卷21）

（同治元年五月癸未）补行咸丰九年大计。江西卓异官八员……湖北四员……议叙如例。（《清穆宗实录》卷27）

（同治元年五月乙未）谕议政王、军机大臣等："寄谕钦差大臣曾国藩，前奉两宫皇太后懿旨，访问民间疾苦，以慰视民如伤之念……至江宁将军都兴阿前在湖北军营尚称得力，运司乔松年为人近于巧滑，呈内所称是否属实，该大臣总当秉公断论，不必因有旨饬查，稍涉迁就。冯子材等是否可用，即着体察奏闻……将此由六百里密谕知之。"（《清穆宗实录》卷28）

（同治元年八月丙寅）又谕："严树森奏'请将卑污庸懦知县各员分别惩办'一折。湖北同知衔试用知县林光祖，猥琐卑污；尽先补用知县黄荩臣，庸行有亏，乡评不齿，均着即行革职，永不叙用。尽先补用知县马焕纶声名恶劣，行同市侩，于署应山县任内民怨甚深；尽先府经历补缺后遇缺即补知县叶向辰，轻佻巧诈，声名狼藉，均着即行革职。尽先补用知县张长泰年力既衰，人亦罢软，着以原品休致。拣发委用知县俞弼尧才庸性疲，难期振作，着以教职归部铨选，以肃吏治。"（《清穆宗实录》卷37）

（同治元年八月甲戌）又谕："本年正月间，据庆端奏，浙江玉环厅城失守，旋即克复，请将署同知白让卿免议。当经降旨，饬令庆端确查白让卿有无闻警先逃情弊，据实具奏。昨据吏部奏'因官文奏请以郑兰补授湖北汉黄德道一缺，系在该部以浙江候补道白让卿题补斯缺之后，请将郑兰撤销'等语，白让卿一员既有奉旨饬查事件未经奏结，吏部何以不将该员扣选，又不于奏补汉黄德道员缺时随折声明？迹涉蒙混，该承办之司员书吏等，恐不免另有情弊，着该部明白回奏。"（《清穆宗实录》

卷38）

（同治元年十月乙酉）又谕："……马融和股匪现扰黄安一带，并着官文严饬在事文武实力防剿，毋令与陈得才等股匪归并。豫省军营虚报胜仗，借词退避，殊堪痛恨。金国琛、梁作楫等亦蹈此习，该员等于贼至襄阳老河口时并未打仗，佐领安图、富森保等亦未出队，以致逆众长驱，阑入楚境。着官文严行查参，从重惩办，以儆效尤。豫省军营习气甚重，此后该省带兵文武各员，如有仍蹈洪贞谦恶习者，即着多隆阿随时参奏。赵既发私带口粮，擅自离营前赴汉口，情殊可恶，经多隆阿从严参处，所办甚是。惟该革员本系由贼中投诚之人，如不准其赴各营效力，难保不穷而为盗，是以本日明降谕旨，仅将该员革职，永不叙用。将来如有别路各营奏调该革员时，朝廷自有权衡也。嗣后该将军营中遇有此等人，察看其人可用则留之，如实在不堪用、难保不去而从贼者，不如竟予正法，以绝后患。前据官文等奏称，姜台凌股匪复由枣阳回窜襄境，金国琛剿办叠胜，亦难保非捏词虚禀，仍着官文确查具奏。将此由六百里各谕令知之。"（《清穆宗实录》卷45）

（同治元年十二月丁亥）谕议政王、军机大臣等："近因封疆藩臬在在需人，叠谕曾国藩等胪举人才，以备任使。现在皖省司道如江忠濬、马新贻、蒋凝学、叶兆兰均阅历戎行，其材器如何，谅该大臣知之有素，即着详细奏闻。此外有职分较卑而器识甚远，将来可以登用者，并着一并具奏。从前楚省人材极盛，谅该省仍不乏人，左宗棠、李续宜均知以得人为急务，该大臣生同里闬，着即函商加意延访，随时奏闻，用备他日任使。将此由六百里谕令知之。"（《清穆宗实录》卷51）

（同治二年正月丙辰）湖北巡抚严树森奏："本年举行大计部文未到，应请展限办理。"从之。（《清穆宗实录》卷54）

（同治二年二月丁丑）又谕："……多隆阿军务参赞需员，官文等以道府大员中实无谙练戎机之员堪膺此选，自系为慎重军务起见。仍着官文等随时留心，如有练习兵事、宅心公正大员，仍行奏明派往，以资臂助。将此由六百里各谕令知之。"（《清穆宗实录》卷57）

（同治二年十二月乙酉）又谕："前据大理寺卿贺寿慈奏，请饬湖北整顿团练，并保在籍道员陈庆溥等督同劝办。当经谕令官文、严树森于界连皖豫两省地方实力整饬，并察看陈庆溥能否得力。兹据官文等复奏'团练派员专办，利少弊多，请由各该州县自行经理'，并称'陈庆溥年轻望浅，不能服众，难期得力'等语，湖北省沿边各属团练，既据官文等声称不必派员专办，着即责令各该州县认真办理，毋任废弛，并慎选贤能牧令联络绅民，以收实效。至京外臣工保举人员，原期名实相符，备资驱策，贺寿慈辄以年轻望浅之陈庆溥，请令办理团练，殊属轻率。朝廷设不加详察，遽行任使，岂不贻误公事？似此保荐不实，殊负朝廷博采旁搜至意。贺寿慈所奏，着毋庸议。"（《清穆宗实录》卷88）

（同治二年十二月戊子）又谕："严树森奏'甄别州县等官，请旨分别革职、休致、改补'一折。湖北保升同知直隶州知州钟祥县知县长寿轻浮鄙谬，舆论沸腾；同知衔署公安县知县张吉徵猥琐卑污，劣声昭著，均着即行革职，永不叙用。同知衔宜都县知县刘鸣珂才识迂庸，不知振作；保康县知县方兆科老弱多病，声名平常；拣发知州英福气惰神昏，难期整饬，均着勒令休致。同知衔署江夏县事黄冈县知县郑庆华才欠开展，缉捕不勤，难胜繁剧，着撤任开缺，遇有相当简缺，酌量补用。"（《清穆宗实录》卷88）

（同治二年十二月己丑）补行同治元年大计。江西卓异官十一员……湖北卓异官五员、浮躁官一员、年老官三员、有疾官一员……分别议叙、处分如例。（《清穆宗实录》卷88）

（同治二年十二月丙申）又谕：“前因御史刘庆奏‘任满学政俞奎垣回京，在途被逼自尽’一案，当经降旨交倭仁、李棠阶会同刑部讯明办理。兹据奏称，原参‘俞奎文激怒其父俞进麟，致俞奎垣投井身死，不准地方官相验，到京捏报病故’一节，讯据俞进麟供称，伊子俞奎垣于湖北学政任满，请假赴俞进麟甘肃泾州任所省视……据倭仁等讯明，俞奎垣实系轻生自尽，俞进麟、俞奎文等均无逼勒唆陷各情。事关伦纪，该御史所奏与现审情形不符，殊属失实。姑念御史原准风闻言事，免其置议。”（《清穆宗实录》卷 89）

（同治三年正月乙丑）又谕：“本年轮应查阅湖北、湖南、云南、贵州四省营伍之期，湖北着即派官文，湖南即派恽世临，云南即派劳崇光，贵州即派张亮基，逐一查阅，认真简校。如查有训练不精、军实不齐，即将废弛之将弁据实参奏。现在该四省均有防剿事宜，尤须随时加意整顿，毋得视为具文。”（《清穆宗实录》卷 92）

（同治三年正月乙丑）谕内阁：“朕奉慈安皇太后、慈禧皇太后懿旨，三载考绩，为国家激扬大典，中外满汉诸臣，有能认真办事、克著勋勤者，允宜特加甄叙；其或衰庸不职，亦必立予罢斥。当兹多事未已，朝野望治孔殷，尤应黜陟幽明，用彰旌别。兹届京察之期，吏部开单题请，自当详审以为举错……大学士湖广总督官文扬历封疆，宣勤最久，于军谋吏治，众善靡遗……均着交部从优议叙……”（《清穆宗实录》卷 92）

（同治三年六月癸巳）又谕：“毛鸿宾、郭嵩焘奏‘藩司办事竭蹶，不胜繁剧之任’一折，据称‘藩司吴昌寿以知县在粤候补已二十年，属吏半系故交，不能破除情面，派候补道屠继烈督催核算交代。该藩司一味迁就，含糊搪塞，厘务捐输本供该藩司支放，而该藩司茫无策画，于轻重缓急之序略不置意，避就恩怨。且窘于计画，两次引病乞退。经开导慰留，原冀其力加振作，讵料执持意见，愈觉一筹莫展’等语。吴昌寿现已简放湖北巡抚，若如毛鸿宾等所奏，办事颟顸，诸务难资整饬，于藩司尚难称职，又安望其身任封圻，实力整顿耶？惟又据该督抚奏称，吴昌寿性情耿直，操守廉洁，颇为时誉所推，是其人品亦尚可取。且吴寿昌[①]从未服官楚北，该省属员未必多系故交，或可望其振刷精神，力图整顿。吴寿昌[②]到鄂后是否堪以胜任之处，着官文随时察看，据实奏闻。原折着钞给阅看，将此密谕知之。”（《清穆宗实录》卷107）

（同治三年十二月丙申）谕内阁：“吴昌寿奏‘甄别知县各员，分别保劾’一折。湖北准补枝江县知县恒琛勤奋有为，民情爱戴，着以同知直隶州知州尽先升补，先换顶带。通城县知县袁秉亮性情乖张，试用知县陈乃汶操守不洁，均着即行革职。升用同知直隶州知州通山县知县王静一才识迂拘，嘉鱼县知县王锡荣精神软弱，均着以府经历县丞降补，留省酌量补用。试用知县吴衡心地糊涂，着勒令休致。”（《清穆宗实录》卷125）

（同治四年十月己酉）又谕：“郑敦谨奏‘甄别才不胜任之同知、知县等官，请分别降补革职’一折。湖北黄州府岐亭同知王汉公事颟顸，心地糊涂；竹溪县知县郑恺才识拘迂，不谙吏治，均着以府经历县丞降补，归部铨选。署应城县知县范琨偏执任性，不洽舆情；试用知县韩宇初精神软弱，难期振作；襄阳县县丞江士濬公事怠忽，于代理松滋县任内未能约束丁书，致滋物议；试用县丞包煦芳不知检束，于代理郧西县任内声名平常；天门县典史项兆桐年少轻浮；试用巡检李锡龄性情猥鄙，均着即行革职，以肃官方而示惩儆。”（《清穆宗实录》卷157）

---

① 吴寿昌：应为“吴昌寿”。

② 吴寿昌：应为“吴昌寿”。

（同治五年四月丙午）举行本年大计。直隶卓异官二十八员……湖北卓异官八员、罢软官二员、年老官四员……分别议叙、处分如例。（《清穆宗实录》卷175）

（同治五年九月）辛酉，谕内阁："曾国荃奏'甄别才不胜任及庸劣不职各员，请分别降补革职'一折。湖北候补知府姜鹏才识迂拘，于署德安府任内声名平常；桂茂嗜好太深，于署宜昌府任内诸事废弛，均着以通判降补。署荆州同知刘浚偏执任性，不惬舆情，着以州判降补。以上三员，均着留省察看，遇有相当简缺，酌量补用。武黄同知王诰言语轻浮，性情狡猾，着即行革职。补用同知直隶州知州松滋县知县钟溶好执己见，听断不公，着以州判归部选用。署郧县知县周瑞任性妄为，颟顸公事；署应城县知县双庆性情乖张，不明治理；署宜城县知县程启安不谙吏治，遇事营求；署天门县知县沈亨任意取巧，假托绅士晋省献媚；署长乐县知县刘宪锱铢必较，恃才傲物；候补知县艾锟钻营取巧，均着以巡检留省降补。署郧西县知县黄应瑞居心贪鄙，意在苛敛；候补知县廖鸿磬行为诡谲，专务营求；李联芳性耽逸乐，难期振作；张锡谦嗜好太重，不谙吏治；利川县典史殷槐居心狡诈，贻害同类，均着即行革职，以示惩儆。（《清穆宗实录》卷184）

（同治五年十月）辛亥，举行同治四年军政。湖广荐举官四员、罢软官一员、有疾官一员，分别议叙、处分如例。（《清穆宗实录》卷187）

（同治六年正月庚午）谕内阁："谭廷襄奏'考验营伍，分别举劾'一折。湖北宜昌镇中营游击闻定魁操防得力，着遇有参将缺出题补。提标左营游击万通精力稍软，办理营务未能中肯，着降为都司留营候补。襄阳城守营守备李世德弓马欠准，着即行革职，仍留世职。把总彭万秀年力衰迈，着勒令休致。额外李发滋马步生疏，陈国栋马步欠力，着一并斥革。外委周元兴马步软弱，刘汉书骑射欠力，均着以马兵降补，仍

留蓝翎军功，以观后效。外委晏兴仁箭射无准，额外梁文彩年力就衰，着一并勒令休致。”（《清穆宗实录》卷194）

（同治六年正月戊寅）谕内阁：“朕奉慈安皇太后、慈禧皇太后懿旨，三载考绩，为国家巨典，中外满汉诸臣，有能为国宣劳、勋猷卓著者，允宜特予甄叙，以示宠荣。兹当京察届期，吏部开单题请，详加披阅……湖广总督李鸿章才略优长，不辞劳瘁；四川总督骆秉章老成硕望，宣力弥勤，均着交部从优议叙，余着照旧供职。”（《清穆宗实录》卷195）

（同治六年十一月）乙丑，谕内阁：“李瀚章奏‘甄别庸劣武职’一折。湖北提标中军参将刘攀桂气体软弱，弓马无准；郧阳镇标中营游击翟万林年力就衰，难期振作，均着勒令休致。远安营中军守备张岐荣营务不治，弓马生疏，着即革职，以肃营伍。”（《清穆宗实录》卷216）

（同治七年五月）丁酉，谕内阁：“何璟奏‘甄别庸劣不职之同知、知县、佐杂各员，请旨分别休致、降革’一折。湖北补用同知赵思曾性喜营求，习气甚重，着以府经历降补。候补同知常麟心地糊涂，不谙事理，着以原品休致。郧西县知县程光第纵用私人，招摇生事，着即行革职。补用知县承印轻躁任性，前署谷城县事不协舆情，着以巡检铨选。县丞许遂生年少轻浮，前署蒲圻县县丞，见鄙士民；沌口巡检杨元璋遇事贪刻，任意妄为；多云巡检王勖仁工于心计，性情巧滑，着一并革职，以儆官邪。”（《清穆宗实录》卷234）

（同治八年四月丁巳）举行同治七年大计。直隶卓异官十五员……湖北卓异官九员、不谨官一员、浮躁官二员、才力不及官二员、有疾官一员……分别议叙、处分如例。（《清穆宗实录》卷256）

（同治八年六月庚申）谕内阁：“李鸿章奏‘甄别庸劣不职各员弁，

请分别降革另补’一折。湖北荆州府知府荣光才具平庸，难资整顿，着开缺以同知选用。光化县知县程端本心地朴厚，听讼欠长；钟祥县知县张梓人尚谨慎，措置未能裕如，均着开缺留省，遇有相当缺出，酌量另补。署南漳县事即补知州赵晏清性情浮躁，声名平常；云梦县知县玉昌纵容差保，办案草率；候补知州刘祖荫小有才能，品卑心险；黄州卫守备汪琳勒索书差，贪鄙狡诈，均着即行革职。汉川县知县德廉办事颟顸，不洽舆情，着开缺以州判尽先选用。署竹山县事即用知县方连翼毫无振作，该员系进士出身，文理尚优，着以教授选用，以肃官方。”（《清穆宗实录》卷261）

（同治八年七月乙亥）又谕：“前据左宗棠奏河东盐务废弛，解款积压，并河东道李庆翱鄙诈成性，惟解钻营等情，当经谕令郑敦谨查明具奏。兹据奏称‘河东盐课，向系陆续征收，必至次年奏销时，始能全完。故历届拨解甘饷，均在次年奏销后解清，并非李庆翱任内有意积压。道库存款五十一万余两，虽与左宗棠原奏相符，然已借动一半，且有匀拨京饷等款，实存并无此数，是以甘饷未能立即解清。至盐引积滞，则因襄樊以北淮盐侵占，并陕豫引地销售不畅之故。李庆翱居官勤慎，现署臬篆，于公事均能讲求，实无夸诈习气’等语。署山西按察使河东道李庆翱，既据郑敦谨查明并无废弛钻营情事，着无庸议。”（《清穆宗实录》卷262）

（同治九年十二月癸酉）又谕：“李瀚章、郭柏荫奏‘查明庸劣不职各员，请分别降革勒休’一折。湖北施南府同知熊兆鼎心性粗浮，不谙吏治；蒲圻县知县杨思谦委靡不振，声名平常；试用知县谭惠海才具平庸，办事竭蹶，均着以原品休致。候补知州姚时熙遇事颟顸，居心贪鄙；试用通判庄文波品地卑污，人亦委琐；东湖县知县窦达生使酒任性，心地糊涂；通山县知县张炳元治理乖谬，才具平常；候补知县李良璧人极粗庸，嗜好甚重；补用知县宾凌汉性情鄙诈，办事乖方，均着即行革职。

南漳县知县赵文蔚才欠开展，听断未娴，着开缺以州判降补，以肃吏治。”（《清穆宗实录》卷300）

（同治十年十二月甲戌）补行同治六年军政。湖广卓异官四员、不谨官二员，分别议叙、处分如例。（《清穆宗实录》卷326）

（同治十一年二月丙寅）又谕：“本年轮应查阅湖北、湖南、云南、贵州四省营伍之期，湖北着即派李瀚章，湖南即派王文韶，云南即派刘岳昭，贵州即派曾璧光，逐一查阅，认真简校。如查有训练不精、军实不齐，即将废弛之将弁据实参奏。现在云南、贵州尚有剿匪事宜，尤须随时加意整顿，毋得视为具文。”（《清穆宗实录》卷328）

（同治十一年四月）丙子，谕内阁：“彭玉麟、李瀚章、黄翼升奏‘特参长江水师庸劣各员，请旨分别革惩’一折。簰洲营都司记名总兵蒋振元任性妄为，擅离汛地，着即行革职，拔去翎支，撤销勇号，永不叙用。荆州营守备尽先副将陈照惠纵兵殃民，讹索规费，着革职，永不叙用……陆溪营把总尽先守备文星元嗜好太深，簰洲营把总尽先游击唐有德居心贪鄙，汉阳中营把总尽先游击朱有茂声名恶劣，田镇营把总刘得胜擅离汛地，沅江营外委尽先守备刘康容讹索民财，汉阳中营外委尽先守备张昌贵声名狼藉，巴河营外委尽先都司朱兰亭擅理词讼，荆州营外委尽先千总刘耀泰、汉阳中营外委尽先游击刘元寿、外委尽先都司刘万桂、田镇营外委升补把总张三爵操防懈怠，均着革职，并不准投效别营，希图开复。荆州营都司记名总兵李大鹏举动谬妄，千总记名总兵成师吉、陆溪营把总王宗高均不能约束兵丁，荆州营把总尽先参将李开福性耽安逸，均着摘去顶翎，以观后效。田镇营都司记名总兵梁永学登岸陆居，不守营规，着即撤任，勒令回籍，不准留营效力，以示惩儆。仍着彭玉麟等随时稽察，认真整顿，如再有此等劣员，即着从严参办，以肃营规。”（《清穆宗实录》卷332）

（同治十一年六月）乙丑，举行同治十年大计。直隶卓异官十八员……湖北卓异官七员、不谨官四员、浮躁官一员、才力不及官一员……分别议叙、处分如例。（《清穆宗实录》卷335）

（同治十一年七月戊申）谕内阁："彭玉麟、何璟、黄翼升奏'特参水师庸劣员弁，请旨分别革惩'一折。记名提督提标中军副将周国兴性情浮躁，摊派苛刻，着革去提督总兵，降二级，留副将任以观后效……荆州营前哨外委彭昭山逗遛芜湖，延不归标到任，着即行革职……"（《清穆宗实录》卷337）

（同治十一年十二月癸酉）谕内阁："李瀚章、郭柏荫奏'特参庸劣不职各员，请分别惩办'一折。湖北长乐县知县曹煊性耽逸乐，声名恶劣，着革职永不叙用。署兴山县知县张瑞鸿心地糊涂，措施乖方；候补知县上官振勋貌似有才，心实谲诈；候补县丞德润、李文兰举动轻浮，不自检束，均着即行革职。候补知县邓经晖才欠开展，行复卑鄙，着以府经历县丞降补。候补同知艾庆璞才识平庸，不堪造就；宜都县知县张景星才具短绌，办事迟钝；署公安县知县邹林年力衰颓，难期振作，均着以原品休致。松滋县知县李勖性情迂缓，才具平庸；郧西县知县张文鼎才短识暗，审断模糊，均着以教职归部选用，以肃吏治。"（《清穆宗实录》卷347）

（同治十三年十一月甲子）山东巡抚丁宝桢奏："请调刑部郎中文天骏、湖北候补道张荫桓差遣委用。"允之。（《清穆宗实录》卷373）

（光绪元年十一月壬戌）又谕："李鸿章奏'查明庸劣不职各员，据实甄劾'一折。直隶雄县知县黄安澜纵容丁胥诈索舞弊，栾城县知县张华亭性情贪鄙，不惬舆情，均着即行革职。藁城县知县曹壬泰才具平庸，操守难信，着开缺察看另补。广昌县知县刘荣办事竭蹶，难膺民社，着以县丞归部选用。务关同知刘松岭年力衰颓，步履蹇滞；保安州知州韩印志气昏惰，听断欠勤；东明县知县康炳麟疲软不力，事多废弛，均着勒令休致，以示惩儆。”现月 （《清德宗实录》卷22）

（光绪三年八月戊子）谕内阁：“李瀚章、翁同爵奏‘请将庸劣不职各员，分别革职勒休’一折。湖北均州知州舒藻才识短浅，声名平常；宜城县知县栗增燿措施乖方，不洽舆情；来凤县知县钮福嘉居心谲诈，办事颟顸，均着即行革职。汉阳府知府张瀚年力衰颓，难期振作，着勒令休致，以肃吏治。”现月 （《清德宗实录》卷55）

（光绪三年八月辛亥）又谕：“贺寿慈奏‘湖南在籍人员前淮扬镇总兵欧阳利见、记名布政使刘连捷、湖北候补道周绶曾、前湖北黄州府知府黄益杰，均属才堪任使，请饬详查奏明请旨’等语，该员等是否堪以录用之处，着王文韶查明具奏。将此谕令知之。”现月 （《清德宗实录》卷56）

（光绪三年十月乙酉）谕内阁：“李瀚章奏‘特参包抗钱粮之知县，请旨革职’一折。湖北在籍前湖南通道县知县游本怀，于该族各户应完钱粮，竟敢从中把持，抗不完纳，实属藐法。游本怀着暂行革职严追，照例究办。”现月 （《清德宗实录》卷59）

（光绪三年十月己亥）又谕：“李鸿章奏‘请将贪庸之知县革职’等语。湖北崇阳县知县祝应焘声名本属平常，近复纵容差丁赴乡挖取民间树木，几致激成事端，实属贪庸不职。祝应焘着革职，永不叙用，以肃官方。”现月 （《清德宗实录》卷60）

（光绪三年十月己亥）派湖广总督李瀚章查阅湖北营伍。折包 （《清

德宗实录》卷60）

（光绪五年正月乙卯）谕内阁："李瀚章、潘霨奏'甄别庸劣不职各员'一折。湖北署宜都县知县吴锡震听断粗率，操守平常；嘉鱼县教谕王丙寿模范未端，不堪司铎；江陵县训导雷炳镛恃才喜事，举动轻浮；嘉鱼县训导秦有煌心地糊涂，不堪司铎；谷城县张家集巡检杨春山任事粗率，声名狼藉；鹤峰州山羊隘巡检章涟好揽事权，措置不当；恩施县典史唐咸俊性情躁急，遇事妄为，均着即行革职。署咸丰县知县向崇基办事迂缓，吏玩差疲；候补知县王涛志趣卑污，不堪造就；东湖县知县李希郰精神委靡，难期振作；试用知县刘培元年力就衰，步履蹒跚；鹤峰州州判孟志瀚见事不明，形同瞽目；鹤峰州吏目高鋆才具平庸，颟顸任性；江夏县典史刘文辉老迈龙钟，艰于步履，均着勒令休致，以肃官方。"现月 （《清德宗实录》卷85）

（光绪五年十二月己酉）谕内阁："李瀚章、潘霨奏'参劾庸劣不职各员'一折。湖北署安陆府同知试用通判李恩隆纵容蠹役，借端扰诈；应城县知县黄维哲听断粗率，性情暴戾，均着即行革职。嘉鱼县知县徐元杰才具平庸，难膺民社，着以县丞降补。巴东县知县徐龙云年力渐衰，文理尚优，着以教职铨选试用。府经历曾举性情残忍，恣意妄为；试用从九品黎镜明志趣卑鄙，行止有亏，均着革职，永不叙用，以肃官方。"现月 （《清德宗实录》卷105）

（光绪六年二月丁未）谕内阁："本年轮应查阅湖北、湖南、云南、贵州四省营伍之期，湖北即派李瀚章，湖南即派李明墀，云南即派刘长佑，贵州即派岑毓英，逐一查阅，认真简校。如有训练不精、军实不齐者，即将废弛之将弁据实参奏，毋得视为具文。"现月 （《清德宗实录》卷109）

（光绪八年十一月）辛卯，谕内阁："涂宗瀛奏'甄别庸劣不职各员'一折。湖北光化县知县李镜心糊涂昏愦，办事颟顸；前署潜江县知县史致谟违例滥委，任性妄为；前署蒲圻县知县廖润鸿乖僻成性，舆论沸腾；潜江县典史赵德秀违例受委，性情轻躁，均着即行革职。黄陂县知县瞿元灿才具较逊，人地不宜，着开缺另补，以肃官方。"现月 （《清德宗实录》卷154）

（光绪九年正月丁酉）谕内阁："彭祖贤奏'甄别庸劣不职各员'一折。湖北谷城县知县方敏年轻身弱，嗜好甚深，兼有控案；武昌县训导崔廉志趣甚卑，难司训迪；汉阳县蔡店巡检邓廷椿嗜好甚深，难期振作；沔阳州沙湖镇巡检周朝辅居心贪鄙，物议沸腾，着即行革职，以肃官方。"现月 （《清德宗实录》卷158）

（光绪九年四月辛亥）谕内阁："锡珍奏'请将已革侍郎宝廷弃瑕录用，湖北荆宜施道于荫霖改用京秩'等语。前因宝廷尚属敢言，是以不次超擢，简授侍郎。乃于差次不知检束，自蹈愆尤，当照部议革职，实属咎有应得。至获咎人员弃瑕录用，其权操之自上，锡珍何得遽为乞恩？于荫霖以京察一等简授道员，正所以资历练。朝廷量材授职，京外皆须得人，所请改授京秩之处亦属非是，锡珍着传旨申饬。"现月 （《清德宗实录》卷162）

（光绪十年二月丁巳）谕内阁："本年轮应查阅湖北、湖南、云南、贵州四省营伍之期，湖北即派卞宝第，湖南即派潘鼎新，云南即派唐炯，贵州即派张凯嵩，逐一查阅，认真简校。如有训练不精、军实不齐者，即将废弛之将弁据实奏参，毋得视为具文。"现月 （《清德宗实录》卷178）

（光绪十年五月）戊子，谕军机大臣等："有人奏'特参庸劣不职疆臣，请旨立予罢斥'一折……巡抚责任綦重，潘霨被参各款如果属实，深恐贻误地方。着孙毓汶、乌拉布于查办湖北事件完竣后，即行先往江西，按照所参各节确切查明，据实具奏，毋稍徇隐。原折着钞给阅看，俟江西事竣，再赴安徽查办。将此由五百里各谕令知之。”现月 （《清德宗实录》卷183）

（光绪十年闰五月辛亥）又谕：“内阁学士尚贤奏‘遵旨保荐人才’一折，湖北荆宜施道于荫霖着交军机处存记。刑部郎中王应孚着该堂官出具切实考语，由吏部带领引见。至已革礼部侍郎宝廷，前因差次不自检束，厥咎甚重，当照部议革职。已革河南巡抚李鹤年办理命案，有意罗织，前经降旨罢斥。该学士率请将该革员等量予起用，殊属冒昧，尚贤着传旨严行申饬。”现月 （《清德宗实录》卷185）

（光绪十年十月癸酉）又谕：“刘锦棠、谭钟麟奏‘遵保各省关及后路各台局筹解协饷各员，吁恳恩施，开单呈览’一折……署湖广总督卞宝第、河东河道总督成孚、湖北巡抚彭祖贤……均着赏加头品顶戴。其余单开出力各员，所请奖叙，着该部议奏。”现月 （《清德宗实录》卷195）

（光绪十年十月癸酉）又谕：“卞宝第等奏‘甄劾属员’一折。湖北候补知府唐训邦，管理厘捐声名甚劣，着即行革职。黄陂县知县吴念椿听断缉捕均属疲玩；巴东县知县彭鹤举性情疏懒；潜江县知县托纶才具平庸，均着以府经历县丞降补。崇阳县知县余思训办事竭蹶，才难治剧；署东湖县事江陵县知县柳正笏纵任丁差，声名平常，均着开缺留省察看。咸丰县知县王曾唯办事任性，听断不明，操守尚谨，着以州判降补。枣阳县知县左挺生书生本色，惟缉捕非其所长，着开缺，遇有相当缺出，酌量另补。”现月 （《清德宗实录》卷195）

（光绪十二年正月庚子）又谕：“裕禄奏‘甄别庸劣不职各员’一折。湖北罗田县知县管贻葵才具昏庸，办事谬妄；房县知县彭熙粗疏任性，措施乖方，遇案苛罚，深滋民怨；汉阳县训导贺书龄品行卑鄙，不堪司铎；沔阳州沙镇巡检鲍维垣举动轻躁，声名甚劣，均着即行革职。应山县知县杨钧才欠开展，人地不宜，着开缺另补，以肃官方。”现月 （《清德宗实录》卷223）

（光绪十三年十二月庚寅）谕内阁：“裕禄等奏‘甄别庸劣不职及人地未宜各员’一折。湖北即补知府陈长清性惰才庸，罔知振作，办理厘务，声名平常，着以同知降补。试用同知姚崇本品行污下，有玷官箴，着即行革职。嘉鱼县知县章寿康才识迂拘，办公竭蹶，着以府经历县丞降补。鹤峰州知州刘棫林历练甚浅，治事多疏，着开缺另补，以示惩儆。”现月 （《清德宗实录》卷250）

（光绪十七年正月）己丑，谕内阁：“三载考绩，为国家激扬大典，中外满汉诸臣，有能恪共职守、劳勚最著者，允宜特加甄叙，以示优眷。兹当京察届期，吏部开单题请，详加披阅……湖广总督张之洞、山东巡抚张曜，实心任事，劳怨不辞，均着交部议叙。余着照旧供职。”现月 （《清德宗实录》卷293）

（光绪十七年九月）辛卯，谕内阁：“张之洞、谭继洵奏‘甄别庸劣不职各员’一折。湖北施南府同知唐贞吉违例擅受，不知检束，着以州同降补。署随州知州本任崇阳县知县陈彰五心地糊涂，听断任性；署襄阳县知县本任宜城县知县舒善庆疏纵要犯，庸懦无能；丁忧孝感县知县元廷镛举动乖谬，物议沸腾，均着以府经历县丞降补。枣阳县知县胡承均才识迂疏，难膺繁要，着开缺另补。枝江县教谕黄元吉违例擅受，浮躁糊涂；随州吏目张锡钤控案累累，声名甚劣，均着即行革职。盐运使衔道员用试用知府黄仁黼承办堤工，不洽舆情，着撤销盐运使衔，以肃官方。”现月 （《清德宗实录》卷301）

（光绪二十一年正月辛卯）谕内阁："谭继洵奏'甄劾庸劣不职各员'一折。湖北通山县知县刘焕章任性妄为，滥刑科罚；宣恩县知县王志章任意苛派，民怨沸腾，均着即行革职，以肃官方。"现月 （《清德宗实录》卷359）

（光绪二十二年正月辛亥）谕内阁："谭继洵奏'特参不职营官'等语。湖北管带武刚中营副将李中发当该营裁撤时，未能妥为弹压，以致勇丁鼓噪，其平日纪律不严，已可概见。李中发着即行革职，以示惩儆。"现月 （《清德宗实录》卷384）

（光绪二十二年二月甲戌）谕内阁："本年轮应查阅湖北、湖南、云南、贵州四省营伍之期，湖北即派张之洞，湖南即派陈宝箴，云南即派崧蕃，贵州即派嵩崑，认真查阅。各省营伍关系紧要，国家养兵岁糜巨帑，不知凡几，原以备御侮折冲之用，近来各督抚往往视为具文，并不认真校阅，以致武备日形废弛，殊属有负委任。兹特再行申谕各该督抚，务当逐一简校，如有技艺生疏、老弱充数及军实不齐等弊，即将该管将弁据实严参，毋得稍涉瞻徇。"现月 （《清德宗实录》卷385）

（光绪二十二年二月）己卯，谕内阁："吴廷芬奏'遵保人才'各折片。江苏候补道钱志澄、黄承乙，湖北候补知府汪洪霆……着江苏、安徽、湖北各巡抚给咨送部引见。"现月 （《清德宗实录》卷385）

（光绪二十二年四月甲午）谕内阁："恩泽奏'遵旨保举人才'一折。四川候补道前署建昌道安成、福建补用知府试用同知前署平和县知县刘煇元、云南南安州知州金福英、荆州驻防正蓝旗满洲协领良续，着该将军督抚给咨送部引见。"现月 （《清德宗实录》卷389）

（光绪二十三年五月庚寅）谕内阁："张之洞奏'考察属员，分别举劾’一折。湖北沔阳州知州丁国桢、枣阳县知县李九江、署江陵县知县本任麻城县知县张集庆、宜都县知县陈长櫺，以上四员，据张之洞胪陈政绩，皆足备循良之选，即着传旨嘉奖，仍饬该员等益加奋勉，毋得始勤终怠。前任兴山县知县王翼心地昏谬，玩视民瘼；前署沔阳州知州候补知县何葆修恃才任性，纵差扰民，均着即行革职。潜江县知县杨宗超识解鄙俗，贻误地方，着以府经历县丞降补。候补知县朱有宽喜怒任情，不知政体，着以巡检降补。前署竹溪县知县大挑知县徐跃鲤颓惰无能，难膺民社；前署东湖县知县本任公安县知县余彬心地庸陋，公事玩忽，该二员系正途出身，文理尚优，均着以教职归部铨选。”（《清德宗实录》卷 405）

（光绪二十三年十月癸亥）湖广总督张之洞奏：“俸满千总、期满云骑尉世职，情形苦累，请俟升缺后，再行并案引见。”下部议。（《清德宗实录》卷 411）

（光绪二十三年十二月戊午）湖广总督张之洞等奏：“已革道员捐助赈务巨款，部议不准开复。核其情尚可原，恳准给咨送部引见，听候恩施。”得旨：“唐赞衮着不准捐复，毋庸送部引见。”（《清德宗实录》卷 413）

（光绪二十四年六月癸未）湖广总督张之洞奏：“遵旨详议变通武科，阐明旧制，酌拟新章，以防流弊而励将才。”下所司议。折包 （《清德宗实录》卷 421）

（光绪二十五年正月己巳）又谕：“张之洞奏‘特参贪劣不职各员’一折。湖北候补道李谦操守不谨，引庇私人；前署当阳县知县试用同知何政祥科派民船，纵容会匪，酿乱殃民；候补知县詹道镕品行卑鄙，钻营生事；候补知县李兆庚营谋厘差，任意亏短；试用知县徐耀宗抽厘扰民，侵蚀无忌；试用布照磨吴德奎承办工程，浮冒不实；试用从九品龚熙麟收厘舞弊，以多报少，均着即行革职。准补当阳县知县张良弼小有才能，轻率专擅；候补知县张飞鹏昏庸鄙俗，办事颟顸，均着以巡检降补。该部知道。”现月　（《清德宗实录》卷438）

（光绪二十五年正月）癸酉，谕内阁：“邓华熙奏‘特参纵盗养奸劣员’一折。捐升湖北试用直隶州知州前署涡阳县知县桑寯讳匿劫案，致长盗风，养痈贻患，此次土匪之乱，实自该员酿成，未便因其已经改省，稍事宽容。湖北试用直隶州知州桑寯着即行革职，以示惩儆。”现月（《清德宗实录》卷438）

（光绪二十五年四月壬寅）又谕：“直隶候补道缪彝、通州知州署房山县知县荣恒，着吏部咨行直隶总督给咨送部引见。湖北宜昌镇标中军游击蒯德浦，着兵部即行带领引见。均着于引见后豫备召见。”现月（《清德宗实录》卷443）

（光绪二十五年六月）壬午，谕内阁：“张之洞等奏‘参劾属员’一折。湖北前署施南府候补知府鲁欲仁膜视民艰，需索属员，考试滋弊；前代理襄阳府候补知府韩鑑借公营私，操守难信；补用知府龙兆霖素行不检，比昵匪人；安陆府同知盛勋擅受纵役，屡控不悛；前署郧西县本任竹溪县知县周瑞銮粗劣谬妄，不识官方；石首县知县刘邦道苛罚虐民，猥鄙近利；咸丰县知县余良才好利纵役，民怨繁滋；候补知县巫国玉素行不谨，夤缘躁进；候补知县龙骧办厘贪鄙，声名最劣；补用知县蒋谦受舞弊病厘，擅离差所；通山县教谕陈廷瓒声名平常，难资训迪；襄阳县典史周思濂违例擅受，被控有案；通山县典史范大瀛任性妄为，不知检束；试用府经历庞煇光垄断罔利，多招物议；试用府经历欧阳棽倚势横行，勒荐司事；署枣阳县典史王允中行止卑陋，屡被指控；前署公安县孱陆司巡检旷桢一胆大妄为，逼毙多命；试用从九品文龙燿苛虐商民，绝无忌惮；试用典史张之鋆钻营取巧，声名恶劣，均着即行革职。补用知府唐树滋人甚平庸，办厘生事；候补知府黄仁黼貌似有才，办厘不实，均着以通判降补。调署枣阳县本任襄阳县知县梅冠林办事疲弱，难期振励；前署恩施县候补知县董治勋任用劣绅，办事寡实，均着以府经历降补。监利县知县罗迪楚性情浮躁，不洽舆情，惟文理尚优，着以教职归部铨选，以肃官方。”现月　（《清德宗实录》卷446）

（光绪二十五年六月辛卯）又谕：“湖北宜昌镇标中军游击蒯德浦前经有人保奏，曾经召见，发交荣禄差委。惟闻该游击前在湖北习气甚重，究竟才品如何，有无劣迹，着张之洞确切查明，据实具奏，毋稍徇隐。将此谕令知之。”寻奏：“蒯德浦人尚老练，循分尽职，惟无过人之才，不宜任以要务，亦无劣迹可指。”报闻。折包　（《清德宗实录》卷446）

（光绪二十六年正月）丁卯，谕内阁：“三载考绩，为国家激扬大典，中外满汉诸臣，有能恪共职守、劳勚最著者，允宜特加甄叙，以示优眷。兹当京察届期，吏部开单题请，详加披阅……湖广总督张之洞、四川总督奎俊、云贵总督崧蕃，久膺疆寄，任事实心，均着交部议叙。余着照旧供职。”现月　（《清德宗实录》卷458）

（光绪二十六年二月癸酉）谕内阁：“本年轮应查阅湖北等省营伍之期，湖北即派张之洞，湖南即派俞廉三，云南即派丁振铎，贵州即派王毓藻，认真查阅。各省营伍关系紧要，各该督抚务当悉心简校，毋得视为具文，以致武备废弛。其有技艺生疏、老弱充数及军实不齐等弊，即将该管将弁据实严参，毋稍瞻徇。”现月　（《清德宗实录》卷459）

（光绪二十六年五月癸丑）谕内阁：“李秉衡奏‘特参长江水师将领’一折。湖口镇水师总兵许云发嗜好荒惰，废弛营务；湖口水师中军游击黎受田罔利朋比，兵民怨咨，均着即行革职。另片奏‘保举总兵、副将’等语，汉阳镇水师总兵周芳明、瓜州镇水师总兵高光效、江阴协副将李

金彪，既据李秉衡奏称皆属可用之才，均着传旨嘉奖，以示鼓励。”现月
（《清德宗实录》卷463）

（光绪二十六年九月辛卯）又谕：“于荫霖奏‘考核属员，分别举劾’一折。湖北汉阳府知府余肇康，郧阳府知府许有麟，宜都县知县李天柱，罗田县知县陈树屏，襄阳县知县李祖荫，天门县知县梁葆仁，宣恩县知县洪锡爵，补用知县谢绍佐、朱祖荫，候补同知徐钧溥，试用知县杨悦、松桂、萧端澍，补用故县周縠生，巴东县三关巡检谢鼎，以上各员，既据该抚奏称屡加体察，具有政迹，均着传旨嘉奖。潜江县知县朱恩锡公事废弛，民情怨讟；宜城县知县黄佑麟识暗性贪，举止乖谬；谷城县知县章冕违例苛罚，计及琐细；恩施县知县刘庚行止污邪，为人所鄙；前署监利县知县来凤县知县恩润贪黩粗莽，案多草率；前署武昌县试用知县何厚康遇事欺蒙，任意藐抗；前代理咸丰县试用知县王赐恩任意妄为，声名狼藉；前署南漳县教习知县唐监金因讼勒索，巧立名目；即用知县如鑑性情乖张，漫无条理；试用知县徐嘉祥操守难信，物议沸腾；试用直隶州州同张新年行止不端；试用巡检朱沛行同无赖；来凤县典史曾浴光刻薄无耻，均着即行革职。补用知府连捷辩给矜躁，难资表率，着以同知归部铨选。远安县知县党世琼声名平常，着以府经历县丞降补。嘉鱼县知县吴钟彦识暗才庸，不晓事体；前署黄梅县巴东县知县宗继增年力就衰，诸多废弛；前署来凤县大挑知县武思睿昏庸多病，审案模糊，均着勒令休致。黄冈县知县杨寿昌报册不实，诸事敷衍，着开缺另补。另片奏‘特参道员’等语。湖北荆宜施道奭良贪名最著，地方吏治，毫不经心，着以同知归部铨选。”现月（《清德宗实录》卷473）

（光绪二十六年十二月）壬子，谕内阁：“湖北学政王同愈奏‘保举书院院长暨肄业各生，恳恩鼓励’一折。湖北经心书院院长已革掌广西道御史吴兆泰、两湖书院院长降调翰林院编修梁鼎芬，训课精勤，卓著成效，均着赏还原衔。谷城县举人拣选知县钱葆青、江夏县岁贡生姚汝

说、黄陂县廪生徐毓华，均能励志勤学，自应予以奖励。钱葆青着以知县选用，姚汝说、徐毓华均着以教职选用，以示鼓励。”现月 （《清德宗实录》卷476）

（光绪二十七年二月乙巳）召见分省试用道沈锡周。得旨：“着发往湖北以道员补用。”（《清德宗实录》卷480）

（光绪二十七年五月）壬申，谕内阁：“杨儒奏‘保荐人才’等语。除分省补用道胡惟德现充出使参赞俟差竣送部外，分省补用道何彦升、欧阳述，直隶补用道林志道，湖北补用道钱绍桢，均着交吏部带领引见。”现月 （《清德宗实录》卷483）

（光绪二十七年七月甲子）又谕：“张之洞奏‘保荐人才’一折。湖北候补道朱滋泽、徐家干，均着交军机处存记。”现月 （《清德宗实录》卷485）

（光绪二十七年七月甲子）又谕：“张之洞奏‘特参贪劣各员’一折。湖北署归州知州试用知县龚瑞清，任用劣绅丁役，借端勒捐，逼毙人命，着革职提讯，按律惩办。郧县知县曾囿藻糊涂执拗，任听差保勒和命案，着即行革职。兴山县知县崔长文加增陋规，擅释监犯，着开缺以巡检降补，以示惩儆。”（《清德宗实录》卷485）

（光绪二十七年七月丙子）又谕：“张百熙奏‘整顿台纲，分别举劾’一折，据称‘升任御史陈璧才识优长，明达治体，前管理京城街道时论翕然，去秋巡视中城，严缉盗贼，地方安堵，请嘉奖录用’等语。陈璧办事认真，不辞劳怨，朝廷业经不次擢用，仍着传旨嘉奖。巡视东城掌湖广道监察御史阎锡龄，习于夤缘，有亏名节；巡视南城掌江西道监察御史郑炳麟交结非人，颇滋物议，该尚书所请撤差察看，不足蔽辜，均

着即行革职……”现月 （《清德宗实录》卷485）

（光绪二十七年九月壬午）谕内阁：“开缺广西巡抚于荫霖奏‘保荐人才，遵旨胪陈’一折……湖北候补道沈锡周、襄阳府知府邓嘉缜……均着交军机处存记。户部郎中陈宗妫、湖北试用知县松桂、宜都县知县李天柱……湖北襄阳县知县李祖荫……均着送部引见。”现月 （《清德宗实录》卷487）

（光绪二十七年十月癸巳）召见前湖北荆宜施道奭良。得旨：“着开复降调处分，仍以道员发往江苏，遇缺补用。”（《清德宗实录》卷488）

（光绪二十八年正月乙亥）谕军机大臣等：“顺天府府尹陈璧奏‘敬举人才’一折。湖北汉阳铁厂总办郎中李维格……湖北江汉关翻译、江苏候补知县高而谦，着工部刘坤一、张之洞、聂缉椝，给咨送部引见。将此谕令知之。”折包 （《清德宗实录》卷493）

（光绪二十八年二月戊戌）以报效巨款，查无劣迹，复已革湖北谷城县知县章冕、恩施县知县刘庚职。折包 （《清德宗实录》卷495）

（光绪二十八年六月）壬子，谕内阁：“张之洞、端方奏参庸劣不职各员一折。湖北署安陆府知府高宝瀛阘冗无能，罔顾行检；郧阳府通判龚葆中性好扶箕，民情摇惑；武昌县知县陈瑞澜昏愦糊涂，荒嬉废事；房县知县滕椿年少气浮，执拗任性；大挑知县高应壬图蚀陋规，办厘取巧；大挑知县吴锡恩违例苛罚，兼好冶游；房县训导曾心传干预词讼，人品不端；巴河巡检严宝龄职守多疏；簰洲巡检凌潮行止卑污；署黄陂站巡检洪玉赐人欠明白；武昌县典史崔润森操守不谨；天门县典史刘光宇妄思越俎；试用巡检胡建藩浮躁喜事；试用典史张杰性非安静，均着一并革职。署德安府知府廖正华关防不谨，啧有烦言，着以同知降补。

襄阳府通判周继昌遇事因循，难期振作；石首县知县刘训慊人似安详，才欠历练；云梦县知县祝汝嘉捕务废弛，意存欺饰；准补谷城县署光化县知县张国兰性成巧滑，不洽舆情，均着开缺另补。祝汝嘉任内尚有承缉盗案未经获犯，着留于该县勒限协缉。枝江县知县陈富文年近七旬，公事善忘，着勒令休致。咸宁县知县杨钧纵子招摇，不能约束；署通城县知县李绍闵赋性拘牵，办事迂缓；署安陆县知县程元恺听断颟顸，耽阁讼事；署长阳县知县钱锦渠庸懦无能，难膺民社，惟各该员文理尚优，着以教职归部选用。”现月 （《清德宗实录》卷501）

（光绪二十九年正月）庚辰，谕内阁：“三载考绩，为国家激扬大典，京外满汉诸臣，有能恪恭职守、劳勚最著者，允宜特加甄叙，以示优异。兹当京察届期，吏部开单奏请，朕详加披阅……湖广总督张之洞、署四川总督岑春煊，尽心规画，劳怨不辞，均着交部议叙。余着照旧供职。”现月 （《清德宗实录》卷511）

（光绪二十九年闰五月）乙酉，谕内阁：“端方奏‘特参庸劣不职各员’一折。湖北署恩施县知县补用通判王璠纵容丁役，苛敛病民；署黄梅县知县试用知县任本垚承办堤工，款多侵冒；松滋县知县陈伟哲贪庸猥琐，痼习特深；署东湖县知县试用知县叶丙勋操守不谨，声名平常；随州州判陈楙昌文理不通；南漳县典史李宗泌滥交不慎；来凤县卯岗巡检姚书楼行为卑鄙；建始县典史江绍禾违例擅受；恩施县典史梁春麟罔利营私；通城县典史范星云捕务懈弛，均着即行革职。郧县知县谢增龄才具平庸，难膺民社；署云梦县知县补用知县刘超元听断不明，事多废弛，均着以府经历县丞降补。署建始县知县补用知县马骥年力已衰，难期振作，着勒令休致，以肃官方。”现月 （《清德宗实录》卷517）

（光绪二十九年七月）庚寅，署湖广总督端方奏：“举行军政，保荐督标左营游击纪堪荣等九员，长江水师湖北田镇营副将陶树恩等三员。”

下兵部知之。折包 （《清德宗实录》卷519）

（光绪三十年五月辛丑）湖广总督张之洞等奏："敬举贤员，恳恩擢用。"得旨："余肇康、梁鼎芬均着交军机处存记。"（《清德宗实录》卷531）

（光绪三十一年正月癸未）举行本届大计。湖北卓异官十员、浮躁官一员、不谨官二员、年老官二员、有疾官二员，下部分别议叙、处分如例。折包 （《清德宗实录》卷541）

（光绪三十一年七月丁丑）（湖南巡抚端方）又奏："统领健字全旗兼统南洋常备左军记名提督张庆云上年赴桂援剿，驻扎全州一带，防堵甚为得力。湖北常备军镇统记名总兵张彪在鄂治军多年，讲求西法操练，最得风气之先。二员皆堪胜实缺专阃之选，请俟提镇缺出，量加擢用。"得旨："张庆云、张彪均着交军机处存记。"折包 （《清德宗实录》卷547）

（光绪三十二年正月）壬辰，谕内阁："三载考绩，为国家激扬大典，中外满汉诸臣，有能共济时艰、劳勚最著者，允宜特加甄叙。其平庸衰病者，亦难曲予优容。兹当京察届期，吏部开单奏请，朕详加披阅……湖广总督张之洞谋虑精详，力任艰巨……均着开缺另候简用，余着照旧供职。"现月 （《清德宗实录》卷554）

（光绪三十二年正月）癸巳，谕内阁："张之洞奏'特参不职各员'一折。湖北试用知府杨汝康性情狂妄，抽捐不实；通城县知县汪邦柱糊涂卑陋，纵丁病民；大挑知县刘汉云承办赈务，帐目不清，均着即行革职。汉阳府通判宋鼎勋猥鄙见小，不称府佐，着以县丞降补。截取知县吴星映专任私人，难膺民社，惟文理尚优，着以教职归部铨选。襄阳县知县李祖荫规避出洋，要求要差；兴山县知县楼汝济不谙吏治，尚须学习，均着开缺另补。另片奏'参武营劣员'等语。湖南署永顺协副将提标右营游击李占鳌嗜好甚重，兵缺徇私；署镇溪营游击补用游击苏文扬癃老废弛，形同木偶；永顺协中军都司刘耀宗衰老昏聩，不顾职守，均着即行革职。提标中军参将傅懋凯袒兵生事，人地未宜，着开缺留省另补。湖北德安营中军守备张殿扬冒饷剥兵，欺骗孤寡，着革职提省审讯，按律惩办。”现月　（《清德宗实录》卷554）

（光绪三十三年七月）乙巳，谕内阁：“朝廷简任疆臣，畀以重寄，一省之安危系之，该督抚等应如何公忠体国，力任其难……现在时事艰难，各省督抚均宜振刷精神，维持大局。倘或敷衍贻误，定行从重惩办，决不姑宽。其有办事认真者，亦必随时奖励。直隶总督袁世凯、两江总督端方、湖广总督大学士张之洞于用人行政，均能悉心筹画，力求振作，深堪嘉尚，嗣后益当加勉，毋得始勤终怠。朝廷惩劝兼施，总期上有益于国，下有益于民，痛除因循之习，即以立富强之本。尔诸臣其共勉之。”现月　（《清德宗实录》卷576）

（光绪三十三年九月戊申）湖北按察使梁鼎芬奏：“时局危迫，美、日有谋我之新舰队，英、俄等国有置我三等归其保护之协约，挽回之法，莫急于严禁贿赂请托……奕劻、袁世凯若仍怙恶不悛，臣随时奏劾，以报天恩，祸福不动其初心，强权或屈于清议。”得旨：“谢恩折件夹片奏事，已属不合。且当此时局日棘，乃不察时势之危迫，不谅任事之艰苦，辄有意沽名，摭拾空言，肆意弹劾，尤属非是，着传旨申饬。”折包（《清德宗实录》卷580）

（光绪三十三年十月甲戌）验看明保人员。得旨：“湖北施南府知府汪洪霆着交军机处存记。”现月　（《清德宗实录》卷581）

（光绪三十三年十二月癸未）举行本届大计。湖北卓异官九员、不谨官四员、年老官三员、有疾官一员，下部分别议叙、处分如例。折包

（《清德宗实录》卷585）

（光绪三十四年三月癸巳）谕内阁："湖北武昌盐法道童德璋……均着开缺送部引见。"现月 （《清德宗实录》卷588）

（光绪三十四年四月）辛酉，谕内阁："赵尔巽奏'考察地方各官，分别举劾'一折。湖北署安襄郧荆道施南府知府施纪云、署武昌府知府郧阳府知府黄以霖、荆州府知府斌俊、署江夏县知县王士卫、广济县知县孙炳麟、署襄阳县知县徐久绪，既据该督胪陈政绩，均着传旨嘉奖。荆门直隶州知州庆春公务废弛，民信未孚；潜江县知县调任湖南宁乡县知县毕井田颓废因循，不堪造就；试用通判冼廷瑜胸无主宰，举动谬妄；署长乐县知县李绶卿阘冗颟顸，难膺民社；前署竹溪县知县陈鸣珂人既庸下，性复贪愎；江陵县县丞曹廷勋因案酿命，均着即行革职。枣阳县知县陈阆才难治剧，民不信畏；罗田县知县危士修事少条理，刑罚不中；准补枝江县知县余鼎臣众论未孚，均着开缺另补。蒲圻县知县王宝善才识庸弱；署通山县知县石首县知县赵震东任用家丁，不孚舆论，惟文理尚优，均着以教职归部铨选。"现月 （《清德宗实录》卷589）

（光绪三十四年十二月）己未，谕内阁："那桐等奏'查验第三期报到荐举各员，分别加考，开单呈览'一折……湖北候补道钱绍桢……着自本月初十日起，按照名次先后，每日三员，呈递膳牌，伺候召见。如是日未经召见，仍于次日豫备。其余各员，以次递推。"现月 （《宣统政纪》卷4）

（光绪三十四年十二月己卯）谕内阁："陈夔龙奏'考察属员，分别举劾'一折。湖北江汉关道齐耀珊、署武昌府事郧阳府知府黄以霖、署汉阳府事襄阳府知府曹允源、署汉阳县事长乐县知县李曾麟、署黄冈县事应补知县熊宾、署应山县事汉阳县知县滕松、署保康县知县曹元鼎、署天门县事前署兴国州知州罗庆昌，既据该督胪陈政绩，均着传旨嘉奖。署远安县知县周旭祖庇丁役，侮辱学界；补用同知黄申之戒烟不力，巧为掩饰；试用知县谭文定行止不端，声名甚劣；署汉阳县蔡甸巡检枣阳县平林店主簿杨岳芬不知自爱；通城县典史刘云驹烟瘾太重；汉阳县教谕李克钦病瘾皆深；襄阳县双沟巡检刘廷枋性情暴戾；沔阳州锅底巡检王旭操守难信；汉川县刘家隔巡检赵文宝委靡昏庸；江陵县沙市巡检李德悦罔识廉隅；试用典史张炘行止有亏，均着即行革职。候补知府丁柔克年力衰迈，声名平常，着勒令休致。公安县知县济生庸懦无能，难膺民社；署通山县事谷城县知县陈思泉吏治废弛，罔知振作；撤任竹山县知县陈瑜瑛听断不明，才具竭蹶，以上三员文理尚优，均着开缺以教职改选。京山县知县张受中迂懦无能，玩视学务；麻城县知县刘炳南延勒学款，意不在公，均着开缺另补。”现月 （《宣统政纪》卷5）

（宣统元年三月乙亥）湖广总督陈夔龙奏：“鄂军援皖，系以兵剿兵，与平时剿匪不同。且首犯熊成基迄未缉获，各将弁不敢仰邀奖叙。”得旨：“仍着陈夔龙查明择尤保奖，勿许冒滥。”折包 （《宣统政纪》卷11）

（宣统元年五月）庚戌，两江总督端方奏：“荐举陆军人材，两江督练公所总参议记名协都统正参领舒清阿、军咨处副使正参领哈汉章、军学司司长正参领良弼、军制司司长正参领易迺谦、军咨处第一司司长正参领卢静远、江阴要塞工程局总办候选道章亮元、教练处总办奏留两江补用道陈琪，以上多系湖北、江南学生，其局干虽有不齐，材智实皆出众，优加擢用，有补时艰。”下陆军部知之。（《宣统政纪》卷13）

（宣统元年五月）丙寅，谕内阁：“此次续经报到保荐人才，经派那桐等查验询问，兹已一律召见完竣。所有单开之特用员外郎陶葆廉，着以郎中分部补用。试署贵州劝业道都匀府知府王玉麟，着俟补道员后以应升之缺升用。分省补用道钟文耀，着仍以道员交军机处存记。发往云南差遣山东补用知府前东昌府知府魏家骅，着以道员仍发云南尽先补用。湖北举人丁保树，着以知县分省补用。”（《宣统政纪》卷14）

（宣统二年五月壬戌）又谕：“瑞澂奏‘湖北劝业道邹履和才难胜任’一折。邹履和着即开缺，湖北劝业道着高松如试署。”现月　（《宣统政纪》卷36）

（宣统二年七月）壬子，谕内阁：“瑞澂奏‘甄别贪劣不职各员’一折。湖北候补知府前署夏口厅同知冯篔众怨沸腾，难膺民社；补用知府赵承康不知自爱，有玷官箴；均州知州刘名馨怨声载道，民视如仇；准补随州知州刘家怡貌似有才，性贪而狡；试用知县金荣寿卑劣诞妄，心术不端；应山县知县王鸿卿才具庸下，神志颓唐；前署房县知县候补知县廷启残酷滥刑，办事荒谬；黄安县知县章冕沾染烟癖，刻尚未除；准补远安县知县车云好利忘义，志趋猥鄙；前署枣阳县知县候补知县杨鼎福玩视禁烟，讳盗不报；丁忧试用知县傅士修贪诈妄为，不知检束；宜城县知县王金城举止粗鄙，行同市井；汉川县知县何蔚绅贪鄙性成，被控有案；天门县知县张嘉畹鄙俗好利，颇有贪名，均着革职，永不叙用。前署兴国州知州试用知县汪文钧偏执任意，粗鄙无才；崇阳县知县王公辅心地糊涂，办事竭蹶；署竹山县知县本任郧西县知县聂广泽性情操切，不知大体；蕲水县知县徐培光阘茸无能，公事旷废；前署黄冈县知县试用直隶州知州廖佩珣材识平庸，不亲民事；通城县知县功钊人太暗懦，事权旁落；黄陂县知县董治勋貌似有才，迹近庸滑；应城县知县皮坤年力衰庸，性鄙且狡，均着即行革职。江夏县知县杨寿操守尚佳，性情惰缓；准补光化县知县黎培质柔缓无能，尚应历练；准补襄阳县知县薛炳善人近迂执，首剧不宜；郧县知县邱炳萱性情迂缓，人尚安详；房县知县刘鸿熙材具太短，难胜边要；准补谷城县知县陈沛性近暗懦，人地不宜；准补东湖县知县陆乃棠敷衍因循，材难胜任，均着开缺。德安府经历胡维祺性喜多事，声名甚劣；江陵县郝穴主簿谢鼎善于钻营，卑鄙无耻；江夏县金口巡检杨濬人甚糊涂，不能约束子弟；郧县黄龙镇巡检郑彬敢于为恶，劣迹多端；松滋县磨盘巡检李湘锜抗违功令，烟禁废弛；署崇阳县桂口巡检陈铭新畏葸无能，弹压不力；署兴国州富池口巡检钟蕃信任门丁，弄权舞弊；竹山县典史江国屏年老昏聩，难期振作；郧县教谕阮泰荫精力衰迈，纵容子弟；捐升通判江苏候补州吏目丁炳南前在臬幕招摇把持，劣迹种种……均着即行革职。”（《宣统政纪》卷 38）

（宣统二年八月丙子）护理湖广总督王乃徵奏：“州县外补轮次现经吏部酌改新章，自宣统二年正月起，一律遵办。查湖北州县两项，频年截缺未补，积压甚多。所有宣统二年正月以前所截各缺，拟先将旧例顶补人员，详细考验。如果人地合宜，仍按旧例序补，否则拟请统归新案，照现定轮次办理，冀收得人之效。”下部议。现月 （《宣统政纪》卷 40）

（宣统二年十一月癸丑）谕内阁：“宪政编查馆奏‘派员考察各省筹备宪政情形，据实胪陈’一折。前因宪政关系重要，曾由宪政编查馆王大臣选派馆员，分赴各省考察一切。兹据奏称派赴东三省……湖北……各员，先后察竣回京，将考察实在情形，逐一呈报。各省遵章筹办宪政，均已略具规模，惟程度未能齐一，瑕瑜难免互见。其主管各员实心任事者，固不乏人，而奉行具文者，亦在所不免，自应分别优劣，加以劝惩……现值提前筹办宪政，内外臣工愈当淬励精神，力图前进。着各省督抚严饬所属，妥速筹办，毋再任令敷衍因循，致误期限。并着宪政编查馆王大臣随时加意考核，分别殿最，胪列奏陈，总期通力合作，克日观成，用副朝廷孜孜求治之至意。”（《宣统政纪》卷 44）

（宣统二年十二月甲午）陆军部大臣荫昌奏：“第八镇统制官张彪拟赴各省游历，据情代奏，并请简员署缺，以重职守。”得旨：“湖北地方重要，所请着毋庸议。”（《宣统政纪》卷 47）

（宣统三年二月乙亥）以湘省交涉结案出力，予候选道王得庚、王寿昌送部引见，湖北候补道李宝淦、徐之桀交军机处存记，复前任长沙府知府汪凤瀛降二级留任处分。电寄　（《宣统政纪》卷49）

（宣统三年五月庚申）谕内阁："本日引见明保湖北候补道盛春颐，着交内阁存记。"现月　（《宣统政纪》卷54）

（宣统三年六月庚辰）湖广总督瑞澂奏："军事用人，现据《政治官报》内载陆军部奏'鄂督电奏拟派督练公所人员，核与定章不符'一折，寻绎再三，始知部臣未尝以臣言为谬。且谓臣奏陈督办权限及参议官应办事宜，系原章精意，则臣之前议尚为部臣所见采。独至用人一节，部臣必须直接专奏派充，在部意以军事统一，挈领提纲，视为必要。但督抚既奉派督办，若所用之人素不相知，或无权举劾，窃恐督抚将视督办为名誉之职，遇事推诿，不担责任。督练公所各员，误会宗旨，亦将视督办为无足重轻之人，推其流弊所及，军事之败坏，军士之嚣横，且将日甚一日矣。夫一省之治乱，朝廷责成于督抚，督抚所以安治而定乱者，惟军人是赖。今则于军事机关，既已不负完全责任，譬犹使臂而去其指，深所未喻。至军事统一，在今日尤有难言。我国幅员辽廓，交通未便，文报往返，淹旬累月。征调既属不易，因应尤属为难，加以伏莽甚多，事机万变。如督抚事事受成于部臣，并节制调遣之权，亦暂归于消灭，是部臣得统一之虚名，而地方受无穷之实祸，揆之练兵初意，恐亦大相径庭。以臣之愚，窃谓督抚若无军事实权，即将无从担负疆圻责任。臣非不知军部苦心规画，事事方驾列强，但中外形势既有不同，则经始之初，自无从强为附合，况定章贵可实行，兵政何能遥制？一有不慎，督抚臣不足惜，其如大局何？此不独督练公所用人之权，督抚仍应参预，即各省新军用人之责，督抚亦似应与闻者也。今部臣既以臣议为不然，臣亦何敢固执，惟似宜谨遵和衷商榷之旨，请于原章略加变通。嗣后凡一省军事重要人员，遇有应行补充之缺，应先由部臣、疆臣文电相商，酌筹定妥，然后再由部臣会同督抚列衔奏明，请旨派用，庶不负和衷之明诏，于以定行政之职权。军事切要，不敢不言。”下陆军部议。（《宣统政纪》卷55）

（宣统三年闰六月）丙午，谕内阁：“瑞澂奏‘举劾属员’一折。湖北荆州府知府斌俊、署汉阳县知县利川县知县张振声、调署蕲州知州孝感县知县郭毓璋、大冶县知县赖汝骥、调署恩施县知县来凤县知县田应璜、调署安陆县知县补用直隶州知州吴本义，既据该督胪陈政绩，均着传旨嘉奖。署蕲州知州补用直隶州知州李祖荫深居简出，百务废弛，听信丁役，搁置重案；署广济县知县试用知县周焴纵容差役，遇案索诈，纵匪殃民，均着即行革职，永不叙用。前署襄阳县知县分缺闲知县徐久绪借案苛罚，违例病民；前充宜昌警务长补用知县张遇辰嗜酒冶游，毫无顾忌；前充厘捐局司事试用通判金墉卑污苟贱，行止不端；前署沔阳州州判试用直隶州州同罗时清擅受词讼，纵丁讹诈；前署长乐县湾潭县丞试用州判彭康寿讳盗不报；前充汉口侦探队长试用州吏目汪如莲得规庇匪，均着即行革职。汪如莲庇匪事发，闻风逃逸，情节较重，并着饬拿归案审办。”（《宣统政纪》卷57）

6. 奖赐赠荫

（顺治二年九月丁丑）洪承畴又奏：“湖广伪泽侯田见秀、义侯张鼐、棉[①]侯袁宗第，赴省投诚。”命照恩诏事例，免罪录用。（《清世祖实录》卷20）

（顺治五年五月辛未）赠殉难湖广荆南道副使刘开文、荆南道参议甘文奎为光禄寺卿，郧阳知府董有声、襄阳知府杨鑛为太仆寺卿，郧阳同

① 棉：应为“绵”。

知刘璇、张有芳俱为湖广按察使司副使，郧阳推官孙扬声、襄阳推官李实发、郧县知县赵丕承、保康知县薛溥、竹山知县童士勤、襄阳知县潘朝佑俱为湖广按察使司佥事，各荫一子入监读书，祭葬如例。赠郧县典史雷之缙为江南山阳县主簿，予祭葬如例。（《清世祖实录》卷38）

（顺治五年五月壬辰）赠郧阳阵亡总兵官都督同知孙定辽为左都督，游击李显功、行都司袁捷为参将，署总兵官杨文富为都督佥事，委署参将漆尚友为副将，祭葬如例，各录用其子弟一人。（《清世祖实录》卷38）

（顺治六年七月乙丑）荫湖广襄阳府殉难推官李实发子瞵入监读书。（《清世祖实录》卷45）

（顺治八年八月丙午）赠殉难总督两广兵部尚书佟养甲为太子少保……湖广郴桂兵备道佥事李懋祖为光禄寺卿，各荫一子入监读书。（《清世祖实录》卷59）

（顺治八年八月）己巳，谕户部："朕轸念百姓疾苦，凡事有不便于民者悉令罢之。今四川进贡扇柄、湖广进贡鱼鲊，道经水陆，去京甚远。夫马船只，动支钱粮，苦累小民，朕甚悯之，以后永免，着为令尔衙门即行榜示，务使小民休息，咸沾德意。"（《清世祖实录》卷59）

（顺治八年十一月戊戌）予殉难湖广郴桂兵备道佥事李懋祖、山西潞安府推官司九韶，祭葬如例。（《清世祖实录》卷61）

（顺治九年二月）庚申，加封和硕郑亲王济尔哈朗为叔和硕郑亲王，册文曰："我太祖武皇帝肇造鸿基，创业垂统……当时尔与两旗大臣坚持一心，翊戴朕躬……又率大军征湖广时，闻山东曹县为众贼袭据，便道往剿，用红衣炮攻拔其城。又恢复湖广宝庆等四府、八州、四十四县

……及朕亲政后，知尔持心忠义，不改初志，故锡以金册金宝，封为叔和硕郑亲王。”（《清世祖实录》卷 63）

（顺治九年三月己卯）湖广巡按李敬进捕获虎皮。上曰：“地方虎患应除，不必具奏，皮张即充捕赏。”（《清世祖实录》卷 63）

（顺治十年闰六月戊辰）赠湖广殉难南漳县知县姚延儒为本省按察使司佥事，荫一子入监读书……各祭葬如例。（《清世祖实录》卷 76）

（顺治十一年十一月甲午）予殉难湖广分守湖北道参议刘升祚、辰州府知府王任杞祭葬如例。（《清世祖实录》卷 87）

（顺治十二年九月癸未）加赠阵亡荆州后营都司佥书汪吉一级，荫拖沙喇哈番。（《清世祖实录》卷 93）

（顺治十二年十月甲子）赠湖广殉难副将杨国勋为都督同知，都司佥书黄鼎悬为都司，俱荫一拖沙喇哈番。守备高成功荫一拖沙喇哈番。（《清世祖实录》卷 94）

（顺治十二年十二月壬子）赠殉难湖广彝陵州训导张作肃国子监学录。（《清世祖实录》卷 96）

（顺治十二年十二月戊辰）予殉难湖广彝陵州训导张作肃祭一次。（《清世祖实录》卷 96）

（顺治十三年四月）丁巳，谕兵部：“朕览历年叙录投诚官丁文册，八年十一月内，荆州镇臣郑四维疏报，自巫夔来归于大海、李占春等已经尔部议复，于大海先授都督佥事职衔，督标效用。十一年五月内，复郧阳抚治胡全才题疏，仍以原衔管郧襄水师副将事李占春十年十月内议照于大海例，亦授都督佥事职衔，督标效用。朕念于大海等倾心向化，带部下将领共百余员，兵丁共四千有奇，家口人民共一万三千有奇，马匹船只共八百有奇，慕义输忠，深可嘉尚，原宜破格优擢，酬其效顺诚悃。尔部前议尚未允协，着速查原报文册，从优另议具奏。又念数年以来各处投诚官丁亦不乏人，尔部通行详查，倘有功多赏薄与此相类者，即具奏改正，务使赏必酬功，以昭朝廷鼓励投诚至意。”（《清世祖实录》卷100）

（顺治十三年六月）庚子，加赠湖广阵亡署都司佥书刘应科一级，荫一拖沙喇哈番。（《清世祖实录》卷102）

（顺治十三年六月辛丑）宁南靖寇大将军阿尔津等奏报：“湖广容美宣慰使司土司田吉麟以所部兵二万缴印投诚。”上嘉奖之，命所司速叙。（《清世祖实录》卷102）

（顺治十三年十二月己亥）赠殉难湖广永州府通判郦允昌为湖广按察使司佥事，荫一子入监读书。（《清世祖实录》卷105）

（顺治十四年正月癸亥）予故湖广总督胡全才祭二次，加祭一次，赐全葬。（《清世祖实录》卷106）

（顺治十四年二月）戊戌，赠故总督湖广兵部右侍郎兼都察院右副都御史胡全才为兵部尚书，荫一子入监读书。（《清世祖实录》卷107）

（顺治十四年七月癸丑）立叔和硕郑亲王济尔哈朗碑，文曰：“朕惟国家膺图受箓，天降英杰，以佐鸿业……叔和硕郑亲王济尔哈朗乃太祖弟庄亲王之子，忠贞天挺，端亮性生，秉志精诚，夙怀英毅……后进征湖广，道出山东……及至楚境，恢复宝庆等四府、八州、四十四县……朕每切哀思，用深痛悼。念勋名既载于盟府，而风烈宜表于隧阡。爰述懋功，显扬忠义，勒诸贞珉，俾奕世垂之不朽云。”（《清世祖实录》卷110）

（顺治十四年十月）癸巳，发内帑银二万两，赏给出征福建、湖广兵丁匠役家口。（《清世祖实录》卷112）

（顺治十四年十二月己巳）予湖广阵亡投诚副将周大道祭葬如例。（《清世祖实录》卷113）

（顺治十五年八月丙子）加赠殉难彝陵游击叶汝寿一级，荫拖沙喇哈番。（《清世祖实录》卷120）

（顺治十六年八月己丑）加彝陵总兵官张大元右都督，以其捐资修葺营房城垣故也。（《清世祖实录》卷127）

（顺治十八年七月丙寅）予故湖广荆州总兵官郑四维祭葬如例。（《清圣祖实录》卷3）

（顺治十八年十月）戊午，户部题：“新投诚官员应分旗安置。见到伪汉阳王马进忠子都督佥事马自德准入正黄旗，伪国公沐天波子沐忠显准入正白旗，未到伪延安王艾能奇子左都督艾承业准入镶黄旗，照依品级赏赉。内沐忠显无职衔，应不给俸。”得旨：“沐忠显着照阿思哈尼哈番品级赏赉。”（《清圣祖实录》卷5）

（康熙二年正月己丑）予故原任湖广中路总兵官李茹春祭葬如例。（《清圣祖实录》卷8）

（康熙三年正月庚午）湖广总督张长庚疏报："伪部院毛寿登始为伪永历朱由榔所倚恃，继为众逆寇所推重，今革面来归，请敕优叙。"下部议。（《清圣祖实录》卷11）

（康熙三年二月壬子）予故湖广彝陵总兵官右都督三等阿思哈尼哈番张大元祭葬如例。（《清圣祖实录》卷11）

（康熙三年八月）辛酉，予故原任太子太保内弘文院大学士吕宫、原任湖广总督太子太保兵部尚书李荫祖，各祭葬如例。（《清圣祖实录》卷13）

（康熙四年二月）庚申，予湖广阵亡拜他喇布勒哈番又一拖沙喇哈番莽塞祭葬如例。（《清圣祖实录》卷14）

（康熙四年二月丁卯）予湖广阵亡拖沙喇哈番额护德祭葬如例。（《清圣祖实录》卷14）

（康熙四年二月）辛未，予湖广阵亡佐领拉卜世希祭葬如例。（《清圣祖实录》卷14）

（康熙四年六月）乙丑，免湖广西山军前运饷人夫死亡者同居父兄子弟一年丁差。（《清圣祖实录》卷15）

（康熙四年六月）丁卯，以伪永历下伪荆国公王光兴，自湖广施州卫率领伪都督等官四百六十五员、兵七千余名、家属一万余人倾心投诚，授左都督加太子太保，赏赉有差。（《清圣祖实录》卷15）

（康熙四年八月）癸未，加湖广阵亡一等阿达哈哈番桑图拖沙喇哈番，郎中萨赛拖沙喇哈番，各予祭葬如例。（《清圣祖实录》卷16）

（康熙四年九月己亥）予湖广阵亡阿达哈哈番孟额图、护军参领胡尼雅，各祭葬如例。（《清圣祖实录》卷16）

（康熙四年九月壬寅）予湖广阵亡拖沙喇哈番塞音图祭葬如例。（《清圣祖实录》卷16）

（康熙五年六月）丁丑，赠湖广荆州府通判张占鳌为湖广按察使司佥事，荫一子入监读书。赠安陆府经历蔚之焕为钟祥县知县，钟祥县县丞鲍瑞魁为安陆卫经历，沔阳州州同赵一柱为沔阳州知州……以会剿西山贼寇运粮七连坪地方遇贼殉难也。（《清圣祖实录》卷19）

（康熙五年十月）癸亥，叙劝垦荒地功，加湖广巡抚刘兆麒工部右侍郎衔。（《清圣祖实录》卷20）

（康熙五年十月）丁卯，予湖广阵亡通判赠按察使司佥事张占鳌、州同赠沔阳州知州赵一柱祭葬如例，经历蔚之焕、照磨王赐元、县丞鲍瑞魁令该督给匾旌奖。（《清圣祖实录》卷20）

（康熙六年二月丁未）湖广西山投诚副将李有实奉差招抚逆贼李来亨，被拘不屈身死，赠都督同知，予祭葬如例。（《清圣祖实录》卷21）

（康熙十三年六月）己亥，赠湖广阵亡游击甘应龙为参将，予祭葬，荫子弟一人以守备录用。（《清圣祖实录》卷48）

（康熙十三年十月乙未）赠南漳阵亡署守备刘延社为署游击，予祭葬，荫子弟一人以卫千总录用。（《清圣祖实录》卷50）

（康熙十三年十二月辛卯）湖广巡抚张朝珍疏报："吴逆下伪游击何士荣由长沙走黄冈县纠党为乱，黄州知府于成龙率官兵乡勇剿之，生擒何士荣，枭首示众。"下部议叙。（《清圣祖实录》卷51）

（康熙十四年二月壬寅）给湖广阵亡把总吴芝兰恤赏如例。（《清圣祖实录》卷53）

（康熙十四年十月壬午）遣近御侍卫关保等选内厩马百匹，往赐出征荆州科尔沁公图纳黑、台吉鄂穆布。（《清圣祖实录》卷57）

（康熙十五年五月）丙午，赠湖广殉难守备王光前为游击，予祭葬，荫子弟一人以千总用。（《清圣祖实录》卷61）

（康熙十六年七月）戊戌，加郧阳提督佟国瑶太子少保，以安抚难民有功也。（《清圣祖实录》卷68）

（康熙十七年六月己卯）赠湖广阵亡守备周士英都司佥书，予祭葬，荫一子以守备用。（《清圣祖实录》卷74）

（康熙十七年七月）壬子，予湖广阵亡三等阿达哈哈番威赫祭葬如例。（《清圣祖实录》卷75）

（康熙十七年七月丙寅）予湖广阵亡一等阿达哈哈番白显镇祭葬如例。（《清圣祖实录》卷75）

（康熙十七年八月癸未）予荆州阵亡镶黄旗前锋参领何尔博库祭葬如例。（《清圣祖实录》卷76）

（康熙十七年八月乙酉）予荆州阵亡正蓝旗一等阿达哈哈番又一拖沙喇哈番索诺睦、正红旗拖沙喇哈番颜泰、浙江阵亡镶白旗汉军拜他喇布勒哈番又一拖沙喇哈番署参领刘应泰，各祭葬如例。（《清圣祖实录》卷76）

（康熙十七年八月甲午）予均州阵亡正白旗汉军佐领拜他喇布勒哈番郑朝兴祭葬如例。（《清圣祖实录》卷76）

（康熙十七年九月甲寅）予湖广阵亡户部员外郎委署参领李廷龙祭葬如例。（《清圣祖实录》卷77）

（康熙十七年九月壬戌）予出征荆州病故正红旗都统拜他喇布勒哈番王国诏祭葬如例。（《清圣祖实录》卷77）

（康熙十七年九月）丙寅，予荆州阵亡镶红旗一等阿达哈哈番贺色、耀州阵亡镶白旗蒙古驻防江南佐领图尔孟额，各祭葬如例。（《清圣祖实录》卷77）

（康熙十七年十一月己亥）予湖广阵亡正白旗三等阿达哈哈番署参领诺尔穆阿达哈哈番阿哈那、郎中夸兰大鄂通武，各祭葬如例。（《清圣祖实录》卷78）

（康熙十七年十一月辛丑）予江西阵亡镶白旗二等阿达哈哈番佐领阿雨锡、正蓝旗护军参领查布旦……湖广阵亡正黄旗护军参领费飏五、镶白旗佐领阿必大、王府参领雅木达……各祭葬如例。（《清圣祖实录》卷78）

（康熙十七年十一月辛亥）予湖广阵亡镶白旗佐领寨桑、正蓝旗佐领拜他喇布勒哈番又一拖沙喇哈番俄齐尔，各祭葬如例。（《清圣祖实录》卷78）

(康熙十七年十一月辛酉)予湖广阵亡正白旗护军参领萨图……各祭葬如例。(《清圣祖实录》卷78)

(康熙十七年十一月癸亥)予湖广阵亡镶黄旗二等侍卫署参领勒提奚……各祭葬如例。(《清圣祖实录》卷78)

(康熙十七年十二月癸酉)予江西阵亡正白旗一等侍卫署参领梅黑纳、湖广阵亡镶红旗佐领克什克,各祭葬如例。(《清圣祖实录》卷78)

(康熙十七年十二月庚辰)予湖广阵亡正蓝旗拖沙喇哈番准泰、正白旗护军参领佟安,各祭葬如例。(《清圣祖实录》卷78)

(康熙十七年十二月辛巳)予陕西阵亡正蓝旗三等阿达哈哈番朔色,湖广阵亡拖沙喇哈番纳达里、七十三、韩褚汉,各祭葬如例。(《清圣祖实录》卷78)

(康熙十八年三月庚子)予故原任湖广提督总兵官左都督胡茂贞祭葬如例。(《清圣祖实录》卷80)

(康熙十八年三月丙午)赠湖广阵亡游击傅桂芳都司佥书,予祭葬,荫一子以守备用。(《清圣祖实录》卷80)

(康熙十八年五月癸丑)吏部议复:"扬威大将军和硕简亲王喇布疏言,原任湖广益阳县知县授参议道札付徐珰,赍谕招抚吴三桂伪将军胡国柱、夏国相、马宝等被杀,请敕议叙。今奉旨议得徐珰冒险招抚,捐躯尽忠,应照例赠湖广按察使司佥事,予祭葬,荫一子入监读书。"从之。(《清圣祖实录》卷81)

（康熙十八年十月戊子）予湖广阵亡游击赠都督佥事杜英、游击赠参将佟大年、守备赠署游击韩玺圣、守备赠署游击于守印、守备赠都司佥书化嘉诰，各祭葬如例。（《清圣祖实录》卷 85）

（康熙十九年正月辛亥）谕定远平寇大将军和硕安亲王岳乐："褒德赏功，国家之令典；安内攘外，社稷之崇勋。王连年以来远莅岩疆，亲经百战，栉风沐雨，历暑逾寒，竞扬貔虎之雄，克清枭獍之孽。湖湘诸处，已见荡平；滇黔余氛，俱成坐困。更体朕轸念穷荒之心，广示招徕，深加抚恤。王师所至，遐迩来归，捷奏屡宣，中外称庆……顷者闻王已抵武昌，奏凯可期，特遣使臣慰劳，兼赐骆驼良马，以示优眷……"（《清圣祖实录》卷 88）

（康熙十九年五月己丑）湖广阵亡正蓝旗阿达哈哈番图赫德、镶白旗骁骑校珍特丧至，遣一等侍卫鄂七尔、罗奇往奠之。（《清圣祖实录》卷 90）

（康熙十九年八月丁巳）予湖广永兴阵亡正白旗满洲都统议政大臣一等伯宜理布祭葬，加祭二次，谥"武壮"。（《清圣祖实录》卷 91）

（康熙二十年七月癸酉）吏部题："广东廉州府知府佟国勷招民，应加议叙。"得旨："前因用兵之际，故招徕流移，准令议叙。今湖广、江西、福建、广东、广西既已荡平，俱属内地，其招民议叙不准行。惟四川、云、贵招徕流移者仍准照例议叙。"（《清圣祖实录》卷 96）

（康熙二十一年六月癸巳）赠湖广殉难四品官董重民都司佥书，给恤银三百两，予祭葬。（《清圣祖实录》卷 103）

（康熙二十一年七月己酉）予湖广阵亡六品官觉罗郭和礼、八品官觉

罗萨鼐，江西阵亡七品官觉罗达林、觉罗星德致祭银两。(《清圣祖实录》卷103)

(康熙二十二年四月癸巳)予湖广阵亡镶黄旗佐领巴雅思呼郎、正黄旗佐领图布深、正白旗二等侍卫白思虎郎、正红旗三等护卫随哈、正蓝旗山海关佐领额尔逊各祭葬如例。(《清圣祖实录》卷109)

(康熙二十二年八月癸亥)予故副将管彝陵总兵官事胡世英祭葬如例。(《清圣祖实录》卷111)

(康熙二十三年四月)甲子，予湖广沿山岭阵亡正红旗四品官阿思虎致祭银两。(《清圣祖实录》卷115)

(康熙二十三年十月丁巳)予招抚吴逆被害汉川县刘家隔巡检赠主簿章启周致祭银两。(《清圣祖实录》卷117)

(康熙二十三年十一月丁卯)予湖广阵亡一等阿达哈哈番俄尔和兑、三等阿达哈哈番和瑞各祭葬如例。(《清圣祖实录》卷117)

(康熙二十三年十二月壬辰)予故湖广总督董卫国祭葬如例。(《清圣祖实录》卷118)

(康熙二十四年正月戊子)予湖广阵亡员外郎衮太、笔帖式尼坎各祭葬如例。(《清圣祖实录》卷119)

(康熙二十五年闰四月丙子)予湖广阵亡正蓝旗三等阿达哈哈番又一拖沙喇哈番图赫德祭葬如例。(《清圣祖实录》卷126)

（康熙二十五年六月乙亥）予广东阵亡三等侍卫僧色理、荆州阵亡护军校委署护军参领贾福塔各祭葬如例。（《清圣祖实录》卷126）

（康熙二十七年九月）壬辰，吏部题："殉难原任湖广粮储道叶映榴请加赠通政使司通政使，荫一子入监读书。"得旨："叶映榴应予旌表，着赠工部右侍郎。余依议。"（《清圣祖实录》卷137）

（康熙二十七年十二月戊午）赠殉难湖广掌印都司宣德仁副将职衔，予祭葬，荫子弟一人以守备用。（《清圣祖实录》卷138）

（康熙二十八年二月戊午）谕扈从部院诸臣曰："楚省兵哗时，湖广粮道叶映榴尽节捐躯，朕心深加悯悼，特诏所司优赠亚卿，兼予恤荫。今巡行江南，见其子叶敷迎伏道左，弥增轸恻。忠节之臣应特予谥，以彰异数，尔等其会议以闻。"诸臣拟谥"忠节"，上即亲洒宸翰赐之。（《清圣祖实录》卷139）

（康熙二十八年二月乙丑）谕江宁将军博霁曰："朕未至时，即闻尔遭母丧，顾沿途扈从，效力勤劳，殊可嘉奖。去岁武昌兵扰，尔心怀奋励，且闻事母颇孝。今事已竟，又有两副都统在，尔可归丧次，随遣都统郎谈往奠茶酒。"（《清圣祖实录》卷139）

（康熙二十八年三月丙子）赠湖广阵亡永定营守备孟泰为署游击，荫一子以卫千总用。（《清圣祖实录》卷140）

（康熙二十八年十二月戊寅）予湖广阵亡永定营守备赠游击孟泰祭葬如例。（《清圣祖实录》卷143）

（康熙三十二年十月丁丑）予故总督仓场户部侍郎伊图、荆州副都统

燕泰各祭葬如例。(《清圣祖实录》卷160)

(康熙三十四年九月丁丑)予故湖广彝陵总兵官赠太子少保张忠孝祭葬如例。(《清圣祖实录》卷168)

(康熙三十六年五月丁未)予故荆州副都统和索利祭葬如例。(《清圣祖实录》卷183)

(康熙三十六年九月乙巳)赠镇平将军湖广提督徐治都太子少保,予祭葬,谥襄毅。(《清圣祖实录》卷185)

(康熙四十二年六月)壬辰,原任荆州将军以年老解任莽奕禄赴行宫请安,召见出,赐御书“引年老将”匾额、御衣一袭、东珠凉帽一顶,并令带孔雀翎,在朝班入散秩大臣之列。(《清圣祖实录》卷212)

(康熙四十二年十一月丁巳)予故原任荆州将军莽奕禄祭葬,谥“敏肃”。(《清圣祖实录》卷214)

(康熙四十三年十二月)丙戌,以河工告成加河道总督张鹏翮太子太保,监修高家堰兵部尚书范承勋、刑部尚书王掞、户部左侍郎王绅、兵部左侍郎布雅努、湖广总督喻成龙、原任都察院左副都御史寿鼐各加五级……(《清圣祖实录》卷218)

(康熙四十四年三月)丙辰,谕京口将军一等侯马三奇等:“原任彝陵总兵官严弘曩在行间,勤劳效力,年老休致,今已病故。观其所生二幼子颇聪敏,但家贫可念,令交织造府郎中李煦使读书照管。”(《清圣祖实录》卷219)

（康熙四十五年九月庚辰）予故原任荆州副都统阿际礼祭葬如例。（《清圣祖实录》卷226）

（康熙五十八年十二月癸卯）予故原任湖广彝陵总兵官王允昌祭葬如例。（《清圣祖实录》卷286）

（康熙五十八年十二月丙辰）予故湖广彝陵总兵官邵登云祭葬如例。（《清圣祖实录》卷286）

（康熙五十九年九月戊子）予故原任荆州将军达尔占祭葬如例。（《清圣祖实录》卷289）

（雍正二年二月己未）予阵亡原任湖广总督额伦特祭葬，谥“忠勇”。（《清世宗实录》卷16）

（雍正三年七月辛丑）予故湖北巡抚纳齐喀祭葬，谥“勤恪”。（《清世宗实录》卷34）

（雍正三年十一月甲辰）予故太子太傅湖广总督杨宗仁祭葬，加祭一次，谥“清端”，赠少保，并给拜他喇布勒哈番世职。（《清世宗实录》卷38）

（雍正五年六月癸丑）予故致仕湖北巡抚年遐龄祭一次。（《清世宗实录》卷58）

（雍正八年七月）辛未，予故湖北巡抚费金吾祭葬如例。（《清世宗实录》卷96）

（雍正八年十一月）丁亥，谕内阁：“各省选拔生员到京，朕俱特派大臣秉公考试，分别等次进呈。前有湖北应山县生员杨可镜一卷，文理荒疏，经部议照例革去选拔。顷朕闻杨可镜乃明臣杨涟之元孙，昔顺治四年，杨涟之子杨之易为江南松江府同知，遭提督吴胜兆之叛，捐躯殉难，忠节凛然，蒙世祖章皇帝之恩优加赠恤，此即杨可镜之曾祖也。朕思杨涟父子两世忠义，其后嗣子孙若稍能自立，品行无亏，虽文艺不工，亦当格外造就。杨可镜准作选拔赴国子监肄业，仍着礼部带领引见。”（《清世宗实录》卷 100）

（雍正十年十一月己酉）予故湖广提督署都督同知岳超龙祭葬如例。（《清世宗实录》卷 125）

（雍正十二年十一月庚寅）议叙剿抚贵州丹江等处生苗功，升任湖广长沙副将王惟一等加衔有差，兵丁等赏恤如例。（《清世宗实录》卷 149）

（乾隆元年十二月丁亥）又谕：“湖广襄阳镇总兵官焦应林、四川署川北镇总兵官王廷诏、四川署督标副将寿长等三员俱领兵征剿黔苗，沾染时气，卒于军前，深可悯恻。查焦应林总兵任内躬逢恩诏，例得总兵封典恩荫，因伊稽滞军营未曾请领，着该部行文本籍，照例赏给……”（《清高宗实录》卷 33）

（乾隆二年正月庚戌）又谕：“前年黔省逆苗不法，调拨两广、云南、四川、湖广兵丁会同本省兵丁合力征剿。今军务已竣，地方宁谧，惟是各省及本省兵丁人数众多，其中有击贼阵亡者，有染病身故者，此等殁于王事之人，深可悯恻。其眷属在家于知照未到本营之时多支月饷，若按本兵亡故之日照数扣追，则已用之项措办维艰，甚非朕优恤戎行、哀矜茕独之意，着各该管大臣等查明悉行豁免。其本兵名粮，若子弟内有可以训养成材者，即令顶补，以资养赡。倘子弟无人，眷口无所倚赖，着该管大臣设法抚恤之，毋令失所。”（《清高宗实录》卷 35）

（乾隆二年三月壬子）又谕："自贵州用兵以来，楚省运黔军糈前后共计四十余万，俱按期攒运，并无迟误。办理粮运官员颇属勤劳，着湖广总督史贻直查明具奏，交部分别议叙。"（《清高宗实录》卷39）

（乾隆二年三月丙辰）加赠故副将管湖广襄阳总兵事焦应林一级。（《清高宗实录》卷39）

（乾隆二年六月丁丑）予故湖广襄阳镇总兵焦应林祭葬如例。（《清高宗实录》卷45）

（乾隆二年十一月癸亥）予故散秩大臣觉罗诺尔逊、湖广襄阳镇总兵官李椅祭葬如例。（《清高宗实录》卷56）

（乾隆二年十二月辛丑）兵部尚书果毅公讷亲奏辞赏给云骑尉世职，请赐伊曾祖额宜都巴图鲁祭典。得旨："额宜都巴图鲁乃开国名臣，勋绩茂著，照讷亲所请，于伊族祠堂赐与祭典，永恤成劳。至赏给讷亲云骑尉世职，不必辞。"（《清高宗实录》卷59）

（乾隆三年三月丙寅）予故荆州将军兼骑都尉拜音布祭葬如例。（《清高宗实录》卷64）

（乾隆三年七月庚辰）湖广总督宗室德沛奏："楚地多山，猛虎为害，兵役因捕虎损伤者，请照阵亡例赏恤。"得旨："此奏迂阔不通之处难以批谕，若如汝所议，则新满洲以杀虎为戏，皆应给以军功世职矣。虎虽为害，亦应设法除之。即偶被伤损，汝可以酌量优恤，岂有与阵亡一例定赏恤之理？是驱兵丁与猛虎拼命也。若据此识见，何以为封疆大吏？此奏大非。"（《清高宗实录》卷73）

（乾隆三年九月辛酉）湖广镇筸镇总兵官雷逢春故，赐祭葬，赠都督佥事。（《清高宗实录》卷76）

（乾隆四年十二月壬辰）予故原任浙江总督李卫……湖北巡抚陈诜……入祀各该省名宦祠。原任湖北巡抚费金吾……入祀各本籍乡贤祠。（《清高宗实录》卷107）

（乾隆六年二月辛丑）命原任湖广总督班第仍充实录馆副总裁，予其母巴尔呼氏祭一次。（《清高宗实录》卷136）

（乾隆六年三月戊辰）礼部议复护理湖北巡抚印务布政使严瑞龙疏称，武昌等府祭祀银两多寡不均，兼有未设祭者，请照原编银数，通长均派。其新设州县各项祭祀，一体编给。应如所请，并通行直省遵照。从之。（《清高宗实录》卷138）

（乾隆八年二月甲寅）予安徽和州大江淹毙湖北帮漕船水手黄耀宗恤银如例。（《清高宗实录》卷185）

（乾隆十年五月）戊戌，谕各直省县丞、主簿、典史、巡检等微员："革职解任或告病身故，实系穷苦，不能回籍者，曾降旨命该督抚于存公项内酌量赏给还乡路费。其教官一项，各直省亦有照微员例赏给者，惟湖广、江西、四川、云南、广西等省从无给过。朕思教职品级原与县丞相仿，虽籍隶本省，其中亦有相隔数百里至千里者，路途遥远，不无乏费之员。嗣后各省教官有相隔本地五百里以外，实系艰窘者，俱着照例赏给，以昭画一。"（《清高宗实录》卷241）

（乾隆十三年十一月丁卯）谕军机大臣等："……至经略大学士每日

冲寒驰骑，程站既远，而奉到朕旨，又须逐一奏复，自必彻夜赶办。如此劳瘁，如此勇往，朕心实为不忍，实为嘉慰，亦实为欣服。虽屡降谕旨令其节劳，而经略大学士勤瘁精详，夙夜匪懈。在公忠大臣感激图报，道固应尔，朕亦惟有于凯旋之时，优锡酬庸之典以奖殊勋耳。国家眷遇大臣，本期缓急足恃，而人心不同，有受深恩而忍于辜负者，即有感厚恩而切于报称者。假令讷亲前在军中亦能实心任事，得如经略大学士傅恒今日之二三分，则此举早可告竣，朕亦必从优奖待。若论经略大学士傅恒平日任用之久、眷注之隆不如讷亲，至近今如此为朕任劳任事，忠诚奋发，休戚相关，不辞艰巨，是以起程之际，恩施稠叠，实宜逾于负恩之讷亲。总之，赏罚因人而施，兹经略大学士傅恒有感激图报之忱，朕则从而加恩，讷亲有辜恩负国之实，朕则从而治罪，皆出于大公至正，适足以伸赏罚之大权，而朕心所差堪自慰者亦即在此。着详悉传谕经略大学士知之。”（《清高宗实录》卷329）

（乾隆十七年五月癸亥）湖北巡抚晏斯盛遗疏闻，并请貤封三代。得旨：“晏斯盛患病溘逝，知道了。应得恤典，该部察例具奏。所请貤封之处，着加恩赏给三代。”（《清高宗实录》卷414）

（乾隆十九年七月甲申）军机大臣等查奏：“坐台废员内，原任奉天府府尹霍备到台六年有余……原任湖北应城县知县骆玉图到台三年有余，未完台费甚多，现在无从着追，余俱年限未满。”得旨：“霍备在台已久，年亦衰老，着加恩准其回籍……骆玉图着改发吉林乌拉。”（《清高宗实录》卷468）

（乾隆二十二年三月己亥）予故湖北巡抚张若震半葬如例。（《清高宗实录》卷534）

（乾隆二十二年四月丙戌）予故荆州将军兼奉国将军宗室尚简保祭葬

如例，谥“勤僖”。(《清高宗实录》卷537)

（乾隆二十四年十月庚子）予故湖广总督硕色祭葬如例，谥“恭勤”。(《清高宗实录》卷599)

（乾隆二十八年三月乙亥）予故荆州将军德敏祭葬如例，谥“温悫”。(《清高宗实录》卷683)

（乾隆三十七年五月）甲子，谕曰：“湖广总督富明安历任封疆，老成勤慎，方资倚畀。今闻偶患痰喘，遽尔溘逝，深为轸恻。着加赠太子太保，所有应得恤典，仍着该部察例具奏。”(《清高宗实录》卷909)

（乾隆三十七年七月乙未）予故湖广总督加赠太子太保富明安祭葬如例，谥“恭恪”。(《清高宗实录》卷912)

（乾隆三十七年七月壬戌）予故湖广总督海明祭葬如例，谥“勤恪”。(《清高宗实录》卷913)

（乾隆三十八年闰三月丁丑）予出征金川阵亡襄阳镇总兵马虎祭葬如例，入祀昭忠祠。(《清高宗实录》卷931)

（乾隆三十九年九月壬子）又谕：“据富德奏称‘革职荆州将军绰和诺在军营病故’等语，绰和诺在军营病故，殊属可悯，着加恩赏银二百两办理丧事，仍给与将军职衔。其应得恤典，交该部查例具奏。”(《清高宗实录》卷966)

（乾隆三十九年十一月庚戌）予故荆州将军绰和诺祭葬如例。(《清高宗实录》卷970)

（乾隆四十四年四月辛巳）谕："原任四川布政使钱鋆，上年即闻其年老多病，第念该县承办金川军需，始终经理颇为出力，是以降旨令其解任来京，候朕酌量加恩。兹据郑大进奏，钱鋆由水路进京，行抵湖北之监利县地方，于舟次病故，殊为可悯。钱鋆着加恩赏给侍郎衔，以示优恤。"（《清高宗实录》卷1081）

（乾隆四十四年十二月戊午）又谕曰："湖广总督图思德简任封疆，宣力有年，实心任事，正资倚任，忽闻溘逝，深为轸惜，所有应得恤典，着该部察例具奏。"（《清高宗实录》卷1096）

（乾隆四十七年十二月癸亥）谕军机大臣等："昨披阅明臣奏议，熊廷弼为辽东经略时抒诚效命，所奏诸疏具见忠鲠，而其时主暗政昏，不惟不用其言，转致身罹重辟，深可悯恻。熊廷弼系湖北江夏人，现在有无子孙，曾否出仕，着传谕舒常等详悉查明，遇便复奏。"（《清高宗实录》卷1170）

（乾隆四十八年十月癸亥）又谕曰："湖广提督李国樑之父李瑞年届九旬，今来迎驾谢恩，着赏给大缎两匹、貂皮四张，以示优眷。"（《清高宗实录》卷1190）

（乾隆四十九年闰三月辛未）又谕曰："伊星阿奏'湖广新任提督马彪于本年三月二十七日到任，因受风寒于闰三月初六日病故'等语。马彪前在军营，劳绩懋著，简任西安提督，亦能实力整饬营务。昨因湖广系水陆要地，是以将伊调任，不意在途染病，甫经到任，遽尔溘逝，深堪悯惜。着照敖成之例，加恩晋赠太子太保，赏给云骑尉世职，照例袭替并加赏银五百两，以资丧费，即着伊星阿就近于藩库支给，所有应得恤典，该部察例具奏。"（《清高宗实录》卷1203）

（乾隆四十九年五月甲戌）予故湖广提督马彪祭葬如例，谥“勤襄”。（《清高宗实录》卷1207）

（乾隆五十一年正月庚申）谕：“上年湖北、安徽、江苏等省被旱成灾，屡经降旨，加恩赈恤，并为之筹酌调剂，令将四川、江西米石接济各省，俾商贩流通，以平市价而裕民食。各该督抚均能仰体朕怀，督饬所属，尽心经理，实力妥办，甚属可嘉。此内如李世杰先行碾动常平仓谷，按照时价发粜，接济灾区，不分畛域，深得封疆大臣之体。书麟于各属应行放赈时，轻骑减从，比户亲查，灾氓得以均沾实惠，殊堪嘉奖。李世杰、书麟着交部从优议叙，舒常、特成额、闵鹗元、吴垣俱着交部议叙。”（《清高宗实录》卷1246）

（乾隆五十一年二月庚子）又谕曰：“湖北巡抚吴垣自简任封疆以来，操守谨饬，办事奋勉。上年查办灾赈事宜，实心经理，兹闻溘逝，深为轸恻，所有应得恤典，着该部察例具奏。”（《清高宗实录》卷1249）

（乾隆五十一年四月壬午）予故湖北巡抚吴垣祭如例。（《清高宗实录》卷1252）

（乾隆五十二年十一月己卯）谕：“昨据李世杰、闵鹗元等奏‘动拨钱文，委员附米船解闽’，本日据琅玕奏‘动拨宝浙局钱文，委员运往上海，附拨米船解闽应用’，又何裕城奏‘湖南头起官兵于十一月初一日入境前进’各折，俱属妥协。前因江、浙、两广、四川、湖广、江西、贵州各督抚办运解闽米石及料理官兵过境各事宜均为妥速，业经降旨交部议叙。该督抚等身任封圻，于军需要务俱能奋勉急公，实心任事，殊属可嘉。即日大功告竣，自当再降恩旨，予以甄叙。该督抚等务须倍加感奋，遇有地方公事益当实力妥办，以副委任而承优眷。”（《清高宗实录》

卷 1293）

（乾隆五十三年七月甲子）又谕曰："……至州同娄业燿随同陈淮办事，派在西门督夫闭闸，致被冲无踪，该员系因公淹毙，殊堪悯恻，着该督等即咨部照阵亡例议恤。其驻防及地方官各员内如有淹毙者，亦属可悯，并着该督等会同该将军查明一并咨部，量予优恤……"（《清高宗实录》卷 1308）

（乾隆五十三年十月丙午）予湖北江水淹毙署沔阳州州同娄业燿、佐领巴林布、防御双保赏恤如例。（《清高宗实录》卷 1315）

（乾隆五十三年十月丙辰）又谕："今年荆州驻防满洲兵丁内被水淹毙多人，朕甚恻然。虽经赏给官兵俸饷，但被淹男女之子嗣如无着落，反致有失生计。着加恩将伊等子嗣内有业经成丁可以挑取差使者，交该将军大臣等，即将淹毙人等所遗甲缺抵补，养其户口。如淹毙人等内并无子嗣，或年未及岁，即照朕前所降旨福州、广州、杭州驻防兵丁之例，一分甲缺，分作二分养育兵缺，以便养赡被水亡故人等年未及岁之孤子、孀妇，以示朕矜恤世仆之至意。"（《清高宗实录》卷 1315）

（乾隆五十三年十一月）戊辰，谕："舒常前因荆州堤工溃决一案业经革职，所袭云骑尉世职至舒常袭次已完。据该旗将原领敕书奏缴，但念伊父舒赫德宣力年久，办事尚属勤慎，不忍将伊父所得世职遽行停袭，着加恩仍留于舒常本身，俟荆州堤工完竣后，再行来京。至李封年已衰老，留于该处工次亦属无用，并着加恩即令回籍。"（《清高宗实录》卷 1316）

（乾隆五十三年十二月）丁未，谕："据毕沅等……又另片奏'广济县所属之武穴镇漫口一处，业经修筑，询系该处监生张植鹏率众兴修'等语。张植鹏首先集事，捐资修复，尚属急公，着赏给县丞职衔，以示

鼓励。”（《清高宗实录》卷1319）

（乾隆五十四年九月壬寅）谕曰：“特成额前在湖广总督任内尚无贪婪入己情弊，着加恩释放，赏给头等侍卫职衔，自备资斧前往乌噜木齐，更换永泰。”（《清高宗实录》卷1339）

（乾隆五十五年正月丙戌）命直隶总督刘峨、提督闫正祥，湖广提督俞金鳌在紫禁城内骑马。（《清高宗实录》卷1346）

（乾隆五十五年九月）壬寅，谕曰：“毕沅奏‘湖北江夏县职员莫廷模现年八十四岁，通城县寿妇金张氏现年八十五岁，俱五世同堂，请照例锡赉’等语。莫廷模等年逾八旬，曾元衍庆，洵称盛世嘉征，所有赏赉之处，该部察例具奏。”（《清高宗实录》卷1363）

（乾隆五十九年二月）壬申，谕：“原任广西提督许世亨前于出师安南奋勇捐躯，且能深明大体，忠荩可嘉，特加恩赏给伯爵，令伊子许文谟承袭，在头等侍卫上行走，现在已满三年。该员籍隶四川，着交部以邻近之湖广省参将即用，以示眷念荩臣、恩施无已至意。”（《清高宗实录》卷1446）

（乾隆五十九年三月甲午）又谕：“据毕沅等奏‘襄阳县巡检衙署失火，该巡检蒋启绪将印抢出之后复冒火入室，负母趋逃，猝被烟迷倒地。其妻子上前拉救，亦一同烧毙’等语，该巡检蒋启绪因衙署失火，即将印信抢出，复因救母情急，冒火趋救，以致烧毙，情殊可悯。着加恩赏给银一百两，交该巡检家人等，俾得料理归籍。其长子蒋福基并着以巡检即用，以示体恤。”（《清高宗实录》卷1448）

（乾隆五十九年三月）甲寅，谕：“此次巡幸天津、直隶及各省士子，迎銮献赋，因令分别考试……至不完卷并钞袭诗句之湖北贡生吴焕章，着即斥革，以示寿考作人、惩劝儒林至意。”（《清高宗实录》卷1449）

（乾隆五十九年七月庚寅）又谕曰：“许文谟着赴湖北兴国营参将任，念伊父许世亨既能捐躯，又识大体，着仍赏戴花翎，以示眷念勤劳至意。”（《清高宗实录》卷1456）

（乾隆五十九年十月）丁巳，谕军机大臣曰：“……至此案被抢人犯及纠抢匪徒人犯较多，前于未经获犯时，曾谕令福宁亲赴该处，并多带兵役严密搜查，福宁并不拘泥，即督饬所属，业将各犯全行拿获，办理甚为迅速。所获各犯先经该府禀请移解酉阳州，而福宁即饬令赶回，仍解襄阳审办，可以就近讯究，所办俱为得当，览奏嘉悦。着赏给玉搬指一个、大荷包一对、小荷包四个，以示优奖。看来湖北省办理此案，经福宁严加督饬，地方文武咸知奋勉，认真搜缉，可以无虞疏漏……将此由六百里谕令知之。”（《清高宗实录》卷1462）

（乾隆六十年六月丁未）湖北巡抚惠龄奏：“……至守备包宗尧等在工数月，不辞劳瘁，督率有方，现已饬回，并咨明河臣兰第锡量加拔擢，以示奖励。”报闻。（《清高宗实录》卷1481）

（嘉庆元年七月）辛亥，敕谕：“大学士孙士毅老成端谨，练达有为，简任纶扉，赞襄机务，历任封圻，屡著劳绩。此次自逆匪滋事以来，驻扎秀山一带，防范堵剿，极为出力。复因湖北教匪延及川疆，滋扰来凤地方，即带兵亲赴该处督率攻剿，连得胜仗，夺获贼卡，所向克捷。前曾降旨晋封三等男爵，本欲俟大功告竣再予崇封。昨据福宁奏孙士毅染患病症，即送至平块调养，方冀医治就痊，兹闻溘逝，深为悼惜。前已加恩由驿颁发经被，着于川省军需项下赏给银五千两，交藩司林俊就近料理丧事，一切俱照公爵分例办理……”（《清高宗实录》卷1495）

（嘉庆元年二月己亥）毕沅奏："痛剿灌湾脑太和山贼匪。"升任安徽巡抚署湖北布政使汪新奏："贼匪攻破当阳县城，县令黄仁被害。"奏入，谕军机大臣等："此次毕沅、惠龄所办尚属奋勉。但首犯聂杰人等尚未就获，而当阳又有匪徒戕官之事，未便即将该督抚交部议叙。至该县存兵无多，贼匪猝至，原难责该令以失陷城池之罪。但失守时，若因力尽被害，或骂贼损躯，自应照阵亡例优恤。若只系猝不及备，不过照例给予恤典。如为贼所拘，或尚有求生之念，致失体统，则不治以失陷之罪已属从宽，岂可复使滥邀恩恤？此等名节所关，事定后应彻底查明，分别办理，以示劝惩。将此谕令知之。"（《清仁宗实录》卷2）

（嘉庆元年二月）甲辰，谕内阁："湖北当阳县逆匪滋事，不过乌合之众，现在大兵云集，无难立就歼除。惟该县黄仁，当贼众攻城之时，见势危急，属令其子黄士骐改装藏印，乘间逸出，赴毕沅处呈缴，旋因城破被戕，实堪嘉悯。黄仁着加恩照知州例议恤。"寻议："照伤亡例予祭葬世职。"从之。（《清仁宗实录》卷2）

（嘉庆元年九月甲寅）以办理湖北郧阳府属粮台赈务无误，赏陕西粮道孙藩花翎。（《清仁宗实录》卷9）

（嘉庆元年十月丙戌）予骂贼被戕湖北巡检王翼孙祭葬世职如例。（《清仁宗实录》卷10）

（嘉庆元年十一月己酉）予协剿湖北逆匪病故总兵官阿克东阿祭葬恤荫如提督例。（《清仁宗实录》卷11）

（嘉庆元年十一月）辛亥，予湖北遇贼殉难训导甘杜祭葬世职如例。（《清仁宗实录》卷11）

（嘉庆元年十一月癸丑）予湖北阵亡典史浦宝光祭葬世职如县丞例。（《清仁宗实录》卷11）

（嘉庆元年十一月丁卯）予湖北阵亡马兵曹伟等十一名赏恤如例。（《清仁宗实录》卷11）

（嘉庆二年闰六月）壬子，谕军机大臣等："……再诸神保奋力击贼，中枪阵亡，自因前此贼从伊所管营卡逃窜，心知愧励，奋不顾身，亦堪悯恻。诸神保系革职之员，例无恤典，究念其杀贼捐躯，仍特加恩议恤。但若竟照总兵原职，未免过优，诸神保着咨部照参将例给予恤典，以示惩劝兼施之意。"（《清仁宗实录》卷19）

（嘉庆二年七月辛巳）赠故湖广总督毕沅太子太保，赐祭葬。（《清仁宗实录》卷20）

（嘉庆二年九月壬午）予湖北查角石阵亡投效县丞林江祭葬世职如例。（《清仁宗实录》卷22）

（嘉庆二年十月戊午）予遇贼捐躯湖北知县庄纫兰祭葬恤荫如知州例。（《清仁宗实录》卷23）

嘉庆二年丁巳十一月丙寅朔，予四川阵亡散秩大臣佛住祭葬世职如都统例，湖北阵亡护军统领阿尔萨朗祭葬世职如例。（《清仁宗实录》卷24）

（嘉庆二年十一月辛巳）予遇贼被戕贵州吏目施锦、湖北典史张宁、河南驿丞张琠祭葬世职如例。（《清仁宗实录》卷24）

（嘉庆二年十二月戊申）予湖北阵亡副将曾攀桂、守备王吉鼎……祭葬世职，兵丁胡大玉等二千五十九名赏恤如例。（《清仁宗实录》卷 25）

（嘉庆三年三月）戊寅，予湖北阵亡佐领永恰布，领催连陞，前锋委官凤禄、扎拉丰阿，领催委官舒德、八十七，守备萧永龄，千总聂清臣、张德飞、王凯、郝鸾、赵瑗，把总阎之铜、刘佐清、崔晟，外委萧彭龄、刘曰瑞，伤亡把总娄连登、阎永杰，外委柴廷荃祭葬世职……（《清仁宗实录》卷 28）

（嘉庆三年三月庚寅）予四川阵亡协领塔克新……湖北阵亡守备利振纪，千总赵益元、袁玉禄，把总张锡龄、安清、武方明、董绍昌、陈虎，外委董兴方、张文荣、任禄，伤亡把总郭俊祭葬世职如例……（《清仁宗实录》卷 28）

（嘉庆三年三月壬辰）予湖北阵亡外委郭璋祭葬世职，兵丁吴忠等三百三十一名赏恤如例。（《清仁宗实录》卷 28）

（嘉庆三年五月辛未）予湖北阵亡兵丁郭喜等七百二十七名赏恤如例。（《清仁宗实录》卷 30）

（嘉庆三年六月）乙未，予故湖北巡抚汪新祭葬，照总督衔赐恤，谥“勤僖”。（《清仁宗实录》卷 31）

（嘉庆三年六月乙未）予湖北阵亡参将罗廷弼，把总任作慧、张煜，外委胡登祭葬世职如例……（《清仁宗实录》卷 31）

（嘉庆三年七月）甲戌，予贵州征苗阵亡都司胡庆远……湖北伤亡都司哈丰阿祭葬加等，世职如例……（《清仁宗实录》卷 32）

（嘉庆三年九月丙寅）予湖北、河南阵亡守备刘天锡，千总摆守德、刘国辅，把总许国桢、李大德，外委李芳、金廷廉祭葬世职，兵丁喀尔玛喜等五百二十八名、贵州征苗阵亡兵丁孙廷桂等二名、土目周宗培等二名赏恤如例。（《清仁宗实录》卷34）

（嘉庆三年九月丁卯）予湖北阵亡领催噶尔汉佈等十名赏恤如例。（《清仁宗实录》卷34）

（嘉庆三年九月己卯）予四川阵亡前锋参领噶勒住……湖北阵亡伤亡前锋明林等九名、披甲六十三等五十四名赏恤如例。（《清仁宗实录》卷34）

（嘉庆三年十二月辛卯）予湖北阵亡参将张顺，游击马天奇、托克托布，守备罗守礼、陈德奎，千总张潮、张正纲、朱升镒，把总邢国章、胡金柱，外委秦天位、王进、向陞荣、黄堂位、吴安邦……祭葬世职，兵丁武彦国等二百七十二名赏恤如例。（《清仁宗实录》卷36）

（嘉庆三年十二月）丁酉，予遇贼捐躯湖北典史萧水清祭葬世职如县丞例。（《清仁宗实录》卷36）

（嘉庆四年四月辛丑）予湖北陕西阵亡参将保衡，千总谢凤诏，理问李烔，从九品张瑛，协领川德，佐领富苏，防御五十七，骁骑校额勒金，护军校舒灵、尼玛那，蓝翎长双灵保、花沙布祭葬世职……（《清仁宗实录》卷42）

（嘉庆四年六月癸巳）予湖北阵亡参将刘景龄、把总蔡国栋、伤亡参将傅成明祭葬加等，世职如例。（《清仁宗实录》卷46）

（嘉庆四年六月辛丑）予湖北阵亡巡检金廷勋祭葬世职如例。（《清仁宗实录》卷46）

（嘉庆四年六月）戊申，署陕甘总督恒瑞奏报截剿甘省蓝号贼匪。得旨嘉奖，赏……湖北义民首贡生易万里五品顶带，以通判选用，余升赏有差。（《清仁宗实录》卷47）

（嘉庆四年六月庚戌）予陕西、湖广、河南、云南、贵州阵亡总兵官保兴、把总康世俊祭葬加等，世职如例；把总张尔重、杨烈，外委李登云、梁国章，候补千总武举李公肃祭葬世职……（《清仁宗实录》卷47）

（嘉庆四年七月）乙酉，谕内阁："松筠奏'平利义首张奎等杀贼情形'一折……再松筠另折奏'典史解犯被害，犯人投回'一折。咸宁县典史梁崇押解要犯蒋文方赴审，猝遇贼匪，梁崇持刀抵御，力竭被戕，身受多伤，即与阵亡无异，着照阵亡例议恤。至蒋文方，系王文化连杀七命案内要犯，被贼裹去，乘间逃回投首，尚属畏法，蒋文方着免死，减等发落。至留坝厅安插军犯李聚华、虞维新，于贼匪滋扰留坝时奋力格斗，杀死贼匪，赴府城投首，金建廷、马三、王志冲亦陆续投回，俱着宽免军罪，释放回籍。"（《清仁宗实录》卷49）

（嘉庆四年九月丙辰）予湖北阵亡游击闪煜龙、朱承茂祭葬加等，世职如例……（《清仁宗实录》卷51）

（嘉庆四年十月己酉）予湖北阵亡协领果勒明阿、富清祭葬世职如例；佐领阿尔萨兰、福禄、达齐纳，防御萨哈布、四德、满栋阿，骁骑校哲库、阿勒济善灵海祭葬加等，世职如例；前锋爱星阿等二名、领催官禄保等二十八名、披甲尚那布等四百十一名赏恤如例……（《清仁宗实录》卷53）

（嘉庆四年十二月丁亥）予贵州广西阵亡州同赵继曾……湖北阵亡守备朱映棠，千总李荣光，把总蒙彪，外委邢光、周全……祭葬世职如例。（《清仁宗实录》卷56）

（嘉庆四年十二月壬辰）予陕西阵亡副将德亮……湖北阵亡游击邱作训，守备陈世文、张鼎，千总宋万春、宋吉如，把总周言斌、刘荣，外委赵朝珍……祭葬世职如例。（《清仁宗实录》卷56）

（嘉庆四年十二月丁酉）赏还原任湖广总督毕沅抄产内坟茔山田、祠堂家庙并附近坟茔余地及祭田三分之一。（《清仁宗实录》卷56）

（嘉庆五年二月壬子）予江苏捕盗淹毙把总雷震……湖北阵亡前锋塔齐布等八名、兵丁袁高等二名……赏恤如例。（《清仁宗实录》卷60）

（嘉庆五年四月庚子）予湖北剿贼被执不屈之外委张有道祭葬世职如把总例。（《清仁宗实录》卷64）

（嘉庆五年四月壬寅）予四川阵亡署知州王垂重……祭葬世职如例，湖北遇贼被戕教谕黄义峰、训导吴珍祭葬世职如伤亡例……当阳县殉难典史马栋、训导萧文灿减等恤荫如例。（《清仁宗实录》卷64）

（嘉庆五年五月辛亥）予湖北阵亡参将李正勇，外委汪奉彩、杨学上，淹毙把总刘朝品，外委刘升祭葬加等，世职如例；游击陈戴德，守备倪占鳌、曾春、章宪，把总崔廷库、李绍元、陈高龙、赵廷栋，候补把总孟淮玉，外委邓复禹、邱世贵、赵辉武、万启贵、方智、张诚意祭葬世职如例；武举马国栋祭葬世职如千总例；马兵廖应魁祭葬世职如外委例；兵丁哈丰阿等一千三十八名、伤亡兵丁郭万福等五百五十八名、

乡勇周天锡等三百七名、淹毙兵丁高奉文等二十六名赏恤如例……（《清仁宗实录》卷68）

（嘉庆五年七月辛卯）予……湖北阵亡巡检黄诏祭葬世职如例。（《清仁宗实录》卷71）

（嘉庆五年十月癸亥）谕内阁："据明亮等奏'湖北襄阳镇总兵孙清元于带兵途次闻伊母李氏在籍病故，呈请归葬，并称伊父孙自法、伊妻庾氏均经先后病故，三柩并停，乏人经理安葬'等语，孙清元自带兵剿贼以来，奋勉出力，现在楚境虽已肃清，边防正资堵御，孙清元着暂留本任。但念伊家中叠遭事故，不遑兼顾，殊堪悯恻。孙清元籍隶直隶晋州，着颜检于藩库内拨银五百两，专派丞倅一员赍往孙清元族中，交付亲近之人妥为料理，以示体恤。"（《清仁宗实录》卷75）

（嘉庆五年十月甲子）予陕西、湖北阵亡都司富克锦、额尔吉善，守备杨伏国、徐天祐、吴一鸣，千总马龙图、徐士伯，把总高英、赵盛阳、张述勋、王瑄，外委花郎保、张荣，土都司温布，土把总泽朗等祭葬世职如例。（《清仁宗实录》卷75）

（嘉庆五年十一月）己亥，予甘肃阵亡已革成都将军富成祭葬世职如副将例……湖北阵亡游击贾永吉，千总李光，把总刘建雍、管辉灿、徐尚年，外委樵呈祥、姚文礼祭葬世职……湖北阵亡兵丁张士林等一百六十名赏恤如例。（《清仁宗实录》卷76）

（嘉庆五年十一月癸卯）予湖北阵亡游击善福祭葬世职如参将例。（《清仁宗实录》卷76）

（嘉庆五年十一月）丁未，予湖北阵亡都司吴经国，千总余铨，把总

黄超云、马文亮、汪腾云、吴尚贤……祭葬世职如例。（《清仁宗实录》卷76）

（嘉庆五年十二月己巳）予湖北阵亡游击马恺，都司张兆兴，把总韩宗琳、钟志茂，外委周泰……祭葬世职如例，兵丁王元福等二百七十一名赏恤如例。（《清仁宗实录》卷77）

（嘉庆六年三月丁丑）予湖北阵亡参将董宁川、游击揆明祭葬加等，世职如例……湖北阵亡守备贾庆檀，千总孙余庆、程运栋、苏朝陞、黄文珍，把总熊作梅、马中魁、徐秋魁、杨玷，外委刘永修、陶国兴、周万胜……祭葬世职；兵丁曾廷荣等三百八名、乡勇万三合等七十五名赏恤如例。（《清仁宗实录》卷80）

（嘉庆六年四月甲寅）予湖北阵亡头等侍卫江鼎，游击善福，千总郭锦标，把总张锦富，外委韩景祥、卢荣祖、马得顺……祭葬世职，兵丁高天福等二百二十名、遣犯蒙古色吉尔等二名赏恤如例。（《清仁宗实录》卷82）

（嘉庆六年五月己卯）予湖北阵亡伤亡兵丁福珠禄等二百十三名赏恤如例。（《清仁宗实录》卷83）

（嘉庆六年七月丙戌）予湖北、陕西、四川、云南阵亡知州王嘉猷，知县陆维基、涂陈策，州判李晨，盐大使李基善，典史蒋曰纪、杨炳文、杨堂，千总郑永泰祭葬加等，世职如例；知州毛大瀛，知县王赞武、张位中、左观澜，州同王钟嶷，州判印万全，府经历陈栋，县丞叶槐，训导余文泰，从九品尹炤，未入流王壬，守备张龄霞、马存，把总张乃荣、张用章、刘钺、庞有仓、苏升，外委李育华、马仁、李镙祭葬世职；兵丁董起成等二千三十七名赏恤如例。（《清仁宗实录》卷85）

（嘉庆六年十月）乙丑，谕内阁：“明亮在本旗都统处具呈，请将在乌噜木齐都统任内应赔银两在侍卫俸银内及每月马钱坐扣，经该管都统具奏，将原呈进呈……明亮从前平定金川、湖南苗匪著有功绩，其剿办湖北孝感教匪亦尚为出力，且伊曾缘事查抄家产二次，现令其在乾清门二等侍卫上行走。若将应赔之项按数扣缴，当差未免拮据，所有明亮应分赔未完银七千三百五十三两零，着加恩全行宽免，以示格外体恤。”（《清仁宗实录》卷89）

（嘉庆六年十月庚午）赠军营病故湖北道员依精阿太仆寺卿衔，予祭葬恤荫如例。（《清仁宗实录》卷89）

（嘉庆六年十一月乙未）湖北巡抚全保等奏报：“官兵进剿戴家营贼匪，歼擒伪军师郑三元、伪元帅褚贵等。”得旨奖赉，全保、长龄下部议叙，擢守备马济盛为都司，出力弁兵升赏有差。（《清仁宗实录》卷91）

（嘉庆六年十二月己酉）予四川、湖北阵亡游击靳文铨、玛尔呼善祭葬加等，世职如例；千总冉斌祭葬世职；兵丁庆保等十一名赏恤如例。（《清仁宗实录》卷92）

（嘉庆七年二月癸亥）湖北巡抚全保等奏报夹击王曾等股贼匪获胜。得旨嘉奖，将弁升叙有差。（《清仁宗实录》卷94）

（嘉庆七年二月己巳）予陕西阵亡游击苏维则祭葬加等，世职如例……四川、湖北、陕西、甘肃阵亡护军参领德舒，协领福珠禄，佐领王君佐，守备麻允光，千总刘炯、刘铠，把总李士杰、马云龙、朱先、王武年、王庆凯，外委穆志雄、徐士伏、姚凤、张汉、周天华，伤亡千总汪铨祭葬世职，武举常登元祭葬，前锋色克京额等一百四十九名、马

步兵方可成等四百五十名、土守备衔王应保、乡勇龚明山等五十四名赏恤如例。(《清仁宗实录》卷94)

(嘉庆七年三月丙申)予四川阵亡把总张仰祭葬加等,世职如例……湖北阵亡前锋音德布等七名、马步兵黄开德等五百四十名、乡勇腾自龙等二十名、淹毙步兵张廷贤等三名赏恤如例。(《清仁宗实录》卷96)

(嘉庆七年四月甲辰)予陕西、湖北、四川剿捕贼匪节次阵亡游击台清阿、把总赵申祭葬加等,世职如例;副将海洪阿、鲍贵,游击广亮,都司景坤、李生瑞、高懋,守备穆克登布、孙佑,千总车定国、姜云鸾、范银、李攀龙、田有、李清柱、谭道德、张乃喜、彭继鲁、李孟得、尉年登,把总张廷魁、李振西、高兴荣、徐保善、梁俊士、赵仁廉、马旺、罗喜、刘喜、马金玉、冯训、师举、蒯汉基、张成、董瑞、贺永清,外委王兆瑞、党元、李丕吉、王士芳、秦朝元、李贵、潘汝桂、孟奎、李腾龙、陈章、李洪友、谢伦邦、赵富典、阎起龙、王会祭葬世职;阵亡伤亡额外外委马兵屈复泰等三百五十四名、步兵王建得等九百二十二名、追贼淹毙马兵耿元祥赏恤如例。(《清仁宗实录》卷97)

(嘉庆七年四月庚申)予湖北阵亡典史左尧臣、拔贡生王宗烈、遇贼被戕司狱李钟、陕西解饷被戕县丞崔立楷等祭葬世职如例。(《清仁宗实录》卷97)

(嘉庆七年五月乙亥)予四川阵亡千总陈镇国……祭葬世职,湖北阵亡前锋富昌、兵丁蔡毓瑾等二名、骂贼被戕生员吴世坊等三名……赏恤如例。(《清仁宗实录》卷98)

(嘉庆七年六月丁卯)予湖北、陕西阵亡千总康得,把总赵胜、李登贵、刘成现、杨学士、王廷耀,外委张诚、杨林、王得胜;伤亡防御福兴阿……祭葬世职，阵亡伤亡马兵许国栋等三十一名、乡勇陆玉等一百十四名、番兵次力等五十六名赏恤如例。（《清仁宗实录》卷 99）

（嘉庆七年七月丁丑）予捐备赏需之湖北巡抚全保等议叙。（《清仁宗实录》卷 100）

（嘉庆七年七月戊子）予湖北、四川阵亡副将韩自昌祭葬世职如总兵例；乡勇王定富、朱上锦、陈纪、杜桂明祭葬世职如把总例；副将马德舒，参将沈庆椿，游击三家保、拉里，守备王万岱，千总汪世煐、陈永年、刘洪升、苏殿魁、陈大勇、黄金桂、张应宗、彭奉、杨大贵、周华长、吴瑜恩，把总马凌云、吴金魁、徐正科、吴全、钟名谅、陈俊、彭国藩、罗国兴，外委刘振邦、甯光耀、李必见、刘成秀、梁大成、江化春、哈天贵、杨定志、成千里、邹元熊、傅正朝、梁志光、黄文光，伤亡把总张全升、李大刚祭葬世职；马兵彭士华等九十八名、步兵张有等八百四十二名、乡勇董魁等六百七十一名赏恤如例。（《清仁宗实录》卷 101）

（嘉庆七年八月乙丑）予四川、湖北阵亡及追贼淹毙都司陈德文、骁骑校依尔赓额、守备皂保、千总段松林、把总赖连升、外委李春和祭葬世职，兵丁方炳兴等十二名赏恤如例。（《清仁宗实录》卷 102）

（嘉庆七年九月丁丑）予陕西、湖北阵亡侍卫德楞额、佐领焕福、骁骑校瑚可慎、把总赵健铁银祭葬世职，监生吴舍章、兵丁孙贵等六名赏恤如例。（《清仁宗实录》卷 103）

（嘉庆七年十月）辛酉，予湖北阵亡参将姚国栋、游击三福、外委雷开科祭葬加等，世职如例；千总唐宗莒祭葬世职；兵丁马大顺等五十四名赏恤如例。（《清仁宗实录》卷 104）

（嘉庆七年十月丙寅）予湖北阵亡千总苏定凯、吴炳，把总张天祥、刘元章、伍思胜、胡金豹、刘定选，外委庄韬、陈廷琦、周廷栋祭葬加等，世职如例；守备孟景源、伤亡把总刘升、陕西阵亡骑都尉花沙布祭葬世职；兵丁王景等四百四十九名赏恤如例。（《清仁宗实录》卷104）

（嘉庆七年十二月）辛亥，湖广总督吴熊光奏报："拿获在逃首逆崔宗和。"得旨嘉奖，赏同知陈桂生花翎，候补同知杨开镜等蓝翎，余升擢有差。（《清仁宗实录》卷106）

（嘉庆八年二月甲子）予四川、陕西、湖北阵亡游击赛尚阿、杨春荣、郭洪、和新布、陈五辑，都司七十五、孙斯礼、哲楞泰、酒天培、吴浩、徐万宁，守备张云凤、吴纯俊、黄富国、谢占魁、李国杰，千总邢允襄、彭桦、韩万年、杜洪才、朱得芳、安荣库、朱登甲、白汉，把总何正贵、毕振林、阎亮、温绍祖、田得、杨文魁、朱文贵、杨廷秀、胡兆远、邢允贵、路维文、柴如柏、李荣贵、张联程，外委李光春、胡得胜、邓体道、刘邦士、张威、屈显龙、郭永泰、刘大顺、李廷良、孔顺、秦敬、马天希、李景伯、邓一彪、陈兆武，蓝翎战兵姚亮、王化龙等祭葬世职；披甲保安等二名、兵丁王家元等八百五十八名、乡勇张升等一千二百五十六名赏恤如例。（《清仁宗实录》卷108）

（嘉庆八年闰二月丁亥）予陕西、湖北阵亡兵丁朋成文等七十二名、乡勇曾绍贵等五十二名赏恤如例。（《清仁宗实录》卷109）

（嘉庆八年三月）癸丑，予湖北阵亡总兵官王懋赏，侍卫塔津保，参将常群、胥泗起，游击高承耀，副前锋参领皂禄，都司胡宗典、杨永顺、邹宗夔、马相、周长泰、黑达色、陆世元，守备张建业、郑宪恩、贾龙图、谢贵、方云超、倪联清，云骑尉韦正荣，骁骑校乌尔恭保，千总牛振标、赵胜得、马世龙、马国良、莫正魁、黎振华、李成俊，把总王朝宗、柴大贵、黄胜照、黄遇龙、苏林、刘成荣、韦应宗、农永明、高承桂、王开荣、杭圻，外委胡殿韬、陈元弼、刘光祖、黄玉林、周中和、萧步云，伤亡外委龚正宣……祭葬世职；披甲多栾保等三名、兵丁周连城等二百三十九名、乡勇余发祥等一百二十六名赏恤如例。（《清仁宗实录》卷110）

（嘉庆八年三月癸亥）予湖北阵亡兵丁陈有等四十一名赏恤如例。（《清仁宗实录》卷110）

（嘉庆八年四月癸丑）予四川、陕西、湖北阵亡都司李怀玉、守备杨全、外委苏卫疆、土把总阿咱纳、外委谷巴扎舍祭葬世职如例，武生李国英祭葬世职如千总例，乡勇陈世棠祭葬世职如外委例，武生朱承鹏等二名、兵丁唐受能等二十五名、乡勇胡连等一百九十五名、土兵洛洛朗卡等五十一名赏恤如例。（《清仁宗实录》卷111）

（嘉庆八年六月己卯）予四川、湖北阵亡把总石华贵、王占鳌、朱之必、戴应敖，外委杨正坤祭葬世职如千总例；参将李芝荣、唐玉龙，都司贾绍复，千总李文彪、萧鹏飞、陈洪远，把总李翠、朱道胜、王大凯、王大顺，外委郑起高、王有仁、陈元、速忠、贾士元、李盛敏、余开国，已革把总刘凤祭葬世职；马兵吴经邦等八十五名、步兵闵华等一千一百八十一名、乡勇李盛宗等七名赏恤如例。（《清仁宗实录》卷115）

（嘉庆八年七月辛丑）予湖北阵亡骁骑校黑格祭葬世职，武生周振宗等八名、前锋伊克精阿等八名、兵丁徐廷杰等七名、乡勇杜景等一千六十七名赏恤如例。（《清仁宗实录》卷116）

（嘉庆八年七月丁未）以三省余匪净尽，加恩行赏，谕内阁：“本日由六百里递到额勒登保、德楞泰、勒保会奏‘剿捕余匪全竣，三省地方肃清’喜折，览奏实深欣慰。邪教匪徒虽不过内地莠民，聚众倡乱。然剿办已阅八年之久，溯自嘉庆元年命将出师，正值朕受玺之始，亲承训政，荷蒙皇考睿谟广运，指示机宜，纤悉备至。惟因贼党蔓延日久，一时未能迅就扫除。我皇考圣寿益高，犹复筹咨不倦，每于军书旁午之时，朕躬侍左右，仰见宵旰焦劳，无时或释，殷殷望捷，直逮弥留。朕追维光烈，益凛仔肩，亲政以来，办理军务，一一恪遵遗训，申明纪律，连年将稔恶首逆歼擒净尽，匪党数万一律殄除。上年冬间，业已三省耆定，驰告蒇功。只因大山老林，不无余孽窜匿偷生，复谕令经略参赞等遴派官兵四出穷搜。及今又阅八月，始能全境肃清。本日中元节日，朕恭诣安佑宫行礼，瞻拜圣祖、世宗、皇考圣容，正在虔吁恩慈，而未刻已据驰报捷书。如响斯应，此皆昊苍默佑，祖考垂庥，得以底绩告成，仰酬皇考在天未竟之志，稍释朕躬继序之责。从此海宇敉宁，天下臣民共享升平之福，皆由皇考训诲贻谋，朕实不敢存运筹决胜之意。惟带兵大员等懋著勤劳，允宜再加甄叙。经略额勒登保、参赞德楞泰于上年冬间，奏报大局戡定之时，锡爵酬庸，曾邀上赏。现虽系剿捕余匪，办理又经八月有余，奋勉穷搜，不遗余力，前后复诛斩著名遗孽十有余名，此外伪先锋、伪总兵等又歼擒数十名，其余贼伙歼擒招抚者共以千计。现在更无遗孽，三省地方宁谧，办理实为完善。额勒登保、德楞泰着加恩赏，俱仍交部从优议叙。额勒登保现因经理善后事宜暂留川省，其赏件即由驿发往。德楞泰业已启程，着派伊子乾清门侍卫副都统衔苏冲阿亲赍赏件，驰驿迎交祗领。四川总督勒保、湖广总督吴熊光、陕甘总督惠龄督率地方文武及堡寨人民帮同搜捕，勤勉出力，均着交部议叙。再发去白玉扳指三个、翡翠扳指二个、玛瑙扳指五个、磁扳指十个、磁带头十个、磁鼻烟壶十个、大荷包五对、小荷包十个，着加恩赏给出力将领官员。又发去一两重银牌一百面、五钱重银牌二百面，着加恩赏给出力兵勇。均交经略额勒登保分给，并着查明实在超众出力人员，据实保奏，候朕施恩，以示鼓励。军机大臣等承旨书谕，获与观成……其自军营至京沿途各驿站接递喜报之官员夫役，俱着加恩交该督抚查明，分别升赏，用

示葳功行庆至意。”（《清仁宗实录》卷116）

（嘉庆八年八月甲子）予陕西阵亡佐领巴里善……祭葬世职如例……湖北阵亡生员胡盛霖等六名、乡勇孔继顺等一千二百六十八名赏恤如例。（《清仁宗实录》卷118）

（嘉庆八年八月癸酉）予湖北阵亡领催诺敏等十四名、兵丁黄松等十五名、伤亡兵勇李宗开等四名……赏恤如例。（《清仁宗实录》卷118）

（嘉庆八年九月己亥）予陕西阵亡委参领毕勒屯察……祭葬世职，湖北阵亡生员萧大钟、前锋穆昌阿等二十五名……赏恤如例。（《清仁宗实录》卷120）

（嘉庆八年九月乙巳）予湖北阵亡候补教谕魏一轮祭葬世职如例。（《清仁宗实录》卷120）

（嘉庆八年十二月己卯）予四川阵亡头等侍卫乌什哈达祭葬加等，世职如例；湖北、陕西、四川阵亡佐领忠福，骁骑校都里保，参将乌勒喜纳，守备郑光明，千总彭国栋、黄元吉、马志融，把总杨光海、罗万太、王廷彪、路必先、萧文魁、朱国良、陶正阳，外委苏廷连、赵光前、张廷凤、文光祭葬世职；领催哈勒吉拜等八名、兵丁余昌福等一百十名赏恤如例。（《清仁宗实录》卷124）

（嘉庆八年十二月辛巳）予四川、陕西、湖北阵亡副将海常，佐领百顺，防御阿卜当阿，千总孟国卿、宋廷杰，把总江鲲化、龙廷贵，外委罗明玉祭葬世职；领催关太等五名、披甲佛尔固善等二十四名、马兵杨启芳等五十四名、乡勇万世著等八十六名赏恤如例。（《清仁宗实录》卷124）

（嘉庆九年二月戊寅）予湖北阵亡把总胡铜、杨名，外委米正强、韦士超，守备衔武生陈必富，千总衔武生章景龙、柯隆忠……祭葬世职如例；乡勇杨仕山祭葬世职如把总例；湖北、四川剿贼压毙委参领张进恒、淹毙骁骑校克陞额、把总陈在朝祭葬世职如阵亡例；外委秦先成等三名、委骁骑校富顺等四名、兵丁周学达等一百八十六名赏恤如例。（《清仁宗实录》卷126）

（嘉庆九年三月乙卯）予陕西、甘肃、湖北阵亡副将应元宽祭葬世职如总兵例；游击周国平，都司吴振亮、张大勋，守备徐明元、张明陞、苏明，千总杨基鹏、杨宗道、殷光福，把总王孝忠、陈禄，外委李章、韩复始、沙启龙、胡英、吴应学、税印泰祭葬世职如例；蓝翎步兵李世章祭葬世职如把总例；淹毙参将桑汉祭葬世职如阵亡例；兵勇王朝贵等五百二名赏恤如例。（《清仁宗实录》卷127）

（嘉庆九年三月戊午）予四川、湖北阵亡千总罗万年、周之光，把总万大发，蓝翎守兵方廷贤祭葬加等，世职如例；额外外委桂天元、武生王邦宁祭葬加等；学正胡鹏盛，吏目汪顺梁，从九品易格心，把总李杰，外委胡兴茂、萧仕位祭葬世职如例……额外外委杨亿、龚大清，军功朱陞，兵丁喻开秀等二十一名，追贼淹毙马兵张楷等二名赏恤如例。（《清仁宗实录》卷127）

（嘉庆九年四月癸亥）予四川、陕西、湖北阵亡参将王兆龙，守备兰魁武、边奏凯，千总吕万德、刘官、马良奇、高守谦，把总杨启龙、钟朝佐、魏云汉、谢加凝，外委皋士杰、张振基、艾玉林、李秉健、熊振先、邹有福、陈荣先、黎国矶，左翼总管齐木巴图，骁骑校乌金保，蓝翎军功岳贵祭葬世职。额外外委朱文奉、蓝翎步兵汤奇志祭葬加等，世职如例。额外外委李大盈等六名；披甲阿哈太，土都司包上宽，土守备思达太、不什卓旺扎，土千总切登、桑得、生根、郎结太，土把总热布，土外委郎结七立、郎太、肯布，兵丁王汉升等七十七名；伤亡兵丁李仲林等一百九十五名；乡勇周士荣等一百四十二名；淹毙兵丁侯得胜等十名赏恤如例。（《清仁宗实录》卷128）

（嘉庆九年四月乙酉）予四川、陕西、湖北阵亡前锋隆保等二名、披甲六十八等三名、兵丁陈朝辅等三十六名、乡勇张奇等二百四十九名、民壮刘万清等九十二名赏恤如例，追贼淹毙额外外委龚大青、伤亡兵丁叶茂昌等七名、乡勇陈回祖等三百四十四名赏恤如阵亡例。（《清仁宗实录》卷128）

（嘉庆九年五月庚子）予四川、陕西、湖北阵亡生员王博书等二名、武生刘全泷等五名、披甲德保等八名、土练侯文华等十名、兵丁武占魁等五十四名、乡勇任士友等四千四百六十五名，伤亡兵丁张林兴等四名、民壮杨升等六名、乡勇马永琳等二名……赏恤如例。（《清仁宗实录》卷129）

（嘉庆九年五月癸亥）予四川、陕西、湖北阵亡参将马济、都司李凤鸣、守备陈应彪、外委刘秉义祭葬加等，世职如例；参将张明德，游击马明德，都司张超、黄凤，守备李自明，千总李洪彦、刘荣、李正潮、张元楷、段煌、马中俊、陈万升，把总袁邠、董玉林、李必荣、罗纯、杨松、苏应照、谭福、袁铭、马大勇，外委王得胜、周廷贵、陈明珍、朱常元，千总衔武生都建寅、侯建业、曹绪德、郑绍举，蓝翎马兵胡朝卿，蓝翎守兵王世德祭葬世职；额外外委胡起林等十五名、武生樊安邦等二名、兵丁柳福奉等二百一名、乡勇马连升等二十一名赏恤如例；伤亡已革把总罗廷贵祭葬世职，兵丁晏奎等七十名赏恤如例。（《清仁宗实录》卷129）

（嘉庆九年六月丙子）予四川、湖北阵亡蓝翎马甲克兴额祭葬世职，马甲德尔和善、兵丁申文亮等七十七名赏恤如例。（《清仁宗实录》卷130）

（嘉庆九年七月甲辰）予四川、陕西、湖北阵亡副将张应贵祭葬世职如总兵例；都司彭家栋祭葬加等，世职如例；佐领赓音保，领催苏图，守备安朝聘，千总徐成龙、龚俊伍，把总高以福，外委马朝銮、胡承烈，伤亡千总蔡恩荣、杨仕龙祭葬世职如例；千总衔乡勇王福祭葬世职如守备例；乡勇王上达、王名达祭葬世职如千总例；武举戴天福、前锋萧德祭葬世职如把总例；监生夏训忠，马兵曾继先，乡勇杜正心、刘杰、徐朝贵、刘起贵祭葬世职如外委例；贡生张腾耀，武生陈鹏飞，领催福纶等二名，兵丁阮得胜等二十八名，乡勇汪周全等三千八百三十五名赏恤如例。（《清仁宗实录》卷132）

（嘉庆九年九月戊子）予故署荆州将军成德祭葬世职如副都统例。（《清仁宗实录》卷134）

（嘉庆九年十月甲戌）予陕西、四川、湖北阵亡游击朱集才，经历花君弼，千总李国泰，把总王世勋、杨禄，外委邓维士，蓝翎披甲哲逊保，候补外委乡勇王友贵，六品顶带乡勇向廷芳，八品顶带乡勇王大伦祭葬世职；生员赵典成、兵丁赵得禄等一百五名，伤亡兵丁彭友贵等八十二名赏恤如例。（《清仁宗实录》卷135）

（嘉庆九年十月甲戌）赠甘肃、湖北军营病故浙江按察使王锟光禄寺卿、湖北荆宜施道陈兰森太仆寺卿，予祭葬恤荫各如例。（《清仁宗实录》卷135）

（嘉庆九年十二月甲子）予陕西、湖北阵亡副将朱槐，千总岳士甲、高正龙，把总石廷相、张斌，外委杨大刚、陈贵、牟耀先祭葬世职如例。（《清仁宗实录》卷138）

（嘉庆十年十一月己未）予四川、湖北阵亡委参领额森保、富勒德恩，委防御富楚那，蓝翎马甲莫讷恩泰，把总杨宗雄，外委柴全祭葬世职；蓝翎乡勇徐陞、单贵减半赏恤；前锋萨英阿等四名、兵丁许捷登等四十一名赏恤如例。（《清仁宗实录》卷152）

（嘉庆十二年四月）乙亥，予……湖北阵亡兵丁黄经等三名、闽浙捕盗被戕兵丁李得龙等八十八名赏恤如例。（《清仁宗实录》卷177）

（嘉庆十二年十月癸巳）予湖北阵亡兵丁李虎、浙江出洋伤亡兵丁李荣等十四名赏恤如例。（《清仁宗实录》卷186）

（嘉庆十二年十一月）甲子，谕内阁："朕阅平定三省邪匪方略内，原任协办大学士湖广总督书麟前在军营，因见军务历时未竣，心怀焦急，临戎涉险，奋不顾身，以致积劳病逝，至今犹为恻然。因命交部旗查明伊身后有无赔项，即行具奏。兹据查奏，该故员前在云贵、湖广总督任内，分赔、摊赔各款，除先于伊子吉郎阿、伊侄素纳名下扣缴不计外，尚有未完银二千零五十两。又本年续据滇省咨追分赔铜价银二款，共银一千四百六十五两。核其款项，均系代赔属员无着亏缺及因公摊赔银两，非本任亏短者可比。所有书麟名下未完赔项，着加恩全行宽免，无庸再于伊子、伊侄名下扣缴，以示朕轸念荩臣、追加恩恤至意。"（《清仁宗实录》卷188）

（嘉庆十二年十二月己巳）予……湖北、甘肃、四川阵亡游击赵大用，把总石得明，外委田增福、邱世贵祭葬加等，世职如例；兵丁宋天云等二十四名、乡勇李欣然等五十九名赏恤如例。（《清仁宗实录》卷189）

（嘉庆十三年十一月庚午）予……湖北阵亡武生焦楫、兵丁朱凌云等十九名……赏恤如例。（《清仁宗实录》卷203）

（嘉庆十三年十一月癸酉）予……四川、湖北伤亡兵丁施开榜等二名……赏恤如例。（《清仁宗实录》卷203）

（嘉庆十五年十二月癸未）予故湖北提督骆朝贵祭葬如例。（《清仁宗实录》卷237）

（嘉庆十五年十二月丁酉）钦差湖广总督马慧裕奏："云梯关外马港口大工合龙，黄河复由正道归海。"得旨嘉奖，下部优叙。赏游击孔成花翎，在工出力人员升用有差。以原任淮徐道单沄声名平常，饬令回籍终养，不准加给升衔。淮扬道叶观潮官声尤逊，仍以五品顶带留任，不准复还原品。（《清仁宗实录》卷237）

（嘉庆十六年四月乙丑）又谕："本日御史韩鼎晋条奏'请核戎政以归实效'一款……现在四川及陕、楚各省，如有从前阵亡子孙未领赏恤银两者，着该督抚等严饬该管将弁会同道府等官访查确数，按名亲给，毋任影射捏冒，致有虚糜。又所称各州县分汛千、把、外委原以协同弹压，而川省汛弁竟至干与地方公事，亦属大干厉禁，并着各直省督抚等一体饬禁，以清积弊而肃戎行。将此通谕各直省督抚提镇等知之。"（《清仁宗实录》卷242）

（嘉庆十九年四月壬午）又谕："桂芳由嘉庆四年翰林荐擢侍郎，虽资格未深，然在内廷行走有年，南书房、上书房、军机大臣、内务府大臣俱曾供职，办事明白细心，人亦直爽。本年春间派令前往广西审办事件，旋擢任漕运总督，伊行抵湖北省城染患时疫病证。降旨令其安心调理，方冀不日就痊。兹据张映汉奏报桂芳于本月初十日因病溘逝，良才难得，深为悼惜，着加恩晋赠太子少保，加尚书衔。所有应得恤典，该部察例具奏。任内一切处分，悉予开复。着伊弟桂菖带同伊子炳奎驰驿前往湖北接伊灵柩，沿途官为照料。到京时，准其入城治丧。伊曾授三阿哥读书，俟伊柩入城，次日派三阿哥前往奠酒。其随同桂芳出差之户部员外郎玉符亦因染疫，同日身故，着加恩交地方官将其灵柩妥为照料，随同桂芳一路行走，到京时不得入城。”寻予桂芳祭葬，谥“文敏”。(《清仁宗实录》卷289)

(嘉庆十九年九月丁未)湖广总督马慧裕奏：“捐修宜城县城商民，赏李丽园等顶带，议叙有差。”(《清仁宗实录》卷297)

(嘉庆二十二年正月)己酉，谕内阁：“张映汉奏‘各属编查保甲完竣，请将办理认真之员恳恩奖励’一折。编查保甲，系各省通行办理之事，不独湖北一省为然，此乃地方官分所应为。若因此遂加鼓励，恐各省纷纷保奏，不免失之太滥。江夏县知县刘琴拿获邻境劫盗四名，尚有微劳足录，着照所请，刘琴遇有知县应升缺出，尽先奏请升署。汉阳县知县裘行恕仅止稽查保甲，无功可叙，其所请递捐分发在任以直隶州知州候补之处，着不准行。”(《清仁宗实录》卷326)

(嘉庆二十三年九月庚申)湖广总督庆保奏：“拿获邪教出力人员同知范正祥等升用有差。”(《清仁宗实录》卷347)

(道光元年五月丙辰)谕内阁：“长龄奏‘陕甘各营调拨并骑缺马匹，请免着赔’一折。川楚军需案内，陕甘各营自嘉庆元年军兴之日起，至大功告蒇之日止，调拨军营并出征官兵骑缺马，共一万六千八百三十匹，部议准销五成，着赔五成。兹据该督查明，原领弁兵率多伤亡残废，其家属亦俱贫寒，力难赔缴。着加恩将前项着赔马匹，全予豁免，用示朕体恤戎行至意。该部知道。”(《清宣宗实录》卷18)

(道光二年十一月辛未)予剿捕川、楚、陕、台湾贼匪阵亡外委张坤

有等十一员世职如例。(《清宣宗实录》卷44)

(道光三年二月戊午)予湖北缉盗溺毙知州陶绍侃祭葬恤荫如例。(《清宣宗实录》卷49)

(道光四年闰七月戊申)予故荆州将军镇国公绵龄祭葬如例,赏银三百两治丧。(《清宣宗实录》卷71)

(道光六年五月乙巳)以挑浚湖北汉水支河并建修闸座,予在工出力同知李若嶂等升补议叙有差。(《清宣宗实录》卷98)

(道光六年五月乙巳)以疏通湖北平塘旧河,予在工出力县丞萧华瀚等议叙。(《清宣宗实录》卷98)

(道光六年九月庚辰)予……湖北巡江淹毙兵丁马清标赏恤有差。(《清宣宗实录》卷105)

(道光七年十月戊子)以承办兰州肃州总局军需出力,赏湖北巡抚前任甘肃布政使杨健……等加衔升补有差。(《清宣宗实录》卷128)

(道光八年二月庚寅)以承办湖北汉川县水道妥速,予知县胡源等升叙有差。(《清宣宗实录》卷133)

(道光八年十月丙戌)予修筑湖北荆州府堤工出力知府方长庆等升补有差。(《清宣宗实录》卷145)

(道光八年十二月戊子)命荆州将军观喜、成都将军瑚松额、云贵总督阮元在紫禁城内骑马。(《清宣宗实录》卷149)

（道光九年十月己丑）予故荆州将军观喜祭葬，赏银三百两治丧，谥“果毅”。（《清宣宗实录》卷161）

（道光十年十月己丑）以修湖北荆州府属万城堤出力，予试用县丞陈肖仪等尽先补用。（《清宣宗实录》卷176）

（道光十年十二月乙巳）以捐修湖北潜江县堤工，予知县陈天泽升用。（《清宣宗实录》卷182）

（道光十一年十月甲申）赏告病荆州左翼副都统七克唐阿全俸。（《清宣宗实录》卷198）

（道光十一年十二月乙酉）以捐办湖北监利县险要堤工，予绅士黄善良等议叙有差。（《清宣宗实录》卷202）

（道光十二年三月辛未）以查办盐务出力，予湖北知县王启炳等加衔升用有差。（《清宣宗实录》卷208）

（道光十二年六月乙未）以审案缉捕勤奋，予湖北知县阮克峻等加衔即补有差。（《清宣宗实录》卷214）

（道光十二年八月己亥）以办赈出力，予湖北知府裕谦等议叙有差。（《清宣宗实录》卷218）

（道光十三年正月甲午）以捐修湖北贡院，予试用知县宋其洋等议叙。（《清宣宗实录》卷230）

（道光十三年十二月）癸丑，以捐修湖北堤工并防汛出力，予知县唐树义等加衔升叙有差。（《清宣宗实录》卷247）

（道光十六年九月乙酉）予捕贼被戕湖北参将苏清阿祭葬世职。（《清宣宗实录》卷288）

（道光十六年十月己未）命荆州将军德克金布在紫禁城内骑马。（《清宣宗实录》卷290）

（道光十七年十二月庚午）以捐修湖北安陆府城垣，予知府周鸣銮等优叙。（《清宣宗实录》卷304）

（道光十八年十一月辛亥）命湖广总督林则徐在紫禁城内骑马。（《清宣宗实录》卷316）

（道光十九年正月甲子）以湖北办理堤工出力，予知府周鸣鸾等加衔叙补有差。（《清宣宗实录》卷318）

（道光二十年三月辛亥）赠故湖北提督罗思举太子太保，赏银三百两治丧，予祭葬，谥"壮勇"。（《清宣宗实录》卷332）

（道光二十二年二月）庚子，谕内阁："裕泰奏'请将殉节之知县等分别赐恤'一折。湖北崇阳县知县师长治到任甫及百日，仓卒遇难。典史王光宇及该县师长治之妾吴氏、侄女师氏同时自尽，并被杀之家人曹斌，均堪矜悯。其应如何分别赐恤之处，着该部查议具奏。"（《清宣宗实录》卷368）

（道光二十二年二月己酉）予湖北殉节知县师长治、典史王光宇祭葬

世职。（《清宣宗实录》卷368）

（道光二十二年四月丙申）以拿获湖北崇阳县逆党出力，予湖南粮道金开第等加衔升叙有差。（《清宣宗实录》卷371）

（道光二十二年七月壬申）以捐助湖北崇阳县军需，予职员汪荣禧等加衔旌表有差。（《清宣宗实录》卷378）

（道光二十二年八月辛巳）以办理湖北崇阳县善后事宜，予布政司库大使马章堤等升叙有差。（《清宣宗实录》卷379）

道光二十二年壬寅九月丙午朔，谕内阁："……至千总李长善直前追捕，致被拒伤毙命，情殊可悯，着交部从优议恤。"（《清宣宗实录》卷380）

（道光二十二年九月丙午）予故前任湖北提督刘允孝祭葬，赏其子把总扬武以千总用、候补千总耀武以千总即补。（《清宣宗实录》卷380）

（道光二十三年四月辛巳）以捐米运京，予湖北知府徐上镛等、江西知县程灿策等加衔加级有差。（《清宣宗实录》卷391）

（道光二十三年六月辛丑）予勘堤被溺湖北知府姚用书、同知乌勒登布祭葬恤荫。（《清宣宗实录》卷393）

（道光二十三年十月乙卯）以修防湖北江陵县堤工出力，予知县升太等加衔议叙有差。（《清宣宗实录》卷398）

（道光二十三年十二月甲辰）以造办防江战船出力，予湖北前任知府顾椿等升叙有差。（《清宣宗实录》卷400）

（道光二十三年十二月癸丑）予……湖北故刑部主事蔡绍江……入祀乡贤祠，从总督宝兴，巡抚鄂顺安、贺长龄、赵炳言、程矞采请也。（《清宣宗实录》卷400）

（道光二十四年二月己酉）又谕："……黄元泰现据该部奏称，选授湖北咸丰县张家坪巡检，着仍以该省府经历县丞即行升补，此系朕破格加恩。嗣后能于应垦地亩随时经画著有成效者，必当量加鼓励……"（《清宣宗实录》卷402）

（道光二十四年五月辛卯）以办赈出力，予湖北知府夏廷桢等优叙有差。（《清宣宗实录》卷405）

（道光二十四年九月）癸酉，以捐赈出力，予湖北绅民金日莹等议叙有差。（《清宣宗实录》卷409）

（道光二十五年十月甲辰）以湖北抢护堤工出力，予知县升泰等加衔议叙有差。（《清宣宗实录》卷422）

（道光二十五年十一月甲戌）以湖北捐修堤工，予知府刘源濬等加衔加级有差。（《清宣宗实录》卷423）

（道光二十六年正月乙丑）以捐办湖北堤工出力，予知县汤誉光等升叙有差。（《清宣宗实录》卷425）

（道光二十六年闰五月乙未）以拿获邻境要犯，予湖北知县汤誉光以同知归原省补用。（《清宣宗实录》卷430）

（道光二十六年八月癸丑）以缉捕勤奋，予湖北同知何渭珍等升叙有差。（《清宣宗实录》卷433）

（道光二十六年九月甲辰）以抢护江堤出力，予湖北知府刘源灊等议叙。（《清宣宗实录》卷434）

（道光二十七年二月辛酉）以缉私出力，予湖北通判周汝骧同知衔。（《清宣宗实录》卷439）

（道光二十七年四月）己未，予湖北缉盗淹毙巡检吴作邦祭葬恤荫。（《清宣宗实录》卷441）

（道光二十七年十二月庚申）予故荆州将军铁麟祭葬，谥文恪。（《清宣宗实录》卷450）

（道光二十八年十一月己丑）以捐筑湖北安陆府堤工，予知府贾世陶等加衔升补有差。（《清宣宗实录》卷461）

（道光二十九年八月丙寅）予……湖北因公淹毙知县李明壎祭葬恤荫……（《清宣宗实录》卷471）

（咸丰二年正月甲戌）谕内阁："三载考绩，激扬大典，朕受皇考付托之重，惟知克敬克勤，仰报深恩，与内外臣工共图上理。满汉诸臣有人品端方、办事实心者，固应量予甄叙；或年力就衰、因循不振者，亦断难姑容。兹届京察之期，吏部将京外各大员开单题请，朕详加酌定……湖广总督程矞采除暴安良，克膺疆寄……均着加恩交部议叙……"（《清文宗实录》卷52）

（咸丰二年十二月庚子）谕内阁："徐广缙奏'遵查巡抚御贼被害'一折，览奏益增愤恨。调任山西巡抚湖北巡抚常大淳，秉性忠贞，官声素著，前因粤匪窜扰湖南，即奏请严守岳州，并力筹武昌防守事宜。不料岳州文武弃城失守，遂令逆贼长驱直入，径抵武昌。该抚督率文武官吏婴城固守二十余日，竟被地雷轰发。省城失陷，该抚犹亲督守兵登陴力战，誓死不退，为贼戕害，孤忠亮节，可悯可嘉。常大淳加恩着晋赠总督衔，入祀昭忠祠，即照总督阵亡例赐恤，任内一切处分，悉予开复。应得恤典，该衙门察例具奏。"寻奏上，予祭葬世职，谥"文节"。（《清文宗实录》卷80）

（咸丰三年正月壬子）予湖北阵亡守备萨国亮祭葬世职如都司例。（《清文宗实录》卷81）

（咸丰三年二月丙子）赠湖北殉节学政光禄寺卿冯培元侍郎衔，谥"文介"；布政使梁星源，谥"敏肃"；按察使瑞元，谥"端节"；道员王寿同、王东槐、林恩熙，知府明善、董振铎，同知周祖衔，知县绣麟，均予祭葬世职加等，并予巡抚常大淳等各建专祠。（《清文宗实录》卷84）

（咸丰三年二月戊戌）予湖北殉节提督双福祭葬世职，谥"武烈"，总兵官王锦绣，谥"壮节"，常禄，谥"刚烈"，均赠提督衔，予祭葬世职；同知王本立、黄培燦、周汝翼、舒纶、唐光照、朱祖培，通判李芳、林寅，知州刘咸，知县杨明善、黄兆奎、董师雍、俞昌烈、彭凤池，库大使张寿祺、钟秉权，司狱张运钰，照磨叶庆恩，州判增善，县丞赵德忠、郑修恕、胡庆潮，巡检秦承杰、张伟绩，从九品吴树藩、凌茂松、徐光云、陶开甲、陈光耀、郑思、程慎思、葛璜，降调知县施均，典史杨瀚、刘绍光，教谕鲁唯，训导吴长庚、阮熙仁，副将春荣，参将福厚、杨光普、罗绍元、锡纯，游击李信、朱庭瑞、刘永钧，都司杨连，守备曲春泰、马永祥、胡光达、叶永清、邹廷兰，千总向文斗、杨文先、鲁光荣、李正清、王金亮、黄金荣、罗经德、常德忠，把总马登云、李文魁、吴金彪、吉祥、朱昌华、柳炳伦、田宗炳，外委余朝鸣、李春芳、周洪道、闻定鳌、姚占鳌、黄金荣、杜正纪、韩则琨祭葬世职加等；候选道程福培，都司衔常集松，从九品衔向廉溪，在籍通判殷利谦，知县吴承芳、张椝祭葬世职；生员洪觐辛等赏恤如例，均附祀巡抚常大淳等专祠。（《清文宗实录》卷86）

（咸丰三年二月庚子）谕内阁："前有旨，谕将湖北武昌、汉阳两城殉难各员，道府以上之子孙带领引见。因思军兴以来，各省带兵提镇大员，或临阵捐躯，或守城殉难，均宜赏延后嗣，以慰忠魂。除先行降旨准将子孙带领引见各员外，其余阵亡殉难总兵以上大员之子孙，均着俟百日服满及服阕后，由该旗、该部带领引见，候朕施恩。"（《清文宗实录》卷86）

（咸丰三年三月己酉）以湖北荆州办理防堵出力，赏知县张开霁花翎，余升叙有差。（《清文宗实录》卷87）

（咸丰三年四月癸未）予湖北殉难监生周锡捷六品职衔，祭葬世职，并其弟锡銮赏恤如例。（《清文宗实录》卷90）

（咸丰三年七月己酉）予故署湖北提督宜昌镇总兵官阿勒经阿祭葬如提督例，谥"勇慎"。（《清文宗实录》卷99）

（咸丰三年八月癸巳）以剿办湖北黄安、麻城两县贼匪出力，予署按察使唐树义优叙，赏都司许连城花翎，署同知伍煋等蓝翎，余加衔开复升叙有差。（《清文宗实录》卷104）

（咸丰三年九月丙辰）予湖北御贼被戕同知邵纶、知县鲍开运、巡检

蔡文熙，把总鲁光贵、夏开国祭葬世职。（《清文宗实录》卷106）

（咸丰三年九月甲子）以湖北官军失利，革署总督张亮基、巡抚崇纶职，仍留任。予阵亡道员徐丰玉、张汝瀛祭葬世职。（《清文宗实录》卷107）

（咸丰三年十月壬辰）予湖北黄州、汉阳二府殉节知府金云门、俞舜钦祭葬世职。（《清文宗实录》卷110）

（咸丰三年十月壬辰）予湖北阵亡知州李槱、都司许连城、千总魏开第、把总李成寿祭葬世职。（《清文宗实录》卷110）

（咸丰三年十一月癸卯）予湖北巴河阵亡六品军功何保元祭葬世职。（《清文宗实录》卷111）

（咸丰三年十一月癸丑）赏前湖北武昌阵亡总兵官常禄子中书霍隆武员外郎。（《清文宗实录》卷112）

（咸丰三年十二月壬申）以湖北随州拿获奸匪承审出力，予知县杨嘉运等升叙有差。（《清文宗实录》卷114）

（咸丰三年十二月壬申）赏湖北殉节知府董振铎子澍员外郎，润、泗主事。（《清文宗实录》卷114）

（咸丰四年正月乙巳）以湖北官绅办理团练出力，予知府易容之等升叙有差。（《清文宗实录》卷117）

（咸丰四年正月丁卯）以湖北随州拿获奸匪，予知州杨嘉运等升叙有差。（《清文宗实录》卷119）

（咸丰四年二月壬午）赠江苏瓜州阵亡湖北郧阳镇总兵官瞿腾龙提督，予祭葬世职如提督例，谥“威壮”。赏其子辅廷、广善、廷熊、廷豹守备。予随同阵亡之游击王礼，守备崔万镒，千总詹荣纯、杨兆熊、黎玫、武孝，云骑尉张秀，把总李源、白生兰、李永和、刘庆祥，外委金有贵，护军校武奎祭葬世职，额外外委王文德、黄和春赏恤如例。（《清文宗实录》卷121）

（咸丰四年二月癸未）谕内阁：“台湧奏‘遵查督臣临阵捐躯’、骆秉章奏‘湖北臬司殉难’各一折。湖广总督吴文镕历任封圻，均能尽心职守。自调任湖广，即值逆匪复扰武昌、汉阳，当经督率官兵击退。迨该逆窜聚黄州，吴文镕出省迎剿，先经获有胜仗。正月十五日，以力攻堵城中贼诡计，连营被烧，遂致阵亡。据台湧奏，该督灭贼心急，催战甚严，因而失事。吴文镕此次督兵失利，本属罪有应得。念其临阵捐躯，不亏大节，殊堪矜恻。吴文镕着照总督阵亡例从优赐恤，任内一切处分，悉予开复。应得恤典，该衙门查例具奏。二品顶带湖北臬司唐树义督带水勇炮船赶赴金口，扼贼上窜，叠次袭击获胜。旋因贼船蚁集，极力督战，被贼将船只击破，落水身死，亦堪悯恻。唐树义着加恩开复革职处分，照臬司例赐恤。”寻均予祭葬世职，吴文镕谥“文节”。（《清文宗实录》卷121）

（咸丰四年三月庚申）予湖北汉阳县殉节知县刘鸿庚祭葬世职。（《清文宗实录》卷125）

（咸丰四年四月）庚寅，谕内阁：“军兴以来，屡经降旨，谕令各督抚饬属团练乡勇，原期众志成城，人心自固。该地方官果能实力奉行，绅民人等定必踊跃用命，自卫身家，于剿匪事宜，大有裨益。本日署河南巡抚郑敦谨奏，据罗山县探报，湖北黄安县南沙河地方，有贼匪窜至，经该处乡民毙贼数百，并约会河口等处乡民杀贼五六百人，夺回逆船六百余只并米粮衣物等件。该县合境居民闻风争奋，约众追杀，复毙贼数百人。该民人等合力同心，捍卫乡闾，甚属可嘉。若贼匪窜扰之处，地方百姓皆能如此齐心御贼，何至任其蹂躏，惨遭荼毒？然总须地方官实心劝谕，倡率有方，遇有出力绅民，即行据实详报上司，随时奏请奖励，庶使群情观感，协助官兵，尽歼丑类。所有此次黄安县南沙河等处击退贼匪之居民人等，着台湧先行传旨嘉奖，并着查明出力绅民，据实保奏。现在被兵省分屡据奏报，各属绅民实能团练杀贼、保卫地方者，亦复不少。着各路统兵大臣及督抚等严饬各府州县，劝导绅民，一体实力团练。果能办有成效，如近日天津、饶阳、单县等处力挫贼锋、保全城邑者，即着随时奏闻，定当格外施恩，以奖忠义。将此通谕知之。”（《清文宗实录》卷128）

（咸丰四年五月丙寅）以抢修湖北武昌城工，赏道员延志、参将穆克登布花翎，同知灵涛等蓝翎，余升叙有差。（《清文宗实录》卷131）

（咸丰四年六月癸酉）以克复湖北监利、石首，湖南华容县城，赏同知陈均远，守备高腾满、宗维清花翎，四川廪生张于铭等蓝翎，余升叙有差。（《清文宗实录》卷132）

（咸丰四年六月甲戌）予湖北殉难署安陆县知县万成祭葬世职。（《清文宗实录》卷132）

（咸丰四年七月壬子）以办理湖北黄安县团练出力，予知县许赓藻以知府用，赏花翎。（《清文宗实录》卷136）

（咸丰四年闰七月庚午）予湖北武昌府殉节道员李卿穀祭葬世职加等。（《清文宗实录》卷138）

（咸丰四年八月甲寅）予湖北通城阵亡守备徐统绪、署千总杨文元、署把总王金福、署外委杨登岸祭葬世职。（《清文宗实录》卷142）

（咸丰四年八月丙寅）以湖北襄阳办团防剿出力，予知府多山等升叙有差。（《清文宗实录》卷143）

（咸丰四年八月丙寅）予湖北阵亡佐领添昌、防御善亮祭葬世职。（《清文宗实录》卷143）

（咸丰四年九月戊寅）予湖北阵亡知县吴振镛、守备衔黄鹏程、骁骑校贵松祭葬世职加等，队长李锦陞、监生王瑞芝祭葬世职如千总例。（《清文宗实录》卷145）

（咸丰四年九月壬午）予湖北殉难布政使岳兴阿谥“刚介”，赠署按察使李卿穀布政使衔，谥“愍肃”，均予祭葬世职，于武昌省城建立专祠；知县俞恒淳祭葬世职，附祀；李卿穀家丁樊升一并予恤附祀。（《清文宗实录》卷145）

（咸丰四年十月丁未）予湖北阵亡在籍主事彭宗达祭葬世职如知府例。（《清文宗实录》卷148）

（咸丰四年十月辛亥）予湖北武昌府殉节已革道员刘若珪祭葬世职如同知例。（《清文宗实录》卷148）

（咸丰四年十月辛亥）予湖北阵亡巡检石炽然祭葬世职，营官白人虎、千总何如海祭葬世职如守备例，监生徐国本祭葬世职如从九品例。（《清文宗实录》卷148）

（咸丰四年十月丁巳）以攻剿湖北田家镇贼匪获胜，赏道员罗泽南、知州李续宾巴图鲁名号，余升叙有差；予阵亡外委萧世祥祭葬世职。（《清文宗实录》卷149）

（咸丰四年十一月丁卯）以克复湖北武昌、汉阳二府城，赏西安副都统伊勒当阿，委协领斐森佈、吉祥，知府栗耀、侯廷樾，同知张曜孙，守备徐超平、王家宾、周德田、德明等花翎，守备邓长清等蓝翎，余升擢有差。（《清文宗实录》卷150）

（咸丰四年十一月壬午）予湖北阵亡千总苏胜、把总郑沐祭葬世职，六品军功李金樑祭葬世职如外委例。（《清文宗实录》卷151）

（咸丰四年十一月壬午）予湖北御贼被戕州判魏作霖祭葬世职。（《清文宗实录》卷151）

（咸丰四年十一月丙戌）予湖北阵亡千总王映轸祭葬世职。（《清文宗实录》卷152）

（咸丰五年二月戊午）予湖北阵亡守备王荣，千总李士林、蒋昌梧，把总施鸿德祭葬世职。（《清文宗实录》卷160）

（咸丰五年二月己未）予湖北阵亡荆州副都统贵陞祭葬世职，守备扎克当阿祭葬世职加等。（《清文宗实录》卷160）

（咸丰五年三月乙丑）予湖北殉难巡抚陶恩培祭葬世职，谥“文节”；署武昌府知府多山、游击陶得寿祭葬世职。（《清文宗实录》卷161）

（咸丰五年四月己未）予湖北伤亡西安将军扎拉芬祭葬世职如阵亡例，谥“武介”，并入城治丧。（《清文宗实录》卷166）

（咸丰五年五月癸亥）予湖北阵亡参将恒泰、千总刘凝庆祭葬世职。（《清文宗实录》卷167）

（咸丰五年五月丁卯）予湖北阵亡同知林天真、守备王芳、训导项焜、巡检吴秉忠、从九品谢登瀛、未入流张汝止、把总潘德新、外委杨映春、千总衔陈炳元、从九品衔舒占元祭葬世职加等，军功张棫等赏恤如例。（《清文宗实录》卷167）

（咸丰五年五月庚午）予湖北阵亡知县翁汝瀛、彭仲芳，都司葛以敦祭葬世职。（《清文宗实录》卷167）

（咸丰五年五月庚午）以湖北黄安等县绅民团练出力，赏知州萧荫恩等花翎，在籍户部主事李廷箫等蓝翎，余升叙有差。（《清文宗实录》卷167）

（咸丰五年五月辛巳）予湖北阵亡荆州驻防文武举人及兵丁等七百七十名赏恤如例。（《清文宗实录》卷168）

（咸丰五年七月壬午）以湖北武昌守城办理团练出力，赏已革詹事府右赞善如山花翎、五品顶带。（《清文宗实录》卷173）

（咸丰五年七月甲申）予湖北阵亡参将张文照，游击萧滨，都司伊林泰，千总牛万宝、苏富贵、李清藩，把总王格、郭采章、李荣魁，外委刘绶、陈世昌祭葬世职，武举强效乾赏恤如例。（《清文宗实录》卷173）

（咸丰五年八月己酉）以攻克湖北汉镇，擒斩贼匪萧朝富等出力，赏守备孙昌凯、张荣贵、王明山、万化林、李济清花翎，外委喻俊明等蓝翎，知府彭玉麟等加衔升擢有差；予阵亡守备黄开进、唐培植，千总蔡宏元，把总王席珍、王席义，外委张辅、童玉庭、陆洪福、金芝龙祭葬世职。（《清文宗实录》卷175）

（咸丰五年八月己酉）予湖北阵亡参将刘富成祭葬世职如副将例。（《清文宗实录》卷175）

（咸丰五年八月丙辰）予湖北阵亡府经历胡炳奎祭葬世职如知县例，都司林春萱祭葬世职如游击例。（《清文宗实录》卷175）

（咸丰五年九月癸酉）予湖北阵亡千总王三锡、吏目高术方祭葬世职。（《清文宗实录》卷177）

（咸丰五年十月壬辰）以进剿湖北汉阳龙潭贼匪获胜，赏盐法道常恩按察使衔。（《清文宗实录》卷179）

（咸丰五年十月戊申）赠湖北崇阳阵亡参将彭三元副将衔，同知李杏春知府衔；千总彭献杰，把总胡元则、李元炽、萧馥山、刘碧山，均予祭葬世职，并附祀湖南提督塔齐布专祠。（《清文宗实录》卷180）

（咸丰五年十一月癸亥）以克复湖北德安府城，赏知府潘祥新，知州王潞、崔兰馨，游击定安，都司双庆，佐领联广、定成、宝瑞、贵顺、西穆讷布，骑都尉恩寿等花翎，府经历张锡远等蓝翎，余升擢有差。（《清文宗实录》卷182）

（咸丰五年十一月辛未）予湖北阵亡都司杨泰友，千总杨佐清、杨再佑，把总刘祥云、易光荣、黄德荣、张九锡，外委韦顺清，知县衔刘蕃，

从九品蒋文彬、郭祥基祭葬世职加等。(《清文宗实录》卷 183)

(咸丰五年十一月辛未)以攻剿湖北贼匪出力，赏浙江宁绍台道罗泽南祖父母、父母二品封典，记名道安庆府知府李续宾盐运使衔并伊父母三品封典。(《清文宗实录》卷 183)

(咸丰五年十一月戊子)以克复湖北咸宁县城并金口剿贼出力，赏都司鲍超巴图鲁名号，把总吴玉清蓝翎，余升擢有差；予阵亡千总李见荣，把总杨琢珩、瞿高魁、黎立祖，从九品李开益，未入流史友桥，外委汪永钊、熊绍德、黄镇海、郭荣辉、刘百禄、李荣等祭葬世职。(《清文宗实录》卷 184)

(咸丰五年十二月己亥)以克复湖北通城、崇阳、蒲圻三县城，赏同知吴坤修花翎，举人贺霈若等蓝翎，余升擢有差。(《清文宗实录》卷 185)

(咸丰五年十二月丁未)以湖北武昌、汉阳剿贼获胜，复知州李保邦、知县李光荣、都司陈德新顶带；予阵亡外委刘魁和、曹胜发，把总赖洪兴、谈金榜祭葬世职。(《清文宗实录》卷 186)

(咸丰五年十二月癸丑)予湖北武昌阵亡佐领凤祥、果勒敏阿，防御观保、阿斯杭阿，参领苏勒肯，副将舒宽，参将文全，游击秀瑞，守备王世隆，千总曾思义祭葬世职。(《清文宗实录》卷 187)

(咸丰六年正月壬午)以湖北武昌水陆各军剿贼获胜，赏游击李成谋巴图鲁名号，知县李续宜、守备陈金鳌花翎，余升叙有差。予阵亡守备张福田、刘高选，从九品刘卓岩，千总贺采臣、刘青四，把总吴秀佩、罗长发、王美在、曾旺益、周玉堂、黎天才，外委廖自集、钟兴、胡裕大、王祥元、朱福胜、贺芝兰、戴有亮、黄复胜、董起隆、徐文章祭葬

世职；六品军功夏隆吉等赏恤如把总例。（《清文宗实录》卷189）

（咸丰六年二月壬寅）予湖北阵亡守备丁怀本，千总金品高，把总黎文祥、向德明、秦裕昌，外委萧德胜、胡万隆祭葬世职。（《清文宗实录》卷190）

（咸丰六年三月乙丑）以湖北水师遇贼失利，拔游击刘国斌花翎，知县陈元炳蓝翎；予阵亡把总周华堂祭葬世职。（《清文宗实录》卷192）

（咸丰六年三月乙丑）予湖北阵亡千总彭本馀、黄锦云，把总谭光福、萧登高、王运发，外委李正友、罗龙辅、刘琼茂、周胜友、谷世泰、胡祥发、彭有顺、曾昌炽祭葬世职。（《清文宗实录》卷192）

（咸丰六年三月丁丑）又谕："胡林翼奏'道员力战，受伤殒命，恳恩加等赐恤'等语。布政使衔浙江宁绍台道罗泽南，以在籍生员倡率生徒办理团练，嗣因楚省贼氛猖獗，率其乡人自效戎行，转战湖南、江西、湖北等省，大小二百余战，克城二十。朕嘉其忠义奋发，屡著伟绩，由训导超擢道员，加布政使衔。方冀其攻复武汉，殄灭逆氛，克膺懋赏。兹因攻剿武昌，乘胜追贼，直逼城下，受伤殒命。览奏之余，深堪悯恻。罗泽南着加恩照巡抚阵亡例赐恤，伊父罗嘉旦着赏加头品顶带，伊子罗兆作、罗兆升均着赏给举人，一体会试，以示朕褒恤荩臣至意。并着于湖南本籍及湖北、江西地方建立专祠，其湘乡县士民弁勇打仗阵亡者，着一并附入罗泽南本籍专祠，以慰忠魂。"寻予祭葬世职，谥"忠节"。（《清文宗实录》卷193）

（咸丰六年三月丁丑）予湖北阵亡外委陈达清、曾玉兰、唐训得祭葬世职加等，文童钟近衡、钟楚池、王岳峰祭葬世职如从九品例。（《清文宗实录》卷193）

（咸丰六年三月辛巳）予湖北阵亡都司周得魁祭葬世职。（《清文宗实录》卷 194）

（咸丰六年五月壬戌）予湖北咸宁、通城剿贼阵亡知县汪静渊，教授熊绣，教谕黎鸿渐，训导贺寿椿，从九品但懋城、王道平祭葬世职；六品军功汪树声祭葬世职如把总例。（《清文宗实录》卷 197）

（咸丰六年五月壬戌）予湖北武昌府阵亡把总贺连城、邹友廷、文德元，水师哨官宋富元祭葬世职加等。（《清文宗实录》卷 197）

（咸丰六年五月甲子）予湖北阵亡参将遇寿祭葬世职。（《清文宗实录》卷 197）

（咸丰六年五月戊寅）予湖北阵亡守备李登进，千总熊有章、向三元，把总左玉佩、鄷友廷、罗祖绩，外委雷光友、何添元祭葬世职；六品军功赵国樑等赏恤如例。（《清文宗实录》卷 199）

（咸丰六年五月壬午）予湖北阵亡游击玉山祭葬世职。（《清文宗实录》卷 199）

（咸丰六年六月甲辰）予湖北武昌阵亡守备陈仁兰、千总曹起龙、把总胡立发等祭葬世职。（《清文宗实录》卷 201）

（咸丰六年七月庚申）予湖北阵亡副将骆永忠、殉难知府易容之并其子候补府经历覲扬、知县钮芳津祭葬世职。（《清文宗实录》卷 203）

（咸丰六年七月）癸酉，谕内阁："钦差大臣前任湖北提督向荣由行伍叠次出师滑县、喀什噶尔等处，以备弁荐升专阃，蒙皇考宣宗成皇帝超擢提督，久历戎行，战功屡著。前因粤匪肆扰，统兵督剿，力保桂林、长沙等城，经朕授为钦差大臣。由湖北追贼，直抵金陵，虽未能克复坚城，而忠勇朴诚，士卒用命……遽闻溘逝，痛惜实深。披阅遗章，无一语计及家事，尤见忠忱义愤，公尔忘私。向荣着加恩开复提督，赏还花翎，即照提督军营病故例赐恤，并着赏给一等轻车都尉世职。任内一切处分悉予开复，应得恤典，该衙门察例具奏。伊孙向恩等三人，着俟服阕后由吏部带领引见。其灵柩回籍时，着沿途地方官妥为照料，用示朕褒嘉忠荩至意。”寻奏上，予祭葬，谥“忠武”。（《清文宗实录》卷204）

（咸丰六年七月戊寅）予湖北阵亡千总杨太和、余永胜、鲁连升，把总李南廷、汪友朋、成景桂，外委谢申禄、傅正荣等祭葬世职。（《清文宗实录》卷204）

（咸丰六年八月丙午）以攻剿湖北武昌援贼出力，赏道员李续宾布政使衔；参领舒保、西林布、花凌阿巴图鲁名号；委参领双福、色克精额、德平，防御庆安、巴彦杜勒、承惠、赓音佈，都司何绍彩等花翎；防御来福等蓝翎；余升叙有差。予阵亡游击刘锡文，把总杨庆春、晏光明、颜真彦、艾文轩、李启相、黄武泰、唐永飞，外委朱朝青等祭葬世职。（《清文宗实录》卷206）

（咸丰六年九月丙辰）追予故湖北提督向荣于江苏地方建立专祠。（《清文宗实录》卷207）

（咸丰六年九月丙辰）予湖北阵亡四品衔军功范潮兰祭葬世职。（《清文宗实录》卷207）

（咸丰六年十月己亥）予湖北节年阵亡同知姜国祺、陈锡熙、刘士拮，知州杨嘉运，知县汪荣基、何开泰、吕锡麟、单维楷、韩宝昌、姚国振，教授张一芝，教谕宋赓元，训导邱兆镛，司狱李克慎，州判魏作霖，县丞王青绶，吏目李树声，典史冯春晖，从九品王以南等祭葬世职；幕友冯照之、生员马汉祥等赏恤如例。（《清文宗实录》卷209）

（咸丰六年十月己亥）以湖北水陆各军击贼屡胜，赏参将李成谋总兵衔；同知孙守信，游击成大吉、张文焕、周宽世，都司沈俊德、胡裕发、赵克彰，守备杨得武、段清平、郑阳和、张志超等花翎；外委王际尚等蓝翎；余升赏有差。予阵亡把总周德麟祭葬世职。（《清文宗实录》卷209）

（咸丰六年十一月癸亥）予湖北襄阳阵亡府经历栗瀚源、守备卢占春、千总刘志高、六品军功董青云祭葬世职。（《清文宗实录》卷211）

（咸丰六年十一月戊寅）以楚军赴援江西，克复袁州、分宜府县二城，赏道员刘长佑按察使衔并加伊父母三品封典，知府萧启江道衔并加伊父母四品封典，千总崔大光等花翎，并各升补有差。予阵亡府经历陈钧和，千总李光祝、余谋忠祭葬世职，兵丁任开元等赏恤如例。（《清文宗实录》卷213）

（咸丰六年十一月戊寅）以楚军援剿贵州铜仁贼匪出力，赏道员翟诰按察使衔，总兵官文安，都司田宗蕃、吉隆阿等花翎，千总周洪印等蓝翎，余升补有差。（《清文宗实录》卷213）

（咸丰六年十一月壬午）以克复湖北省城，实授胡林翼巡抚并赏头品顶带。赏总兵官杨载福提督衔；参领富新副都统衔；参将王明山，游击周清元、陈金鳌巴图鲁名号；同知邢高魁、都司李续焘花翎；训导蒋泽沄等蓝翎；道员李续宾等升补有差。予阵亡千总罗春和，把总曾谋绩、彭兴，外委刘致祥、许镜清祭葬加等，世职如例。（《清文宗实录》卷213）

（咸丰六年十一月癸未）以克复湖北省城并汉阳府城，赏湖广总督官文花翎，下部议叙。（《清文宗实录》卷213）

（咸丰六年十二月己丑）以随同克复汉阳府城，予降补知府魁联以道员升用，并赏按察使衔。（《清文宗实录》卷214）

咸丰六年丙辰十二月甲辰，谕内阁："湖南省自曾国藩统师东下，即筹备船炮接济大军，甚资利用。其经费均由在局绅士捐办，业经骆秉章奏请奖励降旨加恩……其接济胡林翼军营战舰三百余只，并运解火药、炮子及一切军械，为数甚多，均系该省官绅董办，实能尽力筹谋，不分畛域。所有湖南总局司道大员并绅局委员前次未经保奏者，着骆秉章再行择尤保奏，以奖勤劳。"（《清文宗实录》卷216）

（咸丰六年十二月甲辰）予湖北武昌阵亡千总罗光台，外委汤日照、胡有才、彭其志、朱载光、留致祥祭葬世职。（《清文宗实录》卷216）

（咸丰七年二月辛卯）命丁忧户部右侍郎何彤云会办云南团练事宜。赠湖北宜昌阵亡同知李光荣知府衔，予祭葬世职加等。（《清文宗实录》卷219）

（咸丰七年二月壬辰）予湖北省城殉难道员延志祭葬世职加等，参将德亮祭葬世职如总兵例。（《清文宗实录》卷219）

（咸丰七年二月壬辰）予湖北天门阵亡文生东昌、达全暨六品军功恩全等四十六名赏恤如例。（《清文宗实录》卷219）

（咸丰七年二月丁未）赠湖北阵亡游击讷穆精额副将衔，千总王代雄

都司衔，把总廖康华守备衔，刘安潮千总衔；复已革都司多恩职，均予祭葬世职。（《清文宗实录》卷220）

（咸丰七年三月丙辰）予湖北汉阳伤亡协领德廉祭葬世职。（《清文宗实录》卷221）

（咸丰七年三月丁巳）予湖北武昌殉难按察司司狱陈惟和祭葬世职，母朱氏及阖家男妇二十五名口旌恤如例。（《清文宗实录》卷221）

（咸丰七年三月辛未）以湖北剿贼出力，予候选同知李续宜等加衔升用有差。（《清文宗实录》卷222）

（咸丰七年三月甲戌）以湖北筹运军饷出力，擢知县张黼华为知府，赏军功张志先等蓝翎，余加衔升擢有差。（《清文宗实录》卷222）

（咸丰七年四月丙戌）予湖北殉节举人曾继成等男妇一千九百六十六名口分别旌恤如例。（《清文宗实录》卷223）

（咸丰七年四月戊申）以湖北襄阳县绅民力保危城，永广文武学额各二名。（《清文宗实录》卷224）

（咸丰七年五月己未）予湖北阵亡知县李景湖祭葬世职如知府例，千总张鹏高、杨高桂祭葬世职如都司例，把总胡开礼、六品翎顶朱大伦祭葬世职如千总例。（《清文宗实录》卷225）

（咸丰七年五月庚辰）予湖北阵亡骁骑校官福、保福、凯清阿、全禄、和锦、穆吉楞额、德明阿、德海、富兴阿、海青阿、双凌祭葬世职。（《清文宗实录》卷226）

（咸丰七年闰五月辛巳）予湖北黄梅等处阵亡都司段清平、千总何得升等十四员祭葬世职。（《清文宗实录》卷227）

（咸丰七年闰五月丁未）以湖北罗田县绅团出力，永增文武学额各二名。（《清文宗实录》卷228）

（咸丰七年闰五月丁未）以湖北罗田等处剿贼出力，赏同知廖新花翎，外委徐兆达等蓝翎，余升叙有差。（《清文宗实录》卷228）

（咸丰七年六月庚戌）以湖北襄阳剿贼出力，赏已革知县伍继勋职。（《清文宗实录》卷229）

（咸丰七年六月辛亥）予湖北黄梅等处阵亡佐领富勒胡善、富明阿，守备张宏陞、周德昌，千总余开太、曾玉龙、何良玉，把总周华堂、周玉隆、谭永发、欧得魁、熊得胜、胡金盖等祭葬世职；武举张鹄等优恤如例。（《清文宗实录》卷229）

（咸丰七年六月己未）以楚军援剿吉安贼匪出力，赏道员王鑫巴图鲁名号；予阵亡把总汤见美、李德厚、彭大喜，外委文迎胜、余先才、彭名亮祭葬世职。（《清文宗实录》卷229）

（咸丰七年七月甲午）予湖北阵亡总兵官王国才祭葬世职如提督例，并于广济地方及原籍建立专祠，训导吴炳、县丞张兆麟、从九品衔吴灼祭葬世职。（《清文宗实录》卷231）

（咸丰七年七月甲辰）以湖北黄梅等处剿贼出力，赏副将朱品隆、周宽世，游击郑阳和、骁骑校金顺巴图鲁名号；都司彭友胜，守备刘廷选、李天培、李俊德、陈开胜、谭应祥等花翎；军功蓝斯明等蓝翎；余加衔升擢有差。予阵亡协领密雅明阿，守备陶忠泰、陈德懋，千总何有贵，外委易荣贵祭葬世职。（《清文宗实录》卷232）

（咸丰七年八月己酉）予湖北节年殉难官绅士庶、妇女惠瑗等三千五百三十六名口分别旌恤如例。（《清文宗实录》卷233）

（咸丰七年八月戊寅）予湖北阵亡外委彭金声祭葬世职。（《清文宗实录》卷234）

（咸丰七年九月庚辰）赠故按察使衔湖北道员王鑫布政使衔，予祭葬恤荫，谥“壮武”……（《清文宗实录》卷235）

（咸丰七年九月丙申）予湖北黄梅伤亡委参领善福祭葬世职，领催农齐尔赏恤如例。（《清文宗实录》卷236）

（咸丰七年十月甲寅）予湖北阵亡训导姚缘全，从九品邹时范，骁骑校布库吉尔、嘎勒德凌、常林、庆福、恩特恒额、吉里善，守备李菊生，千总王迎发，把总姚善礼，外委唐敏道等祭葬世职；生员桂敦临等赏恤如例。（《清文宗实录》卷237）

（咸丰七年十月壬申）予湖北阵亡殉难文武员弁、绅民、妇女胡起太等六千六百三十二名口分别旌恤如例。（《清文宗实录》卷238）

（咸丰七年十一月辛巳）湖广总督官文等奏：“遵挑荆州驻防旗兵训练马队。”得旨嘉奖。（《清文宗实录》卷239）

（咸丰七年十一月）戊子，赏湖北隐逸布衣万斛泉七品顶带，宋鼎、

邹金粟八品顶带，从巡抚胡林翼请也。（《清文宗实录》卷239）

（咸丰七年十二月癸亥）以剿平湖北黄州贼匪，全楚肃清，赏同知艾淳美，都司陈日元、巢日升、喻吉三，守备李文盛、黄思学等花翎；同知岳屏环等蓝翎；余升叙有差。（《清文宗实录》卷242）

（咸丰七年十二月乙丑）予湖北节年殉难知县董世昌、教谕熊联晖、邱文，训导杜德芬，刑部司狱张长义，府司狱张士彦，巡检章濬，从九品孙祖焕、桂鹏、吴堃、黄廷印、洪瑟祥，都司博崇武，守备钟声、杨胜鳌，千总杨国清、殷万年、陈金榜，卫千总刘式如，把总罗廷彪、刘尚烈、熊定国、邓步奎、谢正荣、侯元陞，外委邓起、王文太、孙镛、甘敬元、张天培、段复兴、金洪顺、李国福祭葬世职；五品军功哈清源等八名，监生陈心斋等六十七名，兵勇绅民熊宗喜等二千四十八名，因公遇害何兴隆等四十九名，遇贼死节绅民、妇女萧致中等一千三百八十二名口旌恤如例。（《清文宗实录》卷242）

（咸丰七年十二月壬申）以湖北官军剿匪出力并克复江西湖口、彭泽，安徽望江、东流、铜陵等县城，赏知府萧翰庆，参将雷风云，游击萧庆衍、刘人和、曾传荣，都司唐学发、杨镇魁、汤定国、黄惠清、朱升开、郭安邦，守备郑汉友等花翎；把总刘武德等蓝翎；余升叙有差。予阵亡守备郭德山，外委彭盛才、余朝向、龙在田、胡高德祭葬世职加等；军功周华堂、邹云礼、周长林、刘高举、黄式宾、苏光彩、余善长祭葬世职如把总例；生员伍焕铨祭葬世职如训导例。（《清文宗实录》卷242）

（咸丰八年三月戊寅）以截剿皖匪出力，赏湖北道员唐训方巴图鲁名号，守备梁洪胜、张养吾、朱恢三等花翎，余升擢有差；予阵亡教谕王炳荣祭葬世职。（《清文宗实录》卷247）

（咸丰八年四月壬戌）以克复江西九江府城，加湖广总督官文、湖北巡抚胡林翼太子少保……（《清文宗实录》卷251）

（咸丰八年四月乙丑）予湖北阵亡副将张文焕，都司谢国俊、胡达，千总熊世定、李子珍，把总许国泰、杜志立、朱瑞武、黄梅素，外委李承禄、周楚德祭葬世职。（《清文宗实录》卷251）

（咸丰八年五月壬辰）以克复湖北黄安麻城县城，开复同知何忠骏顶带。予阵亡千总陈定发，把总黄东海、贺福堂，外委龙长银、廖鹏程、刘芳林、周有亮、唐云华、李正和、萧意扬、殷洪发祭葬加等，世职如例；披甲富明阿优恤。（《清文宗实录》卷254）

（咸丰八年五月甲辰）予湖北华阳镇阵亡守备戴洪亮、外委郭得云祭葬加等，世职如例。（《清文宗实录》卷255）

（咸丰八年七月癸巳）又谕："官文奏抚臣丁忧，据请代奏，并以军务紧要，请照军营例改为署理各等语。湖北巡抚胡林翼自邀简任以来，时阅四载，于吏治兵事均能实力讲求。现虽合境肃清，而大军水陆东下，进止机宜，尚待调度，筹备饷糈，亦关紧要。该抚现丁母忧，着照军营例穿孝百日，加恩赏银四百两，即由湖北藩库给发。俾经理丧事，所有湖北巡抚印务，着官文暂行兼署。胡林翼俟百日后，仍着署理巡抚，如扶柩回籍，再行赏假两个月，俟军务完竣，准其补行终制，以遂其孝思。"（《清文宗实录》卷259）

（咸丰八年七月丙申）以收复湖北麻城黄安县城，免道员文辉、知府许赓藻处分。（《清文宗实录》卷259）

（咸丰八年七月己亥）以绅民捐输军饷，永广……湖北乡试中额三

名……(《清文宗实录》卷259)

(咸丰八年八月丁卯)予湖北叠次剿贼伤亡都司王隆祥、千总杨世泽、把总胡兆兰、外委谢存才等祭葬世职。(《清文宗实录》卷262)

(咸丰八年八月辛未)以克复湖北麻城、黄安二县城,赏副将杨得武巴图鲁名号,三等侍卫忠龄头等侍卫,在大门上行走,同知学润、都司张明汉、守备万凤书、防御双寿等花翎,知县盛典等蓝翎,余升叙有差。(《清文宗实录》卷262)

(咸丰八年九月戊子)予湖北阵亡防御根伦,守备成贵,千总讷苏肯、科卜托利,把总哈卜奇贤祭葬世职。(《清文宗实录》卷264)

(咸丰八年九月戊戌)予故荆州将军绵洵祭葬,谥庄武,赏银三百两治丧。(《清文宗实录》卷265)

(咸丰八年十月甲辰)以楚军克复安徽舒城县城,总兵官李续焘下部优叙;赏参将黄胜日、谢永祜巴图鲁名号,均以副将用,余升叙有差。予阵亡外委邓益胜、杨熊祭葬世职,文童蒋益深祭葬世职如从九品例。(《清文宗实录》卷266)

(咸丰八年十一月辛卯)以收复湖北麻城、黄安二县城,免兼辖副将书绅处分。(《清文宗实录》卷270)

(咸丰八年十二月己未)又谕:"官文等奏'查明统兵藩司阵亡实迹,恳请优恤'一折,览奏不觉陨涕。巡抚衔浙江布政使李续宾当贼匪围扑长沙之时,首倡团练,屡建奇功。嗣后赴援江西,调回湖南,旋随曾国藩东下,克复武汉。凡江西、湖北、湖南等省,攻克巨垒坚城,该藩司无不亲历行间，身先将士。通计七年之间，先后克复四十余城，大小六百余战，以少胜众，所向无前。一时诸将之中，无与伦比……从容赴义，其忠勇义烈之气，虽死犹生，实深悼惜。李续宾着加恩追赠总督，即照总督阵亡例赐恤，入祀昭忠祠。任内一切处分，悉予开复。应得恤典，该衙门察例具奏。伊父李登胜着赏给光禄大夫封典，并赏银五百两，由湖南藩库给发。伊子李光久、李光令均着赏给举人，一体会试，仍于服阕后，交吏部带领引见。并着于湖北、江西、安徽及湖南湘乡本籍，各建专祠，以示朕褒恤荩臣至意。”寻予祭葬世职，谥“忠武”。（《清文宗实录》卷272）

（咸丰九年二月己未）予湖北节年阵亡殉难被戕文武官绅、兵勇、妇女、知县俞恩泽等四千九百二十三名口分别旌恤如例。（《清文宗实录》卷276）

（咸丰九年五月戊寅）予湖北等省殉难知县董文煜、典史高振午祭葬世职，原任山东曹县知县章寅妻查氏等十七名口，分别旌恤如例。（《清文宗实录》卷282）

（咸丰九年五月丁酉）予湖北节年阵亡殉难文武官员、绅民、妇女四千八百六十九名口分别旌恤如例。（《清文宗实录》卷284）

（咸丰九年六月己未）以办理湖北襄阳粮台及委解军火出力，予训导王寿嵩等升叙有差，复已革都司魏鸿兴职。（《清文宗实录》卷286）

（咸丰九年七月己巳）又谕：“御史贺寿慈奏‘请饬查湖北殉难绅民，汇案请恤’等语。湖北武昌、汉阳各州县前被贼匪窜扰，该绅民等或办团练杀贼捐躯，或以不屈遇害，情殊可悯。节经该督抚查明奏请，给予恤典并咨部议恤者已不下数千人。兹据该御史奏称，漏未举报者尚不乏人，恐其日久湮没，不足以昭激劝。着官文、胡林翼通饬各州县，遴派公正绅耆详细访查，予限半年呈报，由该督抚复核，汇奏请恤，以彰忠义。”（《清文宗实录》卷287）

（咸丰九年七月乙亥）以湖北捐输军饷，永广乡试中额一名。（《清文宗实录》卷287）

（咸丰九年七月乙亥）予故荆州副都统载增祭葬。（《清文宗实录》卷287）

（咸丰九年十月壬戌）以办理湖北粮台出力，予在籍员外郎胡大任等升擢有差。（《清文宗实录》卷298）

（咸丰九年十一月丙子）追予故湖北提督向荣入祀江苏名宦祠，从两江总督何桂清等请也。（《清文宗实录》卷300）

（咸丰九年十一月丁丑）予江南浦口阵亡湖北提督周天培祭葬世职，谥“武壮”。（《清文宗实录》卷300）

（咸丰九年十一月己丑）以克复湖北黄安等县城出力，予詹事府主簿冯誉驺等升叙有差。（《清文宗实录》卷301）

（咸丰九年十一月癸巳）以湖北官绅团防出力，赏道员毛鸿宾、同知衔方宗埙花翎，武生方煜蓝翎，城守尉长顺二品顶带，知府启芳等加衔升叙有差。（《清文宗实录》卷301）

（咸丰九年十二月庚戌）以湖北团防出力，赏在籍给事中陈光亨四品卿衔，余升选有差。（《清文宗实录》卷303）

（咸丰十年二月己酉）以楚军攻克安徽太湖县城，赏副将王载驷、唐义训，参将苏文彪、段福勋，游击穆正春，都司余福象巴图鲁名号；礼部主事李榕花翎，余升补加衔有差。予阵亡游击徐胜禄，都司陈士富、易长泰，守备朱荣发、李年治、阮镇定，千总王发贵，把总张伦震，外委杨得信等四十二员祭葬世职，文童曾益明等赏恤如例。（《清文宗实录》卷 307）

（咸丰十年四月乙酉）予江苏阵亡湖北提督王浚祭葬世职，谥“勤勇”；安徽寿春镇总兵官熊天喜祭葬世职。（《清文宗实录》卷 317）

（咸丰十年四月乙酉）予湖北节年阵亡殉难守备嵩山暨绅民、妇女等九百三十五名口分别祭葬世职，旌恤如例。（《清文宗实录》卷 317）

（咸丰十年五月己酉）予湖北殉难从九品帅远星祭葬世职，民人朱宗廷等旌恤如例。（《清文宗实录》卷 319）

（咸丰十年六月癸亥）又谕：“骆秉章奏‘遣官致祭衔名不符，请另缮颁发’一折。前因富森署理荆州将军印务，所有致祭南岳等处，改派文格前往。兹据奏称‘原颁祭文与该司衔名不符，不足以昭诚敬’等语，着骆秉章即将部颁祭文改缮藩司文格衔名，饬令该司迅速前往，敬谨致祭。若复由部改缮，往返迁延，殊非致敬之道。该抚即遵照办理，毋稍拘泥。将此由五百里谕令知之。”（《清文宗实录》卷 321）

（咸丰十年九月辛亥）予湖北、江西、安徽等省阵亡守备谢光耀、千总章殿安、把总李允升等三十员祭葬世职，生员让兴第等四十三名口旌恤如例。（《清文宗实录》卷 331）

（咸丰十年十一月戊戌）以擒获湖北蕲广匪徒何致祥等出力，赏员外郎阎敬铭、主事成山、佐领政通花翎，余升叙有差。（《清文宗实录》卷 335）

（咸丰十年十一月甲寅）以楚军会剿安徽贼匪获胜，擢协领温德勒克西、佐领金顺以副都统用，副将萧庆衍、彭星占，都司雷正绾以总兵官用；赏副将郭鹏程、参将刘国瑶巴图鲁名号，通判吴廷华花翎，余升叙有差。予阵亡骁骑校丰绅，外委王品祥、刘楚泰祭葬世职，军功吕志国等赏恤如例。（《清文宗实录》卷 336）

（咸丰十一年二月己卯）予湖北节次阵亡殉难守备张胜辉、把总杨玉华等十七员祭葬世职，生员张冲斗等二千四十名口旌恤如例。（《清文宗实录》卷 344）

（咸丰十一年三月辛卯）予湖北各属阵亡殉难文武员弁、绅民、妇女一千三百五十四名口分别祭葬世职，旌恤如例。（《清文宗实录》卷 345）

（咸丰十一年三月丁巳）豁免四川调赴湖北等省阵亡兵丁张居樑等长支米折银两。（《清文宗实录》卷 347）

（咸丰十一年三月戊午）以克复湖北孝感、云梦、应城三县城并歼除逆首，赏都司王吉巴图鲁名号，道员金国琛按察使衔，副将成大吉等加衔升叙有差，予阵亡参将刘中和、都司尹翠日、外委欧正亭等祭葬世职。（《清文宗实录》卷 347）

（咸丰十一年四月乙亥）以克复湖北孝感县城，赏委营总安图、桂廉巴图鲁名号，予黄冈阵亡防御德海、委参领苏英阿祭葬世职。（《清文宗实录》卷 349）

（咸丰十一年五月甲辰）以湖北堵剿皖贼出力，赏参将梁洪胜、王万年，协领舒亮巴图鲁名号；县丞杨德峻花翎；总兵官雷正绾提督衔；副将赵既发、曹克忠、王可陞、陶茂林、赵克彰总兵衔；副将石清吉、杨朝林以总兵官用；协领常星阿、穆图善以副都统用；副都统多隆阿等加衔升叙有差。予阵亡千总杨得胜、委防御全安等五员祭葬世职。（《清文宗实录》卷352）

（咸丰十一年六月乙丑）予湖北孝感阵亡都司刘光楚、守备许宾国、千总王振裔、把总熊飞龙、外委莫有提等四十二员祭葬世职。（《清文宗实录》卷354）

（咸丰十一年八月辛酉）以克复湖北德安府城，赏参将朱吉玉巴图鲁名号，余加衔升叙有差。予阵亡都司欧阳武等十五员祭葬世职加等。（《清穆宗实录》卷2）

（咸丰十一年八月辛酉）予湖北随州阵亡游击刘复胜祭葬世职加等。（《清穆宗实录》卷2）

（咸丰十一年八月辛未）予湖北黄州阵亡千总张步元等祭葬世职加等。（《清穆宗实录》卷2）

（咸丰十一年九月壬寅）又谕："湖北巡抚胡林翼秉性忠直，操守廉洁，由翰林历官府道。仰荷皇考大行皇帝特达之知，于咸丰三年调赴湖北军营，晋擢巡抚，赏给头品顶带、太子少保衔。在军营九年，赏罚严明，知人善任，克复武昌及沿江郡县，肃清楚境，并调遣官军攻复江西九江，军威丕振，所向克捷。本年八月，克复安庆省城。朕念其公忠体国，懋著勋劳，赏加太子太保衔，并赏给骑都尉世职。方冀长资倚畀，克奏肤公，乃以积劳成疾，甫经赏假，遽闻溘逝。披览遗章，实深悼惜。

胡林翼着追赠总督，即照总督例赐恤。任内一切处分，悉予开复。应得恤典，该衙门察例具奏。并加恩予谥入祀贤良祠，并于湖北省及湖南原籍建立专祠。伊子胡子勋俟及岁时由吏部带领引见，以示朕笃念荩臣至意。”寻予祭葬，谥“文忠”。（《清穆宗实录》卷5）

（咸丰十一年九月乙巳）予湖北大冶阵亡知县倪应颐祭葬世职加等。（《清穆宗实录》卷5）

（咸丰十一年九月乙卯）以克复湖北黄州府城，总督官文、巡抚李续宜得旨嘉奖。赏副将李白衮、成大吉，参将王临祥、丁长春，游击贺三元、王允昌，都司罗盛典、左光培巴图鲁名号；擢军功刘维桢以都司用，并赏花翎；余加衔升叙有差。阵亡千总王华益祭葬世职加等。（《清穆宗实录》卷5）

（咸丰十一年十月甲子）以湖北樊城堵剿捻匪获胜，予守备张殿甲以都司用，余升叙有差；阵亡守备熊正喜祭葬世职加等。（《清穆宗实录》卷6）

（咸丰十一年十月甲子）以湖南筹饷出力，赏前任湖北按察使裕麟布政使衔，余升叙有差。（《清穆宗实录》卷6）

（咸丰十一年十一月乙未）又谕：“曾国藩奏‘已故抚臣忠勤尽瘁，勋绩最多’一折。已故湖北巡抚胡林翼由翰林起家，仰荷皇考大行皇帝特擢封圻，戮力疆场，勋劳懋著。业经加恩追赠赐恤，并入祀贤良祠，以褒忠荩。兹据奏陈，胡林翼自擢鄂抚，数载以来，恢复本境，援剿邻氛，整军经武，以死勤事，综其生平功业，允宜亟予表扬。着即宣付史馆，以光简册。胡林翼之子胡子勋并着赏给举人，准其一体会试，以示朕褒奖荩臣至意。”（《清穆宗实录》卷10）

（咸丰十一年十一月乙未）以湖北克复随州城出力，赏协领德平阿，委参领德隆阿、霍顺，游击李盛贵，都司朱湘霖巴图鲁名号；都司孙均等花翎；余升叙有差。予阵亡都司李开元等祭葬世职加等。（《清穆宗实录》卷10）

（咸丰十一年十一月）己亥，予湖北黄州阵亡守备尹承业等祭葬世职加等。（《清穆宗实录》卷10）

（咸丰十一年十一月癸丑）予湖北孝感等处阵亡千总龚明贵、把总胡昌乐、外委黄昌选等祭葬世职加等。（《清穆宗实录》卷11）

（咸丰十一年十二月乙丑）以湖北剿办松滋匪徒出力，予署知县汪维城等升叙有差。（《清穆宗实录》卷13）

（同治元年二月甲寅）予湖北来凤阵亡副将惠春、都司双庆、千总周忠福祭葬世职加等。（《清穆宗实录》卷18）

（同治元年二月戊午）予湖北来凤阵亡巡检秦熙鄄、千总黄洪达等祭葬世职加等。（《清穆宗实录》卷18）

（同治元年二月）癸亥，谕内阁："朕奉母后皇太后、圣母皇太后懿旨，前因从征将士兵勇历次阵亡者，其子孙甚可悯念，谕令各原籍地方妥为抚恤。因思军兴以来，封疆将帅之臣，或懋著勋劳，运筹规画，或转战数省，保障名城。虽尽瘁捐躯，所遇不同，要皆誓志灭贼，终始不渝。前已叠经赠官荫袭，赐谥建祠，饰终之典，备极优隆。缅维先帝在日，论及诸臣精忠壮节时时挥泪。今新政颁行，事事仰体先帝之心，诸臣以死勤事，九原不作，遗徽犹在，能勿怆怀？因谕议政王、军机大臣查明诸臣死事情形，择其战功卓著、忠绩懋昭、足以表式人伦者开单呈览。兹据查开进呈，详加披览，实皆勋绩卓然，为我国家忠良死节之臣。允宜再沛恩施，以示轸念……湖广总督吴文镕……均着各赐祭一坛……湖北按察使李卿榖……父子殉节……湖北巡抚胡林翼、湖北提督向荣……未收全功，遽就溘逝，迹其功勋卓越，名播寰区，至今江鄂士民，犹能称颂。殁于王事，悯念良深，并着各赐祭一坛。以上赐祭各员，着该旗都统、原籍督抚派委参佐道府大员，前往各该员家祠赐祭。其有未经予谥者，着礼部查明，加恩予谥，以光泉壤……此外大小员弁、绅团兵勇人等为国捐躯，虽经随时议恤，恐湮没者尚多，殊无以慰忠魂而作士气。着各路统兵大臣、地方大吏访查具奏，毋稍遗漏，以备交功臣馆纂入列传，用副笃念忠节至意。”（《清穆宗实录》卷18）

（同治元年二月丁卯）以湖北襄阳府境肃清出力，赏郎中李云麟、守备叶培等花翎，知县沈清鑑等蓝翎，余升叙有差。（《清穆宗实录》卷19）

（同治元年二月丁卯）以湖北天门办团出力，赏在籍郎中方宗坪等花翎，县丞方宗墉等蓝翎，余升叙有差。（《清穆宗实录》卷19）

（同治元年三月丁亥）以克复湖北来凤县城出力，赏总兵官李复胜、副将李盛贵一品封典，知县朱暨埙蓝翎，余升叙有差。予阵亡游击成汉堂等三十五员祭葬世职加等。（《清穆宗实录》卷21）

（同治元年四月甲子）予湖北宜昌阵亡守备朱正名等祭葬世职加等。（《清穆宗实录》卷25）

（同治元年四月戊辰）以湖北续捐军饷，永广乡试中额四名。（《清穆宗实录》卷25）

（同治元年四月甲戌）予湖北各属阵亡殉难千总李锦春等、绅民、妇

女一千二百三十员名口分别旌恤如例。(《清穆宗实录》卷26)

(同治元年四月乙亥)以捐修江西德安县城,予候选教谕程景周等职衔有差。(《清穆宗实录》卷26)

(同治元年六月丁巳)又谕:“前因胜保、翁同书奏,已革安徽布政使李孟群阵亡,当经奉旨将李孟群开复原官,照布政使阵亡例议恤。兹据袁甲三奏‘查明李孟群死事实迹,恳恩建祠、开复处分,并将随同死难各员开单请恤’一折,据称‘咸丰九年二月,逆首陈玉城围攻长城营盘。李孟群以饥卒数千当悍贼六七万,固守十余日,粮尽援绝。复亲率员弁,手刃数贼,力不能支,受伤被执,厉声骂贼。嗣被贼拥入庐城,数日不食,骂不少辍,遂被害于庐州西门内’等语。李孟群转战广西、湖南、湖北、安徽等省,忠勇性成,功绩懋著。兹览其死事详细情形,被害尤为惨烈,孤忠可悯,大节无亏。允宜渥沛恩施,以光泉壤。李孟群着照巡抚阵亡例从优议恤。任内一切处分,悉予开复。其死事实迹,着国史馆纂入列传,并准于庐州府死事地方建立专祠,伊父李卿穀原籍固始县专祠,并准将李孟群从祀,以示笃念忠烈,有加无已至意。”(《清穆宗实录》卷30)

(同治元年七月戊申)予湖北郧西阵亡署知县梁懋龄、守备柴文玉、教谕蔡以储祭葬世职加等,合建专祠,眷属家丁分别旌恤如例,一并附祀;卫守备李景良、把总黄金甲、典史袁铭懿等祭葬世职加等。(《清穆宗实录》卷35)

(同治元年八月丙子)予湖北各属阵亡殉难把总方魁元等、绅民、妇女六百七十员名口分别旌恤如例。(《清穆宗实录》卷38)

(同治元年九月庚戌)予湖北节年阵亡殉难都司郭俊秀等八十六员祭

葬世职，兵勇三百四十八名赏恤如例。（《清穆宗实录》卷 42）

（同治元年九月甲子）予湖北孝感阵亡副都统德克登额、署知县同知韩体震祭葬世职加等，于死事地方暨原籍各建专祠。（《清穆宗实录》卷 43）

（同治元年十月丁亥）以湖北攻克龙井贼巢，赏主簿邓贵伦等蓝翎，副将李续焘等加衔升叙有差，予阵亡参将邹昌保等十一员祭葬世职加等。（《清穆宗实录》卷 45）

（同治元年十月辛丑）以湖北施南守城出力，赏同知刘浚等花翎，府经历俞炘等蓝翎，余加衔升叙有差。（《清穆宗实录》卷 47）

（同治元年十月辛丑）以湖北武昌办团出力，赏监生戴昶等蓝翎，予在籍主事林镛等升叙有差。（《清穆宗实录》卷 47）

（同治元年十一月丁卯）予湖北钟祥阵亡骁骑校伯庆阿、赓音布祭葬世职加等。（《清穆宗实录》卷 49）

（同治元年十二月甲午）予湖北节年阵亡殉难外委唐凤翔等、弁兵、绅民、妇女三百七员名口分别旌恤如例。（《清穆宗实录》卷 52）

（同治二年正月丙辰）以湖南均州等处御贼出力，予知州熊登瀛，知县应銮阶、林瑞枝升叙。（《清穆宗实录》卷 54）

（同治二年二月丙戌）予湖北襄阳、枣阳……等处阵亡骁骑校奎春、金寿、阿克达春、顺德，千总蒋荣先祭葬世职加等。（《清穆宗实录》卷 57）

（同治二年四月壬午）予湖北望花东界岭阵亡都司摆似龙祭葬世职加

等。(《清穆宗实录》卷63)

(同治二年四月乙酉)予湖北蕲水等处阵亡副将谢鸿禧、游击易瑞霭、都司艾正和、守备萧复胜、千总唐品山等祭葬世职加等,于死事地方暨原籍均建专祠。(《清穆宗实录》卷63)

(同治二年四月丁酉)予湖北各属阵亡殉难监生满建洪等、绅民、妇女一千三百三十五名口分别旌恤如例。(《清穆宗实录》卷65)

(同治二年五月)辛酉,谕内阁:“前因吏部奏,湖北补用道唐际盛防堤出力,止属寻常劳绩,官文所保二品顶带之处未免过优,改为从优议叙。兹据官文奏称‘该员于松滋澧州逆匪起事之先访擒首逆,地方赖以安堵,与寻常劳绩不同,且官声卓著,能济时艰,请仍照前旨给奖’等语,唐际盛着准其仍照前旨赏给二品顶带,以昭激劝。”(《清穆宗实录》卷67)

(同治二年七月辛亥)予湖北安陆阵亡都司萧宝隆祭葬世职加等,守备曹德华等祭葬世职。(《清穆宗实录》卷72)

(同治二年七月丙寅)予湖北蕲水阵亡在籍主事蔡恭诠祭葬世职加等,入祀昭忠祠。(《清穆宗实录》卷74)

(同治二年七月丙寅)予湖北应山等处阵亡殉难从九品李育玉等、绅民、妇女四百五十三员名口分别旌恤如例。(《清穆宗实录》卷74)

(同治二年九月癸酉)以湖北德安、应山等处剿匪获胜,赏副将唐瑞廷巴图鲁名号,副都统安图等加衔升叙有差。予阵亡副将李春华等十九员祭葬世职加等,入祀死事地方暨原籍昭忠祠。(《清穆宗实录》卷80)

（同治二年十月壬午）以湖北镇口镇剿匪获胜，复总兵官杨朝林提督衔。赏副将李喜益巴图鲁名号，游击黄祖淦等花翎。予阵亡游击萧祖绳等祭葬世职加等，入祀死事地方暨各原籍昭忠祠。（《清穆宗实录》卷81）

（同治二年十月丙戌）以才能出众，赏湖北知府黄昌辅、周乐花翎，黄昌辅暨钟谦钧均加盐运使衔。（《清穆宗实录》卷82）

（同治二年十月丙戌）以湖北绅团克复麻城等县城出力，赏在籍员外郎衔主事李廷箫等花翎，同知孙福海等蓝翎，余加衔升叙有差。（《清穆宗实录》卷82）

（同治二年十月癸巳）予湖北节年阵亡殉难外委钱得宽等、绅民、妇女二千二员名口分别旌恤如例。（《清穆宗实录》卷82）

（同治二年十月戊戌）以湖北剿办捻匪，全省肃清，赏副都统舒保白玉搬指一个、翎管一支、大小荷包各一对，委骁骑校依克吉善、阿克都善巴图鲁名号，余加衔升叙有差。予阵亡佐领寿长等十员祭葬世职加等，并入祀死事地方暨各原旗籍昭忠祠。（《清穆宗实录》卷83）

（同治二年十一月庚申）又谕："前任安徽巡抚李续宜由诸生带勇剿贼，忠勇奋发，沉毅有为。与其兄原任浙江布政使李续宾戮力行间，受文宗显皇帝特达之知，荐擢封圻。转战湘、鄂、江、皖数省，屡克名城，战功卓著……调任湖北、安徽巡抚，办理一切，深合机宜。上年因丁母忧，赏假回籍治丧。本年复准开缺，专办皖北军务。旋因患病，节次赏假在籍调理。方冀渐起沉疴，长资倚任，兹闻溘逝，悼惜殊深。李续宜着加恩照总督军营病故例赐恤，任内一切处分，悉予开复。应得恤典，该衙门察例具奏，并准于湖南、湖北、安徽省城，宝庆府城，及原籍湘乡县城建立专祠。其历年战绩，着官文、曾国藩详查具奏，宣付史馆。伊父李登胜着赏给人葠四两，交恽世临颁给祗领，并着该地方官以时存问。伊子一人尚幼，着俟及岁时由该部带领引见，以示笃念荩臣、锡类推恩至意。”寻予祭葬恤荫，谥“勇毅”。（《清穆宗实录》卷 85）

（同治二年十二月戊子）以政绩优异，擢湖北知州牟嗣龙、知县方大湜以知府用。（《清穆宗实录》卷 88）

（同治三年二月丙戌）予湖北节年阵亡殉难外委刘日新暨绅民、妇女等一千四百六员名口分别旌恤如例。（《清穆宗实录》卷 94）

（同治三年三月丁卯）予湖北襄阳等处阵亡游击朱心俊等二十三员祭葬世职加等，附祀死事地方暨各原籍昭忠祠。（《清穆宗实录》卷 98）

（同治三年四月丙戌）予湖北随州阵亡委防御西林、佐领三丕勒祭葬世职加等。（《清穆宗实录》卷 100）

（同治三年四月庚寅）又谕：“钦差大臣西安将军多隆阿前在湖北带兵剿贼，叠著战功。同治元年，率师赴皖，攻拔庐州，匪首陈玉城败窜，被擒伏法。旋由湖北督师入陕，授为钦差大臣，将同朝一带回匪巢穴，悉数削平……兹据因伤出缺，披览遗章，实深悼惜。多隆阿着加恩追赠太子太保，照将军阵亡例从优赐恤，赏给一等轻车都尉世职。任内一切处分，悉予开复。应得恤典，该衙门察例具奏，并准入祀京师昭忠祠。其曾经立功省分，着各该督抚查明建立专祠……”寻予祭葬，谥“忠勇”。（《清穆宗实录》卷 100）

（同治三年四月戊戌）予湖北应山阵亡哲里木盟三品台吉阿尔萨朗祭葬世职加等。（《清穆宗实录》卷 101）

（同治三年五月）丁未，谕内阁："官文奏'都统衔镶红旗护军统领舒保由湖北杨家河地方追剿纷窜发逆，斩馘甚多。复于四月二十一日，分路追击二十余里，毙贼无算，直抵寿山。时已薄暮，层冈深涧，不利马战。舒保见贼来甚众，直前贾勇，力捣中坚，与德隆阿等陷入重围，力竭阵亡'等语。舒保自到湖北带兵以来，屡却悍寇，叠复名城，十余年来，战功卓著。此次因极力追贼，陷阵遇害，览奏殊深悼惜。舒保着照都统阵亡例从优赐恤。任内一切处分，悉予开复，并加恩予谥，入祀昭忠祠，于湖北武昌、汉阳、黄州、德安、襄阳建立专祠。历年战绩，并着宣付史馆。伊子倭克吉讷，俟及岁时由该旗带领引见，候旨施恩，以示笃念勋臣至意。"寻予祭葬世职，赠太子少保，谥"贞恪"。（《清穆宗实录》卷102）

（同治三年五月丁未）予湖北寿山阵亡营总德隆阿、骁骑校额尔根扎普、图兴阿等祭葬世职加等，均附祀护军统领舒保专祠。（《清穆宗实录》卷102）

（同治三年五月己酉）以湖北通城县捐输团练，永广学额七名。（《清穆宗实录》卷102）

（同治三年五月癸亥）予湖北节年阵亡殉难守备贺习闻等暨绅民、妇女九百八十三员名口分别旌恤如例。（《清穆宗实录》卷104）

（同治三年六月癸酉）予湖北寿山殉难防御德喜等祭葬世职加等。（《清穆宗实录》卷105）

（同治三年六月己卯）予湖北应山阵亡千总连允祭葬世职加等。（《清穆宗实录》卷105）

(同治三年六月戊戌)又谕:"……钦差大臣大学士湖广总督官文,征兵筹饷,推贤让能,克复楚北郡县多处,肃清全境,并筹办东征军务,接济饷需,不分畛域,实属荩勤卓著。着加恩锡封一等伯爵,世袭罔替,并加恩将其本支无庸仍隶内务府旗籍,着抬入正白旗满洲,赏戴双眼花翎……"(《清穆宗实录》卷107)

(同治三年七月壬子)以湖北捐输军饷,永广乡试中额二名。(《清穆宗实录》卷109)

(同治三年七月癸亥)又谕:"军兴以来,所有忠良死事诸臣,业经赠官荫恤赐谥建祠,饰终之典备极优隆。朕建元初年,复奉两宫皇太后懿旨,将战功卓著、忠绩懋昭、足以表式人伦者,赐祭一坛并加恩一律予谥,以示轸念……而其间封疆将帅,功绩尤为昭著者,追念前劳,尤堪悯恻。兹据议政王、军机大臣遵旨查明,开单进呈,详加披阅。如胡林翼等规画远大,勋绩卓然,允宜再沛恩施,用光泉壤。前任湖北巡抚胡林翼着加恩赏给一等轻车都尉世职,前任湖北提督向荣着加恩入祀昭忠祠……用示笃念忠荩、有加无已至意。"(《清穆宗实录》卷110)

(同治三年七月癸亥)予湖北节年阵亡殉难把总徐富祥等、绅民、兵勇、妇女一千六百十八员名口分别旌恤如例。(《清穆宗实录》卷110)

(同治三年七月乙丑)予湖北军营病故副都统苏克金祭葬恤荫加等,谥"庄介"。(《清穆宗实录》卷110)

(同治三年七月乙丑)予湖北麻城阵亡守备阎乐天、把总蒋庆祥祭葬世职。(《清穆宗实录》卷110)

（同治三年八月）丙子，谕内阁："官文奏'恳恩将嫡堂弟一并赏入正白旗满洲旗籍'等语。大学士湖广总督官文前因克复江宁省城，懋著勋劳，降旨加恩将其本支抬入正白旗满洲，无庸仍隶内务府旗籍。兹据奏称'该督因乏子嗣，以嫡堂弟内务府衣库六品库掌官广之次子荣彩承继为嗣，垦恩将荣彩之生父官广并官广之胞兄官永一并赏入正白旗满洲'等语，向来奉特旨将本支抬旗，仅指本身及其子孙而言，即同胞兄弟已不得随同抬入他旗，诚以世系蝉联而下，旁支即不能连及。荣彩虽经过继官文而嗣，其本生父官广及官广之胞兄官永，均着与官文之胞弟胞侄不准一并抬旗。"（《清穆宗实录》卷 111）

（同治三年八月甲申）予湖北罗山阵亡都统舒通额，侍卫隆春、奇克塔善，参领祥恩，营总常德、西蒙额等祭葬世职加等；复已革副将徐连升原官，予祭葬世职。（《清穆宗实录》卷 112）

（同治三年九月己亥）追予湖北武昌殉难通判沈燿鋆祭葬世职。（《清穆宗实录》卷 114）

（同治三年九月辛丑）予湖北长岭冈阵亡都司成志义等祭葬世职加等，文生李南英祭葬世职如从九品例。（《清穆宗实录》卷 114）

（同治三年九月甲子）予湖北蕲水阵亡总兵官石清吉祭葬世职加等，入祀昭忠祠，并于直隶沙河县原籍暨安徽庐州，湖北黄州、德安、蕲水立功各地方建立专祠；副将江星南等祭葬世职加等，附祀蕲水县石清吉专祠。（《清穆宗实录》卷 116）

（同治三年十月戊寅）予湖北蕲水阵亡副将杨秀琪祭葬世职加等。（《清穆宗实录》卷 118）

（同治三年十月戊子）以湖北广济剿贼失利，革副都统常兴阿、苏伦保、温德勒克西、富森保，提督蓝斯明、姜玉顺，总兵官杨朝林、梁洪胜职，夺勇号，仍留营。予阵亡提督萧河清祭葬世职加等，谥忠壮，入祀湖南、湖北昭忠祠，并于死事地方暨原籍建立专祠。（《清穆宗实录》卷119）

（同治三年十二月庚辰）以湖北省城办理营务出力，赏道员义泰盐运使衔。（《清穆宗实录》卷124）

（同治三年十二月丁亥）予湖北麻城阵亡守备阎乐天祭葬世职加等。（《清穆宗实录》卷124）

（同治四年二月乙亥）以遗爱在民，予故湖北布政使刘体重入《国史循吏传》。（《清穆宗实录》卷129）

（同治四年二月甲申）以湖北长阳擒斩逆匪田士信，赏知府唐协和巴图鲁名号。（《清穆宗实录》卷130）

（同治四年三月庚戌）予湖北广济阵亡参将杨先畴等祭葬世职加等，附祀提督萧河清专祠。（《清穆宗实录》卷133）

（同治四年三月癸丑）予湖北节年阵亡殉难都司周天亮等、绅民、兵勇、妇女二千八百一十六员名口分别旌恤如例。（《清穆宗实录》卷133）

（同治四年五月癸卯）予湖北黄陂等处阵亡殉难文生叶肇唐等、绅民、妇女四百七十八名口分别旌恤如例，并予建祠。（《清穆宗实录》卷138）

（同治四年闰五月辛未）追予湖北随州阵亡都司戴耀堂、外委潘承恩

祭葬世职，生员詹钟福等、绅民、妇女一百八十一名口分别旌恤如例，均予建祠。（《清穆宗实录》卷141）

（同治四年六月乙卯）谕内阁："前因湖北武昌城守营参将杨光普阵亡，该员长子培英失散，查无下落，当将杨光普所遗世管佐领及议恤应得云骑尉世职，令该员次子汇英承袭。兹据镶蓝旗汉军奏称'培英现由湖北咨送回旗，其汇英承袭各职可否改归培英承袭'等语，培英既系杨光普长子，所有汇英承袭之世管佐领兼一云骑尉世职，均着改归培英承袭。"（《清穆宗实录》卷146）

（同治四年六月乙卯）追予湖北武昌殉难参将杨光普母李氏、妻高氏旌表如例。（《清穆宗实录》卷146）

（同治四年七月丙寅）予湖北云梦殉难寿民戴修恭等男妇十一名口分别旌恤如例。（《清穆宗实录》卷147）

（同治四年七月庚午）予湖北咸宁被戕知县罗琳祭葬世职加等。（《清穆宗实录》卷147）

（同治四年八月癸丑）予湖北军营病故记名提督袁秀林祭葬恤荫。（《清穆宗实录》卷152）

（同治四年十月戊申）以捐制军械，予荆州将军巴扬阿等议叙。（《清穆宗实录》卷157）

（同治四年十二月癸卯）予湖北天门等处阵亡殉难绅民贡生王兰、生员张泽兰等暨妇女黄何氏等三百十一名口分别旌恤如例，并予建祠。（《清穆宗实录》卷163）

（同治五年正月丁亥）予湖北黄冈阵亡总兵官梁洪胜祭葬世职加等。（《清穆宗实录》卷167）

（同治五年二月己酉）以克复湖北黄陂县城，予提督刘铭传优叙，赏总兵官张景春，副将冯如霖、田履安、刘盛休、周志本、李锡增，游击王德成巴图鲁名号，余加衔升叙开复有差。予阵亡守备陈福禄等祭葬世职加等。（《清穆宗实录》卷169）

（同治五年二月己未）予闻变捐躯原任福建按察使黄安绶妻张氏暨子媳等分别旌恤如例。（《清穆宗实录》卷170）

（同治五年三月壬申）追予广西龙英阵亡州同李懋莘于湖北监利县原籍建立专祠，妻蔡氏殉节，旌表如例，并附祀。（《清穆宗实录》卷172）

（同治五年三月癸酉）予湖北各属阵亡殉难官弁把总李芝发等暨绅民、妇女四千九百四十员名口分别旌恤如例。（《清穆宗实录》卷172）

（同治五年三月乙亥）以湖北荆州团练出力，予同知吴久安等加衔升叙有差。（《清穆宗实录》卷172）

（同治五年四月乙未）以湖北汉口督修堡工出力，赏道衔吴光裕等花翎，知府钟谦钧等加衔升叙有差。（《清穆宗实录》卷174）

（同治五年五月辛巳）予湖北叠次阵亡都司何天寿等二十三员祭葬世职。（《清穆宗实录》卷177）

（同治五年五月癸未）以湖北天门、京山两县堤工完竣，复已革知府

徐畅达职并赏还花翎，余加衔升叙有差。(《清穆宗实录》卷177)

(同治五年六月丁未)以湖北云梦县捐输团练，永广学额一名。(《清穆宗实录》卷179)

(同治五年八月庚寅)以湖北天门县捐输团练，永广学额五名。(《清穆宗实录》卷182)

(同治五年八月己亥)追予湖北武昌阵亡知县王恩绶于江苏无锡县原籍建立专祠，子燮暨家丁等一并附祀。(《清穆宗实录》卷182)

(同治五年十月癸卯)以湖北黄冈县捐输团练，永广学额四名。(《清穆宗实录》卷187)

(同治五年十二月甲辰)予湖北臼口等处阵亡总兵官张凤鸣、副将钟光斗、游击杨爵发、都司谢宝城、千总任连升等祭葬世职加等。(《清穆宗实录》卷192)

(同治五年十二月壬子)予湖北安陆等处阵亡副将颜光杰等祭葬世职加等。(《清穆宗实录》卷193)

(同治六年正月壬戌)予湖北新家闸阵亡总兵官张树珊祭葬世职加等，谥"勇烈"，于立功地方暨原籍建立专祠；副将刘登朝、郭有容，都司马寿文，知县李辉麟，守备黄瀚祭葬世职加等，一并附祀。(《清穆宗实录》卷194)

(同治六年正月庚辰)予湖北杨家泽等处阵亡总兵官陈永康等祭葬世职加等。(《清穆宗实录》卷195)

（同治六年二月乙酉）予湖北钟祥等处阵亡总兵官章茂等二十员祭葬世职加等。（《清穆宗实录》卷196）

（同治六年二月己丑）予湖北罗家集阵亡提督曹仁美等六十四员祭葬世职。（《清穆宗实录》卷196）

（同治六年二月戊戌）以湖北尹滗河督队不力，夺道员刘盛藻花翎、勇号，仍责令剿贼自效。予阵亡总兵官唐殿魁等祭葬世职加等。（《清穆宗实录》卷196）

（同治六年二月己酉）予湖北杨家洚等处阵亡总兵官陈永康等一百八员祭葬世职加等。（《清穆宗实录》卷197）

（同治六年三月丁巳）予湖北蕲水阵亡道员彭毓橘祭葬世职如布政使例，谥“忠壮”，于死事地方暨原籍建立专祠；提督罗朝云、邓泰福、王仕益、陈致祥，总兵官彭光友、罗兴祥，道员葛承霖，均祭葬世职加等，附祀彭毓橘专祠。（《清穆宗实录》卷198）

（同治六年三月戊辰）予湖北尹滗河伤亡参将于翼开等祭葬世职。（《清穆宗实录》卷198）

（同治六年四月辛亥）以湖北应山等处剿匪获胜，暂缓已革提督刘克仁遣戍。予参将董大义等加衔升叙有差，阵亡总兵官张遵道、副将李占彪、参将李洪贵、游击孙云标、知县龚汝弼、都司赵贵生、千总萧东江、县丞廖德琦等祭葬世职加等。（《清穆宗实录》卷201）

（同治六年八月庚寅）予湖北蕲水等处阵亡提督刘成秀等八百一员祭

葬世职。（《清穆宗实录》卷 209）

（同治六年九月乙卯）予湖北孝感殉难监生李廉暨眷属十名口分别旌恤如例。（《清穆宗实录》卷 211）

（同治六年九月己卯）旌表守正捐躯湖北谷城县民杨四斤妻刘氏。（《清穆宗实录》卷 212）

（同治六年十月甲午）予湖北军营病故记名提督冯标祭葬恤荫，于本籍建立专祠。（《清穆宗实录》卷 213）

（同治六年十月丁酉）以湖北各属绅团缉获逆匪出力，赏从九品萧虞卿六品顶翎，余加衔奖叙有差。（《清穆宗实录》卷 214）

（同治六年十一月甲子）以湖北襄河防剿出力，予协领汤苏、霖庆以副都统简放，余升叙有差。（《清穆宗实录》卷 216）

（同治六年十一月甲戌）旌表守正捐躯湖北襄阳县民高长华妻宋氏。（《清穆宗实录》卷 217）

（同治六年十二月丁酉）予湖北罗田等处阵亡殉难举人叶为璜等、绅民、妇女七百九十三名口分别旌恤如例。（《清穆宗实录》卷 219）

（同治六年十二月辛丑）谕内阁："前据张之万奏官军追捻大胜，生擒首逆，余众歼除殆尽，当经降旨宣示中外。兹据李鸿章驰奏派军南追，生擒赖汶洸，余逆剿灭净尽。红旗夕至，庆幸良深。捻逆伪鲁王任柱、伪遵王赖汶洸纠众肆扰，流毒中原，极恶穷凶，神人共愤。经朝廷特授李鸿章为钦差大臣，督师进剿，广设方略，将士同心，捷书屡奏，旋毙任逆，贼势衰落，率党南奔。复经刘铭传等军昼夜穷追，未及旬日，赖逆生擒，其余逆酋伪众悉数歼除，洵足以彰天讨。从此江南、安徽、山东、湖北等省生民，得以安业，自宜特沛恩施，以酬劳勩。湖广总督一等肃毅伯李鸿章调度有方，肤公克奏，加恩着赏加一骑都尉世职……”（《清穆宗实录》卷220）

（同治七年三月己酉）旌表夫亡殉节湖北尹滠河阵亡副将刘朝煦妻方氏，并准于安徽庐州府原籍合建忠节祠。（《清穆宗实录》卷226）

（同治七年五月丁酉）予湖北各属阵亡殉难外委吴尊伦等、绅民、妇女一百五十五员名口分别旌恤如例。（《清穆宗实录》卷234）

（同治七年六月丙辰）追予湖北云梦等处阵亡殉难监生戴修仁等、绅民、妇女六百一十七名口分别旌恤如例，并予建祠。（《清穆宗实录》卷235）

（同治七年八月甲子）以湖北江陵等处历年拿获教匪出力，赏知府荣光等花翎，盐课大使徐镕蓝翎，余加衔升叙有差。（《清穆宗实录》卷241）

（同治七年八月乙丑）命协办大学士湖广总督李鸿章在紫禁城骑马。（《清穆宗实录》卷241）

（同治七年八月己巳）予湖北小军山阵亡参将周禄暨子从九品承銮祭葬世职，于死事地方暨原籍建立专祠。（《清穆宗实录》卷241）

（同治七年八月庚午）命荆州将军巴扬阿在紫禁城骑马。（《清穆宗实录》卷241）

（同治七年九月丁酉）予湖北黄陂等处殉难从九品衔童福林等、绅

民、妇女四十八员名口分别旌恤如例。（《清穆宗实录》卷 243）

（同治七年十月癸酉）追予湖北通城阵亡县丞邹永喆等祭葬世职，生员陈邦伟等赏恤如例。（《清穆宗实录》卷 245）

（同治八年九月辛未）予湖北各属阵亡殉难官弁游击周宜璋等暨绅民、妇女二百七十六员名口分别旌恤如例。（《清穆宗实录》卷 266）

（同治九年三月甲戌）追予湖北各属阵亡殉难监生吴必均等、绅民、妇女一千三百二十六名口分别旌恤如例。（《清穆宗实录》卷 278）

（同治九年九月乙丑）荆州将军巴扬阿六十生辰，赐御书扁额，曰“机钤笃祜”，并赏文绮珍玩。（《清穆宗实录》卷 290）

（同治九年十月）丙申，谕内阁：“李鸿章奏‘查明知府保案实无冒滥，恳仍照原保奖励，并自请察议’等语。候选知府沈保靖前因剿捻出力，经李鸿章奏以道员留于湖北补用。续经吏部议以该员从征楚省，系在丁忧期内，原保并未声叙，亦未先行奏调，按照定章，撤销保案。惟念该员随从李鸿章剿贼，尚属得力，未便没其微劳，沈保靖着仍准其免选本班，以道员留于湖北归候补班前先补用，以示鼓励。李鸿章先未奏调，究属疏忽，着交部察议。”（《清穆宗实录》卷 292）

（同治十年三月癸卯）命湖广总督李瀚章在紫禁城骑马。（《清穆宗实录》卷 307）

（同治十年四月）戊辰，追予湖北各属阵亡殉难巡检余映奎等、绅民、妇女五十三员名口分别旌恤如例。（《清穆宗实录》卷 308）

（同治十年七月）甲寅，谕内阁："李瀚章、郭柏荫奏'前任督臣勋绩最著，恳请建祠'一折。原任大学士官文任湖广总督十二年，当地方兵燹之余，能持大体，与历任巡抚和衷共济，恢复全楚，并次第举行善政，民气得渐复元，该省绅民至今称颂。着照所请，即将湖北前建胡林翼专祠改为官文、胡林翼合祠，列入祀典，饬令地方官春秋致祭，以彰忠荩而顺舆情。"（《清穆宗实录》卷 316）

（同治十年十一月壬寅）追予湖北节年阵亡殉难武生吴德师等、绅民、妇女九十二名口分别旌恤如例。（《清穆宗实录》卷 324）

（同治十年十一月戊申）追予……湖北省城殉难知县王恩绶谥"武愍"。（《清穆宗实录》卷 324）

（同治十一年二月丙寅）谕内阁："大学士两江总督曾国藩学问纯粹，器识宏深，秉性忠诚，持躬清正，由翰林蒙宣宗成皇帝特达之知荐升卿贰。咸丰年间，创立楚军，剿办粤匪，转战数省，叠著勋劳。文宗显皇帝优加擢用，补授两江总督，命为钦差大臣督办军务……"（《清穆宗实录》卷 328）

（同治十一年四月己卯）又谕："大学士两江总督曾国藩于本年二月间因病出缺，当降旨优予恤典，并于湖南原籍江宁省城建立专祠，生平政迹事实，宣付史馆。一等侯爵即令伊子曾纪泽承袭，其余子孙几人，令何璟查明具奏，候旨施恩。旋据何璟、英翰、李瀚章先后胪陈曾国藩历年勋绩，英翰、李瀚章并请于安徽湖北省城建立专祠，又据何璟遵查该故督子孙详晰复奏，披览之余，弥增悼惜。曾国藩器识过人，尽瘁报国，当湘鄂江皖军务棘手之际，倡练水师，矢志灭贼。虽屡经困厄，坚忍卓绝，曾不少渝，卒能万众一心，削平逋寇。功成之后，寅畏小心，始终罔懈。其荐拔贤才，如恐不及，尤得以人事君之义，忠诚克效，功德在民，允宜叠沛恩施，以彰忠荩。曾国藩着于安徽、湖北省城建立专祠，此外立功省分，并着准其一并建祠。伊次子附贡生曾纪鸿、伊孙曾广钧均着赏给举人，准其一体会试。曾广镕着赏给员外郎，曾广铨着赏给主事，均俟及岁时分部学习行走。何璟、英翰、李瀚章折三件，均着宣付史馆，用示眷念勋臣、有加无已至意。”（《清穆宗实录》卷 332）

（同治十一年八月戊寅）追予湖北各属阵亡殉难把总曹连陞等、绅民、妇女五十四员名口分别旌恤如例。（《清穆宗实录》卷 339）

（同治十一年十一月丁未）追予湖北武昌殉难护按察使署知府多山谥“忠庄”。（《清穆宗实录》卷 345）

（同治十二年三月）乙未，追予湖北汉阳殉难知府董振铎谥“壮节”。（《清穆宗实录》卷 350）

（同治十二年四月）壬子，追予湖北各属阵亡殉难千总王兆熊等、绅民、妇女七百二十一员名口分别旌恤如例。（《清穆宗实录》卷 351）

（同治十二年闰六月）辛巳，谕内阁：“都察院奏‘广东绅士翰林院编修潘衍桐等呈称，原任湖北德安府知府易容之，于咸丰四年间在德安府任内守城御贼，力竭殉难，恳请予谥’等语，着礼部议奏。另片奏‘殉节人员应不准由同乡京官呈请予谥’等语。嗣后各省殉难官员果系死事惨烈者，准由该处绅民呈请各该督抚及都察院衙门查核具奏，不准再由同乡京官具呈声请，以昭核实。”（《清穆宗实录》卷 354）

（同治十二年闰六月丙戌）以筹备云南军需，予前任成都将军崇实、四川总督吴棠、两广总督瑞麟暨江苏、江西、浙江、湖北、湖南各督抚藩司并云南道员韩锦云等优叙，赏布政使宋延春、按察使程诚头品顶带。

（《清穆宗实录》卷354）

（同治十三年五月丙辰）谕内阁："李宗羲奏'已故提督功绩卓著，请合建专祠'一折。前湖北提督向荣、前江南提督张国樑于咸丰年间先后驻师金陵，督兵剿贼，屡著战功。向荣旋以积劳病故……均经奉旨优恤……向荣、张国樑着准于江宁省城合建一祠。由地方官春秋致祭，以彰忠荩。"（《清穆宗实录》卷366）

（同治十三年六月乙未）予故荆州副都统明兴祭葬如例。（《清穆宗实录》卷367）

（同治十三年十月丁丑）以慈禧端佑康颐皇太后四旬圣寿，锡类推恩，赏大学士直隶总督李鸿章、湖广总督李瀚章母李氏御书扁额，曰"松筠益寿"……（《清穆宗实录》卷372）

（同治十三年十二月乙未）又谕："太常寺少卿周瑞清奏'故员夙著勋劳，请给予恤典'一折。降调广东巡抚前山西按察使蒋益澧前在湖北、江西等省剿贼极为得力，移师广西，叠复坚城，荡平巨匪。迨统兵援浙，奋勇力战，所向有功。该故员转战数省，懋著勋勤。本年夏间大行皇帝垂念前功，令其来京陛见，方将量加擢用。乃以力疾来京，遽尔溘逝，殊堪轸惜。蒋益澧着开复原官，照巡抚例赐恤。该故员生平政绩，并着宣付史馆立传。"寻予祭葬，谥"果敏"。现月　（《清德宗实录》卷2）

（光绪元年三月癸丑）以捐躯殉难，予湖北候选从九品吴国容等旌恤如例。折包　（《清德宗实录》卷6）

（光绪元年十一月庚申）又谕："丁宝桢奏'请将筹拨工需各员奖励'等语……前湖北布政使林之望……均着交部从优议叙，湖北办理盐厘局

务前署湖北盐法道恭钊着赏戴花翎。”现月 （《清德宗实录》卷22）

（光绪二年正月癸丑）追予湖北安陆鹤峰等州县殉难廪生熊家望等、绅民、妇女四百五十八名口分别旌恤如例，并予立祠建坊。外记注 （《清德宗实录》卷25）

（光绪二年六月壬寅）以率属捐廉，解京备赈，予署湖广总督湖北巡抚翁同爵优叙。折包 （《清德宗实录》卷34）

（光绪二年九月戊午）两江总督沈葆桢奏：“阵亡殉难子孙、原任湖广总督吴文镕之子吴丙湘等八十六员承袭世职。”下兵部议。（《清德宗实录》卷40）

（光绪二年十月辛亥）予故荆州将军巴扬阿恤荫，寻赐祭葬，谥“威勤”。现月谥法 （《清德宗实录》卷41）

（光绪三年二月癸丑）予台湾抚番积劳病故湖北知县梁肇煐等分别赏恤如例。折包 （《清德宗实录》卷48）

（光绪三年三月丙寅）予湖北各属阵亡殉难官弁选用从九品崔人庄等三十四员、名兵勇罗宏玉等三十二名、民人妇女欧阳何氏等五十二名口，分别旌恤如例。折包 （《清德宗实录》卷49）

（光绪三年三月丙寅）追予湖北殉难巡抚陶恩培、学政冯培元合建专祠，并列入祀典，由地方官春秋致祭。（《清德宗实录》卷49）

（光绪三年三月戊寅）追予甘肃殉难湖北候补道吴炳崑附祀湖北等处昭忠祠。折包 （《清德宗实录》卷49）

（光绪三年四月丙午）命荆州将军希元、杭州将军果勒敏在紫禁城内骑马。现月　（《清德宗实录》卷50）

（光绪三年八月己未）予故湖北巡抚翁同爵祭葬如例。现月　（《清德宗实录》卷55）

（光绪三年十月己亥）以督防堤工出力，予湖北荆宜施道孙家谷、荆州府知府倪文蔚优叙。折包　（《清德宗实录》卷60）

（光绪三年十月己亥）以教习旗队出力，赏荆州驻防副将桂发总兵衔。折包　（《清德宗实录》卷60）

（光绪四年五月）辛亥，谕内阁："阎敬铭、曾国荃奏'请将转运赈粮出力各员奖励'一折。上年山西被旱成灾，经李鸿章派令升任臬司黎兆棠等转运赈粮，源源协济，饥民全活甚多。在事各员，自应量予奖励……直隶候补道王定安、湖北候补道朱其诏，均着遇有该省道员缺出尽先题奏……此次转运山西赈粮，各该员不辞劳瘁，俾灾黎得资接济，是以均照所请给奖，嗣后不得援以为例。"（《清德宗实录》卷73）

（光绪四年十一月己未）追予湖北黄冈协左右两营阵亡病故官兵建祠致祭。折包　（《清德宗实录》卷81）

（光绪四年十一月壬申）又谕："李鸿章奏'命妇捐助赈银，请赏给扁额'等语。湖北巡抚潘霨之母陶氏因直隶灾歉捐助赈银二千两，尚属乐善好施，着准其照例旌表。所请赏给扁额之处，着毋庸议。"现月（《清德宗实录》卷82）

（光绪五年七月庚寅）以解盐课厘钱遭风溺毙，予湖北府经历马濂泉优恤。（《清德宗实录》卷98）

（光绪五年十一月戊子）予湖北阵亡生员吴荣清优恤。随手 （《清德宗实录》卷104）

（光绪六年五月癸酉）予阵亡湖北六品军功沈鸿钧优恤。折包随手（《清德宗实录》卷113）

（光绪六年七月己巳）予御贼阵亡湖北黄陂县知县张翼优恤。随手折包 （《清德宗实录》卷115）

（光绪七年正月丙戌）予故湖北郧阳镇总兵周有全祭葬恤荫，并将事迹宣付史馆立传，准在立功省分建立专祠。现月 （《清德宗实录》卷126）

（光绪七年三月丁丑）予因公淹毙湖北守备陈天顺如阵亡例议恤。（《清德宗实录》卷128）

（光绪七年三月丁丑）予积劳病故湖北守备吴浚如军营例优恤。以上俱折包 （《清德宗实录》卷128）

（光绪七年三月癸未）以剿办台匪积劳病故，复记名提督湖北已革副将沈鸿宾职，并赐恤如例。折包 （《清德宗实录》卷128）

（光绪七年六月）乙卯，谕内阁：“慈禧端佑康颐昭豫庄诚皇太后自上年春间圣体违和，多方调摄，现已大安，朕心实深庆幸。惟念慈躬甫就绥和，仍宜随时静摄，昕宵训政，未可过涉焦劳。朕惟有于定省之余，吁恳圣慈遇事节劳，宽怀颐养，日益康健，以慰天下臣民之望。上年宝廷奏请饬各省保荐医士，当经寄谕各省督抚，详细延访，保送来京。旋据李鸿章、李瀚章、彭祖贤保送道员薛福辰，曾国荃保送知县汪守正，吴元炳、谭钧培保送职员马文植等到京，由总管内务府大臣带领各该员同太医院院判等每日进内请脉。所拟方剂，均能敬慎商榷，悉臻妥协，允宜特沛恩施……湖广总督李瀚章、陕甘总督曾国荃、湖北巡抚彭祖贤……均着交部从优议叙。”现月 （《清德宗实录》卷131）

（光绪七年七月辛酉）以拿获会匪，予湖北来凤县知县唐殿华等奖叙有差。随手 （《清德宗实录》卷132）

（光绪七年闰七月乙巳）旌恤湖北殉难职员宋庆云、乡勇晏清明、民人涂明等七千七百九十七员名口如例。折包 （《清德宗实录》卷133）

（光绪七年闰七月丁未）命四川布政使程豫……来京另候简用……予湖北候补道许世福等奖叙有差。现月 （《清德宗实录》卷133）

（光绪七年八月乙丑）予故荆州将军景丰祭葬如例。（《清德宗实录》卷134）

（光绪八年三月乙未）又谕：“大学士直隶总督李鸿章、湖广总督李瀚章之母秉性淑慎，教子义方，今以疾终，深堪轸恻。朝廷优礼大臣，推恩贤母，灵柩回籍时，着沿途地方官妥为照料。到籍后赐祭一坛，以昭恩眷。”现月 （《清德宗实录》卷144）

（光绪八年六月癸亥）以捐田重建义学，予浙江永康县从一品封职胡仁楷及其子前署湖北督粮道胡凤丹旌表。折包 （《清德宗实录》卷147）

（光绪八年九月戊戌）追予湖北殉难官兵游击衔武生方煜等十七名、

文童倪玉珊等三十三名、民妇王李氏等五口旌恤。折包 （《清德宗实录》卷151）

（光绪九年正月癸巳）湖广总督涂宗瀛等奏："拿获襄阳府属首要会匪，审明就地正法，并请将出力之同知许德履等议叙。"得旨："即着督饬各属认真清查保甲，搜捕余匪，以靖地方。逸匪柳大定等严拿务获究办，毋任漏网。同知许德履等均着交部照例议叙。"折包 （《清德宗实录》卷158）

（光绪九年四月辛亥）旌恤湖北殉难官绅士庶任作霖等如例。（《清德宗实录》卷162）

（光绪九年七月）己丑，予故前任湖北提督傅振邦恤典如例。现月 （《清德宗实录》卷166）

（光绪九年七月庚子）以讲学笃行，赏湖北叠山书院山长万斛泉国子监博士衔。折包 （《清德宗实录》卷167）

（光绪十年正月丙申）以遵命助赈，予安徽知县刘承祖、湖北知府江麟瑞等为其父母建坊。折包 （《清德宗实录》卷177）

（光绪十年三月丙戌）谕内阁："前任成都将军魁玉于咸丰、同治年间从事戎行，转战湖北、江南等省，叠著战功，历任副都统将军，克勤厥职。前因患病开缺，兹闻溘逝，轸惜殊深，加恩着照将军例赐恤。任内一切处分，悉予开复。应得恤典，该衙门查例具奏。伊孙一品荫生文冲着以郎中分部行走，用示笃念荩臣至意。"寻予谥"果肃"。现月 （《清德宗实录》卷179）

（光绪十年三月辛丑）予故前湖北巡抚郭柏荫恤典如例。明发 （《清德宗实录》卷180）

（光绪十年八月己卯）以捐田赡族，赏前任湖北布政使王大经扁额，曰“旧德先畴”。（《清德宗实录》卷191）

（光绪十一年二月甲午）又谕：“卞宝第奏‘委员抽厘得力，请从优奖励’等语。据称湖北汉口镇厘局委员候补同知吴宝俭操守廉洁，办事认真，自委办该局以来，商民信服，收数增多，确著成效。吴宝俭着俟补同知后以知府升用，以为实心任事者劝。”现月 （《清德宗实录》卷204）

（光绪十一年三月己酉）以捐充书院膏火，予湖北武生刘瑞麟奖叙。折包 （《清德宗实录》卷205）

（光绪十一年三月己酉）予湖北殉难官绅从九品李震春等一百五十八员名口、民人妇女汪正和等一千四百十二名口旌表。折包 （《清德宗实录》卷205）

（光绪十一年四月戊戌）谕内阁：“卞宝第等奏‘故员绩学敦行，恳准宣付史馆立传’一折。已故湖北郧县知县桂文灿，同治年间进呈所著经学诸书，奉旨留览，特予褒嘉。嗣应诏陈言，亦多可采。其潜心经术，讲求实学，足为士林矜式。着准其宣付史馆，列入《儒林传》，以为研经者劝。”现月 （《清德宗实录》卷206）

（光绪十一年九月戊戌）赏给江汉关副税务司雷乐石三等第一宝星。折包 （《清德宗实录》卷215）

（光绪十一年十月戊子）予故湖北巡抚彭祖贤恤典如例。现月 （《清

德宗实录》卷218）

（光绪十一年十二月癸酉）署湖广总督裕禄奏："在籍记名提督刘维桢捐银二十万两，呈缴过半，请将伊子奖叙。"得旨："刘国柱、刘国栋均着赏给举人，准其一体会试。"折包　（《清德宗实录》卷221）

（光绪十一年十二月辛巳）以筹解新疆协饷无误，赏江西巡抚德馨、湖北巡抚谭钧培……头品顶戴。现月　（《清德宗实录》卷222）

（光绪十二年三月癸卯）追予湖北阵亡殉难从九品周鸿仪等、绅民、妇女六千六百八十三员名口分别旌恤如例。折包　（《清德宗实录》卷225）

（光绪十二年六月）乙亥，谕内阁："户部奏'遵议谭钟麟奏请，将解足甘肃新饷各员分别奖叙，开单呈览'一折。甘肃新饷关系紧要，所有扫数批解各员，自应量加奖叙……湖北布政使蒯德标……均着赏给头品顶戴……署湖广总督裕禄……均着交部议叙，以示鼓励……"现月（《清德宗实录》卷229）

（光绪十二年七月）戊戌，谕内阁："伊犁将军金顺忠勇朴诚，勋勤懋著，历在军营带兵剿贼，转战湖北、安徽等省，叠克坚城。嗣后入陕剿办回逆，战功尤伟，荐升将军，帮办新疆军务……兹闻溘逝，轸惜殊深，着加恩追赠太子太保衔，照将军例赐恤……"寻予谥"忠介"。（《清德宗实录》卷230）

（光绪十二年九月）庚子，谕内阁："一等子爵前湖南提督鲍超忠勇性成，不避艰险。咸丰年间，随同曾国藩、胡林翼转战湖北、江西、安徽、江苏等省，每于军务危急之时，出奇制胜，歼除巨寇，屡克名城，积功荐擢至浙江提督……兹闻溘逝，悼惜殊深，着赏加太子少保衔，照提督军营病故例从优议恤，并赏银三千两治丧，由四川藩库给发。一切处分，悉予开复。应得恤典，该衙门查例具奏。该提督战功事迹，宣付国史馆立传，加恩予谥，并准于原籍及立功省分建立专祠……”寻予祭葬，谥“忠壮”。现月　（《清德宗实录》卷232）

（光绪十二年九月庚子）予故湖北提督罗思举建立专祠。折包　（《清德宗实录》卷232）

（光绪十二年十一月辛丑）以创立义渡，予安徽霍邱县分发湖北县丞李图南建坊。折包　（《清德宗实录》卷234）

（光绪十二年十一月）壬子，署湖广总督裕禄等奏：“道员魏纲前在广西军营垫发募勇、遣勇暨制办军装、枪刀、军火等件银两，捐资报效，未领公款，恳恩酌予奖叙。”下户部核议。折包　（《清德宗实录》卷235）

（光绪十三年二月丁丑）以遵命捐助书院义学经费，予山东日照县丁麟年为其故父湖北督粮道丁守存建坊。折包　（《清德宗实录》卷239）

（光绪十三年二月甲申）旌表骂贼捐躯湖北六品军功吴应富暨广东知府吴廷烜之妻吴朱氏、弟妇吴郭氏。折包　（《清德宗实录》卷239）

（光绪十三年闰四月）丙申，谕内阁：“卞宝第奏‘已故提督卓著战功，恳请议恤并宣付史馆’一折。前湖南提督周宽世忠勇性成，久在军营，转战湖南、湖北、安徽、广东、江西等省，克复名城，战绩叠著。嗣以伤疾举发，开缺回籍。旋因积劳病故，加恩照军营例议恤。其生平战功事迹，并着宣付国史馆立传，以彰劳勚。”现月　（《清德宗实录》卷242）

（光绪十三年闰四月丙申）又谕：“卞宝第奏‘已故提督战绩卓著，

恳恩宣付史馆立传’等语。已故前署湖南提督王永章统带湘军转战江苏、安徽、湖北等省，所向克捷，卓著勋劳。嗣赴广东办理防务，积劳病故，业经交部从优议恤。着将生平战绩，宣付国史馆立传，以彰忠荩。”现月（《清德宗实录》卷242）

（光绪十三年五月己巳）命湖广总督裕禄在紫禁城内骑马。折包（《清德宗实录》卷243）

（光绪十三年五月）辛巳，予故广西道员张桂林、湖北麻城县巡检丁永禄等恤荫有差。（《清德宗实录》卷243）

（光绪十三年八月庚寅）予故荆州右翼副都统英秀恤典如例。（《清德宗实录》卷246）

（光绪十三年八月戊戌）谕内阁：“前任云贵总督刘长佑持躬端谨，办事老成，由拔贡生效力戎行，剿办广西、江西、湖南、湖北、安徽等省贼匪，叠著战功，荐擢监司。旋膺疆寄，历任直隶、两广、云贵总督，于地方事宜尽心筹办，克称厥职。前因患病，准其开缺回籍调理，兹闻溘逝，轸惜殊深。刘长佑着加恩照总督例赐恤，任内一切处分，悉予开复。应得恤典，该衙门查例具奏。该故督有无子嗣，着卞宝第查明具奏，候旨施恩，用示笃念荩臣至意。”寻予谥“武慎”。现月（《清德宗实录》卷246）

（光绪十三年八月癸卯）谕内阁：“曾国荃奏‘统兵大员积劳病故，胪陈战绩，请旨优恤’一折。头品顶戴记名布政使刘连捷秉心忠挚，谋勇兼优。于咸丰、同治年间经曾国藩、胡林翼、曾国荃檄令统带湘营，转战湖北、江西、安徽、江苏等处，身经千数百战，收复大小城隘百余处。同治三年克复江宁省城，厥功尤伟。嗣于光绪四年，经曾国荃派往包头一带驻防，六年移军山海关屯守，十年派赴沿江等处扼扎，历著勋劳，深资倚任。兹闻溘逝，轸惜殊深。刘连捷着照布政使军营立功后在营病故例，从优议恤，加恩予谥。原籍及立功省分，准其建立专祠，由地方官春秋致祭，并将战功事迹，宣付国史馆立传，以彰忠荩。”寻予谥“勇介”。现月 （《清德宗实录》卷246）

（光绪十三年十月）己亥，谕内阁：“福州将军穆图善老成练达，秉性忠诚。咸丰、同治年间出师直隶、安徽、江南、湖北、陕西、甘肃等省，历著勋勤，荐升将军，克称厥职……遽闻溘逝，轸惜殊深。穆图善着照将军军营病故例赐恤，加恩予谥。前经得有云骑尉世职，着改为骑都尉世职。任内一切处分，悉予开复。应得恤典，该衙门查例具奏。赏银一千两治丧，由盛京户部给发。灵柩回旗时，沿途地方官妥为照料……”寻予谥“果勇”。（《清德宗实录》卷248）

（光绪十三年十月辛亥）以创办武备学堂劳绩，开复已革花翎布政使衔湖北简用道杨宗濂原衔翎枝。折包 （《清德宗实录》卷248）

（光绪十三年十月辛亥）以捐助灾赈，赏还已革湖北荆宜施道董俊翰原衔翎枝。折包 （《清德宗实录》卷248）

（光绪十三年十一月丙寅）谕内阁：“庆裕奏‘已故将军战功卓著，请宣付史馆并建立专祠’一折。已故福州将军穆图善于咸丰年间出兵河南、直隶、山东、山西、湖北、安徽等省，所向克捷……不辞况瘁，加恩着将该故将军生平战绩宣付国史馆立传，并准于立功省分及黑龙江地方建立专祠，以彰忠荩。”现月 （《清德宗实录》卷249）

（光绪十三年十二月丙午）以解足甘肃新饷，赏……湖北布政使蒯德标、湖北盐法道江人镜……湖广总督裕禄、湖北巡抚奎斌……优叙。现月

（《清德宗实录》卷250）

（光绪十四年二月乙酉）予积劳病故调豫差遣湖北候补道陈建侯优恤，政绩宣付史馆立传。折包 （《清德宗实录》卷252）

（光绪十四年四月戊子）以厘收畅旺，予湖北候补知府史书青奖叙。随手 （《清德宗实录》卷254）

（光绪十四年四月辛亥）以捐助直赈，予湖北布政使蒯德标优叙，武昌府知府李有棻等奖叙。（《清德宗实录》卷254）

（光绪十四年五月己未）追予故湖北提督傅振邦战绩宣付史馆立传，并于山东原籍建祠。折包 （《清德宗实录》卷255）

（光绪十四年六月）乙未，予故湖广总督吴文镕于扬州府本籍建立专祠，从两江总督曾国荃请也。现月 （《清德宗实录》卷256）

（光绪十五年正月戊辰）又奉懿旨："各省封疆大吏均为国家倚任之臣，其久历戎旃、熟谙韬略者，懋建殊勋，贤劳尤著。现任提镇诸臣类皆起自行间，荐膺专阃，各该文武大员为国宣勤，历久不懈。现在归政伊迩，允宜分别施恩……湖北提督程文炳……均着赏加二级……"现月 （《清德宗实录》卷265）

（光绪十五年正月戊辰）又奉懿旨："从前军务繁兴，封疆将帅之臣运筹决策，戮力同心，或未蒇全功，或始终勤事，论其谋国之忠，均属声施烂然，勋名相埒。兹当归政之始，追念劳臣，所有功绩最著之……湖北巡抚胡林翼……湖北提督傅振邦……均着赐祭一坛……"现月 （《清德宗实录》卷265）

（光绪十五年三月壬申）（吏部）又奏："直隶总督奏奖湖北、江苏劝办顺直赈捐出力各员，拟比照成案，按寻常劳绩给奖。"允之。折包（《清德宗实录》卷268）

（光绪十五年十月甲戌）以捐助工赈，予陕西三原县故湖北知府刘升妻瞿氏建坊。折包　（《清德宗实录》卷275）

（光绪十五年十二月丁酉）以捐助堤工，予湖北汉阳县在籍同知万正缃为其父母建坊。折包　（《清德宗实录》卷279）

（光绪十六年二月庚辰）以捐助棉衣，予湖北候补知县何逢孙、河南考城县知县吕耀辅、职员李铉庆为其故祖父母、故父母各建坊。折包（《清德宗实录》卷281）

（光绪十六年四月庚子）湖北候补县丞疏式金荫恤如例。（《清德宗实录》卷284）

（光绪十六年五月丁丑）以收厘畅增，予湖北安陆府知府史书青等优叙。折包　（《清德宗实录》卷285）

（光绪十六年八月）乙丑，谕内阁："前任陕甘总督杨岳斌忠勇性成，勋劳卓著。咸丰初年随同大学士曾国藩剿办发逆，创立师船，由湖南、湖北、安徽、江西直达江宁，肃清江面数千里，厥功甚伟。同治三年，克复江宁省城，蒙穆宗毅皇帝眷念勋勤，赏给一等轻车都尉世职，并赏加太子少保衔，旋由福建提督简授陕甘总督，嗣因亲老准其回籍终养，朕御极后，复命巡阅长江水师，整顿营规，均臻妥协。上年服阕后，奏准在籍养病。方冀调理就痊，长资倚畀，兹闻溘逝，轸惜殊深。杨岳斌着追赠太子太保衔，照总督例赐恤。任内一切处分，悉予开复。应得恤典，该衙门查例具奏，加恩予谥，并于立功省分建立专祠。其生平战功事迹，宣付国史馆立传。伊子附生杨溍仪，着赏给举人，准其一体会试。伊孙候选县丞杨镇荣，着以知县用。杨道瀼，着俟及岁时由吏部带领引见。用示笃念荩臣至意。”寻予谥“勇悫”。现月　（《清德宗实录》卷288）

（光绪十六年九月辛未）准已故湖北盐法道王东槐山东原籍专祠列入祀典，由地方官春秋致祭，从都察院请也。（《清德宗实录》卷289）

（光绪十六年十月）庚戌，谕内阁：“两江总督曾国荃秉性沉毅，莅事公忠，韬略闳深，经猷远大。咸丰年间由优贡生从戎，在江西、湖北等省叠歼巨寇，克复安庆之役出奇制胜，懋建殊勋。蒙文宗显皇帝特达之知不次超擢……遽闻溘逝，震悼良深。曾国荃着追赠太傅，照总督例赐恤，赏银三千两治丧，由江宁藩库给发，赐祭一坛，派护理江宁将军副都统承绶前往致祭。加恩予谥“忠襄”，入祀京师昭忠祠、贤良祠，并于湖南原籍、江宁省城建立专祠。此外立功省分，准其一并建祠，其生平政绩事实宣付史馆。任内一切处分，悉予开复。应得恤典，该衙门查例具奏……”现月　（《清德宗实录》卷290）

（光绪十六年十二月庚申）湖广总督张之洞奏：“在籍记名提督刘维桢捐银二十万两充枪炮厂经费。其子刘国梁、刘国标读书向学，均堪造就，恳予恩施。”得旨：“刘国梁、刘国标均着赏给举人，准其一体会试。”折包　（《清德宗实录》卷292）

（光绪十七年正月）己巳，以上年万寿庆典，锡类推恩，赏年逾八秩海澄公黄懋澄之祖母王氏扁额，曰“彤管流辉”……湖北汉阳协副将樊国泰之母何氏扁额，曰“锦帏日永”……并珍玩文绮。现月　（《清德宗实录》卷293）

（光绪十七年二月辛酉）以捐助赈款，予湖广总督张之洞等奖叙，内务府员外郎延曾以郎中即补，候选道萧炳南、知府冯光元等为其故父母建坊。现月 （《清德宗实录》卷294）

（光绪十七年三月丙戌）以筹助直赈巨款，赏湖北布政使王之春头品顶戴，总兵吴育仁一品封典。以战功卓著，予已故副将冷庆照军营积劳病故例优恤。折包 （《清德宗实录》卷295）

（光绪十七年六月丙午）以品端学粹，予湖北德安府教授王鸿举等奖叙。折包 （《清德宗实录》卷298）

（光绪十七年七月）乙酉，谕内阁："山东巡抚张曜秉性忠勇，历著勋勤。咸丰、同治年间，由知县从戎，创立嵩武军，转战河南、安徽、湖北、直隶等省，叠克名城，剿平粤捻各逆。嗣复剿办甘肃及关外回匪，扫穴擒渠，战功甚伟。历蒙先朝知遇，赏给骑都尉世职，赏戴双眼花翎，升授布政使，改补总兵，擢任提督。朕御极后，因回疆肃清，给予一等轻车都尉世职，补授广西巡抚，加尚书衔……昨因患病，甫经赏假调理，遽闻溘逝，轸惜殊深。张曜着晋赠太子太保，入祀贤良祠，并于立功省分建立专祠，生平战绩事实，宣付国史馆立传，加恩予谥，赏银一千两治丧，由山东藩库给发，照总督例赐恤。任内一切处分，悉予开复，应得恤典，该衙门查例具奏。灵柩回籍时，沿途地方官妥为照料。伊子知府张端本着遇有道员缺出，请旨简放，主事张端理着赏给员外郎，张端瑾及伊孙张尔常均俟及岁时，由吏部带领引见，用示笃念荩臣至意。"寻予谥"勤果"。（《清德宗实录》卷299）

（光绪十七年八月丁酉）以捐赈巨款，予湖北候补道周绶仍交军机处存记，以道员简放。折包 （《清德宗实录》卷300）

（光绪十七年九月乙亥）以捐助东赈，予记名提督前署安徽寿春镇总兵宋朝宗、前湖北江陵县典史陈谟……为其父母……各建坊。（《清德宗实录》卷301）

（光绪十七年九月丙戌）赏捐田赡族故湖北巡抚翁同爵扁额，曰“谊周族党。”现月 （《清德宗实录》卷301）

（光绪十七年九月戊子）予积劳病故黑龙江漠河矿厂委员湖北知州刘棫林等十一员优恤。（《清德宗实录》卷301）

（光绪十七年十二月甲午）予因公淹毙署湖北武昌卫守备朱维宾议恤。折包 （《清德宗实录》卷305）

（光绪十七年十二月甲寅）以湖北拿获会匪出力，予知府李谦以道员补用，提督谢得龙优叙；赏黄州府知府李方豫盐运使衔，余升叙加衔有差。（《清德宗实录》卷306）

（光绪十八年正月丙戌）予出洋病故湖北通判沈云骧等优恤。折包 （《清德宗实录》卷307）

（光绪十八年二月己酉）予故湖北布政使黄彭年政绩宣付史馆立传，从湖广总督张之洞请也。（《清德宗实录》卷308）

（光绪十八年三月庚申）又谕：“致仕大学士阎敬铭清勤直亮，练达老成。由部属于咸丰年间调赴湖北军营办理粮台，荐升藩臬。蒙穆宗毅皇帝特达之知，擢任山东巡抚。因病乞退，旋补授工部右侍郎。以旧病未痊，辞不赴职……兹闻溘逝，轸惜殊深。着加恩追赠太子少保衔，照大学士例赐恤。任内一切处分，悉予开复。应得恤典，该衙门查例具奏，用示笃念耆臣至意。”寻予谥“文介”。现月　（《清德宗实录》卷309）

（光绪十八年闰六月）辛酉，以筹解海军巨款，予直隶总督李鸿章、湖广总督张之洞优叙，两广总督李瀚章等二十一员议叙有差。现月　（《清德宗实录》卷313）

（光绪十八年九月戊戌）予政绩卓著故湖北布政使黄彭年及哀毁殒命其子翰林院编修黄国瑾，宣付史馆立传，从直隶总督李鸿章等请也。折包　（《清德宗实录》卷316）

（光绪十八年十月戊寅）以慨捐巨款，予湖北黄冈县监生刘国淮以知府用。折包　（《清德宗实录》卷317）

（光绪十八年十一月戊戌）予积受劳伤身故前任湖北荆州协副将王裕春，照军营立功后病故例议恤。随手　（《清德宗实录》卷318）

（光绪十八年十一月壬子）以捐银助赈，赏翰林院编修李桂林、侍讲衔刑部郎中庞元济四品卿衔，湖北补用知府乔联宝以道员补用。（《清德宗实录》卷318）

（光绪十八年十二月乙亥）以品端行洁，赏湖南在籍绅士前湖北候补道周乐四品卿衔。（《清德宗实录》卷319）

（光绪十九年正月甲午）（云贵总督王文韶）又奏：“川鄂协饷出力人员请奖。”下部议驳。折包　（《清德宗实录》卷320）

（光绪十九年六月壬申）以捐助晋赈巨款，予前湖北武昌道盛康奖

叙。（《清德宗实录》卷325）

（光绪十九年六月癸酉）湖广总督张之洞奏："湖北麻城县知县张集庆征收钱漕，年内扫数全完，请予加一级奖叙。"允之。折包 （《清德宗实录》卷325）

（光绪十九年六月甲戌）以拿获会匪渠首匡世明出力，予署湖广督标副将谢得龙、辰沅永靖道翁曾桂等奖叙。（《清德宗实录》卷325）

（光绪二十年正月己卯）又奉懿旨："本年予六旬庆辰，在廷臣工业经降旨加恩，因念各省文武大臣有久膺重寄、卓著勋劳者，允宜同膺懋赏……湖广总督张之洞着交部从优议叙……湖北巡抚谭继洵……均着交部从优议叙……荆州将军祥亨、广州将军继格均着交部从优议叙……湖北提督吴凤柱着交部议叙……湖北宜昌镇总兵傅廷臣均着赏给如意一柄、用宝寿字一方……湖北汉阳镇总兵高光效……均着赏给用宝寿字一方、大卷八丝缎二匹……湖北郧阳镇总兵何长清……均着赏给用宝福字一方、小卷八丝缎二件……"现月 （《清德宗实录》卷332）

（光绪二十年二月癸亥）以湖北麻城教案办理和平，赏瑞典国总领事柏固宝星。折包 （《清德宗实录》卷335）

（光绪二十年二月乙亥）准湖北在籍前湖南沅州协副将施鸿恩重赴鹰扬燕，赏总兵衔。（《清德宗实录》卷335）

（光绪二十年四月己酉）予办理洋务在差病故湖北补用道蒋铭勋优恤。折包 （《清德宗实录》卷338）

（光绪二十年四月庚午）以捐田赡族，赏湖广总督张之洞扁额，曰

“谊笃本支”。现月随手 （《清德宗实录》卷339）

（光绪二十年四月庚午）以捐助育婴巨款，予湖北谷城县在籍训导龚念学等建坊。（《清德宗实录》卷339）

（光绪二十年八月庚午）又谕：“长江水师提督黄翼升忠勇性成，勋劳卓著，由水师将校随同曾国藩剿办粤匪，转战江南、湖北等省，克复城隘，所向有功。叠蒙先朝恩遇，赏给勇号、黄马褂，补授淮扬镇总兵，荐擢江南水师提督，赏给三等男爵……遽闻溘逝，轸惜殊深。黄翼升着照提督例赐恤，加恩予谥，并将战功事绩，宣付国史馆立传。其原籍及立功省分准其建立专祠……”寻赐祭葬，谥“武靖”。现月 （《清德宗实录》卷347）

（光绪二十年八月庚午）湖广总督张之洞奏：“汉阳铁厂著有成效出力人员请奖。”得旨：“准其择尤酌保数员，毋许冒滥。”（《清德宗实录》卷347）

（光绪二十年九月壬辰）予故前任湖广总督涂宗瀛恤典如例。现月（《清德宗实录》卷349）

（光绪二十年九月庚子）以学行兼优，予湖北黄冈县训导傅上瀛等升叙。（《清德宗实录》卷350）

（光绪二十年十月壬戌）以淮鹾行销，缉私出力，予湖北黄安县知县陶大夏以同知直隶州知州在任候补。折包 （《清德宗实录》卷352）

（光绪二十一年四月癸丑）予奉天平壤阵亡直隶州知州傅凤翔、武生傅朋寿、外委傅介福优恤，并附祀湖北提督傅振邦专祠。折包 （《清德宗

实录》卷 365）

（光绪二十一年四月甲子）湖北巡抚谭继洵奏："已革举人万航捐输军饷银五万两，吁恳特恩，以昭激劝。"得旨："万航着赏还举人，仍照例复试。"折包 （《清德宗实录》卷 366）

（光绪二十一年八月戊子）兼署湖广总督湖北巡抚谭继洵奏："测绘湖北全省舆图告成，请将舆图局委员择尤保奖。"允之。折包 （《清德宗实录》卷 375）

（光绪二十一年八月己丑）追予各省阵亡殉难官绅署安徽寿春营外委傅沛霖等、士民湖北汉阳团长哈清源等、妇女陕西白水县文童吴凌云妻节妇马氏等共一千一百二十一员名口分别旌恤，并建祠建坊如例。折包 （《清德宗实录》卷 375）

（光绪二十一年十二月辛卯）予御贼捐躯湖北黄冈州同衔李凝俨、浙江归安县附生沈维新议恤。折包 （《清德宗实录》卷 382）

（光绪二十二年正月乙卯）谕内阁："……记名提督开缺云南鹤丽镇总兵朱洪章，于咸丰同治年间随同曾国藩等转战湖南、湖北、江西、安徽等省，叠著战功……兹在江南防营病故，殊深轸惜，加恩予谥，着照提督军营立功后积劳病故例，从优议恤，其生平战功事迹，宣付国史馆立传。准其附祀曾国藩、曾国荃、胡林翼各专祠，以彰劳勚。"寻谥"武慎"。现月 （《清德宗实录》卷 384）

（光绪二十二年正月庚申）以捐助湖北枪炮厂经费，予广东候补知府魏业钊、江苏补用直隶州知州魏秉铨俟补缺后以应升之缺升用。随手 （《清德宗实录》卷 384）

（光绪二十二年三月癸亥）赏南洋水师学堂洋教习英人彭耐尔、希尔逊，法国驻津领事杜士兰、汉阳铁厂效力比商德海斯宝星。折包 （《清德宗实录》卷387）

（光绪二十二年四月戊子）以捐助书院经费，予大学士张之万、湖广总督张之洞南皮县原籍建坊。折包 （《清德宗实录》卷389）

（光绪二十二年九月乙卯）予故前湖北巡抚胡林翼在安庆府城建立专祠，从安徽巡抚福润请也。折包 （《清德宗实录》卷395）

（光绪二十二年九月庚申）以捐助赈银，予湖北巡抚谭继洵为其兼祧故父母建坊。折包 （《清德宗实录》卷395）

（光绪二十三年二月己卯）以讲授勤奋，赏湖北武备学堂洋教习法勒根汉副将衔，根次游击衔。折包 （《清德宗实录》卷401）

（光绪二十三年三月甲辰）湖广总督张之洞等奏："鄂省连年被灾，赈广款繁，请暂行推广赈捐，有捐银一万二千两以上者，奏请优奖，有捐翎枝及举人者，照部章加一成收捐。"下部速议。（《清德宗实录》卷402）

（光绪二十三年六月壬午）以置产赡族，予湖北按察使马恩培暨兄封职马见龙建坊。折包 （《清德宗实录》卷406）

（光绪二十三年八月戊午）谕内阁："……本年五月十三日，四川酉阳州监犯温培元即温萌模等二十四名胆敢结伙反狱，拒毙狱卒更夫，该州文武前往堵拿，均受多伤，该署州陈德薰受伤尤重。伊子陈鸿倬当仓猝格捕之际奋身救父，遽遭杀害……该署州陈德薰……着从宽免其议处。

伊子湖北举人陈鸿倬至性激烈，孝行可嘉，着准其旌表。”现月 （《清德宗实录》卷408）

（光绪二十三年十月甲申）以疏销鄂岸盐引出力，予江苏试用通判赵廷珍等奖叙。（《清德宗实录》卷411）

（光绪二十四年闰三月丙寅）以捐修石桥，予湖北荆门州贡生苏鼎昌建坊。（《清德宗实录》卷417）

（光绪二十四年闰三月丁卯）以遵命捐赈，予湖北汉阳县学附生宋康复为其故父母建坊。（《清德宗实录》卷417）

（光绪二十四年四月乙酉）以筹办新政有劳，予故湖北道员蔡锡勇优恤。折包 （《清德宗实录》卷418）

（光绪二十四年五月戊辰）以规复旧额，兴利除弊，予故湖北试用道前署两淮海州运判项晋蕃，附祀前两江总督陶澍板浦专祠，从两江总督刘坤一请也。（《清德宗实录》卷420）

（光绪二十五年正月己巳）（湖广总督张之洞）又奏：“官军拿获宜昌、施南两府闹教劫官匪首，请奖出力员弁。”得旨：“准其择尤酌保数员，毋许冒滥。”（《清德宗实录》卷438）

（光绪二十五年二月）乙未，谕内阁：“盛京将军依克唐阿持躬清正，忠勇性成，咸丰年间随征江南，转战安徽、江苏、湖北、河南、山东等省，屡歼巨寇，叠克名城，粤捻平靖……遽闻溘逝，轸惜殊深。依克唐阿着照将军军营病故例赐恤，加恩予谥。任内一切处分，悉予开复。应得恤典，该衙门查例具奏……其生平战功事迹，着宣付国史馆立传，并

于立功省分建立专祠……”寻予谥“诚勇”。现月 （《清德宗实录》卷439）

（光绪二十五年五月壬子）以疏销两淮盐引出力，予湖北麻城县知县张集庆等八员奖叙。折包 （《清德宗实录》卷444）

（光绪二十五年六月壬辰）以捐助棉衣，予江苏候补道李鸣梧、湖北知州庄亮华、河南知州刘思恕、福建道员职衔林资源建坊。（《清德宗实录》卷447）

（光绪二十五年七月丙辰）以剿匪出力，予湖北候补知府朱滋泽等升叙有差。折包 （《清德宗实录》卷448）

（光绪二十五年九月庚戌）又谕：“前任两广总督李瀚章老成练达，办事勤能，由拔贡知县随同曾国藩军营综理饷项营务，卓著勤劳，荐擢监司，旋膺疆寄，历任湖广漕运、两广总督，于地方事宜尽心筹办，克称厥职。前因患病，准其开缺回籍调理，兹闻溘逝，轸惜殊深。李瀚章着加恩予谥，照总督例赐恤。任内一切处分，悉予开复。应得恤典，该衙门查例具奏。伊子翰林院编修李经畬着俟服阕后以应升之缺开列在前，江苏候补道李经楚着俟服阕到省后以道员遇缺即补，用示笃念荩臣至意。”寻谥“勤恪”。（《清德宗实录》卷450）

（光绪二十五年十月庚寅）准布政使衔前任湖北盐法武昌道盛康重与鹿鸣筵燕，赏加侍郎衔。现月 （《清德宗实录》卷453）

（光绪二十五年十一月庚戌）以捐助皖赈巨款，复已革湖北补用知府彭广心原官。折包 （《清德宗实录》卷454）

（光绪二十六年二月庚辰）予故湖北提督吴凤柱恤典如例。寻谥“勇

恪”。现月 （《清德宗实录》卷459）

（光绪二十六年二月甲申）谕内阁：“本年朕三旬寿辰，覃敷闿泽，中外均沾。文武一品大臣，有年逾七旬、精神强固、供职克勤者，洵为熙朝人瑞，允宜特沛恩施，以昭优眷。大学士李鸿章着赏穿方龙补服……荆州将军济禄均着赏给大缎两匹，并交部从优议叙……用示朕尚齿引年，优礼耆臣至意。”现月 （《清德宗实录》卷459）

（光绪二十六年五月戊午）以训士有方，予湖北来凤县学训导郭拱辰等奖叙，革行止有亏前任汉阳县学训导王圣林等职。（《清德宗实录》卷464）

（光绪二十六年七月辛丑）以拿获襄阳土匪，予湖北游击刘水金以参将补用。（《清德宗实录》卷466）

（光绪二十六年十一月）甲申，谕内阁：“据崑冈等奏‘遵旨续查殉难各员名，恳恩赐恤’一折，当谕令军机处酌核具奏。兹据该大臣等开单呈览，或临难捐躯，或阖门殉节，允宜悉予褒扬，以彰忠烈……湖广道监察御史宋承庠着追赠四品卿衔，从优赐恤……”（《清德宗实录》卷475）

（光绪二十七年正月庚午）予故署福州将军湖北布政使善联恤典如巡抚例。现月 （《清德宗实录》卷478）

（光绪二十七年四月乙卯）以稽征出力，赏署江汉关税务司梧州税务司何文德宝星，并加二品衔。（《清德宗实录》卷482）

（光绪二十七年四月乙卯）以亲造火药惨遭轰毙，予湖北道员徐建寅等优恤如军营阵亡例。折包 （《清德宗实录》卷482）

（光绪二十七年五月）甲申，谕内阁："陕西学政沈卫奏'呈进书籍，请将校刊各员绅恳恩奖励'一折。据称三原、泾阳两县官绅刊刻书籍不下二百余种，均关典要。该员绅等捐集经费，校刊精勤，有功学校，深堪嘉尚……已故湖北试用知府刘升之、已故候选知府刘质慧、已故道衔增贡生刘昌复均着追赠三品衔，郎中衔中书科中书柏森着赏加四品衔，道衔监生刘嗣曾、同知职衔附生刘昌晋均着传旨嘉奖，以示鼓励。"现月（《清德宗实录》卷483）

（光绪二十七年七月甲子）予积劳病故湖北宜昌府绅士黄縠元优恤。（《清德宗实录》卷485）

（光绪二十七年七月）甲戌，直隶总督李鸿章奏："直隶恭备大差借拨各省银六十八万两以供应用，惟湖北认借十万两。续经张之洞电称，作为湖北大小官员公捐报效，不敢仰邀议叙。"得旨："张之洞等着户部核给奖叙。"折包 （《清德宗实录》卷485）

（光绪二十七年七月戊寅）以捐助赈款，予湖北汉阳府知府余肇康之母许氏建坊并赏给大缎二匹。（《清德宗实录》卷485）

（光绪二十七年八月丁酉）又谕："张之洞奏'出洋华商表明心迹，请准销案免累并予褒奖'一折，据称福建举人内阁中书衔邱炜萲向在南洋新嘉坡一带经商，素为华商之望。上年唐才常在汉口破案，供有邱炜萲资助康逆钱财之语，经该督通缉查拿。兹据该举人禀称'初与康梁二逆往还，嗣闻其借会敛财，煽党谋逆，立即痛恨绝交，冤被株连，恳予自新，奏明销案免累，并报效赈捐银一万两'等语，康梁二逆逋逃海外，煽惑人心，借会敛财，似此被其诳诱者必所不免。既据该举人输诚悔悟，具见天良，殊堪嘉尚。邱炜萲着加恩赏给主事并加四品衔，准其销案，以为去逆效顺者劝。"现月 （《清德宗实录》卷486）

（光绪二十七年九月戊辰）以捐银助赈，复已革湖北知府鲁裕仁衔翎升阶，以原官仍留原省补用。（《清德宗实录》卷487）

（光绪二十七年九月己卯）以捐助晋赈，予署湖北武昌府知府赵毓楠为其故父母建坊。（《清德宗实录》卷487）

（光绪二十七年九月辛巳）以捐银助赈，予候选郎中逢恩承等九员奖叙……降补同知前湖北督粮道夏宗彝仍以道员分省补用。（《清德宗实录》卷487）

（光绪二十七年十月戊戌）以才足匡时，予湖北署安襄郧荆道汉阳府知府余肇康、候补道赵滨彦军机处存记。折包 （《清德宗实录》卷488）

（光绪二十七年十月）庚申，谕内阁："朕钦奉慈禧端佑康颐昭豫庄诚寿恭钦献崇熙皇太后懿旨，现在大局渐定，回京有期。奕劻、李鸿章会同妥议和约，转危为安。荣禄保护使馆，力主剿拳，复能随时赞襄，匡扶大局。王文韶协力同心，不避艰险。刘坤一、张之洞、袁世凯共保东南疆土，尽心筹画，均属卓著勋劳，自应同膺懋赏。庆亲王奕劻着赏食亲王双俸，大学士荣禄着赏戴双眼花翎并加太子太保衔……湖广总督张之洞、署直隶总督袁世凯均着赏加太子少保衔……"现月 （《清德宗实录》卷488）

（光绪二十七年十二月乙未）予故湖北道员魏栋附祀故兵部尚书彭玉麟安庆省城暨湖南衡州府专祠，从安徽巡抚王之春请也。折包 （《清德宗实录》卷491）

（光绪二十八年正月）癸酉，谕内阁："朕钦奉慈禧端佑康颐昭豫庄诚寿恭钦献崇熙皇太后懿旨，四川提督宋庆忠勇笃诚，治军严整。咸丰年间创立毅军，转战……湖北、陕西、甘肃各省，统率所部，削平捻回巨寇，与中兴诸将同建殊勋，荐膺专阃……兹闻溘逝，轸悼殊深。宋庆着晋封三等男爵，照尚书例赐恤，加恩予谥，并入祀贤良祠。其原籍地方及立功省分，建立专祠，生平战功事迹宣付国史馆立传……”寻谥“忠勤”。现月　（《清德宗实录》卷493）

（光绪二十八年三月庚辰）以创立淮山矶救生各局，年久效著，予湖北从九品余九清建坊。现月　（《清德宗实录》卷497）

（光绪二十八年四月丙申）以捐银四千两助赈，予湖北东湖县二品封职陈广誉为其父母建坊。（《清德宗实录》卷498）

（光绪二十八年四月庚子）以遵命捐助军需，予湖北大冶县在籍刑部郎中殷应兆为其父母建坊。早事　（《清德宗实录》卷498）

（光绪二十八年四月己酉）以捐产赡族，估值逾万，予四川德阳县已故湖北当阳县知县钟廷瑞妻高氏建坊。（《清德宗实录》卷498）

（光绪二十八年六月戊申）以捐助兴学巨款，赏湖北在籍提督刘维桢尚书衔。谕折汇存　（《清德宗实录》卷501）

（光绪二十八年八月壬寅）出使日本国大臣蔡钧奏：“前奏留神户领事官湖北知府黄以霖，经湖广总督张之洞电调回鄂办学，以格于例章，未便请奖。所有该员二年余劳绩，据实陈明。”得旨：“黄以霖着交部议叙。”折包　（《清德宗实录》卷504）

（光绪二十八年九月己巳）以随使出力，予驻法参赞官湖北试用同知

余祐蕃、翻译官花翎选用知府勋龄等升叙加衔有差。折包 （《清德宗实录》卷 505）

（光绪二十八年十月庚子）以办理晋鄂赈捐出力，予开缺陕西延榆绥道许涵度等十员、四川成都府知府刘心源等七员升叙，其办理陕西转运出力之署商州直隶州知州张世英等二十三员并给奖有差。（《清德宗实录》卷 506）

（光绪二十八年十月癸丑）以品节可风，赏湖北叠山书院院长国子监学正学录衔万斛泉五品卿衔。折包 （《清德宗实录》卷 506）

（光绪二十八年十二月甲辰）予因公殒命湖北抚标右营把总唐思训议恤。折包 （《清德宗实录》卷 510）

（光绪二十八年十二月乙巳）以办理教案出力，予湖北汉黄德道岑春蓂等奖叙。折包 （《清德宗实录》卷 510）

（光绪二十八年十二月丙辰）以捐置考课田，嘉惠乡里，予贵州思南已故前署湖北应城县知县程晸堃暨妻邓氏建坊。（《清德宗实录》卷 510）

（光绪二十九年正月庚午）荆州将军济禄等奏："荆州新军洋操一律成军，训练三年已有成效，请饬立案，并择尤保奖。"下部议。折包 （《清德宗实录》卷 511）

（光绪二十九年二月庚戌）以劝办顺直赈捐，赏广东布政使丁体常头品顶戴，湖北布政使瞿廷韶三代一品封典……（《清德宗实录》卷 512）

（光绪二十九年三月己未）予故荆州将军济禄恤典如例，赏银一千两

治丧。子试用知府荣华以知府即补。现月 （《清德宗实录》卷513）

（光绪二十九年四月丁未）命湖广总督张之洞在紫禁城内骑马。现月 （《清德宗实录》卷514）

（光绪二十九年五月甲戌）以完缴欠款，复已革湖北补用知县麟瑞原官。折包 （《清德宗实录》卷516）

（光绪二十九年闰五月甲午）以鄂省历年随办洋务出力，予广西候补道魏瀚等十九员奖叙。折包 （《清德宗实录》卷517）

（光绪二十九年闰五月癸卯）以捐资赡族，予湖北善化故江西义宁州知州黄寿英建坊。折包 （《清德宗实录》卷517）

（光绪二十九年闰五月乙巳）赏署江汉关税务司斌尔钦、驻汉德国副领事延兴宝星。折包 （《清德宗实录》卷517）

（光绪二十九年闰五月丙午）以报效饷赈数及巨万，予湖北汉口职商黄训典、浙江慈溪县职员董恒德优奖。现月 （《清德宗实录》卷517）

（光绪二十九年六月丙寅）以捐助万金兴学，予湖北江夏县同知职衔高文滨之子监生廷杰以知县即选。折包 （《清德宗实录》卷518）

（光绪二十九年九月乙巳）赏休致荆州协领呢音聂哩全俸，宁夏佐领玻罗里半俸。（《清德宗实录》卷521）

（光绪三十年三月壬辰）以拿获匪首，予湖北夏口厅同知冯启钧优叙，署抚标中军参将姚广顺等升叙有差。（《清德宗实录》卷528）

（光绪三十年三月壬辰）以经理学务出力，予湖北举人田吴炤等升叙加衔有差。（《清德宗实录》卷528）

（光绪三十年五月戊子）以捐助学堂经费，予湖北候选知府邓奇勋为其故继母建坊。（《清德宗实录》卷530）

（光绪三十年五月庚寅）以整顿厘务，收数增加，予湖北道员赵滨彦等奖叙。（《清德宗实录》卷530）

（光绪三十年五月庚寅）以捐助学堂经费，予湖北潜江县知县毕井田为其故父、候选知府邓奇勋为其故本生母、湖北府经历邓广为其本生嫡母各建坊。（《清德宗实录》卷530）

（光绪三十年六月辛酉）以捐款助学，湖广总督张之洞等传旨嘉奖。折包　（《清德宗实录》卷532）

（光绪三十一年五月丁酉）以遵命捐资赡族，予湖北武昌县前浙江永嘉县知县左宜之为其故父建坊。折包　（《清德宗实录》卷545）

（光绪三十一年六月戊午）命湖北道员史念祖随同赵尔巽办理赈抚事宜，赏副都统衔。现月　（《清德宗实录》卷546）

（光绪三十一年七月戊戌）予故湖南宝庆协副将刘盛国赏恤加等，战绩宣付史馆，附祀前湖北巡抚胡林翼、湖南提督鲍超专祠，从护理湖南巡抚庞鸿书请也。折包　（《清德宗实录》卷547）

（光绪三十一年八月癸亥）以忠裔捐款助修昭忠祠，予湖北试用知府

杨汝康以道员仍留原省补用并加二品顶戴。折包　（《清德宗实录》卷548）

（光绪三十一年九月甲午）以深明治体，通达时局，予湖北候补知府黄以霖、汪风瀛军机处存记。折包　（《清德宗实录》卷549）

（光绪三十一年十二月庚戌）以襄治水师功绩卓著，予故湖北补用道魏栋附祀江西省城故兵部尚书彭玉麟专祠，从江西巡抚胡廷干请也。折包　（《清德宗实录》卷552）

（光绪三十一年十二月丙辰）颁赏恭亲王溥伟……湖广总督张之洞……《尚书图说》各一部。现月　（《清德宗实录》卷553）

（光绪三十一年十二月丙辰）以遵命捐款兴学，予湖北麻城县知县原恩瀛、应城县绅刑部郎中陈大文等为其故父母，远安县孀妇王黄氏为其故夫各建坊。（《清德宗实录》卷553）

（光绪三十二年四月庚戌）以捐田赡族，予江苏阳湖县绅士湖北道员刘度来等为其故父母，长洲县监生尤佳珍为其故祖父母建坊。折包　（《清德宗实录》卷558）

（光绪三十二年闰四月壬午）以遵命捐助学费，予湖北盐法道冯汝骙为其父母建坊。折包　（《清德宗实录》卷559）

（光绪三十二年六月丁亥）以捐助学费，予湖北知县贺祖蔚为其故母建坊。随手　（《清德宗实录》卷561）

（光绪三十二年七月戊戌）以捐田赡族，予前湖北利川县知县熊滨为其故父母建坊。折包　（《清德宗实录》卷562）

（光绪三十二年七月乙卯）以创办统税出力，予故湖北道员宝丰议恤。（《清德宗实录》卷562）

（光绪三十二年九月甲寅）予捐款助学助赈湖北知县刘人祥以道员候选……（《清德宗实录》卷564）

（光绪三十三年四月庚寅）以捐款修理监狱，予前任湖北蕲水县知县原恩瀛建坊。折包　（《清德宗实录》卷572）

（光绪三十三年五月癸巳）予故荆州将军载卓祭葬，赏银一千两治丧。现月　（《清德宗实录》卷573）

（光绪三十三年七月丙午）以遵命捐赈，予湖北候补道张赓飏为其母建坊。折包　（《清德宗实录》卷576）

（光绪三十三年七月己酉）以才识出众，予湖北候补道孙廷林、江苏候补道徐乃昌仍交军机处存记。折包　（《清德宗实录》卷576）

（光绪三十三年八月癸亥）以才堪任使，予湖南记名总兵梁国桢，沅州协副将崧煜，湖北知府汪凤瀛、周以翰军机处存记。折包　（《清德宗实录》卷577）

（光绪三十三年八月癸亥）以捐助学费巨万，予湖北恩施县同知职衔王文赞以知县即选。折包　（《清德宗实录》卷577）

（光绪三十三年八月丙寅）以长才有用，予湖北试用道高凌霨等三员军机处存记。折包　（《清德宗实录》卷577）

（光绪三十三年八月丁卯）以办学卓著勤劳，赏湖北按察使梁鼎芬二品衔。折包 （《清德宗实录》卷577）

（光绪三十三年八月丁丑）以已革山东候补道朱钟琪情轻法重，湖北试用知县叶丙勋随营出力，并复原官。折包 （《清德宗实录》卷578）

（光绪三十三年十月辛酉）以续捐军饷银二万两，予湖北道员黄训典军机处存记。外纪 （《清德宗实录》卷581）

（光绪三十三年十月庚辰）以捐助赈银二万两并劝捐巨款，予湖北道员刘选青之子象徵、侄焕以知府选用。外纪 （《清德宗实录》卷581）

（光绪三十三年十一月）辛卯，谕内阁："荆州将军松溎由翻译翰林荐升卿贰，擢任尚书，入直毓庆宫，外任将军，由西安调补荆州，宣力有年，克尽厥职。兹闻溘逝，轸惜殊深，加恩着照将军例赐恤，任内一切处分悉予开复。应得恤典，该衙门查例具奏，准其入城治丧。伊子候选知府英琨，着以道员分省补用。"现月 （《清德宗实录》卷582）

（光绪三十三年十一月己亥）荆州左翼副都统隆斌等奏："前将军松溎故后萧条，借支廉俸，无力完交。"得旨："着准其宽免。"折包 （《清德宗实录》卷582）

（光绪三十四年二月戊寅）以循良著绩，予已故江苏署黄安县知县江世玉列入《国史循吏传》，从湖广总督赵尔巽请也。折包 （《清德宗实录》卷587）

（光绪三十四年三月丙戌）以慨捐巨款兴学，赏湖北大冶县委用训导

刘渐逵蓝翎，予附生刘炳炎等封典加衔有差。折包 （《清德宗实录》卷588）

（光绪三十四年三月乙巳）以通达时务，予福建存记道程祖福留湖北补用，仍交军机处存记。折包 （《清德宗实录》卷588）

（光绪三十四年三月戊申）以慨捐巨款兴学，赏湖北试用道石元士头品顶戴，侄作藩以道员用。折包 （《清德宗实录》卷588）

（光绪三十四年四月辛酉）以尽瘁学务，遗爱在人，予故湖北提学使黄绍箕宣付史馆立传，从湖广总督赵尔巽请也。折包 （《清德宗实录》卷589）

（光绪三十四年四月癸酉）以创办湖北萍乡煤矿出力，予故候补道张赞宸议恤加等，如军营病故例。现月 （《清德宗实录》卷590）

（光绪三十四年五月丙戌）以善继夫志捐修城垣，予四川汉州故湖北试用知府张光旦妻宋氏建坊。折包 （《清德宗实录》卷591）

（光绪三十四年七月甲辰）以捐助皖赈，予湖北知府陈树屏之母檀氏建坊。（《清德宗实录》卷594）

（光绪三十四年八月丁卯）以乡举重逢，赏广东前署湖北安襄郧荆道黎嘉兰三品卿衔。现月 （《清德宗实录》卷595）

（光绪三十四年十月癸丑）以乡举重逢，赏前福建永春州州同湖北黄梅县举人胡斌运同衔。现月 （《清德宗实录》卷597）

（光绪三十四年十二月癸酉）以创办汉口水电公司成效昭著，予职商

宋炜臣奖励为邮传部三等顾问官。现月 （《宣统政纪》卷5）

（宣统元年正月戊戌）予湖北兴国州故五品卿衔万斛泉平生学行事实付史馆立传，从总督陈夔龙请也。折包 （《宣统政纪》卷7）

（宣统元年二月丁卯）以因言获谴，遗爱在民，开复故革职湖北巡抚曾钚原官，从两江总督端方请也。折包 （《宣统政纪》卷8）

（宣统元年闰二月丙申）予故湖北宜昌镇总兵傅廷臣优恤，如军营立功后积劳病故例。折包 （《宣统政纪》卷10）

（宣统元年五月壬子）赏湖北教习日员铸方德藏二等第二宝星。（《宣统政纪》卷13）

（宣统元年五月乙亥）予湖北军营病故把总孟宪德优恤。（《宣统政纪》卷14）

（宣统元年六月丁酉）以政迹卓著，准已故广东巡抚马丕瑶、湖北巡抚于荫霖事迹宣付史馆。折包 （《宣统政纪》卷16）

（宣统元年七月）辛酉，湖广总督陈夔龙奏："湖北左路巡防队管带虎云湘前因嗜好太深，诸事废弛。业经奏请撤销世职，不准再赴各处军营投效。查该员系阵亡总兵虎坤元之子，家无次丁，遽将袭职停止，似不足以慰忠荩。现察看该员深知愧奋，尚非不堪造就，恳准仍袭骑都尉兼一云骑尉世职，并销去不准投效字样，以全勋裔。"得旨："虎云湘虽据该督奏称深知愧奋，究竟是否戒断，仍着查明具奏。"（《宣统政纪》卷17）

（宣统元年八月庚辰）以办赈积劳病故，予故湖北黄州府知府景清等

优恤。折包 （《宣统政纪》卷19）

（宣统元年八月甲申）赏湖北候补道蔡源深四品卿衔，充湖南清理财政正监理官。现月 （《宣统政纪》卷19）

（宣统元年八月庚寅）以捐躯救父，予湖北黄陂举人陈鸿伟列入《国史孝义传》。折包 （《宣统政纪》卷19）

（宣统二年正月癸亥）以因公惨毙，予湖北襄阳县典史张源优恤。（《宣统政纪》卷30）

（宣统二年二月己亥）予故湖北提督夏毓秀优恤，如提督军营立功后病故例，并将战功事迹付史馆立传，子学部候补主事夏瑞庚，以员外郎补用。寻谥“勇恪”。现月 （《宣统政纪》卷32）

（宣统二年三月壬子）予故湖北襄阳府知府郑敦允列入《国史循吏传》。折包 （《宣统政纪》卷33）

（宣统二年三月壬申）予湖北故光禄寺少卿王家璧、国子监学正张裕钊、举人张官德列入《国史儒林传》。折包 （《宣统政纪》卷33）

（宣统二年七月乙丑）命湖广总督瑞瀓在紫禁城内骑马。（《宣统政纪》卷39）

（宣统二年八月丁丑）追予故湖北提督夏毓秀谥“勇恪”。现月官报（《宣统政纪》卷40）

（宣统二年九月己酉）以被参冤抑，复前湖北房县知县滕椿职。折包

（《宣统政纪》卷42）

（宣统二年十一月甲子）以功德在民，予故大学士张之洞于湖北省城建立专祠。（《宣统政纪》卷45）

（宣统三年六月戊寅）以捐款兴学，赏湖北存记道黄训典四品京堂候补。（《宣统政纪》卷55）

（宣统三年六月己丑）予已故尽先选用道杨安臣、甘肃题奏道易孔昭、前署湖北汉阳协副将田其述、直隶通州营副将史济源、补用总兵刘耀廷等赏恤如军营立功后病故例。（《宣统政纪》卷56）

（宣统三年十月己未）以克复汉口前敌出力，予护理第四镇统制王遇甲以协都统补用并赏副都统衔，赏马队第二标统带官都司贾德耀等巴图鲁名号，余升叙加衔有差。（《宣统政纪》卷66）

（宣统三年十一月己巳）以克复汉口出力，赏马队第二标统带官贾德耀，炮二标统带官崔霈、十三标统带官王宾，马四标统带官张九卿，步队第六标统带官康宗仁等巴图鲁名号。（《宣统政纪》卷67）

（宣统三年十一月甲申）以克复汉口出力，予京汉铁路机车总管已革奉天兴奉道沈承俊等开复，知府段永彬、二镇统制官总兵马龙标等升叙加衔有差。（《宣统政纪》卷68）

（宣统三年十一月庚寅）以援绝身殉，予署荆州副都统恒龄谥，优恤如都统阵亡例，子分省试用知县裕文以直隶州知州用，通判职衔裕谦以通判用。寻谥“壮节”。（《宣统政纪》卷68）

（宣统三年十二月甲辰）又谕："节制各路军队大臣袁世凯奏'奖保克复汉阳异常出力各员，开具清单呈览'一折，又奏'请将前第四镇统制吴凤岭一律给奖'，又奏'革职留任湖北提督张彪时有功绩，恳恩开复革职处分'各片，均着照所请。"（《宣统政纪》卷69）

（宣统三年十二月癸丑）以克复汉阳各镇出力，予文职知府张邵仲、武职刘锡广等奖叙有差。（《宣统政纪》卷70）

（宣统三年十二月戊午）又谕："内阁恳将殉难道府各员从优赐恤，陆军第八旗正参谋官正、参领衔湖北候补道刘锡祺、湖北施南府知府署安陆府知府桂荫、广东潮州府知府陈兆棠、四品衔四川补用直隶州知州署双流县知县汪承第，或慷慨捐躯，或从容就义，均属忠烈可风。刘锡祺着加恩追赠协都统，照协都统阵亡例从优赐恤。桂荫、陈兆棠均着加恩追赠道员，照道员阵亡例从优赐恤。汪承第着加恩追赠知府，照知府阵亡例从优赐恤，以慰忠魂。"（《宣统政纪》卷70）

7. 旌表节义

（顺治九年十二月）乙卯，湖北巡按聂玠疏举节孝："汉阳县民杜尚忠刲股疗继母病；黄陂县民涂远还刲股疗父病，亲殁庐墓三年；汉川县民龙纳约妻王氏夫病刲股和药，夫殁守节，事姑克尽孝养；黄冈县民陶光先妻刘氏自二十岁守节，历五十四年；蕲州民张忠禄妻廖氏自二十三岁守节，历四十一年，俱请照例旌表。"章下礼部。（《清世祖实录》卷70）

（顺治十年二月丙寅）旌表孝子……节妇，赞皇县民傅启之妻郝氏……黄冈县民陶光先妻刘氏、蕲州民张忠禄妻廖氏……各给银建坊如例。（《清世祖实录》卷72）

（顺治十三年八月庚辰）旌表烈妇湖广茶陵州生员谭伯生妻陈氏、鄢县民罗兴恒妻谭氏，各给银建坊如例。（《清世祖实录》卷103）

（顺治十四年四月癸未）旌表遇贼死难湖广攸县生员陈六礼并妻朱氏，给银建坊如例。（《清世祖实录》卷109）

（顺治十四年四月甲辰）旌表节妇湖广黄陂县举人周若衡妻万氏，生员侯希契妻王氏、周若峋妻邓氏、周综絅妻黄氏，襄阳县民邓凌衡妻刘氏、胡宗奇妻邓氏、左史胡妻朱氏，各给银建坊如例。（《清世祖实录》卷109）

（顺治十六年闰三月丙寅）旌表节妇湖广大冶县林有声妻陈氏、临湘县陈世定妻李氏、江夏县刘滋妻徐氏，各给银建坊如例。（《清世祖实录》卷125）

（顺治十六年十月乙未）湖广巡按李廷松疏报节妇："湖广孝感县生员熊祚延妻李氏，年二十七夫殁，子俱在襁褓。氏毁形矢志，冰霜自励，教子赐履成进士，请照例旌表。"下礼部议。（《清世祖实录》卷129）

（顺治十六年十二月辛卯）旌表节妇湖广孝感县生员熊祚延妻李氏，给银建坊如例。（《清世祖实录》卷130）

（康熙九年四月甲寅）旌表节妇湖广江夏县刘国柱妻杨氏苦节六十余年……烈妇凌自美妻郑氏夫亡自尽，俱给银建坊如例。（《清圣祖实录》卷33）

（康熙九年九月壬辰）旌表节妇湖广黄陂县刘氏，平南王藩下施承恩妻周氏、刘可陞妻吕氏、孟从见妻钱氏、邓志先妻华氏、张士金妻赖氏，

俱给银建坊如例。(《清圣祖实录》卷34)

(康熙十一年七月庚戌)旌表湖广黄安县节妇匡氏,给银建坊如例。(《清圣祖实录》卷39)

(康熙十八年八月庚辰)旌表湖广黄陂县节妇乐氏,给银建坊如例。(《清圣祖实录》卷83)

(康熙二十三年四月甲子)旌表湖广节妇襄阳县李维权妻张氏守节保孤,烈妇麻城县周方旦妻蔡氏、京山县张桥生妻杨氏夫亡自尽,给银建坊如例。(《清圣祖实录》卷115)

(康熙二十三年十二月乙巳)旌表湖广节妇荆门州胡之明妻邱氏,给银建坊如例。(《清圣祖实录》卷118)

(康熙二十五年四月)庚戌,旌表湖广节妇常宁县周氏,给银建坊如例。(《清圣祖实录》卷125)

(康熙二十七年八月丁未)湖广粮储道叶映榴遗疏言:"康熙二十七年五月初九日,臣署理湖北布政使印务,忽于本月二十二日,督标裁兵夏包子倡乱,闭城造反,劫夺抚臣敕印,分兵围臣衙署,百计胁从。臣幼读诗书,粗知节义,虽白刃当前,岂肯丧耻苟生?臣此时微服匿影,或可幸免以图后效,伏念臣守土之官也,城存与存,城亡与亡,义所当然。臣于本月二十六日,朝服向阙九叩谢恩毕,随升臣衙门公座,骂贼自刎,勉尽一死,以报国恩。"上览毕,集诸王大臣等谕曰:"凡地方官城存与存、城亡与亡者,乃人臣之分。近者武昌兵乱,叶映榴守义不屈,骂贼自刎。朕阅其遗奏,五内伤悼,王大臣等其共听之。"因令展读奏疏,闻者莫不感泣,随谕吏、礼二部曰:"叶映榴值裁兵鼓噪,抗志不

屈，捐生殉难，忠节可嘉。今览遗疏，情词惨烈，朕心深为恻然，不忍披阅。应从优赐恤，以表忠贞。”（《清圣祖实录》卷136）

（康熙二十九年正月）壬戌，旌表四川节妇周氏，湖北节妇陈氏、杜氏、陶氏、吴氏，各给银建坊如例。（《清圣祖实录》卷144）

（康熙三十年五月癸丑）旌表湖广节妇应城县张桂芳妻罗氏、江夏县徐晟妻马氏，各给银建坊如例。（《清圣祖实录》卷151）

（康熙三十一年四月乙酉）旌表湖广节妇欧阳氏，给银建坊如例。（《清圣祖实录》卷155）

（康熙三十二年三月甲子）旌表湖广节妇朱氏，给银建坊如例。（《清圣祖实录》卷158）

（康熙三十三年三月辛丑）旌表湖广烈妇周禧妻白氏拒奸自尽，给银建坊如例。（《清圣祖实录》卷162）

（康熙三十三年三月庚申）旌表湖广节妇杨氏守节四十年，给银建坊如例。（《清圣祖实录》卷162）

（康熙三十八年七月庚辰）旌表湖广烈妇任仲嘉妻尤氏逼奸不从，捐躯自尽，给银建坊如例。（《清圣祖实录》卷194）

（康熙三十九年十月乙丑）旌表湖广烈妇周思齐妻戈氏拒奸捐躯，给银建坊如例。（《清圣祖实录》卷201）

（康熙四十二年五月壬戌）旌表湖广烈妇张士杰妻魏氏拒奸殒命，给

银建坊如例。(《清圣祖实录》卷212)

(康熙四十四年九月戊辰)旌表湖广烈女刘氏拒奸殒命，给银建坊如例。(《清圣祖实录》卷222)

(康熙四十九年二月壬寅)旌表湖广烈妇罗国栋妻梅氏拒奸殒命，给银建坊如例。(《清圣祖实录》卷241)

(康熙五十三年十二月辛巳)旌表湖广钟祥县烈女邵世锦聘妻张氏，夫亡往哭守柩，姑舅遣归，绝食五日而死，给银建坊如例。(《清圣祖实录》卷261)

(康熙五十四年四月庚午)旌表河南烈女郑维德义女喜孜拒奸殒命，湖广烈妇任邦畿妻何氏拒奸自尽，各给银建坊如例。(《清圣祖实录》卷263)

(康熙五十八年二月)己酉，旌表湖广节妇薛氏拒奸身死，给银建坊如例。(《清圣祖实录》卷283)

(康熙五十九年十二月)丁酉，旌表湖广烈女徐基盘聘妻欧氏矢志坚贞，捐躯表烈，给银建坊如例。(《清圣祖实录》卷290)

(康熙五十九年十二月)癸卯，旌表湖广烈妇吴大申妻张氏，夫亡三年服除，阖户自经，从容尽节，给银建坊如例。(《清圣祖实录》卷290)

(雍正二年三月庚子)旌表湖北江夏县烈女徐三汲聘妻毛氏，未婚夫殒，投缳殉义，给银建坊、入祠致祭如例。(《清世宗实录》卷17)

(雍正二年十一月乙卯)旌表湖广黄冈县烈妇范彩云妻吴氏遇强不

辱，母女惨毙，给银建坊、入祠致祭如例。（《清世宗实录》卷 26）

（雍正三年十二月甲申）旌表湖北黄安县烈女陈仔聘妻祝氏守贞拒奸，自刎毕命，给银建坊、入祠致祭如例。（《清世宗实录》卷 39）

（雍正八年六月丁卯）旌表湖北彝陵州烈妇毛秉德妻周氏遇贼守节，投岩殒身，给银建坊、入祠致祭如例。（《清世宗实录》卷 95）

（雍正九年七月癸亥）旌表湖北郧县烈女王自寅女王氏拒奸不污，自刃殒命，给银建坊、入祠致祭如例。（《清世宗实录》卷 108）

（雍正十一年三月丁未）旌表烈妇……湖北汉阳县王文纶妻田氏俱殉夫完节……各给银建坊、入祠致祭如例。（《清世宗实录》卷 129）

（雍正十一年三月庚戌）旌表烈女……湖北汉阳县李邦有聘妻俞氏、黄陂县李端聘妻黄氏，俱未婚夫殒，矢志捐躯，各给银建坊、入祠致祭如例。（《清世宗实录》卷 129）

（雍正十一年八月戊寅）旌表烈妇正白旗满洲保柱妻塔塔拉氏痛夫阵亡，椋回自缢；湖北孝感县夏体元妻邱氏遇寇不污，捐躯完节……各给银建坊、入祠致祭如例。（《清世宗实录》卷 134）

（雍正十二年二月己未）旌表湖北随州烈妇向绍宗妻涂氏嫠居拒聘，赴水捐躯，给银建坊、入祠致祭如例。（《清世宗实录》卷 140）

（雍正十二年三月丁酉）旌表烈妇……湖北汉阳县陈御兆聘妻胡氏、河南祥符县田登路聘妻张氏……俱未婚夫殒，闻讣投缳，各给银建坊、入祠致祭如例。（《清世宗实录》卷 141）

（雍正十二年七月）庚辰，旌表湖北武昌县烈妇张性妻陈氏逼嫁不从，赴水殒命，给银建坊、入祠致祭如例。（《清世宗实录》卷145）

（雍正十二年十二月）己酉，旌表湖广黄冈县烈妇孙时霖妻皮氏拒奸不污，投缳殒命，给银建坊、入祠致祭如例。（《清世宗实录》卷150）

（雍正十三年四月）庚戌，旌表烈女湖北麻城县叶汝炽聘妻阮氏、江陵县帅定远聘妻李氏，俱闻夫身故，矢志捐躯；福建晋江县胡仁女胡氏强奸不从，投缳殒命，各给银建坊、入祠致祭如例。（《清世宗实录》卷154）

（乾隆三年三月辛未）旌表守正捐躯之湖南沅陵县民张士奇妻萧氏、湖北应山县民李广文妻萧氏。（《清高宗实录》卷65）

（乾隆三年六月丙戌）旌表守正捐躯之湖北应山县民李广文妻萧氏。（《清高宗实录》卷70）

（乾隆三年十二月戊戌）礼部议奏："湖北枝江县烈女淡大姑、许字民、张含章，尚未成婚，康熙十三年，遇贼义不受辱，投缳殒命，宜予旌扬。"从之。（《清高宗实录》卷83）

（乾隆四年二月甲申）旌表守正捐躯之湖北黄陂县民詹用九妻陈氏。（《清高宗实录》卷86）

（乾隆四年三月庚申）旌表守正捐躯之湖北蒲圻县民李日凡妻周氏。（《清高宗实录》卷88）

（乾隆四年十二月壬寅）是年，旌表……夫亡殉节湖北等省吴遂等妻

陈氏等四口……各给银建坊如例。(《清高宗实录》卷107)

(乾隆五年六月辛巳)旌表守正捐躯之安徽阜阳县民邢有昌母孀妇黄氏、守正被戕之湖广湘乡县民龙万章女龙氏。(《清高宗实录》卷118)

(乾隆六年六月戊申)旌表守正捐躯之湖广宜城县民彭健茂女彭氏。(《清高宗实录》卷144)

(乾隆六年十二月甲辰)旌表守正捐躯之湖北松滋县民张泰一妻陈氏。(《清高宗实录》卷156)

(乾隆七年十一月壬申)旌表守正捐躯之湖北公安县民刘克侯妻李氏。(《清高宗实录》卷179)

(乾隆九年十二月壬申)是年,旌表……夫亡殉节湖北等省王宗楷等妻谢氏等九人……各给银建坊如例。(《清高宗实录》卷231)

(乾隆十年六月乙卯)旌表守正捐躯之湖北襄阳县民王廷秀妻涂氏。(《清高宗实录》卷242)

(乾隆十一年九月庚子)旌表守正捐躯之湖北谷城县民文朝元妻刘氏。(《清高宗实录》卷274)

(乾隆十一年十一月丙申)旌表守正捐躯之湖北枣阳县民万成妻徐氏。(《清高宗实录》卷278)

(乾隆十二年九月乙未)旌表守正捐躯之湖北随州民王宏文妻杜氏。(《清高宗实录》卷298)

（乾隆十三年十二月庚寅）旌表守正捐躯之湖北孝感县民唐士乾妻龚氏、安徽凤阳县民李躧子母孙氏。（《清高宗实录》卷330）

（乾隆十四年二月丁酉）旌表守正捐躯之湖北汉阳县民邵国宪妻叶氏。（《清高宗实录》卷335）

（乾隆十四年五月癸亥）旌表守正被戕之湖北竹溪县民王伯海妻萧氏。（《清高宗实录》卷341）

（乾隆十五年三月丁巳）礼部议复湖北巡抚唐绥祖奏称，原议旌表寻常守节年例相符之妇，督抚、学臣给扁汇题，刊碑载志。伏思督抚、学臣给扁嘉奖，似人臣得操表扬之柄，且扁字参差不齐，请照百岁老人之例，敕内阁拟字给扁，并载入会典遵行。应如所请，即通行八旗各直省一体遵办。从之。寻内阁撰拟字样进呈，钦定“清标彤管”四字。（《清高宗实录》卷360）

（乾隆十五年七月丁巳）旌表守正捐躯之湖北襄阳县民熊兆生妻李氏、贵州镇宁州民杜士宏妻刘氏。（《清高宗实录》卷369）

（乾隆十五年十月戊戌）旌表守正捐躯之湖北钟祥县民颜建常妻刘氏。（《清高宗实录》卷375）

（乾隆十五年十二月戊戌）旌表……未婚守志镇海驻防汉军陈士元聘妻李氏等十七口，夫亡殉节湖北等省王必选聘妻汪氏等五口……各给银建坊如例。（《清高宗实录》卷379）

乾隆十六年辛未五月壬子，旌表守正捐躯之湖南襄阳县民王思昌妻

晏氏。(《清高宗实录》卷389)

(乾隆十六年闰五月)庚寅，旌表逼嫁捐躯之湖北江陵县民曾映彩妻陈氏。(《清高宗实录》卷391)

(乾隆十七年十二月丙辰)是年，旌表……夫亡殉节满洲查林妻钮和里氏等二口、湖北等省舒之献妻胡氏等二口……各给银建坊如例。(《清高宗实录》卷429)

(乾隆十八年六月乙未)旌表守正捐躯之湖北应城县民沈焕彩妻田氏。(《清高宗实录》卷440)

(乾隆十八年十二月癸未)旌表守正捐躯之湖北长阳县民杨开信妻周氏。(《清高宗实录》卷452)

(乾隆十八年十二月甲午)旌表守正被戕之湖北钟祥县民王金山妻沈氏。(《清高宗实录》卷452)

(乾隆十九年闰四月壬戌)旌表守正捐躯之湖北东湖县民覃正仁女覃氏。(《清高宗实录》卷462)

(乾隆十九年五月己亥)旌表守正捐躯之湖北公安县民李泽英妹李氏……(《清高宗实录》卷465)

(乾隆十九年九月丁丑)刑部等部题准："湖北巡抚张若震疏称'安陆县民吴太安起意将伊故甥尹辉宸妻吴氏改嫁。吴氏不从，又令尹辉先强抢，送至陈长纶家。吴氏坚不成婚，投缳殒命。吴太安应发边卫充军，年逾七旬，照例收赎。尹辉先等分别杖徒。吴氏附请旌表'。"得旨："吴氏矢志守节，吴太安起意改嫁，又令尹辉先强抢背送，以致投缳。则吴氏之死，实吴太安威逼所致，岂得以年逾七旬照例收赎？夫收赎固属定例，亦眚灾之谓耳，若不问所犯轻重，则一胥吏察例奉行足矣。拘牵墨守，何以慰幽魂而发潜德？此本着发还另议，嗣后有似此者，当按其情罪核实请旨。”寻议：“吴太安应不准收赎，余俱如原议。”从之。（《清高宗实录》卷472）

（乾隆二十年五月丁亥）旌表守正捐躯之湖北咸宁县民陈廷桂妻余氏。（《清高宗实录》卷488）

（乾隆二十年十月甲寅）旌表守正被戕之湖北恩施县民陈昌夏妻王氏。（《清高宗实录》卷498）

（乾隆二十一年四月丁未）旌表守正捐躯之湖北房县生员余思舜妻况氏。（《清高宗实录》卷510）

（乾隆二十一年四月癸亥）旌表守正捐躯之浙江武康县民冯茂兰甥女严氏、湖北广济县民陈胜谟女陈氏。（《清高宗实录》卷511）

（乾隆二十一年五月己巳）旌表守正捐躯之湖北松滋县民许房可妻温氏。（《清高宗实录》卷512）

（乾隆二十二年八月戊子）旌表逼嫁捐躯之湖北蕲州民岳国章妻陈氏。（《清高宗实录》卷545）

（乾隆二十三年十二月壬午）旌表……夫亡殉节湖北某妻季氏一口、何友唐聘妻杨氏一口……各给银建坊如例。（《清高宗实录》卷577）

（乾隆二十四年三月壬辰）旌表守正被戕之湖北武昌县民汪杰妻马氏。（《清高宗实录》卷 582）

（乾隆二十四年十月甲午）旌表守正捐躯之湖北光化县民秦礼生妻许氏。（《清高宗实录》卷 599）

（乾隆二十八年七月庚辰）旌表逼嫁捐躯之湖北孝感县民黄某妻谢氏。（《清高宗实录》卷 691）

（乾隆二十九年五月乙丑）旌表……守正被戕之湖北宜城县民张宽女张氏。（《清高宗实录》卷 710）

（乾隆三十年五月丁亥）旌表守正捐躯之湖北蕲州民冯三女冯氏。（《清高宗实录》卷 736）

（乾隆三十年十月庚戌）旌表逼嫁捐躯之湖北潜江县民朱之贤妻吴氏。（《清高宗实录》卷 746）

（乾隆三十一年三月乙亥）旌表守正捐躯之江苏武进县民徐春生妻姜氏、湖北黄安县民李周栋妻周氏。（《清高宗实录》卷 756）

（乾隆三十一年五月戊子）旌表守正捐躯之湖北竹溪县民陈华山妻李氏、甘肃华亭县民张得朝妻董氏。（《清高宗实录》卷 761）

（乾隆三十二年四月丙午）旌表守正捐躯之湖北襄阳县民陈章妻汪氏。（《清高宗实录》卷 782）

（乾隆三十二年十二月己巳）旌表守正被戕之湖北房县民杨从林妻吕

氏。(《清高宗实录》卷800)

(乾隆三十三年四月甲申)旌表守正被戕之湖北襄阳县民王必柱女王氏。(《清高宗实录》卷809)

(乾隆三十三年十二月甲申)旌表孝子湖北等省向宏材等二名……各给银建坊如例。(《清高宗实录》卷825)

(乾隆三十四年五月甲辰)旌表守正被戕之湖北宜城县民张士举妻李氏、守正捐躯之河南安阳县民陈希亮妻华氏。(《清高宗实录》卷835)

(乾隆三十五年十二月己卯)旌表守正被戕之湖北来凤县民龙名贵妻赵氏。(《清高宗实录》卷874)

(乾隆三十六年三月丙辰)旌表守正捐躯之直隶成安县民王泽长婢郭氏、湖北建始县民姚耀廷妻张氏。(《清高宗实录》卷880)

(乾隆三十六年三月丁卯)旌表守正捐躯之湖北监利县民刘如珍妻张氏。(《清高宗实录》卷881)

(乾隆三十六年四月戊子)旌表守正捐躯之湖北孝感县民殷立华妻周氏、河南阳武县民杨太妻来氏。(《清高宗实录》卷883)

(乾隆三十七年十二月己巳)旌表守正捐躯之安徽太和县民王国贺妻王氏、湖北应山县民殷廷栋妻汪氏。(《清高宗实录》卷922)

(乾隆三十八年闰三月庚午)旌表守正捐躯之湖北黄冈县民萧惟玉女萧氏。(《清高宗实录》卷930)

（乾隆三十八年十月庚戌）旌表守正被戕之湖北宜城县民黄志林妻罗氏。（《清高宗实录》卷945）

（乾隆三十九年四月戊戌）旌表守正捐躯之湖北郧阳县民钟云明妻李氏。（《清高宗实录》卷957）

（乾隆三十九年五月丁丑）旌表守正捐躯之湖北钟祥县民田荣妻陶氏。（《清高宗实录》卷959）

（乾隆三十九年六月丙戌）旌表守正捐躯之湖北汉川县民阮组相妻周氏。（《清高宗实录》卷960）

（乾隆三十九年七月乙丑）旌表守正捐躯之湖北嘉鱼县民邹亭玉妹邹氏。（《清高宗实录》卷962）

（乾隆三十九年十二月丁酉）旌表守正被戕之湖北长乐县民谭守魁妻李氏。（《清高宗实录》卷973）

（乾隆四十年二月辛丑）旌表守正被戕之湖北郧阳县民许正坤妻王氏。（《清高宗实录》卷977）

（乾隆四十年三月丙寅）旌表守正捐躯之湖北竹溪县民钟廷发妻刘氏……（《清高宗实录》卷979）

（乾隆四十年十月壬午）旌表守正捐躯之湖北宜都县民姚文远养女李氏。（《清高宗实录》卷992）

（乾隆四十年十一月辛巳）旌表守正捐躯之湖北随州民陈楚望妻袁氏。（《清高宗实录》卷996）

（乾隆四十一年十月丙寅）旌表守正捐躯湖北天门县民马达聪女马氏。（《清高宗实录》卷1019）

（乾隆四十一年十一月）戊子，谕："昨阅国史馆进呈徐治都传，伊在湖广提督任内攻剿叛贼，颇著劳绩，得有云骑尉世职，因袭次已满查销，着加恩仍赏给伊家，世袭罔替。至徐治都之妻许氏当吴逆犯顺时率仆御贼，中炮身死，义烈可嘉，着交该部补行旌奖。"（《清高宗实录》卷1021）

（乾隆四十二年五月庚午）旌表逼嫁捐躯湖北云梦县民刘明雄妻陶氏。（《清高宗实录》卷1032）

（乾隆四十二年五月癸未）旌表守正捐躯湖北光化县民余志万妻王氏。（《清高宗实录》卷1033）

（乾隆四十三年四月丙午）旌表守正捐躯湖北孝感县民徐相朝妻刘氏。（《清高宗实录》卷1055）

（乾隆四十三年九月乙卯）旌表守正被戕湖北房县民卢士虎妻钱氏。（《清高宗实录》卷1067）

（乾隆四十三年十月辛巳）旌表守正捐躯湖北来凤县民王秀林妻袁氏、湖南浏阳县民曾常清妻欧氏。（《清高宗实录》卷1069）

（乾隆四十三年十月癸未）旌表守正捐躯湖北当阳县民赵士彦妻王

氏。(《清高宗实录》卷1069)

(乾隆四十三年十二月壬戌)旌表守正被戕湖北枣阳县民蒋云妻王氏。(《清高宗实录》卷1072)

(乾隆四十四年十二月戊午)旌表守正被戕湖北竹溪县民江文珍妻陈氏。(《清高宗实录》卷1096)

(乾隆四十五年六月己巳)旌表逼嫁捐躯湖北黄陂县民黄士沅妻高氏。(《清高宗实录》卷1109)

(乾隆四十五年七月庚子)旌表……守正被戕湖北公安县民周道鸣聘妻叶氏……(《清高宗实录》卷1111)

(乾隆四十五年九月己亥)又谕:“据郑大进奏‘襄阳县民赵先寅年一百十一岁,曾元五世,实属升平人瑞,照例请旌’等语,赵先寅着照所请,准其旌表。并于例赏外,着加恩多赏一倍,再行加赏御笔扁额,用昭嘉奖。”(《清高宗实录》卷1115)

(乾隆四十五年十月辛酉)旌表守正被戕湖北荆门州民陈永辉妻李氏、守正捐躯河南宜阳县民董收成妻崔氏。(《清高宗实录》卷1117)

(乾隆四十六年三月甲申)旌表守正捐躯直隶房山县民王杰妻崔氏、湖北随州民刘廷德妻马氏。(《清高宗实录》卷1126)

(乾隆四十六年闰五月庚戌)旌表守正被戕湖北南漳县民申奉均妻聂氏。(《清高宗实录》卷1132)

（乾隆四十六年闰五月）壬戌，旌表守正捐躯直隶清苑县民许驴儿妻范氏、湖北汉阳县民杨名元妻戴氏……（《清高宗实录》卷1133）

（乾隆四十七年七月丙申）旌表守正被戕湖北郧县民蓝士芳妻胡氏。（《清高宗实录》卷1160）

（乾隆四十七年七月乙卯）旌表守正捐躯湖北石首县民刘某妻李氏。（《清高宗实录》卷1161）

（乾隆四十七年九月庚子）旌表守正被戕湖北钟祥县民田瀍妻王氏。（《清高宗实录》卷1164）

（乾隆四十七年九月乙卯）旌表守正捐躯湖北恩施县民梁万代妻帅氏。（《清高宗实录》卷1165）

（乾隆四十八年六月辛巳）旌表守正被戕湖北当阳县民王明远妻马氏。（《清高宗实录》卷1183）

（乾隆四十九年六月癸丑）旌表守正捐躯湖北襄阳县民彭廷富妻李氏。（《清高宗实录》卷1209）

（乾隆四十九年十一月丁卯）旌表守正捐躯湖北东湖县民李谷明妻王氏。（《清高宗实录》卷1219）

（乾隆五十年四月庚子）旌表守正捐躯湖北宜城县民侯三聘妻柯氏。（《清高宗实录》卷1229）

（乾隆五十年十二月乙未）旌表守正捐躯湖北房县民陈万一妻盛

氏……（《清高宗实录》卷1245）

（乾隆五十一年四月丁亥）旌表守正捐躯湖北京山县民李锡云妻曹氏。（《清高宗实录》卷1252）

（乾隆五十一年五月）癸丑，旌表守正捐躯……湖北天门县民邱志礼妻姚氏……（《清高宗实录》卷1254）

（乾隆五十一年六月乙亥）旌表守正捐躯湖北郧县民陆喜妻龚氏。（《清高宗实录》卷1256）

（乾隆五十一年十月己酉）旌表守正捐躯湖北黄安县民方万采妻詹氏。（《清高宗实录》卷1266）

（乾隆五十二年二月癸亥）旌表守正捐躯湖北荆门州民金文妻萧氏。（《清高宗实录》卷1275）

（乾隆五十二年八月甲辰）旌表守正捐躯湖北随州民辛正万妻沈氏。（《清高宗实录》卷1286）

（乾隆五十二年九月甲戌）旌表守正被戕直隶东光县民王兴魁妻张氏、湖北黄陂县民沈敬睦女沈氏。（《清高宗实录》卷1288）

（乾隆五十二年十一月癸酉）旌表守正被戕湖北黄安县民王风焕妻孟氏。（《清高宗实录》卷1292）

（乾隆五十三年二月戊申）旌表守正捐躯山东郓城县民王兴邦妻杜氏、湖北巴东县民薛大纲妻廖氏。（《清高宗实录》卷1298）

（乾隆五十三年九月辛未）旌表守正捐躯湖北咸丰县民刘益侄女刘氏。（《清高宗实录》卷1312）

（乾隆五十四年正月癸亥）谕曰："惠龄奏'江夏县民吴国瑞年一百二岁，孙曾绕膝，请旨旌表'等语。吴国瑞寿逾百龄，精神矍铄，洵为升平人瑞，特赐御制诗章。所有应得赏赉及建坊旌表之处，着该部照例具题。"（《清高宗实录》卷1320）

（乾隆五十四年十二月辛巳）旌表……孝女湖北朱氏一口……各给银建坊如例。（《清高宗实录》卷1345）

（乾隆五十五年四月丁巳）旌表守正捐躯直隶景州民杜五妻李氏、湖北沔阳州民卢么女卢氏。（《清高宗实录》卷1352）

（乾隆五十五年四月丙子）旌表守正被戕湖北竹山县民程文相妻焦氏。（《清高宗实录》卷1353）

（乾隆五十五年六月辛亥）旌表逼嫁捐躯湖北广济县民查万选妻王氏、竹溪县民李伦妻陈氏。（《清高宗实录》卷1356）

（乾隆五十五年七月庚寅）旌表守正捐躯湖北江陵县民贺成章女贺氏。（《清高宗实录》卷1358）

（乾隆五十五年九月丁酉）旌表守正被戕湖北兴山县民胡庆亨妻张氏。（《清高宗实录》卷1363）

（乾隆五十五年十一月乙酉）旌表守正捐躯湖北枣阳县民袁二娲妻卢

氏。(《清高宗实录》卷1366)

(乾隆五十六年正月)丁酉，谕曰：“毕沅等奏‘蒲圻县民覃方孜、黄冈县民蓝有德、江陵县民廖继周、监利县民王如瑡、襄阳县生员李荣、房县民朱瑟和、枣阳县民妇傅舒氏等，俱曾元绕膝，五世同堂，请予恩赉’等语，着照所请。所有该寿民等应行建坊旌表之处，该部照例办理。”(《清高宗实录》卷1371)

(乾隆五十六年二月辛酉)旌表守正被戕湖北谷城县民刘永照妻刘氏。(《清高宗实录》卷1373)

(乾隆五十六年七月丙戌)旌表守正捐躯安徽无为州民张茂发妻李氏、湖北广济县民潘能任妻陈氏。(《清高宗实录》卷1382)

(乾隆五十六年十月壬戌)旌表守正捐躯湖北荆门县民车邦顺妻唐氏。(《清高宗实录》卷1389)

(乾隆五十七年三月丙戌)旌表守正被戕湖北孝感县民夏学超妻连氏。(《清高宗实录》卷1399)

(乾隆五十七年九月)辛亥，旌表守正被戕湖北房县民李应儒妻高氏。(《清高宗实录》卷1412)

(乾隆五十七年十月己卯)旌表守正捐躯湖北蒲圻县民汪世杨妻蔡氏。(《清高宗实录》卷1414)

(乾隆五十七年十一月辛丑)旌表守正被戕直隶藁城县民裴皂聘妻蒋氏、守正捐躯湖北房县民赵文经聘妻蓝氏。(《清高宗实录》卷1416)

（乾隆五十七年十一月壬戌）旌表守正被戕湖北汉川县民崔三聘妻戚氏。（《清高宗实录》卷1417）

（乾隆五十八年四月庚寅）旌表守正捐躯湖北枣阳县民张为杰妻张氏。（《清高宗实录》卷1427）

（乾隆五十八年十月癸亥）旌表守正捐躯湖北南漳县民郑某妻胡氏。（《清高宗实录》卷1438）

（乾隆五十八年十月癸酉）旌表守正捐躯湖北咸宁县民余某妻吴氏。（《清高宗实录》卷1438）

（乾隆五十八年十月辛巳）旌表逼嫁捐躯湖北咸宁县民万志高妻潘氏。（《清高宗实录》卷1439）

（乾隆五十九年四月甲戌）旌表守正捐躯湖北江陵县民张克用妻文氏。（《清高宗实录》卷1451）

（乾隆五十九年十一月丙申）旌表守正被戕湖北麻城县民张某妻鲍氏。（《清高宗实录》卷1464）

（乾隆五十九年十二月壬戌）旌表守正捐躯湖北襄阳县民吕万得妻王氏。（《清高宗实录》卷1466）

（乾隆六十年九月壬戌）旌表守正捐躯湖北随州民李谷成妻刘氏。（《清高宗实录》卷1486）

（乾隆六十年十二月乙酉）旌表守正捐躯湖北咸丰县民蒋继孟妻周氏……（《清高宗实录》卷1492）

（嘉庆元年三月戊申）旌表守正捐躯湖北兴国州民成维林妻萧氏……（《清仁宗实录》卷3）

（嘉庆元年三月庚戌）旌表守正捐躯湖北黄冈县民刘良才妻萧氏。（《清仁宗实录》卷3）

（嘉庆元年八月甲戌）毕沅奏当阳善后事宜六款："……一、贼众仓卒入城，官民士女守义捐躯者，现饬查事迹，题请议恤旌表，以示激劝……"下部知之。（《清仁宗实录》卷8）

（嘉庆元年八月丁丑）旌表守正捐躯湖北南漳县民何名夏妻罗氏。（《清仁宗实录》卷8）

（嘉庆元年八月乙未）旌表守正捐躯湖北襄阳县民汪潮鼎女汪氏。（《清仁宗实录》卷8）

（嘉庆二年六月癸酉）旌表守正捐躯湖北松滋县民许士甸妻赵氏。（《清仁宗实录》卷18）

（嘉庆二年六月己丑）旌恤遇贼捐躯湖北房县知县魏相臣妻计氏、计氏母萧氏、邑武举谢龙恩母刘氏、民妇李傅氏等九口如例。（《清仁宗实录》卷18）

（嘉庆二年十一月辛卯）旌恤遇贼捐躯湖北游击朱承茂孀嫂梁氏、妻徐氏、妾王氏、子妇哈氏，仆妇王吴氏等三口如例。（《清仁宗实录》卷24）

（嘉庆三年二月）壬戌，旌表守正捐躯湖北武昌县民高启卫妻邱氏。（《清仁宗实录》卷27）

（嘉庆三年三月）己巳，旌表守正捐躯湖北孝感县民施狗妻邓氏。（《清仁宗实录》卷28）

（嘉庆三年十二月己未）是年，旌表……一产三男湖北等省吴正彩等三家。（《清仁宗实录》卷36）

（嘉庆四年四月己酉）旌恤遇贼捐躯湖北随州贡生李焕，生员徐凤翙、周宗濂，民人徐道同等二十名口；孝感县妇女刘侯氏等五十二口如例。（《清仁宗实录》卷43）

（嘉庆四年五月辛未）旌表逼嫁捐躯湖北天门县民邹鸣妻王氏。（《清仁宗实录》卷44）

（嘉庆四年五月乙酉）旌恤遇贼捐躯湖北保康县典史萧水清妻林氏，子其馨、其芳，媳韩氏，侄祚超，妻弟林良凤如例。（《清仁宗实录》卷45）

（嘉庆四年十一月）癸亥，旌恤遇贼捐躯湖北巡检夏永谦妻邱氏，子存宽，子妇程氏，子妾陆氏，孙涛、澄，孙女三妞，及乳母婢女等十名口如例。（《清仁宗实录》卷54）

（嘉庆四年十一月丙寅）旌表守正被戕湖北黄安县民彭五七母叶氏。（《清仁宗实录》卷54）

（嘉庆四年十二月癸丑）是年，旌表……孝妇湖北洪谭氏……各给银建坊如例。（《清仁宗实录》卷56）

（嘉庆五年三月辛巳）旌恤遇贼捐躯湖北宜都县民张发瑶等十八名口如例。（《清仁宗实录》卷62）

（嘉庆五年三月辛巳）旌表守正被戕湖北黄陂县民项开秀妻潘氏。（《清仁宗实录》卷62）

（嘉庆五年四月丙戌）旌表守正捐躯湖北应城县民陈云汉女陈氏。（《清仁宗实录》卷63）

（嘉庆五年六月庚申）旌恤遇贼捐躯湖北房县巡检黄诏妻王氏、仆妇何氏如例。（《清仁宗实录》卷69）

（嘉庆五年六月己卯）旌恤遇贼捐躯湖北均州武生张联元，生员张敬仁、张朝选及民人张金榜等八十四名口如例。（《清仁宗实录》卷70）

（嘉庆五年七月）壬辰，旌表守正捐躯湖北江陵县民杨方一妻张氏。（《清仁宗实录》卷71）

（嘉庆五年七月庚子）旌表守正捐躯直隶永年县民阎恩敬妻王氏、湖北蕲州民周希云妻李氏……（《清仁宗实录》卷71）

（嘉庆五年八月丙寅）旌恤遇贼不屈全家被戕湖北安陆县监生徐宗宙、民人吴正刚等二十八名口如例。（《清仁宗实录》卷73）

（嘉庆五年九月庚子）旌恤遇贼捐躯湖北竹山县武生张怀壁、民人郭添显等七十六名口如例。（《清仁宗实录》卷74）

（嘉庆五年十一月庚寅）旌表守志捐躯湖北石首县民龚家忠聘妻陈氏……（《清仁宗实录》卷76）

（嘉庆五年十一月丙申）旌表守正捐躯湖北枣阳县民女高氏。（《清仁宗实录》卷76）

（嘉庆六年二月壬申）旌表守正捐躯湖北江夏县民李三保聘妻刘氏。（《清仁宗实录》卷79）

（嘉庆六年六月壬子）旌表守正捐躯湖北石首县民刘瑜妻谢氏。（《清仁宗实录》卷84）

（嘉庆六年七月）庚寅，旌恤骂贼捐躯湖北竹溪县生员陈作舟、敖于頖二十二名口如例。（《清仁宗实录》卷85）

（嘉庆六年八月庚申）旌表守正捐躯福建武平县民钟祥发妻王氏。（《清仁宗实录》卷86）

（嘉庆六年十一月丁酉）旌恤遇贼被戕湖北恩施县生员黄万全、民人黄振万如例。（《清仁宗实录》卷91）

（嘉庆七年五月乙未）旌表守正被戕湖北枣阳县民李登科妻操氏。（《清仁宗实录》卷98）

（嘉庆八年二月）戊申，旌表守正捐躯湖北江陵县民罗习善妻胡氏……（《清仁宗实录》卷108）

（嘉庆八年二月）庚戌，旌表守正捐躯湖北枣阳县民张志升妻方氏。

（《清仁宗实录》卷108）

（嘉庆八年闰二月甲午）旌表守正被戕湖北谷城县民彭谷顺妻朱氏。（《清仁宗实录》卷109）

（嘉庆八年三月癸亥）旌表守正捐躯湖北襄阳县民牛定谷妻吴氏。（《清仁宗实录》卷110）

（嘉庆八年四月）癸巳，旌恤遇贼被戕湖北黄安县民刘洪等五名口如例。（《清仁宗实录》卷112）

（嘉庆八年十一月）丁巳，旌表逼嫁捐躯湖北江夏县民张大勋妻董氏……（《清仁宗实录》卷123）

（嘉庆九年二月乙酉）旌表守正被戕湖北天门县民杨星奉妻谢氏。（《清仁宗实录》卷126）

（嘉庆九年五月）庚戌，旌表守正被戕湖北京山县民吴甫潮妻丁氏。（《清仁宗实录》卷129）

（嘉庆九年六月癸未）旌表遇贼捐躯湖北竹山县监生魏正直妻何氏、武生魏兆青妻李氏。（《清仁宗实录》卷130）

（嘉庆十年七月乙卯）旌表守正捐躯湖北武昌县民潘子珍妻石氏、潘钟秀妻阮氏。（《清仁宗实录》卷147）

（嘉庆十年八月）乙酉，旌恤遇贼捐躯湖北保康县知县陈世章妻朱氏、教谕黄义峰妻王氏、训导吴珍媳吴氏、把总彭上荣妻唐氏及民妇张

陈氏等二十五口如例。(《清仁宗实录》卷148)

(嘉庆十年十一月乙卯)旌恤遇贼捐躯湖北郧西县候选训导吴炎光如例。(《清仁宗实录》卷152)

(嘉庆十年十二月癸巳)旌表守正被戕湖北云梦县民李宗伊妻黄氏……(《清仁宗实录》卷154)

(嘉庆十年十二月戊申)是年,旌表……孝妇湖北等省李毛氏二口……百岁寿民妇湖北等省张子举等二十一名口……各给银建坊如例。(《清仁宗实录》卷155)

(嘉庆十一年十一月壬子)旌表守正捐躯湖北蒲圻县民周顺彬妻王氏。(《清仁宗实录》卷170)

(嘉庆十二年六月甲戌)旌表守正捐躯湖北应山县民郭名德女郭氏。(《清仁宗实录》卷181)

(嘉庆十二年八月乙未)旌恤遇贼捐躯湖北竹溪县武生敖世炘妻刘氏等四口如例。(《清仁宗实录》卷184)

(嘉庆十二年十月辛卯)旌表守正捐躯湖北谷城县民王泉敷妻宋氏。(《清仁宗实录》卷186)

(嘉庆十二年十一月乙卯)旌表守正捐躯湖北宜城县民刘正邦女刘氏……(《清仁宗实录》卷188)

(嘉庆十二年十二月癸未)旌表守正捐躯湖北钟祥县民魏滏女魏氏。

（《清仁宗实录》卷190）

（嘉庆十三年闰五月甲午）旌表守正捐躯湖北江夏县民何治国妻柯氏……（《清仁宗实录》卷190）

（嘉庆十三年十月乙卯）旌表守正捐躯湖北沔阳州民黄必显妻张氏……（《清仁宗实录》卷202）

（嘉庆十三年十一月戊子）旌表守正被戕湖北襄阳县民赵之魁妻陆氏。（《清仁宗实录》卷203）

（嘉庆十五年四月己亥）旌表守正被戕湖北钟祥县民彭士望妻朱氏。（《清仁宗实录》卷228）

（嘉庆十五年七月壬戌）旌表守正捐躯湖北应山县民陈士奇女陈氏。（《清仁宗实录》卷232）

（嘉庆十六年九月庚子）旌表守正捐躯江苏铜山县民赵俊妻林氏、湖北黄冈县民詹伯章妻刘氏。（《清仁宗实录》卷248）

（嘉庆十六年十二月）辛亥，旌表守正捐躯河南洧川县民孙相楚女孙氏、湖北谷城县民蔡一楷妻曹氏。（《清仁宗实录》卷251）

（嘉庆十六年十二月甲戌）是年，旌表……孝妇湖北等省徐杨氏等三口……各给银建坊如例。（《清仁宗实录》卷252）

（嘉庆十七年十二月戊辰）是年，旌表……未婚守志……湖北等省程才洸聘妻柯氏等三十一口……各给银建坊如例。（《清仁宗实录》卷264）

（嘉庆二十年六月丙辰）旌表守正被戕湖北郧县民戴之有妻鲍氏。（《清仁宗实录》卷 307）

（嘉庆二十一年八月）甲申，旌表守正被戕湖北孝感县民吴胜全妻金氏。（《清仁宗实录》卷 321）

（嘉庆二十一年九月庚戌）旌表守正捐躯湖北天门县民李耀悰妻杨氏。（《清仁宗实录》卷 322）

（嘉庆二十一年九月甲戌）旌表守正捐躯湖北汉川县民邵贵万妻田氏。（《清仁宗实录》卷 322）

（嘉庆二十一年十一月甲子）旌表守正捐躯湖北谷城县民杨得太妻冷氏。（《清仁宗实录》卷 324）

（嘉庆二十二年二月辛巳）旌表守正捐躯江苏江都县民妇杭翁氏、逼嫁捐躯湖北汉阳县民周海燕妻黄氏。（《清仁宗实录》卷 327）

（嘉庆二十二年五月）丁未，旌表守正捐躯湖北江夏县民饶世洛妻郭氏。（《清仁宗实录》卷 330）

（嘉庆二十二年五月乙卯）旌表守正捐躯湖北宜城县民妇朱孙氏……（《清仁宗实录》卷 330）

（嘉庆二十二年六月戊寅）旌表守正被戕湖北竹溪县民萧岗妻邹氏。（《清仁宗实录》卷 331）

（嘉庆二十二年十一月戊辰）旌表守正被戕湖北谷城县民余富妻张氏。（《清仁宗实录》卷336）

（嘉庆二十三年十一月壬戌）旌表守正捐躯湖北孝感县民张理妻胡氏。（《清仁宗实录》卷350）

（嘉庆二十三年十二月癸巳）是年，旌表……孝女湖北等省安化县陶氏等二口……各给银建坊如例。（《清仁宗实录》卷352）

（嘉庆二十五年二月壬寅）旌表捐修考棚江堤湖北监利县民游大絅、乐善好施湖南宁远县贡生王万伦。（《清仁宗实录》卷367）

（道光二年三月丁巳）旌表守正捐躯湖北枣阳县民妇姚廖氏女姚氏。（《清宣宗实录》卷31）

（道光二年闰三月乙酉）旌表守正被戕湖北江夏县民彭必明妻李氏。（《清宣宗实录》卷32）

（道光二年五月）辛巳，旌表守正捐躯湖北京山县民妇阮何氏女阮氏。（《清宣宗实录》卷35）

（道光二年十二月庚午）是年，旌表……孝妇湖北等省张孙氏等二口……各给银建坊如例。（《清宣宗实录》卷47）

（道光三年四月甲子）旌表守正捐躯湖北枣阳县民韩有亮媳徐氏。（《清宣宗实录》卷51）

（道光三年十月己酉）旌表守正捐躯湖北枣阳县民韩有亮妻徐氏。

（《清宣宗实录》卷 60）

（道光四年十二月甲子）旌表遇贼被戕湖北兴山县民陈光宗妻舒氏。（《清宣宗实录》卷 76）

（道光五年十月己卯）旌表守正被戕湖北襄阳县民薛国柱妻贾氏。（《清宣宗实录》卷 90）

（道光五年十一月）己亥，旌表遇贼捐躯湖北枣阳县故同知李天植妾大刘氏、小刘氏。（《清宣宗实录》卷 91）

（道光五年十二月壬午）是年，旌表……孝义湖北省吴宗寿等二名……各给银建坊如例。（《清宣宗实录》卷 93）

（道光六年三月庚戌）旌表守正捐躯湖北长阳县民覃盛超妻徐氏。（《清宣宗实录》卷 96）

（道光六年十一月辛巳）旌表守正捐躯湖北钟祥县民邓科妻孙氏。（《清宣宗实录》卷 109）

（道光七年八月辛卯）旌表守正被戕湖北黄冈县尼志修。（《清宣宗实录》卷 124）

（道光八年二月丙戌）旌表逼嫁捐躯湖北钟祥县民姚运太妻胡氏。（《清宣宗实录》卷 133）

（道光八年七月己酉）旌表守正捐躯河南商丘县民王太和妻张氏、湖北随州民潘玉林妻田氏。（《清宣宗实录》卷 138）

（道光八年十二月丙寅）旌表守正捐躯湖北襄阳县民阎正经妻赵氏。（《清宣宗实录》卷148）

（道光九年三月乙卯）旌表守正捐躯湖北汉阳县民陈松妻黄氏……（《清宣宗实录》卷154）

（道光九年十二月庚寅）是年，旌表……六世同居湖北胡廷瑞一家……各给银建坊如例。（《清宣宗实录》卷163）

（道光十年四月己卯）旌表守正捐躯湖北光化县民周广文妻李氏。（《清宣宗实录》卷167）

（道光十年闰四月戊子）旌表守正捐躯直隶大名县民王印女王氏、湖北当阳县民吴正风妻李氏。（《清宣宗实录》卷168）

（道光十二年九月壬戌）旌表守正被戕湖北沔阳州民王承贵妻罗氏。（《清宣宗实录》卷220）

（道光十二年闰九月丙子）旌表守正捐躯湖北安陆县民周家瑞妻蒋氏。（《清宣宗实录》卷221）

（道光十二年十二月乙卯）旌表遇贼捐躯湖北兴山县军功九品陈上达妻张氏。（《清宣宗实录》卷227）

（道光十二年十二月壬申）是年，旌表……七世同居湖北贡生陈履谦一家……各给银建坊如例。（《清宣宗实录》卷228）

（道光十三年十二月丙寅）是年，旌表……孝妇湖北等省刘阚氏等二

口……各给银建坊如例。(《清宣宗实录》卷 247)

(道光十五年七月戊申)旌表守正捐躯山西猗氏县民王年儿妻张氏、湖北枣阳县民萧小妻张氏。(《清宣宗实录》卷 269)

(道光十六年九月戊子)旌表逼嫁捐躯湖北郧县民高月兰妻宋氏。(《清宣宗实录》卷 288)

(道光十六年九月)甲午,旌表守正捐躯湖北公安县民张起林妻杨氏。(《清宣宗实录》卷 288)

(道光十六年十月辛未)旌表守正捐躯湖北枝江县民黄本顺妻吴氏。(《清宣宗实录》卷 290)

(道光十八年二月乙丑)礼部议准湖北巡抚周之琦疏报,采访蒲圻县节烈妇女游陈氏等一百四口,河南巡抚桂良疏报,扶沟县陈王氏等一百三十七口、襄城县张李氏等一百二十七口,广西巡抚梁章钜疏报,博白县阙谢氏等三十四口,各请建总坊旌表。从之。(《清宣宗实录》卷 306)

(道光十八年十二月戊辰)旌表守正被戕……湖北竹山县民王大妻廖氏。(《清宣宗实录》卷 317)

(道光十九年二月辛巳)旌表守正捐躯湖北荆门州民邓淳五妻张氏。(《清宣宗实录》卷 319)

(道光十九年十二月庚辰)旌表守正被戕湖北枝江县民吴明彦妻汪氏。(《清宣宗实录》卷 329)

（道光二十年四月乙亥）旌表守正捐躯湖北江夏县民张大华女小姑。（《清宣宗实录》卷333）

（道光二十年九月丁未）追旌拒贼捐躯湖北松滋县明烈妇庞王氏。（《清宣宗实录》卷339）

（道光二十年十二月乙丑）礼部议准湖北巡抚伍长华疏报，采访兴国州贞节妇女冯慕洁等五百三十六口，前任湖南巡抚裕泰疏报，永明县周氏等七十五口，各请建总坊旌表。从之。（《清宣宗实录》卷342）

（道光二十一年闰三月己未）礼部议准……前任湖北巡抚伍长华疏报东湖县阎柳氏等八十四口……各请建总坊旌表。从之。（《清宣宗实录》卷350）

（道光二十一年十月戊申）旌表守正捐躯湖北天门县民董先扬女大姑。（《清宣宗实录》卷360）

（道光二十二年二月癸卯）旌表守正捐躯湖北归州民王悰钊童养媳向女。（《清宣宗实录》卷368）

（道光二十二年七月辛酉）礼部议准江西巡抚吴文镕疏报，采访兴国、广丰二县贞节妇女钟李氏等八百八十六口，湖北巡抚赵炳言疏报，天门县王刘氏等一千三百二十五口……各请建总坊旌表。从之。（《清宣宗实录》卷377）

（道光二十四年五月乙未）礼部议准江苏巡抚孙善宝疏报，采访高邮州贞节妇女赵房氏等五百九十二口，湖北巡抚赵炳言疏报，安陆县汪王氏等三百九十五口，各请建总坊旌表。从之。（《清宣宗实录》卷405）

(道光二十六年三月辛巳) 旌表守正捐躯……湖北随州民胡金选侄孙女二姑。(《清宣宗实录》卷427)

(道光二十六年十二月甲子) 礼部议准山东巡抚崇恩疏报，采访临朐县贞节妇女高孟氏等三百三十六口，湖北巡抚赵炳言疏报，谷城县赵程氏等一百七十九口，各请建总坊旌表。从之。(《清宣宗实录》卷437)

(道光二十八年九月丙子) 旌表守正捐躯湖北武昌县民毛中恭妻雷氏。(《清宣宗实录》卷459)

(道光二十八年十二月己巳) 是年，旌表……义婢湖北癸花一口……各给银建坊如例。(《清宣宗实录》卷462)

(道光二十九年四月) 癸亥，旌表守正捐躯湖北潜江县民吴懋贵女吴氏。(《清宣宗实录》卷466)

(道光二十九年五月戊午) 旌表守正捐躯湖北随州民涂维刚妻杨氏。(《清宣宗实录》卷468)

(咸丰元年十月甲辰) 旌表守正捐躯湖北随州民蔡宏亮妻陈氏。(《清文宗实录》卷46)

(咸丰二年十二月乙巳) 是岁，旌表……百岁寿民妇湖北等省乐大观等五十七名口……均给银建坊如例。(《清文宗实录》卷80)

(咸丰四年十二月己丑) 是岁，旌表孝子湖北等省郑正楚等三十名……均给银建坊如例。(《清文宗实录》卷339)

（咸丰十一年正月庚戌）谕内阁："御史吴祖昌奏'请将殉难绅民、妇女查明旌恤'一折。广西省各府州县被扰最久，该绅民等办理团练，或御贼伤亡，或不屈自尽，即应随时查办，以彰忠节而励人心。着该抚仿照湖北、广东等省设立总局，派委官绅查明殉难事迹，由该抚分别奏请旌恤。至郁林州城被围，御贼伤亡绅民，一并查明具奏。"（《清文宗实录》卷341）

（咸丰十一年三月辛卯）旌表湖北黄梅县殉难节妇帅洪氏。（《清文宗实录》卷345）

（咸丰十一年十二月癸未）是年，旌表孝子湖北等省郑正楚等一百十九名……义士湖北等省姚立卓等九名，义仆湖北省德贵一名……均给银建坊如例。（《清穆宗实录》卷14）

（同治元年五月壬辰）旌表守正捐躯……湖北广济县民方登选妻饶氏。（《清穆宗实录》卷28）

（同治元年五月辛丑）追予陕西故孝子严时仁旌表如例，并颁扁额，曰"笃行传家"，从其裔孙湖北巡抚严树森请也。（《清穆宗实录》卷28）

（同治元年六月壬子）旌表守正捐躯湖北远安县民杨经纶妻张氏。（《清穆宗实录》卷30）

（同治元年六月庚申）旌表守正捐躯湖北宜城县民郑照耀妻谢氏……（《清穆宗实录》卷30）

（同治元年十二月丁未）是年，旌表……孝义湖北胡国栋一名，孝妇陕西等省刘士杰妻杨氏等二口，孝女湖北程氏一口……顺孙湖北等省管华均等二十四名……均给银建坊如例。（《清穆宗实录》卷53）

（同治二年六月丙子）旌表守正捐躯湖北应山县民傅从重妻周氏。（《清穆宗实录》卷69）

（同治二年十二月壬寅）是年，旌表孝子湖北等省孔兴德等八名……悌弟湖北省罗亮侯一名……义士湖北省张玉阶等二名……夫亡殉节湖北等省乐庆云妻范氏等十四口……均给银建坊如例。（《清穆宗实录》卷89）

（同治三年十二月丙申）是年，旌表……五世同堂湖北等省陈刘氏等三十八家……均给银建坊如例。（《清穆宗实录》卷125）

（同治四年十二月庚申）是年，旌表……孝义湖北等省王文杰等五名……均给银建坊如例。（《清穆宗实录》卷164）

（同治五年十二月辛卯）予湖北各属阵亡殉难千总周明昭等、绅民、妇女一千六百四十八名口分别旌恤如例。（《清穆宗实录》卷191）

（同治六年十二月癸卯）予湖北节年阵亡殉难绅民甯俊千等暨妇女三千三百一名口分别旌恤如例。（《清穆宗实录》卷220）

（同治六年十二月己酉）是年，旌表……孝友湖北等省平澍等六十名，义夫浙江省应延寿一名，义士湖北省李贻泰等四名……均给银建坊如例。（《清穆宗实录》卷220）

（同治七年五月丁酉）旌表守正捐躯湖北安陆县民妇吴唐氏。（《清穆宗实录》卷234）

（同治七年十二月壬申）是年，旌表……孝友湖北等省詹玉光等六名……均给银建坊如例。（《清穆宗实录》卷249）

（同治九年十二月庚寅）是年，旌表……孝妇湖北等省张裕春妻崔氏等十八口……均给银建坊如例。（《清穆宗实录》卷301）

（同治十年十二月乙酉）是年，旌表……夫亡殉节湖北等省彭元善妻蔡氏等二十五口……均给银建坊如例。（《清穆宗实录》卷326）

（同治十一年二月丙子）旌表守正捐躯湖北江夏县民王正邦妻李氏。（《清穆宗实录》卷329）

（同治十一年十一月）戊戌，谕内阁："李瀚章、王文韶奏'节妇孝女，同时自尽，请特赐旌表'并'道员处置乖方，请旨革职'各折片。湖南已故知府李杏春，于咸丰五年在湖北剿贼阵亡。该故员之妻朱氏痛夫成瞽，矢志守节。其女嫦贞、娥贞，均经许字，立志不嫁，茹素，求愈母目。李杏春之兄李光燎向伊侄女劝解，强令开斋。嫦贞等孝思纯笃，坚执己志。李朱氏因伊目失明，致误二女终身，乘间自尽。嫦贞、娥贞痛母情切，亦即自缢殒命。一门节孝，深堪嘉悯。李朱氏并其女嫦贞、娥贞，着交部一并照例旌表。贵州候补道李光燎劝伊侄女开斋、出嫁，操之过切，致酿三命，已属咎无可辞。且事后复以李朱氏母女吃斋入魔自尽等词呈报，希图掩饰己过，居心尤为险诈。李光燎着即行革职，以示惩儆。"（《清穆宗实录》卷345）

（同治十三年十一月甲寅）旌表夫亡守志湖北江夏县文童康纯儒妻李氏。（《清穆宗实录》卷373）

（光绪元年三月丁未）旌表矢志殉节崇阳县刘树镛妻何氏。折包（《清德宗实录》卷5）

（光绪元年三月甲寅）旌表孝烈湖北举人范元亨之女幼清。折包（《清德宗实录》卷6）

（光绪元年五月壬戌）旌表烈妇湖北武昌县萧梁氏、萧余氏。折包（《清德宗实录》卷10）

（光绪元年九月庚戌）旌表过门守节湖北监利县儒童胡宗垓之聘妻陈氏。折包 （《清德宗实录》卷18）

（光绪二年二月丙子）旌表湖北兴国州贞女张阮氏。折包 （《清德宗实录》卷26）

（光绪二年闰五月辛未）以年届百岁、五世同堂，旌表湖北武昌县寿妇贺陈氏。（《清德宗实录》卷33）

（光绪二年七月壬申）以年登百岁，旌表湖北江夏县寿妇曾张氏。随手折包 （《清德宗实录》卷36）

（光绪四年三月己卯）旌表湖北刲臂医亲孝子王世祜。折包 （《清德宗实录》卷70）

（光绪五年二月癸未）又谕："御史黄元善奏'访闻湖北殉难士民、妇女，开单恳请旌恤'等语。湖北钟祥县等处，前被逆匪窜扰。该绅民等或御贼殒命，或惧辱捐躯，均堪悯恻。该御史籍隶湖北，现闻较确，所有单开之生员樊绩传等、民人伊谦雄等，均着交部查明。除业经得有

恤典外，余俱照所请分别旌恤，并准其自行捐资建祠，以彰忠节。”现月（《清德宗实录》卷87）

（光绪五年二月癸未）旌表殉难捐躯湖北钟祥县生员樊宏嗣母张氏，夫亡殉节天门县生员倪钟英女、童生张泽溶聘妻素姑，过门守贞黄陂县童生詹仁山女、石秉榗聘妻长姑。现月（《清德宗实录》卷87）

（光绪五年四月辛亥）旌表湖北江夏县贞女罗萧氏。折包（《清德宗实录》卷93）

（光绪五年十二月壬寅）旌表江苏、浙江、湖北等省节妇程许氏、杨李氏、费孙氏、王陶氏，刲臂疗姑孝妇县丞杨荫留妻刘氏、知州杨克勤继妻刘氏。折包（《清德宗实录》卷105）

（光绪六年九月乙未）旌表刲股疗姑湖北孝妇魏谭氏。折包（《清德宗实录》卷120）

（光绪六年十月壬寅）旌表割臂疗亲湖北孝女陈熊氏。折包（《清德宗实录》卷121）

（光绪六年十二月丙辰）旌表守贞殉难湖北黄冈县戚定乾聘妻陶氏、节孝大冶县朱鸣阳妻刘氏。（《清德宗实录》卷125）

（光绪七年四月戊戌）旌表割肝疗亲湖北天门县民段忠选、罗田县民刘贤鼎。折包（《清德宗实录》卷129）

（光绪七年十一月壬辰）予湖北兴国州等处殉难士民妇女秦厚泰等二百二十九名口旌恤如例。现月（《清德宗实录》卷139）

（光绪七年十一月壬辰）旌表骂贼投水湖北烈妇武心楠妻左氏，自经殉夫左绍祁妻李氏、左绍仪妻熊氏。现月 （《清德宗实录》卷 139）

（光绪八年四月丙寅）旌表贞妇江苏崇明县龚王氏、湖北嘉鱼县张聂氏……折包 （《清德宗实录》卷 145）

（光绪八年六月辛未）旌表过门守贞湖北袁晋未婚妻蔡泽苕。现月（《清德宗实录》卷 148）

（光绪八年七月丙申）旌表割肝疗姑孝妇湖北兴国州文童袁开平妻俞氏。随手 （《清德宗实录》卷 149）

（光绪八年十一月乙未）旌表未婚守志江苏阳湖县贞女沈左氏，湖北江夏县贞女杨史姑，汉阳县贞女曹王姑、陈夏姑。折包 （《清德宗实录》卷 154）

（光绪九年正月丙申）旌表孝女湖北天门县潘朱氏、贞女江夏县张陈氏。折包 （《清德宗实录》卷 158）

（光绪九年四月辛亥）旌表义妇湖北咸宁县中书科中书周凤梧妻贺氏。（《清德宗实录》卷 162）

（光绪九年四月丁卯）旌表节妇湖北广济县蒋夏氏、居夏氏……贞女湖北广济县刘夏氏。随手折包 （《清德宗实录》卷 162）

（光绪九年七月庚寅）旌表贞孝女湖北兴国州儒士万业成未婚妻曹氏。折包 （《清德宗实录》卷 166）

（光绪九年十一月戊戌）旌表节妇江苏武进县四品封职张虔妻刘氏、孝女湖北候补通判张锦黻女韫玉、贞妇监生吴保颐聘妻赵氏。折包 （《清德宗实录》卷174）

（光绪九年十二月庚戌）旌表贞女湖北鹤峰州徐五姐。折包 （《清德宗实录》卷175）

（光绪十年三月己丑）旌表……湖北守贞孝女巡抚徐廷禄女云书。（《清德宗实录》卷179）

（光绪十年五月）乙酉，旌表湖北贞烈孝义周石氏等一万四千九百九十名口。折包 （《清德宗实录》卷183）

（光绪十年六月辛巳）旌表烈妇湖北孝感县统带武毅军提督宋德鸿母叶氏。折包 （《清德宗实录》卷187）

（光绪十一年三月己酉）予湖北孝义贞烈民人妇女冯伟臣等三万五千六百零五名口旌表。折包 （《清德宗实录》卷205）

（光绪十一年五月壬寅）旌表守正捐躯烈女湖北江夏县刘大姑等十九口、贞节妇女刘彭氏等六十八口。折包 （《清德宗实录》卷207）

（光绪十一年五月甲子）旌表贞节妇湖南长沙县职员卞贻令妻唐氏、江苏常熟县儒生蒋兴吾妻赵氏、湖北公安县文童陈孚豫妻易氏。折包 （《清德宗实录》卷208）

（光绪十二年三月癸卯）旌表湖北节孝妇女李桑氏等二千一十三名

口。（《清德宗实录》卷225）

（光绪十二年七月乙巳）旌表守贞孝女湖北兴国州冯正卿聘妻刘氏。折包 （《清德宗实录》卷230）

（光绪十二年九月乙卯）旌表节妇湖北江夏县前贵州镇远县知县彭汝玮妻童氏……现月 （《清德宗实录》卷232）

（光绪十三年闰四月丙辰）旌表贞女湖北张胡姑、烈妇湖南罗周氏。（《清德宗实录》卷242）

（光绪十四年五月乙丑）以捐助湖北省城敬节堂银两，予浙江孀妇宗杨氏建坊。折包 （《清德宗实录》卷255）

（光绪十九年二月庚申）旌表过门守志贞女湖北江夏县原任江西上高县知县萧良植女、文童刘嘉杭聘妻萧氏。（《清德宗实录》卷321）

（光绪二十九年十一月甲申）旌表节孝湖北应城县府经历衔王继鬳妻宋氏、廪生范芳兰妻陈氏、监生范吟香妻王氏。折包 （《清德宗实录》卷523）

（光绪二十九年十一月戊戌）旌表刲臂疗亲户部尚书鹿传霖次女、湖北麻城县知县李汝钊之妻，三女李汝钊之继妻鹿氏。折包 （《清德宗实录》卷523）

（光绪三十年四月庚戌）旌表割股救夫节妇荆州驻防镶黄旗满洲附贡生文炳妻克克什屯氏。折包 （《清德宗实录》卷529）

(光绪三十年十二月乙卯)旌表因火救母身殉湖北典史方炳垣。(《清德宗实录》卷539)

(光绪三十年十二月乙卯)旌表节妇湖北荆州直隶州知州李樑侧室沈氏。(《清德宗实录》卷539)

8. 官吏治民

(顺治十二年正月)壬子,谕内外文武官员等:“朕奉天子民,孜孜图治,夙兴夜寐,罔敢怠荒,庶望休息安养,渐兴教化,以奏升平……一、知府乃吏治之本,若尽得其人,天下何患不治。今各处知府百有余员,其最要者,如直隶之真、保、河间……湖广之武昌、荆、襄……共三十府,或政事殷繁,或地方扼要,知府之任尤宜得人。如不得其人,致被参劾,迎送劳扰,公务废弛,交代之际,吏胥作奸,为害甚大。与其参之于后,莫若慎之于先。着在京各衙门满汉堂官三品以上及在外督抚,各举才行兼优、堪任知府者一人,详开履历事迹具奏。吏部再加察议,奏请定夺,以备前三十处知府之用。如遇缺出,仍开列正陪,候旨点用。其余各府,且照近例行,有荐举徇私及推诿不荐者,议处……以上事款,内外文武衙门作速遵行。系在外者,该部誊发各总督、巡抚,将行过缘由逐款奏缴,不许视为具文,玩忽迁延,自干宪典。”(《清世祖实录》卷88)

(康熙二十年二月己丑)直隶巡抚于成龙来京陛见,上召至懋勤殿,问曰:“尔为今时清官第一,殊属难得。闻尔昔在黄州,土寇啸聚,尔往招之,即时投顺解散,何以致之?”于成龙奏曰:“此皆借皇上威德,臣有何能!”上因问属吏亦有清廉者否,于成龙以知县谢锡衮,同知何如玉、罗京对。上曰:“尔前所参知县赵履谦甚当。”于成龙奏曰:“赵履谦过而不改,臣不得已而参之。”上曰:“为政之道,当知大体,小聪小察,

不足为多，且人贵始终一节，尔其勉之。”（《清圣祖实录》卷 94）

康熙二十二年癸亥十一月戊辰朔，湖广总督董卫国陛辞，上谕之曰：“尔在外任二十余年，地方事宜、民生利病知之已悉，何待朕言。第总督为一省大吏，惟以奉公秉法、洁己爱民为要。从前用兵之际未免骚扰闾阎，今天下承平，休养民力乃治道第一义。何利当兴，何弊当革，俱宜从实详酌举行。惟时当承平，而常若民生未遂，民困未苏，则地方自然受福。若谓地方已经宁谧，不复时加体恤，则所失多矣。至一切事务本可速结者，自应速结。每见在外官员故意迟延，致滋民累，尔宜申饬所属各官实心任事。又在外官员行事，京师无不悉知，尔从前在任所行，朕皆洞晓。尔在军中克有劳绩，朕即下旨褒奖，嗣后务加砥砺。尔为部院官亦久，在京部院大臣，何须结纳？尔行事无疵，何畏人言？若行事失当，虽结纳大臣，亦复何益？”董卫国奏曰：“臣惟知敬奉朝廷，实不敢与诸大臣私相交结。”上曰：“前事不必复言，惟嗣后实心秉公，斯为尽职耳。”（《清圣祖实录》卷 113）

（康熙二十三年正月）丙申，谕大学士等曰：“副都御史塞克德自简任以来，并未见陈奏一事，才具庸劣，且非淳良之人，可令解任……”又谕曰：“督抚乃封疆大臣，通省民命所关，世祖皇帝时，所用者尚属循良。逮至辅臣时，自用张长庚、白如梅、张自德、贾汉复、屈尽美、韩世琦等匪人以来，扰害地方，以致百姓困苦已极。今之督抚，较前虽觉稍愈，而相沿成习，尚未尽改。见在浙江、湖广总督，江宁巡抚员缺最为紧要，必择贤能补授，方于地方有济。如不得其人，则百姓受害，不可胜言矣。此三缺，尔等加意详审，务得相宜之人补授为当。”……（《清圣祖实录》卷 114）

（康熙二十八年六月）甲申，湖广道监察御史李时谦条奏弭盗事宜，上谕大学士等曰：“李时谦以盗案令文官举报，缉拿则责之武官，如此而盗贼可弭。朕就根本处言之，若果家给人足，孰肯为盗？然亦托之空言则易，行之实难。朕自听政以来，早夜孜孜，惟以吏治民生为务，凡事之可行与否俱加详审。文官管民，凡巡察乡村、严缉奸宄是其专责。今若置之不论，独责之武官，则州县兵少，不但不足以缉盗，即使业已缉获，文官审讯时又谓其诬良为盗，此岂可行者耶？朕欲即降旨申饬，恐言官畏惧不言，此本不准行。”（《清圣祖实录》卷141）

（康熙三十七年正月）壬寅，湖广总督李辉祖、河南巡抚李国亮、云南巡抚石文晟、浙江巡抚张勄陛辞，上谕之曰：“凡居官以实心爱民为主。民虽愚，终不能欺也，能实心爱民，民自知感，否则竭力矫饰，终难掩人耳目。朕在宫中惟以百姓为念，督抚身在地方，与百姓最亲，岂可不一心爱民，副朕委任之意？一省之事全在督抚，督抚洁己率属，则府州县自然遵奉。尔等系封疆大臣，当自惜声名，自立品望。朕巡幸浙江、江南、陕西、山西等处，百姓利病俱所深知……然州县之私派，皆由督抚、布按科派所致。若止在州县官，则所害者不过一州一县，巡抚与布政使通同妄行，则合省俱受其害矣。此等人朕断不姑容，尔等识之。”（《清圣祖实录》卷187）

（康熙三十八年）六月戊戌朔，谕大学士等：“当今凡事俱可缓图，惟吏治民生最难刻缓。谚云：‘湖广熟，天下足。’江浙百姓全赖湖广米粟。朕南巡江浙，询问地方米贵之由，百姓皆谓数年来湖广米不至，以致价值腾贵。然楚省官吏并未奏报水旱。又闻湖南百姓甚苦，皆由兴永朝、王樑、杨凤起三人相继扰害所致。见任总督李辉祖为人诚实，办事颇优，但俱系于成龙荐举，欲其不徇情面，将从前废弛整理，断断不能。李辉祖可召进京，以侍郎用。原任左都御史郭琇，前为吴江县知县，居官甚善，百姓至今感颂。其人亦有胆量，无朋比，郭琇着补授湖广总督，令驰驿赴任。”（《清圣祖实录》卷193）

（康熙三十九年五月己酉）湖广总督郭琇条奏："楚省陋弊，胪列八款。一、阖邑摊费其名'软抬'，各里轮当其名'硬驼'之弊宜除。一、陋规杂派之多宜除。一、征粮之滚单宜行。一、讼棍包揽词讼宜禁。一、酷刑滥刑宜禁。一、诬盗及捕役私行吊拷宜严饬。一、尸亲率众抄抢之风宜禁。一、强族阻葬之风宜禁。请旨勒石，永为定例。"得旨："本内事情，前任督抚并未陈奏，郭琇莅任实心除弊，详明具奏可嘉，俱着照该督所请行。"（《清圣祖实录》卷199）

（雍正三年八月）己卯，谕吏部、都察院："安民必先弭盗，盗风不息，皆由有司官讳盗不报之故。不但江南地方盗贼素多，近闻河南、湖广路上有过往官员被劫者，州县官贿赂事主，通同隐匿，司道既无觉察，督抚亦受蒙蔽，以致盗贼无忌，贻害不小，不可不严行稽察。朕思巡按御史久经裁汰，自不可复。今或于满汉御史并部员内拣选贤能官，酌量于湖广、江南、浙江、福建、山东、河南等省，每省或差二员，或一员，或两省差一员兼理。今其专司稽察盗贼并巡查驿站烟墩，倘有纵容盗贼、隐讳不报者，许据实题参。一切地方事务，差员不得干预。若生事滋扰，必从重治罪。尔等详细酌议具奏。"（《清世宗实录》卷35）

（雍正四年十二月丁卯）署湖广总督福敏等折奏："请将通省州县各官酌调繁简，次第调换，以便盘查仓库钱粮。"奉上谕："湖广一省旧无调繁、调简之例，即他省亦未经通行。朕践阼以来，督抚诸臣往往密为奏请。此举若出于至公，原属美政。倘涉于私比，则其弊不可胜言矣。所以朕不轻开此例，即一时权宜行之，惟视督抚之公私何如，而斟酌于其间耳。朕意调繁，自必皆勤干之员，至于调简，或亦偶有抱屈者，然大都姑容徇庇之举居多。地方繁简固有不同，即就极简州县而论，莫不皆有刑名钱谷之责。其阘茸劣员，安可任其旷官贻误乎？若不过仅短于才，而无荡检逾闲之处，宜勒令退休，系科甲出身者，或题请改教。即如月选各官引见时，朕观其人虽似不及，但岂得以语言、相貌一见而定其优劣，遂将无过之人即行斥革？是以姑且补授，令其莅任，是在尔等督抚大吏秉公衡鉴，明试以功也。朕反复思维，吏治须严为甄别，若系庸材，断宜沙汰。试思一人之荣辱得失，较之国计民生，轻重何啻倍蓰？向来姑容陋习，近于妇人之仁，欲以此沽宽厚之虚名，实不知乖激扬之大典也。地方惟良吏难得，果系有为有守之员，遇因公罣误参劾，仍不妨另为题留。设遇丁艰事故，揆其情理，如非孤子，或亦可在任守制，给假数月，俾得尽其子道，然后赴任。倘该员报本念切，坚欲奔赴，则不必强，或具本题请于服满之日仍补本省，遇缺即用，如此方为鼓励人材之道。今尔楚省牧令中，察有精勤能干之员而在僻地者，用违其才，诚为可惜，尔等题请调繁可也。至于才短而任冲繁之地，欲为调简者，当仰遵朕谕，加意斟酌而行。均将与例不符情节，备细声明题奏。又所奏次第调换盘查仓库之说，似可不必。倘或不肖有司彼此互相容隐，反致尔等难于稽察矣，亦何益之有？”（《清世宗实录》卷51）

（雍正五年六月丙戌）署湖广总督福敏参奏亏空社仓谷石各员，请分别议处。得旨：“……至于州县官，实心视百姓为一体者岂可多得？今以常平之谷为国家之公储，关系己身之考成，尚且侵欺那用，亏空累累。况民间之社仓，安能望其尽心经理，使之实贮以济用乎？朕之举行社仓，实因民生起见，又诸臣条奏多言之凿凿，是以令各省酌量试行，以观其成效何如，并非责令一概施行也。湖广社仓亏缺之数，即交与福敏悉心清查。倘谷已如数交仓，而州县侵蚀那移，忍以百姓预备之需充一己之私用者，着即于原侵那之州县名下，严追赔补。或民间原未交仓，或交仓之数与原报之数多寡不符者，若必欲令民间照数完纳，恐小民力有未敷，未免竭蹶，非朕曲体民隐之意。福敏办理此事，必须至公至当，方于吏治民生两有裨益也。自古有治人，无治法，必有忠信乐善之良民，方可以主社仓之出入，必有清廉爱民之良吏，方可以任社仓之稽查。各省官民果能实力奉行，而善全无弊，朕实嘉之。至于绳以官法，而好尚虚名，则有司奉行之不善，负朕本意矣。”（《清世宗实录》卷58）

（雍正五年七月甲子）谕大学士九卿等：“七月初一日，朕曾颁谕旨云，从来天人感召之理，捷于影响。凡地方水旱灾祲，皆由人事所致，或朝廷政事有所阙失，若督抚大吏不修其职，或郡县守令不得其人，又或一乡一邑之中人心诈伪，风俗浇漓，此数端者，皆足以干天和而召灾祲。是以朕谆谆训饬，颁发谕旨，至再至三，而宵旰之时，无刻不深乾惕。但天下至大，兆民至众，察吏之责莫如督抚，亲民之官莫如守令。若地方有司官果能视民如子，休戚相关，平时化导有方，恫瘝一体，则民气舒畅而乖戾潜消。设偶遇雨旸愆期，又复为民请命，虔诚祈祷，自可挽回天意，感召休和。如张堪之麦秀两岐，鲁恭之蝗不入境，史册所传，皆实有其事，实有其理，非虚语也。近见有司官平时不能尽爱养之道，民生不厚，民俗不淳，既足上干天谴。及遇水旱又漠不关心，不知悔过自省，纵事祈祷虚文，不过勉强塞责。甚至不肖之员惟恐报灾蠲赋，己身不得火耗羡余，而隐匿不报者有之。又或本身原有亏空，转冀水旱得邀赈济，以便开销，而百姓并不沾颗粒之惠者有之。似此居心行事，竟将民生疾苦视同陌路，则民气郁而不舒，何以弭天灾而召丰穰乎？朕为天下主，凡民生之休戚，吏治之得失，皆朕躬之责，亦难推诿于臣工，况臣工之是非即朕之是非，朕又何能推诿乎？但用人察吏之道各有等次，朕所察用者，督抚也，督抚所察用者，有司也。若督抚不得其人，朕之过也。有司不得其人，则督抚之过也。至地方百姓，不能为之遂生复性、捍患御灾，则其过专在有司矣。夫为政之道，在于得人，而用人之法，只得博采舆论。然使但以舆论为凭，则如裴倖度、张楷，人皆称其秉公持正，谨慎和平，及至近日江西亏空毕露，弊端种种，皆裴倖度、张楷任内之事。至如河南巡抚田文镜者，尚有李绂、谢济世等诬为贪婪，如此不辨公私、颠倒是非之事，不可枚举，则舆论又不足尽凭矣。舆论既不足尽凭，则人之贤否何由而知？是以试用之以观其后，即古圣人明试以功之意。试之而称其职，岂非朕心之所乐愿？试之而不称其职，自当速行更换。岂有劣员既经败露，尚可姑留在任乎？乃无知小人不知朕进退人才之苦心，而辄有轻于去留之私议，此则愚昧之甚者也。为督抚者当体朕察吏安民之苦心，竭诚秉公，倡率百僚，使地方有司皆能实尽父母斯民之道。则上与下合为一心，官与民联为一体，和气致祥，休嘉日集，断不致旱涝之为忧矣……朕意各省地方，莫要于水旱之事，当定为地方官之考成，除……湖广之江陵、沔阳等处……皆滨江近河，素称沮洳之地。似此等地方难以定议外，其余地方官员，倘有政治不修、化导不力，以致民气不舒、灾祲见告者，或有自顾己私、匿灾不报者，应作何严加处分之处，着大学士九卿详议具奏。如此，则人人知敬天勤民之道矣。自古有治人，无治法，朕所降谕旨，丁宁往复，无非念切民生，然必奉行尽善，方收实效。即如社仓一事，朕数年以来屡屡降旨，但可劝民自为，不可绳以官法。前杨宗仁在湖广锐于举行，而州县官迎合其意勉强行之，近日竟有官吏将此项米谷侵那者，此即奉行社仓之弊，非朕之意也……乃数日以来阴雨连绵，不见晴霁，朕甚忧畏，虔诚修省，细思近日用人行政之处，可以自信。或因前日颁发谕旨，欲将地方水旱定为有司考成之处，其事有所不可，故上天垂象以示意耶？其以水旱为考成之处不必定例，大学士九卿不必议奏，着将前后所降谕旨汇写一处，仍复通行。并令大小官员各录一道存贮官署，以自儆省，且使知朕敬天乾惕之至意。期与内外大小臣工共勉之，其余仍照前旨行。”（《清世宗实录》卷59）

（雍正八年五月）壬辰，湖广安陆府知府谈九叙等恭请圣训，上谕曰：“知府一官有承上率下之责，关系吏治民生最为紧要，尔等勿视为传舍，但务逢迎上司以图升迁，为荣身之计。果能察吏安民，实尽其道，即使终身不得迁转，亦足留名誉于将来。若一味请托钻营，希图保荐，纵一时幸获寸进，而公论难免，何能掩人之耳目哉？刑名事件，知府尤为上下关键，务期明允公当，地方始无冤民。不可听属员恳求，亦不可畏上司驳诘而草率苟且，以致讼狱颠倒，下结民怨，上干天和。若催科一节，固有考成，果遇水旱灾荒，自当据实申详，加意抚恤，不可隐匿以图省事，亦不可捏报以滋弊端。夫宽大惠爱者乃为政之要道，朕非令尔等严厉苛刻以从事也。但古人云：‘养稂莠者伤禾稼，惠奸宄者贼良民。’若保全贪官污吏以博长厚之名，纵容地棍土豪以沽安静之誉，此大有害于人心吏治者也。沽名邀誉乃居官之大患，大凡在任时贴德政之歌谣，离任时具保留之呈牒，皆非真正好官也。惟去任之后绅衿百姓思念不忘，则不愧古之循良矣。知府与知县不同，知县为一邑之宰，果能殚竭心力，使四境之内民人乐业，便是良有司。至于知府，则有统辖属员之职，若各属之内有一人居官不善，在知府分内即为一分旷职，不可云洁己谨守，遂可无忝牧守之任也。天下人才难得，倘过于苛刻摧残，则因细故微瑕而至于放废终身者不少矣。总之，遇好官则当爱重保护之，遇中材则当劝导扶掖之，遇劣员则当惩治罢黜之，以此督课属员，有不观感兴起者，无此情理也。至于参罚案件，外官必不能免，朕从不肯以情有可原之案废弃贤员。常有因公参处之州县官，朕见其人才可用而逾格加恩迁擢者。尔等勿存见小之念，顾惜功名，局于庸众之规模，而无远大之器量也。将此谕旨，吏部通行天下之知府、直隶知州知之。”（《清世宗实录》卷94）

（乾隆四年十月癸卯）（湖广总督班第）又奏：“湖北吏治，大概谨饬。营伍陆续操验，缘湖北兵丁，系在腹地，向不十分演习。自调任督臣，德沛设立赏格，不时亲操，队伍始为整齐。而鸟枪弓箭，以操演未久，尚未得法。现又重立赏格，通饬勤操……其地方一切利弊，非灼见者不敢率奏，如有确应办理之事，当与抚臣和衷商办。”得旨：“所见甚是，知道了。德沛即系好总督，能效法之，则湖广之民皆受卿惠矣。”（《清高宗实录》卷103）

（乾隆四年十月癸卯）（湖广总督班第）又奏：“湖北民刁俗悍，凡遇词讼及地方公务，无论官司审办，或有未协，即一秉至公。而其中一二刁徒不合意者，即逞偏私，呼引喧嚷，更写匿名揭帖，或称原被贿嘱，或称官吏受赃，揑款遍贴。究实，皆地方衿蠹主唆把持，现在详开律例，出示通禁。”得旨：“好，此等刁风，原宜严禁者也。”（《清高宗实录》卷103）

（乾隆六年六月壬戌）湖北巡抚范灿奏报：“五月间二麦登场，严饬襄阳一带查禁民间躧曲，仍俟秋成后酌量积贮之法、劝导撙节之方。”得旨：“办理甚妥，具见留心政务也。”（《清高宗实录》卷145）

（乾隆七年二月己未）湖广总督孙嘉淦奏：“讳匿灾荒，督抚锢弊。节省钱粮，亦督抚薪传。幸圣谕谆谆，俾改陋习。即或办理过厚，适彰覆育深仁，系民心而召甘和，易灾祲而为丰稔，实在于此。阅安宁奏折，略大言细。督抚稍知治体，总防滥赈，必不匿灾。但恐下之从上，每不从令而从意。见抄示此奏，或妄生揣摩，借惜帑为名，以报灾为戒，其流弊较之滥赈干誉，孰轻孰重？人臣不思赞襄至治，反倡经费不足之说。万一众口所咻，节财念胜，而行仁之意不坚，弊又不止灾民之不被泽也。至于民气之骄，由有司所行不足以服之。遇有灾荒，正小民号呼赴诉之时，乃恶其骄而欲啬其赈以苦之。则是恶赤子之啼号，反啬其乳哺，而曰‘吾以治骄’，无是理也。”得旨：“览奏，甚合朕意，且朕于安宁之奏，并未明颁以示群下者，正谓此耳。而其所指流弊亦间或有之，是以令各省督抚知之耳。至卿言实为正论，上年十一月间，朕复有旨颁发，大约与卿所奏同也。”（《清高宗实录》卷161）

（乾隆八年八月己卯）（湖北巡抚晏斯盛）又奏雨水情形。得旨：“所奏俱悉。湖广一切政治，废弛已极，汝等当实力整顿，毋徒为空言也。此谕亦令阿尔赛、蒋溥知之。”（《清高宗实录》卷199）

（乾隆九年三月辛丑）训饬有司劝课，以足民食，谕：“人君以养民为急务，养民之道，在使之上顺天时，下因地利，殚其经营力作，以赡其室家，非沾沾于在上之补苴救恤，遂长恃为资生之策也。在昔善图国是者，谓以君养民则不足，使民自养则有余，诚不易之论……今内外臣工，动以截漕为请，朕念切民依，亦屡次允从，出于一时之急济。其实京仓所贮，虽云可备五年，可备十年，要仅为官俸兵饷所必需，若统为京师人民计，即一二年恐亦不足供支，况欲更分此以赈贷直省，何未之思也？汉文景间，太仓之粟陈陈相因，至红朽不可食，彼时岂无一方之凶歉，而未闻轻议分减者，诚以经国之大计，务筹久远，在官在民，于内于外，莫不各有本图。舍本图而谋兼济，事多未便，势且不能一有亏则两俱损，依古以来无取焉……凡此皆因民命所关，不得不变通办理。若小民不知各务生计，而惟官粮是赖，无论官兵之外，断不能遍给穷黎，即近漕之处，可以议截留，其边远省分，更无漕可截留，又将何以取给乎？朕思一方之地利，原可以养一方之人；一家之人力，原可以养一家之人。古者九职任万民，一曰三农生九谷，二曰园圃毓草木，三曰虞衡作山泽之材，四曰薮牧养蕃鸟兽，何一非资生养赡之术？为民父母，民事即家事，宜实心劝课，随时区画，使地无遗利，民无余力，则家有盖藏，自可引养引恬，俯仰不匮。倘督抚不能董率有司，有司复不以田里树畜为事，及歉收之年，但请给发仓粮，截留漕米，为督抚有司备赈之良策，将使民间谓水旱可以不备，不图自食其力，甚至游惰成风，举身家衣食之切务皆委之在官，是非爱之，实以害之矣。天下之大，亿兆人民之众，惟正之供，只有此数，焉得人人而济之？用是特降谕旨，通谕直省督抚，并饬守牧等官，各思所督何事，所抚何事，所称知府事、知州知县事，实应知何事。凡以为民计，即所以为身计，既为民计，而不使民知各自为其身计，其能为民计者几何？继自今督抚尚各体朕心，毋忽民事，恳切开导，并劝良有司，务使百姓各知自谋，以裕生养之源，不徒望恩幸泽。而恩泽之加，斯实足以利济，则丰年乐其降康，歉岁亦可恃无恐。朕愿与诸臣共勉之。”（《清高宗实录》卷 213）

（乾隆十三年八月辛亥）福州将军署湖广总督新柱奏恳训示。得旨：

“汝谨慎持重有余，而奋发有为则不足。湖广总督较别省犹为事简而任轻，故试用汝。然而有民人社稷之责，一切察吏安民，务勉力扩充可也。”（《清高宗实录》卷323）

（乾隆十四年五月丙子）暂署湖广总督湖北巡抚唐绥祖奏谢。得旨：“一切务实，向所常训汝者。至湖北虽非边方繁剧之地，而近数年来，督抚皆不满意之人，恐一切政治不无废弛。汝宜加意振理，勉之。”（《清高宗实录》卷341）

（乾隆二十五年正月乙亥）湖广总督苏昌奏：“两湖民情刁健，地方官不即时审断，遂致讼牍日繁。现已通饬州县有司，将准理词状按月造报该管道府，即令就近督催。上月所准，下月必须审结。亦按月造报核销、剖断未协者，题卷复核改正，实系刁诬虚妄，即严加惩治。又窃匪甚多，报获者十无一二，皆缘积匪巨贼结连伙党，交通胥役，差捕查缉断难弋获，惟密访查拿，夤夜侦伺缉捕一法，已面饬各地方官实心办理。”得旨：“具见留心，实力整顿更当要之以久，毋懈，勉之。”（《清高宗实录》卷605）

（乾隆二十八年七月甲申）湖广总督李侍尧奏：“楚省六月中得雨沾足，惟天门、潜江等州县因上游水发，堤垸溃口。委员查勘，抢筑疏泄。今据报称，被水各垸大半原系低洼，止纳渔课。其较高种稻之处早禾俱已收获，中、晚二禾被淹者无多，现已赶种晚禾杂粮，秋收可望。至湖北抚臣辅德于七月初八到省，臣即日交印卸事，合并陈明。”得旨：“楚省吏治大坏，专赖汝二人和衷共济，以挽颓风，勉之。”（《清高宗实录》卷691）

（乾隆二十九年八月己酉）湖北按察使雷畅奏报到任日期。得旨：“湖北吏治竟不可问，故特用汝，一切勉之。”（《清高宗实录》卷717）

（乾隆三十年四月甲戌）湖北巡抚李因培奏："湖北吏治废弛有二，一由民风刁悍，地方官恶其倔强，亦以浮率办理；一由官吏因循成习，不能亲理民事，一切委之幕客，幕客又倚书吏。上下内外并无一留心之人，公事何由得协？自督臣吴达善到楚，极力振刷，吏治已觉改观。臣蒙恩任用，所能自信者，惟有尽心、认真二端。至楚北滨江连湖，盗案颇多，督臣设法缉拿，臣亦委弁员严缉。其堤岸城工及地方应行事宜，臣日与吴达善过从面商，同心办理。"得旨："汝二人如此和衷共济，何患楚省吏治不改观耶！"（《清高宗实录》卷735）

（乾隆三十四年七月己酉）是月，升任江宁布政使梁国治奏报江宁各属雨水情形。得旨："览奏俱悉。今用汝为巡抚，可速赴新任。湖北吏治废弛不堪，汝宜极力整饬。若不认真，则汝自度之。"（《清高宗实录》卷839）

（乾隆三十七年五月戊午）吏部议准湖广总督富明安奏称："湖北随州良顽杂处，京山县差务殷繁，汉川县暨浒黄镇巡检民情淳朴，治理甚易。请将随州、京山改为繁难要缺，在外拣补。汉川浒黄镇巡检改为冲难中缺，归部铨选。"从之。（《清高宗实录》卷909）

（乾隆五十三年四月）戊午，谕军机大臣等："刑部核复湖北沔阳州民何文郁等盗掘坟棺致李陈氏赴京控告一案，并请将日久未结之府州县查取职名议处，已依议行矣。湖北民风刁健，告讦之案不一而足。及发交复审，又不速为秉公讯断，以致奸民益复恃刁延案。虽屡经饬催，总不能依限完结，其余诸事亦多延缓。该省吏治废弛已极，现在仍未见有起色。着传谕舒常、姜晟，务宜实力整饬，大加振作，以祛阘冗而惩刁诈。如有仍前因循玩愒者，则惟伊二人是问，恐不能当其咎也。"（《清高宗实录》卷1303）

（乾隆五十七年六月丁酉）湖广总督毕沅奏："抵荆州后往来满城、汉城，查看兵民安堵，屋宇一新，商贾云集，百货蕃昌。城外前经被水之处，现已种植蔬菜。"得旨："览奏实纾念矣。"（《清高宗实录》卷1407）

（乾隆六十年三月丁巳）谕曰："……朕临御六十年，凡所以教治斯民者，训诫叮咛，不啻家喻户晓，乃化之不行，百姓时复蹈于法网，甚至若吴应名、陈复受等罔顾伦纪，肆恶逞凶，殊出情理之外。不特朕当引以为愧，凡有司牧之责者，均应共切怀惭。夫治民之道，教化为先，今不能道之以德，齐之以礼，不得已齐之以刑。而莠民仍不知悛惧，悖弃伦常，屡蹈重辟，良用恧然。嗣后各该督抚及地方官等，务宜广宣朕谕，随时劝导，俾民俗丕变，悉臻上理，以仰副朕教诫谆谆至意……"（《清高宗实录》卷1474）

（嘉庆四年二月丙辰）谕军机大臣等："本日张长庚递到请安折一件，内只'叩慰睿怀'四字。各省督抚、藩臬等闻知大行太上皇帝升遐，多有陈叙哀悃、劝慰朕躬者，亦有专具请安之折者，今张长庚于'请安'字样之下添缮'叩慰睿怀'四字，从未见有此款式。况湖北地方不为无事，现在川陕窜匪是否相距已远，民情是否一律宁贴，自应附便陈奏。乃并无一语提及，可见地方大吏于民情漠不关心，甚属不合。张长庚着饬行，仍着据实回奏。"（《清仁宗实录》卷39）

（嘉庆四年五月丁丑）又谕："昨据姜晟奏'审拟郑源璹加扣平余、定拟斩监候'一案，已交军机大臣会同该部核议具奏矣。朕阅郑源璹供词内称'署中有能唱戏之人，喜庆宴客，与外间戏班一同演唱'等语。民间扮演戏剧原以借谋生计，地方官偶遇年节，雇觅外间戏班演唱，原所不禁。若署内自养戏班，则习俗攸关，奢靡妄费，并恐启旷废公事之渐。况朕闻近年各省督抚两司署内，教演优人及宴会酒食之费并不自出己资，多系首县承办。首县复敛之于各州县，率皆朘小民之脂膏，供大吏之娱乐。辗转苛派，受害仍在吾民。湖南地方虽尚未激变，而川楚教匪借词滋事，未必不由于此。现当遏密之时，天下停止宴会，即二十七月后，京城内开设戏馆，亦令永远禁止。嗣后各省督抚司道署内，俱不许自养戏班，以肃官箴而维风化……地方大吏，惟当俭以养廉，不可从事奢华以致簠簋不饬也。至藩司于收发库项，加增平余，任意克扣，恐不独郑源璹一人为然。州县等因藩司扣平过多，征收钱粮时亦必多取于民，闾阎深受其累，所关甚重。并着通谕各直省藩司，务当洗心涤虑，悛改积习，勉为廉吏，毋负朕谆谆训诲至意。”（《清仁宗实录》卷 45）

（嘉庆五年九月辛卯）又谕：“昨据谢启昆奏‘请拣发同知二员、通判二员、知州二员、知县八员前赴广西差委’一折，已派大臣拣选矣。但近来各省奏请拣发人员内，惟四川、陕、甘、湖北等省现在军务未竣，需员较多，自应照所请人数发往。其余各省纷纷奏请，部中候补候选正途人员，现在不敷拣发。若以捐纳人员充数，则素未谙悉吏治，恐于地方公事无益。此后无事省分奏请拣发人员，若部中候补人多，仍照所请发往。若人数不敷，吏部奏明照所请之数减半发往。所有现在广西省拣发各项人员，即减半发往。”（《清仁宗实录》卷 74）

（嘉庆八年十一月）癸巳，谕内阁：“据全保奏‘拿获蒲圻县纠众滋事首从要犯，审明办理’一折，已交刑部速议具奏矣。地方官吏如果贪酷虐民，或有重征苛派等事，扰累闾阎，以致激成事端，必应严行参办，以儆官邪。为上官者，断不可稍存回护属员之见。若征收钱粮，小民惟正之供，而刁劣衿民把持抗纳以及造言唆讼，播弄乡愚，致被惑多人，酿成巨案。似此刁风，亦断不可长，自当绳之以法，从严惩办，以期锄莠安良。总在直省督抚大吏秉心公正，宽严得宜，不袒庇墨吏奸胥，亦不姑息刁衿恶棍。平时多方化导，遇事权衡曲直，无倚无偏，庶吏治肃清，民风日臻淳厚。将此通谕知之。”（《清仁宗实录》卷 123）

（嘉庆八年十一月戊戌）又谕："湖北学政茹棻因蒲圻县劣衿熊士鳌抗粮纵凶滋事自请议处一折。各省设立学政，原欲其化导士子，训俗型方，非徒以校阅艺文遂称尽职。盖士为四民之首，学政于平日诚能尽心训迪，令士子循循然动遵法度，而士子等又各于乡党中互相劝喻，俾人人知尊君亲上之义，则奸宄潜消，善良蔚起，士习端而民风厚，所谓经正则庶民兴，庶民兴斯无邪慝也。今熊士鳌身列胶庠，敢于抗粮纵凶，酿成龚如升等纠众劫狱巨案，此等劣衿，自由平时失于教导所致。茹棻到任已久，咎有应得，着交部议处。至各省学政，职司学校，有教士之责，与其俟该生员等有抗粮包漕、唆讼武断种种不法之事，犯而后惩，曷若正其趋向，迁善远罪而不自知？总之，道政齐刑，末也；道德齐礼，本也。德礼之化，非平日渐摩涵育，焉能蒸蒸丕变？着通谕各学政，务宜敦崇教化，庶庠序皆循规矩，闾阎得资表率，用副朕端本善俗至意。"（《清仁宗实录》卷123）

（嘉庆九年十月乙酉）湖北巡抚瑚图礼奏报接印。得旨："湖北民气未复，总宜培养。不肖有司，必应黜革，不可姑容。查核奏销，切勿牵混。勉之。"（《清仁宗实录》卷135）

（道光三年正月己丑）湖广总督李鸿宾奏请甄别同知、知县。得旨："两湖吏治必应亟为整饬，不可再为因循。"（《清宣宗实录》卷48）

（道光三年二月戊申）湖广总督李鸿宾奏："查禁州县办案积弊。"得旨："君不爱民，天必降罚；官不爱民，亦鲜能逃国宪也。可不慎惧省察乎？"又批："总在督抚以国事为家事，和衷商榷，随时留心察访。如有殃民之吏，断不可瞻徇将就、稍存见好之心，必当立即奏闻。应斥者斥之，应调者调之，务要官知爱民，民知敬官，如此则作奸犯科之事鲜矣。卿等慎勉为之。"（《清宣宗实录》卷49）

（道光十一年三月辛巳）湖广总督卢坤奏：“查明地方情形，次第办理。”得旨：“所奏两省积弊，谅非一日。历任疆臣，只知苟且目前，是以日就敝坏。若再不加整顿，伊于胡底？汝同杨怿曾均系朕慎简之人，畀以封疆重任，望成治理。务要和衷共济，随时随事认真经理，破除一切积习，毋避嫌怨，为国宣猷，勉之又勉，以副朕望。”（《清宣宗实录》卷186）

（咸丰元年闰八月壬子）又谕：“程矞采等奏，现审劳光泰讦告上司案内，查出道光二十八年湖北被水，前藩司唐树义请发该督抚倡捐银一万两，前湖广总督裕泰面谕盐道以节省岸费解司，所发与所请不符。又二十九年总督衙署被火，裕泰札提岸费五千两，卸事后未经发还。此二款，前次裕泰遵旨回奏折内未将支用缘由声明，着裕泰再行明白回奏。原折着钞给阅看，将此谕令知之。”寻奏：“前借岸费放赈，未将筹补缘由札司备案。至衙署被焚，亦借岸费修理，因调任未及筹还。”得旨：“着交程矞采、龚裕归案查核办理。”（《清文宗实录》卷42）

（咸丰三年四月）壬寅，谕内阁：“国家设官分职，凡以为民。百姓之莠良系乎州县之贤否，如果亲民之官抚字催科、廉能称职，自能为民兴利除弊，消患未萌。自逆匪滋事以来，被扰地方惨遭荼毒，既毗连省分亦复征兵调饷，差务纷烦。朕每念抚绥无术、民困未苏，宵旰忧勤，难安寝馈。封疆大吏均有察吏安民之责，应如何遴选贤能、甄汰庸劣，以期吏治民风蒸蒸日上？乃近阅各省督抚章奏，保举劳绩者多，指参劣迹者少。或被人弹劾，降旨密查，犹复曲意弥缝，化大为小。即如湖北广济县知县蔡润琛，若素洽舆情，何至激成变故？……着各直省督抚严饬所属，时加访察，如有贪劣不肖州县，即行据实奏参，并将劣迹指款严讯究办，无稍含混。其阘茸无能者，亦应随时甄别，毋任废弛。如有循声素著者，亦可胪陈实迹，登诸荐牍。务使属员知所劝惩、民情日臻

安谧，庶不负朕恐惧修省、孜孜求治之意。将此通谕知之。”（《清文宗实录》卷92）

（咸丰十一年十二月甲寅）又谕：“前因湖南军务紧要，江忠义未能赴黔，谕令田兴恕兼署贵州巡抚。惟该大臣以督办军务为重，所有巡抚篆务日久恐难兼顾。着骆秉章于湖北、湖南两省司道大员内，择其留心民瘼、长于吏治并熟习贵州地方情形者，秉公保奏一二员，候旨派往贵州署理巡抚事务……”（《清穆宗实录》卷12）

（同治元年三月丁亥）又谕：“据严树森奏‘假满赴鄂，行抵应城接印任事’一折。湖北省自经官文、胡林翼殚精竭虑筹饷治兵、整饬吏治，日有起色。前以该抚在鄂有年，简调斯缺，冀收驾轻就熟之效。惟封疆重任与司道迥不相同，必当有海纳渊涵之量，虚心商榷，集思广益，方能裨益地方。湖北地居上游，为曾国藩后路，至关紧要。现在该大臣力筹东征，调兵协饷悉赖湖北接济，尤当与官文等和衷筹商，断不可以师心自用。该抚承胡林翼之后，本属难乎为继，必当与官文遇事熟商，并应与曾国藩、彭玉麟、李续宜、杨载福等悉心讲求。严树森由州县不数年间超擢封圻，受恩不为不重，若不能奋勉自励，何以仰副知遇？该抚所奏‘博采群谋，竭诚奉职’各情，务当行之以实，不可徒托空言。如能身体力行、不负教诲期望之意，自可承受厚恩。若刚愎自用、贻误地方，亦断不能宽宥也。懔之！将此谕令知之。”（《清穆宗实录》卷21）

（同治元年八月）丙寅，谕内阁：“前因蒋琦龄奏请招募民勇，按亩派费，曾降旨令各直省督抚妥议具奏。兹据严树森就湖北情形胪陈十弊，所奏甚是。各省军兴以来，民多失业，一闻招募，响应者定多游惰之徒。若强令殷实之家充勇，与按户抽丁何异？况每大县募勇四五百名，小县募勇二三百名，贼来既不足恃，以之援剿旁境，亦必不得力。而每月饷需，至少亦需万余，摊派民间，势将疑为加赋。倘遇偏灾，勇粮无从供亿，必至绅董垫发，移借官钱。贪吏之掊克亏那，劣绅之侵渔挟制，种种弊端，俱从此出。蒋琦龄所奏着毋庸议。惟牧令为亲民之官，诚能于无事时联为一气，自可于有警时敌忾同仇。着各直省督抚慎选贤员，务使官知爱民，民知卫官，自无须另练勇丁，虚应故事，转荒吏治也。”（《清穆宗实录》卷37）

（同治元年闰八月甲午）又谕：“裘德俊奏‘牧令宜加体察’等语，所奏甚是。州县为亲民之官，地方利弊，民生疾苦，全赖州县为之区画，方足以苏民困而清吏治……从前湖北巡抚胡林翼，裁革州县一切浮费，故吏治蒸蒸日上……各直省自宜仿照举行，嗣后州县解费酬应等项，均着永远裁革。除钦差、兵差照例供应外，其余过往差使以及本省上司一概不准应酬，违者以违制论。其摊扣各款应如何酌量裁减，并着妥筹具奏。各直省大吏受恩优渥，正可借此自励廉隅。而州县中稍知自爱者，亦可勉为循良，以备朝廷任使。倘仍敢肆行贪污，必当按赃从严治罪。经此次训谕之后，各直省大吏务当实力举行，勒限一年妥为办理。倘别经发觉或经访闻仍有收受节寿需索解费等弊，必将该上司从重惩处，毋谓言之不豫也。将此通谕各直省督抚知之。”（《清穆宗实录》卷40）

（同治三年七月）甲寅，谕内阁：“吴廷栋奏‘金陵告捷，尤宜益加敬惧’一折，据称‘治乱决于敬肆，敬肆根于喜惧。从古功成志遂，人主喜心一生，而骄心已伏。宦寺乘此喜而贡其谄媚，左右因此喜而肆其蒙蔽。容悦之臣，屏逐之奸，即由此工其谀佞，巧其夤缘，于是受蛊惑、塞聪明、恶忠谠、远老成。戒惧之念，一喜败之；侈肆之行，一喜开之。历稽史册，无不因忧勤惕励而致治，骄矜侈肆而肇乱者，请始终敬惧，持之以恒，永固长治久安之基’等语……即使天下已治已安，犹当兢兢业业，慎益加慎。矧江楚等省余孽未靖，新复地方疮痍满目，一切防剿抚绥，正须悉心经理。朝廷宵旰焦劳，无日不以奠民生、培国脉为念。断不因东南渐就荡平，稍涉满假。第敬肆之几萌于一念，惟当戒慎恐惧，朝夕乾乾，期于上下交儆，慎始图终。中外臣工，亦当体朝廷兢惕之心，各矢忠赤，共济时艰，于吏治民生实力筹画，务策万全，以期海寓乂安，闾阎乐业，有厚望焉。吴廷栋折着交弘德殿，用资省览。”（《清穆宗实录》卷109）

（同治四年四月甲申）谕内阁：“前因御史贾铎奏‘请申明讲约旧例，以正人心’，降旨令顺天府、五城及各省督抚饬属选择乡约，于每月朔望，敬将圣谕广训各条剀切宣示。兹据御史张盛藻奏称‘前在湖北本籍时，常闻城乡士民多以讲约为名，敛钱聚众，烧香结盟，请饬严禁’等语。朝廷申明讲约旧例，原期阐明正学，借以维风化而振愚蒙。若如该御史所奏各情，是不肖匪徒转得借讲约以售其离经畔道、肆无忌惮之术，于风俗人心大有关系。且此等流弊，恐尚不止湖北一省为然。着顺天府、五城及各省督抚于申明讲约旧例时，严密稽查，如有异端邪说及一切敛钱聚众、烧香结盟等事，即着严行惩办，以示杜渐防微至意。”（《清穆宗实录》卷136）

（同治七年八月壬子）谕军机大臣等：“御史吴鼎元奏，捻匪业已肃清，仍宜杜绝根株，缮递章程八条，并请饬各省督抚将裁撤厘金分局日期张贴晓谕各折片。山东、安徽、河南各毗连府州县地方，为捻匪出没之所。向时湖北之云梦、安陆等处，时有捻子潜往抢劫。江苏徐沛一带，民俗亦属强悍。现在捻逆已平，亟应正本清源，使斯民同迁于善，咸与维新。该御史所奏八条，自系为易俗移风起见，着各该督抚等体察情形，按照该御史所拟章程次第筹办，毋使萌孽潜滋，复贻后患。至各省裁撤厘金分局，原以体恤民艰。若如该御史所奏，是局员、局绅等罔利营私，病民尤甚，并着各该督抚等一面将所撤厘局若干处据实奏闻，一面通饬各属即将所撤厘局日期刊示颁发，并省会总局及分局所隶地方一律张示。如各州县等有违示滥收情弊，即着分别参办，以苏民困。原折片均着钞给阅看，将此谕知曾国藩、李鸿章、马新贻、郭柏荫、丁日昌、英翰、

丁宝桢、李鹤年，并传谕吴坤修、何璟知之。”（《清穆宗实录》卷240）

（光绪九年三月辛卯）又谕：“翰林院侍讲陈学棻奏‘请饬豫筹赈抚’一折。据称‘上年楚省汉、沔等处秋收已荒，近闻河南确山、息山县一带麦荒已见，抢劫之案叠出。该处民风，素非安静，抚驭失宜，恐游勇教匪煽惑扰乱。请饬筹款赈济，消患未萌’等语。所奏灾黎困苦情形，殊堪怜悯。饥馑之余，宵小乘机煽惑，尤不可不先事豫防。着鹿传霖、成孚体察情形，如荒象已著，即着一面筹款赈济，一面严饬地方官妥为弹压抚绥，毋任流而为匪。并着涂宗瀛、彭祖贤饬属随时防范，以靖闾阎。将此谕知涂宗瀛、彭祖贤、鹿传霖，并传谕成孚知之。”现月　（《清德宗实录》卷161）

（光绪二十四年闰三月）丙子，谕军机大臣等：“电寄谭继洵，三电同日递到，沙市案情重大，奏报已属迟延。现在麻城之宋埠复有抢掠教堂之案，鄂省民情浮动，匪党易于勾煽，不可不先事豫防。着该署督拣派干员，于宜、汉等处实力稽查，凡有教堂处所，饬各州县慎重保护，毋致再启衅端。”电寄　（《清德宗实录》卷417）

（宣统三年四月壬辰）安徽巡抚朱家宝奏：“皖省江淮交会，夙为匪党出没之区，比岁告饥，盗风尤炽……拟请援照鄂蜀奏定惩办会匪土匪章程，准以军令从事，以保治安。”如所请行。折包　（《宣统政纪》卷53）

9. 处置流民

（康熙十三年正月癸未）谕兵部：“近因吴三桂背恩叛逆，已遣大兵前往征剿。闻彼处百姓有预先惊避者，轻离家室，恐致失所，朕心深为悯念。向来大兵纪律严明，所过并无骚扰。今宁南靖寇大将军启行，朕复面加诫谕，务令秋毫无犯、安辑地方。逆寇煽惑不过一隅，大兵到日立见荡平。该地方军民人等俱系朕之赤子，遣发大兵原以卫民，何必妄生惊恐？着该地方官广行宣谕，俾其各安生理，勿致流离，以副朕定乱安民之意。尔部即速行湖广督抚提镇等官，通行晓谕遵行。”（《清圣祖实录》卷45）

（康熙三十一年正月乙酉）户部遵谕议复：“襄阳、郧阳等处积贮米谷，发一十五万石，选贤能官员给与脚价，运至秦省潼关，陕西复遴委贤能官员接受，运至西安。用此米谷之处，仍行题明。”得旨：“郧阳山路崎岖，难于输挽，应停止郧阳运米，将襄阳等处米谷运送一十万石。其运送事宜，遣部院堂官一员前往管理。此运米俱见给脚价，如陕西流民在襄阳者，有情愿运米，即给脚价，令其运送，既可有济转输，亦可俾流民还籍。随命刑部侍郎傅腊塔前往管理。”（《清圣祖实录》卷154）

（康熙三十一年二月）癸未，差往陕西赈济户部侍郎阿山、内阁学士德珠自西安回，入奏。上曰：“闻被灾之民有流于襄阳者，今情状何如？”阿山奏曰：“民未曾流至襄阳。闻有流于河南者，自赈济以后，人民安辑。且因正月两次下雪，不致流散失所。”上曰：“正月虽雪，二三月雨水不调，麦田亦未可望，人民流于襄阳者甚多，尔未知之耳。”寻谕大学士等曰：“阿山为人庸劣，奉差之事不能尽心，凡事启奏多涉两可。前同郭世隆遣往福建审事，以病推诿，疏内竟未列名。着解任，以郎中品级随旗行走。”（《清圣祖实录》卷154）

（康熙三十一年二月）甲申，谕户部：“朕勤求治理，念切民依，凡有往来人等，必以年岁之丰歉、雨泽之有无一切闾阎情形，备悉咨访。前闻陕西、西安、凤翔各属饥荒，已经特颁谕旨蠲免钱粮，并发帑金专遣大臣赈济。仍拨给别省钱粮，刻期运送，务使均沾实惠，人获更生。近又闻颁赈之前尚有贫民散入四方、流离失业，势不能复还乡井。倘不曲加抚绥，必致转于沟壑，深为可悯。凡流民所至地方，应令该省督抚董率有司区画赈济，令各得所。其赈济过人口数目，着具册题报，有能酌量资给俾回原籍者，一并造册具奏。至于湖广襄阳等处，距潼关相近，且道路平坦易于转输，襄阳等处所有积贮仓谷，应令该督抚运至潼关，陕西督抚接受转运，庶于散给兵饷、赈济饥民，均有裨益。应作何挽运，尔部作速详议以闻。”（《清圣祖实录》卷154）

（康熙三十一年二月辛卯）四川、陕西总督葛思泰等疏言：“西、凤二府被灾饥民，皇上发银二十万两赈济，又遣部臣阿山等亲行验给，饥民均沾实惠。正月初旬屡降雨雪，麦苗将槁复苏，灾黎俱已得所。”得旨：“督抚系封疆大臣，凡地方事宜俱应预行筹画，早为区处，方有裨益。去年西安、凤翔等处旱灾，若先有积贮米谷，早行奏明赈济，小民必不至于饥荒流散。葛思泰等既不能先事预防，积谷备赈，又不即行奏明。及朕闻知，遣官察看被灾情形，特谕蠲免钱粮，复颁发帑金遣官赈济。近闻饥民尚有流至襄阳等处者甚多，葛思泰等不据实陈奏，乃屡称灾黎俱已得苏，不至失所，过于粉饰，具奏殊属不合。总督葛思泰着革职留任，巡抚萨弼图着革职。”（《清圣祖实录》卷154）

（康熙三十一年十二月）辛丑，谕大学士等：“闻西安米价仍贵，流民还原籍者稀少。朕为陕西地方民生常萦于怀，必如何措施然后于民有济，盖孳孳不置也。先是，闻自湖广襄阳至陕西商州水路可达，已遣郎中苏赫纳往视。今问之内大臣索额图，乃亦乘船自商州至襄阳。若西安米价仍贵，则流民不能还籍。商州到襄阳既有水路，应将目下运到襄阳米二十万石自襄阳水路运至商州，自商州运至西安粜卖，则饥民、流民均得苏息矣。可遣内阁学士德珠会同总督丁思孔、总兵官王化行等率河道刘暟，将转运米石及招还流民之事委之专理。其自襄阳运至西安之米照湖广价值，止加算所运脚费与之贸易，则米价即平，于百姓大有裨益，而流移之民亦获速还故土。所得米值赍至湖广，复买米粮，亦依此法转输平粜，当俟陕西流民悉还本籍，米价既贱之后方行停止，尔等会同速

议以闻。”（《清圣祖实录》卷157）

（雍正五年六月）戊子，户部议复：“前任四川巡抚马会伯疏言，楚民入川落业者，定例令地方官给与印照验放。近有自湖广、福建、江西、广东来川者，竟无执照可验。穷民挈眷迁移，若勒令回籍，必致流离失所。任其接踵而来，又恐奸良混杂。伏乞敕下各省抚臣，凡入川穷民，务令各该地方官给以印照，到日验明安插。查康熙五十一年，湖南巡抚潘宗洛题请楚民入蜀开垦，该地方给与印照，仍造册送四川巡抚查验。有回楚省者，川抚亦给照造册，两相稽查，遵行在案。应如所请，行文福建等省遵例给照，四川巡抚亦转饬确查。其应准入籍者即编入保甲，加意抚绥，毋使失所。”从之。（《清世宗实录》卷58）

（雍正六年二月）甲辰，谕内阁：“上年闻湖广、广东、江西等省之民，因本地歉收米贵，相率而迁移四川者不下数万人。已令四川督抚设法安插，毋使失所。但思上年江西收成颇好，即湖广、广东亦非歉岁，不过近水之地略被淹损，何至居民轻去其乡者如此之众也？因时时留心体察。今据各省陆续奏闻，大约因川省旷土本宽，米多价贱，而无知之民平日既怀趋利之见，又有传说者谓川省之米三钱可买一石，又有一种包揽棍徒极言川省易于度日，一去入籍便可富饶。愚民被其煽惑，不独贫者堕其术中，即有业者亦鬻产以图富足。独不思川省食物价贱之故，盖因地广人稀，食用者少，是以如此。若远近之人云集一省，则食之者众，求如从前之贱价岂可得乎？况彼此相隔，或至千里，或数千里，小民离弃乡井，扶老挈幼，跋涉山川，安有余资以供路费？中途困厄，求救无门，不相率而为匪类，势必为沟中之瘠矣。岂非轻举妄动、自贻伊戚乎？草野识见庸愚，必须训示方能醒悟。为地方官者当抚绥之于平日，而劝教之于临时，开其愚蒙，恤其穷困，时勤训导，使百姓知故土之可恋，转徙之非宜，则愚民之不醒悟者亦少矣。且各省皆有可垦之田土而所以任其废弃者，其故有二。一则民俗好为争竞，当其未垦之时则置之不问，及至既垦之后则群起相争，是以将可耕之壤抛为旷土，甚为可惜。一则垦田必须工本，而寒苦之民不能措办，以致委诸草莽。为有司者，诚能经其疆界，以息争端，助其籽种，以资耕作，宽其升科之年，优其上农之赏，则百姓断无有不踊跃鼓舞趋事赴工者矣。朕宵旰勤劳，无刻不以百姓生计为念。兹颁谕旨，并非禁百姓之谋食于他方也，只以愚民无知，图利心切，惑于邪说，见异而迁，遂轻舍故乡，甘受流离之苦，朕心实为不忍。夫在彼在此，皆吾赤子，若本籍果逢歉岁难以资生，该地方有司仰体朕心，即时奏闻，朕必沛以恩膏，使之得所，何必分散他方，以冀不可必得之利？着各督抚晓谕官民等知之。”（《清世宗实录》卷66）

（雍正九年二月己未）谕内阁：“上年秋月，山东地方山水为患，即闻河南亦有数县被水。朕以总督田文镜身在地方，自能经理妥贴。冬间见总督迈柱奏折，知豫省被水之民有觅食糊口于湖广者，该省已陆续资送回籍。朕又切谕田文镜，督率有司加意抚恤……”（《清世宗实录》卷103）

（雍正九年七月）乙酉，谕内阁：“朕以直隶、山东、河南夏间雨泽愆期，特命截漕查赈。既而三省陆续奏报得雨，朕心稍慰。兹闻直隶、山东及河北彰德、卫辉二府，有穷民因秋成无望，预为渡河而南以图就食者……又闻渡河流民有欲往湖广者，去乡更远，回籍愈难。着该地方官即于所到地方安插，务须规画尽善，无使一夫失所，以副朕勤恤民隐、子惠元元之意。”（《清世宗实录》卷108）

（乾隆四年十一月壬申）（湖广总督班第）又奏：“湖北本省老病残废无依之人，饬属查开姓名、年貌收养，动项支给口粮。其外来流丐，不特饥寒可悯，且恐匪类溷迹其中。查有亲属可倚者，即令收领，附近可朝发夕至者，移送本籍收养。至路远流丐，照雍正八年留养饥民例动常平仓谷安置留养，俟春融资送回籍。衣不蔽体者，量给棉衣。又楚省盗贼，陆路借名行乞躧线，水路多由渔船乘夜为匪。若将流丐清厘，无可

借径，地方益得宁谧。”得旨：“所办俱属妥协，知道了。”（《清高宗实录》卷 105）

（乾隆五年五月戊辰）山东巡抚硕色奏：“闻上年兰山、郯城二县连岁歉收，流移湖广等处贫民甚夥。随即饬令该县各差妥役赴楚招徕，于四月初三至二十等日共接到流民计大小二千二百八十二名口。除各回旧业无庸接济外，已饬该县借动社谷，酌给口粮，庶无业贫民不致失所。”得旨：“此事隔月始行奏闻，朕不知汝在彼有何项要紧更甚于此之事也。汝在川省，远而不知，今到此任，无能情节毕露。奈何！”（《清高宗实录》卷 117）

（乾隆五年六月）癸酉，谕：“朕前于五月间闻得山东地方，自郯城至蒙阴俱成赤地。盖由上年被灾之处，该地方官不实心办理，民人逃往邻省者多，以致抛荒故土，未曾耕种，是以不能有收。且两月以来，硕色未将雨水情形奏闻，巡抚身任封疆，所应办理之事，孰有大于此者，硕色岂竟不见及此乎？特降谕旨询问之……今据左都御史陈世倌奏称‘山东沂州府一带数百里，上年先旱后水，冬间二麦，并未播种，流民散至湖广、江西者将及万人。湖广送回饥民，经过江宁、扬州竟有抢夺之事。及回到山东，巡抚硕色并不闻加以赈恤。且因上年开报收成六分，本年尚在征比钱粮’等语，陈世倌此奏与硕色前奏迥然不同……”（《清高宗实录》卷 118）

（乾隆六年三月壬辰）又谕：“据署湖广总督那苏图奏称‘臣于上年十二月到任后，有山东、江南等省流民禀请赈恤。查乾隆四年，山东沂州等处被灾，江南亦有歉收之处，所有流移到楚之穷民俱已赈恤安顿。至于乾隆五年，山东、江南等省并未被灾，何致有饥民流至楚省者？随谕布政使确查具报。旋据查复，外省饥民到楚者共计五十余户，内中实系贫苦者不过数户。其余或有先经到楚资送回籍复行潜来者，或有年力少壮尽可自谋生计者，或有出外多年积有余资堪自经营者，或本有栖止手艺可自食其力者，均与赈恤资送之例不符。只因楚省曾有留养饥民之例，伊等妄希赈恤，未便任其冒滥，使各省游惰之民闻风效尤而至，应各听其自便。但武昌、汉阳二府乃五方杂处之地，若漫无稽查，则此等之民行踪莫定，或生事端，已饬各该县查明。如有情愿在楚营生者，即于烟户册尾附编畸零户后，俾该地保甲就近稽查，以防滋事。有自愿回籍者，即谕令各回本籍’等语。养赡饥民，乃国家恤灾济困之恩泽。若使游荡之人得以借名冒滥，则无知愚氓将以偷惰为得计，而荒其本业者不少矣。那苏图所办是，着通行各省督抚知之，如有与此相类者着照依办理。”（《清高宗实录》卷 139）

（乾隆七年八月）辛丑，谕：“今年上下两江水灾甚重，朕宵旰忧劳，百端筹画，以拯吾民之困厄。但思此等穷民在本地引领待赈者固多，而挈家四出觅食于邻省邻郡者亦复不少。着江南及河南、山东、江西、湖广等省督抚各严饬地方有司，凡遇江南灾民所到之地，即随地安顿留养，或借寺庙，或盖篷厂，使有栖止之所。动用该处常平仓谷，计口授粮，据实报销。并训谕约束，不得借端生事。至于灾民聚集众多之处，则更委道府大员专行督察。至冬月水消及春初耕种之时，有愿归本乡者即资送回籍，知照本籍，照例安插，并给以麦种，俾得及时赶种。其不愿回籍者亦不必强，悉遵前谕行。”（《清高宗实录》卷 172）

（乾隆七年十月乙卯）湖北巡抚范璨奏：“黄梅、广济一带毗连江省，为流民入境之所，原应照例赈济。但楚省本境亦被偏灾，仓粮不敷拨赈，应将制钱照银折给，俾在本处买食，统俟事竣，动支公项报销。其有愿回本籍者，照例资送；不愿回籍者，赈至来岁三月终，随地安插，庶流民不致失所，而本境办理画一，亦无人众滋事之虞。”得旨：“所办虽妥，然须查察属员，使无冒滥方可。”（《清高宗实录》卷 177）

（乾隆十年十月戊午）军机大臣等议复："川陕总督公庆复奏称四川啯噜子多系福建、广东、湖广、陕西等省流棍入川。前经奏明，将著名渠魁尽法处治，外来者递回原籍。本省奸民，责乡保管束，并咨邻省，凡赴川之人，本省给照，无照阻回。后仍有捏造姓名，指称依傍，两月之内，来川者多至三千余名。请嗣后搬眷入川之人，由川省查复，实有亲属产业，方许本地给照。应如所请，令于本地呈明地方官，移咨川省，查明给照，到日缴销。川省各官，亦不得借端将实有亲属产业之人不行查复。"从之。（《清高宗实录》卷251）

（乾隆十一年四月乙未）湖北巡抚开泰奏："湖北一省为四达之区，向多外省流丐及本省游民结伴乞食，往往恃其伙众，肆行无状。更有一种流棍，托迹佣工，往来乡僻，动辄逞凶拼命。现据应山县拿获二十余名，除批饬讯究，并通饬各属实力查办。"得旨："此等视之虽似小事，然亦足为闾阎之累，所宜时刻留心稽察。"（《清高宗实录》卷265）

（乾隆二十三年三月庚戌）谕军机大臣等："硕色等奏'据蕲州知州汪元懋禀报，有流丐百余人由江省窜入大同乡地方，抢夺鸡物，格伤居民张必万等。随经饬委员弁陆续拿获何连等男妇九十四名口，并搜出刀斧等物件，现在究审解江'等语。江、楚接壤之地，易为匪类潜踪，并有实非饥民，托名丐食，窜入滋扰者。地方官因其流丐，不行实力查禁，以致窃夺拒捕伤人，肆无忌惮，不可不严行惩创。昨据尹继善等参奏'宿松县流丐执械抢夺伤人'一案，请将纵恿之典史等革职，已允所请饬部矣。此等不法之徒大干法纪，应即于缉获审明之地，就案完结，不必押解归案办理，费兵役而稽时日，中途转致疏脱滋事。着该督等即速查审明确，量其情罪重大者，于本处按律定拟，请旨完结。胁从各犯，解京分别发遣，以儆刁顽……"（《清高宗实录》卷559）

（乾隆二十三年四月丙辰）谕："前据尹继善、高晋奏'宿松县流丐数十人，执有器械抢夺伤人，将纵匿之典史等参革，并派委员弁追至楚省，现经蕲州官役将流丐何连等拿获监禁’，嗣据硕色、庄有恭奏到‘则流丐百余人自江入楚，携带刀斧，攫物拒捕，格伤居民。先后拿获九十四名口，讯系江南颍州人民，因本籍荒歉，出外求乞’各等语。朕遇各省偶有偏灾，不惜帑金多方赈恤，惟恐一夫失所，自朕二十三年以来，常如一日，此中外臣民所共知共见者。上年豫省被灾，地方大吏遵朕谕旨，竭力抚绥。其流出本境者，又酌量资遣回籍，俾各安本业。颍州虽属被灾，业已加恩给赈，若该地方官散赈得宜，何致百姓逃荒？然果系良民，亦自然守贫安分，重去其乡。即就食他处，亦无私携器械、纠约多人沿途抢窃、拒捕格斗之理。则非因饥乞食、不得已而流离转徙者可知。此等莠民若不严加惩治，必致所至骚扰，酿成事端。所谓涓涓不塞，将成江河也。而该地方各官既不能使赈恤之恩遍及，俾百姓不致逃荒，而于玩法莠民，又畏葸徘徊，甚有以驱出本境为了事者。牧民之道，固如是耶？现在楚省拿获之何连等，已交该督抚严审，从重定拟。其江省颍州及经过各州县，并着该督抚查明，逐一参处。其无知之人，未必不谓此等流民可以不必深治，殊不思姑息此数十无赖之徒，而使地方良懦皆受其累，此所关于风俗人心者甚大。且执仗抢劫之盗，孰皆有身家而不乏食之人乎？剪除稂莠，正所以培护嘉禾也。可将此通行晓谕知之。”（《清高宗实录》卷560）

（乾隆二十三年四月丙辰）谕军机大臣等：“据硕色等奏‘拿获江省流入楚境窃物拒捕之乞丐郑三等及续获之王介等，分起解江审拟’等语。此案人犯，结伙至一百余人，沿途抢夺，拒捕伤人，且各携有器械，其为无赖莠民，为害地方，甚有关系。若在江省本州县滋事之初，地方官早为缉拿惩治，何至辗转越境骚扰？即沿途所过地方，能随时实力查办，亦不至肆无忌惮若此。总由该管各官认为流丐可以姑息从事，而督抚等亦未加意整顿所致……”（《清高宗实录》卷560）

（乾隆二十三年四月丙寅）谕军机大臣等："庄有恭奏'楚省流丐滋事一案，恐各属有司办理不善，概行驱逐。随通饬属员，如查无纠众滋事，即听其安分行乞'等语，所奏甚不明晰。此案业交尹继善、硕色等从严办理矣。今该抚所谓如查无纠众滋事，即听其安分行乞者，其即指此案内之人耶？抑别指凡为流丐者耶？若指凡为流丐而言，则各省州县中游食求乞之人固不可胜数，若辈不过望门求食，并无滋扰，岂有因其为流丐而即行驱逐之理？如谓此案内人犯，当分别其未曾滋事者即置之不办，则甚属舛谬。该犯等业已聚伙至百十人沿途行窃，又复拒捕伤人，则其有心恃众逞凶，固已尽属匪类。虽其中自有首从差别，而要无竟行宽免之理。若只将行凶拒捕或持械伤人者数人置之于法，而其他概置不问，则此百十人中何难以一二亡命之徒挺身认罪，完结此案，而余人皆可漏网矣？如此姑息从事，何以儆愚顽而昭炯戒？何该抚之贸贸乎？总之，此等流匪游食滋事，揆其所由，总缘各督抚办理不善所致。国家遇有水旱，加恩赈恤，动以数千百万，各督抚果能董率属员，实力抚绥，俾穷黎得沾实惠，何至流离四出，舍现给之赈需而沿门求乞？乃督抚等既不能奉行德意，使恩膏实逮于下，以致灾民失所，轻去其乡。及至有聚众为匪者，又不严加惩治，以示警戒，而欲迁延将就，以姑息了事。是恩不足以拯困，而法又不足以警顽，此非各督抚之罪戾而谁归也？将此传谕该抚，并硕色、尹继善、高晋知之。其各省督抚，亦着于奏事之便一并传谕知之。"（《清高宗实录》卷560）

（乾隆二十三年四月）丁卯，谕："据秦蕙田奏'请将各省流丐递解回籍'一折。游食穷民，行止无定，探囊胠箧，无所不有。诚使各遣归乡里，编入甲中严加管束，不复生事，自是清狱讼、息事端之良法。但此辈辗转流移，城市村落所在多有，必一一拘查押送，责成原籍保甲等收管，事理颇属烦琐。且恐沿途办理不善，未免转致滋事。此辈既已流移，随地乞食，原可听其自便。惟是地方官向来积习，往往视为流丐，不加约束，是以若辈无所顾虑，甚至呼朋引类，恣为奸匪。如近日江南颍州民流入楚省，百十为群，行窃拒捕，此皆有司不行弹压之所致也。夫流丐在境，固不必过为迫逐，亦自当加以管束。与其纷纷移解，责成原籍收管，不若就所在地方设法查禁，尚属简便易行。嗣后地方官凡遇流丐在境，务须督率保甲人等谆切晓谕，仍不时留心察访。如有逞强不法者，即严拿惩治，以警愚顽，庶于听其营食之中而即寓禁其滋事之意，既不必解送纷繁，亦不致漫无约束矣。直省诸大吏，其董率所属实力行之，勿视为具文也。”（《清高宗实录》卷560）

（乾隆二十五年正月庚申）又谕：“据周人骥奏‘各省流寓民人入川者甚多，请设法限制’等因一折，此所谓知其一不知其二也。国家承平日久，生齿繁庶。小民自量本籍生计难以自资，不得不就他处营生糊口，此乃情理之常，岂有自舍其乡里田庐而乐为远徙者？地方官本无庸强为限制。若其中遇有生事为匪之人，则在随时严行查禁，不得以一二败类潜踪，遂尔因噎废食。今日户口日增，而各省田土不过如此，不能增益，正宜思所以流通以养无藉贫民。即如现在古北口外内地民人前往耕种者，不下数十万户，此孰非去其故土者。然口外种地者衣食渐多饶裕，固难执一而论也……将来地利愈开，各省之人将不招自集，其于惠养生民甚为有益。若如周人骥所奏，有司设法禁止，不但有拂人性，且恐转滋事端。否则徒为增设科条，而日久又成故事。封疆大吏当通达大体，顺民情所便安，随宜体察。倘有流为盗贼如川省啯匪之类，则实力惩治，毋使养奸贻累。既不绝小民觅食之路，又可清闾阎盗贼之源，斯两得之。着将此传谕湖广、江西、四川各督抚，令其妥协办理。”（《清高宗实录》卷604）

（乾隆三十一年八月癸卯）大学士管云贵总督杨应琚奏：“御史周於礼所奏莽匪情形，臣遵旨逐细确查。如所称莽匪起事约有六千余人，半皆湖广及滇地流民，以开矿失业，附之者不下千余……现在莽匪巢穴已平，大兵已撤，外域各蛮纷纷归顺，内地及江、广流民亦无须设法安

抚。”……（《清高宗实录》卷766）

（乾隆三十五年十月壬辰）刑部议复：“湖北巡抚梁国治奏称，郧阳、安陆二府安置军流，积有三百五十余名。该二府所属均止六州县，人犯较别府为多，请嗣后解到人犯交巡抚衙门通融改拨。查军流各犯若令群聚一方，易为滋事，自当均匀分拨。但解交巡抚衙门再行转发，则往返差解甚烦。应请各省遇有应配该二府人犯，未经起解，先咨明湖北巡抚，令该抚豫为拨定地方，径行解往安插。其已经起解赴楚者，令各该府详明改拨，并令各直省一体遵办。”从之。（《清高宗实录》卷871）

（乾隆四十四年七月辛亥）（署陕甘总督陕西巡抚毕沅）又奏：“前赴汉南查阅营伍，道出秦栈，由褒沔折而东行，经过汉中、城固、洋县、西乡、石泉、汉阴，前抵兴安。各该处滨临汉江，西接陇蜀，东连荆襄，形势险要。至兴安一州，地约四千余里，从前多属荒山，后因两湖、安徽、江西、四川、河南等省民人前来开垦，数年中骤增户口数十万，弃地尽成膏腴。上年湖广歉收，穷黎就食者甚众，业饬地方官妥为安插。又恐流徙贫民莠良不一，出示广为晓谕，俾知凛遵法纪。”得旨：“诸凡留心可嘉。”（《清高宗实录》卷1087）

（乾隆五十二年四月辛亥）又谕：“据舒常奏‘安徽民人龚文奇等赴川觅食，经川省递送回籍，解到天门县地方，该县沈清直派役接解，并不小心看管，以致龚文奇等男妇三十余名口全行散去。请将沈清直交部严加议处，解役人等严究定拟’等语，已降旨将沈清直交部严议矣。贫民出外觅食，地方官酌量资给口粮，听其自行回籍，原毋庸派役递送。但既经差役转解，即应妥为照料。今天门县役奉差解送回籍贫民，并不速行递送，以致中途散去，或该役等竟有需索不遂、借端苦累情事，亦未可定。着传谕舒常将解役人等饬属提讯，如果有需索勒措情弊，自应从严究治。至此等贫民，本非有罪之人，自行散去回籍，尚无不合。着

传谕书麟，于龚文奇等回籍至安徽时，妥为安插，听其自便，不必复加追究，致滋扰累。”（《清高宗实录》卷1278）

（嘉庆元年三月戊戌）敕谕：“……其避贼难民更当妥为抚恤，勿令失所，该将军、督抚等务须一体遵照，妥协办理，以副朕赦过宥罪、格外施仁至意。”（《清高宗实录》卷1494）

嘉庆元年丙辰秋七月己酉，敕谕：“各省六十年应征钱粮，上年已降旨加恩普行豁免。湖广省上年漕粮已于本年轮免，民力已为宽裕。第念楚省被贼蹂躏，各州县所有应征地丁钱粮虽已降旨通行蠲豁，而漕粮亦可无事输将。但来岁新漕例应冬兑冬开，秋间即须开征。现在湖南大功指日告蒇，而湖北教匪亦即日可以肃清，其被扰地方渐臻宁谧。惟是两湖民人当军务倥偬、贼匪滋扰之后，未免流离迁徙，耕种失时。即未被扰累之处，解运粮饷，分投防范，亦不无借资民力。此时贼匪虽已即日荡平，百姓等一时尚恐未能复业，所有本年漕粮，若即于秋收后启征，究恐稍形竭蹶。着再加恩将湖北、湖南本年应征漕粮概予缓征，统俟大功告竣，缓至明岁再行开征。永保现已令其暂署湖广督篆，着会同巡抚汪新督饬所属，通行晓谕，实力查察，毋任胥吏等从中舞弊影射征收，以副朕爱惠黎元、恩施无已至意。再，该二省百姓被贼匪焚烧抢掠，其乏业流民觅食糊口者，自复不少。若不妥为安抚，恐致颠连失所，殊为可悯。并着永保、汪新一体督率详查，设法抚绥，务使还定安集，勿令一夫失所，方为妥善。该部即遵谕行。”（《清高宗实录》卷1495）

（嘉庆二年九月）壬午，谕军机大臣等：“……再川、楚、陕西等省被贼蹂躏地方，屡经降旨令该督抚加意抚恤，此时贼匪奔窜焚掠，难民必多失业，若不妥为安抚，转恐去而从贼。并着该督抚等督饬所属实力抚恤，毋任流离失所。将此各谕令知之。”（《清仁宗实录》卷22）

（嘉庆二年十月己亥）明亮等奏："追剿败窜贼匪自楚入陕，经过被扰村庄，有房屋为贼焚毁者，有盖藏一切为贼搜劫无遗者，有男妇人口为贼掳胁前去者，情形殊堪矜悯。此时已经被扰之处，急须安顿抚恤，未经被扰之处，急须布置堵剿，使贼匪无从劫掠。查各州县在城之民，城池足为保障，至村庄市镇本属散处，仅恃一二隘口乡勇防护，或相离较远，猝然遇警，不及应援，或山路分歧，有一二处设堵未遍，贼已阑入。年余以来，百姓往往一闻贼至，仓皇躲避，粮食衣物即为贼有。其躲避稍后者，该匪既劫其物，并掳其人，甚至备卫之火药器械反以济贼。而该匪每到一处，有房屋以供栖止，有衣食以济饥寒，有勾结逼胁之人为之引道路而供负戴，以是屡经剿杀而伙党不加少。为今之计，欲筹恤难民而困贼匪，莫若饬附近有贼地方州县，于大市镇处所劝民修筑土堡，环以深宽濠沟。其余散处村落，酌量户口多寡，以一堡集居民三四万为率。因地之宜，就民之便，或十余村联为一堡，或数十村联为一堡。更有山村窎远不能合并作堡者，即移入附近堡内，所有粮食牛豕什物一并收入。被难民人即于其中安置，搭盖草棚，贼近则令各户壮丁日夜更番守御，贼远则仍不禁其出入，俾得无误耕作。该壮丁各保身家，巡防自必奋勇。壮丁不足，更于难民中择其骁健者充当乡勇，酌给口粮，即以代赈。每堡派文武妥员二三人、绅士耆老七八人为之董率弹压。如此防范，未被难之户得有捍御，已被难之民得谋食息。且收养堡内之人户口有稽，不特可免流离，抑且赈无冒滥。又其中有一二小人，曾经入教、首鼠两端者，亦皆有所拘束，不致附和勾结。设贼匪窜至，沟垒森严难以冲突，矧各堡以逸待劳，并力抵剿，贼匪处处受敌，而人民不为逼掳，粮食牲畜不为抢夺，火药器械不为掠取，该匪将必饥饿穷蹙，料难仍前四窜。加以劲兵云集，并力兜擒，定能按股歼除，似于御贼安民之道均有裨益。"奏入。谕军机大臣等："明亮等奏令川、陕、楚三省州县相地设堡，阅之非不近理，但以事势而论，实为迂缓难行。地方屡被贼匪蹂躏，即欲筑堡保护亦属无及。若贼匪已离之处，流散难民方且安抚之不暇，岂可复兴此役，致劳民力，且滋惊扰？即如湖北襄、郧等处，现据汪新奏，被难民人纷纷复业，搭棚收养，给予口粮。是难民甫免流离，正当招徕安集，俾得各安生业，设又令兴筑土堡团守，则民人既被贼扰于前，又苦官迫于后，欲息民而转以劳民，有是理乎？况此等事宜本系地方官之责，或秦承恩、汪新等尚可筹办及此，明亮、德楞泰系统兵大员，惟当以杀贼擒渠为事，今乃舍其急而图其缓，于军务未免分心，明亮等着传旨申饬。”（《清仁宗实录》卷23）

（嘉庆四年二月辛卯）谕内阁：“自川楚邪教逆匪滋事以来，所过地方，劫掠良民，焚烧村落，迫胁万状，辗转煽惑。良民不得已从贼日以寖多，奔驱三载不能自拔者数逾十万。室庐焚荡，田亩抛荒，欲返则无所归，即归亦无所食，其势不得不托贼巢为栖身之所，借盗粮为糊口之资，此非徒作招抚之空谈所能收解散之实效者也。国家哀怜赤子累岁流离，敷胁从罔治之仁，播咸与维新之治。前经降旨剿抚兼施，大约谓自古惟闻用兵于敌国，不闻用兵于吾民，自相攻击，屠戮生灵。朕日夜哀怜，几至寝食俱废。百姓极困思安，久劳思息，谅必一见恩旨，翕然来归。第思既归之后，目前则何以食之？将来则何以居之？务使此番安集即成永远规模，设非虑及他时，恐倍难于今日。凡从各股贼匪中受抚来归者，应如何绥辑安插之处，令勒保就近传唤同知刘清及川省素有清名之州县，俾其悉心妥议具奏。刘清既素谐民望，必能深识民情。他乡流落者如何资送还农，失所无依者如何编丁占籍，朕几余检阅明史，成化中，项忠、原杰先后办理荆襄流民一案，具有章程，或可采取其法，施之当今，或因事异时移，不宜泥古，可一一详细奏闻……”（《清仁宗实录》卷39）

（嘉庆四年三月庚午）谕军机大臣等：“川省贼匪徐添德、冷添禄等分股奔窜，而徐添德一股，因屡经剿败，派令贼目于各处埋伏，以图牵缀官兵，殊为可恶……其夔州一路分窜之贼，勒保派令七十五等绕前截剿，未经阑入楚境。而各股贼匪仍未能归并一处，勒保尤当通盘筹画，不可顾此失彼为要。又据奏‘安抚难民’一折，所办俱为周到。各路军营借端花费，浮支滥用，自应严行饬禁。至此等抚恤难民，给资安插，使民生既获安全，贼党又可解散，为一劳永逸之计，是用所当用。朕原不靳此费，此时抚绥安集，最为紧要，勒保慎勿视为具文，徒形章奏也。至川、楚、陕各省流寓之民甚多，占籍已久，各有产业，自应就近安插，不必勒令回籍，转滋纷扰。朕以此事委汝，必不遥制。总之，邪匪不可不诛，良民不可不抚，而受抚者必使之畏威怀德，出于至诚，方为尽善。将此谕令知之。”（《清仁宗实录》卷40）

（嘉庆四年七月乙亥）谕军机大臣等：“……朕素不靳惜帑项，曾经降旨以军营支发兵丁款项总当略为宽裕，倘成功迅速，朕必有例外准销恩旨。即投出难民亦须优加抚恤，务使按名俱有归着，毋令一夫失所。原为体恤兵民起见，岂可令带兵之员各肥囊橐乎？并着明亮、魁伦一体据实严查具奏。”（《清仁宗实录》卷49）

（嘉庆五年正月辛未）谕内阁：“自川楚教匪滋事以来，所过地方，焚烧抢掠，迫胁万状，民人不得已而从贼，日以寖多。经朕节次降旨，令领兵大员剀切晓示，如贼匪中果能有归命投诚者，仍系朕之良民，令地方官妥为收恤。自降旨以后，据川、陕各督抚先后奏到，被胁之人悔罪投出者甚多，但伊等俱已早失生业，室家田土荡然一空，名曰回籍，仍受流离颠沛之苦。每一念及，朕心为之恻然。虽抚恤之旨屡下，特恐地方官未能妥为安置，而胥役人等又不免因其曾经从贼，加以陵虐，任意索诈。是伊等虽脱身贼中，冀求生路，而仍不能各遂其生，所谓安抚者皆有名无实。即实在传授邪教之徒，若能去逆效顺，即属良民，皆当许其自新，一体收恤。断不以其曾经入教，又复罪其既往。倘地方官经此次传谕之后，不能仰体朕心，妥为办理，以致伊等稍有失所，或任胥役从中讹诈，一经查出，必当重治其罪，决不宽贷。现在户部侍郎周兴岱赴川祭告岳渎，着于所过川陕曾经被贼处所将此旨宣布誊黄，并面告

地方官遵照妥办，以副朕矜恤愚氓，胁从罔治至意。”（《清仁宗实录》卷58）

（嘉庆五年四月己丑）谕军机大臣等：“陕西南山老林一带，山径僻杂，延袤广远，与其置之空闲，莫若酌为经理，安置难民，务令得所，将山内老林量加砍伐，其地亩既可拨给流民自行垦种，而所伐材木，即可为建盖营廨民庐。设良吏，行保甲，以实心经理，仿照前明原杰办理郧阳之制。其实在幽仄险峻、人迹罕到之处，竟当查明封禁。如此分别办理，则南山老林内不致仍为盗薮，而失业流民日久即可作为土著，既有恒产，必有恒心，于招徕安抚及因地制宜之道，两有裨益。着长麟、台布归入善后事宜内认真妥办。”（《清仁宗实录》卷63）

（嘉庆六年二月丙子）谕军机大臣等：“川、陕、楚大功将次告竣，善后事宜，以抚辑难民饥民、安置乡勇为最要。湖北省饥民不下数万，川、陕亦所不免，其裹胁之人，纷纷投出，不可胜计。除查明叛产、分别赏给外，或另有安抚之法，着该督抚通盘筹画，详议具奏。至乡勇常与贼匪接仗，技艺素娴，若不妥为安插，更易流而为匪。当收其器械，或令入伍充当民壮，妥为散遣。”（《清仁宗实录》卷79）

（嘉庆六年二月丙子）是月，湖广总督书麟奏堡寨情形，广为劝谕，使村庄尽归堡寨。得旨：“官不惜力，民知自守，不肯从贼，立可荡平矣。总由官不清，吏不洁，只图目前小利，以致酿成大害。五年以来，东西奔窜，皆系逃死之愚民，非真叛逆。但能官吏实心化诲，安抚流离，则事半功倍矣。勉之。”（《清仁宗实录》卷79）

（嘉庆六年三月丙戌）又谕：“倭什布奏‘武汉一带饥难各民分别妥为安抚，地方悉臻宁谧’一折，览奏稍慰。汉阳汉镇就食民人，自应亟为安顿。今倭什布与司道等公同筹酌，将外来难民、饥民分别大小口，给与银两，饬令各归原籍。其武昌就食贫民，倭什布照汉镇之例各给口粮两月，散归本处村庄，所办俱好。至散给银米，该督抚各捐廉银三千两，司道府县共捐银六千两，急公可嘉，自应分别甄叙。书麟现在带兵剿贼出力，又捐廉助赈，着施恩加一级。倭什布办理此事，诸臻妥协，又复捐廉，着加恩升为三品顶带，仍赏戴花翎，俟楚省大功告竣后，再加恩赏还巡抚顶带。其捐廉之司道府县，着倭什布查明咨部，给予纪录二次。至官捐廉银不足之数，经汉镇匣商如数捐出，共襄义举，甚属急公。着倭什布查明，与汉镇、武昌煮赈商民一并咨部，照例给与议叙。”（《清仁宗实录》卷80）

（嘉庆六年四月辛酉）饬禁捐廉办公，特谕：“国家设官分职，务在养民，培植民之生业，使之家给人足，各安其生，不致流而为匪，国本自固矣。是居官清正者为国之宝，贪黩者为国之害，其理信而有征。若督抚为一方之表率，即古之诸侯，其经费原巨，稍形匮乏，不肖者借口搜括，百般科敛，固不待言。即清廉者亦失其素守，渐成贪吏，上下言利，国事尚可问乎？我皇祖恐征收火耗，渐至厉民，降旨明给养廉，赡身家，养廉耻，量职秩之崇卑，定用度之多寡，诚先养后教，至当不易之道。现今一切陋规俱行裁革，只恃养廉为生计。若捐廉办公，以何费用，岂不仍取之于民耶？我国家经费，岁用不下数千万，偶遇水旱偏灾，不惜帑金立施厚泽，此皆各直省大吏所亲见者。何乃以涓滴之资，希图见好，博能事之名，遂巧取之计？朕非好货之主，不必以此尝试，徒见轻于朕耳。近因湖北偶聚难民，正值军需用度浩繁，书麟、倭什布各捐数千金散赈，地方立即安堵，特予议叙，以奖其急公之举。然此事终不可为法，恐流弊至于需索属员，仍剥削朕之百姓，特书此谕，以儆官心，愿吏治永清，民生永静，藏富于民，国本自固。天子不问有无，奚较量此锱铢进奉以为升转哉？诸臣共体朕意，信守无忽。”（《清仁宗实录》卷82）

（嘉庆十八年十一月己卯）又谕：“御史汪梅鼎奏‘请申明放赈定例，以重民瘼’一折。各直省偶遇偏灾，施恩赈恤，原期实惠及民，不使一夫失所……本年直隶、河南、山东、安徽、湖北、陕、甘等省各有歉收处所，已节次降旨赈恤。而直、豫、东三省交界毗连之处，兼有贼匪蹂躏，小民颠沛流离，尤堪悯恻。若地方官当此之时办理赈务及抚恤难民仍不认真经理，竟有侵蚀克扣等事，非我臣仆，其情难恕。一经发觉，必立予正法，以为玩视民瘼者戒……”（《清仁宗实录》卷279）

（道光七年十二月壬辰）又谕：“御史周炳绪奏‘广西各属外来游民，请饬清查编入保甲’一折。广西地处边隅，时有广东、湖广等处游民在彼租山种地，往往窝藏匪徒，致滋会匪盗劫重案，为害闾阎，不可不立法防范……至湖广、江南上年被水难民，有流至广西者，着该抚一并饬查，妥为安抚，勿使失所。如有奸宄溷迹，一经查出，立即按律惩办，以靖地方。”（《清宣宗实录》卷131）

（道光十一年七月乙亥）谕内阁：“御史李昭美奏‘筹酌荒政’一折。本年江苏、安徽、江西、湖广等省被灾地方较广，叠经谕令各该督抚妥为抚恤，毋使一夫失所。兹据该御史奏，请严究隐灾、饰灾，并安辑流民，严禁遏籴及勒减粮价，收骸骨以顺生气，奖捐输以助不给。所奏各条，均为救荒善政，久经着为定例。着各该督抚体察情形，妥为筹办，务令穷黎均沾实惠，以副朕轸念灾区之至意……”（《清宣宗实录》卷193）

（道光十一年九月戊午）谕军机大臣等：“寄谕两江总督陶澍、湖广总督卢坤、江苏巡抚程祖洛、安徽巡抚邓廷桢、江西巡抚吴光悦、湖北巡抚杨怿曾、湖南巡抚吴荣光，给事中邵正笏奏陈灾务一折，据称……又安插流亡之法，宜择城外高燥宽阔地方，广圈篱栅，多搭窝棚，排列东西，编连字号，凡流民之有眷口亲属者，同置一棚，其零丁人口，分棚隔别男女，均匀安插，篱棚外设一总门，派员弹压，早晚查点人口，司其启闭。并慎选一二诚实乡耆，逐日散给口粮，令壮丁出外采樵，老幼妇女在内炊爨，轮流执役，病者为之医治，殁者为之埋葬，俟其本境可归，再行资送回籍……本年江苏等省被灾较重，叠经谕令各该督抚妥为抚恤，该给事中所奏各条内，想已有似此办理者，惟筹办不厌周详，着各该督抚各就地方情形，悉心体察，是否有可采择之处，酌量办理。将此各谕令知之。”（《清宣宗实录》卷196）

（道光十三年十二月癸亥）谕军机大臣等：“据御史朱逵吉奏‘附近京城之采育村及河西务、武清、东安、宝坻等县，城市村庄有外省游民什百为群，往来络绎，聚散不常……’此项游民是否实系外省猝被灾歉乏食贫民前来觅食，抑或有土棍匪徒夹杂其内，借端扰害，必应分别查办……”寻总督琦善奏：“上年九月、十一月间，有湖北沔阳州民求乞到境，当经资助递送回南。该民人经由处所，多系栖止寺庙之中。各州县抚恤弹压，交替护送，不致滋事。现复分饬各入境首站，如遇外省贫民即一体就近截留，酌量送归。”得旨：“妥行饬办。”（《清宣宗实录》卷247）

（道光十四年六月癸卯）谕军机大臣等：“有人奏‘贵州兴义等府一带苗疆俱有流民混迹。此种流民，闻系湖广土著，因近岁水患，觅食维艰，始不过数十人散入苗疆，租种山田，自成熟后获利颇丰，遂结盖草房，搬运妻孥前往。上年秋冬，由湖南至贵州一路，扶老携幼、肩挑背负者，不绝于道，均往兴义等处，应行查禁’等语。安边莫要于除奸，抚夷贵安其生业……着阮元、讷尔经额、裕泰、尹济源、吴荣光各饬所属确切查明，现在贵州地方外来游民有无租种苗田之事，是否均系湖广土著民人，一经查出，即行设法妥为遣归原籍，交地方官管束，毋许一名逗留，致滋弊窦。并着该督等即妥议章程，据实具奏。将此各谕令知之。”（《清宣宗实录》卷253）

（道光十四年八月乙卯）湖广总督讷尔经额等复奏：“查禁流民潜赴苗疆，并筹议收养招徕章程。一、少壮游民远赴苗疆租种山地，亟应严行查禁。一、已赴外省乞食之民应截留押送回籍。一、逃荒已出本境之民应令附近州县妥为收养。”得旨：“所奏尚属妥协，务须实力行之。如奉文了事，致滋后患，或被人纠参，朕惟汝等是问，决不姑贷。懔之。”（《清宣宗实录》卷255）

（道光十四年十月丁巳）谕军机大臣等：“据何凌汉等奏‘现在顺天府属之密云、三河二县地方，有湖北沔阳州民人入境觅食，请饬沿途截留，就近资送回籍’等语。湖北沔阳州地方连年被水，该处民人什伯成群，觅食异乡，几成习惯。上年业经该府尹等饬属妥为资送，本年复又踵至。此等民人非尽赤贫，或借资送以作生理，亦未可知。倘其中夹杂一二不肖之徒，因而勾串土棍匪人别滋骚扰京畿地方，理宜肃清，岂容该流民等任意逗留，或至生事？各处流民入境例应送回原籍，与其由顺天折回，不若先就较近各地方截留资送，尤为便捷。且原籍地方官果能妥为安顿，该民人等何至轻去其乡？着直隶总督、河南巡抚即饬属查明，现在各该地方，如有觅食民人入境，即照例就近截留，妥为资送，饬其速回原籍，毋令跋涉远来，以致畿辅地方日积日众，别生事端。并着湖广总督、湖北巡抚饬令各该地方官，遇有乏食贫民，务即设法安顿，毋任流离转徙，散漫四出。庶各省既免资送之烦，而流民亦免饥驱之累，于肃清畿辅、安集穷黎之道两有裨益。将此各谕令知之。”（《清宣宗实录》卷259）

（道光十五年正月丁亥）又谕：“讷尔经额等奏‘请动项分别培修紧要堤工’一折。湖北嘉鱼等县境内堤塍屡被浸溢掣坍，民力拮据未能摊修。据该督等勘估紧要各工，自应动给银两分别加培修复。所有咸宁、蒲圻、嘉鱼、汉川、沔阳五州县，估需土方夫工银共四万五千余两，着准其在于该省司库存剩抚恤余银项下动支给发，照估兴修，勒限春汛以前一律完竣。该督当亲往核实验收，如有草率偷减，即行参办。沔阳、汉川二处民人叠被水灾，逃亡甚众，该督设法招徕并咨会邻省截留，资送回籍。现在估修各工即着以工代赈，俾新归贫民得以佣趁糊口。至该省逃荒民人尚有逗留在外者，该督务须认真妥办。现虽派员携资分投迎提，押令回籍，其如何安插之处，务令各该州县暨委员等加结申报，以凭稽核。断不准奉文了事，仍致有名无实也。”（《清宣宗实录》卷262）

（道光二十年九月）甲午，谕军机大臣等：“本年湖北省各州县被水民人纷纷逃往他省，虽经该督等奏请抚恤，并委员查勘，朕心实深轸念，着周天爵、伍长华确切查明被水州县是否应加调剂，候朕施恩。其民人被水逃散者，共有若干户？其经邻省咨送回籍者，共有若干户？现在秋稼尚未登场，被水村庄未知能否涸出，尚可补种？事关民瘼，该督等查明后详细具奏。倘含糊了事，致小民流离失所，甚或因饥寒交迫，滋生事端，该督抚恐难当此重咎也。懔之。将此谕令知之。”寻奏：“查本年夏汛盛涨江陵等县，间有被淹田地，当经奏明拨帑抚恤。嗣于九月初一日起至初十日止，大雨匝旬，山水陡发，汉江涨水一丈七尺余寸，以致钟祥、潜江、天门、沔阳、汉川等州县晚禾亦被淹浸。刻下水势尚未全消，节候已迟，难再补种，容即委员复勘，奏恳恩施。”得旨：“急速妥办，速行奏闻。”又奏：“查得江夏等州县逃户，已回者共九千八百三十五户，未回者共五千八百五十八户。已回者逐户安抚，未回者分关邻境，设法招徕。”报闻。（《清宣宗实录》卷339）

（道光二十年十一月丁亥）又谕：“前因本年湖北省各州县被水民人纷纷逃往他省，降旨交吴其濬等察访情形具奏。兹据奏称‘到楚后细访致水之由，委因夏雨过多，江、汉同时并涨，以致堤工溃漫成灾。查阅该省奏报原稿，监利一县被淹情形轻重不符，途次复接有武昌等处军民呈词恳请抚恤。现在低洼处所积水弥望，逃往各省灾民递回者仅止二百七十余名’等语。该省州县查报灾区，有无疏漏，着该督抚遴委廉干大员复加履勘，确实核办。至现在递回流民及未经逃散人民，着按照户口速行赈恤。其未经归来者，着妥为招徕，一俟回籍，务须随到随赈。来春应否尚需接济，一并豫为筹备，毋任流离失所。”（《清宣宗实录》卷341）

（道光二十二年三月癸酉）谕军机大臣等："上年河南祥符漫口，下游各处间被淹浸。又兼江水盛涨，江宁、安徽、江西、湖北等省均有被灾地方。现在大工合龙，在工佣趁穷民自已陆续遣散，其各该处饥民流离载道，均应分别安辑，量为抚恤。着牛鑑、程矞采、程懋采、吴文镕、裕泰、赵炳言、鄂顺安严饬该地方官，留心查察，妥为安抚，俾穷黎不致失所，别滋事端，是为至要。将此各谕令知之。"（《清宣宗实录》卷369）

（道光二十二年五月）乙卯，谕军机大臣等："有人奏'风闻湖北武昌、汉阳、荆州、黄州、安陆等府自去年九月以来，有悍猾之徒连结饥民，少则百余人，多则数百人，甚至千余人不等，均因岁荒之故，以乞食为名沿途强索，闾阎大受其害，以致劫案时闻。而地方官为规避处分起见，姑为隐饰，置之不问'等语。湖北省频年被水，饥民载道，地方官不加意抚绥，致为民累。该省崇阳逆匪甫经戡定，此等无业游民结党成群，尤虑滋生事端，不可不豫筹安辑。着裕泰、赵炳言饬属查明，酌量情形，妥为办理，以靖地方。至于不肖州县规避处分，隐匿劫案，以致民不聊生，情节尤为可恶。如果实有其事，着即严参惩办，毋稍徇隐。将此谕令知之。"寻奏："沔阳、监利等州县多有抢劫拒捕之案，已将地方官奏参，勒限严缉。贫苦饥民，妥为安辑。如再有匪徒勾结索抢，立即查拿严办。"得旨："务要言出法随，认真查办。倘有另滋事端，则责有攸归也。懔之。"（《清宣宗实录》卷372）

（道光二十二年七月）癸酉，谕军机大臣等："御史徐家瑞奏'湖北水灾，请饬督抚豫筹良策'一折。地方偶遇偏灾，该督抚自应实心查办。据该御史奏称'检踏灾伤，申报宜实，刊刻誊黄，垸名宜详，以及灾民流徙，宜散而不宜聚，饥民抢劫，宜严而不宜宽'等语，着裕泰等体察情形，妥为办理，俾灾黎不致流离失所，吏胥不得因缘为奸，以安闾阎而除积弊。该御史原折着钞给阅看，将此谕令知之。"（《清宣宗实录》

卷378）

（道光二十三年十月癸丑）又谕："讷尔经额奏'请饬禁流民出境'一折。据奏，直隶所属各州县禀报，本年截回江苏、湖北二省流民，共有四十二起之多。地方偶遇歉收，无业贫民出外谋生，固所不免。但至数十为群，到处需索，其中良莠不齐，难保不扰民滋事。若本境妥为安插，自不致转徙远方，即经过各省分，随处截回，亦不致尽行阑入直省。着江苏、湖北、河南、山东、山西各督抚一体饬属严密稽查，如有流民出境、过境，即行截回，妥为安置，庶免仳离而省滋扰。"（《清宣宗实录》卷398）

道光二十六年丙午十一月壬午朔，谕内阁："为政首在爱民，安良即所以弭盗。朕轸念民依，凡各省遇有水旱偏灾，无不恩膏立沛，蠲赈兼施。地方官果能认真办理，实惠均沾，何至有失所流民结队成群转徙他省，致令不法匪徒有所借口？本日据穆彰阿等会议讷尔经额奏'请稽查匪徒影射流民'一折，览奏均悉。匪徒影射，辗转需索，扰累闾阎，自应稽察截留，以免别酿事端。着江苏、江西、湖北、山东、河南、安徽、山西各督抚一体严饬所属，各就该地方情形土俗所宜，认真酌定办理章程，咨部立案，以期行之久远，不滋弊窦。其有一二实在灾黎转徙他方、并非匪类者，仍当加意抚恤，随时资送，毋令失所。总不准匪徒影射，恃众滋扰。倘该地方官办理不善，一经查出，着即指名严参，以为玩视民瘼者戒，用副朕轸恤民困、除莠安良之至意。"（《清宣宗实录》卷436）

（道光二十八年九月）乙酉，谕内阁："前据裕泰等奏称'本年湖北省灾区宽广……'……惟念该省此次被灾至三十余州县之多，当此亿万灾黎嗷嗷待哺，倘查办稍缓，或措置失宜，必致转徙流离，瞬届冬令，饥寒交迫，朕心实深焦切，该督抚等惟当督饬地方各员，于抚恤加赈等事宜，务各认真核实散放，俾小民均沾实惠。该地方官等岂无天良？当

此满目逃亡、呼吸之间，所全不止千百……将此特谕知之。”（《清宣宗实录》卷459）

（道光二十九年十一月）丙申，谕军机大臣等：“御史赵东昕奏‘遣散水手，恐滋事端，请饬豫防’一折。本年江浙各帮水手，前经陆建瀛等会议奏准将浙省各帮与苏松军船册内无名及游帮短纤人等在济宁一带概行遣令回籍。兹据该御史奏称，该水手等遣散之后未必安分谋生。况自淮以北，界连山东、河南、直隶等省，加以湖广、江、皖流徙灾黎，倘该水手等煽诱勾结，为害匪浅。且此等无业之徒，在船则为水手，在岸即为游民，人数既多，最易滋事。着直隶、江南、山东、河南漕河各督抚不分畛域，严密稽查……”（《清宣宗实录》卷474）

（道光三十年十二月癸酉）又谕：“有人奏‘江西德化、湖北黄梅二县有游民结伴同往邻境庄村横索钱米，攘窃财物，经过村庄，时被扰累，游民倚为生计，其中实在乡愚依附同行，转不免中道流离’等语。各省偶遇偏灾，朕无不立加赈恤。该地方官果能妥为经理，小民自不至失所，何肯轻去其乡，转致借端生事？着陆应谷、龚裕按照所奏各情确切查访，并饬地方官遇有此等灾民必须分别良莠，弹压抚绥，俾令及早复业，毋致转徙道路，别滋事端。原片着钞给阅看。将此各谕令知之。”（《清文宗实录》卷24）

（咸丰三年正月己巳）谕军机大臣等：“张亮基奏‘驰赴湖北省城，筹办抚绥各事宜’一折。逆匪全股东下，武昌、汉阳两城现经收复，所有招集流亡，严查土匪，在在均关紧要。骆秉章已由岳州驰赴武昌，张亮基亦经接受湖广总督关防，并于湖南总局装米五千石、制钱五千缗，由水路运赴北省，着即兼程前往，安抚招徕，与骆秉章熟商筹办……将此由六百里谕知张亮基，并谕骆秉章知之。”（《清文宗实录》卷83）

（咸丰三年正月甲戌）又谕："前据仓场侍郎庆祺奏，风闻天津地方有形迹可疑之人盘踞城外，当经谕令步军统领、顺天府及直隶总督派员密查。兹据讷尔经额奏称，查明该处西关客店，有湖北蕲州李姓七十余名口寓居，均系灾民。业经该地方官捐给口粮递籍，并无匪徒溷迹，与步军统领、顺天府查奏情形大概相符。惟该府县查讯灾民姓氏籍贯，未能详晰。该镇道率行转禀，以致该督前后具奏参差错误，均难辞咎……"（《清文宗实录》卷83）

（咸丰三年二月丙子）又谕："张亮基、骆秉章各驰奏'抵省任事，查办地方情形'一折。贼匪窜扰武昌，围攻匝月，官绅士民婴城固守，迨至城陷之后惨遭焚掠。据奏荼毒情形，深堪悯恻。除殉难大小官员业经赠恤建祠，并俟续查到日再行加恩外，着张亮基、骆秉章督同严正基、江忠源及地方署事各员，将现在存城老幼男妇并被掳逃回各丁壮加意抚恤，一面掩埋尸骨，安集流亡，招致商民，严惩土匪，毋令一夫失所。汉阳收复之后，蹂躏凋残，亦与省城大略相似。其应派员前往抚绥之处，着该署督抚妥为筹办，俾兵燹遗民渐安生业，以慰朕怀。"（《清文宗实录》卷84）

（咸丰三年二月乙未）又谕："张亮基、骆秉章奏'筹办收复抚恤各事宜，开单呈览'一折。湖北武昌、汉阳、黄州等处先后被贼窜扰，蹂躏凋残，深堪悯恻。现经该署督抚饬司道各员次第筹办，如修城、制炮、协拨驿站，并募兵、招商、戢匪各事宜，所筹尚属周妥。至被害官兵、流亡子女，或应掩埋尸骨，或应设局收养，均着照所议妥筹办理。所需经费，务当核实动用，毋任吏胥人等丝毫浮冒，俾穷黎均沾实惠，地方日就乂安。"（《清文宗实录》卷85）

（咸丰三年三月己未）又谕："崇纶奏经过地方情形，并晓谕盐船运回楚省等语。湖北难民迁徙江西南昌、南康等处，经该抚招谕抚恤，带回复业，现在民情尚为安静。一切地方事宜，着与署总督张亮基酌量缓急，次第筹办，总期核实撙节，毋得沽誉市恩。当此经费支绌之时，务在事事行之以实，庶帑项不致虚糜。该省食盐缺少，前经该署督奏明借销川盐。兹据该抚于江西途次查出八十余船押运回楚，以资民食，办理尚属妥协。将此谕令知之。”（《清文宗实录》卷88）

（咸丰三年三月甲子）又谕：“联顺奏‘请严禁流民，整饬地方’一折。据称‘京城街市穷民多有外省口音，各城外有用小车推载行李沿途乞食者，难免奸宄溷迹，并闻中营石窝村现有盘获湖北民人之案’等语。现在贼匪窜扰南省，难民流离失所，经过地方，该督抚等自应设法抚绥，早为资遣……”（《清文宗实录》卷88）

（咸丰四年七月壬子）又谕：“……杨霈现由德安一路进攻武昌，并着骆秉章等设法随时知照，俾彼此互相应援。其湖北难民，应如何安抚资遣之处，并着该抚迅筹办理，毋令别滋事端。将此由六百里加紧谕知骆秉章，并谕塔齐布、曾国藩知之。”（《清文宗实录》卷136）

（咸丰六年五月甲子）又谕：“英桂……另片奏‘楚、豫交界地方，有游匪二三千人聚众滋事，经庆德、郑元善等带兵击退’等语。此项游匪虽系散勇，亦当迅速解散，免致别生事端。着英桂严饬边浴礼查明抢掠滋事者，剿捕惩办。其中回籍良民分别资送，交该地方官妥为安置，并知照官文派员会同办理，勿令盘踞滋扰。将此由六百里加紧各谕令知之。”（《清文宗实录》卷197）

（同治三年十月丁亥）又谕：“本日据僧格林沁等奏‘官军剿贼叠获大胜，各股匪众穷蹙乞降，现拟陆续遣散递籍，已分咨湖广等省督抚妥为安插’等语。此等降众，大半为贼裹胁居多，现既投诚反正，自应分别遣散。惟其中良莠不齐，若不妥筹安置，难保不别滋事端。着恽世临于该降众等遣回过境时，饬令所属地方官酌给口粮，分别递回原籍，妥为安插，认真约束，毋稍大意。将此谕令知之。”（《清穆宗实录》卷118）

（同治三年十月丁亥）又谕：“……本日据僧格林沁等奏‘剿办楚、皖贼匪，叠获大胜，除斩杀外，各股匪首穷蹙乞降者甚众，已陆续遣散回籍’等语。此股降众，多有籍隶陕西者，着刘蓉严饬各地方官妥为安插，毋令滋事，致干重咎。将此由六百里谕知都兴阿、雷正绾、刘蓉，并传谕陶茂林、恩麟知之。”（《清穆宗实录》卷118）

（光绪元年十月）壬午，谕军机大臣等：“刘坤一奏‘匪党潜滋，请饬密查妥办’等语……哥匪多系前在军营将弁，其中甘为游荡者固多，迫于饥寒者亦复不少，并着各该省督抚宽为收标，仿照江西奏准章程给予半俸，以示体恤。此事全在该督抚等操纵得宜，断不可意存姑息，养痈贻患，亦不可任令地方官搜查扰累，别滋流弊。务各妥慎办理，随时具奏。将此谕知沈葆桢、刘坤一、李鹤年、吴棠、刘岳昭、翁同爵、岑毓英、吴元炳、裕禄、杨昌濬、王凯泰、刘秉璋、谭钟麟、王文韶、黎培敬，并传谕李文敏知之。”现月　（《清德宗实录》卷20）

（光绪元年十二月癸未）谕军机大臣等：“前据刘坤一奏，哥老会匪蔓延湘、鄂、浙、闽、云、贵、川、陕、安徽、江西各省，而江苏为尤多。该匪半系前在军营将弁，其中迫于饥寒者不少，请饬宽为收标，给予半俸，以示体恤，当经谕令沈葆桢等办理……”现月　（《清德宗实录》卷24）

（光绪四年三月）壬子，谕军机大臣等：“翰林院编修吴观礼奏‘请饬召募晋豫流民’等语，据称‘晋豫两省匪徒蠢动，流民被胁，势将他出，请饬秦楚皖驻兵境上，且召且遣，以靖乱萌’。自系为安插流亡起见，着沈葆桢、李瀚章、吴元炳、裕禄、谭钟麟、邵亨豫、勒方锜体察情形，迅速筹办，务臻妥协，毋任沿途宵小勾结，致滋扰害……将此谕知左宗棠、沈葆桢、李瀚章、吴元炳、裕禄、谭钟麟、邵亨豫，并传谕勒方锜知之。”现月　（《清德宗实录》卷69）

（光绪九年十一月庚子）谕内阁：“朕奉慈禧端佑康颐昭豫庄诚皇太后懿旨，本日据左宗棠、杨昌濬奏‘清江设厂收养各路灾民’一折，据称清江为南北水路通衢，灾民纷纷南下，每日扶老携幼不绝于途，览奏实深悯恻。现经左宗棠等督饬属员分设赈厂，妥筹收养，加恩着拨给银一万两，俾资接济。因思本年顺天、直隶、山东、湖北、安徽等省被灾较重，小民荡析离居，情形困苦，深宫廑念，寝馈难安。前经降旨截漕发帑，并据该督抚府尹陈奏筹办赈济，第灾区甚广，人数众多，仍恐难以周遍，自应特沛恩施……湖北着拨给银四万两，安徽着拨给银二万两，该部即行迅速拨发。该督抚府尹务当严饬所属，核实散放，务使实惠及民，用副轸念民艰至意。”现月　（《清德宗实录》卷174）

（光绪三十四年七月）丁亥，谕内阁：“朕钦奉慈禧端佑康颐昭豫庄诚寿恭钦献崇熙皇太后懿旨，前据陈夔龙电奏，湖北霪潦为灾，当经谕令赶办急赈，并将续查情形具报。兹据查明电奏‘黄冈、麻城、黄安三处灾情最重，居民荡析流离，惨不忍睹。余如汉阳府属之夏口、黄陂、汉川，荆州府属之江陵、监利、石首，安陆府属之潜江，宜昌府属之兴山等处均多被淹’等语，览奏殊堪悯恻，加恩着赏给帑银六万两，由度支部给发，着该督派委妥员前往灾区，切实散放。务令实惠均沾，毋任失所，用副朝廷轸念灾黎至意。”（《清德宗实录》卷594）

（宣统二年四月壬辰）又谕：“御史赵炳麟奏‘请饬议确定行政经费’一折。着在京各衙门、各省将军督抚将九年筹备单内所开各条，某年某事需款若干，从何筹定，分年列表，详议具奏。至所称‘湘鄂等省流民众多，豫筹安插之策’等语，着该部妥筹议奏。”折包现月　（《宣统政纪》

卷35）

（宣统二年八月壬午）东三省总督锡良等奏："江省移民垦荒，惟有因灾移民，令被灾省分就赈抚项下拨给川资，到江以后，一切垦荒费用均由江省垫给，酌分年限收还。本年六月有湘鄂灾民三千余名飘流至此，当经商定分途遣送，将灾民不愿就垦者分别资遣回籍……复与湖广总督臣瑞澂叠次电商，移民千户，经费共需银三十万两，除东省允垫十万外，余不敷二十万两，应由鄂省官绅各认一半。但期人安其业，乐不思归，则他省人民不待招集亦肯自来，实于地利边防均有关系。所有派员设局额定常年经费暨沿途车价招待用款与在省发给口粮，拟请饬部立案，作正开销。"得旨："该督抚等认真筹办。"折包 （《宣统政纪》卷40）

（宣统三年二月乙亥）又谕："锡良电奏'湖北难民留验日久，拟由大连运送上海，请饬准其登岸，仍于进口时查验'等语，着外务部查核办理。"电寄 （《宣统政纪》卷49）

（宣统三年八月丙辰）又谕："电寄张人骏，据电奏'鄂乱事起仓猝，江南地处下游，向多伏莽，窃发堪虞。皖赣逼近鄂疆，兵备均甚空虚，非缓急有备，实难肆应。且饥民载道，更应速为抚遣。在在需款，亟宜设法宽筹，请准照前奏由宁先行息借洋款五百万两'等语，着照所请。"（《宣统政纪》卷61）

（宣统三年八月）癸亥，谕内阁："监国摄政王面奉隆裕皇太后懿旨，近来南省叠被水灾，今年湖北又有匪党作乱，俯念饥民、难民流离荡析，深为悯恻，亟宜加恩赈抚。现将孝钦显皇后所遗宫中内帑内拨银二十万两，由内务府发交袁世凯派委妥员在湖北一带核实赈济，以惠灾民。"（《宣统政纪》卷61）

（宣统三年九月乙丑）又谕："给事中涂国盛奏'鄂陷现已旬余，难民困毙无算，请饬督办赈务大臣盛宣怀酌拨巨款，电商善堂义绅，援案设救济会，速救余生'一折，着督办赈务大臣知道。"（《宣统政纪》卷62）

（宣统三年九月己巳）又谕："昨据盛宣怀奏'设立慈善救济会，派员赴鄂救济被难人民'一折。此次湖北变乱，武汉居民同遭惨祸，现既不得已而用兵，凡军前之受伤被难军民，其困苦尤堪悯念，着即设立慈善救济会。盛宣怀现已革职，着尚书吕海寰妥速筹办，并督饬派往各员于医伤、救难两事认真救济。又片奏'派令沈敦和、福开森前往办理救济事宜'，又片奏'在京设立会所，选派得力人员随同规画'各等语，均着吕海寰酌核办理。"（《宣统政纪》卷62）

（宣统三年九月庚午）又谕："电寄袁世凯，据电奏'筹办前敌行军医院，请饬陆军部、北洋大臣迅速合力选派医员，组织斯院应用药料、棉布、舁床，均须备带，即赴前敌，听候调用'等语，昨已有旨，派吕海寰办理慈善救济会，派员前往湖北救济被难军民，并着陆军部北洋大臣迅速会商办理。"（《宣统政纪》卷62）

（宣统三年九月甲戌）又谕："电寄查赈大臣冯煦，据电奏'查明十二属新灾情形，且鄂乱以来人心皇皇，非急筹赈抚并赶办民团、商团，不但遽绝生机，且恐别滋变故，并请仿红十字会办法，派员携款赴武汉拯救难民'等语，宿、徐各属灾情甚重，亟须妥筹赈抚，仍着冯煦设法迅速办理急赈。其民团、商团事宜，着就近妥商张人骏、程德全、朱家宝体察情形，酌核办理。至请派员携款赴武汉拯救难民一节，前已有旨设立慈善救济会，派吕海寰妥速筹办矣。"（《宣统政纪》卷62）

（宣统三年九月庚辰）又谕："电寄袁世凯，据电奏'汉口全复，兵火之后商民流离颠沛，委黄开文等署理各缺，抚绥难民，料理地方各事，

并委王润刚赍送银两，赴汉会同散放’等语，着即督饬各该员核实散放，妥为抚辑。”（《宣统政纪》卷63）

（宣统三年十月丙午）又谕：“富尔逊奏‘湖北旅京人士及难民窘困异常，请拨给赈款以资接济’一折，着度支部知照段祺瑞酌核办理。”（《宣统政纪》卷65）

（宣统三年十一月癸巳）又谕：“荆州失陷，该处驻防旗丁，户口众多，颠沛流离，朝廷时切恻悯。着舒清阿帮办湖北防务，会商段祺瑞，提拨鄂存恩赏抚恤款二万两，交该副都统设法妥为接济，勿任失所，并会商规复事宜。”（《宣统政纪》卷68）

10. 过境回京

（顺治三年四月）癸未，谕江西、湖广二省：“督抚镇臣，已经全设，地方渐宁，撤招抚部臣孙之獬、江禹绪回京。”（《清世祖实录》卷25）

（康熙十七年八月甲午）以出征江西、湖广阵亡及病故官兵骸骨还京，遣内大臣侍卫往奠之。（《清圣祖实录》卷76）

（康熙十八年十月壬戌）荆州凯旋科尔沁公图纳黑等将至都城，遣内大臣塔达携茶郊迎之。（《清圣祖实录》卷85）

（康熙十八年十月己卯）荆州参赞军务蒙古台吉温布率所属将士凯旋，遣散秩大臣博落特等迎劳之于天津。（《清圣祖实录》卷85）

（康熙十八年十一月癸卯）郭尔罗斯三等台吉鄂齐尔等自荆州凯旋，遣内大臣寿世特等迎劳之。（《清圣祖实录》卷86）

（康熙十八年十一月甲辰）杜尔伯特三等台吉俄木布等自荆州凯旋，遣内大臣塔达等迎劳之。（《清圣祖实录》卷86）

（康熙十九年三月）丁酉，上以定远平寇大将军和硕安亲王岳乐自湖广凯旋，率在京诸王、贝勒、贝子、公及满汉大臣出郊迎劳。是日，驻跸芦沟桥。（《清圣祖实录》卷89）

（康熙十九年七月）己酉，先是，上命宁南靖寇大将军多罗顺承郡王勒尔锦率兵赴重庆。勒尔锦不能前进，半途自返，至是具疏自劾，请解大将军任发往沅州军前效力。得旨："勒尔锦既托故还荆州，又奏请发沅州效力，不合。其携大将军敕印率所属护卫各官、王府佐领兵同沅州官兵还京。"（《清圣祖实录》卷91）

（康熙二十七年正月壬辰）奉差湖广左副都御史开音布、直隶巡抚于成龙、山西巡抚马齐等疏请："叩谒大行太皇太后梓宫。"允之。（《清圣祖实录》卷133）

（康熙三十九年正月壬戌）湖广总督郭琇来京陛见。（《清圣祖实录》卷197）

（康熙四十一年正月丁未）贵州提督李芳述、福建提督梁鼐、湖广彝陵总兵官王世臣、山东登州总兵官刘官统等来京陛见，赐貂袍褂等物。（《清圣祖实录》卷207）

（康熙四十二年十一月辛亥）湖北巡抚年遐龄来朝。（《清圣祖实录》卷214）

(康熙四十三年二月壬寅) 吏部尚书管礼部尚书事席尔达奉差湖广征剿红苗事竣，回京复命，绘图具奏。报闻。(《清圣祖实录》卷215)

(康熙四十六年二月戊申) 湖广总督石文晟、湖北巡抚刘殿衡、偏沅巡抚赵申乔来朝。(《清圣祖实录》卷228)

(康熙五十二年九月甲戌) 湖广总督额伦特奏请陛见。允之。(《清圣祖实录》卷256)

(康熙五十八年十二月) 戊申，湖广总督护理西安将军印务阵亡额伦特榇回京，命皇五子和硕恒亲王允祺、皇十二子固山贝子允祹迎奠。(《清圣祖实录》卷286)

(雍正四年十二月癸未) 谕署湖广总督福敏："朕原命尔暂署督篆，俟宜兆熊一到，交代即还。昨宜兆熊来京陛见，看伊精神力量，甚觉勉强。楚督节制两省文武，任巨事繁，统辖匪易，且又不识一字。但其操守尚优，而心术亦正，蔼然有忠君爱国之诚，为可取耳。朕兹令伊督理直隶事务，以试观可否。两湖重寄，一时不得其人，故欲将尔多留一两年，以经画之，尔其从容次第料理可也。一两年之语系朕约略言之，若一得人，即命往替，令尔旋都。不必亟思赴阙，致乱心曲。近日廊庙中颇乏卿贰满臣，皇子左右，亦需尔来辅翊。留尔在楚乃出于不得已也，宜仰体朕意，勉力为之。"(《清世宗实录》卷51)

(雍正十三年十二月丁卯) 又谕："署湖北巡抚吴应棻着来京陛见，俟署总督史贻直到任后兼理巡抚印务，吴应棻起身来京。"(《清高宗实录》卷8)

(乾隆元年正月丁巳) 召湖北按察使袁承宠来京引见，以原任福建按

察使乔学尹署湖北按察使。(《清高宗实录》卷 11)

(乾隆元年二月辛巳)署湖北巡抚吴应棻来京陛见,命回兵部侍郎任。(《清高宗实录》卷 13)

(乾隆元年三月壬戌)正黄旗满洲都统奏:“江宁、荆州将军咨送五格等各员回京,带领引见。”得旨:“此等官员,既不知行兵之道,又不能受劳苦,途间所犯罪过种种。及至军前,复不能牧养马匹,以致倒毙甚多。是以皇考降旨,将伊等解任,同伊家口回京,所以为怠玩公事者戒也。今看伊等弓箭,尚属去得,此内岂无因罪多于军前效力改过之人?曾着该将军查明情由及咨送家口回京之处,具奏请旨,再行咨回。今并未请旨,即行咨回,甚属不合。尔等详细查问伊等在本处住居甚久,或有已立产业、愿在本处当差效力者,奏闻请旨。若有愿回京效力居住者,亦着奏闻,朕另行降旨。尔等此次询问,务将伊等情愿之处,据实奏闻,不可强逼。”(《清高宗实录》卷 15)

(乾隆元年三月)甲子,管理旗务王大臣遵旨询问江宁、荆州将军咨送回京各员情愿留京及愿回本省当差之处,除前面奏愿留京之协领常在、噶尔萨、云布外,据佐领五斤等称愿留京当差,协领阿三太等称愿回本处当差,分列名单具奏。得旨:“前者带领引见时,朕曾降旨询问,惟有三人情愿留京。朕复交管理旗务王大臣询问,据奏‘又有三人情愿留京当差效力行走外,余皆愿回本处’等语。伊等不知行兵之道,不能受劳苦,迷失道路,罪愆种种。及至军营,又不能牧养马匹,以致倒毙甚多。皇考特降谕旨,将伊等解任,并伊妻子回京,欲其学习事件、勤慎办公之意。向来满洲旧习,皆以尊君亲上、图报国恩为重,并无怀土之私念。若论满洲始基,原在盛京。至于荆州、江宁,不过暂遣驻防,并非故土。乃伊等并不思遵循满洲旧习,反恋恋于驻防之处,甚属不合。但朕已降谕旨询问,暂恕此次。此内情愿在京效力行走之三人,交该旗照伊原品即用。王大臣所问情愿在京效力之三人，俱着回原省，照伊原官降一等试用一年之后，若实在行走勤慎，该管将军据实奏请实授。此等皆系有罪之员，朕特施恩办理，倘有仍不黾勉效力，复蹈罪愆者，着该将军即行从重治罪。”（《清高宗实录》卷15）

（乾隆元年十二月壬戌）谕总理事务王大臣：“杨凯任内屡次具折奏事，连篇累牍，动辄数千言，皆非伊职任所当言之务。躁妄乖张，私心显露，已于伊折内严切批谕申饬。及访其在任办事，多不妥协，不胜楚省提督之任。正欲令其解任来京，面加训谕，而史贻直参奏适至，是以一并降旨。乃伊不知省愆思过，反以督臣之参奏为奸险倾陷，忿激渎奏，希冀报复。其性情乖戾，举动狂肆，即此可见。杨凯着革职交部议罪。”（《清高宗实录》卷32）

（乾隆四年八月辛卯）谕吏部：“调湖北江夏县知县张肯堂、湖北沔阳州知州禹殿鳌、湖北黄陂县知县邵大业……来京引见。”（《清高宗实录》卷99）

（乾隆五年四月己亥）两淮盐政三保密奏：“两淮引繁课重，湖广一省额销最多。今湖北巡抚崔纪固执己见，更改旧章，致多掣肘。”得旨：“已有旨命汝来京陛见，亦有旨命崔纪来京，汝等同部臣面议，是非立见矣。”（《清高宗实录》卷115）

（乾隆五年四月己亥）湖广总督班第奏报苗民向化，筸永一带可期宁谧，并考验荆州旗营，俱属整饬，一路雨水粮价及省城出店梁盐、安盐时价各情形。得旨：“所奏俱悉。至盐价一事，崔纪、三保所见各偏，是以令伊等来京面议，卿其秉公妥办可也。”（《清高宗实录》卷115）

（乾隆六年六月）庚申，谕：“前因福建布政使乔学尹奏称伊父年老，不服闽省水土，是以降旨令其与湖北布政使严瑞龙对调。今乔学尹已经丁忧，严瑞龙若仍调福建，自不如湖北之驾轻就熟，可不必调补。昨据严瑞龙奏请来京，朕已批允。若已经起身，则俟到京请训后仍回湖北之任。如未起身，即不必来。”（《清高宗实录》卷 145）

（乾隆八年正月丁巳）命湖广总督孙嘉淦来京候旨，以广州将军阿尔赛为湖广总督……（《清高宗实录》卷 182）

（乾隆十一年三月己巳）谕曰：“湖南布政使长柱着来京候旨，徐杞，朕昨降旨令其署湖北按察使，伊尚未起行，且原系布政使，着补授长柱之缺。其湖北按察使员缺，着登州府知府徐琳补授……”（《清高宗实录》卷 260）

（乾隆十二年正月）戊申，命湖北襄阳镇总兵吴士英来京候旨，以京口中营副将齐大勇为襄阳镇总兵。（《清高宗实录》卷 283）

（乾隆十五年七月辛亥）又谕：“湖北按察使刘方蔼着来京候旨，所遗员缺，着德文补授。”（《清高宗实录》卷 368）

（乾隆十六年十一月丙子）谕曰：“湖北巡抚恒文奏称‘该省老民老妇，来京叩祝皇太后万寿，俱已陆续起程’等语。此等闾阎耆耋，远赴祝釐，出自伊等至诚。而当此严寒，长途跋涉，朕心深为轸念。其已至京师者，该部着加赏赉。未至京者，所至地方官从优资送回籍。其他省有似此者，俱着照此办理，概不必令其赴京，以仰副圣母慈仁保惠至意。”（《清高宗实录》卷 402）

（乾隆十六年十一月癸未）谕：“直隶及湖广来京叩祝圣母皇太后万寿，已到京之老民老妇俱已加恩赏赉。念伊等年跻耄耋，跋涉远来，兹于道左跪迎，已得瞻仰慈光，各申庆祝之悃。际此隆冬，应令早就归途，着该地方官护送还乡，共乐升平，颐养天年，以仰副圣母慈惠深仁。”（《清高宗实录》卷403）

（乾隆十八年三月己卯）谕曰：“永常着来京陛见，其湖广总督印务，着开泰署理，俟开泰到楚交代后，起程来京……”（《清高宗实录》卷435）

（乾隆十八年四月）己丑，谕：“永常着即驰驿来京。开泰未到之前，其湖广总督印务，着恒文暂行署理。”（《清高宗实录》卷436）

（乾隆二十二年十二月丁卯）谕：“据爱必达奏称‘贵州提督董芳现在患病’等语，董芳着来京陛见，贵州提督印务着哈攀龙前往署理。其湖广提督印务，着王绥署理。”（《清高宗实录》卷552）

（乾隆二十九年七月）壬子，谕军机大臣等：“苏昌已调闽浙总督，着即速赴新任。其两广总督印务，着明山暂行兼署。李侍尧已调两广总督，着来京陛见后再赴新任。其湖广总督印务，着常钧暂行兼署。俟吴达善到后兼管湖北巡抚，常钧再赴云南新任。现在云南巡抚印务，刘藻原系同城，即着暂行兼摄。王检亦着来京陛见后，再赴湖北巡抚之任。将此传谕各该督抚知之。”（《清高宗实录》卷714）

（乾隆三十年四月）甲子，命湖广提督李勋来京陛见。（《清高宗实录》卷735）

（乾隆三十一年二月癸亥）谕军机大臣等：“前经降旨将定长升授湖广总督，刘藻降补湖北巡抚。今刘藻业已革职留滇效用，所有楚省事务现在需人办理，定长可即速来京请训，前赴新任。”（《清高宗实录》卷755）

（乾隆三十一年七月庚寅）又谕："去岁吴达善至江南迎銮，曾面奏提督李勋年力衰老，因调其来京陛见。及召对时察其言动，颇为明捷，虽齿逾七十，而精力未衰，遂令仍回原任。昨因办理莽匪之事，调伊为云南提督。李勋到滇后节次奏事，颇中机宜，且因首恶召散，未就弋获，远驻孟艮地方督率总兵严缉，在提督中尚属实心出力、可资倚任者。设如吴达善所云，岂衰颓之人能如此不惮劳剧、黾勉从事乎？看来吴达善不过因其前任湖广提督时曾奏地方事件，人皆憎嫉之，吴达善初至楚省，遽逞私臆入告，夫以封疆大臣，于朕前奏提臣优劣而任性毁誉若此，其他尚可信乎？吴达善着传旨申饬，李勋折并着钞寄阅看。再舒赫德自甘肃回京时奏及该省首邑皋兰县有为上司代办铺设赏需及应付公事之项致有赔累等语。吴达善前任巡抚总督数年，何以并未筹办及此，亦未据实奏闻？可见该督不过奏对尚好，其于地方事务并不认真整理，嗣后务痛自湔洗，诸事实心妥办，以无负委任。若仍不知悛改，恐不能长受朕恩矣。至吴达善原系陕西驻防，其地即总督所统辖，尤当小心谨慎，毋任其家属恃符滋事。倘管束不严，致有过犯，朕惟于吴达善是问。着将此一并传谕知之。"（《清高宗实录》卷765）

（乾隆三十二年五月庚午）又谕曰："范时绶着放湖北巡抚。常钧不必赴喀什噶尔，即往哈喇沙尔更换范时绶来京，常钧即驻哈喇沙尔办事。"（《清高宗实录》卷784）

（乾隆三十五年六月癸未）谕军机大臣等："按察使秦鐄前在归州知州任内办理盗案，颇能得实，是以屡加擢用，荐至臬司。今来京陛见，看来系一拘谨自守之人。臬司为通省刑名总汇，恐伊才具不甚相宜。着传谕梁国治留心察看，如秦鐄办理竭蹶，不能胜任，即行据实奏闻，毋得少有瞻徇。"（《清高宗实录》卷862）

（乾隆四十年正月辛亥）谕："湖广提督李国柱陛见来京，于十二月二十四日召见，略询地方情形。因谕‘汝尚未至老迈，可仍回任’。语未毕，彼即奏请于新正初二日请训，仍告假扫墓。以其言不近理，顾而哂之，即令其出，俾其自知省悟。乃伊竟于昨早具折告假而去，可谓不知礼之甚者矣。外省提镇来京，每有召对时，经朕谕令回任，或有再三恳请多留数日者，虽未必尽出于中诚，然在臣子奉上之义，自应如此。今李国柱既请陛见入都，乃甫一召见辄思回任，且正值新年，凡朝觐至者均集于此，而该提督遽以回籍扫墓为请，太觉不识轻重。朕宵旰励精，办理庶务，从不稍輟时刻，或遇军报要件，即除夕元旦，何日不召见军机大臣，降旨筹办？并不因令节少嫌烦碎。至臣下乞假私情，且系拜扫之事，岂新岁所宜言？李国柱不过因在京多住一日，恐略添用度，遂尔急欲告假，冀图省费，竟置大体于不顾，所见实属猥琐。况伊在提督任亦非出色之员，即如楚兵在川省军营者，前据富德奏称衣履不全皆由楚省解送迟延所致，虽非李国柱专责，既为提督，则通省之兵何一非伊所辖，亦应向陈辉祖豫为商酌，以供接济，乃竟视同膜外。且此事朕尚未问及，彼乃急遽请回若此，尤属不合。李国柱着交部严加议处。”（《清高宗实录》卷974）

（乾隆四十一年二月己未）又谕：“据郝硕奏‘请于官兵凯旋后即来京请训，再赴浙江藩司新任’一折，不便准行。郝硕查办粮运，已阅二载有余，必有经手承办之事，此际大功告成，所有一应军需报销，正宜乘经办熟手未散之时，及早上紧赶办，庶不致舛错稽延。若遽各回本任，设有未经明晰之案，必须行文别省咨询，不但案牍纷繁，徒延时日，且恐督办大员远离该处，其下承办各员，妄恃无可查对，任意混开，于销算军需要务甚有关系。至浙江藩司现有徐恕署理，郝硕自可毋庸急于前往。且不独郝硕一人为然，即刘秉恬、富勒浑、鄂宝、颜希深等，均各有经手事件，现当赶办报销，亦不可即离川省。统俟将各人经办之事，查有头绪，造册交文绶、李湖查核，方可各自奏明起程请训，各赴本任，不必更候各案题达。昨于富勒浑调补湖广总督旨内，有俟大兵凯旋后即赴新任之语。楚督印务现有陈辉祖兼署，富勒浑亦俟将经手之案办毕，交文绶等核办，再赴新任，不必拘泥前旨也。可将此各传谕知之。”（《清高宗实录》卷1003）

（乾隆四十二年四月丁酉）谕军机大臣等：“前因彭理来京陛见时，看其年力已衰，不胜臬司之任，加恩降旨以京堂补用，自应在京静候。乃伊于该旗佐领处具呈，请将伊原典买价银四千四百余两之房产，缴抵分赔代赔银二万六千余两，并称此外别无房产，实系尽绝，并无丝毫隐匿，余俟补官日将俸银扣缴等情，所呈实属取巧。旗员追赔官项，自应遵照例限按期完纳，如果家产尽绝，力不能完，方准其由佐领族长取具结状，呈明都统查办。岂有分毫未经交纳，辄请将房屋缴抵之理？彭理久经外任，家产何以仅止此数？况闻彭理此次来京，不过随身行李，跟役亦止二三人，如此行径，尤非情理。是必伊于进京之先，豫为安置停妥，是以一闻留京，遂亟亟呈缴家产。向来汉军习气，多于外任私置产业，以为日后安享地步。彭理久任湖广、云南，岂不防虑及此？所有伊历官处所隐匿寄顿，或于直隶近京地方私置产业，谅所不免。着传谕周元理、李侍尧、裴宗锡、陈辉祖、敦福于彭理历任各属及近京州县，密访严查有无隐匿寄顿财产物件之处，逐一详查，据实复奏，毋稍徇纵，亦不得声张滋扰。”（《清高宗实录》卷1030）

（乾隆四十二年十二月癸卯）谕军机大臣曰：“湖南永州镇总兵李文英上年在山东行在召见，观其奏对，浮而不实，全染绿营汉军习气，恐于整饬营伍未必有益。昨三宝来京请训，曾令军机大臣转谕，该督于到任后，留心试看。今日据陈辉祖奏到分别湖广总兵等次单，将李文英列入三等，与朕所见相同，尚属公允……”（《清高宗实录》卷1046）

（乾隆四十四年五月乙酉）又谕：“向来端午节督抚等并无进贡之例，惟两江、闽、浙、湖广等省所进土贡，有在端节呈递者，如茶、扇、香葛之类，各因物土之宜，原所不禁，其余无土产省分并不随众同进。乃今岁各省督抚亦复一例呈献，殊为非理。现已谕令奏事处将山东、云南、贵州等省所进物件概行发还，不准呈览。并着传谕各省督抚，嗣后务遵向例，如有历年端节进献土物者，仍准照旧呈进，至向来并无土物进贡各省，不得踵事增华、另列端阳贡名目纷纷进献。”（《清高宗实录》卷1082）

（乾隆四十七年十二月己卯）又谕曰：“湖北宜昌镇总兵达齐来京陛见，朕观其龙钟衰迈，已降旨勒令休致矣。总兵有整饬营伍、训练兵丁之责，岂有任年老衰颓之人因循贻误？舒常自任总督，各镇皆其节制，乃并不据实参奏，殊属姑息。舒常着交部议处。”（《清高宗实录》卷1171）

（乾隆四十八年七月癸丑）又谕：“安徽学政着叶观国去，湖北学政着王懿修去，俱着于试差事竣即由该省前赴新任，不必来京请训。”（《清高宗实录》卷1185）

（乾隆四十八年十二月戊寅）又谕：“昨据舒常奏‘安南国赍进谢恩奏表，使臣黄仲政等于十一月十八日由水路经过长沙省城’等语，因令军机大臣查核历次该国使臣行走程途日期，约于明年闰三月内方可到京。彼时距回銮之期尚远，该使臣等未免守候需时，不若令其由湖北取道江西、安徽，前赴江宁祗候。于闰三月初旬驻跸江宁时，令其在彼就近瞻仰。该处为省城都会之地，且行宫宏敞，赐宴亦属妥便。着传谕姚成烈即遵照传知护送委员，并咨会沿途各督抚，于该使臣到境时，一体委员交替接护，并扣算程途，先期数日令其抵江宁省城，不必太早。该使臣等于江宁瞻觐后仍愿赴京贸易，再加恩俯从其便。将此由五百里发往并谕萨载知之。”（《清高宗实录》卷1195）

（乾隆四十九年正月己酉）谕军机大臣等：“姚成烈奏‘安南国使臣于二月初旬可出楚省之蕲州境，复自江西、安徽等省从容前进，务令于三月杪闰三月初间行抵江宁’等语。朕此次驻跸江宁，计在闰三月初十日，该使臣若于三月杪闰三月初间到彼祗候，途次未免匆迫。只须饬令伴送人员途次缓程行走，于闰三月初五六间行抵江宁省城，祗候瞻觐，更觉从容。着传谕姚成烈即遵照办理，并谕萨载知之。”（《清高宗实录》卷1197）

（乾隆五十一年五月丁巳）又谕：“昨因四德等查抄富勒浑家人殷士俊资财累万，富勒浑显有纵容照应情弊，已降旨将富勒浑革职，解赴浙江交阿桂等归案秉公审办矣……旋据孙士毅奏到富勒浑长随殷士俊等在外婪索招摇，富勒浑不能约束……是此案之败露，虽系孙士毅访查具奏，而其实始于舒常，继以穆腾额，并非孙士毅首先举发。孙士毅经朕降旨严切询问，焉敢复顾情面，不行据实直陈，以避举发之名，自取重戾乎？设此案先为孙士毅所举发，朕亦不肯即以原参之人畀以被参之缺，致起攻讦之风……且孙士毅承朕密谕，是以查参究办，原属秉公。所有两广总督员缺，即着孙士毅补授，仍兼署广东巡抚。今春孙士毅进京陛见时，曾面奏粤东水土潮溽，与病体非宜，情愿留京供职，屡次恳切乞恩。但现在乏人，孙士毅自当勉力任事，俟朕将来酌量得人时再行更调。其广东巡抚员缺着图萨布调补，李封着补授湖北巡抚，其苏州布政使员缺着长麟补授。特成额着来京陛见，其湖广总督印务，着图萨布留彼暂行署理，李封着即赴湖北新任……明谕中外知之。”（《清高宗实录》卷1254）

（乾隆五十二年三月辛卯）谕军机大臣曰：“湖北巡抚李封来京陛见，朕面询伊原籍地方雨水情形，据称闻得青州一带雨泽短缺，兼有未经种麦之处，现在正值麦苗长发之时，必须雨膏沾润，方资畅遂。今青州一带既经缺雨，并至麦苗不能一律栽种，是该处望泽甚殷，何以并未据该抚奏及？着传谕长麟即行详细确查。现在曾否续得雨泽之处，据实速奏。如果有种麦失时者，其应否酌筹接济之处，虽未届时，亦应留心酌办，毋使一夫失所。朕廑念民依，无时或释，该抚务须仰体朕意，毋得稍存讳饰，以副委任。”寻奏：“东省望雨甚殷，臣抵任后即设坛祈祷，无如久晴之后地土干燥，大田仍多未种。嗣于十七八、二十等日得雨不成分寸，臣恐粮价增长，商贩居奇。商同藩司将各属存库谷价银两，派员赴江南、河南一带收买杂粮，以备接济。”得旨：“览奏俱悉，京师亦如之，甚为惭闷。”（《清高宗实录》卷1277）

（乾隆五十二年三月甲午）谕军机大臣等：“昨据李封来京陛见，询以该处地方情形，据奏‘湖北吏治，甚为废弛。遇有地方事件，经督抚交办，属员疲玩成习，并不认真办理，一味延缓’等语。各省地方事务全在督抚实力整饬，随时董戒，俾属员有所畏惮，方能吏治肃清，诸务就理。今湖北省怠玩相沿，至属员不畏上司，事多阘茸，自系从前历任督抚因循日久、不加整饬所致，即舒常已不能辞其咎矣。李侍尧在彼尚能振作，今已调任闽浙，新授巡抚姜晟到任尚需时日，现在舒常兼署督抚两篆，务宜董率属员遇事认真督办，如有仍前懈弛不职者，即当据实严参惩治，庶积年玩愒习气日渐改观。若舒常于此时再不实心整理，则日甚一日，伊于何底？恐不能当其咎也。将此谕令知之。”（《清高宗实录》卷1277）

（乾隆五十三年七月乙亥）湖广总督舒常复奏：“缅甸贡使入觐，荆州积水既多，寓馆被淹，亦无宿处。现闻云贵折差多由常德、长沙、武昌一路出应山县，入河南境，不过略迟数日，请改由此路行走。”得旨：“是。”（《清高宗实录》卷1308）

（乾隆五十三年九月壬申）又谕：“据留京王大臣等奏，讯据广东驻京提塘陈奉乾供称‘谢廷扬系广东开元县人，于五十年挑补提塘，至本年八月期满。即于是月初十日与我交代告假，二十六日起身回籍。闻得他从河南及湖北樊城一路取道回去’等语……今谢廷扬既由河南、湖北一路回籍，着传谕沿途各督抚，即饬地方官严密截拿。于何处拿获，即

于该处遴委妥干员弁，小心管解，送交刑部收审，勿任远扬。”（《清高宗实录》卷1312）

（乾隆五十四年四月壬子）谕军机大臣等：“……着传谕梁肯堂，即将卫辉等府属曾否续经得雨之处，查明先行复奏。阿桂于磁州审案完竣，前赴荆州，自必经由河北，着将得雨未透之河北各属，于经过之便，亲身周历，查看该处是否缺雨、田禾能否长发、闾阎生计较前岁情形究竟若何之处，详悉查勘，切实复奏。谅阿桂久侍禁近，必能仰体朕念切民依之意，据实查奏，以慰仅注也。将此各传谕知之。”（《清高宗实录》卷1327）

（乾隆五十四年十二月壬戌）又谕曰：“福康安奏，豫筹明春阮光平入觐，沿途程站供顿各事宜，所办好。惟请于护送该国王过梅岭后，即先赴热河行在，未免太早。阮光平此次来京瞻觐，所带陪臣人等较多。自梅岭至南昌，由湖北、湖南一带进京，程站遥远，经历数省，仅令副将道员等护送照料，尚恐未周。福康安自应与该国王一同行走，至直隶保定府时，再行先来热河，亦不为迟……”（《清高宗实录》卷1344）

（乾隆五十五年二月癸丑）谕军机大臣等：“本日毕沅、惠龄奏到折内，俱以今秋为朕八旬万寿，中外臣民欢腾庆洽，恳请俯准入觐祝釐等语。该督抚同驻湖北省城，一切地方事务俱资督率办理，岂有并请入觐之理？可见该督抚所称依恋庆祝并非出于至诚，不过以一奏塞责，殊非敬事效忱之义。毕沅、惠龄俱着传旨严行申饬，并着传谕惠龄仍遵昨降谕旨，于八月初五日以前到京，毕沅不必再行吁恳，以致贻误地方公务也。”（《清高宗实录》卷1348）

（乾隆五十五年二月戊寅）谕军机大臣曰：“福康安奏到‘阮光平进关日期’一折，并将原禀及照会稿进呈，所办诸凡皆妥。据称‘阮光显等回国过粤时，曾言爱内地蟒袍华美，为生平所未见，在京购买数件，又于湖北汉口置买带回。今该国王复呈寄式样，请织交龙蟒袍以为朝宴之服。外藩羡慕中华黼黻，婉言声恳，自当遂其所请，赶办发往’等语，阮光平祗受藩封，倍加恭顺，祝釐请觐，比于内臣。因伊侄阮光显回国，见带回内地蟒袍华美，禀请制造朝宴之服，以为章身之用。但内地蟒袍料不可改作汉衣圆领也。如系该国王心慕华风，欲从天朝制度，虽属好事，但阅伊禀内有中州服色采章深所景慕之语，若许其更换衣冠，自所乐从，但所言未明，亦不可勉强也。该国王若果实有此意，朕必格外加恩，锡之章服，不但照亲王品级给予红宝石帽顶、四团龙褂，并当如阿哥服色赏给金黄蟒袍，用示优异。该国王闻之，自必倍加欣跃。朕意其国俗向沿汉制，衣服及蓄发断不可改，若两用之，实亦无妨。着福康安酌量情形，并将所寄制蟒袍式样进呈是否与天朝制度相仿。若该国王原无欲改章服之意，则阮光显所购内地蟒袍，亦难改造，谅不过羡慕华服耳……”（《清高宗实录》卷1349）

（乾隆五十五年三月）戊申，谕军机大臣等：“顷据福康安复奏‘阮光平寄来蟒袍式样系汉制圆领’一折，始悟从前错会所奏之误，总由福康安折内有该国王爱羡中华黼黻、阮光显已于湖北汉口置买蟒袍带回之语。朕披阅之下，因文会意，一时以为在汉口置买蟒袍断不能改圆领，自系该国王心慕华风，有到热河后随众更换中国衣冠并表其恭敬之意，是以降旨询问。殊不知与该国禀请情形互异，竟似有强其改换之事，则错矣。今细阅福康安奏折内有此时未便先行照会之语，自系亦知此事错误，不敢显言。福康安受朕深恩，委以边关要务。兹办理安南一事，见阮光平恳请入觐，边隅宁谧，未免心存高兴，所奏之折每每敷衍闲文，转昧本意。即如前折称‘欣慕中华黼黻，在汉口置买蟒袍’等语，试思汉制衣冠，并非本朝制度，只可称为圆领，何得谓之蟒袍，更何得谓之中华黼黻乎？此必系庸劣幕宾拟写折稿时随手填砌成文，福康安又不谙文义，未加检点，遽行入告，遂尔错误至此。思之殊增烦懑，似此劣幕，亦未便稍事姑容，着再速行传谕福康安，务将此旨并前次谕令同看之旨，不必稍露词色，总以无此事为善。若阮光平业经进关，福康安已于晤时言及，亦着将实在情形据实速奏，不可稍存欺饰。”（《清高宗实录》卷1351）

（乾隆五十五年六月癸丑）谕军机大臣曰：“福康安带领阮光平诣阙瞻觐祝釐，现在按程当已过江西，可入湖北境。计由武昌省城至京，约需二十四五日。今距七月十一日开宴之期尚有月余，途次略加趱行，七月初十以前总可抵热河。此间吏兵两部月选官，定于七月初十日带领引见。着传谕福康安带同阮光平按程计日，务于七月初八日令该国王赶赴热河，于初九日瞻觐。所有初十日山庄宫门引见，即可令阮光平随班瞻仰，俾得睹天朝班联整肃，文武引对，铨擢悉出亲裁，益深其敬畏悦服之忱也。”（《清高宗实录》卷1356）

（乾隆五十五年六月己未）又谕曰：“阮光平赴阙觐祝，陆路每站支给竟需用银四千两。岂于供应食物之外，复有折干银两，地方官及护送委员胥分其利乎？实不可解。此必系总办供应之员借以为名，任意花用，格外多费，希图从中沾润，故乐于张大其事，以为浮冒地步。外省地方官办差恶习往往如此，朕所深知。则此项银两，若非总办之员借端冒销，即系护送阮光平员弁沿途勒索，二者必居一于此。以福康安行程计算，此时已抵楚境，着毕沅于阮光平经过时，传到护送委员汤雄业、成林面询。每日每站沿途如此供应浩繁，系从何省而起，该员等断无不知之理。若已出湖北境，即着穆和蔺密加查访。总之，天朝抚驭中外，万国梯航，若沿途过于华丽，夸多斗靡，是有意耀富于阮光平，更非天朝体制。再所有一应供支若到热河骤减，则兴桓驻跸之地转不如外省之丰，殊为倒置。必须自湖广、河南、直隶各处逐渐递减，到热河后方能丰俭适中。毕沅等当告知汤雄业、成林，以江西一路原非外藩入觐正道，故供应向无一定章程，至湖广、河南、直隶三处，系南徼各国入贡通衢，一切俱有定制，不能逾格过优。此语不必晓谕阮光平，令委员告知可也……”

（《清高宗实录》卷1356）

（乾隆五十五年六月癸酉）又谕曰："福康安奏'六月十五日行抵湖北黄冈，十六日即可驰抵武昌，现在趱程行走'等语，并将阮光平恭谢敕封阮光缵为世子表文进呈。阮光平感激欢忭，实出至诚，披览之余，深堪嘉尚。前经传谕福康安于途次酌量情形，固不得任意濡缓，亦不必过于趱程，总在不误十四日筵宴之期。如途中实在不能行走迅速，仍遵前旨，或于初十日及十二三日赶到亦无不可。该藩瞻觐情殷，虽不惮于劳顿，然亦不可不示以体恤也。仍着福康安将沿途程站、一日可行若干里通盘核算，于何日可以赶到热河之处速行具奏。"（《清高宗实录》卷1357）

（乾隆五十五年七月丁酉）谕军机大臣曰："琅玕奏'据禀报，耆民王万春等六十名现交进京便员照料起程'等语。前恐各省耆民等情殷葵向，思欲远来效悃祝釐，此等年老之人正须颐养，跋涉辛勤，转非朕安老引年之意。特明降谕旨，令各督抚转饬地方官出示晓谕不必来京，琅玕自应遵照办理，乃以浙省耆民情词恳切，难以阻止，准其进京叩祝，殊不晓事。但该耆民等业已启程前来，此时亦不便令其中途转回，俟到京后查照向例，酌予恩赉。第恐附近京城各省督抚闻知离京较远之浙江老民尚准其进京庆祝，而江南、山东、直隶等省皆欲从而效尤，各处年老之人跋涉远来，未免长途劳顿，或因水土不服偶生疾病，岂体恤高年至意？况前次恩诏内，已令各省查明，赉以粟布银两，是耆民俱经溥被恩施。各督抚等务须仰体朕怀，不得因浙省耆民业已来京，辄思踵事。即老民等再三吁请，亦应将前降谕旨内优加体念之意谆切晓谕，断不可令其前来，徒滋劳顿。除就近传谕梁肯堂外，将此传谕江苏、安徽、江西、湖广、河南、山东、山西、陕西各督抚，并谕琅玕知之。"（《清高宗实录》卷1359）

（乾隆五十五年九月己亥）谕军机大臣曰："福康安奏'遵旨谕令阮

光平将黎维祁弟妹妻妾查访，护送进关。该藩恐黎维祇等心怀疑惧，匿而不出，恳请天朝告示晓谕，并虑跟随黎维祁进关之人未带家眷，一并探访，陆续赍送'等语。阮光平仰体朕意，计虑周到，实在可嘉之至……再披阅阮光垂呈伊父书信，知病已痊愈。而改封伊兄光缵为世子之命，光垂尚未闻知，婉恳代辞，立言亦颇得体。福康安于本月十四日已抵湖北应山县，距省城不远，与阮光平分路后自当遵照前旨，迅速驰回广州督缉洋面盗匪，以期速行就获……"《清高宗实录》卷1363)

(乾隆五十八年十月戊子)谕："四川省现在办理军需奏销，福康安本应即赴川省，督率查办。但本年金川土司年班入觐，伊等皆系随福康安带兵打仗之人，岁底到京时，由福康安带领瞻觐，更足以联情款而昭威重。福康安此时且无庸前赴川省，俟该土司等到京瞻觐，于新正筵宴事毕起程后，福康安再赴四川总督之任。其湖北巡抚未便久悬，惠龄于接奉此旨后，着即前赴湖北新任。伊系前岁冬间来京陛见，仅阅一载，此时毋庸再行来京请训。所有四川总督印务，即交孙士毅暂行署理，并将销算事宜一手经理，详细速办。孙士毅年逾七十，已实授大学士，本应即令来京供职，但伊前此办理粮饷事务不无迟误，且军需款项皆系孙士毅经手支发。今令留川数月查办奏销，以资熟手，孙士毅务宜逐款详查，核实销算，俾不致有浮冒，亦可将功补过。"(《清高宗实录》卷1439)

(乾隆五十九年七月乙巳)又谕："本日据留京王大臣奏，大学士嵇璜于本月十七日病故。现在汉大学士并无在阁办事之人。松筠于审案完竣，即当由荆州驰驿迅速赴藏。和琳俟松筠抵藏面行交代，并将应办事宜详悉告知后，即速加紧驰驿来京陛见，面聆训示，速行驰回四川新任，以便孙士毅迅速来京办理阁务……"(《清高宗实录》卷1457)

(乾隆六十年正月辛丑)谕军机大臣等："据毕沅奏谢恩折内称'东省距京甚近，俟玉德到任交卸后即趋赴阙廷'等语，毕沅甫于上年春间前来紫泉行在瞻觐，迄今未及一载，此时何必即行奏请陛见？况毕沅前在湖广总督任内，于邪教夺犯殴差一案安坐衙斋，查办迟缓废弛。因念其咎止失察，是以加恩仍授为湖广总督。该督惟当倍加奋勉，将地方事务认真整顿，即属伊报效出力。该督来京瞻觐，朕所训谕亦不出此，着传谕毕沅即赴新任，不必来京请训。”（《清高宗实录》卷1469）

（乾隆六十年五月）丁卯，谕：“现在户部左右满侍郎俱已出缺，惠龄家有老亲，着补授户部右侍郎，俾得就近奉侍，以示体恤。户部现无满洲侍郎，而钱法堂事务尤关紧要，惠龄接奉此旨，即将湖北巡抚印篆交与布政使汪新护理，即行迅速来京供职。”（《清高宗实录》卷1479）

（乾隆六十年五月）戊辰，谕：“安徽巡抚员缺着汪新补授，其湖北布政使员缺俟另行简放，并饬令速赴新任，以便汪新交代抚藩印篆，即赴安徽任事。苏凌阿俟汪新到任，交卸安徽巡抚印务后，仍即驻扎清江浦一带，兼署江苏巡抚印务，再令张诚基来京陛见。”（《清高宗实录》卷1479）

（乾隆六十年六月己酉）又谕曰：“苏凌阿奏‘七八月间秋汛吃紧，恳请暂缓接署苏州抚篆，仍令护抚张诚基带印前赴江宁办理乡试监临事宜，事竣再令交印赴京瞻觐’等语……但本日据惠龄奏‘湖北现在办理军需，汪新系属熟手，恳请暂留该处，俟大功告竣后再赴新任’等语，军需关系紧要，已降旨准令留楚办理。是汪新一时尚不能即赴安徽巡抚之任，该署督兼理上下江抚篆，势有难周。况现在前赴海口督拿盗匪，更属鞭长莫及。周樽虽屡经护抚，而人本老实，恐不足资倚恃。着传谕苏凌阿自行酌量，如能兼顾则已，否则于上下江所属三藩司内，酌量何人才具较为明练、足以护理抚篆之处，据实奏明。一面请旨，一面令其前往安省护理抚篆，庶于地方事务不致办理掣肘也。”（《清高宗实录》卷1481）

（乾隆六十年九月乙亥）谕军机大臣曰："成林奏'安南贡使进京谢恩，现在湖南虽有剿捕苗匪之事，但经过水路与该处相隔甚远，应令仍由广西全州乘船，顺水直至湖北汉口起旱'等语。昨据朱珪奏湖南现有军务，令该贡使由广西水路顺流经广东之肇庆、南韶等府，至江西沙井起旱，办理甚为妥协，已交军机大臣行知该督抚，并沿途即照朱珪所奏料理前进矣。今成林此奏又与朱珪互异，该贡使由湖南行走，虽所过之处距苗匪滋扰地方尚远，但该省现有军务，州县各官俱有承办粮运等事，势难兼顾。况即日大兵凯旋，又添贡使经过，亦恐沿途夫马不无拥挤，成林所奏实属不晓事体。且该抚折内，有'会同署督臣'之语，即朱珪前奏亦有'会同'字样，现在何以办理两歧？可见外省会衔之处尽属虚文，而成林所办尤为错误，着传旨严行申饬。据成林奏，该贡使于十月初旬方到广西省城，朱珪一面具奏，一面知会成林，自已改正遵办，谅不至谬执己见。着再传谕朱珪、成林，接奉此旨即照前奏，饬令派出之员伴送该贡使等，照朱珪前奏由广东、江西一路行走，于封篆前到京。但该贡使系由广西起程，恐成林回护此奏，始终固执己见，令由湖南行走，计此旨到时，该贡使尚未出粤西境界。着该抚等即飞饬前途，改道由广东、江西进京，不得再有歧误，致干咎戾。将此由六百里加紧谕令知之。"（《清高宗实录》卷1487）

（乾隆六十年十月乙酉）谕军机大臣等："据成林奏'安南贡使仍由广西、湖南、汉口取道入京'一折。前因朱珪奏湖南现有军务，令该贡使由广西水路顺流经广东之肇庆等府，至江西沙井起旱，办理甚为妥协，已交军机大臣行知该督抚沿途即照朱珪所奏料理，并将成林奏请由湖南一路行走之处饬令改正，无得谬执己见。今成林接到朱珪咨送会奏折稿，仍请由广西、湖南、汉口取道入京，自系尚未接奉前旨，此事究以朱珪所见为是。湖南各州县现俱有承办军务，刻下大功指日告蒇，大兵凯旋在即。若沿途又添贡使经过，需用人夫，不无壅滞。前据成林奏贡使于十月初旬方可到广西省城，若成林接奉前旨，遵照改正，固属妥协。设该贡使业由湖南一路行走，又不可拘泥退回，俾贡使闻知，转至不成事体。即照该抚所奏，由湖南至汉口取道入京亦可。成林不可错误于前，又复拘泥于后，若尚未由广西前进，仍遵前旨照朱珪所奏改由江西一路行走，无得再有歧误……”（《清高宗实录》卷1488）

（嘉庆五年三月辛巳）又谕：“楚省窜匪尚多，倭什布节次所奏未为确实。松筠现因患病，不能带兵截剿，奏请来京，业已准行。所有湖北剿贼之事，专交明亮督办。其防堵卡隘并拦截贼匪等事，交倭什布办理。明亮着加恩授为蓝翎侍卫领队大臣，楚省军务一切情形，俱着随时奏报，列衔在倭什布之前。”（《清仁宗实录》卷62）

（嘉庆十二年十一月庚子）吏部奏“湖北试用知府赵璠拿获行劫数次要犯，应否准其来京引见”一折。得旨：“赵璠系试用知府，分发湖北后尚未铨补实缺，若遽准送部引见，恐将来试用人员妄生冀幸，开便捷之门，于吏治殊有关系。赵璠着交该督抚遇缺尽先补用，毋庸送部引见。嗣后试用人员有似此拿获劫掠巨盗者，均着照此办理。”（《清仁宗实录》卷187）

（嘉庆十七年十一月辛未）又谕：“德文等奏‘据四川崇庆州十一岁女子佘西州以恳恩释赦伊父佘长安等情具禀，请旨遵办’一折。四川民人佘长安前因控告谭飞农等开赌私宰等事，审属虚诬，问拟军罪，发遣湖北，核其情罪，尚非常赦所不原。该犯到配已阅九年之久，现有父母年逾八旬无人侍养，今伊女年甫十一，痛念伊父远遣，祖父母暮年缺养，不远数千里匍匐来京申诉，其情甚为可悯。佘长安着加恩释放回籍。”（《清仁宗实录》卷263）

（道光二年二月乙酉）湖北提督阎俊烈以病乞解任。允之，命病痊来

京另候简用。（《清宣宗实录》卷29）

（道光六年七月壬辰）命湖北巡抚杨懋恬来京陛见，以湖广总督嵩孚兼署湖北巡抚。（《清宣宗实录》卷100）

（道光七年十月丁酉）谕军机大臣等："有人参奏江西学政福申有旧家人萧三勾通书吏幕友常川，在外招摇，无弊不作。每出棚考试，必先行头站，在赣州府属勒索供应，辱骂赣县知县，致该县负气告病，后经调处乃止……陈若霖、姚祖同现由湖北回京，无论行抵何处，沿途接奉此旨，即着带同司员驰驿前往江西，将原参情节秉公查办。如该学政实有废弛瞻徇情弊，即着据实严参，不许稍有含混。此案审办完竣后，陈若霖来京复命。姚祖同前已简放广东按察使，着即前赴新任，毋庸来京请训。将此谕令知之。"（《清宣宗实录》卷128）

（道光八年六月辛未）命湖北学政王赠芳来京，以京畿道御史贺熙龄提督湖北学政。（《清宣宗实录》卷137）

（道光九年四月乙丑）谕军机大臣等："朕闻湖北蕲水县人潘奇峰精通堪舆，现有应须相度之处，着杨健饬属传到潘奇峰，量给盘费，并派委妥员伴送来京。将此谕令知之。"（《清宣宗实录》卷155）

（道光九年七月丁巳）湖广总督嵩孚奏恳入觐。得旨："勤慎办公，务要振刷精神，诸事从实，不可日久怠生。暂缓陛见，下届再行奏请。"又奏："逆犯赵应陇潜逃未获，遵旨严密饬缉。"批："督缉必须认真，断不可扰及善良。"（《清宣宗实录》卷158）

（道光十三年三月癸未）谕军机大臣等："本日据荆州副都统善英奏'查阅营马短少一千四百九十四匹，询之协领等，佥称此项马匹每年总少一千匹。其马乾银两向充公用，该副都统查知积弊，具折入奏，应用印文，署将军那当阿不肯用印’等语。荆州驻防，设立营马本有定额，岂容稍为缺短？若如该副都统所奏，以额马有定之帑银为营员无名之滥用，如果属实，大干法纪，必应彻底查明，据实参奏。着派讷尔经额会同麟庆，传询协领都隆阿等十员，严切确查。每年查额马短少实数若干匹，其马乾银两借词充公究系何项动用，始自何时，该督等务当秉公详查，不得稍事颟顸瞻徇，致有不实不尽。并查明那当阿不肯用印是何意见，一并据实参奏。讷尔经额赴湖南阅伍计将竣事，麟庆由黔来京请觐，无论行抵何处，着即前赴荆州。俟讷尔经额到时，会同查办，事竣再行来京请训可也。清字折二件，着钞给阅看。将此各谕令知之。”（《清宣宗实录》卷 233）

（道光十七年四月戊辰）谕军机大臣等：“湖北提督罗思举来京陛见，屡经召对，言语尚觉明晰。惟年已七十有四，察其精力，迥不如前。现在各提镇内曾经出师之员较少，一时更换，实难得人。但念湖北营务攸关紧要，若精力稍有未充，即恐有废弛之处。着该督留心察看该提督于一切营务事宜精神能否照料周到，倘稍形衰颓，即着据实具奏，毋稍徇隐。将此谕令知之。”寻奏：“罗思举在楚已十二年，各营员咸称该提督训练有方，习劳不倦。地方军民，似皆无间。”报闻。（《清宣宗实录》卷 296）

（道光十八年九月）辛酉，命湖广总督林则徐来京陛见，以湖北巡抚伍长华兼署总督。（《清宣宗实录》卷 314）

（道光二十年十二月己卯）命湖北提督刘允孝来京陛见。（《清宣宗实录》卷 343）

（道光二十一年六月己亥）又谕：“讷尔经额奏‘酌量撤兵归伍’一

折。前因粤省夷船业已退出虎门，饬令该督将调防官兵酌量裁撤。兹据奏称‘直隶天津大沽海口等处，前共调兵六千七百余名，现将各口情形详加体察，拟留兵三千三百名防守外，其余三千四百余名请即裁撤归伍’等语，着照所议办理。所留兵丁，其大沽、北塘两处，仍着陈金绶、石生玉督饬管带，向荣亦仍驻山海关协同防守，余着酌留将备带领。该督仍随时体察情形，如可陆续裁撤，再行奏明，量为撤减。湖北提督刘允孝前经简派在津督同防范，现在各兵业已量加裁减，自可无庸久驻，着来京陛见，再回本任。”（《清宣宗实录》卷353）

（道光二十一年九月辛酉）命江西南赣镇总兵官长春……湖北施南协副将岱昌驰驿来京，听候召见。（《清宣宗实录》卷357）

（道光二十一年十月丁酉）兵部奏：“湖北施南协副将岱昌到京。”得旨：“明日召见，嗣后该镇将等到京，即令自行递牌，无庸另奏。”（《清宣宗实录》卷360）

（道光二十四年五月）癸未，谕军机大臣等：“现在湖北粮道邱煌有应行查询事件，着惠吉传旨即饬令该员迅速来京，听候传问。其督运事务，或即派总运之员接办，抑或另行派员办理之处，着惠吉一并具奏。将此谕令知之。”（《清宣宗实录》卷405）

（道光二十四年十月甲午）命湖北巡抚赵炳言来京陛见，以湖广总督裕泰兼署巡抚。（《清宣宗实录》卷410）

（道光三十年二月乙酉）湖广总督裕泰奏“吁恳节哀，并请入觐”。得旨：“尔但实心剿办，庶不负皇考重任之恩，俟军务告蒇，再行奏请可也。”（《清文宗实录》卷4）

（咸丰二年五月辛酉）谕内阁：“贵州古州镇总兵双福，着俟该省防堵事竣，再行前往湖北署理提督印务。博勒恭武仍俟双福到任后，来京陛见。”（《清文宗实录》卷61）

（咸丰三年二月癸卯）湖北布政使岳兴阿奏谢恩请觐。得旨：“着毋庸前来，速赴新任。目下楚省紧要，犹循例请陛见，殊属不晓事体。”（《清文宗实录》卷85）

（咸丰三年四月戊子）命荆州将军台湧来京陛见，以副都统官文护荆州将军。（《清文宗实录》卷91）

（咸丰三年七月己酉）又谕：“张亮基奏‘越南贡使请暂留荆州’等语，即着妥为安置，无任稍有疏失。一俟前途肃清，再为护送前进。”（《清文宗实录》卷99）

（咸丰三年八月己卯）谕军机大臣等：“吴文镕、吴振棫奏‘请免南掌国贡使入京’一折。南掌国贡使向由贵州、湖南、湖北、河南各省取道进京，惟现在粤匪未尽歼除，楚、豫一带尚有绕越行走之处，该贡使远道输诚，若仍令照例来京，转非所以示体恤。着该督抚传旨该国使臣等，此次毋庸来京，仍着优与犒赏，妥为护送，俾令先行回国。贡物象只，即着赏收，由该督抚派员送京。其应行颁赏该国长及正副使臣等银物，由该管衙门照办齐全，发交云南，派员赍送出关，转交祗领。既可遂其悃忱，并可免其跋涉，以示朕怀柔远人、曲加体恤之至意。吴文镕已有旨调任湖广总督，令其驰驿前往。罗饶典现已接任，着与吴振棫会同宣谕该国使臣可也。将此由五百里各谕令知之。”（《清文宗实录》卷102）

（咸丰三年十一月戊辰）谕军机大臣等：“罗绕典等奏‘缅甸国贡使入京，请变通办理’一折。朕念缅甸国王久列藩封，该贡使等远道输诚，具征忱悃。惟现在粤匪未尽歼除，该国贡使向由贵州、湖南、湖北取道进京，若令绕道行走，殊非所以示体恤。即着该督抚传旨该使臣等，此次无庸来京，仍优予犒赏。委员妥为护送，先行回国。贡物象只，即行赏收。一俟道路肃清，即由该督抚派员送京。其应行颁赏该国王及正副使臣等银物，仍由该衙门照办齐全，发交该省，派员赍送出关，转交祗领。如此量为变通，既无虞跋涉之劳，益足示怀柔之意。该督抚即将朕意宣谕该国使臣，遵照办理。将此由五百里谕令知之。”（《清文宗实录》卷113）

（咸丰十一年五月庚戌）湖广总督官文奏：“请俟军务稍松，再行入觐。”得旨：“即使军务稍松，尚有善后应办事宜。况楚省据江皖上游，亦难遽行入都。着统俟军务完竣，再行奏请。”（《清文宗实录》卷353）

（咸丰十一年九月）壬辰，谕内阁：“徐之铭奏‘请饬藩司到省清算交代’等语。丁忧云南布政使贾洪诏，署曲靖府任内，交代不清，曾经谕令赴省将经手未完事件交代清楚，再行回籍守制。乃已逾半年，尚未到省，以致历任各员交代，不能依限结报。着署湖北巡抚李续宜严饬该员速赴云南，会同核算清交，不准借词延缓。”（《清穆宗实录》卷4）

（咸丰十一年九月乙巳）命湖北按察使裕麟来京，以候补按察使阎敬铭为湖北按察使。（《清穆宗实录》卷5）

（同治元年二月）辛巳，谕内阁：“前直隶候补道王检心……记名湖北知府张建基、王璐、夏锡麒、文希范，着吏部迅速行知各该员原籍督抚，给咨调取，来京引见。以上各员如有在京者，并着该部查明，即行带领引见……各该员如有经手地方公事，一时未能起程，即着各该督抚查明该员年岁履历，先行具奏，候旨录用。”（《清穆宗实录》卷20）

（同治元年闰八月戊申）又谕："李续宜奏起程回籍日期并苗练退出城关情形一折。唐训方已由楚北启行，计日可抵安庆。李续宜务将地方情形及军务应办事宜详细告知，以便接办……"（《清穆宗实录》卷41）

（同治二年正月壬戌）又谕："……再，署湖北提督江长贵前经给假回籍，着该督即饬迅速驰赴直隶，听候简用。并着传谕该提督即日起程，不必俟假满再行北上……"（《清穆宗实录》卷55）

（同治四年三月）甲辰，谕军机大臣等："骆秉章奏'遵复鲍超回川募勇，所需经费，川省无款可筹'一折。昨据官文奏鲍超业已抵鄂，起程回川，现派员分赴北口、广东采买马匹洋枪等项，并回川募勇，需费甚巨。曾谕令骆秉章先行筹款拨济。兹览该督所奏'川省库款本属入不敷出，现在攻剿阶州月饷及此后尚须筹办滇黔之事，饷源既绌，出款愈多，鲍超募勇经费，专恃川省筹解，实属无款可筹'等语，自系实在情形。伊犁军事望援孔迫，鲍超一军自不能俟甘省肃清始行出关。该提督所部一万余人，将来甘肃稍松，尚可于在甘剿贼兵勇内就近分拨出关，骆秉章自可无庸再行拨兵助剿。其月饷业已于东征局筹画，谅官文等亦必能妥筹协济。惟该提督募勇经费及采买马匹洋枪等项，需费甚繁，骆秉章自当勉力筹济，以期及早成军，克日启行，解关外倒悬之厄。该督素顾大局，谅能不分畛域。着仍遵本月初八日寄谕，将鲍超一军所需军装器械及一应购买马匹之需，妥速筹款，俾利遄行……将此由五百里谕令知之。"（《清穆宗实录》卷132）

（同治十年九月）丁未，谕内阁："镶黄旗满洲奏'原任杭州将军瑞昌次子续承查有下落，现由湖北巡抚派员护送到旗'一折，续承着该旗带领引见。"（《清穆宗实录》卷320）

（同治十三年六月己卯）命前任陕甘总督杨岳斌、湖北巡抚曾国

荃……来京陛见。（《清穆宗实录》卷367）

（光绪元年七月戊午）又谕："李瀚章奏'请调凤阳府知府丁士彬赴滇差遣'等语。着裕禄速即遴员接署凤阳府篆，迅饬丁士彬附搭轮船赴鄂，即由鄂兼程赴滇，交李瀚章差遣委用。将此由四百里谕令知之。"现月 （《清德宗实录》卷14）

（光绪六年三月己卯）谕军机大臣等："鲍超奏调募旧部，请饬唐仁廉及霆庆二营调遣，并声明先事调募情由各折片。前谕丁宝桢传旨，令鲍超来京陛见，并未令其召募勇营。兹据该提督奏称'拟先行派员在四川、湖北、湖南召集旧部步队三十一营、马队十五营，并请饬拨饷银军火，以备应用'等语，览奏殊堪诧异。自来征调兵勇，必应遵旨而行。鲍超奉召入都，遽拟召募多营，大张声势，似此冒昧专擅，朝廷纪纲何在？姑念该提督平日带兵尚属勇往，免其置议，所请着不准行。即着该提督仍遵前旨，来京陛见。其所派在四川、湖广召勇各员，着李瀚章、丁宝桢、李明墀一体饬令停止，毋任轻举妄动，致骇听闻。将此由五百里谕知李瀚章、丁宝桢、李明墀并传谕鲍超知之。"现月 （《清德宗实录》卷111）

（光绪六年七月戊辰）又谕："刘坤一奏'查明精于医理之官绅，由驿复奏'一折。所有现在湖南原籍之前刑部尚书郑敦谨、在江苏原籍之前湖北巡抚潘霨，着刘坤一、李瀚章、吴元炳、李明墀催令该尚书等迅速来京。又署湖北盐法道程春藻，并着李瀚章、彭祖贤饬令该员克日进京。均由内务府大臣遵照前旨办理。将此由四百里各谕令知之。"现月 （《清德宗实录》卷115）

（光绪六年九月戊寅）湖南提督鲍超奏由鄂赴津启程日期。得旨："着俟抵津后，催令所部各营由轮船速赴洋河口卸载，该提督即行前往督

率，择要布置。仍遵前旨，毋庸来京请训。”折包 （《清德宗实录》卷119）

（光绪八年三月）戊子，谕内阁：“李鸿章奏‘母病日久未愈，请赏假省亲’一折，披览所奏，情词恳切，廑系殊深，不得不俯如所请。李鸿章着赏假一个月，前往湖北省亲，假满后迅即回任。并赏伊母人参八两，俾资调理……”现月 （《清德宗实录》卷144）

（光绪十三年三月癸巳）命湖广总督裕禄、长江水师湖南岳州镇总兵张捷书来京陛见。折包 （《清德宗实录》卷240）

（光绪十三年四月庚午）命裕禄来京陛见，以湖北巡抚奎斌兼署湖广总督。现月 （《清德宗实录》卷241）

（光绪十三年八月）戊申，谕军机大臣等：“河南郑州十堡漫口，前据李鸿章电信，必由沙河经陈州淮亳入洪泽湖，并有里下河亦可危等语。本日成孚奏，口门塌宽三百余丈，下游业已断流。是全溜入淮，已无疑义。黄河经流颍亳等处，向为匪徒出没之区，近来两湖地方时有会匪滋事，目前黄流横决，深恐游勇、土匪勾结为患，不可不豫筹防范。裕禄着即回湖广总督本任，曾国荃如已启程，无论行抵何处，着即迅速回任，暂缓来京陛见。该督等务将应办各事妥速筹办，以纾朝廷宵旰之廑。曾国荃着俟河工地方各事宜诸臻安谧，再行奏请陛见。将此由五百里各谕令知之。”现月 （《清德宗实录》卷246）

（光绪十五年十一月）庚申，湖广总督裕禄奏：“提督程文炳任满，例应请觐，惟值筹办赈务，恳准暂缓。”得旨：“程文炳着俟明春赈务完竣，即行来京陛见。”（《清德宗实录》卷277）

（光绪十五年十二月辛丑）调任察哈尔都统湖北巡抚奎斌奏请陛见。

得旨："着俟谭继洵到任后再行来京陛见。"（《清德宗实录》卷279）

（光绪十六年四月甲寅）命湖北提督程文炳来京陛见，以湖广总督张之洞兼署湖北提督。现月 （《清德宗实录》卷284）

（光绪二十年正月）丙申，谕内阁："朕钦奉慈禧端佑康颐昭豫庄诚寿恭钦献皇太后懿旨：'本年予六旬庆辰，各省文武大员情殷祝嘏。'业经降旨于各省将军、督抚、副都统、提镇、藩臬内，每省各酌派二三员，来京庆祝。兹派……荆州将军祥亨、湖北提督吴凤柱、布政使王之春……均着于十月初一日以前到京，恭候届期随同祝嘏。其未经派出各员，毋庸再行吁请。"现月 （《清德宗实录》卷333）

（光绪二十年七月乙未）又谕："电寄谭继洵，电奏已悉，具见勇往之忱。惟现在祥亨、吴凤柱、王之春均次第来京，湖北地方紧要，该抚着毋庸北上。"电寄 （《清德宗实录》卷345）

（光绪二十年九月癸未）命湖广总督张之洞来京陛见，以湖北巡抚谭继洵兼护湖广总督。电寄 （《清德宗实录》卷348）

（光绪二十年九月庚子）命前湖北提督程文炳来京陛见。电寄 （《清德宗实录》卷350）

（光绪二十年十月戊申）命两江总督刘坤一来京陛见，以湖广总督张之洞署两江总督，湖北巡抚谭继洵护理湖广总督。（《清德宗实录》卷351）

（光绪二十年十一月戊子）又谕："电寄王文韶，据电奏，十五日行抵武昌，着即取道清江，兼程来京陛见，勿稍迟延。"电寄 （《清德宗实录》卷354）

（光绪二十三年正月甲辰）命湖北巡抚谭继洵来京陛见，以湖广总督张之洞兼署湖北巡抚。电寄　（《清德宗实录》卷400）

（光绪二十四年闰三月乙卯）又谕："电寄张之洞，张之洞着即来京陛见，有面询事件。湖广总督着谭继洵暂行兼署。"电寄　（《清德宗实录》卷417）

（光绪二十四年五月己卯）又谕："电寄张之洞，前经谕令折回本任，俟沙市之案办竣再行来京。现在案虽就绪，惟湖北地方紧要，张之洞着即回任，毋庸来京陛见。"电寄　（《清德宗实录》卷420）

（光绪二十四年七月癸亥）又谕："电寄荣禄，员凤林着即销假，迅速前赴湖北藩司调任，毋庸来京请训。仍将启程日期，由荣禄查明电奏。"电寄　（《清德宗实录》卷424）

（光绪二十四年七月甲子）又谕："陈宝箴奏遵保人才，开单呈览各一折……湖北候补道徐家干、江苏候补道柯逢时、湖北试用道薛华培、候选道左孝同，以上各员在京者，着各该衙门传知该员，豫备召见。其余均由各该督抚饬知来京，一体豫备召见。"现月　（《清德宗实录》卷424）

（光绪二十四年八月丁亥）又谕："谭继洵奏'遵保使才'一折。在籍翰林院检讨宋育仁、湖北候补知府洪超，着各该督饬知该员等来京，豫备召见。"（《清德宗实录》卷426）

（光绪二十四年八月戊戌）又谕："裁缺湖北巡抚谭继洵，着毋庸来京，即行回籍。"外记注　（《清德宗实录》卷427）

（光绪二十五年三月壬申）以湖北布政使善联署理福州将军，命迅即来京陛见。现月 （《清德宗实录》卷441）

（光绪二十六年闰八月丁未）浙江学政文治奏："请移交学政印信，面商鄂督抚举兵勤王，否则奔赴行在，稍纾瞻恋。"得旨："览奏具见悃忱，毋庸前来行在。"折包 （《清德宗实录》卷470）

（光绪二十九年七月壬寅）召见湖北试用道宝丰。得旨："着仍留原省以道员补用，并交军机处存记。"（《清德宗实录》卷519）

（光绪二十九年九月甲辰）召见河南补用道桑宝。得旨："着发往湖北以道员补用，并交军机处存记。"（《清德宗实录》卷521）

（光绪三十年四月己未）命湖南巡抚赵尔巽来京陛见，以漕运总督陆元鼎署湖南巡抚，江苏巡抚恩寿署漕运总督，湖北巡抚端方署江苏巡抚，以湖广总督张之洞兼署湖北巡抚。现月 （《清德宗实录》卷529）

（光绪三十年六月甲子）又谕："电寄张之洞，电悉。刘光才着毋庸来京，准其留于湖南统领湖北新军，驻扎全州一带，扼要防截，相机迎剿。"电寄 （《清德宗实录》卷532）

（光绪三十三年七月辛卯）谕军机大臣等："电寄张之洞，有面询事件，着迅速来京陛见。湖广总督着李岷琛暂行护理。"电寄 （《清德宗实录》卷576）

（光绪三十三年七月丙申）湖广总督张之洞奏因病请假。得旨："着赏假二十日，假满着迅速来京。"折包 （《清德宗实录》卷576）

(光绪三十三年八月壬戌)准新授湖广总督赵尔巽来京陛见。折包(《清德宗实录》卷577)

(光绪三十四年四月己未)又谕:"电寄刘春霖,前经降旨来京陛见,计其行程,当抵湘鄂……并着陈夔龙、岑春蓂查明刘春霖行程,传知该员,无论行抵何处,迅即兼程折回滇边。至应取道何处暨应如何召集旧部,并着该员筹酌情形,由电奏闻,请旨遵行。"电寄 (《清德宗实录》卷589)

(光绪三十四年六月辛酉)又谕:"电寄陈夔龙,吕用宾现已到鄂,着陈夔龙饬令迅即来京。闻铁路被水冲阻,并由该督转饬铁路局设法运送。"电寄 (《清德宗实录》卷593)

(宣统元年十月辛卯)又谕:"电寄瑞澂,电奏悉,湖广地方重要,朝廷以该署督办事认真,简署斯任,所请收回成命之处着毋庸议,仍遵前旨迅速来京陛见。"(《宣统政纪》卷23)

(宣统二年正月甲子)又谕:"电寄瑞澂,据电奏'因病未痊,请开署缺'等语,瑞澂在上海就医,距湖北较近,着暂缓来京陛见,先行力疾赴任,俟病势大痊,再行请旨。"(《宣统政纪》卷30)

(宣统三年七月丙辰)谕军机大臣等:"电寄瑞澂。电奏'遵旨入觐'等语,瑞澂着来京陛见,湖广总督着王乃徵暂行护理。"(《宣统政纪》卷38)

(宣统三年八月丁巳)谕内阁:"湖广总督着袁世凯补授,并督办剿抚事宜。四川总督着岑春煊补授,并督办剿抚事宜,均着迅速赴任,毋庸来京陛见。该督等世受国恩,当此事机紧迫,自当力顾大局,勉任其难,毋得固辞,以副委任。俟袁世凯、岑春煊到任后,瑞澂、赵尔丰再

行交卸。”(《宣统政纪》卷61)

(宣统三年九月乙亥)谕内阁:“庆亲王奕劻等奏‘奉职无状,请立予罢斥’,载泽等奏‘国务重要,请另简贤能以符宪政而资治理’,邹嘉来等奏‘时局艰危,政务重要,请准辞职,以定国是而正人心’各一折,所奏甚是,均着照所请,庆亲王奕劻开去内阁总理大臣,大学士那桐、徐世昌开去协理大臣,镇国公载泽、邹嘉来等均各开去国务大臣。袁世凯着授为内阁总理大臣,该大臣现已前赴湖北督师,着将应办各事,略为布置,即行来京组织完全内阁,迅即筹画改良政治一切事宜。袁世凯未到京以前,此数日间仍着庆亲王奕劻等照旧任事。内阁组织未成以前,并仍着载泽等、邹嘉来等照常办事,均不得少有诿卸。”(《宣统政纪》卷63)

(宣统三年九月乙亥)命前两江总督魏光焘为湖广总督,迅即赴任,毋庸来京陛见。(《宣统政纪》卷63)

(宣统三年九月丙子)又谕:“电寄袁世凯,袁世凯现已授内阁总理大臣,应即迅速来京。湖北一带陆海各军、长江水师,已有旨仍归该大臣节制调遣。惟现时江南各省一切陆海军务情形及调遣剿抚事宜,该大臣作何办法,即行密电奏闻,以慰朕念。”(《宣统政纪》卷63)

(宣统三年九月丙子)命袁世凯迅速来京,湖广总督魏光焘未到任前,以前署江北提督王士珍署理。(《宣统政纪》卷63)

(宣统三年九月庚辰)又谕:“电寄袁世凯,据电奏‘筹商武昌、汉阳各情形’等语,前据该大臣奏,已饬令各军停进,一面出示晓谕招抚,并向武昌宣布德意,劝谕解散,自应扼要防守,观其动静。现在事机危迫,一切事宜均俟该大臣到京筹商,刻不容缓。即着迅速起程来京,所有前敌事宜,着先交署湖广总督王士珍接办。”(《宣统政纪》卷63)

（宣统三年九月戊子）又谕："自武昌事起，各省纷扰，大局岌岌，实为全国存亡所关。朝廷胞与为怀，不设成心，亟应征集国民意见，共谋扶危定倾之策。着各督抚传谕各该省士绅，每省迅速公举素有名望、通晓政治、富于经验、足为全省代表者三五人，克期来京，公同会议，以定国是，而奠民生。"（《宣统政纪》卷64）

11. 上奏建言

（顺治六年八月）甲辰，户科给事中常若柱劾奏："闯贼伪丞相牛金星，从闯为贼，弑君残民，抗拒王师，力尽始逃，是王法所不宥者。伊子铨同父为贼，今冒滥作官，据湖北巡按王守履疏劾赃私巨万，论罪当死。且金星父子罪在万世，诛其人，籍其家，实为古今公义。请立正国法以快人心。"疏入，得旨："流贼伪官真心投诚者，多能效力，常若柱此奏殊不合理，着议处。牛铨贪赃事情着照律拟奏。"（《清世祖实录》卷45）

（康熙六年十月壬申）湖广道御史萧震疏请行耕耤礼，命候旨行。（《清圣祖实录》卷24）

（康熙二十年十二月）戊子，湖广道御史何嘉祐疏言："天下荡平，皆赖皇上一人功德所致，请加上两宫徽号以广圣孝，上皇上尊号以彰功德。"上谕大学士等曰："加上太皇太后、皇太后徽号，前已有旨。但奏称天下荡平皆朕一人功德所致，则彷徨靡宁耳。前议撤三藩时，令议政王大臣等会议，言不可撤者甚多，言宜撤者甚少，朕决意撤回，乃吴三桂背叛，各处驿骚，兵民困苦。今蒙天地鸿庥，祖宗福庇，数年之内，幸得歼灭贼寇。若再延数年，兵损民困，则朕决意迁撤之举，何以自解耶？此奏无益。"（《清圣祖实录》卷99）

（康熙四十六年十一月）癸亥，吏部议复："偏沅巡抚赵申乔疏言，全楚延袤数千里，中隔洞庭大湖，路途既遥，风波复险，恳将候选候补教职之恩拔岁副贡生，籍系湖北者，则选湖北之缺，籍系湖南者，则选湖南之缺。应如所题。"从之。（《清圣祖实录》卷231）

（康熙五十五年十二月丁亥）吏部议复："尚书富宁安疏言，兵饷钱粮，事务甚繁，见在官员不足办理，请拣选贤能官员前来肃州，以便调用。应将陕西邻近之河南、山西、湖北等处各拣选五员发往。"得旨："将八旗汉军丁忧候补道员以下、知县以上官员，九卿拣选三十员发往富宁安处，遇缺题请补授。"（《清圣祖实录》卷270）

（康熙五十七年十一月）戊戌，谕大学士等："朕从前屡谕诸臣及科道官员，各省有应行奏闻事件，随闻随即缮折具奏，非令其纠参，不过欲知之早耳。朕虽闻之，亦不即声明，或未详确，亦不即治罪也。即如去年河南凶犯亢珽等扰害地方，妄行不法，朕他有所闻，即特颁谕旨，遣大臣拿获审结……近日湖广地方有奸宄之徒捏造妖言，煽惑愚民，放火劫掠，曾经总督满丕奏闻，朕即谕令审结。此皆因朕闻知，方传旨遣人，如无所闻，何由降旨料理耶？……嗣后九卿大臣、科道官员，凡有关地方事务及官员贤否，有闻即缮折其奏，若所闻未确，不妨即以所闻未确之处一并声明，可传谕九卿。"（《清圣祖实录》卷282）

（乾隆二年十一月癸未）湖广总督宗室德沛奏："由兰州赴任，途次见闻陕西凿井灌田情形，于民无益。又河南叶县等处，汝水泛溢，应将河身挑挖使深等因。"得旨："如此不分此疆彼界，惟以地方为念，而不避嫌疑，始为封疆大臣之度。朕甚嘉悦览之，待分别情形办理。"（《清高宗实录》卷57）

（乾隆二年十一月癸未）湖北巡抚张楷奏楚省现办事宜。得旨："知

道了，一切政事，须还朕一实字。”（《清高宗实录》卷57）

（乾隆二年十二月癸丑）湖北巡抚张楷奏办理地方情形。得旨：“知道了，汝等和衷办事甚好，但朋友尚有相劝相规之谊，况同寅乎？君子和而不同，汝等共勉之。”（《清高宗实录》卷59）

（乾隆三年五月辛巳）湖广总督镇国将军宗室德沛奏：“臣年五十，尚无子嗣，请以兄子恒质承继为子，并请随任。”得旨：“汝年甫五十，尚可望有子，况宗室亦无遣出随任之理，此事或再俟一二年，汝再行请旨。”（《清高宗实录》卷69）

（乾隆十一年四月乙未）湖广宜昌镇总兵陈纶奏：“臣原籍宜昌孙家溪，臣祖世良遭明季之乱，率臣父所学奔逃散失，臣父幸为同姓抚养，侨居武昌，因而隶籍江夏。兹臣补授宜昌镇总兵，公事之暇访之故老，于孙家溪之龙潭坪荆莽中得臣先世茔墓，得展诚敬，实皆圣恩高厚、锡类深仁之所赐。”得旨：“此亦汝孝念精诚所感，知道了。”（《清高宗实录》卷265）

（乾隆十六年二月乙酉）吏部等部议准湖北布政使严瑞龙奏称，文武大员缘事降革者，原案向不行知本省。中有邀恩可量才降补者，遇部查奏时，督抚接咨，必通行各属，令本员自行开送，辗转稽迟。嗣后应令吏兵二部，凡文武降革大员，奉旨后将案钞行督抚并转行地方官存案。从之。（《清高宗实录》卷383）

（乾隆三十年九月）癸未，户部议复：“湖北布政使三宝奏称‘官员遇有参罚，应降罚俸银者，系将逐年编俸扣抵，至浮罚之俸，听其自完。惟是食俸虽有定数，而外省因地粮摊荒扣除，以致支俸数目多寡不一。如遇升调他省，前任罚项照原省定数完交，上司无从核实。至该员自完

之数，更恐难凭。嗣后请凡前任罚项，均照现任编俸银数完缴’，应如所奏。”从之。（《清高宗实录》卷744）

（乾隆三十一年六月甲子）吏部议准湖北布政使三宝奏称，举人应选正途，惟知县一项，缺少人多。现奉定例，各省县缺，不准同知、通判、知州借补。请将已经借补者，无论原衔系候补、试用，遇本项缺出，俱按衔改补。再，改补人员，寻常参罚案件多寡，俱可通融调补。如参展之案有关降革离任处分者，不准改补。从之。（《清高宗实录》卷763）

（乾隆三十七年二月辛巳）刑部议复：“湖北巡抚陈辉祖奏称‘烟瘴省分，惟云、贵、两广，所属又不尽烟瘴。例遣军犯，若循烟瘴之名，尽发该四省，恐匪徒日积滋事。请仍循旧例以极边四千里为限，匀发各省，刺明改遣字样，到配派当苦差，以别常犯’。查发遣军犯，旧例极边烟瘴俱发四千里，如无烟瘴地方，即以极边为烟瘴。乾隆三十二年，经兵部以定里数，改发极边，与烟瘴罪名未协，奏明停止。但拘泥罪名，令匪徒群聚四省，亦觉可虞。请嗣后将从前新疆款内改发烟瘴人犯，照旧发遣，面刺改遣字。其本例应发烟瘴，及名例内改发烟瘴人犯，均以极边四千里，按表内省分酌发充当苦差，面刺烟瘴改发字。脱逃，照烟瘴人犯脱逃例治罪。”从之。（《清高宗实录》卷903）

（乾隆三十八年十一月甲申）署四川总督湖广总督文绶奏各属十月、十一月先后得雪各情形。得旨：“知道了。在内地为瑞，正恐番地雪多阻格矣。”（《清高宗实录》卷947）

（乾隆四十九年三月戊申）吏部等部议复：“调任湖广总督舒常奏称‘湖南巴陵县，当长江、洞庭湖交会之冲。所管湖面，向有塘汛保甲稽查。所管江岸，西至荆河脑，东至城陵矶为止，下至荷叶洲九十里。西岸隶湖北监利县，东岸隶湖南临湘县，水面则均系巴陵管辖。此一带观音洲、白螺矶、象骨港、道人矶等处，商船停泊，匪徒撬窃，巡缉难周，请将该处水面于江心分界，西归监利，东归临湘，各设卡派兵巡查’，应如所奏。”从之。（《清高宗实录》卷1201）

（同治七年八月壬子）又谕：“李鸿章奏‘请将在营出力之京员量予超擢’等语，据称刑部候补主事倪文蔚，前在湖北随同官文出省防剿，嗣经李鸿章调赴军营，始终兵事，未进一阶，颇为廉让可风。倪文蔚着加恩以该部郎中遇缺即补。”（《清穆宗实录》卷240）

（同治八年正月壬寅）湖广总督李鸿章奏：“提督王远和呈请归宗复姓为宋远和，提督李常付请更名常孚，总兵官谢世彩更名诗才，王得胜更名孝祺。”下部知之。（《清穆宗实录》卷251）

（光绪五年十二月）壬戌，钦奉慈安端裕康庆昭和庄敬皇太后、慈禧端佑康颐昭豫庄诚皇太后懿旨，据内阁代递中书王保建、翰林院代递编修刘宗标所奏暨湖北提督郭松林所奏各一折，着交会议之王大臣等一并议奏。洋务　（《清德宗实录》卷106）

（光绪二十八年三月癸亥）广西提督调补湖北提督苏元春奏：“龙州铁路官局开办已越数年，现将交卸提篆，请交巡抚接办。”得旨：“该提督现已回防，着即认真整顿，妥为经理。”随手　（《清德宗实录》卷497）

（光绪三十三年六月癸未）湖北按察使梁鼎芬奏：“请明诏化除满汉界限，并饬内外臣工各抒所见，以备采择。”下会议政务处知之。折包（《清德宗实录》卷575）

12. 告诫晓谕

（顺治元年十月）戊寅，檄谕河南、南京、浙江、江西、湖广等处文武官员、军民人等曰："尔南方诸臣，当明国崇祯皇帝遭流贼之难，陵阙焚毁，国破家亡，不遣一兵，不发一矢，如鼠藏穴，其罪一。及我兵进剿，流贼西奔，尔南方尚未知京师确信，又无遗诏，擅立福王，其罪二。流贼为尔大仇，不思征讨，而诸将各自拥众，扰害良民，自生反侧，以启兵端，其罪三。惟此三罪，天下所共愤，王法所不赦。用是恭承天命，爰整六师，问罪征讨。凡各处文武官员率先以城池地方投顺者，论功大小，各升一级。抗命不服者，本身受戮，妻子为俘。若福王悔悟前非，自投军前，当释其前罪，与明国诸王一体优待。其福王亲信诸臣早知改过归诚，亦论功次大小，仍与禄养。檄到之处，民人无得惊惶，农商照常安业。特兹晓谕，咸使闻知。"（《清世祖实录》卷 10）

（顺治二年六月）己卯，以南京平定，颁赦河南、江北、江南等处诏曰："光岳合而泰阶平，南北一而兵戈息，粤稽往古，靡不同符。本朝立国有年，幅员既广，醇朴为治，无意并兼。向来疆场构兵，本欲言归于好，不期寇凶极祸，明运永终。于是整旅入关，代为雪耻。犹以贼渠未殄，不遑起居，随命二王，誓师西讨。而南中乘衅立君，妄僭尊号，罔念国恤，亟行乱政，重困人民，负四海不义之名，阻东南向化之路。朕用是夙夜祗惧，思救茕黎，西贼既摧，旋命南伐。上托祖宗之休烈，下借叔父之成谟……朕念峻命之不易，悼斯民之孔艰，深切恫瘝，宜矜诖误，特弘大赉，嘉与维新。所有河南、江北、江南等处地方合行恩例，具列于后。一、自顺治二年六月初一日昧爽以前，河南、江北、江南等处地方官吏军民人等犯罪，无论轻重大小，已发觉、未发觉，已结正、未结正，咸赦除之。有以赦前事相讦告者，以其罪罪之。一、河南、江北、江南等处人丁地亩钱粮，及关津税银、各运司盐课，自顺治二年六月初一日起，俱照前朝会计录原额征解。官吏加耗重收或分外科敛者，治以重罪。凡各派辽饷、剿饷、练饷、召买等项，永行蠲免。即正项钱粮以前拖欠在民者，亦尽行蠲免。一、大军经过地方免正粮一半，归顺地方、不系大军经过者免三分之一，自顺治二年六月初一日起，至本年十二月三十日止。一、大军克取西安，收复中原，平定江南，文武各官运筹决胜，汗马著功，并行间兵士，俱着该部通行察叙，以凭封赏。一、官吏贪赃，最为民害，自本年六月初一日以后，各抚按司道及府州县镇协营路军卫等官，并书吏、班皂、通事、拨什库、粮长、十季夜不收等役，但有枉法受赃及逼取民财者，俱计赃论罪，重者处死……一、河南、江北、江南等处并南京文武官绅及前朝勋臣，倡先慕义投诚归顺者，该部通行察叙，具奏定夺，仍许赴京朝见，验其才品，酌量推用。一、归顺地方，前朝建言降谪诸臣，果系持论公平、有裨治理者，吏部具奏召用。其横被诬害、公论称冤、曾经荐举、不系贪酷犯赃者，并与昭雪录用……一、各地方势豪人等、受人投献产业人口及诈骗财物者，许自首免罪，各还原主。如被人告发，不在赦例，追还原主……一、河南、江北、江南等处明季旧官及军民人等，近因大军经行仓皇逃避，父母妻子一旦生离，如有求聚来归者，并无罪责，仍令完聚……一、国家遇明朝子孙素从优厚，如晋德两藩皆待以殊礼，恩赡有加。今江西益、淮等府，湖广惠、桂等府，四川蜀府，广西靖江府各王果能审知天命，奉表来归，当一体优待，作宾吾家……一、河南及大江南北避兵人民，团结山寨，诏书到日并听各还本业，赦出前罪……一、各巡按御史以察吏安民为职，须虚心体访，博采公评，察其操守，咨其议论，核其出纳，阅其判决。务使贤否不淆，纠举允当。不许但凭开报及听信绅衿把持，致拂民情，自贻愆咎……”（《清世祖实录》卷 17）

（康熙十三年正月乙亥）上御太和殿，遣宁南靖寇大将军多罗顺承郡王勒尔锦帅师之湖广……赐之敕印。谕之曰：“行军之道，惟得民心为要，所过宜厚加抚恤，严禁侵掠，诚能无犯秋毫，则百姓安矣。至官兵暴露良苦，亦宜拊循，其进止处所，谨设斥堠，善自周防，勿懈也。南方卑湿，念吾军士远役，或不习水土，猝有疾病，可致良医，以药饵调治之。其有劳绩者，即向所司支给赏赉，勿致逾时。”谕毕，上诣堂子行礼，祭旗纛。还，出西长安门送之行，命王以下、副都统以上俱乘马驰而过，复遣内大臣，礼部、兵部大臣饯于郊外。(《清圣祖实录》卷45)

(康熙十三年二月癸亥) 谕兵部："江西一省，东接福建，南界广东，西通湖广，为三省要地……"(《清圣祖实录》卷46)

(康熙二十年十二月己亥) 上御太和门，王以下文武各官上表行庆贺礼，颁诏天下，诏曰："朕缵承丕绪，统御寰区，仰惟天地眷祐之庥，祖宗付托之重，圣祖母太皇太后慈训之殷，蚤夜孜孜，勤求化理，期于兵革寝息，海宇乂安。不意逆贼吴三桂负国深恩，倡为变乱，阴结奸党，同恶相援，抗违诏令，窃据疆土。滇、黔、闽、浙、楚、蜀、关、陇、两粤、豫章之间，所在驿骚，肆骋痡毒。吴三桂僭称伪号，逆焰弥滋，负罪尤甚。朕恭行天讨，分命六师，剿抚并施，德威互济……念自变乱以来，军民荼苦，如在水火，披坚执锐，卒岁靡宁，行赍居送，千里相望。被兵之地，既罹于锋刃。供亿之众，复困于征输。朕悯恤民艰，不忍辄加额赋，间施权宜之令，用济征缮之需，意在除残，事非获已。而身处宫寝之内，外廑闾阎之依，中夜屡兴，旰食不暇，惄焉思治，八载于兹。今群逆削平，疆圉底定，悉剪历年之蟊贼，永消异日之隐忧。用是荡涤烦苛，维新庶政，大沛宽和之泽，冀臻熙皞之风……诞告天下，咸使闻知。"(《清圣祖实录》卷99)

(康熙二十二年七月戊午) 谕荆州将军噶尔汉，副都统郗佛、阿际礼曰："朕以荆州地方极其紧要，故特戍兵镇守。尔等至彼，务令兵民相安，方称委任。荆州自兵燹以后，地方残坏，民生困苦，曩时尔等亲历其地，必知其详，自将领以至兵丁，宜严行禁饬，凡市肆要地，毋得侵占。至秋成之后，尔等可亲率兵丁，不时操练，务期队伍整肃，纪律严明，毋得借端扰害百姓。凡尔等举动，皆为兵丁之表率，其所行若正，不独官兵有益，即地方亦受其福矣。近见西安官兵尚有满洲旧制，杭州驻防满兵渐习汉俗，此等情事皆责在尔等，可勉力图之。至于尔等乘往船只，皆系云南、广西回京官兵所坐之船。其船夫劳苦已极，尔等最宜体恤，勿加凌辱。闻船夫受兵丁凌辱不堪，皆弃船逃遁，深为可悯。尔等所宜切戒。”（《清圣祖实录》卷111）

（康熙二十五年二月）丁未，谕吏部、兵部：“我国家扫除逆孽，平定遐荒……封疆大吏，自宜宣布德意，动其畏怀，俾习俗渐驯，无相侵害，庶治化孚于远迩。近见云南、贵州、广西、四川、湖广等处督抚提镇各官，不惟不善加抚绥，更尔恣行苛虐，利其土产珍奇，资藏饶裕，辄图入己。悉索未遂，因之起衅，职为厉阶。蠢尔有苗，激成抗拒，即擅杀一二，谎称累百盈千。始黩货以生端，既邀功而逞志，藐玩因循，殊负委任。朕思土司苗蛮授官输赋，悉归王化，有何杌陧，互相格斗，无有宁居。嗣后作何立法，务令该地方督抚提镇等官洗心易虑，痛改前辙，推示诚信，化导安辑，各循土俗，乐业遂生。亦令苗民恪遵约束，不致侵扰内地居民，以副朕抚驭遐方至意。着九卿、詹事、科、道会同逐一详议具奏。”（《清圣祖实录》卷124）

（康熙二十七年七月癸巳）敕谕湖广巡抚丁思孔曰：“楚省督标裁兵煽乱，无知兵民或被迫胁，或为招诱，一时仓猝入其伙党。官兵一到，若不分别加诛，朕心深为不忍，应速行开示。此等乱兵，原系食粮营卒，各有室家，均属朝廷赤子。乃为一二倡乱奸徒煽惑，自新无路，情属可悯。今特开一面以广好生，如有悔罪投归，即行免罪，仍准安插，务令得所。果能将倡乱贼首擒献军前，或杀贼来归者，仍与论功叙录。毋得心怀疑畏，自失事机，致罹大法。尔奉敕谕，即刊刻告示，通行晓谕，务令翻然悔悟，争先投首，早平鼓噪伙党，奠安民生，副朕宽大矜全至

意。”（《清圣祖实录》卷136）

（雍正四年十二月癸未）谕署湖广总督福敏：“朕原命尔暂署督篆，俟宜兆熊一到，交代即还。昨宜兆熊来京陛见，看伊精神力量，甚觉勉强。楚督节制两省文武，任巨事繁，统辖匪易。且又不识一字，但其操守尚优，而心术亦正，蔼然有忠君爱国之诚，为可取耳。朕兹令伊督理直隶事务，以试观可否。两湖重寄，一时不得其人，故欲将尔多留一两年以经画之，尔其从容次第料理可也。一两年之语，系朕约略言之，若一得人，即命往替，令尔旋都。不必亟思赴阙，致乱心曲。近日廊庙中颇乏卿贰满臣，皇子左右亦需尔来辅翊。留尔在楚乃出于不得已也，宜仰体朕意，勉力为之。”（《清世宗实录》卷51）

（雍正五年三月）庚寅，谕内阁：“自古帝王致治诚民，莫不以重农为先务……朕闻江南、江西、湖广、粤东数省有一岁再熟之稻，风土如此，而仍至于乏食者，是地土之力有余而播植之功不足，岂非小民习于怠惰，而有司之化导者有未至邪？或者曰，米谷太多，则价贱而难于粜卖，昔人有谷贱伤农之说，谚语所谓熟荒者。此则不必过虑，假若小民勤于耕作，收获丰盈，至于价贱而难于出粜，朕必多发官价以籴买之，使重农务本之良民获利而有余资也。朕生平爱惜米谷，每食之时，虽颗粒不肯抛弃，以朕玉食万方，岂虑天庾之不给？而所以如此撙节爱惜者，实出于天性自然之敬慎，并不由于勉强。且以米谷乃上天所赐以生养万民者，朕为天下生民主，惟有敬谨宝重，仰冀天心默佑，雨旸时若，岁获有秋，俾小民家有盖藏，人歌乐土。朕既为亿万生民计，不敢轻忽天贶，尔等绅衿百姓独不自为一身一家之计乎？朝夕生养之需，既受上天之赐，若果加意爱惜，随时撙节，则天必频加锡赉，长享盈宁之福。若恣情纵欲，暴殄天物，则必上干天怒，不蒙眷赉，而水旱灾祲之事，皆所不免，其理岂或爽哉？……朕所以惓惓训谕者，惟期天下之人专务本业，以杜浮靡，爱惜物力，以图久远，共体朕敬迓天庥、勤恤民隐之意，则尔等家室必益至于丰饶，尔等子孙必永绵其福泽。思之，思之，毋忽朕言。着将此晓谕内外官民人等，并通行远乡僻壤，咸使闻知。”（《清世宗实录》卷54）

（雍正七年九月）癸未，谕诸王、文武大臣等：“自古帝王之有天下，莫不由怀保万民，恩加四海，膺上天之眷命，协亿兆之欢心，用能统一寰区，垂庥奕世。盖生民之道，惟有德者可为天下君，此天下一家，万物一体，自古迄今，万世不易之常经。非寻常之类聚群分、乡曲疆域之私衷浅见，所可妄为同异者也。《书》曰：皇天无亲，惟德是辅。盖德足以君天下，则天锡佑之以为天下君，未闻不以德为感孚而第择其为何地之人而辅之之理。又曰：抚我则后，虐我则仇。此民心向背之至情，未闻亿兆之归心，有不论德而但择地之理。又曰：顺天者昌，逆天者亡。惟有德者乃能顺天之所与，又岂因何地之人而有所区别乎？我国家肇基东土，列圣相承，保乂万邦，天心笃祐，德教宏敷，恩施遐畅，登生民于衽席，遍中外而尊亲者，百年于兹矣。夫我朝既仰承天命，为中外臣民之主，则所以蒙抚绥爱育者，何得以华夷而有殊视……至于极尽狂吠之音，竟敢指天地为昏暗。岂皇皇上天，鉴观有赫，转不如逆贼等之智识乎？且自古中国一统之世，幅员不能广远，其中有不向化者，则斥之为夷狄，如三代以上之有苗、荆楚、猃狁，即今湖南、湖北、山西之地也。在今日而目为夷狄可乎？至于汉唐宋全盛之时，北狄、西戎世为边患，从未能臣服而有其地，是以有此疆彼界之分。自我朝入主中土，君临天下，并蒙古极边诸部落，俱归版图，是中国之疆土开拓广远，乃中国臣民之大幸，何得尚有华夷中外之分论哉？从来为君上之道，当视民如赤子，为臣下之道，当奉君如父母。我朝之为君，实尽父母斯民之道，殚诚求保赤之心。而逆贼尚忍肆为讪谤，生疾怨而行其忤逆乎？……夫以天下国家之巩固，岂乌合鼠窃之辈所能轻言动摇？即当世运式微之时，其首乱之人，历观史册，从无有一人能成大事者。如秦末之陈涉、项梁、张耳、陈馀等，以至元末之刘福通、韩林儿、陈友谅、张士诚等，虽一时跳梁，究竟旋为灰烬。而唐宋中叶之时，其草窃之辈接踵叠迹，亦同归于尽。总之此等奸民，不知君臣之大义，不识天命之眷怀，徒自取诛戮，为万古之罪人而已。夫人之所以为人而异于禽兽者，以有此伦常之理也。故五伦谓之人伦，是阙一则不可谓之人矣。君臣居五伦之首，天下有无君之人，而尚可谓之人乎？人而怀无君之心，而尚不谓之禽兽乎？尽人伦则谓人，灭天理则谓禽兽，且天命之以为君，而乃怀逆天之意，焉有不遭天之诛殛者乎？朕思秉彝好德，人心所同，天下亿万臣民共具天良，自切尊君亲上之念，无庸再为剖示宣谕。但憸邪昏乱之小人，如吕留良等胸怀悖逆者，普天之下，不可言止此数贼也。用颁此旨，特加训谕，若平日稍有存此心者，当问天扪心，各发天良，详细自思之。朕之详悉剖示者，非好辩也。古昔人心淳朴，是以尧舜之时，都俞吁咈，其词甚简。逮至殷周之世，人心渐不如前，故殷盘周诰，所以诰诫臣民者，往复周详，肫诚剀切，始能去其蔽锢，觉其愚蒙。此古今时势之不得不然者，若吕留良、严鸿逵、曾静等逆天背理、惑世诬民之贼，而晓以天经地义、纲常伦纪之大道，使愚昧无知、平日为邪说陷溺之人豁然醒悟，不致遭天谴而罹国法，此乃为世道人心计也。着将朕谕旨通行颁布天下各府州县远乡僻壤，俾读书士子及乡曲小民共知之。”（《清世宗实录》卷 86）

（乾隆二年十月癸丑）署湖北巡抚张楷奏请圣训。得旨：“览。廉之一字，何庸训汝。但汝初到任，正当留心地方大务，俾纲举目张，庶政咸修，方足以称此任。而首为是沾沾之论，则汝自谓硁执，实自知之言，所当扩充识见，以为封疆大器。又朕近观皇考朱批，颇以汝为沽名钓誉之流，汝其服膺圣训，时时省过自改可也。”（《清高宗实录》卷 55）

（乾隆五年九月丁酉）湖广总督班第以荷蒙朱批训诲，具折奏谢。得旨：“汝去时，朕何等训汝，汝皆忘之乎？及至错谬，尚不自引过，而反虚词以塞责，视己若无过者，汝之心术，大非陛辞时比矣。”（《清高宗实

录》卷127)

(乾隆五年十月丁卯)湖北巡抚张渠奏:“楚省民风刁悍,加以吏治废弛,急宜大加整顿,痛除积习。”得旨:“知道了。振作整饬,须以实而不可托之空言,不然崔纪到任之初,亦曾为似此之奏,何以又有今日之弊耶?汝才足以有为,而总不肯实心尽力,朕甚不取也。”(《清高宗实录》卷129)

(乾隆六年六月壬戌)(闽浙总督宗室德沛)又奏:“陕西巡抚张楷曾任浙江粮道,巡抚江苏、湖北等处,历著循声。若调任浙江,可资整理。”得旨:“张楷虽公正有余,而干济不足,况近有旨,调彼安徽,俟审明之后,朕自用一妥当人去。”(《清高宗实录》卷145)

(乾隆八年四月癸丑)(湖广总督阿尔赛)又奏:“楚省江湖水面扒舱匪贼,纠伙肆行,向来所称兑旗巡哨者,皆虚应故事,现在严饬办理各事宜。”得旨:“楚省吏治,不意竟废弛至此,汝其实力整饬,不可复似前人之空言无补也。至湖北抚臣晏斯盛,其人乃一假道学者流,而其中不能无他。卿其不可为彼所欺,不过借其材具,令办事可耳。”(《清高宗实录》卷189)

(乾隆九年二月戊寅)湖北巡抚晏斯盛奏:“楚省雨泽频仍,麦苗长发,向后雨旸时若,应书大有。”得旨:“览奏曷胜欣慰。但方当春初,即为是满足之言,非所以勤民矣。”(《清高宗实录》卷211)

(乾隆九年五月丙午)署湖广总督鄂弥达、湖北巡抚晏斯盛奏报荆门州七宝山地方民家产麟。得旨:“览。汝甚务此外饰,朕所不取。丰年为瑞,汝岂不知耶?”(《清高宗实录》卷217)

（乾隆九年十月癸酉）湖北巡抚晏斯盛奏："请行简明由单。将本年科定额数分晰开载，以杜飞洒积弊。"得旨："知道了。有治人，无治法也。"（《清高宗实录》卷227）

（乾隆九年十月癸酉）湖广襄阳镇总兵张大猷奏请圣训。得旨："一切营伍实力整顿，器小易盈之习，戒之。"（《清高宗实录》卷227）

（乾隆十年十月丁卯）湖广总督鄂弥达奏谢天恩，并称从此竭力殚心，省愆补过，以期无负破格委任殊恩。得旨："览。一切勉力为之，满招损，谦受益，不可不慎也。"（《清高宗实录》卷251）

（乾隆十年十月丁卯）（湖广总督鄂弥达）又奏报湖北粮价并司道贤否。得旨："览。司道贤否折留中，其知府同知亦应奏其贤否。且汝到任已逾年，而始奏此数人，况又不过平平看语，谁则不能？此非察吏安民之意也，戒之。其陈仁、鹿迈祖不致误事否？"（《清高宗实录》卷251）

（乾隆十年十二月丁卯）湖广总督鄂弥达奏："蒙恩实授总督，恭折奏谢，奉朱批以'满招损，谦受益'为戒。祗领圣训，惟有省愆戒满，虚心集益，期仰副鞭策驽顽之盛意。"得旨："汝虽能为是言，然朕闻汝借巡查为名，使子拜客，收受馈遗，是诚下愚不移也。汝尚何颜对朕面欺乎？"（《清高宗实录》卷255）

（乾隆十一年正月丙申）湖北巡抚开泰奏谢新授恩。得旨："闻督臣精力不及，簠簋亦有不饬之处。汝虽新任，在同城谅无不知，若有实据，密行奏闻。"（《清高宗实录》卷257）

（乾隆十一年三月丙申）湖北巡抚开泰奏："遵旨密查总督鄂弥达，现在血气虽衰，而办理事件，精神尚能贯注。至于居官声名，臣到任后，即闻伊跟随家人中，有受人门包之事。臣留心访闻，为数无多，督臣似属不知。”得旨：“非但此也，彼往察南省，令其子拜各属员，亦间有收受礼物者，操兵则全不阅看，朕亦降旨申饬矣。但此其过尚小，求全责备，朕从不为。若过而弗改，并欺朕而益肆者，亦不肯稍宽。此朕意也，汝应知之，但看其如何耳。”（《清高宗实录》卷261）

（乾隆十一年闰三月乙丑）（湖南巡抚杨锡绂）又奏：“原任孝感县知县曹銮，系臣进士同年。前在福建，屡任剧邑，皆著贤声。后任孝感，民怀吏畏，实为才守兼优之员。现在丁忧已届服满，请发湖南，俾臣酌量题补。”得旨：“此风不可开。”（《清高宗实录》卷263）

（乾隆十一年十一月辛酉）（调任湖北巡抚开泰）又以调任江西巡抚谢恩请训。得旨：“因江西无满洲大员，故用汝，非为汝实经理有余裕也。且湖北尚有总督近可咨询，至江西则一省之事惟汝主裁，汝其勉力负荷，毋辜任用之意可。”（《清高宗实录》卷279）

（乾隆十二年二月庚寅）湖北巡抚陈宏谋奏报雨水沾足，并整饬吏治、清理积案情形。得旨：“览奏俱悉。若徒为新到任设施套语，而一切如汝在陕抚任内所为，则大不可耳。”（《清高宗实录》卷285）

（乾隆十二年三月己未）湖北巡抚陈宏谋奏严禁各州县书吏征收钱粮抽取侵蚀积弊。得旨：“是。自可严其将来，不必究其已往。”（《清高宗实录》卷287）

（乾隆十二年五月己未）湖北襄阳镇总兵官齐大勇奏谢请训。得旨：“诸事实心办理，酌中措施，而不存满假之念则得矣。为人为官，不过平易之道，何精微之有？”（《清高宗实录》卷291）

（乾隆十二年十二月乙酉）湖北布政使严瑞龙以降级从宽留任，具折谢恩。得旨："自守无过，实汝之长，但一切认真急公之处，则从未见也。如是而得幸保功名、以了一生者，亦未多见也。汝其慎之，勿自诩得计也。"（《清高宗实录》卷305）

（乾隆十三年八月辛亥）湖北巡抚彭树葵以留任奏谢。得旨："看汝何以奋勉耳。不然，亦惟汝自取。"（《清高宗实录》卷323）

（乾隆十四年四月丁未）江西巡抚唐绥祖以奉谕训诲，奏陈办理情形。得旨："今用汝为湖北巡抚，此亦系要区，汝宜勉力。总督乃一诚实之人，朕所深知，但恐短于才，汝宜佐其不逮。若因此旨而不与之和衷，致有争强之意，则是自速其咎也。"（《清高宗实录》卷339）

（乾隆十五年六月庚寅）谕军机大臣等："尔等寄信与德敏知之。伊自到福州将军任所以来，诸事办理不善，竟无诚心。即伊前在荆州将军任时，亦不过安分奉职而已，并不以察吏练兵为意。是以马尔拜到荆州任时，即奏称'彼处逾岁官员不少，兵丁弓马生疏'等语，然朕犹施恩宽宥，不即治罪。今朕将伊与新柱对调，若到荆州任后，仍前不知奋勉，朕断不能再宽矣。新柱未到任以前，海关税务仍系德敏管理，尤当加意查办。若以为已经调任，与己无涉，致税额或有亏缺及别有弊端之处，朕将惟伊是问。慎之慎之，毋遗后悔。"（《清高宗实录》卷367）

（乾隆十六年闰五月丁丑）谕军机大臣等："阿里衮所奏'唐绥祖任所资财什物，分别解交内府崇文门'一折，系五月二十六日封发，其五月十二日所降给还谕旨，按期尚未奉到。但同日所奏，接奉寄信谕旨中，已有'唐绥祖赃款属虚，伊从前查封资产，自可加恩降旨给还'之谕。阿里衮承办此案，业经审无实据，其为赃款属虚，已无疑义，岂不知其应行给还？即未奉有明发谕旨，亦当留楚稍待，乃复委员解京，多此一

番往返，办理殊谬，已令军机处传谕委员仍行带回，可即查明给还。将此传谕阿里衮知之。”（《清高宗实录》卷390）

（乾隆十八年十一月庚辰）又谕曰：“张若震以擢授巡抚，具折谢恩，并请陛见。已于折内批谕，令其不必来京，即赴新任矣。张若震久历外任，于吏治尚能熟练，且各省藩司中资俸之深亦无有过之者，湖北巡抚缺出，一时不得其人，是以特加擢用耳。此番擢用，虽出于伊之望外，但朕于用人行政，一秉至公，决不因其为张廷玉之侄而遂稍存意见，不加倚任。然张若震若因此而妄自满假，又或自揣才分，得此已足，以为外而总督，内而尚书、大学士，非所敢望，遂一切模棱了事，以为保守官职之计，则将来获罪更重，此等均不能逃朕洞鉴。张若震当益加奋勉，国家恩泽必当善为承受，亦即伊勉图报效之地也。可再传谕张若震知之。”（《清高宗实录》卷451）

（乾隆二十五年二月丁亥）又谕：“据苏昌汇奏‘动用钱粮及工程报销’一折内，办理尚未完竣者共有六案，部驳未完者四案。楚省事务尚简，非江浙繁剧可比，该督衙门动用钱粮及工程报销，现在未结者，何以积至十案之多？着传谕苏昌上紧赶办，务期速结。嗣后遇有此等事件，必须随时清厘，毋任属员玩延从事，以致尘案日积也。”（《清高宗实录》卷606）

（乾隆二十九年七月己卯）调任湖北巡抚常钧奏谢调云南巡抚恩。得旨：“汝颇不通事理，切勿自用聪明。云南亦事简之地，汝与刘藻和衷共理，尚可胜任，勉之。”（《清高宗实录》卷715）

（乾隆三十三年正月己亥）贵州巡抚鄂宝奏谢调任湖北恩。得旨：“亦以汝不能独当一面，当知惭愧而加勉。”（《清高宗实录》卷802）

（乾隆三十三年六月乙酉）定长又奏谢兼署荆州将军恩。得旨："汝诸事不认真，恐此亦不过随分了事而已，言谢岂不靦颜？"（《清高宗实录》卷813）

（乾隆三十四年七月戊申）湖广总督吴达善复奏："臣与抚臣揆义从未相识，七月回省相见，筹商灾务，虽办事稍有未谙，居心尚属急公。"得旨："即其欺奏一事，汝亦诿为不知，可乎？看来汝与彼一流之人，不过较彼为历练耳。此奏甚不诚，不可。"（《清高宗实录》卷839）

（乾隆五十四年正月癸亥）御制诗曰："新正奏疏达金门，率用休征称吉言。江夏民登一百二，盛时寿冠众黎元。康强身尚行他郡，期艾岁方返故园。绕膝孙曾才四世，胜伊五世见元孙。"（《清高宗实录》卷1320）

（乾隆五十五年七月戊申）湖广总督毕沅奏："伏汛安澜，滨江黎庶共庆安恬。"得旨："欣慰览之。莫为此满足之言，但当敬慎防守。"（《清高宗实录》卷1359）

（乾隆六十年二月癸丑）又谕曰："……今丙辰年即届归政，所有各省及诸部巨细政务稍有因循懈弛，必倍加振作，以期中外整肃，付之嗣皇帝，即归政以后，亦岂肯置天下事于不问？彼时臣工等设有玩误之处，更当重治其罪，决不因归政而稍存姑息。现在大小臣工，倘因朕归政在即，稍存懈忽，轻为尝试，尤当加倍惩治，恐不能当其罪也。特此再行宣谕臣工等，务宜倍加谨凛，共知奋勉，以副朕谆切训诲至意。"（《清高宗实录》卷1470）

（乾隆六十年二月）乙卯，谕曰："苏凌阿奏'据江宁副将明泰禀称，有六安州文生陈以宁，于正月十七日前赴抚臣陈用敷处面禀，情愿缉拿刘之协，求发护身牌票。陈用敷欲派拨弁兵同往，伊恐人多泄漏，未肯带往，随给与护票前去。该副将因见其人语言清朗，就近禀知陈用敷，带同跟线兵役改装易服，暗暗跟随前往帮拿’等语。此事陈用敷昨日所奏之折并未提及，殊不可解。陈用敷上年因调任安徽，来京陛见时奏对之次，朕本不甚满意……乃陈用敷于审讯阮沅、郭彦忠一案，业据供出刘之协逃往湖北樊城苏明宽家躲匿情节，于正月初七日已委知县吴甸华前往查缉。而事隔多日，并无一字奏及，又不亲往查拿，并欲坐待苏凌阿到后会同究讯具奏。种种错谬推诿，置缉拿要务于不办，实出意料之外，是以降旨革职解交刑部治罪……且该生缉拿刘之协，自应带同跟线兵役前去，而陈用敷仅给护票，经该副将见其人尚明白，恐有别项隐情，禀知陈用敷，始行添拨跟往。是陈用敷见识远不如该副将之晓事，似此缉拿要犯，种种迟延，糊涂可笑，即革职拿问，亦属罪所应得。今仅解交刑部治罪，尤属侥幸。于此可见督抚等于地方事务不能实心经理，即使混过一时，日久未有不自行败露者。朕于臣工功过，一秉大公至正，惟视其人之自取，各该督抚等惟当益加谨凛，以陈用敷为前车之鉴也。”（《清高宗实录》卷1470）

（嘉庆元年四月戊戌）敕谕：“湖北奸民聚众滋事，只系借邪教为名，煽诱纠结，又兼焚抢逼胁，非尽甘心从逆，是以前降谕旨，令带兵之将军、督抚等出示晓谕，如有能及早投出者，概予免罪。今念各路剿杀贼匪，动有数千，为数已属不少，而大兵所到，其胁从附和之徒，皆当悉就刑诛，于心实有所不忍。着该将军、督抚等竟当宣布朕旨，遍行示谕，凡贼人党与，无论被贼迫胁煽惑，听从为逆者，一经投出，均当免其治罪，即素日误习邪教之人，若能及早省悟，自行投出，亦概与免死。倘有能将贼首、贼目斩获擒献者，不但不治以从贼之罪，并当优加奖赏，此皆朕仰体上天好生之德，于惩创之中仍予以自新之路。其避贼难民，更当妥为抚恤，勿令失所，该将军、督抚等务须一体遵照，妥协办理，以副朕赦过宥罪、格外施仁至意。”（《清高宗实录》卷1494）

（嘉庆三年十二月）辛卯，湖广道御史汪镛参奏："山东历城县知县熊官梅出身卑贱，官声狼籍，请旨严饬查办。"得旨："这所参长随出身之署历城县知县熊官梅，着革职解京，交军机大臣会同刑部审拟具奏。该抚既失察于前，此时务须派委妥员，小心管押，迅速解京。沿途如有疏虞，惟伊江阿是问。"（《清仁宗实录》卷36）

（嘉庆四年正月己卯）又谕："教匪聚众滋事，皆以'官逼民反'为词。昨冬贼首王三槐解到审讯时，供词内亦有此语，朕闻之殊为恻然，是以暂停正法。我国家百数十年来，厚泽深仁，周洽寰宇。皇考临御六十年，无时不廑念民生，恫瘝在抱，普免天下钱粮、漕粮，以及蠲缓赈贷不啻亿万万，凡所以惠爱闾阎者至优极渥。朕仰承付托之重，夙夜兢兢，视民如伤，一夫不获，宵旰殷怀，岂忍令数省苍生罹于锋镝哉？百姓幸际昌期，安土乐业，若非迫于万不得已，焉肯不顾身家，铤而走险？总缘亲民之吏不能奉宣朝廷德意，多方婪索，竭其脂膏，因而激变至此。然州县之所以剥削小民者，不尽自肥己橐，大半趋奉上司。而督抚大吏之所以勒索属员者，不尽安心贪黩，无非交结和珅。是层层朘削，皆为和珅一人，而无穷之苦累，则我百姓当之。言念及此，能不痛心？是以将和珅立正典刑，以申国法而快人心。现在大憝已去，纲纪肃清，下情无不上达。各省官吏自当大法小廉，湔除积习。民间无所扰累，亦可各遂其生。且教匪起事之初，丑类原属无多，到处迫胁良民供其役使。及贼势方张之际，突入村庄，任意焚掠，不从则立加残害，从之则冀缓须臾。愚氓畏死贪生，被其裹掠，此小民不得已之苦情，朕知之详而闻之熟矣。夫教匪起于楚北，沿及河南、川、陕地方，往来奔窜，肆其荼毒，村落为墟，吾民遭其蹂躏者，不知凡几。而贼匪每遇官兵，又使裹胁之人在前抗拒，经官兵歼戮者，又不知凡几。或父兄叔侄被其戕杀，或妻妾子女被其掳掠，苟有人心，能无切齿？不过畏贼凶焰，莫敢先发。此时军纪整肃，鼓行而前，著名首恶，即日成擒。所可悯者，胁从之人，皆朕赤子，不忍骈诛耳！从来命将出师，只有征讨不庭，断无用兵诛戮良民之理。特此剀切宣谕，各路贼队中之良民，如有能缚献贼首、悔罪立功者，不但宥其前罪，尚可如前年湖南投出之苗匪吴陇登等格外邀恩。否则或潜行散去，或临阵投降，亦必释回乡里，俾安生业。倘执迷不悟，军行所至，玉石俱焚，悔将何及？着勒保将此旨遍行晓谕川、陕、楚、豫各地方咸知朕意。”（《清仁宗实录》卷38）

（嘉庆四年三月戊子）新授湖广总督倭什布具折谢恩，并报起程赴楚。得旨：“汝之声名颇优，景安畏葸无能，而伊之操守尚可，莅任后当力加振作，以堵为剿，察访贪官污吏，如胡齐仑、常丹葵等，严参重处几人，则小民怨气自纾，地方必能平静。而自川省回楚遗民，当辨明良莠，细心妥办。受降如受敌，慎密为之。”（《清仁宗实录》卷41）

（嘉庆五年正月癸未）湖北巡抚高杞奏：“奉旨交办本省控案，现在赶紧催提，迅速审办。”得旨：“闻汝颇有纨绔习气，若果如此，是辜负国恩。朕不能容汝败坏封疆，应深自刻责，效法书麟之行为，时时加勉，从俭去奢为要。”（《清仁宗实录》卷58）

（嘉庆五年十月）癸亥，密谕长龄知悉：“现今川、陕各贼皆聚于大宁、安康等处，总思窜入湖北，是湖北防堵责任最为重大。特用汝为宜昌镇统兵防堵，能使一贼不入楚境，汝之功比剿贼尤重，加意奋勉，毋负朕恩。再闻明亮日见老迈，若在军营不能带兵行走，转为汝累，汝即据实奏来，另有旨用彼别处，不致掣汝之肘。再防守之道，须先讲明地理山川形势，扼要安卡。若处处设防，焉有如许兵勇？况分而见单，亦无济于事。汝兄前在湖北，办理不善，朕施恩未究，仍用为山东巡抚。汝今又用为湖北大员，纵不为朕出力，宁不为汝兄一洗前羞乎？汝兄误事于前，汝能收功于后，庶可全朕用人颜面，亦可慰汝父纳延泰九泉之灵。汝之才可用，但前随福康安出兵，未免沾染积习，言行不相符合，此后最戒取巧见长、虚言欺饰，当为国宣猷，实心对朕，一心报主，将

来受福无穷。若稍不信朕训，祸不旋踵？勉之慎之，此旨密封交回。”（《清仁宗实录》卷75）

（嘉庆六年三月庚辰）谕军机大臣等：“邪教滋事起于乾隆六十年冬底，嘉庆元年正月，惠龄、毕沅等先后奏到，张正谟、聂杰人等在襄阳、宜城一带纠众焚掠，自此辗转蔓延，扰及河南、陕省……五年以来，荼毒生灵不知凡几，每一念及，朕心为之恻然。当其起事之初，首逆等皆以‘官逼民反’为词，互相煽惑。在亲民之吏，平日不能爱养黎元，以查拿邪教为名，株连拖累，激而生变。司牧者固无所逃罪，但百姓果受有司屈抑，何难向督抚衙门呈诉？即或不为审理，亦可赴京控告。方今纲纪整饬，断不令小民有覆盆之冤，乃竟纠集党与，肆行抢掠，抗拒官兵，当此光天化日之下，背逆作乱，实为王法所不容。惟念附贼匪徒，非尽甘心叛逆，皆因被贼裹胁，戕害官兵，自知罪大，不敢投首。当贼匪突入村庄时，恣意凌逼，其中捐躯尽节、不受贼污者虽亦未尝无人，而畏死贪生、勉强听从者比比皆是。此等愚民，原难责以大义，及至为贼裹胁，自揣投出未必得生，而贼匪驱令当先抗拒官兵，官兵鼓勇直前，岂能于临阵之际详加区别？锋镝所向，玉石俱焚，断无生路，实堪怜悯。是以节经降旨，凡从贼中投出者，悉贷其死，如能缚献贼渠，并赏给官职银两，何以招抚之旨屡下，而缚贼投首者竟无其人？即未能缚贼，而弃械来投者早经降旨令地方官妥为收恤，或给予叛产，或准令开荒，必使人人口食有资，各安生业。若地方官不行收抚，准其于督抚大吏及经略、参赞各大臣前申诉，必令得所。此朕仰体上天好生之德，惟思少杀一贼，即多留一民，故于无可赦宥之中，许以自新之路。其未经附贼者，尤当各守乡闾，帮同官兵悉力拒贼，不可陷身贼党，自蹈危地。现据擒获贼首马应祥供称，贼营裹胁之人逃走奔回，即开膛破腹，用火烧死，情形实为惨毒，是良民一经从贼，即致不能脱身，受此酷毒，试思难民自贼中投出者，概不追问其从贼之罪，且优加抚恤，口食有资，方保护之不暇。而贼匪如此惨酷，尔等何苦听其裹胁，一朝失足，自脱无由，何不早思变计，于贼匪经过时齐心堵御，誓不从贼？既可保其室家，又不至受贼残害，生死祸福所关，各宜猛省。各路领兵大臣及督抚等，将此旨誊黄宣示，传布贼营，俾咸知悔悟，相率来投，更可迅速蒇功，奠安黎庶。若再不速回，是实冥顽不灵，亦难化诲矣。”（《清仁宗实录》卷80）

（嘉庆七年八月辛丑）谕军机大臣等：“晋昌等复奏奉天年岁情形，览奏俱悉……现在川楚军务虽即日告竣，然七年以来，费帑甚多，而盛京本年秋成稍形歉薄，是官帑民力，俱未宽裕……”（《清仁宗实录》卷102）

（嘉庆八年正月）乙亥，谕军机大臣等：“军机大臣会同户部等部议复额勒登保等奏川楚陕凯旋善后各事宜，已依议行矣。朕阅单内所开抚恤被难穷黎一款，此等穷民无所依归，当贼匪滋扰之时被贼迫胁，以致附从日多，迨修寨筑堡以后，百姓各能自卫，方不致为贼所驱，贼势渐孤，未必不由乎此。今大功告竣，地方敉宁，在有力之户，自已争先下寨，各谋生业。而鳏寡孤独，荡析离居，既难自立。有力之家，势不能普行周恤，即有一二乐善好施之人，亦焉得人人而济？朕思该处百姓，现俱归家复业，所筑堡寨搬移一空，其房屋墙垣自在，莫若查明原筑寨堡之家，劝令将空出寨堡给与穷而无归之人，令其聚集栖止。地方官以时查察，并严禁胥吏人等借词稽查，致有讹诈滋扰之事。至收缴寨堡枪炮，该督抚等当出示晓谕以‘民间私藏军器，本干例禁，前准尔等制造，原为防御贼匪。今地方已就宁谧，尔等各当呈出缴官，照例给予价值。如有胥役人等向尔等勒索规费，或有短发价值等事，尔等当禀明查办，毋得再有私藏’。则百姓等自必踊跃，而在官人役，亦不敢借端滋扰。至出力乡勇首领，著有劳绩，均经赏给翎顶。其情愿入伍者，自应照所议，各按品级分别拔补。其不愿入营者，现据额勒登保等奏请给予执照，回籍安业。该督抚等于其回籍时，当谕以‘尔等剿捕出力，蒙皇上赏给顶带翎枝，原准令尔等入营拔补官职，尔等自称不愿归伍，业经奏明给予执照，顶带荣身。尔等回籍后，当知感激皇恩，安分居家，毋得复思幸进，向京城部院衙门具呈渎请’。以上三款，皆朕思虑所及，该督抚等悉心筹酌，办理尽善，仍将如何酌办情形据实奏闻。将此谕令知之。”（《清仁宗实录》卷107）

（嘉庆九年四月戊子）湖广总督吴熊光奏谢。得旨：“实心办公事，乃臣下分所当然，然求治太急，必有扞格难行之事。凡事当分缓急，非一概而论，勉之。”（《清仁宗实录》卷128）

（嘉庆十二年正月壬申）湖广总督汪志伊奏谢颁赏御制惩蠹诗墨刻。得旨：“人心不古，作伪者多，一味姑息，弊将百出。必须廉明任事，有守有为，勉之毋怠。”（《清仁宗实录》卷173）

（嘉庆十二年二月壬寅）陕甘总督全保奏陕省事竣，起程前赴甘肃，并陈整顿各营伍事宜。得旨：“所论皆是，然必须言行相符，不虚委任。汝在楚诸事因循，竟有‘全不管’三字美称。试问于心，如何对朕及百姓？再不勉励，恐不免左迁矣。慎之。”（《清仁宗实录》卷175）

（嘉庆十七年七月庚子）湖广总督马慧裕奏报兼署抚篆。得旨：“诸事认真，勿纵劣员。汝之病在于宽缓，若济之以严厉，亦可与百龄并驾齐驱矣。勉之。”（《清仁宗实录》卷259）

（嘉庆二十五年七月己卯）遗诏曰：“朕仰蒙皇考高宗纯皇帝授玺嗣位，亲承训政三年，惟以敬天法祖、勤政爱民为保邦制治之大经……亲政之初，值川陕楚邪匪未靖，训励统兵大员整饬戎行，筹笔四载，逋寇以次歼除……”（《清仁宗实录》卷374）

（道光四年四月癸丑）谕内阁：“钦惟我皇考仁宗睿皇帝茂育群生，绍休圣绪，临御二十五年，思艰图易，惟日孜孜……川楚豫东邪匪，悉

就荡平……”（《清宣宗实录》卷67）

（道光三十年六月乙丑）户部奏：“遵议两江总督陆建瀛条陈淮鹾新章未尽事宜。”得旨：“依议。惟立法虽极周备，尤须任事之臣克己裕人，方可令行禁止。着两江总督暨湖广、江西、安徽、江苏各督抚各矢公忠，照新定章程认真筹办，务使引畅课充，以整鹾纲而收实效。”（《清文宗实录》卷11）

（咸丰元年四月乙亥）湖北巡抚龚裕奏报保甲章程。得旨：“务期实力奉行，不可虚应故事。”（《清文宗实录》卷32）

（咸丰二年七月辛酉）湖北巡抚常大淳奏报到任日期。得旨：“楚北防堵最为吃紧，巡抚为全省表率，断不可稍涉张皇。藩司梁星源能否胜任，精神若何，着查看具奏。”（《清文宗实录》卷66）

（咸丰二年十二月庚寅）江宁将军祥厚奏粤匪窜近湖北，豫筹江宁防守情形。得旨：“会同地方文武严密防守，不可稍存彼此之见。”（《清文宗实录》卷79）

（咸丰二年十二月辛亥）署湖南巡抚张亮基奏：“岳州失守，湖北提督博勒恭武等先期溃散，不为湖南固守地方，亦不为湖北严防门户。”得旨：“该提督出境防堵，汝等楚南官员必以为多事，是博勒恭武虽胜亦不足为功，试思此何时何事，存如此小见，身膺疆寄者，固当如是乎？”（《清文宗实录》卷79）

（咸丰三年正月辛酉）署湖广总督张亮基奏报署任谢恩。得旨：“迅速前往，不准畏难，不准故意耽延。”（《清文宗实录》卷82）

（咸丰三年二月壬寅）署湖广总督张亮基奏报剿办湖南土匪情形。得旨："湖南土匪滋扰，着激励团练速行剿办，毋使蔓延。"（《清文宗实录》卷86）

（咸丰三年三月己未）湖北巡抚崇纶奏报到任日期。得旨："应行整饬事宜，较难易于常时，何啻倍蓰？汝须实力撙节办理，不可好誉避怨。现今大吏，能节省一分，即有一分之益，并非故为苛刻之论，亦势使然耳。汝惟有一实字，行与朕看。"（《清文宗实录》88）

（咸丰三年三月己巳）湖北巡抚崇纶奏筹办善后事宜大概情形。得旨："诸事实心办理，借此人心粗定，正可力图整顿，是时不可错过。"（《清文宗实录》卷89）

（咸丰三年四月辛巳）颁朱笔省咎报天恩谕曰："朕以薄德，敬承考命，抚育万方，兢兢业业，已三年矣……自粤而楚，自楚而江，妖氛狂悖，可谓极矣……（《清文宗实录》卷90）

（咸丰三年五月戊申）钦差大臣湖北提督向荣等奏焚烧贼船，遣散船户水手，并续到艇船情形。得旨："如此办理甚好。攻剿之力，不可稍懈，慎之慎之。"（《清文宗实录》卷93）

（咸丰三年五月己酉）前任湖北布政使唐树义奏前往湖北帮办抚辑事宜。得旨："朕虽未识汝面，闻汝官声素好，至湖北时，竭力襄办一切。"（《清文宗实录》卷93）

（咸丰三年五月癸酉）钦差大臣湖北提督向荣奏饬瞿腾龙带兵会剿北窜贼匪，并自请治罪。得旨："汝所请治罪，亦系汝之取巧故智，勿谓朕不能看出，续有廷寄内朱谕，皆是诛心之论，不知汝知警否。总之，若

能迅克金陵，则汝功最大，前罪都无。若仍吃紧时巧为尝试，则汝之罪难宽，朕必杀汝，懔之。”……（《清文宗实录》卷95）

（咸丰三年六月癸卯）钦差大臣湖北提督向荣等奏遵探逆首洪秀泉等状貌形迹。得旨：“该逆残忍为心，豺狼成性，断不为天理之久容也。”（《清文宗实录》卷98）

（咸丰三年七月丁巳）钦差大臣湖北提督向荣等奏报进剿镇江、金陵获胜情形。得旨：“虽稍挫贼锋，总未能克复坚城，扫荡群凶。向荣等职居统帅帮办，岂不知愧恨耶？”（《清文宗实录》卷100）

（咸丰三年十月庚子）革职留任湖北巡抚崇纶奏报谢恩，并称已革同知劳光泰所带广勇通贼，以致兵勇溃败。得旨：“广勇固不可靠，然亦可驾驭驱使，劳崇泰若从此无下落，朕断不轻恕。朕闻张亮基欲用劳光泰，谓其才尚堪用，汝则曰虽有才，怕靠不住。既中无定见，何不力阻？在张亮基原非意料所及，汝之依违两可，大负委任。朕又闻劳光泰依附最多，音信最快，汝二人若不认真严缉，只知远避诽谤，不独深负朕恩，亦无以对忠荩幽魂。昭昭在上，自有监临，悠悠之口，何足畏也！前次谕旨，朕已定该革员极刑，往复思之，实不为过，惟看吴文镕所办何如耳。此旨与吴文镕同看，该督老成练达，必能补汝之不足，懔之。”（《清文宗实录》卷110）

（咸丰三年十一月癸卯）湖广总督吴文镕等奏陈已革同知劳光泰偾事情节。得旨：“俟查拿劳光泰到案时，据实讯明严惩。上次批崇纶折，已指示分明，总以实字还朕，不必谆谆徒劳训谕也。”又奏张亮基卸署督篆日期。批：“朕闻该抚于交卸日乘夜渡江，不辞而行。有无其事，着据实奏来，不准回护。”（《清文宗实录》卷111）

（咸丰三年十二月乙亥）钦差大臣湖北提督向荣奏金陵筹备进攻事宜，并镇江水陆获胜情形。得旨："朕看未必尽实，不过因攻打情形多日未奏，借此敷衍，然捣穴击虚，亦是善法，第恐徒劳无功。向荣嗣后或胜或败，必将实在情节叙出。朕虽未曾与汝谋面，汝之肺腑，朕已早见，料汝亦断不敢视朕如赛尚阿，一派诪张为了事也。"（《清文宗实录》卷114）

（咸丰四年正月甲辰）革职留任湖北巡抚崇纶奏防守省城兵力单弱，雇募壮丁以张声势。得旨："兵勇不甚多，自应如是扼要布置。吴文镕出省自拥多兵，署省垣重地于不问，殊昧大局，不知轻重，是视自己性命有重于地方。着速传旨吴文镕，将伊所带之兵勇酌量撤回，以固根本，并将此原折朱批寄与阅看。朕岂为保一崇纶？实为鄂省民命计也。"（《清文宗实录》卷117）

（咸丰四年三月甲辰）湖广总督台涌奏，贼窜湖南，统筹全局，酌拟办理。得旨："朕惟观汝之心地，试汝之才具，学与不学，何关紧要。汝由将军放总督，朕尚冀汝无文员习气，何任事之初，先存此见？"又批："始终如一，不可行与言违。"（《清文宗实录》卷123）

（咸丰四年四月辛未）河南巡抚英桂奏："严防楚豫交界要隘，守关弁兵未能拨赴湖北。"得旨："览奏实堪诧异，岂已昏愦若是耶？舒伦保、柏山均赴楚北，尚虞单薄，岂能又留兵驻关方可前进？必致两处贻误。凡汝所谓可靠处，正是漫无把握处。"（《清文宗实录》卷126）

（咸丰四年七月己亥）已革湖广总督台涌奏谢革职仍留差遣恩。得旨："汝之辜恩溺职，至矣尽矣。此次寄谕并未看明，亦未令舒伦保来京，昏愦若是，无怪乎昧机失宜。以后如果能力刷精神，奋勉出力，尚不难再承恩眷。若一味拥兵自卫，从旁掣肘，是真一老废物也。朕必将汝军法从事，无待于杨霈参劾。汝曾历戎行，效力多年，若末路不能自

保，如博勒恭武之贻笑天下，朕甚为汝惜。”（《清文宗实录》卷135）

（咸丰十年三月庚寅）湖广道御史薛书堂奏陈：“南河自黄水改道后，下游已成平陆，无工可修。滨淮坝堤亦以河运未复久不葺治，请将南河河督及各厅员悉行裁撤。”得旨：“该御史所奏裁汰河员各事宜，着御前大臣、军机大臣会同该部议奏。尔王大臣等务须统筹全局，不可畏难，尤不可恐为怨府。该河督数载经营，所办何事？不过屡吁帑饷，豢此无用之辈而已。”（《清文宗实录》卷311）

（同治二年正月乙卯）又谕：“多隆阿自接办陕西军务以来，览其所奏，留心体察，该大臣于陷阵冲锋颇有将才……该大臣前在楚皖，均有威望，然当时尚有官文等为之调度，故能树立勋名。现在独当一面，尤应虚怀集益，不可稍存自是之念，一切顾全大局，不可意存见小，稍自满假……”（《清穆宗实录》卷54）

（同治八年十二月）乙卯，谕内阁：“御史游百川奏‘请修德以召祥和’一折。今岁雪泽愆期，月食再见，直隶、山东、湖广等省水旱歉收。凡此沴祲之兴，皆系上苍示儆，寅畏殊深。允宜兢业为怀，倍加修省。内外大小臣工，亦当各矢公忠，恪尽厥职，力除瞻徇奔竞之习。其有言责诸臣，尤宜遇事指陈，毋泛毋隐，庶几君臣交儆，以承天眷而迓天庥。”（《清穆宗实录》卷273）

（光绪十年五月辛丑）准湖北宜昌镇总兵贺缙绅复姓罗氏。折包（《清德宗实录》卷184）

（宣统元年三月）甲戌，谕军机大臣等：“荆州左翼副都统隆斌奏‘敬陈管见，请将原任大学士荣禄加封爵秩’一折，措词荒谬，殊属冒昧。原折已留中销毁，兹特严谕申斥，嗣后再敢如此揣摩尝试、谬妄行

为，定予严惩不贷。”现月 （《宣统政纪》卷 11）

（宣统三年八月辛酉）又谕：“电寄周树模，电奏各节均悉，现在各省电报尚无阻隔，除川、鄂两省外，余均安谧。”（《宣统政纪》卷 61）

（宣统三年八月）壬戌，谕内阁：“两月以来，四川、湖北相继肇乱，均系匪党潜谋不轨，扰害治安。朝廷向来政尚宽大，凡属国民，无不一视同仁，从无格外苛求之举。此次逆匪无端构煽，据城抗拒，蹂躏地方，以致无辜良民横遭涂炭。其为首作乱之人，实属罪大恶极，自为法所不容。惟念迫于不得已之被胁兵民，类皆情有可原，不能不网开一面。其有为匪所逼、身被裹胁者，如早自拔来归，无论兵民，均准予以自新，不咎既往。倘有杀贼立功、擒缚匪党以献者，并加以不次之赏。如搜获逆党名册，立即销毁，毋得稍事株连，致滋扰累。川、鄂两省被扰地方猝遭此变，固已荼毒不堪，即贼匪未到之处，亦不免风鹤频惊，致有迁避流离之苦。着荫昌、袁世凯、岑春煊、端方沿途宣布朝廷德意，妥为抚辑，并剀切晓谕军民人等，勿为邪说所诱，随声附和；勿为谣言所惑，徒事张皇。经此次申谕之后，尔军民人等当共晓然于是非之所在，即利害之所关，务当各守本分，以副朕靖乱爱民之意。”（《宣统政纪》卷 61）

（宣统三年九月辛卯）又谕：“电寄护湖广总督段芝贵，当此军事吃紧，务当激发公忠，力图报称。”（《宣统政纪》卷 64）

二、军事

1. 平定鄂省

（顺治元年十月）戊寅，檄谕河南、南京、浙江、江西、湖广等处文武官员、军民人等曰："尔南方诸臣，当明国崇祯皇帝遭流贼之难，陵阙焚毁，国破家亡，不遣一兵，不发一矢，如鼠藏穴，其罪一。及我兵进剿，流贼西奔，尔南方尚未知京师确信，又无遗诏，擅立福王，其罪二。流贼为尔大仇，不思征讨，而诸将各自拥众，扰害良民，自生反侧，以启兵端，其罪三。惟此三罪，天下所共愤，王法所不赦。用是恭承天命，爰整六师，问罪征讨。凡各处文武官员率先以城池地方投顺者，论功大小，各升一级。抗命不服者，本身受戮，妻子为俘。若福王悔悟前非，自投军前，当释其前罪，与明国诸王一体优待。其福王亲信诸臣早知改过归诚，亦论功次大小，仍与禄养。檄到之处，民人无得惊惶，农商照常安业。特兹晓谕，咸使闻知。"（《清世祖实录》卷10）

（顺治二年四月）丁卯，颁恩诏于陕西等处曰："周弘大赉，天下归心；汉约三章，秦民咸悦。流贼李自成弑君虐民，多地悖逆，神人共怒，自速诛亡……所有陕西地方合行恩例，开列于后……潼关、商雒及楚、蜀冲要地方，应酌量置兵控扼，着吏、户、兵三部作速确议具奏……四川、湖广皆切近陕西，今蜀有献寇，楚有老回回等寇，及郧阳、德安、荆州、襄阳等处流孽未靖，土寇尚繁。有能倡先投顺者，文武官员仍与委任。其带领兵马及以城池来归者，仍量功大小升擢赏赉，军民人等一体恩养……"（《清世祖实录》卷15）

(顺治二年六月)己卯,以南京平定,颁赦河南、江北、江南等处诏曰:"光岳合而泰阶平,南北一而兵戈息,粤稽往古,靡不同符。本朝立国有年,幅员既广,醇朴为治,无意并兼。向来疆场构兵,本欲言归于好,不期寇凶极祸,明运永终。于是整旅入关,代为雪耻。犹以贼渠未殄,不遑起居,随命二王,暂师西讨。而南中乘衅立君,妄僭尊号,罔念国恤,亟行乱政,重困人民,负四海不义之名,阻东南向化之路。朕用是夙夜祗惧,思救茕黎,西贼既摧,旋命南伐。上托祖宗之休烈,下借叔父之成谟……朕念峻命之不易,悼斯民之孔艰,深切恫瘝,宜矜诖误,特弘大赉,嘉与维新。所有河南、江北、江南等处地方合行恩例,具列于后。一、自顺治二年六月初一日昧爽以前,河南、江北、江南等处地方官吏军民人等犯罪,无论轻重大小,已发觉、未发觉,已结正、未结正,咸赦除之。有以赦前事相讼告者,以其罪罪之。一、河南、江北、江南等处人丁地亩钱粮,及关津税银、各运司盐课,自顺治二年六月初一日起,俱照前朝会计录原额征解。官吏加耗重收或分外科敛者,治以重罪。凡各派辽饷、剿饷、练饷、召买等项,永行蠲免。即正项钱粮以前拖欠在民者,亦尽行蠲免。一、大军经过地方免正粮一半,归顺地方、不系大军经过者免三分之一,自顺治二年六月初一日起,至本年十二月三十日止。一、大军克取西安,收复中原,平定江南,文武各官运筹决胜,汗马著功,并行间兵士,俱着该部通行察叙,以凭封赏。一、官吏贪赃,最为民害,自本年六月初一日以后,各抚按司道及府州县镇协营路军卫等官,并书吏、班皂、通事、拨什库、粮长、十季夜不收等役,但有枉法受赃及逼取民财者,俱计赃论罪,重者处死……一、河南、江北、江南等处并南京文武官绅及前朝勋臣,倡先慕义投诚归顺者,该部通行察叙,具奏定夺,仍许赴京朝见,验其才品,酌量推用。一、归顺地方,前朝建言降谪诸臣,果系持论公平、有裨治理者,吏部具奏召用。其横被诬害、公论称冤、曾经荐举不系贪酷犯赃者,并与昭雪录用……一、各地方势豪人等、受人投献产业人口及诈骗财物者,许自首免罪，各还原主。如被人告发，不在赦例，追还原主……一、河南、江北、江南等处明季旧官及军民人等，近因大军经行仓皇逃避，父母妻子一旦生离，如有求聚来归者，并无罪责，仍令完聚……一、国家遇明朝子孙素从优厚，如晋德两藩皆待以殊礼，恩赡有加。今江西益、淮等府，湖广惠、桂等府，四川蜀府，广西靖江府各王果能审知天命，奉表来归，当一体优待，作宾吾家……一、河南及大江南北避兵人民，团结山寨，诏书到日并听各还本业，赦出前罪……一、各巡按御史以察吏安民为职，须虚心体访，博采公评，察其操守，咨其议论，核其出纳，阅其判决。务使贤否不淆，纠举允当。不许但凭开报及听信绅衿把持，致拂民情，自贻愆咎……”（《清世祖实录》卷17）

（顺治二年闰六月）甲申，靖远大将军和硕英亲王阿济格等疏报：“流贼李自成亲率西安府马步贼兵十三万，并湖广襄阳、承天、荆州、德安四府所属各州县原设守御贼兵七万，共计二十万，声言欲取南京，水陆并进。我兵亦分水陆两路蹑其后，追及于邓州、承天、德安、武昌、富池口、桑家口、九江等七处，降者抚之，拒者诛之……又有故明宁南侯左良玉子梦庚、总督袁继咸、守道李犹龙、巡按黄澍率总兵十二员、马步兵十万并家口，泊舟于九江之东流县界扬子江中，俱投降，共带大小船艘四万，合计河南属城十二、湖广属城三十九、江西属城六、南京属城六，共六十三城，已尽设官抚定矣。”奏入。得旨：“逆贼李自成罪恶贯盈，神人共怒，朕奉行天讨，定乱救民。览王奏报，知督兵追剿直至九江，破贼众二十余万，所获马、驼、船艘各数千计，贼寇荡平，臣民抒愤。又收降故帅左良玉子左梦庚等兵十万人、船四万艘，河南、湖广、江西、江南等处尽皆归顺，朕甚嘉悦，郊庙社稷祭告礼仪，即择吉举行。王运筹决胜，茂著勋庸，特遣侍臣前赴军中慰劳。一应有功内外王公将士，作速察叙，以凭封赏。”（《清世祖实录》卷18）

（顺治二年七月壬子）赐招抚南方内院大学士洪承畴敕曰：“朕以江

南初经归命，其余各省，远迩未同。恐已归者尚多惊疑，未附者或怀观望。保厘南土，实赖股肱。是用命卿招抚江南各省地方，总督军务，兼理粮饷，暂离阙廷，驰往江南，昭宣德意，一遵近日恩赦诏款，核实举行，使新附兆民咸沾实惠。凡满洲大兵、直省官兵，各有统领，卿宜会同固山额真叶臣及督抚镇等官，调遣约束。其有不法扰民、在各旗旗下者，即移文咨会，依法处治，毋使困民。江南各省已经归顺者，即责成抚按问民疾苦，兴利除害，速图善后之策。未归顺者，先以文告再三晓谕，果不服从，方可加以师旅。即有攻讨，亦以平定安集为先。其间进止机宜，密与平南大将军贝勒勒克德浑参酌施行。其深山穷谷，声教未通，或有顽梗无知乘机啸聚，即移檄抚镇等官多方解散，如有不悛，速令剪除。凡南方降服水陆诸军，宜移会各督抚挑选精壮，参用满汉，教成水军，以备不时。调用军资粮饷，俱从各省地方通融支给。如有福王新设兵丁，尽行革除。其额军应汰老弱及解散降民，须申饬各督抚，安插得宜，毋令失所。凡关国计民生大利大害，不时驰奏，请旨兴革。其山林隐逸及故明废绅，才德堪用者，从公咨访，征聘来京。或军前先委署事者，开列上闻，下部察核，实授所属。文武有才望出众、御侮保民显著成绩者，特疏荐擢。如奸贪庸懦，即奏请罢斥，毋延时日，致误地方。至用兵之际，有稽迟粮运、违误军机或临阵退缩、设良冒功及借军兴以剥民、侵兵饷以肥己者，文官五品以下、武官副将以下，皆以军法从事，镇道等官飞章参劾。其江宁、江西、湖广及将来归附各省，悉听节制。敕中开载未尽事宜，准便宜举行。卿以辅弼忠贞，膺兹重寄，宜开诚布公，集思广益，慎持大体，曲尽群情，期于德威遐布，南服永清。朕方崇带砺，用答肤功，毋得因循轻率，偏执乖方，有负倚托至意。钦哉。”（《清世祖实录》卷19）

（顺治二年九月丁丑）洪承畴又奏：“湖广伪泽侯田见秀、义侯张鼐、棉侯袁宗第，赴省投诚。”命照恩诏事例，免罪录用。（《清世祖实录》卷20）

（顺治二年十一月甲寅）命甲喇章京巴山为左翼，梅勒章京康喀赖为右翼，率官兵镇守江宁……再令……尔贝勒勒克德浑、镇国将军巩阿岱、固山额真叶臣可将朱玛喇等原带护军官兵及科尔沁国官兵二百员名、汉军官兵二百员名，并前驻防江宁官兵，俱率往湖广武昌府剿流寇余孽一只虎等。候巴山到日起程，其所剿之贼若败遁难追，当卜地屯兵，速行驰奏，候旨定夺。尔等至武昌，令屯泰将总督事务付新任总督罗绣锦管理，即率所部官兵来京，总兵祖可法令其驻防武昌。特谕。（《清世祖实录》卷21）

（顺治二年十二月戊戌）湖广巡抚何鸣銮奏报："黄冈县巨寇易道三、王光淑拥众猖獗，连络四十八寨。总兵官徐勇领兵两路击之，光淑就擒、道三势迫投顺，降者二千余众，各寨土寇悉平。"章下兵部。（《清世祖实录》卷22）

（顺治三年二月）己丑，颁赐……荆州总兵官郑四维、郧阳总兵官王光恩……朝衣、嵌珠金顶、凉朝帽、玉带、鞍马各一，以投诚有功故也。（《清世祖实录》卷24）

（顺治三年三月）庚午，平南大将军多罗贝勒勒克德浑奏报："臣等奉命于去年十二月十八日自江宁乘舟向湖广进发，正月初十日抵武昌。侦知马姓、王姓二总兵自岳州叛奔何腾蛟于长沙，遣护军统领博尔惠等率兵驰击，遇叛贼千余掠临湘，尽歼之。进至岳州，王总兵闻风遁走，追击败之。马总兵豫从水路遁去，副将黑运昌未往，率船二百艘迎降。二十九日师至石首，闻贼渡江围攻荆州，贼船千余艘泊江上。臣等于二月初二日遣尚书觉罗郎球等赴江南岸，谕令贼倘渡江即行督剿，夺其船艘，大军遂去荆州百里渡江，乘夜疾驰。初三日早抵荆州，贼竟不觉。尚尔攻城，我军突分两翼直蹦贼营，大破之，斩获甚众，薄暮收兵，郎球等于江南岸获贼船千余艘。次日，遣奉国将军巴布泰等分两路追杀贼众，于安远、南漳喜峰山、关王岭、襄阳府等处扑斩残寇殆尽。师进彝陵口，李自成弟李孜同伪磁侯田见秀、伪放义侯张耐、伪武阳伯李佑、伪太平伯吴汝义及伪将三十九人、马步贼兵五千余名诣军降，获玉玺一、人口无算、马骡牛只一万二千余，惟贼号一只虎者未获。”捷闻，优奖之，下所司察叙。（《清世祖实录》卷25）

（顺治三年四月己卯）郧襄总兵官王光恩疏报：“攻破房县贼寨并白马洞一只虎余贼，生擒叛将王斌，斩首三百六十余级，阵获牛马银印。”报闻。（《清世祖实录》卷25）

（顺治三年四月己卯）王光恩又报：“一只虎贼党、伪光山伯刘体纯，诈降后焚劫樊城，攻犯襄阳，光恩同巡抚徐起元统兵击败之。”事下所司。（《清世祖实录》卷25）

（顺治三年九月）丙寅，安徽巡抚刘应宾疏报：“伪崇阳王率贼兵来寇歙县，副将张成功等击败之，获伪总兵闵士英、郑鹏远等。”命诛之。（《清世祖实录》卷28）

（顺治四年正月壬子）湖广总兵官柯永盛奏报：“兴国州等处寨寇悉平。”下兵部察叙。初陈友谅遗孽分为柯、陈二姓，盘踞江西武宁、湖广兴国。而居兴国者尤蕃衍黠悍，迄明之世，为患将三百年。有柯抱冲者，与何腾蛟结连，自立为王，以其党陈珩玉为帅，倚山结寨，焚劫郡县，攻陷兴国州，杀武昌同知张梦白，势甚猖獗。镇臣柯永盛同按臣吴赞元遣将征剿，十日内凡八战，皆败之，俘斩无算。焚其巢穴，生擒抱冲、珩玉，斩之，余党悉平。前后获妇女四百余口、骡马二百匹头，俱分给有功将士及阵亡官兵家属。（《清世祖实录》卷30）

（顺治四年七月）壬寅，湖北巡按曹叶卜疏报：“叛逆王光代盘踞郧

阳，妄用永历年号，僭称镇武伯。官兵进剿，提督孙定辽败绩，莫知所之。”事下兵部。（《清世祖实录》卷33）

（顺治四年七月）丁巳，遣侍郎喀喀木等率满汉官兵往征郧阳。（《清世祖实录》卷33）

（顺治四年九月丁卯）河南巡按金元祯疏报：“郧阳贼首王二等犯淅川县，官军击败之，贼西遁。”下所司察叙。（《清世祖实录》卷34）

（顺治四年十二月庚寅）湖广荆州总兵官郑四维奏报：“逆贼牛万才窥犯松滋，游击刘进忠等援剿，斩贼千余，贼奔深谷。臣虑荆属州邑辽阔，又接壤襄、郧、陕、蜀、滇，有历来未服土司通同诸贼盘踞归巴，窥伺彝陵，诚为心腹之患。请增兵防守彝陵、澧州，以为久远之计。”章下所司。（《清世祖实录》卷35）

（顺治五年四月）壬寅，湖广提督柯永盛奏报：“伪总兵萧相国、伪都司徐云从，于蕲水纠众倡乱。千总鹗效鹏等进剿，擒相国等，并获伪关防、伪历。”报闻。（《清世祖实录》卷38）

（顺治五年八月）壬申，命和硕郑亲王济尔哈朗为定远大将军，统兵讨湖广逆贼李锦。赐之敕曰：“兹命尔充定远大将军，统领大兵前往湖广地方征剿李锦等贼，凡事与诸将同心协谋而行。毋谓自知，不听人言。毋谓兵强，轻视逆寇。宜严侦探，毋致疏虞。抗拒不顺者，戮之。不得已而后降者，杀无赦。其从前被贼迫胁，大兵一到即来迎降者，悉行赦宥。有能杀贼、擒贼归正者，仍分别升赏，总以安民为首务。须严禁兵将，申明纪律，凡归顺良民，不得擅取一物，务体朕定乱救民至意。其行间将领功绩死罪，察实纪明汇奏。诸将如有应得之罪，及甲喇章京以下，无论大小过犯，俱与诸将商酌，径行处分。尔受兹重任，宜益殚忠

猷，用张挞代，立奏荡平，以安黎庶。钦哉。”（《清世祖实录》卷40）

（顺治五年十一月）丙子，辅国公恭安卒。恭安，贝勒阿敏第四子。阿敏得罪幽系，恭安以未分家子连坐废为庶人。后念系宗室，复封为辅国公，随和硕郑亲王济尔哈朗征湖广。卒于军中，年二十六。（《清世祖实录》卷41）

（顺治六年三月）辛巳，江南江西河南总督马国柱奏报：“楚贼突犯霍山，把总韩明秀、守备徐志高赴敌死之。”下兵部。（《清世祖实录》卷43）

（顺治六年七月戊辰）湖广巡抚迟日益奏报：“黄冈土贼平。”（《清世祖实录》卷45）

（顺治六年八月丙午）定远大将军和硕郑亲王济尔哈朗奏报：“大军自安陆府渡长沙江，闻贼渠何腾蛟、马进忠等据湘潭……”（《清世祖实录》卷45）

（顺治七年正月庚午）湖广四川总督罗绣锦疏报：“阿思哈尼哈番董英等剿平燕子窝，阵斩伪军门郑思爱等，俘获甚众。”下所司知之。（《清世祖实录》卷47）

（顺治八年十一月）丙子，湖广荆州总兵官郑四维奏报：“伪侯于大海向据巫夔拒命，今率部众于彝陵就抚。”下所司。（《清世祖实录》卷61）

（顺治九年七月己丑）湖广四川总督兵部尚书都察院右都御史罗绣锦卒。（《清世祖实录》卷66）

（顺治十年十一月）庚申，经略五省大学士洪承畴疏言：“楚省寇乱多年，人知逆贼孙可望等抗拒于湖南，而不知郝摇旗、一只虎等肆害于湖北。今湖南分驻重兵，足备防剿，而各郡穹远，不免首尾难顾之忧。其荆州贼孽，倘或由澧州而犯常德，或截岳州以犯湘潭，则我军腹背受敌。臣与督臣议，臣宜往来长沙四应调度，督臣移驻荆州，提督标下官兵宜赴荆州、郧、襄间听调，仍俟另拨各营官兵增武昌城守，以壮声援。”……俱下所司速议。（《清世祖实录》卷79）

（顺治十一年三月）壬辰，江南总督马国柱奏报：“逆贼赖龙等盘踞桂东，出没江楚，臣移咨楚抚合兵会剿，直捣贼巢，赖龙等就擒。”下所司察叙。（《清世祖实录》卷82）

（顺治十一年十二月丁丑）江西巡抚蔡士英奏报：“逆寇周立发难闽中，流祸江界，更有伪总兵霍武等相为犄角，福建、江、浙三省附近居民被其残害。分守湖东道安焕，令守备陈天珍等虚实并用，霍武等率众来降，湖广东路悉平。”下所司知之。（《清世祖实录》卷87）

（顺治十二年四月）壬戌，四川巡抚李国英奏言：“……请先敕平西王、固山额真侯李国翰率兵驻镇保宁，为各路之统领。遣将先取成都，资其肥饶且屯且守。次取重庆，以扼咽喉。然后乘流东下，靖定夔关，以通荆襄之气脉……”章入，下所司密议。（《清世祖实录》卷91）

（顺治十二年六月戊辰）宁南靖寇大将军陈泰等疏报：“伪南安王刘文秀率伪将军卢明臣、伪兴国侯冯双礼等贼众六万，船千余艘，分兵由常德攻岳州、武昌。而文秀自留攻常德。护军统领苏克萨哈伏兵邀击之，焚获船艘甚多，贼众大败，明臣赴水死，双礼被重创，降其伪副将等四十余员，文秀遁走贵州。”捷闻，下兵部察叙。（《清世祖实录》卷92）

（顺治十二年七月）乙酉，兵科右给事中季开生奏言：“……从来歌舞之席易生怠荒，历史垂戒，何庸臣赘？今当四方多警，楚、闽用兵，正皇上励精图治、寝食不安之际，何不移此使以阅旅，省此费以犒军，鼓忠勇而励防剿之为愈乎？……”……（《清世祖实录》卷92）

（顺治十二年八月）癸亥，命固山额真阿尔津为宁南靖寇大将军，同固山额真卓罗等统八旗官属兵丁驻防荆州，固山额真祖泽润分防长沙，赐之敕曰："今逆贼孙可望等煽乱湖南，骚扰地方，兹命尔阿尔津为宁南靖寇大将军，同固山额真卓罗、祖泽润，护军统领席卜臣，梅勒章京祷喇、太什喀、觉罗斡尔马等，统率大军前赴南楚。尔统官属兵丁于湖南、湖北地方与经略辅臣洪承畴共议地势相宜之所驻扎。其军情事务，亦会同经略辅臣洪承畴计议而行。贼若入犯，须协心戮力，多设方略，相机剿除，凡事与固山额真、护军统领、梅勒章京等会议而行。毋矜己智，不听众言；毋恃兵强，轻视逆寇。仍严侦探，勿致疏虞。抗拒不顺者，戮之。有先被贼胁从，闻大军至即时迎降者，俱免诛戮。有能擒杀贼渠投诚者，仍分别升赏。惟以安民为首务。须严禁兵将，申明纪律，凡归顺人民，毋得扰害，务体朕定乱安民至意。行间将领功罪，察实纪明汇奏。有犯小过者当即处分，至于骁骑校护军校以下，除死罪外，其余大小罪过俱与众将商酌，竟行处分。尔受兹重任，益勤厥事。钦哉。"（《清世祖实录》卷93）

（顺治十二年十二月）丙寅，先是，伪部院朱盛浓同弟盛添聚众富川，勾结土寇王心、蒋乾相等及八九两都瑶壮肆行劫掠，为孙可望、李定国应援。楚、粤被患，广西巡抚于时跃会同提督伯线国安、右翼总兵官全节、侍卫李茹春、湖广总督祖泽远，调发提标游击彭麟、道州参将李东斗等进剿，馘其渠首，斩获甚众，九团两都一百九十二寨悉平。至是，捷闻，下所司知之。（《清世祖实录》卷96）

（顺治十三年三月庚辰）郧阳抚治胡全才奏报："饶营千总朱光祚等

擒伪总督李企晟，获伪印、关防、敕札等物。又四川伪总兵胥登荣遣伪副将张凤翼等赍伪敕印，诣汉中府投诚。”章下所司。(《清世祖实录》卷99)

(顺治十三年四月)丁巳，谕兵部：“朕览历年叙录投诚官丁文册，八年十一月内，荆州镇臣郑四维疏报，自巫夔来归于大海、李占春等，已经尔部议复，于大海先授都督佥事职衔，督标效用。十一年五月内，复郧阳抚治胡全才题疏，仍以原衔管郧襄水师副将事。李占春十年十月内，议照于大海例，亦授都督佥事职衔，督标效用。朕念于大海等倾心向化，带部下将领共百余员，兵丁共四千有奇，家口人民共一万三千有奇，马匹船只共八百有奇，慕义输忠，深可嘉尚。原宜破格优擢，酬其效顺诚悃。尔部前议尚未允协，着速查原报文册，从优另议具奏。又念数年以来各处投诚官丁，亦不乏人，尔部通行详查，倘有功多赏薄与此相类者，即具奏改正，务使赏必酬功，以昭朝廷鼓励投诚至意。”(《清世祖实录》卷100)

(顺治十三年七月庚午)敕谕湖广、江西、陕西、四川、广西督抚镇等官：“朕惟自古帝王，底定万邦，皆恩威并用，讨贰怀服，乃能使人心乐于归往，蚤享太平。本朝开创之初，睿王摄政，降者多被诛戮，以致士民疑畏窜匿，实繁有徒。或系啸聚有年，未经归化；或系被贼迫胁，反正无由；或系偶陷贼中，力难自拔。原其本念，未必甘心从逆。此辈皆朕赤子，迷罔无知，深可悯恻，今欲大开生路，许其自新。该督抚镇即广出榜文晓谕，如贼中伪官人等有能悔过投诚、带领兵马家口来归者，察照数目，分别破格升擢。更能设计擒斩孙可望贼渠来献者，首功封以高爵，次等亦加世职，同来有功人等，显官厚赏皆所不吝。倘仍执迷不悟，大兵直捣巢穴，必至玉石俱焚，虽悔亦何及乎？其前此陷贼官民及新归人等，该地方官问明来历，尽心安插。原有田产速行察给，即无田产亦设法周恤，务令得所。尔等即遵谕行。”(《清世祖实录》卷102)

（顺治十三年十一月丙辰）总督湖广兵部右侍郎兼都察院右副都御史胡全才卒。（《清世祖实录》卷104）

（顺治十四年二月癸未）兵部奏言："故明楚藩崇阳王朱蕴钤与伪总兵李盛功等向化投诚，朱蕴钤应并家口起送来京，分别养赡；伪总兵李盛功应授以参将职衔。"从之。（《清世祖实录》卷107）

（顺治十四年四月）壬辰，以固山额真宗室罗托为宁南靖寇大将军，统领官兵驻防荆州，分遣固山额真伯佟六十驻防长沙，赐之敕曰："今因逆贼孙可望等煽乱湖南，骚扰地方，兹命尔宗室罗托为宁南靖寇大将军，同蒙古固山额真特津、护军统领俄内等统领大兵前赴南楚。尔统官兵，于湖南、湖北地方与经略辅臣洪承畴共议地势相宜之所驻扎，其军情事务与经略辅臣洪承畴相议而行。若贼入犯，须协心戮力，多设方略，相机剿除，凡事与固山额真、护军统领、梅勒章京等会议而行。毋谓自知，不听众言；毋谓兵强，轻视逆寇。仍严侦探，勿致疏虞。抗拒不顺者戮之；有先被贼胁从，闻大兵至即时迎降者，俱免诛戮；有能擒杀贼渠投降者，仍分别升赏，惟以安民为务。须严禁兵将，申明纪律，凡归顺人民毋得扰害，务体朕定乱安民之意。行间将领功罪，察实纪明汇奏。有犯小过者即当处分，至于骁骑校护军校以下，除死罪外，其余大小罪过，俱与众将商酌，径行处分。尔受兹重任，益勤厥事。钦哉。"（《清世祖实录》卷109）

（顺治十四年十一月）辛酉，宁南靖寇大将军固山额真宗室罗托等奏报："臣等至荆州宣布皇上德意，伪将多愿投诚。臣随遣兵夺取心潭口，往巴东断渡口，于是伪总兵田国钦、黄世奎、邓基昌等及贼渠孙可望标下伪总兵赵世超、副将赵三才相继来降。"章下所司。（《清世祖实录》卷113）

（顺治十四年十二月）癸酉，谕兵部："经略辅臣洪承畴，前已有旨准解任回京调理，近闻病已痊愈，仍着留原任，亲统所属将士，同宁南靖寇大将军固山额真宗室罗托等由湖广前进，相机平定贵州。"（《清世祖实录》卷113）

（顺治十五年九月）己亥，故明崇阳王朱蕴钤携家投诚，命户部从优收养，务令得所。（《清世祖实录》卷120）

（顺治十六年二月丙子）和硕简亲王济度等议奏："云南既已收复，则贵州为腹里地方，驻防宁南靖寇大将军固山真额宗室罗托等官兵劳苦日久，应撤回京。黔省系边要之区，请敕经略洪承畴酌量镇守。至荆州乃适中之地，应令安南将军固山额真明安达理等官兵驻防。"报可。（《清世祖实录》卷123）

（康熙二年四月）辛丑，湖广总督张长庚疏报："提督董学礼同各镇将等由鱼刺坡进抵长坪地方，于三月初九、初十日大破逆贼李来亨，擒杀贼党，攻进双龙观、三白垭二关，逆贼焚巢遁走。"下部知之。（《清圣祖实录》卷9）

（康熙二年四月）辛未，湖广总督张长庚疏报："忠建、高罗、木册三处土司缴印投诚。"下部知之。（《清圣祖实录》卷9）

（康熙二年五月丁亥）湖广提督董学礼疏报："提镇各标将弁共招抚西山余党洞寨一百四处，缴到伪敕印一百六十余件。"下部知之。（《清圣祖实录》卷9）

（康熙二年七月甲午）湖广提督董学礼疏报："逆贼李来亨遁踞潭家寨，大兵四面围守。六月二十七日，五鼓大雾，贼乘势突出，分犯塘汛，

各镇标兵夹击，斩首七百六十五级，生擒七十三名。”得旨：“事平察叙。”（《清圣祖实录》卷9）

（康熙二年八月）甲寅，以流贼余孽郝摇旗、刘体纯、李来亨等窜伏郧襄山中，猖獗梗化，命都统穆里玛为靖西将军，都统图海为定西将军，同都统辅国公宗室穆琛、护军统领孙达里、都统觉罗巴尔布、护军统领科尔昆统率大兵前往征剿。（《清圣祖实录》卷9）

（康熙三年正月庚午）湖广总督张长庚疏报：“伪部院毛寿登始为伪永历朱由榔所倚恃，继为众逆寇所推重，今革面来归，请敕优叙。”下部议。（《清圣祖实录》卷11）

（康熙三年二月己未）湖广总督张长庚疏报：“西山巨逆马腾云、党守素、塔天宝等率众归诚。”下部知之。（《清圣祖实录》卷11）

（康熙三年八月）己卯，湖广总督张长庚疏报：“靖西将军都统穆里玛、定西将军都统图海等率禁旅与三省绿旗兵合剿西山巨逆郝摇旗、刘汝魁等，业经授首，独李来亨拥众茅麓山最为险峻。官兵昼夜环攻，贼势穷迫，其党陆续下寨归降。八月初五日，李来亨全家自缢，举火焚巢，官兵搜剿余党，楚寇荡平，全师奏凯。”下部察叙。（《清圣祖实录》卷13）

（康熙三年十一月）甲寅，兵部议复湖广总督张长庚疏言，房县、保康、竹山、竹溪与兴山、巴归一带，皆楚省边险之地，被郝摇旗、李来亨等逆寇盘踞。今寇巢尽皆捣洗，新辟州县宜设兵以资保障，请酌拨荆、彝、郧、襄四镇额兵，各于紧要地方驻防。应如所请。从之。（《清圣祖实录》卷13）

（康熙四年六月）丁卯，以伪永历下伪荆国公王光兴，自湖广施州卫

率领伪都督等官四百六十五员、兵七千余名、家属一万余人倾心投诚，授左都督加太子太保，赏赉有差。（《清圣祖实录》卷15）

（康熙十三年正月癸酉）江南江西总督阿席熙疏言："请调集所属官兵，以备楚省告警，即遣发应援。"得旨："大兵不日抵楚，两省官兵不必遣发。江南沿海濒江甚属紧要，俱应有备。江西水陆皆与楚、闽接壤，尤宜固守。阿席熙其饬令镇将整顿兵马，于封疆扼要之处加意侦探严防。"（《清圣祖实录》卷45）

（康熙十三年正月）己丑，谕兵部："湖南[1]郧阳地介三省，中多旷土，山谷厄塞，奸民易于啸聚，恐有窃伏其间与贼应和者，且逆贼或乘间侵犯，其令副都统佟国瑶为提督总兵官，驻防弹压。"（《清圣祖实录》卷45）

（康熙十三年二月乙巳）谕都统觉罗巴尔布及护军统领伊尔度齐、额司泰，前锋统领硕岱等："常德为水陆冲要之区，不可不预加防守。大将军兵未至之先，宜令护军统领一员率每佐领护军一名同硕岱率前锋兵尽移赴常德，谨守地方。巴尔布并所留护军统领率兵暂驻荆州，俟大将军兵到后即进守常德。如巴尔布至常德，其先往常德之护军统领可即移镇长沙，与都统朱满合兵，俱听王指挥。朕遥度兵势，似宜如此，尔等身在地方，倘势有难行，仍当相机调度，不必固执，虑违朕命。"又谕都统觉罗朱满及副都统阿晋泰、肯齐赫等："前谕尔等统兵镇守武昌、岳州。兹念长沙乃武昌咽喉之地，又为武冈、宝庆州郡水陆要途，且壤连粤西，尔等若进驻长沙，既兼防水陆之冲，更可壮粤西之势。俟大将军兵抵荆州，当即遣护军统领一员往助尔等，协同防御。尔等启行之日，可即闻之巴尔布等，并移檄广西将军、提、抚诸臣，言我兵已抵长沙，保固湖

① 南：应为"北"。

南。尔等当各守疆土，朕遥度兵势，似宜如此。至军中情形或有难行，仍当相机调度，不必固执，虑违朕命。”（《清圣祖实录》卷46）

（康熙十三年二月甲寅）湖广总督蔡毓荣疏报：“长沙副将黄正卿、参将陈武衡以城叛降贼。”上谕宁南靖寇大将军多罗顺承郡王勒尔锦，都统觉罗巴尔布，护军统领伊尔度齐、额司泰等：“兵抵荆州，是时常德、澧州尚未有变，理应稍休马力，速赴常、澧，以戢兵民，乃迟久不前，以致常、澧相继皆陷。今长沙亦有变，可俟都统鄂内等兵至荆州，令其镇守荆、彝诸处，即令都统巴尔布等进兵攻取常澧。又襄阳为我师来往之冲、蜀寇必窥之地，王军前汉军都统、副都统可酌率官兵留镇襄阳。”又谕勒尔锦：“近闻常德已叛，四川夔州所在贼氛甚炽，都统巴尔布兵力虽盛，倘须两路堵剿，更宜增兵。王可于所率骁骑内拣择肥马，每佐领拨二三名，每翼以副都统一员领之，速赴荆州巴尔布军前。若不得肥马，难于前进，听王酌量以行。”（《清圣祖实录》卷46）

（康熙十三年二月乙卯）谕广西将军孙延龄、都统线国安、巡抚马雄镇、提督马雄等：“保固粤西，实尔等是赖。今大兵已抵武昌，倘贼犯武冈、宝庆诸处，尔等率所部官兵进剿其后，大兵迎击于前，量此逆丑自可克期扑灭。尔等宜同心协力，谋定后举，以副朕倚任至意。”（《清圣祖实录》卷46）

（康熙十三年二月己未）宁南靖寇大将军多罗顺承郡王勒尔锦疏言：“常德已陷，贼兵自蜀道直抵巴东，臣恐襄阳危急，随令都统鄂内并每翼两副都统率领官兵驰赴防守。及接上谕，即令都统鄂内速至襄阳，侦探郧阳一路情形。如郧阳无警，即令两副都统率每佐领骁骑二名径往荆州都统巴尔布军前。”得旨：“襄阳总兵官杨来嘉向自海上投诚，其才甚庸，所属官兵率皆藐玩，将来恐有他故。可将汉军官兵留镇襄阳，即以此意密谕之，但不必防闲过甚，恐致泄漏，以速其变。”（《清圣祖实录》卷46）

(康熙十三年二月辛酉)谕吏部、兵部:“……邻省用兵,当应援者,酌量策应,如有军机,将军、总督领兵而行,俟湖广、四川地方底定,即命还朝。应兼职衔及应给敕印,尔二部会同速议具奏。”寻允部议,加莫洛武英殿大学士,仍以刑部尚书管兵部尚书事,兼都察院右副都御史,赐之敕印,经略陕西。(《清圣祖实录》卷46)

(康熙十三年三月)壬申,谕宁南靖寇大将军多罗顺承郡王勒尔锦等:“朕览都统觉罗巴尔布,护军统领伊尔度齐、额司泰,前锋统领硕岱等奏,皆云以八月进兵,恢复疆土。朕思云贵尚未可轻进,必俟四川全定,方图进取……”又谕:“比闻逆贼吴三桂身至常德,王所统兵马稍加休息,进取常、澧之时,狡寇知不能敌,或出全力,冒死以犯岳州、武昌,亦未可料。王若进兵,当密示将军尼雅翰、都统朱满,各于所向之地酌其近远,约期共举,庶几万全。其荆州、武昌两地军机互相关白,务宜回顾武昌。王等仍相机以行。”(《清圣祖实录》卷46)

(康熙十三年三月乙酉)宁南靖寇大将军多罗顺承郡王勒尔锦疏报:“伪将军刘之复、陶继智等率贼万余,驾船七百,逼犯彝陵,于江两岸各扎五营。臣遣护军统领额司泰等统领满汉官兵前往剿御,三月初四日,我军分布水陆奋击,贼众大败,遁回宜都。”下部议叙。(《清圣祖实录》卷46)

(康熙十三年三月)壬辰,湖广总督蔡毓荣疏报:“襄阳总兵官杨来嘉据谷城叛。”(《清圣祖实录》卷46)

(康熙十三年四月丙申)镇南将军尼雅翰疏言:“奉使云南礼部侍郎折尔肯、翰林院学士傅达礼还至武昌,携有吴三桂奏章。”上谕宁南靖寇大将军多罗顺承郡王勒尔锦等:“朕思吴三桂素多狡诈,此中疑有诡计。

如吴三桂服罪请降，王及将军等仍议招致之，益加警备，毋堕奸谋。即吴三桂束身归命，王等但以礼受降，其官属当益加严防，不可分散兵力急于前进，务相机以行。”（《清圣祖实录》卷47）

（康熙十三年四月癸丑）宁南靖寇大将军多罗顺承郡王勒尔锦疏报：“四月初八日，逆贼伪将军陶继智等自宜都县以三百艘来犯彝陵，都统鄂内等率兵进击，斩贼甚多，获船六十余只。”下部议叙。（《清圣祖实录》卷47）

（康熙十三年四月）癸亥，平南王尚可喜疏言：“请调发官兵，征剿逆贼，及长江宜设舟师备御。”上命兵部以分遣禁旅、诸路调度情形移会尚可喜曰：“今宁南靖寇大将军多罗顺承郡王及贝勒等帅领大兵由常澧进平云贵。镇南将军尼雅翰，都统朱满、巴尔布等帅师由武昌水陆进取岳州、长沙，直入广西。都统宜理布等帅师驻镇彝陵。都统范达礼、副都统德业立等帅师驻镇郧、襄……一切机宜，参酌以行。”（《清圣祖实录》卷47）

（康熙十三年五月戊辰）谕宁南靖寇大将军多罗顺承郡王勒尔锦：“岳州水陆诸路兵力单弱，王可于荆州兵内每佐领酌拨二三名，于彝陵领兵大臣内曾历战阵者，令一人统之，由水路速援岳州。如尼雅翰、朱满、巴尔布等尚未破敌，须俟援兵到始可进攻，非谓尼雅翰等不能击贼，正欲我军兵多力厚，大败贼众，挫其凶锋耳。范达礼等之兵足守襄阳，令副都统德业立等兵自襄阳往荆州暂驻。王贝勒大臣身在行间，自悉机宜，听尔等裁酌，如已得四川，当分兵三路进取云贵。贼中兵将来归者，赦其前罪，厚加恩养，其以此播告大江以南，广为宣谕。至贼兵各路入犯，分我兵势，又声言渡江，狡情难测，恐我兵日久，侦探疏懈，虽贼所不到之处，亦宜严加防御。”（《清圣祖实录》卷47）

（康熙十三年八月甲辰）湖广总督蔡毓荣疏报："逆贼盘踞南漳县天门寨等处，襄阳总兵官刘成龙分守下荆南道，参政石琳率领官兵攻剿，斩杀贼众，获马骡、器械，安抚各寨洞。"下部议叙。（《清圣祖实录》卷49）

（康熙十三年九月甲子）湖广总督蔡毓荣疏报："叛贼杨来嘉等出犯南漳，官兵奋勇力战，大败贼众，阵斩伪弁兵目，获伪札器械等物。"下部议叙。（《清圣祖实录》卷49）

（康熙十三年十一月己巳）谕安远靖寇大将军多罗贝勒尚善等："览吴丹所赍尔等奏疏，朕心深为嘉悦。两贝勒皆朕懿亲，运筹决策，破贼立功，在指顾间。朕遥度机宜，于尔等疆场之事或有裨益，特颁手诏示尔。尔等请调荆州绿旗甲兵备用，细思顺承郡王渡江攻战，未有定期，王若不渡江，则满洲、蒙古甲兵镇守荆州、彝陵，原无不足。今檄蔡毓荣标兵往岳州，又据吴丹口奏，贼浚重壕，相拒甚坚。今令绿旗兵以车运土囊填壕赴战，随遣满洲、蒙古精兵继进攻取，必获全胜，绿旗官兵宜深加抚恤。至临阵时明谕贼人，有解甲来归者即与保全，恩养安插。朕未亲履行间，但披览舆图，据臆悬断，所期尔诸将等恩威公溥，无间亲疏，严饬哨探，申明法纪，速成破贼之功，永表旂常之绩。尔等所有筹画即行密奏，两贝勒及大臣等兵士无恙，并疏以闻。"（《清圣祖实录》卷50）

（康熙十三年十一月己巳）湖广总督蔡毓荣疏报："竹溪本无县城，文武官民据守桐溪、中峰二寨，逆贼杨来嘉等合谋侵犯，致中峰寨失陷。今桐溪寨告急，亟请附近兵应援。"上谕："竹溪去陕西白土关甚近，经略莫洛、总督哈占、巡抚杭爱、提督王辅臣等速令汛防官兵就近应援，郧阳提督佟国瑶遣协剿官兵驰救，都统范达礼、副都统德业立等亦严加固守，相机堵剿，毋致蔓延。"（《清圣祖实录》卷50）

(康熙十三年十二月)庚子，定西大将军多罗贝勒董额疏报：“是月初四日，提督王辅臣兵叛于宁羌州，劫经略营。经略标下官兵或败走，或从逆，经略莫洛不知下落。今臣等以兵阻不能前进，即于本日退保汉中。”上谕大学士等曰：“今王辅臣兵叛，人心震动，丑类乘机窃发亦未可定。前者各将军大臣不遵指授，互相观望，迁延不进，以致逆贼得据大江之南，贼渠未灭，故又有此变。朕欲亲至荆州，相机调遣，速灭贼渠吴三桂。若吴三桂既灭，则所在贼党不攻自息，生民得安。尔等与议政内大臣密议以闻。”寻议复：“圣驾亲征，灭贼诚易，但皇上身关天下之重，若銮舆前往，恐奸宄妄布流言，事生意外。况京师根本，所系非轻，皇上不宜轻出，止可居中运筹，指授内外臣工相机调发。”上曰：“卿等所言亦是，朕且暂止亲征……”(《清圣祖实录》卷51)

(康熙十四年正月壬午)湖广总督蔡毓荣疏报：“南漳县点子、龙虎等峒寨，伪都司夏之琪等率兵民三千三百余名投诚。”下部知之。(《清圣祖实录》卷52)

(康熙十四年正月)戊子，先是，定远平寇大将军和硕安亲王岳乐疏言……又奏：“江西形势为广东咽喉、江南湖广要冲，见今三十余城为贼盘踞……”上谕之曰：“……今荆州兵未能渡江，而岳州兵又难骤进。王抵江西，宜由袁州直取长沙，一以断贼饷道，一以分贼兵势，一以扼广西咽喉，一以固江西门户，乌合之众自当瓦解。荆、岳大兵，即可乘机直进。况宁羌告变，川贼必通杨、洪二贼，窥我郧襄，扰我南邓，侵我荆州后路。揆其大势，进兵湖南断不容缓……即进取湖南，勿得坐视，致误机会。”(《清圣祖实录》卷52)

(康熙十四年二月庚申)先是，贝勒察尼请分岳州每佐领兵二名，发安亲王军前，协定江西，规取长沙、湘潭，会荆州、岳州将军，三路并进。上命顺承郡王勒尔锦等公同速议，并令安亲王岳乐参酌具奏。至是，安亲王岳乐等奏："岳州兵来，则臣进剿力厚，即守江西亦属有益。"上谕："自岳州发兵至江西，正值溽暑霪雨，于王进剿之期又恐无及，其停止遣发。"顺承郡王勒尔锦等奏："臣商之贝勒尚善，据云江西兵已经停遣，欲遣岳州兵每佐领三名，令贝勒察尼、都统巴尔布率赴荆州，臣俟此兵到日，即从彝陵以下、石首以上相机渡江。"上谕："王及参赞大臣身在地方，具陈机宜，固当如议。但入川大兵，见以粮饷不继退驻西安。今我兵渡江之后，万一川贼乘桴东下，侵犯荆州、彝陵，茅麓山贼又出襄阳诸处，则我军必至却顾，难以长驱。王贝勒等皆朕懿亲，参赞大臣皆朕股肱，今与贼相持，可行则进，倘有可虞，宁俟秋冬相机进取。"（《清圣祖实录》卷53）

（康熙十四年）三月己未朔，湖广总督蔡毓荣疏报："叛逆杨来嘉犯南漳县，襄阳总兵官刘成龙击败之，斩伪都司陈国俊，焚贼屯粮，逆众尽遁。"下部议叙。（《清圣祖实录》卷53）

（康熙十四年五月）戊寅，宁南靖寇大将军多罗顺承郡王勒尔锦疏报："据都统范达礼报称，逆贼五六千络绎来犯南漳，杨来嘉、洪福二逆两路齐出。臣随畀都统宜理布讨逆将军印，并遣副都统根特统兵前往，旋报谷城失守。又畀贝勒察尼靖寇将军印，率兵赴援。"上谕："既以贝勒察尼为将军率兵赴援，即令统辖襄阳诸处官兵速灭南漳、谷城贼寇，平定地方。又襄阳要地，宜设重兵，其令汝州副都统塞格率所部兵星赴襄阳，安庆署副都统诺敏、副都统孙承祖各率所部兵赴汝州驻守。"（《清圣祖实录》卷55）

（康熙十四年闰五月庚戌）先是，宁南靖寇大将军多罗顺承郡王勒尔锦疏报："五月初五日，逆贼突犯谷城，县城失守，提督李胡拜陷贼，副将马郎阿，总兵官金世需、刘文奇、杨茂烈俱退走。"上谕："谷城失守，提督李胡拜陷贼，副将马郎阿、总兵官金世需等并皆退奔，国家军令素严，未尝有此。马郎阿等何以不顾提督，遽自退归？范达礼驻襄阳，去谷城甚近，何以事前不为预备，临事不相应援？今当大兵四出，军令岂容宽纵？贝勒察尼速勘密奏。”至是，察尼讯鞫，上闻。上命斩马郎阿以徇，革金世需、刘文奇、杨茂烈职，令击贼自效。（《清圣祖实录》卷55）

（康熙十四年七月丙申）宁南靖寇大将军多罗顺承郡王勒尔锦疏报：“伪将军张以诚、王会等勾连逆贼吴三桂将杨来嘉等侵犯南漳，臣遣都统宜理布会同总督蔡毓荣分率满汉官兵奋勇鏖战，阵斩三千余级。”下部议叙。（《清圣祖实录》卷56）

（康熙十四年九月庚子）先是，防守彝陵贝子准达因彝陵兵单，请兵于大将军多罗顺承郡王勒尔锦，遂发满洲蒙古绿旗兵一千八百，给贝勒察尼靖寇将军印，率赴彝陵。月余，并无音问。上谕兵部：“贝勒察尼往彝陵月余，曾否与贼战？即战，胜负若何？贼情若何？尔部其移文顺承郡王，令其速奏。”至是，多罗顺承郡王勒尔锦奏曰：“贝勒察尼于八月十九日至彝陵，与臣书云，彝陵城外，东北有镇荆山，贼立营掘壕，坚壁以守，难于进攻。近侦知我兵日增，堤备益严，但思寇粮取给湖南，必由长江转运，若断此粮道，别无转运之所，贼必饥困，今惟俟兵卒与船耳。臣随将荆州所有划子船一百四十只，于本月二十五日发往，提督佟徽年兵亦于十月初一日遣行。”（《清圣祖实录》卷57）

（康熙十四年十月甲子）安远靖逆大将军多罗贝勒尚善疏言：“长沙、岳州，如唇齿相依。若偏攻一隅，未能猝拔。今和硕安亲王进兵长沙，岳州亦宜协力攻取。但兵力尚少，乞济以河南、山东诸兵。”上谕：“尚善前奏岳州逆贼，浚壕树桩，窃据甚固，不能攻取，故将岳州兵分遣荆州诸处，并非辍岳州之攻也。顷尚善等报岳州贼党，吴三桂已撤往彝陵，今计我兵之在岳州者虽减于旧，而贼势亦分。诚能进取岳州，兵力亦未为不足，尚善又请添兵，不合。作何攻取，尚善酌量以行。”（《清圣祖实

录》卷 57）

（康熙十四年十二月）壬戌，谕在荆岳大将军等：“今大将军安亲王由江西进取长沙，尔等应发兵夹剿。前者荆州添设绿旗兵及鸟枪兵甚多，贝勒察尼又率兵赴彝陵，已数月矣，尚未奏捷。顺承郡王勒尔锦等或分现在荆州兵，或调可缓地方之兵，速发长沙。倘彝陵贼未能即破，察尼等应量留官兵于彝陵，遣余兵与荆州兵合，或由云溪驿，或由别路，酌量议定，并量度安亲王将抵长沙之期，彼此关会，协力齐进，断贼粮道，夹攻长沙。贝勒尚善亦分遣官兵，与荆州、彝陵兵同往。尚善等仍作攻取岳州之势，移兵逼之，如机有可取，即取岳州。尔等率大兵驻荆、岳将及二载，粮费师老，并未得尺寸之地，坐失事机，罪不胜数。今安亲王进攻长沙，若又不发兵夹剿，俾贼侦知荆、岳按兵不动，死守长沙要路，则尔等贻误之罪更大矣。其遣发之兵谁可统率，着公议遣往，无分彼此，同心协济，务期有裨国事。”（《清圣祖实录》卷 58）

（康熙十四年十二月）乙亥，宁南靖寇大将军多罗顺承郡王勒尔锦疏言：“臣等身在地方，目击逆贼情形，今若不速行渡江前进，必致饷匮师老、马匹疲乏。细筹之，若得满兵每佐领十名，则战守自足。今调集各路兵，合在荆之兵，每佐领得四名半，乞再发禁旅每佐领五名，便可渡江剿贼。”上责之曰：“方吴三桂之初叛也，即命大将军顺承郡王勒尔锦等率精兵往讨。贼来甚速，其力必疲，勒尔锦等不乘此时击之，但顿兵荆州，故贼得以其暇，据有湖南。厥后大兵齐集，又不克期渡江，贼于是得固守要害，犯我彝陵。揆厥所由，实因勒尔锦及参赞巴尔布、伊尔度齐、硕岱等耽延时日，不急讨贼，故逆贼滋蔓，耿精忠、孙延龄相继叛乱。前因欲渡江击贼，请发官兵，已添发满洲蒙古兵数千、绿旗兵一万，而究未得湖南尺寸地。今复请兵，岂果欲速灭贼寇？亦不过冀免逗留之罪耳。巴尔布、伊尔度齐、硕岱等着俱解参赞，留任效力赎罪。”（《清圣祖实录》卷 58）

（康熙十五年二月甲戌）谕兵部："贝勒尚善等统率大兵往驻岳州，将及二载，并未移师前进作攻城破贼之势，因循坐守，徒令师老财匮。今因大将军安亲王由袁州进取长沙，湖南逆贼遂欲分我大兵之势，来犯江、广。前据报岳州贼众分遣往援彝陵等处，则岳州贼势已分……湖南贼势既分，既应整理甲兵，为进取岳州之势……"（《清圣祖实录》卷59）

（康熙十五年三月）甲午，宁南靖寇大将军多罗顺承郡王勒尔锦疏报："镇安将军都统噶尔汉等调发襄阳满汉官兵，击败逆贼于南漳县之灵机寨，焚其大营，贼渠王会等远遁。"下部议叙。（《清圣祖实录》卷60）

（康熙十五年三月庚戌）宁南靖寇大将军多罗顺承郡王勒尔锦疏报："臣统大兵于三月十八日自荆州渡江，前锋参领瓜尔察败贼于南岸之文村，又败之于石首县，荡寇将军贝勒察尼又败贼于太平街，焚毁贼营。"下部议叙。（《清圣祖实录》卷60）

（康熙十五年四月）甲寅，谕兵部："逆贼吴三桂死守湖南，我师不能骤进，相持日久。顷大将军安亲王克取萍乡，直逼长沙，湖南诸贼震动。顺承郡王既已渡江，贝勒尚善等复遣舟师败贼于洞庭。又据报彝陵之贼相继沿江而下，大将军切临贼境，深知逆贼情形，宜乘此逆贼可破之机，不时侦探以闻。安塘笔帖式未能探晓兵事，仅据所闻来报，恐不详确。朕每怀远虑，且调遣官兵尤难遥度，大将军等，其各将措置机宜及所闻见，并吴三桂见在何处，贼势何似，悉具奏闻。"（《清圣祖实录》卷60）

（康熙十五年四月）庚辰，湖广总督蔡毓荣疏报："川逆谭弘直逼郧江北岸，楚逆洪、刘等贼出掠郧江以南。提督佟国瑶等遣发郧阳满汉官兵分布剿御，三月二十一日，败贼于坪沟。二十八日，败贼于黄畈。四月初四日，败贼于九里冈等处。初九日，败贼于南岸。初十日、十一日，连败贼众，擒斩无算，焚其战舰，获器械甚多。”下部议叙。（《清圣祖实录》卷60）

（康熙十五年九月丁酉）郧阳抚治杨茂勋疏言：“贼渠谭弘由水陆来犯，欲断我师饷道。”得旨：“粮饷系大兵急需，杨茂勋等宜协力攻剿，速通水路。仍着湖广督抚设法陆运至郧阳接济，毋致匮乏。”（《清圣祖实录》卷63）

（康熙十五年九月丙午）先是，抚远大将军都统大学士公图海请暂停进取汉中之役，分兵防守诸隘，复遣一军进剿湖广。上谕：“图海多选精锐，率赴湖广，剿灭逆贼。”至是，图海奏：“平凉、庆阳虽经底定，而投诚兵心尚未宁帖，汉中、兴安尚未恢复。若带领精兵赴楚，恐不逞之徒心怀叵测。”得旨：“大将军图海着停其前赴湖广，署前锋统领穆占勤劳懋著，着实授都统，佩征南将军印，统率陕西、河南满汉诸军，前赴湖广。见在陕西诸将，俱听穆占会同图海拣择，或从荆南渡江，或由彝陵进剿，或赴岳州水陆夹攻，相机行事。”（《清圣祖实录》卷63）

（康熙十五年九月己酉）郧阳抚治杨茂勋疏报：“川贼谭弘遣贼众潜伏郧江两岸，泊船琵琶滩，阻绝运道。九月十九日，臣会同驻防郧阳副都统李林隆、提督佟国瑶等统领满汉官兵奋勇进击，大败贼众，运道即得疏通，粮艘并无阻滞。”得旨嘉奖，下部议叙。（《清圣祖实录》卷63）

（康熙十五年十月辛酉）湖广提督伯佟国瑶疏报：“川逆谭弘驾三十余船顺流而下，围郧阳。臣同将军噶尔汉、郧阳抚治杨茂勋等统领官兵败贼于沿江及陡岭地方。九月十九日，复以水陆兵合击之，擒斩甚多。”下部议叙。（《清圣祖实录》卷63）

（康熙十五年十月）壬申，征南将军穆占疏言："陕西各隘，拨兵防守，所余满汉兵请令大将军图海及臣率赴湖广，再将荆州、岳州、彝陵兵内酌量拣选，分路并进，则吴逆可灭……"上谕："陕西兵随征各处，勤劳备至，运粮民多苦累，若复进取四川，恐征剿转输，兵民重困，故暂停汉兴之役。平凉虽已底定，军中缺乏马匹，新附兵丁犹未大定，大将军图海及新附兵不便调往湖广。且荆州诸处，有大将军顺承郡王勒尔锦，贝勒尚善，都统鄂内、宜理布等统兵驻守。又大将军安亲王岳乐统帅大兵围困长沙，今令将军穆占率兵抵湖广日，将荆州诸处兵每佐领配足十名，又添拨蒙古兵及陕西、湖广绿旗兵随往，兵力不为单薄。着穆占仍遵前旨行，迨克复地方，其应设镇守官兵调遣机宜，与各将军、总督、提督等议行。大将军安亲王、顺承郡王、贝勒等探知穆占何路进兵，即相机应援。"又谕穆占："大兵剿贼，惟马是赖，尔择可暂驻之处酌量牧养。"（《清圣祖实录》卷63）

（康熙十五年十一月丁亥）谕湖广大将军、王、贝勒、参赞大臣及官兵等："我朝创业以来，战胜攻取，动合兵机，将帅皆身先士卒，无不立奏肤功。逆贼吴三桂背恩反叛，朕念尔等宗室大臣简阅官兵，委以南征，削平僭乱，拯救生民，今出师三年，未获尺寸，坐失机会，使疆圉日逼，贼势鸱张，糜饷困民，误国孰甚。罪在王、贝勒、将军、大臣，于众官兵无与。今陕西、福建、江西、浙江虽渐次底定，然贼渠吴三桂不诛，于事何济？日者穆占在川陕时，劳绩茂著，兹特简为征南将军，命以讨贼，尔等亦当同心戮力，歼寇拓疆，以副朕靖乱安民之意。慎勿妄分疆界，各顾部伍，互相推诿，仍蹈前失也。众官兵自遣发后，为国效力，暑雨蒸湿，浚壕筑垒，昼夜枕戈，披坚冒刃，分防侦探，备极劳苦，朕悉知之，每念及此，深用恻然。尔众官兵，其念朕恤养之恩，益加用命，倘树立功勋，朕不吝优加爵赏，其各勉之。"（《清圣祖实录》卷64）

（康熙十五年十一月丙申）先是，定远平寇大将军和硕安亲王岳乐赴长沙，上以我军深入，逆贼吴三桂必往来救援，屡敕荆岳大将军顺承郡王勒尔锦、贝勒尚善等扬声进兵，以牵其势，不时侦探，若贼有可乘之机，则渡江进取。至是，总督董卫国、巡抚韩世琦、总兵官赵应奎等相继疏言："吴三桂知长沙被围，即遣马宝、高启隆等由岳州星驰救应，又遣伪将军胡国柱等入长沙固守。吴三桂亦自松滋拥众来援，屯兵岳麓山。"上谕荆岳大将军等："尔等故违指授，迟延时日，以致逆贼得间，四出应援。今荆岳之兵安处日久，马皆肥壮，着将军穆占速赴湖广，简选荆、岳、彝陵士马，由岳州趋长沙，接应安亲王兵。若长沙军无虞，或出彝陵，或取岳州，或由荆州渡江，便宜进发。"（《清圣祖实录》卷64）

（康熙十五年十二月己巳）扬威大将军和硕简亲王喇布等疏言："贼众数万来援吉安，距城二十里许。"江西总督董卫国亦奏："逆贼自渌口抵攸县界，声言犯萍乡，又言往援吉安。闻贼帅马宝等率贼三四万，已至永新、安福，并欲为吉安救援。"得旨："逆贼吴三桂知我荆岳大将军等断不能进兵，故身往常德调集贼众，并力于长沙。吉安将军穆占速选荆州士马相机前进，以分长沙、吉安贼势，平定湖南。大将军简亲王喇布等严饬所部保固疆圉。"（《清圣祖实录》卷64）

（康熙十六年正月）庚寅，抚远大将军都统大学士公图海疏言："臣等前调绿旗官兵，本拟于二月内进取汉中、兴安，今将军侯张勇等咨称宜视夏秋收获丰歉再图进取，但汉中、兴安山峻路险，延至彼时，适遇霪潦，贼守益坚。臣等仍欲调兵及时进取。"得旨："大兵即克复汉中、兴安，须设重兵。重兵一设，则运饷维艰。若俟夏秋进取，又顿兵旷日，虚糜粮糗。今将军穆占方剿吴逆，机不可失。大将军公图海等暂停汉兴之役，留满洲、蒙古兵一万，同绿旗兵防守秦州诸隘。分兵五千，遣大臣一人统赴荆州，到日，顺承郡王等量留官兵防守荆州、彝陵诸处，乘穆占由岳州、长沙进取湖南之时，相机渡江破贼。"（《清圣祖实录》卷65）

(康熙十六年三月乙巳)先是，上谕："据荆州坐塘笔帖式报，贼犯远安，旋复退回。逆贼或因我兵进取长沙、岳州，虚声牵制，亦未可知。大将军顺承郡王勒尔锦等应作进兵之势，扬言渡江，以疑贼兵。"至是，定远平寇大将军和硕安亲王岳乐等奏："逆贼吴三桂纠聚贼众，死守长沙。上复令勒尔锦速勒兵临江，更令图海整饬陕西满汉官兵，进扼汉中要路，移檄声言进兵，以分贼势。倘机有可乘，即行进剿。"(《清圣祖实录》卷66)

(康熙十六年十一月)壬午，先是，扬威大将军和硕简亲王喇布疏言："据报韩大任等欲渡河潜遁，楚贼来迎，应乘其未合，预行剿灭。但护军统领哈克山等部兵甚少，若剿逸贼，则无兵以遏楚逆。若御楚逆，则追剿逸贼又复无兵……"……(《清圣祖实录》卷70)

(康熙十七年五月丙午)郧阳抚治杨茂勋疏报："伪镇郝一经同伪监军高维藩率伪文武等官四百七十名、贼兵三千七百余人投诚。"下部知之。(《清圣祖实录》卷73)

(康熙十七年八月戊寅)湖广总督蔡毓荣疏报："逆贼窥伺粮艘，复犯大营。满汉官兵合力会剿，屡败之，斩首一千余级。"下部议叙。(《清圣祖实录》卷76)

(康熙十七年十一月己亥)宁南靖寇大将军多罗顺承郡王勒尔锦疏言："先后投诚伪官及房县来归之伪总兵何以敬等，虽授札以示鼓舞，而止食兵粮，生计难给。"得旨："何以敬等慕化来归，宜令得所，以励来者，其悉予半俸。"(《清圣祖实录》卷78)

(康熙十七年十一月辛亥)先是，谕议政王大臣等："吴逆既殒，贼心震动，宜遣吴三桂原属人员前往招抚……"于是议政王等列何毓秀等名具奏，上命加山东按察使何毓秀太常寺卿……各赍敕谕，往诸路大将军军前招抚陷贼官员、兵民，敕曰：“自逆贼吴三桂煽乱以来，所在官兵多被诱惑，故陷身贼中，莫能自拔。朕已洞悉情形，屡颁敕谕，广示招徕，开其自新之路。今逆首吴三桂已伏天诛，念在彼胁从文武官员、兵民人等皆朕赤子，素受国家恩养，必非甘心从逆，或志存忠义，迟回待时；或势被迫驱，无由归化。朕甚悯焉，兹特命尔等赍敕，往陕西大将军、长沙大将军、岳州大将军、征南将军、扬威大将军、荆州大将军等军前特行招抚。尔等曩在滇、黔，素多亲识，易于开导，必相信从。须宣布德音，相机劝谕，务令陷贼人员翻然悔悟，争先来归。有密谋内应、擒斩贼渠及率领兵民献城纳款者，俱赦其前罪，论功叙录，加恩安插，俾令得所。煌煌谕旨，朕不食言。尔等奉兹委任，务须殚心筹画，勿失事机。或亲身径前招抚，或先遣人晓谕，后乃亲往，俱同各将军等酌量而行。若招抚成功，量功大小，从优议叙加恩。尔等其勉图报效，以副朕定乱安民至意。”（《清圣祖实录》卷 78）

（康熙十八年正月甲子）谕兵部：“顷笔帖式马尔泰去时，令其传谕诸将军。今岳州既经克复，应发兵一支从荆河口渡江，立营于华容、石首之地，以为根基。若由华容、石首前往常德、澧州，一路水潦难行。且诸将军亦曾奏此路水泽甚多，艰于前进。今在岳州满汉官兵甚多，宜乘贼未及固守湘阴之先，水陆并进，乘机急取湘阴……”（《清圣祖实录》卷 79）

（康熙十八年二月甲戌）平南王尚之信等疏言：“臣等共议，将军莽依图、舒恕等同将军傅弘烈守梧州……”上谕：“今长沙、岳州诸处，俱已恢复，伪将军、总兵、文武官员、船舰、兵卒来归者甚众，又彝陵州对岸之镇荆山盘踞贼寇尽行潜遁，分逐诸路溃败之贼，多所斩戮。大将军顺承郡王等已渡江平定湖南，安亲王又进取衡州诸处，宜乘此各路贼寇涣解之际，平定广西。大将军平南王尚之信，将军莽依图、舒恕、额

楚、傅弘烈，总督金光祖等，勿失事机，速定广西。”（《清圣祖实录》卷79）

（康熙十八年二月甲戌）湖广提督桑峨疏报：“臣与抚远将军固山贝子章泰各领满汉官兵进取华容、石首二县，贼众望风弃城奔窜，我兵遂入城。”下部知之。（《清圣祖实录》卷79）

（康熙十八年二月辛巳）谕议政王大臣等：“今岳州、彝陵之贼以舟来降，长沙之贼焚舟溃遁，诸处贼寇困蹙逃窜，无有舟楫，宜固守荆襄，乘机速灭贼党。贝勒察尼酌留官兵于岳州，水陆齐进，速会顺承郡王军，合力亟取常德、沅州、镇远诸处……”寻吏部、兵部以应补官列名具奏。上谕：“云南将军不必添设，可调湖广提督桑峨为云南提督，湖南提督赵赖为贵州提督……”（《清圣祖实录》卷79）

（康熙十八年三月癸亥）宁南靖寇大将军多罗顺承郡王勒尔锦疏报：“彝陵后营游击许嘉谟等于二月二十二日率兵至青石渡，贼首潘龙等迎敌，我兵左右夹剿，追至平峪铺，斩首及落崖死者无算，恢复衡山县城。又二十六日，进取归州，贼首廖进忠等率贼数千于马黄山迎敌，我兵三路夹攻，贼众向巴东逃遁。二十七日，看守巴东伪副将金勤等遣伪守备王坦斋投诚，遂遣守备于腾云等领兵前往，正遇金勤等与贼对垒，我兵冲击，追至西壤地方，大败贼众，归州、巴东相继恢复。”得旨嘉奖，下部议叙。（《清圣祖实录》卷80）

（康熙十八年四月）辛未，安塘笔帖式报，伪将军王凤岐等三人选船舰兵卒，水陆齐下，截御巴东诸处，以乘不备。又有刘、李、杨、王诸贼帅率众屯踞巫山及草毛诸处。上谕：“逆贼至巫山，潜生奸计。或窥伺夔山，俟江水泛涨之时乘虚突犯彝陵、荆州，殆未可定。今固山贝子准达、都统根特等已率兵前赴荆州，而彝陵又有大兵及提督徐治都在彼，宜悉录报文，移贝子准达等、提督徐治都，令于荆州、彝陵诸处水陆密

防。贼果来犯，即行剿御。”（《清圣祖实录》卷80）

（康熙十八年四月壬午）谕议政王大臣等：“览学士孔郭岱等报，广西悉已底定，宜速移文，令简亲王及穆占等之兵不必进广西……其彝陵兵徒尔坐守，似属无用，宜整缮甲兵，自归州、巴东作进兵状以制之。巴尔布本在彝陵，即遣彼往归州、巴东效力，并令都统噶尔汉等率兵同总督杨茂勋、提督佟国瑶等前进。宜由何路协力扑灭山贼，或规取兴安，听其酌便而行。”（《清圣祖实录》卷80）

（康熙十八年四月）壬辰……上谕：“辰龙关乃通云贵孔道，众皆知之甚悉……今当广西全定、败贼逃窜之际，宜分路前进，底定疆宇。前锋属在颜行，捕获生口，乃其专责。顺承郡王委无能之图尔度浑为副都统，俾之前行，致前锋不能捕一生口，图尔度浑等乃又急行退还。顺承郡王勒尔锦可率其王府佐领之兵还赴荆州，率巴尔布等进定归州、巴东。图尔度浑可革去署副都统职，以参领随顺承郡王还荆。贝勒察尼仍用其原大将军印，统兵平定地方。”（《清圣祖实录》卷80）

（康熙十八年五月己未）安远靖寇大将军多罗贝勒察尼疏言：“臣等前进云、贵、荆、岳、彝、襄诸处，相隔渐远，调遣防守事宜必致有误。”上谕：“大将军贝勒察尼等亲统大兵前往进剿，自澧州以南军务，听大将军贝勒察尼调度。荆州、岳州、彝陵、襄阳等处军务，听大将军顺承郡王调度。”（《清圣祖实录》卷81）

（康熙十八年六月）戊辰，云南提督桑峨疏言：“新任湖广提督暂驻彝陵，请以彝陵官兵隶其标下，湖广提标官兵姑属臣统领。”得旨：“提督桑峨随大兵进取云贵，其湖广提标官兵准入云南提督标下，俟底定之日，仍回楚中。彝陵镇标官兵，准为湖广提标。至于随桑峨前往官兵，方事剿贼收疆，标下官员可各加衔一等，兵卒可动正项钱粮赏赉，以示

鼓励。”（《清圣祖实录》卷81）

（康熙十八年六月戊子）先是，提督赵良栋疏言：“湖南已经平定，应复汉中、兴安，臣愿独当一路，竭忠自效。”上命大将军图海等确议，至是，图海等奏称：“栈道、益门镇各口，逆贼率众来犯，据险为营。今令提督赵良栋进临武寨，相机而行，俟臣等击破益门镇诸处贼垒，如有进取之机，酌量分道而行。”上谕：“湖南逆贼大败，困蹙遁走，大将军、安亲王、简亲王等三路进发，平定武冈、新宁诸处，剿杀贼寇。贝勒察尼等进取辰州，顺承郡王及将军噶尔汉等亦从郧阳、彝陵规定蜀贼……今逆贼震慑，正当剿抚并用之时，大将军图海与将军、总督、提督等共议，亟歼侵犯宝鸡之贼，恢复汉、兴，以平蜀地。”（《清圣祖实录》卷81）

（康熙十八年七月癸丑）谕兵部：“柯铎等投诚官员遇便一一遣发荆州，即传谕大将军王、将军等知之。”（《清圣祖实录》卷82）

（康熙十八年七月甲寅）湖广提督徐治都疏言：“设五板船一百艘，令彝陵镇臣胡世英统之，以备水路。臣亲调官兵，偕襄阳镇臣水陆并发，前赴归州、兴安、巴东形胜之地，剿抚逆贼。”得旨：“所用战舰，督抚等委官速造，毋误军需。徐治都即偕彝陵、襄阳总兵官赴归州诸处讨贼，剿抚并用，速奏肤功。”（《清圣祖实录》卷82）

（康熙十八年八月）庚寅……上谕：“今将军莽依图等大败逆贼吴世琮，平定粤西，进取云贵……将军噶尔汉等自郧阳进取兴安，宜乘贼处处败衄、逃遁震动之时，分路扑灭……”（《清圣祖实录》卷83）

（康熙十八年十月戊辰）镇安将军噶尔汉等疏言：“臣等率兵至白河县，侦知前路山径狭隘，马匹难行，因复商酌，简选兵马，从上津路进发。”上谕：“将军噶尔汉、总督杨茂勋、提督佟国瑶身临贼境，深知其地险要，可从上津一路进师，视陕西大兵进剿之会，与大将军公图海等夹攻兴安贼寇，迅复疆土，可移咨图海知之。”（《清圣祖实录》卷85）

（康熙十八年十月壬午）靖逆将军甘肃提督侯张勇疏言：“时届严冬，坚冰载路，转饷维艰。祈暂止陕西兵进征汉中、兴安及进取荆州、常德、衡州、永州。广西诸路兵马，俟明春再行齐发。”上曰：“近阅大将军公图海等奏，分兵四路，进取汉中、兴安，而诸路大将军、将军等各领大兵相机剿贼，平定疆圉。将军侯张勇所请，不准行。”（《清圣祖实录》卷85）

（康熙十八年十一月甲辰）谕议政王大臣等：“将军王进宝，副朕超擢显用之意，亲统官兵冒险前进，首先恢复汉中……湖广提督徐治都速统舟师乘兹胜势，沿江直取重庆。将军噶尔汉、总督杨茂勋、提督佟国瑶等已进兴安，迄今尚未奏捷，怯懦已甚。俟恢复兴安之日，噶尔汉等俱撤还原守地方，前所有功绩尽行削去，该部严察议处。噶尔汉、佟国瑶令防守郧阳诸处，杨茂勋率所部官兵速自郧阳启行，由荆门当阳迅至彝陵，与徐治都直从江路而进，奋力平定四川，以赎其罪。”（《清圣祖实录》卷86）

（康熙十八年十一月）壬子，谕议政王大臣等：“今将军王进宝等率领官兵直入汉中诸处，逆贼王屏藩等分道败遁。当此蜀贼震动之际，速由重庆、夔州进兵，则恢复蜀省不难。今湖广船舰已成，前虽有旨，令提督徐治都等率舟师溯江而上，直取重庆，又令总督杨茂勋速往会徐治都，协力进剿，恐复观望迟延，亦未可知。着差郎中苏赫臣赴杨茂勋军前，趣兵速赴彝陵，克期前进，并令与杨茂勋同行，不时侦探军情以闻。”（《清圣祖实录》卷86）

（康熙十八年十二月壬戌）先是，湖广总督蔡毓荣疏言：“大兵进取辰龙关，必由枫木岭一路齐进，请专责一人总统之。”至是，议政王大臣等以蔡毓荣、周有德二人请旨简用，上命蔡毓荣为绥远将军，赐敕谕曰："大兵进剿云贵，各路绿旗官兵必须专责一人总辖调遣，始克允济。特授尔为绥远将军，总辖常德、武冈等处，所有各省调拨官兵及湖广全省绿旗兵马，听尔酌量调度前进，底定疆圉。总督董卫国、周有德，提督桑峨、赵赖、周卜世，俱听尔节制，商酌而行，一切平定云贵及剿抚事宜，惟尔专责。至楚中见任文职官员，听尔遴选贤能，携赴军前调用……"（《清圣祖实录》卷 87）

（康熙十八年十二月甲子）抚远大将军都统大学士公图海疏报："十月十五日，臣等率大兵至镇安县，探贼在梁河关，分路进剿。令署理西安将军事务佛尼勒等为头队，臣亲率护军统领吴丹等为二队，行至火神崖，伪总兵王遇隆领兵拒战，佛尼勒等满汉官兵奋勇冲杀，渡乾玉河，夺取梁河关。臣等乘胜追剿，伪将军韩晋卿遁入四川。臣等于十一月初二日至兴安州，伪将军谢四、伪总兵王永世等并伪文武官共三百八十二员、兵丁一万四千三百余名至军前投诚，恢复兴安州平利、紫阳、石泉、汉阴、洵阳、白河诸县及湖广竹山、竹溪、上津等县。"得旨嘉奖，下部议叙。（《清圣祖实录》卷 87）

（康熙十九年正月）丁巳，谕议政王大臣等："览将军吴丹、王进宝等奏，我兵大败逆贼，恢复保宁，伪将军王屏藩缢死，吴之茂、张起龙就擒。将军赵良栋前奏大败逆贼，恢复成都。今正当贼众动摇之际，王进宝、赵良栋宜同心协力，惟期有济大事，剿抚余贼，绥辑地方，商酌而行，作何区画，仍令奏闻。王屏藩等俱系贼帅，其首级并吴之茂、张起龙悉解来京。诸路将军等宜乘此时，分路速进。其移檄湖广、广西诸处，大将军、总督、提镇等咸使知之。"（《清圣祖实录》卷 88）

（康熙十九年）二月辛酉朔，谕议政王大臣等："今成都、保宁皆已恢复，宜乘此机会速定云贵。四川既平，湖广已属内地，其令顺承郡王

勒尔锦、贝子准达、都统范达礼等尽率所部兵溯江而上，规取重庆……徐治都还军守彝陵、荆州诸处。”（《清圣祖实录》卷88）

（康熙十九年二月丁卯）谕议政王大臣等：“成都、保宁、顺庆诸府今已恢复，四川底定，湖广大兵今正分道进定云贵……”（《清圣祖实录》卷88）

（康熙十九年二月乙亥）湖广提督徐治都疏报：“臣会同川督杨茂勋于正月二十一日进剿川贼杨来嘉，四路进兵，大败贼众，阵斩三千余级，生擒伪将军王凤岐等，恢复巫山县城，随于二十七日进取夔州。”得旨嘉奖，下部议叙。（《清圣祖实录》卷88）

（康熙十九年二月戊寅）湖广提督徐治都疏报：“臣等率兵抵巫山县，伪将军杨来嘉等拥众拒守，我兵击败之，乘胜长驱。是月初一日至夔州，伪将军刘之卫率伪总兵瞿洪陞等出降，遂复其城。”得旨嘉奖，下部议叙。（《清圣祖实录》卷88）

（康熙十九年三月）辛丑……得旨：“览奏，马承荫复叛，今湖广绿旗兵已取枫木岭，武冈州满汉兵甚多，广西去武冈为近，宜调贝子章泰军中满兵每佐领六人、绿旗精兵二千人，令都统夸札帅之，速赴简亲王军前，与平南王等协力剿贼……”（《清圣祖实录》卷89）

（康熙十九年三月辛丑）宁南靖寇大将军多罗顺承郡王勒尔锦疏言：“将军噶尔汉之兵若留之荆州防御地方，诚有裨益。”上允所请，即命噶尔汉以兵驻守荆州等处。（《清圣祖实录》卷89）

（康熙十九年八月）甲子，先是，令大将军固山贝子章泰等由沅州取贵州，大将军和硕简亲王喇布等由广西取云南……上谕：“吴丹等得遵义

后，毋经贵州，即进取云南。大兵进剿之期，定议奏闻后，即檄湖广、广西大将军、将军等如期会举。”（《清圣祖实录》卷91）

（康熙十九年八月甲子）绥远将军湖广总督蔡毓荣疏言：“请特降敕旨，招抚逆贼吴世璠。”兵部议从其请，上谕大学士等曰：“吴世璠为贼渠魁，恃其险阻，抗拒官兵，残害生民，罪恶重大。朕敕炳如日星，岂可轻颁？且贼势迫，自行纳款，如未至穷促，虽招抚何益？况前招抚贼将吴应麒、胡国柱敕内，俱有晓谕吴世璠归诚之语，蔡毓荣将此处并不揆度，不图早灭逆寇，乃欲降敕招抚，率意妄奏，兵部竟准议行，均属不合。此疏可付兵部，令该部密行严饬。”（《清圣祖实录》卷91）

（康熙十九年八月戊辰）绥远将军湖广总督蔡毓荣疏报：“逆贼马承荫下伪总兵刘应龙拥众驻扎梅寨地方，贵州提督赵赖遣官招抚，刘应龙亲率所部呈缴伪札来降。”下部议叙。（《清圣祖实录》卷91）

（康熙十九年九月）癸亥，先是，绥远将军湖广总督蔡毓荣疏言：“臣已统兵入贵州境，恐大兵进征之后内地兵单，请调提督徐治都驻常德防守。”上从之。至是，徐治都疏报：“泸州、永宁、叙州诸处俱陷，谭弘等复叛，夔州府民亦变。”上谕：“今谭弘复叛，夔州民变，将军噶尔汉、都统范达礼、副都统塞格，简荆州大兵每佐领三人率之。提督徐治都毋往常德，亦率绿旗兵俱速赴夔州诸处剿灭叛贼。余兵署副都统诺敏率之，镇守荆州。仍檄贝子准达率兵前来，两路夹剿，毋失机宜。”寻复谕：“常德要地亟宜坚守，令襄阳总兵官刘成龙往镇常德，河南南汝总兵官周邦宁往驻襄阳。”（《清圣祖实录》卷92）

（康熙十九年九月癸亥）勇略将军云南贵州总督赵良栋疏言：“湖广大兵已集沅州，永宁一路兵应直进云南。今将军吴丹兵启行将及一月，犹未渡江。如永宁不保，贼势愈张，请严饬湖广兵取贵阳，分兵以取遵义，令吴丹击败永宁贼，即乘胜进取云南。”上谕大将军贝子章泰等：“可率兵速取贵阳，分兵以取遵义。将军吴丹往取泸州，行及一月，逗留犹未渡江，不合，其速令取泸州，剿除来犯永宁诸处贼寇。今湖广、四川大兵各路分进，广西将军大臣不得以兵士无马为辞。将军勒贝体朕擢用之意，速率大兵，乘机由南宁进定云南。”（《清圣祖实录》卷92）

（康熙十九年九月）乙丑，谕议政王大臣等：“据将军噶尔汉等奏，逆贼谭弘率众至巫山。谭弘小丑耳，我兵但奋力进击，彼自澌灭。将军噶尔汉、提督徐治都等，其溯江而上，速定疆圉。大将军贝子章泰等果如前疏，订期亟进，克复贵阳，贼势何至滋蔓？今宜令章泰同将军蔡毓荣等于文到日，速进取贵阳，以图遵义……并行文大将军公图海，酌发军中满汉兵，为之声援，以分贼势。至运饷四川，不由彝陵江，俱自陕西转运叙州，兵粮度可无虞。顷令护军统领佟佳等率增发四川满兵赴原指之地，其汉军官兵一千人，文到日，即由荆门州一月内赴彝陵镇守。着户部郎中额尔赫图驰赴彝陵，趣将军噶尔汉等兵速灭谭弘诸贼，额尔赫图凡事俱准苏赫臣例以行。吏部郎中范承勋亦驰驿追及副都统张长庚军，趣其兼程而往，一月内抵彝陵。范承勋仍自彝陵趣官兵追及噶尔汉等军，与额尔赫图同趣官兵击贼。”（《清圣祖实录》卷92）

（康熙十九年九月）戊辰，谕兵部：“览安塘笔帖式苏摆报，九月初六日，副都统塞格率每佐领兵一人往守彝陵。夫谭弘向在保宁，屡经奔败，兵仗全无。今乘黔贼侵犯泸州，招集无赖，持梃肆行劫掠。将军噶尔汉等不亲身驰赴巫山、夔州剿除小丑，乃遣副都统塞格率每佐领兵一人往镇彝陵，殊属不合。如此迟延观望，倘此寇与黔贼合势，彼时破之，不綦难乎？噶尔汉等闻命即统率官兵，星夜驰赴巫山、夔州，扼其要害，俾游行群丑不致滋蔓，速为剿除。若仍逗留，致逆贼与黔贼合势，至于猖獗，将噶尔汉等治以失误军机之罪。尔部其速行檄知。”寻噶尔汉疏言：“都统范达礼病甚，不能同往。”上谕：“范达礼令在荆州养病，俟病

愈仍追及噶尔汉军。进兵之际，转运粮饷关系甚重，地方各官倘有违误，即以军法从事。”（《清圣祖实录》卷92）

（康熙十九年九月）丙子，谕议政王大臣等：“今大将军贝子章泰率兵进取云贵，彝陵、荆州诸处宜发大兵。护军统领佟佳所率之兵，令毋往四川，拨每佐领护军骁骑各二人，佟佳同副都统一员率之，自荆门州赴彝陵，余兵付一副都统率之，俾兼程赴荆州，副都统纪哈里等率兵赴四川。”（《清圣祖实录》卷92）

（康熙十九年十月丁酉）奋威将军平凉提督王进宝疏言：“臣标兵除调征湖广外，其余臣子王用予统领进剿……臣今无兵可统，不得不于臣标带回及留守步兵内姑为抽选，并于固镇营中量行调拨，以足千余之数。更请敕督臣以固镇官兵发还，付臣统辖。”得旨：“逆贼既侵犯四川，谭弘、彭时亨复叛，保宁最属要地。令将军王进宝速调固原各营官兵兼程驰赴保宁，规定四川……”（《清圣祖实录》卷92）

（康熙十九年十月）辛亥，议政王大臣等议奏：“多罗顺承郡王勒尔锦、多罗贝勒察尼出师湖广罪案。”上谕大学士等曰：“勒尔锦、察尼统领大兵，不能竭力底定地方，但敛取督抚司道等官财物，希图肥家，贻误国事，疲敝兵马，困苦民生。失机之罪，最为重大。前屡旨申饬，竟置不闻，安坐军中，致失大计。一切罪犯，孰有重于此者乎？朕尝揆度事务，幸因修造战船，围困岳州，贼势穷蹙，为我兵所败，故地方以次戡定，否则不知作何景象矣。我太祖太宗时军令极严，今议政王大臣等，因事已平定，不复经意，所议之罪，不协事情，概从轻典，可乎？王、贝勒等辄言从前未经战阵，凡行间皆与众人商确，自此以后，岂遂无用兵之事耶？若皆以未经领军为言，则谁当领军者？王与贝勒俱朕至亲，朕本欲宽释，但贻误国家大事，罪实难逭。其余尚可从宽，王、贝勒，决不容姑贷也。尔等可传谕议政王大臣等知之。”（《清圣祖实录》卷92）

（康熙十九年十一月甲子）镇安将军都统噶尔汉疏言：“臣等相继进剿，闻败遁之贼与四川云阳贼合，浚濠筑垒，水陆相拒。臣念巫山、夔州乃大兵后路，须兵固守。”上谕：“将军噶尔汉、提督徐治都率兵恢复四川巫山、夔州，更进取云阳诸处，贼方合力，婴城拒敌。可移檄守荆州副都统诺敏，发红衣炮八位，炮手各二人，星夜送至军前，备攻城之用。徐治都所增标兵五千，招募不免迟缓，其以均州、房县所裁镇标之兵及内地绿旗兵调往。至巫山、夔州诸要地，宜速发兵镇守。副都统得尔德可率兵往彝陵，弹压地方。”（《清圣祖实录》卷 93）

（康熙十九年十二月）庚寅，湖广巡抚王新命疏报：“逆贼谭弘侵犯夔州，掠取粮艘。”得旨：“夔州乃运粮要地，令护军统领佟佳、署副都统张长庚率兵速取夔州，并令王新命速发徐治都新添标兵前往，更檄副都统得尔德、总兵官严弘加意防守彝陵诸要害。”（《清圣祖实录》卷 93）

（康熙十九年十二月）甲辰，镇安将军都统噶尔汉疏言：“请自巫山、巴东以至彝陵，俱令副都统得尔德等镇守，臣等庶可撤防守地方之兵，合力剿贼，而饷道亦可无虞。”上谕：“副都统得尔德、巡抚王新命、总兵官严弘酌拨满汉兵固守巫山、巴东、彝陵诸处，保护粮饷，勿致疏虞。”（《清圣祖实录》卷 93）

（康熙二十年七月丁巳）湖广提督徐治都疏报：“逆贼谭天秘已离桃花洞，于六月二十四日前赴四川陕西总督哈占军前投诚。”下部知之。（《清圣祖实录》卷 96）

（康熙二十年十二月己亥）上御太和门，王以下文武各官上表行庆贺礼。颁诏天下，诏曰：“朕缵承丕绪，统御寰区，仰惟天地眷祐之庥，祖宗付托之重，圣祖母太皇太后慈训之殷，蚤夜孜孜，勤求化理，期于兵革寝息，海宇乂安。不意逆贼吴三桂负国深恩，倡为变乱，阴结奸党，同恶相援，抗违诏令，窃据疆土。滇、黔、闽、浙、楚、蜀、关、陇、两粤、豫章之间，所在驿骚，肆骋痡毒。吴三桂僭称伪号，逆焰弥滋，负罪尤甚。朕恭行天讨，分命六师，剿抚并施，德威互济。或絷颈于阙下，或骈戮于师中，擒捕诛锄，以次收服。乃吴三桂既膺神殛，逆孙吴世璠犹复鸱张，踞六诏之一隅，延残喘以拒命……念自变乱以来，军民荼苦，如在水火，披坚执锐，卒岁靡宁，行赍居送，千里相望。被兵之地，既罹于锋刃。供亿之众，复困于征输。朕悯恤民艰，不忍辄加额赋，间施权宜之令，用济征缮之需，意在除残，事非获已。而身处宫寝之内，外廑闾阎之依，中夜屡兴，旰食不暇，惄焉思治，八载于兹。今群逆削平，疆圉底定，悉剪历年之蟊贼，永消异日之隐忧。用是荡涤烦苛，维新庶政，大沛宽和之泽，冀臻熙皞之风……诞告天下，咸使闻知。”（《清圣祖实录》卷99）

（康熙二十四年二月丁酉）兵部议复广西道御史钱珏疏言，秦、蜀、浙、闽、滇、黔、楚、粤投诚之人安插各省者，请通行督抚确查，务使得所。愿在他乡入籍者，开明作何生理。愿屯田者编入保甲，官给牛种，派以田亩开垦。愿为兵者，补入营伍。应如所请。从之。（《清圣祖实录》卷119）

（康熙二十七年七月甲午）上谕内阁：“顷驿站笔帖式等所报，我兵近抵武昌，贼渠以三人遁去，武昌城中民羁贼渠妻子，献城降。由此观之，城中贼皆已降，余贼略尽，地方提督、总兵、绿旗官兵自可追擒抚辑。江宁、京口、荆州诸路兵仍赴武昌，则转输供应，民力维艰。满洲、汉军及调集绿旗兵，皆令各归本汛。又遇难官民之妻子或恐株累，可令其地巡抚察明奏闻。”（《清圣祖实录》卷136）

（康熙二十七年八月甲辰）吏部题：“原任枝江县知县赵嘉星系论绞

监候之犯，于楚兵变动时胁逼不从，奔投前来，愿伏国法，请令巡抚察明再议。”上曰：“赵嘉星虽系重犯，兵变之日胁逼不从，奔投愿受国法，情属可矜，其免之。”(《清圣祖实录》卷136)

荆楚文库

《清实录》中湖北史料辑录（十）

谢贵安 谢 盛 主编
金诗灿 编著

荆楚文库编纂出版委员会
武汉出版社

3. 官军制裁

（顺治四年六月）丁亥，襄阳总兵官王光恩有罪被逮，弟王光代、王成遂叛，法司引叛律论光恩斩。得旨："光代等闻兄被逮惊叛亦未可知，不可遽以谋叛谳狱。况人命至重，恐涉冤枉，着再详鞫。"（《清世祖实录》卷32）

（顺治十一年三月戊午）解郧襄总兵官张士元任，以经略大学士洪承畴劾其防剿怠玩，养寇贻害故也。（《清世祖实录》卷82）

（顺治十二年八月辛酉）革澧州道张国士职，以大军将往荆州，推诿路险难行，不加修葺，贻误军机也。（《清世祖实录》卷93）

（顺治十二年八月癸亥）湖北道佥事陈全国以玩误军需革职。（《清世祖实录》卷93）

（顺治十四年七月辛亥）湖广巡抚张长庚劾奏："上湖南道佥事吴甲周贪劣不职，请加议处。"得旨："吴甲周着革职，该督按提问。"（《清世祖实录》卷110）

（康熙十一年十一月乙未）湖广提督胡拜、天津总兵官田进学、湖广沅州总兵官王熼、四川重庆总兵官陈建、广西左江总兵官赵宗科，俱以军政削职。（《清圣祖实录》卷40）

（康熙十三年四月己亥）吏部、兵部题："湖广总督蔡毓荣闻吴三桂反叛，不能安民心，固疆圉，又不令提督桑额往守常德，致常、澧、长、岳相继陷贼，应革职……"得旨："蔡毓荣革职，鄂善降五级，俱留任，

戴罪图功。”（《清圣祖实录》卷47）

（康熙十四年十二月庚申）谕大学士图海等：“前遣多诺、纳布总理湖广大兵粮饷，节省浮冒，招集残黎，责任綦重。伊等宜仰副朕责成之意，实心料理，竣事而还。乃未著有成效，希图规避，奏请回京。顺承郡王勒尔锦等屡奏多诺等任极重大，不宜发回。前欲遣纳布往荆州，贝勒尚善亦屡奏粮饷事重，不宜发往。今乃忽称无事，伊等竟自回京，是何意见？阿范参赞简亲王军务，不思效力，托言有疾来京，俱属越例，着议政王大臣等察议。”寻议：“多诺应革去左都御史、佐领、本身所得世职，并解所袭伊父拜他喇布勒哈番又一拖沙喇哈番，令应袭人承袭。纳布应革去侍郎、佐领，勒尔锦、尚善等前后奏请舛错，事平议罪。阿范系候补侍郎、二等阿达哈哈番，俱应革去，发江西军前充伍。”议上，命留多诺佐领及伊父世职，留纳布佐领，余依议。”（《清圣祖实录》卷58）

（康熙十五年四月戊辰）宁南靖寇大将军多罗顺承郡王勒尔锦，以三月二十七日击贼于太平街失利，退兵荆州，具疏请罪。上谕：“勒尔锦身为大将军，统领精兵，征讨逆贼，乃抵荆以来地方多陷，且踯躅不前，以致孙延龄、耿精忠等相继叛乱，徒劳我师，虚糜国饷，坐守三年未获寸功。察尼身为参赞，不能助大将军剿除凶逆，拓地收疆，均应解任，严加治罪。念其身在行间，临敌对垒，姑留原任，立功自效，以赎前愆。”（《清圣祖实录》卷60）

（康熙十八年四月辛未）宁南靖寇大将军多罗顺承郡王勒尔锦疏言：“都统觉罗巴尔布启称二月初二日分兵二队，攻金顶山及滩内所立之营，兵锋一至，贼皆遁走。随遣署护军统领董吉等率兵由陆路追之，及于南津关口，江北岸之贼列阵迎拒，我兵败之，斩杀甚众。”上谕：“国家军令本甚严明，凡攻逐贼寇，大臣身先士卒，是以官兵鼓舞奋勇，野战必胜，攻城必克，所向无敌。都统巴尔布统兵驻彝陵，大兵既复岳州，不于贼方震动之时侦察虚实，即行剿灭，乃称二月初二日分兵二队，攻取金顶山及滩内所立之营，兵锋一至，贼悉遁走。身统兵众，逼贼而营，对垒之贼已遁尚尔不知，又不自思赎罪，率官兵疾追，殄歼贼丑，止遣董吉等前往。巴尔布自率兵赴荆以来，曾无奋力报效，迟误观望，其罪良多。既至彝陵，与贼对垒，不躬亲抵敌，反云初二日拨兵前进，作攻战之形，明属欺罔。且镇荆山之贼，遁于何处、踞于何地，并未察明以报。着顺承郡王等一一严取供词以闻。”（《清圣祖实录》卷80）

（康熙十八年六月甲戌）安远靖寇大将军多罗贝勒察尼等取都统巴尔布供辞以闻，上命议政王大臣等集议。寻议政王大臣等议奏：“都统觉罗巴尔布自率大兵往湖广以来，并未前进效力，因其怯懦，削去参赞，令其赎罪图功。乃身率大兵坐驻彝陵，大兵既复岳州，不乘贼中震骇之时探其虚实，力行剿灭，以赎前愆。镇荆山对垒之贼，迄于逃遁，竟未之知。乃诳云分布官兵进攻，巧为饰辨，又不亲身追杀逸寇，止遣夸兰大二人前往。其后令巴尔布率领官兵攻取辰州，又迟回瞻顾，迁延时日，竟不速进，致贼复踞辰龙关得为守备。巴尔布怯懦退缩，一步不能前进，贻误大事，失机甚多。今奉旨取供，巴尔布又不即行认罪，据实供招，反为巧饰，殊失大臣之体。宜将巴尔布都统、阿达哈哈番、佐领及所加之级尽行削去，羁系荆州，彼所袭其父拜他喇布勒哈番与应袭之人承袭。”从之。（《清圣祖实录》卷81）

（康熙十九年六月）丁卯，先是以云南贵州提督桑峨、总兵官周邦宁等自常德、澧州退还，上命大将军察取供词。至是安远靖寇大将军多罗贝勒察尼取供具奏，兵部议复：“桑峨职任总统，调度全省官兵，一闻贼警，不即直赴常德以扼要害，乃迁延日久，始自荆州进发，致常德为贼所据。又不入守澧州，但于城外驻营六日，复致澧州被陷。且称彝陵一路贼警甚急，托故引还，应行革职。周邦宁偕桑峨赴常德时托病留澧州，迨桑峨还自常德又不入澧州防守，即同桑峨奔还，应削去所加五级，仍

降一级调用。”得旨：“桑峨革职，周邦宁削去所加五级，仍降一级，俱留原任，戴罪图功。”（《清圣祖实录》卷90）

（康熙十九年十一月）辛酉，议政王大臣等议复：“多罗顺承郡王勒尔锦、贝勒察尼帅师讨贼，不速扼要害，乃退缩不前，老师糜饷，坐失事机，几至误国，应革去王、贝勒并议政及宗人府之职，籍其家属财产，仍行拘禁。贝勒尚善、公兰布不速剿贼寇，恢复疆土，退缩贻误，俱宜从重议处，但既卒于军，应革其多罗贝勒、镇国公。都统朱满不速据岳州，前驱破贼，退缩不前，几至误国，应革去都统、拜他喇布勒哈番、佐领及所加之级，立绞，籍其家，其妻与未分家之子并交内务府。都统鄂内不速据要地，渡江破贼，坐守彝陵，听贼渡江，窃踞要害，退缩不前，几至误国，应革去都统、一等阿达哈哈番兼一拖沙喇哈番、佐领及所加之级，鞭一百，不许折赎，本身及妻未分家之子没入官，家产交内务府。护军统领伊尔度齐弃太平街不守，不剿灭虎渡口贼寇，致太平街失陷，应革职正法，但已身故，宜革去一等阿达哈哈番兼一拖沙喇哈番，籍没家产，其妻及未分家之子并交内务府。护军统领额司泰不渡江速据要害，长驱剿贼，又不攻取岳州，退缩贻误，宜从重议处，但已身故，宜籍没家产，给予本主。散秩大臣多谟克图身为参赞，率蒙古兵前往，不即协力渡江，恢复疆圉，得贼空营冒为己功，复不力拒虎渡口出犯之贼，致已获之太平街复陷于贼，宜革去散秩大臣、拜他喇布勒哈番及所加之级。副都统巴喀得贼空营亦冒为己功，不力拒虎渡口出犯之贼，致太平街复陷，宜革去副都统、佐领及所加之级。公图纳黑不速剿贼，耽延时日，应行察议，但贼已固守之后伊始至军，且屡有渡江击贼之请，应免察议。署前锋统领噶尔弼系贝勒尚善参赞，坐延时日，寸步不前，及奉谕申饬，仍不思殚力破贼，推诿巧饰，执意退缩，希冀全身，不取岳州，亦应察议，但已身故，无庸议。”疏入，上谕：“勒尔锦不渡江剿贼，平定疆圉，迁延瞻顾，贻误国家大事，情罪重大，削去郡王并议政、宗人府之职，仍令羁禁。察尼应如议处分，但既克岳州，且从前有效力之请，着从宽免羁禁籍没，革去贝勒并议政、宗人府之职，为闲散宗室。尚善革去贝勒，兰布革去镇国公，朱满从宽免死，着革职，鞭一百，不许折赎，籍没其家。鄂内屡战湖中，又恢复岳州，从宽免籍没鞭责，着革职。伊尔度齐、多谟克图、巴喀等俱革职，余依议。”（《清圣祖实录》卷93）

（康熙二十年六月）庚子，镇安将军都统噶尔汉疏言：“臣兵自重庆启行，因副都统得尔德兵马匹疲瘦，令于重庆秣马十日，即赴军前。及檄令率所部兵驰赴叙州，乃不遵檄前往……不从臣约束。”得旨：“副都统得尔德兵沿途取支刍秣，且荆州、彝陵饲马四月有余，而马仍疲瘦。及令率所部兵赴叙州，复不遵将军调遣，欲孑身前进，殊属不合。宜将得尔德即严察议处。但见在行间，俟师旋察议，仍令得尔德率所部兵赴叙州，听将军佛尼勒调遣。”（《清圣祖实录》卷96）

（康熙二十一年四月丁亥）兵部题：“伪将军王公良、王仲礼、伪巡抚吴说、伪侍郎刘国祥、伪太仆寺卿萧应秀、伪员外郎刘之延等值逆贼吴三桂变乱，即助恶反叛，扰害地方，应行文将军马绋、总督蔡毓荣、巡抚王继文即行处斩。至原任镇远副将，从逆为伪将军镇远伯江义，不思皇上擢用封疆之任，以图报效，乃背恩反叛，助吴三桂行恶，情罪甚重。及大兵恢复云南，仍随逆贼胡国柱逃匿，势穷始来归诚，应行文将军马绋等即凌迟处死，并王公良等首级悬示。伊等十六岁以上子，亦俱在彼处处斩，家产籍没。其妻并未及年岁之子查交内务府。其余微员，该督抚等分发山东、河南、湖广、江西省安插。投诚伪总兵以下人等，应归入凯旋官兵六起内赴京。”从之。（《清圣祖实录》卷102）

（康熙二十二年四月）甲戌，议政王大臣等议：“将军噶尔汉既闻贼信，不即亲统官兵赴房县救援，以功抵罪，应革将军，免籍没。”上曰：“噶尔汉原因其人堪用，简授将军，着降五级留任。”（《清圣祖实录》卷109）

（康熙二十二年闰六月戊申）兵部议复："绥远将军云南贵州总督蔡毓荣题参湖广总督董卫国不听调度，任意抗违，贻误军机，应行议罪。但董卫国奉上指授，从镇远间道前进杀贼，恢复镇远府，应免议。"上曰："军机最要，不容稍缓。董卫国能遵指授，剿杀贼寇，恢复镇远，实为可嘉，蔡毓荣何用题参？且自恢复黔省以后，蔡毓荣亦无甚劳绩，董卫国劳绩甚多，此直蔡毓荣妒董卫国之功故耳。蔡毓荣、董卫国俱系敌体大臣，而以不听调度，违误军机题参。军令至严，若罪坐董卫国，必罹重罚，陷人于死。反坐自有定例，着另议。"寻部议降二级。得旨："蔡毓荣着削所加五级。"（《清圣祖实录》卷110）

（康熙二十七年十一月戊子）兵部议复湖广总督丁思孔疏言，武昌兵变，地方官员有逃避及授伪职者，请查明分别具题，尽行拿问。应如所请。得旨："授伪职官员着革职拿问，余从宽免。"（《清圣祖实录》卷137）

（康熙二十七年十一月辛卯）兵部议原任荆州将军噶尔汉、副都统郗佛于武昌兵变时率师进剿，不能即行扑灭，借称战船未备，粮饷不给，自行退回，应将将军噶尔汉革职鞭责，籍没，荆州副都统郗佛革职鞭责。上曰："噶尔汉着革职，鞭一百，不准折赎，免其籍没。郗佛着革职，免其鞭责。"（《清圣祖实录》卷137）

（康熙三十年十一月辛未）兵部议复："湖广总督丁思孔疏参均房右营守备张明，令兵丁采取薪刍，以致众怨，应将守备张明革职。"上谕大学士等曰："朕思贫穷武弁，家人必少，细小事务，差遣兵丁，凡以小事控告专管官员，朕从未准行，若此端一开，兵丁必致相聚，各处控告，汛守空虚，将弁亦难以管辖，此本着再议具奏。"寻议："守备张明降一级留任，罚俸一年。"从之。（《清圣祖实录》卷153）

（康熙四十七年二月）癸巳，兵部议复：“湖广提督俞益谟疏参红苗杀死民人案内，擅自发兵之守备王应瑞等相应革职，交该督抚严审，应如所题。”得旨：“着内阁学士二鬲前往会同该督抚察审具奏。”（《清圣祖实录》卷232）

（雍正十二年三月）己卯，办理军机大臣等遵旨议奏：“据署宁远大将军查郎阿疏参‘江宁副都统阿克山、荆州副都统观音保，玩愒性成，罔知法纪，所管马匹陆续倒毙走失，几及十分之八。业经三令五申，皆置不问，明系有心玩误’等语，查马匹乃军行第一急需，该副都统等于去年出口时，各领膘力壮健之马。值青草发生之时，而塔尔那沁又水草敷腴之地，乃敢漫不经心，以致亏损如此众多，应按律治罪。再观音保从前领兵赴陕，道经豫省，即纵兵践踏田禾，自陕赴肃，违例多支料豆，出口之后，不能约束兵丁，一任迷失无踪。今又将马匹倒毙走失，所存无几，视军令为儿戏，尤属可恶，应即行正法，以儆将来。阿克山亦应拟斩监候秋后处决。得旨：“观音保着即在军营正法，阿克山依拟应斩，着在巴尔库尔城内通衢枷号，秋后处决。”（《清世宗实录》卷141）

（雍正十二年四月）辛亥，谕办理军机大臣等：“前据署大将军查郎阿等参奏，副都统阿克山、观音保将江宁、荆州满兵马匹任其倒毙走失，应请革职分赔。朕因观音保前年领兵赴陕，道经豫省，漫无纪律，今又将各项马骡有心怠误，是以特降谕旨，令廷臣议将观音保即于军营正法示众。因观音保所犯情罪非止一端，原不仅为马匹，故与阿克山枷号治罪之处略有区别，杀一人以儆其余，则所全实多。今查郎阿等不达朕意，奏称‘观音保、阿克山所属官兵久居南方，初来塞外，不知牧马之法，致令倒伤。较之畏葸退蹜、偷窃抵换者微有差别，可否格外施恩，将观音保、阿克山暂停正法，俱在军营通衢枷号，俾将弁触目儆心’等语。查郎阿既如此陈奏，着照所请，将观音保暂停正法，同阿克山一并在军营枷号，秋后处决。将此谕旨晓谕阖营将弁兵丁知之。”（《清世宗实录》卷

142）

（雍正十三年五月戊午）办理军机大臣等议复："署宁远大将军查郎阿等折奏调赴巴尔库尔之江宁、荆州满洲兵丁倒毙走失马骡一案，应将两营牧马之协领阿山泰、常在等五十四员革职留任，马匹着追。其余各员管辖不严者，应均着分赔。至革职副都统阿克山、观音保，应赔马匹亦一并追出。应如所请。"得旨："此次调往巴尔库尔之江宁、荆州满洲官兵全然不知行兵之道，马匹牲畜损伤过多，不耐寒冷劳苦，复有迷失兵丁种种罪愆，此皆官弁向日耽于安逸，废弛满洲旧规，甚为无耻。此次官兵不准以出兵记档，俟兵丁撤回时，将领兵前往之协领以下、骁骑校以上等官俱着同家属搬移回京，交该旗带领引见。其如何令其学习补用之处，候朕另降谕旨。伊等员缺，令该将军另行拣选题补。若该处不能得人，着奏闻，由京城拣选前往。"（《清世宗实录》卷156）

（雍正十三年七月甲寅）署宁远大将军查郎阿折奏："革职荆州副都统观音保、江宁副都统阿克山久经枷号军营，今大兵已撤，应否解京送刑部监候？革职宁夏将军卓鼐、宁夏副都统僧保、西安布政使诺穆浑俱在军营当苦差效力赎罪，今大兵撤回，卓鼐等应令回旗，无庸仍留军营，恭候钦定。"得旨："观音保、阿克山从宽释放，与卓鼐、僧保、诺穆浑俱着自备鞍马，前赴北路军营交大将军平郡王，令其效力赎罪。"（《清世宗实录》卷158）

（乾隆五年二月辛丑）湖广总督班第奏："楚省各苗素称犷悍，如有命盗等事，不妨稍予宽容，仍准排解完结。如果有结连寨众拒敌情事，然后请兵进剿。倘员弁好大喜功，事无巨细、构衅生端者，即行参究。"得旨："所见甚是，知道了。"（《清高宗实录》卷111）

（乾隆八年六月庚申）又谕："朕闻湖广营伍甚属废弛，提督总理通省军务，操练修整，是其专责。王无党到任已及两年，全无整理，亦未将营伍情形奏闻，殊属不合，着交部察议具奏。”（《清高宗实录》卷194）

（乾隆八年八月己卯）湖广提督王无党奏谢革职留任恩。得旨：“尚不实心悔过，整饬营伍，徒以军装一事塞责，殊属无耻。看汝殊不妥当，慎之。”（《清高宗实录》卷199）

（乾隆十年四月辛未）户部议准湖北布政使安图奏称，嗣后武职、千把等弁，有因贪赃枉法、军务获罪革职者，除任内有未完降罚案件追食过俸银外，如系因公罣误革职者，无论任内降罚案件多寡，所有食过俸银一概免追。从之。（《清高宗实录》卷239）

（乾隆十一年十一月己未）谕军机大臣等：“朕闻襄阳镇总兵吴士英自去年到任以来，一切行为繁碎褊急，训练兵马茫无头绪，所属将备各为一心，统驭乏术，每有苛刻，怨声载道，是否如此，尔等可传谕塞楞额，令其详察具奏以闻。”寻奏：“查襄阳镇总兵吴士英性情急躁，为人琐碎，然操演颇勤，在任亦无甚劣迹。”得旨：“览奏俱悉。”（《清高宗实录》卷279）

（乾隆十四年八月己卯）又谕曰：“……舒赫德现在将次查阅楚省各营，新柱系伊本辖，着将史载贤原折钞寄伊等阅看，令其查明，如果别无情节，孙宗夏应仍留原任。即使人地不甚相宜，亦应稍迟一二年再行调用，不可于此时离任，以长悍卒之志……再楚风剽急，舒赫德等查阅时尤宜留意，毋使稍有事端，致关体制。一并传谕知之。”（《清高宗实录》卷346）

（乾隆十七年七月癸亥）刑部议奏：“据湖广总督永常参奏武汉黄德道姜顺龙，委令搜捕首逆马朝柱，退缩玩纵，应照将帅玩视军务、迁延贻误例治罪。”得旨：“姜顺龙身为监司，当擒捕逆匪之时，该督委以总统重任，乃逗遛观望，托辞推诿，以致首逆远扬。法司照统兵将帅玩视军务、苟图安逸、迁延贻误例拟以斩决，洵所应得。但此案纵恶养奸，皆由于知县冯孙龙一人，业已置之重辟，以示炯戒。姜顺龙虽罪无可辞，而于此条定例之后尚属初犯，特为法外施仁，免死发往军台效力。嗣后有似此者，必当按例即行正法。”（《清高宗实录》卷418）

（乾隆二十四年五月戊子）……又谕曰：“营伍兵丁皆有巡防差操之责，非该管官弁所可私行役使。现据总督吴达善以游击安宛私役兵丁题参革审，荆州将军嵩椿违例派兵护送额尔德蒙额家口赴任，复经兵部参奏，而从前都赉升任进京，至派驻防官兵数十人跟随。由此观之，其未经发觉，如此三人之所为者又不知凡几。各省官弁即遇公务他往，尚不得以在伍额兵私充仆从，况赴任引见，皆系伊等私事。此种陋习旷役废公，于营伍甚有关系，嗣后着通行饬禁，倘有阳奉阴违、仍蹈故辙者，该将军、提督等定行从重议处。”（《清高宗实录》卷586）

（乾隆二十七年三月乙未）谕：“据汤聘奏，湖南盘获黄景运，究出兵部役满书吏黄在中与武员营谋作弊一案，内有襄阳镇总兵章世鹏及副、参、游击等皆属武职大员，乃与书吏关通，贿嘱营求，于营伍官方大有关系。黄在中现经浙省拿解赴楚质讯，所有总兵章世鹏等俱着解任，交该督爱必达会同该抚冯钤逐一严审定拟具奏。”（《清高宗实录》卷656）

（乾隆二十八年十月戊戌）谕曰：“爱必达、周琬以封疆大臣于归州纵盗冤良重案获罪，论律均无可原。朕核其成谳端委，则爱必达之责尤视周琬为重。盖伊身任总督，当后案发觉时，知州秦鏷已详悉具禀，爱必达何难据实检举？即有处分，亦不过革职留任，凡为督抚者所常有，而前案即可立时剖雪，彼沈作朋等复有何伎俩敢于力遂前非乎？总由爱必达回护之见一成不变，转将禀详斥驳，以致汤聘、宋邦绥等从而附和迎合，势不可解，是酿成欺罔。伊安得不为此案罪魁？其所以如此回护者，则以前案始陷于不知，终难于自检，实因周琬于承办前案，始终不令佛保住往见，总督为朋比。沈作朋纵盗冤良、罔上欺公之祸本而后案，则周琬实以离任，未与其事，然任其乖张之性，即令在任，其坚执谬迷将不知作何究竟。虽然此乃诛心之论，彼究未见之施行也。朕凡遇臣民等，细微功罪尚不肯稍苛滥，而况曾经任用之大臣。爱必达之罪实为法所不宥，但朕念爱必达出身勋旧世家，伊兄策楞以军律已负重谴道死于兵，讷亲亦先以军律早正国法，今若复将爱必达正法，心实为之不忍。伊兄弟五人并跻通显，先世当有隐德，至其两兄并取大戾，而爱必达亦重罹国宪，彼种孽必更自有因，此则非朕所知矣。特其罪究与军律稍间，是以法外矜宥，朕当先谢不能执法之咎。今于爱必达既为施恩，岂复过责周琬耶？爱必达、周琬俱着从宽释放，发往伊犁效力赎罪，派乾清门行走副都统观音保即日押令前往，并将此通谕中外知之。”（《清高宗实录》卷696）

（乾隆三十二年三月癸未）又谕曰：“新授西安将军素玉违例自荆州带官员、兵丁跟随前来，已被参奏。着传谕明山，素玉到西安时，即传旨摘去翎顶，并将随伊前来之章京色楚及兵丁等一并拘拿，派委干员押解来京。如尚未到西安，明山仍应秘密，俟到后即行拿解，其将军印务着明山署理。”（《清高宗实录》卷781）

（乾隆三十二年四月戊午）又谕：“据伊昌阿奏‘素玉调任西安将军，向荆州协领官员等索取银两’等情，其中即有与伊应行质对之处，着交永瑞等，将伊昌阿解任，派员解送来京，与素玉质讯。”（《清高宗实录》卷783）

（乾隆三十二年五月甲子）又谕曰：“永瑞奏称‘素玉自荆州前往西安，私将亲随兵丁带往新任，实属违例。副都统阿尔萨兰、伊昌阿并未拦阻，亦属不合’等语。昨因伊昌阿有应与素玉对词审讯之事，是以将伊解任来京，俟审明时另降谕旨外，阿尔萨兰着交部察议。”（《清高宗实录》卷784）

（乾隆三十三年八月丁丑）谕军机大臣等：“据定长等奏‘拿获川省逃兵杨坤一名，已经照例正法，究出同逃之周成、韩宁、金印，均系四川营兵’等语，此次征剿缅匪，派出绿旗兵丁竟敢脱逃远匿，情罪甚属可恶。屡经降旨各督抚，上紧缉拿正法，而所护甚属寥寥。昨良卿曾奏拿获滇省逃兵，今川省逃兵复在湖广被获，必系此等窜匿之犯，恐本省易于识认，不敢回至原籍，因而逸避邻省，希冀漏网。不可不一体查拿，以肃法纪。着传谕阿尔泰、定长、良卿、程焘、方世俊等，严饬所属，选派妥干人役留心盘诘躧缉，不拘何省逃兵，即行捕获治罪，断不可稍存畛域之见。其本案未获之周成等三名，并着一并查拿，仍各将获犯情形随时具奏。”（《清高宗实录》卷817）

（乾隆三十四年五月甲申）谕军机大臣等：“据吴达善奏‘襄阳府盘获赴滇出兵护军校路得跟役李德一名，讯系伊主阵亡，被掳脱出，应送刑部就近查办’一折。阅李德供单内称‘脱回时，曾投管兵海侍卫、恒侍卫处，转送保山县，给与口粮印票，复经沙穆河驿官收回’等语。李德前被缅匪掳往猛密，乘间回至内地，沿途官弁断无不知。况屡经管兵侍卫辗转收留交县，岂有不行禀报之理？至此等跟役，本不应给与口粮，保山县何以遽行给票，直至沙穆河驿官始行收回，亦岂有竟不具禀，任意办理？阿里衮其时虽往查边，途中岂毫无闻见？而阿桂、明德身在永昌，又岂全不查察？乃并不将该跟役询问明确，据实奏闻，何漫不经心若此之甚？试问伊等自到滇以来，于边防军务既不能实心妥办，似此自缅地脱回跟役，于事甚有关系，又复置之不问，伊等所办何事？阿里衮、阿桂、明德俱着明白回奏。至李德所供前后情节是否确实，及该处官弁曾否禀报缘由，着交傅恒详悉查办，遇便奏复。吴达善原折供单，并着

钞寄阅看。”（《清高宗实录》卷834）

（乾隆三十四年七月庚寅）谕：“据吴达善奏‘第四起京兵经过湖北江陵地方，有兵丁跟役保安向县役任仪混索廪给钱文，殴打落水淹毙，请将保安即行正法’一折，已谕令行在刑部核拟速奏矣。所有合雇跟役之护军丰盛额、赫音图，虽据该督讯无知情纵容之事，但约束不严，致跟役滋事不法，罪有攸归。现在传谕经略大学士傅恒，俟丰盛额等到军营后查明重加责处，以示惩儆。至带兵之该管鸟枪护军参领常宁、委护军参领瑭奇，漫无约束，实难辞咎，着交部严加议处。”（《清高宗实录》卷838）

（乾隆三十四年七月庚寅）谕军机大臣等：“据吴达善奏‘京兵第四起自江陵张家沟起旱，抵玉路口渡江，有跟役保安见汉河船上数钱文，认为支放廪给，上船向索，殴打任仪落水淹毙，请将保安即行正法’等语，所办尚属允协，已批交行在刑部核拟速奏矣。官兵沿途应支廪给等项钱文，所在地方官自应按名如数分足，总交领兵员弁转行散给，岂可令官兵亲自关支？甚至官兵亦不亲身赴领，转令跟役向县役需索，致滋事端。此即办理不善之处，现在官兵已经过竣，姑免追究，将来凯旋时军行所经之处，所有散给钱文必当妥定章程，令该地方官汇交带兵员弁，按队逐名分给，毋得仍令官兵、跟役自向州县支领，借端滋衅。将此传谕官兵经过省分之各督抚知之。”（《清高宗实录》卷838）

（乾隆三十四年七月庚寅）又谕曰：“吴达善奏‘赴滇第四起京兵行至湖北江陵地方，有跟役保安因上船索取廪给钱文，殴打县役落河淹毙，请旨正法’一折，已交行在刑部核拟速奏，并降旨将带兵之护军参领常宁、委护军参领瑭奇交部严加议处矣。官兵经过地方，所有应给钱文自应按名分足，总交领兵官员给发，何至跟役等自行索取滋事？此即地方办理不善之处。已传谕官兵所经省分各督抚，将来凯旋时，各宜妥协经理。至合雇跟役保安之护军丰盛额、赫音图，虽据该督讯无知情纵容之事，但既为伊等雇觅之人，沿途并不小心约束，致令生事不法，亦难辞咎。着传谕傅恒，俟此起京兵到滇时，即查明丰盛额、赫音图二人，重加责处，并晓谕在营弁兵等，俾共知儆戒。并将吴达善原折及传谕各督抚谕旨，一并录寄知之。”（《清高宗实录》卷838）

（乾隆三十四年七月癸巳）又谕：“昨据吴达善奏‘第四起京兵跟役保安在江陵县地方索取廪给，殴死县役’，已依拟将保安正法，并传谕官兵经过省分之各督抚，俟凯旋兵丁过境时，务令领兵之员汇支散给，不得仍令兵丁等亲向地方官支取，致滋事端。适直隶藩司观音保随至行在，询以直隶如何支放廪给，据称‘该省应付官兵等廪给口粮，俱系领兵章京及护军校赍持勘合火牌，向地方官汇总支领’等语，所办自属正理，湖北何竟未筹办及此？看来今年办送兵差，直隶、河南俱甚安静妥协，其余各省似未能定有章程。今湖北支放廪给既有办理不善之处，则湖南以下由黔至滇，谅亦相同。着传谕吴达善，将湖北省给发官兵廪给等项，因何不行汇交领兵官员，且假手吏胥，致有跟役横索滋衅之事，即行据实复奏，并谕方世俊、良卿、明德，将各该省如何应付廪给一并查明，各按实在情形具奏。又据副都统明亮奏称，因所带官兵并站遄行，马匹不敷递送，地方官照例议以每跟役一名折给马价银四钱，因定价太多，酌减一半，每名给银二钱，并行知带领后队之侍卫一体支领。而侍卫富兴亦奏，现在间日趱程，遵旨酌量马力办理，所有带领之官兵跟役九十六名，将现备马五十七匹，每人办给一匹，其余未备马匹通融酌减，并未领取折价，仍札知后两队侍卫一例酌办……此内支领不一之处，始于贵州境内，良卿何以并未奏及，着传谕令其明白回奏。至于并站以后，各队官兵进次云南，及经由湖北、湖南者，所有马价如何折给，亦未据该督抚奏闻，并着传谕吴达善等逐一查明切实，速行复奏，毋稍隐饰干咎。并着谕令经略大学士傅恒知之。”（《清高宗实录》卷838）

（乾隆三十五年九月）戊辰，谕："据雅郎阿等奏称，去年抬送撤回荆州病兵之夫役阿告被踢身死，经地方官查出，咨令将护送兵丁之骁骑校楚德、默音等确讯，查出正犯一案，雅郎阿交属员讯问，以楚德等毫不知情等语回复。今因吴达善处将月日见证明白指出，复行移咨，始以护送兵丁之骁骑校默音业经病故，请将骁骑校楚德革职严审，协领色楚并伊均有管兵之责，俟审得正犯之时，分别议处等语。查阅雅郎阿奏折，去年地方官所报甚明，雅郎阿即应将骁骑校楚德等革职严审。乃仅交属员，草率塞责一问，含糊回复，显系雅郎阿瞻徇所属之人。办理此案，甚属糊涂不堪，雅郎阿着严行申饬，骁骑校楚德着即革职。其案内应讯人等，一并交吴达善详悉审究。雅郎阿、协领色楚，俱着交部分别严加议处。"（《清高宗实录》卷869）

（乾隆三十五年十月庚子）兵部奏："荆州将军雅郎阿、协领色楚于所属兵滋事，将抬夫阿高踢伤身死，徇隐袒护，请照例降革。"得旨："依议，将军雅郎阿系统辖大员，抬夫阿高被踢身死，仅交属员讯问，含糊咨复，实属有心袒护，照徇庇例降三级调用。"（《清高宗实录》卷871）

（乾隆三十七年十二月戊子）又谕曰："舒常奏'据各营带兵将领等先后禀报，楚兵李林、宋维刚、吴得贵、冀尚义、陕兵陈义德因砍伐柴薪，致迷路径失去'等语，已照所奏，将该管各员交部议处矣。兵丁等在营遇有樵汲之事，偶值雪厚箐深，致迷路径，固属情理所有。恐其中或有畏避军营差务，假托迷路，私自潜逃，窜匿本籍，均未可定，不可不严行根究。除另谕署川督富勒浑沿途加意查拿外，着传谕陈辉祖、巴延三，即查明各兵营分住址，严饬所属文武员弁在于各本籍上紧访缉，一经弋获，即速讯取确供，即行正法。仍一面具奏，并知照军营，俾众兵共知警惕。"（《清高宗实录》卷923）

（乾隆三十八年闰三月丁亥）又谕："据陈辉祖奏'查获私逃余丁胡

喜、尹光灿’一折，讯据胡喜供称‘同逃之余丁萧占魁回至嘉定府，为其表兄刘姓留住’等语。萧占魁亦系应行缉获者，既据讯有在嘉定刘姓家存留之语，陈辉祖即应叙明原供，飞咨川督，令其就供出地方严缉务获，方不致有漏网。乃陈辉祖折内仅称一面飞咨川省严拿萧占魁，并未令其向嘉定刘姓家查缉，竟视为寻常海捕虚文，只以一咨了事，殊属非是。如此率办，川省并不知该犯匿迹所在，不过广为缉捕，何能弋获？转致日久闻风远扬，又复成何事体？且据奏，现获各犯俱系湖南盘得，而湖北并未弋获一人。两省均有逃兵，何以湖北独无所获？可见该省文武员弁不以查缉为事，即陈辉祖所奏亦不过泛常通饬，并无实在用力之处。陈辉祖平日办事尚属认真，不应疏懈若此，着传旨申饬，并令其将未获逃犯上紧缉拿就获，即行复奏。”寻奏：“查胡喜在零陵县拿获时，供称萧占魁同至四川嘉定府，被伊表兄刘姓留住。其刘姓何名、住嘉定府何处，未据讯问。臣已批查，因路远待复需时，即一面录供，飞咨川省查缉，前奏未经声叙，殊深惶悚。至湖北只据拿获逃走丁役宁温、高宾、王正奎、吴起秀等在逃正兵，并未就获，惟督饬各属设法上紧严拿。”得旨：“今获几名否，何不详奏？”（《清高宗实录》卷931）

（乾隆三十八年七月壬戌）又谕：“昨木果木军营失事，皆由绿旗兵溃逃所致，今美诺之不能守，亦系绿营兵先溃，其情甚为可恶，悉行处斩，亦不为过。但思此等溃兵通计不下数千，若皆骈首就戮，虽其罪由自取，朕心实有不忍。况绿营兵恇怯轻退，总由营中无满洲兵，绿营无可倚恃，遂尔见贼即溃，此实温福等从前倡议不调满洲兵，以致自误，朕亦未能计及于此，悔已无及。若将伊等全办，转似事后诿过于无能懦卒，更觉无谓，莫若概免其死。着富勒浑、文绶晓谕此项溃兵，以尔等临事溃窜，本当立时正法，以肃军纪，今奉旨念绿旗之溃，由于营中无满洲兵可为观法，遂致仓皇摇动，其罪虽无可宥，但不忍令此数千人同受诛戮，特加恩免死，将营中所汰溃兵遣发各省安插，以示格外矜全。如此通谕，俾绿营兵共知感愧激劝。其已到成都之兵，现令文绶至四川省城办事，即着其遵旨传谕。其军营众兵，即着富勒浑传谕。并着文绶查明此项溃兵，如系四川本省及云贵、湖广者，即发遣甘肃、两广，如系陕甘者，即发遣云贵、湖广，俱分起陆续解往，并须避京兵所经栈道及各省续调兵来之路，勿令相见。至此等溃兵，虽云罚不及众，其为首溃窜者，亦不可不查明重办数人，申军法而昭炯戒。着于发遣各兵时录朕此旨，转寄所发之各督抚，于此等溃兵解到时，以次诘讯军营首先溃散实系何人。如即在发到该省兵内，将该犯即留省城讯实，奏闻正法。其余应发之人，皆分别各州县安插，勿使聚集一处，饬令各属严行收管，如有脱逃者，拿获时照新疆改遣例即行正法……”（《清高宗实录》卷938）

（乾隆三十八年七月戊辰）又谕：“据丰升额、舒常奏‘游击和伦等于余丁张得贵脱逃，仅报川、楚两省总督，并不呈报将军参赞，以致所报姓名不符，请将襄阳镇标右营游击和伦、竹山营游击常保、襄阳镇标前营都司官福、镇筸镇标前营守备万国泰、湖北抚标右营守备张虎臣、辰州协左营千总张云标等交部严加议处。署襄阳镇官达色未能查出，并请交部察议’等语，和伦等均着交部严加议处，官达色着交部议处。”（《清高宗实录》卷938）

（乾隆三十九年四月）丁亥，谕：“据陈辉祖奏‘襄阳城守营游击长安于营务漫不经心，配造解川火药但委备弁经理，该员茫然不晓，转多任意指斥，颠倒错误，又将额兵私带役使，派令跟班，迟即棍责，实属玩违不职，请旨革职’等语。朕简用满洲人员为外省武职者，原因满洲风气诚朴，弓马熟娴，使之训练绿营，示之标准，期挽积习而收实用。今长安以满洲擢居外任，不但不能实力振作，使营伍改观，转渐染绿旗浮惰气习，玩弛公务，任意妄行，甚属不堪。若仅予革职，未足示儆。长安着革职，发往伊犁，自备资斧，效力赎罪。”（《清高宗实录》卷956）

（乾隆三十九年八月壬辰）又谕：“前据颜希深、李时扩奏‘六月初六日，木池站失火，轰烧存贮火药五万一千余斤，请与川北道吕元亮等分摊赔补，并自请严加议处’，并据舒常奏‘查明失火缘由，分别定罪’各折，因颜希深等所拟分赔之处尚未允协，随谕令文绶会同舒常另行核定，分别情罪轻重、察议分赔之处具奏，到日再降谕旨。今据文绶等会同酌定分赔复奏，已批准允行，令其咨部办理。所有专管火药局之郧阳协右营把总杨耀先，据舒常奏，请照军法从事。但查明失火时，该弁出外操兵，尚非在营玩视，着从宽改为应斩监候。其疏于防范之陕西汉凤营参将金应安、湖广九溪营守备王发第俱着革职，留于军营，自备资斧，效力赎罪。颜希深、李时扩均着交部严加议处，舒常并着交部察议。”（《清高宗实录》卷964）

（乾隆三十九年十二月癸卯）又谕：“据阿桂等奏‘湖北宜昌镇总兵乔冲杓自至川省军营，从未著有劳绩，于兵丁衣履等项并不豫为料理。查点军械，复有残缺，率多赶造充数，希图掩饰。又于兵丁蔡惠儒等是否迷失脱逃始终含混，不能清晰，实属懈怠废弛，请旨革职’等语。乔冲杓着革职，仍留军营，自备资斧，效力赎罪。所有缺少军械并着令赔补，其宜昌镇总兵员缺着仁和补授。”（《清高宗实录》卷973）

（乾隆四十年三月乙丑）又谕：“原任荆州副都统书明阿因训练荆州兵不善，将伊革职，留于军营效力赎罪。后因年老在军营不甚得力，令伊回京。书明阿不能训练兵丁，虽罪无可逭，但训练兵丁尚有将军，非止伊一人之事，系属公罪，情有可原。惟书明阿身系满洲，曾任副都统，乃在军营并未与贼打仗，其不自奋勉，甘为无用之人，显然可见。若令其闲居，转得优游，书明阿着降为三等侍卫，令在军营效力行走。”（《清高宗实录》卷979）

（乾隆四十年十一月庚辰）又谕曰：“长禄自补授荆州副都统以来，不知奋勉，适办出征兵丁衣服全然不妥，甚属无用。今届大功将蒇，所有撤兵应办之事款项繁多，长禄岂能料理？且伊所署将军，职任尤关紧要，长禄着革去荆州副都统，所遗员缺着永昌补授，兼署荆州将军。”（《清高宗实录》卷996）

（乾隆四十一年二月癸亥）谕军机大臣等：“据海成奏‘万安县滩头司巡检丁楚江以巡查道路采买柳树为名，潜往他处未回。经该县亲往该巡检署内向伊胞弟查讯，据缴出印信及申县文禀，称因病苦交迫，往他处削发为僧。讯之随行之火夫萧禄，供系带同弓兵练达搭船他往。现在严行访缉，请将丁楚江革职，以便获日审办’等语。此事甚属荒唐，该巡检如果病发难支，何难具文告病乞休？乃以现任职官假名公出，潜逸不返，且敢留禀，称欲他往为僧，实出常理之外，其中自另有别情，是以畏罪逃匿，必当缉获重治其罪……并着湖广总督于该员原籍麻城县一体躧缉，毋任漏网。将此由四百里传谕知之，着海成等迅速复奏。”（《清高宗实录》卷1003）

（乾隆四十三年十二月壬戌）又谕：“从前四川木果木溃兵之事，实由绿营懦卒罔顾军律，相率奔逃，置将军于不顾，以致失事。其罪本不容诛，第因人数过多，不忍悉行骈戮，是以谕令查明，发遣云贵、两广、甘肃、湖广等省安插，如有脱逃者，即行缉获正法。仍令该督抚等查明有无脱逃，于年终具奏。今其事已隔六年，各省按例每年陈奏，竟成故套，亦不成事体。着传谕安插溃兵之各督抚，查明尚存溃兵若干，详悉具奏，俟奏齐之日，交军机大臣请旨。”（《清高宗实录》卷1072）

（乾隆四十四年三月己丑）军机大臣等议奏：“四川木果木溃兵因人数过多，从宽发遣湖北、湖南、广东、广西、云南、贵州等省安插，但令安居内地，不足示惩，请改发伊犁给厄鲁特为奴。”得旨：“木果木失事皆因此等绿营溃兵罔顾军律，相率奔逸，情罪实为可恶，本应概予骈诛，徒以人众，朕心不忍。然仍令其偷生内地，将何以戒将来，可保百年无用兵之事乎？今即发往伊犁，给厄鲁特为奴，尚属施恩格外，理应共知感悔。着各该督抚于各溃兵起解时详悉谕知，尔等已蒙恩贷以不死，实邀非常旷典，如不知安静守法，或于中途乘间脱逃，无不即时拿获，照改发新疆例，立行正法，决不再为宽贷。俾共知凛惧，不致自蹈刑辟，副朕法外施仁之意。”（《清高宗实录》卷1078）

（乾隆四十四年四月）甲戌，谕军机大臣等：“据文绶复奏‘拿获外省及该省逃兵数目’一折，已于折内详晰批示矣。前因川省逃兵近来鲜有弋获，恐地方文武各官见大功久蒇，缉捕稍疏，因谕令文绶查明军营逃兵，各省实有若干，即行奏闻。并令原派兵之各督抚一并查明，饬属上紧严拿具奏。续据督抚等奏到，亦俱随时批饬矣。兹文绶折内称‘查核各省逃兵，湖北九十六名、湖南九十七名、云南四十名……川省之未获者尚有七百三十名。逃兵一项，川省独多至盈千，即此可见其政事废弛矣。其余各省，两湖亦俱满百，陕甘又将倍之，惟云贵通计不及百人。然数年来，各省弋获无多，皆由地方官平时漫不经心，督抚等又不实力整饬所致。此等逃兵受国家豢养之恩，一旦调赴军营，不思奋勉报效，相率潜逃，其情罪实为可恶。倘此时竟任其偷生不缉，将来保无用兵之事，亦何以示惩创乎？朕非不体好生之心，但兵可百年不用，不可一日无备。明季纲纪废弛，军无纪律，临阵委靡，纷纷各鸟兽散，驯至败亡，足为殷鉴。凡为封疆大臣，不可不知此意，并于获逃兵正法时，令各绿旗兵目睹知戒。着再传谕有逃兵各省督抚，查明该省未获逃兵若干，严饬所属，实力设法躧缉务获，不得以缉捕虚文塞责，致干咎戾。”（《清高宗实录》卷1081）

（乾隆四十五年七月庚寅）又谕：“据伊勒图等奏称‘金川溃散兵丁发遣湖北，改发伊犁给厄鲁特为奴之沈登魁于四月初三日脱逃，逾数日自行投回，请将沈登魁枷号，从重惩责，如再脱逃，即行正法’等语，所办殊属错误。沈登魁前在军营，不随将军大臣行走，私自逃窜，彼时即应正法。曾蒙宽宥，改发伊犁为奴，此乃格外之恩，理合畏罪安居。今乃私自脱逃，情甚可恶，即当一面正法，一面奏闻。今伊勒图等仅拟枷号，甚属姑息，不晓事体。沈登魁脱逃数日，因迷于山径，无路可逃，始自行投回。此等情节，伊勒图何意想不到，着传旨严行申饬。沈登魁着即行正法示众，嗣后如有此等逃犯，于捕获时即行正法，毋得姑息。”（《清高宗实录》卷1110）

（乾隆四十七年五月己未）谕军机大臣等：“从前因川省脱逃兵丁积年弋获者甚少，历经降旨，通谕各督抚饬属严缉，并予各犯等以自首免死，展限日期，令各督抚再行出示晓谕，俾穷乡僻壤偷生窜迹之徒咸知朕格外恩施，闻风投首。乃自降旨以来，各省奏报自首者仍属寥寥。本日据福康安奏‘各属陆续具报，逃兵自首之赵启禄等已有十四名，当即遵照恩旨，咨部发遣’等语，所办甚好。福康安擢任总督未久，其办理此项逃兵，于接奉谕旨后能通饬属官实心实力上紧查办，数月之间，前后奏报呈首多名，可见各省督抚之不能认真办理，非晓谕未遍，闻信无由，即海捕具文，督缉不力。伊等久任封疆，宁不知愧厉耶？总之，此等逃兵，本系罪应正法之犯，今既加恩予以一线生路，乃尚敢惮远潜藏，不思自全躯命，真是冥顽不灵之徒，又何足惜。明季军政废弛，随征兵丁每多临阵溃散，而事后亦竟付之不问，以致贻误国事。前代覆辙，可为殷鉴。着再传谕陕甘、湖广、云贵各督抚，务再饬属多方晓谕，俾逃兵等及早自首，以副朕格外矜全、整饬戎行之至意。”（《清高宗实录》卷1157）

（乾隆四十八年正月戊申）又谕：“从前金川军营脱逃兵丁积年未经弋获，历经降旨，通谕各督抚饬属严缉，并予各犯等以自首免死，展限日期，并将承缉不力之地方官严定处分。乃自降旨以来，惟川省奏报拿获人数较多，自行投首者亦有一百余名，其余各省奏到拿获逃兵及自首到案者仍属寥寥，总由各督抚不能督饬承缉之员实力擒捕，以致该犯等匿迹远扬。现在又降旨将承缉地方官处分宽限一年，各该督抚务须严饬所属，设法实力查缉，并将各该省逃兵共有若干，现在已获若干、未获若干，各省通计已获逃兵约有十分之几，详晰查明，开单具奏。将此传谕四川、陕甘、湖广、云贵各督抚知之。”（《清高宗实录》卷1173）

（乾隆四十九年九月丁卯）又谕：“前因各省承缉金川逃兵，核其拿获及自行投首者甚属寥寥，曾经两次通行，予以展限，并于上年因承缉逃兵省分各员应行实降者为数较多，特降谕旨，加恩将各该员从宽免其降调离任，再予限一年承缉。今年九月，又届限满，兹据军机大臣将四川等省历年拿获逃兵各数及上年五月内展限后自首逃兵各数查明开单具奏，朕详加核计，所有各省逃兵已经拿获自首者尚不及半。逃兵宽以年限，准令自首免死，原系朕法外施仁，于无可末减之中予以一线生路。在逃兵等稍有人心，自应及时投首，即地方官节次接奉恩旨，亦当各发天良，深知感奋，设法晓谕，上紧查缉。乃例限已满，缉获仍属无多，可见外省办事全不认真，不过以海捕具文，因循塞责，如此年复一年，伊于何底？此而不明定处分，该员等竟罔知儆惕，即朕又岂能以罚不及众，再为宽贷耶？所有承缉逃兵之四川、湖北、湖南、陕西、甘肃、云南、贵州等省，从前承缉之历任州县各员，无论现任及业经升调者，俱着革职，从宽留任，八年无过，方准开复。其接缉之州县各员，到任在半年以上者，并着革职留任，四年无过，方准开复。限内俱准予调，不准升用。其各员中有到任未及半年者，免其查议。至督缉不力之历任督抚，着罚养廉二年。其接任之督抚，除到任未及半年者亦免其议罚外，余在半年以上者，俱着罚养廉一年。其历任承缉之司道府厅各员，并着该督抚查明具奏，另行交部照此办理。此案历年既久，竟不必再缉，以致有名无实。此后各该地方官当诸事认真，遇有查缉事件，不可因有此旨，仍置不问。一经发觉，再不能复为曲贷也。”（《清高宗实录》卷1214）

（乾隆四十九年十月甲午）又谕：“据永保奏‘黔省逃兵共九十八名，

节年拿获投首者二十二名，其余七十余名全无影响，明系地方官平日视为具文，现在查取各员职名，严参请处，并自请交部议处’等语。各省承缉逃兵，经朕屡次加恩展限，各该地方官仍视为海捕具文，并不上紧访缉，以致事隔十年，拿获自首之犯统计尚不及半，是以特降旨停缉，系朕格外之恩。但外省风气如此疲玩，最为恶习。永保到黔四月有余，以该省逃兵止获二十余名，自知愧悚，并将承缉各员职名据实开参，尚属留心公事知耻者。至陕、甘、四川、湖北、湖南等省，较之贵州道里更近，而云南与贵州相去不远，何以该督抚等恬不知愧，曾未奏及？则其平日之漫不经心，全不以事为事，更可概见。此案历年既久，前已降旨停缉，着各督抚遵照前旨，即将承缉、督缉司道府厅州县各员查明具奏，所有贵州省参奏各员，亦着照前旨分别办理。”（《清高宗实录》卷1216）

（乾隆四十九年十一月辛巳）又谕：“据特成额奏‘查阅湖北荆、宜、襄阳一带营伍，有宜昌镇总兵官福揭报宜都营都司罗汉保，襄阳镇总兵仲泰揭报竹溪营守备黄金显，均称年力就衰，弓马平常。随亲加考验，该二员精力俱已衰颓。请旨将罗汉保、黄金显革职等因’一折，着照所请，交部办理。总兵有整饬营伍之责，如所属营员内，有年力衰颓、弓马平常者，自应随时体察，据实揭报，何以直至总督查阅营伍时始行揭报？是该总兵等平时有心姑容，及督臣巡查营伍，明知不能掩饰，始以一揭塞责，殊属徇庇取巧。官福、仲泰俱着交部严加议处。至特成额，身任总督，于通省武职人员均应时刻留心。乃于该二员年力衰颓，平素既未能查察，而此时校阅后，折内又未将该总兵瞻徇姑容之处附参，亦属不合，特成额着交部察议。”（《清高宗实录》卷1219）

（乾隆五十五年十二月）己未，谕曰：“旺沁班巴尔年轻尚有出息，故将伊补授宁夏将军，自当感激朕恩，一切益加敬谨，奋勉行走。乃伊倚恃将军职任，护庇属下人等欺压平民，争占地界，且前因送回格格灵榇时，朕加恩令地方官护送，伊不知感戴朕恩，反行骚扰驿站，种种错谬，甚属不堪。本应从重治罪，姑念伊究系糊涂蒙古，着从宽革去将军职任，退出御前，仍令在乾清门效力行走。宁夏将军员缺，着图桑阿调补，所遗荆州将军员缺，着舒亮补授。”（《清高宗实录》卷1368）

（乾隆五十九年六月）乙亥，谕：“据彭承尧奏‘巡阅通省营伍关隘情形’一折，所办俱属认真。至折内称‘千总、把总、外委等弁骑射生疏，咨部斥革。又参将胡松阿、游击阿尔绷阿、都司齐冠东俱老病不能骑射，咨会督臣题参，请旨勒令休致’等语。粤西为边疆要地，所有该处营伍，自宜勤加训练，随时整饬……各省营伍事务，总督、提督俱有统辖之责，似此大小营弁技艺生疏，皆由总督、提督平时因循积玩所致。前任署督郭世勋业已病故，姑免置议。提督梁朝桂现已调任湖广，而从前粤西任内不能整顿营伍，咎实难辞，梁朝桂着交部严加议处，以为废弛者戒。”（《清高宗实录》卷1455）

（嘉庆二年十月）癸丑，敕谕：“据汪新奏‘副都统齐哩克齐将察哈尔马匹送至襄阳府交代，即便回京’等语，齐哩克齐系有罪厄鲁特，宽免后，经朕节次施恩用至副都统之人。此次派伊前往湖北护送马匹，即当赶送直至军营。伊系有巴图鲁名号，既至军前，并不图效力，亦不恳请带兵，殊无良心。若系满洲臣仆如此，必在彼处正法。今姑念齐哩克齐系庸愚厄鲁特，曲全伊命，此即朕格外施恩。着将齐哩克齐革职，仍交所过各省督抚等，于齐哩克齐行抵何处，即传旨革职，令伊自备资斧回京，以示儆戒，不许私自驰驿。”（《清高宗实录》卷1497）

（嘉庆元年十月辛丑）署湖北宜昌镇总兵官黄瑞以不能御贼，革职逮问。（《清仁宗实录》卷10）

（嘉庆元年十月辛丑）谕军机大臣等：“成德既派有兵勇沿河设卡巡查，自应侦探贼情，随时防堵。且伊扎营处所距张家口沿河相近，乃竟毫无觉察，以致贼匪复逃至黄柏山潜匿，殊出情理之外。文图与成德同在关口黄连坪驻扎，而贼匪于初六七日搭造浮桥，至十三日接到补授云南提督谕旨，竟于十九日起身赴滇，置逃窜黄柏山之贼于不顾，尤为畏葸可恶。成德、文图本应与黄瑞一体革职治罪，但现在该处带兵乏人，暂从宽宥。所有成德、文图前赏花翎及巴图鲁名号，俱着革去，始留将军、提督之任，令其戴罪图功，以观后效。所有剿办黄柏山一路军务，即着福宁、观成总统办理。文图现已回至军营，即着成德、文图分往贼营之西南鹤峰州、东南长乐县界，带兵防堵。倘成德、文图再不能堵截，又任贼匪他逸，则二罪并发，必将伊等于军前正法，决不宽贷……”（《清仁宗实录》卷10）

（嘉庆三年正月）丁亥，谕内阁：“楚北窜匪覃加耀一犯，经官兵逼入归州之终报寨，所存贼匪不过百余人，无难立就荡平。乃至今尚未办竣，皆由额勒登保、福宁攻围不力，辗转迟延，致贼匪尚得苟延残喘。即将伊二人革职拿问，亦属罪所应得。姑念带兵乏员，且予以自新之路，额勒登保着降为三等伯爵，并降戴单眼花翎。福宁着革去宫衔、花翎，以示惩儆。仍各留本职，令其图功自赎，以观后效。”（《清仁宗实录》卷26）

（嘉庆三年正月）己丑，谕内阁：“额勒登保、汪新奏‘擒获首逆覃加耀，扫荡楚北余孽’一折。楚北贼匪覃加耀等纠合伙党，在长阳一带四出窜扰，额勒登保、福宁带兵剿办，任其辗转逃窜已及年余。此次自巴东折窜归州，额勒登保等又未能奋力进击，迁延数月。今汪新带兵到后，协力攻围，始将覃加耀等拿获，实属有过无功。前因额勒登保等种种迁延贻误，降旨将额勒登保降为三等伯爵，并降戴单眼花翎，福宁革去花翎，仍各留本职，不过仅示薄惩。今虽同将首逆拿获，而其经年带兵不力、稽延玩误之咎，实所难辞。额勒登保着革去伯爵，并领侍卫内大臣都统，赏给副都统职衔，令即前赴陕省商雒一带迎剿贼匪，立功自赎。至福宁之罪更重于额勒登保，伊本由湖北巡抚荐升湖广总督，湖南苗匪滋事，既有应得之咎，而湖北教匪勾结窜扰，又系伊所辖地方，前在镇筸镇剿办苗匪一筹莫展，已属无能，及至旗鼓寨剿贼，又任贼辗转奔窜，毫无振作，是福宁之罪实较额勒登保为重。所有四川总督，昨已降旨令勒保补授，福宁本系总督虚衔，今着一并革去，亦赏给副都统职衔，在川会同英善办理粮饷，各予以自新之路。伊二人若不自知愧奋，出力自效，必当从重治罪……”（《清仁宗实录》卷26）

（嘉庆三年四月）甲辰，谕内阁：“……况现在粤西军务虽已完竣，而川、陕、楚北剿办贼匪尚未蒇功，转运军糈，甚关紧要，军法不可不重。似此贻误之员，得以邀恩免其远遣，何以惩一儆百……”（《清仁宗实录》卷29）

（嘉庆三年四月）丙午，湖北宜昌镇总兵官张廷彦以不能约束兵丁，革职逮问，以贵州都匀协副将王凯为宜昌镇总兵官。（《清仁宗实录》卷29）

（嘉庆三年八月己酉）又谕：“上年贼众由楚省窜至陕境后，屡欲偷渡汉江，经官兵连次击退，遂由紫阳、石泉辗转逃至汉中……彼时带兵大员若稍知愧励，合力进攻，原不难一鼓殄灭。乃彼此迁延观望，以致败残贼众任其冲突奔逃，与各股贼首联为一气。今距上年合围之日又将一载，迄未蒇事，其咎甚重。惠龄、恒瑞、兴肇、富成、明亮、德楞泰，着再传旨严行申饬。”（《清仁宗实录》卷33）

（嘉庆三年九月）乙亥，谕军机大臣等：“据勒保奏‘将伊弟永保发往军营效力’一节，永保前在湖北军营，获罪甚重，拿解来京，不即按律治罪，仅禁囹圄，已属宽典。昨因勒保擒获王三槐，又复推恩释放。勒保系该处总统军务之人，若将伊弟发往带兵，勒保自必意存偏向，无论其在何路、尽力与否，必为之设法邀恩，何以服众，此奏断不可行。将此传谕知之。”（《清仁宗实录》卷34）

（嘉庆四年七月乙亥）谕内阁："勒保查奏'景安参奏广福'一案。景安因广福直言禀阻，即行詈骂，已失待属员之体。又复参奏枷号，并请事竣充发，实属任性妄为。然此犹过之小者，景安之大罪，在前任河南巡抚时，于贼匪由钟祥窜至豫省，纵令逃逸，以致永保亦因此获谴，蔓延数省，至今未能殄灭。是其恇怯畏贼、捏报邀功、种种玩误之处，为罪甚重。景安着革去伯爵，发往伊犁，自备资斧，交保宁差遣效力赎罪……"（《清仁宗实录》卷49）

（嘉庆四年八月癸卯）又谕："顷降旨后，朕复思从前令魁伦赴川，先至达州，传旨将勒保革职拿问，即将所赍谕旨一道并经略印信，俱交额勒登保带领兵丁赍赴湖北明亮军营。今广兴来京复命，奏及明亮不甘为勒保之下，有心玩误，实属可恨，岂可复膺经略重任？即使拿获张汉潮，亦难自赎。现已降旨，授额勒登保为经略。魁伦前抵达州，传旨革拿勒保后，即以经略印信交额勒登保祗领，带去之荷包亦即赏给额勒登保，以示奖励。所有带给明亮谕旨，一并付给阅看……"（《清仁宗实录》卷50）

（嘉庆四年八月己酉）谕内阁："庆成、永保与明亮同在陕省剿办张汉潮一股贼匪，理宜同心协力，以国事为重，上紧杀贼，俾陕境早就肃清，方为不负任使。乃半载有余，尚未蒇事。节据奏报剿贼情形，总未见伊三人会同夹击……午时，旋据明亮奏到'痛剿张汉潮贼众，逼向西南逃窜'一折，讯据获贼供称，有两日行三百余里、并无官兵追赶之语。折内又称，自郧阳、郧西紧蹑贼踪，赶向商州，今又追至镇安境内。庆成、永保等带兵六千余名，总未见面，是庆成、永保本日奏到之折，竟系畏惧明亮参劾，有心捏饰。似此怀挟私见，坐误事机，全不顾剿贼重务。庆成、永保可谓丧尽天良，若不严行惩治，何以肃军纪而励戎行……即着那彦成赍朕谕旨，先于庆成、永保军营将伊二人传旨革职拿问，一面向庆成、永保严讯，将伊二人玩误实情先行具奏，再交与松筠定拟具奏。那彦成即带领庆成、永保原带之兵，与明亮会商剿办，务将张汉潮一股首伙悉数歼除，不留除孽……”（《清仁宗实录》卷50）

（嘉庆四年八月辛亥）谕内阁：“倭什布奏‘调赴湖北军营之山西兵丁挟嫌逞凶，伤毙领兵参将’一折，实为从来未有之事，阅之殊堪骇异。各直省军纪废弛，将不习兵，兵不尊将，已非一日。即如本年夏间，山东兵丁至宝鸡县马号，将骡夫等砍伤，而带兵之署副将四达色纵容不问。今又有山西兵丁刘廷怀挟管束微嫌，胆敢将本管参将王栋砍伤致毙。是四达色待之过宽，兵丁即妄砍平民，肆行无忌；王栋驭之以严，兵丁即挟嫌逞忿，谋杀长官，宽严皆足以召衅，所谓指臂之使、腹心之寄者安在？军律至此，荡然无余矣。皆由从前督抚提镇，视训练为具文，任听兵丁等游荡自如，甚至令其在署充当厮役工匠，坐食虚粮，积玩成疲，不知纪律为何事。一旦调遣从征，加之约束，非畏葸怯懦，即桀骜不驯，若不亟为整顿，何以肃军纪而励戎行？着通谕直省督抚提镇，务当屏除积弊，实力操防，示以有勇知方，庶几缓急足恃，毋得仍前懈玩，致干咎戾。至王栋被刘廷怀砍倒后，王栋、丁役熊玉等持锚趋护，将刘廷怀戳伤身死。守备马光祖捏称王栋带领官兵到襄，赴河下照料渡江，不意行至街心，突被教匪将王栋扎伤，并将马兵刘廷怀杀死。经倭什布查出实情，将刘廷怀戮尸枭示，所办尚是。守备马光祖仅请革职，仍令暂行管带兵丁，殊属失之轻纵。襄阳地方早已肃清，焉有教匪伏匿，突出戕官？马光祖不过因征兵伤毙将领，虑干议处，竟谎称教匪杀伤，希图掩饰，非寻常捏报可比。此等备弁，尚安望其带兵出力乎？现当军行之际，不可不严加惩治，以儆其余。马光祖着革职，即于倭什布军营枷号三个月示众，满日发遣伊犁。刘廷柱系凶犯刘廷怀之弟，亦未便轻纵，并着发遣伊犁。至马光祖于此等有关军法重事尚敢肆意妄捏，若仍令带兵，必致别有贻误。倭什布仅请革职，仍令带兵，何不知事体轻重若此，着传旨严行申饬，余着照所奏完结。”（《清仁宗实录》卷50）

（嘉庆四年十月壬子）又谕："前因勒保自简任经略以来，安坐达州，从未亲自督兵。惟将各路军营情形，每隔旬余，汇报塞责，迟延日久……传旨将勒保革职拿问，另授额勒登保为经略大臣。彼时并未将勒保家产查抄者，只因勒保尚无别项赃款。嗣经湖北查出军需底帐，如明亮、永保、庆成、鄂辉等俱经得受馈送，提用饷银，先后降旨查抄……如勒保并不留心体恤兵丁，于喧闹生事之满兵不即查明严办，又不将领队之讷音劾参……而于接到倭什布咨会有贼匪窜入楚境之事，并不速行具奏……勒保着从宽改为应斩监候，着魁伦接奉此旨，将朕格外施恩之处向勒保宣谕。即派委妥员，将勒保解交刑部监禁，并将办理缘由通谕知之。"（《清仁宗实录》卷53）

（嘉庆四年十一月戊寅）又谕："明亮、永保等带兵剿贼，种种迟延玩误、捏饰谎报及得受馈送各情节，松筠所拟，俱属按律办理。除明亮、永保俟解京后另降谕旨外，兴肇本系糊涂无能，其在军营带兵，惟知随同明亮支吾朦混，节次明亮所发奏折，或竟未与兴肇阅看，即打仗处所亦未必亲到，只系随同列衔，其罪较轻，非因伊系宗室即从末减。兴肇着改发乌噜木齐效力赎罪，交与兴奎严加管束。庆成从前带兵曾经受伤，此次系自行屡请前往军营，且击剿张汉潮时亦尚能跟踪追蹑，伊以受伤之人尚思出力，情殊可悯。而其从前在湖北军营剿办贼匪，彼时系永保总统，景安在豫防守，庆成只系带兵协同剿贼之人，贼匪阑入豫境，窜往来陕西，亦非其贻误。庆成着改发伊犁效力赎罪，交与保宁严加管束。"（《清仁宗实录》卷55）

（嘉庆五年二月庚寅）谕内阁："庆成前在安南带兵，曾经著有劳绩，嗣于湖北剿办教匪得受重伤，回京后伊又自请前往军营，是以上年令其前赴陕省带兵剿贼。而庆成到陕后，随同明亮等剿办张汉潮一股贼匪观望迟延，不能迅速办竣，因降旨将庆成一并革职拿问……"（《清仁宗实录》

卷 59)

(嘉庆五年四月庚子)又谕:“……若永保在钟祥时果能于北面竭力堵截,乘势剿杀,则贼匪早可办竣,何至蔓延至今?是永保疏玩之罪,百喙难辞。是以皇考训政时,即将永保革职拿问,解京取供监禁。仰窥皇考圣意,自以教匪滋事只系内地乱民,若将统兵大员遽置重典,恐长奸徒桀骜之风,是以未即严行惩办。而大功一经告竣,通核功罪,亦必将永保发遣新疆,决无宽贷……永保既辜负皇考深恩,又负朕宥罪录用之恩,但核其罪状,其在大山岔株守及得受馈送二款,犹其罪之小者,伊之罪案,实以钟祥疏纵贼匪为最重。自贼匪在钟祥奔窜以后,逆氛肆扰,累经年载,尚在稽诛,帑项多有虚糜,固不足道,民人屡被蹂躏,其谁之愆?虽节次所发饷银不下千万,然此项军饷不过散在民间,犹无足深惜。至各省地方横遭焚掠,荼毒无数生灵,朕每念及此,辄为焦思不释。若不将首先贻误大员严行究办,何以整饬军纪,为数省无辜赤子一申冤忿乎?着将查出永保供词原案及以上指出罪款交大学士九卿,再向永保诘讯,同景安一并严审定拟具奏。”(《清仁宗实录》卷 64)

(嘉庆五年八月)壬子,谕内阁:“永保从前在钟祥北面防堵贼匪,所带官兵共有九千余名,乃不能实力拦截,致令贼匪于嘉庆元年向北奔窜,焚烧滹河镇,绕至黄龙垱,偷渡滚河,是以皇考将永保革职拿问,解交刑部监禁,谕令俟大功告成,再行降旨,因军务尚未办竣,未即施恩。上年朕亲政之初即仰体圣意,将永保释放,赏给蓝翎侍卫,令赍经略印信前赴军营,旋即擢授头等侍卫,令其署理陕西巡抚,是永保从前应得之罪业经原宥……”(《清仁宗实录》卷 72)

(嘉庆五年八月丁丑)谕军机大臣等:“徐添德股匪在盛家墉淌渡时,游击富庆、知县孙光先俱在谷城城内,并未堵截贼匪。又贼匪窜至黄龙滩时,该处乡勇未能堵住,任贼西窜,巡检黄士杰并未在彼督率拦截,乃于贼匪渡河后，禀称淹毙百余名，乡勇尾杀数十名，尤为无耻。此皆地方官不能防守之咎，富庆、孙光先、黄士杰均着革职，交姜晟严讯速奏。”（《清仁宗实录》卷 73）

（嘉庆五年九月癸卯）谕内阁：“胡季堂参奏典史杨道纯向该督衙门呈递条陈军务奏折，恳求转奏，实属狂妄，请革职治罪，并将杨道纯奏折及原禀进呈。阅折内所陈，以川、楚教匪叛由被逼，情尚可原，其意竟欲暂缓用兵，专事招抚，殊不知剿抚兼施之法早经降旨宣谕，不啻至再至三，而逆匪等执迷不悟，尚未尽行解散。现在川、陕、楚各首逆经官兵屡次痛剿，蒇功在即，岂有撤兵不办、徒以空言招抚之理？且该典史并欲于贼队中择其言有可采、才堪任用者，量为器使，尤为谬论。杨道纯因上年九月呈递表策，稍有可采，是以加恩赏给官职，交胡季堂委用。此时该员又妄生冀幸，若伊将奏折于跸路经过地方呈进，或差人赴在京各大臣处赍投，自当照例治罪。今具禀总督恳请代奏，与蓦越控诉者有间，但一交部议，亦必议以革职。姑念折内所陈尚无违悖之处，不过其言断不可行，着从宽免其革职，交胡季堂严加管束，俾以典史终身，遇有应升之缺不准升用。若杨道纯再有不安本分、妄行条奏之事，必将伊革职从重治罪，决不宽贷。”（《清仁宗实录》卷 74）

（嘉庆五年十一月乙巳）谕内阁：“惠龄奏‘湖北襄阳县遣回山东病伤兵丁，查阅来文，格式乖异，印文模糊，当经提讯，复接湖广总督来咨，有襄阳县雕刻假印、捏造文票给与伤病兵丁等因’一折，此案着交姜晟严审定拟具奏。至军营伤病兵丁在各州县留养，原应验明遣回，若不明定章程以凭稽核，则各处留养伤病兵丁，一届大功告成，均须回籍，倘误作逃兵，沿途截拿，成何事体？但径由州县给与文移，又不足以昭慎重，其中捏饰贿嘱、串通弊混之事自所不免，嗣后伤病兵丁经该营大员验明，交与地方官留养者，如遣令回籍，俱应报明督抚，由该处道府大员发给文移，不得仍前由州县率行遣回。并着经略参赞等通谕各路军

营，将各处留养患病受伤兵丁详加查核，早令回籍归伍，以示体恤而杜弊端。将此通谕知之。”（《清仁宗实录》卷76）

（嘉庆五年十二月甲寅）又谕：“倭什布奏‘驰抵竹山，筹剿徐添德股匪，并布置郧西边防情形’一折，据称‘徐添德一股由平利属之南坪柳树垭逃至白沙河等处，经倭什布分派将弁竭力剿截，贼匪由钉钯沟窜入，已至王家山，并探得高三、马五已折窜至蔺河口东向’等语。楚省竹溪、竹山一带系倭什布在彼督率防堵，节据该抚奏称分派兵勇，扼要严防，何以又任徐添德一股窜入楚境？可见前此实力防堵之语，皆系一派诳言。前经加恩将该抚赏给四品顶带，今又任徐添德窜入，无能至此，实属大负委任，倭什布仍着革去顶带，暂留巡抚之任，以观后效。”（《清仁宗实录》卷77）

（嘉庆六年五月）乙巳，谕内阁：“吴熊光奏‘查出湖北办理粮饷，种种贻误情形’一折。姜晟前任湖广总督，军火粮饷是其专责，伊在楚虽不及倭什布之久，但驻扎襄阳，于支发银两分设多局，并不早立章程，现经吴熊光查出该局只有发银数目，并无用银实数，而于兵勇应领之项挂欠不发，其所发饷银用于何处，显系该粮员等意存朦混，豫为侵冒地步。该督在彼所办何事？除俟全案审讯明确再降谕旨外，姜晟着先行交部严加议处。”（《清仁宗实录》卷83）

（嘉庆八年九月壬子）谕军机大臣等：“南山余匪，裹胁至二百余人，公然窜至镇安，焚毁兵房，肆行无忌，已有遗灰复然之势……而杨遇春、杨芳等竟未将贼数据实具禀，即川、楚二省，均尚有零匪数十人。额勒登保此时尚系经略，各路搜捕情形，折内并未提及，似未经得有信息。可见各路镇将，并不上紧追捕，即其明验。杨遇春着拔去花翎，杨芳前已拔去花翎，着再摘去顶带，吴廷刚亦着摘去翎顶，均着传旨严行申饬，额勒登保亦着传旨申饬……”（《清仁宗实录》卷121）

（嘉庆九年八月）己未，谕内阁："前闻湖北省办理军需，节次动拨银两，承办局员有滥支滥应情事，谕令该督抚等详细查明，据实奏报，不可归罪于胡齐仑一人，稍致朦混。兹据吴熊光等查明各局滥用平余确数，分别开单具奏，朕逐加披阅，此内领兵各官用过赏犒银两共六万有零。兵丁等应调随征，均有盐粮支给，一遇打仗立功，无不优加升赏示以鼓励。从前节次用兵时，领兵官员原无格外赏犒之需，自福康安屡次出师，始开滥赏之端，任性花费，毫无节制。于是地方承办之员迎合备送，累万盈千，以及银牌䌷缎，络绎供支。阅单内所开，甚有备送翎枝一项。军营员弁赏戴翎枝，均由京颁往赏给，何须地方官办送？可见此等备用银两，不过以赏兵为名，亦未必实惠尽逮戎行也。况官兵等果有应行奖劳之处，自应据实奏明，候旨加赏，俾知感激恩施。乃并不入告，辄以备送银两自行赏给，在弁兵等得受者，但知被主将之惠，不知感君上之恩。而领兵大员等，亦只以地方官备办宽余，谓其能事，情好款洽。殊不知烦费之供亿，皆国家帑藏之虚糜。今经彻底查明，所有赏兵之项，本亦应罚令赔缴。但作俑者福康安已不深究，安问其余？且如额勒登保、德楞泰等，俱已懋著劳绩，同膺上赏，岂尚复令赔缴官项？况备赏之项，较之馈送他人者，其数多少大相径庭。即如德麟、丰绅伊绵，彼时均系奉旨驰往，迎其父柩。地方官致送德麟奠仪，并备赏等银四万余两。德麟收受奠仪，已属不堪，至于备赏银两更何所需，实不成话。丰绅伊绵亦收受备赏银四千余两，虽比德麟少至十分之一，然比之带兵最久之额勒登保、德楞泰二人所收备赏银两，转有增多。总系外省止知逢迎纨绔乳臭，卑鄙恶习，实出情理之外，竟非人类所有。德麟收受银四万一千五百五十二两，着罚令赔缴八万两，以示悖入悖出之天理为治世所不容。各宜猛省，毋堕火坑。丰绅伊绵收受银四千一百两，着照数赔缴。其滥行支给之原任总督毕沅等员，应行追赔银两，着照单开细数，除赏兵各项共银六万三百七十一两零加恩免其赔缴外，余着于各员名下照数追赔归款……国家立法不可不周，嗣后设遇有征调之事，凡经理军储者，不

准再立备送赏犒名目，致滋浮费而市私恩。如违旨者，计赃论罪，决不姑容。将此通谕知之。”（《清仁宗实录》卷133）

（嘉庆九年八月庚辰）又谕：“阮元奏‘审拟革职副都统喜布禅借用公项银钱’一案，喜布禅身任副都统，遣伊子前赴荆州接取家眷，系属私事，即不应派兵前往。乃既擅派兵丁远离营伍，复因需给安家等费，一时无措，辄令协领等于该营捐修旗纛等项公款内借动银四百两，又于收租差费款内借用钱八十余千制办器物，已属非是。但喜布禅既经借用，欲俟领有廉俸，一并归款，若于明俊参奏时即行据实奏陈，自请治罪，今经该抚讯明，业已措项归款，则其咎尚轻。乃前次折内犹称‘向协领等询知该处兵丁凡遇差使，向有帮费，此次实系公同商议，帮给兵丁远差，并非帮副都统’等语，捏饰具奏，只以未能觉察为词，实属有心卸罪。倘此时尚未将银完缴，尚当照监守自盗律科罪。今姑念业已完赃，着加恩免其治罪，仍着发回荆州本营，赏给披甲当差。协领福云、格绷额、噶尔杭阿听从借支，均有不合，着交部议处，余着照该抚所拟完结。”（《清仁宗实录》卷133）

（嘉庆十年九月己巳）谕内阁：“前因湖北省清查军需动用银款，内有该地方官致送兴肇备赏银三千四百两，当经降旨谕令赔缴。旋据兴肇具折陈辩，只自认赔缴，而不认收受，显露屈抑之意。朕恐外省查办或有舛错，复谕吴熊光详细确查。经该督将致送次数月日并经手之员逐一查明具奏。本日兴肇来至行在，当令宗人府会同军机大臣传向讯问，伊一一供认收受属实，是前奏实属无耻巧辩。此项军营备赏银两滥支滥应，彼时带兵大员收受者亦不独兴肇一人，且尚系犒赏公需，是以应赔各员，多有加恩特予宽免者。今兴肇既随同收受，乃复饰词分辩，迨至无可搪塞，始行俯首认罪，是则咎无可辞。兴肇着交宗人府酌议惩处，其应赔银三千四百两应如何扣缴或酌分年限之处，并着一并议奏。兴肇即着回京听候核议。”（《清仁宗实录》卷150）

（嘉庆十二年正月）癸亥，谕军机大臣等："从前剿办邪匪，三省顾募乡勇过多，迨大功告蒇，一时难于散遣，就其中情愿入伍者，概予安插归营，办理本未妥协。今陕之宁陕、川之绥定皆系新兵纠众滋扰，可见此等匪徒究属犷悍不驯。楚省乡勇入伍者亦复不少，总督、提督均系统辖大员，当饬知营员等妥为驾驭，留心稽察。如遇新兵等有一二不安本分或犯酗酒滋事等案，即应惩处斥革，或与以发遣，其有稍涉桀骜、情罪较重者，奏明办理，均无不可。总须随时惩创，俾伊等知所畏惧，不致别生事端，保全者众，惟在该督等时刻留心，不可稍存大意为要。将此各谕令知之。"（《清仁宗实录》卷173）

（嘉庆十二年三月丁未）谕内阁："前据汪志伊奏，拾获匿名揭帖，控告荆州将军积拉堪与地方官交接等事，当即降旨交汪志伊查办，并着该处副都统色布星额、三成明白回奏。兹据汪志伊、色布星额、三成复奏，积拉堪实有与知府林岚在署观剧等事，实堪诧异。积拉堪受朕重恩，授为将军，理宜洁己训练官兵，不当与文官交结，稍干与地方之事。今积拉堪因知府林岚屡次邀请，辄往伊署内宴会观剧。又去年三月咨行印文，由知府衙门借取养廉银二千二百五十两，至今尚未扣还。又因知县方遵辙办理盗案，缉捕不善，寄信与该省总督全保，欲将方遵辙参奏革职。太属多事，深负朕恩。积拉堪前已令开缺来京，仍着交宗人府严加议处。色布星额、三成与积拉堪近在同城，明知此事不行阻止，又不据实参奏，甚属非是。色布星额、三成俱着解任，交部严加议处。所有荆州左翼副都统员缺，着太原城守尉常春补授，右翼副都统员缺，着庄浪城守尉德昌补授。常春、德昌接奉此旨，俱着即赴新任，不必来京谢恩请训。惟新任将军永寿，副都统常春、德昌一时不能到任，永寿未到任以前，将军印务着湖北提督庆溥暂行署理。"寻议："将积拉堪革去不入八分辅国公，色布星额、三成俱降三级调用。"得旨："积拉堪着革去公爵，仍留四品顶带，赏给四等侍卫，余依议。"（《清仁宗实录》卷176）

（嘉庆十二年四月）辛卯，谕内阁："宗人府奏'遵旨严议奇臣'一折，据称'奇臣前已解任，可否留其奉国将军世职，仍罚俸二年'等语，所议太轻，奇臣与积拉堪均系宗室，一任将军，一任都统，其职分亦属相等。积拉堪在荆州将军任内，与知府林岚宴会，知府究非将军属员可比，而奇臣任乌噜木齐都统，兼辖地方事务，知州正其所属，乃与往来交好，有收受猪羊酒果等事，情节已有区别。且积拉堪将知县方遵辙查拿盗匪办理不善之处致书全保，尚系为地方公事起见，信内亦并未务令全保参劾。即现在讯据方遵辙，亦自称当日办理冒昧，积拉堪委非挟嫌。而奇臣则于属员那灵阿科敛得赃及知县达楷浮征累民种种款迹茫然不知，即员外郎官成在彼亦有私赁官房地产得银之事，该都统均毫无觉察，又纵容家人陈大招摇滋事，其咎较之积拉堪甚重。积拉堪罢职后，将公爵一并革去，今宗人府议处奇臣以其前已解任，即不复议以黜革，并欲留其奉国将军世职，仅拟罚俸二年，殊属轻纵失当，所有酌议此案之宗人府王贝勒公等着交吏部察议，奇臣交吏部另行严议具奏。"寻议："将奇臣革去乌噜木齐都统并奉国将军世职。"从之。（《清仁宗实录》卷178）

（嘉庆十二年五月戊申）又谕："刑部议复汪志伊等奏审拟马兵徐荣等纠众滋事一案，将该督等原拟谋叛改照谋反律办理，所议是。徐荣、王连、胡金玉三犯，胆敢纠约拜盟，起意戕官劫库，实属罪大恶极，自应照谋反大逆律办理。该督等仅将为首之徐荣等三犯予以斩决，所办错谬。着照部议，将该三犯锉尸枭示，以彰国宪。其徐荣等犯家属，并着照例缘坐。张辉如、杨起珍、卢如秀、熊得胜、林贵五犯，俱着即处斩。至部议请将民人王廷桂、周应和二犯一律问拟斩决，该二犯均系入伙结盟，豫闻逆谋，原属法无可贷，但此案究缘周应和与杨大德素好，有嘱伊迁避之语，杨大德向头役告知，该县得访有端倪，因而案犯全行弋获。是周应和虽非自行出首，但此事由伊破案，尚有一线可原。其王廷桂一犯着照部议即行处斩，周应和着仍照该督等所请，发往索伦达呼尔为奴，以示区别。嗣后各省遇有此等案犯，务当研核案情，如果始而同谋、继因畏罪自首者，不惟法可从宽，并可加之恩赏。即非有心首告，或因其透漏消息，全案借以发觉者，亦可量加宽典，庶于敉法之中予以生路。至该管游击雅金泰因不识汉字，于应减马兵并不查照部文办理，以致兵心不服，借口酿事，实属糊涂错谬，着即照部议革职。其南漳县知县陶绍侃，于此等谋叛匪徒尚能先事觉察，旋即会营设法全数查拿，尚属能事，着即送部引见。汪志伊等引律错误，着交部察议，余依议。”（《清仁宗实录》卷179）

（道光元年十一月庚申）谕内阁：“陈若霖奏‘审明参将守备互揭各情，分别定拟’一折，此案荆州城守营中军守备周甲万因负气告假未允，辄携带钤记赴该管上司衙门禀缴，实属任性乖张，周甲万着即革职。参将托克通武将应存守备署中公项银两率行提取收贮，虽无私用情弊，亦属不合，着交部议处。”（《清宣宗实录》卷26）

（道光四年正月壬午）又谕：“齐克唐阿等参奏‘荆州满营协领等匿报销除旗档之闲散’一折。闲散兴顺平素好酒，不听教训，经伊母具呈，将伊发遣黑龙江。后在配所复因饮酒不安本分，销除旗档，改发贵州。近逢恩诏，免罪释回原籍，该管官员等并未声报兴顺应入民籍，又含混详请给予钱粮，甚属错误。着将该佐领萨勒杭阿、防御龄福、骁骑校贵全、协领喜福、左司协领连升、托恩多布、该司章京强格等均照齐克唐阿等所奏，交部分别议处。齐克唐阿等系自行查出具奏，伊等察议之处着加恩宽免。”（《清宣宗实录》卷64）

（道光六年十月辛未）谕内阁：“嵩孚奏‘降补守备讦告副将，请分别革职解任审办’。此案守备孟毓柏于甄别降补之后，辄将原管上司屡次禀讦，希图挟制，着即革职。黄州协副将王世平既被禀讦，事涉营私，着一并解任，交该督提同人证，秉公审讯，务得确情，按律定拟具奏。”

寻奏："孟毓柏扣留马干，那垫公用，被劾后怀疑讦告，照例拟流。王世平虽讯无得受兵丁朋帮银两，惟于孟毓柏扣存马干毫无觉察，应请交部议处。"下部议，从之。（《清宣宗实录》卷108）

（道光十一年九月）己未，谕内阁："吴邦庆奏'押空运弁禀报军船被窃，情形歧异，请解任质讯'一折。此案湖北三帮空运千总高建勋禀报丁船行至砖河地方被窃，据该署漕督查明，与天津镇总兵咨照，并沧州知州详报验勘各情，均不相符。该弁丁所禀情节，显有不实不尽，如果诬良为盗，尤应按律严惩。千总高建勋着解任，交琦善提集全案人证，秉公审讯，按律定拟具奏。"寻复奏："旗丁李潮泗以窃报盗，水手胡强德误获良民为贼，千总高建勋毫无觉察，意存回护，应请革职。李潮泗、胡强德按例拟枷杖。"下部议，从之。（《清宣宗实录》卷196）

（道光十三年三月癸未）谕军机大臣等："本日据荆州副都统善英奏'查阅营马短少一千四百九十四匹，询之协领等，佥称此项马匹每年总少一千匹。其马乾银两向充公用，该副都统查知积弊，具折入奏，应用印文，署将军那当阿不肯用印'等语。荆州驻防，设立营马本有定额，岂容稍为缺短？若如该副都统所奏，以额马有定之帑银为营员无名之滥用。如果属实，大干法纪，必应彻底查明，据实参奏。着派讷尔经额会同麟庆，传询协领都隆阿等十员，严切确查。每年查额马短少实数若干匹，其马乾银两借词充公，究系何项动用，始自何时，该督等务当秉公详查，不得稍事颟顸瞻徇，致有不实不尽。并查明那当阿不肯用印是何意见，一并据实参奏。讷尔经额赴湖南阅伍计将竣事，麟庆由黔来京请觐，无论行抵何处，着即前赴荆州。俟讷尔经额到时，会同查办，事竣再行来京请训可也。清字折二件，着钞给阅看。将此各谕令知之。"（《清宣宗实录》卷233）

（道光十三年六月己酉）又谕："兵部奏请将亏短马匹那用马乾银两

充公，并未奏明办理之荆州副都统、协领等均议以降三级调用，毋庸查级议抵，实属咎所应得。姑念事阅多年，该署将军等率行照旧办理，尚无克扣侵冒情弊。署荆州将军左翼副都统那当阿于善英具奏时不肯用印，是其私心毕露，着实降二级，即回旗候补。协领都隆阿、双兴、甘露、玉顺、序柱、顺格、同陞、斐星额、穆腾额均着加恩改为降五级留任，六年无过，方准开复。协领星额特依业经休致，着革去顶带。”（《清宣宗实录》卷238）

（道光十三年九月庚午）谕内阁：“贵庆奏‘湖北三帮军船少米，请在天津道库借银买补’一折。本年易州等处陵米经仓场衙门派拨湖北三帮前往兑卸，该帮军船三十九只，共少米一千二百石零，经接办千总蓝名著查出，自应借款购补，着照所请，准其在天津道剥价款内动银三千九百两，发交帮弁督丁迅速购买，足数交卸。除蓝名著甫经任事，应免置议外，其玩误之湖北粮道李源、湖北总运安陆府同知德芳，俱着先行交部，分别严加议处，并着该漕督提集旗丁等严审有无盗蚀情弊，定拟具奏。所借银两，仍着落该道李源、该同知德芳及已故千总卢朝用家属，照数分赔归款。倘延玩不交，即严参惩办。如回空军艘稍有阻滞，即将现任重运空运千总一并严办。”寻奏：“讯据旗丁供称，在次受兑、过淮签盘，均未短少，因沿途起剥并被水挑晾，以致亏短过多，实无盗蚀情弊。至所借天津道库银两，如照原奏，着落粮道等赔交，转令短米各丁置身事外，恐将来恃为案据，亏缺更多。应令一律分赔，以昭平允。”下部议，从之。（《清宣宗实录》卷243）

（道光十五年正月丁亥）又谕：“讷尔经额奏‘请将经管钱粮不清、疏懈捕务之守备革职审办’一折。湖南兼护洞庭营游击之中军守备武步蟾于额设公差等费不敷支放，派令弁兵公摊，办理已属错谬……自应彻底根究。武步蟾着即行革职，交该督提同兵目人等严审确情，照例按拟着追，以儆官邪而肃法纪。”寻奏：“武步蟾任内实无借债凑放兵饷并侵那渔利情弊，惟洞庭湖额设巡湖经费向由汉岸盐商捐缴，嗣商捐未经解到，该营公费差费支放不敷，派令弁兵公摊，办理究属错谬。武步蟾应照例开复，仍降为千总，留于汉阳水师营差遣。”下部议，从之。（《清宣宗实录》卷262）

（道光十六年六月）庚辰，谕内阁：“讷尔经额奏‘审拟兵勇聚众挟借滋事，复谋害查办委员’一折。此案钟潮栋身充兵丁，辄敢起意商同兵勇滕加明等先后赴镇、道两署挟借银两，迨委员查拿，复又主谋纠同原伙多人，持刀戕害，一死一伤，凶恶已极。钟潮栋一犯着即凌迟处死，查明犯属，照例缘坐。田应奉、田淙宾、滕加茂、田应陇、傅煌恩、滕加明即田淙云六犯，听从挟借银两，戕害委员，着即斩立决。兵丁李加得、杨本云、革兵田offsetof保随同附和，迨出示晓谕，复不畏罪投首，实属玩法，均着发往新疆充当苦差，遇赦不赦……湖北抚标中军参将苏清阿奉委访拿滋事首犯，惨遭毒害，实堪悯恻，着照阵亡例赐恤……至苏清阿、段芝兰等奉委该镇访拿人犯，岂无兵役随同前往？何以寓内仅止丁役三名，彼时又值外出？情节殊难凭信。是否该兵丁等遇事脱逃，或恐防护不严，致干重咎，故为开脱，着该督将实在情形查明具奏，毋稍含混。余俱着照所议完结。”（《清宣宗实录》卷284）

（道光十九年八月辛巳）谕内阁：“周天爵奏‘营马疲瘦缺额，请将该管都司守备分别暂行革职撤任’一折。各营马匹戎政攸关，全在喂养膘壮，方足以利操防。据查湖北省标各营马匹多以疲羸充数，又每营缺额十余匹至二十余匹不等。皆因积习相沿，该管官并不以时查验，致有种种情弊，必当整顿，以儆废弛。所有湖北兼署督标中营都司左营守备玉贵、右营中军守备占格、抚标左营守备马绍国、右营守备蔡世泰、武昌城守营守备高行之，着一并暂行革职撤任，饬令将所缺马匹如数买补，并责令将存营马匹喂养膘壮，再令兵丁自行领喂。倘该将备等买补之马不堪乘骑，或喂养仍不膘壮，即着革职严参，并将该副将、参将、游击

各员严参示惩，以肃戎政。”（《清宣宗实录》卷325）

（道光二十年八月甲戌）又谕：“裕谦奏‘申明旧章，查禁粮私’一折。近年归次军船夹带盐斤，较前增益，于楚西销数大有关碍，自应严密搜查。现在回空军船正届南下，着直隶总督、漕运总督、长芦盐政并各省粮道，先期出示晓谕丁舵人等，每船于例带食盐外，不准丝毫多带，并责成运弁实力稽查。该署督于军船行抵江南时，即查照旧章，逐段委员搜察，如查有夹私情事，立即起除净尽。除丁舵人等按律重治外，仍将该管运弁一并参处，以利鹾纲而肃漕政。”（《清宣宗实录》卷338）

（道光二十年十一月乙巳）又谕：“有人奏湖南澧州直隶州知州登铨剥民纵子，众怨沸腾，镇筸镇兵情骄悍，亟宜控制各一折。牧令为亲民之官，岂容贪黩朘民，纵子渔利，致令民生日蹙，物议喧腾？至兵丁骄悍，尤当设法控制，弭患未然。着吴其濬等于湖北查办事竣后，就近先赴湖南，密查该州登铨被参款迹，如果属实，立即从严参办，以儆官邪。并将镇筸镇兵丁骄悍情形是否凶横玩法，应如何整饬调拨、不令疑忌之处，一并确查具奏。原折着钞给阅看。将此谕令知之。”（《清宣宗实录》卷341）

（道光二十一年四月丁未）谕内阁：“本日兵部议复‘湖北竹山协副将都尔松阿等失察营弁营书冒支粮饷处分’一折。各直省分设营伍，按籍支粮，必期兵皆足额。该营弁等虚冒空名粮饷，最为营务恶习。兵额不足，训练不精，率由于此。此案竹山协副将都尔松阿于营弁冒支兵粮及本衙门书识兼食空饷毫无觉察，竹山协中军都司庆连失察营书兼食空粮，该部议以降一级调用之处，虽系公罪，均不准抵销。”（《清宣宗实录》卷351）

（道光二十二年三月壬子）以办理广东守御事宜得力，免已革湖广总

督周天爵罪，仍留军营效力。（《清宣宗实录》卷369）

道光二十三年癸卯三月甲辰朔，谕内阁："御史苏廷魁奏'各省抢劫肆行，请令督抚提镇严饬营伍，以除盗贼'一折。国家设立营伍，分防汛地，原所以禁暴诘奸，遇有宵小肆行，盗匪劫掠，必应实力查拿，跟踪躧缉，庶足以安行旅而靖地方。乃近来抢劫频仍，如河南汲县盗匪竟敢行劫参领官车，拒伤事主……此外如湖北之樊城、江南之王家营、湖南之宜章……土匪成群，借端抢劫，总由地方文武员弁互相推诿，不肯认真侦缉，遂致纵盗殃民，大为闾阎之害。着责成各省督抚、提镇，严饬所属，无分畛域，四路兜拿。倘不肖州县玩视捕务，不能将首要各犯全数弋获，及各营汛分防武弁怠惰偷安，查缉不力，以致盗匪远扬，即着该上司指名严参，从重惩处，以为废弛捕务者戒。将此通谕知之。"（《清宣宗实录》卷390）

（道光二十六年七月丙戌）谕军机大臣等："据裕泰等奏'荆州满洲营旗人纠众殴毁汉城铺户，移行查获，提省审办'一折。此案驻防旗人因观划龙舟小忿，辄行纠殴，拆毁铺面，并有伤毙人命、焚烧会馆之事，现经该督等咨拿惩办。驻防旗人系该将军等专辖，此次纠殴焚毁，不得诿为不知，何以两月之久并不据实奏闻，着恒通等明白回奏。将此谕令知之。"寻奏："当时未经拿获滋事人犯，无凭审办，是以未即具奏。"得旨："甚属糊涂无能。"（《清宣宗实录》卷432）

（道光三十年五月己亥）谕军机大臣等："据荆州右翼副都统荣玉德奏，荆州将军台湧自拾匿名揭帖并未销毁，又胪列该将军款迹五条，虚实均应彻底根究，着裕泰于军务办理善后完竣，即赴荆州确切查明，据实复奏。原折着钞给阅看，将此谕令知之。"（《清文宗实录》卷9）

（咸丰元年七月乙未）又谕："程矞采奏参约束不严之带兵各官一折。

湖北提标左营游击珠尔松阿管带兵丁赴粤，自应认真弹压。乃先一日启行，致兵丁漫无纪律，行至澧州安乡县境内辄敢于支给盐粮外讹索各费，滋闹喧哗。该游击珠尔松阿擅离队伍，实属胆玩，着摘去顶带，仍令带罪前赴军营效力。千总吴必海于所带兵丁滋事，不行阻止，显系有心徇纵，着即革职解往湖南，交该省藩、臬两司提集该州县办差丁役质讯惩办。此外带兵各弁有无随同徇纵，并着查明惩处。其统领之宜昌镇总兵阿勒经阿未能先事豫防，亦难辞咎，着俟定案时声明请旨。”（《清文宗实录》卷37）

（咸丰二年十一月）丙寅，谕内阁：“前因岳州失守，将派往防堵之湖北提督博勒恭武先行革职，并交徐广缙查明该革员是否御贼受伤，又谕令将弃城逃走各员一并严行查办。守土各官，遇有贼匪窜扰，如能相机筹度，或婴城固守，或出城奋击，文武各尽职守，何致任贼横行，毫无阻遏？近日地方恶习，一闻警报，借词防堵，出城规避。前已降旨，饬令该大臣督抚等随时查办。因思带兵员弁遇有要隘可扼，仍须督兵堵剿，又岂可借词退避城中，弃险不守？现在贼匪经过处所，如有出城逃避员弁，即当按律惩办。倘临阵畏葸不出，以致弃险失机者，亦应查明严参治罪，以肃军律，毋稍偏徇。将此通谕知之。”（《清文宗实录》卷76）

（咸丰二年十二月）己卯，谕内阁：“……现在贼氛肆扰两楚地方，吾民颠沛流离，死者不知凡几，即将弁兵丁出力打仗者亦伤亡相继。而若辈仍复逍遥观望，自便身图，纵寇殃民，实堪痛恨。若不按律惩办，何以除锢习而振军威？嗣后该大臣等均当申严纪律，如再有延误军令，不遵调遣及带兵借词迁延，纵贼窜扰，或守土文武遇贼弃城逃散者，即一面奏闻，一面先行正法……”（《清文宗实录》卷78）

（咸丰三年正月甲子）谕内阁：“陆建瀛奏‘贼匪东窜，总兵阵亡，自请治罪’，并‘以江宁紧要，折回防剿’各一折。贼匪自窜踞武昌后，叠经降旨，令陆建瀛驰赴九江，会同张芾剿办，乃由水路前进，已觉迟缓。及闻所派镇将于上游接仗失事，该大臣辄即退保江宁，毫无布置，实属大负委任。陆建瀛着先行革职，仍责成办理地方军务，一面防守江宁，一面派兵援应安徽，以观后效……”（《清文宗实录》卷82）

（咸丰三年正月甲子）又谕：“本日据陆建瀛奏‘贼窜九江，退回江宁防守’，并蒋文庆奏‘皖省危急，援兵不至’各折，已将陆建瀛革职，并催各路官兵飞速赴援矣。贼匪未经窜出武昌，朕早料其东下长江，安徽紧急，叠经降旨，着该大臣先令陈金绶迅带精兵，驰赴安徽迎剿。该提督素性勇往，何至屡奉谕旨，迁延不进？乃兼旬以来，并未报带兵启程日期。现在到豫官兵数已不少，何不可酌量抽拨，催令带往？乃竟置若罔闻，坐观邻省危急不救，是何居心？已明降谕旨，将琦善革去都统衔，以示薄惩……将此由六百里加紧谕令知之。”（《清文宗实录》卷82）

（咸丰三年正月乙丑）又谕：“向荣奏‘督兵追堵贼船情形’一折。逆匪自窜出武昌后，顺流东下，该大臣于初四日追至葛店地方，击沉贼船二只，并抛掷火罐，焚烧近岸贼船三只。又令各营挑选奋勇兵壮二千四百余名，不带锅帐，亲率和春、秦定三、李瑞、玉山、福兴等昼夜兼程，赶往九江，冒雨前进，备极艰苦……至福建官兵中途走散竟至数百名之多，带兵将备不能约束，咎已难辞，且派令防守武昌县，打仗亦不得力。所有署泉州参将周兆麟、漳州游击顾得钦、都司陈光标、提标游击陈金銮、汀州游击高士濬，均着先行革职，仍饬将逃兵严拿重办，以肃军令。总兵郭仁布统率无方，所请议处之处，着改为革职留任，以示惩儆。”（《清文宗实录》卷82）

（咸丰三年正月）丁卯，谕内阁：“大学士、军机大臣会同刑部定拟赛尚阿罪名一折。已革大学士赛尚阿经朕简派钦差大臣办理广西军务，未能迅速剿贼，致令蔓延楚省，劳师糜饷，深负朕恩。赛尚阿着即照裕诚等所拟，按律定为斩监候，秋后处决。并着将伊子銮仪卫冠军使崇绪、礼部主事崇熙、工部主事崇绮、吏部员外郎崇绚一并革职。”（《清文宗实录》卷83）

（咸丰三年二月庚子）又谕：“寄谕两江总督怡良、江苏巡抚杨文定、安徽巡抚李嘉端、江西巡抚张芾，逆匪自窜出武昌以后，扰及江西、安徽、江南，连陷城池，各该地方文武员弁除守城殉难各员外，均有应得之罪。所有江西九江所属地方及安徽省沿江各府州县并江南省被贼处所，着该督抚查明该文武各员，有弃城先逃、临敌退避者，即行革职拿问，按律定拟罪名，迅速具奏。毋得稍有瞻徇迟延，致干重咎。将此由六百里各谕令知之。”（《清文宗实录》卷86）

（咸丰三年二月庚子）又谕：“上年逆匪，自粤窜楚，所过郡县，望风溃破，地方文武，除蒲圻县知县周和祥外，从未闻一人婴城固守，以待援兵。而军营带兵及防堵各员，亦皆闻警先遁，赴援不前，以致岳州、武昌相继失守。此等庸懦畏葸之员，若不早正刑章，何以肃军律而厌民志？该督抚等于叠奉严旨，竟敢置之度外，延不复奏。如刘长清、余万清等罪名，早已审讯定拟，朕所以令其解交刑部者，原欲使供情确凿，共见共闻，并非谓情有可原，姑缓其死，俾得从容就道也。岳州弃城逃避之博勒恭武，罪无可逭，特因其有‘坠马受伤’一语，若不详查，罪状亦未能昭著，是以谕令查办。乃逃回武昌之后，直至城陷，查无下落。该督抚等到省已将匝月，事事皆能经理，岂独于此一人，竟至无从查考耶？阿克东阿业已奉旨斩决，至今亦未遵旨具奏，尤出情理之外，似此瞻徇玩延，是直欲听若辈隐匿病故，然后援照廉昌、胡方毂之例，以业经身故一奏了事。在朕则法无可加，而该督抚等则自诩阴功盛德，是何政体？是何居心？贼匪初窜湖南，地方文武犹有一二畏法者，以力竭自解。迨至郴州、道州连次溃陷，大吏从不查参，即至避匿逃回，亦无一言论及，以至效尤接踵，习为故常。该督抚等当贼匪在境之时，或可借词无从访闻，今贼去已远，被兵州县中有收复已经半载者，何至毫无觉察，任听此等庸员逍遥事外？朕不知该督抚等何颜对此兵燹遗黎也！着张亮基、骆秉章、潘铎于接奉此旨后，勒限半月，将业经奉旨解部及斩决各犯迅速遵办。其失事地方，未经入奏之文武官吏并军营将弁一律严查，定拟罪名具奏。如再迟延遗漏，朕必将该督抚等重惩不贷，懔之。将此由六百里各谕令知之。”（《清文宗实录》卷86）

（咸丰三年三月癸丑）又谕：“张亮基等奏‘查明已革湖北提督及参将下落’等语。前因岳州失守，叠经降旨，谕令该督抚等查明已革提督博勒恭武如何下落，迅速具奏。兹据该署督等奏称，该革员自岳州溃逃后，带兵径回武昌，又弃军私回汉川，复借养病，辄回谷城提督本署，今又欲前赴江南军前报效。种种荒谬，实出情理之外。该革员以湖北提督大员奉旨防守岳州，乃始则见贼先遁，继复辗转偷生，若不明正典刑，何以申严纪律？博勒恭武俟提解到省，着即处斩，毋庸再行请旨……”（《清文宗实录》卷87）

（咸丰三年四月）己丑，谕内阁：“刑部奏‘遵旨讯明顺天府拿获假名逃匿官犯实系已革湖北提督博勒恭武，供证明确，并将该革员所递供词呈览’一折。博勒恭武系湖北提督大员，特派防堵岳州，不能固守郡城，以致失守，罪已难辞。乃该革员自岳州溃逃后，由湖北谷城改装易服，逃至清江，又潜至京外黄村，假名图脱。种种狡诈，实出情理之外。直至拿获交部审讯，始行具呈，哓哓置辩，无论一面之词，殊难凭信。即令当时遇贼接仗，而于溃散后南北逃避，辗转偷生，亦属罪无可逭。若不明正典刑，何以申军律而服人心？博勒恭武着即处斩，派刑部尚书周祖培、署侍郎培成监视行刑。”（《清文宗实录》卷91）

（咸丰三年五月丁卯）又谕：“……兵丁李廷徵等之捏报阵亡，情弊显然，着该督确切查讯具奏，并迅将岳州水师目兵李廷徵并湖北中营目

兵邱正清一并押解来京，交刑部审办，该旗原折并钞给阅看。将此由六百里谕令知之。”（《清文宗实录》卷95）

（咸丰三年八月癸巳）又谕：“张亮基、崇纶奏‘遵查遇贼先退之员弁，请分别严办’等语。河南贼匪回窜湖北麻城县宋埠镇地方，经该署督等派兵分路进剿，都司善保临阵退缩，首先逃避，几至兵众大溃，实堪痛恨，着即行正法，以肃军令。”（《清文宗实录》卷104）

（咸丰三年十一月己巳）又谕：“刑部奏‘讯明已革参将各情，请旨办理’一折。已革湖南岳州参将阿克东阿于贼未临城先自逃散，以致郡城失守，罪实难辞。乃逃至武昌后，主使兵丁李廷徵捏报殉难，复亲自装点棺殓，种种狡诈，实出情理之外。及至解送到部，犹敢哓哓置辩，坚不承招。既据该部讯明，供证确凿，自应明正典刑，以伸国法。阿克东阿着仍遵前旨，即行处斩。”（《清文宗实录》卷113）

（咸丰三年十二月乙亥）以湖北退军回省，已革总兵官杨昌泗发军台效力，按察使唐树义革职留任。（《清文宗实录》卷114）

（咸丰四年二月壬申）以进攻黄州失利，革提督布克慎职，仍命随同台湧带兵征剿。（《清文宗实录》卷120）

（咸丰四年三月壬子）又谕：“昨据张亮基奏‘初七日督率兵勇，于黑家庄地方剿匪获胜’，本日据胜保奏‘该抚玩视军务，观望逗遛，并欺饰冒功’各折片，览奏曷胜骇异。张亮基前由云南巡抚调任湖南，适闻贼窜长沙，即奏请防守常德，拥兵折回，并截留长沙军饷，举动乖方，不知事势缓急。嗣经严饬赴省，保守城池，并办理湖南、湖北善后事宜，尚有头绪，是以于署湖广总督任内调令巡抚山东。该员交卸时，贼氛将近武昌，并不将以前有无布置、如何守御情形详细向吴文镕告知，辄即赶紧渡江，专为自全之计……张亮基前已革职留任，着即革任，发往军台效力赎罪，即交胜保派员押解启程，不必再留军营，俾军务告竣后，转得希冀邀恩也。”（《清文宗实录》卷124）

（咸丰四年三月辛酉）以湖北德安府及云梦、应山县城被贼窜陷，革湖广总督台涌职，仍留任。（《清文宗实录》卷125）

（咸丰四年三月）甲子，谕内阁：“前因胜保奏参张亮基欺饰冒功等情，当经降旨，将张亮基革任，发往军台效力赎罪。嗣复据张亮基奏报，本月初九、十四等日胜仗，均交胜保、善禄、崇恩秉公确查具奏。兹据胜保等奏‘查明张亮基于初九、十四日两次进攻贼垒，虽皆获胜，每次杀贼仅一二百人，练勇亦有伤亡。该革员信任典史陈韬，但凭其言入奏，于打仗情形尚多不实。现在张亮基染患目疾，请给假医治’等语。张亮基于军务重情不知详细考核，辄听信委员夸张之词，率行入奏，实属罪有应得。着仍遵前旨，发往军台效力赎罪，并着胜保等派员即日押令起解，不准借病请假，致任逗遛。湖北枣阳县典史陈韬虽临阵尚知奋勇，而性喜夸张，语多不实，且行文出示，辄以监军自称，谬妄已极，着交部议处。所有两次接仗出力之勇目人等，仍着胜保等查明具奏。”（《清文宗实录》卷125）

（咸丰四年三月甲子）又谕：“骆秉章奏‘贼匪由陆路复窜岳州，现筹省城防堵’一折，前因湖南剿办由陆路南犯贼匪获胜，叠经谕令曾国藩，统领舟师出境，扫除江南贼踪。乃因蒲圻新到贼众甚多，升用同知直隶州王鑫迎剿于羊楼洞地方，拒战失利，折回岳州……王鑫轻进失利，着即革职，该员平素剿匪尚属奋勉，着准其留营带勇，效力赎罪。将此由六百里加紧各谕令知之。”（《清文宗实录》卷125）

（咸丰四年三月丁卯）又谕：“曾国藩奏‘岳州水陆各军接仗情形，

并自请治罪’一折。此次岳州水军虽获小胜，惟因陆路失利，以致贼匪复行上窜。曾国藩统领水陆诸军调度无方，实难辞咎，着交部严加议处，仍着督带师船迅速进剿，克复岳城，即行赴援武昌，毋得再有延误。”（《清文宗实录》卷125）

（咸丰四年四月乙亥）暂革湖广总督台涌奏：“遵查兵勇溃散及德安等府县文武下落，除参将隆安等暂留军营差遣外，余俟汇查确实，再行奏明。”得旨：“览奏备悉，惟府县失守城池，各文武除不知下落外，其犹生者，岂能晏然无事，并不参办？着迅查真情，不准任其捏饰。正法数人，或概予正法，亦无不可。虽暂时留营，果能自效，方准免罪。”（《清文宗实录》卷126）

（咸丰四年五月壬戌）又谕：“和春、福济奏‘督兵焚毁贼营，大获胜仗’一折……至楚勇因领饷不足喧闹，此等刁风亦断不可长，并着和春等严饬带勇各员妥为驾驭，毋令别滋事端。将此由六百里加紧谕令知之。”（《清文宗实录》卷131）

（咸丰四年七月壬子）谕内阁：“前任湖北巡抚青麐自简任封圻以来，正当黄州、汉阳贼匪充斥之际，武昌兵单饷匮，本属实情。朕以青麐在学政任内，保守德安郡城，念其勤劳，畀以重任。叠据奏报省垣布置，屡次击贼获胜，计八十余日中困苦艰难，所奏原无虚假，朕方节次严催各路援兵前赴武汉救应，但以道途多阻，未能迅速赶到。青麐于六月初二日大股贼匪攻城时，业已派魁玉、杨昌泗带兵连踏贼营五处，但能督率官兵，感激众心，竭力鏖战，何至省城遽尔失陷？即使婴城固守，坐待援师，亦望解围有日，方当宥过叙功。纵或力尽捐躯，不失城亡与亡大节，褒忠有典，岂不心迹光明？乃本日接到青麐奏报，称于武胜门督战时，见城内黄旗皆出，土匪内应，兵勇溃散，率与魁玉、杨昌泗拥众远避，为移师就饷之谋，径赴长沙。直是弃城而逃，曷胜痛恨？倘青麐为收复武昌计，或就台湧军营并力进取，或从官文乞师前来，戴罪图功，亦可为之曲谅。长沙则去武昌甚远，并非青麐所辖之地，越境偷生，何词以辩？若再加之宽典，则疆吏守土之责几成具文，何以对死事诸臣耶？所称沿途攻剿，拟抵荆州，皆是任意铺张，希图掩饰，与前奏不敢畏葸巧避、置城池人民于度外大相径庭。朕赏功罚罪一秉大公，岂能以青麐前此尚有微劳，稍从末减？青麐着俟到荆州时，交官文即行传旨正法。中外臣民，当知朕倚任青麐之念甚切，而青麐丧心负恩，自取罪戾，国法具在，岂能曲为原解？凉州副都统魁玉驻兵洪山，贼由该处冲入，咎无可免。惟前赴长沙，系由青麐率同偕往，且非守土之官，罪止失律，着即革职，与在籍已革总兵杨昌泗均交杨霈军营酌量差遣。仍着随时察看，倘该革员等不知愧惧，并查有临阵退缩、巧饰推诿情事，即一面据实奏闻，一面以军法从事。”（《清文宗实录》卷136）

（咸丰四年七月壬子）又谕：“前据官文奏‘探闻青麐有绕至长沙，前赴荆州之信’，览奏已堪诧异。当谕令该将军，如果实有其事，即行专折驰奏，候旨办理。乃本日竟据青麐由长沙发来奏报，妄以移师就饷等词，饰其弃城而逃之罪，披阅之余，愤恨何极。青麐以巡抚大员职任守土，贼至既不能婴城固守，迨省城失陷，尚复忍耻偷生，辗转越境。种种悖谬荒唐，殊出情理之外。朕权衡至再，若不立正典刑，无以肃军律而昭炯戒。着官文于接奉此旨后，若青麐果至荆州，即着就地正法。倘青麐绕越他处，即拣派道府大员，严密迎提到荆，由该将军宣示谕旨，即将青麐正法，不得稍有漏泄，致稽显戮……”（《清文宗实录》卷136）

（咸丰四年八月辛酉）以湖北剿贼不力，革四川建昌镇总兵官福炘等职，仍留营差遣。（《清文宗实录》卷143）

（咸丰四年十一月丁卯）谕内阁：“杨霈奏参‘带兵官员疏懈无能’等语。副都统魁玉、总兵杨昌泗督带兵勇驻扎蕲州之三道桥地方，于败匪溃窜之时，不能奋力扼截，致官兵有惊散情事。虽经事后收集，跟踪追剿，究属约束不严，疏于防范。魁玉、杨昌泗均着摘去顶带，以示薄惩。倘再不知愧奋，即着严参惩办。”（《清文宗实录》卷150）

（咸丰四年十二月）丙申，谕内阁：“曾国藩等奏‘请将带勇滋事之员革职治罪’等语。同知衔即选府经历县丞李光荣管带川勇协剿，于该勇等强坐民船不给船价，并将船户砍伤，有心庇护。追师至汉口，经曾国藩拿获滋事之勇，派员审讯李光荣，胆敢率众持械夺犯，复纵容该勇拦江索诈，驾船抢赃，并于罗泽南移营搬饷之时突往抢掠钱文，伤毙长夫多名。种种不法，实出情理之外。李光荣着即革职拿问，交杨霈严行审讯，按律治罪，毋稍宽纵。”（《清文宗实录》卷153）

（咸丰四年十二月）庚申，谕内阁：“杨霈奏‘请开复带兵官员处分’等语。前任四川建昌镇总兵福炘、绥宁协副将双保，前在汉川等处剿贼失利，降旨革职。候补副都统魁玉、候补总兵杨昌泗，前在蕲州三道桥地方不能扼截窜匪，降旨摘去顶带。兹据奏称，该革员等被参后，督兵打仗，收复地方，均能出力，尚属自知愧奋。福炘、双保，均着开复原官。魁玉、杨昌泗，均着赏还顶带。”（《清文宗实录》卷155）

（咸丰五年四月丁巳）以湖北剿贼不力，拔西安副都统常亮花翎。（《清文宗实录》卷166）

（咸丰五年四月己未）谕内阁：“湖广总督杨霈前因武昌失守，降旨革职，仍暂留本任，责令戴罪自效。迨逆贼上窜德安，该革督以防守襄樊为名，由随州以至枣阳，节节退守。屡经严旨，催令进剿，复以兵勇未集，迁延观望。迨西安将军扎拉芬由陕带兵，行抵随州，于五里墩地方与贼接仗被围，该革督坐拥重兵，近在数里之间，并不实力救援，反催调相去较远之拣发知府崔兰馨等前往接应，以致该将军力竭阵亡，实属懦怯无能，有心延误。该革督自广济兵溃以后，湖北逆匪复肆狓猖，其贻误之罪，何堪悉数？朕仅予薄惩，方冀其振刷精神，力赎前愆。乃数月以来，毫无布置，辜恩溺职，实堪痛恨。杨霈着即革任，仍交官文差遣，倘再不知奋勉，即行从重治罪。西安副都统常亮昨因救援不力，降旨摘去顶带。兹据杨霈查明，该副都统于奉调往援时，已远赴唐县镇地方，临阵退避，可恶已极，常亮着即革职，仍留营效力，以观后效。”（《清文宗实录》卷166）

（咸丰五年五月丁卯）又谕：“西凌阿奏‘请将管带官兵不善各官从重治罪’等语。现当湖北军务吃紧之际，该兵丁等派往堵剿，不思奋勉前进，竟有私行逃散者，实属目无法纪。着直隶总督、山东巡抚一体严拿，从重治罪。其约束不严之候补参将张文照，参将范维清，游击萨尔善、蕙春①，均着革职，仍留军营效力。”（《清文宗实录》卷167）

（咸丰五年七月己巳）又谕：“胡林翼奏‘署湖北提督讷钦，前经杨霈咨调挑带官兵，防剿粤匪，兵不满千，坐索行装银两，费至万金，并有兵丁多人将埠头范廷鑑等扭殴致伤。该提标署都司多恩听信兵丁逼勒水手，聚众逞凶，沿河停泊各船多被滋扰，所求不遂，即将差总王安殴打，伤痕遍体。前西安将军扎拉芬孤军力战，该署提督近在咫尺，并不发兵应援，且所带兵勇见贼先溃，请饬查办’等语。讷钦以专阃大员督兵防剿，辄敢任意需索，纵容弁兵肆行滋事，据奏各情，殊堪痛恨。扎拉芬督兵赴楚，接仗获胜，因讷钦拥兵不救，以致败溃，于军务大有关系。着官文确切查明，从严参办，毋稍徇隐，并查明署都司多恩劣迹，一并严参。其不能得力之兵丁分别裁汰，以饬戎行。原折着钞给阅看。将此谕令知之。”寻奏：“遵查讷钦尚无婪索退避等情，惟以统兵大员，不能随时防范，致令后队兵丁骚扰，究属失察，业经革职，请免其重议。

① 蕙春：本书也有作“蕙椿”，此处遵从底本。

多恩不能约束兵丁，请交部议处。”从之。（《清文宗实录》卷171）

（咸丰五年七月丁丑）谕内阁：“西凌阿等奏‘德安逆匪分股窜扑勇队营盘，现在饬收兵勇以图攻取’一折。本月初二日，德安府城贼匪分股窜扑三陂港等处，参将刘富成带勇迎杀，总管德楞额率领马队接应，枪箭齐施，贼众由两旁抄裹，勇队营盘，猝被烧毁。西凌阿等统兵督剿德安逆匪，未能及时攻取，致被贼扑营盘，损失军装器械，实属调度乖方。西凌阿、绵洵均着革职留任，以示薄惩。孔广顺、讷钦未能带兵接应，亦属怯懦无能，均着革职，留营效力，以赎前愆。贼匪现踞德安，着官文迅速前进，会同攻剿。西凌阿总统诸军毫无纪律，顿兵不战，以致为贼所乘，殊堪痛恨。倘再不知愧奋，必当重治其罪。”（《清文宗实录》卷172）

（咸丰五年七月甲申）又谕：“西凌阿、绵洵奏‘查办带兵溃逃、逾限回营之武弁’一折。已革游击蕙椿等于德安贼匪扑营时，未能奋勇接仗，随同兵丁溃逃，又迟久始行回营，实属畏葸无能。除署固原提标守备朱起翰等十五名业经该大臣等按律惩办外，蕙椿着即按军法从事，以申纪律。”（《清文宗实录》卷173）

（咸丰五年七月甲申）又谕：“西凌阿、绵洵奏‘带勇委员虚报饷册，请饬赴营听候讯办’等语。候选知府刘衡等管带冯官屯五营义勇前赴湖北，到营后，所呈放饷册籍内有放给中营五月分口粮银及派勇侦探盘费两款，与勇目施绍恒等现供情节不符，显有冒领侵蚀情弊。刘衡现已启程北上，着吏部迅即行文沿途各督抚，查明该员无论行抵何处，即饬令赶紧折回湖北大营，听候西凌阿等讯办。如查有知情冒领实据，即着严参治罪，以儆贪邪而肃军律。带勇之游击徐廷楷，并着该大臣等迅即催提到营，一并归案讯办。”（《清文宗实录》卷173）

（咸丰五年九月辛酉）又谕："西凌阿等奏'请将畏罪在逃革员饬拿'等语。已革游击蕙椿，前因随同兵丁溃逃，迟久始行回营，当经该大臣等奏准，即按军法从事。兹据奏称，该犯自随州移营，并未随队前至德安，派员访缉，业已逃逸无踪。着直隶等省各督抚一体饬属严拿务获，就地正法，以肃军令。该营务处副将乐善并不加意慎防，以致重犯逃逸，非寻常疏忽可比，着交部严加议处。已革提督孔广顺专司管带，西凌阿、绵洵系统领大员，均属失于稽查，着一并交部议处。"（《清文宗实录》卷176）

（咸丰五年九月乙酉）又谕："前因湖北逆贼攻陷德安，特授察哈尔都统西凌阿为钦差大臣，并命荆州将军绵洵帮办军务，统率各路精兵前往督剿，如果布置得宜，蕞尔郡城何难克复？七月初二日，因逆匪攻扑营盘，损失军装器械，朕仅将西凌阿、绵洵革职留任，稍示薄惩，冀知愧奋。乃本日据奏攻剿情形，虽马队获胜，而步兵屡次溃散，调度乖方，毫无纪律，实属大负委任。西凌阿、绵洵均着即行革任，仍留军营，交官文差遣，以观后效。已革提督孔广顺革职留营后不知激发天良，奋勉图报，借词受伤患病，出队时并不亲自督带，以致兵勇溃散，着即拿问，交官文严讯确情，据实具奏。"（《清文宗实录》卷178）

（咸丰五年十月乙卯）谕内阁："官文奏'遵查已革提督，请免治罪'等语。已革提督孔广顺前因在德安军营出队时并不亲自统带，以致兵勇溃散，当经降旨拿问，交官文严讯，确实具奏。兹据奏称，该革员向来带兵尚属得力，此次实因伤疾举发，以致兵勇溃散，尚非借病推诿。孔广顺着免其治罪，仍留湖北军营，交官文差遣，以观后效。"（《清文宗实录》卷181）

（咸丰五年十一月丙寅）谕军机大臣等："前因都司衔义勇头目施绍恒差勇目彭继辉、张洪发来京投递，僧格林沁禀呈，当将该勇目等交步军统领衙门审讯。本日据该衙门讯明供词具奏，勇目彭继辉、张洪发系僧格林沁派同詹启纶等前赴湖北探听贼情，行至楚境，因查验护牌系功牌改写，经营弁拿获看押，旋即查明释放，其同行之陈洪亮等四人，业经胡林翼营员弁拿获正法。此项义勇既已投诚，自应妥为安置。胡林翼因该勇目等护牌查验不符，疑为奸细，尚属有因。惟据供称，西凌阿、绵洵因义勇被贼裹去多人，便不给口粮，出队时亦不为接应，迨贼匪下压，马队开弓向义勇放射。似此情形，是统兵大臣不能善为抚驭，恐将驱之从贼。该义勇等桀骜性成，本难驾驭，全在调度得宜，尚可收搏噬之用。着官文按照所禀各情确切查明，并令带勇员弁务当示以恩威，勿令有所借口，别滋事端。原禀着钞给阅看。将此由五百里谕令知之。”（《清文宗实录》卷182）

（咸丰五年十一月甲戌）钦差大臣湖广总督官文奏：“汉阳贼队扑营，连日拒战获胜，请将筑营不坚之知县李光荣等惩处。”得旨：“李光荣等均着摘去顶带，此次虽小有获胜，然情形迥异，恐攻拔未易也。”（《清文宗实录》卷183）

（咸丰五年十二月）壬子，谕内阁：“英桂奏‘湖北遣散义勇，沿途滋事，审明惩办’等语。所有滋事遣勇及不能弹压各弁，业经该抚严行惩办。此等遣勇回籍之时，自应先缴器械，分起行走，方不致漫无约束。乃此次遣勇，竟至数百成群，私带军器，沿途滋扰，该营又无册籍豫行知照，经过地方何从稽查防范？着官文暨各路统兵大臣，嗣后遇有遣散义勇，先将姓名年籍造册飞咨经过省分并原籍督抚，豫饬各地方官妥为弹压，护送安插。并于离营时，饬令呈缴器械，沿途分起遄行。倘有携带军器、不遵约束、私自结队横行者，即着严拿惩办。地方居民遇有各路散勇、过境扰害者，格杀勿论，以杜乱萌。将此通谕知之。”（《清文宗实录》卷187）

（咸丰六年六月丙戌）以江南金陵军营失利，退守丹阳，钦差大臣湖北提督向荣、帮办军务西安将军福兴均革职，拔去花翎，仍留任。（《清文宗实录》卷200）

咸丰六年丙辰八月庚子，以赴援江苏金坛不力，革湖北宜昌镇总兵官虎嵩林职，仍留任。（《清文宗实录》卷206）

（咸丰六年九月乙亥）以疏防湖北襄阳匪徒滋事，革知府海顺，知县伊勒哈图，游击成福、郭荣茂职，仍留任。（《清文宗实录》卷208）

（咸丰六年十一月己卯）以湖北谷城县城被匪窜扰，革参将富康等职，留营效力。（《清文宗实录》卷213）

（咸丰六年十二月己酉）以陕西防剿湖北襄樊窜匪不力，摘署总兵官兴贵、龙泽厚顶带。（《清文宗实录》卷216）

（咸丰七年二月乙酉）以湖北竹山、保康、兴山、房县等城被匪窜陷，革同知金玉堂，知县汤一德、方兆科、孙宝田，参将佛尔国春，游击刘廷麟、文英，千总邓德仁、熊运泰职；道员常恩、总兵官德恩、参将阿昌阿均摘去顶带。（《清文宗实录》卷219）

（咸丰七年三月己未）以堵匪不力及托故逗遛，革湖北游击万通、乌凌阿职，游击富贵革职逮问。（《清文宗实录》卷221）

（咸丰七年四月己酉）谕内阁："御史李培祜奏'请将失守城池人员应得罪名饬令迅速查办'一折。粤匪滋事以来，各省失守城池之文武员弁业经查办者已属不少。兹据该御史奏称，河南、湖北、江西、安徽等省尚有未经查办各员，不足以昭炯戒。着吏、兵二部查明具奏，毋令日

久延宕，致有疏纵。”（《清文宗实录》卷224）

（咸丰八年三月辛巳）谕内阁：“兵部奏‘请将捏报马匹倒毙之带兵官惩处’一折。黑龙江委营总济隆额管带官兵前往湖北军营，行至通州，遽称骑马二百四十九匹全行倒毙，显系该兵丁等沿途变卖，带兵官扶同捏饰，若不严行惩办，何以肃军政而儆效尤？着黑龙江将军、湖北督抚饬令该营总将前项马匹勒限赔补，并着官文、胡林翼将该带兵官就近查取职名，交部议处。”（《清文宗实录》卷247）

（咸丰八年六月）丁未，谕内阁：“和春奏‘请将带兵迟延之都司革职，并将提督议处’等语。贵州尽先都司游应龙经和春饬令带兵随同提督德安赴庐州助剿，乃任听兵丁等抗违军令，迟至两月延不就道，实属庸懦无能，着即革职，仍留营随剿，以观后效。湖北提督德安于旧部弁兵既经指调，并不严催启程，亦属统率无方，着交部议处。”（《清文宗实录》卷256）

（咸丰八年九月戊戌）以托病规避，革湖北提督德安巴图鲁名号，拔花翎。（《清文宗实录》卷265）

（咸丰八年九月辛丑）以江苏溧水县城被贼窜陷，革湖北宜昌镇总兵官虎嵩林职，永不叙用。（《清文宗实录》卷265）

（咸丰八年十二月己未）以安徽三河等处军营失事，革湖北宜昌镇总兵官李续焘等职，并逮问。（《清文宗实录》卷272）

（咸丰九年三月）癸未，谕内阁：“骆秉章奏‘查明已革总兵各劣迹实据，并有侵亏营饷重情，请拿问提讯’一折。已革湖南永州镇总兵樊燮有署内差役冒领兵粮、摊派养廉、盖造房屋并演戏赏耗、开销公项各劣迹，前经谕令骆秉章查明参奏。兹据奏称，该革员种种劣迹均有确据……樊燮着即行拿问，交骆秉章提同人证严审究办，并着湖北巡抚饬查该革员现在行抵何处，即日委员押解湖南，听候查办。”（《清文宗实录》卷278）

（咸丰九年九月丁卯）以防守安徽明光不力，革湖北宜昌镇总兵官张得胜职，仍留营剿贼。（《清文宗实录》卷293）

（咸丰十年六月己卯）又谕：“庆廉奏‘审明失守城池员弁定拟’一折。咸丰六年间，湖北贼匪窜入河南，邓州被陷，当经谕令前任巡抚英桂，将署知州姚庆溥等阵亡情形确切查明具奏。兹据庆廉奏称，讯明邓新营千总王胜祥、吏目何维阶、游击穆奇贤均无先期逃避情事，复随同克复城池，惟不能先事豫防，究属咎有应得。王胜祥、何维阶、穆奇贤着一并革职，以示惩儆。其署邓州知州姚庆溥既未寻获全尸，所称巷战遇害，是否确有见闻，着切实查明，再行请旨。”（《清文宗实录》卷322）

（咸丰十一年四月）甲戌，谕内阁：“前因各省接递军报迟误，谕令兵部，将各该督抚、臬司等从重严参。兹据兵部将迟误时日并未填日期、遗失尾单各省分查明开单复奏，湖北、山东接递晏端书、德楞额、李续宜等奏报，有数日未填接递日期，该督抚、臬司等实属督催不力。所有湖广总督，湖北、山东各巡抚、臬司等，均着吏部查取职名，先行严加议处……至遗失尾单及未填写日期，尤非寻常疏忽可比，着甘肃、陕西、山西、直隶、山东、湖北各督抚、臬司挨站根究，从重惩处。倘逾限延不查复，即着兵部将该督抚、臬司指名严参……”（《清文宗实录》卷349）

（咸丰十一年四月己卯）又谕：“据都兴阿奏‘带兵大员咆哮无礼，请旨革职，并将起衅营员一并革职’等语……荆州骁骑校喜成因王万清嗔其压禀，辄找向分辩，以致互相揪扭，亦属糊涂荒谬。喜成着一并革

职，以示惩儆。都兴阿身为统帅，约束不严，致令将弁口角滋事，着交部议处。”（《清文宗实录》卷350）

（咸丰十一年九月乙未）又谕：“骆秉章奏‘请将不遵节制并纵勇滋事之文武各官革职查办’等语。四川带兵参将尹士超经骆秉章檄令在花街镇界牌子一带地方豫行伏兵截击逃匪，辄敢故违节制，延不移营，致令败贼窜逸，无兵拦剿，实属贻误事机。署绵州知州夔州府知府唐炯置酒宴客，迟误运送军火，并于该管黔勇戕害楚营弁勇多名，并将游击沈茂胜割去左耳，延不将黔勇查办抵偿，以致楚军未能拔营追剿贼匪，尤属贻误大局。尹士超、唐炯均着即行革职，交骆秉章秉公严行查办，以肃军政。”（《清穆宗实录》卷4）

（同治元年五月乙未）又谕：“薛焕、李鸿章奏‘遵查浙省通贼大员，先将访获踪迹缕晰密陈’一折，据称‘……已革总兵米兴朝、副将张威邦亦续到上海，嗣因杭州被难绅民来沪，均指称该员等形迹可疑。林福祥、恒起遂搭坐轮船，声言先到九江，即赴安庆投到，刘齐昂亦坐轮船赴汉口，投其兄任所措资，再赴曾国藩军营听候查办……’各等语。……恒起及刘齐昂、米兴朝均在招贤馆，张威邦亦在贼中，该藩司等皆系朝廷大员，如果有通贼情事，审明后自应悉行正法，岂可任其展转兔脱，日久稽诛？薛焕等于此等重大要犯办理殊属疏忽。林福祥、恒起计已早抵九江，是否尚在江省，着曾国藩、沈葆桢密派干员迅速查拿。刘齐昂之兄刘齐衔现升陕西粮道，该道员曾否起程赴任，刘齐昂是否随同赴陕，着官文、严树森就近严密访查，毋令逃逸……将此由六百里各密谕知之。”（《清穆宗实录》卷28）

（同治元年六月丙辰）又谕：“严树森奏参‘纵容弁勇骚扰地方之副将，请旨降补查办’一折。提督衔记名总兵福建延平协副将陈由立，前经曾国藩因其托故离营，奏参革职。兹据严树森奏，该员委赴湖南募勇，行抵襄阳县城，先期派委差官丁向阳勒索溜单，掳船行凶，需索价值，赴该县署肆行骚扰，尤属胆大妄为，陈由立业已有旨革职。严树森所请以守备降补之处，着毋庸议，并仍遵前旨，交曾国藩一并查办。守备丁向阳并着勒令陈由立交出，严行参办，其经过河南、湖南地方有无别滋事端，着该督抚查明参奏。”（《清穆宗实录》卷 30）

（同治元年七月甲午）又谕：“瑛棨奏‘接多隆阿自武昌来咨，据称现饬雷正绾驰抵襄阳，暂为休息，再行入陕’等语。多隆阿既奉督办陕西军务之命，责任甚重，自应兼程赴陕，立解倒悬。乃竟任意迁延，屡催罔应，又不遵旨先饬雷正绾带兵迅速赴援，实属玩视军务，不知缓急。官文既不遵旨严催，而于多隆阿行抵何处，两月以来并无一字奏报，亦属颟顸玩泄，罔顾大局。官文、多隆阿均着先行交部议处，仍着官文严催多隆阿等克期赴陕，实力剿办，以赎前愆。倘敢仍前延玩，贻误戎机，必将多隆阿等从重治罪，决不姑容。”（《清穆宗实录》卷 34）

（同治元年七月戊申）以带兵逗遛，革湖北守备谭荣贵职，永不叙用。（《清穆宗实录》卷 35）

（同治元年八月丙辰）以约束勇队不严，革湖北参将易鸿翔、邹品武，游击杨清和职，均夺花翎，易鸿翔永不叙用。（《清穆宗实录》卷 36）

（同治元年十月乙酉）以擅自离营，革湖北军营提督赵既发职，永不叙用。迁延贻误副都统金顺革职留营。（《清穆宗实录》卷 45）

（同治元年十月丁亥）又谕：“官文等奏‘请将偾事之文武各员分别惩处’一折。河南发捻各逆经官军击败后屡次窥伺楚境，意图窜扰，经官文等檄调道员梁作楫由襄阳驰赴随州，扼要防剿，安襄郧荆道金国琛不遵调度，辄将梁作楫一军留守襄樊。梁作楫复因病延宕，致误师行，贼遂得潜渡白河，扰及枣阳、随州等处，皆该员等贻误所致。迨经派兵追剿，又不善于布置，致令事权不一，师出无功。总兵彭炳武与贼接仗获胜，任令所部抢拾贼中辎重，致贼回扑，伤毙多人。副将唐敏兴所带勇丁沿途滋扰，毫无觉察，均属失于约束。金国琛着革去布政使衔，拔去花翎，降为同知，留于湖北酌量补用；梁作楫着拔去花翎；彭炳武着革去提督衔，以游击降补；唐敏兴着暂行革职。梁作楫、彭炳武、唐敏兴均着暂留军营效力，如再不知奋勉，即行从严参办。”（《清穆宗实录》卷45）

（同治元年十月）丙申，谕内阁：“多隆阿奏‘请将私逃员弁分别惩处’等语，据称‘守备夏士龙解运军装，携银五百两乘夜潜逃；都司曹连陞、李荣贵委赴安庆、汉口等处，各携银两乘隙走逸；游击闻元兴、章合楚，都司朱兆盛、刘精益，守备姚正甲、周福龄，均于商南营次未经告假擅自离营，实属有干军律。着照所请，一并革职，永不叙用。夏士龙、曹连陞、李荣贵等三名，并着各该原籍督抚及各路军营一体严拿，务获惩办，以昭儆戒而肃戎行。其该管营官业经临时自行检举，着加恩免议。”（《清穆宗实录》卷46）

（同治元年十二月戊戌）以湖北房县城被贼窜陷，旋即克复，革署知县庆明、典史李联琦、游击田德明、守备王佐职，免治罪。（《清穆宗实录》卷53）

（同治二年二月丙戌）以不遵军律革湖北参将周红泉、都司李得胜、守备毛文魁、千总张洪胜等职，永不叙用。（《清穆宗实录》卷57）

（同治二年六月庚辰）以接仗不力，摘湖北副将萧胜南、刘得腾，都司周华山顶翎，并夺萧胜南勇号，均留营。（《清穆宗实录》卷69）

（同治二年六月丁亥）又谕："多隆阿奏'请将营员分别参处'等语……副将衔参将李得谦遇事颟顸，不知振作，经委赴湖北募勇，又复从中取巧，未能功归实用，实属庸劣不职，着即行革职……以示惩儆。"（《清穆宗实录》卷70）

（同治二年十二月庚辰）湖广总督官文等奏："请将闻拿投首之已革副将卢得胜恳恩免死发遣。"得旨："卢得胜着发往新疆充当苦差，遇赦不赦。"（《清穆宗实录》卷87）

（同治三年正月庚戌）又谕："官文等奏'请将随营效力之逃配流犯免罪'等语，已革黑龙江披甲托佛洪阿于咸丰五年听从舒凌阿行窃库银案内审拟杖流，在配脱逃，改名金玉，投效湖北军营。本有应得之罪，惟念该犯在营七年，叠次打仗出力，尚属奋勇，所有托佛洪阿原犯杖流及在配脱逃罪名，着一并宽免，仍责令随队剿贼，以观后效。"（《清穆宗实录》卷90）

同治三年甲子二月壬辰，谕议政王、军机大臣等："张之万奏'请饬查拿案内要犯'等语。已革副将敖天印因所部勇丁口角微嫌，辄敢将副将孙之友戕害，实堪痛恨。该犯借称照料散勇回籍，难保非畏法饰词回楚，为脱身潜逃之计。着官文、严树森迅饬所属大冶、黄陂、孝感等县，务将敖天印及案内在逃之要犯吴正启一并严缉，获解豫省审办，以肃军律，毋令闻风远扬。将此由五百里各谕令知之。"（《清穆宗实录》卷95）

（同治三年四月）癸巳，谕内阁："官文参奏'严树森把持兵柄，刚愎用事'等语，据称'严树森自履任以来，招募湘勇马步水师五十余营，号衣旗帜，均用抚标名目，各营官俱发给抚标钤记，调度文檄用巡抚关防，或自主稿而会总督之衔，或径自札行。此次官文出省后，该抚辄将黄陂当冲两营调回省城，并将官文派赴上游之水师总兵李济清等两营阻止，不令远移。复代官文札调曾绍霖炮船八只，随营上驶，其沈俊德等楚省旧营亦皆改隶抚标调遣’等情。各省巡抚如与总督同城，遇有紧要公事均须与总督会商，巡抚岂可任意专擅？若遇总督统兵出省，则一应调度机宜，设非事机迫不及待，即当会商统帅，以期事权归一，俾将士有所禀承。至督标、抚标兵数均有定制，岂可率意移改？楚勇亦系总督、巡抚公共之勇，岂得率书抚标字样？乃严树森招募湘勇五十营，俱令隶归抚标，钤记等项均用抚标名目，文札多不与官文会商，意在把持兵柄。其于官文带兵出省后，又复任意檄调各营，互相易置，并将楚省旧营一并改隶抚标，似此争权竞势，实属任意妄为。现在发捻大股各匪窜扰湖北，正当剿办吃紧之时，官文以钦差大臣督兵进驻汉川，所有各营将士均应归该督节制，庶号令不致纷歧。若如严树森之种种牵掣，率意更张，必至贻误大局。该抚前在河南时，坐拥重兵，株守汴梁，于省城以外各郡县任听发捻各匪焚掠，一筹莫展，不敢出省垣一步。其于省城防守事宜，亦复措置乖方，叠经御史刘毓楠以剿匪未善，侍郎毛昶熙以胆怯见偏、量狭性愎据情参奏。比调任湖北巡抚时，又经御史陈廷经以性情刚愎、人地不宜陈奏。朝廷因严树森于军务虽非所长，而操守尚好，于吏治亦能讲求，未经即予撤任，并经谆谆训诫，冀其湔濯自新。乃竟怙过不悛，挟私妄作，深负委任。严树森着以道员降补，以示薄惩。”（《清穆宗实录》卷101）

（同治三年五月丁未）以救援主将不力，革湖北军营营总乌勒喜布、保升、凌祥职，并逮问。（《清穆宗实录》卷102）

（同治三年五月）癸丑，谕议政王、军机大臣等：“穆图善等奏‘暂留赴鄂后起马步各营’，刘蓉奏‘发逆与蔡逆合并，逼近省城’各折片。伪启王梁城富等由荆子关窜郧西，经官军扼截，回遁土门，与蔡逆勾结，径由镇安、孝义一路出大峪口，逼近西安。前据刘蓉屡次陈奏布置情形，一似防剿均有把握。此次发逆大股突逼省垣，刘蓉毫无准备，任令贼匪来往自如，如入无人之境，该抚平日所派各路防军，不知所司何事？且此股贼匪众至二万有余，而自荆子关、镇安、孝义一路长驱直入，该抚先事毫无侦探，及至逼近省垣，始知该逆回窜，似此昏愦糊涂，实属有负委任……刘蓉、李云麟均着先行交部严加议处……楚省调去兵将为数不少，计已足敷剿办。而陕省窜贼麇聚，势甚危急，穆图善着暂时毋庸赴楚，仍驻西安，会同德兴阿、刘蓉办理防剿事宜，以严省城之防。俟陕省肃清，再行奏请……穆图善、德兴阿、刘蓉、李云麟惟当会筹战守，督饬各军实力剿洗，先将窜近省垣之贼斩馘净尽，节节扫荡。如再有疏失，必将刘蓉、李云麟按照军法治罪。穆图善、德兴阿会同剿贼，均属责无旁贷，如不能得力，定将穆图善、德兴阿一并治罪，决不宽贷。将此由六百里各谕令知之。”寻吏部议：“刘蓉、李云麟均应照溺职私罪例革职。”得旨：“均着加恩改为革职留任。”（《清穆宗实录》卷103）

（同治三年五月壬戌）以纪律不严，摘湖北总兵官梁洪胜、道员梁作楫顶带，参将蒋荣华革职留营。（《清穆宗实录》卷104）

（同治三年六月壬辰）又谕：“……此次由陕赴楚兵丁周得懋等，竟敢携带妇女同行，实属大干例禁。其所供并非抢自民间，已难凭信。况据周得懋等供称，上年追贼在周家口地方救出张孙氏等，经总兵邱世成令其分留为妻，其刘程氏一名，亦系参将朱殿魁由贼中救出收留。此等妇女，均系遭难流离，殊堪悯恻。该总兵参将等以专阃大员，辄敢乘人之危，擅行收留，即与抢自民间无异。似此劣弁，若不从严重办，何以肃军律而儆效尤？着官文即将此案于豫省咨送到后，严行审讯，按照军法从重治罪，毋稍宽纵。总兵邱世成、游击王占胜、参将朱殿魁等无论在陕、在楚，均着官文严提审讯。其兵丁周得懋、李长春、熊有得三名，即着张之万押解赴鄂，归案审办，以成信谳。将此由六百里各谕令知之。”（《清穆宗实录》卷107）

（同治三年七月庚戌）谕内阁：“官文奏‘请将带兵各员分别惩处’等语。总兵王桐柏统领湖北抚标各营，当贼氛密迩之时，率行托词请假，实属不知缓急。总兵李喜溢、参将张炳德、游击王德光，于所部勇丁传令拔队时，借词索饷，持械拦阻，不能约束，实属庸懦无能。总兵萧恒胜、参将尚秉衡、副将周友胜所部各营，亦因索饷滋闹，毫无纪律，尚秉衡辄乘隙避匿，尤为狡猾。道员梁作楫前因禀报郧西胜仗，未尽属实，先经官文奏参摘顶。兹据该督查明，梁作楫赴援郧西，顿兵未下，迨贼渐遁去，该员带队进剿，将新掳之众收降遣散，城围遂解，与原禀杀贼解围等情迥不相同，实属意存捏饰。以上各员，亟应分别惩办，以肃军律。提督衔总兵王桐柏着革去提督衔，撤销勇号，以参将降补。总兵李喜溢着撤销勇号，以游击降补。道员梁作楫着即革职，暂行留营，以观后效，并将前奏郧西解围出力各员存记汇奖之案一并撤销。总兵萧恒胜、参将张炳德、游击王德光、副将周友胜、参将尚秉衡，均着革职，永不叙用，并不准再赴各路军营投效。此外各营员弁，如有带兵不能得力者，即着随时从严参办。”（《清穆宗实录》卷109）

（同治三年七月甲子）又谕：“……卢又熊于汉中失守时开城出走，纵勇恣掠，情罪极为可恶。前谕陕西、湖北、四川各省一体严拿务获，就地正法，时阅七月之久，尚无该革员下落。着刘蓉赶紧缉拿，懔遵前旨，于拿获后即行正法，以昭炯戒。将此由六百里各谕令知之。”（《清穆宗实录》卷110）

（同治三年十一月）癸亥，谕议政王、军机大臣等：“僧格林沁奏‘追剿发捻各股贼匪，先后接仗失利，现驻邓州，相机追击，檄调楚、皖官军扼剿，并自请严议’一折……乃带兵各官未能勠力同心，以致马步官军或因陷于沟坎泥淖，遂至失利，或因雾气迷漫，为贼所乘，总由该将弁等带兵不能得力，屡致败挫。即着僧格林沁查明，据实严参惩办，以肃戎行……僧格林沁自请严议之处，着加恩宽免……前谕曾国藩迅饬刘连捷等军星驰入鄂，归官文调遣。即着仍遵前旨，饬令迅速前进，倘敢逗遛，即着曾国藩查明严参……将此由六百里各谕令知之。”（《清穆宗实录》卷122）

（同治四年正月己未）谕议政王、军机大臣等：“……参将王泰来经前任陕甘总督熙麟檄令招募楚勇赴甘助剿，乃添收捻匪六七百名，滥招备数。又克扣口粮，领饷不发，以致各勇心怀怨望，中途溃散。该参将竟自带队前行，并不设法安抚，任听沿途抢掠，贻害地方，实属不成事体。着都兴阿、文煜、杨能格查明王泰来招捻扣饷情形，据实参奏，从严惩办。其所募勇丁，或归庆阳粮台，或调赴宁夏军营，并着赶筹安置，毋令无营可归，致生后患……”（《清穆宗实录》卷128）

（同治四年正月甲子）又谕：“前因安徽庐凤道萧盛远在江南军营把持公事，营私取巧，当经奉旨将该员革职，发往新疆效力赎罪。兹据刑部奏‘萧盛远前在安庆患病，今已带病起解在途。虽据乔松年咨称，其被参在咸丰十一年十月初九日恩诏以前，惟该革员情节较重，且事关军务，所得罪名应不准援免，仍声明请旨’等语。该革员由湖北书吏历办军营文案，荐擢监司大员，不思力图报称，辄敢把持公事，营私取巧。核其情节，实属可恶。着不准其援免，仍着乔松年查明该革员起解行抵何处，即令解赴新疆效力赎罪，不准沿途逗遛。”（《清穆宗实录》卷128）

（同治四年二月壬申）以任性妄为，江苏已革云骑尉龚保康遣戍新疆。（《清穆宗实录》卷129）

（同治四年三月癸亥）湖广总督官文等奏：“请令营官邱时成等暂行赴营防剿。”得旨：“着准其暂行回营，仍饬查明周德兴等下落，押解赴楚，以凭质讯。如有擅行收留妇女情事，即着分别严参惩办，毋许姑容。”（《清穆宗实录》卷134）

（同治四年四月壬午）又谕："官文奏'霆军赴川，路经鄂省金口地方，乘间溃散'一折，据称'总兵宋国永、冯标统带鲍超旧部十八营，由江西行抵汉阳，经官文给发水脚，优加犒赏，派员护送前进。师次金口，该勇丁等不愿西行，全行溃散'，览奏实堪骇异。直隶宣化镇总兵宋国永、甘肃凉州镇总兵冯标有统带之责，何至于全军溃散，毫无约束？实属咎无可辞。姑念从前尚有战功，均着即行革职，并撤销记名提督，仍饬前往鲍超军营效力赎罪，以观后效。其首先煽惑众勇溃散之尽先参将欧阳辉，游击罗三元，都司李守泽、李受春，千总梅里光，均着先行革职，严拿务获，就地正法，以肃军律。此起勇丁，叛卒降众杂出其中，类多桀骜之徒，现在陆续投回者虽有二三千人，而结队上行者尚属不少，难保不聚而生变。该勇丁等现由咸宁一路窜去，行走甚急，官文已派欧阳昙、成大吉等军拔队跟追，绕前拦截，着即飞催前进。如该勇丁尚遵约束，除将为首之犯擒治外，其余胁从之众即着妥为弹压，分别安插。倘敢恃众抗拒，即当合力兜拿，就地歼除，毋令逸入邻境，致贻后患。其业经投回勇丁，着官文分别遣散，毋令别滋事端。现在官军既星夜跟追，该勇丁等自必闻风急窜，趋向靡定，江西、安徽、湖南等省路路可通，着曾国藩、孙长绂、乔松年、李瀚章、石赞清各派兵勇，于湖北交界地方飞速探踪拦截，并饬各该地方官一体严防，协力兜拿，免致蔓延为患，不可稍涉大意……将此由六百里谕知官文、曾国藩、骆秉章、乔松年、李瀚章，并传谕鲍超、石赞清、孙长绂知之。"（《清穆宗实录》卷136）

（同治四年五月丙申）以纵勇滋事，革甘肃副将陈东霖职，交湖广总督官文审办。（《清穆宗实录》卷138）

同治四年乙丑五月乙巳，谕内阁："前因刑部遵议定拟已革臬司李元度罪名，当降旨发往军台效力赎罪。嗣据沈葆桢、李鸿章奏'该员罪不掩功，且母已七旬，家无次丁，恳恩免其发遣’，复交部再行核议具奏。兹据奏称‘李元度系军务获咎，例不准其援免，该部执法办理，未便准行，可否免遣之处请旨定夺’等语。李元度前在湖北、江西捏报克复城池，革职后复逼索军饷，不顾大局，本属咎无可贷。惟念该革员前此尚有可录之功，且系老母孤子例得留养。近据李瀚章奏，该革员在平江本籍堵剿叛卒，逆踪不敢入境，岳属得保无事，皆该革员集勇敏速、布置周备之力，亦不无微劳足录。李元度着加恩免其发遣，并免交台费银两。”（《清穆宗实录》卷139）

（同治四年闰五月）庚辰，谕内阁：“巴扬阿奏‘请将擅用行营木戳之副都统交部议处’一折。荆州左翼副都统萨萨布回旗葬亲，行至襄阳，移发咨文，擅用旧存行营木质关防，殊属不谙体制。萨萨布着交部议处，所存关防，着黑龙江将军饬令就近缴销。”（《清穆宗实录》卷142）

（同治五年正月辛巳）以约束营勇不严，革湖北提督成大吉职，总兵官曾昭仕革职永不叙用，遣戍军台。（《清穆宗实录》卷167）

（同治五年四月庚寅）又谕：“……甘肃省标各营兵丁，因平日楚勇饷厚差轻，积怀不平，又以饥饿索饷，为署副将罗宏裕喝斥，激成变端，自系实在情形。惟该兵丁等与楚勇械斗，竟将道员吴炳崑等戕害，实属不法。着林之望迅速查明，将为首滋事之犯严行惩办。其余被胁各营，并着晓以大义，告以叛逆之人无不诛灭之理……该兵丁等如能悔过自新，朝廷亦当宽其既往，不事穷究也……此次省城兵变，督臣出省，林之望未能先事豫防，实难辞咎，着先行交部议处……”……（《清穆宗实录》卷174）

（同治五年四月庚寅）又谕：“……此事本由楚勇与标兵领饷厚薄不均，楚勇又从而陵蔑之，以致标兵积不能平，劣将张玉春等从中播弄，遂至陡生变乱。杨岳斌当分别首从，剿抚兼施，不得概行杀戮，致叛兵闻风畏惧，益坚其抗拒之心。并须将偏袒不公之武员查明参劾，以平其心。此等叛兵仓卒起事，急则合，而缓则分，总宜设法解散，以省兵力……林之望此次所奏折件，词旨与前次所陈大略相同。其所称‘督标各兵与楚勇不能同处省城，请令曹克忠带所部赴省’等语，是否叛兵有悔罪望抚之意，抑或欲诱曹军入城，图谋戕害，杨岳斌当察访明确，相机调遣，不可坐失事机，亦不可冒昧从事。林之望折一件、片二件，均着钞给杨岳斌阅看……”（《清穆宗实录》卷174）

（同治五年四月乙未）又谕：“林之望奏‘省城粮道久梗，请拨陕运粮石’，并‘兵丁具禀申诉，暨近省股匪环伺，兵勇接仗情形’各折片，已传谕该藩司善为抚辑，固守待援矣……杨岳斌当设法抚定，查明激变之楚将及为首滋事之标兵，持平办理。并晓谕胁从附和之众，毋怀疑惧，以安其心。尤须先将省外附近股匪剿平后，再行察看情形，相机查办。不可卤莽轻发，并不可轻听所部楚勇愤激之言，不察启衅情由，概行诛戮……将此由六百里各谕令知之。”（《清穆宗实录》卷174）

（同治五年四月）己酉，谕军机大臣等：“……另片奏‘博崇武所带二起马队营总委参领玉山、委防御如福，由吉林拔队回奉之时，扬言调赴湖北剿贼。该兵等思恋乡土，纷纷逃散，玉山等乘势抢去旗纛等件，计逃散官弁十二员名、兵丁一百三十八名，旋在吉林呈递匿名揭帖，捏称久不发饷，各思回家，请饬访拿分别惩办’等语。玉山等散布谣言，惑乱军心，以致纷纷逃散，实属大干军律。着富明阿严密访拿，将玉山、如福二员押解奉省，交都兴阿讯明后即行正法。其余潜逃之官弁十员、兵丁一百三十八名，催令迅速归队，量予责罚，以肃营规。将此由五百里各谕令知之。”（《清穆宗实录》卷175）

（同治六年三月戊辰）以救护统将不力，革湖北军营提督刘克仁职，遣戍军台，降总兵官董大义、张树勋、宋立新、吴宏洛、王得胜为参将，副将董明礼、闪凤来为游击，仍留营。（《清穆宗实录》卷198）

（同治六年四月丁未）谕内阁："谭廷襄等奏'遵查未能救护统将各营官，请分别惩办'等语。本年二月间，记名布政使彭敏橘在湖北蕲水溪潭坳地方剿贼，乘胜猛追，身陷重围，力竭阵亡。营官王上国等虽因奉令剿办右路贼匪，竭力揞拄，伤亡略少，尚非援应不力。惟既不能救护主将，又未能将本队自保万全，殊难辞咎。除副将李臣荣身受重伤，着从宽免其置议外，记名提督王上国，着撤销勇号，以都司降补；李定元、陈寿武、吴次汉、沈鸿宾，均着撤销勇号，以副将降补，用示惩儆。"（《清穆宗实录》卷201）

同治七年戊辰闰四月癸亥，谕内阁："曾国藩奏'霆营勇夫闹饷，应行查办各官，审明定拟'一折。上年十月间，霆字正左等营在湖北襄阳府属东津湾因饷滋闹，经李瀚章参奏，降旨将营官史宗兴等先行革职，讯明后再行从严惩办。兹据曾国藩督同省局司道讯明霆营闹饷，实因上年七、八两月江西省未能筹解饷银，各营筹款垫放，至十月放饷，该营官等扣还前款，适值米价昂贵，又因开差黄安，勇丁需用无资，相率滋闹，借端抢掠。营哨各官虽讯无扣饷重情，究属办理乖谬，咎实难辞。已革总兵史宗兴、杨谦万、邹连陞任意扣款，本有应得之咎，业经革职，均无庸议。约束不严之哨官参将刘明高、游击罗朝魁、副将莫志友、总兵李仁寿，均着革职，永不叙用。副将陈敬德、彭在中、杨友胜，均着以游击降补。参将殷昌南着以都司降补，游击冯文质着以守备降补，以示惩儆。已革总兵陈由立，当勇丁滋事之时，首先抢其坐船，其平时不协军心，发饷含糊，已可概见。被参后又延不到案，畏罪玩法，厥咎甚重，着发往新疆效力赎罪。未获之守备徐正元等五名，仍着该督查拿惩办，以肃军律。"（《清穆宗实录》卷232）

（同治八年正月癸巳）又谕："有人奏'湖北幕友徐翼夤缘卑污，招摇生事，请饬查办'等语，据称'徐翼本系江陵县幕友，夤缘将军门路，招降叛党莫涓幅等，攘功得保，复令莫涓幅等到处滋事，串出李侍英首控教匪谋逆，借查拿余匪为名，怂恿将军将其私人列保。又潜勾河南匪徒来荆，一面密禀将军兜拿。情节支离，佥以为诳'各等情。湖北甫经安靖，岂容此等佥壬借端生事，于地方大有关系。即着郭柏荫、何璟按照所参各节访查确实，奏明办理。该将军是否为其欺蒙，一并详查具奏，不准曲为回护。降人莫涓幅等如实系不安本分，并着按律严惩。原片着钞给阅看。将此谕知郭柏荫，并传谕何璟知之。"（《清穆宗实录》卷 251）

同治八年己巳四月戊午，谕内阁："李鸿章奏'请将借端挟制及约束不严各员分别惩办'一折。湖北管带壮勇营记名总兵邓大钦，经该统领记名提督姜玉顺以贪劣废弛等情禀请撤委，该员抗不交卸，辄以统领月饷未清，意存挟制，并乘遣撤勇丁之际，嗾众争闹，实属胆玩。邓大钦着即行革职，撤销勇号，发往云南效力赎罪。姜玉顺虽查无侵蚀饷项情事，惟约束不严，于饷项复多轇轕，以致营官借口禀讦，亦属咎有应得，着以副将留于湖广降补，以示惩儆。"（《清穆宗实录》卷 257）

（同治八年四月戊午）谕军机大臣等："……穆图善所派赴楚制办军装之游击周钦辉等行至榆林，被该处地方官杀戮殆尽，穆图善以该道所禀情节支离，饬令切实根究。一年有余，尚未禀复，显有事前枉杀、事后粉饰情形。着刘典提集人证，严讯确情，务令水落石出，毋稍瞻徇。原折着钞给刘典阅看……将此由六百里各谕令知之。"（《清穆宗实录》卷 257）

（同治九年十月）己卯，谕内阁："曾壁光奏'请将诈传诏旨之武弁正法'等语。参将贺宗恒改名那元，辄敢在贵州遵义府地方伪称钦差，诈传皇太后密旨，巡查云、贵、川、楚四省事务，希图摇惑人心，撞骗

银钱，实属不法已极。贺宗恒着即行正法，以昭炯戒。”（《清穆宗实录》卷293）

（同治十一年四月）丙子，谕内阁：“彭玉麟、李瀚章、黄翼升奏‘特参长江水师庸劣各员，请旨分别革惩’一折。簰洲营都司记名总兵蒋振元任性妄为，擅离汛地，着即行革职，拔去翎支，撤销勇号，永不叙用。荆州营守备尽先副将陈照惠纵兵殃民，讹索规费，着革职，永不叙用……陆溪营把总尽先守备文星元嗜好太深，簰洲营把总尽先游击唐有德居心贪鄙，汉阳中营把总尽先游击朱有茂声名恶劣，田镇营把总刘得胜擅离汛地，沅江营外委尽先守备刘康容讹索民财，汉阳中营外委尽先守备张昌贵声名狼藉，巴河营外委尽先都司朱兰亭擅理词讼，荆州营外委尽先千总刘耀泰、汉阳中营外委尽先游击刘元寿、外委尽先都司刘万桂、田镇营外委升补把总张三爵操防懈怠，均着革职，并不准投效别营，希图开复。荆州营都司记名总兵李大鹏举动谬妄，千总记名总兵成师吉、陆溪营把总王宗高均不能约束兵丁，荆州营把总尽先参将李开福性耽安逸，均着摘去顶翎，以观后效。田镇营都司记名总兵梁永学登岸陆居，不守营规，着即撤任，勒令回籍，不准留营效力，以示惩儆。仍着彭玉麟等随时稽察，认真整顿，如再有此等劣员，即着从严参办，以肃营规。”（《清穆宗实录》卷332）

（同治十一年七月戊申）谕内阁：“彭玉麟、何璟、黄翼升奏‘特参水师庸劣员弁，请旨分别革惩’一折。记名提督提标中军副将周国兴性情浮躁，摊派苛刻，着革去提督总兵，降二级，留副将任以观后效……荆州营前哨外委彭昭山逗遛芜湖，延不归标到任，着即行革职……”（《清穆宗实录》卷337）

（光绪元年正月壬寅）谕军机大臣等：“有人奏‘武员承办差务，激生事端，请饬查办’一折，据称‘副将周有全，经李瀚章委令在光化县老河口地方设局督销川盐，该副将勒令船户买盐，甚至罚钱挞责，商民含怨。又因查禁私钱，纵令勇丁抢掠，以致铺户罢市，齐赴盐局理论，索取钱文。该副将施放枪炮，轰毙多人。李瀚章前奏刁徒借禁私钱，聚众罢市等情，未将该副将撤委，归案审办。该副将贪酷益张，请饬查办'等语。周有全被参各节如果属实，亟应严行惩办。着翁同爵秉公确查，即将周有全撤委，归案审究，毋稍瞻徇。将此谕令知之。"现月档　（《清德宗实录》卷 3）

（光绪二年三月）甲辰，谕内阁："前据刑部奏，遵议刘坤一等奏审拟已革总兵詹启纶主使殴毙人命案一折，适因都察院奏詹启纶呈诉冤抑，并控已革都司陈国瑞挟嫌唆使服毒陷害等情，当谕令沈葆桢严讯明确，奏明办理……此案詹启纶因与胡士礼帐目轇轕，胡士礼屡向索欠，詹启纶遽因胡士礼之妻胡王氏毒詈其妾，辄将胡士礼主使丛殴，致胡士礼因伤毙命。即回湖北原籍，豫为抵赖地步，旋复在都察院遣抱呈控，希图诿卸，实属罪无可逭。詹启纶着仍照原拟绞监候，秋后处决……"现月（《清德宗实录》卷 27）

（光绪二年四月丁丑）以约束不严，革湖北都司程启发职，归案严讯。折包　（《清德宗实录》卷 30）

（光绪二年十一月丁卯）又谕："文格奏'请查营勇滋事情形，据实检举，自请议处'一折，据称'提督李有恒所带虎威营勇丁，前在东乡有砍伤赵姓等数人及抱去庞姓幼孩之事。尖峰塞一带房屋焚毁多间，是否该勇丁所为，传说不一。李有恒与分带该营提督刘道宗在途中带有妇女，讯系提督等眷口，其来历尚未查明，殊难凭信'等语。带兵官携眷随营，已属大干军律。至营勇滋扰地方，该提督尚有纵容情事，尤属罪无可逭。东乡县袁廷蛟滋事一案，前经降旨交李瀚章讯办。李瀚章现调任湖广总督，着交四川总督丁宝桢确切查明，据实具奏，勿稍瞻徇。李有恒、刘道宗着一并交丁宝桢查明，分别革职治罪，以肃戎行。文格前于复奏时，未将前情查出参办，亦属咎有应得，着交部议处。”现月 （《清德宗实录》卷42）

（光绪三年正月甲子）以殴伤汛弁，革湖北在籍副将宋正文职，并审办。折包 （《清德宗实录》卷46）

（光绪三年八月戊子）以行为荒谬，革湖广游击唐芝茂职。折包 （《清德宗实录》卷55）

（光绪三年九月丁卯）以不安本分，革湖广守备陈廷甲、千总程才年职。现月 （《清德宗实录》卷57）

（光绪三年十二月癸巳）以干预词讼，革湖北候补守备石翔嵩职。湖南绥宁营中军守备王邦俊办事平庸，勒令休致。（《清德宗实录》卷63）

（光绪四年八月乙巳）以不守营规，革湖北守备黄兆翔职。随手 （《清德宗实录》卷77）

（光绪五年正月甲寅）以诈称委员，革湖北参将李嘉崇职。折包 （《清德宗实录》卷85）

（光绪五年六月丙寅）谕军机大臣等：“前因湖北民人胡佐怀控告营官吴东山等为詹启纶营脱罪名，牵涉御史邓庆麟一案，叠经谕令刑部速行讯结。兹据该部奏称‘传集案内之詹焕章、田明经与胡佐怀当堂对质，而詹焕章等恃无质证，坚不承认，请将在逃要证王文基等拿获归案讯办’等语。着步军统领衙门、顺天府、五城御史、沈葆桢、李瀚章、吴元炳、潘霨，即将案内在逃要证王文基并吴东山、吴希之、杨子悟、萧小舫等

一体严拿务获，送部究办，毋稍延玩。将此各谕令知之。”现月 （《清德宗实录》卷97）

（光绪八年十月丁卯）又谕：“涂宗瀛奏‘本年八月间，抚标操防营哨官把总杨得魁赴钱铺兑银，与铺伙争吵。江夏县知县蔡炳荣经过查询，该把总出言顶撞，蔡炳荣因其身穿短衣，疑为武生，当即戒饬示儆。九月间，该营兵丁因与县役口角，辄掷砖将蔡炳荣碰伤。复因将队目看管，群赴中军衙门乞恩。愚昧妄为，咎均难辞。现将管带官参将焦克胜等撤任察看’等语。湖北操防营兵丁滋事一案，闻该兵丁等有纠众滋闹、拆毁衙署情事，与所奏殊不相符。此种刁风万不可长，着涂宗瀛等将此案实在情形查明具奏，并将约束不严之该管官弁从严参办。该督等务当整顿营规，申明纪律，以肃行伍，毋得稍涉徇纵。将此各谕令知之。”现月 （《清德宗实录》卷153）

（光绪八年十月壬申）谕军机大臣等：“前据涂宗瀛奏‘湖北操防营兵丁滋事’，当经谕令涂宗瀛等将实在情形查奏。兹有人奏‘此案把总杨姓与钱铺商人口角，江夏县知县袒护商人，以致众军鼓噪，民心摇动。涂宗瀛、彭祖贤竭蹶张惶，办理不善，请饬查参’等语。着彭玉麟将此次滋事及办理各情确切查明，据实具奏。原片着钞给阅看。将此谕令知之。”（《清德宗实录》卷153）

（光绪八年十月丁丑）又谕：“前因有人奏湖北营兵滋事情形，当谕令彭玉麟确查具奏。兹又有人奏‘此次滋事，由江夏县知县蔡炳荣暴虐所致。涂宗瀛事前既刚愎自用，办理操切，事后又不将蔡炳荣撤任，敷衍了事，请饬查办’等语。着彭玉麟归入前奏，一并查明，据实具奏。原折着钞给阅看。将此谕令知之。”现月 （《清德宗实录》卷153）

（光绪八年十二月）庚申，谕内阁：“前因给事中张观准、御史李鸿逵先后奏参湖北操防营兵丁滋事一案，叠经谕令彭玉麟查明具奏。兹据奏称‘本年八月间，抚标右营把总杨得魁在营务处道员程春藻所开钱铺换银，争平口角。江夏县知县蔡炳荣路过查问，擅将该把总掌责，阖营咸为不平。嗣蔡炳荣路经阅马厂，时值武闱乡试，武生与该县素有积怨，在道旁詈骂，该县饬差拘拿，遂被瓦石击伤。该县辄以操防营兵滋事禀知涂宗瀛，而督标中军副将凤昌亦未禀悉前情，该督当将杨得魁发府管押，并将中军参将焦克胜撤任，勒令营中交出四人。既而外间讹传该督欲将四人正法，该营兵丁情急，齐赴凤昌衙署，暨城守营衙署，求为放释。旋经文武各员及在籍绅士劝令各兵归伍，涂宗瀛、彭祖贤出示晓谕，并将蔡炳荣撤任，众兵立即心服，照常回营差操’等语。此案江夏县知县蔡炳荣负气任性，擅责营弁，激成众怒，又不据实禀请查办，致启衅端。督标中军副将凤昌有统领该营之责，平时即不善于约束，遇事又不以下情上达，几酿巨案。蔡炳荣、凤昌均着即行革职。嗣后该兵丁等务令恪守营规，如再有不法之徒干犯法纪，定须从严惩办，毋稍宽贷。营务处道员程春藻以监司大员身领要差，何得营私谋利，开设钱店当铺多家？程春藻着交部议处。抚标中军参将焦克胜，既据查明平日训练兵丁尚能认真，即着毋庸置议。涂宗瀛、彭祖贤办理不善，究难辞咎，均着交部议处。”现月　（《清德宗实录》卷156）

（光绪十年三月壬辰）又谕：“卞宝第奏‘甄劾营员’一折……湖北提标中营守备魏应陞心地糊涂，行为谬妄；提标候补守备署左营把总唐安禄性情乖谬，均着即行革职。仍着该督随时详察，如有不职员弁，即行严参，以肃戎政。”现月　（《清德宗实录》卷180）

（光绪十年四月）庚午，谕军机大臣等：“有人奏‘安徽候补道刘传桢出身微贱，自幼从逆，反正后入英翰军营，历保道员……’等语。监司大员纳贿招权，侵蚀帑项，若如所奏，亟应严行参办，以警官邪。着孙毓汶、乌拉布于查办湖北事件完竣后，即赴安徽，按照所参各节确切

查明，据实具奏。原片着钞给阅看。将此由四百里各谕令知之。”现月（《清德宗实录》卷182）

（光绪十年五月）戊子，谕军机大臣等：“有人奏‘特参庸劣不职疆臣，请旨立予罢斥’一折……巡抚责任綦重，潘霨被参各款如果属实，深恐贻误地方。着孙毓汶、乌拉布于查办湖北事件完竣后，即行先往江西，按照所参各节确切查明，据实具奏，毋稍徇隐。原折着钞给阅看，俟江西事竣，再赴安徽查办。将此由五百里各谕令知之。”现月 （《清德宗实录》卷183）

（光绪十年六月庚寅）又谕：“内阁侍读学士邓承修奏‘请将被控劣募丁子亨拿究，以成信谳’一折。劣幕丁子亨即丁保霖，前经卞宝第奏潜逃来京，当谕令步军统领衙门等拿解讯办，迄今未报拿获。仍着步军统领衙门、顺天府、五城御史上紧严拿务获，解赴湖北讯办。”现月（《清德宗实录》卷188）

（光绪十年十二月壬午）谕内阁：“军机大臣、大学士会同刑部定拟已革巡抚唐炯、徐延旭罪名各一折……涂宗瀛前经荐举徐延旭，系于属员内遴才保奏，厥咎尚轻，着交部察议。张之洞保荐徐延旭兼资文武，实属失当，惟该督于简任两广后，征兵筹饷，颇著勤劳，着从宽交部察议……”寻吏部奏：“遵议处分。”得旨：“大学士直隶总督李鸿章、钦差大臣大学士左宗棠，均着照部议降二级留任……前湖广总督涂宗瀛、两广总督张之洞，均着照部议降一级留任……”洋务 （《清德宗实录》卷199）

（光绪十一年七月庚子）又谕：“李秉衡奏‘营勇中途滋事，请将该营官议处’一折。据称，调赴关外之鄂军各营遣撤回防，提督胡定坤统带所部勇船行至南宁府属三洲滩地方，该勇丁因索取滩夫起衅，致毙人命。胡定坤约束不严，实难辞咎，着先行交部议处。仍着裕禄、彭祖贤严饬该员迅速查明凶犯，勒令按名交出，归案讯究。倘敢再事延玩，即行从严参办。现当边防兵勇遣撤之时，着通谕统带各官申明纪律，随时严加约束。倘有沿途滋扰情事，除将该勇丁按律严办外，并将该管营官从重惩处，决不宽贷。”现月 （《清德宗实录》卷211）

（光绪十四年十月己卯）以争斗伤人，革湖北罗田补用守备王大云职，并讯办。折包 （《清德宗实录》卷260）

（光绪十七年正月庚辰）湖广总督张之洞奏：“查明黄州协中营都司李先修禀揭本管副将陈树勋各款均无确据，实属谬妄诬讦，请即革职，以肃营伍。惟访闻该副将诸子在署，不免干预公事，虽查无纵容等情，究属失于觉察，应请将黄州协副将陈树勋以游击降补。”如所请行。折包 （《清德宗实录》卷293）

（光绪十七年六月丙辰）湖广总督张之洞奏：“湖北郧阳镇总兵綦高会营私妄为，物议沸腾，现据该镇标弁呈控，请撤任查办。”得旨：“綦高会着先行撤任，听候查办。”折包 （《清德宗实录》卷298）

（光绪十七年九月）己巳，谕内阁：“前据张之洞奏参湖北郧阳镇总兵綦高会空缺兵马，侵蚀饷项，当谕令撤任查办。兹据查明复奏，该总兵挪用空额，截旷马价、马干等项银两，并信用带来江南弁勇，新立银房名目，紊乱旧章，以致物议沸腾，军情不服，营私妄为，实属有负委任。着即行革职，以示惩儆。”现月 （《清德宗实录》卷301）

（光绪十八年七月甲辰）以斗殴毙命，革湖北补用守备刘志鼎职，并讯办。现月 （《清德宗实录》卷314）

（光绪二十一年二月辛亥）又谕：“有人奏‘编修曾广钧性情暴戾，

现在吴大澂军中分统三营，该编修虐待部曲，曾挟忿棍责一提督，营中几至哗溃。刘坤一欲撤去分统，而吴大澂力为回护’等语。着刘坤一确切查明，据实复奏，毋稍徇隐。又有人奏‘湖北提督吴凤柱驻扎锦州，发饷制械委任族人吴学颜，任意侵扣，兵士怨讟’等语。着刘坤一认真查明，如果实有其事，即饬该提督将吴学颜驱逐回籍，不准逗遛。原片二件均着钞给阅看。将此谕令知之。”寻奏：“曾广钧棍责已革提督杨载元，有短饷卖票情弊，是公愤而非私愤。曾广钧业经交卸回京，请免其置议。吴凤柱委用吴学颜，于发饷制械尚无侵扣实迹，惟吴学颜不协军情，随经革退，未准逗遛，亦请免其置议。”报闻。现月 （《清德宗实录》卷361）

（光绪二十一年九月壬子）谕内阁：“谭继洵奏‘沙市地方失火，弹压勇丁与水龙会争路口角，致伤民夫，请将营哨各官惩处’一折。湖北沙市地方为川楚要冲，派营驻扎原以保卫地方，乃该勇丁因争路口角，竟致持械出队，致伤水龙会夫多人，实属凶横不法。所有在场滋事之勇丁，着谭继洵督饬道府研审确情，从重分别惩办。管带武胜前营都司欧阳荣章，着交部议处。副将熊得胜、游击余万盛，均着即行革职，以肃营规。”现月 （《清德宗实录》卷376）

（光绪二十二年正月辛亥）谕内阁：“谭继洵奏‘特参不职营官’等语。湖北管带武刚中营副将李中发当该营裁撤时，未能妥为弹压，以致勇丁鼓噪，其平日纪律不严，已可概见。李中发着即行革职，以示惩儆。”现月 （《清德宗实录》卷384）

（光绪二十三年五月癸巳）以亏欠交代，革已故湖北襄阳卫守备段必魁职，籍产备抵。（《清德宗实录》卷405）

（光绪二十四年九月庚辰）以包揽词讼，革湖北在籍卫守备张鸿魁

职。折包 （《清德宗实录》卷430）

（光绪二十五年二月丙申）以亏欠公租，延不清解，逮已革武昌卫守备、前滁州卫守备冯国栋，籍产备抵。（《清德宗实录》卷439）

（光绪二十六年二月）壬午，谕内阁："张之洞奏'整饬荆襄水师，查明缺额、废弛各营官分别参处'一折。管带襄河水师左营记名总兵童福兴缺额扣饷，积弊最深，炮船亦未核实修理，虽已病故，仍着革职。管带荆江水师前营记名提督张添习衰颓废弛，致被哨官蒙混，着以副将降补。管带襄河水师中营记名提督谢得龙、管带襄河水师右营记名提督王得胜、管带荆襄水师后营尽先副将张国栋，于船勇哨官登岸住宿未能禁革积习，着摘去顶戴，以观后效。"现月 （《清德宗实录》卷459）

（光绪二十六年三月戊午）以霸收湖课，革湖北汉阳籍都司王长胜职，并讯办。折包 （《清德宗实录》卷461）

（光绪二十六年闰八月丙午）以查匪不力，革湖北抚标中军参将秦三元职。折包 （《清德宗实录》卷470）

（光绪二十六年十月甲寅）节制三江闽浙五省援军福建陆路提督程文炳奏："遵旨撤换武卫楚军统领吴隆海，以帮统候选道刘笃烈接统。现已督军进扼漳河，并查明打毙勇丁系左哨官文绵凤，误为前哨哨官章明达，请饬部更正，以归核实。"得旨："仍着严申纪律，督饬各营认真训练，以资战守。文绵凤着即行革职。章明达革职处分，已饬部更正矣。"折包 （《清德宗实录》卷474）

（光绪二十八年十二月癸卯）以亏短钱粮，革湖北襄阳卫守备马士晋职，并勒追。折包 （《清德宗实录》卷510）

（光绪二十八年十二月庚戌）以亏欠公款，革湖北卫守备陈广才职，并勒追。（《清德宗实录》卷510）

（光绪二十九年正月丁卯）又谕："张之洞奏'统兵武职大员被控收受统费、拖累毙命各情，讯明请旨惩处'一折。统领新湘营湖北郧阳镇总兵陈基湘，以专阃大员，收受统费，迨被人告发，率行挟忿拖累，羁押毙命，仅予降补都司，不足蔽辜。陈基湘着即行革职，以昭炯戒而肃军政。"现月 （《清德宗实录》卷511）

（光绪二十九年四月丁酉）以玩视库款，逮已革湖北襄阳卫守备马士晋，籍产备抵。折包 （《清德宗实录》卷514）

（光绪三十年八月壬戌）以帐目含混，革湖北常备军统领松兴职。折包 （《清德宗实录》卷534）

（光绪三十三年二月壬戌）御史赵启霖奏："练兵期有实用，不可徒袭形式。"下部知之。寻奏："旧日将弁不尽适用，新兵躯体不为荏弱。精神既寓，形式不能全弃。旧营章制积弊甚深，不可复取。至所指两江、湖北各军滋事，如查复确实，再行核惩。"报闻。折包 （《清德宗实录》卷570）

（宣统元年三月乙亥）以声名恶劣，革湖北候补游击汤名显职。折包 （《宣统政纪》卷11）

（宣统二年四月癸巳）以贪诈妄为，革湖北补用守备甯宝珍职。折包 （《宣统政纪》卷35）

（宣统二年四月乙未）湖广总督瑞澂电奏："已革千总徐升、把总徐元发并徐开贵，一门三凶，积恶多年，证据确凿，供认不讳，均请一并正法。"如所请行，并下所司知之。电寄 （《宣统政纪》卷35）

（宣统二年七月戊辰）以营务废弛，索贿舞弊，革湖北降调通判谢谦职，遣戍军台。（《宣统政纪》卷39）

（宣统三年九月己卯）又谕："资政院奏'汉口官军惨杀人民，请赔偿汉口人民损失，并将残酷军官按律治罪，一面饬即停战'一折，据称'接南省电称，汉口并附近一带地方，官军恣意残杀，惨及妇孺，焚烧街市，绵亘十余里，奸淫掳掠，无所不至'等语。若如所奏情形，实属惨无人理，亟宜查明惩办。着袁世凯按照所奏各节迅速确查，按律治罪，并着详查人民损失财产，由国家一律赔偿。昨据该大臣奏，前敌各军已令停进，应即与军士休息，仍将劝谕解散如何情形随时电奏。原折着钞给阅看。将此电谕知之。"（《宣统政纪》卷63）

（宣统三年九月庚辰）又谕："电寄吴禄贞等，电奏悉，所陈各节，均中肯綮……至于鄂事，前据袁世凯电奏，已向武昌宣布德意，劝谕解散。本日又简张绍曾为宣抚大臣，派员分投劝导，湖北为该署抚桑梓之邦，着即函电乡人，共相劝勉，力维全局。所称官军在汉口焚杀淫掳各节，已有旨饬袁世凯查明按律治罪，并详查人民损失财产，由国家一律赔偿矣。"（《宣统政纪》卷63）

4. 民庶法办

（顺治元年十二月）己巳，谕刑部都察院曰："自流贼作乱以来，民间每将杀掳叛乱不赦等罪纷纷互告，以致民心不定。今特再行赦宥，凡伪官投诚归顺，及明朝降贼官员并土寇为乱，今能改过自新者，一并蠲除前罪，咸与赦免。如有才堪驱策，不妨因人器使……南直、陕西、湖广、四川、河南、浙江、江西、福建、广东、广西、云南、贵州等处，未经归顺人民，所犯罪恶一并赦免，倘投顺以后，或犯罪恶，依律究治。”（《清世祖实录》卷12）

（顺治六年七月癸酉）湖广巡抚迟日益疏报：“剿抚黄州贼众三百余寨，伪王朱蕴𨰿等就擒。”得旨：“兵部察叙，朱蕴𨰿着即于彼处正法。”（《清世祖实录》卷45）

（康熙三年十一月丙午）湖广提督董学礼疏报：“伪国公王光兴全伙剃发，遣伊亲子王世德同伪巡抚蒋尚膺赍缴阖营伪官敕印，并各官职衔、兵丁花名册，已于十月二十三日抵荆州。”下部知之。（《清圣祖实录》卷13）

（康熙二十一年二月甲午）九卿詹事科道等议复：“翰林院侍讲王鸿绪疏参楚人朱方旦诡立邪说，妄言休咎，煽惑愚民，诬罔悖逆。经湖广巡抚王新命审实具题，朱方旦应立斩。顾齐弘、陆光旭、翟凤彩甘称弟子造刻邪书，传播中外，俱应斩监候。”从之。（《清圣祖实录》卷101）

（康熙四十一年七月）辛未，兵部议复：“湖广镇筸生员李丰等叩阍，称镇筸红苗肆行掳杀，地方官不究不报，谨进舆图一纸，及被掳之地，开列进呈。查督抚、提督统辖全省，理宜痛痒相关，乃以朝廷赤子任红苗杀害，置之膜外，殊属不合。请将叩阍呈词钞发荆州将军，令其据实查复。”……（《清圣祖实录》卷209）

（康熙五十年七月）己酉，刑部议复：“察审‘山东民班汉杰等叩阍，控告山西民陈四等聚众抢掳’一案，证见档案俱在楚、豫二省，不便悬拟，应将陈四等七人并班汉杰、王殿极发往湖广总督，会同河南巡抚查明严审，定拟具题。又本年四月，奉旨狱囚甚多，俱着速行完结，应将陈四等妇人子女发回原籍，取保安插，俟陈四等审结定案。”得旨：“此案部议甚谬，被获陈四供称‘康熙四十四、四十五两年因本省歉收，不能度日，于康熙四十六年自山西带领我等妇人子女及亲戚一百三十余口，逃荒至陕西庆阳府，居住二年。康熙四十八年至河南，由河南流移湖广、贵州’，此等言语显系欺诳。自朕巡陕西等省以来，每年俱系大有，督抚等每年题报丰稔之疏见在，陈四等何曾遭遇饥馑？若果系流移饥民，自应徒步荷担，沿途乞食，至有良田之处，即应栖止耕种，养赡妻子，为何又乘骡马，手执刀枪等器械绕行各省？似此百什成群，越界远行，该督抚并不奏闻，是何心也？且如许人众飘流数载，每日口粮若干，喂马草料若干，俱从何处得来？尚谓之流民可乎？前伪朱三太子人知之者甚多，曾有巨室迎接至家，供其酒食，延之读书，朕无不知也。此案部议，将陈四等妻子各发回原籍安置，伊等离家多年，发回无产业度日，更拨何处地亩与之耕种乎？于此等处并不详审，滥援今年四月释放监禁罪人之例，蒙混议奏可乎？齐世武等罔念恩遇，将事推诿，自图安逸，似此草率议复，溺职极矣。今刑部事件废弛，皆由齐世武、卞永誉等所致。部院堂官俱朕所擢用，理应感念主德，实心尽职报效。乃顿忘朕恩，将事尽行废弛，至加刑戮之时悔无及矣。此案着再议具奏。”（《清圣祖实录》卷247）

（康熙五十年十月丙辰）刑部等衙门题：“太原府民陈四等鸠党抢夺，绕行陕西、湖广、贵州等省一案，应将为首陈四拟斩立决，为从陈六等三十六名及妇女三十六口俱发往黑龙江，给披甲人为奴。”得旨：“陈四着即处斩，其余犯及妇女人口分别发往白都纳、宁古塔、墨尔根、黑龙江给披甲人为奴。行文各该将军严加拘守，勿致脱逃，如有一二脱逃者，即行奏闻。”……（《清圣祖实录》卷248）

（康熙五十三年十月己巳）刑部议复：“江南江西总督赫寿疏言‘江苏巡抚张伯行，参布政使牟钦元藏匿海贼党羽张令涛’一案。查上海县民顾协一，因赎房控告张令涛与海贼合伙，见在海内。及审问顾协一，并无证据。又搜查牟钦元署内，亦并无张令涛。讯张令涛子张二，称伊父往湖广、福建。应行文两省巡抚，拿解送审。”得旨：“着吏部尚书张鹏翮、都察院左副都御史阿锡鼐前往审明具奏。”（《清圣祖实录》卷260）

（康熙五十六年二月丁酉）刑部议复：“总督管直隶巡抚事赵弘燮疏报‘假称诚亲王允祉、游行山西等各省之恶棍等，查拿治罪’等语，应行文山西等五省，将假称妄行之恶棍严拿，并将经过地方失察文武官员交部议处。”得旨：“着选贤能司官分往山西、陕西、四川、湖广、广西诸省，会同巡抚，将光棍严拿务获，并将初次接受辗转递报沿途地方文武各官题参。”（《清圣祖实录》卷271）

（康熙五十七年十一月）戊戌，谕大学士等：“朕从前屡谕诸臣及科道官员，各省有应行奏闻事件，随闻随即缮折具奏，非令其纠参，不过欲知之早耳。朕虽闻之，亦不即声明，或未详确，亦不即治罪也。即如去年河南凶犯亢珽等扰害地方，妄行不法，朕他有所闻，即特颁谕旨，遣大臣拿获审结……近日湖广地方有奸宄之徒捏造妖言煽惑愚民，放火劫掠，曾经总督满丕奏闻，朕即谕令审结。此皆因朕闻知，方传旨遣人，如无所闻，何由降旨料理耶？且各省兵丁空粮甚多，康熙五十二年大赏天下兵丁时，曾谕散赏诸臣，逐一按名散给。其遣往诸臣因不认识兵丁，不能清查顶冒，以致所有空粮隐匿尚多，不独远省为然，即直隶近处空粮亦不胜数。豢养兵丁特为备用，而设平时将空缺之兵不行补足，不行训练，临时欲用，纵有募补之兵累万，亦何济乎？此事朕甚虑之。前岁朕闻往吕宋、噶啰吧之人甚多，恐其生事，曾谕查明，作何设法，令回内地。自从议奏之后，闻于来船附回者颇众。此系外洋，于内地毫无关涉，而朕留心访询者并无他故，不过欲知地方情形、人数多寡，以便整理耳。且各省文官私派加耗、武官空粮等事，朕颇得闻知，则人皆畏惧，可以悛改，于事大有裨益。此等有关地方事务及官员贤否，诸臣何尝不知，即邻省大吏亦未尝不知。或系师生亲友，或系同年，或因子弟亲戚在伊省居官，故彼此相隐，不以上闻，何以防微杜渐？嗣后九卿大臣、科道官员，凡有关地方事务及官员贤否，有闻即缮折其奏，若所闻未确，不妨即以所闻未确之处一并声明，可传谕九卿。”（《清圣祖实录》卷282）

（雍正五年十月）辛卯，刑部议奏：“四川成都府拿获捏称岳钟琪造反之人，据侍郎黄炳等审系湖广黄州府麻阳县民卢宗汉，寄居川省长寿县，因赎田私事，希图准状，播造浮言，沿街叫喊，并无主使之人。应将卢宗汉照妖言惑众律，拟斩监候。”从之。（《清世宗实录》卷62）

（雍正五年十一月）戊午，谕刑部：“奉天习俗不好，凡犯罪发遣之人，若发往相近边地，必至逃回，又生事端。嗣后犯法之人，应枷责发遣者，着解送来京，照例枷责。满日，发与西安、荆州等处满洲驻防之兵丁为奴。向来奉天等处发遣人犯并彼处旗下家人，私逃者甚多，该将军等但有缉捕之名而无其实。嗣后着该将军等将每年缉获之犯与未获之犯，于年底报部奏闻，候旨分别赏罚。其从前逃走之犯，着该将军等通行出示晓谕，令其自首。若伊等于雍正六年五月以前自行投到，则免其逃走之罪，仍照本罪安插。倘不行自首，被人拿获，则严加治罪。以上数条，着该部定议具奏。”（《清世宗实录》卷63）

（雍正七年五月庚申）又谕：“据署湖广提督岳超龙折奏‘永顺土民控告同知潘果酷刑重耗，滥差妨农各款，苗众约有二千人聚集永顺城外，臣现咨镇臣周一德前往抚谕，倘仍逞蠢顽，不即解散，则应调遣官兵相机剿抚’等语……今若交与湖广督抚审理，恐伊等瞻顾回护，但云土司凶悍，渐不可长，而不能得其实情。昨降谕旨，令赵弘恩署理湖北巡抚印务，着于到楚之时，先赴湖南审理此案，再令御史苗寿、唐继祖前往会同审讯。此土民倡首之人，自应查出治罪。若潘果实有苛刻陵虐等情，应置重典以彰国恩……湖北巡抚印务，着布政使徐鼎暂行署理，俟赵弘

恩此案审定之后，再赴署理湖北之任。”（《清世宗实录》卷81）

（雍正十年八月）壬戌，谕内阁：“向来偷挖人参之犯，若系满洲蒙古，则发往江宁、荆州有满洲兵驻防之省城当差。若系汉军汉人，则发往广东、广西、云、贵烟瘴地方当差。近闻发遣广东人犯，例在崖州陵水等处，此地水土最恶，易染疾病，每多伤损。朕思此等不良之辈，虽孽由自作，然其情罪较之盗犯尚觉稍轻，即发遣之本意，亦欲全其性命也。今因水土不服，以致伤生，殊可悯恻。若将此等人犯改发沿海一带卫所，入伍充军，俾得保全躯命，似亦法外之仁……”（《清世宗实录》卷122）

（乾隆四年六月）甲申，刑部议复：“湖北巡抚崔纪疏称，黄冈县民赵耀卿杀害同祖弟兄之子二命，将赵耀卿拟以绞决，奏请定夺。应如所请，嗣后如有杀死功服缌麻卑幼一家非死罪二命者，俱问拟绞决，着为定例。”从之。（《清高宗实录》卷94）

（乾隆四年九月癸酉）湖北巡抚崔纪奏：“寄居宜都县之江陵县生员张翅飞家被劫强奸，该县黄绶初详未申明奸污，经府复审属实，张翅飞竟率领棍徒，至该县寓中殴打，应将张翅飞等根究。”得旨：“此等事不可存姑息之念，必当按律究治，以警刁劣之风。”（《清高宗实录》卷101）

（乾隆四年十月辛丑）谕军机大臣等：“朕闻河南陈许一带有老瓜贼，汝宁地方有卦子贼，多系凤阳等处往来大盗。而卦子贼则出自汝宁府及光州等处，由豫省直至湖广、山、陕，出没无常，男女同行，骡马资装甚盛，专借妇女假扮医巫，入人家室，盗物潜逃，无由捕缉。此等匪类，汝宁等处每至冬间则回本籍，所当密为严拿，勿使漏网，以安良善者也……以上三项，皆朕得之访闻者，尔等可字寄尹会一，令其用心料理，不可疏忽。至于应行知会邻省之处，即着尹会一传朕谕旨，密密寄去，勿令漏泄，以致远扬。更不可以介在邻封，互相推诿。凡为地方大吏者，不能除盗安民，何能辞旷职之咎耶?”(《清高宗实录》卷103)

(乾隆四年十月癸卯)(湖广总督班第)又奏:“湖北民刁俗悍，凡遇词讼及地方公务，无论官司审办，或有未协，即一秉至公。而其中一二刁徒不合意者，即逞偏私，呼引喧嚷，更写匿名揭帖，或称原被贿嘱，或称官吏受赃，捏款遍贴。究实，皆地方衿蠹主唆把持，现在详开律例，出示通禁。”得旨:“好，此等刁风，原宜严禁者也。”(《清高宗实录》卷103)

(乾隆四年十二月壬寅)湖广总督班第奏:“湖广素多邪教之名，究其实，皆无赖哄惑乡愚，科敛香钱，以资衣食。现有孝感民严维臣，自称白莲教，业据县禀密拿，饬司查究外，因思果系邪教，自当严拿党羽按拟。如仅借名诓骗香钱，似应分别首从，酌量枷责完结，交保约束，或系外来之人，递籍收管。被诱人等免其深求，庶杜扰累。”得旨:“所见甚妥，嘉悦览之。”(《清高宗实录》卷107)

(乾隆四年十二月壬寅)河南按察使沈起元奏:“本年拿获新旧盗案七十余起，十一月中，前抚臣尹会一密传谕旨，饬缉老瓜、卦子等贼。查老瓜贼最狡黠，劫杀更为惨毒，但必伺孤客夜行，方始下手。其法惟责之旅店，严禁夜行，并着捕役盘诘查拿，不许容留诡秘。至卦子贼，本江南寿州人，男妇同行，骡马连骑，从前自信阳州、正阳县等地方流入湖广、江南为匪，经前督臣王士俊饬拿究处，递回安插，近亦敛迹。现在责成保甲，举首查拿。其外来凤阳等处走索、卖解等人，亦饬令尽行驱逐……”……(《清高宗实录》卷107)

(乾隆五年四月己亥)(河南巡抚雅尔图)又奏:“豫省从前盗案最多，近饬各属遴委员弁，实力查拿，盗风少息。现在麦收之后，家有盖藏，更宜严加防范。据差委各员弁访知直隶、江南、湖广、山东等省与豫省联界之处，多有巨窝豢盗与彼处捕役声气联络，邻省往拿，必须赴地方官挂号，多致闻风潜逃，难以搜捕。即如罗山县民李世荣家盗劫一案，现据该县缉至湖广京山县地方，彼处并不添差协拿，以至首犯石玉贤脱逃，仅获其家属及伙犯刘耀先等。可见各省地方官不肯认真协缉，而定例又不便径行拘拿，致有泄漏纵脱之弊。嗣后请访知邻省地方，实有积窝盗匪，径差员弁密拿，俟缉获后再行知会该省。”得旨：“好，勉力为之。”（《清高宗实录》卷 115）

（乾隆五年五月戊辰）（两淮盐政三保）又奏：“崔纪刻减楚省盐价，以致该处地棍群起囤买，聚集数千人，将各商打毁围困种种不法情形。”得旨：“知道了，有旨密查矣。”（《清高宗实录》卷 117）

（乾隆五年六月戊子）谕军机大臣等：“据江苏巡抚张渠奏称‘上年句容、丹阳二县衙署失盗，钦奉谕旨，令臣严拿，无得漏网。臣随严督各属，选捕密拿，于直隶之长垣、东明二县拿获行劫邳州衙署盗犯数人，委员密讯。据供打劫丹、句二县出入情形，逐一吻合，且历供未获伙盗多人，姓名、住址确凿，多系北方之人，又招出上年行劫湖广沔阳州衙署、乾隆三年行劫河南延津县典史衙署二案。似此剧盗，结党数十人，往来于湖广、河南、江南、山东数省之间，专劫官署库银，胆肆已极，难容一名漏网。臣已密咨直隶、山东、湖广、河南督抚，转饬各属查拿严究，理合奏闻’等语。张渠所奏，乃惯劫衙署之大盗，大干法纪。今既败露，若不严究伙党，剪除净尽，将来必仍为地方之害。张渠咨文到日，该督抚即密饬所属，加意办理，毋使匪类一名兔脱。至获犯起解之时，更当选拨员弁兵役沿途防范，以免疏虞。尔等可即寄信前去。”（《清高宗实录》卷 119）

（乾隆五年闰六月庚子）谕大学士等：“缉盗乃所以安民，防奸即所以弭盗。前因直隶之长垣、东明二县大盗甚多，往来于湖广、江南、河南、山东数省之间，专劫官署库银，大为地方害，曾降谕旨，饬令严拿。今闻俱已拿获，审讯确供，凡行劫丹阳、句容、邳州、延津、沔阳州各案匪类，皆出自长垣、东明二县，则该地方风俗恶劣，不问可知。若有司平日果能加意整顿，何至积成盗薮，蔓延数省？且行劫之后复归本地，群盗既得赃物，岂无花消败露之处？该县等若有意防奸，何难访拿？乃必待邻省严捕而后获，则该县等漫无觉察，更百喙难辞矣。嗣后该督抚当倍加留意，务绝盗源，毋得以行劫之案已经获结，遂稍存疏忽之意。可传谕孙嘉淦知之。”（《清高宗实录》卷 120）

（乾隆五年九月壬辰）又谕：“六月间，都察院奏称‘有湖广民人杨从清呈称，今年岁次庚申，西方不宜动土，现在修造天主堂甚为不宜，今冬主有地动’等语。朕以修造视年岁方向，原为日者陋见，或伊与天主堂之人不睦，故为此说，亦未可定，遂置之不问。但令毋得造作妄言，以蛊惑众听。乃近闻京城哄传十月三十日有地动之事，此必杨从清不肯安分，复将前言传播所致，若不严加惩治，无以镇静人心。着将杨从清拿交刑部，以为妖言惑众者戒。”（《清高宗实录》卷 127）

（乾隆六年五月癸巳）湖北巡抚范灿奏：“楚省汉阳府属之汉口镇，百货丛集，商贾辐辏，为积匪猾贼渊薮。又武昌府属之八吉堡一带，濒江居民假捕鱼为业，乘机抢劫，遂为故习。现在严密查拿，并按季查核文武员弁，以获盗之功过定其赏罚。”得旨：“果如所言，实力行之，将来必有其效也。”（《清高宗实录》卷 143）

（乾隆六年七月乙酉）刑部议复：“湖北巡抚范璨奏称，民人江在金殴伤大功服兄江声先身死，拟以斩决，并声明，应否比照救母情切，酌量宽减。查江在金供内，虽有怕声先误打伊母之语，然实无救母情形，自不便比照此例议减。”又左都御史杭奕禄等议：“江在金并无与兄斗殴之事，若照弟殴大功服兄律，拟以斩决，未免情轻法重，应改为斩监候。”得旨：“江在金改为应斩，着监候秋后处决，余依议。凡遇人命重案，朕必再三推详，稍有可原之情，或降旨更改，或交九卿会议，以昭法外之仁也。至三法司惟应按律定拟，不得意为轻重。今此案刑部系按律办理者，而都察院、大理寺另议监候，虽属原情，究非立法之本义。且两议之事，间或一二人意见不同则可，乃三法司本属一体，而与刑部判然两议，将来一衙门立一意见，甚有关系。着训谕知之。”（《清高宗实录》卷147）

（乾隆六年八月壬戌）刑部尚书署湖广总督那苏图奏：“通山县民全崇相，刊刻其父已故举人全渊《四书宗注录》一部，其书有推崇逆犯吕留良之处。”得旨：“自应追出书版销毁，至全崇相愚昧无知，照例处置可也。”（《清高宗实录》卷149）

（乾隆六年十月丙申）湖北巡抚范璨奏：“襄阳地方囤麦躧曲，耗费民食，请照河南省例，将躧户、贩户、经纪、牙行以及徇隐之乡地保长、驮载之车船人户分别治罪，关津官吏失察故纵，分别参处，盘获首报者给赏。”得旨：“所办甚妥，如所请行。”（《清高宗实录》卷152）

（乾隆七年八月丙辰）湖广总督孙嘉淦奏：“据襄阳府知府孟炤禀称，马快、张文德等在府城四牌楼地方拾有小红封，内装伪示二张，书写总理七十二镇都督大将军李梅字样，又另单开写头等大将军李勇、次等小将军陈龙等项名目，语多悖逆，明系无赖奸徒妄思煽惑，借现在通缉之逆犯李梅为名，造作妖言。若行文查捕，则传布愈广，止坠奸人术中。且单内开有张么、白般等诡名，确系楚人声口，奸匪必非外来，当即严饬访拿，并密札抚臣、提镇留心查缉，务须镇之以静，不得轻易声张。”得旨：“所见颇是，不声张而密办，以靖根株则可，若忽视之或致酿成事端，则不可。俟缉获之后，即行奏闻。”（《清高宗实录》卷173）

（乾隆七年十月丙申）谕：“湖广、广西秋审情实内，饶鸣镐、周钟瑄、许登瀛俱系贪官，原应置之重辟。但朕按其款迹，与枉法婪赃者尚稍有间，特从宽典，将三人免死，发往军台效力赎罪。若实系枉法舞弊、秽迹昭著之员，则断不宽宥。将此晓谕中外知之。”（《清高宗实录》卷176）

（乾隆八年三月癸未）调任湖北巡抚范璨奏：“上年九月，具奏襄阳郡城有不法奸徒，捏造李梅等姓名，妄写悖逆伪示，当即饬属严缉。今闻郧阳府属房县地方有一道士，招集多人，襄阳人亦有入其党者，且上年襄城检获伪示之时，该犯亦在襄郡。臣查奸徒诱惑，羽党必多，现饬该地文武严密访查，并差臣标弁兵协力办理，俟访明获犯，当再据实奏闻。”得旨：“此等事，断不宜存姑息了事之见也。”（《清高宗实录》卷187）

（乾隆八年五月辛亥）（安徽巡抚范璨）又奏：“太平县地方，一村内访拿烧锅二十余家，现饬照例惩治。”得旨：“好，实力为之。汝在湖北，颇觉因循，若能似此振作奋勉，庶得胜任耳。”（《清高宗实录》卷193）

（乾隆八年十月己卯）四川巡抚纪山奏：“川省数年来，有湖广、江西、陕西、广东等省外来无业之人，学习拳棒，并能符水架刑，勾引本省不肖奸棍，三五成群，身佩凶刀，肆行乡镇，号曰‘啯噜子’，奸淫劫掠，无所不为。其聚集多在州县交界处所，出没各有记认，羽党日多，捕役乡保或一禀报查拿，必致遭其惨毒，为害实甚。现在多张告示，许其自首减罪，以散党与，并令自首之人开呈同类姓名，记档存案，一面相机查拿究处。至此等啯噜，凶恶异常，应请将著名巨魁拿获到案，即照光棍例治罪，或枷杖立毙，以其罪名揭示乡镇集场。其胁从者照律饬审，如系外来流棍，递回原籍，永远不许出境；如系本省奸民，责令乡保管束，朔望点名稽查。乡地齐心协拿者，加以重赏；坐视放纵者，示以重惩。地方官设法擒拿者，特疏保荐；优柔不振者，据实纠参。再查湖广等省外来之人皆因误听从前川省地广人稀之说，群思赴川报垦，不知川省已无荒土可辟。嗣后除有亲族可依、来川帮工为活者令各省地方官给与印照，使彼此均有稽查，其无本籍印照者，各该管关隘沿途阻回，毋使积聚多人滋事。”得旨：“所见甚是，妥协为之。”（《清高宗实录》卷203）

（乾隆九年三月癸未）刑部议复：“湖北按察使石去浮奏称，嗣后除缘坐犯属及强窃盗家属例应佥遣者仍佥发外，其他军流等犯止讯本夫，如情愿带往者，开具年貌，一同佥发外，其妻妾背义不从，必须该犯亲告，方准提解。如本夫已供不愿携带，悉听自便。其本夫不愿，而妻妾愿随者，报地方官造册，一体随行，毋得豫先特提妻妾讯问。其讯系无妻者，即据供为定，毋庸另行取结。应如所请。”从之。（《清高宗实录》卷212）

（乾隆九年八月甲戌）山东巡抚喀尔吉善奏：“拿获空子教匪人朱廷谦等，据供河南、湖广多有传授，诚恐株连三省，请将现获首从分别定拟，其余业咨豫、楚两抚，密访有无，再行酌办。”得旨：“甚妥，应如此办理者。”（《清高宗实录》卷223）

（乾隆九年十月壬申）申饬各省督抚办理刑名，轻重失当，谕：“从来明刑弼教，贵于平允，凡决狱之宜轻宜重，必须详慎推勘，使情与罪符，方足以成信谳。今岁各省秋审册内，情实、缓决、可矜各案，经九卿改正者甚多。其中如贵州之李文仲，湖北之毛伦，湖南之石老六、文四仔，浙江之姚四，山东之张小兰、顾小生、王璋，直隶之周存儿、陈三小等案，或前后案情不符，混行矜减，或以毁堤殴官之罪，而宽其情实，或以屡行谋杀之犯，而置之缓决，或犯奸阻控，殴死人命，或连掘数冢，开棺取物，或与族婶通奸，拒捕致死本夫，或殴毙尊长二命，或诬告伊主死罪，以及屡次行窃、持刀强奸与故杀病妻、情极残忍之人，皆予缓决矜减，殊属姑息。至于情有可原之案，该督抚又或失于推勘，草率拟断，应缓决而置情实、应矜减而置缓决者不一而足。夫法律为国之纪纲，出入关乎民命，过重则乖矜恤，过轻则长奸恶，该管大吏所宜究心。今各省案件，朕举其一二情迹显然者，尚如此办理，则各该督抚平日所办刑名之事未能允当者，谅亦不免。着该部传谕申饬。”（《清高宗实录》卷227）

（乾隆九年十一月癸卯）湖南巡抚蒋溥奏：“据长沙县知县汪度禀称，十月十九日有解回湖北沔阳州原籍收管犯人王元升到县，随即查点收禁，备文转解。适有殴死萧连芳拟绞人犯张东友在监，即向嚷闹。据张东友供称，王元升本名萧癞子，当日萧连芳系伊殴死，因在逃未获，畏刑诬认。旋据王元升亦称，从前畏罪在逃，又别处改名犯事解回，适与张东友同监见面，天网不漏，无可抵赖。查原案初报文内，张东友供有萧癞子在场相闹，要求拿到审问之语，后因萧癞子未经获到，详免入招。臣以此案所关重大，如果枉拟，则从前承审各官误入人死罪，俱干严例，何敢稍为瞻徇？但事经五载，张东友经三次秋审并未鸣冤，偶于囹圄邂逅，即指王元升为正犯，而王元升并未刑求，亦即自认不讳。其中有无辗转设局贿嘱之处，亦未可定，臣又何敢以事涉新奇，即认为昭雪沉冤之举？现饬按察使徐德裕亲提原卷犯证质讯，务得实情。”得旨：“所见甚是，秉公据实详悉办理可也。”（《清高宗实录》卷229）

（乾隆九年十一月癸卯）湖北巡抚晏斯盛奏：“州县监狱轻罪人犯，查明并无亲人看顾者，于每年十一月至正月酌给口粮。又轻罪逾期不结，无故留滞，过三案以上者，将迂缓之吏照例题参议处，以清庶狱。”得旨：“待朕酌量降旨。”（《清高宗实录》卷229）

（乾隆十年七月壬午）刑部尚书盛安奏：“湖广民人熊宗正殴死无服族祖熊建候一案，现在按律拟绞，尚未具题。乃御史万年茂会核时，以年未及岁之犯向例于按律拟抵外，题请免死收赎。今熊宗正年仅十五，未经一体声叙，请敕交廷议。查十岁以下杀人者，例应拟罪请旨，十岁以上者向无此例，谨将从前办理同异缘由并此次不行援案题请之处逐一声明具奏。”得旨：“刑部专司刑名，其办理各案前后互异之处必有缘由。万年茂既未深知，又未向该部详查，但据己见，即行陈奏，未免急遽。此案现交九卿议复，着将盛安所奏一并交九卿妥议具奏。”寻奏：“查雍正十年丁乞三仔殴死丁狗仔一案，因丁乞三仔年仅十四，先被丁狗仔欺凌起衅，又系拾掷土块误伤，是以得从末减。今熊宗正殴死熊建侯，起衅既由于该犯，且又执持凶器，虽年齿尚幼，而情罪较重，未便从宽。请嗣后十五岁以下杀人之犯，令该督抚查明实与丁乞三仔情罪相等者，援照声请，听候上裁。”从之。（《清高宗实录》卷244）

（乾隆十年七月庚寅）又谕：“前有湖北麻城县民人雷响来，在刑部出首李开花伙党聚集四川谋为不法一案。刑部已密行川省，确查虚实办理。尔等可密寄信与庆复、纪山，令其悉心根究，固不可株连无辜，亦不可听地方官，希图省事，有意寝息，致留后患。”（《清高宗实录》卷245）

（乾隆十年九月戊戌）湖北巡抚晏斯盛奏：“市乡窃匪，积久渐为盗，根查律载，行窃二次者，罪止杖刺，多不知戒，请于杖刺外，令带枷悬铃充警，三年无犯释除铃枷，仍照常点卯，再三年无过，即开除卯册，赏给资本营生，再犯照律分别绞流。至市村攫白之徒，又为窃贼之渐，而闯棍一种，霸占地方，亦与攫窃相为表里，应一并造册立案，交巡典、乡耆、保正约束稽查，如有违犯，即照本罪加倍处治。”得旨：“有治人，无治法，汝且试行看。”（《清高宗实录》卷249）

（乾隆十年十一月）丁丑，申命各省督抚详慎谳狱，谕：“秋审为民命攸关，最宜加意详慎，必使情罪相符，始足以成信谳而昭法纪。朕于直省招册必加详览，一秉虚公，以求其情理之当，是以刑部推勘及九卿等会核，有各持意见未能协中者，亦必据理裁断，以归平允。至外省督抚屡经降旨训谕，上年复将九卿等改拟各案内情迹显然者略举一二，再加训饬。伊等果能平情剖断，悉心推究，自必情与罪协，无畸轻畸重之处，则九卿复勘，何至改正甚多？今阅直省秋审册内，经九卿等更改者，多至二百六十五案。其改拟情实各案内，如广西之莫蒂清、杨付服，湖广之杨国凤、傅和尚，江苏之陈豪、袁生、阚兴仪、盛云祥，河南之牛四、刘文、马氏，山东之刘坤、王四、马五等案，或蓄意谋杀，立毙人命，或纵奸轮奸，败伦济恶，或因窃起衅，害命毙役，或逞凶追戳，连殴致毙，种种残忍凶恶重囚，必应明正典刑，以彰国法，乃竟入于缓决。又改拟缓决各案内，如湖广之张德显、彭东日、曾世英，江苏之郭兆珍，河南之孙黑，山西之李国升等案，俱系叠殴多伤，有心犯法，情无可原，而概列入矜减，殊属宽纵。至于情罪稍轻，自宜斟酌矜缓，以示法外之仁。又或失于推勘，应缓决而置情实，应矜减而置缓决，比比而是。夫律设大法，固不可过严而失之滥，礼顺人情，亦不可过宽而流于纵。是以易称明慎，书庆咸中，惟在扶植良善，警戢凶暴，使凛然知法令之难犯也。各督抚等宜仰体钦恤之心，于刑名事件详晰定拟，若仅视为具文，则大非朕慎重民命、明刑弼教之本意矣。着该部再行传谕申饬之。”（《清高宗实录》卷252）

（乾隆十一年五月甲子）湖北巡抚开泰奏：“楚北风土卑湿，入夏以后，炎威酷烈，各属解审案犯，于烈日炎蒸中桎梏趱行，情殊可悯，应将寻常案犯照盛暑停遣之例暂缓解审。”得旨：“此见所谓好行小惠也。楚北虽炎暑酷蒸，岂尚烈于闽粤乎？且汝未到任之前，数十年之人犯又何以当之？况易完不完，彼其有公事而待于本地者，转不若一至省而速了之为愈也。再楚省之人，自习楚省之热而不为苦，亦如黑龙江之人，自习黑龙江之冷而不为忧。想汝旗人未经南方之热，故为是言耶。此皆拘墟而不达时务，莫若遵照定例。矜恤本意固不在此，因汝尚可教导，故偶及之。”（《清高宗实录》卷267）

（乾隆十一年六月）甲午，谕军机大臣等："据鄂弥达、开泰所奏'拿获襄阳居民王荣崇奉邪教，捏造谣言'一折，朕已批谕。前据张广泗奏报'云南张保太、贵州魏斋婆、四川刘奇等彼此勾结为奸'一案，朕已降旨抄录，寄与鄂弥达、开泰阅看，留心办理。今览鄂弥达等搜出邪书，内中所载，与张广泗所奏邪书相同。看来此等匪犯，显系彼此连结，声息相通，蔓延各省，非一乡一邑之邪教诱人钱财者可比。着鄂弥达等严加审讯定拟，不可稍有宽纵，并将单内所开姓名抄录寄去，务将实情究出。若有他省之人，即行关会该督抚缉拿审理，勿令兔脱。"（《清高宗实录》卷269）

（乾隆十一年六月甲午）湖广总督鄂弥达等奏："准贵州督臣张广泗咨拿大乘邪教伙犯莫少康、刘选升、孙其天三名，随密饬各州县严拿，已将莫少康、刘选升二犯拿获审明，解黔归案办理。查此等邪教流传已久，黔、楚毗连，入教者必多。现就莫少康之父汉先取供，受有名号伙犯，复拿获彭贵江、陈南明二名，此外如尚有开堂接众、传播妖言者，自当严行拿究，其无知被诱、止于念经吃斋者，令其自首免罪。"得旨："此案情颇大，不可以寻常邪教视之。屡有旨，向大学士等处颁发，想汝尚未接到耳。所云无知被诱，亦必其实系无知被诱者可耳。凡系为从，概不可宽。"（《清高宗实录》卷269）

（乾隆十一年六月甲午）（四川巡抚纪山）又奏："白莲教煽徒甚众，现又续获邪犯周凤翙、郭廷璧等五十余名，其中有知情而倡为斋头、给人授记、展转相招者，有听从邪说、吃斋入伙者，飞饬分别解省。并据涪州等属将前获刘奇等六犯陆续解到，臣率同布、按两司逐一研讯，究出阴谋不轨、大逆不道确情，并冒称李开花之苏君贤现在巴县垦种，当即专差往拿，苏君贤有母吴氏、兄苏君泽，在金堂地方，现已拿获，另行审究。臣一面将搜出邪书，有隐藏悖逆语者另录呈览，一面将刘奇供出在川之王清真、王之璧、张万学等十四名飞速密拿，在云南、贵州、直隶、江南、江西、湖广、山西之胡大思、朱牛八、吕斋婆等十九名密咨该省查拿，分别办理。”得旨：“览，此岂汝等所能究出？想接到张广泗之咨会耳。攘人功而为己有，甚属无耻，不谓汝竟如此，朕自愧无知人之明。”（《清高宗实录》卷269）

（乾隆十一年九月壬戌）湖广总督鄂弥达等奏：“审明江夏县民旷云章在襄阳倡教造言一案，查该犯前经投拜已故谷城县钟广国为师，后居襄邑，倡为弥勒邪教，诱人吃斋，招徒聚众。其东明邪书，据称系钟广国留贻，然现在无凭追究，又妄捏不经之说，主令传用惑人，实属不法，合依造妖书妖言律，拟斩监候。至王荣入教招徒，尚无左道不轨别情，但将旷云章所造谣言妄行传说，而黄志海等更转相告语，即所传无几，法亦难宽，合依传用不及众律，分别定拟完结。”报闻。（《清高宗实录》卷275）

（乾隆十一年十二月庚寅）江西巡抚开泰奏：“臣前在湖北巡抚任内，会奏大冶县民程奎先等索诈乡民一案请照旗人扰害良人拟遣之处，比拟不当，蒙恩训示，具折恭谢。”得旨：“汝近来诸事颇不满朕意，慎之。汉人习气，何必学之？读书学文，全不在此。朕非自夸，汝之文能如朕乎？朕非不重文，而不重汉人习气也。”（《清高宗实录》卷281）

（乾隆十五年十一月丁卯）谕军机大臣等：“湖北按察使德文具奏‘请严惯媒之罪’一折，所见未协政体。夫妇伦理攸关，小民非甚不得已，讵肯轻言离析？即或奸徒从中设局，为风俗之累，而买休卖休，自有正律，惟在地方官实力奉行，平时则开诚化导，严行禁止，遇事何妨加等重惩？若徒更张律令，而行之不力，何益之有？且其奏折文风庸猥，词语繁陋，哓哓满纸，转使事理不明悉，当由文义未深，故不之觉耳。再闻德文自到任以来，颇有欣喜自得之意，虽人言未有确据，但伊受朕特恩，数年间擢任臬司，升用甚速，易于盈满，亦未必无因。可传谕德文，令其一切收敛务实，有则改之，无则加勉，以为将来承受恩泽之地。折并发还。”(《清高宗实录》卷377)

(乾隆十六年四月)丙子，谕军机大臣等：“据齐大勇奏，盘获张维，捏称大学士史贻直胞侄、原任兵部郎中史贻简之子史应晖，投递假书一案，已经审明，实系假冒。看来楚地居四达之衢，宵小易于托迹，此等假冒撞骗之事往往有之。该督阿里衮应严饬各属，实力稽查，毋令流棍冒托，贻害地方。至此案既已移交该县审拟招解，着阿里衮从重办理，以惩一警百。”(《清高宗实录》卷386)

(乾隆十六年五月乙丑)谕：“据湖南巡抚杨锡绂折奏‘审结假官诓骗之寿抡元’一案，内称‘寿抡元向曾往来衡州，因其诓骗多事，经地方官先后拿究，递回京籍。复于上年潜至汉口，捏称河员，奉委办木，诓骗客民，干谒官长，应照假冒职官例发边卫充军’等语。寿抡元撞骗滋事，积案累累，乃复不知悛改，仍敢假官局骗，恣意妄行。似此稔恶匪徒，情罪甚重，仅予充军，不足蔽辜，着改发吉林乌拉，以示惩创。”(《清高宗实录》卷389)

(乾隆十六年闰五月癸酉)湖广道御史王应綵奏：“本年五月初七日，刑部四川司送到石应选殴死小功服叔一案，内有救母情节，夹签字样，并不将夹签送核。又江西司送到马镕殴伤胞叔身死案内有误伤情节，将夹签送核。事同办异，咨询刑部，复称去年议复御史王荃奏称，嗣后督抚题奏案件，有关服制一应罪名，臣部会同三法司照律核拟，其情可矜疑者，臣部于出本时，照例加签，恭候钦定。其江西司送往会核，系书吏错误等因。臣思院、寺、刑部，并称法司，若谓刑部得以独断，则刑部为专权，院、寺为旷职矣。且刑分生死，向令院、寺察核，恐有书吏舞文之弊，如果无庸，此为更易旧章，自应奏明请旨。今查部臣议复王荃原奏，并无此字样，乃借出本为名，改易成宪。合无仰恳训饬刑部，嗣后仍照定例，将夹签移送院、寺，公同核拟。”得旨：“所奏请院、寺会核，自属集思广益，着照所请行。至于深文吹求，谓该部为专权，此不过愤于不会核，而游词以加之罪耳。言官惟应据事直陈，不宜簧鼓相攻，王应綵着饬行。再有似此者，必交部议处。”（《清高宗实录》卷390）

（乾隆十六年闰五月丁亥）谕军机大臣等：“开泰奏称‘威宁州属妈姑铅厂，楚民罗奇熊因抗断被厂员责处十板，回棚殒命。罗姓房族拥入官房，拴殴厂官’一折。罗奇熊越界造炉，本属多事，抗官违断，尤为强横，即使因杖致毙，罗姓房族亦不应借命居奇。乃敢拴辱厂员，逼写甘结，种种不法，唐二、刘有如等又复乘机逞凶，刁风断不可长。且薄责十板，何至伤生？此中情节，正当深究。乃该抚止称验明杖伤本轻，委系如法决罚，而罗奇熊之如何身死，或系服毒，或系自尽，并未究明，殊属含糊疏漏。着传谕该抚，令其彻底严审，务得实情，详悉具奏。”（《清高宗实录》卷391）

（乾隆十六年八月丁巳）谕军机大臣等：“前据总督硕色折奏‘古州镇总兵宋爱接据提塘吴士周呈禀，赴滇过普客人钞录讪谤之词，竟系假托廷臣奏章，捏造朱批，种种狂悖’，当即传谕直隶、河南、山东、山西、湖广、贵州等省各该督抚，令其密行访缉严拿。今据开泰折奏‘吴士周供出往滇卖黄连之四川客人谭永福所钞’等语，逆词既系川省客人钞出，恐此案党羽在该省潜踪传播者尚多，不可不严行根究……”（《清高宗实录》卷397）

（乾隆十六年九月癸酉）谕军机大臣等：“据阿思哈奏称‘滇省伪造奏稿一案，臣自当凛遵前旨，密访严拿，实力侦缉，断不敢稍有泄漏，略存将就之见，以致疏纵’等语，此不过敷衍搪塞之词，谁不能作此语，足见其并未实心办理。此案从前虽由滇省发觉，近来如山东、湖广等省俱有拿获传抄伪稿重犯。至直隶古北口缉获各犯内，即有晋省出外生理之人，因所托名者系晋省之大臣，其乡人喜谈乐道，则山西尤非他省可比，必有传抄乐祸之人。如果实力访查，自可不至漏网……”（《清高宗实录》卷398）

（乾隆十六年九月癸酉）又谕：“据恒文所奏‘复讯传播伪撰孙嘉淦奏稿各犯供情’一案，办理甚属可嘉。但折内‘此等悖理逆伦之辈，已越于天覆地载之中，即使立正典刑，亦无足惜’等语，则未免失之太过。此案抄写传播各犯，情节种种不同，应分别轻重发落，前已将办理梗概宣示各督抚。即如楚省查出之金汝政一犯，藏匿犯禁之书，又抄录伪造孙嘉淦奏稿，居心悖逆，情罪固为重大，自当从重办理。其余各犯，如有抄写布散、传寄他处者，即重枷永远示众，亦足以蔽其辜，不必概置典刑也。至得之传播，或系愚懵无知，误信为实有此奏，一时私抄者，即予枷责示惩，已足令愚民知所儆戒。朕办理诸事，轻重务得其平，固不可稍有宽纵，以长刁风，亦不可概律以大逆，置之重典，惟按其应得之罪区别处分，庶几刑协于中。可传谕该抚知之。”（《清高宗实录》卷398）

（乾隆十六年九月癸未）谕军机大臣等：“前据恒文复奏，传播伪稿案内，有江舜五供‘今年正月初七八间，在伊叔江华章参铺内见江逢镈手持奏稿，说是江西天一堂寄来’等语。伪稿一案流传数省，其传钞月日先后不同，江舜五所供正月初七八之语，是否确有凭据？抑或记忆不清，随口供认？该犯等现在楚省，着传谕恒文，令其再加研讯，务得实在传钞月日，据实奏闻。”（《清高宗实录》卷399）

（乾隆十六年十月丁酉）谕：“刑部进呈湖广秋审本内，斩犯滕有伯，该抚原拟情实具题，九卿会核，以其救母情切，改入缓决，殊失轻重。滕有伯棍格致毙大功服兄，从前三法司按律核复，拟斩立决，经朕降旨改为拟斩监候，免其即行正法，是该犯救母情切之处，已邀格外宽典矣。

若于秋审之时复拟缓决，仅虚予以重辟罪名，久且入于矜减之列，是乃轻视伦纪，岂明刑弼教之意？此端一开，将使挟仇干犯者转以父母为起衅之由，得肆其毒手，愚民益无畏惧。且各省督抚以九卿既经改拟，凡属此等案件，必有以缓决为请者。九卿因其情节稍重，又必有改为情实者，而言官复援前案相较，益致聚讼纷纭，非所以明法纪而崇简要也。嗣后由立决改为监候人犯，俱应入于情实，勾到时即或原罪免勾，下次亦应仍入情实。或情节果轻，免勾数次之后，遇特旨宽减则可耳。法司惟应执律问拟，此所关于人伦国宪者甚巨，将此谕问刑衙门知之。”（《清高宗实录》卷400）

（乾隆十六年十月）乙巳，谕：“直省秋审案内，调奸未成，致本妇羞忿自尽各犯，虽非有心致死人命，而风化所关，法难宽宥。前经降旨甚明，设经一次免勾，下年即准改为缓决，此亦宽严允协矣。内外问刑衙门，自应一体遵照。今奉天省之绞犯二达色、湖广省之绞犯石绍于、山东省之绞犯张振钦三犯，该抚等又即拟以缓决具题，岂朕所降谕旨皆未之见乎？九卿会核，改拟情实，固属允协。但在督抚等，办理此等重案，非一时错误，偶失轻重可比。九卿等应于改拟之后，即将该抚等附疏题参，方足以昭慎重。若止照常办理，将来必有仍以缓决请者，九卿又复议改，则亦徒烦案牍，殊非国家明罚敕法、训俗型方之意。着传谕九卿等知之，钟音等着严行申饬。”（《清高宗实录》卷400）

（乾隆十六年十月）庚戌，谕军机大臣等：“策楞奏到‘查办传钞伪稿’一折，所有究出夏起凤、龚三二犯，分散流传，固属幸灾乐祸，情罪可恶，正应从此二人跟究其所由来。且添注批语，更他省所未有。其夏起凤钞得原稿有无批语，一讯即得，如原无批语，至何人传钞方有，亦无难究明。其夏起凤、龚三，一系湖广人，一系江西人，如有供出之湖广、江西人犯，即应迅速行文该地方官就近提拿，彻底严究，庶首犯不致漏网，并非归此二犯即可了结。策楞办理此案，即据所奏，已多未

协。着传谕令知所慎。”(《清高宗实录》卷401)

（乾隆十六年十一月甲子）钦差兵部尚书舒赫德、两江总督尹继善奏：“现在江省查办传钞伪稿各犯，东省究出之官贵震，辗转追至江南宿迁、清河、扬州、江宁……游国礼一案，由江西天一堂究至江宁，因万仁汤在江西，所供罗绍文等要犯实系物故，咨提万仁汤等，尚未到江。其傅万长已经山东解到，层层究至李纯仁，又往湖北汉口，咨该抚查拿未获。揆各案情形，似难克期完结，请将在省各犯审明发落，臣舒赫德即赴浙会审。”报闻。(《清高宗实录》卷402)

（乾隆十六年十一月甲戌）谕军机大臣等：“传钞伪造孙嘉淦奏折一案，各省查拿根究，得之湖广、江西者为多。今据策楞在川省获犯二百八十余人，亦谓各犯供出，非传自湖北之荆州、汉口，即携从江西之景德镇。从此追讯，或可得其来历。而现在江西巡抚舒辂非能办理此事之人，即鄂昌到江，亦系新任……将此谕该督知之。”(《清高宗实录》卷402)

（乾隆十六年十一月丙戌）谕军机大臣等：“传钞伪稿一案，辗转跟究，俱属枝叶。首恶之犯久未就获，据各省传播，多得自木商木筏，由湖南浮江而下，即至汉口，故汉口传布特众……”(《清高宗实录》卷403)

（乾隆十七年正月戊辰）谕军机大臣等：“范时绶复奏‘拿究携带伪稿遗失船内之艾芳龄，及拿获麻阳县贡生龙乾惕，严加根究’一案，据称‘艾芳龄钞稿得自段为尊，为尊已供认不讳’等语。艾芳龄之稿既得自段为尊，即应将段为尊严加询问，逐层追究，即可得其来历。乃只云根究至十二三人，咸供递相传钞，似无遁情，所奏甚不明晰。至龙乾惕所供，情词尤为闪烁支吾，殊多疑窦。龙乾惕虽年已八十，但伊身为贡生，即应明晓大义，竟将悖逆之语四处传播，其幸灾乐祸，较之他犯，实属情罪重大，非寻常案件可援照老弱不加刑之例。若因其年老姑从宽典，假使此稿果出自伊手，将亦因其年老置之不问乎？该抚办理此案，殊未得其肯綮。着传谕范时绶，令其详细研究，务得实情，不可草率了事。”寻奏：“艾芳龄一案，先经集犯研审，据艾芳龄供，钞自段为尊。拿讯段为尊，供称得自邓尼传，由邓尼传逐层根追之各犯，俱质讯明白，递相传钞是实。嗣贵州抚臣开泰到楚，复会同详细审究，与前供无异。其龙乾惕一犯，供称得自龙老晚，由龙老晚逐层根追之各犯，质明递相传钞是实，黔省现亦究明干景白之稿非龙乾惕所给。但该犯身为贡生，罔知大义，胆敢钞传逆稿，加以圈点，情罪可恶，实难援老弱不加刑之例稍有宽纵。”得旨：“览。”（《清高宗实录》卷 406）

（乾隆十七年四月庚戌）谕军机大臣等：“罗田县奸匪马朝柱勾众为匪一案，昨据尹继善奏到，随已传谕永常。今批览永常四月初三、初八两次奏折，备悉情形。且经亲赴罗田督办，甚合机宜，深属可嘉。想已应时搜捕，不致远扬滋蔓。其最先访闻之知州李珌，昨已令该督传旨嘉奖。典史沈学周拿获马朝柱母妻子侄，亦属急公。但以大逆之犯，既显有抗拒情状，则其家口岂不豫先保护藏匿？乃以典史微员，何以遂能掩捕，一无漏网？着将情节查明，据实陈奏。此等奸匪虽无足论，然星星之火可以燎原，正当竭力查办。其知县冯孙龙希图粉饰了事，此正贻害地方、贼良民之甚者，俟此案办理完结，必当置之重辟，以申国法，俟案犯获齐，即降谕旨。此时令永常密之，不可泄漏，使知勇往从事，发伏于未行。安良保境，即当加恩显擢，即使其身为奸匪所戕，国家亦必加之优恤，延及子孙。而保全身命、畏葸避事、养奸贻患之人，惧祸适足以招祸，自不致奸匪潜滋，为人心世道之害矣。将此谕永常知之。”（《清高宗实录》卷 413）

（乾隆十七年四月）甲寅，谕军机大臣等：“据永常所奏‘搜获罗田县逆匪情形’一折，此等匪徒赋性顽逆，原非人类所宜有。方今海隅向化，谅亦不致被其煽惑。但不及早擒获，将来妄行劫掠，附近良民必多受其扰害，永常此番办理甚属妥协可嘉。但马朝柱一犯，乃此案渠魁，尚未就获，终恐滋事。查胡南山供词，内有约往贵州逃生之语，而今日尹继善所奏，又称逃往川省。总之，伊等同属逆党，形迹诡秘，是否实供，殊不可信，尤应确加研究，务得实在下落，一面星飞追捕，一面奏闻，不可令其兔脱。再永常奏称'移咨江省，将现获各犯解楚审结'等语。尹继善已于四月十八日前往英山，着传谕永常，伊二人可即就近会同勘问，不必辗转提解，以致疏虞。其逆书内所称张锡玉、方珍等犯，亦即逐一追究，务得其人，毋使漏网。又伪稿一事，虽与此案无涉，但恐即系伊等伪撰，或亦曾经传钞，并宜就此推求，或因之得其原委亦未可定。惟不可草率附会，并案了事耳。至罗田、英山，事涉两省，尹继善折内朕已明切批示，令其和衷商办矣。永常亦不可稍存此疆彼界之意。所有天堂、天马等寨地处险隘，易于藏奸，应作何设法稽查，以杜后患之处，伊二人亦即就便定议具奏。并将此传谕尹继善知之。"（《清高宗实录》卷413）

（乾隆十七年四月）庚申，谕军机大臣等："恒文今日奏到'天堂寨奸民为匪一案，谓解楚人犯不下数百人，现在秋审，重囚丛集，加以叛案监犯，恐人心惶惑。请特降谕旨，除首犯俟审结正法外，其胁从煽惑人众先行发落'等语，所见甚为劣弱张皇，已降旨严行申饬，着钞寄尹继善、永常，令其观看。但该督等身历山境，已可得要害，一切事宜谅已就局，即应指授属员，遵照办理。何必久驻荒山，远近传闻，益滋惶惑耶？所有首犯若已就擒，固易办理。即尚在缉捕，亦可将现获人犯先行定案。情罪重者，即于彼地正法，不必因待获首犯，悬案久羁也。连日未得奏报，不知办理若何，两督曾否面会，或尚有不可即各回省者，着即据实具奏，并将前后所奉谕旨及查办情形，即速详悉奏闻。"寻尹继善奏："臣于四月十九日起程，赴英、霍一带督率严拿。嗣据各员禀报，虽获多人，而首犯未获。且即所获之犯，因各员四出搜查，有未及讯者，有既讯而所供未晰者，抵霍后正在严讯，并悬赏侦缉。奉谕令，臣就近会同湖督审勘，不必辗转移解。查江、楚获犯不下数百，英山难容羁禁。且楚省各犯已解省城，未便转解英、罗交界，而湖督永常于未奉谕旨之先已回武昌，不及面会。随彼此札商，于适中之黄州府城会审，即日由英山前赴，和衷商办，将已获人犯先行定案。至伪稿一案，悉心推求，尚无端绪。”报闻。又批：“竟无查出者，想与此案无涉。”（《清高宗实录》卷413）

（乾隆十七年四月庚申）湖广总督永常奏：“臣自驻罗田，督率搜拿天堂、天马二寨匪党后，复从罗田至多云镇九子河。该处皆系深山峻岭，又东六十里至天堂寨，实为罗田与六安、英、霍往来要径，峰峦险僻，履勘匪巢，畸岭凸凹，并无可耕蓄众之地，不过凭临险奥，人迹不至，可以施其虚诞影射之谈。其搭盖草蓬，尽经烧毁。自天堂山复越层岩，东至梭子坪，即入英山界之烂柴沟、石头嘴、茅草畈，再过大凹沟至天马寨，与罗田之天堂地隔百里，山不相连。只因马朝柱等分布逆党于江、楚交界，巧指天堂、天马大寨名色，彼此煽惑。如地方官力行保甲，互相稽查，必早为发觉。现议举行，以杜后患。先将罗、英二界烟户连环具保，如有藏奸，十家连坐。臣总览江、楚交界形势，罗田多云镇险僻易藏奸匪，应加汛豫防。英山茅草畈等处山势稍平，而路径分歧，亦应防范。其两省设防善后之处，会同抚臣及江省督抚酌办外，并根究逃逆，务期全获。至会剿官兵，现酌撤归伍。”得旨：“正犯尚应设法严缉为是。至汝此番，颇属勤勇可嘉，然早得马朝柱则尽善矣。勉之。”（《清高宗实录》卷413）

（乾隆十七年五月辛酉）又谕：“蒋炳奏到楚省咨拿匪犯马朝柱一案，既将商城县张德远缉获到案，即当严行根究，确讯下落。乃据张德远一面之词，即信为雠扳，从轻了结，蒋炳办理之处殊属疏纵。马朝柱等虽不过孖孽初萌，而悖叛情形，逆书、军器证据确凿，幸而及早败露，该督永常办理迅速，是以不动声色。若视为无足措意，致使潜滋暗长于山泽之间，其贻害地方将不可言，非仅止捏造狂言、幸灾乐祸者可比，必当严密办理。此等匪犯自知负罪重大，岂肯到案即吐实情？未据马朝柱对质，何可信为雠扳？且逆党甚多，张德远既到山寨，安知非入党有名人犯，而遽欲置之不问耶？蒋炳办理非是，着传谕知之。”（《清高宗实录》卷414）

（乾隆十七年五月丁卯）两江总督尹继善奏：“前奏拿获奸民马朝柱伙党一折，奉谕令速行严密搜拿，其楚省咨拿人犯曾否俱各就获，详悉具奏。现据各员禀报，楚省咨拿及本省自行捕获者已百有余人，余犯再行严缉。并据寿春镇咨称‘所获马朝柱之兄马朝士供欲逃往四川’等情，因于九江关总要之处并沿江一路访缉。”得旨：“览奏俱悉，竭力搜捕正犯，毋致兔脱也。”（《清高宗实录》卷414）

（乾隆十七年五月）戊辰，湖广总督永常、湖北巡抚恒文奏：“根讯马朝柱匪党胡南山，及所供与霍山县僧正修平日往来。”得旨：“应竭力缉拿，不然，又成一李开花矣。”（《清高宗实录》卷414）

（乾隆十七年五月己巳）谕军机大臣等：“永常奏到，拿获逆犯王朝瑞，供出伪诏伪檄及逆首马朝柱序表各逆词，狂悖恶逆，得罪祖宗。我大清百余年深仁厚泽，不意尚有此等覆载不容之枭獍虺蝮，怀鸩潜毒，一至于此。审鞫之时，当令备极严刑，存其命取供足矣。若不过照例夹讯，不足尽之，即寸磔亦未蔽其辜也。首恶之马朝柱必当严缉，早令弋获，置之极典以伸国法。供内马朝柱剃去须发、劈面毁齿一节，殊不足信。马朝柱闻拿即已远扬，该犯何由听闻此信，当由本相易于踪迹，故谬其词，以惑乱查拿者之观听，不可据以为实。所称西洋，当即前供四川峨嵋山之西洋寨，而非海外国土，已传谕策楞，令其迅速查拿矣。再细阅逆词，其文气心思颇与伪稿文法相类，云南发觉即谓从汉口传钞，地亦相近，或即群逆所为，竟未可定，宜加意严讯。此等匪逆，别具肺

肠，总非常情所能料及。将此谕永常知之。”（《清高宗实录》卷414）

（乾隆十七年五月己巳）又谕曰：“湖广罗田县匪犯马朝柱等勾党谋逆一案，竟有伪诏伪檄，种种逆词，狂悖恶逆，覆载不容。其供词中，有四川峨嵋山西洋寨之语，已据湖督永常奏称‘飞咨川省，现在首犯马朝柱尚未弋获’，着传谕策楞，或即逃匿川省亦未可知，令其悉心严缉，并将峨嵋山是否有西洋寨、有无匪党窜匿藏伏悉心查访，无令漏网，并将如何设法严查之处，即由驿限六百里速行奏闻。”寻奏：“据湖广督臣永常密咨，查拿西洋寨张锡玉等犯，随饬道员躧访。据禀，访之老民，按之图志，并无西洋寨之名。凡与峨嵋山连界之乐山、洪雅、清溪等县，并峨嵋县属之山村庙宇逐一挨查，并无踪影。至通缉马朝柱，现饬文武各官派亲信之人到处侦访，不得以一查出结了事，自干重谴。又夔州府属之巫山县系川楚接壤，水陆总隘，于此严查，则未来者不能飞越，已至者亦难遁迹。因责成该管总兵道员查缉，期无漏网。”报闻。（《清高宗实录》卷414）

（乾隆十七年五月癸酉）又谕曰：“天堂寨奸民为匪一案，据永常、尹继善各奏到，于适中之黄州府会审，和衷商办，此案马朝柱实为渠魁。今江、楚两省所获逆匪不下数百人，而首犯马朝柱尚在脱逃，已于折内批示，必当严行查拿，不可令其远扬。各犯所取供词尚多疏漏，即如胡南山供出马朝柱与僧正修相好，正修到案，亦有马朝柱于二十日到庵宿过一夜之供，至其次日去向何处，并未追诘。既于初六日逃散，至二十日已经半月，仍复到庵，其未能远遁可知，正可由正修根究马朝柱藏匿踪迹，而竟未讯及。至剃去胡子及道袍等供，或转系惑乱观听之词，亦未可定。且有刊刻之龙边伪诰，其刻自何人，刷印必非此一纸，散布必非此一处，俱当逐一研究。此案固发自楚省，而南省从逆实繁，永常身入山寨遍行搜捕，甚属勇往。至鞫讯取供，研究踪迹，则尹继善久历封疆，自当更为熟练，亦义无可辞，岂有于丧心背逆之匪犯，尚存姑息邀名之见者？倘有疏漏，必于尹继善是问。此案叛逆显然，幸而早散，该督等断不可存从宽了事之念，不可照寻常聚众之例，但将一二人为首者正法。须视其情重者，多行诛戮数人，庶奸民知所畏惧，所全于后者多矣。除应凌迟犯内，或有与马朝柱应行质对者，暂行牢固监禁，其余应决正法，即应于讯明之日，用王命旗牌，将该犯等即行正法，不必久系囹圄。将此传谕尹继善、永常知之。”（《清高宗实录》卷414）

（乾隆十七年五月）乙亥，谕军机大臣等：“湖广罗田县奸民马朝柱于江南英山、霍山连界之天堂寨聚众为匪一案，已据湖广总督永常亲往搜捕，党羽就擒，居民宁谧。惟首犯马朝柱尚在脱逃，江、楚两省督抚俱经密咨邻壤，通行缉捕。向来要犯一人通缉，地方官率以虚文了事，并不实力查拿，悬案任其久稽，惟于岁终出具境内并无该犯踪迹印结而已。此案非寻常可比，马朝柱乃系为首倡逆聚众谋叛要犯，幸而及早败露，未致骚动地方，假使稍迟，虽万无能为而煽惑益众，无知愚民受其陷害，附近村众罹其荼毒，将不可言矣。该犯既经兔脱，不在本境，即在邻封，或奔窜，或潜藏，非此即彼，果能实力搜查，逃将焉往？惟视之膜外，则终无获理耳。马朝柱必不可令其漏网。着传谕各省督抚，能将该犯弋获，则为有功。若获自他省，凡经过地方未经盘诘得实者，必当查明治罪，毋谓朕之不戒也。各宜勉之，慎之。”（《清高宗实录》卷414）

（乾隆十七年五月丁丑）谕军机大臣等：“江南、江西两省办理传钞伪稿各案，已追出报房章锦等犯，似为近可根寻。前据该督奏称‘顾章周伪稿供系周麻子，从凌祖耀处携来，转给章锦。及讯周麻子等，俱矢口不承，现饬详悉审究’等语。当经传谕该督，以周麻子既不承认，则顾章周所传伪稿究系得自何人，从此严加质讯，自可得其来历。今经匝月，并未奏到，在该督因查办罗田逆匪一案，或不暇兼顾及此。而该道周承勃系派出专办伪稿之员，且人犯现在江省，自应详细根求，迅速禀明该督复奏……”……（《清高宗实录》卷415）

（乾隆十七年五月丁丑）又谕："江、楚两省查办罗田县逆匪一案，据永常奏称，准江督咨开，六安州知州金宏勋讯据伙犯甯以能供称'送马朝柱到南岳半山庙道士宗会处躲过半个月，再往别处'等语。前尹继善虽奏称分路追拿，究竟下落何在？其道士宗会曾否拿到？马朝柱为此案渠魁，必当捕获。而掩捕必当迅速，稍迟终致远扬，不可不勉力严缉。再甯以能又供'马朝柱要找吴方曙救他，如今吴方曙往湖广省城小南门岳宗儒饭店去了'等语。吴方曙系伙犯中最要之犯，得吴方曙，即可知马朝柱去向，而吴方曙亦在逃未获。可传谕尹继善、永常，再行研究甯以能其所称小南门，或系俗称，究系何处，务得确供，飞行追捕。计此时尹继善、永常自已到黄州府，即令会同根究，勿任狡供支饰，以致要犯兔脱。"寻尹继善、永常奏："委员往南岳庙搜查，并无马朝柱踪迹，亦无道士宗会其人。及复讯甯以能，又称前畏刑诬扳。至查缉吴方曙一犯，而湖广省城亦并无小南门及岳宗儒名姓。再据匪党供，马朝柱并不识字，其伪檄等出自胡济修，而刊刻则系已故之孙林万。臣等抵黄后，逐日鞫讯，究其原委，皆僧正修设谋于始，胡济修助恶于继，实为此案最重之犯，俟研讯明确，遵旨即行正法。"得旨："览奏俱悉，要犯尚未就获，须实力督缉。"（《清高宗实录》卷 415）

（乾隆十七年五月戊寅）两江总督尹继善奏："罗田首犯马朝柱尚未缉获，请敕部停止议叙。"得旨："不必谬辞，至此番奋勉固可嘉，然未必非因永常而然也。"（《清高宗实录》卷 415）

（乾隆十七年五月己丑）是月，河南巡抚蒋炳奏："奉谕通缉罗田县奸民马朝柱，现严饬所属文武，不遗余力，上紧搜捕。再前获商城县张德远、张怀远二犯，解楚后，即接江、楚两省咨会'该犯系从逆伙党，务获解究'等语，现复饬员将该犯家口产业严查看守，以俟楚省审结办理。"……（《清高宗实录》卷 415）

（乾隆十七年五月己丑）（山东巡抚鄂容安）又奏："接江省密咨，严缉湖广奸民马朝柱，即密札镇臣，并饬江南接壤营汛扼要缉查。"得旨："似此通缉之案，外省颇膜视之。此犯不比其他，汝宜竭力。若获之东省，于汝为有功，若曾经东省而于他处获之，于汝为有罪。勉之。"（《清高宗实录》卷415）

（乾隆十七年五月己丑）河南学政梦麟奏："臣按试南阳，告竣日，风闻湖广逆案马朝柱即马老三，现窝藏商城县生员江姓家。虽确否未定，但事关逆案，急须查办，即日自南阳星夜兼程赴商严缉，有无窝藏情事另奏。"得旨："好，可嘉，学政肯如此实心者不多见也。勉之。"（《清高宗实录》卷415）

（乾隆十七年六月）庚子，谕军机大臣等："申祺奏称'该抚等现在查审嘉兴贼犯陈世昌买食海粮一案，若仅据发觉之犯供出，陆续拘提究治，恐需时日。请密谕近海各省督抚提镇，一面晓谕，令其出首贼党，并许自首，庶贼党不致漏网'等语，此事不应如此办理……看来此案，不过捏词诓骗愚民钱财，未必实有海洋散饷之事，虽不可置之不问，但与罗田叛案有间，若办理过于张皇，徒足骇人听闻……"……（《清高宗实录》卷416）

（乾隆十七年六月乙巳）谕军机大臣等："据蒋炳奏称，南阳府盘获奸僧慧照，供出'曾经投见马朝柱，令其出外访人'等语。其情词闪烁，或即系马朝柱易名妄供，亦未可定。现在无人质证，到案焉肯即吐实情，自应归案质审。着传谕该抚，即多派强干员弁，将该犯解往楚省，严行讯究，沿途务宜小心防范，毋致疏虞。至该府庄有信盘获奸僧，具见实心任事，其在南阳任内所办诸事颇勇往出力，着传旨嘉奖。"（《清高宗实录》卷417）

（乾隆十七年六月丙午）又谕："据永常、尹继善折奏，审结逆匪马朝柱案内，同伙逆犯僧正修、胡济修及马朝佐等先行正法，分别传旨枭示。此等助逆匪犯，既经研审确实，自应即正典刑。孙林万虽已病故，其刻板藏匿处所必应查究追起，不可含混了结。再据河南巡抚蒋炳'拿获僧人慧照，俗名左国太，审系马朝柱同伙逆犯，前经在山教习演枪'等语，已令该抚将左国太解赴楚省审结。但前奏楚省原审各犯供词，并无左国太其人，或系慧照捏名，或查审尚有遗漏之犯，俱未可定。又或慧照即系马朝柱，故意捏造诡名。但不可因此即将犯僧抵塞，转致要犯漏网。总之，此等极恶重犯，狡猾性成，其供吐必有不实不尽之处，着传谕永常等一并详悉研究。"（《清高宗实录》卷417）

（乾隆十七年六月丙午）又谕："据蒋炳奏称'据南阳府知府庄有信盘讯奸僧左国太，供出马朝柱等在罗山、信阳交界之灵山寺藏匿。臣即于十三日起程，驰赴该处，督率各官缉拿'等语。马朝柱系逆案首犯，必不可容其漏网。如经拿获，着于该处选派强干员弁，将该犯等严密防范，星夜解楚，以凭质讯，毋致疏虞。"（《清高宗实录》卷417）

（乾隆十七年六月丙辰）又谕曰："庄有恭折奏'拿获浙江造卖海票匪犯'一案，内称'饬行苏、松、太三府州县，出示晓谕，凡有被诱买受海票者，许令据实自首，以净根株'等语。此事当雅尔哈善奏到时，朕即谓不过愚民诓骗钱财，非罗田叛党及传钞伪稿之比。今李大等既经拿获，押赴浙省质讯，按律治罪足矣……"（《清高宗实录》卷417）

（乾隆十七年七月辛未）又谕："据陈宏谋奏称'云贵铜、铅、银、锡等厂，工作贸易，多系江、楚之人。向闻犯罪脱逃者，往往窜入藏匿。马朝柱籍隶楚省，壤址毗连，设或窜匿各厂，乡民类聚，殊难辨识，请敕云贵总督严密稽查'等语，此奏似有所见。马朝柱身为逆首，自知罪大恶极，本地难容，潜窜邻省各厂希冀偷生，亦情之所必有。着传谕硕色、爱必达、开泰，令将马朝柱年貌详悉开列，督率厂员严密查察，妥协办理，毋俾首恶得以容隐，致有漏网。”（《清高宗实录》卷418）

（乾隆十七年七月丁丑）谕军机大臣等：“永常等查奏‘僧正修原供内称马朝柱并不识字，又吴成云等姓名俱系捏造’等语。马朝柱前经查出家信等项，虽不成字句，亦非全不识字之人。且豫省现在拿获吴成云，供系马朝柱妻弟，则虚捏姓名之语似亦未可尽信。业经解楚，正可追究马朝柱实在下落。总之，此案非获马朝柱到案，仍未足以严首恶而正人心，该督等尚当以严缉首犯为要。将此传谕知之。”（《清高宗实录》卷419）

（乾隆十七年七月）甲申，谕军机大臣等：“据四川总督策楞奏称‘盘获形迹可疑之湖广人一名，年貌、疤痣、须发、齿牙俱与马朝柱相似，诡名张国正，及设法研讯，又供名叫柳春来，现在解楚质审’等语。此人年貌、齿发既与马朝柱一一相肖，且据供姓名屡易，而质之流犯苏天章，又并非所供姓名，其形迹甚属诡秘，或即实系马朝柱捏供狡饰，亦未可定。现已解楚质审，可传谕永常，务令详细研究，并提逆党一一识认，得有确据，即速奏闻。此等叛逆重犯，该督等断不致稍为忽视，亦必无草率迁就，希图了事之理。但不可因川省获有此犯，遂尔少弛捕缉，转使真正渠恶得以乘间远扬也。”寻奏：“臣接准川省咨解张国正到楚，即提现禁逆犯马朝柱家属并逆伙多人，细加质认，讯出张国正即柳春来，实非马朝柱。”报闻。（《清高宗实录》卷419）

（乾隆十七年八月癸巳）又谕曰：“定长奏到‘桂林盘获僧俗两人，穷诘至再，据供，系匪犯吴方曙、伙犯李兴楼，并供出马朝柱藏匿湖南城步县地方，飞咨会缉，现将吴方曙、李兴楼押解楚省质审’等语。此等匪犯狡诈百出，向来长途押解，不过循例锁铐，拨役防护，最易脱逃。着即速传谕定长及该抚范时绶，务须选择强干弁役，严密防范，不得稍有疏虞。至所供马朝柱藏匿处所，苗寨、岩洞俱有地名，着传谕范时绶，务须严紧搜捕，不得避失于查察之咎，转致疏纵，则其咎更重。至吴方曙一犯，前经永常奏称已经拿获，审明正法，何得逃往粤西，若非吴方曙，何以军师称号，及诘盘谋叛事发，逃窜为僧，种种符合，其中孰真孰伪，则已正法之吴方曙又为何人？此处殊有关系。可传谕永常，令其将新获之吴方曙详悉研究，不必回护，据实速行奏闻。”寻奏：“臣前获逆犯吴方曙，众证确凿，实系正犯无疑，其粤省新获吴方曙应属假捏。但既据粤抚咨称，该犯供出马朝柱藏匿之处，臣随饬员弁前往城步县搜捕，并无马朝柱踪迹。挨查各苗地，亦无金鸡峒、东坡寨等处。现在飞咨粤省，将假冒吴方曙等犯解楚质讯。”报闻。（《清高宗实录》卷420）

（乾隆十七年八月己亥）又谕曰：“硕色、爱必达所奏贵州盘获匪犯周梦桂，供出袁文胜等私藏刀剑，歃血结盟一案，据称‘袁文胜刨藏古剑之处，已经两省文武会同搜起无获，现在细加访查，如果实无影响，取具地方各官切结呈送’等语……若地方官取结一事，乃外省陋习，何足视为凭据？即如湖广罗田逆案，知县冯孙龙亦曾具禀，以为并无踪迹可疑。不数日中，马朝柱即至败露，究亦何益于事乎？此事虽非罗田重案可比，但该督等以取结为了事，则未免沿习具文，甚不可也。可传谕硕色、爱必达、开泰知之。”（《清高宗实录》卷420）

（乾隆十七年十月甲午）谕军机大臣等：“据雅尔哈善奏称‘常山县民左双兴拾获匪书一案，现在江西查审，已据供出喻开仕一犯，与书内所开之人讦讼有仇，委令金衢道罗源浩赴江会审’等语。此案人犯俱在江省，其是否与上犹县何亚四案内各犯有相关涉之处，可传谕鄂容安，令其留心体察……但看来此案情节非罗田逆犯马朝柱之可比，或系无知之徒妄言煽惑……”……（《清高宗实录》卷424）

（乾隆十七年十月庚子）又谕：“……可传谕阿里衮，令其即速遴委员弁，于长乐、南雄二处严密躧缉，并访提该犯的族，详悉根究，务得逆首。并宜迅速办理，勿令闻风别窜，又成一罗田之马朝柱，至今尚未弋获也……”（《清高宗实录》卷424）

（乾隆十七年十月丙午）谕军机大臣等：“各省办理传钞伪稿，本期根究实在来历，逐线追寻，务得首先捏造正犯，以伸国法而惩讹言耳。乃及今一载有余，茫如入海算沙，了无头绪。此皆因各督抚等一切委之属员，惟据详禀供词，虚文塞责，并未实心研究，实力查办。承办之员往往推卸邻境，隔省隔属，辗转关查，挨延时日。而其中情伪百出，有挟仇诬扳者，有受嘱开脱者，有畏刑妄承者，甚至教供串供附会迁就，株连扰累不胜其烦，而正线转迷，首犯尚悠然事外。即如湖南省周仪、王万熉串嘱隐瞒，高求、杨三垦嘱开脱，经传旨询问，范时绶始将各情弊审明具奏。而江西省审张三、施奕度一案，尤为闪烁不实。是以将尹继善、鄂昌及承审各官调取来京，公同面质，务使水落石出，确得实情。倘他省督抚办案有似此者，亦必照此办理。盖政刑所关，不容丝毫假借，伪稿流言，乱民风者尚小，而上下相蒙，关吏治者甚大。若颟顸了事，以模棱为大度，以朦混为包荒，政治尚可问耶？若因案情难于根究，遂尔悬搁，嗣后有似此者，其得竟付之不问乎？我大清国有此政体乎？督抚身任封疆，膺心膂股肱之寄，办理一二大案尚惟委之属员，不能上紧根追，分忧宣力之谓何，亦可谓不知轻重矣。朕励精庶政，朝夕勤乾，不敢稍自懈逸，日以敕几熙绩为心。方今逢熙洽全盛之时，政事即未尽整肃，尚不应遽至废弛。然伪稿之首犯杳无下落，罗田逆案渠魁马朝柱及要犯马朝贵、熊得胜、熊友胜等窜逸无踪，思之良为愧懑。将此传谕各省督抚，俾咸知警省。”（《清高宗实录》卷425）

（乾隆十七年十月丁未）谕军机大臣等：“今年各省秋审人犯，九卿从缓决改入情实者，除官犯内之李为栋、王瑞霖二犯已经降旨，将该督交部察议，及伦纪攸关各犯俱系照例更正外，尚有云南之傅彪等二案……湖广之李周臣等三案……直隶之王文利等二案，按其所犯情罪，或火器毙命，或拒捕伤人，或有心故杀，或白昼抢夺，或伙众轮奸，或抢犯殴差，或造言惑众，或挟忿谋杀，或偷盗库银，或杀人讹诈，或凶殴立毙，皆属法无可贷之犯。而该督抚拟以缓决，岂辟以止辟之意？此在有意姑息，固属不可。而草率定拟，权衡失宜，亦非明允之道，二者必居一于此矣。朕办理政务，从无丝毫成见，即如各省原拟缓决人犯，九卿改为可矜者，亦至数十人。朕察其情节，实有可矜，已悉予免死减等发落，并非一意从严。但秋审为谳狱重典，督抚委任封疆，明刑弼教，是其专责，自应加意详慎，以期无枉无纵，方足以申国宪而垂炯戒。若明知所拟未必悉协，而以为九卿自能改正，则更非实心办事者所宜出矣。着传旨申饬，并通行传谕知之。”（《清高宗实录》卷 425）

（乾隆十七年十月）乙卯，谕军机大臣等：“据尹继善奏复‘上犹县奸民何亚四邪说惑众’一折，内称‘知县高显宗不早查办，现令该道严查，详揭会参’等语……至何亚四一犯，年未及壮，非马朝柱之苍猾诡秘者可比，若上紧搜捕，断无不获之理。尹继善现在暂令来京，庄有恭接办此案，务宜作速严饬查拿，毋令迁延时日，转致远扬，又成罗田话柄也。”……（《清高宗实录》卷 425）

（乾隆十七年十月丁巳）湖广总督永常奏：“湖南郴州属桂东、桂阳二县与江西之上犹、崇义县接壤，准江西来文，上犹县奸民何亚四谋为不法，除拿获多人外，首犯何亚四在逃，行文一体严缉，当饬衡永郴道、桂阳营，无分疆域，严密搜捕。”得旨：“览奏俱悉，楚省之马朝柱等尚未就获，而江省之首犯又复脱逃，似此安能宁靖地方？用尔等督抚所为何事？协力缉拿，以全朕用人颜面。将此旨密咨各省应缉二案之各督抚知之，用力严捕，毋为虚词，并令各行明白回奏。”（《清高宗实录》卷 425）

（乾隆十七年十一月癸未）又谕：“据鄂容安奏称‘准湖南抚臣范时

绥咨开，平江县属高坪地方，有年轻男子并老妇幼女，其男子与檄开何亚四年貌相似，讯据供认，现在咨复湖广督抚，将现获何亚四之父何永吉及何文伸一并解江确审’等语。何亚四聚众谋逆，已据江西审明正法。而现今楚省复行缉获，虽据该抚称年岁不符，手无印格，但果非本犯，何以甘于诬认？看来该犯或因于楚省被获，而伊父母亦俱在彼，先后到案，希图狡赖在江为匪情事，转不难供认真实姓名，亦未可定。总之，此案已正法之何亚四若系冒认，亦不过系伊弟兄，均属逆党，即置重典，亦所应得。但江、楚两省前后所获，究系孰真孰伪，不可不根查确实。着传谕鄂容安，令其秉公据实详审明确，不得稍存回护意见。”（《清高宗实录》卷427）

（乾隆十七年十一月丙戌）谕军机大臣等：“湖广罗田县逆首马朝柱游魂远窜，屡经饬谕各省督抚严行搜捕，迄今已逾半载，尚属毫无踪迹。而各该督抚折内多以现在躧缉一语奏报了事，几成具文矣。该犯情罪重大，若使久稽显戮，何以申国宪而正人心？向来外省通缉之案，该上司及地方官等不过行一文，出一结，彼此互相掩饰，最为恶习。即如从前李开花一犯，至今尚为奸徒借名煽惑之具，殊有关系，此案岂可复蹈前辙耶？着传谕各该督抚，各宜督率所属实力跟缉，务期就获，毋致漏网。倘仍视为奉行故事，将来一经别省盘获，究出该犯经由地方，必将该督抚等从重治罪，不仅照失察奸匪过境之例予以降罚而已。其各凛之，毋忽。”（《清高宗实录》卷427）

（乾隆十七年十一月丙戌）署山东巡抚杨应琚奏：“曹州府郓县匪棍刘汉裔，挟嫌首控马姚班、田福并平日怨家魏景白等从邪教谋反，经该府密饬各属，拿获马姚班各犯解省，讯得刘汉裔始则冒充教主，诱惑多人，继而因忿首控。所首词内，又未将同伙之董玉璧等据实开首。除马姚班等系案内应拘待讯人犯，其魏景白等实系挟嫌诬陷，应予省释。现密咨河南、湖广，务将案内有名各犯严缉速解来东，质讯定案，以净根

株。”得旨：“所办甚好。”（《清高宗实录》卷427）

（乾隆十七年十二月癸卯）谕军机大臣等：“永常所奏‘审讯罗田逆党李天洞等’一折，李天洞在江省被获，既供明领有札付，何以解楚质审，又复坚不承认？若云江省畏刑妄供，岂至楚省遂不畏刑耶？虽李天洞之果否曾受伪札，拿获李正南到案质证自明。而永常奏内，似有回护从前审讯胡济修等未甚明确之意。至此案专以严拿马朝柱为主，若李正南等究之不过枝叶耳。屡经传谕，恐将来又成李开花故辙，致为奸民借名煽惑之具，务宜作速上紧躧捕，不可付之通缉了事。着一并传谕知之。”（《清高宗实录》卷429）

（乾隆十八年二月壬辰）又谕：“苏昌折奏‘增城等县逆匪王亮臣等谋为不轨’一案，据称‘匪党多人，头目黄上言等俱经就擒，惟首逆王亮臣窜匿未获，现在严拿。其现获各犯，率同司道等先行上紧审究’等语……外省陋习，一入通缉，即属虚应故事。如罗田之马朝柱，至今远窜无踪，断不可复蹈其辙。其现获各犯，宜严行确讯，穷究党羽，一切从严办理，以儆刁风，不得稍涉姑息。将此一并传谕知之。”（《清高宗实录》卷432）

（乾隆十八年二月壬子）谕军机大臣等：“据苏昌奏‘究讯现获增城县逆匪莫信丰等谋为不轨情节，并起获伪札伪照’一折……至逆首王亮臣现在未获，并令该抚上紧严密查拿，务期弋获。若仅付之通缉了事，又蹈罗田旧辙，必于该抚是问。一并传谕知之。”（《清高宗实录》卷433）

（乾隆十八年三月）戊辰，谕军机大臣等：“提督林君陞折奏‘据潜山营禀报，闻罗田县盘获马朝柱之干丈人郑后然，现在该县就犯严讯马朝柱下落’等语。逆犯马朝柱窜匿未获，屡经传谕各督抚严行查缉，勿致久而愈懈。该督等自应设法严缉，不时确访，上紧查拿务获。今罗邑现获匪党，严讯下落，已据林君陞星速奏报，鄂容安、庄有恭何以竟未具奏，着传谕询问。倘伊等现在查缉，一有下落，即速奏闻。再朕闻江南冬春以来，得雪颇大，天气寒冷，于麦苗有无妨碍，又米价稍长，青黄不接时应否有豫为调剂之处，着鄂容安、庄有恭等详悉查明具奏。可一并传谕知之。”（《清高宗实录》卷434）

（乾隆十八年三月戊寅）又谕：“据定长复奏‘审讯吴晟相等情形’一折，内称‘初次审出该犯自认为吴方曙，从逆天堂寨，事发逃窜等情，不过扯耳端跪，并未严刑。续准楚咨解回，复行确讯，据该犯将引进烧炭、逼胁从逆及事发披剃各情一一供吐，并自绘寨图，亲书口供，亦仅将该犯刑夹一次，并无严刑叠夹，使赤膝跪于烧红铁炼之上’等语。此案经楚、粤两省往返讯鞫，该犯到粤则俯首供认，至楚忽翻异前供，而永常所奏，乃系粤省全用刑求，强令诬认，是以降旨询问定长。今观该抚所奏审讯情节，未必尽属刑求，而所委承审此案之平乐府知府顾珊，看来亦非酷刑枉法者。吴方曙一犯已经永常拿获，审明正法，该犯在粤就捕，又行自认，则永常前奏未免有回护之见。着将吴晟相、李兴楼二犯即行解京，交军机大臣等讯问，并传谕永常、定长知之。”（《清高宗实录》卷435）

（乾隆十八年五月壬申）又谕：“湖北黄安县照壁上潜挂马朝柱寄罗山县汪沁字札，前据恒文奏称，该县汪沁已经究出柜书王汝梅与生员闵润民等商谋捏造。今蒋炳所奏委员前后具禀情节，又回不相符。现既提犯到省，亲加确讯，是否果系王汝梅与闵润民等通同捏造，抑另有正犯尚须访缉，自应虚心体察，详细研究。但阅札中语气，必系与该县素有嫌怨之人，且知衙门事体者所为。在汪沁因事涉己身，亟欲造札之犯早有归着，于王汝梅等不无刑求周内之处。而此等奸徒挟嫌诬陷，非确有指实证据，则其倏认倏翻，以为狡卸之计，亦未可定。着传谕蒋炳，令其一面密为访查，一面详悉推鞫，务得捏造正犯，重治其罪。至马朝柱一犯久未弋获，致令奸徒鬼蜮之伎往往借此设谋诬陷，前已屡经传谕各督抚等上紧缉拿。豫、楚壤地相接，该抚勉力查拿，毋以久而生懈也。可一并传谕知之。”（《清高宗实录》卷439）

（乾隆十八年八月）庚寅，谕军机大臣等：“庄有恭奏‘上元县查获僧人段中贤，研审勘拟’一折。观该犯供词及搜获木牌木盘字句，悖逆不道，但类疯人所为。至罗田首逆远扬未获，屡饬各督抚严密侦缉，尚无着落。此案虽由踪迹马朝柱经盘诘而得，其是否即系马朝柱究未可定。该犯现有嫂侄及该寺僧人等，均可提讯质对，谅亦无从掩饰。该抚应虚衷研究，务得实情。如豫存成见，以为必系马朝柱，因而附会锻炼，希图完此大案，则断不可。若审明并无党羽，不过疯狂之人，即按其情罪，酌量在外完结，亦不必题达也。即传谕庄有恭知之。”（《清高宗实录》卷444）

（乾隆十九年二月丁酉）谕军机大臣等：“据蒋炳奏‘泌阳县拿获马朝柱案犯亲戚谢凤玉等三名’一折，供词闪烁。谢凤玉等果系案内要犯，即应质讯明确，解楚审结……”……（《清高宗实录》卷457）

（乾隆十九年九月丁丑）刑部等部题准湖北巡抚张若震疏称，安陆县民吴太安起意将伊故甥尹辉宸妻吴氏改嫁。吴氏不从，又令尹辉先强抢，送至陈长纶家。吴氏坚不成婚，投缳殒命。吴太安应发边卫充军，年逾七旬照例收赎。尹辉先等分别杖徒，吴氏附请旌表。得旨：“吴氏矢志守节，吴太安起意改嫁，又令尹辉先强抢背送，以致投缳。则吴氏之死，实吴太安威逼所致，岂得以年逾七旬照例收赎？夫收赎固属定例，亦眚灾之谓耳，若不问所犯轻重，则一胥吏察例奉行足矣。拘牵墨守，何以慰幽魂而发潜德？此本着发还另议，嗣后有似此者，当按其情罪核实请旨。”寻议：“吴太安应不准收赎，余俱如原议。”从之。（《清高宗实录》卷472）

（乾隆十九年十一月壬辰）又谕："据开泰等奏称'河南汝州拿获之逆犯李正南实名徐名取，并非实在李正南'等语。李正南一犯在豫省盘获之时自认凿凿，何以至楚悉行翻改，始将原名供出？人虽至愚，岂不知谋逆罪重？乃因私卖伊妻，不敢回家，遂尔混认逆犯姓名，避轻就重，尤属情理所无。总之外省习气，往往推卸了事。该犯在豫，即或不免于畏刑混供，然使实属李正南正身，而听其狡饰，又复觌面失之，则更不可。着开泰、张若震等再加确讯，所有川省解回曾为李正南挑脚之周绍珍不必解交安省。即传谕蒋炳，令署汝州知州王如玖前赴楚省，提同在案各犯逐一研讯，务将实情据实奏闻。该督等不可稍存回护之见，亦不可勉强附会，使貌似之人无辜受戮，而实在逆犯转得安然窜匿也。"（《清高宗实录》卷477）

（乾隆二十年正月）辛卯，谕军机大臣等："据开泰等奏'河南汝州获解之李正南实系湘阴县人徐名取，经署汝州知州王如玖到楚集犯识认，并非李正南等因'一折。徐名取既非逆案正犯，若不经降旨，将王如玖调赴楚省，提齐案犯确讯，则真伪几至蒙混。王如玖从前办理错缪，咎无可辞。伊在楚审明后，即应自行引咎。楚省督抚，虽非伊现在上官，亦可代为转奏。乃王如玖毫无愧怍引罪之意，竟若置身事外者，甚属不合。着传谕蒋炳，将该员平日居官如何之处据实查明，如属勇往出色，着从宽免其参处，传旨严行申饬。若系平常之员，即行参奏，请旨交部议处，勿得瞻徇回护。"（《清高宗实录》卷481）

（乾隆二十年正月癸卯）又谕："前据蒋炳折奏，王如玖盘获李正南，朕以为必系贤员，即欲升用。其后楚省审系徐名取并非李正南，朕即令王如玖亲至楚省会审。据王如玖详报楚省督抚，但称果非正犯，而从前错谬，并不自行检举，是以降旨，令蒋炳查明该员居官如何，若果贤，则一时之咎原可记过自新，若平常，则参奏。且蒋炳前据王如玖之报，亦并未行参奏，乃奉到谕旨，遽以不能审出实情参劾，则转不可信矣。且折内称，前因王如玖尚未回豫，未即参奏，此语尤为取巧。岂伊属员其称职与否，平日并不留心，而数日之往楚会审，即推以为不知耶？则蒋炳之居心察吏，朕将观行始信矣。着交部察议，其王如玖送部引见，再降谕旨。”（《清高宗实录》卷481）

（乾隆二十年十月己巳）署湖广总督硕色奏：“逆犯马朝柱未获，前经督抚选派眼目十名，交武昌等十府协拿，人少不周。现于每一州县各派眼目一人访缉，期必获。”得旨：“好，知道了。地方官或以拿获，反得向日失察之处分为惧，亦未可知，应通行开示晓谕。”（《清高宗实录》卷499）

（乾隆二十年十二月甲辰）又谕：“……向来地方官怀私邀誉，罔顾大体，虽有遏籴之禁，而阳奉阴违者，仍复不免。今年浙江所属偶被偏灾，本地米粮既少，势必借资邻省。诚恐不肖有司昧救灾恤邻之义，阻遏籴贩，市贾益借以居奇，地棍因而滋事，则灾地民食，倍觉拮据。着传谕四川、湖广、江西、河南、山东各督抚等严饬属吏，遍行晓谕，凡有商贩米船，不拘大小多寡，听其装载流通，不得遏籴。如有地方无赖棍徒借端挠阻者，即行严拿治罪。该督抚等务宜实力奉行，以副朕一视同仁之意。”（《清高宗实录》卷502）

（乾隆二十一年二月丁未）谕军机大臣等：“据硕色、张若震奏‘湖北京山县有地棍吴崑南横行乡曲，该县丞陈遵礼亲往查拿，吴崑南纠集地棍张福西等殴抢肆凶’一折，已谕令该督抚等务将案内各犯逐一拿获，从严速办矣。各省刁民聚众抢犯之事，不能保其必无，若不严加惩创，以昭炯戒，而徒以将就了事，从轻完结，凶顽之徒必致无所顾忌。所谓萌蘖不折，将寻斧柯也。可传谕各省督抚，或遇此等案件，务宜迅速办理，一面具奏，一面将应行正法者即行正法。若必定拟具题，听候部复，则往返稽延，何以使村野愚民触目惊心，动色相戒耶？至陈遵礼以丞佐微员，徒役寥寥，其被亡命凶徒殴伤不敌，亦屈于无可如何。然该县丞尚能亲往其地，擒拿二犯，使州县印官悉能遇事勇往，不畏难退怯，则虽有逞刁生事之辈，何难立就擒获？此乃所谓化有事为无事，可一并传谕知之。”（《清高宗实录》卷506）

（乾隆二十一年二月丁未）又谕曰：“硕色等奏‘京山县县丞陈遵礼因查拿人犯，被地棍吴崑南等聚众殴伤’一案，已于折内批谕矣。地棍聚众抢犯殴官，不法已极。楚省民风犷悍，渐不可长，务宜严速办理，以儆刁顽。着传谕硕色、张若震等，务将案内首从各犯逐一按名拿获，迅行审结。并宜多处数人，不得但以张福西一犯当其重罪，而余犯概从末减。且吴崑南系此案罪首，其平日既称教唆词讼，演习拳棒，横行乡曲，则其畏罪自缢之处，恐尚未实，更宜严加查察，毋俾漏网。至审明之日，将应行正法各犯一面具奏，一面即行正法，亦不必具题候复。总之此等案件，全在查办迅速，庶刁顽之徒知所畏惧。若旷日持久，乡曲愚民必已渐忘其事，何以生其儆惕之心，而动色相戒耶？县丞陈遵礼不畏强御，亲往擒拿，看来尚属勇往能事之人，亦宜加以鼓励。着该督抚将该员平日居官如何之处据实查奏，另降谕旨。”寻奏：“张福西已正法，吴崑南虽自缢，仍枭示。陈遵礼居官勤勉，办事勇往。”报闻。（《清高宗实录》卷506）

（乾隆二十一年五月）己卯，谕：“据定长等奏‘南笼府狆苗杨阿生等传播妖书一案，其原授妖书之正犯罗朝富，经知府袁振绪、都司杨璇访缉拿获’等语……由此观之，逆犯马朝柱之至今未获，皆由湖广、江南督抚不能督率属员，俾知急公趋事之义，而有司视为泛常承缉，不肯上紧设法查拿，迁延日久，遂使逆匪得以远扬。况案内未获者，如止马朝柱一犯，或自戕沟壑，难以踪迹。乃在逃之犯多至十余人，即使首犯漏网，何以伙犯中亦竟无一二就获者耶？此其奉行不力之咎，在该地方官夫复何辞？马朝柱等犯，仍着各省督抚严饬所属实心躧缉，务期必获，毋得任其因循，仅以通缉虚文了事。若再不获，该督抚不能辞其责矣。”（《清高宗实录》卷512）

（乾隆二十一年五月甲午）刑部议复：“湖北巡抚张若震奏称，和诱奸拐，罪应拟遣，如系亲老独子，向亦照军流例留养。但因奸拐远逃，弃亲不顾，与在他省获罪者事同一例。且孀妇独子例内，原有诱拐不准留养之文。应如所奏，嗣后画一办理。至独子留养，查明曾经忤逆犯案及为父母摈逐者，亦不准留养。”从之。（《清高宗实录》卷513）

（乾隆二十一年六月辛亥）刑部等衙门议复：“湖北巡抚张若震疏称，孝感县民徐元会故杀胞兄徐元亨，应拟凌迟处死。”得旨：“徐元会故杀胞兄徐元亨身死，三法司拟以凌迟处死，自是按律定罪。但细阅案情，徐元亨先执小刀，伊父徐彭展见而向夺，即被带伤左胁。徐元会闻父声喊，始取刀奔出，连戳致毙。既有此一线情节，尚可稍为末减，徐元会着改为斩决。”（《清高宗实录》卷514）

（乾隆二十一年九月乙酉）谕军机大臣等：“据硕色等奏称‘拿获马朝柱余党李正士一犯，现经审讯，有马朝柱逃往江西鄱阳湖青溪镇甘子正家等供，已密咨江西抚臣，一体委员协拿’等语。马朝柱系叛逆首犯，漏网多年，若谓自戕沟壑，岂有党与十余人全无败露之理？且湖广、江西地界毗连，今既有踪迹可寻，居址、名姓指称凿凿，似非浮泛无根，或因此可以即行弋获。鄱阳湖等处水面宽广，山林丛杂，易为藏奸之薮，该抚务宜密选弁员，迅速查拿，毋使逆匪终致远扬。若以为他省发觉之事稍分彼此，则更非朕所望于该抚也。将此传谕知之。”（《清高宗实录》卷521）

（乾隆二十一年闰九月乙巳）又谕：“据硕色等奏‘委员赴江西访拿

甘子正一案，有青溪壕干家嘴居住之干文正、干子维、干官正、干运甲、干从瀣等，此内并闻有甘子正改名者，随于九月十三日，会同星子县知县何世珧拿获报解，而该县以系密咨江省一体查拿之案，留犯不发’等语。此案前经楚省督抚奏到，已有旨令胡宝瑔速遴干员实力缉拿，不可以为他省发觉之事稍分彼此。今现获之甘文正等名字相仿，便属此案要犯。且现应质对之人俱在楚省，理应即行解楚质审。乃迁延不发，设马朝柱果藏留在彼，有不闻风远扬者耶？着该抚即将要犯星递楚省审理，并根究马朝柱踪迹，毋使再得漏网。其知县何世珧着一并查参，以示警惩。可传谕胡宝瑔知之。”（《清高宗实录》卷522）

（乾隆二十一年闰九月辛亥）谕军机大臣等：“前据硕色等奏称，委员赴江省青溪壕干家嘴地方，指拿干从瀣等解楚质讯，而星子县知县何世珧留犯不发，已降旨令该抚查参。今胡宝瑔奏，将现获之干从瀣等交该省委员，并添差员弁押解赴楚，其知县何世珧留犯不发之处，何以并未奏及？看来外省此疆彼界之见，终觉畛域未化，着传谕该抚仍遵前旨，据实参奏。其马朝柱实在踪迹，一并留心体察，勿致漏网。可传谕胡宝瑔知之。”（《清高宗实录》卷523）

（乾隆二十一年十月）丁亥，刑部议：“湖北巡抚张若震奏‘民人刘么因奸谋杀张二老身死’，应拟斩立决。”得旨：“地方凶棍扰害良民，拟以斩决，此定律也。此案刘么因妒奸谋死张二老，复拐卖幼童，假充捕役，吓诈财物，种种淫恶，实属光棍之尤。该抚仍依谋杀本律，从重拟斩立决，该部亦如所拟完结。夫断狱当准情酌理，务求至当，何庸设轻重于其间。若置本律不用，而谓未足蔽辜，加等比拟，则似该犯罪本不至即行正法，而故为从重。此外省陋习，该部不为改正，殊未允协。刘么即应照光棍律治罪，不当照谋杀律定拟，而加以从重字样。此本着发还另议，并通行传谕内外问刑衙门知之。”（《清高宗实录》卷525）

（乾隆二十二年三月甲寅）谕军机大臣等："据图勒炳阿奏'河南光州拿获马朝柱案内之王圣友等三人，供出马朝柱现在河沟洼广法寺为僧，已知会郧阳府协拿'等语。着将原折钞寄卢焯，令其即派妥员，星飞前往协同擒捕，勿致闻风兔脱，仍将拿获缘由速行驰奏。"（《清高宗实录》卷535）

（乾隆二十二年四月）丙子，谕军机大臣等："据明德奏'安邑县盘获游僧光度，其籍贯、年貌与马朝柱案内通缉之僧人恒一相似'等语。此人既籍隶湖北之黄冈，而邪供则妄称为河南光州人，情词闪烁，颇有可疑。逆犯马朝柱踪迹，或即从此根究而得，亦未可定。可传谕明德，即钞录原供，连人解赴湖广，交与该督硕色详细研究。并传马朝柱案内认识恒一之人，令其当堂识认，如果属恒一正身，则马朝柱下落断无不知，务即逐一追究，以期必获，不得令中途逃脱，责有攸归。若实系僧人光度，与马朝柱案内无干，亦不必勉强附会。其查出度牒，并非礼部所颁，着交图勒炳阿追出原板，一并销毁可也。明德原折，着钞寄硕色、图勒炳阿。"（《清高宗实录》卷536）

（乾隆二十二年四月己卯）谕军机大臣等："豫省拿获马朝柱逆伙王圣友一案，前经传谕该督，遴委妥员，会同前往竹山县根缉马朝柱下落。今据图勒炳阿奏称'该处并无小溪岭、河沟洼名目，亦无杨天顺、德禅其人'等语，则王圣友从前何以供吐凿凿耶？现在该犯已解楚省，着将此折钞寄硕色，令其详细研究，务得逆踪所在，速行捕获，毋任狡延。"（《清高宗实录》卷537）

（乾隆二十三年三月庚戌）谕军机大臣等："硕色等奏'据蕲州知州汪元懋禀报，有流丐百余人由江省窜入大同乡地方，抢夺鸡物，格伤居民张必万等。随经饬委员弁陆续拿获何连等男妇九十四名口，并搜出刀斧等物件，现在究审解江'等语。江、楚接壤之地，易为匪类潜踪，并有实非饥民，托名丐食，窜入滋扰者。地方官因其流丐，不行实力查禁，以致窃夺拒捕伤人，肆无忌惮，不可不严行惩创。昨据尹继善等参奏‘宿松县流丐执械，抢夺伤人’一案，请将纵匿之典史等革职，已允所请饬部矣。此等不法之徒大干法纪，应即于缉获审明之地，就案完结，不必押解归案办理，费兵役而稽时日，中途转致疏脱滋事。着该督等即速查审明确，量其情罪重大者，于本处按律定拟，请旨完结。胁从各犯，解京分别发遣，以儆刁顽。其各该犯逞凶滋扰地方，该管官不能约束缉拿者，并着查明交部议处。江省现在查审此案，遵照一体办理。着并传谕尹继善、高晋等知之。”（《清高宗实录》卷559）

（乾隆二十三年四月丙辰）谕军机大臣等：“据硕色等奏‘拿获江省流入楚境窃物拒捕之乞丐郑三等及续获之王介等，分起解江审拟’等语。此案人犯，结伙至一百余人，沿途抢夺，拒捕伤人，且各携有器械，其为无赖莠民，为害地方，甚有关系。若在江省本州县滋事之初，地方官早为缉拿惩治，何至辗转越境骚扰？即沿途所过地方，能随时实力查办，亦不至肆无忌惮若此。总由该管各官认为流丐可以姑息从事，而督抚等亦未加意整顿所致。此案在颍州初犯时，高晋等既已办理不善。今经硕色将各犯解江，着传谕尹继善、高晋，即按奸徒聚众之例从重定拟，以示惩警。纵令出境之本州县及各该处疏纵之地方官，并着该督抚查明，严行参处。高晋等此时如尚不悉心实力查办，务绝根株，恐伊等亦不能当此咎也。其楚省或尚有续报之犯，并即遵照前旨，就近严速办理完结。不得意存委卸，辗转解送，致有疏脱，自取罪戾。将此一并传谕硕色等知之。”（《清高宗实录》卷560）

（乾隆二十三年四月丙寅）谕军机大臣等：“庄有恭奏‘楚省流丐滋事一案，恐各属有司办理不善，概行驱逐。随通饬属员，如查无纠众滋事，即听其安分行乞’等语，所奏甚不明晰。此案业交尹继善、硕色等从严办理矣。今该抚所谓如查无纠众滋事，即听其安分行乞者，其即指此案内之人耶？抑别指凡为流丐者耶？若指凡为流丐而言，则各省州县中游食求乞之人固不可胜数，若辈不过望门求食，并无滋扰，岂有因其为流丐而即行驱逐之理？如谓此案内人犯，当分别其未曾滋事者，即置之不办，则甚属舛谬。该犯等业已聚伙至百十人沿途行窃，又复拒捕伤人，则其有心恃众逞凶，固已尽属匪类。虽其中自有首从差别，而要无竟行宽免之理。若只将行凶拒捕或持械伤人者数人置之于法，而其他概置不问，则此百十人中何难以一二亡命之徒挺身认罪，完结此案，而余人皆可漏网矣。如此姑息从事，何以儆愚顽而昭炯戒？何该抚之贸贸乎？总之此等流匪，游食滋事，揆其所由，总缘各督抚办理不善所致。国家遇有水旱，加恩赈恤，动以数千百万，各督抚果能董率属员，实力抚绥，俾穷黎得沾实惠，何至流离四出，舍现给之赈需，而沿门求乞？乃督抚等既不能奉行德意，使恩膏实逮于下，以致灾民失所，轻去其乡。及至有聚众为匪者，又不严加惩治，以示警戒，而欲迁延将就，以姑息了事。是恩不足以拯困，而法又不足以警顽，此非各督抚之罪戾而谁归也。将此传谕该抚，并硕色、尹继善、高晋知之。其各省督抚，亦着于奏事之便一并传谕知之。”（《清高宗实录》卷560）

（乾隆二十三年九月）辛亥，谕：“向来刑部议驳各省审谳案件，该督抚遵驳改正者，承办司员例得议叙，而与核拟未当之案，初不与以处分，有劝无惩，揆之情理，未为允协。朕披阅本年秋审招册，如湖广省拒捕伤人之杨公兆，则将首从倒置；江西省帮树逆旗之邓相荐、河南省盗用钱粮案内之姚廷相，情罪则与案内人犯本同，而秋谳互异，该部俱未核定画一办理，何以慎刑章而昭平允？着将承办各案之司员及派办秋审各员从前指驳案件所得纪录俱行销革，以示儆戒。至该部堂官总理谳牍，均未逐一详查改正，亦属不合，着一并交部察议。”（《清高宗实录》卷571）

（乾隆二十三年十月）乙亥，谕军机大臣等：“据胡宝瑔奏‘汝宁府地方拿获湖广孝感县逆犯朱尚柄，搜出所藏逆书，词语狂悖。据供，伊子朱维元先已回楚，其书系同村金月倩所写。金月倩已故，其子金见仁现已飞咨查拿’等语。着传谕硕色、庄有恭，即速遴派干员会同该府县官前往该地方，将朱维元、金见仁严行拿获，并搜查其家有无另存不法字迹及钞存逆书原本。此等逆徒情罪重大，一经严讯明确，按律定拟，即于楚省正法，以彰国宪。至朱维元于十月初二日自豫返楚，则由楚省至豫省之汝宁府一路，亦宜另差员弁，星飞迎缉，勿致稍有疏漏。”（《清高宗实录》卷573）

（乾隆二十三年十月乙亥）又谕曰：“胡宝瑔奏‘拿获符术治病之湖广孝感县人朱尚柄，并搜出悖逆书籍’一折等因，朱尚柄指称故明后裔，所藏书册大逆狂悖，宜急置重典，以彰国宪。且该犯既于豫省拿获，应即于豫省速行审明定案，不必辗转解楚质审，迁延时日，或致乘间自戕，得逃显戮也。至该犯之子朱维元、金月倩之子金见仁，已传谕硕色、庄有恭，令其严行缉拿，并搜查其家有无钞存逆书字迹，一并密速查办，按律明正典刑，使逆匪知所惩戒。”（《清高宗实录》卷573）

（乾隆二十三年十一月戊戌）湖广总督硕色、署湖北巡抚庄有恭等奏：“拿获逆犯朱尚柄之子朱维元、金月倩之子金见仁，于金见仁家搜获逆书，将该犯并家属俱分别处决治罪如律。”下部知之。（《清高宗实录》卷574）

（乾隆二十四年十二月己丑）谕军机大臣等：“据苏昌等参奏‘御史孙绍基、州同张兆霖指名撞骗’一折，已降旨将孙绍基等革审矣。在籍搢绅武断乡曲，最为政事人心之害。屡经训饬整顿，近来颇知安分自守，不敢干与地方公事交通贿赂。乃孙绍基告假在籍，辄敢指名臬司肆行撞骗，受贿累累，大干法纪。况御史职司风宪，又岂寻常在籍官可比？该督等一经访实，即据实参奏，执法不挠，深属可嘉。着传谕苏昌等，所有广西柳州府知府邱铨，已有旨革职解楚审讯。该督等奉到此旨，提齐各犯，秉公严行审讯定拟，不得稍涉瞻徇，以儆官邪，以肃功令。”（《清高宗实录》卷602）

（乾隆二十八年四月乙未）又谕：“据汤聘奏‘湖北通山县知县协同江西武宁县差役拿获假官诓骗之罗奋鹏’一折。此等匪徒，假冒职官在各省辗转生事。通山县知县以邻省差捕之案能留心踪迹，上紧协拿，不使匪徒兔脱，有司皆能如此急公奋勉，地方何忧不靖？该县可谓能事，着传谕该督抚，即将该员平日居官如何，出具考语，送部引见。”（《清高宗实录》卷684）

（乾隆二十八年四月戊申）谕：“前据爱必达、宋邦绥先后奏到‘湖北恩施县拿获逆犯刘三元’一案。刘三元假托梦话，敢行狂悖，自应照大逆律严行定拟。其家属人等，亦律应缘坐，以彰国宪。今据陈宏谋奏‘已将该犯原籍住居应行缘坐之弟兄刘先陞、刘先选、刘先铨及其兄弟之子刘兆卿等解赴武昌，听候审讯’等语。但查阅刘先陞等供词，与刘三元分居已十有余年，该犯又久经外出，其在湖北书写逆词，刘先陞等远隔原籍，实不知情，伊等家内亦并无悖逆字迹，皆属安分务农之人，若俱照律缘坐，情殊可悯。且该犯丧心病狂之语，托诸梦呓，其疯癫似非尽由捏饰，与有心肆造逆词者尚属有间，今已罪坐本犯，亦足以昭炯戒，所有应行缘坐之刘先陞等，俱着加恩免其缘坐，概予省释。”（《清高宗实录》卷685）

（乾隆二十八年四月）己酉，谕：“刑部奏‘湖北归州民妇张吴氏犯奸一案，供出伊夫张洪舜及伊夫兄张洪贵犯盗监禁，其姓名与从前该州知州赵泰交滥刑妄断案内开释监犯张红顺等字音相同，而后发盗案并未据该省题报，前后情事，种种可疑，请交该督抚另行查审’一折，已批示依议速行矣。今思此案事隔经年，中多疑窦，该督抚以至承审各员或有回护，亦未可知。若不彻底查究，何以清谳牍而雪民冤？着派侍郎阿永阿驰驿前往，顺道会同河南巡抚叶存仁速赴该省，秉公详悉研讯，务得实情核拟具奏。其河南巡抚印务，着布政使辅德暂行护理。此案审结后，叶存仁即由彼处仍回原任，不必同阿永阿来京复命。”（《清高宗实录》卷685）

（乾隆二十八年四月己酉）谕军机大臣等：“今日刑部奏‘湖北归州民妇张吴氏犯奸一案，据供伊夫张洪舜及伊夫兄张洪贵因盗案监禁等语，查张洪舜等弟兄名姓，与从前该州赵泰交滥刑妄断案内之张红顺、张红贵字音相同。前案审释未逾数月，如果系良民，何以复犯大案？且又并未题咨报部，其中情节，种种未协，请交该督抚逐一查审’一折，已批依议速行，仍着该督抚即行折奏矣。今思此案疑窦多端，若非彻底清查，难分泾渭，特派侍郎阿永阿，会同河南巡抚叶存仁前往该省查办，务得实情。着传谕爱必达、宋邦绥，于阿永阿等未到之前，将此两案确查，即行详悉复奏。此事外间舆论纷纷，一经钦差查办，自难丝毫掩饰。爱必达从前不过暂署抚篆，为时未久，宋邦绥更属新任，皆非经办此案之人。若从前办理果系舛错，不妨据实奏闻。即未能访闻更正，过非出于有心，尚可不加深责，倘稍存成见回护前非，将来审案水落石出，则该督抚取戾更重，朕断不能为之曲贷也。着将此传谕知之。”（《清高宗实录》卷685）

（乾隆二十八年四月己酉）又谕：“今日刑部奏‘湖北归州民妇吴氏犯奸一案，据供伊夫张洪舜及伊夫兄张洪贵因盗案监禁等语，查张红顺、张红贵字音相同，前案审释，未逾数月，如果系良民，何以复犯大案？且又并未题咨报部，其中情节，种种未协，请交该督抚逐一查审’一折，已派阿永阿、叶存仁前往查办矣。此案固非高诚任内之事，但伊到任已将一载，岂竟毫无闻见？若从前办理果系舛错，何妨告之督抚，即予平反，并不妨据实入奏，朕必嘉其能事。乃悬案经年，不谳不结，岂明知此案之非，中多顾虑，而模棱取巧耶？抑漫无觉察，遂尔因循废事耶？二者必居一于此。着传谕高诚，将此案实在情形专折密奏，直抒己意，不得与督抚相商。如稍存扶同回护之见，上下联为一气，希图朦混，一经钦差大员审讯确凿，则是自取罪戾，噬脐无及矣。”（《清高宗实录》卷685）

（乾隆二十八年五月壬申）谕军机大臣等：“前汤聘奏‘湖北通山县协同江西武宁县拿获假官诓骗’一案，已降旨将通山县知县送部引见。今汤聘续奏‘审拟罗奋鹏’一折，又称武宁县知县能闻风差追会缉，是一事两歧，非明示鼓励之道。向来外吏习气，遇承办案件，两县地涉接壤，先发者既得居功，其因人成事之员但经详报，亦即令其与名，希冀蒙恩升用。殊不知朕办理庶政，赏功罚过，事无巨细，必期鉴别分明，不使稍有模棱，渐滋遗滥。着传谕该抚等确查此案，委系何县实力从事，应行优奖，即将该县平日居官如何，据实出具考语，送部引见。毋得再将主从先后支语调停，再为含混。”（《清高宗实录》卷687）

（乾隆二十八年六月乙巳）又谕：“前据汤聘奏‘拿获假官罗奋鹏’一案，系湖北通山县知县差役缉拿，彼时以该县于邻省差捕之案上紧协缉，尚能办事，是以降旨该督，将该员出具考语，送部引见。嗣又据汤聘奏‘系江西武宁县知县闻风差获’等语，是一事两歧，明系因该犯在武宁地方缉获，遂将该县阑入，俾得一体邀恩，且免处分。似此各自居功，何足凭信？因复降旨，传谕该督等确查。此案委系何县差役缉获，据实具奏，毋得支语调停，以致含混。兹据宋邦绥复奏‘查通山县原卷，系该县差役夏明至武宁县沙田地方将该犯拿获’，又云‘武宁县移文，称系闻风密差捕役卢荣在该县闵洲巷朱家书馆缉拿’，仍属朦胧复奏，案情究未明晰。着传谕李侍尧，会同明德、辅德，将此案获犯缘由秉公详悉确查，据实奏闻。想该督抚等俱系新任，彼此定无成见，不致仍前偏袒，使承缉之员妄希侥幸也。将此传谕知之。”（《清高宗实录》卷689）

（乾隆二十八年七月己巳）又谕："据李侍尧查奏'会缉假官罗奋鹏一案，实由被诓之武宁县生员叶光嘉先已扭获送官。适脚夫余道学路遇通山县捕役，告知该犯已经就获，为之引路趋认，而武宁之捕役亦闻风赶至，协同带犯禀解。其该二县知县，均非首先缉获之人，无庸议叙'等语，所奏甚是。地方官果能出力，首先拿获要犯，自当予以优奖。若如汤聘之强分主从，为含混调停之见，转非所以示鼓励。所有前降谕旨，将该县送部引见之处，不必行。富明安亦同日奏到此案始末，与李侍尧略同。但又称'先发差查，实力从事，委系通山县，不敢因江省属员稍存回护'等语，是显有引嫌推让之意。且该犯先在通山县已经拘获，旋复脱逃，富明安何得转为归功该县，深属取巧，富明安着传旨申饬。向来州县官遇有拿缉案犯迅速弋获，朕必降旨，或予议叙，或令引见升用，正欲悬优格以奖能事之员，并为阘茸者激劝耳。即如乔光烈奏'遵义县知县王锡蕃亲向山硐，拿获盗犯吴尔禄'，已降旨令其送部引见。若使因人成事者，亦得滥邀奖励，是适启其侥幸非分之想，朕断不肯稍为迁就也。可将此通谕知之。"（《清高宗实录》卷690）

（乾隆二十九年四月丙戌）刑部奏："蒙古偷盗各犯向系改发内遣，设有在配脱逃，例无加调明文，请嗣后此项逃犯，照民人例分别加调。原发山东、河南者，初次脱逃，枷号一个月，调发福建、湖广等省。二次，枷号两个月，调发两广极边烟瘴。至三次者，枷号三个月，仍发原处。其福建、湖广等省以次调发，至极边烟瘴而止。蒙古免死减军，在配脱逃者，亦照民人例一体加调。仍各分别次数，枷责刺字，并令拿获之州县究明逃后有无行凶为匪，分别照例定拟。再蒙古案内，例应发遣之妻子，其随从本犯者，照例交与南省驿地当差。其本犯已经正法，妻子单行发遣者，酌发南省驻防兵为奴。至佥发递送，悉照例应缘坐犯属之例办理。"从之。（《清高宗实录》卷708）

（乾隆二十九年六月）乙酉，谕："据阿思哈奏'信阳州知州慕豫生盘获楚省伙窃拒捕逸犯郑国玺等九人，现饬解楚归案审究，将慕豫生记功注册，以示奖励'等语。郑国玺等伙匪多人肆意行窃，又于楚省拒捕伤人，劫回伙犯。此等积匪，久为闾阎之害，该州能实力缉捕，于地方公务甚属留心。慕豫生，着该部行文，调取来京引见。"（《清高宗实录》卷712）

（乾隆三十年九月乙酉）又谕曰："吴达善等奏'盐枭李曰万等在松滋地方夺犯殴差'一折。该犯等伙同船载私盐，潜行越卡贩卖，经官役拿获，胆敢率同抢犯。复纠约三十余众，分驾渔船乘夜潜往，打伤兵丁，将已获盐船绳缆砍断开放，夺回盐包，并将巡役哨船顺流推下。此等恶枭，不法已极，若不严加处治，无以儆凶顽而靖地方。着传谕吴达善、李因培，将现获各犯从重审讯定拟，毋得稍存姑息。其未经就获者，亦即密派兵役，多方躧缉，勿令幸逃法网。今又续获逸犯否，速奏来。"（《清高宗实录》卷744）

（乾隆三十年十月戊午）谕军机大臣等："吴达善等奏'盐枭李曰万等在松滋地方夺犯殴差'一折，该犯等伙同船载私盐，潜行越卡贩卖，经官役拿获，胆敢率同抢犯。复纠约三十余众，分驾渔船乘夜潜往，打伤兵丁，将已获盐船绳缆砍断开放，夺回盐包，并将巡役哨船顺流推下。此案恶枭，不法已极，若不严加处治，无以儆凶顽而靖地方。着传谕吴达善、李因培，将现获各犯从重审讯定拟，毋得稍存姑息。其未经就获者，亦即密派兵役，多方躧缉，勿令幸逃法网。今续获逸犯否，速奏来。"（《清高宗实录》卷747）

（乾隆三十年十月戊午）又谕："湖北盐枭李曰万等夺犯殴差一案，已经降旨，令该督抚将现获各犯从重审拟，未获各犯多方躧缉。今据吴达善等奏到，先后获犯已三十名，尚有未经弋获之戈大德等共十一名。

此等恶枭情罪可恶，既已弋获多人，自应就现获各犯作速究审治罪，以示严惩，使奸徒知所警畏，毋庸伙犯齐全始行结案，以致稽延时日，或有疏虞。着传谕该督等，即将现获人犯严加审究，分别尽法惩治。其未经缉获之犯，仍着上紧严拿，毋使稍有漏网。”（《清高宗实录》卷747）

（乾隆三十一年二月戊午）又谕：“据吴达善奏‘江陵县差役拿获巴里坤逃犯熊邦受，系行劫客民任维献为从之犯。讯据该犯供称，于乾隆二十九年七月初一日，与另案江苏遣犯王有名，在巴里坤同逃至直隶东光县地方，分路各走。王有名本系金姓，有兄金大、金二，在扬州乡里居住’等语。此等发遣盗犯，原系免死减等之人，乃怙恶不悛，尚敢潜行逃窜，实属法所难宽。除熊邦受业经该督照例正法外，其王有名即金三一犯，伊兄既在扬州居住，未必不私投彼处藏匿。着传谕高晋，即行密饬地方官，躧缉务获，毋致漏网。吴达善折，并着钞寄阅看。”（《清高宗实录》卷755）

（乾隆三十一年二月丁卯）谕军机大臣等：“步军统领衙门奏‘据北营守备禀称，接到直隶巩华城都司密封公文一角，内开黔省黎平府开泰县称，逆犯马朝柱在饭店，店主禀县查拿该犯，已乘间脱逃。除多差干役飞檄严拿，并绘马朝柱图牌，沿途投递’等语……该管官弁曾否禀报方观承，有无见闻，并着传谕方观承，一并查明具奏。”寻方观承奏：“上年协缉马逆关文……文内俱系查照旧案，绘画马逆年貌，并无木牌。而此次所传开泰县情形，已有实在踪迹……与上冬传单无异，惟添有年貌木牌，辗转传行，总无自贵州、湖广等省来历。”得旨：“足见外省此等海捕无实际也，然不即奏闻，亦可谓不经心矣。”（《清高宗实录》卷755）

（乾隆三十一年六月丙午）谕军机大臣等：“据乌噜木齐办事大臣伍弥泰等奏，本年四月内，该处脱逃遣犯，有湖广周琳一名、山东朱国泰一名、浙江陈阿进一名、江西傅腊利一名。此等积匪猾贼，问拟遣发，自宜在遣所安静守分，乃敢乘机潜逃，情理殊为可恶，若不上紧严缉，按法惩治，无以示儆。着将周琳等籍贯清单钞寄各督抚，于各该犯原籍地方饬属严密查拿，留心躧缉务获，毋使窜迹漏网。”（《清高宗实录》卷762）

（乾隆三十一年十月）辛未，谕：“湖南省现有应行查审案件，着侍郎期成额带同郎中吴坛驰驿前往湖北，会同总督定长审理。”（《清高宗实录》卷772）

（乾隆三十一年十月辛未）谕军机大臣等：“据常钧奏‘桂阳州民侯岳添被殴身死’一案，情节殊属含混。已降旨，派侍郎期成额率同郎中吴坛前往湖北，会同定长秉公查办。所有应行质讯人犯，即着宫兆麟亲身带往湖北，交与期成额等审拟。途中须严加查察，隔别押解，毋任该犯等串供狡卸。着将此传谕宫兆麟知之。”（《清高宗实录》卷772）

（乾隆三十一年十月辛未）又谕曰：常钧所奏‘复审桂阳州侯岳添被殴身死’一案，甚属含混。此案服制攸关，或弟或兄，定拟生死悬殊，断不宜听其稍有疑窦。前因李因培原奏情节游移，是以谕令常钧悉心研究，务得实情。乃该抚委派司府会审，案情反复无定。且会审之员各存意见，持议参差，尤属不成事体。该抚如果见侯七郎、侯学添翻供之处实有可据，何妨将宫兆麟指参？乃折内惟称，会讯之时，宫兆麟在坐默无一言。则该臬司之是否中心折服，无可置辩，抑或另有所见，不随同附和，俱未可定。此等关系伦常重案，司府等既不能审讯得实，该抚即当亲提严鞫，使之水落石出，以昭平允。乃复委之一府一县会审，安见此所委之员必能尽无枉纵乎？看来此案非常钧等所能定谳。现已派侍郎期成额前往湖北，会同定长审理，并令宫兆麟将应行质讯人犯隔别解往湖北，毋得令其串供狡饰。可将此传谕定长及常钧知之。”（《清高宗实录》卷772）

（乾隆三十一年十二月丙辰）谕军机大臣等："定长等奏'审拟钱国宾即钱廷顺，妄带帽顶，诈称御舟水手，持帖拜官，嘱托讼事，并捏称同总管头王廷臣、张文举至楚同办木料。将钱国宾拟发乌噜木齐，并分咨直隶、江南等省查明王廷臣等下落'一折，已批该部核拟矣。钱廷顺敢于假冒顶带，撞骗说事，自应按律定拟。至王廷臣、张文举，御舟水手内实有其人，但该犯平日如何与此二人认识，辄尔指称其名？及所称王廷臣等在通州开板厂之处，又有何据？着传谕定长等将钱廷顺就近逐一研讯，务得确情，据实复奏。"（《清高宗实录》卷775）

（乾隆三十二年正月甲午）是月，江西巡抚吴绍诗奏："据赣州府知府李枝昌禀，洙泗书院学录孔兴珪、同祀生孔兴珙，投递衍圣公孔昭焕移文，来赣清查族谱，旋在赣县长落、方田、西坑三处索收盘费银五十两。当委员将孔兴珙并挑夫李曰凤追回，据供'孔兴珪途次患病，已回湖广通城县原籍，仍将委牌交伊代查'等语。现在咨提孔兴珪及随从书役来江质讯，并将孔兴珪果否奉部发给文凭及孔兴珪是否实系咨部祀生之处，仍飞咨衍圣公查复。"得旨："所奏似闻孔昭焕处分后始赶奏者，颇瞻徇观望矣。即当究其沿途生事之罪，严行参处，何又问彼之有，汝大不是矣。"（《清高宗实录》卷777）

（乾隆三十二年二月丁巳）谕军机大臣等："从前湖北武昌府属马迹岭地方有吴姓一族，盘踞为匪，怙恶不悛。曾经降旨，令将该族分徙安西瓜州为一处，巴里坤为一处，乌噜木齐为一处，经该督李侍尧查明，分起解往。此事在乾隆二十八年间，距今已阅五载，此等迁往户口作何安插管束并其情形若何，是否安静，解往时有脱逃者否，逃后缉获作何处治，该督可即行速查明确，据实奏闻。至窝犯马得鳌一案，前已有旨，令该督将案内要犯迅即审拟。其同庄五十余户，应即照分徙吴姓同族之案办理，使败类析居，散其党羽，以安良善而靖地方。其如何按地分起，并遴选干员押解，毋致中途疏纵滋事之处，并着吴达善妥协筹办。可将此传谕知之。所有前此谕旨及李侍尧原折，一并钞寄，令其阅看。”寻奏：“湖北吴姓一案，系分三起解甘。第一起九户，递发乌噜木齐，分交宁边城通判及特讷格尔巡检收管。二起七户，递发巴里坤，交该同知收管，均由各驻扎大臣酌量安插。其第三起六户，即交安西府属渊泉县收管，并经前督臣于近水荒地内酌给房地牛种，令其垦种升科，数年内，均无脱逃之案。现在巨窝马得鳌同庄五十余户，除重犯家属及余犯例应佥妻充发伊犁者，均俟查明家口，分起拨解外，其余户口，应分发巴里坤、穆垒、乌噜木齐三处安插。仍酌分三起，解赴各地方，照例拨给房地耕种。”得旨嘉奖。（《清高宗实录》卷779）

（乾隆三十二年六月庚子）谕军机大臣等：“鄂宝奏‘宜城县民袁飞鹏之妻王氏殴伤伊翁袁秀文身死，已将王氏即行凌迟处死’一折，自应照例办理。至所称袁飞鹏，审系外出未归、实不知情之处，固亦难于深究。但袁飞鹏不能养赡伊父，反向伊父借谷碾食，屡索不还，则平日之惰四肢而不顾养，不孝之罪，已无可逭。虽不必并正刑诛，但其父死于恶妇之手，而袁飞鹏竟置不议，尚令其觍颜乡里，仍齿齐民，其何以维风化。袁飞鹏着即发往伊犁，赏给厄鲁特为奴。将此传谕该督知之。”（《清高宗实录》卷786）

（乾隆三十二年七月丁亥）军机大臣等奏：“讯问湖北黄梅县民瞿实桂，因伊父瞿学富前在刑部控告举人黎明五等派费承修堤工，经刑部发回原籍，定拟杖流等情，请旨查办。”得旨：“着刑部查明回奏，此案派侍郎迈拉逊即速前往湖北，会同定长秉公审讯，不必来请训。”（《清高宗实录》卷789）

（乾隆三十二年七月己丑）步军统领衙门奏：“湖南邵阳县民唐秀山，控告孙中立占伊妻房地，并教令伙窃。该府县并不查办，请将唐秀山交

该抚查审。”得旨：“迈拉逊现往湖北查审事件，此案亦着交与迈拉逊，会同定长审拟具奏。”（《清高宗实录》卷789）

（乾隆三十二年七月辛卯）贵州学政陈筌奏：“黔省所属地方均与各省毗连，每有湖广、四川附近之人，希图贵州人少额多，获售较易，遂私通廪保，窜名冒考，以致土著生童艰于进取，文风日就颓废。查乾隆二十五年，奉旨敕令云、贵、川、广各学臣彻底清厘，准其改拨。各生均系违例冒入，褫革本所应得，既邀宽典，自应据实呈首。乃复希冀便宜，多方隐匿，理应严加惩创，以昭定制。臣现饬各府及所属教官逐一细查，分别办理。其在乾隆二十五年未经清厘以前者，该生不行具首应科，其隐匿之罪，将衣顶褫革，照违制律问拟杖责，失察教官照例议处。其在二十五年以后者，系已经清厘之后，仍敢勾通冒籍，情罪较重，除将该生治罪外，滥保之廪生一并查究示惩。”报闻。（《清高宗实录》卷789）

（乾隆三十二年闰七月壬辰）刑部奏：“湖北黄梅县民瞿实桂控告黎明五等侵蚀堤工银两一案，前经伊父瞿学富在部具呈，当将人犯递交该抚鄂宁，审系虚控，核拟杖流。嗣据瞿学富之子瞿伯寄复来京呈诉，又咨署抚定长查办，尚未咨复。”得旨：“知道了。从前瞿学富赴部控告时，该部何以不行奏闻发审，所办非是。刑部堂官，着交部察议。折内情节，着交与迈拉逊一并查办。”（《清高宗实录》卷790）

（乾隆三十二年八月甲申）又谕曰：“舒赫德奏‘献县民杜桂控告知县朱兰挟仇诬坐，问拟发遣’一案，若专交地方官查审，恐不免意存瞻徇。而此等讦控细事，又不值特派大员前往。着交与迈拉逊，俟湖广查办事竣，由豫回直，即会同方观承将案内情节详悉研究，确情具奏。原折一并钞寄，并谕令舒赫德知之。”（《清高宗实录》卷793）

（乾隆三十三年三月）己酉，谕：“据定长奏‘拿获荆门州逆犯孙大有、何佩玉等，严行究治’一折。逆犯等凶悖性成，敢于制械造谋，图为不轨，实属极恶不法之尤。地方员弁一经闻信，即能协力迅往，全数擒拿，甚属能事。着定长即将出力之文武员弁详悉查明，咨部议叙。其尤出众者，并着送部引见。”（《清高宗实录》卷807）

（乾隆三十三年七月癸巳）又谕：“江浙等省近有用药迷人、偷割发辫之事，蔓延山东、直隶地面。今山东获犯颇多，京城亦有盘获者。现在严切根究，并谕各督抚等实力严拿，毋稍延缓。兹闻湖北省亦有此等割辫匪人，并且编造歌词，流传散布，其情尤属可恶。定长身为总督，地方有如此奸匪，岂竟毫无闻见？何竟未缉获一犯及将该处情形据实奏闻？所司何事？着传谕定长，即严饬所属，并委妥干之员，分头上紧查拿，务期要犯就获，净绝根株，毋任远扬兔脱，并将现在曾否获犯及如何设法缉捕之处迅速具奏。再湖南与该省毗连，恐亦不免有传习窜匿之事，自当一体缉拿，并谕程焘、方世俊知之。”（《清高宗实录》卷814）

（乾隆三十三年七月癸巳）又谕：“前闻江浙等省有用药迷人、偷割发辫之事，蔓延山东、直隶地面。近闻湖北地方亦有此等奸匪，已传谕各督抚，令其实力查拿矣。豫省与直隶、山东、江南、湖北等省地界毗连，今各处既有匪犯踪迹，恐该省亦不无滋蔓之处，不可不尽力查缉，以净根株。着传谕阿思哈，即速留心查捕，并饬属严密访拿，毋任潜匿滋扰，并将现在情形及有无拿获之处据实奏闻。”（《清高宗实录》卷814）

（乾隆三十三年七月丙午）又谕：“据定长等奏‘查拿割辫匪犯一案，先于五月内风闻其事，嗣有愚民编造歌词，以为指破割辫之计。而汉阳县地藏庵演戏，忽称捉获一人，群殴致毙。此外惟江陵、江夏两处被割者，亦仅止孩童数人。两月以来，谣言顿息，亦无用药迷人，并另有编造歌词’等语，所奏殊未可信。匪犯蔓延数省，扰害良民，地方官一有见闻，若即行实力搜拿，要犯自无难就获。今该省地方既有被割发辫之事，而匪犯无一就擒，汉阳戏场所获一人，又被村众聚殴立毙，无可质讯，此皆地方官办理不善所致。该督抚等奉到谕旨，尚不严加督饬，上紧缉拿，转谓谣言惑听，近已止息。是有心存大事化小、小事化无之见，甚属非是。前此山东陆续拿获匪犯，讯有供词，即现在直隶京城被割之人甚多，是匪徒滋蔓，并未敛迹，湖广岂反独无？安得诿之谣言惑听，且以为其风已息耶？着传谕定长、程焘等，务须督饬所属，并选派妥干员弁，分投严切查办，务期要犯就擒，穷究余党，尽绝根株。若稍有疏纵，致奸徒漏网远扬，别经发觉，惟于该督抚是问。”寻奏：“臣等屡经责成该管道府严密缉拿，尚无匪犯就获。”得旨：“甚不成话，近日所获几何，速奏来。”（《清高宗实录》卷815）

（乾隆三十三年七月戊申）又谕：“昨据永德复奏‘查办剪辫匪犯’各折，已于折内批谕，并即传旨严切申饬，详悉训诫矣。剪辫恶匪现在延及数省，而始事实由于浙江。因湖州造桥，遂有石匠叫魂剪辫之说，旋又盘获僧人正一超凡等四犯，并于巨成箱内搜出剪刀、发辫各物。彼时若即切实根究，擒拿为首要犯，尽法惩治，奸匪自闻风敛息，何至滋蔓若此之甚……看来此案首犯，不外石匠、奸僧二种，而踪迹总不离浙江。即如湖广传闻，尚有造桥需用人发之语，并有石匠石和尚自己顶桥梁等谣，其说非尽荒唐无据。该抚务宜严饬各属实力查办，并派妥员协捕，于石匠、僧人内之形迹可疑者留心上紧躧缉。如果能得有正犯根线，重案由此廓清，庶该抚尚可借以为晚盖耳……”……（《清高宗实录》卷815）

（乾隆三十三年七月壬子）谕军机大臣等：“割辫匪犯一案，现饬各省实力严拿，虽间获一二匪犯，而供词狡展游移，于正犯踪迹总非实在。该督抚等不可不率属悉心躧缉，务尽根株，以安善良而靖奸宄。但此案查拿匪犯，尚属治标之末务，而其根由甚为叵测，不可不留心访查，以杜逆迹。现在各省获犯，所供多有出钱买辫之人，及究其买辫何用，又不肯供吐实情。看来造桥之说，既属荒唐不经，而被割辫尖之人，多有将辫根全行剃去。其说不知传自何人，而纷纷效尤若此，其中必另有包藏祸心之人，既传授匪徒四散割辫，又复私布割辫身死之谣言，恐吓愚人，诱其尽行剃去。安知其心不以为留辫一事系本朝制度，剃去发辫，即非满洲臣仆，暗为将来引惑之计。其奸谋诡谲，所关不小，实为法所必诛。然此等不轨之徒，大抵不在北省而在南方，其人非系奸僧，即读书失志之徒，潜蓄异谋，肆行煽惑，其罪恶浮于割辫匪徒不啻什倍。江浙为此案发端之始，湖广人心狡险，且素尚左道邪术，尤恐逆犯潜匿其间。着传谕高晋、定长、彰宝、冯钤、永德、阿思哈、富尼汉实力留心，设法查办，稍有形迹疑似，即当彻底根求，务使阴谋不逞之犯早正刑章而除枭恶。但办理此事，与查缉割辫匪犯不同，彼则当肆布兵役，合力协拿，此则当严密访查，不露圭角。若稍有漏泄，恐奸恶闻风避逸，更难搜寻根线矣。务在必得，毋托空言，勉之慎之。”（《清高宗实录》卷815）

（乾隆三十三年七月壬子）又谕：“匪徒割辫一事，屡经传谕刘统勋等严切查拿，何以京城内外，迄今总未访得一案，弋获一人？今热河被割者亦有数人，可见奸匪不但并未灭息，且有窜逸至此者，不可不迅速上紧饬拿，期早弋获。至被割之人，纵一时为药所迷，何能遽至陨命？即或用药水洗涤，尚属情理所有，若竟连辫根剃去，既于定制有违。且其法传自何人，竟纷纷效尤若此？现在各处所获匪犯，据供俱有出钱买辫之人，及究其买辫何用，皆不肯吐露实情，恐其中必有奸恶不法之人潜蓄逆谋，既令人四散偷割辫尖，又复散布谣言，诱人连根剃去，以为如此即非满洲臣仆，借以煽惑人心，其情甚为叵测。除已密谕江、浙、湖广督抚严密访查缉办外，着传谕刘统勋等，即行明白传谕京城内外人等，嗣后如有被割辫尖之人，止许用药水洗濯，不许全行剃辫。倘申禁之后仍有犯者，即将本人及代为剃辫之人一并查拿治罪。此事只须令八旗三营官弁等各按所管之地详悉口传，不必出示晓谕。”（《清高宗实录》卷815）

（乾隆三十三年七月壬子）又谕曰："冯钤奏称'审讯宿州拿获割辫匪犯张四及逢魁先'二折，系七月初九日拜发，在昨日由驿奏到七月二十一日所发各折之前。此等要案，仅照常差员赍奏，可谓不知事体轻重。至张四供出'徐州之赵三诱令入伙，给与迷药，且令割辫一根，给钱五百文，及该犯问以要辫何用，而赵三答以不必细问'等语，赵三既肯出钱买辫，即为此案要犯，自应迅速缉获到案，讯究根由。此折距昨由驿驰递之折已十余日，赵三曾否就获，昨折内何以并未提及？此人实此案紧要之犯，着高晋、冯钤上紧擒拿，务在必得。若已闻风远扬，必当寻踪根缉。查张四所供，赵三系湖广人，或仍逃回本籍，亦未可定。并着传谕定长，派委妥干员弁一体实力搜捕，毋任兔脱。仍将拿获情形即速奏闻。"（《清高宗实录》卷815）

（乾隆三十三年八月丁丑）又谕："各省查拿割辫匪犯迄今已逾多日，虽间有获犯，讯供总属游移无据。本日苏尔德奏到，山西被割之案亦复不少，而近日京城及直隶各处较前稍为敛迹。是匪犯实由热河及宣化一路窜入晋省，已无可疑。前既自南而北，今复由北而西，以次蔓延，而经过犯案之处亦以次稍熄，看来奸徒党羽究竟不过数十人，分投辗转窜逸，查拿稍紧，则畏避远扬，遂至急切不能掩捕。但方其偷割发辫时虽在幽僻无人之处，为耳目所不及，而沿途行走，势不能不饮食住宿，岂有不稍露行藏？如果于城乡各处歇店、寺院挨查严密，断无不得其踪迹之理。乃各省至今均未获一真实要犯，则平日之所谓编查保甲，全属虚应故事，更可概见。至京城及直隶被割发辫之人，多有将辫根自行剃去，云即可以解迷药之毒，而不剃者亦竟无恙。如京城、直隶，前已谕令各该管官，严切口传谕众，不许复剃辫根，如有犯者，并将为之剃发之人一并治罪。近亦不敢复犯，可见此语本自无稽，其法传自何人亦无可考，必系奸徒造作邪说，诱惑愚民，则此等散布匪徒，特其所驱使而非首恶，是必另有包藏祸心之人阴图不轨，妄希变坏国家定制，以逞其逆谋，实为可恶。其事既始于江、浙，则巨魁巢穴，仍不外此两省。前已谕令各督抚留心密缉，今亦未见查有端倪。着再传谕直隶、山东、河南、江南、浙江、湖广各督抚，并须实力实心，督饬各属上紧蹤缉，毋得仅以虚文塞责。务期奸党逆渠早就戈获，以除枭恶而靖人心。仍将近日办理情形并要犯有无缉获之处迅速奏闻。”（《清高宗实录》卷817）

（乾隆三十三年八月庚辰）谕军机大臣等：“前因江、浙等省有偷割发辫之事，当即传谕各该督抚留心蹤缉，务尽根株。节据山东、直隶、河南、湖广、山西等省先后奏报，各有犯案。而所获匪徒，类皆游移狡展，并无确切供词。虽所在严密访拿，究竟不得正犯踪影。因思此案根由，起于江浙，蔓延各省，始则自南而北，今复自北而西，而彼一省有犯，此一省即觉稍戢，看来匪党虽属散布，其实不过数十人往来窜逸。但割辫时或在偏僻无人之处，难以就获，而途间断无不饮食住宿之理，岂能不稍露形迹？皆由各省编查保甲有名无实，故匪犯得以肆行罔忌。至各省所获之犯，大都游僧、乞丐为多。此辈固易涉人疑，自不能舍而不问。但奸徒诡诈百出，安知不饰为寻常过客在路安行，掩人耳目？亦不可不留意稽查。第其间真伪易淆，设措施稍不合宜，又恐扰及行旅。惟在各督抚严饬所属，妥实查办，毋纵毋苛。即盘获僧、丐等众，不但不可轻事刑求，并不得滥行锁禁，惟于到官时，立即虚衷细讯。如果有可疑情状，自当设法研鞫，逐一根求。否则即为省释，毋许久羁时日，致误营生。则缉匪之中，自不致有累民之事。然此尚属治标末务，此等割辫匪犯究非造意之人，即以各处所犯而论，既不害人命，又不图人财，其意何取？而各处所录供词，并有出钱买辫之人，及究其买辫何用，又复毫无指实。且彼割辫尖者，多有将辫根全行剃去，妄谓如此即不致伤生。近经传谕禁止，并欲将全剃之人及代为剃发者一体治罪，其风始熄。而不剃亦竟无恙，可见其说本属荒唐。此等无稽流言其始转自何人，何至转相仿效，是其中必有包藏祸心之人，既分布党羽在外偷割，又造作谣言四散播传，借以蛊惑愚民，堕其狡计，豫为引诱之地。其奸谋叵测，实乃罪不容诛，又安知其不以此等扰害闾阎之事？官法所在，自然严切查拿，民间必互相惊恐，不得怗宁，或致激而生变，彼则从旁逞愿。且并思隐乘其势，煽众跳梁，图作不靖，亦未可定，尤不可不早杜其萌。然若因此畏首畏尾，将缉匪之事遽尔中止，则是因噎废食，而奸徒辗转滋扰，竟令其幸逃宪网，于法于情，均无可以自解。方今纲纪肃清之时，岂宜出此？督抚等具有天良，朕言及此，而尚不憬然省惕，共励棐忱，为国家实力妥办此事。是则人心尽泯，尚能觍然为封疆大臣乎？若督抚等果能将所获之犯尽心审究，细察真伪，分别是非，实者彻底根寻，务穷党恶，虚者立时释放，毋稍株连，其有设心诬陷、波累无辜者，即加重问拟，或奸胥蠹役借端索诈富户、荼毒平民者，察出立置重典，是正所以为民除害，何虑滋生事端？设或办理不善，致穷檐不能安堵，略有怨咨，惟于该督抚是问。至于蓄谋作俑之巨魁，大抵不离江、浙二省……此一节，固责成江、浙大吏。其余各督抚等，亦当一体访缉，无令鬼蜮得以遁迹他方，始不失公忠体国之道。其现在已经破案各省，于缉匪自不容玩懈。即间有风闻省分，亦不可因其仅系讹传，辄存大意，并不可令不肖有司希图化有为无，隐讳朦蔽。虽远如云、贵、川、广，近如盛京、吉林，亦不可不知此事，并当早为究心，豫行防缉。如此四面拦截，奸匪方不致逃匿稽诛，此案始能完结。各宜努力，毋自干咎。将此通行传谕知之。”（《清高宗实录》卷817）

（乾隆三十三年八月癸未）又谕：“据永州镇总兵顾铉驰奏‘于祁阳县，拿获传布谣言之李彩玉等七犯，又于宁远县城外盘获割辫匪犯邬文才等五名’等语，此案恶匪蔓延数省，虽各处皆有弋获人犯，但未得有实在根线……湖南向习符水邪术，与匪犯形迹较为相近，自当从此究出头绪……至湖南既有此等匪徒，在彼散布谣言，则湖北境内，亦不能保无潜踪滋事之人，该督抚等并应上紧严密查拿，毋使要犯幸逃法网……”（《清高宗实录》卷817）

（乾隆三十三年九月己丑）又谕："据定长等奏'在广济县地方，拿获僧人云霞，请迅速解往东省，与通杲等各僧面质'等语。前据富尼汉奏'拿获匪僧通杲'，已经降旨令其解京审讯。着传谕富尼汉，俟湖北省将云霞一僧解到时，即行添拨员役，协同原派解员，沿途小心防范，送京质审，毋得令其自戕兔脱。"（《清高宗实录》卷818）

（乾隆三十三年九月己丑）又谕："本日据定长等折奏'广济县地方拿获僧人云霞，请解往东省与通杲对质'，业经降旨富尼汉，俟云霞解到时，即行严押解京质讯。今通杲既经解到热河，着传谕尹继善，即行诘问该犯通杲，于何处地方与云霞会聚纠约，及在东省拿获时，如何供出云霞情节，一并详细讯取确供具奏。至通杲既现在患病，即交增福，将该犯加意调理就痊，俟回銮至热河时再问。"（《清高宗实录》卷818）

（乾隆三十三年九月庚子）谕军机大臣等："据阿思哈奏'鲁山县拿获山西算命人席守业，搜出字帖一纸，语多谬诞。审讯该犯，系辗转钞来，传闻湖广武当山雷雨后水发，冲出石碑，上有此记。逐层根究，始自湖广竹溪县捉鸡沟地方张钦钞得，现在飞咨究办'等语。此等荒诞不经之事流播民间，惑人闻听，自应严切查拿。务得造作为首之人，重加惩治。既据豫省查出，其事始自湖广，该督岂无闻见？曾否追究查办？何以未据该督奏及？着传谕定长，即行确查武当山果否实有其事，及该省有无传播犯案之人，其河南咨拿之张钦曾否弋获讯供根究之处，迅速据实复奏，并谕程焘知之。"（《清高宗实录》卷818）

（乾隆三十三年九月壬子）又谕："据阿思哈奏'拿获桐柏县民人刘天祥、项得臣等五犯演传天主教'一案，讯据刘天祥供称，俱系原籍湖广，迁居桐柏。其同教之袁胡子在京城南天主堂住，因回湖广，经过桐柏，劝人兴教。所获监正谕单一张，系袁胡子自京带给湖广会长刘天相照钞收藏。又据项得臣供称，湖广随州会长王象升会内之人，在桐柏往来行走等语。袁胡子一犯已交步军统领衙门就近查拿，但该犯既有曾回湖广原籍之供，则本地并应一体躧缉。其会长刘天相、王象升等皆系案内要犯，着传谕定长，即行密速访拿，并此外有无同伙，一并查缉，遴员解赴河南，并案研鞫，无使兔脱远扬。并传谕程焘知之。”（《清高宗实录》卷819）

（乾隆三十三年十月辛未）又谕：“据彰宝奏‘知府钟光豫查出松江僧人明宗传贴符箓，又知县林光照复查出句容僧人果贤传写朱单，现在查究’等语。此等传播书符，托名张天师，希冀煽惑人心。前此湖广亦曾奏及，与此相仿，必又系剪辫匪犯，逞其鬼域伎俩，多方散布，妄思扰累闾阎，以售其奸险之计。其情甚为可恶，不可不实力根求，以除民害……”（《清高宗实录》卷821）

（乾隆三十三年十一月癸巳）又谕曰：“定长等奏‘审办传贴谣词一案，续经拿获杨大章等犯，逐节追至李坚仁，又供得自湖北汉镇居住之李文有，已飞咨湖北抚臣速行查拿’等语。湖南查审谣词来历，既云得自李文有，则该犯即为此案应讯要犯，必须查拿到案，严切根究……着传谕定长、程焘，速将李文有缉获，悉心追讯造作谣词及别有传播确情，就近逐一根寻，务得正犯。若李文有支饰不承，即飞咨方世俊，将李坚仁解至湖北质对，毋任狡展，仍将查办缘由据实具折奏闻。再程焘曾请赴京陛见，如已经起身，即交定长办理，将此一并传谕知之。”寻奏：“查李文有业于此案未发之前病故，并搜无存留谣词及传播本地情事，随咨湖南抚臣复讯李坚仁，仍执前供不移，是李坚仁之谣词果否得自李文有既难悬定。且李坚仁果有心狡卸，岂肯遽易前供？即解来北，无可质证。臣等再饬汉阳府县密访，仍咨湖南抚臣，讯取当日给帖确据，以杜辗转推卸。”得旨：“览。”（《清高宗实录》卷822）

（乾隆三十四年六月）甲子，谕军机大臣等：“揆义奏‘广济县差役于安徽怀宁县地方盘获盗犯龚在山等十二名，黄冈县亦拿获刘二等六名，讯系湖广龚家庄窃劫正盗，并讯出各犯曾于江西九江孤洲殴差逃逸，及伙窃巴河武穴客船，并在安徽繁昌、贵池等处俱有犯案，已关查各该省'等语。此等积盗，沿江行劫深为地方之害。江西既为盗船出没之所，且曾拒捕伤差，安徽则犯案累累，并经楚省在该处盘获，地方官岂竟不随时报闻？何以该二省巡抚并无一字奏及？着传谕富尼汉、吴绍诗，即行查明，据实复奏。再此等稔恶贯盈之犯，自知罪不可逭，转以供出隔省旧案，往返行查，为狡展稽延之计，并恐押解质讯，易致中途兔脱自戕。已屡降谕旨，令所在地方一经缉获，即审明正法。不必拘泥向例，辗转关移。现在传谕揆义，将已获之犯就案讯明实情，速行定拟正法，毋致重犯久稽显戮。其供出他省犯案，止须再取确供存对，不必俟关复齐全再办，致延时日。至案内未获逸盗尚有多人，各犯往来江面，安徽、江西两省必有窝留藏匿之处，着富尼汉、吴绍诗即速饬属上紧严缉务获，毋致远扬漏网。该省如有续获逸盗，速行审明上盗情由，与湖抚原咨比对，按律定拟，即行奏闻，于该处正法，不必解赴楚省质讯，亦不必再为关查，致有疏误。并将此谕令知之。"（《清高宗实录》卷836）

（乾隆三十四年六月）丁卯，谕军机大臣等："昨据揆义奏到'广济县差役于安徽怀宁县地方盘获盗犯龚在山等十二名，黄冈县亦拿获刘二等六名，讯出各该犯沿江行劫、殴差逃逸各情节，现在关查犯案各省'一折，当经传谕询问吴绍诗、富尼汉，何以竟无一语奏及？并谕各该抚，就已获之犯审明，即于该处正法。今据富尼汉折奏'饬属研讯已获之盗犯龚在山等十二名，俱已供认沿江肆劫、拒捕伤人各情节确凿，应就现获省分关讯确供，分案定拟'等语，此等稔恶贯盈之犯，理应立正典刑，以昭惩创。屡经明降谕旨，令各督抚毋庸辗转关查解质，使凶徒久稽显戮及中途乘间疏虞。今审讯各犯，既已供赃并确，案情更无疑义，自应即在获犯省分定拟正法。着传谕富尼汉，将现获各犯审明行劫殴差各实情，速行按律定罪完结。只应讯取各犯确供，存案备查，不必因细微小节、无关罪名出入之事彼此移查，致延时日。所有未获各犯，仍饬属一体上紧缉拿务获。据称，朱相周等及窝家罗廷柱俱籍隶湖广。并着传谕揆义，即速严行缉获究拟，毋致远扬漏网。至此案揆义初奏，称系广济县知县刘长灵差役追至怀宁县地方盘获。而富尼汉折奏，又称系千总王光国在老洲头饭店内踪迹擒获。究不知首先缉获之人实系湖北，抑系安徽，所奏俱属含糊。此等外吏模棱恶习，屡经降旨，谆谆戒饬，何全然不知悛改？揆义、富尼汉俱着传旨申饬，仍将此案盗犯究系获自何人，并何人先行知会、何人助力协拿之处，一一据实分晰声明。毋再仍前朦混，自干咎戾。”（《清高宗实录》卷 837）

（乾隆三十四年六月）戊辰，谕：“近据湖北巡抚揆义奏到，拿获沿江行劫盗犯龚在山等十二名，折内称‘据广济县知县刘长灵禀报，差役追至安徽怀宁县地方盘获’。续据安徽巡抚富尼汉折奏，则称‘据安庆营守备赵强禀报，巡江外委千总王光国在桐城县老洲头地方饭店，见龚在山等踪迹可疑，督同兵丁地保拿获’等语。是此案首先擒捕盗犯之官役究不知实系湖北，抑系安徽，所奏甚属含糊。外吏模棱恶习，不知悛改如此，并已传旨申饬。此等江湖积盗犯案，牵连数省，实为地方大害。为督抚者，平时即应饬属于水面毗连处所躧缉搜拿，不得稍分畛域。其在隔属差捕，远出根缉，或以呼应不灵，势不得不告知本省派人协助。即本属官役，因有别省差捕追寻，并力会同拿获，皆情理所必有，彼此并无妨碍。乃各省兵役人等希图以先获见功，而官弁等又恐以不及豫闻获咎，非彼此相持争竞，即互为照应周旋，此在有司营弁及吏役微末之人，所见已极为鄙琐。乃封疆大吏亦为伊等各占地步，竟至形诸奏章，甘于朦混，是诚何心？前因积习相沿，最为陋劣，已屡经传旨训谕，至再至三，何以日久因循，牢不可破耶？嗣后有似此缉捕案犯，实系何处发觉，何处官弁先行盘获，有两处会缉就获者，亦必确查何人得信知会、何人助力协拿，督抚等于折内明晰声叙，以定功罪。毋得仍存争竞周旋之私见，自干咎戾。着将此谕令各督抚知之。”（《清高宗实录》卷 837）

（乾隆三十四年七月庚寅）又谕："前因安省盘获盗犯龚在山等十二名一案，揆义则奏称'系广济县知县刘长灵，差役追至怀宁盘获'，而富尼汉折则称'系安省千总王光国擒获'，彼此词语俱涉含糊，因降旨申饬，并谕各督抚查明究系何人首先缉获，据实分晰复奏。今据富尼汉奏到'盘获龚在山一案，实系千总王光国在桐城县老洲头地方饭店内盘获，并无广济县差役知会协拿'等语，则前此揆义所奏广济县差役追缉，全非实在情形，或系该县刘长灵捏词禀报，希图以先获见功。此等外省恶习亦所常有，但揆义既据禀报，自应查询明确始行奏闻，何得仅据刘长灵一面之词率行入告？若揆义有心为刘长灵捏饰，欲以邻省盘获之犯归功属吏，则其咎更在揆义。着传谕吴达善，即行详密确查，据实复奏。倘吴达善稍存瞻徇之见，曲为回护，或冀颟顸了事，谅难逃朕洞鉴，恐该督不能任其咎也。再前经传谕该督，将揆义到任后有无劣迹及是否能胜巡抚之处密行具奏，距今一月，何以尚未奏到？着即速复奏，毋稍袒徇延缓。至龚在山行劫案，尚有供出之窝家罗廷柱，即系广济县堤长，又伙盗朱相周等，俱籍隶湖广。前经传谕揆义，速行严缉务获，亦未据该督复奏，并着吴达善饬属上紧躧缉务获，毋任要犯远扬，并将现获何犯之处，附折奏闻。至本日该督奏到'第四起京兵跟役殴死县役'一折，定拟尚属允协，已交行在刑部核拟速奏。但此等事件关系紧要，自应由驿四五百里驰递，乃仅照寻常事件差人赍奏，未免轻重失宜。将此传谕知之。富尼汉折，并钞寄阅看。"（《清高宗实录》卷838）

（乾隆三十四年八月壬申）又谕曰："喀宁阿奏'审拟丁元甲传贴符词，并搜获应劫经'一案，已交三法司核拟速奏矣。据称经内有南京应天府张汝应钞写散给之语。江宁府在前明时，称为应天，恐匪犯等传布悖妄经词，或假托旧日名称，以掩饰现在传钞之迹。或果系旧时编造，至今尚有存留，均未可定。着传谕高晋，留心密行查察，如果访有踪迹，一面办理，一面奏闻。至所据符词，有湖广荆州府咸宁县董姓字样，现据湖广总督复称‘上年湖南巡抚方世俊奏，拿获谣词案犯李彩玉一名，称系荆州府江陵县童姓。童、董字音相仿，是否即系造作首犯，业经飞饬查访’等语。湖广督抚准滇抚咨文后，曾否追出符字来历，着传谕吴达善，即行切实查明，缮折复奏。”（《清高宗实录》卷841）

（乾隆三十四年十月甲寅）谕军机大臣等：“吴绍诗奏‘据江西湖口县详称，拿获湖北江夏县关缉盗犯刘老官等，供出曾在彭泽县有行劫盐船之事。及移查彭泽，复称并无报盗案据，现在饬查审办’等语。该犯等系江面行劫巨盗，既经湖口县访拿供认，且与湖北江夏县所获之李先等供出情节大约相同。其犯案确有证据，何以彭泽县复称并无盐船报盗之事？盐船在马当山停泊已将一月，必非旷野无人之地，是夜群盗明火执仗，上船行劫，安能掩众人耳目？即云事主未经具报，该县岂竟漫无见闻？显系从前匿不详禀，经邻县关查失事原委，转以无案移复，希图规避处分，自应彻底根究，未便颟顸了事。吴绍诗此时想已起程，着传谕海明，即将彭泽县因何未经详报缘由确切查明，据实参奏，毋任稍有隐饰。其湖口县所获三犯，并即严审确情。取供存案备查，有应问拟正法者，即于所获之地就近办理，毋庸往返关解候质，致有疏脱。至未获伙犯徐国士、徐上熊、许文举、许圣安四人，据称俱籍隶江夏，已谕令吴达善饬属上紧缉拿。但两省江界毗连，或该犯等尚潜匿江西地面，并着海明一面饬属根捕，毋致兔脱。再龚在山一案尚有余盗未获，该省此时所获各犯或有彼案逸盗，改名易姓在内亦未可知，并着研讯明确，并案完结。”寻奏：“此案行劫盐船，事主未报，该县高尚礼漫无觉察，应请旨革职，勒令协缉。已获各犯，现在饬提审办。”报闻。（《清高宗实录》卷844）

（乾隆三十四年十二月丁巳）谕军机大臣等：“据孙永清奏‘恭城县地方盘获游僧元采、元贵二名，起出护身榜文，捏写明时谕旨、大臣衔名及地藏路引各一纸。据供，路引系安徽青阳县九华山僧人月朗及在九华山出家之江西赣州僧人道立给与募化，其榜文系义宁县僧人广盛给钞。一面将元采、元贵严审定拟，一面飞咨各省缉拿月朗、道立、广盛各犯’等语。游僧募化，编造榜文路引辗转传播，最易滋生事端。安徽青阳县僧人月朗、江西赣州僧人道立俱在九华山出家，捏造路引，妄行传给，均非安分之徒，自应查拿严办。至元采等所携榜文，系义宁县僧人广盛给钞，该犯欲赴江西、湖广各处募化。其榜文来历，又系湖广僧人洪慧所遗。该犯等妄以护身榜文，互相传播，必须彻底严究，以杜煽惑。着传谕舒常、书麟、特成额、吴垣，一体饬属躧缉务获，严审定拟具奏。”(《清高宗实录》卷 1238)

(乾隆三十四年十二月戊寅）是月，湖广总督吴达善等复奏：“遵查军台报匣，包袱内夹入普安州民吴偀等呈词一案，臣等饬员密访，有南笼镇兵鞠大凯自滇回黔，曾经见过吴偀。讯据吴偀系普安州人，在腾越州盏达军台充当号书，安文正亦在彼充当马夫，并向伊告称‘欲向经略处告状’等语。想驰递报匣，必系该二犯经手，商谋夹入呈词，现在咨提解黔，审明另奏。”得旨：“知道了，务得实情，严审定罪。”(《清高宗实录》卷 849)

(乾隆三十五年三月丁亥）谕军机大臣等：“前据查审编造谣词之董希尧一案，称系该犯随手编写，并未能得案情肯綮，显有就事完事之意。董希尧在楚省供词，称系得自李钟美，及解京对质，复混称随手编写，明系该犯见李钟美在旁，无可诿卸，为此遁词……昨已有旨，将董希尧交刑部监禁另审。着传谕大学士刘统勋等，会同刑部堂官严讯董希尧等，此三字实系得自何人，彻底根究……”……(《清高宗实录》卷 854)

(乾隆三十六年四月丙子）又谕：“据阿桂等奏‘审讯潜通贸易窝留之民人黄国宾所供李小四等十人，虽无与缅匪私行交易情事，但沿边聚处日久，难保将来不致滋事，请一并迁入内地’等语，所办殊属非是。

此等民人，俱久处边境，且有曾至关外贸易者，难信其平时不与匪众熟识。若仅迁入内地，不过仍在滇省关内，距边口不远，伊等皆不安本分之人，或与贼匪潜通消息，或乘间潜窜缅境，俱不可知。各犯既系江西、湖广、江宁等处民人，自应将伊等解回原籍管束，庶可杜其踪迹。乃阿桂等竟不稍为计及，惟令迁入内地，何不晓事若此？着传谕阿桂、德福，即查明李小四等原籍省分，遴委妥干员役递解回籍，沿途小心管押，毋得视同常犯。并将此旨转行寄知各该督抚，饬令该地方官严加约束，毋许出境滋事。如或中途稍有疏虞及各原籍失于防范，惟该督抚是问。”

（《清高宗实录》卷882）

（乾隆三十六年十月乙未）湖广总督富明安等奏：“据京山县知县舒勒赫禀称‘访有县民陈伦盛等听从严金龙学习拳勇，欲图纠众抢劫居民，当经拿获陈伦盛等二十名，搜出私制衣帽等物。其严金龙一犯逃往随州地方，现在尾追严拿’等语。臣等即飞饬干员四路密缉，续获陈曰宗等七名，复在严金龙家搜获姓名簿，内开载廖文起等十六名，注有伪官、千总、副总等字样，又有伪印空白四纸。其伪印篆文系‘匡复中原’四字，空白纸尾书‘天运辛卯年十月十四日’等字。臣等于二十日抵京山县，复据禀报，拿获簿内伪官王君德等八名并各伙犯四十九名，连前获犯共八十四名，连日隔别严讯。据供称‘严金龙自称鬼谷转世，能知过去未来，得有神剑印信，能遣神兵，伊等为其所愚，先后出钱入伙。严金龙于十月初八日黑夜聚集廖文起等二十余人饮酒结盟，拟于十月十四日抢劫京山仓库，不料初九日已被查拿’等语。现在各犯虽陆续擒获，但首逆严金龙并济恶之何士荣尚未拿到，即飞咨邻省一体查拿，并令襄阳镇臣马虎前往随州、枣阳与河南接壤各地方，上紧督同搜捕。”得旨：“另有旨谕。”谕军机大臣等：“据富明安等奏，湖北京山县民严金龙等纠众结盟，私制衣帽为号，图劫仓库，经县营访闻禀报，现已获犯八十四名，仍将首逆及济恶各要犯四路追擒等语。此等奸徒，敢于光天化日之中聚众滋事，甚至假捏伪号伪官，计图抢劫仓库，悖恶已极，自当尽法处治，务绝根株，断不容其稍留遗孽。其擅受伪官各犯，自属逆犯党羽，罪无可宽。至于邀人敛钱之犯，明知叛逆密谋，辄敢代为煽惑，法难轻逭。而出钱入伙之人亦属随同附和，不得概云为其所愚，少有宽纵。该督现既驰往该处，擒获多人，即当就现有之犯严讯确情，从重究治，多办数人，使顽民各知炯戒，不可稍存姑息。其有应行正法及应发遣各犯，审明后择其必应质讯之一二人，严密监禁，以待首犯对质外，余俱确核情罪，分别定拟，即速奏闻发落，不必俟首犯就获后方行结案，致有疏虞，而要犯久稽显戮，亦不足以示惩儆。其首犯严金龙及济恶之何士荣等，现已传谕何煟一体严缉务获，该督仍当严饬所属文武，上紧搜捕弋获，毋任漏网。所有访闻禀报之知县舒勒赫，尚属能事，着该督于此案办结后，将该员送部引见，将此传谕知之。”（《清高宗实录》卷895）

（乾隆三十六年十一月乙丑）湖广总督富明安奏：“据襄阳、应城、汉阳等县禀称‘拿获邪教伙犯，黄秀文、余仲元、杨兰芳、熊从龙、陈万年等解省严讯，佥供吃白阳斋，奉直隶永平府昌黎县石佛口人王忠顺为教主，凡布施银钱，俱交河南开封府杞县监生王汉九收受转交。本年九月间，陈万年等约同黄秀文、余仲元、杨兰芳、陈光太、刘义、张盛扬、郑绍细、刘天胜、熊从龙等十人前赴王汉九家拜见王忠顺，交送布施银钱，批给收字回书’等情，除分饬严拿未获伙犯陈光太等解究外，飞咨直隶河南督抚，查拿王忠顺、王大、王四、王汉九，严审邪教来历，咨复来楚，以便按律定拟。”得旨：“是，已有旨了。”谕军机大臣等：“据富明安奏，盘获邪教伙犯黄秀文等，供称俱吃白阳斋，奉直隶昌黎县石佛口人王忠顺为教主，布施银钱，俱送河南杞县监生王汉九收受转交。该犯等曾于王汉九家拜见王忠顺，业经飞咨直隶河南督抚查拿等语。王忠顺敢于创立邪教，惑众敛钱，实为奸民滋事之尤。王汉九身系监生，乃与党同勾结，亦属不法，均应即速缉拿，从重究治，以肃法纪而正人心。着传谕直隶总督周元理，即速选委明干员弁驰赴昌黎县，将王忠顺严拿务获，毋任闻风远扬。其王汉九一犯，着交河南巡抚何煟迅派干员，星赴杞县捕获，勿致漏网。仍各根究各该犯伙党，一体查拿，即就各该省严讯明确，按律定拟奏闻，毋庸解往楚省质讯，致有疏虞。其湖广所获之犯，亦即令富明安就案审结，不必等候关提质讯。将此并谕知之。富明安折，并钞寄周元理、何煟阅看。”（《清高宗实录》卷897）

（乾隆三十六年十二月戊辰）谕军机大臣等：“据何煟奏‘楚省讯供，逆犯严金龙逃往郧阳之竹山、房县等处，该地西通川陕，北界豫省，更恐窜入伏牛山，已委员于路通川陕之处及附近随州东南一路分往搜拿’等语。严金龙一犯罪大恶极，必须上紧擒获，早正刑诛。前曾谕河南、贵州、广西、四川等省一体严拿务获。嗣据河南省将济恶要犯何士荣等盘获正法，而首犯严金龙尚未弋获。今既知其有逃匿郧阳一带之信，恐该犯闻官捕紧急，窜入川陕等省，以冀苟延残喘，不可不并力速捕，毋任稽诛。除四川省已交李本督缉，应令该布政使再饬属迅速查拿，并着传谕勒尔谨，即速选派妥干员弁，于陕楚交界处所设法购捕，务使逆犯迅速就擒，勿致远扬漏网，仍各将作何协缉情形即行复奏。”（《清高宗实录》卷898）

（乾隆三十六年十二月己卯）谕军机大臣等：“据何煟奏‘信阳州地方盘获楚省逆案重犯何士荣、何士清二名，即赴该处审明办理’等语，所办甚好，已于折内批示矣。何士荣听从严金龙邀约结盟，谋为不轨，同恶相济，情节自与严金龙无异，自宜审明即置重典。但该犯兄弟既于豫省盘获，其首逆严金龙焉知不于相近荒僻之处暂图匿迹，从此根究物色，无难迅速就获。该抚亲往督办，甚属妥协，果能将严金龙一并克期缉获，必将承办各员另为加恩奖励。着传谕该抚，务即设法购线密捕，勿使逆犯稍稽显戮……”（《清高宗实录》卷898）

（乾隆三十七年正月壬寅）谕军机大臣等：“据诺穆亲奏‘盘获僧人悟能等三人，讯系湖南武冈州人，与楚省咨开逆犯严金龙父子等年貌相同，现派兵役押解楚省质讯’等语，诺穆亲所办甚好，已于折内批示矣。严金龙一犯罪大恶极，急宜速正宪典，以快人心。前据富明安折奏，有审讯现犯供称严金龙想逃往云南之语。今滇省盘获僧人悟能，年岁、面貌及眉梢黑痣适与严金龙相合，其徒年貌亦与伊子严贵珍相似。而僧人衣帽皆系新制，随行之人又适系何姓，种种形迹，均大有可疑，不可不严加鞫讯。该抚既经解送楚省，该处现有就获案犯质证之下，无难立辨。着传谕富明安，于该犯等解到时，即行详悉审讯。如实系首恶正犯，一面即行正法，一面具折奏闻，毋任稍稽显戮。此等案犯关系紧要，断不可容其支饰狡供，幸逃法网。若承审各官惧罹缉犯处分，希图迁就完案，附会成狱，转使真正逆犯得以远扬逭死，将来别经发觉，则惟该督是问。诺穆亲折，并着钞寄阅看。”（《清高宗实录》卷900）

（乾隆三十七年二月乙未）湖广总督富明安奏：“云南盘获游僧悟能、康教并担夫何廷辅，经该抚诺穆亲咨委员解楚，臣细鞫三犯，俱系湖南武冈州人。悟能俗姓袁，有胞兄袁上贤可证。康教系空照音讹，俗姓李，有堂兄李可先可证。何廷辅有父何君义、弟何老八可证，并非京山逆犯严金龙父子。但悟能、空照既无度牒，敢远出募化，亦非安分，均分别枷杖，勒还俗，递籍管束，何廷辅交亲属收管。严金龙父子，仍饬各属缉拿正法。”得旨：“所办是，如以正犯未获，将此二人冤杀了事可乎？”（《清高宗实录》卷903）

（乾隆三十七年三月戊申）吏部奏：“湖北巡抚陈辉祖咨称，拿获邻境盗犯之员，本境任内有逃盗未获，新例不准奏请引见。其接缉及再接缉之员拿获邻境盗犯，应否奏请，例未分晰。又拿获邻境改遣人犯六名上，新例准专折具奏，但本任内有疏脱遣犯未获及接缉未获之员，应否送部，亦无明文。咨部核复，查接缉，系前官任内案限满无获，例止罚俸；再接缉，并无处分，拿获邻境盗犯概不奏请引见，恐因无可见长，不复踊跃。请嗣后除本境任内逃盗未获，拿获邻境盗犯仍不准奏请引见

外，接缉、再接缉之员准一体奏请，拿获遣犯六名以上者，均如此例办理。”从之。（《清高宗实录》卷 904）

（乾隆三十七年三月）癸丑，谕：“据富明安等奏‘拿获京山县谋逆首犯严金龙父子，业经寸磔斩枭，余犯分别定拟’一折，已交部核议矣。所有弋获正凶及前后缉拿多犯之奋勉文武员弁，着该部查明，分别议叙。至前经奏明协缉之降调知县刘治、陈玺书、知州张中煜、革职知县七十、奚寅、马乾怡等，均着加恩开复。其失察逆犯往来之枣阳县知县张合明、专汛把总方维先着革职。至原任道员李拔，虽未在事同获首逆，而购线躧缉，颇能实心，着即留于湖南，交该督抚遇有同知缺出题补。”（《清高宗实录》卷 905）

（乾隆三十七年五月）丙辰，谕军机大臣等：“据富明安等奏‘郧阳府属竹山县地方，山中出有松石，请官为分别办理。并将查获偷挖民人黄天佑等，审拟照例发落’等语，向来产矿山场例应立法封禁，原以地方无籍之徒，易致招集滋事，不可不防其渐也。今楚省竹山所产松石，事属创始，将来禁止偷挖及官为开采，自属应行事宜。至民人等，当科条未定之先，见山泽效珍，刨取以为己利，其情尚属可原。若一严行追究，殊非情理之平。着传谕该督，令将嗣后应定规条，妥协经理。倘经明切申禁，而奸民辄敢违令偷挖，自当执法惩治。所有现获之黄天佑等，俱着免其审拟发落。”（《清高宗实录》卷 909）

（乾隆三十七年十一月丁巳）又谕：“前据潮州镇总兵明喜条奏请裁绿营世职俸项，及派亲信大臣改装查赈二事，所见甚属庸鄙。国家以世职酬庸，原令泽延后嗣之意，该镇斤斤较量，器小已甚。至办赈本非地方常有之事，偶遇水旱偏灾，督抚等自当督率稽察，毋使胥吏侵渔……明喜又有条奏设法捕盗一折，尤属糊涂好事。且所言仍属习见常谈，无切中事理之处。殊不思历年地方巨盗，如楚省之张洪顺、淮关之董秀山

等，经地方官实力蹤捕，无不次第伏法。又岂在多立科条，始无漏网耶……”（《清高宗实录》卷921）

（乾隆三十八年三月）甲午，谕军机大臣等：“何煟奏‘据署信阳州知州吴翼行拿获湖北人李元义在该境奉行邪教，并究出教首朱洪系湖北应山县人，现在楚省行白阳教。该犯均系湖北人，蔡西若、夏孟烈、吴老四等转招入教’等语，并据将所传太阳经及对联、歌词钞录呈览，该犯朱洪等胆敢妄立教名，传经惑众，隔省招诱，殊为不法，必须全行拿获，毋致漏网。且阅其起获对联‘天换世界人’之句，甚为悖诞，尤宜从严讯究。着传谕陈辉祖，即将朱洪、蔡西若等严饬各属迅速查拿务获，并严讯对联语意，务得确供，毋任丝毫遁饰，即由楚省审拟具奏。并着将何煟原折录出一分，及原奏对联、歌词、太阳经折片一并寄阅。”（《清高宗实录》卷928）

（乾隆三十八年四月己丑）又谕：“据陈辉祖奏‘竹溪县凶犯张世华因图奸杀死四命，并致伊母自缢，旋即逃匿谷城、光化等处，经光化县知县唐惟克盘获，究出前情，现在审拟具题，该令唐惟克应否送部引见，请旨遵行’等语，张世华因奸杀死四命，并致伊母投缳，情罪实为重大，已饬该部速行核办……”（《清高宗实录》卷932）

（乾隆三十九年正月癸未）谕：“……萧士进系伙同余其璜等在江苏地方撞骗掉窃之犯，乃于解审在途脱逃，甚为可恶，自应按例惩治……再萧士进之得以就获，由该犯本籍汉阳县，提讯该犯妻属究出踪迹，始无遁饰。所有解役陈玉系桐城县佥差之人，亦当于本籍拘拿家属严审，务得其实在下落，以便迅速查缉，毋使远扬。至该犯系在舒城县境内窜逸，该处毗连楚北黄梅县及江西一带，亦应一并设法严查。弋获之日，并着解京审究，除裴宗锡现因陛见在京，就近谕知外，将此传谕萨载及江西、湖北各该抚知之。”（《清高宗实录》卷951）

（乾隆三十九年十月戊申）又谕："据陈辉祖奏'审明荆州盘获川民李申荣实名李盛文，原籍四川南充县，随父搬住南江县佃耕。因赌输钱，被何姓牵牛索欠，畏父责处，逃至重庆，上年六月回至荆州，经领催盘获。该犯畏刑，即妄认为逃兵李申荣，应解回川省，查审本案完结，李申荣严缉另办'等语，逃兵重犯理应早为审办，此案系上年六月间经绰和诺奏交该署督查审之事，如果实非逃兵，何难立时讯明，据实奏闻另缉？乃拘泥外省办案故套，只以楚省供词与川省未符，遂致辗转咨查，迟延至年余之久始行具奏。此在寻常案件犹为不可，况缉捕逃兵，岂可任意延缓，转致真犯李申荣日久稽诛？殊属不合。陈辉祖着交部议处，所有李申荣一犯，仍着川楚二省详悉确查，一体严缉务获，毋得再有迟误。"（《清高宗实录》卷969）

（乾隆三十九年十一月癸丑）谕军机大臣等："据荣柱奏'拿获东省逆犯张百禄，于十一月二十六日派员押解赴京'等语……此等人犯自揣罪恶深重，或潜匿相近之直隶、河南等处，均未可知……至江苏、安徽、湖北、湖南、山西等省，亦系毗连豫、东两省境地，并恐该犯等改装匿迹，潜窜境内，并着谕令各该督抚等一体留心访拿务获。虽不必如山东等省之按月奏报，亦当实力饬拿，勿稍疏懈。并不得视为海捕故套，致要犯得稽显戮。将此一并传谕知之。"（《清高宗实录》卷970）

（乾隆四十年八月乙巳）湖广总督署四川总督文绶奏："北路解到番犯，应行监禁，但聚集一处尚恐滋事，查省城司府及成华二县共有四监，应分为数处羁禁，以便防范。"得旨嘉奖。（《清高宗实录》卷989）

（乾隆四十年十二月己酉）又谕："据陈辉祖奏'递解粤西厂犯杨怀万在钟祥县地方贿买替役王明举，开锁脱逃'一案，又据陈辉祖、敦福奏'解发厂犯巫朝龙，在江陵县虎渡口贿买差役杨高，开锁脱逃'一案，俱已批示交部。此等厂犯本系私越边境滋事、逃回内地者，其罪本无可逭。第念人数太多，因量其情节轻重，分别新疆及各省安插，如有脱逃，即于就获处所照改遣人犯例立时正法，并豫饬沿途督抚严饬各属小心管解，毋致疏虞。乃分起押解以来，各省经过地方并未报有中途脱逃之事，惟湖广省同日奏到二案，俱系差役受贿纵逃。则楚省文武之玩视公务，漫不经心，均难轻贷。而该督抚之不能先事训诫，留心整饬，亦可概见。陈辉祖、敦福，俱着传旨严行申饬。至所奏逃犯杨德及贿纵之替役王明举、杨高业经拿获，即行正法，并将佥解之兵役发伊犁及问拟杖徒等罪，自应如此办理。其逃犯巫朝龙现在曾否弋获，未便令其久稽显戮，并着该督抚饬属上紧严缉，务获正法。并着该犯原籍之该督抚及经由之江西巡抚严饬一体躧捕，毋任潜踪漏网。所有佥差不慎并失察之地方文武各官，均有应得处分。除外委陈超群既经自行获犯，功罪尚可相抵，应予宽免。其已在本境获犯之文武各员，议处亦可稍轻。至巫朝龙一案之该地方官既已疏脱于前，又不即时缉获，议处应行加重。并着该署督等查明分晰参奏，交部议处。将此一并传谕知之。”（《清高宗实录》卷998）

（乾隆四十一年六月乙巳）又谕：“据伊勒图奏‘安插厂徒’一折，另单内开‘发遣乌噜木齐、巴里坤等处厂徒九百零三名，除沿途患病留养、脱逃、已故一百四十二名’等语。此等厂徒私越边境滋事，逃回内地，其罪本无可逭。因其人数太多，是以酌量情节轻重，发往新疆及各省安插，屡经降旨沿途督抚，严饬各属小心管解，毋致疏虞。如有脱逃，即于就获处所，照改遣人犯例立时正法。乃自分起押解以来，经过各省地方甚多，惟湖广、江西奏到三案，其余各省并未报有中途脱逃之事。即湖广、江西已奏三案，除赖鹏万、杨德万业经拿获正法，其巫朝龙一犯，迄今未报弋获。可见各省督抚于要犯脱逃，全然不以为事。所谓派役严缉者，亦不过以空文塞责，毫无实际。此等陋习牢不可破，其何以惩奸顽而肃吏治？俱着传旨申饬，仍着将此案发遣新疆厂徒经由之各省督抚，查明各犯在何省脱逃几名，因何不行具奏，并曾否弋获之处，即

行复奏。”（《清高宗实录》卷1010）

（乾隆四十一年十一月辛巳）谕：“据陈辉祖参奏‘前任建始县知县吴森，于利川县民刘明先被窃拒捕、戳伤身死一案，将无辜之马老三滥刑逼供，若非提省委员彻底细鞫，几成冤狱，请旨革去职衔’等语。吴森承审窃盗杀人重案，不能虚公研鞫，审出捕役私拷教供等情，乃偏执刑求，几令无辜被陷，仅拟革去职衔，不足蔽辜。吴森着革去职衔，交部另行按律改拟。此案着该抚严饬审缉正凶，定拟具奏。”（《清高宗实录》卷1020）

（乾隆四十二年十月庚子）刑部议复：“湖北巡抚陈辉祖奏称，巴东县民何与同伊父何文亮，与胞伯何文魁争种公地，共殴何文魁身死。何与依律拟斩立决，何文亮拟徒。查卑幼共殴期亲尊长至死者，无分首从，应将何文亮、何与均拟斩立决。”得旨：“刑部核复‘湖北省具题何与同父何文亮共殴期亲尊长至死，均改为拟斩立决’一疏，所改甚是。此案何文亮殴伤胞兄至死，与殴死胞伯，事关服制，厥罪惟均。但因一命而令其父子两人俱立置重辟，未免可悯。何与即处斩，何文亮着改为应斩监候，秋后处决，并交刑部存记，明年秋审，入于情实有关服制册内声明请旨。至该抚陈辉祖审拟时，岂不知律有殴死期亲尊长不分首从之条？乃于何与则照殴死律拟抵，何文亮仅照殴伤律拟徒，一事而两引，实属舛误。即或该抚因不忍其父子二人俱死，欲为求生，亦应照律拟罪具题，另行专折入奏，候朕酌量加恩。岂有不守律文，率行分别误拟之理？陈辉祖着明白回奏。”（《清高宗实录》卷1042）

（乾隆三十四年八月己卯）谕军机大臣曰：“陈辉祖参奏‘南漳县解役王永升管解应行斩决之盗首田三，在途贿纵，请将知县马世崧等分别革职拿问等因’一折。田三系劫盗首犯，问拟斩决，情罪重大，解役理宜严行管押，遵例笼锁，毋致疏脱。乃差役王永升系佥押田三之人，胆敢于途次向该犯借用钱文，竟将锁铐钥匙交付本犯自带，又不管押同行，致该犯乘间开锁脱逃，情节甚为可恶。解役得贿故纵，例应照囚罪同科，即他人获犯亦不准减免，今王永升之借用重犯钱文，付给锁钥，其贿纵已属显然，即应照例问拟。该抚折内，仅称并提兵役，研究实情严办，而于王永升之应问何罪并未声明，殊属疏漏。陈辉祖着传旨申饬，并着该督抚即速饬属将逃盗田三严缉务获，即行正法。其贿纵之解役王永升亦即讯明，从重究拟速奏。并将托病倩人代替之解役王鼎及顶替管解、中途潜回之郭保一并严讯确情，定拟具奏。"（《清高宗实录》卷1065）

（乾隆四十三年十一月丁亥）又谕："……昨陈辉祖奏，于襄阳盘获玉商杨添山等十七名。解到时，亦着详悉研鞫，是否与张銮、赵钧瑞同伙，或不相干涉，讯取确供，分别办理具奏。其现在或有续获者，亦照此办理。此乃朕格外之恩，凡属商众，俱当感激改悔。若经此次查办之后，复有私赴新疆、偷贩玉石者，一经查获，即照窃盗满贯例，计赃论罪，不能复邀宽贷矣。将此通谕中外知之。"（《清高宗实录》卷1070）

（乾隆四十三年十一月甲辰）谕军机大臣等："本日据步军统领衙门奏'湖北黄州府广济县已革监生刘经邦，呈控伊嫂张氏与故夫族弟刘道高通奸。控县不为审究，反将伊衣顶详革，是以来京呈控等因'一折。细阅原告刘经邦供词，所称张氏年已六旬有余，而刘道高年止三十，则其指为通奸之处，殊非情理所应有。且于该署县是否得赃，袒护被告，又无指实，或系刘经邦被该署县审出诬控情节，因而逃匿来京，捏词具控，亦未可知。但此事甚小，不值特派大臣往讯，已令刑部拣派明干司官一员，押带刘经邦驰往湖北会同三宝秉公查办矣。至所供'县役陈皓等向其称说该署县杨仁誉系大学士于敏中外甥，能作威福，现今寿诞，何若送银祝寿，可以早完此案，因我不肯，遂将我详革'等语。杨仁誉如果有此事，即应查明究治，或系县役招摇指撞，亦当讯实严究。至该署县查审此案，因何不即完结。又该犯有'要拿我严审治罪'之供，刘经邦是否应行治罪，并着三宝会同刑部司员一并审明，据实复奏。三宝务须秉公查办，不得稍有瞻徇。”（《清高宗实录》卷1071）

（乾隆四十四年五月丙戌）谕军机大臣曰：“郑大进奏‘据罗田县知县陈士凤访闻匡家河地方粘贴逆示，查系范胜志挟嫌捏陷等因’一折，已于折内批示矣。范胜志因受匡姓轻慢，并欲控其行窃鸡鱼，辄挟嫌捏造逆示，两次粘贴，希图倾陷泄忿，且敢妄为悖逆不法之词，实为罪大恶极，难以轻逭。该犯现既拿获到案，供认不讳，着传谕郑大进即速严讯明确，从重定拟具奏，以示惩儆。并严究此外有无同谋伙伴之人，一并问拟，勿稍轻纵。至折内所称‘匡姓焉知不于二月见人揭示，始惊心敛迹，恐不无别情’等语，转可不必过虑。范胜志挟嫌诬陷，既经究出实情，即与匡姓无涉。若过于生疑传讯，不免令无辜株累，适足以遂陷害者之心，办事不宜如此也。将此由四百里传谕知之，仍即讯明定案具奏。”（《清高宗实录》卷1082）

（乾隆四十四年六月丁卯）谕军机大臣等：“据鄂宝等奏‘四月十三日，突有一人赴巡漕御史天保公馆投书一封，拆看系匿名揭帖，控告湖北、湖南各帮旗丁盗卖漕粮等事。当将投书人丁自富审讯，供出寓居杨州万寿宫之黄姓托递。及指获讯问，又系雷旭，始经供认。迨发淮安府署府胡观澜审讯，雷旭顿翻前供’等语，所办殊未明晰。丁自富初供，既有黄姓给钱投递之语，自应指拘黄姓之人到案严鞫，何以差役押同丁自富指拿人犯，却将雷旭拘拿。及雷旭供词翻覆，仍当向丁自富严诘当日原交书信之人，令其指实。乃任听丁自富扶同改供，致滋疑窦，总未得此事肯要，岂能审出实情？着传谕萨载，提集各犯，逐一严鞫，务得托投匿名揭帖正犯，审讯明确，定拟具奏。鄂宝等原折，并着钞寄阅看。”（《清高宗实录》卷1084）

（乾隆四十四年十月丙寅）谕曰：“前日勾到湖广省秋审人犯，内有王成砍杀江文珍等一家六命，其子王喜娃应行缘坐，年仅十岁。今日勾到山东省秋审人犯，内有冯吉杀死冯文炜一家六命，其子冯大甫年仅六岁，冯二甫年仅二岁，刑部俱拟入情实应斩，本属例所宜然。王成、冯吉凶恶性成，砍杀一家六命，惨毒已极，即将伊全家抵死，仅足相偿，实为情真罪当。而刑部定例，将杀六命之已绝嗣者，其子均拟斩决。若尚未绝嗣者，拟斩监候，而于缘坐者之年岁未为区别。因念二犯缘坐之子，犯事时年仅数岁，尚在童稚无知，若概予骈诛，究觉不忍，是以均未予勾。此即朕之姑息，然仰体上天好生之心，毋宁失之厚耳。惟是此等凶孽，留其喘息，已属法外之仁。若伊等长成后，或遇赦减等释宥，仍听婚配，俾有遗孽，将何以昭示平允，并何以慰死者之心。嗣后遇有此等凶犯，缘坐之子年在十一岁以上者，仍照现行之例办理。如在十岁以下者，俱着问拟斩候，永远监禁，虽遇赦不准减释，令其老死囹圄，庶于准情之中仍不废法。所有此次未勾之王喜娃、冯大甫、冯二甫，即照此例行。着为令，将此通谕内外问刑衙门知之。”（《清高宗实录》卷 1093）

（乾隆四十四年十月戊辰）刑部议复：“湖北巡抚郑大进奏，罗田县民曾志广，因谋产致死胞叔曾生迴。灭伦凶犯，依律应凌迟处死。”得旨：“此案曾志广因谋夺继产，将期亲胞叔曾生迴用石殴毙，情罪极为可恶。该抚照律拟以凌迟处死，并声明曾文玉无嗣，应听族户另行议立，其二房、三房现因争继酿命，均不准其继立，所议甚是。曾志广着即凌迟处死，余依议。嗣后各省如有似此争继酿命者，并应照此办理，着为令。”（《清高宗实录》卷 1093）

（乾隆四十四年十一月甲辰）又谕曰：“步军统领衙门奏‘据湖北京山县民人黎以富呈控伊胞弟黎以盛，因向黎秩序索欠，被黎绍康等十三人攒殴身死，该县止将黎秩序一人拟抵，并黎绍康等十三人结拜弟兄，自称十三太保，开宝场诱赌各情节，请交湖广总督查审’等语。向来问拟斗殴案件，遇有共殴毙命之案，均以后下手伤重者拟抵。此一命一抵定例，余人不过照例发落。黎以富所控该县将黎秩序一人拟抵，系遵照定例办理，并未错谬，无可查办。至所称黎绍康等十三人结拜弟兄，称为十三太保，开场诱赌等情，是莠民相聚为奸，此风断不可长。着传谕图思德，即行提集本案犯证，秉公查审明确，按例定拟具奏。其原告黎以富，交该部迅速解往候质。将此由四百里谕令知之。”（《清高宗实录》卷1095）

（乾隆四十六年七月）癸亥，谕军机大臣等：“据舒常等奏‘续获啯匪傅开太、吴荣即吴芳贤二犯，现在提省严讯，并查询得啯匪结伙抢劫情形，实系蔡友应为首。该犯因伤监毙，现饬戮尸枭示’等语。啯匪滋扰不法，屡经传谕各该督抚从重办理。所有湖北省拿获各犯，除蔡友应业经枭示外，其现获之傅开太、吴荣即吴芳贤二犯及前获之皮麻子一犯，着传谕舒常等迅速严加刑讯结伙抢劫各缘由，即遵照前旨一面正法，一面奏闻，毋使匪犯久稽显戮。再据舒常等奏，于湖北巴东县地方盘获悖逆妖妄之张武迁一犯，已批令该督等速审定案具奏。本日据刘墉奏‘查搜该犯原籍，并称该犯妻子及伊弟远钦等应听督臣及湖北抚臣查办’等语。此等要犯，自应速审定案具奏，何以刘墉已经奏及，而舒常等犹未将审讯定案之处据实具奏？并着传谕舒常等即遵前谕，严审定拟，迅速复奏。将此并谕刘墉知之。”（《清高宗实录》卷1137）

（乾隆四十六年八月辛卯）又谕：“本日据文绶‘将前后拿获啯匪正法，并解审及捕杀各犯姓名开单具奏’一折，已于折单内详悉批示。文绶办理此案，既贻误于前，屡经传旨严行申饬，此时又主意忙乱，手足无措。即奏到折片内有无枉无纵之语，此系办理寻常案件中套语，文绶亦摭拾入奏，殊不知事理轻重。盖川省啯匪为患已久，其平日头人戴顶坐轿骑马，到处令百姓逢迎，索酒食夫马，稍不如意，则大肆劫掠。且大竹县衙役之子，有为啯匪号一只虎者，早已有人奏出，文绶岂尚在梦中乎？乃屡次折内并无一语叙及，显系回护讳饰。再此案先由楚省发觉，及降旨询问，文绶始行入告，而所获各要犯又并未讯录供词具奏，尤属草率。总之此等匪类，惟有严拿痛惩，俾根株尽绝，庶几可以绥靖闾阎。至姑息之政，于平民尚且不可，何况此等啯匪？若此时不办，将来日聚日多，又复何所不至？此文绶酿成此案之病根，不能再为之曲贷也。着再传谕文绶，将所询各情节，令其据实即行明白回奏。再文绶此次奏到擒获啯匪姓名单内，其解省审办啯匪朱大汉等六十六名，何前次折内，并未据文绶将各犯姓名详晰声叙，又未将如何定罪奏明？并着一并复奏。”（《清高宗实录》卷1139）

（乾隆四十六年八月乙未）谕军机大臣等：“据雅德复奏‘审讯湖北盘获携带邪经之曹贵双，所供案内各犯’一折，内称‘审讯各犯并无女师维忠之名，即曹张氏等持斋礼佛，亦无设教传徒之事。曹贵双所携经本，系已故僧人妙丰所遗，因起获庙中所藏等经，俱系佛门经卷，惟《西天经》一本，语有悖逆’等语。此案曹贵双所供等情，既据雅德审系假捏。即《西天经》一本，阅其经内尚无悖逆字句，其经内标题处‘西天取清’字样，亦系寻常填砌之语，究非有心背妄。若遂以此指为悖逆，未免太过。所有此案曹贵双一犯，着舒常、郑大进即行解送山西，交雅德归案审讯明确，照例定拟。将此各传谕知之。”（《清高宗实录》卷1139）

（乾隆四十六年九月壬寅）又谕：“据李国梁奏‘遵旨赴川，会同搜捕啯匪，途次垫江地方，接据督臣文绶咨会，无须协捕，随于八月十六日，自四川重庆起程回楚’等语。川省啯匪一案，李国梁接据文绶咨会，业由重庆回楚，即令在本境督率兵弁严密搜截，可不必再往川省……”（《清高宗实录》卷1140）

（乾隆四十六年十一月庚子）刑部议复：“湖北巡抚郑大进奏称，曾荣怀因园菜被窃，见徐起才挑菜经过，诬拿至家，私行拷打毙命，请将曾荣怀照捕役诬窃为盗、拷打致死例，拟斩监候。查例载诬指良民为窃、捉拿拷打致死，除实犯死罪外，其余不分首从，俱发边远充军。又捕役诬窃为盗、拷打致死者，照故杀律，拟斩监候。是诬良为窃与诬窃为盗，各有专条。乃向来各省督抚遇有诬良为窃致死之案，俱引捕役诬窃为盗致死例问拟，不知诬窃为盗，系以轻罪诬为重罪；诬良为窃，系以无罪诬为有罪。若以诬良为窃之案，比照诬窃为盗之例，是以良民等于有罪之人，引用殊为失当。曾荣怀应改依诬良为窃拷打致死、实犯死罪例，拟斩监候，秋后处决。请嗣后遇有此案，俱照此问拟，不得循旧牵引，并通行各省一体照办。从之。”（《清高宗实录》卷1144）

（乾隆四十七年五月癸卯）又谕：“据三法司核奏‘河南生员程明禋为郑友清妄作寿文，内有绍芳声于湖北，创大业于河南，语言悖逆，照大逆律凌迟处死等因’一折，所拟未为允协。程明禋妄作寿文及圈点成语之处，不过文理不通，滥用恶套，与公然造作悖逆语言者有间。郑友清疑有违碍，用纸贴出，并未径行告讦。乃程明禋心生忿怨，率领生徒胡高同等辄肆拳殴，并写斥骂语言，黏贴街市泄忿。此等党同恶习，实启师生门户之渐，于世道人心甚有关系。程明禋之罪实在于此，该犯毋庸照大逆凌迟处死律定拟，改为应斩立决。所有缘坐各犯俱着宽免，毋庸查办。其徒胡高同、杨殿材、王国华、李梦蓉等逞强肆殴，为师泄忿，均非安分之徒，即着照部议完结，以示惩儆。朕办理庶狱，一秉大公，所犯情罪，悉视其人之自取。似此门户之见，尤宜整饬，以靖士风。将此通谕知之。”（《清高宗实录》卷1156）

（乾隆四十七年九月丁巳）又谕：“据舒常等奏‘接据郧阳府知府曾恒德禀报，拿获蔡幅一名，系原任副都统书山家内缘坐为奴之犯。咨查该旗，照例办理等因’一折，此等发交该旗为奴人犯，不应听其另行投主远出。着传谕舒常等，即选派员役，将该犯管押解交该旗，查讯有无私逃别项情弊，并将原折交该旗查办。”（《清高宗实录》卷1165）

（乾隆四十八年十二月）乙亥，谕军机大臣等："据姚成烈奏'据荆门州知州萧凤诏禀称，该州民人万世印散帖敛众抗粮，该州带役赴该处将该犯拿获，带往州城审究。行至中途，忽有多人奔赴抢犯，该州出轿迎击，竟被殴戳致伤，并伤州役。经该州知会营员会同搜捕，将万世印及万青山、杜应元等拿获，该抚现在带同臬司前往督拿余犯'等语。万世印诱众滋事，固为此案首恶。该犯虽已拿获，其纠伙抢劫之各犯竟敢鸣锣持械，殴伤官役，目无法纪，尤为可恶，不可不彻底究办，以申国法而靖人心。该抚现已带同臬司前往督拿，着传谕该抚，一面督饬文武员弁设法购线，按名缉拿，并究明起意夺犯及持械殴官者系属何人，从重定拟具奏，毋使一名漏网。并查明该知州所办是否得宜，一并具奏。将此由五百里传谕知之。"（《清高宗实录》卷1195）

（乾隆四十八年十二月壬午）谕军机大臣曰："舒常奏'荆门州刁民万世印等抗粮聚众，夺犯殴官，当经该知州萧凤诏将万世印等二十一名拿获到案，尚有逃逸之万洪昌等未获，现在亲赴荆门，督率查拿'等语。万世印等抗粮不交，辄敢唱戏敛钱，约会构讼。迨经该知州访拿，其伙党复在途鸣锣劫犯，殴伤官役，实属目无法纪。此案前据姚成烈奏到，业经降旨，令其迅速严拿，彻底究办，并将该知州所办是否得宜一并查奏。今舒常复自行前往督拿，自属妥善。所有未获在逃各犯，务须严饬文武员弁设法购线，实力搜捕，克期就获，毋使一名漏网。其已获各犯，即着舒常等严切审究，讯明情节，将情罪重大之犯一面奏闻，一面即行正法，毋使稍稽显戮。至该知州萧凤诏办理此案尚属奋勉，应送部引见。若有别情激变之处，并着舒常一并查明据实奏闻。将此由五百里传谕知之。"（《清高宗实录》卷1195）

（乾隆四十九年三月戊子）又谕："据姚成烈奏'川民皮恒泰等在咸丰县荆竹泉地方劫掠，用枪伤人，焚烧房屋。现饬荆宜施道陈大文、施南府知府李经芳前赴该处查勘情形，严拿审究'等语。此案皮恒泰等纠集多人，胆敢放枪烧屋，实属目无法纪。前据伊星阿奏报，已降旨四川总督李世杰等督饬所属，严缉匪犯，并令飞咨远近各省一体查拿。今姚成烈派委陈大文、李经芳前往查拿讯办，即着该道府等查明起衅缘由，将案内逞凶要犯迅速擒捕，从重究办，毋使一名漏网。将此由五百里传谕姚成烈，并谕李世杰、伊星阿知之。”（《清高宗实录》卷 1200）

（乾隆四十九年三月庚戌）谕军机大臣等：“据特成额奏‘接据川东道沈清任禀报，楚民杨魁林等在青草塘地方因争界放火，烧毁房屋，抢掠物件，并用鸟枪伤人一案，现即驰赴该处，督率文武实力搜拿，从严办理’等语，所奏甚是。川楚接壤之区既有聚众抢劫之案，自应就近即行前往，严速查办，方足以惩凶顽而靖地方。特成额甫由将军擢任总督，即能留心查办，具见认真。李世杰历任巡抚有年，用为总督，乃于此等重案并不切实督办，何转不如特成额之新加擢用耶？川省匪徒滋扰，经前此大加惩创之后，地方稍得宁静，今复有纠集抢劫之案，自系李世杰抵任后，并不照前实力整饬所致。看来李世杰器小易盈，深负委任。着将特成额折钞寄李世杰阅看，令其即行督办。所有此案人犯，即着特成额、李世杰不分疆界，上紧实力督率擒拿务获，严审究办，迅速具奏。将此由五百里发往，传谕李世杰，并谕特成额知之。”（《清高宗实录》卷 1201）

（乾隆四十九年三月辛亥）又谕曰：“成德奏‘楚民杨朝珍、王正明等因互争地界，焚抢伤人一案，现在驰往彻底严查办理’等语。此案节据伊星阿等奏报，已降旨令李世杰等严拿审办矣。昨复据特成额奏‘接据禀报，即驰往川楚交界地方督率搜拿’，特成额由将军擢用隔省总督，尚能留心查办。成德系本省提督，缉匪尤其专责，于此等聚众焚抢之案一有所闻，即应前往查拿，何迟至此始行奏报起程？殊属延缓。且川省匪徒滋扰，当大加惩创之后，该督提等若果能照前实力查办，何至复有逞凶之事？是此案皆系该省文武平日怠玩因循，以致酿成事端。成德系专阃大员，咎无可辞，着传旨申饬，即着会同李世杰实力缉拿案犯，毋使一名漏网。将此由五百里谕令知之。”（《清高宗实录》卷1201）

（乾隆四十九年闰三月己未）又谕：“前因川楚民人争界放火抢掠一案，叠经降旨，令李世杰督率缉拿，从严办理。兹据李世杰复奏折内，仅称‘飞饬臬司镇道等，督属查拿’等语，此事李世杰不应前往乎？昨据特成额奏称‘接据川东道禀报，即驰赴该处，督率文武实力搜捕’，特成额闻信即能亲身前往查办，具见认真。李世杰身任总督，何以安住省城，仅委之臬司镇道各员？殊属非是。看来李世杰自满好逸，非复前此之李世杰矣。川省匪徒甫经惩创，复有此聚众焚抢之案，亟宜上紧严缉，务绝根株，岂可一任延玩，致令远扬，仅以饬属办理了事耶？李世杰着再传旨申饬，并着接奉此旨后，即驰赴该处，亲督文武员弁迅速查拿，严行审办，毋使一名漏网，并将现在已经缉获案犯几名之处据实复奏。将此由五百里谕令知之。”寻奏：“前赴该处查明人犯，实止二十七名。除枪毙一名，逃回湖南原籍一名，现在关拿所有人犯二十五名，俱已全数弋获。现会同湖广督臣特成额、抚臣姚成烈审办。”得旨：“览。”（《清高宗实录》卷1202）

（乾隆四十九年闰三月癸亥）又谕曰：“李侍尧奏‘河州回民马成基等呈控马来迟之孙马五一并同党马国甫、马万德等坚守改教一案……请将马五一、马国甫、马万德三犯发往琼南、百色烟瘴地方，分别安插’等语，亦只可如此办理，已于折内批示。但该犯等由甘肃发往琼南、百色地方，经由陕西、湖广、河南等省，该处沿途俱有回民居住，诚恐马五一等在途遇见交谈，又复互相煽诱，致滋事端，殊属未便。着传谕沿途各督抚，于该犯等押解过境时，务饬各该地方官严加管束，毋令马五一等与该处回民见面通语。仍须不动声色，俾回众相安无事，方为妥善。将此由五百里发往，并谕李侍尧知之。”（《清高宗实录》卷1202）

（乾隆四十九年四月）丙申，谕："据特成额等审拟四川酉阳州民邢持试等，因争山界，纠众焚抢，鸟枪伤人，分别定拟斩决绞候一折，已批交该部议奏矣。此案楚民王正明、杨朝珍与川民邢持试等争占山界，自乾隆四十一年起，即连年讦讼不休。如果地方官早为勘明界址，审断完结，何至辗转构衅，酿成焚抢重案？乃历任地方官彼此移关，并未勘讯完结，而该管上司亦付之不知，并未查催，致该犯等心怀不甘，纠众焚抢。可见外省推诿迟延积习，牢不可破，若不严加惩处，何以儆玩愒而肃官方？所有此案历任互相推诿、不行勘审之各州县，着交部查明，加倍从重议处。其不行查催之历任各该督抚等，亦着交部严加议处。"（《清高宗实录》卷1204）

（乾隆四十九年六月壬辰）谕军机大臣等："据伊星阿奏'湖北省解到充发烟瘴之甘肃邪教回民马五一等三犯，此外尚有回民丁正祥、马三格、马五十一等随同到楚，系文牌内无名之人。讯系马五一等亲属，因迷恋异教，情愿远道跟往。已将马五一等即行正法，并将丁正祥等均拟绞候，又搜出马五一等所带银二百四十余两、凉缨六百余头，概行入官'等语，所办甚是。马五一等系充发烟瘴重犯，其亲属不惮远道跋涉，跟同前往，可见邪教煽惑人心，牢不可破。况该犯因邪教惑人，窜之远方，何得任其多带银物，潜携党羽？倘该犯等至配所后仍得安居乐业，故智复萌，倡兴邪教，尚复成何事体？且该犯等佥解时，曾降旨令各该督抚转饬所过地方，不得令其生事。其银两从何而来，而雨缨尤为甘肃所产，必系该犯临行所携带。此在沿途地方官转解时，或未能详细检点，而甘省起解之初，何得竟听其携挈亲属同行，多带财物……"（《清高宗实录》卷1208）

（乾隆四十九年九月己未）谕军机大臣曰："特成额奏'连日审讯西洋四人，语言难办……现飞咨广东抚臣选择通事，暨拘查蔡伯多禄、谢禄茂解送来楚质讯，并密咨陕西抚臣，根查焦姓、秦姓'等语。前曾有旨，传谕特成额令将盘获之西洋人四名于讯取确供后，同取出之西洋经卷及所画佛像等物一并解京。现在案内人犯刘十七等虽据拿获，而在逃之张永信，粤省之蔡伯多禄、谢禄茂等，及供出之西安焦、秦二姓俱未查拿到案，质讯明确，得其实在情节。着传谕特成额，如现在西洋四人业经解送起程，即将案内有名人犯拘提齐集，一并解京。若尚未起解，且暂留该省，俟人犯拿获齐全、审讯明确后，再行解京。不必拘泥前旨，将西洋人先行押解，以致案内情节转不能水落石出也。至焦、秦二姓，现据特成额奏，已密咨陕西抚臣根访查拿。该犯等曾否拿获，着传谕毕沅，即密饬所属查拿，并讯以汝等如果安分习教，尚在可原，何得招致西洋人往来内地，私传经教？务得确供具奏，再行解往楚省，归案办理，勿致要犯得以免脱。将此由五百里传谕特成额，并谕毕沅知之。”（《清高宗实录》卷1214）

（乾隆四十九年九月乙丑）谕军机大臣等：“据特成额奏‘将拿获西洋人四名并起出经像等项派员解京，现提同窝留接引之刘绘川等悉心研鞫，俟西洋人解抵刑部，讯取供词，知照到日，再行质审’等语。昨因恐特成额拘泥前旨，止将西洋人先行押解，以致案内情节不能水落石出。已有旨传谕该督，如西洋人业经解送起程，即将案内有名人犯一并解京。该督自因未接奉此旨，是以仍将刘绘川等留楚审讯。着再传谕特成额，即遵续降谕旨，将案内已获各犯派委妥干员弁迅速解京审办。其未获之张永信，暨在逃通事各犯，亦饬属严缉务获，解京归案办理。各犯总在该省，因何迟而未获，足见外省诸事懈弛。其另片奏称‘访有刘喜等，诈去西洋人元丝银三十三锭，现在另行究办’等语。如刘喜等不过假冒兵役，诈取财物，即着该督严审定拟。若此内有关系西洋人传教通信紧要情节，即将应讯犯证解京质审。至蔡伯多禄、谢禄茂二犯，讯系住居广东，前已令孙士毅按名速拿，此时想早经拿获。并着传谕该抚，亦即委员解京，不必又解赴楚省审讯，致有担延。并将该省诚实通晓西洋语音之通事，选派一二人一并送京，以凭讯供。舒常自京回粤，若路遇该

犯等，即可告知委员，令其径解刑部，毋庸解往楚省也。将此由五百里各传谕知之。”（《清高宗实录》卷1214）

（乾隆四十九年九月癸酉）谕军机大臣等：“刑部进呈湖南省秋审情实招册内，由缓决改入情实者三起……即如湖北省，本年经刑部改拟情实者，亦有二起，但核其情节，尚在可实可缓之间。而湖南省所改三起，竟系伤毙多命、行窃拒捕重犯，断无可缓之理……”（《清高宗实录》卷1215）

（乾隆四十九年十月丙申）谕军机大臣等：“据特成额奏‘拿获焦振纲、秦禄各犯，并查出《天主经》一本、汉字书信四封、洋字书信十封’等语。西洋字内地无人认识，焦振纲、秦禄由西安赴湖南、广东，何以带有西洋字书信十封……所有焦振纲、秦禄各犯，据特成额奏，飞札湖南臬司解送武昌，审讯确供具奏后，再行解京。着传谕该督，即将焦振纲等犯严加审讯，务究出西洋字十封系何人所写，寄与何人之信。如有供出人犯，一面按名查拿，一面将焦振纲各犯遵前旨迅速解京审办。其起出之西洋字书信等件，亦着一并解京……”（《清高宗实录》卷1216）

（乾隆四十九十一月庚午）又谕：“据特成额奏‘通城县有黎姓叔侄，因争谷互殴成伤，该令郑师往验，突有十余人上前，将该县差役攒殴，并该令亦被殴打，恐其中有别项起衅情弊，特成额现亲赴通城查办’等语。黎姓叔侄争谷殴伤，郑师前往该处查验，正为伊等办断曲直，何致转被殴伤？是其中必另有起衅激殴情节。特成额一闻禀报，即亲往查审，所办甚是。着传谕该督，即就近拘集人犯，秉公严鞫。如该县并无办理不善之处，民人等竟敢聚众殴官，必当从重定拟，以儆刁风。如该令竟有酿成事端情节，亦当据实查办，不可稍存回护。”（《清高宗实录》卷1219）

（乾隆四十九年十一月甲戌）又谕：“据李绶参奏‘署竹溪县知县张

其章因武生陈梦陇包揽教唆，审讯时又恃衿咆哮，将该生杖责致毙，请将张其章革职’一折，细核此案情节，陈梦陇名列胶庠，理应安分守法。乃因同族陈能申佃种赵云开山地，主使陈能申抗欠不完，及赵云开赴县具控，恃衿挺身具诉。又因李元吉欠方秀万钱文，该生代作词稿，教唆方秀万告状，牵控行户，经该署县拘提审讯，竟敢倚恃生员，咆哮不服，种种恣肆。似此包揽教唆、滋事抗欠之劣生，本有应得之罪，与寻常滥刑毙命者不同。惟该署县不俟通详褫革，遽行杖责，其咎实在于此。然亦不过交部议处，止于降留，尚可不至革职。倘该署县于经手仓库事件或有亏那情弊，自当参革审拟。李绶原折，着暂行存记。着传谕特成额、李绶查明，据实奏到后，再行交部核办。”（《清高宗实录》卷1219）

（乾隆四十九十一月丙子）谕军机大臣等：“据特成额奏‘查明通城县黎赞武等聚众殴官起衅情形，并拿获案犯，现在审办’一折，已于折内详悉批示矣。该县郑师因黎明翰被胞侄黎玉敖等捆殴成伤，伊妻孙氏赴县禀报，亲往查验，突遇黎赞武等拦阻殴打，是该县并无办理不善之处。虽有被逼至黎赞武家内勒写照稿一节，但此等乱民，与叛逆贼众不同，原不必遽以身殉。该县即被勒逼从，从权写给，以为脱身之计，尚近人情。细核此案情节，该县竟属无罪，不可参处以长刁风。至黎赞武等，恃其聚族而居，人多势众，竟敢聚众殴官，并将知县逼至家中勒写字稿，不法已极，即将首犯凌迟，亦不足蔽辜。必须按名弋获，尽法惩治，方足以靖人心而肃法纪。着传谕特成额，严饬各属上紧查拿，毋使一名漏网。并将现获各犯速行究审，从重定拟具奏。今获正犯否，着即速奏。将此由五百里谕令知之。”（《清高宗实录》卷1219）

（乾隆四十九年十二月乙酉）谕军机大臣等：“据刘峨奏‘查拿前在沙河县地方背负折匣潜逃之骡夫马正元一犯，已经原籍山西凤台县拿获’等语。该犯受雇外委杨宗明赍折回楚，乃敢于中途背匣逃匿，甚属可恶。既经山西原籍凤台县拿获，何以未据该抚奏到？着传谕农起，即行审明

速奏。”（《清高宗实录》卷1220）

（乾隆五十年正月）丁丑，谕：“据特成额奏‘通城县聚众殴官之首犯黎赞武，已经委员派出之差役等驰赴四川大宁县地方拿获。该县将黎赞武监禁，一面禀请川省督臣批示，再行委员解楚’等语，黎赞武纠众逞凶，殴伤官役，实属此案罪魁。一经拿获，自应立即审办，以彰国宪而快人心。乃大宁县知县魏履中不将该犯即付差役速解，一面监禁，禀请川省督臣批示，再行委员解楚，显系取巧见长陋习。楚省委员派往差役，缉拿要犯，自必持有印票，断无假捏之理。有何不可信，而必待禀请川省督臣批示，再行委员解楚？万一要犯羁禁，辗转稽迟，稍有疏虞，致该犯有越狱自戕等情节，尚复成何事体？外省地方官往往心存畛域，全不以公事为重，屡经降旨饬谕，总不能悛改。着再通谕各省督抚，严饬所属，嗣后遇有此等事件，务即不分疆界，一体迅速遵办，毋得拘泥迟延，致要犯稍稽显戮。”（《清高宗实录》卷1223）

（乾隆五十年正月丁丑）谕军机大臣曰：“特成额奏‘聚众殴官在逃首犯黎赞武，究出该犯潜匿四川大宁县地方，经委员派出户首同县役等驰赴该处，将该犯捕获。据大宁县禀称，将该犯监禁，禀请川督批示，再行委员解楚’等语。此等凶犯，当无分畛域，实力查拿。况湖广差役赴川，自有印票可凭，该犯一经就获，该县即应将要犯交付差役，解赴湖广，再行禀知本省总督，方为正办。乃必待禀请批示，暂行羁禁。外省地方官积习，惟知在本省督抚前见长邀功，全不顾事理轻重，最为陋习。现已明降谕旨，通行饬谕矣。至黎赞武一犯，如已解赴成都省城，即着该督将该犯审明，照例正法。若已经湖广委员解回，即着特成额一面办理，一面具奏，不得往返稽延，致要犯久稽显戮也。将此由五百里各谕知之。”（《清高宗实录》卷1223）

（乾隆五十年二月）乙酉，谕军机大臣等：“据特成额奏‘黄陂县典史任朝恩，因借山西人刘姓、李姓银两，在署坐索，情急自缢毙命。现在严饬各属实力追拿，并飞咨九门提督就近查拿办理’等语。此案已经提督衙门将刘姓之同伙尚孝拿获解楚审办矣。重利盘剥，本干例禁，乃该犯等甚至以三扣取利，在署坐索，逼毙职官，情尤可恶，必应严审治罪，并将各该犯家私籍没入官，方足以示惩儆。刘姓等或尚在楚省窜匿，或潜回山西原籍，俱未可定。着传谕特成额、农起，严饬各属一体实力缉拿务获，归案审办，从重定拟具奏。”（《清高宗实录》卷1224）

（乾隆五十年三月）丙辰，谕军机大臣曰：“特成额等奏‘楚省殴官伤差首犯黎赞武等，前经川省拿获，委员解楚审办。当即添派文武员弁驰往前途，迎提来省，并令由川入楚之巴东县，一俟该犯等递解入境，先行禀报。迄今旬余，尚未解到’等语。黎赞武等犯业据保宁奏报，委员解楚审办。乃已阅旬余，尚未解到，亦未据巴东县禀报该犯等入境日期，特成额等即应迅速查明因何迟滞缘由，将该州县据实参奏，何仅以咨查了事耶？特成额、吴垣俱着传旨申饬，并令将黎赞武等催解到省，迅速审明办理具奏。将此由五百里发往，并谕保宁知之。”（《清高宗实录》卷1226）

（乾隆五十年三月）癸亥，谕：“前因山西民人刘姓等重扣放债，索欠逼毙黄陂县典史任朝恩一案，已降旨将刘姓等严究办理矣。前闻康熙、雍正年间，外官借债，即有以八当十之事，已觉甚奇。今竟至有三扣四扣者，尤出情理之外。且向来文武官员出京赴任，均有在部借支养廉之例，自道府副参以至微末员弁，准借银数自千两至百十两不等，已属优厚。此项银两，因恐需次人员，资斧缺乏，是以准其借支，原系格外体恤。在各该员果能自行撙节，已足敷用。若任意花费，正复何所底止？而市井牟利之徒，因得以重扣挟制，甚至随赴任所，肆意索偿，逼毙官吏。似此已非一案，实属不成事体。嗣后赴任各官，务宜各知自爱，谨守节用，勿堕市侩奸计之中。若有不肖之员不知节俭，甘为所愚，仍向若辈借用银两，亦难禁止。但总不准放债之人随往任所，并令各该督抚严行查察，如有潜赴该员任所追索者，准该员即行呈明上司，按律究办。倘隐忍不言，即致被逼索，酿成事端，亦不官为办理，庶可杜市侩刁风，而不肖无耻之员亦知所儆戒。”（《清高宗实录》卷1226）

（乾隆五十年三月辛未）谕军机大臣等：“据特成额等奏‘襄阳县访拿传习邪教、收徒敛钱之孙贵远等，并搜出邪经，现在提犯严审究办’等语。孙贵远胆敢踵行邪教，且查出咒内有‘十口合同西江月，开弓射箭到长安’之语，尤为悖逆。着特成额等即将现获之犯严行审办，定拟具奏。其逸犯曹守陇等，并着该督抚督饬地方文武各员弁上紧缉拿，务期按名弋获，毋任远扬漏网。将此传谕特成额等知之。”（《清高宗实录》卷1227）

（乾隆五十年三月辛未）又谕：“本日军机大臣会同刑部具奏‘审拟广东省解到哆啰等犯’一折，已依议行矣。此案西洋人赴各省传教，业经据该督抚陆续获犯解京，审明定拟完结。其在逃之蔡伯多禄最为要犯，至今尚未就获。该犯系赴粤起意接引伴送之人，前屡降旨，令各督抚严密查拿，迄今半载有余，乃本案已经办竣，而要犯转致潜逃，可见办理全不认真。该犯原籍福建，而广东、湖广系其平日逗留之所，此时畏罪窜匿，总不出此数省。着传谕孙士毅、特成额、富勒浑、陆耀、吴垣，即速严饬员弁设法购线，务将要犯弋获。若以案延日久，渐视为海捕具文，则是该督抚等有心疏玩，恐不能当其咎也。”（《清高宗实录》卷1227）

（乾隆五十年四月戊戌）又谕：“据明兴奏‘访获邪教人犯，审明定拟’一折，已批三法司核拟速奏矣。内称‘王坦兄弟叔侄近有烧香传道之事，并闻藏有《五女传道》经本，伊等是否天主教内之人，无从识辨’等语。烧香传道与天主教不同，此另是一种邪教，不可不详细严查。豫东境壤毗连，本日据特成额等奏，审拟枣阳县民孙贵远等私习邪教一案，内有‘已正法之李从呼原入豫省徐国东收元邪教，孙贵远又从李从呼入教，李从呼将徐国东原给《五女传道》邪经一本给与’等供，是豫省人民，多有此惑众敛钱之事，东省所获五女教，自亦系豫省传习到彼。现在河南各属被旱，且不必急于查办。但左道惑人最为风俗人心之害，必当严绝根株，着传谕毕沅，密为留心，俟该省得有透雨，民情宁贴，酌量可以查办时，即饬所属严密查访……”（《清高宗实录》卷1229）

（乾隆五十年六月）辛丑，谕军机大臣等：“据黑龙江将军恒秀奏‘遣犯王凤于五月二十三日在配脱逃’等语。王凤系抢夺为从、免死减等、发遣黑龙江给兵丁为奴之犯，胆敢乘间脱逃，情殊可恶。计其逃窜后，或由山海关一带潜回本籍，均未可定。着传谕直隶、河南、湖北各督抚，派委妥干员弁实力躧缉，务期迅速就获，照例办理，毋致漏网。”（《清高宗实录》卷1233）

（乾隆五十年八月乙酉）又谕：“据特成额奏‘湖南桑植县民郭大至妄编《代宣圣谕广训》一本，词语狂悖，并言湖北施南府属啯匪累民，现在逐加究讯，业据供认挟嫌诬控各情节’等语。该犯郭大至因迁居湖北恩施县地方，佃种谭心寅田亩，欠租退佃，辄挟嫌诬窃，并将口角争闹之唐享珍等牵控多人，居心已属险诈。又胆敢编造公状，希图泄忿，并妄造序词，语多狂悖，实属目无法纪。该督既已审得实情，即应迅速定拟具奏。何尚悬案未结，有稽时日？着传谕特成额，即将该犯按律速行定拟具奏，毋任稽延。”（《清高宗实录》卷1236）

（乾隆五十年九月甲寅）又谕：“刑部进呈湖北省秋审情实招册内，由缓决改入情实者五起。朕详加披阅，如魏全道因细故争骂，叔侄持械谋殴，一死一伤。又沈钦禄，因赎地不允，逞凶叠殴，亦系一死一伤。又魏大忠逞凶叠殴雇工致死，复烧房捏诬，图脱己罪，甚属凶狡。又聂在阳理曲逞凶，殴毙兄妻，均属罪无可逭。至贾则仕因衣物被窃，辄疑蒋长颈为贼匪，捆缚叠拷，此人虽曾犯窃，此案实非，其为致毙无辜，尤出情理之外，此而列入缓决，何以昭情法之平？至如湖南省陆耀所拟缓决、刑部改入情实之赵开熙一起，核其情节，尚在可缓可实之间。而湖北省所改五起，均无可缓之理。该抚曾任刑部司员，伊父吴绍诗、伊弟吴坛俱系刑部出身，一家父子兄弟历任刑曹，秋谳大典自皆讲求有素，该抚于此等凶恶重犯，何所见而概从末减？岂该抚因年老欲积阴德，遂至宽纵若此耶？吴垣着传旨申饬。”（《清高宗实录》卷1238）

（乾隆五十年九月甲子）谕军机大臣等：“据吏部奏‘湖北汉阳府审解兴山县捕役巫宗等，听从在逃之周大顺诬指李替升为窃，捉拿拷打。周大纲诬告曾望隆杀死周大顺一案，曾经臬司批府提讯，前任宜昌府知府汪思蔚迟至三月之久，仍未审详，请将汪思蔚降三级调用’。旋据汪思蔚在部呈称‘四十八年，在知府任内，奉委审讯此案，即亲提各犯，连审数次。据巫宗等供出周大顺未死，现在四川万县饭店佣工。具结求关，其曾望隆实因该县刑逼诬认，并无戳死周大顺情事，当即专差赴四川关缉，并将承讯情节通禀上司’等语。此等诬告人命案件，汪思蔚既经承审，如果迟至三月之久玩延不结，事后具呈，思免处分，自应照例降调。但现据该员呈内，有‘提讯巫宗，供出周大顺现在四川万县饭店佣工，专差关提及通禀上司’等语，是否属实，不可不查明究办。着传谕李世杰，即将巫宗所供之周大顺一犯，饬属迅速查缉是否实有其人，如果尚在川省，即行解交湖北归案审办。并着吴垣详查汪思蔚从前审办此案时，果否将所讯供情通禀各上司并出差关提，及因何迟延三月之久，据实查明具奏，以凭核办。此案系特成额任内参奏，吴垣并未承办，自无所用其回护也。将此各传谕知之。”（《清高宗实录》卷1239）

（乾隆五十年十月壬午）谕：“本日勾到湖北省情实人犯内，经刑部由缓决改入情实者五起。朕详加披阅，如魏全道因细故争骂，叔侄持械谋殴人命；又沈钦禄因赎地不允，逞凶叠殴，均系一死一伤；又聂在阳理曲逞凶，殴毙兄妻；又贾则仕因被窃衣物，致毙无辜，均属罪无可逭。至魏大忠逞凶叠殴雇工致死，复烧房捏诬，图脱己罪，尤出情理之外。而列入缓决，何以昭情法之平？吴垣曾任刑部司员，刑名自所谙练，乃于此等重犯并不悉心定拟，概从末减，实属疏纵。吴垣着交部议处。”（《清高宗实录》卷1240）

（乾隆五十年十月甲申）又谕：“本日勾到浙江省情实人犯内，由缓决改入情实者五起……前因湖北省秋审人犯改实者共有五起，吴垣曾任刑部司员，不应失出多案，已降旨将该抚交部议处。福崧身任巡抚，于秋谳大典自应悉心定拟，何至宽纵若此……”（《清高宗实录》卷1240）

（乾隆五十一年正月丁卯）又谕：“昨据浦霖奏‘逃遣向忠夏即向占贵，年籍不符，请查明以便跟缉’一折，因交刑部详查速奏。兹据该部查奏‘乾隆四十八年，据四川总督李世杰咨报自首逃兵向忠夏一名，原籍系湖南宝庆府人，现年二十九岁。因自首免死，发伊犁为奴，嗣于五十年在伊犁脱逃’。据该将军咨报，该犯籍贯、年貌亦与川省咨部时相同。今据浦霖奏‘检查四十三年，川省移送逃兵册内，开载向忠夏系湖北黄州府人，年三十五岁，与伊犁咨报不符，自系川督从前移送湖南省册内开写错误’等语。向忠夏系金川逃兵，因自首免死，发往伊犁为奴，复敢在配脱逃，殊属可恶，必须拿获办理。何以川省前后咨缉册内，开载该犯籍贯、年貌互相歧异？着传谕李世杰，即速查明逃遣向忠夏原籍，究系何省，年岁若干，径行移咨楚省，严缉务获，仍将开报错误之处一并查明速奏。刑部折，着发交阅看。”（《清高宗实录》卷1247）

（乾隆五十一年二月甲午）谕军机大臣曰：“李世杰奏‘查明伊犁逃遣向忠夏即向占贵年籍不符一案，据称该犯向忠夏从前营中造移年籍清册，本系湖北黄州府民人，嗣经该犯赴本营投首，始据供出本名向占贵，原籍湖南宝庆府人，实年二十九岁，于三十六年到川，顶充督标新兵、伊继父向忠夏名粮，未曾更换名册，亦未于咨缉册内声叙，以致年籍不符’等语。此案逃兵向占贵，先既顶充伊继父向忠夏名粮，后因自首免死，改发伊犁，复敢在配脱逃，情罪甚重。乃川省咨部发遣时，并未将该犯过继顶名各情详晰声叙，以致年籍不符，无凭跟缉。可见外省于此等案件，并不认真核办，已批交该部严察议奏矣。至该犯向占贵既据该督查明，实系湖南宝庆府人，其在配脱逃后，自必潜回原籍藏匿。此事着责成浦霖严饬所属实力查缉，务期弋获，毋致远扬漏网。又该犯曾过继湖北向忠夏，顶充名粮，或仍复藏匿湖北，亦未可定。并着传谕特成额、吴垣一体饬属严拿务获，速正刑诛。倘该督等视为海捕具文，不行实力查缉，以致重犯日久稽诛，或经别处拿获，惟该督抚是问，断不能少为轻贷也。将此由四百里各传谕知之。”（《清高宗实录》卷1249）

（乾隆五十一年三月戊辰）军机大臣等会同行在刑部议奏：“湖广总督兼署湖北巡抚特成额奏，湖北黄冈县贼犯陈其方等行窃拒捕，伤毙缉役，陈其方拟斩立决，同拒捕而未伤人之郭彦春照为从例，拟杖流。陈其方应如该署抚所拟处决，郭彦春情节较重，请改发伊犁给厄鲁特为奴。”得旨：“此案窃贼陈其方拒捕杀人，脱逃被获，自应如所拟即行处斩。其帮同拒捕并未伤人之郭彦春，该署抚因系为从之犯，照例于斩罪上减一等，问拟杖流。经军机大臣会同行在法司核其情节较重，将该犯改发伊犁给厄鲁特为奴，所拟甚是。向例凡于拒捕为从者，俱于为首斩罪上减一等，问拟仗流。但为从之犯虽同一拒捕，而事主之与官差究有区别。如犯罪事发，业经官司差人拘捕，该犯仍敢藐法抗拒，较之事主追逐、临时抵拒者，情罪自为较重。若概以为从并未伤人一例减流，不足以儆凶顽而昭法纪。嗣后抗拒官差为从者，即照此案定拟，其余仍照旧例办理，着为令。”（《清高宗实录》卷1251）

（乾隆五十一年闰七月甲申）又谕：“据毕沅奏‘汝州伊阳县拒捕戕官一案，续获在场助势之贾端、刘小、黄周升等三犯，并讯出首犯秦国栋及伊弟秦国仕等已逃往伏牛山内之丁河店、华阳关一带’等语，该处与陕西商州、湖北郧阳地界毗连，恐该犯等闻查拿严急，窜入邻境，自应一体饬属严拿。着传谕陕西、湖北督抚，即选派员弁分投严密躧缉，务期迅速弋获，毋任远扬，稍稽显戮。”（《清高宗实录》卷1260）

（乾隆五十一年闰七月丁酉）又谕：“据毕沅奏‘续获伊阳县拒捕害官案内，在场助势之奸民秦兰等三名，供称要犯秦国栋等现逃往陕西雒南、湖北郧西等语，前因秦国栋逃逸后，已降旨湖北、陕西各督抚上紧缉拿，今已阅半月，何尚未据该督等奏报拿获？本日虽据永保奏，派委臬司王昶前往查拿，亦只系空言，并未弋获。今豫省讯出该犯逃至雒南、郧西等处，雒南系商州所属，郧西系郧阳府所属，均与豫省毗连，着再传谕李侍尧、李封选派员弁，分投前往，永保再饬知王昶严密躧缉，务期迅速就获，毋任再行远扬，致稽显戮。”（《清高宗实录》卷1261）

（乾隆五十一年八月己酉）又谕：“据毕沅奏‘拿获伊阳县拒捕戕官案秦国仕一犯，讯系正犯秦国栋胞弟，并供称秦国栋本与该犯一同逃出，旋因沿途查缉严紧，各自分散。秦国栋曾云，欲向陕西商南、湖北郧阳二处逃窜’等语。秦国栋系案内正犯，今既据伊弟秦国仕供明欲往商南、郧阳逃窜，则秦国栋竟在该二处潜匿，亦未可定。着传谕李侍尧、李封、永保，即行督饬所属，于关津要隘及偏僻处所严密侦缉，务期就获，毋使远扬潜匿稽诛。”（《清高宗实录》卷1262）

（乾隆五十一年十月丁巳）又谕：“据李侍尧等奏‘拿获逃遣危朝选一名，审明正法’一折，内称‘危朝选与同配之金双六商同潜逃，危朝选于闰七月十三日逃至荆州地方，忆及金双六系湖南华容县人，料其逃回原籍，欲往寻觅求助，行至石首地方被获，现饬属一体严缉金双六，务获究办’等语。金双六既系湖南华容县人，脱逃后自必潜回原籍藏匿，李侍尧等即应专饬华容县密速查拿。乃通饬各属一体躧缉，岂不又成海捕具文耶？着传谕该督等，即责成华容县务将金双六一犯搜缉就获，审明办理，不得以通缉了事。至孝感县劣生梅调元活埋人命一案，节经降旨，令该督等严查各上司有无延捺不办各情节，并将此案迅速定拟，何以至今尚未见奏到？着再传谕李侍尧等，遵照节次所降谕旨，严切根究，迅速据实定拟复奏。”（《清高宗实录》卷 1267）

（乾隆五十一年十二月壬子）谕军机大臣曰：“李侍尧奏‘据盐道张廷化禀称，接徵瑞札知，闻段文经已上盐船逃匿之语’，当即降旨，令李世杰、徵瑞查明此信究竟得自何人，据实复奏。兹据徵瑞奏‘段文经由江南上盐船逃匿之语，系十一月初十日接准李世杰咨会，称系河南汝宁府札知安徽凤阳通判转禀之信，一面派员查拿，一面飞咨湖广等省按船稽查’等语……”（《清高宗实录》卷 1270）

（乾隆五十二年正月癸巳）又谕：“大名案内首犯段文经在逃，节经降旨，严饬各督抚上紧缉拿，至今尚未就获……再段文经现据山东拿获张二小供，有‘送至亳州李姓饭店’，又有‘传闻段文经逃上盐船’等语，是该犯行踪诡秘，或潜匿江南、湖广及河南、山西等省地方，均未可定。现在台湾虽有逆匪林爽文滋事一案，但与江南等省毫无关涉，该督抚等不得以朕无暇及此，稍有疏懈，以致要犯日久不获，自干咎戾。着传谕李世杰、书麟、舒常、李封、毕沅、勒保，务饬属上紧设法缉捕，倘经别省拿获，恐该督抚等不能当其咎也……”（《清高宗实录》卷 1273）

（乾隆五十二年三月辛未）军机大臣议奏：“署湖广总督舒常奏‘审拟江陵县劫盗周国泰等，分别斩决发遣，知县汤廷芳等各员分别发遣杖革’，均如所拟。”得旨：“此案于乾隆四十三年，即经事主具报被盗，该守令等俱不上紧审办，上司亦未查催，任意迟延，几及十年之久，足见湖北吏治废弛已极，不可不严加惩创……其盗犯周国泰，着即处斩。余依议。”（《清高宗实录》卷 1276）

（乾隆五十三年二月庚子）谕军机大臣等："据何裕城奏'拿获行窃鞘银贼犯徐长俚，讯系上年十一月内，在闽省浦城县领送鞘银，在水柏街地方十数里外行走落后，将鞘背负山内，用石打开，见有元宝二十个，不能全带，将十个挖坑埋藏，其余十个携带潜回。经东乡县知县范宗裕访拿，现在提犯严审，起获银两，并委员赴闽省浦城县地方刨取埋银，务期全获'等语，所办好。该县范宗裕甚属留心，已着送部引见矣。此项鞘银，现据起出元宝，上有随州、潜江、枣阳县等字样，系湖北解闽饷鞘。既在闽省地方被窃，该处地方官自必早经详报，何以未据该督抚奏及？李侍尧驻扎厦门，料理渡兵各事宜，并亲赴漳州，查拿匪犯，实无暇办理及此。至徐嗣曾，何以亦未经奏闻？着该抚将因何不行具奏之处，据实复奏……"（《清高宗实录》卷1298）

（乾隆五十三年九月己未）谕军机大臣曰："……所有萧姓民人侵占洲地，着交阿桂等查明究竟起自雍正何年，彼时县府道司及该督抚系属何人，并乾隆二十七年该处地方官及该督抚又系何人，其是否从他处转售，一并详悉查明，据实具奏。并着传知该处附近居民，以萧姓贪图洲地利息，广植芦苇，壅遏江流，致郡城被淹，该处百姓咸受其害，是以将萧姓查产入官，照例治罪，并无丝毫委屈。此即为富不仁之炯戒，嗣后小民等毋得效尤争利，复蹈罪愆，庶该处民人，知所惩儆。将此由五百里传谕知之。"（《清高宗实录》卷1312）

（乾隆五十三年九月）庚辰，谕："据阿桂等奏'查抄荆州府萧姓民人家产，请将勒休都司萧梦鼎一并革职，解部治罪'一折。各省民田庐舍，俱有管业之人，始准其辗转售卖。今江心涨出沙洲，自系官地，无论何姓，皆不得据为已业。若云萧姓所垦洲地买自王、齐、叶、张、杨五姓，则此五姓民人，又因何敢私占官地。必系奸民见江中涨有沙洲，认种可以获利，遂借词升科，呈请开垦，而地方官受其贿赂，因而准行。

既据萧逢盛供，系伊祖父于雍正七年起至乾隆二十七年止，陆续买自王、齐、叶、张、杨五姓。虽雍正年间阅时既久，而契册可以调查，窖金洲乃系官地，该五姓民人因何准其私相售卖，抑系此五姓从前又向何姓转买，实在起自何时，亦无难逐一清查。着阿桂、毕沅务将此项洲地系何姓始行私占开垦，何时地方官得其贿赂，准令私占之处，再行详细确查，据实具奏。至前令阿桂等将萧姓家产查抄者，原因窖金洲适处江心，逼束溜势，而萧姓一味渔利，于洲上多种芦苇，以致滋蔓环生，沙洲不能刷动，日涨日宽，逼溜北趋，冲决堤塍，淹毙数万生灵，皆伊一家贪利，贻此巨害。此而尚令坐拥富厚，何以示惩儆而慰舆情？现据阿桂等将伊家产查封具奏，但此项查出财产，不可照例入官。着阿桂等即分别估变，留于该处，以抵工赈之用，使为富不仁者知所儆戒。”（《清高宗实录》卷1313）

（乾隆五十三年十月庚寅）谕军机大臣曰：“……至另折奏‘询据舒常、陈淮称，解员熊泗官册履历内开年五十六岁，与该员在闽省所供年七十一岁之处不符，或系因讳窃饷鞘之案发觉，私自增添，希图问拟罪名，得以援例收赎’等语。官册履历年岁止有以多报少，从无以少报多之事，即人之年貌，亦系早衰者多，老健者少，一见无难立辨。若云熊泗希图收赎，私增年岁，李侍尧等又何德于熊泗而豫为之地步乎？即熊泗实年七十余岁，在楚居官，恐以衰老勒休，隐瞒年岁，容或不免。然亦不过隐瞒四五岁，断不能添至十六岁之多。且陈淮亦未见其人，即按册派往也。所谓错中错，诈中诈矣。必系陈淮于派委时，并未亲加验看，仅照官册点派。此等饷鞘要件，理应遴选强干之员护解，方无贻误。况军饷尤关紧要，而楚省佐杂甚多，岂无年力富强可派之人？乃陈淮既不能慎派于前，又复支饰于后，其伎俩能于朕前弄巧耶？再近日屡据庆麟等奏报‘后藏胁噶尔之围已解，巴勒布贼众退遁二站，后又有千余名由列子陆续渡河，前至萨喀’等语。看来贼众无能，若竟退归巢穴，转难深入穷追。今乘其自来，正俟待我兵至藏痛加歼戮，使之畏惧乞降，永

靖边隅。着将庆麟等近奏之折并所降谕旨，一并钞寄阿桂阅看。将此由四百里传谕知之。”（《清高宗实录》卷1314）

（乾隆五十四年三月己巳）谕军机大臣曰：“毕沅奏‘江陵县被水冲失逃散监犯共八十八名，除已获五十三名，先后自行投到五名，尚未获三十名。现在饬属严缉，陆续又拿获六名，其余逸犯二十四名，仍饬购线，认真勒缉’等语。上年江陵被水，冲失监犯八十余名，曾经降旨，如有避水得生、自行投到者，尚为守法，应照其本罪减等发落。其系当时救出者，自应均照本案办理。兹据毕沅奏，当时逃散监犯内，现在续获六名。该犯等借灾逃逸，希图漏网，情节较重，着传谕毕沅，即将拿获之六犯按其本罪，量为加重定拟，以示惩儆。其余未获之二十四犯，仍严饬各属购线缉拿务获，照此从重办理，毋致各犯远扬漏网。再各犯等系于上年六月内逃散，乃迟至半年有余，仅拿获六名，办理殊属迟缓。着毕沅严饬所属，将未获各犯上紧躧缉，以期速获，毋得仍前怠玩，致干咎戾。”（《清高宗实录》卷1324）

（乾隆五十四年三月）辛巳，谕军机大臣等：“……惟内地奸民，往往有偷至缅地者。从前懵驳时，即闻有江西、湖广之人为之主事。现在虽不闻有此等奸民，不可不防其渐。该督等惟应不时留心，严密稽查，不可因该国已经内附，稍存大意也。将此传谕富纲、谭尚忠知之。”（《清高宗实录》卷1325）

（乾隆五十四年五月）乙酉，谕：“据阿桂等奏‘审明江陵县民人朱如标控告黄义迁等贿阻要工、私筑洲垸及官吏扣赈加征各款，俱系捏词耸听，挟嫌诬告，请将朱如标发往伊犁，给兵丁为奴’等语。朱如标因索诈未遂，胆敢捏词赴京妄控，希图陷害，情殊可恶。向来楚省民情刁悍，好讼者甚多，此风断不可长。朱如标着即在该处枷号三年，满日再行照拟发遣，以示惩儆。”（《清高宗实录》卷1329）

（乾隆五十四年闰五月甲午）又谕："据毕沅奏'拿获枣阳县邪教姚应彩余党，现在严行追究'一折，阅该犯传教咒内，有'十门有道一口传，十人共士一子丹，十口合同西江月，开弓射箭到长安'等语，措词实属悖逆。推其传习煽惑之意，与造反何异？必须严行根究，彻底穷追，不可姑息，亦不可波及无辜。着传谕毕沅，务将此案研得确情，按律定拟，毋任各犯捏饰，以致或有漏网。至'十人共士一子丹'一语，或其教内为首之犯，另有李姓亦未可知，并着该督严切讯究，一并查明具奏。"（《清高宗实录》卷 1330）

（乾隆五十四年九月）辛卯，谕："前日刑部进呈湖广省秋审黄册，内'刘兆瑞同妻李氏违犯伊母刘郭氏教令，以致刘郭氏气忿自缢身死'一案，朕细加披阅，刘兆瑞与李氏竟系忤逆不孝，致逼迫伊母忿激轻生。该抚从前仅照违犯教令例，拟以绞候，已属错误。刑部率行照复具题，朕亦未经看出，为之驳正，均不能无过。例设违犯教令之条，原指为人子孙者，或偶有越礼之事，父母向其禁止，子孙未能遵从，仍私行蹈犯，事后父母闻知，畏累轻生，无心致死者而言。今刘兆瑞年甫三岁，经伊母抚养成人，为之娶妻成室。讵刘兆瑞素性懒惰，伊母屡训不悛，该犯遂逃避外出。其妻李氏因夫被姑逼走，益不孝顺，迨该犯由外回家，伊母向伊索钱不给，嗣令盛饭又不答应，伊母生气不食，走至堂屋烤火，令李氏取柴添烧，李氏亦未往取。是刘兆瑞夫妇叠次违犯，竟属有心忤逆。刘郭氏之投缳殒命，皆由其不孝逼迫所致。此而仅拟以绞候，俾得保全首领，久稽显戮，将悖戾者无复知儆，甚非明刑教孝之道。刘兆瑞、李氏俱着即处斩，不必复待勾决。将此通谕知之。"（《清高宗实录》卷 1338）

（乾隆五十四年九月辛丑）谕："前日刑部进呈直隶省秋审黄册，内'刘尚达殴死大功服弟刘尚文'一案，阅其情节，此案刘尚达同伊弟刘庄儿与伊父刘渊同居，刘庄儿娶亲时，该犯曾代为垫发轿钱，刘庄儿未经给还，刘尚达遂向伊父索讨，伊父答以迟日再给，刘尚达辄出言抵撞。伊父追赶欲殴，适见刘尚文在街，令其拦住刘尚达，自行殴责数下。该犯挣脱，旋向刘尚文村斥，刘尚文分剖争吵，该犯忿恨，顿起杀机，将刘尚文殴伤殒命。刘尚达为弟垫发轿钱，乃向父索取，已无此理。迨伊父未经即给，该犯胆敢出言顶撞，又因刘尚文代伊父将其拦住殴责，复迁怒将刘尚文殴毙。是该犯之故杀服弟，皆由忤逆不孝而起。故杀服弟已应抵偿，况又加以忤逆之罪，岂可复照寻常斗殴定拟？日前湖广省刘兆瑞一案，业经降旨将该犯夫妇即行处斩，今刘尚达所犯情节，竟与刘兆瑞无异，从前仅拟绞候入于情实，亦属错误。夫明刑所以弼教，而教莫先于孝亲，似此悖戾之徒，使得久稽显戮，其何以儆不孝而敦伦纪耶？刘尚达着即行处斩。”（《清高宗实录》卷1339）

（乾隆五十四年十月庚申）谕军机大臣曰：“毕沅奏……又据另折奏‘降调粮道刘锡嘏请留楚学习办工，俟应缴官项完缴合例，再准其捐复’等语。刘锡嘏前任淮扬道任内，声名甚属平常。是以木植一案，部议上时，予以革职。其人惟捷于应对，毫无实际，毕沅此奏自必为其所愚。今该督既请将伊留楚办工，刘锡嘏着留于该省差遣，但将来官项完竣后，亦止准其捐复佐贰等官，不得仍准捐复道府。现在委办工务，该督亦当留心查察，不得委以钱粮，任其从中侵冒。此等伎俩，彼所能为。又据奏‘江陵被水后逸出监犯，除陆续投到拿获及现获九犯外，尚有十三名未获’等语。江陵被水，距今业已两年，未获人犯尚有十三名之多，可见该督等督缉不勤。再江陵被水时，在监未动各犯若干名颇知守法，于本罪上应量减二等。冲失逸出后，而自行投到者若干名，应量减一等。其逃后拿获者若干名，应于本罪上加等惩治，均当如此办理。何以该督抚总未查明具奏，殊属迟缓。着该督抚查明，迅速办理具奏。其未获各犯，仍饬属认真躧缉务获，毋得视为具文，久而生懈。将此谕令知之。”（《清高宗实录》卷1340）

（乾隆五十五年二月辛酉）谕军机大臣等：“据湖北学政李长森奏‘广济县生员张植藻私赴李长森原籍家内，面晤伊侄李振镛批点课文，并呈出诗稿名帖，显有夤缘撞骗情弊。现已行学斥革，并咨明督抚，饬提该犯严审治罪’等语。张植藻系湖北生员，胆敢至该省学政原籍家内呈送诗稿，希图夤缘钻刺，殊属不法。着毕沅等即行提讯该犯，严究办理。因思上年在密云县地方，有遣人投递策论之马晏清一犯在逃未获，前据李世杰查奏马晏清年貌，据称该犯一名张国安，又名张代文，系湖北松滋县人，又称江陵人，在建始县训蒙度日。曾传谕毕沅等严密查拿，迄今未经弋获。该犯屡易姓名，踪迹诡秘，今在李长森家内呈送诗卷之犯亦系张姓，籍隶湖北，或即系马晏清所冒托，亦未可定。着传谕该督等，向该犯严切讯究，若果即系马晏清，则是自投法网，前案即可完结也。”（《清高宗实录》卷1348）

（乾隆五十五年三月戊申）又谕：“据康基田奏‘署芜湖县事凤阳县丞胡琲在沿江地方盘获盗犯鲁玉、陈惟聚、张起三名，究出向在粮船拉纤，曾伙同逸犯马老、王三、张三、薛三、王六等，自上年冬间至本年春间，在安省之东流、望江、怀宁、桐城，并湖广、江西之黄冈、湖口等处先后行劫，现在飞提人犯到省，严行究办’等语。盗犯鲁玉等胆敢于江面地方叠次纠伙肆劫，殊属不法。该县丞胡琲访得形迹可疑，即带同捕役巡兵亲往盘获，甚为能事。着该署抚即将该员给咨送部引见，再降谕旨。其在逃之伙匪马老、王三、张三、薛三、王六等各犯，必须上紧查拿，全行弋获，以正刑诛。该犯等曾在湖广、江西等省沿江一带行劫，或在各省逗留窜匿，均未可定。并着各督抚严饬所属，派委妥干员役严缉务获，毋任远扬漏网。”（《清高宗实录》卷1351）

（乾隆五十五年六月辛酉）谕军机大臣曰：“毕沅等奏‘均州盐河地方有民人贺廷选等烧香念佛，哄诱骗钱，当经拿获十余名，究出伙党，现委臬司驰往会同搜捕’等语。湖北均州与河南新野县连界，向来八卦、顺刀等会俱系在河南地方发觉，该处民人最易兴习邪教，节经拿获惩治，而恶习相沿，尚恐根株未能净绝。此次均州惑众骗钱一案，虽非前项邪教可比，或系从河南流传亦未可定。着穆和蔺即严饬新野等属留心密侦，实力查拿，或仍系八卦邪教，其中有段文经，皆未可知。如访获此案内邪教正伙各犯，即解交湖北，归案审办。”（《清高宗实录》卷 1356）

（乾隆五十五年六月戊辰）又谕曰：“毕沅等奏‘据宜昌府知府禀称，查得川省培石、菜子坝地方，有巫山县民人开设盐店，借称揽行施南等属官盐，影射冒销，现在咨会川省，饬属严禁，以杜借官行私之弊’等语。湖北施南、宜昌二府所属建始、鹤峰等八州县距汉岸较远，向系行销川盐。但起埠设店，地有一定，原不许违例改移，致启影射冒销之渐。今该督等既查有巫山县民人在不应设店之区开张多铺，显有借端贩私情弊，只须移会川省查明，勒令关闭，移回原报行销口岸起埠，其弊即可杜绝，亦不值具奏请旨。总在该督等平日严饬与川省交界地方文武各官巡查稽察，使湖广应销川盐之地划清界址，毋许越境行销，而私贩囤积处所搜查净尽，方为实力整顿。岂仅那移一二盐铺，即可谓尽心缉私耶？将此传谕知之。”（《清高宗实录》卷 1357）

（乾隆五十五年六月）戊寅，谕军机大臣曰：“毕沅奏‘查获均州民人贺廷选等烧香念佛骗钱’一折，内称‘甘志邦等辗转口授邪咒，词句诞妄悖谬，每夜烧香三炷，念诵一遍，可以消灾获福。毕沅现赴荆州，令臬司等解犯前来，亲加穷诘，就近严办’等语。毕沅何不知事体轻重若此，已于折内批示矣。此等咒词俚鄙不通，愚蠢小民，借以为哄诱骗钱起见，不过小说鼓词之类，而该督指为诞妄悖谬，视之太高，殊为不值。凡不法匪徒，编造狂妄词语或干犯教令，明有指斥者，始得谓之悖谬。今阅该犯等咒语内，只系西天古佛、八大金刚、观音罗汉等，人人所晓之常谈，不过希冀消灾延福，与悖谬者相去悬绝。乃该督强为牵合，张大其词，亦太不晓事可笑矣。况烧香念佛、施舍钱文，乡愚无知，何处无之？若概视为邪教，纷纷搜捕严办，亦复成何政体？毕沅前在河南巡抚任内，于该省八卦、顺刀等会正实邪教未能搜查净尽，而段文经至今亦未见就获，并不加意督缉，以绝根株。而于此等无知愚民念诵俚鄙咒语，治以哄诱骗钱之罪即可了事之案作为邪教，张大其事，以见其认真办事，及实有惑众邪教转恐置之不问，外省恶习往往如此，而毕沅更不应若是，大非素所期望之品。将此谕令知之。”（《清高宗实录》卷1357）

（乾隆五十五年七月己丑）谕军机大臣曰：“毕沅奏‘审拟均州民人贺廷选等烧香念佛’一折，照捏造妄诞妖言惑众大逆例，将陈季升等问拟凌迟，妻女给功臣之家为奴，竟以悖逆办理，实属错谬。此案前据该督奏到时，朕以此等无知愚民，不过念诵俚鄙经语，编写佛号，治以哄诱骗钱之罪即可了事，何必张大其词，作为邪教？业经降旨饬谕，想毕沅尚未接奉，故仍照大逆问拟。即如该犯等咒语内，只称西天古佛、八大金刚、观音罗汉，人人共晓之常谈，如小说鼓词之类，并非不法匪徒编造狂妄词语干犯教令者可比，安得谓之大逆？亦并不得谓之邪教。乃毕沅竟指为罪大恶极，分别拟以凌迟斩决，何不知轻重至此？试思乡愚无知，烧香念佛，施舍钱文，何处无之？若概视为邪教，纷纷搜捕，亦复成何政体？倘遇有实在邪教，转恐不能认真查缉，以绝根株，而于哄诱诓钱无关紧要之事如此大办，以见其留心民社。毕沅尚属读书晓事者，尤不应错谬若此。着传旨严行申饬，并着遵照前降谕旨，另行妥协办理。”（《清高宗实录》卷1358）

（乾隆五十五年八月庚戌）又谕：“据学政李长森奏到考试情形折内，称‘枣阳县劣生蒋宗雅恃衿健讼，控案不赴审讯，于考试时，面加诘究，该生言语刁悍，毫无愧惧，即立予黜革’等语。诸生身列胶庠，理宜谨饬自爱，如果恃符刁健，妄生事端，实有劣迹，不惟予以褫革，且应严行治罪。若黜革之后，心怀不平，或致造言怨诽，议论沸腾，亦不可不严办示惩，以端士习。着传谕毕沅，即将李长森所奏劣生蒋宗雅详悉访查，其抗不赴审是何案件，平日有无逞刁唆讼、不安本分之处。倘有实在劣迹，访闻既确，即当治以应得之罪。如系该学政意为好恶，或有屈抑，则李长森亦有不是。该督务须秉公查究，据实奏闻，不可稍存回护也。”寻，毕沅奏：“革生蒋宗雅遇事生风，借端讹诈，实有劣迹，现饬臬司按拟。”得旨：“览，似此健讼，应严办。”（《清高宗实录》卷 1360）

（乾隆五十五年九月甲辰）又谕：“据步军统领衙门奏，湖北应城县已革武生李杜，控告仓书陈开雨、萧有成等科派买谷，浮收钱米，又派令村民敛钱买马，折收草费各款。事关蠹书骫法殃民，如果所控属实，恐该县亦有通同染指情弊，不可不严行讯究。倘系李杜因革退武生挟嫌捏控，亦当审明治罪，以儆刁风。着传谕吉庆、王昶，于湖南审案完竣，即取道湖北，就近提集人证，将此案实在情节秉公确讯，定拟具奏。”（《清高宗实录》卷 1363）

（乾隆五十五年十月）庚午，谕军机大臣等：“上年闰五月内，在密云县地方令程宗圣呈递策论之马晏清即马波一犯在逃未获。节经降旨，令四川总督于该犯居住太平县地方严密查拿，并令湖广督抚在该犯原籍松滋县一带侦缉务获，迄今已一年有余，总未据该督抚等奏报拿获。该犯呈递策论后，或仍在京城一带藏匿，或因为时已久，希冀地方官访拿稍懈，潜回原籍，均未可定。除就近谕知提督衙门，仍派番役密行躧缉外，着传谕四川、湖广各督抚等严饬所属上紧查拿，务期就获，解京惩治，毋得视为海捕具文，使要犯始终藏匿漏网。”（《清高宗实录》卷 1365）

（乾隆五十六年正月己丑）谕：“向来各省民人赴京呈控案件，都察院、步军统领衙门不敢壅于上闻，即行据呈转奏。朕勤求民隐，惟恐乡曲小民含冤莫诉，每遇来京具控之案，无不特派大臣前往审办。其中屈抑者固有，而近日不安本分之徒见来京者控无不准，准无不办，赴诉求理者遂觉接踵而来。及钦差大臣提集案犯，认真研鞫，所控情节多属子虚，不过挟嫌逞忿，妄砌诬捏之词，冀遂其拖累之计。即被控之人讯明省释，而辗转审解，拘禁囹圄，胥役等又复借事生风，从中吓诈，事虽得白，而身家已破，情形殊堪怜悯。且钦差大臣经过地方，徒劳驿马，縻费供支，于沿途驿站亦恐不无扰累。此等刁健讼棍各省多有，而湖北、湖南为尤甚，若不严加惩创，则枉累无辜，借端倾陷之风伊于何底？所有本日吉庆等奏到，审拟湖南长沙县保正王泽远诬控勒买仓谷一案，及富纲等奏到审拟贵州桐梓县民人傅志荣诬控傅志舜串通书役毙命抢夺一案，俱着交刑部核复时，量行加重定拟，以示惩儆。嗣后着各省督抚转饬所属，剀切出示，谕以小民等如果实有冤抑，地方官不为审理，原不禁其赴京具控，但若稍涉虚诬，亦必加倍治罪。务使家喻户晓，咸怀儆惕，庶告讦刁风渐知敛戢，而良善乡民免致株累，亦整饬风俗人心之一端也。”（《清高宗实录》卷1370）

（乾隆五十六年三月丙子）署江西巡抚姚棻奏：“本年正月，据新建县知县等访得吴城镇钱桌有私搀小钱之弊，随委员密往查拿，于龚洪烈等家起出小钱六十二千，俱系旧钱……既经拿获，恐各处未败露者尚多，现严饬各属查办。”批：“行之在人，尔等不实办，定例何益？”又奏：“江西界连广东、福建、浙江、湖南、湖北地方，严饬各该县督同营汛实力堵缉。”得旨：“以实为之，不可以一奏了事。”（《清高宗实录》卷1374）

（乾隆五十六年六月）壬子，谕军机大臣曰：“梁肯堂奏‘审办密云县道旁叩阍之湖北蕲水县民人徐文绪’一折，内称‘查照原呈，提犯研鞫，据供，因侄女被堂叔家人陶象吉拐匿，在县控告，本县并不传审，反受枷责，心怀不甘，要想告状伸冤。应请将该犯照例发近边充军，但该犯年已七十，语无伦次，实有痰迷形状，应解回湖北，严行禁锢’等语。徐文绪所供各情节如果属实，何以该县并不审究，转将该犯枷责？自应秉公查办，若系该犯有心诬陷，挟嫌诬告，亦应按律办理，以警刁悍。如实系年老痰迷，即将该犯饬交司监，严行永远禁锢，毋令再行滋

事。将此传谕毕沅等知之。”（《清高宗实录》卷1380）

（乾隆五十六年六月）丁巳，谕军机大臣等：“本日刑部议驳‘湖北省民人陈谷松与王廷英共殴吕九如身死，将正犯陈谷松减等拟流’一本，所驳甚是，已依议行矣。此案陈谷松、王廷英共殴吕九如毙命，先经该抚以王廷英殴伤吕九如左右膝臁肕，仅止紫黑皮破，尚属轻伤，不至于死，应以在逃之陈谷松拟抵，王廷英照例拟徒。及拿获陈谷松到案审讯，与原审各情节无异，自应将该犯照例拟以绞抵。乃该抚又称助殴之王廷英所殴亦属重伤，于未结案之前病故，准其抵命，将陈谷松减等拟流具题，前后自相矛盾。岂吕九如之死，竟无一抵命之人？任听正犯陈谷松以王廷英业已身故，无可质证，希图推卸，而该抚亦只凭属员详报，并不细心研究，以致先后办理两岐，罪名互相出入，殊属非是。此事是否系该臬司意欲如此办理，抑出自该抚主见。着传谕福宁，据实明白回奏。至毕沅系该省总督，近在同城，于此等人命重案亦应留心查察，何以未经驳正？着毕沅会同福宁据实查明，亲提犯证，再行鞫讯明确，妥议具奏。所有刑部原本，着摘钞略节，发交阅看。”（《清高宗实录》卷1380）

（乾隆五十六年七月辛丑）谕军机大臣等：“前此刑部议驳湖北省民人陈谷松与王廷英共殴吕九如身死，将正犯陈谷松减等拟流一案，彼时原因刑部以该抚先后办理两歧，罪名互相出入，是以传谕该抚据实明白回奏。今据福宁奏称‘例载凡审共殴拟绞人犯，遇有助殴伤重之人，解审病故，准其抵命，应绞之人减等拟流。此案王廷英用刀背殴伤吕九如左右膝臁肕等处，虽色至紫黑，亦不为轻，而正犯陈谷松所殴致命各处其伤更重，因王廷英已经病故，与助殴之人身死，准其抵命，正犯减流之例相合，是以照例办理’等语。此等共殴致毙之案，两人下手，俱有重伤者，内有一人病故，其一人若仍应拟抵，该部例内即不应有减等拟流一条。今既载有此例，该抚即系遵例问拟，亦不得谓之舛误。福宁办理此案，其错处在王廷英病故后，辄将初报轻伤改为重伤，希图末减陈谷松罪名，而于所引例条似无不合。朕观此原以为不当，但福宁实系引例，然或其中另有别故，该部何以加之指驳，恐不足以服福宁之心。着传谕刑部堂官将因何议驳之处详悉复奏，候朕再降谕旨。”（《清高宗实录》卷 1383）

（乾隆五十六年九月庚寅）谕军机大臣等：“本日勾到湖北省秋审情实人犯内，经刑部由缓决改入情实者七起，除绞犯万志成一起，因万云和取水互殴，该犯打伤伊女万嫌女殒命，虽系殴毙幼女，理尚不曲，他物适伤致毙。又绞犯郭必美一起，因与郭必昆赶集，将锅遗忘，嘱令同寻未允，被骂寻殴，该犯连殴郭必昆殒命，伤非金刃，死越旬余。此二案情尚可原，均予免勾。此外绞犯严万举因与年老之严应潮争地吵闹，被其拢殴，该犯用担殴伤严应潮殒命，凶毙老人，复伤其孙严之宁。又绞犯唐林九，因唐受簶以伊贪得媒礼争闹，登门叫骂，该犯之兄唐潮九出而争闹被殴，该犯用锚戳伤唐受簶殒命，贪得媒礼，理既不直，用锚戳毙，难以护兄为解。又绞犯朱绍五因全为周在河捕鱼，该犯邀允朱鹏举向阻被殴，该犯用刀格砍全为周殒命，纠人逞凶，金刃伤多。又绞犯陈们子与刘浩同伴求乞，因刘浩为人强横，侵用众丐钱文，该犯气忿，用斧砍伤刘浩殒命，挟嫌逞凶，铁器伤重。又绞犯蛮招因伊姊告知被夫斥詈，该犯理论，被郑氏用木杆向殴，该犯夺杆回殴郑氏殒命，逞凶致毙妇女，伤至骨损骨断。以上五起，核其情节，均无可缓之理，刑部改入情实，均属允当。福宁曾任臬司，于秋谳大典理应悉心斟酌，核实办理，乃率行拟缓，殊属宽纵。臬司孙曰秉，刑名是其专责，何以疏忽若此？福宁、孙曰秉，着传旨申饬。”（《清高宗实录》卷 1387）

（乾隆五十七年四月）癸卯，谕军机大臣等：“本日正定道旁有告状民人童佩玉一犯，当令军机大臣审讯，系湖北蕲州人，因伊堂弟童岂磷名下应完粮米被书役舞弊，重征浮收，又将应交米石勒折钱文，任意多收，屡在本省控告。承审各员不为据实审断，转坐伊父以主使之罪，拖毙监狱。细阅所供情节，虽系一面之词，但此案控自五十二年，迄今已阅六载，屡经呈诉，该省承审各员任意宕延，并不速为审结，且案关书吏勒折重征，楚省素称健讼，此告不为无因。如果属实，尤应彻底根究，严办示惩。此案童岂磷曾在总督衙门控告，即系毕沅任内之事，自不便再交该督审办，致滋回护。福宁到任未久，于此案呈控批委处始终并未经手，毫无干涉，自无所用其瞻顾。着传谕福宁，即将此案前后所控各情节吊齐卷宗，亲提人犯，秉公研讯，毋得擅行转发，务将有无重征勒折浮收及因何悬宕不办、是否拖毙无辜之处，逐一严审确情，按律定拟具奏，以副委任。倘该抚存瞻护同官、袒徇属员之见，以致案有屈抑，再经控告发觉，则惟福宁是问。除将原告童佩玉照例解往备质，其童作璠一犯交梁肯堂饬属缉获，一并解往外，将此谕令知之。所有军机大臣讯取该犯供词及原呈一并发交福宁阅看。”（《清高宗实录》卷1400）

（乾隆五十七年九月庚子）又谕：“据福宁题报‘应城县张周氏逼媳冯氏卖奸不从，自缢身死，将张周氏照奸妇抑媳同陷邪淫致媳情急自尽例，发伊犁乌噜木齐等处给兵丁为奴’一本。朕办理庶狱，于翁姑致死子媳之案，无论其媳本有违犯教令，训诫不悛，以致毙命，及伊媳并无过犯，而翁姑性暴致毙者，其翁姑俱不加以重罪。原以谊属尊长，无为卑幼抵偿之理。况系自缢身死，本不应将其姑抵罪。但此案张周氏逼令伊媳冯氏卖奸图利，因冯氏坚执不从，时加磨折，并殴伤左右胳肘，致冯氏被逼情急，投缳自尽，情节甚属可恶。为翁姑者，当教训其媳，勉以贞洁自矢，方不愧为尊长之道。今张周氏欲令伊媳卖奸，已属无耻，乃因其守节不从，辄行关禁楼房，不给饮食，挫磨殴逼，以致毙命，殊出情理之外。是其恩义已绝，即当以凡论，与寻常尊长致死卑幼者不同，此而不严加惩治，何以风节烈而儆淫凶？除冯氏照例交部旌表外，张周氏着即改为绞监候，入于本年秋审情实办理。嗣后各省如有似此情节者，俱照此办理，庶使淫恶无耻之徒知所儆畏，以示明刑弼教之意。”（《清高宗实录》卷1412）

（乾隆五十八年六月）丙子，谕曰："书麟等奏'审拟溧水县知县陈璜于县民陶仁广在无服叔祖陶宇春典铺内为伙窃物潜逃，该县将陶仁广之兄陶仁庆及同店之周记爽辄用刑求一案。将陶仁广依窃盗赃一百二十两以上绞无服之亲减一等律，拟杖一百，流三千里。陈璜讯无吓诈故勘情事，已经参革，应毋庸议'，所拟均未允当。夫律设大法，理顺人情，亲属相盗较之寻常窃盗得邀末减者，原因孝友睦姻任恤之道本应赒急。如果嫡近卑幼，贫乏不能自存，而尊长置之膜外，其卑幼因而窃取尊长财物者，律以亲属相盗免议之例，情属可原，自应末减其罪。今陶仁广系陶宇春无服族侄孙，支属甚远，陶宇春令其在典管理首饰，并非素无照应者可比。乃陶仁广辄窃取金珠银两，潜逃楚省，以致同典商伙周记爽及伊胞兄陶仁庆均被严刑。况村镇典铺资本不过千余金，而陶仁广所窃估赃竟多至三百余两，致累陶宇春照数赔补，又遭讼累……其五服以外而赃数逾贯者，仍应按律问拟绞候，但念其究属本支，秋审时入于免勾，情理实当。所有陶仁广一犯，即应照此办理……着刑部即将期功缌麻以及无服相盗之案，另行分别等差，并按照赃数妥议具奏，不得仍照旧例概予减等免议……"寻议："尊长与卑幼同居及各居，如卑幼贫不能自存，尊长置之膜外，以致窃财，非卑幼之变生觊觎，自不可重加其罪，仍各按例办理。若尊长素有周恤，或托以心腹，经管田产财物，而尚敢肆窃肥己，贻累尊长受害者，则卑幼之昧良负义，法不容宽。有服亲属，应照各减等本例递加一等治罪；无服之亲，即以凡窃盗计赃科断。"从之。（《清高宗实录》卷1430）

（乾隆五十九年正月癸卯）谕军机大臣曰："毕沅奏'续获沉溺铜斤数目'，及惠龄奏'查看川楚沿江水势'各折，均已于折内详细批示。铜质沉重，沉溺江底，不至随波冲去。其未能全数捞获者，由水摸人等将铜斤潜匿水底，希图过后盗卖牟利。节经降旨，令该督抚等留心查察。兹据毕沅奏'已获铜四万四千余斤，未获铜五千七百余斤，计未获之数虽少，然在盗卖者有此盈千私铜，获利实多，不可不设法查禁’。因思水摸人等偷捞铜斤，必在沿江一带铺户销售，着再传谕该督抚，转饬沿江地方官密行晓谕该铺户，如有无业贫民而骤持多铜到铺售卖者，即系盗窃之铜无疑。该铺户当即到官呈首，该地方官一面将盗卖之人究明惩治，一面将呈报之铺户优加奖赏。若铺户串通不报，别经发觉，即与盗卖一并分别治罪。如此剀切详谕，劝惩并用，该铺户等尚有身家，又见呈报后可得厚赏，遇有盗卖铜斤之人，自必据实首出，而水摸人等见无销售之路，亦不敢仍前舞弊。此亦杜绝偷盗之一法，惟在该督抚督饬所属实力奉行，方为妥善。”（《清高宗实录》卷1444）

（乾隆五十九年八月甲戌）又谕曰：“福康安奏‘拿获传习邪教各犯，提省严讯’一折。此案大宁县民人谢添繡等，与湖北竹溪县之王占魁、陈金玉往来，经陈金玉传授灵文并观音祖师等咒，谢添繡等又收陈秀元等为徒，共传过十五人。又有冯贵、唐国泰等九名，系谢添朋等转授之徒，亦俱供认不讳。现经福康安先后拿获，讯据谢添繡供，该犯于五十七年拜陈金玉为师，先令过愿，传给灵文，后与升丹。谢添繡曾同陈金玉至王大烈家升丹一次，陈金玉因说现在弥勒佛转世，已生在河南无影山张家，要保扶牛八起事。牛八即系朱字，如今河南、陕西多有学习此教之人……该犯等胆敢于光天化日之下倡立邪教，辗转授徒，牵连四川、陕西、湖北、河南数省。所传灵文经咒，词语不经，暗藏姓氏，已有悖逆形迹，实属罪大恶极。又据福康安夹片称‘谢添繡所供要犯胡胖子，即胡仲元，已于湖北竹溪县拿获。其要犯陈金玉，亦于湖北所属地方，经夔州府差役擒住。回至中途，忽有多人赶拢，将陈金玉抢回，并殴伤差役王陞身死’等语，尤为怪事。是该犯等传教惑众，非止为骗钱起见，各处俱有伙党煽布，同恶相济。其为悖逆，已属显然，实为可恶。至该犯等所供牛八，现据福康安严讯王友学等供称‘名叫朱红桃，其河南无影山闻在登封县’等语，看来此案邪教竟系倡自河南，不可不严密搜拿，切实跟究，务尽根株……其案内所供之湖北省入教各犯，亦应一体严缉。

惠龄仅能自守，才具未能开展，此事亦非伊所能办。着专交毕沅，查照折内各犯，速行亲往竹溪县浑屯沟地方严密查拿，务将逸犯王大烈、陈金玉及夺犯伤差之各犯按名缉获，从严究办。此外有无伙党，亦着一并严拿务获，毋使漏网稽诛……所有福康安奏到原折，着钞寄毕沅等阅看。至所委典史陆霖、把总孙廷龙改装易服，将要犯胡胖子即胡仲元立时拿获，尚为出力。着福康安俟办理此案完竣，察看此二人，如果始终奋勉，俱着送部引见。其差役王陞擒住陈金玉在途，被其伙党抢夺殴毙，究属因公，着赏银二十两，并将伊子仍挑充差役，以示体恤……”（《清高宗实录》卷1459）

（乾隆五十九年八月乙亥）又谕曰：“秦承恩奏‘拿获邪教各犯，提省严讯’一折。此案昨据福康安奏到，案内各犯转相传授，牵连陕西、湖北、河南各省，同恶相济，而所编合同经内并有开弓射箭到长安，违悖不经，及牛八为朱字之语，是非谋叛而何？今秦承恩于访闻后，即经先后拿获萧贵、张大用等七十余名，是被其煽惑之人为数必多。秦承恩即当速行迎赴前途，亲加严讯，督率擒拿，庶可免意外疏脱之虞。即如川省委员在湖北拿获陈金玉一犯尚被抢夺，何况匪犯如许多人，岂可不加意防范？乃秦承恩尚安居省城，令将所获各犯提解来省审讯，尤属不知缓急轻重，着再传旨严行申饬。姑念案内要犯当经拿获多人，是以仅行交部严加议处。倘现获人犯防范稍疏，致有一人逃逸，必当重治其罪。秦承恩惟应迅速亲加严究，此外如尚有究出伙党，即行督饬官弁，跟踪躧缉，按名弋获，务使毋留遗孽，以期稍赎前愆……至此案昨据福康安奏，讯据获犯王友学等供词，其教似倡自河南。今据秦承恩奏‘提讯萧贵供，系襄阳县人，来至陕省种地，于五十七年回至襄阳，见伊妻弟樊学鸣称有同县人宋之清传习西天大乘教，该犯听信，遂在襄阳传习经卷。五十八年复至陕省，转传萧正杰’等语，是此案邪教，看来竟系湖北省匪徒倡立，转相传授，不可不于楚省实力查办。昨已有旨专交毕沅，令其亲赴竹溪县浑屯沟地方，将逸犯王大烈、陈金玉及夺犯伤差之各犯严拿务获。今襄阳地方既有宋之清传习邪教，则该处尤为匪犯藏匿之薮，必须彻底究办。竟着责成毕沅，于竹溪县拿获逸犯后，即亲赴襄阳，将宋之清、樊学鸣及此外转相传教各犯逐一密访严拿，务尽根株，毋使一名漏网。如有供出人犯，即按名跟缉，从严办理，毋使稍有不实不尽。其川省拿获之韩陇、胡胖子二名，并着福康安迅速严鞫，先行录供具奏……再此案事关邪教，牵连数省，必得福康安亲身督率，归案总办。着福康安自行酌量，或至河南提犯究讯，或竟赴襄阳，亲加提审。统俟全案办竣，再由该处前赴云南，道路亦不为纡远。但案犯人数较众，若全行提解，恐中途或有疏虞。福康安应酌量案情，将各省获犯内有必应提同质究之要犯，摘提数名，俾案情不致遗漏，人数亦不至过多，更为妥善。福康安等惟当一体迅速查拿，将首要各犯及传教伙党搜捕净尽，严行究办，以绝根株而示惩创，方为不负委任。再此案倡立邪教，首犯究系何人，本日秦承恩折内所称襄阳县宋之清只系传习邪教之人，即福康安昨日所奏究出之陈金玉等亦只系传教要犯，总非倡立邪教首犯。是否首犯即系名朱红桃之牛八，抑另有首先倡教之人未据究出，并着福康安、秦承恩等提集现获各犯，切实根究，务将首犯究明，严拿务获，毋任稍有遁饰。又秦承恩奏拿获邪教案犯，系由总兵皂君保咨会访拿，是皂君保尚属留心，并着秦承恩将此案是否实系该总兵访拿破案之处据实具奏。将此再由六百里加紧各传谕知之。”（《清高宗实录》卷1459）

（乾隆五十九年八月丁丑）又谕曰：“福康安奏‘访明私铸匪犯，亲往督拿’一折，据称‘巴县知县淡士灏访得贵州所属桐梓县地方，有匪犯刘荣厚等聚伙私铸之事，该处与川省接壤，路径丛杂，恐该镇道等前往查拿，办理不周，福康安即亲赴重庆督率办理，所有拿获大宁邪教案犯，均应由重庆经过，即可就近审讯’等语，所办好……看来匪徒私铸一事，止系无业贫民作奸牟利，无难查拿办理，此时究当以审办邪案为重。着福康安自行酌量，如邪教一案业已得有头绪，首要各犯俱经就获，陕西、湖北等省查拿各犯，只须各行讯取确供，互相咨会质审，孙士毅、毕沅、秦承恩三人可能办理裕如，福康安自无庸再行转回，即知照三人，令其查办……若酌量孙士毅等三人，恐办理各持意见，未能合一，则福康安仍应遵照昨旨，或赴襄阳，或即赴陕西，酌量驻扎一处，以便就近摘提要犯，归案审究。俟全案完竣，再赴新任，亦无不可。总以督办有人，查拿净尽为要。将此由六百里加紧各传谕知之。”（《清高宗实录》卷1459）

（乾隆五十九年九月丁亥）谕军机大臣曰：“毕沅奏‘拿获邪教案犯陈金玉、陈光玉及王大烈等’一折，是此案抢匿各犯皆已就获。本日据福康安奏‘拿获桐梓县私铸要犯刘荣厚等’一折，所办好。就福康安所奏情形，此案聚伙私铸，竟在贵州地方，非冯光熊所能办。现在邪教一案，统计四川、陕西、湖北三省获犯业将及二百名，而首犯已在湖北地方拿获，抢匿之陈金玉弟兄亦俱就擒，易于办理。着再传谕福康安，如伊接奉前旨，已回至襄阳一带，即就近将现获邪教各犯速行审明具奏，再往滇省……至邪教一案，川省所获皆非正犯，看来此案起事非在湖北，即在河南。昨已将福宁补授湖广总督，其才尚足倚办，所有邪教一案，着专交与福宁驻扎湖北、河南交界地方，董率办理，究出首犯严办，并将供出之牛八朱红桃搜缉务获，以副委任。其川省所获之谢添繡等，并着福康安酌量，如无关紧要，即留于川省，交与孙士毅审明定拟。如有应行质讯之处，即解往湖北，交与福宁归案审办，以期案犯得以速结，方为妥善。其湖北拿获要犯之委员等，若有实在出力者，交与福宁，于定案时查明咨部议叙。将此由六百里各谕令知之。”（《清高宗实录》卷1460）

（乾隆五十九年九月壬辰）谕军机大臣曰：“穆和蔺奏‘率同藩司吴璥驰赴登封县境内详查，并无无影山名目，惟告成镇地方旧碑，有无影塔字样。无影塔三十余里之朱家垌，有朱洪道一名，与朱红桃字音相似。讯据朱洪道坚供，伊种地度日，并无牛八之称，不知龙华三会名目，亦不与谢添繡等相识’等语。谢添繡籍隶湖北，在四川传习邪教，何以供

出之朱红桃，与朱洪道字音不谋而合……”（《清高宗实录》卷1460）

（乾隆五十九年九月甲午）谕军机大臣曰：“福康安奏‘拿获私铸匪犯，审办大概情形’一折，据称‘该犯等开炉私铸，所用铜铅自系该处官厂奸商透漏，或系水摸人等捞获盗卖’等语。此事弊端自当不出此数条，现在此案首伙各犯俱已拿获，惟当切实根究，以清弊源而示惩儆。但该犯等纠伙多人私行改铸，除现获各犯外，恐尚有逃窜潜匿者。福宁应饬所委员弁搜捕净尽，毋使幸逃法网。其曾石保一犯闻拿逃逸，经兵丁李廷赓搜获擒缚，尚为出力，应酌量奖赏，授以把总之职，以示鼓励……至私铸一案，现在拿获首伙各犯已有二百余名。而邪教一案，川省及陕西、湖北先后获犯业已将及二百名，此外在逃及究出未获之犯尚多，以两案合计，不下五六百人，审明后自当严办示惩。但私铸一事，不过无业奸民骫法牟利，尚无聚众拒捕等事。其邪教各犯，亦只系愚民惑众骗钱，俱尚非重大案件可比。若概予骈诛，于心究有所不忍。将来定拟时，此两案为首起意之犯自当按律问拟，其为从伙犯在邪教案内者，应发往黑龙江等处给索伦达呼尔为奴。其私铸案内者，即可发往回疆，庶于惩创之中仍寓矜恤之意。又据福康安奏‘私铸人犯审明定拟后，邪教一案亦可赶紧完结’等语，所办甚好。前已有旨，令福康安酌量或赴襄阳一带督办邪教，福康安接奉前旨，如已行至襄阳一带，即就近将邪教案犯会同福宁赶紧审办完结，再赴新任……惟当将应行查办之事迅速办结，即行驰赴新任，以慰廑念。将此由五百里传谕知之。仍着将查拿私铸于何日业经办竣，何日即由重庆驰赴云贵新任之处，迅速具奏。”（《清高宗实录》卷1460）

（乾隆五十九年九月乙未）谕军机大臣等：“据福宁奏‘驰赴楚省查拿要犯，并豫省现在查办情形’一折，已于折内批示矣。邪教一案，看来竟系起自湖北。前据毕沅奏到，业将竹溪县前被抢回之陈金玉、陈光玉拿获，所有伤差伙党并传习各犯无难根究得实，按名弋获。兹据福宁奏，接见开封府知府彭如干，询知豫省又经拿获李瞎子即李宗桂、高成功等十九犯，据供有‘胸是无影山，心是无影塔’等语，是谢添繡所供无影山或即系此处，亦未可定，从此根究下落，自可得其实在。现在福宁已驰赴该处，如福康安业已由川抵楚，即当会同严密妥办……将此传谕知之。”（《清高宗实录》卷1460）

（乾隆五十九年九月己亥）又谕曰：“毕沅奏‘续获邪教案犯，审明大概情形’一折，内称‘刘喜狗儿一犯，年十八岁，生父姓李，是河南南阳县瓦店人，与刘文富相好。刘文富随李姓学习神仙，喜狗儿因拜刘文富为干父，刘文富曾说李姓生前自称是弥勒佛，又称是神仙，喜狗儿是仙童弥勒佛转世的。李姓、刘文富俱已身故，喜狗儿现替刘文炳牧牛，讯据坚供与宋之清、陈金玉等俱不认识，亦不曾学念经咒，并不知登封无影山在何处’等语。邪教一案，编造经咒，转相煽惑，蔓延数省。刘喜狗儿年仅十八，左眼已瞎，为人牧牛，断非首祸之人。或系该犯等因无质证，互相推诿，希图脱罪，亦未可定。现在戴大名一犯解往陕西，而陈金玉、陈光玉各犯又解往四川。在毕沅之意，以为案犯解往邻省即与伊无涉，又欲苟且成不了之局。试思湖北获犯不能审出实情，解往四川、陕西，倘川、陕二省又讯无确供，势必仍解回湖北。如此往返解送，不特沿途设有疏虞，成何事体？且致案犯恃无质证，得以狡展，终无了结之期，更无此办法。况现获之樊学鸣、宋之清、陈金玉传教各要犯，俱在楚省拿获。且前据萧贵供，经卷实系传自湖北，是此案起事竟在湖北襄阳一带。前已有旨，专交与福宁驻扎襄阳董率办理，莫若将四川、陕西、河南等省所获人犯，择其传教惑众、应问斩决及有须质证者数名，俱解至襄阳，交与福宁归案审办。庶该犯等见指证有人，不敢仍前狡赖，一经究出首犯，并可就近速拿严办，不致辗转耽迟。其余为从之犯，即由各该督抚审明，遵照前旨，分别发往黑龙江等处，给索伦达呼尔为奴，以示惩儆。所有起解之戴大名、陈金玉等犯，着毕沅飞速赶回。如已解抵川陕境内，并着孙士毅、秦承恩飞饬沿途，截解回楚，交与福宁审办。

该督务宜切实研鞫，究得创教实情，迅速办结，俾尽根株，以副委任，不可如毕沅之意存将就也。将此各谕令知之。”（《清高宗实录》卷1460）

（乾隆五十九年九月辛丑）又谕曰：“福康安奏‘审讯邪教案犯韩陇、胡胖子、陈金玉等供情’一折，内称‘福康安奉谕，或亲赴楚、豫查拿，或提犯质审，道途遥远，实有鞭长莫及之势，倘或中途稍有疏虞，于事转有未便’等语。此事福康安初次奏到，该犯等传教惑众，蔓延数省，似属大案，是以屡降谕旨，令福康安酌量，或亲至豫、楚等省督办。今据该督抚等陆续奏到，先后获犯已不下数百名，而传教之韩陇、胡胖子、樊学鸣，被抢之陈金玉、陈光玉兄弟，俱已就获，看来竟易办理，略解廑怀。前因此案起事非在湖北，即在河南，若往返解审，既虑途次疏虞，且恐该犯等恃无质证，狡展耽延，已有旨交福宁驻扎襄阳，董率缉拿究办。今福康安所见相同，所有谢添繡、谢添朋两犯，亦应解赴襄阳，交与福宁归案审办，福康安可以不必再赴楚省矣。况河南南阳与襄阳境壤毗连，此案首犯大约总在襄阳、南阳一带，福宁驻扎襄阳督办，既属便易，一经究出首犯，更可就近饬拿究办……至邪教案犯众多，其罪应斩决及有需质证者，遵照前旨，解赴襄阳审办外，其余为从发遣之犯，将来定拟完案，并着各督抚务宜零星分起管解，毋使多犯途次同行，或致别生事端，此为最要。又据毕沅奏‘于邪教匪犯，平日既无觉察，迨邻省发觉，又不驰往督拿，实属疏误迟延’等语，毕沅久任封圻，实不料其错谬至此，今已降补山东巡抚，伊当实知愧改，以图稍赎罪愆。福宁未到之先，仍当督饬地方文武将福康安咨缉各犯上紧严拿，勿任兔脱远扬，再干重戾。将此各谕令知之。”（《清高宗实录》卷1461）

（乾隆五十九年九月）壬寅，谕军机大臣曰：“穆和蔺奏‘复查登封县并无教匪踪迹，及审办续获人犯’一折，据称‘登封县虽无无影山，而有无影塔，及查有朱洪道与朱红桃字音相同。当经提讯，并亲至其家逐细搜查，并无为匪及不法经卷，已飞咨川、楚二省，向获犯陈金玉查讯’等语。该处既有无影塔，又有朱洪道其人，是谢添繡等所供自非无因，即当切实查究。应将陈金玉等犯调至河南质问，乃该抚仅知咨查川、楚二省，焉能讯究得实，俾无狡饰？又据奏‘川省所供弥勒佛转世之张姓及在山掌事之漆、宋等姓，逐户挨查，委无形迹可疑之人，亦无龙华三会名目。并据阖县士民同称登封并无牛八等踪迹，愿甘具结’等语，自因案无质证，互相推卸，岂可凭信？看来此案邪教，总在襄阳、南阳一带，此事非穆和蔺所能办理，早经有旨，令福宁驻扎襄阳督办，福宁务宜切实严鞫，究出倡教实情，迅速办结，净尽根株，方为妥善。将此各谕令知之。”（《清高宗实录》卷1461）

（乾隆五十九年九月甲辰）又谕：“本日福宁奏，四川酉阳州守备缉拿邪教案犯段汉荣等八人，次日忽被县民持械追及，将犯夺回。随据湖北地方官将段汉荣、王胜茂二名拿获，其余逸犯已降旨令福宁亲往督率查拿，按名务获。至川省派往守备前往来凤县地方，已将段汉荣等八人全行拿获，并已解至州属，尚为出力。虽被该县多人恃众抢回，究非该守备之过，自宜量为奖励，着将该员咨部议叙。”（《清高宗实录》卷1461）

（乾隆五十九年九月甲辰）又谕曰：“福宁奏‘来凤县匪徒抢犯，旋即擒获二名，现在严饬查拿’一折。此案来凤县奸民段汉荣等八名在楚传习邪教，经四川酉阳州守备率同州役前往查拿，已经拿解在途。乃县民辄敢持械追及，将犯夺回，并打伤护解乡夫，实属奇事。湖北竹溪县前次已有夺犯毙差之事，今来凤县民于川省查缉邪教案犯又复不服拘拿，于已离本境之后率众抢回，实属刁悍不法。而湖广之吏治武备，一切废弛可知。朕加毕沅以罪，为当不当，令其明白回奏。现在段汉荣、王胜茂已经拿获，其余逸犯六名，务须督饬派委员弁迅速擒拿，按名就获。其抢犯之来凤县民人，并当实力督捕，拿获到案，严行惩治，无使一名漏网。至福宁现据奏称，襄阳接壤豫省，为适中之地，即在该处督拿审办。但来凤县现有匪徒持械抢犯之事，案情较重，若俟襄阳审办事竣再赴该处，未免稍稽时日，案犯或致远扬。福宁竟当即行亲赴来凤，督率查拿，将案内逸犯及抢犯民人一并迅速搜捕，庶可克期就获。俟查拿完竣后，再赴襄阳，将获犯严切究办，亦不为迟。楚省民情强悍，屡次夺犯伤差，今福宁前往来凤查拿，务须多带兵役，严密搜捕，无使奸民恃众，又复滋生事端，此为最要，勉之慎之。又当以镇静为之，不动声色，勿致惊扰无知之民。至伍公美、宋之清等，已据湖北先后拿获，福宁务须切实审究首先传教之人，无使稍有遁饰。又据毕沅奏'访获传教要犯，驰赴房县究办'一折，所称'现获王应琥一犯，系递上传教之人'，今既经拿获，应从此切实穷究倡教首犯及教内伙党，按名缉捕，并着一并交与福宁承总究讯，归案办理……"（《清高宗实录》卷1461）

（乾隆五十九年九月乙巳）又谕："据孙士毅奏'福康安现驻重庆查办重案，事关数省，必需印文行查，又将督篆赍交应用'等语，所奏殊属过虑，已于折内批示矣。前令福康安驻扎重庆，查办邪教、私铸等案，今因邪教一案起于湖北、河南一带，未便将案犯长途解送，是以责成福宁一手承总审办。其川省私铸一案，已据福康安奏到获犯多名，亦易完结，已令迅速定拟，即行驰赴云贵新任……着传谕孙士毅，仍即接印办事，所有川省邪教案犯，遵照前旨，择其紧要可以质证者数名，派委妥员，带同兵役，小心解送襄阳，交与福宁归案审办。其余人犯，仍交孙士毅逐加研鞫，即照秦承恩所办陕省邪教人犯，速行定拟完结，不必再有诿卸，往返行文误事，致干重咎。将此各谕令知之。"（《清高宗实录》卷1461）

（乾隆五十九年九月己酉）又谕曰："毕沅奏'审讯陈光玉供情'一折，总不明白。昨据福宁奏，来凤县又有夺犯殴差之事。已谕令该督亲赴该处，督缉此事。福宁于途次接该镇禀报，业经奏到，何以本日毕沅折内竟未提及，殊不可解。又据穆和蔺奏'遵旨提讯谢添繍、陈金玉'一折，朱红桃姓名住址，据谢添繍供，得自陈金玉告知。穆和蔺获犯后，自应一面具奏，一面咨提陈金玉，与现获之朱洪道质讯。乃折内竟不言及，直待朕降旨训饬，始称如寐初觉，而于曹法鲁等二十三犯又不讯明速奏。毕沅、穆和蔺，俱着传旨严行申饬……至邪教一案，现在福宁已抵楚接印，灾务一切有惠龄办理，毕沅于邪教一案所办总不妥协，在彼亦属无益，着传谕该抚，接奉此旨，即速赴山东新任。将此各谕令知之。”（《清高宗实录》卷1461）

（乾隆五十九年九月辛亥）又谕曰：“福康安奏‘拿解邪教要犯，严切审讯’一折，已于折内批示……现在研讯韩陇供称‘所得灵文经咒，曾向萧贵问过，据称系伊师樊学鸣传授。樊学鸣之师是张志坤，张志坤之师是齐林即漆林，齐林之师是宋之钦，宋之钦之师是萧姓，不记得名字，在湖北、河南交界地方居住，萧姓之师是李三。又说现在弥勒佛转世，生在河南邓州雷音寺旁之刘文溥家，名叫刘卯。这李三是刘文溥妻舅，伊子名叫李喜狗儿，也在刘家抚养，李三现替刘卯家管事’等语。此案邪教，现据韩陇供出，系从李三递相传授。而李三为刘文溥妻舅，该犯住居河南邓州雷音寺旁，李三之师萧姓，亦在湖北、河南交界地方居住，看来李三、刘文溥自系首先倡教之人。而邓州与襄阳接壤，其教总在河南、湖北一带，现已据韩陇供明住址，自应迅速查拿，切实根究。且刘文溥养子李喜狗儿，前已据湖北省拿获，向其严切诘讯，无难得实。李三等业据福康安开明住址，飞咨豫省，逐细搜缉，穆和蔺务须督饬所属，迅速严拿务获。但邓州、襄阳地方交错，恐穆和蔺办理有未能周到之处，并着福宁帮同穆和蔺一体饬属搜查，以期即时弋获。又韩陇供出之递相传教各犯，除齐林、宋之钦已据湖北拿获外，其张志坤及萧姓二犯，并福康安夹片所称谢添朋供出之丁文材、龙登虎、胡老五、胡安国、王应琥等，据称俱系薛掌柜以下递相传教之人，并着福宁等一并查拿，归案审办。再前据福宁奏，来凤县夺犯殴差之犯已获二名，尚有逸犯六名未获。福宁现已亲往督缉，并着该督严密查拿，速获严办，毋任一名漏网。至此案福康安等初次奏到时，阅其情节较重，今陕西、湖北等省先后获犯讯供，只系为骗钱惑众起见，尚非重大之案，现已交福宁承总办理，无难速行办结。福康安此时如已赴襄阳，即将案内紧要情节告知福宁，自更易于查办。若尚在重庆，即无庸再赴襄阳，竟当遵照节降谕旨，于办理私铸事竣，速赴云南查办小钱为要。将此由五百里各传谕知之。”（《清高宗实录》卷 1461）

（乾隆五十九年九月壬子）又谕曰：“毕沅奏‘驰赴房县，续获邪教案犯王应熊等四十八名’一折，所奏总不明白。前据该抚奏‘拿获王应琥一犯，系递上传教之人，应从此切实穷究倡教首犯’等语，此折系二十日递到，距今已将一旬，岂尚未讯有供词？况现获之王应熊，阅其排行，与王应琥似属弟兄，更应向该犯等严切研鞫，录供奏闻。何竟无一字提及，仅以获犯缘由，有何紧要，用六百里驰奏？毕沅向来尚属能事，近日办理邪教，看来大不如前，着传旨严行申饬。又据福宁奏‘提讯前获之南阳县刘喜狗一犯，供系刘文富亲子。刘文富已经身故，实无传教人等与刘喜狗往来’等语，昨福康安奏‘据韩陇供刘文溥系首先倡教之人，住居河南邓州雷音寺旁’等语，刘文溥与刘文富名字住址互异，自必另有其人，已有旨传谕穆和蔺督饬所属，迅速严拿，并令福宁帮同搜查。此案人犯既众，头绪太多，是以责成福宁承总办理。该督驻扎襄阳，督办一切，距南阳、邓州不远，如穆和蔺所办未能周到，竟当驰赴河南，董率搜缉。该督不可不尽心勉力，务期究明起事之人，速拿严办，定拟具奏，以副委任。所有毕沅奏获之王应琥、王应熊等，如已解赴襄阳，并着该督讯取供词速奏，归案办理。仍由六百里回奏，将此谕令知之。”（《清高宗实录》卷 1461）

（乾隆五十九年十月）丁巳，谕军机大臣曰：“福宁奏‘全获被抢邪教人犯，并缉获纠抢匪徒，提解审办’一折。此案来凤县民人段汉荣等学习邪教，经川省查拿就获，黄老三等辄敢纠人赶至酉阳州境抢回，并殴伤护解乡夫，实属可恶。今福宁饬属严拿，除段汉荣、王胜茂经该县先行拿获外，其段老六等六名，亦经代办来凤县事蒋遇春全行拿获。又会同营弁将纠人抢犯之黄老三等十七名先后拿获，并究获习教之张应昌等，实属可嘉。着福宁于查办此案事竣，将蒋遇春送部引见，以示奖励。其拿获案犯实在出力之文武员弁，并着一并查明咨部议叙。至此案被抢人犯及纠抢匪徒人犯较多，前于未经获犯时，曾谕令福宁亲赴该处，并多带兵役严密搜查，福宁并不拘泥，即督饬所属，业将各犯全行拿获，办理甚为迅速。所获各犯先经该府禀请移解酉阳州，而福宁即饬令赶回，仍解襄阳审办，可以就近讯究，所办俱为得当，览奏嘉悦，着赏给玉搬指一个、大荷包一对、小荷包四个，以示优奖。看来湖北省办理此案，经福宁严加督饬，地方文武咸知奋勉，认真搜缉，可以无虞疏漏。惟河南邪教人犯正须密访严拿，穆和蔺才具不能开展，恐办理未能周到。襄阳与河南接壤，福宁现驻该处，竟当帮同穆和蔺，将应行查拿之犯随时知照，迅速搜捕，以期勿留遗孽。并将豫省所获紧要人犯提至襄阳，归案审办，更可易于完结。所有湖北现获各犯，福宁应即行审明，分别办理，以示惩创。并当趁此严办之时，将楚省吏治民风实心整顿，一洗积习，用副委任，方为妥善。将此由六百里谕令知之。”（《清高宗实录》卷1462）

（乾隆五十九年十月己未）谕军机大臣等：“据秦承恩奏‘审明邪教首伙各犯，分别定拟’一折，此案陕省拿获首伙多名，该抚即将各犯分别定拟具奏，办理尚为妥速。至此事福康安初次奏到时，阅其情节较重，嗣经各该省先后获犯讯供，只系为骗钱惑众起见，尚非重大之案。现据湖北省先后拿获一百六十余名，四川拿获一百余名，河南亦拿获十余名，节经降旨，令各该督抚等速行定案具奏。本日又据穆和蔺奏，拿获案犯宋显功等，严讯传教情由，据供‘递上老教主系名刘松，原系河南鹿邑县人，于乾隆四十年混元邪教案内问拟军罪，充发甘肃隆德县地方。伊子刘四儿于四十五年曾往配所，同在隆德北关外开杂货铺生理。刘松有幼孩名喜儿，刘松指为弥勒佛转世。宋显功曾同李殿邦、张思瑶前赴隆德，送给刘松根基银两，并见过刘四儿，称为师傅’等语。是此案倡教之犯又在甘肃，该省地瘠民贫，向无此等事，今既有流往邪教之党，恐无业之人易为所惑，着传谕勒保，即速严密查拿，将刘松父子等即行拿获，并详加讯究。如该犯在配，只系河南等省同教案犯，潜相往来，收受根基银两，此外并未在甘省地方收徒传教，即将刘松父子派委妥员解至襄阳，交福宁归案究办。若该犯在配，竟有煽惑甘省民人、传习邪教之事，必须究明查缉，人数恐又不少，勒保即应将查拿各犯逐一讯明，即照陕省之例分别定拟，速行结案，不必复解襄阳，致滋延宕。”（《清高宗实录》卷 1462）

（乾隆五十九年十月）壬戌，谕军机大臣曰：“福宁奏‘审明王应琥、宋之清二犯，系邪教案倡首惑众之人，其所称牛八及弥勒转世，连日提讯各犯，已一百二十余名，无不逐加穷诘，间有听闻牛八之语者，加以刑夹，均无指实’等语，所办好。牛八掌教弥勒转世之语，现经福宁搜出邪经，系起自前明正德四年，且乾隆二十二年、三十三年河南、贵州所办邪教，已有牛祖八牛名目，自系奸徒捏造，摭拾无稽，煽惑流传，冀图耸听。但现据勒保奏‘访获刘松一犯，于伊卧房中搜出银二千两，据供有旧徒安徽太和县原香集人刘之协及刘之协徒弟宋之清，自五十四年起至五十八年，曾到过隆德六次。起出之银，就是刘之协令宋之清向众人敛取打丹银两，陆续送给刘松’等语。刘松一犯，昨据穆和蔺奏，讯据宋显功等供，俱称为老教主，是该犯必系此案倡教之人。宋之清所传邪教尚得自刘之协，刘之协又得自刘松。乃宋之清在湖北，经福宁再四严审，并未将刘松、刘之协据实供吐，实为狡猾可恶，自应从重究拟，以示惩儆。现经勒保讯出刘松旧徒刘之协，又系安徽太和县人，恐安徽一省习其教者又复不少。此事着交与苏凌阿、陈用敷，督饬所属，务将刘之协密速查拿，严加审鞫。该犯如何为刘松传教敛钱，并将讯出入教之人一并严拿，仿照陕西之例，分别定拟具奏。其刘之协一犯，亦即遴委妥员解赴襄阳，交福宁归案办理。”（《清高宗实录》卷 1462）

(乾隆五十九年十月)己巳，谕军机大臣曰：“福宁奏‘查明邓州一带并无刘文溥等各犯及雷音寺名目’一折，内称‘宋之清一犯为此案倡首兴教之人，供出兴教传徒，而于宋显功所供老教主系甘肃军犯刘松、宋之清令李殿邦等送银赴甘等情节研究不吐，现在提犯质对，不敢迁就定案’等语。此案系甘肃军犯刘松首先倡教，宋显功所供之语竟属不错。昨据勒保具奏‘讯明刘松与刘之协商量将王双喜儿捏名牛八，伪称明裔，又指刘四儿为弥勒佛转世，嗣刘之协徒弟宋之清自立一教，另拜南阳李三瞎子为师，称为真弥勒佛，并指李三瞎子之子卯金刀小名卯儿者，将来必定大贵’，是刘松一犯实为此案教首，其各省犯供互异之处及捏称牛八之王双喜儿、捏称弥勒佛之刘四儿、李三瞎子并李三瞎子之子卯儿，均已查讯确实，别无刘卯其人，实属可信。所有刘文溥、刘卯、李三等姓名系韩陇在川省供出，若令韩陇质讯，无难得实。且所提只有韩陇一犯解送尚易，着福宁即行飞提该犯迅速至襄阳讯问，或系该犯妄供，或系各犯均有实在下落，一经质讯，自可不致狡饰。”(《清高宗实录》卷 1462)

(乾隆五十九年十月壬申)又谕曰：“福康安奏‘审拟私铸人犯，分别办理’，及‘邪教案犯分解成都、襄阳’各折……”(《清高宗实录》卷 1463)

(乾隆五十九年十月甲申)是月，陕甘总督勒保奏：“查明教匪刘松在配，实未传教收徒。”批：“此不过欲保尔地方无事耳，总非真语。外省恶习奈何，但朕不为已甚，早有旨了。”又奏：“将刘松、刘四儿委员解赴襄阳，交福宁归案审办。”又批：“完汝事了。”又奏：“搜获刘松市平杂色银二千两，贮藩库充公。”得旨：“有何要？”(《清高宗实录》卷 1463)

(乾隆五十九年十一月)丁亥，谕军机大臣等：“昨据苏凌阿、穆和蔺等奏‘邪教案犯刘之协解至扶沟县乘间脱逃’，当经降旨，责成穆和蔺、吴璥、陈文纬三人分往亲拿，并着湖广、四川、陕甘、安徽各督抚遴委妥员分投躧缉，务期就获。着再传谕各该督抚，于拿获后，即派委妥干员弁小心管解，迅速解京审办。倘该犯自知罪重，或在途思欲绝食饿毙，以致气息垂尽，难以押解到京，即着解至何处，即于何处报明，将该犯凌迟处死，毋致要犯幸逃显戮。”（《清高宗实录》卷 1464）

（乾隆五十九年十一月戊子）谕军机大臣曰：“奇丰额奏‘拿获贩卖小钱人犯张世扬等，讯据供称，系买自湖北汉口镇开张船行之刘天泰铺内。现将该犯等枷号，并飞咨福宁提拿刘天泰到案，讯取确供，俟移咨到日再行定罪等因’一折，所办好。私铸小钱，起自四川、湖广一带，屡经降旨饬令严拿究办。现当整饬钱弊，功令森严之际，刘天泰等敢于存积小钱，私相售买，贩运至二百余串之多，可见私运小钱，总在水路一带，而湖北汉口镇尤为冲要之所。现在张世扬等贩运小钱行至江南地方即被拿获，则汉口地方屯匿小钱必不止此，不可不彻底查办，以清积弊。现在邪教案犯谅已办竣，着传谕福宁，即亲赴汉口镇，提讯刘天泰，严究供情，从严定拟。并查此外有无屯贮，一体严拿惩办，俾奸民知所儆畏，用尽根株。其现获之张世扬等犯，并着奇丰额于福宁知会到日，一并按例从严定罪……”（《清高宗实录》卷 1464）

（乾隆六十年正月辛丑）又谕：“昨据余洛等所供情形，是刘之协脱逃显系阮沉、郭彦忠潜通信息，现已飞提该二犯来京严究。但刘之协居住南关店内多日，曾到西关看望阮沉，彼此来往多次，该处店户居民自必渐与熟识。虽据店户柳添祥供，实不知该犯去向。而其走脱时，彼处居民众目共睹，岂有竟无闻见之事？刘之协自知罪重，安省正在查拿，未必敢回原籍，非南往襄阳，至伊同教家中藏匿，即西往陕西一带，希图远窜口外漏网。着传谕阿精阿，即亲至扶沟西关、南关一带，密传店户居民面为询问。并晓谕伊等，但知刘之协去向，不妨据实说出，非惟无罪，且可邀赏。俟其说出如系南往，即飞咨福宁严密躧拿。如系西往，即飞咨勒保、秦承恩严密躧拿。或竟系窜回原籍，亦即飞咨苏凌阿、陈用敷迅速购缉。阿精阿到任已将数月，尚不能将要犯设法速获，岂此等购线躧踪之事伊亦不能妥办耶？该抚务宜遵照谕旨，妥协筹办……将此由六百里传谕阿精阿，并谕苏凌阿、福宁、勒保、秦承恩、陈用敷等知之。”（《清高宗实录》卷1469）

（乾隆六十年正月乙巳）又谕曰：“毕沅奏‘设局收缴小钱’一折，已于折内批示矣。东省向未设有钱局，虽无私铸之弊，但该省为南北冲途，奸徒牟利，携带小钱赴东销售者自必不少。即如从前奇丰额在江苏拿获小钱，系由湖北汉阳贩往。本日福宁等奏‘审办贩卖小钱各犯’一折，亦系由广西贩往，可见各省小钱充斥，皆由于私贩肆行，不尽在本省私铸私销。现当屡饬查禁，功令森严之际，该犯等仍敢私行运售，玩法无忌，不可不严办示惩。毕沅所奏认真收缴，客贩闻风不敢肆行夹带之语，未必属实。玉德既已抵东任事，惟当实力饬属侦缉，必将私贩小钱案犯多获数人，严行究办，俾奸徒知所儆畏，庶莠民敛戢，而钱法可期肃清。将此传谕知之。”（《清高宗实录》卷1469）

（乾隆六十年正月）戊申，谕：“刑部议复‘湖广拿获私贩小钱案内通同贩卖之陆礼逢等五犯，均请从重改为杖一百，流二千里，仍各加枷号三个月，满日发配等因’一折，已依议行矣……嗣后遇有拿获贩卖小钱应行拟流之犯，着该部查明向无私铸小钱省分，按照里数，酌量发配，以杜奸贩而绝弊端。所有陆礼逢等一案，即着照此办理。”（《清高宗实录》卷1469）

（乾隆六十年二月癸丑）又谕曰：“陈用敷奏复‘讯阮沉、郭彦忠供情，即行解京’一折，据称‘前此提讯余洛，未将刘之协如何脱逃及阮沉等私与往来各情节详细究出。嗣因缉无踪迹，复回至颍州，向阮沉、郭彦忠究讯，始据供出刘之协与阮沉分手后，至周家口，刘之协赶上，十八日在八丈沟分路，刘之协有往太和县双柏图地方史有义家之语。随委知县吴甸华，密拿史有义等审讯。据供，刘之协虽到伊家住宿，旋即逃往湖北樊城镇苏明宽家躲匿。即委吴甸华于正月初七日驰赴樊城密缉，并知会湖北一体协拿’等语，所办大错。刘之协为邪教要犯，在扶沟脱逃后，日久无获，屡经降旨严缉，至再至三。陈用敷既经提讯阮沉等，供出刘之协逃往樊城踪迹，并于正月初七日业经委员前往查拿，正可从此跟踪缉获。该抚即为见长，亦应将访有踪迹之处先行驰奏，以便及早饬交湖北严缉，此时已经就获，亦未可定。乃从无一字奏及，直至军机大臣审出具奏，降旨饬询，始将办理缘由具折入告，今日始到。若非朕询问，则此等紧要情节，此时尚未必奏及，糊涂已极。况陈用敷身任巡抚，于此等查拿要犯之事，既究出潜脱踪迹，宁不当亲身前往查拿乎？乃仅委之知县微员前往躧缉，此等知县，想不过如刘清鼐之庸懦无能。今委令查拿，设办理不能严密，又致刘之协闻风远遁，更复成何事体？前此毕沅在湖广总督任内，因竹溪县夺犯殴差一案安坐省城，未经亲往查拿，特降为巡抚，以示惩儆。此系上年九月之事，陈用敷岂未闻之？况刘之协更为邪教要犯，尤非夺犯殴差之犯可比，乃仅委令知县前往，又安用此巡抚为耶？且据奏称‘刘之协在扶沟脱逃后，曾回至太和，在史有义家住宿，旋即逃往湖北樊城’，是刘之协自扶沟逃逸后，曾经回至太和逗留，当此查拿严紧之际，而安省地方官员岂竟毫无闻见……看来近日督抚等于地方事务竟全不认真，陈用敷办理此案颠倒错谬，实属可笑可恨，殊出意料之外，着革职，解交刑部治罪……今丙辰年即届归政，所有各省及诸部巨细政务稍有因循懈弛，必倍加振作，以期中外整肃，付之嗣皇帝。即归政以后，亦岂肯置天下事于不问？彼时臣工等设有玩误之处，更当重治其罪，决不因归政而稍存姑息。现在大小臣工，倘因朕归政在即，稍存懈忽，轻为尝试，尤当加倍惩治，恐不能当其罪也。特此再行宣谕臣工等，务宜倍加谨凛，共知奋勉，以副朕谆切训诲至意。”（《清高宗实录》卷1470）

（乾隆六十年二月辛酉）谕军机大臣曰："惠龄奏'前赴襄阳督拿刘之协'一折，据称'接据河南藩司吴璥来禀，访查刘之协逃匿踪迹，与安省情形大略相同。惟称系逃往樊城张华家藏匿，与安省所称苏明宽家不符。但两省查访刘之协欲逃往樊城，似属有因，现在兼程前往，设法跟拿'等语。前经陈用敷派委知县吴甸华驰赴樊城，查拿刘之协，又据副将明泰改装暗随文生陈以宁前往访缉，迄今日久，总未奏到确实信息。兹阅惠龄所奏，又称刘之协逃往张华家内藏匿。而本日阿精阿具奏折内，只查出刘之协之侄刘玉春曾到扶沟，恐系该犯通信一节，均未查明刘之协实在下落。看来陈用敷前奏藏匿苏明宽家之语，又属荒唐。着传谕惠龄，到樊城后，即行设法严缉，确切查明，迅速具奏。现在福宁因湖南苗匪滋事一案前往办理，不暇兼顾，所有湖北查拿刘之协一事，即交惠龄督办，以期速获。"（《清高宗实录》卷1470）

（乾隆六十年二月丁卯）又谕："据惠龄奏'驰赴樊城，会同安省委员吴甸华亲至苏明宽家搜捕，并无刘之协踪迹。又查樊城镇并无张华其人，惟刘家集西头有张全一名，其堂侄张添华居住离张全家五里，驰赴两家搜拿，亦无刘之协踪迹'等语。苏明宽系刘之协同教案犯，虽据伊家属称刘之协并未藏匿其家，但何以史有义等供之凿凿，其言必非无因。苏明宽于上年冬间发遣，此时自在河南、直隶一带，着传谕该督抚，即查明该犯现在解到何处，即于该处添派员弁，迅速解京审讯，方可凭信。至张华与张添华虽名不尽合，究属可疑，所供开铺务农度日，与刘之协并不认识之语，亦恐系借词掩饰。着传谕惠龄，再行逐细盘诘，并赴襄阳亲讯张添华等取具实供，务得刘之协实在下落，方为妥善。"（《清高宗实录》卷1470）

（乾隆六十年二月丁丑）又谕："前因福宁奏'在襄阳地方拿获豫省私盐'，降旨令阿精阿、徵瑞，将是否系由河东私贩阑入，抑系长芦私贩偷越至楚之处，查明究办。兹据徵瑞奏称'河南省芦东引地，均不与湖北接壤，势难越漏。其行销晋盐之南阳府，即为荆州上游’等语，所奏亦未明晰。阿精阿接奉前旨，尚未据查明复奏，着再传谕该抚，即将湖北拿获豫省私盐是否系由河东私贩阑入，抑系长芦私贩偷越，确切详查，据实复奏。”（《清高宗实录》卷1471）

乾隆六十年乙卯三月壬子朔，谕军机大臣曰："勒保奏‘查阅营伍之便，亲督各属，密查刘之协并无踪迹’等语。刘之协一犯日久稽诛，节经降旨，令于该犯原籍江南并该犯传习邪教之河南、湖北各犯家内，实力严密查拿。且恐该犯因搜缉紧急，逃窜口外，命陕甘督抚一体留心严缉。嗣江南、河南解京各犯屡经严讯，俱不知该犯去向，而湖北省节经搜查，亦究无踪迹。看来该犯或因原籍及附近省分查拿严急不敢存留藏匿，竟思西窜陕甘潜出口外，冀图漏网。此时当严缉之际，或未能出关，仍在陕甘地方该犯同教家潜藏，亦未可定。着传谕勒保、秦承恩密饬所属，于关津要隘地方，留心实力躧缉，毋得日久玩生，稍存疏懈，致要犯终于无获也。”（《清高宗实录》卷1474）

（乾隆六十年三月丁巳）谕曰："惠龄奏‘蕲州民吴应名图奸十三岁族弟吴应青不遂，用刀砍伤毙命。又因吴应青之母柳氏、婶王氏闻喊趋救，该犯起意一并杀死，并将幼女卯姑、毛女同时砍死，审明后，即将吴应名凌迟处死’等语。吴应名因图奸同族幼弟不遂，辄敢杀死五命，实属淫恶凶残，不法已极。近来屡有杀毙一家数命之案，前据奇丰额奏，溺毙一家五命。昨又据长麟等奏，审拟曲江县民妇温氏，同子陈复受，将伊夫陈松九谋死，图诈陈观复一案，几于不忍披阅。兹复有淫凶如吴应名者，不意天下竟有此等行同禽兽之人，皆缘教化未敷，朕实愧之。朕临御六十年，凡所以教治斯民者，训诫叮咛，不啻家喻户晓，乃化之不行，百姓时复蹈于法网，甚至若吴应名、陈复受等罔顾伦纪，肆恶逞凶，殊出情理之外。不特朕当引以为愧，凡有司牧之责者，均应共切怀惭。夫治民之道，教化为先，今不能道之以德，齐之以礼，不得已齐之以刑。而莠民仍不知悛惧，悖弃伦常，屡蹈重辟，良用恧然。嗣后各该督抚及地方官等，务宜广宣朕谕，随时劝导，俾民俗丕变，悉臻上理，以仰副朕教诫谆谆至意。至吴应名之父吴介眉、弟吴既望，虽据该抚查明，远在陕西佣工，并不知情。吴介眉系吴应名之父，自未便因伊子而累及其父。但吴应名惨杀五命，致吴柳氏乏嗣，该犯并无妻子，若使伊弟吴既望仍得安居乐业，又复何以示惩？吴既望着发往回疆为奴，并查明吴既望有无子嗣，一体送内务府照例办理，以为淫凶残暴者戒。”（《清高宗实录》卷1474）

（乾隆六十年三月丁巳）谕军机大臣曰：“孙士毅、朱珪奏恭和御制诗章二折，均已于折内批示。本日朕因惠龄奏湖北蕲州民吴应名图奸同族幼弟，惨杀五命，及昨据长麟等奏蔑伦之陈复受等案，不意天下乃有此等之人，是朕教化不行，深以为愧，已明降谕旨，颁发中外矣。乃孙士毅等所奏，仍觉过颂忘规，殊非朕谆谆垂询之意。着将本日谕旨，抄寄伊二人阅看。孙士毅、朱珪俱有牧民之责，不可不共知愧勉，助朕勤求治理也。”（《清高宗实录》卷1474）

（乾隆六十年十二月）乙未，谕：“刑部核复‘湖北省民人柯兴礼等听从柯瑞梅杀死一家四命’一案，将为从加功之柯兴礼等三犯照原拟斩决，固属按律办理。但阅其情节，此案柯谷彩于伊堂兄柯祥伟故后，欺伊侄柯瑞梅年幼，辄将柯祥伟之妻吕氏改嫁，吞占财产。又将柯瑞梅童养之妻朱氏改给伊养孙为媳，复驱逐柯瑞梅，不给财产。柯瑞梅只身无依，恳求分产另住，柯谷彩并不听许，情节实为可恶。其为从加功三犯，因柯瑞梅告知欺凌霸占情由，同柯瑞梅向柯谷彩理劝，柯谷彩复坚执不允，并加呵斥，经柯瑞梅起意杀害，求其帮助，该犯等因而听从，与他案同谋加功者稍为有间。此内陈思名一犯，于柯瑞梅斧砍陈氏时，该犯接斧连砍，系帮同动手行凶，应照所拟，即行处斩。四命已有二抵，其柯兴礼、吴灿奉二犯止于揪抱，并未帮同斧砍，稍可末减。柯兴礼、吴

灿奉着从宽改为应斩监候，秋后处决，以示准情定谳，酌归平允至意。”（《清高宗实录》卷1493）

（嘉庆元年正月）壬申，户部侍郎署湖北巡抚惠龄奏：“枝江、宜都二县民人聂杰人、刘盛鸣等密谋不轨，带兵搜拿情形。”奏入，谕军机大臣等：“惠龄驻扎荆州，本为策应湖南军务。今枝江等处适有逆民聚众抢劫之事，惠龄得以就近查拿，事机实为顺利。但该犯等以防范苗匪为名，见乡民愿从者多，遂密谋不轨，未必不因荆州、宜昌等处文武官员大半派往，军营兵丁等亦多有征调，存城兵少，以致心生窥伺，乘间滋扰，延及四县。虽现在拿获多名，而聂杰人等尚未就获，其余伙党尚多，若不探明该犯等实在藏匿所在，悉数围拿，尽法处治，何以戢奸宄而净根株？但荆州亦属紧要，德福未便远离，可不必带兵同往。惠龄务将首从各犯搜拿净尽，严行惩治，俾奸民共知儆惧，不可将就了事。将此传谕知之。”（《清仁宗实录》卷1）

（嘉庆元年六月）甲申，定大逆缘坐法，谕内阁：“向来刑部定拟大逆缘坐等犯，请旨斩决者，皆改为监候，秋审时率免其予勾。原以案犯如编造逆词等事，其父兄子弟，情尚可原，是以宽其一线。至如现在湖北邪教，乃公然造反重案，该匪等纠集多人，肆行劫掠，甚至戕官攻城，与官兵公然抗拒，实为大逆，不法已极，无论其父兄子弟，皆当概予骈诛，方足以彰国宪。但因其子不法，而遽置其父于重辟，朕心究有所不忍，有违以孝治天下之意。所有此案向文魁、张成勋、张成荣、张成瑶、真大贵，皆系逆犯弟兄，着即处斩。其逆犯之父向朝德、张文学、真典章，俱着从宽改为应斩监候，永远牢固监禁，遇赦不赦。嗣后湖北逆匪案内，例应缘坐人犯，俱照此办理，以示朕法外施仁，明刑敦孝至意。”（《清仁宗实录》卷6）

（嘉庆二年九月癸巳）谕军机大臣等：“姜晟奏‘续获芷江县案内传

教及缘坐要犯’一折。此案郭贵山等传习邪教，前经该抚拿获，分别办理。因传教之郭学胜住居湖北来凤县地方，复密派干员拿获，所办甚好。至地方遇有邪教，固应留心查办，净绝根株。倘胥吏人等借此讹诈，扰及闾阎，甚或地方乡勇挟仇报复，任意诬扳，转致激成事端，亦属不成事体。该抚尤当转饬所属，严禁胥吏、乡勇人等，勿任借端扰累，以靖地方而副委任。将此谕令知之。”（《清仁宗实录》卷22）

（嘉庆三年七月）戊辰，谕内阁：“高杞奏‘拿获捏造逆词倾陷良民之棍徒，审明正法’一折。此案襄阳县民陈万村，因图谋良家妇女，胆敢捏造逆词，图害无辜，实属狡险可恶。该县因其形迹可疑，即行拿获，该府亦即驰赴樊城会同查办，究出实情，办理尚属认真。知府张瑢、知县陈宋赋俱着交部议叙，以示奖励。”（《清仁宗实录》卷32）

（嘉庆三年八月己酉）谕军机大臣等：“据张诚基奏‘宁州贼首刘联登拜从湖北通山县人卢及名为师，学习符咒’，着传谕景安等密饬所属，速行擒获，不必稍有株连。现在该处地方无事，正应妥为抚驭，不可因查拿卢及名一犯又致惊疑，别滋事端。”（《清仁宗实录》卷33）

（嘉庆四年二月甲辰）刑部议奏：“川楚教匪缘坐犯属，男年十六以上者，照例发黑龙江为奴，其妇女及男年十岁以下者，给有力之满洲蒙古大臣家为奴，其十一以上、十五以下者，仍监禁，俟成丁时发新疆安插。”从之。（《清仁宗实录》卷39）

（嘉庆五年二月癸巳）谕军机大臣等：“本日刑部议复‘松筠审拟疑贼戕害及乘机残杀、图财害命各案，分别治罪’一折，朕详加批阅，川楚良民皆因贼匪滋扰，携眷逃避，陕省乡民疑为贼党，立加戕害，情殊可惨。其间并有不分起意及下手伤重之人，概拟斩决者，已照部议，饬令该督另行讯明定拟。盖缘人命至重，朕于披阅秋审黄册，即一人一命，必将应行矜缓情实之处详细酌核，务得情法之平。今乡民等将被难人民肆行杀害，又以时涉仓猝，或于昏夜，不能分别何人起意，含混定拟具奏，朕亦何从核其情节，分别重轻？则拟抵之人，又安能悉当乎？可见军事未蒇，百姓等不特遭贼荼毒，其被守卡乡民惨害者不知凡几，及至定拟时又未必情真罪当，几至废法难行，皆该各路领兵大员不能速灭教匪之罪。特此再行通谕，伊等应上思朕之宵旰忧愁焦急，下念四省民生困苦颠连，务当激发天良，上紧剿办，及早蒇功，奠安黎庶。设再有迟延，则朕与军机大臣及伊等之罪日重一日，上天必示警于朕，朕亦必重治领兵大员之罪，不可不各谨凛也。将此传谕各路领兵大员知之。”（《清仁宗实录》卷59）

（嘉庆五年七月庚寅）谕军机大臣等：“据马慧裕奏‘叶县知县廖寅禀称，因宝郏匪徒滋事设卡盘诘，拿获著名首恶之刘之协，并被胁同行之冀大荣。即据指实，质之该犯，供认从前在扶沟犯事脱逃，及现由郏县勾结，复要到陕楚各情节，直认不讳’等语。刘之协为教匪首犯，漏网已久，既经拿获，自应解京惩治。现已特派侍郎高杞驰驿前往严行审讯，并派乾清门侍卫兴长、佛伦保随同前往。如传到眼目，质认明确，即着高杞、兴长、佛伦保小心管押，迅速解京。”（《清仁宗实录》卷71）

（嘉庆五年八月）乙丑，谕内阁：“豫省刘之协解京后，令军机大臣会同刑部连日审讯，业据将起意谋反各情节供认确凿，昨廷讯后，即将该犯凌迟处死。然办理刘之协之故，并非因该犯系白莲总教首，遽加以极刑也。刘之协假白莲教传徒，以根基钱、打丹银为名，其初原不过敛财起见。迨行之日久，不能哄诱愚民，遂买王双喜托名牛八，指称朱姓后代，又将刘松之子刘四儿托名弥勒佛转世，可以辅助牛八，希图耸动众人，谋为不轨，其罪在此。我朝列祖列宗，厚泽深仁，凡在编氓，无不沦肌浃髓。乃刘之协捏称明代后裔，诱惑愚民，有心谋逆，实属罪大恶极。从前拿获刘松、宋之清等破案时，刘之协在扶沟闻信脱逃，蒙皇考屡次严饬各省购缉，原因刘之协系属谋逆要犯，不可不迅速擒捕，初不因其传习白莲教之故。彼时各省地方官，未能仰体皇考圣意，竟以查拿邪教为名，四处搜求，任听胥役多方勒索。不论习教不习教，只论给钱不给钱，以致含恨之人与习教者表里勾结，借无可容身之名，纷纷蠢动，起于襄阳，蔓延川陕，迄今剿办五年，尚稽蒇事……至于白莲教名目，由来已久，即据刘之协所诵经文，大意亦不过劝人为善，并无违悖字样。刘之协之罪犯寸磔，在于托名牛八，潜造逆谋，孽由自作，与白莲教无涉。譬如儒生诵习孔孟之书，尊崇正教，设现在川、楚、陕、甘滋事贼匪，或有一二文武生员胁从在内，岂因此而遂以儒相诟病？等而下之，其学习白莲教者，持斋诵经，原与齐民无异，讵因白莲教内有刘之协一人，而遂指习教之人概为匪党，严行查禁乎？即如贼匪中平日习白莲教者固属不少，然各省地棍盐枭之类亦不一而足，但经抗拒官兵，即一律剪除，罪在不赦。其自贼营投出者不下数万人，无不一体妥为安置，又何尝根究其从前曾否习教乎……刘之协系白莲教稔恶最久之人，尚不肯因此稍有株连，况其同教中人教众多，焉有一一查究之理。总之，现习白莲教者安静守法，即是良民，地方官无庸查拿。若聚众煽惑，即非素习白莲教之人，必当按律惩治。所有办理刘之协原委及朕不加追究白莲教至意，明白宣谕中外，咸使闻知。”（《清仁宗实录》卷72）

（嘉庆六年十一月丙子）谕军机大臣等：“吴熊光奏‘拿获随州纠抢首伙棍徒，并查明起衅情形’一折，览奏俱悉。此次棍徒滋扰，吴熊光得信后行至襄阳，知该匪等业已解散，不再赴随州，并出谕安抚居民，以现在缉拿流棍，并非查办邪教，使素常习教之徒不致各怀疑惧，所办皆是，与朕前旨相合。首犯张坤及伙犯高大伦等二十四犯，吴熊光审讯明确，其中有应行凌迟斩决之犯，即一面奏闻，一面办理。其有罪不至立决者，按律分别定拟具奏。该处棍匪业已聚集有年，并非一时纠合，皆由地方官任意纵弛、不行查拿所致。其本任及历任知州于地方积久棍徒未能禀明查办，贻害闾阎，其咎甚重。着吴熊光查明该地方流棍起于何年月日，将历任上司及该州等据实参奏，不可稍有瞻徇。吴熊光办理此案完结，仍即驰往军营，将搜捕余匪及善后事宜妥为经理，以副委任。将此谕令知之。”（《清仁宗实录》卷90）

（嘉庆七年四月）己巳，密谕勒保知：“朕风闻川东、川北一带，自去年秋冬以来，有一种棍徒，名为土豹，聚数十人抢掠妇女，用绵塞口，装入口袋，背负而奔，号为开堂子。由川江用船满载，掠往湖北贩卖。所过关口，长随胥役得钱私放，路人目击，不敢过问，州县虽知，亦皆缄默不办。此等棍徒，皆假冒教匪，肆行无忌，州县不敢追捕，关口受贿任行，成何世界耶？汝系受恩深重之大臣，当严密先行查访的确，若只有一二起，责成有为之守令迅即查拿，按律究办。倘人数众多，不可畏难将就，竟用兵捕缉亦无不可。总之，恶不可留，留则益形滋蔓。若稍存畏事姑息鄙见，以致养痈成患，惟汝是问。轻重权衡，斟酌至善。办理此事，究竟情形若何，查明先行复奏。并此朱谕缴回，特谕。”（《清仁宗实录》卷97）

（嘉庆七年四月己巳）又密谕吴熊光、全保：“朕风闻由川江满船装载妇女至湖北沙市、汉口等处贩卖，少者卖为娼妓，老者卖往江西景德镇磁器行工作。其所由来，则系川省匪徒，名为土豹，抢掠妇女，用船装载，由江路至楚，所过关口皆得钱卖放。若果实有此事，成何世界耶？汝二人皆受恩深重之人，不可存姑息了结鄙见，当密为查访。若事果确切，即严拿究办，以儆恶类。若实无此事，亦须明白回奏。倘具奏后别经发觉，则惟汝二人是问。此朱谕先行缴回，特谕。”（《清仁宗实录》卷97）

（嘉庆七年六月）戊午，谕内阁：“三法司衙门议复‘湖北省左中义将伊父左士潮存钱买谷，致伊父忿恨自尽，照原议违犯教令例定以绞候’一本。细核此案情节，左士潮将卖牛钱文欲行凑买棺木，伊子左中义因先要买谷防饥，经左士潮向阻不听，并将旧存钱文一并买谷，以致左士潮忿恨莫释，投缳殒命。试思制备棺木，原系为子者分应尽心之事。今该犯不但不为伊父早行备办，并将伊父自备买棺钱文忍心挪用，先买食谷，致伊父抱忿自尽。是其平日必不能孝顺其亲，非仅一时违犯教令可比。将来核办秋审，亦必予勾。左中义着即行处绞。”（《清仁宗实录》卷99）

（嘉庆七年九月戊戌）是月，湖北按察使乔人杰奏报到任。得旨：“楚省刑名，颇不易治。此外教匪虽平，嗣后恐有挟嫌报复等事，须秉公办理，方可服人之心。勉之！”（《清仁宗实录》卷103）

（嘉庆八年七月）辛丑，谕军机大臣等：“楚省余匪，惟归州地方五十余人一起为数稍多，业经毛秉刚带兵紧蹑。该处与川境接壤，该匪等或复思窜川，追截恐稽时日。该督添调李东宣等驰赴帮捕，尚恐不足深恃。着吴熊光于庆溥、李天林、吉林泰数人内酌派一员，迅往督办。又据奏审讯逃勇蓝贵一节，该犯曾充乡勇，既经脱逃，假充贼匪，自当严办示惩。该督仍当出示晓谕，以乡勇等杀贼打仗，皆为国家出力良民，现当大功告蒇，余孽搜捕垂尽，尔等乐业安居，正可共享太平之福。如不守本分，在外滋事，必当从重治罪，断不稍从宽减。尔等当各知儆畏，勉为良善，何苦自弃前劳，甘蹈法网？如此剀切示谕，该勇等自可渐就敛戢。嗣后如再有乡勇犯事之案，除情罪较重者从严惩办外，其余或抢窃斗殴，所犯只寻常案件，而该乡勇从前或杀贼奋勇，赏给翎顶，著有劳绩及打仗受伤者，该督于审明后按律定拟，将从前出力之处据实叙明具奏，候朕酌量办理。但该督此语，只可密存于心，不可稍有宣露，转致乡勇藐法也。再各处团勇堡寨，原因御贼而筑，今渐就廓清，自当以次拆毁。今据奏，各寨民人颇知敌忾，歼擒首伙贼匪不少，该寨勇等既能急公出力，亦当加以体恤。所有空闲堡寨，吴熊光应谕令自行陆续拆毁，不必派官役过于迫促，致有抑勒。设吏胥等有因勒索不遂、押令拆毁等事，尤当严行查禁，以杜扰累。将此传谕知之。”（《清仁宗实录》卷116）

（嘉庆八年八月甲子）吴熊光奏："据参将毛秉刚、一路军功梁奇在房县牌口地方，擒获贼匪李文魁，供系从前戕害惠伦之犯等语。"得旨："该犯罪大恶极，天理难容，断不令其漏网，亦由效命疆场忠魂毅魄，默为震慑，俾其自行供吐。吴熊光提到该犯，讯明后应即予凌迟处死，仍将该犯首级解送来京，于惠伦坟茔设位致祭，以慰泉垆。"（《清仁宗实录》卷118）

（嘉庆八年九月）丙辰，谕内阁："吴熊光、全保奏'审明鹤峰州民李尔闻谋死胞兄李尔明，按律定拟'一折。此案李尔闻欲图诬陷张有本等，起意商同郭义山等携带酒菜，至伊兄家劝饮。该犯乘李尔明沉醉，即取绳缚其两腿，抬放门首塘内，登时溺毙，复将尸身抬回，捏报张有本等殴毙。阅其情节，李尔闻系欲诬陷他人，辄将胞兄设计谋命。似此忍心蔑伦重案，审讯明确，该督等自应一面具奏，一面将该犯立正典刑，方为正办。何得尚请敕部议复施行？若因此稍迟时日，或该犯在监病毙，转得幸逃显戮，何以饬伦纪而儆凶残？吴熊光、全保均着传旨申饬。李尔闻着即凌迟处死，余着刑部核拟具奏。"（《清仁宗实录》卷121）

（嘉庆九年二月乙酉）谕内阁："全保奏'拿获占种、抢割、拒伤官役各犯，审明定拟'一折。此案沔阳州民人刘礼秀等，与嘉鱼县民人争占洲地，并于荞麦黄熟时邀约刘礼书、孙名宗等多人前往抢割。适嘉鱼县饬委石头口巡检闻梦霖赴彼弹压，刘礼书明知地方官前来，辄敢喝令殴打。孙名宗站立巡检轿旁，即用竹棍戳进，致伤闻梦霖左右眼胞、鼻梁等处。刘礼书用竹烟袋戳伤顶心，并将带往弓兵韩柱等殴打而散。该犯等纠众抢割已属不法，甚至不服弹压，殴伤官长，凶横已极。设官原以治民，若民不畏官，即不畏王法。设地方官果有贪黩殃民等事，亦应赴上司衙门呈诉，静候查办。似此目无官长、恃众逞殴、犯上作乱之风，渐不可长，自应立加严办，以儆刁顽。全保审明后，即当一面具奏，一面将喝令殴打为首之刘礼书、为从下手之孙名宗二犯按律正法，方为正办。乃复拘泥声请部议，实属不知事体。全保着传旨申饬，刘礼书着即处斩，孙名宗着即处绞，余着该部核拟具奏。所有逸犯孙名标等，该抚饬属严拿务获，毋使漏网。”（《清仁宗实录》卷 126）

（嘉庆九年三月）庚戌，谕内阁：“昨据刑部奏‘湖广等省缓决三次以上酌拟减等人犯’一折，朕详阅案由清单，内湖广省绞犯刘东成一起，因川匪窜入，该犯挈眷搭棚栖避，适石五走近棚侧出恭，该犯携刀向问，听系外路口音，认为教匪，用刀向砍致毙。该犯系属平民，避贼栖止，非若团寨义勇及在官人役奉派拿卡、有缉捕之责者可比，且石五并无逞凶抗拒情节，乃辄用刀砍毙，若递行减流，恐开借词仇杀之渐，刘东成着改发边远充军……”（《清仁宗实录》卷 127）

（嘉庆九年八月丙子）谕军机大臣等：“本日吴熊光、全保奏‘拿获江陵县拒捕伤差各犯，并请将办理不善之知县革审’各折。此案前据全保初次奏到时，朕即以朱祥魁等如系寻常窃贼，何以该县往拿时竟有匪党多人持械拒捕，恐竟系该处巨盗，必有纠众肆劫、伙党窝留情事。今吴熊光折内，果称朱祥魁等六十余户，平日驾船捕鱼，原系乘间窃劫，此次拒捕之后，四散逃逸。全保折内，亦称‘朱家湾地方本系窝盗之区，情势凶悍，该县方遵辙因查拿案犯，猝带多人执持枪刀前往，其从役等复抢夺什物，以致该处鸣锣聚众，拒捕伤差’等语。朱祥魁等六十余户群聚为奸，已非一日。地方官平日迁延不办，姑息养奸，实可痛恨。迨查拿案犯时又不慎密办理，猝带多人执持枪刀前往，惊动居民，已属轻率冒昧。甚至所带跟役乘势抢夺，以致该处民人鸣锣聚众，拒捕殴差毙至二十一人之多，其情形尤为可恶。此等巨案，全系地方官酿成，若不严参惩治，何以儆劣员而靖地方？江陵县知县方遵辙着革职，交该抚提同已获各犯，将起衅缘由及拒捕实情彻底严审，分别定拟具奏。现在获犯三十二名内是否皆系真犯，此外有无逃匿，该督抚当饬知臬司胡克家，

督同该府遵照前旨妥速查办。将此谕令知之。”（《清仁宗实录》卷133）

（嘉庆九年九月丁酉）又谕：“本年系停止勾决之年，据刑部将秋审各犯情罪尤重者照前例摘叙案由请旨正法，缮折具奏，朕详加阅看，内官犯二名情节俱不至甚重，着仍牢固监禁，俟来年秋审时再行核办外，所有常犯吴学恒、杨八八、古亚二、张得华、吴雄、廖文受、胡贵、鲍潮富、王贵、王德金、唐潮禄、杜允仪、张廷贵、杜廷幅、李正启、向起塘、黄楚舟、李四、张应贵、史喜文、周贵、刘英、朱文鸣、陈文兆、龚怀如、喻汉源、查牛孜、杨五、刘贯均、张子强、张贵良、陈恺顺、陶杰、孙柱、王占鳌、王牛安、丁小子、张九根、敦扎布，或因奸因窃，谋杀故杀，连毙二命，或防兵遇贼先退，或轮奸妇女幼童，或假差诬窃，刃毙无辜，核其情节，均属法无可宽，着照拟即行正法。”（《清仁宗实录》卷134）

（嘉庆九年九月壬寅）又谕：“秦承恩奏‘盘获吴锦荣一犯，系江西丰城县人，从前在湖北竹山县贸易，被贼匪裹胁，面刺白莲教三字，旋即逃出。该犯不念家有母妻，在外游荡数年之久，今始回籍，恐另有别情。秦承恩已飞咨吴熊光，俟查无别样情节，即将该犯递解原籍，起除刺字，照不应重律折责三十板，交给亲属保甲严加管束’等语，所办甚是。从前贼匪裹胁良民，面刺莲花及白莲教三字，原系贼匪诡计，使之别于良民，绝其归志，迫以不得不从。经朕俯察其情，屡次降旨，以贼匪中如刘之协、王廷诏等皆真系白莲教匪，从未闻显有别识。其面刺莲花及白莲教者，必非入教之人，临阵时不得滥行诛戮，俾良民自新有路。今自大功告竣以后，从前自贼中逃出者纷纷回籍，每有身列齐民，而面刺字样仍未销除，若不明示以革面洗心之道，诚恐同居里党见其面有刺文，目为匪伙，不齿同类，有意欺陵。兼恐该犯因有面刺字样，转借以惑众惊愚，别滋事故，俱不可不防其渐。现在江西既有拿获之犯，则他省似此者自复不少，着各该督抚转饬地方官出示广为晓谕，如有从前被贼刺面未经销毁之人，即令自行起除，勉为良善。倘经此次晓谕之后，有甘受贼玷不行毁除者，一经查出，即照吴锦荣之例治其不销毁之罪，严责示惩。此乃朕爱护良民、欲湔除眚慝之至意，着将此通谕知之。”（《清仁宗实录》卷134）

（嘉庆九年十二月）己巳，谕内阁：“前因吴熊光等奏‘审明麻城县民人田文潮纵容伊妻邹氏与僧文瑞通奸，复听从文瑞行窃，败露被获，致文瑞商同邹氏将伊母余氏搭毙，以图搪抵’一案。该督等将田文潮按例拟发黑龙江给披甲人为奴，尚未允协，降旨谕令刑部酌量加罪，另议具奏。兹据奏请‘将田文潮拟绞立决，并请嗣后子孙有犯奸盗致祖父母、父母被人殴死或被谋故杀害之案，不问是否纵容袒护，均照此案办理’等语，则又未免过当。刑名案件，总在权情理之平，此案僧文瑞图奸邹氏不从，经田文潮之母余氏与田文潮商量，劝令邹氏与文瑞通奸，是余氏纵奸图利，实属无耻。迨文瑞商允田文潮窃得邻村稻谷、衣物，将余赃交余氏收藏，是余氏又系纵窃。本有应得之罪，与并未纵容、忧忿戕生者迥别，若照部议予以绞决，在田文潮一犯寡廉鲜耻，死何足惜？设遇子孙有犯奸盗，祖父母、父母实不知情者，其罪何以复加？未免漫无区别。田文潮着改为绞监候秋后处决，并着刑部纂入条例，嗣后除子孙因犯奸盗，祖父母、父母并未纵容，忧忿戕生者，仍照例拟绞立决。其祖父母、父母纵容袒护，后经发觉，畏罪自尽者，将犯奸盗之子孙发黑龙江给披甲人为奴外，其有祖父母、父母纵令子孙犯奸犯盗，以致被人殴死，或被谋故杀害者，均照此问拟绞候，通行遵照。总之明刑所以弼教，凡问拟罪名，必当将案情详细研求，期于无枉无纵，以扶风化而儆凶顽，不可意为轻重也。”（《清仁宗实录》卷138）

（嘉庆十一年正月乙丑）又谕：“前因裘行简奏‘良乡县盘获投递宗人府书信涂中亭一犯，解京审办’，当派绵恩、庆桂、董诰、禄康、戴衢亨、长麟会同刑部审拟具奏。兹据绵恩等具奏‘审明涂中亭系湖北穷民，安希富贵，将乩判诗句编造成篇，擅用黄纸书写，雕刻木戳，印盖封面，欲赴宗人府投递，信内竟敢书写御名，语多狂悖，讯无主使及知情同谋之犯，请将涂中亭照大逆律凌迟处死’等语，涂中亭以无业贫民，胆敢假托乩判诗词，编造缮写，希图幸邀官职，信内竟敢将御名书写，悖妄已极。即照大逆律凌迟处死，本系罪所应得。姑念该犯所书语句，尚无肆逆讪谤之处，较之上年安徽逆犯董霖编造逆词，托为梦幻符谶之说，伪封官职、任意指斥者，尚可量为末减。涂中亭着改为斩决，并派绵恩等会同刑部，将该犯提出，加以刑夹后，派侍郎金光悌押赴市曹，将该犯即行正法。”（《清仁宗实录》卷156）

（嘉庆十一年四月）乙未，谕内阁：“保宁等奏‘查办湖广省秋审案内各犯，分别开单进呈’，朕逐一披阅，内拟准减等绞犯刘应祥一案，因郭世贵之叔借伊铁耙遗失，令赔不允，该犯向郭世贵言及，郭世贵嚷骂，并拾树枝扑打。该犯用刀格伤其左脚腕，迨被揪撞头，该犯复用刀回殴其左臂膊脊背。因其扑夺，又砍伤其左手腕殒命。核其情节，郭世贵不过拾取树枝向其扑打，该犯辄用刀格伤，迨郭世贵向其揪撞扑夺，该犯复用刀殴砍数伤殒命，未便即予援减，刘应祥着监禁二年再行减流。又绞犯陈世青一案，因族人陈允青屡次行窃，该犯劝其改过，即被村斥，并举斧追砍。该犯夺斧用背打伤其左胳肘等处，并手搭其项颈跌地。陈允青声言报仇，欲行爬起，该犯复用斧背打其左右臁肕等处殒命。陈允青固系犯窃之人，但该犯规劝被斥，并非其行窃之时，即陈允青举斧追砍，该犯业经将斧夺住，乃辄行殴打多伤，迨陈允青声言报仇，亦不过被殴情急之语，该犯复连殴其左右臁肕等处殒命，死非一伤，情节较重，未便即予援减，陈世青着监禁二年再行减流。又官犯尹楚英，因与把总周国明之妻通奸，被周国明查知呈报审实，依职官奸职官之妻拟以绞候，固属照例办理。但奸妇曾氏，该部现拟以监禁二年后减等，奸夫自应一律办理。且该犯之父曾经出师阵亡，尹楚英着监禁二年减等发落。余依议。”（《清仁宗实录》卷159）

（嘉庆十一年七月）壬子，谕内阁："刑部奏'各省秋审外拟情实缓决，间与部拟不符，请旨更正办理'一折。本年正月间，特降恩旨查办减等，所有各省本年秋审人犯，经刑部会同大学士等分别酌拟，将应行减等及不应减等者节次缮单，奏请训示，俱经朕逐案详阅，核其情节，次第施行，各省自应钦遵办理。除贵州、广西、广东、福建、湖南、湖北、浙江、河南等八省，所拟情实缓决悉与部拟相符，无庸置议外……仍着刑部将各案不符之处一体更正。"（《清仁宗实录》卷164）

（嘉庆十三年闰五月）乙酉，谕内阁："昨经降旨，令刑部将杀死一家二命之案分析亲疏轻重、斗殴谋故各情，以何项应题，何项应奏，酌议章程。昨日三法司具题，议复湖北省民人李自高图财谋杀姑母石李氏一案，按例问拟斩枭，现已依议批发矣。此案李自高谋杀姑母石李氏，虽系一命，与杀死一家亲属二命者不同，但该犯与石李氏服属尊长，因图窃匮内钱物，辄乘石李氏熟睡，起意将其搭死，情节甚重。今一概具题，未免无所区别。且阅题本内犯事日期，系上年十二月之事，经刑部题复后再为行知，该省往返需时，该犯或在监病毙，转得幸逃显戮，于情法殊未允协。嗣后有似此卑幼谋杀尊长重情、例应斩枭者，外省应改题为奏。着刑部将此一条一并妥议具奏。"寻议奏："查谋故杀一家二命者，若死系父祖子孙服属期亲以上，较致死疏远亲属一家二命为重。至卑幼图财谋杀尊长，并因强奸杀死有服尊长，罪干斩枭，亦与寻常谋杀尊长之案不同，自应钦遵谕旨，改题为奏。其谋故杀死一家二命系功服以下亲属，及致死一家二命，一故一斗，罪应斩决，并殴死一家二命罪应绞决各案，仍照旧专本具题。再查罪应凌迟处死之案较斩枭尤重，应请一并专折具奏。其情可矜悯、准夹签声请者，仍照旧具题。"从之。（《清仁宗实录》卷196）

（嘉庆十三年六月壬寅）又谕："据值年旗奏'湖广、陕西逆犯王袁氏等三起共七名口，应赏给大臣官员为奴，将应得罪人之文武大臣官员职名开单，请旨指赏’等语。此三起罪人七名口，着即赏给常喜、贵庆、果勒敏色等为奴。值年旗照例分给外，朕阅奏单内开大臣官员职名，公侯伯子男各世职甚多，伊等俱系勋旧功臣之后，固当分赏。但伊等现在家业萧条，当差生计尚不无拮据，若将罪人户口分赏伊等为奴，何以养赡？分赏之后，势必仍行放出，任其谋生度命，又岂能管束耶？嗣后遇有此等应赏为奴罪人，着交管理值年旗王大臣等，只将现任文武大臣文职三品以上及散秩大臣职名开单奏请指赏，其在侍卫上行走之公候伯子男各职名毋庸呈进，着为令。”（《清仁宗实录》卷197）

（嘉庆十四年五月）丙戌，谕内阁：“刑部将湖广省缓决一二次人犯拟准减、不准减，开单具奏。朕详加披阅，拟准单内，绞犯刘万一一名，因刘么儿乘夜偷窃该犯同居之邹硕青皮袄，邹硕青知觉喊醒，该犯出门查看时，刘么儿复窃邻居邹汝疏家，当被捉获。该犯用绳捆缚带回询问伙伴，刘么儿混骂，该犯取柴殴伤其顶心左眼角及胸膛左肩甲等处殒命。核其情节，刘么儿偷窃该犯同居邻人衣物，虽系犯窃，但既经邹汝疏家捉获，是罪人已就拘执，自应听其送官究治。乃该犯用绳捆缚带回，因其詈骂，辄行叠殴致毙，居心实属残忍。刘万一着不准援减。又绞犯张桂一名，因乞丐罗添富潜入厨房偷窃，当向喊捉，罗添富弃赃逃跑，次早该犯至罗添富家，见其赤身睡卧，即拉回拴系树上，罗添富混骂，该犯解其系裤皮条并用竹棍殴其左胳膊、右肩甲等处。俟投保送官，因是日寒冷，罗添富受冻殒命。此案罗添富行窃未成，已逃避回家睡卧，乃该犯亲至其家，将伊赤身拉出，又因罗添富混骂，用皮条竹棍叠殴，以致罗添富受伤冻毙，其情节亦属残忍，张桂亦不准其援减。余依议。”（《清仁宗实录》卷212）

（嘉庆十四年十月）戊申，谕内阁：“本年系停止勾决之年，刑部续将奉天、四川、陕西、湖广等省官常情节尤重及情重各犯摘叙案由，分别开单进呈。朕详加披阅，其情节尤重之官犯倭克吉讷受贿捏报，故纵凶犯，实属枉法。常犯谢廷金逞凶殴毙二命；税文畛故杀拒奸之妇；曹廷瑞喝令攒殴，致毙二命；明学陞刃毙二命；潘通位连毙二命；蔡远任故杀二命；罗万映、陈贵宗夺犯杀差；张世学妒奸故杀二命；王二娃听从加功，谋杀事主；杨文甫刃毙二命；罗帼逵拒捕刃毙差役二命；曾倖纠窃拒捕，一死二伤；戴遇春护伙帮殴另伤一人；何倖听纠伙抢，帮殴事主多伤；蒋宗林窃匪护伙，殴毙事主；幸仕学窃匪拒捕，火器杀人；王启贵听纠抢夺，刃毙事主；王正富随同拦抢，加功谋命；曹帼选挟嫌谋命；李华矗役吓诈毙命；范成美刃毙二命；周四窃匪拒毙事主，俱法无可贷，着照所拟即行正法。又情重常犯张义德一名，尚来游荡，弃家不顾，经伊妻王氏理劝怀恨。迨王氏患病，该犯潜买毒药，假称补剂，致王氏邀同伊父王允和共食，先后殒命，情实凶残，亦着照所拟即行正法。至情节尤重案内朱林一犯，跟随考官在途，自出钱文，雇用竹兜，因抬夫杨太假称歇力放下，该犯急于趱路，当加呵斥，杨太回骂，该犯举脚向踢，适伤肾囊殒命，尚非有心致死，着暂缓正法，与其余情重各常犯仍入于本年新事情实，呈进黄册。”（《清仁宗实录》卷219）

（嘉庆十五年二月）戊申，谕内阁：“汪志伊奏‘遵旨审讯喻李氏控案大概情形，与原案互异，请将原审之现任知县、知府分别革职拿问革审，以便提同另案已革之知府归案复讯，并请俟审明此案后再行来京陛见’二折。此案叶秀图谋棉线殴死胡绍德，既于获案后，并未刑吓，即经直认，而供证又皆确凿，自应起获赃据凶器，以免疑窦。何以前审喻春时，叠经喻玠等具控呼冤，承审各官竟不确切推勘，率行刑求审转，以致喻春被诬伏法？案关罪名出入甚巨，非寻常错误可比。该督汪志伊能将此案悉心研鞫，得有端倪，尚属认真，从此根究明确，尚当加以恩奖。仍遵照前降谕旨，俟同兴陛见回任后，再行起程来京，务使要案水落石出，不致稍有枉纵。原审之应山县知县钱丙曜，着革职拿问。德安府知府双庆着革职，交该督提同另案参革之武昌府知府丁云锦、阿霖一并归案严讯。其率行审转具题之历任督抚、臬司均有应得之咎，并着分别劾参。至现在审出实情之各委员，俟定案时，查明据实保奏。”（《清仁宗实录》卷226）

（嘉庆十五年九月癸亥）又谕：“三法司具题‘湖北省民人张连违犯伊母教令，致伊母自尽，问拟绞候’一本。朕详核案情，张连之母吴氏因乏钱使用，欲将家存木料卖钱二千文。其街邻陈大只给价一千五百文，吴氏未允，张连辄私令添钱二百文卖给，并不告知伊母。迨伊母因卖价短少，詈其擅自主张，令将木料讨回，张连不肯往讨，伊母赶殴绊跌，致碰伤眼胞，该犯并不上前扶救，径自奔避外出。嗣有尼僧探望伊母，经伊母备诉前因，适该犯自外回归，尼僧向其责备，该犯复斥其多管，互相争角，以致吴氏听闻之下复又生气喊骂，而张连仍即避出，甚至经旬之久，值中秋节日尚不回家。伊母因此怨命啼哭，抱忿自尽。是该犯种种触忤，不顾伊母，其违犯教令实非一次，情节甚重。从前湖南省曾有民人杜梅兆，亦因违犯伊母教令多次，经刑部问拟绞候具题，降旨即行正法。张连着即照杜梅兆之例即行处绞。”（《清仁宗实录》卷234）

（嘉庆十五年十二月癸未）又谕：“同兴奏‘缉获拐犯，并究出囤户’一折，已交刑部核议矣。此案朱正笏妻女被拐，事逾八年，辗转控告未经缉获，实为外省因循积习。现署沔阳州事新题石首县知县王翰、云南试用县丞何裕坛，经同兴饬委访拿，即能购线缉获，俾积年拐囤之犯不致漏逸，尚属能事，俱着加恩以应升之缺即行升用。何裕坛即着留于湖北补用。”（《清仁宗实录》卷237）

（嘉庆十六年正月）壬戌，谕内阁：“同兴奏‘接办喻李氏一案，究出承审委员有意诱翻，以致叶秀诬认正凶各情，据实参奏’一折。湖北应山县民妇喻李氏控案，上年据汪志伊奏，从前胡绍德之死，讯非喻春殴毙，系县民叶秀图财谋命。该县知县钱丙曜将喻春非刑逼认，问拟斩决，当将钱丙曜及承审各员分别革审。复因赃据凶仗及要证程金均在未获，迄未定谳。案关重大，经朕特降谕旨，令同兴详悉审究。今据同兴奏‘现将要证程金缉获，亲提研讯。则从前喻春之抢夺杀人不为无据，而叶秀此时之诬认正凶，全系委员有意诱翻。现据查出刘曜庚、贾钠二人于提讯叶秀时，提发拧耳，令其直跪至一日夜之久，叶秀情急妄供，该同知等随给与酒食，用言开导，并诱以杀人不过军罪，将图财害命、挑线售卖各情逐层领说，叶秀遂照依供认。该委员复常赏给钱物，是以该犯安心直认，全不翻供，其见证褚兆瀜等亦经该委员等押令在雪地内日夜长跪，并将程楚扬打落二齿，始随同附和，验视属实’等语。该同知等种种诱翻、逼拷，殊出情理之外。汪志伊前奏，不无偏听周内，亟须彻底究讯，以期水落石出。此案着交同兴一手审明，若汪志伊有授意属员情节，迅速先行严参具奏，俟定拟后再来京陛见。前赴贵州新任，所有原审之武昌府同知刘曜庚、施南府同知贾钠，着革职。其会审之郧阳府知府刘坤，亦着解任，一并交该抚提同严审定拟。如审讯确实，着查明从前汪志伊原参之知府双庆等奏请开复。案经屡翻，该抚当虚衷研鞫，无枉无纵，以成信谳。”（《清仁宗实录》卷238）

（嘉庆十六年正月辛未）刑部奏，议复湖北民妇张罗氏令伊媳取砒乘间服毒一案。得旨：“此案张罗氏起意寻死，图赖王家泽，令伊媳陈氏取砒，伊媳不肯前往，该氏即诓称止系携砒至王家泽家恐吓，并非真正服毒。伊媳始行取砒，该氏复将伊媳遣开，乘间服毒。及伊媳知觉，当即泣喊灌救。是张罗氏服毒身死，实为陈氏所不及知。且张罗氏毒发未死之前，业将自行起意寻死图赖及诓伊媳取砒各情向伊夫妾贺氏言明，并有贺氏不必责怨伊媳等语，众所共闻。所有陈氏问拟凌迟处死之处，着改为斩监候，归入本年秋审服制册内办理。”（《清仁宗实录》卷238）

（嘉庆十六年六月）丙子，谕内阁：“前因汪志伊来京陛见，经朕召对，面奏‘伊前在湖广总督任内，于应山县民妇喻李氏控案，委令同知刘曜庚、贾钠审讯。该员等录供翻异，汪志伊自提犯证研审，凶器赃据无获，未经定案。嗣后同兴以刘曜庚等诱令叶秀诬认翻案，将刘曜庚等参革，照例拟发军台，奏交部议。刘曜庚、贾钠承审此案，但录草供，并未具详。其应得处分，汪志伊情愿自行承认’各等语，当即降旨交马慧裕、张映汉查明该参员承审此案，是否仅录供词未出印详，并汪志伊自行研审月余之处，确实复奏。兹据马慧裕等奏称‘此案种种平反情节，均系该参员等审定供词，录呈汪志伊阅看，迨汪志伊亲提复鞫，该参员仍俱随同审问’，是虽未具详于前，而随同复审，致犯证人等无从剖辩，不得不符合原取供词。若非始终赃仗全无，悬案待质，势必冤及无辜。刘曜庚、贾钠欲借平反控案见长，实有应得之咎，着仍照原拟，发往军台效力赎罪。汪志伊于特交案件，委员审讯诱翻。至亲提复鞫时，又不能究出实情，几致诬坐平人，罪至骈首，无由昭雪，并坐原审。前任应山县知县钱丙曜以擅用非刑之罪，因致参革拿问，在监病毙，咎已难辞。乃至同兴已将诱翻缘由审出定拟具奏，汪志伊又在朕前为刘曜庚等剖白心迹，且欲代认处分，意存见好。汪志伊既情愿为属员任过，朕亦不必曲加宽贷，着即照马慧裕等所请，交部严加议处。”（《清仁宗实录》卷245）

（嘉庆十六年七月甲午）刑部奏，议复湖北民人杨文万听从伊兄买砒，致伊兄服食身死一案。得旨：“此案杨文万因伊兄杨文彩病磨难受，听从买砒，致伊兄自食毙命，刑部按律将杨文万问拟凌迟处死，仍以该犯与逞凶谋毙者不同，请旨定夺。朕详阅案情，当杨文彩因病磨寻死，向伊弟杨文万催逼买砒，未经应允，辄欲自搯咽喉，冀图闭死。杨文彩自寻短见，如欲以金刃自戕，杨文万自当虑其伤命，今仅以手搯咽喉，不过一时吓逼，何至殒命？且伊即被逼无奈，欲借以安慰伊兄之心，何妨以他药假称砒石，则伊兄服食，亦不至遽尔戕生。乃听从买砒，收存枕下，以致伊兄乘间取服，竟至不救。杨文万兄弟并无财产妻室，不致有谋毙别情，但杨文万本系出外营生，或因侍奉伊兄病久，见其有病磨寻死之心，即曲意顺从，亦未可定。事无指证，原供仅据该犯一面之词，若竟照从前陈氏被伊姑张罗氏诓令取砒服毒一案改问斩候，两案情节不同，杨文彩之死究由杨文万买砒所致，伦纪攸关，难以宽宥。惟罪疑惟轻，杨文万着改为绞立决。”（《清仁宗实录》卷 246）

（嘉庆十六年八月乙丑）刑部议奏湖北民妇谢姚氏听从弓兵向宁教唆，诬控氏翁调奸殴伤一案。得旨：“此案谢姚氏因被夫谢宗贤殴打，奔诉伊叔，途遇向宁，诱令捏控伊翁调奸不从，将其殴伤。该氏系乡愚无知，并不知调奸系何罪名，受人愚弄，随口叫喊，与罔顾伦常自行干犯者有间。至其夫谢宗贤自戕身死，亦由向宁诈赃吓逼所致。向宁构衅诈赃，吓毙人命，实属险恶。向宁着即处绞，谢姚氏着从宽改为绞监候。”（《清仁宗实录》卷 247）

（嘉庆十六年十月己未）谕军机大臣等：“据步军统领衙门奏‘直隶沧州民人王大有呈控张自明等殴伤伊父王其祥身死，贿买顶凶，并首出彭姓等盐店私卖给湖北三帮粮船盐一万八千余担，控县不为究办’各等情，已明降谕旨，交温承惠亲提审办矣……今王大有所控沧州盐店卖给粮船私盐一万八千余担，酿成命案，系在八月二十一日。计其月日，已在嵩年离任之后，或系祥绍接任，因有前谕，遂将查缉员役概行裁撤，以致私贩公行无忌，亦属非是……”（《清仁宗实录》卷 249）

（嘉庆十六年十二月丙寅）又谕：“直隶天津一带向有私贩盐斤卖给回空粮船之弊，前任盐政嵩年查缉甚力，惟将肩挑负贩之人纷纷查拿，未免苛扰，曾经温承惠奏及。乃祥绍接任后，又一味因循，任令奸商私售。前经沧州回民王大有呈控命案，首出彭姓等盐店私卖给湖北三帮粮船盐一万八千余担，当饬许兆椿派员截查。兹据该漕督奏称，将湖北头二三帮一体搜查，共起出私盐二十九万二千余斤。并讯据丁舵等供称，所带私盐，系买自天津一带常春等店，并非买自沧州彭姓等盐店。粮船私载盐斤至二十九万之多，必非零星担负所能售给，自系奸商私开店铺，大起贩运，毫无顾忌……现在粮船丁舵等供出情节与王大有所控不符，经许兆椿咨行该督，提讯王大有及彭姓等，确供私盐究系卖给何帮。着温承惠即行讯明复知该漕督核办。倘许兆椿所讯丁舵等续行供出有与王大有控案相涉应行质讯者，着即解交直隶归案办理。”（《清仁宗实录》卷252）

（嘉庆十八年五月壬午）又谕：“马慧裕等奏‘沿习天主教，限外改悔呈首可否邀免治罪’一折，据称‘湖北京山县民刘义等九名，呈明伊等自祖父相沿习天主教，今因编查保甲传诵示谕，俱投案首，具结改悔，但在一年限外。该犯等系远乡农民，未能早知例禁，致逾定限。其自行投首，畏法输诚，较事发到官改悔者似更真切，可否免其治罪’等语。此案刘义等畏法自首，虽在一年限外，然较之拿获到官始行改悔者情节不同。刑部原定传习天主教治罪条例内载，能于一年限内改悔出教者免罪，已过定限，到官后始行悔悟者减为杖徒，并未将自首与被获之处显示区别。例文本属含混，所有此次投首之刘义等九人均着施恩免罪。嗣后传习天主教之人，于例限外拿获后始行改悔者，仍当照例治罪。其有自行投首出教者，虽经逾限，概予免罪。着刑部再将例文分析详明，通行各直省，一体遵照办理。”（《清仁宗实录》卷269）

（嘉庆十九年闰二月丁丑）谕内阁：“马慧裕等奏‘持斋诵经愚民遵示首呈经卷图像’一折。愚民习教诵经，其始止惑于福田利益之说，迨辗转传习，人数众多，复有奸民煽诱，遂至滋生事端。上年因办理邪匪，普谕各直省，示令习教之家将经卷图像悉行呈缴，即照自首免罪之例咸与维新。今湖北省于编查保甲时，各州县亲历乡村，广行晓谕，即据民人余元瀛等遵示自首，缴出各种经卷图像。该民人一闻示谕，不敢隐匿，实系洗心改悔，余元瀛等俱着免其治罪。夏永霞先曾收藏经像，传习多人，伊身故之后，其子夏瀛庆亦到官呈首，且搜查伊家内，并无另藏违禁经卷板片，夏瀛庆亦着免其治罪。各省如有曾经习教民人自行改悔到官呈首者，俱着照此办理。若经此次晓谕之后，仍复私自收藏，则是怙过不悛，一经发觉，必当从重治罪。其缴出经卷内，除寻常释道持诵之经不应禁者，即着分给省城内释道寺观无庸销毁外，其应禁各经卷，着派员详细检查。凡经内有‘真空家乡无生父母’及‘飘高老祖’字样者，同护道榜文二本一并解京查销，其余即着该抚张映汉亲视销毁。将来各省缴到经卷，亦着照此办理。”（《清仁宗实录》卷286）

（嘉庆十九年九月）丙申，谕军机大臣等：“据湖北学政朱士彦奏‘该学政按试荆州，有福建汀州府上杭县人陈仁投递禀帖并太平册十二条，恳其转奏。其禀册内，有在四川犁头湾被贼掳去入伙之言，当将该犯拿获审讯，据供十六年八月间，该犯由黔赴蜀，从乐山县前赴雅州，至犁头湾地方，有贼伙一二十人将脚夫邬姓杀害，捆缚该犯抬至张老五家，逼令入伙。该犯当经应允，同吃血酒订盟，彼时见有章大五、金大五、铁大五、杨大五数人。张老五令该犯为伊子教书，并经管贼伙名册，册内开有一万多人，均是在外抢窃贩私及双刀会、添弟会贼人名目。张老五系大头目，年五十余岁，本系湖广人，入籍四川。章大五系广东人，铁大五系山东人，其金大五业已正法，余均不知姓名籍贯。该犯于十七年四月逃出，曾至伊叔叙州府经历署内不收，来至沙市’等语。除降旨湖北督抚再将陈仁一犯研讯外，川省民情犷悍，贩私抢夺等事本所时有，今据陈仁供吐张老五一犯在犁头湾地方纠伙结盟，杀人无忌，其贼伙多至一万余人，载有名册，并有双刀会、添弟会名目，不法已极，大为地方之害。川省文武众官受国爵禄，不思除莠安良，一味因循疲玩，实堪切齿。着常明迅即遴派文武干员，前赴该处详细确查，是否陈仁所供，有头目张老五及章大五、铁大五、杨大五其人，如何结伙滋事。如踹访确实，着即按名查拿，无任兔脱。其册开贼伙一万余人是何姓名，均在何处，现在该一带地方有无双刀会、添弟会名目，逐一详查研讯明确，妥为办理，即速由驿奏闻，不可养痈贻患。再向来该省秋审人犯例由臬司勘定，总督核题。着常明查明本年该省案犯，分别情实缓决，由臬司何人勘定，是否均由署任之员所办，抑由前任臬司常发祥任内勘定办理，即行据实复奏。将此谕令知之。”（《清仁宗实录》卷296）

（嘉庆十九年九月己亥）又谕：“马慧裕等奏‘持斋诵经愚民遵示呈缴经卷图像’一折。本年春间，湖北民人余元瀶等遵示自首，缴出各种经卷图像，当经降旨，将余元瀶等免罪，并令嗣后如有曾经习教民人自行改悔到官者，即照此办理。兹又据湖北云梦等县民人陈金辉等首称伊父向习天主教，该民人等相沿持斋念经，并未敛钱传教。今遵示具结改悔，将经卷图像及十字架等件呈缴，并经各该县亲赴各家逐细查看，除自行呈出经件外，并无别项违禁之物，所有云梦等县民人陈金辉等，着一并免其治罪。其缴出各经卷，除寻常释道持诵之经不应禁者，即着分给释道寺观无庸销毁外，其应禁各经卷及十字架等件，即着该督抚亲视销毁，不必解部。”（《清仁宗实录》卷296）

（嘉庆十九年十月己巳）谕内阁：“阮元奏‘拿获逆案主谋伙要各犯，先行审明办理’一折。此案逆匪胡秉耀买得残书一本，内有阵图及悖逆俚语，即向逆伙邱忝泽、杨易、卢胜辉夸称解得书内阵图，如得有为首起事之人，便可图取富贵。杨易随以朱毛俚可以假托前明后裔，朱毛俚闻邀自任不疑，遂共赴积善禅林同谋为逆，取逆书内俚词，称为后明晏朝年号，伪封胡秉耀等官职，辗转纠约入伙，给与伪札。该逆等践土食毛，胆敢性同枭獍，自外生成，实属罪大恶极。阮元到任未久，即能饬属于各地方编查保甲严密，遂将巨案立时发觉，办理迅速，实属可嘉。阮元着赏加太子少保衔，并赏戴花翎，即发去花翎一枝、白玉翎管一个，并赏给大荷包一对、小荷包四个。各省承平日久，奸慝潜生，全在地方大吏饬属认真查察，除莠即所以安良。上年林清一案，其倡为逆谋已经数岁，如直隶总督、顺天府尹等于该逆等未经举事之先，早能如此次之访闻捕获，人数不多，岂不甚易？乃经历年所，如聋如聩，及至酿成巨逆，毗连三省，罹于刑诛兵革者为祸甚烈，实皆该大吏等因循怠玩贻误所致。各该督抚具有天良，能不引以为鉴耶？案内胡秉耀等十七名，业经分别凌迟斩决办理。程麟祥等三十五犯，定拟发遣为奴，尚属轻纵，着改为绞监候，入于明年秋审情实。该抚即将各犯分交各府监禁，不准与外人交接通信，如稍不安静，即行正法。至朱毛俚一犯，尤为此案罪魁，必应即时拿获，处以极刑，以快人心而申国法。着两江、湖广、闽浙各总督，江西、福建、浙江、江苏、安徽、湖北、湖南各巡抚一体饬属查拿，如于何省拿获，即由该督抚讯取供词，由四百里具奏，一面即于该省正法。各该督抚皆当视朱毛俚一犯在伊境内藏匿，饬属认真严密访拿，务在必获，不得以现在已饬邻省查拿，彼此恃有委卸，稍为松劲……将此通谕知之。”（《清仁宗实录》卷298）

（嘉庆二十年五月）丙申，湖广总督马慧裕奏：“审明吕绍幗逆伦一案。”得旨：“此案吕绍幗之妻李氏因伊翁吕文顺令其做饭，该犯妇因家中止有碎麦，煮成稀粥，吕文顺气忿用刀掷打，吕绍幗偏护其妻，致将伊父吕文顺棍殴殒命。是吕文顺之死及吕绍幗干犯极刑，全由该犯妇违忤起衅，除吕绍幗业经正法外，李氏着即处绞。”（《清仁宗实录》卷306）

（嘉庆二十年七月戊子）又谕：“马慧裕等奏‘拿获习教敛钱传咒各犯，审讯大概情形’一折。此案孙家望听从戴添幅等倡言青莲、红莲、白莲教名目，并有朱元系弥勒佛临凡、李朱为教头之语。胆敢拜师念咒，习教敛钱，并辗转传授杨添玉等，不法已极。除朱元、李朱二犯现已另降谕旨，交胡克家严缉务获外，所有现获各犯，着马慧裕等即严行审讯，按律定拟具奏。麻城县知县翟中伦、巡检孙绍棠缉获匪犯，尚属能事，着于定案时将该二员保奏，以孙家望等罪名之轻重录其功绩之大小，俟奏到时再行量予施恩。将此谕令知之。”（《清仁宗实录》卷308）

（嘉庆二十年九月）戊戌，谕军机大臣等：“马慧裕等奏，东湖县民人刘大瑶呈缴匿名书信一封。书内语句悖逆，已有旨交常明、方受畴等分饬访查。那彦成现在随扈，亦令速回保定密缉矣。惟此项书信既系谋逆，自应慎密，乃并未缄封，插于县城街市巷口栅栏缝内，有意令人拾获传播，难保非挟仇倾陷。其书内将‘慎密’之‘密’字俱写作‘迷’字，读‘密’为‘迷’，系属何处土音，着该督等从此根究，或可得有端倪。一经访明，迅速由驿复奏。又另折所奏江得明一犯，既自认得受朱毛俚伪封，其所供罗松即喜仁，又系朱毛俚案内有名人犯，自系此案逸犯无疑。除朱毛俚及罗松、罗明标、潘米贵、吴容等已分饬汪志伊、常明、阮元查拿外，所有江得明供出各犯，或仍在汉口一带潜匿。该处五方杂处，最易藏奸，该督抚务即遴派妥干员弁，会同地方官严密查拿，务获究办，勿任远扬漏网。至江夏县拿获拜师持斋之樊万兴等男妇五名口，起出钞写经卷三本，内有悖逆语句，讯据供‘于乾隆年间，有住居江南仪征县之直隶滦州王姓来楚劝令吃斋，名清净门，其经文三本皆本省僧道所给，现惟会源尚存’等语。直隶滦州前有传习金丹八卦教清茶门匪徒，破案后业经分别治罪。今樊万兴等所供王姓，自即系其教之人，已饬令那彦成查明王姓是否尚存，再行核办。僧会源解到时，该督等即亲提严讯，将此项悖逆经卷从何处得来向其严切根究，务令据实供吐。审明后，各按律治罪可也。将此谕令知之。”（《清仁宗实录》卷310）

（嘉庆二十年十月癸酉）谕军机大臣等：“……其罗梯兰一犯，现据湖北拿获逸犯江得明供有罗明标即罗梯南，尚须查讯明确。着将该犯暂行监禁，俟查明审结后，再行照拟办理。将此谕令知之。”（《清仁宗实录》卷311）

（嘉庆二十年十月癸酉）谕内阁：“马慧裕等奏‘查获沿习天主教各犯，审明分别定拟’一折。此案张义盛一犯，先因查禁天主教停止念经，嗣因患病，又复讽诵。兹拿获到官，坚不改悔，实属始终怙恶，着照所拟发往新疆，给额鲁特为奴。张大才等九犯及张天赐等七十八名口，既经悔悟投首，着该督等提集当堂，均令逐一跨过十字架，应杖徒者照例折责安置，余者免罪释放，仍立簿登记，如有复犯，加重治罪。其访拿获犯之应城县知县奚大壮，着该督抚查明，如平日官声尚好，即奏明送部引见，再行施恩。”（《清仁宗实录》卷 311）

（嘉庆二十年十月庚辰）谕军机大臣等：“据百龄等奏‘缉获大乘教清茶门传教匪徒王秉衡，即王景曾，讯明该犯一族分住滦州及卢龙县，该犯由直隶而至楚省，复来江南，到处传教骗钱。楚省随伊吃斋者，均称其为爷，向伊礼拜，端坐不起，并各家款留，临行致送盘费……’等语……石佛口王姓一族，世传邪教，历年久远，蔓延数省，现已屡次犯案。着那彦成即派委干员前往滦州及卢龙等处，将王姓族中习教之人全数收捕，勿令免脱一名，解至省城严行审讯……将此谕令知之。”（《清仁宗实录》卷 311）

（嘉庆二十一年十一月）己巳，谕内阁：“御史胡承珙奏‘请禁私铸小钱’一折，私铸久干例禁，立法綦严，而出产铅斤之贵州省及铅斤聚集之湖广等处私铸尤多。现在贵州黑铅暂停采运，其厂座必当严行封禁，不可丝毫偷漏。其两湖地方辽阔，为私贩聚集之所，稽察尤不可不周。或在官人役得钱包庇，或船户水手勾串贩运，如该御史所奏均属实在情形，着该督抚务饬所属州县实力访拿，并于各关隘认真稽查，如有私铸并书役容隐包庇贩运等弊，立即严拿究办。其铺户如有存留小钱，仍明白晓谕，令其悉数缴官给值，庶商民咸知畏惧，而私铸私贩之弊可期日渐敛戢矣。”（《清仁宗实录》卷 324）

（嘉庆二十一年十二月乙酉）又谕：“孙玉庭等奏‘传习牛八邪教案犯先后赴官投具悔结，恳请免罪’一折。湖北省传习牛八教之邵元胜等，经地方官宣谕开导，具结改悔，投案者共有三百六十四名，湖北一省如此，可见各省传习邪教者尚复不少。乡民妄听邪说，信从入教，本应治罪。但人数过多，愚民无知，一时被诱，若不予以自新之路，朕心实所不忍。惟是此内真心改悔者固不乏人，恐亦有希图免罪暂时投首者，阅时既久，难保其不故智复萌，应酌定条例，以示警戒。着阮元、张映汉饬令该地方官将此次具结改悔之人再行晓谕，以该犯等本系有罪之人，现奉恩旨，准予自新，系属法外施仁，若改悔之后又复习教，则是怙恶不悛，定当加等治罪。责令各出具再犯习教情愿加等治罪甘结，方准免罪，该地方官仍将具结之人开造名册，申送臬司衙门存案，倘将来册内之人再有传习邪教者，一经访获，即将该犯按律加一等治罪。各直省俱照此一律办理，将此通谕知之。”（《清仁宗实录》卷325）

（嘉庆二十二年正月己酉）谕军机大臣等：“上年十二月间，据孙玉庭等奏‘湖北省传习牛八邪教先后赴官投具悔呈者共有三百六十四名’，本日据张映汉奏‘该省沿习天主教，具结投悔，将经卷、十字架、图像等件交官者共三十七名，又交出大乘经卷具结改悔者十余名’，均降旨准其免罪。湖北省民人向来沿习邪教，经该地方官宣谕开导，具结改悔投案者已有三四百名之多，俱将经卷、图像等件呈缴到官，可见该民人等能知大义，系属真心改悔，不复诵习，方肯将家传经像全行交出。即或此内尚有一二暂时改悔、阅久复萌故智者，彼时查出再治其罪。而其真心改悔者总十居八九，则化莠为良，所全者亦已多矣。直隶、山东、河南向来邪教最多……学习邪教，传染污风，历年已久，人数众多，诚有诛之不可胜诛者，若不导以湔洗之路，蚩蚩者氓，畏罹罪名，犹复深藏锢蔽，隐匿经卷，不行首报，是仍不能化其污俗，咸与维新，实堪怜悯。莫若仿照湖北现办之案，明白出示晓谕……现在湖北业已办有成案，奏到之日，朕必照湖北一例施恩允准。如此，则地方少一莠民，即多一良民。祸福在一心转移，须加猛省，切勿沉迷，皆吾赤子，岂忍不救？较之逐处搜查，岂不事半功倍乎？至缉拿之祝现等皆系谋逆重犯，罪在不赦，所以严拿务获者，系拿从逆之人，非拿习教之人。该四省民人内如有向来习教、曾经窝藏祝现等犯并知其现在隐匿处所者，一经到官出首，俾要犯就获，可见其人必系真心改悔，方肯将同教逆犯据实首报，审明之日，不但免其治罪，仍必优加恩赏，以示奖励。其军民人等如能拿获要犯，则其功甚大，朕必照节降谕旨从重施恩。该督抚等务各通饬所属，尽心化导，广为宣谕，俾比里周知，革面革心，勉为良善，庶邪俗日渐改移，而要犯亦可从此就获矣。将此各谕令知之。”（《清仁宗实录》卷326）

（嘉庆二十二年四月）辛卯，谕军机大臣等：“伯麟等奏‘剿平江外逆夷，边境肃清’一折。首犯高罗衣以江外夷民，胆敢谋逆滋事。据该犯供称‘因江西、湖广等处汉人在夷地贸易，取利甚为刻苦，遂借驱逐汉人为名，聚众谋逆’等语，夷民愚蠢无知，多因内地民人私往夷地，或潜相煽惑，或激生事端，酿成大案，致劳兵力，戕害生灵。此案拿获之伪军师章喜一犯即系汉奸，现将首从各逆悉数歼获，边境敉宁，正当趁此出示晓谕，严饬沿边各州县，凡内地民人，不准私往夷地贸易，侵夺夷人生计，若有私越边境者，查明严禁治罪。务令弭患未形，勿再滋生边隙为要。将此谕令知之。”（《清仁宗实录》卷329）

（嘉庆二十二年九月癸亥）谕内阁：“御史卿祖培奏，有代理湖北通山县事武昌府经历高士智投递书信一封，称于上年冬间拿获手刺叛逆字样之匪犯刘潮青等，叠禀该省上司，迟延未结，将原信禀稿一并进呈。该省拿获匪犯刘潮青等，经该署县通禀后，业已饬拿审办，何以日久未结？着新任总督庆保会同张映汉迅速亲提审讯，即行奏结，毋再迟延。至高士智于代理县事时，既将此案禀出，自宜静候审办。即因该上司办理迟延，该员或有屈抑，本有直揭部科之例。现据该御史奏称与高士智素不相识，高士智无论与御史是否认识，亦不应投递书函，呈诉公事，此风断不可长。着该督等一并查讯参奏，治以应得之罪。”（《清仁宗实录》卷334）

（嘉庆二十三年四月）壬申，谕内阁：“朕恭阅皇考《高宗纯皇帝实录》，内载乾隆元年正月谕总理事务王大臣，私盐之禁，所以除蠹课害民之弊，大伙私枭每为盗贼逋薮，务宜严加缉究。至于失业穷黎，肩挑背负，易米度日，不上四十斤者，本不在查禁之内。乃近见地方官办理私盐案件，每不问贩盐人数多寡，商人又添私雇之盐捕，水路又添巡盐之船只，此种无赖之徒，藐法生事，何所不为？凡遇奸商夹带，大枭私贩，公然受贿纵放，而穷民担负无几者辄行拘执，或乡民市买一二十斤者，并以售私拿获，又因此互相扳染，牵连贻害。此弊直省皆然，江浙尤甚，朕深为悯恻，着直省督抚严饬各府州县文武员弁督率差捕，实拿奸商大枭，勿令疏纵。其有愚民贩私四十斤以上被获者，照例速结，不得拖累平人。至贫穷老少男妇挑负四十斤以下者，概不许禁捕。所有商人私雇盐捕及巡盐船只，俱严查禁止等因。钦此。仰见我皇考周知民隐，于地方官吏缉捕私盐之情弊洞烛无遗。朕以皇考之心为心，以皇考之政为政，昨因庆保等奏楚省缉私情形，降旨谕各邻省督抚协同查缉，不但堵截私盐，兼可剪除匪类，并令严查官役包庇卖放之弊，禁止商伙添雇盐捕，扰累平民，与皇考从前所降谕旨悉皆符合。缉私一事，所重者奸商大枭，不特有妨鹾务，且足为害闾阎。乃地方文武员弁或受其贿赂，公然包庇卖放，或畏其党与众多，强横拒捕，不认真缉拿，以致私盐充斥，肆无忌惮。其所报获者皆系小伙私贩，既无贿赂可图，擒拿又易为力，兵役每借以为冒功塞责之地。此等恶习相沿已非一日，着该督抚等严饬所属文武员弁，各于要隘地方访察奸商夹带，大枭私贩一体实力缉拿，按律惩办，不得任听不肖兵役及私设盐巡，滥拿肩挑背负之人，徒滋扰累，庶奸民知所畏忌，官引得以畅行，于国课民生均有裨益也。将此通谕知之。”（《清仁宗实录》卷341）

（嘉庆二十四年六月）辛亥，谕军机大臣等：“昨据庆保奏‘湘潭县江西客民及本地民人互殴一案，已饬严拿首从各犯，因现驻荆州防汛，俟察看水势情形，再行前往’等语……此案衅起口角，乃至殴毙多命，并复辗转纠斗，实属目无法纪，不可不严行惩创。吴邦庆软弱，恐误听属员之言将就完案，着庆保即由荆州迅速驰驿前往，会同吴邦庆将案内紧要人犯按名拿获，严讯确情……庆保查明大概情形，先行由驿具奏，再将全案从严定拟，不可存化大为小之见，稍涉宽纵。将此谕令庆保并张映汉知之。”（《清仁宗实录》卷359）

（道光二年二月壬午）谕湖广总督陈若霖、湖北巡抚杨懋恬、按察使陆言：“朕闻黄冈县有盗首殷万虚、殷世禄二匪，党伙众多，行踪诡秘，为各处盗贼逋逃之薮，居民畏葸迁移，府县亦不过问。再荆州府为水陆通衢，商贾辐辏，近来城乡水泊亦常有抢劫及刃伤事主之案，缘该处有积年窝家高方瑶者居住江陵县岑河口地方，现充荆州府衙门挂名白役，群盗抢劫赃物，均先寄顿其家，听其择取，然后群盗始行分用。甚至奉文缉拿要犯，捕役等必先商之该犯，其献出与否，惟该犯是听。且外来及本处无业棍徒均借该犯周给，是以乐为之用。该荆州府李熉酣饮赌博，于一切公事置之不问，内则委之幕友、长随，外则听之书役、佐杂、委员，乃于高方瑶窝盗并充当衙役之事漫无觉察。朕所闻若是，特谕尔督抚、臬司等知之，必应慎之又慎，密之又密，即速访察。一有端倪，即着遴委妥干人员，密行前往查拿，一面将知府李熉摘印解省，据实参奏。汝皆系朕简任大员，如能实力查办，不稍隐讳，朕再不加以失察之咎。若不实心办理，苟且了事，或恐招嫌怨，或化大为小，嗣后经朕访得确实，试问汝等能任其咎乎？其慎勉之。”（《清宣宗实录》卷29）

（道光二年四月戊午）谕军机大臣等：“王鼎等复奏‘确访湖北殷万虚等窝贼匪犯情形’一折，据称‘殷万虚、殷世禄在黄冈地方窝匪十有余年，附近村庄利其保护，每岁皆输资以酬，互相守助。其高方瑶系江陵县人，向充捕快，伊子二人亦充捕役，交通贼匪，现在该省已于三月初间将该犯等先后缉拿，除殷世禄闻拿自戕外，殷万虚、高方瑶俱经获案，供有伙贼数十人及行窃各案’等语。此等积年窝贼匪犯，地方官毫无闻见，自系各衙门捕役贿纵包庇，必应严办示惩。且窝贼十数年之久，通贼数十人之多，所供尽属窃案而无盗案，亦难凭信。着陈若霖等提集人犯，悉心严鞫，彻底根究，勿存化大为小之见，审明按律惩治，务期贼匪根株净绝，以靖地方而安良善。将此谕令知之。”（《清宣宗实录》卷33）

（道光二年十一月丁酉）谕内阁：“杨懋恬奏‘拿获妄指教匪仇杀良民多命之逸犯审明办理’一折。此案均州逸犯向志恒图分财产，听从向志荣杀害良民左明伦等家一十八命，逃匿在外二十余年。兹经该抚严饬各属编查保甲，适该犯行至均州与郧西县交界地方，即被该州盘获，审明正法，仍传首犯事地方示众，所办甚是。可见编查保甲办理认真，甚属可嘉。各省果能尽心督饬，恪遵圣谕，奉行无懈，于政务自有裨益。所有逸犯向志孔仍着严行饬缉，务获究办。该抚杨懋恬着交部议叙，均州知州胡源准其送部引见，以示鼓励。”（《清宣宗实录》卷45）

（道光三年七月己丑）又谕：“都察院奏‘河南桐柏县民人周之纲控张全安等仇杀伊兄’一案，已明降谕旨，交李鸿宾、杨懋恬亲提严审矣。据称‘伊兄周之屯携银赴湖北枣阳县还欠，张全安因挟被殴之嫌，同张清远等五人殴伤，将银抢去，喊禀枣阳县，并未验伤，周之屯旋即殒命。张姓托刑书行贿，何知县将共殴之张清远等概置不问。伊叔周隆控府批县，只张全安一人在案，复上控巡抚，批府督县会审。有枣阳县捐职典史王光海向伊叔劝和，改供捏详，经臬司驳饬开检，伤未全报。伊父复控巡抚，委周知府等会审，因关碍原审官情面，仍照前详定案。本年又上控总督，未准收词’等语。斗殴命案原告因审断不公，赴总督衙门具控，该督因何不收伊呈词，以致该民人来京呈诉，着李鸿宾明白复奏。其周知府等是否徇情偏断及何知县有无受贿情事，着该督等一并查明据实具奏，毋稍徇隐。将此谕令知之。”（《清宣宗实录》卷55）

（道光三年九月辛未）湖广总督李鸿宾复奏：“遵查河南桐柏县民周之纲翻控一案，原呈原批现俱汇存在案，并非不收呈词。”得旨：“秉公研讯，第一不许袒庇属员，致小民有所屈抑也。”（《清宣宗实录》卷58）

（道光三年十一月癸巳）理藩院奏："蒙古现行例内，抢劫轻于偷窃，而抢夺又与强劫不分，请嗣后青海及各蒙古地方强劫案件，有杀人放火重情，照刑律不分首从，皆斩立决，仍于犯事地方枭示。其余盗劫之案，照刑律分别正法发遣，应免死发遣者，俱发烟瘴充当苦差，应拟流者，发福建、湖广等省……"从之。（《清宣宗实录》卷61）

（道光五年七月）丁未，谕内阁："刑部议复李鸿宾等奏'审拟四川省大夥拐贩妇女，拒杀兵丁'一折，已降旨将拒捕及略拐首犯分别处斩绞候矣。此案该犯陈老七等自四川拐贩妇女赴楚售卖，至八十余口之多，其中或系略拐，或系辗转售买，竟敢撑驾大船，执持铁铳，肆行无忌，经湖北兵役追拿始行就获，川省地方及沿途文武各官所司何事？戴三锡系该省总督，文武皆其所辖，平日地方有辗转略卖及积惯兴贩之事，既未能饬属随时访缉，迨公然伙众驾船出境，沿途各官又不能即行截拿就获，仅以追捕不及，移知前途为卸责地步，因循懈弛，已可概见。着该督严饬该地方官将略卖及窝囤各逸犯迅速查拿究办，务绝根株。嗣后当实力查拿惩办，断不可仍前怠玩，有干严谴。其被贩妇女，现经湖北委员解回川省，该督即饬各州县查传各妇女原籍亲属给领完聚，无亲属者即由该地方官择配，务须经理妥善，无任差役滋弊及该亲属又行转卖，以致流离失所。倘不认真妥办，或别经发觉，必将该督惩处不贷。"（《清宣宗实录》卷86）

（道光六年十月）癸丑，谕军机大臣等："本日都察院奏'河南民人王明文呈控放火行劫、拒伤事主，并抢掠勒索及差役庇贼舞弊'一案，已明降谕旨，交程祖洛严行审讯矣……崔保山等率众在外委署内饮酒后屡次抢掠，均属大干法纪。崔保山等居住襄阳县崔家岗，着程祖洛饬令该州会营查拿，并照会楚省协同捕获，提拘案内各犯确切严讯。如果崔添才实系滋事教匪崔子魁之子，其放火行劫掳索等情并差役庇纵及外委与崔保山等饮酒属实，俱各按律惩办，务当彻底根究，毋得稍有枉纵。将此谕知程祖洛，并谕嵩孚知之。”寻奏：“嘉庆年间教匪滋事案内，并无崔子魁姓名，崔添才因向王明文赊酒不允，邀同崔保山等持械寻殴，崔乱子掳人勒赎，业经病故，照例将崔保山、崔添才等从重拟军。外委孟腾蛟并未与崔保山在署饮酒，差役王文等亦无阻拦私放情事。均毋庸议。”下部议。从之。（《清宣宗实录》卷107）

（道光七年十一月戊午）又谕：“奕颢奏‘查明围场情形并参办失察员弁，请更定私入围场偷牲伐木条例’一折……着刑部将越边私入围场蕿山偷牲砍树及刨挖鹿窖贩卖茸角各犯，应如何严定科条，悉心妥议具奏。”寻议：“嗣后私入木兰等处围场及南苑偷窃菜蔬、柴草、野鸡等项者……蒙古人犯应拟徒罪者照例折枷，应充军者发遣湖广、福建、江西、浙江、江南，交驿充当苦差……”从之。（《清宣宗实录》卷130）

（道光八年七月己亥）谕军机大臣等：“昨据步军统领衙门奏‘拿获摇鼓卖药形迹可疑之周正历等三起人犯共十六名，皆系黄州府黄安县人。讯据周正历等一起，供系五人合伙卖药治病。钟克奇等一起，供系十人合伙卖药。袁志见一起，系该犯与袁大庆及吴姓三人同来’等语。该犯等十六名，均籍隶黄安县，于本年二月间先后来京，据供三起人犯各不相识，而骗人之术不约而同。且据周正历等五人在步军统领衙门初供系广西人，后经辨其语音，严加诘讯，始供籍隶湖北黄安。是其行踪诡秘，必有别情。现据该犯等供出里居亲属，着嵩孚、杨健遴委妥干员弁，按照单开各犯亲属里居，查讯该犯等在籍有无习教为匪及别项不法、负罪潜逃情事，此外有无在他处卖药治病之人，取具邻保切结，一面据实由驿复奏，但不可稍涉张皇，致滋扰累为要。将此谕令知之。”（《清宣宗实录》卷138）

（道光八年七月己亥）又谕：“昨据步军统领衙门奏‘拿获形迹可疑

之周正历等三起人犯，讯据周正历等供，于本年二月间，在籍同金得有、刘士元、钟泳盛、周正华等五人合伙，由河南光州杞县兰阳一路卖药，诳言看簪环即知病症。并据金得有供，伊于嘉庆十八年间，曾在河南光州、固始、商城等处卖药，即用此术骗人……并据钟宗泰供，伊于嘉庆十七年间，在陕西商州山阳县中村，承领监生梅胜福资本，与伊戚姚盛烈合伙开设布匹烧锅店铺，二十二年拆伙回楚，次年始改业卖药'等语……此案周正历等同时外出，结伙由河南一带来京，行踪诡秘，焉知非负罪潜逃之犯……着杨国桢将该犯在豫省各处卖药治病情形细加察访，有无煽惑情事，切实查明……"（《清宣宗实录》卷138）

（道光八年七月甲子）谕军机大臣等："据徐炘奏称'陕省所获习教各犯徐继兰等，讯据供出，系拜贵州龙里县人袁无欺本名袁志谦为师。上年闰五月间，杨守一等破案后，袁志谦闻知川省查拿咨缉，当有同伙新都县人黄金榜将袁志谦送往湖北汉口，黄金榜旋即回川，述及袁志谦改为姓吉，扮作卖绸客人，在汉口潜匿。又杨守一曾令两起人进京，一起系陈芳荣、戴大经及本京人王姓，于本年二月，由成都东门外下船，取道湖北、河南行走。一起系胡元庆、王泽申，亦于二月由嘉定府约会余彪，取道湖北、河南进京，请饬查拿'等语，该犯等习教传徒，因杨守一等破案后四处逃窜。现据徐炘向拿获之徐继兰、钟瑞章根究各逸犯年貌籍贯，得有端倪，岂可任其潜踪溷迹？着嵩孚、杨健、戴三锡、杨国桢、嵩溥各饬所属，严密查拿务获，归案审办。至京师五方杂处，尤恐该犯等易于藏匿，并着步军统领、顺天府、五城饬属细加察访，一体缉拿，勿任漏网。原单着钞给阅看。将此谕知嵩孚等，并谕步军统领、顺天府、五城知之。"（《清宣宗实录》卷139）

（道光八年八月）丁亥，谕内阁："刑部将喀什噶尔解到应行缘坐逆属，请分给八旗大臣为奴。此起逆属情罪较重，未便留于京师，除年届十二岁之男犯迈玛特尼雅斯一名照例牢固监禁，俟成丁时发往极边足四千里安插外，其余缘坐妇女二十六口、十岁以下男犯五名，着刑部酌发河南、青州、太原、江宁、京口、杭州、乍浦、荆州、成都各处驻防为奴，到配后，该将军、副都统、城守尉等每届年终，将该犯等是否安静，咨报军机处备查。”（《清宣宗实录》卷141）

（道光八年八月壬辰）又谕：“讷尔经额奏‘拿获浙江帮船水手滋事案内犯证，解部审办，并将约束不严之运弁撤参’一折。浙江嘉兴白粮帮与台州前帮水手斗杀，前经降旨，着该漕督等严拿究办，并将该管运弁等查明参处。兹据讷尔经额奏称，委员拿获案犯杨德等十九名。所供起衅情由，是否止因聚赌，抑另有挟嫌别情，着即将各犯解交刑部归案审讯。至该管运弁等不能妥为约束，实属疏玩。推升湖广沔阳卫守备、嘉白帮千总李廷佐，着先行撤任，交部严加议处，仍令戴罪随帮查拿未获各犯……未获各犯，着该漕督等饬属严拿惩治，以儆凶顽。”（《清宣宗实录》卷141）

（道光八年八月）丙申，谕内阁：“给事中宋其沅奏‘秋审矜缓案件前后两歧，恭请钦定’一折。本年秋审，有陕甘绞犯李滋砻拉跌刘统汉身死一案，刑部以此起彼此夺锨，究无欲殴之心，死非意料所及，由缓改矜。核与道光五年，湖北绞妇陈氏拉跌刘潮北身死之案相同。该给事中查两案原题，均照斗杀定拟，则李滋砻夺锨，撒手放跌，与陈氏被骂拉衣，死由失跌者，同一争斗，应画一办理。李滋砻着照原拟入于缓决，毋庸改入可矜。”（《清宣宗实录》卷141）

（道光八年二月壬辰）又谕：“据杨遇春奏称‘上年十二月间，在平凉县白水镇地方盘获形迹可疑之欧阳贵，又名赵应陇，并于衣领内搜出字单一纸，语多狂悖。据供，系湖南湘潭县人，本名欧阳贵，道光五年八月内出外游荡，七年九月间到湖北老河口开鞋铺之李老六家住歇，为伊取名赵应陇，将其两手腕痣用药起除，并将字单一纸令其带在身上，往兰州避难……’等语。该犯姓名屡易，供词支离，虽其年岁状貌疤痕与咨缉图形间有符合，而未经审讯明确，旋即病毙。前经杨遇春绘具图形咨会滇省，着阮元传提的当眼目，详加辨认，是否与逆犯赵应陇状貌相同。如辨认不确，在该犯身带狂悖字单，本属有罪之人，死无足论，惟不可因此转令首逆赵应陇漏网，仍当严饬地方官查拿务获，勿稍疏懈……将此谕知阮元、嵩孚，并谕杨遇春知之。”(《清宣宗实录》卷152)

(道光九年六月丙寅)谕军机大臣等：“寄谕云贵总督阮元、湖广总督嵩孚、陕甘总督杨遇春等，阮元奏‘查明甘省缉获欧阳贵并非逆犯赵应陇正身，现在仍饬查拿’一折，逆犯赵应陇潜逃未获，必当认真查拿到案，明正典刑，以伸国法……”(《清宣宗实录》卷157)

(道光九年十一月甲辰)谕军机大臣等：“本日步军统领衙门奏，江苏上元县民人白维一喊告安徽、湖北有西洋白莲邪教一案，已明降谕旨，将白维一解交蒋攸铦审办矣。讯据白维一供称，道光五年，赴安徽五河县行医，在文生员凌先立家居住，凌先立自称已入西洋堂教，劝其入教未允。六年四月，复至湖北行医，在麻城县属地方易家饭店居住，因染病服药，被易姓用药惑迷，亦是凌先立先期令人教使，并称有道士自称白莲教，又有教匪一二十人鸣锣聚众，复呈出光中景盛铜钱二个，供系在安徽池州府钱铺易钱及山东兖州府卖画钱内挑出等语。该犯所供习教，既指有凌先立其人，并呈出夷钱字样，与上年广东查禁夷钱字样相同，必须将夷钱来历及此外有无搀杂行使之处详细查明饬禁。其生员凌先立有无习教情事，着蒋攸铦委员逐一细加察访，据实具奏。将此谕令知之。”寻奏：“查讯白维一委因痰疾混告，凌先立并无习教之事，夷钱无凭追究，即行销毁，并饬严行查禁，以杜流弊。”报闻。(《清宣宗实录》卷162)

(道光十年闰四月戊子)又谕：“有人密陈‘两淮巨枭黄玉林以仪征

老虎颈水次为汇聚筹运之所，以湖北之阳逻、江西之蓝溪为屯私发卖之处。大者沙船载数千石，三两连樯，由海入江。小者猫船载百石，百十成帮，由场河入瓜口。器械林立，辘轳转运，长江千里，呼吸相通，甚则劫掠屯船转江之官盐，每次以数百引计。各路关隘，俱可贿嘱巡役，明目张胆，任其往来。资本既多，党羽益众，公然立有约束，于贩私之外，不许有劫盗客商等事，以为要结人心之计。且闻该犯于大小衙门俱有勾结耳目，凡有举动，无不先知。上官为属员朦蔽，或陷于不知，下僚以畏葸偷安，相期于苟免，且恐酿成事端，反蹈办理不善之咎，以致上下相蒙，惟恐多事。所获者不过肩挑负贩、零伙小枭，借此为敷陈张大之词、官弁升迁之地，苟且塞责而已。近见该督抚所奏，以仪征为私枭窝据之所，请将王用宾调补，是督抚等亦虑及于此。王用宾前在沭阳任内，勤于缉捕，自系能事之员。然此等巨枭，声势已重，岂县令一人所能制伏？而巨枭不除，又何以清盐务而杜后患’等语。江南为腹心重地，此等巨枭肆行无忌，地方官岂竟毫无闻见？若恐查拿激变，不及早剪除，相率容隐，是不第为害鹾务，日久养痈贻患，必致酿成他变。蒋攸铦接奉此旨，务当不动声色，密速掩捕，一面将办理情形先行由驿复奏。惟该犯声势已重，党羽必多，江海船只时常往来，在官人役皆其耳目，若稍露端倪，或聚众拒捕，或闻风远窜，尚复成何事体？着该督酌量情形，如须借用兵力，即当随宜调度。倘江省文武员弁于办理此事不能得力，他省文武各员内如有该督稔知其可备任使者，亦即据实奏明，饬调前往。总期将黄玉林一犯先行拿获，严究党羽，尽绝根株。既不可轻率偾事，亦不可任令潜逃，懔之慎之。将此谕令知之。”（《清宣宗实录》卷 168）

（道光十年闰四月丙辰）又谕：“托津等审讯蔡绳祖私给假照案内，有应讯之户部捐纳房贴写刘东升即刘永宾，系浙江绍兴府人。现据伊弟刘永明供称，在伊亲戚湖北宜昌府都司恒光署内藏匿。该犯系案内要证，或改易名姓，亦未可定。着该督派委妥员严密查拿，迅速解交刑部审办，

毋任闻风远扬。将此谕令知之。”（《清宣宗实录》卷168）

（道光十年五月戊辰）谕军机大臣等：“托津等审讯蔡绳祖等私给假照一案，内任松宇系属要犯，叠经降旨饬拿，尚未弋获。该犯籍隶浙江，事犯后潜逃出京，恐尚在大江南北地方逗留藏匿，着蒋攸铦、陶澍、邓廷桢、吴光悦通饬所属严密查拿务获，解交刑部审办。又前充户部捐纳房贴写刘东升即刘永宾，系浙江绍兴府人。前据伊弟刘永朋[①]供称，在伊亲戚湖北宜昌府都司恒光署内藏匿，已令嵩孚派员查拿。兹又据供该犯现在伊表叔江苏金典史处，着陶澍即派委妥员速行拿解，勿任远扬漏网。将此各谕令知之。”（《清宣宗实录》卷169）

（道光十年十月己丑）湖广总督嵩孚奏：“湖北襄阳、安陆、荆门等府州每有奸恶棍徒诱拐妇女，窝囤贩卖渔利。一经获案，所拐妇女先已辗转嫁卖，关传不到，该犯恃无质证，狡称被诬，别生枝节。现有荆门州民鲁振川积惯窝囤妇女，败露后，犹敢饰词京控，及经提讯属虚，复自行戕伤，冀图挟制脱罪，皆因案延不结之故。请嗣后缉获诱拐正犯，审明妇女姓氏年貌、被拐月日并被拐之家及地邻人等供证确凿，毋庸妇女到案，即照例治以应得之罪。其中或有被拐之人是否和诱知情，尚难悬定，拐犯罪名攸关生死出入，必须妇女质审，方能定案，亦先据供问拟监候待质。各州县果能迅速审结，虽失察囤贩及诱拐逃匿于前，而功过足以相抵者，随案照例声请免议。”从之。（《清宣宗实录》卷176）

（道光十年十二月）己丑，谕军机大臣等：“……霍邱县汉回械斗一案，系在逃之回民白姓纠人寻衅逞凶，实为案内巨恶。该犯或逃往邻近各省，或仍潜匿安徽，均未可定。必须拿获到案，按律重办，以儆凶顽。着陶澍等即饬所属，一体认真访查，严拿务获究办，毋任远扬。将此各

① 刘永朋：本书也有作“刘永明”，此处遵底本。

谕令知之。”寻奏：“在湖北沔阳州拿获白秀即白姓，审明回民杨松山等与汉民王三等邻居戏谑，杨松山被骂不甘，纠殴泄忿，各持械争斗并放火枪，因枪筒炸裂，误然集民王得顺店内花爆，延烧草屋九十余间。白秀在场并未伤人，仅将班耀先等纠往，应发极边烟瘴充军，到配折责安置。杨松山扎伤王三致死，拟绞监候。”下部议。从之。（《清宣宗实录》卷181）

（道光十一年三月）辛巳，谕内阁：“卢坤等奏‘查明劣募，分别驱逐’一折。前据钟昌等复奏，访闻湖北劣幕陆廷槐等在省城盘踞多年，降旨令卢坤等严行驱逐，如另有舞弊不法情事，即奏明从严惩办。兹据奏，查明陆廷槐、彭绍堂及陆廷槐之弟陆廷枚、陆廷荣、童濂之弟童溥、彭绍堂之子彭启纲等，均尚无劣迹可指，分别勒令各回原籍。惟陆廷槐等均寄籍江夏，难保不潜踪隐匿，或于驱逐回籍一二年后仍复潜回楚省，不可不随时严查。着该督等再行确访，务令各回原籍，不准逗留。并着随时严饬地方官稽察，如该幕等仍复逗留，或潜行回省，别经发觉，惟该督抚是问。至何埽华之子何道坦等，系江夏县土著，并无原籍可归，伊父在省曾充幕友，着饬令江夏县随时稽查，不许攀援出入衙门，于每年年终出具印结，咨报督抚衙门，以免盘踞招摇。”（《清宣宗实录》卷186）

（道光十一年五月）辛酉，谕内阁：“邓廷桢奏‘筹议查禁粮船夹带私盐各章程’一折。安徽省过境粮船最多，湖广、江西三省夹带芦私、淮私，皆有棍徒陆续收囤……着长芦盐政、两江总督，于粮船入境之先，严禁公口岸不准售私，并密派员弁查明向来窝囤处所，严密缉拿囤盐本犯，从重惩办。其包庇知情之地保邻佑，分别治罪，并将窝房拆卸，变价入官。更有一种匪徒，盘踞马头，专为粮船通线散销，从中取利，名为青皮……至贩私正犯，名为风客，每年带货北上，及回空时，即将货本买私，所获利钱，与丁舵水手均分，朋比为奸，必应认真查禁。嗣后如有拿获贩私舵工、水手，即着追究风客住址姓名，拿获到案，按律惩办。舵工、水手免其治罪，若甘心包庇，不肯供指，即比照贩私三百斤以上不供出卖盐人姓名之例，于本罪上加一等治罪。倘系挟嫌诬扳，仍照诬告例加等办理。至该抚所称舵工、水手往来挽运，工价不敷，请于例带土宜之外加带土宜三十石，一律免税，是否可行，着署漕运总督吴邦庆体察情形，酌议具奏。”（《清宣宗实录》卷188）

（道光十一年九月癸丑）谕军机大臣等：“寄谕两广总督李鸿宾、闽浙总督孙尔准、湖广总督卢坤、云贵总督阮元、浙江巡抚富呢扬阿、福建巡抚魏元烺、湖北巡抚杨怿曾……，嵩溥奏‘拿获钞写逆词、纠众结会首从各犯，审明定拟’一折，内称‘系籍隶开泰县之马绍汤起意结拜三合会，本年正月间，伊赴广西怀远县古宜地方，在杨万有家会遇广东船户吴老二，说及广东旧有添弟会，改名三合会，钞有会本歌诀……马绍汤仅摘钞歌句会号一小本，送给吴老二钱七百文，旋回开泰，起意邀人兴会结拜，冀图劫抢，纠约马正邦等共三十二人，并将歌词传给蒋倡华钞写。蒋倡华两次结会，同伙三十七人，均属不法已极，当将马绍汤、蒋倡华、马正邦三犯，分别凌迟斩决’等语。前因御史冯赞勋奏，广东等省有三合会名目，其党分为五房，福建为长房，广东为二房，云南为三房，湖广为四房，浙江为五房。当经降旨，交各该督抚饬属严密访查。旋据各该督抚复奏，俱称现无此项会匪，今贵州已拿获三合会匪徒多人，并据该犯马绍汤供称，广东船户吴老二有《细字图》，所载长、二、三、四、五房内，有桃必达、吴天成等姓名，复告知广东系二房，名洪太宗，以红旗为号。是贵州会匪钞写逆词系由广东传授，其余各省，亦必有传徒纠众之事。着李鸿宾等各派妥员认真查拿，将为首匪徒缉获，按律惩办。并散其党羽，以净根株……并着李鸿宾、朱桂桢、祁贡派委妥员，严密访拿，无得稍涉疏懈，致贻后患。将此各谕令知之。”（《清宣宗实录》卷196）

（道光十一年十二月辛巳）刑部等衙门议复：“湖北巡抚杨怿曾题，

民妇蒋钟氏咬落伊翁蒋承洸舌尖，依律将该犯妇拟斩立决。核其情节，与无故干犯尊长者迥别，可否免罪释放。”得旨：“钟氏猝被伊翁强奸，挣拒不脱，情急咬落伊翁舌尖，与无故干犯尊长者迥别，着免其治罪，即行释放。”（《清宣宗实录》卷202）

（道光十二年四月癸巳）谕内阁：“……此次逆瑶滋事，系在湖南永州府属地方，与河南中隔湖北一省，相距甚远。着河南、湖北、湖南各督抚察看情形，如实有道路难行之处，即照旧定章程，先由湖南附近永州各州县分别监狱大小，将监犯酌禁一二十名，再令各上站挨次留禁，由该州县开具犯名事由，申报该省上司，咨部查考。一俟前路疏通，即行起解。如有州县擅用公文私信，知会上站截留，着即据实严参，以肃政体。”（《清宣宗实录》卷210）

（道光十二年六月戊戌）刑部议奏：“湖广总督卢坤等题，民妇聂刘氏与贺应方等通奸，商同谋毒本夫聂文祥身死。案情未确，请饬交该督等再行研究。”得旨：“此案聂文祥之妻聂刘氏与贺应方并已死之雇工李么通奸，贺应方恋奸情热，央允李么将刘氏勾出同逃，迨刘氏不允，李么因与贺应方商同将聂文祥致死，设法拐逃。李么旋用砒霜将聂文祥毒毙，其商同谋命之时另无证佐，而李么生前又坚不招承，所称李么起意，只系贺应方一面之词。即谓毒药确有来历，下毒经人见闻，亦焉知非李么之听从贿嘱，代为加功，何得执为贺应方并未造意之据？且贺应方图拐不成，因而谋命，志在必得，何遽舍之远行？难保非事发畏罪，托名狡卸。至田间耳目昭彰，何能从容下毒？砒块骤难融化，何能一搅即匀？刘氏如果实不知情，到案不应遽行承认，纵谓图陷他人，岂肯自甘重罪？是所供伊夫被杀，并未同谋，尤难凭信。案关谋杀亲夫，自应详细研鞫，以成信谳。现经刑部层层驳诘，着卢坤、杨怿曾再行亲提全案犯证，将指出各情逐一研讯，务得确情，按律妥拟具奏。”寻奏：“研讯聂文祥被毒身死时，贺应方实不在家，并非因李么已故，托名远出狡卸。李么贪图该犯给钱，因谋拐不成，用药桑虫所剩砒末下毒，不待临时始行融化。刘氏仅只事后知情，质之尸父聂兆信，亦称伊子委非伊媳刘氏同谋毒毙。李么业已病故，聂刘氏依律拟绞监候，秋后处决，贺应方拟杖流。”下部议。从之。（《清宣宗实录》卷214）

（道光十二年闰九月丁酉）谕军机大臣等：“吴荣光奏‘据湖北臬司朱树禀称，河南省唐县、信阳州有捻匪滋事拒伤兵役之案，并闻楚省随州、枣阳地方亦有捻匪滋扰，请檄武职大员前往会缉。当委湖北提标中军参将刘允孝前往随州、枣阳一带会同查办。又据杨怿曾咨会，河南巡抚移知，探闻信阳捻匪刘二翠、张二虚等游奕无定。已委安襄郧荆道文明等，并饬德安府方长庆驰赴枣阳一带会营查拿，又委督标右营游击何可宗酌带省标兵丁会缉，当即飞饬该管道府营员及委员督率员弁兵役认真查办，并移咨豫省一体会缉。旋据署随州知州舒升额、代办安陆县李彦方禀报缉拿行劫河南桐柏县不知姓名事主银物及抢劫随州黎汉观家银两匪犯陈尖子、魏庆元、王黑等八名，究出伙同行劫首从各犯陈正纲等多名，已饬提各犯分别严讯是否信阳捻匪刘二翠等伙党，并将现供各犯姓名咨豫、楚两省实力查拿’等语。此案前据杨国桢奏‘本年六七月间，有张二虚等在确山等县行窃拒捕，八九月间，复有捻匪先后窜入唐县信阳州境内，均经该州县会营查拿，获犯陈富、刘褡子、张三等，余匪拒捕逃逸。其信阳拒捕之犯，因追至湖北随州，该匪等点放鸟枪，致毙兵役三名，当就获犯讯出唐县拒捕匪犯系刘二翠为首，被拿逃窜，并入张二虚捻内，委臬司经额布驰往信阳一带会同南阳镇段琨查拿，并咨湖北巡抚遴派文武大员赴随州会办’。此等捻匪，均潜匿楚豫交界之随州、枣阳与信阳、桐柏犬牙相错地方，该处山深箐密，径路丛杂，必须两省会同搜捕，方免此拿彼窜。着讷尔经额、杨国桢、杨怿曾就现获各犯严切根究，将供出犯名严饬各该省文武员弁不分畛域，按名迅速查拿，务要净绝根株，切勿养痈贻患。将此谕知讷尔经额、杨国桢、杨怿曾，并谕吴荣光知之。”（《清宣宗实录》卷222）

（道光十二年十二月庚申）谕军机大臣等："据耆英等奏'直隶保定府新安县民马金宝、杨溥来京呈诉，新安县为九河下游，堤长亘百余里，必须专员就近照料，以资保卫。今新安县知县员缺裁汰，归并安州知州及州判兼管，离堤较远，设遇河水涨发，照料难周，百姓纳粮往返至七八十里不等，盗贼争讼，无专员弹压。武举辛来熊、生员高玉衡先后同乡民千余人，赴保定府暨总督衙门具呈，均未准理。现在阖邑乡民愿捐谷三千石，恳请复设知县'等语。直隶新安县知县员缺，前经该督奏准裁汰，该民人呈诉种种不便，是否实在情形，着穆彰阿于湖北、河南查办事竣旋京时顺道查勘明确，据实具奏。该民人已明降谕旨，饬令回籍听候查办。将此谕令知之。"（《清宣宗实录》卷 228）

（道光十三年正月丙戌）谕军机大臣等："据穆彰阿等奏'严讯左章眪，实未列款致书，并续查所列各款，均属虚诬，显系诡托姓名捏揭'一折，据称'将原信款单各字迹与左章眪所书履历供词核对，迥属不符，即与左庆桐、张映垣当堂具写亲供亦绝不相似'。既经穆彰阿等严审一月有余，并无端倪，是左章眪并未列款讦诉，尚属可信。而原列条款内除对联歌谣及营谋缺分等条均系子虚，其余昏夜馈送各情节，据左章眪供，非但未有见闻，并称该抚杨怿曾清名夙著，即知府裕谦、同知邵勷均属楚省得力之员。其原列各款，应毋庸议。惟此案以无根之词，诬讦巡抚大吏及地方官至十余员之多，乃复隐匿姓名，诡托他人致书，其鬼蜮伎俩较之寻常匿名揭帖尤为可恶。着讷尔经额随事随时留心查访，并密向被诬之员详细推求，再根查笔迹，一得端倪，即行密速缉拿，从严奏办，毋使此等奸诡险诈之徒幸逃法网。将此谕令知之。"（《清宣宗实录》卷 229）

（道光十三年二月壬子）谕军机大臣等："上年据耆英等奏'直隶保定府新安县民马金宝、杨溥来京呈诉新安县为九河下游，堤长亘百余里，必须专员就近照料。今新安县知县员缺裁汰，则照料难周，百姓纳粮往返至七八十里不等，遇有盗贼争讼，并无专员弹压。所有阖邑乡民愿捐谷石，恳请复设知县’等语，当经降旨，令穆彰阿于湖北、河南查办事竣旋京时，顺道查明，据实具奏。现在该县民人马金宝又复在步军统领衙门呈控安州知州多派差役，各庄村严拿不愿归并安州之人，并勒令众民出具情愿归并甘结，又将道士智多、民人杨双太及来京告状之杨溥、地保郑姓等一并拿去，解送保定府看押。计此时穆彰阿已抵保定，着即将马金宝等所控各情节悉心详查。其恳请复设县令之处是否可行，务当秉公查勘明确，据实具奏。该县民人马金宝已明降谕旨，着兵部迅速递解保定，归案审讯。将此谕令知之。”（《清宣宗实录》卷231）

（道光十三年十月丁巳）又谕：“据御史刘谊奏‘湖北自襄阳以下滨江一带竟有宵小乘间出没，乘坐渔舟，或十余只，或七八只，遇有往来商船辄敢于白昼拦江肆劫，宜城所属之小河流水沟、钟祥所属之转斗湾、周家嘴其风更甚。又宜城、钟祥交界之丰乐镇，钟祥所属之寇家林、龚家集等处，向为盗贼渊薮，其盗窃民间耕牛骡马，竟敢明目张胆，设立窝棚，勒令回赎，不遂其欲，即行宰杀。更有一种地方棍徒假称饥民，聚集多人，肆行劫抢，百姓深受其害。地方文武各官多畏其强横，不往查拿，即控告到官，率皆化劫为窃，规避处分，遂致盗风日炽’等语。国家设立地方文武员弁，原以缉奸宄而安闾阎。若如该御史所奏，该省汉水滨江各处盗贼横行，商旅视为畏途，居民深受其害，诘奸禁暴之谓何，安赖此地方员弁为耶？讷尔经额、尹济源俱系朕特擢之人，深加信任，应如何激发天良，严饬所属确切查明，如实有其事，务须严密查拿，速行缉获惩办，以儆凶顽。倘不认真办理，将来酿成巨案，惟该督抚是问。将此谕令知之。”寻奏：“获犯一百八十余名，仍严密躧缉，以绝根株。”得旨：“务须认真饬办，断不可稍有疏纵。”（《清宣宗实录》卷244）

（道光十四年正月）辛卯，谕军机大臣等：“前据步军统领拿获形迹可疑来京烧香各犯，当交刑部审讯。兹据讯明，李有军、郭经之二起，系河南林县及安阳县人，取名堆金社。张德潮系直隶邯郸县人，取名游山会……本年正月间，各自来京烧香。李有军一起，带有红边小白布旂……据李有军供称，伊因族人李文恭、李加满早年来京烧香，伊借族人李兴文与伊前赴湖北武当山烧香旧用旂子，将同社七人姓名书写旂上，伊兄李有道另立堆金社，李文滁系属会首，亦曾赴武当山烧香……愚民报赛酬神，事所恒有，何以各该犯等先后起意来京，跋涉千里？其始不约而同，其继不谋而合……着琦善督同臬司陈崇礼，栗毓美督同臬司经额布，各迅派干员，驰赴各该县，即将单开李有军、张德潮等起各犯姓名籍贯确实查明，并将李英华等七犯严密查拿，解京质讯……并搜查各起会首家有无往来书件、收藏经卷，务须不动声色，密速确查，不准稍有含糊，亦不准稍事张皇，扰累地方。原单着钞给阅看。将此各谕令知之。”……（《清宣宗实录》卷248）

（道光十四年九月壬午）又谕：“寄谕湖广总督讷尔经额、湖北巡抚尹济源，有人奏‘审拟图财毙命之船户，未能得实，请旨饬查’一折。此案山东举人王馀枚在湖北汉镇地方带同仆人龙祥、婢女桂女并衣箱行李搭坐汪之华米船，由苏州回原籍山东。行至中途，王馀枚、龙祥先后被船户汪之文等谋毙，丢弃入水，并攫取银两衣物暨婢女桂女。汉阳县知县福克精阿原讯各供历历如绘，迨原审之员卸事，接任知县禀请委员会讯，该犯等忽翻异前供。该巡抚遂据后详定案，咨明刑部，因思龙祥如果实系失足落水淹毙，王馀枚自应在船喊救，何以该犯等供词内竟未提及王馀枚一语？至王馀枚即因上岸迷失道路，迄今数年，何以杳无音耗？况桂女年已十三，尽可讯取端倪，何以未向桂女研究？且前据汉阳县知县起获王馀枚衣箱行李并婢女桂女，赃据确凿，初讯时并未刑求，即据该犯等供认图财害命不讳，何以委员复讯，任令翻异？若谓王馀枚、龙祥尸身未获，无从定案，俟关会下游州县打捞务获，再行办理。则大江之中波浪汹涌，岂有时阅数年尚能打捞之理？再该省咨文内既称王馀枚上岸未回，殊非情理，而又以汪之华等业已病故，请将汪方荫等拟徒监禁。试思汪之华初供汪方荫等即系商同谋命之人，现在汪之华等兄弟虽已拖毙，而汪方荫等尚存，且有桂女指证，无难推究得实。若如该省所咨完结，是数年之后，汪方荫等即可以徒罪发落，殊不足以成信谳而洗沉冤。着该督等即亲提人证卷宗，秉公研鞫，务得确情，按律定拟具奏。不得因该省现已咨结，并刑部业经照复，稍存回护之见，以致凶徒漏网，死者含冤。倘敢意存消弭，稍有不实不尽，将来别经发觉，或被人控告，朕惟该督等是问。将此谕令知之。"寻奏："龙祥系自行落水，曾有焦同兴接救，现在到案可证。王馀枚在芜湖上岸未回，亦有陈上暹目击为据，众供凿凿，委非捏饰。现在船户水手业已监毙四命，惟江正太一人在案，既已究明并非图财害命，该犯仅止听从汪之华隐匿王馀枚遗存财物，并图将桂女嫁卖，应请仍照原拟杖一百，徒三年。惟王馀枚数载不归，是否迷失道路，抑系别有事故，该举人籍隶山东，系在安徽芜湖地方上岸未回，应请旨饬下山东、安徽巡抚，饬属密加访查王馀枚实在下落，移楚核办。桂女亦照被诱之人减等满徒例，拟徒收赎，给王馀枚亲属具领。余俱照原咨办理。"下部议。从之。(《清宣宗实录》卷257)

(道光十四年十二月丁酉)谕内阁："讷尔经额等奏'请查禁通省私钱'一折。湖北为各省水陆通衢，商贩云集，私钱最易搀用，经该督等奏明饬拿之后，荆门州等处访获私铸等犯八起，民间存留私钱，亦据设局收缴六千余串，办理尚属认真。所拿私铸各犯，俱系各州县本任自行拿获，俱着免其议处。其各前任失于查察，亦着加恩免其查议。惟该省此时查办紧严，该犯等自必各知敛迹，若稍形懈弛，难保不再行铸贩。该督等务当随时委员密访，倘各州县始勤终懈，以致私钱充斥，即当照例严参。至道府为州县亲临上司，耳目较近，嗣后每届年终，各州县查明境内有无私钱，照例出结后，由该管道府复查，确实加结，详核具奏。如有结报不实，一经查出，即将该管道府一并参处，以示惩儆。该部知道。"(《清宣宗实录》卷261)

（道光十五年七月）庚寅，谕军机大臣等："寄谕湖广总督讷尔经额、湖北巡抚尹济源，有人奏'湖北咸宁县地方，有屡犯军罪曾经越狱之逃军万四宝于该县石竹岭搭棚聚众，各分支派，令往咸宁、蒲圻、大冶、武昌、通山、嘉鱼等县肆行抢窃。该犯有时乘轿假冒官员，诓骗愚民，并点烧闷香，搜抢民家及奸污妇女之事。贫苦村民，往往入党分肥，富厚之家，惧其扰累，相与认为戚好。各该县差役与之联络勾通，地方官畏其桀黠，即有报案，不为准理，甚至所得赃物，勒令被累之家定价取赎。该犯恃其险僻，窝藏积猾匪盗，远近戒心'等语。匪徒横行乡曲，欺压善良，最为地方之害，若不严行拿究，何以惩奸暴而靖闾阎？着该督抚选派明干之员，密速查明，设法擒治，毋任脱逃，务将所指各款确切根究，按律定拟具奏。倘能获案究办，所有各该上司及地方官失察处分尚可加恩宽免。如意存消弭，仍复因循怠玩，不肯认真查拿，致令该匪徒等日久盘踞，扰害良民，将来别经发觉，或经科道纠参，定将该督抚等从重惩处，决不宽贷。将此谕令知之。"寻奏："拿获万四宝提省究办，讯明抢窃奸拐窝赌各案，以纠窃嘉鱼县白湖寺临时行强之案为最重，应照强盗已行而但得财者不分首从皆斩律，拟斩立决。"下部议。从之。（《清宣宗实录》卷269）

（道光十五年十一月）壬辰，谕内阁："讷尔经额等奏'访获大夥积窝会匪多名，严审究办'一折。湖广为各省通衢，盗贼最易溷迹。兹据该督等查明郑老鼠、段么等纠集伙党至八十余人及三十余人，结会分派，歃血订盟，窝顿匪徒，肆行抢窃，密饬该管道员督饬文武员弁慎速拿获究办。其江陵、潜江等县虽失察于先，一奉札饬，赶紧缉获匪犯，已逾十分之九，功过尚足相抵，着加恩免其参处。至盗贼会匪，最为商民之害，欲清盗源，必先严办窝户。该督等惟当严饬地方文武随地随时认真巡缉，实力查拿，倘有聚众结会情事，务当不分畛域，彼此关查，总期有犯必获，以戢奸宄而安闾阎。"（《清宣宗实录》卷274）

（道光十六年七月癸巳）又谕："前据邓廷桢等奏，拿获形迹可疑之游僧，认有首逆蓝正樽在内。当降旨交该督等严讯实情。兹据花杰奏称，再三研鞫，并非蓝正樽正犯。是该犯匿迹潜逃，稽诛已久，不特楚省箐深林密之处易于潜藏，即各直省地方辽廓，亦难保无改换姓名，诡秘溷迹之所。着讷尔经额、裕泰、周之琦并各直省督抚不分畛域，一体严拿，务当认真躧缉，罪人斯得。不准迁延月日，任其远扬漏网，致稽显戮。"（《清宣宗实录》卷285）

（道光十六年七月癸巳）又谕："本日据花杰奏称'研讯游僧刘才修改名吴本林，实非蓝正樽，并讯明前获贺六昌供认系程孔固，现已解楚审办'等语。该抚接到该护抚咨文，所有各犯供词并起获各种违例经卷物件，务当悉心严究，讯出实情。该省现有逆犯家属监禁，解到提讯，真赝立分。该僧人既非蓝正樽，是否知情同逃，或另有不法党羽，其蓝正樽藏匿之处，该僧人或有见闻。至贺六昌供词与楚省咨开情节不甚相符，是否即系教匪程孔固，着裕泰即提监候之程恒忠细心质讯，无难得实。该犯既认习青莲教，自必辗转传徒，总当究诘根原，不得任其支饰。至蓝正樽一犯，罪大恶极，岂容日久稽诛？务要督饬文武员弁认真追踪严拿，并移会邻省一体缉获，毋任漏网。将此谕令知之。"（《清宣宗实录》卷285）

（道光十六年八月辛酉）谕军机大臣等："有人奏'河南南阳府与湖北襄阳府交界棍河地方，有巨盗张开运开设大窝子，聚党千余。其手下大头目赵文德住双沟儿地方，又有老虎爷结三儿住金线挂葫芦地方，谓之小窝子。共有数处，多者数百人，少亦数十人，分布州县，勾串捕役，劫夺良民。遇有巨案，上司限拿解交者，州县则勒限捕役，捕役知是某窝子某人做此一案，即向其头目商量，要人承案。该头目稔知某窝近日生意不旺，谓之短少钱粮，邀同捕役前往彼处，与其头目面议，此案要斩犯几名，绞犯几名，该价若干，正犯情愿帮费若干，捕役帮费若干，若帮费不能如数，又料某窝现有某案未销，商令凑足，即将其未销之案一并代承，帮费既足，然后交出人数顶替。此等顶犯，皆各窝子头目平日收养乞丐之人，先后挨次售用，既经顶犯到案，如有改供逃逸等情，张开运必能致之死地，其死更有惨于绞斩者，故皆至死不变。张开运所住窝子，路径深邃，兵器极多，役难掩捕。该犯于湖北官员，但畏提督罗思举，河南官员，但畏守备刘天保，此二人所在，不敢恣肆’等语。凶恶棍徒最为地方之害，着桂良即将该犯张开运等按名迅速严密查拿，从重究办，毋得稍有漏泄，致令远扬。如有差役包庇故纵等情，惟该抚是问。将此谕令知之。”（《清宣宗实录》卷 287）

（道光十六年八月辛酉）又谕：“有人奏‘河南南阳府与湖北襄阳府交界棍河地方，有巨盗张开运开设窝子，聚党千余，分布州县，勾串捕役劫夺良民’等语，已另降旨着桂良严密查拿，从重究办矣。但南阳与襄阳接壤，恐该犯此拿彼窜，乘间脱逃。着讷尔经额等遴委明干妥员，严密协拿，毋令幸漏法网，是为至要。将此谕令知之。”寻奏：“拿获张开运等，讯无私藏军器及窝伙抢劫重情，惟囤贩私盐，数在三千斤以上，请将张开运、赵文德、结三儿等发附近充军，余分别问拟杖徒。”下部议。从之。（《清宣宗实录》卷 287）

（道光十七年七月壬寅）湖广总督林则徐奏：“楚豫交界地方，村庄名目仿佛相类，小民无恒业者由彼村迁至此村，即成隔省。如本年襄阳县所获各犯，多系籍隶河南，是以两省缉捕，总宜不分畛域，有犯即拿，始免窜逸。”得旨：“所见是，认真督饬办理。”（《清宣宗实录》卷 299）

（道光十七年十月辛亥）又谕：“桂良奏‘请将拿获匪犯解赴楚省审办’等语。前因河南南阳府所属等处地方各有匪头开设窝子，降旨派员查拿。兹据该抚奏称，黄冈等九处均系湖北襄阳县所辖，现在续获陈帼元等四名，讯有在官人役兴贩人口，制造军器。惟所供并无另犯不法重情，显系恃无质证，捏词狡卸。所有该省前后拿获匪犯，着一并解赴楚省，交林则徐提同全案人证归案审办。”寻奏：“此案吕兴富等二十一犯亲提研鞫，坚供或止兴贩人口私盐，或系叠次行窃。其陈帼元一犯，先后充当柜书地保，均经责革，访无另案不法及制造军器、开设窝子情事，应即照例分拟遣责完结。”下部议。从之。（《清宣宗实录》卷 302）

（道光十八年三月）戊寅，谕内阁：“林则徐等奏‘州试文童与书役争闹，误伤本官’一折。湖北蕲州应考童生胆敢借端挟制地方官捐赔卷价，聚众争闹，拾石抛掷，以致误伤该州额角，实属目无法纪。有无起衅别情，自应确切审讯，据实核办。署蕲州知州爱禄着先行解任，交该督等提同人证卷宗，并勒拿未获各犯，秉公严审，务得确情，按律定拟具奏。”寻奏：“此案梅麻子因与县书熊锡幅等争论卷价，经书役等喝阻，辄敢拾石向掷，以致该署州爱禄走出弹压，误被中伤额角，旋经平复。并非有心干犯，第以应试文童滋闹，伤及本官，未便轻纵，依律拟杖一百，流二千里。前署蕲州知州爱禄，于礼书熊锡幅等向各童生增索钱文未能查禁，迨书役与童生争闹，复不能当场弹压，致被掷石误伤，虽讯无挟制别情，实属驾驭无方，咎有应得，请交部议处。”下部议。从之。（《清宣宗实录》卷 307）

（道光十八年四月辛亥）谕内阁：“林则徐奏‘拿获楚豫交界地方匪徒，审明定拟’一折，已交刑部议奏矣。此案匪犯司士灦、司士全既经地方官拿获，照例系带铁杆，自应牢固拴系，方足以小惩而大诫。何以系带之后，该匪等仍复扭断脱逃，肆窃无忌？是该省系带铁杆之例仍属有名无实。且恐看守人役另有得贿徇情私行开放等弊，嗣后各该省遇有此等匪徒，务须依法系带，严加管束。倘扭断脱逃，即将看管人等严行讯究，查有贿纵私放之事，一并从重惩办，毋任姑息养奸。庶使匪徒畏法敛迹，而闾阎胥获乂安也。”（《清宣宗实录》卷 308）

（道光十八年七月癸亥）护湖北巡抚张岳崧奏："严饬各府州县不准佐杂擅受民词，致滋事端。仍逐细密查，加结申报，俾各属知所儆畏，佐杂不敢妄为。"得旨："所见不为无因，然总要得一实字。"（《清宣宗实录》卷312）

（道光十八年十一月）戊午，谕军机大臣等："有人奏'滇、黔两省外来客民、流民盘剥苗人土司田产，请饬查禁'等语。川、楚、粤各省穷苦之民，前赴滇、黔租种苗人田地，与之贸易，诱以酒食衣锦，俾入不敷出，乃重利借与银两，将田典质，继而加价作抵，而苗人所与佃种之地，悉归客民、流民。至土司遇有互争案件，客民为之包揽词讼，借贷银两，皆以田土抵债，种种情弊如果属实，不可不严行查禁……"（《清宣宗实录》卷316）

（道光十九年四月庚午）署湖广总督漕运总督周天爵奏："楚省山险水阻，易藏奸匪，遇有抢劫轮奸重案，俱亲提研审，加意惩办。"得旨："如能尽心国事，除恶安良，朕自有衡鉴，卿无恤其他。"（《清宣宗实录》卷321）

（道光十九年六月乙亥）谕军机大臣等："据周天爵奏'拿获铅船滋事水手及囤贩妇女匪犯'一折，据称'黔省铅船水手聚集多人，分为两帮，执持器械沿途抢夺，扰害商民，被害客民纷纷呈诉，并起出贩卖女子多名，业经审出大概情节，发交署臬司于克襄，一味支延，最确之供亦皆化为游移'等语。水手聚众扰害地方，已属可恶。况贩卖良家女子，淫虐强暴，尤堪发指。周天爵现已简授闽浙总督，即应前赴新任。此案人证卷宗俱在楚省，着桂良督同臬司卞士云细心研鞫，务得实情，按律惩办，以儆凶顽。其被获各犯，无许一名逃窜，应咨查四川省迅速催提。桂良经朕特简，畀以总督重任，卞士云才具操守，朕所稔知，此案务当尽心推鞫，据实办理，不得稍有将就，仍蹈因循恶习，自干咎戾。前署臬司于克襄，如果一味支延，令确供化为游移，此等不以实心办事之员，去之犹恐不尽，何惜之有，即着严参具奏……”（《清宣宗实录》卷323）

（道光十九年六月辛卯）又谕：“有人奏‘湖北荆州府属各县贼匪结为兄弟，窃劫勒索，盗案甚多，该匪中戴老九、李老三尤为著名。地方官改盗为窃，将就完案，前任当阳县王朝栩查缉稍严，该匪等辄敢于半途截住，声言报仇’等语。盗风日炽，为害地方，纵恶养奸，皆由不肖州县规避处分，有心讳饰，以致该匪等愍不畏法。着周天爵确切查明，严拿惩办，以靖地方。其王朝栩在途被盗一案是否属实，并着查明具奏。如各州县中查有规避处分讳盗为窃者，该督即严参惩办，毋稍宽纵。将此谕令知之。”寻奏：“当阳县知县王朝栩并无被盗截劫情事，拿获戴老九、李老三等多名，供称屡次纠伙行窃，奸拐妇女，并不论年齿结拜弟兄。李老三拟绞监候，戴老九发极边足四千里充军，余论罪如例。”下部议。从之。（《清宣宗实录》卷323）

（道光十九年九月乙巳）谕军机大臣等：“周天爵等奏‘访获湖北襄阳府属习教匪徒，究出悖逆字据’一折。查办认真，可嘉之至。匪犯黄起能本系习教逃窜之犯，乃敢勾结朱九龙等传习邪教，创立伪号，分布党羽，可恨可恶，罪不容诛。现经该督拿获韩发魁等犯，业经供认习教不讳，其余各匪犯分布藏匿直隶、四川、河南各境，已降旨饬令该督抚分别严拿，解赴湖北，归案讯究。着周天爵督饬道府大员，于已获者认真严讯，彻底根究，尽法惩办。其未获各犯，并着加意侦访，净绝根株，毋任狡卸漏网，以除奸邪而安良善。将此谕令知之。”（《清宣宗实录》卷326）

（道光十九年九月乙巳）又谕：“据周天爵等奏，湖北襄阳府属拿获匪犯韩发魁等，供认习教不讳，并有勾结党羽、创立伪号等情，可恶已极。该犯等供称匪犯黄起能等藏匿河南，罗坤系直隶清苑县人，刘士举系四川成都府人。并据周天爵等奏称，业经飞咨该督等查拿，其年貌籍贯自必详细开载。着琦善、宝兴、牛鉴即派员严密访拿务获，一面奏闻，一面解交湖北归案质讯，毋许远扬漏网。至该犯等供‘在叶县吴典史衙门交黄起能信物’等语，着牛鉴即将该典史提讯，何以容留习教人犯，有无别情，据实从严惩办。将此各谕令知之。”（《清宣宗实录》卷 326）

（道光十九年十月己卯）又谕：“德楞额等奏‘访获习教各犯，讯明定拟’一折。此案休致防御官禄等潜习天主教，经该管官等自行访获禀报，所有该管各官及族长、领催等，俱着照例免议。其甫经到任之署左翼蒙古协领佐领恩贵及失察之历任各官，俱着免其议处。所有讯出外来之郑姓、穆姓、杨姓、龚姓、张洪川及江陵民人戴兴隆等各犯，着周天爵、伍长华严饬缉拿究办。”（《清宣宗实录》卷 327）

（道光二十年二月甲子）谕内阁：“周天爵等奏‘审拟习教匪徒，并请免历任各官处分’一折。此案湖北襄阳县奸民黄起顺等传习牛八教，业经该督等饬属将情罪重大各犯拿获，明正典刑。该地方文武各官俱系访闻会拿，所有历任失察处分，均着加恩宽免。”（《清宣宗实录》卷 331）

（道光二十年七月）庚子，谕内阁：“前据刘谊奏‘湖北襄阳府属之南漳县于五月内传有讹言，居民纷纷逃避’等语，当降旨令周天爵等严密查访。兹据该督等查明，系因丁家集窝户熊添碌畏拿逃窜，妄布谣言，遂致以讹传讹，由近及远。现在浮言早息，乡民俱各安堵如常，所有造谣之熊添碌一犯，着该督等饬令该管道府上紧勒拿，务获究办。”寻，总督裕泰奏：“熊添碌窝留秦秃子成等行窃，被拿奔窜。秦秃子成等逢人拦问，诡称逃避反乱，乡民信以为实，纷纷迁徙，延及七八州县。熊添碌、秦秃子成俱经监毙，余分别定拟流徒笞杖。”下部议。从之。（《清宣宗实录》卷 336）

（道光二十年八月戊午）谕军机大臣等："周天爵等奏'郧、房二县地方匪徒捏造谣帖'一折，据奏郧阳、房县匪徒张贴谣帖，指明康灿、翁元等家。必系其附近有嫌之人，不难从此切究来历。周天爵现往该处查阅营伍，着即督饬所属，严慎防备，并密拿造谣之人，穷究党羽，务获惩办，总期尽绝根株，毋任养痈贻患。其帖内所指西安、洛阳等处，已谕知牛鉴、富呢扬阿密查究办矣。此案查办完竣，该督尚有堵筑抚恤事宜，湖南应阅营伍着准于明岁补行校阅。将此谕令知之。"（《清宣宗实录》卷338）

（道光二十年八月戊午）又谕："据周天爵等奏'湖北郧、房二县地方，有匪徒捏造谣帖，现饬查办'一折，已有旨交周天爵等查拿严办矣。其谣帖内载有接到西安省秦成公密札，八月十五日要到洛阳，会楚仲王议事，并有八月十二日要在洪门铺、硍河、武阳、安阳等处办齐粮饷等语。此等匪徒造言生事原不足信，然亦不可不防。着牛鉴、富呢扬阿派委妥员，不动声色，严密访查。如有捏造谣帖之人，即行严拿务获惩办，以绝根株。将此各谕令知之。"（《清宣宗实录》卷338）

（道光二十年八月戊寅）谕内阁："周天爵等奏'请将知县、典史革职审究'一折。此案湖北兼办襄阳县典史事、署宜城县田家集巡检试用从九品范庚，于家丁徐二听受奸夫李沅青贿嘱，商同禁卒等将监禁犯妇吴王氏谋死灭口，该典史先既毫无觉察，后又捏报病故，实属徇护。襄阳县知县毛鸿顺于下乡回署后，不即禀验，辄那改日期详报。毛鸿顺、范庚着一并革职，交该督等提集全案犯证，严行审讯，务得确情，按律定拟具奏。至民人吴正学是否因羞忿服毒，该犯李沅青有无通同谋毒情事，均着彻底根究，毋许稍有不实不尽。"（《清宣宗实录》卷338）

（道光二十年八月）甲申，谕军机大臣等："据宝兴奏'拿获湖北、江西冒充灾黎，在川、滇、陕西等省叠次行窃匪犯何汶礼等，及妇女、幼孩共一百名口，起出赃银五百余两，金镯衣饰多件，伙匪梅仕名持仗拒捕，被格身死’等语。匪徒纠结伙党，诡托灾民，肆窃滋扰，大为地方之害。该省冕宁等县前经拿获楚省诈冒饥民叠窃匪犯张荣盛等多名，此次所获何汶礼等，复讯由湖北结伙四出，窃扰多省，不可不严行禁止。着周天爵、伍长华饬属认真查禁，如系实在饥民，即行妥为安插，若系奸徒假托灾黎，借兹出扰，立即严行缉拿，总不得令其外出，滋生事端，以戢奸宄而靖地方。将此谕令知之。”（《清宣宗实录》卷338）

（道光二十年九月乙卯）又谕：“钱宝琛奏‘拿获闽、广二省烟匪，请酌定省分发配’等语。此种匪类，断不宜令其聚集一处，致生事端。闽、广二省自未便互相发配，即沿海省分亦不宜遣往。着钱宝琛于该犯等解省审讯后，即酌定省分，均匀解发，仍严饬经过地方小心派役管解，毋稍疏纵。其应待质各犯，亦着速即讯办，并着湖南、湖北、安徽、浙江各督抚派员分路查探，如有此等匪徒偷越入境，务即严行截拿，以除奸慝。”（《清宣宗实录》卷339）

（道光二十年十二月丁卯）又谕：“御史董瀛山奏‘请查拿硝磺出境’一折，据称‘广东奸商到湖北施南府贸易，即收买线麻，缠束作团，内藏硝磺，暗号黄羊子，有开设栈房之钟广举、钟天举二人串通为奸，或载至夔关、宜关入江，历江西、安徽、江苏，直达海口。又施南府差役赍文，往往盛以竹篓，上插红旗，暗带硫磺’等语。硝磺出洋例禁綦严，若如该御史所奏，经过各关或因线麻无税，不事稽查，或因假托赍文，亦不究诘，殊非慎重稽察之道。着湖广总督、湖北巡抚严行查禁，如有前项情弊，照例惩办。并着经过各关认真查察，毋许偷漏。其地方文武各员失察处分应如何酌定之处，着吏、兵二部议奏。”（《清宣宗实录》卷342）

（道光二十二年二月庚辰）又谕：“据吴其濬奏‘现获甘三、黎形蜓二犯，形状凶狡，本系痞棍，并不剃头，供称甘心从逆者俱不剃头’等语。此等痞棍甘心从逆，其党羽自必众多，若不趁此时搜捕净尽，必致贻患将来。着裕泰密行查访，该匪等是否于从逆之后始不剃头，抑系痞棍恶习，平日即不剃头，着查明据实复奏。如有不法情事，务当随时缉拿，严行惩办，以净根株。将此谕令知之。”寻奏：“湖北首逆钟人杰等数名并其头目于滋事后即不剃头，此外附从各犯仍照常剃头，实无痞棍平日蓄发情事。惟从逆余匪恐有窜匿，现已委员分赴各处搜查，以期净绝根株，不留余孽。”报闻。（《清宣宗实录》卷367）

（道光二十二年二月庚辰）又谕：“有人奏‘襄阳匪徒成党，请饬该督抚及早缉治’一折，据称‘风闻湖北襄阳县北乡、黑龙集、凹里、加家冈地方抢案林立，其著名匪犯余均道等四十余人叠犯命案，均未议抵。复有纠抢连劫各案，至今并未呈报。该县捕役包庇各匪，表里为奸。该县知县汤誉光既畏该匪强横，不敢究办，复性情疏懒，兼嗜摴蒱，不足以资整顿’。又另片奏‘郧阳府属之房县知县施仲麟，曾经民人在都察院控告浮收，该县条粮不过三千石，充当粮书者至百余人之多，地方受其扰累’各等语。匪徒扰害良民，全在地方官平日留心察访，消患未形。若如该御史所奏，凶徒结党，肆意横行，地方官全不究办，以至该匪等目无法纪，必致酿成巨案。着裕泰、赵炳言即将折内所指各犯密加查访，严拿惩治，并查汤誉光、施仲麟，如有劣迹，据实参办，毋稍徇隐。原折片钞给阅看，将此谕令知之。”寻奏：“襄阳县匪徒余均道因窃割张连举地内麦穗，致将向阻之张四十儿用刀扎伤，旋即平复，应照斗殴例拟发近边充军。余黑积伙同徐怌礼等行窃张玉华家，现在尚未结案，自应从重问拟。此外实无纠抢连劫之事，未获各犯，获日另行究办。县役丁正全等讯无包庇情事，该县知县汤誉光亦查无劣迹。房县知县施仲麟被控勒折浮收之案，俟人证解到，即行审办。”下部议。从之。（《清宣宗实录》卷367）

（道光二十二年四月丙午）湖北崇阳县逆犯钟人杰、陈宝铭、汪敦族伏法。（《清宣宗实录》卷371）

（道光二十二年六月）丙戌，谕内阁："吴其濬奏'请将交审案件解往湖北提审'等语。此案湖北崇阳县人吴植三是否实系良民，并未从逆，徐升堂有无串同诬指情事，必须徐升堂到案，方可确切质讯。惟人证俱在湖北，未便纷纷提质，所有吴植三一犯着即解往湖北，交裕泰、赵炳言就近提集人证，秉公审讯，按律定拟具奏。"（《清宣宗实录》卷374）

（道光二十二年十月庚辰）又谕："裕泰等奏'拿获捻匪多名，请解归豫省并案究办'一折。此案河南泌阳县人徐应青等勾结捻匪抢盐，窜入湖北枣阳县地方，诈抢铺户，拒捕戕官。现据枣阳县知县熊文凤等盘获匪徒李洸彩一名，复据派缉兵役协同河南兵役续获匪徒姚法等三十名，查明俱籍隶河南。着裕泰等即派弁兵将该匪等解往河南，交鄂顺安严行究办，并将该匪党羽按名弋获。其逃匪徐应青等，着湖北、河南、江苏、安徽各督抚分饬各该地方文武协力缉拿，毋任漏网，以除奸宄而靖闾阎。"（《清宣宗实录》卷382）

（道光二十二年十一月癸丑）谕军机大臣等："周天爵等奏'拿获结捻首犯'一折，据奏，十一月初一日，经李湘棻之子李麟遇、留工同知于昌进，带同义勇眼线，在宝应县地方拿获结捻首犯马淙禹，供认与纵红等纠伙起意，抢掠毙命，拒捕伤官各情。查拿甚属可嘉，出力员弁着据实保奏，候朕施恩。前获纵红，现据讯明实系正犯，并未格毙，着即移咨程楙采，饬提纵立解浦，归案严审。是否即系纵三捏名图脱，务得确情。逸犯马淙夏、纵友等，仍饬原拿员弁上紧分缉，务净根株。再前据裕泰等奏，湖北枣阳县地方，有河南泌阳县捻匪窜入境内。续据奏获李洸彩等三十余名，尚有徐应青等在逃。当经明降谕旨，令湖北、河南、江苏、安徽各督抚协力缉拿。现在周天爵等既经拿获捻首，则河南捻匪为首何人，是否同伙，着即向现获各犯确切根究。如能指出踪迹，即行知会各该省督抚迅速兜拿，毋任分窜他省。所有马淙禹、纵红二犯，着俟讯明后按律办理。将此谕令知之。”（《清宣宗实录》卷384）

（道光二十二年十一月庚申）谕军机大臣等：“据裕泰等奏‘湖北黄安县地方有豫省捻匪入境行劫，拒杀二命’等语，此案光山县捻头胡全堂与教师李二奤子，带领捻匪，劫得赃物，仍回光山、罗山地方。似此肆行劫掠，扰累数省，若不悉数擒拿，严行惩办，必致分窜各省，为害闾阎。着鄂顺安严饬各属地方文武员弁按名拿获，就近审办，断不准一味因循坐误，致日后酿成巨案，懔之。将此谕令知之。”（《清宣宗实录》卷385）

（道光二十二年十一月）癸酉，谕内阁：“朕恭读《高宗纯皇帝实录》，内载乾隆五年五月奉谕旨‘膺牧民之任者，均有弭盗之责，原不容有此疆彼界之分，着嗣后凡有邻省连界地方积窝逃盗，访实之后，或径行差捕，或知会密拿，庶盗案易结，盗源渐清，而邻境彼此均受其益’等因，钦此。圣谕煌煌，实为息盗安民之良法，允宜恪遵成宪，实力奉行。乃近来各省督抚心存畛域，以致该地方官互相推诿，凶徒得以远扬，贻害地方，实非浅鲜。即如本年萧县捻匪纵红、泌阳县捻匪徐应青等，结党成群，肆行抢劫，江苏、安徽、河南、湖北四省交界之区皆被扰累。现经各省兜拿，首犯间有弋获，余党尚多藏匿。若使各该地方官于匪徒犯案之初即行协力堵拿，何至蔓延若此？嗣后着各直省督抚务当严饬地方文武员弁，除本境盗匪随时严拿惩办外，遇有邻省连界地方盗匪，或径行差捕，或知会密拿，断不准稍分畛域，任意稽延，致匪徒得以免脱。倘该地方官仍视为会缉具文，互相推诿，即着指名严参，从重惩究。该督抚等身为大吏，除莠安良是其专责，倘仍前怠忽，稍存观望之见，一经查出，定行重惩，不能幸邀宽贷也。懔之慎之。将此通谕知之。”（《清宣宗实录》卷385）

（道光二十四年三月乙酉）谕军机大臣等："本日刑部奏'审拟湖北已革廪生易之瑶私越外域'一案，详核案情，该革生于二十二年正月行抵越南，先后致书彼国府尹巡抚，次年六月，始行回粤。历时一年有余，投递呈词至八纸之多，若谓无交通外夷情事，殊难凭信。且民人无票私出口外者，不过为谋食起见。易之瑶私行潜往，关说重情，迥非出口谋食可比，何以刑部既讯有投递呈词之供，率以不领口票问拟？前后殊相矛盾，着该部堂官再行详细推鞫，另行妥议具奏。将此谕令知之。"寻奏："讯明易之瑶因守候回粤，递呈八纸，委无勾结夷人情弊，拟照交通外境减等，杖一百，流三千里。"从之。（《清宣宗实录》卷 403）

（道光二十四年三月癸巳）谕军机大臣等："本日都察院奏'湖北民人魏信道呈控知县刑毙父命，丁役索赃'一案，已明降谕旨交裕泰亲提严讯矣。据供'伊父魏圆圭被戴幅二等诬告殴毙戴桂道，该县不察虚实，带领兵役多名持械围抄，焚毁祠屋。迨戴桂道被扭到案，又复换抽案卷，诬以窝窃，非刑责打至一千二百之多，当时殒命。差役卢启贵、门丁徐二等指称该县勒索赃钱'等情。案关知县非刑毙命，丁役指官索赃，必应彻底根究。着裕泰提集人证，将所控各情逐层研鞫，如该县实有贪酷情事，即行据实参办。百姓之刁风固不可长，官吏之贪酷尤当严办，方不愧斯民父母也。将此谕令知之。"（《清宣宗实录》卷 403）

（道光二十四年十一月戊辰）谕军机大臣等："传谕湖北按察使陈功，本日裕泰奏参'通城县知县林逢年审办窃案乖谬'一案，已明降谕旨，将该员林逢年革职，交臬司陈功审办矣。此案尸子魏信道称伊父魏圆圭系被烟熏刑毙，经该督委员检验魏圆圭尸身，系属生前因病身死。魏信道坚以伊父右肋骨损折，系生前被张贵先殴伤，其余骨殖残缺，指为仵作保户受贿匿报捏抵，结求复检，自应复加确验。着陈功详细检明尸骨，其右肋骨究竟是否生前受伤。京控无名之张贵先必须传案讯其曾否殴折，骨殖因何残缺，是否仵作保户等舞弊藏匿，所称各情殊多疑窦，尤须彻底严切根究，以服该尸子之心。倘稍有瞻徇含混，迁就了事，将来别经发觉，该臬司不能当此重咎也。将此传谕知之。”寻裕泰、陈功复奏：“魏圆圭被控窝贼，经该县知县林逢年差拘，复行殴伤差役。该县提审魏圆圭，喝令用小竹板责打四次，跪炼压膝二次，并吓称如再刁狡，即用烟熏鼻，魏圆圭仍未实供，旋因病保出身故。复检魏圆圭骨殖，实系因病身死。复提要证张贵先等质讯，并非张贵先殴伤。密饬委员诣埋尸处坑内淘得脚跟骨，验明与魏圆圭右脚胫骨接笋相符，尸子魏信道亦查明尸骨被兽残食缺失属实。魏信道合依子孙误执伤痕告官蒸检者，杖一百，流三千里，加徒役三年例科罪，余各按律问拟……”下部议。从之。（《清宣宗实录》卷411）

（道光二十五年四月）壬辰，谕军机大臣等：“奸民习教传徒，造言惑众，最为风俗人心之害，必应严行惩办，净绝根株。前据宝兴、富呢扬阿、李星沅各奏访获青莲教匪查办情形，均令严密拿究，毋稍疏纵。本日复据李星沅奏，讯明现犯供情，由四川素习青莲教之李一原分途密遣，辗转煽惑。又据裕泰等奏，缉获匪犯陈依精等，亦供有李一原劝令吃斋扶乩骗钱之语。是李一原布散妖言，转传徒众，实为此案教首。现虽据川省拿获其弟及伊子到案，而该犯闻风潜窜，着各该督抚严饬所属，无分畛域，迅速兜擒，务须克期弋获，尽法惩治。至陈汶海、彭超凡、郭建汶等主坛立教，诡称总办收圆大事，实属法所难容，亦着一体严拿，毋任纵脱。其现获各犯，即着研讯确供，按律定拟，不准稍有避就，以至不实不尽。至湖北所获之犯，供出商同习教各姓名，有籍隶湖南、江南、云南之人，又有逃往山东、河南、江浙等省之说，即难保李一原等不依其同类，潜匿各省。着该督抚再行确讯何人籍隶何省，并根究李一原等确踪，飞咨各该省按照匪犯姓名通行搜缉，一律究办，毋得稍有迟延，致有一名漏网。其捏投假信辄行潜逃之张蔚泽，并着裕泰等究明拿办。将此各谕令知之。”（《清宣宗实录》卷416）

（道光二十五年四月）庚戌，谕军机大臣等："据宝兴奏'续获邪教匪犯，讯取大概供情'一折，四川省前获青莲教匪犯，因有要犯李一原未获，曾经降旨严密查拿。兹据该督奏'续获匪犯多名，据郑子青供称，现在总教主姓朱名中立，在湖北掌教，暗号八牛。并据吴怀琦供称，有范秉书其人，系属江南教主'等语。着湖北、江南各督抚饬属严密查拿，朱中立、范秉书务获严审究办。至王化心一犯，业经节次熬讯，神色不变，仍应设法严究，令其据实供吐，毋任狡展。所有李一原一犯，既据查明逃往重庆一带，自应上紧缉拿。其余供出各要犯务须按名弋获，以净根株，不准稍留余孽。将此各谕令知之。"（《清宣宗实录》卷416）

（道光二十五年五月乙丑）又谕："陆费瑔奏'续获习教匪犯，讯供解赴湖北审办'一折。该省现经拿获言致让即言柏亭等九名口，并起获经卷图像及往来书信等件，语多荒诞，尚无违背不法字句。惟讯据该犯等，或供业经改悔，或称并未传徒，自应归案质讯。着照议办理，其已获尚未解审各犯着俟解到时，提同现犯讯明实在供情，分别解究。至未获之彭依法、张致让、朱中立等，即着严饬各属勒限密拿，迅速获案究办，以净根株而息邪慝。将此谕令知之。"（《清宣宗实录》卷417）

（道光二十五年五月癸未）谕军机大臣等："裕泰等奏参查拿教匪未能获犯之沔阳州知州王毓濂，已明降谕旨摘去顶带，勒限严拿矣。此案教犯朱中立，既据川陕等省获犯供指有总教主名目，而陈依精等又称系彭依法之徒，是朱中立、彭依法皆案内要犯，必应迅速密拿归案究办。该州王毓濂玩泄于前，安望其奋勉于后，耽延愈久，必至要犯远扬，该督等仅照寻常案犯饬属缉拿，殊属不知轻重，颟顸从事。着裕泰等另委干员严密躧缉，一有逃匿踪迹，即速掩拿，毋得稍有迟延，以致任其漏网。将此谕令知之。"（《清宣宗实录》卷417）

（道光二十五年九月甲申）谕内阁："裕泰等奏'审定传教案犯，请将原参知州开复顶带，仍交部议处，并请免开各地方官职名'等语。湖北沔阳州知州王毓濂，仅止于未定罪名习教人犯潜回原籍失于觉察，未经拿获，所有原参摘去顶带之案，着准其开复，仍交部照例议处。至此案习教首从各犯，经各该地方官访闻拿获六十余名，功过尚足相抵，所有失察习教各职名，着免其开报。其未获各犯，仍着严饬上紧侦缉，以尽根株。"（《清宣宗实录》卷421）

（道光二十六年四月癸丑）湖广总督裕泰等奏："访闻湖北江夏等县地方有匪徒陈呀其等九人，各起绰号，勾结匪党，乘机窃劫，当即委员先后拿获镇有亮、陈呀其等三十五名提省审办。"得旨："查缉甚属认真，在逃之犯务须按名弋获，严行讯究。"（《清宣宗实录》卷428）

（道光二十六年六月）己巳，谕军机大臣等："寄谕两广总督耆英、直隶总督讷尔经额、两江总督壁昌、湖广总督裕泰……，御史苏学健奏'访闻不法匪徒术诳幼孩，传布寖广'一折，据称'此等匪徒起于浙江，沿及江苏等处，于路上抛置食物，并于果饼铺内售卖食物时暗中更换，小儿食之即毙，毙后潜取脑、肾、心、肝。有经拿送及访获到官者，熬审受刑，并无畏惧。总未审有端倪，以致流传渐广'等语。果如该御史所奏，邪匪为害地方，关系匪浅，着耆英等各按折内所指情形，选派员弁严密访查，务期有犯必获。并讯明此术起自何人，意欲何为，按律惩办，以除邪慝而卫民生，是为至要。原折钞给阅看。将此各谕令知之。"（《清宣宗实录》卷431）

（道光二十六年七月）丙戌，谕内阁："裕泰等奏'荆州满洲营旗人纠众殴毁汉城铺户，移行查获各犯提省审办'一折，据称'此案荆州驻防旗人与汉城铺户先因观划龙舟争强互殴，频年结怨未释，以致本年闰五月初五日，有满洲营旗人纠众绕进汉城，专寻咸宁、武昌二县铺民滋闹，将民人殴伤二十余人之多，且有因伤毙命之人。复拆毁铺面，弃掷货物，并将咸武客民会馆放火烧毁，不法已极，现已委提旗人祖连等及全案人证至省'。着裕泰、赵炳言亲提严讯，务得确情，并究明纠众寻殴起自何人，逸犯尚有若干，一并饬拿究办，毋任一名漏网，以惩凶悍而靖地方。"（《清宣宗实录》卷432）

（道光二十六年七月）甲午，谕军机大臣等："恒通等奏'咸武客民与旗人互相斗殴，现将人犯解省审办'一折，此案前已明降谕旨，交裕泰等严讯究办。兹据奏称'咸武民人素称刁悍，旗人常被欺侮，往往寻衅争殴，现将访获斗殴旗人并准咨查明各犯解省审办'等情，着裕泰、赵炳言提同案内旗民各犯隔别严讯，将起衅根由确切查明，秉公据实办理，务得其平，不可稍有偏袒，意存消弭。原折钞给阅看。将此谕令知之。"寻奏："讯明荆州府城内向有武昌府属咸宁等县民人贸易，名咸武帮，与旗人每因买卖争价互殴结怨。二十六年闰五月初五日，东门外城河戏划龙舟，旗民各往观看，有旗人特瑞在岸喝采，咸武人斥以多事，旗人祖连等听闻不依，因率领吉亮等将咸武人铺户打坏六十一家。初六日旗人代昌复纠允吉亮等至汉城及城外草市地方，将咸武人铺户打坏八十八家，两次凶伤贸民二十余人。追路过武昌会馆，吉亮触起平日至会馆看戏每受欺侮嫌隙，纠允代昌等将会馆烧毁。是日，旗人已革武生长元等，因向有咸武人赁居旗人房屋，意欲一概驱逐，致将咸武人张在中刃伤身死。吉亮合依凶徒怀挟私仇放火烧毁房屋未伤人为首例，拟斩监候。长元合依斗殴杀人者不问手足他物金刃并绞律，拟绞监候。祖连、代昌、发克精阿等依凶徒因事忿争聚众持器伤人例，发边远充军。祖连、代昌首倡扰害，应从重发黑龙江充当苦差，余分别问拟杖徒。"下部议。从之。（《清宣宗实录》卷432）

（道光二十六年七月）丁未，谕军机大臣等："寄谕两广、直隶、两江、闽浙、湖广、山东、江西各督抚，前有人奏称'近日多有匪徒迷毒幼孩之案，起自浙江，沿及各省’等语，当有旨令各该督抚饬属严拿究办矣。朕思此等匪徒行踪诡秘，若如所奏，访获到官，熬审受刑并无畏惧，又何肯供吐实情？倘承审各官畏难迁就，且为规避处分起见，势将使匪徒等幸逃法网，残害民生，关系匪浅。着各该督抚接奉此旨，务即督饬所属，于拿获到案之犯悉心研鞫，不可稍有成见，畸重畸轻。尤不得意存消弭，化大为小。总期水落石出，按律严行惩办，以祛邪慝而靖地方，是为至要。将此各谕令知之。”（《清宣宗实录》卷432）

（道光二十六年七月壬子）又谕：“裕泰等奏‘请将被控之知县先行撤任’一折。湖北枣阳县知县熊文凤于被控任听丁役纵犯讳盗及需索民财各案，未能将犯证丁役人等依限解省，实属玩延。着先行撤任，交裕泰等亲提审讯，并勒令交出门丁及协同署任之员，拘集各案犯证及书役人等克日解省，听候审讯，按律定拟具奏。”寻奏：“讯明民妇萧马氏被刘大发纠窃财物，该氏夫侄萧茂桐捏告丁役舞弊改盗为窃，业经萧马氏自行呈明。监生谢凌魁因被革不甘，诬控该县需索民财，请将刘大发依律拟杖徒，谢凌魁坐诬。该县熊文凤两案解审迟延，例有处分，现已病故，免其置议。”下部议。从之。（《清宣宗实录》卷432）

（道光二十六年八月癸丑）湖广总督裕泰等复奏查拿匪徒术诳幼孩情形。得旨：“严密查缉尚可，断不可以传单为凭，远近宣播，以致人心惶惑，弄假成真也。”（《清宣宗实录》卷433）

（道光二十六年十二月辛酉）又谕：“裕泰等奏‘荆州驻防旗人及咸宁、武昌民人，请分别弹压钤束’等语，据称荆州驻防旗人生齿日繁，游手好闲之徒潜至汉城，赊买物件，酗酒打降，咸宁、武昌民人良莠不齐，亦多村野强梁之辈，彼此争竞已非一日，在旗人又以不列编氓，于府县各官不能听其约束，该地方官亦不无遇事迁就之处，遂至积习相沿，纵恣日甚。嗣后荆州驻防旗人，无论兵丁闲散，如有无故潜至汉城生事滋闹者，即由该地方官径行拘拿，一面申报将军公同审办。倘系汉民肇衅欺陵，亦即从严惩治，不得稍存偏袒，总期永杜后衅，久远相安。”（《清宣宗实录》卷437）

（道光二十七年十月己巳）又谕：“有人奏‘湖南盗贼横行，省城南门内萃升钱铺被贼劫银九百余两，犯无一获’，又另片奏‘告病回籍之前任太常寺卿唐鉴，船泊湘阴县，被贼劫银六百余两及金器等物，并有拒伤事主及跟役之事，正贼亦未弋获’各等语。省城重地，贼众胆敢肆行，湘阴逼近洞庭，尤为盗贼易于藏匿之地，着裕泰、陆费瑔严饬所属严密查拿，务在有犯必惩，毋得玩纵贻患，以靖地方而安行旅，是为至要。原折片着钞给阅看。将此各谕令知之。”寻奏：“钱铺被劫，已据该县获贼黄金连等三名，估赃一百九两。其湘阴县案犯，亦据该县拿获另案盗犯黄二作，究出此案伙党王亚远等姓名，咨移湖北将正盗真赃获破。惟尚有逸犯未获，现复严饬克日全获究办。”得旨：“上紧缉拿，不准疏懈。”（《清宣宗实录》卷448）

（道光二十七年十二月己未）又谕：“向来火器杀人之案误毙旁人，例应仍照故杀拟斩。惟实系事出无心者，方准酌拟绞候，曾经降旨，令各省督抚等遇有此等案件，不得率以震动火机为辞，稍涉迁就。本日据刑部奏，安徽省题张洪茂枪伤赵得伟身死，又湖北省题胡沅铳伤扈庭辉身死各一案，均系误毙旁人，均系碰动火机，均系一死数伤。情节既属支离，引断便非的确，且以不恒经见之案同时具题，若出一辙，难保非外省问刑衙门积习相沿，移情就案。此二案着各该抚亲提复讯，悉心研究，务得确情，按律定拟具奏。不得以有成案可援，率尔照拟，以杜枉纵而昭核实。并通谕各直省督抚、将军、都统、府尹知之。”寻……湖北巡抚赵炳言奏：“委员勘明该犯胡沅在吴大芳田边碰发铁铳，相距扈庭辉等被伤之隔陇田埂计远六丈。其田埂高于吴大芳田边六尺有余，核对该犯所供伤及中部情形符合，事出无心，仍照律拟绞监候，秋后处决。”俱

下部议。从之。(《清宣宗实录》卷450)

(道光二十八年七月)乙亥,谕内阁:“刑部奏‘现审案内,讯出应提人犯,请旨饬解’等语。已革山西巡抚梁萼涵、署内门丁艾庆,着徐泽醇查询梁萼涵之子梁理森,如该犯现在山东,即令交出,解交刑部归案审讯,倘已回湖北原籍,着即飞咨该督抚迅速饬提解京。其前在梁萼涵署内之签押家人王晋、张廉二名,据梁琯森供称,均在山西省城,着王兆琛按照刑部原咨住址,跟踪迅速查拿,一并押解送部,以凭质讯,毋稍疏纵。”(《清宣宗实录》卷457)

(道光二十八年十月丙辰)湖广总督裕泰等奏:“请添设巡船,侦缉江湖盗贼。”得旨:“认真督办,不可有名无实。”(《清宣宗实录》卷460)

(道光三十年十二月丁丑)谕内阁:“刑部核复外省案内‘用药迷奸人犯,由题改奏’一折。此案湖北崇阳县人朱灵机在通城县地方画符咒水,为人治病捉贼,已属妖妄。复因图奸妇女七人,哄诱拜符,用药迷奸,致张周氏、娄吴氏均被奸污,实属淫恶不法。朱灵机着照部拟改为绞立决,即行正法,以昭炯戒。该抚龚裕办理此案,比照强奸律拟绞监候,尚属轻纵,着传旨申饬。”(《清文宗实录》卷24)

(咸丰元年七月丙申)谕内阁:“程矞采、龚裕奏‘拿获聚众抗粮首要各犯,解省究办’一折。湖北通城县刁徒王尚志等聚众抗粮,侮官殴差,经该督等派员往拿,犹敢负固不服,拒捕伤人,实属目无法纪。现在首犯王尚志并要犯王风世等均已就获,必应严行讯究,以儆刁顽。着交龚裕提同现获各犯严审确情,按律惩治。其未获伙犯,仍着严拿务获,归案审办,毋任一名漏网。”(《清文宗实录》卷37)

(咸丰元年八月辛未)谕内阁:“刑部等衙门具题湖北民人李雄详因

奸谋杀本夫一案，将奸妇喻李氏比照不知情绞候律上减等杖流，从重实发驻防为奴。此案本系刑部以供情支离，题驳复审，该抚于复审后，仍照原拟具题。经该部复准，详阅本内情节，喻李氏与李雄详通奸，其夫喻卜成纵奸在先，嗣因口角，有欲将李雄详捕获杀害之言，喻李氏辄向奸夫告知已有背弃其夫之心。迨李雄详起意谋杀，既商明该氏之兄为之加功，该氏岂毫不知情？且该氏是日何以适值外出，及回家见尸哭问，被奸夫吓阻，即不首告，是夜仍与李雄详续奸，更出情理之外。案关伦纪，必当细心研鞫，方成信谳。此案疑窦甚多，着龚裕亲提人证卷宗，再行复讯，务得确情，定拟具奏。毋得稍存回护，致滋轻纵。”寻奏：“遵审李雄详因奸谋杀喻卜成身死，喻李氏实系知情，按律拟斩立决，李雄详拟斩监候秋后处决。该氏之兄李㦗怔在场加功，拟绞监候，秋后处决。”下部议之。（《清文宗实录》卷 40）

（咸丰元年十月）己亥，谕内阁：“刑部等衙门具题‘湖北远安县民罗钲鸣殴伤胞兄罗钲汰身死’一案，声明并非有心干犯，夹签请旨。此案罗钲鸣因胞兄罗钲汰被母詈殴，迁怒于弟罗钲安，拾砖各掷，该犯适与罗钲安站在一处，举手将砖搪转，何以适中罗钲汰头上，致伤身死？伦纪攸关，情节是否属实，着龚裕再将该犯亲提研鞫，务得确情，据实定拟具奏。”寻奏：“遵讯罗钲鸣，实系夺砖殴伤胞兄罗钲汰致死，即为有心干犯，应按律问拟斩立决。”下部议。从之。（《清文宗实录》卷 46）

（咸丰元年十月己亥）谕军机大臣等：“……又片奏‘湖北郧阳、安陆、施南等府，近来匪徒甚多，与船户勾结，设计诱骗女孩，匪徒与船户奸污，遇便沿途贩卖’各等语。盗贼滋扰最为商旅之害，洞庭湖在两省交界，汪洋数百里，最易藏奸。着程矞采、龚裕、骆秉章严饬所属，无分畛域，认真查拿，如有州县推诿及书差需索包庇等弊，即行从严惩办。至诱骗女孩，肆行奸卖，尤堪痛恨。着程矞采、龚裕一并饬属严密访拿，按律惩办，以靖奸宄而安良善。原折片着分别钞给阅看。将此各

谕令知之。”（《清文宗实录》卷46）

（咸丰二年五月甲子）谕内阁：“近来各直省问刑衙门多溺于救生不救死之说，遇有关系伦纪重案，往往装点情节，避重就轻，殊非明刑弼教之道。朕于刑部等衙门题本，其有情节可疑者，屡经饬令复讯，原以法贵持平，不可枉，亦不可纵。即如湖北喻李氏同谋致死本夫一案，该抚原题并未究出实情，经刑部驳令复审，该抚仍照原拟具题，非朕指出疑窦，特旨交审，几致淫凶漏网，死者含冤。湖北如此，他省可知。嗣后各直省督抚于一切刑名事件，务各严究确情，毋稍迁就。其由该部驳审之案，无论失出失入，一经讯得实情，即当据实平反，毋得固执原题，含糊了结。如委审之员有瞻徇回护情弊，即着从严参办，以副朕明慎用刑之至意。将此通谕知之。”（《清文宗实录》卷61）

（咸丰二年五月癸酉）又谕：“御史蔡绍洛奏‘请饬拿张贴伪示奸民’一折，湖北省城获有伪示，已据程矞采等奏明，严密访拿。兹据该御史奏称‘粤西距湖北甚远，难保非本地奸民借此摇惑人心’等语，着程矞采、龚裕饬属严密访察，务将黏贴伪示奸民拿获惩办。但不可稍涉张皇，致居民纷纷惊扰迁徙。原折着钞给阅看。将此谕令知之。”（《清文宗实录》卷62）

（咸丰三年二月甲申）又谕：“胜保奏‘行入楚境，查有著名土匪逞凶肆抢，并开单呈览’，据称‘湖北黄陂县属大城潭，相去二十余里，有金鼓莲会匪结党千余人，潜处金鼓山中，蓄置枪炮，伺隙鸣锣抢掠，地方官不敢入穴擒渠。当粤贼破武昌府时，该匪有潜通消息接济之事。又黄冈县旧街附近地方，有王姓一门啸聚数百死党，乘省城破后，逞强抢夺，并杀伤多命，被害者畏不敢报，恐地方官不行拿办，反致加害’等语。此等亡命之徒，胆敢鸣锣聚众，肆行抢杀，若不及早扑灭，必致养痈贻患。着张亮基等按照单开姓名住址，遴派文武干员带兵前往，严密查拿，尽法惩治。倘查办不力，致令该匪蔓延，酿成大患，朕惟该署督抚等是问。原单着钞给阅看。将此由六百里谕令知之。”（《清文宗实录》卷84）

（咸丰三年三月丁未）又谕：“有人奏‘天津海口，上年冬底，有形迹可疑之湖广百数十人口称逃难，讹索盘费……津门重地，保障京师，岂可令奸匪潜踪，棍徒肆劫？至造谣煽惑，尤不可不密访严拿……即饬令该地方官迅速查拿，无令一名漏网。倘地方官意存消弭，缉捕不力，即着据实参奏。原片着钞给阅看。将此谕令知之。”（《清文宗实录》卷87）

（咸丰三年三月壬戌）又谕：“御史觉罗达庆、周炳鑑奏‘在京城菜市口四合店盘获形迹可疑之王向离一犯，讯系陕西郃阳人，携带伊表叔吕益谦所著《无瑕玉》一书，意欲改用子正，以冬至为岁首。且书内并未涉及兵法，妄谓可以平定贼匪，开列徒众，至三十余人之多，内有十人分占天干，以为氏号。其续编，自叙去岁自春及秋。三次遣人赴湖广探听虚实，本年正月，由陕至晋，亲阅各处乡镇，难保无另有不法情事’等语。除王向离业经交部讯办外，所有吕益谦等犯，着舒兴阿、张祥河按照单开姓名住址，迅速密委干员前往查拿务获，严加讯究，奏明惩办。原折单着钞给阅看。将此谕令知之。”（《清文宗实录》卷88）

（咸丰三年四月）丁亥，谕内阁：“顺天府奏‘拿获行踪诡秘人犯，讯据供称系湖北宜昌府同知、升任福建延平府知府衍秀于上年武昌城陷后逃出，与已革提督博勒恭武系属姻亲，并讯伊仆张连陞该犯是否即系博勒恭武，供称并不知情’等语。该犯行踪诡秘，是否假名逃匿，抑或另有别情，均应彻底根究。所有拿获之自称在逃职官衍秀及伊仆张连陞，着一并交刑部严行审讯，并着迅传各该旗佐领族长等赴部识认，以凭查办。”（《清文宗实录》卷91）

（咸丰三年八月癸巳）太常寺卿王履谦奏："汜水口拿获武昌监生邹逢寅，解省审办。"得旨："邹逢寅显系逆贼，何不立正典刑，枭首示惩？着饬罗景焘解赴至省，即行正法。"（《清文宗实录》卷104）

（咸丰九年十一月）乙未，谕内阁："前据刑部具题'湖北民人萧汶秀殴伤胞叔萧怔礼身死罪名'一案，当交军机大臣悉心核议具奏。兹据彭蕴章等奏称，此案萧汶秀于伊父萧怔明棍殴伊胞叔萧怔礼时，趋出夺棍，并将伊叔扶坐。是该犯于期亲尊长，初无干犯之心。后因萧怔礼之子萧汶美将伊村斥，该犯拾棍吓殴，适伤萧怔礼偏左殒命。是萧汶秀欲殴堂弟，适伤胞叔，即与误伤无异。该署抚胡林翼拟以斩决，实与情罪未符。况既云适伤，又称有心逞凶，殊属两歧。刑部等衙门具题时，于原题内两歧之处未经驳斥，亦属疏漏。萧汶秀一犯，着照彭蕴章等所请改为斩监候，入于明年秋审情实办理。所有该省承审审转各员并刑部等衙门堂司各官，着一并交部分别议处。"（《清文宗实录》卷301）

（咸丰九年十二月庚戌）又谕："胡林翼奏'距省较远府属招解人犯，暂请由道员勘转'一折。湖北郧阳、襄阳、宜昌、施南四府所属秋审并寻常遣军流罪及命案徒罪人犯，定例均不解省，各由该管之安襄郧荆道、荆宜施道就近审明，移司复核，分别题咨。现在该省军务未竣，积案愈繁，着照所请，暂将郧阳、襄阳、宜昌、施南四府所属案件，除情罪较重之凌迟、斩枭、斩决、绞决人犯仍照常解省审转外，其斩绞监候并命案遣军流犯同荆州府属寻常遣军流犯命案徒犯，俱照郧阳等府所属秋审等项，解道审报院司核办，俟该省军务告竣，再行照旧例办理。"（《清文宗实录》卷303）

（咸丰九年十二月癸丑）安徽巡抚翁同书……又奏："派防六安副将卢又熊禀称，拿获形迹可疑之毛青云，据都司白凤鸣认系湖北奸细，被获脱逃，现已讯明正法。"批："白凤鸣觑破逆谋，着存记，俟续有劳绩，

酌保。”（《清文宗实录》卷303）

（咸丰十年二月壬寅）又谕：“……又据该御史片奏‘山西汾阳、平遥、介休、洪洞、襄陵、太平各处，近有外来游匪口操楚豫之音，自七八十至二三百人不等，结伙纠党，号为土客，以兴贩洋药为名，昼则散处城乡各洋药馆局，夜则四出抢掠，并有暗地伪造各旗色册籍名目。地方官因循畏事，以致盗劫之案层见叠出’等语……若不及早查办，必致酿成大患。着英桂派委干员，会同地方文武认真稽查，严密捕缉，并整饬武备，以期消患未萌。将此各谕令知之。”（《清文宗实录》卷307）

（咸丰十年二月癸丑）又谕：“都察院奏‘湖北民人邓旺银，遣抱告以委员严刑勒结等词，赴该衙门呈诉。据称上年，该民人京控李行储等纠众烧抢一案，由步军统领衙门咨回本省。乃案证未齐，而委员马元骧等辄用严刑，勒令该民人具结’等语。案关承审委员袒护匪人，虚实均应彻底根究，着交官文督同臬司，亲提人证卷宗，秉公研讯确情，按律定拟具奏。委员马元骧、董绍昌并着该督查明参奏，抱告王义顺，该部照例解往备质。”（《清文宗实录》卷308）

（咸丰十年三月）庚辰，谕内阁：“胡林翼奏‘臬司审转命案，改拟失当，请交部议处’一折。湖北民人萧汶秀殴伤胞叔萧怔礼身死一案，前经军机大臣核议驳正，所有该省承审审转各员应得处分，业经吏部照例议奏。兹据胡林翼奏称‘署当阳县知县黄钟鸣承审此案，以萧汶秀并非有心干犯依律拟罪，照例夹签。署荆门州知州黄昌辅、武昌府知府如山均照该县原拟审转，本无错误。前任按察使庄受祺误会为有心干犯，删去声请夹签，实属改拟失当，请将庄受祺交部议处。该抚未能细心核办，并自请议处’等语。所有此案处分，着该部另行核议具奏。”（《清文宗实录》卷310）

（咸丰十年四月丁丑）又谕："有人奏'陕西兴安府属毗连川楚，咸丰六七年有自楚来传邪教者，不一其人，随地变易姓名。有秦姓、覃姓、徐姓等人，劝人吃斋念佛，夜静时演诸邪法，信从者甚众。七年秋，平利县训导史梦熊目击情形，曾经具禀本府，经兴安府知府林映棠委员查办，拿获匪徒无几，管押数旬，即行释放。未经严办，习教者益无忌惮，渐染至汉中府属，近山数百里，比户皆然……'等语。良民染习邪教，例禁綦严，似此地方官一味姑容，必致养痈贻患。现在川省贼势蔓延，倘与勾结，为害非细。着谭廷襄确切查明，严拿惩治。地方官有纵容讳饰诸弊，即行严参惩办。并将徐奎侵吞食谷之案一并严查究办，以儆官邪。将此谕令知之。"（《清文宗实录》卷316）

（咸丰十年八月丙子）署陕西巡抚谭廷襄奏："盘获传教夷人。"得旨："着由豫楚解回广东。"（《清文宗实录》卷328）

（咸丰十年十一月）癸巳，谕内阁："官文奏'请将架词捏控之棍徒严惩'等语，据称湖北近有刁恶棍徒，或因讹诈不遂，或因挟嫌报复，往往指名捏控，诬以谋逆从贼，罗织多人，挟制官吏。如麻城县民人邓旺银等京控各案，均系有心诬陷，捏词控诉，业于讯明后照例严办，以遏刁风。各省被陷地方经官军收复之后，其被胁良民并非甘心从逆者，原准免其治罪。其困守本境不肯逃亡者，较之被胁之民情更可原，决无反予苛求之理。似此刁徒讹索，架词诬累，实为良善之害，亟应严行惩办。嗣后湖北京控案件，遇有执持逆匪伪据、捏词控告者，着都察院、步军统领衙门即将该原告连所递呈词等件一并交该部递解回籍，查明有无在本省上控案据，分别立案不行，并加等治以越诉诬告之罪，以儆效尤。至他省有赴京向该衙门等呈控、事关重大者，仍着随时具奏。"（《清文宗实录》卷335）

（同治元年二月丁卯）湖广总督官文奏："拿获松滋县潜谋聚众匪犯

邓正雷等正法。”报闻。(《清穆宗实录》卷19)

(同治元年三月乙未)谕议政王、军机大臣等：“有人奏‘京外盗贼横行，请饬查办’等语，据称‘本年正月间，有湖北会试举人在内邱县地方被骑马贼强劫衣物一空。该举人赴县投诉，贼尚在近地分赃。该县知县延至两日，始派役往缉，贼遂远扬’各等语。内邱地当孔道，该匪胆敢骑马持械，白昼拦截车辆，劫银至一千余两之多，实属目无法纪。年来直隶境内屡有骑马贼强劫之案，叠次严谕该督实力整顿，不啻至再至三。该督亦屡次奏称获犯正法，何以至今盗风仍未稍戢？着文煜迅即饬令内邱县知县，将此起贼犯赶紧缉拿，务期赃贼并获，不准一名漏网。并查取该管地方文武各官职名，先行严参惩办，以儆效尤。此外各州县如有似此抢劫之案，并着一体严饬缉捕务获。倘敢仍前玩泄，即行随时严参，毋许徇隐。原片着钞给阅看，将此谕令知之。”(《清穆宗实录》卷22)

(同治元年十一月甲戌)又谕：“据吴棠奏‘遵查械斗一案大概情形’一折。此案焦湖各船屡在东台地方抢掠奸淫，百姓被扰难堪，激成斗杀之案，尚属事出有因。第詹以安采米，据奏仅因买糕与本地民人口角，船只何以被焚，詹以安及丁勇水手人等何以被杀，其中有无别情，必须彻底根究，严行惩办，方能使军营地方，办理两得其平。着吴棠严饬所属，迅将逸犯江麻子等缉获，归案研讯。武举夏澄、夏芳系案内逞凶要犯，现经吴棠提讯，坚不承认，显系恃符狡展，着一并斥革，从严究办，以成信谳。至拿获之革勇吕酌泉等，讯与焦湖船结帮滋事，并曾有买米济贼、约期起事之举。现虽讯明正法，尚恐党与未尽，倏去倏来。其湖广匪船冒充委员，连樯结队，兴贩私盐，虽经吴棠派兵驱逐出境，亦难保不去而复来。万一奸细溷迹，为害地方，所关非细。着都兴阿等严饬各营带兵员弁实力巡查，有犯必获，消患未形，是为至要。詹启纶带兵素称得力，现在贼匪窥伺江北，防堵正形吃紧。着都兴阿等饬令该总兵恪遵前旨，奋勉图功，不得因此案稍存私见，以副委任。将此由五百里

各谕令知之。”（《清穆宗实录》卷50）

（同治二年二月辛巳）又谕：“严树森奏‘仇杀多命重犯，潜逃赴营，请饬军前正法’一折，据称‘湖北随州民人谢开基赴多隆阿军营充当亲兵，著有战功。据多隆阿咨请，将该犯从前在籍杀人之案注销，留营效力，并将该亲兵之子谢顺由枣阳县监提省释，一并留于军前剿匪。查谢开基谋杀谢登台一家七命，复挟监生毕太和指拿之仇，纠党多人，放火焚毁毕太和住屋，延烧多家，毕太和之妻女等均被烧死，毕太和与雇工李大贵逃出，亦被该犯杀毙，旋逃至豫省，招集匪类，时图啸聚。请饬多隆阿立提巨恶，于军前凌迟处死，其子谢顺解鄂审办’等语。刑部律例，杀死一家非死罪三人，即应凌迟处死。此案谢开基先后杀死两家多命，均在三人以上，查拿之后复纠聚凶徒，为抗官拒捕之谋，实属罪大恶极，亟应照例处以极刑，以申国宪。着多隆阿立提谢开基到案，于军前凌迟处死，并照例于处决时加割刀数，不得以该犯杀贼立功为词，致令穷凶极恶之犯得以幸逃显戮。伊子谢顺等派令妥员押赴湖北审办，毋稍疏纵。近来犯事人犯多以军营为逋逃渊薮，该大臣军律素严，嗣后务当申明禁令，以肃营制……”（《清穆宗实录》卷57）

（同治二年三月乙丑）又谕：“前据多隆阿奏‘遵提罪犯谢开基及伊子谢顺，拟交大荔县监禁，并行文湖北派员提解’，当经谕令即照所议办理。兹据严树森奏‘谢开基两犯重辟，实属情真罪党，无待质审。而该犯频年在桐、泌一带屡图啸聚，党类甚多，远道派员往提，势须拨队押解，既乖政体，万一党类先通消息，致被中途截夺，流毒更无底止’，所虑不为无见。着多隆阿即行知照瑛棨，饬令同州府知府、大荔县知县速将谢开基凌迟处死，其子谢顺一犯如讯不知情，律止缘坐，即由瑛棨按律定拟，多派兵役，解交襄阳府收审。原片着钞给阅看。将此谕令知之。”（《清穆宗实录》卷61）

（同治二年十一月癸丑）又谕："……程二老坎之弟程大宽，并程大老坎之子程友正，赴营纳款，经毛昶熙解赴僧格林沁军营。该逆窜扰数省，焚掠千余里，罪不容诛，自应即行正法，或须暂示羁縻，为诱擒首逆程二老坎之处，着僧格林沁斟酌办理……将此由六百里谕知僧格林沁、官文、多隆阿、严树森、刘蓉、英桂、张之万、毛昶熙、李云麟，并传谕张集馨知之。"（《清穆宗实录》卷84）

（同治二年十一月丙辰）谕内阁："御史刘庆奏'学政任满回京，被逼自尽，请饬查讯'一折，据称'前任湖北学政俞奎垣之父俞进麟历任甘肃州县，公私各事悉交伊长子俞奎文经理。俞奎文专务聚敛，行为卑鄙，于该学政任满赴甘省亲时，意其必有多金，又其弟俞奎端亦觊觎伊兄宦囊为捐主事。孰知该学政居官清洁，行李萧然，不遂所欲，遂唆怂其父，日夕苛求，百端构陷……致令该学政投井身死，经涿州知州查讯，俞奎文怂令伊父不准相验'等语……着派倭仁、李棠阶会同刑部，将此案提集人证悉心研鞫，务得确情，定拟具奏。至俞奎垣曾为伊兄俞奎文呈请封典，并伊次子过继俞奎文为嗣，该御史请饬部查明，追夺斥革，并将俞奎垣之子归宗另继之处，着派审大臣会同刑部于定案时讯明办理。"（《清穆宗实录》卷85）

（同治四年二月壬辰）又谕："……内青巴土、吹拉克二犯，着先行剥黄，均由理藩院定地改发湖广、福建，交驿充当苦差。色楚克并厄布土及蒙妇拉几吗或并未随同拒捕，或被逼跟同逃走，情尚可原，均着免其置议……"（《清穆宗实录》卷131）

（同治五年八月辛亥）谕军机大臣等："官文、曾国荃奏'拿获冒充职官习教匪徒，录供呈览，请通饬严密查拿'等语。匪徒杨汶政等胆敢传习白莲邪教谋逆，并分往各省纠党进京，希图起事。杨汶政复在湖北冒充钦差职官，经署当阳县知县阮恩光将杨汶政及其跟随丁仆一并拿获。

该犯供词内习教党与甚多，并有住居京城及分往各省、纠约伙党多人，姓名、里居及来往京城住址，均历历如绘。此事情节重大，非寻常案件可比，不可不切实根究。着都察院、五城步军统领衙门、顺天府密派明干妥员，按照供单内所开各犯姓名住址，认真访拿，务须全数弋获，不准一名漏网。该文武员弁等有能迅破重案拿获要犯者，准该管衙门择尤保奖。尤当严密查办，不准稍有泄漏。倘不知慎密，任意传播，致该匪徒等闻风远扬，惟各该管衙门是问。白全为案内最要首犯，着刘长佑、崇厚严拿务获，毋任脱逃。其分往湖南等省之王升等各要犯，着各省督抚迅督各地方官严密查拿，务期必获，毋得视为具文，并准将拿获要犯之地方官一体保奖。原片并供单各一件，均着各钞给阅看。将此由五百里各密谕知之。”（《清穆宗实录》卷183）

（同治六年八月戊子）又谕：“前据张亮基奏‘教匪刘仪顺遣其子刘汉忠在湖北沙市一带勾党倡乱’，当谕官文严密查拿。兹据巴扬阿等奏称‘在荆门州属新城地方将匪首刘汉忠及其党李心宽等一并拿获，出力人员开单请奖’各折片，刘汉忠一犯，前在四川涪州戕官攻城，幸逃法网，乃敢潜回湖北传习邪教，蓄谋纠党作乱，实属罪大恶极。业经巴扬阿等讯明，凌迟枭示，足昭炯戒。匪党李心宽、杨在远等即着严行审讯，尽法惩治。未获之朱汶璧等犯仍着严密缉拿，毋任逃匿。另片奏‘讯明刘汉忠供词，拟分别办理’等语，该犯匪党甚多，所有在逃著名各要犯自应按名拿办，以绝乱萌。其余胁从入教及牵连入伙者，皆系无知愚民，并非甘心从逆，均着宽其既往，予以自新，以免株连而安反侧。”（《清穆宗实录》卷209）

（同治八年十月辛丑）又谕：“前因四川酉阳州民教仇杀、贵州遵义县民教互争两案，叠谕李鸿章等迅速查办，谅该督等业已分别办理。兹据总理各国事务衙门奏称‘法国使臣以酉阳、遵义两案未结，胪列湖北、山西、河南、广东未结各案，借词要挟，并声称会同该国提督携带兵船前赴江西等处，急求各案了结’等语。中外定约以来，各督抚于民教争讼案件每以正凶未获、人证未齐为词，累月经年，案悬莫结，以致该使臣从而生心，砌词寻衅。朝廷抚驭中外，原以诚信相孚，岂得授人以隙，转遂其虚声恫喝之谋……其天门县、丰镇厅、南阳府、九龙司未结各案，即着瑞麟、文盛、郭柏荫、李鹤年、李福泰、李宗羲分别迅结……李鸿章等身膺疆寄，皆为国家倚任之人，嗣后遇有中外交涉事宜，务须持平办理，不可豫存歧视之心，尤不可尽诿之总理各国事务衙门，而令该使臣等哓哓置辩，讫无了期也。至罗淑亚会同该水师提督随带兵船，前赴江西、湖北、四川等处，虽不致即肆鸱张，而此次胪列各词，不无愤恨，该使臣业称于本月十八日带船前行，将来沿途所过地方，着各该省督抚严饬各地方官按约妥办，遇事开解，不得互相推卸，别滋事端。总理各国事务衙门原折一件、片一件及罗淑亚照会一件，均着钞给阅看。将此由六百里各谕令知之。”（《清穆宗实录》卷268）

（同治八年十二月癸丑）湖北巡抚郭柏荫奏：“遵讯天门县教案，系团民误听谣言，以致争哄，已将团首人等量予薄惩，责令将教堂及住屋重修。该教士等亦无异词，取具各结销案。”报闻。（《清穆宗实录》卷273）

（同治八年十二月丙辰）谕军机大臣等：“李鸿章、崇实、吴棠奏‘议结酉阳教案’，李鸿章奏‘遵义教案派员会办，暨起程回鄂’各折片……酉阳、重庆等处，民教仇隙已深，今虽将此案办结，而日后民教杂处，崇实、吴棠等必须设法防维。吴棠身任地方，更属责无旁贷，所有各该处牧令等官，着随时认真遴选，务令妥为整顿，不可稍存偏袒，致滋事端。未获之教民王学鼎等六犯，即着饬令川东道督属严拿，务获究办……李鸿章现以酉阳教案已结，天门教案初起，即由川省起程东下，自系未奉到本月初七日谕旨。天门一案，前经郭柏荫查明奏结，罗淑亚所带兵船自不至驶赴汉口，再图滋扰。黔中地方縻烂，非得该督前往督办，断难净扫寇氛。着即懔遵前旨，赶紧折回，应由何路入黔督军进剿之处，均着该督斟酌情形，妥为筹办。并着于接奉此旨后，将应办事宜先行驰奏，以慰廑盼。将此由六百里各谕令知之。”（《清穆宗实录》卷273）

（同治十年十月丙戌）谕军机大臣等：“都察院奏‘湖北民人冯士纯以胞兄办差自尽身死不明等词赴该衙门呈诉，据称伊兄安徽亳州知州署天长县知县冯至沂，于本年八月间，学院按临泗州，轮应盱眙县办差。讵盱眙县知县路玉阶临期规避，强留伊兄帮办，并架词倾陷，伊兄被逼，遂至投河自尽，经伊嫂冯桂氏具呈巡抚藩臬衙门，未经代为申理’等情，案关职官逼迫自尽，身死不明，亟应彻底根究。着曾国藩即行遴派妥员前赴安徽，按照所控各节秉公查办，据实具奏，毋得稍涉偏徇。原呈着钞给阅看。将此谕令知之。”（《清穆宗实录》卷322）

（光绪元年十月）壬午，谕军机大臣等：“刘坤一奏‘匪党潜滋，请饬密查妥办’等语，据称江苏匪徒内有安清道友、哥老会两大起。安清道友多在江北，所有劫杀重案及包贩私盐、掠卖妇女，皆其伙党所为。哥老会蔓延湘、鄂、浙、闽、云、贵、川、陕、安徽、江西各省，而江苏为尤多。近来该匪等各立山名、堂名，甚至分设伪官，制造伪印及旗帜等项，渐有萌动之势。刘坤一现饬总兵吴家榜查拿头目易文富等，讯明情罪重轻，分别办理。该匪等党与甚众，散布各省地方狼狈为奸，深虑酿成巨患。着该督抚等不动声色，密查妥办，侦拿首恶各匪，务期弋获，按律严惩，一面解散胁从，以安反侧，总期消患未萌，不得稍涉大意。哥匪多系前在军营将弁，其中甘为游荡者固多，迫于饥寒者亦复不少，并着各该省督抚宽为收标，仿照江西奏准章程给予半俸，以示体恤。此事全在该督抚等操纵得宜，断不可意存姑息，养痈贻患，亦不可任令地方官搜查扰累，别滋流弊。务各妥慎办理，随时具奏。将此谕知沈葆桢、刘坤一、李鹤年、吴棠、刘岳昭、翁同爵、岑毓英、吴元炳、裕禄、杨昌濬、王凯泰、刘秉璋、谭钟麟、王文韶、黎培敬，并传谕李文敏知之。”现月　（《清德宗实录》卷20）

（光绪元年十二月癸未）谕军机大臣等："前据刘坤一奏，哥老会匪蔓延湘、鄂、浙、闽、云、贵、川、陕、安徽、江西各省，而江苏为尤多。该匪半系前在军营将弁，其中迫于饥寒者不少，请饬宽为收标，给予半俸，以示体恤，当经谕令沈葆桢等办理。兹据李瀚章奏称'匪徒设立会名，全在大吏督饬地方官设法严拿，有犯必惩。至虑其为匪，遂谋所以赡恤之，不特度支难继，甚且良莠不分，请饬毋庸另立章程'等语。着沈葆桢、李鹤年、翁同爵、岑毓英、吴元炳、裕禄、刘秉璋、杨昌濬、丁日昌、谭钟麟、王文韶、黎培敬、文格、李文敏体察情形，悉心妥议奏明办理。原片均着钞给阅看。将此谕知沈葆桢、李瀚章、刘坤一、李鹤年、翁同爵、岑毓英、吴元炳……并传谕文格、李文敏知之。"现月
（《清德宗实录》卷24）

（光绪二年六月）甲辰，谕内阁："都察院奏'湖北民人寇永福以纵凶诬良、逼结沉冤等词赴该衙门呈控湖北钟祥县任吕氏铺内杀毙二命'一案，曾经该民人于同治十一年间在该衙门具控，奏奉谕旨，交李瀚章等提讯。业据审拟复奏，何以该民人复控该县不究正凶，含混逼结，有无抑勒迁就情弊，亟宜讯究明确，以成信谳。着翁同爵督同臬司亲提人证卷宗，秉公严讯确情，按律定拟具奏。原告民人寇永福，该衙门照例解往备质。"现月档　（《清德宗实录》卷34）

（光绪三年四月）壬辰，谕军机大臣等："李瀚章等奏'匪徒借端聚众，滋事殴官，现在拿办'一折。私钱本干例禁，此次湖北天门县洪积团地方突有匪徒胡良义纠同严有耀、僧维亮、高义炳等，以禁革小钱为名，胁聚团民，持械抢掠，殴伤地方官。经该督等派兵往拿，复敢聚党放火，拒伤官军，实属形同叛逆。虽经拿获僧维亮、高义炳二名正法，惟首逆胡良义及严有耀现尚在逃，亟应严拿究办，以靖地方。着李瀚章、翁同爵饬令该地方官会同水陆各营迅将该逆等严拿务获，尽法惩办，不

准一名漏网，并通饬各属一体查禁私钱，毋得虚行故事。将此各谕令知之。”现月 （《清德宗实录》卷50）

（光绪三年六月丙午）又谕：“都察院奏，湖北民人胡佐怀以蒙例坏法等词赴该衙门呈诉，据称该民人之父胡士礼前被詹启纶殴毙一案，詹启纶业经奉旨绞候。旋有营官吴东山主使詹焕章来京，商通提塘田明经等为詹启纶营脱罪名。适有御史邓庆麟具奏军营官弁获罪，例许声叙詹焕章。吴希之即在刑部及黄安县本籍，捏呈詹启纶家阵亡有人，并有田明经等持邓庆麟奏稿到詹家索银之事等语。案关人命重情，朋谋脱罪，牵涉言官，虚实亟应彻底根究，着交刑部严行讯究，务得确情。所有在逃之吴希之、詹焕章着步军统领衙门、顺天府、五城直隶总督一体严拿务获，归案审讯。御史邓庆麟着听候传质。”现月 （《清德宗实录》卷52）

（光绪三年十一月）己卯，谕内阁：“刑部奏‘遵议湖北汉川县民人朱功勋与缌麻弟妻朱毛氏通奸，谋杀本夫朱功滦身死，按律定拟’一折，着照所议，朱毛氏即凌迟处死，朱功勋即行处斩。折内于兼署湖北巡抚李瀚章误书李鹤年，实属疏忽。所有承办司员，着查取职名，交部议处。刑部堂官，着一并交部议处。”现月 （《清德宗实录》卷62）

（光绪四年二月戊戌）谕内阁：“都察院奏‘京控案件，请饬各省于应押应保人犯讯明案情，分别办理’等语。各省于交审京控案件，自应将原告被告人犯讯明情节，方可定其虚实，分别收押取保。兹据该衙门所奏，湖北监生管炳奎控案，原呈内有湖北京控，尽将原告管押，被告皆得取保之语。如果属实，是一经交审，即豫为区别，显系示之以威，俾其视为畏途，豫杜京控之门，殊非朝廷勤恤民隐之意。嗣后该省督抚于京控各案务当虚衷研鞫，所有应押应保人犯均核其情节轻重，分别办理，毋得豫存成见。并着各直省督抚一体遵办，以矜庶狱而昭平允。”现月 （《清德宗实录》卷68）

（光绪五年正月甲寅）湖广总督李瀚章等奏："奉旨饬拿之袁甲甫等，讯非讼棍，应否议结。"得旨："袁甲甫等既经讯明并非讼棍，着即省释。仍饬该地方官随时访查，如有不法情事，即行从重惩办。"折包 （《清德宗实录》卷85）

（光绪五年七月）辛卯，谕内阁："给事中胡聘之奏'匪徒掠卖人口，请饬访拿重办'等语，据称'湖北安陆府属之钟祥、天门、京山等处，向有匪徒掠卖人口，名曰囤户。该处左近妇女多被诱拐，甚或纠众虏抢，勒令收赎，否则径行转卖，并与衙役地保狼狈为奸'等情。匪徒诱拐人口，荼毒乡民，实为闾阎之害。此等情形，恐该省各属亦所不免，亟应严拿究办。着湖广总督、湖北巡抚严饬各属实力访拿，务将此项匪徒悉数弋获，从重惩办，以戢奸宄而靖地方。"现月 （《清德宗实录》卷98）

（光绪五年十月丙辰）谕军机大臣等："李瀚章等奏'拿获滋事匪徒，就地惩办'一折。湖北应城县黄滩团地方，本年五月间有哥老会匪制造号票，勾结游民，潜谋滋事。经地方官先后拿获匪犯萧芢懊等，暨潜谋劫狱之张么等，并匪首胡金朋等，均讯明分别就地正法，办理尚为妥速。逸犯杨海云、张码古等，仍着饬令一体严拿务获究办，毋任漏网。哥老会匪为患地方，行踪诡秘，全在各该地方官留心访缉，消患未萌。着李瀚章、潘霨随时督饬文武各员严查保甲，整顿团练，认真缉捕，有犯必惩，务期净绝根株，以消乱萌而安良善。将此各谕令知之。"现月 （《清德宗实录》卷102）

（光绪八年十二月戊辰）谕军机大臣等："有人奏'外洋之吕宋票赌局，近日湖北、江西、浙江、江苏等省往往有不肖之徒，公然开设行栈，广糊招帖，领票传卖，从中射利，请饬严禁'等语。所奏于风俗人心大有关系，即着各该督抚饬令地方官严行禁止，查拿惩办。原片均着钞给

阅看。将此谕知左宗棠、涂宗瀛、卫荣光、潘霨、李文敏、彭祖贤，并传谕德馨知之。”现月 （《清德宗实录》卷157）

（光绪九年二月戊寅）又谕：“御史陈启泰奏‘近闻湖北汉阳萧周两姓、湖南永兴刘李两姓，屡年仇杀不休，请饬严禁’等语。械斗相寻，最为民间恶习，亟应严行查办，以遏乱萌。着涂宗瀛、彭祖贤、卞宝第将此两案起衅情形确切查明，秉公讯断。如实系该地方官办理不善，即行据实参奏。将此各谕令知之。”现月 （《清德宗实录》卷160）

（光绪九年十一月庚子）谕军机大臣等：“杨昌濬奏‘擒获教匪王觉一之子王继泰等，讯供究办’等语。山东教匪王觉一即王养浩，倡立邪教，谋为不轨，往来数省。前经谕令两江、四川、湖广、江苏、安徽、江西、湖北、湖南、山东、河南各督抚饬属严密访拿，至今尚未弋获。该匪情罪重大，断不容任令漏网。着左宗棠等将王继泰等严行审讯，究明王觉一实在下落，密咨各该省一体严拿，务获惩办，以绝乱萌。将此由五百里各谕令知之。”现月 （《清德宗实录》卷174）

（光绪十年二月戊午）谕军机大臣等：“鹿传霖奏‘访获教匪，请旨饬拿逸犯’一折，据称‘南阳府等处匪徒甚多，经河北镇总兵崔廷桂等拿获高勤等八名。供称光绪二年二月间，与湖北黄陂县人詹沅澳会遇，告以南召县人刘万金系弥勒佛转世，劝伊入教，六年二月间，又拜王觉一为师。现经隔别严讯，请饬密拿逸匪’等语。南阳等处习教之风传染已久，亟应严密访拿，以遏乱萌。现获之高勤等八犯，着鹿传霖督饬臬司严行审讯，毋任狡展。詹沅澳、刘万金着卞宝第、彭祖贤、鹿传霖饬属一体严拿务获，归案审办。将此各谕令知之。”现月 （《清德宗实录》卷178）

（光绪十四年三月）丙寅，谕军机大臣等：“都察院奏‘陕西监生曹维泗以会匪诱胁劫掠等词呈请代奏’一折，据称‘会匪蔓延秦陇楚蜀接壤地面，均有匪徒肆行劫掠，该监生移居竹山，伊侄曹尚植由沔县路过略阳，有被会匪迫胁入伙’等情，所呈是否属实，着裕禄、奎斌、叶伯英确切查明，据实复奏。至所控棍徒何宣等霸占田庄一案，并着该督抚归案讯办。原折呈均着钞给阅看，原告监生曹维泗着解往湖北备质。将此各谕令知之。”寻，湖广总督裕禄等奏：“查明湖北郧阳各属现无会匪潜结。”……均报闻。现月折包 （《清德宗实录》卷253）

（光绪十六年三月丙戌）湖广总督张之洞等奏：“兴山、房县交界会匪滋事，拿获审办。”得旨：“着即严拿逸犯潘启珍、张银堂等务获究办，毋任漏网。”折包 （《清德宗实录》卷283）

（光绪十七年八月壬寅）谕军机大臣等：“电寄刘坤一等，前因江南一带教案叠起，曾经明降谕旨，令各该督抚严饬迅拿首要匪犯，保护教士商民。嗣因拿犯迟延，又降电旨饬催，乃迄今三月之久，丹阳等处匪犯并无一获，总理衙门屡次电催结案，亦均未据奏。各匪犯幸逃法网，肆无忌惮，以致近日宜昌教案又出。各该地方官于叠次谕旨视同具文，先事既不严防，事后又复玩延诿卸，非第外人借为口实，积愤难平，即论自治之道，亦尚复成何政体？倘因此别滋衅端，试问各该督抚能当此重咎耶？兹再严行申谕，嗣后各督抚务当督饬设有教堂各州县文武随时派委兵役，设法严密防护。遇有造谣聚众之事，一闻风声，立时查拿务获重办。若再有似此之案，除将该地方官从重惩处外，并惟该督抚是问。前谕刘坤一等迅速结案并查参失事各地方官，即着克日复奏。此旨着总理各国事务衙门电知刘坤一、张之洞等，并通谕各省将军、督抚一体懔遵办理。”电寄 （《清德宗实录》卷300）

（光绪十七年九月戊辰）（湖广总督张之洞等）又奏湖北武穴地方焚毁教堂殴毙洋人一案办理完结情形。下所司知之。折包 （《清德宗实录》卷

301）

（光绪十八年二月乙卯）湖广总督张之洞等奏："酌议惩办哥老会匪章程，除良民误买伪票悔过呈缴及会匪自首例应宽宥外，衡量情罪，分为三等，匪首请就地正法。"报闻。折包 （《清德宗实录》卷308）

（光绪十八年二月乙卯）荆州将军祥亨等奏："旗民互斗毙命，请派员讯办。"得旨："此案情节重大，亟应认真查办，着知照督抚，迅派道府大员会同秉公确查，一面严拿要犯，务获究办。"折包 （《清德宗实录》卷308）

（光绪十八年三月丙子）湖广总督张之洞等奏："荆州旗民构衅，委员查审情形。"得旨："已有旨令祥亨等知照该督抚派员确查，仍着督饬委员等秉公讯办，毋稍偏袒。"折包 （《清德宗实录》卷309）

（光绪十八年四月丙申）荆州将军祥亨等奏："旗民互殴身死，左司协领宝俊等办事疏忽。"得旨："宝俊等着交部分别议处。"折包 （《清德宗实录》卷310）

（光绪十八年九月甲寅）（湖广总督张之洞等）又奏："襄阳府属匪徒煽乱获犯惩办情形。"下所司知之。折包 （《清德宗实录》卷316）

（光绪二十一年十二月庚午）（署两江总督张之洞等）又奏："苏省盗风日炽，请将盗劫等犯照湖北定章就地正法。"下部议。折包 （《清德宗实录》卷381）

（光绪二十二年四月）辛未，谕军机大臣等："张之洞等奏'知县遏籴激众，致酿重案，据实奏参'一折。上年湖北省沿汉一带灾荒，商贩前往随州、应山购米，由安陆县出境，知县张源深轻听绅士之言，辄行出示禁阻。迨该商人禀府放行，又不妥为弹压保护，激成众愤，以致匪徒借端滋扰，误将路过之知府汪元庆揪扭，并殴伤家丁，抢劫衣物多件。该县办理此事始终乖谬，着即行革职。该米商船户等胆敢随同痞匪，挟忿逞凶，实属目无法纪。着张之洞、谭继洵迅饬营县严拿首要各犯，提同已获之犯研讯确情，从严惩办，以昭炯戒。将此谕令知之。”现月（《清德宗实录》卷388）

（光绪二十三年五月丁未）又谕：“有人奏‘湖北嘉鱼县港口镇渔户因居民筑堤相争，被杀多命，案悬多年未结，请饬讯办’等语。着张之洞、谭继洵亲提人证，秉公讯断，从速拟结，以息争端。原片着钞给阅看。将此谕令知之。”现月 （《清德宗实录》卷405）

（光绪二十四年七月己未）又谕：“张之洞等奏‘沙市客民细故肇衅，焚毁关局，延烧华洋房屋，获犯讯结’一折。本年闰三月间，沙市地方，因湖南帮客民与招商局更夫滋事，焚毁关局囤船，延烧华洋房屋。经该督抚委员会同地方官查办，先后拿获首要各犯，现据讯明拟结。此案该客民等因细故肇衅，辄敢纠众放火，焚毁房屋，实属目无法纪。除情节最重之余以仁、李得胜、张太贞、袁燇煌等四犯业经讯明正法外，所有听从滋闹之易跛子即易成应等，及倚势行凶之更夫周顺兴，均着照所拟分别监禁枷杖……”现月 （《清德宗实录》卷423）

（光绪二十四年八月乙巳）又谕：“莠言乱政，最为生民之害。前经降旨，将官报《时务报》一律停止。近闻天津、上海、汉口各处仍复报馆林立，肆口逞说，捏造谣言，惑世诬民，罔知顾忌，亟应设法禁止，着各该督抚饬属认真查禁。其馆中主笔之人，皆斯文败类，不顾廉耻，即由地方官严行访拿，从重惩治，以息邪说而靖人心。”外记注 （《清德宗实录》卷428）

（光绪二十四年十二月丁未）谕军机大臣等："祥亨等奏'十二月初九日，荆州驻防旗丁与民人在小北门外口角相争，聚众斗殴，旗丁受伤甚重。因地方官验讯不实，不服弹压，至将江陵县知县刘秉彝等袍褂拉破，现经该将军等会同该督讯办'，并据张之洞电奏'前因有旗民不服查验，入署殴官'各等语。国家分设驻防，兵民一体，并无歧视，祥亨、张之洞所奏情节不符，未免各存意见。总之驻防旗丁与民人聚众斗殴，该将军等约束不严，实难辞咎。至该县刘秉彝验伤指为枪子碰回，显有偏袒，自应据实查办。此案业经张之洞派员查讯，即着祥亨等会同该督秉公核办，迅速断结。嗣后该将军等务当督饬协佐各员，将所属旗丁认真管束，毋任动辄滋事。并着该督严饬地方官，遇有旗民交涉事件，务须持平办理，毋稍偏徇。其满汉文武各员皆当仰体朝廷一视同仁之意，各弭嫌衅，以期兵民永远相安。所有祥亨等自请议处之处，着俟定案时再降谕旨。将此各谕令知之。"现月　（《清德宗实录》卷436）

（光绪二十五年五月戊辰）湖广总督张之洞等奏："湖北麻城县秋审情实，绞犯李熇粑等二名，事关交涉，再行专案具奏。"得旨："仍着牢固监禁。"折包　（《清德宗实录》卷445）

（光绪三十年五月己亥）湖广总督张之洞等奏："麻城县旧事秋审情实人犯，事关交涉，请旨办理。"得旨："仍着牢固监禁。"折包　（《清德宗实录》卷531）

（光绪三十三年八月）丙寅，湖广总督张之洞奏："遵旨核议新编刑事、民事诉讼法，于现在民情风俗尚多捍格，逐条附列按语，俾臻妥善，并请先编各项法律，再将民事、刑事诉讼法妥议。"又奏："现行律内虚拟死罪之戏杀、误杀、擅杀三项改为流徒，原为省并繁文起见，然于情法转不得其平。请改流徒后，仍留绞罪之名，于习艺时分别标识于衣上，

使知所警。工作年限，亦酌量加增。”均下部议。（《清德宗实录》卷577）

（宣统元年二月丁卯）湖广总督陈夔龙奏：“新订刑律草案，参订本已详尽，惟中外风俗不无异宜，人民程度亦多差等，似有不得不就政教民情再加讨论者。如删除比附，以杜意为轻重，而情伪万殊，条目不足以赅事变。且审判人才缺乏，如凭审判官就各刑上下之限临时审定，恐程度不及，亦不免援引失当，出入人罪。他如刑事丁年，断自十六岁以上，碍难施诸强迫教育未行以前。徒罪囚人，虽得许假出狱，亦应案其所犯轻重酌示限制。五伦首重君亲，设有杀伤，不得以过失而宽减。叛逆大干法纪，若系首要，应处以唯一之死刑。至强奸不科死罪，亲属相奸，未著专条，亦无以维名教之大防。其余如反狱、劫囚、诈伪等项，亦多从轻减，恐不免水懦民玩之虞，似应与强盗、抢夺、发冢诸条同辑暂行章程，并声明此等章程专为治本国痞匪淫凶而设，不在总则第一章范围之内，以免改正条约时为外人所借口。俟人民程度进步，再行一体改从新律，庶于斟酌轻重之中仍寓权衡缓急之意。”得旨：“着修订法律大臣、法部汇同京外各衙门条奏详慎斟酌，另订具奏。”折包 （《宣统政纪》卷8）

（宣统元年三月）丁巳，谕军机大臣等：“有人奏‘湖北安陆府属各县盗匪聚众焚掠，知县畏葸酿乱’一折。着陈夔龙严饬营县查拿首要各犯，务获惩办，以靖地方，并将纵匪酿乱之知县陈劭修查明奏参。原折着钞给阅看。”现月 （《宣统政纪》卷11）

（宣统元年四月乙巳）湖广总督陈夔龙奏：“安陆府属匪徒焚掠一案，业已平靖，现正妥筹善后清乡办法，并查明该府属各县尚无讳盗、纵匪情形。”得旨：“仍着督饬府县营队严拿首要，务获惩办，并将安襄一带地方缉捕事宜认真整顿，毋得懈弛。”折包 （《宣统政纪》卷12）

（宣统三年七月癸卯）又谕："电寄瑞澂，据电奏'枝江县洋溪镇著名棍徒张家炎即张家沅，犯案累累，罪大恶极，与实在光棍无异，请先行正法'等语，着照所请，该部知道。"（《宣统政纪》卷 38）

（宣统二年十月甲戌）又谕："电寄瑞澂，据电奏'房县监犯反狱，戕杀狱官'一案，当经批饬郧阳府伍铨萃提审。兹据审明'刘金亭等结伙反狱，执持器械拒杀典史刘树桢及禁卒军牢差役身死，并拒伤书役多人，俱罪干斩决，请将刘金亭、刘长春、林寿堂、王福生、袁得美、李培珍先行正法'等语，着照所请，该部知道。"电寄 （《宣统政纪》卷 43）

（宣统二年十二月乙未）又谕："电寄瑞澂，据电奏'汉口英租界人力车夫，因病在车上拘至捕房医治身死，各车夫误为殴毙，聚众暴动，甚至不服开导，击伤官长，幸而解散尚速，现仍派兵防护'等语，此次车夫虽系误会生衅，难保无匪徒从中煽惑，乘机滋扰。着仍督饬加意防范弹压，毋令再生事端。其究竟因何滋事及毙伤各情形，一并查明电奏。"（《宣统政纪》卷 47）

（宣统三年六月甲午）又谕："电寄瑞澂，据电奏'汉口架子楼大小摆队各帮匪徒，党与众多，扰害地方治安，请将匪首王顺、王福父子并得规庇匪之捕役陈明忠、侦探郑德鸿即郑昌德一并正法'等语，所有匪首王顺、王福并夏口厅捕役陈明忠、侦探郑德鸿即郑昌德，着一并先行正法，并严拿余匪，务绝根株。"（《宣统政纪》卷 56）

（宣统三年八月）甲寅，谕内阁："电寄瑞澂，据电奏，探知革党潜匿武昌，定期十九日夜间起事，正饬防拿。旋据齐耀珊电称，于汉口拿获要匪刘耀璋一名，起获伪印、伪示、伪照会等多件，遂与统制张彪等督派弁兵在省城内先后拿获匪目匪党三十二名，并起获军火、炸弹多件，内有'刘汝夔开枪拒捕，杨宏胜私藏军械，彭楚藩语尤狂悖，当将该三犯讯明正法'等语。该革匪在鄂创乱，意图大举，实属目无法纪。该督弭患初萌，定乱俄顷，办理尚属迅速，在事文武，亦皆奋勇可嘉。除刘汝夔三犯业经正法外，其余已获各匪，即着严行研鞫，尽法惩治。一面督饬地方文武严密查拿在逃各匪，务获究办，一面出示晓谕，如有被胁勉从者，准其首悔自新。失察之巡警及地方文武，既经随同协拿出力，均从宽免其置议。在事出力各员，并准择尤酌保，毋许冒滥。"（《宣统政纪》卷61）

七、土司

1. 建官袭替

（顺治十一年十二月己巳）换给湖广水浕司土官唐镇邦世袭印信。（《清世祖实录》卷 87）

（顺治十四年十二月己巳）以湖广阵亡都司周良三弟良策、李兴龙子鼎麟，各袭拖沙喇哈番。（《清世祖实录》卷 113）

（康熙四年二月癸亥）命湖广投诚土司田养民承袭忠建宣抚司，田经承袭高罗安抚司，田生琼承袭木册长官司。（《清圣祖实录》卷 14）

（康熙五年十月）庚申，兵部议复："湖广总督张长庚疏言，殉难总兵官徐勇子袭阿思哈尼哈番职徐自贵具呈情愿效力，相应推用。"得旨："徐自贵着取来京，以后有愿效力之袭职官员，尔部取来，看可否委用，分别具奏。"（《清圣祖实录》卷 20）

（康熙十八年八月）甲申，以故武昌卫一等阿思哈尼哈番徐自贵子徐承祖袭职。（《清圣祖实录》卷 83）

（康熙二十五年五月）辛亥，以湖广故忠峒宣抚使司宣抚使田桂芳子田雨公袭职。（《清圣祖实录》卷 126）

（康熙二十五年十一月丁酉）以湖广故散毛宣抚使司宣抚使覃勋麟子覃弘基袭职。（《清圣祖实录》卷128）

（康熙三十二年六月丙申）以故湖广忠路安抚司土官覃承国子覃世藩袭职。（《清圣祖实录》卷159）

（康熙三十五年六月癸卯）以湖广施南故宣抚司覃懋粢侄孙覃龙光袭职。（《清圣祖实录》卷174）

（康熙三十七年十二月戊申）以故湖广椒山安抚使刘元敏子刘跃龙袭职。（《清圣祖实录》卷191）

（康熙三十九年三月辛丑）湖广忠建宣抚使田世勋病故无嗣，以其侄田兴爵袭职。（《清圣祖实录》卷198）

（康熙四十年九月己丑）以湖广故容美宣慰使田庆年子田畅如袭职。（《清圣祖实录》卷205）

（康熙四十四年三月甲辰）以故湖广东乡安抚司土官覃光祚子覃寿椿袭职。（《清圣祖实录》卷219）

（康熙四十七年八月丁巳）以湖广故五峰安抚使田燿子田鸣南、故石梁安抚使田焜子田辅南各袭职。（《清圣祖实录》卷233）

（康熙五十九年四月乙巳）以故湖广高罗安抚司田经子田国鼎袭职。（《清圣祖实录》卷287）

（雍正九年十月乙未）湖广总督迈柱题："湖北高罗安抚使田国鼎故，

请以其子田昭承袭。”下部知之。（《清世宗实录》卷111）

（乾隆三年二月壬子）湖广总督宗室德沛奏复：“山西布政使许容疏请刊布册结式样，楚省毋庸遵照仿行。”得旨：“朕令各省督抚酌议者，亦因各省有可行不可行之别也。所奏知道了。”（《清高宗实录》卷63）

（乾隆八年十二月）辛未，大学士鄂尔泰等议复：“湖广总督阿尔赛疏称，世袭千总覃梓楚、覃邦舜六年俸满，年富材优，照例送部引见。田贵龙弓马生疏，留营学习。又称覃梓楚、覃邦舜效力精勤，请格外施恩，即予升用。查旧例土司归流之土千户，给与千总职衔世袭，愿随营者，一体食俸，年满保题，与该督所请相符。但予即升，则改流土弁甚多，并生幸心，其不得志者，且怀失望，应将此意令该督知悉，酌宜妥办。覃梓楚等既经给咨赴部，即交兵部照例办理。至该土弁等既有保送升转之例，则材技平常者，亦宜定议处分。请嗣后不堪保送土弁，照俸满注册千总之例给与原衔，饬令离营。”从之。（《清高宗实录》卷207）

（乾隆十七年五月辛巳）以故四川峨眉喜寨土千户狼柘他子狼忠、麦杂蛇湾寨土千户安布笑子阿问、湖北龙潭司土弁田贵龙子朝举，各袭职。（《清高宗实录》卷415）

（乾隆三十一年十月乙亥）以湖北东流司把总田尧封侄邦禄袭职。（《清高宗实录》卷772）

（乾隆三十四年十二月戊辰）以故……湖北金峒土千总覃舜邦子廷荐、湖南麻寮所土把总唐祚禄子开玺，各袭职。（《清高宗实录》卷849）

（乾隆五十七年十月己卯）以故四川松茂道属上作革寨土百户衮布策凌子桑卓、湖广茅冈司土千总覃忠襄子熙胜、卯岗土千总向正乐子伯端，

各袭职。（《清高宗实录》卷 1414）

（嘉庆十九年闰二月）丙戌，以故湖北忠冈司土千总田世桂子三庆、甘肃西宁称多族百户洛智策旺子旺多尔特里，各袭职。（《清仁宗实录》卷 286）

（道光三年十月丙辰）以故湖北孝感县东流司土把总田受采子永功袭职。（《清宣宗实录》卷 60）

（道光八年三月乙卯）以故四川建昌道属瓦述曲登长官司工布罗布弟工布彭错、湖北江夏县忠峒司世袭千总衔田连保弟诏元、告休甘肃大通县属土千户才他尔加布弟端住布巷加尔，各袭职。（《清宣宗实录》卷 134）

（道光十二年十月丙寅）以革退湖北忠峒司土千总田诏元弟珍元袭职。（《清宣宗实录》卷 224）

2. 改土归流

（雍正五年十月甲申）九卿遵旨议复："云南、贵州、四川、广西、湖广五省改土为流之土司有犯斩绞重罪者，其家口应迁于远省安插，犯军流罪者，土司并家口应迁于近省安插，饬令该地方文武官稽查，不许生事疏纵。"从之。（《清世宗实录》卷 62）

（雍正五年十二月己亥）谕兵部："向来云贵川广以及楚省各土司僻在边隅，肆为不法，扰害地方，剽掠行旅，且彼此互相仇杀，争夺不休，而于所辖苗蛮尤复任意残害，草菅民命，罪恶多端，不可悉数。是以朕命各省督抚等悉心筹画，可否令其改土归流，各遵王化。此朕念边地穷民皆吾赤子，欲令永除困苦，咸乐安全，并非以烟瘴荒陋之区尚有土地人民之可利，因之开拓疆宇，增益版图，而为此举也。今幸承平日久，国家声教远敷，而任事大臣又能宣布朕意，剿抚兼施，所在土司俱已望风归向，并未重烦兵力。而愿为内属者，数省皆然。自此土司所属之夷民，即我内地之编氓，土司所辖之头目，即我内地之黎献，民胞物与，一视同仁，所当加意抚绥安辑，使人人得所，共登衽席，而后可副朕怀也。但地方辽阔，文官武弁需员甚多，其间未必尽属贤良之辈。且恐官弁等之意，以为土民昔在水火，今既内附，已脱从前之暴虐，即略有需索亦属无伤，此等意见，则万万不可。着该督抚提镇等严切晓谕，不妨至再至三，且须时时留心访察，稍觉其人不宜苗疆之任，即时调换，并严禁兵丁胥役生事滋扰，务俾政事清明，地方宁谧，安居乐业，共享升平。倘有不遵朕旨，丝毫苛索于土民地方者，着该上司立即参劾，重治其罪。即系平日保举之人，亦不可为之容隐，果能据实纠参，朕必宥其失察之愆，嘉其公忠之谊。该督抚提镇等可共体朕心，各尽怀保边民之道。”（《清世宗实录》卷 64）

（雍正六年八月乙酉）谕湖广督抚等：“桑植土司向国栋、保靖土司彭御彬暴虐不仁，动辄杀戮，且骨肉相残，土民如在水火，朕闻之深加悯恻。既有被害男妇纷纷来归，情愿编入版籍，以免残虐，若拒而不纳，则结怨之土民必至无遗类矣。朕抚有四海，内地苗疆，皆朕版图，汉土民人皆朕赤子，偶有一夫不获，皆廑朕怀，况数千里土民，安忍置之度外？今俯顺舆情，俱准改土为流，设官绥辑弹压，其应行审理之旧案，着该督抚一并审结。但带兵入内官弁等须仰体朕心，不得杀戮无辜，并晓谕平日奉法之土司仍各安居乐业，不必疑惧。其土民向被桑植、保靖二土司残虐者，着加意抚恤，去其苛政，务使出水火而登衽席，以副朕除暴安民之意。如有助恶党与，即行剪除，倘归诚向化，皆从宽释。其向国栋、彭御彬应安插何省，不令失所之处，着该督抚酌量定议，以广朕法外之仁。仍将此晓谕附近土司，咸使悉知朕意。”（《清世宗实录》卷 72）

（雍正六年十月）辛卯，谕吏部："湖广土司甚多，各司其地，供职输将，与流官无异。其不守法度者，该督抚题参议处，改土为流，以安地方。若能循分奉法，抚绥其民，即与州县之循良相同，朕深嘉悦，何必改土为流，使失其世业？前据湖南巡抚王国栋奏称，下峒长官司向鼎晟恳请改土为流，甚为诚切，朕未准行。今又奏称，土民有控告该土司之案，正在查审。朕思从前该土司改土为流之请，大抵由于土民之怂恿。及土司所请，未曾准行，而土民复又列款控告，冀朕严治土司之罪，而尽改为流。其所控必非实情，着该抚留心详察，凡属土民必不敢控告土司，皆由汉奸唆使播弄，冀生事端，以便从中逞奸滋弊耳。若各处土司等因他处已改为流，不得已而仿效呈请者，朕皆不准。若被汉奸唆使控告，俾土司获罪，而改土为流者，朕更不忍。该督抚等当以朕内外一体之怀，通行晓谕，俾土司等守土奉法，共受国恩，不必改土为流，始为向化。至于土司实在不法，恶迹确著者，该督抚据实参劾治罪。"（《清世宗实录》卷74）

（雍正十二年四月）丁未，兵部等衙门议复："湖广总督迈柱奏言，容美宣慰土司田旻如行事奸狡，赋性狂妄，滥给札付，私征钱粮，制度僭越，掳掠邻近土民，种种恶迹，罪不容诛。经臣胪列纠参，蒙恩旨暂停革职审拟，令其来京询问。讵意抗违不出，假抚恤荒民之名，具折诳奏，宽限两月，藐抗如故，且移居平山寨，作狂悖负嵎之举。阖司土民见其不法，恐干天讨，投出者共有五百七十余人。又有石梁司长官张彤砫先率土民投缴印信令箭，其不能投出之土众又计诱田旻如出洞，催令起程。旻如自知众怨亲离，投缳自缢，按其情罪，未足蔽辜。伊子弟俱非善类，难以承袭，请将容美司改土归流，俾土众早登衽席。应如所请，将田旻如原领敕书、印信、号纸缴部查销，其一切善后事宜，应令该督妥协办理。"从之。（《清世宗实录》卷142）

（雍正十二年五月己卯）兵部议复："……又据施南土民周一昌、覃祚德等向化输诚，呈请改土归流，急救倒悬，请分设文武官弁，以资弹压。应如所请，将施南宣抚司地方准其改土归流，一切善役事宜，令该督妥协办理。”从之。（《清世宗实录》卷 143）

（雍正十二年六月）丁未，湖广总督迈柱奏言：“忠峒宣抚司田光祖等十五土司齐集省城，呈恳归流。因见永顺、保靖、桑植诸处改土以来，土民安辑，各得其所，今土众等既不甘土弁之鱼肉，而土弁又不能仍前弹压，是以激切呈请归流。倘蒙俞允，将各土弁分发各营，给以外委千把总衔，令其食粮，以终余年，则土司官民各遂其生矣。”得旨：“忠峒等十五土司望风归向，愿入版图，朕俯念舆情，准其改流。其一切善后事宜，着总督迈柱详筹定议。”（《清世宗实录》卷 144）

（雍正十三年三月）己卯，吏部等衙门议复湖广总督迈柱条奏苗疆建置事宜：一、彝陵州请改置一府，裁知州、州判、学正、吏目缺，设知府、通判、教授、训导、经历、司狱各一员。附郭一县，设知县、教谕、典史各一员，俱驻府城；分防同知一员，驻湾潭。一、容美土司请改一州，设知州、吏目各一员，驻州城；州同一员，驻五里坪；州判一员，驻北佳坪。改慈利县属之大崖关，归新州管辖，添设巡检一员驻扎其地。其大崖关外原设土百户一员，请行裁汰。一、五峰司请改置一县，设知县、典史各一员，驻县城。改长阳县属之渔洋关归新县管辖，添设县丞一员，驻扎其地。所有新改州县，及归州、长阳、兴山、巴东等州县，俱隶彝陵新设之府管辖。一、府属地方，请设游击一员、守备一员、千总二员、把总四员、外委千把总四员、兵七百名，分防驻扎。其各紧要隘口，酌添塘汛三十九处，武弁俱于彝陵镇右营内抽拨。均应如所请。从之。寻定彝陵新设府曰宜昌，附郭县曰东湖，容美新设州曰鹤峰，五峰新设县曰长乐。（《清世宗实录》卷 153）

（雍正十三年十一月）壬寅，吏部、兵部会议：“湖广总督迈柱疏称，忠峒宣抚司田光祖十五土司公恳归流，必须分设一府五县，始足以资治理。请于恩施县地方，建设府治，添设知府一员，以原设恩施县为附郭首邑。施南司、桐子园、大田镇、官渡坝四处各设县治，隶新设之知府管辖，再设同知一员。其施南二县，设通判一员。其大田镇、桐子园、官渡坝三县设经历一员，兼管司狱事务。其恩施县添设县丞一员，崔家坝添设巡检一员，施南新设县添设知县一员、典史一员，桐子园新设县添设知县一员、典史一员，大旺添设县丞一员，卯峒百户司添设巡检一员，大田镇新设县添设知县一员、典史一员，官渡坝新设县添设知县一员、县丞一员、典史一员，南坪堡添设巡检一员。其新设之恩施府及先设之彝陵府，准归荆州道统辖。其归荆州道原辖之安陆府，改隶襄阳道。德安府改隶武汉黄道统辖。又称议设一府五县，其营制汛防，应设副将一员、中军都司一员、左右营守备二员、千总四员、把总八员，共经制官一十六员，马步守兵一千五百五十七名，内设外委九员，均听彝陵镇总兵统辖。又称四川夔州府属之建始县，去恩施不过百里，请改归楚省恩施新设府管辖。应如所请。”寻又议定：“府名曰施南，府郭县曰恩施，属县曰宣恩、来凤、咸丰、利川，移建始来属。”从之。（《清高宗实录》卷6）

（乾隆元年三月丁巳）户部议复：“前署湖广总督大学士迈柱疏称，忠峒等十五土司地方改土为流，议设知府、同知、通判、知县、县丞、经历、典史、巡检等官，额编俸银共八百三十余两，各项人夫铺兵岁给工食银共四千九百八十余两，请按年在司库地丁银两动支。应如所请。”从之。（《清高宗实录》卷15）

（乾隆元年十二月）丁卯，定鹤峰州、长乐县粮额。谕总理事务王大臣：“湖北鹤峰州、长乐县原系容美土司地方，每年征秋粮银九十六两。自前年改土归流，经该督抚题明，俟设立州县后，确查成熟田亩，照内地科则输粮。今鹤峰州成熟田地共六百五十四顷，应科条饷银四百七十九两，长乐县成熟田地一百八十三顷，应科条饷银一百六十七两。朕查雍正八年湖南永顺等土司改土归流之时，蒙我皇考念其地瘠民贫，将土民承种成熟地亩应纳钱粮，即照原额秋粮二百八十两之数，分则升科，仍宽免一年在案。今容美事同一例，且闻彼地山田荦确，土瘠水寒，物产凉薄，若照内地科则征粮，土民不无拮据。着将鹤峰、长乐二州县现报成熟田地亦照容美之例，即以原征秋粮银九十六两之数作为定额，于乾隆丁巳年为始，造册征收，嗣后若有招徕劝垦荒地，再行奏报，酌量升科。至于裁改土司以后，未经查丈以前，雍正十二、十三等年及乾隆元年共应征秋粮银二百八十八两，悉着宽免，不必补征，以示朕爱养土民之至意。”（《清高宗实录》卷32）

（乾隆十年四月丁巳）吏部等部议复：“署理湖广总督鄂弥达奏称，湖北容美土司地方于雍正十三年改土归流，建置鹤峰一州、长乐一县。该县渔洋关为土汉门户要隘，陆续招垦，生齿日繁，兼有枕近渔洋之仁和坪，烟户甚众，止设县丞微员，不足弹压。查湾潭地方为鹤峰、长乐之界，向因该州县兵米需员转运，遂将宜昌同知驻扎其地。该处地僻事简，兵米而外，该同知实少承办之事，请将宜昌府同知移驻渔洋地方，专司民事，查办垦务，其仁和坪亦令就近管理。原驻渔洋之县丞移驻湾潭，代办兵米，于鹤峰城汛内拨外委千总一员、兵十五名，合渔洋兵五名，共二十名，驻扎渔洋，以资防范。应如所请。”从之。（《清高宗实录》卷238）

（乾隆十年十月壬戌）兵部议准湖广总督鄂弥达疏称，楚省苗疆副参十缺，向来均系调补，调补后再遇缺出，内地人员恐难其选，因于本年六月题请拣选保题应升人员掣补，嗣准部复。永绥、靖州副将，桂阳参将，缺俱紧要。施南、永顺二协，宜章、临武参将二缺，视永绥等缺有间，议令酌改……施南、永顺、宜章、临武四缺，改土归流多年，应与沅州、辰州、宝庆三缺并列为苗疆次要缺。缺出，于内地拣选调补；乏

人，题明由部将卓荐一等记名人员，请旨拣补。从之。（《清高宗实录》卷251）

（乾隆十五年九月丁巳）又谕军机大臣等："据湖广总督永兴奏称'湖北新设宜昌、施南二府之鹤峰等州县原系改土归流，幅员广阔，近年户口日增，田土日辟。其内地民人认垦者，应令查明，一体升科'等语，任土作贡，国有常经，在开垦地亩，既经成熟，自应照例升科。但鹤峰等州县本系土司之地，归附版图未久，虽有内地民人赴垦，欲令升科，究与内地不同，必须善为经理之人妥协差办，方不至于滋事。永兴莅楚未久，诸事尚未谙练，此事亦非伊所能办。且不必急遽，俟二三年后，或伊来京陛见时，令会同在京大臣妥酌定议。或另有升调可任兹事之人，再行办理，亦不为迟。可即传谕永兴知之。"（《清高宗实录》卷373）

（乾隆十七年十二月丙辰）湖广总督永常奏："湖北施南一府自雍正十三年改土归流以来久成内地，附近川、黔、两楚人民垦荒者接踵而往，近田土拐带案牍日见纷纭，必得另立章程，妥为安置。嗣后外省及各属人民入施者，请照入川给照之例，开造眷属清册，呈报本籍，给照前往，交与该地方官查验，收入保甲，一体编查。其现在落业民人，凡有夫妻子女者，无论流寓久暂，悉予编保。其单身游手之徒，限三月内查明，取具亲邻保结，方准编入。其老荒山场，概行封禁。"得旨："览奏，如所议行。"（《清高宗实录》卷429）

（乾隆三十二年十二月己卯）礼部议准前任湖北巡抚范时绶奏称，湖北鹤峰州、长乐县自改土归流后，人文渐有可观，请照湖南保靖等县例设立学校，鹤峰州取进文童八名，长乐县取进文童七名，并拨长阳县训导归鹤峰州，兴山县训导归长乐县，俾资教训。均应如所请。从之。（《清高宗实录》卷801）

（光绪十九年十二月）戊午，谕内阁："兵部奏'各省土司册籍仍未送齐，请饬催'一折。现修《会典》，土司一门，必须各省册籍造齐送部，方可纂辑成编。乃屡经该部奏催，仅据贵州造送，此外甘肃、广西均未咨报，湖广、四川尚未送齐。至云南咨送营制总册，开有土司各员，亦未注明设立年月日期，殊不足以资考核。着甘肃、广西、湖广、四川、云南各督抚迅速造报，统限于文到三个月内一律送齐。如有原系土司续经改土归流者，并着将议改缘由日期一并详细声叙，不得再行延宕。"现月　（《清德宗实录》卷331）

3. 土司参革

（康熙二十四年十月戊申）吏部议复："原任四川巡抚韩世琦题参酉阳土司运解楠木迟延，查土司无俸可罚，应免议。"上谕大学士等曰："韩世琦前任江苏巡抚，居官狼藉。后任偏沅巡抚时，采办楠木，则称四川酉阳土产楠木合式，请令蜀省督抚劝谕捐输。及调任川抚，又题称酉阳地方楠木数目丈尺，路远不便察看，请行湖广督抚就近察明。经部驳察，今始委过土司，称'大木难运'等语。前后题疏参差不合，着吏部严加议处。"寻部议："巡抚韩世琦应革职。"从之。（《清圣祖实录》卷122）

（康熙四十五年四月辛亥）湖广总督石文晟折参容美土司田舜年私造宫殿、暴虐奸淫不法各款。上谕大学士等曰："顷湖广总督石文晟劾奏土司田舜年纵恣不法。昔吴三桂之乱，田舜年略无举动，即此一端，甚为可嘉。今石文晟有此劾奏，或因田舜年与地方官不协所致，其中恐有虚诬，此折且暂停批发。"（《清圣祖实录》卷225）

（康熙四十五年四月）丙辰，湖广总督石文晟疏言："容美司土司田眪如，乃贪庸恶劣被参革职拿问之人。今据桑植宣慰司土司向长庚详称，田眪如主仆二人逃在伊处，及臣屡次檄行解审，而土司向长庚竟不将田晒如起解，反捏称田晒如卧病，不能前往。至原任土司田舜年既将伊子田晒如题参革职，理应将伊子正妻所生长孙申详袭职。今该土司报称，康熙四十年，已将长孙田宜男名字报部，其时田宜男年方十二岁，不久病故，因田宜男名字乃祖父所命，不忍改易，故将次孙仍名田宜男，今实七岁，如开送确实年岁，恐部驳查。据此，田舜年明有欺隐诳报之罪。”上谕大学士等曰：“石文晟前劾土司田舜年，何不同此折一并具奏？乃作两次参劾，又折内不言两巡抚，专请交提督审问，此必有故。从前吴三桂自水西、乌蒙土司地方进兵取云南，因知其地产银，遂于康熙初年奏请进剿水西，后得其地，分为四府。我军于是役亦大有损伤，今此事虽小，断不可生事，尔等将前后奏折及土司呈词抄发湖南巡抚赵申乔、湖广提督俞益谟，令其不必会同商议，各出己见，作速具奏。”（《清圣祖实录》卷225）

（康熙四十五年六月癸巳）偏沅巡抚赵申乔、湖广提督俞益谟遵旨复奏容美司土司田舜年不法各款，请命大臣往审。得旨：“着都察院左都御史梅鋗、内阁学士二鬲前往察审。”（《清圣祖实录》卷225）

（康熙四十五年六月）戊申，湖广总督石文晟疏言：“原任容美司土司田舜年来省，臣令藩、臬二司暂行拘留，随因中暑病故。又查田舜年降逆贼吴三桂时，以其印缴吴三桂，及投诚后，于康熙二十年铸印颁给，今验其印，乃康熙元年所铸，其中情弊，难逃圣鉴。”得旨：“此两事俱发梅鋗等一并察审具奏。”（《清圣祖实录》卷225）

（康熙四十五九月癸未）先是湖广总督石文晟疏参容美司土司田舜年一案，上命都察院左都御史梅鋗、内阁学士二鬲前往会审。至是，梅鋗奏称：“原任容美司土司田晒如酷虐事迹俱有证据，应革职。桑植宣慰土司向长庚抗匿田晒如，应降四级留任。已故容美司土司田舜年出征苗子，捏病规避各款俱有证据，应追革田舜年职。至田舜年私造宫殿淫乱各款俱无证据，应毋庸议。田昞如土司员缺应将田昞如子侄中择一人承袭。”湖广总督石文晟等奏称：“田舜年所属之人唐世甲等，控诉田舜年父子俱不善我等，情愿纳粮当差。应否将其土地、人民入我版图，伏候上裁。”学士二鬲奏称：“案内有名容美土司二十余人俱未赴审，故未经质审之处甚多。田舜年治病医生及检尸知县洪国柱俱未到案，田舜年身死尚未明白，倘草率结案，则土司之心不服。”奏入，下九卿、詹事、科道会议具奏。（《清圣祖实录》卷226）

（康熙四十五年十月）丁酉，谕大学士等：“九卿议土司事，但欲使两造平息。总督石文晟原参田舜年建造宫殿，行凶作恶，是以羁留于武昌府，今田舜年已故，石文晟又具奏欲息其事。如土司等果抗拒不法，则当发兵征剿，土司等若无罪，则当反坐原参之人。朕意以二鬲所奏为是，此事不便令督抚、提督会同审理，当再特遣大臣前往察审，着以此谕九卿。”（《清圣祖实录》卷227）

（康熙四十五年十月壬寅）命大学士席哈纳、吏部右侍郎张廷枢、兵部右侍郎萧永藻前往湖广，察审容美司土司田舜年一案。（《清圣祖实录》卷227）

（康熙四十五年十月丁未）大学士席哈纳、吏部侍郎张廷枢、兵部侍郎萧永藻等为往审土司田舜年事请训旨，上谕曰：“田舜年一事，关系土司，并于地方总督、提督亦有关系，若不究其本末，辨其是非，则众心不服。尔等到彼，可与前次遣往都御史梅铜、学士二鬲详加研审，如总督理亏，则罪坐总督，如土司理亏，则罪坐土司。惟公平，则人心自服。尔等须出示晓谕，众土司若彼果有冤枉，许其陈诉，尔等收呈详审，穷诘根柢。如无冤枉，而钦差大臣至彼地提人不解，反固守关隘，不纳公差，此特欲反耳。竟发荆州大兵立剿之，不可持两端苟且结案也。总督参田舜年事极其狠毒，今又欲草草完结，何以服人心？九卿并不据大体

立议，首鼠两端，愈非理矣。尔等前去若不能辨明此事，则于尔等声名亦大有关系也。”（《清圣祖实录》卷227）

（康熙四十六年正月乙亥）革都察院左都御史梅铜职，以审湖广土司田舜年一案回奏不实故也。（《清圣祖实录》卷228）

（康熙五十四年七月甲午）兵部题：“湖广散毛土舍覃煊为不准承袭，携印逃匿桑植地方，宣尉司土官向国栋藏匿不解，应将向国栋革职。”从之。（《清圣祖实录》卷264）

（雍正二年五月）辛酉，谕四川、陕西、湖广、广东、广西、云南、贵州督抚、提镇等：“朕闻各处土司鲜知法纪，每于所属土民多端科派，较之有司征收正供，不啻倍蓰。甚至取其马牛，夺其子女，生杀任情。土民受其鱼肉，敢怒而不敢言。孰非朕之赤子，方令天下共享乐利，而土民独使向隅，朕心深为不忍。然土司之敢于恣肆者，大率皆由汉奸指使，或缘事犯法、避罪藏身，或积恶生奸、依势横行。此辈粗知文义，为之主文办事，助虐逞强，无所不至，诚可痛恨。嗣后督抚、提镇宜严饬所属土官爱恤土民，毋得肆为残暴，毋得滥行科派。倘申饬之后不改前非，一经发觉，土司参革，从重究拟，汉奸立置重典，切勿姑容宽纵，以副朕子惠元元、遐迩一体之至意。”（《清世宗实录》卷20）

（雍正十二年五月己卯）兵部议复：“湖广总督迈柱疏言，湖北施南宣抚司覃禹鼎与容美土司田旻如翁婿济恶，奸贪残暴，在施南铜鼓山私开路径，直抵容美，派夫运米，私藏炮位。今容美土民能明大义，将覃禹鼎及施南司印信一并押解到臣，理合请旨革职严审，明正其罪……”从之。（《清世宗实录》卷143）

（雍正十二年十二月壬戌）刑部议奏：“湖广容美土司田旻如朋谋抗

拒官兵，该犯虽惧罪自缢，仍应戮尸，妻子给功臣之家为奴，财产入官，同谋之向日芳等俱应分别治罪。”得旨：“田旻如畏罪潜逃，投缳自尽，尚与抗拒官兵者有间，着从宽免其戮尸。田旻如孽由自作，其眷属及胁从之人俱系听伊指使，情有可原。所拟斩绞各犯，俱从宽免死，交与总督迈柱分别安插别省居住。田旻如之衣饰等物仍赏给伊之妻子，田产不必入官，着查明变价，并给伊妻子，以为度日之费。所有牵连各犯，着迈柱酌其情罪，减等发落。其首先缴印之石梁司长官张彤硅，着赏给千总职衔，支食俸薪，以示奖励。”（《清世宗实录》卷150）

八、涉外

1. 西洋逼临

（乾隆四十九年八月癸卯）又谕：“据特成额奏‘盘获西洋四人，起出书信一封，系广东罗玛当家所发，往陕传教，令蔡伯多禄送至湖南湘潭暂住，另酌人送樊城，直走西安，札托李姓送往之语。现密饬湖北、湖南地方文武，跟捕寄信之蔡伯多禄及李大、李二、李晚暨逃走之通事人等，并飞咨广东督抚，查明罗玛当其人，分咨陕甘督抚，一体严密详查，咨复办理’等语。西洋人进京行艺，原所不禁，即如近据舒常奏，德天赐等情愿来京，已有旨令其遇便送至京城，但必须报明地方官，代为具奏，始行允准。今罗玛当并未禀知督抚，辄遣人私至内地，送信传教，殊干功令。着传谕舒常、孙士毅，即传该西洋人罗玛当至省，面加严饬，以汝等皆系素守礼法之人，向来有愿进京者，皆报明地方官送京，岂有私差人札致远省传教之理，殊属不合，并令自行议罪具奏。舒常、孙士毅系该省督抚，何以任罗玛当私遣多人，携带经卷等项潜入内地传教，漫无觉察？着传旨申饬。至西洋人面貌异样，无难认识，伊等由粤赴楚，沿途地方员弁何以一无稽查，至襄阳始行盘获？着特成额即向现获之西洋人详细审讯。伊等由粤至楚，系由何处行走，即将失察之各地方官查明参奏。所有送信之蔡伯多禄，既查系送至湘潭暂住，此时自必仍在湘潭，着传谕特成额，即严饬湖南各属，务将该犯拿获，并其余送信之犯及通事人等一并缉获，彻底究办。至书札内有直走西安，札托李姓送往之语，现在李姓或在西安，着福康安、毕沅即严饬各属，一体严缉务获，并究明罗玛当所发往陕传教者，欲传与何人，即按名拿办。西洋人与回人向属一教，恐其得有逆回滋事之信，故遣人赴陕，潜通信息，亦未可定。福康安、毕沅当密为留心，稽查防范也。将此由六百里各传谕知之。”（《清高宗实录》卷1213）

（乾隆四十九年九月丙寅）谕军机大臣等：“据孙士毅奏‘于广东省城西关外访获办理西洋人寄信事务之艾球三，讯出蔡伯多禄系福建龙溪县人，向在白衿观药铺行医。当拘获白衿观同伊弟白国观，讯据供称，本年四月初旬，有湖广两人同蔡伯多禄到哆啰夷馆，延请四个西洋人同往湖广，又邀了乐昌县人谢伯多禄、高要县人谢禄茂一同起身，自此蔡伯多禄，不复见面’等语。是此事竟系湖广民人先赴粤东，与蔡伯多禄串同勾引西洋人潜至各省通信传教，何以特成额竟未经查出？至蔡伯多禄各犯，据白衿观供，自起身后不复见面。此时自必仍在湘潭一带，着再传谕特成额，严饬文武员弁上紧缉拿务获，解京审办，毋致日久远扬。如该犯等闻拿潜回广东及福建原籍，并着富勒浑、孙士毅等饬属一体慎密查拿，以期速获。其现获之艾球三、白衿观等及起出经卷画像等项，着孙士毅即遵前旨，委员先行解京。又据奏‘选派谙练通事二名，委员解赴湖广，以便讯供’等语。西洋人暨案内各犯既已解京审讯，楚省现无需用通事之处，着传谕特成额，即将送到之通事二人转送来京，粤省不必另行选派也。将此由五百里传谕知之。”（《清高宗实录》卷1214）

（乾隆四十九年九月戊辰）谕军机大臣等：“据李绶奏‘湖南湘潭、武陵、沅江等县俱有学习天主教之人，看来各州县必皆有传习之处，现饬各州县严密访查，不动声色，妥为办理，不得张皇急迫，致令吏胥借端滋事’等语，所办是。天主教与回教相仿，虽不比别项邪教，但究系违例，自应查禁。李绶现已调任湖北，计日内陆耀即可抵湖南接任，此事着交与陆耀督率地方官随时访察，以渐查办。但宜加意严密，勿任吏胥从中滋扰，以期杜绝根株……将此由五百里传谕李绶、陆耀，并谕李世杰、孙士毅知之。”……（《清高宗实录》卷1215）

（乾隆四十九年九月）乙亥，谕军机大臣等："据特成额奏'将现获西洋夷人吧咃哩㖠等四名并究出接引伴送从习天主教之刘绘川等十人解京审讯，尚有未获各犯，现在咨拿'等语。前因伴送夷人之福建人蔡伯多禄及粤省之谢隆茂并在逃之湖北人张永信等俱系要犯未获，业经传谕各该省督抚，严行躧缉。此时曾否就获，该督抚等必须严饬文武员弁上紧查拿，毋致日久远扬。至折内称，在逃张永信遗存经卷箱内，查有刷印纸单一张，系四川成都县人黄烦所刻，词语荒谬不经，似该省亦有从习天主教之人，并着李世杰密缉审明具奏……将此由五百里各传谕知之。"（《清高宗实录》卷1215）

（乾隆四十九年十月甲申）又谕："据孙士毅等奏'洋商潘文岩等不能防范，哆啰罗玛当家任由蔡伯多禄来往勾通，情愿罚银十二万两'等语，已准其认罚，并令将此项银两解交河南漫工充用矣。但罗玛当家听信内地民人遣洋人前往，殊干例禁，前因其究系微末洋人，不加治罪。今既不令议罚，所有番舶往来书信，自不应仍令管理。至蔡伯多禄延请西洋人由楚赴陕，系此案要犯，何以至今未获？该犯素与夷人熟识，见缉拿紧急，自必仍逃往广东，或竟在澳门藏匿。着传谕孙士毅，即饬属严密设法躧缉务获，解京审办，毋得日久疏懈，致令远扬。"（《清高宗实录》卷1216）

（乾隆四十九年十一月壬戌）又谕："据毕沅奏'渭南县属油河川等处，徐宗福、韩奉材家搜获西洋人呢吗方济各即范主教，及马诺二名，并起获洋字经本、画像、书信等件，当加研讯。其呢吗方济各系大西洋噫咑哩哑国人，在陕二十三年，从前有内地人苏神甫勾引由洋至广，复由广至山西、陕西传教。其马诺一名，系澳门人，自幼往西洋学习经典，仍回广东，有陕西渭南县人张多明我接到西安居住，后来又在渭南县杜兴智家内居住。并讯据供出，该省汉中府、山西洪洞县、潞安府、大同府及山东、湖广、直隶等省，俱有学习天主教，及西洋人在彼传教，本年罗玛当家寄信内言及现派十人，分往山、陕、湖广、山东、直隶等省，现在分别解京，并分咨各省缉拿’等语。西洋人天主教于雍正年间即奉严禁，不许内地人传习。乃呢吗方济各等初则为内地人勾引至广，继则纷纷潜至各省居住传教，时阅二十余年，地则连及数省，各地方官何竟毫无知觉？且西洋人面貌语言与内地迥别，即该犯等形踪诡秘，止与同教人往来，而地方有此形迹可疑之人，自当即时访察严拿，不使乡愚互相煽惑。现在陕省已将呢吗方济各、马诺及延请该犯等在家居住之徐宗福等拿获，着毕沅讯供明确后，即遴委妥员，将该犯迅速解京，归案审办。其讯出未获之刘西满等各犯，着一并严拿办理。至山西、山东、湖广、直隶各省，据供俱有西洋及内地人辗转传教，最为人心风俗之害。着刘峨、农起、明兴、特成额、陆耀一体严密查拿，将紧要之犯迅速解京，毋使该犯等得以闻风远扬，致稽弋获。如各省经此次查办之后，复有勾引西洋人及私自传习邪教之案，则是该督抚查办不力，漫不经心，将来别经发觉，惟该督抚是问。将此传谕毕沅及刘峨等知之，毕沅折并着钞寄阅看。”（《清高宗实录》卷1218）

（乾隆四十九年十一月丙寅）谕军机大臣等：“据刘峨奏‘接奉谕旨，查办西洋人勾引传教。现访有民人王天德、刘三等，均系祖父在日，曾经供奉天主教，现在彻底严究，如与陕省查出汉色勒木等有传教接引情弊，即将一干人等解部，归案审办’等语。西洋人潜赴内地传教惑众，最为人心风俗之害，自不可不按名查拿。前所以降旨，令该督抚等实力办理者，原以陕省搜获西洋人呢吗方济各、马诺二人，讯明罗玛当家本年新派西洋神甫十人，分往直隶、山东、山西、湖广传教，是以令该督抚等一体严密查拿，盖专指西洋人至内地传教者而言。刘峨接奉谕旨，止应饬属留心访缉，将分往直省之西洋人汉色勒木、阿头大多等严缉务获，解京收审。其余如内地民人因祖父传习供奉，业经自知悛改，与现在西洋人并无关系者，即当将呈出经卷等项销毁，毋庸深究。仍不动声色，为之以渐，以期尽绝根株。刘峨此奏未免不审事体之轻重，着传谕该督，所有现获之王天德、刘三等，如讯无与汉色勒木等勾结接引情弊，即可照例办理，毋庸解京，以省繁扰。将此传谕刘峨，并谕令特成额、陆耀、农起、明兴一体遵照妥办。”（《清高宗实录》卷1218）

（乾隆四十九年十二月戊戌）又谕：“据福康安奏‘于甘、凉二府拿获传习天主教之张继勋、刘志虞等，并起出经卷等物，现饬解省审办’一折，同日，又据毕沅奏‘续获天主教要犯刘西满、薛成林，解京审讯等因’一折。西洋人私至内地，传教惑众，最为风俗人心之害。陕、甘、湖广等省现已拿获多人，则其余各省亦恐所在多有，均应彻底查办。近闻西洋人与回人本属一教，今年甘省逆回滋事，而西洋人前往陕西传教者，又适逢其会。且陕、甘两省民回杂处，恐不无勾结煽惑情事，着传谕福康安、毕沅，务须不动声色，留心防范，严密访拿，并密谕各省督抚一体遵照妥办，不可视为具文，亦不得张皇滋扰。其毕沅折内所称未获逃犯曾贵、刘必约、张多明我及湖广人赵安德各犯，并着各该督抚上紧饬缉，务获解审，毋致远扬漏网。将此由五百里各谕令知之。”（《清高宗实录》卷1221）

（乾隆四十九年十二月）乙巳，谕军机大臣等：“据特成额奏‘查缉西洋人’一折，内称‘刘二彪所供佛像，请候部臣审办’等语。此等佛像并非案内紧要情节，该督转于小处用心，殊属可笑。至蔡伯多禄为勾引传教最要人犯，自应上紧缉捕，乃迄今已阅四月，尚未拿获。此案西洋人书信既有蔡伯多禄送至湘潭之供，看来该犯并未回至广东，亦未潜回闽省，自必仍在湖广一带藏匿。此事竟着责成特成额专办，该督务须饬属购线，严密访缉，以期速获。毋得视为具文，仍前疏玩也。”（《清高宗实录》卷1221）

（乾隆四十九年十二月己酉）谕军机大臣等：“据舒常等奏‘将西洋

人哆啰解京质讯’一折，据哆啰供称‘四十八年三月内，有西洋二人，一名吧哋哩哑嗖，一名吧哩叽哩哋，来对我说，有山东李姓，教名吧哆啰吗，要引他二人往山东传教。九月内，又有西洋二人，要往湖广、四川传教，亦是山东李姓引去’等语。山东李姓系内地民人，乃敢私行勾引西洋人，往各处传教，情节甚为可恶，从前何以未据明兴查拿究办？足见该抚于此案并未认真查办。着将舒常原折钞寄明兴阅看，即将李姓一犯并其勾引前往之西洋二人一并严拿务获，解京审办，毋得仍前疏玩，致要犯远扬漏网。将此由五百里谕令知之。”（《清高宗实录》卷1221）

（乾隆五十年十月甲申）谕：“前因西洋人吧哋哩呋等私入内地传教，经湖广省查拿，究出直隶、山东、山西、陕西、四川等省俱有私自传教之犯。业据各该省陆续解到，交刑部审拟，定为永远监禁……因该犯等并不报明地方官，私在各处潜藏，转相传引，如鬼蜮伎俩，必致煽惑滋事，自不得不严加惩治。虽坐以应得之罪，朕仍悯其无知，仅予圈禁。今念该犯等究系外夷，未谙国法，若令其永禁囹圄，情殊可悯。所有吧哋哩呋等十二犯，俱着加恩释放。如有愿留京城者，即准其赴堂安分居住。如情愿回洋者，着该部派司员押送回粤，以示矜恤远人、法外施恩至意。”（《清高宗实录》卷1240）

（乾隆五十五年九月壬寅）谕军机大臣等：“据金简奏‘黎维祁属下安南人阮廷沛等三十八名、眷口四十三名，共八十一名口，情愿回国，具呈恳请代奏’等语，伊等父母妻子皆在安南，志切怀归，情殊可悯，自应准其回国，俾遂其乡土之思，已另降谕旨，传谕福康安等矣。所有伊等回国，沿途经过地方，自当派委员弁护送。但只须酌量给予饭食住宿，一切应付，更不必似随同黎维祁来京时从优办理矣。至阮廷沛等到武昌后，或由水程前进，或由陆路行走，孰为简便，并着该督抚等酌量妥办，俟送至广西境内，即交陈用敷妥为照料出关，令其归国。除就近传知顺天府外，将此谕令沿途各督抚知之。”（《清高宗实录》卷1363）

（乾隆五十六三月甲辰）谕军机大臣等："据陈用敷奏'前此接奉谕旨，已在安南陪臣过省之后，办理糊涂，此时自当遵旨即令起程，赶于端阳前到京。但该陪臣等业已转回，若复令其即日起程，距端阳止有四十余日，加紧并站，尚恐不能如期抵京。既非所以仰体轸恤深恩，而行程忽速忽迟，陪臣等转生疑虑，且恐赶赴不及，与两次所定宴赉之期均不能适当其时。现在酌量情形，不敢因前经错谬文饰回护，仍遵前旨，于七月二十日前行抵热河'等语。前因安南使臣已经过省，陈用敷拘泥前旨，仍行赶回，办理实属糊涂。业经降旨，交部严加议处，并令该抚即行派员照料启程，于端阳前到京。今陈用敷以现距端节止有四十余日，恐赶赴不及，仍请俟四月中旬由水路行抵武昌，由武昌登陆进京，约于七月二十前行至热河。此时若再令起程，为期更促，莫若即照所请为便。该抚于此事虽颠倒错乱于前，而接到后奉谕旨，计算程期，不敢将错就错，所奏尚属可行。着传谕陈用敷，仍遵初次谕旨，竟令陪臣等于四月中旬缓程前进，由水路行抵武昌，再行登陆。并着传谕沿途各督抚，不必即行豫备，探知该陪臣等到境，饬属妥为照料，令其缓程行走，于七月二十以前行抵热河，以便与外藩蒙古、哈萨克等一同宴赉可也。"（《清高宗实录》卷1375）

（乾隆五十六年六月丁巳）又谕："前据福宁奏'安南陪臣于五月二十二日由武昌省城前进，约计五月二十七日可出湖北境'等语。河南毗连楚省，该陪臣一出湖北，即入豫省信阳州境。该处距热河计程不过二千八百余里，若按站行走，七月初间即可行抵热河，彼时距赏赉之期尚远，该陪臣亦无需早到等候，且现在大雨时行，想沿途不无泥泞，尽可令其缓程行走，以示体恤。着传谕该督抚等计算日期，令于七月二十五六行抵热河，亦不为迟。"（《清高宗实录》卷1380）

（道光二十年七月癸丑）又谕："周天爵等奏'拿获传教惑众之西洋

人并信习邪教各犯，分别审拟’一折。此案董文学以西洋人胆敢潜入内地传习天主教，讲经惑众，实属罪大恶极。该州县即将该犯拿获，并访获习教多人，功过尚足相抵。所有失察处分，着加恩宽免。至该犯等供出西洋人穆导沅曾至沔阳州、南漳县境内，现在查拿无踪，难保不逗留传教，着各直省督抚严饬各州县查拿，务获究办。”（《清宣宗实录》卷337）

（道光二十六年六月）戊午，谕军机大臣等：“据裕泰等奏‘盘获传教之西洋夷人，解赴广东’等语。该夷因在沿海等处地方游行，来至湖北传习天主教，既能讲说内地语言，且又剃发，是否确系西洋夷人，抑系沿海匪徒饰混诈冒，着耆英、黄恩彤于湖北委员将该夷人解到时详细研鞫，如系匪徒假冒，即着从严惩办。原片钞给阅看。将此谕令知之。”（《清宣宗实录》卷431）

（道光二十六年九月丙戌）谕军机大臣等：“耆英等奏‘遵旨讯明湖北获解传教夷人，饬发西洋夷目收管’一折。该夷纳巴罗即陆怀仁，以外夷赴内地希图传教，现据讯明实系大吕宋人，并无别项不法情事，亦非匪徒饰混诈冒。该国并无领事在粤，该督等已发交西洋夷目严加管束。惟该夷将来如何归着，是否交该夷目饬令回国，抑或仍留粤东，并如何妥为安置，不至再出滋事之处，着耆英等斟酌情形，悉心妥议具奏。将此谕令知之。”（《清宣宗实录》卷434）

（道光二十七年正月庚寅）谕军机大臣等：“耆英……又另片奏‘解往湖北传教夷人已交西洋夷目收管，该夷居住香港，甚为安静’等语。该夷现既安静，想系知所儆畏，此后惟严饬地方官于关津渡口随时盘查，自不至任意混入。将此谕令知之。”（《清宣宗实录》卷438）

（道光二十七年十一月甲午）谕军机大臣等：“裕泰等奏‘盘获西洋人潜入内地传教’一折，据称‘西洋人李若瑟、啰沅勒改换服饰，潜至湖北省，与民人马五芝等会遇，劝允传教。并有该省上年委员解粤领管之纳巴罗一名，复行来楚，欲图传教’等语。该国习教念经，例不准赴内地传习，以防蔓延滋弊。兹西洋人李若瑟等曾至山西、陕西等省，复先后至湖北传教，既经该督抚解回广东，着耆英照例妥办。将此谕令知之。”（《清宣宗实录》卷449）

（道光二十八年正月乙酉）谕军机大臣等：“本日据耆英等奏‘设法抚驭民夷’，并‘咈囒哂夷酋到粤接见情形’各一折，览奏均悉……至咈酋所称‘云南、湖北等省尚在拿办天主教，四川、湖北、山东等省并将该国传教夷人凌辱，求为知会各省’等语，已据该督等据理答复。惟外国人不准擅入内地传教，前定条约甚为明晰。今四川等省系属照约办理，并无不合，该督等亦须申明前约，向该酋详细开导，令其约束该国夷人，勿再擅入内地传教，以昭信守，是为至要。又另片奏，查询驶往朝鲜之夷人，现据声复情形，并着该督等随时体察，酌量妥办。将此谕令知之。”（《清宣宗实录》卷451）

（咸丰三年四月乙未）钦差大臣湖北提督向荣等奏师船夷船情形。得旨：“着照所奏办理，暎夷既非助逆，亦不必再兴波澜。吴健彰将杨文定照会未行，驾驭得宜，可嘉之至，本日随批回折件，发去白玉搬指一个，赏给吴健彰。”（《清文宗实录》卷92）

（咸丰八年四月甲戌）谕军机大臣等：“本日据桂良等奏‘暎夷所求条款，连日派员面议，分别准驳，而该夷情形，似非全准不可’等语，该夷要求各款内，如镇江、汉口各处通商，并由江通海各处，任凭伊国随时往来，要紧地方由伊国设领事官，惩办不法之徒等语，直欲以中国地方听伊出入，所请断属难行。现已谕知耆英正言驳斥，另行设法羁縻。惟该夷以此款为最要，一经拒绝，其决裂实在意中，此时调拨各兵，渐可齐集……将此密谕知之。”（《清文宗实录》卷252）

（咸丰八年十月甲辰）谕军机大臣等："桂良等奏'沥陈夷情，并办理棘手情形'一折，总以夷人不肯罢弃条约为言。在该夷自不肯轻罢前议，原欲桂良等竭力设法，以图补救。乃历次奏报，于内定办法业已置之不论，而此次折内竟并驻京一节，亦有不能挽回之势。然则朕派桂良等前往上海，又命何桂清会同商办，岂真专为税则计耶？桂良等接奉叠次严谕，既知惶悚，尚非全无天良。不过希图了事，不知目前兵端固不可开，将来后患岂可不虑？所谓以该夷之财制该夷之命，不过徒托空言，岂能确有把握？总须将前谕四事尽力挽回，即不能照内定办法，亦可勉从所请。若徒事作难，必欲邀朕允许，然后将就了局，一奏塞责，试思桂良等在津滥许该夷所求之事，据奏原思日后挽回，若至今仍无补救，不独无颜对朕，其何以对天下？何桂清身任封圻，特命会办要事，而坚执己见，竟于国计无裨。桂良等随同附和，牢不可破，清夜扪心，亦当自愧。前据奏称，该夷李泰国尚肯为我出力，何以此时并未见其相助说合？即前在天津，所觅内线黄姓诸人，桂良等所恃为转圜者，何奏报中未见提及？如果似此情形，桂良等亦何所恃而轻许于前耶？至该夷欲赴汉口，尤须力为阻止。此时沿江贼船充斥，若夷船误被损伤，中国岂能任咎？若因夷船经过，而我水师停兵相让，设或贼船跟踪直上，岂不搅我长江大局？该夷既真心和好，岂有不可理谕？着桂良等剀切止之为要。叠次批示之后，本已无可再谕，朕不惜谆谆告戒，尚冀桂良等尽力图维，以全大局。当此国家多难之时，尽一分心力，即为天下消一分祸害。桂良等受恩深重，身在局中，责有攸归，朕不能再为曲谅也。将此由六百里密谕桂良、花沙纳、何桂清，并传谕明善、段承实知之。"（《清文宗实录》卷266）

（咸丰九年七月壬申）谕军机大臣等："官文奏'请饬吉林将军于珲春等处，挑选西丹三百名，赴楚助剿'等语。现在吉林地方，俄夷分赴珲春三姓等处，希图占地，经该将军设法拦阻。因该省马队调出者多，现须多备余丁，勤加操练，吉林余丁，实无可调拨。如将未经操练之丁勉强拨往，恐徒劳跋涉，到楚后仍不适用。官文前曾请拨黑龙江西丹千名赴楚，着该大臣于八九月间，催提前往，以资应用。并咨行沿途将军督抚妥为应付，以利遄征。将此谕令知之。”（《清文宗实录》卷 287）

（咸丰九年七月壬辰）谕军机大臣等：“僧格林沁等奏‘接奉寄谕，并俄夷所送各国旗式遵办’一折。俄夷所绘各国旗式，业经僧格林沁递交玉明、格绷额、定福，传谕各海口辨认。所称但据旗帜为凭，深恐夷情诡谲，难以确信。着仍遵前旨，此后夷船往来海口，如仅在洋游驶，并无滋事情形，无论何国旗号，毋庸开炮轰击。设或登岸滋事，即当严以拒之，勿受彼欺，并着知照玉明等一体遵照办理。至所请‘俄酋使臣书信往来，饬暂由库伦陆路行走’一节，现在木哩斐岳幅将次行抵北塘，必尚有在京使臣往来书信，业经言明准其投递。且俟木哩斐岳幅船只回帆后，再令该国使臣书信由库伦行走可也。至调补荆州左翼副都统成保，着准其俟撤防后再令回京请训。将此谕知僧格林沁、恒福，并传谕文煜知之。（《清文宗实录》卷 289）

（咸丰十年十月庚辰）又谕：“恭亲王奕䜣等奏‘暎国欲于长江通商，业经给予照复允准’一折。长江通商一节，八年原定和约内载明，除镇江一年后立口通商外，其余自汉口溯流至海各地，选择不逾三口，准为夷船出进货物通商之区。今该国以抚局已成，欲先赴汉口、九江两处开商，应纳税饷，或在上海、镇江各关按照新章交纳。并据该酋照会内称‘先向海关报明护船兵器、火药、铅弹等物，请给照单。该关口查明所报军器数目如在情理之中，即注明给发。倘有额外军器，或并无照单，私行售卖者，即将该船所载货物全行入官，并驱逐该船出口，不准在江面贸易’各等语。该夷此次严定章程，无非虑中国防其勾结贼匪，售卖军火等物，有意存见好之心。业经恭亲王等允其咨照湖北、江西督抚矣。惟汉口、九江两处系属通商创始，所有一切章程必须按照条约，与之妥为商定，毋令别生枝节，以期永远相安。其进口、出口应纳税饷，恭亲王已令其与上海关公同商酌，亦须明定章程，免致税课亏短。至该洋船所带兵器、火药等，已据该酋声明在海关呈报，均须严密稽查，照章办理。其经行江面地方，所有防守弁兵俱应饬令一体知悉，毋得滋生疑虑，以致别启衅端。着官文、胡林翼、薛焕、毓科、巴栋阿、李若珠等悉心妥办，总期杜渐防微，而又不致有伤和好，方为至要。将此由六百里各密谕知之。”（《清文宗实录》卷333）

（咸丰十一年正月）乙卯，谕军机大臣等：“本日据薛焕奏‘暎国兵船驶赴长江，前往汉口等处，路过金陵，欲见发逆’，并据巴栋阿奏‘暎国商船现抵镇江，有轮船一只前往金陵上游，查看江面，欲使粤匪知其来往通商，毋得拦阻’各折片。暎夷于九江、汉口两处开商，先与发逆交接，该夷甫与中国换约，虽不助我剿贼，亦未必遂勾通粤逆，再启兵端。惟此后该国商船往来江面，恐金陵逆匪借伊船只装载贼匪，驶入天津海口，其患不可不防。此事若由中国稽查，恐该夷心生疑忌，不如向该酋告以现在汉口、九江通商各国船只往来甚多，恐粤匪假充商贾，溷迹其中，窜入天津海口，中国无从稽查，应由贵国派人将出口、进口人数严密查察，如有贼匪潜赴天津，务即代为拿获，以见彼此和好之道。着恭亲王奕䜣等悉心筹议，或行文照会，或与嘁哑吗等当面言定之处，即行酌量办理。薛焕、巴栋阿各折片，均着钞给阅看。将此密谕知之。”（《清文宗实录》卷341）

（咸丰十一年四月癸未）谕军机大臣等：“……本日官文奏‘暎、俄各国商船，陆续到汉口，暎国有领事官金执尔同往，俄国船到，并未报知，来去自由，亦无领事官偕来，语言不通，任意装载往来，莫从理喻’等语。汉口江路，贼氛逼近，外国船只驶赴通商，本多窒碍，若如俄国之任意往来，殊滋流弊。且载运货物，亦须遵守条约，着奕䜣等即照会俄国，嗣后该国商船到汉口，务须有领事官偕往，去来必须报明，不得任意装载往来，以杜诡计。其各国出口货税，交纳稽查各章程，并着奕䜣等迅速酌议，咨复官文查照办理。王有龄、官文折片五件，均着钞给阅看。将此谕令知之。”（《清文宗实录》卷350）

（咸丰十一年五月乙巳）谕军机大臣等：“……再前据恭亲王奕䜣等呈递暎国照会内，有‘湖北广济、黄梅两县于三月十二日、十三日先后失陷，黄梅失守之信到九江，藩台私行退去’之语。张集馨赴九江办理通商，何以一闻警报，辄即避去？如果属实，必为外国人轻视，着曾国藩严密访查，据实参奏。将此由六百里加紧谕令知之。”（《清文宗实录》卷352）

（咸丰十一年六月乙丑）谕军机大臣等：“官文等奏‘暎、咈等国商船经过长江，请严禁汉奸附载轮船，贪利济匪’一折。据奏‘……请嗣后有贼之处，遇商船停泊，即由中国查拿，尽法惩治，果系洋商，照约将货物入官究办’等语。洋船驶入中国，原与内地各市镇通商，以敦和好，断无与贼匪往来，暗通接济之理。自系汉奸假冒影射，从中贪利，若不严行禁绝，无论安庆不能克复，皖楚肃清无期，即后患不可胜言。着奕䜣等即照会暎、咈两国留京公使，严查奸人附载轮船，贪利济匪。凡洋船由安庆等地经过，不得停泊城下，禁止汉奸与城贼勾通接济。其咪唎坚、布噜斯两国，亦应一体照会。此外他国有无商船往来，上海等处是否别有假冒洋商之奸匪，应如何一律严查禁止，亦由该各国公使妥议办理，庶于官军剿贼机宜不至掣肘，而各国亦可永敦和好。原折着钞给阅看。将此由五百里谕令知之。”（《清文宗实录》卷354）

（咸丰十一年六月甲申）谕军机大臣等：“……江苏、江西、湖北通商各处多逼近贼氛，恐似此弛备派捐者尚复不少，着曾国藩、薛焕、毓科、官文、胡林翼严饬地方文武，实力设防，不得徒事捐敛，致为外国人轻视。果能破除积习，力存体面，庶于剿抚大局两有裨益……将此由

六百里各谕令知之。”（《清文宗实录》卷355）

（同治元年六月丁丑）又谕：“李鸿章……另片奏‘……探悉英国有兵万余来沪，止在上海百里内攻剿，不便远征，我军势难与之强合。又于新闻纸内，得悉英国欲买汉口地段，俟代攻破一城后，借以交抵’等语。现在李鸿章叠饬参将程学启等进攻青浦，能否厚集兵力，赶紧克复？如将来洋兵到后，我军即与分路攻取，纵使洋兵克复城池，仍应我军驻守，以免流弊。薛焕与李鸿章仍遵前旨，豫为妥筹，毋致授柄。于彼汉口买地一事，前已由总理各国事务衙门咨行湖广总督官文等办理。现据李鸿章奏报情形，仍饬由该衙门咨催官文等速为妥办，庶不至将来为其所挟……将此由六百里各谕令知之。”（《清穆宗实录》卷32）

（同治元年十二月庚子）又谕：“……湘南民俗强悍，近复习于战争，该教士等贸然前往，断难保其无事。武昌为道路所必经，该教士等本有到楚面见官文商办之说，着官文于该教士等到武昌时，开诚劝导，令其暂住湖北，从缓前进，以免别滋事端，仍飞咨沈葆桢、毛鸿宾会商妥办。将此由五百里各密谕知之。”（《清穆宗实录》卷53）

（同治二年三月甲寅）又谕：“……罗安当上年到京，经总理各国事务衙门再三开导，令其暂缓回江，该教士坚执不从，止得准其前去。复谕令官文于该教士到汉口时设法挽留，该教士并未谒见官文，现已由湖北护送到浔，是其即欲晋省，已可概见……将此由六百里谕令知之。”（《清穆宗实录》卷60）

（同治四年十一月戊寅）又谕：“官文奏‘特参带领遣散勇丁与洋人滋事之都司把总，请旨分别革职拿问’一折，据称‘前在谋胜营充当营官之都司尹昌景，寓居汉阳南岸嘴地方，因与洋人口角争斗，带领遣撤勇丁夏修荣等执械帮殴，致将洋人殴伤。现饬江汉关监督照会法国领事，照例办理’等语。此案尽先都司尹昌景逗遛汉阳，藏匿军器，容留遣勇，辄因法国医官将伊窗棂打坏，纠约勇丁持械追赶，殴伤洋人，实属任性妄为，尹昌景着即革职拿问……案关中外交涉，该督必须督饬所属严拿逸犯，将此事持平办理，不准畸重畸轻，无以折服洋人之心，致令有所借口，别生枝节。并着迅速了结，不准稍有耽延。将此谕令知之。”（《清穆宗实录》卷 160）

（同治五年二月庚戌）又谕：“总理各国事务衙门奏‘据总税务司呈递《局外旁观论》，英国使臣呈递《新议论略》，于中外情形深有关系，请饬交沿海、沿江通商口岸地方各督抚大臣妥议’一折，并将总税务司及英国使臣所递论议照会各件一并进呈，披览之余，有不能不豫为筹画者。中国军务未平，帑项未裕，洋人即因此以生觊觎，详阅总税务司赫德所陈《局外旁观论》，大旨有二：曰内情，曰外情。英国使臣威妥玛所陈《新议论略》，大旨有二：曰借法自强，曰缓不济急。其词与《局外旁观论》大意相同，而措词更加激切。其所以挟制中国者，则以地方多故，不能保护洋商为兢兢。现据总理各国事务衙门奏称‘窥洋人之立意，似目前无可寻衅，特先发此议论，为日后借端生事地步。若不先事通筹，恐将来设有决裂，仓卒更难措置’等语。因思外国之生事与否，总视中国之能否自强为定准。该使臣等所论，如中国文治、武备、财用等事之利弊，并借用外国铸钱、造船、军火、兵法各条，亦间有谈言微中之时，总在地方大吏实力讲求，随时整顿，日有起色，俾不至为外国人所轻视，方可消患未萌，杜其窥伺之渐。至所论外交各情，如中国遣使分驻各国，亦系应办之事。此外所论各节，反复申明，总以将来中国不能守信为疑。所陈轮车电机等事，虽多窒碍难行，然有为各国处心积虑所必欲力争之事，尤恐将来以保护洋商为词，即由通商口岸而起。江苏、江西、浙江、湖广、闽、粤各省及三口通商地方，均系沿江、沿海，与该洋人日相交涉。该督抚等俱应熟悉中外情形，应如何设法自强，使中国日后有备无患，并如何设法豫防，俾各国目前不致生疑之处，着官文、曾国藩、左宗棠、瑞麟、李鸿章、刘坤一、马新贻、郑敦谨、郭嵩焘、崇厚各就该处情形及早筹维，仍合通盘大局，或目前即可设施，或陆续斟酌办理，或各处均属阻滞，断不可行，务条分缕析，悉心妥议，专折速行密奏。此事关系中外情形甚重，该督抚大臣等务当共体时艰，勿泥成见，知己知彼，保国保民，详慎筹画，不可稍涉疏略，是为至要。外国论议及说帖照会四件，均着钞给官文等阅看。将此由五百里各密谕知之。”（《清穆宗实录》卷169）

（同治八年十月戊午）又谕：“前因川黔教案未结，法国使臣欲带兵船入川，当经谕令李鸿章赶紧查明审结。兹据总理各国事务衙门奏‘罗淑亚行抵天津，闻知安庆复有拆毁天主教堂、耶稣书院之事，即行登舟赴沪’等语。该使此次出京，称欲带兵赴川，实因川黔教案日久未结，故为此胁制之计。若不迅速办结，必至激成事端，办理愈形棘手。酉阳一案，该使以张佩超为主谋，杨珍廷为下手，刘幅为顶凶，必须切实根究，着李鸿章、崇实、吴棠懔遵叠次谕旨，赶紧查明，拟结遵义一案。李鸿章已派余思枢前往查访，并着速为结案，毋稍迁延。李鸿章前奏‘拟往重庆，就近体察各情，如事机稍松，即行回鄂’等语，朝廷以此事关系紧要，故特令该督会同查办。李鸿章行抵重庆后，必须将川黔两案如何办结奏明，候有谕旨，再行回鄂。安庆拆毁英法教堂，究竟因何启衅？此次法国使臣带领兵船沿江上驶，必由安庆经过，尤恐借此要挟，枝节丛生，着马新贻、英翰速将此案设法了结，不可稍有延缓。原折单均着钞给阅看。将此由六百里各谕令知之。”（《清穆宗实录》卷269）

（同治九年正月戊寅）又谕：“李鸿章奏‘法国使臣罗淑亚驶至汉口，由川赶回，与之商办定议’一折，据称梅西满赴汉，怂恿公使出头索帐，李鸿章面告以前次断给银票共三万两，原谓两案并了。今罗使必将已收票银专为赔堂及抚恤被害教民之用，而张佩超旧案尾欠另行着追，止能照约由地方官随时代催，断不能由官筹垫。该公使远道来此，本为川黔两案起见，既相谆属，应咨商川省转饬妥办。该使闻领事等回复允为转咨，意甚欣悦，请照会完案。伊即不再入川，罗淑亚即于十二月二十八日由汉口起程回京等语。着崇实、吴棠即照李鸿章所筹一切情形分别办理，以免另生枝节。张佩超既与教堂积有仇怨，即照李鸿章所拟，令其设法迁移，以图两全。着崇实、吴棠妥筹办理。李鸿章原折着摘钞给崇实、吴棠阅看……将此由六百里各谕令知之。”（《清穆宗实录》卷274）

（同治九年四月辛酉）又谕：“……遵义教案日久未结，其中固有棘手情形。而罗淑亚性情躁妄，动辄归咎于地方大吏者，实欲遂其牟利之心，虽带兵船驻扎汉口，虚实均难豫料，惟在京终日哓哓，亦属不成事体。李鸿章现虽带兵赴陕，而奉命查办之时，于此案谅有办法，仍着迅饬余思枢会同该省官员妥速筹办，不得以他省派往人员意存推诿。曾璧光身任黔抚，责无旁贷，着即懔遵前旨，迅令余思枢驰回遵义，并饬承办各员会商讯结，以期早息衅端……将此由六百里各谕令知之。”（《清穆宗实录》卷281）

（光绪元年四月）戊辰，谕军机大臣等：“总理各国事务衙门奏‘四川夔关扣留外国货船索赔一案，请旨办理’一折。英法两国使臣先后以四川官员并川省夔关扣留货船，损坏货物，向总理各国事务衙门索取赔款。而吴棠咨报该衙门则称，准局员禀称，货物全无损坏，乃该国公使据约索赔，哓哓不已。英国使臣威妥玛复拟到各处索偿，坐扣洋税作抵。法国使臣罗淑亚亦有‘汉关既推卸不办，夔局亦不接见，刻下无员派往夔州，若不在京中或汉口会商，只得令本国水师提督办理’之语。外国货船往来内地，情弊甚多……若不将此案迅速持平办结，难保不枝节横生，意图挟制。着魁玉、吴棠饬令夔关原扣此项船只之员速将此案妥为办结，或径由现任之员持平核议，总期消患未萌，毋任迟延，致滋事端。刻下威妥玛前往上海等处，难保不令洋商少完税银，以为赔偿之计，罗淑亚亦称欲到汉口办理，设使稍涉迁延，彼更狡焉思逞。着刘坤一、李瀚章、翁同爵豫为防范，如该国有借端索诈之处，必须据理按约，持平与议，勿稍堕其术中，致贻后患。原折均着钞给阅看。将此由五百里各谕令知之。”现月档 （《清德宗实录》卷7）

（光绪元年六月）癸酉，谕军机大臣等：“李瀚章奏‘赴滇查办事件需员差委，湖北候补知府蒋铭勋熟悉洋务，前因丁忧回籍，请旨饬调’等语。着刘坤一、吴元炳饬令该员搭坐轮船，迅赴湖北，听候李瀚章差委，毋稍迟延。将此由四百里各谕令知之。”现月 （《清德宗实录》卷11）

（光绪元年六月丁丑）又谕：“岑毓英奏‘查明马嘉理被戕情形，暨阻止威妥玛带兵入滇’各折片，据称，马嘉理被戕一案查系野人杀害，现在严拿此案凶犯务获，听候英国观审之员到滇讯明惩办……至威妥玛带兵赴滇一节是否确实，其由上海赴汉口时，李瀚章必有见闻。刘岳昭、岑毓英当一面弹压绅团，毋令滋事，方为操纵合宜。不得稍涉卤莽，致启衅端。岑毓英折片着钞给李瀚章阅看。将此由六百里各密谕知之。”现月 （《清德宗实录》卷11）

（光绪元年六月）庚辰，谕军机大臣等：“李瀚章奏请调员差委一折。江苏候补同知陈福勋、候补知县孙文川，着刘坤一于该二员中酌派一员，饬令搭坐轮船迅赴湖北，交李瀚章差委。刑部候补主事陈兰彬现在尚有经手事件，能否前往之处，着总理各国事务衙门酌度情形，奏明办理。”寻奏：“陈兰彬现在尚有经手未完事件，碍难前往。”允之。现月 （《清德宗实录》卷11）

（光绪二年十二月辛卯）谕军机大臣等：“沈葆桢奏‘美国旗昌公司愿并归招商局，议定各项价值，请饬拨款’一折。旗昌公司轮船栈房等项，现经议定价值，概行并归招商局。惟需款甚巨，除各商集成银一百二十二万两外，不敷银一百万两。沈葆桢拟由该省藩司等筹银五十万两，并请饬浙江拨银二十万两、江西拨银二十万两、湖北拨银十万两，即着李瀚章、翁同爵、刘秉璋、杨昌濬迅速照数拨解，毋稍延误。至所称'官本息银不限定额，宜官商一体'等语，均着照所议行。并着李鸿章将北洋从前所发官帑照此办理，以广招来。沈葆桢折着钞给李鸿章等阅看。将此由五百里各谕令知之。”现月 （《清德宗实录》卷44）

（光绪三年七月）辛未，谕军机大臣等：“前据金顺奏，订买俄粮价银，兑至湖北江汉关交给。当经谕令该将军咨明李瀚章等，将所兑银两届期如数付给。兹据李鸿章奏称'江汉关征收洋税入不敷出，俄商如持票取银，届期必无以应，请饬部另款筹拨'等语，关外军食转运艰难，采买俄粮原是不得已之举，此次金顺订买粮面，既经兑由湖北协饷内拨交银三十五万两，若复另行筹拨，诚恐辗转迟误，无以取信于外人，诸多未便。湖北本有应解金顺之饷，无可推诿，着李瀚章、翁同爵竭力筹画，无论何款豫为拨定，以备应付。如实不能全数筹拨，短少若干，即着该督等与李鸿章熟商，于北洋海防经费内暂行借拨，以足三十五万之数，总期届时无误给发，是为至要。所借海防经费，仍着李瀚章等随时筹解归款。近来各省用款均极支绌，况与外人交涉尤宜慎之于始，若未经商定款项，遽行指兑，设有贻误，转费周张。金顺嗣后于购买外国粮糈等项亦须悉心妥筹，不可冒昧从事也。将此由四百里各谕令知之。”剿捕 （《清德宗实录》卷54）

（光绪三年十月己酉）又谕：“总理各国事务衙门奏'湖北武童殴伤英国教士，请饬速行办结'一折。英国教士在湖北武昌县被殴受伤一案，业经该省拿获滋事武童数人。复经总理各国事务衙门函致李瀚章，严饬查明下手凶犯，确切研究。而英国使臣仍以首犯务获究办，并各犯一并惩治，地方官亦应参办，始可议结为词。其照会中并有牵涉滇案通行告示之事，亟应迅图议结，以弭衅端。近来各省中外交涉事件甚多，全在迅速核实办理，庶不至贻口实。此案迁延日久，枝节丛生，着李瀚章即将此起案情妥速筹画，并严饬该地方官认真查究，持平办结，毋再迟延。原折着钞给阅看。将此由四百里谕令知之。”现月　（《清德宗实录》卷60）

（光绪三年十二月丁亥）又谕：“李瀚章奏‘英国教士被殴，获犯饬认，并叠次辩论情形’一折。湖北武童在省城殴伤英国教士一案，该领事于三端之外添出红夏县议处一层，自不得不切实驳复。该关道与许士再三譬解，似稍领悟。既据该督奏称‘告以如将鄂省查办此案实在情形详报驻京使臣，当无异议，亦经应允’等语，即着李瀚章督饬该关道迎机开导，设法完案，务当迅速了结，以免日久另生枝节。将此由四百里谕令知之。”现月档　（《清德宗实录》卷63）

（光绪四年四月癸卯）又谕：“河南学政瞿鸿禨奏‘闻英国遣罗亨利、花国香二名携银赴豫散赈，亦有赴晋者，请饬设法阻止。且闻该国收买流民妇女，并请饬南北洋大臣、湖广督抚严贩卖出洋之禁’等语。前据总理各国事务王大臣面奏，日本国使臣森有礼曾在该衙门声称，日本人有捐助山西赈粮者，当经王大臣等以山西转运艰难力为劝阻。嗣据李鸿章函致该衙门，米已运至天津等情。外国捐银捐米助赈，名为善举，实则流弊滋多。兹据瞿鸿禨奏，英人携银前往晋豫散赈。即着曾国荃、涂宗瀛悉心酌度，婉为开导，设法劝阻，一面将罗亨利等前往情形确切密查具奏。至贩卖妇女出洋本干例禁，着李鸿章、沈葆桢、吴元炳、李瀚章、潘霨督饬地方官实力稽查，严行禁止。倘有奸民渔利转贩，即行查拿，照例惩办。将此密谕李鸿章、沈葆桢、李瀚章、吴元炳、曾国荃、涂宗瀛，并传谕潘霨知之。”洋务　（《清德宗实录》卷72）

（光绪六年七月丁丑）又谕：“詹事府右庶子张之洞奏‘俄约中陆路通商一条，设万不肯改，惟有照左宗棠原议，招来华商，由汉口贩运至嘉峪关，俄商就关外市买，令江汉关监督于汉口广劝股分，创设运茶公司。起运之地，援洋商成例，但完正半税，即不再重征，庶关外茶多价贱，俄商又省跋涉之劳。至松花江行船一条，咸丰八年，约中所指准中国、俄国行船之松花江，系专就于二国间一段江流而言，若松花江未与黑龙江会流以前，本系中国地方，约中但言准俄国行船，不必又赘言准中国行船’等语，筹虑尚属周详，着曾纪泽于议约时揆度情形，参酌办理。原片着钞给阅看。将此密谕知之。”洋务 （《清德宗实录》卷115）

（光绪七年十一月丁酉）谕军机大臣等：“刘坤一奏‘已革湖北同知李玉墀于法人最密，每代法人画策，专与越南为难。同治十二年，法国兵轮驶入越南，李玉墀时在法船，托言运送云贵军装，一过险隘，遂肆披猖，东京由是失守。光绪三年，李扬才窜扰越南，李玉墀来粤投效，于法人割取越南六省并法兵接仗情形言之娓娓。此次法人图占越南东京，诚恐李玉墀逞其鬼蜮’等语。中国不逞之徒如为外国所用，贻患实深。着张树声、裕宽、庆裕不动声色，暗地访查，设法诱致，并咨明该革员原籍督抚，一体密查实在下落，妥筹办理。原片均着钞给阅看，将此由四百里各密谕知之。”洋务 （《清德宗实录》卷139）

（光绪九年九月）壬辰，谕军机大臣等：“法人胁越议约，尽攘该国权利，果如所议，越南无以图存，大局所关甚重。法使脱利古来京，在总理各国事务衙门并未提及此事，意殊叵测。刘永福一军屡获胜仗，当不因彼国议和，稍形退沮。现在进规河内，如能克期攻克，以固北圻门户，办理自易得手。前有旨谕倪文蔚等令唐景崧设法激励，着该抚等密速妥筹，徐延旭着懔遵前旨，星速出关，相机调度。所有滇粤防军，岑毓英、倪文蔚、徐延旭、唐炯务当督饬将领严密布置，俾壮声援，勿稍松劲……该督抚等务当深体时艰，极力筹办，俾越事及早挽回，以维大局。将此由六百里各密谕知之。”洋务 （《清德宗实录》卷170）

（光绪十二年七月庚申）又谕：“总理各国事务衙门奏‘核议游智开所奏渝城打毁教堂各节，暨罗缙绅禀报滋事情形，请饬查复’各折片。

此案应试武童不遵地方官约束，恃众滋事。辄因美国在鹅项颈等处买地设堂，不协众心，逞强拆毁，兼及各国教堂，实属肆意妄为，此风断不可长。前经谕令刘秉璋确切查明，迅速了结……至宜昌镇总兵罗缙绅探报各情，与游智开前奏轻重悬殊，所称南川綦江团勇开仗伤人，江北厅地方被教民烧毁铺屋四百余家，究竟有无其事，并着刘秉璋确查复奏。将此由五百里谕令知之。”洋务　（《清德宗实录》卷230）

（光绪十三年二月庚申）谕军机大臣等：“前据裕禄等奏‘鄂省钱少价昂，请暂禁轮船洋船装运出口’一折，当经谕令该衙门议奏。兹据总理各国事务衙门奏称‘条约内载铜钱不准运出外国，惟通商中国各口准其以此口运至彼口，仍应照向章办理’等语。铜钱装运出口，条约所载本甚明晰，各省督抚果能督饬关道实力稽查，自无流弊。且向来洋人亦无私运铜钱出洋情事，今忽通行照会，转致生疑，易滋口舌。至圜法本贵流通，此省运至彼省，例所不禁，安能与岁荒禁米相提并论？该督等所请由总署照会各国使臣之处，着毋庸议。嗣后遇有中外交涉事件，务当详核条约，照常妥办，毋得另生枝节，以致窒碍难行。原折着钞给阅看。将此谕令知之。”洋务　（《清德宗实录》卷239）

（光绪十七年五月）庚午，谕内阁：“总理各国事务衙门奏‘各省教案叠出，请严饬各督抚迅速筹办’一折，据称‘本年四月间，安徽芜湖教堂被匪徒焚毁，江苏丹阳县、湖北武穴镇等处教堂亦相继被毁，亟应查拿匪犯，早为严防’等语。各国传教载在条约，曾经降旨饬令各省随时保护。历年已久，中外相安，何以近日焚毁教堂各案同时并起？殊堪诧异。其中显有巨匪潜谋勾煽，布散谣言，摇惑众心，希图乘机抢掠。甚至安分良民为所诱胁，动成巨案，若不严行惩办，何以严法纪而靖地方？着两江、湖广、江苏、安徽、湖北各督抚，迅饬该管文武查拿匪首要犯，讯明正法，以儆将来。至泰西之教，本是劝人为善，即从教之人亦系中国子民，仍归地方官管辖，民教本可相安，总因不逞之徒捏造无根之言，借端滋事。此等奸民所在多有，着各直省将军、督抚出示晓谕居民，切勿轻听浮言，妄生事端。倘有匿名揭帖，造言惑众，即行严密查拿，从重治罪。各国商民教士，地方官必当随时设法保其身家，勿任奸徒扰害。倘或防范不严，致酿事端，即着据实严参。其从前各省未结各案，并着该将军、督抚从速办结，不得任听属员畏难延宕，以清积牍。将此通谕知之。”洋务 （《清德宗实录》卷297）

（光绪二十年三月乙未）又谕：“御史褚成博奏‘洋商违约筑池，存储火油，大拂民情，请饬禁阻’一折，据称‘去冬有德国商人在上海县浦东陆家渡地方购地筑池，为存储火油之用，众情疑骇……且闻另有洋人在汉口购买地基，亦为存储火油而设，请饬速行阻止’等语。洋商开池存油，是否有碍民居，着南北洋大臣详细查明，设法阻止，妥筹办理。原折均着钞给阅看。将此谕令知之。”寻李鸿章等奏：“遵查上海浦东地方，洋商试办火油池栈，设于旷地，并无贴邻。所制桶管亦均稳固，油池严防渗漏，亦已备列设限防险章程，与民居汲饮不致有妨。且载明倘有渗漏，殃及居民，除赔偿外，即由地方官会同领事将池拆毁，不得再行建造，如有未尽，仍当饬令苏松太道随时查察妥办。至汉口地方，据查尚无筑池形迹，已将所订章程通行各口，一体遵照。”下所司知之。折包 （《清德宗实录》卷337）

（光绪二十年六月乙卯）谕军机大臣等：“给事中张嘉禄奏‘商民行使吕宋赌票，受害无穷，请饬申明旧章，严行禁止’一折。吕宋票流行中国，前经刑部将发帖招帖及窝顿容隐并贪利贩卖各项人等严定罪名，通饬湖北等省一体禁止。乃奉行日久，仍属具文，甚至京城地面亦有大张招帖领票转售之事，殊为风俗人心之害。着刑部、步军统领衙门、顺天府、五城御史、南北洋大臣申明旧章，一律严禁，毋得虚应故事。并着总理各国事务衙门咨行出使大臣设法阻止，以杜漏卮。原折均着钞给阅看。将此各谕令知之。”现月 （《清德宗实录》卷342）

（光绪二十年十月戊午）命头品顶戴湖北布政使王之春前往俄国赍书唁贺。洋务 （《清德宗实录》卷351）

（光绪二十一年三月甲午）总理各国事务衙门代奏："李鸿章电称与日本全权大臣伊藤博文等在马关议定和约十一款。一、中国认朝鲜为独立自主国，废除贡献典礼。二、中国将辽南地方及台湾全岛、澎湖列岛让与日本。三、两国各派官员二名，公同画界，限一年竣事……六、准添开沙市、重庆、苏州、杭州为商埠，由日本添设领事官驻扎。及日本轮船从湖北宜昌至四川重庆，又从上海吴淞江至苏州、杭州载客运货，并日本臣民在中国购买货物，或将商货运往内地，得暂租栈房存储，又得在中国通商口岸从事工艺制造。七、日本现驻中国之军队，限三个月内撤回。八、其暂驻威海卫之军队，俟第一、第二两次偿款交清，通商行船约章批准，暨确定抵押办法后撤回。九、两国各将俘虏交还，并予免罪。十、本约批准后，按兵息战。十一、本约批准后，定于四月十四日在烟台互换。"从之。（《清德宗实录》卷364）

（光绪二十一年六月）甲申，谕军机大臣等："中日新约第六款现将开议，此事于国家税厘、华民生计大有妨碍，惟借约款详明，尚足以资补救。前经特简李鸿章、王文韶为全权大臣，专司议约。该大臣等必须先持定见，开议时方能力与磋磨。新约内有'订定行船条约及陆路通商章程，应以中国与泰西各国现行约章为本'之语，即当坚执此语为凭。凡此次所许利益，皆不使溢出泰西各国之外，庶可保我利权。谅该大臣等已将应议各条熟思审处，李鸿章为原定新约之人，尤当毖后惩前，力图挽救，总期争得一分即有一分之益。其应如何设法力杜狡谋，着即先行妥议复奏。前谕川、鄂、江、浙各督抚豫筹善策，叠据廖寿丰、谭继洵、鹿传霖先后电奏，又据总理各国事务衙门代递各章京条陈，均属剀切详明，深中窾要。着李鸿章等按照所指各条悉心筹画，商定办法，以为辩论地步。总之此次议约，国计民生关系甚巨，该大臣等受国厚恩，身膺重任，慎毋含混迁就，致贻后患。各电奏及原呈均着钞给阅看。将此由四百里密谕知之。”寻复奏：“第六条内地行船装货，各口机器制造两端，系此次声明加让之事，彼之注意在此，亟须设法限制，增立规条，随时缄商总署妥办。”报闻。折包　（《清德宗实录》卷370）

（光绪二十一年十一月己酉）又谕：“电寄王之春，前次奉使俄邦，办事得体，明年四月间，俄君加冕，谊应致贺。着派王之春为专使，赍国书前往。该藩司奉到此旨，即交卸乘轮赴沪，候国书递到，迅速启行。所有致赠俄君宝星已饬许景澄在洋置备矣。”电寄　（《清德宗实录》卷379）

（光绪二十一年十一月己酉）又谕：“电寄谭继洵，王之春现派出使俄国大臣，湖北藩司着谭继洵派员署理。”电寄　（《清德宗实录》卷379）

（光绪二十四年五月）丙子，谕内阁：“各国传教载在条约，叠经谕令各督抚妥为保护，以期民教相安。乃本年四川江北厅等处教案未了，广西永安州复有杀毙教民之事，湖北沙市亦有因案牵连之事。总由地方官不能仰体朝廷谆谆诰诫之意，遇有民教交涉案件，非漫不经心，即意存歧视，畛域未化，斯嫌隙易生，无怪教案之层见叠出也。用是特加申谕各省大吏，凡有教堂州县，务当谆饬地方官实力保护，平日如有教士谒见，不得有意拒绝，使彼此诚信相孚，从教之人自不致借端生事，一面开导百姓，毋以薄物细故，轻启衅端。即使事出仓卒，该管官吏果能持平办理，亦何难消患未萌？是在各该将军、督抚严饬所属，随时妥慎筹办。从前未结之案，即着迅速了结，此后不准再有教案。倘仍防范不力，除将该地方官照总理各国事务衙门奏定新章从严惩办外，该将军、督抚责无旁贷，亦必执法从事，勿谓言之不豫也。将此通谕知之。”现月　（《清德宗实录》卷420）

（光绪二十四年七月己未）又谕：“张之洞等奏‘沙市客民细故肇衅，焚毁关局，延烧华洋房屋，获犯讯结’一折。本年闰三月间，沙市地方，因湖南帮客民与招商局更夫滋事，焚毁关局囤船，延烧华洋房屋。经该督抚委员会同地方官查办，先后拿获首要各犯，现据讯明拟结。此案该客民等因细故肇衅，辄敢纠众放火，焚毁房屋，实属目无法纪……至英日两国公寓洋行损失货物，业经该监督会商各该领事分别赔补，沙市关税务司毁失衣物，亦经另行补给。嗣后仍着该督抚严饬该地方官遵照五月二十四日谕旨，凡通商各埠地方尤当实力保护，毋任以薄物细故轻启衅端。倘有疏虞，定将该管各官从严惩办。”现月 （《清德宗实录》卷423）

（光绪二十六年九月丙戌）又谕：“电寄奕劻等，本日据盛宣怀电称‘现有法兵二千南行，恐赴固关’，又据锡良等奏称‘洋兵夺踞紫荆关，已至广昌，仍复前进’各等语，现既议和，何以洋兵西进不至？该亲王等即向各使诘问，究系何意，迅速电复，并设法劝阻，早日开议为要。再元电奏英使所称裕长心恨泰西人系揣度之词，况湖北交涉事件向由总督专政，非巡抚所得主持，务当向各使力为辩明，勿侵中国用人之权。现在裕长已将交卸河南巡抚，前来行在矣。”电谕 （《清德宗实录》卷473）

（光绪二十六年十一月庚辰）（湖广总督张之洞）又奏：“武昌城北十里沿江地方为粤汉铁路马头，将来商务必盛，自开口岸，以杜攘利而保治权。”下所司知之。（《清德宗实录》卷475）

（光绪二十七年六月戊申）又谕：“电寄奕劻等，刘坤一、张之洞等前后论俄事各电均览悉。二月初间，中外诸臣佥言俄约一成，即启瓜分之祸。朝廷熟思利害，不得不为停画，此事势之当然，本无所容其成见。乃自是之后，李鸿章误以画约为刘坤一、张之洞所阻，至有江鄂为日人所愚之言。刘坤一、张之洞又以李鸿章为偏执己见，亦有全权为俄人所愚之言。彼此积疑，负气争论，究于国事何补？该大臣等受恩深重，上年共扶危局，各著勤劳，方深倚赖。国步至此，同心戮力犹惧不济，何忍自相水火，贻忧君父，见笑外人？平心而论，李鸿章身处其难，原多委曲，然时有不受商量之失。刘坤一、张之洞虑事固深，而发言太易，亦未免责人无已……该大臣等同一竭忠谋国，务各捐除意见，和衷经画，挽回气数，共济艰难。实有厚望，尔功尔过不能逃朝廷洞鉴也。”电寄（《清德宗实录》卷484）

（光绪二十八年六月辛卯）湖广总督张之洞等奏：“妥议粤汉铁路办法，并钞呈美国借款详细合同，以保利权而争先着。”下外务部议。寻奏：“盛宣怀、伍廷芳与美公司议订借款草约十五条及续约二十六条，综其大要，不外自保权利，均属可行，请准如所拟办理。”从之。折包（《清德宗实录》卷500）

（光绪二十八年六月辛亥）又谕：“电寄张之洞等，张之洞现授为商务大臣，嗣后续议英日各国商约，着吕海寰、盛宣怀即赴湖北省会议，仍随时与刘坤一妥酌办理。”电寄　（《清德宗实录》卷501）

（光绪三十三年六月）癸酉，谕军机大臣等：“有人奏‘汉口租界新约尚须磋改’一折，着张之洞查明具奏，原折钞给阅看。”寻奏：“此次日本展界合同只有三条：一、展拓一百五十丈；二、保护华商火柴公司照常开设；三、悉照原订合同办理。皆力争十数次而得，另件议明年限收回日本借用之华界大版马头，尤辩驳数年，始克就绪。至永租税捐及日本臣民字样，均遵条约成案，并无不合。”下部知之。现月　（《清德宗实录》卷575）

（光绪三十三年八月丙寅）（湖广总督张之洞）又奏：“比国私购汉口铁路旁地三万六千余方，备价收回，息借华洋商款八十一万八千余两，垫付收楚，借项已另筹还。”下部知之。折包　（《清德宗实录》卷577）

（宣统元年十月辛丑）出使大臣钱恂奏："西教流入中国始于唐代，有碑可证……查旧教之在东亚者，以香港为总汇之地，划中国版图为五部。第一部乃直隶全省、满蒙全境及河南卫辉一府，第二部乃山东、山西、甘肃、陕西及新疆，第三部乃浙江、江南、江西、湖南、湖北、河南，第四部乃云南、贵州、四川及二藏，第五部乃福建、广东、广西也。此五部中又各分为十区、十二区、六区、四区不等，都凡四十二区，区各有长……华民受其学校教育及蒙其慈善恩惠者，人数之多，阅之增骇。谨将光绪三十三年统计数开列清单，恭呈御览。此不过就臣在洋所调查者而言，恐未尽确。且不过就直隶一省而言，他省尚不在内，他区更不可胜计，约略言之，中国全境信旧教者当不下百一十万人……臣愚以为宜先于畿辅调查入手，作一模范，然后推行于各直省。选择明于教学，明于外交之官员，与各区教长联络往来，务尽悉其情状，以闻于朝，以布于世，俾外人知我中国既非排斥教人，亦非藐视教务。庶几民教意见消融较易，而不至因教案酿成国际交涉，实中国莫大之幸。如蒙采择，请先饬直省详细调查，以为外省先导。"下部知之。（《宣统政纪》卷24）

（宣统三年三月己酉）赏商务赛会洋员比国上议院议员窦伯来等、汴洛铁路借款公司总董比国洋员德色爱等、驻汉口德国领事官米雷尔等宝星。折包　（《宣统政纪》卷50）

（宣统三年五月）丙午，督办粤汉、川汉铁路大臣端方密奏："各国辛丑和约已届十年，所有第七、第九两款亟应乘时设法修改，以重国防。"下外务部知之。折包　（《宣统政纪》卷54）

2. 抵御外夷

（乾隆三十四年四月壬申）谕军机大臣等："傅恒等奏'此次大兵由

戛鸠水陆并进，务须全据江面两岸。其江东猛密地方尤为紧要，得此处可壮戛鸠一路军威，亦可震惊阿瓦。至普洱、落卓等处尚不甚要，请将普洱满汉兵内调取三四千名，会同索伦兵二三千名直取猛密。普洱一带酌留荆州、成都、满兵二千名，令永瑞沿边屯扎，以为疑兵’等语。永瑞等始终办理不善，嗣因疏纵召散，业经革职。傅恒未知，故有此奏。落卓等处，既不甚要，只须酌派一人督兵，以张声势……”（《清高宗实录》卷833）

（乾隆三十四年十月己未）谕军机大臣等：“……倘师行顺利，直抵阿瓦，一举成功，朕所深望。万一不能，我兵既克老官屯，已据要隘，即暂将索伦、厄鲁特兵撤回腾越，荆州、成都满兵及京兵、绿营兵俱屯驻老官屯，俟明年再办亦妥……着传谕傅恒等知之。”（《清高宗实录》卷844）

（道光二十年十二月辛巳）又谕：“本日据伊里布驰奏‘请调各省官兵’一折，已由六百里飞饬安徽、湖北、湖南照数调拨矣。其前已饬回之文武各员，除谢朝恩留浙弹压外，其林明瑞、曾得胜、黄冕、孙逢尧、陆献、封耀祖等，均着准其调赴镇海，差遣委用……将此由六百里谕令知之。”（《清宣宗实录》卷343）

（道光二十一年正月）辛卯，谕内阁：“我朝抚驭外夷，全以恩义，各国果能恭顺，无不曲加优礼，以期共乐升平。前因西夷鸦片烟流毒日甚，特颁禁令，力挽浇风。惟嘆咭唎恃其骄悍，不肯具结，是以降旨绝其贸易。乃并不知愧悔，日肆鸱张，突于上年六月间乘驾夷船数十只直犯定海，占据城池……近闻数月以来奸淫妇女，掳掠资财，建筑炮台，开挖河道，且令伪官出示，谕民纳粮。百姓何辜，罹此荼毒？兴言及此，寝馈难安。迨琦善抵粤后，明白开导，仍敢要求无厌，既思索偿烟价，又复请给马头。朕早料其反复无常，断非信义之所能喻，特于年前简调四川、贵州、湖南、江西各路精兵前赴广东，又调湖北、湖南、安徽各路精兵前赴浙江，豫备攻剿……着各将军、督抚等加意巡查，来则攻击，并晓谕官民人等，人思敌忾，志切同仇，迅赞朕功，共膺上赏，朕实有厚望焉。将此通谕中外知之。”（《清宣宗实录》卷344）

（道光二十一年正月甲午）钦差大臣大学士署两广总督琦善奏：“查暎夷进兵情形，向共知其仅长水战，今讵料其并设有陆兵，战船则大小悉备，火器则远近兼施。占夺炮台后，势将直击虎门，进攻省垣，拒守实难……”谕军机大臣等：“本日据琦善奏‘暎夷占夺炮台，难于拒守’一折，又另片奏‘吁恳恩施’等语，览奏十分愤懑……现已降旨授奕山为靖逆将军，隆文、杨芳为参赞大臣，赴粤协同剿办。又添派湖北、四川、贵州三省兵丁各一千名，迅赴广东接应，一俟将备到齐，不难整顿戎行，亟筹攻剿……将此由六百里加紧谕令知之。”（《清宣宗实录》卷344）

（道光二十一年正月甲午）又谕：“本日已明降谕旨，授奕山为靖逆将军，隆文、杨芳为参赞大臣，驰往广东办理夷务。并于前调官兵之外，添派湖北、四川、贵州兵各一千名迅赴广东，听候调遣矣。现在暎夷情形甚属猖獗，杨芳接奉此旨后，着迅即驰驿前往，会同琦善相度机宜，和衷剿办……将此由六百里加紧谕令知之。”（《清宣宗实录》卷344）

（道光二十一年正月甲午）又谕：“前因剿办暎夷，有旨谕令该督等挑选精兵，豫备调遣，此时定已陆续起程。兹据琦善奏，逆夷攻占炮台，实堪发指，已特授奕山为靖逆将军，隆文、杨芳为参赞大臣，前往广东剿办。着裕泰于湖北省再派兵一千名，宝兴于四川省再派兵一千名，桂良等于贵州省再派兵一千名，令曾经出师之将弁迅速管带前赴广东，听候差遣，并严饬带兵之员，沿途毋许滋扰。将此由六百里加紧各谕令知之。”（《清宣宗实录》卷344）

（道光二十一年正月）乙未，谕军机大臣等："昨经降旨，调湖北、四川、贵州兵各一千名，前赴广东听候差遣。该督抚等接奉后，谅已挑选派员管带前往。现在粤东征剿逆夷，恐尚不敷调遣，着宝兴于四川省再派兵一千名，裕泰等于湖北、湖南两省各派兵五百名……仍令曾经出师得力将弁管带，迅速前赴广东，听候奕山、隆文、杨芳差遣，并严饬带兵之员，沿途毋许滋扰。将此由五百里各谕令知之。"（《清宣宗实录》卷344）

（道光二十一年正月乙巳）又谕："本日据伊里布奏'浙江宜暂缓进兵'一折，览奏愤懑。似此畏葸，何能迅速奏功？裕谦平日办事尚属勇往，着即作为钦差大臣，兼程驰赴浙江镇海军营接印，会同余步云专办攻剿事宜。前所调安徽兵一千二百名、湖北兵一千八百名、湖南兵一千名，谅已先后到浙，务当一鼓作气，克复定海，伫膺懋赏……将此由六百里谕令知之。"（《清宣宗实录》卷345）

（道光二十一年正月己酉）湖北提督刘允孝奏报驰赴天津海口日期。得旨："一切防守事宜，或遇攻剿事务，与署督臣暨两镇臣和衷商榷，扬国威而制夷命，共膺懋赏，朕有厚望焉。"（《清宣宗实录》卷345）

（道光二十一年二月戊寅）谕军机大臣等："本日据琦善等驰奏'逆夷大肆猖獗，炮台据报失守'一折，据奏'该逆于本月初三、初四等日驶驾火轮船，随带三板多只，叠进三门口内，冲撞簰桩，施放火箭，经副将庆宇等督兵抵御。至初六日酉刻，逆夷拢岸上山，横档、永安炮台恐被占夺'等情……其前遣赴浙之湖广兵二千八百名，已谕知裕泰、钱宝琛，令其改道入粤矣。现在广东省城情形吃重，奕山等接奉此旨，着即星夜遄行，兼程赴粤，会督各路精兵相机剿办，毋稍迟误，以副委任。琦善等折片钞给阅看。将此由六百里加紧谕令知之。"（《清宣宗实录》卷347）

（道光二十二年四月丁酉）又谕："现在逆夷猖獗，乍浦失守，距江苏海口及内河不远，恐该逆分艅肆扰，不可不加意严防。着裕泰等挑选实在得力精兵，或一千名，或数百名，并备带器械，交刘允孝管带迅速起程，由长江行走，径赴江苏，与牛鉴面商，择要防守，毋稍迟滞。其湖北提督篆务，着裕泰派员署理。将此由六百里加紧谕令知之。"（《清宣宗实录》卷371）

（道光二十二年五月己酉）又谕："牛鉴奏'江苏洋面静谧，现仍遵旨严防'等语……苏州省城兵力较单，前经调拨湖北精兵，交刘允孝管带赴苏，以资防御。俟到苏后，该督即会同派拨，以壮声威。倘逆船远驶无踪，本省兵丁足敷防守，着即照所议，将湖北兵丁截回，以节劳费。惟是逆夷反复无常，断不可稍存大意。该督仍当会同提督陈化成、巡抚程矞采等外严防御，内示抚绥，以期众志成城，俾闾阎悉臻安堵，是为至要。将此由六百里谕令知之。"（《清宣宗实录》卷372）

（道光二十二年五月乙卯）又谕："牛鉴奏'江苏省城静谧，内河防守严密'一折，又另片奏'黄家湾有夷船往北驶行'等语，览奏均悉。该逆舍浙江而入江苏境界，显有窥伺滋扰之意。内河以王江泾、平望镇两处最为扼要，现有扬州营官兵在彼防御。湖北、山西兵丁陆续可到，足资调拨……此次所调湖北、山西官兵未到，倘有警报，着该督仍遵前旨，酌将本省邻省官兵一面飞调，一面奏闻，不可稍有迟缓。至江浙连界之内河，固须调兵防守，而海口扼要处所，尤宜厚集兵力，如崇明、吴淞、上海等处兵力尚单，着即于调到湖北、山西兵内酌调，以资防剿。不可顾此失彼，致误事机。将此由六百里加紧谕令知之。"（《清宣宗实录》卷372）

（道光二十二年五月丙辰）谕军机大臣等："……至湖北、山西两处

官兵陆续可到，应如何分拨驻扎，亦应豫为筹画，临时方可得力……将此由五百里谕令知之。”（《清宣宗实录》卷372）

（道光二十二年五月戊辰）又谕：“……惟苏州省城为根本重地，松江、黄浦及青浦、昆山等处为入省要隘，处处均关紧要。着牛鉴等严督将弁，加意分段防御，可剿则剿，当守则守，毋稍疏懈，以致再有疏虞。其调取湖北兵丁，着星速催提入境，以资协防而壮声势。此由六百里各谕令知之。”（《清宣宗实录》卷373）

（道光二十二年五月甲戌）又谕：“昨因牛鉴驰奏夷船四十余只北驶，已有旨，谕托浑布等加意防范矣。现在登州一带海口正当吃紧之际，本日已由六百里加紧谕令刘允孝，将所带前赴江苏之湖北精兵一千名，迅速管带改赴登州，以备防剿之用。着托浑布、麟魁俟刘允孝到后，妥为商办，务遵前旨，不可与该逆海面交锋，择要防守，毋稍疏虞。将此由六百里谕知托浑布、麟魁，并谕令玉明知之。”（《清宣宗实录》卷373）

（道光二十二年六月丁酉）又谕：“耆英奏‘逆夷攻陷镇江府城’一折，京口为江宁门户，镇江既已失守，省城尤为吃紧。刘允孝现已将湖北兵一千名带往应援，惟该逆此次船多人众，且用车推炮上岸，排列轰击。刘允孝所带之兵若仍于城外江岸接仗，实恐不能得力。着牛鉴等会同商酌，即于城内择要分设，务使该逆无隙可乘，足资守御……将此由六百里加紧谕令知之。”（《清宣宗实录》卷375）

（道光二十二年六月丁酉）又谕：“逆夷两载以来流毒闽、粤、江、浙，近复由海入江，扰及京口，总缘各该省武备废弛，水师战船有名无实，以致沿海郡县屡遭失挫。因思逆夷所恃，惟有船坚炮利，设我沿海各省亦有大小战船，可以多安炮位，一闻夷警，各处应援，主客之势既殊，劳逸之形迥异，彼以孤军深入，我可首尾夹攻，且跨海远来，后无所继，我能制其死命，逆必不敢跳梁。惟广东、福建、浙江、江苏现在用兵，无暇办理。况制造大船，必资巨木，四川、湖广向系产木之区，着宝兴、裕泰广购木料，雇觅工匠，约计每年可得船若干只，如何驶往闽、粤、江、浙等省，妥议章程，先行具奏，一面赶紧制造，务须十分坚固，度其力量堪与逆船接仗，方为适用。其工匠应由各省调取者，即行调取，毋稍迟误。所有方熊飞所递原呈，着钞给阅看。将此谕令知之。”（《清宣宗实录》卷375）

（道光二十二年六月己丑）谕军机大臣等：“齐慎奏‘京口情形危急，请截留官兵协防’一折，据奏‘初七日逆夷火轮兵船已过圌山关，距京口数十里，该大臣仅止带兵七百名，现已资会刘允孝，将所带官兵一千名截留协防’等语……逆夷由海入江，大江以内，浅滩暗礁，随处皆有。该逆冒险深入，地势未必周知，又非海洋可比。着该大臣等悬立重赏，赶募水勇，雇备小船，暗伏苇洲，豫备乘夜火攻。其江面官设红船及湖广装货江船数亦不少，水手素称矫捷，着以重价雇觅，相机调拨，万勿为该逆所得。是在激以忠义，勉以功名，人既尽为我用，地又有险可扼，逆夷深入之时，进易退难，当可制其死命……将此由六百里加紧谕令知之。”（《清宣宗实录》卷375）

（道光二十二年七月戊申）谕军机大臣等：“牛鉴奏‘现在逆夷情形’一折，览奏均悉，昨已降旨饬令耆英会同伊里布妥为办理，谅已尽心筹画。惟此次办理，必当十分明白简易，一劳永逸，勿贻后患。至防御等事，仍应一律严密，不可大意……刘允孝现在患病，着传旨令其安心调养。其湖北兵丁，着即交该提督所带将领布置，不可稍有疏虞。将此由六百里加紧谕令知之。”（《清宣宗实录》卷377）

（道光二十二年七月）辛亥，谕军机大臣等：“耆英等奏逆夷披猖情形，览奏忿恨之至，前有旨，谕知该大臣等妥筹商办……另片奏，逆焰方张，豫为筹备。此亦不得不然之事，现已由六百里加紧谕知安徽、江西、湖北各省，赶备兵勇，密造船筏，听候该大臣等调遣。并谕知奕经将所带官兵，先由王江泾不动声色，前赴常州一带，联络声势……仍着耆英详细飞咨，万勿迟误。倘陈志刚回报，该酋已就范围，即着善议妥办。如诡谲披猖，该大臣等度非情理所能喻，即一面奏闻，一面飞咨江西、安徽、湖北等省，各集重兵，整备船筏火攻炮械，顺流压下，并迅即知照奕经驰赴江苏，会同剿办……将此由六百里加紧谕令知之。”（《清宣宗实录》卷377）

（道光二十二年七月辛亥）又谕：“本日据耆英奏‘逆船西驶，渐至浦口仪征’等语。现在逆焰方张，倘竟溯流而上，深恐扰及沿江各省。因思江面究非海洋可比，若从安徽之安庆、江西之九江、湖北之武昌汉阳各集重兵，多备船只枪炮及火攻器具，顺流压下，则逆在下风，其势易于焚击。着安徽、江西、湖北各督抚接奉此旨，即迅就该处情形酌量，或备船只，或用木筏，及一切火攻器具，派委得力文武员弁统领兵勇，随时确探逆夷踪迹。一经接到耆英咨会，即行顺流放下，层层接应，多备枪炮，合力攻剿，并饬令互相应援，毋分彼此，不但自固藩篱，即邻境亦借资保卫。倘逆夷得受大创，不致天堑有阻梗之虞，该督抚等之功甚伟也，勉之慎之。将此由六百里加紧谕令知之。”（《清宣宗实录》卷377）

（道光二十二年七月辛亥）又谕：“……再该逆在江肆扰，联艅西驶，本日已饬湖北、江西、安徽各督抚密备船筏，豫为将来顺流压下、纵火焚烧之计。如该逆复由福山窜出，着即密令郑鼎臣等在于江海汇流处所隐藏火攻船只，拦截痛剿……将此由六百里加紧谕令知之。”（《清宣宗实录》卷377）

（道光二十二年七月壬子）又谕：“前命李湘棻驰驿前往江苏，会同麟庆、朱树防堵江北一带，计不日即可抵江。所有选兵练勇各事宜，自必遵旨妥办。现在耆英、伊里布办理羁縻事宜尚无定议，如已就我范围，自可不烦兵力。倘竟不肯就抚，必应大加挞伐。昨已谕知江西、安徽、湖北各督抚，令其豫备船筏，雇觅壮勇，以备上游焚烧夷船，并于江海汇流处所，令郑鼎臣设伏截击……将此密谕知之。”（《清宣宗实录》卷377）

（道光二十二年七月己未）（钦差大臣广州将军耆英等）又奏：“……复查该夷自犯顺以来，命将出师，总未能挫其凶焰。今竟横据长江，直逼金陵，危在旦夕。万一危城莫保，不惟京口梗塞，即安徽、江西、湖北各省会，该夷均可扬帆直达。且传闻该夷有战若不胜，即遣汉奸偷挖高堰之信，祸患尤不可问。与其兵连祸结，流毒愈深，不若姑允所请，以保大局。现已照会该夷，即照所议，速为商定。”又谕：“览奏不胜愤恨，念江南数百万生灵，一经开仗，安危难保。既经该大臣等权宜应允，朕亦只可以民命为重，均着妥行定议。惟该夷既称能如所请，不敢再启兵端，现在业经俯允，该夷如何退出长江，各省夷船如何遣散回国，该大臣等必当切实议定，永杜兵萌。不可稍涉含糊，徒顾目前，仍成不了之局。将此由六百里加紧谕令知之。”（《清宣宗实录》卷377）

（咸丰七年三月辛巳）谕军机大臣等：“……当此中原多故，饷糈艰难，叶名琛总宜计深虑远，弭此衅端。既不可意存迁就，止顾目前，又不可一发难收，复开边患。该督于夷务情形素所熟悉，谅能慎密妥筹，不负委任也。至广东省奉拨各省军饷，自上年九月报解江西饷银后，续经谕拨之湖北饷银十万两、湖南饷银十万两……并欠解江南月饷为数甚多，均未报解，自因夷务未平，关税无出之故。惟各省待饷甚急，江南、贵州、庐州皆屡有饷匮兵哗之事，广东究系殷富之区，无论捐输征收，尚易为力，着即速为筹措，虽不能同时起解，亦须酌量缓急，次第筹拨，毋误要需。将此由六百里密谕知之。”（《清文宗实录》卷222）

（咸丰九年二月癸卯）又谕：“前据胜保奏‘探报夷船过江，驶入燕子矶，有贼四五人馈送绉纱等件，问知往汉口通商，有不打仗，大家和好之语。及回船到金陵，李泰国等三人直到贼炮台，欲见太平王。进城后，该逆请夷酋饮酒，派贼目送出，队伍甚齐整’各等语……夷人勾通逆贼情事，胜保远在安徽尚有传闻，和春、何桂清近在江南，更可知其确实，着即查明详悉具奏。至该夷已与中国议定通商，忽又勾通叛逆，其包藏祸心，殊属叵测。现在和约未换，反复堪虞，不可不密加防范。着和春、何桂清阻其入江之路，并于金山一带豫饬水师镇将严密梭巡，勿令上驶金陵，与贼勾结，以防内患。其通事潘荣想仍在沪，此人系属要证，务须设法羁留，不得任其远遁。胜保奏片着钞给阅看。将此由六百里各密谕知之。”（《清文宗实录》卷275）

（咸丰十年五月乙未）又谕：“……至洋钱一节，上年唤夷兵船驶至湖北，因民间素不使用，难于相强，否则必致启衅。该夷既有马鞍，恐于附近地方购买马匹，或肆行掳掠，着密谕该处商民，不得行使洋钱，卖给马匹，并防其登岸掳抢……其内地民人接济食物，私行交易，仍须随时查察，严行禁止，毋稍大意。将此由五百里密谕知之。”（《清文宗实录》卷318）

（咸丰十年八月己卯）又谕：“本日据官文等奏‘探闻夷人窜扰天津，拟派都兴阿统带马队入援’一折……该大臣等既请派都兴阿来京，即着统带马队四百名，星夜前来，归僧格林沁大营，以备攻剿。湖北营中练勇，向称骁健善斗，并着官文等挑选一二千名，另派得力将领管带，迅速赴京，听候调遣。所有军火、兵械、饷需均着一律备齐，毋得迟误。将此由六百里加紧谕令知之。”（《清文宗实录》卷328）

（咸丰十年八月甲申）又谕：“前因夷氛猖獗，直犯京师……即着前调之副将黄得魁、游击赵喜义等，管带新募彝勇及得力楚勇共数千名，兼程前进，克日到京，以资调遣……将此由六百里谕令知之。”（《清文宗实

录》卷329)

(同治九年七月丙戌)又谕:“李瀚章、郭柏荫奏‘整顿水陆各军现办情形,暨请豫筹辨认各国洋人’各折片,据称‘湖北水陆各军现皆精壮,堪以御敌,通省标兵亦多骁勇可用,如果海疆不靖,鄂省筹办防堵当可无虞’,览奏均悉。天津之事,现经总理各国事务衙门王大臣等与法使辩论,尚未遽启兵端,而未雨绸缪,不能不先期布置。鄂省长江天堑,守御有资,惟该省水陆要区均有洋人往来聚处,江防自应严密。该署督等所奏各情,于办防确有把握,即着不动声色,联络邻封,将水陆各营妥为部署,并随时认真整顿,以备不虞……将此由四百里各密谕知之。”(《清穆宗实录》卷287)

(同治九年八月丙申)又谕:“马新贻奏‘筹防江苏省水陆大致情形’一折,据称‘江宁扼东南形胜,为长江有事之所必争,万一洋船进犯,惟有设法御堵下游,毋令驶过焦山。若进逼金陵,则力扼下关,不令驶入内河。如登陆攻城,即于沿江扼要处所分路设伏。安徽、江西、湖北各省,以镇江为入江第一门户,金陵又为上游诸省屏蔽,江皖以上戒严,莫如分兵下堵……’等语,所筹尚属周妥。天津之事,虽经总理各国事务衙门臣与法使再三辩论,能否即弭衅端,尚难豫定。江防仍应实力筹办,以壮声援。所有金陵上游沿江一带布置情形,与英翰日前所奏大略相同,即着马新贻随时会商英翰,督饬在事将士择要驻扎,力扼上游……上游诸省防守,并着咨商刘坤一、李瀚章悉心筹画,遇有警信,即可首尾衔接,毋为敌人所乘……将此由五百里密谕知之。”(《清穆宗实录》卷288)

(光绪六年六月)庚申,谕军机大臣等:“……俄国纷纷调派兵船,暂驻日本,情形实为叵测。虽意图挟制是其惯技,而似此举动,难保不起衅端。着李鸿章等将沿海防兵加意操练,一切防务格外严密备御,以期有恃无恐……着李鸿章、岐元遇事妥商布置，俾臻周密。刘维桢、郭宝昌两军暨刘连捷一军，均限于八月以前赶到防所。陆路程途纡远，皖、楚两军自应乘坐轮船北上。李鸿章、刘坤一等即饬招商局妥为豫备，毋稍延误……将此由六百里密谕李鸿章、刘坤一、岐元、铭安、定安、何璟、张树声、吴元炳、谭钟麟、勒方锜、周恒祺，并传谕吴大澂知之。”洋务 （《清德宗实录》卷114）

（光绪六年七月壬申）谕军机大臣等：“……因思沿海地方辽阔，防不胜防，非有大枝劲旅居中扼扎，相机策应，不足壮濒海之声援，为京圻之翊卫。湖南提督鲍超，久历戎行，声望素著，即着于湖北、湖南等处选募得力勇丁万人，克日成军，由该提督统带，乘坐轮船北上，限八月以前驰到。此军到后，应于天津、山海关两处适中之地择要驻扎。着李鸿章、曾国荃、鲍超会商妥筹，奏明办理……所有该军起行应需饷项，即着李瀚章、彭祖贤、李明墀在部拨边防经费项下如数支给，俾利遄行。到防后月需饷银，着户部筹给应用。将此由六百里各密谕知之。”洋务 （《清德宗实录》卷115）

（光绪六年七月丁丑）又谕：“詹事府右庶子张之洞奏‘条陈海防事宜’一折。俄国现有派兵来华之信，北洋地方紧要，亟宜选将调兵，严密布置，方免疏虞……福建建宁镇总兵张得胜现在请假回籍，可否调令北来，并顺道募带楚军同行，以期厚集……均着李鸿章酌度办理……将此由五百里密谕知之。”洋务 （《清德宗实录》卷115）

（光绪六年八月庚申）直隶总督李鸿章奏：“……刘铭传前称病后未能远行，昨复奉谕饬催来京，已备文加函敦劝。张得胜训练稍疏，毋庸令募楚军。娄云庆、王可陞各有职任，未便纷纷檄调……”得旨：“该督惟当将防守事宜认真讲求，妥筹布置，以期有备无患。”（《清德宗实录》卷118）

（光绪九年十月戊辰）谕军机大臣等："法人逼胁越南立约，越几无以自立，北圻屏蔽滇粤，久为中国保护，断难听其侵逼，已叠谕徐延旭、唐炯驰赴前敌，督率各营联络刘永福一军严密防守，以固门户……安徽、江西、湖北沿江一带，虽距海口稍远，然轮船一水可通，亦应一律严防。着卞宝第、裕禄、潘霨、彭祖贤、李成谋将各该省水陆各营认真操练，察看沿江形势，分布扼守，不可稍涉大意。此次衅起法人有碍通商全局，谅非各国所愿。我果战守有备，久与相持，彼将情见势绌，自愿转圜。若一味优容，将得寸思尺，何所底止？该督抚等当念朝廷不得已而用兵，共矢同仇敌忾之心，及早筹防，力维大局。至通商口岸各国聚居之处，仍当随时加意保护，断不可别酿事端，致生枝节。将此由六百里密谕李鸿章、左宗棠、彭玉麟、崇绮、何璟、张树声、卞宝第、卫荣光、裕禄、潘霨、刘秉璋、张兆栋、彭祖贤、陈士杰、倪文蔚、裕宽，并传谕李成谋知之。"洋务　（《清德宗实录》卷172）

（光绪十年三月丁亥）（两江总督左宗棠）又奏："严定禁买吕宋票章程。"得旨："即着该督咨行湖北等省一体照办。"（《清德宗实录》卷179）

（光绪十年七月戊申）又谕："前据鲍超奏'四川仅拨五营，兵力不敷调遣，拟令旧部将领召募勇营'，当谕令会商丁宝桢酌量增募，期于敷用。现在福州口岸，被法人伤坏船只，焚毁船厂，军情紧急，本日已明降谕旨，一意主战，期于力挫凶锋。着鲍超与丁宝桢悉心会商，迅即募勇成军，不必如原奏添募多营，但期足资战守，克日部署启行，由湖北乘轮船下驶，俟到江西，暂行驻扎，听候谕旨。所有饷项军火，丁宝桢当力筹接济，毋令缺乏。将此由六百里各谕令知之。"洋务　（《清德宗实录》卷189）

3. 禁毒销烟

（道光十一年三月辛巳）又谕："卢坤等奏'遵旨查禁种卖鸦片烟'一折，据称通查湖北属境，现在尚无种卖鸦片烟之事。但该省为水陆通衢，商贾辐辏，外来奸民易于流传贻害，不可不认真查禁，以净根株。着该督抚严饬所属，于每年春秋二季编查保甲时亲赴各乡，留心查察，如有将田地种植罂粟花者，立即严拿，照兴贩鸦片烟例，拟以枷号充军，田地入官。仍责令保甲随时稽查，倘容隐不举，即照为从例问拟杖徒。买食之人，无论官民，分别参究，一例治罪。并派拨丁役随同汛员于各关隘常川巡查，遇有商民夹带烟土，拿获严办，仍出示晓谕，俾各知猛省，毋蹈法纲。该州县于春秋两次巡查之后，如境内实无种卖，即出具印结，由该管道府确切核明，详报督抚。该督抚于年终具奏一次，毋得日久视为具文，致干重咎。"（《清宣宗实录》卷186）

道光十四年甲午六月乙未朔，谕军机大臣等："本日据讷尔经额等奏'参妄拿酿命之通判，请旨革职审办'一折，已明降谕旨，交该督等严行审讯矣。此案兼署湖北荆州府通判事理事同知恒敬之门丁胡升，因素识之邵文希告知刘庆云贩卖鸦片烟土，可以讹诈图利，哄令恒敬查街，先嘱火夫廖忠赴栈买出烟土，差役朱正明等将栈伙杨和贵等并刘师友拿获，将刘师友踢伤脐肚，掩走带署。恒敬因刘师友不认贩卖，杖责交保，越二日身死。既据廖忠供认，胡升给钱赴栈，买得鸦片烟土，胡升亦供认串商图诈属实，难保非伙串栽诬……着讷尔经额、尹济源亲提人证卷宗，严切究明如何串诈妄拿，殴踢刑讯，刘师友实因何伤致死，并究明廖忠所买鸦片烟土确实来历是否系刘师友贩卖，抑系胡升、廖忠等伙串栽诬。务须详细确查，无稍含混，将此谕令知之。"寻奏："讯明胡升诱买刘师友吸剩烟土，索诈不遂，将刘师友踢毙，依律拟斩。朱正明、廖忠、邵文希伙同串诈，致毙人命，均依为从拟流。恒敬讯无授意妄拿情事，业

经革职，应毋庸议。”下部议，从之。(《清宣宗实录》卷253)

(道光十五年七月壬子)谕内阁：“讷尔经额等奏‘典史买食鸦片烟，复列款讦告代办知县，请分别革职撤任’一折。湖北保康县典史杨干春买食鸦片烟，复于任内擅受民词，因该县代办知县畅际泰欲请撤参，自行检举，并讦告该代办知县浮勒侵蚀，门丁讹索，暨挪改月日案犯，违例收卡等款，案关职官讦告，必应据实严办。保康县典史杨干春着先行革职拿问，代办保康县事襄阳县县丞畅际泰着撤任，交该督等提同应讯人证，将该典史指讦各款，秉公研审，务得确情，并究明鸦片烟来历，按例定拟，无稍枉纵。”寻奏：“讯明杨干春以买食鸦片，恐为畅际泰揭参，乃先列款诬讦，应按照以奸赃事污人名节例，发近边充军。”下部议，从之。(《清宣宗实录》卷269)

(道光十八年八月丙戌)又谕：“林则徐、钱宝琛奏‘查拿烟贩，收缴烟具情形’各等语。鸦片烟流毒中国，为害已久，现经该督抚等剀切晓谕，严行禁止，设局收缴烟具。数月以来，军民人等咸知畏法，该地方官等亦能力加振作。现在湖北省拿获及首缴烟土烟膏共一万二千余两，收缴烟枪一千二百六十余杆……所办甚属认真。可见地方公事，果能振刷精神，实心查办，自可渐有成效。该督抚等惟当督饬所属，乘机谕戒，有犯必惩。呈缴者予以自新，隐匿者力加搜捕，断不准始勤终怠，日久视为具文。总期骫靡积习，立即挽回，方为不负委任。所有拿获烟土为数最多之湖北汉阳县知县郭觐宸，着加恩赏加知州升衔，以示鼓励。”(《清宣宗实录》卷313)

(道光十八年九月丙午)谕内阁：“陈銮奏‘委员拿获贩卖鸦片烟土，恳请鼓励’等语。苏州府属小潭子地方，有贩烟匪徒王阿喜等十二名在彼窝贩，经前任武进县知县署苏州府管粮通判吴时行带领兵役，搜获烟土六千余两。该匪徒等胆敢携带违禁兵器，拒捕伤人，实属目无法纪……各省鸦片烟渐染日深，流毒甚巨，倘该地方官早能认真查缉，净绝根株，何至锢习相沿，浇风日炽？现据直隶、山东、江苏、湖北、湖南陆续奏获各案，朕已立沛恩施，从优奖励。着各直省将军、督抚趁此整顿之时，同心合力，不分畛域，上紧查拿，毋得稍形松劲。其贩卖开馆等犯固应从重惩办，即文武官员、军民人等吸食不知悛改者，亦着一体查拿，分别办理。现在各直省将军、督抚遵旨各议章程，业经降旨饬大学士等会议，一俟奏定，朕即折衷画一，颁发遵行。该将军、督抚等务当振刷精神，力祛积习，勿生观望之心，以副朕意。将此通谕知之。”（《清宣宗实录》卷314）

（道光十八年十一月丙辰）谕军机大臣等：“朕因近年鸦片烟传染日深，纹银出洋，销耗弥甚，屡经降旨，饬令该督等认真查办。但锢蔽日久，恐一时未能尽行破除，若不清查来源，则此患伊于胡底？昨经降旨，特派湖广总督林则徐驰赴粤省，查办海口事件，并颁给钦差大臣关防，令该省水师兼归节制。林则徐到粤后，自必遵旨竭力查办，以清弊源……再邓廷桢统辖两省地方，事务殷繁，若专责以查办鸦片以及纹银出洋，恐顾此失彼，转不能专一心力，尽绝弊端。现派林则徐前往专办此事，该督自当益矢勤奋，尽泯畛域。应分办者各尽己责，应商办者会同奏闻，趁此可乘之机，力救前此之失，总期积习永除，根株断绝。想卿等必能体朕之心，为中国祛此一大患也。将此谕令知之。”（《清宣宗实录》卷316）

（道光十九年五月癸卯）谕军机大臣等：“有人奏‘湖北省职官吸食鸦片烟并营私’各款。开单呈览，职官营私骫法，已干例禁，况当此查办禁烟之时，牧民者先不能表率，何以惩办军民人等？桂良甫经到任，无所用其回护，着按照单内所开各款逐一密查，如果属实，从严参办，不得走漏风声，消弭瞻徇，致干咎戾。原单着发给阅看，将此谕令知之。”寻奏：“查照原奏单开，逐一讯究，武昌府知府崇善讯无岁得盐规二万余两等事，惟失察幕友家丁吸烟，且徇庇属员，并不随时参革，已于另案拟发军台效力……州同沈兆鹏、巡检石裕禧、庆槐、未入流金恒曾经吸烟，照新例勒令休致……”下部议，从之。（《清宣宗实录》卷322）

（道光十九年十一月戊戌）谕军机大臣等：“御史骆秉章奏‘广东韶州设立东西二关，凡往江西、浙江、江南等省，则由东关稽查；往湖南、湖北、河南等省，则由西关稽查。现在奸商马姓夹带烟土，由南雄直度大庾岭，系由韶关偷度，恐该关吏役等有得规故纵情弊。并闻向来奸商有以鸦片烟冒作玻璃片报税，请饬查究’等语。现当查拿鸦片吃紧之时，各处关口尤须认真盘验。着林则徐、邓廷桢、怡良确切查明，如有吏役包庇及冒称别物报税等弊，即行从严惩办，务使根株永断，锢弊悉除，是为至要。将此各谕令知之。”……（《清宣宗实录》卷328）

（道光二十年二月庚辰）四川总督宝兴奏：“川东夔州府酉阳州所属及川南宁远府等处为楚滇奸贩洋烟入川门户，现饬关隘搜诘，报获贩吸种植之案九十余起，尚属奋勉。兹复严檄各员，于川滇交界关津严密盘察，其有种植罂粟并买吸之徒，亦加意缉究。”得旨：“以实以严，不准疏纵。”（《清宣宗实录》卷331）

（道光二十一年正月）辛卯，谕内阁：“我朝抚驭外夷，全以恩义，各国果能恭顺，无不曲加优礼，以期共乐升平。前因西夷鸦片烟流毒日甚，特颁禁令，力挽浇风。惟暎咭唎恃其骄悍，不肯具结，是以降旨绝其贸易。乃并不知愧悔，日肆鸱张，突于上年六月间乘驾夷船数十只直犯定海，占据城池……朕早料其反复无常，断非信义之所能喻，特于年前简调四川、贵州、湖南、江西各路精兵，前赴广东。又调湖北、湖南、安徽各路精兵前赴浙江，豫备攻剿……”（《清宣宗实录》卷344）

（道光二十一年二月戊辰）又谕：“寄谕闽浙总督颜伯焘、福建巡抚调任湖北巡抚吴文镕……等奏‘遵查江西省拿获贩卖烟土会匪情形’一折，据称‘上年江西省拿获烟匪各案，详加查核，各烟贩多带有红旗红布暗号……且详查各犯到案初供，该会头目尚有张罗、江华云、张七、邹占梅、邹亚昌、江阿华、廖文彩、薛亚生等名，虽核与复审在逃犯名互异，惟既经分别号次，其小头目自必不少，难保无通夷内应情事’等语。匪徒纠立红会，招揽烟贩分途售卖，既各带有旗布作为记认，又复暗藏刀械借称防身，实属诡秘凶狡，必应严拿惩办……将此各谕令知之。”……（《清宣宗实录》卷346）

（咸丰二年十一月乙丑）又谕：“据琦善奏‘遵赴楚、豫交界督防，请饬陕甘挑选鸟枪、长矛、单刀兵丁并调甘肃铜炮’等语。着舒兴阿、张祥河专选夙习鸟枪、长矛、单刀兵丁，无须弓箭，不必按营匀派，惟择技艺精熟者逐加挑选，毋以庸劣充数。其带兵各员，尤须年力精壮，方可得力，着一并遴选。不得派委怯懦将弁，倘查有吸食鸦片弁兵，尤应严加斥汰，毋令滥竽……将此由六百里各谕令知之。”（《清文宗实录》卷76）

（同治二年十二月癸未）谕内阁：“巴扬阿奏‘请旨严禁驻防官兵吸食洋药及现在办理大概情形’一折。洋药一项，前于咸丰九年间，经惠亲王等奏定弛禁章程内官员兵丁吸食洋药仍照定例办理。上年因王庆云奏请严定限制，复明降谕旨，谆谆告戒，原以兵丁奋力戎行，不宜以有用之精神日形消耗也。乃本日据巴扬阿奏‘现在整顿荆州驻防营伍，查系有瘾之人悉予弃置，并加惩儆，以冀令行禁止’，又称‘本籍黑龙江地方，近闻开设烟馆逐渐增加，请旨严禁’等语，是兵丁吸食洋药之禁，各该省仍未能实力奉行。此风不止，则精壮者必成孱弱，孱弱者悉成无用，于整军经武之道大有关系。着黑龙江将军及各省将军、都统、副都统恪遵前旨，一体设法严禁，不得虚应故事，有名无实。其绿营兵丁恐亦不能扫除积习，并着各省督抚、提镇严行查察，倘有仍前吸食不知自新者，即当斥革惩办。至内外文武官员，均各有应尽职守，一经吸食洋药，则百事废弛，关系尤重。着各该管上司留心访查，遇有此等官员，即行奏请罢斥，不准姑容徇隐。此旨并着该部行知各该省将军、督抚、提镇等，晓谕旗绿各营，俾各懔遵，痛加湔洗，以肃戎行。”（《清穆宗实录》卷 88）

（光绪五年八月庚申）又谕：“……另片奏‘洋烟流入中国，耗费不赀，若不能禁洋烟之来，而徒禁中国之栽种，是其利专归之洋人，漏卮更大。且近闻江汉关洋票现已行至陕境，若执洋票而来者，更将何以处之’等语，着左宗棠等一并妥筹具奏。原折片均着钞给阅看。将此密谕左宗棠、谭钟麟，并传谕王思沂知之。”……折包　（《清德宗实录》卷 99）

4. 筹办洋务

（同治元年二月丁丑）又谕：“前因购买洋船须配兵勇，谕令曾国藩先行筹备。兹据曾国藩奏‘楚军水勇仅能用之江面，未能强令出洋’等语。现筹购买外国船炮，本拟用于江面剿贼，并非施之海洋。惟楚军由江北赴沪，陆路多梗，故有由海道前往之谕。至外国船只尚称坚致，而英法住京公使则称‘凡上海等处洋商所售船只均不可恃，必须于伊等本国及香港购觅，方可利用。此时伊等已函致各该国带兵员弁，帮同物色’等语。购船一事，谅可即有头绪。所有应配兵勇，仍着曾国藩先事豫筹……”（《清穆宗实录》卷 20）

（光绪二年十月）辛亥，谕军机大臣等：“太常寺卿陈兰彬奏‘招商局轮船关系大局，请饬疆臣认真经理’一折，据称‘洋人轮船之入中国，为害最甚。中国自创办招商局轮船以来，洋人不能尽估中国之利，办理已有成效，为中外大局一关键。惟宜昌等处新添口岸，仍觉招商局船少力薄，宜及时厚集其势，以为富强之本。请饬南北洋大臣督饬局员认真经理，并加拨江浙漕米，以资挽运’等语，所奏不为无见，着李鸿章、沈葆桢体察情形，悉心会商，妥筹办理。原折均着钞给阅看。将此由四百里各密谕知之。”现月 （《清德宗实录》卷41）

（光绪五年十月）甲子，谕军机大臣等：“前因吴赞诚奏条陈督操轮船事宜，当经谕令李鸿章等会商酌办。兹据丁日昌遵议复奏各折片，不无可采，现议整顿轮船水师，自非择将帅精器械不可。西人熟习轮船操练，若能延致才技精通者为教练，当可日有起色。应如何设法访订之处，着李鸿章、沈葆桢与出使各国大臣函商办理。所称以总兵吴奇勋为统领，而以张成等副之，应俟延致西人到华后，再由该督等酌度具奏。目前仍当责成彭楚汉，先将船政局轮船操练成军，将来精益求精，自更得力。至学堂练船出洋诸举，皆为豫储将才之计，尤当扩充精选，以备异日之用。铁甲蚊子等船为海防所不可少，铁甲船所费过巨，一时尚难筹办。蚊子船现已先后购到八号，着即督饬管带之员认真演练，毋得有名无实。以后如何陆续添购并购船及续延教练西人可否令赫德及出使大臣分办之处，着李鸿章、沈葆桢一并筹商妥办。所需枪子、炮子、水雷等物，购自外洋，仓猝难致，即当设厂自造，以资应用……丁日昌片内所奏各节，除减额兵、停武科二事均毋庸议外，所称扩充矿务，现在直隶、福建、湖北等省均经开办，如果办有成效，自当量为扩充，以尽地利。至裁撤水师及凡非极要处所，只须防以水雷，暂可停造炮台，并裁撤腹地勇营，皆为节省靡费起见，着李鸿章、沈葆桢妥议具奏。至所奏稍宽厘税以杜洋票一节，于饷项有无裨益，着一并筹议具奏。原折片各一件，均着钞给阅看。将此由五百里各密谕知之。”洋务 （《清德宗实录》卷102）

（光绪九年六月丁卯）（两江总督左宗棠等）又奏由沪至汉口添设陆路电线，暨遵部复登瀛洲等轮船改设帮带名目各节，均下总理各国事务衙门知之。折包 （《清德宗实录》卷165）

（光绪十五年四月癸未）又奉懿旨："前因筹议铁路事宜，谕令沿江、沿海将军、督抚各抒所见，以备采择。嗣据陆续复奏，详加披阅，其偏执成见不达时势及另筹办法尚未合宜者毋庸议外，张之洞、刘铭传、黄彭年所奏各有见地。而张之洞所议'自卢沟桥起，径行河南，达于湖北之汉口镇，划为四段，分作八年造办'等语，尤为详尽。此事为自强要策，必应通筹天下全局。海军衙门原奏意在开拓风气，次第推行，本不限定津通一路。但冀有益于国，无损于民，定一至当不易之策，即可毅然兴办，毋庸筑室道谋。着总理海军事务衙门即就张之洞所奏各节详细复议，奏明请旨。张之洞、刘铭传、黄彭年折各一件，均着钞给阅看。"现月 （《清德宗实录》卷269）

（光绪十五年八月）乙亥，谕军机大臣等："朕钦奉慈禧端佑康颐昭豫庄诚寿恭钦献皇太后懿旨，总理海军事务衙门奏'遵议通筹铁路全局'一折，据称拟照张之洞条陈，由卢沟桥直达汉口。现在先从两头试办，南由汉口至信阳州，北由卢沟至正定府，其余再行次第接办。并胪陈筹款购地各节，所奏颇为赅备。业据一再筹议，规画周详，即可定计兴办。着派李鸿章、张之洞会同海军衙门，将一切应行事宜妥筹开办，并派直隶按察使周馥、清河道潘骏德随同办理，以资熟手。此事造端闳远，实为自强要图。惟创始之际，难免群疑，着直隶、湖北、河南各督抚剀切出示，晓谕绅民，毋得阻挠滋事。总期内外一心，官商合力，以蒇全功而裨至计。将此各谕令知之。"现月 （《清德宗实录》卷273）

（光绪十五年十月壬寅）又谕："前据张之洞叠次具奏'广东拟设织布官局，购办织布纺纱机器'，及'筹购机器，创设炼铁厂'各折，先后降旨交该衙门议奏。兹据户部奏称'购办机器以及建厂等费，按镑价折合，共需银九十余万两。张之洞既未先行奏报，亦未咨商该部，无从遥度，请饬李瀚章筹议'等语。织布、炼铁两事，果能办有成效，固可收回利权。惟究竟有无把握，且经费所需甚巨，能否措有的款，并张之洞已汇之十三万一千余两究由何款动用，未发之八十余万两将来是否有着，均着李瀚章详细查明，迅速具奏，候旨遵行。将此由四百里谕令知之。”寻奏：“订购炼铁机器，创设铁厂，已付定价洋银十三万二千六百余两，粤东碍难办理情形，已奏明请旨在案。订购织布机器建筑厂屋，似应于鄂省兴办，则采买棉花，取资较便。至订购机器款项，张之洞任内所付之二十二万九千余两，系由闱姓商捐及军需项下支垫。其未付之十七万四千三百余两，俟机器运到，仍当设法筹付，免致失信外人。”下部知之。（《清德宗实录》卷275）

（光绪十六年十一月）壬辰，湖广总督张之洞奏：“拟将荆州商局电线由沙市过江，接造湖南澧州，经长沙省城，直抵湘潭。将来修线养线经费，统归商局。”下所司知之。折包 （《清德宗实录》卷291）

（光绪十九年正月戊申）谕军机大臣等：“有人奏‘疆臣辜恩溺职，据实纠参’一折，据称‘湖广总督张之洞自移督湖广以来，议办炼铁，并开煤铁各矿，乞留巨款，轻信人言，浪掷正供，又复多方搜索，借电竿，毁通桥，几酿巨患。督署被焚而不入告，州县补缺勒捐，逞臆妄行。藩司王之春掊克聚敛，直隶州知州赵凤昌声名甚秽’等语，着刘坤一按照所参各节确切查明，据实具奏。原折着钞给阅看，将此谕令知之。”现月 （《清德宗实录》卷320）

（光绪十九年十一月己亥）湖广总督张之洞奏：“添设安陆府等处水旱电线工料各款，暂由官局垫发。”下所司知之。折包 （《清德宗实录》卷330）

（光绪二十年正月）戊子，闽浙总督谭钟麟奏：“福靖穹甲快船订购洋炮，前督臣卞宝第未经奏明，遽立合同，未免疏忽。惟事属已成，未便失信洋人，恳仍照案办理。”下所司议。寻总理各国事务衙门奏：“所需炮位既由鄂厂铸造，自不应仍与外洋定议，承办各员均属疏忽。惟业经订立合同，不得不准如所请，并请饬鄂厂停造，以免重复。”得旨：“承办各员均着查取职名，交部议处。”（《清德宗实录》卷332）

（光绪二十年十月庚午）（湖广总督张之洞）又奏：“鄂省织布官局招集商股，增设纺纱厂，以保利权，兼协助铁厂经费。”如所请行。折包（《清德宗实录》卷352）

（光绪二十年十月庚午）又谕：“张之洞奏‘鄂省织布官局招集商股，增设纺纱厂，并添设机器缫丝’各折片，业经批谕，照所请行矣。湖北炼铁、织布各局均经张之洞办有头绪，现虽调署两江总督，所有应办事宜，仍着该督一手经理，督饬前派各员认真妥办，冀广利源而济民用。将此谕令知之。”现月（《清德宗实录》卷352）

（光绪二十年十一月己卯）又谕：“电寄张之洞，电已悉。前寄谕湖北炼铁、织布各局，均归该督一手经理，即并枪炮厂该括在内。即着张之洞悉心统筹，督饬局员妥速分办，以竟全功。”电寄（《清德宗实录》卷353）

（光绪二十年十一月）辛卯，谕军机大臣等：“前因炼铁、织布各局均经张之洞办有头绪，现虽调署两江总督，所有各局应办事宜，谕令该督一手经理。兹有人奏‘湖北铁政各局，张之洞缔造经营甫有成效。该督行后，闻局员、司事、工匠谭继洵概加裁撤，竟欲停办’等语。所奏是否属实，着谭继洵据实复奏。此事既统交张之洞接办，谭继洵不得从中掣肘。且近在省垣，凡张之洞闻见不及之处，尤应妥为照料，以尽和衷共济之道。原片均着钞给阅看。将此由四百里各谕令知之。”现月（《清德宗实录》卷354）

（光绪二十年十二月乙巳）又谕："电寄李鸿章等，张之洞电奏'丁槐带勇已抵镇江，并无枪械，请于新到枪内拨给'等语，现在北路各军需枪孔亟，丁槐一军俟到天津后，由李鸿章将解到之枪酌量匀拨，毋庸先行分给。张之洞又电请留汪洪霆办理鄂厂，着照所请，即知照王之春另调一员随带出洋。"电寄 （《清德宗实录》卷355）

（光绪二十一年正月戊戌）又谕："电寄张之洞，前奏拟借炽大洋行之款，本日经总理衙门、户部会奏，已依议行矣。现在关内外各军需饷甚巨，尚须豫为筹备，源源接济。如炽大尚可续借，或他行有照此办法出借者，着张之洞设法妥办。湖北枪炮厂何时可以开工，每月约可造快枪若干，着查明具奏。"电寄 （《清德宗实录》卷360）

（光绪二十一年二月癸丑）又谕："王文韶奏'展设西安至襄阳电线，以联陕鄂而通西道'一折，据称'西路电线，自保定至西安省城，及湖北沙市至襄阳老河口，均经添设商线。若将老河口电线接至西安，倘直东线阻，京津电报即可由保定、西安、襄阳、汉口以达上海，缓急较为可恃。现由津海关道盛宣怀派员勘办，请饬一体保护'等语。即着王文韶饬令盛宣怀赶紧集款购料，妥为兴办，以期消息灵通。并着谭继洵、鹿传霖、刘树堂转饬经过设线地方官一体妥为照料保护，勿得稍有损坏。将此由五百里谕令知之。"现月 （《清德宗实录》卷361）

（光绪二十一年五月己丑）又谕："电寄张之洞，电奏已悉。据称'瑞记借款已提用十二万镑，余拟留为裁撤勇营及练兵开厂筑台之需，请饬部勿拨他用'等语。现在善后诸事皆应次第办理，惟筹款艰难，亦须通筹全局，方能举办。张之洞所拟用洋将练兵万人，开设枪炮两厂，修改各处炮台，需款甚巨。着将一切办法及需用款项详细声叙，具折奏陈，请旨办理。其湖北制造快枪，现已造成若干，是否合用，着一并奏闻。"电寄 （《清德宗实录》卷368）

（光绪二十一年六月）庚寅，谕军机大臣等："前因给事中褚成博奏请招商承买各省船械、机器等局，当经谕令户部议奏。兹据奏称'中国制造机器等局不下八九处，历年耗费不赀，一旦用兵，仍须向外洋采购军火。平日工作不勤，所制不精，已可概见。福建船厂岁需银六十万，铁甲巨舰仍未能自制。湖北枪炮、炼铁各局厂经营数载，縻帑已多，未见明效，如能仿照西例，改归商办，弊少利多'等语。制造船械实为自强要图，中国原有局厂经营累岁，所费不赀，办理并无大效，亟应从速变计，招商承办，方不致有名无实。南洋各岛及新旧金山等处，中国富商在彼侨寄者甚众，劝令集股，必多乐从。着边宝泉、谭钟麟、马丕瑶遴派廉干妥实之员，迅赴各该处宣布朝廷意旨，劝谕首事绅董等设法招来。该商人如果情愿承办，或将旧有局厂令其纳资认充，或于官厂之外另集股本，择地建厂。一切仿照西例，商总其事，官为保护。若商力稍有不足，亦可借官款维持。其办理章程应如何斟酌尽善以杜流弊之处，即着该督抚等悉心妥筹，详晰具奏。户部原片均着钞给阅看。将此由四百里各谕令知之。"洋务　（《清德宗实录》卷371）

（光绪二十一年七月庚申）又谕："电寄张之洞，电悉。甘回煽乱，经张之洞筹解枪械，具见力顾大局。所请将陈凤楼、吴凤柱两军调甘一节，陈凤楼无所表见，吴凤柱屡被参劾，且所部在津滋事，均毋庸调往。现派陈湜调十营并方友升五营援甘，当可得力。张之洞条陈铁路办法，语太恢张，一时难办。至所云谭继洵奉旨查勘由鄂至粤等处铁路，则并无其事，何缘妄传，着查复。张之洞近来电奏，辞多繁冗，嗣后如有陈奏，非数百字可尽者，即具折以闻。"电寄　（《清德宗实录》卷373）

（光绪二十一年十月丁亥）谕内阁："督办军务王大臣奏'请简派大员督办铁路'一折。铁路为通商惠工要务，朝廷定议必欲举行，前谕王大臣等，令将近畿一带先拟办法，当经该王大臣选派广西臬司胡燏棻前往查勘。兹据奏称‘自天津起，循运河西岸迤逦而北，绕越南苑，以达卢沟桥，计二百一十六里，估需工料银二百四十余万两，并绘图贴说，请派员督办’等语。夫创举之端，难于虑始；任用之际，要在不疑。胡燏棻既经条奏于先，又复履勘于后，津卢一路，着即派该臬司督率兴办，以专责成。所需经费，着户部及北洋大臣合力筹拨。至由卢沟南抵汉口干路一条，道里较长，经费亦巨。各省富商如有能集股至千万两以上者，着准其设立公司，实力兴筑。事归商办，一切赢绌官不与闻，如有成效可观，必当加以奖励。将此宣谕中外知之。”洋务 （《清德宗实录》卷378）

（光绪二十一年十一月甲寅）又谕：“本日已有旨，令张之洞回湖广总督本任矣。湖广地方紧要，铁厂、枪炮厂甫经告成，现当开办铁路，整顿陆军之际，需用甚繁，炼钢轨、制快枪，实为当务之急。银圆铸成后能否流通各省，该督回任后均当加意举办，以立富强之本。现在关内外散勇络绎回籍，尤虑滋生事端，并着通饬所属，豫筹防范，销患未萌。江南防营太多，前经谕令酌量裁减，该督务于未经交卸以前妥为遣撤，以节饷需。将此谕令知之。”现月 （《清德宗实录》卷380）

（光绪二十二年六月辛未）湖广总督张之洞奏：“请招商承办铁厂。”下部速议。（《清德宗实录》卷392）

（光绪二十二年十一月）癸巳，谕军机大臣等：“前据盛宣怀奏‘条陈自强大计，并请开设银行，设立达成馆’各折片，当经谕令军机大臣、总理各国事务衙门、户部妥议具奏。兹据该王大臣等悉心核议，逐条具奏，朕详加披阅，除指驳各节应毋庸置议或应暂行缓议外，其练兵一条，为各省将军、督抚专责，不论勇营、绿营，当此饷项支绌，均应大加裁汰。现在各省仿照西法新练各军暨上海、湖北制造枪炮两局厂，务须督饬该管将领、承办局员认真讲求，操练则毋袭皮毛，器械则务求画一，并按照此次所拟办法，若者宜减定成数，若者宜增创新章……”现月

（《清德宗实录》卷397）

（光绪二十三年九月己酉）直隶总督王文韶、湖广总督张之洞、太常寺少卿盛宣怀奏详勘卢汉铁路由楚入豫办法。下所司议，寻总理各国事务衙门等会奏："所陈各节筹画周妥，均拟准如所奏办理。至开平焦炭，应由王文韶督饬局员雇匠添炼，先尽汉阳铁厂购用，仍由盛宣怀酌筹巨款，与开平合力筹办。"从之。（《清德宗实录》卷410）

（光绪二十四年三月辛亥）谕军机大臣等："张之洞等奏，陈明湖北铁厂经该督等招商承办，现将造轨采煤各事力筹整顿，已有端绪。所有铁路电线经过之地，着德寿、陈宝箴转饬地方文武妥为保护。另片奏'萍乡煤矿现筹开办，请援照开平，禁止商人别立公司及多开小窿，抬价收买'等语，着德寿即饬所属随时申禁，以重矿务。张之洞折片着分别钞交德寿、陈宝箴阅看。将此各谕令知之。"现月 （《清德宗实录》卷416）

（光绪二十四年六月己丑）谕军机大臣等："振兴商务为目前切要之图，叠经谕令各省认真整顿，而办理尚无头绪。泰西各国首重商学，是以商务勃兴，称雄海外。中国地大物博，百货浩穰，果能就地取材，讲求制造，自可以暗塞漏卮，不致利权外溢。着刘坤一、张之洞拣派通达商务、明白公正之员绅试办商务局事宜，先就沿海、沿江，如上海、汉口一带，查明各该省所出物产，设厂兴工，使制造精良，自能销路畅旺，日起有功。应如何设立商学、商报、商会各端，暨某省所出之物产，某货所宜之制造，并着饬令切实讲求。务使利源日辟，不令货弃于地，以期逐渐推广，驯致富强。事属创办，总以得人为先，该督等慎选有人，即着将拟定办法迅速奏闻，毋稍延缓。将此各谕令知之。"洋务 （《清德宗实录》卷421）

（光绪二十四年六月庚寅）又谕："孙家鼐奏'遵议上海《时务报》

改为官报’一折。报馆之设，所以宣国是而达民情，必应官为倡办。该大臣所拟章程三条均尚周妥，着照所请，将《时务报》改为官报，派康有为督办其事。所出之报随时呈进，其天津、上海、湖北、广东等处报馆，凡有报单，均着该督抚咨送都察院及大学堂各一分，择其有关时事者，由大学堂一律呈览。至各报体例，自应以胪陈利弊、开广见闻为主，中外时事，均许据实昌言，不必意存忌讳，用副朝廷明目达聪、勤求治理之至意。所筹官报经费即依议行。”洋务　（《清德宗实录》卷421）

（光绪二十四年六月壬辰）命直隶总督荣禄会同湖广总督张之洞督办卢汉等处铁路事宜。现月　（《清德宗实录》卷421）

（光绪二十四年六月甲辰）又谕：“前据孙家鼐奏‘遵议上海《时务报》改为官报，请派康有为督办其事’，并据廖寿恒面奏‘嗣后办理官报事宜，应令康有为向孙家鼐商办’，当经谕令由总理衙门传知康有为遵照。兹据孙家鼐奏陈官报一切办法，报馆之设，义在发明国是，宣达民情，原于古者陈诗观风之制，一切学校、农商、兵刑、财赋，均准胪陈利弊，借为蒭铎之助，兼可翻译各国报章，以备官商士庶开扩见闻，于内政外交，裨益非浅。所需经费，自应先行筹定，以为久远之计。着照官书局之例，由两江总督按月筹拨银一千两，并另拨开办经费六千两，以资布置。各省官民阅报，仍照商报例价，着各督抚通核全省文武衙门、差局书院学堂应阅报单数目，移送官报局，该局即按期照数分送。其报价着照湖北成案，筹款垫解。至报馆所著论说，总以昌明大义、抉去壅蔽为要义，不必拘牵忌讳，致多窒碍。泰西律例，专有报律一门，应由康有为详细译出，参以中国情形，定为报律，送交孙家鼐呈览。”洋务
（《清德宗实录》卷422）

（光绪二十四年七月甲子）又谕：“少詹事王锡蕃奏‘请饬各省设立商会，于上海设总商会’等语。现在讲求商务，业于京师设立农工商总

局，并谕令刘坤一、张之洞先就上海、汉口试办商务局，拟定办法奏闻，现尚未据奏到。商会即商务之一端，着刘坤一等归案迅速妥筹具奏。其沿江、沿海商贾辐辏之区，应由各该督抚一体查明办理。所有一切开办事宜，并着总理各国事务王大臣咨商各督抚，详订章程妥为筹办。”现月

（《清德宗实录》卷424）

（光绪二十四年七月辛未）又谕：“电寄张之洞，该督遵设汉口商务局，办理迅速，筹画周详，深堪嘉尚。江苏候补道程仪洛着刘坤一、廖寿丰饬令速赴湖北，交张之洞差遣委用。”电寄 （《清德宗实录》卷424）

（光绪二十四年七月戊寅）又谕：“岑春煊奏‘粤汉铁路招股为难，请设彩票招商局，以集巨款’等语，据称‘铁路利权，外人皆欲干预。若粤汉铁路因循不修，实恐借口代造，致滋隐患。因拟变通招股之法，在广东、上海、汉口、江苏、江西、天津分设六局，名曰铁路彩票招商局，分次开彩，每年可得银一千二百万两，以之修路养路，均必裕如，请允试办’各节。粤汉铁路亟宜兴修，现在库帑支绌，官款实无可提，即着该藩司于到任后体察情形，妥筹试办，并将如何办理之处先行具奏。将此谕令知之。”现月 （《清德宗实录》卷425）

（光绪二十四年八月）庚戌，谕内阁：“钦奉慈禧端佑康颐昭豫庄诚寿恭钦献崇熙皇太后懿旨，国家振兴庶务，凡有益于国，有利于民者，均应即时兴办，以立富强之基。前因商务为当今要图，特谕刘坤一、张之洞就沿江沿海一带先行试办。兹据张之洞奏称‘应于上海、汉口分设两局。其上海一局，由两江总督委员开办。现于汉口设商务局，以联络川陕、河南、云贵、湘粤等处工商讲求工厂制作、商货销路等事，并酌拟办法’等语。商务为利源所系，创办之始，不在恢拓规模，而在考求实际。现在财力未裕，所需经费无论官筹商借，皆当以核实为主，毋稍虚糜。该督所拟办法八条，均尚扼要。江汉上游为商务大宗，张之洞责

无旁贷，即着督率在事各员加意讲求，认真经办，随时会商刘坤一，与上海局联络一气，务期中外流通，确有成效。不得徒饰空言，致负朝廷力图振兴至意。”外记注 （《清德宗实录》卷428）

（光绪二十六年二月辛卯）大理寺少卿盛宣怀奏：“电报局历年推广，屡有报效，余利无多，官报碍难概不收费。”又奏汉阳铁厂赔累情形。报闻。（《清德宗实录》卷460）

（光绪二十六年闰八月丙午）（湖广总督张之洞等）又奏：“遵复湖北勇营洋操，并未用洋装洋号。”报闻。折包 （《清德宗实录》卷470）

（光绪二十八年九月辛巳）（会办商务大臣工部左侍郎盛宣怀）又奏：“派委总办湖北铁厂候选郎中李维格出洋游历各厂，并就近添购机器，选募匠师，以图扩张。”下部知之。折包 （《清德宗实录》卷505）

（光绪二十八年九月丙戌）谕军机大臣等：“电寄盛宣怀，现在各处开办铁路，关系重大，所有卢汉、粤汉事宜，仍着盛宣怀一手经理。其铁路经过地方，兵政、税项、利权一切政事，着南北洋大臣、湖广总督督办，各专责成，随时妥筹办理。”电寄 （《清德宗实录》卷505）

（光绪二十九年二月丙申）谕军机大臣等：“外务部代递盛宣怀电奏‘请将通商银行商股改作萍乡矿股，所存部款百万改归铁厂，由该厂分年归本缴息’等语，着外务部、户部议奏。”寻奏：“商力竭蹶，而湖北铁厂不至中辍，实赖萍乡煤矿辅助之功。所请通商银行商股改作萍乡矿股，自应照准。至部款应归部库，留作国家银行之用，未便挪移。”从之。（《清德宗实录》卷512）

（光绪三十年三月庚寅）商部奏：“整顿土货，以广出口而挽利权。”

又奏："请派左参议王清穆等前往江鄂等省筹办商会。"均从之。现月
（《清德宗实录》卷528）

（光绪三十年九月癸卯）湖广总督张之洞奏订购炮舰雷艇，分年付价办法。下所司知之。折包 （《清德宗实录》卷535）

（光绪三十年十二月丙辰）商部奏："安徽贵池县绅士刘世珩设立公司，筹办垦务郎中李厚祐创办奉锦垦务公司，同知叶璋设汉口火柴公司，均集厚股，请予奖励。"从之。（《清德宗实录》卷539）

（光绪三十一年八月丙午）又谕："有人奏'川汉铁路关系甚巨，宜画一事权，以维路政'等语，着张之洞、锡良妥议具奏。原折着钞给阅看。"寻奏："请将宜昌以上鄂境之路让川省代修，订期二十五年，由鄂备价取回，未赎以前，权利暂归川省。总之两省联为一气，并不专顾一隅。"下部知之。（《清德宗实录》卷548）

（光绪三十二年正月癸巳）（湖广总督张之洞等）又奏："筹办湖北境内川汉铁路，并将南端接川界之路工，北端接干路之路工，分别接修办法，商定大纲。"下部知之。折包 （《清德宗实录》卷554）

（光绪三十二年七月乙卯）（湖广总督张之洞）又奏："湖北创设机器制麻局，制造已有成效，援案请暂免税厘。"下部议，寻议："应照向章办理。"从之。（《清德宗实录》卷562）

（光绪三十二年十二月庚午）湖广总督张之洞奏："民办铁路，请豫定章程，开车三十年后，由官收回一半，其半仍归商股，庶民间办路无所疑畏。"下部议，寻奏："请暂行缓议。"从之。折包 （《清德宗实录》卷568）

（光绪三十三年四月庚寅）两广总督岑春煊奏："铁路宜统筹全局，豫画轨线，请以京师为轨枢，而分东西南北为四大干以为军路。干各分支，以为商路。并派员勘明缓急，次第兴修。"下部议，寻奏："以京师为轨枢，断无疑义。余请以京汉至粤为南干……以豫、皖、苏、浙、赣、闽、鄂、湘、黔、桂、粤诸轨为南枝，以蒙古热河边墙诸轨为北枝……至勘明缓急一节，俟派员偕工程师勘定，绘图列表，划段程功。"报闻。（《清德宗实录》卷572）

（光绪三十三年五月）乙卯，湖广总督张之洞奏："武昌省城，自京汉铁路通行以来日形繁盛，城内之东南隅一带渐次开通马路，拟添城门一道，名为通湘门，于商旅往来实多利便。"下部知之。折包 （《清德宗实录》卷574）

（光绪三十四年七月辛卯）湖广总督陈夔龙奏："鄂省兵工、钢药两厂经费短绌，请饬陆军度支部筹拨常年大宗的款，以资接济。"得旨："造械关系军队命脉，着该部会商湖广总督妥筹接济，毋令中辍，并会同速议具奏。"寻奏："兵工、钢药两厂久著成效，现值停工待款，拟由湖北土药税项下拨给二十万两，江汉、宜昌两关税各拨十万两，以资接济。并拟参仿江南制造局成案，凡两厂用人筹款及一切事宜，由陆军部会同该省督臣办理，总期中外协力，速求进步。"从之。（《清德宗实录》卷594）

（光绪三十四年七月辛亥）湖广总督陈夔龙奏："鄂省倡办造纸厂、针钉厂，半由官拨款，在息借商本项下动支，半招集华股，按照商律股分有限公司条例办理。"下部知之。（《清德宗实录》卷594）

（光绪三十四年十一月己亥）税务处奏："湖北毡呢厂请将所购机器材料免税三年，核与现行税章不符，不得引京师自来水、呢革公司为例，碍难照准。至成货销售，应完应免各项税厘，准其援照唐山洋灰公司、上海日辉毡呢厂成案办理。”又奏：“上海日辉厂机制毡呢应完应征各税厘，准援照湖北、上海织布局成案办理。”均依议行。（《宣统政纪》卷3）

（光绪三十四年十二月丁巳）谕内阁：“陈夔龙奏‘鄂境川汉铁路与粤汉铁路相辅为用，请简大臣兼充督办’一折。前因粤汉铁路关系重要，特派大学士张之洞为督办大臣，鄂境川汉与粤汉两路本属相辅，自应联为一气，方能妥速成功。着派张之洞兼为督办鄂境川汉铁路大臣，会商邮传部、湖广总督，督饬在事官绅认真筹款兴办。即责成张之洞力任劳怨，剔除弊端，严定期限，因时制宜，主持定断。邮传部暨湖广总督均须实力协助，不得掣肘，以一事权而重路政。”现月　（《宣统政纪》卷4）

（宣统元年二月戊午）邮传部奏：“遵查川汉路线资本，四川认造自成都至宜昌约长二千三百余里，中分宜万、万重、重成三段，工程造端，自以宜万一段为入手，约计需银三千余万。岁入之款，除历年动用外，共存银八百八十一万二百余两，又常年有租股等项二百余万，陆续建筑，陆续通车养路之费，不患无着。其自宜昌至应山县，奏归鄂省认造，即所谓湖北川汉也。查鄂境川汉铁路，估资约费三千万两左右。其现收款项，共六十五万六千九百余圆，除开支外，实存四十四万一百余圆，均存放官钱局生息。”报闻。折包　（《宣统政纪》卷8）

（宣统元年闰二月戊戌）邮传部奏：“遵将应办要政，分则按年筹备，开单呈览。第一年，沪宁告成，门头沟枝路告成，广东粤汉筑成由黄沙至迎嘴一百二十八里……查勘川汉、洛潼、西潼、同蒲、江苏、浙江、潮汕、新宁、惠潮、广西、福建、滇蜀、安徽、江西各商办铁路款项工程，勘估吉长路线……清还京汉铁路借款……大修江宁至汉口电线……筹画核减电报价目，派员赴葡萄牙万国电政公会听讲，为豫备入会基础，整顿上海实业学堂，筹设臣部实业学堂。第二年……启筑四川川汉……

启筑鄂境川汉……大修福广湘鄂电线……筹办电汽专门学堂，筹议改良京师电话机器，筹画京师各省电镫改良办法，设立臣部实业学堂。第三年，筹备清还正太路款……接筑四川川汉……。第四年，清还正太铁路借款……接筑四川川汉……创设电料制造厂，试造电报、电话各种电品材料机器，展设湖南洪江至永州电线……。第五年……接筑四川川汉……扩充湖北电话、电镫，试办湖南电话。第六年……接筑四川川汉……。第七年……接筑四川川汉……。第八年……接筑四川川汉……。第九年，清还道清借款，接筑四川川汉，接筑同蒲，修订全国铁路敷设法，编定全国铁路轨线图说……筹画扩充改良各省电镫、电话。”下宪政编查馆知之。折包 （《宣统政纪》卷10）

（宣统元年三月乙亥）（湖广总督陈夔龙）又奏：“湖北针钉厂系机器仿造洋货，拟援案恳请暂按值百抽五，完纳正税一道，沿途概免重征，以轻成本而利行销。”如所请行。折包 （《宣统政纪》卷11）

（宣统元年六月丁酉）两广总督张人骏奏：“代递粤绅户部主事易学清、前任湖北按察使梁鼎芬联名条陈要政数端：曰资助留学欧美学生，以免异地借才之患；曰广设工艺厂，以化游惰而浚利源；曰折通新城，以便交通而益卫生。”得旨：“着袁树勋会同增祺体察情形，筹议具奏。”折包 （《宣统政纪》卷16）

（宣统元年八月庚子）又谕：“粤汉铁路、鄂境川汉铁路事宜着归邮传部妥协接办。”现月 （《宣统政纪》卷20）

（宣统元年十二月乙未）（都察院）又奏：“大清银行副监督黎大钧等呈称，鄂境铁路，筹有的款，请准商办。”下邮传部知之。折包 （《宣统政纪》卷28）

（宣统二年五月壬戌）农工商部奏：“湖南华昌公司试炼纯锑，渐著成效，请将直隶、两江、山东、湖南、湖北五省补助官款共十六万两奏明立案，永远作为补助，以符奏案。”从之。折包现月 （《宣统政纪》卷36）

（宣统三年七月甲寅）外务部奏：“向来各省多设洋务局或交涉局办理交涉，以藩臬两司兼充总办。而参用道府以下人员，自光绪三十三年奉天、吉林各设交涉使，嗣后云南、浙江照设，他省阙如。夫一省交涉，何等重要，乃仅受成于局所，待理于兼差，虽各口岸尚有关道分治，殊非统一外交之道。现各省提学、巡警、劝业各有专官，交涉一司，拟请定为通制。除奉天、吉林、浙江、云南已设外，直隶、江苏、湖北、广东、福建应先设……旧交涉局所即行裁撤。至交涉使任用之途，拟照学部奏保学使例，由臣部以所属及曾任交涉人员开单听候简放。”从之。（《宣统政纪》卷38）

（宣统二年七月丁巳）农工商部奏各省现办农林工艺大概情形：“据湖南、湖北、江西、新疆四省咨送官民荒地图册，奉天、黑龙江、陕西三省咨送造林区域图册，均随时咨复，务期一律迅速筹办……两江、湖北均奏设刷印局厂……此外各省咨报到部及绅商禀办电镀、火柴、烛皂、面粉、纺织各项实业局厂公司尚有四十余处，此各省续行具报办理农工实业之大概情形也。”得旨：“着该部按照奏定章程通行各省切实筹办，毋任延玩。”（《宣统政纪》卷39）

（宣统二年八月戊寅）东三省总督锡良等奏：“财政日窘，外祸日迫，惟有实行借债，可为第一救亡政策。借债乃十年以内救亡之要著，十年以内，我国正在推行币制之日，倘无数千万现金为之储备，则财政恐慌，各国即从而干涉之。即就筹备宪政而论，无一不仰给于财政，如能以借债为题，吸收外资，以厚国力，以苏民困，则财政可一，币制可定，将来立宪之筹备亦可以进行而无阻。造路乃十年以外救亡之要著，中国交通不便，凡政令之宣布，军事之征调，障阻既多，缓急难恃，所有森林矿产因运输不便，亦多弃利于地。果十年以外，铁路尽通，御中控外，势增百倍，斯时采用各国行政之法，决无难行之虑。拟请速定大计，指明我国亟应兴筑之粤汉、川藏、张恰、伊黑四段干路，准以本铁路抵押，募借外债，以十万万为度。即由度支部、邮传部主持，一面议定借款，一面议定包工限期，十年完竣。其附属于铁路事业经营者，则责成路线所经各省将军、督抚、都统妥为规画，次第兴办。即商民所立之实业公司，亦准其以实有之资产抵借外债，以为补助。惟当由部臣定一商借商还之法令，不使与国际相涉。此令一下，世界当为震动，我国债票必将日涨，各国债票必将日跌，世界财力只有此数，我先取之，则彼无所取资，先发以制人，乃可以不战而屈人。更征诸古今中外之历史，国家之盛衰，实视财政为消息，可分为四时代：曰本国财力完全之时代，曰借债维持之时代，曰债主代为维持之时代，曰债主监督财政之时代。我国今日所处之阶级，即由借债时代，渐入于债主代为维持时代。利用此策，乃可复还其财政完全之时代。”下部妥议具奏，寻度支部等会奏：“我国所借外款，合之庚子赔款，截至本年已达十万万之数。原奏借款筑路之策，我国非不用之，惟重在兴利，即重在还本。原奏所指四路，除粤汉一路另行议办外，其川藏、张恰、伊黑三路，多属荒远，成本既重，收利难期，将来还款，恐无把握。察度情形，所请议定借款包工限年之处，暂应从缓办理。”从之。（《宣统政纪》卷 40）

（宣统二年九月壬子）又谕：“邮传部奏‘派员查勘湖南、湖北路工暨股捐各款情形’一折，知道了。”折包　（《宣统政纪》卷 42）

（宣统二年十月丁酉）先是，广东绅士户部主事易学清、前湖北按察使梁鼎芬等联名条陈要政，经前两广总督张人骏据情代奏，得旨：“着袁树勋会同增祺体察情形，妥议具奏。”至是，广州将军兼署两广总督增祺等奏：“粤绅所陈三事，一为资助留学欧美自费学生，现定留英推广学额四名，留俄、留法各推广学额二名，留美推广学额十名；一为振兴工艺局厂，现就增步制造旧厂，改建工艺局，并办家族工艺厂附设该局之内；一为议拆广东新城，现拟俟堤岸马路一律告成，东接广九铁路，西接粤汉铁路，彼时再为计议。”报闻。折包 （《宣统政纪》卷43）

（宣统三年四月己卯）邮传部奏：“粤汉铁路、鄂境川汉铁路借款正合同签字势难久延，请将该部批准前案先行取销。”从之。随手 （《宣统政纪》卷52）

（宣统三年四月）戊子，谕内阁：“端方着以侍郎候补，充督办粤汉川汉铁路大臣，迅速前往，会同湖广、两广、四川各总督、湖南巡抚恪遵前旨，妥筹办理。”现月 （《宣统政纪》卷53）

（宣统三年四月）庚寅，邮传部会奏：“粤汉川汉铁路接议英、德、美、法各银行借款合同，计二十五款，缮单呈进，并请旨签字盖印。”得旨：“着邮传大臣签字。”现月 （《宣统政纪》卷53）

（宣统三年四月）壬辰，谕内阁：“前经降旨，铁路干路收归国有，并派端方以候补侍郎充督办粤汉川汉铁路大臣，饬令迅速前往，妥筹办理。朝廷所以毅然行之者，固以统一路权，亦借以稍纾民困。当川路创办之初，该省官绅遂定有按租抽股之议，名为商办，仍系巧取诸民。至今数年之久，该路迄未告成，上年且有倒亏巨款之事，其中弊窦不一而足，是贻累于闾阎者不少，而裨益于路政者无多……”现月 （《宣统政纪》卷53）

（宣统三年五月）壬子，谕内阁：“张鸣岐电奏‘干路收归国有，请从速决定归还股本办法’等语，着度支部、邮传部、督办粤汉川汉铁路大臣妥速议奏。”现月 （《宣统政纪》卷54）

（宣统三年五月甲寅）又谕："张鸣岐电奏'收回粤路，有人倡议抵抗，不用官发纸币，纷纷持票领银，牵动省垣市面。拟向外国银行订借现款五百万两，以备周转，请特予照准，并请早定归还股本办法'各等语。借款周转事关紧急，着外务部、度支部速议具奏。归还股本办法一节，仍着度支部、邮传部、督办粤汉川汉铁路大臣妥速议奏。"电寄（《宣统政纪》卷54）

（宣统三年五月）乙卯，谕内阁："御史黄瑞麒奏'借款官修干路，宜仍留商股'一折，又片奏'请饬将停收以前所收米盐各款，悉数解交公司，不准挪用'等语，着度支部、邮传部、督办粤汉川汉铁路大臣悉心妥议具奏。"现月 （《宣统政纪》卷54）

（宣统三年五月乙卯）又谕："张鸣岐电奏'粤民对于路事抗拒情形酌拟办法，请坚持国有政策，准令商股悉领现银'等语，着度支部、邮传部、督办粤汉川汉铁路大臣归并前案，妥速议奏。"电寄 （《宣统政纪》卷54）

（宣统三年五月）戊午，谕内阁："度支部会奏'遵旨筹画川粤汉干路收回详细办法'各折片。铁路收回国有，固以维持路政，实以体恤民艰。前经降旨停收川湘等省各项股捐，并累次谕令将已收之款妥筹办法。兹据奏称'请将川、粤、湘、鄂四省所抽所招之公司股票尽数验明收回，由度支部、邮传部特出国家铁路股票，常年六厘给息。嗣后如有余利，按股分给。倘愿抽本，五年后亦可分十五年抽本未到期者，并准将此次股票向大清交通银行照行规随时抵押。其不愿换国家铁路股票者，均准分别办理，以昭平允……鄂路商股并准一律照本发还，其因路动用赈粜捐款，准照湖南米捐办理……'等语，筹画尚属妥协，着督办粤汉川汉铁路大臣迅速前往，会同各该省督抚遵照所拟办法，将所有收款分别查明细数，实力奉行。朝廷于此事审慎周详，仁至义尽。经此次规定后，倘有不逞之徒仍借路事为名，希图煽惑，滋生事端，应由该督抚严拿首要，尽法惩办，勿稍宽徇，以保治安。”现月 （《宣统政纪》卷54）

（宣统三年五月辛酉）又谕：“御史陈善同奏‘借款修路利固甚溥，害亦相当，就借款合同，另拟安插已收股款办法’一折，着度支部、邮传部、督办粤汉川汉铁路大臣知道。”现月 （《宣统政纪》卷54）

（宣统三年闰六月丁巳）又谕：“赵尔丰电奏‘川路股东会会长颜楷等为部臣弊通分公司总理，分别纠劾，录呈代奏’等语。原电着钞给督办粤汉川汉铁路大臣、邮传大臣阅看。”电寄 （《宣统政纪》卷57）

（宣统三年七月）壬申，谕内阁：“电寄赵尔丰，电奏悉。铁路收归国有，系为减轻小民担负起见。叠经降旨宣布，乃川民仍多误会，相率要求。其词虽激，其愚可悯，朝廷亦何忍重负吾民？着邮传部、督办粤汉川汉铁路大臣将路款轇轕妥速清理，明示办法，以释群疑。赵尔丰身任疆圻，保卫治安是其专责，务当仰体朝廷爱民之隐，剀切开导，设法解散，俾各安心静候，照常营业。倘或办理不善，以致别滋事端，定惟该督是问。”电寄 （《宣统政纪》卷58）

（宣统三年七月甲戌）谕内阁：“着派湖广总督瑞澂、两广总督张鸣岐、署四川总督赵尔丰、湖南巡抚余诚格各于粤汉、川汉所辖境内会同办理铁路事宜。”现月 （《宣统政纪》卷58）

（宣统三年七月乙亥）又谕：“电寄督办粤汉川汉铁路大臣端方等，端方、瑞澂电奏均悉，现在四川民心浮动，关系地方大局，至为重要，着端方迅速前往四川，认真查办。”电寄 （《宣统政纪》卷58）

（宣统三年七月）戊寅，谕内阁："电寄端方，据电奏'请另派重臣赴川查办'等语，朝廷简派端方赴川查办路事，正以其系原参之人，必不致有回护隐饰情事。且川鄂交界，路途并不甚远，再近实无可派之大员。该大臣身充督办，凡关于四省铁路，均系该大臣分内之事。无论何省遇有事故，即无朝旨敦促，亦应随时前往，相机办理。况现在川路风潮甚剧，岂转可置身事外？该大臣向来勇于任事，不辞劳怨，仍着懔遵两次谕旨，迅速前往，不准借词推诿延宕，并将起程日期即日电奏。"电寄 （《宣统政纪》卷58）

（宣统三年七月甲申）御史陈善同奏："川省路事日棘，请将办理不善之大臣量予惩处，并饬妥速设法维持，以安人心而弭巨变。窃维国以民为本，自古未有得民心而国不兴者，即未有失民心而国不危者。《传》曰：'众怒难犯。'《书》曰：'民可近不可下。'此中消息至微，有天下者不可不察也。此次以铁路干线归国有政策本极相宜，稍有知识孰不赞成，比者屡诏蠲除各项杂捐所以恤民者，固已仁至义尽。而湘、粤等省人心惶骇，扰扰不靖，川患且日以加剧者，则以邮传大臣盛宣怀于此事之办理实有未善也。各路商办之局，其始皆历奉先皇帝谕旨。根据大清商律，如欲改归官办，自应统筹全局，划定年限，分期分段，量力递收，于国于民方为两利……现在湘鄂争路余波尚未大熄，而雨水为灾几近十省，盗匪成群，流亡遍野。若川省小有风鹤之警，恐由滇藏以至沿江沿海必有起而应之者，其为患又岂止于路不能收而已？顷者我皇上谕派鄂粤川湘等省督抚，令于所辖境内铁路事宜各得会同办理，是路事重要。盛宣怀刚愎自用，不洽舆情，难于独任，已可概见，应如何惩处以儆将来……其借款承修之粤汉川汉各段路线，或由官办，或由包工，应如何斯可以节省縻费，保全利权，并请饬下内阁从速会议，公筹妥善方法，剀切宣布，以息众喙而释群疑。"疏入不报。（《宣统政纪》卷59）

（宣统三年八月）癸丑，谕内阁："端方等奏'湖北境内粤汉川汉铁路遵旨收归国有，取销商办公司，并议定接收股款办法’一折。前因铁路收归国有，曾经谕令督办粤汉川汉铁路大臣会同各该省督抚将所有收款遵照五月二十一日谕旨分别办理。兹据奏称‘鄂路股款约分四项，官招粤汉商股、川汉商股皆系实银，应即钦遵谕旨，一律发给国家铁路股票，不愿附股者发还现银。其川汉彩票股与普通彩票不同，早经按户换给股票，逐次付息，拟恳一并按照商股办法，给与分利分红股票。至商招商股一项，系零星劝集，股东散处，无从遍询。拟由该省铁路协会绅士自行清理，先将股本一律退还，其有愿附股者，再行缴银领票，以清界限。此外尚有赈粜捐一款，拟援湘省成案，拨作地方公股。官绅会商意见相同，业于八月初六日接收完竣’等语。该大臣等办理接收事宜，暨所拟办法，均尚妥协。湖广总督瑞澂办事明敏，于此次路事尤能尽心筹画，不负委任。该省士绅复能仰体朝廷德意，率先遵办，洵属深明大义，着传旨嘉奖。该大臣等迅即会同度支部、邮传部按照筹拟各节分别清理，克期开工，以重交通要政。”（《宣统政纪》卷61）

（宣统三年八月庚申）御史史履晋奏：“窃自铁路国有政策宣布以来，全国哗然，民心大失，以致四川糜烂，湖北遂乘机起事。赵尔丰之激变，瑞澂之潜逃，固罪无可逭，而罪魁祸首，则实为盛宣怀。夫各省商办铁路，为世诟病，授人以口实者约居多半。或款不足而先事铺张，竭小民之脂膏，供个人之挥霍。或款已集而互争权利，因私家之水火，误工事之进行……”（《宣统政纪》卷61）

后　记

在本人所编《〈明实录〉中湖北史料辑录》由武汉出版社于2019年8月出版后，该社总编辑邹德清、副总编辑胡新二君又亲临寒舍，提出编纂《〈清实录〉中湖北史料辑录》一书的要求。为保证现存实录史书中湖北史料辑录的完整性，我便答应下来。但由于年事已高，精力渐衰，于是特地让年富力强的谢盛博士全面协助我展开工作，由我们二人担任全书主编，并邀请金诗灿、喻俊虹等年轻学者一起编纂。编纂团队成员的工作单位如下：

谢贵安，武汉大学历史学院；

金诗灿，武汉工程大学马克思主义学院；

谢盛，武汉工程大学马克思主义学院；

喻俊虹，武汉大学历史学院。

由于《〈清实录〉中湖北史料辑录》篇幅巨大，多达10册，于是我们编纂团队在通力合作的前提下，进行了具体的分工。下面是团队成员的分工情况：

谢贵安，负责体例设计、代序撰写和全书统稿工作，并负责编纂第5—6册；

谢盛，负责编纂方案的组织和实施，并负责编纂第1—4册；

喻俊虹，负责编纂第7—8册；

金诗灿，负责编纂第9—10册。

喻俊虹除了第7—8册的编纂外，对全书的编纂、校对还做了大量的基础性工作。

除了编纂团队外，我指导的研究生龚芸萱、贾红霞、刘思劼也对本书的校对做了辛勤工作，在此对他们表示感谢。

在年轻学者的加盟下，在团队成员的精诚合作下，《〈清实录〉中湖北史料辑录》得以如期完成。值此书出版之际，对为该书出版提供大力支持的武汉出版社总编辑邹德清、副总编辑胡新，对为该书出版付出心血的责任编辑陈艾利、杨振、谌丽平、贾慧敏及武汉出版社城市文化出版中心主任蔡文华表示衷心的感谢！

谢贵安

2023 年 8 月 25 日

写于武昌珞珈山麓、东湖之滨

荆楚文库

《清实录》中湖北史料辑录（五）

谢贵安　谢　盛　主编
谢贵安　编著

荆楚文库编纂出版委员会
武汉出版社

11. 军事调防

（顺治八年闰二月）甲子，偏沅巡抚金廷献疏言："湖南幅员辽阔，贼党繁多……伏乞敕部酌复，以湖北无事之兵，量移湖南有事之地，并足经制之额，堵防边界，则重地有兵，战守有具，封疆攸赖矣。"下兵部议。（《清世祖实录》卷54）

（顺治十五年七月癸亥）兵部议复："江西巡抚张朝璘疏言，九江重地必须镇臣弹压，总兵官杨捷征闽四载，久戍可念。应将江西通省兵内抽拨三千名，令原任湖广中路总兵官许天宠仍以都督同知充随征中路总兵官，统领驻扎闽省杨捷汛地。将杨捷原领官兵三千名，换班撤回九江，以均劳逸。"从之。（《清世祖实录》卷119）

（顺治十六年八月己丑）江南总督郎廷佐奏报："海寇自陷镇江，势愈猖獗，于六月二十六日逼犯江宁。城大兵单，难于守御，幸贵州凯旋梅勒章京噶褚哈、马尔赛等统满兵从荆州乘船回京，闻贼犯江宁，星夜疾抵江宁……"得旨："据奏满汉官兵奋勇，水陆并进，擒剿逆寇甚多，克奏大捷，深可嘉悦，着该部从优议叙具奏。"（《清世祖实录》卷127）

（顺治十六年八月）庚子，安南将军固山额真明安达礼等奏报："臣等自荆州赴援江宁，八月初七日至荻港……"（《清世祖实录》卷127）

（康熙十二年十二月）丙辰……上召议政王大臣等面谕曰："今吴三桂已反，荆州乃咽喉要地，关系最重，着前锋统领硕岱带每佐领前锋一名，兼程前往，保守荆州，以固军民之心……"（《清圣祖实录》卷44）

（康熙十二年十二月丁巳）蔡毓荣又疏言："先经云南贵州总督甘文

焜手书与臣，密报吴三桂反状……复虑楚省兵单，檄南汝总兵官周邦宁赴楚应援。”下兵部知之。（《清圣祖实录》卷44）

（康熙十二年十二月）庚申，谕议政王大臣等：“大兵进征楚蜀，若须援兵，自京发遣，难以骤至，且致士马疲劳。兖州地近江南、江西、湖广，太原地近陕西、四川，均属东西孔道，可发兵驻防，秣马以待，所在有警，便即时调遣……”（《清圣祖实录》卷44）

（乾隆十二年十二月癸亥）前锋统领硕岱领前锋兵启行，赴荆州。（《清圣祖实录》卷44）

（康熙十三年正月）戊辰，遣都统觉罗巴尔布，护军统领伊尔度齐、额司泰率护军骁骑先赴荆州，谕之曰：“顷侍卫阿尔赛自荆州驰还，奏其地居民震恐，尔等兼程速赴，能早至荆州，则兵民自安，倘楚省告警，可简肥马速进。时前锋统领硕岱，领兵已起行，传谕亦如之。”（《清圣祖实录》卷45）

（康熙十三年正月癸酉）湖广总督蔡毓荣疏报：“贼兵已抵清浪卫，逼近沅州，亟请大兵驰救。”上谕湖广总督蔡毓荣、云南总督鄂善、湖广提督桑峨等：“闻贼兵逼近沅州……督提俱在荆州……应令桑峨领兵疾驰赴沅协同固守，蔡毓荣等亦须酌量以行，大兵不久即至。”（《清圣祖实录》卷45）

（康熙十三年正月庚辰）湖广总督蔡毓荣疏报：“贼于十二月二十九日陷沅州，总兵官崔世禄被执，澧辰路梗，楚地请援。”上命大将军顺承郡王勒尔锦于所领兵内，每佐领先出骁骑二名，以都统一员领之，继都统巴尔布之兵速往荆州。并令都统巴尔布，护军统领伊尔度齐、额司泰等，于所领护军内简选肥马，以护军统领一员领之，继前锋统领硕岱之

兵，并驰赴荆州。（《清圣祖实录》卷45）

（康熙十三年正月）甲申，命德州、沧州及顺义等十处驻防满兵会于德州，以都统尼雅翰为镇南将军将之。尼雅翰奏请增兵，竟往武昌……（《清圣祖实录》卷45）

（康熙十三年正月）丁亥，侍卫夸塞自荆州驰还，奏："偏沅巡抚卢震弃长沙，奔岳州。"上命都统觉罗朱满领兵速赴武昌，谕之曰："闻巡抚卢震已弃长沙，奔岳州，朕念武昌重地，不可不豫为防守，尔可率兵即往。如有贼至，务期保固地方，贼势倘众，勿轻与战，或武昌无警，即于岳州以北水路要地驻防。"（《清圣祖实录》卷45）

（康熙十三年正月丁亥）谕宁南靖寇大将军多罗顺承郡王勒尔锦："比闻长沙巡抚卢震弃城奔岳州，朕念武昌为省会要地，已令都统朱满率兵急往防御。王可将所部护军，每佐领拨一名，速赴朱满军前。王师抵楚后，如武昌无事，可与贝勒会同，将朱满之兵酌行调用。"（《清圣祖实录》卷45）

（康熙十三年正月）辛卯，上遣近侍纳尔泰往荆州，传谕湖广总督蔡毓荣、云南贵州总督鄂善、湖广提督桑峨等："近所属地方虽有沦陷，尔等不必怀忧，朕闻尔等戮力共保荆州，甚为可嘉，俟王师之至，恢复疆宇，是即尔等之功。前锋统领、护军统领续当即至，或马匹疲瘦，可以马助之，刍茭之属，豫储勿误。"（《清圣祖实录》卷45）

（康熙十三年二月庚子）湖广总督蔡毓荣疏报："正月二十四日，前锋统领硕岱兵抵荆州。"（《清圣祖实录》卷46）

（康熙十三年二月乙巳）湖广总督蔡毓荣疏报："本月初一日，护军

统领伊尔度齐兵抵荆州。初二日，护军统领额司泰兵抵荆州。”（《清圣祖实录》卷46）

（康熙十三年二月丁未）湖广总督蔡毓荣疏报：“吴三桂遣伪总兵杨宝应犯常德，其父原任广东提督杨遇明，家于常德，遂为内应，知府翁应兆从逆，常德溃。”上谕：“前往安庆将军尼雅翰于所领兵内简选壮骑，并前调江宁京口副都统二员、兵二千名，俱赴武昌、长沙等处，与都统朱满会商而行，兵马各自统辖。尼雅翰仍带将军印，余兵令副都统席布领之。仍驻安庆，以待护军到日，牧养马匹。其京口副都统所领船只，令尼雅翰酌量带往武昌，席布所领护军骁骑，亦量留与船只。”（《清圣祖实录》卷46）

（康熙十三年二月）己酉，湖广总督蔡毓荣疏报：“本月初六日，都统觉罗巴尔布兵抵荆州。”（《清圣祖实录》卷46）

（康熙十三年二月）壬子，湖广总督蔡毓荣疏报：“本月初八日，吴三桂兵至澧州，城守官兵以城叛应贼。提督桑峨、总兵官周邦宁自常德还至澧州城外，孤军不能迎敌，不得不退回荆州，乞大兵星驰剿御。”（《清圣祖实录》卷46）

（康熙十三年二月己未）湖广总督蔡毓荣疏报：“本月十五日，都统觉罗朱满兵抵武昌。”（《清圣祖实录》卷46）

（康熙十三年二月癸亥）谕兵部：“驻守武昌满兵既往岳州、长沙，其防守南汝之真定总兵官张华善即领官兵赴武昌协守。念军士自真定调赴河南，今又遣往武昌，实为劳苦，其各以白金优赉之。”（《清圣祖实录》卷46）

（康熙十三年三月壬辰）命内大臣希尔根为定南将军，礼部尚书哈尔哈齐副之，帅师赴江西……又以武昌有警，命都统觉罗巴尔布、护军统领伊尔度齐率师速赴武昌。（《清圣祖实录》卷46）

（康熙十三年四月）癸卯，谕经略莫洛、将军席卜臣、陕西总督哈占等："于西安闲丁内选数百人，令其披甲，给以马匹器械，并席卜臣等所领兵内，每佐领出骁骑一名，令副都统德业立领赴襄阳，同都统范达礼镇守。内大臣阿密达事竣，所领护军亦令德业立率往，以资守御。其襄阳副都统托岱，于德业立至时，即领其所部官兵赴顺承郡王勒尔锦军前。"（《清圣祖实录》卷47）

（康熙十三年六月癸卯）江西巡抚董卫国疏报："叛弁柯升勾连闽逆，窃踞广信诸处，麻蓬地方贼兵继起。"上谕定南将军希尔根等："尔等至江西时，根特巴图鲁等可先定广信。护军统领查哈太原令进兵荆州，今改赴江西……"（《清圣祖实录》卷48）

（康熙十三年六月）丙午，谕兵部："大兵进取岳州，自岳州至武昌，中途应设满兵防守。前自怀庆赴襄阳，每佐领护军一名，即令护军参领噶尔弼为副都统帅往，与湖广巡抚会议，并量带绿旗兵，赴蒲圻县驻守。"（《清圣祖实录》卷48）

（康熙十三年六月丙午）谕议政王大臣等："今逆贼吴三桂于澧、岳诸处抗拒我师，且用奸谋摇惑军民之心，分我兵势，宜增兵速行剿灭……"上命科尔沁辅国公图纳黑、杜尔伯特台吉温布赴荆州……（《清圣祖实录》卷48）

（康熙十三年六月壬子）先是，命经略莫洛遣副都统扩尔坤进四川……将军席卜臣、提督王辅臣俱赴荆州。至是，莫洛疏言："扩尔坤官兵已遣赴广元周有德军前……以副都统巴喀率每佐领骁骑一名，同提督王辅臣往荆州。”上谕：“贝勒、贝子等既率八旗及蒙古兵赴楚，王辅臣兵不必发荆州……”（《清圣祖实录》卷48）

（康熙十三年八月）甲午，安远靖寇大将军多罗贝勒尚善等帅师之岳州，贝子准达等帅师之荆州。上御太和殿，赐之敕印，命和硕安亲王岳乐、内大臣辅国公常舒，及内大臣、尚书、侍郎、侍卫等送之出郊。（《清圣祖实录》卷49）

（康熙十三年八月）乙未，谕兵部：“王师进剿湖南须用绿旗官兵。总督蔡毓荣管辖通省，可率所部兵，随王师协力平定地方。又荆州地关紧要，进兵时，大将军顺承郡王勒尔锦宜酌拨官兵防守。”（《清圣祖实录》卷49）

（康熙十三年十一月）癸亥，安远靖寇大将军多罗贝勒尚善等请遣荆州绿旗兵赴岳州。上命：“总督蔡毓荣率标下绿旗官兵，酌带荆州舟舰前往岳州。其沿江一带令大将军顺承郡王拨兵固守。”（《清圣祖实录》卷50）

（康熙十三年十一月戊辰）安远靖寇大将军多罗贝勒尚善等疏言：“请拨京口沙唬船五十艘并水手发往岳州，以资进剿。”议政王大臣等议复：“前已将荆州船二百发往岳州……”（《清圣祖实录》卷50）

（康熙十三年十一月）丁亥，谕兵部：“往者令总督蔡毓荣率兵，会同都统范达礼等协剿杨、洪二逆。今蔡毓荣既赴岳州，二逆可暂停进剿。除副都统宜思孝、柯彝率兵驻防郧阳、均州外，令襄阳总兵官刘成龙率兵镇守南漳，云南提督胡拜率绿旗官兵及驻扎襄阳汉军镇守谷城，都统范达礼、副都统德业立仍守襄阳。若更有险要之地，令范达礼等酌量调守，贼出犯时，即相机剿御。俟大兵平定湖南，范达礼、蔡毓荣等仍进

剿杨、洪二逆。”（《清圣祖实录》卷50）

（康熙十三年十二月丙午）平南王尚可喜疏言：“逆贼于衡湘造船千余，欲分发岳州、荆州，并进取江西，将来春水泛涨，长江上下宜预为设备。”上命大将军顺承郡王勒尔锦等：“修造战舰，于沿江要地严加防守，逆贼侵犯，即行扑剿……”（《清圣祖实录》卷51）

（康熙十三年十二月戊申）谕议政王大臣等：“陕西兴安州，西近汉中，北接潼关，东南直逼郧襄，最为要地。今秦中有警，特遣大兵镇守，其副都统穆舒浑带至襄阳之兵及蒙古甲兵，增足一千，令云贵总督鄂善、副都统希福率赴兴安，保固汉中诸处，穆舒浑仍回荆州。至于兴安、襄阳地系接壤，应令张犄角之势，有警即互相应援。都统范达礼、副都统李林隆、提督胡拜等镇守襄阳谷城，如兵力单薄，大将军顺承郡王等酌量遣兵协守。”（《清圣祖实录》卷51）

（康熙十四年正月戊子）谕兵部：“前因大将军贝勒尚善等欲攻岳州，故令总督蔡毓荣率标兵前往。今贝勒等以逆贼固守岳州，暂停进取，其令蔡毓荣以所部官兵仍回荆州。”（《清圣祖实录》卷52）

（康熙十四年四月己丑）谕兵部：“自有贼警，即遣真定官兵赴楚防守，已经年余，备极劳苦。今武昌见有满洲、蒙古及抚标城守水师兵，真定总兵官张和善令率所部兵仍回原汛。”（《清圣祖实录》卷54）

（康熙十四年四月甲寅）……上谕兵部：“贝勒董额等围困秦州，所关最重，倘秦州可虑，西安亦且难保。今佛尼勒虽已调至，而兵力尚单，除荆州调往每佐领下兵一名外，或西安兵，或附近汛兵，令总督哈占、鄂善等，速拨五百名赴秦州……”（《清圣祖实录》卷54）

（康熙十四年五月甲戌）都统海尔图疏言："臣抵西安，闻自荆州来之兵及贝勒催办弓矢之护卫，俱为贼阻，暂驻陇州仙逸关等处。若不灭此贼，恐红衣炮不能前进，乞添发满兵二千，剿灭关贼，疏通道路。"……（《清圣祖实录》卷55）

（康熙十四年闰五月壬辰）宁南靖寇大将军多罗顺承郡王勒尔锦等疏言："逆贼两路出犯南漳、均州，与我兵对垒。迩来虎渡口诸处贼船日增，闻逆贼吴三桂身在松滋，声言渡江与我兵战，且欲决堤水灌荆州，使我岳州大兵不得援荆。今吴三桂既犯荆州，余贼或犯他处亦未可料，贼势甚炽，我兵力单，请添发满汉官兵，速行赴援。"上责之曰："初闻吴三桂叛，即发大兵，遣前锋统领硕岱、都统巴尔布、护军统领伊尔度齐率前锋护军，日给刍秣，令其疾驰。巴尔布等至荆州时，贼尚未至常德、澧州也。所率前锋护军，每佐领下五名，兵力不为弱矣。乃不急渡江，耽延迟误，而常德、澧州遂叛。王亲率大兵至荆州，又不即渡江进取，致令吴三桂一至，而常德等处遂为所据。都统朱满率兵至武昌时，岳州、长沙犹未叛也，又不急趋镇守，逍遥武昌。六百里之程，行逮一月，而岳州、长沙又陷。巴尔布等畏懦不前，坐失险要，使逆贼从容得据守湖南，致我兵难以攻取，且糜费粮饷倍于他处。究之寸步不能前进，因贼渠与我精兵相持荆岳间，而广西孙延龄、福建耿精忠遂相继变叛，贼寇蜂起。又前谕王云，荆河口以内，何处宜设兵防守？王疏称，贼船上下江中，俱取道荆岳，易以侦知，俟有事之时就近调遣，可以立至。今复称，吴三桂来犯荆州，余贼或从他路出，贼众我寡，特请增兵。何前后舛错，一切军机忽略至此？今禁旅遣发已多，纵发亦难骤至，时方盛夏，贼或冒死渡江亦未可知，应调附近官兵星驰赴援。今安亲王复建昌，大兵已回南昌，江南徽州又有满洲、蒙古兵镇守，其令驻池州署副都统苏朗率蒙古兵一千至武昌，换兵五百速赴荆州。安亲王或由宁州入湖南，或由袁州进长沙，其便宜以行。"既而扬威大将军和硕简亲王喇布奏："江西贼寇窥伺池州诸处。"上乃命："苏朗止以蒙古兵六百行，至

日，合武昌满洲、蒙古兵仍足一千，速赴荆州。”（《清圣祖实录》卷55）

（康熙十四年闰五月）乙未，宁南靖寇大将军多罗顺承郡王勒尔锦疏报：“松滋县北山，吴三桂复添四营，沿江一带贼船日增，恐水陆齐犯荆州、彝陵，亦未可定。”上谕：“荆州、彝陵等处关系紧要，着将军贝勒察尼酌量留兵，令都统宜理布、范达礼防守襄阳、均州、南漳等处，察尼亲统余军速赴荆州。再令驻防河南汝州署副都统诺敏等率所部满洲、汉军，星赴襄阳。”（《清圣祖实录》卷55）

（康熙十四年七月）丙申，理藩院尚书阿穆瑚瑚奉命调科尔沁等蒙古兵三千名，期以八月先后入京。上谕：“授都统噶尔汉为镇安将军，率每佐领护军一名、蒙古兵一千七百名驻守河南，令副都统龚图等率见在河南满洲、蒙古兵赴荆州。到日，或遣往彝陵，或分荆州兵遣往，听大将军顺承郡王等酌行。复令散秩大臣博落特率蒙古兵六百名赴兖州，交副都统额赫纳管领。其后至蒙古兵七百名，尚书科尔科代率往兖州防驻。”（《清圣祖实录》卷56）

（康熙十四年七月）辛亥，先是，宁南靖寇大将军多罗顺承郡王勒尔锦疏言：“荆州兵少，今虽调副都统龚图兵援荆州，未能即至。乞令龚图移驻南漳，更调南漳、襄阳满洲蒙古兵，就近来援。”上从之。至是，勒尔锦又言：“彝陵贼进据江渚，火器甚多，我兵须用鸟枪居前，步骑续进，乃可长驱制胜。乞调发绿旗鸟枪手三千人，并就近拨满洲兵，速赴军前。”上谕兵部：“逆贼吴三桂见在松滋，据大将军贝勒尚善疏言，廖、祖二贼复率众七千余前往松滋，则荆州、彝陵兵力似属单弱，拨岳州兵内每佐领一名，速赴荆州。着见驻兖州护军统领查哈太尽率满洲、汉军兵，河南提督佟徽年选标下鸟枪手三千人，并赴荆州，听大将军顺承郡王勒尔锦调度。”（《清圣祖实录》卷56）

(康熙十四年八月)己未，陕西总督哈占疏言：“兴安叛兵已与蜀寇合……继哈占复以西安要地，屡疏请兵，因将荆州大兵陆续调赴西安，遂致荆州、彝陵兵力单弱……”(《清圣祖实录》卷57)

(康熙十五年三月)癸巳，安远靖寇大将军多罗贝勒尚善等疏报：“逆贼吴三桂遣伪将军马宝等，分路应援长沙。”上谕曰：“大将军安亲王兵已经深入，今赴援之贼甚多，恐相持迟延时日……若虑岳州兵力单薄，可调武昌兵以资防守。其彝陵诸处贼势既分，顺承郡王勒尔锦、贝勒察尼等，或攻破彝陵上流贼众，或整理舟师，以张渡江之势，俾贼溃乱，不能救援长沙一带。倘有机会可进，即渡江酌量速进。至南漳逆贼，既经退回，即调南漳诸处大兵赴荆州，并力破贼。大将军王等，仍量留官兵，同总兵官刘成龙防守南漳。”(《清圣祖实录》卷60)

(康熙十五年四月)辛酉……又谕曰：“粤东事如此，则长沙宜急攻取。今贝勒察尼、总督蔡毓荣既回荆州，则自河南发往荆州之兵，可速遣赴岳州……”(《清圣祖实录》卷60)

(康熙十五年四月)辛未，趣安远靖寇大将军多罗贝勒尚善等分兵赴长沙……寻尚善等复奏：“已令副都统阿进泰率八旗骁骑兵八百名，蒙古、绿旗兵各五百名，于四月二十六日，由通城赴长沙。”(《清圣祖实录》卷60)

(康熙十五年六月戊辰)……寻尚善奏：“自河南来每佐领兵一名，更增以盛京兵及外藩蒙古兵共一千名，令署副都统尼雅翰领赴江西，于六月二十七日由武昌起程。”(《清圣祖实录》卷61)

(康熙十六年正月)己丑，宁南靖寇大将军多罗顺承郡王勒尔锦疏言：“将军穆占抵荆州，增拨在荆都统伯宜理布，前锋统领硕岱，副都统托岱、龚图，汉军副都统祖泽纯、宜思孝及满洲、汉军、边外蒙古、绿旗官兵共六千余，率赴岳州、长沙。如贼觇知荆州大兵势分，乘虚侵犯，我兵守汛尚恐力单，他处有警，实难应援。乞调邻近满洲绿旗官兵移驻荆州，以资防御。”上谕：“驻河南府满洲、汉军、蒙古兵，令员外郎颇罗塞统领，其自陕西遣发满洲、汉军兵，令原辖将弁统领，俱赴荆州。”（《清圣祖实录》卷65）

（康熙十六年正月庚寅）谕兵部：“陕西分兵赴荆州，欲令顺承郡王等乘机渡江，平定湖南，恐中途延缓。尔部其檄趣进兵，毋得逗留，贻误军机。”（《清圣祖实录》卷65）

（康熙十六年二月）丙寅……至是，勒尔锦等两议以闻。一议俟陕兵到荆，更得绿旗官兵，仍行渡江……（《清圣祖实录》卷65）

（康熙十六年九月）丙子，先是，上谕兵部：“今广东底定，正当破贼之时，亟宜添发大兵平定湖南，剿灭逆贼吴三桂。顷大将军公图海报我兵已经撤回，陕西见有大将军、将军、提督等剿贼防汛，自无不足，且满洲大兵又复不少，宜分满兵每佐领三名，并酌选将军提督所部绿旗兵，同京师兵每佐领三名遣赴湖广，其令图海会同各将军提督确议以闻。”至是，抚远大将军都统大学士公图海等疏言：“臣等本宜拨满兵每佐领三名发往湖广，但陕西幅员辽阔，所在防汛，今议分满兵每佐领二名，酌选三将军、二提督标下绿旗兵三千名，同满洲大兵付大臣一人率赴荆州，余兵分守各隘。”得旨：“前览大将军顺承郡王勒尔锦奏，欲自荆州渡江，请发将军鄂内所携舟师，并将军穆占所部精兵每佐领五名，及前锋兵、绿旗兵，以资进剿。又大将军贝勒尚善等奏，请留将军鄂内每佐领兵五名，仍驻岳州。仍如前请添发鸟船四十艘，精兵每佐领四名，庶贼船可破。今当秋爽，正进兵破贼之时，且吴逆见驻湘潭，分遣荆、岳贼兵侵犯两粤。宜乘逆贼势分，增荆州诸处兵，令顺承郡王统率渡江，鼓行灭贼。即势有未便，仍当临江扬兵以牵制逆贼，俟鸟船告竣，即将所添官兵发遣贝勒尚善军前，令击破贼船，水陆夹攻岳州。大将军公图海等速分满兵每佐领二名，委大臣一人率赴荆州。其绿旗官兵可减一千，止拨二千，令原统辖官率往。又山西提督周卜世，亦令率所辖官兵同赴湖广，所调山陕绿旗兵，其酌予赏赉，官各加一级。更拨京师兵每佐领护军二名、骁骑一名添发湖广，令公温齐统之，副都统杭奇、穆舒为两翼，温齐、杭奇参赞军务。”（《清圣祖实录》卷69）

（康熙十六年十月癸亥）谕兵部：“据山西提督周卜世疏称，所部兵千余人至河南府鼓噪，仅能抚定。尔部速檄公温齐，令其进发之时，由河南府挟周卜世之兵同赴荆州，密为之防。”（《清圣祖实录》卷69）

（康熙十七年三月庚子）安远靖寇大将军贝勒尚善疏言：“……如荆州、彝陵防御兵少，大将军顺承郡王、参赞大臣、总督蔡毓荣，公同酌调附近绿旗兵，遣发汛守。”（《清圣祖实录》卷72）

（康熙十七年闰三月丙寅）先是，宁南靖寇大将军多罗顺承郡王勒尔锦疏言：“前旨令总督蔡毓荣率兵五千赴岳州，但彼标兵自荆州以至彝陵诸路俱设汛防，而大江贼船不时出没，滋阳逆贼复渡江置垒，若蔡毓荣率兵赴岳，则荆州诸处不无可虞。”得旨：“攻取岳州，事机重大，且大将军贝勒尚善称，此番进湖，必期破贼，蔡毓荣之兵不可不遣，顺承郡王仍遵前旨行。荆州兵既未足，可令河南南汝总兵官周邦宁率标兵一千五百人赴襄阳。既至，顺承郡王等量调襄阳总兵官刘成龙标兵赴荆防御。”寻勒尔锦复奏：“刘成龙标下及援剿兵俱应留守各汛。”上谕：“刘成龙标兵既与地方相习，可仍留襄阳。周邦宁率兵径赴荆州，巡抚张朝珍于武昌诸处兵内调足二千，代援剿兵与蔡毓荣偕往，其援剿兵仍留荆州。”（《清圣祖实录》卷72）

（康熙十七年六月丁亥）……得旨："特授穆占为将军，统率大兵由秦入楚。自荆州起行以来，凡兵将或携或留及调遣守御事宜，无不如奏允行。即今破贼收疆，亦皆穆占是赖。此等调度，俱如所请行。"（《清圣祖实录》卷74）

（康熙十七年七月戊申）安远靖寇大将军多罗贝勒尚善疏言："我兵既水陆攻岳，请敕顺承郡王量留镇兵于彝陵、荆州诸处，速拨每佐领兵各五名、绿旗兵五千名，驰赴岳州军前。"（《清圣祖实录》卷75）

（康熙十七年十月丙申）湖广巡抚张朝珍疏言："各路军前投诚官兵，发臣标效力者甚众，其间臧否莫辨。请以臣标投诚效力各弁，并嗣后自军前发来官兵，分布安插于江南、河南内地。"得旨："今值剿、抚并用之时，若以见在武昌投降官兵安置江南、河南，恐后此来归者将疑畏不前。大将军顺承郡王，贝勒察尼等其勿令若辈聚处随宜分布，安置于湖广诸处，俾各得其所。"（《清圣祖实录》卷77）

（康熙十七年十一月庚申）先是，安远靖寇大将军多罗贝勒察尼疏言："舟师泊湖以来，频经出战，炮多坏损，请发江南子母等炮一千，送至岳州。又以君山高家庙陆地设营，请调荆州水营总兵官张忠并标兵赴岳。"上皆从之。至是，察尼又疏言："今湖水渐涸，陆地渐出，我兵营伍隔绝，恐贼潜通馈饷，请增发满、汉兵。"议政王等议不准行。得旨："困取岳州关系重要……江西总督董卫国标下官兵选调二千五百人，就近由铜鼓经武昌赴岳州……"（《清圣祖实录》卷78）

（康熙十八年六月）乙亥，宁南靖寇大将军多罗顺承郡王勒尔锦疏言："前者渡江，已简兵士有马者携往，所留守彝陵诸处兵多系无马，今平定疆土，兵力单弱，请悉以所有前锋护军调益臣军。"上谕："前令顺承郡王等固守荆襄诸处，而顺承郡王遣贝子准达、都统根特等率兵前守荆州、彝陵，今撤还顺承郡王至荆州、彝陵，令平定归州巴东，乃复请益前锋护军，惟于身之所在，必欲厚其兵力，所奏殊属不合。念见在进兵平定疆土，除将军噶尔汉等所统进剿兵外，其荆州、彝陵诸处所在之兵许酌量调往。”（《清圣祖实录》卷81）

（康熙十八年六月庚寅）刑部侍郎宜昌阿等至湖广，传谕诸大将军等酌议撤兵。大将军贝勒察尼议奏：“……其在岳州满兵每佐领各三人有余，汉军共三百余人，俱撤还荆州，并入荆州兵内，共成每佐领五人之数，俾之镇守。其余满兵每佐领各二人有余、镇守荆州外藩蒙古兵二千余人、镇守岳州外藩蒙古兵六百人，亦俱应撤还……衡永荆岳诸地俱如所奏，留兵镇守。其诸处撤回满洲、蒙古兵，俱令大臣官员沿途严加钤束。”（《清圣祖实录》卷81）

（康熙十八年七月癸丑）宁南靖寇大将军多罗顺承郡王勒尔锦等疏言：“湖南各大将军麾下所有蒙古兵已尽遣还，其在彝陵、襄阳等处蒙古兵一千七百余人，亦应撤回京师。”得旨：“彝陵、襄阳诸处蒙古兵准令撤还，于荆州诸处满洲、绿旗官兵内酌量抽拨镇守地方。”（《清圣祖实录》卷82）

（康熙十八年八月丁卯）镇安将军噶尔汉疏报：“臣率兵偕总督杨茂勋、提督佟国瑶等进剿兴安贼。”上谕：“噶尔汉等既率兵前进，均州、郧阳诸处紧要，大将军顺承郡王等于荆州、岳州、澧州等兵内酌量抽调，固守均、郧诸处。”（《清圣祖实录》卷83）

（康熙十八年十一月）庚子，湖广提督徐治都疏请调发抚标官兵及武昌、汉阳各营官兵进剿蜀寇。上谕：“……可如徐治都所请，令巡抚张朝珍调标兵千人，并武昌、汉阳营兵一千二百人速行遣发，如或稽延，治巡抚以贻误军机之罪，倘徐治都迟滞不进，亦以贻误军机之罪罪之。”

（《清圣祖实录》卷 86）

（康熙十八年十一月乙卯）……上曰：“岳州今不必守。大将军顺承郡王应于岳州、荆州诸处兵内，拨征行在先、进剿劳苦者每佐领二人，与安亲王率还大兵一同启行……”（《清圣祖实录》卷 86）

（康熙十九年三月壬子）勇略将军云南贵州总督赵良栋疏言：“湖广大兵若作速前驱，贼自奔溃。请敕湖广官兵限以立取贵州……湖广、广西统兵将军速整军旅，定期八月终诸路齐进，直捣云南。”得旨：“赵良栋身在行间，熟悉地方情形，具疏入告，宜悉如所请。录其疏，发湖广、广西将军大臣……”（《清圣祖实录》卷 89）

（康熙二十年正月）丙子，谕兵部：“……噶尔汉军中效力有年、困乏无马者，悉令准达率还荆州……”（《清圣祖实录》卷 94）

（康熙二十年三月）丁巳，荡寇将军固山贝子准达疏言：“请仍率原辖之兵进取遵义。”上谕：“准达自抵重庆，并无寸功，今若复令统兵，必误事机。其遵前旨，率疲兵速回荆州，令将军噶尔汉疾驰进取遵义。”（《清圣祖实录》卷 95）

（康熙二十年六月戊子）定远平寇大将军固山贝子章泰等疏言：“将军穆占宜令率官兵还黔……荆州副都统莫达率所部每佐领兵二人，赴常德镇守。”（《清圣祖实录》卷 96）

（康熙二十年九月）乙亥，章泰等又疏言：“……今议臣与赖塔等二路兵内，查有中伤、残废、老迈官兵及阵亡病故官兵骸骨，俱令佐领播济等率之，于本月六日启行，移驻湖广荆州，以节省云南军饷。”上谕：“废残官兵及亡故官兵骸骨若留于荆州，亦徒费钱粮，可俱携至京师。此

官兵及大将军简亲王喇布率还之兵，何队先至武昌，俱着候齐，令喇布一同携归。”（《清圣祖实录》卷97）

（康熙二十年八月己亥）定远平寇大将军固山贝子章泰等疏言：“逆贼马宝等俱已投降……荆州内地，贝子准达及所统兵亦令还京……”（《清圣祖实录》卷97）

（康熙二十年十月癸巳）议政王大臣等议奏：“固山贝子准达率蒙古兵前赴荆州，不即与顺承郡王勒尔锦详议渡江讨贼，失误机会……准达宜解宗人府左宗正任，降固山贝子为镇国公。”从之。（《清圣祖实录》卷98）

（康熙二十年十月丁未）湖广提督徐治都疏言：“臣所领在重庆夔州绿旗官兵多患病疫。”得旨：“徐治都标下官兵进剿四川效力日久，今哈占已经回川，将徐治都所属官兵着令速回湖广。”（《清圣祖实录》卷98）

（康熙二十二年三月辛未）先是，上谕：“秦省地方辽阔，西安、汉中关系更为紧要……查近议荆州驻防，发往兵丁三千六百余名，每旗设驻防协领各一员、佐领七员、防御七员、骁骑校七员，今西安、江宁设八旗驻防官员，亦应照荆州设立，将西安、江宁所有兵丁及从京发往左、右二翼兵丁抽调分驻。”得旨：“江宁、西安官兵互相抽调驻防，道路遥远，恐驿站烦扰，致累兵民。应将自京发往荆州官兵分驻江宁、西安，将江宁、西安互调官兵移驻荆州，着再确议具奏。”至是，部复：“将江宁、西安所调兵丁各一千名，佐领各三员、骁骑校各三员移驻荆州，见从京师拨往荆州八旗满洲、蒙古每佐领下甲兵各六名内，左右两翼各兵一千名，每旗佐领各三员、骁骑校各三员，发往江宁、西安，余俱照前议。”从之。（《清圣祖实录》卷108）

（康熙二十三年四月庚子）和硕康亲王杰书等会议：“江宁、杭州、荆州、西安等处驻防官兵，虽为地方紧要，分拨佐领驻防。伊等老病致仕退甲与已故官兵家口如不令回京，仍行留住外省，恐年久渐染汉习，以致骑射生疏。嗣后，除盛京、宁古塔不议外，江宁等各省驻防，凡有老病致仕退甲及已故官兵家口俱令回京。所缺之兵即于彼处顶缺披甲，如不得人，该将军申明原由咨部，自京补送，着为定例。”得旨：“依议。西安等各省驻防官兵原非令其久住，若置立产业坟茔，遂同土著，殊属不合，着该将军等严行禁止。”（《清圣祖实录》卷115）

（康熙二十九年六月）辛亥，敕谕都统瓦岱曰：“兹以湖广督标裁兵鼓噪，特命尔瓦岱为振武将军驰驿前往江宁。尔到江宁，带领江宁满兵、京口汉军兵丁、京口镇标水师营兵，江南、江西督标火器、兵丁、战船酌量带领，水陆并进，星速前往湖广，与荆州将军巴浑德、江宁将军博霁、副都统倭贺商酌而行。务须平定乱兵，抚定黎庶，毋得迟延，致令滋蔓。仍宜剿、抚并用，严加侦探，毋得疏虞。大兵一到，抗拒不顺者戮之，有先被贼胁从，即时迎降者俱免诛戮。有能擒杀贼渠投诚者，分别升赏。须严禁兵将，申明纪律，经过地方毋得骚扰百姓，归顺良民加意抚绥，以副朕定乱救民之意。其行间将领功绩及重罪，俱察实纪明汇奏。各官有犯小过者当即处分，至于骁骑校以下无论大小罪过，俱商酌径行处治。务期速平鼓噪兵丁，安定地方。尔受兹重任，宜殚竭心力，早奏捷功。钦哉。”（《清圣祖实录》卷135）

（康熙三十九年十一月戊午）署四川陕西总督吏部尚书席尔达题准，四川提臣唐希顺咨称：“亰坝已被炉蛮侵占……”得旨：“着将荆州满洲兵二千发往四川，将军莽奕禄年老，着镇守地方副都统二员领兵前去……”（《清圣祖实录》卷202）

（康熙四十年十二月壬申）……得旨：“着都统嵩祝、副都统达尔占、侍郎傅继祖，带八旗前锋四十名、子母炮八位前去……湖广提督林本直

……各派本省总兵官一员，带绿旗兵四五千……”（《清圣祖实录》卷 206）

（康熙四十一年正月乙酉）上谕曰：“瑶人所居之山，通连广东、广西、湖广三省，林木丛密、山势崇峻，向来恃此险僻，顽梗不驯……将瑶人山寨形势、三省官兵进征之路及立营之处绘图呈览……”（《清圣祖实录》卷 207）

（康熙四十一年三月）庚戌，谕大学士等：“广东瑶人盘踞深山，恃其险峻，素未归化。今忽突出抢夺村民，杀害官兵，已遣都统嵩祝等前往，调集广东、广西、湖广三省师旅直抵其穴。观嵩祝等遣郎中尤冷额所进图形云，瑶人为数无多，栖身之地虽不宽广，但山险路狭，地接广东、广西、湖广三省，钱粮转输甚易。今三省之师已压彼境，若瑶人就抚则已，否则令嵩祝等公议，于瑶人居处要隘立营围之，不过稍费钱粮，不劳兵力，彼自穷迫矣。其令兵部速移文嵩祝等遵谕而行。”（《清圣祖实录》卷 207）

（康熙五十六年八月丁未）……得旨：“依议。但地方辽远，俟信息到时始行调兵，恐或不及。可派荆州满洲兵二千名，发往成都……”（《清圣祖实录》卷 273）

康熙五十六年丁酉九月壬子朔，差往青海诺尔布、色楞、布达理等请训旨。上谕曰：“尔等俱往来青海，路途已熟，所以派往……见在又调荆州满兵二千，在成都豫备……”（《清圣祖实录》卷 274）

（康熙五十六年十月）己亥……又谕曰：“凡地方有绿旗兵丁处，不可无满兵。满兵纵至粮缺，艰难困迫，至死断无二心。若绿旗兵丁至粮绝时，少或窘迫，即至怨愤作乱。康泰之事未起以前，朕竟若豫知，调荆州驻防满兵二千名往成都驻扎，意此时已到彼矣。”（《清圣祖实录》卷

274）

（康熙五十七年正月）庚申，议政大臣等议复都统法喇等疏言，打箭炉地方窄狭，米粮一时难到。去年荆州满洲兵来时，因路远难行，马匹微瘦。俟喂养稍肥，臣将满洲兵内遴选五百名，派官带领，前往打箭炉……应如所请。将荆州之五百名满洲兵，令护军统领温普等带领前往打箭炉驻扎，巡抚年羹尧派贤能官员办理粮饷。从之。（《清圣祖实录》卷277）

（康熙五十七年八月庚寅）先是，四川巡抚年羹尧疏言："川省地居边远，内有土司番人聚处，外与青海、西藏接壤，最为紧要。虽经设有提镇，而选取兵丁，别省人多，本地人少，以致心意不同，难于训练。见今驻扎成都之荆州满洲兵丁，与民甚是相安，请将此满洲兵丁酌量留于成都省城西门外空地造房，可驻兵一千。若添设副都统一员管辖，再将章京等官照兵数量选留驻，则边疆既可宣威，内地亦资防守。第今正值用兵之时，应将此事暂缓，其修葺城墙、盖造兵丁住房之处，理应预为料理。"得旨："年羹尧欲于四川地方设立满洲兵丁，似属甚是，着议政大臣等会议面奏。"至是议复："川省设防满洲兵丁一千，恐不敷于调遣防守，应再添六百名。俟军务毕时，令巡抚年羹尧会同副都统宁古礼，将见在四川驻防之二千荆州满洲兵丁内照数拨派，二旗合设协领一员，每旗各设佐领二员，拖沙喇哈番品级章京各二员，骁骑校各二员，留驻四川，再添设副都统一员管辖。其盖造兵丁住房等项，交年羹尧预为料理。"从之。（《清圣祖实录》卷280）

（康熙五十七年十月）甲子，谕议政大臣等："……将年羹尧授为四川总督，如明年大兵前进，则由松潘一路进发。而在成都驻扎之满洲兵止有二千，为数甚少，将荆州之满洲兵再派一千，前往成都驻扎预备，此满洲兵俱令都统法喇管辖。所派一千兵之缺，着挑选余丁一千名，令其披甲充补。"（《清圣祖实录》卷281）

（康熙五十八年七月）癸酉，议政大臣等议复："都统武格等疏报，江宁之兵已抵沅州，地方褊小，大兵难以久居，遂将湖南、湖北、云南、贵州各营之马，先拨给江宁兵四千九十八匹……"从之。（《清圣祖实录》卷285）

（雍正三年三月丁未）议政王大臣等遵旨议复："条奏内称'……至重庆总兵官标下额兵二千名，重庆地方系在四川大江沿边，据湖广荆州上流，若将总兵官并兵一千名裁汰，则四川之东边兵势甚微矣……'应如条奏所请，将年羹尧议裁之川北、重庆、化林、遵义、巫山、达州各处镇协并经制官兵，仍照常设立。再查年羹尧奏请打箭炉之外添兵六千名，又黄胜关之外潘州等处添兵二千四百名，兵既太多，口外拨饷不易，又恐骚扰番民，亦未可定。今川北等处兵二千五百名既不便裁去，应将此二处所设兵丁八千四百名内减去二千五百名，其余之五千九百名兵丁尚多，亦应酌量裁减。应令年羹尧将裁减兵丁及挽运粮米、盖造城屋之处，分晰具题，到日再议。"从之。（《清世宗实录》卷30）

（雍正九年七月）己巳，谕大学士等："湖广荆州兵丁着派一千名，令副都统观音保带领前往西安驻扎，步军统领阿齐图有事差往巴尔库尔军营，其印务着莽鹄立署理。"（《清世宗实录》卷108）

（雍正十年七月丙申）护宁远大将军岳钟琪奏言："移驻穆垒官兵，臣等遵旨，于六月二十七日辰时，分作两路启行……又委总兵岳含奇带领湖广官兵殿后，凡应行事宜，统俟师抵穆垒之后次第料理。"奏入，报闻。（《清世宗实录》卷121）

（雍正十三年五月丙寅）署宁远大将军查郎阿等折奏："噶尔丹策零现今遣使赍表求和，军营满洲、蒙古官兵应行撤回者，俟准噶尔使臣回后，请按程挨次分队行走……其内地行走之满洲官兵内，江宁满兵一千名为第一队，荆州满兵一千名为第二队……与宁夏满兵并依次起行……”报闻。（《清世宗实录》卷156）

（雍正十三年六月丁酉）办理苗疆事务王大臣等议奏：“黔省台拱属九股逆苗不法，窜入内地，侵犯城池，肆行烧掳，不法已极。今将军哈元生、副将军董芳等统兵会剿，务将逆寨凶苗并造意勾引恶类痛加剿除，不得姑息竣事……又湖广提督董芳统兵赴黔……应令荆州将军衮泰挑派满洲官兵一千二百名，令副都统一员统领，前往常德驻扎。其官兵起程一应事宜，应令总督迈柱照例料理。”从之。（《清世宗实录》卷157）

（雍正十三年七月）己酉，谕办理苗疆事务王大臣等：“黔苗肆逆，扰害地方，现今哈元生、董芳等统领滇、黔、楚、粤官兵分路进剿，惟是苗众负嵎，一时或未即竣事。楚省官兵调往黔省者，已六千余名……朕意欲令直隶、浙江、湖广精练之兵五千名，前往常德、辰、沅等处分驻，以备弹压调遣之用。……湖广有西路回营兵，善于山径行走，应各挑选一千名，俱派大员管领，前往湖南。”从之。（《清世宗实录》卷158）

（雍正十三年七月）甲子，云贵总督尹继善折奏：“黔省生熟顽苗勾结悖逆，焚劫重安、凯里，攻陷黄平新州，围困丹江、鸡讲，阻塞驿路，蔓延内地。臣咨会提臣哈元生亲往清平，就近调度，并咨调湖广、广西及云南官兵策应……又湖北兵二千名，襄阳镇总兵焦应林已经统率起程。大兵云集，分路会剿，焚洗逆巢数十，剿杀逆苗千余，擒获大贼首阿九……其各省会剿兵丁业已敷用，前议前往常德驻扎之热河、保定、浙江、湖广兵丁，俱着停止，不必派调。”（《清世宗实录》卷158）

（雍正十三年十月壬申）又谕：“黔省苗疆用兵日久，目今天气寒冷，兵丁等效力勤苦，着将黔省派调各兵及云南、湖广、广东、广西、四川

等省协剿应援之兵，俱各赏给一月饷银，以为制备寒衣之用。”（《清高宗实录》卷4）

（雍正十三年十一月乙卯）谕兵部：“从前调驻常德之荆州满兵一千二百名，现今逆苗已窜入巢穴，邻省无事弹压，着该部即速行文撤回本处。”（《清高宗实录》卷7）

（乾隆元年二月癸巳）大学士署湖广总督迈柱奏：“请撤武昌满兵仍回荆州，年老病故者将名粮归绿旗原营顶补。”得旨：“此奏是，而所议未尽善，卿其酌量妥协办理。”（《清高宗实录》卷13）

（乾隆元年四月癸巳）户部尚书署湖广总督史贻直遵旨酌议大学士署湖广总督迈柱疏请：“原任督臣额伦特所带驻荆满洲兵丁，顶食督标马步粮饷八十名，应悉行撤回，交荆州将军管束。”得旨：“应如是办理者。”（《清高宗实录》卷17）

（乾隆五年六月）辛巳，军机大臣议复：“据湖广提督杜恺奏报‘义宁等处凶瑶暗结楚苗，渐致恣横，应乘其与都垒等寨尚未显肆纠结之时，及早经理……其湖北预备兵二千五百名……如有需用，即为遣发’等语，查此项官兵五千名，原系奏明另派，预备调遣之用。今杜恺续派之兵，即系预备兵五千名内之数，应听随宜分拨遣用。”得旨：“依议速行。”（《清高宗实录》卷118）

（乾隆五年闰六月）壬子，谕大学士等：“湖南城、绥苗瑶与粤苗勾结滋衅，前已降旨，责成巡抚冯光裕、提督杜恺办理……今闻湖北、湖南先后派发之兵已及万余，而管兵将弁皆系各标之人，非该镇所属辖。凡有调遣，多不能如期会合，恐致有误军务，所系匪轻……”（《清高宗实录》卷120）

（乾隆五年闰六月癸丑）谕大学士等："广西桂林府义宁县属之桑江苗地与湖南城、绥二县之红苗，两省勾结，劫掠滋事。湖广调兵万余，并移咨粤省，拨兵二千名会剿……"（《清高宗实录》卷120）

（乾隆五年闰六月戊辰）湖广提督杜恺奏报飞调南北营官兵并部署大炮，修整军械，星往进剿各机宜……（《清高宗实录》卷121）

（乾隆五年闰六月戊辰）（贵州总督兼管巡抚事张广泗）又奏："各路陆续报到楚、粤现在攻剿逆苗情形，窃计黔省与楚、粤交界，现在酌派官兵于要隘处所驻扎堵御。复挑选官兵二千名，以备征调。查楚省调兵已逾万众，即小有挫衄，系办理未善，并非兵力单弱所致，似可无庸协助……除将从前挑备协助楚省兵二千名外，再于通省邻近营汛内另挑二千名听候遣发……"得旨："所见甚合机宜……"（《清高宗实录》卷121）

（乾隆六年十月癸丑）工部议复："河南巡抚雅尔图钦奉谕旨，查勘境内旧有关隘应行修葺防守事宜，奏河南形势……南阳府属之淅川县，旧有荆紫关在县城西北一百二十里，路通湖广山陕……惟汝宁府属之信阳州，界连湖广，州南九十里有平靖关与楚省应山县接界，别无绕道，系自楚入豫之藩篱，设汛兵防守，旧有墙垣关门年久倾圮，应酌量修葺。又州东九十里有武胜关，系楚省应山县所辖，现有城垣关门乃楚省之门户，本省亦拨汛兵在关外防守。又州南一百二十里有黄土关与平靖、武胜二关首尾相顾，亦系楚省应山县所辖，本省拨汛兵在河北巡防，关在界河之南，两山夹道，并无墙垣关门，亦未设墩兵，当听楚省查办。应如所请，将平靖关酌量修理。至武胜、黄土二关，听楚省督抚查明再议。"从之。（《清高宗实录》卷153）

（乾隆十年七月丙子）兵部议准署湖广总督鄂弥达奏称，楚北荆门一营汛地辽阔，前因新堤地属荒野，移拨该营守备带兵分防，其荆门营务仅责成千总微弁，每多贻误。查新堤近日民户殷繁，原设驻扎之通判兼辖把总一员、兵六十名，今再拨千总一员，带兵四十名，尽足防守。请将守备撤回荆门，并余兵六十八名带回。从之。（《清高宗实录》卷244）

（乾隆十三年八月庚寅）（四川提督岳钟琪）又奏："征剿逆酋，年余未克，虽地险碉坚，亦由派调汉土官兵未能慎选于始，以致迟误……查土兵共万一千四百余名，多属无用，莫若减撤一万，于湖广调拨官兵……"奏入，谕军机大臣等曰："……其所请添调楚兵一节，酌度情形，如实属应行，即宜速行筹画，一面办理，一面奏请……"（《清高宗实录》卷322）

（乾隆十三年八月庚子）谕曰："行兵最重纪律，若宽严不当，则无以一众心而鼓士气……而岳钟琪前奏兵势单弱，请调楚兵，朕已降旨令讷亲酌量，看此情形，更不容缓。经略膺调遣大权，似此应汰者既不即汰，应调者又不速调，而于数千里外，为此泛泛之空谈，此事将作何完局……"（《清高宗实录》卷323）

（乾隆十三年九月庚午）经略大学士公讷亲复奏："……又岳钟琪添调楚兵之请，无非为兵力不敷起见，但楚省遥远，调兵又多，按程须四五月之久，已届寒冬，不能进剿。况以官兵易土兵，需粮尤多，更须纯用本色，以难运之粮供坐守之兵，殊为非计。至所请召募新兵、减撤土兵之处，已会商督臣咨复准行……"（《清高宗实录》卷325）

（乾隆十三年十月癸巳）谕军机大臣等："金川小丑尚未荡平，朕已专命大学士傅恒前往经略，克期奏功。除前经派调东三省及京兵共五千外，现在军营兵数尚觉未足，经军机大臣议于……湖北、湖南各调汉兵四千名……朕已允行。着该督抚、将军、副都统等详加选择，务期汉仗

雄壮，技勇熟练，方准入选。定期来年三月内全抵军营，毋得贻误……”（《清高宗实录》卷326）

（乾隆十三年十月癸巳）军机大臣等议复护川陕总督傅尔丹酌陈添调满汉兵丁事宜，奏称：“……湖北与湖南接壤，从前岳钟琪亦曾请用楚兵，应亦调四千名……湖南、湖北各派总兵一员、副将二员、参将二员统领……傅尔丹不过得之访闻，其是否有用，俟臣傅恒到营之日筹酌。”得旨：“依议速行。”（《清高宗实录》卷326）

（乾隆十三年十一月）壬戌，谕军机大臣等：“署河南巡抚鄂容安奏称‘陕省料理官兵起程费用不敷，咨拨河南库贮银二十万两，解陕备用’等语。现在调拨满兵共计八千一百名，实为精锐劲旅，一可当百。且抵川迅速，足效臂指之使，倚以成功……专调云贵兵已足敷进剿之用，其湖广之兵亦一并酌量。盖兵在精不在多，无用之兵，多人适足为累……”（《清高宗实录》卷328）

（乾隆十三年十一月丁卯）谕军机大臣等：“据湖广总督新柱奏称‘现在调拨南北两省官兵，酌派将弁统领，于十二月起程赴川’，又一折奏称‘该省兵丁，弓箭架势虽有可观，而弓力率多虚报，如报八力之弓，实止六七力，其马匹系就近购买川黔所产，并各驿赴口买回挑剩之马’等语。观此情形，则楚省兵力又属寻常。从前傅尔丹等请调楚兵，盖因军中纪律废弛，士气委靡，不得已而为此请，如贫家窘迫之时，冀得锱铢，聊以壮观一时，无暇更求实际耳。今满兵既已调集九千余人，骁勇敢战，一足当百，而云贵官兵似较楚兵为胜，即此已可用以奏功，若徒以疲弱充数，虚糜粮饷，究何裨益？新柱所奏现交军机大臣议令，照数豫备，勿遽启程，候经略大学士到川，酌量应否需用，以定行止。如尚须调遣，于文到日，即令星驰前往，如可不用，即一面行文停止。至原派将弁皆系记名可用之人，现在军前各弁戴罪者多，且日久疲玩，不能振作。楚省暨陕省兵丁即无庸调遣，其将弁仍应令前赴军营以备驱策。再楚省所运炮位业经抵川，自可留为攻击之用。着将奏折、议稿一并钞寄……”（《清高宗实录》卷329）

（乾隆十三年十一月丁卯）军机大臣等议复署湖广总督新柱奏料理官兵起程事宜：“查湖南、湖北共派兵八千名，据奏马步守兵均派，合计湖北马兵四百名，步守兵三千六百名，分五起前往，甚属妥协……又该抚请于十一月内往宜昌调度，及军装、器械由水路运至宜昌，由陆赴川等语，皆为妥协。又另折请赴川官兵带子母炮四十位，先由水路送四川，亦如所请。”从之。（《清高宗实录》卷329）

（乾隆十三年十一月癸酉）经略大学士傅恒奏：“臣至西安，见巡抚陈宏谋，询陕、甘二省所派兵……”奏入，得旨：“前调绿旗兵丁，为数本属过多。朕于本月十二日，曾降旨传谕经略大学士，由陕省经过之时，亲自阅看，如不过寻常充数之兵，不若竟行停止，此旨想经略大学士今始奉到。今据所奏，与朕意适相符合，此项督抚标兵，已传谕博第、陈宏谋等停其调拨。再湖广所调之兵，前据新柱奏称兵力寻常，亦经降旨，令其勿遽起程，听候酌量。经略大学士到川仍遵前旨，相度情形，所调各省绿旗兵丁应否需用，或停或调，一面办理，一面奏闻。”又批谕：“……经略大学士系奉朕命经理一切军务之人，所区处自为允当应从，此项兵丁应即停其调遣。至陕省绿旗兵丁调拨之数过多，朕已降旨令经略大学士再行酌量，着一并传谕博第、陈宏谋等知之。”（《清高宗实录》卷329）

（乾隆十三年十一月甲戌）谕军机大臣等：“陕甘督抚标兵一千名，已据经略大学士奏明，停其调遣……其湖广兵丁，前曾谕令豫备听候，尚未戒涂，滇兵路程较远，想未料理齐备，不若将此二项所调之兵竟行停止，以省糜费。经略大学士可就近酌定，一面办理，一面奏闻……”

（《清高宗实录》卷 329）

（乾隆十三年十一月丁丑）经略大学士傅恒复奏："接奉谕旨，以陕甘兵不甚得力，令臣过陕时酌量停止，并楚兵亦一并酌量。臣前在西安，已奏明停调督抚标兵一千名，兹据陈宏谋言，虽云兵丁料理起身已一万四千名，但尚未为确据。今行文令查明实在起身兵数，或尚未起身者，即行停调，如果全起程，则将湖北之四千名停调。查此次调兵三万五千，今停调湖北兵，连前所停陕省标兵，共减五千，已为敷用。"得旨："览。诸事精详，实堪嘉悦，然而甚劳精神矣。"（《清高宗实录》卷 329）

（乾隆十三年十二月丙戌）谕军机大臣等："据新柱、彭树葵会奏'湖广督标、抚标等处官兵均已起程'等语，前调湖北之兵四千名，业经降旨令其豫备听候，并据经略大学士傅恒奏明，已行文停调，想该督抚接到，所调官兵自已停止。现今川省马匹缺少，调拨湖北之马二千匹解赴成都，迎接官兵。总督新柱前奏该省兵马悉会于宜昌起身，若接到拨马之文，即可就近由彼处取道入川，亦为妥便。着传谕该督抚知之。"（《清高宗实录》卷 330）

（乾隆十三年十二月甲午）（经略大学士傅恒）又奏："奉谕旨并阅新柱原折，楚兵情形已可概见。臣至军营与傅尔丹等酌定，当即行文将所调兵八千名全数停止，原议调兵三万五千，计前停陕省督抚标兵一千，今又停楚兵八千，尚存二万六千名……"又奏："傅尔丹、班第所奏湖广、云贵兵，请拨给长夫之处。军兴以来，川省民力凋弊，除湖广兵已议停调外，其云贵二省若令长运直送金川，实为有益。"……谕军机大臣等："今日接到经略大学士傅恒所奏'料敌情形'一折，筹审精详，思虑周到，识见高远，实乃超出等伦……前据经略大学士奏称，湖北兵四千已行文停调。而现据新柱奏'楚兵分为五起，前三起共兵二千三百五十名俱已起程。其湖南兵四千及湖北襄阳等镇兵一千六百名，现候文到起程’等语，今经略大学士奏，俟至军营会商停调，恐到营后行文。此项官兵业经抵川，势难再行遣回，留资调遣未为不可。或于滇、黔路远营分，未经起程兵丁内酌量照数减调。其楚省候文起程之兵应调应止，速行知会，方不至于两歧。仍将如何办理之处，明晰速奏。再川省军兴以来，民力未免疲惫，所有运夫一事，楚省已经抵川之兵，其由水路至者，尚须于重庆雇夫，惟陆路之兵，或可即用其夫长送至军……”寻奏：“臣前奉旨停减兵丁，原令陕省将未起程者酌减，再将湖北之四千停止，后陕省查复未到，复奉旨，湖广兵废弛，所派八千名勿令起程。臣飞即行文，将陕兵除督抚标一千名已停外，余概令飞催起程，湖广兵拟到营商停。后闻楚兵将入川境，臣思到者数尚无多，遣回之费与至军营之费所省十倍，是以决计行文迎阻，令全撤回……”报闻。（《清高宗实录》卷330）

（乾隆十三年十二月乙未）谕军机大臣等：“……昨据新柱奏称，楚兵二千三百名业经起程，难以赶回。已传谕经略大学士，于滇、黔路远营分未起程兵内照数减调。朕思满兵现调至九千，皆骁勇可用，此外各省调遣已至之兵应留营备用，其余未至者或酌量檄停。盖兵多则粮费亦多，挽运维艰，不得不斟酌办理，而无用之兵徒多亦无益也。着一并传谕经略大学士知之，并抄寄尚书舒赫德阅看。”（《清高宗实录》卷330）

（乾隆十三年十二月丁酉）经略大学士傅恒奏：“接到军机大臣议复，所奏料理官兵起程一折，内称陕兵未启行者令臣详酌，如可不用，即行文停止，倘尚需用，则速催抵营。臣思原派满汉官兵三万五千名，现已停陕省督抚标一千名，湖广八千名，虽添满兵一千，计止二万七千名。若再减调，恐攻剿堵御，派遣不敷……”（《清高宗实录》卷331）

（乾隆十四年正月辛亥）又谕：“……满兵若已敷用，即可及时进讨。其远地如云南、甘肃之兵，应计其能于二月内到齐与否？若能到，催其速到。其未到者，俱应照湖广之例速檄停止。纵中途遣回，较之缓不及

事，徒劳往返者，尚可少节縻费。着传谕经略大学士傅恒及尚书舒赫德知之。”（《清高宗实录》卷332）

（乾隆十四年正月甲寅）……寻奏：“成都满兵一千到营……发回者楚兵八千名，余约三月到齐……”得旨：“览奏俱悉。”（《清高宗实录》卷332）

（乾隆十四年正月辛酉）谕军机大臣等：“据尚书舒赫德奏称‘将来大兵凯旋，西安一路，夫马供亿，恐应付竭蹶，闻由川江直达湖广，一水可抵京师’等语，大军回营，若果水路可行，则备船较备马为易。着传谕总督新柱，令其查明四五月间川江是否尚可行舟？楚、蜀两省船只是否足敷雇觅？若溯长江而下，过淮入运，正值漕艘遄行之际，是否不致羁阻？由川抵京，水路应需时日几何？一一详悉奏闻。再前据新柱奏，所调湖北兵丁悉会于宜昌，水陆两路均可前抵重庆。如夏间封江难下，改由此路是否可行，自汉而北，其水程有无别道可抵京师，不致与漕艘同时拥挤，一并密行查明速奏。”（《清高宗实录》卷332）

（乾隆三十三年三月甲申）（军机大臣等）又奏：“现派健锐营兵五百名令护军统领观音保带往云南……其沿途经过地方，均交各督抚照例豫备，勿致迟误。”得旨：“依议。兵丁经过直省，着观音保……湖北着闵鹗元……善为照料起程。”（《清高宗实录》卷781）

（乾隆三十二年五月庚辰）军机大臣等议奏：“查三月内派出前往云南之健锐营兵五百名，分作十起，间日行走，每起五十名，于五月初一日，业已全行。续派五百名，亦照前分起，计至六月十五日，始可全行。今又添派健锐营兵五百、火器营兵一千五百，共二千名……其湖广、贵州等省多系山路，或支架帐房、搭盖草棚，皆可住宿，食物随路可买，无庸过事周章。当即行文沿途督抚及前派出专办之藩臬各员，遵照妥速

办理。”从之。（《清高宗实录》卷785）

（乾隆三十二年闰七月辛酉）湖北布政使闵鹗元奏：“臣遵谕照料进剿缅匪官兵头拨之健锐营兵五百，业经照料出境。嗣奉续派健锐营兵五百，分作六起行走。又续派健锐、火器两营兵二千并索伦厄鲁特官兵一百，分作十一起行走。头起兵于六月初八日入湖北境，以次陆续进发，臣率同道府往来督率，并委员加谨照料。各兵一入楚境，得有马骡乘骑，较车行更为便捷，所过城市乡村毫无惊扰。”奉朱笔旁点“惊”字。批：“此字不当用，不过恐无知厮役扰累闾阎，严禁即无事，何致百姓有惊惶耶？此等语名，真不知天日之迂谈，可怪可笑。”（《清高宗实录》卷791）

（乾隆三十三年二月辛未）又谕：“云南永昌等处宜速派满兵以壮军势，现于四川、湖广简调满兵，业经另降谕旨……”（《清高宗实录》卷804）

（乾隆三十三年二月辛未）又谕：“进剿缅匪，绿营兵甚为无用。着派永瑞带领荆州满兵二千五百名，雅郎阿带领成都满兵一千五百名迅往永昌。其荆州将军印务着永瑞奏派副都统一员署理，成都副都统印务着阿尔泰兼署。”（《清高宗实录》卷804）

（乾隆三十三年二月丙子）又谕：“朕连降旨，以明瑞带兵深入，时渐暄热，若不能剿贼，令其撤回木邦。明瑞即行来京，熟筹再举之计。今木邦已被贼据，现派京兵及吉林索伦兵即行遣往。昨又调荆州、成都满兵由彼处趱行前进……”（《清高宗实录》卷805）

（乾隆三十三年二月丁亥）谕军机大臣等：“据鄂宁奏，滇省办理马匹维艰，自属该省实在情形……其荆州、四川驻防兵丁到滇后，即可在省城暂驻，先尽京兵遄行，则沿途顿宿诸事更为便易。但明年进兵之说，务须密之又密，毋令外间传布……”（《清高宗实录》卷805）

（乾隆三十三年二月丁亥）军机大臣等奏：“……再派出之荆州、四川驻防兵，已奉旨令于云南省城驻扎。如途中或遇京兵同时到站，应令京兵先行……”得旨：“依议速行。”（《清高宗实录》卷805）

（乾隆三十三年三月己酉）谕军机大臣等：“永昌军营留驻之兵不下一二万人，现在由京陆续派往满兵又有六千余人，若俱屯驻永昌，恐难弹压……着传谕永瑞，所领湖广满兵二千五百名不必前赴永昌，即往普洱，择无烟瘴地方屯驻。并谕阿里衮、鄂宁等，将应行储备军粮等项，速行随时筹办。”（《清高宗实录》卷807）

（乾隆三十三年四月壬戌）又谕：“昨经降旨永瑞带兵至滇省，不必前往永昌，即往普洱，觅无瘴气处所屯兵。如思茅等处无瘴气，即进兵于思茅等处驻扎，尤为妥协。将此传谕永瑞，令其带荆州之兵即行前往普洱，着一并传谕阿里衮、舒赫德、鄂宁知之。”（《清高宗实录》卷808）

（乾隆三十三年四月丁亥）云贵总督暂管巡抚鄂宁……现又奉谕：“命荆州将军永瑞带领湖广满兵二千五百名，赴普洱一带无烟瘴处屯驻。前贮米已足供支数月兵粮，其余附近普洱之镇沅、景东、元江、临安、开化、广南等府属仓粮未经拨动，自可随时接济……”（《清高宗实录》卷809）

（乾隆三十三年四月丁亥）云南巡抚明德奏：“……现有荆州兵及绿营土练兵共八千余名，将来阿里衮等进兵，又添新旧兵六千名，官员跟役不下万人，以及马骡草料，普洱地方需粮较多，现在商办豫筹，以备供支。”得旨：“俱属得要。”（《清高宗实录》卷809）

（乾隆三十三年五月壬辰）谕军机大臣等：“……至永瑞带往之荆州

兵二千五百名，昨亦降旨，令其前往普洱……阿里衮详悉酌量，如有益，俟秋后可带满兵一千名前往，会同永瑞所带荆州兵一并调遣。如无益，暂行停止……”（《清高宗实录》卷810）

（乾隆三十三年五月乙未）又谕：“……业经节次传谕阿里衮，况即办此等小贼，亦不必多兵，不过由永昌带满兵一千赴普洱，会同永瑞所带之荆州兵一并调遣，亦足敷用……”（《清高宗实录》卷810）

（乾隆三十三年五月）己亥，谕军机大臣等：“明德奏‘调驻满洲兵丁’一折，前据阿里衮等奏，请将成都兵丁拨赴永昌，而以京兵分驻普洱。所办不妥，已降旨令将京兵全驻永昌。其普洱一带，令荆州、成都满兵拨驻。今明德此奏自因前旨尚未奉到，但兵丁屡议更调，沿途供应粮马未免纷繁，而人情亦因此游移不定，恐于事无益……”（《清高宗实录》卷810）

（乾隆三十三年六月丁丑）又谕：“前经阿里衮等奏九龙江有贼，朕曾降旨命阿里衮于秋后带兵前往剿灭。继又降旨，本年永昌既不进兵，……普洱现有绿营兵，又有荆州满洲兵，足资防守。若因蠢尔小寇即劳我大兵，转致徒糜军饷。着传谕阿里衮、明德，但令普洱驻扎之将军永瑞及总兵等加意防范，倘遇贼来，即行剿杀……”（《清高宗实录》卷813）

（乾隆三十四年正月辛卯）谕：“进剿缅匪一事，今年必须合力大举。昨岁已派京城健锐火器营及成都、荆州各驻防兵陆续前往云南……”（《清高宗实录》卷826）

（乾隆三十四年四月）甲戌，谕军机大臣等：“经略傅恒自抵云南，诸事顺利，春间雨水应时，可望丰收。傅恒等拟早为进兵，迅速成功，现在陆续派往之索伦等兵，计其程期，八月初间，始能全到……湖广、贵州、云南地方窄狭，若多添人，恐难行走。着速传谕吴达善、良卿、明德将能否加添行走之处，即行定拟速奏……”（《清高宗实录》卷833）

（乾隆三十四年四月乙亥）谕军机大臣等：“朕日前计算索伦兵全抵云南之日未免稍迟，令每起添兵五十名，十起即可早到五百名，但湖广、贵州、云南地方窄狭，或者艰于行走，因降旨询问吴达善、良卿、明德……”（《清高宗实录》卷833）

（乾隆三十四年六月甲寅）谕军机大臣等：“据经略傅恒等奏称‘本年及早进兵虽不必待全军到齐，亦必待二三千得力官兵到时方可前进，业经行文各队大臣及沿途地方督抚，令其作速催趱’等语，索伦兵丁早到，诚于事体有益，着飞咨直隶总督杨廷璋及河南、湖广、贵州、云南各督抚并各起领队大臣、侍卫等，将陆续起身之满洲、索伦等兵务设法趱行……”（《清高宗实录》卷836）

（乾隆三十四年六月庚辰）湖广总督吴达善奏：“赴滇官兵现已全过湖北，湖南加站趱行，亦得出境迅速……”得旨：“知道了。妥办务速，不可迟误。”（《清高宗实录》卷837）

（乾隆三十六年十一月丙辰）钦差侍郎桂林奏：“……约咱军营，须添兵三千，方足以迅速攻取。恳于附近川省之贵州、陕甘、湖广等处共拨兵八千，选派勇干将领速带来川……”（《清高宗实录》卷897）

（乾隆三十六年十一月丁巳）谕军机大臣等：“川省现有之兵不敷分派……而近省湖广之兵，又不甚适用……”（《清高宗实录》卷897）

（乾隆三十六年十一月丙寅）又谕：“前据温福奏‘川省现兵尚属不敷，须调黔、陕之兵备用’……今据桂林奏‘业已分咨陕、黔、湖广三省拣派官兵，候旨即令起程’等语，楚兵本属懦弱，未必适用，是以未经派及，且距川省较远，于事无益……”（《清高宗实录》卷897）

（乾隆三十六年十二月乙酉）（四川总督桂林）又奏：“臣接奉谕旨，筹拨健锐等营劲旅二千会剿，实较绿营得力。但川省距京甚远，而约咱尤为三路中最远之处，恐缓不济急。是以奏请添调湖广、贵州等省官兵八千，并招募新兵以供调遣……”报闻。（《清高宗实录》卷899）

（乾隆三十七年六月壬申）谕军机大臣等：“……亦谕令董天弼带兵往剿矣，但至今并无进兵实信，乃称请调‘湖南、湖北近山营分之兵，再于山西、甘肃兵内拨给数千，共得二万之数，分路进攻’等语，未免过涉张皇……”（《清高宗实录》卷910）

（乾隆三十七年六月壬申）又谕：“前因湖广兵丁懦弱，是以川省进剿之兵未经派及。今据总兵宋元俊奏请添调湖南、湖北近山兵丁，于七月内到营，分路进剿。现谕福隆安会同阿尔泰、阿桂酌量定议，如果尚需添拨，一面奏闻，一面即行咨调。着传谕总督海明，于湖北、湖南两省近山各营内，遴选勇锐兵丁五千，将应带火药器械等项一并豫备，并拣派带兵大员将弁等听候川省咨到，迅速起程。此时海明如未到任，陈辉祖现署督篆，即令遵旨妥协办理。”（《清高宗实录》卷910）

（乾隆三十七年六月）己丑，谕军机大臣等：“福隆安等奏筹办进剿情形，所见俱合机宜。至调派湖广、云南两省兵丁，恐该督等仅据咨文，尚不能迅速。今湖广应调官兵，已谕新任总督海明筹办，如其尚未到任，即令署督陈辉祖选派近山精锐者三千名，迅速令其起程……”（《清高宗实录》卷911）

（乾隆三十七年七月癸卯）谕陕甘、贵州各省：“调赴进剿金川官兵，在营均知奋勉出力，节经降旨加赏钱粮，以示鼓励。现在时交秋令，兵丁等均须皮棉衣具御寒，且到营已久，鞋帽亦须添换。兹据文绶奏，甘省各营已饬令将弁等于各兵应得钱粮内制办运往。念其程途较远，运送稍艰，已传谕勒尔谨妥协办理，并交该地方官速行运送军营……即湖广、云南及陕甘续调之兵，虽系初派，该督抚等亦当于起程前后酌量妥办，俾军营将士人人有挟纩之欢，以期感奋集事。该部即遵谕行。”（《清高宗实录》卷912）

（乾隆三十七年七月癸卯）又谕曰：“……据阿桂另折奏称，昭通、湖广兵各三千名，到日可期得力……”（《清高宗实录》卷912）

（乾隆三十七年七月乙巳）……谕军机大臣等：“朕前因达乌一带路径险仄，难以容集多人，与其顿兵无用之地，不若酌量拨并西路，可资实济。今福隆安既有此奏，着传谕阿桂，令其自行酌量，如添调云南、湖广之兵，即能乘势冞入，缚贼擒渠，自当檄催滇、楚兵丁六千，遄赴南路，迅速妥办。若多集兵丁，徒令株守山蹊，仍属有名无实，即一面奏闻，一面饬知滇、楚带兵将领径赴西路应用。阿桂务就实在情形，筹度万全，只期于事有益，南路、西路本无区别。并将此谕令温福等知之。”（《清高宗实录》卷912）

（乾隆三十七年七月庚申）……谕军机大臣等：“阿桂复奏‘南路之兵不宜分往西路’，所奏甚是。所有南路节次调派之兵，应仍归阿桂统领妥办……而以续调之湖广兵二千调往西路，若前项陕兵已赴西路军营，即将湖广之二千兵调赴南路。着传谕温福、阿桂酌量檄调，并谕令陈辉祖知之。”（《清高宗实录》卷913）

（乾隆三十七年八月己巳）又谕：“……又前次令湖广豫备之二千兵起程前赴西路，今南路正当相机进剿，厚集兵力，自属多多益善。着即

传谕陈辉祖，速饬带兵之员将后调之二千兵遄程前赴南路军营，以资调遣。”（《清高宗实录》卷914）

（乾隆三十七年八月己丑）……谕军机大臣等：“……今已飞谕滇、楚等兵驰赴南路，阿桂将应派绰斯甲布之兵，先檄知带兵人员，即由打箭炉径往。”（《清高宗实录》卷915）

（乾隆三十七年八月己丑）又谕曰：“湖广总兵马虎、云南副将斐慎并湖南副将扎拉芬，俱着赴南路军营听用。”（《清高宗实录》卷915）

（乾隆三十七年九月甲午）四川总督文绶等奏：“新调滇、楚兵前经阿尔泰咨令多带余丁，近据各抚复称兵已起程，不及雇募。请将滇、楚及川三省兵每百名照旧给余丁三十名之例，即以余丁盐菜口粮给兵令雇长夫，以资樵汲。查余丁实支口粮，长夫全行折价，相较并无浮费。”从之。（《清高宗实录》卷916）

（乾隆三十七年九月甲午）参赞大臣署四川提督阿桂奏：“……今奉谕将湖广后起兵二千即往南路，加以滇、楚兵到，自可采入……”谕军机大臣等：“前阿桂奏‘官兵自甲尔木山梁退回，俟有续调兵到，即行前进占据’之语，续据云南、湖广督抚奏闻官兵入川日期，阿桂处应有带兵大员禀报，何以今日折内并未奏到……今现调之昭通及湖广兵六千名早入川境……阿桂当就现在情形通盘筹酌，务出万全。”（《清高宗实录》卷916）

（乾隆三十七年九月乙巳）……谕军机大臣等：“绰斯甲布土司盼望官兵速往，自属实情，其分路多兵之说，亦必应如此办理。现在昭通、湖广头起官兵陆续可抵成都，着传谕阿桂即速酌调，派员带领前进。李天佑原以副将候补之员，今现出有陕西洮岷协副将员缺，即令李天佑补

授。马应诏系候补游击，着加恩以参将用……”（《清高宗实录》卷916）

（乾隆三十七年九月庚申）……谕军机大臣等：“阿桂奏贼番投禀一节，所办俱是……至此时续调滇、楚官兵，俱应陆续到营……”（《清高宗实录》卷917）

（乾隆三十七年十月戊辰）参赞大臣署四川提督阿桂奏：“参将常泰所带川、陕兵二千五百，于九月十二、十三等日前抵木池。楚兵三千内，头二起已出打箭炉，十九等日抵喀勒塔尔，后起亦即陆续前进……已令总兵马彪驰赴大营，详悉指示。该镇于二十五日自达乌起程，由吉地、丹东一路追及楚兵，带赴木池进剿……”报闻。（《清高宗实录》卷918）

（乾隆三十八年正月甲午）谕：“川省自征剿小金川以来，贵州、湖广及云南昭通等营亦俱调拨官兵，所有师行供亿及一切运送军装、火药等项，俱动用官帑，丝毫不以累民，而沿途承应执劳，皆能踊跃趋事，民情殊为可嘉。兹当小金川全境荡平，允宜广沛恩施，俾沾闿泽，用普春祺。曾传谕各该督抚，令查明征兵经过之地应如何酌量加恩之处，分别具奏。今据各该督抚等陆续奏到，并称‘各该省秋成丰稔，户乐盈宁，小民实自忘其劳，兹蒙格外施仁，遵即查明，酌议缓征，分数具奏’等语，所有官兵经过之贵州毕节、威宁等十七州县，湖广之竹山、竹溪等五十七州县厅……应征乾隆三十八年分钱粮，俱着照该督抚等所奏，分别按数缓征，用纾民力。各该督抚等其董率所属悉心察核，俾闾阎实被恩膏，以副朕嘉惠体恤至意。该部即遵谕行。”（《清高宗实录》卷924）

（乾隆三十八年六月）辛丑，谕军机大臣等：“阿桂奏‘请再调贵州、云南、湖广兵五千，为乘间捣虚之计’。既为此奏，朕不肯令作无米之炊……其云南、湖广各兵二千，现亦飞谕各该督抚，迅为派拨豫备，听候军营檄调。然亦未便专供阿桂之用，自当酌量两处军营情形拨往，于事方有实济。刘秉恬所驻之簇拉角克与温福、阿桂军营相距俱不甚远，着即先赴温福军营，面商需兵若干，再赴阿桂军营，面商需兵若干，一面具奏，一面飞咨云南、湖广督抚，速令起程赴该处军营，毋得刻缓。”（《清高宗实录》卷936）

（乾隆三十八年六月甲辰）又谕曰：“温福、阿桂等奏‘据粮员禀报，贼番滋扰，并接刘秉恬扎称，现将登春所有之兵前往接应’等语……温福、阿桂又均拨兵派令大员带往协剿，其事谅无难办……其阿桂奏调……湖广兵二千，径赴阿桂军营。两路俱添有新兵，自更易于集事……”（《清高宗实录》卷937）

（乾隆三十八年七月戊午）又谕：“现在贼番占据布朗郭宗、底木达等寨……现在川省在营官兵有限，且大率怯懦无用，难以再拨。所有续调之贵州、湖广、云南、陕甘兵共九千名，已当陆续起身赴川，着富勒浑、文绶通盘筹画，于续调兵内酌留一千兵驻打箭炉，极少亦须五百名，并选勇练将领一员带兵驻守，方为有益……”（《清高宗实录》卷938）

（乾隆三十八年七月癸亥）定边将军尚书阿桂、参赞大臣副都统明亮奏：“各军营所调之兵历时既久，而木果木、功噶尔拉官兵伤损颇多，所余不过数千……臣等前请添兵五千为乘虚扫穴之用。目下情形又与从前迥异，自当通盘计议，速筹分头再进之兵，以定各路各攻之局。请于湖北、湖南额兵已调二千名外，再添调三千……”得旨：“……即传谕阿桂迅速由章谷退兵，且俟新派京兵及续调陕甘、云南、湖广各省绿营兵到齐，另筹分路进剿……”（《清高宗实录》卷938）

（乾隆三十八年七月丙寅）又谕：“湖广与四川境壤相接，若派兵前往，较为近便，着派荆州驻防兵一千，即令绰和诺带领，由打箭炉一路前赴川省军营。所有料理一应起程事宜，着传谕陈辉祖妥为备办，俾官

兵迅速遄行，并知会文绶于入川后，饬属一体妥速办理。”（《清高宗实录》卷938）

（乾隆三十八年七月）庚午，谕：“据梁国治奏‘湖南各营扣存公粮，岁有定额。今派兵赴川，费用较多，而各弁兵踊跃急公，克期无误，似应量为调剂。请将司库现存恩赏银内，准借通省一年公粮，仍于公粮内，自明年为始，分作三年扣还’等语……其湖北、陕甘、云贵、四川等省俱有添派之兵，如有所存公粮不敷支用者，亦应仿照湖南酌量妥办，着各督抚等实力查办具奏。该部即遵谕行。”（《清高宗实录》卷938）

（乾隆三十八年七月庚午）又谕曰：“梁国治奏‘湖南派调赴川官兵全数出境’，同日又据陈辉祖奏‘湖北添派兵二千，现已迅速料理’等语。军营需兵接济，愈速愈佳，官兵等俱受平时豢养之恩，理应及时奋勉自效。着陈辉祖等檄知带兵将领，传谕兵丁，令各激发天良，踊跃遄行，以资援剿。”（《清高宗实录》卷938）

（乾隆三十八年七月辛未）四川总督富勒浑、署四川总督湖广总督文绶奏：“……臣等于初一日，准丰升额称，已派襄阳镇官达色带兵一千五百余前往梭磨、大板昭等处防御……”谕军机大臣等：“……至富勒浑等所奏‘南路应速添兵，以资声援。现又飞调川兵三百，并催黔、楚各兵迅速来川，兼程驰赴南路’等语，所办甚是……”（《清高宗实录》卷938）

（乾隆三十八年七月癸酉）……谕军机大臣等：“连日盼望阿桂军营信息，甚为悬切……今已添派……西安、荆州驻防兵各一千……是八旗劲旅有九千，并选能带兵之侍卫、章京亦数十员。又续派之云贵、陕甘、湖广等绿营兵，催令赴川者共万余名，计其陆续到军营，通计二万数百名。阿桂即当酌定章程，另筹进剿，一面妥办，一面奏闻……。”（《清高宗实录》卷939）

（乾隆三十八年七月甲戌）又谕："现在添派京兵及吉林、索伦、厄鲁特并荆、陕、成都驻防兵九千五百名，又续调云贵、湖广、陕甘绿营兵一万一千，通计共二万有余……"（《清高宗实录》卷939）

（乾隆三十八年七月丁丑）又谕："……其各省所调之兵，贵州一千最早，余如湖南、云南、陕甘、湖北亦俱可陆续到川，各按两路，分拨前往……阿桂务须竭力熟筹妥办，并即豫筹将进剿金川之路分兵进攻，出其不意，以期克捷。"（《清高宗实录》卷939）

（乾隆三十八年七月己卯）谕军机大臣等："……此外滇、楚、陕、甘添派绿营兵尚有八千名，又西安驻防二千，计俱陆续可到……"（《清高宗实录》卷939）

（乾隆三十八年七月己卯）又谕曰："……阿桂于西安满洲兵二千，及滇、楚、陕、甘四省先到之兵，约计足以敷用……"（《清高宗实录》卷939）

（乾隆三十八年七月癸未）又谕："……荆州驻防兵一千，于七月二十日启行。是此，两处旗兵到川较速，阿桂可即拨给丰升额若干，以资防剿。其余分拨西南两路应用，一面酌定具奏，一面行知文绶料理各兵遄往。"（《清高宗实录》卷939）

（乾隆三十八年七月乙酉）又谕："……今已派健锐火器营兵二千、吉林索伦兵各二千，又西安、荆州驻防兵共三千，较阿桂所请之数仅短一千。其所需绿营兵数除黔兵外，又请调湖广兵五千、山西兵五千、云南兵二千，共一万二千。今已调湖北、湖南兵四千，云南兵二千、陕甘兵二千，较阿桂所请之数仅短四千，通计满、汉兵一万七千，已不为少

……”（《清高宗实录》卷939）

（乾隆三十八年七月丙戌）谕军机大臣等：“……则令阿桂于湖南、云南两省兵，量其先到川省者，派拨一千速赴宜喜，其西安、荆州满洲兵亦就其先到者，撤一千往宜喜。丰升额处添此二千新兵，亦可敷用……”（《清高宗实录》卷939）

（乾隆三十八年八月乙未）谕军机大臣等：“看来小金川贼人屡经官兵歼戮，所存自不能多……今西安驻防兵二千，计可先到军营，荆州兵亦当继至，其云南、湖广、陕甘等省之兵亦应接踵而至。阿桂于兵丁到时，计敷分拨，以为收复小金川之用，即当定期进兵，迅速克复，不必俟京兵到彼……”（《清高宗实录》卷940）

（乾隆三十八年八月己亥）谕军机大臣等：“……是阿桂犹以兵数为不足。但彼止就陕、甘、滇、楚之八千兵而计……又西安、荆州驻防兵三千亦可陆续到营……通计共一万四千五百名。除酌拨赴军营应用外，尚可存兵一万三千余名，就西南两路兵数多寡，核计分拨。似现在收复小金川，已足敷用，原可不必俟京兵到齐再办，仍着阿桂实力妥筹，即行奏闻。”（《清高宗实录》卷940）

（乾隆三十八年八月癸卯）又谕：“……至陕甘、湖广并荆州满兵共七千，应分拨何路之处，着阿桂妥速酌派，行知文绶遵办。”（《清高宗实录》卷941）

（乾隆三十八年八月丁未）又谕：“据陈辉祖等奏‘此次楚省赴川弁兵，多有恳派军营效力之人，而提标千总吕玫派兵时因差委未与，自请随征，又外委戴必达因途遇马兵出缺，即愿辞退外委，顶补前往’等语，绿营弁兵能如此深知大义，实属可嘉。吕玫、戴必达等到营后，着阿桂

留心察看，伊二人如果奋勉出力，即从优拔补，以示鼓励。”（《清高宗实录》卷941）

（乾隆三十八年八月己酉）又谕：“前据阿桂奏‘除黔兵三千外，尚请调湖广兵五千、云南兵二千、山西兵五千，共一万二千’，朕以晋兵无用，已调滇兵二千、楚兵四千、陕甘兵二千，共八千名……西安、荆州驻防兵三千……通计满洲兵共九千五百……”（《清高宗实录》卷941）

（乾隆三十八年八月己酉）又谕曰：“将军阿桂已赴日隆，即日筹办收剿金川之事。虽现在各省所调兵力不为不盛，但分路进剿，需兵尚多，不可不宽为筹备。湖北、湖南两省原调过兵五千，此次又续调兵四千……”寻陈辉祖奏：“湖北、湖南额设兵除调拨外，尚有一万二三百名，已于湖北陆路及湖南抚提二标，并苗疆各营，选备兵三千，派委总兵乔冲杓统领，俟奉到调取谕旨，即行前进。”（《清高宗实录》卷941）

（乾隆三十八年九月癸亥）谕军机大臣等：“据陈辉祖复奏‘湖北、湖南两省尚可挑选精兵三千赴川协剿，现已派拨候调，并令镇筸镇总兵乔冲杓统领前往，其员缺紧要，请以宜昌镇杨大业与之对调，并另委妥员暂署宜昌镇务’等语，自应如此办理。现已谕令阿桂酌量情形，即行飞咨楚省调取。着传谕陈辉祖于接准阿桂咨文后，即令乔冲杓带领此项豫备兵丁迅速赴阿桂军营听候派用。其应行调署总兵之处，着照陈辉祖所请，临时一面奏闻，候朕明降谕旨。将此谕令知之。”（《清高宗实录》卷942）

（乾隆三十八年九月甲子）又谕曰：“陈辉祖奏，湖北、湖南两省仍可挑兵三千。已谕知陈辉祖候阿桂咨调到日，迅饬起程……令富勒浑、王进泰统兵策应，所需之兵，即于现调楚兵内酌留二千备用，其余楚兵一千，应派在何路随征，并着阿桂酌量，豫檄带兵之员，遵照驰往。”

（《清高宗实录》卷942）

（乾隆三十八年九月丙寅）谕军机大臣等："各省所调之兵，惟湖北兵尚未抵成都，以陈辉祖前奏'八月十二日出境之期计之'，亦应不日到省。而京兵头起既到，此后自可陆续赴营……"（《清高宗实录》卷942）

（乾隆三十八年九月己巳）定西将军尚书阿桂、参赞大臣领侍卫内大臣色布腾巴勒珠尔、领队大臣都统海兰察奏："……荆州满兵据报亦已入境……"得旨嘉奖。（《清高宗实录》卷942）

（乾隆三十八年九月壬申）又谕："征剿两金川之役势难中止，而军营止有绿旗兵众，殊不足恃，因拣派……西安、荆州驻防兵，分起前往备用，以期迅奏肤功……"（《清高宗实录》卷943）

（乾隆三十八年九月丙子）（定西将军尚书阿桂）又奏："楚兵越险登高，实为得用……"（《清高宗实录》卷943）

（乾隆三十八年九月丁丑）又谕："现在办理收复小金川，计各省所调官兵已足敷用。所有湖南、湖北豫备兵丁，原为将来进剿金川时后路或须策应之用，今恐一时赶调不及，先行拣派，齐赴总路听调，自应如此办理。但进剿金川时，是否后路必须接济，及此项兵应于何时调往之处，均着阿桂斟酌妥协，一面飞调，一面奏闻。"（《清高宗实录》卷943）

（乾隆三十八年九月丁丑）又谕："昨据阿桂奏称'彰宝处现又挑备兵三千，如进剿金川时，再须增添兵力，即奏闻檄调'等语，前筹及进剿金川事宜，以阿桂等将来分路进剿，其后路尚须留兵策应，是以谕将湖广所备之三千兵飞调前往，已足应用……"（《清高宗实录》卷943）

(乾隆三十八年九月丁丑)明亮又奏:“新调满汉各官兵经将军阿桂派拨……荆州驻防兵一千……共四千五百名,以次到川……所有新到官兵暂在茂纽、功察等处存驻,略为休息以备进攻……”得旨嘉奖。(《清高宗实录》卷943)

(乾隆三十八年九月甲申)定边右副将军广州将军明亮、参赞大臣副都统富德奏:“……臣等拟将荆州驻防兵一千……俟陆续到来,俱令在大营前后分驻,使与旧兵相处,俾上山打仗情形先为熟习。臣等再于查卡之便,随时鼓励训导。”得旨嘉奖。(《清高宗实录》卷943)

(乾隆三十八年十月乙巳)谕军机大臣等:“前据陈辉祖奏‘楚省豫备兵三千名,陆续调集荆宜一带总路,听候川省军营咨调’等语,此项备调楚兵原为收剿金川后路策应之用。今军营各路官兵均已齐集,克期进剿,应于备调楚兵内派拨二千,迅赴日隆,听阿桂指定何路最为紧要,即于该处驻扎巡防。前已有旨,令富勒浑、王进泰为后路策应,其应何人带兵驻守,并另谕阿桂酌量妥办。其绰斯甲布一路亦关紧要,并当派楚兵一千前往,交与鄂宝酌量为后路巡防之用。此时湖广兵丁皆暂驻宜昌,入川更为易便。着传谕陈辉祖即遵谕派拨妥协,令带兵各员迅速径赴日隆及绰斯甲布听候拨用。其至成都后,并着文绶一体妥为料理,催赴各该处,毋致迟误。并将此谕令富勒浑、文绶、鄂宝、王进泰知之。”(《清高宗实录》卷945)

(乾隆三十八年十月乙巳)又谕:“据阿桂奏称收复美诺之事,约于月尽月初可以进兵……前已谕调湖广兵三千于进剿金川时留防后路,并谕令富勒浑、王进泰在彼带兵驻守。续据陈辉祖等奏称,各兵俱在宜昌暂驻,赴川颇为便捷。现在攻复小金川,巴朗拉一带后路即关紧要,莫若此时即调赴军营,于防御更为得力。现谕令陈辉祖派兵二千前赴日隆,听阿桂酌量应防要隘,派拨驻防。其一千派赴绰斯甲布,交鄂宝酌派驻

守。着传谕阿桂即行筹酌妥协，一面办理，一面奏闻。”（《清高宗实录》卷945）

（乾隆三十八年十月己酉）谕军机大臣等：“据丰升额等奏‘绰斯甲布一路，新旧共有官兵九千名，挑选六七千前赴党坝，仅留兵二千驻宜喜……’等语……曾谕令陈辉祖等，将湖广豫备之三千兵酌派二千赴日隆，听阿桂指定何处紧要，即令王进泰等带兵驻守，其一千径赴绰斯甲布一路，交鄂宝酌量妥为防守。今丰升额处既尚须酌添兵力，或可即将派赴日隆之二千楚兵内，再拨一千赴宜喜，与昨拨交鄂宝兵一千，俱交丰升额带领，合之该处新添兵三千，共有五千，足为党坝一路进剿之用。而鄂宝一路现有宜喜、日旁旧兵六七千，于后路亦尽足资防守，惟日隆后路策应之兵减去一千，是否不敷应用，难于悬定。着传谕阿桂即速通盘筹计，据实奏闻。”（《清高宗实录》卷945）

（乾隆三十八年十月辛亥）……谕军机大臣等：“……但鄂宝带兵无多，于防剿尚未能得力。前曾有旨‘派湖广续调兵一千，交鄂宝酌量分拨应用’，嗣因丰升额等将来进剿需兵，又谕令将此项楚兵亦赴宜喜。今鄂宝到丹东后，若果访有贼番潜扰之事，不可不添兵防御，又当务其所急，即可一面通知阿桂、丰升额，并行知楚省带兵之员，仍将楚兵一千派赴丹东，并令文绶妥速料理，一面奏闻……”（《清高宗实录》卷945）

（乾隆三十八年十一月丁丑）谕军机大臣等：“前经谕令丰升额带兵赴党坝一路进剿，当即传谕陈辉祖于备调楚兵内拨二千名速赴宜喜，并谕文绶妥速料理，催趱前往。今阿桂等乘胜进攻金川党坝一路，甚关紧要，业谕丰升额迅即督兵协剿，着文绶即速飞檄迎催楚省带兵各员，将此二千兵遄赴宜喜。文绶于此项兵丁赴宜喜之路，即速料理妥当，随到随令前进，毋稍阻滞。并将何日过省前进，即行复奏。”（《清高宗实录》卷947）

（乾隆三十八年十一月丁丑）定边右副将军尚书公丰升额、参赞大臣副都统舒常奏："遵旨拨楚兵二千交臣带领，为党坝一路进剿添兵之用，惟是分兵党坝尚需时日，此时自应设法牵缀，以期各路收复小金川之兵得以乘胜深入。"谕军机大臣等："丰升额等所奏尚未知阿桂收复小金川之信，昨因阿桂等将小金川地方全行克复，已谕令酌定进兵之路，迅速进攻。并谕令丰升额即同伍岱等带兵前往党坝。现又谕文绶于楚兵经行各站，沿途飞檄传催，计楚兵于十一月初一、二等日自宜昌起程，计期早已入川，再行催趱，行程自更迅捷。"（《清高宗实录》卷947）

（乾隆三十八年十二月丁亥）又谕："据阿桂等奏'分路进攻金川，请添调汉军官兵四千协剿'等语，阿桂等现已进剿金川，所需添兵一节，若向远省拨调未免鞭长莫及，惟荆州驻防及湖北各标营入川较近，尚可量为添拨。着传谕陈辉祖即速于荆州驻防兵内再调一千名，令副都统书明阿带往。所有料理军行事宜，悉照前此绰和诺所办，妥协经理，俾令迅速遄行。并于湖北附近川省绿营兵内，抽拨一千名，料理前往。其带兵将领，该省此际恐未必有出色之总兵大员，或可于副参内拣派熟谙带兵之人，即令其统领趱行。仍饬沿途地方官一体妥速豫备，毋致迟滞。着传令陈辉祖并阿桂知之。"（《清高宗实录》卷948）

（乾隆三十八年十二月己丑）又谕曰："富勒浑、王进泰驻守美诺一带，其事最为重大……昨虽已添派荆州驻防、湖北绿营各一千，但计其到营尚早……"（《清高宗实录》卷948）

（乾隆三十八年十二月己亥）谕军机大臣等："丰升额等奏'俄坡不便进兵，自以仍由党坝为是'。但闻该处穆尔津冈一带路颇险仄，从前岳钟琪在彼攻剿未能寸进，似其地亦非可长驱径进者，且丰升额现带之兵仅有三千三百，即新调之湖广兵续到亦不过二千，兵力未厚又无继进之

兵，在后策应即使得有碉卡，亦断不宜深入……”（《清高宗实录》卷948）

（乾隆三十九年正月丙辰）定边右副将军广州将军明亮、参赞大臣副都统富德奏：“臣等由马奈进攻……查富勒浑、王进泰现驻美诺，兼守僧格宗，并益以新调荆州、成都驻防及四川、湖北绿营兵共四千名……”（《清高宗实录》卷950）

（乾隆三十九年正月壬申）又谕曰：“阿桂奏‘就现在兵力派拨进剿，自可易于深入，此后倘得分用之兵，捣虚直入，更可以制其死命’等语。前因美诺一带后路兵少，曾谕调荆州驻防兵一千、湖广绿营兵一千，赴美诺等处备用。节据阿桂等奏，各处留防约计五千余名，是后路之兵已足敷用，无借复待集兵。此项二千兵俱系生力军，若用以攻剿，必当得用。昨据陈辉祖等奏，前项二千兵已于腊月二十九、正月初二等日全行出境，计其到川甚速，若将此项兵丁归于阿桂军营，留为另觅新路、分道进剿之用，自属得济。着传谕文绶于此项兵丁到省时，即令遄赴布朗郭宗听用，并令阿桂筹画办理，一面奏闻。”（《清高宗实录》卷951）

（乾隆三十九年正月）丁丑，定西将军尚书阿桂、参赞大臣领侍卫内大臣色布腾巴勒珠尔奏：“……俟续调防后之川、楚兵丁到日，臣即将布朗郭宗、马尔当等处防兵内抽调二三千名前来协济。”（《清高宗实录》卷951）

（乾隆三十九年正月戊寅）又谕：“昨已降旨，令楚省续调满汉兵二千名，速赴布朗郭宗一带，听阿桂调用。今阿桂现已攻克谷噶，乘胜深入，若得此项楚兵接济，声势自益壮盛。着再传谕文绶，如楚兵已经到省或已过省，即速催趱兼程前进，克日到阿桂军营。”（《清高宗实录》卷951）

(乾隆三十九年正月癸未)谕军机大臣等:“明亮奏‘官兵连日进攻及贼人竭力拒守’一折……查明亮等原报兵数共二万二千余名,今所奏兵数共计一万二千,与原奏数目不符,着明亮等即速查明据实复奏。如实在无兵可调,现在阿桂军营新到楚兵二千,可于此内酌将湖北绿营兵一千调赴明亮军营备用。其荆州驻防兵一千,留阿桂军营,或剿或防,听其酌用……”(《清高宗实录》卷951)

(乾隆三十九年二月癸巳)又谕曰:“明亮等奏‘攻克卡卡角山梁并现在用兵情形’一折,深为欣慰。昨因明亮一路兵数较少,已谕阿桂将续调之湖北绿营兵一千驰往南路……今湖北绿营兵已于正月二十三、四日抵成都,着传谕阿桂即速知照楚省带兵之员,催令遄往应用。”(《清高宗实录》卷952)

(乾隆三十九年二月丙申)又谕曰:“阿桂等奏‘筹度进剿情形’一折……又奏明亮待兵迫切,已将楚兵二千全往南路,是明亮处顿添此二千生力兵,自为得力。明亮或将所添新兵进攻马尔邦,或令富德带往攻取当噶尔拉,或令派赴奎林处并攻斯第、博堵。着照该处实在情形,速行筹办。”(《清高宗实录》卷952)

(乾隆三十九年二月辛丑)又谕曰:“……又据奏‘楚兵二千准阿桂知会,已经赶赴南路应用’,此项生力兵丁自应得济……”(《清高宗实录》卷953)

(乾隆三十九年三月丙辰)……谕军机大臣等:“阿桂等奏‘分路绕攻罗博瓦山峰情形’一折,深为嘉慰……惟明亮一路欲进攻庚额特,炮位业已铸成,未知施用后效验何如,又楚兵二千作何分派,甚为悬忆,着将得胜情形,迅速驰奏。”(《清高宗实录》卷954)

（乾隆三十九年三月戊午）定边右副将军广州将军明亮、参赞大臣副都统富德奏：“……楚兵二千现已陆续到营，俟攻过庚额特以前，即可接踵径进。”谕军机大臣等：“明亮等奏‘设法越险并现在杀贼情形’一折，所办甚好……前据明亮称此一路箐林深密，自非多兵接踵而前，未可轻进。或将所添楚兵二千，并于奎林一路直压斯第博堵，进取克舟九寨，似觉便捷。着明亮等即就该处情势妥酌为之……”（《清高宗实录》卷954）

（乾隆三十九年六月）戊申，谕：“……此等调派随征员弁，既在军营奋勇出力，著有功绩，与存营当差者，劳逸迥殊，自应不拘督抚提标营分，通融拔补，俾得早为升补，以示鼓励。所有陕省千总董秀等，即照所请行。其余派调征兵之湖广、云贵、四川各省，并着照此办理。”（《清高宗实录》卷961）

（乾隆四十年六月戊子）己丑，谕曰：“陈辉祖奏‘两湖在川征兵，有解川添整衣装之项，应于各名下坐饷内扣还。今在楚未派出师各兵，因未得效力行间，愿将伊等月饷一体均摊还款。察其情出于诚，奏请俯允’等语，所奏殊属见小。征兵借制衣装之项，皆其本人自用，例应于各人名下扣还。或念征兵等接扣数项，生计未免拮据，奏请宽展期限数年，使每月扣数无多，自不至过形竭蹶……各省调派之兵不及营额之半，而陈辉祖筹为代扣，乃及通省之全，徒使无知者讥其波累众人，将谓抽调兵丁即阖省之兵丁皆出征矣。此乃大有关系，何可为训乎？陈辉祖着饬行，恐各省尚有类此筹扣者，着并通谕知之。”（《清高宗实录》卷984）

（乾隆四十年九月壬戌）军机大臣等议复：“定西将军尚书阿桂等奏称，……其余京兵及吉林索伦官兵，非随凯旋者，俱令由成都乘船至襄阳，由河南办车进京。应如所奏……”从之。（《清高宗实录》卷991）

（乾隆四十一年正月）癸未，谕军机大臣等：“……兹据阿桂奏，已将西安兵一千四百余名，荆州兵一千七百余名，交书麟、兴兆各自分拨带领，先行撤回。办理极为妥协……”（《清高宗实录》卷1000）

（乾隆四十一年三月庚辰）又阿桂会同丰升额、明亮奏：“湖广、陕西绿营兵已全数撤回……”得旨嘉奖。（《清高宗实录》卷1004）

（乾隆四十一年五月己亥）署湖广总督湖北巡抚陈辉祖奏：“两湖弁兵，近年从征川省，由军营拔擢、咨回本省补用者，当时止按得功先后，不拘远近，遇缺即补。今凯旋归伍，有拔补之缺距原籍在二千里内外者，共计六七十员，既于操防巡查情形未能熟悉，且有亲老子幼难于携带，情殊可悯。请将远补各弁互调各归近处，以示体恤。”从之。（《清高宗实录》卷1009）

（乾隆五十二年六月乙卯）谕军机大臣等：“据常青等奏‘请再调广东兵四千、京兵一千、湖广兵四千、贵州兵二千，台匪即可剿捕净尽’等语，湖广、贵州距闽省辽远，京兵前往更需时日，且长途调拨，迹涉张皇……”（《清高宗实录》卷1283）

（乾隆五十二年八月丁酉）谕军机大臣等：“现在谕令福康安前来行在面授机宜，令其前赴台湾更换常青督办军务。至台湾前后所调兵丁，自已足敷攻剿，但该处山深箐密，路径崎岖，因思湖广、贵州兵丁，前经调赴金川军营，于驰陟山险，较为便捷，若调往台湾助剿，自更得力。着传谕舒常等于湖北、湖南各挑备兵二千……拣选曾经行阵奋勇干练之将备带领，一切军装、火药妥为密行豫备，听候调拨。如必须调遣，或俟谕旨到日，或接到福康安檄调文书，即行分起迅速前进。其湖广官兵，即从本省由江西一路行走……所有沿途经过地方，并着该督抚等一体豫为筹备，俟兵丁到境，即可迅速遄行，仍须妥协经理，毋致张皇扰累。”（《清高宗实录》卷1286）

（乾隆五十二年八月丁酉）又谕曰："……着保宁即于屯练降番内挑选二千名，并拣派曾经行阵奋勇出力之将领张芝元等分起带领，从川江顺流而下，由湖北、江南、浙江一路，前赴闽省……"（《清高宗实录》卷1286）

（乾隆五十二年八月己未）谕军机大臣等："……况即如请添调贵州、湖广等兵，亦必须两月之久方能到彼，设诸罗稍有意外之虞，已属缓不济急，于现在剿捕援应机宜有何裨益耶？……若此时常青等剿捕得有转机，早晚捷音奏至，即前此调备之黔楚兵，竟当停止征调……且将调用京兵及各省兵，并不止于调派贵州、湖广之兵而已……"（《清高宗实录》卷1287）

（乾隆五十二年八月己未）钦差协办大学士陕甘总督办理将军事务福康安奏："臣遵旨在途拆阅常青等奏折，知南北两路官兵尚未得手，所称兵力不足，似属实在情形。现虽有添调之浙粤官兵陆续配渡前往，但该兵丁等向未出征，恐不能十分得力……所有前奉谕旨令贵州、湖北、湖南各挑备兵二千……恳饬各督抚速拨赴闽，听候调用。"得旨："即有旨谕，毋畏难，毋多虑，勉力行之，以全朕用人颜面。"（《清高宗实录》卷1287）

（乾隆五十二年八月辛酉）又谕："……至湖广兵，不能如黔省之得力，且远隔数省，道里纡回，此时亦可无须纷纷远调……"（《清高宗实录》卷1287）

（乾隆五十二年十一月己巳）又谕："从前平定金川，前后派调之兵共有十万，而此次剿捕台湾贼匪，福建本省前后所调满汉官兵已二万有余……加以浙江、川、黔、粤西、湖广等省陆续添调之兵，又不下万四

五千……”（《清高宗实录》卷1292）

（乾隆五十四年四月甲辰）又谕：“据兵部奏称‘此次进哨，所有外省轮班学习随围之杭州、乍浦、荆州三处官兵，可否令其前来之处，请旨施行’等语，各处驻防官兵向居外省，于行围之道不能谙练，相沿已久，遂失满洲旧风，渐近汉人习气。嗣后凡遇行围，自应遵照旧例，令其轮班前来学习行围。所有此次应随围之杭州、乍浦、荆州三处官兵，即令其计程，于八月初旬前抵热河。”（《清高宗实录》卷1327）

（乾隆五十五年九月丙申）兵部议准湖广总督毕沅疏称，鹤峰州有城池仓库监狱之责，仅设兵丁一百九十一名、操马四十二匹，不足以助军威。请将湾潭马兵十名、操马十匹、长乐马兵五名、操马五匹，撤归鹤峰州城，得资合操演阵。又请调拨湾潭步守兵三十名，将二十五名归州城差操，以五名补还长乐汛，仍敷四十名之数。其湾潭一汛，尚存防兵三十名，足资弹压。从之。（《清高宗实录》卷1363）

（乾隆六十年二月庚辰）谕军机大臣等：“……又据兴兆奏‘挑备荆州满兵一千名，恳请带往协剿’等语，此等满兵，驻防日久，未必能胜于绿营。现在湖广所调之兵，已有一万数千余名，为数不少，着传谕福康安酌量情形，如无须添调满兵则已，倘或必须添调，兴兆人本老实，副都统二员皆已年老，恐带兵不能得力。近令德楞泰由京前赴湖南，必由荆州经过，该处满兵既经兴兆挑备，自已派有章京等领管。德楞泰途次若接得福康安知会，即行顺路统领带往，自较为便捷也。”（《清高宗实录》卷1471）

（乾隆六十年闰二月癸未）又谕：“……现在湖广南北两省已调兵一万三千余名……共计约有三万上下，兵力已属厚集，尽敷剿捕，何得尚以兵少贼多为词……又楚省官兵已调至一万三千余名，自不便再为檄调……现因黔、楚、四川三省各行剿捕，未经会合，是以兵分见单。不日福康安、和琳将松桃、秀山一带逆苗剿净，并力全趋楚省，兵威已极壮盛……”（《清高宗实录》卷1472）

（嘉庆元年二月戊寅）湖广总督毕沅奏：“枝江匪犯连及四县，分投扑灭，以速为贵，现在只惠龄一人在彼，恐难兼顾，现饬镇臣袁敏相机迎会。臣于正月二十二日驰往枝江，会同剿办。又札荆州副都统德福挑派满营兵三百名前赴枝江。”报闻。（《清仁宗实录》卷2）

（嘉庆元年二月丁酉）谕军机大臣等：“南阳、兴汉与襄阳、郧阳毗连，该督等所调兵二千名，顺流而下，行程便捷。现已传谕景安、秦承恩照料遄行，并派总兵阿克东阿、德光带兵前往，兵威壮盛。毕沅、惠龄惟当并力前进，专办枝江、宜都之贼，急将聂杰人、刘盛鸣二犯擒获，渠魁既得，余党自必纷纷解散，不可因匪徒分路滋扰将官兵零星派拨，转致疲于奔命……”（《清仁宗实录》卷2）

（嘉庆元年三月己酉）谕军机大臣等：“……毕沅等前后所调河南、陕西及本省满汉兵丁已有六千余名，又有恒瑞带领西安满兵二千名驰往会剿。今据该督奏称，又咨陕抚，再添调兵二千名。是各处兵丁到齐，统计已有万余，尽足敷剿捕之用。本日据恒瑞奏，永保由乌噜木齐来京，业经札知速赴西安。现在湖北既须大员带兵，永保曾经军旅，着即由驿遄行，同恒瑞带兵从郧阳一带行走。将有贼处所先加搜剿，驰抵当阳，与毕沅会合协同剿办。又有舒亮、鄂辉先后派往，伊二人系带兵熟练之员，均可得力。此时毕沅惟应督率弁兵悉力守御，镇定人心。不可冒昧轻进，稍致疏虞。再本日据秦承恩奏，亲带兵丁前往陕、楚接壤要隘堵截，现在陕西省城并无大员。昨据宜绵奏称，已于二月二十日自兰州起程，前赴西安驻扎，即着该督办理粮饷、策应弹压等事。将此各传谕知之。”（《清仁宗实录》卷3）

（嘉庆元年四月乙酉）惠龄奏："长阳县地方有逆匪林之华纠众滋事，已飞咨恒瑞令文图带兵往剿。"奏入，谕军机大臣等："长阳一带贼匪乘虚蚁聚，不可不速行扑灭。恐文图一人尚不足以资董率，着传谕恒瑞、永保二人酌分一人带兵速赴襄阳，一人即赴长阳一带督率剿办。此时惠龄军营已得胜势，长乐、长阳之贼俱系张正谟党与，思往接应。惠龄惟当倍加奋勉，将贼首张正谟拿获，其余匪党自必纷纷瓦解。将此传谕知之。"（《清仁宗实录》卷4）

（嘉庆元年四月庚寅）谕军机大臣等："蒋兆奎奏挑兵二千名，令总兵德龄带领暂驻泽州，听候河南调用。豫省、河北地方，近闻亦不甚安静。此项挑备之兵，着蒋兆奎即行知德龄移驻卫辉，并着景安酌量情形。设南阳、邓州一带需兵堵剿，而进剿襄阳尚须添兵，即将晋兵调拨，自可更期得力。"（《清仁宗实录》卷4）

（嘉庆元年五月）庚申，恒瑞等奏："双沟贼匪畏惧官兵声势，意欲逃避。查双沟东面路通枣阳，该县前已派官兵一百五十名，带同乡勇严防。今又派兵三百五十名，由宜城县绕路前往，帮同堵御。"奏入，谕军机大臣等："阅恒瑞等所奏图内，官兵俱由西北一带分投夹击。其迤东即属枣阳，仅有兵五百名，又无大员在彼驻扎，仍恐难资倚恃。着恒瑞等于富成、德龄二人内，酌令一人带兵千名速赴枣阳、随州一带，相机防堵。"（《清仁宗实录》卷5）

（嘉庆元年五月）己巳，谕军机大臣等："祖之望奏，汉阳府所属孝感地方，亦有传教匪徒。祖之望于前调江西兵二千名内分拨堵御，并饬汉阳府图桑阿等分投防剿。复因武昌省城与汉口镇仅一江，现留江西兵二百名，并添募乡勇，严密防御，所办甚好，祖之望着赏戴花翎。再，贼匪郑自清供称，曾拜襄阳人周义祥为师，看来首逆竟在襄阳一带。现在襄郡只有乌什哈达一人在城驻扎，调度一切，究不能得有主见，永保竟当速回襄郡，督率办理，庶调度有人，不致他处贼匪又复窜往勾结。将此传谕知之。”（《清仁宗实录》卷5）

（嘉庆元年五月）癸酉，谕军机大臣等：“……官兵一抵乾州，所余不过搜捕以及善后事宜，无须多兵。此内所调湖北兵丁，现闻本省有贼匪滋扰，未免系念室家，自应先行撤回，并谕知该兵丁等，令其早归本籍，得以捍卫乡庐……”（《清仁宗实录》卷5）

（嘉庆元年七月）甲寅，谕军机大臣等：“明亮奏‘留兵分驻城乡，又将江西、武昌兵撤回省城……以省糜费’，所办皆是……”（《清仁宗实录》卷7）

（嘉庆元年八月甲戌）毕沅奏当阳善后事宜六款：“一、境内反侧初安，良莠难别，现择诚实可信之绅士乡勇，令严密查报遣孽，务绝根株。一、先后调到满、汉官兵共二千余名，现在堪以接仗者，不过一千余名，已挑验有用之兵，知会永保，听候调遣，余俱分派各城防守。一、当阳兵力单薄，深资乡勇之力，除紧要隘口仍酌留防守外，余应分别裁撤，各归本业……”下部知之。（《清仁宗实录》卷8）

（嘉庆元年八月）丙戌，谕军机大臣等：“昨永保奏，官兵分路堵剿。于东南一带如何派兵布置，并未声明，当即降旨严饬。今据明亮奏，钟祥北面，永保带兵九千有余，分路追剿。而正南、东南、西南三路，明亮只有兵千五百名，地阔兵单，不敷堵剿，果不出朕所料。永保总统湖北军务，于一切调度机宜，自应通盘筹画。且用兵之道，下压甚易，即兵力稍单，尽可乘胜追杀。至堵截之兵，必须四路分布，兜裹严密，方可截其去路，悉数歼擒。今永保等以九千有余重兵由北追压，而南面堵截之兵不满四千。该处地方空阔，贼匪必由东南窜入京山，又致蔓延。

永保只知拥兵自卫，竟不计及剿贼全局，实属有负任使，着严行申饬。此时惟有将南北两路官兵均分停妥，俾贼匪无从窜逸。明亮一路既兵力不敷，亦不必速行进剿。惟于紧要地方严为堵截，使贼匪不致向南逃窜，即属明亮之功。俟与永保商定添派兵将分路堵截，速行订期合击，将贼匪歼除净尽，方为妥善。将此各传谕之。”（《清仁宗实录》卷8）

（嘉庆二年正月乙巳）谕军机大臣等：“明亮等拿获首逆石三保家属，并查拿贼目陇得保等，分别办理，所奏甚是。现在只有吴廷英、吴廷玉及吴八月家属尚无下落，想亦易于查拿。计此旨到时，疏通大路各事宜办理已竣，毕沅亦可到彼，姜晟现抵乾州，明亮即可将后路各事交与毕沅、鄂辉、姜晟，查照和琳奏定章程以次妥办。明亮仍酌带应撤川兵，迅往太平、东乡一带。额勒登保、德楞泰探听湖北黄柏山及钟祥何处亟须添兵，即迅往该处，或分赴长阳、钟祥上紧剿办。将此各传谕知之。”（《清仁宗实录》卷13）

（嘉庆四年二月癸丑）陕甘总督宜绵奏：“请添四川守兵一万名，陕西、甘肃兵一万名，湖北、河南兵各五千名。”从之。（《清仁宗实录》卷39）

（嘉庆四年七月辛酉）调山西兵三千名赴湖北剿贼。（《清仁宗实录》卷48）

（嘉庆四年八月壬辰）调盛京兵二千名，吉林、黑龙江兵各一千名，赴湖北剿贼。（《清仁宗实录》卷50）

（嘉庆四年九月丁丑）谕军机大臣等：“那彦成到陕后……同德楞泰并力合击，以期廓清陕、楚边境。将此传谕知之。”（《清仁宗实录》卷52）

（嘉庆四年九月丁丑）又谕：“现在贼匪窜入川陕，楚省不过防堵事

宜，何必复留晋兵守卡……”（《清仁宗实录》卷52）

（嘉庆五年二月戊戌）谕军机大臣等：“姜晟奏抽调兵一千名驰赴襄郧一带，该处现有贼匪滋扰，姜晟宜加宪持重，惟当与松筠、明亮相机筹酌。倘尚需兵力，姜晟仍于湖南各营再调一千名前赴湖北，以资剿办。将此传谕知之。”（《清仁宗实录》卷59）

（嘉庆五年六月壬戌）调黑龙江兵一千名、吉林兵五百名，赴川、楚军营更替。（《清仁宗实录》卷69）

（嘉庆七年五月丙申）又谕：“额勒登保奏‘苟逆伙党因官兵逼剿紧急，复又翻越老林，窜往秦岭一带，现在派兵分路进剿’等语……况据折内称，现在兵力有盈无绌，拟撤出湖南、湖北官兵，带赴平利、紫阳一带，交穆克登布接管防堵。是现有之兵尚足以分拨防堵，可见兵力尽属敷余……”（《清仁宗实录》卷98）

（嘉庆十九年二月庚申）谕军机大臣等：“据马慧裕奏‘探闻陕省贼匪窜近郧西，派兵防堵’等语，现在陕省已无成股贼匪，惟剿散之贼恐有一二零匪，假装乞丐行旅，冀向楚省窜逸。着该督严饬地方文武员弁督率兵役，于各要隘处所，或林谷深处，逐细搜查。如有拿获零匪，即就近解往陕省，交长龄、朱勋等审办。其楚省边防，察看实已宁谧，即将调防之兵撤归原伍，以节糜费。将此谕令知之。”（《清仁宗实录》卷285）

（道光六年九月癸未）又谕：“……前据长龄奏‘伊犁等处官兵口外生长，未经军旅。现在川、楚各省民人及当差遣犯已入民籍者，呈请出征，内多有曾充乡勇，惯历行阵，较之口外生兵，究属健勇敢战’等语，已准其挑备一二千名，并着派员弁先行管带五百名，赴阿克苏帮同防堵矣……”（《清宣宗实录》卷105）

（道光六年十一月癸卯）湖北提督罗思举奏请赴军营。得旨："本任紧要，难于更动，所请前赴军营之处，具见忱悃，着毋庸前去。"（《清宣宗实录》卷110）

（道光十二年八月甲午）又谕："……又据查现在调集之兵虽有一万余名，广东本省兵丁居十分之七，向来软弱，不惯走山，且沿海各营兵丁，多有吸食鸦片烟者。该省营务废弛，平素整顿操防可想而知，此时自不能得力，所请添调湖南、湖北劲旅二千名，卢坤等接到移咨，自已迅速照数调往……"（《清宣宗实录》卷218）

（道光十二年八月甲午）谕军机大臣等："昨据禧恩等奏'七月二十日驰赴广东连州剿办瑶匪，连获胜仗，现拟添兵进攻，惟广东兵丁不能得力，战兵仅止黔、楚精锐三千名'，当降旨准再调湖南、湖北劲旅二千名，并将卢坤调补两广总督，速赴连州……"（《清宣宗实录》卷218）

（道光二十年十二月辛巳）谕军机大臣等："本日据伊里布驰奏'请调各省官兵'一折，着裕泰、吴其濬于湖北之提标、竹山协调兵一千八百名……选派曾经出师之镇将备弁统领，迅速赴浙，听候伊里布分拨调遣，并严饬带兵各员，沿途妥为约束，毋许稍有滋扰，以靖地方……"（《清宣宗实录》卷343）

（道光二十一年正月庚戌）又谕："……所有前调赴浙之皖、楚等省官兵不可中止，仍着裕谦催令前进，协力进攻……"（《清宣宗实录》卷345）

（道光二十一年二月庚申）钦差大臣江苏巡抚裕谦奏："……所有前调之皖、楚等省官兵，已奏明撤退。"得旨："无能误国，不遵朕旨，惟知顺从琦善，盖自有肺肠，无福承受朕恩也。"又奏："若将已调及将到军营官兵全行撤退，设该夷再有反复，更属不成事体。”批：“汝必不知其底蕴，通商香港之说，并非朕允其所请，琦善之罪大矣。”（《清宣宗实录》卷346）

（道光二十一年二月庚申）又谕：“……其所调楚省及本省防兵，是否即可裁撤停止之处，着裕谦酌量情形，妥为办理……”（《清宣宗实录》卷346）

（道光二十一年二月庚申）谕军机大臣等：“……其湖广官兵，前据伊里布奏撤，曾谕知该大臣催令前进，不可中止。现据奏称‘该省官兵程途遥远，本属缓不济急，自可毋庸再调’等语，现在浙江兵力，自已足敷调遣，惟粤省既已大张挞伐，难保该逆船只不复窜回定海，将来进剿时，兵力设有未敷。所有前调楚省官兵，着即一面檄调接应，一面奏闻……”（《清宣宗实录》卷346）

（道光二十一年二月戊寅）又谕：“……其前调赴浙之湖广兵二千八百名，亦令改道入粤，并谕知奕山等兼程前进矣……”（《清宣宗实录》卷347）

（道光二十一年三月丙戌）谕军机大臣等：“本日据奕山等驰奏‘途次调兵赴粤’一折，前有旨，将前调赴浙之湖广兵二千八百名改赴广东，并调广西兵二千名迅赴粤东听候调遣……”（《清宣宗实录》卷348）

（道光二十一年八月己酉）又谕：“现在逆夷猖獗，浙江定海业已失守。据刘韵珂奏，乍浦海口及浙江省垣，亟须添兵防堵，着裕泰挑选湖北黄州协等处精兵一千名……饬令曾经出师之明干镇将管带，迅速前赴浙江，交刘韵珂调遣，毋许沿途滋扰。将此由六百里加紧各谕令知之。”（《清宣宗实录》卷356）

（道光二十一年九月乙卯）又谕："前因逆夷在浙滋事，有旨令裕泰挑选湖北黄州协等处精兵一千名……迅速赴浙……本日据奇明保等奏，逆夷猖獗异常，镇海复又失守。所有前调湖北、江西、安徽各兵，着裕泰、吴文镕、程楙采飞饬带兵镇将，迅速驰赴浙江，以次堵剿，毋得稍有迟误。将此由六百里加紧各谕令知之。"（《清宣宗实录》卷357）

（道光二十一年九月乙卯）谕军机大臣等："本日据奇明保等奏'镇海失守'一折……所有前调江西、湖北、安徽各兵，已由六百里加紧谕知裕泰、吴文镕、程楙采，饬令带兵各员迅即赴浙……"（《清宣宗实录》卷357）

（道光二十一年九月戊午）又谕："前因逆夷滋扰浙江，已降旨令裕泰调湖北黄州协等处兵一千名赴浙矣。兹特授奕经为扬威将军，哈哴阿、文蔚为参赞大臣，驰往浙江剿办。着裕泰于湖北省再挑选精兵一千名，令曾经出师将弁迅速管带前赴浙江，交奕经等调遣，并严饬带兵之员，毋许兵丁沿途滋扰。将此由六百里谕令知之。"（《清宣宗实录》卷357）

（道光二十一年九月）辛酉，谕军机大臣等："本日据奇明保等驰奏'宁波府城失守，防御绍兴府及省城'一折……寿春、江西、湖北等处官兵尚未抵浙，着刘韵珂先就现在情形，妥为筹办……浙省所调湖北、江西、安徽、河南兵共七千名，已由六百里加紧分谕各该督抚令其兼程赴浙矣。将此由六百里加紧谕令知之。"（《清宣宗实录》卷357）

（道光二十一年九月辛酉）又谕："本日据刘韵珂等奏'宁波府失守，现在防御绍兴及保守省城'一折，该省兵力甚为单弱，朕心焦急之至。前所调湖北兵二千名……着裕泰、吴文镕、程楙采、鄂顺安迅即派委曾经出兵将弁管带起程，即交刘韵珂等分拨防堵。官兵早一日至浙，浙省早得一日之用，着裕泰等谆饬带兵各员，兼程赴浙，沿途毋许逗留，仍严行约束，毋任滋扰。将此由六百里各谕令知之。”(《清宣宗实录》卷357)

(道光二十一年九月庚午)又谕：“本日据余步云驰奏‘夷踪现无滋蔓，请添兵防堵’一折……已调江西、安徽、湖北、河南、四川五省精兵，俟扬威将军奕经到浙，谅已足敷剿办矣。将此由六百里谕令知之。”(《清宣宗实录》卷358)

(道光二十一年十月癸未)谕军机大臣等：“本日据奕经奏‘沿途筹画防剿事宜’一折……其江苏海口紧要设有警报，即将现调赴浙之河南、湖北、四川官兵沿江截留，亦着照所议办理……”(《清宣宗实录》卷359)

(道光二十一年十月辛丑)又谕：“本日据奕经、文蔚奏‘带兵前进，拨兵留防上海’一折……已将湖北二起官兵，改道前赴上海听候调拨……”(《清宣宗实录》卷360)

(道光二十一年十一月癸丑)谕军机大臣等：“……牛鉴现已赶赴上海查看情形，如果有夷船滋扰，该将军等即带领调到之河南、湖北兵丁前往剿办，如该处现尚安静，即无须截留赴浙兵丁……”(《清宣宗实录》卷361)

(道光二十一年十一月壬戌)又谕：“奕经等奏‘江苏海口派防周密’一折……所调湖北征兵，即令赴浙，毋庸留江协防……”(《清宣宗实录》卷361)

(道光二十一年十一月丁丑)命御前头等侍卫珠勒亨、甘肃中卫协副将哈拉吉那、湖北施南协副将岱昌驰赴浙江军营，交扬威将军奕经差遣委用。(《清宣宗实录》卷362)

（道光二十二年正月甲寅）又谕："前因裕泰奏崇阳县匪徒滋事，当降旨饬令裕泰、刘允孝拣带精兵前往会剿。本日据刘允孝奏，现于提标各营添调兵丁五百名，拣派将弁，由谷城驰赴咸宁，与裕泰会商办理，所见甚好。惟该提督前后调兵仅止九百名，尚形单薄，昨虽饬调陕甘兵丁二千名，到楚亦需时日。着该提督与裕泰晤面后，妥筹进剿之方，如能设法即时扑灭，俾免滋蔓，即着趁此党羽未成之时，攻击解散，甚不费手。若贼势甚炽，我兵单弱，即着严密堵截，毋令窜逸，俟各兵齐集，四面兜剿，一鼓成擒。总当通盘筹画，谋定后动，固不可冒昧轻进，亦不可观望迟逾，该提督必能相机妥办，以慰朕望也。将此由四百里谕令知之。"（《清宣宗实录》卷365）

（道光二十二年正月甲子）又谕："前因湖北崇阳县匪徒滋事，当降旨着恩特亨额、富呢扬阿将挑选陕甘精兵二千名，派员管带前赴湖北，听候裕泰等调遣。兹据裕泰奏，该逆等屡次受创，指日即可荡平。所有前调陕甘兵丁，无论行抵何处，着沿途各巡抚即行截回，并着富呢扬阿于该兵丁等回陕时，妥为安插，仍令驻扎省城，候旨调遣。将此由五百里各谕令知之。"（《清宣宗实录》卷365）

（道光二十二年四月庚子）又谕："前因牛鉴、程矞采先后奏请截留赴浙之河南官兵一千名，防守江苏地方，当经降旨允准……至江苏省城兵力亦单，前已降旨调取湖北精兵，派刘允孝管带赴苏，协同防守。惟湖北距苏较远，调兵一时未能即到，着该督抚酌量情形，先行就近调拨，以资捍卫……"（《清宣宗实录》卷371）

（道光二十二年四月壬寅）又谕："奕经等奏'尖山逆船开赴外洋'一折……着牛鉴、程矞采酌量情形，与前调之河南、湖北等省官兵，择要安置，严密防守，不可奇零散布，以致不能得力。仍严申纪律，毋任

临时退缩，致误事机……”（《清宣宗实录》卷371）

（道光二十二年五月）甲戌，谕军机大臣等：“前据刘允孝奏，遵旨管带湖北精兵一千名，前赴江苏，与牛鉴商办防守。现在逆船既有北驶之信，着刘允孝无论行抵何处，接奉谕旨，即管带湖北兵一千名，迅速改赴山东登州，会同托浑布、麟魁商办防堵事宜。将此由六百里加紧谕令刘允孝、牛鉴知之。”（《清宣宗实录》卷373）

（道光二十二年五月甲戌）又谕：“昨因牛鉴驰奏夷船四十余只北驶，已有旨，谕托浑布等加意防范矣。现在登州一带海口正当吃紧之际，本日已由六百里加紧谕令刘允孝，将所带前赴江苏之湖北精兵一千名，迅速管带改赴登州，以备防剿之用。着托浑布、麟魁俟刘允孝到后，妥为商办，务遵前旨，不可与该逆海面交锋，择要防守，毋稍疏虞。将此由六百里谕知托浑布、麟魁，并谕令玉明知之。”（《清宣宗实录》卷373）

（道光二十二年六月己卯）又谕：“前有旨，令刘允孝将所带赴苏之湖北精兵一千名，管解改赴登州。本日据牛鉴奏，该提督业已行抵江宁。现在江苏防堵紧要，刘允孝着仍留江苏，署理提督，会同牛鉴筹办攻剿，其应于何处择要驻扎，亦着与该督妥商办理。如已起程赴东，无论行抵何处，即着迅速折回，带兵前往江苏，无稍迟误。将此由六百里加紧谕令知之。”（《清宣宗实录》卷374）

（道光二十二年六月乙未）赏已革湖广总督周天爵四品顶带，以知府候补，迅赴江苏，交钦差大臣广州将军耆英、两江总督牛鉴差遣委用。（《清宣宗实录》卷375）

（道光二十二年六月甲辰）扬威将军奕经奏：“请调……湖北、江西、安徽兵三四千名，派大员带领，在江宁燕子矶一带屯扎，相机会剿。”

（《清宣宗实录》卷 376）

（道光二十二年七月己酉）又谕："据程楙采奏'因防堵江路，已咨会湖北督抚先行豫备精兵一千名，以备该抚咨调'等语，着该督抚等于湖北、湖南两省内，酌量挑选精兵一千名，俟程楙采咨调时，迅速派员管带，驰赴应援，毋稍迟误。将此由五百里各谕令知之。"（《清宣宗实录》卷 377）

（咸丰元年三月甲辰）谕军机大臣等："李星沅等奏'分剿贼匪情形'各折片……所有续调楚、皖、滇、黔官兵四千名，本日又由四百里分饬迅速赴粤，大兵云集，并力夹攻，自不难迅扫搀抢，肃清各郡……"（《清文宗实录》卷 30）

（咸丰元年五月丁酉）又谕："据乌兰泰驰奏，武宣贼匪窜入象州，分路堵截，并论军行纪律及团练募勇各情形，所言不为无见。赛尚阿计日可抵军营，着即悉心筹度，分别酌办。乌兰泰各折片并谕旨字寄，又程矞采据咨'调派郧阳、宜昌二镇官兵赴粤'奏片，均着钞给赛尚阿阅看，仍知照邹鸣鹤可也。将此由五百里谕令知之。"（《清文宗实录》卷 33）

（咸丰元年八月己卯）谕军机大臣等："赛尚阿奏'新墟前路进剿情形，并后路攻破风门坳，屡战屡胜'一折，览奏实深欣慰……现在我兵逼近贼巢，其前路要隘处所，经该大臣分饬乌兰泰等处处严防，并将新到之四川、湖北各兵及达洪阿所带官兵总归乌兰泰调度，兵力既厚，防剿更易得手……又片奏，南太一路劳崇光前带兵壮一千六百名，复派重纶带黔兵一千名前往，又募依沙等勇三千名，并将在省城听调之湖北兵五百名派往协剿……"（《清文宗实录》卷 40）

（咸丰元年闰八月己酉）命河南河北镇总兵官董光甲、湖北郧阳镇总

兵官邵鹤龄、湖北镇标右营游击胡定国驰赴广西军营，听候差委。（《清文宗实录》卷 42）

（咸丰二年五月甲子）调陕西兵二千名、河南兵一千名，赴湖北防堵。（《清文宗实录》卷 61）

（咸丰二年七月甲戌）命安徽选兵一千名，河南选兵二千名，豫备湖北咨调。（《清文宗实录》卷 67）

（咸丰二年八月甲申）谕军机大臣等："……其安徽备调官兵一千名，本日已寄谕蒋文庆，仍即调赴湖北。倘江西兵力不敷，着该督酌量，另筹调遣……"（《清文宗实录》卷 68）

（咸丰二年八月甲申）又谕："……岳阳该处近接湖北，有无准备，想湖南前调湖北各兵，此时势难挽回，已饬续调安徽、河南精兵前往湖北备用……赛尚阿移营衡州以后，与程矞采如何布置两楚交界，如何设防，并贼匪窜扰各处情形，着即迅速据实奏闻，毋再延宕……将此由六百里谕令知之。"（《清文宗实录》卷 68）

（咸丰二年八月甲申）又谕："……所有湖南前调湖北省官兵，谅此时分布各处，难以调回，已谕知常大淳，并飞调河南、安徽兵三千名前往湖北，听候调遣。该大臣到后，察看情形，如岳州势当孔急，则两省交界处所，尤当力筹堵御，万不可再令蔓延。湖北兵力较单，豫、皖征调，恐到亦需时，如何计出万全，俾居民不致惊扰之处，着与常大淳妥商办理……"（《清文宗实录》卷 68）

（咸丰二年八月甲申）又谕："常大淳奏'贼情紧急，请拨回前调官兵，并请饬催各省官兵'一折。粤匪自窜踞道州后，连陷数城，兹复勾结土匪，窜入安仁、攸县，岳州戒严，该郡及所属之巴陵、临湘、平江各县，均与湖北连界，自应不分畛域，协力堵御。该抚请将调赴湖南官兵就近拨回，自系为贼情紧急起见，惟湖南剿匪，正须厚集兵力，前调湖北各兵能否拨回，势难遥制。着该抚随时咨会钦差大臣等，应如何移缓就急之处，酌量办理。至所调安徽兵一千名、河南兵二千名，前已有旨，令各该抚选备候调。本日复有旨，饬令迅速前往，以备调遣，谅可不日抵楚。该抚即会同将军台湧、提督博勒恭武妥为布置，于毗连各要隘严密设防，断不可稍有疏虞，致贼乘间而入。尤须抚绥弹压，密拿奸细，示以镇静，毋致人心惶惑。将此由六百里谕令知之。”（《清文宗实录》卷68）

（咸丰二年八月甲申）调安徽兵一千名、河南兵二千名，赴湖北剿贼。（《清文宗实录》卷68）

（咸丰二年八月癸巳）又谕：“张亮基奏‘省城被围紧急，请添兵筹饷，并于要路设防’一折……叠经降旨，令徐广缙星夜前往督办，并令湖北提督博勒恭武就近接应……所请湖北、贵州兵各一千名，并借拨银十万两，已有旨分别饬令酌派备调，并谕湖北筹款接济矣……将此由六百里谕令知之。”（《清文宗实录》卷69）

（咸丰二年八月癸巳）又谕：“张亮基奏‘常德防堵紧要，请于湖北、贵州二省各调兵一千名，借拨银十万两，飞解来楚，以济急需’，又奏‘请饬云南督抚挑选大理提标精兵五百名，派委龙陵营参将韦中魁管带来楚，以备调遣’等语，着吴文镕、吴振棫即照所请，挑兵五百名，饬韦中魁管带赴楚。至湖北、贵州调兵数已不少，所请各续调兵一千名，着常大淳、蒋霨远酌量情形，先其所急，以备调遣。其借拨银十万两，贵州恐难济急，并着常大淳于湖北各款内筹解湖南应用，咨部拨还，无稍延缓。将此由六百里各谕令知之。”（《清文宗实录》卷69）

（咸丰二年十二月己亥）又谕："台湧、官文、贵陞奏'荆州吃重，请添兵防剿'一折。武昌失守，荆州急宜严防，满营存城官兵仅三千余名，实属单薄。现调陕西绿营兵一千名饬令速赴荆州，又谕令琦善、陆应谷将已抵南阳之西安驻防兵一千名就近先行驰赴荆州，以备调遣。昨据罗绕典奏，由长沙挑带陕西营官兵五百名，并川勇、亳勇前赴荆襄。刻下计可抵郡，着台湧等会同熟筹，妥为布置，务期严密设防，以遏贼奔窜之路。仍宜严拿奸细，密设侦探，不可稍有疏懈，致误事机。将此由六百里加紧谕令知之。"（《清文宗实录》卷80）

（咸丰二年十二月己亥）调山东绿营兵一千名，赴湖北荆州防剿。（《清文宗实录》卷80）

（咸丰三年正月）丁未，命青州副都统常清统带官兵驰赴豫、楚交界地方，听候钦差大臣琦善调遣。（《清文宗实录》卷81）

（咸丰三年二月戊寅）又谕："……襄阳土匪早已解散，所拨官兵二千七百名，自应一并调赴江南……"（《清文宗实录》卷84）

（咸丰三年四月己丑）又谕："江忠源奏'军务情形'一折……现已统带楚勇一千七百余名，前赴江南军营，着即将所陈各条与向荣、许乃钊等悉心商榷，认真办理……"（《清文宗实录》卷91）

（咸丰三年四月乙未）又谕："本日据李嘉端奏'请调江西、湖北官兵'等语，朕思琦善所派援兵，暨托明阿、周天爵所带兵勇，计日可到，毋庸远调他省官兵，徒稽时日……"（《清文宗实录》卷92）

（咸丰三年四月乙未）又谕："李嘉端奏'凤阳以下，兵力单薄，请调江西、湖北官兵赶赴庐州救应’等语……当此贼踪靡定，惟当就近筹拨，以期有济，毋庸远调邻省官兵，徒延时日也。将此由六百里谕令知之。”（《清文宗实录》卷92）

（咸丰三年五月辛亥）又谕：“前因贼匪窜扰滁、凤一带……江忠源此时想已管带楚勇，驰入皖境，着于沿途探听贼踪所至，或从后抄击，或迎头攻剿。该臬司素悉贼情，谅能相机迅速应援，务将此股贼匪克期歼除，勿任其西窜豫境，北窜徐宿，是为至要。将此由六百里加紧传谕知之。”（《清文宗实录》卷93）

（咸丰三年五月辛酉）又谕：“……本日据江忠源奏‘所带楚勇，仅存一千二百余名，战守俱形单弱’等语，着张亮基等迅即拣派精兵数千名驰赴九江，交江忠源管带。如能遏贼纷窜，亦可以保固楚省藩篱……将此由六百里加紧谕令知之。”（《清文宗实录》卷94）

（咸丰三年六月辛巳）江西学政沈兆霖奏：“请速发救援，以保省城。”得旨：“已有催两楚援兵之旨矣……”（《清文宗实录》卷96）

（咸丰三年六月甲申）又谕：“张芾奏‘省城剿守情形’一折，南昌省城自被贼匪攻扑以来，连日出剿获胜，并防守一切，均臻严密。江忠源所带练勇尤为出力，业已明降谕旨，将出力文武员弁分别奖励，并将阵亡之把总等破格赐恤矣。张亮基现驻道士洑，昨已有旨，令其选派镇将，督带兵勇驰赴救援……”（《清文宗实录》卷97）

（咸丰三年六月甲申）又谕：“本日据张芾奏‘贼扑省城，出战获胜’一折……此次南昌省城获胜，多系江忠源所带楚勇之力。惟贼锋虽已稍挫，兵力尚单，昨已谕张亮基等拨兵赴援……”（《清文宗实录》卷97）

(咸丰三年六月乙未)又谕:“张亮基奏‘现筹择要防剿,并分兵援应江西’一折,据称广济县之田家镇,对面有半面山,壁立江心,江流最狭,该署督拟于该处安设木筏大炮,防贼抄袭,并可兼顾南北两岸,办理尚属得宜。至南昌现尚被围,该省居闽、浙、皖、楚之中,其地最关紧要,万不可稍有疏虞。该署督已分拨兵勇及招集广勇等共二千余名,驰赴该省,着即赶紧催令星夜趱行,无稍迟延。所请将黄州副将张金甲带赴江西,着准其驰往军前,戴罪自效。至襄阳、樊城等处与河南接壤,即着阿勒经阿随同台湧严密设防。惟该署督现已回省,署提督复回襄阳,其下游江防,专责该署道府接办,是否可以放心?仍着随时体察情形,相机策应,无稍大意。本日据陆应谷奏,南阳镇柏山追贼至遂平,连日大获胜仗,南窜股匪计将歼除殆尽,倘余匪阑入湖北,仍当迅速堵击,勿令滋蔓……南昌被围情形万分紧急,专望两楚援兵,切勿延误。该署督另片奏请差委需人,已降旨令吏、兵二部拣发各员,候旨发往该省矣。将此由六百里谕令知之。”(《清文宗实录》卷98)

(咸丰三年八月乙未)钦差大臣湖北提督向荣奏:“发往军营各员,分别撤留。”得旨:“甚是。文员多于军务无济,况武员既于行阵未娴,留之更觉冗滥。”又奏:“兵力分调太多,请饬瞿腾龙等折回金陵。”批:“瞿腾龙、开隆阿之兵,此时断难调回江南。”(《清文宗实录》卷104)

(咸丰三年十月丁酉)谕军机大臣等:“前因安徽桐城失守,谕令江忠源统带兵勇,飞速前往……江忠源于本月十一日,由黄陂一带径赴庐郡,计日当可抵任。现在武昌之楚勇,是否可以分拨赴皖?音德布所带之兵,此时行抵何处?务即飞催前进……”(《清文宗实录》卷110)

(咸丰三年十一月丙午)又谕:“前因皖省情形吃紧,当令舒兴阿毋庸赴楚,即日驰往安徽,会同江忠源剿办安庆等处贼匪……”(《清文宗实录》卷111)

（咸丰三年十一月丙午）又谕："刘裕鉁奏'舒城失守，庐州危急'一折。前因桐城失陷，谕令江忠源等合力进攻……不知前募楚勇，能否赶到……"（《清文宗实录》卷111）

（咸丰三年十一月癸丑）又谕："本日据宋晋奏'曾国藩乡望素孚，人皆乐为效用，请饬挑选练勇，雇觅船只，顺流东下，与江忠源水陆夹击，速殄贼氛'等语，前因湖北紧要，谕令该侍郎督带楚勇，驶出洞庭湖，迎头截剿。旋据该侍郎奏称，武昌现已解严，拟暂缓赴鄂……"（《清文宗实录》卷112）

（咸丰三年十一月乙卯）又谕："前经降旨，谕令台涌择要截剿，与吴文镕等随时知照，互为声援。兹据该将军奏称'应否带兵赴省，并添兵派防襄阳，请旨定夺'一折，军情变幻靡常，全在酌量缓急，相机布置，若必事事请旨，则往返数千里，接奉谕旨之时，情形又各不同，岂可稍涉拘泥？现据吴文镕等奏称，省城业已解严，贼船停泊黄州。是目下楚省情形，黄州最为警急，武昌稍可从缓。据称，崇纶函咨该将军赴省合剿。吴文镕又咨称，不必来省，如贼船回窜，省城警急，再行飞咨带兵前来。自应酌度缓急，照此办理。至襄阳等处，亦应豫为防范，所请将提、郧两标兵一千三百名，令游击翟万林带赴襄阳，着即严饬该游击会同安襄郧荆道罗遵殿，实力筹防，无稍疏懈。总之，武昌省城与荆襄均关紧要，该将军现署提督，惟当统筹全局，与吴文镕、崇纶协力同心，先其所急，不可稍分畛域。将此由六百里加紧谕令知之。"（《清文宗实录》卷112）

（咸丰三年十一月乙卯）又谕："前因黄州警急，降旨令吴文镕等悉心体察，如防城兵勇尚可分拨，即酌量调赴黄州。本日据台涌奏'崇纶函咨该将军统带满兵赴省，台涌因荆州重地，未敢远离。且因十月中，吴文镕曾咨称，贼已退出，不必添兵赴省。与崇纶所咨似属两歧，请旨定夺’等语，现在巴河一带，贼艅蚁聚，该督等自以急剿黄州逆匪为尤要。台湧所选满兵二千，如能统带前往，自可协力助剿。惟荆州为楚西重镇，若将派防满洲官兵全行调拨出境，万一逆匪乘虚窜入，贻误非轻。据台湧奏称，省城内外兵勇已有万余。以目下情形而论，所有台湧前选满洲官兵二千，自应驻扎荆州，以资防守。军情变幻，旦夕不同，着吴文镕、崇纶体察情形，随时知照台湧，互相策应。如巴河上下，贼势鸱张，有必需助剿之处，仍可咨商台湧，酌量调拨。总之，省垣防守与荆襄等处均属紧要，该督等务与台湧协力同心，妥筹布置，不可稍分畛域，顾此失彼，致误事机。将此由六百里加紧谕令知之。”（《清文宗实录》卷112）

（咸丰三年十一月甲子）又谕：“据江忠源奏‘庐郡击贼，连日获胜情形’，皖省兵力单弱，前已飞谕吴文镕等酌拨存楚兵勇，交戴文兰星驰赴援……”（《清文宗实录》卷113）

（咸丰三年十二月己丑）又谕：“江忠源奏‘贼匪复用地雷轰城，督兵抢护’一折……江忠源复派楚勇飞往协剿……”（《清文宗实录》卷115）

（咸丰四年正月癸卯）又谕：“……仍饬令陈国泰、吴全美等管带船炮，由海路驶赴大江，与此次选调各船，一并前往协剿，可望速歼丑类。其调赴楚北之兵丁炮匠人等，谅早已前往……”（《清文宗实录》卷117）

（咸丰四年正月）戊午，谕军机大臣等：“……向荣奏，派拨楚兵一千三百余名，饬令吉顺统带，督同郑魁士，由下游北渡……”（《清文宗实录》卷118）

（咸丰四年正月丁卯）又谕：“据崇纶、青麐奏‘探闻黄州兵勇溃散，营盘被贼焚烧’一折，贼船既有上窜阳逻之信，省城重地，关系紧要，着崇纶、青麐督同文武，激励兵民，合力固守，毋得借口人心不齐，稍疏防备。所有魁玉现带之官兵一千名，即着留于省城，勿庸随同台涌前进。汉口一镇，为自江入汉要路，设贼匪逞其故智，扬帆直上，荆襄、德安等处均属可虑。汉阳近在对江，该抚务当设法拨兵防守，勿令贼船闯越，倘有疏失，朕惟该抚等是问。唐树义所带炮船虽不甚多，惟现在湖南炮船尚未抵鄂，江面攻剿，尚赖有此利器，已谕知台涌，于进攻时酌量调带，以便水陆夹击，力遏凶锋。至各处土匪，乘间肆抢，必须及早严拿，方免勾结。该抚身任封疆，该学政亦系特派防堵大员，岂能坐视无策，仅以人情险恶一奏塞责？总之，严守省垣，力扼汉阳、汉口，皆系该抚等之责。其黄州一带贼匪，仍与台涌会商剿办，不得专待援兵，致成株守。吴文镕现在何处，随营文武如何下落，均着速查详奏。将此由六百里加紧谕令知之。”（《清文宗实录》卷119）

（咸丰四年正月）戊辰，谕军机大臣等：“昨据崇纶等奏‘黄州兵勇溃散情形’，当谕知台涌迅即统兵，驰赴前路迎击。本日复谕令骆秉章，由湖南调拨官兵一二千名，并饬令曾国藩，即日配带舟师，驶赴下游，与台涌会合夹攻。兹据台涌奏称，大营失利，江北情形紧急，并探闻贼匪水陆已至汉阳，览奏实深焦灼。着台涌遵照昨日寄谕，通筹江北大局，一面布置要隘，一面督兵前进，以期力挫凶锋，遏贼北窜。所有荆襄等处，据奏已饬各该文武大员妥筹堵御，仍着该将军随时严饬带兵各员实力防堵，务与防守豫境边界之巡抚英桂、总兵柏山联络声势，互为应援。武昌为省垣重地，汉阳近在对江，应如何设法兼顾，并着该将军相机筹办。至台涌现带官兵是否足敷截剿？前据青麐奏称‘查有四川松潘、建昌两镇，统带官兵，已来湖北之巴东、利川二县防堵’等语，此项官兵原为保障川省门户而设，惟远防不如近扼，已据青麐咨商裕瑞，酌派该镇带兵二千名，前赴汉口一带。即着该将军迅速飞催前进，为移缓就急之计，并统归台涌调遣，以资协剿。武昌防守情形，并着随时探明速奏。

将此由六百里加紧谕令知之。”（《清文宗实录》卷119）

（咸丰四年正月戊辰）又谕：“本日据台涌奏称，贼匪水陆已至汉阳。其德安、襄阳等处，皆与豫省接壤，甚关紧要。台涌遵旨前进，亦未必能多带官兵。黄州溃兵，即收集亦必不甚得力。邻近省分，万无可调，惟有湖南拨兵应援，较为近便。着骆秉章迅即选派精锐官兵一二千名，并派曾经战阵谙悉贼情之将弁，管带前往湖北，交台涌调遣，勿稍延缓。现在贼踪，已距武昌甚近，唐树义师船，因岸上官兵溃散，撤回武昌，现已有旨，谕令台涌调遣。水陆堵御，尚形单弱，省城兵勇合计约有六七千名，仅敷分布要隘，汉阳、汉口恐难兼顾。倘逆匪溯汉而上，窥伺荆襄，攻剿更难得手。此时惟有曾国藩统带炮船兵勇，迅速顺流而下，直抵武汉，可以扼贼之吭，此举关系南北大局，甚为紧要。现已逾正月中旬，船勇当早齐备，广东所购洋炮，谅亦陆续解到，着曾国藩迅即统带，刻日开行，由长江下驶，与台涌会合，并督同唐树义师船，水陆并进，以期力遏凶锋，肃清江汉。此时水路进剿，专恃此军接应，昨据崇纶等奏业已咨催，谅该侍郎必能深悉紧急情形，兼程赴援。一切机宜，即与台涌会合妥筹，和衷商办，毋失事机。将此由六百里加紧各谕令知之。”（《清文宗实录》卷119）

（咸丰四年正月己巳）钦差大臣向荣奏：“自分拨楚兵赴庐，兵力较减，进攻未能得手……”（《清文宗实录》卷119）

（咸丰四年二月辛巳）又谕：“崇纶、青麐奏，探闻总督吴文镕兵败捐躯，并贼船上窜各等语。该逆飘忽靡常，现在金口、汉口贼艅，均已连樯上驶。武昌情形稍缓，而荆襄一带万分吃紧，自应先其所急，酌拨兵勇前进，与台涌联络声威，互相应援。省城防兵六千余名，加以魁玉所带官兵一千名，为数尚多，不得借口守城，置上游于不顾。着崇纶等迅速抽拨，交魁玉带往助剿，仍一面密为布置，扼其回窜武昌之路。军

情变迁无定，该抚等务当权衡缓急，统筹妥办，毋稍疏虞。将此由六百里加紧谕令知之。”（《清文宗实录》卷121）

（咸丰四年二月辛巳）又谕：“逆匪上窜，荆襄一带最关紧要。台湧现授为湖广总督，统辖全省，责无旁贷。该督前驻德安，此时情形较缓，自应移兵荆襄一带，力遏贼冲，并随时知照骆秉章、曾国藩督饬兵勇，合力夹击，飞催湖南炮船，迅速前进，勿稍迟误。荆襄为南北要隘，断不可令贼窜扰，官文已授为荆州将军，与该督可以互相策应。魁玉所带驻防官兵，由武昌上援，或令防守荆郡，或令随营剿贼，并着该督酌量调遣，毋失事机。将此由六百里加紧谕令知之。”（《清文宗实录》卷121）

（咸丰四年二月壬午）又谕：“青麐奏‘连日防守省城情形’一折。现在贼船全行上窜，武昌情形稍缓，魁玉所带之兵，即可令其驰赴荆州，以资防剿。该学政系奉旨筹办防堵大员，一切应办事宜，自可会同巡抚，熟筹妥办，遇有调遣之处，地方文武何至呼应不灵？乃该学政屡次奏报总以无权之官、人未轻信为词，殊不可解。台湧已授为湖广总督，统兵剿贼，武昌省城防御紧要，着与崇纶迅速严密布置，毋得各存意见，致误事机。将此由六百里加紧谕令知之。”（《清文宗实录》卷121）

（咸丰四年二月甲申）又谕：“据台湧、崇纶、青麐奏‘贼船由武昌、汉阳上窜金口，荆襄情形吃重，兵饷两缺，亟待应援’等语，前经裕瑞派令署总兵双保、总兵福炘统带官兵二千余名，驰赴湖北巴东、利川各要隘，分拨防御。现在贼势猖獗，台湧严扼北路，恐该匪沿江上窜，一经滋蔓，剿办愈难。着裕瑞飞饬双保、福炘迅即带兵前进，迎头截击，一面知会台湧，应向何路分派援应，相机妥办。并着裕瑞派员确探楚境贼情，如应添兵接应，即着于各路防兵内，酌量缓急调拨，前往攻剿，无得株守一隅，致误事机。仍严饬界连楚省各文武，随时严密防范，无任匪踪阑入。所有军行器械、火药、钱粮，并着该督妥筹，源源接济。

将此由六百里加紧谕令知之。”(《清文宗实录》卷121)

(咸丰四年二月丙戌)谕军机大臣等:“骆秉章、鲍起豹奏称‘探闻逆船在汉口、金口,勾引通山等处土匪,扰及崇阳。本月初一日,贼船已到岳州城外,闯入西门,并闻该逆分水陆两路,由岳州上窜湘阴’各等语,览奏曷胜愤懑……至荆襄一带与湖南接壤地方,是否有另股贼船驶往滋扰,并着随时确探具奏。将此由六百里加紧各谕令知之。”(《清文宗实录》卷121)

(咸丰四年二月己丑)又谕:“前据骆秉章、鲍起豹奏‘岳州失守,贼窜湘阴’,本日崇纶、青麐奏报近日贼情,亦有窜往岳州及上扰荆州之说,惟据云‘驿路梗塞,差弁折回,实在贼踪,不能确探’。台湧自德安驰奏布置各情后,日久未见续报,殊深悬念,现在贼匪已窜岳州,其荆襄一带,是否另有股匪滋扰?曾国藩水军甫抵湘潭,不能遽援楚北,崇纶、青麐又以武昌兵弁不敷调遣为词。现令江西巡抚陈启迈备齐船炮赴援,或先派精兵一二千名,由陆路驰往应援。连日据崇纶等奏,汉阳一带逆匪,半系乌合之众,其长发老贼,为数无多,据此情形,不难剿灭。台湧统辖全省,务即督率将弁,探贼所向,痛加剿洗,无得株守德安,致逆氛愈肆猖獗。其荆州、襄阳各路,是否已有贼踪,抑或由何处分窜,着迅速查明具奏,毋再延缓。将此由六百里加紧谕令知之。”(《清文宗实录》卷121)

(咸丰四年二月辛卯)又谕:“……英桂久任外省司道大员,于地方形势何处紧要,邻省贼氛何处切近,本应早事筹防……乃株守汝宁,于探报楚省贼踪,既未详确,徒以堵御六安逆匪为辞……现在湖北贼船已由金口上窜岳州,直趋湘阴。其荆襄上游,未据报有贼踪,仍当饬令柏山随时确探,尽力防范……”(《清文宗实录》卷122)

（咸丰四年三月辛丑）湖南巡抚骆秉章奏："逆匪上窜岳州，拟俟南省剿办事竣，即拨兵援鄂。"得旨："楚南之贼，明系分窜，现在湖北尚有多贼。曾国藩炮船原为肃清江面，第此时道路不通，暂可留在湖南剿办，亦不能专待事竣，缓缓北上，俟楚南办有头绪，仍应速赴湖北为是。曾国藩素明大义，谅不敢专顾桑梓，置全局于不问。北重于南，皖、鄂重于楚南，此不易之局也。"又奏："饬委贵州候补道胡林翼在楚南剿贼。"批："胡林翼着暂留湖南，俟岳州府收复后，即行饬令速赴湖北，或至武昌，或至台湧军营。"（《清文宗实录》卷123）

（咸丰四年三月戊午）又谕："本日据裕瑞奏'派兵接防，复密陈防兵不可轻动'各等语，川兵节经征调内地，营分固有兵单之患，然谓赴楚无济，不如留川较为得用，尚是区分畛域，未识近日湖北情形。连日接台湧、官文、贵陞等奏报，汉口、汉阳、孝感等处贼势甚属猖獗，即云梦、应城退出各贼船，仍在涢口游驶，其上游荆河一带，已有逆匪船只。且崇阳、通城两县据曾国藩奏，亦均被贼占踞。是鄂省贼多兵少，援应刻不容缓，裕瑞奏请免调，殊未顾及大局。着仍遵前旨，迅饬双保、福炘带兵东下，迅速迎剿。该督既有接防之议，着一面与乐斌、万福等筹商，飞派守备姚安邦、都司何庆元管带各兵，归傅昆、德恩统领，赶往巴东等处接办防堵，勿再游移，更致延缓。据奏该逆欲分股由金口窜扰天门，由襄河窜扰荆宜，则夔巫所属，亦应严防。总之，由楚入川，途径纷歧，不但巴东、利川为全蜀藩篱，宜筹堵守也。裕瑞务须外援邻封，内防土匪，不得以兵力未能有余，借词推诿。所有军行器械、火药、钱粮，仍着督率杨培等悉心筹备，源源接济，以应军需。将此由六百里加紧谕令知之。"（《清文宗实录》卷124）

（咸丰四年三月辛酉）又谕："本日据台湧奏'贼匪窜扰德安等处，郡县相继失守'，并英桂奏'飞咨柏山，驰往信阳堵剿'各一折，楚北贼匪连陷郡县，势甚披猖。现在惟有严守武胜关要隘，防其北窜，最为要著。柏山由固始督兵前进，相去较近，着即迅统官兵，星夜驰抵武胜关，随同台涌等实力堵剿。倘行走不能迅速，督战不知奋勉，致贼匪阑入豫境，该总兵恐难当此重罪也。”（《清文宗实录》卷125）

（咸丰四年四月庚午）又谕：“前因德安等处失守，谕令舒伦保带兵驰赴武胜关，并谕英桂挑选精兵二千名，驰往听候台涌调遣。兹据台涌奏称‘江北贼情猖獗，请饬迅拨劲旅，并速接济粮饷，以资进剿’等语，应山之贼，由间道窜往随州，希图断绝荆襄声息。总由该逆知我江北兵勇无多，故敢于东北、西北两路肆行奔突。曾国藩因岳州失利，退保长沙，现已谕令仍督舟师，自岳州赴援。南昌协副将罗玉斌所带兵勇，复谕陈启迈，饬令由麻城、黄安一带直赴台涌军营。但此两路官兵赶到尚需时日，恐难济急，松潘、建昌两镇官兵亦未据奏启程。本日又严谕裕瑞飞催前进矣。舒伦保已于上月二十四日启程，计日当可到关。总兵柏山相距甚近，何以尚未赶到？着即飞速迎提，合力进击，毋任借词延宕。该督所调武胜关、黄土关、陕甘兵共一千名，加以柏山所带官兵，约有二千余名，务当激励将士，设法相机进功，力遏贼匪北窜，断不可令其沾染楚兵恇怯习气，致误事机。其荆襄一带，仍须与官文等声息相通，互为策应，所需军饷，已谕令裕瑞、王庆云、曾国藩设法接济。本日据官文等奏‘添派官兵防堵，恳酌拨银两’等语，该将军现添派防兵一千二百余名，口粮不敷支放，自系实在情形。着台涌知照官文等，准其于四川解楚饷银内，酌量截留，以济要需，惟不得全数留用，致台涌军营，益形支绌也。将此由六百里加紧谕令知之。”（《清文宗实录》卷126）

（咸丰四年四月庚辰）又谕：“英桂奏‘遵饬武胜、黄土等关带兵各员驰赴楚北进剿，并飞催舒伦保、柏山赴援’等语。现在台涌驻扎应山之东旺店，督兵将应山之匪截击。本日据柏山奏，贼已分股窜往随州，南阳府属之桐柏、唐县一带与随接壤，台涌已令该总兵带兵赴桐唐堵御。是台涌与柏山现已分路剿办，兵力仍形单弱，必得舒伦保赴援之兵迅速前进，为柏山后路策应，方足以资攻剿。前日据舒伦保奏，初一日督兵行抵河南府城，即由该处趱程赴武胜关堵剿。其续调陕甘官兵，此时计亦陆续赶到，仍着英桂沿途飞催，并饬地方官将夫马车辆妥为应付。至豫省守关各兵既已赴楚，信阳边境空虚，归、陈两郡防兵不多，自应妥筹捍卫，毋得顾此失彼……将此由六百里加紧各谕令知之。”（《清文宗实录》卷127）

（咸丰四年四月）辛卯，谕军机大臣等：“本日据青麐奏‘贼匪到处勾结，请饬就近省分速发精兵赴楚援应’等语，现在湖北应山、德安等处均为贼踞，近又北扑随州，西扰安陆，贼势猖獗，湖北情形万分紧急。楚、蜀壤地相连，岂可坐视邻封危急置之不顾？况松潘、建昌两镇之兵，自上年十月以来，叠次谕知裕瑞迅催前进，至今已将半载，尚无抵鄂信息，实属任意稽延，不知缓急。着裕瑞飞饬带兵之双保、福炘，将驻扎巴东、利川之兵，克日驰赴楚北，听候台涌调遣，协同剿贼，毋得稍存畛域，致误大局。至接济楚北军饷等事，仍着该督遵照前旨，悉心筹备。并着将此项官兵赴楚日期，迅即奏报，毋稍迟延。将此由六百里加紧谕令知之。”（《清文宗实录》卷128）

（咸丰四年四月辛卯）又谕：“青麐奏，武昌危急，恳速拨兵饷，并请饬台涌赴省会剿各折片，前以派赴楚北各兵，渐可齐集，谕令台涌分投迎提，迅饬剿办。兹据青麐奏省城万分危急，惟请令台涌速行赴省之处，尚未知江北实在情形。逆匪由汉黄等府扰及德安，时复窥伺荆襄，其意方欲以蹂躏各属，使武昌势成坐困，则我军亦惟有以剿除各属贼匪，为救援武昌之策。此时台涌岂能置江北群贼于不顾？即布克慎所带之兵，均系收集溃散兵卒，亦岂能冲贼而过，直达武昌？且武胜关为入豫要隘，台涌自以遏贼北窜为要，一面催提续调各路官兵，为进援鄂省之举。现据胜保奏报，已遵旨饬令桂明带陕甘官兵二千名，自曹州启程渡河，驰赴许州一带，探明贼踪，兼程前进。四川援兵，本日已谕令裕瑞飞催东下。舒伦保于初七日由汜水启程，克日亦可抵关，与台湧会合。前调之罗玉斌剿办江西匪徒，现已蒇事，亦可驰抵黄安一带。着台湧迅速摧提，并着就现有之兵，设法分路攻剿，自德安进逼汉阳，庶省垣重地，声势联络，不致坐困。青麐此时惟有督饬将弁兵勇，激励绅民，严拿奸匪，极力守护省垣，毋稍疏忽。青麐身任巡抚，全省之事皆应熟筹兼顾，正不得以株守省城，坐待援兵，为卸责地步也。将此由六百里加紧谕令知之。”（《清文宗实录》卷128）

（咸丰四年闰七月庚午）又谕：“据骆秉章等奏‘岳州水师失利，陆营大获胜仗’一折，现在武昌尚未克复，亟须舟师下驶会剿，统带乏员，甚关紧要。着叶名琛等即于水师内拣选得力镇将二三员，饬令赶赴曾国藩水营听候调遣，并将续购洋炮若干位配齐架具，迅派妥员一并解往备用……将此由六百里加紧谕令知之。”（《清文宗实录》卷138）

（咸丰四年闰七月庚辰）又谕：“……至官文前奏，螺山紧要，派令魁玉等前往协剿。兹据杨霈奏，此项兵勇留荆，则中路无兵可派，而吴振镛等所带兵勇，复经官文改派，则西路亦形单薄。着官文迅饬杨昌泗将原带兵勇全赴襄阳，勿稍延缓。魁玉即着管带所收武昌兵勇一千六百名留在荆州，应往何处防堵，并着官文妥为调遣。其张于铭、吴振镛、钟埒分带之练勇，均令悉照原议不可再有更动。参将王国才着官文即饬该员驰赴杨霈行营，以资差委。总之，此时攻剿紧急，军营号令，须归画一，若因彼此意见不同，纷纷更调，必致将弁无所适从。所有进剿机宜，均着统归杨霈妥筹布置。该将军如有必须参酌之处，即与杨霈熟商筹办，不得稍分畛域。将此由六百里加紧谕令知之。”（《清文宗实录》卷139）

（咸丰四年六月癸未）谕军机大臣等：“据台湧奏‘武昌失守，巡抚等官不知下落’一折，台湧顿兵江北，屡次谕令进攻汉阳，如果迅速前进，即未能直达武昌，亦何至省城仓卒失陷？此时武汉之贼跨江分踞，又有黄州之贼为之犄角，其势愈觉狓猖。杨霈现授巡抚，武胜关防守事宜，已谕令英桂赶紧出省督办。所有河南防兵，即留于该处，交英桂择要布置。舒伦保先到之满、汉兵一千七百名，已由小河驿进抵杨店。台涌所带之兵二千余名，加以舒伦保后起未到之兵，数已不少，即着杨霈全行统带，迅速进攻。从荆州下驶之四川官兵二千名，桂明所带陕甘官兵一千八百余名，均着杨霈妥筹调度。皂市盘踞之贼为数无多，布克慎着即带兵随该抚前往武昌，其皂市一带，即交桂明剿办。武昌此次失守，系因奸匪内应，其在城兵勇原不下万人，如尚可收用，亟应妥为招集。内有魁玉所带之荆州驻防兵扎营洪山，此次逆贼系由洪山直入大东门，该副都统作何下落，台涌折内亦未叙及，着与青麐等下落一并详查具奏。武昌省垣，固宜迅图克复，而汉阳贼党，亦须防其北窜。杨霈摄任兼圻，责无旁贷，应如何设法兼顾，相机进剿之处，迅速驰奏。本日复寄谕官文，饬催四川官兵二千名，并酌量添派荆州得胜之兵赴省。又谕令塔齐布、曾国藩由岳州督带炮船东下，直达武汉。仍着杨霈分别咨催，联络一气，并力进攻，速图克复。将此由六百里加紧谕令知之。”（《清文宗实录》卷133）

（咸丰四年六月丁亥）又谕：“……其练丁一千一百余名，据官文奏，已抵宜昌。该将军因兵力不敷，已飞咨该督，另派大员赴楚统带，即着照议办理，毋庸拘泥前次谕旨，再令折回川省。将此由六百里加紧谕令知之。”（《清文宗实录》卷133）

（咸丰四年六月甲午）又谕：“英桂奏‘湖北襄阳、樊城为川陕通衢，久为逆匪窥伺，请饬将川省防边官兵，量移襄阳驻守，由川省就近接济饷糈’等语。贼匪占踞武昌，难保不更图旁窜，虽宜昌已经收复，而川楚交界地方尤应加意严防，以资援应。除前派赴楚兵勇业经前进外，据该督奏称，派拨马边、维州、懋功等营汉屯官兵二千余员名，交副将德恩等带往巴东、利川两处接防。此项官兵，是否可以量移前进，应行驻扎何处，并此外有无可调之兵，着裕瑞酌度情形妥筹办理。所需饷银，即着该督设法接济，毋得稍分畛域，致误要需。将此由六百里加紧谕令知之。”（《清文宗实录》卷134）

（咸丰四年七月戊午）署陕西提督丰伸奏：“由商南防所移兵，遵赴湖北襄阳扼截。”得旨：“抵襄后，一切情形详细入奏。汝既能不分畛域，甚好。”（《清文宗实录》卷137）

（咸丰四年七月壬戌）谕军机大臣等：“官文等奏‘兵勇克复沔阳州城’一折，又片奏‘京山县土匪勾结天门县粤匪复窜安陆府，于六月二十八日失守’等语，与杨霈前奏大略相同。该将军现派建昌镇福炘带兵驰往，正可与该署督所调之双保、刘富成等会合攻剿，福炘、双保等所带兵勇，均归杨霈调遣。即饬各该员，迅将郡城克复，毋稍延缓，倘兵力不敷，该署督并可酌量分拨兵勇，驰往助剿。总期上游肃清，则荆襄一带可保无虞，我兵进攻武汉，亦不致为该逆牵掣。前据骆秉章等奏水师克复岳州，惟下游之匪为数尚多，难保不尽趋武汉。此时褚汝航大队追至临湘县对河，已临近大江，曾国藩亦率领后起水师，自长沙启行，塔齐布所统陆路诸军，已谕令由间道驰赴武昌。该署督前有三路进兵之议，即可赶紧督饬桂明、布克慎、台湧等，与湖南水陆大军会合夹击，毋失事机。并将现在贼势，及我兵如何布置情形，随时奏报，以慰廑念。又据蒋霨远奏‘委员赵鸿吉、王敬烈领解癸丑年上运第一起、下运第二起京铅，共计三百二十二万三千一百七十余斤，又带解营操黑铅二万斤，因道路不通，起存东湖县库。宜昌失守，所存之铅是否全失，未据湖北咨报’等语，此项铅斤，系京局鼓铸要需，宜昌虽经贼扰，旋即收复，所有存库铅斤，当不至全行失去。着该署督迅即派员确查，毋令不肖官吏借词隐没，查出存铅若干，着即设法由襄阳一带起解运京，毋稍延缓。将此由六百里加紧谕令知之。”（《清文宗实录》卷137）

（咸丰四年闰七月）庚辰，谕内阁："杨霈奏'先后克复京山等州县城池'一折。湖北京山县城池被贼窜踞，经安襄郧荆道罗遵殿派委员弁，会同该县知县杜嘉善督率绅勇进攻，叠次杀毙贼匪千余名，擒获长发贼目等一百二十余名，于五月二十六日，将县城克复。其窜踞孝感县之贼，经该县知县李殿华带勇于杨店、小河溪等处进剿，先后获胜二十六次，擒斩贼匪一千六百余名，七月初九日夜间，于河干纵火焚烧贼船数十只，贼众惊溃，随将县城收复。四川松潘镇总兵双保，因天门县被匪窜扰，奉檄往剿，随督同署参将常德等，于七月十九等日，与贼接仗四次，焚毁贼船八十余只，杀毙贼匪四千余名，擒获二百四十余名，余匪溺水、烧毙者无算，二十二日，将县城攻克。孝感县知县李殿华，复会同甘肃游击孙学瀛、在籍知县乔绥福，于七月二十三日，将黄陂县城攻克。麻城县踞城之贼，经署黄州府知府许赓藻、署麻城县知县贺桀、黄冈县知县翁汝瀛督勇剿捕，焚毁贼巢数十处，遂进逼县城，贼众于夜半窜出，复被擒斩一百余名，该县城池随即收复。湖北被扰各州县，先经官文等奏报，将沔阳州克复，兹复据杨霈奏报，克复京山等县。荆襄附近地方，渐可肃清，其窜逸余匪，仍着杨霈严饬各该地方官，迅速搜捕，毋留余孽……"（《清文宗实录》卷139）

（咸丰四年闰七月己丑）又谕："前因襄阳紧要，谕令王庆云派兵前往，已据丰伸奏报，于七月十六日带宁夏等兵，择要驻扎矣。本日杨霈奏水路需兵，改调陕西驻襄官兵一千名，又挑选襄阳练勇一千名，赴襄河下游，为东西两路策应。惟襄樊防守，兵力稍单，自应设法布置，着王庆云迅派商南备调之甘肃官兵一千名，由荆子关顺流赴襄，与丰伸同驻一处，以壮声势，卫襄樊之腹心，即可固陕省之门户。至商南等处，应如何布置，并着该抚随时妥办。将此由六百里加紧谕令知之。"（《清文宗实录》卷140）

（咸丰四年闰七月乙未）又谕："前因杨霈奏请饬调荆州官兵，当有旨，将魁玉一员留荆，交官文调遣，其余杨昌泗等各员，即令将原带兵勇，全赴襄阳，悉照杨霈原议，分路前进。嗣据该署督以魁玉、杨昌泗之兵，已行抵监利，正可会合湖南官军进剿，奏请毋庸折回，另调襄阳兵勇，由襄河直下，为两路策应，亦经降旨照议筹办。军情移步换形，原不可拘泥从事，惟在该署督随时体察，相机办理。本日据官文等奏称，魁玉、杨昌泗一军，从大江北岸随剿随进，已于初六日，与即用道李孟群兵船会合一处，先将螺山以下两岸余匪搜尽，即会同两省兵勇，顺流下击，仍派李光荣水勇及湖南水师，以为后应。又令参将恒泰、守备宗维清、知县吴振镛等各带兵勇，取道新堤，以扼水陆要隘，并分剿倒口等处余匪。是荆郡派剿官兵，与塔齐布、曾国藩水陆各军，已可沿江夹击而下，不日即应进逼武汉。杨霈前奏于十八日移营前进，所统兵勇已不为单，当此上游进攻得手之时，则下游进兵愈不可缓。无论汉川是否收复，亦不得因此牵掣全师，或应分防，或应截剿，总期密速筹办，以神速之兵，驱乌合之众，上下夹攻，更易为力。该署督务即与楚南东下之师联络一气，迅图进取。魁玉已抵监利，即毋庸折回荆州，以便督带兵勇，克期会合，断勿稍事迂缓，任令该逆久踞坚城，肆行滋扰。所有连日攻剿情形，随时据实驰报，以纾廑念。将此由六百里加紧谕令知之。"（《清文宗实录》卷140）

（咸丰四年八月辛酉）又谕："扎拉芬、王庆云奏'潼商防务紧要，请添调官兵以备拨防'一折。陕西商南备调之甘肃官兵一千名，王庆云已酌拨六百余员名，驰往襄阳，交丰伸统带……"（《清文宗实录》卷143）

（咸丰四年十一月乙亥）西安将军扎拉芬等奏："湖北一律肃清，应将商南防兵，裁撤归伍……"报可。（《清文宗实录》卷150）

（咸丰四年十二月乙巳）谕军机大臣等："……王国才现经杨霈派令

带兵，取道黄梅，驰赴曾国藩等军营，协同剿贼……”（《清文宗实录》卷154）

（咸丰五年正月）壬辰，谕军机大臣等：“官文奏‘汉镇逆匪突入襄河，现在派兵防剿’一折。前因逆贼回窜汉口，杨霈退驻德安，叠经谕令官文酌派精兵，速往会剿，并将能否亲往之处，速筹驰奏。兹阅所奏情形，该逆现已窜入襄河，扰及沔阳，是其意图上窜，仍系上年故计，惟究系分股，抑或全数西窜，折内未经声叙。官文所派兵勇，既须先剿仙桃镇，即不能遽抵德安，径攻汉镇。杨霈前调之陕西、宜昌官兵，皆近在汉川，自应早已到营，何以自正月十一日发报后，至今竟无续报？此股回窜逆匪，虽不尽由北岸而来，究其所以得入楚境之由，实因广济一军不能堵御所致。此次上窜沔阳，又从汉川阑入襄河，该督岂竟毫无闻见？现在无论该逆全股、分股，杨霈总不能株守德安，待援邻境。倘该逆悉数奔突襄河，杨霈即应督兵上剿，倘汉镇尚有大股盘踞，杨霈即应赶紧进攻，掣回贼势，使不得上窥荆襄，旁犯武昌。若竟一筹莫展，徒以扼贼北窜为名，独不思沿襄河而上，安陆、荆门处处皆可上窜耶？官文所派兵勇，不下四千余名，如仙桃镇贼匪击退，亟应沿河东下，若因荆州紧要，即于载增、贵陞二人中酌派一人，带兵前往，该将军能亲自督兵进剿，更足以壮声威。至德安、武昌两处兵饷，前已有旨，饬催四川前拨银十万两，陕西前拨银五万两。此项银两，均由荆襄一路行走，所有官文一军需用款项，即着于此款内通融动用。将此由六百里加紧各谕令知之。”（《清文宗实录》卷157）

（咸丰五年二月己酉）又谕：“昨因官文等奏岳口失利，当经谕令杨霈将调派各兵，飞催前进，并于进攻汉阳官兵内，酌拨改赴上游，以遏襄河贼势，谅已遵旨妥办。本日据陶恩培奏，贼由襄河渡江，直扑省城，经官兵击退，水军进攻汉阳，未能得手。鄂省兵力本形单弱，杨霈现派兵勇一万余人，由长江埠、滠口、新沟、蔡店各路，分兵进攻汉口、汉阳，着即催令杨昌泗等迅速前进。至襄河一带贼势蔓延，官文所派之兵能否迅抵武昌，殊难悬定。杨霈等惟有遵照前降谕旨，一面进攻汉阳、汉口，一面抽拨兵勇，折赴上游，以遏贼踪。至兴国、通山土匪滋扰，最为省城之患。兹据曾国藩等奏称，现派副将王国才，管带兵勇三千余人，取道武宁，绕出兴国之背，一路剿洗到鄂。此项兵勇，即着陶恩培就近迎探催提，若兴国土匪剿除净尽，于省城防剿事机，亦有裨益。李孟群等水师能否追入内地，与陆兵会合夹击？襄河为贼艅占踞，荆郡情形吃重，官文等督兵进剿，务须熟筹妥办，并将近日情形，迅速具奏。四川、陕西饷银，前已有旨饬催，此项银两，均由荆襄行走。解到时，即着官文、杨霈、陶恩培均匀分用，毋得专顾一处，致误军需。将此由六百里加紧各谕令知之。”（《清文宗实录》卷159）

（咸丰五年二月戊午）调四川兵勇各一千名，赴湖北剿贼。（《清文宗实录》卷160）

（咸丰五年二月戊午）又谕：“本日已谕令扎拉芬带防守潼关官兵赴湖北襄阳一带援剿。所有楚、陕毗连要隘，应如何严密设防之处，并着载龄确探贼踪，相机调度，毋稍贻误。将此由六百里谕令知之。”（《清文宗实录》卷160）

（咸丰五年三月甲子）谕军机大臣等：“向荣奏‘南陵剿贼获胜，并派兵驰援徽、浙情形’一折，另片奏‘徽州失陷，令邓绍良带勇赴浙’等语……复令邓绍良添带楚兵，由黄池赴浙……”（《清文宗实录》卷161）

（咸丰五年三月乙丑）又谕：“官文、杨霈奏，此次武昌失陷，虽因兵力饥疲，奸匪内应，究因汉川进攻之兵，不能得力，以致省城孤立无援。现在胡林翼等兵勇，尚在金口南岸，李孟群等师船，尚扎京山，或不难攻复武昌，断贼南窜湖南之路。而杨昌泗、刘富成之兵，遇贼即退，万分怯弱，虽杨霈续派兵勇前往，为数仅止二千，若再有挫失，则德安迤北，可以径达信阳，德安迤西，又为径趋襄阳之路，逆势蔓延，岂堪复问？官文所请酌添湖南官兵，已谕骆秉章酌办，能否抽拨，尚难豫计，即使稍有接济，亦于北岸防剿无裨。前谕僧格林沁抽拨之兵，本日据奏，已挑选马队一千五百名、步队二千五百名，即日启程。业经谕令英桂径行催赴荆襄一带，杨霈务当妥为调遣，或力扼襄阳，或进攻德安，总以迅速剿办为要，不得再有疏失。倘荆襄稍有蹉跌，或该逆声东击西，乘我兵力全注襄阳，又从德安窜扑豫境，朕必将杨霈从重治罪，决不能再邀宽典也。前调四川兵勇各一千名，本日复经降旨饬催，此项兵勇，先从荆州经过。官文本辖兵勇，如尚敷布置，不可率行截留，俟续有川兵到时，再行分拨会剿。此时楚省贼势，南北蔓延，几至无从着手，官文等分办、合办，同系一事。大江以北，朕统以责之杨霈。荆州防守事宜，即责成官文布置。南岸攻剿事宜，即责成胡林翼妥办。其如何互相援应，迅图肃清之处，该将军等务当熟计兼权，亦不能自分畛域也。将此由六百里加紧各谕令知之。”(《清文宗实录》卷161)

(咸丰五年三月乙丑)又谕：“据杨霈奏‘胡林翼、王国才、石清吉等兵勇，约计虽有六七千人，惟粮饷缺乏，川、陕各饷，尚未解到。若湖南就近可以接济，金口尚能驻扎，则相机进剿。若不能驻扎，则设法渡江，上扼汉川等处，以固荆襄门户’等语，着骆秉章悉心筹画。湖南兵勇倘有可抽拨，即当派委得力将弁管带，赴下游速为援应，所需粮饷，就近设法接济。如或该省兵勇不敷抽拨，而胡林翼等兵勇又复上扼汉川，则金口一带，势难兼顾，恐逆匪乘虚上驶。该省与湖北毗连，在在可虑，尤宜于南北交界处所、水陆要隘，加意严防，毋得稍有疏懈。将此由六百里加紧谕令知之。”(《清文宗实录》卷161)

(咸丰五年三月壬申)谕军机大臣等：“现在逆匪意图上窜，湖北荆襄一带情形紧要。官文驻扎荆州，兵力未免单弱，杨霈一军，又屡经挫失。自武昌复陷，胡林翼、李孟群等所带水陆兵勇，亦不免势孤，殊为可虑。黄宗汉前奏，由河南、陕西赴川。计此时将次抵任，着侦探荆州一带情形。如贼踪尚未扫除，即与乐斌商酌，督带兵勇，驰赴夔巫一带，相机进剿，其四川总督事务，仍着乐斌署理。如探知杨霈各军剿办得手，逆匪不至上窜，该督即可无庸前往，仍饬前调兵勇迅速赴楚，毋稍延误。乐斌、黄宗汉务当斟酌缓急，妥筹办理，不得稍分畛域。将此由六百里各谕令知之。”（《清文宗实录》卷161）

（咸丰五年三月甲戌）又谕：“曾国藩、塔齐布奏，统筹全局，并请饬袁甲三募勇由麻城出黄州，以全江北大局，及筹拨饷银各折片。详览折内所论楚、皖、江西三省全局，陆路须分兵四支，水路须分兵两支，于剿办机宜，颇为明晰。惟据杨霈等奏，现赴枣阳一带，防贼上窜荆襄，而河南信阳等处，亦极紧要。幸胡林翼等兵勇尚在金口南岸，李孟群等师船尚扎京山，均未挫失，或可借图收复。节次谕令川、陕拨兵赴楚，湖南抽拨兵勇赴下游援剿，并谕僧格林沁派马步官兵四千，赴荆襄一带，交杨霈调遣。楚豫交界地方，统计兵力尚敷堵剿，但武汉复遭蹂躏，贼势益张，该侍郎等水陆两军，已成孤立之势……袁甲三现已革职，饬令来京。临淮兵勇，本不甚多，既不能拨赴麻城、黄州，若募勇训练，尚恐缓不济急，本日已谕令和春等酌量办理，其能否派拨进剿之处，尚未可定……”（《清文宗实录》卷162）

（咸丰五年三月辛巳）谕军机大臣等：“本日据英桂奏称‘前派马队一千五百名，于荆襄一带，地势不甚相宜，请截留改拨’等语，此项官兵，已据僧格林沁奏派副都统常亮等，带赴信阳防次，业经启程，即可毋庸折回改拨……”（《清文宗实录》卷162）

（咸丰五年四月辛丑）湖南巡抚骆秉章奏筹画防剿情形并杨霈失机各条。得旨：“汝所筹尚妥，惟议杨霈失机各条，实属妄谈居多。该督固为退缩，有负朕恩，尚不至如汝所言。汝两任南抚，朕尚冀汝有为。乃自陈衰老，预为归息地步，无耻已极。”又奏，请饬杨载福等统领外江水营，李孟群回籍劝捐募勇等语。批：“杨载福仍可饬令统率师船，赴武昌军营，余所奏俱不准。”（《清文宗实录》卷164）

（咸丰五年四月乙巳）成都将军乐斌等奏：“请催前调兵勇赴楚，并派员侦探贼踪。”得旨：“所筹俱合机宜。”（《清文宗实录》卷165）

（咸丰五年四月戊申）又谕：“杨霈奏‘贼匪复窜德安，统兵分道攻剿’一折。逆贼窜踞德安，驱逐民人，修垒筑台，显系意图久踞，以为乘间北犯之计。该督请以常亮、讷钦、杨昌泗等所带兵勇，由应山进攻德安，而令孔广顺、扎拉芬与该督现带兵勇，沿河进剿汉川，意在先复武汉，以为攻贼之所必救，固应如此分道进攻。惟讷钦在德安曾经失利，致贼入城，未可深恃。扎拉芬、孔广顺多系生力官军，以之进剿汉川，尽可得力。若该督再同往汉川，则德安盘踞之贼，又生诡计，非上犯荆襄，即袭我汉川官军之后，殊非善策。杨霈着毋庸前赴汉川，即由随州星速进兵，督同常亮等先复德安，将内河之贼节节扫除，再行进逼汉阳。其汉川一路，即责成扎拉芬督同孔广顺等进剿。未到之川勇，即作为扎拉芬之第三队，兵力亦不虞单薄。杨霈自正月以来，节节退守，从未得一胜仗。逗遛随州、枣阳，又复经旬匝月。现在德安贼势渐坚，该督转拟率兵南下，岂该逆盘踞坚城，后路之忧未靖，该督遂能克复汉阳，不虑腹背受敌耶？常亮已抵南阳，该督令其赴德安，则须绕道而东，孔广顺现在信阳，该督令其赴汉川，则又须绕道而西，取路未免不顺，惟马队不宜于水路，不能不为此调拨。仍着催令赶紧趱行，或可以其迅速，补其纡折。本日已有旨，谕知英桂，令孔广顺即日出关前进，想不日定可驰抵京山一带，如果尚未到齐，即着扎拉芬严催前进。该督现带之兵，合之原派常亮等之兵，不下八九千人，务将德安逆贼，克日剿尽，不准再事迁延。该督何日驰抵德安，并着迅速驰奏。至所需饷银，现在川、陕等省，均有续报启程之款，前经谕知官文，专弁催提，与杨霈通融分用，着该督一体严催，遵旨分拨，嗣后再有续解之款，亦着照此办理。将此由六百里加紧谕令知之。”（《清文宗实录》卷165）

（咸丰五年四月己未）谕军机大臣等：“现在湖北逆踪上窜随州，其荆襄等处，及河南边境地方，极形吃重。常亮所带马队官兵，现经杨霈拨赴信阳三关。扎拉芬所带官兵，多已折回枣阳、襄阳，现尚无人统带。着官文接奉此旨，星速驰往随州，接印任事。杨霈军营兵勇，屡经溃败，必得加意整顿，挑选精锐，裁汰疲弱，方足以资得力。前由僧格林沁军营，拨往投诚义勇，并着妥为驾驭，俾知感德畏威，以助攻剿。新授荆州将军绵洵到任需时，所有将军印务，着载增暂行署理，该处防守事宜，即着妥为布置，不得专待西凌阿来荆，致形诿卸。至孔广顺所带官兵，现经驰赴应山协剿，着即星夜趱行，一路剿洗，遏贼北窜，扎拉芬所带官兵，即交孔广顺一并统带。将此由六百里加紧谕知官文、载增，并传谕孔广顺知之。”（《清文宗实录》卷166）

（咸丰五年四月己未）又谕：“现在湖北贼势猖獗，荆襄情形甚为吃重，着西凌阿迅速驰赴湖北，就荆州、襄阳所有之兵，办理荆襄一带防剿事务。即将启程日期，先行具奏，毋得稍有迟延。其冯官屯现存官兵，着西凌阿选派得力大员，暂行统带，听候谕旨。将此由六百里加紧谕令知之。”（《清文宗实录》卷166）

（咸丰五年四月辛酉）又谕：“英桂奏‘探闻贼踞随州，逼近南阳，德安仍有贼踪，请饬拨北路胜兵，前往应援’一折。豫省南路，接壤楚北，自德安告警，信阳已形吃重，况随州更被占踞，南阳密迩贼踪，自应添拨重兵，以资捍御。前杨霈奏，扎拉芬于五里墩受伤后，旋即捐躯，已降旨将杨霈革任，授官文为湖广总督，带兵驰往剿办。现在杨霈复退至枣阳，其淅河、唐县镇等处贼势蔓延，并于随州迤北掳粮。昨已有旨，谕令西凌阿赴荆襄一带防剿，本日复谕该都统迅速启程，将留驻冯官屯各营官兵六千名，全数带往。抵豫时，留兵一千五百名，着即由英桂派令相机堵御，加以常亮移扎三关之马队，及邱联恩等兵力，尽可择要分防。此次西凌阿带兵前往，若能乘此得胜声威，不但鄂匪可望歼除，兼于豫境边防，大有裨益。英桂惟当竭力堵遏，严饬在事文武，勿稍松懈，以固疆圉。将此由六百里加紧谕令知之。”（《清文宗实录》卷166）

（咸丰五年五月丁丑）又谕：“昨据英桂奏‘信阳防堵紧要，并光州所属剿匪情形’，本日据张之万奏‘光州一带捻匪，恐有粤匪勾结，请旨分兵速剿’一折……至赴楚之兵，断难再分……”（《清文宗实录》卷168）

（咸丰五年五月丁丑）又谕：“陈启迈奏‘湖北崇通股匪围攻义宁州城，抽调兵勇援剿’一折，自武昌失守之后，崇通等县复为贼踞，裹胁日多。现有大股逆匪，由古石岭杭口窜入义宁州境，围困州城。湖北大军，现在攻剿武汉之贼，崇通一带逆匪，其势不能兼顾，以致贼势蔓延，扰及江境。该抚先后派拨兵勇，前往堵剿，现复札饬吴锡光带勇千名，驰往援应，并飞饬知府林懋勋等统带兵勇，倍道前进，即着严饬该员等迅速进剿，以解州城之围，如兵力不敷，仍当酌量添兵助剿。饶州业经克复，耆龄、遮克敦布所带练勇，亦可察看缓急，相机调拨。如剿办得手，即当不分畛域，越境追击，以助湖北兵力之不及。务将此股逆匪尽数剿除，勿留余孽。其德兴等处余匪，仍饬罗泽南等极力搜捕，毋令余烬复然。将此由六百里谕令知之。”（《清文宗实录》卷168）

（咸丰五年五月戊寅）谕军机大臣等：“崇恩奏‘步队官兵，无可再调’等语，西凌阿前奏调山东步队，系交英桂调遣之兵，现在该大臣剿办湖北逆匪，而豫省防剿，尤为紧要……”（《清文宗实录》卷168）

（咸丰五年五月辛巳）又谕：“西凌阿奏‘驰抵汴梁筹拨军需’一折

……英桂现驻信阳，距楚较近，所有楚北近日贼情，务即侦探明确，飞咨该大臣，以便相机进剿……”（《清文宗实录》卷168）

（咸丰五年五月癸未）又谕：“寄谕钦差大臣，西凌阿、英桂奏‘拨赴楚北义勇，如有情愿归农者，请撤令回籍’等语，据称‘投诚义勇三千余名，由山东拨赴楚北军营调遣，头二两起，已过河南省城，行走尚属安静，惟楚北饷项支绌，恐该义勇因口粮不继，别滋事端。其有情愿归农者，不若撤令回籍，以免他虞’等情。此项义勇，人数众多，良莠不齐，原难保其必遵约束。惟现在楚北，几于遍地皆贼，该义勇等又恐无家可归，若纷纷遣散，必致仍流而为匪。止可就其自愿回籍者，遣之使归，其愿在行间者，或分派各营，使兵勇相辅而行，不致难于约束。仍须示以恩信，有功者酌加奖励，以坚其自效之心，而消其反侧之念。本日英桂奏报楚北贼情，与官文前奏大略相同，该大臣即遵本月二十日寄信谕旨，统带精兵，赶紧会合官文，探明贼踪，痛加剿洗，断不可稍涉观望。仍将勇目詹起纶等所探逆情，并该大臣抵楚后剿贼情形，一并迅速具奏。将此由六百里谕令知之。”（《清文宗实录》卷168）

（咸丰五年五月辛卯）荆州左翼副都统载增奏接办荆州防守事宜。得旨：“西凌阿抵楚后，专为剿办逆匪，碍难趋于无贼之地驻扎，徒糜饷需。绵洵亦系帮办军务，尚无到任之期。荆州防剿事务，汝须照官文办法，勿稍废弛，仍可与该督往返函商也。”（《清文宗实录》卷168）

（咸丰五年七月己巳）拨河南信阳防兵一千名，赴湖北钦差大臣西凌阿军营助剿。（《清文宗实录》卷171）

（咸丰五年七月辛未）又谕：“本日据王履谦奏‘河北新乡县刁民纠众围城，请拨兵赴剿’，并据英桂奏‘河北土匪滋事，急筹剿办’各一折……又英桂片奏，西凌阿咨调防兵，难以抽拨。现在湖北剿贼吃紧，新乡刁民既调直隶兵一千名前往助剿，仍当于南路防兵内，酌拨楚北一千，庶可彼此兼顾，不致有误事机。将此由五百里各谕令知之。”（《清文宗实录》卷171）

（咸丰五年七月甲申）谕军机大臣等：“官文奏‘拨兵应援德安’一折，并西凌阿等奏‘添调兵勇’等语。该大臣等，现带官兵尚有八千余名，又添调随州团勇万余人，兵势不为不厚。据官文奏报，已派参将颜朝斌，拨带川兵、襄勇五千名，由应城进援德安，已断逆贼归路。西凌阿等正可迅速前进，迎头夹击，使该逆进退无路，则德安贼势必孤。再得官文一军，取道天门，从中横截，自不难于攻克。若但株守随州，专待官文兵到，是临敌既不能堵御，进兵又专恃应援，安用此庸懦无能之将耶？所调郧阳镇兵一千五百名、竹山协兵五百名，着官文酌量调往，总以取道便捷为要，不必绕至随州，转致迂缓。官文既有先克德安，再图武汉之议，亦着迅速前进。现在胡林翼既进攻蔡店，荆州兵勇又已将分水觜一路打通，汉川前后，均有官兵，此正克复德安之机。西凌阿、官文等万不可稍事迁延，致贼守益坚，攻剿仍难得手。西凌阿等将溃逃将弁，请旨按军法从事，已明降谕旨允准。湖北兵勇屡次溃散，非严行惩办，不足以申军律。览官文所奏，官兵不战自溃情形，殊堪痛恨。刘富成、讷钦、孔广顺业经革职，留营效力，倘再不知奋勉，军法具在，不能再邀宽典也。将此由六百里加紧各谕令知之。”（《清文宗实录》卷173）

（咸丰五年十月）癸巳，谕军机大臣等：“景淳奏‘遵旨挑派闲散余丁’一折，据称‘已于阿勒楚喀等八处，挑选熟习技艺余丁共五百名，并分派营员管领统带。其军械军装，均已豫为筹备，候旨调拨，即分二起前进’等语，办理尚为周妥，着该将军即饬管带各员，将挑选余丁勤加操练，俟有谕旨调拨，再令该员等管带启程，赶赴湖北官文军营，听候分拨。至该余丁等应给整装养赡银钱，并管带各员支借俸饷津贴等项，均着照所议办理。将此谕令知之。”（《清文宗实录》卷179）

（咸丰五年十月辛丑）又谕："奕格等奏'遵挑余丁候调'一折，据称'于齐齐哈尔城等处，挑选精壮余丁共五百名，并拣选协领等官管带'等语，所有挑出余丁，着奕格即饬管带各员，勤加操演，俟有谕旨调拨，再行启程赴楚……"（《清文宗实录》卷180）

（咸丰五年十月己未）又谕："前因湖北荆州吃紧，谕令黄宗汉将前驻夔巫兵二千名，令德恩带往荆州，至潜、沔一带会剿。此项官兵是否启程，尚未据该督复奏。兹据官文奏称'川兵尚在待饷，请饬迅速前进'等语，着黄宗汉即将兵饷拨给，饬令该署总兵督带，飞速前进，以资接应……"（《清文宗实录》卷181）

（咸丰五年十一月庚辰）谕军机大臣等："昨据官文奏，江西因匪踪阑入义宁，欲令罗泽南回军剿贼。已谕知官文等传谕该道，毋庸撤回江西，并谕令曾国藩、陆元烺酌量调兵援剿义宁矣。崇阳、通城系江西、湖北往来要路，向为盗贼渊薮。罗泽南带兵不过数千，现须由蒲圻进发，与胡林翼会攻武汉。而义宁州贼势又炽，可见崇、通后路尚未肃清，恐我军不免受其牵掣。因思江西升用知府周汝筠所带南康县练勇六千名，上年经陈启迈派往龙南一带并广东韶州剿匪。现在广东业已肃清，江西南路情形较缓。此项练勇，着该署抚查明，即令全数调赴崇、通等处，仍交周汝筠统带剿贼，以为罗泽南一军后路。至周汝筠未到以前，江西有无可调之兵，着曾国藩、陆元烺酌量先行拨往助剿。俟义宁克复后，即遵前旨，将耆龄等所带兵勇，一并饬赴湖北，既可固江西之藩篱，并可绝武汉贼党之援应，于大势当有裨益。将此由六百里加紧各谕令知之。"（《清文宗实录》卷184）

（咸丰五年十二月）甲午，谕军机大臣等："载增、富森奏'中路空虚，亟须拨兵防守'一折，据称'由襄河上窜之贼，虽经王国才、李孟群等击退，而沔阳及监利、潜江一带，湖港分歧，恐贼情谲诈，以大股牵掣我军，分股暗趋潜、沔各路。请饬官文酌拨兵勇，驻扎中路防守'等语。前调四川兵勇，本为防守荆州而设，既经官文调赴大营会剿，则此时中路空虚，自应拨兵援应。着官文体察情形，如大营兵勇有可分拨，即饬赴中路，驻扎各要隘，以固荆州门户。仍知照载增等严密防范，毋稍疏虞。将此由六百里谕令知之。"（《清文宗实录》卷185）

（咸丰五年十二月辛丑）又谕："……至四川兵勇，现因湖北、贵州两省纷纷调拨，酉阳、秀山逼近贼氛，应筹防堵……"（《清文宗实录》卷186）

（咸丰五年十二月戊申）又谕："前据官文奏'克复德安后，西凌阿所带马队，尚有一千名驻守该郡'，本日据英桂奏'亳州捻匪，窜逼归德，武隆额驻守郡城，兵力单薄。归德离省仅二百余里，省垣存兵不过七百余名，亟须添调兵勇'等语，湖北滨江之地，港汊居多，马队未能施展，豫省尚多平原，堪资利用。现在该大臣等会攻武汉，此项马队，止在德安防守，如可移缓就急，拨往河南，着官文仍派西凌阿管带，驰往听候英桂调派。倘尚须后路策应，不能全数调往，即着酌拨数百名，派员管带，迅速赴豫，俾资防剿，毋稍迟延。将此由六百里谕令知之。"（《清文宗实录》卷186）

（咸丰五年十二月戊申）又谕："英桂奏'捻匪逼近归德，请饬催兵援剿'一折……旋据奏称，已派参将塔思哈带兵剿办，英山官兵一千二百名驰赴宿州，至今并未见到。此时归德情形吃紧，岂可以此等纡远之兵，虚应故事……本日复谕知官文，于留驻德安马队中，酌拨一千或数百名赴豫，交英桂调遣……将此由六百里各谕令知之。"（《清文宗实录》卷186）

（咸丰五年十二月）癸丑，谕军机大臣等："据武隆额奏称'捻匪于十三日围攻归德府城……现在兵力过单，请添拨兵勇，以便追剿'等语……惟匪踪飘忽，恐致四出蔓延，亟须马队官兵，借资得力。所有驻扎德安之吉林、黑龙江马队，除遣撤归伍外，现存若干名，着官文饬令全数星驰赴豫，交英桂调遣……所有军装、器械、口粮，并着托明阿、官文速为豫备，俾该官兵得以即日启程，不致迟误。将此由六百里加紧各谕令知之。"（《清文宗实录》卷187）

（咸丰六年四月癸丑）谕军机大臣等："……胡林翼奏，派拨湘营等勇四千一百名，交曾国藩之弟曾国华统带，亦已由鄂启程赴援……"（《清文宗实录》卷196）

（咸丰六年十月丙申）又谕："官文奏'请挑选西丹来楚'等语，湖北军营所有吉林、黑龙江各起甲兵，伤亡出缺，并无西丹补充。现在攻剿武汉吃紧，马队官兵最为得用，未便悬缺无补，致减兵力。着景淳、奕山于各该处认真挑选西丹各一百名，派员管带赴楚。如挑选不能足数，即着该将军等酌量情形办理。并令将各该处现有马匹乘骑至京，再由京另行换马赴楚，毋稍延缓。将此各谕令知之。"（《清文宗实录》卷209）

（咸丰六年十二月丁未）又谕："英桂奏'请饬调吉林、黑龙江马队赴皖'等语……湖北武汉、黄州现已克复，该处所有吉林、黑龙江马队三千余名，如可抽拨，着官文酌度情形，饬调一千名，前往亳州，交英桂调遣。或因湖北尚在吃紧，不能如数，即挑选数百名前往亦可。将此由五百里谕令知之。"（《清文宗实录》卷216）

（咸丰七年正月乙丑）又谕："前因英桂奏请调拨湖北马队，当谕令官文酌调一二千名，前赴亳州。此时皖省紧要，即着该大臣等分拨一千名，赴皖协剿，毋稍延误。无为之贼，据福济等奏，由武汉、蕲黄沿江下窜，现在湖北水军已在九江获胜，若能分水陆兵勇，直捣安庆，以牵制贼势，则江北之贼，当不致肆行猖獗。该大臣等务须统筹全局，酌量办理，不可稍存畛域之见，致有迟误。将此由六百里加紧谕令知之。”（《清文宗实录》卷217）

（咸丰七年正月丁卯）又谕：“据官文奏，湖北马队无多，难以抽调，自系实在情形。湖北水陆各军，现攻九江，如即克复，顺流可达安庆。所有前调马队，着准其暂停调拨，即饬水陆各军，迅将九江郡城攻克，一俟得手，即可直捣安庆，与福济会合进剿。至河南剿捻，兵力尚单，俟楚兵直抵安庆，仍着官文等斟酌情形，将马队抽拨一千名或数百名，前往亳州等处，交英桂调遣，以资助剿。将此由六百里谕令知之。”（《清文宗实录》卷217）

（咸丰七年正月辛未）谕军机大臣等：“……所请调湖北马队，已据官文奏，未能分拨。福济亦曾请调此项马队，须俟攻克九江，方能到皖，再行酌拨。此时尚难议及，只可各就现在兵勇，妥为布置矣……”（《清文宗实录》卷218）

（咸丰七年二月丁酉）谕军机大臣等：“……前因无为被陷，即谕令官文等，分兵一千名，赴庐助剿。现在湖北荆、宜一带，如已就肃清，即着官文、胡林翼迅派陆路官兵一千名，驰往协剿，并督饬水师沿江东下，以分贼势……”（《清文宗实录》卷219）

（咸丰七年二月丁酉）又谕：“……庐州存兵无多，当此新挫之后，恐军威骤难复振。朕心实深焦灼，已谕桂良、双锐由直隶抽拨马步官兵一千名，并谕官文、胡林翼于湖北得胜兵内，酌派陆路兵一千名……”（《清文宗实录》卷219）

（咸丰七年二月辛卯）谕军机大臣等："本日据载增等奏'兵勇收复宜昌府城，逆匪由东北遁往当阳、远安境内'一折，前因贼匪窥伺荆州，已谕官文、胡林翼等酌量抽拨官兵，前往助剿。现在宜昌虽已收复，而当阳、远安均山城僻县，毗连荆州西北地方，最为紧要。载增等业经派卢又熊等带勇千名进剿，并饬守备胡举高等带勇守丰宝山，曹立全等守江口，以防回窜宜昌之路。其宗维清、锡龄阿等兵复经调回，在西北一带万城等处迎头防剿，布置尚属周妥。前有旨，令绵洵兼程赴荆州，此时谅已抵任，着即会同载增、富森督饬各军，相机追剿。官文前派水师左光培，并巴扬阿、张万禄马步各兵，胡林翼前派唐协和所带练勇，亦即日可到。着官文等即饬与卢又熊一军会合前进，并力夹击，将当阳、远安窜匪悉数歼除，毋得迁延时日，再扰他处。荆州各处逗遛川勇，并着载增等收其军械，押送回川，免致滋事。将此由六百里各谕令知之。"（《清文宗实录》卷219）

（咸丰七年二月）壬子，谕军机大臣等："英桂、胜保奏'夺回乌龙集贼巢后，连获大胜，并请调湖北马队，及暂留察哈尔马队助剿'等语……至武汉虽经克复，所存马队无多，已据官文等奏，不能分拨赴豫。现在淅川厅属内乡县境，均有匪踪窜扰，本日已谕官文等，饬令楚、陕带兵将弁，由西路绕出贼前，与邱联恩会合堵剿……将此由六百里谕令知之。"（《清文宗实录》卷220）

（咸丰七年二月壬子）又谕："英桂奏'楚匪扰及豫疆，请饬湖北酌调马队协剿'等语，据称，楚省股匪由均州窜至李官桥，经邱联恩督兵进逼，该匪闻风西窜。现在内乡、淅川一带，已有匪踪，情形极为吃重……湖北马队无多，前已据官文奏明未便调拨，自系实情。即着饬令派出之巴扬阿等马步各队，将本境匪徒实力搜捕，绕出贼前，与邱联恩会合兜击，以杜该匪西窜之路。前任盐法道常恩业经胡林翼奏参革职，所统兵勇是否仍令管带，抑已另派妥员接管？并着饬令进剿，毋许玩延。

陕西副将龙泽厚等统带各军，业经谭廷襄奏明，于克复竹山县城后，仍令跟踪追剿。此项官军，着官文等查明现在何处，一并严饬会剿，倘畏葸不能用命，即行严参惩办。将此由五百里谕令知之。”（《清文宗实录》卷220）

（咸丰七年三月丁巳）又谕：“福济奏‘寿州被围紧急，请饬胜保迅督大队赴援’一折……前调湖北、皖南兵各一千名，本日已降旨饬催，并谕湖北再添调一千名，由宿松、太湖一带赴皖……将此由六百里加紧各谕令知之。”（《清文宗实录》卷221）

（咸丰七年三月癸亥）谕军机大臣等：“前据福济奏，请由湖南拨解米石，当经谕令骆秉章酌量筹办……湖北军营，已派臬司李孟群带兵一千五百名，赴皖助剿……将此由六百里谕令知之。”（《清文宗实录》卷221）

（咸丰七年三月）丙寅，谕军机大臣等：“福兴、文俊奏‘兵力不敷，请添调北路劲兵’一折……湖北水陆两军，在九江者数几二万，既据福兴咨商官文等，于李续宾所带兵勇内分调数千名，即着官文、胡林翼斟酌速办。如九江即可克复，固应分兵协济，若攻克需时，亦应移缓就急，酌量抽调……将此由六百里各谕令知之。”（《清文宗实录》卷221）

（咸丰七年三月己卯）谕军机大臣等：“福济奏‘皖营兵勇缺饷，请饬于江南厘捐项下酌提拨解’等语……安徽藩司已简放李孟群，该员现由湖北带兵，前来援应庐州，谅计日可到矣。将此由六百里加紧谕令知之。”（《清文宗实录》卷222）

（咸丰七年三月己卯）又谕：“英桂、胜保奏‘捻匪勾结粤逆，窜扰颍上，势甚危急，光州亦形吃重。该抚等所带兵勇，不敷堵剿，请于楚省酌拨马步劲兵三四千名，赴豫援应’等语。现在湖北襄樊一带，虽渐就肃清，而巴扬阿一军，尚须在彼弹压。前后谕令酌量抽调，应援庐州、广信等处，其在九江者，尚未克复城池，自难分拨。惟是河南、安徽交界捻匪与粤逆勾连，贼众兵单，系属实情，若不筹兵接济，深恐滋蔓难图。现在楚省情形，究为稍缓，着官文、胡林翼妥为筹画。如襄樊一路已就肃清，无须重兵弹压，即于此项官兵内，凑拨一千名，派委得力将弁管带，前赴河南，交英桂、胜保调遣，以资助剿。将此由六百里谕令知之。”（《清文宗实录》卷 222）

（咸丰七年四月乙酉）又谕：“乐斌奏‘湖北撤回陕甘官兵，未能调赴胜保军营’等语。陕西抚标、提标各兵，业已撤回归伍，其肃州等协官兵，亦已回抵隆德，距各原营不远。且该兵丁现多患病，兼在湖北缴出器械，自应分别收伍，未能调赴河南……”（《清文宗实录》卷 223）

（咸丰七年四月戊子）又谕：“……新授安徽藩司李孟群，已由湖北带兵二千五百名前赴庐州。得此大队赴援，较之零星凑补，更为得力……”（《清文宗实录》卷 223）

（咸丰七年五月）己未，谕军机大臣等：“前据英桂等，因兵力不敷，奏请饬调湖北官兵，当经谕令官文等酌调千名，赴豫会剿。兹据该大臣等奏‘贼众兵单，楚军亦难调拨，请饬陕西省即调龙泽厚一军，驰赴英桂军营’等语……”（《清文宗实录》卷 225）

（咸丰七年闰五月辛丑）又谕：“……除经统兵大臣及各督抚奏明撤回归伍外，计现在江北、江南、湖北及徐、宿、皖、豫等处留营备剿者，吉林兵尚有六千余名，黑龙江兵尚有二千余名。该兵丁等与南方水土本不相习，出征日久不免疲劳患病，且南省又多水田港汊，马队难于施展之处，亟应分别撤留，以休兵力而收实用。着德兴阿、和春、官文、胡林翼并邵灿、庚长、福济、英桂、胜保等各就该处军营，查明现存吉林兵若干名，黑龙江兵若干名，酌量可撤者，先行撤回归伍。其地势既属相宜，兵力亦无疲乏，现资攻剿必不可少者，仍着留营调遣，俟该营兵力足敷，再行分起奏撤。将此由五百里各谕令知之。”（《清文宗实录》卷228）

（咸丰七年六月丁卯）又谕：“曾望颜奏‘兴安、商南防兵遣撤归伍’一折。陕西兴安等处，上年因襄樊土匪扰及郧阳一带，调兵设防。本年武当山剿匪净尽，业经该抚将兴安府属防兵酌撤。现在南阳土匪均已肃清，近陕地方，并皆安堵，所有商南在防兵丁，着一并撤令归伍。”（《清文宗实录》卷230）

（咸丰七年七月乙丑）谕军机大臣等：“李孟群一军由湖北赴援庐州，叠次克复城池，现拟进攻六安……”（《清文宗实录》卷231）

（咸丰七年九月辛卯）谕军机大臣等：“本日据李孟群奏‘匪众围攻苏家埠营盘，暂退河西，请兵协助’一折……惟湖北现在肃清，兵力尚可分调。该藩司奏称，与副都统巴扬阿共事最久，所带马队，实为得力。请饬酌带马队二百名、步队三百名，前赴该营，着官文、都兴阿、胡林翼酌量抽拨，即派巴扬阿统带前往，帮同李孟群进攻六安，毋稍延缓……该藩司现在扎营独山，先就现有兵力，妥为布置。一俟湖北马队到营，或与胜保等所派之兵，声势联络，即可相机进攻，为克复六安之计……将此由六百里谕知官文、都兴阿、胡林翼，并传谕李孟群知之。”（《清文宗实录》卷235）

（咸丰七年九月丁酉）又谕：“官文、都兴阿奏‘请续调吉林、黑龙江马队及西丹各数百名，并开单请派带队各员’等语。吉林等处马队，调出过多，余应留备本省操防，未便再行调拨。惟官文等所请挑选西丹三四百名赴楚，系为挑补马队缺额起见，着景淳、奕山于该省西丹内，各挑选二三百名，派往湖北军营。至官文等所开协领察隆额等三十五员名，据称胆技兼优，自系黑龙江等城得力之员，亦未便全行派往。着奕山于单开各员内，酌拨数员，即令管带西丹，前赴湖北。其吉林派出之西丹，并着景淳拣派得力将领，管带前往，俾资攻剿。原单着钞给奕山阅看，将此由五百里各谕令知之。”（《清文宗实录》卷236）

（咸丰七年十月己未）又谕：“胜保、袁甲三奏‘李孟群退守麻埠，请饬湖北迅拨兵勇，越境堵剿’等语……该藩司兵力较单，急须拨兵策应。前据官文等奏派马步兵勇数千人，交翼长多隆阿、副将鲍超带往宿太，以为李孟群后路声援，并据奏报获胜等情，着官文等即饬该翼长等，就近迅赴麻埠一带援应，合力进攻六安，毋稍迟缓。将此由六百里谕令知之。”（《清文宗实录》卷237）

（咸丰八年正月乙酉）谕军机大臣等：“胜保、袁甲三奏‘进攻六安，分援固始，请添兵助剿’一折……惟陕甘官兵于湖北凯撤时，曾经胜保截留……”（《清文宗实录》卷243）

（咸丰八年正月）庚寅，谕军机大臣等：“前因豫省桐柏等处匪踪未净，谕令官文等即饬现驻襄阳之营总舒保移兵随枣一带会剿。本日据英桂奏，豫省匪徒经德楞额、邱联恩等于泰山庙等处叠次剿杀，余匪回窜角子山，数已无多，并经汝宁府督同州县，擒斩匪首多名，舒保一军可毋庸前赴随枣……着官文、胡林翼即饬舒保速带马队兼程赴豫，径往光、固一带实力救援，俟固始解围，光州情形稍松，再令回驻襄阳，以资控扼。英桂现已饬令德楞额，抽带马步兵勇先往，着即亲督大兵，随后继进。其截留吉林、黑龙江余丁，准其一并带往，俟军务稍松，仍令赴楚……将此由六百里各谕令知之。”（《清文宗实录》卷243）

（咸丰八年正月甲辰）谕军机大臣等：“前因固始被围，豫省兵力单薄，谕令官文等即饬舒保带领马队，径赴光、固一带救援。兹据该大臣等奏称‘舒保一军先期移营麻城，仍酌量随枣情形，实力防剿’等语，自系尚未接奉前旨……舒保此时谅已启程，惟所带马队仅二百名，不成一军。着官文等酌量情形，添拨步队，相辅而行，或即于驻扎襄阳兵内酌拨千名，交舒保统带前进，较为得力……着官文等传旨，令杨载福、彭玉麟等奋勇图功，毋得迁延时日，坐失机宜。将此由六百里各谕令知之。”（《清文宗实录》卷244）

（咸丰八年二月壬子）又谕：“李孟群奏‘筹办六安剿匪情形，并请济饷拨兵’一折……官文奏称拨银一万两，均于正月初旬起解。四川省先拨饷银一万两，道经楚省，官文并非截留，此后川省拨饷，即可接济该藩司军饷。至楚省派舒保赴麻城防堵，原有步队三千余名赴援光、固之兵，据奏只带马队二百。因其不成一军，已谕官文酌添步队千名，相辅而行，此时舒保当已带兵前进矣。该藩司现带兵勇，为数尚不为少，着即照所请，督同将弁，认真剿办。先清一路之贼，能将六安克复，再图进取，与胜保等会合，则兵力较厚，互为声援，奏功自易也。”（《清文宗实录》卷245）

（咸丰八年四月己巳）又谕：“前据官文等奏‘遵挑荆州驻防旗兵，训练马队，以资攻剿’，所办甚好……现在各路用兵，纷纷请拨吉林、黑龙江马队，该二省存兵，实已无可再调……着官文、都兴阿、胜保、袁甲三、福济、德安、伊兴额、史荣椿等，各就所部兵勇中，挑派精壮兵丁，操练马队，以期得力。将此由六百里各谕令知之。”（《清文宗实录》卷252）

（咸丰八年四月甲戌）谕军机大臣等：“本日据桂良等奏‘暎夷所求条款，连日派员面议，分别准驳，而该夷情形，似非全准不可’等语，该夷要求各款内，如镇江、汉口各处通商，并由江通海各处，任凭伊国随时往来。要紧地方由伊国设领事官，惩办不法之徒等语，直欲以中国地方听伊出入，所请断属难行。现已谕知耆英正言驳斥，另行设法羁縻。惟该夷以此款为最要，一经拒绝，其决裂实在意中，此时调拨各兵，渐可齐集……将此密谕知之。”（《清文宗实录》卷 252）

（咸丰八年七月丁丑）又谕：“据庆端等奏‘闽省上游贼势鸱张，兵力单薄，请添调楚省官兵’一折……该署督指调之副将衔参将石清吉、游击张万禄、守备田联升及其所部兵勇，是否现在湖北，着官文、胡林翼查明。该员等倘可抽拨，即饬该员等各带劲旅，迅速赴闽，交庆端调度，毋稍迟延。将此由六百里谕令知之。”（《清文宗实录》卷 258）

（咸丰八年八月癸丑）又谕：“袁甲三奏‘贼匪图窜北路，请添兵助剿’等语……请于湖北留防各兵，或都兴阿、李续宾两军分拨马步四五千人，北来助剿……着官文即行酌量情形，能否于防兵内分拨若干，派员管带，驰往袁甲三军营，协同剿办……将此由六百里谕令知之。”（《清文宗实录》卷 261）

（咸丰八年八月庚午）又谕：“袁甲三奏‘捻匪被剿，回窜老巢，现拟移营南剿’一折……湖北官军，前虽有旨，令其酌分数千，绕赴北路，尚未据官文复奏。现在沿江一带，攻剿正关紧要，能否前来，尚未可定……将此由六百里谕令知之。”（《清文宗实录》卷 262）

（咸丰八年九月丁丑）又谕：“……本日据官文奏报，已派游击张万禄带兵一千二百名，由襄入豫。派唐训方带原部一千名，并派募二千名，作为二起，一并赴援淮北。惟此项兵勇，调到需时，袁甲三当就现有兵勇，力图扫荡，毋误事机。将此由六百里各谕令知之。”（《清文宗实录》卷 263）

（咸丰八年十月甲辰）又谕："本日据胜保奏'怀远逆匪时图出扑，请派大员赴颍专司剿办，或令楚军赴正阳关扼剿'等语……俟唐训方等所带湖北兵勇四千名到徐、宿一带，即着与傅振邦会同办理徐、宿剿匪事宜……"（《清文宗实录》卷266）

（咸丰八年十月己酉）又谕："官文奏'遣撤马队官兵，请准照数选换，并请派拨西丹赴楚'一折。吉林、黑龙江马队官兵，自调拨楚北以来，屡立战功。惟经节年伤亡遣撤，存数无多。现在进剿皖豫各匪，正资得力，所有此次遣撤伤病官兵一百零六员名，着景淳、奕山即照数选换精壮，迅速饬赴湖北，毋稍迟误。至请调两省西丹，并着该将军等体察情形，如尚可调拨，即着各派一二百名，配齐军装器械，拣员管带，一并前赴湖北，交官文调遣，以资攻剿。将此由五百里各谕令知之。"（《清文宗实录》卷266）

（咸丰八年十月己未）又谕："前因怀远捻匪图窜寿州等处，当谕令袁甲三俟湖北兵勇到后，即交傅振邦剿办徐宿捻匪……原以清淮紧急，而北路亦形吃重，必俟楚兵到后，布置妥协，方可分兵前赴正阳，并非轻议移师，置徐宿于不顾也。本日据袁甲三奏'捻匪力图北趋，北路军情吃重，骤难驰赴正阳'等语，似系误会前次寄谕……现在湖北兵勇业已启程，不日可抵徐宿。此项兵勇到后，袁甲三即妥为布置，令与傅振邦会同剿击，进逼贼巢，以期尽殄丑类……将此由六百里谕知胜保、翁同书、袁甲三，并传谕傅振邦知之。"（《清文宗实录》卷267）

（咸丰八年十月癸亥）谕军机大臣等："景淳等奏'遵拨官兵赴楚，请拨给马匹以备乘骑'一折。湖北军营内，吉林官兵间多伤病，现经景淳等挑兵五十名，前赴湖北更换，并挑西丹一百名，派委官员管带同往。着玉明、侍顺于大凌河牧群马匹内，挑选膘壮马二百匹，俟该官兵等行抵该处时，发给乘骑，以利遄行。黑龙江亦有奉拨官兵及西丹等前赴湖

北，并着该将军等另挑马二百匹，以备该官兵等过境时给付乘骑。将此由五百里谕令知之。”（《清文宗实录》卷268）

（咸丰八年十月丙寅）又谕：“前因李续宾援军到皖，连拔舒、桐，方冀直捣庐州……已截回唐训方等兵，先行赴援……俟唐训方等军到后再图会攻，其六安一路，应如何防其窜越，着胜保翁同书通筹布置……将此由六百里谕令知之。”（《清文宗实录》卷268）

咸丰八年戊午十一月壬申朔，谕军机大臣等：“都兴阿奏‘贼股大至，桐城兵力不支，请饬各路官军援应’一折……昨据官文奏，已调李续宜所部兵勇四千余名，及舒保马队二百名，由黄冈前进，并调余际昌由霍山进发，赴援淮北之唐训方……”（《清文宗实录》卷269）

（咸丰八年十一月甲戌）谕军机大臣等：“……本日据官文奏‘桐城兵溃，都兴阿前后受敌，已令由石牌、宿松一路撤退。请饬曾国藩赴楚督剿，并请饬抚臣胡林翼即赴署任’等语……现在闽省待援孔亟，而兵勇患病，更未便令其跋涉长途，绕赴楚北……胡林翼办理军务，洞悉机宜，现值军务紧急，该抚业已葬亲事毕，着即驰赴署任，协同官文筹办军务，毋得过涉拘牵，致有贻误。将此由六百里各谕令知之。”（《清文宗实录》卷269）

（咸丰八年十一月庚辰）又谕：“前因李续宾三河失利，桐城危急，当谕官文飞饬唐训方转回潜山，力援桐城，俟大局布置稍定，再令赴袁甲三军营调遣。兹据胜保等奏‘袁甲三为北路余捻牵掣，请饬唐训方由六安、正阳一路进扎，攻剿怀远’等语，唐训方一军，昨据都兴阿奏，已撤转张家塝，扼守陈德园一带，以固楚疆。业经谕令官文等，俟楚北军务稍定，即饬仍赴徐、宿，未便朝令暮改，致无所适从。其怀远一带，现无专办之人，着该大臣等仍遵前旨，分筹兼顾。其湖南、四川兵二千五百名，本系胜保所调，现在湖北防堵，业经谕令官文，俟该省军情稍定，即行饬赴胜保军营，着该大臣就近催提，以资攻剿……将此由六百里谕令知之。”（《清文宗实录》卷 269）

（咸丰八年十一月壬午）又谕：“……自以赴援皖省，尤为紧要，不但庐州省城可收南北夹攻之效，即上窜湖北之路，亦可借资堵扼。倘因汀州、宁化等处尚须兵力，一时不能移军，或须俟景德股匪歼除，再回楚北，亦着斟酌具奏。将此由六百里谕令知之。”（《清文宗实录》卷 269）

（咸丰八年十一月壬辰）又谕：“……胜保等稍待数日，湖北大队必可到营，彼时分投布置，较易为力也……将此由六百里谕令知之。”（《清文宗实录》卷 270）

（咸丰八年十二月己酉）谕军机大臣等：“……至湖北防堵，现已周备……将此由六百里各谕令知之。”（《清文宗实录》卷 271）

（咸丰九年二月壬戌）又谕：“本日据官文等奏‘请调取西丹并筹备战马’一折，业经由四百里谕知奕山，令其挑选枪箭娴熟，堪资得力者，凑足一千名，即交该协领巴扬阿管带赴楚。其请调战马一节，因现在大凌河马匹，无可再拨，各城劝捐，亦恐无此力量，亦已谕知奕山，如不能凑足二千匹之数，即酌量减少，其或捐或买，再由该将军酌办矣……将此谕令知之。”（《清文宗实录》卷 277）

（咸丰九年三月辛未）谕军机大臣等：“本日据恒福奏‘逆氛逼近商、固，请饬楚省就近拨兵会剿’一折。皖省潜太大股逆匪连陷霍山、六安等州县，并分股四路窜突，声言由舒、霍、六安直达商、固，再扰麻城。豫省兵力无多，距皖省各军道路较远，惟楚师近在黄、麻、潜、太，可以就近救援。着官文、胡林翼酌量抽拨精兵二三千名，拣派得力镇将大员，统带前往，会同豫军，合力剿击，救援豫境，即以保卫楚疆。然不可专事防堵，务须出境会剿，视贼所向，遏其凶锋，使不得扰及商、固，则楚、豫两省，皆可安堵……将此由六百里各谕令知之。”（《清文宗实录》卷278）

（咸丰九年三月）丁酉，谕军机大臣等：“胜保奏‘通筹剿贼大局，宜合力并举，并绘图呈览’一折。所称‘以皖军会捣六合，楚师由西面力攻舒、桐、安庆，合力痛剿，则浦口后路，自易肃清，可以合围金陵。设该逆仍集东南，不复西救，则楚军乘势进逼，亦可长驱直下，此时应以皖军会剿东南，楚军力攻皖北为上策’等语。前据胡林翼奏称，皖楚之要，以黄州为适中，保楚乃能谋皖，地势贼情，非分三路并力进剿，必难成功。官文亦谓胡林翼不宜入皖，前敌不宜添兵。该大臣等督兵剿贼，系共办一事，惟在相度地势，体察贼情，乘机进取，以收师克在和之效。胡林翼驻扎黄州，数月以来，谅已布置周妥，楚师有多隆阿为前敌，节节进剿，而孤军未可深入，曾不派兵为其后路。现在皖北贼匪麇集，亟待楚师水陆分攻舒、桐、庐州、安庆，以分贼势。胜保、翁同书亦应督饬各军合力会剿，不得专恃邻省……今议合剿之举，胜保当先与官文、胡林翼商酌机宜，固不可画疆自守，亦不可轻进贪功，务须计出万全，以冀肤功早奏。将此由六百里各谕令知之。”（《清文宗实录》卷279）

（咸丰九年四月己酉）又谕：“据胜保奏‘六安、霍山相继克复，惟防兵单薄，请饬将防豫之军移扎霍、六一带’等语。霍、六为窜犯楚豫要道，既经克复，即须重兵扼守，方免疏虞。官文等前因贼扰湖南郴桂等处，派兵往援，未能深入皖境，自系实在情形。胡林翼驻扎黄州，多隆阿为前敌，如现在布置已臻周妥，亦可酌量分拨前往霍、六，联络皖军，既以固豫省东面门户，即以防该逆抄越楚军后路。该大臣等务当悉心妥筹，毋致顾此失彼。将此由六百里谕令知之。”（《清文宗实录》卷280）

（咸丰九年四月乙丑）又谕："官文、胡林翼奏'湖北现需马队，拟借拨黑龙江甲兵千名，请饬天津军营酌量施行'等语。现在窜扰湖南之贼甚多，恐其阑入湖北。马队既甚得力，自应豫调，以备不虞。着僧格林沁体察情形，如天津防所黑龙江甲兵内尚可抽调，即着酌量借拨，饬赴湖北军营应用。原片着钞给阅看，将此谕令知之。"（《清文宗实录》卷281）

（咸丰九年五月癸巳）又谕："前因逆匪窜近粤西，谕令骆秉章拨兵援应……逆贼窜扰数省，所至糜烂，若再令扰及蜀中，则不独财赋之区悉遭蹂躏，且势踞湖北上游，荆襄等处皆为震动……将此由六百里谕令知之。"（《清文宗实录》卷284）

（咸丰九年六月庚子）又谕："官文奏'军情紧要，请添拨西丹马队赴楚助剿'等语……着官文就现有兵力，先为布置，倘巴扬阿所带黑龙江西丹一千名到楚，即可令其赴皖剿办。俟天津撤防，再行饬拨马队前往，以资攻剿。将此由五百里谕令知之。"（《清文宗实录》卷285）

（咸丰九年七月壬申）谕军机大臣等："官文奏'请饬吉林将军于珲春等处，挑选西丹三百名，赴楚助剿'等语。现在吉林地方，俄夷分赴珲春三姓等处，希图占地，经该将军设法拦阻。因该省马队调出者多，现须多备余丁，勤加操练，吉林余丁，实无可调拨。如将未经操练之丁勉强拨往，恐徒劳跋涉，到楚后仍不适用。官文前曾请拨黑龙江西丹千名赴楚，着该大臣于八九月间，催提前往，以资应用。并咨行沿途将军、督抚妥为应付，以利遄征。将此谕令知之。"（《清文宗实录》卷287）

（咸丰九年十月癸丑）河南学政李鸿藻奏："捻氛日炽，请简重臣，统带劲旅，赴豫督剿。"得旨："汝之所见，诚非谬也，惟一时焉有如许马队，处处设防。瑛棨近有请留赴楚西丹之奏，谕令豫境稍松，仍催赴

楚。况将来由楚、豫之交东征皖匪，剿发即可剿捻，正相资为力，殊不必先受人言，故为此奏。”（《清文宗实录》卷297）

（咸丰九年十月乙丑）又谕：“钱宝青奏‘遵旨询悉湖北军务现办情形’一折。楚军援皖之师，拟分四路并进，布置最为周妥，已据官文等详细具奏。惟胡林翼身任地方，以筹画全军饷需为最要，若由英山、霍山进剿，深入万山之中，于全局情形，不能兼顾，深恐贻误事机。荆宜施道李续宜谋勇素著，其所带兵勇，与胡林翼所部人数相当，应令该员进取英、霍。胡林翼仍在黄州大营，为后路奇兵，既可筹画饷需，兼可策应各路，万不可壹意进剿，置地方公事于不顾。至该副都御史所称，楚军进攻，出北路者应以六安为止，出南路者应以桐城为止，以全力搏安庆，我军沿江声势联络，而援攻庐州，牵制贼匪，使不暇为北窜之谋。一旦出其不意，则六安、桐城之兵，皆可袭庐州而取之。所奏不为无见。着该大臣等与曾国藩妥为筹画，斟酌缓急，务使官军互为声援，确操胜算，方为妥善。其由光、固、颍州绕出怀蒙以北之军，系防贼北窜起见，并着仍遵前旨，悉心筹办。本日据官文奏‘遣撤吉林、黑龙江伤病官兵，西丹请如数选换’等语，此项官兵仅一百数十员名，遣撤后无须换补。现在巴扬阿所带黑龙江西丹马队一千名，将次到楚，官文即可飞催前进，以资攻剿。黑龙江尽先协领满洲副管松英额，着准其就近赴部，并案引见，俟回旗事竣，即赴湖北听候差遣。将此由五百里谕令知之。”（《清文宗实录》卷298）

（咸丰九年十一月乙亥）又谕：“曾望颜奏‘请调邻省精兵赴川助剿’一折……并欲调湖南兵二千名、湖北兵一千名，选派得力之将，统带赴川，会同剿办……湖南北兵数虽多，防剿吃紧，未能遽调，所请着暂无庸议……将此由六百里谕令知之。”（《清文宗实录》卷299）

（咸丰九年十一月庚寅）又谕：“有凤奏叙郡战守情形，并曾望颜奏

‘请饬楚兵赴援，添调甘肃官兵，请简提督统带’各等语……湖南北官兵亦实难远调……将此由六百里谕令知之。”（《清文宗实录》卷301）

（咸丰九年十一月辛卯）谕军机大臣等：“据曹澍钟奏‘酌撤萧启江一军回鄂援皖，并兜截贼踪，恳请饬催拨解饷银’等语……至萧启江一军，正与刘长佑由永福进兵，会合剿办，虽经曾国藩调回，催令赴鄂，惟广西兵力较单，防剿正当吃紧之际，仍着骆秉章、曹澍钟酌量情形，是否堪以暂留……将此由六百里各谕令知之。”（《清文宗实录》卷301）

（咸丰九年十二月壬寅）谕军机大臣等：“曾望颜奏‘滇匪分扰上游，现筹截剿，请饬催调兵’一折……该署督请催调楚兵三千名一节，前已谕知，现在该省防剿吃紧，无可再调……将此由六百里谕令知之。”（《清文宗实录》卷302）

（咸丰九年十二月庚申）又谕：“曾望颜奏‘川省现办军务情形’各等语……游击张必禄，准其暂行留川，随同剿匪，俟军务完竣，饬回湖北本任……将此由六百里谕令知之。”（《清文宗实录》卷304）

（咸丰十年三月己卯）又谕：“官文、胡林翼奏‘分兵援应浙江’一折……现在余贼退踞广德等处，江南各路援兵，亦已足敷剿办。楚省各军，现当分道入皖，攻剿吃紧之时，若以得力劲军，分拨赴浙，深恐兵力空虚，致形松劲。所有萧翰庆管带之衡勇、义勇，即着仍留楚省，为入皖剿贼之用，毋庸改道赴浙。如业已启程，并着官文等迅速飞咨，令其折回本境。将此由六百里谕令知之。”（《清文宗实录》卷310）

（咸丰十年四月癸未）谕军机大臣等：“昨因常州被围，苏城危急，当谕曾国藩赴援苏、常，扼截江面，以顾大局……知府萧翰庆一军，现在规取池州，亦即飞调赴营，随同前进，不得调回湖北，致有贻误……

此外湖南、湖北两省，如有可调之兵，并着官文悉心筹画，酌量调拨，陆续进发，以厚兵力。江南粮台，迁移无定，军火缺乏，并着官文等筹备饷糈，源源接济……将此由六百里加紧各谕令知之。”（《清文宗实录》卷316）

（咸丰十年四月乙酉）谕军机大臣等：“本日据徐有壬奏，督臣节节退守，并贼逼苏省，和春伤亡各折片……两湖官兵亦谕官文酌量调派……该提督现署钦差大臣关防，所有楚皖援兵，及王有龄所派之军，均归其节制，即设法妥为布置，以期保全苏、常、昌为至要。将此由六百里加紧各谕令知之。”（《清文宗实录》卷317）

（咸丰十年四月癸巳）又谕：“本日据乔松年奏，苏州危急并探闻苏城失守各一折……荆州将军都兴阿统带各军，计日亦可驰抵扬州……”（《清文宗实录》卷317）

（咸丰十年五月己亥）谕军机大臣等：“本日据庚长奏，现在江阴业经收复。正可乘此声威，相机进剿……前据都兴阿奏，于四月二十六日，由鄂驰往英山，或先督马队前进，尚须绕道徐、宿，到扬需时……将此由六百里各谕令知之。”（《清文宗实录》卷318）

（咸丰十年五月己未）又谕：“曾国藩奏，抽拨兵勇启程渡江，拟设三路水师，并筹画京仓米石，湖北官兵不宜再调各折片……至鄂省官军碍难抽调，自属实在情形。曾国藩所募之勇，人数较多，所有饷需自应早为筹及，总须得力可用，方能饷不虚糜。将此由六百里谕令知之。”（《清文宗实录》卷320）

（咸丰十年五月壬戌）谕军机大臣等：“据官文等奏，湖北拨派兵勇已多，赶往湖南增募勇丁，并请另设水师专营等事，与曾国藩所筹，适相符合……鄂省官军调出已多，汉、黄、德三府空虚无备，恐贼匪乘间内犯，绕入腹地，包袭安庆、桐城、英、霍后路，不可不防。胡林翼已派员前往湖南增募勇丁，着俟新募各军到后，妥为布置，勿使逆匪得伺其隙……将此由六百里谕令知之。”（《清文宗实录》卷320）

（咸丰十年六月庚午）谕军机大臣等：“庆端奏‘浙省军情万紧，即日统兵驰援，并请饬催各路援师会剿’一折……湖北派兵已多，实难再调，官文等现已派员，赴湖南募勇……将此由六百里谕令知之。”（《清文宗实录》卷321）

（咸丰十年六月丙戌）又谕：“前命都兴阿驰赴江北，因马步兵单，恐其迁延日久，有误事机。叠经谕令官文、胡林翼，迅饬多隆阿、舒保将所部马队酌量调赴都兴阿军营，与该将军现有马队，合计凑足四五百名，并调得力兵勇三四千名，派镇将大员一二人管带，听该将军调遣……据该将军奏称，兵勇不敷，鄂省官军虽已调出多名，而湖南添募勇丁不日可到。着官文、胡林翼仍遵前旨，迅即添调马队，并得力兵勇三四千名，速赴都兴阿军营，以便该将军统带前进，驰赴江北督办防剿，勿得再行迟延，致误事机。所需饷项，仍着官文等宽为筹备，毋令缺乏……官文、胡林翼不得存畛域之见，惟期同心共济，迅扫贼氛，朕实有厚望焉。将此由六百里各谕令知之。”（《清文宗实录》卷323）

（咸丰十年七月乙未）协办大学士、湖广总督官文等奏：“湖北军情紧急，马步兵勇无可拨赴都兴阿军营。”得旨：“近又有寄谕，仍饬筹拨，官文等自应懔遵。该将军虽不甚习于步队，已有旨，饬令另派大员，随同都兴阿管带。”（《清文宗实录》卷324）

（咸丰十年七月乙卯）又谕：“前因都兴阿奏‘屡调马步各军未经筹拨’，当经谕令官文等速调马队，并得力兵勇三四千名，派赴都兴阿军营，带往江北防剿。随据官文等将无可调拨情形驰奏，复批令懔遵前旨筹拨矣……着官文、胡林翼即行调派马步得力兵勇千名，配齐军装粮械，令其速赴都兴阿军营，为数既属无多，不得再行推诿。都兴阿于此项官兵到后，着即统带启程，前往江北。到防以后，应如何于淮徐等属抽调勇丁，加以训练，借资防剿之处，即着与曾国藩会商办理。将此由六百里各谕令知之。”（《清文宗实录》卷326）

（咸丰十年七月乙卯）又谕：“曾国藩奏‘接奉谕旨，统筹全局’一折……已函商官文等，令该将军酌带楚师千人，驰往江北，到防后以楚军之营制，练淮徐之勇丁，可期得力……将此由六百里谕令知之。”（《清文宗实录》卷326）

（咸丰十年七月戊午）又谕：“骆秉章奏‘遵旨督办四川军务，现在筹调湖南、湖北兵勇，并请令左宗棠入川’各折片……东纯已在湖北病故，昨命崇实暂署四川总督……”（《清文宗实录》卷326）

（咸丰十年八月乙丑）谕军机大臣等：“前因江北防务紧要，楚军未能分拨，谕令官文、胡林翼调派马步兵勇千名，交都兴阿统带启程，前往江北，到防以后，于淮徐等属，抽练勇丁……着官文、胡林翼迅将前调马步兵勇千名，挑选精壮，配齐军装器械，由都兴阿统带，迅赴江北，力筹堵剿。至以楚师营制，训练淮徐勇丁，实为现在切要之图，着都兴阿仍遵前旨，与曾国藩会商，赶紧办理，以冀练成劲旅。正在寄谕间，据都兴阿奏‘楚勇未能远征，拟调吉林马队一起，及现有马队，已咨行官文、胡林翼催调’等语，着官文、胡林翼迅将此项马队，即饬前往都兴阿军营，以便该将军即日统带启程，驰赴江北，认真剿办，保全完善之区，是为至要。将此由六百里各谕令知之。”（《清文宗实录》卷327）

（咸丰十年八月己卯）又谕：“本日据官文等奏‘探闻夷人窜扰天津，

拟派都兴阿统带马队入援’一折……该大臣等既请派都兴阿来京，即着统带马队四百名，星夜前来，归僧格林沁大营，以备攻剿。湖北营中练勇，向称骁健善斗，并着官文等挑选一二千名，另派得力将领管带，迅速赴京，听候调遣。所有军火、兵械、饷需均着一律备齐，毋得迟误。将此由六百里加紧谕令知之。”（《清文宗实录》卷328）

（咸丰十年八月甲申）又谕：“前因夷氛猖獗，直犯京师……即着前调之副将黄得魁、游击赵喜义等，管带新募彝勇及得力楚勇共数千名，兼程前进，克日到京，以资调遣……将此由六百里谕令知之。”（《清文宗实录》卷329）

（咸丰十年九月）壬辰，谕军机大臣等：“本日据胜保奏‘齐集援兵，静以观变’一折……所调川、楚各勇均已飞催，尚未据报启程，惟都兴阿自请带马队四百名前来，朕已允准……将此由六百里加紧密谕知之。”（《清文宗实录》卷330）

（咸丰十年九月庚戌）又谕：“……当经谕令曾国藩，挑选川、楚精勇二三千名，令鲍超管带，克日赴京，归胜保调遣，至今未据该大臣复奏……将此由六百里谕令知之。”（《清文宗实录》卷331）

（咸丰十年九月）戊午，谕军机大臣等：“清盛奏‘泰、兖情形较紧，请留过境兵勇，并抽拨驻援官兵’一折……所有总兵张得胜管带川、楚练勇，现已行抵东境，着一并留于东省，会同该省兵勇，合力进剿……”（《清文宗实录》卷331）

（咸丰十年十月丁丑）又谕：“……本日据僧格林沁等奏‘直隶土匪渐次解散，拟即由河间取道东昌，剿办捻匪，俟续调陕甘官兵到齐，即行前进’，并称‘胜保拟匀拨川、楚勇各二千名，恐难得力’各等语……

着胜保仍遵前旨……该大臣所调河南、川、楚各勇三千名，并着酌量撤回原省，以节糜费。将此由六百里谕令知之。”(《清文宗实录》卷333)

(咸丰十一年正月壬午)又谕：“翁同书奏‘请饬拨楚兵协同防剿’等语。据称‘苗沛霖因与寿州团练寻仇，时思杀官报复，声言欲攻寿城，并有勾结庐州粤逆之语。现在该前抚练兵守陴，扎营河口，尚无疏懈。惟兵力尚单，请饬湖北巡抚拨精兵二千名，驻扎三河尖，协同防剿’等情……着官文、胡林翼就近调拨精兵二千名，派委得力将弁统带，驻扎三河尖，以壮皖军声援，而固楚疆门户。至胡林翼前保之同知刘蓉现在何处，闻该员才具尚好，应如何录用之处，并着胡林翼酌量具奏。将此由六百里谕令知之。”(《清文宗实录》卷341)

咸丰十一年辛酉二月己卯，谕军机大臣等：“李续宜奏‘皖逆纠合大股捻匪，由英、霍上犯鄂边，已于二月初六日，由青草塥率全军而上，六安、寿州一带，势难兼顾’等语。逆贼上犯楚疆，势极剽疾，胡林翼力守太湖，因病未能督队，李续宜自应先其所急，力保根本。官文现调荆襄满汉官兵赴省，又有骆秉章一军，及李续宜等所带马步各队，兵力已厚，前截后追，此股逆匪，谅不难悉数歼除。省垣稍有疏虞，惟官文是问，若不能绕击，徒事尾追，惟李续宜是问。一俟鄂省军情稍松，李续宜即督带所部驰赴寿州，妥筹兼顾，以便翁同书交卸启程。前谕官文、胡林翼调兵二千名驻扎三河尖，此时兵力如可分拨，仍着该大臣等酌量拨往，以壮皖北声势。将此由六百里谕令知之。”(《清文宗实录》卷344)

(咸丰十一年四月癸未)又谕：“前因田兴恕奏，粤匪窜扰毕节，距川较近，当经谕令该大臣，饬令派出官军，绕出贼前，迎头拦截，毋得徒事尾追……田兴恕已派都司田兴发带楚勇五百人，往助川防……该大臣务当不分畛域，悉心筹办，毋稍贻误。将此由六百里谕令知之。”(《清文宗实录》卷350)

（咸丰十一年六月丁丑）又谕："骆秉章奏'请饬刘岳昭赴蜀援剿'等语……着官文等体察情形，如楚北兵力足敷调遣，即饬令刘岳昭管带所部兵勇，迅速启程赴川，听候骆秉章调遣，毋稍迟缓。将此由六百里谕令知之。"（《清文宗实录》卷355）

（咸丰十一年六月乙酉）又谕："都兴阿奏'派赴徐州助剿之楚勇，现经王梦龄截留清淮'等语。总兵詹启纶招募楚勇二千名，前赴山东助剿，已派委将弁管带启程，续经僧格林沁札调徐州，攻剿捻匪。适东省捻股由万年闸渡河，窜逼海州、板浦等城，距清淮不及百里，复经王梦龄将此项新勇，截留清淮。该处防兵不敷分布，自应先其所急。惟徐、宿为北路门户，防剿尤关紧要。所有此项楚勇，着王梦龄暂留清淮助剿，一俟该处军务稍松，即饬令参将李有才等，带勇迅速前赴徐州，毋得稍事迁延，致滋贻误。将此由六百里谕令知之。"（《清文宗实录》卷355）

（咸丰十一年九月己酉）谕军机大臣等："前据袁甲三等奏皖省军务吃紧，叠经谕令官文等酌量分拨兵勇，会剿苗练。本日据袁甲三片奏，有传闻寿州城南到有楚师，已与苗逆接仗大胜之语，是否官文等已遵前旨，派兵进剿，尚未见奏报。现在寿州被围，危在旦夕，安庆、舒、桐，均已克复，楚军谅可分拨。着官文、曾国藩、李续宜、彭玉麟迅即派拨劲旅，分道并进，立解寿围，并与李世忠各军联络声势，务令逆练授首，以期廓清皖北……将此由六百里各谕令知之。"（《清穆宗实录》卷5）

（咸丰十一年十月丙寅）又谕："袁甲三奏'苗练攻破寿城，并仍请就抚'各折片……李续宜曾谕驻扎楚、皖交界地方，督剿军务。楚、皖唇齿相依，尤当力筹兼顾，现在楚军能否前赴寿州，苗练是否可抚，如必须剿办，则袁甲三兵力尚单，楚军能否分拨劲旅助剿之处，均着该抚等妥为商酌，迅速复奏……将此由六百里加紧各谕令知之。"（《清穆宗实

录》卷7）

（咸丰十一年十月庚午）又谕："严树森奏'催提楚勇并严防苗练'一折……其未到之楚勇、襄勇，并新募之湘勇，均着迅速催提到豫，训练成军，分防要隘。现在苗练已攻陷寿州，难保不窜扰豫境，苗沛霖党与苗金开等时萌觊觎，意图蚕食。该抚务当督饬将弁，趁此声威，节节扫荡，毋令苗党肆扰，以固疆圉。将此由六百里谕令知之。"（《清穆宗实录》卷7）

（咸丰十一年十月乙亥）谕议政王、军机大臣等："昨据严树森奏称'苗练于破寿城后，拟分党西窜，贾臻株守颍城，已成坐困。现在楚境肃清，请饬官文等或拨随州兵勇，取道豫境，由信、罗、光、固前进，或拨黄州兵勇，取道麻城，由商、固前进，均由三河尖驰援颍郡，规复寿州，并令彭玉麟亲统而行'各等语，苗沛霖自破寿州后，意图西窜，若颍郡有失，则楚、豫均受其害。严树森虽派兵前往，尚未能迎头截剿，如果苗沛霖以求抚为名，冀缓我师，自当合力痛剿，岂可坐失事机？若真悔罪输诚，亦当解散党与，以孤其势，庶操纵得以在我，不至任其要挟。着官文、曾国藩、彭玉麟、李续宜等悉心筹商。彭玉麟现在安庆，是否能由楚境援颍，黄郡、随州之师，是否可以分拨，务当统筹大局，商酌复奏，不可稍涉大意，致有贻误。将此由六百里各谕令知之。"（《清穆宗实录》卷7）

（咸丰十一年十一月辛卯）又谕："严树森奏，派兵布置河防……其南北两岸防河楚勇二千名，并着该抚相机调遣，堵剿兼施，以固疆圉而护全漕……将此由五百里谕令知之。"（《清穆宗实录》卷9）

（咸丰十一年十二月癸未）又谕："官文奏'楚军自攻克安庆后筹策东征，步军酌量添募，现在存营马队实形单薄，因请酌调珲春、宁古塔、伯都讷等处马队三百名，并打牲乌拉壮丁五百名，派员管带赴楚，由该大臣酌备行装银两，委员随解前往’等语。吉林马队最利驰逐，现在官文等筹议东征，已抵无为，必须添调马队。打牲乌拉壮丁熟习鸟枪，从前出师金川甚为得力，军兴以来，该处壮丁未经征调，若能从征有功，即当照向例准入八旗当差，谅该壮丁无不踊跃。着景纶酌量情形，如能挑选珲春、宁古塔、伯都讷等处马队三百名，并打牲乌拉壮丁五百名，即于官文解到行装银两后，派委明干之员管带，前赴湖北，倘不能如数调拨，亦着斟酌办理。将此由五百里谕令知之。”（《清穆宗实录》卷14）

（同治元年正月癸卯）谕议政王、军机大臣等：“景纶、麟瑞奏‘剿办土匪获胜’一折……此次挑赴湖北官兵三百名，总须择其技艺精强，枪马娴熟者前往，俾利攻剿。倘仍虚应故事，不知振作，恐该将军不能当此重咎也……”（《清穆宗实录》卷16）

（同治元年正月戊申）又谕：“前因总兵穆正春在豫正资得力，谕令严树森即饬折回河南，仍率所部交郑元善调遣。兹据严树森奏称‘穆正春系属同里，相知有素，去年奏调来豫，到营后事事认真，颇为豫军所嫉。李世玉、王国良、周兆常均与穆正春患难相从，殊难暂离，请仍准随带赴鄂’等语，御将之道，欲用其力，必须先得其心，穆正春即愿为该抚带往，自应俯如所请，以资臂助。所有穆正春四员，及严树森亲军马步五百五十人，均着准其随带赴鄂，周凤山一军着仍遵前旨，留于湖北归该抚调遣。鄂省军务吏治，本极整顿，现在该抚带往之穆正春等又甚得力。严树森到任后，务当振刷精神，于一切防剿事宜，与官文等和衷商办，共济时艰，与前抚胡林翼媲美，以期不负委任。将此由五百里谕令知之。”（《清穆宗实录》卷17）

（同治元年二月戊午）谕议政王、军机大臣等：“据御史朱潮奏‘统筹东南大局’一折，据称‘湖北等省全境肃清……请饬湖北等省出师会剿……’等语，览其所奏，与现办情形均属不相符合。曾国藩节制江浙等四省，已属不遑兼顾，若再令总制湖北、湖南、福建兵事，则运筹决策，瞬息千里，亦恐缓急机宜不能遥制。督抚办理粮台，乾隆年间曾有是例，此专为出师一路而言，若自两楚下至闽省，相去数千里，即因督抚事权较重，专司馈运，亦恐呼应不灵。湖北、湖南边境尚未解严……岂能分兵会剿……着官文、曾国藩、严树森、毛鸿宾、沈葆桢、庆端、徐宗干酌量情形，遇便复奏，不必因有旨饬筹，稍涉迁就也。原折着钞给阅看，将此各谕令知之。”（《清穆宗实录》卷18）

（同治元年二月乙丑）又谕：“据骆秉章奏‘石逆逼近川疆，请饬催黔楚各军合力堵剿’等语……易佩绅一军，前据毛鸿宾奏，已克日拔营，赴援夔万，着即饬令统带新募楚勇，迅赴夔郡。并饬在籍道员席宝田、总兵周达武带勇驰赴利川一带，侦贼所向，实力兜剿。川疆既固，即两楚亦可一劳永逸，保川即以保楚，谅官文等必能洞烛事几，不至稍分畛域也……将此由六百里加紧各谕令知之。”（《清穆宗实录》卷19）

（同治元年五月己丑）又谕：“……鄂省援师，本日复经寄谕官文等飞催赴陕……”（《清穆宗实录》卷27）

（同治元年五月癸卯）添调吉林打牲乌拉壮丁五百名赴湖北剿贼。（《清穆宗实录》卷29）

（同治元年七月庚子）谕议政王、军机大臣等：“……兹据胜保奏‘粤逆攻扑南阳，甚为吃紧，此股逆匪本系由庐州分投出扰，又与汉东大股会合，意欲窥伺楚疆，以扰楚师后路。适多隆阿在随州、枣阳一带布置严密，复又窜回，攻扑南阳，其南召县境之博望镇一带已有贼踪，可由鲁山卢氏扑犯河、陕，并有仍将西窜陕省之信’等语……楚省藩篱最关紧要，多隆阿既阻于贼，不能赴陕，着官文即饬多隆阿一军由随、枣前赴南阳一带，力筹防剿，与豫省官军前后夹击，痛歼丑类……雷正绾所部，计已由襄、郧行近陕疆，仍着饬令星速入关，俾资调遣……将此由六百里加紧各谕令知之。”（《清穆宗实录》卷34）

（同治元年七月壬寅）又谕：“……据胜保奏，多隆阿所部现在随、枣，与南阳切近，若令移兵进剿，顺而易成。并据郑元善奏，襄樊向有重兵，业经飞咨官文等分饬防兵，越境会剿。雷正绾军既为贼匪所隔，均即毋庸赴陕，着官文移咨多隆阿统带全军，并雷正绾一军，驰赴南阳，会同胜保、郑元善所派各军合力兜击，以期尽歼丑类。毋再蹈援陕故辙，迁延不进，贻误事机……将此由六百里加紧各谕令知之。”（《清穆宗实录》卷35）

（同治元年七月丙午）又谕：“……湖北襄阳道金国琛越境来援，图塔纳等出城夹击，贼势不支，败向西北山中逃窜，城围立解……雷正绾一军，现在随枣，并着官文飞饬该镇绕出贼前迎击。郧西防兵，相距较近，着官文一并酌量调派，飞速堵遏。金国琛所带兵勇，已抵南阳，即可乘此声势，会同郑元善派出各军，并力攻剿，务将此股逆匪，悉数歼除……将此由六百里各谕令知之。”（《清穆宗实录》卷35）

（同治元年七月戊申）谕议政王、军机大臣等：“……其雷正绾一军现在随枣，前命官文飞饬该总兵，绕出贼前迎击，着仍遵前旨办理……将此由六百里各谕令知之。”（《清穆宗实录》卷35）

（同治元年九月庚午）又谕：“据曾国藩奏，逆首李秀城等屡扑金陵营盘，拟调鲍超、朱品隆两军来援……皖南军情万分紧急，并以发逆窜扰德安府一带，有取道皖境回援金陵之说，请饬调多隆阿一军还驻舒、桐，兼顾皖鄂。是皖北情形，亦甚吃紧，而多隆阿调赴陕西剿办回匪，恐不能克期竣事，返旆东行……现值各路军情告警，李续宜身受厚恩，自应移孝作忠，与曾国藩等维持大局。该抚接奉此旨，着即克日启行，前来皖省接篆任事，断不可拘拘于假期百日，致误戎机。该抚忠勇素著，国尔忘家，想闻此警信，定能迅速就道也。将此由六百里加紧谕令知之。”（《清穆宗实录》卷 44）

（同治二年五月戊申）谕议政王、军机大臣等：“……其李续焘之军，业经豫省遣撤回楚，着官文等于该员行经鄂省，酌度情形，如可留为鄂省之用，即着另拨一军赴豫，派得力之员统带，以资调遣。吉林、黑龙江官军调发过多，势难再行檄调，并着官文、严树森于鄂省马队酌调若干赴豫，俾利驰逐。昨据巴扬阿奏，荆州旗营现存马八百余匹，均尚膘壮。鄂省马队尚有舒保等军，足资分布，如荆营马军可以拨调豫省，亦为径捷。即着官文等酌量调派，一面奏闻……将此由六百里各谕令知之。”（《清穆宗实录》卷 66）

（同治二年六月丁丑）又谕：“……如何绍彩之军，已回楚省，即着曾国藩飞咨官文等，迅速饬令赴皖。将此由六百里各谕令知之。”（《清穆宗实录》卷 69）

（同治二年六月甲申）又谕：“前因袁甲三奏调东三省马队赴豫防剿，当以该处官兵叠经和军营调拨，存营无多，谕令官文于荆州旗营内挑选赴豫……现在鄂省能否调拨，尚未可知，且亦为数无多，不能自成一队……将此由六百里各谕令知之。”（《清穆宗实录》卷 69）

（同治二年七月戊申）荆州将军巴扬阿奏：“遵拨驻防马队官兵二百名，赴河南陈州前任漕运总督袁甲三军营，听候调遣。”报闻。（《清穆宗实录》卷 72）

（同治二年八月壬辰）又谕：“熙麟奏‘各路兵勇到营，并现在办理情形'一折……并即催提副将王泰来续行招募之楚勇三千余名，迅速赴甘，由该督察看，如能得力，即一并交余万明、王泰来统带，以厚兵力……河南布政使王宪、潼关副将阿扬阿，于余万明所募楚勇过境之时，捐备军械，借给饷银，均属踊跃急公，能顾大局，着由熙麟传旨嘉奖……将此由六百里谕令知之。"（《清穆宗实录》卷76）

（同治二年十月癸巳）命前任湖北郧阳镇总兵官讷钦赴直隶军营，交总督刘长佑差委。（《清穆宗实录》卷82）

（同治二年十一月丙辰）湖广总督官文奏："请将安徽已革副将贵廷芳暂缓发遣，调赴湖北军营差委。"允之。（《清穆宗实录》卷85）

（同治二年十一月戊申）谕议政王、军机大臣等："刘长佑奏'畿辅军务已竣，遵旨回省，酌留兵勇，妥筹分布'一折……李明惠、陈飞熊等楚勇二千一百名……以资捍卫。……其现在撤存楚勇，一俟全境清谧，仍可随时妥为撤遣，或调赴他省有贼处所剿贼，较为妥善……"（《清穆宗实录》卷84）

（同治二年十一月丁卯）又谕："……晋省现有楚勇千名，着英桂、沈桂芬尽数调赴定边，协同张集馨派出防兵，扼扎防剿。惟晋省河防，亦关紧要，着阎敬铭迅即选派得力兵勇千名，星驰赴晋，交英桂、沈桂芬调遣，以补其缺。所调山西楚勇，着英桂、沈桂芬迅饬先行起程，不得专待山东各勇到后，始行前进……曹克忠带兵素称得力，且相距尚属不远，其能否酌带所部调赴定边，将山西楚勇一千并归统带，进攻宁夏之处，着多隆阿迅速斟酌调派。如曹克忠一时未能调往，应否改派何员前往，并着多隆阿迅筹办理……"（《清穆宗实录》卷86）

（同治二年十一月壬申）又谕："……当以晋省现有楚勇千名，谕令英桂、沈桂芬尽数调赴定边扼剿……晋省防河楚勇如未起程，即仍驻蒲防，毋庸调往……近年南省楚军雄劲，良由曾国藩、胡林翼等倡率乡里，教练成才，俾得转相汲引，故能所向有功……将此由六百里各谕令知之。”（《清穆宗实录》卷86）

（同治二年十二月癸酉）又谕：“官文奏‘乌拉壮丁征剿出力，援案恳请归入吉林旗档’一折。前因楚军征剿吃紧，当派乌拉打牲壮丁等六百名，赴湖北随营调遣，兹据官文奏称，该壮丁等到楚后，均能奋勇出力，自应量予恩施。着照所请，所有此项壮丁六百名户口，一并永远归入吉林各旗册档，与各旗丁一体挑补甲缺当差，以示矜恤而昭激劝。”（《清穆宗实录》卷87）

（同治二年十二月丁丑）谕议政王、军机大臣等：“……前因阎敬铭奏，遵派赴晋防河楚勇，请改赴陕省。当谕令英桂、沈桂芬，晋省防河楚勇如未起程，即仍驻河防，毋庸调往。或已起程，而兵力不敷，尚须添补，即准其于直隶所派之讷钦所带兵勇二千名内，于过晋时酌留一半，以补河防。着讷钦于抵晋后，会合英桂、沈桂芬酌量办理奏闻。将此由四百里各谕令知之。”（《清穆宗实录》卷87）

（同治二年十二月壬辰）又谕：“曾国藩奏‘接奉叠次谕旨复陈’一折……成大吉、石清吉两军，已由官文调赴鄂省防剿，其余未可轻动各条，着即照该督所拟，妥筹办理……今据奏，石清吉等营已由官文调赴鄂省，着该大臣即咨商官文，先其所急，酌度办理，谅该大臣等均不至有畛域之见也……将此由五百里密谕知之。”（《清穆宗实录》卷88）

（同治二年十二月癸巳）又谕：“……并由山东调拨楚勇赴陕，由多隆阿酌量派赴定边，以资防剿……”（《清穆宗实录》卷89）

（同治二年十二月丙申）又谕："……刘蓉遵查汉中城固失守殉难各员，业经降旨，均照所请分别惩恤。惟其中卢又熊一员，开城出走，纵勇肆掠，情尤可恶。汉中失陷之后，卢又熊行至汉岸，无船可渡，其党四散，该员亦不知实在下落，谅必潜逃各处。着官文、骆秉章、严树森、张集馨于湖北、四川、陕西各省，一体严拿务获，就地正法，以为炯戒。刘蓉现已进扎宁羌，筹画进兵。将来川省援军，分西南两路进剿，则东路更形吃重。鄂省前将派驻兴安之梁作楫所部调回，以防豫捻，现在张总愚股匪离鄂较远，即着官文、严树森于该省各营抽调一军仍驻兴安，以防贼窜回鄂之路，并与李云麟之军联络策应，防剿兼施。其与豫省毗连沿边各处仍须严密布置，毋稍疏虞……将此由六百里谕知官文、骆秉章、严树森并传谕张集馨知之。"（《清穆宗实录》卷89）

（同治二年十二月丁酉）又谕："……前所调派晋省拨赴定边一军，嗣由山东改拨单县所扎楚勇一千名，即由东省取道汴省，径赴潼关，此时当可到防……"（《清穆宗实录》卷89）

（同治三年正月）庚申，谕议政王、军机大臣等："……前由东省调赴楚勇千名，此时计可到防，是否单薄？如须添兵，即着多隆阿酌量调派，并着熙麟于楚勇到防后，就近随时联络调度，以资防剿。将此由六百里各谕令知之。"（《清穆宗实录》卷91）

（同治三年五月庚子）谕议政王、军机大臣等："乔松年奏'皖北布置防守情形'一折。发捻麇聚楚地，声言回救金陵，若由楚东窜皖北，则六安首当其冲……惟发捻股数众多，现在楚省德安、云梦、应城、随州、京山、天门等处，纵横数百里，遍地皆贼。而皖北防兵，究嫌单薄，恐不足以资堵御……本日据穆图善奏，已饬常星阿六起马队，径赴僧格林沁军营，听候调遣。此军到后，着该大臣妥为调度，饬令与前敌马步各军，迅将楚豫交界之贼四面围剿，毋任东窜……将此由六百里各谕令

知之。”（《清穆宗实录》卷102）

（同治三年五月甲辰）又谕：“官文奏‘官军追剿获胜，下游情形吃紧，派兵分剿，请截留英毅、湘果各营’各折片。随州贼匪盘踞八里畈，经总兵杨朝林击败，逃窜马平港。僧格林沁马队驰往应山，杨朝林移营德安，总兵梁洪胜将枣阳南窜之贼击败于安郡、臼口、尹滗河等处，并将围逼天门县城及窜扰皂市之另股各匪击退。现在天门、应城、德安等处，贼势甚重，其击败之贼，复回窜随州之南山。官文现咨商僧格林沁驻军德安，会军夹击，着僧格林沁即酌量情形，移军前往，四面兜剿，并分兵绕出贼前，力遏贼匪东窜之路，总期就地歼除，毋令阑入皖境。武昌省城防守事宜，即着唐训方严密布置，不可稍涉大意。前据穆图善奏派蓝斯明、姜玉顺、萧河清等步队克日起程，此时计已行抵鄂境。僧格林沁现调萧河清一军赴该大臣军营，着即饬令该总兵前往，听候调遣。其余步队各军应分隶何路，着僧格林沁、官文会商调度。常星阿所统马队俟到鄂后，即着归僧格林沁调遣。前据严树森奏，请将陕西所派英毅等二十营撤回。当因英毅六营已入楚境，应否留楚，谕令官文知照刘蓉办理。现据官文奏称，贼踪去秦较远，陕军势成尾追，不能绕前迎击，应需饷糈亦难筹给。着官文、刘蓉即檄令此军，无论行抵何处，迅即撤回陕境。其李云麟所统湘果等十四营，前经刘蓉议令暂缓撤遣，本未令其留楚，着刘蓉仍遵前旨，责令在陕南搜捕余匪，毋庸饬令赴楚。所有英毅六营勇丁，应否留防陕境，或饬令赴援甘省，及酌量裁撤之处，着刘蓉酌度办理。将此由六百里谕知僧格林沁、官文、刘蓉，并传谕唐训方知之。”（《清穆宗实录》卷102）

（同治三年五月乙巳）谕议政王、军机大臣等：“富明阿奏‘撤回南渡各军及水陆布置情形，并催调克蒙额马队’各折片。丹阳一城，前据冯子材等奏，已派陶茂森前往接守。现在发捻麇聚楚境，天门、应城、德安等处，贼势甚重。该逆不能南窜，势必东趋，是江、皖各境之防，

关系尤为紧要……将此由五百里谕令知之。”（《清穆宗实录》卷102）

（同治三年八月辛巳）又谕：“……着曾国藩于各路防兵内，挑选马步精壮十数营，拣派得力将弁数员，统带赴甘，交都兴阿调遣。如金陵兵力仍可分拨，即酌拨数营，由宿松斜趋麻城，与楚、豫各军会剿发捻各逆，尤可迅收夹击之效。并着曾国藩妥筹兼顾……将此由六百里各谕令知之。”（《清穆宗实录》卷112）

（同治三年九月乙巳）谕议政王、军机大臣等：“前因陕西调回湖北之温德勒克西两起马队，及苏伦保两起马队，蓝斯明四营步队，昨因甘肃回氛日炽，谕令官文将前项马步各队，酌量驰赴甘省，谅该大臣已妥为调度。本日复据常清由八百里驰递，据称‘叶尔羌回变被陷，英吉沙尔、喀什噶尔两城武弁谋叛，乌噜木齐城围未解，请催调内地精兵援剿’等语……着官文即遵照本月初五日谕旨，速将温德勒克西等及苏伦保马队派往甘肃，交穆图善统带。蓝斯明等步队，如楚省军情稍松，可以调拨，亦着派令赴甘，以资得力。以上各起马步，着官文于接奉此旨时，迅速遵旨酌量调派，不准借词奏留。麻城余匪仍有若干，曾否复窜豫境，近日军情若何，着僧格林沁、官文随时具奏。东窜英、霍之贼，业经曾国藩调派刘连捷等营迎剿，该逆不能逞志于皖，必再犯鄂。官文务饬各军，尽力防剿，毋任回窜勾结……将此由六百里加紧各谕令知之。”（《清穆宗实录》卷114）

（同治三年九月戊申）谕议政王、军机大臣等：“穆图善奏‘马步各营分期起程并仍带金顺马队援甘’一折……前谕官文将温德勒克西等及苏伦保马队派往甘肃，交穆图善统带。蓝斯明等步队，如楚省军情稍松，亦令调拨赴甘。着官文懔遵前旨赶紧筹拨，催令飞速起程，毋得奏留，致误事机……将此由六百里各谕令知之。”（《清穆宗实录》卷114）

（同治三年九月癸丑）又谕："李云麟奏'请将暂扎漫川关之楚军三营全行遣回，仍由陕省筹还借项，并将水师酌量裁撤'，又'病势加重，请由襄阳回旗'各折片，据称'中前后三营暂扎漫川关，现在楚陕之交，军事已松，必须全行遣撤。已饬三营赴襄阳，领五、六月饷银，所有借款一万两，仍咨刘蓉筹解襄阳，一俟此款解到，便可同时遣撤，并将水师一并裁撤，仅留澄汉一营'等语。着官文即饬襄阳委员，将五、六两月饷银关支，刘蓉将欠款一万余两，转饬粮台如数解襄，并令李云麟妥为遣撤，如此后有该营滋事，定惟李云麟是问。李云麟由水路赴襄阳，但须将经手事件完竣，方准回旗，如有轇轕不清，擅自回旗，将来亦必仍行发往清理也……将此由四百里各谕令知之。"（《清穆宗实录》卷115）

（同治三年十月丙戌）又谕："……穆图善奏'吉林、荆州官兵，前经调赴湖北、安徽、陕西等处军营，剿贼出力，叠经奏保，以协领等缺尽先补用。本城所出之缺，未能排列拔补，请饬照黑龙江章程轮补'等语……"（《清穆宗实录》卷118）

（同治三年十月癸巳）谕议政王、军机大臣等："……又片奏'山西茅津渡驻防之楚勇一千名，素称精壮，请调拨赴甘，原调之大同兵一千名，拟遣撤回晋'等语。山西防务已松，着沈桂芬即将派防茅津渡之楚勇一千名拨赴甘肃，归穆图善统带……楚勇口粮即照该将军等所请，每月加解银六千五百两，务须按月接济，毋得稍分畛域，致有哗溃之虞……"（《清穆宗实录》卷119）

（同治三年十二月壬申）又谕："徐宗干奏'闽省军务繁兴，请饬提镇实缺各员赴任'等语……汀州镇总兵沉俊德前在湖北军营，业经官文饬令带兵赴闽，着毛鸿宾、李鸿章、官文分饬各该员等迅速赴任……"（《清穆宗实录》卷123）

（同治四年正月辛酉）又谕："张之万奏'甘肃援剿之师，现均由河南府行走，西入潼关。西路各州县连年岁歉，惨罹兵燹，诚恐供支无力，贻误军行。查援甘之兵，大半调自江、鄂两省，其由江北来者，由归陈入境，取道河陕，西入潼关，其由湖北来者，由南汝光入境，取道淅川厅，西赴商州，较由河、陕行走，尤为便捷'等语，豫西各州县叠遭蹂躏，若再加以兵差苦累，不但应付不及，贻误戎机，且无以苏该州县官民之困。嗣后遇有调兵赴甘，着官文、曾国藩、富明阿、吴昌寿饬知带兵官，各就起身地方，如由豫东入境，仍旧取道河陕，由豫南入境，则令其取道淅川，一面知照豫省就近支应，以利师行而苏民困。将此由四百里各谕令知之。"（《清穆宗实录》卷128）

（同治四年二月辛未）谕议政王、军机大臣等："……现在湖广、江南、江西、江苏等省均有遣撤队伍，其中均不乏得力镇将，投闲置散，既属可惜，若派令来直整饬营务，实为有益。着官文、曾国藩、李鸿章、沈葆桢各于现撤诸军内，择其胆识过人、战功卓著之镇将，保奏数员，发往直隶，交刘长佑差委。并着刘长佑随时考察，如该员等真能出力，准由该督随时请旨补用……将此由四百里各谕令知之。"（《清穆宗实录》卷129）

（同治四年三月乙卯）谕军机大臣等："……至豫省兵力无多，现俱移防东路，后路不免空虚。吴昌寿仍当督带楚北兵勇二三千名，迅即遵奉叠次谕旨，赶紧赴豫助剿，俾豫省得以腾出兵力，专防东路。其行抵豫境日期，并即迅速驰奏……"（《清穆宗实录》卷133）

（同治四年四月戊辰）又谕："……本日又据沈桂芬奏'遵拨茅津渡楚勇一千名，由袁复清、罗承勋统带，先后赴甘……'等语……至沈桂芬所称楚勇，业已先后赴甘……"（《清穆宗实录》卷135）

（同治四年四月庚午）又谕："……杨岳斌自楚起程后，行抵何处，着懔遵叠次谕旨，星速进发……将此由六百里再行密谕知之。"（《清穆宗实录》卷135）

（同治四年四月）甲戌，谕军机大臣等："……杨岳斌既已行抵襄阳，着即星驰就道，并檄令员弁勇丁，随后继进，迅抵甘省，与都兴阿妥速筹商，以安西陲，一俟行抵陕境，即行驰奏。蒋凝学所部仍在豫楚之交，着吴昌寿仍遵前旨，催令该道随同杨岳斌兼程西进，以期得力。将此由六百里谕知都兴阿、穆图善、雷正绾、骆秉章、杨岳斌、成禄、联捷、刘蓉、吴昌寿，并传谕恩麟、陶茂林、杨能格知之。"（《清穆宗实录》卷135）

（同治四年四月己卯）又谕："恩麟奏'甘省西、南两路贼势蔓延，请饬催川、湖等省援军，并曹克忠攻剿盐茶厅踞匪获胜'各折片……前据杨岳斌奏，业已行抵襄阳，当经降旨催令迅速西进。刻下甘省回氛日炽，关内外信息不通，亟应先清关内，再图进剿。着杨岳斌懔遵叠次谕旨，迅即趱程前进，毋再迟延干咎……蒋凝学一军，已至楚豫之交，着吴昌寿仍遵前旨，饬令随同杨岳斌大军克日西发……将此由六百里谕知都兴阿、穆图善、雷正绾、骆秉章、杨岳斌、李鸿章、吴昌寿，并传谕恩麟、陶茂林知之。"（《清穆宗实录》卷136）

（同治四年闰五月戊寅）又谕："官文奏'援甘楚勇溃散，现办情形'，吴昌寿奏'发捻麇聚亳东，饬兵进剿，并函商江皖兜剿'各一折。蒋凝学一军行抵襄阳，复借口索饷，纷纷逃溃，已散至八营之多。现在折回省城，形同叛逆，深堪痛恨。官文现饬姜玉顺督率所部迎头遏截，着即饬令该员相机办理，如抗不就抚，即着痛加剿洗，并将为首滋事之犯，速行擒斩，以儆凶顽。被胁逃归各勇，务须妥为抚辑，以安善良。前经叠降谕旨，令官文、杨岳斌饬令此军折赴豫省剿捻，归吴昌寿调遣。

是蒋凝学所部各营，业已停止赴甘，现在未散各勇，尚有十一营。着官文飞饬传知蒋凝学，将叠次所奉谕旨晓示各勇，以安众心。本日据吴昌寿奏称‘拟在豫省添募勇丁数千，无庸借资楚勇，请令蒋凝学一军，即在樊城驻扎，听候朝命’等语，豫省既可就地募勇，自无须远调客军。所有蒋凝学一军，即着留于鄂省，归官文调遣，并着饬令此军移扎鄂省东北边境，以便堵截皖匪窜入楚北之路，并责令蒋凝学将现在未散勇丁妥为驾驭。所有蒋凝学应得处分，着暂行宽免，倘再不能约束，致所部勇丁续行逃渎，即着官文将该员严参治罪。其现存未散之十一营欠饷，仍着官文酌量情形，筹款补给。姜玉顺一军现办溃勇，未能赴豫，官文已改调飞虎四营援豫，即着饬令迅速起程，并着吴昌寿赶紧迎提，以厚兵力……将此由六百里各谕令知之。”（《清穆宗实录》卷 142）

（同治四年闰五月戊寅）湖广总督官文奏：“遵保凯撤营员赴直差委，查有副将谭秀元、参将骆万春久历戎行，堪胜委用。”得旨：“谭秀元、骆万春均着驰赴直隶，交刘长佑差委。”（《清穆宗实录》卷 142）

（同治四年六月丁酉）谕军机大臣等：“官文奏‘鄂省现办防守，请将常星阿等马队调回楚疆，并密陈各路勇丁情形’等折，据称‘前派飞虎四营克日赴豫，该营于奉檄后沿途迟滞，又复枝梧，不欲前进。细察情形，亦不可遽令前往，惟有赶紧遣散，以节糜费’等语。飞虎四营，既不愿赴豫，即令勉强从事，亦难期其得力。着即分别遣撤安置，惟不可令其沿途生事，致贻他省之患。吴昌寿现已开招豫勇，着即认真训练，并将绿营兵丁妥为简练，务使一兵得一兵之用。如须调何省知兵将领，即着指名檄调，以资臂助。常星阿、温德勒克西等马队，已交曾国藩等调遣。皖省军务方殷，需用孔亟，未便调回楚境。着官文就现有兵力，大加整顿，以防逆踪窜越。姜玉顺一军，令驻黄安、麻城，距豫切近。如豫省有警，即檄令出境会剿，不得任令观望，致误戎机。将此由五百里各谕令知之。”（《清穆宗实录》卷 144）

（同治四年七月丙戌）又谕："……王榕吉另片奏'新任臬司陈湜素称知兵，现在奉旨办防，必须有得力之兵供其指挥，方能调度合宜。请将拨赴宁夏之楚勇一千调回晋省'等语。此项楚勇如能调回山西，归陈湜统带，可收兵将相习之效。着都兴阿酌量情形，妥筹调拨……"（《清穆宗实录》卷149）

（同治四年九月戊辰）又谕："……至李鸿章此次带兵赴豫，或由水路取道襄樊，或径赴清淮，循河西上，均由曾国藩、李鸿章斟酌妥办……将此由六百里各谕令知之。"（《清穆宗实录》卷153）

（同治四年九月）丙戌，谕军机大臣等："官文等奏'贼氛南窜，派兵夹击'一折。捻氛南窜，扰及襄阳所属之双沟等处，势甚蔓延。官文等现饬姜玉顺、刘维桢等分路堵御，务当督率该将士等认真防剿，两面夹击，毋令窜扰完善之区。至此股捻逆倡乱多年，蹂躏数省，罪大恶极，必应合三省之力，殄此狂氛，岂可轻率言抚？惟胁从之人，情尚可悯，果能捆献逆首，缴械投诚，方可予以自新之路。该督抚等惟当激励将士，乘贼势稍弱之际，一鼓殄除，不可为'抚'之一字所惑，致堕狡计。将此由六百里各谕令知之。"（《清穆宗实录》卷155）

（同治四年十月乙未）又谕："都兴阿、穆图善奏，雷营兵变，布置防范情形，及请饬晋省筹银采办米石，楚勇两营难再撤回各折片……"（《清穆宗实录》卷156）

（同治四年十月己亥）又谕："联捷奏'接准雷正绾来文，恳请另赏差使，并请将雷营勇丁移防楚豫……'等语……至称雷正绾所部勇丁，请调赴楚豫防剿一节，尤属自逞私见，越分妄陈，着不准行……将此由六百里各谕令知之。"（《清穆宗实录》卷156）

（同治四年十一月）丁卯，谕军机大臣等："曾国藩奏'官军击贼叠胜，现筹剿办情形'一折。逆匪分扰豫疆，经周盛波、刘铭传等军于宁陵、扶沟等处迎头拦击，大获胜仗。该逆不敢东窜，现在麇聚襄、叶、舞阳一带，谋扰湖北。曾国藩现派刘铭传一军，作为游击之师随贼所向，跟踪追剿，并令李昭庆赶办马队，驰赴河南，与刘铭传之军相机追逐，使贼不得休息。所办甚属妥协，具见老成谋国，深合机宜……仍着该大臣斟酌情形，相机前进，庶居中调度，呼应可以灵通，想曾国藩必能因时制宜也。贼匪窥伺鄂疆，官方当懔遵前旨，派兵迎击，痛加剿洗，不得稍涉因循，致形滋蔓。曾国藩另片奏'鲍超鉴于金口军叛，不敢轻收降卒，若令少统数营赴豫剿捻，必于大局有裨'，并称'进兵之路须以襄阳为老营，乃能北控南汝，西蔽郧陕，凡银米军械等件，应由湖北粮台作主'，所筹尚妥。年来捻匪出没楚豫之交，皆由无得力之兵痛加剿洗，以致任其去来，总未大受惩创。鲍超带兵素称勇往，若令简练精锐，申明纪律，即可成节制之师。该提督现在虽已赴江，而豫省军情较之江、粤尤为紧要，即着曾国藩檄调鲍超，统带新募各营，驰赴湖北，由襄阳一带相机进剿。一切进止机宜，仍着曾国藩妥筹调度。其鲍超留江旧部，仍令归娄云庆统带，剿办粤贼，并着传知该提督遵照办理。至鲍超既赴楚豫剿捻，必须宽筹饷项，俾无缺乏。所有银米军械等项，即着官文督饬湖北粮台筹定数目，按月拨解，不准稍有推诿。江南月协之饷，即由曾国藩咨商李鸿章酌定成数，源源接济。将此由六百里各谕令知之。"（《清穆宗实录》卷159）

（同治五年正月乙亥）又谕："前据刘长佑奏，调派总兵刘荣合，于楚勇内挑出精壮数十名，并酌带马队百数十名，驰赴蓟州……"（《清穆宗实录》卷166）

（同治五年正月戊寅）又谕："曾国藩奏，遵派马队回援奉天，并请令刘秉璋襄办军务各折片。奉天所属各股马贼，现已全数窜扰吉林，该处兵力单薄，势甚危急……曾国藩以乌尔图那逊所部兵数较少，鄂省距奉天程途稍远，现改派色尔固善等，管带吉林、黑龙江马队九百余人，即日由陈州起程，驰赴奉天，实属不分畛域，力顾大局……”（《清穆宗实录》卷166）

（同治五年三月甲申）又谕：“王榕吉奏，晋省南路边防吃紧，分筹守御情形，请饬穆图善将原调晋兵遣回各折片……前因王榕吉奏‘晋省河防兵单，请调回赴甘助剿之楚勇千名’，曾谕都兴阿酌量调拨。兹据该护抚奏称‘晋防吃紧，如前项楚勇业经饬赴前敌，即请将原调晋兵八百名遣回’等语。现在宁夏回匪投诚，兵力谅敷分布，惟兰州省城兵变，又虞各处响应。着穆图善酌量情形，如兵力已敷，即将此项晋兵八百名遣回本省，以资防剿。将此由四百里谕知穆图善，并传谕王榕吉知之。”（《清穆宗实录》卷173）

（同治五年四月）丁酉，谕军机大臣等：“官文奏‘整顿鄂军并明字四营骤难抽调赴甘’一折。张、赖等逆现窜曹、单、丰、沛一带，距鄂境虽远，而贼踪剽疾，总须先事筹画，以备不虞。官文、曾国荃现拟整顿各营，将杨朝林等军分别遣留，腾出饷源，由该抚另选良将，添募精壮，俾成劲旅，所筹尚是。即着该督抚和衷商办，将新募各营认真训练，务使战守有资，毋得空言了事。杨岳斌前调之蓝斯基四营，想即系蓝斯明所部，该督以鄂省兵单，拟请仍留防剿。惟甘省贼势蔓延，又无得力将弁，事机倍形吃紧。朱南桂、刘连捷等前经杨岳斌奏调，又为曾国荃调赴鄂省，甘省更无可恃之军。仍着官文、曾国荃于该数员内酌量分拨赴甘，毋得稍分畛域，以顾大局。鲍超一军，亟盼北来，何以尚在江西，着该督抚赶紧咨催赴豫，不准任意逗遛。并将该军饷需，妥为解济，以利军行。将此由五百里各谕令知之。”（《清穆宗实录》卷174）

（同治五年六月庚戌）谕军机大臣等："……穆图善现派总兵李曙堂等管带楚勇一千五百名，驰赴陕省吴旂镇，并派西蒙克西克马队赴陕助剿，即着饬令星速起程，毋稍迟缓……将此由六百里各谕令知之。"（《清穆宗实录》卷179）

（同治五年十月戊戌）湖北巡抚曾国荃奏："出省择要驻扎。"得旨："贼踪分合靡定，南阳一带空虚，该抚务当确探贼情，相机进扎。并檄饬郭松林一军越境会剿，仍随时与曾国藩咨商调度，毋得顾此失彼，致滋延蔓。"（《清穆宗实录》卷186）

（同治五年十二月己丑）谕军机大臣等："官文、曾国荃奏'官军扼截股匪，沿途叠胜情形'一折。任赖等逆由豫省商城窜入麻城，兼扰黄安、黄陂等处，经姜玉顺各军分途截击，该逆窜扑云梦，于上月二十三日，突攻德安府城。维时郭松林率军东来，亲督各营，连番迎击，阵毙悍贼多名，贼众大溃。据获贼供称，该逆欲乘虚袭踞城垣，为度岁之计。着谭廷襄、曾国荃严饬郭松林、谭仁芳等军，赶紧穷追，毋任喘息。该逆现经挫败，必图上窜，京山、天门一带，甚属空虚。曾国荃已檄饬总兵刘维桢等军，由枣阳、襄阳分路拦截，即着该总兵等严为堵御，觇贼所向，并力歼除。曾国藩、李鸿章亦当分饬刘铭传、周盛波等，会合鄂军，分投兜击，不可纵出鄂境，复肆蔓延。德安为武汉上游，地当冲要，曾国荃应否移营驻扎，调度各军，着妥为酌量。其滠口等处，仍着谭廷襄、曾国荃严檄派出各员，严密防守，以固省垣。所有鄂省追剿诸军，如有观望不前，任贼狂窜者，着该署督等遵奉叠次谕旨，查明参办，毋稍徇隐。襄樊等境，毗连豫疆，难保该逆不乘虚回窜，李鹤年务当豫筹防御，毋得专待客援，致豫境又形糜烂。刘秉璋等现在屯扎何处，并着曾国藩、李鸿章饬令扼守鄂豫交界地方，迎头截击，以壮声援。将此由六百里各谕令知之。"（《清穆宗实录》卷191）

（同治五年十二月丁酉）谕军机大臣等："李鹤年奏'任赖逆股窜至湖北天门，遵饬宋庆一军越境追剿'一折，逆踪已窜天门，其西南有江汉之阻。现在鲍超一军业已入鄂，着谭廷襄、曾国荃督饬鲍超、郭松林、张树珊、刘铭传等各路之兵，三面兜围，务须就地歼除，不准再有窜逸。诚恐该逆惯于避兵，乘虚回窜，李鹤年务当督饬宋庆一军，兼顾后路，毋任回窜，致办理又形棘手。曾国藩、李鸿章即飞檄鲍超等援鄂之军，实力会剿，尽歼丑类，不得稍有退缩。李鹤年俟张曜到豫，与之通盘筹商，酌量出境，居中驻扎，以资得力。西窜之张总愚股匪，着该抚随时确探，严密设防，毋稍松劲。将此由六百里各谕令知之。"（《清穆宗实录》卷192）

（同治五年十二月戊戌）谕军机大臣等："谭廷襄、曾国荃奏'官军追贼获胜，现在剿办情形'一折。此次捻逆阑入鄂境，叠陷城池，虽各军俱有胜仗，尚为奋勉，而曾国荃督兵近在德安，漫无调度，致令该逆任意蹂躏，甚负期望。着即会同谭廷襄严饬各军设计痛剿，务当就地歼除，毋令窜入豫境。并着曾国藩、李鸿章饬令周盛波等分道进剿，会合夹击。其襄河北岸，着曾国荃派兵会同唐协和严密堵御。总之，该逆在鄂，地势既非平旷，马力不能施展，若各军四面夹击，齐心并力，必可痛挫其锋，以后势如破竹，易于剿办。倘仅侈报小胜，而任听该逆四窜，于大局何益？曾国荃久在军营，岂不深知？谅不烦谆谆指示也。鲍超一军谅已抵鄂，距贼不远，当可接仗，并着曾国藩、李鸿章催令迅速进剿，毋再迁延，致误叠饬援陕事机。第鄂境力剿之后，该逆乘间窜豫，亦在意中，着李鹤年懔遵前旨，派军防剿，不可稍涉大意……将此由六百里各谕令知之。"（《清穆宗实录》卷192）

（同治六年正月丁巳）谕军机大臣等："前据乔松年奏，刘蓉军政隳坏，留陕无益。本日据刘蓉奏，捻逆由蓝田回窜临渭，盘踞新丰，官军奋力击走，乘胜追袭，中伏挫衄，请饬左宗棠由襄阳取道荆子关，到陕会剿，并密陈乔松年掣肘及贪利徇私各情，请另简知兵大员接任，又自陈与乔松年意见不合，皆为公事起见各折片……”（《清穆宗实录》卷194）

（同治六年正月）己未，谕军机大臣等：“谭廷襄、曾国荃奏，捻逆窜及孝感，经官军截回，连日攻剿情形。乔松年奏，捻踪西趋盩、鄠，现在收集散勇，重加整顿，并相机出省各折片。此次窜鄂之捻，虽经彭毓橘等连日追剿，而总兵张树珊以血战遇伏，力竭阵亡。该总兵向来剿贼最为奋勇，失兹良将，甚可悯惜，着曾国藩、李鸿章迅即查明请恤，以慰忠魂。张树珊以统领大员被贼围里时，何以无一人援救，其所部安在？是其营中彼此不相策应，亦可概见，并着曾国藩、李鸿章严切查明，痛惩积弊。现在曾国荃拟困贼于枣阳、钟祥之下，天门、京山之上，四面夹击，固是扼险之策。第该抚前奏贼入鄂境，必可歼除，迨该逆既入鄂境，东西奔突，仍不能制。计湘、淮、豫各军在鄂者，数倍于贼，既有地险可扼，必当思同心协力之效。即着曾国荃督饬各军联络一气，毋使贼踪再行他窜，以期聚歼，用慰廑念。鲍超一军，前已奏报起程入陕，现在陕省正需劲旅协剿，未便朝令暮改，再令赴鄂。曾国荃虽久在军营，颇少定见，鲍超毋得借端折回，徒奔驰于无贼之地，致误事机。捻逆虽在德安，而窜豫实在意中，李鹤年仍当严防，不可稍涉大意。陕捻西窜盩、鄠，乔松年收集溃散兵勇，尚未可用，亦系实情。着该抚赶紧整顿训练，并俟刘松山、郭宝昌等军到后，再行相机出省。且贼踪诡诈，并须豫防由楚、陕乘虚窜入晋境……刘松山一军是否业已到陕，并着曾国藩、李鸿章、乔松年催令入陕，以资得力，毋许迟缓。将此由六百里谕知曾国藩、李鸿章、谭廷襄、曾国荃、李鹤年、乔松年、库克吉泰、德兴阿，并传谕鲍超知之。”（《清穆宗实录》卷194）

（同治六年正月）庚申，谕军机大臣等：“穆图善奏请募补陕甘绿营兵额，酌撤直隶官兵，及请饬陕甘举行坚壁清野各折片……及精锐右营楚勇，俟营兵招有成数，再行遣撤，即着咨明刘长佑、赵长龄知悉……

将此由六百里各谕令知之。”（《清穆宗实录》卷194）

（同治六年正月壬戌）谕军机大臣等：“李鸿章奏各军入鄂剿贼情形等语。现在捻势甚张，各军俱至德安、京山、天门一带，山多路窄，可期兜剿。着曾国藩、李鸿章、曾国荃严檄各军，设法堵剿，毋令他窜。随州一路，无军拦堵，并着谭廷襄、曾国荃派兵扼截。李昭庆一军，现由罗山、麻城赴豫，着李鸿章相机调遣。李鸿章密片一件，已交军机处存记，候旨录用矣。将此由五百里各谕令知之。”（《清穆宗实录》卷194）

（同治六年正月甲子）谕军机大臣等：“……鲍超一军，前谕径行入关，无庸回鄂，不得再有观望，致干重启……将此由六百里谕知曾国藩、左宗棠、李鸿章、库克吉泰、德兴阿、乔松年，并传谕鲍超知之。”（《清穆宗实录》卷194）

（同治六年正月癸酉）又谕：“左宗棠奏‘兵力较单，请调高连升所部随同西征’等语。现在左宗棠由鄂入关……着瑞麟、蒋益澧迅饬高连升统率所部九营，由惠州、嘉应逾岭而北，出赣州顺流而下，溯江抵鄂，取道襄樊前进，以为左宗棠后路声援……将此由六百里各谕令知之。”（《清穆宗实录》卷195）

（同治六年二月庚子）谕军机大臣等：“……鲍超一军，现已留鄂剿贼，湘淮诸军，亦俱到鄂，后路尚可无虞，该大臣即酌度援应，以纾廑念……将此由六百里各谕令知之。”（《清穆宗实录》卷197）

（同治六年二月甲寅）谕军机大臣等：“……捻逆肆扰楚、豫等省，势甚蔓延……”（《清穆宗实录》卷197）

（同治六年三月壬申）又谕：“谭廷襄、曾国荃奏‘捻逆盘旋于麻、蕲、二黄，官军获胜，贼复上窜云、孝，现在会剿各情形’一折。贼众在麻、蕲、二黄境内，叠经姜玉顺等军击败，各有斩擒。左宗棠带兵行至滠口，亦麾军追剿。刻下任赖二逆上趋云、孝，将由应城、天门以赴臼口，冀扰襄河南岸完善之区。着曾国荃檄饬襄河水师节节上驶，极力防范，并整顿各州县民团，凭河固守，以保要隘。鄂军三十余营止可并为一路，现由孝感、云梦紧蹑其后，仅成尾追之势，不足以遏凶锋。鲍超假期届满，自必督军迎剿，用收夹击之效。该提督何日拔队启行，即着赶紧奏报，以慰驰系，不得任意迁延，自弃前功，致干重咎。李鸿章已派李昭庆等率淮军由麻城入鄂，即着催令鲍超一军与之会合，上下夹攻，以纾鄂患。曾国荃已由水路赴省，着将现在军情，与谭廷襄妥商办法，视贼势趋重何路，即行相机出省调度，毋误戎机。陕西情形吃重，左宗棠所带之兵未能在鄂久延，仍着懔遵前旨，迅速入关调度。将此由六百里谕知李鸿章、左宗棠、谭廷襄、曾国荃，并传谕鲍超知之。”(《清穆宗实录》卷199)

(同治六年三月丁丑)谕军机大臣等：“谭廷襄、曾国荃奏‘捻众西窜应城、京山、天门，官军叠击获胜’，李鹤年奏‘任赖股匪西趋，张逆向东移动，豫省两路防军布置情形’各一折。捻匪分窜孝感之小河司等处，经刘维桢等分道进剿，各有斩获。该匪被击后，窜至乌路寺，又扰及皂市等处，趋向靡定。曾国荃复赴德安调度，着即督饬水师炮船堵贼上窜，并督陆军紧蹑追剿，以遏狂氛。惟上游扼截之师，尚少劲旅，鲍超素称勇敢，如已痊愈，着即督队前进。倘尚须调养，即先派得力将弁会鄂军痛剿，自为后劲，以竟全功。何日拔队启行，仍遵前旨驰奏，以慰廑系。李昭庆等军，着李鸿章飞催拔队上行，会师夹击。李鹤年所奏两路军情，与谭廷襄等奏报略同，着饬令宋庆等整顿防军，以备邀截，并令张曜新募之军赶紧教练，相机调拨。西路之防，现派马德昭前往阌乡驻扎，着督饬随时侦探贼情，与陈湜等联络声势，不得稍分畛域。将此由六百里谕知李鸿章、谭廷襄、曾国荃、李鹤年，并传谕鲍超知之。”

（《清穆宗实录》卷199）

（同治六年三月）己卯，谕军机大臣等："左宗棠奏'行抵德安，拟俟淮、霆各军赴鄂，再行入陕'一折。现在鄂捻西窜，而淮、霆各军尚未赶到，左宗棠拟在德安稍停数日，视贼所向，再定进止，洵能力顾大局，不分畛域。着该大臣探明，如贼由臼口西窜，即行督军会剿，以收夹击之效……将此由六百里谕知曾国藩、左宗棠、英桂、吴棠、瑞麟、谭廷襄、曾国荃、马新贻、蒋益澧、郭柏荫，并传谕周开锡知之。"（《清穆宗实录》卷199）

（同治六年四月丁亥）谕军机大臣等："鲍超奏'病难速愈，恳请离营调治'一折。鲍超平素剿贼，所向有功，非寻常统兵将领可比。现因病势较重，奏请离营，朝廷廑系实深，即着该提督在襄阳调治，毋庸离营。现在鄂捻西窜，剿办正当吃紧，鲍超已派宋国永等赴安陆一带迎剿，着李鸿章、曾国荃督饬湘、淮、鄂、豫诸军，会合夹击，迅殄贼氛，鲍超亦当力疾协筹，毋稍松劲。该提督年力正壮，医治易痊，当即亲统所力，力竟全功，以副朝廷腹心干城之寄。将此由六百里谕知李鸿章、曾国荃，并传谕鲍超知之。"（《清穆宗实录》卷200）

（同治六年四月）癸巳，谕军机大臣等："李鸿章奏'各军入鄂援剿，贼势又渐北趋，刘铭传等改由桐柏进剿。鲍超病势加重，请就该营将领中派员暂代统带'各折片。捻逆由京山之尹滗河一带上窜，三月二十五日已过安陆府，扰及流水沟、丰乐河，二十七日窜至枣阳之宋家集、孙家集等处。贼踪剽疾异常，现将由鄂入豫，李鸿章所调援鄂各军，又落贼后，亟须跟踪蹑剿，以遏凶锋，着李鸿章、曾国荃认真会剿，毋令窜豫。现届麦熟，该逆四出掠食，亦在意中，无论窜豫窜皖，着李鸿章激励淮、楚、豫、皖各军，跟踪兜剿，以戢狂氛。秦晋边防，现均吃重，应如何严密备御之处，着左宗棠、乔松年、赵长龄妥筹办理。鲍超前派宋国永等军协剿，曾谕令曾国荃就近调遣。李鸿章身膺统率，着通筹全局，妥为调度，以合机宜。一俟该提督病痊，仍由鲍超亲行督率，以专责成。将此由六百里谕知李鸿章、左宗棠、谭廷襄、曾国荃、李鹤年、英翰、赵长龄、乔松年，并传谕鲍超知之。”(《清穆宗实录》卷200)

(同治六年八月戊子)谕军机大臣等：“曾国藩奏‘霆军分别撤留，并娄云庆另募新军，以备防剿’，丁宝桢奏‘捻逆窜入江境，暂驻沂州，扼贼回窜，并陈近日北路剿匪事宜’各一折。鲍超一军，除宋国永先将兵勇酌撤外，所留十四营，现驻于襄阳之八条冈。娄云庆以未便接统，另议新招，自为慎重起见。曾国藩现因霆营马队已撤，其部下之谭胜达等，令附入淮军，归李鸿章调遣。娄云庆已赴安陆开招，宋国永所部，将来另行酌拨，均着照所拟办理。即饬娄云庆认真选择，毋以游勇率行应募，致难得力。所扎八条冈之十四营，应调往何路防剿，并着曾国藩、李鸿章妥筹调遣。该军以后情形，曾国藩等仍当悉心酌办，随时奏闻……将此由六百里各谕令知之。”(《清穆宗实录》卷209)

(同治六年十一月乙卯)又谕：“李瀚章等奏‘娄云庆一军，现未整顿就绪，暂难速往东省’一折，据称‘娄云庆开招各营，半系霆营旧勇，半系就地招募。旧勇固须认真振刷，新勇尤宜加意训练。曾国藩将霆营未撤之十四营，以九营归邓训诰统带，以五营拨交娄云庆统领，饬由樊城移赴黄州。邓训诰尚无拔队日期’等语，新勇训练未成，固难强之就道。现在东省剿捻获捷，任柱被官军轰毙，贼气已夺，亟须多集兵力，一鼓歼除。着曾国藩檄催邓训诰统带各营，刻即拔队驰赴黄州，会同娄云庆将新旧各军赶紧训练，务须纪律严明，壁垒一新，以备折冲之用。并着李瀚章、何璟转饬娄云庆，俟邓训诰所部到齐，迅即整理就绪，驰赴山东，听候李鸿章调遣，不得迟误。李鸿章仍遵前旨，飞速迎提，以期多多益善，早奏肤公。将此由五百里谕知曾国藩、李鸿章、李瀚章，并传谕何璟知之。”(《清穆宗实录》卷215)

（同治七年二月癸未）又谕："库克吉泰等奏'逆回窜近省城，筹办情形'一折……刘典亦飞调楚军五营回省，着即严饬各率所部，视贼所在，尽力剿办，兼顾省垣，毋稍疏失……将此由六百里各谕令知之。"（《清穆宗实录》卷224）

（同治七年十一月辛卯）谕军机大臣等："李鸿章等奏'分别遣撤留防各军'一折……李鸿章以湖北为四战之地，游匪防勇尚多，拟带郭松林等裁剩各营前往，借资镇摄。如江皖稍有蠢动，仍可调回策应，自系老谋深算。且沿江一带，难保无游勇滋事，亦可以资弹压，即着照所请行，以上留防各军，马新贻、丁日昌均当相度机宜，随时酌量调遣，务令地方安敉，永绝乱萌……将此由五百里各谕令知之。"（《清穆宗实录》卷247）

（同治八年六月乙丑）谕军机大臣等："郑敦谨奏，遣撤楚勇，筹办河防，暨张曜在蒙地击贼获胜……各折片……陈湜所部楚勇，除酌留炮船水勇外，其余勇丁，仍着饬令该革员迅带起程，毋任在晋逗遛滋事。该省河防地段绵长，现在楚勇既撤兵力尚单，自应添募可靠勇丁，分段填扎……将此由五百里各谕令知之。"（《清穆宗实录》卷261）

（同治十年正月辛亥）又谕："巴扬阿等奏'移拨江宁驻防官兵办理情形'一折，据称'荆州移拨江宁驻防官兵五百九十余员名，于正月起程，该协领等官安土重迁，倍形艰窘，若照部议借支半年俸银，实属不敷'等语，着照所请，准其再行加借半年俸银，一并照例扣还，以示体恤。"（《清穆宗实录》卷303）

同治十年辛未五月庚戌，安徽巡抚英翰奏："荆州旗营分拨江宁驻防官兵五百九十一员名，于四月初九日行抵安庆，遵例动放兵丁治装银

两。”下部知之。（《清穆宗实录》卷312）

（同治十一年正月甲寅）又谕：“长善、果勒敏奏‘请旨严禁旗营弁兵投效，并特参不职人员’一折……所有广州旗营弁兵，现留湖北等处差遣之骁骑校贾润洸等七名，即着长善等咨调回营，责令认真操防。各该省不得借词仍留差遣……”（《清穆宗实录》卷327）

（同治十二年五月壬辰）拨荆州驻防官兵五百五十名，移补乍浦满营缺额，从署杭州将军连成请也。（《清穆宗实录》卷352）

（同治十三年五月辛未）拨德州驻防旗兵二百名、青州一百名、河南五十名、荆州五百五十名，移补杭州驻防兵额，从将军善庆请也。（《清穆宗实录》卷366）

（光绪元年八月）癸未，江宁将军穆腾阿等奏：“请调拨荆州驻防协领兼佐领一员，佐领三员，防御四员，骁骑校四员，领催、前锋三十六名、马甲二百五十二名，先行补足下四旗三甲额缺。其炮手、匠役、步甲、养育兵等，仍照成案，在来兵子弟内拣补。”下部议。折包 （《清德宗实录》卷16）

（光绪三年十月壬寅）云贵总督刘长佑奏：“调滇楚勇，协饷不济，酌量遣撤。”报闻。折包 （《清德宗实录》卷60）

（光绪六年三月）庚午，谕军机大臣等：“李鸿章奏‘遵筹防务’一折。直隶沿海各处，口岸歧出，亟应妥筹布置，备豫不虞。郭松林旧部，现留湖北襄阳之武毅步队三营、马队一营，着李瀚章饬令即行拔队来直，所需月饷军装，仍由湖北源源解济……将此由五百里各密谕知之。”洋务 （《清德宗实录》卷111）

（光绪六年四月乙丑）谕军机大臣等："李鸿章奏'前调郭松林旧部武毅步队三营、马队一营，由鄂来直。扼扎北塘迤东各海口，归郭松林调遣，现在郭松林病故，亟须有人统带'等语。李长乐现已调补直隶提督，着即轻车简从，克期兼程来直，并着李明墀催令迅速起程，毋稍耽延。所有武毅四营，无论行抵何处，如与李长乐相值，即着李瀚章、涂宗瀛咨行李长乐统率前进。将此由四百里谕知李瀚章、李明墀、涂宗瀛，并传谕李长乐知之。"现月 （《清德宗实录》卷112）

（光绪六年六月庚申）又谕："据总理各国事务衙门奏'探访俄国情形'等语。俄人既意在启衅，不守和约，江海防务，自应豫筹办理。现已谕令曾国荃督办山海关一带防务，并谕山西、湖北、安徽等省挑选劲旅，赶于八月以前到奉天防所……将此密谕知之。"洋务 （《清德宗实录》卷114）

（光绪七年二月）庚申，谕军机大臣等："曾国荃奏'会商撤留防军'一折，山海关各军，业经曾国荃与李鸿章晤商，分别撤留，拟令郭宝昌四营仍回皖省，先将卫队、选锋、先锋各队资遣。其刘连捷湘毅军七营与福禄寿三营，于六月下旬遣散，并将支应转运等局一律裁撤；酌留鄂军四营，令刘维桢、杨维干等带领，驻守山海关。杨玉书二营移扎芦台，随同李长乐操防，筹画尚为周密，即着照所议办理。李鸿章、曾国荃务当悉心经理，次第布置，俾遣散撤回各营，沿途安静，毋任滋生事端。所有刘维桢等留防各事，着李鸿章随时妥筹兼顾，以期得力。将此各谕令知之。"洋务 （《清德宗实录》卷127）

（光绪八年六月）己未，谕军机大臣等："彭祖贤奏'奉调山海关之鄂军，请撤调回鄂，并将添设马队遣散'一折。据称'前因直隶山海关一带海防紧要，由湖北挑选鄂军忠义四营，派提督刘维桢统带前往驻扎，并添设马队勇丁，购备马匹。其粮饷等项，在天津设局，委员支应。现在防务已松，请将该军裁撤’等语。着张树声饬令刘维桢，即将忠义军四营全行撤调回鄂，责成该提督督饬各营官，分起管带，仍坐轮船由海入江，至汉口卸载，分别遣留。所添马队勇丁，即在山海关就地遣散，将马匹变价，划抵饷银……将此谕令知之。”洋务档 （《清德宗实录》卷147）

（光绪八年七月甲午）又谕：“张树声奏‘援护朝鲜陆师拔队起程并查探情形，暨请暂留鄂军四营’各折片……张树声以朝鲜事势应否续调陆师尚难豫定，请将鄂军步队四营暂缓撤回，着照所请行……将此由四百里谕令知之。”洋务 （《清德宗实录》卷149）

（光绪八年九月甲申）（署北洋通商大臣李鸿章）又奏：“驻山海关忠义军四营遣撤回鄂。”报闻。折包 （《清德宗实录》卷151）

（光绪九年六月戊午）又谕：“左宗棠奏‘筹拨江南防军，变通办理’一折。该省以李鸿章指调淮、楚两军二十营，所遗防垒。均系要地……李鸿章业已赴津，淮、楚各军毋须调拨……将此由五百里谕令知之。”洋务 （《清德宗实录》卷164）

（光绪九年七月甲申）谕军机大臣等：“李鸿章、张树声奏‘请调淮勇赴粤’一折。前据左宗棠奏，筹拨江南淮、楚各军，以备调遣……”现月 （《清德宗实录》卷166）

（光绪十年六月壬辰）又谕：“电寄穆图善等，据彭玉麟电报‘请饬彭楚汉就近募勇助闽防，饬程文炳募勇顺流下长江，助他省防，江鄂筹饷较易亦较速’等语……并着卞宝第、彭祖贤传知程文炳，或选带湖北防营，或另筹新勇，克日乘轮船由长江顺流而下，至江西会商潘霨，与前调江西陆兵合力前进，赴闽应援。所需饷项，着卞宝第等力筹拨济，

并与曾国荃会商，拨给军械。刻下军情紧迫，务当妥速办理，毋误事机。”电寄　（《清德宗实录》卷188）

（光绪十年九月乙卯）又谕：“电寄李鸿章等，左宗棠奏‘筹议援台’一折……杨岳斌统带八营，由汉口搭轮船赴沪。即统领各兵轮赴闽，先至厦门，探明法船情形，绕至鹿港等处登岸，相机援剿。李鸿章、曾国荃即将兵轮派定，并电知左宗棠、杨岳斌遵照程文炳、周盛波两军调度。着李鸿章等遵照九月初六日谕旨办理。”电寄　（《清德宗实录》卷193）

（光绪十年九月）己未，谕军机大臣等：“电寄李鸿章等，据电称‘援闽兵轮，北洋只有二船，南洋亦实只三船’等语……杨岳斌现已行抵何处，并着曾国荃电知该前督，速由汉口乘轮赴沪，带营援闽，毋稍迟延。”电寄档　（《清德宗实录》卷194）

（光绪十年九月己未）署湖广总督卞宝第等奏：“省防单薄，拟添募一营填扎。”得旨：“该省现有备调七营，着即抽拨一营，填扎南字中营地方，毋庸另行召募，以节经费。”折包　（《清德宗实录》卷194）

（光绪十年十一月丁未）又谕：“电寄曾国荃，杨岳斌奏‘行抵湖北，请由江西陆路入闽，并驶赴金陵’等语，台事万紧，叠谕杨岳斌调度南洋五船援台，着即由江西迅速赴闽……毋庸再赴金陵……”电档　（《清德宗实录》卷197）

（光绪十一年五月乙卯）又谕：“电寄左宗棠等，程文炳一军，着即撤回湖北，应需饷项，着左宗棠、杨昌濬于洋款内发给，将来由鄂清算。所有余存洋款，仍着存库，听候拨用。”电寄　（《清德宗实录》卷208）

（光绪十一年十二月壬申）署湖广总督裕禄奏：“各省遣勇纷至，须在省督率文武，妥为弹压。所有上年校阅未竣之安、襄、郧、德四府营伍，拟俟新任抚臣来鄂，再行前往。”报闻。折包 （《清德宗实录》卷221）

（光绪十六年二月丁酉）湖广总督张之洞奏：“提督陶定升、熊铁生请调鄂差遣。”得旨：“该省现无军务，着毋庸调往。”折包 （《清德宗实录》卷281）

（光绪十七年十二月甲寅）湖广总督张之洞奏：“将驻防襄、樊马队前后两营募足五百名，分扎襄、樊、黄、孝一带，堵截北路私盐。”下部知之。折包 （《清德宗实录》卷306）

（光绪二十年七月戊寅）又谕：“电寄刘坤一，德馨电奏‘现就防营中筹备劲旅三四营，选将管带，听候南洋大臣调遣。设有警报，驰赴吴淞、江阴一带，合力战守，并饬属查办保甲，严防匪徒窃发’，所筹均系现在应办之事，着刘坤一电知湖广、江苏、安徽等省，一律仿照办理，俾数省联为一气，以清奸宄而固江防。”电寄 （《清德宗实录》卷344）

（光绪二十年七月丁酉）又谕：“电寄刘坤一，着传知湖北提督程文炳募勇数营，即行北上，所需军械饷项，由刘坤一拨给。”电寄 （《清德宗实录》卷345）

（光绪二十年九月乙亥）又谕：“电寄张之洞，近据电奏，魏光焘九月初旬起程，已有旨，催令兼程前进。着张之洞再行传知该藩司速即起程，一俟行抵湖北，即将取道何路行走，先行电闻，仍催令迅速北上，毋稍逗遛。”电寄 （《清德宗实录》卷348）

（光绪二十年九月庚寅）又谕：“电寄张之洞，前有旨，令催魏光焘迅速北上，现在该藩司是否已抵湖北，并取道何路行走，迅即电复。仍

严催该藩司兼程前进，毋稍逗遛。”电寄　（《清德宗实录》卷349）

（光绪二十年九月庚寅）又谕：“电寄李鸿章，陈湜现已抵津，其前队六营，前据电奏已到三营，余三营本月望前可到。刻下已否到齐，着李鸿章即查明电复。其所募湘鄂四营，并着传知陈湜迅速前进，毋许稍延。”电寄　（《清德宗实录》卷349）

（光绪二十年十月甲辰）湖广总督张之洞等奏：“遵旨筹备江防，修造炮台，增募勇营，以资填扎而重防务。”报闻。折包　（《清德宗实录》卷351）

（光绪二十年十月壬子）又谕：“电寄谭继洵，张之洞电称，熊铁生前五营已全行，后五营尚有月余方到鄂。现在京畿需兵紧急，着谭继洵催令迅速前进，毋稍延缓。”电寄　（《清德宗实录》卷351）

（光绪二十年十月己巳）湖广总督张之洞等奏：“湖北奉调及湖南过境北上诸军，分别筹给饷械，以利师行。”又奏：“湖南、北防营出征，拟添募填扎。”均下部知之。折包　（《清德宗实录》卷352）

（光绪二十年十一月壬辰）又谕：“电寄李鸿章，前叠据电报，余虎恩十营，于十月二十四日到清江。熊铁生十营，于十月初十日由鄂启程……现在均未到防，显有观望迁延情弊。着李鸿章分电沿途各督抚，严催各该将领等，迅速趱行北上，倘查系有意玩延，即着严参惩办。”电寄　（《清德宗实录》卷354）

（光绪二十年十二月壬戌）又谕：“电寄吴大澂，所请统湘、鄂各军出关进剿，与昨日谕旨正相吻合。刻下前敌军情正紧，急待援兵，着该抚懔遵前旨，克日拔队出关，勿稍延缓……”电寄　（《清德宗实录》卷356）

（光绪二十一年二月乙丑）又谕："电寄刘坤一，本日据吴大澂电奏'该抚现驻双阳岭，所部湘、鄂各军二十余营，已调至大凌河西岸，俟接统有人，即行启程'等语，着刘坤一仍遵前旨，将湘、鄂各军暂归魏光焘统带。其应如何择要分扎、联络策应之处，着该大臣与宋庆妥商布置，总期将士一心，不得稍分畛域。魏光焘所部纪律素严，此次甫经挫败，当饬令抚循整理，重振军威，以收后效。"电寄　（《清德宗实录》卷362）

（光绪二十一年六月）壬午，谕军机大臣等："电寄刘坤一……其湖北带来马队三营，着准其带回原防……"电寄　（《清德宗实录》卷370）

（光绪二十四年十一月辛未）谕军机大臣等："电寄奎俊等，电悉。余蛮子抗违如故，要挟多端，实属自外生成，难以典宥。奎俊等远从鄂省借营，能否速赴？所有调募各营，即严密布置，稳慎进取，务期歼厥渠魁，解散胁从，毋任分窜肆扰，致滋蔓延……"（《清德宗实录》卷434）

（光绪二十四年十一月戊寅）又谕："电寄奎俊等……商借鄂营，诚恐缓不济急……"电寄　（《清德宗实录》卷434）

（光绪二十四年十二月庚寅）又谕："电寄裕禄，蓝斯明现赴河南，办理防剿，应饬统带驻扎正定之楚军马队二营，星速兼程驰往。着裕禄迅即传知遵照，仍将拔队启程日期先行电复。"电寄　（《清德宗实录》卷435）

（光绪二十四年十二月癸巳）（直隶总督裕禄）又奏："皖省涡匪起事，已遵旨飞饬正定镇总兵蓝斯明迅赴河南，听候豫抚分拨营勇，会同江、皖各营协力堵剿。"得旨："已有旨，令蓝斯明统带楚军马步队两营，兼程赴豫矣。"折包　（《清德宗实录》卷435）

（光绪二十五年正月乙丑）又谕："前因涡匪滋事，谕令正定总兵蓝斯明带队前往河南办理防剿。现在涡匪已据报肃清，豫省边界情形如何，蓝斯明一军是否应令凯撤回直，着裕长查明迅速复奏。将此谕令知之。"寻奏："蓝斯明督带来豫助防楚练马队二营，撤回直隶正定镇，听候调拨。"报闻。折包　（《清德宗实录》卷438）

（光绪二十六年五月辛酉）又谕："湖北提督张春发、江西臬司陈泽霖着迅速带队北上，星夜驰赴京师听候调用，勿稍刻延。将此由六百里加紧谕令张春发，并传谕陈泽霖知之。"现月　（《清德宗实录》卷464）

（光绪二十六年八月丙戌）谕军机大臣等："……其丁鸿臣所带五营，业抵鄂省，并着张之洞飞饬该军兼程赴晋，以备调遣。将此由五百里各谕令知之。"电寄　（《清德宗实录》卷469）

（光绪二十六年闰八月丙午）（湖广总督张之洞）又奏："湖南藩司锡良统率湘、鄂各五营北上，叠接函电，所至疆吏均请留防。请饬调鄂军速赴行在，毋任扣留，仍与湘军合一，以资扈卫。"得旨："锡良已授山西巡抚，湘、鄂两军仍归统带，布置后路防务。"（《清德宗实录》卷470）

（光绪二十六年闰八月）甲寅，山西巡抚锡良奏："遵旨调派湘、鄂两军留驻晋省，请饬湖南北督抚拨济饷需。"从之。折包　（《清德宗实录》卷470）

（光绪二十六年十月戊申）安徽巡抚王之春奏："江防趋重下游，现分武卫楚军副五营，驰赴扬州驻扎，以为镇江、江阴声援，兼顾清江浦运路。"报闻。折包　（《清德宗实录》卷474）

（光绪二十七年二月辛丑）调补湖北巡抚、河南巡抚于荫霖奏："由鄂带豫勇营，应否留备豫防，抑或仍带回鄂？"得旨："着俟松寿到任后，会商奏明办理。"折包 （《清德宗实录》卷480）

（光绪二十七年二月戊申）湖北提督夏毓秀奏："拨营往驻太原，惟韩侯岭防次兵单，可否另调营伍填扎，抑就所部扼要严防？"得旨："着就所部各营扼要严防，毋稍疏懈。"折包 （《清德宗实录》卷480）

（光绪二十七年五月）癸巳，谕军机大臣等："湖北提督夏毓秀奏请护卫回銮以供驱策一折。夏毓秀着准其带队随扈，所统各营，仍着驻扎原处，部署一切，听候调遣。将此谕令知之。"电寄 （《清德宗实录》卷483）

（光绪二十八年六月丁酉）又谕："据王之春奏，粤西匪乱未清，蔓延甚广，本省防营单薄，请调安徽楚军两营，随赴该省以资攻剿，并请饬云南、贵州、广东派兵合力兜拿各折片……所有驻扎安徽武卫楚军两营，着聂缉槼即派记名总兵胡玉兰、候补参将王荣华，迅即带赴广西，听候王之春调遣。仍由安徽拨给两月饷项，以利遄行……将此各谕令知之。"现月 （《清德宗实录》卷500）

（光绪二十八年七月）丙戌，谕军机大臣等："电寄聂缉槼，王之春电奏'请由安徽再调楚军两营，发给行粮枪械，交总兵黄呈祥统带，迅赴梧州'等语，着聂缉槼立即照拨，饬令黄呈祥统带，迅速赴梧州，听候调遣。并着刘坤一即派兵轮装运，以利遄行。黄呈祥着俟兵队到防后，再遵前旨，驰赴临元镇本任。"（《清德宗实录》卷503）

（光绪二十九年闰五月）壬子，谕军机大臣等："电寄岑春煊，据电奏'请调湖北武建八营助剿，月饷由广西支发'等语，着端方迅饬该营拔队驰往，归岑春煊调遣。"电寄 （《清德宗实录》卷517）

（光绪三十年五月乙巳）谕军机大臣等："电寄张绍华等，柯逢时电奏'柳州叛逆北趋，土匪响应，攻破永宁州之三隍墟，省城戒严，省防仅有三营，请拨兵协防'等语……湖北新军尚称精锐，能否调赴广西合力援剿，着张之洞即行电奏。该督抚等务当不分畛域，所有派出各军，仍由本省筹济饷需，以靖边疆而全大局。"电寄 （《清德宗实录》卷531）

（光绪三十年六月庚戌）又谕："电寄岑春煊等……湖北一军能否抽调，尚未据张之洞奏复，着即毋庸前往……"（《清德宗实录》卷532）

（光绪三十三年十二月）乙卯，谕军机大臣等："……至请拨直隶、江、鄂新军来桂防剿一节，客军远戍，水土既多不服，调度亦难得力，应毋庸议……"（《清德宗实录》卷583）

（光绪三十三年十二月戊辰）又谕："电寄冯汝骙……所请饬鄂省派兵之处，应毋庸议……"电寄 （《清德宗实录》卷584）

（光绪三十三年十二月）丙子，谕军机大臣等："电寄端方等，会电奏悉。苏浙交界地方，匪徒肆扰……有鄂军为之声援，自不虞兵力单弱。其所拟办法，亦颇中肯要，果能实力经营，闾阎当可安堵……"电寄 （《清德宗实录》卷585）

（宣统二年三月辛亥）谕军机大臣等："电寄陈夔龙，电奏'湘省饥民聚众滋闹，显有匪徒煽惑，希图乘间生事，应厚集兵力，妥速查办。请饬鄂省速拨陆军数营，乘轮赴湘，会同湘省军队，查拿首要，解散胁从'等语，现据瑞澂电奏，已派李襄邻率带一营，由兵轮拖往湘省弹压矣。"电寄 （《宣统政纪》卷33）

（宣统二年三月甲寅）又谕："电寄陈夔龙，电奏悉，湘省应办善后事宜，已谕杨文鼎会商瑞澂认真查办，妥筹办理。现在人心稍定，事机已缓，可毋庸拨派陆军前往汉口填扎。"电寄 （《宣统政纪》卷33）

（宣统三年七月乙巳）湖广总督瑞澂等奏："湘省匪势蔓延，根株未净，拟筹大举清乡之法。先分别首从，渠魁则责团族交办，胁从则责团族管束。惟现有鄂、湘军队防营分别赴援，扼要屯扎，一经抽调，又虑防地空虚，因续派湖北常备军前队三十标二、三两营来湘，一驻省城之南，控澧、浏来路，一驻省城之北，扼宁、益要冲。其原调鄂军及本省新运之分扎各处者，则酌量归并，以鄂军一营驻浏、澧交界，一营驻宁、益之边……"（《宣统政纪》卷38）

（宣统三年七月乙酉）又谕："电寄瑞澂，据电奏'遵派步队一标，赴川情形，所请由陕西酌拨军队前往'等语，着军咨府、陆军部速议具奏。此次赴川鄂军，均准暂由端方节制调遣。"寻奏："川省城围已解，所调陕西军队暂令在川、陕交界扼要填扎。"从之。（《宣统政纪》卷59）

（宣统三年七月）丙戌，谕内阁："电寄瑞澂，昨据电奏'川省情形吃紧，鄂省援川军队一标，兵力似嫌单薄'等语，当经交军咨府、陆军部速议具奏。兹据复奏，遵旨速议各节，湖北兵力尚敷分布，着该督体察情形，随时请旨，由该省添拨营队，逐节前进，以为后援。至该督'请由陕西等省酌增兵队，由驿而往，协同肆力，然后再饬近畿各镇，赴陕填扎'各等语，着军咨府、陆军部电商陕甘总督、陕西巡抚通盘筹画，请旨办理。至近畿各镇，拱卫京畿，未便远调，以致牵动大局，所请着毋庸议。鄂省援川军队，已有旨，一并暂归端方节制调遣矣。"电寄（《宣统政纪》卷59）

（宣统三年七月丁亥）又谕："电寄瑞澂，近阅重庆等处电陈，四川省城城外聚有乱党数万人，四面围攻，势甚危急，与瑞澂来电大致相同。成都电报数日不通，朝廷殊深焦虑。该处被围日久，恐滋大乱。着瑞澂严饬所派赴川军队，不分水陆，设法兼程前进，务令克日抵川，不得稍有延缓。约于何日可达成都，迅即电奏。此刻调拨他省军队，路途愈远，为时愈久，恐不足以济急，现在专恃鄂军就近前趋，迅平此乱。该督务当妥速筹画，毋误事机。”电寄 （《宣统政纪》卷59）

（宣统三年七月丁亥）又谕：“电寄瑞澂，现在川省事急，调鄂兵队，已经电催克期前进，端方应迅速到川。现行抵何处，约计何日可到成都，着即日详细电奏。”电寄 （《宣统政纪》卷59）

（宣统三年七月庚寅）又谕：“电寄瑞澂，据电奏‘鄂省援川军队拟定水陆兼行办法，分作三段前进’等语，筹画尚属妥协。惟成都被围日久，待援甚急，但能早到一日，庶可早解一日之围。仍着督催迅速进发，不得稍有迟延。”电寄 （《宣统政纪》卷59）

（宣统三年七月庚寅）又谕：“电寄沈瑜庆，成都被匪围困，势甚危迫，已饬鄂军前往赴援……”电寄 （《宣统政纪》卷59）

（宣统三年七月辛卯）又谕：“电寄办理四川剿抚事宜岑春煊，电奏悉，所陈川事办法，尚合机宜，着即选带得力员弁，星驰就道。所有川省水陆各军，及各省所派赴川援军，俟岑春煊抵川后，一并归该督暂行节制调遣。至所请饬龙济光抽拨得力滇兵，按照新军营制，编列步队两营，配齐枪械，乘轮径赴宜昌，以备调用……”电寄 （《宣统政纪》卷59）

（宣统三年七月）癸巳，谕内阁：“……现在鄂军已经行抵川境，黔省援军，亦经开拔。仍着赵尔丰严饬各军，分路剿办，迅速击散……”现月 （《宣统政纪》卷59）

（宣统三年七月）甲午，谕内阁："电寄端方，电奏悉，顷据赵尔丰电奏称'官军自十六日与匪连战七日，幸随时激以忠义，将士均尚用命，所当辄靡，擒斩甚多，夺获枪、炮、刀、矛、旗帜无算。惟各处匪徒，散而复合，拟俟城守稍固，即抽队迎剿'等语，是该省军事，办理尚为得手。当此事机紧要，川人望救甚殷，该大臣务须懔遵叠次谕旨，督率鄂军，迅速进行，以慰群情之望，毋稍延缓。"电寄 （《宣统政纪》卷59）

（宣统三年七月甲午）又谕："电寄端方……现在援军已有鄂、黔各军，并饬军咨府电商瑞澂续调鄂军……"电寄 （《宣统政纪》卷59）

（宣统三年七月甲午）又谕："电寄张鸣岐，据电奏'遵饬龙济光抽拨得力滇兵，迳赴宜昌'等语，着即按照所筹办法，迅饬开拔。"电寄 （《宣统政纪》卷59）

（宣统三年七月甲午）又谕："赵尔丰电奏'川省匪众兵单，不易廓清，请饬鄂督再增派兵两营，刻期驰援'等语，着军咨府迅速电商瑞澂，酌量调拨。"电寄 （《宣统政纪》卷59）

（宣统三年八月戊戌）又谕："电寄端方……川省匪众兵单，该大臣仍即督率鄂军前进，毋稍延缓，致误事机。"（《宣统政纪》卷60）

（宣统三年八月辛丑）又谕："电寄赵尔丰……鄂、黔援军不日陆续到川，前已有旨，均归该督节制调遣。各军到后，声威所树，当不难渐就廓清。仍一面剀切晓谕，妥为解散，以免株连。"（《宣统政纪》卷60）

（宣统三年八月壬寅）又谕："电寄端方，据电奏'遵陆前进，计初九日可抵夔州府。鄂军已过巴峡，黔军日内到渝'等语，知道了。"（《宣

统政纪》卷 60）

（宣统三年八月乙巳）又谕："电寄岑春煊，电奏'抵鄂，感受风热，触动旧症，万难前进，请开去差使'等语，岑春煊着赏假调理，暂缓赴川。"（《宣统政纪》卷 60）

（宣统三年八月己酉）又谕："电寄赵尔丰，据电奏'……鄂军已抵夔州……'等语……着赵尔丰督饬各军分路认真剿办，并催鄂军迅速前进……"（《宣统政纪》卷 60）

12. 镇压反抗

（康熙二十五年二月）丁未，谕吏部、兵部："我国家扫除逆孽，平定遐荒……封疆大吏，自宜宣布德意，动其畏怀，俾习俗渐驯，无相侵害，庶治化孚于远迩。近见云南、贵州、广西、四川、湖广等处督抚提镇各官，不惟不善加抚绥，更尔恣行苛虐，利其土产珍奇，资藏饶裕，辄图入己。悉索未遂，因之起衅，职为厉阶。蠢尔有苗，激成抗拒，即擅杀一二，谎称累百盈千。始黩货以生端，既邀功而逞志，藐玩因循，殊负委任。朕思土司苗蛮授官输赋，悉归王化，有何杌陧，互相格斗，无有宁居。嗣后作何立法，务令该地方督抚提镇等官洗心易虑，痛改前辙，推示诚信，化导安辑，各循土俗，乐业遂生。亦令苗民恪遵约束，不致侵扰内地居民，以副朕抚驭遐方至意。着九卿、詹事、科、道会同，逐一详议具奏。"（《清圣祖实录》卷 124）

（康熙二十七年六月甲辰）荆州将军噶尔汉、安徽巡抚杨素蕴等各疏报："楚省裁兵，夏包子等鼓噪抢劫，聚众作乱。巡抚柯永升投井身故，贼等窃据武昌城。"上命都统瓦岱为振武将军，率兵往讨之。（《清圣祖实录》卷 135）

（康熙二十七年七月癸巳）南阳总兵官史孔华疏报："七月初十日，臣率师自云梦起行，进讨夏逆。贼据汉阳府城，我师破门直入，贼遁走武昌。十八日，恢复汉阳。"得旨嘉奖，下部议叙。（《清圣祖实录》卷136）

（康熙二十七年七月癸巳）敕谕湖广巡抚丁思孔曰："楚省督标裁兵煽乱，无知兵民或被迫胁，或为招诱，一时仓猝入其伙党。官兵一到，若不分别加诛，朕心深为不忍，应速行开示。此等乱兵，原系食粮营卒，各有室家，均属朝廷赤子。乃为一二倡乱奸徒煽惑，自新无路，情属可悯。今特开一面以广好生，如有悔罪投归，即行免罪，仍准安插，务令得所。果能将倡乱贼首擒献军前，或杀贼来归者，仍与论功叙录。毋得心怀疑畏，自失事机，致罹大法。尔奉敕谕，即刊刻告示，通行晓谕，务令翻然悔悟，争先投首，早平鼓噪伙党，奠安民生，副朕宽大矜全至意。"（《清圣祖实录》卷136）

（康熙二十七年七月癸巳）徐治都又疏报："七月十八日，武昌城内伪总兵胡耀乾及伪文武官弁等献城投降，差人赍献伪军师妖僧大原首级，并大元帅伪印一颗，总督、巡抚、参将关防三颗。口称逆首夏包子战败之后，带领余贼数百逃回武昌，在城伪官弁等闭门不纳。夏贼复行逃窜，其妻子家口俱已收系城内。臣于十九日带领官兵入武昌府，安抚军民。又二十二日，振武将军瓦岱移文内称我师至武昌县，贼众闻风逃遁，我师追剿至黄州府，伪总兵赵得等于二十日献城投降。有黄冈县生员宜畏生等擒献贼首夏包子，磔斩军前。武昌、黄州等府俱已恢复，谨密疏奏闻。"得旨嘉奖，下部议叙。（《清圣祖实录》卷136）

（康熙二十九年正月辛丑）谕内大臣等："朕于国家政务竭力勤求，是非自任，从不委于臣下。即如迁移吴逆之事，索额图奏称建议之人应请正法，朕坚持独断，必令迁移。彼时十三省用兵数载，天下大事皆朕一人独任，亦曾推委尔等乎？前年湖广兵叛，众议纷纭，朕谓此亦何难，遂命绿旗兵丁即行剿减。又平定鄂罗斯之事，满汉诸臣咸谓彼距中国道远，难以成功。朕谓此事断不可中止，即遣大臣前往，遵朕指示而行，鄂罗斯随即款服。朕未尝自伐其功，但不似尔等稍有功绩，即有人代为表扬也。朕乃万姓之主，惟以兆庶未安，此衷不能稍释。至于无知之人妄生议论，朕毫不介意也。”（《清圣祖实录》卷 144）

（康熙四十二年九月丁卯）湖广提督俞益谟、偏沅巡抚赵申乔题报："红苗抢掠，地方不靖。”上谕大学士等曰："红苗事当筹一劳永逸之计。苗人固惯行抢掠，而因内地人勾通煽诱者亦有之。今照招抚广东八排瑶人事，遣大臣一员前往领荆州兵，再酌派广西、湖南、贵州三省兵齐至苗地，并力围困，令其畏惧就抚，则百姓可永免侵掠之患矣。尔等与九卿会议具奏。”（《清圣祖实录》卷 213）

（康熙四十二年九月）己巳，大学士九卿遵旨议复："湖广提督俞益谟等所奏红苗一事，仍照前招抚广东八排瑶人之例，派遣在京大臣率前锋四十人前往，调遣荆州及广西、贵州、湖南三省兵，酌量招抚剿灭。”上曰："满洲兵所向无敌，顷广东仅发前锋四十名，八排瑶人，望风投降。今苗人一闻特遣禁旅，自必畏而就抚。若辈不如此示以利害，则地方百姓何能安居？尚书席尔达原任川陕总督，曾管辖兵丁红苗之事，着席尔达同副都统图思海、徐九如前往。”（《清圣祖实录》卷 213）

（康熙四十二年十月）戊寅，礼部尚书席尔达，副都统图思海、徐九如赴湖广招抚苗人，请训旨。上曰："凡事同心协力，则事无不成；不和，则事无一成。且行兵立营，须用怯；遇敌对垒，须用勇。又以机先为要，倘临事时，疑虑不定，必致有误，尔等当以果毅行之。如苗人归降，止诛倡乱肆虐之人，否则歼其抗拒不服者。毋得玉石不分，戮及无辜。我满兵凡遇对敌，恃勇以力胜者多，尔等此行，须用计招抚，委婉从事，勿徒恃勇力。至于立营，必择高阜处设立。朕前在宁夏用兵，审度时势，多方调度，是以钱粮不致耗费，兵民亦无苦累，此皆在主将之善于设施耳。荆州副都统朱满、湖广提督俞益谟人俱矫健，且久于用兵，与伊等商酌而行。贵州提督李芳述、广西提督张旺效力处亦多。土司田舜年前于云南用兵时输诚协济，殊有裨益，此去可奖励用之。苗人归附之后，探其巢穴，仍加谨慎堤防，不可以彼归顺遂忽视之。”（《清圣祖实录》卷213）

（康熙四十三年正月辛酉）浙江福建总督金世荣疏报：“擒获海寇徐荣等，供出伙众屯扎情形。”上谕大学士等曰：“……若抚之不来，当即兴师殄灭。如湖广红苗，从前边民无不被害，土司及地方文武官隐匿不报。昨岁致讨，彼奔逃无路，歼厥巨魁，宥其胁从，军威震慑，土司逻逻等无不股栗，翕然奉法……”（《清圣祖实录》卷215）

（康熙四十三年正月戊辰）奉差剿抚红苗，吏部尚书管礼部尚书事席尔达疏报：“招抚红苗三百余寨，惟天星寨等十五寨红苗不顺，臣同湖广提督俞益谟等率兵于康熙四十二年十二月初十日从报木营抵龙椒洞，围天星寨。自十三日至二十三日，陆续搜剿，斩首千余级，余尽纳降。其添设防汛官兵事宜，俟会同督抚定议奏闻。”下部知之。（《清圣祖实录》卷215）

（雍正五年闰三月）丁丑，恭建圣祖仁皇帝圣德神功碑于景陵，遣官告祭，碑文曰：“……三逆未畔之前，即烛其终为悖逆，宜蚤定大计，遣大臣趣召之。吴三桂果反，耿精忠继之，乃宣睿略，简禁兵守荆州，安庆、镇江为声势，命诸王大臣为大将军分道并进……”（《清世宗实录》卷55）

（雍正五年四月丁未）署湖广总督福敏折奏：“谬冲花苗蠢动，经臣会商黔省，协力擒捕。今黔省委拨游守二员，带兵三百五十名。臣委游击吴文、都司刘策名带兵三百名，会齐进剿。黔兵堵截后路，楚兵从前路直抵贼寨，凶苗四散逃窜深箐，官兵深入搜捕，现在遍行穷追。臣又飞檄副将黄贤协同擒剿，务尽根株。俟事竣日，查明疆界，作何安设塘汛、巡防善后之策，臣与黔省督抚提臣会同酌议奏闻。”奉上谕：“阅奏捕苗情形，深惬朕怀，此番筹画，甚合机宜。”（《清世宗实录》卷 56）

（雍正十一年六月）戊寅，贵州提督哈元生疏报：“九股顽苗悖叛，臣奉命进剿，擒获凶逆首犯一百九名……其所调湖广、广西官兵，酌量撤回。”得旨：“据奏九股顽苗荡平，其善后事宜，着该督抚会同哈元生悉心定议具奏。”（《清世宗实录》卷 132）

（雍正十三年五月）癸卯，谕大学士等：“据湖广总督迈柱等陆续奏报台拱逆苗不法情形……朕心深为廑念。其镇远府城，虽称贼攻甚急，但既有楚兵三千星往援剿，贼众自然解散……惟是此番苗变，既勾结熟苗汉奸，料难即速平靖，宁可多备楚兵，以资调遣。着总督迈柱、提督董芳等再拨兵二千名陆续前进，协力严剿，以除凶逆……其有应行就近办理事宜，着湖广、广西督抚提镇等一面采听信息，相度机宜办理。一面奏闻，务期妥协。”（《清世宗实录》卷 156）

（雍正十三年五月）丁巳，谕大学士等：“前据湖广督抚提镇奏报台拱逆苗不法情形，比即降旨与湖广督提于调发官兵三千名外再拨官兵二千名陆续前进，以备征剿之用……”（《清世宗实录》卷 156）

（雍正十三年六月）丙申，谕办理苗疆事务王大臣等：“黔省逆苗不法，扰害黄平一带村庄……湖广之兵从下游前进，其中相隔路远，哈元生调遣难周。湖广提督董芳熟悉苗地情形，着授为副将军，一切剿抚机宜，着与哈元生和衷协力，公同办理。目前或应分领夹击，将来如何弹

压安置，俱着哈元生、董芳悉心筹画，务期妥协，以副朕委任之至意。董芳着驰驿前往。”（《清世宗实录》卷157）

（雍正十三年六月丙申）办理苗疆事务王大臣等遵旨议奏：“黔省逆苗不法，党类众多，地方辽阔。现调四省官兵会剿，众至三万……湖广之兵须从下游前进……哈元生一人调度指示，或恐鞭长不及，转致稽迟。今湖广提督董芳熟悉苗疆情形，已授为副将军，与哈元生协同料理。查楚兵五千，原系董芳所辖，应听董芳调遣……倘两路有会合进击及彼此互调之处，务令和衷商酌，知会照应。不得参差重复，有误机宜……又查调拨楚省官兵赴黔，原为保护城汛，剿御逆苗之用。今青溪被攻既急，镇远相去甚近，何以镇远文武坐拥楚兵一千八百名之多，竟不分拨救援，以致县城失守？文武官员是何意见，应令张照等一并秉公查奏。”从之。（《清世宗实录》卷157）

（雍正十三年八月癸巳）谕总理事务王大臣、办理苗疆军务王大臣：“黔省逆苗不法，扰害地方……州县失陷。然犹曰兵力单微，难以分布，援兵未到，不得不有待以慎重调遣也。乃滇、楚、两粤官兵次第云集，堵御搜剿，皆已敷用……”（《清高宗实录》卷1）

（乾隆二年六月丙戌）户部尚书署理湖广总督印务史贻直，疏报拿获瑶凶情形。得旨：“此皆汝等料理得宜所致，忻悦览焉。”（《清高宗实录》卷45）

（乾隆二年十月癸丑）（四川提督王进昌）又奏：“躧捕陕、楚流入川省匪徒，地方现已安静。”得旨：“览奏，朕怀诚慰。地方之事，原应如此时刻留心。”（《清高宗实录》卷55）

（乾隆五年五月丁卯）谕：“昨据湖广总督班第奏称‘楚、粤顽苗勾结滋衅，亟请用兵擒剿’一折，经军机大臣议复，照班第所请，派兵五千名，令镇筸镇总兵刘策名统领前往，会同辰永道杨辅臣相机扑灭。仍令督抚提臣商酌调遣，再派官兵五千名豫备调发分拨。朕已降旨依议速行……”（《清高宗实录》卷117）

（乾隆五年六月戊戌）张允随又奏：“楚苗不靖，且界连粤西，若扑灭稍缓，必致蔓延，所关匪细。但楚省督抚意见不同，事权不一，保无贻误。而湖广督臣驻扎武昌，距用兵之地甚远。兵贵神速，决策应变，间不容瞬，似宜令督臣亲往扼要处驻扎，就近相机办理。不但策应便捷，亦可使兵将奋勇争先，立致廓清。”得旨：“此见甚是，但亦因事权不一，恐难奏效，早降旨责成冯光裕矣。”（《清高宗实录》卷119）

（乾隆五年闰六月）壬子，谕大学士等：“湖南城、绥苗瑶与粤苗勾结滋衅，前已降旨，责成巡抚冯光裕、提督杜恺办理。而该督抚等会奏，以镇筸总兵刘策名统领擒剿事务。朕因刘策名平素办事颇有干济，是以批允照该督抚等所请行。今闻湖北、湖南先后派发之兵已及万余，而管兵将弁皆系各标之人，非该镇所属辖。凡有调遣，多不能如期会合，恐致有误军务，所系匪轻。用是特谕该督抚提等，务各严饬本标将弁，凡派往军前者均受总兵刘策名约束。刘策名亦须军令严明，不得稍有瞻顾……常德乃通衢要路，不可无大员镇守，即着襄阳总兵张天骏暂移驻常德，以资弹压。至调兵运饷事宜，听抚、提二人办理，务须早奏肤功，毋致因循师老。可传谕班第、冯光裕、杜恺等知之。”（《清高宗实录》卷120）

（乾隆五年闰六月戊辰）贵州总督兼管巡抚事张广泗奏：“楚、粤苗瑶勾结滋事，目无法纪。今楚省大兵云集，自应与粤省会商，克期并进，俾逆苗腹背受敌，不难剪平。而乃各省各办，并不关会，又胸无成见，军机虚实，悉为逆苗窥破……楚、粤苗瑶勾结，必应两省文武合力同心妥办，方能有济。但两省抚臣，俱有通省职任，不便远莅军营。提臣统辖全省将士，用兵是其专责，可否敕令两省提臣移驻军营，就近会商。不存意见，不分疆域，寅恭和协，一秉公忠，庶可肃清苗孽。”得旨：“此奏是，有旨谕部。”（《清高宗实录》卷121）

（乾隆五年闰六月戊辰）湖广提督杜恺奏报飞调南北营官兵并部署大炮，修整军械，星往进剿各机宜。得旨：“蕞尔之苗，数千之兵，几月之久尚不能成功。此皆督抚不和、属员观望所致。已前实非汝咎，以后责任于汝，勉之慎之。莫思苟且之事，以救目前。”（《清高宗实录》卷121）

（乾隆五年闰六月戊辰）（贵州总督兼管巡抚事张广泗）又奏：“各路陆续报到楚、粤现在攻剿逆苗情形，窃计黔省与楚、粤交界，现在酌派官兵于要隘处所驻扎堵御。复挑选官兵二千名，以备征调。查楚省调兵已逾万众，即小有挫衄，系办理未善，并非兵力单弱所致，似可无庸协助……除将从前挑备协助楚省兵二千名外，再于通省邻近营汛内另挑二千名听候遣发，仍饬令驻扎苗疆文武将本境苗人加意抚慰，并不时查察，不使暗中煽惑滋事。”得旨：“所见甚合机宜……”（《清高宗实录》卷121）

（乾隆五年七月戊戌）（湖广总督班第）又奏：“楚省官兵连克苗寨，军务可以将次告竣。”得旨：“此事汝始终颇以姑息了事，甚非封疆大臣之度，即将来张广泗料理妥协，而地是汝湖广之地，岂可不思所以一劳永逸，为长久之计耶？”（《清高宗实录》卷123）

（乾隆六年五月癸巳）贵州古州镇总兵韩勋奏：“南江附逆者，大小共二十九寨，并经捣毁其有擒献凶逆者，量予招抚。惟逆首石金元等逃匿，不在粤省即在楚省。而楚省承办文武，因督抚诸臣驻扎遥远，祇以查缉无踪呈复，不无歧视。”得旨：“汝等三省互有推诿之念，即云石金元在楚，谅离汝处亦不远。况行军安限此疆彼界，汝独不可领兵亲往擒

拿，而以楚省督抚遥远为词乎？”（《清高宗实录》卷143）

（乾隆七年三月）己丑，命督抚实力弭盗，勿分疆界，谕：“朕尝见各省督抚等奏报查拿盗贼，皆称邻封境上，萑苻潜匿，抢夺横行，而本省则极安静，并无滋事。如江南则指称山东、河南，山东、河南又指称江南、湖广，其他处所报，亦往往类此。此固由于该督抚有互相推诿之心，亦由所属官员欺诳上司，以卸己责，而盗贼因得以肆志，无所忌惮矣。独不思督抚皆朕简用大臣，当视国事如家事，视邻省如本省，岂可存此疆彼界之心，蹈恕己责人之习？此风不改，国家何所倚赖？伊等又何以副朕之委任耶？可即传谕各督抚知之。”（《清高宗实录》卷163）

（乾隆八年三月癸未）（广西巡抚杨锡绂）又奏：“粤、楚、滇、黔地处边荒，苗瑶土壮，种类错处。自雍正八年，广东逆匪李梅逃匿西省之后，每有挖窖取银之说，造说愈妄，结伙愈多，即湖南、滇、黔在在有之。应请密敕粤、楚、滇、黔数省文武大吏，严饬地方官员，将挖窖妖言一事留心严察，共相整饬，久之或可望此风渐息。”得旨：“所奏是，知道了。”（《清高宗实录》卷187）

（乾隆十一年五月甲子）贵州总督兼管巡抚事张广泗奏：“拿获大乘教逆犯魏王氏、唐世勋等男妇一百四十余名口，搜获与首逆张晓、刘奇来往密札、格簿赦帖，又据魏王氏之徒弟邓光熙呈首妖书等项。审讯该犯等传习邪教，创立种种名目，阴谋不轨，党羽众多，请敕下川、滇、湖广、江南等省严密访拿，毋致漏网。”得旨：“此所办可嘉之外，无可批谕。有卿在黔省，虽百妖人邪教，亦能查拿，实可令朕无南顾之忧也。”（《清高宗实录》卷267）

（乾隆十一年六月癸酉）又谕：“朕览张广泗所奏‘会缉邪教’一折，因云南故犯张保太继子张晓接法开堂，其党魏王氏、刘奇等传播妖言，招人入教，连结贵州、四川、云南、湖广、江南、江西、山西等省，不法已极，应通行严缉。可将此折钞录，密寄各该督抚，令其速行躧缉查拿，将布散羽党跟踪弋获。不得稍有泄漏，以致匪徒闻风兔脱，亦不得张扬惊扰，贻累善良。但此教流传已久，失察官员甚多，若按照定例处分，恐各官自顾考成，反致讳饰。其各省失察之员暂缓处分，令其实力查缉。或现在供出人犯，不行跟追，以致漏网者，倍治其罪。总期尽绝根株，毋致漏网。拿获到案，即讯取口供，一面奏闻，其应关会之他省督抚，即行关会。各督抚皆有封疆之责，似此邪教盛行，包藏祸心之人，平日既不能查察以靖地方。若奉旨之后，复办理不善，以致滋事，或忌人之功，而欲将就了事，苟且塞责，自问于心，能无愧乎？”（《清高宗实录》卷 268）

（乾隆十二年十月丙戌）湖广总督塞楞额等奏：“武昌、咸宁二县交界马迹岭地方，吴姓一族聚居，积惯为匪，当经官差缉拿，各犯敢于抗匿。嗣据该二县先后详报，拿获吴月保等九名，讯供行窃多案，若仅照例充军，仍在江浙内地，易于逃回，应发宁古塔等处当差。”得旨：“览。”又批：“汝等但议其积匪之罪，而未及其抗匿之罪，不足示警。其为首者，竟当重处；附从者，照此议可也。”（《清高宗实录》卷 301）

（乾隆十四年四月癸巳）谕军机大臣等：“总督新柱奏称‘省城拿获测字人杜清谟，嘻笑不常，形迹可疑。讯有信奉罗教，开设经堂，与各处教党往来之事，前后供吐游移，似有疯迷之疾。现咨广东、湖南抚臣确查，即将杜清谟解归广东原籍看守’等语。此等形迹可疑之人，如果有邪教党羽，自应归案质讯。若查无实据，不过疯迷失心，一经解回原籍，转恐摇惑众听，不如即于武昌省城监禁，更为妥协。着传谕瑚宝知之，新柱回任时，一并谕知。”（《清高宗实录》卷 339）

（乾隆十四年四月丁未）兵部等部议复：“署湖广总督新柱奏称‘宜

昌镇后营俱属上游，所设五板船足供河面驾驶。其前营上下两游俱有汛地，惟所设头二号战船二十只较五板船宽大，不能利涉川江。请将前营战船照式改造五板船十只，以便上游与后营官兵轮流会哨。仍留原船十只于下游长江地面，以备巡防调遣’等语，应如所请，行令该督照例分别大修，先后改造，届期估报查核。”从之。（《清高宗实录》卷339）

乾隆十四年己巳六月壬辰，谕军机大臣等：“据硕色等奏称‘乳源县地方，有已故罗教刘可嘉，徒弟杜清谟、余成学等，现在余犯俱获，惟杜清谟远出，不知去向。又邓观连、余成学供有同教之叶法灵及江西之萧姓等亦未拿获，一面严拿逸犯杜清谟、叶法灵等，务获确审，一面移咨江西查拿萧姓另究’等语。从前湖督新柱曾奏于省城拿获测字人杜清谟，讯有信奉罗教、开设经堂等事。现咨广东、湖南抚臣确查，即将杜清谟解归广东籍，经朕传谕署督瑚宝，此等人犯，如果系邪教党羽，自应归案质讯，若查无实据，不如即于武昌省城监禁为妥。今据硕色奏称，伊等既有开堂设教、招徒煽惑情形，可传谕广东及湖广各该督抚将此案详悉审明。如设教为匪属实，应即会同商办，按例定拟。人犯应否移解，亦宜妥酌行止，毋致歧误。其叶法灵及江西之萧姓严拿务获，归案审拟完结。向因邪匪煽惑愚民，是以降旨令地方官严行查禁，经堂悉行拆毁。各督抚若能实心奉行，早应断绝根株。今据奏，韶州等处尚有乐成仙经堂等名号，则督抚平时并不留心查察可知。现在此案，着该督抚速行查审结案。至办理此等事件要在宽严得中，轻重合宜。如邪教党羽有纠合匪类图谋不轨，自当严行惩究，毋令漏网。若不过乡曲小民持素奉佛，念经礼忏，所在有之。伊等既非形踪诡秘，借端诱众，只宜随其习俗，又未可概绳以法。惟在该督抚率属员随时留心查察，毋骫法以长奸，毋张皇以滋事，斯为宁谧地方之道。着一并传谕知之。”（《清高宗实录》卷343）

（乾隆十四年十月乙巳）署湖广总督唐绥祖奏：“沿江塘汛向多坍损，

勒限概行修葺，并于江省接界之汉黄要地、八吉堡、阳逻等处以及汉口大镇拨员梭巡，访获积匪二十余名。其江湖港汊，凡有渔船小艇，均令于船傍大书粉字，编列保甲。安、襄、郧三郡所属，与河南、陕西交界，游匪易于窜匿，分派文武，兑旗会哨游巡，并咨邻省照对……”得旨：“须行之以久，而要之以实。现虽署总督，即总督回任，而地方一切原汝巡抚分内之事也。勉之。”（《清高宗实录》卷351）

（乾隆十七年四月己酉）两江总督尹继善奏：“准湖广督臣永常咨开，据蕲州知州李珌禀称，访得江南之英山、霍山与湖广罗田连界之深山内，有奸匪马朝柱等借开山烧炭为由，立名天堂寨，聚众纠伙，谋为不法。除行总统武汉黄德道、黄州协查捕，密咨江省协捕。嗣又准永常咨称，拿获要犯，供出匪党散布英山之石头嘴、大凹沟、五显庙及桐城、太湖等处，又马朝柱等缘楚省搜拿，潜匿英山、天马寨等因。随飞饬安徽道王勍及安庆营副将马乾宜调六安一带兵丁协力搜捕，并令各委员拿获要犯，即行严讯，务究根株。旋据寿春镇总兵改光宗呈报，亦领将弁赴英山剿捕。如果有负固抗拒等情，臣即亲往调度，不使要犯一名漏网。”得旨：“是。看来起于楚省，而归结于江南，正宜卿勉力办理，以靖地方者也。”另有旨谕，谕曰：“尹继善奏到，准湖督永常咨，拿奸匪马朝柱等聚众英、霍山寨一案，据称已委安徽道王勍、副将马乾宜带兵剿捕。现在办理情形若何，其指名咨拿人犯，曾否俱各就获，速行详悉具奏。此等奸匪之徒心术叵测，与捏造伪稿、幸灾乐祸之心正同。得非即伪稿正犯无地可容，藏匿深山，铤而走险耶？此亦不可不为虑及。伪稿之案办理已久，果如此，则亦天道不容。然不可存此归结之念耳！可传谕尹继善等上紧查办。改光宗不待檄饬，先带弁兵亲赴搜查，如此方无忝方镇之任。该督可传谕嘉奖，令其严密搜拿，以迅速为主，速则当时扑灭，少迟则窜匿难图矣。”（《清高宗实录》卷413）

（乾隆十七年四月己酉）又谕曰：“湖广罗田县奸匪马朝柱聚众江南

英、霍等山寨一案，今据尹继善奏到。又蒋炳亦奏称，湖督咨拿奸匪马朝柱，看此则永常在楚已四出密咨，甚得查办之道。其未经奏闻者，当俟办有头绪，方详悉具奏，所见亦是。据尹继善奏称，楚省已获马朝佐。此虽非正犯之兄，其如何被获之处，速行详悉奏闻。现在办理若何，要犯曾否全获，可即行驰奏。再此案发觉，由蕲州知州李珌亲点烟户，访闻禀报。李珌前任铁岭县知县，推升引见时，即曾记其人去得。今观其于地方事务，能如此留心，信为实心任事之人，着永常传谕嘉奖，令其上紧缉拿余犯。将来此案完结，应升用以示鼓励。一并谕令永常速行办理，频频奏闻。”（《清高宗实录》卷413）

（乾隆十七年四月庚戌）湖广总督永常奏：“罗田县奸民马朝柱等勾众为匪，经臣拨兵搜缉，匪党即潜居江省英山县之天马寨，当即兼程亲赴交界。恐各处居民不免惊扰，因揭示遍发罗田、蕲州、广济、黄梅等州县，并谕被诱入伙者许首出自新，能擒首从要犯从重奖赏。嗣据蕲、广、罗、英各处禀报，获犯已一百余名。单提要犯与马朝柱之母妻子侄研讯。据供，尚有头目张锡玉、朱元成、吴承云、李永爵即李开化等，在四川峨嵋山西洋寨，余党散布江南桐城、太湖、亳州，河南汴梁等处。查马朝柱假捏神符，勾结匪党，散扎招军，积粮制械，种种悖逆，罪不容诛。幸及早败露，现已多半就获。臣严饬所属分路穷搜，务期速竣，并咨四川、江南、河南各督抚严密访拿，无使滋蔓。即日前赴天堂、天马二寨，相度善后之计。”得旨：“览奏甚属可嘉。但正犯尚未就擒，卿宜尽心搜捕。尹继善亦奏称前往，汝二人若得会面，将两省交界藏奸之处悉心详议，以杜后患，更为周备也。”又谕曰：“永常奏到‘罗田县奸匪马朝柱勾众为逆一案，已将该犯家口拿获，且经亲赴罗田县督办’等语。江南搜山兵役曾否捕获匪党，并所称山寨情状若何，改光宗亲至其地，必有确见。此案发觉由蕲州知州李珌，已传旨嘉奖。其罗田县知县冯孙龙乃谓马朝柱等开荒烧炭获利，近居好事之徒，捏称伊等聚众，垂涎争占，冀以此消弭重案，免地方失察之咎。此等奸匪虽不足道，而星星之火可以燎原，若不于未发之先急为查办，迨其后有所举动，则贻害地方，良民之受荼毒者必多矣。州县中于所属地方稽查奸宄，发于未行，保境安良，即当加恩显擢。其畏葸避事，粉饰养奸，实足贻害地方，必当置之重典，不可姑容。为上司者乐闻恬熙无事之言，未有不为所愚惑者。将此传谕尹继善，令其督率该地方官竭力速行办理。但此时尚宜密之，不可泄漏。”（《清高宗实录》卷413）

（乾隆十七年四月甲寅）两江总督尹继善奏：“据湖督永常咨称，奸匪马朝柱因楚省搜拿，潜匿江南英山县天马寨，当即饬镇道等员相机剿捕。兹据六安州禀称，英山知县陈步青率同兵役乡勇直入天马寨，擒获匪党数人，余犯由山谷四散潜窜，臣已多派弁兵分头搜缉。又以驻扎江宁，相离遥远，恐误事机，现亲往英山、太湖一带相机调度，务使首从要犯，克日扫除。”得旨：“甚是，不可存姑息之念。此案显系谋叛，当重处，毋留余孽。不可以谋叛未行，曲为开脱。并将此旨咨会永常，尔等和衷妥办，期安辑闾阎，慰朕悬念可耳。”（《清高宗实录》卷413）

（乾隆十七年四月庚申）又谕曰：“恒文所奏‘天堂寨奸民为匪一案，恐牵连人众，监犯丛集，请颁谕旨，分别先行发落’等语，恒文所见，殊属怯懦张皇。此等奸民，潜行勾结，直欲谋反，使非早为发觉，其贻害地方，何可胜言？封疆大吏遇此等事，当如捕蝗搏虎，不容稍纵。而办理尤当镇静处之，不可稍涉张皇，何致因人众而恐激成事端，特降谕旨耶？且使奸民谓有司畏其滋事，益将无所忌惮，是更示之以怯耳，其何以警众？且如恒文所奏，古称胁从罔治者，不过因人众势强，不能了事。即造谋为首者，尚有招安之事。今国家全盛之时，幺麽小丑，何能当此？且其造谋起于乾隆十五年，恒文身任巡抚不能觉察，至永常莅楚后始行发露。现在勇往办理，恒文当知惶悚，竭力相助，自赎前咎，黾勉镇静为是。乃率意妄奏，甚属不合，着严行申饬。其监犯人众应留心防范，添拨兵弁看守。乃该抚职所应办，毋得稍有疏懈，亦不得过于张

皇，致骇观听。”（《清高宗实录》卷413）

（乾隆十七年五月癸亥）谕：“据湖广总督永常、巡抚恒文折奏，黄州府属之罗田县与江南英、霍二邑山谷毗连，有奸民马朝柱等借名开山烧炭，住居深岭，假捏神符，勾连匪党，制械积粮，阴图不轨。该督等密饬文武员弁前往查拿，并咨行江省于所属山境派拨弁兵协同搜捕。永常、尹继善俱亲往该处督率办理，先后拿获奸匪家属及羽党人等，起出军械、硝磺等物。永常勇往办理，甚合机宜，得封疆大臣之体。尹继善同心协力，深属可嘉。方今国家全盛之时，海隅日出，咸乐亨升平。此等匪民潜谋叛逆，贻祸良善。身任地方之责者一有所闻，即应迅速查办，务绝根株，庶不致蔓延滋事。倘有畏难姑息之见，俾得煽诱乡愚，恣行屯聚，即不难用以兵力尽举而歼旃，而闾阎之受其扰累者已不可言矣。罗田县知县冯孙龙初奉该督抚檄饬查勘，意在粉饰了事，辄以‘开山获利，均属劳苦农民，并无可疑形迹’等情草率禀复。夫马朝柱等自乾隆十五年潜住该境，结党聚众，伊既漫无觉察。及上司访闻檄饬，竟不亲身赴寨确查，转以诳禀掩饰。至已经败露之际，又不亲往搜捕，以致首逆远扬。纵恶养奸，莫此为甚。朝廷赏罚，必在严明，此等劣员若不立置重辟，将来守土之吏亦何以责其捍灾御患而为百姓除害乎？且设使更有大于此案者，其贻祸尚可问乎？冯孙龙着拿交该处，即行正法。并宣谕守令各官，使果能身任其事，勇往剿除。未必即至为贼戕害，纵或身膺贼锋奉职而死，国家酬庸之典，必且加之，优恤延及子孙。而畏葸避事之徒，思欲保全躯命，终为法所不容。凡有地方之责者，均当以此为戒。总督永常着交部以军功议叙，总督尹继善着交部议叙。两省在事文武员弁交各该督查明，分别等次，报部议叙。其从前失察各员，均着查明议处。马朝柱等，着各该地方严缉务获。已获逆党人犯，除应俟逆首质讯定拟者仍牢固监禁外，余即研讯确实，分别情罪重轻，按例定拟。应正法者即行正法，应发落者即予发落完结。至该二省毗连、山岭险僻、路径错杂处所，应如何设法查禁防范，即着永常、尹继善会商，速行定

议奏闻。事已就绪，永常、尹继善亦不必久驻边县，着回省……”（《清高宗实录》卷414）

（乾隆十七年六月甲辰）湖广总督永常会同两江总督尹继善奏：“讯明罗田县逆案，首逆马朝柱即马太朝，籍隶蕲州，移居江南霍山，与白云庵奸僧正修往来。朝柱以贫难度日，设法骗银，乾隆十二年四月内商诸正修，遂造言朝柱十六岁时，梦神告知伊师在护国寺，醒后寻至霍山县火星堂，见庙内像与梦中所见无异，询之庙僧，知此庙原名护国寺。庙僧以朝柱非凡，指赴金山，见杨五和尚肉身，又与梦中所见无异。年二十，复梦神告知桐城万山九龙洞有兵书宝剑，往取得之。又言朝柱于乾隆十二、十三等年，在霍山铁炉地方得法剑一，镇天、先兆、喜兆、恩兆、发令、展魂旗六。并谓西洋出有幼主，名朱洪锦，系明后裔，有大学士张锡玉、大将吴乘云系吴三桂子孙、李荣爵即李开化等统兵三万七千为辅，朝柱改名太朝，系其军师。正修复以诡言，汇成一书，串通张朝选、宋魁元等传播。即有李怀仁、李太凡等各出银二三两不等，上名入伙，正修又代编逆示。朝柱于十四年二月内移居英山之大坳沟，复商同正修制铜剑一，镌‘太朝军令’四字，欲图占曾通奸李文先妻吴氏并谋娶张上元未婚妻夏氏，令正修于剑上镌‘前世吴氏，今世夏氏’，并镌‘张氏、孙氏、韩氏展魄魂灵’字样。买包头一副，并剑藏于楼子石山洞内，诡言约期往取。随集杨秉成、夏恒三并该犯之兄朝仕、弟朝贵、朝群等，于十四年十月十五日夜赴山取出，谬称金剑罗帕。众信之，各出银上名。遂指剑上所刻，将吴氏、夏氏为己妻。旋朝柱移居罗田县天堂寨，开山烧炭，诱人入伙。制铜枪一、铜笏一，枪上仍镌‘太朝军令’，并‘金枪’等字，笏上镌‘红罗记’三字，背镌‘丹凤朝阳’。又旗二、铜镜一，先藏于铁柜沟山洞，于乾隆十五年十一月二十六日夜约众游观，朝柱入洞取之，宣言金镜、旗笏乃战具，镜能照耀天下，见人三世。复有遮天伞、撑天扇，能行云雾中，三时可抵西洋。并称西洋不日起事，兴复明朝。索众出银入伙，各歃血吞符，结盟上名，收宁以能为心腹，一时被诱上名者遂众。乾隆十六年五月内，朝柱兄朝佐又引行医之胡济修入伙，倚为谋士，一切伪捏情事悉主之。作敬神囤粮等文，又为朝柱称扬作赞，作檄文一篇，捏称西洋大都督吴乘云所颁。是年秋冬间，令刘廷佐等在罗田之僧塔寺、英山之大坳沟、茅草畈、石头过路滩、五显庙等处开店招人，以发辫外圈蓄发为记。有道士王朝瑞入伙，济修即将所作伪檄、伪令、赞表等文，令其钞录传扬。朝柱族弟马邦念之妹，实高景从未婚妻，朝柱诱骗上山，伪为西洋朱洪锦聘妻，呼娘娘，令人叩头。旋暗制蟒袍补褂、顶帽，托言西洋颁赐。众见蟒袍系戏班行头补褂，顶帽是本朝服色，疑之。因与济修密商，乃作伪诏一道，交孙林万私刊，宣言西洋从云雾中颁诏来楚，应到黄鹤楼迎接。十一月二十五日，令济修赴黄鹤楼见林万，将伪诏百张取回，对众开读，众果不疑。乾隆十七年正月内，朝柱将伪诏作札，先后散给胡南山、王朝瑞、吴方美、吴方曙、熊得胜等，每张索银一二十两至百二十两不等。济修又撰拟印文，描写‘统掌山河，普安社稷，既受天命，福禄永昌’十六字。铁匠王廷赐、徐文略为造兵器，孙继舜购买硝磺，以致流言四起。参革正法之罗田县知县冯孙龙风闻差查，乃仅以挖山烧炭、勤苦农民禀报。臣永常暨抚臣恒文据禀严查，经蕲州知州李珌访悉前情，于三月二十四日亲赴王廷赐家起获刀片、白布。复据州民吴兆丹首告吴梁氏等被诱上名，讯明差拿，讵吴方远、李仁宗情急拒捕，当将李仁宗拿获。南山知事发，欲将朝柱拿首，济修诡言无妨，已令朱连芳前往湖南景陵县请兵，于四月十六日午时准抵武昌，令南山亲往接应。朝柱又令许万儿刻‘太朝军令’四字印旗传人，并写传单多张，分路纠合。嗣经蕲州、英山等州县会关查拿，朝柱情急于四月初三日同马朝仕、马朝贵携马氏、夏氏逼胁附近居民男女共一百余人，齐登天马寨山，令黄国臣执旗纠党，意在抗拒。四月初五、初六等日，被胁上山者渐散，朝柱穷促，即弃马氏、夏氏，并背剑之皮文远等逃遁。江、楚两省文武各官先后拿获马氏、夏氏、胡济修、僧正修、从逆党羽及被胁各犯共二百余名口，搜获逆书、伪诏。至诘其西洋究系何地，朱洪锦、张锡玉等果否在彼屯军，湖南景陵县确在何处，并有无军马在彼，据供均系捏造。查首犯马朝柱逆迹显著，将来缉获，法应寸磔。其已获之妻子，发功臣家为奴。其余各犯，现已分别凌迟处斩，即行正法。应枷责者发落完结，应发遣者俟部复到日办理。”奏入，报闻。（《清高宗实录》卷416）

（乾隆十七年七月）辛酉，谕军机大臣等：“湖南巡抚范时绶奏‘于善化县访获蕲州奸民张汉元，供系罗田匪犯马朝柱、头人张锡士手下之人。根追马朝柱下落，据供，见张锡士说马朝柱现在天堂寨山下南边大合庵内躲住’等语。马朝柱系叛逆首犯，断不得使之漏网。该督等办理此案，何以尚未弋获？着将范时绶原折钞寄该督等阅看。该处是否有大合庵？曾否严加搜捕？不得因正修等已经正法，遂将首犯付之通缉虚文了事也。”寻湖广总督永常奏：“臣密委员弁驰赴天堂寨山下，该处并无大合庵，亦无马朝柱踪迹。复准南省咨，解张汉元等亲提研讯，审系贩鬻愚民。其供出之张锡士等查明亦非逆伙，立即省释。至马朝柱现在严督务获。”得旨：“览奏俱悉。”（《清高宗实录》卷418）

（乾隆十八年五月己巳）湖北巡抚恒文奏：“黄安县禀称，书识蓝之玉见有马朝柱逆书一封，持缴到官，查逆书已拆，内有稿‘上门上控道府’等语，封口写‘仰罗山县’字样。当即委员赴罗山密访，并行文河南一体查缉。旋据委员访得该县汪沁本年佥点官银匠八家，余怀怨愤，串通已革柜书王汝梅、嘱生员闵润民等商做逆帖，交银匠魏尔爵送至黄安，以图倾害罗山县官。此案应听河南抚臣审办。”得旨：“知道了。总之，马朝柱一日不获，此等侧见旁出鬼蜮伎俩不息，勉力查缉马朝柱可耳，何至今尚无消息耶？”（《清高宗实录》卷438）

（乾隆十八年十一月壬申）军机大臣议复贵州巡抚定长复奏黔省不便会哨情形：“查本年四月内，经调任湖广总督永常，以两湖地方辽阔，接壤江南、江西、河南、陕西、四川、贵州、广东、广西八省，内多邃谷深林，崇山叠嶂，奸匪易匿。奏请就所辖地方，与邻省订期会哨。曾降旨传谕江南等省督抚商办，不能如此者，令其复奏。今定长以该省与邻省联界之地苗夷居住甚多，从前未加兵威，平日绝少出入，若与邻省会哨，恐苗人猜惧，致滋事端。但会哨一事，前旨原专指湖南、北地界毗连之处，并非令各省概行会哨。若误会谕旨，每岁遣官兵深入苗寨会哨，必致惊骇滋事。再查乾隆十一年，据云南等五省督抚定议，将各处接壤要路添设台汛，并每岁巡哨，已自严密。应请交与该抚定长，除与湖南靖州接界之开泰县等处查明并无苗寨地方，仍遵前旨与楚省督抚酌量办理。其余苗地无庸分咨邻省会哨，四川等省一体遵行。至所称道府将领等官，分别岁巡、季巡事宜，应饬交各督抚按照该省情形妥办。”从之。（《清高宗实录》卷451）

（乾隆十九年十一月丁丑）又谕：“胡宝瑔奏‘据蒋炳密咨，盘获马朝柱案内要犯李正南，押解楚省查办。除将不行详悉查讯之湘乡令李澎会疏题参外，其首逆踪迹，现俟湖督抚臣质讯根拿’等语，所办甚是。前蒋炳已将该犯押解湖广严审根追，计楚省督抚接据密咨并收到盘获之犯，自必速行查究。该犯之是否果系李正南，及所供马朝柱下落是否根讯得实，着传谕开泰等令其即速具奏。”（《清高宗实录》卷476）

（乾隆二十一年十月癸巳）湖广总督硕色、湖北巡抚张若震奏：“缉获逆党王士友系马朝柱同伙，虽讯未得受伪札，但吃符上名，招人入伙，复制军器火药，实属党恶。应照谋叛已行律，拟斩立决枭示。”报闻。（《清高宗实录》卷525）

（乾隆二十八年七月）丁卯，谕军机大臣等：“据陈宏谋奏‘武昌府属马迹岭地方离城穹远，有吴姓一族盘踞为匪，历经惩创，怙恶不悛，请将举族迁徙各县城内，编入保甲管东’等语，此等积匪，既恃巢穴险峻，肆窃无忌，久为地方之害，自应远徙他处，以绝根株。但该族三十余户，男妇大小将近百人，其鼠窃狗偷习惯已成自然。若只令徙入武昌、咸宁各城安插，纵管束甚严，安保其不故智复萌，贻累闾里。晨若将该族分徙安西瓜州为一处，巴里坤为一处，乌噜木齐为一处，使败类析居，羽党四散，庶不致聚集为匪，贻累地方。现在陈宏谋谅已离楚，着传谕李侍尧即行妥办，俾匪巢一清，而险僻之区永得安堵无虞。并将该族等分作数起，遴选干员押解前往，无致中途疏纵滋事。”（《清高宗实录》卷690）

（乾隆三十年七月癸卯）湖广总督吴达善奏：“湖北幅员辽阔，水路则襟江带湖，支港四达；陆路则环山僻壤，最易藏奸。州县捕役豢贼为生，明知故纵。惟令营兵分布城乡，耳目众多，查缉较易。本年各营报获颇多，其黄冈、蕲州、蕲水等处素称贼薮，亦经缉获多犯，审拟汇奏。”得旨：“应时刻留心，莫致久而生怠。”（《清高宗实录》卷741）

（乾隆三十一年八月癸卯）大学士管云贵总督杨应琚奏：“御史周于礼所奏莽匪情形，臣遵旨逐细确查。如所称莽匪起事约有六千余人，半皆湖广及滇地流民，以开矿失业，附之者不下千余……现在莽匪巢穴已平，大兵已撤，外域各蛮纷纷归顺，内地及江、广流民亦无须设法安抚。”……（《清高宗实录》卷766）

（乾隆三十一年八月丁卯）湖广总督定长、湖北巡抚鄂宁奏：“湖北省罗田县在逃首逆马朝柱及要犯熊得胜等即奉谕旨严饬查拿。经各省刊刻年貌，悬赏购缉，并于蕲州、罗田二属选拨认识逆党之人作为眼目，议给工食盘费，分派本省，及移送湖南、广西、云南、贵州四省随同兵役遍处根缉。惟查此种人等，从前选拨多系虚应故事，不免借端滋扰。且有原未认识逆党面貌滥行充数之人，是以十余年来，要犯未经弋获，而若辈恃有官符，率多生事讹诈，否则怠惰偷安，实属有名无实。应请嗣后访缉逆犯，专责成地方文武协力严拿，其原派本省及外省现在眼目

七十四名一体撤回。”得旨：“所奏甚是。”(《清高宗实录》卷767)

(乾隆三十三年二月辛未)又谕：“进剿缅匪，绿营兵甚为无用。着派永瑞带领荆州满兵二千五百名，雅郎阿带领成都满兵一千五百名迅往永昌。其荆州将军印务着永瑞奏派副都统一员署理，成都副都统印务着阿尔泰兼署。”(《清高宗实录》卷804)

(乾隆三十三年二月丙子)又谕：“朕连降旨，以明瑞带兵深入，时渐暄热，若不能剿贼，令其撤回木邦。明瑞即行来京，熟筹再举之计。今木邦已被贼据，现派京兵及吉林索伦兵即行遣往。昨又调荆州、成都满兵由彼处趱行前进……”(《清高宗实录》卷805)

(乾隆三十四年正月辛卯)谕：“进剿缅匪一事，今年必须合力大举。昨岁已派京城健锐火器营及成都、荆州各驻防兵陆续前往云南……”(《清高宗实录》卷826)

(乾隆三十四年十月甲寅)又谕曰：“吴绍诗奏‘据江西湖口县接准湖北江夏关拿伙盗姓名，已将刘老官等三犯拿获。业经供认伙劫盐船衣物并查起各赃，惟所供当赃月日不符，现在移查江夏，讯取李先等确供。其王百即灯草灰一犯，据访已经江夏县差役密拿回楚’等语。此案盗犯聚集多人在江面行劫商船，自应迅速严办，以靖地方。今江夏县既已访获三盗，供认失事地面情形，与湖口县所获之犯供亦相仿，中间似无疑窦。着传谕吴达善等即将已获各犯就近严切审讯，务取确供存案备查。有应问拟正法者，即于所获之处办理，不必因案涉两省，辗转关查，以致稽延疏误。其首先起意之徐国士及徐上熊等各犯，据称并籍隶湖广，何以楚省至今尚未弋获？着传谕吴达善等，速饬所属，将未获各犯加紧访拿，克日务获，毋致远扬漏网。并将王百一犯是否系江夏县差役拿获，及现在有无续获各犯之处，迅速奏闻。再龚在山一案尚有余盗未获，该省此时所获各犯，或有彼案逸盗改易姓名在内，亦未可知，并着研讯明确，并案完结。吴绍诗折并着钞寄阅看。”寻奏：“此案王百系江夏县差役拿获，又据天门县续获陈瓜儿等三犯，讯无龚在山案内逸盗。”报闻。（《清高宗实录》卷844）

（乾隆三十六年十月乙未）又谕：“据富明安等奏‘湖北京山县民严金龙等纠众结盟，私制衣帽，图劫仓库。经县营访闻禀报，该督等驰往督率查拿，已获伙犯多人。其首逆尚未弋获，现在严饬追擒，并于河南接壤地方上紧督同搜捕’等语。奸徒聚众结党，甚敢造作伪印伪官名号，悖逆已极，实为法所不容。必当将首伙各犯全行擒捕，尽法惩治，方足以昭炯戒。现在谕令富明安就已获各犯审明，从重办理。仍严饬将首逆及济恶各犯上紧追拿，毋使一人兔脱。但此等逸犯见事已败露，本处缉捕必严，自不敢羁留湖广地界。而豫、楚境壤相接，便于窜匿，且希冀邻境不知案情，得以幸免，易致假息潜藏。虽襄阳镇马虎已赴交界处搜擒，恐未必查至豫省。着何煟即派委妥干员弁严密访缉，并于路通湖北各州县一体协力查拿务获。如逆犯果能就获，即严讯供词，确核案情相符，迅速按律定拟奏闻，于所获之处正法，传首楚省枭示。毋庸辗转押解，至有疏虞。将此谕何煟知之。”（《清高宗实录》卷895）

（乾隆三十六年十一月丙辰）钦差侍郎桂林奏：“……约咱军营，须添兵三千，方足以迅速攻取。恳于附近川省之贵州、陕甘、湖广等处共拨兵八千，选派勇干将领速带来川……”（《清高宗实录》卷897）

（乾隆三十六年十一月丁巳）又谕：“湖北京山县逆犯严金龙等潜逃未获一案，该督富明安业经亲往督办，而该抚梁国治复奏随同前往。当即批谕，此系总督之事，汝应在省静镇。盖以巡抚综理通省刑名钱谷，事务较繁，即有总督亲往，该抚自不应再行出省。且徒致迹涉矜张，于事何益？若提督李国柱虽驻扎湖南，原系管辖两省，缉拿要犯，乃其职任所当为。当一闻查拿严金龙之信，理应迅即亲往督办，何得仅称飞札督抚二臣并饬委中军参将等分途前往？仅照寻常案犯移文协缉完事，甚属非是，是以于折内批饬，何不亲往？此二人，一以去而止之，一以不去而督之，各皆有故，非漫为批示也。向因外省封疆大吏遇地方有亲行督办案件，辄狃于养高偷安之积习，一切委令司道等承办，希图苟安塞责。屡经降旨训饬，庶几锢习稍悛。但督抚或近在同城，该督既已亲行，该抚即应在省综理诸务，以资弹压，自属理所宜然。若提镇等平日既系不理民事，于督捕重务尤属责难旁贷。一经得信，即当亲自赴彼查拿，所属员弁自必加紧根缉，而重犯亦可不致远扬。倘以督抚既经公出，该提镇竟自迁延不行，则其平日所云奉职者，复有何事？国家设官，又安用此深居简出之戎阃将领为耶？此乃政体官方明白易晓之事，况前此因事教诫，不惜谆复再三，何尚不知痛自改悔若此？至督抚等近来办理重案，虽已颇知奋勉，不敢仍蹈故辙。设因朕谕止梁国治一事，或彼此观望迟回，妄分畛域，是不能善体朕意，获咎益重，更难逃朕洞鉴也。将此通谕各省督抚提镇等知之。”(《清高宗实录》卷897)

(乾隆三十六年十二月丁丑)又谕：“据富明安等奏‘李拔到楚后，即选派捕役弁兵等随行，听其由京山、随州一带，随地相机躧缉’等语，所办甚好。但严金龙为首逆重犯，罪大恶极，断不容漏网稽诛。今虽派令李拔访缉，而实力查拿，究属地方官专责，恐地方文武因有李拔在彼访捕，转致懈其承缉之责，则大不可。着传谕富明安等严饬所属，务须设法上紧密速搜捕，毋得稍有观望迁延，致逆犯得稽显戮。至该督等另折奏‘获逆党审拟’一折，于知情不首及缘坐各犯止照叛案例定拟，尚属未协，现已批交三法司速行核拟具奏。着一并谕令该督等知之。”(《清高宗实录》卷898)

(乾隆三十六年十二月壬午)谕军机大臣等：“据富明安奏‘查拿逆匪严金龙等’一折，内称‘严金龙、何士荣二犯，现在严捕二犯家属，俱于京山、随州接壤之各荒山岩洞内搜出。该二犯或亦藏匿山僻林谷之中，俱未可定’等语。严金龙、何士荣乃谋逆首犯，罪大恶极，自应上紧严缉就获，不容片时漏网稽诛。且该二犯家属既于京山近界搜擒，则该犯谅亦潜迹不远，断不可不设法急捕，致令远扬。若存荒山岩洞之见，地方官势必懈于躧缉，借口因循，甚至诡称窜迹空山，日久饿毙。又如从前查拿马朝柱之海捕具文，更复成何事体？前据奏称，恐其逸于河南近境，当即传谕何煟一体协缉。昨据何煟复奏，已派员饬属严密缉拿。但思豫省地当孔道难以藏奸，该犯等未必敢往潜匿。若由湖北而计，必窜入川省，或已至湖南，必窜入贵州、广西。富明安等务当实力密缉，毋稍羁延，并着传谕李湖、永德一并协缉……”（《清高宗实录》卷899）

（乾隆三十七年正月壬戌）又谕：“据国泰奏‘奉抚臣牌文，缉拿严金龙’一折，内称‘准湖广咨，逆党刘士俊供称，严金龙于上年十月内与案犯施晋三同往河南。该犯既已偷过黄河，非往直隶，即来东省，现在分路缉拿’等语，所奏可嘉，已于折内批示矣。昨据徐绩具奏‘躧拿逆犯’一折，笼统措词，似属通缉常言，并未将楚省咨明情节详叙。朕以逆犯何能远越来东，所奏似属多余，遂于折内批谕……至国泰所奏，原系接奉该抚转行楚省原咨之文，该抚前奏未叙，自不免于疏漏。但于此案办理大端，无甚不协，朕亦不加之责备……”（《清高宗实录》卷901）

（乾隆三十七年正月壬戌）又谕：“据国泰奏‘奉抚臣牌文，缉拿严金龙’一折，内称‘准湖广咨，逆党刘士俊供称，严金龙于上年十月内与案犯施晋三同往河南。该犯既已偷过黄河，非往直隶，即来东省，现在分路缉拿’等语，逆犯罪恶重大，断不可任其漏网稽诛。今楚省既有偷过黄河之供，则直隶、山东地面尤宜密速躧缉，毋任远扬。现在一面传谕徐绩就东省上紧侦捕外，并谕周元理速行转饬直隶各属，一体严密查拿务获。不得仅循通缉虚文，致重犯幸逃显戮。”（《清高宗实录》卷901）

（乾隆三十七年三月）乙丑，谕军机大臣等："……第贵州兵数不多，且系苗疆，前后已调过八千，自不便再行调派。而湖广兵素称怯弱，又不能适用……"（《清高宗实录》卷905）

（乾隆三十七年九月甲午）参赞大臣署四川提督阿桂奏："……今奉谕将湖广后起兵二千即往南路，加以滇、楚兵到，自可采入……"谕军机大臣等："前阿桂奏'官兵自甲尔木山梁退回，俟有续调兵到，即行前进占据'之语，续据云南、湖广督抚奏闻官兵入川日期，阿桂处应有带兵大员禀报，何以今日折内并未奏到……今现调之昭通及湖广兵六千名早入川境……阿桂当就现在情形通盘筹酌，务出万全。"（《清高宗实录》卷916）

（乾隆三十七年十月戊辰）参赞大臣署四川提督阿桂奏："参将常泰所带川陕兵二千五百于九月十二、十三等日前抵木池。楚兵三千内，头二起已出打箭炉，十九等日，抵喀勒塔尔，后起亦即陆续前进……该镇于二十五日自达乌起程，由吉地、丹东一路追及楚兵，带赴木池进剿……"报闻。（《清高宗实录》卷918）

（乾隆三十八年六月庚戌）又谕："现在贼番截断将军后路，恐春宁、特成额仍拘泥从前所降谕旨，各赴将军营盘。伊等行至桃关，若道路未通，伊等即会同总督富勒浑，或将贵州、云南、湖广之兵带领速往救援。伊等皆系侍卫，凡剿杀贼番，开通站路，俱属分内之事，务须加意奋勉。"（《清高宗实录》卷937）

（乾隆三十八年六月丁巳）敕谕各部落土司曰："……朕现已降旨将副将军阿桂授为将军，督办讨贼事务。拣派满洲索伦、厄鲁特等健锐兵丁，并陕西、云南、贵州、湖广等处劲兵数十万，厚储粮饷，转输接济……"（《清高宗实录》卷937）

（乾隆三十八年七月癸亥）定边将军尚书阿桂、参赞大臣副都统明亮奏："各军营所调之兵历时既久，而木果木、功噶尔拉官兵伤损颇多，所余不过数千……臣等前请添兵五千为乘虚扫穴之用。目下情形又与从前迥异，自当通盘计议，速筹分头再进之兵，以定各路合攻之局。请于湖北、湖南额兵已调二千名外，再添调三千……"得旨："……即传谕阿桂迅速由章谷退兵，且俟新派京兵及续调陕甘、云南、湖广各省绿营兵到齐，另筹分路进剿……"（《清高宗实录》卷938）

（乾隆三十八年七月乙丑）又谕："现在添派健锐火器营兵及吉林、黑龙江并西安驻防兵，加以陕甘、云贵、湖广绿营兵，通计一万七千余人，厚集兵力，于今冬另筹进剿，以期迅奏肤功……"（《清高宗实录》卷938）

（乾隆三十八年七月辛未）四川总督富勒浑、署四川总督湖广总督文绶奏："……臣等于初一日，准丰升额称，已派襄阳镇官达色带兵一千五百余前往梭磨、大板昭等处防御……"谕军机大臣等："……至富勒浑等所奏'南路应速添兵，以资声援。现又飞调川兵三百，并催黔、楚各兵迅速来川，兼程驰赴南路'等语，所办甚是……"（《清高宗实录》卷938）

（乾隆三十八年七月丁丑）又谕："……其各省所调之兵，贵州一千最早，余如湖南、云南、陕甘、湖北亦俱可陆续到川，各按两路，分拨前往……阿桂务须竭力熟筹妥办，并即豫筹将进剿金川之路分兵进攻，出其不意，以期克捷。"（《清高宗实录》卷939）

（乾隆三十九年三月丙子）定西将军尚书阿桂、参赞大臣领侍卫内大臣色布腾巴勒珠尔奏："官兵自攻克罗博瓦后，相机直捣，距勒乌围日近，贼势愈形窘迫……乌什哈达、额森特、福康安等复闻声带兵接应，内外夹攻，贼俱败逃。其侵扰登古山梁一股，亦潜至湖广官兵石卡，经普尔普带满汉各兵，分两路冲杀……”（《清高宗实录》卷955）

（乾隆四十年五月辛未）……定边右副将军广州将军明亮奏：“本月初七日……贼人复扰荆州营盘及茹寨街上，我兵击杀数十人，余俱窜走……”（《清高宗实录》卷983）

（乾隆四十六年六月己丑）又谕：“舒常等奏‘据副将陈大恩禀报四川太平等县移拿川省啯匪一案，随会同利川县奋力擒拿。啯匪百余人持械抗拒，兵役放枪擒捕，生擒受伤啯匪一人，余悉逃散。当经利川县讯据该犯，供名蔡友应，同伙有棚头刘胡子、金小二、罗和尚、周呆子、杨满儿、王小六、杨大老满、袁老八，其外亦各有附和之人，欲到贵州去……现在将该犯提解来省严审……’等语……”（《清高宗实录》卷1135）

（乾隆四十六年六月庚子）又谕：“据李本奏‘婺川县禀报拿获川省啯匪彭昌文，讯供首匪系刘老十、毛老九等共七八十人……’等语，此案前据舒常、刘墉先后奏到时，已屡经谕令该督抚等上紧查拿，尽法处治……至贵州、湖广现在查拿紧急，恐其仍窜回川境，并着谕文绶，务即督饬各属严密擒拿……并着传谕各该督抚即行查明具奏。”（《清高宗实录》卷1135）

（乾隆四十六年八月辛未）谕军机大臣等：“据文绶奏‘失察啯匪、擒捕不力之文武各员弁，请交部分别议处’一折，内称‘啯匪先在川省，逃至太平县，随路纠集诱胁。除拿获外，余匪百余人复拒捕窜往湖北、贵州’之处，啯匪纠聚多人，抢劫拒捕，不法至此，该督何以从前竟未奏闻？又称‘首犯胡范年、凶伙胡正德九名审明正法具奏’等语，前文绶奏到各折，亦未将胡范年等犯录供奏明，业经降旨查询，何以此折仍未声叙明晰耶……”（《清高宗实录》卷1138）

（乾隆四十六年十月丙子）又谕曰："李国梁奏'据远安营报获嗰匪张元保、李老七即李廷昌、胡魁即胡龙三名，宜都营报获嗰匪陈世达、刘文年二名，宜昌镇后营报获嗰匪匡阳泰、朱玉孙、达包子三名，又盘获叶天才、张宗荣、朱国才、张朝选、曾凤、刘世模、黄汉清、王登榜、余应伦九名，又盘获刘天贵一名，远安营又盘获湖南之刘成一名，现在移咨解省审办'等语。此等嗰匪结党成群，行踪诡秘，不法已极。今又据李国梁奏拿获多人，可见文绶办理不善，疏纵酿成，以致该犯等窜逸各处，至今尚未尽就弋获。着传谕舒常、郑大进、刘墉等即将现获各犯严讯实情，遵照前旨办理。至此外逃逸外省及潜踪川省者，尤须严切督饬文武上紧搜捕，务令尽绝根株。并着传谕福康安实力查办，不但不应有嗰匪之迹，并不可有嗰匪之名。将此由六百里发往，并将李国梁折钞寄阅看，并谕李国梁知之。"（《清高宗实录》卷1142）

（乾隆五十二年正月丁酉）又谕："……其任承恩于常青抵台后，即令先回本任，以资弹压。如此庶事权归一，有所责成。现在湖广有舒常署理督篆，常青无须急赴新任，惟当督同黄仕简悉心妥办，镇戢海疆，以为一劳永逸之计……"（《清高宗实录》卷1273）

（乾隆五十二年二月己酉）谕军机大臣曰："……常青不可不迅渡台湾督率办理，并着常青于到台湾后即行秉公严查……至该督虽已调任湖广，但此事究系伊在闽浙任内之事，尤宜督同妥速办竣，方可将功补过……"（《清高宗实录》卷1274）

（乾隆五十三年三月癸酉）御制平定台湾功臣像赞序曰："……今朕所发巴图鲁侍卫章京等才百人，已足以当数千人之勇。绿营兵虽多，怯而无用，兹精选屯练及贵州、广东、湖广兵得近万人统而用之，遂以扫巢穴，缚逆首……"（《清高宗实录》卷1300）

（乾隆五十五年四月丙辰）又谕："据毕沅等奏'汉阳县知县张瑢禀称在汉镇盘获形迹可疑之王士虎、马三、张进忠三犯，讯出纠伙行劫各案，正在提犯严鞫。适康基田将盗犯鲁玉等供出，逸盗马老、王三、张三等咨会协缉，查明即系王士虎三犯。现在切实根究，从重定拟'等语。毕沅、惠龄自莅任楚省以来，一切惟事模棱，于地方应办要件并无认真办理之处。此次拿获江面伙劫之王士虎各犯，即督同臬司严加推鞫，究出叠次行劫，并讯明与安徽获犯同案，毕沅等办理此事可云差强人意。至知县张瑢留心侦缉，尚为能事，着给咨送部引见。其供出未获各逸犯，并着该督等严饬沿江员弁速行躧缉，务期弋获，毋致始勤终怠。"（《清高宗实录》卷1352）

（乾隆五十五年八月癸酉）谕军机大臣曰："……但现在带领阮光平同行，若遽先行驰回，恐该藩心疑粤省有何要事，转为不便。着传谕福康安，此时且不必稍露形迹，仍与该藩按程行走，俟至湖北分路后，该督即速遄行，赶回粤东。如盗匪尚未全获，务须督饬严拿，尽法处治，毋使一名漏网。再附报寄去奶饼一匣，着福康安即交阮光平祗领，以备途间食用，并告知该藩不必具表谢恩，以示优眷。"（《清高宗实录》卷1361）

（乾隆六十年二月）辛未，谕军机大臣曰："……而福宁见贼蔓延，未免心存畏葸，布置一切不能得有把握。现在楚省调派官兵已及万余，福康安自黔省前来，亦必带领黔兵数千，军威已极壮盛……而保靖地方，有永顺苗匪张廷仲父子聚集数千人扑城夺卡，势尤紧急。虽经福宁檄调兵丁，令宜昌镇总兵张廷彦带兵前往应援，究恐途远，缓不济急……"（《清高宗实录》卷1471）

（乾隆六十年二月丙子）谕军机大臣曰："福康安奏'行抵镇远，飞调官兵会剿'一折，所见均为得要。此次楚省所办，迟延观望，殊不满意……福康安于黔苗剿捕净尽后，即可前赴楚境并力歼擒……此时福康安自已将黔省逆苗搜捕，即到楚省合兵攻剿，伫盼捷音之至。”（《清高宗实录》卷1471）

（乾隆六十年闰二月癸未）又谕：“……现在湖广南北两省已调兵一万三千余名……共计约有三万上下，兵力已属厚集，尽敷剿捕，何得尚以兵少贼多为词……又楚省官兵已调至一万三千余名，自不便再为檄调……现因黔、楚、四川三省各行剿捕，未经会合，是以兵分见单。不日福康安、和琳将松桃、秀山一带逆苗剿净，并力全趋楚省，兵威已极壮盛……”（《清高宗实录》卷1472）

（乾隆六十年闰二月乙酉）……谕军机大臣等：“黔省苗匪与楚省苗匪勾结，蔓延滋扰，梗塞道路。今福康安一到铜仁，不待兵齐，即带现在官兵分路进攻，立解正大营之围。痛歼贼众……实属快意之至……福康安由黔赴楚时，和琳剿除秀山贼匪，肃清后路，亦可带兵前来会合，与楚省官兵并力夹攻，势成破竹……福康安到楚后，亦将以上情节，复加确讯，详悉查奏，勿任稍有偏倚。”（《清高宗实录》卷1472）

（乾隆六十年闰二月）乙巳，谕军机大臣等：“……伊二人速将松桃贼匪剿净，后路肃清，两处会合，同赴楚境，并力攻剿，以期一鼓集事。其荆州满兵于登山陟岭本非所长，停其调派，所见亦是……”（《清高宗实录》卷1473）

（乾隆六十年三月辛未）谕军机大臣曰：“刘君辅等奏，剿焚花园苗寨，杀贼三百余名。看此情形，刘君辅就所带楚省兵丁尚能痛歼贼众，乘胜直追，克复花园，苗匪之无能已可概见……”（《清高宗实录》卷1475）

（乾隆六十年四月己酉）谕军机大臣等：“……现因惠龄在楚办理军

务，安徽巡抚未便久悬……”（《清高宗实录》卷1477）

（乾隆六十年六月）壬午，谕军机大臣等：“贼匪经官兵屡次剿杀之后，尚敢分路肆扰，实为可恶……高村为镇筸后路，自应亟筹疏通。该处兵力因贼匪众多，不敷剿捕，自不得不酌量添调，以资剿御之用。福宁现已咨调荆州满兵二千名，亦足以壮声势而供派拨。但福宁既知镇筸一带兵力单弱，何以并不早请添调，直至贼匪到彼滋扰始行计及？虽同日据毕沅奏，由荆至辰一水可通，已饬妥为豫备，所办尚好。但究恐路远不能克期到齐……亦据惠龄奏，张廷彦咨称贼匪滋扰，粮道不通。粮运军火为军行第一要务，福康安等当豫为留心宽余储备。设楚省台站，急切不能疏通，必须仍由川、黔一路源源接济，无误供支方为妥善。至惠龄，前已有旨补授户部侍郎，并令回京供职。但现据福宁等所奏各情形，湖北、湖南交界处所未便无大员驻扎，惠龄仍着留于该省署理湖北巡抚印务，以资接济堵御。其所奏里耶地方添兵驻扎，自应如所奏办理。”（《清高宗实录》卷1480）

（乾隆六十年六月丙申）谕军机大臣曰：“……目下所调荆州满兵计已可陆续到齐，福康安等又知会观成，即由正大、铜仁一路迅速前往，并派巴图鲁侍卫伍绍、温春等随同进发，所办甚是……”（《清高宗实录》卷1481）

（嘉庆元年二月壬辰）谕军机大臣等：“现在毕沅、惠龄督兵剿办贼匪，如兵力不敷，可就近于接壤之河南南阳镇标内添调兵丁，一面奏闻，一面飞咨景安迅派拨前往。再现派巴图鲁、侍卫、章京等二十员驰赴湖南军营差遣，该员等皆由荆州经过，并着毕沅惠龄商酌。如需带兵之员，即可于该侍卫等过境时酌留数员，于带兵更为得力。将此谕令知之。”（《清仁宗实录》卷2）

(嘉庆元年二月癸巳)谕军机大臣等:“毕沅等奏‘督率将弁直入山内奋力剿杀,毙贼多名’,所办差强人意。但该贼匪等四处勾结,啸聚多人,断非起自近日。毕沅两任湖广总督,惠龄亦两任湖北巡抚,均系伊等及福宁三人任内之事,实难辞咎。此时若能督率官兵奋力攻剿,将首逆克期全获,余党搜捕净尽,尚可将功抵罪。倘办理迟缓,或致贼匪蔓延,伊二人自思当得何罪。所有该管地方官,并着毕沅等于事竣后查明据实参奏。”(《清仁宗实录》卷2)

(嘉庆元年二月己亥)命热河总管鄂辉驰赴湖北军营剿贼。(《清仁宗实录》卷2)

(嘉庆元年二月己亥)命西安将军恒瑞率满洲兵二千进剿当阳教匪。(《清仁宗实录》卷2)

(嘉庆元年二月辛丑)谕军机大臣等:“当阳等处有需兵力,已令西安将军恒瑞由郧阳一路驰往,又加以兴汉南阳之兵,声威更壮。毕沅现赴荆州,务将贼匪剿除净尽,收复当阳,不可稍涉迁延。将此谕令知之。”(《清仁宗实录》卷2)

(嘉庆元年二月甲辰)谕军机大臣等:“聂杰人等在大江以南枝江、宜都等处滋扰,而江北之东湖、当阳、远安等处又有逆匪啸聚,蔓延数州县。中隔大江,断非仓猝通信所能同时并起,必豫有彼此勾结约会。况贼匪互相雄长,其势散涣,岂能不约而同?是否聂杰人即系各路贼匪总头,抑或另有其人,嗣后如有续获之犯,务须讯明起衅根由具奏。再陕西之兵由郧阳一带行走,河南之兵由襄阳一带行走,会合堵剿,贼匪自无虞其北窜。惟川东一带皆与湖北接壤,前据孙士毅奏,派委道员,在川东一带弹压。并着该署督添派镇将,会同留心稽察堵截,勿令窜入川境。将此谕令知之。”(《清仁宗实录》卷2)

（嘉庆元年三月戊申）谕军机大臣等："昨据惠龄奏，枝江首逆聂杰人已经生获，该处及当阳一带尚有贼匪屯聚。是惠龄所奏传习邪教之张正谟，实为此案首犯，必应生获者，惠龄务须迅速查拿。首谋就擒，余党自必溃散。至此次贼匪纠集多人，其中被贼诱胁者谅复不少，毕沅等当严行查究。如系抗拒伤官，焚抢村庄及辗转勾结为逆者，罪无可宥，均须悉数严办。其余为贼匪诱胁逼入邪教者，不过分发各处为奴。若只系无知愚民误被诱惑，旋知改悔者，概不必深究，庶自新有路，更可免株累而安众心。毕沅、惠龄务宜详细分别，毋纵毋滥。将此传谕知之。"（《清仁宗实录》卷3）

（嘉庆元年三月己酉）谕军机大臣等："毕沅因荆、襄、郧、宜等府俱有贼党，播散谣言，冀图抢劫，复行请发京兵前往驻守。京营劲旅打仗杀贼原可以一当百，若只令前往防守，则湖北地方辽阔，村庄要隘在在需兵，无论简发三千不敷分布，即十倍此数亦不足用。况京师距湖北路远，非惟缓不济急，京师重地先已骇人观听。且人数众多，沿途支应未免多有扰动，而带兵之员一时亦难得其人。毕沅等前后所调河南、陕西及本省满汉兵丁已有六千余名，又有恒瑞带领西安满兵二千名驰往会剿。今据该督奏称，又咨陕抚，再添调兵二千名。是各处兵丁到齐，统计已有万余，尽足敷剿捕之用。本日据恒瑞奏，永保由乌噜木齐来京，业经札知速赴西安。现在湖北既须大员带兵，永保曾经军旅，着即由驿遄行，同恒瑞带兵从郧阳一带行走。将有贼处所先加搜剿，驰抵当阳，与毕沅会合协同剿办。又有舒亮、鄂辉先后派往，伊二人系带兵熟练之员，均可得力。此时毕沅惟应督率弁兵悉力守御，镇定人心。不可冒昧轻进，稍致疏虞。再本日据秦承恩奏，亲带兵丁前往陕、楚接壤要隘堵截，现在陕西省城并无大员。昨据宜绵奏称，已于二月二十日自兰州起程，前赴西安驻扎，即着该督办理粮饷、策应弹压等事。将此各传谕知之。"（《清仁宗实录》卷3）

（嘉庆元年三月壬子）谕军机大臣等："来凤县并无城垣，该县庄纫兰带兵无多，仓猝遇贼被害，情殊可悯。着该督等照当阳县黄仁之例，于事定后咨部优恤。现在所调河南官兵，业经毕沅截留应用。而惠龄一路正需分兵进攻，着毕沅即飞催恒瑞及署兴汉镇总兵文图领兵遄行，到楚应用，或河南后到之兵亦可。将此各传谕知之。"（《清仁宗实录》卷3）

（嘉庆元年三月）甲寅，谕军机大臣等："现在秦承恩已赴兴安一带，陕省地方亦关紧要，宜绵只当于西安省城及商州一带稽察弹压，不可又赴楚境。景安现在南阳，足资照料，亦不必越至楚境，于本省事务转致不能兼顾。将此各传谕知之。"（《清仁宗实录》卷3）

（嘉庆元年三月丁巳）谕军机大臣等："此时当阳贼匪业经围住，所调官兵不日即可到齐。毕沅现分派四路，用炮轰击县城，未免稍拙。攻城之法，或声东击西，西三面攻击，故留一门为贼出路，暗设伏兵，乘贼窜逸为掩捕之计。若专用炮击，徒糜火药，与砖石为敌，殊属不值，且致耽延时日。至孙士毅驰抵楚北边界堵剿贼匪，所办亦属可嘉。其所称此时只宜上紧剿除逆匪、邪教一节，暂缓查办，以安众心，所见适与朕前旨吻合。将此各传谕知之。"（《清仁宗实录》卷3）

（嘉庆元年三月）壬申，谕军机大臣等："前据惠龄奏，贼匪粮石无多，不久食尽。今又阅多日，仍复迁延，惠龄实属无能，着传旨申饬。至贼匪张正谟困守山内，势已穷蹙，惠龄即不能立时拿获，亦应悉力防堵，设乘间窜逸，惠龄自思当得何罪。舒亮到襄阳后业将贼匪屡加剿杀，正可乘势扫荡襄阳附近贼匪。乃毕沅复调赴当阳，转派鄂辉前至襄郡。现据景安奏，襄阳贼匪潜出滋扰，兵力稍单，此皆毕沅调度失宜所致。该督办理此事漫无把握，亦着传旨申饬。现在舒亮已抵当阳，该处贼匪即责成舒亮帮同毕沅剿办。至孙士毅知会惠龄拨兵截住去路一节，惠龄现在深冲口坐待兵力，方自顾之不暇，焉能又赴来凤一带协力夹攻？因思文图前在羊角山剿贼甚为奋勇，着加恩赏戴花翎，即令酌带兵丁由竹山一带取道来凤。沿途遇有贼匪，即可歼除，以便与孙士毅两面夹攻，更可得力。将此各传谕知之。”（《清仁宗实录》卷3）

（嘉庆元年四月丙子）谕军机大臣等：“恒瑞虽已将竹山贼匪剿散，尚有前往房县、保康剿贼事宜。郧县、郧西俱在汉江以北，势难回顾。宜绵驻扎商州，距彼不远，所有郧县、郧西一带贼匪，着责成宜绵督饬百祥等实力剿办。其自竹溪以至保康一带贼匪，即责成永保、恒瑞剿办。当阳、远安、东湖一带贼匪，责成毕沅、成德、阿克东阿、舒亮剿办。枝江、宜都一带贼匪，责成惠龄、富志那剿办。襄阳、谷城、均州、光化贼匪，即交鄂辉同彭之年等办理。来凤与四川接壤，该处一带贼匪，即责成孙士毅督办。总之，贼匪蚁聚蜂屯，官兵分投掩捕，办一处必须肃清一处。不得因贼匪逃散潜匿即为完事，以致兵过之后，遗孽复萌，又复潜出滋扰也。将此各传谕知之。”（《清仁宗实录》卷4）

（嘉庆元年四月辛巳）谕军机大臣等：“景安奏，探闻湖北峪山贼匪尚在张家集等处屯聚，而吕堰驿又被贼匪焚烧，文报阻隔。已谕知梁肯堂，即于附近之正定、顺德、广平、磁州各营挑选兵丁二千名，先派将弁带领起程。并命直隶提督庆成，即日由古北口驰赴南阳一带，统领进剿。所有派往巴图鲁侍卫二十员，于经过南阳时，并着景安酌量情形。若南阳需人带兵，即酌留数员在彼带领协剿。将此传谕知之。”（《清仁宗实录》卷4）

（嘉庆元年四月）壬午，谕军机大臣等：“襄阳为南北冲途，关系紧要，现调直隶兵未能即到。鄂辉职分较小，恐呼应不灵，着恒瑞带兵将保康附近各处贼匪实力搜剿，永保即轻骑减从，迅赴襄阳调度策应。将此传谕知之。”（《清仁宗实录》卷4）

（嘉庆元年四月乙酉）惠龄奏："长阳县地方有逆匪林之华纠众滋事，已飞咨恒瑞令文图带兵往剿。"奏入，谕军机大臣等："长阳一带贼匪乘虚蚁聚，不可不速行扑灭。恐文图一人尚不足以资董率，着传谕恒瑞、永保二人酌分一人带兵速赴襄阳，一人即赴长阳一带督率剿办。此时惠龄军营已得胜势，长乐、长阳之贼俱系张正谟党与，思往接应。惠龄惟当倍加奋勉，将贼首张正谟拿获，其余匪党自必纷纷瓦解。将此传谕知之。"（《清仁宗实录》卷 4）

（嘉庆元年四月庚寅）谕军机大臣等："蒋兆奎奏挑兵二千名，令总兵德龄带领暂驻泽州，听候河南调用。豫省、河北地方，近闻亦不甚安静。此项挑备之兵，着蒋兆奎即行知德龄移驻卫辉，并着景安酌量情形。设南阳、邓州一带需兵堵剿，而进剿襄阳尚须添兵，即将晋兵调拨，自可更期得力。"（《清仁宗实录》卷 4）

（嘉庆元年四月）乙未，谕军机大臣等："恒瑞、永保在保康白云山内搜捕贼匪，为日已久。节经降旨令带兵速赴襄阳，何以尚未奏报起程？实属延缓，着传旨申饬。再楚北贼匪不过借邪教为名，煽诱纠结，其中教匪从贼者固多，而被贼迫胁煽诱者亦复不少。若不设法解散，则贼党日聚日多，岂能尽加歼戮？着传谕领兵将军及该督抚等速行出示，遍加晓谕，以现在大兵四路云集，贼匪不日歼除。内有无知乡愚，一时被贼诱惑及迫入党者，若能及早省悔，自行投出，即系平日误习邪教之人一经投首，皆可免其治罪。倘有能将贼首贼目斩获擒献者，不但不治以从贼之罪，并当优加奖赏。如此明白示谕，加以劝赏，不特贼党易于解散，并可帮同官兵同力，亦剿抚并施之一策。"（《清仁宗实录》卷 4）

（嘉庆元年四月戊戌）谕军机大臣等："恒瑞、永保奏，三里坪一带贼匪，俱系文图剿净。而永保、恒瑞仅将白云寺山贼匪追至黑龙沟地方，并未能速行扫荡，所办何事？着传旨申饬，仍着速将该处贼匪剿净，即驰赴襄阳会剿。倘贼匪负嵎固守，亦当酌一人速赴襄阳，断不可二人株守一处也。”（《清仁宗实录》卷4）

（嘉庆元年四月辛丑）毕沅奏：“攻围当阳，诱贼出城，设伏痛剿，并截杀援贼多名，良民缒城投出者络绎不绝。”奏入，谕军机大臣等：“当阳城中缒出良民亟宜妥为安抚，将来大兵入城，查明并未从贼只系被胁者，亦应一体绥辑，勿使失所。此次随同打仗之同知常丹葵、游击什图、参将马为锦、蓝翎长六达色，着以应升之缺升用。”（《清仁宗实录》卷4）

（嘉庆元年四月）癸卯，宜绵奏：“明亮本应驰赴湖南，但襄阳樊城为南北咽喉要地，不可使贼滋扰，臣将固原兵五百名交参将九十带领，随同明亮前往剿堵。”奏入，谕军机大臣等：“宜绵奏令明亮带兵前往襄樊堵剿，筹办甚合机宜。此时襄阳一路，景安、富成已由邓州新野带兵进剿，现在永保、明亮亦已前往，又有鄂辉、乌什哈达、徐昭德等在彼协力剿办。该处兵多将广，自可将附近贼匪迅就歼除。恒瑞、文图竟不必前赴襄阳，速将黑龙沟一带贼匪剿捕净尽，即应前赴长阳、来凤等处相机剿办。将此各谕令知之。”（《清仁宗实录》卷4）

嘉庆元年丙辰五月乙巳朔，谕军机大臣等：“此次惠龄等带领官兵，分投直扑天井湖等处，虽未能将贼匪痛歼，而三路贼卡俱已攻克，所办尚好。至所请山西兵二千催令赴楚一节，此项兵丁，已据景安奏分拨防剿，惠龄处兵力不敷，莫若令恒瑞、文图带兵先助惠龄将灌湾脑之贼悉力攻围，擒拿贼乎为是。至施南府属之恩施县有贼屯聚，经知县尹英图等率领乡勇分路擒捕，歼毙多贼，洗荡贼巢，知县尹英图着以同知升补，其经历蒋遇春及把总、外委等俱着酌量升用，以示奖励。至豫省近楚边界多有教匪，景安当驻扎南阳新野一带督率弹压，不必深入楚境。庆成、富成会合永保、鄂辉即速将襄樊一带贼匪剿净。再来凤贼匪在茶园溪一带屯聚，为数甚多。孙士毅现兵无多，不可存欲速之见，轻于深入。若能将茶园溪一带贼匪先行剿除，固属甚善。但须悉心筹酌，如兵力不敷，不妨略为停待。将此各传谕知之。”（《清仁宗实录》卷5）

（嘉庆元年五月丙午）谕军机大臣等：“永保等所奏，不必以先到之兵零星轻试，一俟兵力齐集，商同并进，所见甚是。邪教匪徒借端煽惑，四路迫胁蚁聚日多，若零星打仗，设官兵稍有损挫，不免气馁，贼势转张。今永保、明亮已抵襄阳，并知会恒瑞即带所有之兵前赴襄阳，而庆成、富成、德龄等带领直隶、山东、山西兵亦由豫境前进。至文图昨令前赴惠龄处协同剿贼，今仍着恒瑞等酌量情形，如惠龄处可无须文图急于前往，即令该署镇带兵先赴襄阳会合攻剿，恒瑞、永保于官兵齐集后，务须先将贼匪奔窜之路豫行堵截。其汉江沿岸一带尤须严密防范，将船只先行提集，不使贼匪得以偷渡南窜。景安在豫境更当实力堵剿，俾其无路可逃，再行约期并进，四面兜擒。不可专攻一处，致贼乘间奔窜。总之，襄阳迤北一带贼匪剿净，则声势联络，自北而南，当阳、宜都一带，自必势如破竹。又闻贼匪狡狯，往往将被掳胁从之人迫令在前撄锋。此等愚民被贼掳掠，既为之驱使服役，妻女并被奸淫，及至抗拒官兵，又复为之冲锋就死，实属可悯。恒瑞等可先为晓谕，以尔等本系良民，与其为贼虐使，又复驱令当先致被官兵歼戮，曷若帮助官兵，反戈相向？攻杀贼匪不但免罪，且可邀功报仇。如此明白宣谕，即不能尽行听从，亦可解散贼党，于剿捕机宜较为事半功倍。将此各传谕知之。”（《清仁宗实录》卷5）

（嘉庆元年五月乙卯）谕军机大臣等：“毕沅本日奏到，仍未能将贼匪剿净，且所奏情形亦多未实，即如折内称‘连日用炮轰击城上拥聚之贼，歼毙四百余人’一节，贼在城上，官兵用炮仰击，被炮击中之贼自必往后倒仆，其人数多寡，城外何由而知？又称‘贼于城上挖有沟濠’

一节，当阳系一小县，城垣宽厚不过一二丈，多有里生外熟，砖石筑土者。若城上挖濠，则土势松烑，必致塌卸，更可不须轰击，立外倾颓。况城上挖有沟濠，下置刀矛竹签，又安能站立多贼守城乎？且官兵既不能上城，何称贼匪蜂拥而来？必领兵将弁不能进取，又图邀功，张大其词，率行具禀。而毕沅究系书生，不谙军旅，即据以入奏，不顾其自相矛盾也。惠龄奏'攻扑灌湾脑贼巢'一折，亦仍未能扫除巢穴，擒获首逆。前据奏，官军进逼贼巢仅隔土墙一道，此等土墙一经大炮轰摧，岂有不立时塌卸之理？何以又隔多日仍未能集事？且据称'墙脚之下地雷四起，又值大雨，撤兵回营'等语。前据惠龄奏，贼匪所埋地雷，皆被雨湿不能燃着。今又云大雨撤兵，地雷四起，亦觉前后不侔，毕沅、惠龄均着传旨申饬。至榔坪贼匪扰至九湾驿及归州、巴东一带，文图在喇叭洞攻围，已阅多日，着传谕文图于该处贼匪剿净后，即带兵速赴榔坪一带上紧剿办，勿任日久蔓延。"(《清仁宗实录》卷5)

(嘉庆元年五月丙辰)又谕："贼匪在吕堰驿一带滋扰，及闻直隶、山东、山西、陕西官兵到彼，又皆窜往双沟巢穴藏匿。目下襄樊一带军威壮盛，贼匪岂无闻知？若恒瑞、永保、景安、庆成等同驻一处，设贼又乘间逃逸，非南往南漳、谷城、当阳一带，即东往河南之光州、固始及湖北之武、汉、黄、德一带。当阳城内贼匪现经毕沅等带兵围剿，已将三月，尚未竣事，若再加以襄樊之贼，官兵岂不更费支持？着传谕恒瑞、永保等，务须将双沟贼匪聚集之处，带兵四面严密围剿，以期悉数歼擒。不可同在吕堰驻扎，致贼乘间他窜。汉水广远尤宜加意防范，俾贼无从偷渡。断不可令其东逸至汉口、光、固一带，此为最要。"(《清仁宗实录》卷5)

(嘉庆元年五月)庚申，恒瑞等奏："双沟贼匪畏惧官兵声势，意欲逃避。查双沟东面路通枣阳，该县前已派官兵一百五十名，带同乡勇严防。今又派兵三百五十名，由宜城县绕路前往，帮同堵御。"奏入，谕军机大臣等："阅恒瑞等所奏图内，官兵俱由西北一带分投夹击。其迤东即属枣阳，仅有兵五百名，又无大员在彼驻扎，仍恐难资倚恃。着恒瑞等于富成、德龄二人内，酌令一人带兵千名速赴枣阳、随州一带，相机防堵。"（《清仁宗实录》卷5）

（嘉庆元年五月）乙丑，谕内阁："据彭之年、文图奏'剿灭白云寺黑龙沟之贼，追至喇叭洞山全行剿除'一折，所办好。文图自到郧阳以来，屡次剿贼得胜，兹复将喇叭洞贼匪剿除净尽。前已有旨，遇有总兵员缺即加升用。今思该副将带领兴汉镇兵日久，与兵弁相习，调遣更为得力。文图即着补授兴汉镇总兵，其现任总兵德光俟有他镇员缺另行补用。"（《清仁宗实录》卷5）

（嘉庆元年五月）壬申，谕军机大臣等："恒瑞等报到只系剿杀官庄屯聚贼匪，甚不满意。蒋家垱等处俱系平地，并非山路崎岖，贼匪携带男妇资装累重，更非若官兵之单身步骑者可比。今恒瑞等即以雨水为辞，不能追赶，设贼匪转乘雨窜逸，则恒瑞等又将何辞推诿耶？昨因孝感教匪滋事，降旨令永保带兵往剿。兹据恒瑞等奏，该处贼匪亟须上紧搜剿。若此时永保前赴孝感，不免又分兵力，莫若暂缓前往。仍同恒瑞等将蒋家垱等处贼匪歼尽，廓清此路，再行酌量情形，或分为两路，一赴孝感，一赴长阳，亦无不可。总在恒瑞等随机妥办，以期迅速集事。至灌湾脑贼匪困守日久，惠龄等未能直捣贼巢，仅夺占一二卡隘，有何裨益？况文图在保康剿贼后，带领胜兵前往长阳榔坪一带，正可及锋而用。惠龄又令赴营协剿，可谓无算。惠龄当自知愧奋，会同文图等速将灌湾脑贼巢悉力扫除，擒拿首逆。将此各传谕知之。"（《清仁宗实录》卷5）

（嘉庆元年六月）癸未，谕军机大臣等："当阳贼匪围困日久，势穷力蹙。今因粮尽逃出，正应乘机截杀，悉数歼擒。乃毕沅等不但不能入城搜捕，而于奔逃之贼仍被窜回，实属无能，着严行申饬。且总兵杨秀所带之兵，本令赴梛坪剿贼，而毕沅复调往钟祥。现在宜绵派副将百祥带兵由兴山一路赴归州、巴东，若再纷纷檄调，则镇将无所适从，于剿捕机宜殊有关系。且兵力宜合不宜分，惟当择紧要处所，并力肃清一处，则声威壮盛，自可乘胜扫除。今零星调拨，疲于奔命，似此漫无纪律，何以集事？必须有一人总统调度，方可事权归一。永保曾经军旅，较为历练，所有楚北军务，竟专交永保一人督率调度，即与署理督篆无异，庶事有责成，而镇将等有所禀命，于剿捕可期得力。永保须悉心筹办，以副委任，倘经理稍有未妥，惟永保是问。此次杀贼受伤之参将花连布，着赏花翎。”（《清仁宗实录》卷6）

（嘉庆元年六月）乙酉，谕军机大臣等：“现在审讯解到贼犯曾世兴等，据供，刘之协、姚之富、张富国为邪教首犯，都在襄阳彭家疃左近居住，为贼匪主谋。看来首逆竟在襄阳一带勾结屯聚，不可不速为擒捕。永保等须将供出有名贼首悉数擒获，则渠魁已得，其伙党自必瓦解，可以不攻而溃。至枣阳贼匪剿散后，首逆刘之协等或闻湖北查拿紧急，潜入豫境，亦未可定，着景安督率所属留心侦缉为要。再昨已降旨，专交永保总统督办，以期事权归一。今恒瑞、景安恳留永保督办，适与朕旨相合。而永保并不拘泥，亦能知事体缓急，均堪嘉奖。行军之道全在和衷，今永保等能以公事为重，同心并力，自可克期集事。但剿捕贼匪总以擒获首逆为要，虽据奏枪箭毙贼不计其数，究有若干，如刘之协等曾否歼毙？若徒将被裹平民杀戮，虽多何益？且贼首窜往他处，仍可勾连煽聚，岂能一鼓扑灭？此次因彼此和衷，加之奖赉，并非因杀贼之功也。将此各传谕知之。”（《清仁宗实录》卷6）

（嘉庆元年六月）壬寅，谕军机大臣等：“毕沅奏，诱斩贼目杨起元。该犯虽为贼匪总头目，但系乡勇杨宗周诱令军犯王之亮斩首投献，并非毕沅等督兵擒获。今乃自以为功，深为伊等羞之。现在贼目既经歼毙，贼势自更穷蹙，毕沅等应知愧励，上紧攻打。至杨起元充当官役，胆敢纠众抗拒，情实可恶。所有该犯家属，必须按名拿获，治以缘坐重罪，毋使漏网。惠龄等亦未能直捣灌湾脑，擒拿贼首张正谟，复以榔坪贼势猖獗，请兵策应，此外一筹莫展。惠龄等与其驻兵株守，何若速将贼匪剿洗，就近与文图移兵前赴榔坪攻剿？即毕沅等亦应将当阳县克期肃清，前往协剿。岂得各守一方，转为贼匪牵缀，以致榔坪之贼任其肆扰？今思孝感之贼本属不多，明亮已带兵一千前往搜捕。昨又据德光奏，亦带兵赴彼协剿。谅此乌合幺麿，无难即日扫除。明亮等须速为剿灭，即与德光将兵全数带往榔坪奋力攻击。倘一时未能剿净，只须明亮在彼搜剿，令德光带兵先赴榔坪攻剿，庶贼匪不致日聚日众，四出滋扰。至张家垱一带贼匪，经永保等分路奋击，将贼营二十余处全行焚烧，歼贼甚多，深为可嘉。又永保奏，讯据获犯供称，张家垱贼匪系刘起荣、张护国、李大树为首，姚之富已往钟祥，刘之协不知下落。是该处贼首尚在窜逸。并据称，探得贼匪往东南逃遁，自必向钟祥一带复行窜聚。钟祥只有总兵杨秀在彼，较为单弱，若张家垱之贼窜入，贼数增多。永保等须悉力追剿，歼净无遗，即日移兵钟祥、当阳、榔坪一带，相机剿捕，迅速集事。将此各传谕知之。”（《清仁宗实录》卷6）

（嘉庆元年六月癸卯）是月，刑部尚书署两江总督苏凌阿奏：“湖北逆匪日窜而南，现在督率定住，于安、豫交界地方堵截，又酌派安庆协副将德楞带兵就近赴孝感协剿。再查孝感等处与安省之英山接壤，当经调江宁协副将常怀义驻扎。”得旨：“好。勉力实为之，亦莫过于张皇惊民也。”（《清仁宗实录》卷6）

（嘉庆元年七月甲辰）谕军机大臣等：“福宁现在红岩堡驻扎弹压，已令接署川督印务，即将新到土兵传旨各赏一月盐菜口粮。并鼓励将弁兵勇会合观成、诸神保，将旗鼓寨夹击荡平，再合兵向北，将长阳、巴东一带贼匪歼净。并着传谕观成、英善、诸神保、林俊等，无论在省在营，一体不分畛域，帮同福宁照料。”（《清仁宗实录》卷7）

（嘉庆元年七月）辛亥，谕军机大臣等："前令和琳于乾州大局办竣，即赴湖北。今乾州虽复，而永绥一带未降、未剿苗寨尚多，平陇贼巢尚在拒守。须和琳在彼将苗匪肃清，擒获石柳邓等，再将善后等事交勒保接办，和琳带兵即赴湖北，方为妥善。将此各传谕知之。"（《清仁宗实录》卷7）

（嘉庆元年七月辛亥）又谕："永保等攻克梓山贼寨亦足称快，但未将贼首拿获，恐窜逸他处，又复潜行勾结。当乘势追截，收首逆悉数拿获，余党自望风而溃。至惠龄等连日打仗，占夺贼卡，亦未能直捣贼巢。灌湾脑贼匪屡经剿杀，不过苟延残喘，惠龄尤当奋勉进攻，将贼首张正谟拿获，就近前赴榔坪。再当阳攻围日久，今毕沅虽将东门攻破，而西南北三面，贼匪尚在拒守。当阳县城甚小，官兵既经入城，何以仍未能剿除？毕沅等务当倍加奋勉，立功自赎。将此各传谕知之。"（《清仁宗实录》卷7）

（嘉庆元年七月戊午）谕军机大臣等："永保等于剿杀梓山贼匪后，自应乘胜擒拿贼首。乃只将迤南青潭屯聚之贼分路攻击，贼匪仍复窜往随州、钟祥交界处所，殊不满意。湖北剿抚事已专交永保调度，今所办仍未得有把握。现在姚之富屯聚钟祥南泉畈地方，欲图南窜。而杨秀在彼，兵力较单，永保等务将该处贼匪歼除，即赴钟祥，并力搜擒姚之富等，勿再迟缓。又据奏，请于湖南拨兵二三万，分赴湖北。永保兵力不为不多，今贼匪各处窜聚，不能四面兜擒。着和琳即于湖南苗疆各卡隘及后路防守兵内，酌撤二三万，派委镇将带领，由水路顺抵荆州，交永保调度。其粮运军火等项，着汪新豫为备办。将此各传谕知之。"（《清仁宗实录》卷7）

（嘉庆元年七月壬戌）谕军机大臣等："当阳贼匪，前经攻破东门后，尚敢凭依龟背山抵死抗拒。今毕沅等督率将弁奋力进剿，肃清县治，深为可嘉。至明亮此时究抵何处，未据奏报。如已赴惠龄一路，即不必于途次转回钟祥。若已赴钟祥，即会同杨秀剿贼。至湖广督篆，前令永保暂署，永保现带兵剿捕，于地方事务未能兼顾，着仍交毕沅接管。其湖北军营调度事宜，着永保统率办理，以专责成。”（《清仁宗实录》卷7）

（嘉庆元年七月）己巳，和琳奏：“将鸦溪、大坡垄等处苗村苗寨逐加搜捕，所有归降之苗及乾州民逃避河溪者妥为经理。现拟解散余匪，密筹撤兵，并设法进取平陇。又豫筹善后六条。一、清厘苗疆田亩以杜争竞。一、归并苗疆营汛以联声势。一、更定百户寨长名目。一、分别修理城垣。一、收缴苗疆鸟枪兵器。一、安顿被难民人。”上命军机大臣核议。又谕：“和琳奏搜剿贼匪，抚集民苗，所办俱好，惟收缴鸟枪一条尚须斟酌。苗民向以打牲为业，恐未必能收缴净尽，此事仍交和琳酌筹办理，务臻妥善。至密筹撤兵，此时不可欲速。苗疆甫定，三厅要隘处尚须兵力驻守，惟当将湖北、云南兵及患病疲乏者先量为减撤。其有用之兵不妨多留数万，俟大局完竣，再议全撤。总使有撤兵之名，无撤兵之实，方为妥善。”寻军机大臣等议复：“均应如所请。”从之。（《清仁宗实录》卷7）

（嘉庆元年八月）甲戌，谕军机大臣等：“永保奏，分路堵剿钟祥贼匪，所办皆合机宜。贼首姚之富等现在钟祥，务须会合兜擒，按名拿获。并查明刘之协实在下落，严拿务获，以净根株。今恒瑞等带兵前抵钟祥，订期夹击。而明亮接永保知会，已与德光由荆州前赴钟祥。官兵四面围剿，贼匪自无从逃窜。永保等于歼净该处贼匪后，即速赴榔坪一带合兵会击，肃清地方。将此各传谕知之。”（《清仁宗实录》卷8）

（嘉庆元年八月）戊寅……谕军机大臣等：“永保奏，钟祥北界邓家冈贼匪被官兵痛加剿杀，贼势已挫。明亮现抵钟祥，与总兵杨秀、观祥相地扎营，克期会剿。永保等自北而南，明亮等自南而北，前后夹击，自可一鼓荡平。又据奏，将黄州驻守及孝感撤回之兵令原领将备带赴枝江，交惠龄处帮同协剿。惠龄倍当奋力进攻，扫平贼寨，就近速赴椰坪，与永保等会同剿办。将此各传谕知之。”（《清仁宗实录》卷8）

（嘉庆元年八月癸未）谕军机大臣等：“永保奏，官兵已入钟祥境内，探明贼匪屯聚处所，分路堵剿。阅所进图，殊未明晰。贼匪闻大兵进攻，自必向堵截未到之处乘间窜逸。今永保于正北、东北、西北等处分兵堵剿，正南虽有明亮在彼，而东南一路并未分派将领带兵堵御。设贼匪见追赶紧急，由东南窜至京山，岂不又至蔓延？永保等均着传旨严饬。”（《清仁宗实录》卷8）

（嘉庆元年八月）丙戌，谕军机大臣等：“昨永保奏，官兵分路堵剿。于东南一带如何派兵布置，并未声明，当即降旨严饬。今据明亮奏，钟祥北面，永保带兵九千有余，分路追剿。而正南、东南、西南三路，明亮只有兵千五百名，地阔兵单，不敷堵剿，果不出朕所料。永保总统湖北军务，于一切调度机宜，自应通盘筹画。且用兵之道，下压甚易，即兵力稍单，尽可乘胜追杀。至堵截之兵，必须四路分布，兜裹严密，方可截其去路，悉数歼擒。今永保等以九千有余重兵由北追压，而南面堵截之兵不满四千。该处地方空阔，贼匪必由东南窜入京山，又致蔓延。永保只知拥兵自卫，竟不计及剿贼全局，实属有负任使，着严行申饬。此时惟有将南北两路官兵均分停妥，俾贼匪无从窜逸。明亮一路既兵力不敷，亦不必速行进剿。惟于紧要地方严为堵截，使贼匪不致向南逃窜，即属明亮之功。俟与永保商定添派兵将分路堵截，速行订期合击，将贼匪歼除净尽，方为妥善。将此各传谕之。”（《清仁宗实录》卷8）

（嘉庆元年八月）庚寅，谕军机大臣等：“据明亮奏‘钟祥贼匪大半籍隶襄阳，且查六月以前该处并无贼匪’，可见钟祥之贼即系永保等在襄阳、枣阳等处搜捕未尽之贼，岂永保等将贼匪驱至钟祥，遂谓无事耶？永保系特旨令伊总统军务，一切调度机宜皆其专责。现在明亮于土门冲节次打仗及奏报各情形，永保置若罔闻，试思有如此总统军务者乎？且明亮在西南扎营，永保在东北扎营，贼匪在中间屯聚，正当为两路夹攻之计。乃明亮带兵剿贼，而永保驻守多时，并未闻领兵打仗，又不能通盘筹画，将东南一带派兵堵截，所司何事？永保着再严行申饬。”（《清仁宗实录》卷8）

（嘉庆元年八月）辛卯，总统湖北军务乌噜木齐都统永保等奏：“钟祥北路各要隘，臣等逐一安设停妥。酌拟臣、恒瑞、舒亮自长寿店一带分路前进，臣、永保、庆成、鄂辉自莲花堰等路进剿，并与明亮札商，同日自土门冲向东北进攻，俾贼众首尾不能相顾。”奏入，谕军机大臣等：“前据明亮奏，将南北两路官兵必须均分停妥各情形札商永保，永保自当速派兵将前往帮剿，并将如何布置之处即行驰奏。乃待之已久，始见此奏，殊属迟缓。且于明亮一路如何添派官兵前往堵截之处，并无一语奏及，竟似与伊无涉。且阅明亮所进图内，恒瑞本在张家集防堵，今移至长寿店，则正东张家集一带更无人堵截，岂不虑贼匪由此奔窜？况长寿店距贼巢仅八里，何不早由此进剿？而乌什哈达在流水沟扎营，舒亮、德龄在马家集扎营，自应同时并进，何以折内俱未提及？永保如此漫无调度，又复心存畛域，殊负委任，着再传旨严行申饬。”（《清仁宗实录》卷8）

（嘉庆元年八月）庚子，谕军机大臣等：“永保等在钟祥多时，尚未带兵进剿，大不如明亮之屡次杀贼，着再传旨申饬。至阅图内粘签处所，贼匪既在红山寺、高庙等处山梁屯聚，自系欲向北路窜逸。而永保派兵堵剿之处，形势尚觉散漫，特于图内再用朱笔标出，应遵照标识处从西北一带四面围紧。明亮从南路带兵逼压，永保等从北路紧逼兜擒，庶贼匪无路逃窜，可期一鼓歼除。将此各传谕知之。”（《清仁宗实录》卷8）

（嘉庆元年八月）辛酉，谕军机大臣等：“永保等带兵追剿逸匪，将向西奔窜之贼先行剿净，吕堰驿大路已无阻隔，所办尚好。但贼现向东逃，永保等务须上紧追捕。至枣阳、唐县等处，景安务须督率官兵，严密堵截，如有窜匪立即擒获，毋使漏网。将此各传谕知之。”（《清仁宗实录》卷9）

（嘉庆元年十月甲戌）又谕：“毕沅奏‘永保等自前月二十四日以后，节次痛剿贼匪，兼程追捕，两旬有余，兵力颇形劳顿，并送回襄阳养病者多名’等语。永保等因兵力被乏，兼有疾病，自不得不略为休息。但永保等惟知休息兵丁，能保贼匪亦即株守不出滋扰否耶？设贼匪转乘间四出，岂不使良民遭其抢掠？永保等此时即不能将首逆各犯拿获，亦应督率官兵分路堵截，不使窜出滋扰，或亦时向贼巢为进剿之势，扰之使不得安。何仅以养锐借口，坐待新调之兵，转予贼以暇耶？又毕沅奏乡勇暂缓裁撤一事，现当剿捕贼匪之际，正须借其防堵，自不应遽行裁撤，不妨于事竣后再行酌办。将此传谕知之。”（《清仁宗实录》卷10）

（嘉庆元年十月）丁丑，谕军机大臣等：“……至襄阳一带，现在虽无贼匪，但该处为全楚要路，今川省达州地方又有教匪勾结滋扰等事，毕沅驻扎襄阳，仍当加意留心，毋得稍有懈弛。”（《清仁宗实录》卷10）

（嘉庆元年十月）辛巳，谕军机大臣臣等：“据毕沅奏‘请将苗疆四面营垒布置停妥，即撤退官兵’一折，所奏虽不为无见。但现在平陇尚未攻克，石柳邓、吴廷义等尚未就擒，若遽议撤兵，又将何以措辞？岂有首逆尚未全获，转向其调停曲赦之理？况苗匪诡谲异常，既未将石柳邓等拿获，而遽行撤兵，安保其不又心怀反侧。倘复煽聚滋扰，彼时又将如何办理？且攻克平陇后，必须在该处安营驻兵。今石柳邓等尚在稽诛，官兵难以在彼留驻。毕沅之意，不过以湖北、四川、贵州皆有教匪滋事，撤兵之后可以分投剿办，殊不思此等教匪声息相通？今见石柳邓等未能拿获，即行撤兵，伊等益无忌惮，岂不转长贼匪轻视官兵之心？朕初意即不欲穷兵黩武，原可趁此振旅撤兵。今苗匪负固，首逆未除，岂能遽议及此？朕不得已用兵之苦心，岂毕沅尚不知之？着将毕沅奏折发寄勒保、姜晟、明亮、鄂辉及额勒登保、德楞泰等公同阅看，集思广益，将此事究应如何办理情形据实具奏，不得存将就了事之见。”（《清仁宗实录》卷10）

（嘉庆元年十月丁亥）谕军机大臣等：“成德、文图各带兵勇追剿贼匪，雾雨连绵，山径丛离，恐贼有埋伏，暂行收兵回营，自不得不如此持重。但阅所进图内，滋邱贼巢在长阳关口之南，成德等现由关口自北而南。该处大山重叠，道路险峻，贼匪复据高拒守，攻剿稍觉费力。按图内方向，福宁等官兵在滋邱之西北进攻，贼巢正在滋邱之南，图内绘有大河一道，沿河有路可通。福宁、观成应取道河边自西而东，成德、文图亦取道沿河自东而西。两面夹击，直捣滋邱，则贼匪巢穴已倾，其余贼卡亦可不攻而溃。至贼匪后路各山，只须派兵防堵，勿使乘间窜匿为要。将此各传谕知之。”（《清仁宗实录》卷10）

（嘉庆元年十一月丁巳）谕军机大臣等：“安康贼匪，竟敢逼近兴安郡城，不可不速为剿除。现在秦承恩驻扎该处，而宜绵由洋县前往，不过四百余里，计此时早经到彼。并经该督飞咨花尚阿，派拨满兵一千名，由南山小路星赴兴安，使郡城迤北各该处匪徒闻兵威壮盛，不敢复萌奸慝，办理亦好。至此等教匪，必系湖北贼众，经官兵屡次剿败，无路逃生，潜遣党与分赴兴安、达州等处散抚播言，煽惑勾引，以为牵制官兵、苟延残喘之计。但究属乌合，扑灭尚易。俟该处事竣，宜绵等仍当带兵星赴达州一带，帮同英善等奋勉剿办。将此传谕知之。”（《清仁宗实录》卷11）

（嘉庆元年十一月）己巳，谕军机大臣等："永保等奏，黄龙垱贼匪复偷渡滚河，向西窜逸。阅图内方向，贼匪因吕堰驿等处有官兵截杀，是以向西奔窜。但贼匪已奔向牛首一带，而官兵仅在竹条铺截剿，并未绕过晋鼓庙、许家集一带迎头截杀，是官兵在贼匪之后尾追，一任贼匪西去逾远。而光化县城是否有兵防守？若无所拦截，任其沿途逼胁，裹掠良民，岂不使未经遭贼地方复受蹂躏？着永保等明白复奏。至光化一带，与郧西等处毗连，相近陕西商州，若不亟为堵截，设贼匪窜入郧西一带，或与陕省教匪勾结，更属不成事体。……宜绵迅赴商州、郧西堵剿，勿使黄龙垱逸匪阑入勾结……"（《清仁宗实录》卷 11）

（嘉庆元年十一月）辛未，谕军机大臣等："据毕沅奏，获犯有逃往光化、谷城之供，该处逼近郧西、商州一带，不可不亟为堵截。宜绵即酌带弁兵速往堵剿，勿使楚匪一名阑入。并着宜绵、柯藩酌量情形，如平利、紫阳贼匪尚须剿捕，则宜绵先赴商州、郧西。柯藩仍遵前旨，将陕境逸匪剿净，再探听达州太平匪徒亦已无余，即当前赴商州、郧西帮同宜绵分途堵剿。将此传谕知之。"（《清仁宗实录》卷 11）

（嘉庆元年十二月）壬午，谕军机大臣等："永保奏剿贼情形，仍属无谓。前贼偷渡滚河，永保等未能迎击，及追至萧家冈后，又未拦截。致复窜回襄阳之泰山庙地方，而永保等仍不过专事尾追。至滚河潘家台东津湾一带，系偷渡要路，永保即未能往，亦应于大员内分一二人到彼防堵。庆成年富力强，亦应自请前往，何以仅派都司堵御，致贼乘间逃窜，而恒瑞、舒亮随同贻误？恒瑞、庆成、巴克坦布、阿尔萨朗、讷音、硕云保姑令戴罪立功，俟平定后统计功罪。将此谕令知之。"（《清仁宗实录》卷 12）

（嘉庆元年十二月戊子）谕军机大臣等："景安奏'贼匪由王家河等处分股渡河，向东南奔窜'，此皆永保调度失宜之罪。此时惠龄自已驰抵该处，遵旨将永保革职解京，一面会同景安查明恒瑞等如何贻误之处，据实参奏。至惠龄到彼接办军务，应大加整顿，务将首逆按名拿获。至襄樊防堵事宜，着汪新赴该处妥协经理。将此各谕知之。”（《清仁宗实录》卷12）

（嘉庆二年正月乙巳）谕军机大臣等：“明亮等拿获首逆石三保家属，并查拿贼目陇得保等，分别办理，所奏甚是。现在只有吴廷英、吴廷玉及吴八月家属尚无下落，想亦易于查拿。计此旨到时，疏通大路各事宜办理已竣，毕沅亦可到彼，姜晟现抵乾州，明亮即可将后路各事交与毕沅、鄂辉、姜晟，查照和琳奏定章程以次妥办。明亮仍酌带应撤川兵，迅往太平、东乡一带。额勒登保、德楞泰探听湖北黄柏山及钟祥何处亟须添兵，即迅往该处，或分赴长阳、钟祥上紧剿办。将此各传谕知之。”（《清仁宗实录》卷13）

（嘉庆二年正月）戊午，谕军机大臣等：“惠龄等奏‘官兵剿截后，余匪复向秦家楼屯聚，襄阳一带无险可扼，官兵尚觉不敷，请将湖北调去官兵撤回’，所见亦是。昨因东乡贼匪，令明亮、额勒登保、德楞泰速赴协剿。今据奏到情形，转为紧要。此时明亮等竟当同赴襄阳，所有湖南应撤兵丁，除川兵速回本省外，其所调湖北之兵，着即带至襄阳，并于所调各省兵内酌带若干，先将该处剿净，再察看情形，移兵他处。倘明亮等起程后，惠龄等已剿办完竣，即咨会明亮等停止前来，酌量何处紧要，知照伊等分赴。至所称楚、豫两省教匪甚多，此等匪徒，甘心从贼者固多，被贼逼胁者亦复不少。惠龄等仍当豫为出示开导，俾贼党解散，于剿捕更为得力。将此各传谕知之。”（《清仁宗实录》卷13）

（嘉庆二年正月）己未，谕军机大臣等：“观成等奏贼匪复犯东乡，官兵众寡不敌，致被抢占，并戕害文武各员，竟不成事。此时兵力既不敷调拨，惟当加意固守，转不得冒昧前进，致有损失。即宜绵所带兵力亦属无多，仍须慎重，前所调陕甘兵丁，应即催令速赴。昨已令明亮、额勒登保、德楞泰前赴襄阳，今东乡尤为紧要，着明亮、德楞泰二人将四川应撤兵先带数百名驰赴东乡，余另派将领分起续往。至惠龄一路，即着额勒登保带撤回湖北兵丁速赴襄阳，庶两处皆有多兵，可期迅速集事。”（《清仁宗实录》卷13）

（嘉庆二年二月）丙戌，谕军机大臣等：“此次贼匪向官潭、小阜街等处逃窜，经惠龄等带领将弁官兵歼毙五百余人，生擒六十余人，尚不为多。且折内只称东北一路贼匪经阿尔萨朗、明泰剿杀，纷纷溃逃，究竟逃往何处？又西北一路贼匪，经惠龄由小阜街掩袭，亦只称余贼奔窜下山，仍向西北奔逸，又究竟逃往何处？东北一带与桐柏相近，固当防其窜入。而西北即系吕堰、樊城及豫省邓州、淅川等处，尤不可不严密堵截。景安务与王文雄督率弁兵乡勇加意巡防。汪新现驻襄阳，亦应一体迎堵截杀。至额勒登保等奏，将荆州满兵及绿营兵共三千七百余名，交兴肇及副将刘廷基带领前赴襄阳。着传谕兴肇加紧趱行，到襄助剿。惠龄一路官兵剿捕已久，未免稍形疲乏。今得此胜兵，振作士气，更为得力。至各营马队既间有疲乏，自应酌换，业经景安协济马三百匹外，着汪新再于本地上紧购办。但贼匪俱系步行，我兵骑用马匹只须足敷追捕之用，亦不必过多，致滋糜费。”（《清仁宗实录》卷14）

（嘉庆二年三月）庚戌，谕军机大臣等：“福宁攻围黄柏山，虽经焚毁贼卡，仍未能直捣贼巢。额勒登保现已到彼，务须查明虚实，力加振作。又湖北溃败贼匪窜入豫省边界，庆成、讷音等绕出光山县地方，抄至贼前截杀，由东北山口进攻，总兵王文雄亦自西北截剿，所办尚好。现在该处贼匪，向西南大山逃窜，自不致再向东北扰及豫境。但庆成由东北山口进攻后，曾否追及贼匪？巴克坦布在武胜关防堵，曾否会合抄截？惠龄等一路官兵正在西南追剿，业经庆成等就近知会夹攻，此次窜回西南之贼，曾否全行击退？深为廑注。将此传谕知之。”（《清仁宗实录》

卷 15)

(嘉庆二年三月乙卯) 谕军机大臣等:“庆成等奏追剿东窜贼匪情形，所办甚好。该处窜匪经庆成等分路截杀，而惠龄等在襄阳一带迎头扑击，正可两面夹攻。贼匪前在双沟地方布散逆词，内有“姚、张、王、黎四姓’之语，本日军机大臣审讯河南解到之刘起荣、杨应邦二犯，供称姚、张二姓即系姚之富、张富国，其黎姓系名黎树，贼伙称为黎叔，王姓称为大叔，更在姚之富等之上。该二犯俱系随州大头目，根究明白，更可易于踪迹。惠龄等务须按名拿获，毋使漏网。将此传谕知之。”(《清仁宗实录》卷 15)

(嘉庆二年三月壬戌) 谕军机大臣等:“贼匪焚掠保安驿站后，折由裕州沿山西窜，景安赶至四里居地方与王文雄奋勇剿杀，而巴克坦布、庆成等亦由应山一带追踪跟剿，与景安会合。现在贼匪既向南趋，豫省地方不致遭其蹂躏，但此一股贼数如此之多，则据景安奏到，朕即以其中必有为首之人。今据巴克坦布等奏，贼首李全、王廷诏、姚之富均在其内，必须设法将此三犯生擒，毋任漏网。着传谕知之。”(《清仁宗实录》卷 15)

(嘉庆二年三月) 丁卯，谕军机大臣等:“宜绵等奏夺占鸡爪岭等处贼卡，其设法攻取，自系宜绵办理得当。乃明亮公然以宿将自居，自列首衔，其单衔具奏之折，竟以一切布置皆伊所定，太不知分。明亮着传旨申饬，并着接奉此旨后，将所带之兵留与宜绵，明亮即轻骑减从，速赴襄阳一带，帮同惠龄剿办。”(《清仁宗实录》卷 15)

(嘉庆二年四月丙子) 谕军机大臣等:“自贼匪滋事以来，调派各该省官兵进剿，未免本省存营官兵较少，自应先行挑募新兵。着直隶、山东、河南、江西、湖北、四川、陕甘、云贵各该督抚即各按调派兵数酌

量募补十之六七，务须督饬各标营挑选精壮新兵，毋得将老弱充数，以副慎重戎兵之意。”（《清仁宗实录》卷16）

（嘉庆二年四月）甲申，谕军机大臣等：“上年邪教起自长阳、当阳，未几郧、襄一带相继滋扰，虽经以次扑灭，而巴东、归州之贼窜入黄柏山，近又逃匿芭叶山。其达州教匪延及兴安、紫阳等处者亦已肃清，而金莪寺、清溪场贼巢迄今尚未剿灭。至襄阳之贼先在钟、宜、枣、随一带屯聚，近又由卢氏窜入陕境商雒一带东奔西窜，往来无定，所过村庄，焚掠为害。若不亟筹扫荡，仅事尾追，使未经蹂躏之区复遭扰累，日复一日，伊于何底？各路领兵大臣俱系朕特派前往，宁不知贼匪多过一处，即多扰一处，多一日抢掠，则百姓多一日颠连，而糜费帑金尚为余事。伊等身列行间，目击情形，何以漫无筹画？若云军营事权不能归一，则襄阳一路原责成惠龄，达州一路责成宜绵，黄柏山一路责成额勒登保、福宁。若云兵力不敷，已节次派调邻省各兵、京营劲旅，并湖南撤回胜兵共至数万，军威不为不壮。即军饷一项，各省拨解以及特发部帑不下三千余万，岂尚不敷支给？即此外尚有碍难情形，伊等亦应据实奏闻。或自揣才力不能办贼，更当奏明，候朕另派大臣前往督剿，乃诸处大员并无一字奏及。况明季流寇横行，皆缘其时纪纲不整，朋党为奸，文恬武嬉，置民于不问，以致坏事。方今吏治肃清，勤求民隐，每遇水旱偏灾，不惜多费帑金，蠲赈兼施。百姓具有天良，均应知感。此次邪匪煽诱，不过乌合乱民。国家威棱远播，凡在荒徼，无不宾服。若以内地乱民纠众滋扰，不能立时殄灭，其何以奠九寓而服四夷耶？伊等若再不知激发天良，速擒首逆，扫除余匪，以致流毒蔓延，多耽时日，自思应得何罪。再湖壮贼匪，前在荆、宜、施、襄、郧一带，其焚掠处所，在各府县中统计若干处，合之湖北一省，约有十分之几？又襄阳之贼窜入豫境，由桐柏至嵩县、卢氏、内乡、淅川一带，被抢村庄若干……至被扰各该省州县难民复业者已有若干，现在如何安辑，并着各督抚妥为抚绥，勿使失所去而从贼，方为妥善。朕于有功自加懋赏，有罪亦予严惩，信

赏必罚，惟在各路领兵大臣自择耳，勿谓言之不豫也。慎之勉之。”（《清仁宗实录》卷16）

（嘉庆二年五月）己巳，谕军机大臣等：“本日惠龄等报到，贼匪于五月十二日由白马石抢船渡江，并据获犯供称，李全、王廷诏、姚之富三股已归并一处。惠龄等竟已放贼全数渡江，尚敢觍颜陈奏，无耻之至。贼匪渡江五日，伊等始经赶到，剿贼机宜，即片刻亦不可缓，何况至五日之久，岂非与贼以暇？况兵法有半渡而击者，贼匪于十二日偷渡时，若急蹑贼踪，邀之半渡，可以聚而歼戮，乃坐失机会，实属大错。又查阅惠龄前进原图，前两股之贼向西奔突，系惠龄、庆成追剿。第三股之贼向东奔窜，系恒瑞追剿。嗣恒瑞奏，郧西乡勇拦截，复折而西向。三股之贼俱并为一，恒瑞既不能赶上贼匪，又不能与落后之惠龄、庆成会合一处，是贼能归并。而统兵大臣转不能会合，尤属可恶可笑……”（《清仁宗实录》卷17）

（嘉庆二年六月）乙酉，谕军机大臣等：“现在贼匪窜往川陕界上，距襄阳甚远，从前留防之兵，早应撤出调往协剿。兹据汪新查明，始知各处防兵尚有二千八百七十余名之多，以如许有用之兵置之无贼之地，殊属无谓。汪新现调汉江北岸各处防兵前赴军营，自应如此办理。至派往竹溪、竹山防守之兵五百六十余名，原属过虑。但刘君辅等现由郧阳驰往大宁剿贼，亦须兵力，若汪新已将此项官兵派往，即毋庸另行改拨。至襄阳地方，久已无贼，不必徒劳兵力，其原留郡城之兵四百七十余名足资弹压。此外尚有原驻之江西兵四百名，如无需用之处，即撤回本省归伍。将此谕令知之。”（《清仁宗实录》卷18）

（嘉庆二年六月）己丑，谕军机大臣等：“观成奏，驰抵大宁，并截杀扑卡贼匪。阅图内九龙池贼巢外只有贼卡三处，官兵拿卡紧迫，势已穷蹙。看来贼势断不至窜入竹山、竹溪，刘君辅、马瑀、徐昭德竟不必在彼株守，宜速赴大宁，与观成会合夹击，一经竣事，均即驰赴太平、西乡一带，帮同宜绵等迎剿楚匪。惟图内贼巢东西北三面俱有官兵营卡，南面较空，虽该处大山溪河可以拦阻，究恐贼人因官兵三面进压，乘隙向无卡处南窜至云阳一带，追捕又形费手。刘君辅等到后兵力众多，应遵照朱笔标识，酌分官兵拿卡围逼。将此谕令知之。”(《清仁宗实录》卷 18)

(嘉庆二年六月辛卯) 又谕：“前因楚匪扰至豫省随州一带，距光、固较近，恐其东窜颍、亳，是以谕令王柄、定住带兵在交界防堵。今楚匪已由豫、陕窜入川省，不特豫省宁谧，即陕境亦无贼匪，颍、亳一带何必驻兵防守？王柄自应前赴徽宁各处，查阅营伍。至多兵在颍、亳久驻，究恐滋扰，着传谕苏凌阿酌量情形，如该处已无需兵力弹压，即饬知定住撤回原伍。”(《清仁宗实录》卷 18)

(嘉庆二年六月) 丙申，谕军机大臣等：“宜绵等奏分兵布置，堵剿各路窜入楚匪情形，调度尚为得宜……”(《清仁宗实录》卷 18)

嘉庆二年丁巳闰六月己亥朔，观成奏：“查大宁与陕、楚接壤，而九龙池与太平交界，尤为紧要，官兵三路进攻，贼匪窜往老木园。”奏入，谕军机大臣等：“……观成务当上紧剿办，毋任再有窜逸，并加意严防，勿使与楚匪勾结合伙。将此传谕知之。”(《清仁宗实录》卷 19)

(嘉庆二年闰六月) 壬寅，谕军机大臣等：“……再折内称，贼匪现在窜匿之处距芭叶山有五十余里，已派令关腾、庆溥前往抄截。此时贼匪曾否截住，倘前路无兵拦截，以致未经被贼地方复遭蹂躏，所关紧要。建始与川省之大宁相近，昨据观成奏，九龙池之贼又窜往老木园，复经官兵围住。本日刘君辅奏，移兵竹山、竹溪堵剿。前已有旨，令刘君辅及马瑀、徐昭德带兵径赴大宁堵剿，想该提镇等接奉前旨，自已前赴大宁。倘老木园贼匪剿办略需时日，着观成酌量于刘君辅、马瑀、徐昭德内留一人在老木园帮同剿贼，分二人带兵前往建始、巴东一带探听迎堵，并着宜绵等一体留心侦探。倘芭叶山贼匪亦窜至川省夔州界内，务于带兵大员内酌分一人，前往帮同额勒登保等夹剿，以防贼匪会合勾结为要。将此各传谕知之。”（《清仁宗实录》卷19）

（嘉庆二年闰六月）庚戌，谕军机大臣等：“宜绵等奏，现在贼匪窜聚开县地方，讯有欲回湖北之语，宜绵业饬令该县等将临江市沿河船只撤赴上流，并饬夔州府等将大江停泊船只一并撤回。但所派之人，仅系通判、知县等员，恐尚不足倚恃。该处有专管道府，应即饬令实力妥办。至开县距湖北较远，贼匪未必即行折回。而大宁与开县接壤，恐贼匪声言欲往湖北，其意实欲与大宁贼匪合伙，不可不严行防范。观成等速将老木园之贼剿竣，即带兵赴开县迎截协剿。将此各谕令知之。”（《清仁宗实录》卷19）

（嘉庆二年闰六月）壬子，谕军机大臣等：“额勒登保等由五家河追贼至宣恩县之椿木营一带，看此情形，究不免落贼之后。若果紧蹑贼踪，何必复行踹探？现在贼匪向西奔逸，若一直前去，仍系川省酉阳一带，不可不亟筹堵截。而施南府城及宣恩县仅派张廷彦带兵五百名协同樊继祖堵御，亦未免单弱。大宁在宣恩之北，相距较近，前已有旨，令观成等酌量情形派兵迎剿。着传谕观成等，如此旨到时，老木园之贼业经剿净，即可统领胜兵，就近径赴宣恩夹击。倘剿捕略需时日，观成系在大宁专办之人，未便轻动，而刘君辅亦已年老，着派马瑀带兵千余名星驰前赴宣恩，帮同额勒登保等剿办，自无虞其他逸。至额勒登保等一路，从前孙士毅原带之兵，俱交福宁统领。又惠龄于剿净灌湾脑贼匪后，所有之兵亦带赴黄柏山交与福宁。而额勒登保到彼，又将黔兵留下，加以张廷彦由湖南撤回官兵，并诸神保带往之兵不下万名。而该处贼匪节据奏报，或剿杀数百名，或一二千名，贼数自应日减。且现在贼匪奔窜地方，并非城市镇店，据称无从买食，其荒僻可知，即有裹胁，亦属无多。

何以额勒登保等于官兵只嫌其少，而贼匪只见其多？可见从前杀贼之语，尽属虚饰。况林之华等不过畏死狂奔，势已穷戚，所谓代贼拉马背负器械之人，不过被贼迫胁，无奈听从，未必为之出力，一经大兵围剿，即可立时解散。惟当专心剿办，速擒首逆，驰奏捷音。再诸神保奋力击贼，中枪阵亡，自因前此贼从伊所管营卡逃窜，心知愧励，奋不顾身，亦堪悯恻。诸神保系革职之员，例无恤典，究念其杀贼捐躯，仍特加恩议恤。但若竟照总兵原职，未免过优，诸神保着咨部照参将例给予恤典，以示惩劝兼施之意。”（《清仁宗实录》卷19）

（嘉庆二年闰六月）甲子，谕军机大臣等：“此次宜绵分路剿杀，并生擒川省另股贼匪，阅折内前幅铺叙情形，竟似已将由楚窜入各匪歼尽。及阅至折尾，现在各逆仍未拿获一人，不为满意……”（《清仁宗实录》卷19）

（嘉庆二年七月）辛巳，谕军机大臣等：“贼匪齐王氏、姚之富等欲往归州、巴东与长阳贼匪合伙，明亮等现绕出贼前，相机迎击。着汪新酌带兵勇迅往紧要处所封同堵拿，其界连归州之竹山、竹溪等处，亦当严密防堵，毋使勾结煽惑。所有帽子山城口子屯聚贼匪，着额勒登保等专心剿办，断不可使与归州、巴东贼匪合伙。至开县、万县、云阳新起之贼，业经宜绵等派令分股兜捕，自不致与前起之贼合伙。即使归并一处，更可聚而歼洗。再竹山、竹溪、兴山、房县、保康等处，恐有伏而未动余匪，此等匪徒若果附和响应，自当速为剿办。如尚伏而未动，即纷纷搜捕，必致坚其从贼之心。且各处人数众多，概予诛夷，朕心亦有不忍。惟在明亮等酌量机宜，随时剿捕，以期速靖地方。将此传谕知之。”（《清仁宗实录》卷20）

（嘉庆二年七月）癸未，谕军机大臣等：“明亮等现由水路前赴归州，去巫山已远，所有夔州一带贼匪即专交宜绵督同各路官兵上紧剿办。至明亮、德楞泰自归州迎至牛口、石门一带截剿，该处地势厄塞，有险可据，若将齐王氏、姚之富擒获，贼党亦不可攻而溃。现有惠伦、阿哈保带兵赶赴协剿，明亮等务即赶坚剿尽，不可稽缓。再楚匪欲往与大宁会合者，业经刘君辅、马瑀等击退，现在惠龄、恒瑞、庆成等，又由干溪口一路前往夹击，务当上紧剿捕，勿使与老木园之贼合为一伙。一经竣事，惠龄等即赴观成一路帮剿。至楚省应需粮饷，系汪新分内之事，着即探明贼踪，带领兵勇于归州、巴东要隘处所悉力堵御，勿任窜逸。其粮运事宜，务俾源源接济，以利军行而资策应。将此传谕知之。”（《清仁宗实录》卷20）

（嘉庆二年七月）丙戌，谕军机大臣等：“此次帽子山等处被围之贼，额勒登保等当严密堵截，并勉力寻觅间道，赶紧进剿，不得因贼匪据险死守，坐待其食尽自毙。至川、楚窜匪直趋归州，明亮、德楞泰闻信即从水路赶至兜剿。今贼匪复向兴山一带奔窜，明亮等若能迎头兜剿，擒获首逆，固属甚善。即贼匪尚在奔窜，明亮等当紧蹑贼踪，使之无暇焚掠，奔走疲乏，自可易于剿洗。汪新将留驻湖南兵丁一千名调回，所见甚是。王文雄近在南阳，着即速赴楚省，探明贼踪，迎头夹击。将此传谕知之。”（《清仁宗实录》卷20）

（嘉庆二年七月）己丑，谕军机大臣等：“襄阳为汉江南北扼要之区，窜匪若从南漳向东北滋扰，势必逼近襄阳，此时汪新竟应从当阳回至襄阳，团练乡勇，与官兵防堵。如贼匪竟敢直逼郡城，务当督率兵勇悉力堵剿，以遏其北窜之路。至明亮、德楞泰因截剿后股石门、牛口贼匪，以致头股乘间东窜，惟当将后股贼匪剿净，赶赴南漳，紧蹑贼踪，奋力截剿。其大宁新起贼匪，刘君辅、马瑀等务当上紧兜剿，不可再令东窜，扰及二竹为要。将此各传谕知之。”（《清仁宗实录》卷20）

（嘉庆二年七月己丑）又谕：“川匪扰至湖北南漳边界，需兵甚亟，着惠伦等即迅往襄阳一带访询。如明亮等已绕至贼前，即可随同击剿。倘明亮等犹在贼后追逐，惠伦等即会同王文雄带领官兵堵御攻围。”（《清仁宗实录》卷20）

（嘉庆二年七月辛卯）谕军机大臣等：“此时各路大兵自北而南声威壮盛，贼匪闻知，自必仍行折回，不敢复向东北。但豫省地势平衍，与襄阳处处可通，亦不可不豫为筹办。景安咨调兵丁，着梁肯堂、伊江阿照所调之数，派委将备带领赴豫。如贼匪业经明亮、德楞泰剿尽，景安即可将新调各兵飞咨进止，以节劳费。”（《清仁宗实录》卷20）

（嘉庆二年七月）壬辰，谕军机大臣等：“楚匪均已分窜湖北，其开、万、云阳一带，皆系新起附从匪党，宜绵等自当分投搜剿，不可致稽时日。至燕子山等处贼匪，亦欲向巫山一带奔窜，舒亮等务当严密兜围，勿令合伙。至明亮等仍由水路赶赴宜昌兜剿，所办尚合机宜，但折内只称贼匪扰及兴山。而汪新昨奏，前股贼首齐王氏等已窜至保康、南漳之后界坪。明亮等探明贼踪，自当由宜昌登陆，径赴南漳一带紧蹑追剿。此时王文雄带兵踵至，汪新现驻襄阳郡城，而湖南撤回之兵由辰州顺流而下，计已可到襄阳，贼匪自不敢窜入。若即折回南遁，则明亮等自宜昌而来，正可迎头截剿也。将此传谕知之。”（《清仁宗实录》卷20）

（嘉庆二年七月）甲午，谕军机大臣等：“贼匪由冷坡垭向西奔窜房县一带山僻小径，我兵易于围剿，竟是贼匪自投陷阱。前因贼匪北窜，是以令王文雄带兵前往迎头截杀。今贼匪窜往房县，该镇若未能迎剿，亦当向西南取道邀截。至明亮等赶赴宜昌，自知贼匪西窜，即可由宜昌取道邀截，径趋房县，与王文雄两面夹击。再房县距白河、洵阳一带甚近，而竹溪、竹山又与商雒接壤，恐贼匪复思乘隙窜陕，秦承恩现在兴安驻扎，当就近亲带兵勇于汉江以北择要防堵，勿使阑入。再马瑀带兵前赴明亮等军营协剿，今贼匪至房县，着该镇就近取路，径赴房县迎剿，

更为得力。将此谕令知之。”（《清仁宗实录》卷20）

（嘉庆二年七月）乙未，谕军机大臣等：“贼匪由南漳后界坪西向房县奔窜，其由兴山冲过雾渡河贼匪想必另系一股。明亮已统兵前赴宜昌，德楞泰带兵已抵荆州，即日赴当阳截剿。有此两路大兵前后夹击，当乘此机会速剿完竣。荆州、沙市地方为商贾辐辏之地，本有荆州满兵四百名在彼防堵，现在汪新又团集乡勇帮同堵御，若德楞泰在当阳截住，自不致扰至沙市。至南漳一股贼匪虽距襄阳渐远，但亦不可不亟筹截剿。王文雄带兵一千名不敷剿捕，其带领东三省官兵之惠俭、爱星阿、阿哈保等，以之领兵则有余，以之调度则不足。现在贼踪离豫更远，着景安即亲赴襄樊一带往来稽查。所有续调官兵，止须酌留数百名，协同河北镇兵及河兵在汉江北岸南阳一带择要堵御。其余兵丁，景安俱带赴襄阳、南漳一路督剿。惠伦、爱星阿、阿哈保等俱听景安调度，以期事权归一。至额勒登保等奏攻石门崖双脊坪贼卡，该处崖壁险峻，贼匪备积擂石，抵死抗御官兵，断无日久相持，徒劳仰攻，虚损兵力之理。今贼匪既有欲逃窜他处之语，曷若暗将官兵埋伏于贼匪图窜去路，故留路径诱其逃出巢穴，伏兵猝起，正可趁势围擒，生致首逆。此亦不得已而思变计之意，额勒登保等或仿照指示，酌量可行与否，亦不必拘泥迂就，总须设法将首逆擒获。将此谕令知之。”（《清仁宗实录》卷20）

（嘉庆二年八月庚子）谕军机大臣等：“贼匪在南漳、保康、房县一带滋扰，约万余人，王文雄带兵一千余名不敷剿办。现调山东兵一千五百名及惠伦等所带东三省官兵，景安当速带赴保康、南漳一带帮同王文雄剿捕。再贼匪中胁从附和者自必不少，歼戮无遗，心实有所不忍。若降旨宥赦，恐愚顽无知，转似因贼数众多难于剿净，意在抚安。着传谕领兵大臣于临阵时作为己意，准其自行投生。如有抛去器械投顺官兵者，赦罪；有帮助官兵擒贼者，加奖。”（《清仁宗实录》卷21）

（嘉庆二年八月丁未）谕军机大臣等："迩来川楚各路贼匪奔窜，官兵分投剿捕，日久未能蕆事。总由分拨堵截，以致兵力分而见单。现在添调官兵不下八千名，着传谕统兵大员不可随到随拨，务须全数齐集，相度机宜，探明首逆齐王氏、姚之富现在何路，即专向此路并力围拿。肃清一路，再以次递剿，无难逐渐荡平。"（《清仁宗实录》卷21）

（嘉庆二年九月己巳）谕军机大臣等："秦承恩奏'贼匪由竹山、竹溪窜至白河'一折，现在陕省兵力无多，虽有乡勇一二万人，总须大员带领。昨据宜绵奏，惠龄追剿贼匪已近陕境。该处带兵大员有惠龄、庆成等多人，莫若令恒瑞带兵驰赴白河，秦承恩与恒瑞并力迎击，扼其北窜汉江之路，防护白河、洵阳。将此谕令知之。"（《清仁宗实录》卷22）

（嘉庆二年九月甲戌）谕军机大臣等："汪新奏施南地方又有贼匪滋扰，虽经派副将樊继祖带兵前往，但兵力无多，额勒登保等于办竣帽子山窜匪后自应就近移师往剿。将此谕令知之。"（《清仁宗实录》卷22）

（嘉庆二年九月）壬午，谕军机大臣等："现在明亮、德楞泰等屡歼贼众，军威已振。又调往之吉林官兵俱已到彼，明亮等正可驰骤杀贼，惟是贼匪见官兵声势浩大，自必纷窜狂奔。该督等务须探听贼踪，设法布置，豫行堵截，使贼匪无从乘间奔窜，明亮等得以尽力剿杀。再于新到官兵内派令得力将弁分带劲兵绕出贼前，首尾合击，自更可事半功倍也。又道员保定节次堵御出力，加恩赏戴花翎。再川、楚、陕西等省被贼蹂躏地方，屡经降旨，令该督抚加意抚恤，此时贼匪奔窜焚掠，难民必多失业，若不妥为安抚，转恐去而从贼。并着该督抚等督饬所属实力抚恤，毋任流离失所。将此各谕令知之。"（《清仁宗实录》卷22）

（嘉庆二年九月己丑）谕军机大臣等："窜匪屡扑江岸，希图抢渡，经恒瑞截杀，向南岸大山窜逸。该处路径分歧，汉江南岸渡口甚多，若官兵直前邀截，贼匪或绕至江岸上游，仍可乘间涉浅偷渡。恒瑞秦承恩等当随时察探贼踪，设法剿击，并严饬地方官防堵。又汪新奏奉节贼匪窜至利川，利川与巴东接壤，额勒登保追剿林之华等尚不能即时就擒，加以由川窜来万余贼匪更恐不足倚恃。樊继祖、朱廷荃皆系营员，彼此不相统属，且兵力无多，调度乏人，朕深为悬廑。着景安即同爱星阿酌带直隶、山东、山西新到各兵速赴施南、利川，督率樊继祖等将此股匪徒迅速歼擒。将此各谕令知之。”（《清仁宗实录》卷22）

（嘉庆二年九月）甲午，谕内阁：“此次川省奉节贼匪，窜入楚北利川境内，经汪新派令副将樊继祖统兵堵剿，并令恩施、利川二县约会川省奉节县晓谕居民，同心并力，会合奋剿。旋经各该县尹英图、陈春波、周景福会同千总等共相激劝，督率三县士民杀死贼匪一千数百余名，生擒贼目四十余名。又因贼分两股奔窜，兵勇亦分两路追剿，复杀贼二千余名，生擒二百二十余名，所办实属可嘉，除汪新等已另加优赉外，该省钱粮前已有旨普行宽免。此次恩施、利川二县及川省奉节县乡勇士民，均能齐心奋勇，同深敌忾，着加恩将该三县应征钱粮再行蠲免一年，以示奖义推恩至意。”（《清仁宗实录》卷22）

（嘉庆二年九月甲午）谕军机大臣等：“姚之富、齐王氏尤为贼首中紧要之犯，明亮、德楞泰总当确探二省踪迹，专心设法擒获。此外四川贼首徐添德、王三槐、罗其清、冉文俦责成宜绵，巴东贼首林之华、覃加耀责成额勒登保等，老木园贼首责成观成、刘君辅，安康贼首李全责成惠龄、恒瑞、庆成，彼此各办各贼，不拘何路擒获贼首，即属该处带兵大员之功，何路任贼首纵逸，即系该处带兵大员之罪。将此各谕令知之。”（《清仁宗实录》卷22）

（嘉庆二年十月己亥）明亮等奏：“追剿败窜贼匪自楚入陕，经过被扰村庄，有房屋为贼焚毁者，有盖藏一切为贼搜劫无遗者，有男妇人口为贼掳胁前去者，情形殊堪矜悯。此时已经被扰之处，急须安顿抚恤，未经被扰之处，急须布置堵剿，使贼匪无从劫掠。查各州县在城之民城池足为保障，至村庄市镇本属散处，仅恃一二隘口乡勇防护，或相离较远，猝然遇警，不及应援，或山路分歧，有一二处设堵未遍，贼已阑入。年余以来，百姓往往一闻贼至仓皇躲避，粮食衣物即为贼有。其躲避稍后者，该匪既劫其物并掳其人，甚至备卫之火药器械反以济贼。而该匪每到一处，有房屋以供栖止，有衣食以济饥寒，有勾结逼胁之人为之引道路而供负戴，以是屡经剿杀而伙党不加少。为今之计，欲筹恤难民而困贼匪，莫若饬附近有贼地方州县，于大市镇处所劝民修筑土堡，环以深宽濠沟。其余散处村落，酌量户口多寡，以一堡集居民三四万为率。因地之宜，就民之便，或十余村联为一堡，或数十村联为一堡。更有山村窎远不能合并作堡者，即移入附近堡内，所有粮食牛豕什物一并收入。被难民人即于其中安置，搭盖草棚，贼近则令各户壮丁日夜更番守御，贼远则仍不禁其出入，俾得无误耕作。该壮丁各保身家，巡防自必奋勇。壮丁不足，更于难民中择其骁健者充当乡勇，酌给口粮，即以代赈。每堡派文武妥员二三人、绅士耆老七八人为之董率弹压。如此防范，未被难之户得有捍御，已被难之民得谋食息。且收养堡内之人户口有稽，不特可免流离，抑且赈无冒滥。又其中有一二小人，曾经入教首鼠两端者，亦皆有所拘束，不致附和勾结。设贼匪窜至，沟垒森严难以冲突，矧各堡以逸待劳，并力抵剿，贼匪处处受敌。而人民不为逼掳，粮食牲畜不为抢夺，火药器械不为掠取，该匪将必饥饿穷戚，料难仍前四窜。加以劲兵云集，并力兜擒，定能按股歼除，似于御贼安民之道均有裨益。”奏入。谕军机大臣等：“明亮等奏令川、陕、楚三省州县相地设堡，阅之非不近理，但以事势而论，实为迂缓难行。地方屡被贼匪蹂躏，即欲筑堡保护亦属无及。若贼匪已离之处，流散难民方且安抚之不暇，岂可复兴此役，致劳民力且滋惊扰？即如湖北襄郧等处，现据汪新奏，被难民人纷纷复业，搭棚收养，给予口粮。是难民甫免流离，正当招徕安集，俾得各安生业。设又令兴筑土堡团守，则民人既被贼扰于前，又苦官迫于后，欲息民而转以劳民，有是理乎？况此等事宜本系地方官之责，或秦承恩、汪新等尚可筹办及此。明亮、德楞泰系统兵大员，惟当以杀贼擒渠为事。今乃舍其急而图其缓，于军务未免分心，明亮等着传旨申饬。”（《清仁宗实录》卷23）

（嘉庆二年十月丙辰）谕军机大臣等：“昨明亮等奏，黑龙江官兵暂留竹溪之保丰场驻扎，固为豫防贼匪折回起见。但此项劁旅，不以之打仗杀贼，转在后路间驻，究属非策，着乌尔图纳逊等即带领迅往军营劁贼。至所称贼匪现窜路径，皆系崇山小道，骑马官兵恐易疲乏一语，尤属非是。黑龙江官兵皆生长山野，能耐劳苦，登陟是其所长。况该处原有之兵与贼匪同系川、楚百姓，何以贼能来去自如，而兵丁一遇险阻，遂不能追蹑？无此情理。即或带兵大员不肯率先试险，岂有兵丁等亦不能奋力先登？明亮、德楞泰等先设此语，以为尾追地步，大非属望之意。务须摅发天良，倍加振作，鼓励官兵，直前奋击，不可以此借口，又复迟延。将此各谕令知之。”（《清仁宗实录》卷23）

（嘉庆二年十二月癸亥）湖广总督总统勒保奏：“访察各路军情，审度贼势，所以不能得手者，盖缘贼匪随处焚掠，即随处勾胁，是以日久愈多。而川、陕、楚三省犬牙相错，绵亘数千里，崇山峻岭，处处有险可恃，有路可逃。及官兵择隘堵御，贼又向无兵处滋扰，以致有贼之地无兵，有兵之地无贼，并有贼过而兵犹未来，有兵到而贼已先去者。东劁西窜，南击北驰，以言兜劁，即数十路难以圈围，以言堵御，虽数十万兵亦不敷分布。再四思维，现在陕、楚兵多贼少，川省则兵少贼多，若陕、楚各路截劁严密，使贼匪不能北窜，归入川境，诱令散者渐聚，则官兵层层逼劁，转觉易于为力。通盘筹画，惟有先从川东进劁，清一路再进一路，以期与各路领兵大员及早会合，一鼓扫荡。”奏入，谕军机大臣等：“勒保所称劁办情形，切中向来各路带兵诸人之弊。勒保既能周知畅论，自当力除积习，大加振作。况总统责成较重，倘带兵大员从前实有因循怠玩，此时仍不听指示调遣，即当据实严参，不可稍徇情面，庶可迅勉成功。所有明亮处钦差关防，着即迅速送交勒保接收盖用，以专责成。”（《清仁宗实录》卷 25）

（嘉庆三年正月己卯）谕军机大臣等：“……郧西一带，系襄阳镇所属，路超吉已抵新任，张文奇应速回豫省帮同堵截。将此各传谕知之。”（《清仁宗实录》卷 26）

（嘉庆三年二月）丁酉，谕军机大臣等：“据观成等奏，只系将土地垭石卡奋占，歼毙贼匪，不过数十名，无能已极。而折内尚称贼匪恃险扎卡，官兵仰攻不能得力，尤属无耻，着传旨严饬。再高均德由镇安窜往洵阳一带，该处距郧西甚近，仅有路超吉一人在彼防守，着额勒登保速赴郧西，悉力防堵。其能逼令仍向西窜，则明亮等正可迎击，不可不勉图自赎也。”（《清仁宗实录》卷 27）

（嘉庆三年二月己亥）谕军机大臣等：“额勒登保奏，带兵由巴东赴川，自尚未接奉前旨。现在郧西一带兵单难恃，若额勒登保起身后距楚不远，仍当改道赴彼堵剿。若此旨到时，已抵夔州，则竟不必转回，惟当听候勒保调度，帮同剿办开县一带贼匪。至汪新系该省巡抚，巴东现无应办要事，着速赴郧西，与文图、路超吉商同防堵。将此传谕知之。”（《清仁宗实录》卷 27）

（嘉庆三年二月）己酉，谕军机大臣等：“西乡礶子山贼匪，在城固地方窜过汉江，贼首李全、张添文又分出一股，西窜南郑之南坝等处，齐王氏、高均德两股又俱窜至汉阴地方，此皆由明亮、德楞泰剿捕不力所致。然德楞泰打仗数次，尚能向前杀贼，明亮则屡次落后，伊等原折具在，非朕任意轩轾。至李全一股逼近北栈及五郎，秦承恩当确探何路紧要，即与王文雄赶赴截剿。又额勒登保奏，带兵前抵夔州，即赴大宁筹剿老木围贼匪，可谓不知缓急。若接奉前旨，已改赴郧西，固属甚善。倘已抵老木园，当上紧擒拿陈崇德，剿净余匪，即与观成、刘君辅就近赴陕协剿。将此传谕知之。”（《清仁宗实录》卷27）

（嘉庆三年三月）丁卯，谕军机大臣等：“据兴肇等奏，已将滋扰鄠县贼匪剿散，即日驰赴盩厔协剿。秦承恩、王文雄当与合力兜围，两面夹击。至齐王氏、高均德等欲从镇安、山阳窜入楚、豫，明亮等迟逾多日，此次所奏仍不过追剿窜匪，杀贼亦属有限……”（《清仁宗实录》卷28）

（嘉庆三年三月）癸酉，谕军机大臣等：“高杞奏，川省窜匪由巴东逸入楚境之远安。湖北甫当戡定之后，岂可又遭蹂躏？汪新接到高杞禀报，自已一面分兵留防郧阳，一面赶回襄阳，但汪新究系书生。景安现在卢氏驻扎，距楚甚近，着即驰驿赶赴襄阳，其陕西交界防堵事宜即交张文奇暂行带兵驻守。”（《清仁宗实录》卷28）

（嘉庆三年三月癸未）谕军机大臣等：“阅德楞泰、秦承恩折内有‘节据西乡等县禀报，川省贼匪分股入陕’等语。从前汉江一带，系兴肇、柯藩在彼防堵。现兴肇等即因追贼未能兼顾，尚有署总兵田有成及道员文霈等防御，焉有任贼匪涉渡之理？岂自兴肇离彼后，竟无一人驻守，大小文武置之不顾耶？至川北贼匪窜入陕省，川东贼匪又窜入湖北，竟欲以邻国为壑。勒保经朕委任，不宜如此居心，着该督即派员速赴汉江南岸堵截，并着宜绵、秦承恩、王文雄严密布置，毋得再有疏纵。”（《清仁宗实录》卷28）

（嘉庆三年三月）戊子，谕军机大臣等：“张汉潮一股贼匪经宜绵沿途迎击，歼毙一千二百余名，贼仍折向通、巴屯聚。现宜绵已饬田有成等在峡口屯扎，扼其入陕要路。至阮正通一股由镇安折窜两河关，经参将李昌迎头截击，不令窜入湖北……”（《清仁宗实录》卷28）

（嘉庆三年三月）辛卯，谕军机大臣等："高均德一股贼匪经德楞泰、额勒登保分路兜击，而明亮行至二峪河，探知贼踪不赴兴安……至刘成栋一股，在远安、南漳一带奔窜无定。景安带兵无多，派拨堵截，尚能镇静。现文图由南漳截击，海兴阿等自远安追剿，景安一俟兵齐，即当督率兜剿，肃清楚境。将此传谕知之。"（《清仁宗实录》卷28）

（嘉庆三年四月己亥）谕军机大臣等："景安一闻贼匪北窜，即与高杞设法布置，能以少击多，歼贼多名，深为可嘉。现在陕省贼匪势已穷蹙，该处带兵大员多人，额勒登保、兴肇俱着速赴荆州一带帮同景安剿办。再贼匪系由川东窜入楚境，前此勒保曾派富森布、六十七带兵剿捕，何以至今未见下落？或竟在川境逗遛，惟知驱贼出境，以邻国为壑，则其罪甚重，着勒保据实查奏。其高均德一股，系德楞泰、明亮二人专责，若再不知奋勉，旷日持久，必当从重治罪。将此各谕知之。"（《清仁宗实录》卷29）

（嘉庆三年四月）甲辰，谕内阁："……况现在粤西军务虽已完竣，而川、陕、楚北剿办贼匪尚未蒇功，转运军糈，甚关紧要，军法不可不重。似此贻误之员，得以邀恩免其远遣，何以惩一儆百……"（《清仁宗实录》卷29）

（嘉庆三年四月）癸亥，谕军机大臣等："……又据秦承恩奏，陕省贼匪渐近盩厔一带，王文雄断难分身赴楚，景安务须与兴肇、额勒登保等鼓勇进剿，将贼首刘成栋、张汉潮等速行擒获……将此各传谕知之。"（《清仁宗实录》卷29）

（嘉庆三年五月）己卯，谕军机大臣等："景安等截剿贼匪不使窜扰荆州，所办甚好。现在景安及额勒登保等所带兵丁只有五千余名，而贼伙尚有二万。计纶布春所带马队官兵此时自已接续到营，贼匪究系乌合之众，且已逼入山内，正可聚而歼洗，并当剿抚兼施。照从前景安所办，如有自行投出者，不追咎其既往，概行收恤，妥为安顿，贼伙自必纷纷解散。若能迅将贼首拿获，其余党无难悉就歼除，勉之。将此传谕知之。”（《清仁宗实录》卷30）

（嘉庆三年五月）戊子，谕军机大臣等：“此次景安等在谷城章村棚一带分路截击，前后歼贼五千余人。而首逆仍向西窜，未经拿获。虽据称兵力较单，但纶布春所带马队官兵业已赶到，自当得力。贼匪究系乌合之众，屡经截杀，势已溃败，景安等务须设法截击，将贼首刘成栋、张汉潮速行擒获，剿尽余匪，勿令窜入郧阳一带，又致蔓延。其襄阳地方前次招抚投诚之人甚多，高杞到襄阳后自应留心防范，毋致复有勾结，以期贼党闻风解散，方为妥善。将此谕令知之。”（《清仁宗实录》卷30）

（嘉庆三年六月）丁巳，谕军机大臣等：“景安等追剿竹溪一股贼匪，已除三分之二，而贼匪仍由竹溪窜入陕省平利县境，岂非驱入邻境，所办何事？景安、额勒登保、兴肇着传旨严行申饬……至川匪王三槐等伙党一股，现已窜入大宁，难保不阑入房县、归、巴一带。景安已带兵驰往拦截，并令文图等分路严防，务须实力堵截，勿再任窜入楚界，慎之……今将各路带兵大员为之分定责成，陕省令宜绵与额勒登保、兴肇为一路，专剿现窜平利之刘成栋等一股。楚省令景安与王凯、文图为一路，专堵现欲窜入楚境之川东贼匪。……如此则各剿各股，庶责有攸归，无可诿卸。而勒保剿办王三槐等一股贼匪，仍当察探各路贼情，相机布置，为之声援策应。不拘何路，能将贼首拿获，俱系总统之功。若贼匪由何路窜逸，不特此一路领兵大员责有攸归，即总统亦无可诿罪。而各路领兵大员仍不得推卸总统，稍存观望，必须各加策励，合力堵剿，贼匪方不致往来奔窜。若各股贼匪于何路逸出，即惟该路领兵大员是问。经此番训谕之后，若仍前观望，不知同心协力，奋勉图功，必将伊等从重治

罪，再不能曲为宽贷也。将此各传谕知之。”（《清仁宗实录》卷31）

（嘉庆三年六月）辛酉，谕军机大臣等：“前闻各省贼匪窜入川境后，川匪以伊等桑梓地方不容他省教匪前来扰害，是以齐王氏、姚之富、高添德仍由川省折回陕省，而刘成栋亦由川东窜回湖北。今高均德等在陕被剿情急。又复阑入川省。若川匪仍前与之为难。则该首逆等前有川匪阻挡……”（《清仁宗实录》卷31）

（嘉庆三年七月戊辰）谕军机大臣等：“楚、陕地方现已无贼，但该二省与川境在在毗连，难保窜入川省贼匪不又思折回陕、楚。其楚北之房县、归、巴一带，着责成景安率同王凯防堵……若川省窜匪由何路窜入陕、楚境内，则惟此一路督防之员是问。将此各传谕知之。”（《清仁宗实录》卷32）

（嘉庆三年八月戊戌）谕军机大臣等：“据姜晟奏黑苗解散情形，及令苗备吴陇登擒献首从各犯缘由，与王柄所奏大略相同。姜晟、王柄惟当督饬司道镇将等镇静妥办，一俟首犯献出，即可完事。至姜晟奏蒲圻教匪滋事一节，昨据高杞奏已攻得贼卡，务当速行搜捕，勿任稍有蔓延。外省习气，遇有地方抢劫小事，往往张大其辞，以为邀功地步。及至激成事端，则又心存畏葸，束手无策。高杞初任巡抚，尤当引以为戒。所有湖南撤回兵一千名，姜晟已咨明高杞豫为檄调。如必须此项兵力，方可调用。倘现兵足资剿捕，即当饬令归伍。将此各传谕知之。”（《清仁宗实录》卷33）

（嘉庆三年八月丁巳）景安奏：“川省通江窜匪扰至陕境之沿江一带，非希图抢渡北窜，即由南岸东奔楚省。”奏入，谕军机大臣等：“昨据秦承恩奏，张汉潮一股从西乡堰口奔窜。宜绵已赶至石泉，并派柯藩、庆溥等分布要隘，相机堵剿。是东面已有官兵遏其去路，未必即能窜入楚境。景安飞饬各营卡加紧防范，亦属先事豫防之策。但张汉潮一股屡经官兵剿杀，势已溃散。乃明亮等跟踪追蹑，总未成擒，兹又任其窜至石泉焚掠，伊等带领如许劲兵，若再不能赶上贼匪，与宜绵等两面夹击，竟任东奔，阑入楚境，必当重治伊等之罪。并着宜绵、王文雄等遵照昨旨，并力堵截，勿令贼匪北渡汉江东窜。至楚省巴东边界亦关紧要，着高杞速行驰往，会同王凯实力严防。”（《清仁宗实录》卷33）

（嘉庆三年九月己巳）谕军机大臣等：“……陕省宁、沔一带，宜绵等务须督率兵勇严密堵截，勿令贼匪乘间北渡汉江。其郧阳、竹山及归、巴一带，现有景安、高杞等，亦当一体实力堵截。将此传谕知之。”（《清仁宗实录》卷34）

（嘉庆三年十月己酉）谕军机大臣等：“……至张汉潮等现在窜近奉节、大宁等处，附近楚北边界，景安务须与高杞督率镇将兵勇分段实力严防，迎头堵截，勿使一名阑入为要。”（《清仁宗实录》卷35）

（嘉庆三年十一月）己卯，谕军机大臣等：“昨据宜绵等奏，派总兵关腾带兵由石泉绕至镇安截贼东窜，景安又派总兵王凯赴郧西一带严防，是陕、楚地方俱有官兵堵截。现据惠龄等奏，令观祥带固原兵赴陕会剿，富成带兵赴大竹一带剿办徐添德一股。恒瑞、富成务须上紧追剿，与陕、楚官兵会合夹击，速擒首逆。将此传谕知之。”（《清仁宗实录》卷36）

（嘉庆四年正月己卯）又谕：“教匪聚众滋事，皆以‘官逼民反’为词。昨冬贼首王三槐解到审讯时，供词内亦有此语，朕闻之殊为恻然，是以暂停正法。我国家百数十年来，厚泽深仁，周洽寰宇。皇考临御六十年，无时不廑念民生，恫瘝在抱，普免天下钱粮、漕粮，以及蠲缓赈贷不啻亿万万，凡所以惠爱闾阎者至优极渥。朕仰承付托之重，夙夜兢兢，视民如伤，一夫不获，宵旰殷怀，岂忍令数省苍生，罹于锋镝哉？

百姓幸际昌期，安土乐业，若非迫于万不得已，焉肯不顾身家，铤而走险？总缘亲民之吏，不能奉宣朝廷德意，多方婪索，竭其脂膏，因而激变至此。然州县之所以剥削小民者，不尽自肥己橐，大半趋奉上司。而督抚大吏之所以勒索属员者，不尽安心贪黩，无非交结和珅。是层层朘削，皆为和珅一人，而无穷之苦累，则我百姓当之。言念及此，能不痛心？是以将和珅立正典刑，以申国法而快人心。现在大憝已去，纲纪肃清，下情无不上达。各省官吏自当大法小廉，湔除积习。民间无所扰累，亦可各遂其生。且教匪起事之初，丑类原属无多，到处迫胁良民供其役使。及贼势方张之际，突入村庄，任意焚掠。不从则立加残害，从之则冀缓须臾，愚氓畏死贪生被其裹掠，此小民不得已之苦情，朕知之详而闻之熟矣。夫教匪起于楚北，沿及河南、川、陕地方，往来奔窜，肆其荼毒，村落为墟，吾民遭其蹂躏者，不知凡几。而贼匪每遇官兵，又使裹胁之人在前抗拒，经官兵歼戮者，又不知凡几。或父兄叔侄被其戕杀，或妻妾子女被其掳掠，苟有人心，能无切齿？不过畏贼凶焰，莫敢先发。此时军纪整肃，鼓行而前，著名首恶，即日成擒。所可悯者，胁从之人，皆朕赤子，不忍骈诛耳！从来命将出师，只有征讨不庭，断无用兵诛戮良民之理。特此剀切宣谕，各路贼队中之良民，如有能缚献贼首、悔罪立功者，不但宥其前罪，尚可如前年湖南投出之苗匪吴陇登等格外邀恩，否则或潜行散去，或临阵投降，亦必释回乡里，俾安生业。倘执迷不悟，军行所至，玉石俱焚，悔将何及？着勒保将此旨遍行晓谕川、陕、楚、豫各地方，咸知朕意。”（《清仁宗实录》卷 38）

（嘉庆四年正月辛巳）谕军机大臣等：“……至称‘贼匪卜三聘等尚在奉节、巫山一带游奕，窥伺夔州郡城，勒保令观成带兵前往堵截’一节，所办亦是。夔州为川、楚门户，自当认真堵御，勿令贼匪阑入楚境为要。将此传谕知之。”（《清仁宗实录》卷 38）

（嘉庆四年正月癸未）谕军机大臣等：“……朕素闻各处情形，湖北则教匪多而胁从少，川、陕则教匪少而胁从多，此等匪徒，诛之不可胜诛。除著名各首逆自当悉数歼擒，断难宽宥外，其余逼迫附和之众，若有临阵投降、悔罪乞命者，不妨剿抚兼施，以期解散贼党……将此传谕知之。”（《清仁宗实录》卷 38）

（嘉庆四年正月丁亥）又谕：“……至景安所奏驰赴郧西边界，迎剿张汉潮一股窜匪，亦系空言。张汉潮一股前经窜入陕境五郎、洋县一带。湖北郧西边界最关紧要，乃景安远驻郧阳，仅派令总兵王凯驻守郧西，殊属畏怯退避。现在张汉潮已窜留坝一带，而后股贼匪复由安康折入镇安，与郧西境壤紧接。景安折内止知关腾带兵剿捕，又成尾追之势，殊不思伊从前节次带兵堵剿时，惟事避贼而行，贼至则移营他往，贼去始远蹑贼踪，则并关腾尾追之不若矣。即如此时伊果早驻郧西，贼至正可迎头截剿，又何待闻信后始行前往乎？况前往与否尚未可知，着传旨严行申饬。现在该督业经带兵到彼，务须督饬镇将弁兵实力剿捕，毋使真贼一名漏网，以赎前愆。倘仍前观望迁延，又致贼匪扰及楚境，则军法具在，断不宽贷也。将此传谕知之。”（《清仁宗实录》卷 38）

（嘉庆四年二月乙巳）谕军机大臣等：“奉节一路与楚省接壤，高杞现驻归州、巴东一带，务以封域为重，督率兵勇严密堵御。景安向来畏葸无能，惟知在无贼处闲住。此时夔州贼匪有东窜之势，景安当择紧要边界亲身防堵，勉赎前愆。倘有懈弛，惟景安、高杞是问。再惠龄已知伊母身故之信，不必再留军营，着即回京守制。此一路官兵，即着德楞泰统领，并着勒保于将领内酌派一员，帮同德楞泰剿办。将此传谕知之。”（《清仁宗实录》卷 39）

（嘉庆四年三月）壬戌，谕军机大臣等：“前景安奏到竹溪防堵情形，折内有自相矛盾之处，曾经降旨饬谕。向来景安畏葸退缩，远避贼锋，于带兵诸臣中为尤甚。而其不能痛改前非，渐染积习，亦为最深。各股教匪虽在川东边界一带奔窜，其心总窥伺楚境，冀守御稍疏，仍可遁回湖北。现在归、巴一带经高杞设卡严防，其各股窜匪复经总兵德英额驰赴截剿，未经阑入楚境。而此时总兵王凯又复带兵策应，声势更壮。是巴、东一带，防守较为严密。惟此股西窜之贼究赴何处，倘思与李树、高均德等合伙，则竹溪一带尤关紧要。景安惟当先事豫防，倍加奋勉，为截击之计，毋令阑入楚省西境。总之，景安、高杞身膺督抚重寄，防边务须实力，办事务须实心，各当于本省边界要隘地方加意堤防，即可以堵为剿。果能迅速成功，不但可赎前愆，尚当加之懋赏也。将此谕令知之。”（《清仁宗实录》卷40）

（嘉庆四年三月庚午）谕内阁：“景安前在河南巡抚任内驻扎南阳一带堵御湖北教匪，毫无布置。一任阑入豫境，又不敢迎头截剿。惟知远避贼锋，尾随探信，粉饰奏报，以图塞责，纵令贼匪由南阳一带直出武关，窜赴陕境。其畏葸退缩，于带兵诸臣中为尤甚，以致有迎送之号，朕所深知。近闻其办理抚恤一事，将从前归并之案复分次办理，而又不查明户口，按名散给。每县止发银一千余两，但尽此数，不准多开，所办尤为乖谬。地方大吏安集招徕，自应查明各处户口实数分别办理。若一概定以成数，则流离较多之处必至口食无资，而未被贼扰之区，亦得滥支官项。毋怪乎小民失所、官吏冒销也。景安系和珅族孙，平日趋奉阿附，每于奏报之便，附寄信件，禀承指使，以为有所倚恃。既不能实力办贼，又不能加意抚民。此时湖北地方甚关紧要，未便再任贻误，景安着来京候旨，湖广总督员缺着倭什布补授，其河南巡抚员缺着吴熊光补授。前因安抚难民、解散贼党一事，曾经降旨，令经略勒保悉心妥议。兹据奏到筹办情形，立法颇为详尽，并据折内声明，通行湖北、陕西、河南等省一体遵办。陕甘总督松筠到任后当能认真，后有藩司马慧裕帮同办理，自臻妥善。至湖北归州、巴东、郧阳一带，系屡被贼扰之区，现复严防川省各股贼匪……”（《清仁宗实录》卷40）

（嘉庆四年五月壬戌）谕军机大臣等："张添伦、高均德等股贼匪在楚、陕边界出没，其意总欲折回楚北，经官兵堵截，退回平利一带屯聚。自因陕省东南系伊等后路，官兵守备空虚，得以安然在彼退聚歇力……"（《清仁宗实录》卷44）

（嘉庆四年五月己巳）又谕："……广西兵丁已据勒保奏明，留交楚省防堵……"（《清仁宗实录》卷44）

（嘉庆四年六月庚寅）谕军机大臣等："朕闻从前湖北教匪窜赴孝感时，经过各处，多被焚掠，独随州一处未被贼扰。因该处民人于贼匪未来之先，豫掘深沟，堆叠土山，贼既不能逾越沟濠扰害村庄，而该民人据占土山足资捍卫，是村庄守御既严，贼匪亦无由肆掠。复有官兵追蹑其后，未有不穷蹙溃败者，此亦保护地方之良策，行之已有成效。若川、陕、河南等省各处村堡，俱能照此豫为防范，何至任贼恣意蹂躏乎？着苗保、松筠、吴熊光等饬令所属地方，晓谕居民，相度地形，或可仿照办理。令乡勇人等加意防护，坚壁清野，以期贼踪敛戢，不敢肆行侵扰，于堵剿机宜自为有益。"（《清仁宗实录》卷46）

（嘉庆四年六月己亥）谕军机大臣等："……且明亮折内亦称张汉潮欲诱官兵入山，乘间由豫省冲过，逃回湖北。今乃欲将豫兵移驻陕境，岂不虑贼匪侦知豫省边备空虚，又复乘间东窜？吴熊光现无兵力，何以御贼？即使明亮与张文奇、田永稠跟踪追蹑，已在贼匪之后，岂非驱贼入豫，令其回襄阳本籍耶？且张添伦、高均德尚在陕、楚边境游奕，此二贼之意，亦刻思由豫逃回楚境。设闻知豫省无备，向彼窜逸，更将何以御之？……"（《清仁宗实录》卷46）

（嘉庆四年六月癸卯）又谕："……卜三聘经七十五堵剿，不使阑入楚境，所办亦好……"（《清仁宗实录》卷47）

（嘉庆四年七月）辛酉，谕军机大臣等："倭什布奏，各股贼匪共有万余人分路扑卡，经各员弁奋勇迎剿，自游击以至把总，阵亡者共有七员，兵丁伤亡者亦多，可见堵御不为不力。总缘楚省边界兵单，寡不敌众，而川省官兵不能紧蹑追剿，予贼以暇，以致匪众阑入，非倭什布之过，实勒保之咎也。勒保身为经略，川、楚、陕、豫军务皆应通盘筹画。今贼匪窜出川省，而勒保即置之不顾，如此漫无调度，尚得谓之经略耶？勒保着传旨严行申饬，并着查明奔窜楚省之李树、徐添德、张起贵、宋麗子四股，现在究系何人追剿，即令各带原有之兵速赴竹山、竹溪，帮同倭什布奋力截击。若能歼尽此四股贼匪，则该员等纵令川匪入楚之罪，尚可自赎。倘再观望怠玩，必按军律治罪。再前据松筠等奏，官兵剿贼为时已久，衣敝履穿，并有用牛皮裹足者，朕阅之深为怜悯。军需动支款项有一定则例，原不许额外滥用，但亦不可因例难开销，过事苛刻。今从征者前有锋镝之危，后有饥寒之困，何以使之效命疆场克敌致果耶？军营一切赏需自应略为宽裕，加之体恤，使士马饱腾，人思敌忾，而发扬蹈厉之气，更可壮军容而寒贼胆。果大功速竣，即有例外动用之项，朕自当酌核情节，特加恩准。将此传谕知之。"（《清仁宗实录》卷48）

（嘉庆四年七月壬申）谕军机大臣等："勒保自任经略以来，已及半载，于剿办贼匪机宜总未通盘筹画。惟知安坐达州，毫无调度，仅将各路军营所报情形敷衍入奏。前据倭什布奏，川省贼匪阑入楚省边界，系前月二十四日拜发，至今已二十余日，并未据勒保奏及此事。兹又据倭什布奏，李淑等股贼匪屯聚竹山、竹溪、房县交界处所，倭什布督率将弁悉力堵御，贼匪直扑副将孙清元营盘，意欲北趋襄阳一带。经倭什布派兵堵截，贼匪又复折回，乘夜围扑倭什布营盘，被官兵击退始向西南奔窜。而李淑后股贼匪尚屯泉河一带，又有罗半年一股，亦接踵入楚，为数不下二万。现经倭什布飞咨勒保速派官兵，赴楚协剿，可见楚省并无川省派往之兵。勒保于事先既未能豫为防范，纵令群贼扰及楚境，追贼已入楚，又不星速派兵前往会击，并未将如何筹办，派何人前往会剿之处先行驰奏，竟置楚省之贼于不问，又安用此经略为耶？且现在蓝号、白号贼匪俱已窜入川北地界，亦未闻勒保派兵堵截。是勒保竟系择一无贼处所，扎营株守，直与木偶无异，不料勒保辜负委任一至于此。前因官军剿捕日久，恐致疲乏，节经询问勒保应否添调官兵，勒保以无庸添兵复奏。复经降旨详悉开导，谕以不可回护前奏，致误事机。勒保仍坚执前说，不必添兵。朕早料其不足倚仗，已豫调山西兵三千、盛京兵二千前往接济。今楚省之贼多至二万，而倭什布一路官兵不过三千有余，则勒保节次所奏不必添兵之说是诚何心？种种玩误，上负皇考及朕简用之恩，此而不加惩治，军纪安在？勒保着革职拿问。所有经略事务着明亮接办，并授为正红旗汉军都统。其四川总督员缺着魁伦署理，并派乾清门侍卫春宁、安福、色玉慎、传陞一同驰驿前赴明亮军营。着魁伦亲赍此旨，前往宣读，明亮接奉此旨，将剿办张汉潮事务交付庆成，永保即同魁伦前赴达州军营，传旨将勒保革职拿问，即将以上指出各情节严讯勒保，定拟具奏。并查明由大宁阑入楚境之贼本系何人追剿，何以并不上紧赶截，纵令入楚。一经查实，即将此路带兵之员革职拿问，不可稍有瞻徇。将此各谕知之。”（《清仁宗实录》卷49）

（嘉庆四年七月乙亥）谕军机大臣等：“前此入楚各股贼匪，不知是川省何兵追蹑，曾经降旨询问。今阅勒保折，始有七十五、德英额、吕朝龙三人，并派广东兵九百名在交界堵截之语。此节最关紧要，若系勒保派往时即谕令及境而止，不必入楚。则是勒保惟知有川，不知有楚，经略之谓何若？七十五等三人畏贼退怯，竟以翻入老林诳报经略，则伊三人之罪更不可逭。勒保曾否谕令三人入楚协剿，亦须明白讯问具奏。其另折复奏，贼匪各色称号贼党忽分忽合，各立号记。而何贼与何股合伙，现窜何地，勒保未能深知，所查多未确实。在勒保之意总欲回护从前不肯添兵之奏，故以贼匪股数无多借词支饰，此犹系勒保捏奏小节。至贼匪有减无增一语，实属有心欺罔。试思各股贼匪蔓延数省，陕省之平利，楚省之竹山、竹溪、房县，到处被贼蹂躏，裹胁日多，据倭什布奏入楚之贼已二万人。勒保身为经略，各路皆系管辖，岂得以川匪窜入楚、陕，即谓有减无增耶？勒保以此狡词回护，实属丧心病狂，最重之罪实在于此，明亮应将此一节会同魁伦向勒保严切询问，迅速奏闻。又据勒保奏请拨饷银五百万两，尤属荒唐。前发去饷银二百五十万两，甫经到彼，岂一时已全数用去？又复请饷五百万两，全不筹及国计，只图请发多金，以为虚糜侵冒地步。勒保亦自知所请过多，故另立赈济难民名色，巧为朦混。盖军需支用有一定则例，部中可以按例议驳，即寻常赈济尚有豫报户口册籍可据，若投出难民之数任开数万数十万名无从核其多寡，是勒保竟欲借赈济名色为将来冒销之计，更属有心取巧。朕素不靳惜帑项，曾经降旨以军营支发兵丁款项总当略为宽裕，倘成功迅速，朕必有例外准销恩旨。即投出难民亦须优加抚恤，务使按名俱有归着，毋令一夫失所。原为体恤兵民起见，岂可令带兵之员各肥囊橐乎？并着明亮、魁伦一体据实严查具奏。”（《清仁宗实录》卷49）

（嘉庆四年七月辛巳）又谕：“自教匪滋事以来，三载有余，辗转奔逃，沿及川、陕、楚、豫等省，迄今尚未蒇事。或因官兵只知剿捕，未曾出示招抚，贼匪等自知罪大，不敢解散投诚。又以各处村庄散漫不能坚守，贼匪遂得肆其掳掠。而带兵各员向无经略为之统辖，彼此迁延，事权不能画一，贼匪日久未平，未必不由于此。朕于正月亲政之后，即下诏明白宣示，宥其胁从，并为贼中投出者谋及身家之计，是剿抚兼施之策已行。又令川、陕、楚、豫各督抚谕令各村民守堡结寨，刨挖沟濠，悉力保护，是坚壁清野之策已行。特授勒保为经略大臣，居中调度节制各路，以重事权，与前此之漫无统率者迥不相同。乃数月于兹，投出之人甚觉寥寥，而各路带兵大员亦皆惟事尾追，未曾歼净一股贼匪，实不可解。难民等畏贼一时凶暴，冀免须臾之死，不得已受其束缚，岂肯甘心从贼，始终不渝？即此日贼匪党与亦无非从前被诱村民，天良具在，目睹朝廷宽大之诏自必亟思改悔，脱身贼中，何以经此番誊黄宣示之后，贼党仍固结如前？朕宵旰焦思，反复推求其故，必因连年地方官朘削脂膏，激成事变，小民等困于诛求，遂为贼所诱胁。今见贪墨之员尚未尽黜，恐投归后仍遭侵虐，不能各遂其生。且当室庐焚毁荡析离居之时，无良吏为之抚绥，仍难安业。是以观望逡巡，未敢即行投出。着松筠、魁伦、倭什布、吴熊光、高杞、永保即行查明所属州县，有如戴如煌之贪纵虐民者，不妨严参数人，以泄公愤。如一时乏员补用，即由京拣选发往。其素得民心之员如刘清、诸以谦、方积、林岚等即行奏请升擢，用示风励。庶被胁之人闻知贪墨屏退，吏尽循良，自必幡然来归，纷纷就抚。如有自贼中投出者，不但胁从罔治，即为首者亦当施浩荡之恩，概予赦宥。即如从前湖南苗匪吴陇登，原与石三保、吴半生等一同滋事，投诚后免其一死，仍赏给五品顶带，约束苗民，数年来甚属安静。今教匪之罪与苗匪相等，但能及早归诚，吴陇登前事具在，朕必特加宽宥。如此剀切晓谕，俾贼匪知叛则必诛，降则必赦，予以自新之路，释其死守之心，未必非解散贼党之一法。将此由五百里分寄陕甘、四川、楚、豫各督抚等并通行晓谕知之。”（《清仁宗实录》卷49）

（嘉庆四年七月癸未）谕军机大臣等：“此次张汉潮窜至竹林关，与豫、楚两省交界，相隔均二百余里。明亮等既在陕、楚三省交界屯扎，贼匪若窜至郧阳一带，即可迎头截杀。如直趋商雒一带，逼近豫省，尤当绕前奋击。倘贼匪仍折向南山等处，则有庆成、永保自西而东，正可趁势迎剿，其时此股贼匪可专交伊二人剿办。明亮与兴肇即带兵就近取道郧西，速赴竹山、竹溪帮同倭什布速剿李淑、徐添德等股。倭什布处贼众兵单，待援甚急，前添调山西官兵谅可陆续赶到，明亮即可全行带领赴楚。将此传谕知之。”（《清仁宗实录》卷49）

（嘉庆四年七月癸未）又谕：“明亮等奏张汉潮一股窜至竹林关，明亮等驰赴白浪地方迎截。而折内称庆成、永保等统领大兵相继而至，并未提及现在何处，可见庆成、永保在后跟追，离贼较远，是以明亮等未得伊二人夹击之力。庆成、永保总未能赶上贼匪，仍蹈从前因循怠玩恶习，着传旨申饬。现已降旨令明亮兴肇带兵赴楚，帮同倭什布剿办李淑等股。至张汉潮一股，着专交庆成、永保办理，务当趁贼匪折回穷蹙之时，并力歼擒。不得又以翻山窜入老林为词，任其滋蔓，尤不可令贼匪阑入楚、豫边界。”（《清仁宗实录》卷49）

（嘉庆四年七月癸未）又谕：“明亮驻兵处所，距郧西止一百八十里，赴竹山、竹溪甚近。未便又令绕赴达州，转致纡远，已降旨令明亮即由彼赴竹山、竹溪剿贼。着魁伦探听，如明亮追剿张汉潮或又至山阳、商州一带，魁伦自当亲赍前谕，就近面交明亮开读，明亮当遵续降谕旨，带兵赴楚，魁伦即驰赴达州，审办勒保，并接办川省剿贼事宜。如探得明亮仍在郧西一带，魁伦即不必赴明亮军营，着将前奉谕旨及此旨一并钞寄明亮阅看，即取道径赴达州传旨拿问勒保，接受督篆，将勒保严行审讯，定拟具奏，不必会同明亮审办，一面将经略印信派妥干大员赍送明亮军营。朕思额勒登保现在剿办王登廷等股贼匪，计日当可竣事，应酌带兵勇赴楚协剿，莫若将经略印信即交额勒登保赍送，所带之兵足资防护，更为妥协。本日又据倭什布奏‘兜截贼匪，立解房县城围’等语。倭什布一路自七月初四日递到奏报，距今二十余日，已将堵剿情形奏过四次，而勒保至今并无一字奏及。现据倭什布奏到之折，并未见川省有兵策，应是勒保止知有川，不知有楚。倭什布折内所称不敢坐候川兵，致误机宜，亦深怪勒保坐视不救，特未显然劾奏耳。勒保种种玩误，魁伦到彼即将以上情节及前次谕旨内指出各条向其严加讯问。至七十五、德英额、吕朝龙在大定一带防堵贼匪，即不能将徐添德拦截，何以贼匪由彼处扰及楚境，亦未带兵追剿？看来竟系伊三人朦混勒保，并不将贼情禀报，或转捏称贼匪藏匿老林等语，而勒保轻信其言，直同声瞶。此三人尤属可恶，并着魁伦严查密访，如得有伊等纵贼确情，即将七十五等一并严参治罪。将此传谕魁伦知之。”（《清仁宗实录》卷49）

（嘉庆四年七月甲申）谕内阁："……乃陕、楚、四川等省邪教匪党啸聚山林，劫掠焚烧，事经数载，朕犹念其激变有因。凡此盗兵之徒皆吾赤子，节次颁发谕旨，劝示招徕，不但被贼裹胁之人有能自行投出者，即饬地方官妥为收恤，俾各安生。即贼首贼目如有归命投诚者，亦当施浩荡之恩，开自新之路。该匪等具有人心，岂竟毫无感动，甚至闻知太上皇帝奄弃臣民亦全无哀痛。尚此阻兵构乱，顽梗难训，岂我皇考六十年来爱养中夏黎元之意耶？特此再行剀切宣谕，并着豫、楚、川、陕各督抚将此旨刊刻誊黄，通行晓示，该匪等务须激发天良，幡然改悔，及早解散，勉为良民。倘经此番劝谕之后尚敢恃众负嵎，啸群俶扰，则是始终怙恶，自外生成。朕何难广集天下兵力灭此小丑，彼时即欲自行投出，断难曲贷，当无分玉石悉予骈诛，事到临期，噬脐何及？将此通谕知之。"（《清仁宗实录》卷 49）

（嘉庆四年九月丙寅）谕军机大臣等："松筠奏'明亮素称知兵，此次剿办张逆，所言似合机宜，其实罔有成效。恒瑞前在湖北颇知奋勉，又将蓝白二号贼匪兜剿，肃清甘境，近日稍不如前，因年力渐衰之故'，所奏俱是。至其称'额勒登保勇而且廉，德楞泰打仗奋勇'，评论得当，不虚延访。惟所奏'尚书那彦成来陕督办，已经札商酌定适中之地驻扎，并令各路汇报军情'一节，非朕本意。朕所以特派那彦成前往者，原令督同明亮剿办张汉潮一股贼匪，那彦成到彼应相机办理。若张汉潮果窜入栈道，并当与明亮入川追剿，受额勒登保节制。是那彦成当以剿贼为重，安有在适中地方驻扎、汇报各路情形之理。又据奏军营借支一项，由于毕沅不为经远之计，务从丰厚，习久成式，所奏自属实情。其毕沅从前浮滥之处，将来自另行核办也。将此传谕知之。"（《清仁宗实录》卷 51）

（嘉庆四年九月壬申）谕军机大臣等："前因李淑等股窜入二竹，急需剿办，谕令额勒登保赴湖北会同倭什布协剿。今李淑、徐添德窜回川境，而王登廷与鲜大川、苟文明、冉添元合伙肆扰，又有张世陇、阮正

潍二股窜至广元，以现在而论，川省尤重。今额勒登保酌量缓急，即在川省督兵拦截，深合机宜……”（《清仁宗实录》卷52）

（嘉庆四年九月）乙亥，谕军机大臣等：“倭什布奏，将楚省窜匪剿逐出境，湖北肃清。倭什布系守土之臣，固以楚省肃清为幸，而自朕视之，陕、楚何分畛域？三年以来，各省皆自顾疆域，以逐出为邀功，从不肯实力痛剿。前此倭什布具奏，安设楚省各边界卡座，绘图进呈，当谕令尽心防御。乃未及月余，而李淑、辛聪等先后阑入，岂非有名无实？此次将贼匪驱入陕境，尚不足抵疏防之咎。若再任辛聪等复行折回，必当并前罪治之。又李淑已被枪伤身死，倭什布因无据未敢遽信，所奏尚是。李淑系大股首逆，着细查复奏。将此谕令知之。”（《清仁宗实录》卷52）

（嘉庆四年十二月）甲午，谕内阁：“前因福宁在旗鼓寨剿贼时曾杀降人三千，谬报平贼一股，因降旨令该督等据实查奏。兹据魁伦奏，前此福宁办理此案，系副将吕朝龙经手，当即调到面加询问，据称‘嘉庆元年七月间，官兵攻破旗鼓寨，余匪窜至谢家营，无路奔逃，俱跪地乞降，福宁允准。该匪等即行投出，男妇老幼约有三千余人，一并带至龙山县城外分扎。福宁以该犯等系临阵穷蹙始降，非豫先投出者可比，因将女犯及老幼释放外，假意受降，将其余勇犯诱以带同打仗，进城给与号褂口粮，于夜间陆续杀死，约计共有二千余人’等语。是福宁前此剿办旗鼓寨，竟系杀戮降人至二千余名之多，残忍已极。各路军营剿办教匪，其中被贼逼胁良民甚多，本年节经降旨令领兵大员剿抚兼施，如有临阵投出者即当分别省释，妥为安抚。剀切谆谕，不啻至再至三。而宣谕以后，投出者人数寥寥，自因招抚之法未得其道。今福宁于旗鼓寨攻破后，其附从伙党既经跪地乞降，男妇相率投责，自应分别收恤，以示招徕。乃转诱令入城，使之骈首就戮，且诛及二千余名，似此既降复杀，贼匪纷纷传播，则被贼裹胁之人自知投出仍不免于一死，又焉敢束身归命？是驱之从贼无怪乎安心不降，贼匪亦人，何残忍若斯之甚？秦白起坑降，犹因敌国。今则四海一家，自相残贼若此，朕心实有不忍。现在讯据拿获之贼首高均德，亦供称贼匪伙党总惧投降后仍遭诛戮，是以观望不前。可见福宁前此所办错谬已极，适以坚贼党从逆之心。试思贼匪抗拒官兵，其临阵歼戮者原难细为区别，设投诚后果有心怀反侧、复思蠢动之徒，亦应严办示惩。若已畏罪乞命，允彼投降，无论本系被胁民人，情原可悯。即实系邪教而能弃械投出，亦当贷其一死，量为安插……至于学习邪教，虽有干明禁，然苟不至勾结作乱，亦何尝即予严办？况临阵投出之人既知去逆效顺，即与平民无异，岂有无分玉石概予骈诛，并用言哄诱入城，滥戕生命？既示人以不信，复阻其来归，是贼匪至今投出者少，皆由福宁办理此事失人心而伤天理所致，其罪甚重。福宁业经革职，着魁伦即将伊拿问，令与吕朝龙质证明确，按杀降律定拟具奏。并着通谕各路领兵大臣，嗣后剿办贼匪，如有临阵乞降及从贼营自行投出者，即属畏法之人，总不必究其既往之罪，皆当准其自新，交地方官妥为安顿。俾胁从附和之徒皆知得有生路，相率归诚，于剿抚大局庶有裨益。至吕朝龙系福宁使令杀降，非伊之罪，于质讯明确后，即令速回本营效用。再本日召见惠龄，据奏从前教匪在荆襄滋事，屡经官兵剿办，仅余三千余人。彼时景安任河南巡抚，在南阳一带驻守，不肯实力防范，协同剿捕，致贼匪阑入豫境，到处焚掠……总之，各路军营击剿贼匪与扼要防堵同为一事，其剿贼之人固应直前奋击，然必前路堵御严密，使贼匪无从奔窜，方可并力要击，制其死命。而前有堵御，亦必有追兵紧蹑其后，方成合剿之势。若有剿而无堵，则东奔西逐，徒致疲乏兵丁，岂能得力？倘防御虽严，而追剿官兵总落贼后，如近日楚省边界虽经倭什布分段严防，而提督七十五在途逗遛，复致贼匪乘间折窜，又安望其一鼓扑灭？已降谕旨令经略额勒登保查明参奏。此乃数年以来军营通病，额勒登保及各路统兵大臣并在本境防堵之各督抚等务须同心协力，大加振作，以期克日蒇事。将此通谕知之。”（《清仁宗实录》卷56）

（嘉庆五年正月）戊午，谕军机大臣等：“……至川东贼匪专交七十

五剿办，勿任东窜楚境……将此传谕知之。”（《清仁宗实录》卷57）

（嘉庆五年正月庚午）谕军机大臣等：“据倭什布奏，陕省平利一带窜匪阑入楚省竹山、竹溪边界。因思贼匪奔窜往来无定，竹山、竹溪又与豫境不远，完颜岱防守江岸，恐兵力较单，不能兼顾，着吴熊光即令河北镇总兵常麟酌带弁兵驰赴豫、楚毗连沿江要隘地方，帮同完颜岱严密防范，勿令窜匪乘间阑入豫境。”（《清仁宗实录》卷58）

（嘉庆五年正月庚午）又谕：“据倭什布奏，陕省平利之贼又扰及竹山、竹溪一带隘卡，该处距德楞泰一路不远，已飞咨带兵援应。楚省防堵兵力较单，德楞泰自应前往督剿，其川境各股贼匪即着魁伦上紧剿办。”（《清仁宗实录》卷58）

（嘉庆五年正月辛未）又谕：“……念明亮……剿办湖北孝感邪匪，亦能迅速殄除……惟上年追剿张汉潮，办理迟延，先经降旨将伊拿问，明亮旋将张汉潮歼毙……明亮着加恩释放，赏给金顶领催，前赴湖北竹溪一带，随同松筠带兵剿贼。但系屡经获罪之人，本应自备资斧前往，第恐行走不能迅速，并着加恩准其驰驿。伊到军营后，所有一切分例不准支给。明亮经朕此次宽宥之后，如能倍加感奋，歼贼成功，尚当加以懋赏。若再不激发天良，力图报称，或仍以宿将自居，不听调度，致有贻误，必当加倍治罪，不能再为曲宥矣。”（《清仁宗实录》卷58）

（嘉庆五年正月壬申）又谕：“昨据倭什布奏，川省窜匪合伙力扑卡隘，冲入楚境竹山、竹溪一带，希图东窜。该省襄阳一带与东路逼近，倘贼匪意存窥伺，欲图窜入，该处兵力稍单，恐不足以资堵御。着弘丰确探此股东窜贼匪为数究有若干，如业经官兵截回，该将军不必轻动。若渐有东窜之势，即于驻防兵丁内酌派一千名或五百名亲自带领，号称数千，为倭什布等遥壮声势，并酌量迎头堵击，与倭什布等两面夹剿，

更为得力。如贼匪已逼逐出境，弘丰亦不必跟踪远追，仍带原兵回驻荆州可也。将此谕令知之。”（《清仁宗实录》卷59）

（嘉庆五年正月癸酉）又谕：“自教匪滋事以来，四载有余，任其东奔西窜，总未歼除，固由带兵大员剿办不力。而地方要隘不能认真堵防，尤属贻误。若果能各按地方形势扼要拦截，则带兵追贼之人无难即时赶上，奋力歼擒。是目前办贼机宜以堵为上策，总之，能堵而后可以言剿，必能剿而后可以言抚……今贼匪俱系内地民人，在川、楚、陕、甘一带蹂躏地方，荼毒百姓。一处未净，即一日不能蒇事，断无置之不办之理。必须痛加歼戮，使贼匪自知奔逃无路，畏惧投诚，方可行招抚之策，示之必克，其降乃固。而受抚以后若止量加资助，给以口粮，不过为将就目前之计，转瞬仍形缺乏。此等既经从贼之人，无以谋生，难保其不复萌故智。该督抚等务须悉心筹画，设法妥办。将此谕令知之。”（《清仁宗实录》卷58）

（嘉庆五年正月庚辰）又谕：“现在川省贼匪股数无多，而楚省剿贼急需兵力，着魁伦于通省镇将中，如七十五、阿哈保、朱射斗等，察看何路距楚省二竹一带较近，即派一人速行带兵前往，协同楚省官兵并力合击，或截回川境，上紧剿净。如此方合封疆大臣任事之道，朕必特加优奖也。”（《清仁宗实录》卷58）

（嘉庆五年二月乙酉）又谕：“前倭什布奏，陕西平利之贼窜至竹山、竹溪约有五千余名。今据弘丰奏称，探闻贼匪一二千名东窜，续被官兵击退。若贼匪果有数千，似非倭什布数百名兵勇所能剿退，所奏甚为得要。今弘丰既已挑备兵丁器械，竟当带赴襄阳一带，声称带兵数千，为倭什布遥壮声势，并可镇定人心。若贼匪尚在楚境，弘丰当直抵竹山、竹溪堵剿。但弘丰素未经历行阵，不必亲冒矢石，惟当督兵截剿，并沿途管束兵丁，勿令滋扰闾阎。官兵行走本有应得口粮，如有不遵约束者，

严行治罪，勿稍姑息。将此谕令知之。”（《清仁宗实录》卷59）

（嘉庆五年二月乙酉）命明亮自湖北驰赴四川军营带兵剿贼。（《清仁宗实录》卷59）

（嘉庆五年二月丁亥）谕军机大臣等：“……又本日刑部核拟湖北武童阮安国控案，伊于从前教匪滋事时随营效力，曾经总兵赏给行营把总，又经游击加赏千总，勒保未经准行，所办尚是。国家名器，岂伊等所得擅行滥赏？嗣后各路军营遇有出力兵勇，惟经略及参赞得以酌量赏给顶带，仍行随时具奏。其余带兵各员不得擅自赏给，以杜冒功滥赏之渐。将此传谕知之。”（《清仁宗实录》卷59）

（嘉庆五年二月戊子）谕军机大臣等：“……现在军情，湖北甚为紧要，松筠于迎晤长麟后即驰赴竹山、竹溪等处堵剿兼施，以期肃清楚境。或即将庆溥所带之兵，酌拨数百名或千名，令该镇随同前往。倘庆溥难以分身，另派将弁带兵亦可。至倭什布在湖北日久，松筠到后，倭什布应将一切事宜会同商酌，俟松筠得有端绪，再行起程。长麟着即驰赴汉中，以便松筠速赴楚省……将此谕令知之。”（《清仁宗实录》卷59）

（嘉庆五年二月壬辰）又谕：“竹溪之贼经倭什布派令总兵孙清元督剿，现从房县奔窜，欲趋郧境。而罗姓一股又从陕境阑入竹溪石店河地方，该处卡隘竟不足恃，以致兵勇伤损多名，倭什布所司何事？松筠到彼，即传旨将倭什布翎顶革去，仍令随营效力赎罪。倭什布系获罪之人，不得心存诿卸，应将贼匪情形告知松筠，听其调派。松筠尤当飞催弘丰、王凯带兵协剿。将此传谕知之。”（《清仁宗实录》卷59）

（嘉庆五年二月癸巳）谕军机大臣等：“本日刑部议复‘松筠审拟疑贼戕害及乘机残杀、图财害命各案，分别治罪’一折，朕详加批阅，川楚良民皆因贼匪滋扰，携眷逃避，陕省乡民疑为贼党，立加戕害，情殊可惨。其间并有不分起意及下手伤重之人，概拟斩决者，已照部议，饬令该督另行讯明定拟。盖缘人命至重，朕于披阅秋审黄册，即一人一命，必将应行矜缓情实之处详细酌核，务得情法之平。今乡民等将被难人民肆行杀害，又以时涉仓猝，或于昏夜，不能分别何人起意，含混定拟具奏，朕亦何从核其情节，分别重轻？则拟抵之人，又安能悉当乎？可见军事未蒇，百姓等不特遭贼荼毒，其被守卡乡民惨害者不知凡几，及至定拟时又未必情真罪当，几至废法难行，皆该各路领兵大员不能速灭教匪之罪。特此再行通谕，伊等应上思朕之宵旰忧愁焦急，下念四省民生困苦颠连，务当激发天良，上紧剿办，及早蒇功，奠安黎庶。设再有迟延，则朕与军机大臣及伊等之罪日重一日，上天必示警于朕，朕亦必重治领兵大员之罪，不可不各谨凛也。将此传谕各路领兵大员知之。”（《清仁宗实录》卷 59）

（嘉庆五年二月甲午）谕军机大臣等：“贼匪窜至均州孙家湾草店滋扰，距襄阳甚近。该郡存兵无几，而倭什布尚在西路追剿，未能绕赴贼前迎击。明亮札催弘丰、王凯迅速来襄，与朕节次催调之旨相符，自应如此办理。弘丰已于官兵内挑选五百名前赴襄阳，明亮即可带领剿贼，如尚需添派，即添调五百名亦可。但荆州满兵，并非劲旅，朕所素知，多派亦未得力。而弘丰镇守荆州，又不可无兵防守。明亮不如上紧添募乡勇，以资剿捕。再前曾谕令明亮赴川协剿，今楚匪紧要，明亮竟无庸前赴四川，着即在湖北率领官兵相机截剿。”（《清仁宗实录》卷 59）

（嘉庆五年二月甲午）又谕：“前日姜晟面奏，俟抵二竹后，再行酌调湖南官兵。今该处贼匪业已扰近均州，若俟姜晟到彼檄调，未免缓不济急。着于接奉此旨后，即酌量湖南省何处可调，何营将领可用，加紧行文该省，或调一千名，或二千名，前赴湖北军营剿办贼匪。”（《清仁宗实录》卷 59）

（嘉庆五年二月乙未）谕军机大臣等："此次兵勇赶上贼匪，追杀三十余里，歼毙三四百人，生擒一百余人，似属得手。讵贼匪数千突出冲截，朱射斗落马被伤阵亡，将弁兵丁俱有损折，览奏实深轸惜。此次挫失，实由贼多兵少，并非打仗不力。官兵一挫之后，未免稍阻锐气，自不必复事穷追。魁伦惟当于潼河一带严密堵御，以遏贼匪奔窜成都之路。至七十五既因足疾不能骑马，而鲜大川一股，现在川、陕、楚交界屯聚，伊所带兵力亦属无多，即令仍在原处堵御，不必调赴川西。现在川省督兵只有魁伦一人，目前官兵偶有挫失，正须持以镇定，慰问伤亡，休息士卒，以冀军威再振。魁伦当坚持定见，料理军务，不可心忙意乱，转致有误事机也。将此谕令知之。"（《清仁宗实录》卷59）

（嘉庆五年二月庚子）谕军机大臣等："弘丰奏贼匪至均、谷一带，仍折回西窜房县山内，与前此吴熊光奏报相同。惟弘丰以房、谷山险路杂，所带兵一千名尚属单薄，未便深入，已形畏怯，仅派协领富魁在襄阳迤西扎营堵御。又因贼匪扰近保康，恐其西窜远安，复将官兵分拨五百名派赴荆门堵截，是兵力又不免分而见单，全不知行军之道。着明亮即将弘丰派在襄阳、荆门之兵一并酌调，会同松筠由东而西，相机堵剿。将此传谕知之。"（《清仁宗实录》卷60）

（嘉庆五年二月辛丑）谕军机大臣等："额勒登保奏剿办甘省及川、陕、楚窜匪情形，所办俱好。惟现患肝旺心怯之症，殊为廑念。现令伊侄福忠阿带同御医田广福前赴军营诊视，赏给人参半斤，并赏亲佩小荷包一个，如朕亲临问病……"（《清仁宗实录》卷60）

（嘉庆五年二月壬寅）谕内阁："倭什布前在湖广总督任内防堵疏懈，致川、陕窜匪阑入楚境，是以将伊革职示惩。近日倭什布在楚督率兵勇分投堵剿，并将窜匪逼入房县南山，尚有微劳。且念其平日官声尚好，于楚省情形亦较熟悉，虽前此疏防贻误，咎有难辞，但贼匪奔窜无定，即如陕甘督抚亦被川省贼匪阑入境内，并未将伊等治罪，自难专责倭什布一人。倭什布着加恩补授湖北巡抚，以观后效，不必给予顶带，仍带革职留任，俟八年无过，方准开复，并俟川、陕各路军务全行告竣，再行来京陛见。高杞着来京另候简用。”（《清仁宗实录》卷60）

（嘉庆五年二月）丁未，谕内阁：“教匪滋事，起于湖北，沿及河南、陕甘、四川地方，往来逃窜，迄今四载有余，尚未荡平，朕心日深焦廑。推其蔓延之故，总缘领兵大员及各督抚等未发天良，既不能即在本境将贼匪剿灭，任其奔逸，而邻省又未能实力堵御，纵贼入境。即有能拿获一二贼首者，辄思借此邀功，仍置余党于不问，以致辗转滋蔓，复行勾结。所至之处，荼毒生灵，劳师縻饷，不可胜计。伊等贻误之咎，实属百喙难辞。今当列其罪状，再行明白宣谕，俾众知之。如湖北教匪在枝江、宜都起事时，惠龄系湖北巡抚在彼剿办，并未设有总统。嗣因永保由乌噜木齐回京，在西安地方具折请赴湖北军营，而福康安又保奏其人尚可用，是以授为总统，专剿湖北贼匪。乃永保坐拥多兵，毫无调度。贼匪在钟祥屯聚时，明亮驻扎钟祥之正南，合之东南、西南三路，只有兵三千余名，不敷防堵。永保在钟祥之北面带兵九千余名，多寡悬殊，明亮与永保以此遂生嫌隙。讵知贼匪不由明亮一路兵少处窜逸，转向永保北面兵多处奔逃，自此由钟祥北窜，焚掠滹河镇，窜至黄龙垱。皇考因明亮与永保彼此龃龉，恐误军务，令明亮前赴湖南专办苗匪。而永保仍前怠玩，不将贼匪在湖北境内殄灭，纵令偷渡滚河，阑入豫境，此永保首先纵贼之罪……至惠龄系接办永保总统之事，带兵总不出力，因其在湖北时曾将聂杰人、张正谟、刘启荣生擒，在四川时曾将罗其清、冉文俦拿获，尚有微劳可录，且在军营尚无婪索赃私之据，前已降为侍郎，姑免追问。此外贻误诸人，除永保业经定拟应斩监候外，景安现已拿问，俟解京时交军机大臣会同刑部审讯定拟具奏……以上各员经朕此次分别惩办，罪状昭著，嗣后各路领兵大员督抚等任剿贼之责者，总须在本境将贼匪歼尽，不得纵令他窜。任堵御之责者，亦须在本境严密防守，不得任贼阑入。当以永保、景安、秦承恩、宜绵等为戒，以期共知儆惕，奋勉成功，无负谆谆告诫至意。将此通谕知之。”（《清仁宗实录》卷60）

（嘉庆五年二月丁未）谕军机大臣等：“此时陕、甘、川、楚贼匪分投奔窜，来往靡常，着责成各路领兵大员自奉到谕旨之日为始，各将专办贼匪即于本境剿尽。如……湖北贼匪，专交松筠、明亮、倭什布剿办，务将本境专办之贼设法兜截，歼灭无遗。倘因剿捕紧急，窜逸出境，遂为了事，不但不能邀功，必当治以纵贼之罪。若各该省边界堵御不严，致贼窜入，亦必当重治疏防之咎。并着经略额勒登保查明堵剿不力之员，即行据实参奏。总之，堵剿各有专司，则贼匪所到之地，即不能复行窜越，而领兵大员责成既专，亦无从推卸诿咎，庶各齐心并力，以期克日竣事。倘仍前延玩，贼匪迟完一日，不特朕心引咎，刻难自宽，内而军机大臣，外而带兵大员之罪，亦日重一日。诸臣务当凛遵训谕，勉之又勉，当以从前贻误诸人作前车之鉴也。将此传谕知之。”（《清仁宗实录》卷60）

（嘉庆五年二月戊申）……谕军机大臣等：“长麟奏贼氛未消，由于堵御无方，切中军营情毙，朕已早经见及。长麟到处晓谕百姓筑堡团勇，派员于川、陕、豫、楚各交界一体遵照，所办皆好……”（《清仁宗实录》卷60）

（嘉庆五年二月壬子）安徽庐凤兵备道珠隆阿奏办理关税及地方情形。得旨：“以实奏报，切勿虚言。至于民间所藏军器，亦不必尽令缴回。现今湖北均州即有教匪，安省亦须有备无患，免致临事张皇。密志之，切勿宣露。”（《清仁宗实录》卷60）

（嘉庆五年三月丁巳）谕军机大臣等：“前据倭什布两次奏报之折，

均称将贼匪痛加歼戮，败窜保康、兴山一带，势已穷蹙，为数自属无几。乃本日折内在白虎观杀贼五百余名，生擒九十五名，又于罐子垭毙贼六十余人，荷花店擒获落后之贼三十余人，共计歼擒七百余名。若果杀贼如此之多，则贼匪已应歼尽，何以尚有窜入东湖、兴山之贼？若非前次将所剩贼匪以多报少，即系此次将所歼贼匪以少报多，二者必居一于此，总有不实之处。倭什布自系因朕加恩仍用为巡抚，将此次杀贼之数装点多报，以见其奋勉出力，仍蹈从前虚诳恶习。且折内称贼退向荷花店逃遁，该处迤东系东湖所属，王凯自已率兵赶拦。又称贼匪势必窜入兴山边界，折回川境，明系倭什布豫为地步。若贼匪向东奔窜，王凯不行堵截，伊可诿咎该镇。如贼匪奔逸入川，伊亦可以驱出楚境了事，更属非是，倭什布着传旨申饬。此股贼匪，责成倭什布即在本境悉数歼除。”（《清仁宗实录》卷61）

（嘉庆五年三月辛巳）又谕：“楚北窜匪现聚房县、保康一带，又分窜宜城、郧县所属地方……着吴熊光随时察探情形，督率完颜岱等在襄江一带严密巡查，并令田永稠等于西连陕境地方确探贼踪所向，扼要防守……”（《清仁宗实录》卷62）

（嘉庆五年三月壬午）又谕：“自办理军务数年以来，各路拨发部库银两已不下七千余万。上年朕亲政以后，又拨给银一千余万，通计不下万万。而各路带兵大员等惟事东追西逐，带兵者既不认真剿杀，守土者又不实力防堵，一任贼匪辗转奔窜，日久稽诛。似此因循玩误，即再有六七千万饷银发给，伊等亦不过坐食虚縻，贼匪何日得平……额勒登保身为经略，陕、甘、川、楚剿贼之事皆伊统辖，着额勒登保将各路防守大员，如王文雄、柯藩、额勒亨额、爱星阿、刘之仁、观祥、索费英阿、扎勒杭阿、长春、庆溥等，查明现系防守何处。如地当要隘，不能分身，自当仍留防守。如并非必不可离之地，即将该镇将等调赴经略大营，派令剿贼。如有虚言推却不听调度者，即令传旨锁拿，解京正法。朕廑念军务，宵旰焦切，虽梦寐之间，无不时萦怀抱。即如昨日戌初，递到台布折报，朕当加披阅，直至戌末始毕。若军营带兵大员皆能体朕之劳心焦思，认真筹画，岂有不能将贼匪办竣之理……此时各省所调官兵为数不少，若有须添兵力，远省则缓不济急，自不如即在本省多募乡勇，以资协助。伊等若以添募乡勇，必须多添饷项，亦无可吝惜，与其迁延时日而费多，不如并力一举而费省。着额勒登保、那彦成等接奉此旨，自定限期，并将每日在何处剿办何股贼匪，及在途日行若干里，因何事停住，开具节略，随报具奏。”（《清仁宗实录》卷 62）

（嘉庆五年四月己亥）谕军机大臣等：“长麟所奏防堵事宜，只系陕、甘交界处所，而于陕省可通四川、湖北、河南等处，未经一律筹及。甘省地瘠民贫，原非贼所觊觎，四川、河南、湖北地方系贼匪四年以来往来熟径，若陕省官兵分投剿捕，贼匪必思分股窜往。是陕境与川、楚、豫毗连，较甘省隘口更为紧要，长麟务当派令文武各员分投防御，以专责成……”（《清仁宗实录》卷 64）

（嘉庆五年四月）庚子，谕内阁：“教匪滋事，起于湖北，彼时系永保总统此一路军务，督兵剿办。当贼匪在钟祥屯聚之时，明亮驻扎钟祥之正南、东南、西南三路防堵，止有兵三千余名，而永保带兵九千余名在钟祥北面防堵。讵知贼匪不由明亮兵少处窜逸，转向永保北面兵多处奔逃。可见彼时明亮一路防堵尚严，而永保一路拥有多兵，不能拦截，仍任贼匪向北奔窜，焚掠滹河镇，绕至黄龙垱，偷渡滚河。虽即拦回，然从此贼势鸱张，至二年窜入豫境，疏纵于前之罪，永保难免……”（《清仁宗实录》卷 64）

（嘉庆五年四月庚子）又谕：“剿办教匪已阅四年有余，总因带兵大员不将贼匪在本处剿尽，纵令他窜。而在边界防堵者，又不将贼匪堵截，以致辗转奔逃，蔓延数省……教匪滋事起于湖北，其时毕沅在当阳剿办贼匪杨起瑞等，惠龄在灌湾脑剿办张正谟、聂杰人等。其襄阳南、北两面，则交永保、明亮分投带兵堵剿。彼时明亮在钟祥之正南、东南、西南三路，所带官兵只三千余名。永保在钟祥北面，所带官兵共有九千余名，乃不能实力拦截，致任贼匪向北奔窜。彼时贼势未张，而官兵全系精锐，又系平地，易于剿灭，非如此时南山老林可以藏匿。若永保在钟祥时果能于北面竭力堵截，乘势剿杀，则贼匪早可办竣，何至蔓延至今？是永保疏玩之罪，百喙难辞。是以皇考训政时，即将永保革职拿问，解京取供监禁。仰窥皇考圣意，自以教匪滋事只系内地乱民，若将统兵大员遽置重典，恐长奸徒桀骜之风，是以未即严行惩办。而大功一经告竣，通核功罪，亦必将永保发遣新疆，决无宽贷。后因勒保擒获首逆王三槐著有功绩，格外推恩，将永保释放。然亦只系令其在家闭户思愆，未经赏给差使。迨朕上年亲政后，特将勒保授为经略，专委以剿贼之任。因念永保虽属无能，而伊曾经在楚剿办，其罪仅在失防滚河一节，复加恩赏给蓝翎侍卫，赍送经略印信前往军营，在领队侍卫上行走……永保既辜负皇考深恩，又负朕宥罪录用之恩，但核其罪状，其在大山岔株守及得受馈送二款，犹其罪之小者，伊之罪案，实以钟祥疏纵贼匪为最重。自贼匪在钟祥奔窜以后，逆氛肆扰，累经年载，尚在稽诛，帑项多有虚縻，固不足道，民人屡被蹂躏，其谁之愆？虽节次所发饷银不下千万，然此项军饷不过散在民间，犹无足深惜。至各省地方横遭焚掠，荼毒无数生灵，朕每念及此，辄为焦思不释。若不将首先贻误大员严行究办，何以整饬军纪，为数省无辜赤子一申冤忿乎？着将查出永保供词原案及以上指出罪款交大学士九卿，再向永保诘讯，同景安一并严审定拟具奏。”（《清仁宗实录》卷64）

（嘉庆五年四月辛丑）谕军机大臣等：“……吴熊光接到额勒登保等知会，务须督饬镇将田永稠、常林等认真堵御，并确探湖北均州、郧县各处贼匪是否距豫已远，仍当转饬臬司完颜岱等于沿江一带严密巡防。将此各传谕知之。”（《清仁宗实录》卷64）

（嘉庆五年五月壬午）谕军机大臣等："前因完颜岱奏称'青号贼匪窜至宜城小河口一带滋扰，湖北并无派防官员'，朕即以彼处堵御之事并未认真办理。今杨开甲贼众，一经窜扑郧西，该处守卡官兵即皆受伤冲散，可见该处堵御事宜，全未妥协布置。姜晟系本省总督，岂专坐省城办理寻常案件及军火粮运等事，竟置防堵要务于不问乎？且现在倭什布系该省巡抚，明亮亦系该省总兵，以本地方文武大员办理本地军务，尤应彼此协力同心，肃清楚境。并遵照前此谕旨，实力团练乡勇，以资堵御。将此各谕知之。"（《清仁宗实录》卷67）

（嘉庆五年五月壬午）又谕："郧西大股贼匪仍折窜蒿坪垭一带，其另股贼匪已向五郎一带西奔，自可不致东窜……"（《清仁宗实录》卷67）

（嘉庆五年五月）壬辰，谕军机大臣等："……续复据额勒登保奏，杨开甲一股贼匪窜至郧西，经恒瑞、扎克塔尔等带兵追击，东面又有额勒登保等截剿，贼折向西窜。朕方以西南一带有长麟等所派重兵堵御，正可乘势夹击，歼除净尽。乃本日台布折内，转称'此时江口情形比前着重，且距盩厔七百余里，仅有长春、洛昂一路兵勇，难以兼顾'之语……"（《清仁宗实录》卷67）

（嘉庆五年五月）丙午，谕内阁："……且询以川、楚军营情形，据云'全不知悉，恐亦不免虚诳'等语，岂德楞泰将川西之贼痛加剿杀，截回川东、川北，亦全系子虚乎？那彦成游词荧听，其心实不可问……即如松筠，亦系朕由西藏召回，擢任陕甘总督。因其办理未能妥协，调任伊犁将军，又因楚省带兵乏人，令其暂署督和篆，同明亮等剿办楚境贼股。而松筠奏称'患病不能督战，恳请来京面陈军务'，朕不得已姑允所请……"（《清仁宗实录》卷68）

（嘉庆五年五月）辛亥，谕军机大臣等："此次徐添德等大股贼匪向当阳等处奔窜，经明亮等奋力截剿，多有斩获。并因大雨时行，河水长发，贼匪不能径渡，向仙居等处奔窜，即可逼归山内，聚而歼洗。姜晟厚集乡勇，在南漳一带堵截，伊等合力同心，览奏殊深欣慰。至续调之广东、广西各兵，一俟楚贼剿净，即当令其全数速赴额勒登保军营，以资调拨。将此谕令知之。"（《清仁宗实录》卷68）

（嘉庆五年六月）己巳，谕军机大臣等："剿办教匪，迄今已及五年之久，辗转稽延，尚未办竣，节经降旨，令统兵大员等务于今岁秋冬之交克期蒇事。本日已届立秋，转瞬即交冬令，尤不可再有延缓。川、陕、楚三省教匪，多留一日，百姓即多被害一日。盖官兵剿贼，偶遇军粮缺乏，不能不忍受饥饿。若教匪一经乏食，势必肆行焚掠，残毁村庄，而生灵之受其荼毒者，不可胜计。朕仰荷上天恩眷，躬承皇考付托之重，子爱黎元，惟恐一夫失所。即如秋审、朝审及人命重案，无不详慎推勘，心存矜恤。其有一线可原者，即加宽宥，不忍屈抑一人，何况以无罪赤子，任贼摧残。且各处被贼戕害者，固属良民，即官兵临阵剿杀者，亦多系被贼裹胁百姓，每一念及，为之蠹伤。并以军务自元年至今五载，不能早竣，时深愧恨，几至寝食俱废。带兵大员及封疆大吏皆当各发天良，无分满汉文武，同心办贼，自能豫操胜算。各股教匪，惟以分路奔窜，疲我兵力，日久竟成流贼行径。治兵譬犹治水，设遇奔流漫溢，自应豫筑堤防，方可遏其冲决。况办贼之事，无出剿、堵二端，然必先堵其去路，始可乘势歼除。近日带兵大员尚知奋勉剿杀，而前无拦截，地方乡勇不能得力，仍任贼四散奔逃。即如杨开甲一股，虽经额勒登保将首逆歼毙，其余匪党仍俱分窜，势必复行裹胁，又与未经剿杀何异？从前如湖北省擒获张正谟、聂杰人、覃加耀等，皆系先行围困，始克奏功，可见剿办贼匪，究以实力严堵为重。今以川、陕、楚三省情形而论，川省民人往往团练筑堡，自为保聚……其次则楚省所办，亦尚认真……总之剿、堵同为一事，剿必兼堵，堵正所以为剿。各路带兵大员及该督抚等，自其祖父世受国恩，而伊等又身受皇考及朕委任深恩，具有天良，宁可不并力同心，互相策励？剿者竭力奋击，堵者则迎头截杀，并激劝官民协同守助，以期众志成城。如有防堵不力之地方文武各员，当大破颜面，其职分较大者参奏办理，职分较小者即一面奏闻，一面拿究，务使兵气奋扬，人思用命，于秋冬之交，将各股贼匪一律廓清，同膺懋赏。倘再有迁延，必将伊等按律治罪，决不再为宽贷也。勉之慎之。将此传谕知之。”（《清仁宗实录》卷70）

（嘉庆五年七月庚寅）又谕：“现在川东窜匪苟文明窜至云阳属之露草坝一带，该处接壤大宁，与楚省房县、归、巴处处可通，明亮仅派参将曹星带兵八百名往堵，究不足恃。着孙清元酌带兵勇，速赴房县一带实力堵御，若稍有疏虞，惟孙清元是问。明亮接到此旨，即传知该镇，加倍奋勉为要。”（《清仁宗实录》卷71）

（嘉庆五年七月甲午）谕军机大臣等：“……刘之协为教匪首逆，勾连蔓衍，荼毒生灵。乃该犯仍敢在豫省纠结，潜谋起事，并欲为陕、楚教匪接应，实堪痛恨……即真正白莲教，皆我大清国之赤子，只因一时愚昧，致罹重罪。至各股贼首先后就诛者，如张正谟、聂杰人、覃加耀、林之华、齐王氏、姚之富、王三槐、冷添禄、罗其清、高均德、龚建、卜三聘、王登廷、张汉潮、冉添元、陈士奉、杨开甲、庞洪胜等，无不身受极刑，全家被戮。虽孽由自作，亦系听从刘之协倡教而起。白莲教获罪于天，自取灭亡，其顽梗可恶，其愚蠢可怜。朕仰体上天好生之仁，于万无可贷中宽以一线，着经略额勒登保、参赞德楞泰及各路带兵大员并各督抚等，将刘之协擒获一事广为宣播，并传谕贼营，伊等教首已就诛戮，无可附从。至于裹胁之人，本系良善百姓，何苦为贼所累，自破身家。如能翻然悔悟，不但免诛，并当妥为安置；即实系同教，畏罪乞命，弃械归诚，亦必贷其一死。若经此番晓谕之后，仍复怙恶不悛，则是伊等甘就骈诛，大兵所到，歼戮无遗，亦气数使然，不能复加矜贷。

额勒登保等鼓励将士，务于今秋迅扫贼氛，奠安黎庶，同膺懋赏。将此传谕额勒登保、德楞泰、明亮，陕西、甘肃、四川、湖北各督抚知之。”（《清仁宗实录》卷71）

（嘉庆五年七月）己亥，谕军机大臣等：“本日姜晟奏，贼匪折回郧县红石河、花果园一带，并窜至谷城、均州等处。已谕令长龄，将所带吉林、黑龙江兵径赴湖北剿贼。午刻，吴熊光报到，所奏适与朕旨吻合，可嘉之至……将此谕令知之。”（《清仁宗实录》卷71）

（嘉庆五年七月）壬寅，谕军机大臣等：“……此等积弊，川省系广兴所目击，陕、楚二省据云大略相同，着德楞泰、勒保详细开单据实具奏，并令额勒登保、明亮及陕、楚各督抚一体查办。”（《清仁宗实录》卷71）

（嘉庆五年八月癸丑）谕军机大臣等：“据姜晟等奏，贼匪窜近荆门一带，移商弘丰将挑备满兵带至荆门，相机截击，事属可行。总之，楚省剿贼之事责成明亮，堵御之事责成姜晟、倭什布。若能剿堵相辅而行，使贼匪无从窜逸，速就荡平，当将明亮、姜晟、倭什布一体恩叙。若仍前懈弛，则当一并治罪。将此传谕知之。”（《清仁宗实录》卷72）

（嘉庆五年八月）庚申，谕军机大臣等：“前据德楞泰奏称，黄号贼匪徐万富由川省云阳、大宁等处窜过八石坪、湖北房县一带。本日又据吴熊光奏称，苟文明一股由川省大宁之阴条岭窜入湖北房县之九湖坪。总之，无论其为徐万富、苟文明，亟应奋力截剿。现在倭什布带兵丁八百名前往堵御，并将新到之吉林、黑龙江劲旅内酌带二百名，以资截剿。其吉林、黑龙江马队兵二百名，即可速令赴明亮军营协剿。若李绍祖已将此股贼匪办竣，倭什布即可带原有兵丁在房、竹一带驻守，以防贼匪折回。将此传谕知之。”（《清仁宗实录》卷72）

（嘉庆五年八月癸亥）谕内阁："从前查办邪教刘松、宋之清等案，讯出刘之协为传教要犯，在扶沟闻信脱逃后，屡经皇考严饬各省查拿未获。迨楚北匪徒起事之初，复经申谕严拿，原以该犯系著名最要首逆，若一经擒获，其余附和党与无难立时解散。乃地方官办理不善，四处搜求，以致匪党无可容身，纷纷蠢动，迄今剿办五年，尚稽蒇事……"（《清仁宗实录》卷72）

（嘉庆五年九月己酉）谕军机大臣等："蓝黄白线等股窜匪由房县西南一路窜回川境，明亮等未能迅速赶上，痛加歼戮，仍任其逸出楚境，此系明亮等之罪，与姜晟无涉。但贼匪既窜回川，则楚境现已无贼。明亮系专派剿贼之员，早经降旨谕知，如贼匪折回川省，令其追剿入川，明亮自已遵照谕旨赴川剿办。此时楚省防堵最关紧要，姜晟与倭什布、孙清元俱当在本境防堵。倘贼匪经德楞泰等分饬镇将迎头截击，亦难保其不又窜回楚境。再徐添德一股，现在平利一带奔窜，经庆溥、温承惠等并力剿杀，虽有长龄前往迎截，亦难保其不折而向东。是房、竹、巴东一带均应守御，姜晟务当与倭什布督率所属，一律严防。将此传谕知之。"（《清仁宗实录》卷74）

（嘉庆五年十月）辛亥，谕军机大臣等："此次德楞泰、勒保分剿刘朝选、汤思蛟等股贼匪，多有斩获。复会剿赵麻花等，将该逆戳毙，并歼净余匪，实为奋勇可嘉。前据姜晟奏，楚省蓝黄白线贼匪俱将折回川境，已令明亮跟踪紧剿。此时德楞泰、勒保在云阳一带，正系折川来路，可与明亮两面夹击，一鼓歼擒，转不必将贼匪截回楚境。再徐添德一股已窜赴安康、平利一带。今折内又称王珊等欲赴太平接取，可见该首逆亦有入川之势，并当派委得力镇将前往迎截，渐次逼入川境。虽川、陕、楚均关紧要，但贼匪窜至陕、楚，必致散漫，不如聚集川境，歼除较易。德楞泰、勒保不可不知此意，将此谕令知之。"（《清仁宗实录》卷75）

（嘉庆五年十月）戊午，谕军机大臣等：“……数年来陕甘、四川、湖北各股窜匪，虽叠经官兵痛剿，但贼情狡猾，奔窜靡常。而各省功兵大员又不免各存意见，仅将该省之贼驱逼出境，即为了事，不复顾及邻省，其邻省带兵之员亦复如是。贼匪辗转奔窜，日就蔓延，最为军营恶习。今德楞泰、勒保能见及此，筹虑大局，可谓无分畛域，不愧大臣任事之道……”（《清仁宗实录》卷75）

（嘉庆五年十月庚申）谕军机大臣等：“高二、马五二逆狡诈异常，奔越数省，今长龄探得该匪屯聚洵阳之王家坪一带，分派满汉官兵同时并进，奋勇冲杀……务将此股逆匪在洵阳地方速行剿净。如不能即时剿灭，亦应逼向西面，以便额勒登保迎头截击。或向西南逼入川境，断不可令其折窜楚省二竹一带……致搜捕又稽时日……将此传谕知之。”（《清仁宗实录》卷75）

（嘉庆五年十月）辛酉，谕军机大臣等：“……看来紫阳、安康各股贼匪势已穷蹙，非东窜入楚，即南窜入川。额勒登保大兵一到，能即于陕境剿尽，实所深望。否则与其令贼入楚，毋宁令贼入川。楚省兵力无多，明亮年已衰老，倭什布亦难倚恃，恐贼匪一经窜楚，又致蔓延棘手……将此谕令知之。”（《清仁宗实录》卷75）

（嘉庆五年十月）癸亥，密谕长龄知悉：“现今川、陕各贼皆聚于大宁、安康等处，总思窜入湖北，是湖北防堵责任最为重大。特用汝为宜昌镇统兵防堵，能使一贼不入楚境，汝之功比剿贼尤重，加意奋勉，毋负朕恩。再闻明亮日见老迈，若在军营不能带兵行走，转为汝累，汝即据实奏来，另有旨用彼别处，不致掣汝之肘。再防守之道，须先讲明地理山川形势，扼要安卡。若处处设防，焉有如许兵勇。况分而见单，亦无济于事……”（《清仁宗实录》卷75）

（嘉庆五年十月己巳）谕军机大臣等："本日倭什布等六百里报到，仍不过筹办堵剿情形，自系明亮接奉前此令其追贼入川谕旨，伊未经前往，故以此奏塞责，而倭什布亦随同列衔。但明亮等前奏以陕贼窜楚紧要为词，带兵赶赴二竹迎剿。今又下往二竹，转在丰溪无贼地方驻扎，老奸苍滑，巧于趋避，实不知其是何肺肠。至倭什布系湖北巡抚，堵剿是其专责，乃亦并不认真出力，惟知附和因循，无能已极。外省恶习，总以朕所差去之人，朕必回护其短，殊不知朕之心至公至正，即如那彦成、台布以及魁伦，皆朕去年所用，何尝有所回护耶？伊等既以边防自任，所有楚省防堵各事宜，即责成倭什布带同明亮严密守御。倘稍有疏懈，无论川、陕窜匪由何处逸入楚境，惟倭什布等是问。将此传谕知之。"（《清仁宗实录》卷75）

（嘉庆五年十月辛未）谕军机大臣等："现在各股贼首徐添德、曾芝秀并先经奔窜之张添伦、辛聪、魏棒棒、颜胜可、戴家营等，俱已逸入川境，只有龙绍周、高二、马五、王廷诏及冉、张等逆尚在陕、楚交界之竹山、白河一带游奕。高二、马五系贼中最凶悍者，王廷诏亦属教匪要犯。额勒登保务当督催庆溥等，趁贼穷蹙之时，奋力截击，悉数歼除，总以去疾务尽为要。此事已迟至五年之久，早完一日，百姓早受福一日，此朕所昕夕企望者。至汉江以北，只有伍怀志一股，窜入南山老林不过四五百人，务当赶紧搜剿，断不可令其窜匿。若各匪俱能剿尽，额勒登保自当振旅入川，会合德楞泰、勒保等将川省各匪于年内一律荡平。将此谕令知之。"（《清仁宗实录》卷75）

（嘉庆五年十一月辛卯）谕军机大臣等："高、马等股贼匪经长龄带兵截剿，在竹溪、白河界内游奕。龙、苟等股窜至安康、平利地界，经杨遇春分路截击，已向西逃。而徐添德一股又与伍逆余党曾芝秀等合伙，绕向东北奔窜。并有高家营内分出与戴家营合窜之贼，在西乡剿败后，复与戴家营分伙，由滔河一带潜遁，欲寻高、马二逆同窜湖北。虽经官兵分路追剿，歼戮多名，但讯据贼目供称，高三、马五、徐添德、王廷诏及张贾各贼目，凑合匪徒，欲乘此人众势大，前往湖北。看其情形，自因川省团勇筑堡防堵严密，不敢窜入，陕省又值收成歉薄，难于掠食，总思乘间阑入湖北，以图延喘。额勒登保抽带马步兵勇入楚，由竹溪一带前进，适扼其前，并顾住东北，赶紧向西剿办，所见甚是。而此时湖北堵御尤为十分紧要，额勒登保已与倭什布明亮会晤，将防守事宜，面为嘱付。现又降旨，谕令姜晟等督饬各属，严密防范，额勒登保务须乘各股贼匪溃败之时，合力奋击，即于陕、楚之交剿除净尽。必不得已，亦应逼向川境，以期大兵会剿，于年内一律办竣，迅速成功。将此谕令知之。”（《清仁宗实录》卷76）

（嘉庆五年十二月庚戌）谕军机大臣等：“自邪匪滋事以来，剿办已及五载，总无蒇事之日。近据各路奏报，贼匪仍复东奔西窜，官兵虽随处追击，总不能遏其去路，归并一处，聚而歼洗。看来年内蒇功之说，又成虚愿。推原其故，总因带兵大员及各督抚等仍存此疆彼界之见，只将贼匪驱逼出境，即为尽职。并不协力会剿，以致川、陕、楚三省窜匪出彼入此，来往自如。即被一路防堵官兵剿败，杀贼虽多，而前无拦截，后无追蹑，沿途裹胁，又成大股，仍与未经剿杀者无异。似此辗转奔逐，年复一年，何时始能剿尽？亦断无如此追逐，即能成功之理。是堵之一字，亟须实力办理。从前降旨令伊等各在本境堵剿，原因彼时股数甚多，不得不各顾疆界，以专责成。嗣经官兵节次剿杀，各股贼匪统计不过万余，而奔窜地方，亦仅在川、陕、楚三省边界，伊等正当无分畛域，或并力合剿，或互相策应，以期一鼓歼除。乃彼此推诿观望，人各一心，并不会筹协剿，使贼匪得以纷纷四窜，其势又将散漫。譬诸行围，必须面面兜合，渐逼渐紧，方能有获。若四散驱逐，即终日而不得一禽。此事之显而易见者，伊等宁不计及耶？办贼之法，不外剿、堵、抚三者，而均以兵饷为要。现在各路征兵，不下十万，军威不为不盛。而所需饷银，朕不待伊等奏请，无不豫为筹拨，源源接济。即如陕省南山内伍逆余匪，所剩不过二百余人，而官兵现在万余，不啻多至数十倍，尚未见搜剿净尽。若似此办贼，即百万雄兵亦复何益？伊等尚得借口于兵力不足乎？至各路军营，若果因饷项不继，致有掣肘，则朕先认过，军机大臣不能先事豫筹，尤难辞咎。朕岂肯令伊等稍有缺乏，致误事机？断不必以此为虑。且朕之宵旰焦廑者，盖贼匪一日不除，则百姓多遭一日惨杀，生灵荼毒，村落为墟，言念及此，朕实寝食俱废，伊等尚不思激厉愧勉，同心敌忾耶？此时东面有倭什布、长龄，西面有长麟、庆成，南面有德楞泰、勒保，北面有额勒登保、杨遇春等，总须四面严堵，彼此通盘筹画，联络声势，协力以堵为剿。即在川、陕、楚边界，将各股窜匪悉数歼擒，方为不负委任。大功告成，八人同受厚恩，是朕昕夕代汝等默祷于天之至愿。即万不得已，亦只许将陕、楚之贼逼归四川，剿办易于得手，断不许令四川之贼窜往陕、楚。即如德楞泰昨奏，因杨、陈、李等逆有东趋之势，德楞泰即自西北而东绕出贼前迎截。伊既知贼匪不可令其东窜陕境，即应遏其去路，奋力剿尽，何以任其东趋，始行绕道抄截？而蓝黄白线号内之冉添士、王思茂及樊人杰之子，本由川省窜往湖北，嗣后由湖北窜回川省，今又从川省逸入陕境，复图合窜入甘，此即德楞泰、勒保不能截住川省大股贼匪之明证。任四号逆贼由楚假途入陕，蜀地弁兵，所办何事？今仅将杨、李、陈等小股截回，于事何益耶？总之，贼匪聚则易剿，散则难办；兵力合则厚集，分则见单。伊等接奉此旨后，若再不同心合力，速将各路贼匪悉数扫除，延至明春，青苗在地，贼匪仍得掠食饱扬，又稽蒇事，军法具在，朕亦惟有将伊等按律治罪。此亦伊等自贻伊戚，实不愿国家有此事，惟在伊等勉图赎罪，迅奏肤功，勿负朕谆谆教诫也。将此传谕各路军营带兵大员，四川、陕甘、湖北各督抚知之。”（《清仁宗实录》卷77）

（嘉庆五年十二月甲寅）谕军机大臣等：“楚省防堵事宜屡经姜晟奏称前赴二竹地方筹办，今贼匪来去自如，其言全不足信。且闻书麟将到，伊即回省办理交代，欲赴直隶新任，竟置湖北军务于不问，其居心亦属苍滑。现在书麟自必前赴军营督剿，不能到省，姜晟既回至武昌，所有军火粮饷事宜，即着姜晟率同孙玉庭妥协办理，俟湖北军务完竣，再赴新任。将此传谕知之。”（《清仁宗实录》卷77）

（嘉庆五年十二月甲寅）又谕：“倭什布奏‘驰抵竹山筹剿徐添德股匪，并布置郧西边防情形’一折，据称‘徐添德一股由平利属之南坪柳树垭逃至白沙河等处，经倭什布分派将弁竭力剿截，贼匪由钉钯沟窜入，已至王家山，并探得高三、马五已折窜至蔺河口东向’等语。楚省竹溪、竹山一带系倭什布在彼督率防堵，节据该抚奏称分派兵勇，扼要严防，何以又何徐添德一股窜入楚境？可见前此实力防堵之语，皆系一派诳言。前经加恩将该抚赏给四品顶带，今又任徐添德窜入，无能至此，实属大负委任，倭什布仍着革去顶带，暂留巡抚之任，以观后效。”（《清仁宗实录》卷77）

（嘉庆五年十二月甲寅）又谕：“本日额勒登保奏‘冉学胜、张掌柜、樊人杰、王四虎、王幗贤、冉添泗等股贼匪经杨遇春等连日追剿，冉学胜等已过江口，有出旧县关之信，相距西安蓝田不远’，又据倭什布奏‘徐添德已窜入楚境’各等语。樊人杰等股贼匪，即系黄白蓝线股内之贼，前此由楚窜入川境，德楞泰、勒保曾奏明赴川东一带截剿，乃伊二人并未上紧剿办，任此数股贼匪假道窜陕……”（《清仁宗实录》卷77）

（嘉庆五年十二月己未）谕军机大臣等：“额勒登保率同扎克塔尔将樊人杰一股贼匪截向西南，而冉学胜一股现经纶布春、汪启等由镇安蹑踪而进，额勒登保饬令在商雒边界并力截剿，毋稍迟缓。至所称‘将各股贼匪逼归荆襄地方，定可一鼓扫荡’一节，断不可行。宜昌、荆襄、汉阳等处，宽广数千余里，多系繁庶之区，若令贼匪窜往，则戕害生灵，裹胁日众，即有大江亦不能阻隔，焉有让贼以完善地方再图逼剿之理？又所称‘请令各省道府州县等官分派数员，至川、陕、楚协办结寨团勇事宜’，亦属非是。该员等从他省调往，于道路民情岂能熟谙？必至呼应不灵，徒劳无益。朕盼望蒇功，日深焦切，额勒登保务当先将冉、樊等逆剿办净尽。即万不得已，亦当与高、马等逆驱令入川，断不可令贼窜入楚、豫。将此传谕知之。”（《清仁宗实录》卷 77）

（嘉庆五年十二月）丁卯，谕军机大臣等：“……今陕省贼股又分路折窜川境，德楞泰应仍在川省督剿，俟将次剿净，再赴邻省协剿。赴陕、赴楚，相机办理，朕亦不为遥制……将此谕令知之。”（《清仁宗实录》卷 77）

（嘉庆五年十二月）戊辰，谕军机大臣等：“冉学胜等股贼匪窜近武关，经额勒登保派令杨遇春等冲寒冒雪，叠次剿杀多名，紧顾东面，使贼匪不能逼近豫、楚边界，实属不辞劳瘁……”（《清仁宗实录》卷 77）

（嘉庆六年正月）丁亥，谕军机大臣等：“……试思川省百姓团练乡勇，筑立硐寨，兼之津贴费用，实为出力良民。今乃欲令陕、楚窜匪入川滋扰，岂朕顾惜陕、楚赤子，独不顾惜四川赤子乎？若使川省百姓闻知此语，或至离心解体，关系甚大，勒保切不可稍有宣露，此为最要。将此谕令知之。”（《清仁宗实录》卷 78）

（嘉庆六年正月壬辰）谕军机大臣等：“额勒登保总当乘此兵威聚集之时，奋力歼除江北众贼，勿令稍留余孽。至楚省贼匪现已陆续出境，长龄、明亮等所带马队官兵皆为劲旅，自未便仅令防堵。额勒登保等已札知长龄、明亮，令将原任总兵李绍祖所带之官兵一千余名一并带领，于陕、楚边界，相度贼情剿办，自应如此布置……”（《清仁宗实录》卷 78）

（嘉庆六年正月）甲辰，谕内阁：“……因思川、陕、楚三省各路军营近日屡获大胜，捷音踵至，余匪溃窜，无难即日荡平。但抚绥安辑一切善后机宜，亟须筹办，若前诣盛京，程途较远……”（《清仁宗实录》卷

78）

（嘉庆六年正月丙午）是月，颁御制邪教说，曰："……至于白莲教之始，则为骗钱惑众，假烧香治病为名，窃佛经仙箓之语。衣服与齐民无异，又无寺宇住持，所聚之人皆失业无赖之徒，所以必流为盗贼，是又僧、道之不若矣……而刘之协自扶沟脱逃，所缉者仍此一犯，而地方官有奉行不善者，有苛求图利者，胥役衙书四出滋扰闾阎，无赖借事吹求，将正犯反置于不问，妄拿无辜，名曰'欲办白莲教'，以致群起于襄阳……至湖北纠约姚、齐二逆并同教人等，定于辰年辰月辰日辰时起事，是真叛逆，断不可赦矣……"（《清仁宗实录》卷 78）

（嘉庆六年二月戊申）谕军机大臣等："书麟等奏'楚省兵力剿办一股尚可敷用，设别股窜入，即形单薄，应令德楞泰入楚合击'等语。现在楚省之兵，果能办完徐逆一股，军威日壮，汉南之贼，断不敢生窥伺之心。书麟等惟当剿净徐逆，并于城守空虚之处添雇乡勇，实力守御，勿专待德楞泰到楚，致误事机。将此谕令知之。"（《清仁宗实录》卷 79）

（嘉庆六年二月丙寅）谕军机大臣等："湖北贼众兵单，已令德楞泰前往协剿。所有汉南贼匪，现无大员督办，着额勒登保察看情形，如南山余匪无多，或交长麟、杨遇春并另派镇将在彼剿办，额勒登保即移兵汉南，速将龙绍周等逆上紧歼除，勿令肆窜。"（《清仁宗实录》卷 79）

（嘉庆六年二月丁卯）谕军机大臣等："……大宁、巫山接近楚境，现楚省贼众兵单，勒保尤当设法兜截，勿令逸入。将此谕令知之。"（《清仁宗实录》卷 79）

（嘉庆六年二月辛未）谕军机大臣等："近闻额勒登保因南山余匪未净，亲自带兵搜剿，伊系经略大臣，未便因零星余匪牵缀。现据长麟奏，高、马后股贼匪已逼过川境。德楞泰奏，龙绍周等逆因官兵剿急狂奔，亦近川、楚交界。额勒登保应即移师汉南，若德楞泰追贼入川，额勒登保即驰赴楚界会剿，以收夹击之效。将此传谕知之。”（《清仁宗实录》卷79）

（嘉庆六年三月庚辰）谕军机大臣等：“邪教滋事起于乾隆六十年冬底，嘉庆元年正月，惠龄、毕沅等先后奏到，张正谟、聂杰人等在襄阳、宜城一带纠众焚掠，自此辗转蔓延，扰及河南、陕省……五年以来，荼毒生灵，不知凡几，每一念及，朕心为之恻然。当其起事之初，首逆等皆以官逼民反为词，互相煽惑。在亲民之吏，平日不能爱养黎元，以查拿邪教为名，株连拖累，激而生变。司牧者固无所逃罪，但百姓果受有司屈抑，何难向督抚衙门呈诉？即或不为审理，亦可赴京控告。方今纲纪整饬，断不令小民有覆盆之冤，乃竟纠集党与，肆行抢掠，抗拒官兵，当此光天化日之下，背逆作乱，实为王法所不容。惟念附贼匪徒，非尽甘心叛逆，皆因被贼裹胁，戕害官兵，自知罪大，不敢投首。当贼匪突入村庄时，恣意凌逼，其中捐躯尽节、不受贼污者虽亦未尝无人，而畏死贪生，勉强听从者比比皆是。此等愚民，原难责以大义，及至为贼裹胁，自揣投出，未必得生。而贼匪驱令当先抗拒官兵，官兵鼓勇直前，岂能于临阵之际详加区别？锋镝所向，玉石俱焚，断无生路，实堪怜悯。是以节经降旨，凡从贼中投出者，悉贷其死，如能缚献贼渠，并赏给官职银两。何以招抚之旨屡下，而缚贼投首者竟无其人？即未能缚贼，而弃械来投者早经降旨令地方官妥为收恤，或给予叛产，或准令开荒，必使人人口食有资，各安生业。若地方官不行收抚，准其于督抚大吏及经略、参赞各大臣前申诉，必令得所。此朕仰体上天好生之德，惟思少杀一贼，即多留一民，故于无可赦宥之中，许以自新之路。其未经附贼者，尤当各守乡闾，帮同官兵悉力拒贼，不可陷身贼党，自蹈危地。现据擒获贼首马应祥供称，贼营裹胁之人逃走奔回，即开膛破腹，用火烧死，情形实为惨毒，是良民一经从贼，即致不能脱身。受此酷毒，试思难民自贼中投出者，概不追问其从贼之罪，且优加抚恤，口食有资，方保护之不暇。而贼匪如此惨酷，尔等何苦听其裹胁，一朝失足，自脱无由，何不早思变计，于贼匪经过时齐心堵御？誓不从贼，既可保其室家，又不至受贼残害，生死祸福所关，各宜猛省。各路领兵大臣及督抚等，将此旨誊黄宣示，传布贼营，俾咸知悔悟，相率来投，更可迅速蒇功，奠安黎庶。若再不速回，是实冥顽不灵，亦难化诲矣。”（《清仁宗实录》卷80）

（嘉庆六年四月己巳）谕军机大臣等：“……今始据奏及，楚省之张允寿，业经德楞泰奏报击毙，而勒保尚未之知……看来勒保总欲因人成事，所称‘赶赴川东，合力剿办汤、刘股贼’等语，并非有认真剿贼情事，不过因德楞泰在楚剿办，徐添德距川境不远，德楞泰一经到川，伊即可会合联衔奏事，借以邀功……”（《清仁宗实录》卷82）

（嘉庆六年六月癸亥）谕军机大臣等：“……现在大宁、巫山一带被水，勒保即当就近查办，并将各处要隘严密防堵，如楚境贼匪再行折回川境，即系勒保之罪……”（《清仁宗实录》卷84）

（嘉庆六年九月丁亥）谕军机大臣等：“贼匪当此穷蹙之际，往往从无兵地方逃匿，深林密箐，并非化外，皆系各州县所辖。该地方官平日于大股贼匪及一二百人成股之贼，或因乡勇无多，难以剿杀，至零星逸出之贼，或数人，或数十人藏匿境内，地方官自宜搜捕净尽，以绝根株。此时大功将届垂成，着该督抚等督饬各州县多派乡勇，严密查拿。如此则官兵不能分至之处，有地方官搜捕，蒇功更速。至各路带兵大员奉命剿贼，当此大功告蒇，尤应倍加奋勉，将成股贼匪，上紧殄除。不得诿之地方官搜查，以致余孽未净。将此谕令各路领兵大员，四川、陕西、湖北各督抚知之。”（《清仁宗实录》卷87）

（嘉庆七年正月丁酉）谕军机大臣等：“……川东零匪专交德楞泰就近剿办，断不可任其窜入楚境……将此各传谕知之。”（《清仁宗实录》卷93）

(嘉庆七年二月癸卯)又谕:“各路军营奏报,皆称贼匪穷蹙,不成股数,指日即可荡平。乃近日节据额勒登保、德楞泰、勒保等奏报,苟逆窜过汉江,其余巫山、大宁、奉节、云阳、梁山、新宁及兴山、巴东等处贼匪四出滋扰,贼数较前顿增数倍……六年以来,剿贼之法总系跟踪追剿,贼匪等多分股数,牵缀官兵,兵至则四散潜藏,兵退则分投滋扰。是该匪等转得轮番休息,以逸待劳,而我兵昕夕追驰,日形疲乏。主客之势不明,以致中贼诡计,日久迁延,迄无成效。自宜亟筹变计,各专责成,勉图奏绩……楚省兴山等处各匪,专交吴熊光、全保、长龄等办理,务将各人专办之贼,即在本境内就地歼除,不得以驱逼出境了事。如有他省窜至之贼,亦即当随时截杀,俾贼匪所到之地,皆有兵截剿,无从逃逸,可期以次肃清。并各于要隘处所添拨兵勇,严密防范,务使声势联络,互相接应,于剿捕方为有益。再统计各处窜匪不过万余,而额勒登保等所带征兵数倍于贼,谅敷剿办。但恐官兵日久疲劳,应须酌换,或分则见单,不敷拨遣,不妨量为添调,不得以前此奏请撤兵,意存回护。将此传谕各路领兵大员及各督抚知之。”(《清仁宗实录》卷94)

(嘉庆七年二月)乙卯,谕内阁:“近日节据各路领兵大员奏报军务情形,并无大股剧贼。惟苟文明屡经官兵剿败,窜入陕省南山,为稍延残喘之计。其四川、湖北地界,虽有零星贼股,俱不过败残余匪。前曾特降谕旨,将川、陕、楚三省划定地段,饬令各该省文武大员分投搜剿,以专责成……现在川、楚二省,均系以本省大员剿办本境之贼,责任綦专……”(《清仁宗实录》卷94)

(嘉庆七年三月辛卯)谕军机大臣等:“白号张姓股匪败残奔窜,此次复经德楞泰、勒保分投截击,歼擒数百名,所办皆好。现在川省余匪不过二千余人,德楞泰与勒保会商,将川省应办事宜交付勒保,德楞泰即赴楚协剿,所见甚是。前因楚省贼数较多,曾谕令德楞泰于剿办川东贼匪将次完竣时酌量情形，前赴湖北协同剿捕。今德楞泰未经接奉谕旨，见川省余贼无多，既能统筹全局，无分畛域，且并不拘泥前次分界督剿之旨，带兵过楚，正与朕意相合，深得大臣公忠体国之道，殊属可嘉。现在湖北冉、井二逆，尚在兴山、归州一带游奕，德楞泰自川赴楚，必由该处经过，即当顺道先将二逆剿净，再赴竹溪一带协剿。樊、崔、王、曾等逆，楚省贼匪中，樊人杰为积年老教，最为狡恶，务须上紧设法将该匪速就歼除，余匪自可渐次廓清，可消伏而未起之患。赛冲阿在川剿捕既属得力，自当仍令带领原兵，归德楞泰一路赴楚。至川省搜捕事宜，俱系勒保专责，毋论川东、川北，何处有贼，皆当上紧歼除。将此传谕知之。”（《清仁宗实录》卷96）

（嘉庆七年三月）己亥，谕军机大臣等：“……川、楚边界，犬牙相错，在在毗连。贼匪朝川暮楚，原无定向，在川即为川匪，在楚即为楚匪。德楞泰身为参赞，断不可心存畛域。现在既由水路顺流而下，抄出贼东，自应遇贼即剿，先清江岸，带领胜兵赴楚协剿，俾楚境一律肃清，伫膺懋赏。将此传谕知之。”（《清仁宗实录》卷96）

（嘉庆七年七月癸未）谕军机大臣等：“……至楚省贼股，惟蒲添宝最关紧要，德楞泰须督兵赶剿，于八月内一律殄平。其孙清元、德昌剿办熊姓贼股，吉林泰剿办崔、胡、戴四等贼股，李天林剿办归州龚家桥贼股，均应严饬赶紧剿除，不可稍留余孽。将此谕令知之。”（《清仁宗实录》卷100）

（嘉庆七年七月丁丑）又谕：“……现在川北防堵事宜尚非紧要，惟川东与楚境在在毗连，蒲、赖等逆，原系由川窜楚，或思窜回巫山边界，亦未可定。倘堵御不密，致乘间窜入，是楚轻而川复重，何时始能全蒇耶？着勒保从长筹计，或将他处可撤防兵抽移至巫山等处，严密布置，一闻楚匪窜近之信，即移师入楚，两面夹击，无难一鼓歼擒也。”（《清仁

宗实录》卷100）

（嘉庆七年七月甲午）谕内阁："……至苟文明为积久著名首逆，与罗其清、冉文俦等一同起事，频年以来，在川、陕、楚三省地方辗转奔逃，肆意掳掠，实为罪大恶极。经额勒登保督率官兵屡次剿杀，势极穷蹙，而尚于大山密林内潜逆四窜，希图兔脱。又复数月，今在花石岩地方经官兵四路搜逼，立时戳毙，斩级枭示，并将余匪尽数歼除，皆由额勒登保调度得宜所致。虽办理稍觉迟延，而首逆终就殄灭，实不愧经略之任，殊属可嘉。邪教起事各首逆俱已陆续办净，只余苟文明一犯，今该逆复经歼毙，是积年著名巨憝，业已悉数扫荡。其零星奔窜之蒲添宝等，只系近日攒聚残匪为首之犯，且为数无多，现有参赞德楞泰等督兵搜捕，蒇功大局，已得十之九。额勒登保着加恩晋封一等伯，赏还双眼花翎，俟陕省零匪全数肃清，再加恩赉。提督杨遇春虽系事后赶到，而督率搜剿，亦属勤奋，着交部议叙。其奋勇出力朱笔圈出之李应贵、张廷楷、吴廷刚、李应元、特依顺保、张超、王兆龙、祝廷彪、黎炳、谢天瑞、丁永安、张必禄、蓝翎马兵杨贵等，或应加升一等，或应交部议叙，或应赏戴翎枝，着额勒登保等分别等第，开单保奏。其余如尚有出力人员，亦着一并查明具奏，候旨加恩。并发去青玉搬指十个、鼻烟壶十个、大荷包五对、小荷包十对，分赏出力员弁；一两重银牌二百面、五钱重银牌二百面，分赏出力兵勇，以示奖励。将此通谕知之。"（《清仁宗实录》卷101）

（嘉庆七年七月）乙未，谕军机大臣等："此时川、陕军务均可克期告竣，惟楚省蒲逆等匪尚延残喘。德楞泰或用剿、抚兼施之法，谕以教匪，起事七年以来，所有著名首逆，俱经官兵擒斩，老教匪徒，已无噍类，尔等伎俩断不能如老教之凶狡，更难幸免。且俱系近来后起，罪亦较轻。我皇上如天好生，怜尔等愚顽，误投陷阱，是以屡降恩旨，凡有悔罪自新者，概予宽宥，尔等应及早投出。若经晓谕之后，仍不改悔，即当歼戮无遗，生死所关，急宜猛省。如此剀切晓谕，庶贼匪等相率来投。但此为一时权宜，一面出示，一面仍当搜捕，于八月内速蒇大功。将此谕令知之。”（《清仁宗实录》卷101）

（嘉庆七年八月己亥）以日月薄蚀诏求谠言，谕内阁：“……即如剿捕川、楚邪匪一事，七载于兹，现在军营连次克捷，虽已将著名首逆殄除殆尽，而一二败残余孽尚在逋诛，或应靖以兵威，或应迪以德化，诸臣苟有真知灼见，不妨据事直陈……”（《清仁宗实录》卷102）

（嘉庆七年八月甲辰）谕军机大臣等：“……但现在楚省较为紧要，额勒登保应移兵前往，其陕省搜捕事宜，着责成杨遇春、杨芳接办，并知会总督惠龄、巡抚陆有仁、将军兴奎督率兵勇并力搜擒。额勒登保即统领大兵取道平利，并令穆克登布带领湖南、湖北之兵随赴楚省，会同德楞泰将余匪一鼓歼除。彼时余孽净尽，三省奠安，即联衔具奏，由六百里加紧驰递。俟捷报到时，朕以之宣示中外，勉之望之。”（《清仁宗实录》卷102）

（嘉庆七年八月丁未）又谕：“本日莫瞻菉条奏‘川、楚、陕三省所募乡勇等，应责令帮同官兵剿贼。如能奋勉立功者，当加厚赏，其现在应撤乡勇不愿入伍者，亦当优给资送’等语。自剿办邪匪以来，所募乡勇，皆令同官兵协力堵剿。量其劳绩，分别赏赉，给予顶带翎枝，以示奖励。近因大功将次告竣，各省乡勇以次裁撤，曾经屡降谕旨，令经略、参赞与督抚等公同筹办，除充伍食粮外，其愿归乡里者，均令给与路费，派员护送，到籍后令地方官妥为安顿，俾无失所。该督抚等遵旨经理，早已办有章程，此皆朕随时谕令军机大臣寄信指示，莫瞻菉自未知悉，故有此奏，所言不为无见。至所称请派一二大员前往军营专办招抚之事，此则非是。教匪等纠众滋扰，只系内地乱民，原不忍概予诛夷，从前屡有剿抚兼施之谕，即今功届垂成，犹令带兵大员严防滥杀。不但胁从匪众一经悔罪，均可全其躯命，即首逆苟文明等，前此未经歼毙时，若果乞命来投，亦当宥其一死。无如该逆等执迷不悟，各首逆竟无一人投出，甘蹈刑诛，是抚之一法，于大局未见有益。况贼匪等积年焚掠，荼毒生灵，罪恶贯盈，万无可贷。此事办已七年，现在残匪无多，大兵云集，克日即可扫除。然果有临阵投出者，经略、参赞等亦未尝不兼予剿抚，若另派大员专办，不特诸事转多掣肘，抑且无此办法，所奏断不可行。将此通谕知之。”（《清仁宗实录》卷102）

（嘉庆七年八月癸丑）谕军机大臣等：“蒲逆一股，德楞泰在楚剿办，为时已久。转瞬秋成，包谷在地，贼匪掠食，抢夺骡马，复得饱扬。延至冬令，又以冱寒为词，何日始能蒇事耶？本日吴熊光奏报各路情形，其意欲请令额勒登保赴楚协剿，朕早已筹及降旨矣。现在蒲添宝一股，责成德楞泰专办。其余零匪，责成额勒登保督率搜剿。总之，办一贼首，即须将伙匪歼除，方无后患。向来带兵大员，未将伙党剿净，以致逃散后又复纠合出扰，七年以来，皆坐此弊。额勒登保、德楞泰既专责成，当鼓励将弁，追蹑一股，即将零匪歼净，庶可蒇事。将此各传谕知之。”（《清仁宗实录》卷102）

（嘉庆七年八月戊辰）是月，河南巡抚马慧裕奏：“川、陕、楚贼匪扫除将尽，豫省江防乡勇必须于官兵未撤之前先撤方妥。”……（《清仁宗实录》卷102）

（嘉庆七年八月辛酉）谕军机大臣等：“德楞泰奏，剿除蒲添宝大股，已降旨加恩矣。其所称‘吉林泰一路，在归州水田坝，有贼众偷扑营盘，力击始退，查系熊方青、熊翠股匪六七百人’等语。是此股零匪较为紧要，德楞泰当移兵前往，或拣派镇将，带兵帮同追剿，以期办净。又楚省大股已除，零匪不难迅速扫尽，此事原自楚始，必自楚成。目下当吃紧之际，粮运系该督专责，吴熊光当妥速供运，勿稍缺乏。将此谕令知

之。”（《清仁宗实录》卷102）

（嘉庆七年九月壬午）（额勒登保）又奏：“湖北提督长龄患病，其所统兵勇，交副都统富翰、副将呢玛善管带，剿办戴姓贼匪。”报闻。（《清仁宗实录》卷103）

（嘉庆七年九月乙未）谕军机大臣等：“……额勒登保以刻下贼匪窥伺陕境，拟暂扎安、紫一带，东顾楚境，西策川界，自应如此办理。惠龄于带兵打仗竟不足恃，可将南山零匪，交伊搜捕。所有陕境事宜，仍专交额勒登保督办，湖北专交德楞泰督办，川省专交勒保督办。额勒登保等当遇贼即剿，严防边境，务于十月内蒇功。然不可因朕万寿庆节有心迎合，草率竣事。总应于迅速之中，办理完善，以期一劳永逸。将此各传谕知之。”（《清仁宗实录》卷103）

（嘉庆八年三月甲辰）谕军机大臣等：“本日据额勒登保奏‘通筹三省大局’一折，阅之实深烦闷，益增焦急。据称设营筑城，实可制贼奔逃。试思现在零星散窜之贼，皆不过在深山老林潜匿，冀延残喘。即从前大股贼匪，亦并未敢攻扑城池，占据寨硐。此时即使择要兴筑，设兵驻守，贼匪知有兵防，早经绕道远避，官兵安能制其死命？况寨硐百姓各处散布，遇有零匪窜至，尚可就地擒拿。若如额勒登保所奏，城营修整，即可将附近寨硐百姓迁徙入城，是直将民田庐舍委之贼匪。而贼踪所至，无人抵御，更得来往自如，乃转称贼匪不敢由彼奔突乎？至所称‘兴筑工程，更可以工代赈’一节，无论久经从贼习惯抢掠者，断不肯勤苦工作，图趁口食。即使果有穷蹙溃败暂思佣趁之贼，而有工时为民，无工时即仍可为贼。至如折内称，各处裁撤乡勇，送回本籍后不能谋生，现仍有随营觅食充当夫役之人，若以工代赈，兼可收养游民。设将来工程完竣，亦难保游民不仍散为贼，额勒登保又将如何安置乎……七年以来所奏之折，从无似此次不通事体之至。且据折内称陕省兵勇共有三万余人，川、楚尚不止此，统计零匪不过千四五百人，是各路兵力较之贼数多至数十余倍，何难迅扫余氛，力图蒇绩？昨经叠降谕旨，令伊于麦秋前将余匪一律肃清。乃折内称秋间定可观成，其意直欲迟至秋间始能净尽。岂此数月内，额勒登保竟任零匪东奔西窜，唯以督工为亟耶？看来额勒登保竟不尽心办贼，殊负委任，本应全行黜革，始念八载勤劳，向著勋绩，着暂留任以观后效，先行革去御前大臣并紫缰，仍授御前侍卫，传旨严行申饬。额勒登保于汉文素非通晓，折内'以工代赈'诸语，断不能解，此必系三省督抚及不肖地方官因军需不能报销，希图借此延缓，额勒登保受其怂恿，故为此奏。从前屡有人在朕前言及军务日久未竣之故，总由于此，彼时朕原不肯轻信，今阅所奏，竟不免有此情弊。额勒登保误听浮言，咎无可诿，但此事究竟系何人主见，并着明白复奏。"（《清仁宗实录》卷110）

（嘉庆八年四月丙子）又谕："德楞泰奏称'蒲尚佐等探有贼匪二百余人，现屯于交界之双合寨，该镇将兵勇撤回，让出西面，俟其窜入，再由东北向西南尾击'等语，此时该匪既窜入楚界，即当督率镇将等就地歼除，勿留余孽。若必让出西面，俟其入川，再行兜截，则往返徒费时日，且安知该匪不更从别路折回？似此辗转跟追，何时始能办尽耶？总之，川、楚皆吾百姓，岂厚于楚，薄于川？贼在何处，即于何处痛剿为正办，岂可任其奔突，转增裹胁，又延时日乎？将此传谕知之。"（《清仁宗实录》卷111）

（嘉庆八年五月）乙巳，谕军机大臣等："吴熊光奏，各路官兵寨勇等歼毙贼匪，不过二三十人，而竹溪地方，又有贼匪二股由川省窜入。该县与川省交界，所有各处隘口，自必派有官兵防守，何以任令阑入，此即楚省防堵不力之咎。今该匪等既经窜入，吴熊光惟当飞饬镇将等上紧追剿，并知会德楞泰遴派将领并力合击，就地歼净，勿致再令折回，又稽时日为要……将此传谕知之。"（《清仁宗实录》卷113）

（嘉庆八年五月）辛酉，谕军机大臣等："此时楚省已无成股之贼，零星散窜者，为数实已无几，吴熊光惟当饬令镇将等倍加奋勉，务于六月内将各处零匪搜捕净尽，用蒇全功。不得以驱逼出境，遂为了事。至军火粮运，亦当饬知属员等按时供支，勿形缺乏。又奏议，各处堡寨，除原有坍塌并未修复，及居民较众不致藏垢纳污处所自应仍旧存留外，其山巅各寨，此时因余匪未尽殄除，居民等尚资栖止，或未可即时毁弃。但将来匪党全就廓清后，山顶居民，亦必渐归原屋，所有空闲堡寨，自当即行拆毁。虽从前如姚之富、齐王氏等首逆滋事时，并未有占踞山寨之事。但既有旷宅，凭高负险，查察难周，恐无籍游民不免招呼匪党，聚处其中，致生事端，不可不豫行防范。该督等惟当派委诚实可靠府州县官妥为经理，俾绝根源。其军器一项，该省既有册档可稽，俟搜剿全竣后，即可按册指名饬缴。总在该督抚慎选官吏，留心整饬，地方自可宁谧。将此传谕知之。"（《清仁宗实录》卷113）

（嘉庆八年六月戊寅）又谕："楚境零匪，此时业已垂尽，惟阴峪河合伙之贼，亦不过数十人，又经官兵分路擒截，益形减少。吴熊光当严饬吉林泰、孙应奉等上紧追截，就地办净，勿使再有他窜。至零匪等四散奔窜，固当扼要防捕，尤须晓谕各处寨勇人等，以从前贼势鸱张，有向各村寨掠取食物或恣意强索，尔等因心怀畏惧，任其肆劫，非惟不敢抵御，甚或与以接济，均所不免，事属已往，亦不追究。今大兵搜捕将竣，贼势已极衰蹙，倘有零窜匪徒经过各村寨，意图掠食；或官兵一时未到，该匪等在彼停留，尔等务当同心协力，赶紧擒捕，送官办理。况现在大田将届成熟，新谷指日登场，尤恐该匪等猝行窃掠，尔等各当加意防护，严密守御，则匪徒口食无资，自不能苟延残喘。慎勿稍有畏葸，致令疏脱。设有私行接济情事，一经查出，必当严行治罪。如此明白示谕，并酌量悬立赏格，俾寨勇等知所感奋，合力查拿，于搜捕自属有益。将此传谕知之。"（《清仁宗实录》卷114）

(嘉庆八年六月戊子)谕军机大臣等:“额勒登保等督率将领分路搜剿,多有斩获,共计歼擒贼匪百十人,并将伪元帅赵金友拿获。额勒登保、勒保于拜折后即分东西两路进发,分投督办,俟川匪排搜净尽,额勒登保亲至湖北周历巡查,所见亦是。本日吴熊光奏,留东三省马队官兵,额勒登保俟回京时,即可带领由襄阳至河南一路凯旋,俾所过地方,知经略亲带大兵回京,声势更壮。其川省应撤弁兵应行进京者,亦可一并顺带前来。至另折奏,筹商裁撤客兵及酌拟留防搜捕章程,所议悉合机宜。乡勇一项,随征日久,半系无业可归之人。朕节次降旨总以安顿乡勇为亟,额勒登保现咨商德楞泰,请将现无家业、情愿归营之人,准照川省所设新兵之例,各给守粮一分,俟有制兵缺出,随时拨补,所见甚是。入营充伍,既有钱粮可资养赡,该营员等更可随时钤束,如有桀骜滋事者,即可惩之以法。额勒登保等筹议及此,既称万全无弊,此即伊等专责,设安置稍有不妥,惟伊等是问。此外如先撤外省及东三省马队之兵,请留本省官兵分路防剿,每月所费饷银不过十四五万,并于川、陕、楚三省分驻大员,以资统率各款,均照所议。再据称拜发六百里喜折之后,拟将经略印信先行申缴一节,此可不必。现在三省邪匪虽已荡平,尚有一切应办善后事宜。即日德楞泰进京后,额勒登保由川赴楚,顺道排搜,一切文檄往来,均须钤用印信,非如参赞德楞泰现系成都将军尚有本任印信可用者比,额勒登保若将经略印信先行缴回,转恐呼应不灵。且三省蒇功完善,中外欣庆,额勒登保始终其事,其印信自应俟入都时亲自赍回,方符体制。将此谕令知之。”(《清仁宗实录》卷115)

(嘉庆八年七月癸巳)谕军机大臣等:“楚境山丛箐密,最易藏奸,归、巴、兴、房、二竹一带地方,保无未尽余匪,庆成不可稍为松劲,致镇将相率懈弛。惟当饬令按照段落,周历穷搜。至搜擒余匪,若仍如军行时概予骈诛,不特弁兵等有意邀功,或致戕及良善,并恐兵丁、寨民等有仇杀情事,殃累无辜。庆成当传知各镇将等,嗣后如遇零星余匪,尚敢临时抗拒、打仗成擒者，自当仍行斩馘。其余拿获匪党，着各解交该提督处亲提审办。如果实系从逆日久者，亦当恭请王命正法，一面具奏。其或系曾充贼目，得受伪封，情罪较重之犯，当解交总督处讯明办理，毋许弁兵擅自杀害，以重生命。将此传谕知之。”（《清仁宗实录》卷116）

（嘉庆八年七月庚戌）谕军机大臣等：“楚境余匪，统计不过八十余人，吴熊光当上紧搜尽，铲绝根株，着责成庆成、庆溥、吉林泰、李天林等奋力追捕，克期完竣。其另片所奏，挑留黑龙江奋勇官兵一百十三员名。楚省平地居多，东三省马兵驰骤，较为得力，而黑龙江官兵弓箭贼匪更形畏惧，应即将此项官兵交与庆溥等带领排搜，自属有益，即撤回稍迟，亦无不可。至另折奏称‘将本省官兵密为分派，陆续抽调，先将两广、湖南官兵照数撤回’等语，所办非是。外省官兵，自调赴从征以来，已阅数年。今搜捕垂竣，奏报肃清，若复于各营汛续调官兵，未免民情疑骇。且新调兵丁，于各处山林径路向未熟悉，难期得力。况一撤一调，沿途应付供支及借给行装安家等项，亦属虚糜，莫若将两广、湖南官兵先行撤遣回营。至湖南官兵，系该督所辖，即余氛净扫以后，或有需资弹压之处，亦不妨再行酌留，陆续撤归，尽可毋庸亟亟也。将此传谕知之。”（《清仁宗实录》卷117）

（嘉庆八年八月甲子）谕军机大臣等：“川、楚、陕三省贼数不满二百人，无难克期歼尽……至三省地势犬牙相错，深山穷谷，诚恐有散匪零星藏匿。额勒登保等将三省应留兵勇均匀散拨，责成各将领分投梭巡会哨，并绘图贴说进呈，自应如此办理。该处地方情形，伊等经历数年，最为熟悉，果能逐段严搜，自不虞再有余匪潜匿。其所留兵勇，则全在伊等酌量情形，以次裁撤……或将所留兵勇酌为减撤一半，其余存留兵勇，川省责成德楞泰、勒保，楚省责成吴熊光、庆成……总须察看各该省境内实在无零匪潜留，将兵勇全行裁撤，否则宁以稍迟为要。又据称，所获贼匪，该镇将等解送军营，审明正法，所办甚是。其各州县拿获零贼，经地方官讯明，均系官兵剿散之贼，当即批饬正法，此亦可行。嗣后凡遇相近大营地方情罪较重之犯，自须解赴大营审办。其离营较远者，亦必讯系真贼，禀明经略、总督亲加批饬，方许随时正法。至戕害穆克登布之贼，惟余佐斌一人日久稽诛，该犯系著名贼目，应饬严密查拿，毋任漏网。将此传谕知之。”（《清仁宗实录》卷118）

（嘉庆八年八月戊子）谕军机大臣等：“额勒登保奏‘据总兵马瑜等禀，巫山边界与楚省防兵会哨并无贼踪，又庆溥等与川省官兵会哨亦无贼匪’等语，此则未可尽信。从前贼匪滋扰，各镇将等打仗时，每以雨水过多、道路泥泞为词。今大功已蒇，所剩零匪，各镇将等未免心存懈怠，即于边界会哨，亦或略为巡逻，辄以无贼禀报。额勒登保仍当饬令川、楚防守各员，认真排搜，勿得以零匪无多，稍为松劲。将此传谕知之。”（《清仁宗实录》卷119）

（嘉庆八年九月壬子）谕军机大臣等：“南山余匪，裹胁至二百余人，公然窜至镇安，焚毁兵房，肆行无忌，已有遗灰复然之势。看来驰奏肃清以后，不特带兵人员心存懈弛，即额勒登保亦未免急思凯旋，稍有松劲。且所称零匪二百余人，系得自方维甸来信，而杨遇春、杨芳等竟未将贼数据实具禀，即川、楚二省，均尚有零匪数十人。额勒登保此时尚系经略，各路搜捕情形，折内并未提及，似未经得有信息。可见各路镇将，并不上紧追捕，即其明验。杨遇春着拔去花翎，杨芳前已拔去花翎，着再摘去顶带，吴廷刚亦着摘去翎顶，均着传旨严行申饬，额勒登保亦着传旨申饬。现在杨遇春已抵镇安，额勒登保亦已亲往督办，着即严饬该提镇等合力兜围，务于十月内将此股零匪歼尽，固不可使之窜入豫境，亦勿令阑入二竹界内……”（《清仁宗实录》卷121）

（嘉庆八年九月丁酉）河南巡抚马慧裕奏：“豫省额设兵九千九百九

十余名，分布于一百八厅、州、县，经前抚臣景安、吴熊光挑募新兵七千四百名，并将开封团练乡勇一千一百四十三名作为抚标兵丁，先后得旨准行。查荆子关等处，上年酌添营汛，增设额兵二千七百二十四名，曾于前项新兵内挑补一千六百五十六名……现在川、陕、楚三省肃清，边防次第全撤，所有前项新兵，若概行裁汰，不特训练垂成，弃之可惜，而历年戍守曾著微劳，且其中无恒业者居多，必须妥为安顿。所有前项未经补额新兵，请暂留各原营同额兵一体差操，遇有缺出，逐渐挑补，约计二三年内皆可补入营额。现在所需饷银，应请照旧支给，入于兵马奏销案内造报。”下军机大臣议行。（《清仁宗实录》卷120）

（嘉庆八年十月癸亥）谕军机大臣等：“此时川省客兵业经全数撤完，本省各官兵自未可即时议撤，该省山内老林零星未净之贼，此次各路搜获者，即有二三十名，可见匪徒未能绝迹。楚省余匪三四十人又窜至大宁边界，此等零匪，保无因天气渐寒，暂匿山内，迨至春融，复乘间出扰，勾结渐多。勒保务当严饬镇将实力搜擒，仍加意巡防，至来春永就宁谧，方可撤兵。如复有萌蘖，则惟该督是问……”（《清仁宗实录》卷122）

（嘉庆八年十月癸亥）又谕：“上次吴熊光奏称，首逆王世辉等带领刀矛手二十四人往竹山奔窜。此次折内又称，陆续凑合共有四十多人，数日又复增添。看来军营所报贼数总不确实。此时该逆既分两起奔窜，其窜往川省者，吴熊光当严饬麻光裕等上紧尾追，与川兵夹击。其逃往顺水溪一带者，即饬李东宣等迅速搜捕，务于十月一律蒇事。将此谕令知之。”（《清仁宗实录》卷122）

（嘉庆八年十月丙子）谕军机大臣等：“勒保称此起楚匪入川，有悔罪投诚之意，殊不可信。惟当饬令该镇将实力搜缉，断不可堕其术中，此为最要……”（《清仁宗实录》卷122）

（嘉庆八年十月庚辰）谕军机大臣等："楚省现报并无贼匪踪迹，殊未可信。即使楚境实无余孽，现在陕省山内余匪一百七八十人窜至川境，设使复偷窜入楚，亦不可不严为防御。吴熊光惟当督饬庆溥等于各处山内严防会哨，务期实在肃清，不留遗孽。所有两广、湖南官兵，总俟川、陕一律搜捕净尽，额勒登保班师回京，德楞泰亦回成都将军之任，方可撤令归伍，此时毋庸亟亟。将此谕令知之。"（《清仁宗实录》卷122）

（嘉庆八年十一月）壬寅，谕内阁："据吴熊光奏'自上年川、陕零星余匪间有阑入楚境，该处防守，多抽调协捕，未能悉赴边卡。且楚省边界绵长，所设边卡俱在深山老林，时届冬令，节候冱寒。而本年郧、宜一带，收成稍歉，食物昂贵'等语。该省防兵应得分例无多，若将驮折余丁及客兵例加盐菜银四钱概行裁减，未免拮据。除北路与陕省交界之郧西县久已肃清，原设防兵仍照奏定章程酌减支给外，着加恩将南路与川省交界防边官兵应得分例，暂缓裁减，照征兵一体支给。俟将外省官兵全数撤回，止留本省官兵弹压时，再行遵例酌量裁减，以示体恤。"（《清仁宗实录》卷123）

（嘉庆九年九月辛卯）谕军机大臣等："据德楞泰奏余匪扫荡情形，此后散匪愈剿愈少。德楞泰现已分饬镇将逐处排搜，并通札川、陕、楚各属于各隘口严密盘诘。但王作经、王世贵、苟朝九三逆尚未歼获，且讯据苟朝贤，供亦称不知三逆下落。德楞泰仍当严饬各路一体留心，将三逆设法访查务获。如果已就毙，亦当查明实在证据，方足凭信。此非故为已甚，正所谓除恶务尽、不留遗憾之意。至留兵弹压一节，昨已据额勒登保会同那彦成、方维甸筹议具奏，分段驻守，自已知照德楞泰。但镇将等带兵分驻，不可无统率之员。德楞泰威名素著，现据称于城口暂驻，自系居中扼要之区，德楞泰竟当在彼多驻数月。至开春后，地方实已敉宁，防兵可以撤遣时再回成都。将此传谕知之。"（《清仁宗实录》卷134）

（嘉庆十年三月）丙申，谕军机大臣等：“德楞泰奏，查明三省边界，酌拟分段巡逻各情形。三省边界地方宽广，现在甫经廓清，自当按月巡查会哨，以资控制而防奸宄，着照所请办理。所有各段会哨情形，即着本管镇将备弁等按月具结，申报将军、总督、提督各衙门查核。其在陕、楚境内官兵，亦着各自申报本省将军、总督、巡抚、提督存案，互相稽考，以专责成。如有疏懈及缉捕不力者，即行参奏。其巡哨兵丁，每名每日酌给盐菜银三分之处，亦着照所请行。”（《清仁宗实录》卷141）

（嘉庆十年十二月戊申）湖北提督庆溥奏报简阅营伍情形。得旨：“郧、房、二竹恐有遗孽，应时加巡察。江面甚不安静，应拨兵密缉。训练弁兵，永久毋懈。勉之。”（《清仁宗实录》卷155）

（嘉庆十一年八月丁丑）谕军机大臣等：“……现在贼踪系由西南之甘家砭、四亩地一带奔窜，已传谕丰绅等迎头截剿，谅不至有窜往楚省之事。全保等只须饬知地方文武，不动声色，严密防范，切不可轻于调兵，稍涉张皇，转滋惊扰。现在该处本有总兵呢玛善在彼，全保等又经飞咨提督庆溥办理，若边界地方有必须大员督办之处，即着庆溥驰往。将此传谕知之。”（《清仁宗实录》卷165）

（嘉庆十一年十月）甲申，谕内阁：“……从前剿办三省邪匪，彼时贼众数十万人，无不临阵痛剿，慑以兵威。即间有弃械投出之人，经领兵大员等查讯实系被贼逼胁，方免一死，何尝稍存姑息？邪匪等慑威畏法，方能办理净尽，次第蒇功。彼时德楞泰身在行间，宁不知之？若彼时亦照德楞泰此次办法，一味懦弱，坏法养奸，又安能令三省敉宁乎？……其湖广总督员缺，着汪志伊补授，汪志伊俟到京请训后，再赴新任。汪志伊未到之前，其湖广总督印务，着瑚图礼暂行兼署……将此通谕知之。”（《清仁宗实录》卷168）

（嘉庆十四年八月丁巳）谕军机大臣等："……该匪等敢于纠集多人，于地方大有关系。且汝宁一带，毗连湖北省之孝感、麻城等县，民气率多强悍，素习刀棒，为害商民，不可不严密查缉，务净根株……所有河南、湖北交界毗连一带州县，着该督抚严饬各该州县营汛，无分畛域，一体协力严缉，以靖地方。"（《清仁宗实录》卷217）

（嘉庆十四年九月乙亥）谕军机大臣等："恩长奏称，豫省界连湖北之处，有红胡子、白撞手……此等匪徒，自应严拿，按律惩办，以靖闾阎……将此谕令知之。"（《清仁宗实录》卷218）

（嘉庆十六年五月庚寅）又谕："……至此案尚有未获首伙王胯子等二十余人，必当一一按名查拿，悉数惩办。除交该省地方官上紧勒缉外，并着邻近之湖北、安徽、山东、直隶、陕西等省督抚一体饬属严拿，无任兔脱。就获后一面奏闻，一面解往河南，交该抚归案审办。其王胯子一犯，并当凌迟处死，以昭炯戒。"（《清仁宗实录》卷241）

（嘉庆十九年正月甲申）又谕："……再由兴安而东，则与楚省二竹接壤，山境丛杂，到处可通，亦不可不先事豫防。着马慧裕、吉林泰即传知郧阳镇总兵富斌多派弁兵，于边界侦探，如贼匪有窜近楚境之信，即带兵迎头截剿，无使阑入境内。"（《清仁宗实录》卷283）

（嘉庆十九年二月庚申）谕军机大臣等："据马慧裕奏'探闻陕省贼匪窜近郧西，派兵防堵'等语。现在陕省已无成股贼匪，惟剿散之贼恐有一二零匪假装乞丐行旅，冀向楚省窜逸。着该督严饬地方文武员弁，督率兵役，于各要隘处所或林谷深处逐细搜查。如有拿获零匪，即就近解往陕省，交长龄、朱勋等审办。其楚省边防，察看实已宁谧，即将调防之兵撤归原伍，以节糜费。将此谕令知之。"（《清仁宗实录》卷285）

（嘉庆十九年闰二月）己巳，谕内阁："上年逆贼林清案内要犯祝现、刘呈祥、刘第五、董伯旺、支进财、刘成章六名在逃未获，前特谕该衙门等上紧严拿，自二月初七日降旨之后，迄今又已一月，尚无一名就获，殊属怠玩。该犯等虽蓄心谋逆，然其纠合无赖匪徒突入禁城抢掠，亦不过如一盗劫之案。如果认真查缉，何难悉数捕诛……着再饬谕步军统领、顺天府、五城各衙门，并……湖北各将军、督抚、都统、副都统等，一体饬属迅速严缉。志切同仇，务在必获，莫再因循疲玩，非我臣子矣……至各地方官于逆犯逃逸过境，或在本境藏匿，均有应得处分。但伊等此时果能认真缉捕，其从前逆犯过境及在境藏匿，亦一概免究，专录其获犯之功。经此次剀谕之后，伊等当激发天良，共加奋勉，同心协心，庶不至遗孽逋诛也。将此通谕知之。"（《清仁宗实录》卷 286）

（嘉庆十九年五月）乙巳，谕内阁："……案内要犯，尚有祝现、刘呈祥、刘第五、董伯旺、支进财、刘成章六名及次要犯五十九名在逃未获……试思逆犯数十名，纵使踪迹诡秘，总不出此数省地界。如果各州县同心协力，比户同查，该逆等安得有容身之地？着再申谕步军统领衙门……及……湖北各将军、督抚、都统、副都统等，一体饬属上紧查拿。凡境内穷乡僻壤以及庵观寺院，务皆实力稽查，遇有形迹可疑之人即行盘诘。其路途山谷倒毙自尽者，除有亲属认领外，俱照刑部单开年貌，逐细核对，毋稍遗漏……各府州县如能将祝现等重犯捕获，朕亦必优予恩施。务各激发天良，义切同仇，使遗孽迅就捕诛，以蒇巨案。将此通谕知之。"（《清仁宗实录》卷 290）

（嘉庆二十年四月）癸酉，谕内阁："御史石承藻奏'江湖水次，设法巡缉'一折，据称'两湖地方，从前各督臣认真缉盗，水次肃清。近来劫案甚多，皆由缉捕不密之故，请定水面缉捕章程'等语。两湖及三江地方，长江延亘数千里，帆樯云集，其间奸宄潜伏，较之陆地稽察尤难。现在直省城市乡村严行保甲，匪徒无所栖止，或遁入水乡，亦事之所有。着传谕湖北、湖南、江南、安徽、江西督抚，各于所属江湖水面认真稽查，或船只编列号次，责成地方营汛文武员弁慎密巡防，以期摘奸发伏，有犯必惩，用补保甲所不逮。务各实力整顿，勿令吏胥扰累，以副朕戢暴安良至意。”（《清仁宗实录》卷305）

（嘉庆二十年六月戊辰）谕军机大臣等：“御史孙世昌奏‘红胡匪徒滋害日甚，请稍宽州县失察处分，俾得从实严办’一折。安徽、河南、湖北等省，红胡匪徒，久为地方之害。闻近日勾结伙党，千百成群，蔓延数省，劫掠横行。若不及早惩创，必致日久酿成巨案。百龄、马慧裕、胡克家、方受畴、张映汉当不分畛域，督饬所属文武员弁各于本境内严密侦缉，设法擒拿。访有窝藏地棍及私通胥吏，尽法惩治，不得以驱逐出境，即为了事。如州县力不能制，该管上司当助以威力，勿使畏首畏尾，动多掣肘。至地方官失察匪徒，例有应得处分。该督抚当明白晓谕，令其认真缉捕，毋稍存回护之见……若果该州县等能将红胡要犯实力剪除，岂复咎其既往，而不加以恩施乎？如有能拿获著名渠魁及余党多名者，该督抚据实保奏；其任意废弛、纵恶殃民、委曲弥缝、不顾后患者，查明严参重惩。将此各谕令知之。”（《清仁宗实录》卷307）

（嘉庆二十年八月甲寅）又谕：“近来河南、安徽、湖北三省交界地方，不法匪徒纠众肆劫，扰害良民，有红胡子、白撞手、拽刀手等名目，不可不严加惩创，以儆凶顽。着刑部仿照四川省啯匪之例，从重定拟罪名，另立专条奏明颁示，该三省一体遵行。”寻议：“嗣后三省地方红胡子、白撞手、拽刀手等，如纠伙五人以上在场市肆行抢劫者，不论曾否得财，照光棍例，为首拟斩立决，为从拟绞监候。若拒捕伤人，首犯即行正法枭示，在场加功者俱拟绞立决。同谋抢夺并未在场者，拟绞监候。其在野拦抢未经伤人之案，除实犯死罪外，数在三人以下，不分首从，俱发极边烟瘴充军。如四人以上至九人者，不分首从，俱发伊犁分给官兵为奴。若十人以上，无论伤人与否，为首拟斩立决，为从拟绞监候，被胁同行者，发乌噜木齐给官兵为奴。倘有杀人夺犯伤差等事，即将首伙各犯，分别斩枭绞决监候。”从之。（《清仁宗实录》卷309）

（嘉庆二十年八月）丙寅，谕内阁：“给事中孙汶奏‘山东省之兖州、沂州、曹州三府，江苏省之淮安、徐州、海三府州，拽刀手匪徒甚多，请与河南、安徽、湖北之红胡等匪徒一律严办’等语，着交刑部将此二省拽刀手抢劫案犯与河南、安徽、湖北三省红胡子、白撞手、拽刀手等匪徒一并从重定拟罪名，奏准颁行。”（《清仁宗实录》卷309）

（嘉庆二十年八月庚辰）谕内阁：“本年春夏间，据湖北、江西、安徽、江苏等省各督抚先后奏报，拾获匿名揭帖，字体怪异，语句悖逆，上印九龙木戳，共有十余纸。此等不法之徒，敢于光天化日之下编造逆词，散播数省，煽惑人心，实属罪大恶极。节经饬令各督抚一体严缉，速获逆犯以正刑诛……”（《清仁宗实录》卷309）

（嘉庆二十年九月丙午）丙午，谕军机大臣等：“方受畴奏‘缉拿红胡捻匪情形’一折，红胡匪徒纠伙行凶，奸淫劫掠，在河南、安徽、湖北三省地方为害闾阎，有红胡子、白撞手、拽刀手、捻子头等名目，实为巨恶。及兵役往缉，又于三省交界处所，此拿则彼窜，彼拿则此窜。必须三省知会，并力严缉，方可按名弋获……朕闻三省缉匪情形，豫省尚为认真，安省次之，湖北最为懈弛。马慧裕、张映汉实属怠玩，再不奋勉，严谴立降矣，慎之。该匪等闻知多向楚境窜匿，是豫、皖以邻国为壑，而楚地竟为逋逃渊薮，匪徒总难期净尽。着通谕该三省督抚，各饬所属毗连州县文武员弁，务当同心协力，不分畛域，遇有匪犯彼此互相知会，追擒堵截，以期必获。马慧裕、张映汉尤当力振因循积习，俾属员知所畏惧，庶奋勉缉捕，奸宄无所逃遁，可收戢暴安良之效。其代为打造抬枪刀械之铺匠，并着一体严查惩办，以净根株。将此谕令知

之。”（《清仁宗实录》卷310）

（嘉庆二十年十二月丙寅）谕军机大臣等：“……其江南、湖北、河南等省传教各犯，已有旨饬令各该督抚等迅速查拿，即于该省讯明办理矣。将此谕令知之。”（《清仁宗实录》卷314）

（道光二年二月丙申）谕军机大臣等：“……何君佐现已调任湖北提督，届时当令新任提督桂涵督兵往办，务将该番贼痛加惩治，以儆将来……”（《清宣宗实录》卷30）

（道光二年九月乙未）谕军机大臣等：“程祖洛奏‘会缉捻匪，并续获朱麻子案内伙犯，追究余党情形’一折，据称‘豫省南汝一带教匪较少，何至被阜阳匪徒煽惑多人，该匪等所供新蔡县人入教止百余人，断不可信。现在饬属并咨会安省及湖北一体查拿堵缉，并提各犯严切根究，务令供出最要逆犯……’等语……”（《清宣宗实录》卷41）

（道光二年十月甲寅）谕军机大臣等：“御史石时桀奏‘湖北武昌府属樊口内梁子地方，近闻盗船肆劫，有大窝叶文金并窝妇萧金氏等。该县刑房王子翼并捕役为之包庇，每船按月收钱，萧金氏、叶文金先后被控到官，均系吏役庇护，地方官延搁不办。风闻黄梅县副榜帅承法等坐船离省城数十里，被盗抢劫，并沉失人口’等语。各直省地方官遇有盗匪窃劫及著名窝党，自应随时惩创。湖北武昌府属樊口附近地方，为驿传往来之所，稽查保甲，尤应严密。乃近来竟有匪船出没，该处吏役胆敢包庇，地方官所司何事？着李鸿宾于接奉谕旨后，迅即饬属按名密速掩捕，据实秉公严加惩办，务除匪党，以靖地方。并着查明前任及现任地方官，下及胥吏，如有包庇徇隐及缉捕废弛者，指名严参惩办，毋稍讳饰，勉之慎之。原折着发交阅看。将此谕令知之。”（《清宣宗实录》卷42）

（道光十一年五月乙卯）谕军机大臣等："寄谕两广总督李鸿宾……湖北巡抚杨怿曾……御史冯赞勋奏'广东濒海通洋，向有匪徒拜盟结党，伊祖籍该省，习闻会匪之风。近又访获图样一纸，闻匪徒纠结多年，勾连凡五六省，名曰"三合会"。其党分为五房，福建为长房，广东为二房，云南为三房，湖广为四房，浙江为五房。每房各有头目，以五色分为旗帜，入会者授以口号，各执图一张，愚民多堕其局中，吏役兵丁半皆羽翼，请饬严密访拿'等语。会匪结党聚众，久干例禁，如该御史所奏，勾结五六省，执有旗帜，授以口号，尤应严行查办。着各该省督抚通饬所属，不动声色，密访严拿，务将为首匪徒缉获，按律惩办，散其余党，以绝根株而安良善。如不认真察办，将来倘养痈贻患，惟该督抚等是问。将此各谕令知之。"（《清宣宗实录》卷188）

（道光十二年二月）丁酉，谕军机大臣等："据卢坤奏报剿败逆瑶奔窜情形，请饬调带兵大员前往剿捕，以期迅速蒇功……此等乌合之众，不难迅速剪除。现经该督飞调湖北提督罗思举，迅即挑选将备，带领熟练精兵一千名驰往剿办，统计前后所调官兵共有四千余名之多，足敷防剿……又卢坤另片奏'前由陕省派往湖北之守备仇怀瑛，千总程芝、王集贤，现饬令该员等带同该督标弁兵，押解抬炮五十尊、喷筒三百杆，迅速解至永州备用，并将该督标精锐炮手、枪手二百名令武昌城守营参将文兴、德安营守备刘克勤带领迅赴湖南，以资进剿'，俱着照所请办理。将此由五百里谕令知之。"（《清宣宗实录》卷206）

（道光十二年二月庚子）谕军机大臣等："罗思举奏'挑带官兵遵赴湖南协剿瑶匪'一折……兹据该提督奏，接准咨会，当即调派参将刘允孝等六员，挑派提标兵六百名、郧阳镇标兵四百名，于二月十八日起身，兼程前赴军营，会同相机剿办……"（《清宣宗实录》卷206）

（道光十二年三月己酉）又谕："……余步云接奉此旨，着即于就近所辖贵州各营内挑选精兵一千名，并选派曾经行阵得力将弁数员带领，迅速驰赴江华军营，与总督卢坤并前经调往之湖北提督罗思举会同筹商，迅即相机妥为剿办……”（《清宣宗实录》卷207）

（道光十二年四月癸未）谕军机大臣等：“卢坤等……又另片奏‘荆州备调兵一千名，毋庸调往’等语。此项马队兵丁与该处情形，山深路窄，驰骋不宜。且荆州为湖北重镇，总督、提督俱经带兵出省，该处亦不可无大员控制，所见甚是。所有荆州兵一千名着不必调往，以重地方。将此由四百里各谕令知之。”（《清宣宗实录》卷209）

（道光十二年四月乙巳）又谕：“……其卢坤另片奏‘广东散排逆瑶复出滋扰，现酌备精兵二千名，如须楚兵协剿，即选派得力将领，带赴连州听候调遣’，所见甚好……”（《清宣宗实录》卷210）

（道光十二年四月丙午）谕军机大臣等：“禧恩等奏‘湖北途次，询悉拿获逆瑶家属情形’一折，览奏均悉。昨据卢坤等由五百里驰奏，生擒赵金陇之子赵幅金、赵满仔及赵金陇之弟赵金旺、头目赵文凤、李德明等，并无赵金陇之妻在内。此次禧恩等奏，拿获军师李姓，是否即系李鸿宾等所奏素善符咒、住在石宝山之李德明……”（《清宣宗实录》卷210）

（道光十二年五月壬子）又谕：“……二十四日，复挑选湖北、湖南各营果锐兵勇，一齐进攻，枪炮兼施，直至未刻，将贼众所踞房屋概行烧毁，焚毙逆瑶无数，又诛杀生擒多人……将此通谕中外知之。”（《清宣宗实录》卷211）

（道光十二年八月庚辰）谕军机大臣等：“……兹据李鸿宾奏称，接据湖南永州镇总兵曾胜禀报，转据岭东营守备阿临泰带领官兵在楚、粤交界地方拿获瑶匪，亦供系广西贺县首匪盘均华。押交湖广总督衙门审讯，是否粤西歼毙之犯确系盘均华，抑楚省现在拿获之盘均华另有其人，着禧恩等详查确实。并行文咨询卢坤，务须将该犯下落，得有切实证据，方为可信……”（《清宣宗实录》卷217）

（道光十二年九月辛亥）谕军机大臣等：“据禧恩等奏‘进剿瑶匪，连获胜仗，各排冲缴械乞降，现筹剿抚兼施’一折，剿办甚属可嘉，朕心欣悦之至，已另降谕旨分别加恩矣……李鸿宾、刘荣庆着禧恩等派委妥员押解来京，刘荣庆如已起身回籍，着咨明沿途湖南、湖北等省，该革员行抵何处，即由该省督抚委员押解来京。将此由四百里谕令知之。”（《清宣宗实录》卷219）

（道光十二年九月）戊午，谕内阁：“……现经委员亲入瑶寨，编查户口花名，设立门牌，随将大营撤出山外……其前经奏调湖北官兵，着即停止……将此通谕中外知之。”（《清宣宗实录》卷219）

（道光十六年二月丙子）谕军机大臣等：“……该逆匪等已于初六日酉刻聚至武冈州扑城，现经吴荣光带兵亲往督办，一面函致湖广总督讷尔经额及新任巡抚裕泰、藩司龚绶迅赴湖南，一面酌调衡州等各协营兵丁八百名驰往应援……”（《清宣宗实录》卷279）

（道光十六年四月丁丑）谕军机大臣等：“……本日已有旨，谕令江西、湖北、广东、广西、四川、贵州各督抚一体严拿，无任窜匿。惟念该逆未经被创以前，恃有匪党多人，因敢负嵎抗拒。此时党羽歼擒殆尽，若竟逃往邻近各省，则势孤力绌，不难即日就擒。该逆诡谲多端，未必不计及于此。设或恃有瑶峒深林密箐，冀可潜踪，因而逃入峒中，妄希免脱，亦属事所或有。该督惟当剀切晓谕，并悬赏购线，劝令附近军民及各峒瑶人，倘有该逆潜逃踪迹，即行缚献到官，立予重赏。惟不可擅用兵力，致滋扰累，别生事端。总期罪人斯得，不致幸逃法网，方为妥

善……将此谕令知之。”（《清宣宗实录》卷282）

（道光十六年四月丁丑）又谕：“寄谕两广总督邓廷桢、四川总督鄂山、江西巡抚陈銮、湖北巡抚周之琦……本日据讷尔经额由驿驰奏‘武冈州滋事首逆蓝正樽即蓝沅旷，尚未弋获。讯据从逆伙犯张和尚等，供出蓝沅旷素日熟游之地，内如广西全州所属地方之寿福寺、苦炼庵、猫儿山等处’等语，此案首逆蓝沅旷纠众倡乱，罪大恶极，自应迅速拿获，立正刑诛，岂容幸逃法网？着各该督抚等严饬所属文武员弁，务当不分畛域，实力访查。倘有该逆潜匿境内，立即设法捕擒，解往湖南，交讷尔经额讯明惩办，以彰国法而快人心。将此各谕令知之。”（《清宣宗实录》卷282）

（道光十六年四月壬午）又谕：“昨据讷尔经额奏报‘剿捕湖南武冈州滋事匪徒，已就肃清，惟首逆蓝正樽即蓝沅旷尚未弋获’，当降旨饬令该督等严饬所属搜拿务获。朕思奸宄之潜踪，总由于缉捕之弛懈，向使剿捕方施，趁其穷蹙，分路兜拿，何至任令兔脱……若楚省则平地空旷，间有山洞林木，亦易于追蹑攀跻，何至数月之间罪人未得？着讷尔经额、裕泰即督饬该省文武员弁设法购线，上紧躧缉，毋得迁延月日，致令久稽显戮。至该犯诡计秘藏，恐或潜逃他省，借希混迹，亦着江西、湖北、广东、广西、四川、贵州各督抚不分畛域，一体严拿，不得任其远扬漏网。经朕饬谕之后，倘仍缉拿不力，竟致该犯日久未获，惟讷尔经额、裕泰是问，恐不能当此重咎也，懔之。”（《清宣宗实录》卷282）

（道光十九年九月甲午）湖广总督周天爵等奏：“湖北外江内汉，港汊错处，最为盗贼渊薮。前任督臣李鸿宾等奏明派委文武员弁长年巡缉，有名无实。嗣后请量为变通，不必按季按段照例分巡。但派长于缉捕之员及素曾训练之兵丁，带同常用之眼线，严密查访，使人不测。一得盗踪，随在知会地方文武员弁协力掩捕，尽法惩办。仍以获盗之多寡，严

定员弁之功过，庶于缉捕大有裨益。”从之。（《清宣宗实录》卷326）

（道光二十年六月己巳）谕军机大臣等：“有人奏‘湖北襄阳府属之南漳县，于五月初一二日传有民变之事，民间纷纷逃避，几至七八州县。襄阳、安陆城门昼闭，恐系教匪余党散布谣言，惊恐愚民，得以乘间窃发’等语，是否实有其事，着周天爵、伍长华转饬该管地方文武员弁不动声色，严密查访。如有教匪余党潜伏民间，立即严拿究办，以净根株，毋许讳饰。将此谕令知之。”（《清宣宗实录》卷335）

（道光二十年十二月）丙寅，谕内阁：“裕泰奏‘湖北匪徒滋事，派员堵缉’等语，据奏‘湖北长乐县地方，匪徒胡启全等纠众滋事，该县与湖南石门县接壤，现已派员驰往督缉’等情，俱着照所议办理。裕泰现已简放湖广总督，着会同吴其濬督令该委员等不动声色，慎密稽查，认真防堵，不准任其滋蔓，以靖地方。”（《清宣宗实录》卷342）

（道光二十年十二月丁卯）谕军机大臣等：“寄谕钦差刑部左侍郎麟魁……着该侍郎于查办湖广各案完竣后，即行驰赴江西会同学政成观宣，将折内所指各情节逐一严密访查，务得确情，据实具奏。原折着钞给阅看。将此谕令知之。”（《清宣宗实录》卷342）

（道光二十一年八月己酉）谕军机大臣等：“……该抚已分调本省兵勇就近防守，并着广募水勇，团练乡民，谕以尔等同心为国出力，即可自保身家。众志成城，何敌不克？一俟湖北、江西兵丁到齐，彼时相度机宜，如能一面防堵，一面协同裕谦助其进剿，更为得力……”（《清宣宗实录》卷356）

（道光二十一年十二月壬寅）谕军机大臣等：“本日裕泰等奏‘湖北崇阳县匪徒聚众攻入县城’一折，据称‘该县刁徒钟人杰，前因包庇程中和挖煤图利，拟徒配逃，查拿未获，与民人挟有夙嫌，欲图报复’等语。该犯钟人杰以无赖匪徒，何至因有衅端，辄敢聚众入城，抢劫监狱仓库，拒捕捆官，情节殊难凭信。据该县师长治之子禀称，匪徒党羽甚多，恐系蓄谋已久。该县僻处山陬，地面并不辽阔，何以匪徒聚众，该县毫无闻见，其中显有别情。着裕泰、赵炳言一面派兵缉拿各犯，一面飞咨邻省协力防堵。其为首之犯，务当即速拿获，毋任远扬滋蔓。裕泰现已带兵前往，并有郭熊飞等会同兜拿。着即严切讯究起衅根由，何人为首，是否系地方官激成事端，总须水落石出，分别严办，迅速完结。湖北省城一带饥民甚多，赵炳言坐镇省垣，必须妥为弹压，不可令其闻风惊疑，或致勾串。倘现获各犯供出党羽散在各处，亦即密咨分缉，勿留余孽，是为至要。将此谕令知之。”（《清宣宗实录》卷364）

（道光二十一年十二月甲辰）谕军机大臣等：“裕泰奏‘匪徒戕官据险，现在添兵剿办’一折，据奏‘崇阳县幕丁禀称，匪徒钟人杰、陈宝铭等纠集党羽二三千人，设立帅台，占据县城，戕害知县。现据拿获奸细，供称蒲圻接壤之洪下地方，现有匪党僧人占据拒守’等语。匪徒聚众据城戕官，罪大恶极，必须一鼓歼除，断不可耽延时日，致有滋蔓。该督现已续调省标官兵督同剿办，如兵力尚单，准于北、南两省附近营分酌调，以期早为扑灭。计该督此时当已行抵县境，着即探明路径，出奇夹击，迅速蒇功，并先就所获各犯确讯起衅根由，毋稍讳饰。至该县师长治城破被害，家属同时殉节，又典史外委是否自尽，均应确切查明，据实具奏。将此由五百里谕令知之。”（《清宣宗实录》卷364）

（道光二十二年正月庚戌）谕军机大臣等：“本日裕泰奏‘拿获奸细，究出贼势情形，现在添调官兵，妥筹堵剿’一折。逆犯钟人杰等胆敢戕官据城，威胁各乡保正令其帮助，现在收取乡间铜铁制造军器，并将各要隘挖断路径，设卡拒敌，实属罪大恶极，必应迅速扑灭，以伸国宪。裕泰现驻咸宁，着提督刘允孝迅即拣带精兵前往会剿，毋稍迟延，致令滋蔓。至崇阳、通城各县与江西、湖南接壤，恐该逆受创后四路分窜，已降旨由五百里饬令吴文镕、吴其濬派委妥员，各就所属，认真防堵。又恐湖北省兵力单弱，复降旨由五百里饬令恩特亨额、富呢扬阿将前经奉旨调集陕、甘官兵二千名，赶紧派员管带赴楚，交裕泰、刘允孝克期进剿，以资得力。此等奸徒聚众凭险，必应及早剿办完结，方免日久蔓延。该督等务即相机前进，一面设法攻击，一面解散党羽，断不可因地处万山之中，借词延玩，致误事机。所有此次调派官兵、雇募乡勇、所需口粮等项，准其筹款办理，事竣核实报销。将此由五百里谕令知之。”（《清宣宗实录》卷365）

（道光二十二年正月庚戌）又谕：“据裕泰奏‘湖北崇阳县匪徒钟人杰等聚众滋事’，业经该督带兵剿捕，自不难即时扑灭。惟该逆等党羽既多，一经官兵征剿，恐窜入邻境，更有滋蔓之虞。着吴文镕、吴其濬各派妥员，带兵前往交界处所，严密防堵。如有匪徒窜入，协力捕拿，毋使漏网。将此由五百里各谕令知之。”（《清宣宗实录》卷365）

（道光二十二年正月庚戌）又谕：“前有旨，谕令恩特亨额、富呢扬阿于甘肃、陕西两省各营内挑选精兵二千名，于本年正月前赴天津，听候调遣。现在湖北崇阳县匪徒滋事，亟须添兵剿办，着该督抚等即将前经谕令挑备陕、甘精兵二千名，拣派曾经出师之将弁管带，迅速起程，前赴湖北，听候裕泰、刘允孝调遣，并着申明纪律，毋许沿途滋扰。将此由五百里各谕令知之。”（《清宣宗实录》卷365）

（道光二十二年正月）辛亥，谕军机大臣等：“昨据裕泰奏，湖北崇阳县匪徒钟人杰等滋事，戕官据城。已有旨谕令裕泰、刘允孝拣带精兵，前往会剿，并有旨挑备陕甘精兵二千名迅赴该省候调矣。该匪凭险负固，党羽渐多，现在阻塞要隘，制造军器，必应及早扑灭，方免蔓延。齐慎着仍作为参赞大臣，携带关防，迅速驰驿兼程前往湖北，会同裕泰、刘

允孝迅加剿办。将此由六百里谕令知之。”（《清宣宗实录》卷 365）

（道光二十二年正月辛亥）又谕：“昨因崇阳县匪徒滋事，降旨令吴其濬严密防堵。本日据该抚驰奏‘亲往岳州督办’一折，据奏‘湖南省临湘、平江二县，相距崇阳不远，现已派副将哈丰阿等各带兵丁驰往，会同地方文武，实力堵截’等语，览奏已悉。岳州府为湖南入境门户，地当扼要。该抚现已带兵亲往，着仍遵前旨，在于界连湖北各要隘严密防堵，盘查奸细，如有匪徒窜入境内，立即擒拿讯究……将此由四百里谕令知之。”（《清宣宗实录》卷 365）

（道光二十二年正月辛亥）又谕：“据台湧驰奏‘湖北崇阳县匪徒聚众滋事，带兵驰往岳州防堵’一折，崇阳县匪徒钟人杰等戕官据城，经裕泰、吴其濬先后奏到，已有旨谕令该督带兵前往会剿，并令该抚酌添兵弁，亲赴岳州督办矣。岳州府属平江、临湘两县与湖北蒲圻、通城接壤，现在该匪已将通城占据，党羽渐众，难保不蔓延邻境。该署提督现带之兵尚觉单弱，着即酌量添派管带前往，会同吴其濬于毗连湖北各要隘严密防堵，断不准该匪徒等窜越入境。倘稍有疏虞，惟该署提督等是问。将此附本日四百里报便谕令知之。”（《清宣宗实录》卷 365）

（道光二十二年正月）甲寅，谕军机大臣等：“前因湖北崇阳匪徒滋事，当降旨令吴其濬添调兵丁，严密防堵，并谕令署提督台湧带兵会办。兹据该抚奏称‘行抵湘阴，复知通城失守，贼匪已至巴陵交界处所’等语。该处额兵既少，且事起仓猝，若不调兵堵截，恐致蔓延。该抚现已札调镇筸兵丁练勇共四百名，饬令曾经出师各弁，星赴岳州协堵……该抚务即遵照前旨，添调兵丁，会同署提督台湧，督率文武员弁加意防守，毋令该匪徒窜越入境，是为至要。将此由四百里谕令知之。”（《清宣宗实录》卷 365）

（道光二十二年正月甲寅）又谕："前因裕泰奏崇阳县匪徒滋事，当降旨饬令裕泰、刘允孝拣带精兵前往会剿。本日据刘允孝奏，现于提标各营添调兵丁五百名，拣派将弁，由谷城驰赴咸宁，与裕泰会商办理，所见甚好。惟该提督前后调兵仅止九百名，尚形单薄，昨虽饬调陕、甘兵丁二千名，到楚亦需时日。着该提督与裕泰晤面后，妥筹进剿之方，如能设法即时扑灭，俾免滋蔓，即着趁此党羽未成之时，攻击解散，甚不费手。若贼势甚炽，我兵单弱，即着严密堵截，毋令窜逸，俟各兵齐集，四面兜剿，一鼓成擒。总当通盘筹画，谋定后动，固不可冒昧轻进，亦不可观望迟逾，该提督必能相机妥办，以慰朕望也。将此由四百里谕令知之。"（《清宣宗实录》卷365）

（道光二十二年正月）丁巳，谕军机大臣等："前因湖北崇阳县匪徒滋事，当降旨着吴文镕派员带兵防堵。兹据该抚奏称'崇阳地方与江西义宁州连界，业经派委文武各员会同该州相机缉捕，并饬附牢之武宁等县营一体防堵'等语。该匪徒等人数众多，难保不此拿彼窜，现在该州已团练义勇，各乡村列卡分守并移营分段巡防，尚属严密。该抚所调袁州、吉安及省标精兵，先行豫备，仍饬带兵各员确探该匪徒等，如有窜入江西之势，立即驰往会剿，勿令蔓延。将此谕令知之。"（《清宣宗实录》卷365）

（道光二十二年正月戊午）又谕："据吴其濬奏'查控崇阳匪徒据险拒守，尚未窜入湖南境内，已于各处要隘派兵防堵情形'一折，所办甚好。现在该逆匪等已据通城，则蒲圻最为要路，该抚现已派员带领兵勇在临湘县之把截坳地方扎营防堵，其余临湘、巴陵、平江等处，均经分布兵勇防御，自可得力。该抚暂驻湘阴，调度策应，此时台湧想已驰赴岳州督办防守。一俟湖北兵力厚集，该督抚等即当相度机宜，四路兜剿，断不可任其窜越，以期迅速蒇功。至通城绅士，既据吴其濬侦探愿为内应，着即乘机激劝，一面设法进攻，一面散其党羽。该逆匪既有欲向通山、蒲圻一带窜往汉口等情，着裕泰等即添派官兵，于该二县要隘处所严密防守，毋令再行滋蔓，致将来办理费手，是为至要。将此由四百里各谕令知之。”（《清宣宗实录》卷365）

（道光二十二年正月）己未，谕军机大臣等：“裕泰奏‘筹拟派兵堵剿机宜’一折，据奏‘贼匪突至，通城失守，官弁潜逃，并杀害不肯附和民人，及抢掠富户，开仓散谷，要结人心’等语。逆匪种种情状，殊堪痛恨，该督现拟多设疑兵，虚张声势，由咸宁、蒲圻分兵前进，并由通山暨湖南临湘倍道抄入后面，腹背夹击。已密咨台涌，带兵驰赴临湘，俟湖北官兵及刘允孝到后，订期分途进剿。览奏均悉，计此时刘允孝当已赶到，即着会商办理。如兵数足敷调遣，时不可失，即照议妥密布置，迅速进剿。倘兵力尚单，不敷派拨，着即飞催在途之陕、甘官兵，令其赶紧赴楚。俟有数起到来，即行妥速剿办，断不可坐失机宜。通城县知县李垒、典史单名扬、外委谢奕武，均有守土之责，乃不能先事筹防，一经贼匪突入，即各怀印奔逃，殊出情理之外。均着先行革职，交该督等严审确情，治以应得之罪，余俱着照所议办理。本日又据赵炳言奏‘雇募乡勇，保卫防堵’一折，现在武昌、汉阳两府存城之兵仅止一千余名，该抚雇募乡勇二千余名，配给器械，防守城垣，均着照议办理。惟崇阳民人在省贸易佣工者，未免闻信惊疑，固当妥为安抚。而其中良莠不齐，难保无被奸匪暗中勾结，为之探听消息及遥为应援之事，尤应严密稽查，以杜奸计。又另片奏‘接准裕泰咨会，省城设立总局，派委司道经理’等语，此等奸匪聚众滋事，不过小丑跳梁，无难即日扑灭，遽照向来军营设立总局分局，派委多员，不但徒滋糜费，亦觉过涉张皇。该督抚等惟当斟酌缓急，认真撙节，勿任属员张大其词，豫为开销地步，懔之慎之。将此由四百里谕令知之。”（《清宣宗实录》卷365）

（道光二十二年正月庚申）谕内阁：“裕泰奏‘贼匪乘夜扑卡，官兵剿杀击退’一折，上年十二月，湖北崇阳县逆匪钟人杰等戕官据险，经该督驰赴咸宁督办，密派将弁兵勇在蒲圻县属之丁泗桥防堵接应。三十日夜，贼匪二千余人分扑守备王荣、把总陈锦两营，经副将双福等带领弁兵赶到，枪械兼施，杀毙贼匪五十余人，暂获首级六颗，枪伤贼匪多名，夺获贼械，始行畏惧逃逸，并捉获匪党王得茂及前获奸细邱名标，均于军前正法。又据通山县禀报'正月初一日，逆匪千余前来扑卡，该县会同营将督兵开炮，杀毙贼匪十余人，击毙数十余人，捉获二人，贼即退去'等语。贼匪四出抢扰，均经派防守卡官兵用少击众，即时杀退。所有在事出力员弁，着裕泰查明保奏，候朕施恩，伤亡兵勇咨部议恤。另片奏'盘获崇阳汛兵廖清泰及外委邓永煊之子邓芳义到案，讯明邓永煊并未被害，伊等系求陈宝铭放回'等语。外委汛兵，责在防御，或未被贼戕害，或竟求贼放回，均难保无从贼情事。着裕泰确切查明，与怀印奔逃之通城县知县李垒等一并严行惩究，按律办理，不准稍存开脱之见，致守土各官弁毫无顾忌，群以潜逃为得计也。"（《清宣宗实录》卷365）

（道光二十二年正月庚申）又谕："吴文镕奏'添兵堵拿湖北匪徒，并委署臬司亲往督办'一折，览奏均悉。江西省义宁州与湖北崇阳县壤地毗连，所有三界尖等处各隘，均关紧要。现在该省匪徒，已据裕泰等密咨台湧、刘允孝带兵分途前往，相机夹击，难保不此拿彼窜，亟宜严密防堵，断其后路。既据该抚添兵前往堵拿，并令署臬司叶名琛亲往督办。即着照议，饬令带兵各员严守各隘，并确探该匪等，如有窜入之势，即行并力扑捕，断不准其阑越入境，致有蔓延。将此谕令知之。"（《清宣宗实录》卷365）

（道光二十二年正月庚申）又谕："裕泰奏'官兵剿杀贼匪情形'一折，已明降谕旨，令该督确查出力员弁并伤亡兵弁矣。此次逆匪钟人杰等占据崇阳、通城二县，复遣匪党分路滋扰，必应及早扑灭，以靖地方。昨有旨令会同刘允孝相机剿办，如兵力尚单，即飞催陕、甘官兵到楚协剿，着该督于接奉后遵旨妥办。前据奏崇阳典史、外委均经自尽，现据查明邓永煊并未自尽。其典史曾否缢死亦应确查，其教官是否奉委外出，先期告假，均难保无捏饰情弊。至崇阳汛兵求贼放回，显有从逆之事。该县师长治被贼戕害，眷口多已自尽，家人亦均被杀，是否属实，着该督一并确查，据实具奏，毋任稍有捏饰。至匪徒钟人杰、陈宝铭、汪敦族并钟人杰之弟及刘姓，又前奏洪下地方有诡称术能封枪之僧人，均系著名要犯，总须生擒解京，尽法惩治，以伸国法而快人心。如已被官兵杀毙，亦须确得实据，不准含混了事。将此由四百里谕令知之。”（《清宣宗实录》卷365）

（道光二十二年正月辛酉）谕军机大臣等：“本日据禄普、忠灵奏‘请带兵协剿’一折，此次湖北崇阳县匪徒滋事，经裕泰、刘允孝管带兵勇四路兜拿，并有旨令陕甘挑选精兵二千名赴楚候调。着裕泰酌量情形缓急，如果必须就近添调，即着忠灵选带精兵数百名前赴协剿。倘现调各兵已敷拨用，即无庸议。将此各谕令知之。”（《清宣宗实录》卷365）

（道光二十二年正月甲子）谕内阁：“本日裕泰由驿驰奏‘续击贼匪’一折，据称‘本月初二日戌刻，崇阳县逆匪复扑营卡。经该副将双福等豫为布置，连环枪炮四面施放，直前攻击，至次日贼众溃散，轰毙逆贼七十余人，带伤窜逸者不计其数，我兵受伤仅止四名。初三日，另股贼匪数百名由严家山界水岭等处绕出，欲扑通山县北境，当经赶杀数名，枪炮击伤数十名，旋即解散’等语，所办甚好。着裕泰即查明此次实在出力将弁兵丁，分别保奏，候朕施恩，毋许冒滥。该匪等肆行悖逆，罪不容诛，指日大兵进剿，无难立时殄灭。惟崇阳、通城两县居民良莠不齐，大半皆被威胁，未必果甘心从逆。王师入境，民困立苏，着裕泰严饬带兵将弁，务当详加辨别。其有逆迹昭著、质证确凿者，立正典刑，以彰国宪。或老幼无知，胁从可悯，着即分别释放，俾各复旧业，共荷生成。不得玉石俱焚，概行诛戮，以示朕除莠安良、惠受群黎至意。”（《清宣宗实录》卷365）

（道光二十二年正月甲子）谕军机大臣等：“本日裕泰驰奏‘续剿逆匪’一折，已明降谕旨，饬裕泰将出力将弁兵丁保奏。所请军需银二十万两，已令户部速议具奏，并由五百里饬知富呢扬阿及沿途各巡抚，将所调陕、甘兵丁二千名截回陕西省驻扎，毋庸赴楚矣。此次贼匪于初二、初三等日，胆敢扑我营卡，并欲扑通山县北境。经该督饬令将弁等分别击毙逆贼七十余人，带伤窜逸者不计其数，即时解散，办理颇好，朕心甚慰。该逆等屡次受创，当已胆裂心寒，计穷势蹙，但恐分窜各路，妄思逃溃，借免刑诛。着裕泰严饬将弁，各就所守要隘，认真防堵，毋令一名窜逸。仍遵前旨，将著名各要犯生擒解京惩办。至该省所调官兵已有五千余名，足敷调拨。刘允孝此时计已驰抵军营，着即会商迅速设法进兵，及早剿灭，毋令日久滋蔓。将此由五百里谕令知之。”（《清宣宗实录》卷 365）

（道光二十二年正月甲子）又谕：“前因湖北崇阳县匪徒滋事，当降旨着恩特亨额、富呢扬阿将挑选陕、甘精兵二千名，派员管带前赴湖北，听候裕泰等调遣。兹据裕泰奏，该逆等屡次受创，指日即可荡平。所有前调陕、甘兵丁，无论行抵何处，着沿途各巡抚即行截回，并着富呢扬阿于该兵丁等回陕时，妥为安插，仍令驻扎省城，候旨调遣。将此由五百里各谕令知之。”（《清宣宗实录》卷 365）

（道光二十二年正月己巳）谕军机大臣等：“本日据裕泰驰奏‘贼匪分股攻扑，官兵大获胜仗’一折，览奏欣悦，已明降谕旨，赏给裕泰花翎，双福、玉贵、魏鸿兴分别升赏，并令酌举出力员弁，议恤伤亡兵勇。贼匪虽已屡败，仍据两城，且人数尚多，出没无常，难保不重来滋扰。我兵仍须处处严防，不可因连获胜仗，稍存大意。据奏‘探明崇阳、通城各处要隘，分道进兵，并设疑兵牵制，募人暗发滚木伏弩，携沙填濠越堑’等情，布置俱好，即着照所议办理。现在刘允孝已抵咸宁，鄖阳、宜昌两镇及湖南提标官兵，日内亦即到齐，着该督等通盘筹画。如已足敷调遣，即乘此屡胜之威，分道进兵，四面兜剿，迅即攻复崇阳、通城二县，生擒首要各犯，解京尽法惩治，毋任漏网。署湖南提督台湧已谕令前赴临湘，会同商酌，相机防剿矣。将此由五百里谕令知之。”（《清宣宗实录》卷366）

（道光二十二年正月己巳）又谕：“本日裕泰由驿驰奏‘官兵剿击贼匪，大获胜仗’一折，据称‘正月初十日，崇阳县逆匪数千人由通山县西越岭突入，又有数千从小路盘踞高山，欲行扑城，施放枪炮。经派防参将清保等率兵迎剿，把总魏鸿兴奋勇先登，官兵齐上，夺据险要，杀伤贼匪百余人，追杀击毙不计其数。该匪等身受重伤者数十人，皆被擒获，于军前斩首。余匪逃散，又经官兵追击，毙贼数百名，夺获枪炮器械多件。又初九日，贼匪用小船多只拥至蒲圻，占据城外东南山城，官兵轰击，先后毙贼数百人。该匪恃众拒敌，四面扑城，势甚猖獗，经拣发副将双福等带领兵勇奋力进攻，击毙二千余人，落水死者百余人，生擒多名，夺获炮位，烧毁船只。贼匪复于十一日扑城，守备玉贵登城抵御，颊中枪伤，复经双福策应，贼始败去，现在追逐搜查’等语，览奏甚为欣悦。逆匪恃众扑城，该两邑派防文武员弁合力堵击，用少击众，连次大获胜仗，挫其凶锋，可嘉之至。把总魏鸿兴先登夺险，加恩着以守备尽先升用，先换顶带。拣发副将双福着赏戴花翎，遇缺即补。守备玉贵着赏戴花翎，以都司尽先升用。该督裕泰剿办逆匪，现在崇阳、通城两县虽未即时克复，惟督派将弁连获胜仗，尚属调度有方，着加恩赏戴花翎。在事出力员弁，仍着该督查明保奏，候朕施恩。伤亡兵勇，查明咨部照例议恤。”（《清宣宗实录》卷366）

（道光二十二年正月己巳）又谕：“吴其濬奏‘遵旨严密防堵，并拿获逆党，究出贼情’一折。湖北崇阳县匪徒钟人杰等聚众滋事，通城界连湖南临湘等县，经该抚派兵防堵，拿获匪党黎雪寒一名，讯取供词，有‘汪敦族现在通城，着谭六向四乡富民借钱，并封仓谷，遣人潜赴岳州、长沙探听，如有官兵，汪敦族即回崇阳，否则仍在通城’等语。逆匪探听消息，亟应严拿，以杜窥伺。着吴其濬即饬长沙、岳州各府县，迅速严密访缉，务将各奸细弋获究办，并着亲提黎雪寒，确究有无别情，再行具奏。本日据裕泰驰奏，蒲圻、通山连获胜仗，追逐搜查，克期进剿。着台湧即带领弁兵前往临湘驻扎，会同裕泰相机堵剿，总期四面兜击，俾该逆匪腹背受敌，一鼓歼除，毋任一名漏网。至该省办理军需，着准其于湖南藩库暂行借动封贮银三万两，以资支发。将此由五百里谕令知之。”（《清宣宗实录》卷366）

（道光二十二年正月）癸酉，谕内阁：“吴其濬奏‘贼匪偷劫军营，被兵勇击毙，逃回通城’一折，据称‘本月十三日丑刻，有匪徒二千余人前来偷劫平江军营，我兵开枪轰毙一百余名，副将哈丰阿督率守备贾镒财，追击伤毙数十名，贼匪于辰刻始行奔逃。次日戌刻，贼匪复自西山泉水洞突出，即放枪炮，伤毙贼匪十数名’等语，所办甚好。该逆匪等屡经湖北官兵挫其凶焰，现在穷蹙奔逃，冀欲免脱，着吴其濬督饬将弁加意堵截，勿令窜入南境。湘潭守备贾镒财甫经调赴军营，即能奋力当先，不避险阻，实为备弁中出色之员，着加恩赏戴花翎，以示鼓励。其余出力兵弁乡勇及阵亡兵勇，着详查咨明，裕泰汇齐奏请奖恤。”（《清宣宗实录》卷366）

（道光二十二年正月癸酉）谕军机大臣等：“吴其濬奏‘匪徒劫营，兵勇击毙多名，现又增兵防守’一折。该匪等经南北两路分头夹击，势已穷蹙，着吴其濬严饬将弁，仍当加意防堵，勿令一名窜入。俟两省兵丁到齐，密订合剿之期，再行进兵攻剿，一鼓成擒。通城职员黎锡康，业已暗募练勇各守要口，我兵逼近通城，如有贼匪滋扰，即可协同攻击，使之首尾不能相顾。平江县既有贼匪窥伺，自当加意防守。臬司苏彰阿带领镇筸兵丁前往各交界处所，日夜巡逻，并着台湧择要派防，勿稍疏

懈。该抚惟当激励绅士，招募壮勇，认真防御要隘，以安众志而杜贼踪。将此由五百里谕令知之。”（《清宣宗实录》卷366）

（道光二十二年正月）甲戌，谕内阁：“裕泰等奏‘蒲圻防兵，续获胜仗’一折，据称‘本月十六日，崇阳贼匪由洪下地方水陆并下，奔占山岭，经副将双福等身先据险，挥兵奋击，毙贼多名。参将刘定选等复从东西两路抄入，贼众向南奔溃，我兵合力追剿，又毙贼三百余人，枪炮伤者七八百人，生擒五人，追杀十余里，夺获炮械船只，我兵并无伤损，现在分路进剿’等语，所办甚好。所有此次在事出力员弁等，着裕泰查明据实保奏，候朕施恩。现在贼势穷蹙，该督等惟当乘机进剿，迅复二城，其匪党务即搜捕净尽，毋留余孽。至被胁良民，尤应查明妥为安抚，俾无失所。”（《清宣宗实录》卷366）

（道光二十二年正月甲戌）谕军机大臣等：“本日据裕泰等奏‘防兵续获胜仗，现拟分道进剿’一折，览奏欣慰，已明降谕旨，令该督酌保出力员弁矣。据奏‘先复通城，以孤贼势，密饬台湧带领官兵，由临湘、巴陵进取。副将双福等管带兵勇，由间道驰往通城，收复该县以后，即由南面进攻崇阳。又派参将清保等攻夺界头贼卡，由东面进攻崇阳。其西北两路，派游击谢正国等带兵夺取小岭贼卡。刘允孝拟由白杨畈夺据西岭等处进攻’等语，所办甚好。似此四面兜擒，幺麽小丑，无难一鼓歼除，朕伫待捷判之至也。惟克城以后，务将著名首要各犯设法生擒解京，尽法处治，以彰国宪。如果临阵伏诛，亦必得有真实确据，断不可轻听带兵各员游移无据之词，将就了事，致贻后患。其从逆匪党，自应搜捕净尽，无留遗孽。被难良民，仍当妥为抚恤，毋令玉石俱焚。另折奏‘武昌、汉阳水路委员防堵’等语，着即知照赵炳言实力清查，严防勾结，并随时知照吴其濬一体防堵，毋使窜越。其典史王光宇已据供报自尽，外委邓永煊是否从贼，并教官有无捏饰，着俟克复二城后确切查明，同逃出已革知县李垒等分别究办，以肃国纪而励官方。断不可因大

功已蒇，稍从末减，致守土文武官员无所儆惧，相率效尤……将此由五百里谕令知之。”（《清宣宗实录》卷366）

（道光二十二年正月丙子）又谕：“裕泰等奏‘官兵连夺贼卡，分道进剿’一折，据奏‘提督刘允孝于正月十八日督兵由丁泗桥行抵桂家岭，进攻西岭贼卡。该匪阻塞路口，在岭拒敌，我兵枪炮齐发，击堕崖下者十余名，余皆惊窜。当即挥兵追捕，复越包牛、薄刀等岭，贼匪闻声奔逃，追擒二名，焚毁各卡。即由石盘山分队前进，游击谢正国、知县夏廷樾、义勇头目杨成会带兵勇，亦于十九日进攻小岭，夺获贼卡数座，歼毙逆匪数十名，生擒头目二名，并获刀械多件。差探参将清保、知府周鸣銮等同日由通山进夺泉口、界头等卡，即日会合进围崇阳’，所办甚好。裕泰、刘允孝调度有方，着加恩先行交部议叙。在事出力各员据实保奏，候朕施恩。现在崇阳被胁民人多已解散，所余贼党，分布抗拒，不难一鼓扑灭。着裕泰等飞檄各路将备分进会剿，并咨明各邻境一律防御，毋令乘间窜逸，以期迅速蒇功。”（《清宣宗实录》卷366）

（道光二十二年正月）丁丑，谕内阁：“本日据裕泰等由六百里驰奏‘收复崇阳县城，生擒首要各犯’一折，览奏欣慰之至。湖北崇阳县逆匪钟人杰本系在逃徒犯，胆敢聚众戕官，连陷崇阳、通城，设立钟勤王伪号，并竖立都督大元帅红旗，分设知县、千总伪职，遣令匪党攻扑附牢城邑，罪大恶极，覆载不容。经总督裕泰驰往咸宁，就近调拨官兵，分守要隘，贼匪攻犯通山、蒲圻，均经官兵击毙。嗣提督刘允孝带兵会剿，调集官弁，分兵五道同时并进，昨据报到连夺贼卡，已降旨将裕泰、刘允孝交部议叙。本日据奏‘大兵将次进攻，先遣前署咸宁县知县夏廷樾、前署崇阳县知县金云门，悬赏招觅士民，羁縻首要各犯。刘允孝亦募绅民向导内应，自石盘山进攻。夏廷樾会同游击谢正国，在黑桥接仗，阵歼贼匪三百余名，追杀一百余名。距贼巢白蚁桥五里地方，又杀贼五十余名。该邑绅士，乘机诱令首逆出城，经官兵义勇赶至合围，立将首犯钟人杰及要犯陈宝铭、汪敦族一并生擒。该督即由洪上主前进，收复崇阳县地，安抚居民，分兵前往通城接应收复’等语。逆匪于上年十二月十二日据城戕官，建立伪号，经该督等调兵防剿，谋勇兼施，在事文武官员、弁兵、绅民，均能同心协力，迅扫欃枪。甫及四旬，收复崇阳县城，生擒首要各犯，办理迅速，甚属可嘉。裕泰前已赏戴花翎，着加恩赏加太子太保衔，并赏换双眼花翎。刘允孝亦着加恩赏换双眼花翎，发去花翎二枝，交裕泰、刘允孝祇领。在事文武各员弁，并向导内应羁縻诱令之绅士民人及出力各义勇，均着据实保奏，候朕施恩。据奏‘该督行营经过地方，绅民焚香跪道，带兵各员均能不妄杀戮，现在地方敉谧’，朕心甚慰。所有留撤官兵及善后事宜，均着裕泰妥筹具奏。逆匪钟人杰、陈宝铭、汪敦族，着即遴委妥员，槛送京师，尽法处治，以伸国宪而快人心。将此通谕中外知之。”（《清宣宗实录》卷366）

（道光二十二年正月丁丑）谕军机大臣等：“本日据裕泰等驰奏‘收复崇阳县城，生擒首要各犯’一折，览奏欣慰之至，已有旨赏给裕泰太子太保衔，并与刘允孝一并赏换双眼花翎矣。所有现获之首要各犯钟人杰等，着遴派妥员，押解来京。其逆犯家属及在逃各要犯，务当设法搜捕，毋令一名漏网，致留余孽。再前奏诡称术能封枪之僧人，现在曾否拿获，如已伏诛，该逆僧是何名姓，凭何确据，着该督确切查明。如尚漏网，仍当生擒解京，以免煽惑。至此次该逆匪等以幺麽小丑，胆敢戕官据城，其起衅根由，是否该地方官办理不善，以致激变，抑系该匪等蓄谋已久，有心肆逆，亦着详细确查，据实具奏。该县师长治业经被害，其家属自尽，及典史王光宇果否自缢，俱着与阵亡官弁兵勇一并详查具奏。至外委邓永煊、知县李垒等逃出各情，着仍遵前旨查明，分别究办。崇阳现已攻克，通城贼匪无多，剿办更易得手，着裕泰、刘允孝督率官弁兵勇一鼓作气，乘胜收复，并移会邻封一体堵御，毋令他窜。至被胁良民，前有旨妥为分别安抚，现在焚香跪道，以迓大兵，着严饬文武员弁，加意抚恤，毋妄株连，是为至要。所奏未到官兵，飞速截回，现在

官兵，分别撤留，及善后各事宜，着照议妥办。将此由六百里谕令知之。”（《清宣宗实录》卷366）

（道光二十二年正月戊寅）谕军机大臣等：“前因湖北逆匪滋事，降旨令齐慎携带参赞大臣关防驰往剿办。昨据裕泰奏报，收复崇阳县城，生擒首要各犯。该省军务已竣，齐慎毋庸前往。四川提督统辖全省营伍，亦关紧要，未便久悬，齐慎接奉此旨，无论行抵何处，即行折回四川本任。其参赞大臣关防，即着派员赍京恭缴。将此谕令知之。”（《清宣宗实录》卷366）

道光二十二年壬寅二月庚辰朔，谕军机大臣等：“吴其濬奏‘筹画收复通城，并查明通城匪徒闻官兵四路齐进，逃回崇阳’各一折，据称‘署提督台湧前赴临湘扎营，计复通城’，又称‘该县绅士纷纷赴营，咸称匪徒闻知官兵前来，一时窜回崇阳，经绅士引导兵丁前往城内查看，并搜获匪徒二十余名’等语。该逆等因崇阳贼众前往附合，现在崇阳业经收复，首逆钟人杰等又复就擒，所有逃往各匪无可纠结，必四路逃窜。通城贼匪本少，其势甚孤，该抚已札派蕲州知州劳光泰入城办理一切事宜。如能挨户清查，将良民剔出，该匪亦无可藏匿。是此时毋庸进兵攻剿，全在搜拿零星贼匪，净绝根株。其该处痞棍，亦须实力查拿惩办，不可稍留余孽，致贻后患。着吴其濬、台湧察看情形，倘裕泰派兵前来会同收复通城，诸事办理妥协，吴其濬即回省城办公，或暂留台湧酌带亲随兵丁，各路搜查贼匪，严究有无党羽分散他处，核实惩办，勿令漏网。其余所调各兵，着即饬令归伍，以节糜费。所有此次军需，着该抚核实作正报销，毋令浮滥，亦不必捐办。将此由四百里谕令知之。”（《清宣宗实录》卷367）

（道光二十二年二月辛巳）谕内阁：“昨据吴其濬奏‘筹画收复通城，并称该县匪徒逃回崇阳，委员入城搜拿余匪，安抚居民’等语。本日复据裕泰等由六百里驰奏‘收复通城县城，续获逆党’一折，览奏欣慰。据称‘首逆钟人杰攻占通城后，派令逆党汪敦族为伪知县，随带崇阳匪徒千余人在彼据守。嗣闻官兵分道进剿，即将汪敦族招回，派令但扶泷为通城伪官，该县士民探闻崇阳各逆首就擒，即于正月二十二日将据城逆党但扶泷及要犯但十、沈长捆送行营，现派文武员弁驰往安抚居民’等语。此次逆匪先后占据两城，扰害地方，经裕泰、刘允孝带兵屡次挫其凶焰，又经吴其濬、台湧堵截去路，不致蔓延。该督抚提督等调度有方，克期蒇事，尚属妥速，除裕泰、刘允孝业经加恩，湖北文武员弁、崇阳绅民义勇已饬令保奏外，吴其濬、台湧防堵出力，均着交部从优议叙。所有湖南派出之文武员弁、兵丁义勇等，着吴其濬、台湧查明实在出力者，咨部议叙。通城县绅民向义输诚，缚献据城逆犯，甚属可嘉，着裕泰查明保奏，候朕施恩。但扶泷、但十、沈长三犯，着裕泰审明后，即于该处正法。裕泰仍当派委妥员，安抚两城居民，各复旧业勿令失所。其善后一切章程，悉心筹议办理。将此通谕中外知之。”（《清宣宗实录》卷367）

（道光二十二年二月辛巳）谕军机大臣等：“昨据吴其濬奏筹复通城，并搜获匪徒，安抚居民各情，本日复据裕泰等由六百里驰奏‘收复通城，并续获据城逆党’一折，已明降谕旨，宣示中外矣。现在两城收复，首逆就擒，余匪恐尚未搜查净尽。楚省南北，界连湖湘，出没易于藏奸，着该督抚提督会商，饬属分投搜拿，勿使稍留余孽，致贻后患。两城骤遭蹂躏，居民不无播迁之苦，并着妥为安抚，俾人人各复旧业。所调兵丁迅即撤回归伍，招募各处乡勇、水手，亦着于奖励后分别解散。其善后一切章程，务即妥筹核办，以靖闾阎。据裕泰奏‘湖南委员通判唐凤德赴通城县将匪犯数名带去问供，未奉令檄，擅离卡所，办理隔省招抚事件，查明另行核奏’等语。该员唐凤德系奉该抚差委，两省军务系一督臣统辖，原不应分畛域，该督所请另行查奏之处，着毋庸议。其唐凤德所获匪犯，着解往湖北，交裕泰一并审办。将此由四百里各谕令知

之。”（《清宣宗实录》卷367）

（道光二十二年二月戊戌）谕军机大臣等：“吴其濬奏‘请将叠获逆匪分别解审’一折，据奏‘湖北委员劳光泰禀称，被获匪犯吴植三被徐升堂挟嫌串诬，作为逆党，经该抚查明尚无确据’等语。军营员弁妄拿邀功，最为恶习，惟案关从逆，情罪较重，亦不可率听犯属一面之词，任其串供狡卸。所有吴植三一犯，着吴其濬亲提到案，虚衷研讯，无稍枉纵。其郑初度、吴谷九二犯，并着该抚确切讯明。如实有伪二王爷及伪九王名号，即行派委妥员解送京师，审明惩治。此外各犯应由本省审办者，即着该抚秉公讯办；应由湖北办理者，即行解交湖北归案讯办，慎毋稍存畛域之见。将此谕令知之。”寻奏：“吴植三一犯，现饬湖北通城县查提族邻来湖南质讯。其吴谷九、郑初度二犯，俱系听邀入伙，为贼头目，勒索居民钱谷，乡人因呼吴谷九为九王爷，郑初度为二王爷，并非钟人杰等所封为伪号，自可无庸解京审办，均应按律拟斩立决，并枭示以昭炯戒。”下部议。从之。（《清宣宗实录》卷368）

（道光二十二年六月癸卯）又谕：“……闻江苏、安徽向多四川、湖广各省木簰停泊，尽可将现有木簰如式改造，装载柴薪引火各物，乘夜顺流放下，逼近贼船纵火焚烧，即将来贼船驶退。亦可尾追其后，暗用火攻，均可制其死命。惟在该督抚等相度机宜，妥速办理，是否至要。将此由五百里各谕令知之。”（《清宣宗实录》卷376）

（道光二十二年六月甲辰）又谕：“朕闻江广盐船最为坚固，于江路素称熟习，多在武昌一带停泊，并向有随铜船行走、豫备入江捞铜之人，号为水摸，能于江底潜伏半日。因思逆夷现在由海入江，肆意猖獗，总缘江防废弛。水师战船有名无实，以致逆船横行，不能堵截，若果有坚实江船，并募练熟习水性之人驾驶得法，于沿江一带或合力迎击，或分路夹攻，当可制其死命。江南现有逆船滋扰，无暇办理，着裕泰于武昌停泊各船内，酌量豫雇坚致盐船，并救生红船三五百只，即于水摸中挑募水性最熟之人，或千名，或数百名，认真练习水战……将此谕令知之。”（《清宣宗实录》卷376）

（道光二十二年七月辛亥）又谕：“本日据耆英奏‘逆船西驶，渐至浦口仪征’等语。现在逆焰方张，倘竟溯流而上，深恐扰及沿江各省。因思江面究非海洋可比，若从安徽之安庆……湖北之武昌、汉阳各集重兵，多备船只枪炮及火攻器具，顺流压下，则逆在下风，其势易于焚击。着安徽、江西、湖北各督抚接奉此旨，即迅就该处情形酌量，或备船只，或用木筏，及一切火攻器具，派委得力文武员弁统领兵勇，随时确探逆夷踪迹。一经接到耆英咨会，即行顺流放下，层层接应，多备枪炮，合力攻剿，并饬令互相应援，毋分彼此，不但自固藩篱，即邻境亦借资保卫。倘逆夷得受大创，不致天堑有阻梗之虞，该督抚等之功甚伟也，勉之慎之。将此由六百里加紧谕令知之。”（《清宣宗实录》卷377）

（道光二十二年九月甲子）湖广总督裕泰奏：“接准江省咨会，夷船全行开驶，拟将遵办赴皖策应之木筏兵勇分别拆卸撤回，以节糜费。”报闻。（《清宣宗实录》卷381）

（道光二十三年闰七月丁酉）又谕：“裕泰等奏‘防江战船续造三只，遵旨暂停兴造’一折，该省鳌脊船计前后所造共有六只，着俟全功告竣后，由该督亲往试验，即将各船同已造之快哨小船，均交汉阳水师营收管，并着遴派明干将领一员，会同该营将备督率弁兵勤加操练，务期驾驶便捷。遇有缉捕盗贼之时，即饬弁兵等配驾此项战船，于江面往来巡哨，借资得力，毋得日久生懈，视为具文。广东匠役何礼贵着仍留楚省，妥为管束，毋许脱逃。将此谕令知之。”（《清宣宗实录》卷395）

（道光二十九年十一月丁未）谕军机大臣等：“裕泰驰奏‘现在剿办

新宁县滋事匪徒大概情形'一折，又片奏'现因巡抚丁艰，折回兼署抚篆'等语，览奏均悉。新宁县匪徒戕官据城一案，前据该督奏称亲往督办，兹以湖北省城关系紧要，兼程折回，所见是……"（《清宣宗实录》卷474）

（道光二十九年十二月庚午）谕军机大臣等："裕泰驰奏'匪徒纠众抢掠，派兵剿办'一折……裕泰虽在湖北，而一切调度布置，必须筹画万全，遥为策应，勿令湖南兵单，有顾此失彼之虞，方为妥善。将此由四百里各谕令知之。"（《清宣宗实录》卷475）

（道光二十九年十二月壬午）以湖北省城被水，抢护出力，予同知劳光泰等议叙。（《清宣宗实录》卷475）

（道光二十九年十二月甲申）谕军机大臣等："……着裕泰接奉此旨，即由湖北省选派曾经出师得力将弁数员，并挑带精兵四五百名，迅即起程，驰往新宁等处，会同冯德馨督饬分路搜捕各匪，务期净尽，毋任一名漏网……"（《清宣宗实录》卷475）

（道光三十年四月丙寅）谕军机大臣等："内阁侍读学士董瀛山奏'弭盗诘奸'一折，据称邪教盗贼在在皆有，而避藏之巧，蔓延之多，惟交界处所为最。历举从前查办教匪会匪各案，以漏网余匪，支流蔓延，近又结党成群……叠经降旨，严饬密拿，而地方文武视为具文，已可概见。其直隶……湖北……各水陆交界之区，盗贼公行，此拿彼窜。地方官吏，以界址轇轕，巧为推诿之门。行旅商民，因人地生疏，在无控诉之路。固由处分例案不严，该管官得以取巧规避，遂置缉捕于不问。而各督抚养尊处优，纵有严参勒缉之文，并无扫除盗薮、肃清地面之实效。着各直省督抚、顺天府府尹等于各教会名目严密察访，将各匪犯余党遗孽掩捕净尽，从重惩办，以彰国法而正人心。并随时严饬各道府督率该管州县，会同营汛员弁，于交界处所加意侦缉，两地均任责成，严查兵役贿纵包庇，使匪徒无托足之所。邻境盗犯，认真堵截擒拿，不得稍分畛域，庶盗风戢而民生安矣。原折着钞给阅看。该侍读学士所请严定交界协缉章程斟酌允当，不致两歧之处，着吏部妥议具奏。将此各谕令知之。”（《清文宗实录》卷7）

（道光三十年五月丁酉）又谕：“寄谕顺天府、都察院、步军统领，据巡视中城御史德奎、曹懋坚奏，湖南匪徒聚众滋事，恐有湖北匪党装成逃荒之人，勾串滋事等情。该匪徒等既有勾串情形，难保不窜入他省。京师地广人稠，奸匪易于藏匿，尤不可不加意防范。着该大臣等各饬所属，并传知五城巡城科道，于所辖地面严密稽查，如有湖北、湖南两省形迹可疑、语言庞杂之人，即行盘诘，讯出实据，奏明交部讯办，毋稍疏忽。原折着钞给阅看。将此各密谕知之。”（《清文宗实录》卷9）

（道光三十年九月辛丑）谕内阁：“广西各属盗匪充斥，前经窜扰修仁、荔浦两县……谕知湖广、贵州各督抚，拣派精兵协剿……”（《清文宗实录》卷17）

（咸丰元年二月己卯）谕军机大臣等：“……并令湖北盐法道姚莹驰往军营，交该大臣等差遣委用，该二员到后，应如何协剿分防之处，着该大臣等相机商办，庶期布置周密，不致顾此失彼……”（《清文宗实录》卷28）

（咸丰元年五月己亥）谕军机大臣等：“赛尚阿奏‘途次接周天爵信，将原函进呈，请添调湖北兵二千名’一折……古人用兵，有以多胜少者，亦有以少胜多者，师克在和，总在统兵大员善为调度。若不能驾驭，如楚、黔兵将前辙，兵虽多亦何济耶……”（《清文宗实录》卷33）

（咸丰元年五月己亥）调湖北兵二千名赴广西剿贼。（《清文宗实录》卷33）

（咸丰元年六月丁丑）谕军机大臣等："有人奏'河南捻匪猖獗，请严饬筹剿'一折……南阳毗连湖北，为楚、豫门户，若不设法侦缉，势必滋蔓难图……"（《清文宗实录》卷36）

（咸丰元年六月丁丑）又谕："寄谕两江总督陆建瀛、湖广总督程矞采等，有人奏'河南捻匪肆横，南阳府属为尤甚，匪徒结党数十人或数百人不等，贼巢甚多，不外内乡县、淅川厅各山内及邓州之林家坝、孟家楼、魏家集、沟龙关、李官桥等处，并湖北均州、房县诸山中及光化县之潦河口、襄阳县之樊城镇，皆为逋逃渊薮'等语。河南捻匪横行，总由地方文武不能实力查拿所致，南阳一府如此，他郡亦必不免，若不及早扑灭，必致滋蔓难图。所有湖北、安徽、江苏等省，均与河南毗连，着各该督抚一体饬属，于交界处所不分畛域，合力堵缉，毋任此拿彼窜。其湖北省均州等处现有贼巢，更当严密搜查，认真惩办，以期殄绝根株，勿贻后患。倘办理不能妥速，或致酿成事端，惟该督抚是问。将此各谕令知之。"（《清文宗实录》卷36）

（咸丰元年七月庚寅）又谕："给事中焦友麟奏'吏治因循，亟宜综核名实'一折。各省大吏有察吏安民之责，即如缉捕一端，已叠经申谕，力求整顿之方。若如该给事中所奏，近来四川之啯匪、河南之捻匪、湖南之斋匪、湖北之痞匪，以及山东兖、沂、曹，安徽庐、凤、颍地方匪徒结党成群，几于所在皆有，若不力加搜捕，何以除莠安良？着该督抚等各饬所属文武严密查拿，以期消患未形，毋得因循坐误。并着于年终将特旨交办事件并拿获盗案除办结外，其未完若干案分晰开单，并将现办情形具奏，以备查核。至于办事之迟速，获案之多寡，即可验属吏之勤惰，该督抚等如果表率有方，吏治必有起色，奸宄何至潜踪？断不可

仍前玩泄，自蹈愆尤，负朕谆谆训诫之意也。将此通谕知之。”（《清文宗实录》卷37）

（咸丰元年八月己卯）谕军机大臣等：“赛尚阿奏‘新墟前路进剿情形，并后路攻破风门坳，屡战屡胜’一折，览奏实深欣慰。逆匪自双髻山受创之后，经官兵叠次进剿，该匪节节抗拒，实属顽很异常。此次前后两路进攻贼巢，屡战屡胜，斩获甚多，并经巴清德、向荣由后路乘胜前追，将风门坳一鼓夺获。现在我兵逼近贼巢，其前路要隘处所，经该大臣分饬乌兰泰等处处严防，并将新到之四川、湖北各兵及达洪阿所带官兵总归乌兰泰调度，兵力既厚，防剿更易得手……又片奏，南太一路劳崇光前带兵壮一千六百名，复派重纶带黔兵一千名前往，又募依沙等勇三千名，并将在省城听调之湖北兵五百名派往协剿……”（《清文宗实录》卷40）

（咸丰元年闰八月）丁酉，湖北巡抚龚裕奏遵旨查拿痞匪及现办缉捕情形。得旨：“认真办理，不可视为具文。”（《清文宗实录》卷41）

（咸丰元年九月甲寅）又谕：“……提讯左家发，据供系听从广东人李丹入会，以广东老万山即狗头山之朱九涛为会首，又有‘张添佐改名赤松子在湖北、湖南各处借名卖药，暗行勾结……’等语……其在湖北、湖南勾结各匪，着程矞采等就现获各犯，究其党与，诘其住址，密饬两省州县不动声色，一体访拿，毋令一名漏网……将此由五百里各谕令知之。”（《清文宗实录》卷43）

（咸丰二年三月庚申）又谕：“……至逆首洪大泉一犯，据称二月二十五日解到广西省城，已加派弁兵护送过境。如系将该犯押送进京，路经湖南、湖北，务须派员小心防护，仍察看情形。倘恐或有疏虞，即一面奏闻，一面就地正法，着程矞采酌量办理可也。将此由六百里谕令知

之。”（《清文宗实录》卷55）

（同治三年五月）癸丑，谕议政王、军机大臣等：“穆图善等奏‘暂留赴鄂后起马步各营’，刘蓉奏‘发逆与蔡逆合并，逼近省城’各折片。伪启王梁城富等由荆子关窜郧西，经官军扼截，回遁土门，与蔡逆勾结，径由镇安、孝义一路出大峪口，逼近西安。前据刘蓉屡次陈奏布置情形，一似防剿均有把握。此次发逆大股突逼省垣，刘蓉毫无准备，任令贼匪来往自如，如入无人之境，该抚平日所派各路防军，不知所司何事。且此股贼匪众至二万有余，而自荆子关、镇安、孝义一路长驱直入，该抚先事毫无侦探，及至逼近省垣，始知该逆回窜，似此昏愦糊涂，实属有负委任……刘蓉、李云麟均着先行交部严加议处……楚省调去兵将为数不少，计已足敷剿办。而陕省窜贼麇聚，势甚危急，穆图善着暂时毋庸赴楚，仍驻西安，会同德兴阿、刘蓉办理防剿事宜，以严省城之防。俟陕省肃清，再行奏请……穆图善、德兴阿、刘蓉、李云麟惟当会筹战守，督饬各军实力剿洗，先将窜近省垣之贼斩馘净尽，节节扫荡。如再有疏失，必将刘蓉、李云麟按照军法治罪。穆图善、德兴阿会同剿贼均属责无旁贷，如不能得力，定将穆图善、德兴阿一并治罪，决不宽贷。将此由六百里各谕令知之。”寻吏部议：“刘蓉、李云麟均应照溺职私罪例革职。”得旨：“均着加恩改为革职留任。”（《清穆宗实录》卷103）

（同治三年七月辛丑）又谕：“……何况浙江、安徽尚有贼踪，湖北、江西逆焰方炽，滇、黔、陕、甘等处回匪、教匪勾结仍多。虽金陵之根株既拔，余贼不难迎刃而解，而稍涉大意，即恐难迅速廓清。各该处统兵大臣、督抚等务须激励将士，奋勉图功，以期普奏凯歌，使吾民出水火而登衽席……将此通谕知之。”（《清穆宗实录》卷108）

（同治三年七月辛丑）又谕：“官文奏‘发捻麇聚麻城白杲，官军小挫后胜，黄、麻投诚贼目立功赎罪’一折。逆匪尽驱白杲，麻城闵家集各路之贼猛扑官军营垒，分股包抄六合集。周凤山前军小挫各情与僧格林沁前奏大略相同，周凤山此次进剿失利，虽因众寡不敌，究属布置失宜，着即拔去花翎，以示薄惩。麻城之贼由新洲辛家冲扰及歧亭、宋埠，该处为各军后路，最关紧要。官文现调赵克彰三营并毅桓等三营，扼扎歧亭、宋埠，饬蓝斯明由水路前进，催姜玉顺、萧河清由水陆分道径赴麻城，分军由江面赴蕲州迎剿。着官文即饬派出各军协力进剿，殄除群丑，以收聚歼之效。苏克金一军已抵麻城之黄土冈，因山路崎岖，马队难于施展，现由北面伍家河、阎家河进逼。英山折回之贼大股屯踞麻城，势将回窜，黄、孝等处均形吃重。着僧格林沁严檄苏克金等会合楚军实力扫荡，毋令该逆再由旧路西窜，复肆蔓延。金陵攻拔，该逆既不敢东趋皖境，若再不得逞志于楚，势必并窜豫疆，光、罗一带尤形危紧。着张之万督饬将弁严密堵御，不得因僧格林沁大军在境防剿，专恃客兵，转得置身事外。若令该匪阑入豫境，又成燎原之势，必惟张之万是问。贼目黄桂元等赴富森保等营投诚，降目高郭宝等率长发老贼三百余人赴麻城东门乞降，官文饬令立功赎罪，着照所拟办理。惟逆匪类多叵测，其悔罪输诚、自拔来归者固不乏人，而意存反复，往往首鼠两端，亦不可不豫为之防。官文当饬属妥为办理，毋得稍涉大意，致堕诡谋。将此由六百里各谕令知之。”（《清穆宗实录》卷108）

（同治三年七月甲辰）谕议政王、军机大臣等：“乔松年奏‘接奉叠次谕旨，并陈近日军情’一折，据称贼匪盘踞罗田，积谷掳人，以为久住之计，余贼仍在麻城屯聚。是贼踞罗田为巢穴，必将逐渐进步，与寻常之飘忽乱窜者不同，蓄谋甚狡，亟应乘其盘踞未固，大张挞伐。前据僧格林沁奏，驻扎光州之长岭集居中调度，军情变幻靡常。刻下应由何路督率诸军合力兜剿，并联络楚师夹击之处，着该大臣相机办理，务将贼氛迅速殄灭。陈国瑞一军蓄锐已久，或令从商城进剿麻城，拦腰横截，或令由英山进剿罗田，迎头兜击。着僧格林沁妥筹调度，檄令速进……将此由六百里各谕令知之。”（《清穆宗实录》卷108）

（同治三年七月己酉）又谕："……乔松年奏陈国瑞已赴麻城，英翰驰驻商城。麻城贼势固重，罗田之贼亦图久踞，终有窜扰英、霍之虞。该抚现拟先赴寿州，即赴正阳关察度形势，权其缓急，期于兼顾无失，所筹尚妥。着即于到寿布置后，仍遵前旨，驰赴正阳关妥筹防剿……浙江之贼不能越苏、常而至镇江，楚北之贼不能越英、霍而至天、六……是扬防各军现属无事，着富明阿酌量裁撤调拨，以节糜费。楚北麻城等处之贼剿办若何，如须增兵助剿，为一劳永逸之计，即着僧格林沁、官文飞咨曾国藩，将金陵得胜之军酌量调拨，以期早日肃清。近日军情贼势并着赶紧奏报，以纾朝廷南顾之忧。将此由六百里各谕令知之。"（《清穆宗实录》卷109）

（同治三年七月庚戌）谕议政王、军机大臣等："官文奏'官军剿贼叠胜，粮道疏通，现拟移营黄冈督剿'，并'英山已无贼踪，暨豫筹出境剿贼，拟派大员督军'各折片。发捻麇集麻城之白杲地方，环逼营垒，阻我粮道，经成大吉等防剿兼施，叠获胜仗，粮道得以疏通。其洗马畈、蔡家河一带贼匪，经梁洪胜等分路追杀，败贼溃入围陂。黄冈坛坪踞贼复经富森保派兵狙击，均有斩擒。是鄂境各股逆匪势焰渐衰，亟应乘胜扫荡。僧格林沁所派之色尔固善及善庆两军均已抵扎麻城，其苏克金一军亦在黄土冈由北面进逼，而自陕回援之蓝斯明等各营复分扎蕲、黄要隘，温德勒克西等已抵黄陂，姜玉顺自樊城拔营，计日即可到楚，大兵云集，声势甚盛。着僧格林沁、官文督饬马步水陆各军，乘金陵已克，贼心震慑之际，并力夹击，尽殄狂氛，毋留余孽。惟贼计狡狯，难保不铤而走险，为避兵之计。豫省南路边防最关紧要，张之万务当豫筹布置，扼要严防，毋令一贼得以窜越。官文现已移营黄冈，并着督饬各路将弁会合僧格林沁所派之军，将发捻各逆四面兜击，毋令余匪纷窜邻省，致滋延蔓。官文另折奏'豫筹出境剿贼，拟令唐训方督带楚军'等语，自系为先事图维起见。惟唐训方本日已简放直隶藩司，吴昌寿到鄂后，该员即须前赴新任。将来发捻万一他窜，必须大员督军出境追剿，届时再行请旨办理。将此由六百里各谕令知之。”（《清穆宗实录》卷109）

（同治三年七月乙卯）河南巡抚张之万等奏：“移营汝郡，前敌已抵麻城，并团练大臣毛昶熙来汝会捕。”得旨：“冯湾等处匿匪着督饬赵鸿举等实力搜捕，其招垦荒地、训练营兵各事宜，均着妥为经理，以收实效。”（《清穆宗实录》卷109）

（同治三年七月）丙辰，谕议政王、军机大臣等：“……湖北之贼现麇聚罗田、麻城一带，或由英、霍，或由固始、商城入皖，均难豫料。该抚既以寿州形势甚便，并可兼顾正阳，即着驻扎寿州将所部各营勤加教练，仍一面多发侦探，视贼趋重何路，即由何路进剿，并饬朱淮森、蒋凝学等军分扼要隘，严密堵剿，毋稍疏虞……将此由四百里谕令知之。”（《清穆宗实录》卷109）

（同治三年七月辛酉）谕议政王、军机大臣等：“……曾国藩咨送李秀城供词一本，昨因议政王、军机大臣呈进，均已览悉。末段所载该逆宛转求生，乞贷一命，请招降江西、湖北各贼，言招降事宜有十要，言洪逆有十误，均归删节。着将原供仍详细钞录，咨送军机处，无须节录……将此由六百里各谕令知之。”（《清穆宗实录》卷110）

（同治三年七月癸亥）又谕：“穆图善刘蓉奏‘招降贼众，攻克坚堡，现筹分路追剿’，并穆图善奏‘请亲督所部前赴湖北助剿’各折片……鄂省军务虽关紧要，现有官文等在彼督兵剿办，该大臣营内不乏带兵之将，穆图善惟当督率将士，先将南山窜匪扫除净尽，俟陕省军务肃清，再行请旨……将此由六百里各谕令知之。”（《清穆宗实录》卷110）

（同治三年七月乙丑）谕议政王、军机大臣等：“僧格林沁奏麻城剿匪获胜，翼长因病出缺，并请将玩视军务之总兵严议，前赏蒙古马队官兵银两请旨办理各折片。麻城北路贼匪经官军由黄土冈、伍家河、八道河、红石堰等处节节进逼，叠获胜仗。捻首宋朝如率众乞降，经英翰择留四百名充当前敌，余皆遣令还乡。即着该亲王妥为办理，毋令再生反侧。惟宋朝如投诚后，贼众惊恐，正可趁该逆惶惧奔窜不定之时乘胜进兵，以收破竹之效。官文身任兼圻，剿办本省贼匪是其专责，此次僧格林沁所部叠获大胜，并未见官文派出各军协同剿洗。蓝斯明等本分扎蕲、黄各隘，姜玉顺早由樊城拔营，得力步队甚多，何以并不进兵会剿？官文所司何事？似此任意迁延，殊属不知缓急。着官文严檄各军，会同僧格林沁官兵联络声援，将麻城南路白杲一带之贼实力进剿，为一鼓聚歼之计。毋得专恃僧格林沁客兵，转得置身事外，以致日久无功。苏克金所部将士，该亲王现令成保暂为接统。惟成保前在直东带队，颇不得力……据获贼供称该逆图窜东北，是商城、光山一带又形吃重，着张之万激励将弁，实力堵剿，毋令匪踪再行阑入豫疆。前赏蒙古兵丁银一万两……此项银两，即照僧格林沁所请，将该两盟及土默特官兵均匀分赏。其管带各盟马队人员及吉林、黑龙江带队员弁，僧格林沁拟俟麻、黄股匪扑灭，再行奏请奖励。该亲王慎重名器，不肯稍涉冒滥，具见公忠体国之忱。陈国瑞已据该亲王调令来营，仍着随时酌量差遣。僧格林沁密折一件留中。将此由六百里各谕令知之。”（《清穆宗实录》卷110）

（同治三年七月丙寅）又谕：“官文奏发捻势已穷蹙，欲循旧路回窜，现饬各军合力进剿，并官军筑垒续获胜仗各折片。发捻各逆麇聚于麻城白杲等处，经成大吉等军与僧格林沁派出各军分路剿洗，贼粮将尽，势已穷蹙。兼之金陵克复，无巢可归，其自拔来归者亦复不少。自应乘此贼心涣散之际，合力兜剿，以期迅就肃清。官文现饬姜玉顺等马步各军严扼黄、孝要路，会合杨朝林等军三路进兵，为聚而歼旃之计，即着督饬诸军实力进剿，一鼓灭贼，不得稍有迟延。僧格林沁派出之军转战而前，所向奏绩，即着饬令色尔固善、张曜等乘胜进兵，会合楚师将发捻各逆全股歼除，毋稍松劲。惟该逆诡谲异常，避兵而行是其惯技。官文奏称，逃出难民佥称贼匪备十日干粮并扎草人，图由旧路回窜。而罗田、蕲水等处之贼，悉数窜至道观河、沙河一带，沿村打馆。是其急欲上窜，情形毕露。现在富森保、石清吉等虽于道观河扼扎营垒，逼贼而军，第该处道路纷歧，难保不乘虚窜豫。着张之万恪遵历次谕旨，激励将弁，实力堵剿，毋令匪踪再行阑入豫疆，致剿办又形费手。将此由六百里各谕令知之。”（《清穆宗实录》卷110）

（同治三年八月庚午）又谕：“……穆图善前有请回湖北剿贼之语，具见勇往任事，甚属可嘉。此时鄂省兵力厚于甘省，而甘省军情较鄂省尤为紧要，即着该将军统带所部马步各营兼程驰往甘省，会同都兴阿、雷正绾妥筹剿办……将此由六百里谕知都兴阿、穆图善、骆秉章、雷正绾、刘蓉并传谕恩麟知之。”（《清穆宗实录》卷111）

（同治三年八月）壬申，谕议政王、军机大臣等：“官文奏‘官军约期会剿，连获胜仗，并派兵豫扼黄、孝要隘’一折，另片奏‘攻克银家、官塘等贼垒，并克白杲老巢’等语。七月十九等日，成大吉等三面进攻白杲及夫子河等处发捻，杨朝林等率军横攻，将沙河等处贼垒蹋平多座，该逆奔逃无路，伏匿于银家、官塘、三角湾垒内。姜玉顺等进剿密耳山股贼匪亦获大捷，贼向鹅笼司、安家寨等处北走。其中馆驿聚贼，亦经姜玉顺等击败，发逆马融和等窜蕲水县属之关口、蔡家河一带，梁洪胜等抄入贼馆，颇有斩擒。二十一日，各军将银家、官塘等处贼垒悉数毁平，并克白杲老巢。余匪东西分窜蔡家河及净瓶山等处，官文已飞咨僧格林沁等会合夹击。着僧格林沁督饬马步各军，将麻城贼匪认真剿洗。其窜光山、新集之贼趋向未定，僧格林沁现驻光州，谅可确探贼踪，派兵迎击。张之万责任封圻，亦不得坐视逆匪阑入，并着于光、罗等境严密防剿，毋稍疏忽。贼踪飘忽靡常，恐不得志于楚、豫，将犯皖疆。曾国藩、乔松年当督饬派出前敌各军，遇贼即击。如防剿不力，查由何路入境，即将派防之带兵官严行参处……现在由白杲山内东窜之贼，由大坳、小坳窜蔡家河等处，鹅笼司、安家寨各贼股尚未尽除，是楚北贼氛仍炽，未可稍涉松劲。官文当指挥各军多设侦探，视贼所向，跟踪蹑剿，未可复任扰及完善，致滋蔓延。正在寄谕间，据张之万等奏‘豫军会剿麻城获胜，并擒获汝正、新息境内余匪’一折。麻城之贼如败窜东北，即系豫之商城地面，叠经谕令张之万派兵防堵。现经僧格林沁派令张曜、徐连升所部前往商城驻扎，着张之万严饬该总兵等实力守御，如能出境迎击，更胜于本境设防。如由黄、孝折而西北，即是豫省之信阳、罗山，着即饬令派出之张士元驰赴信、罗，严扼要隘……将此由六百里各谕令知之。”(《清穆宗实录》卷111)

(同治三年八月乙亥)又谕：“……湖北之贼尚盘踞罗田、麻城一带，曾国藩当会商乔松年将皖北防守事宜严密布置。其皖南广德一路，防剿尤关紧要，着迅派得力陆师，筹给饷项，饬令克日起程，扼要驻扎，会同李鸿章派拨弁兵迎剿窜贼，毋稍延玩。将此由六百里各谕令知之。”(《清穆宗实录》卷111)

(同治三年八月乙亥)安徽巡抚乔松年奏：“罗田踞贼西窜蕲水，已饬道员蒋凝学跟踪追剿。”得旨：“刻下贼匪既有西窜之意，着督令蒋凝学认真追剿，仍一面力顾皖防，妥筹布置。”(《清穆宗实录》卷111)

(同治三年八月丙子)又谕：“富明阿奏‘驰回扬营，并请将扬防陆军暂缓裁撤’一折。据奏，接据富森保函称，湖北擒获贼供，因麻城一带无粮可掳，闻江北饶富，欲于秋凉时大股东下，为就食扬城、接援金陵之计。所供各情，该逆自尚未闻金陵克复之信，此时老巢业经攻克，江南一律荡平，楚北之贼自必闻风丧胆。且叠据官文等奏称，官军剿办甚属得手，贼势已蹙，似尚不至大股东趋。惟罗田、麻城一带贼踪趋向未定，逆情诡诈，难保不因被剿穷蹙，复图窜扰完善，是江北之防仍不可稍松。若遽将各军概行裁撤，未免太形空虚。且据该将军奏称，水陆各军欠饷甚多，一时难以筹给，亦系实在情形。着即照所拟，俟水师三批裁竣后，即将扬防陆军先为酌撤数千名，以节糜费。其余酌留若干名，暂缓裁撤，仍着认真训练，实力巡防，以期有备无患，毋致虚糜饷项。所有扬防各营官弁兵勇从征有年，着准其查明尤为出力者，奏请恩施，毋许冒滥。将此由四百里谕令知之。”（《清穆宗实录》卷111）

（同治三年八月丁丑）又谕：“官文奏‘攻克白杲，发捻分股奔窜，官军跟踪追击，并各路堵剿情形’一折。成大吉、姜玉顺等克粉壁学、银家、官塘等贼垒后，直捣白杲，追剿两昼夜，斩杀甚多。现在发捻各逆分路狂奔，尚无定向。东窜之贼将与蕲水、罗田踞匪合伙，西窜之贼已由料棚窜新集，距光山不远，大股仍麇聚黄安，牵制楚师，官文已令杨朝林等分道追击，并飞咨僧格林沁截剿。着官文严饬各路将领，无分漏夜，尽力追踪兜截，毋任再有延蔓。僧格林沁驻军光州，谅该逆不能偷越，着即侦贼所向，派兵兜剿，毋任窜入皖、豫境内。麻城北路贼匪，着僧格林沁督饬马步各军认真剿洗。近日军情，并着随时驰奏，以慰廑系。其分股窜扑黄安之贼，业经官绅击退。蕲水之贼扰六神港，又由西岸窜陈家湾等处，经张启基炮船击败，匪向殷家冲山后而遁。此股逆匪现窜何处，并着官文查明下落，饬令在防将士会同地方文武迅图扑灭，以收廓清之效。蕲水、罗田等处之贼趋豫入皖，踪迹不定，着乔松年、张之万懔遵初四日谕旨，整饬防军，会合楚军，前后夹击。倘令深入，定惟该抚等是问。汝正、新息余匪未靖，毛昶熙当会同张之万督军认真搜捕，不得稍留余孽，致贻后患。将此由六百里各谕令知之。”（《清穆宗实录》卷111）

（同治三年八月戊寅）谕议政王、军机大臣等：“乔松年奏‘麻、罗之贼现窜英山，并据报陈国瑞有谋叛情事’一折……麻城、罗田之贼直窜英山，乔松年已饬蒋凝学严防六安，并派张景春、张得胜会同防守。

即着督饬派出各军实力扼剿，遇贼即击，毋令匪踪东窜。但兵力尚嫌单薄，着曾国藩仍遵前旨，调派得力将弁，带兵从英山一路前进，以厚兵力。谅该大臣成竹在胸，必能权衡缓急妥速筹办也。将此由六百里各密谕知之。”（《清穆宗实录》卷111）

（同治三年八月戊寅）又谕：“乔松年奏‘请将前调扬防马队催令来皖’等语，前经谕令富明阿派记名副都统富升督带所部马队驰赴皖北一带防剿，现在金陵克复，扬防已松，而湖北麻城、罗田之贼窜及英山，皖北防务吃紧。乔松年驻扎寿州，所部兵勇仅二千人，兵力单薄，必须添兵策应。着富明阿迅饬富升统带所部马队克日起程，前赴寿州，交乔松年妥筹调派，毋稍延缓。将此由五百里谕令知之。”（《清穆宗实录》卷111）

（同治三年八月壬午）谕议政王、军机大臣等：“官文奏‘发捻被剿，分窜豫、皖，派兵追击’一折。发捻各匪，自官军击败后，人数尚多，分股乱窜。蕲水、罗田等处之贼悉数东趋，扰及六安、英山一带。麻城西路分窜料棚之贼，经文武乡团连次击退，河口防师李成谋率队截击，僧格林沁之军亦至，与楚军会合跟追，败贼悉数遁入光山县境。是楚北虽无贼踪，而豫皖均形吃重……僧格林沁曾有诱贼出险即可纵击之奏，此时贼入皖境，地渐宽平，马队正可施展。而黄安败捻复窜光山，僧格林沁之军未免为所牵掣。该亲王务即督饬色尔固善等先将捻股剿尽，即可移师而东，兜击发逆，将楚、皖、豫三省交界之贼次第殄除，毋留余孽。张之万身任封圻，责无旁贷，现在逆匪阑入光山，若任令窜越，扰及完善，更成不了之局。着懔遵叠次谕旨，饬令在防各将士振刷精神，实力遏击，迅扫贼氛。官文虽已击贼出境，仍当督饬东西两路各将弁分投追剿，与皖、豫各军声势联络，以收夹击之效，毋得以贼踪渐远，稍形松劲。将此由六百里各谕令知之。”（《清穆宗实录》卷112）

（同治三年八月癸未）谕议政王、军机大臣等："……昨据官文奏'白杲之贼经官军击败，悉数东窜英、六一带'，当经谕令僧格林沁、官文、乔松年等分投截剿。兹据乔松年奏称'该匪由松子关一带图窜六安'，是六安防剿更形吃紧。乔松年拟调英翰一军回皖协剿，惟据该抚奏称，据英翰禀报，陈国瑞部下将士不肯同叛，均投归英翰营中。陈国瑞自带亲队千余人，仍在麻城之三河口驻扎，必须陈国瑞之事办理就绪，英翰之军方能调赴皖境。着僧格林沁仍遵前旨，将陈国瑞所部交郭宝昌接统，迅调陈国瑞来营，相机查办。陈国瑞到营后，即饬英翰驰往六安，与在防各军迎头截剿，并着督饬色尔固善速即剿除捻逆，移师东击。并着官文督饬各路将弁追贼出境，会合英、六等处防兵两面兜击，尽歼丑类。将此由六百里各谕令知之。"（《清穆宗实录》卷112）

（同治三年八月甲申）又谕："……刘蓉仍驻盩、鄠一带，务当督饬将弁尽力追剿。楚、豫各边防尤须慎固封守，不可大意，仍将近日剿办情形，据实驰奏……将此由六百里各谕令知之。"（《清穆宗实录》卷112）

（同治三年八月甲申）又谕："僧格林沁奏'剿匪获胜，贼分东西两路逃窜，亲督马队，堵剿西窜股匪先胜后挫'一折。麻城以南踞贼，经成保等军在闵家集、蔡家畈等处叠获胜仗。僧格林沁亲督马队驰赴罗山，堵剿西窜股匪，追至萧家河一带。大股援贼继至，我军马力难施，陷于深沟之中，以致失利。据该亲王奏称'伤亡兵丁不过二百余名，稍加整顿，即可进剿'，即着僧格林沁整饬队伍，激励将弁，相度地宜，实力进攻，以期迅歼丑类。该亲王成算在胸，虽偶有挫失，自能运筹决胜，以振军威。僧格林沁拟就近招募本地勇丁千余名作为向导，该处地势既须步队方能得手，即着该亲王酌量办理……僧格林沁大军进捣罗山逆匪，非有步队协剿不足以资取胜，着官文速派成大吉、李成谋等步军出境跟踪追蹑，并一面派拨步军绕出罗山之前，拦头截击，以收夹攻之效……将此由六百里各谕令知之。"（《清穆宗实录》卷112）

（同治三年八月丁亥）谕议政王、军机大臣等："张之万奏'麻城败贼被剿狂奔，官军沿途追截，互有胜负，现筹添募劲旅，相机兜剿'一折，所奏情形与僧格林沁前奏大略相同。现在东窜之扶逆折回商城近境，与张曜相持。而西窜逆氛麇集于楚、豫之交，贼势甚炽……僧格林沁、张之万总当就现有兵力熟筹堵剿，毋令贼踪西犯，扰及完善之区……官文懔遵前旨，速派成大吉、李成谋等步军出境跟踪追蹑，并一面派拨步军绕出罗山之前，拦头截击，归僧格林沁调遣，以收夹击之效。不得画疆自守，贻误戎机，自干咎戾。将此由六百里各谕令知之。"（《清穆宗实录》卷112）

（同治三年八月辛卯）谕议政王、军机大臣等："……其英山一路之贼围攻蒋凝学营垒，经该道督军苦战，擒斩甚多，贼始解围。惟该处逼近罗田，恐贼接踵而来，尚须后路接应。蒋凝学兵力本单，前经谕令曾国藩拨营前往英、霍助剿，现经该督调派刘连捷、朱洪章两军来皖，官文亦派谭仁芳驰赴英、霍，兵力已厚……着官文遵照前旨，速派成大吉等出境追蹑，并派拨步军绕前截击……将此由六百里各谕令知之。"（《清穆宗实录》卷113）

（同治三年八月癸巳）谕议政王、军机大臣等："官文奏'蕲、罗贼匪踞险牵掣官军，骤难出境追击，并防北窜股匪回扰楚境'一折。鄂省东窜贼匪麇聚蕲、罗交界之大小界岭等处，依山踞险，抗拒官军，贼势绵亘几二百里。虽经官军分路环攻，而贼情甚为狡谲，迄未大受惩创。官文现饬成大吉等分由大小界岭、月山互为援应，进剿蕲水之贼；谭仁芳等分由鸭子坂、骆驼坳一带进剿罗田之贼；周成谋驰赴麻城，何处有贼，即由何处进剿；周凤山扼守团陂，何处紧急，即由何处援应，布置尚为周妥。即着官文严饬派出诸军，会同蒋凝学等由英山兜剿之军实力进攻，务将该逆就地歼除，毋任蔓延为患。如逆党被创奔突，仍饬诸军蹑踪追剿，不准稍分畛域。并着曾国藩飞饬赴援之刘连捷、朱洪章及续派各军，分由宿松、太湖及桐城、潜山一带进兵，会合蒋凝学、何绍彩等军严遏英、霍窜匪，相机迎剿，毋徒株守本境。乔松年即饬英翰、郭宝昌等实力会剿，迅歼丑类。其由黄安北窜光山股匪，经僧格林沁击剿，复窜罗山境内，并扑孝感县属之三里城一带。现据官文探知，该逆仍欲乘隙窥伺黄、孝、应、德，图犯随、枣一带，如楚边无懈可乘，即由信、罗直犯南阳。前因僧格林沁进剿罗山逆匪，马队未能得力，谕令官文迅饬成大吉、李成谋等步军出境夹击。现据官文奏称，蕲、罗贼势尚张，成大吉等军现在分路剿办，一时未能出境，另派姜玉顺、萧河清、常星阿、苏伦保、温德勒克西马步各军由河口抄出贼前，经赴三里城、德、孝等处，与豫军会剿，仍分拨队伍驰赴武胜关，探明豫军及僧格林沁之军现扎何处，即由何处出境夹击……僧格林沁、张之万务当会饬诸军，与楚省所派姜玉顺等军尽力扼剿。成大吉、李成谋步军仍着官文随时酌度军情，如蕲、罗贼势少衰，可以抽调出境，即遵前旨，迅饬成大吉等绕出罗山之前，与僧格林沁等军前截后追，以收夹击之效。黄、孝、应、德各路要口，并着官文饬派出防军，严密遏截，毋稍疏懈。将此由六百里各谕令知之。”（《清穆宗实录》卷113）

（同治三年八月丙申）谕议政王、军机大臣等：“僧格林沁奏‘督饬马步各军，进剿西窜发捻，先胜后挫，贼渐南趋，咨催楚军迎击，并饬催进剿东窜股匪’一折。贼匪在柳林寨、大山寨一带麇聚，官军分路冲压，乘胜穷追。山后伏贼齐出，将陈国瑞等军围困，官军内外夹攻两昼夜，始将贼众击退。巴扬阿力竭阵亡，参将尹作宾尚无下落，逆匪穿山向新店一路奔窜，后股已至泼陂河。僧格林沁紧蹑其后，该逆窜入楚境大山，向南奔窜，马队不能穷追。该逆东则可窜麻城，南则可窜黄安，西则可窜应山一带。着官文飞饬姜玉顺、萧河清等各率部队迎头截击，务须将山内贼匪就地殄除，勿再任其纷窜。如该逆被逼出山，马队可以施展，即着僧格林沁督饬诸军，乘隙兜剿。傥不得地势，仍当令陈国瑞等步队向前，毋庸令马队跋涉，山险田埂，致令再有疏失……其黄安等处要隘，仍着官文妥筹兼顾，毋令回窜……将此由六百里各谕令知之。”（《清穆宗实录》卷113）

（同治三年九月辛丑）又谕：“官文奏‘官军移营击贼获胜，现饬约期会剿，追贼出境’一折。蕲、罗贼匪经成大吉等分路痛剿，歼匪无算，直追出大小界岭，始行收队。该逆复在大坳冲及罗田离城二十余里之黄泥塘地方意图分窜，复经石清吉等迎剿，匪势穷蹙。讯据贼供，七区之贼备有行粮，有将遁走之势。昨据僧格林沁奏，该逆窜入楚境大山，向南奔突，麻城、黄安、应山一带路路可通。是该逆游魂无归，现在分路狂奔，尚无定向。着官文檄饬成大吉与富森保、石清吉等军约期再举，乘胜进攻。仍遵前旨，将该逆就地歼除，毋留余孽。如该逆窜出山险，即着曾国藩、乔松年督饬皖军两面夹击，协力扫荡。俟贼踪窜近平原，马队可以施展，并着僧格林沁督军兜剿，悉数歼灭，毋令再行纷窜他处。英山之贼有分股由打虎厂图窜蕲州等处之信，着官文即饬谭仁芳由长岭冈移扎张家塝，严密防守，以保蕲、黄门户。并着曾国藩、乔松年饬令英山防军跟踪追蹑，以期聚而歼旃……将此由六百里各谕令知之。”（《清穆宗实录》卷114）

（同治三年九月辛丑）又谕：“李云麟奏‘蔡启败匪奔窜甘省，遵旨遣回楚军，并将陇军酌量裁撤’一折……至李云麟所部之军，除业经筹给饷银遣撤回楚外，现留毅健中前后三营暂扎陕、楚交界之漫川关……着刘蓉悉心筹画，现扎漫川关之毅健三营，或须留防陕、楚毗境，或可筹给饷项，即行遣回，均即迅速酌办……本日据官文奏‘请饬总兵颜朝斌赴鄂随营’等语，着骆秉章传知颜朝斌，于补行穿孝百日届满，即行驰赴湖北军营，随同官文办理防剿，毋稍稽延。将此由六百里各谕令知之。”（《清穆宗实录》卷114）

（同治三年九月壬子）又谕："张之万等奏'东路窜匪经张曜追击出境，西路一股被剿南窜，复逼商城，请饬张曜回军扼守'一折。遵逆等股在黄安、麻城境内分路盘踞，经陈国瑞等挥军追杀，贼窜黄安大山，依险负嵎。该处沟深路窄，马队难于施展，豫省步军又多疲乏，亟需劲旅协剿，以厚兵力。着官文严檄成大吉等军，会同僧格林沁所部及豫省官军协力兜剿，四面围攻，以期聚而歼旃。并着张之万、毛昶熙激励将弁，实力进攻。如该逆逸出山险，即着僧格林沁督饬马队官军痛加剿洗，迅殄逆氛。黄、麻之贼复窜至石香炉、黄土冈等处，逼近西界岭，图窥商城。张之万拟调张曜回军商城扼守，张曜现在扼扎六安之流波疃等处，应否调回商城，以固豫省边防之处，着僧格林沁体察情形，相机办理……正在寄谕间，据官文奏'蕲、罗贼匪仍复依山固踞，光、罗发捻绕道回窜黄安，扰及麻城、黄冈地界，经水陆官军追击，悉趋蕲水、蕲州'等语，与张之万所奏情形不同，是否该逆由黄安分股窜逸，着官文、张之万探明贼踪，分投剿洗。成大吉等后路运道已为蕲水之贼围逼梗阻，官文当督饬李成谋、周凤山等军星速解围，疏通成大吉等营粮路，一面绕路会攻蕲水。罗田、英山毗境，贼匪负嵎如故，着官文飞饬刘连捷、朱洪章等军由宿松、太湖一路节节迎剿，力顾蕲州等处要隘。僧格林沁之军如已到麻城，即着相机会剿，以资厚集。前谕官文将温德勒克西等及苏伦保马队派往甘肃，交穆图善统带。着官文懔遵前旨，催令赶紧起程。倘再不知缓急，观望迁延，即着从严参办。至蓝斯明等步队能否调拨赴甘之处，并着官文妥为筹画，迅速办理。将此由六百里各谕令知之。"（《清穆宗实录》卷115）

（同治三年九月甲寅）谕议政王、军机大臣等："乔松年奏'英、霍逆匪被剿西窜，现筹剿办情形'一折。逆匪窜聚英、霍一带，围攻蒋凝学之军，并分扰至潜山边境，经蒋凝学督军苦战，屡挫凶锋。复经英翰、郭宝昌尽力追剿，该匪遂退窜蕲、罗一带。蒋凝学乘胜尾追，斩擒甚众，英、霍已无贼踪，剿办甚属出力。蒋凝学等均着先行存记，俟军务大定，由乔松年奏请给予奖励。现在逆踪虽已西趋，难保不乘间回窜，蒋凝学扼守英山，极为得力，未可遽令赴鄂。其英、霍交界，即着饬令英翰扼要驻扎，妥筹援应……此时英、霍已无贼踪，自应越境进剿，即着曾国藩、乔松年饬令拔队赴鄂，会合楚师，两面夹击，尽殄贼氛……蕲、罗等处贼氛麇集，官文当懔遵前旨，督饬在事将弁实力扼剿，并飞调刘连捷等军追击。僧格林沁之军如已到麻城，并着相机会剿，以资厚集。将此由六百里各谕令知之。”（《清穆宗实录》卷115）

（同治三年九月甲子）谕议政王、军机大臣等：“官文奏‘发捻麇聚蕲水，围逼官军营垒，并分股窜扰蕲州、麻城等处’一折。光、罗发捻昼夜东趋，势甚剽疾，而罗田踞逆亦欲与蕲水一带踞匪勾合，经杨朝林、成大吉等分路攻击，将鸭子畈、七区、匡家河等处贼巢扫平，败贼悉窜蕲水、蕲州，与发捻各股盘踞。该逆乘雾出队，环攻官军营盘，石清吉等御贼阵亡，富森保冲出重围，成大吉一军及飞虎七营仍为贼匪层层围裹，未能骤出。官文已调姜玉顺等营赴下游蕲水、巴河，会合李成谋相机进剿，以解成大吉之围。为今之计，非先解此围不能取胜，着即督饬李成谋等迅速进攻，力解重围，妥筹进取。官文前调蒋凝学六营赴蕲水驻扎，仍请调刘连捷一军赴楚兜剿……现在楚省军情甚紧，着曾国藩、乔松年飞檄刘连捷一军速赴湖北，即归官文调遣，以厚兵力。僧格林沁现驻商城，如匪踪横出河南，即着督饬马步各队认真剿击。陈国瑞等军能否分援蕲水，合力解围，并着迅速筹办，无分畛域。总之，此股贼匪人数尚众，逆首陈得才、马融和、倪泷怀、吴义汰均在蕲水、广济一带，非楚、皖、豫三省通力合作，不能歼灭。着僧格林沁等会筹办理，以纾朝廷南顾之忧。湖北水陆兵力不为不厚，现又调蒋凝学、刘连捷等入楚。该营均属劲旅，惟在调度得宜，方能收指臂之效。官文于此股贼匪窜扰，未能迅即扑灭，此剿彼窜，兵力颇受贼匪牵掣，又复屡次败衄，损失名将。若不振刷精神，力图剿贼，自问当得何罪？官文另片奏‘请留马步各队助剿’等语，温德勒克西等马步各队现扎宋埠等处，经官文饬令觇贼所向，力清后路，再赴蕲水、蕲州会剿。着照所请，暂行留楚，俟军务稍松，兵力稍裕，仍令赴甘剿贼，不得借词逗遛……将此由六百里各谕令知之。”(《清穆宗实录》卷116)

(同治三年十月戊辰)又谕：“僧格林沁奏‘督军进剿西窜股匪，逼贼东趋’，官文奏‘发捻东趋，与蕲水之贼勾合，现筹剿办情形’各一折。逆匪盘踞新店、双山门等处，经陈国瑞等军击败，遁入楚疆。僧格林沁进扎商城，而捻匪张总愚率众回窜，官军败之于木子店，复向西南白杲一带狂奔，陈国瑞、姜玉顺等督军扼剿，叠有斩擒。该逆已东窜上巴河、蕲水一带，与下游大股发捻勾合，是楚北西路可保无虞。而逆势既归并一处，则下游倍形吃重，皖、楚之交山重水复，马队万难施展，着官文即饬姜玉顺、萧河清等军锐意东行，会合成大吉之军内外夹击，务将此股贼匪就地歼除，毋任再行西窜。其刘连捷一军，并着官文飞檄催提，饬令自东而西，与鄂军两面兜围，大彰挞伐。成保、陈国瑞扼扎罗田，遏贼西北窜路。李济清等水师严扼辛家冲一带，以防抢渡。即着僧格林沁、官文分饬各军，严密堵御，以备抄击。僧格林沁现已移营黄冈之上巴河，拟俟贼踪窜近平原，督率马队追击。该大臣惟当稳慎进取，毋稍疏虞。将此由六百里各谕令知之。”(《清穆宗实录》卷117)

(同治三年十月癸酉)又谕：“……英、霍之贼退窜鄂疆，遍扰蕲水、蕲州等处，皖北虽暂就肃清，未能恃以无恐。蒋凝学一军已到蕲水，刘连捷军亦经官文调往湖北，现在成大吉被围，湖北军情十分吃紧。着曾国藩懔遵叠次谕旨，饬令刘连捷迅即赴援湖北。其皖、楚交界地方，仍责令朱南桂等严密防守，毋任回窜……将此由六百里各谕令知之。”(《清穆宗实录》卷117)

(同治三年十月乙亥)又谕：“……现在甘肃军务尚无就绪，道路亦未通畅。而湖北贼氛未净，碍难腾出兵力，赴甘援剿。是欲剿关外之贼，必须先清甘省，欲清甘省，非将窜扰楚、豫、皖三省之贼迅速殄除，则兵力悉为牵掣，不能鼓行而西。前谕曾国藩调派刘连捷等军赴楚助剿，叠据奏报，业经陆续到皖。刘连捷一军，已由官文檄调赴鄂，此起官兵皆系曾国藩旧部，即鄂省水陆各营，亦系楚勇居多。若得曾国藩前往调度，则兵将相习，必可收指臂之效。现在江宁已臻底定，军务业经蒇事，即着曾国藩酌带所部前赴皖、鄂交界，督兵剿贼，务即迅速前进，毋稍延缓。第恐曾国藩之兵由东路进逼，贼必避兵西窜，武汉一带，防守亦关紧要。官文俟曾国藩到后，即可回驻省垣，会同吴昌寿妥筹防范，并将各营饷需源源接济，毋令缺乏。僧格林沁现驻黄冈之上巴河，第恐深入楚境，难保贼匪不伺隙窜扰北路。着酌量情形，扼要驻扎，力顾豫疆。贼或北窜，即着督率马步迎头夹击，以期聚而歼旃。僧格林沁、官文、曾国藩均系威望素著，似此三面扼扎，必能将此股贼匪悉数歼除，克期蒇事……温德勒克西等及苏伦保等马步各队，前经官文奏请暂留楚省，现在西路需兵孔亟，仍着官文、曾国藩饬令迅赴穆图善军营，不得借词奏留……将此由六百里各谕令知之。”（《清穆宗实录》卷117）

（同治三年十月戊寅）谕议政王、军机大臣等：“僧格林沁、官文奏‘蕲水发捻被剿穷蹙，分窜广济、太湖，督率水陆各军分路防剿’一折。逆众自趋蕲水后，大股麇聚梅子山等处，与蔡家河踞匪互为掎角，经僧格林沁、官文分督水陆各军扼要防剿，连获胜仗。成大吉一军复与蒋凝学援师奋勇力战，立解重围，又累捷于关口等处。逆匪分股败窜，一窜太湖弥陀寺，一窜广济，自应乘胜会剿，以期聚而歼旃，即着僧格林沁督饬成大吉等马步各军跟踪追击。至刘连捷等军已抵太湖，并着僧格林沁、曾国藩饬令迎头会剿，迅奏肤公。第逆匪既经陆军剿击，下游又有皖军拦截，当此秋深水涸，沿江、沿湖各要隘尤应严密堵御，以防抢渡。官文务当督率水师梭巡防范，遇贼即击，毋得稍有疏虞。英山一路防守尚属空虚，着僧格林沁酌拨数营，严防回窜。现在东南军务渐次底定，楚、皖交界之贼尤应及时扑灭，曾国藩着仍遵前旨，迅赴皖、鄂一带督

兵会剿，俾此股残匪早就殄除，以副委任。将此由六百里各谕令知之。”（《清穆宗实录》卷118）

（同治三年十月辛巳）安徽巡抚乔松年奏：“楚贼复窜皖境，现饬各军分投堵剿。”得旨：“着即督饬诸军遇贼即击，均归僧格林沁节制，仍随时与曾国藩会商妥办。皖北各路防务，不准稍涉疏懈。”（《清穆宗实录》卷118）

（同治三年十月）甲申，谕议政王、军机大臣等：“……前经谕令曾国藩驻楚、皖交界，督师剿贼。该大臣接奉前旨，谅已部署起程。嗣据乔松年奏，蕲水等处之贼回窜霍山、太湖等境，僧格林沁已至英山，诚恐贼众逐渐深入，皖南北防不胜防，必须就地殄除，方可一劳永逸……将此由五百里各谕令知之。”（《清穆宗实录》卷118）

（同治三年十月）丁亥，谕议政王、军机大臣等：“僧格林沁、官文奏‘追剿发捻各匪获胜，匪首穷蹙乞降’一折。发捻各匪经官军击败后，向东狂奔，与前次东窜股匪联成一片。官文严防水路，僧格林沁督军追击，成保、陈国瑞等奋力截剿，歼毙无算……常星阿等追剿南窜股匪，至广济县地方遇伏失挫，萧河清力战阵亡，马步官兵亦多阵没，殊堪悯惜。接应不力之员，着该亲王会同官文查明参办。现在此股若干人，着僧格林沁查明具奏。逆众既图上窜，回扰黄、麻，难保不北犯豫疆。该亲王已令成保、陈国瑞向光州一带扼扎，以杜北窜，并着国瑞选带马队驰往光州，会同张之万督饬防军奋力扼剿。马德昭现已到营，即着札令帮同成保管带步队，以资差遣。将此由六百里各谕令知之。”（《清穆宗实录》卷118）

（同治三年十月丁亥）又谕：“……本日据僧格林沁等奏‘剿办楚、皖贼匪，叠获大胜，除斩杀外，各股匪首穷蹙乞降者甚众，已陆续遣散递籍’等语。此股降众，多有籍隶陕西者，着刘蓉严饬各地方官妥为安插，毋令滋事，致干重咎。将此由六百里谕知都兴阿、雷正绾、刘蓉，并传谕陶茂林、恩麟知之。”（《清穆宗实录》卷118）

（同治三年十月丁亥）又谕：“本日据僧格林沁等奏‘官军剿贼叠获大胜，各股匪众穷蹙乞降，现拟陆续遣散递籍，已分咨湖广等省督抚妥为安插’等语。此等降众大半为贼裹胁居多，现既投诚反正，自应分别遣散。惟其中良莠不齐，若不妥筹安置，难保不别滋事端。着恽世临于该降众等遣回过境时，饬令所属地方官酌给口粮，分别递回原籍，妥为安插，认真约束，毋稍大意。将此谕令知之。”（《清穆宗实录》卷118）

同治三年甲子十月戊子，谕议政王、军机大臣等：“僧格林沁等奏‘陆路贼匪由广济上窜，督师追剿’一折。逆匪分股，一由张家塝、陈德园溃走，一由蕲州、广济奔逃，叠经官军追剿，该逆以一股牵掣我军，分股由广济翻山，绕越蕲州、滨湖一带上窜，经谭仁芳等截杀，遂由枣茨岭逸入上下巴河等处，旋由黄冈、麻城直趋岐亭、新洲各路，上窜黄陂。官文现派常星阿等赶赴上游节节追剿，并令喜昌等分防汉口等处。着官文檄饬派出各军实力严防，扼要驻扎，相机剿办，务期一鼓歼除，毋得稍涉疏懈。昨据僧格林沁、官文奏‘追剿发捻获胜，匪首马融和等受抚，陆续来归者不下十余万众’等语。该逆心存叵测，首鼠两端，系属意中之事。着僧格林沁懔遵前旨，暂驻黑石渡，妥为镇抚，并着官文妥筹办理。陈得才、张总愚、陈大滣等势极穷蹙，现在英、霍、潜、太一带形同流寇，非合数省兵丁会剿，无以制贼死命。着僧格林沁、官文严檄各军，前截后追，两面夹击，务将该逆等迅速擒获，毋令再行漏网，致稽显戮。并着知照豫省官军合力兜剿，迅殄逆氛。将此由六百里各谕令知之。”（《清穆宗实录》卷119）

（同治三年十月庚寅）又谕：“张之万等奏发捻分股蔓扰，严扼豫边，并商城、光山一带截剿窜贼各折片。前因僧格林沁等奏‘广济地方股匪窜扰黄、麻，恐北犯豫防，已令成保、陈国瑞向光州一带扼扎，国瑞并选带马队驰往光州’，当经谕令会同张之万督饬防军奋力扼剿。兹据张之万等奏，贼由英山扰及商城边境，复由蕲水上犯，逼近豫南。英山窜匪有陈大濬等在内，商、固一带皆其熟径，其势铤而走险，渐有深入之虞。而黄、麻又与信阳、罗山处处接壤，亟宜严密扼剿，方免窜入腹地。且张总愚、陈大濬为豫省积年巨患，若不乘此大兵云集之际合力兜剿，迅图聚歼，倘再令逃逸，后患何时可已。该抚等已饬王文行等驰赴光、罗适中之地，探贼迎剿。赵鸿举等驰赴商城边境之苏仙集，会合张曜之军夹击，即着严饬各军遇贼即击，毋令深入，扰及完善……将此由六百里各谕令知之。”（《清穆宗实录》卷119）

（同治三年十月壬辰）又谕：“官文奏击剿上窜发逆获胜，拟俟楚境肃清，即饬温德勒克西等赴甘援剿，并阵毙蓝城春各折片。贼匪由新洲仓子埠窜过黄陂，势将突扑汉口。经官军堵截，该逆折回黄陂，窜入孝感之杨店，分股扰至九子墩、双庙等处。经周凤山等督军分路截剿，将白沙铺贼馆蹋毁，败贼向三家店、赵寺埠、斗冈岭分窜，贼之前队已至德安。官文现令李成谋、梁洪胜两军，由应城、天门绕出贼前迎击。江长贵严防襄、樊、随、枣，张启基等严扼襄河等处水路，着即严饬派出各军分路紧蹑，合力剿洗，为一鼓聚歼之计，以期迅殄逆氛。官文所称‘温德勒克西等马步各军，若贼西窜，即可跟踪追击，就便入甘’等语，该督如令温德勒克西等督军西追，势将纵贼入秦，又成不了之局。官文惟当督饬该员等，将黄、孝、德安等处之贼实力剿办，就近殄除，毋得以邻为壑，致令穷蹙之贼复肆狓猖。俟此股贼匪殄灭，即令温德勒克西等驰赴甘省，以厚兵力。僧格林沁现在追贼赴皖，据官文奏称，楚军均已回鄂。何以并不会同该亲王之军协同扫荡？其应如何拨兵前赴皖、豫交界越境追剿，以固边圉之处，并着官文妥筹办理。前据僧格林沁、官文奏称‘伪将甘怀德等诱令伪端王蓝城春至成保营前投降’，当将蓝城春解送到营，讯明后即将该逆凌迟处死。兹据官文奏‘成大吉在麻城之木牌楼地方将蓝呈春已殪于阵’，所奏情节，前后不符。该逆蓝呈春是否即系蓝城春，究竟在何处歼毙，着僧格林沁、官文确切查明具奏，将此由六百里各谕令知之。”（《清穆宗实录》卷119）

（同治三年十月）甲午，谕议政王、军机大臣等：“乔松年奏‘扶逆就歼，皖省贼踪净尽，并陈现办情形’一折。发捻各匪前经僧格林沁等督军追剿，受降十余万众，旬日之内渐就廓清。惟扶逆陈得才一股尚在后路，经蒋凝学一军自楚追及，叠获胜仗，杀贼甚众，收降三万余人。僧格林沁亦由霍山派兵进击，该逆前后受敌，计穷服毒身死。蒋凝学将该逆尸身搜获，送至僧格林沁军营查验，皖北一律肃清。此股发逆窜扰楚、皖、陕、豫，及已十年。陈得才曾扰苏州，尤属著名巨匪，现在计穷身死，洵足寒贼胆而快人心。所获是否陈得才正身，即着僧格林沁查明具奏。发逆渐就殄灭，惟捻匪陈大灐、张总愚两首逆，前据僧格林沁奏，俱在英、霍、潜、太一带山内伏匿，已飞咨乔松年一体搜拿，仍着僧格林沁、乔松年严饬该处带兵将弁分投搜缉，务在必获。前据官文奏称‘贼之前队已至德安，已令李成谋绕前截击’，皖省现无贼踪，着乔松年督饬蒋凝学等军驰赴楚境，会合夹击，以收聚歼之效。豫省距楚较近，前据张之万奏，贼由英山扰及商城边界，复由蕲水逼近豫南，该抚已派王文行、张曜等军迎剿，当经谕令张之万督军追剿，扼要堵截。并着乔松年选派皖防将弁带兵前赴豫疆，与豫省各军并力兜击，务期尽歼丑类。将此由六百里各谕令知之。”（《清穆宗实录》卷119）

（同治三年十月丙申）又谕：“曾国藩奏‘遵赴皖、鄂交界督兵，拟仍驻扎安庆、六安等处，派刘连捷等人黄州，归官文调遣，并调刘铭传等率淮勇渡江北剿’一折。前因楚、皖贼势甚众，僧格林沁、官文均未得手，是以谕令曾国藩赴楚、皖交界督师剿贼。嗣据僧格林沁等先后奏报，蕲水获胜，成大吉军解围，贼窜英山等处，经僧格林沁等督师进剿，擒获首逆多名，降者十余万众。昨又据乔松年奏报，扶逆陈得才自戕，发逆剿除净尽，皖省一律肃清，是楚、皖近日军情较之半月以前大不相同。现在楚境余贼由黄、孝窜德安一带，逆数无多，楚军可敷剿办。曾国藩又派刘连捷等军入楚，归官文调遣，计日定可廓清。着即饬令刘连捷、李鹤章、刘铭传等军迅赴黄州、德安等处，遇贼即击。如贼趋皖、豫，并令各军分投防剿，通力合作，为一劳永逸之计。曾国藩即可无庸前赴安庆，亦无须交卸督篆，仍驻扎金陵，妥筹调度……将此由六百里各谕令知之。”（《清穆宗实录》卷119）

（同治三年十月丙申）河南巡抚张之万等奏：“春寿、张曜等军追贼于罗山之宣化镇，擒斩甚多，匪向西南窜去，现饬各军合剿。”得旨：“窜往西南之匪固应严防回窜豫疆，仍应严饬张曜、王文行等军会合楚军夹剿，聚而歼旃，毋留余孽。”（《清穆宗实录》卷119）

（同治三年十一月己亥）又谕：“僧格林沁、国瑞奏‘投降发逆酌量遣留，并督军追剿发捻窜匪各情形’一折。投降人众，经僧格林沁督饬英翰等分别留营遣散，业已就绪，办理甚妥。仍着饬令带兵各员及沿途地方官妥为弹压，毋任别滋事端……其邱沅才一股现窜随州之高城一带，势渐西趋，僧格林沁现已饬张曜督军紧蹑，并着官文迅饬西路防军迎头截击，力扼窜路。楚、豫边界为贼匪往来熟径，官文、张之万务当督率在事员弁探明贼踪，并力夹击，以收聚歼之效。曾国藩昨已有旨，令其毋庸赴楚，其所派刘连捷、李鹤章、刘铭传等军已令其驰赴黄州、德安等处剿贼。着官文酌量情形，分别调遣，以资得力。将此由六百里各谕令知之。”（《清穆宗实录》卷120）

（同治三年十一月己酉）又谕：“乔松年奏现在布置情形，并请饬楚、豫分派守城扼隘游击之兵各专责成等折片。蒋凝学一军由英山拔队赴楚，陈飞熊一军亦回楚归官文调遣，着官文即妥为调派，迅将黄、孝、德安等处余贼一律扫除，毋留遗孽。张总愚、陈大漋等回窜楚、豫，余党无多，自不难于剪灭。惟僧格林沁以统师重臣追奔逐北，几无停晷。而楚、豫境上，不能豫筹堵截之方，未免旷日持久。着官文、张之万通筹大局，酌分三项，守城之兵专守城池，扼隘之兵专守险要，贼来即击，不必远追，游击之兵分作两支，以一支随僧格林沁转战，以一支驻于本省边界，往来追剿援应，各专责成。贼踪何路窜逸，即惟守隘之员是问，如窜陷城池，即惟守城之官是问，倘随剿不力，贼去不追，即由僧格林沁查明，严行参处。如此明定章程，庶不虑贼之东奔西窜，而足以制其死命。现在张总愚等窜向何处，僧格林沁当居中驻扎，派兵四面兜拿，明立获犯赏格，严定纵匪罪名，以期廓清地方，一劳永逸。潜、太、英、霍一带现虽无贼，仍着乔松年督饬英翰等实力防范搜查，毋任再有窜越。将此由五百里各谕令知之。”（《清穆宗实录》卷121）

（同治三年十一月）辛亥，谕议政王、军机大臣等：“官文奏‘上窜发逆狂奔德、随一带，派军分路兜击’一折。发逆上窜云梦、孝感境内，经官军分路截杀，叠有斩擒，贼向京山、应城一带窜去。张总愚逆党，复由光山、黄安窜向黄陂之河口，范立川余党亦自信阳、应山窜入随州之安居环潭，图与上窜之逆合股。逆踪麇聚德、随等处，渐有西趋之势，官文现饬江长贵等力扼襄樊，并饬常星阿等由京山、安陆前进，成大吉驰向茅茨畈进剿，李成谋、梁洪胜等军力顾京、钟、应城要隘，所筹尚合机宜。即着严饬各军前截后追，务将此股败匪就地歼除，毋令旁窜。常星阿等前次赴援不力，致贼乘虚奔窜，业经降旨革职留任。此时如再不知奋勉，纵贼西行，即着官文严参，按照军法治罪，不得稍涉姑容。僧格林沁督军楚、豫，于各营接仗情形必所深悉，如有临阵退缩之员，无谕楚、豫兵官，并着指名严参惩办，以肃戎行。德、随一带与豫境处处毗连，张曜一军已抵枣阳，正可拦头截击，着僧格林沁、张之万饬令会合楚军两面兜剿，毋令窜扰豫疆。老河口为繁盛之区，该逆如绕过襄、樊，转窥光、化，则该处适当其冲，着官文飞催梁作楫等实力扼剿，遏其奔突。此股败残之匪奔窜靡定，总由防剿各军未能联络兜击，有追兵而无遏截之兵所致。现在贼踪西向，难保不由郧西一路窥伺陕疆。官文、张之万务当督饬在事将弁绕出贼前，痛加剿洗。楚省兵力甚厚，倘奔窜贼股不能在楚地就地歼除，任令长驱入陕，以邻为壑，必将官文从重治罪，决不宽贷。刘蓉前奏'商州仅存镇西军三营，兴安仅存陇军两营，此外猝无兵勇可调'等语。此时贼踪渐近，着刘蓉添调兵勇，分赴商州、兴安一带实力防范，不得稍有疏虞。蒋凝学一军，官文既拟令其驰赴甘肃援剿，着即饬令取道郧西等处，将发捻各匪就近拦击，以辅陕省兵力之不足，俟此股残灭，再行由陕入甘……并着官文斟酌情形，或将此起降众另行分隶各营，毋庸随同入甘，较可放心。霍山窜至黄安股匪人数无多，着僧格林沁饬令陈国瑞、郭宝昌等分投兜剿，迅速歼除。乔松年仍当督率皖军严防回窜，毋稍大意。将此由六百里各谕令知之。"（《清穆宗实录》卷121）

（同治三年十一月乙卯）谕议政王、军机大臣等："……由楚西窜之匪窥伺陕疆，着官文等懔遵前旨，严饬马步各军取道郧西，一面绕前截击，一面跟踪蹑剿，以期迅扫逆氛。蒋凝学一军仍饬令取道郧西等处，将发捻各匪就近拦击，俟此股殄灭，即行由陕入甘……将此由六百里谕知僧格林沁、官文、张之万、刘蓉，并传谕恩麟知之。"（《清穆宗实录》卷121）

（同治三年十一月己未）又谕："官文奏'发捻败逆奔趋襄、枣一带，现筹会剿'一折。德安股匪由府北之平林市窜向雷公店，随州之贼分窜襄枣之黄龙垱、资山等处，经官军击败，夺路狂奔。前由霍山窜入黄安败匪，复上窜孝感、应山之小河溪等处，奔赴随州。虽系亡命之余，乘虚铤走，而狼奔豕突，其势尚炽。且匪氛尚在楚境，何得遽谓全境将次肃清，腹地无虞？官文既称逆匪归并一处，正可合力兜剿，就地歼除。不准徒托空言，必须严申军令，督饬常星阿、李成谋等军一面分路追剿，一面绕出贼前迎头截击，务须悉数歼诛，毋任逃窜出境。成大吉已扎楚、豫交界之吕堰驿，梁洪胜已扎老河口，杨朝林驰赴郧阳，并顾郧西、竹溪一路，即着责令该提督等实力遏截，倘任令贼踪窜入豫、陕境内，必当按照军法治罪。蒋凝学一军并着饬令赶紧拔队驰赴郧西，以备截击，毋稍延缓。僧格林沁督军已抵枣阳，际此雪虐风饕，冲寒督战，朝廷甚为廑系。前曾谕令该大臣，如楚、豫兵官临阵退缩者，即指名严参惩办。现在官文所派各军已由僧格林沁调遣，即着督饬该将士奋力剿贼，与郭宝昌等军会合兜击，迅殄逆氛。倘在事员弁有不遵调度者，即着指名严参，以军法治罪，毋稍姑容。前据官文奏，刘连捷等坐守皖境，并未赴鄂。嗣据曾国藩奏称，已派刘铭传等统淮勇渡江，剿皖鄂之贼，刘连捷等赴黄州候官文调遣。何以此次官文折内，于刘连捷等入楚一节并未提及？着曾国藩严饬刘连捷等星驰入鄂，会合楚军并力击贼，倘敢意存畛域，任意迟延，朝廷法令具在，不能因该军士在江南剿贼著有微劳，稍从宽宥也。将此由六百里各谕令知之。”（《清穆宗实录》卷122）

（同治三年十一月）癸亥，谕议政王、军机大臣等：“僧格林沁奏‘追剿发捻各股贼匪，先后接仗失利，现驻邓州，相机追击，檄调楚、皖官军扼剿，并自请严议’一折。发捻各股由枣阳、黄龙垱、峪山等处向西北滚河一带窜去，经僧格林沁督军追击。乃带兵各官未能勠力同心，以致马步官军或因陷于沟坎泥淖，遂至失利，或因雾气迷漫，为贼所乘，总由该将弁等带兵不能得力，屡致败挫。即着僧格林沁查明，据实严参惩办，以肃戎行。该逆现窜邓州东北白牛里一带，僧格林沁移扎邓州，即着整饬队伍，督令带兵将弁合力追剿，以赎前愆。僧格林沁自请严议之处，着加恩宽免……蒋凝学一军现扎商城，未能由郧西绕出贼前，迎头截剿，必须由楚省调拨劲军绕前截击，方能遏其入陕之路。即着官文迅拨得力兵勇，驰赴豫、陕之交界地方，会合陕军，奋力兜截，毋稍延缓。前谕曾国藩迅饬刘连捷等军星驰入鄂，归官文调遣。即着仍遵前旨，饬令迅速前进，倘敢逗遛，即着曾国藩查明严参。并着官文檄调刘连捷

等军到鄂，以便腾出兵力，赴陕助剿，以资周转……将此由六百里各谕令知之。”（《清穆宗实录》卷122）

（同治三年十一月）甲子，谕议政王、军机大臣等：“官文奏‘兵力厚集襄、樊，会剿败匪，楚省可保无虞，定期回省’，曾国藩奏‘遵旨回任，拟赴安庆、黄州妥筹防剿’各一折。据曾国藩奏‘刘连捷等军宜以黄州、上巴河为老营，凡黄州八属有警，即令分队驰剿。刘铭传等军，宜以三河尖、固始为老营，凡皖、豫交界有警，即令相机防剿。有此二支劲旅，庶可腾出湖北本省兵力，专顾德安、襄阳等处，以为通力合作之计’，自是老谋深算。惟远防不如近剿，现在贼踪骎骎西窜，若驻扎三河、固始，未免距贼较远。兵情旦夕变迁，着曾国藩饬令刘连捷、刘铭传等入鄂、入皖之军，探踪前进，均归僧格林沁调遣，以期力殄狂氛，肃清余孽。曾国藩拟俟科场完竣，诸务就绪，乘坐轮船驶赴安庆、黄州一次。不若就目前李鸿章尚在江宁，该督即日出省，规画指挥，严饬诸将认真防剿，较可得力。俟各路布置定妥，仍即驰回江宁办理善后一切要务。官文以西征军实及金陵遣勇欠饷尚无端倪，并公事积压已久，请回省督办，自系实情。着即回省，督饬司道认真筹办，一面严饬水陆各军认真剿办，务将此股贼匪即在楚境就地歼除，毋任旁窜他省……将此由六百里各谕令知之。”（《清穆宗实录》卷122）

（同治三年十二月壬申）又谕：“……刘蓉前奏，兴商止有五营，而他处兵勇万难抽动，请责成湖北派兵前截后追。该抚责任封圻，自当于无可抽拨之中设法筹备，方为不负委任。岂能尽诿邻封，袖手坐视？着即严饬地方官，实力办理团练，以补官军之不足，仍于附近营汛抽调兵勇，择要设防，倘任令匪踪阑入，定惟该抚是问。均、光、郧阳与邓州、镇平接壤，逼近贼氛，着官文严饬郧西一带防兵认真截剿，毋得纵令西窜，致滋延蔓……将此由六百里各谕令知之。”（《清穆宗实录》卷123）

(同治三年十二月丙子)又谕:"……曾国藩前派分赴楚、豫之刘连捷、刘铭传等军曾否到防,楚省现无贼踪,着曾国藩、李鸿章迅檄刘连捷等所部星速驰赴豫境,毋许再有稽延……将此由六百里各谕令知之。"(《清穆宗实录》卷123)

(同治三年十二月庚辰)又谕:"官文奏发捻窜豫,派军驰赴邓州助剿,及援甘楚军起程日期,刘连捷令扎英、霍、六安各折片。逆匪由邓州至镇平相率北趋,现由南召奔鲁山,窥伺河汝,叠经降旨,令官文派兵赴豫助剿。兹据官文奏称'已令常星阿、苏伦保、温德勒克西、姜玉顺、蓝斯明等随同僧格林沁出境分追。现又添派富森保、杨朝林、梁洪胜等内外夹击,又派成大吉由老河口、均光一路迎头包袭,兼顾楚境',所筹均尚周妥。现在贼众北趋,若不迎头拦截,恐一入河汝,将为秦晋之患。着即催令常星阿等星驰前进,归僧格林沁调遣,不得稍涉观望,致干咎戾。楚省要隘应办防务,即责成江长贵、李成谋等妥为经理,以防回窜,刘连捷一军自可无庸赴楚。惟该督饬令驻扎英、霍、六安、潜、太一带,去贼太远,以有用之兵置之无用之地,殊为可惜……据官文奏称'该道每月需饷六万两,因楚省支款繁多,力有未逮,不得不借旧欠接济新饷。议定自同治四年正月起,每月由湖北补发欠饷银二万两。其余银四万两,该道行抵陕西,即由陕西筹给。行抵甘肃,即由甘肃筹给'等语。着刘蓉、恩麟于蒋凝学一军到境时,照数接济……将此由六百里谕知僧格林沁、官文、刘蓉,并传谕恩麟知之。"(《清穆宗实录》卷124)

(同治三年十二月壬午)又谕:"……楚、豫捻匪由邓州窜赴南召一带,陕境防务着都兴阿咨明刘蓉懔遵叠次谕旨,设法拦截,毋令捻踪阑入陕疆……将此由六百里各谕令知之。"(《清穆宗实录》卷124)

(同治三年十二月戊子)又谕:"……兹据刘蓉奏'请分拨蒋凝学一军绕赴淅川,驻扎荆子关,为绕前截击之师,于淅川、郧西两路均可兼顾’等语。现在蒋凝学未知由何路进剿，应否即令该道进驻荆子关，或另腾出兵力前往扼扎，以固秦疆门户之处，着僧格林沁、官文通筹全局，妥筹办理。刘蓉仍当就本省兵勇力遏贼氛，不得专待邻省拨兵，一味株守，至令无贼之区又被蹂躏……将此由六百里各谕令知之。”（《清穆宗实录》卷125）

（同治三年十二月己丑）谕议政王、军机大臣等：“……本日已谕知富明阿令该总兵挑选精锐勇丁三千名克日赴豫，如回湖北本籍，即着官文饬令赶紧赴豫……将此由六百里各谕令知之。”（《清穆宗实录》卷125）

（同治三年十二月辛卯）谕议政王、军机大臣等：“官文、吴昌寿奏‘长阳县刁民聚众滋事，派兵搜捕’一折。据称‘湖北长阳县土司后裔田士信即田思群并李明得、覃其烈等，纠党横行，并长乐县差役王启幅等，均因案畏罪，在长阳县境结伙，意图拒捕。胆敢在四方台山抢掳银钱，并将该县派往协缉之族长田青远等杀毙，劫其财物，制造刀矛，狡焉思逞。经宜昌镇总兵叶永泰拨兵往剿，并经官文派令都司曹立全等抽拨炮船，驶赴宜都县小河口堵截。该逆纠众，于十一月二十八日绕至王台子坳地方，经曹立全出队迎击，随即败退。该匪复由鸭子口偷越，官军往捕，毙匪数十名，将伙匪李明得、覃其烈擒获正法。因山路积雪，尚未捣其巢穴，现加派唐协和统带四营，添拨炮船，联络剿捕，并飞咨湖南巡抚饬属严防’等语。该犯田士信等以土司后裔，肆行无忌，并敢聚众杀掠，恃险拒捕，实属目无法纪。若不及早扑灭，必致酿成巨患。着官文、吴昌寿严饬派出官弁兵丁，会同该地方文武员弁迅速剿捕，将该匪等悉数歼除，不准一名漏网。该处与湖南接壤，并着恽世临迅饬所属各员于交界处所一体严防，密速兜剿，毋任窜越。将此由六百里各谕令知之。”（《清穆宗实录》卷125）

（同治四年正月壬寅）又谕：“都兴阿、穆图善奏‘攻剿宁夏附城贼圩大胜，派员赴楚募勇’各折片……都兴阿等拟派副将陈东霖等赴湖北募勇八营，以资攻剿，着照所议办理。所需枪炮等项，即着咨照官文按照营制给发……将此由六百里各谕令知之。”（《清穆宗实录》卷126）

（同治四年正月壬子）谕议政王、军机大臣等：“雷正绾奏……曹克忠派弁赴楚募勇，请调土司带队助剿，并曹克忠一军不克回顾潼关各折片……曹克忠派参将傅先宗前往湖北招募勇丁四千名助剿，经过湖北、河南、陕西等省，着官文、吴昌寿、张之万、刘蓉于此项勇丁到境时，饬属照例供支口粮，以利遄行。官文并酌量拨给每营抬枪、小枪、帐房若干，俾资应用。如招勇之员敢于沿途滋扰，即由该督抚等查明，遵照前奉谕旨奏参惩办……雷正绾所募勇丁已有由楚入陕者，如潼关需兵防剿，着该抚酌量截留……”（《清穆宗实录》卷127）

（同治四年正月壬子）又谕：“雷正绾奏‘……现在鄂、豫发捻十余万众均已投诚，甘肃逆氛正炽，请饬苏伦保、常星阿、温德勒克西、富森保四起马队赴甘会剿’等语。军营冲锋陷阵及追剿窜贼均以马队为先，此时由鄂窜豫之贼为数不过数千，剿除自易。而甘肃逆回正形猖獗，非得力骑兵势难蒇事。苏伦保等四起马队，着僧格林沁斟酌豫省贼势军情，或全数饬令赴甘……将此由六百里谕令知之。”（《清穆宗实录》卷127）

（同治四年正月丁巳）谕议政王、军机大臣等：“……贼踪向东奔窜，去楚北边防愈远，官文所部成大吉等军着檄令星夜赴豫，合力进剿。其防剿荆子关之姜玉顺一军，并着官文酌量，移缓就急，调赴河南……将此由六百里各谕令知之。”（《清穆宗实录》卷128）

（同治四年正月乙丑）谕议政王、军机大臣等：“……楚省现无贼踪，所有成大吉等军，着官文迅饬前赴僧格林沁军营，听候调遣……其成大吉等军赴豫后，楚省边防亦须安设重兵，着官文妥筹办理，毋稍疏虞。

将此由六百里各谕令知之。”（《清穆宗实录》卷128）

（同治四年二月）庚午，谕议政王、军机大臣等：“……发捻合而为一，人数众多，乘隙铤走。若不合楚、豫、皖三省之力，聚而歼旃，势将此剿彼窜，流毒无所底止……官文前有‘合兵会剿，及派成大吉、江长贵、周有全等分军扼守要隘’之奏，此时贼踪渐近楚疆，成大吉一军前已令赴豫省，即着官文饬令该提督等侦探贼踪，迎头截击。其从前派定守兵，并着调令出境拦剿，以收两面夹击之效。倘贼踪日趋日近，即着官文留省居守，吴昌寿出省督兵，以期呼应灵通，不至贻误军事。颍、亳一带为捻匪故巢，尤须严防回窜，仍着乔松年督饬英翰等军严密防守，并酌拨劲兵会合楚、豫官军，三面兜剿，毋得稍有疏虞……将此由六百里各谕令知之。”（《清穆宗实录》卷129）

（同治四年二月乙亥）又谕：“官文奏‘发捻败窜豫省，楚境已就肃清，请将带兵各员开复处分，出力阵亡各员准予分别奖恤’，并官文、吴昌寿奏‘剿办长阳县滋事匪徒’各折片。发捻各匪窜扰楚境，官文以钦差大臣出省督剿，屡经严谕，务将股匪就地歼除，不准旁窜他省。官文复奏时，亦曾以此自任。乃纸上空谈，竟无实际。在事文武仅欲以驱逐出境了事，以致窜楚之贼长驱入豫。现贼踪已及西平，难保不再行回窜，该大臣何得因楚省肃清，遂谓已竟全功，铺张其词，为将士乞恩保奖？殊不料官文身受殊荣，犹有畛域之见，如此亦何怪诸臣之相率效尤耶？所有上年剿匪尤为出力各员暨阵亡员弁，着官文先行存记，俟此股发捻匪众悉数殄除，再由官文奏请，分别奖恤。湖北长阳县刁民田士信即田思群，畏罪聚众滋事，在四方台等处负嵎不出，经官文、吴昌寿督饬都司曹立全等于巴山、枫子岭等处带兵剿捕，枪毙匪众数十名。该大臣等复添派提督谭仁芳四营驰赴渔洋关，会合知府唐协和等由长阳、长乐两面兜剿。即着官文、吴昌寿檄饬带兵各员，将该匪等剿除净尽，毋留余孽。并着恽世临仍遵前旨，严饬水陆各营并邻近各州县，一体认真防范，

毋令阑入境内，致滋延蔓。将此由五百里各谕令知之。”（《清穆宗实录》卷129）

（同治四年二月癸未）又谕：“恽世临奏‘湖南东西各界筹办防堵，诱获曹元兴正法’一折，据称‘……湖北长阳匪徒占踞株栗山恃险抗拒，该处紧接澧属，如鄂军进剿，难保不溃入湖南。恽世临豫饬黄元龄确探严防，闽省贼粮缺乏，度岁后意欲回窜江西，现饬赵焕联一军留防东路’各等语，所筹东西各路防堵情形，尚属严密……并着该抚檄令在防军，严防鄂、闽各匪窜越，以期有备无患……将此由五百里谕知李瀚章，并传谕石赞清知之。”（《清穆宗实录》卷130）

（同治四年二月甲申）谕议政王、军机大臣等：“官文、吴昌寿奏‘官兵进剿长阳县土匪，逆首率党诈降，立时擒斩，现饬搜捕余匪’一折。田士信即田思群，以土司后裔因案畏罪，聚众谋逆。经官文等派军兜拿，将首从各逆一并擒斩，办理尚为妥速。着官文等仍即督饬水陆各军乘胜扫穴，殄除余匪，毋任一名漏网。该处山径纷歧，并当责成地方文武各员随时认真搜捕，以绝根株……楚省军务已平，江、皖亦无须协济。若如所奏，强分畛域，西陲大局将不可问。每月应解甘省协饷银三万五千两，仍着懔遵前旨，筹解半年，不得借词推诿。将此由五百里各谕令知之。”（《清穆宗实录》卷130）

（同治四年二月）乙酉，谕议政王、军机大臣等：“……刻下贼踪肆蔓于正阳、息县、新蔡之交，讯据获贼供称，有由信阳窜往楚省之说。徐邦道及张曜宋庆等军均已到汝，僧格林沁亦自鄢陵拔营前进，着即督饬马步各军奋力痛剿。该匪慑于声威，自必南趋楚境，当豫计其必由之路，先行派兵在彼，多设埋伏。或于山深密林之处多设旌旗，以为疑兵，使贼不敢窜近山谷。如其入山负嵎，不妨率队围困，使不得再出滋扰，着该亲王相机妥筹办理……前经谕令如贼氛窜近楚省，令官文在省守御，吴昌寿出省督剿。此股贼匪游魂无定，必将扰及楚边，着吴昌筹即行调集劲旅，克日出省，择要防剿，拦头夹击，以期速殄狂氛……总之，此股贼匪东奔西突，大为腹地之患。必须乔松年、吴昌寿亲督皖、楚在防各军出省，僧格林沁之军会合一处，前截后追，方能制其死命。该抚等惟当严饬将士等不可稍有畛域之见，致成不了之局……将此由六百里各谕令知之。”（《清穆宗实录》卷130）

（同治四年三月戊戌）谕议政王、军机大臣等：“杨岳斌奏‘招勇业已成军，迅即督率赴甘’一折，据称‘总兵彭楚汉、杨明海等招募湘乡、衡山等处壮勇，业已成军，各营军装、器械一律齐备，现于二月十六日全行抵省。定于二十、二十二、二十四等日分作三起，由湘江水路取道湖北前进’等语，办理尚属妥速……官文、曾国藩、李瀚章素顾大局，即着按照所奏各节斟酌情形，妥筹办理，迅速具奏。李瀚章未到任以前，着石赞清认真筹办。将此由六百里谕知官文、曾国藩、杨岳斌、李瀚章，并传谕石赞清知之。”（《清穆宗实录》卷132）

（同治四年三月）辛丑，谕议政王、军机大臣等：“前据张之万奏‘贼由郾城、上蔡、遂平交界之五沟营等处南窜至汝宁城东，有由信阳窜楚之说’，当经谕令僧格林沁督队跟追。吴昌寿带兵出省防剿，近日贼势若何，久未据僧格林沁等奏报。此股贼匪究竟能否就地歼除，抑已窜越楚皖？着僧格林沁激励各军，稳慎进攻……如贼在楚、豫，即檄令越境迎剿，听候僧格林沁调遣。僧格林沁之兵转战经年，疲劳过甚，正宜驻于平原旷野地方，蓄养锐气，凡山径崎岖、薮泽低洼处所，断不可再行冒险前进。且该大臣但须指挥调度，使各路将士合力进剿，贼股即可殄灭，亦岂可身临前敌，致蹈危机……将此由六百里各谕令知之。”（《清穆宗实录》卷132）

（同治四年三月癸卯）又谕：“……官文等所奏水陆防堵情形，布置尚为严密。此时贼已北趋，吴昌寿驻扎黄州，距贼较远，着即督率楚军，越境追至豫疆。如贼匪折回南趋，亦可迎头截剿，并着官文筹画饷需，源源接济。所有楚北各军，即着统归吴昌寿调遣。吴昌寿抵豫后，即着随同僧格林沁合力攻剿，听候进止机宜，不得稍分畛域。所有楚边防务，仍着官文、吴昌寿严密防堵，毋任贼踪复行窜入。将此由六百里各谕令知之。”（《清穆宗实录》卷132）

（同治四年三月癸卯）又谕：“官文奏‘提督鲍超到鄂，起程回川，筹办西征事宜’一折。前因新疆回氛日炽，叠经谕令鲍超整队出关。该提督现已由鄂赴川，料理葬亲事毕，即可部署起程……至鲍超一军启行后，每月所需饷项，前经谕令湖北等省督抚酌定数目，奏明拨解。仅据沈桂芬奏拨地丁银十万两，陆续批解，其余尚无确数。将来全军西行，若非筹定月饷，源源接济，必至贻误军行。杨岳斌前请以东征局厘金移作西征之用，业经谕令官文等斟酌筹办。仍着官文俟杨岳斌抵鄂后与之熟商，应如何酌量分拨，俾鲍超一军得此有着之款，庶期士饱马腾，剿办不至棘手。官文、杨岳斌素顾大局，谅必能妥筹办理也……将此由五百里谕知官文、骆秉章、杨岳斌，并传谕鲍超知之。”（《清穆宗实录》卷132）

（同治四年三月庚戌）谕军机大臣等：“……本日复据官文、吴昌寿奏称‘湖北长阳匪党搜捕肃清’一折。巨匪田侍佩等虽经擒斩，党与歼除，仍须留驻兵勇镇压，毋任余孽与豫捻勾结，复行滋蔓。吴昌寿当迅速带兵驰赴豫省，督率攻剿，并将到豫日期驰奏，毋稍观望。楚北边境，即由官文分饬各军扼守，以防回窜……将此由六百里各谕令知之。”（《清穆宗实录》卷133）

（同治四年三月丙辰）谕军机大臣等：“吴昌寿奏‘进扎鄂边中路，相机会剿’一折。豫省发捻各逆虽纷窜东境，而余匪伏莽所在尚多。现在僧格林沁马步各军全赴东省跟剿，豫省兵力甚单，尚须扼守东路，兼顾河防。倘贼踪回窜勾结，不惟豫省有燎原之势，即楚边亦在在堪虞。是以叠次严谕吴昌寿带兵赴豫，廓清豫贼，即以防固楚疆。今该抚拟行至德安审定贼势，再定进止机宜，虽为慎重起见，未免意存畛域。贼情飘忽无定，豫省兵力空虚，着吴昌寿仍懔遵昨日寄谕，迅带得力兵勇二三千名星驰赴豫，实力助剿，毋得迁延观望。并将到豫日期迅速驰奏，以慰廑系。至楚省沿边几及千里，防务未可稍松。官文接奉此旨，即于成大吉等诸将中酌派一员，统领楚防各军严密防范，以便吴昌寿驰赴豫省。其在防不得力之兵勇，即责令派出之员简校裁汰，以期兵归有用。应山、黄、孝、安、麻、随、枣、襄、樊、光、郧等处，地当扼要，尤须派得力将弁加意防守。将此由六百里各谕令知之。”（《清穆宗实录》卷134）

（同治四年三月己未）又谕：“……此股贼匪由鄂、豫狂窜北趋，虽系残败之余，尚多著名悍寇，若不亟图扫荡，其患诚无已时。现在各路将弁，均归僧格林沁调遣，务当统筹胜算，分派诸军处处策应，迅殄逆氛。倘何路防剿不力，即由该大臣指名严参，重治其罪。将此由六百里各谕令知之。”（《清穆宗实录》卷134）

（同治四年三月）辛酉，谕军机大臣等：“……其楚边防务，即由官文妥为调度……将此由六百里各谕令知之。”（《清穆宗实录》卷134）

（同治四年四月壬午）又谕：“官文奏‘霆军赴川，路经鄂省金口地方，乘间溃散’一折，据称‘总兵宋国永、冯标统带鲍超旧部十八营，由江西行抵汉阳，经官文给发水脚，优加犒赏，派员护送前进。师次金口，该勇丁等不愿西行，全行溃散’，览奏实堪骇异。直隶宣化镇总兵宋国永、甘肃凉州镇总兵冯标有统带之责，何至于全军溃散，毫无约束，实属咎无可辞。姑念从前尚有战功，均着即行革职，并撤销记名提督，仍饬前往鲍超军营效力赎罪，以观后效。其首先煽惑众勇溃散之尽先参将欧阳辉，游击罗三元，都司李守泽、李受春，千总梅里光，均着先行革职，严拿务获，就地正法，以肃军律。此起勇丁，叛卒降众杂出其中，类多桀骜之徒，现在陆续投回者虽有二三千人，而结队上行者尚属不少，难保不聚而生变。该勇丁等现由咸宁一路窜去，行走甚急，官文已派欧阳昙、成大吉等军拔队跟追，绕前拦截，着即飞催前进。如该勇丁尚遵约束，除将为首之犯擒治外，其余胁从之众即着妥为弹压，分别安插。倘敢恃众抗拒，即当合力兜拿，就地歼除，毋令逸入邻境，致贻后患。其业经投回勇丁，着官文分别遣散，毋令别滋事端。现在官军既星夜跟追，该勇丁等自必闻风急窜，趋向靡定，江西、安徽、湖南等省路路可通，着曾国藩、孙长绂、乔松年、李瀚章、石赞清各派兵勇，于湖北交界地方飞速探踪拦截，并饬各该地方官一体严防，协力兜拿，免致蔓延为患，不可稍涉大意。鲍超所部之勇既多溃散，是出关一节势难成行，该提督于剿办粤匪素著声威，现在福建漳州之贼尚在负嵎，并有西窜粤东之意，前已饬令鲍超旧部娄云庆等由武平赴粤援应，若得鲍超前往督带，必更得力。着骆秉章迅即传知鲍超赶紧起程，取道湖北一带，顺便将已散勇丁招集若干，申明纪律，统带赴闽剿贼，以赎前愆，毋庸前赴西路剿贼。该提督素称勇往，谅不至迁延观望，贻误事机也。官文另片一件留中，将此由六百里谕知官文、曾国藩、骆秉章、乔松年、李瀚章，并传谕鲍超、石赞清、孙长绂知之。”（《清穆宗实录》卷136）

（同治四年四月庚寅）又谕：“李瀚章奏‘通筹防剿大概情形，并霆营散众行至咸宁滋扰’，张凯嵩奏‘梧州官军叠破贼巢’各折片。鲍超所部霆营勇众，前据官文奏‘溃勇行至咸宁，逆谋始露’等语，当经谕令官文、李瀚章等派兵截遏。兹据李瀚章奏称‘霆营前收降众复叛，在湖北咸宁县地方劫掠，势甚猖獗’，是此起溃卒，已有聚而难散之势，亟应乘其初起，迅速扑灭。官文前派出截之兵是否足敷分布，着严饬派出将弁认真妥办，将为首逆犯擒治，设法分散其党，以免蔓延……将此由五

百里各谕令知之。”（《清穆宗实录》卷137）

（同治四年四月辛卯）又谕：“孙长绂奏‘赴甘霆营叛逃，派兵扼要堵截’一折。前据官文奏‘霆营勇众溃散，行至咸宁，逆谋始露’，当经谕令湖广、江西各省督抚派兵堵截。兹据孙长绂奏‘已派总兵万泰、普承忠等各带兵勇先赴义宁、武宁扼守，并檄记名提督孙长国率领炮船巡防义武河面，又于鄱湖、赣河分路布置，截其窜皖、窜闽之路’，所筹尚属周妥。第此起叛勇，其中降众甚多，久经战阵，现既叛迹昭彰，势必铤而走险。武义逼近兴国、通山，难保不乘虚窜突，朝发夕至。孙长绂派出各军，务当檄令飞速到防，遇贼即击，不得稍涉稽延，致落后着。至援闽霆字各营，尤应防其煽惑。着左宗棠等饬令娄云庆妥为拊循驾驭，镇定军心，毋令生事。闽省贼氛经各路官军痛加剿洗，长围之势渐成，左宗棠等务当严檄各军合力兜剿，毋令回窜邻疆，致成延蔓。江省地方紧要，此时叛勇近在楚疆，筹防尤亟。沈葆桢抚江数载，素得兵民之心，自应迅速回江，筹办防剿事宜，以副众望……将此由六百里谕知左宗棠、徐宗干，并传谕孙长绂知之。”（《清穆宗实录》卷137）

（同治四年四月辛卯）又谕：“……前因官文奏称‘霆营勇众行至湖北金口地方溃散，窜往咸宁’，当经谕令骆秉章传知鲍超，赶紧取道湖北，招集散勇，统带赴闽剿贼，以赎前衍，无庸出关剿贼。近日叠据李瀚章、孙长绂奏报‘霆营降众复叛，在湖北咸宁地方劫掠，势已猖獗，驿路梗阻。该叛勇声称赴江索饷，实欲赴闽投贼，并欲勾结援闽霆军’等情，是该叛勇逆迹业已昭彰，亟应赶紧筹办。此股叛党系属鲍超旧部，辄敢乘机煽乱，该提督虽已先行回川，究不能辞其责。湖北、湖南、江西等省，前派成大吉等军，虽经分路扼截，难保不恃众抗拒，乘机窜突。鲍超统领霆营素为勇丁所信服，呼应较灵，必得该提督亲往咸宁等处，晓以大义，怵以利害，冀可闻风反正，消患甫萌。即着骆秉章传知鲍超，懔遵前旨，迅速驰赴湖北一带，会同成大吉等军扼截叛勇，协力兜拿。

其自拔来归、真心向顺者，即着分别招集，与前次投回勇丁，或酌留管带赴闽，或资遣回籍，均由鲍超相机妥办。鲍超俟办理叛勇事竣，即着督军入闽，毋稍延缓……鲍超受恩深重，必当仰体此意，克日赴鄂，无误事机也。将此由六百里谕知崇实、骆秉章并传谕鲍超知之。”（《清穆宗实录》卷137）

（同治四年五月乙未）又谕：“孙长绂奏‘援闽霆营哗噪退回，现筹抚驭’一折。前因霆营抵鄂，溃散生变，叠经谕令湖广等省督抚派兵扼截，并将援闽霆营妥为拊循，毋令煽惑滋事。兹据孙长绂奏‘湖北叛勇已窜义宁州境内，距新昌县不远，现饬普承忠等迎击。援闽霆营鼓噪劫饷，旋经娄云庆抚定，现由省局宽筹银米，妥为安辑’各等语……鲍超离营后，霆营叛逃哗溃之事层见叠出，朝廷念其前劳，未忍即行加罪，该提督宜如何感激图报？现在咸宁叛卒一意南趋，娄云庆所部各营退驻会昌白埠地方，鲍超若再不迅速东下，拊循约束，万一溃勇勾结闽氛，又成不了之局，该提督自问当得何罪？着骆秉章传知鲍超懔遵叠次谕旨，克日启行，星夜趱程前进，驰赴鄂省，探明溃勇趋向，分别招集遣散……官文前奏，有派成大吉等进截溃勇之语，此时该勇已窜江境，并着督饬成大吉等越境跟追，会合江省官兵前后夹击，毋得稍分畛域……将此由六百里谕知官文、左宗棠、骆秉章，并传谕鲍超、孙长绂知之。”（《清穆宗实录》卷138）

（同治四年五月乙未）又谕：“……本日复谕令官文等，将楚北姜玉顺所部九营饬令迅赴直、东交界地方，听候刘长佑、阎敬铭调遣。着刘长佑等俟此军到时，咨商办理，何省军情紧要，即由何省调往剿贼……鲍起所部霆勇八千，行至楚北溃散，现已窜至江西义宁州，恐其阑入皖南滋扰，着李鸿章留心探访，饬令皖南防军堵扼，毋令窜入境内……”（《清穆宗实录》卷138）

（同治四年五月）戊戌，谕内阁："前因山东巡抚阎敬铭、布政使丁宝桢于所辖境内未能加意协助，致僧格林沁孤军深入，力竭捐躯，业经交部严加议处。因思发捻各逆，上年扰及湖北境内，湖广总督官文以钦差大臣督师剿贼。其时楚师兵力甚厚，如果调度得宜，何难将该逆就地歼除？乃该督督办日久，未能使贼大受惩创，仅以驱之出境为了事，致令该逆得以远扬，实属咎无可辞……官文、张之万、毛昶熙着一并交部严加议处。近来贼匪窜扰之地，各该省督抚往往意存畛域，以驱贼出境为了事，以致此剿彼窜，迄无了期，实堪痛恨。嗣后各该省督抚等务当协力同心，互相策应，于贼匪奔窜之路严密防维，订期合力夹击，庶几军务日有起色。倘竟任其奔突，不能遏截，必惟各该省督抚是问，言出法随，决不宽贷。"（《清穆宗实录》卷138）

（同治四年五月戊戌）又谕："……现在溃勇已及盩厔，其势渐炽，且盩厔逼近南山，万一纵令入险，则剿办又形棘手……湖北、山西距秦甚近，官文、沈桂芬亦当一体严防，毋令阑入。如此股溃卒不能堵截，纵令出省，又如宋景诗故事，惟刘蓉、德兴阿是问。杨岳斌前奏有取道荆子关之语，现在遥计师行，定距入关不远。侦探溃勇踪迹，拦头截击，毋令窜近鄂境。至该督所部新勇仓卒成军，心志未必能齐，此时霆营之勇既溃于楚，陶茂林之勇复溃于秦，倘竟闻风效尤，纷纷逃溃，于大局殊有关系。杨岳斌当严饬带兵各员申明纪律，约束拊循，毋得稍涉大意……将此由六百里各谕令知之。"（《清穆宗实录》卷138）

（同治四年五月己亥）又谕："……惟宋国永、冯标所统各营已在鄂省金口一带，溃散滋事，现经官文派兵追击，孙长绂派兵在江西境内截剿，此项滋事弁勇碍难一律施恩，着孙长绂咨明鲍超，将此项弁勇查明开除，速行另缮清单，奏请施恩……"（《清穆宗实录》卷138）

（同治四年五月庚子）又谕："……东豫毗连之考城处所，仅有宋庆、张曜等军扼扎，兵力较单，亟应筹添劲旅，以资捍御。着官文懔遵前旨，迅饬姜玉顺统带所部九营星速赴豫，会同吴昌寿所带楚军严扼河防……将此由六百里各谕令知之。”(《清穆宗实录》卷138)

(同治四年五月壬寅)又谕：“李瀚章奏‘派军堵剿霆营叛卒，并西路各军收复天柱县城’一折，孙长绂奏‘霆营未可调粤，及义宁兵团截击溃勇叠胜’各折片。霆营叛勇由鄂东趋，因湖南平江业经戒备，即由通城等处窜入江西义宁州境。经该处兵团迎头截击，叠获胜仗……官文仍饬成大吉等督兵跟追合剿，毋令回窜鄂疆。此起叛勇，数旬之内裹胁至二三万人，且有伪指挥检点名目，是其甘心叛逆，实为法所难贷。官文、李瀚章、孙长绂务当督率各军，乘贼氛初起之时迅速扑灭，毋得稍分畛域，致成蔓延……鲍超叠经有旨严催，令其速赴鄂省，将溃勇一事迅速办理。着懔遵叠次谕旨，星夜兼程东下，招集旧部率赴江西，分别剿抚，力赎前愆……将此由六百里谕知官文、劳崇光、张亮基、李瀚章，并传谕鲍超、孙长绂知之。”(《清穆宗实录》卷138)

(同治四年五月壬寅)又谕：“……霆营叛勇由鄂东趋，因湖南平江业经戒备，即由通城等处窜入江西义宁州境……官文仍饬成大吉等督兵跟追合剿，毋令回窜鄂疆。此起叛勇，数旬之内，裹胁至二三万人，且有伪指挥检点名目，是其甘心叛逆，实为法所难贷。官文、李瀚章、孙长绂务当督率各军，乘贼氛初起之时迅速扑灭，毋得稍分畛域，致成蔓延……将此由六百里谕知官文、劳崇光、张亮基、李瀚章，并传谕鲍超、孙长绂知之。”(《清穆宗实录》卷138)

(同治四年五月戊申)又谕：“传谕浙江提督鲍超……着仍遵前旨，毋庸西进，迅速由湖北至江西探听溃勇扰及何处，即向何路速筹妥办。此起溃勇就平后，仍即统领娄云庆所部霆营入闽会剿，该提督惟当懔遵历次寄谕，迅速赴江，毋稍迟缓干咎。”(《清穆宗实录》卷139)

(同治四年五月壬子)谕军机大臣等:“……昨据贺寿慈奏‘楚、豫两省寇患方殷,请令两省督抚豫筹剿贼,并请责成苏廷魁、唐际盛襄理军务’等语。苏廷魁、唐际盛于军务曾否谙习,着官文、吴昌寿酌量委任,以资臂助。原折着钞给官文、吴昌寿阅看。又片奏‘请令顾嘉蘅兼办南汝光一带民团’等语。顾嘉蘅五守南阳,素得民心,着吴昌寿责成该员将南汝光一带团练认真筹办,以固楚、豫边防。原片着钞给吴昌寿阅看……”(《清穆宗实录》卷139)

(同治四年五月壬子)又谕:“……刘蓉另片奏‘请令成大吉到直、东一带扼扎’,该提督现在湖北办理金口溃勇一事,尚未十分完结。且楚北空虚,恐将来余贼再行回窜,亦不可不留兵布置,所请着毋庸议……将此由六百里各谕令知之。”(《清穆宗实录》卷139)

(同治四年五月)戊午,谕军机大臣等:“……至楚北边防,亦宜豫筹布置,着官文即拣派得力将士,扼要驻守,以防该匪窜至……至此股贼匪既不能渡河而北,则窜豫,窜皖,窜楚北、江苏等省皆不可定,各该督抚等务当于各该境层层设兵以待,俟大股窜近,横出截击,使其不能成队。俟其遁回老巢,即以重兵围攻,聚而歼之,方是一劳永逸之计……杨飞熊现拟在襄、樊招募两营,着官文饬令挑选安分可靠勇丁成军,不得如陈东霖招募赴甘之勇,沿途滋事,毫无纪律……将此由六百里各谕令知之。”(《清穆宗实录》卷140)

(同治四年五月戊午)又谕:“……成大吉等前有旨令其越境追贼,此时行抵何处,仍着官文查明具奏,一面饬令探明溃勇趋向,相机合剿,不准迁延观望,致干重咎。前因霆营勇卒背叛,叠经飞谕鲍超停止西征,毋庸出关,迅赴湖北办理此事。此次鲍超吁恳续假,自系尚未接奉前旨,故有是请。现在叛勇已扰及攸县、安仁一带,事机孔棘。着鲍超懔遵叠次谕旨，一面赶紧调治，一面束装赴鄂，探明叛勇踪迹，分别剿抚遣散，即赴江闽剿除发逆，以副委任。倘再迟延不前，任令旧部勇众日益蔓延，自问当得何罪……”（《清穆宗实录》卷140）

（同治四年五月）癸亥，谕军机大臣等：“……姜玉顺、蒋凝学两军由楚赴豫，正可由陈州一路进发，着官文严催该两军飞速前进，不得稍有逗遛。吴昌寿一面迎提，俟抵豫境，即酌量何路贼势较重，饬令由何路迎剿，毋稍松劲。将此由六百里各谕令知之。”（《清穆宗实录》卷140）

（同治四年六月丙申）谕军机大臣等：“……官文前奏，调飞虎四营赴豫，已至何处？即着催令赶紧入豫，归吴昌寿调遣……贼匪恐被击南趋，鄂省防务未可松劲，着官文妥为布置，毋令窜越。将此由六百里各谕令知之。”（《清穆宗实录》卷144）

（同治四年六月丙午）谕军机大臣等：“……该匪被剿穷蹙，难保不窜赴豫东，或由光、固、颍、六一带窥伺鄂疆。吴昌寿现已檄调张曜、陈国瑞等军分撤归陈，以防边境，着即督率该总兵等实力堵御，毋令贼踪阑入。并着官文、郑敦谨迅速派兵，严扼皖、鄂边界……将此由六百里各谕令知之。”（《清穆宗实录》卷145）

（同治四年七月庚午）谕军机大臣等：“鲍超奏‘力疾起程日期’一折。霆营叛勇现与花旗股匪合并，窜绕兴宁一带，大为江粤边境之患。鲍超拟于六月二十八日力疾起程，赴鄂募勇往剿，具见以国事为重。惟兵在精不在多，鲍超此次召募新勇，尤当慎重简选，严明约束，务使增一勇得一勇之益，总以三四营为率，不准再多。尤不准再以无赖之人，杂厕其间，致贻后患……”（《清穆宗实录》卷147）

（同治四年七月辛未）谕军机大臣等：“本日据官文等奏楚省东西两

路防务同时吃紧，布置情形……鄂省黄、麻、罗田诸路，官文已派成大吉等官扼守要隘，着即饬令严密防堵，毋令汝宁股匪阑入边境，并饬驻扎老河口、随、枣等处各军，俟贼离边稍近，即出境迎头截击，与豫军合力夹剿。官文等所称与吴昌寿会剿之语，总须认真办理，不得有名无实，徒事纸上之谈。吴昌寿亦当严督张曜等，将张总愚等股匪尽力追剿，毋稍松劲……至鄂省兵力，尚敷出境防剿之用，与其专守本境，以待贼至，不若越境迎剿，豫行扼截，以固藩篱。官文、郑敦谨务当速拨重兵，驰赴三省交界之淅川厅、荆子关一带严密扼截，俾贼众不得阑入商雒、郧阳等处……将此由六百里各谕令知之。”（《清穆宗实录》卷147）

（同治四年七月壬申）谕军机大臣等：“……鄂、豫壤地毗连，该逆由豫而鄂，俱系从前往来熟径。官文等前派成大吉等军分路扼守，即着严饬各军认真防堵，毋令匪踪阑入。并着官文、郑敦谨抽拨劲旅，以剿为防，迅速饬赴豫疆，会合吴昌寿派出各军协力夹攻，迅歼丑类……将此由六百里各谕令知之。”（《清穆宗实录》卷147）

（同治四年七月）丙子，谕军机大臣等：“曾国藩奏‘遵复历次谕旨’一折，据称‘张总愚、赖汶洸等分窜情形，与吴昌寿等前奏大略相同。该大臣已檄调刘铭传军赴周家口，又添调乌尔图那逊等马队援陈，并令周盛波一军驻亳，将托伦布等各马队整顿赴豫，请饬湖北、河南督抚于豫之巩、洛、宛、邓，楚之随、枣、黄、麻，各驻劲兵一支，拦头迎剿’各等语，所筹均属周妥……着懔遵初九、初十日谕旨，严督张曜等认真追剿。官文等迅派成大吉等军扼守黄、麻等处要隘，务与吴昌寿会师合击，不得任令贼踪阑入，致滋延蔓……将此由六百里各谕令知之。”（《清穆宗实录》卷148）

（同治四年七月丙戌）谕军机大臣等：“官文等奏‘发捻各逆分逼楚境，现在分军防剿’一折……吴昌寿现饬张曜等军合队紧追，并饬谭仁芳由宝丰一带直出镇平，迎头拦截。务当认真扼堵，不可令其窜入秦楚境内，尤不可任其乘间折窜汝洛，致秦晋之防又形吃重，并着官文、郑敦谨饬令杨朝林之军力顾郧防。其襄、樊、光、化、随、枣等处防军，即由官文等饬令统带各员严密防扼，并檄姜玉顺速赴新野，会合豫军出境迎剿……湖北麻城、黄安等处逼近贼氛，官文等现已派成大吉一军移扎孝感，就近策应，并令梁洪胜暂扎岐亭，着即督令该将士等实力堵截，以固边防。俟逆匪全股趋有定向，楚北边防稍松，即饬鄂师全行出境，会合豫军四面兜剿，以冀尽歼丑类。官文等所陈坚壁清野之法，实为剿办流贼要著，务当实力奉行，不得有名无实……商水县扶苏寺寨众，将差赴湖北之协领依勒吞等截入寨中，并行李、盘费、文书、路票一并裹去，旋将依勒吞等杀害，此事殊堪发指……将此由六百里各谕令知之。”（《清穆宗实录》卷 149）

（同治四年七月己丑）又谕：“……并着官文、郑敦谨懔遵前旨，迅饬姜玉顺所部驰赴新野一带，会合豫军夹击，并严饬襄、郧等处在防各军实力堵遏，以固边防。楚北现已戒严，豫省光、固一带防务亦形吃重。乔松年现饬张得胜、黄秉忠两军前赴固始驻扎，作策应楚豫之师，并令英翰仍带所部暂驻颍州，以顾后路，即着督饬该藩司等相机援应，实力巡防……将此由五百里各谕令知之。”（《清穆宗实录》卷 149）

（同治四年七月壬辰）谕军机大臣等：“曾国藩奏‘遵复历次寄谕，并请饬中外臣工，会议剿捻事宜’一折……该大臣现令张锡嵘招募淮北之勇，备他年征剿西北之用。此军若招有成数，加以训练，可先派赴楚、豫交界助剿……逆匪窜入湖北之枣阳，后股由临颍、郾城折回上蔡，并有将窜周口之说，贼踪飘忽不常，亟应四面兜剿。着官文、郑敦谨、乔松年、吴昌寿懔遵叠次谕旨，催督各军合力夹击……将此由五百里谕知官文、曾国藩、乔松年、吴昌寿、郑敦谨，并传谕王榕吉知之。”（《清穆宗实录》卷 149）

（同治四年八月己亥）谕军机大臣等："……成大吉等军，并着官文、郑敦谨饬令由孝感一带节节进兵，以剿为防，不得自顾疆界，再涉延玩。其西股窜至唐县者，与随、枣相去甚近，官文、郑敦谨当饬刘维桢等军认真堵剿，毋令贼踪入楚，一面飞饬姜玉顺带兵出境会剿，不得再事因循，贻误疆事……将此由六百里各谕令知之。"（《清穆宗实录》卷150）

（同治四年八月癸丑）湖广总督官文等奏："蒋凝学旧部已分别遣留，现在回湘另招新勇赴甘助剿。"得旨："着即饬知招募成军，迅速赴甘，不准耽延时日。楚北随枣一带边防，即着督饬刘维桢认真防守，并懔遵叠次谕旨，派兵与豫省会剿，不准仍前玩泄，有名无实。倘心存畛域，画疆自守，任令贼匪纷窜，蔓延为患，惟官文等是问。懔之。"（《清穆宗实录》卷152）

（同治四年八月甲寅）又谕："……富森保所带马队，即着留于湖北防剿……至张总愚等股匪，窜扰唐县等处，逼近陕、楚，势焰尤张。陕南兵力空虚，鄂、豫兵力亦单，恐未能制贼奔突。曾国藩节制三省，而山东、直隶现无军务，仅系河南一省，自应一并筹画布置，随时援应，不得拘泥从前十二府州之说，置豫省军情于不问。至鄂省东西两路逼近贼氛，防剿情形甚关紧要，所有楚北军务，自应由曾国藩节制调遣，以一事权。该大臣务当遵奉前旨，妥筹布置……将此由六百里谕令知之。"（《清穆宗实录》卷152）

（同治四年八月丙辰）又谕："……昨据吴昌寿奏'豫军力单，请责成皖、楚会剿'，谕令官文等严饬将领与豫军会合为一，相机剿办……着官文、曾国藩、乔松年、吴昌寿、郑敦谨懔遵昨日谕旨，严檄在事各将弁通力合作，会筹进取，务将东西两股逆匪迅速殄除，以期根株尽拔，疆圉肃清……将此由五百里各谕令知之。"（《清穆宗实录》卷152）

（同治四年八月戊午）谕军机大臣等："……其窜往南阳等处之贼，仍着吴昌寿督饬张曜等军会合楚省姜玉顺一军实力夹击，毋任蔓延……将此由六百里各谕令知之。"（《清穆宗实录》卷152）

（同治四年八月庚申）又谕："……张总愚股在新野一带，吴昌寿当会合楚军，实力剿办，截其东窜之路。如与东股会合，吴昌寿、乔松年派兵追剿，不得以贼已出境，稍分畛域……本日据官文奏'请饬会剿捻逆省分先行戒备本省门户，一面专派劲旅一支前往专心会剿，何省之兵，即由何省供支粮饷。再得老成持重之大臣如曾国藩者，提纲挈领，居中调度，可计日荡平'等语，与节次寄谕正相吻合。前谕曾国藩进驻许州之处，即着酌度办理。将此由六百里各谕令知之。"（《清穆宗实录》卷152）

（同治四年九月丁卯）谕军机大臣等："……据曾国藩奏'贼窜东境，现筹布置'一折，与阎敬铭所奏情形大略相同。……另片密陈'湖北军务，仍请全归官文节制调遣'等语。官文职任兼圻，叠经谕令将鄂省防剿事宜妥为布置，本未宽其责任。朝廷所以未经明降谕旨者，亦与曾国藩现奏之意相符。惟曾国藩现在督师剿贼，所有楚省派出援军，亦应统归节制调遣，以期呼应较灵。原片着即留中。又另片奏'金国琛现有查拿滋闹勇丁等事，未便遽令赴甘'等语，即着照所请办理。将此由六百里谕知曾国藩、刘长佑、乔松年、吴昌寿、阎敬铭、恩夔，并传谕王榕吉、陈湜、李鹤年知之。"（《清穆宗实录》卷153）

（同治四年九月壬申）谕军机大臣等："官文等奏'楚军赴豫剿贼获胜，南阳解围'，吴昌寿奏'南北两路分途剿办，请调安住所部赴豫'各折片。张总愚股匪游弋于南阳、新野一带，复于八月十五日猛扑南阳府城，经楚、豫两省官军分路击剿，楚军于瓦店东北获胜，南阳之贼尽行败窜……淅川为入郧门户，且逼近商雒，尤当督饬各军严防窜越，扰及

陕疆……将此由六百里各谕令知之。”（《清穆宗实录》卷153）

（同治四年九月丙子）又谕：“德兴阿、刘蓉……另片奏‘陶营溃勇图由兴商窜回湖北’，已谕知官文等派兵防剿……”（《清穆宗实录》卷154）

（同治四年九月丙子）又谕：“刘蓉奏‘雷正绾营兵勇溃变，现在办理情形’一折。雷正绾一军由鄂入陕，叠著战功，转战而西，在甘肃地方屡次摧坚破敌，克复城寨甚多……”（《清穆宗实录》卷154）

（同治四年九月丙子）又谕：“刘蓉奏‘陶茂林营溃勇分股窜入陕疆，并据获贼供称，叛勇多籍湖北、江南、河南各省，有由兴商急窜湖北之说’等语。此起叛卒，由甘窜入陕境，不服开导，屡次抗拒官军，且图回窜鄂疆，蓄谋甚狡……着官文、郑敦谨迅即选派得力将弁，督带兵勇，驰赴兴商一带，与陕军会合剿办。毋任扰及鄂、陕交界，致与豫省捻逆勾结，益形滋蔓。并着官文飞咨江南、河南各督抚，于此项溃勇回籍时，均须一体严为防范，妥为安插，毋任复滋事端。将此由五百里各谕令知之。”（《清穆宗实录》卷154）

（同治四年九月丁丑）又谕：“……另片奏‘鲍超一军应由该提督自为主持’等语，前因粤省贼势渐衰，已有旨令鲍超募勇成军后带赴楚、豫交界，剿办张总愚股匪，仍归曾国藩节制……将此由六百里各谕令知之。”（《清穆宗实录》卷154）

（同治四年九月甲申）谕军机大臣等：“……至张总愚等股，经豫军截击，逼向西南，复由唐县等处扰及鄂省随、枣边境。该逆避兵而行，奔突靡定，总须鄂、豫两省前截后追，并力夹击，方可杜贼纷窜。着吴昌寿飞咨湖北防军，越境合剿，并饬张曜等相机进攻，遏贼窜向东北之路。龙门炮船务须实力整顿，不得稍形疏懈。将此由六百里各谕令知

之。”(《清穆宗实录》卷155)

(同治四年十月乙未)谕军机大臣等:“官文等奏‘击退襄、枣窜匪,楚军出境会剿’,吴昌寿奏‘南路之贼窜扰鲁山,请将大名驻防马队调赴河南’各一折。张总愚股匪阑入襄、枣境内,经江长贵等军击退。姜玉顺等军复由新野回剿,贼势不支,急窜裕州赊旗店等处……此股贼匪往来楚、豫之交,趋向靡定,必须合两省兵力联络夹击,方能得手。官文、郑敦谨仍当严饬姜玉顺、谭仁芳等视贼所向,统兵前进,会合豫军相机兜剿,并檄刘维桢之军迅由枣阳前赴豫境策应,不得以贼已出境,稍存畛域之见……官文另片奏‘鲍超一军业已起程赴江,仍请催令前进’等语。朝廷因豫南军情紧要,是以改调鲍超一军就近由楚赴豫……兹览官文所奏,以上杭霆军降众太多,心志不一,并未帖然畏服。倘闻鲍超留楚赴豫之信,纷纷而来,诸多窒碍,所见亦是。即着官文传知鲍超仍即驰赴江西,将所部新旧各军妥为部勒,相机进兵,仍听左宗棠节制。所有该军饷需,仍着刘坤一源源拨解,毋令缺乏。将此由六百里各谕令知之。”(《清穆宗实录》卷156)

(同治四年十月乙巳)谕军机大臣等:“……贼股现窜豫省,非悉锐西趋,与张总愚合股,即南窜光、罗,图犯鄂边,以遂其奔突狡谋。着官文、郑敦谨严檄在防将士,认真堵御,越境迎剿,毋存畛域之见……将此由六百里各谕令知之。”(《清穆宗实录》卷157)

(同治四年十月壬子)又谕:“……贼踪去鄂虽远,官文、郑敦谨仍当严檄鄂边将士越境设防,以备迎剿,毋得稍存畛域之见……将此由六百里谕知官文、曾国藩、吴昌寿、郑敦谨,并传谕王榕吉知之。”(《清穆宗实录》卷158)

(同治四年十月戊午)谕军机大臣等:“……官文等屡有派兵会剿之

奏。仅于邓州等处报一胜仗，并未深入豫境会合豫军，将贼匪痛加惩创。是该督等会剿之说，不过敷衍了事，有名无实。现据吴昌寿奏，贼匪石法有供称贼有欲往湖北掳粮之意。官文、郑敦谨务当饬令防边各军，越境赴豫，迎头截击，并饬各路将领协力严防，毋令贼踪窜入鄂疆。倘再因循从事，不知振作，必惟该大臣等是问……将此由六百里各谕令知之。”（《清穆宗实录》卷158）

（同治四年十一月癸亥）又谕：“……湖北应山、黄安、麻城等县距贼较近，该逆有欲往湖北掳粮之说，尤应防其窜入。惟近防不如远剿，与其株守本境，不如越境赴豫迎截，着懔遵前次谕旨，严檄成大吉驻扎麻、罗之军越境迎剿，与吴昌寿所派各军会合夹击。姜玉顺等军，由西路转向东北，探贼所向，与豫军两面夹攻，以期速殄狂氛。鄂省近来办理会剿颇形迟滞，官文、郑敦谨务当振刷精神，实力整顿，不可徒事敷衍，有名无实，致干咎戾。姜玉顺等军既经赴豫援剿距鄂较远，所有进止机宜即着由吴昌寿节制调遣，以一事权。安、襄、郧、汉、黄、德等府属团练，即着官文等饬令唐协和悉心经理，务臻妥善……将此由六百里各谕令知之。”（《清穆宗实录》卷159）

（同治四年十一月甲戌）谕军机大臣等：“吴昌寿奏‘发捻各逆分窜豫、楚，官军分途追剿情形’一折……其由裕州扰至唐县之张总愚股匪，经统带鄂军之总兵刘维桢设伏击败，擒斩该逆首之弟张总志……西平等处逼近应山、黄、麻一带，何以鄂军并未出境迎击，着官文、郑敦谨严檄成大吉等军迅速赴豫会剿，仍一面严守本境，毋令贼踪窜入，不得再事玩延……湖北巡抚李鹤年到任需时，郑敦谨未卸任以前，所有鄂省军务仍当认真筹画布置，不得存五日京兆之见。将此由六百里各谕令知之。”（《清穆宗实录》卷160）

（同治四年十二月壬辰）谕军机大臣等：“官文、郑敦谨奏‘郭军援豫获胜，并贼势东趋，请饬鲍超取道黄、麻，迎头截击’……逆氛渐逼黄、孝，鄂省边防正当吃紧，着官文等严饬成大吉速赴孝感之三里城、小河溪一带迎剿，毋令阑入鄂境。如该匪被击北窜，官文等仍当速饬各军跟踪追蹑，以收聚歼之效。吴昌寿奏‘发捻各逆围攻光山县之杏山寨，并攻扑州城，均经官军击退，现饬马德昭滚营前进，务将光州踞匪剿洗’等语，是东南逆股，不但窥伺鄂边，势将蔓延皖境……将此由六百里各谕令知之。”（《清穆宗实录》卷162）

（同治四年十二月戊戌）又谕：“前据吴昌寿奏，豫军攻复构林关寨，并捻股东窜信阳等处，当经谕令官文等严防孝感、黄陂一带，并筹兵赴豫会剿……官文等现拟饬姜玉顺等军由东南一路进攻，刘维桢一军由唐县拔队向东北一路进攻，着该督等即饬鄂省诸军，视贼所向，与豫省各军会合，四面夹击，以期聚而歼旃……鄂省蕲、罗、麻、孝边境处处吃紧，官文等务当严饬成大吉所部慎密防守，毋令逆踪窜入鄂疆。如贼踪东窜皖境，即着官文等派兵出境，会同皖军夹剿，毋稍迟缓。官文另片奏‘请调裕麟在荆子关办理转输甘省粮台’等语。裕麟着准其调赴鄂省，办理转运事宜，并着察看该前任藩司病势是否实在轻减，毋稍迁就。将此由五百里各谕令知之。”（《清穆宗实录》卷162）

（同治四年十二月丙午）又谕：“……即着懔遵前旨，督饬鄂省诸军视贼所向，与豫省各军会同夹击，以其聚而歼旃……该督抚等务当严檄成大吉等军，将蕲、罗、麻、孝边隘慎密防守，毋令窜入鄂疆，是为至要。将此由六百里各谕令知之。”（《清穆宗实录》卷163）

（同治四年十二月庚戌）又谕：“……现在赖牛等逆前股已窜往湖北境内，后股尚在光山，马贼束于地险，不能肆意奔突，正宜乘此机会为四面兜剿之计……鄂省黄、麻、罗田一带边界，即着官文、郑敦谨严檄防军，认真堵剿，不得纵贼窜入腹地，致干咎戾……并着鄂、豫、皖三省各督抚互相联络，随时相机越境攻剿，务期四路进逼，聚而歼旃，不得各分畛域，致误事机……该逆现已由新野窜至襄、樊、唐县一带，即着官文、郑敦谨、吴昌寿等各饬楚、豫官军会合夹击，速殄逆氛……将此由六百里各谕令知之。”（《清穆宗实录》卷163）

（同治四年十二月乙卯）又谕：“乔松年奏‘贼势南趋，楚军兵变情形’一折，据称‘贼踪由商城逼犯楚之麻城、罗田等处，探闻楚营成大吉一军借口索饷，猝然兵变。成大吉受伤救出，其勇已四出焚掠抢劫’等语，官文等谅已奏报在途。成大吉一军驻扎麻城，本为楚省东路屏蔽。现在贼踪已入楚境，而该军非但不能击贼，辄敢乘机变乱，实出意料之外。成大吉统率全军，所司何事？着官文、郑敦谨查明因何变乱缘由，据实具奏。此时溃勇已四出抢掠，难保不与贼匪互相勾结，愈形滋蔓。官文等当责令成大吉设法招集，分别遣留，大加整顿，重振军威，以资堵剿。此次溃变者究有若干营，未溃者尚有若干营，现当贼踪逼近黄、麻一带，既无可恃之兵，官文等当另行添拨劲旅，迎头截剿，毋令叛军与捻逆勾结，深入腹地……将此由六百里各谕令知之。”（《清穆宗实录》卷164）

（同治五年正月甲子）谕军机大臣等：“官文、郑敦谨奏‘捻匪阑入楚疆，营勇索饷哗溃，襄、樊、黄、孝同时吃紧，并襄、樊剿胜情形’，曾国藩奏‘捻萃湖北，又有叛勇之变，现派大军援鄂’各折片。前因乔松年奏‘探闻贼势南趋，楚军索饷哗溃’各情，当经谕令官文等查明因何溃变缘由，据实具奏。本日据该督抚奏报，虽与曾国藩所陈情形大致相同，而于成大吉何以受伤各情未能详细声叙。着懔遵前旨，据实具奏，不准有一字讳饰。成大吉近来颇不得力，官文等现令招集溃勇，是否可用，并着酌度情形，妥为办理。曾国藩已派刘铭传一军驰赴光、固、麻城，径援黄州。着即饬令该提督迅即赴援，并令彭玉麟等水师驶赴上游，力固武汉门户。官文等于刘铭传等军到后，责令成大吉等就现有兵力会合痛剿，成大吉如再不奋勉，即着严参治罪。姜玉顺、谭仁芳均已折回楚境，诚恐该匪众避兵而行，复又回窜皖、豫地方。着乔松年、吴昌寿饬派出各军严密防守，遇贼即击，毋稍疏懈。将此由六百里各谕令知之。”（《清穆宗实录》卷165）

（同治五年正月庚午）又谕：“乔松年奏‘楚境窜贼情形，并派兵会剿’一折。贼匪因成大吉营勇丁哗溃，蹑踪南趋，盘踞于麻城、黄冈之间，分扰罗田、黄陂一带，势甚蔓延。乔松年现饬总兵王才秀四营驰赴麻、罗，择要驻扎，视贼所向，与鄂军并力追剿，尚能不分畛域。着即严檄该总兵认真剿办，毋稍松劲。张得胜一军现已改令驻扎麻埠，并于雉河防军内抽拨三营，填扎三河尖，防堵亦尚周密。曾国藩现已派兵由豫援鄂，着该大臣即饬刘铭传等军奋力追剿。贼既分扰麻、黄、罗田各境，则股数以分而较弱，剿办当易为力，务当就地殄尽，不可再任北窜，致成不了之局。黄、麻等处团练素称得力，官文、郑敦谨宜联络绅团协同助剿，并严督鄂省将士实力进攻，不得以本省军务专待他人援应。贼被刘铭传援军由北路追压，势必南趋汉、黄，官文、郑敦谨尤当厚集水陆兵勇严密堵剿，毋稍疏虞。沿江一带，着曾国藩调拨水师防堵……成大吉所部溃勇，现在办理情形如何？官文等自当力行筹剿，擒获首要各犯，尽法惩治，不得含糊粉饰，使滋事兵弁得遂所愿，转致各营纷纷效尤。现在情形若何，并着乔松年就近探明具奏。将此由六百里各谕令知之。”寻乔松年奏：“成大吉溃勇经官文筹给欠饷，已收集七营。新洲地方踞贼，现调张得胜、王才秀合力堵剿。”得旨：“仍着饬令张得胜、王才秀等随时严密防范，毋稍疏虞。”（《清穆宗实录》卷165）

（同治五年正月乙亥）又谕：“吴昌寿奏‘赖牛等逆南窜楚疆，张逆折回豫境，调兵截追’一折。张总愚股匪窜入襄阳、枣阳属境，经姜玉顺、宋庆等军兜剿，折向北趋，分窜唐县、新野一带，复经官军追击，攻拔吕营、陈营等寨，该逆悉向新野之白秋、田九店一带窜逸。马德昭一军，前因赖牛等逆窜入黄、孝等处，经吴昌寿派令越境追剿。现因张逆回窜，豫军不敷调派，复调该军折赴舞阳、叶县一带迎头拦截。着即饬令马德昭与宋庆等军前后夹攻，毋任狂窜。成大吉所部溃散之后，是否尚能成军？黄、孝一带贼氛甚炽，官文、郑敦谨务当遵照叠次谕旨，添派得力之兵认真堵剿，毋令贼踪深入。刘铭传一军现已行抵正阳，距黄州不远。着曾国藩即饬该提督统率全军，入楚会剿，务当穷贼所向，痛加剿洗，毋稍迟误。李昭庆所练马队刻下计可部署成行，并着曾国藩酌度情形，何路紧要，即令由何路进剿。该大臣务当察看豫、楚贼情，妥筹兼顾，以副委任。将此由六百里各谕令知之。”（《清穆宗实录》卷166）

（同治五年正月辛巳）又谕：“官文、郑敦谨奏西路官军击贼出境，襄、樊一带肃清，现分路筹剿，及遣撤成大吉一军溃勇，请分别惩办一折。张总愚股匪攻扑樊城等处，经江长贵会合谭仁芳、姜玉顺等及水师团练，叠击大胜，斩捻首李城年、张大义等多名，贼向西北窜去。东路赖牛等逆蔓延于麻、罗、黄、孝诸境，经官文等调蓝斯明等进击，亦有斩擒。此股贼匪尚盘踞于黄陂一带，官文现令蓝斯明等由孝感取道杨店，进攻黄陂一带之贼，兼遏逆踪上窜德安之路；令总兵梁洪胜由滠口一路而进，兼顾汉镇；令唐协和赶募数营，为各路游击策应之用；令唐际盛驰赴东路，督率诸军，专办赖牛股匪；官文亦即日出省，驻扎汉口调度，所筹均尚妥协。着即督饬诸军，认真剿洗，务须杜贼上窜之路，免致再扰完善。官文出省以后，省防事宜着郑敦谨悉心经理，毋稍玩忽。成大吉所部首先滋事之溃勇已正法十数名，其余脱逃者，仍责令成大吉查拿惩办。至现在各营招勇，不得以溃散勇丁复行应募，以肃戎行……刘铭传一军，曾国藩令其赴黄州协剿……张树声已简放直隶按察使，现在刘长佑赴三屯营防边，直隶办理南路防务需人，如张树声到任，即可令李鹤年交替赴湖北新任。着曾国藩咨会李鸿章迅派妥员接署徐海道，催张树声赴任，以重职守。将此由六百里各谕令知之。”（《清穆宗实录》卷167）

(同治五年正月癸未) 又谕:“……惟现在东南虽已肃清,而捻匪窜扰北路,楚、豫等省到处戒严,防剿正当吃紧。鲍超一军,前本令其驰赴北路助剿,此时粤贼业已办结,即着左宗棠饬令统带所部,迅赴楚、豫之交,听候曾国藩调遣。其江闽各路得力将弁兵勇,有可调赴楚、豫、江、皖助剿者,并着曾国藩迅速函商左宗棠等酌量调往,以期厚集兵力,早殄逆氛。左宗棠等仍当听候曾国藩函商调派将士之信,分别遣留,不得先将得力诸军概行遣撤,以顾全局。将此由六百里各谕令知之。”(《清穆宗实录》卷167)

(同治五年正月丁亥) 又谕:“官文等奏‘官军两路剿办发捻,并现驻汉镇布置情形’,吴昌寿奏‘张总愚窜至明港驿,飞调各军进剿’各一折。张总愚股匪由枣阳纷窜唐县属之郭滩一带,经姜玉顺等紧蹑追剿,连破贼巢,俱向白秋、田九店窜去。赖牛等逆扰及麻、罗、黄、孝等属境内,梁洪胜败贼于黄冈县属之街埠等处,猝因贼众兵单,力竭阵亡。其所带之安民各营,即着官文委令刘盛国暂行统带,以专责成。此次贼窜襄、枣,虽经击退,难保不悉数下趋,亟应厚集兵力,分路兜剿,方能渐次扫荡。刘铭传一军,前据曾国藩奏,已于上年十二月间拔营赴鄂。着该大臣催令该提督率所部十八营由罗山取道前进,遇贼即击。乔松年所派之王才秀四营,是否已抵罗、麻一带?着该抚迅催前进,以厚兵力。汉口系著名巨镇,官文既经移扎该处,即着将防守事宜妥筹布置,俟各路援兵到齐,即当合力大举,以收聚歼之效……湖北巡抚已令曾国荃调补,郑敦谨着俟曾国荃到任后再行交卸。李鹤年卸任在迩,着曾国藩懔遵前旨,催令张树声迅速北上,毋再迟延。将此由六百里各谕令知之。”(《清穆宗实录》卷167)

(同治五年正月己丑) 谕军机大臣等:“杨岳斌奏‘甘肃贼众兵单,不敷分布,查有曹克忠旧部明字四营现在楚省,请饬调赴甘协剿’等语。曹克忠一军不及万人,若令兼顾各路,实属不敷调拨。该四营系其旧部,恩义相习，防剿必能得力，着官文、郑敦谨即饬蓝斯基、欧阳春、李玉麟、魏元禄各率所部速赴甘省，协同剿匪，以资厚集。其沿途口粮等面，即着官文、郑敦谨筹款给发，俾利军行。罗惇衍奏‘各营勇纷纷拜会，名曰江附会，又一名帼老会。其匪首则称为老帽，出入营盘，官不敢禁，恐致养痈贻患，请饬拿办’等语。着官文、郑敦谨督饬带兵员弁及地方官严密访查，认真究办，以杜乱萌。原片着钞给阅看。将此由五百里各谕令知之。”（《清穆宗实录》卷167）

（同治五年二月壬寅）谕军机大臣等：“官文、郑敦谨奏‘官军克复黄陂县城，暨请仍留马德昭在楚会剿’各折片。逆匪麇聚黄陂城内及新洲、岐亭、宋埠一带，经楚省官军会同刘铭传等军合力围攻，杀贼甚多。其奔窜出城者，又被我军分路追杀，当将黄陂县城收复。在事出力各军，着官文等择尤酌保，毋许冒滥。现时败逆均向安、麻、新洲一带大路窜去，亟应乘胜歼灭，以除后患。官文等已饬豫、楚各军跟踪追剿，并饬王才秀由麻城一路前进，咨刘铭传就近驰赴新洲等处，迎头拦截，与追军前后夹击，务即严檄各军夺力兜击，迅殄逆氛，毋任再行纷窜，复至蔓延。张总愚股匪……马德昭一军入楚后尚能得力，自应仍留楚省会剿。蒋希夷一军，吴昌寿业已调回舞阳一带。豫、楚两省军务均属吃重，马德昭当视何路吃紧，即由何路进剿。一应进止，着官文等与吴昌寿商同办理，总期与军事有裨，不可稍分畛域。将此由六百里各谕令知之。”（《清穆宗实录》卷169）

（同治五年二月癸卯）谕军机大臣等：“……昨据官文奏称‘官军收复黄陂，贼匪败窜安、麻、新洲一带，咨刘铭传迎击’等语，着曾国藩严饬刘铭传督率所部，视贼趋向，会合楚、豫各军前后夹击，以收聚歼之效。将此由五百里谕令知曾国藩、李鸿章、吴棠、阎敬铭，并传谕丁宝桢知之。”（《清穆宗实录》卷169）

（同治五年二月丁未）又谕："……而赖牛等逆，又自湖北回窜光州，豫省止此兵力，势难兼顾。吴昌寿已派员前赴周口，约会李昭庆一军夹击，即着曾国藩饬令李昭庆迅速进兵，将赖牛等股痛加剿洗。其现驻鄂省之马德昭等军，及乔松年派出追贼之张得胜等军，应如何合兵会剿之处，并着曾国藩相机调度，毋失事机。至张总愚股匪屡经挫衄，吴昌寿当饬宋庆等军乘胜进剿，就地殄除，毋令伺隙东窜，得与赖牛等逆合股，复肆蔓延。皖境防剿事宜，乔松年督饬英翰等先事豫筹，毋稍大意。将此由六百里各谕令知之。"（《清穆宗实录》卷169）

（同治五年二月戊申）又谕："……瑞麟、郭嵩焘现拟裁撤方曜等营，酌留二十余营分三停办理，并移会高连陞勘办黄陂等处之匪，均着照所请办理……将此由四百里各谕令知之。"（《清穆宗实录》卷169）

（同治五年二月甲寅）谕军机大臣等："官文、郑敦谨奏'官军击贼出境，叠获胜仗，现在分路防剿各情形'一折。捻逆自黄陂窜遁后，并聚新洲，经提督蓝斯明等于靠山铺等处将该逆连次击败，擒斩甚众。马德昭复与韦志俊追至新洲，与李济清水师会合夹击，大破贼众，乘夜袭攻匪巢，追至麻城，适遇皖军进至该处，会合助剿。复乘夜袭入贼寨，包抄冲击，连毁贼营数十座，追杀六十余里，毙贼千余名，生擒三百余名。该逆窜向光山，楚境已无贼踪。此股捻匪经鄂、皖、江、豫各军会剿，屡次获胜，足见各省合力会剿之效。惜乎畛域之见犹未尽除，仅称击贼出境，不能就地殄灭。现在该逆残败之余势甚穷蹙，着官文严饬将士，乘此声威，速将此股殄尽，以其移师西进，再将张总愚股匪合力扫除。并着曾国藩即饬刘铭传迅率马步全军由武胜关入豫，绕出贼前，迎头拦截……着官文、郑敦谨、吴昌寿严檄该提督等视贼所向，尽力穷追……官文所请此次暨襄、枣剿贼出力各员保奖之处，着准其择尤核实酌保数员，毋许冒滥。鲍超一军如已抵鄂，即着曾国藩饬令驰赴豫省助剿，由曾国藩调遣。所需饷银应如何分筹接济之处，即由官文、曾国藩函商

奏拨……将此由六百里各谕令知之。”（《清穆宗实录》卷 170）

（同治五年三月丙子）又谕：“……惟军情旦夕变迁，着该大臣通盘筹画，如尚可行，即分咨直、东、皖、豫、湖北各督抚妥筹办理。至解散胁从一节，本属行军要著，惟在该大臣督饬将弁，于贼中自拔来归者予以矜全，毋妄杀戮，以释其疑畏，自可迅图蒇事。原折着钞给阅看。将此谕令知之。”（《清穆宗实录》卷 172）

（同治五年三月）甲申，谕军机大臣等：“……贼退出境，旋报肃清，累疏请保，冒滥实多。如湖北、河南，今春屡报胜仗，风闻实无战事。黄陂之役，非刘铭传速到，何能攻拔城池？而官文等奏报，铺叙本省战功，殊多失实。前据官文等奏请择尤保奖，已降旨允准，着暂行存记，俟此股贼众剿除净尽，再将防军酌保，仍不准稍涉冒滥。嗣后各该省督抚，务当据实奏报，不准有一字欺饰。于地方军务随事核实，信赏必罚，庶足以挽积习而励戎行。鲍超一军已抵何处，着官文、曾国藩严行檄催……”（《清穆宗实录》卷 173）

（同治五年五月丁亥）又谕：“张亮基奏‘拿获赍送逆书之教匪，讯明分别核办’一折。据称‘思南府属塘头地方拿获贼匪侯守发、邓光见二名，讯系教匪刘汉忠令其至川、黔交界，访明伊父匪首刘祖祖面投’，并称‘湖北随州及湖南近河各府从教人多，四川灌县有周添云接应，其余与逆书情节相同。查刘祖祖即刘仪顺，四川涪州人，先因传教事败，逃入黔省白号贼巢，纠合号匪叠次扑城，经官军痛击溃逃，闻在四川灌县潜踪，又闻为瓮安县玉华山号匪接去。至刘汉忠踪迹，据供向在湖北沙市贩运桐油、棉花，时住沙市中街张姓店内’各等语。刘仪顺稔恶有年，为教匪中著名巨憝，兹复令其子刘汉忠托足江湖，借贸易为名，到处勾结党与，意图倡乱，直犯楚、蜀，实属狡黠异常。若不认真搜捕，及早歼除，必至酿成巨患。着张亮基严饬各属，探明刘逆踪迹，严密兜剿，并着官文、崇实、骆秉章、曾国荃、李瀚章各饬所属，将匪首刘仪顺及其子刘汉忠，并接应贼匪之周添云等一体严密查拿，不准一名漏网。此事关系甚重，倘该地方官有意弥缝，敷衍了事，不能认真查办，即着各该督抚据实严参，治以应得之罪。如能破获巨案，消患未形，亦着核实保奏，量予恩施。从前川楚教匪滋事及粤匪倡乱，皆因地方有司颟顸粉饰，酿成事端。涓涓不塞，将成江河，各该督等务当引为前鉴也。逆书一件、供词一件，着钞给官文等阅看。将此由五百里各谕令知之。”（《清穆宗实录》卷177）

（同治五年六月丙申）谕军机大臣等：“……致该匪肆行奔突，扰及鄂境，李鹤年现已移营许州，着就近督饬马德昭、宋庆等军跟踪追蹑，与潘鼎新等军并力兜剿，不得以尾斩数贼敷衍塞责……鲍超一军，前据曾国荃奏报，由麻城取道商城以达光、固。现在贼匪已由上蔡一带奔窜，鲍超由光、固进兵，正可确探贼踪，迎头截击。着官文、曾国荃严饬该提督迅赴戎机，毋得任意迁延，自干咎戾……将引由六百里各谕令知之。”（《清穆宗实录》卷178）

（同治五年六月庚子）谕军机大臣等：“……鲍超一军计应由楚赴豫，官文、曾国荃惟当懔遵叠次谕旨，就近催令该提督确探贼踪，迅速迎击，毋令迁延迟误。曾国荃派赴应山之军能否令其入豫，为鲍超后路声援，并续募勇丁已否操练成军，均着酌度情形，妥为调度。将此由六百里各谕令知之。”（《清穆宗实录》卷178）

（同治五年六月）乙巳，谕军机大臣等：“……贼骑虽多，不得出南、汝、光、固、黄州、六安等处，有鲍超、刘秉璋、杨鼎勋、王永胜、刘松山、张诗日等数支游击之师，足敷雕剿……前谕曾国荃将现扎应山之军为鲍超后路声援，着即酌量妥调。其新募训练之勇已否成军，并着赶紧催办，驻扎要隘地方，以防匪踪窜入鄂省腹地，毋稍疏忽。将此由六

百里各谕令知之。”(《清穆宗实录》卷179)

(同治五年七月戊午)又谕:“曾国荃奏‘布置西北防务情形’一折。捻匪全股由汝阳等处西趋,意图窥伺鄂边,襄、樊、随、枣一带与信阳、南阳等府州处处毗连,官文、曾国荃现已通饬水陆各营实力防堵,并派郭松林等军先赴德安,再进随州,扼要驻守,布置尚属周妥。该抚拟俟捻踪窜至鄂境,即驰赴德安督办军务,具征勇于任事,甚属可嘉。惟此时捻氛业已逼近鄂疆,曾国荃若先期前赴德安,豫筹防剿,于布置调度机宜尤为便捷,着即酌度办理。曾国藩亦宜严饬周盛波等军与鄂军互相援应,会合夹击,毋任该匪肆行蔓延。鲍超一军自粤东撤回后,节节逗遛,数月以来尚未与贼接仗,任意迁延,坐耗饷项,殊属不成事体。仍着官文、曾国藩传谕该提督迅赴豫境,会同各军合力剿办,毋得玩视军务,自干重咎。前据御史朱镇奏‘请饬刘连捷帮办杨岳斌军务’等语,杨岳斌所部多系水师,刘连捷于陆路机宜颇称熟悉。该员此时应已病愈,着曾国荃于该员到鄂时,即饬令赴甘,归杨岳斌调遣。将此由六百里各谕令知之。”(《清穆宗实录》卷180)

(同治五年七月乙丑)谕军机大臣等:“……前据李鹤年奏,经豫军追过洪河,已近鄂边。曾国荃前有驻扎德安之奏,着即统兵出省,择要扼扎,督率鲍超等及曾国藩所派之刘秉璋等军、李鹤年所派之马德昭等军合力兜剿。如有临敌畏葸、不肯奋勇上前者,即由曾国荃从严参办,务须趁贼势日蹙之时一鼓殄除。湖北省城及近边一带防务,着官文悉心筹画,督饬办理,毋稍疏懈。曾国藩与曾国荃共办一事,将来无论贼势分合,地方远近,总须联络一气,若能殄灭一股,兵力较易展布……将此由六百里各谕令知之。”(《清穆宗实录》卷180)

(同治五年七月丁卯)谕军机大臣等:“……鲍超现驻麻城,据称因帐房车辆未齐,暂行驻候,并述曾国荃函商之语,欲分军布置于光、固、信阳、周口等处，及任齐豫追军驱贼入鄂，截贼归路，就山谷、水滨为扼险殄贼之举。第该匪避兵而行，是其惯技，既知鄂省驻有重兵，岂肯自入陷阱？官文、曾国藩务当权衡缓急办理，严饬鲍超觇贼所向，迎头截击……并着官文、曾国荃饬令鄂军越境迎剿，兼顾南阳、淅川要隘，以为豫师声援。曾国荃仍遵奉前旨，即行出省，驻扎德安，就近调度。鲍超原折，着钞给曾国藩、李鹤年阅看。将此由六百里各谕令知之。”（《清穆宗实录》卷180）

（同治五年七月壬午）又谕：“官文等奏‘捻踪逼近鄂境，曾国荃择期出省’，并官文奏‘请饬抚臣帮办军务’各一折。捻逆大股分道窜至新野、邓州，湖北之随、枣、光、谷均形吃重。官文等现在责成郭松林等分路扼守，布置尚为周密。曾国荃定期前赴德安调度，该抚久在行间，自能相机策应。即着督率各军奋力击剿，如应山东北无贼窥伺，即调熊登武等军策应西路，毋令蔓延。襄阳为南北要冲，关系甚重，现虽汉水盛涨，但不可不严为防守。曾国荃拟察看贼势，如偏重西路，即移扎襄阳，并着该抚随时酌量进止。鲍超虽因制造战车稽迟，究属近于耽延，着官文等传谕该提督，即由随、枣绕出光谷，迎头截击，毋许再有延缓。曾国藩前奏，饬令刘秉璋等军剿办沙河西南之贼。逆踪现逼鄂境，自当会合夹击。并着官文、曾国藩、曾国荃随时知会，联为一气，认真攻剿，以期迅歼丑类，毋任该将领等观望不前。其任赖东窜之逆，即着曾国藩饬令潘鼎新等实力剿办，毋令纷窜。李鹤年身任豫抚，责无旁贷，着即严饬各军跟踪追剿，庶得及早殄灭，以副委任。将此由六百里各谕令知之。”（《清穆宗实录》卷181）

（同治五年七月）甲申，谕军机大臣等：“李鹤年奏‘张、牛两逆分股西窜，已至新野、邓州。任赖股匪由新郑、禹密窜至襄城以南，现饬豫军分投追剿’一折……着官文、曾国荃督饬各将领分路扼守，一面派兵出境，与豫军合力兜剿，尽歼丑类，免致入境滋扰，更为妥善。曾国

荃已扎德安，务当审机度势，妥筹调度……将此由六百里各谕令知之。”（《清穆宗实录》卷181）

（同治五年八月）庚子，谕军机大臣等：“官文、曾国荃奏‘访察近日贼情，请筹防西路’一折……曾国荃业已驰抵德安，鲍超一军亦已齐抵枣阳，即着就近传谕该提督，视贼所向，迎头剿击，毋令贼骑入陕……将此由六百里各谕令知之。”（《清穆宗实录》卷182）

（同治五年八月）乙卯，谕军机大臣等：“……倘贼折向豫西，曾国荃亦当督率鄂军越境驰赴南阳，会同豫师合剿，并随时与李鹤年商办军务，联络声势。总期合数省之力迅扫狂氛，不可稍分彼此。曾国藩总领师干，尤宜统筹全局，毋得专诿地方督抚，致军事散漫无纪。鲍超一军，并着官文、曾国荃饬令赶紧赴豫，由曾国藩相机调遣，毋再迁延干咎……将此由六百里各谕令知之。”（《清穆宗实录》卷183）

（同治五年九月庚申）又谕：“曾国荃奏‘行抵随州，知捻逆东窜。即日由襄、樊回省，料理饷项，布置东路防剿事宜’一折。此股贼众剽悍异常，若探知有西趋之信再行布置，恐已不及。着该抚仍遵上月二十九日谕旨，驰赴南阳，会同李鹤年妥筹防剿事务，或先赴襄、樊一带驻扎。如贼匪有西趋之信，即日驰抵豫疆，合力剿办，严防回窜。总之，此股贼众，非数省大吏同心协力，不能蒇功。该抚务当随时与曾国藩妥商进止机宜，以副委任。曾国荃一军饷项，着官文妥为经画，源源接济，毋任缺乏。将此由五百里各谕令知之。”（《清穆宗实录》卷184）

（同治五年九月乙亥）又谕：“……李鹤年亦当檄饬豫省诸军前截后追，与湘、淮各军联络声势，并着官文、曾国荃分布鄂军，严防边界，仍另筹游击之师，出境迎击，与豫省各军会合兜剿，不可稍分畛域……将此由六百里各谕令知之。”（《清穆宗实录》卷185）

（同治五年十月己亥）谕军机大臣等："……鲍超一军，即着曾国藩迅速催令入关助剿，并赶紧添派湘楚各军赴援陕境……襄、郧一带，官文、曾国荃亦宜迅拨兵勇，扼要驻守，以防贼由商雒回窜鄂疆之路。并着相机出境越剿，不可画疆自守……将此由六百里各谕令知之。"（《清穆宗实录》卷186）

（同治五年十月乙巳）谕军机大臣等："……郧西、二竹一带，着官文、曾国荃督饬派出各军妥为防剿。曾国荃应否至襄阳一带驻扎，以图迎剿，并着酌量具奏……将此由六百里各谕令知之。"（《清穆宗实录》卷187）

（同治五年十一月辛酉）谕军机大臣等："……逆匪如趋光、固，则窜皖窜鄂，均属甚近。曾国荃、英翰务当激励防军，力图迎剿，以免阑入完善地方。此股窜贼势穷食尽，无难合力殄除，如各该省派出防剿之军意存观望，不能尽力追剿，致贼踪再有蔓延，着各该大臣督抚申明纪律，将玩寇之带兵官弁即以军法从事，不得稍有姑息。如该大臣等调度无方，致穷蹙之贼死灰复然，即与纵寇殃民无异，国典具在，亦不能为该大臣等宽也。懔之……将此由六百里各谕令知之。"（《清穆宗实录》卷188）

（同治五年十一月丙寅）又谕："……现在逆踪窜入豫境，势将南趋鄂疆。李鹤年务当督饬豫军尽力拦截，不可徒事尾追，致令贼由汝、信西窜南阳。曾国荃已经出省，东赴黄州，着即探踪北趋黄陂、麻城一带，杜贼由光、固窜鄂之路。并着官文、曾国荃分布各军，于襄、樊、应山、随、枣一带严密堵遏……将此由六百里各谕令知之。"（《清穆宗实录》卷189）

（同治五年十一月戊辰）谕内阁："……况年余以来，曾国藩所派将领驰驱东、豫、楚、皖等省，不遗余力，歼贼亦颇不少。虽未能遽蒇全功，亦岂贻误军情者可比？该御史所奏，着毋庸议。"（《清穆宗实录》卷189）

（同治五年十一月）己巳，谕军机大臣等："曾国荃奏'复陈现办情形'一折。贼匪有窥犯鄂疆就食过冬之意，该抚现驻中路之武胜关，目下东股任赖等逆已由沈邱过项城，势将南趋鄂疆，距该抚驻扎之地不远。着即督军迎剿，并饬郭松林、彭毓橘等认真防守，伺隙兜截。鄂境门户固宜力顾，然亦不可过分畛域，任贼旁趋，致滋延蔓。其毗连秦、豫各隘口，官文、曾国荃务当懔遵本月十一日谕旨，严密堵遏。如贼势趋重何路，即令附近各防之兵会合夹击，并力歼除，以副委任。将此由五百里各谕令知之。"（《清穆宗实录》卷189）

（同治五年十一月）癸酉，谕军机大臣等："……另片奏'任赖股匪又有西趋之势，恐由孟津渡河翻山越岭，袭窜山西，请饬河南严防彰、卫、怀三府'，着李鹤年即饬保英等认真截剿，并令彰、卫、怀等处认真防守，毋使一贼渡河。陕省华阴踞匪闻向西南遁走，究向何路奔突？鲍超驻扎楚豫之交，自可就近邀击。着李鹤年等即飞催鲍超侦探贼踪，奋力剿洗，毋再与贼相左，致误戎机。豫省兵力不少，马德昭、宋庆等近扎何处？何以未闻与贼接仗？着李鹤年酌度情形，出省防剿，未可专恃客兵，坐耗饷项，致干重咎……将此由六百里各谕令知之。"（《清穆宗实录》卷189）

（同治五年十一月）庚辰，谕军机大臣等："曾国荃奏'赖任股匪回窜豫疆，鄂省东路戒严，近日筹办防剿情形'一折。任赖各匪由西遂信、罗窜信阳趋光、固，该抚已饬彭毓橘移营黄、安，檄郭松林等屯扎随州，备东路继进之师，并以逼贼南来为聚而歼旃之计，所筹尚妥。着即督饬诸军诱贼深入，薄于险以待之。仍商调湘、淮各军，步步紧逼，不得稍涉大意。前已有旨，将官文撤任，令谭廷襄暂署督篆，各军饷项及应行整顿事宜，该抚当与谭廷襄随时和衷商榷，未可一意孤行，有辜委任。将此由五百里各谕令知之。”（《清穆宗实录》卷190）

（同治五年十一月）壬午，谕军机大臣等：“英翰奏‘捻股穷蹙入山，现筹布置’一折……曾国荃现驻武胜关，务须设谋诱贼入险，四面围剿，不可任其纷扰鄂境，四出蔓延。后路粮饷，并着谭廷襄妥为筹画。贼如窜入英、霍山中，则径路崎岖，马力无所驰骋，官军有险可扼，易于施力。曾国藩、李鸿章自当檄饬湘、淮各军，并约齐鄂、豫、皖省将士，合力堵剿，就地殄灭，不可失此机会……将此由六百里各谕令知之。”（《清穆宗实录》卷190）

（同治五年十一月）癸未，谕军机大臣等：“……乔松年、刘蓉奏剿办回捻情形，请拨大支劲旅赴陕，并曹克忠续假及请饬湖广等省拨饷各折片……其鄂省襄、郧一带，着谭廷襄、曾国荃速拨兵勇，严密堵剿，以防陕省捻匪由南山东窜。本日复据李鹤年驰奏捻匪东西两路情形。宋庆一军奋勇追剿，甚为出力。此时任赖等股已向黄、麻南窜，着李鹤年饬令宋庆尽力穷追，与鄂军会合，就地歼除，不得稍分畛域。曾国荃既拟诱贼入险，四路围歼，着即合力剿洗……曾国藩、李鸿章当与李鹤年会筹调度，无分彼此，共济时艰……”（《清穆宗实录》卷190）

（同治五年十二月丙戌）又谕：“官文奏发捻突窜黄陂，逼近武汉，现筹布置情形各折片。发捻各逆，假冒官兵，突窜麻城及黄冈之新洲、仓子埠等处肆扰，距省城仅数十里，近省一带无兵可调，势甚危急。官文现饬谭仁芳移扎溵口，姜玉顺绕前迎截，左光培炮船赴汉川新沟，力保江面。着谭廷襄、曾国荃即饬该将等认真防剿，并由曾国荃营添拨兵勇，严防汉镇及黄州等处。曾国藩、李鸿章即饬周盛波等尽力穷追，李鹤年饬宋庆一军跟踪追赴鄂境。贼既窜至水田较多之处，马力难于驰骋，正可调集各路主客各军四面兜剿，聚而歼旃。务当严申号令，督饬诸将并力齐心，认真剿办。倘有观望迁延贻误事机者，即着严参治罪。曾国荃前拟诱贼入险，本系正办，惟该抚驻扎武胜关，距贼甚近。贼踪窜扰后路，震动省垣，该抚毫无布置，且近省各军俱已调拨赴营，赴令后路空虚，实为调度无方。倘掉以轻心，不能速筹防范，就地殄除，致令窜出本境，坐失机会，恐不能当此重咎也。懔之。黄州毗连安庆，并着英翰分布兵勇严密堵遏，毋任发捻东窜。将此由六百里各谕令知之。”（《清穆宗实录》卷191）

（同治五年十二月丁亥）又谕：“官文奏‘贼踪西窜布置情形’一折。发捻股匪由黄陂西窜孝感、云梦、应城，经官文派陆承祖等炮船分扎安陆、襄阳等处，联络防堵。曾国荃所派彭毓橘一军前赴应山，已落贼后，着即饬令赶紧折回，绕前迎截，并着分派各军，与姜玉顺之师合力夹击。刘铭传甫抵麻城，着曾国藩、李鸿章饬令赶紧穷追，并饬周盛波等分路追剿，毋再迟滞。贼匪志在西窜，恐与陕省捻股合并，襄河防守最关紧要。谭廷襄、曾国荃当饬诸军水陆严防，其襄、樊、随、枣并德安、安陆等处均应扼要严守，总须就地歼除，不可纵令窜出鄂境。贼马仅三四千匹，余众均系徒步，且无火药，势已穷蹙，正可乘机速筹殄灭。曾国藩、李鸿章当申明号令，严檄湘、淮诸军与鄂、豫将士合力同心，迅扫狂氛，毋存主客之见，稍形膜视。曾国荃帮办鄂省军务，责无旁贷，尤当豫筹截剿，不得任贼纵横狂窜……曾国藩、李鸿章亦当兼防豫省南路，不得专顾鄂境，致豫省兵力空虚。将此由六百里各谕令知之。”（《清穆宗实录》卷191）

（同治五年十二月辛卯）又谕：“李鸿章奏‘接受关防，筹商调度情形’一折。李鸿章于接受关防后，派刘铭传、刘秉璋等军，由固始、商城与周盛波、张树珊所部分道入鄂。着即饬令该提督等实力追剿，与鄂军夹击，毋稍延缓。周盛波因行粮缺乏，停兵待饷，着李鸿章即迅拨饷银，解往该营，严催前进，毋任借词稽延。贼踪已窜德安，该大臣现饬李昭庆统率王永胜等军驰赴汝宁、信阳择要屯扎，布置均尚周密。如贼由德安北窜汝、信，即着饬令李昭庆迎头截击，谭廷襄、曾国荃亦当饬令鄂军出境追击。若贼久踞鄂境，即着李鸿章饬令李昭庆入鄂助剿，以杜贼匪北窜之路。南阳一带尚形空虚，即着李鹤年檄饬宋庆等军豫为扼堵。其襄、郧一带，着谭廷襄、曾国荃分派鄂军力筹堵截，毋令窜入陕境，与西路张总愚等股匪合并，是为至要。霍、六等处既有皖军分布防守，任赖等逆如由德安回窜黄州，即当合皖、鄂、湘、淮各军设法兜裹，以图聚歼。贼骑飘忽靡定，军情亦旦夕异宜，李鸿章等当随时酌度情形调度，总期督令湘、淮诸军并约会皖、豫、鄂各师不分畛域，合力齐心，同歼丑类，毋误戎机。曾国藩着仍遵前旨，即回江督本任，以便李鸿章交卸地方事务，专理军政，且可相机出境就近调度。该督勋望素著，办理军饷亦系重任，不必身在军营，始足表笃棐之忱也。将此由六百里各谕令知之。”（《清穆宗实录》卷191）

（同治五年十二月甲午）谕军机大臣等：“……正在寄谕间，复据官文、鲍超驰奏东西军情，任赖等逆窜至，云梦等处相继失守。曾国荃驻扎德安，统带兵勇不少，调度无方，致该逆如入无人之境，不知所司何事，着传旨严行申饬。现在贼势将趋枣、襄，仍回豫境，着谭廷襄、曾国荃严饬郭松林等军认真堵剿，毋许任其肆扰。曾国荃身临前敌，责有专司，尤不得稍涉推诿，致干重咎。鲍超已由新野赴鄂，该提督数月以来从未接仗，此次统军赴鄂，距贼甚近，若与湘、淮诸军前后夹击，即可就地歼除，断不准徒托空言，复任他窜。该逆飘忽靡常，豫境亦宜豫为防范，并着李鹤年派兵迎剿，毋令稍停喘息……鲍超业已先行赴鄂，其陕西军务，着乔松年、刘蓉督军追剿，毋得专等客兵。该省前因官兵挫败，久未接仗。鲍超所称屡有小捷之信，未免借词掩饰稽留。着该提督于鄂、豫之交迅殄丑类，仍即折赴陕中会剿，不得稍有趋避，致损军

威。将此由六百里谕知曾国藩、李鸿章、谭廷襄、曾国荃、乔松年、刘蓉、李鹤年，并传谕鲍超知之。”（《清穆宗实录》卷191）

（同治五年十二月）辛丑，谕军机大臣等：“谭廷襄奏‘体察现在军情，分别督催防剿，并请饬鲍超等筹办陕匪’各折片。贼匪在钟祥之臼口一带，郭松林等叠次获胜。前已据曾国荃奏报，现在臼口屯聚之贼由高家集一带向西北窜至蒿湖及随州地界。曾国荃前奏派总兵刘维珍一军扼险于枣阳、南山一带，贼如由随、枣窜去，自可前截后追。着谭廷襄、曾国荃懔遵前旨，迅饬诸军奋力合剿，毋任再回豫疆，又成不了之局。鲍超一军，现已拔队入鄂，即着该提督视贼所向，认真剿办，先将此股歼除，则陕贼势孤，不难扑灭。毋再迁延瞻顾，与贼相左，徒劳跋涉也。各路饷需，着谭廷襄悉心经理，以期无误军食。其有疲乏不整万难得力之营，着与曾国荃会商裁汰，以节糜费。陕西贼股，闻已袭陷临潼，扰至坝桥等处，又附近西安省城之引驾回、牛犊、杜曲等镇及孝义、镇安等处俱有贼营，是此股贼众已窜南山，希图直达汉滨。该处棚民签匪本属不少，设令勾结引导，西逼川疆，东扰楚境，皆意中事。而商雒之长岭关、竹林关、漫川关等处，紧与郧西接壤，其势尤易波及……将此由六百里谕知谭廷襄、曾国荃、乔松年、刘蓉，并传谕鲍超知之。”（《清穆宗实录》卷192）

（同治五年十二月辛丑）又谕：“前谕左宗棠即行驰赴甘肃督办军务，毋庸来京。该督由江西、湖北行走，计已将次入鄂。现在陕西贼匪已窜南山，叠经谕令刘蓉出省调度，该前抚高卧省城，毫无布置，诸军互相雄长，督率无人，以致二华、蓝田、渭南、临潼等处俱被扰窜，半月以来未见奏报，不知情形究竟若何，殊深西顾之忧。左宗棠带兵由湖北入秦，着即确切侦探，觇贼所向，迎头扼堵，杜贼窜鄂之路……将此由六百里谕令知之。”（《清穆宗实录》卷192）

（同治五年十二月壬寅）谕军机大臣等："英翰奏'贼股势渐西趋，添调皖军分防豫境'一折。捻匪入鄂以后，由黄、麻等处窜扰德安，踪迹飘忽，势将折回豫境。英翰现派郭宝昌等军移扎商城、固、息等处，越境防堵，以备迎剿……将此由五百里谕令知之。"（《清穆宗实录》卷 192）

（同治五年十二月甲辰）又谕："谭廷襄、曾国荃奏官军连日鏖战获胜，并霆军、淮军、豫军次第入鄂，现在布置合围一折。贼由臼口出窜，谭仁芳等军无日不战，各获小胜。初六日之战，郭松林先胜后挫，受伤甚重，览奏曷胜廑系。贼之大股趋钟祥一路，刻下鄂省追军紧蹑其尾，曾国荃已派总兵刘维桢从吴家店拦头截击，唐协和继之。复饬姜玉顺由云梦进扎应城，以防回窜。着即督饬诸将前截后追，仍规取远势，务歼贼于唐白河、襄河之间。倘再任贼纷窜，漫无布置，恐该抚不能当此重咎也。周盛波等军均已陆续入鄂，着曾国藩、李鸿章、李鹤年分饬诸军遇贼即击，不准稍分畛域。如查有临敌退避，致贼踪复行蔓延，即着于军前正法，以昭炯戒。将此由六百里各谕令知之。"（《清穆宗实录》卷 192）

（同治五年十二月甲辰）又谕："……前因陕西贼势鸱张，督率无人，令左宗棠由鄂入秦，先行督剿陕西贼股……左宗棠懔遵本月十六日寄谕，带兵迅即入秦，杜贼窜鄂，督同该抚等肃清陕境。将此由六百里谕知左宗棠、李瀚章，并传谕刘典知之。"（《清穆宗实录》卷 192）

（同治五年十二月戊申）谕军机大臣等："李鸿章奏'各路贼情并催各军入鄂会剿'一折。捻逆仍聚钟祥之臼口一带，并探闻该逆于襄河淤浅处窜越，前股扰及荆门之石牌驿，后股尚踞安陆。鲍超、刘铭传等军由豫进援，从鄂境之西北路压下，则该逆既不能由随、枣回窜豫境，势必屯踞襄河左右，窥伺腹地。前有旨，谕令谭廷襄、曾国荃等规取远势，务歼贼于唐白河、襄河之间。现在军势既集，网罗已张，正可诱贼入险，为一鼓聚歼之计。着曾国藩、李鸿章檄饬霆军及湘、淮诸军分路进剿，迅殄逆氛，不得稍分畛域。曾国荃务将此股贼匪就地歼除，若仅以驱贼出境为了事，纵令该逆回窜豫疆，惟曾国荃是问。并着李鹤年激励官军，严密防堵，毋令该逆再行阑入……将此由五百里各谕令知之。”(《清穆宗实录》卷193)

(同治五年十二月庚戌)署塔尔巴哈台参赞大臣德兴阿奏：“请以提督鲍超帮办新疆军务。”得旨：“鲍超现在楚、豫之交剿办捻匪，正在吃紧，俟入关后，再行斟酌办理，候旨遵行……”(《清穆宗实录》卷193)

(同治五年十二月壬子)又谕：“曾国藩奏遵旨回任，仍驻徐州，沥陈下悃，并近日军情各折片。谭廷襄奏逆踪回窜，筹备东防。谭廷襄、曾国荃奏连日官军获胜，贼窜孝感、黄陂，饬军追剿各折。李鹤年奏贼踪纷扰靡定，现在布置情形一折……贼之大股已至黄、孝，谭廷襄、曾国荃已檄周盛波等由京山迅赴应城、云梦，并令彭毓橘等星速驰剿，即着饬令各军前截后追，毋任扰及完善。曾国藩、李鸿章、李鹤年当各派兵堵截，以期一鼓聚歼。李鹤年恐豫境空虚，现饬宋庆回驻信阳，仍着添派劲旅，迎头堵剿。刘铭传一军即着曾国藩、李鸿章饬令赴鄂东剿贼，竭力保全豫境……将此由六百里各谕令知之。”(《清穆宗实录》卷193)

(同治五年十二月癸丑)又谕：“传谕浙江提督鲍超，鲍超奏‘鄂东兵力已厚，仍遵旨赴陕剿办捻股’一折。昨据谭廷襄奏，东捻大股已至黄、孝，当经谕令曾国藩饬令鲍超一军由潼关大路入陕，会合刘松山等军在同朝一带尽力截剿。兹据鲍超奏‘由随州赶至安陆府城，捻股遁走黄、孝，距该军已数百里，刘铭传等军俱陆续齐集。是鄂中兵力已厚，该提督仍遵前旨，拟由樊城至荆子关，直达秦境’等语。现在陕西捻股麇聚，待援甚亟，着该提督懔遵二十七日寄谕，赶紧入陕……”(《清穆宗实录》卷193)

（同治五年十二月乙卯）谕军机大臣等："乔松年奏官军败溃，省城危急，请调援军，并请饬穆图善赴援庆阳，刘典、库克吉泰等先剿陕捻各折片，览奏曷胜焦急……昨据鲍超奏称，已定于本月二十一日由鄂省安陆起程，取道樊城、荆子关入陕。乔松年奏，已在商州等处购备该军粮米。鲍超若再以无粮借口，或中途迟延折回，该提督自问当得何罪。懔之……"（《清穆宗实录》卷193）

（同治六年正月庚申）暂署湖广总督谭廷襄奏："捻匪回窜，防兵单薄，设法移拨，力顾汉镇，以卫省垣。"得旨："贼既趋重下游，即着酌度情形，相机剿办，并着懔遵前旨，会商曾国荃严檄各军合力追剿，以期聚歼，毋任旁窜。"（《清穆宗实录》卷194）

（同治六年正月乙丑）谕军机大臣等："鲍超奏'捻逆回窜襄、樊，牵掣官军，刻难西进，飞商曾国荃派军赴随、枣，即日拔队驰往会剿'一折。鲍超一军，数月以来仆仆道途未遇一贼。前据曾国荃奏，援军陆续到鄂，鲍超一军可令入关，朝廷亦因陕西望援孔亟，是以叠次谕令星速入关。该提督既报起程，又为曾国荃奏留，何朝令暮改，茫无主见若此？鲍超军如已遇贼接仗，自当酌度军情办理。如贼又远扬，仍即懔遵本年正月初一、初四、初九等日谕旨，迅即拔营兼程援陕，毋再游移观望。湘、淮各军均集楚境，着谭廷襄、曾国荃妥为调遣，严扼随、枣、襄、樊，设法歼除，以副委任。将此由六百里谕知谭廷襄、曾国荃并传谕鲍超知之。"（《清穆宗实录》卷194）

（同治六年正月己巳）谕军机大臣等："谭廷襄、曾国荃奏'捻逆西窜，连日追剿情形'一折。贼众回窜臼口，于沿河上下扮作难民，窥伺汉水，经淮军、鄂军等击退，锐意西窜，扑犯安陆。刘铭传率军紧蹑贼后，曾国荃复调鲍超回剿。鲍超一军叠次谕令入秦，该抚复令在鄂会剿，实属毫无主见，徒令该提督跋涉道途，迄未遇贼一击，老师糜饷，莫此为甚。着仍遵前旨迅饬援秦，即已与贼相持，湘、淮各军均在鄂境，尽可妥为调度，御贼狂窜。曾国荃屡托空言，殊无把握，何以副朝廷委任之重？着即督饬各军认真扼剿，设法擒渠，迅图殄灭。若仅以奏报铺张，敷衍搪塞为得计，该抚自问当得何罪。曾国藩谅已赴徐接印任事，李鸿章已授湖广总督，该大臣交卸后，自应进扎豫省扼要之地，方能就近调度。务当与曾国藩妥筹布置，毋误事机。随、枣一带已近豫疆，李鹤年当力图堵截，不得任贼入境，再至蔓延。将此由六百里谕知曾国藩、李鸿章、谭廷襄、曾国荃、李鹤年，并传谕鲍超知之。”（《清穆宗实录》卷194）

（同治六年正月辛未）谕军机大臣等：“李鹤年奏‘豫省布置情形，拟出省调度’一折。捻踪窜扰鄂疆，势焰益炽。现经官军齐集堵剿，其折窜豫境，亦在意中。李鹤年现已将省城防务办有头绪，并将防河碍船添设，增募水师一营，定期出省。着即暂驻许州，就近调度，务当严防边境，毋令贼踪阑入……将此由四百里谕令知之。”（《清穆宗实录》卷195）

（同治六年正月甲戌）谕军机大臣等：“……程文炳一军既由英翰调往商城，即着饬令扼要驻守，严密防堵，以杜鄂捻回窜之路……将此由六百里各谕令知之。”（《清穆宗实录》卷195）

（同治六年正月）己卯，谕军机大臣等：“李鸿章奏‘楚、秦援军，两路获胜情形’一折。刘铭传一军援鄂，由宋河追贼至京山、宜城一带，连破贼伏，叠获胜仗。该逆折窜安陆，刘铭传仍由宜城北路追蹑，着李鸿章即檄饬援军尽力剿洗，并严扼捻踪回窜枣阳、樊城之路……刘松山兵力尚单，亟须鲍超入陕援应，前已叠次严谕此军入陕，曾国荃何得任意留驻鄂境？着李鸿章懔遵前旨，严檄鲍超克日拔队西行，不得抗违，致误大局……将此由六百里各谕令知之。”（《清穆宗实录》卷195）

（同治六年正月辛巳）谕军机大臣等："曾国藩……另片奏'请留鲍超一军于豫西拦截任赖，不使西窜'等语。鲍超一军已在杨家泽地方大获胜仗，昨据该提督奏报，仍督军追剿，现计旬余，谅可次第殄灭。湖北兵势已厚，刘铭传等军当已足敷剿洗……将此由五百里谕令知之。"（《清穆宗实录》卷195）

（同治六年正月辛巳）又谕："……鲍超一军已在钟祥地方大获胜仗，鄂军足敷剿殄，该大臣即督同鲍超入陕，以资得力……林寿图所陈'粮台既改汉中，各省应解庆阳协饷、甘省应支庆泾月饷，应统归陈丕业办理。请饬陕甘总督、湖广督抚迅催候补道陈丕业，限二月初旬由荆子关驰抵汉中，督办各局事务。即着左宗棠咨行湖广督抚，催令该员克日前往，悉心妥办，毋稍迟延。陕、甘待饷孔亟，并着左宗棠照林寿图折内所称，咨行鄂台，将六年三月以前已解到鄂各饷均兑运西安……'……着左宗棠竭力筹画，以期军食有资。林寿图折二件、片一件，均着钞给左宗棠阅看。将此由六百里谕令知之。"（《清穆宗实录》卷195）

（同治六年正月甲申）河南巡抚李鹤年奏："带兵暂驻许州，飞饬宋庆相机进剿。"得旨："该逆踪既败窜楚、豫交界地方，即着该抚督饬宋庆等军迎头剿击，倘再任令阑入，惟该抚是问。近日贼情，仍着随时确探具奏。"（《清穆宗实录》卷195）

（同治六年二月乙酉）谕军机大臣等："鲍超奏'官军连日追贼，叠获全胜'一折。鲍超一军自杨家泽大捷后，连日蹑剿，由钟祥至丰乐河一带追杀五昼夜，复毙贼一万数千名，生擒四千余名，救出难民二万余众。该提督勇于立功，所向克捷，实为奋勉。惟贼数不下十万，鲍超既已与贼相持，自不能舍而之他。该逆现由泌阳、桐柏窜去，鲍超若已追贼入豫，着即整队前进，会合豫、鄂诸军，将此股全行殄灭。并着曾国藩、李鸿章酌度军情，如任赖股匪，鲍超一军足能蒇事，即令该提督暂扎鄂、豫之交，先将此股办竣。倘贼踪东窜已远，即檄令该提督仍遵前旨，迅速入秦。军情旦夕变迁，朝廷不为遥制，曾国藩、李鸿章务当权衡缓急，统筹大局，不得置陕事于膜外。陕省兵力不厚，如刘松山再有挫失，事势将不可问。曾国荃于湘鄂诸军毫无调度，糜饷老师。又于鲍超一军援鄂、援陕，朝令夕更，茫无主见。鲍超虽叠获大捷，而曾国荃所部各军竟如坐视，倘再不激励将士，振刷精神，致援陕之军日久为贼牵掣，或陕事因之日坏，该抚岂能当此重咎耶？此时刘铭传等军均在鄂境，着谭廷襄、曾国荃督饬诸军蹑踪追剿，并着李鸿年饬令宋庆等会同湘鄂等军，将该逆就地剪除，迅速竣事，毋令再行纷窜，贻误戎机。将此由六百里谕知曾国藩、李鸿章、谭廷襄、曾国荃、李鹤年，并传谕鲍超知之。”（《清穆宗实录》卷196）

（同治六年二月丙戌）谕军机大臣等：“李鹤年奏‘任赖股匪北窜豫境，催调各军蹑击’一折。鄂捻窜至楚、豫交界之湖阳，经宋庆由唐县拔队迎截，在昝冈东南获胜，贼匪大股由枣阳北窜唐县，复经宋庆催军追至桐柏县属之平氏镇西南，续获胜仗，毙贼甚多，贼已卷队东奔。该逆在鄂省被鲍超叠次惩创，势必不敢回鄂，现已由豫省南界向东狂奔，窜突靡定。曾国荃办理鄂省军务，数月以来竟未能就地歼除，今又纵令窜入豫境，自问将何以对朝廷。着即速催鄂境各军赴豫助剿，并着曾国藩、李鸿章迅调湘、淮诸军迎头拦截，断其趋向东北之路……将此由六百里谕知曾国藩、李鸿章、谭廷襄、曾国荃、英翰、李鹤年、阎敬铭、赵长龄，并传谕丁宝桢知之。”（《清穆宗实录》卷196）

（同治六年二月己丑）谕军机大臣等：“谭廷襄、曾国荃奏‘霆军追贼西上，鄂军扼守唐白河，堵剿获胜，余贼由枣阳窜豫’一折。鲍超一军追贼获胜，唐协和又败贼于两河口等处，贼向豫境桐柏一带奔窜。现在鄂军唐协和、豫军蒋东才、淮军刘铭传均已先后追到，着曾国藩、李鸿章、李鹤年督饬各军前截后追，毋任再有窜突。谭廷襄、曾国荃仍当派军出境追剿，不得稍分畛域。鄂省水陆各营或迎头截击，或蹑尾力追，亦有微劳足录。着谭廷襄、曾国荃择尤酌保，毋许冒滥。此次贼入鄂境，曾国荃谓可痛歼于山巅水隈之际，卒任该逆东西奔窜，仍复逸出豫疆，办理毫无把握，该抚自请议处，实属咎有应得。曾国荃着交部议处，以示薄惩……将此由六百里各谕令知之。”寻吏部议：“曾国荃应降二级留任，不准抵销。”从之。（《清穆宗实录》卷196）

（同治六年二月）庚寅，谕军机大臣等：“李鸿章奏‘督军赴豫，并筹度军情’一折。任赖股匪经鲍超在鄂境痛剿，叠获胜仗。该逆被创狂奔，窜入豫境桐、泌一带，势必日向东趋……湘、淮各军多聚鄂境，李鸿章务当檄令迅速折回豫省东路，探贼所向，迎头绕截……将此由五百里谕令知之。”（《清穆宗实录》卷196）

（同治六年二月丁酉）谕军机大臣等：“谭廷襄奏发捻东趋，饬军分赴下游扼剿一折。谭廷襄、曾国荃奏贼扰黄、麻，派军堵剿，并查明任化邦、赖汶洸等逆尚未歼毙各折片。逆匪经鲍超等军击败之后，虽受惩创，马步人数尚多。任赖等逆相率逃逸，现复由桐柏一路回窜鄂疆，蕲、黄、麻、罗，防剿极关紧要。谭廷襄已饬襄河水师下驶，并调蓝斯明等军移扎滠口，分布黄州、麻城等处。即着严饬各军，防剿兼施，不得令一贼一骑阑入腹地。曾国荃督令彭毓橘等军速赴黄、麻，痛加剿洗，务须就地歼除，毋许旁逸。沿江地段，并责令彭玉麟所派之王吉等水师二营与鄂军梭织防御。皖之宿、太、英、霍与鄂毗连，英翰当督饬皖军严密布置，如贼踪窜近，即迎头奋击，以收夹击之效……将此由六百里各谕令知之。”（《清穆宗实录》卷196）

（同治六年二月戊戌）谕军机大臣等：“李鸿章奏行抵归、德，查探贼情，通筹调度，并查明安陆接仗情形各折片。现在张逆向西南窜逸，而鄂捻东西奔突，正资大支劲旅追剿。自当照李鸿章所请，仍令鲍超在鄂、豫之交，相机追剿。捻逆现窜麻城，而鄂省东路空虚，即着鲍超由樊城兼程东下，会同曾国荃所部分投剿办……贼势尚无定向，该提督务当会合鄂、豫各军迅将任赖全股就地殄灭，以便腾出兵力，西顾陕疆，不可意存观望，致干重咎。并着曾国藩、李鸿章妥为调度，谭廷襄、曾国荃迅即檄调各军并力夹击，毋令该逆得以饱掠远扬。六安一带与麻城接壤，英翰亦应派兵严密堵剿，不可稍涉大意。现在贼踪虽离豫境，而回窜实在意中。李鹤年已饬宋庆由光山越境深追，即着饬令该总兵会同淮、鄂各军实力剿办，不得稍分畛域……将此由六百里谕知曾国藩、李鸿章、谭廷襄、曾国荃、李鹤年、英翰，并传谕鲍超知之。”（《清穆宗实录》卷196）

（同治六年二月）癸卯，谕军机大臣等：“英翰奏‘贼踪南窜，派兵扼剿’一折。捻逆被豫军扼截，折向黄、麻一带，其回窜英、霍、潜、太实在意中。前已谕令英翰派兵扼堵，现在该抚调派张得胜等军择要堵剿，尚属周妥。即着严饬该总兵等认真防剿，如贼踪深入鄂境，或被击他窜，英翰务当视贼所向，派军追剿，不可稍涉松懈。鄂军悉在西路，此时计可东向迎头拦截，以遏狂氛。着谭廷襄、曾国荃督饬水陆各军力筹堵剿，不准徒托空言。鲍超一军前由樊城东向，现在已否接仗，殊深盼望。若连捷之后，纵贼奔窜，俾得休养裹胁，则剿灭又属无期。着李鸿章申明赏罚，饬令各军同心协力，奋勉图功，毋任迁延贻误……将此由五百里各谕令知之。”（《清穆宗实录》卷197）

（同治六年二月己酉）谕军机大臣等：“李鸿章奏‘进驻周口，筹商调度’，鲍超奏‘伤疾举发，请假调理’各折片。贼由麻城东窜巴河、蕲水，现由广济蔓及黄梅、宿松边界，曾国荃拟驻黄州，督彭毓橘等分路跟剿……鲍超一军，追剿正当吃紧之时，遽请开缺调理，未免近于要挟。该提督素知大体，所向奋勉，何以亦沾军营习气，仍着督队由南阳取道信、罗至光、固一带，无论任赖等逆窜往何处，皖、鄂何路有警，即行兼程进击，设法兜灭，以奏全功。并着李鸿章催令移营进扎，毋任借词延宕。将此由六百里谕知曾国藩、李鸿章、谭廷襄、曾国荃、英翰、李鹤年，并传谕鲍超知之。”（《清穆宗实录》卷197）

（同治六年二月庚戌）谕军机大臣等：“谭廷襄、曾国荃奏‘官军追贼叠胜情形’一折。捻逆由黄陂东窜，绕至宿松边境，复回窜黄梅、广济。虽叠经刘维桢等追剿获胜，究未能大挫凶锋。曾国荃现在驰抵黄州，就近调度，鄂、皖边境山阻水深，值此春水方生，涡淮并涨之时，正可广设方略，与李鸿章、英翰同心协力，督饬各军相机兜剿，以期次第殄灭。军情变幻无常，朝廷不为遥制，正以专其事权。所请指示机宜，实属意在诿卸，曾国荃责任统率，何至不晓事体如此？该抚务即督令刘维桢等奋勉追剿，毋许纵贼西窜，并着英翰督饬水陆各军会同夹击。李鸿章昨奏饬令李昭庆等由光、商进剿，即着统筹全局，克期殄灭，毋任迁延。将此由六百里各谕令知之。”（《清穆宗实录》卷197）

（同治六年二月甲寅）又谕：“……鲍超剿办鄂捻屡获大胜，甚属奋勉，所部将士亦颇出力，着仍遵前旨，会同曾国荃所部，迅将任赖股匪殄灭，以便腾出兵力，西顾陕疆，不可意存观望。并着李鸿章、曾国荃妥为调度，迅奏肤公……将此由六百里谕知李鸿章、左宗棠、曾国荃……并传谕鲍超知之。”（《清穆宗实录》卷197）

（同治六年三月丙辰）安徽巡抚英翰奏：“捻窜皖省边境，拟向潜山、太湖一带迎剿。”得旨：“即着檄令程文炳等迎头截击，该抚务当亲督将士，会合鄂军并力兜剿，仍随时咨商李鸿章妥筹调度。”（《清穆宗实录》卷198）

（同治六年三月丁巳）又谕：“左宗棠奏‘督军由鄂启行，请饬散捻胁从……’各折片……而鄂省贼众兵单，剿办殊难得手。鲍超一军，着

仍遵前旨留于鄂、豫，将任赖逆股剿灭，再行移师入关……将此由六百里谕令知之。”（《清穆宗实录》卷198）

（同治六年三月丁巳）谕军机大臣等：“谭廷襄等奏‘贼势上窜，官军先胜后挫，现在布置情形’一折。逆匪由蕲州上窜板桥等处，经刘维桢、彭毓橘两军分路进击，小有斩擒。彭毓橘探知该逆由兰溪、董家河上窜，亲督各营蹑剿，遇伏失挫，力竭阵亡。此次彭毓橘之挫，如各该营官有救应不力情事，着谭廷襄、曾国荃查明参办。该逆现由巴河上犯团风、新洲，奔窜黄、孝一带，亟应力图兜剿。该署督等务当审贼所向，檄饬派出各军，会同淮军刘秉璋等通力合作，协同剿洗，毋令再肆蔓延。曾国荃现驻黄州，即着就近将彭毓橘所部各营察看情形，分别遣留。鄂省贼众兵单，剿办恐难得手，应如何抽拨劲旅赴鄂援应之处，着李鸿章统筹全局，相机布置……将此由六百里谕知李鸿章、谭廷襄、曾国荃，并传谕鲍超知之。”（《清穆宗实录》卷198）

（同治六年三月庚申）又谕：“……鄂贼踞光、商不远，着李鸿章激励鲍超等迅速移营前进，毋任迁延贻误。将此由五百里各谕令知之。”（《清穆宗实录》卷198）

（同治六年三月）壬戌，谕军机大臣等：“张之万奏捻逆由鄂窜皖，现办江北防守情形，请催山东协饷各折片。任赖等股捻匪，前由鄂省扰及皖疆宿松边界，昨据曾国荃奏‘现已折回鄂境蕲、黄一带，惟逆踪趋向靡定，势甚剽疾，难保不复向宿、太，东趋全、滁……’布置尚为周妥，即着照所筹办理……将此由五百里各谕令知之。”（《清穆宗实录》卷198）

（同治六年三月癸亥）谕军机大臣等：“……昨据左宗棠奏催该提督赴陕，已谕知留于鄂、豫剿捻。其调度机宜，朝廷责成李鸿章办理。而追剿迎击，惟鲍超、刘铭传两军是望。着李鸿章、曾国荃饬令各军随同进剿，迅奏肤公，同膺懋赏，毋许迁延诿卸。将此由六百里谕知李鸿章、曾国荃，并传谕鲍超知之。”（《清穆宗实录》卷198）

（同治六年三月癸亥）又谕：“……鲍超一军，前已谕留鄂、皖剿捻，左宗棠带兵入关后，腾出陕省兵力，合并郭宝昌、刘松山两军，计敷目前分布……将此由六百里各谕令知之。”（《清穆宗实录》卷198）

（同治六年三月戊辰）谕军机大臣等：“李鸿章奏‘鄂省军情紧急，筹派各军援剿，并请饬催鲍超力疾督队前进’一折。捻匪现在蔓延黄冈、黄陂腹地，有回窜德安之意。李鸿章现令李昭庆等由商州、光山分道入鄂，西北一路甚属空虚，前已叠次谕令鲍超奋击。嗣虽赏假十日，仍令督兵协剿。该提督素称勇往，当此逆氛尚炽，谅不意存观望。着即力疾督师，由德安驰赴黄州迎剿，毋失机会，以竟全功。并着曾国藩、李鸿章剀切开示，毋任初终异辙，以保勋名而副期望。将此由六百里谕知曾国藩、李鸿章，并传谕鲍超知之。”（《清穆宗实录》卷198）

（同治六年三月戊寅）谕军机大臣等：“……陕省兵力较单，左宗棠定已兼程入关镇压调度，能否分兵先趋兴汉，着左宗棠相机酌量。鲍超一军已叠谕该提督在鄂助剿，势难即时入秦……将此由六百里各谕令知之。”（《清穆宗实录》卷199）

（同治六年三月辛巳）又谕：“杨岳斌奏‘请催左宗棠等入甘’等语。左宗棠督兵由湖北入秦，不能越陕西而至甘省。昨据该大臣奏称，湖北军情紧急，不得不稍缓前进。曹克忠病势沉重，前已降旨准其开缺回籍，授高连陞为甘肃提督，俟高连陞到营，自当催令先行赴甘防剿……将此由六百里各谕令知之。”（《清穆宗实录》卷199）

（同治六年三月壬午）荆州将军巴扬阿等奏："捻逆复窜湖北钟祥地方，现筹堵御。"得旨："贼众窥伺襄河自在意中，着督饬水师炮船及派出马步各军上下梭巡，严防江岸，仍随时与谭廷襄、曾国荃咨商办理，毋稍疏虞。"（《清穆宗实录》卷199）

（同治六年四月己丑）谕军机大臣等："谭廷襄、曾国荃奏'鄂军击贼获胜，并陈近日军情'一折。贼众谋渡襄河，经炮船昼夜击退，折回钟祥、京山境内，攻扑皂市，经姜玉顺在胡山寺、方家冈包抄获捷，生擒长发老贼严畏先等多名。其九里冈、龙尾山等处窜匪，亦经刘维桢、熊登武等各率队伍击剿，均有斩获，现向郢东驿、黄家集一带奔窜，着曾国荃督饬各军认真剿洗，毋稍松劲。鲍超患病甚重，昨已赏假调理。其所派宋国永等军移营八条港、霸王山屯扎，并着归曾国荃调遣，令其会同鄂军奋力杀贼。李昭庆、刘秉璋等淮、湘各军均已抵鄂，着李鸿章飞檄该员等分路布置，合力痛歼，不得稍分畛域，以期迅殄逆氛。左宗棠已由德安拔营，着仍遵前旨西进。其刘典所部数营，即令暂驻鄂境会剿，以厚兵力。将此由六百里各谕令知之。"（《清穆宗实录》卷200）

（同治六年四月庚寅）又谕："……鄂捻窜至德安，势将入豫，陕捻亦恐窜出潼关，李鹤年当迅拨一军，驰赴陕州阌乡等处填扎，以固西路之防。晋省于陕、鄂两省窜捻，均应随时兼防，不可稍涉大意……将此由六百里各谕令知之。"（《清穆宗实录》卷200）

（同治六年四月壬辰）谕军机大臣等："……左宗棠已由德安拔营，着即趱程前进，星速入关，饬令各军认真截剿，毋令一贼渡黄，以保晋省完善之区，是为至要。将此由六百里谕令知之。"（《清穆宗实录》卷200）

（同治六年四月）戊戌，谕军机大臣等："李鸿章奏'逆股由随、枣东窜信阳，官军追剿获胜，贼又南窜入鄂'一折。该逆窜至信阳境内，经刘铭传等军分路奋勇迎击，叠获胜仗，剿办尚为得手。在事出力员弁，准李鸿章查明奏请奖励。该逆现虽折回鄂境，将来窜皖窜豫，均在意中。着李鸿章督饬刘铭传等军相机兜剿，谭廷襄、曾国荃并严檄鄂军会筹扫荡。李鹤年、英翰亦当严密布置，防剿兼施，毋令再肆蔓延。鲍超前曾力疾派员会剿，甚堪嘉尚。病体稍愈，并着督师迎击，用副委任。将此由六百里谕知李鸿章、谭廷襄、曾国荃、李鹤年、英翰，并传谕鲍超知之。”（《清穆宗实录》卷200）

（同治六年四月庚子）河南巡抚李鹤年奏：“捻窜孝感，回省勘办秋审。”得旨：“该抚现已回省勘办秋审，着于事竣后迅即回防，督饬各军力筹堵剿，毋稍疏懈。”（《清穆宗实录》卷201）

（同治六年四月）甲辰，谕军机大臣等：“李鸿章奏‘近日湖北军情’等语。任赖捻股由应山东北窜孝感之小河溪，旋窜黄陂之两河口，现经刘秉璋等军分路跟追，即着李鸿章檄饬各军，合力兜剿，迅殄逆氛。西路兵力已厚，该逆既不至回扰德、随，窜皖窜豫，均在意中……李鸿章各军虽俱赴鄂，深虑有追剿之兵，而无迎堵之师，仍着该大臣统筹全局，于无可抽调之中设法布置，妥为兼顾。据称‘南北数千里久旱不雨，农田枯槁’等语，实深廑系。现在直隶一带亦属少雨，深恐青黄不接，有碍民食。该大臣务当妥筹镇抚，安慰人心，庶于军务有裨。将此由五百里各谕令知之。”（《清穆宗实录》卷201）

（同治六年四月丁未）谕军机大臣等：“谭廷襄、曾国荃奏‘捻逆东趋安、陂，仍折回应城，官军叠击获胜，并会商布置情形’一折。捻逆自东窜后，经官军追蹑，仍复回窜应城，虽屡有擒斩，而逆焰未衰。前据李鸿章奏称，西路兵力已厚，谅该逆不能逞志。即着李鸿章、谭廷襄、曾国荃督饬淮军、鄂军，会合追剿，并令宋国永折回洋梓镇，以扼西路要冲。该逆在鄂不能得志，必思窜豫，着李鹤年饬令宋庆等军迎头兜剿，以杜纷窜……河南一带既少雨泽，而鄂省又苦久旱，所关非细。惟有诚心修省，冀迓和甘，一俟得雨，即着奏闻。鲍超战功卓著，实为国家干城之选，现闻病势沉重，深为廑系。着曾国荃就近传谕，令其慎重医治，安心养息，以冀速痊。将此由六百里各谕令知之。”（《清穆宗实录》卷201）

（同治六年四月）戊申，谕军机大臣等：“左宗棠奏‘随州追贼出境，行抵樊城，雇备车驮，克期入关’一折。鄂省军情，前据李鸿章、曾国荃等各奏情形，与左宗棠大略相同。着李鸿章、曾国荃懔遵叠次谕旨，广筹方略，迅殄逆氛。昨据曾国荃奏陈鲍超病状，甚为廑系。该提督患病以来，所部各军暂派宋国永统带，叠经有旨催令夹击，何以至今未闻宋国永等与贼接仗？若早能移军驻扼洋梓、双河，何至纵贼乱窜？着李鸿章、曾国荃传谕鲍超，速令宋国永等扼扎要隘，听候调度，奋力剿贼。如再贻误，必将宋国永等从重治罪，鲍超亦不能辞咎也。前据库克吉泰等奏‘刘松山等军节次获胜，贼势已穷’，当谕该将军等督饬各军乘胜殄除，并防窜晋……将此由六百里谕知李鸿章、左宗棠、曾国荃、赵长龄，并传谕鲍超知之。”（《清穆宗实录》卷201）

（同治六年五月丙辰）署湖广总督谭廷襄等奏：“捻匪由枣阳趋豫，现筹布置防守。”得旨：“刘铭传等军获胜情形，前据李鹤年奏到，与此奏大略相同。现在贼众窜过枣阳，势将入豫，着谭廷襄、曾国荃飞咨豫境严防，并派兵出境进剿，不得稍分畛域。仍防回窜黄、麻等处，毋稍懈忽。”（《清穆宗实录》卷202）

（同治六年五月丁巳）谕军机大臣等：“李鸿章奏‘任赖捻股败遁西趋，各军分投追剿’一折。刘铭传等军追贼云梦，生擒贼目陈大溃，逆向皂市奔突，遂窜洋梓。宋国永等由随州回军，夜袭贼馆，擒获甚多。贼现窜新野东南之朱集、水台，并南阳西南之清华、穰东等处。据获贼供称，有欲窜东豫或逃往陕西之语。刻下逆踪尚无定向，陕、豫俱应严防，着李鸿章督饬刘铭传、周盛波等军相机兜剿。李鹤年令宋庆迅赴新唐，会合霆军夹击。新练之军如可抽调，着饬张曜择要扼击，为一鼓聚歼之计。如贼果东趋，李鸿章饬潘鼎新等迎截，丁宝桢即派兵迎堵，并着左宗棠、乔松年赶紧调派劲兵，遏其入陕之路。该督抚等务须不分畛域，督军会剿，迅殄贼气，以慰廑念。将此由六百里各谕令知之。”（《清穆宗实录》卷202）

（同治六年五月己未）谕军机大臣等：“……着该将军等督饬诸军乘胜穷追，务将此股速行殄除，毋任滋蔓。左宗棠计已抵关，着即与陕省追军合力夹击，将此股就地殄尽，毋令窜入豫鄂。乔松年奏复‘办理抚回情形’一折，颇为有见，着俟左宗棠到陕后妥商筹办。原折着钞给左宗棠阅看，将此由六百里各谕令知之。”（《清穆宗实录》卷202）

（同治六年五月辛未）又谕：“左宗棠奏‘督军分道入关’一折。刘典、唐协和等军与鲍超所部在鄂省分路击贼，左宗棠亦亲为策应，将贼叠次击败，逼出鄂境。现在逆股业已窜至东境，左宗棠正可迅速入关，专办张总愚一股。该匪屡为陕军痛挫，逆焰已衰，左宗棠入关后，与刘松山等军会合夹击，务将此股就地殄除，不可令其窜入鄂、豫，又成蔓延不了之局。昨据库克吉泰等奏称，捻匪被官军在附省一带击败，又复渡渭北窜，逆骑飘忽异常。刘典一军，仍当由荆子关趋赴蓝田，以防陕捻回窜武关之路，毋稍大意……将此由六百里各谕令知之。”（《清穆宗实录》卷203）

（同治六年五月癸酉）谕内阁：“上年捻逆自豫窜鄂，叠经谕令李鸿章、曾国荃督饬湘、淮各军及鄂省诸军实力剿办，以期就地殄灭，永靖捻氛。乃该逆游弋于鄂之黄、麻、随、枣，豫之南阳、信、罗一带，纵横驰逐，叠报胜仗，日久无功。本年五月间，据山东、河南各省奏报，该逆长驱入豫，历叶县、襄城、许州、兰考，直窜山东……尚复成何事体，各省疆吏及统兵大员，平日所谓布置防剿者安在，殊可痛恨。贼至则堵御无方，贼去以出境为了事，糜帑殃民，迄无底止，中原捻患，何日可平耶……湖北巡抚曾国荃着摘去顶戴，与河南巡抚李鹤年一并先行交部议处，以示薄惩。其防剿不力以致该逆窜逸各将弁，着李鸿章查明参奏……寻吏部议："曾国荃、李鹤年均照不应重公罪例降二级留任，事关军务，不准抵销。"从之。(《清穆宗实录》卷204)

(同治六年五月乙亥)谕军机大臣等："……该逆现复渡渭北遁，自应乘其衰弱，为就地歼除之计。左宗棠现已督军分两路入关，着即与陕省兵勇夹击兜围，迅将此股在陕殄尽，免致流入鄂、豫。倘有余匪窜出关中，即着库克吉泰、乔松年饬令刘松山跟踪紧追，毋稍松劲。并着李鸿章一面分派鄂、豫诸军扼要堵击，毋任与任赖等逆合并……将此由六百里各谕令知之。"(《清穆宗实录》卷204)

(同治六年五月戊寅)又谕："……高连陞一军，着即催令迅由郧阳一路赴陕，以备迎剿……将此由六百里各谕令知之。"(《清穆宗实录》卷204)

(同治六年五月)壬午，署湖广总督李瀚章等奏："捻逆远窜，现饬北岸各州县添修寨堡。"得旨："坚壁清野，实制捻逆要策，惟当认真兴办，不得徒托空言。"(《清穆宗实录》卷204)

(同治六年六月丁亥)谕军机大臣等："……刘长佑拟令江、鄂、皖、豫四省各调兵一万余人合堵运河，并由直隶于派守黄河万余人外，加调兵勇数千，驻防运河……娄云庆计可抵鄂，鲍超如病尚未痊，即着曾国藩迅饬娄云庆接统霆军，兼程赴东，归李鸿章调遣，以厚兵力……将此由六百里各谕令知之。"(《清穆宗实录》卷205)

（同治六年六月壬辰）又谕：“……李鸿章现饬李昭庆所部接守滩上一带，又商调鄂军出境换防，即着迅速办理。该大臣以运防既固，犹恐贼折而窥黄，所见亦是……将此由六百里各谕令知之。”（《清穆宗实录》卷205）

（同治六年六月丁酉）谕军机大臣等：“……陕捻虽屡经挫败，仍虑回窜豫、鄂，务须设法严防，毋稍大意。将此由六百里各谕令知之。”（《清穆宗实录》卷205）

（同治六年六月己酉）谕军机大臣等：“……前以豫省无兵可筹，特饬鄂中派军，以固腹地，该署督等何得以道途遥远，军行无大将督率等语意存诿卸。左宗棠等军不日即可入关，战事方亟，所有荆子关一路仍着李瀚章、曾国荃迅派得力人员统带劲兵，星速前行，认真扼扎……将此由五百里各谕令知之。”（《清穆宗实录》卷206）

（同治六年六月己酉）又谕：“前因荆子关门户洞开，谕令李瀚章、曾国荃派兵堵御。兹据奏称‘谭仁芳等军调赴东境，鄂中现无可调之军，请仍饬河南抚臣酌拨一军防守荆子关’等语……本日已谕李瀚章、曾国荃懔遵前旨，抽拨兵勇驰赴荆子关严密守御。李鸿章亦当统筹兼顾，毋令张逆乘间回窜鄂境。前据谭廷襄奏‘鲍超一军止可议分，不可议撤’，当谕令曾国藩、李鸿章设法筹办。娄云庆计可到营，鲍超所部作何统率未据奏报，或即令该军分扼荆子关及另作调遣之处，着曾国藩、李鸿章迅筹妥办，毋涉虚糜，致贻他患。将此由五百里各谕令知之。”（《清穆宗实录》卷206）

（同治六年七月壬子）又谕：“……着左宗棠即督饬刘典各军严密兜拿，悉数歼除，肃清陕境，毋令出窜豫、鄂，复肆蔓延……将此由五百里各谕令知之。”（《清穆宗实录》卷207）

（同治六年十月）辛卯，谕军机大臣等："……着李瀚章、曾国荃饬令该提督即日拔营，驰赴东省，归李鸿章调遣，李瀚章等不得借词留鄂，并着李鸿章飞速迎提，以厚兵力……将此由六百里各谕令知之。"（《清穆宗实录》卷213）

（同治六年十月戊戌）又谕："……潼、商一带亦宜严密布置，以防捻逆回扑，由此出关。邠、泾一路并着分拨得力将士加意严防，毋任贼由西南窜出绕逸川、鄂。蜀省北路及楚北襄、郧一带，着骆秉章、李瀚章等各添兵勇分路扼守，以固边境。将此由六百里谕知左宗棠、骆秉章、库克吉泰、李瀚章、乔松年、赵长龄，并传谕刘典、何璟知之。"（《清穆宗实录》卷214）

（同治六年十二月戊戌）又谕："……逆首赖汶洸前随粤逆扰乱东南各省十余年，复纠合捻逆窜扰陕、鄂、豫、东、江、皖各省，叠肆猖獗。此次经官军临阵生擒，着张之万即行提讯明确，就地尽法处治，以申国宪而快人心。所有此次出力将弁兵勇绅团，均着李鸿章、张之万查明择尤保奖，以示鼓励。"（《清穆宗实录》卷219）

同治七年戊辰五月壬辰，谕军机大臣等："郭柏荫等奏'遣撤霆峻各营，并办理江湖会匪情形'一折。江湖会匪匪首萧潮翥即萧潮举，在湖北地方立有蓬莱、天台等山老帽、陪堂、红旗等项名目，沿江肆掠，乘霆峻等营遣撤，纠党分布黄梅、武穴、龙坪各水次，阻截散勇，迫胁滋事，凶焰甚炽。经郭柏荫等檄饬提督谭仁芳等水陆各营，擒获匪党刘子霖、胡国星等十余名正法，并盘获匪船三只。其盘踞黄梅陆家嘴之匪，亦经总兵娄云庆密约水师，会同民练，歼毙四五百人，余匪星散。匪首萧潮翥经知县廖恩树、副将向百福会合兵勇追捕，经勇丁陈之贞等将萧潮翥杀毙，办理甚为妥速。着郭柏荫、何璟严饬所属各地方官，联络水陆各营，将逃散余匪一体认真兜拿，务期尽绝根株，毋任一名漏网。霆峻各营散勇，并着饬令娄云庆妥为钤束，毋令沿途逗遛滋事。所调各营，仍令择要驻扎，严密搜捕，以靖地方。将此谕知郭柏荫，并传谕何璟知之。”（《清穆宗实录》卷234）

（同治七年六月壬申）署安徽巡抚吴坤修奏：“散勇全数出境，现饬文武巡查游匪。”得旨：“着严饬地方文武员弁，于楚、皖交界处所实力梭巡，如有散勇勾结匪徒滋事，立即从严惩办。”（《清穆宗实录》卷236）

（同治七年十一月丙子）署安徽巡抚吴坤修奏：“现闻湖北蕲水县逆匪冯和义等业经拿获，恐其余党逃窜皖境，勾结生事，拟亲赴英、霍一带巡阅。”得旨：“皖、鄂交界处所既有匪党潜匿，亟应赶紧搜捕，以绝根株。该署抚现拟巡阅边境，着即督饬各该地方官加意防，毋稍大意。”（《清穆宗实录》卷246）

（同治八年四月己酉）又谕：“左宗棠、刘典奏‘剿除绥德州叛卒，州城收复’一折。本年二月间，陕西绥德州营勇突被游匪勾结，叛踞州城，经提督刘松山率萧章开等会合总兵章合才所部……缚匪首谢泳青、唐汰春，讯系自湖北勾结会匪，陆续至绥德煽乱，当经处斩。其指出败卒一百二十七名及叛将罗忠贵、汤惠能、王福升、黄忠贵一并正法……”（《清穆宗实录》卷256）

（同治八年八月乙丑）谕军机大臣等：“李鸿章奏‘酌派劲旅分道赴陕，并即督队前进’一折，据称周盛传等军已由周口拔队进赴潼关，郭松林所部步队亦抵樊城，该督拟带亲兵马步，先由南阳、陕州大路入关，驻候队伍到齐，再行择要进扎。并派员扼守秦、楚边防，兼护后路饷运各情，所筹均属周妥。现在窜陕回股……李鸿章务当统率援师星驰前往。其郭松林一军，并着檄令赶紧催齐，克期继进，毋稍迟延……将此由六

百里谕令知之。”（《清穆宗实录》卷281）

（同治九年三月癸酉）又谕：“李鸿章奏‘遵旨赴陕援剿，酌筹派拨’一折，据称‘西北地形平旷，回骑飘忽，非马队无以制胜，已令郭松林派员赶募马步队共十五营，周盛传赶募马队四营，并由鄂入陕饷项军火，遣员沿途察勘，设局接运’，所筹均属周妥。着即赶紧办理，以资援剿……李鸿章着仍俟李瀚章抵鄂及郭松林等募练就绪时，即行督军入陕，妥筹剿办。至折内所称，西安军需局探报，陕匪有窜鄂之说。湘营溃勇陆续东来，该督已令潭仁芳拨出两营，往扎河南淅川之荆子关要隘，以扼商南窜路，并分队联扎河口、樊城，以固边防。即着檄饬该提督，督令在防将士实力严防，毋令匪川阑入。豫省距陕非遥，尤须早为堵御。着李鹤年迅拨劲旅，会同鄂省所派各军联络声势，以遏寇氛……将此由五百里各谕令知之。”（《清穆宗实录》卷278）

（同治九年七月戊寅）又谕：“……该督先带亲军八营取道山西前进，仅留鄂军谭仁芳五营驻扎秦境，协同防剿……将此由四百里谕令知之。”（《清穆宗实录》卷286）

（同治九年八月丁酉）谕军机大臣等：“……湖北、江西两省，何处可以助兵，何处可以助饷，想李瀚章、郭柏荫、刘坤一素顾大局，必能不分畛域，悉心区画也。黄翼升现在行抵何处，所有整顿水师筹办江防之处，着与各该督抚等严密图维，以资备御。将此由五百里各密谕知之。”（《清穆宗实录》卷288）

（同治九年八月）辛酉，谕军机大臣等：“李瀚章奏‘会匪聚众滋事，立时扑灭’一折。本年七月间，哥弟会匪首杨竹客即杨玉春，在湖北宣恩县境纠党起事，图扑县城。经该县知县向光谦督同绅团兜捕，当将匪首杨竹客等擒获正法，余党解散，办理尚为迅速。所有在事尤为出力官绅，着准其酌保数员，以示鼓励。近来此等匪徒到处结会，随地纠人，实为东南数省隐患。前据刘崐奏报，湖南湘乡、浏阳均有会匪滋事之案。现在宣恩地方复有此事，该处界连川、楚，匪首杨竹客又系四川彭水县人，虽已歼擒，恐尚有伏莽潜藏，乘间窃发。着李瀚章、吴棠、郭柏荫、刘崐各饬所属，一体赶紧查拿，随时互相知照，毋任此拿彼窜。并力行保甲，整顿团练，以期消患未萌。该督抚等职任封圻，责无旁贷，务当严饬各该地方官实力稽查，认真搜捕，尽绝根株，毋得日久生懈。将此由五百里各谕令知之。”（《清穆宗实录》卷289）

（同治九年十月戊午）又谕：“李瀚章奏‘湖南会匪滋事，现在剿办情形，并留陕、鄂军续有添调’一折……湖北蒲圻、崇通等县接壤湘南，难保该匪不被剿纷窜，着李瀚章檄饬刘维桢调拨所部速赴蒲圻，会同地方官严密设防，遇贼即击，迅扫逆氛。本日据李鸿章奏‘湖北襄、樊一带为南北要冲，湖南现有会匪滋事，令郭松林所部武毅马步十营迅带回鄂，由督臣李瀚章商酌调遣’等语。此项官兵到鄂后，应如何择要设防、分路布置之处，着李瀚章妥筹调度。襄、郧切近秦中，游勇溃匪时虞阑入，着李瀚章严饬周得升一军，会同地方文武昼夜巡防，不得稍形疏懈。将此由五百里各谕令知之。”（《清穆宗实录》卷293）

（同治十年五月壬辰）又谕：“郭柏荫奏‘会匪滋事陷城，现筹防剿’一折。湖南会匪纠党竖旗，裹胁焚掠，于四月十二日攻破益阳县城，十六日复陷龙阳县城。郭柏荫现饬总兵彭昌禧派拨师船前赴澧州防守，并饬黄中元暨荆宜水师稽查侦探，商令郭松林酌带所部驻扎荆州，布置尚为周妥。惟鄂会匪，实繁有徒，恐其到处勾通，暗中响应，必须乘其初起，就地歼除，方免蔓延为患。贼氛渐逼常德，近接鄂疆，李瀚章、郭柏荫务当严饬派出各营实力堵遏，毋令匪踪侵轶。荆州地方紧要，并着会商郭松林严密布置，扼要设防。常郡兵力甚单，如该处情形吃紧，该提督自应越境进兵，协力助剿，但须兼顾荆州防务，不可稍有疏虞，是在该督等酌度事机，妥筹进止。鄂省兵力现在不敷分布，陕西军务渐松，所有谭仁芳、仁胜楚军，即着蒋志章檄令统带回鄂，交李瀚章、郭柏荫调遣。谭仁芳所部起程后，着刘铭传酌量拨队填扎……将此由六百里各谕令知之。”（《清穆宗实录》卷 310）

（同治十年五月戊戌）谕军机大臣等：“……会匪叠陷益阳、龙阳两城，龙阳已于四月十八日克复，匪股回窜益阳。该逆现虽退出龙阳，并未大受惩创，难保不再行纷窜，荆门等处边防，未可稍形疏懈。着巴扬阿、李瀚章、郭柏荫、希元、文全悉心会商，督饬派出各营严密防维，毋令匪踪阑入。前谕李瀚章、郭柏荫会商郭松林扼要设防，如常郡情形吃紧，该提督自应越境助剿，仍须兼顾荆州防务。巴扬阿现拟商令郭松林移扎常郡会剿，即以荆旗备战之师遥为策应，应如何酌度缓急、妥筹布置之处，着巴扬阿、李瀚章、郭柏荫、希元、文全会商办理……将此由六百里各谕令知之。”（《清穆宗实录》卷 310）

同治十年辛未五月辛丑，谕军机大臣等：“……郭柏荫前已商令郭松林督兵驻扎荆州，现虽两城已复，而伏莽未净，仍恐勾结窜突。李瀚章、郭柏荫总当与郭松林随时咨商，严密巡防，毋稍松懈。将此由五百里各谕令知之。”（《清穆宗实录》卷 311）

（同治十年五月）丙辰，谕军机大臣等：“李瀚章奏‘探明湖南会匪业经官军击散，龙阳、益阳已无贼踪，郭松林无庸越境进剿’等语。湖南龙、益匪徒既经剿散，常德防务已松，郭松林一军自无庸越境进剿。惟荆州等处地关紧要，边防仍未可稍疏，着李瀚章、郭柏荫饬令该提督带领各队暂驻荆州，俟湘境一律肃清，再行率师回襄，以固边圉……将此由五百里各谕令知之。”（《清穆宗实录》卷 312）

（同治十年六月庚申）又谕：“巴扬阿等奏‘军势稍松，会筹布置情形'一折，据称'湖北谷城县境内有土匪勾结起事之谣，民心不无惊惶。襄、樊为南北通衢重镇，兼值甘肃遣撤南勇，过境不绝，恐致沿途滋事，现拟于前调武毅各队三千名内，暂留两营驻扎荆州。其余马、步，悉由郭松林统带回襄'等语。湖南会匪虽经官军击散，现尚窜匿桃花江一带，鄂省边防未可稍松。谷城境内既有土匪起事之谣，尤恐内外勾结，伏莽潜滋，襄、樊一带自应豫为筹防。所有武毅各队，应如何分别留荆回襄以固边防而清腹地之处，着李瀚章、郭柏荫会商巴扬阿等，酌度缓急情形，妥为布置，毋稍疏虞。桃花江窜匪被剿穷蹙，难保不窥伺鄂边。丁长春所带水师炮船，即着饬令前往常德驻扎，严密防堵……将此由四百里各谕令知之。"（《清穆宗实录》卷313）

（同治十年六月乙亥）又谕："李瀚章、郭柏荫奏'拿获谷城县逆匪徒，并湘省龙、益匪党肃清'等语。湖北谷城县匪徒叶子午等，商同逸犯蔡凌汉，招集河南伙党约期滋事。经该县知县宋熙曾访获，并起出谋逆书信等件，着李瀚章等饬令审明后，即将各犯就地正法，并勒限缉拿逸犯蔡凌汉等务获，尽法严办。该逆既有招集河南伙党滋事之语，着李瀚章等知照李鹤年饬属访察，如有匪徒潜谋勾结，即行严拿惩治。郭松林现已回襄，着知照该提督将各军扼要驻扎，妥为弹压……将此由四百里各谕令知之。"（《清穆宗实录》卷314）

（同治十年六月己卯）谕军机大臣等："……前据李瀚章、郭柏荫奏，拿获谷城县匪徒叶子午等，供有'商同逸犯蔡凌汉，欲招集河南伙党约期滋事'之语，当经谕令知照李鹤年饬属查拿。仍着该抚严饬所属，于毗连湖北各州县地方认真访查，如有匪踪潜匿，立即严拿惩办，以杜乱萌。将此各谕令知之。"（《清穆宗实录》卷314）

（同治十年十月）庚申，谕军机大臣等："恭亲王呈递巴扬阿禀函，内称'……又洞庭西湖港内有大头目刘鸿怡，原系湖北候补县丞，弃官为寇……该匪等即借口滋事，请据禀转奏，派员查办’等语……着李瀚章严密防查，如果实有其事，即应迅速派兵掩捕，尽法惩治，以遏乱萌。原禀着钞给阅看。将此五百里谕令知之。”（《清穆宗实录》卷321）

（同治十二年二月）丁卯，谕军机大臣等：“有人奏‘游勇滋扰地方，亟宜整顿’一折。据称‘本年正月，湖北差弁行至直隶保定府属望都、满城一带，突遇骑马贼匪抢去衣服银物……’等语。近来各营散勇往往流为盗匪，沿途抢劫，实为闾阎之害。尤虑日久滋蔓，酿成巨患，亟宜认真拿办。着李鸿章派委妥员会同地方文武严密巡察，实力查拿，严行惩办，以安行旅而靖地方。将此谕令知之。”（《清穆宗实录》卷349）

（同治十三年正月庚戌）谕军机大臣等：“刘坤一奏‘拿办谋逆匪犯’等语……其总头李利贞，经白教头目赵得胜接在湖北襄阳县乡间开有斋坛，湖南系刘中和、谭贯南等为主，闽、广均有党与，约期八月举事，业将该犯等讯明处斩，以昭炯戒。惟该逆逃逸尚多，且其羽翼甚众，极应认真搜捕。着刘坤一饬属严密查拿，将逃犯张侍传、殴阳魁等并此外匪党按名弋获，尽法处治。并着瑞麟、李鹤年、李瀚章、王凯泰、吴元炳、王文韶、张兆栋一体严缉，务绝根株，不得敷衍了事，贻患地方。原片着钞给瑞麟、李鹤年、李瀚章、王凯泰、吴元炳、王文韶、张兆栋阅看。将此由四百里各谕令知之。”（《清穆宗实录》卷362）

（光绪二年正月丁未）陕甘总督左宗棠奏：“川、楚、陕本省会哨连界地方，民情静谧。”报闻。折包 （《清德宗实录》卷25）

（光绪二年正月戊午）四川总督吴棠奏：“川、陕、楚三省会哨，地方安静。”报闻。折包 （《清德宗实录》卷25）

（光绪二年五月乙卯）又谕：“……惟袁廷蛟及马金堂等尚未弋获，

亟应严密查拿，着文格饬令官军暨该地方官认真搜捕，并咨行湖北、陕西各督抚饬属一体协缉务获，毋任漏网……将此谕令知之。”现月 （《清德宗实录》卷32）

（光绪二年九月庚辰）署湖广总督翁同爵奏：“盐引禁川复淮，迄无善策。”得旨：“俟四川等省复奏到日，着户部一并再行妥议具奏。”又奏：“黄州府地方界连豫、皖、江西，为鄂省门户，边防最关紧要。饬黄州协营挑选精壮兵丁二百名，在郡城添设操防，俾资镇摄。”报闻。折包 （《清德宗实录》卷40）

（光绪三年三月）庚申，两江总督沈葆桢奏：“湖北开采煤铁，请援案减税。”下户部、总理各国事务衙门议。（《清德宗实录》卷49）

（光绪三年三月）丙寅，谕军机大臣等：“据御史李嘉乐奏称‘邪匪蔓延日甚，风闻匪首潜伏闽、粤、江西交界地方，该处万山丛杂，匪首负嵎其中，且湖北获犯供称系洪秀全余党，以邪术惑民为死灰复燃之计，请饬密查会办’等语……将此各谕令知之。”（《清德宗实录》卷49）

（光绪三年五月）甲戌，谕军机大臣等：“李瀚章等奏‘会匪潜谋起事，捕获首要各犯’一折。湖北监利县唐家洲地方与湖南临湘、巴陵等县接壤，本年三月间，突有哥老会匪王滰漳等勾结该处游民约期抢劫，潜谋起事。经主簿刘豫泰访闻，会同营县绅团带勇驰往捕拿，将匪犯王滰漳等拿获，分别正法讯办。地方现已安谧，惟胡林帼等在逃未获，亟应迅速缉拿，着李瀚章、翁同爵督饬地方文武，务将逸犯悉数拿获究办，毋任漏网。并着王文韶饬令所属一体严缉，以靖闾阎。将此各谕令知之。”现月档 （《清德宗实录》卷51）

（光绪三年九月甲寅）谕军机大臣等：“李瀚章奏‘匪徒潜谋起事，

访获各犯，分别惩办’一折。湖北罗田县属与河南商城、固始等县接壤地方，于本年七月间，突有游勇陈子鳌勾结匪徒，谋为不轨。经提督周得升派拨弁勇，会同罗田县知县前往缉拿，当将陈子鳌等拿获。并据麻城等县获犯多名，首犯陈子鳌业经正法，其余各犯分别惩办，地方现已安谧。惟陶咏镇等在逃，仍着李瀚章饬属严密查拿，并着李庆翱饬令商城、固始等县一体严缉务获，毋任漏网。其楚、豫交界之招军寨地方，素为捻匪出没之区，尤恐伏莽未清，复行勾结滋事。着李瀚章、李庆翱分饬各该州县清查保甲，整顿团练，务当认真办理，以缉奸宄而遏乱萌。将此由四百里各谕令知之。”现月 （《清德宗实录》卷57）

（光绪三年十月癸未）又谕：“李鸿章奏‘访获匪徒，分别惩办’等语。湖北罗田县游勇陈子鳌滋事案内，匪党王酉名等各犯前经拿获讯究，业已分别正法惩治。惟在逃要犯陶咏镇、王辅臣等仍未弋获，着李瀚章、李庆翱各饬所属，严缉务获，毋任此拿彼窜。楚、豫交界处所，并着严饬各该地方官随时访查，遇有匪党潜匿勾结滋事，立即严拿惩办，以遏乱萌。将此由四百里各谕令知之。”现月 （《清德宗实录》卷59）

（光绪四年二月）壬寅，谕军机大臣等：“……河南邓州、新野交界处所，有老河洲匪首周火星勾结楚匪陶义德等，纠集约有千人，肆行焚掠。经该地方文武各率练军勇役并会同楚省防兵驰抵祖师庙、后桥等处，遇匪接仗，谕散胁从，约四五百人，歼擒该匪首伙陶义德等数十名，余匪向东南窜逸，首犯周火星尚未弋获……邓州等处与湖北壤地毗连，并着李瀚章、邵亨豫檄令各军会合巡防，严缉余匪，勿任此拿彼窜。将此由五百里各谕令知之。”现月 （《清德宗实录》卷68）

（光绪四年三月庚午）湖广总督李瀚章等奏：“会剿豫省匪徒，地方静谧。”得旨：“仍着实力巡防，搜缉余匪。”折包 （《清德宗实录》卷70）

（光绪四年五月甲寅）又谕："翰林院编修吴观礼奏'条陈豫弭隐患'一折，据称'河南西南两路频有匪徒蠢动，近闻首恶窜入伏牛山中，此山绵亘数县，界连秦、楚，为盗贼出没之薮，不急掩捕，恐其啸聚为患。宋庆所统之军现析为二，事权不一'等语……将此谕知左宗棠、李瀚章、涂宗瀛、谭钟麟，并传谕潘霨知之。"现月 （《清德宗实录》卷73）

（光绪四年五月甲寅）又谕："翰林院编修吴观礼应诏陈言折内'请防患未然'一条，据称'哥老会桀黠而众，其所谓冒顶、总冒顶者，往来湘潭、汉口以诱游惰，出入各路军营以结凶顽，潜伺水路要隘以要劫将士之归途，故将士多愿入会以为护符'等语。哥老会散在各省，大率弁勇居多，其伏处乡里并未为匪者，自不可遽事搜查，致形扰累。其纠约党类，行劫商旅，甚至恶迹昭著者，亟应随时严拿惩办，以遏辞萌。着各直省督抚严饬地方官整顿捕务，有犯必获，毋稍懈弛。各省防营并着督饬统兵将领，整饬营规，务使游勇奸匪无从混迹。至所称'专购冒顶，有缚献者给予优赏，但得逆迹即勿稽诛，胁从但缴号布，概许自赎。营官撤退，弁勇勿革'各节，均着悉心酌度，妥为办理。该编修所陈激之则生变，听之则贻害，尚属实在情形。该督抚等务当不动声色，操纵得宜，以期销患未萌，不得稍存大意。原折着摘钞给与阅看。将此各谕令知之。"现月 （《清德宗实录》卷73）

（光绪四年八月）乙巳，湖广总督李瀚章等奏："遵旨派队驰赴河南伏牛山，会同豫军巡哨，并无匪踪潜匿，地方一律绥靖。"报闻。折包（《清德宗实录》卷77）

（光绪四年十月丁丑）湖广总督李瀚章奏："鄂、湘两省游勇哥匪未绝根株，不敢养痈贻患，沥陈历年办理情形。"得旨："嗣后遇有此等案件，督惟当酌度情形，分别筹办，不必豫存成见。"折包 （《清德宗实录》卷79）

（光绪六年二月）壬子，谕军机大臣等："李瀚章奏'拿获会匪，首要各犯就地惩办'一折。湖北施南府属恩施、建始二县连界地方，上年十月间，有川省会匪潜聚该处，图谋抢劫滋事。经该县会带兵役查拿，当获匪犯陈淙银等多名，起获刀械号片等件，讯明后，将该犯等就地正法，办理尚属妥速。逸犯张丙南等，仍着该督饬属一体严拿，务获究办，毋任漏网。会匪潜谋不轨，所在多有，其邻省毗连处所尤易藏奸。该督务当随时严密饬查，有犯必惩，以靖地方而弭隐患。将此由四百里谕令知之。"现月　（《清德宗实录》卷109）

（光绪六年八月戊申）又谕："前据鲍超奏遵募勇丁情形，当经谕令李瀚章等将应需军饷妥速应付，整备轮船，催令该提督克期督率前进。现在事机紧迫，亟宜厚集兵力，以固藩篱。鲍超已在湖南召募十五营，其余八营赴鄂选募，此时计早行抵湖北，添募成军。着李瀚章、彭祖贤速将该军应用物项筹画给发，一面饬令招商局整备轮船驶送。如船只不敷装运，即着该提督统带十数营先行起程，限于八月内到防。其余各营，即由该提督责成派出将领统带约束，陆续北上，不准稍有迟误。并着刘坤一酌调福建官局轮船及招商局轮船赶紧驰赴汉口，运载此军，以期捷速。将此由五百里各密谕知之。"洋务　（《清德宗实录》卷117）

（光绪六年八月辛亥）又谕："李瀚章等奏'蕲州刁民滋事，现饬拿办'一折。蕲州刁民陈纯粹等因向田主勒免庄钱，纠众滋事，胆敢挟嫌抄抢，实属目无法纪。该督抚恐游勇匪徒乘机勾结滋扰，派员带勇前往，会同地方文武妥为弹压，相机办理。即着饬令该地方官先将庄钱之事秉公酌议章程，出示晓谕，以服众心，一面严拿首要各犯，讯明惩治。倘该刁民等不知悔悟，恃众抗拒，即饬勇营会同兜捕，从重惩办，以儆刁顽。将此各谕令知之。"现月　（《清德宗实录》卷117）

（光绪七年七月丁亥）谕军机大臣等："……汝、光所属与楚、皖毗连，素有匪徒出没，仍当随时认真防范。如有伏莽啸聚，即着迅速严拿，毋稍疏懈。将此由四百里谕令知之。"现月档　（《清德宗实录》卷132）

（光绪七年十月）壬午，谕军机大臣等："都察院奏'宗人府咨送继文博寄递信函'一折，内所称'监利、沔阳交属之洪湖，周围数百里茭林丛杂，土匪混乱其间，扰害居民行旅。近已成哥弟会，聚散无常，倘不急图殄除，恐由涓流而成江河。会匪廖士银等十二头目，自僭混号，半自粤余土匪出身，半由白莲教匪出身'等语，着李瀚章、彭祖贤确切查明。如实有此事，即行严密查拿，妥筹办理，毋致养痈贻患。至继文博据称系正黄旗闲髦，频过洪湖，是否实有其人，抑系捏名，并着查明具奏。原信着钞给阅看。将此各谕令知之。"现月　（《清德宗实录》卷138）

（光绪七年十一月）丙申，谕内阁："李瀚章等奏'拿获滋事会匪，就地惩办'等语。湖北施南府所属山羊溪地方，有匪首杨登峻胆敢纠集不法之徒，结会拜盟，叠次遣党劫掠烧杀，扰害闾阎，并与四川等省匪徒潜谋滋事，实属罪大恶极。现经李瀚章、彭祖贤饬属擒获，将该匪首就地正法，解散胁从，并将山羊溪匪巢平毁。仍着该督抚随时饬属查拿匪党，并着四川、湖南、贵州各督抚饬令毗连各属一体严拿逸犯，务获究办，以靖地方。此次出力之把总关发旺，着以千总尽先拔补。勇目龚应春，着以外委补用。"现月　（《清德宗实录》卷139）

（光绪九年四月辛亥）谕内阁："左宗棠等奏'拿获匪犯讯办，饬属搜捕'一折。本年二月间，山东教匪王觉一，即王养浩，又称王古佛，潜往江苏海州等州县，倡立邪教，谋为不轨，并赴金陵、汉口、荆州等处纠党约期起事，经总兵章合才等先后拿获晏儒栋等多名。匪首王古佛在逃未获，亟应严密查拿，着左宗棠、涂宗瀛、庆裕、杨昌濬、卫荣光、裕禄、陈士杰、彭祖贤、卞宝第、谭钧培督饬所属一体严拿，务获究办，毋任漏网……所有应办保甲团练各事宜，务当严饬文武各官实力举行，妥为办理，以靖地方。将此由四百里谕知左宗棠、涂宗瀛、庆裕、杨昌濬、卫荣光、裕禄、陈士杰、彭祖贤、卞宝第，并传谕谭钧培知之。”现月 （《清德宗实录》卷162）

（光绪九年四月辛酉）谕军机大臣等：“涂宗瀛、彭祖贤奏‘武汉地方教匪潜谋起事，黄梅县匪徒结会抢劫，先后拿获惩办’各折片。匪犯邓老五等胆敢传习邪教，勾结多人潜赴武昌省城及汉口镇，约期起事，谋为不轨，经涂宗瀛等督饬员弁拿获多名，讯明正法。黄梅县匪徒于添保等纠众结会，抢劫滋事，并经获犯惩治，办理尚为迅速。惟匪首邓玉亭等现尚在逃，着该督抚严饬所属实力缉捕，务期弋获。前据左宗棠等奏‘讯据匪供，山东教匪王觉一欲赴汉口等处纠党起事’，着涂宗瀛等懔遵前旨，饬属一体严拿惩办。现在各省时有伏匪蠢动，地方不靖，亟宜加意防范，销患未萌。该督抚务当督饬地方官先事豫防，毋任乘机窃发，不得稍涉大意，并将清查保甲事宜认真经理，以靖闾阎。把总朱元度，着照所请，即以守备尽先补用，并加都司衔。其余出力员弁，准其择尤请奖，毋许冒滥。至地方各官，于外来教匪多人潜入省城，何以毫无觉察？并着查明据实参奏。将此由四百里各谕令知之。”现月 （《清德宗实录》卷162）

（光绪九年四月）丙子，谕军机大臣等：“……前据左宗棠等奏‘海沭等处教匪勾结，约期起事’，并据涂宗瀛等奏‘武汉地方教匪潜谋滋事’，叠经谕令该督抚等严拿匪首王觉一、邓玉亭等，务获究办。现闻常州一带亦有匪徒劫掠之事，获匪讯供，据称‘其头目在湖北及七濠口、荆溪等处伙党甚多’等情。如果属实，该匪等勾结蔓延，深恐酿成巨患，亟应先事豫防，实力搜捕，以除伏莽。着左宗棠、涂宗瀛、卫荣光、彭祖贤严饬各防营及该地方文武认真巡缉，妥为防范，务将在逃各匪首迅速弋获，并将伏匪严密访拿，悉数歼除，总期消患未萌，不得稍涉大意。

将此由五百里各谕令知之。”现月 （《清德宗实录》卷162）

（光绪九年五月己巳）又谕：“国子监祭酒刘廷枚奏‘浙江匪首金满迄未就擒，近时湖北、江苏等省会匪盐枭、散勇客民纷纷构衅，深虑暗相勾结，请饬该督抚设计密拿’等语。浙匪金满滋扰地方，叠谕该抚缉拿，迄今尚未弋获。现在沿江一带匪徒潜谋滋事，叠经破案。而余匪伏匿恐尚不少，倘与金满暗相勾结，更恐蔓延为患。着何璟、刘秉璋迅即设计密拿，务将该匪首擒获惩办，以净根株。将此各谕令知之。”现月 （《清德宗实录》卷163）

（光绪九年五月）甲辰，谕军机大臣等：“涂宗瀛、彭祖贤奏‘续获教匪，审明惩办，请将出力员弁奖励，失察之地方各官请免议处’各折片。湖北武汉地方教匪潜谋起事，先后拿获多名正法。讯据匪供‘匪首王觉一在江苏、湖北、河南、四川等省收徒无数，名为传教，实则谋反。其子王继太及刘至刚在湖北纠邀伙党，约期起事，现均逃往四川’等语。该匪首王觉一等传习邪教，广收徒众，谋为不轨，往来数省，必须迅速弋获，以绝乱萌，断不容任令漏网。着各该督抚督饬属员将王觉一、王继太、刘至刚严密访拿，务获惩办。拿获后，准将出力员弁从优奏请奖励。其在逃匪目邓玉亭等一并查拿，务绝根株，并着饬令地方官整顿保甲事宜，随时稽查防范，不得稍涉大意。此次出力之知县罗缃等，均着照所请奖励。失察之地方文武各官，获匪惩办，功过尚足相抵，均着免其查参议处。将此由五百里谕知左宗棠、丁宝桢、涂宗瀛、卞宝第、卫荣光、裕禄、潘霨、陈士杰、彭祖贤，并传谕成孚知之。”现月 （《清德宗实录》卷163）

（光绪九年九月丙戌）谕军机大臣等：“内阁学士周德润奏‘湖北自操防营滋事后，刁风日长，兵蹇将骄。武汉五方杂处，拜会结盟，无县不有。襄樊一带刁匪出没，加以水灾突至，闻饥民聚集省垣，游勇会匪，混迹抢掠，其尤著者，有蕲水县劫夺富户一案。当此良莠杂沓，隐伏乱源，弭乱之方，用人为急，请饬思患豫防’等语。整肃营规、查办会匪、抚恤灾黎，均系地方大吏专责。着卞宝第、彭祖贤将留防各营及绿营兵制认真整顿，遴选统领，严申纪律，各处会匪随时分别搜捕，以遏乱萌。至被水灾民筹办赈抚，尤应实惠均沾，不准官吏稍有侵蚀。并严查奸匪混迹，如有借端抢劫者，即行从严惩办，以副朝廷除暴安良之至意。将此各谕令知之。”现月 （《清德宗实录》卷170）

（光绪十三年五月丙寅）又谕：“有人奏‘闻乌龙会起自湖北荆州一带，前岁湖南澧州所属之黑马塘地方上下围居民因堤工争斗，两造皆雇有乌龙会中之人，请饬密查解散’等语。近年楚省会匪萌孽潜滋，亟宜先事豫防，免致养痈贻患。着奎斌、卞宝第严密查明，分别拿禁解散，以靖地方。将此由四百里各谕令知之。”寻奏：“荆州各属查无乌龙会匪踪迹，并饬办保甲情形。”得旨：“着即督饬各属将保甲事宜认真办理，以遏乱萌。”折包 （《清德宗实录》卷243）

（光绪十五年十一月癸亥）谕军机大臣等：“余联沅奏‘风闻湖北汉口过关之船搜出火药、号衣等件，并获匪三名。潜江、监利、沔阳交界处所，有刀匪掠人贩卖等事，请饬拿办’等语。匪徒扰害闾阎，亟应严拿究治，况该省现有水灾，尤恐勾结饥民为患，着张之洞、奎斌严饬所属，查拿匪类，务获惩办，一面弹压抚绥，毋任奸宄混迹，以靖地方。原折着摘钞给与阅看。将此各谕令知之。”现月 （《清德宗实录》卷277）

（光绪十五年十一月乙丑）谕军机大臣等：“电寄裕禄等，闻近有游匪聚众三千余人，由江苏前往湖北情事。如果属实，着裕禄、奎斌迅速拿办，并将办理情形，先行电闻。”电寄 （《清德宗实录》卷277）

（光绪十七年七月）己丑，谕军机大臣等：“有人奏‘各省教案叠出，请饬严办保甲’一折，据称‘沿江一带会匪最多，常德、汉口、大通、芜湖、镇江、清江浦各口，皆商贾荟萃之区，匪徒易于匿迹，请饬各省择要举办保甲’等语。保甲为弭盗良法，如果实力奉行，何至会匪游勇结党滋事，层见叠出？着刘坤一、张之洞、松椿、刚毅、沈秉成、谭继洵、张煦、裕宽督饬各属认真举办，不得因循废弛，视为具文，亦不得任令胥役，借端骚扰，务使会匪无所潜踪，俾免勾煽为患。原折均着钞给阅看。将此各谕令知之。”现月　（《清德宗实录》卷299）

（光绪十八年九月甲寅）湖广总督张之洞等奏：“酌议惩办会匪章程。”下部议。折包　（《清德宗实录》卷316）

（光绪十九年六月乙卯）湖广总督张之洞等奏：“复陈鄂省查缉会匪情形。”报闻。折包　（《清德宗实录》卷325）

（光绪二十四年十一月辛未）又谕：“电寄张之洞等，川省余蛮子闹教日久，心怀叵测，势难安抚，已谕令奎俊等相机剿办矣。惟毗连各省均有教堂，无业游民难保不为煽惑，乘机起衅，况湖北施、宜两属，已有焚抢情事，不可不及早防维。着张之洞、崧蕃、王毓藻、黄槐森各即严饬地方文武，镇静民心，力护教堂。一有谣传，迅即弹压拊定，毋任闻风附和，纷纷效尤，致烦兵力，是为至要。将此各电谕知之。”电寄（《清德宗实录》卷434）

（光绪二十六年闰八月丙午）湖广总督张之洞等奏：“康党谋逆创设自立会、自立军，勾结长江、两湖会匪同时作乱，散放富有票，暗寓富有四海之意。在上海开富有山，以康有为为正龙头，梁启超为副龙头，自称新造自立之国，不认满洲为国家。在汉口先期破获，渠魁唐才常等伏诛，现派营四路剿捕解散。”得旨：“览奏殊堪痛恨。着即会商沿江、沿海各督抚，将此项会匪饬属一体查拿，尽法惩治，务绝根株。所有此

次擒获首要及发奸弭乱各项出力员弁，准其从优请奖，以示鼓励。”折包（《清德宗实录》卷470）

（光绪二十六年闰八月丙辰）谕军机大臣等：“张之洞等奏‘逆党图谋不轨，派营剿办’一折……至湖北襄阳等处，界连豫省，年来旱荒，饥民众多，亦有会匪开堂放票之事……着李鸿章、袁世凯、锡良、裕长、端方通饬所属，严密稽查，认真拿办。如果该州县能将放票勾结之首要匪徒拿获，余党解散，消患无形，准其从优保奖。倘因循疏纵，漫无觉察，以致养痈贻患，定即严加惩处，决不宽贷。此事关系重大，李鸿章等务当密速饬办，随时查察考核，不得以接奉谕旨恭录通行，遂为了事。原折均着钞给阅看。将此由六百里谕知李鸿章、袁世凯、锡良、裕长，并传谕端方知之。”寄谕（《清德宗实录》卷471）

（光绪二十六年九月辛巳）又谕：“端方奏‘豫防险要’一折。现在驻跸西安，豫、楚皆宜筹防，除河南已饬裕长、于荫霖妥筹布置，并令董福祥、圣文炳统率所部，分驻潼、洛、河北一带择要严防外，襄阳为中原绾毂之区，尤宜重兵扼守，以资拱卫，兼护运道。着张之洞迅派得力将领，带营扼要驻扎，妥筹防范，是为至要。原折着钞给阅看。将此由六百里谕令知之。”寄谕（《清德宗实录》卷472）

（光绪二十六年十月庚子）湖广总督张之洞奏：“查拿康有为党富有票会，以杜乱源。”得旨：“即着电知三江、两广等省，一体密访严拿，歼厥渠魁，解散党与，务期净绝根株，以遏乱萌。”折包（《清德宗实录》卷474）

（光绪二十七年正月乙亥）陕甘总督崧蕃奏：“川、楚、陕本省会哨事竣，边界安谧。”报闻。折包（《清德宗实录》卷511）

（光绪二十七年五月）辛未，山西巡抚岑春煊奏："固关内外防务大定，请移刘光才军驻扎口外，防剿马贼。"得旨："着暂饬刘光才将口外马贼迅速剿除，所需军饷，并咨明湖北、江西照旧拨解。"折包 （《清德宗实录》卷483）

（光绪二十八年三月癸亥）广西提督、调补湖北提督苏元春奏剿办镇边等处游匪情形。得旨："该提督现已回防，责无旁贷，着即认真整顿，务清游匪，以靖边疆。"折包 （《清德宗实录》卷497）

（光绪二十九年五月）乙亥，谕军机大臣等："电寄丁振铎等，电悉，临安、石屏尚未克复，着即严饬各军，从速剿办，克期收复，以靖地方，毋稍迁延。所请指拨的款及免解认款，着户部迅速议奏。所需枪械，着江南、湖北、四川各省酌量拨给。"电寄 （《清德宗实录》卷512）

（光绪三十年六月庚午）又谕："电寄陆元鼎，电悉，前据张之洞奏，请留刘光才在湘统带鄂军，驻扎全州一带，已有旨准行矣。兹据该署抚奏，该省防务以宝靖较为吃重，请留刘光才扼守宝靖一路，借资镇压，着即与张之洞会商办理。"电寄 （《清德宗实录》卷532）

（光绪三十年七月辛卯）以拿获会匪首要，予江苏试用道夏时济、湖北夏口厅同知冯启钧军机处存记。现月 （《清德宗实录》卷533）

（光绪三十二年九月庚申）湖广总督张之洞等奏："查明湖南缉捕盗匪情形，密筹四处办法，一西路，一南路，一沿湖厅州县，一湖北接界水陆地方。"得旨："着即严密查拿，并认真办理警察，以靖地方。"（《清德宗实录》卷564）

（光绪三十二年十月戊子）谕军机大臣等："电寄张之洞等，电奏均悉，据称‘江西萍乡有会匪四起抢劫，声势浩大……浏阳拿获匪目王永求，醴陵拿获匪首陈显龙等五名，均经审明正法，并由湘、鄂各派营队分往会剿’等语，着张之洞、岑春蓂、吴重憙等严饬派出营队及地方文武各官，赶紧分投剿捕，务将各匪伙党，迅速扑灭，毋任蔓延，致贻后患……”（《清德宗实录》卷565）

（光绪三十二年十一月戊甲）又谕：“从来治国之道，惟以保民为先。方今时局多艰，民生重困，本年两广、两湖、江西、安徽等省屡告偏灾……叠经发帑谕令，妥筹赈抚。深宫惓怀民瘼，无时不轸切恫瘝。每念各直省情形，率皆元气凋伤，生计窘蹙，哀我黎民颠连穷困，岂可胜言！其不遑者，又或迫于饥寒，流为盗贼，扰及乡里，贻害善良。全在地方文武各官平日加意绥抚，勤求疾苦，兴养立教，禁暴诘奸，庶闾阎可期安堵。乃闻各省州县往往习于蒙蔽，疲玩因循，或吏胥苛虐而若罔闻知，或盗贼横行而不为惩办。民转以告匪为惧，匪更以劫民为生，愚氓无知，被其鼓惑，放票入会，结党日多，迨至酿成事端，不得不派兵围剿。其甘心为逆、执迷不悟者，固属罪不容诛。而胁从之众，伏匿山村，负嵎抗拒，难免波及无辜，玉石俱焚，言之亦殊可悯……湖南醴陵、浏阳等县匪党披猖，节经江赣、湘、鄂各军合力剿捕，首要各犯均已拿获正法，渐就敉平……各省伏莽尚多，皆当引为前车之鉴。着责成该将军、督抚等整饬吏治，严定考成，务令各该州县及军队等官于平时必当周知民隐，剀切拊循，讲求地利以厚其生，兴办巡警以除其害，遇有匪徒俶扰，立即查拿惩治，并随时认真防真防范，豫遏乱萌。倘文武互相推诿，养痈贻患，纵匪殃民，即行据实严参，从重惩治。如或察吏不严，瞻徇情面，不为纠发，一经查出，决不宽恕。将此通谕知之。”现月 （《清德宗实录》卷566）

（宣统元年闰二月癸卯）又谕：“电寄湖广总督陈夔龙，电奏‘京山匪徒滋事，现经拿获吴吉祥等犯先行正法，其匪首刘白七亦已就擒’等

荆楚文库

《清实录》中湖北史料辑录（四）

谢贵安　谢　盛　主编
谢　盛　编著

荆楚文库编纂出版委员会
武汉出版社

3. 辛亥举兵

（宣统三年八月）甲寅，谕内阁："电寄瑞澂，据电奏，探知革党潜匿武昌，定期十九日夜间起事，正饬防拿。旋据齐耀珊电称，于汉口拿获要匪刘耀璋一名，起获伪印、伪示、伪照会等多件，遂与统制张彪等督派弁兵在省城内先后拿获匪目匪党三十二名，并起获军火、炸弹多件，内有'刘汝夔开枪拒捕，杨宏胜私藏军械，彭楚藩语尤狂悖，当将该三犯讯明正法'等语。该革匪在鄂创乱，意图大举，实属目无法纪。该督弭患初萌，定乱俄顷，办理尚属迅速，在事文武，亦皆奋勇可嘉。除刘汝夔三犯业经正法外，其余已获各匪，即着严行研鞫，尽法惩治。一面督饬地方文武严密查拿在逃各匪，务获究办，一面出示晓谕，如有被胁勉从者，准其首悔自新。失察之巡警及地方文武，既经随同协拿出力，均从宽免其置议。在事出力各员，并准择尤酌保，毋许冒滥。"（《宣统政纪》卷61）

（宣统三年八月）乙卯，谕内阁："瑞澂电奏'十八夜革匪创乱，拿获各匪，正在提讯核办。革匪余党勾结工程营、辎重营，突于十九夜八钟响应。工程营则猛扑楚望台军械局，辎重营则就营纵火，斩关而入。瑞澂督同张彪、铁忠、王履康分派军警，随时布置，并亲率警察队抵御。无如匪分数路来攻，其党极众，其势极猛，瑞澂退登楚豫兵轮，移往汉口。已电调湘、豫巡防队来鄂会剿，并请派大员多带劲旅，赴鄂剿办'等语，览奏殊深骇异。此次兵匪勾通，蓄谋已久，乃瑞澂毫无防范，豫为布置，竟至祸机猝发，省城失陷，实属辜恩溺职，罪无可逭。湖广总督瑞澂着即行革职，带罪图功，仍着暂署湖广总督，以观后效。即责成该署督迅即将省城克期克复，毋稍延缓。倘日久无功，定将该署督从重治罪。并着军咨府、陆军部迅派陆军两镇陆续开拔，赴鄂剿办，一面由海军部加派兵轮，饬萨镇冰督率前进，并饬程允和率长江水师即日赴援。

陆军大臣荫昌着督兵迅速前往，所有湖北各军及赴援军队，均归节制调遣，并着瑞澂会同妥速筹办，务须及早扑灭，毋令匪势蔓延。”（《宣统政纪》卷61）

（宣统三年八月乙卯）又谕：“电寄赵尔丰，据电奏‘近日官军击匪情形，并各处匪势蔓延，川北空虚堪虑，已电商鄂督将驻施南一标酌量调拨，以期布置周密’等语，顷据瑞澂电奏‘现驻湖北工程营、辎重营勾结革党为乱，省城失守，鄂乱初起，施南一标，似难再行调拨’，当此匪势鸱张，亟宜严防勾结响应。该署督务须出以镇静，壹意坚持，将现有兵队加意激励，妥为布置，稳慎进攻。俟黔、湘军到，即分途剿办，早靖匪氛。”（《宣统政纪》卷61）

（宣统三年八月乙卯）又谕：“电寄陈夔龙等，湖北兵匪勾结为乱，省城失守，京汉铁路为转运机关，至为重要。着陈夔龙、宝棻、瑞澂加派军队，认真保护。所有桥梁、山洞尤须加意防守，毋稍疏虞。其黄河铁桥，除已饬陆军部派兵一营保护外，着宝棻再专派得力兵队分驻两岸，昼夜梭巡。如该省兵队不敷分布，准其酌量添募。所需军械，或由北洋借拨，或向陆军部请领，该抚迅即妥筹办理。”（《宣统政纪》卷61）

（宣统三年八月乙卯）又谕：“电寄张人骏等，顷据瑞澂电奏，兵匪勾结为乱，武昌失守，长江一带，最关重要。现在人心浮动，伏莽甚多，又值连年荐饥，灾民遍野，殊属可虑。亟宜严防勾结响应，着张人骏、程德全、朱家宝、冯汝骙加意防范，毋稍疏虞。海外革党密布内地，到处煽惑，潜谋不轨，并着各省督抚随时严密侦防，免生事端，以顾大局而弭隐患。将此电谕各该督抚知之。”（《宣统政纪》卷61）

（宣统三年八月）丙辰，谕内阁：“瑞澂两次电奏兵匪构变始末情形各等语。张彪督练鄂军已历多年，竟至兵匪勾结，省城不守，可见其平日训练无方。而事前既毫无防范，临时复漫无节制，不能固结军心，竟敢仓皇弃营逃出，实属大干军纪，罪无可逭。统制官提督张彪着即行革职，并着瑞澂责令迅速痛剿逆匪，克复省城。所有被胁兵士，如非甘心从逆，即行设法收抚，倘再畏葸观望，定当加等治罪。现在荫昌所带兵队，已于今日专车陆续进发，到鄂后即着瑞澂会同筹画，迅赴事机。所请饬部筹拨饷项一节，着度支部迅速筹拨。”（《宣统政纪》卷61）

（宣统三年八月丙辰）又谕：“电寄赵尔巽，两次电奏均悉。湖北省城失陷，昨已有旨派荫昌督带重兵，迅速前往剿办，并饬陈夔龙、宝棻等添派兵队，保护铁路。至由奉赴川，道路修阻，缓不济急，赵尔丰所拟由奉调拨三营之处，着暂行缓议。秋操已饬令停办矣。奉省为根本重地，该督务当即速回奉，妥慎防维，毋稍疏忽。”（《宣统政纪》卷61）

（宣统三年八月丙辰）又谕：“据贝勒载涛奏称‘本年秋操所调各项军队之军镇协自行演习，业经办竣。现在抽调军队赴鄂，所有大操，可否停办’等语，本年大操，着即停办。”（《宣统政纪》卷61）

（宣统三年八月丙辰）又谕：“电寄宝棻，电奏悉，武昌失守，昨已有旨，派陆军两镇赴鄂剿办，派荫昌督兵迅速前往。一面加派兵轮，饬萨镇冰督率前进，并饬程允和率长江水师赴援。长江一带严饬各该省督抚加意防范，并饬陆军部派兵一营，保护黄河铁桥，并着该抚专派得力兵队分驻两岸，昼夜梭巡。现在事机万紧，所派兵队已由今日陆续专车前进，该抚即按照所陈办法，移缓就急，抽调大队，保护京汉铁路暨入豫铁路首站，毋稍疏虞。河南尤须加意戒严，以防北窜。驻京汉铁道鄂军一营，已密饬荫昌节制调遣。”（《宣统政纪》卷61）

（宣统三年八月丙辰）御史陈善同奏：“今者武昌失守，臣思武昌居南北东西水陆之冲，为我国心腹要地，而又内地精华之所聚也。设若为贼所据，不独横断我军西进之路，即京汉、粤汉交通亦将因而中梗，因循愈久，即蔓延愈多，此可虑者一。武汉有警，川中乱民势必遥为声援，凶焰益张，各处匪徒更难保不闻风响应，此可虑者二。入川鄂军回顾身家，中途或虞哗归，其鄂中未叛各营狐兔同悲，亦不无反戈之惧，合以谋我，患更加烈，此可虑者三。陆军两镇既调赴鄂，则驻扎之原处，武备亦形单弱，此可虑者四。各军训练，无论何若，但素无阅历，以御亡命之党，非必可恃，且素号精练之鄂军，固已如此，其他又岂尽可用，此可虑者五。外人军舰托名保商，游弋长江者，所在皆是，乘机攫利，自在意中。武汉为通商大埠，教堂林立，洋商麇集，保护稍有疏虞，即不免予外人以借口之资，此可虑者六。以上六可虑，皆事前所应计画者。"下军咨府、陆军部知之。（《宣统政纪》卷61）

（宣统三年八月丁巳）又谕："现在派兵赴鄂，亟应编配成军，着将陆军第四镇暨混成第三协、混成第十一协编为第一军，已派荫昌督率赴鄂。其陆军第五镇暨混成第五协、混成第三十九协，着编为第二军，派冯国璋督率，迅速筹备，听候调遣……"（《宣统政纪》卷61）

（宣统三年八月丁巳）又谕："电寄冯汝骙，据电奏'派兵赴鄂助援暨江防布置情形'等语，筹画尚属周妥……"（《宣统政纪》卷61）

（宣统三年八月戊午）又谕："电寄袁大化，据电奏'现在武昌失守，宜派近畿可靠军队水陆南下，顺火车直抵汉口，先顾北路，乘轮船直入长江，分布要害'等语，所筹甚是。现已有旨，派陆军大臣荫昌督兵南下，由海军部加派兵轮饬萨镇冰督率前进，并饬程允和率长江水师即日赴援矣。"（《宣统政纪》卷61）

（宣统三年八月戊午）又谕："现在武昌不守，除瑞澂、张彪业经降旨外，其余同城各官，据瑞澂奏报，布政使连甲、提学使王寿彭、交涉使施炳燮、巡警道王履康均已微服出城，提法使马吉樟、劝业道高松如、盐法道黄祖徽尚无的耗’等语。所有湖北省城大小文武各官，是否全行出城，抑有他项情形，着袁世凯迅速分别确切查明，据实具奏。”（《宣统政纪》卷 61）

（宣统三年八月戊午）又谕：“电寄署荆州将军连魁等，连魁、松鹤电奏悉，荆州一带地方重要，该署将军等务须督饬营队，加意严防，毋得借口兵单，稍涉诿卸。”（《宣统政纪》卷 61）

（宣统三年八月戊午）又谕：“电寄宝棻等，电奏悉，所陈保护铁路并调营援鄂及豫省现在筹防情形，尚属周妥。至需用枪械，请饬源源接济一节，着陆军部北洋大臣随时妥筹接济。”（《宣统政纪》卷 61）

（宣统三年八月己未）又谕：“电寄端方……现因武昌事起，川事益形吃紧，已有旨简授岑春煊为四川总督，赵尔丰仍充川滇边务大臣。岑春煊未到任以前，所有剿抚事宜，仍责成该大臣会同赵尔丰认真筹办，督饬各路军队迅速进攻，克期扑灭，毋得稍有松懈，致误事机。”（《宣统政纪》卷 61）

（宣统三年八月庚申）谕内阁：“此次革党在鄂肇乱，瑞澂、张彪仓皇出走，省城遂陷，汉阳、汉口相继不保。叠据瑞澂电奏，语涉含糊，与传闻情形大不相同，究竟如何起事？驻鄂陆军营队众多，未必全与匪通，何至无一用命者？张彪当时曾否率军拒敌，何以曾不移时，遂相率弃城而遁？汉阳兵工等厂如何失守？着袁世凯到鄂后，将瑞澂、张彪失陷省城及一切实在情形，确切详细查明具奏，毋得稍有徇隐。将此谕令知之。”（《宣统政纪》卷 61）

（宣统三年八月庚申）又谕：“电寄赵尔丰，三次电奏均悉，据报连日剿办情形，并克复新津各节，办理似尚得手……现在武昌失守，鄂军难再调拨。陕省路远，亦属缓不济急。仍着赵尔丰督饬各军，就现有兵力，妥速进攻，毋稍疏懈……”（《宣统政纪》卷61）

（宣统三年八月庚申）又谕：“电寄朱家宝，据电奏‘湖北有变，皖实首当其冲，水陆各军不敷分布，拟请添募防勇五营，填扎各属。惟添兵设防，需款甚巨，拟请将本年未解京饷等项及未解、代解赔款一并截留。但各款现尚虚悬，目下待用孔亟，请先由部拨现银五十万两，由上海大清银行迅汇来皖’等语，着准其添募五营，所请截留京饷赔款等项，着度支部迅速议奏。至添拨兵轮驻泊九江，并请将原驻安庆、大通、芜湖各兵轮暂归调遣各节，着海军部知道。”寻奏：“截留京饷洋款及部拨现银各节，均难照准。拟于江南息借洋款项下，酌量分拨济用。”从之。（《宣统政纪》卷61）

（宣统三年八月庚申）御史史履晋奏：“窃自铁路国有政策宣布以来，全国哗然，民心大失，以致四川糜烂，湖北遂乘机起事。赵尔丰之激变，瑞澂之潜逃，固罪无可逭，而罪魁祸首，则实为盛宣怀。夫各省商办铁路，为世诟病，授人以口实者约居多半。或款不足而先事铺张，竭小民之脂膏，供个人之挥霍。或款已集而互争权利，因私家之水火，误工事之进行……”（《宣统政纪》卷61）

（宣统三年八月庚申）又谕：“电寄孙宝琦，据电奏‘五镇分调京、鄂，东省为京畿门户，必赖重兵镇压，请酌留一半’等语，着军咨府、陆军部酌核办理。至所请添巡防十营，期厚兵力之处，着照所请。”（《宣统政纪》卷61）

（宣统三年八月庚申）又谕：“电寄冯汝骙，据电奏‘援鄂两营现饬驻浔认真防范，并请饬派兵轮驰驻九江，以资防守’等语，九江地方关

系重要，所有派出两营，准其暂缓赴鄂，请派兵轮一节，着海军部知道。”（《宣统政纪》卷61）

（宣统三年八月）壬戌，谕内阁：“两月以来，四川、湖北相继肇乱，均系匪党潜谋不轨，扰害治安。朝廷向来政尚宽大，凡属国民，无不一视同仁，从无格外苛求之举。此次逆匪无端构煽，据城抗拒，蹂躏地方，以致无辜良民横遭涂炭。其为首作乱之人，实属罪大恶极，自为法所不容。惟念迫于不得已之被胁兵民，类皆情有可原，不能不网开一面。其有为匪所逼、身被裹胁者，如早自拔来归，无论兵民，均准予以自新，不咎既往。倘有杀贼立功、擒缚匪党以献者，并加以不次之赏。如搜获逆党名册，立即销毁，毋得稍事株连，致滋扰累。川、鄂两省被扰地方猝遭此变，固已荼毒不堪，即贼匪未到之处，亦不免风鹤频惊，致有迁避流离之苦。着荫昌、袁世凯、岑春煊、端方沿途宣布朝廷德意，妥为抚辑，并剀切晓谕军民人等，勿为邪说所诱，随声附和，勿为谣言所惑，徒事张皇。经此次申谕之后，尔军民人等当共晓然于是非之所在，即利害之所关，务当各守本分，以副朕靖乱爱民之意。”（《宣统政纪》卷61）

（宣统三年八月癸亥）又谕：“电寄荫昌，据电奏‘督队南下，二十六日夜行抵信阳。步队等二十二标，已由统带马继增于二十四日抵汉口江岸。遇匪徒两次来攻，均经击退，拿获三名，夺获马匹、服装等件。混成第三协已由统领王占元于本日统率全抵滠口。刻据探报，逆匪仍据武汉，尚无大股外窜。武昌城内叛兵溃散颇多，拟刊布告示，令其缴械免罪，以期解散。行营现暂驻信阳，俟混成第四镇经过，即督率克日前进’等语，布置尚合机宜，均照所拟办理。仍着该大臣妥慎筹画，相机剿抚，以期迅荡匪氛。”（《宣统政纪》卷61）

（宣统三年八月癸亥）又谕：“电寄荫昌等，余诚格电奏‘鄂省大兵云集，须并用兜剿、解散两法，否则武汉用兵得手，势穷四窜，湖南、安徽、江西立溃。宜饬督兵大臣，先将步濠东岸布置，以杜其窜湘窜赣，汉阳西岸布置，以杜入皖入荆襄图蜀豫，再由海军上下游往来截击，以绝其水路逃窜。连日侦得革匪死党固多，胁从实亦不少，时有弃械而逃者，亦有意存观望者，须善用间谍，无论首要，投诚免死。武昌一下，大局立定。否则顿兵坚城，彼据形势，亦殊可危，又紧接租界，诸多牵掣。并宜于火车附近设立粮台，多购杂粮。长江一带水灾失收，湖南上游亦只薄收，且恐运道不通，能否接济殊无把握，应请及早筹备’等语，所陈不为无见。着荫昌、袁世凯、岑春煊、端方、宝棻、朱家宝、冯汝骙、萨镇冰分别妥慎筹办。”（《宣统政纪》卷61）

（宣统三年九月丙寅）又谕：“电寄张人骏，现在匪势日炽，九江以上，黄州、大冶、田家镇、武穴，处处堪虞。着张人骏体察情形，迅饬提督张勋酌派得力兵队迅速前往，扼要队堵，毋稍延误。”（《宣统政纪》卷62）

（宣统三年九月丙寅）又谕：“电寄段祺瑞，据袁世凯电奏‘请饬署江北提督段祺瑞酌带得力将弁，毋庸多带队伍，克日由海道北上，径赴鄂境’等语，段祺瑞着迅赴前敌，与袁世凯协商布置。”（《宣统政纪》卷62）

（宣统三年九月丁卯）又谕：“电寄李经羲，两次电奏均悉。现在武、汉相继失陷，宜昌、长沙、九江又有乱耗，与该督所筹办法情势又有不同。前经命袁世凯总督湖广，所有援鄂之水陆各军，均归节制调遣。袁世凯请调段祺瑞、吴凤岭等，均已准如所请派赴前敌，并由度支部宽筹款项，以济军需。自鄂乱起后，各处人心摇动，在在堪虞。滇省为边疆重地，尤宜严密防范，着该督即照所拟筹防办法认真办理，毋稍疏懈。”（《宣统政纪》卷62）

（宣统三年九月丁卯）又谕：“电寄程德全，据电奏‘自鄂省兵变，咸谓新军为不可恃，以致军心不安，情形颇为岌岌。现在人心不靖，尤宜处以镇静，以释猜疑’等语，朝廷于新旧各军，本无歧视，当此事变日亟，正赖推诚布公，以信相符。着各省督抚镇静筹防，毋少张皇，以固军心而弭隐患。”（《宣统政纪》卷62）

（宣统三年九月丁卯）又谕：“电寄冯汝骙，据电奏‘准陆军部电，黄州有变，可否饬两营往剿等因，前已派陆军一营扼扎瑞昌，现九江只有三营，万难抽调，宜以兵轮扼守黄石港等处。若匪由陆窜黄州，以南二百余里即与义宁、武宁接壤山乡间道，处处可通……’等语，现闻九江亦有警耗，该处为鄂省下游，至为紧要，着该抚迅饬该处军队极力防堵……”（《宣统政纪》卷62）

（宣统三年九月丁卯）又谕：“电寄袁世凯，据电奏‘现在宜昌、黄州、长沙先后不保，军情益紧，亟宜厚集兵力。拟请先派冯国璋充第一军总统，迅赴前敌，商承荫昌，先布守局，俟筹备完善，再图进攻……’等语，着即照所拟办理，迅筹布置，以图进取。”（《宣统政纪》卷62）

（宣统三年九月己巳）又谕：“御史麦秩严奏‘豫省为京鄂枢纽，亟宜清土匪以遏乱萌’一折，着宝棻按照所奏各节，切实防范，认真搜捕，以靖地方。”（《宣统政纪》卷62）

（宣统三年九月己巳）又谕：“电寄铁良等，据电奏‘现准军咨府电，属派得力军队赴鄂。袁世凯亦电达，调营应援。且长江伏莽素多，不增加兵力，实不足以资策应。拟由铁良召募十营，每营二百五十人。江防原有十八营，拟由张勋每营招足五百人，并另招两营，合共二十营，请仍饬部先筹的款一百三十万两，分拨应用’等语……”（《宣统政纪》卷62）

（宣统三年九月己巳）又谕：“电寄第二军总统段祺瑞，据电奏‘起程日期并酌带炮七标标统吴光新等径赴鄂境，所有江北提督关防，委淮扬道奭良暂行护理’等语，着即赶速北上，迅赴事机，毋稍延缓。”（《宣统政纪》卷 62）

（宣统三年九月庚午）又谕：“……九江防务极关重要，前经派有兵舰驻泊防守，并有舰队往来游弋。程允和率师援鄂，沿途亦应妥为布置，何以均无防范……”（《宣统政纪》卷 62）

（宣统三年九月庚午）又谕：“湖广总督袁世凯着授为钦差大臣，所有赴援之海陆各军并长江水师暨此次派出各项军队，均归该大臣节制调遣。其应会同邻省督抚者，随时会同筹办。凡关于该省剿抚事宜，由袁世凯相机因应，妥速办理。军情瞬息万变，此次湖北军务，军咨府、陆军部不为遥制，以一事权而期迅奏成功。”（《宣统政纪》卷 62）

（宣统三年九月）壬申，谕内阁：“湖北省城乱事初起，瑞澂身任总督，弃城逃走，避登兵轮，当将该督革职，谕令带罪图功，并谕令袁世凯查其当日弃城情形，再行办理。兹忽接据瑞澂电奏‘因兵舰煤尽而至九江，因九江兵变而至上海’等语，该革督竟不遵旨带罪图功，乃敢潜逃出省，辜负朕恩，偷生丧耻，实堪痛恨，何能再予姑容？着张人骏迅即派员将瑞澂拿解来京，交法部严讯治罪。其带出之湖广总督印信，并着张人骏派员收取赍送袁世凯军营。”（《宣统政纪》卷 62）

（宣统三年九月癸酉）又谕：“电寄袁世凯，据电奏‘顷接荫昌电称，攻入汉口兵力已疲，亟盼添兵接应，请饬陆军部、东三省总督、山东巡抚迅令第五、第二两混成协及第五镇全镇赶紧开赴信阳，以资调遣’等语，着军咨府、陆军部知道。”（《宣统政纪》卷 62）

（宣统三年九月癸酉）又谕：“电寄荫昌，据电奏‘官军在滠口地方连日与匪相接，时有斩获。初六日向前进攻，行抵洋油厂西方，遇匪约千数百人。官军协力猛攻，萨镇冰所统兵舰并在附近援助，逐节进占，匪仍力行抗拒。嗣因我炮力剧烈，匪遂向大智门纷纷溃散，官军乘胜追击至跑马厂，匪凭据坚垒，极难摧陷。初七日，早官军用山炮侧攻互击，匪势不支，相继溃退。官军追踪扫荡，直至汉口街口，因兵力过劳，稍事休养，即进夺汉阳，迅图扑灭'等语，此次进攻汉口，毙匪千数百人，夺获山炮三十六尊、军械多件。当匪炮猛击之时，艰险异常，该将士等奋不顾身，争先用命，实属忠勇可嘉。该大臣督率有方，尤堪嘉尚。仍着该大臣督饬将士，一鼓作气收复武汉，俟袁世凯到后，再行回京供职。"（《宣统政纪》卷62）

（宣统三年九月甲戌）又谕："电寄张人骏，据电奏'湘、鄂辅车相依，今武昌未复，湘垣复陷，恐占地既广，匪族愈张。湘中夙多游勇会匪，日久招来，益难收拾，应赶速招集湘军既散之旧部，特举素有夙望之大绅旧将统之，一面扼守衡、永、宝附近，一面进攻长沙'等语，着余诚格按照所陈各节赶速筹办，以期早日规复。"（《宣统政纪》卷62）

（宣统三年九月丙子）又谕："……叠接冯国璋电称'汉口尚未全下，相持数日，兵力甚疲，亦请增兵'等语……"（《宣统政纪》卷63）

（宣统三年九月庚辰）荆州将军连魁等奏："武昌变乱，各处告急，该革党逆谋甚大，暗遣心腹分赴长江上下游一带到处煽惑，勾结兵匪。并闻仍有联合川匪情事，荆江、襄河一带城镇多为占据。荆、襄孤立，四面受敌，兵单饷竭不敷分布，危急万分，恳饬部迅派劲旅，筹拨的饷，设法运输，以资接济而免坐困。"得旨："该部迅速筹办。"（《宣统政纪》卷63）

（宣统三年九月乙酉）又谕："电寄袁世凯，据电奏'汉镇起火缘由，一系土匪所纵，一系按攻战照例烧攻，一为匪用炮轰焚，不尽由官军所放。当复汉口时，已拒战多日，妇女早已逃飏，未闻有奸淫之说。火烈时土匪抢掠，传闻亦有兵搀杂其间，已再三饬查’等语，着即委员驰往查办，从严惩治。并饬各将领申明纪律，毋令滋扰。所陈‘官军停攻七日，匪众炮攻不绝，坚守种族革命，毫无顾忌’各节，若如所奏，实属军民公敌，难予姑容。着即照所拟办法，传谕王士珍、冯国璋，乘此军心忠愤，相机还攻，以期扫除军民公敌。”（《宣统政纪》卷64）

（宣统三年九月庚寅）都察院副都御史朱益藩奏：“祸机迫切，亟宜统筹全局，早决大计。查武汉居长江上游，为南北之枢纽，武汉一日不复，则血脉壅塞，运掉不灵。匝月以来，大兵云集，窃意水陆环攻，不难一鼓荡平。乃闻停战议抚，则臣不能无疑。臣愚以为该党之宜剿、宜抚，一言可决，其或素抱政治主义，则屡奉明诏，实行立宪，改良政本，与夫组织政党、颁布信条之类，业已如愿而偿，理宜率众输诚，解甲待罪，免致无辜赤子横罹锋镝，巨埠商业久受损伤，方足见爱国之热诚、保民之真悃。今为日已久，依然负嵎抗拒，则非纯为政治可知。若再姑息延缓，则该党之附从日众，而朝廷之声势益孤。今日甲省告独立，明日乙省建白旗，万一近畿生变，辽左效尤，束手坐困，诚有非臣子所忍言者，则应机决策，刻不容缓者也。臣深维今日之大势，熟审该党之内容，窃以为事虽至难，但使应变有方，自可转危而为安。该党之据武昌，实以瑞澂、张彪等弃城出逃，得之意外，非由实力。当时倡乱者不过数百人，胁从者不过数千人，而据城以后，携资潜逃及临阵枪毙者不下三四千人。现计该党所存盖已无多，闻其互相猜忌，将有内乱，余皆招集乌合之众，要无足虑。至其所恃之饷源，独有汉口，所恃之军火，独有兵工厂。今已为官军占领，或被炮火轰毁，则饷源告竭，军储渐虚，游魂釜底，岂能久支？此外长沙、九江、宜昌等处，亦只盘踞孤城，出郭一步，即无驻足之所。西安、太原之党，初虽窜出，旋亦退回。在该党之意，非不欲四出滋扰、联络一气，盖自知实力不足，恐一离巢穴，非遭擒斩，即虞溃散故也。夫该党既以武汉为根据，各处亦视武汉为从违，目前下手之方，自当专注于此。根据一拔，余皆失其所恃，冰消瓦解，始以一哄而起者，亦将一哄而散，虚声号召，理无久存。往者发逆之变，凭其凶悍之力，蹂躏至十数省，尚可次第削平。岂有数千之众，蜷伏一城，无能攻克之理？是在任事诸臣担当何如耳。现闻袁世凯派员开导，至再至三，果其翻然悔悟，自可宥其既往，以昭圣朝宽大之恩。若更执迷抵拒，即当奖励三军，水陆并进，非夺其根据地不止。存亡关键，视乎此举，时不可失，无待再计。虽然欲规复武汉，又当先固根本，否则武汉虽易得手，恐该党煽乱北方，以图牵制。袁世凯治军畿辅，将领贤否，皆所深知，今各军已归节制调遣，即当妥速布置。京师为天下根本，津、保为京师门户，防卫固宜森严，他如京汉、津浦铁路所经，皆当防护周密。根本既固，然后放手戡定，无复他虞。武汉一克，大局立见转机，救急之策，似无逾此。否则旷日持久，养痈贻患，我师易老，彼求无厌，东南寸丝粒米，不复北来。以京城现象而论，再阅一月，则臣民有冻馁之忧，军警有哗溃之势，虽有良平，不能为之谋矣。”得旨：“所陈不为无见，着军咨府、陆军部、冯国璋、段祺瑞按照所陈各节，妥慎筹维，相机办理。原折均着钞给阅看。”（《宣统政纪》卷64）

（宣统三年九月庚寅）（御史温肃）又奏：“用兵之道，首重功罪分明。自湖北肇乱以来，地方官望风逃窜，几不知国法为何物。除瑞澂、张彪业经明谴外，布政司连甲、交涉司施炳燮、提学司王寿彰、劝业道高松如、巡警道王履康，均闻弃城而遁。其未逃之提法司马吉樟、盐法道黄祖徽、武昌府知府赵毓楠、江夏县知县李曾麟，皆为贼拘，未闻一人死节者。汉口商会总理道员蔡文惠开会迎贼，以兵三百人渡江，遂占汉口。汉黄德道齐耀珊、汉阳府知府琦璋、夏口厅同知王国铎、汉阳县知县张振声，亦复闻风逃匿。其为贼主谋之咨议局议长汤化龙、副议长张国溶，皆挂名朝籍，且为内阁奏调人员，节义扫地，至斯已极。以上诸人，照例皆应惩处。乃一月以来，既不追究其人，复不简补其缺，以至各省效尤，不以为耻。不独国纪荡然，抑且人纪顿丧，如此安望军事日有起色？应请立降谕旨，声明诸罪状。各省逃员，亦一律查办，按律问拟，以警效尤。”得旨：“着段芝贵确切查明，据实具奏，原片着钞给阅看。”（《宣统政纪》卷64）

（宣统三年九月癸巳）又谕：“连魁等电奏近日荆州防务情形，请饬拨劲旅并兵轮一二艘来荆援助，并请饬拨款接济等语，着该衙门酌量筹拨。”（《宣统政纪》卷64）

（宣统三年九月甲午）又谕：“御史齐忠甲奏‘各省独立，大局垂危，急宜攻克武昌以速成君主立宪’一折，着段祺瑞妥慎筹维，相机办理。原折着钞给阅看。”（《宣统政纪》卷64）

（宣统三年十月丁酉）荆州将军连魁等奏：“宜、湘失陷，荆、襄四面受敌，情形危迫，孤军恐难持久，设有疏虞，湖北全局糜烂。屡思派兵先剿宜昌，以保饷源。奈荆州防守，一切皆关紧要，且各处消息梗阻，自顾兵单饷竭，未敢劳师袭远，轻于一试。恳饬下军咨府、海陆军部、度支部、陆军正大臣荫昌、湖广总督袁世凯迅速拨兵二三营、兵轮一二艘，援荆剿宜，并筹的款就近指拨，以资接济而保上游。并恳于督臣、提臣中酌调一员，率领大队暂行移驻荆、襄，以资策应，庶免蔓延。”得旨：“该衙门分别筹拨，着该将军等激励将士，慎固防守，力保荆、襄。”（《宣统政纪》卷65）

（宣统三年十月）壬寅，谕内阁：“叠据内阁呈递第一军总统冯国璋电称‘武昌革党于九月二十六日遣悍党二千余人，由汉河上游驼骡口潜师渡河，抄袭官军右翼后路，当经冯国璋分兵迎击，党众溃败，官军踵蹑渡河。该党防御极固，并多次反攻，经官军节节奋击，次第克复蔡甸、四平山、黑山、梅子山、龟山等处，初七日申时克复汉阳。当两军酣战之际，党众由武昌遣兵数支渡江，袭击官军左翼后路之三道桥，叛舰海容等船，协力猛攻，均经官军一再击退’各等语。武昌此次兵变，自称系为政治竞争，朝廷本不忍以兵力从事，经饬督师大臣袁世凯暂停进攻，叠委道员刘承恩、海军正参领蔡廷干驰往汉口、武昌，反复开导。该党首黎元洪迄不受抚，仍复左右进攻，袭击官军甚力，实属甘心扰乱治安，荼毒生灵。幸前敌将士，深明大义，忠勇奋发，得以克复重镇，深堪嘉尚。冯国璋着赏给二等男爵，其余出力将弁，着冯国璋查明拟奖，候旨施恩。其伤亡兵弁，着一并查明具奏，分别从优抚恤，以作士气而慰忠魂。”（《宣统政纪》卷65）

（宣统三年十月）癸卯，谕内阁：“自武昌肇变，朝廷以其为政治关系，极不愿以兵力靖乱，酿成惨祸。乃叠降诏旨改良政体，并停止进攻。而该革党置若罔闻，仍一味恃强袭击，竟迫成欲罢不能之势，致使兵连祸结，举吾民之生命财产付诸灰烬者，不知凡几。赖官军将士忠勇坚卓，始得渐图规复。昨接军报已克汉阳，反复思维，转增忉怛。比月以来，锋镝交加，死亡枕藉，加以地方糜烂，元气大伤，小民荡析离居，转徙沟壑，惨病情状，至不忍言。虽杀机起自革党，而四境之内，皆吾赤子，一经战哄，两有损伤。哀我国民，横遭荼毒，疮痍满目，良用心恻。着段祺瑞协商慈善救济会，遴派多员前往战地，不分畛域，掩埋骸骼，医治伤残，并将被难人民设法拯救，加意抚恤，俾死者免致暴露，生者赖以保全，用副朝廷哀矜庶民、恫瘝在抱之至意。”（《宣统政纪》卷65）

（宣统三年十月己酉）又谕：“电寄袁大化等，据袁大化电奏‘接升署抚电称，窃料姜军攻陕之东面，允攻西面，匪必向东南商州窜龙驹寨，为投鄂之计，请电姜军如到潼关……’等语，着姜桂题饬令援陕军队相机堵截，毋任窜扰。”（《宣统政纪》卷65）

（宣统三年十月己酉）又谕：“连魁等电奏‘荆州城池被困，恳速饬

拨步炮数营来援’等语，着军咨府、陆军部迅速筹援。”（《宣统政纪》卷65）

（宣统三年十月庚戌）又谕：“电寄段祺瑞，据电奏‘叠据报告，革党暹开甲、杜锡钧有步马炮二千余人，陷当阳、荆门为一股，又帮革党刘英纠合土匪千余人，陷天门、潜江为一股。十月初五日，又勾结安陆府驻防两营兵变，知府自尽。又据襄阳道喜顺飞报，襄阳危在旦夕。并据探报，各属保安会均有革党在内主持’等语，各路土匪滋扰，亟宜扑灭。现在停战期内，前敌军事稍松，着冯国璋酌拨队伍一协，交段祺瑞廓清地面，毋任窜扰蹂躏。此等土匪既不按期停战，自非黎元洪所能钤制。而蔓延为患，不得不加以扫除，着冯国璋并将此意饬黄开文转告汉口英总领事知之。”（《宣统政纪》卷66）

（宣统三年十月癸丑）以山东候补道朱钟琪为奉天度支使，附录内阁致直隶等省总督、山东等省巡抚、热河都统、绥远城等将军电：“两月来，因政治争竞，致天下骚动，生灵涂炭，朝廷极切悲悯。近由英使介绍武昌革军黎元洪，议定停战十五日，各遣代表，讨论大局。唐、杨诸大臣今日南下，甚望和平解决。本阁拟分南北军停战，南军不向北，北军亦不向南。黎要求全国停战，阁诘以能否节制全国民军，黎尚未复，俟唐大臣到汉，再面订。现在军事办法，奸杀焚掠，是为土匪，无民军资格，仍须用兵扫除。正在交战之区，如民军不肯接洽停战，我军仍照旧进攻，倘民军先来扑攻，须竭力抵御，我军不必先进攻。其各路防军，仍严密整备，勿因停战，稍涉疏懈。候唐大臣定明停战地段，再行电开。望先传知管辖及就近各军营，一体遵照。”（《宣统政纪》卷66）

（宣统三年十二月辛丑）内阁代递安徽巡抚朱家宝奏：“省垣失守，贻误地方，恳恩罢斥治罪。查皖省当长江之冲，地瘠民贫，连年灾祲。本年秋，闻武昌变起，黄州、九江相继沦陷……此次鄂、赣、苏、浙先后失陷，皖处各省之中，腹背受敌，而饷绌兵单，较他省为尤甚。叠经

臣三次电请部拨饷项，迄无丝毫的款，未能添募一兵，以致束手无策，坐视浔兵之蹂躏……”（《宣统政纪》卷69）

（宣统三年十二月壬寅）内阁总理大臣袁世凯奏：“请收回封爵成命。臣世受国恩，屡叨殊遇，本年武汉事起，重膺疆寄，兼绾兵符，寻以更新政治，荐秉钧衡。当艰阻之叠乘，愤阽危之莫挽，绵历数月，寸效未收，国势土崩，人心瓦解，千疮百孔，无术补苴。诚有如明臣史可法所言，但有罪之当诛，并无功之足录者。谨将微臣受任以来为难情形，为我圣上披沥陈之。此次各省事变，始而军队兴戎，继而官民响应，未及一月，而沦陷者十有三省，甚至畿疆东夏，亦多离涣……臣入朝之初，抱定君主立宪宗旨，冀以挽救大局……乃汉口甫下，海军继叛，汉阳既克，金陵复失。友邦出而介绍，以尊重人道、息战和商为请，于是遣派代表讨论大局，磋商兼旬，迄无效力……以军事言，臣起家督师之始，即以鄂事重大，请饷增兵，经奉准后，始敢成行。乃饷械之筹拨、军队之召募均未齐备，叠奉催往之命，及臣亲赴前敌激厉将士，规复汉口，若竟乘势进取武昌，未必不下……”（《宣统政纪》卷69）

（宣统三年十二月甲辰）（内阁总理大臣袁世凯）又奏：“臣久患心跳作烧及左腿疼痛等症，无暇静养，迄未就痊。因近日谣讹纷起，未敢再请续假，勉为支撑，稍安人心。日前闻军心渐多摇动，异常焦灼，连夜不寐，心跳益剧，头眩尤甚，而腿疼牵及腰间，步履尤为不便。奉传今日召见，仍难趋叩宫门，谨恳格外恩施，赏假二三日，以资调养。所有下情，已属国务大臣胡惟德等代奏一切。至军队赞成共和，实由于湖北党人多方煽惑，已由臣叠发电信，剀切解劝，当不至遽与革军联合。近议国体一事，已由皇族王公讨论多日，当有决定办法，请旨定夺。臣职司政，惟遵朝旨，现遵旨与伍廷芳仍商国体，公决变通办法。今日停战期满，昨电伍廷芳，托词延宕，亦未显与决裂，而徐州、颍州均已开战，臣才力短浅，奉职无状，悚惶待罪。”（《宣统政纪》卷69）

(宣统三年十二月甲辰)(内阁总理大臣袁世凯)又奏:“奖保克复汉阳异常出力各员。窃臣准总统第一军冯国璋咨称‘武昌、汉阳势成掎角,汉口适当武汉之冲,官军不得汉阳,则汉口仍不可守。惟汉阳东有扬子江,西有琴断河,北有襄河,水军既失,飞渡为难。且襄河南岸,又有龟山、黑山、梅山、仙女、美娘、汤家诸山,蜿蜒三十余里,地形既极复杂。而大小河流,又复种种障碍,加以革军险固之炮垒则绵亘于前,完全之工事则施设于后,守之甚易,攻之极难。自汉口规复以后,一面防御,一面即为攻取汉阳之谋。先据探称革党在汉阳,兵力约一万三四千人,其各种防守工程,颇有领异标新、出人意表者。计惟先取黑山、龟山,则汉阳指顾可下,因分兵两道进攻,而以奇兵辅之,编配甲、乙二支队,派第六镇统制李纯统率。九月二十三日,甲支队由孝感县分水陆两路并进,沿途击散辛集、蔡甸,汤家山之匪,剧战五昼夜,至十里铺,豫定会合地点。乙支队于九月二十六日,由大智门攻击坨洛口、美娘山、仙女山等处之匪,至十月初六日,追至十里铺,与甲支队联合。惟时两支队经旬余鏖战,水陆跋涉之困难,兵力渐疲,而前线又无兵可以抽调,因悬重赏,于各镇挑选奋勇队,共得官弁五十余员、兵一千余名,先于十月初三日,昕夕兼进。至是,与甲乙两支队合集,革军见我军之剽锐,专顾十里铺方面射击。而我军间道奇兵,于初六之夜,沿襄河北岸,由水电公司附近暗渡襄河,已拊黑山之背,两面迫胁,革党益不能支,遂自黑山以南溃退。初七日辰刻,我军合队攻克龟山,午后即将汉阳府城收复’等因,拟令将异常出力员弁,开单咨请核奏前来……”(《宣统政纪》卷69)

(宣统三年十二月戊申)内阁代递署四川提督田振邦奏:“……各省均已独立,湖北革党不日来川,督臣赵尔丰惑于谣传,方寸失主,不加详察,反乞怜党人,退位作保身家之计。又惧臣握兵在外,先函臣归,臣以不画押、不缴印,又撤臣之兵权……闻陕西、湖北均已失陷,惟汉

中一府独存……”（《宣统政纪》卷69）

（宣统三年十二月戊申）内阁代递汉中镇总兵江朝宗奏汉属危迫情形：“臣履任以来，值川路酿起风潮，武昌相继沦陷，陕省兵匪构变，兴安会匪戕官。四川近又独立，汉中为川、鄂、陕、甘四省要冲，为必争之地。汉中有失，则甘、陕门户洞开，筹画省防，边隅须固……”（《宣统政纪》卷69）

4. 军政建置

（顺治三年七月）丙午，定湖广官兵经制。总督标下旗鼓都司一员、兵三千名，分三营：中营中军参将一员、守备一员、千总二员、把总四员，左营游击一员、守备一员、千总二员、把总四员，右营游击一员、守备一员、千总二员、把总四员。提督武昌总兵标下旗鼓都司一员、兵五千名，分五营：中营中军参将一员、守备一员、千总二员、把总四员，左营游击一员、守备一员、千总二员、把总四员，右营游击一员、守备一员、千总二员、把总四员，前营游击一员、守备一员、千总二员、把总四员，后营游击一员、守备一员、千总二员、把总四员。巡抚标下旗鼓守备一员、兵一千五百名，分二营：中军兼管左营游击一员、守备一员、千总一员、把总二员，右营游击一员、守备一员、千总一员、把总二员。郧阳抚治标下旗鼓守备一员、兵一千五百名，分二营：中军兼管左营游击一员、守备一员、千总一员、把总二员，右营游击一员、守备一员、千总一员、把总二员。偏沅巡抚标下旗鼓守备一员、兵一千五百名，分二营：中军兼管左营游击一员、守备一员、千总一员、把总二员，右营游击一员、守备一员、千总一员、把总二员。荆州总兵标下旗鼓守备一员、兵三千名，分三营：中营中军游击一员、守备一员、千总二员、把总四员，左营游击一员、守备一员、千总二员、把总四员，右营游击一员、守备一员、千总二员、把总四员。郧襄总兵标下旗鼓守备一员、兵三千名，分三营：中营中军游击一员、守备一员、千总二员、把总四员，左营游击一员、守备一员、千总二员、把总四员，右营游击一员、守备一员、千总二员、把总四员。长沙总兵标下旗鼓守备一员、兵三千名，分三营：中营中军游击一员、守备一员、千总二员、把总四员，左营游击一员、守备一员、千总二员、把总四员，右营游击一员、守备一员、千总二员、把总四员。辰州副将标兵三千名，分三营：中营中军都司一员、守备一员、千总二员、把总四员，左营都司一员、守备五员、千总二员、把总四员，右营都司一员、守备一员、千总二员、把总四员。黄州副将标兵一千二百名、中军守备一员、千总二员、把总四员。承天副将标兵一千二百名、中军守备一员、千总二员、把总四员。常德副将标兵一千二百名、中军守备一员、千总二员、把总四员。汉阳参将标兵六百名、中军守备一员、千总一员、把总二员。德安参将标兵六百名、中军守备一员、千总一员、把总二员。岳州参将标兵六百名、中军守备一员、千总一员、把总二员。宝庆参将标兵六百名、中军守备一员、千总一员、把总二员。永州参将标兵六百名、中军守备一员、千总一员、把总二员。房县参将标兵六百名、中军守备一员、千总一员、把总二员。兴国州参将标兵六百名、中军守备一员、千总一员、把总二员。蕲州参将标兵六百名、中军守备一员、千总一员、把总二员。镇筸参将标兵六百名、中军守备一员、千总一员、把总二员。临蓝参将标兵六百名、中军守备一员、千总一员、把总二员。靖州参将标兵六百名、中军守备一员、千总一员、把总二员。衡州游击标兵四百名、中军守备一员、千总二员。彝陵州游击标兵四百名、中军守备一员、把总二员。洞庭湖游击标兵四百名、中军守备一员、把总二员。镇偏游击标兵四百名、中军守备一员、把总二员。三江口守备一员、兵二百名、把总一员。道士洑守备一员、兵二百名、把总一员。澧州守备一员、兵二百名、把总一员。永道守备一员、兵二百名、把总一员。郴桂守备一员、兵二百名、把总一员。九永守备一员、兵二百名、把总一员。武岗守备一员、兵二百名、把总一员。分巡武昌道、郴桂道、分守武昌道、分守上湖南道、分守下湖南道、分巡下湖南道、分巡荆西道、分守荆西道、上江防道、下江防道、分巡下荆南道、分巡上荆南道、分守下荆南道、分巡湖北道、辰常道、荆南武彝兵备道、分守湖北道、分守上荆南道，以上各中军守备一员、兵一百名。王家堡、大围山、绥宁各守备一员、兵一百名。（《清世祖实录》卷27）

（顺治七年五月丁丑）裁真定总镇下游击二员、守备六员、中军一员、千总四员、把总七员、兵三千八百名，江南副将二员、游击九员、守备九员、千总三十五员、把总六十二员、兵一万九千二百四十八名……湖广兵五千名……（《清世祖实录》卷49）

（顺治七年八月）己亥，裁湖广显陵卫。（《清世祖实录》卷50）

（顺治八年八月）壬戌，兵部奏言："马步兵旧设经制，原定马三步七。今查各地方，有水有陆，有宜步、宜马之不同……如江西、湖广、福建、广西、四川，或系滨江沿海，或多崇山峻岭，以上六省应马二步八……"从之。（《清世祖实录》卷59）

（顺治十年六月）乙巳，谕吏部："湖南、湖北疆境辽阔，军务甚繁，着祖泽远专督湖广……"（《清世祖实录》卷76）

（顺治十一年八月丙戌）裁湖广随州所归并安陆卫，枝江、远安、彝陵、长宁所归并荆州卫，桂阳所归并郴州所，常宁所归并衡州卫，东安所归并永州卫。（《清世祖实录》卷85）

（顺治十二年十月辛酉）裁直隶延庆卫右所千总一员。增设广东肇庆城守协标中军守备一员、千总二员、把总四员，湖广彝陵副将一员，游击、中军守备各一员，兵四千名，分为水陆二营。（《清世祖实录》卷94）

（顺治十二年十月己巳）增设武昌城守参将一员、中军守备一员、兵九百六十名，从经略辅臣洪承畴请也。（《清世祖实录》卷94）

（顺治十三年四月辛酉）宁南靖寇大将军固山额真阿尔津等疏报："官兵大破贼渠姚黄于彝陵之蛇倒退山，招抚伪官五十二员、兵民一万一千三百余名，俘获人畜器械无算。"下所司察叙。（《清世祖实录》卷100）

（顺治十三年五月己卯）裁湖广武昌卫、武昌左卫、黄州卫、蕲州卫、安陆卫、沔阳卫、荆州卫、荆州右卫、襄阳卫、岳州卫、九溪卫、永定卫、长沙卫、茶陵卫、衡州卫、永州卫、宁远卫、宝庆卫、常德卫、辰州卫经历各一员。（《清世祖实录》卷101）

（顺治十五年八月乙亥）遣章京魏黑、傅达礼、颛塔、萨璧赍敕二道，往谕安远靖寇大将军多罗信郡王多尼、宁南靖寇大将军固山额真宗室罗托曰："固山额真赵布泰等由广西前进，兵力单弱，宜行增遣……将固山额真宗室罗托所率每牛录兵一名、每旗官一员，令梅勒章京一人统领。同驻其余每牛录护军一名、兵四名，罗托领之。俟信郡王军至，即还驻荆州……"（《清世祖实录》卷120）

（顺治十六年二月）戊子，调湖广武昌、长沙、澧州、洞庭兵四百名，防守九溪、永定二卫，合旧额兵共一千名，设游击一员、中军守备一员统领之，以游击驻扎九溪，中军守备驻扎永定，从总督李荫祖请也。（《清世祖实录》卷123）

（顺治十八年四月庚辰）巡按湖北御史顾豹文疏言："襄阳、彝陵、荆州等镇下将弁招抚贼寇，行令该地方文武官，分别归农入伍。"下部知之。（《清圣祖实录》卷2）

（顺治十八年四月丁亥）兵部题："湖广总督既驻扎荆州，督镇不应同驻一城，应将荆州总兵官冯源淮并标下官兵移驻荆门州，荆门州旧拨驻防安陆副将下官兵应移驻当阳县。又经略前标总兵官南一魁原领官兵随经略进取云贵，今经略奉旨回京，南一魁并标兵二千名见驻衡州。云贵已辟，衡州系腹里地方，既有城守副将官兵驻防，总兵官并官兵二千名均应议裁。又南阳、汝宁亦属腹里，天津逼近京师，不必设立重镇，总兵官并标兵均应议裁。"得旨："南汝界连三省与贼逼近，天津近接海口，此二处总兵官及官兵不可裁。衡州系腹里地方，总兵官及官兵俱着裁去。"（《清圣祖实录》卷2）

（康熙八年五月戊申）兵部议复："湖广提督胡拜疏言，郧阳营裁汰标兵，应令楚抚分派附近地方垦荒安插。"从之。（《清圣祖实录》卷29）

（康熙十四年二月丙辰）湖广总督蔡毓荣疏报："贼船往来长江，狡谋叵测。命候补副将华禅为岳州水师副将，设兵一千五百名；尚之沣为荆州水师副将，设兵一千名，各为左右二营，以资防御。"（《清圣祖实录》卷53）

（康熙十六年八月丙辰）先是，上命江南总督阿席熙招募鸟船所需舵工、水手。至是，阿席熙疏言："舵工、水手若于八月内招足，随船解送，似难必得。"得旨："鸟船需用舵工、水手最为紧要，宜用精熟谙练之人。河南、山东、湖广、江南、江西、浙江、山西俱有福建投诚开垦官兵，多习水性。其行令各该巡抚，遴选便于舟楫者报部。其舵工、水手，仍听总督阿席熙多方招募，如不能足数，即以各省所报官兵酌量发往。"（《清圣祖实录》卷68）

（康熙十八年三月甲辰）兵部题："湖广原设提督一员，康熙十七年因江西提督赵赖调赴攸县剿贼，授为湖南提督。今长沙诸府已经恢复，湖南提督员缺应行裁去，湖广仍设提督一员。”得旨：“彝陵总兵官徐治都升补湖广提督。”（《清圣祖实录》卷80）

（康熙十八年四月辛未）兵部题：“彝陵总兵官徐治都已补湖广提督。查提督旧驻武昌，但彝陵、宜都接壤川省，地方紧要，应令徐治都暂驻彝陵，其彝陵总兵官暂驻宜都，俟事平各照旧驻扎。”从之。（《清圣祖实录》卷80）

（康熙十八年十二月甲申）宁南靖寇大将军多罗顺承郡王勒尔锦疏言：“臣遵旨撤镇守岳州兵每佐领各二人，与安亲王所统还师齐发外。荆州诸处亦宜撤每佐领各二人，但大兵镇守要地，发回二人颇属未便。今合满洲、蒙古、汉军每佐领一人，令署副都统敖哈率之还京。”上谕：“前大将军安亲王请撤岳州兵每佐领各二人，已令顺承郡王合岳州、荆州兵内，察其征行在先、进剿劳苦者每佐领遣还二人，与安亲王率回大兵齐发。今顺承郡王不以劳苦之兵分别撤回，止撤镇守岳州兵每佐领各二人，不合，理宜驳察。但此兵已行，可如所撤来京。”（《清圣祖实录》卷87）

（康熙二十年十二月戊子）议政王大臣等议奏：“云南已经恢复，其湖广荆州、陕西汉中应设兵驻防。荆州应设满洲将军一员、副都统二员，八旗每旗各设协领一员、佐领七员、防御七员、骁骑校七员，兵丁每佐领拨出六名发往。汉中应设汉军将军一员、副都统二员，八旗每旗各设协领一员、参领一员、防御十员、骁骑校五员，拨出兵丁三千名发往。”从之。（《清圣祖实录》卷99）

（康熙二十七年三月壬寅）兵部题：“湖广总督业经裁缺，所有督标官弁兵丁俱应裁去。其见任副将、游击、守备等员应赴部另补。其裁兵内有仍愿为兵者，准于通省各营中查明革退、老弱、逃亡等项兵缺，速

行顶补。有愿为民者，交地方官安插，毋使失所。”从之。（《清圣祖实录》卷134）

（康熙二十八年二月己未）兵部议复：“湖广总督丁思孔疏言，武昌、荆州并控大江，常德、岳州俱临湖汇，诚水陆兼重之区。今此四郡皆系陆营，并未设有水师，请各设水师三百名。再查湖广见设辰州水师营额兵四百名、战船四十只，沅州水师营额兵五百零八名、战船四十只，宜都水师营额兵四百名、战船三十八只，除沅州重地仍应留战船二十只、兵二百五十四名以备接应外，余兵二百五十四名应改为陆兵，统入沅镇陆营。辰州既有副将，其水师竟可裁去，即以所裁兵分拨荆、岳二营，宜都水师亦应改为陆营。其新设武昌水师应于督标兵内选用，常德水师应于提标兵内选用。至三处所余战船计九十八只，应于武昌、常德各设二十五只，荆州、岳州各设二十四只。再湖北驿道所管沙船五十只，请分四十只于武、荆、常、岳四府作为战船，每营设守备、千总各一员，把总各二员。应如所请。”从之。（《清圣祖实录》卷139）

（雍正元年八月丙寅）兵部遵旨议奏：“驻防奉天、杭州、成都三处各增设蒙古协领一员，右卫、西安、荆州、江宁四处各增设蒙古协领二员，管辖蒙古兵丁……”从之。（《清世宗实录》卷10）

（雍正元年九月辛卯）谕湖广总督杨宗仁：“天下绿旗兵丁，大率十分中有二三分空粮为专阃大臣及将弁等所侵冒，而老弱残疾、不能骑射者，复充当兵数，徒令国家钱粮费于无用之地。夫武备关系重大，额设兵数，不特缓急恃以为用，并借以防缉盗贼，守护城汛，岂可任听将弁挑选随丁，一无拘限？今奉天等处将军、副都统官员俱令酌选数名着为定额，其提督、总兵以下等官亦宜照例酌定，各于该管兵内查有不堪者，亟应沙汰，选择年力精壮、汉仗雄伟者顶补。嗣后营伍骑射须时加操演，火器营兵在春、秋二季操演，水师营兵在战船操演。其安营布阵、进退作止之法务令精熟，盔甲、器械、船只等项务令坚固。沿途守望烟墩之兵量增数名，酌计几墩，令千把等员轮流分辖，不时稽察。至山谷林麓、近江滨海险僻处所，或有匪类潜藏亦未可定，应派委参、游以下二员，领兵四十名，时往巡哨，更须严饬所领兵丁，经过地方毋许骚扰。兵丁内有实能效力、弓马娴熟者，遇有把总缺出，即行录用，以示鼓励。其懒惰刁悍者，严行责革，以彰法纪。从前把总一缺，提镇将弁每将家丁及同乡戚属虚冒钱粮、毫无劳绩者，朦混占补，似此何以服士卒之心？今限一年之内彻底肃清，倘不遵谕旨，仍蹈前辙，定将该管大臣及将弁等从重治罪。尔封疆大吏，各宜敬凛，毋忽。”（《清世宗实录》卷11）

（雍正元年九月己亥）移湖北襄阳府同知驻樊城镇，从湖广总督杨宗仁请也。（《清世宗实录》卷11）

（雍正六年十月）丁亥，谕兵部：“黔省见有剿抚古州八万之事……再将荆州满洲驻防兵拨一千名，移驻常德府，令副都统观音保带领驻扎……”（《清世宗实录》卷74）

（雍正九年十一月戊辰）改湖北、湖南抚标中军游击缺，俱为参将；督标中军守备，黄州、龙阳、九溪、永顺等协中军守备，道士洑、永定等营守备各缺，俱为都司佥书，从湖广总督迈柱请也。（《清世宗实录》卷112）

（雍正十年五月庚申）办理军机大臣等奏言：“从前奉旨令各省将军查明余丁数目，添设兵丁。今据该将军等各就本地情形定议，惟江宁余丁有一千三百五十余名，应选取满洲五百名、蒙古一百名，共挑额外兵六百名，每月各给饷银一两五钱，令习技艺，俟有骁骑缺出，于此内选补。至天津余丁俱系幼稚，荆州、杭州、宁夏、成都、河南等处所有余丁多不过二三百名，少者仅三四十名，均无庸添设。应俟将来余丁繁庶，

该将军等再行查明，定议奏闻。”从之。（《清世宗实录》卷118）

（雍正十一年九月壬寅）兵部议复：“湖广荆州将军衮泰条奏，各省驻防协领以下官员向例俱系本旗人员补授，承办事件不无瞻顾掣肘等弊。嗣后请照京城例，设立副员，于本翼内拣选佐领调旗委署副协领，拣选防御骁骑校调旗委署副佐领。此委署人员仍照原品食俸，俟有协领、佐领缺出，即将委署之员送部引见补授。再于领催、前锋内，预行保举记名，调旗委署副骁骑校。如记名人员不足，即将未经保举之人拣选委署，均给与八品顶带，仍食本身钱粮。遇有骁骑校缺出，将已经保举之领催、前锋奏请补授，其未经保举之领催、前锋，送部转交该旗带领引见。至出兵人员补授之缺，仍照例委员署理，并委副员协办。应如所请。”从之。（《清世宗实录》卷135）

（雍正十二年二月丁卯）移湖北京山县县丞一员、宜都营外委千总一员驻多宝湾，并添设多宝湾把总一员，从湖北巡抚德龄请也。（《清世宗实录》卷140）

（雍正十三年闰四月）癸酉，改湖广原隶督标之武昌水师营、提标之常德水师营归城守营管辖，从湖广总督迈柱请也。（《清世宗实录》卷155）

（乾隆元年五月甲寅）兵部侍郎杨汝穀奏：“请湖广武昌、岳州二府沿途墩台添设马兵一名。”从之。（《清高宗实录》卷19）

（乾隆元年十一月辛卯）署湖广总督史贻直疏言：“彝陵州已改设宜昌府，请将彝陵镇改名宜昌镇，换给该镇敕书、关防及镇标中军游击关防。”下部知之。（《清高宗实录》卷30）

（乾隆二年正月癸丑）铸给湖北协守施南府副将关防，从总督史贻直

请也。(《清高宗实录》卷35)

(乾隆四年四月己卯)兵部题："前浙江布政使张若震奏称，各省卫所守备、千总照山东等省之例改归知府管辖。行令各督抚查复，据陆续复齐，除山东、山西、湖北、湖南、江苏、安徽已归知府管辖……均无庸议外……"(《清高宗实录》卷90)

(乾隆四年七月辛亥)湖广总督宗室德沛题："湖北汉阳营都司业经改为游击，应请撰给传敕，并换给关防。"下部议行。(《清高宗实录》卷96)

(乾隆六年正月己卯)谕："驻防官兵操演行围之事甚善，朕前已降旨，令照旧轮班前来。今年朕进木兰行围，着该部照例行文各处，令其办理遣赴京城，其如何轮班及遣回之处，该部议奏。嗣后遇朕行围，应否令其前来，该部豫行请旨。"寻议奏："驻防官兵来京随围学习……学习随围官兵共一百四十四人，应定以班次，杭州、京口、西安三处为第一班，江宁、天津、右卫三处为第二班，荆州、青州、乍浦、河南四处为第三班。遇行围之年，令该将军、副都统照例选送来京，到京时照例归于上三旗护军统领管辖。未出围以前，照行营钱粮给与盘费。出围时，照护军校护军例给与官马盘费。回时，视省分道里远近，酌给盘费。"从之。(《清高宗实录》卷134)

(乾隆六年十二月乙未)兵部议准原署湖广总督那苏图奏称，永顺协乃新辟土境，北与湖北新辟之容美、施南连界，西与四川新辟之酉阳土司接壤，南与镇筸毗连，其所辖之保靖、永定二营，又属苗土夹杂之区，最为紧要……衡州协战船六只、襄阳镇谷字二号战船一只，均可裁汰。湖广南北二省各标镇协营，俱于省会并提镇驻扎处各设提塘，给粮一二三分不等，名为请领钱粮及汇造奏报各册，而其实借探上司事务。再武职官员不知文移者居多，又因养廉有限，不能延请幕宾，文移书禀借于书识，以致加占名粮一二三分不等，名曰伙粮，通省不下五六百分，臣严斥革除。其道路遥隔，应需办理册籍钱粮等事，在提镇则着自行雇人承办，其各协营或附于提镇所委之人，或约同附近营分公同雇人承办。所雇之人，提镇等官给赏工食，不许擅给名粮。至各营掌稿书识，除本身名粮一分外，于各营公费内量给工食，不得冒占名粮。惟是前项积习，各省大概皆然，请下各省督抚一体查禁。从之。（《清高宗实录》卷156）

（乾隆八年六月庚辰）（湖北巡抚晏斯盛）又奏："楚北地当五达，商旅云集，不逞之徒易于潜伏，巡查不可不严。臣等各遣本标官兵分途游缉，如荆口、簰洲、嘉鱼、新堤、罗山、临湘、岳州此五百里内，则系督臣标下千总一员带兵四名，又水师头舵水手兵四名驾船一只，往来游巡，轮班更替。其青山、八吉堡、白浒镇、三江口、黄州、武昌、蕲州、道士洑以迄九江，此数百里内，系臣标千总一员带兵如前数，更番游巡，此水路之游巡也。其陆路之上游，如汉川、沔阳、天门、潜江、荆门、安陆、钟祥、宜城、襄阳、枣阳、吕堰以迄豫省接界，暨荆州、松滋、公安、石首、监利至湖南交界，并岳州、蒲圻、咸宁等境，则系督臣标下千总一员带兵六名，巡环绕截。其下游武昌、黄州、蕲水、广济、黄梅以迄安徽之安庆、江省之九江各接壤，并本省麻城、豫省信阳交界之武胜关、广水、小河溪、杨店、黄陂等境，则系臣标千总一员带兵六名，如前游缉。再弭盗之最善者，莫如保甲，现在遵条例极力整顿，务令各属实力奉行。而又随事化诲，先之以节俭，示之以纯朴，使乡曲小民，潜消其邪僻之念。"得旨："是。实力行与朕看，空言无补也。"（《清高宗实录》卷195）

（乾隆八年九月辛卯）兵部议准湖广总督阿尔赛奏称，湖北道士洑地方紧要，额设都司一员，止属提督管辖，就近未有上司稽察，难免纵弛贻误。查该营离黄州仅一百四十里，请将道士洑都司改隶黄州协副将管辖。从之。（《清高宗实录》卷200）

（乾隆八年九月己酉）湖广总督阿尔赛奏："襄阳接壤之郧阳府，有地名赛武当者，僻在万山之中，系郧属之郧县、房县及襄属之均州三处交界。该处白龙洞山深林密，距城汛甚远。西南落家川地方，西连房县，北连均州，应于此处添设一汛，安外委一员、防兵八名，不时巡查。再于适中之毛塔河地方，添设一汛，安兵四名，驻宿巡防，并令该外委兼顾查察。所有外委兵丁，于郧阳协属弁兵内酌拨，营房墩台，饬地方官估建。"得旨："知道了。"（《清高宗实录》卷201）

（乾隆十年二月壬申）署湖广总督鄂弥达奏："息讼弭盗之方，首严保甲，必先有举察保甲者。臣拟仿古闾师、亭长之制，令各牧令于贡生、生监中择品行端洁者聘为乡正，大邑八人、中邑六人、小邑五人，令其专司举察保甲。嗣后保长之选责之乡正，甲长之选责之乡长，仍令州县将乡正的名报部，五年勤慎无过，请给州同县丞职衔。保长有勤慎奉公者，州县给扁最优者，详明督抚破格示奖。再，有司向以保甲无关考成，奉行不力，应饬各该州县每岁躬履城乡稽察，有能实力遵行、业著成效者，该管上司即行擢荐。其仍视为具文，或乡正非其选，或委捕官吏需索，即行题参道府一并议处。"得旨："即照所议行，亦不过有名无实之政耳。汝不云乎，有司尚有奉行不力者，而欲乡正之奉行独力乎？"（《清高宗实录》卷235）

（乾隆十一年四月）辛卯，兵部议准湖广总督鄂弥达疏称，兴国营原设塘船七只、小巡船三只，并留内河巡船一只，足供操防巡缉，其兴字一号、二号巡船二只，应请裁减。从之。（《清高宗实录》卷265）

（乾隆十一年七月戊戌）移湖北施南协千总一员，驻宜都营，从湖广总督鄂弥达请也。（《清高宗实录》卷270）

（乾隆十一年九月辛丑）又谕：“国家设立营制，所以严拱卫而固苞桑，务在选精锐以储干城，勤训练以资捍御，所谓兵可百年不用，不可一日无备也……”寻兵部议奏：“查阅各省营伍，其地方遥远，营汛辽阔者，若止简派大臣一员，势难周遍……戊辰年查阅湖北、湖南、云南、贵州等四省，两湖差派一员、云贵一员……”（《清高宗实录》卷274）

（乾隆十二年九月壬子）兵部议准湖广总督塞楞额疏称，澧州营所辖自岩圯垱至宜都营，计程一百四十余里，未设塘汛。请拨施南协战兵七名、守兵三十名归宜都营，添设五塘。每塘安兵三名，共十五名，余二十二名，添入城汛。从之。（《清高宗实录》卷299）

（乾隆十二年十二月壬戌）兵部议准荆州将军德敏疏称，荆州八旗现在领催、前锋、披甲共四千名，请定为鸟枪、箭手兵各二千名。从之。（《清高宗实录》卷304）

（乾隆十四年十月庚辰）兵部议奏：“更定中枢政考各款……一、臣部办理经承，宜按繁简酌定。查职方司额设经承二十四缺，按省分科，惟陕西、甘肃、云南、贵州、湖南、湖北六省仅设三科，经承三缺，俱以一人兼两省缺。而直隶一省分设六科，经承六缺，应裁二缺。将材科经承三缺，应裁一缺。以之分设甘肃、贵州、湖北各一科……”从之。（《清高宗实录》卷350）

（乾隆十六年七月丙子）军机大臣等议奏：“前据原任湖广总督永兴奏称，荆州水师营额设沙船十只、战船二十只、巡船四只。宜昌镇标前、后二营，乾隆九年，裁存战船四十只。二处均船多兵少，停泊无用，请于荆州营拨出战船五只，宜昌镇标二营各拨出战船五只，在荆州驻防满兵内拨兵四百名，改习水操。嗣议满洲兵现习鸟枪骑射，若改习水师，未免用违其长。二处船既多，应交督臣阿里衮确按情形量减。兹据该督奏称，宜昌镇标现存船四十只，每船配兵二十四五名，并非船多兵少，未便再裁。荆州营战船二十只、巡船四只，分防水汛，亦未空闲。至沙船一项，荆州系水陆交冲，八旗官兵驻扎重地，荆江涛浪，以巨舰为宜，缓急实资利用，亦未便轻裁。均应如所请存留，并令荆营参将于春、秋二季，督率水师官兵酌配陆营枪炮，一体操演。”报闻。（《清高宗实录》卷394）

（乾隆十六年八月壬戌）兵部议复：“湖广总督阿里衮奏称，湖南洞庭一协以水师营分兼应陆路差务，战少守多，请于通省营伍中，战粮数多者，照战三守七之例拨换。业咨商提臣，于步战较多之常德、汉阳、荆州、岳州水师四营内，共裁步兵五十六名，改拨洞庭协。应如所请，将洞庭守兵五十六名改为步兵，于常德等四营各裁步兵十四名，改为守兵。所余之饷，拨给洞庭协改步之饷。”从之。（《清高宗实录》卷397）

（乾隆十七年五月癸亥）……寻永常、尹继善奏：“查楚北之罗田县，由天堂寨、天马寨至江南之英、霍二县，相隔三百余里，山重岭峻，最易藏奸。旧设文武员弁稽查，势难遍及。酌议于楚省多云镇迤北五里僧塔寺添设千总一员、步守兵五十名，江省英山之茅草畈添设千总一员、步守兵三十名，霍山县迤南百四十里之包家河亦应添设外委一员、步守兵二十名。汛隘既设，必须酌增塘汛，楚省罗邑东二十里之大河岸，又东六十五里之跨马墩，应各添一塘。又四十五里即僧塔寺汛，由僧塔寺北二十五里至土地岭与豫省商城接界，西北十五里至瓮门关与江省霍山接界，东南五十里至梭子桥与江省英山接界，此三处，俱应各设一塘，每塘安兵五名，于僧塔寺汛兵内拨给。江省英山之烂柴沟，西通罗田之天堂寨，逼近天马寨，南通太湖县界，应各设一塘，安兵五名。其分地巡防之处，各由本省酌核咨部。至巡查之法，各塘五日游巡一次，于适中之地会哨。两汛千总，上半月与罗、英、霍把总于适中之地会哨，下半月同巡检于两省交界会哨三县知县。每逢季底，前赴查点保甲一次。

每岁秋冬之交，两省文武大员各带兵役会巡。春季，楚省令武汉黄德道或黄州府知府，安省令凤庐道或六安州知州，酌带人役会巡。秋季，楚省令黄州协副将，安省令六安营参将，酌带兵丁会巡。起程回署，均报明两省督抚提镇查考。至新添塘汛，系零星抽拨之兵，五方杂处，殊未妥协，应就近将该管黄州协、六安营官兵拨往。俟别营拨到，即补该协营原额。”得旨允行。（《清高宗实录》卷414）

（乾隆十八年四月丙戌）谕军机大臣等：“据湖广总督永常奏称‘两湖地方辽阔，接壤江南、江西、河南、陕西、四川、贵州、广东、广西八省，此内又多邃谷深林、崇山叠嶂、人迹罕至之处，若不设法巡防，难保奸徒不无藏匿。兹臣现就所辖地方，某处应与某省，酌量订期会哨。第恐各省营制不同，形势互异，必须彼此商同，始能遵行永久’等语，永常此奏，虽因马朝柱等前车之鉴，而弭奸匪以安善良，则原属封疆大吏应办之事。盖山谷险峻，既易藏奸，向来地方各官又以界联两省，不免互相推诿，若能彼此会同，不时巡哨，则宵小自必无从潜匿，与其查办于事后，不若豫防于临时也。现在如河南之信阳、江南之英山、江西之上犹与楚省交界各处，已经定有会哨之例，自当实力奉行。其余山陬水湄，幽僻阻隘，为人迹所不至之地尚复不少。可传谕各该督抚，令其确按地方情形，将作何协力巡查之处，一体留心，分别酌筹，会同商办。则两省巡哨之事归于画一，而不致有所扞格，于安靖地方之道甚属有益。该督抚等惟宜和衷商榷，一切出以镇静，不可张皇其事，致骇愚民观听。倘各督抚中有不能如此办理者，亦即据实复奏。”寻两广总督班第以咨商湖广、江西筹办会哨事宜入奏，下军机议。寻议：“该督奏称，两省交界地方，俱设有营弁，自应责以定期会哨，兑旗兑筹，申报稽查。至文职官均有地方之责，江西来咨，议立总巡、季巡、月巡，立法过多，似与出以镇静、不事张皇之谕旨未合。而湖广来咨，又以道府州县地广事繁，或不能亲往，听委丞倅等官往代，亦似责成不专。请嗣后令道府州县遇停讼及公事出巡之便，随时察勘，不得全行诿卸武员。应如所请，交该

部行文两湖及江南、江西、河南、陕西、四川、贵州、广东、广西等省，一体遵照办理。”从之。（《清高宗实录》卷436）

（乾隆十八年十二月）壬午，定外任武职借支养廉例。谕：“前因文职员自京赴任，盘费维艰，往往重利借贷，是以准其豫借养廉，武职官员未经议及。嗣后副将以下，着加恩照文员之例，一体准其借给。其应作何酌量省分及扣除归款之处，交该部分别定议。”寻议：“除八旗驻防官员例支廪给路费，及不由部选之卫所守备、千总，各省在外拔补之千、把均毋庸议外，其副将以下等官，应按省分职衔定议……江西、浙江、湖北、江苏、安徽、陕西副将借银二百八十两，参将一百八十两，游击一百四十两，都司卫守备一百两，营守备七十两，卫所千总五十两，营千总三十五两，均限一年半扣缴……”从之。（《清高宗实录》卷452）

（乾隆十九年七月）甲辰，兵部议准湖广总督开泰奏称，湖北郧阳协副将及所属之竹山、竹溪二营，距襄阳镇驻扎地方较近，请改隶襄阳镇兼辖。从之。（《清高宗实录》卷469）

（乾隆二十四年十月）戊戌，谕：“前经降旨，各省副将历俸五年以上者，着该督提陆续送部引见。而由旗员外补之人，又有五年调换来京，由军机处查奏请旨之例，与绿营汉缺副将等专定五年一次送部者不同。今据李侍尧将历俸五年以上之副将福海送部引见，系遵前旨办理。但该员已届应行调换之期，若甫令回任，旋复调京，不特伊等徒劳仆仆道途，且恐有妨营务。嗣后凡旗员副将，分别道里远近，定以年分，云南、贵州、四川、广东、广西、福建等省着以七年为期，江西、浙江、湖南、湖北、陕西、甘肃等省以六年为期，江南、河南、山东、山西、直隶等省以五年为期，着该督提等届期将该员分别出具考语，送部引见。如有堪胜总兵之任者，一并奏明，或应留京，或回原任，候朕酌量降旨。所有绿营副将仿此画一办理。福海着即留京，其员缺着兵部照例开列请旨。

所有军机处查办五年调换之例，着停止。”（《清高宗实录》卷599）

（乾隆二十五年七月癸丑）荆州将军嵩椿等议复：“左翼副都统德奇保奏称，荆州满洲、蒙古佐领共五十有六，请于每佐领下，择人品端方、通晓清文清语者，设教习一人、副教习一人。其满洲、蒙古十旗，于领催、前锋内，择才足管辖者，每旗设总教习一人，赏九品顶带，仍食本身钱粮，令教闲散幼丁清书、清语、骑射。该协领佐领等官，不时稽查，如果三年俱属奋勉，佐领、教习遇领催、前锋缺出，一旗总教习、领催、前锋等遇官缺出，俱置名前列拣选。若训诲不勤，革去教习，遇应升之缺，不准开列。应如所奏办理。至协领、佐领等官，稽查教习勤惰，尤其专责。如遇考试时，仍有不能清文、清语者，教习等照所奏办理外，该管协领、佐领等参奏议处。”报闻。（《清高宗实录》卷616）

（乾隆三十年九月丁亥）兵部议准湖广总督吴达善奏称，汉阳营战船二十五只，除分拨巡防外，闲泊尚多，请裁八只。荆水师营派防沔阳州属之新堤兵三十名、巡船三只，向仍荆水师管理，水陆往返辽远，请改归汉阳营，就近管辖。从之。（《清高宗实录》卷744）

（乾隆三十三年二月庚辰）兵部议准湖广总督定长奏称，湖北卫昌营游击驻鹤峰州，城守备及右司把总驻长乐县之湾潭，相距甚远，遇紧要事件未免往返迂回。请将该守备及右司把总移驻州城，俾得就近办理。查湾潭地方兵民无多，请即将原驻州城之千总移于湾潭驻扎。从之。（《清高宗实录》卷805）

（乾隆三十三年六月）己未，兵部议准湖广总督定长奏称，查武昌城守营信字二号巡江船一、汉阳营清字一号至四号虎船四，又丰字十六号战船一、襄阳城守营庆字号哨船一，均应裁。其黄州等协营战巡等船共八十七只，照旧存留。从之。（《清高宗实录》卷812）

（乾隆三十四年二月壬申）军机大臣等议复："云南副将军阿里衮、阿桂奏称，本年进兵，云南现有满洲京兵五千，荆州、成都满兵四千，合续派索伦、吉林盛京兵，共一万四千余名。现在马匹，止合一万一千满洲、索伦兵之数备办，请将湖南绿营兵二千名裁汰，并将荆州、成都满兵裁二千。所余马匹，添给续派兵。应如所奏。至称所裁荆州、成都满兵，令防守宛顶等隘口，并酌调本省绿营兵兼运粮饷。查落卓一路进兵，尚须至彼察看情形，未可悬定，应俟经略至军营，熟计相机办理。"从之。（《清高宗实录》卷829）

（乾隆三十六年五月）辛酉，吏部议准湖北巡抚梁国治奏称，德安府属随州，幅员辽阔，出山店巡检驻扎祝林总地方，隔州城二百里，应设州同一员弹压。请将鹤峰州分驻五里坪州同，改隶随州祝林总地方，出山店巡检移驻高城总地方。其新移州同巡检关防印信，均照改隶字样铸给。从之。（《清高宗实录》卷885）

（乾隆三十八年二月辛巳）兵部奏："定例直隶、山西、陕西、甘肃、四川五省自副将至守备，应用满员总计六百四十七缺。其余各省，自副将至守备，一千一百七十九缺，向以绿营人员选补。现在官册内，满洲、蒙古在绿营者，较原额已逾两倍，实缘各省请员时多用满员拣选之故。请嗣后除原用满员省分照旧办理，其河南、山东、江南、江西、湖广腹地事简，及闽、浙、两广海滨烟瘴等省，概不准其援例请员。倘实在需员请拣，臣部于绿营候补候选及保举卓异来京人员，并行走年满之汉头、二、三等侍卫，蓝翎侍卫，巡捕营员一并拣选。如不敷用，再将记名八旗满洲官员入选。"从之。（《清高宗实录》卷927）

（乾隆四十年八月甲辰）兵部议复："署湖广总督湖北巡抚陈辉祖奏称'荆州水师系守备专营，每年仅止宜昌总兵巡察一次，就近并无营将管辖，易致生疏。至管理巡查岳州水师守备之该营参将及长沙协副将，俱非水师人员，于教练无益。请嗣后水面操演，将荆州守备营责令宜昌前营游击，岳州守备营责令洞庭协副将，随时亲往阅验。其岁底巡察，荆州水师仍令宜昌总兵查阅，岳州水师改归洞庭副将办理，将长沙副将阅验旧例停止’，应如所奏。”从之。（《清高宗实录》卷989）

（乾隆四十六年七月丁巳）兵部议复湖广总督舒常奏称，武举随营，向例分别千、把总拔补，但不豫行考定，临时酌用，易滋弊窦。请于武举三年效力满日即加考验，或应用千总、把总先行指定报部，缺出时按到标先后咨补，并定以千总四缺后、把总六缺后各用一人。如应用熟习鸟枪武举之把总缺出无人，即以弁兵代，俟下一缺，以武举抵。应如所请。从之。（《清高宗实录》卷1137）

（乾隆四十八年二月戊子）兵部议准湖广总督舒常奏称，湖北襄阳镇前营游击随镇驻扎谷城，余弁兵俱驻襄阳，距所管光化县汛一百七十里。襄阳地方现有右营游击并城守营驻扎，足资控制，应将前营都司、守备、千把、外委、兵丁等移驻谷城，所需衙署即以旧署变抵。从之。（《清高宗实录》卷1175）

（乾隆四十八年三月甲辰）兵部等部议复湖广总督舒常奏定两湖添兵事宜：“一、湖北添兵，马步二项已有六成，且尽数派拨省会，及襄阳、宜昌各镇，余施南、黄州、荆州、安陆等协营，原因兵单添额，应概拨守兵。湖南现添马步兵已居十分之八，均应照马步兵原额匀拨。一、原奏马兵于战兵内挑取，战兵于守兵内挑取，以余丁充补守粮，惟督标原未设有守兵，应仍照旧例考补。一、应需骑操马匹，请将司库养廉名粮项下扣存马价动买，并缓买一年，扣存草干银，制办军装器械。一、新添战守兵内，应以十分之五习鸟枪，十分之三习弓箭，余二分习牌刀。炮手所需火药铅子，即于旧额按数加增请领。一、应添额外外委。湖北省督标四员、抚标二员，襄阳镇四员，宜昌镇中营二员、左营一员；湖南省抚标二员、提标四员，镇筸、永州镇标中营各一员，均于本标营马兵内考拔，仍支马粮，毋庸增费。一、饷银应以退出养廉名粮原额支发月米，有派支本色，有拨给折色，均移会粮道筹拨。一、挑选新兵，先尽本兵子弟亲戚及土著民人挑补，各兵多有依倚，毋庸多设兵房，仍俟挑竣，报部核办。”从之。（《清高宗实录》卷 1176）

（乾隆五十一年九月庚子）署湖广总督李侍尧奏：“湖北督抚及武昌城守三标营，共募补新兵一千二百二十名。查各该营旧兵，前奏准动武昌关口岸余银，照市价每兵一买米九斗，存贮义仓，备青黄不接时借给，于秋冬月饷内扣还。兵丁得此接济，无虞食贵。今新兵事同一例，仰恳于赴滇兵差恩赏余银内买贮。”报闻。（《清高宗实录》卷 1265）

（乾隆五十二年八月壬戌）署湖广总督舒常奏：“湖北武昌、武昌左二卫，屯丁九十八名，分派看守城门及火药库。乾隆十九年，因荆州满营火药局需人看管，于该屯丁内抽拨四名，即将屯粮移营，就近雇募。臣查武昌省城共九门，每门原设营兵十名，分司启闭，稽查出入。其火药局亦有目兵看守。而屯丁之设，不过备数，每岁徒糜屯饷，请全数裁汰，令其归屯。所有城门一切差使，即责成营兵专管。火药局令该管武昌府同知拨役协同目兵看守。至荆州满营看守火药局人夫，本系拨给屯饷雇募，应一体裁汰，即于荆州城守营新添兵丁内，酌拨四名稽管。”得旨：“如所议行。”（《清高宗实录》卷 1287）

（乾隆五十七年五月丙辰）兵部议复：“湖广总督毕沅奏称，楚省苗疆副将、参将、游击、都司、守备等官五十一缺，向例五年俸满，照边俸分别保送调回。应遵部议，照内地营分，分别或题、或调、或归部推之处办理。请将……湖北之施南协、卫昌营副将、参将、游击、都司、守备共四十七缺，定为在外题调之缺，宝庆协、九溪营副将、都司、游击、守备四缺改为部选之缺。外有荆州水师营守备一缺，地方紧要，改为调缺。应如所请，并令该督查照原定各缺，分别题补、调补，以杜牵混。”从之。（《清高宗实录》卷1405）

（嘉庆元年五月甲寅）谕内阁：“宜绵查明逆首王全礼、徐良等滋事缘由，实力搜捕，全行授首，复派委员弁于二郧一带搜剿擒杀，汉江以北悉就肃清，并将善后事宜详悉筹办，实属可嘉。宜绵着赏戴双眼花翎，并加太子太保衔，以示优奖。在事出力文武员弁，查明咨部议叙，其条列各事宜，该部详议具奏。”寻议：“汉口北岸，令乡勇公推正副义总，如再有余孽滋事，许令擒拿送官，不得擅自杀戮。郧阳府通判改为抚民通判，移驻郧西县，属上津堡地方稽查弹压。郧西向无城垣，应行估建。均如所请。”从之。（《清仁宗实录》卷5）

（嘉庆五年六月）庚午，湖广总督姜晟等奏：“楚省郧阳之竹山、竹溪、房县、郧西四属及宜昌之巴东一带，均与川陕毗连，绵长几三千里，万山重叠，路路可通，防守实非易事。查楚省官兵前赴川陕协剿者，为数尚多。是以各处边卡，转留河南、山东等省官兵防守，一有贼警，则防边之员只能就各边卡抽拨兵勇剿捕，日追日远，即不能回顾边防，因此卡隘益形单薄。从前楚省各卡，原设官兵一万二千余名，现止存八千余名，防剿兵力不敷，因而添雇乡勇，支项所费倍增。前奉谕旨，以军机大臣会议，请于郧阳府设立道员，改协为镇，移驻竹山、竹溪地方，于控制机宜最有裨益。盖边境路长山险，固守尤难，另设一镇，招募新兵就近协防，则乡勇可渐加裁撤，以归节省。现拟亲身履勘，将添设镇道事宜，妥议具奏，并咨商经略，前由楚北派往川陕官兵，如能撤回，则河南、山东等省官兵亦可令回原营归伍……”（《清仁宗实录》卷70）

（嘉庆六年二月）庚午，改原驻辰州之湖广提督为湖南提督，添设湖北提督一员，驻襄阳；改原驻谷城之襄阳镇总兵官为郧阳镇总兵官，移

驻郧阳，并将原驻郧阳之副将移驻竹山，改为竹山协副将，从总督书麟请也。（《清仁宗实录》卷79）

（嘉庆六年十一月壬辰）移湖北德安府营守备驻随州，随州营千总驻德安府，从总督吴熊光请也。（《清仁宗实录》卷91）

（嘉庆七年正月甲申）湖广总督吴熊光等奏："楚北新设提督改移郧阳镇协，共应添兵三千五百名，以无业乡勇补充，可收驾轻就熟之效，又得官为钤束，不致流而为匪。所需千、把、外委及额外等官，即以出力乡勇首领内，视其职衔大小酌量拔补，令其管束训练，更为亲切得力。此次添设提督移驻镇协，节节俱有大员驻守，固足以严屏蔽而资控制。惟二竹、房县界连川陕，万山重叠，广袤险要，且五方杂处，最易藏奸，必当多添兵力以资驾驭。拟于房县南路之上龛设守备一员、兵一百二十名，西南之九道梁、东南之冷盘垭各设千总一员、兵六十名。竹山县南面之官渡设守备一员、兵一百二十名，东面之洪坪设千总一员、兵一百名，西北之吉阳关设千总一员、兵六十名。竹溪县西南之丰溪设守备一员、兵二百名，东南之向家坝设千总一员、兵一百名。核计添设沿边各汛共需兵八百二十名，应请于提、镇二标腹地各营内减六百六十名，其不足之数，即于各本营凑拨安设。"奏入，谕军机大臣等："据奏酌筹安顿乡勇一节，各处乡勇安顿之法，亦惟补充额兵最为正办。伊等既入营伍，即可明示约束，而所得盐粮分例，亦足敷养赡之用，自不致流而为匪。但须查询明确，将愿充额兵者始令入伍，亦不必稍有勉强。其筹布沿边要隘营汛等事宜，亦均照所请行。将此传谕知之。"（《清仁宗实录》卷93）

（嘉庆八年七月癸卯）兵部议准湖广总督吴熊光奏，湖北添设营制，原议提标后营都司移置枣阳县，与守备俱驻城中。查枣阳县属之湖河镇，东接随州，北与豫省桐柏等县毗连，请将驻城之守备带同额外外委一员移驻湖河镇。原设湖河镇把总移驻唐梓山，兼管寺庄汛。原设唐梓山千总、寺庄汛外委撤回县城，随同都司差操。原议襄阳城守营守备移置樊城，查城守营守备有防守城池之责，未便移驻，请将襄阳提标右营守备带同该营新添兵一百一十五名移置樊城，其所管汛地即与城守营酌量调换。均应如所请。至该提督请将樊城守备改为水师之处，已据该督奏称详查形势，窒碍难行，应无庸议。从之。（《清仁宗实录》卷116）

（嘉庆八年十二月甲子）湖广总督吴熊光奏："都司麻光裕原带乡勇五百名，半系施南府人，随征数年，技艺娴熟，多愿入伍。查楚省宜昌居荆州之上，西通巴蜀，为川楚门户，且宜昌镇所辖之施南协、卫昌营等处俱系改土归流之地，山深箐密，尤宜认真稽查弹压。应俟搜捕事竣，即饬该都司将此练勇五百带赴巴东江北地方驻扎，各给守粮一分，另立一营，即令麻光裕统领，设马粮十二分，作为额外外委令其管带操演。巴东西接川省巫山，南连施南，北通兴归等处，最为扼要之地。该县向仅守备一员驻扎江南，额兵无几，若添此劲旅，不但足资弹压，且各乡勇可借此钤束，不致为匪。臣仍饬施南各营出有制兵之缺，即以此项练勇就近顶补。所添额外外委，宜昌镇标有未设额外营分，应即酌量添设。"下部议行。（《清仁宗实录》卷124）

（嘉庆九年正月丁巳）罢湖北宜都县灌湾脑山梁添设营汛，从总督吴熊光请也。（《清仁宗实录》卷125）

嘉庆十一年丙寅六月壬辰，谕内阁："倭什布、方维甸会奏'酌筹停止会哨官兵'一折，据称'川陕边界前经酌留兵九百名，以三百名会哨、六百名巡缉，现在边界肃清，请将此项官兵裁撤，各归本汛操防'等语……至所奏'川楚陕交界地方，前于七年冬间，经额勒登保等奏令三省提督每年十月会哨一次、总兵每年二八月会哨两次，准带兵五百名及一千名，今请一并停止，仍令固原提督于每年十月到陕一次，巡查山内边界，查阅营伍，只须酌带兵一百名……’等语……其四川、湖北两省边界，前议提镇带兵会哨之处，亦着一体停止，仍着该督等各就本省地方情形酌定章程，随时饬属认真查缉，慎勿视为具文，致涉疏懈。”（《清仁宗实录》卷163）

（嘉庆十九年三月）丁巳，谕内阁：“从来兵制与国赋相权而行，我朝建设各省营兵久有定额，其小有损益，亦皆就地方情形随时酌定。惟乾隆四十六年添补名粮额缺案内，一时各省骤添兵六万六千余名，为数较多，迄今三十余年，于武备无甚裨益，而帑项已多用至四千余万。前曾降旨令大学士、军机大臣会同兵部将增设兵粮额数酌量汰减，详议具奏。本日议上，朕披览折内，现在各省额兵六十二万四千余名，较之雍正年间及乾隆四十六年以前所增实多，自应酌加裁减。惟各该省地方情形有今昔不同者，亦当熟思审虑，各就现在经制，参考先后所设兵数、汛防控制情形，将应汰应留通盘筹画，庶饷不虚糜，而兵皆足用。着各省总督……各将所属标下各营及该提抚镇协等营兵内，每省可以汰减若干，据实具奏，汇交原议大臣再行核议。”寻奏：“……湖北裁额兵一千六百三十六名……统计裁兵一万四千二百四十名、马一千二百五十六匹，每岁共节省饷乾银二十七万一千九百三十二两有奇、米三万七千五百五十五石有奇。”从之。（《清仁宗实录》卷288）

（道光二年二月）丙戌，谕内阁：“军机大臣等议驳‘诚安奏请添设东三省官马’一折……至荆州等驻防兵丁，皆系满洲、蒙古旧设马匹，即无敷余，若遽行抽拨，该兵丁转无以备骑操之用……且喂养马匹若不设立专营，添派管辖官员，则事无专责，诸弊丛生，于马政必致有名无实。该都统所奏，着无庸办理。”（《清宣宗实录》卷29）

（道光二年八月戊辰）改湖北竹山协洪坪塘千总为白河口千总，额外外委为白河口贴防，从总督陈若霖请也。（《清宣宗实录》卷40）

（道光二年十一月甲午）谕军机大臣等："御史俞恒泽奏'湖北荆州府枝江县羊角洲地方，西通巫峡，东接江陵，其岔港支河并通当阳、襄郧各处，横亘百里，居民稠密。近闻沿江盗劫船只习以为常，县治太遥，匪人出没，正恐愈聚愈多，请于该处扼要之区增置一汛，或酌量移设，以专责成'等语。着李鸿宾、杨懋恬派委妥员前赴羊角洲地方，确查沿江一带果否易藏匪徒，并察看现在情形，是否应于扼要之处设立分防专司巡缉，查明据实具奏。将此谕令知之。"（《清宣宗实录》卷45）

（道光四年十一月丙辰）铸给湖北改设德安卫守备条记，从巡抚杨懋恬请也。（《清宣宗实录》卷75）

（道光五年七月戊戌）移湖北提标中营左哨经制外委驻随州双河集，拨郧阳、施南、武昌、汉阳各营兵二十名添防，从总督李鸿宾请也。（《清宣宗实录》卷85）

（道光七年九月丙寅）移湖北谷城县庙滩千总驻茨河，范家寨外委驻庙滩，添设张朝铺、紫金洞塘房各一所，每塘拨驻兵五名，从总督嵩孚请也。（《清宣宗实录》卷126）

（道光十二年三月辛未）湖广总督卢坤奏："遵旨酌裁湖北督、抚、提三标，郧阳、宜昌二镇等营兵三百五十三名。惟湖南界连两粤、滇黔，苗瑶杂处，且现有江华瑶匪滋事，均资调防，所有兵额暂请缓裁。"报闻。（《清宣宗实录》卷208）

（道光十二年九月庚午）前任湖广总督卢坤奏："查湖南界连两粤，接壤滇黔，苗瑶杂处，在在需兵防御，请免裁兵额。"从之。（《清宣宗实录》卷220）

（道光十九年正月己未）改铸湖广督标左、右两营游击关防，从署总督伍长华请也。（《清宣宗实录》卷318）

（道光十九年十一月癸卯）移湖北崇阳汛把总驻江夏，江夏汛外委驻崇阳，从总督周天爵请也。（《清宣宗实录》卷328）

（道光二十四年九月庚辰）铸给湖北提标后营都司关防、守备条记，从总督裕泰请也。（《清宣宗实录》卷409）

（道光二十七年二月壬子）改铸湖北宜昌镇标前营游击关防，从总督裕泰请也。（《清宣宗实录》卷439）

（道光二十九年十一月丁未）铸给湖北均州营中军守备条记，从总督裕泰请也。（《清宣宗实录》卷474）

（咸丰二年六月）丙申，谕内阁："台湧奏'将军印信，应否带往行营'等语。台湧现办防堵事宜，荆州将军印信，着即带往行营，毋庸派员署理。所有该衙门日行事件，着副都统官文、贵陞暂行代理。至该将军现届陛见之期，着暂缓来京，俟防堵事竣，再行具奏。"（《清文宗实录》卷64）

（咸丰六年九月庚辰）补铸湖广督标中军副将关防，从总督官文请也。（《清文宗实录》卷208）

（咸丰七年二月丙申）湖广总督官文奏："整饬营务，并拟酌并水师，以一事权。"得旨："所虑极是，均照所议办理。"（《清文宗实录》卷219）

（咸丰七年十一月乙巳）改铸湖北黄州协副将关防，从总督官文请也。（《清文宗实录》卷240）

（咸丰八年六月乙卯）改铸湖北抚标右营游击关防，从总督官文请也。（《清文宗实录》卷256）

（咸丰八年七月乙亥）改铸湖北提标左营游击关防，从总督官文请也。（《清文宗实录》卷258）

（咸丰十年正月壬申）谕军机大臣等："官文奏'改设长江水师专营，现已抽足兵数，并筹办大概情形'一折。自九江克复，全楚肃清以后，即经官文核檄饬陆路提镇及通省各营，视兵数之多寡分别按成，于各兵出缺时扣留额缺，共计扣出马战守兵二千名，以备充补水师……俟楚省撤防时，或设水师提督，或先派镇协统带，再由该督定议具奏。将此由五百里谕令知之。"（《清文宗实录》卷305）

（同治四年四月己巳）裁湖北汉口镇游击员缺，添设副将一员，移道士洑都司于汉口，并拨马步兵丁二百二十名，改设道士洑守备一员，从总督官文、巡抚吴昌寿请也。（《清穆宗实录》卷135）

（同治四年十一月壬戌）添设湖北汉口镇陆路千总一员、把总二员、经制外委二员、额外外委四员，移原设中军守备于汉阳府城，右哨水师千总暨额外外委于江汉关，水师三司外委于蔡甸，从湖广总督官文等请也。（《清穆宗实录》卷159）

（同治六年八月庚寅）署湖广总督李瀚章等奏："裁撤霆军十八营，接招霆峻新营，并挑留马队，筹给川资，饬赴济宁助剿。"得旨："所奏裁撤霆军各节，办理尚妥。娄云庆招募新军，昨已谕知曾国藩，饬令认

真选择矣。唐仁廉等所统马队，即着饬赴李鸿章军营听候调遣，以备迎剿。”（《清穆宗实录》卷 209）

（同治六年八月癸巳）添铸湖北宜昌镇左营中军守备条记，从总督官文请也。（《清穆宗实录》卷 209）

（同治六年九月癸酉）添铸湖北襄阳城守营中军守备条记，从总督官文请也。（《清穆宗实录》卷 212）

（同治八年五月）癸酉，两江总督马新贻等奏长江水师续议事宜："……一、湖北议裁之汉阳营水师千总应请无庸裁撤，惟将新堤把总移扎黄陵矶，酌留兵丁十名。议裁之荆州水师营酌留守备一员、兵丁九十二名。”下部议，从之。（《清穆宗实录》卷 258）

（光绪元年七月己亥）四川总督吴棠奏："川省达字营楚军中、右两营勇丁六百人，撤遣归农。”报闻。折包　（《清德宗实录》卷 13）

（光绪三年四月己丑）（湖广总督李瀚章）又奏陈今昔情形不同，请将汉阳、宜昌各协水师改为陆路专管。下部议。折包　（《清德宗实录》卷 50）

（光绪三年四月甲午）护理四川总督文格奏："召募楚勇成军暨裁添各勇。”报闻。折包　（《清德宗实录》卷 50）

（光绪四年十一月辛亥）湖广总督李瀚章等奏："遵照部议，续行裁减分驻汉黄各属之忠义、升字两军防营勇丁五百一十三名，资遣归农，以节饷糈。”下部知之。（《清德宗实录》卷 81）

（光绪五年正月甲寅）（湖广总督李瀚章）又奏：“请仍将汉阳、宜昌水师各协营改为陆路专管。”下部议。折包　（《清德宗实录》卷85）

（光绪六年三月丙申）湖广总督李瀚章奏：“湖北防营及省城各局遵旨分别裁并。”下部知之。折包　（《清德宗实录》卷111）

（光绪七年五月乙亥）又谕：“鲍超所部步队二十一营、马队六营，驻扎乐亭一带，现在防务稍松，自应量为裁减，以节饷需。着该提督于所部各营内即行裁撤步队十一营、马队二营，派员分起管带回籍，妥为遣散。该勇丁籍隶湖广，程途较远，自当仍由轮船行走，较为便捷。着李鸿章、刘坤一即行豫备，知照鲍超，饬令各营陆续起程，应需轮船经费，即着李鸿章筹款应付。此项遣撤勇丁，着鲍超责成统带各官严加约束，毋任沿途逗遛。俟到籍后，并着李瀚章、彭祖贤、李明墀督饬地方官，一体弹压照料，毋令滋生事端。所撤各营月饷，应如何核给之处，着户部妥筹办理。其军火器械，着李鸿章派员点收，存储备用。至现留之马步各营，仍着鲍超督饬认真操防，毋稍懈弛。将此由五百里各谕令知之。”洋务　（《清德宗实录》卷130）

（光绪八年十一月乙巳）（浙江巡抚陈士杰）又奏：“裁撤楚军贞字中、左、后三营及达字五营，另于所裁各营中挑选精壮五百人作为楚军新左营，并募土勇五百人列为越军中营，分饬各将弁实力操防，认真巡缉。”报闻。折包　（《清德宗实录》卷155）

（光绪八年十二月壬申）又谕：“兵部奏‘湖北忠义军队四营业经遣撤，请饬毋庸添募勇营’一折，据称‘湖北陆勇，除忠义营外，尚有升字各营及督抚各标操防官兵分扎各处，所存兵勇已足分防’等语。即着涂宗瀛、彭祖贤查照该部所奏，毋庸另募南字各营，招足升字营勇，如已添募有成，或酌留补额，或设法遣散，以节縻费。并着兵部通饬各该大臣督抚，嗣后如有必须添勇之处，务当先行奏请，毋得一面添募，一面具奏。将此各谕令知之。”现月 （《清德宗实录》卷157）

（光绪九年二月）乙卯，湖广总督涂宗瀛奏：“新募南字等营勇丁业已成军足额，地方紧要，骤难遣散。”得旨：“据奏，湖北兵力单薄，所有新募南字等营，即着暂缓遣散，仍随时察看情形，分别撤留，以节经费。”折包随手 （《清德宗实录》卷159）

（光绪十年二月甲寅）署湖广总督卞宝第奏：“请添设荆州驻防拔贡额一名。”下礼部议。随手 （《清德宗实录》卷178）

（光绪十年六月戊子）署湖广总督卞宝第奏：“鄂省武毅防营调津，现在江防紧要，拟先行募补两营，由盐斤售价拨给薪粮。”得旨：“所有添募两营，即着认真训练，俾成劲旅，以备调遣。”折包 （《清德宗实录》卷188）

（光绪十一年九月甲辰）又奉懿旨：“醇亲王奕譞等遵议海防善后事宜折内奏称‘长江水师岳州、汉阳、湖口、瓜洲、狼山五镇之舢板船宜令先裁一半，将营哨弁兵额缺酌量裁并，即以裁出之饷添制浅水轮船，分隶巡防’等语。前于江南军务大定后，曾国藩等创立长江水师，固因江面巡防不可不各专责成，亦为安置立功水勇起见。今已十有余年，各营旧勇大半更换，巡防一切规模亦不及从前之严整，每年糜饷甚巨，本应设法删汰节省。现在整理海防，如于长江水师中参用浅水轮船，自较舢板船为得力，惟必须腾出饷项，方能次第办理。着彭玉麟、曾国荃、裕禄、李成谋悉心会商，所有原设长江水师能否酌裁一半，及浅水轮船应添若干分隶各镇，详晰筹议具奏。将此由五百里谕知彭玉麟、曾国荃、裕禄，并传谕李成谋知之。”寻两江总督曾国荃等会奏：“酌裁长江水师，利少害多，浅水小轮不及舢板巡缉合用，如废弃舢板一半，改造浅水小

轮，实属有损无益。”钦奉懿旨，下所司知之。洋务 （《清德宗实录》卷215）

（光绪十二年五月甲寅）又谕：“陈士杰奏‘山东原留各营，现拟先撤楚军卫队一营，再撤楚军亲兵一营、东军广武中营、楚军广武后营，请各给行粮，以示体恤’等语。山东海防缉捕均关紧要，张曜所带营勇是否足敷分布，该前抚拟撤三四营有无虚额情弊，应否酌留以资镇抚之处，着张曜体察情形，奏明办理。原片着钞给阅看。将此由四百里谕令知之。”寻奏：“楚军卫队等四营久役思归，未便再留，应请裁撤。所遣各营人数，尚无虚额情弊。”下所司知之。现月 （《清德宗实录》卷228）

（光绪十七年九月戊辰）湖广总督张之洞等奏：“两湖会匪伏莽最多，窃发时虞，鄂省营勇过单，备御空虚，拟暂行添募两营，以遏乱萌。”如所请行。折包 （《清德宗实录》卷301）

（光绪十八年正月戊寅）遵旨：“添募铁字三营，审度时势，水陆兼操，参酌鄂省营制饷章，变通办理。”从之。折包 （《清德宗实录》卷307）

（光绪二十一年二月壬戌）护理湖广总督谭继洵奏：“鄂省添募防营委员管带，以五营名为镇南营，以三营名为武刚营。”下部知之。（《清德宗实录》卷362）

（光绪二十三年四月甲申）谕军机大臣等：“督办军务王大臣等会奏议复御史李擢英奏请酌裁长江水师暨各省勇营一折。长江水师，分隶五省，兵数既众，口粮亦较绿营为优，当此裁兵节饷之际，自应严加裁汰，力杜虚糜。着两江总督、湖广总督会同长江水师提督察看情形，按照该御史所奏裁去二分酌留一分之议，斟酌办理，限一月后迅速复奏。至各省兵勇，糜饷甚巨，前据户部奏请，业经谕令各直省督抚认真裁汰，并着合力通筹，赶紧办理。仍将所裁兵勇数目、日期，分晰具奏，毋稍延缓。原折均着钞给阅看。将此各谕令知之。”寻两江总督刘坤一等奏：“遵旨酌裁长江水师桨兵一千七百三十二名，岁节饷银六万四千余两。”下部知之。现月 （《清德宗实录》卷404）

（光绪二十六年八月辛巳）（山西巡抚毓贤）又奏：“通筹全局，飞咨直督、豫抚，暨归绥、大同守将分兵协防，并函商北来湘鄂军，酌拨分扎覃怀一带，以通南漕入晋运道，叩恳宽怀释忧。”得旨：“览奏具见悃忱，锡良统带湖南、北各军，着准如所请，酌拨分扎，即由该抚行知遵照。”折包 （《清德宗实录》卷468）

（光绪二十六年闰八月丙午）（湖广总督张之洞）又奏：“鄂省筹办防务，武功、汉靖、襄防、沙防、宜防等营各有添募，统带将领亦有更换。”下部知之。折包 （《清德宗实录》卷470）

（光绪二十八年十一月乙丑）湖广总督张之洞等奏：“筹办湖北练兵事宜，酌议常备、续备军营制饷章，并豫筹将来量力增减办法。”下政务处议。寻奏：“该督抚所拟营制饷章，暨湖北练兵事宜各条，本中国已有之军制，采各国现行之成法，经营擘画，具见苦心，应责成该督抚查照此次更定各节，切实筹办。至统筹全局军制，应如何画一贯通之处，仍应请旨饬催张之洞、袁世凯妥速核议。”依议行。（《清德宗实录》卷507）

（光绪三十年正月癸未）（署湖广总督湖北巡抚端方）又奏：“选派鄂省护军左旗及武防军等八营，令记名提督吴元恺等统之入卫，并续练新军，填扎武汉。”报闻。折包 （《清德宗实录》卷526）

（光绪三十年九月乙未）湖广总督张之洞奏：“酌改营制用数，自甲乙等字编次。”下练兵处知之。折包 （《清德宗实录》卷535）

（光绪三十三年七月）庚戌，陆军部奏："拟定派驻外国使署武官章程十八条，应守规则九条，办事章程四条。"又奏："拟定陆军三十六镇按省分配限年编练章程。除近畿四镇、直隶两镇业经编定，江苏、湖北各两镇……"均从之。（《清德宗实录》卷576）

（宣统元年闰二月丙申）裁湖北黄州协副将一，抚标中营、兴国营参将各一，抚标右营、提标右营、荆门营、郧阳城守营、宜昌前营游击各一，提标前营、郧阳前营、施南协中军都司各一，督标右营、抚标左营中军，抚标右营、德安营中军，提标左营中军、提标后营中军、郧阳镇左营中军、前营中军、卫昌营中军、远安营中军守备各一，从湖广总督陈夔龙请也。折包 （《宣统政纪》卷10）

（宣统元年十一月戊申）湖广总督陈夔龙奏："湖北水陆巡缉队一营，系沿江督捕下游巡缉两营合并改编，于光绪三十三年奏明在案。本年三月，准陆军部咨'该营与陆军及巡防营章制未合，侦探、线勇等名目皆系地方警察事宜，应否按照警察章制编改'等因。查该营本为巡缉而设，侦察最关紧要。今以旧有奏设之巡缉队改编充作巡警之用，以水队改为水面警察，陆队改隶武昌巡警，驻探及行缉、线勇两队改为侦探队。各就原有名额饷数开支，于款目既无出入，与部议亦属相符。"下部知之。折包 （《宣统政纪》卷25）

（宣统三年六月庚辰）湖广总督瑞澂奏："军事用人，现据《政治官报》内载陆军部奏'鄂督电奏拟派督练公所人员，核与定章不符'一折，寻绎再三，始知部臣未尝以臣言为谬。且谓臣奏陈督办权限及参议官应办事宜，系原章精意，则臣之前议尚为部臣所见采。独至用人一节，部臣必须直接专奏派充，在部意以军事统一，挈领提纲，视为必要。但督抚既奉派督办，若所用之人素不相知，或无权举劾，窃恐督抚将视督办为名誉之职，遇事推诿，不担责任。督练公所各员，误会宗旨，亦将视督办为无足重轻之人，推其流弊所及，军事之败坏，军士之嚣横，且将日甚一日矣。夫一省之治乱，朝廷责成于督抚，督抚所以安治而定乱者，惟军人是赖。今则于军事机关，既已不负完全责任，譬犹使臂而去其指，深所未喻。至军事统一，在今日尤有难言。我国幅员辽廓，交通未便，文报往返，淹旬累月。征调既属不易，因应尤属为难，加以伏莽甚多，事机万变。如督抚事事受成于部臣，并节制调遣之权，亦暂归于消灭，是部臣得统一之虚名，而地方受无穷之实祸，揆之练兵初意，恐亦大相径庭。以臣之愚，窃谓督抚若无军事实权，即将无从担负疆圻责任。臣非不知军部苦心规画，事事方驾列强，但中外形势既有不同，则经始之初，自无从强为附合。况定章贵可实行，兵政何能遥制？一有不慎，督抚臣不足惜，其如大局何？此不独督练公所用人之权，督抚仍应参预，即各省新军用人之责，督抚亦似应与闻者也。今部臣既以臣议为不然，臣亦何敢固执，惟似宜谨遵和衷商榷之旨，请于原章略加变通。嗣后凡一省军事重要人员，遇有应行补充之缺，应先由部臣、疆臣文电相商，酌筹定妥，然后再由部臣会同督抚列衔奏明，请旨派用，庶不负和衷之明诏，于以定行政之职权。军事切要，不敢不言。”下陆军部议。（《宣统政纪》卷55）

（宣统三年六月）癸未，军咨府奏：“湖北、浙江等省军事参议官，拟请兼任参谋处职务。”从之。（《宣统政纪》卷56）

（宣统三年十月庚戌）节制各路军队大臣袁世凯奏：“拟请将湖北巡防军改名为武卫右军，以资拱卫而便游击。所有营制饷章，仍照武卫左军奏定成案办理。至服装一项，应按照陆军部改定章服制办，以归一律。”从之。（《宣统政纪》卷66）

（宣统三年十月）癸丑，谕内阁：“内阁请更调军统，现在第三军业经撤销，第二军分驻各省，未能集合，应一并撤销，着军咨府、陆军部

另行编配。第二军筹备畿辅及海防一带，着冯国璋兼充第二军总统，署湖广总督段祺瑞着兼充第一军总统。”（《宣统政纪》卷66）

（宣统三年十月乙卯）谕内阁：“电寄段祺瑞，电奏悉。现因京畿地方重要，改派冯国璋总统第二军，兼统禁卫军，以资拱卫。第一军驻扎湖北，饬令该署督就近兼统，庶足内外并顾，各专责成。该署督治军有年，岂容借词委卸？所请收回成命之处，着不准行。”（《宣统政纪》卷66）

5. 八旗绿营

（康熙十六年十月甲寅）征南将军穆占疏言：“臣遵部檄，分每佐领兵四名，付副都统龚图于本月初十日赴安亲王军前，因部檄不言留绿旗兵与红衣炮，故臣尽率绿旗兵携红衣炮至袁州。得旨：“穆占如期养马毕，即速行剿贼。其所率绿旗官兵，皆系楚、秦劳瘁将士，官员各加一级，兵丁支正项赏赉。”（《清圣祖实录》卷69）

（康熙十七年十二月己巳）宁南靖寇大将军多罗顺承郡王勒尔锦疏言：“臣所部满汉兵缘诸路调发，见存无几，倘贼窥知我兵攻取岳州，窃犯荆州，以图牵制，臣等兵单，难保无虞。乞许臣募绿旗兵万二千人，悉充枪手，以资防御。”得旨：“顺承郡王既言荆州兵单，宜如所请，并会同督抚，择戮力行间有才能者，授职管辖。兵丁所需交枪，令工部发去，如需用轻炮，王等具疏以闻。”（《清圣祖实录》卷78）

（康熙十八年十月甲申）荆州阵亡夸兰大吴喇忒蒙克丧至，遣一等侍卫和善以茶酒往奠之。（《清圣祖实录》卷85）

（康熙十八年十一月）己亥，湖广阵亡骁骑参领鄂尔缀、吴达纳、海澜丧至，遣一等侍卫额度勒祐、和善、萨哈达以茶酒往奠之。（《清圣祖实

录》卷86）

（康熙十八年十一月）丙午，荆州出征被创身故扎鲁特二等台吉和克津、阵亡科尔沁骁骑校扎木束等丧至，遣内大臣公噶布喇、散秩大臣博落特等以茶酒往奠之。（《清圣祖实录》卷86）

（雍正元年九月辛卯）谕湖广总督杨宗仁："天下绿旗兵丁，大率十分中有二三分空粮为专阃大臣及将弁等所侵冒，而老弱残疾、不能骑射者，复充当兵数，徒令国家钱粮费于无用之地。夫武备关系重大，额设兵数，不特缓急恃以为用，并借以防缉盗贼，守护城汛，岂可任听将弁挑选随丁，一无拘限？今奉天等处将军、副都统官员俱令酌选数名着为定额，其提督、总兵以下等官亦宜照例酌定，各于该管兵内查有不堪者，亟应沙汰，选择年力精壮、汉仗雄伟者顶补。嗣后营伍骑射须时加操演，火器营兵在春、秋二季操演，水师营兵在战船操演。其安营布阵、进退作止之法务令精熟，盔甲、器械、船只等项务令坚固。沿途守望烟墩之兵量增数名，酌计几墩，令千、把等员轮流分辖，不时稽察。至山谷林麓、近江滨海险僻处所，或有匪类潜藏亦未可定，应派委参、游以下二员，领兵四十名，时往巡哨，更须严饬所领兵丁，经过地方毋许骚扰。兵丁内有实能效力、弓马娴熟者，遇有把总缺出，即行录用，以示鼓励。其懒惰刁悍者，严行责革，以彰法纪。从前把总一缺，提镇将弁每将家丁及同乡戚属虚冒钱粮，毫无劳绩者，朦混占补，似此何以服士卒之心？今限一年之内彻底肃清，倘不遵谕旨，仍蹈前辙，定将该管大臣及将弁等从重治罪。尔封疆大吏，各宜敬凛，毋忽。"（《清世宗实录》卷11）

（乾隆六年十一月辛卯）荆州右翼副都统札尔虎奏请归葬，许之。（《清高宗实录》卷155）

（乾隆六年十二月）丁巳，大学士等遵旨议复："荆州将军衮泰疏称，驻防满兵生齿日繁，现在入册闲散幼丁，共计二千六百余名。请添养育兵八百名，照江宁余兵之例，每名一月给与钱粮银一两五钱，令其习学技艺，遇有马甲缺出，即于此项挑取，所出之缺于幼丁内顶补。应如所请。又该处兵丁，每名拴马三匹，不但折色喂养草料银不敷，设有倒毙，买补亦不免受累。请亦照江宁、杭州满兵之例，每名拴马一匹，余剩二匹俱折价扣存，以备买马之用，分限四十个月，由伊等每月所领草料银内坐扣。”从之。（《清高宗实录》卷157）

（乾隆十八年十月庚戌）予故湖北荆州左翼副都统图伸半葬如例。（《清高宗实录》卷449）

（乾隆十九年九月癸卯）兵部等议复湖广总督开泰等疏称，荆州满营需用药铅向系省局制造，嗣因造不合式，改归荆州城守营配制，看守需人，请将看守省城四门之屯丁抽拨四名，即令武左卫将每年原支屯粮解司移营，雇募巡防。应如所请。从之。（《清高宗实录》卷473）

（乾隆二十四年十月）戊戌，谕：“前经降旨，各省副将历俸五年以上者，着该督提陆续送部引见。而由旗员外补之人，又有五年调换来京，由军机处查奏请旨之例，与绿营汉缺副将等专定五年一次送部者不同。今据李侍尧将历俸五年以上之副将福海送部引见，系遵前旨办理。但该员已届应行调换之期，若甫令回任，旋复调京，不特伊等徒劳仆仆道途，且恐有妨营务。嗣后凡旗员副将，分别道里远近，定以年分，云南、贵州、四川、广东、广西、福建等省着以七年为期，江西、浙江、湖南、湖北、陕西、甘肃等省以六年为期，江南、河南、山东、山西、直隶等省以五年为期，着该督提等届期将该员分别出具考语，送部引见。如有堪胜总兵之任者，一并奏明，或应留京，或回原任，候朕酌量降旨。所有绿营副将仿此画一办理。福海着即留京，其员缺着兵部照例开列请旨。所有军机处查办五年调换之例，着停止。”（《清高宗实录》卷599）

（乾隆三十四年正月庚寅）谕军机大臣等："缅匪乃蕞尔蛮夷，朕原无意取彼土地，因近年辄敢越境骚扰边氓，始不得已派委兵弁办理。朕意缅匪本无知蠢愚，倘畏威悔罪，倾心投诚，尚可加恩曲宥。撤兵停剿，今及年余，缅匪虽曾投款，并未遣其大头人前来，且书词多不恭顺。阿里衮、阿桂去岁屡次遣兵毁其卡座，擒其活口，并未深入其境痛加惩创，是以特遣傅恒前往总理其事。阿里衮、阿桂均系副将军，而阿桂任兼总督，未免分心，即同阿里衮办事，亦属掣肘，着卸去总督，与阿里衮同心协助傅恒，办理进兵事宜。委军机章京舒斌赍送副将军印二颗前往，伊等接受后，惟办军营事务。再绿营兵甚属无用，除前调索伦兵二千名外，再调索伦、吉林兵各一千名遣往。着该副将军等即将所调湖广等省绿营兵多为裁撤，并将此际应备办者妥为备办。"（《清高宗实录》卷826）

（乾隆三十八年二月丙寅）又谕："据阿桂奏'此次各省调征绿营官兵，接仗奋勉为向来所无，而受伤残废者亦复不少。业经亲行查验，伤轻易愈者，仍令留营调养，实在难以向愈者，遣回原营。第恐各省督提因该兵不能操演，即将名粮开除，转因勇往受伤，无以资其养赡，其情似属可悯'等语，所奏甚是……着谕令云贵、陕甘、四川、湖广各督提等查明此项因伤遣回残废兵丁，如实在不能操演技艺者，不妨令其充当看守门库等项差使。如并此不堪驱遣者，即令其子弟顶补名粮。若并无子弟可补者，仍给与守粮一分以赡其家，俾得共资饩给，安养余年，用昭格外加恩至意。该部即遵谕行。"（《清高宗实录》卷926）

（乾隆三十八年七月壬戌）又谕："昨木果木军营失事，皆由绿旗兵溃逃所致，今美诺之不能守，亦系绿营兵先溃，其情甚为可恶，悉行处斩，亦不为过。但思此等溃兵通计不下数千，若皆骈首就戮，虽其罪由自取，朕心实有不忍。况绿营兵恇怯轻退，总由营中无满洲兵，绿营无可倚恃，遂尔见贼即溃，此实温福等从前倡议不调满洲兵，以致自误。

朕亦未能计及于此，悔已无及。若将伊等全办，转似事后诿过于无能懦卒，更觉无谓，莫若概免其死。着富勒浑、文绶晓谕此项溃兵，以尔等临事溃窜，本当立时正法，以肃军纪。今奉旨念绿旗之溃，由于营中无满洲兵可为观法，遂致仓皇摇动，其罪虽无可宥，但不忍令此数千人同受诛戮，特加恩免死，将营中所汰溃兵遣发各省安插，以示格外矜全。如此通谕，俾绿营兵共知感愧激劝……并着文绶查明此项溃兵，如系四川本省及云贵、湖广者，即发遣甘肃、两广，如系陕甘者，即发遣云贵、湖广，俱分起陆续解往，并须避京兵所经栈道及各省续调兵来之路，勿令相见……”（《清高宗实录》卷938）

（乾隆三十九年五月戊辰）定西将军尚书阿桂奏：“接准明亮等札称，荆州满兵于一应战守处所，俱不得力。查各省驻防满兵，虽不似京营满兵，究非绿营可比。今荆州满兵甚属废弛，请将应得之项，照绿营兵给与。至荆州将军绰和诺、副都统舒明阿平素既疏训练，临时又不能劝惩，请交部严加议处。”谕：“荆州满洲兵上年赴川时徒步前往，情愿不用马匹，朕深嘉悯，曾赏一月钱粮，以示鼓励。伊等理应感激朕恩，诸事奋勉，乃战守俱不得力，殊失满洲旧习。着照阿桂所奏，将伊等应得之项，俱照绿营兵给与，以示炯戒。绰和诺、舒明阿乃该管大臣，又现在带兵行走，所管兵丁一至于此，着交部严加察议。”寻议革职。得旨：“绰和诺、舒明阿俱着革职，不必开缺，仍留军营效力。”（《清高宗实录》卷959）

（乾隆三十九年六月甲申）军机大臣等议复：“前因铁甲不能适用，酌议各省驻防及绿营兵丁一体改造棉甲，交各织造分年制办。查棉甲一项，惟京城满洲兵丁及各省驻防多兵处所间有调遣出征之事，给用原属得济，若驻防兵少地方，向为调拨所不及，即可无须棉甲。至绿营兵丁，本未谙用棉甲，即制给亦属虚置。臣等酌议，驻防内如荆州、青州、广州、凉庄、西安、宁夏、察哈尔，俱系兵多地方，应各制给棉甲三分之一，共六千四百八十五副，其余均无庸添造。”从之。（《清高宗实录》卷

960）

（乾隆四十一年七月庚寅）又谕："前据荆州将军兴兆奏'此次往四川军营之荆州驻防兵丁，内有委署官八十余人，其原给顶带，应否仍令其戴用'等语。朕因此项委署官员，何至如许之多，谕令阿桂、丰升额查奏，并传谕吉林、黑龙江等处将军，将有无似此委署人员及作何办理之处，一并查明具奏。兹据阿桂等奏称'此等委署官员，除缺出挨次补用外，亦有参赞大臣等在前敌见有出力兵丁，偶然赏给空翎顶者，撤兵时应行摘去。从前办理准噶尔回部，有似此者，撤兵时俱即摘去，此次自应一体照办'等语。此次在军营之驻防满洲兵内，既有委署人员过多之事，绿营谅亦有之，撤兵后如何办理，未据各该督抚等奏及。着传谕各该督抚，将此次派往四川各营有无似此委署之人，及是否戴用顶带之处，遇便复奏。"（《清高宗实录》卷1013）

（乾隆五十二年八月壬戌）署湖广总督舒常奏："湖北武昌、武昌左二卫，屯丁九十八名，分派看守城门及火药库。乾隆十九年，因荆州满营火药局需人看管，于该屯丁内抽拨四名，即将屯粮移营，就近雇募。臣查武昌省城共九门，每门原设营兵十名，分司启闭，稽查出入。其火药局亦有目兵看守。而屯丁之设，不过备数，每岁徒糜屯饷，请全数裁汰，令其归屯。所有城门一切差使，即责成营兵专管。火药局令该管武昌府同知拨役协同目兵看守。至荆州满营看守火药局人夫，本系拨给屯饷雇募，应一体裁汰，即于荆州城守营新添兵丁内，酌拨四名稽管。"得旨："如所议行。"（《清高宗实录》卷1287）

（乾隆五十三年九月壬申）谕曰："阿桂等奏'荆州城守绿营兵丁，因该处被水，共查有三百二十六名，所居屋宇多被冲没，一切家具衣物亦多漂失，情形未免拮据。恳恩每名借给银四两，仍于应得饷银内，分三年扣还归款'等语。此次荆州府城被水较重，所有该处满洲驻防兵丁，业经降旨加恩酌赏银两，以资接济。今阿桂等既查明绿营兵丁房屋多有淹浸，自应一体加恩赏恤。所有此项被水之绿营兵丁三百二十六名，俱着每名赏给银四两，毋庸扣还归款，俾各安辑宁居，用示朕一视同仁至意。”（《清高宗实录》卷1312）

（嘉庆四年四月庚寅）命荆州副都统达春更名达冲阿。（《清仁宗实录》卷42）

（嘉庆四年八月壬子）谕军机大臣等：“朕恭阅《世祖章皇帝实录》，内载户部侍郎林起龙条奏军营绿旗兵制，据称‘有制之师，兵虽少，一以当十，饷愈省，兵愈强，而国富。无制之师，兵虽多，万不敌千，饷愈费，兵愈弱，而国贫。今天下绿旗营兵几六十万，而地方有事，即请满洲大兵，是六十万之多，仍不足当数万之用。推原其故，总缘将官赴任，召募家丁，随营开粮，军牢、伴当、吹手、轿夫皆充兵数。甚有地方铺户，命子侄充兵，以免差徭，其月饷则归之本管。又马兵关支草料，多有克扣短少。至驿递缺马，亦借营兵应付，是以马皆骨立，鞭策不前。又器械如弓箭、刀枪、盔甲、火器等项，俱钝敝朽坏，至于帐房、窝铺、雨衣、弓箭罩，从未见备。又春、秋两操之法，竟不举行，将不知分合奇正之势，兵不知坐作进退之法，徒空国帑而竭民膏，虽有百万之众，亦属何益？然其大病有二：一则营兵原以戡乱，今乃责之捕盗；一则出饷养兵原以备战守之用，今则加以克扣，兵丁所得，仅能存活，又不按月支发，贫乏之兵，何以自支？今总计天下绿旗兵共五十万，诚抽得二十万精兵，养以四十万兵饷，饷厚兵精，地方有警，战守有人，不过十年，可使库藏充溢’等语。我世祖章皇帝，即以所奏深切时弊，饬下所司详议。朕亲政以来，因各省营务废弛，节经降旨令各督抚等力加整饬。乃前据阿迪斯查奏，历任古北口提督，竟有令兵丁充当轿夫，支食虚粮。又据倭什布奏，调赴湖北之山西兵丁，因将领以兵丁服役管束过严，致有怀恨砍伤本管参将王栋之事。此皆由督抚提镇等平日视训练为具文，任听兵丁等游荡自如，又令在署充当厮役工匠，并无暇入伍操练，遂尔积玩成疲，以致兵丁等不知纪律为何事。与从前林起龙所奏各弊端，前后如出一辙。再着通谕各督抚等务须将该管营伍实心整顿，勤加操练，器械马匹，随时点查，皆令整齐足用，并严禁影占充役及克扣兵粮、支放迟延等事。如有前项情弊，即行严参办理，以期有勇知方，军政严肃。倘仍不实力奉行，复蹈前辙，一经察出，必将该督抚等重治其罪，决不姑贷。至林起龙条奏内所言抽练精兵一节，是否可以仿照酌办，并着各该督抚等一并妥议具奏。将此各谕令知之。”（《清仁宗实录》卷50）

（咸丰七年九月）丁酉，谕军机大臣等：“官文等奏‘请添调吉林、黑龙江马队并开单请调带队各员’一折。本年夏间通谕各路军营，将吉林、黑龙江马队分别撤留，原以该二处调出之兵为数较多，本省未免空虚，历经景淳、奕山奏明无兵可调，是以各军营有续请添调者，皆未允准……因思荆州驻防旗兵，当较绿营兵丁为得力，都兴阿熟悉马队，训练自必有方。若能于驻防兵内挑选精壮，令其随同现有马队练习技艺，亦可以成劲旅。着官文、都兴阿知会绵洵挑选训练，令其随同征剿，以省征调之烦。其单开各员，已谕知奕山酌派数员，带领西丹前往。该员等既皆系得力之员，本地亦资差委，不能全数调出。再前谕官文等派巴扬阿带马队二百名、步队三百名前赴六安，帮同李孟群进攻。此项马队为数无多，而李孟群待援甚急，谅已遵旨派往矣。将此由五百里各谕令知之。”（《清文宗实录》卷236）

（光绪二十一年五月丙辰）荆州将军祥亨等奏：“添练旗营兵丁，以资防剿。”下部议。折包 （《清德宗实录》卷369）

（光绪二十二年正月庚戌）兼署湖广总督湖北巡抚谭继洵奏：“湖北新旧防营分别裁留改旗，以节经费。”下部知之。折包 （《清德宗实录》卷383）

（宣统三年八月乙巳）湖广总督瑞澂奏："鄂省绿营业经裁汰，所有绿营田地、产业及台垒、营房、马厂各基地，前准陆军部电开，应查明变价，以备扩充新军。惟鄂省各属城治各级审判厅及府治应设之地方监狱，遵照法部章程，概不建造，就裁废官署修改。监狱虽应特建，亦以废署官地拨用。现经各属调查，有可就官署改办者，有须拨营署操场修建者，若营署操场属于军费范围，则须另行购地建筑，为费不资。兹拟先就别项官署官地拨用，如实无相当之处，始酌用营署操场。"下部知之。（《宣统政纪》卷60）

（宣统三年十一月癸巳）又谕："荆州失陷，该处驻防旗丁户口众多，颠沛流离，朝廷时切恻悯。着舒清阿帮办湖北防务，会商段祺瑞，提拨鄂存恩赏抚恤款二万两，交该副都统设法妥为接济，勿任失所。并会商规复事宜。"（《宣统政纪》卷68）

6. 兵勇团练

（嘉庆元年六月）庚寅，谕内阁："湖北教匪滋事，肆行劫掠，焚烧村庄，业经官兵屡加剿杀，而该省绅士、百姓等能知大义，团练乡勇随同官兵打仗杀贼，实属可嘉……朕心实为轸念，宜加渥泽，以示体恤。除该二省被贼扰累地方，业经加恩分别蠲缓外，着再加恩将湖南、湖北二省来岁应征钱粮俱行豁免，俾被扰失业者，得以复其生计，而急公出力者，亦可更资温饱。并着该督抚速行誊黄宣示，务令乡村僻壤，咸使闻知。"（《清仁宗实录》卷6）

（嘉庆元年八月甲戌）毕沅奏当阳善后事宜六款："一、境内反侧初安，良莠难别，现择诚实可信之绅士乡勇，令严密查报遗孽，务绝根株……"下部知之。（《清仁宗实录》卷8）

（嘉庆二年九月）庚寅，谕军机大臣等："宜绵奏请于四川、陕、甘共添练备战兵二万名，湖北、河南各添五千名，分营操演。其言似属近理，然折内称一月招募，两月勤操。又称一两月内贼匪全清，此种战兵，仍可放归本业，殊属自相矛盾。试思招募既需一月，训练又复多时，然后调至军营尚有数月之久，宜绵竟坐待新兵，不思进讨乎？但四川、陕西、湖北交界处所曾经贼匪滋扰，而甘肃地处边陲，河南与陕、楚毗连，防兵较少，自应酌量增添。况现在乡勇日支口粮与兵丁相同，而绳以部伍，究非纪律之师，其有畏缩不前，或未便遽治以军法。转不若挑充入伍，既于经费不致虚縻，而于军令亦可整肃。且多一兵丁，便少一乡勇，即游手无藉之徒，一经招募入伍，可资约束。如军务告竣，或挑补营额，或散令归农，其事尚属易办。四川着交宜绵，湖北交勒保、汪新，陕西交秦承恩、柯藩，即照所请之数招募。其河南、甘肃，着景安、英善体察情形，酌量增添。必须实力训练，可期实效，倘将来不能得力，则惟该督抚是问。"（《清仁宗实录》卷22）

（嘉庆二年九月癸巳）谕军机大臣等："姜晟奏'续获芷江县案内传教及缘坐要犯'一折。此案郭贵山等传习邪教，朕经该抚拿获，分别办理。因传教之郭学胜住居湖北来凤县地方，复密派干员拿获，所办甚好。至地方遇有邪教，固应留心查办，净绝根株。倘胥吏人等借此讹诈，扰及闾阎，甚或地方乡勇挟仇报复，任意诬扳，转致激成事端，亦属不成事体。该抚尤当转饬所属，严禁胥吏、乡勇人等，勿任借端扰累，以靖地方而副委任。将此谕令知之。"（《清仁宗实录》卷22）

（嘉庆五年二月壬辰）谕军机大臣等："剿办教匪，已阅四年，尚未告竣。朕思此时若再欲添兵，其最得力者，自莫如黑龙江兵丁。但道路遥远，调派需时，且沿途供顿浩繁，而到营后既不能服习水土，又不能晓悉地利，及凯旋时送回原处，尤多縻费。是各省防御贼匪，与其远为征调，自不如就近招募乡勇为便。在各该督抚之意，惟恐竣事后此项乡勇无所归着，是以不敢多募。殊不知兵制虽有一定，而现在郧阳、五郎、西乡等处，业经定议添设营制，其余要隘处所，将来尚须添兵驻守，以资控制，即可于乡勇内分拨充补。特此再行通谕用兵省分各督抚，若尚须添兵，应于乡勇内酌为招募，勤加训练，俾成劲旅。再向来各军营遇贼打仗，总以绿营居前，令其冲锋接刃，而健锐、火器二营及东三省兵，俱在绿营之后，朕所素知。自添募乡勇后，则又令乡勇前敌，以撄贼锋。设遇挫衄，则绿营及满兵等相率先退，一得胜仗，则攘以为功，而首先陷阵之乡勇，转致不能邀赏。即如军营中节次打仗得胜，所保俱系满兵，绿营亦间有保列，至于乡勇，则据实保奏者甚少，此实向来积弊。行军之道，全在赏罚公平，方能鼓励戎行，争先效用。若任满兵及绿营等冒功请赏，而转使实在出力之乡勇多有屈抑，何得为事理之平？伊等见无功者屡邀奖赏，而有功者转置不录，岂能使之用命？此后如再有乡勇出力，不行据实保奏，甚至将平日优待之人冒名举荐，以及官兵等并未出力、攘他人之功以为己功者，并准乡勇自行首告，随时惩治，庶赏罚严明，乡勇等知所激劝。再军营纪律，必须整肃。闻官兵行走，往往搀前落后，即如额勒登保前赴甘肃剿贼时，曾于途次遇见兵丁数人，竟因行走落后，托病逗遛，可见带兵官员于所管兵丁漫无约束。一路如此，他路可知，尤当申明号令，使之步武整齐，不得仍前懈弛贻误，致干重咎。将此传谕知之。”（《清仁宗实录》卷59）

（嘉庆五年六月）庚午，湖广总督姜晟等奏：“楚省郧阳之竹山、竹溪、房县、郧西四属及宜昌之巴东一带，均与川陕毗连，绵长几三千里，万山重叠，路路可通，防守实非易事。查楚省官兵前赴川陕协剿者，为数尚多。是以各处边卡，转留河南、山东等省官兵防守，一有贼警，则防边之员只能就各边卡抽拨兵勇剿捕，日追日远，即不能回顾边防，因此卡隘益形单薄。从前楚省各卡，原设官兵一万二千余名，现止存八千余名，防剿兵力不敷，因而添雇乡勇，支项所费倍增。前奉谕旨，以军机大臣会议，请于郧阳府设立道员，改协为镇，移驻竹山、竹溪地方，于控制机宜最有裨益。盖边境路长山险，固守尤难，另设一镇，招募新兵就近协防，则乡勇可渐加裁撤，以归节省。现拟亲身履勘，将添设镇道事宜，妥议具奏，并咨商经略，前由楚北派往川陕官兵，如能撤回，则河南、山东等省官兵亦可令回原营归伍。至团练义勇，自应先就边界情形，广为劝练。臣等现饬各该县，于四乡绅士、义民内分举首领，每首领一人，承管义勇百人或数十人，以数十首领，即可得义勇数千人，遇贼窥伺，一呼可集。以赴边堵御之日起，给予口粮，贼去则令各安生业。其中实在奋勇出力者，即奏请优加鼓励。此外如襄阳、宜昌、施南、安陆、荆门各府州属亦一律办理。至各州县、村落、市镇闻警即逃，往往贼未至而先已流散，必须筑堡捍卫。各团壮勇，贼至则奋勇协击，使之无人可裹、无物可掠，即属坚壁清野之道，实为制贼良法。”奏入，谕军机大臣等：“据会奏筹办堵剿大局情形，所称团勇防御等事，皆系防备窜匪而设，尚属善后事宜。又据奏楚省官兵多赴川陕协剿，离营日久，恐不免系念家室，不如调回本省协防之较为得力。已降旨令额勒登保酌为对调。此项兵丁回楚后，其河南、山东等省官兵即当撤回原营归伍。将此传谕知之。”（《清仁宗实录》卷70）

（嘉庆五年九月庚寅）谕军机大臣等：“姜晟奏湖北各处雇募乡勇随时核减情形，总不免存惜费之见。乡勇一项，固须核实办理，但剿办贼匪，必先能堵而后能剿。果能于边防各卡隘督饬兵勇实力堵御，使各股窜匪无从奔逸，得以迅扫贼氛，即需费稍多，而于剿捕大有裨益。倘任意删减，则防堵不严，剿办稽时，转致劳师糜饷。姜晟惟当择其素不得力之乡勇，量加裁汰，其余各要隘处所，仍须严密布置，分饬防守，俾带兵之员得以痛加剿杀，此为最要。将此谕令知之。”（《清仁宗实录》卷74）

（嘉庆六年三月戊寅）谕军机大臣等：“前因楚省剿贼兵力不敷，令在本省酌添练勇。今书麟称新募乡勇技艺生疏，不能得力，且口粮厚于官兵，以之御贼则不足，以之扰民则有余。并筹将来剿办事竣后，归农无田可耕，归伍无缺可补，难于安置，所见俱是。此项新募乡勇，既不得力，自应仍酌留官兵，俾资剿捕。将此传谕知之。”（《清仁宗实录》卷80）

（嘉庆六年五月乙巳）又谕：“湖北光化县贡生吴焕章，前因献赋复试时，以误录旧诗语句斥革，究与临场怀挟者有间。该生在襄阳地方团练乡勇，设卡防御，著有微劳，曾经得受守备职衔。今既情愿缴销执照，仍恳开复贡生，且该省又有吴朝英成例可援，吴焕章着加恩准其开复贡生。”（《清仁宗实录》卷83）

（嘉庆六年九月丁亥）谕军机大臣等：“贼匪当此穷蹙之际，往往从无兵地方逃匿，深林密箐，并非化外，皆系各州县所辖。该地方官平日于大股贼匪及一二百人成股之贼，或因乡勇无多，难以剿杀，至零星逸出之贼，或数人，或数十人藏匿境内，地方官自宜搜捕净尽，以绝根株。此时大功将届垂成，着该督抚等督饬各州县多派乡勇，严密查拿。如此则官兵不能分至之处，有地方官搜捕，蒇功更速。至各路带兵大员奉命剿贼，当此大功告蒇，尤应倍加奋勉，将成股贼匪，上紧殄除。不得诿之地方官搜查，以致余孽未净。将此谕令各路领兵大员、四川、陕西、湖北各督抚知之。”（《清仁宗实录》卷87）

（嘉庆六年十一月壬辰）又谕：“教匪滋事，起于郧、襄，自嘉庆二年春间由湖北阑入河南境内……现在如楚省竹溪至四川大宁，陕西西乡至四川太平东乡，向为贼匪出没之所。中间相隔七八百里至千余里不等，地方辽廓，官吏稀少，原设营伍恐致鞭长莫及。所有川、陕、楚三省营制，如有应行增添移建之处，即应各按该省形势，妥为酌定。况自剿办教匪以来，三省召募乡勇，为数甚多。贼平之后，急须妥为安插。节经降旨，令该督抚等将乡勇情愿入伍者，即令食粮，不妨于原额之外酌量加增，即以此项乡勇为添设营伍之用。至乡勇中有曾经著有劳绩，赏给六品顶带者，即可补用千总。七品、八品者，即可补用把总、外委，以资管束。若不愿入伍者，亦听。着额勒登保、德楞泰与该督抚于筹办善后事宜时，会同妥议具奏。”（《清仁宗实录》卷91）

（嘉庆七年六月甲子）又谕：“国家设兵，原以卫民，遇有一切征调，自应选派额兵，用资敌忾。向年平定准夷回部及大小金川，皆系派调八旗劲旅及绿营兵丁克敌致果，从未有雇募乡勇之事。自福康安赴台湾剿捕林爽文，始招募义勇与官兵并用，此后剿办湖南、贵州等处苗匪以及川、陕、楚教匪，遂相沿为例，各处俱设有乡勇名目。试思兵民本自分途，百姓耕作为生，原不令其演习武事，是以私藏鸟枪、竹铳均干例禁，正以杜其好勇斗很之渐。今该三省乡勇，为数甚多，一时虽资其力，而此辈易集难散，终非善策。其在民间自为团练者，即于本处各依堡寨，互相守望，伊等有业可安，事平后犹可不致流而为匪。而募勇一项，本系游手无业之徒，应募来营，所得分例，较之兵丁尤多。伊等随营日久，打仗杀贼之事习以为常，而好勇斗很之风，亦难化诲。此实地方之要务，未可视为无关紧要也。现在大功不日告蒇，自应渐次裁撤，但撤之亦非易易。朕节次降旨，总须趁大兵未撤之时先行散遣，方免滋生事端，第散遣之后，亦须安置得所。此等乡勇，若令尽行入伍，未必人人乐从，倘一概听其回籍，伊等无业可执，地方官未能遍行管约，日久或致心生他念，种种难于安顿之处，殊堪廑虑。此时军务将次完竣，酌筹善后事宜，惟乡勇一节最为紧要，节经降旨，谕令熟商妥办，尚未据伊等将如何设法办理之处详议具奏。或该督抚等业经办有端绪，而未能一律周妥，或因各处情形不同，现须筹商，未能遽定章程，着额勒登保、德楞泰会同四川、湖北、陕甘各督抚，各就三省现在情形悉心酌议。其愿归伍者，即令在营当差，以补兵额，其不愿入伍之人，尤宜豫为设法，或优其赏赉，示以恩意，俾各知感戴，恪遵约束，永无他虑，方为妥善。再乡勇中现有顶带者，将来或量材录用，或顶带荣身，亦应斟酌妥办。现在各该省未裁乡勇若干，并着一并具奏。至大兵全撤后，各省原设额兵尤应随时训练，不可因军务已竣，遽存文恬武嬉之见。务须严饬各提镇等将营伍大加整顿，俾现兵皆成劲旅，庶设一兵即得一兵之用，将来设遇有征调之事，自可无须募勇协助。而不逞之徒，见各省官兵日增强盛，潜革非心。此朕思深虑远，谆谕及此，封疆大吏应各仰体朕心，妥为经理。将此传谕知之。”（《清仁宗实录》卷99）

（嘉庆八年六月戊子）谕军机大臣等：“……乡勇一项，随征日久，半系无业可归之人。朕节次降旨总以安顿乡勇为亟，额勒登保现咨商德楞泰，请将现无家业、情愿归营之人，准照川省所设新兵之例，各给守粮一分，俟有制兵缺出，随时拨补，所见甚是。入营充伍，既有钱粮可资养赡，该营员等更可随时钤束，如有桀骜滋事者，即可惩之以法。额勒登保等筹议及此，既称万全无弊，此即伊等专责，设安置稍有不妥，惟伊等是问……”（《清仁宗实录》卷115）

（嘉庆八年九月丁酉）河南巡抚马慧裕奏：“豫省额设兵九千九百九十余名，分布于一百八厅、州、县，经前抚臣景安、吴熊光挑募新兵七千四百名，并将开封团练乡勇一千一百四十三名作为抚标兵丁，先后得旨准行。查荆子关等处，上年酌添营汛，增设额兵二千七百二十四名，曾于前项新兵内挑补一千六百五十六名……现在川、陕、楚三省肃清，边防次第全彻，所有前项新兵，若概行裁汰，不特训练垂成，弃之可惜，而历年戍守曾著微劳，且其中无恒业者居多，必须妥为安顿。所有前项未经补额新兵，请暂留各原营同额兵一体差操，遇有缺出，逐渐挑补，约计二三年内皆可补入营额。现在所需饷银，应请照旧支给，入于兵马奏销案内造报。”下军机大臣议行。（《清仁宗实录》卷120）

（嘉庆八年十二月甲子）湖广总督吴熊光奏：“都司麻光裕原带乡勇五百名，半系施南府人，随征数年，技艺娴熟，多愿入伍。查楚省宜昌居荆州之上，西通巴蜀，为川楚门户，且宜昌镇所辖之施南协、卫昌营等处俱系改土归流之地，山深箐密，尤宜认真稽查弹压。应俟搜捕事竣，即饬该都司将此练勇五百带赴巴东江北地方驻扎，各给守粮一分，另立一营，即令麻光裕统领，设马粮十二分，作为额外外委令其管带操演。巴东西接川省巫山，南连施南，北通兴归等处，最为扼要之地。该县向仅守备一员驻扎江南，额兵无几，若添此劲旅，不但足资弹压，且各乡勇可借此钤束，不致为匪。臣仍饬施南各营出有制兵之缺，即以此项练勇就近顶补。所添额外外委，宜昌镇标有未设额外营分，应即酌量添设。”下部议行。（《清仁宗实录》卷124）

（嘉庆九年正月丁未）谕军机大臣等：“……现在川、楚乡勇安置尚未妥贴，其滋事乡勇，据该抚奏，即系吴廷刚所带之乡勇，足见与川、楚无涉。陕省乡勇既有从贼之人，自由从前办理不善所致，将来搜补事竣后，自应妥为解散……”（《清仁宗实录》卷125）

（嘉庆九年五月乙卯）谕军机大臣等：“本日朕披阅剿平三省邪匪方略，嘉庆二年九月内，宜绵奏军营情形，据称‘各州县团练乡勇，其中勇往出力者固不乏人，但赏过则骄，威过则散，究非纪律之师可比。请于新兵外，各按省分添练备兵，自一万名至五千名不等’等语。朕犹忆从前奏到此折时，当经恭请皇考高宗纯皇帝训示，仰蒙圣训，以军营乡勇不能绳以部伍，不若挑充入伍，可资约束，则多一兵丁，便少一乡勇，俟军务告竣后，或挑补营头，或散令归农，其事尚属易办。宜绵之言，似有所见，随降旨谕知四川、陕甘、湖北、河南各督抚等，按照宜绵所奏之数招募入伍，可见乡勇之不足恃，早经圣明洞鉴，示以办理之方。该督抚等如果及早遵行，彼时乡勇等贪得盐粮，自必咸愿应募。一经入伍，则驾驭较易，即事竣散遣，亦不虞其滋事。乃数年以来，督抚皆委之于经略参赞，迁延不办，各路军营仍袭用团练之人，漫无控制，以致大功告竣后，散遣为难。其留军营者，不肯出力，徒糜盐粮；其散归者，或流而为匪，别生事端。年来叠次降旨，谕令妥筹安插，迄无善策。连日以来，又屡谕该省督抚等悉心筹办，此时各路乡勇内，如尚有情愿入伍者，自当即令归营食粮。但恐此等游民惮于管束，未必情愿入伍，着该督抚等遵照节次谕旨，将乡勇有家可归者，酌加赏给，遣回原籍，取具收管印结。其无业可归者，或分给各大员及各厅州县署内充当壮丁杂役，给以饭食，俾资糊口。总当使之有所羁管，足资生计，不能游荡为匪，方可日久相安。各督抚惟当速发天良，以国事为家事，妥协办理，勿再因循。将此谕令知之。”（《清仁宗实录》卷129）

（嘉庆十年正月）壬寅，谕内阁：“据吴熊光奏‘湖北军功乡勇刘文魁、王桐均奉旨赏戴花翎，即以守备补用。因思此等乡勇军功多系草茅初进，于营伍事宜向未晓谙，以之骤膺守备要缺，恐有贻误。似不若先以千把拔补，俟学习一二年后，营务熟悉，再行请补本缺。并请嗣后此等军功人员，均照此分别办理’等语，所奏非是。各处乡勇军功，前于三省蒇绩之后，曾经特降谕旨，视其所得顶带，分别以守备及千把、外委等缺补用，原因其出力行间，著有劳绩，是以加恩叙用。该军功等，或冲锋陷阵，或歼获渠魁，无不量功授赏，且有先经赏给七、八品蓝翎顶带，后又以其屡次出力，劳绩优异，递升至四、五品顶带换给花翎者，其所进阶级，在当日皆非幸邀。今事定之后，忽尔降等补用，不特与前降谕旨不符，无以示信。且如吴熊光所请，以应补守备之员降补千把，由此递降，如本系以外委补用者，又将如何降补？岂竟作为兵丁，与各乡勇之情愿入伍者无以异乎？营员管束弁兵，经管钱粮，原不可任其稍有贻误，但亦须俟其补缺后实有劣迹，方可斥降，岂容豫为逆料以该军功等必难胜任，即行纷纷降补？如谓该军功乡勇止能打仗杀贼，于稽查董率事宜未能熟悉谙练，虑难造就成全，则现在如桂涵、罗思举等皆系由乡勇荐擢营员，现俱用至副将大员，身膺阃寄，该员等何又于稽查营务、董率弁兵诸事，皆能经理裕如，毫无贻误乎？设刘文魁、王桐二员实在难胜守备之任，吴熊光亦当查明现在差委有何贻误，据实奏明，方可酌量降补，焉有悬揣其不能胜任意为降等补用之理？吴熊光所奏不可

行。”（《清仁宗实录》卷139）

（嘉庆十年二月）丙寅，谕内阁：“兵部议驳马慧裕奏‘请将河南新兵另立营制，添设员弁’一折，所驳甚是……况川、楚等省均有入伍乡勇，若似此纷纷增设营官，更不成事。马慧裕实属不晓事体，所奏着不准行。”（《清仁宗实录》卷140）

（嘉庆十一年十二月丙戌）谕内阁：“户部奏‘饬催湖北、陕西二省嘉庆四年以后乡勇报销，即速并案具题’一折。国家设兵卫民，本不应有乡勇名目，前此邪匪仓猝滋事，各该省或因一时征调不及，暂时雇募乡勇，就近征剿，是亦情事所有。而军需报销之弊，大半即以乡勇为名，恣其浮冒，总缘乡勇本无定数，可以任意增添，非如各省官兵，有名粮册籍可考。而其招募裁撤，又无一定月日，或久或速，一听地方官任意捏报，无从详悉稽查，因之百弊丛生。凡有军营内浮支滥应之款，其无可报销者，无不归之于应付乡勇之项。即如户部此次所奏，湖北省题到报销乡勇各案，只在嘉庆三年以前，已开有乡勇三十六万六千七百余人，其盐粮口食开销有四百七十余万，米亦有二十三万余石，浮冒显然。试思嘉庆三年以前，湖北邪匪只不过聂杰人、张正谟等数犯首先起事，其裹胁附从者亦尚有限。若彼时果实有乡勇三十六万余人，加以本省及征调邻省兵数万人，势已百倍于贼，又何难立时扑灭净尽。何至贼匪鸱张，蔓延滋扰湖北一省？在三年以前，其开报乡勇即多至此数，则其后贼匪阑及四川、陕西各省，地方辽阔，直至嘉庆八年始经一律蒇事，此后各该省开报乡勇更不可凭信。所有湖北、陕西省未经题销之案，着交该督抚等各发天良，大加删减，核实具题。巡抚章煦、方维甸均非当日承办军务之人，无所庸其回护。俟各该省题销全到，该部再行核复具奏。”（《清仁宗实录》卷172）

（嘉庆十二年二月）丁亥，谕内阁：“……同日又据汪志伊奏‘湖北省自嘉庆七年添补新兵四千八百余名，即有情愿入伍之乡勇在内，现在俱随同陈兵一体操练，极为安静’等语，国家养兵备用，编隶营伍，给予钱粮，无论新兵、陈兵皆一视同仁，并无区别。从前剿办邪匪时，川、楚、陕三省雇募乡勇过多，迨大功告蒇后，就其中情愿入伍者格外施恩，令其一律归入营汛，食粮补额。乃自作不靖，藐法逞凶，如陕省之宁陕、瓦石坪，川省之绥定叛匪等，先后纠众滋事，内除宁陕叛匪于乞降后俱屏诸远方，余则概予骈诛，即时扑灭，罪孽实由自取，非独于新兵执法从苛也。即如桂涵、罗思举皆系乡勇出身，因其奋力戎行，屡著劳绩，即不次超擢，用至专阃大员。马兵罗贵于剿捕绥定叛匪，杀贼立功，仰邀破格殊施，加赏巴图鲁名号。可见良莠本自不齐，同一新兵，而倡乱者若彼，宣力者如此，赏罚惩劝，各按其功罪酌核办理，祸福惟其自取耳。至楚省新兵，恪守营规，甚为循谨，仍当随时训饬，俾益精娴，并着川、楚、陕三省总督、提督等通饬营汛，剀切晓谕，令新兵等不必妄生疑虑，惟当以宁陕、绥定、瓦石坪叛匪为戒，切勿作奸犯科，自取诛殛。若能急公出力，则仰沐恩施，如桂涵、罗思举等皆其明验。正不必以入伍新陈，意存畛域，并当晓谕陈兵，一体勤加训练。如有桀骜滋事、逞凶不法者，立即惩办，其奋勉效力者，并当随时奖拔。如此明白宣示，加意整饬，庶新陈各兵皆知安分守法，熟习操防，于军纪营务实有裨益。将此通谕知之。”（《清仁宗实录》卷174）

（嘉庆十二年七月）丙辰，谕内阁：“户部奏‘查明川、陕、楚三省剿捕教匪军需案内，乡勇支给银米，汇总奏明，请按照随征及被贼防堵、近贼防堵三项酌减成数核销’一折。国家设立营伍，分置官兵，以备不虞。遇有征剿事务，只须调遣兵丁，原无所资于民力。自台湾剿办逆匪林爽文时，始有团练乡民防堵之事，乡勇名目，由是而起。迨川、陕、楚三省剿办教匪，亦遂相沿办理。此内或村民自相保卫，或官募分地巡防，或帮同官兵随营剿贼。事阅数载，人数众多，均系随时开报，非如兵丁有册档可稽。迨事后报销应付乡勇，以少报多，费至二千余万，实从来用兵所无。此内捏冒浮销，实不能免……朕久深知其弊，即如永保从前监禁囹圄，尚有人送给银两，其余亦可概见。但乡勇随征打仗，效命行间，如桂涵、罗思举均系乡勇出身，因其在军营屡著劳绩，叠加升擢，此外奋勉立功防堵出力者亦属不少。若将该三省所报支应乡勇银米概拘常例不准开销，亦断无此办法。然竟照该督抚所报准销，仍不过据承办之员造册开送，伊等亦无从核实。今该部按照随征及被贼防堵、近贼防堵三项，各酌减银米成数报销，实已平允。即着照所奏办理，行知各该省一体钦遵，余俱照议行。”（《清仁宗实录》卷183）

（嘉庆十三年三月乙丑）又谕：“汪志伊等奏‘查明楚省正续两案军需核减随征乡勇银米，据实陈明’一折。湖北征防乡勇支领银米，前经户部奏准，将被贼州县防堵乡勇酌减二成，近贼州县防堵乡勇酌减三成，其随征乡勇亦酌减一成，行令该省照数赔交在案。兹据汪志伊等奏‘楚省随征乡勇，当日悉由督抚带兵大员札行，地方官雇募解营，分拨各队，按数点交花名人数，本有档册可查，实与征兵无异。所有应得银粮，由带领之人随时出具领状，地方官无由高下其手，并有川省乡勇追贼到楚，由楚支给银米者，楚省更无从虚捏。此时既未便向原雇地方官着追，又难责营员赔缴’等语，所奏自系实在情形。所有部议核减楚省随征乡勇一成银五十九万六千五百余两、米二万一千一百余石，着加恩准其一体报销，无庸酌减。至该省防堵乡勇核减二成、三成银米，亦着照该督抚所请，先于原办各名下查明。现在本省及升调别省者分别勒限催追外，其有事故离任人员，如实系人亡产绝，即着落楚省州县以上，分别每年摊扣养廉二成还款，俾帑项不致虚悬。”（《清仁宗实录》卷193）

嘉庆十四年己巳五月乙亥。谕内阁：“户部奏‘查明各省协济乡勇所支银米，应如何按照成数销赔，请旨遵行’一折。各省正案乡勇，前经该部节次核奏，拟将随征酌减一成，被贼防堵酌减二成，近贼防堵酌减三成，均经朕叠降谕旨分别酌减准销。此项各省协济乡勇与正案乡勇事同一例，所支银米着照湖北省正案乡勇，其随征者加恩一体报销，其被贼防堵酌减二成，近贼防堵酌减三成银米，着先于原办各名下查明催追，如实系人亡产绝，即照正案摊扣还款。”（《清仁宗实录》卷212）

（道光二十二年二月）辛丑，谕内阁：“昨据裕泰奏‘湖北盐法道叶敬昌总理军需局务，并捐资雇募乡勇随同防剿。武昌府知府明峻办理行营粮务，又带乡勇收复通城，均为出力，恳恩分别鼓励，并请将该二员应得处分，量予宽免’等语，崇阳县系该道府所属，此次逆匪滋事，例有应得处分，至该员等于军务出力，系属分所应为，不应论以功过相抵。叶敬昌、明峻均仍着交部照例议处，所有该督奏请鼓励之处，着不准行。此外失察文武各员，着裕泰一并查明具奏，不准稍有隐饰。”（《清宣宗实录》卷368）

（咸丰二年六月庚子）帮办军务前湖北巡抚罗绕典奏：“行抵楚北，探询湖南军务，并沿途面邀各官绅，给与团练防堵条款。谕令齐团以缉内奸，练勇以防外寇，坚壁清野，以绝剽掠而固藩篱。有能杀贼立功者，许邀奖叙，改匪归良者，准予自新。”报闻。（《清文宗实录》卷64）

（咸丰二年九月乙丑）又谕：“张祥河奏‘择要举行团练’等语。陕西兴安一带地方，与湖北接壤，固应先事筹防……”（《清文宗实录》卷72）

（咸丰二年十月丙戌）谕军机大臣等：“张芾密陈‘江西界连楚粤，地方办理防堵及团练乡勇，均不能不借资民力。又兵差过境，尤不免有扰累，请特降谕旨，详细查明情形，分别蠲缓’等语。该署抚所奏，自系体察地方情形，为弭患未然起见。朕原不难明降谕旨，立沛德音。惟楚粤毗连地方甚多，云南、贵州、湖北等省均办防堵，且有至一二年之久者，至兵差过境地方，尤难计数。若止降旨加恩江西一省，则他省不免向隅。若各省概行查办，谕旨一到，人人冀望恩泽，不特借资民力，势恐有所借口。即请蠲请缓，地方官分别轻重情形，亦难家喻户晓。且恐无知愚民以恩旨为名，纷纷呈请。封疆大吏，不能不核实酌办，稍加裁抑，即难保不以恩为怨，甚至聚众违抗，别滋事端，是弭变而适以滋变。朕再四筹思，诸多窒碍。民可使由，不可使知，凡事慎之于始，庶免流弊。所有江西界连楚粤办理防堵团练等处地方，仍着该署抚详细查明，如有实在苦累之区中，即由该署抚分别轻重，酌量奏请恩施，正不必奉到谕旨，始行查办也……”（《清文宗实录》卷73）

（咸丰二年十一月辛未）谕内阁：“军兴以来将两年矣，广西疮痍未复，湖南又遭涂炭，近乃逆氛更炽，扰及武昌、汉阳，所过郡县，悉被蹂躏……每阅军报，至地方被害情形，朕心如捣……至团练乡勇，乃民间自为守御，借以保卫身家，或各村自为一团，或数村共为一团，其经费应由绅董自行经理，岂可官为抑勒？且以守望相助之俦，辄复纷纷调遣，必致迁地弗良，转滋流弊……将此通谕知之。”（《清文宗实录》卷77）

（咸丰二年十一月辛未）又谕：“刑部尚书周祖培奏‘通筹豫省军务’一折，据称‘河南南汝光一带皆与楚北接壤，自宜择要固守，尤应防剿兼施。团练乡勇，借资守御，徐广缙统带大兵，既可穷追而北，琦善新调劲旅，亦可迎剿而南’等语。着该署抚察看地方情形，应如何团练乡勇方能得力，不致别滋流弊，随时随地相机办理。湖北、江西、安徽、江苏各督抚并着随时知会，联为一气，水陆并进，南北夹攻，使贼匪腹背受敌，庶不再致蔓延……”（《清文宗实录》卷77）

（咸丰三年正月癸丑）谕内阁：“本月上辛，祈谷大祀，朕诣坛斋宿，虔申默祷，惟愿吾民同登衽席，永戢干戈。念自逆匪滋扰以来，由广西而湖南，由湖南而湖北，所过城池，多被蹂躏。现复围陷武昌省城，数万生灵惨遭荼毒，即未被贼地方，亦复闻警远避，备极流离颠沛之苦。总由地方官吏，平日既不先事豫防，临时又复张皇失措，甚至望风先遁，以致居民失其所恃，不得不转徙他方以全性命。朕为天下生民主，不能察吏安民，致令盗贼肆行，闾阎惊扰，兴言及此，寝馈难安。固思嘉庆年间，川、楚教匪蔓延数载，嗣行坚壁清野之法，令民团练保卫，旋就荡平。即今广西、湖南地方，多有团勇保护乡里，贼不敢逼，且有杀贼立功者，况各处乡村，良民多而莠民少，若得公正绅耆董理其事，自不致别滋流弊。即地方间有土匪，一经约束，亦将去邪归正，共保乡闾，惟在良有司素得民心，必可收众志成城之效。着各该督抚分饬所属，各就地方情形妥筹办理，并出示剀切晓谕，或筑寨浚濠，联村为堡，或严守险隘，密拿奸宄，无事则各安生业，有事则互卫身家。一切经费，均归绅耆掌管，不假吏胥之手，所有团练壮丁，亦不得远行征调。各团中如有捐资倡助或杀贼自效者，地方官即申详大吏，据实奏闻，朕必立加奖叙，如广西、湖南各乡团出力者，无不渥沛恩施。凡土著良民，各有产业，与其仓皇迁徙，抛弃田庐，转不免土匪乘机抢掠，何如坚守乡里，以子弟卫父兄，以家资保族党乎？至于贼匪伙党，亦岂尽属凶顽，甘心从逆？多因被贼裹胁，供其役使，苟延喘息，末由自新。现在著名逆匪如萧潮溃等均已先后歼毙，韦正亦伏冥诛，惟逆贼洪秀泉、杨秀青等尚稽显戮。贼匪恶贯满盈，神人共愤，光天化日之下，岂容魑魅久肆凶残？必当立就殄除，以快人心而安疆圉。朕奉行天讨，轸念穷黎，不惜数千万帑金，救民水火，现复钦派大臣三路会剿，自不难克期扫荡。惟念此被胁之民，不从则先死于贼，从之则又死于兵，蚩愚何知，自罹陷阱。古人有云，歼厥渠魁，胁从罔治。朕仰体上天好生之仁，何忍概行诛戮？如有被贼裹胁，自拔来归者，不妨贷其一死。有能缚献首逆，或为内应杀贼立功，或戮取长发贼头目首级来献者，不但赦其前罪，更当加以重赏。其各深思猛省，毋贻后悔。我朝列圣相承，深仁厚泽，洽于黎庶。朕以薄德，绍承大统，三载以来，勤求民瘼，惕厉时深。虽因各省水旱偏灾并南河决口，蠲缓钱粮，截漕赈济，粤楚被兵处所，亦已分别查办，蠲缓加恩，而民困未能尽苏，小惠恐难遍及。每念生民涂炭，抚育无方，即再三引咎自责，亦属虚文。惟有恐惧修省，吁吁昊苍，宥予之辜，拯我穷黎。中外文武大臣及地方官吏亦当激发天良，为民除害，各省绅民人等自必同仇敌忾，速殄妖氛。从此永庆绥丰，仰承天佑，朕与天下臣民，同深寅感。兹值大祀礼成，用是敷布朕怀，重申诞告，着该部及各直省大吏刊刻誊黄，宣示中外，咸使闻知。”（《清文宗实录》卷81）

（咸丰三年正月癸亥）又谕：“曾国藩奏帮办团练，查缉土匪情形，另片称‘俟有头绪，即当回籍守制’等语。现在楚省土匪查缉尚未净尽，各处团练，保卫乡闾，最关紧要。该侍郎所奏训练章程，宜仿成法，但求其精，不求其多，既可防守省垣，复可查拿土匪，办理甚为妥协。着张亮基、潘铎会同该侍郎悉心筹办，毋任有司视为具文。曾国藩系丁忧在籍大员，奉旨帮同地方办理团练事宜，原为保卫桑梓，所请不敢仰希恩叙，并缕陈各情，具见悃忱。惟当此设团训练、劝捐筹办之时，必须公正绅士素为乡里信服者，会同地方大吏始终其事，庶克有济。曾国藩籍隶湘乡，距省不远，即帮办公事，亦于定省不致疏阔。着俟办理著有成效，再行具奏，遵例回籍守制可也。将此谕知张亮基、潘铎，并谕曾国藩知之。”（《清文宗实录》卷82）

（咸丰三年五月壬戌）谕内阁：“……比年广西、湖南等省绅民、团练剿贼，无不立予恩施，即如帮办军务之湖北臬司江忠源，亦以居乡团练屡著劳绩，超擢监司……”（《清文宗实录》卷94）

（咸丰三年十月己卯）湖北学政青麐奏：“贼匪南窜，设法布置，以防土匪勾结。”得旨：“团练中有实在出力捐资者，着随时速行保奏。”（《清文宗实录》卷108）

（咸丰四年正月丁巳）又谕：“御史蔡绍洛奏‘请将办理团练得力之知县随营攻剿’一折，据称湖北麻城县知县姚国振果敢有为，勇于缉捕。该员果能保卫城乡，力御外侮，该省督抚自能据实保奏。且麻城地方亦系要隘，若将该员调往他处，转恐本境防堵疏懈，所请令姚国振随营攻剿之处，着不准行。另片奏‘保举在籍绅士倡率练勇’等语，湖北在籍刑部候补主事吴荣、黄云鹄……均着毋庸随同办理。”（《清文宗实录》卷118）

（咸丰四年二月）癸酉，谕军机大臣等：“英桂奏‘贼氛逼近豫疆，南路情形吃重，该抚暂驻汝郡筹剿，并严防交界’一折……其湖北黄州贼匪直扑汉阳，势甚猖獗，河南信阳、罗山等处防范尤不可少疏。该抚现驻汝阳，以为各路应援，仍当体察情形，相机前进，并随时知会台湧督饬将弁互为声援，以期力遏贼氛。武昌省城该匪是否窜逼，着即确探驰奏……”（《清文宗实录》卷120）

（咸丰四年四月）庚寅，谕内阁：“军兴以来，屡经降旨，谕令各督抚饬属团练乡勇，原期众志成城，人心自固。该地方官果能实力奉行，绅民人等定必踊跃用命，自卫身家，于剿匪事宜，大有裨益。本日署河南巡抚郑敦谨奏，据罗山县探报，湖北黄安县南沙河地方，有贼匪窜至，经该处乡民毙贼数百，并约会河口等处乡民杀贼五六百人，夺回逆船六百余只并米粮衣物等件。该县合境居民闻风争奋，约众追杀，复毙贼数百人。该民人等合力同心，捍卫乡闾，甚属可嘉。若贼匪窜扰之处，地方百姓皆能如此齐心御贼，何至任其蹂躏，惨遭荼毒？然总须地方官实心劝谕，倡率有方，遇有出力绅民，即行据实详报上司，随时奏请奖励，庶使群情观感，协助官兵，尽歼丑类。所有此次黄安县南沙河等处击退贼匪之居民人等，着台湧先行传旨嘉奖，并着查明出力绅民，据实保奏。现在被兵省分屡据奏报，各属绅民实能团练杀贼、保卫地方者，亦复不少。着各路统兵大臣及督抚等严饬各府州县，劝导绅民，一体实力团练。果能办有成效，如近日天津、饶阳、单县等处力挫贼锋、保全城邑者，即着随时奏闻，定当格外施恩，以奖忠义。将此通谕知之。”（《清文宗实录》卷128）

（咸丰五年二月己酉）又谕："曾国藩等在九江水陆屡获胜仗，惟水师船只被风损坏居多。兹据奏称'拟再造巨舰，并赴楚招募水勇'等语。骆秉章前奏，已饬绅士丁善庆等赶造大三板艇五十只，并长龙快蟹等船，此时自已造办竣工。着与捐办船炮一并备齐下驶，以资曾国藩等江面攻剿，毋稍迟误。将此由五百里谕令知之。"（《清文宗实录》卷159）

（咸丰五年四月甲寅）谕军机大臣等："曾国藩奏'湖北兵勇不可复用'一折，据称'湖北督抚两标之兵习于淫侈，偷惰已久，自粤匪窜扰该省，全军屡次溃败，习以为常，请于襄阳、郧阳等处招选山民，编入兵籍，加以训练，使向来溃散兵勇不得混入，然后可得劲旅'等语。武汉等处屡遭蹂躏，可见该省兵勇毫不足恃，曾国藩等克复武汉后，杨霈收集溃兵，并招募楚、豫之勇，为数不为不多，乃广济一败，几不复振。此时必应简练士卒，力挽从前积习。惟该督所带楚北兵勇甚多，一时恐未能概行裁撤。另募新兵，全在该督等严饬带兵将弁，挑选精锐，裁汰疲羸，申明纪律，信赏必罚，庶可转弱为强。其首先奔溃之卒，即应处以军法，不得少存姑息。据该侍郎奏称，襄阳、郧阳民风朴拙，招募该处乡勇自可得力。其宜昌、荆州等处，当亦可招募，以资攻剿。前经谕令该督督同常亮等先复德安，节节进剿。此时孔广顺所带步队官兵谅已抵楚，此项劲旅，尚属可恃。着即懔遵前旨，迅速进剿，毋再迁延。胡林翼前奏添募水陆兵勇，分布南北两岸进剿。所募各勇能否得力，着加意察看，分别淘汰。现在武汉等处如何攻剿情形，并着随时奏报，以慰廑念。原折着钞给阅看。将此由六百里各谕令知之。"（《清文宗实录》卷166）

（咸丰五年七月壬午）以湖北武昌守城办理团练出力，赏已革詹事府右赞善如山花翎、五品顶带。（《清文宗实录》卷173）

（咸丰五年八月辛卯）谕军机大臣等："官文奏'官军克复汉镇，进围汉阳，现拟亲往涢口相机进剿'一折……官文所派颜朝斌等一军，现在全抵应城，正当德安之西南。该督亲往涢口，当德安之东南……况该大臣兵勇不下八千，随州团练数逾二万，北路声势不为不壮，何以连日尚未进兵？朕授西凌阿为钦差大臣，原不专为德安计，今并一德安亦不能克，溃败退缩，任意迁延，一至于此，试问何颜对朕？着即督率官兵团勇迅速前进，与南路兵勇前后夹击，务将德安府城克期攻复，不得再有耽延。所统各镇将内有畏葸不前、约束不严者，即行据实严参，进兵日期并着速行具奏……以期肃清江北，毋失事机。再西凌阿前奏，实存投诚义勇二千二百余名，现已造具花名清册。其窜入贼伙之六百六名，系何姓名，何处籍贯，亦着查明造册附报，咨送军机处呈览。将此由六百里加紧各谕令知之。"（《清文宗实录》卷174）

（咸丰六年五月癸未）又谕："……现在湖北、湖南、江西、广西、河南、安徽、江苏、浙江或被贼窜扰，或逼近贼氛，自应赶紧举行团练……至团练皆土著之民，易于招募，不得以无赖游民充数，致别启衅端。故欲行团练，必先严保甲，使奸宄无从混迹，而后同心敌忾，众志成城。所属各员及绅民之充团总团长者，如能实心办理，著有成效，准各督抚据实保奏，朕必立予恩施。倘或借团练为名，苛派勒捐，侵渔肥己，即着从严参办，亦必重治其罪。当此用兵日久，师老饷匮，大局堪忧，该督抚等务各激发天良，尽心筹办，使小民自卫身家，不受迁徙流亡之苦。绅士共明大义，各矢同仇偕作之心，以期早殄逆氛，同登衽席，毋负朕谆谆告诫之至意。又据侍郎沈兆霖奏'请行民团'一折，亦以先清保甲为要务，与文庆等奏大略相同，其另片奏'非现办军务省分，虽不尽行团练，亦当严查保甲'，所奏不为无见，并着各督抚一体遵行。文庆等折及王锡振所呈各条均着钞给阅看。将此各谕令知之。"（《清文宗实录》卷199）

（咸丰六年七月戊寅）谕军机大臣等："胡林翼奏'援贼大至，现筹堵御'一折。武汉贼势久蹙，因官军不能实力进攻，致下游贼党得以徐图援应。武昌南路本无布置，黄州之兵复撤，则东路贼匪，亦将源源而至。惟城中之贼既已穷蹙，自应迅速进攻，克日收复，则外来贼众绝望，自易剿灭。着官文、胡林翼悉心筹画，并力攻剿，毋得再涉延玩。前因江北军营带兵乏人，谕令官文酌调孔广顺前赴扬州，兹据奏称该员现扎沙口，其地为外江内湖锁钥，既关紧要，着准其暂缓前往。倘接替有人，仍令驰赴扬州，听候德兴阿调遣。至湖北援贼，号称数万，若非裹胁无业游民，安得如此众多？朕闻皖楚曾经被扰之区，牧令或潜匿乡村为苟安之计，巨室则迁徙一空，城乡小民贸易佣趁者无计谋生，遂致被贼裹胁，是以贼党愈聚愈多，兵勇不敷抵御，实为今日受病之源。若不急图变计，正本清源，将诛不胜诛，伊于胡底？前据文庆等奏请实行团练，业经寄谕各督抚各按地方情形酌办。官文、胡林翼职任封圻，责无旁贷，着于督师进剿外，留心选择贤能大员分投督办。如黄州、崇、通等处皆为贼匪窜扰，出没无常，苟能慎选循良，星罗棋布，招集流亡，实力团练，在小民有所依归，不至流而为匪，则贼援日少，贼势日孤，未始非军务之转圜也。该督抚等毋得视为迂缓，致误事机。将此由六百里加紧各谕令知之。"（《清文宗实录》卷204）

（咸丰八年八月）戊午，谕内阁："前因官文奏，湖北绅民于捐饷外自备口粮，团练防剿，恳请再行加广文武乡试中额，当交该部速议具奏。兹据礼、兵二部会奏，该省捐助军饷，业经准加乡试定额三名。此次所请，因募勇防剿再行加广中额之处，银数既无可稽，额数何从核定？所有该省绅民应如何酌予奖励，以昭激劝，着该督秉公酌核，另议办理。"（《清文宗实录》卷261）

（咸丰十年六月）己丑，谕内阁："前谕四川省办理团练，并令在京官员各举所知，候旨派往。兹据给事中赵树吉酌保各员请旨简派，在籍前任詹事府右春坊右赞善李惺着赏加五品卿衔，作为四川督办团练大臣，并着前任宜昌镇总兵虎嵩林、成都府知府杨重雅帮办团练事宜。即按照河南等省所拟团练章程，并嘉庆年间该省举行坚壁清野之法，体察情形，妥为办理。”（《清文宗实录》卷323）

（咸丰十年八月壬申）谕军机大臣等：“本日据胜保奏‘夷氛逼近阙下，请飞召外援以资夹击’一折，据称‘用兵之道，全贵以长击短，逆夷专以火器见长，若我军能奋身扑进，兵刃相接，贼之枪炮近无所施，必能大捷。蒙古京营兵丁不能奋身击贼，惟川、楚健勇能俯身猱进，与贼相搏，逆夷定可大受惩创。请敕下袁甲三等，各于川、楚勇中挑选得力若干名，派员管带，即行启程，克日赴京，以解危急’等语。逆夷犯顺，夺我大沽炮台，占踞天津，抚议未成，现已带兵至通州以西，距京咫尺。僧格林沁等兵屡次失利，都城戒严，情形万分危急。现在军营川、楚各勇均甚得力，着曾国藩、袁甲三各选川、楚精勇二三千名，即令鲍超、张得胜管带，并着庆廉于新募彝勇及各起川、楚勇中挑选得力者数千名，即派副将黄得魁、游击赵喜义管带……均着兼程前进，克日赴京，交胜保调遣，勿得借词延宕，坐视君国之急。惟有殷盼大兵云集，迅扫逆氛，同膺懋赏，是为至要。将此由六百里加紧各谕令知之。”（《清文宗实录》卷328）

（咸丰十年八月壬申）又谕：“本日据胜保奏‘夷氛逼近，请飞召外援’一折，已有旨，谕令曾国藩等迅挑川、楚等勇，派员管带，克日赴京矣。文祥接奉此旨，即着军机章京缮写，分寄各省，毋得迟延。胜保所陈城守各事宜，并着该大臣传知守城王大臣查照办理。外省折报，数日未到，即着兵部接收，以次递至行在，并传捷报处司员前来听差。现在军机章京均尚未到，所有折件，发交文祥，即令该章京等钞录存案，原折发还各省。迅传该章京等兼程前来，毋得玩视公事，致干重咎。将此由六百里加紧谕令知之。”（《清文宗实录》卷328）

（咸丰十一年四月辛巳）又谕："据内阁侍读学士贺寿慈奏'楚北团练，以黄州一府最为得力，屡挫贼锋，著有成效。近年全就裁撤，致令逆匪乘虚窜入，虽经援军获胜，而郡县未尽肃清，请饬黄州各属重整团练，前任麻城县知县葛致远办团极为得力，如令该县总司其事，必能收有成效'等语。逆匪上窜湖北，现在黄安等县虽经收复，麻城亦已解围，而该逆盘踞黄州，尚未痛加剿洗，亟应整饬团练以助兵力。着官文、胡林翼赶紧劝谕黄州各属团练照旧举行，俾该逆无可立足，剿办自易为力。前任麻城县葛致远如素得民心，兼有勇略，即饬令该员总司其事，并会同公正绅士认真办理，以收实效。另片奏，宜昌、荆州为川省入楚之路，襄阳、德安为豫省入楚之路，请饬一律办理团练。此时川、豫两省贼势鸱张，随州、德安尚未克复，防剿均形吃紧。并着官文、胡林翼饬令襄阳、德安、宜昌、荆州各府兴办团练，毋得视为具文。原折片着钞给阅看，将此由六百里谕令知之。"（《清文宗实录》卷350）

（咸丰十一年五月丁酉）又谕："张亮基奏'请饬发捐照作为募练经费'一折，据称'近日滇省回练俱形猖獗，拟在川、楚募练数千名，带赴云南。请颁发捐照五千张，作为募勇经费，并将官职虚衔各数开单咨部'等语。本日已谕令户部将捐照如数颁发，并解往鹤峰州，交张亮基收领矣。此项捐照一经解到，着即于楚、蜀一带，照云南省奏定捐米新章办理捐务，即将捐项作为募勇经费，俟练勇募齐，即日统带启程，前往云南，遵照前旨，帮同刘源灏将回务妥为办理，并将澂江等处滋事之练，分别剿抚，毋任延蔓。将此由六百里谕令知之。"（《清文宗实录》卷351）

（咸丰十一年十二月壬戌）谕议政王、军机大臣等："……何地无才，不必湖南之人始能充勇、湖南之勇始能杀贼。嗣后各直省督抚及各路统兵大臣，务当认真选将，就地取才，各就各省，按照湖南募勇章程妥为办理。其所派募勇之将领，尤须酌量该员才具，果能带勇若干，方令其募勇若干，庶因材器使，不至统率无方。至所募之勇籍贯来历，尤应认真严查，不得以游手之人滥竽充数，尤不得上下相隔，竟至将与勇两不相识，一旦有警，贼匪得以混入勇中，无从觉察，以致贻误事机。各省如有前赴湘、鄂募勇之员，并着知会该二省督抚随时察看，如有前项弊端，即着参办。至各营帮办军务大员及各省督办团练大臣，应由各路钦差大臣、各直省督抚密速转行，一体照办。原折着钞给阅看。将此各谕令知之。”（《清穆宗实录》卷12）

（同治元年三月庚子）又谕：“郑元善奏‘请饬游击回豫管带楚勇，并请饬催总兵募军来豫’等语。豫省管带楚勇将领止杨飞熊、杨长春、余际昌三员。余际昌、杨长春均因在杞县剿捻，力战受伤，余际昌刃伤过重，难期速痊。现在新蔡被围，汝宁吃重，防剿甚属紧要。楚营带队乏人，严树森前于调任楚抚时，曾经奏带游击李世玉赴楚。该员籍隶豫省，于本处情形较为熟悉，着严树森迅即饬令李世玉回豫，管带楚勇，以资得力。已革总兵李续焘、候补总兵陈由立二员，前经叠谕官文、严树森、毛鸿宾饬令该员等于湖北、湖南两省各募劲勇三千人，并饬令即行赴豫。此时尚未据报起程，着官文、严树森、毛鸿宾严催该二员，即行招募成军，兼程赴豫，听候郑元善调遣，毋许再事迟延。将此由五百里各谕令知之。”（《清穆宗实录》卷22）

（同治元年四月庚辰）又谕：“胜保奏‘楚师克复庐州，陈玉城穷窜寿州，经苗沛霖设伏诱擒，请赏还苗沛霖花翎、勇号，并开复原官、原衔’等语。苗沛霖因团练私愤，辄敢拥众围攻寿州，负罪甚重。此次狗逆被多隆阿等军追剿穷蹙，窜入寿城，若以苗沛霖缚献微劳，遽予开复，恐不足以服天下之心。苗沛霖着加恩先行免罪，准其自新，仍俟擒斩张落刑，随同官军扫除蒙亳一带捻逆巢穴后，自必立予恩施，以示朝廷赏罚一秉大公至意。”（《清穆宗实录》卷26）

（同治元年八月己卯）又谕："都兴阿奏'江防船只损坏，请改造炮划'一折。据称'江防船只多有损坏，与其筹款修整，莫若多造炮划，较为灵便。拟派员备款，前赴湖北，赶造大、中、小号炮船，或百只，或数十只，即由湖北招募勇丁一二千人，顺流东下'各等语。现在江防吃重，都兴阿军营炮船不敷分布，着官文、严树森俟该处委员到楚，即派员妥为照料，筹给经费，并给发一月饷银，俾得赶紧造就，随时派拨水师护送东下，毋令阻滞。所发经费饷银等项，准其作正开销。将此由五百里谕令知之。"（《清穆宗实录》卷38）

（同治元年九月壬申）又谕："……英桂前请募之楚勇三千名，仍着妥速雇募，以期厚集兵力。将此由六百里加紧各谕令知之。"（《清穆宗实录》卷44）

（同治元年十月庚子）又谕："本日已有旨，将阎敬铭赏给二品顶带，署理山东巡抚……朝廷以山东省屏蔽畿南，军务吏治急切需人整顿，不惜破格用才，以资治理。阎敬铭久任鄂省监司，办理诸务悉臻妥协，并叠经胡林翼及官文、严树森等切实保举，堪胜方面之寄，谅非徒托空言。刻下兖、沂各郡贼匪充斥，东省官民呼吁甚殷，僧格林沁大军现值进捣蒙亳捻巢，正当吃紧之时，势不能再由亳营分兵回剿。阎敬铭到任后，必须添兵调将，方能施展。着官文、严树森、毛鸿宾于湖南、湖北两省，豫为选募新勇，部勒成军，并遴委得力将弁管带，即行驰赴东省，俾阎敬铭一到，即得如意指挥，以收速效。其行装口粮等项，着官文等筹款给发，以利军行，并将所需饷项，即由楚省源源筹济。安东省即所以安畿辅，官文等素顾大局，谅必能竭力筹画，无分畛域也。前此叠经谕令多隆阿督兵入陕，该将军随营虽有李宗焘、王开福二员，而入陕以后事务较繁，随营得力文员为数尚少。着官文、严树森于楚省道府以下等官素称得力者，酌添数员前往，以资臂助。将此由五百里各谕令知之。"

（《清穆宗实录》卷 47）

（同治元年十月丙午）又谕：“……邹复胜等赴楚募勇需时，即着饬令赵鸿举等添募马步各勇，克日成军，以资攻剿。至激励乡团，尤为该侍郎专责，汝宁团练既称得力，即着随时号召，期于兵团会合，迅扫贼氛。将此由四百里谕令知之。”（《清穆宗实录》卷 47）

（同治元年十月戊申）又谕：“英桂奏‘现在到防之吉林、黑龙江官兵多系西丹，未经战阵，技艺未能一律纯熟，仅选得马上精锐者二百余名，此外均须训练，方能得力。楚勇能否应募，未接官文咨复，且路多梗阻，尤虑缓难济急，请饬添调官兵’等语……”（《清穆宗实录》卷 47）

（同治元年十一月壬子）又谕：“张之万奏‘派员访查各处情形，据实具奏’各折片，张之万既经简署巡抚，应即将会元局一案彻底根究，已经解散之团练仍令酌量地方情形，遴举公正绅董，会同地方官认真兴办……至毛昶熙所带兵勇五千人中，惟楚勇一千五百名尚称得力，此外可用者未必及半，自应严加甄汰，以期一兵得一兵之用。着毛昶熙将现在存营兵勇亲加裁汰，酌留精壮三千名，赴汝宁一带，督同张曜一军剿办陈大濬匪巢，以节虚糜而收实效……变通折漕一节，本日已交户部速议具奏。如果无病于民，有利于国，该署抚即须推行尽利，仿照湖北章程斟酌办理……将此由六百里各谕令知之。”（《清穆宗实录》卷 48）

（同治元年十一月辛酉）又谕：“兵部奏‘请饬各省督抚及各路领兵大臣按期具报兵勇数目’一折。各省兵额例于年终题报到部，岂得借词军务未平，延不造报，任令提、镇、协、营互相徇隐？现据该部奏称，除湖北、四川两省依限题到外，其余各省均未依限造报，实属疲玩已极。嗣后各省督抚务须痛除积习，将存营出师各兵数核实稽察，按限造报。倘再任意迟逾，即日该部奏参，将该督抚及各营员从严议处，以儆玩泄。

其各路军营征调兵勇及添裁数目、粮台文案，既有册载可稽，何难随时报部备查？嗣后各路统兵大臣，着于此次奉旨之日起，限三个月内，将现存兵勇名数并管带员名、征防处所，一并分晰报部。此后随时有无增减，均着按限三个月咨报一次。如敢视为具文，延玩不报，即着该部查明严参，请旨办理，以杜浮销而除隔阂。并着各省督抚及各路统兵大臣另备详细册籍一分，按限送报军机处，以备查核，毋许借词稽延。”（《清穆宗实录》卷49）

（同治元年十二月戊子）又谕：“阎敬铭奏，恳请赏假营葬，并陈山东贼势各折片……至教捻各匪及团练流弊情形，均须该署抚亲加察度，方能洞悉筹办理。两湖募勇，叠经寄谕官文、严树森、毛鸿宾豫为选募，遴派妥员带赴山东。该署抚于湘、鄂两省，如有素悉文武员弁、才略优长者，均即函商官文等豫为筹调，以资臂助。另片奏一件留中。将此由四百里谕令知之。”（《清穆宗实录》卷52）

（同治二年二月癸巳）又谕：“英桂奏‘晋兵怯懦，难期得力，仍拟察看情形，添调楚军’一折，据称‘晋民向以商贾为生，学贾不成，始肯入伍。前募本省勇丁二千名，胆识未壮，以言乎守，尚足以壮声威，以言乎战，实难冀其勇往。今邻氛未靖，拟另备一军，为四路救援之用，庶于防捻、防回，稍有把握。官文代募之勇，仅有楚北一千，何时起程，尚未准该省咨会’等语……袁复清等，前经官文等令其募勇赴晋，何以此时尚未到防？其勇丁一千名是否募齐，何日起程，着官文、严树森查明，严催袁复清等迅速带勇赴晋。该二员到晋后，由英桂随时察看，如果得力，再令携银赴楚添募，以资得力……将此由六百里各谕令知之。”（《清穆宗实录》卷58）

（同治二年四月壬午）又谕：“……现在阎敬铭将次抵东，臬司丁宝桢由楚募勇千名赴任，已催令迅速前进。该署抚等虽情形未能熟悉，而素来办事尚称结实。着该大臣于阎敬铭到东后，或令前赴东昌搜捕余匪，令丁宝桢赴邹县统带官军剿办教匪。该大臣仍遵前旨，驰赴蒙亳剿办苗逆……将此由六百里谕令知之。”（《清穆宗实录》卷63）

（同治二年七月丙寅）谕议政王、军机大臣等：“……毛鸿宾前奏，拟募楚勇数千，派张运兰带赴粤东剿贼。此时想已募练成军，即着迅速起程，先将高州军务认真整顿，务令壁垒一新，迅歼大憝……将此由六百里各谕令知之。”（《清穆宗实录》卷74）

（同治二年十月）壬辰，谕议政王、军机大臣等：“刘长佑奏‘遵筹直隶抽练营兵，酌募勇丁，以重畿辅’一折。军兴以来，各省募勇剿贼，实因兵力不敷，一时权宜之计。而楚省勇丁，尤所向有功。直省前因剿贼吃紧，特将该督调任畿辅，并节经谕令该督催调所募楚军前来，以资应用。固以楚军所至剿贼，尚能得力，亦体该督廉颇用赵之意，必使其兵将相习，以尽所长而速就功。若地方业经平靖，为畿辅屏藩，议立久远之法，则改设营镇，因地制宜，仍当一切俱从标兵规制，方为妥善。不惟尽用楚勇，南北风土不能相习，日久非宜，即就地招募成军，一切俱用勇营制度，亦恐诸多窒碍。直省现在虽已肃清，恐各属地方伏莽尚多，豫捻陕回，亦须备豫镇遏。刘长佑新募南来楚勇，自不能不酌留数营，以资调度，随时防剿之用。俟直省营伍整饬之后，楚军远戍，久而思归，即可随时陆续量为遣撤。若以选募新军，计及久远，仍当就地取材。五方气类，各有所宜，地势人情，亦皆各有所习……此时就地选募新军，亦必须留楚省将弁，以资教演。该督此次奏称，增练精勇，或募楚军，或即本省挑选，原无成见。即所称以书生团练杀贼，亲党邻里所与立功，不能不酌用楚军，亦属实情。朝廷破格用才，惟恐倚任不专，以资宏济。但兹事体重大，总期如何有益，如何经久无弊，方为尽善。刘长佑仍当精思熟计，以图万全……将此谕令知之。”（《清穆宗实录》卷82）

（同治二年十月甲午）谕议政王、军机大臣等："刘长佑奏'吴永敖在江北招募楚勇，现已成军，遵旨拨赴河南助剿，并请令吴再升驰赴河南，会同吴永敖统带，交张之万调遣'等语。吴再升系吴永敖之兄，若令戴罪图功，自更得力，着即饬吴再升赴豫，会同管带募勇，并飞饬吴永敖折赴张之万军营，听候调遣。张之万于此项募勇到后，即饬认真训练，随同进剿。吴再升等能否得力，并着随时察看具奏。前命江长贵暂署直隶提督，当谕令刘长佑随时察看，据实具奏，尚未据督奏到。昨日引见之前任湖北郧阳镇总兵讷钦一员，已降旨交刘长佑差遣。该二员孰为优劣，并着体察奏闻，毋稍瞻徇。将此由五百里各谕令知之。"（《清穆宗实录》卷83）

（同治二年十一月乙巳）谕议政王、军机大臣等："大理寺卿贺寿慈奏'本年皖捻由豫窜楚，自枣随以至黄麻，七八百里中，均遭荼毒。使各属团练犹齐，兵力有助，不至于此。现在窜匪虽靖，邻氛未弭，请饬认真整顿团练'各等语。团练保甲，相辅而行，本地方大吏应为之事，湖北黄州等属团练，上年曾立战功，著有成效，此时何以渐就废弛？现在程二老坎虽已回巢，而楚边已为该逆熟径，张总愚窜扰淅川一带，图伺鄂疆，亟应乘贼踪未及之先，力求整顿。着该督抚等于界连皖、豫两省地方，饬令各属团练实力举行，重加整饬，毋得有名无实。至所保在籍道员陈庆溥、员外郎吴鼎元督同劝办之处，并着该督抚妥为察看，如该员等可期得力，即饬妥为办理。贺寿慈原折片二件，着钞给阅看。又据都察院奏，公安县民人叶华品呈称'该县自咸丰十年江陵之毛家尖堤溃漫，被淹四载，屡经督抚札饬江陵修复，复由公安筹款帮费，均以无费停工。小民频遭水患，淹毙馁毙，惨不可言，恳恩早为修复'等语，本日已明降谕旨，令官文等查明该处修堤之费，向来是否民捐民办，抑应官为修理，酌量奏办。惟览该民人所呈，该县连年被淹，流离困苦，经费实无从出，官文、严树森尤当体察情形，如向系民捐，而现在民力实有未逮之处，亦当设法迅为捍筑，保全民命。毋得徒事批饬兴修，仍复任令地方官借口修费，延阁不办，以重堤工，是为至要。叶华品原呈原图，着分别钞录发给阅看。将此由五百里各谕令知之。”（《清穆宗实录》卷84）

（同治二年十二月乙酉）又谕：“前据大理寺卿贺寿慈奏，请饬湖北整顿团练，并保在籍道员陈庆溥等督同劝办。当经谕令官文、严树森于界连皖、豫两省地方实力整饬，并察看陈庆溥能否得力。兹据官文等复奏‘团练派员专办，利少弊多，请由各该州县自行经理’，并称‘陈庆溥年轻望浅，不能服众，难期得力’等语，湖北省沿边各属团练，既据官文等声称不必派员专办，着即责令各该州县认真办理，毋任废弛，并慎选贤能牧令联络绅民，以收实效。至京外臣工保举人员，原期名实相符，备资驱策，贺寿慈辄以年轻望浅之陈庆溥，请令办理团练，殊属轻率。朝廷设不加详察，遽行任使，岂不贻误公事？似此保荐不实，殊负朝廷博采旁搜至意。贺寿慈所奏，着毋庸议。”（《清穆宗实录》卷88）

（同治二年十二月乙酉）谕议政王、军机大臣等：“据官文奏‘沥陈团练流弊情形’等语，团练本以辅官兵之不足，止能用之于暂，不能持久，可以戢土匪，不足以当大敌。本日据官文、严树森所陈，甚为明晰，着照所拟，仍由各该州县自行经理。鄂省西北边防正当吃紧，官文、严树森当严饬各该州县，不可废弛团务，又必须选择贤能之地方官，督率绅民，认真妥办，俾守望既可以相助，而权亦不至归诸民间。仍一面练兵筹饷，力求制敌强兵之策，方为不负委任。将此各谕令知之。”（《清穆宗实录》卷88）

（同治三年十一月乙丑）又谕：“……佘福象一员，现经雷正绾派令回楚招募精锐六营来甘。俟抵甘后，即着该署提督留于军营效力，以资臂指之助。其所募勇丁，或分拨数营赴穆图善军营之处，届时斟酌军情，与穆图善妥筹调派……将此由六百里谕知都兴阿、穆图善、雷正绾，并

传谕张集馨知之。”（《清穆宗实录》卷122）

（同治四年正月庚子）又谕：“杨岳斌自补授陕甘总督回楚募勇，业经半载有余，叠经谕令该督速募成军，统带赴甘，以维大局。兹据明绪等奏‘伊犁救援巴燕岱之兵中途失利，现在贼众兵单，情形万分吃紧’等语。伊犁为统领各城重地，设有疏虞，情形更难设想。该处盼望援兵，诚属刻不可缓。该督募勇一事，如已办有头绪，即应整队赴甘，以便都兴阿、穆图善之兵早日腾出，鼓行而西，以收底定西陲之效。倘该督仍以勇未招齐，赴甘稍迟一日，则援剿新疆亦迟一日，关系诚为不浅。着杨岳斌懔遵叠次谕旨，迅即料理起程，不得再事稽延，以副委任。将此由六百里加紧谕令知之。”（《清穆宗实录》卷126）

（同治四年正月壬寅）又谕：“曾国藩奏‘叠奉谕旨，恭折复陈’一折，所陈剿办捻匪，宜用淮勇，西路军务，宜并力先清甘肃，再及关外，并饷源日匮，必须多撤楚勇各条，均于时势军情，确有见地……拟请多撤楚勇，自系目前第一急务，即着将刘连捷、朱南桂、朱洪章三军次第裁撤，以节糜费。至韦志俊等诸降众，尤应妥筹安插，善为遣散，庶腾出有用之饷，以供留防之勇，济西征之军，于大局实有裨益。将此由六百里谕知曾国藩、骆秉章，并传谕鲍超知之。”（《清穆宗实录》卷126）

（同治四年四月癸酉）又谕：“……所有靖远之防，并由雷正绾抽拨劲旅，会同陶茂林留防各营严为堵御。其安会适中之地，应否移兵扼扎，并着与曹克忠会筹，随时兼顾，俟雷正绾续募楚勇到甘，饬令于安会及省垣一带扼要布置，即檄遣陶茂林留防各军全数西征，以厚兵力……将此由六百里谕知都兴阿、穆图善、雷正绾，并传谕陶茂林、恩麟、曹克忠知之。”（《清穆宗实录》卷135）

（同治四年闰五月戊寅）又谕：“官文奏‘援甘楚勇溃散，现办情形’，吴昌寿奏‘发捻麇聚亳东，饬兵进剿，并函商江皖兜剿’各一折。蒋凝学一军行抵襄阳，复借口索饷，纷纷逃溃，已散至八营之多。现在折回省城，形同叛逆，深堪痛恨。官文现饬姜玉顺督率所部迎头遏截，着即饬令该员相机办理，如抗不就抚，即着痛加剿洗，并将为首滋事之犯，速行擒斩，以儆凶顽。被胁逃归各勇，务须妥为抚辑，以安善良。前经叠降谕旨，令官文、杨岳斌饬令此军折赴豫省剿捻，归吴昌寿调遣。是蒋凝学所部各营，业已停止赴甘，现在未散各勇，尚有十一营。着官文飞饬传知蒋凝学，将叠次所奉谕旨晓示各勇，以安众心。本日据吴昌寿奏称‘拟在豫省添募勇丁数千，无庸借资楚勇，请令蒋凝学一军，即在樊城驻扎，听候朝命’等语，豫省既可就地募勇，自无须远调客军。所有蒋凝学一军，即着留于鄂省，归官文调遣，并着饬令此军移扎鄂省东北边境，以便堵截皖匪窜入楚北之路，并责令蒋凝学将现在未散勇丁妥为驾驭。所有蒋凝学应得处分，着暂行宽免，倘再不能约束，致所部勇丁续行逃溃，即着官文将该员严参治罪。其现存未散之十一营欠饷，仍着官文酌量情形，筹款补给。姜玉顺一军现办溃勇，未能赴豫，官文已改调飞虎四营援豫，即着饬令迅速起程，并着吴昌寿赶紧迎提，以厚兵力……将此由六百里各谕令知之。”（《清穆宗实录》卷142）

（同治十年十二月乙亥）谕军机大臣等：“曹克忠奏‘接管淮军办理掣肘情形，请招募勇丁添补缺额’各折片。曹克忠接统淮军，曾谕刘铭传与之会商，务将一切驾驭机宜筹画妥协，再行回籍……现在各军缺额甚多，亟须募补，着李鸿章迅将需用经费，核定拟交曹克忠，以便该提督派员分赴楚、皖招募，并将曹克忠各营饷需宽为筹备，俾免缺乏。曹克忠务将各营力加整顿，相机驾驭拊循，一俟布置就绪，即行拔队西进……将此由五百里谕知曾国藩、李鸿章，并传谕曹克忠知之。”（《清穆宗实录》卷326）

（同治十二年十二月丙申）又谕：“左宗棠奏‘道员黎献，经景廉委令由楚募勇，前赴哈密助剿，现在管带所募弁勇取道秦陇出关，沿途陆续逃散，辄收补游勇充数，其经过地方，并有纵勇骚扰情事。该员居心巧诈，敢为大言，毫无实济，因系景廉委办军火，招募楚军，已饬沿途照章支给口粮车辆，俾得速赴军营，黎献实不可用’等语，着景廉于该员到营后留心察看，倘如左宗棠所奏，即着据实奏参，毋为该员所惑。所募勇丁，并着核实查验，分别遣留，毋任虚糜粮饷。原片着钞给阅看。将此谕令知之。”（《清穆宗实录》卷361）

（光绪十年七月癸丑）又谕：“电寄杨昌濬，昨据电称，拟抽调江浙各营。着曾国荃于北来恪靖七营中拨与四营，杨昌濬迅带援闽。前有旨，命湖北、湖南、江西督抚募劲旅一二万人，着杨昌濬遴派将领前往，即于此项新募勇内挑选成军。闽省情形万紧，务当克日整备一切，迅赴戎机。”电寄　（《清德宗实录》卷189）

（光绪二十年九月丁丑）又谕：“电寄吴大澂，前令余虎恩募勇随同办理防务，本日据该总兵面奏，请回湖北自行开召较为得力。着吴大澂传知余虎恩，即行前往召募十营，迅速到防，应需枪械即由湖北筹拨。”电寄　（《清德宗实录》卷348）

（光绪二十年十一月癸酉）护理湖广总督谭继洵奏新授广东高州镇总兵余虎恩募勇成军，启程赴防日期。报闻。折包　（《清德宗实录》卷353）

（光绪二十年十一月壬午）谕军机大臣等：“电寄张之洞等，现在江南、湖广、河南、山陕调募兵勇均已奏启程，惟日久尚未到齐，实深焦盼。着张之洞、李秉衡、刘树棠、李鸿章分饬沿途各州县，遇有过境之军，即传谕旨迅催前进，不得借词逗遛。”电寄　（《清德宗实录》卷353）

（光绪二十四年七月丁丑）谕军机大臣等：“总理各国事务衙门奏

‘代递道员恽祖祁条陈’一折，据称‘民团办法，各业皆可设团，民与兵习，久即民兵。鄂中八省通衢，水陆云附，民业既多，民团易集，大可因利乘便，徐图进步’等语。筹办民团，前经降旨谕令各直省限三月内复奏，兹既据该道筹度鄂省民兵及豫计饷源一切事宜，所有矿团、农团、岭团、滩团、堤团、客团六事，是否能于办团之内，兼谋兴利之方，实有试练民兵之效，着张之洞斟酌该省情形，先行试办。原折着钞给阅看。将此谕令知之。”现月 （《清德宗实录》卷425）

（光绪二十四年十一月丁卯）又谕：“前据总理各国事务衙门代递道员恽祖祁条陈鄂省民团办法，当经谕令张之洞斟酌情形，先行试办。现在未据奏到，着张之洞即遵前旨，妥速酌办，并将办理情形，限一个月内即行复奏。将此谕令知之。”现月 （《清德宗实录》卷434）

（光绪二十五年二月辛卯）湖广总督张之洞奏：“遵办保甲团练，酌拟团保相辅、取益防弊办法。”得旨：“所拟章程尚属妥协，即着认真办理，毋得日久又成具文。”（《清德宗实录》卷439）

（光绪二十五年三月）庚申，护理山西巡抚布政使何枢奏：“晋省奏明添练新军，现派总兵万本华赴豫鄂交界樊城一带召募壮丁，挑练成军，即由该总兵督带训练。”报闻。（《清德宗实录》卷440）

（光绪二十九年九月己亥）署两广总督岑春煊奏：“克勇楚军，分别裁留。”下部知之。折包 （《清德宗实录》卷521）

（光绪二十九年十一月）庚子，署湖广总督湖北巡抚端方奏：“省防水陆各营添募船勇并更换管带。”下部知之。折包 （《清德宗实录》卷523）

（宣统元年七月戊申）湖广总督陈夔龙等奏：“……其各营兵丁，仍照章分年裁汰。至于巡哨弹压，安辑地方，仍责成现存各营悉心经理。被裁人员，拟援照鄂省裁缺办法酌量叙补，如并无差委，得仍留廉俸三年，以示体恤。”下部知之。折包　（《宣统政纪》卷17）

（宣统元年十月乙巳）湖广总督陈夔龙奏：“光化县属老河口地方，上连秦豫，下达荆门，为水陆交通、商贾辐辏之地，原驻巡防一哨，兵力甚单，该处商会情愿认筹饷薪，加添军队。现经认定常年的款五千两，尚不敷银八千八百余两，经饬令签捐局按月补足一营饷数，克日募集训练，择要侦巡。”下部知之。（《宣统政纪》卷24）

（宣统三年六月壬辰）湖广总督瑞澂等奏：“湘省添募防队，分别布置。”报闻。（《宣统政纪》卷56）

（宣统三年八月丙辰）又谕：“电寄余诚格，据电奏‘鄂督急电请援，已派巡防两队附轮前往，惟湘省亦须自顾，请添募营队及暂设营务处’等语，着准其添募营队。”（《宣统政纪》卷61）

（宣统三年八月己未）又谕：“电寄陈夔龙，据电奏‘适值鄂省兵事，人心不靖，亟宜注重筹防，所有裁撤绿营之期，请展缓三个月，再行分别酌核办理’等语，着照所请。又电奏‘直境军队不敷分布，拟添募巡防队二十营，所有饷项，督饬司道先为设法腾挪，再行奏拨立案，并请暂留新授甘肃提督张怀芝，迅速召募统率训练’等语，着照所请。”（《宣统政纪》卷61）

（宣统三年八月己未）又谕：“电寄张人骏，据电奏‘长江一带伏莽素多，灾荒之后，饥民遍地，保护防剿，在在均需兵力。宁省巡防队平时仅敷分防，有事实难调遣，拟请照从前湘军营制，每营五百人，添招十营，按月给饷，已会商苏抚设法共筹，先行挪拨’等语，现在鄂乱方段，江南为长江下游，地方尤关重要，准其添招巡防营十营。江南提督张勋现正会办江防，着该督即饬令该提督迅速召募成军，由该提督统带训练，扼要分布，以资镇慑。仍着该督相机调遣，加意防维，绥靖地方。”（《宣统政纪》卷61）

（宣统三年八月己未）又谕：“电寄增韫，据电奏‘浙省地属海疆，土匪私枭，素称猖獗。今年水灾遍地，匪徒不时蠢动，各路防营分头拿办，实已不敷调遣。现在鄂变又起，沿江戒严，拟暂添募陆师巡防队，以资镇慑’等语，着照所请。”（《宣统政纪》卷61）

（宣统三年八月己未）又谕：“宝棻电奏‘豫南处处与鄂省相接，添募营队、保护铁道、置造军需、屯积粮食以及运兵车马川资等项，需款甚巨。转瞬大兵南下，军用诸品为数较多，豫省财政支绌，请饬度支大臣移缓就急，随时接济，并请将本省应解应协各款概从宽缓，挪作军用’等语，着度支部迅速设法接济，以应急需。”（《宣统政纪》卷61）

（宣统三年八月庚申）又谕：“电寄钱能训，据电奏‘鄂省变起仓猝，陕省交界要隘亟应防范。惟兵力单简，不敷分布，现拟召募马步防营八队，克日编练，于旧有防营互调换防，选择精劲之师填扎兴安、商州一带，以固门户，并选派记名提督开缺曹州镇总兵万本华统率全省马步防营。至应需兵饷，即在土税项下核实支用，作正开销’等语，着照所请。”（《宣统政纪》卷61）

（宣统三年八月甲子）又电奏：“请在直隶、山东、河南等省召募壮丁一万二千五百人，照武卫左军现行营制编集二十五营，作为湖北巡防军，并请饬度支部速拨的款四百万两，以备拨支’等语，着照所请。”（《宣统政纪》卷61）

（宣统三年八月甲子）又谕："电寄袁世凯，电奏悉，筹画一切，均甚妥协。副都统王士珍，着襄办湖北军务，所有增募新军、布置后路各事，责成经理。军咨府正使、副都统冯国璋，着迅赴彰德筹商一切，如必须第二军往助，再令迅回带往，或令各该统制带往战地，相机办理……"（《宣统政纪》卷61）

（宣统三年十一月乙丑）又谕："……派四川在籍绅士、前署湖北提法使施纪云，裁缺光禄寺少卿陈钟信就近筹办团练事宜，并先行宣慰……"（《宣统政纪》卷67）

7. 军职任免

（顺治二年八月辛丑）授投诚委镇荆州郑四维为署副将，仍驻防荆州。（《清世祖实录》卷20）

（顺治三年五月庚申）兵部议复："镇守江西总兵官金声桓疏称'臣原衔提督抚剿，今更为镇守，事权不隆，无以弹压军民文武。请仍给原衔，锡之敕书，假以便宜'。臣部查镇臣无节制文官之例，本朝更无便宜行事之制，声桓所请殊为僭越，自难允行。但江西寇氛尚炽，姑改镇守为提督，一切剿抚事宜，仍令会同抚按并听内院大学士洪承畴裁行。命改金声桓为提督总兵官，仍饬行升荆州副将郑四维为都督同知，充镇守荆州总兵官。"（《清世祖实录》卷26）

（顺治三年八月）戊子，以恭顺王孔有德为平南大将军，与怀顺王耿仲明、续顺公沈志祥、右翼固山额真金砺、左翼梅勒章京屯泰，率满洲、蒙古、汉军官兵往征湖广、两广，谕之曰："尔等先定湖广地方，次定江西赣南，由是入广东，镇守一方，遣人奏报候旨。但尔等同爵，今在军中不可不立主帅，同去王公诸将等，凡事悉听恭顺王令行。"（《清世祖实

录》卷27）

（顺治三年八月）癸巳，命智顺王尚可喜统所部官兵赴恭顺王军，协征湖广等处，赐蟒袍、靴帽、鞍马。（《清世祖实录》卷27）

（顺治三年八月）癸卯，升管台章京范承宗为署都督佥事，管山西平阳副将事；牛录章京线维绮为署都督佥事，管湖广黄州副将事。（《清世祖实录》卷27）

（顺治三年七月乙巳）以牛录章京孙定辽为都督同知，充湖广提督总兵官……（《清世祖实录》卷27）

（顺治四年四月丁丑）升管保定茨沟营参将事副将万代程为湖广安陆府副将。（《清世祖实录》卷31）

（顺治四年十二月癸酉）升浙江副将张士元为都督佥事，充镇守郧阳等处总兵官。（《清世祖实录》卷35）

（顺治五年三月）癸卯，以投诚张国柱为都督佥事，充湖广随征左路总兵官；札委总兵官郝效忠为都督佥事，充湖广随征右路总兵官。（《清世祖实录》卷37）

（顺治七年六月乙酉）补原任副将夏登仕为山海副将……湖广兴国州参将邬乘鸾为湖广武冈副将……（《清世祖实录》卷49）

（顺治八年五月辛卯）以太祖配天恩，诏叙投诚官员功，各授世职。……荆州总兵官郑四维、广西随征总兵官马蛟麟、辰常总兵官徐勇为一等阿达哈哈番，兼一拖沙喇哈番；……郧阳总兵官张士元……为一等阿

达哈哈番；……荆州都司刘进忠、苏松游击苏升、原任荆州都司吕养蛟……为拖沙喇哈番。（《清世祖实录》卷57）

（顺治十年十月癸亥）升湖广汉阳参将赵士忠为武冈副将。（《清世祖实录》卷78）

（顺治十年十二月）丙寅，以固山额真陈泰为宁南靖寇大将军……赐之敕曰："……兹特命尔陈泰为宁南靖寇大将军，同蓝拜、济席哈、苏克萨哈等统率大军镇守湖南，尔等公同经略辅臣洪承畴悉心商确，择湖南、湖北扼要之处驻扎，其用兵机宜，悉同经略议行。倘贼兵来犯，须协力多出方略，随机剿除。凡有举动，可与固山额真护军统领、梅勒章京等商酌，勿违众自用，勿恃强忽敌，须侦谍谨密，勿致疏虞。贼有抗拒不服，即为殄灭。其先为贼迫从，后闻大军至来降者，悉宥前罪。若有缚斩贼渠来降者，分别升赏。务期绥辑民生，钤束士卒，归顺良民，不得侵扰，以副朕定乱救民之意。从征将士有功者，察记汇奏，小事即行发落。骁骑校、护军校以下，除死罪外，一切大小罪过公议处分。尔等膺此重任，当益加勤励。钦哉。"……（《清世祖实录》卷79）

（顺治十一年二月戊辰）调署都督佥事、管福建福州府水师副将事范绍祖为湖广洞庭湖水师副将。（《清世祖实录》卷81）

（顺治十一年六月）甲申，降补原任山东沂州总兵官张大治为湖广黄州府副将……（《清世祖实录》卷84）

（顺治十二年五月）庚寅，升随征陕西兰州副将王平为署都督佥事，充湖广右路总兵官。（《清世祖实录》卷91）

（顺治十三年十一月壬子）以梅勒章京李茹春为都督同知，充湖广中

路总兵官。（《清世祖实录》卷104）

（顺治十三年十一月丙寅）以内国史院学士张长庚为兵部右侍郎，兼都察院右副都御史，巡抚湖广，提督军务。（《清世祖实录》卷104）

（顺治十三年十二月）乙未，谕吏部："三楚要地时方用兵，总督职任綦重，必得其人，始克胜任。朕观李荫祖才猷精敏，年力富强，着加太子太保，仍以兵部尚书兼都察院右副都御史，总督湖广等处军务，兼理粮饷。"（《清世祖实录》卷105）

（顺治十四年正月丁卯）以阿思哈尼哈番张大元为都督同知，充镇守湖广彝陵总兵官。（《清世祖实录》卷106）

（顺治十五年十二月己丑）升……浙江宁波副将署副将管湖广黄州副将事张大治为江西南赣右协副将。（《清世祖实录》卷122）

（顺治十六年正月）戊午，吏部遵旨议奏："……卞三元应升都察院右副都御史，巡抚贵州，兼督理湖北、川东等处地方提督军务。"从之。（《清世祖实录》卷123）

（顺治十六年二月癸未）升湖广郧襄水师副将左都督于大海仍以原衔充镇守襄阳等处总兵官……（《清世祖实录》卷123）

（顺治十六年三月）庚申，升鹰扬卫守备钱腾云为湖广掌印都司……（《清世祖实录》卷124）

（顺治十六年八月）丙辰，以参将管经略军前旗鼓事阎镇为署都督佥事，充湖广中路总兵官。（《清世祖实录》卷127）

（顺治十七年二月）丙申，以……都督佥事管山西平阳副将事冯源淮为署都督同知，充镇守湖广荆州等处总兵官……（《清世祖实录》卷132）

（顺治十七年三月戊午）升……湖广黄州府知府徐士仪为贵州按察使司副使，管思石兵备，分巡思仁道事。（《清世祖实录》卷133）

（顺治十七年七月癸酉）掌宗人府事和硕安亲王岳乐等奏言："随征云南镇国公席特库因病留驻荆州。病愈，不随大师前进，仍同伊子逗留，糜费粮饷。应降镇国公为镇国将军，其子辅国公能格里应降为镇国将军，辅国将军法喀应降为奉国将军。"从之。（《清世祖实录》卷138）

（顺治十七年九月癸亥）升湖广郧阳总兵官穆生辉为都督同知銮仪使，协理卫事。（《清世祖实录》卷140）

（顺治十七年九月）甲戌，升湖广右路总兵官杨遇明仍以太子太保左都督充广西提督总兵官，署都督佥事管浙江杭州府城守副将事李逢茂以都督佥事充镇守湖广郧阳等处总兵官。（《清世祖实录》卷140）

（顺治十七年十月己亥）升乐平副将戴成功为都督佥事管肃州副将事，副将管兴国州参将事高鼎为苏松水师左协副将。（《清世祖实录》卷141）

（顺治十七年十月乙巳）以……原任湖广左路总兵官右都督张国柱为镇守云南永顺等处总兵官，原任湖广中路总兵官署都督佥事阎镇为镇守云南大鹤丽永等处总兵官……（《清世祖实录》卷141）

（顺治十八年三月庚戌）郧阳抚治白秉真题留总兵官穆生辉。得旨："郧镇岩疆弹压需人，穆生辉久历其地，洞悉地利贼情，兵民倚赖，着留

原任。”（《清圣祖实录》卷2）

（顺治十八年五月丙子）命湖广郧阳总兵官李逢茂改充湖广沅州总兵官。（《清圣祖实录》卷2）

（康熙元年九月癸巳）升参领金万镒为湖广彝陵总兵官。（《清圣祖实录》卷7）

（康熙三年闰六月）庚午，以福建投诚伪官郭义为郧阳总兵官。（《清圣祖实录》卷12）

（康熙三年十一月）庚寅……以原任江南右路总兵官刘芳标为湖广彝陵总兵官，升参领阿尔泰为湖广辰常总兵官，以投诚左都督杨来嘉为湖广襄阳总兵官……（《清圣祖实录》卷13）

（康熙四年十一月）庚子，以原任襄阳总兵官于大海为广东高雷总兵官。（《清圣祖实录》卷17）

（康熙六年十二月）己丑……随征湖广右路总兵官马化骐为四川重夔总兵官。（《清圣祖实录》卷24）

（康熙八年十二月乙丑）调天津总兵官徐治都为湖广彝陵总兵官。（《清圣祖实录》卷31）

（康熙十一年十二月乙巳）升云南前镇总兵官马宁为湖广提督。（《清圣祖实录》卷40）

（康熙十二年十月）癸丑，调湖广提督马宁为山东提督。（《清圣祖实

录》卷43）

（康熙十二年十一月戊辰）升陕西西宁总兵官王可臣为湖广提督。（《清圣祖实录》卷44）

（康熙十二年十二月丁巳）谕兵部："云南提督桑峨调为湖广提督，总统协镇兵马鄂善暂留湖广，与蔡毓荣商酌机宜，力图剿御，以固地方。"（《清圣祖实录》卷44）

（康熙十三年正月辛巳）兵部题："湖广、四川二省武职官员原无督臣题补之例，今值云贵多事，正在用人之际，应令该督于就近遴选，坐名题补。"从之。（《清圣祖实录》卷45）

（康熙十三年正月戊子）以福建海澄总兵官马化麒为四川提督。寻因道梗，不得进，命暂留荆州军前。（《清圣祖实录》卷45）

（康熙十三年正月己丑）四川巡抚罗森，提督郑蛟麟，总兵官谭弘、吴之茂等以四川叛降贼，声言将分路寇汉中、下夔州。上命调彝陵总兵官徐治都自常德仍回彝陵防守。（《清圣祖实录》卷45）

（康熙十三年三月甲午）命副都统李林隆率汉军官兵赴襄阳，同都统范达礼协守。令范达礼总统，如郧阳等处有警，范达礼即酌量应援。（《清圣祖实录》卷46）

（康熙十三年四月癸卯）命随征贵州左路总兵官马云程、右路总兵官高登科往襄阳防守。（《清圣祖实录》卷47）

（康熙十三年五月）戊寅，升参领刘成龙为湖广襄阳总兵官。（《清圣

祖实录》卷 47）

（康熙十四年十月庚申）宁南靖寇大将军多罗顺承郡王勒尔锦疏报："贼将杨来嘉等分道入寇，命将军噶尔汉自河南帅师赴襄阳，仍留兵八百名防守河南。"（《清圣祖实录》卷 57）

（康熙十五年五月乙酉）议政王大臣等议，逆贼杨来嘉等盘踞郧阳，不时窃发，请复设郧阳抚治以资控制。命以原任河道总督杨茂勋为郧阳抚治，设标营，如巡抚例。（《清圣祖实录》卷 61）

（康熙十八年正月丁巳）宁南靖寇大将军多罗顺承郡王勒尔锦疏言："新增兵一万二千名，请设随征前、后、左、右四营总兵官分辖。"上从其请，以副将葛秉贞为湖广荆州随征前营总兵官，兰泗为随征左营总兵官，姚珩为随征右营总兵官，胡世英为随征后营总兵官。"（《清圣祖实录》卷 79）

（康熙十八年四月庚辰）升署副将胡世英为湖广随征总兵官。（《清圣祖实录》卷 80）

（康熙十八年六月甲戌）以湖广投诚陈珀为援剿左路总兵官，王度冲为援剿右路总兵官。（《清圣祖实录》卷 81）

（康熙十八年八月）乙亥，镇南将军莽依图疏言："当逆贼围困南宁时，郭义、齐人龙悉力固守，数与贼战，非他处投诚者可比。今闻左江总兵官缺员，以湖北总兵官傅魁调补，倘念边疆要地，乞以郭义或齐人龙补授兹缺，用开归诚之路。"上谕："郭义原系左江总兵官，率众归诚，勤劳昭著，仍复原任。齐人龙亦有劳绩，如有应补之缺，听该将军题补。其湖北总兵官原缺尚未补人，令傅魁仍回原任。"（《清圣祖实录》卷 83）

（康熙十八年十二月）丁丑，升湖广左路副将和善为武冈州总兵官。（《清圣祖实录》卷87）

（康熙十九年六月庚辰）以候补总兵官严弘为湖广彝陵总兵官。（《清圣祖实录》卷90）

（康熙十九年八月己卯）以随征湖广荆州左路总兵官兰泗为贵州安笼总兵官，湖广均房总兵官肆什六为贵州大定总兵官，湖广荆州前路总兵官葛秉贞为贵州黔西总兵官。（《清圣祖实录》卷91）

（康熙十九年十二月）甲午，谕兵部："览将军噶尔汉、提督徐治都奏请调总兵官刘成龙赴伊军前，调荆州副都统一员镇常德。但今大兵直抵云南、湖南，已入内地，常德不必添发满兵，刘成龙可速赴噶尔汉等军前，署副都统诺敏率所部往镇常德。"（《清圣祖实录》卷93）

（康熙二十年十二月戊戌）以怀忠将军海潮龙，湖广左路副将李懋功，参领牛凤翔、高必盛俱为云南总兵官。（《清圣祖实录》卷99）

（康熙二十年十二月辛丑）调湖广南漳总兵官刘成龙为广东琼州总兵官……（《清圣祖实录》卷99）

（康熙二十一年二月庚子）以候补总兵官张永祥为湖广襄阳总兵官。（《清圣祖实录》卷101）

（康熙二十一年六月乙酉）调湖广援剿右路总兵官王度冲为河南南汝总兵官。（《清圣祖实录》卷103）

（康熙二十一年八月壬寅）调湖广襄阳总兵官张永祥为贵州大定总兵官……（《清圣祖实录》卷104）

（康熙二十一年九月甲寅）调……江南京口右路水师总兵官蔡元为湖广襄阳总兵官。（《清圣祖实录》卷104）

（康熙二十二年三月戊午）以正红旗都统噶尔汉为镇守荆州等处将军，升参领郗佛为荆州左翼副都统，阿际礼为荆州右翼副都统。（《清圣祖实录》卷108）

（康熙二十二年闰六月戊申）兵部议复："绥远将军云南贵州总督蔡毓荣题参湖广总督董卫国不听调度，任意抗违，贻误军机，应行议罪。但董卫国奉上指授，从镇远间道前进杀贼，恢复镇远府，应免议。"上曰："军机最要，不容稍缓。董卫国能遵指授，剿杀贼寇，恢复镇远，实为可嘉，蔡毓荣何用题参？且自恢复黔省以后，蔡毓荣亦无甚劳绩，董卫国劳绩甚多，此直蔡毓荣妒董卫国之功故耳。蔡毓荣、董卫国俱系敌体大臣，而以不听调度、违误军机题参。军令至严，若罪坐董卫国，必罹重罚，陷人于死。反坐自有定例，着另议。"寻部议降二级。得旨："蔡毓荣着削所加五级。"（《清圣祖实录》卷110）

（康熙二十六年十一月辛丑）调……湖广襄阳总兵官蔡元为山东登州总兵官。（《清圣祖实录》卷131）

（康熙二十七年二月丁未）调南赣总兵官许盛为湖广襄阳总兵官，以左都督二等阿达哈哈番詹六奇为江西南赣总兵官。（《清圣祖实录》卷133）

（康熙二十七年六月丁未）襄阳总兵官许盛，以赴任道经武昌，适遇兵变，身陷贼围，中流矢，乘间遁回九江。安徽巡抚杨素蕴以闻，命登

州总兵官蔡元为湖广襄阳总兵官。（《清圣祖实录》卷135）

（康熙二十七年六月丁未）荆州将军噶尔汉疏言："夏包子等倡乱，我师战船未备，粮饷不敷，未能刻期进兵。"上命调回噶尔汉为正红旗蒙古都统，以正黄旗满洲都统佟巴浑德为荆州将军，升正黄旗副都统喀岱为满洲都统。（《清圣祖实录》卷135）

（康熙二十七年十一月）壬午，谕兵部："彝陵总兵官严弘年纪衰迈，闻武昌兵丁鼓噪时乘轿而往，着原品休致。其员缺以辰州副将郭忠孝升补。"（《清圣祖实录》卷137）

（康熙二十七年十二月庚子）升参领燕泰为荆州副都统。（《清圣祖实录》卷138）

（康熙二十八年十二月己卯）……以原任湖广襄阳总兵官许盛为宣府总兵官。（《清圣祖实录》卷143）

（康熙二十九年十月）癸亥，谕大学士等曰："……古北口石匣之军应设总兵官，即令与该部会同选择……"议政王大臣其集议之，寻议："钦遵上谕……设总兵官一员、副将一员、游击二员、守备四员、千总八员、把总十六员。令总兵官驻古北口，副将驻石匣……"得旨："此兵务足额数，朕当亲阅。古北口创设藤牌军，统辖之总兵官务选习于战阵、材技优长之人授之，使不时操练。襄阳总兵官蔡元谙练戎事，著有劳绩，着调授古北口总兵官……"（《清圣祖实录》卷149）

（康熙二十九年十月）辛未，升三屯营副将师帝宾为湖广襄阳总兵官。（《清圣祖实录》卷149）

(康熙三十年七月)己丑,调……湖广襄阳总兵官师帝宾为陕西凉州总兵官,福建台湾总兵官王化行为湖广襄阳总兵官。(《清圣祖实录》卷152)

(康熙三十年十月)癸巳,以荆州将军侯巴浑德为正黄旗满洲都统。(《清圣祖实录》卷153)

(康熙三十年十月)癸卯,以镶白旗满洲都统莽奕禄为荆州将军。(《清圣祖实录》卷153)

(康熙三十一年九月)壬戌……升湖广黄州副将万永祺为陕西兴汉总兵官。(《清圣祖实录》卷156)

(康熙三十一年九月丙寅)升湖广督标中军副将刘国兴为河南河北总兵官。(《清圣祖实录》卷156)

(康熙三十二年七月)甲辰,升荆州协领和索利为荆州左翼副都统。(《清圣祖实录》卷159)

(康熙三十二年十月乙亥)……调湖广襄阳总兵官王化行为山东登州总兵官,升云南援剿左协副将周化凤为湖广襄阳总兵官。(《清圣祖实录》卷160)

(康熙三十三年二月己卯)调湖广襄阳总兵官周化凤为云南永顺总兵官,升……陕西永昌副将祁伯豸为湖广襄阳总兵官。(《清圣祖实录》卷162)

(康熙三十三年六月辛丑)授湖广提督徐治都为镇平将军,仍管提督事……(《清圣祖实录》卷164)

（康熙三十三年十一月癸酉）升……湖广督标中军副将李日荣为广东顺德总兵官……（《清圣祖实录》卷165）

（康熙三十四年八月丁巳）升福建汀州副将王世诚为湖广彝陵总兵官。（《清圣祖实录》卷168）

（康熙三十六年五月癸巳）升江南京口水师总兵官林本植为湖广提督。（《清圣祖实录》卷183）

（康熙三十六年六月）丙辰，升前锋参领诸满为荆州副都统。（《清圣祖实录》卷184）

（康熙四十年三月己亥）调福建海坛总兵官王起龙为广东琼州总兵官，升湖广黄冈副将傅春秀为福建海坛总兵官。（《清圣祖实录》卷203）

（康熙四十一年十月乙未）升护军参领禅步为荆州右翼副都统。（《清圣祖实录》卷210）

（康熙四十一年十二月乙未）调浙江提督赵弘灿为广东提督，升彝陵总兵官王世臣为浙江提督。（《清圣祖实录》卷210）

（康熙四十二年正月）丁卯，谕大学士等："湖广总督郭琇折奏，提督林本植标兵于城内公行焚劫。朕思湖广兵丁骄纵，若不用一才能者统辖之，安能除其恶习？林本植年迈，着解任。大同总兵俞益谟着补授湖广提督，令即驰驿赴任。伊标下兵弁中有深信者，并令酌量带去。其带去兵弁，悉以职名奏闻。"（《清圣祖实录》卷211）

（康熙四十二年二月己丑）升漕标中军副将王允昌为湖广彝陵总兵官

……（《清圣祖实录》卷 211）

（康熙四十二年三月）丙寅，荆州将军莽奕禄以年老乞休。允之。（《清圣祖实录》卷 211）

（康熙四十二年三月）己巳，升湖广襄阳总兵官祁伯豸为銮仪卫銮仪使。（《清圣祖实录》卷 211）

（康熙四十二年四月乙酉）升直隶真定副将张谷贞为湖广襄阳总兵官……（《清圣祖实录》卷 212）

（康熙四十二年四月乙酉）以正黄旗汉军都统莽喀为荆州将军……（《清圣祖实录》卷 212）

（康熙四十四年十月）庚申，升……荆州右翼副都统禅步为镶红旗蒙古副都统……（《清圣祖实录》卷 222）

（康熙四十四年十一月壬申）升骁骑参领贯保为荆州副都统……（《清圣祖实录》卷 223）

（康熙四十五年二月壬子）升荆州副都统诸满为江宁将军。（《清圣祖实录》卷 224）

（康熙四十五年二月壬子）升湖广郧阳副将崔相国为浙江温州总兵官……（《清圣祖实录》卷 224）

（康熙四十五年四月）甲午，升护军参领恩塞为荆州副都统。（《清圣祖实录》卷 225）

（康熙四十五年九月庚午）调西安副都统俄伦特为荆州副都统。（《清圣祖实录》卷226）

（康熙四十六年四月戊申）以荆州将军伯蟒喀为正黄旗蒙古都统。（《清圣祖实录》卷229）

（康熙四十六年五月戊寅）以正白旗护军统领达尔占为荆州将军。（《清圣祖实录》卷229）

（康熙四十六年六月）甲辰，升湖广黄州副将李如松为永州总兵官……（《清圣祖实录》卷230）

（康熙四十六年十二月丙申）升护军参领牛尼由为荆州副都统。（《清圣祖实录》卷231）

（康熙四十六年十二月己亥）调湖广襄阳总兵官张谷贞为镇筸总兵官，升陕西永昌副将高其位为湖广襄阳总兵官。（《清圣祖实录》卷231）

（康熙四十九年八月庚寅）湖广提督俞益谟员缺，九卿等遵旨保举总兵官崔相国等。上谕曰："此缺着荆州副都统俄伦特补授。闻其居官清贫，着该省督抚量加资助。"（《清圣祖实录》卷243）

（康熙四十九年十月）丙戌，升原任护军参领宁古礼为荆州副都统。（《清圣祖实录》卷244）

（康熙五十二年四月癸酉）升湖广襄阳总兵官高其位为湖广提督……（《清圣祖实录》卷254）

（康熙五十二年五月辛卯）升浙江严州副将佟国弼为湖广襄阳总兵官。（《清圣祖实录》卷255）

（康熙五十三年六月）戊子，湖广彝陵总兵官王允昌以老病乞休。允之。（《清圣祖实录》卷259）

（康熙五十三年七月辛酉）升……湖广宝庆副将邵登云为湖广彝陵总兵官。（《清圣祖实录》卷259）

（康熙五十四年六月壬申）荆州将军达尔占以老病乞休。允之。（《清圣祖实录》卷264）

（康熙五十四年七月辛酉）以正红旗蒙古都统拜音布为荆州将军。（《清圣祖实录》卷264）

（康熙五十五年闰三月）戊辰，谕吏部："贵州巡抚刘荫枢已遣往军前，其巡抚印务着湖北布政使白潢署理。"（《清圣祖实录》卷268）

（康熙五十五年闰三月甲戌）……升……前锋参领噶萨礼为荆州左翼副都统……（《清圣祖实录》卷268）

（康熙五十六年十月甲午）荆州将军拜音布疏报："副都统宁古礼遵旨领兵二千赴成都驻扎。"下部知之。（《清圣祖实录》卷274）

（康熙五十八年十一月）癸酉，吏部议复荆州将军拜音布疏言，荆州府理事同知员缺以满洲补授，审理逃人及军民事务似有裨益。应如所请。从之。（《清圣祖实录》卷286）

（康熙五十八年十二月乙卯）升浙江湖州副将刘业溥为湖广彝陵总兵官……（《清圣祖实录》卷286）

（康熙六十年六月壬辰）调湖广提督高其位为江南提督，升天津总兵官魏经国为湖广提督。（《清圣祖实录》卷293）

（康熙六十年十月丁卯）升护军参领偏徒为荆州副都统。（《清圣祖实录》卷295）

（康熙六十一年正月）丙午，荆州将军拜音布以老乞休。允之。（《清圣祖实录》卷296）

（康熙六十一年三月丙戌）升西安副都统阿鲁为荆州将军……（《清圣祖实录》卷297）

（康熙六十一年十二月戊辰）调湖广荆州右翼副都统宁古礼、黑龙江副都统额尔赛来京，升正黄旗参领马尔图为湖广荆州右翼副都统……（《清世宗实录》卷2）

（雍正元年正月甲辰）升湖广襄阳总兵官佟国弼为镶蓝旗汉军副都统，湖广辰州副将万际瑞为湖广襄阳总兵官。（《清世宗实录》卷3）

（雍正元年九月癸未）调……湖广襄阳总兵官万际瑞为广东琼州总兵官，升福建延平副将张殿臣为湖广襄阳总兵官。（《清世宗实录》卷11）

（雍正元年九月己亥）移湖北襄阳府同知驻樊城镇，从湖广总督杨宗仁请也。（《清世宗实录》卷11）

（雍正二年九月乙丑）升湖广荆州协领德尔本为江南江宁右翼副都统。（《清世宗实录》卷24）

（雍正三年正月丙辰）……以湖广荆州将军阿鲁为镶蓝旗满洲都统，升江南江宁左翼副都统吴纳哈为湖广荆州将军……（《清世宗实录》卷28）

（雍正三年六月己丑）以湖广荆州将军阿鲁为镶蓝旗汉军都统……（《清世宗实录》卷33）

（雍正三年九月）壬子，调云南开化总兵官冯允中为湖广襄阳总兵官。（《清世宗实录》卷36）

（雍正四年七月戊申）湖广荆州左翼副都统偏图、右翼副都统马尔图俱缘事降调，升一等侍卫白清格为湖广荆州左翼副都统，调正黄旗汉军副都统观音保为湖广荆州右翼副都统，升正红旗护军参领常明为正黄旗汉军副都统。（《清世宗实录》卷46）

（雍正四年九月）壬辰，以湖广总督李成龙为正白旗汉军都统，福建福州将军宜兆熊为湖广总督。（《清世宗实录》卷48）

（雍正四年十月丁卯）实授董象纬为直隶马兰口总兵官，湖广提督赵坤为銮仪卫銮仪使。升湖广襄阳总兵官冯允中为湖广提督，调浙江定海总兵官张溥为湖广襄阳总兵官……（《清世宗实录》卷49）

（雍正五年二月乙亥）……以镶白旗汉军副都统黄焜为湖北布政使司布政使。（《清世宗实录》卷53）

（雍正五年二月戊寅）湖广彝陵总兵官刘业溥年老休致，升江西九江

副将杜森为湖广彝陵总兵官。（《清世宗实录》卷53）

（雍正五年五月乙亥）升……湖广襄阳总兵官张溥为镶红旗汉军副都统，调河南南阳总兵官杨鹏为湖广襄阳总兵官……（《清世宗实录》卷57）

（雍正五年八月）己酉，以湖广提督冯允中署陕西西大通总兵官，陕西兴汉总兵官刘世明署湖广提督……（《清世宗实录》卷60）

（雍正六年四月丙午）调署陕西西大通总兵官湖广提督冯允中署陕西西宁总兵官，仍兼署西大通总兵官印务。（《清世宗实录》卷68）

（雍正六年八月乙未）……以直隶天津总兵官岳超龙署湖广提督……（《清世宗实录》卷72）

（雍正七年闰七月乙酉）……调湖广荆州左翼副都统白清格为河南副都统，升署镶白旗满洲副都统阿克山为湖广荆州左翼副都统……（《清世宗实录》卷84）

（雍正七年十一月丙子）……升湖北巡抚署陕西肃州总兵官马会伯为兵部尚书，仍办理军需，兼管肃州总兵印务。（《清世宗实录》卷88）

（雍正八年正月丁丑）湖广荆州将军吴纳哈年老休致，调宁古塔将军哈达为湖广荆州将军……（《清世宗实录》卷90）

（雍正八年正月）己丑……升湖广黄州副将李绳武为陕西宁夏总兵官。（《清世宗实录》卷90）

（雍正八年三月乙亥）以湖广荆州将军哈达为内大臣，兼正黄旗护军

统领，原任湖广荆州将军吴纳哈暂管荆州将军事务。（《清世宗实录》卷92）

（雍正八年五月癸巳）命湖广提督冯允中以提督衔管理陕西西大通、西宁两处总兵官印务，实授岳超龙为湖广提督……（《清世宗实录》卷94）

（雍正八年十月壬戌）调湖广荆州左翼副都统阿克山为江南江宁右翼副都统，升浙江杭州协领图森为湖广荆州左翼副都统。（《清世宗实录》卷99）

（雍正九年正月戊辰）以湖广提督兼理陕西西宁西大通总兵官事冯允中专管西宁总兵官印务……（《清世宗实录》卷102）

（雍正九年三月）甲申……升湖广长沙副将周宝为广西右江总兵官。（《清世宗实录》卷104）

（雍正九年七月）戊子，谕内阁："现在川省才能之将弁不多，欲将邻省干弁拣选数员命往。着询问河东总督田文镜、湖广总督迈柱，于所属武职人员内曾经历练之人，将所知者举出，一面奏闻，一面令赴川省交与总督黄廷桂酌量委署题补。"（《清世宗实录》卷108）

（雍正九年八月）庚戌，谕大学士等："北路军营镶蓝旗蒙古都统衮泰着为内大臣，补授湖广荆州将军马尔赛至军营，令衮泰来京……"（《清世宗实录》卷109）

（雍正九年八月）戊午，调湖广彝陵总兵官杜森统领四川松潘官兵前往西宁，以直隶山永副将冶大雄署湖广彝陵总兵官。（《清世宗实录》卷109）

（雍正九年九月）丙子，升正白旗满洲副都统博第为镶白旗护军统

领，以原任荆州副都统偏图署正蓝旗满洲副都统……（《清世宗实录》卷110）

（雍正十年二月）戊申，调湖广彝陵总兵官杜森为陕西西大通总兵官，升山永副将冶大雄为湖广彝陵总兵官。（《清世宗实录》卷115）

（雍正十年四月）己丑，加湖广郧阳副将马化正总兵衔，前往四川泰宁统领兵丁。（《清世宗实录》卷117）

（雍正十年六月）己卯，以浙江杭州左翼副都统张正兴署湖广提督。（《清世宗实录》卷120）

（雍正十年七月）壬寅，命署江南江宁将军穆森来京，以原任湖广荆州将军吴纳哈为江南江宁将军。（《清世宗实录》卷121）

（雍正十年十一月丙戌）湖广襄阳总兵官杨鹏年老休致，升湖广黄岗①副将焦应林为湖广襄阳总兵官。（《清世宗实录》卷125）

（雍正十二年四月壬子）署宁远大将军查郎阿等折奏："臣等奉旨拣选贤能之员，委署江宁、荆州两营副都统，查有发往军营效力原任副都统黑色、军前文登营副将查尔扈二员俱实心效力，奋勉向前，可以署理副都统，管领两营兵丁。"得旨："查尔扈着补授湖广荆州副都统，黑色着署江南江宁副都统。"（《清世宗实录》卷142）

（雍正十二年七月丙戌）广东广州将军柏之蕃缘事降调，升署湖广提督张正兴为广东广州将军……（《清世宗实录》卷145）

① "岗"应为"冈"。

（雍正十二年十月甲子）以湖广彝陵总兵官冶大雄署山西大同总兵官，升云南永顺副将王进昌为湖广彝陵总兵官。（《清世宗实录》卷148）

（雍正十三年八月甲午）谕总理事务王大臣、办理苗疆军务王大臣："经理苗疆，原为宁谧地方起见，从前皇考谕旨，至为明晰。乃逆苗反复不常，近复骚扰内地，百姓被其荼毒，是以皇考特命提督哈元生为扬威将军。又因地方辽阔，苗众甚多，恐哈元生一人料理未能周到，复令湖广提督董芳为副将军，先后遣发滇、楚、两粤官兵前往会剿，又命尚书张照等总理抚定苗疆兵马钱粮一切事务……"（《清高宗实录》卷1）

（雍正十三年十月丁卯）又谕总理事务王大臣、办理苗疆事务王大臣："黔省逆苗不法，地方文武官弁不能先事预防，及苗众猖獗，用兵征剿，而领兵大员又复各持己见，不能和衷共济……朕心甚为忧虑。因湖广总督张广泗才品优长，且从前久任苗疆，诸事熟练，是以命其前往代张照之任……"（《清高宗实录》卷4）

（雍正十三年十月戊寅）兵部议准："署湖南巡抚钟保疏请，由荆州将军派往常德之副都统一员，统领满洲官兵一千二百员名，于府城外教场搭造营房八百六十五间，驻扎弹压，于南北两省公项内动支办理。"从之。（《清高宗实录》卷4）

（雍正十三年十月乙未）湖广总督张广泗具奏："奉命总理苗疆事务，即日赴黔，悉心办理剿抚事宜。"得旨："如此办理，朕深庆苗疆之不难指日底定也。苗疆用兵，乃目前第一要务，从前皇考宵旰焦劳，今旷日持久，尚无头绪，朕心倍切忧虑。张照行事乖张，哈元生、董芳又各持意见，不能和衷共济。是以命卿为经略，总统军务，一切惟卿是赖。凡有应举应劾之处，秉公行之，勿避嫌疑，勿辞劳怨。应与尹继善相商者，

行文商酌。务期早奏肤功，乂安黎庶，为地方久远之计，以报皇考之恩，以副朕心之望。勉之。”（《清高宗实录》卷5）

（雍正十三年十一月乙丑）以镇筸总兵杨凯为湖广提督……（《清高宗实录》卷7）

（乾隆元年九月庚申）（户部尚书署湖广总督史贻直）又奏：“杨凯不胜提督之任，请将彝陵镇总兵王进昌为湖广提督。”得旨：“朕因杨凯不胜其任，甫降旨调来引见。尚未颁发，而卿奏适至，可谓千里同心。但因军前回京无任可到之提督颜清如，汉仗颇好，亦出过力，若弃置而不用，殊为可惜，是以命彼前往署理。但伊才具看来尚未十分练达，卿其试看，如不胜任，再行奏请。至于王进昌着实去得，将来自然是一提督器局也。”（《清高宗实录》卷27）

（乾隆元年十一月丙申）召四川提督黄廷桂来京，以湖北宜昌镇总兵王进昌为四川提督，浙江嘉兴协副将施廷专为宜昌镇总兵。（《清高宗实录》卷30）

（乾隆元年十一月戊午）以湖广九溪协副将李椅为襄阳镇总兵官……（《清高宗实录》卷31）

（乾隆二年九月癸卯）以云南广罗协副将周仪为湖广襄阳镇总兵官……（《清高宗实录》卷51）

（乾隆二年十月辛丑）谕总理事务王大臣：“据尚书尹继善奏称‘从前奉旨陆续命往云南试用副将花天立、董芳、李之栋、李梅、李逢春等五员，以副参试用缪宏一员，查云南副将止有四缺，而本省参将又多属屡经出师、著有劳绩之员，未免缺少人多，难于位置……其花天立、李之栋、李逢春等三员，于滇省不甚相宜，且得缺无期，不免守候之苦，应奏闻请旨’等语……李之栋、李逢春着命往湖广，交与总督德沛以副将试用。”（《清高宗实录》卷55）

（乾隆三年十二月壬辰）补行乾隆二年军政……湖广卓异官三员、不谨官一员、年老官二员、才力不及官二员，均分别升赏处分如例。（《清高宗实录》卷82）

（乾隆三年十二月甲辰）谕：“湖广镇筸镇总兵官员缺甚属紧要，着将襄阳镇总兵官周仪调补，襄阳镇总兵官员缺着张天骏署理。周仪未到镇筸镇之先，其印务着总督德沛暂行委署。”（《清高宗实录》卷83）

（乾隆四年十一月辛酉）予湖广提督颜清如致仕。（《清高宗实录》卷105）

（乾隆四年十一月癸亥）以广西左江镇总兵官杜恺为湖广提督。（《清高宗实录》卷105）

（乾隆五年七月戊戌）署湖广襄阳镇总兵张天骏奏：“遵旨前往常德驻扎，但顽苗梗化，尚未剿除，恳恩准至军营，带兵应敌。”得旨：“镇守常德亦系要任，此奏非矣。”（《清高宗实录》卷123）

（乾隆六年二月庚申）调……湖北襄阳镇总兵张天骏为苏松镇总兵，升湖南衡州协副将冶大雄为襄阳镇总兵。（《清高宗实录》卷137）

（乾隆六年三月戊寅）调贵州提督王无党为湖广提督……（《清高宗实录》卷138）

（乾隆六年三月甲申）调湖北襄阳镇总兵冶大雄为湖南镇筸镇总兵，甘肃肃州镇总兵宋爱为襄阳镇总兵。（《清高宗实录》卷 139）

（乾隆六年五月壬午）以原任湖广襄阳镇总兵周仪补授陕西河州镇总兵。（《清高宗实录》卷 143）

（乾隆六年六月辛酉）调湖广提督杜垲[①]为四川松潘镇总兵官。（《清高宗实录》卷 145）

（乾隆六年八月）甲寅，召广东左翼总兵章隆来京，以湖广宝庆协副将焦景竑为广东左翼总兵。（《清高宗实录》卷 149）

（乾隆六年十一月己卯）……湖北宜昌镇总兵施廷专丁忧，以湖南永顺协副将刘士魁为宜昌总兵。（《清高宗实录》卷 155）

（乾隆七年八月甲午）又谕："览贵州提督韩勋奏，安笼镇总兵官史载贤系伊儿女姻亲。同官办事，自不免嫌疑。史载贤着调补湖广襄阳镇总兵官，宋爱着调补贵州安笼镇总兵官。"（《清高宗实录》卷 172）

（乾隆八年五月乙未）以湖南辰州协副将哈尚德为湖北宜昌镇总兵。（《清高宗实录》卷 192）

（乾隆八年九月丁亥）谕："荆州将军衮泰年老，着回京，所遗员缺，着鄂弥达调补……鄂弥达、博第俱着由盛京各赴新任。鄂弥达至荆州时，衮泰再行来京。"（《清高宗实录》卷 200）

---

① "垲"应为"恺"。

（乾隆九年五月丙戌）湖广施恩协副将张大猷为襄阳镇总兵。（《清高宗实录》卷216）

（乾隆九年五月癸卯）以正白旗汉军都统德敏署荆州将军……（《清高宗实录》卷217）

（乾隆九年七月庚辰）大学士鄂尔泰等奏："各省武员例由督抚提镇拣选题补，或由部将该省豫保人员掣补，是以本省之人升授本省之缺者甚多……应一例酌改……如江南、浙江、广东、湖广、贵州、四川六省，应饬令内地题缺，本省之员概行回避。其苗疆沿海各缺，行令分晰里数，声明题补。豫保人员，一律办理。至内地陆路题缺，本省之员亦请一体回避，俾腹地候推各员均得疏通。"从之。（《清高宗实录》卷220）

（乾隆九年十月甲寅）调湖北宜昌镇总兵哈尚德为陕西凉州镇总兵，以广东广州城守营副将蒙应瑞为湖北宜昌镇总兵。（《清高宗实录》卷226）

（乾隆十年六月）丁卯，调湖广宜昌镇总兵蒙应瑞为镇筸镇总兵，以原任云南昭通镇总兵陈纶为宜昌镇总兵。（《清高宗实录》卷243）

（乾隆十年九月）甲午，实授鄂弥达为湖广总督，德敏为荆州将军。（《清高宗实录》卷249）

（乾隆十年九月戊戌）以吴士英为湖北襄阳镇总兵官。（《清高宗实录》卷249）

（乾隆十一年十一月庚申）湖广宜昌镇总兵陈纶休致，以湖广沅州协副将马大用为宜昌镇总兵官。（《清高宗实录》卷279）

（乾隆十二年四月乙亥）以原任湖广总督鄂弥达为正黄旗汉军副都统。（《清高宗实录》卷289）

（乾隆十二年九月辛亥）以……湖广襄阳镇总兵齐大勇、陕西兴汉镇总兵改光宗对调。（《清高宗实录》卷299）

（乾隆十三年二月丁巳）以广东潮州镇总兵官史载贤为湖广提督。（《清高宗实录》卷308）

（乾隆十三年七月壬辰）讷亲、张广泗又奏："现在领兵镇将……一时统领乏员……并请于川省稍近各省曾经保举之镇、协、参、游内简发十数员驰驿来营，派遣委用。"报闻，谕曰："古州总兵哈尚德、湖广参将哈峻德……湖北游击马能……着该部即速行文，调赴大金川军营，听候经略大学士讷亲等委用。其古州总兵事务着镇远总兵冷文瑞署理。"（《清高宗实录》卷318）

（乾隆十四年六月）丙午，谕曰："史载贤自擢用提督以来，并不实心任事。提督统辖通省营伍，职任綦重，史载贤因循姑息，毫无整顿，而具奏事件亦多浮泛塞责……但念伊久历戎行，尚可予以自新，俾其黾勉出力，以观后效。史载贤着从宽降补总兵，其湖广提督员缺着兴汉镇总兵齐大勇補授，所遗员缺即着史载贤补授。"（《清高宗实录》卷343）

（乾隆十四年九月辛未）以荆州将军德敏、福州将军马尔拜对调……（《清高宗实录》卷349）

（乾隆十四年十月癸未）又湖南沅州营副将刘应标为湖北襄阳镇总兵官……以原任湖广提督王无党为湖南沅州营副将。（《清高宗实录》卷350）

（乾隆十四年九月丙寅）调湖北襄阳镇总兵改光宗为河南南阳镇总兵。（《清高宗实录》卷349）

（乾隆十五年四月甲申）兵部议复："湖北荆州副都统图伸以年老乞休，并称'祖父以来，俱驻杭州，子孙现在杭州披甲，恳请就养'等语，应请旨办理。其从前出兵得有功牌，应照例移咨该旗。"得旨："图伸着以原品休致，准其就养，余依议。"（《清高宗实录》卷362）

（乾隆十五年五月）乙巳，谕曰："马尔拜奏'荆州官员内逾岁者过多，兵丁马步骑射平常，弓力过软'，德敏奏'福州官弁骑射平常'各等语。外省大臣接受新任，必具奏前任办事不妥，或管束兵丁怠惰者甚多，此乃向来恶习。绿旗大臣内有如此具奏者，朕尚降旨训谕，满洲将军大臣等亦仿此习，尤为不可。今马尔拜、德敏俱系调任将军，又如此具奏，可知伊等之不诚实，着申饬。至将军马尔拜奏称，荆州官员内逾岁者过多，夫逾岁之多寡显然共见。外省官弁皆有教演兵丁之责，如遇缓急要务，即刻能行，始于武备有益，岂有年老身衰不得力之人概从姑息之理？况此等官员，有行走年久效力军营者，原品休致，有赏给全俸、半俸之例，于生计亦无拮据。该将军大臣等即宜查办，毋得姑容，并通谕各省知之。"（《清高宗实录》卷364）

（乾隆十五年五月乙巳）以盛京镶黄旗满洲协领色尔图为荆州左翼副都统。（《清高宗实录》卷364）

（乾隆十五年五月辛亥）调……荆州将军马尔拜为天津都统。（《清高宗实录》卷364）

（乾隆十五年五月丙辰）谕军机大臣等："朕已降旨将马尔拜补放天津都统，所有荆州将军印务着副都统额勒德蒙额署理。汝等传旨额勒德蒙额，伊系朕始行简用之人，又系宗室，非别人可比。将军任内事务宜尽心办理，不可谓署任之员，稍存观望之意。若有应办应奏之处，即令办理具奏。”（《清高宗实录》卷 364）

（乾隆十五年六月己丑）调福州将军德敏为荆州将军，荆州将军新柱为福州将军。（《清高宗实录》卷 367）

（乾隆十五年十一月乙卯）江西南昌镇总兵杨大立因病解任，以湖北施南协副将王守乾为南昌镇总兵。（《清高宗实录》卷 377）

（乾隆十五年十二月丙子）举行湖广乾隆十五年军政，卓异官一员、浮躁官一员、年老官一员、罢软官一员，分别升赏处分如例。（《清高宗实录》卷 378）

（乾隆十六年正月癸卯）调湖广提督齐大勇为固原提督，以署固原提督哈攀龙署湖广提督。（《清高宗实录》卷 380）

（乾隆十六年二月丁酉）湖广提督齐大勇奏谢调固原提督恩。得旨：“览。固原为边疆重地，而且兵悍，汝宜加之意，但不可欲速更张耳。”（《清高宗实录》卷 383）

（乾隆十六年八月己未）……以湖广洞庭协水师副将冯汇为金门镇总兵。（《清高宗实录》卷 397）

（乾隆十六年九月丙寅）福建漳州镇总兵王文敏以病解任，调湖广宜昌镇总兵马大用为漳州镇总兵，以原任陕西固原提督豆斌以提督衔管理宜昌镇总兵印务。（《清高宗实录》卷 398）

（乾隆十六年九月庚寅）两广总督陈大受故，调湖广总督阿里衮为两广总督，以安西提督永常为湖广总督，调甘肃提督李绳武为安西提督，以原任陕西固原提督署湖广宜昌镇总兵豆斌为甘肃提督。（《清高宗实录》卷399）

（乾隆十六年九月癸巳）以湖南永绥协副将冯哲为湖广宜昌镇总兵。（《清高宗实录》卷399）

（乾隆十七年十月乙卯）以广东雷州协副将郑得元为湖北宜昌镇总兵。（《清高宗实录》卷425）

（乾隆十八年二月己亥）云南永顺镇总兵刘应莲缘事革职，以湖广督标中军副将哈峻德为永顺镇总兵。（《清高宗实录》卷432）

（乾隆十八年二月甲寅）兵部奏："定例江南、浙江、山东、湖广等省繁卫守备千总缺出，由总漕拣选题补。第经年累月，始行题调，要缺久悬。而漕督统辖通漕，与督抚专辖一省者不同，若照文职定限一月，为期太迫。应酌定三个月题补，迟延照例议处。"从之。（《清高宗实录》卷433）

（乾隆十八年三月庚午）补行湖广乾隆十七年分军政，卓异官五员、年老官三员、才力不及官四员，分别议叙处分如例。（《清高宗实录》卷434）

（乾隆十九年九月丁丑）以湖广督标中军副将诺伦为贵州镇远镇总兵。（《清高宗实录》卷472）

（乾隆十九年九月己亥）调四川建昌镇总兵董芳为松潘镇总兵，以湖北施南协副将胡世荣为四川建昌镇总兵。（《清高宗实录》卷473）

（乾隆二十年七月丁亥）调荆州将军德敏为江宁将军，黑龙江将军绰勒多为荆州将军……（《清高宗实录》卷492）

（乾隆二十年十二月辛亥）以……荆州将军绰勒多为凉州将军。（《清高宗实录》卷502）

（乾隆二十年十二月癸丑）以荆州副都统尚简保为荆州将军，江宁镶白旗满洲协领德特赫为荆州副都统。（《清高宗实录》卷502）

（乾隆二十一年四月辛酉）实授哈攀龙为湖广提督。（《清高宗实录》卷511）

（乾隆二十二年正月）戊戌，谕："荆州将军尚简保现在患病，着留京调理。所遗员缺着公嵩椿补授，嵩椿所遗镶黄旗汉军都统员缺着舒赫德补授……"（《清高宗实录》卷530）

（乾隆二十二年十二月癸酉）以贵州上江协副将田金玉为湖北宜昌镇总兵。（《清高宗实录》卷552）

（乾隆二十二年十二月）乙亥，谕曰："董芳现已病故，贵州提督员缺即着哈攀龙补授，湖广提督员缺着齐大勇调补，王绥仍回原任……（《清高宗实录》卷553）

（乾隆二十三年二月乙亥）以湖北黄州协副将黄世桓为山西太原镇总兵。（《清高宗实录》卷557）

（乾隆二十三年七月己亥）以湖北黄州副将吴宗宁为陕西兴汉镇总

兵……（《清高宗实录》卷566）

（乾隆二十三年十月庚午）湖南镇筸镇总兵邱策普因病解任，调湖北襄阳镇总兵刘应标为镇筸镇总兵，以湖南永绥协副将章世鹏为襄阳镇总兵。（《清高宗实录》卷573）

（乾隆二十三年十月丙子）荆州副都统德特赫故，以保定府城守尉纳迈为荆州副都统。（《清高宗实录》卷573）

（乾隆二十三年十二月乙亥）广东琼州镇总兵黄正纲丁忧，以湖北黄州副将解逊为琼州镇总兵。（《清高宗实录》卷577）

（乾隆二十四年正月己亥）……以荆州副都统额尔德蒙额为青州将军……（《清高宗实录》卷579）

（乾隆二十四年五月）己酉，谕："湖广提督员缺一时未得相当之人，着黄仕简署理，俟服阕时奏明实授。"（《清高宗实录》卷587）

（乾隆二十四年六月辛亥）补行湖广省乾隆二十二年军政，罢软官一员、年老官一员、才力不及官一员，分别处分如例。（《清高宗实录》卷588）

（乾隆二十四年十月辛卯）以湖北黄州协副将田允中为云南永顺镇总兵。（《清高宗实录》卷598）

（乾隆二十五年九月丁未）调湖广提督黄仕简为广东提督，以贵州古州镇总兵李勋为湖广提督……（《清高宗实录》卷620）

（乾隆二十五年十一月庚申）调湖广荆州右翼副都统额尔奇木为三姓

副都统，以四川成都协领福纳为荆州右翼副都统。（《清高宗实录》卷625）

（乾隆二十五年十二月丙申）又谕："西安将军员缺着嵩椿调补，嵩椿所遗荆州将军员缺着德敏补授……"（《清高宗实录》卷627）

（乾隆二十六年正月丙午）以湖北黄州协副将许成麟为江南寿春镇总兵。（《清高宗实录》卷628）

（乾隆二十六年正月丁卯）以湖北宜昌镇总兵田金玉、河南河北镇总兵吴宗宁对调。（《清高宗实录》卷629）

（乾隆二十六年三月癸亥）以湖北施南协副将路峨为四川建昌镇总兵。（《清高宗实录》卷633）

（乾隆二十六年十一月丙申）以湖北荆州右翼蒙古协领旺保为荆州右翼副都统。（《清高宗实录》卷648）

（乾隆二十七年正月癸亥）以西安协领阿尔萨兰为荆州副都统。（《清高宗实录》卷653）

（乾隆二十七年三月辛亥）以贵州铜仁协副将康世昌为湖北襄阳镇总兵。（《清高宗实录》卷657）

（乾隆二十七年八月乙卯）以健锐营翼长立柱为湖北襄阳镇总兵。（《清高宗实录》卷669）

（乾隆二十七年十二月乙巳）举行各处驻防军政……荆州卓异官一员、才力不及官一员……分别议叙处分如例……（《清高宗实录》卷677）

（乾隆二十七年十二月丁未）举行各省军政……湖北年老官一员、有疾官一员……分别议叙处分如例。（《清高宗实录》卷 677）

（乾隆二十八年正月丁卯）以归化城都统丰安为荆州将军，副都统法起为归化城都统。（《清高宗实录》卷 678）

（乾隆二十八年正月壬申）又谕曰："丰安，勋臣之裔，因在军营奋勉，授为荆州将军。近闻丰安打仗出力，而声名颇觉平常，授以专阃之任，恐蹈重谴，转非朕念旧成全之意。荆州将军着富僧阿补授……"（《清高宗实录》卷 678）

（乾隆二十八年四月乙巳）补行乾隆二十七年军政……湖北年老官一员……分别议叙处分如例。（《清高宗实录》卷 685）

（乾隆二十八年十一月辛未）以京口将军标副将陈楫为湖北宜昌镇总兵。（《清高宗实录》卷 699）

（乾隆二十八年十二月乙未）又谕："闻国多欢两耳重听，似此何能办事？国多欢回京调理，俟愈后留京录用。其黑龙江将军员缺，着富僧阿调补。所遗荆州将军员缺，着色克慎补授……"（《清高宗实录》卷 700）

（乾隆二十九年五月庚辰）湖广总督李侍尧奏："各省千、把、外委缺出，俱由该将备于现在弁兵内拣选数名，由提镇考验转送督臣拔补。惟湖广于雍正六年改为湖北二十四营，千、把专隶总督考定，知会提督；湖南二十四营，千、把专隶提督考定，知会总督，以免路途往返。臣查南省各弁，独由提臣考拔，至俸满甄别，仍须送督臣考定。而督臣新任，亦有通行调试之例，惟拔补之始，不由督臣考定，无以昭慎重。应请湖

南各标协营千、把、外委缺出，该营挑选，由提督考验后，转送总督考拔。”得旨允行。（《清高宗实录》卷711）

（乾隆二十九年七月）戊辰，以荆州将军色克慎为正黄旗蒙古都统，青州副都统素玉为荆州将军……（《清高宗实录》卷715）

（乾隆三十年二月癸卯）以湖北郧阳协副将英泰为贵州威宁镇总兵。（《清高宗实录》卷729）

（乾隆三十年九月戊戌）举行乾隆三十年分湖北、湖南两省军政，卓异官一员、年老官二员、才力不及官一员，分别议叙处分如例。（《清高宗实录》卷745）

（乾隆三十年十二月）己未，谕：“据旺保奏称‘旧疾复发，骤难痊愈，请解任留荆州调理’等语，着照所请，准其解任，与伊子同住荆州调理。”（《清高宗实录》卷751）

（乾隆三十一年正月丁丑）以户部员外郎珠鲁讷为荆州副都统。（《清高宗实录》卷752）

（乾隆三十一年正月丙戌）又谕：“现在征剿莽匪一应军务，均须调度得宜。总督刘藻办理地方事务，素属妥协，然究系书生，未娴军旅，设于用兵机宜稍有不当，既于剿贼之事无裨，而用违其材，亦非朕所以成全刘藻之意。杨应琚久任陕甘，筹办军需事务伊所熟谙，杨应琚着调补云贵总督，吴达善着调补陕甘总督，湖广总督员缺即着刘藻调补。此旨且不必颁发。该督现在普洱调集官兵督率攻剿，恐此旨一经宣示，未免属员等意存观望，呼应不灵。所有一应军务，该督仍实心妥协办理，不可存聊待后人之心。俟杨应琚到滇后，再行一一交代起身，赴湖广新

任。着将此传谕知之。”（《清高宗实录》卷753）

（乾隆三十一年正月丙戌）又谕曰：“杨应琚已调补云贵总督，由京驰驿赴滇。刘藻调湖广总督，其陕甘总督员缺令吴达善调补。但吴达善须俟刘藻到楚，方能交代起身，和其衷亦须吴达善到彼，方能回任。湖北巡抚印务，现有吴达善兼摄。汤聘署陕西抚篆务，须随时随事实心经理，不可存五日京兆之见，致有贻误。”（《清高宗实录》卷753）

（乾隆三十一年二月乙丑）又谕曰：“李勋已降旨调补云南提督，其湖广提督员缺令李国柱补授矣。云南现有攻剿莽匪之事，正需提督领兵前往。着传谕吴达善，即行派员接署湖广提督事务，令李勋星速前赴云南新任。湖广提督员缺亦属紧要，李国柱接到谕旨，可即赴湖广新任。其处州镇事务，于文焕未到之前，着苏昌派员暂署。可将此传谕吴达善、苏昌、李勋并李国柱知之。”（《清高宗实录》卷755）

（乾隆三十一年二月癸亥）以荆州副都统珠鲁讷为礼部侍郎。（《清高宗实录》卷755）

（乾隆三十一年二月癸亥）调湖广提督李勋为云南提督，以浙江处州镇总兵李国柱为湖广提督……（《清高宗实录》卷755）

（乾隆三十一年二月丙寅）……署正蓝旗蒙古副都统伊昌阿为荆州副都统。（《清高宗实录》卷755）

（乾隆三十二年二月戊戌）调……荆州将军素玉为西安将军……（《清高宗实录》卷778）

（乾隆三十二年五月庚寅）以正黄旗满洲副都统阿哈尼堪为荆州副都

统。(《清高宗实录》卷785)

(乾隆三十二年八月丙子)又谕曰:“扬宁着来京以蒙古都统用,贵州提督员缺着李国柱调补,速赴新任。湖广提督员缺着福永补授,福永未到之先,着定长于两省总兵内拣选一员,暂行署理,其宁夏镇总兵员缺着张玉琦补授。”(《清高宗实录》卷792)

(乾隆三十二年十月癸亥)……调湖南镇筸镇总兵胡大猷为云南普洱镇总兵,湖北襄阳镇总兵立柱为镇筸镇总兵,以湖南宝庆协副将牛天畀为襄阳镇总兵。(《清高宗实录》卷796)

(乾隆三十二年十一月癸丑)以原任湖北巡抚范时绶署正白旗汉军都统。(《清高宗实录》卷799)

(乾隆三十二年十一月丁巳)兵部奏:“本年军政届期,谨将武职大臣、将军、副都统各员开列进呈。”得旨:“西安右翼副都统兴德才具平庸,不能办事,着交兵部察议。荆州左翼副都统阿尔萨兰年逾七旬,精力就衰,着以原品休致,余俱着照旧供职。”(《清高宗实录》卷799)

(乾隆三十二年十二月乙亥)举行本年军政……湖北省卓异官一员、有疾官一员……分别议叙处分如例。其曾经出兵打仗之年老、患病以原品休致各员,加恩给与全俸、半俸有差。(《清高宗实录》卷799)

(乾隆三十二年十二月丙子)以镶黄旗满洲护军参领德克慎为荆州副都统……(《清高宗实录》卷801)

(乾隆三十三年二月乙亥)调乌噜木齐提督五福为云南提督,云南提督立柱为贵州提督,贵州提督李国柱为湖广提督,湖广提督福永为乌噜

木齐提督。（《清高宗实录》卷805）

（乾隆三十三年二月丁丑）谕：“昨降旨将五福调补云南提督，立柱调补贵州提督，李国柱调补湖广提督……但立柱现在云南军营，有应办事务，不能即赴新任。所有贵州提督，仍着李国柱暂署，湖广提督着福永暂署……”（《清高宗实录》卷805）

（乾隆三十三年三月己丑）以原任湖北巡抚范时绶为正白旗汉军都统……（《清高宗实录》卷806）

（乾隆三十三年六月戊午）谕军机大臣等：“定长现已降旨，令其兼署荆州将军。伊系满洲总督，于驻防事务不难兼管，且荆州距省不远，照应亦较便易。但总督驻扎省会，应办之事甚多，荆州满营尚有副都统在彼，一切寻常事件原可随时关白，商酌而行，定长不必时常亲往。惟该处遇有要务及解滇马匹等事，定长自应亲身前往，悉心督办。着将此传谕知之。”（《清高宗实录》卷812）

（乾隆三十三年八月乙亥）以陕西庆阳协副将马虎为湖北襄阳镇总兵。（《清高宗实录》卷817）

（乾隆三十三年九月癸巳）以湖北施南协副将高益为浙江处州镇总兵。（《清高宗实录》卷818）

（乾隆三十三年十二月）乙丑，谕：“据闵鹗元等奏‘湖广总督定长于十二月初六日患病身故’等语，湖广总督员缺，着高晋就近驰往署理，仍兼摄荆州将军事务。两江总督事务，着彰宝暂行兼署。吴达善着调补湖广总督，该督现在来京，俟陛见后再赴新任。其陕甘总督员缺，着明山补授。”（《清高宗实录》卷824）

（乾隆三十四年二月己巳）调正黄旗汉军副都统绰和诺为荆州副都统……（《清高宗实录》卷829）

（乾隆三十四年三月丁亥）……以湖北黄州协副将明喜为兖州镇总兵。（《清高宗实录》卷830）

（乾隆三十四年四月丁卯）以成都副都统雅郎阿为荆州将军……（《清高宗实录》卷832）

（乾隆三十四年九月戊申）兵部议："宜昌镇总兵陈楫，失察兵丁，诬良为盗，应照例降调。"得旨："依议，陈楫着降一级调用。"（《清高宗实录》卷843）

（乾隆三十四年十月壬戌）以山东胶州协副将杨大业为湖北宜昌镇总兵。（《清高宗实录》卷844）

（乾隆三十五年四月）壬戌，调乌噜木齐提督马铭勋为湖广提督……（《清高宗实录》卷856）

（乾隆三十五年五月甲申）以直隶沧州城守尉多敏为荆州副都统。（《清高宗实录》卷858）

（乾隆三十五年五月甲辰）谕曰："……多敏着调补正蓝旗满洲副都统，所遗荆州副都统员缺着保定府城守尉舒明阿补授……"（《清高宗实录》卷859）

（乾隆三十五年十月辛丑）以镶红旗汉军都统傅玉为荆州将军……

（《清高宗实录》卷 871）

（乾隆三十六年正月辛未）休致四川川北镇总兵余大佐，以服阕湖北襄阳镇总兵牛天畀为川北镇总兵。（《清高宗实录》卷 877）

（乾隆三十六年二月丁酉）以山东兖州镇总兵李国柱为湖广提督……（《清高宗实录》卷 879）

（乾隆三十七年五月癸卯）调……荆州将军傅玉为江宁将军，以荆州副都统绰和诺为荆州将军。（《清高宗实录》卷 908）

（乾隆三十七年五月戊午）以荆州协领长禄为荆州副都统。（《清高宗实录》卷 909）

（乾隆三十七年九月乙巳）……谕军机大臣等："绰斯甲布土司盼望官兵速往，自属实情，其分路多兵之说，亦必应如此办理。现在昭通、湖广头起官兵陆续可抵成都，着传谕阿桂即速酌调，派员带领前进。李天佑原以副将候补之员，今现出有陕西洮岷协副将员缺，即令李天佑补授。马应诏系候补游击，着加恩以参将用……"（《清高宗实录》卷 916）

（乾隆三十八年正月乙卯）又谕曰："襄阳镇总兵马虎阵亡，所遗员缺，着温福等于军营出力副将内拣选一员，奏请升补。其副将员缺并参将西凌阿阵亡各员缺，俱着一体拣选奋勇立功之员，递行奏补，以示鼓励。"（《清高宗实录》卷 925）

（乾隆三十八年三月癸巳）定边右副将军尚书公丰升额、参赞大臣副都统舒常奏："湖北襄阳镇总兵员缺，请以参领官达色暂署。"从之。（《清高宗实录》卷 928）

(乾隆三十八年十一月)乙丑,谕曰:“镇筸镇总兵乔冲杓现在带兵赴川,所遗员缺紧要,着杨大业调补。其宜昌镇总兵员缺,即着乔冲杓调补。所有该镇印务,着该署督另选妥员,奏闻署理。”(《清高宗实录》卷946)

(乾隆三十九年六月)庚寅,谕:“据阿桂奏‘五月二十二日,贼人三四百人乘夜围住游击福敏泰等营卡,随经放枪赶杀。追至把总杨遇春所守木卡,见贼人蚁集呐喊,遂高声传号。杨遇春在卡内应声答号,施放连环枪,直下攻扑,贼皆纷纷逃溃。杨遇春卡内只有官兵五十余人,而贼众二三百,自二更至五更已将木卡砍开,杨遇春并不稍为动摇,竟合力击退’等语,福敏泰、杨遇春奋勉出力,甚属可嘉。现据阿桂另折奏称,军营出有各缺。福敏泰着即升补甘肃兰州城守营参将,杨遇春即着升补湖南永绥协守备,以示奖励。其原请升之效力副将温有哲、游击多永峨、千总张维华三员,着阿桂等遇有军营缺出,再行奏补。其余俱照阿桂所请。湖南长安营游击员缺,着拜灵阿补授。所遗湖北郧阳协中军都司员缺,着王国定补授……该部知道。”(《清高宗实录》卷960)

(乾隆三十九年九月丁巳)又谕曰:“荆州将军绰和诺病故,所遗员缺着兴兆补授。兴兆现在军营,所有荆州将军印务,仍着常禄署理。”(《清高宗实录》卷966)

(乾隆三十九年十二月庚子)调镶白旗满洲副都统舒亮为荆州副都统……(《清高宗实录》卷973)

(乾隆三十九年十二月甲辰)以湖北郧阳协副将董果为福建建宁镇总兵。(《清高宗实录》卷973)

（乾隆四十年十一月庚辰）又谕曰："永昌现授荆州副都统，其所遗天津镇总兵员缺，着将军阿桂于军营出力应升人员内，不拘满汉，拣选一员，奏请补授……"（《清高宗实录》卷996）

（乾隆四十一年二月丙辰）调荆州副都统舒亮为镶黄旗满洲副都统，镶黄旗汉军副都统福森布为荆州副都统……（《清高宗实录》卷1002）

（乾隆四十一年三月）癸未，谕："现在军营由满员擢用总兵副将者，多著有劳绩、奋勇出众之人，如用于北省及四川等镇协要缺，尚可演习骑射，留心营务，可冀成材得用。若补授广东、广西、湖南、湖北等省，皆非习武之地，恐至彼耽于安逸，转足消其英锐之气，殊觉可惜。因交兵部，将在军营之满洲总兵、副将补授广东等省者通行查明，并将直隶等省要缺各员之非由军营升补者，一并列单进呈。朕详加阅定……所遗湖北宜昌镇总兵员缺，即着达齐调补。山西大同镇总兵员缺，着官达色调补。所遗湖北襄阳镇总兵员缺，即着哈攀凤调补……所遗湖北郧阳协副将员缺，即着范宜恒调补……该部知道。"（《清高宗实录》卷1004）

（乾隆四十二年二月戊午）……以湖广督标副将傅宗孔为河南南阳镇总兵。（《清高宗实录》卷1027）

（乾隆四十二年三月戊辰）谕："据陈辉祖奏'湖广提督段秀林，入春以后饮食渐减，已成噎膈，医治难期速痊'等语，段秀林着准其解任回籍调理。所有湖广提督员缺，着窦瑸调补。其贵州提督员缺，着敖成补授。"（《清高宗实录》卷1028）

（乾隆四十二年五月甲申）补行乾隆三十七年及本年湖广军政，罢软官一员、年老官一员、有疾官一员、才力不及官一员，分别处分如例。（《清高宗实录》卷1033）

（乾隆四十二年十一月壬辰）以……荆州协领德尔赛为甘肃宁夏副都统。（《清高宗实录》卷1045）

（乾隆四十二年十二月丁未）举行本年各省驻防军政……荆州卓异官三员、年老官五员……分别议叙处分如例。（《清高宗实录》卷1046）

（乾隆四十三年五月丁亥）以湖北施南协副将保泰为直隶泰宁镇总兵。（《清高宗实录》卷1057）

（乾隆四十三年八月甲申）以湖北郧阳协副将范宜恒为福建福宁镇总兵。（《清高宗实录》卷1065）

（乾隆四十三年十二月丁卯）以……湖北黄州协副将陈大绂为云南临元镇总兵。（《清高宗实录》卷1072）

（乾隆四十四年六月）壬戌，兵部议复："前署湖广总督湖北巡抚郑大进疏称'边缺俸满将备人员，弓马可观、训练有方者照例保题；其弓马平常者查平日办事及现在年力，或调回内地，或随时纠劾勒休，将展限一年之例停止'等语。查边俸人员，以练兵安民为首务，至本身弓马平常，原可学习改观。今如该督所奏，是因该员弓马之优劣，方查其平日办事之贤否，未免轻重倒置。请嗣后考察边俸俸满人员，五年内果能整饬营伍、抚绥地方，兼之弓马可观、年力壮盛者，会核保题，照例先行升用。如五年内办事奋勉、勤劳无过，而弓马平常、年力未衰者，调回内地，将边俸升用之处注销。惟循分供职，及弓马不及、年力已衰者，即勒令休致，所有展限一年之例，应如该督所奏停止。至武职人员并无正印佐杂之分，其保荐甄别，总以实授之日，扣算俸满之期，以归画一。"从之。（《清高宗实录》卷1084）

（乾隆四十五年七月癸卯）以湖广督标中军副将托宾泰为直隶宣化镇总兵。（《清高宗实录》卷1111）

（乾隆四十六年九月乙卯）以湖北郧阳协副将范建丰为贵州安笼镇总兵。（《清高宗实录》卷1141）

（乾隆四十七年二月庚寅）以湖北黄州协副将包定邦为襄阳镇总兵。（《清高宗实录》卷1151）

（乾隆四十七年四月）癸巳，以湖北襄阳镇总兵伸泰、江南狼山镇总兵包定邦对调。（《清高宗实录》卷1155）

（乾隆四十七年十二月辛未）以直隶督标中军副将官福为湖北宜昌镇总兵。（《清高宗实录》卷1170）

（乾隆四十七年十二月戊寅）举行本年各省驻防军政，罢软官荆州一员……，年老官江宁二员、荆州一员……，有疾官……荆州三员，……分别处分如例。（《清高宗实录》卷1171）

（乾隆四十七年十二月庚辰）举行本年各省驻防军政，卓异官……荆州一员……分别议叙如例。（《清高宗实录》卷1171）

（乾隆四十八年八月丙寅）以湖北黄州协副将沐特恩为山西大同镇总兵。（《清高宗实录》卷1186）

（乾隆四十七年十二月己卯）举行本年军政……湖北卓异官三员、年老官三员……分别议叙处分如例。（《清高宗实录》卷1171）

（乾隆四十九年正月癸丑）谕曰："湖广提督李国梁之父李瑞，年届九旬，李国梁着加恩调补直隶提督，俾得就近侍养。其湖广提督，地居冲要，兼辖水陆，马彪在提督任内有年，颇为出力，着调补湖广提督……马彪、李国梁俱俟新任接印交代后再行起程，各赴新任。李国梁未到任以前，其直隶提督着李奉尧暂行署理。"（《清高宗实录》卷1197）

（乾隆四十九年闰三月辛未）以福建漳州镇总兵闫正祥为湖广提督……（《清高宗实录》卷1203）

（乾隆四十九年六月壬寅）又谕曰："闫正祥着调补甘肃提督，即行驰驿前往。其湖广提督员缺，着俞金鳌调补。俞金鳌俟闫正祥抵甘接印后，再赴湖广新任。"（《清高宗实录》卷1209）

（乾隆四十九年十二月）乙未，谕曰："伸泰因徇庇营员，现在交部严加议处。且其人糊涂，清语生疏，久任外任，深染绿营习气，难胜总兵之任，着在三等侍卫上行走。所有襄阳镇总兵员缺，着彭之年补授。"（《清高宗实录》卷1220）

（乾隆四十九年十二月庚子）以贵州大定协副将七十五为湖北宜昌镇总兵。（《清高宗实录》卷1221）

（乾隆五十年十二月庚子）……以署镶黄旗蒙古副都统雅尔泰为荆州左翼副都统……（《清高宗实录》卷1245）

（乾隆五十一年三月辛未）……调正黄旗汉军副都统隆兴为荆州左翼副都统……（《清高宗实录》卷1251）

（乾隆五十二年二月丙辰）谕军机大臣等："……至常青此时自已亲渡台湾，督率镇将等实力搜剿。但常青已经调任湖广总督，今以钦差前往督办，一切题升调补，若专俟本省总督李侍尧办理，则所统将弁等见常青不能专主，或心中以为即奋勉出力，亦不能即邀拔擢，未免稍生懈怠。着传谕常青，现在台湾将弁被贼戕害，多有悬缺未补者，常青到彼，即应于剿贼弁兵内核其实在出力者，官则酌予升擢，兵则拔补千、把，一面具奏，一面知会李侍尧。俾常青得有事权，以便策励将卒，呼应较灵，可期迅速集事。"（《清高宗实录》卷1275）

（乾隆五十二年三月己丑）以湖广督标中军副将强都为江南狼山镇总兵。（《清高宗实录》卷1277）

（乾隆五十二年三月癸巳）又谕："……闫正祥着调湖广提督……"（《清高宗实录》卷1277）

（乾隆五十二年五月癸酉）以湖南辰州协副将马定鼐为湖北宜昌镇总兵。（《清高宗实录》卷1280）

（乾隆五十二年十二月辛亥）举行本年军政……湖北卓异官四员、年老官一员、有疾官二员……分别议叙处分如例。（《清高宗实录》卷1295）

（乾隆五十二年十二月壬子）举行本年各驻防军政……荆州卓异官三员……分别议叙处分如例。（《清高宗实录》卷1295）

（乾隆五十三年正月）丁亥，以湖广督标中军副将刘乘龙为广东高廉镇总兵。（《清高宗实录》卷1297）

（乾隆五十六年正月甲申）谕："前命军机大臣议复浙江提督陈杰条

奏‘选拔千、把、外委应按照总督、提督驻扎地方就近考验’一折，行令两江等处各就该省营伍道里情形，悉心妥议具奏。彼时朕以此等微末弁兵分隶各提镇标营管辖，其有距总督驻扎地方较远者，于选拔时，必须前赴总督衙门考验，恐资斧维艰，且往返转需时日。是以谕令该督等，将隔省各标营如何就近令提督、总兵自行考拔之处，酌定章程，另行核办，原为体恤末弁起见。嗣据两江、湖广、闽浙等省陆续奏到，情形各有不同。兹福康安奏‘千、把二项职分较大，所得养廉较诸文员、中州判、县丞为加优，一加拔补，即可食廉，赴考不虞拮据。嗣后各营千、把缺出，请循照旧例，仍送总督考拔。其外委及额外外委缺出，各归就近考拔’等语，所议甚是……着照福康安所议行。该部知道。”（《清高宗实录》卷1370）

（乾隆五十六年正月庚子）调……荆州副都统隆兴为熊岳副都统，以成都协领成德为荆州副都统。（《清高宗实录》卷1371）

（乾隆五十六年四月）壬子，调正红旗汉军副都统兆庆为湖北荆州副都统。（《清高宗实录》卷1376）

（乾隆五十六年十月辛未）以湖北黄州协副将明安图为湖南镇筸镇总兵。（《清高宗实录》卷1389）

（乾隆五十六年十一月己丑）调湖北荆州将军舒亮为陕西西安将军，以热河副都统富昌为荆州将军……（《清高宗实录》卷1391）

（乾隆五十七年五月丙辰）兵部议复：“湖广总督毕沅奏称，楚省苗疆副将、参将、游击、都司、守备等官五十一缺，向例五年俸满，照边俸分别保送调回。应遵部议，照内地营分，分别或题、或调、或归部推之处办理。请将湖南镇筸镇、永州镇、辰州协、沅州协、靖州协、永绥协、宜章营、桂阳营、武冈营、长安营、绥宁保靖营，湖北之施南协、卫昌营副将、参将、游击、都司、守备共四十七缺，定为在外题调之缺……外有荆州水师营守备一缺，地方紧要，改为调缺。应如所请，并令该督查照原定各缺分别题补、调补，以杜牵混。”从之。（《清高宗实录》卷 1405）

（乾隆五十七年十月辛卯）以正红旗蒙古副都统官福为荆州副都统……（《清高宗实录》卷 1415）

（乾隆五十七年十二月）乙卯，举行本年军政……湖广督标卓异官二员，湖北卓异官二员、年老官一员……湖北各卫卓异官一员，分别议叙处分如例。（《清高宗实录》卷 1418）

（乾隆五十七年十二月戊寅）举行本年各驻防军政……荆州卓异官三员……分别议叙处分如例。（《清高宗实录》卷 1418）

（乾隆五十七年十二月丙戌）又谕曰：“善德年已及迈，着留京补授正红旗蒙古都统，所遗广州将军，着富昌调补。富昌所遗荆州将军，着永琨补授。”（《清高宗实录》卷 1419）

（乾隆五十八年四月辛卯）又谕：“宁夏将军管辖本城驻防满洲官兵，且与蒙古游牧较近，隆兴不宜此任，着来京候旨。永琨乃近派宗室，亦不宜在汉人地方，着调补宁夏将军。所遗荆州将军员缺，着庆桂补授。庆桂至荆州，永琨交代后再赴新任，更换隆兴来京。”（《清高宗实录》卷 1427）

（乾隆五十八年八月）戊子，谕：“兵部尚书员缺仍着庆桂补授，即着来京。其荆州将军员缺，着兴兆补授。”（《清高宗实录》卷 1435）

（乾隆五十九年三月戊申）又谕："据惠龄奏'宜昌镇总兵马定鼐现患风痰病症，难望痊愈，请旨开缺'等语，马定鼐着准其开缺，回籍调理。所有湖北宜昌镇总兵员缺，着张廷彦补授。"（《清高宗实录》卷1449）

（乾隆五十九年九月丁亥）调湖北荆州右翼副都统成德为左翼副都统，正蓝旗蒙古副都统德福为荆州右翼副都统。（《清高宗实录》卷1460）

（乾隆五十九年十月乙亥）谕："……前次毕沅在湖广总督任内，接准川省咨文查拿夺犯殴差匪徒，毕沅在省城并无应办要务，安坐衙斋，止派委司道等前往会拿，并不亲往督缉，是以将伊降补巡抚……"（《清高宗实录》卷1463）

（乾隆五十九年十月戊寅）以湖南永州镇总兵刘君辅为湖广提督，巡捕营中军副将苏灵为永州镇总兵。（《清高宗实录》卷1463）

（乾隆六十年闰二月）乙酉，谕曰："毕沅奏'彭之年年逾七十，不能得力'等语，彭之年着以原品休致。所遗襄阳镇总兵员缺，着马瑀调补，并着驰驿前赴湖南军营，随同带兵剿贼。彭之年仍着暂留襄阳办理本镇事务，俟军务完竣，马瑀回任后，再行回籍。"（《清高宗实录》卷1472）

（乾隆六十年六月己酉）又谕："据惠龄奏'升任藩司汪新现办军需，请俟祖之望到任，汪新交篆后暂留楚省办理军需，事竣再赴安徽巡抚新任'等语。湖北现在办理军需事宜，正关紧要，汪新自应奏请留于该处一手经理。乃汪新折内尚称俟祖之望到任交印后，即驰赴新任，意图避劳就逸，殊属不知缓急，另行降旨申饬外，汪新着交部察议。"（《清高宗实录》卷1481）

（嘉庆元年三月戊申）谕内阁：“舒亮从前虽获重谴，但现留在湖北剿除逆匪，若无职衔，难以领兵，着加恩授为三等侍卫。”（《清仁宗实录》卷3）

（嘉庆元年三月）壬戌，谕内阁：“乌什哈达从前尚无重罪，今由伊犁撤回，伊既情愿自备资斧前往湖北效力，乌什哈达着加恩授为头等侍卫，随同毕沅、惠龄等效力。”（《清仁宗实录》卷3）

（嘉庆元年六月丙子）又谕：“福州将军员缺着富昌调补，所遗员缺因一时不得其人，明亮新获重谴，弃瑕录用。伊前屡次出征，现又派往湖北带兵效力，着加恩赏给副都统职衔，署理广州将军……”（《清仁宗实录》卷6）

（嘉庆元年十一月庚午）以署湖北宜昌镇总兵官关腾为陕西延绥镇总兵官。（《清仁宗实录》卷11）

（嘉庆二年八月丙辰）……调……荆州副都统德福为镶黄旗汉军副都统，以保定城守尉噶勒珠为熊岳副都统，右卫城守尉海兴阿为荆州副都统。（《清仁宗实录》卷21）

（嘉庆二年九月庚寅）调江南提督王柄为湖广提督……（《清仁宗实录》卷22）

（嘉庆二年九月）辛卯……署广东潮州镇总兵官路超吉为湖北襄阳镇总兵官。（《清仁宗实录》卷22）

（嘉庆二年十二月）甲辰，举行本年军政……湖北漕营卓异官一员……分别议叙处分如例。（《清仁宗实录》卷25）

（嘉庆三年十月壬寅）调荆州右翼副都统海兴阿为左翼副都统。（《清仁宗实录》卷35）

（嘉庆三年十月）癸卯，调盛京副都统达春为荆州右翼副都统……（《清仁宗实录》卷35）

（嘉庆四年三月）辛未，谕内阁："昨已降旨，令景安来京候旨。景安在督抚任内畏葸无能，本应治罪，但念伊平日操守尚属谨饬，现在川省军需转输事宜甚关紧要，着景安于倭什布到楚接印后，以伯爵前赴川省，更换明兴，接办军需事务……"（《清仁宗实录》卷40）

（嘉庆四年九月己卯）以安徽安庆协副将孙清元为湖北襄阳镇总兵官。（《清仁宗实录》卷52）

（嘉庆四年十月）己亥，谕内阁："……将此次殿试武进士，除挑用侍卫外，其余俱分发川、陕、楚、豫及曾经调兵各省，以营守备试用，俾得及时自效。并着兵部查明档案，所有现在用兵及调兵各省，按照调兵多寡，拟定应发若干员数目，开单进呈，候朕简发。"（《清仁宗实录》卷53）

（嘉庆五年正月丁卯）以湖北郧阳协副将多尔济扎布为广东高州镇总兵官。（《清仁宗实录》卷57）

（嘉庆五年闰四月）己卯，以三等侍卫明亮为湖北宜昌镇总兵官。（《清仁宗实录》卷66）

（嘉庆五年七月）辛卯，命京营右翼总兵长龄为领队大臣，领吉林、

黑龙江兵赴湖北军营协同剿贼。（《清仁宗实录》卷71）

（嘉庆五年十月癸亥）湖北宜昌镇总兵官明亮以不能剿贼降蓝翎侍卫，以领队大臣长龄为宜昌镇总兵官。（《清仁宗实录》卷75）

（嘉庆六年二月壬子）补行嘉庆二年军政，荆州驻防卓异官一员、年老官五员、有疾官三员，分别议叙处分如例。（《清仁宗实录》卷79）

（嘉庆六年二月庚午）以湖北宜昌镇总兵官长龄为提督，四品顶带明亮为宜昌镇总兵官，调署襄阳镇总兵官孙清元署郧阳镇总兵官。（《清仁宗实录》卷79）

（嘉庆六年五月乙巳）以湖北宜昌镇总兵官明亮年老，命回京为二等侍卫。以甘肃中卫协副将田朝贵为湖北宜昌镇总兵官。（《清仁宗实录》卷83）

（嘉庆六年六月丙辰）……调湖北宜昌镇总兵官田朝贵为陕安镇总兵官。（《清仁宗实录》卷84）

（嘉庆六年六月丁巳）以湖北施南协副将吉林泰为宜昌镇总兵官。（《清仁宗实录》卷84）

（嘉庆七年三月丁亥）……以湖北竹山协副将李天林为太原镇总兵官。（《清仁宗实录》卷96）

（嘉庆七年四月壬子）……调荆州将军弘丰为杭州将军，以正蓝旗满洲副都统积拉堪为荆州将军……（《清仁宗实录》卷97）

（嘉庆七年七月甲午）又谕："倭什布前在湖北督抚任内，经额勒登保、德楞泰参奏办理粮饷迟误，革职拿问，交军机大臣会同刑部审拟。嗣经审明，倭什布在湖北亦系亲身带兵，非专办粮饷之员，其军营粮饷偶有缺乏，只因经理不善，并非有心玩误。量拟发往军台效力，经朕加恩赏给笔帖式，发往陕西当差……"（《清仁宗实录》卷101）

（嘉庆七年九月己丑）湖北提督长龄因病解任，以前任固原提督庆成署湖北提督。（《清仁宗实录》卷103）

（嘉庆七年十月甲寅）以湖广总督吴熊光兼署湖北提督。（《清仁宗实录》卷104）

（嘉庆七年十一月戊辰）湖北军营副都统温春因病乞回旗，允之。（《清仁宗实录》卷105）

嘉庆七年壬戌十二月戊戌朔，调湖南永州镇总兵官庆溥为湖北郧阳镇总兵官，郧阳镇总兵官孙清元为永州镇总兵官。（《清仁宗实录》卷106）

（嘉庆七年十二月甲寅）举行本年军政……荆州将军所属卓异官一员……分别议叙处分如例。（《清仁宗实录》卷106）

（嘉庆七年十二月丁巳）举行本年军政……湖北年老官一员……分别议叙处分如例。（《清仁宗实录》卷106）

（嘉庆八年二月丁巳）……调荆州副都统海兴阿为广州副都统，以河南城守尉色布星额为荆州副都统。（《清仁宗实录》卷108）

（嘉庆八年八月癸酉）谕内阁："剿办邪匪以来，所有历年随营办理军火粮饷、团练寨勇出力各员，俱著有劳绩。节经该督抚等查明保奏，业已叠次加恩，分别升擢。其有与例不符应须酌量更调者，亦曾准专折奏请。原以军兴之际，为鼓舞人材起见，或偶因一时权宜，不得不量为变通。目下搜捕三省余匪，绩奏荡平，各地方悉臻宁谧，军务业经完竣，非如从前差事殷繁可比。兹据吴熊光、全保等续将军营出力地方官及武职各员恳请分别升调补用，开列名单具折陈奏，未免过滥。且详阅单内，有江西南昌营都司张大勋遗缺，请以贵州镇远营都司汪铉亮调补，所遗之缺，请以荆州营守备王元相升补一节。江西、贵州二省均非该督等所辖之地，何得以隔省出有武职各缺，辄越俎代为陈请？除汪铉亮等调补员缺毋庸议外，其楚省所出文武各缺，该督等奏请升调之处，俱着该部核议具奏。现在各该省军务俱已完竣，该督抚不得以防堵搜捕为名，率行保举多人，并将违例人员渎请更调，致滋冒滥。”（《清仁宗实录》卷118）

（嘉庆八年十二月丙子）以江宁协领三成为荆州右翼副都统，荆州协领喜布禅为乍浦副都统。（《清仁宗实录》卷124）

（嘉庆九年九月丙午）以工部右侍郎瑚图礼为湖北巡抚……（《清仁宗实录》卷134）

（嘉庆十年闰六月丁未）以湖北竹山协副将呢玛善为河南河北镇总兵官。（《清仁宗实录》卷146）

（嘉庆十年八月乙巳）以……湖北提督庆成为成都将军，调浙江提督孙廷璧为湖北提督。（《清仁宗实录》卷149）

（嘉庆十年十月癸卯）……调湖北提督孙廷璧为乌噜木齐提督，以前任江南提督定住为湖北提督。（《清仁宗实录》卷151）

（嘉庆十年十一月己未）调湖北提督定住为乌噜木齐提督，以湖北郧阳镇总兵官庆溥为提督，调河南河北镇总兵官呢玛善为郧阳镇总兵官……（《清仁宗实录》卷152）

（嘉庆十二年二月戊子）命荆州将军积拉堪来京另候简用，以镶黄旗蒙古都统永惪为荆州将军。（《清仁宗实录》卷175）

（嘉庆十二年三月壬子）调三姓副都统额勒珲为荆州右翼副都统……（《清仁宗实录》卷176）

（嘉庆十二年十一月癸亥）……以湖北施南协副将乌尔卿额为汀州镇总兵官。（《清仁宗实录》卷188）

（嘉庆十二年十二月丙戌）举行本年军政……湖北卓异官四员、罢软官一员、年老官一员、有疾官一员……分别议叙处分如例。（《清仁宗实录》卷190）

（嘉庆十三年闰五月壬申）举行嘉庆十二年军政，荆州驻防卓异官二员、年老官一员，分别议叙处分如例。（《清仁宗实录》卷196）

（嘉庆十四年三月己卯）调杭州将军兴肇为荆州将军……（《清仁宗实录》卷208）

（嘉庆十四年六月乙未）以湖北提督庆溥为广州将军，直隶马兰镇总兵官庆成为湖北提督……（《清仁宗实录》卷213）

（嘉庆十四年六月乙巳）以湖北竹山协副将毛秉刚为广西右江镇总兵官。（《清仁宗实录》卷214）

（嘉庆十四年九月己未）以湖北提督庆成为福州将军。（《清仁宗实录》卷218）

（嘉庆十四年九月己未）以四川川北镇总兵官骆朝贵为湖北提督……（《清仁宗实录》卷218）

（嘉庆十四年十月己丑）调吉林副都统图瓦尚阿为荆州右翼副都统，荆州右翼副都统额勒珲为吉林副都统。（《清仁宗实录》卷219）

（嘉庆十五年十二月癸未）以湖北宜昌镇总兵官吉林泰为提督，江西南昌城守协副将萧福禄为宜昌镇总兵官。（《清仁宗实录》卷237）

（嘉庆十五年十二月壬寅）以荆州将军兴肇为察哈尔都统，察哈尔都统庆怡为荆州将军。（《清仁宗实录》卷237）

（嘉庆十六年七月乙巳）以正白旗汉军副都统恒宁为荆州将军……（《清仁宗实录》卷246）

（嘉庆十六年七月）乙巳，谕内阁："前因拉旺多尔济牧场内，有民人聚众刨挖黄耆拒伤官弁之事，节经降旨，令兴肇将如何起衅缘由，并作何办理之处，据实具奏……上年庆怡来京，经朕询问该处情形，据奏地方安静，总未将此事陈奏，且托称不晓蒙古言语，巧辞规避。及将伊调任荆州将军，以为可以卸责后任，即欣然赴任，置身事外。是其居心巧诈，置地方重案于不办，因循贻误，厥咎甚重。庆怡着交部严加议处，彦吉保系该处副都统，与庆怡同时在任，亦着交部严加议处……庆怡、彦吉保、兴肇俱着来京听候部议。所有荆州将军，察哈尔都统、副都统员缺，已另降谕旨补放……"（《清仁宗实录》卷246）

（嘉庆十六年九月戊子）以福州协领喀勒冲阿为荆州左翼副都统。（《清仁宗实录》卷248）

（嘉庆十七年二月丁巳）以山东沂州协副将富斌为湖北郧阳镇总兵官。（《清仁宗实录》卷254）

（嘉庆十七年十一月）己亥，谕内阁："本年届应军政之期，兵部将在京之都统、护军统领、副都统、左右翼总兵、銮仪使、内务府护军统领，在外之驻防将军、都统、副都统、领队大臣、提督、总兵，分析开缮履历清单进呈。朕详加披阅……荆州右翼副都统图瓦尚阿年近九十，精力衰颓，俱着以原品休致，余着照旧供职……"（《清仁宗实录》卷263）

（嘉庆十七年十一月己亥）以……杭州协领花沙布为荆州右翼副都统。（《清仁宗实录》卷263）

（嘉庆十七年十二月丙辰）举行本年军政……荆州将军所属卓异官三员……分别议叙处分如例。（《清仁宗实录》卷264）

（嘉庆十七年十二月戊午）举行本年军政……湖北卓异官四员、年老官一员、有疾官二员、才力不及官一员……分别议叙处分如例。（《清仁宗实录》卷264）

（嘉庆十九年三月己亥）以成都协领阿朗阿为荆州右翼副都统。（《清仁宗实录》卷287）

（嘉庆十九年八月甲戌）以河南城守尉喜格为荆州右翼副都统。（《清仁宗实录》卷295）

（嘉庆十九年八月癸未）调荆州右翼副都统喜格为乍浦副都统，乍浦副都统西凌阿为荆州右翼副都统。（《清仁宗实录》卷295）

（嘉庆十九年九月丙午）京口副都统赓音苏以老病休致，以荆州协领额勒经额为京口副都统。（《清仁宗实录》卷297）

（嘉庆十九年十二月甲子）以西安协领德格为荆州左翼副都统。（《清仁宗实录》卷300）

（嘉庆十九年十二月乙丑）以荆州协领福谦为成都副都统。（《清仁宗实录》卷300）

（嘉庆二十一年二月）壬申，以荆州协领莫尔格讷为乍浦副都统。（《清仁宗实录》卷316）

（嘉庆二十一年四月壬戌）以贵州遵义协副将恒安为湖北宜昌镇总兵官。（《清仁宗实录》卷318）

（嘉庆二十一年八月壬午）以前任陕西西安镇总兵官阎俊烈为湖北提督。（《清仁宗实录》卷321）

（嘉庆二十一年十二月癸巳）调荆州副都统西龄阿为密云副都统，以福州协领都明为荆州副都统。（《清仁宗实录》卷325）

（嘉庆二十二年十二月）丙戌，举行本年军政……荆州将军所属卓异官二员……分别议叙处分如例。（《清仁宗实录》卷337）

（嘉庆二十三年正月辛丑）以荆州协领扎勒罕布为广州满洲副都统。（《清仁宗实录》卷338）

（嘉庆二十三年三月乙巳）举行嘉庆二十二年军政，湖广卓异官十员、年老官一员、有疾官一员、才力不及官二员，分别议叙处分如例。（《清仁宗实录》卷340）

（嘉庆二十三年十二月庚辰）以墨尔根副都统巴灵阿、宁夏副都统常忠、荆州左翼副都统德格老病，命巴灵阿回京为头等侍卫，常忠、德格各回驻防为协领，均赏副都统衔。以副都统衔色玉慎为墨尔根副都统，荆州协领德星保为宁夏副都统，西安协领七克唐阿为荆州左翼副都统。（《清仁宗实录》卷352）

（嘉庆二十四年八月己未）以湖广督标中军副将玉福为湖北郧阳镇总兵官。（《清仁宗实录》卷361）

（道光元年六月丁酉）……以湖北竹山协副将国勒明阿为寿春镇总兵官。（《清宣宗实录》卷20）

（道光元年六月壬寅）以镶白旗汉军副都统绵龄为荆州将军……（《清宣宗实录》卷20）

（道光元年八月甲午）谕内阁："陈若霖奏'世职候题守备补缺较难，请比例酌议变通'一折。湖北、湖南二省，世职云骑尉以守备在营候补者，现有一百七十余员。而该二省守备缺分无多，迨至轮应考补，又因格于回避本籍之例，以致补缺无期。伊等本由难荫，不能及时自效，未免向隅。着照所请，嗣后遇有守备缺出，轮补世职人员准其统行檄调，考验题补。如有例应回避本籍者，即比照考拔千、把总之例，与别营合

例守备对调，以疏淹滞。该部知道。”（《清宣宗实录》卷22）

（道光二年二月丙戌）调四川提督何君佐为湖北提督……（《清宣宗实录》卷29）

（道光二年二月辛丑）江宁副都统哈哈岱、荆州右翼副都统都明因病解任。以正白旗汉军副都统文泰为江宁副都统，青州协领成顺为荆州右翼副都统。（《清宣宗实录》卷30）

（道光二年三月壬子）……以陕西汉中镇总兵官何占鳌为湖北提督。（《清宣宗实录》卷31）

（道光二年九月癸酉）归化城副都统年德因病解任，以荆州协领伊星阿为归化城副都统。（《清宣宗实录》卷41）

（道光二年九月庚子）以云南永昌协副将曾受为湖北郧阳镇总兵官。（《清宣宗实录》卷41）

（道光二年十月己巳）以荆州驻防军政年逾六十官八员，精力未衰，命留任。（《清宣宗实录》卷43）

（道光二年十二月戊午）举行本年军政……荆州将军所属卓异官三员，分别议叙处分如例。（《清宣宗实录》卷47）

（道光三年九月辛未）命福州副都统瑚松额回京，以荆州协领富亮为福州副都统。（《清宣宗实录》卷58）

（道光四年闰七月戊申）以云南昭通镇总兵官庆山为荆州将军……

（《清宣宗实录》卷71）

（道光四年闰七月癸丑）以……荆州协领伊密扬阿为成都副都统。（《清宣宗实录》卷71）

（道光五年七月甲辰）以湖广督标中军副将珠尔杭阿为宜昌镇总兵官。（《清宣宗实录》卷86）

（道光五年八月己未）调湖北提督何占鳌为直隶提督，云南提督罗思举为湖北提督……（《清宣宗实录》卷87）

（道光五年十月庚辰）……调湖南提督杨芳为陕西固原提督，以前任湖北提督阎俊烈为湖南提督。（《清宣宗实录》卷90）

（道光六年二月庚午）命西安将军桓格来京，调荆州将军庆山为西安将军，杭州将军观喜为荆州将军……（《清宣宗实录》卷95）

（道光六年八月丙子）降年老四川川北镇总兵官爱新保为荆州协领……（《清宣宗实录》卷104）

（道光六年十二月庚申）谕内阁："前据嵩孚奏，湖北、湖南各营云骑尉世职补缺，例将该省候补人员通行檄调考核。惟地方窎远，遇有调考，往返需时，有旷操演，请将成例稍为变通。当交兵部议奏。兹据奏称，此项世职，每遇补缺全行檄调，营员未免苦累。着照所请，嗣后遇有守备缺出，轮用世职，先将到标名次在先之员调考。若弓马才具俱堪称职，即将该员题补。倘弓马生疏，饬回原营练习，再调其次之员考验。如仍难称职，即挨次递推调补，下次缺出，仍将前次退回原营之员调考。如练习胜前，准将该员题补。倘仍前生疏，即着勒令休致。所遗世职，另行承袭。至各省云骑尉世职，情形均属相同，俱着照此画一办理。并着该督抚、提督于校阅营伍时，将世职人员择其技艺优长、年分较深及平日差操勤慎者，随时存记。遇有应补缺出，即可核实拣补，以重营务而励人材。”（《清宣宗实录》卷111）

（道光七年十月己丑）以山西、荆州、青州、凉州及保定等五处驻防军政，年逾六十官十九员，精力未衰，均命留任。（《清宣宗实录》卷128）

（道光七年十二月丁亥）举行本年军政……湖北卓异官四员、年老官一员、才力不及官二员……分别议叙处分如例。（《清宣宗实录》卷131）

（道光七年十二月庚寅）举行本年军政……荆州将军所属卓异官一员、年老官二员、才力不及官二员……分别议叙处分如例。（《清宣宗实录》卷131）

（道光八年十一月庚申）命湖南提督桓格留京，以湖北郧阳镇总兵官曾受为湖南提督。（《清宣宗实录》卷147）

（道光八年十一月辛酉）以直隶督标中军副将台费音为湖北郧阳镇总兵官。（《清宣宗实录》卷147）

（道光九年六月丙子）荆州将军观喜以疾解任，以湖南绥靖镇总兵官徐锟为荆州将军。未到任前，命副都统齐克唐阿护理……（《清宣宗实录》卷157）

（道光九年十二月辛巳）甘肃宁夏镇总兵官史善载因病解任，以湖北竹山协副将中福为宁夏镇总兵官。（《清宣宗实录》卷163）

（道光十年六月）戊戌，调荆州将军徐焜为西安将军，以乌里雅苏台参赞大臣庆山为荆州将军……（《清宣宗实录》卷 170）

（道光十年九月丙辰）成都副都统伊密扬阿因病解任，以荆州协领海明为成都副都统。（《清宣宗实录》卷 173）

（道光十一年九月乙卯）调湖北郧阳镇总兵官台费音为山西太原镇总兵官，以浙江金华协副将温承弼为郧阳镇总兵官。（《清宣宗实录》卷 196）

（道光十一年九月癸酉）荆州左翼副都统七克唐阿以病乞休，允之。（《清宣宗实录》卷 197）

（道光十一年九月丙子）调正黄旗汉军副都统那当阿为荆州左翼副都统……（《清宣宗实录》卷 197）

（道光十二年十月壬子）命乍浦副都统哈兴阿来京，调荆州右翼副都统成顺为乍浦副都统，正红旗蒙古副都统善英为荆州右翼副都统。（《清宣宗实录》卷 223）

（道光十二年十月辛酉）以青州、德州两处军政年逾六十官五员，热河围场两处十一员，荆州五员，精力未衰，命留任。（《清宣宗实录》卷 224）

（道光十二年十一月庚寅）谕内阁："卢坤奏'请调得力将弁数员，以资训练'一折。广东全省营伍训练废弛，皆由将弁经历行阵者少，兵丁于扎营布垒、进止机宜，素未熟习，以致临事恇怯。该督甫抵粤东，整顿营务，请于湖广将弁曾经征调出师人员内酌调数员，俾资训练。着照所请，湖北黄州协副将萨勒哈善、湖南宝庆协副将王锡朋，均前在军营打仗出力，准其调往广东。……湖北郧阳镇中营守备罗玉斌、提标前营把总候补守备赵如胜、左营把总候补千总贾良玺，俱准调往。遇有缺出，酌量请补，各该省即行开缺。此系为整顿广东营伍起见，他省不得援以为例。至营伍中吸食鸦片烟，最为恶习，必应禁绝……”（《清宣宗实录》卷226）

（道光十二年十一月戊戌）……调荆州将军庆山为广州将军，以贵州威宁镇总兵官苏勒芳阿为荆州将军……（《清宣宗实录》卷226）

（道光十二年十二月庚申）举行本年军政……荆州将军所属卓异官二员……分别议叙处分如例。（《清宣宗实录》卷228）

（道光十三年六月己酉）转荆州右翼副都统善英为左翼副都统，以青州协领穆精阿为荆州右翼副都统。（《清宣宗实录》卷238）

（道光十三年六月己未）补行道光十二年军政，湖广卓异官九员、不谨官一员、年老官一员、浮躁官一员、才力不及官一员，分别议叙处分如例。（《清宣宗实录》卷239）

（道光十三年八月甲子）以山西蒲州协副将满德坤为湖北郧阳镇总兵官。（《清宣宗实录》卷242）

（道光十四年七月壬午）以荆州协领顺格为成都副都统。（《清宣宗实录》卷254）

（道光十四年九月己巳）赏前任荆州左翼副都统那当阿三等侍卫，为驻藏帮办大臣。（《清宣宗实录》卷256）

（道光十五年三月甲戌）调荆州左翼副都统善英为乍浦副都统，以福

州协领特依顺为荆州左翼副都统。(《清宣宗实录》卷264)

(道光十五年八月癸未)调荆州将军苏勒芳阿为广州将军，以乌噜木齐提督德克金布为荆州将军……(《清宣宗实录》卷270)

(道光十五年十月戊辰)以荆州左翼副都统特依顺为云南腾越镇总兵官，腾越镇总兵官长喜为荆州左翼副都统。(《清宣宗实录》卷272)

(道光十六年五月乙巳)……以湖北竹山协副将陶飞熊为汀州镇总兵官。(《清宣宗实录》卷283)

(道光十七年七月壬午)广州将军苏勒芳阿缘事降调，调荆州将军德克金布为广州将军……(《清宣宗实录》卷299)

(道光十七年七月丁亥)改湖广督标中军副将为题调缺，从总督林则徐请也。(《清宣宗实录》卷299)

(道光十七年八月丁巳)谕内阁："本日召见荆州将军乐善，现患目疾，视物不清，难胜将军之任，着开缺安心调理。其侯爵仍留本身，无庸在本旗行走，统俟病痊，再行赏给差使。"(《清宣宗实录》卷300)

(道光十七年八月丁巳)以西宁办事大臣德楞额为荆州将军……(《清宣宗实录》卷300)

(道光十七年十一月辛卯)举行本年军政……荆州将军所属年老官二员……分别议叙处分如例。(《清宣宗实录》卷303)

(道光十七年十一月壬辰)举行本年军政……湖北卓异官四员、年老

官一员、才力不及官二员、浮躁官三员……分别议叙处分如例。（《清宣宗实录》卷303）

（道光十七年十二月己巳）湖北宜昌镇总兵官珠尔杭阿年老休致，以两广督标副将达里保为宜昌镇总兵官。（《清宣宗实录》卷304）

（道光十八年十月乙亥）以服阕总兵官恒安为湖北郧阳镇总兵官。（《清宣宗实录》卷315）

（道光十九年二月甲申）调……湖北宜昌镇总兵官达里保为高州镇总兵官，以闽浙督标中军副将博勒恭武为宜昌镇总兵官。（《清宣宗实录》卷319）

（道光十九年七月壬子）以湖北督标副将英俊为湖南永州镇总兵官……（《清宣宗实录》卷324）

（道光十九年九月丁未）调……荆州将军德克金布为绥远城将军。（《清宣宗实录》卷326）

（道光二十年三月）壬子，以直隶天津镇总兵官刘允孝为湖北提督……（《清宣宗实录》卷332）

（道光二十年八月癸未）调……荆州将军德楞额为乌里雅苏台将军，以西安左翼副都统布彦图为荆州将军……（《清宣宗实录》卷338）

（道光二十年九月己亥）……以荆州协领甘露为西安右翼副都统。（《清宣宗实录》卷339）

（道光二十年十月丁卯）调荆州将军布彦图为西安将军，以署吉林将军禄普为荆州将军。（《清宣宗实录》卷 340）

（道光二十年十月乙酉）乌里雅苏台将军德楞额年老休致，调荆州将军禄普为乌里雅苏台将军。（《清宣宗实录》卷 340）

（道光二十年十月丙戌）以广州满洲副都统奕湘为荆州将军……（《清宣宗实录》卷 340）

（道光二十年十一月癸卯）以乌里雅苏台将军禄普母老，调荆州将军奕湘为乌里雅苏台将军，禄普为荆州将军。（《清宣宗实录》卷 341）

（道光二十一年十二月丙戌）荆州右翼副都统穆精阿因病休致，以打牲索伦总管德龄阿为荆州右翼副都统。（《清宣宗实录》卷 363）

（道光二十二年八月壬午）以查获湖北荆江等处炮位，予荆州协领穆腾额记名以副都统用。（《清宣宗实录》卷 379）

（道光二十二年八月癸巳）江宁副都统兴伦因病解任，以荆州协领穆腾额为江宁副都统。（《清宣宗实录》卷 379）

（道光二十二年八月庚子）湖北提督刘允孝因病解任，以四川建昌镇总兵官桂明为湖北提督。（《清宣宗实录》卷 379）

（道光二十二年十月戊戌）以伊犁、热河、荆州驻防军政年逾六十官六十八员精力未衰，命留任。（《清宣宗实录》卷 383）

（道光二十三年二月癸未）湖北郧阳镇总兵官恒安因病休致，以浙江

乐清协副将马维衍为郧阳镇总兵官。(《清宣宗实录》卷389)

(道光二十三年二月丁酉)调荆州将军禄普为广州将军，以宁夏副都统恒通为荆州将军……(《清宣宗实录》卷389)

(道光二十六年正月)戊寅……以湖北竹山协副将曹三祝为河州镇总兵官。(《清宣宗实录》卷425)

(道光二十六年十二月壬子)……以……湖广督标中军副将金万全为延绥镇总兵官。(《清宣宗实录》卷437)

(道光二十六年十二月庚午)湖北提督桂明因病解任，以贵州镇远镇总兵官荣玉材为湖北提督……(《清宣宗实录》卷437)

(道光二十七年正月)乙酉，谕内阁："前因荆州驻防旗人与咸宁、武昌民人挟嫌聚殴，该将军等既失约束，又不及时具奏，当经降旨交部严加议处。兹据该部查例具奏，请降四级调用。该将军统辖旗营，平时约束不严，临事复不能弹压，又不及时据实具奏，实属年迈无能，恒通着降为三品顶带休致。副都统忠灵、德凌阿未能随同管束，临事又未具奏，本应照议降调，姑着从宽改为革职留任。"(《清宣宗实录》卷438)

(道光二十七年正月乙酉)以察哈尔都统铁麟为荆州将军……(《清宣宗实录》卷438)

(道光二十七年正月癸卯)荆州左翼副都统忠灵因病解任，以西安协领托恩东额为荆州左翼副都统。(《清宣宗实录》卷438)

(道光二十七年三月癸未)……调湖北提督荣玉材为云南提督，以直

隶正定镇总兵官闵正凤为湖北提督。(《清宣宗实录》卷440)

(道光二十七年三月丁酉) 以云南曲寻协副将邵鹤龄为湖北郧阳镇总兵官。(《清宣宗实录》卷440)

(道光二十七年三月丁未) 调荆州左翼副都统托恩东额为广州汉军副都统，广州汉军副都统官文为荆州左翼副都统。(《清宣宗实录》卷440)

(道光二十七年十月甲子) 以湖北施南协副将杨青鹤为云南普洱镇总兵官。(《清宣宗实录》卷448)

(道光二十七年十月丁卯) 以荆州驻防军政年逾六十官十三员精力未衰，命留任。(《清宣宗实录》卷448)

(道光二十七年十二月庚申) 以刑部左侍郎赓福为荆州将军。(《清宣宗实录》卷450)

(嘉庆二十七年十二月甲子) 举行本年军政……湖北卓异官四员、才力不及官四员、不谨官一员……分别议叙处分如例。(《清宣宗实录》卷450)

(道光二十八年三月癸卯) 荆州将军赓福因病解任，以察哈尔都统裕诚为荆州将军，未到任前，以荆州右翼副都统德凌阿署理…… (《清宣宗实录》卷453)

(道光二十八年十月壬戌) 命成都将军廉敬来京，调荆州将军裕诚为成都将军，未到任前，以四川总督琦善兼署，以荆州副都统德龄阿署将军。(《清宣宗实录》卷460)

（道光二十八年十二月）癸卯，以直隶马兰镇总兵官倭什讷为荆州将军……（《清宣宗实录》卷462）

（道光二十八年十二月己酉）以湖北竹山协副将佛隆为广西右江镇总兵官。（《清宣宗实录》卷462）

（道光二十八年十二月乙丑）调荆州将军倭什讷为吉林将军，以甘肃提督台湧为荆州将军。（《清宣宗实录》卷462）

（道光二十八年十二月丁卯）以湖北宜昌镇总兵官博勒恭武为甘肃提督，广东肇庆协副将阿勒经阿为宜昌镇总兵官。（《清宣宗实录》卷462）

（道光二十九年四月壬寅）调湖北提督罗应鳌为甘肃提督，甘肃提督博勒恭武为湖北提督。（《清宣宗实录》卷466）

（道光二十九年七月）戊午，调镶白旗蒙古副都统荣玉櫶为荆州右翼副都统……（《清宣宗实录》卷470）

（道光二十九年十月庚寅）命署热河都统明训回京，以前任荆州将军赓福署热河都统。（《清宣宗实录》卷473）

（道光三十年九月戊戌）以前任金州副都统贵升为荆州右翼副都统。（《清文宗实录》卷17）

（道光三十年十月庚午）……以前任湖北提督桂明为乌噜木齐提督。（《清文宗实录》卷19）

（道光三十年十一月乙卯）以湖广督标中军副将双福为河南河北镇总

兵官。(《清文宗实录》卷22)

(道光三十年十二月癸亥)察哈尔都统双德缘事解任，以前任荆州将军赓福署察哈尔都统……(《清文宗实录》卷23)

(咸丰二年三月辛酉)以……云南曲靖协副将王锦绣为湖北郧阳镇总兵官。(《清文宗实录》卷56)

(咸丰二年三月丙子)命湖北提督博勒恭武来京，以贵州古州镇总兵官双福署湖北提督。(《清文宗实录》卷57)

(咸丰二年四月乙酉)以湖北施南协副将王家琳为河南河北镇总兵官。(《清文宗实录》卷58)

(咸丰二年五月辛酉)谕内阁："贵州古州镇总兵双福，着俟该省防堵事竣，再行前往湖北署理提督印务。博勒恭武仍俟双福到任后，来京陛见。"(《清文宗实录》卷61)

(咸丰二年七月癸亥)以贵州古州镇总兵官双福为江南提督，仍署湖北提督……(《清文宗实录》卷66)

(咸丰二年十月癸卯)以荆州驻防军政年逾六十官七员精力未衰，命留任。(《清文宗实录》卷74)

(咸丰二年十一月乙亥)调……江南提督双福为湖北提督……(《清文宗实录》卷77)

(咸丰二年十二月癸巳)举行本年军政……荆州将军所属卓异官二

员、年老有疾官四员……分别议叙处分如例。(《清文宗实录》卷79)

(咸丰二年十二月甲午)以革职广西提督向荣暂署湖北提督。(《清文宗实录》卷79)

(咸丰三年正月乙丑)实授钦差大臣向荣湖北提督。(《清文宗实录》卷82)

(咸丰三年二月戊戌)以湖南永绥协副将瞿腾龙为湖北郧阳镇总兵官。(《清文宗实录》卷86)

(咸丰三年七月己酉)以湖南永绥协副将虎嵩林为湖北宜昌镇总兵官。(《清文宗实录》卷99)

(咸丰三年七月辛酉)署湖广总督张亮基奏:“请以已革广东高州镇总兵官杨昌泗留湖北差委。”允之。(《清文宗实录》卷100)

(咸丰三年八月癸巳)谕军机大臣等:“……本日据张亮基等奏‘筹备船炮,以利攻剿,有广东防御李松柏熟悉水师,现在调赴金陵大营,请饬来楚’等语。着向荣即速饬令该员前赴湖北,以备差委,无稍延误。宋晋原折均着钞给阅看,将此由五百里各谕令知之。”(《清文宗实录》卷104)

(咸丰三年八月癸巳)以荆州将军台涌兼署湖北提督。(《清文宗实录》卷104)

(咸丰三年九月己酉)……以荆州协领奎毓为凉州副都统。(《清文宗实录》卷105)

（咸丰四年正月辛酉）命已革广东高廉镇总兵官杨昌泗留湖北军营效力。（《清文宗实录》卷119）

（咸丰四年二月辛巳）以荆州将军台湧为湖广总督，仍兼署湖北提督，湖南盐法道曹楙坚为湖北按察使。（《清文宗实录》卷121）

（咸丰四年二月辛巳）以荆州右翼副都统官文为将军，德州城守尉庆如为荆州右翼副都统。（《清文宗实录》卷121）

（咸丰四年二月壬午）……以……湖北施南协副将讷钦为郧阳镇总兵官……（《清文宗实录》卷121）

（咸丰四年三月甲辰）以已革贵州提督布克慎署湖北提督。（《清文宗实录》卷123）

（咸丰四年五月己亥）调荆州左翼副都统庆如为金州副都统，以兴京城守尉载增为荆州左翼副都统。（《清文宗实录》卷129）

（咸丰四年五月丙寅）免已革总兵官杨昌泗罪，仍留湖北军营效力。（《清文宗实录》卷131）

（咸丰四年九月己丑）以陕西延绥镇总兵官丰伸署湖北提督。（《清文宗实录》卷146）

（咸丰五年二月丁未）以山西太原城守尉富森为荆州右翼副都统。（《清文宗实录》卷159）

（咸丰五年四月己未）以荆州将军官文为湖广总督，江宁副都统绵洵为荆州将军，未到任前，以荆州左翼副都统载增署理。以署荆州右翼副都统魁玉为江宁副都统。（《清文宗实录》卷166）

（咸丰五年五月壬戌）命察哈尔都统西凌阿为钦差大臣，驰往湖北督办军务。（《清文宗实录》卷167）

（咸丰五年五月癸亥）命荆州将军绵洵驰往湖北钦差大臣西凌阿军营帮办军务。（《清文宗实录》卷167）

（咸丰五年五月乙亥）释遣戍军台已革山东巡抚张亮基，发往湖北军营，交钦差大臣西凌阿差委。（《清文宗实录》卷167）

（咸丰五年八月己亥）以荆州将军绵洵暂署湖北提督。（《清文宗实录》卷174）

（咸丰五年十月壬辰）以湖南常德协副将杨载福为湖北郧阳镇总兵官，并署湖北提督，湖北竹山协副将王国才署郧阳镇总兵官。（《清文宗实录》卷179）

（咸丰五年十月乙卯）以收复湖北汉川县城，予千总舒渭玉以守备升用。（《清文宗实录》卷181）

（咸丰六年二月癸卯）湖广总督官文奏："闻湖南举人左宗棠有匡时平寇之才，请饬赴营听候差遣。"得旨："着咨询骆秉章，其人才具若何，能否赴湖北军营，奏明请旨。"寻奏："左宗棠已在骆秉章幕中，无须咨调。"报闻。（《清文宗实录》卷190）

（咸丰六年五月丁卯）又谕："……都兴阿新放江宁将军，仍在湖北督带马队。近日江南情形较湖北更为紧急，都兴阿如能前赴向荣军营协同带兵剿贼，必可得力。着官文等体察情形，迅速具奏，如令都兴阿前往，其所带马队各兵，着官文等拣派得力之员接续管带，毋令松劲。将此由五百里各谕令知之。"（《清文宗实录》卷198）

（咸丰六年七月）甲戌，以广西右江镇总兵官德安为湖北提督。（《清文宗实录》卷204）

（咸丰六年七月）甲申，以荆州协领恩夔为青州副都统。（《清文宗实录》卷204）

（咸丰六年九月辛酉）荆州左翼副都统载增等奏："新授直隶通州协副将汤苏，请暂留荆州办理营务。"得旨："该员所选之缺系畿辅紧要之区，着迅饬赴任，不准留。"（《清文宗实录》卷207）

（咸丰七年二月丙申）以前任湖北郧阳镇总兵官讷钦暂署提督。（《清文宗实录》卷219）

（咸丰七年二月丁未）以湖北荆门州城被匪窜陷，革知州方卓然、游击白云凤职，仍留任。（《清文宗实录》卷220）

（咸丰七年丁巳三月癸丑）谕内阁："谭廷襄奏'请将升任副将开缺，留于陕西补用'等语。升补贵州平远协副将阎丕敏，经该抚派赴商南防堵，现由河南至湖北一带剿办贼匪，着准其开缺，留于陕西，遇有副将缺出酌量补用，俟凯撤事竣，再行送部引见。"（《清文宗实录》卷221）

（咸丰七年三月癸丑）又谕："曾国藩奏'丁忧回籍，请派员督办军务’一折。曾国藩现丁父忧，业经降旨赏假三月，回籍治丧，所带湖南兵勇暂交其弟曾国华管带。惟曾国华职分较卑，仍须有大员统领，方能得力。所有曾国藩前带水师兵勇，着派提督衔湖北郧阳镇总兵杨载福就近统带，广东惠潮嘉道彭玉麟协同调度。该侍郎假满后，着仍遵前旨，即赴江西督办军务，以资统率。”（《清文宗实录》卷221）

（咸丰七年三月己未）谕内阁：“官文奏‘武员未谙营务，请送部引见’等语。湖北德安营参将丰伸、拣发游击穆腾额，前经带兵打仗，均能奋勇，惟于外省营伍，多未熟谙。丰伸、穆腾额均着送部引见。”（《清文宗实录》卷221）

（咸丰七年三月）辛未，谕军机大臣等：“据恒春奏‘滇省回夷各匪滋扰，剿办正当吃紧，带兵将领乏员。现署郧阳镇总兵王国才，熟悉滇省情形，回民畏服，请饬该署总兵迅速来滇协剿’等语。楚北水陆各兵均已乘胜东下，王国才正在黄梅小池口一带剿贼，自系带兵得力之员。惟滇省剿办回夷各匪尚未得手，较楚省尤为吃重，着官文、胡林翼即饬该总兵前往滇省，交恒春调遣，借资熟手。将此由四百里谕令知之。”（《清文宗实录》卷222）

（咸丰七年五月癸酉）以堵御湖北襄阳等处土匪不力，革都司炳辉等职，仍留任，守备李殿元等革职留营效力。（《清文宗实录》卷226）

（咸丰七年六月）甲寅……以湖北竹山协副将王国才为贵州安义镇总兵官。（《清文宗实录》卷229）

（咸丰七年九月壬午）以……荆州协领衔佐领锡龄阿为福州副都统。（《清文宗实录》卷235）

（咸丰七年十月甲子）以西安驻防军政年逾六十官十九员、荆州驻防军政年逾六十官十六员精力未衰，命留任。（《清文宗实录》卷238）

（咸丰七年十月甲戌）以湖北郧阳镇总兵官杨载福为福建陆路提督。（《清文宗实录》卷238）

（咸丰七年十月乙亥）以已革总兵官讷钦为湖北郧阳镇总兵官。（《清文宗实录》卷238）

（咸丰七年十二月壬申）又谕："官文等奏'革员留营出力，请分别免罪'等语。前任湖南长沙协副将清德，随同该大臣等在武汉、黄州等处防剿逆匪，运济军饷……均属著有微劳。清德着准其免发军台，并免缴台费银两……"（《清文宗实录》卷242）

（咸丰八年三月）己丑，谕内阁："湖北提督德安着前往庐州会同福济办理军务……"（《清文宗实录》卷248）

（咸丰八年六月丁巳）……以湖北竹山协副将普承尧为江西九江镇总兵官。（《清文宗实录》卷256）

（咸丰八年六月丙寅）……以湖北施南协副将栗襄为云南临元镇总兵官。（《清文宗实录》卷257）

（咸丰八年七月丁酉）命署湖北提督讷钦回郧阳镇总兵官任，以贵州安义镇总兵官颜朝斌署湖北提督。（《清文宗实录》卷259）

（咸丰八年九月戊戌）调江宁将军都兴阿为荆州将军。未到任前，以荆州左翼副都统载增署理。（《清文宗实录》卷265）

（咸丰八年九月壬寅）以记名总兵官李续焘为湖北宜昌镇总兵官。（《清文宗实录》卷265）

（咸丰八年十二月己未）以记名陆路总兵官张得胜为湖北宜昌镇总兵官。（《清文宗实录》卷272）

（咸丰九年四月壬戌）以云南鹤丽镇总兵官周天培署湖北提督……（《清文宗实录》卷281）

（咸丰九年七月乙亥）调正白旗蒙古副都统成保为荆州左翼副都统。（《清文宗实录》卷287）

（咸丰九年七月壬辰）谕军机大臣等："僧格林沁等奏'接奉寄谕，并俄夷所送各国旗式遵办'一折。俄夷所绘各国旗式，业经僧格林沁递交玉明、格绷额、定福，传谕各海口辨认。所称但据旗帜为凭，深恐夷情诡谲，难以确信。着仍遵前旨，此后夷船往来海口，如仅在洋游驶，并无滋事情形，无论何国旗号，毋庸开炮轰击。设或登岸滋事，即当严以拒之，勿受彼欺，并着知照玉明等一体遵照办理。至所请'俄酋使臣书信往来，饬暂由库伦陆路行走'一节，现在木哩斐岳幅将次行抵北塘，必尚有在京使臣往来书信，业经言明准其投递。且俟木哩斐岳幅船只回帆后，再令该国使臣书信由库伦行走可也。至调补荆州左翼副都统成保，着准其俟撤防后再令回京请训。将此谕知僧格林沁、恒福，并传谕文煜知之。"（《清文宗实录》卷289）

（咸丰九年十月庚戌）以荆州协领全亮为成都副都统。（《清文宗实录》卷297）

（咸丰九年十一月丁丑）以陕西陕安镇总兵官王浚为湖北提督……（《清文宗实录》卷300）

（咸丰九年十二月戊午）调福建建宁镇总兵官侯凤岐为湖北宜昌镇总兵官，湖北宜昌镇总兵官张得胜为福建建宁镇总兵官。（《清文宗实录》卷304）

（咸丰十年正月）甲戌，谕军机大臣等："曹澍钟奏'川省现在筹防，首以得人为重，胪举所知各员，并陈石逆贼营各情，及酌筹剿办'等语。川省为完善之区，现在办理防堵事宜，全在调度有方，得人任使，以冀收指臂之效……蒋玉龙现在贵州，颜朝斌在湖北，各该省军务未竣，未便遽调至川省，着无庸议……"（《清文宗实录》卷305）

（咸丰十年正月丁亥）以镶红旗汉军副都统巴扬阿署荆州左翼副都统……（《清文宗实录》卷306）

（咸丰十年四月庚辰）命荆州将军都兴阿督办江苏江北军务。（《清文宗实录》卷316）

（咸丰十年四月甲申）以荆州右翼副都统富森署将军。（《清文宗实录》卷316）

（咸丰十年四月乙酉）以安徽皖南镇总兵官江长贵署湖北提督，浙江金华协副将王明山为安徽寿春镇总兵官。（《清文宗实录》卷317）

（咸丰十年四月癸巳）以兵勇溃退，革署钦差大臣广西提督张玉良职，仍留营差遣。命杭州将军瑞昌总统江南军务，署湖北提督江长贵帮同办理。（《清文宗实录》卷317）

（咸丰十年八月乙亥）以湖广督标中军副将成福为湖北宜昌镇总兵官……（《清文宗实录》卷328）

（咸丰十年九月甲辰）以江西南昌城守营副将文奎为湖北郧阳镇总兵官。（《清文宗实录》卷330）

（咸丰十年九月甲辰）改丁忧湖北郧阳镇总兵官讷钦为署任。（《清文宗实录》卷330）

（咸丰十年十月辛巳）命荆州将军都兴阿督办江北军务，福建陆路提督李若珠帮办。（《清文宗实录》卷334）

（咸丰十年十二月辛未）命浙江黄岩镇总兵官黄彬帮办荆州将军都兴阿军务。（《清文宗实录》卷338）

（咸丰十一年正月癸巳）调湖北郧阳镇总兵官文奎为浙江衢州镇总兵官，浙江衢州镇总兵官安贵为湖北郧阳镇总兵官。（《清文宗实录》卷340）

（咸丰十一年五月甲辰）命福州副都统多隆阿帮办湖广总督官文、湖北巡抚胡林翼军务。（《清文宗实录》卷352）

（咸丰十一年八月）辛未，以湖北黄州、德安、随、蕲、安陆、黄梅、广济、黄安、黄陂、云梦各府州县城被贼窜陷，革知府周炳鉴、知县薛元启、副将书绅、参将阿昌阿等职，仍留营；署知州李瑜，知县汤一德、覃潮元、方大湜，革职留任；摘知县诸镳、孙继祖、吉栋顶带；署知州赵笃庆、李泰源革职永不叙用。（《清穆宗实录》卷2）

（咸丰十一年十月己巳）调荆州将军都兴阿为江宁将军，以正红旗蒙古都统多隆阿为荆州将军。（《清穆宗实录》卷7）

（同治元年正月辛亥）以湖北竹山协副将李朝斌为浙江处州镇总兵官。（《清穆宗实录》卷17）

（同治元年四月辛巳）谕议政王、军机大臣等："托明阿、瑛棨等奏'贼逼省垣，叠经兵团截击，回窜蓝田，现在追剿，并陕南军务，请留大员督办'各一折……舒保、多隆阿皆系楚之骁将，陕省军情如此吃紧，非有劲兵名将难冀保全，着官文会商曾国藩，于多隆阿、舒保二员中酌量何员入陕为最宜，即一面奏闻，一面派令率其所部星速入陕……"（《清穆宗实录》卷26）

（同治元年五月丁酉）命荆州将军多隆阿督办陕西军务。（《清穆宗实录》卷28）

（同治元年六月乙亥）又谕："严树森奏'请将庸劣不职之知府州县各员分别降补、休致、改简'一折。湖北襄阳府知府吴嗣仲才情尚好，操守平常，着以同知降补，留省察看。另补知府陈元章行为诡谲，器局小巧，着以通判降补，均着留省，遇有相当简缺，酌量补用。施南府知府张丞实，于署宜昌府知府任内滥用劣绅，糊涂任性，撤任后又复因病禀请开缺，不堪起用，着勒令休致。候补知县吴瑛性猾守平，舆论交讥，着即行革职。候补知县张孔修居心险躁，办事颟顸；云梦县知县吉栋性情轻躁，不洽舆情，均着以县丞降补。兴国州知州薛文光举止轻浮，办事欠稳，着开缺留省察看，遇有相当简缺，酌量补用。"（《清穆宗实录》卷32）

（同治元年七月庚子）又谕："本日因南阳粤匪窜逼楚疆，多隆阿阻隔贼南，未能赴陕援剿，谕令胜保即日驰赴关中，剿办回匪，节制陕西军务……将此由五百里各谕令知之。”（《清穆宗实录》卷34）

（同治元年七月丁未）又谕：“前据总理各国事务衙门奏‘田兴恕起意杀害传教民人’等情，当经谕知骆秉章等派员密查，尚未据详查复奏……着毛鸿宾即饬赴黔，署理提督篆务，以资统率。该员现在楚省带队，能否赴黔，并着迅速具陈……着毛鸿宾迅将蒋益澧所部十七营饷需迅速筹备，催令拔营前赴浙江，听候左宗棠调遣……”（《清穆宗实录》卷35）

（同治元年闰八月壬寅）以署荆州左翼副都统巴扬阿兼署将军。（《清穆宗实录》卷41）

（同治元年九月丁巳）荆州右翼副都统富森因病解职，以镶红旗汉军副都统巴扬阿为荆州右翼副都统，仍兼署将军。（《清穆宗实录》卷42）

（同治元年九月戊寅）以记名总兵官杨朝林为湖北宜昌镇总兵官。（《清穆宗实录》卷44）

（同治元年十月丙申）以湖北荆州军营办理文案出力，予知府王开福以道员用。（《清穆宗实录》卷46）

（同治元年十一月乙丑）命荆州将军多隆阿为钦差大臣，督办陕西军务。（《清穆宗实录》卷49）

（同治元年十一月）辛未，谕内阁：“据英桂奏称‘阎敬铭沥陈哀悃，呈请终制，稍尽孝思’等语，情词恳切，出于至诚。惟现在山东军务吏治整顿需人，阎敬铭前在湖北，办事认真，是以破格夺情，畀以疆寄，期于地方有所补救，断难俯如所请。该署抚当体朝廷不得已之意，移孝作忠，用副委任。着即懔遵前旨，迅赴山东，接署抚篆，毋许固辞。”（《清穆宗实录》卷50）

（同治元年十二月壬午）命荆州副都统萨萨布，随同左翼前锋统领熙拉布、山海关副都统成保，赴直隶山东交界地方剿贼。（《清穆宗实录》卷51）

（同治二年二月癸卯）又谕：“都兴阿等奏‘贼扑北岸，军情吃重，师船遭风沉溺，失去炮位’各折片……前日有人奏‘道员吴坤修治军严整，杀贼勇往。其弟同知吴敳修晓畅营务，善驭士卒。该二员现在楚营，请饬赴山东剿贼’等语。吴坤修等平日带勇能否得力，着曾国藩酌量情形。如该二员人材可用，即令其酌带平时勇敢将弁亲兵，迅赴山东，归阎敬铭调遣……”（《清穆宗实录》卷59）

（同治二年五月辛亥）又谕：“官文奏‘藩司患病请假，并催军援陕’各折片。藩司李桓由湘募勇抵鄂，忽患中风之症，势难即赴陕南接办军务。着照该大臣所请，赏假一个月，即在湖北省城赶紧调理，俟病体全愈，即行催令起程……”（《清穆宗实录》卷66）

（同治二年五月己巳）又谕：“官文奏‘请饬催李云麟迅速赴陕’等语，候补四品京堂李云麟前经降旨，自闻讣之日起赏假两个月，回旗治丧。现在陕南军务紧要，该员自鄂启行，计已到旗。远道奔丧，孝思已展，宜感朝廷不次擢用之恩，迅速赴营，以重军务……”（《清穆宗实录》卷68）

（同治二年九月己酉）又谕：“前因豫省将领乏人，节次谕令官文、严树森催令金国琛赴豫差委。兹据曾国藩奏称‘苗逆凶焰益炽，临淮一路有都兴阿派二千人赴援，富明阿带兵继进，李世忠亲督五千人夹淮分屯，尚足自固……查前任湖北安襄郧荆道降补同知金国琛与成大吉等同出自李续宜部下，若令调护湘营，筹剿苗逆，必能胜任，请饬该员改赴皖北’等语，皖豫边境，同以苗逆为巨患，楚军各守一方，亟需得力将领前往统率调度……着恽世临饬令金国琛改赴皖北，责令总理周宽世等四军营务，仍往来固始三河尖等处，会办皖豫交界剿苗事宜。即着该抚饬令金国琛赶紧起程，毋许稍涉迁延，致误戎机。将此由六百里谕令知之。”（《清穆宗实录》卷 78）

（同治二年九月丙辰）调荆州将军多隆阿为西安将军，以正红旗汉军都统富明阿为荆州将军。（《清穆宗实录》卷 79）

（同治二年十月癸卯）命荆州将军富明阿帮办钦差大臣僧格林沁军务。（《清穆宗实录》卷 83）

（同治二年十一月戊申）命署直隶提督江长贵赴安徽军营剿贼，以前任湖北郧阳镇总兵官讷钦署直隶提督。（《清穆宗实录》卷 84）

（同治三年二月甲申）荆州将军富明阿奏：“遵旨前赴扬防。”得旨：“该将军已赴扬防，惟伤口尚未全愈，仍须调治。江北情形稍松，该将军在扬防坐镇，指挥调度之余，兼可安心摄养。所盼日就痊愈，以慰廑念。”（《清穆宗实录》卷 94）

（同治三年四月庚寅）调荆州将军都兴阿为西安将军，以西安左翼副都统穆图善为荆州将军。（《清穆宗实录》卷 100）

（同治三年六月壬申）谕议政王、军机大臣等：“……请调之湖北候补道吴炳崑现回湖南湘阴本籍，即着恽世临饬令该员迅速前往江西，赴

杨岳斌军营办理营务，以资得力。将此由五百里各谕令知之。”（《清穆宗实录》卷105）

（同治三年九月癸卯）命荆州将军穆图善帮办署陕甘总督都兴阿军务。（《清穆宗实录》卷114）

（同治三年九月丁巳）又谕：“……前有旨令骆秉章拨兵援甘，并因官文奏调颜朝斌，谕令骆秉章饬令该员迅赴鄂省。此时西宁军务紧要，自应移缓就急，迅速赴援。着骆秉章于援甘兵勇外另拨劲旅，于颜朝斌、江忠濬二员内酌派一员统带……”（《清穆宗实录》卷115）

（同治三年九月甲子）又谕：“官文奏‘请将候选知县改补守备’等语。五品顶带花翎候选知县刘金榜经官文调营察看，该员打仗奋勇，吏治未谙，文职不甚相宜，武职可期胜任。刘金榜着照原品顶带仍留花翎，改归湖北以营守备补用。”（《清穆宗实录》卷116）

（同治三年十月戊寅）又谕：“官文奏‘请饬候选道裘德俊暨发往贵州差委之前任直隶清河道鲍桂生赴营委用’等语。裘德俊系特旨简放甘肃兰州府遗缺知府之员，旋据捐升道员，自应在部候选。鲍桂生业经有旨发往贵州军营差委，应即遵旨前赴贵州。官文所请调该二员赴湖北军营之处，着不准行。”（《清穆宗实录》卷118）

（同治三年十月戊子）署漕运总督富明阿奏：“请另简贤员接署漕督。”得旨：“览奏具见诚悃，所请仍扎扬营，兼办漕务，及暂交詹启纶代办扬防军务，驰往清淮之处，均着照所拟办理。楚匪如可速了，吴棠即不久可回本任，该将军不过暂行兼署，尚其慎勉为之，妥筹兼顾，以副委任。”（《清穆宗实录》卷119）

（同治三年十二月壬申）又谕："徐宗干奏'闽省军务繁兴，请饬提镇实缺各员赴任'等语……汀州镇总兵沉俊德前在湖北军营，业经官文饬令带兵赴闽，着毛鸿宾、李鸿章、官文分饬各该员等迅速赴任……"（《清穆宗实录》卷123）

（同治四年三月癸卯）调湖北宜昌镇总兵官杨朝林为郧阳镇总兵官，郧阳镇总兵官安贵为宜昌镇总兵官。（《清穆宗实录》卷132）

（同治四年闰五月丁丑）调荆州将军穆图善为宁夏将军。（《清穆宗实录》卷142）

（同治四年闰五月戊寅）以荆州右翼副都统巴扬阿为将军。（《清穆宗实录》卷142）

（同治四年闰五月己卯）以京口协领文全为荆州右翼副都统。（《清穆宗实录》卷142）

（同治四年八月丙申）又谕："前因穆图善奏参湖北参将胡得成因病请假，取巧规避，当经降旨革职。兹据刘蓉奏称'该参将因病请假，以距营较远，未及守候批示，与有心规避擅自离营者不同。该参将现在陕省，颇著勤劳，人亦谨饬，请开复原参革职处分，仍留陕省抚标右营游击署任'等语。副将衔湖北候补参将胡得成，虽非有心规避，究属不候批示，着改为开复参将原官，准其留于陕西抚标右营游击署任，仍带革职留任处分，毋庸赏还副将衔，以示限制。"（《清穆宗实录》卷150）

（同治四年十二月丁巳）以……荆州佐领常顺为广州副都统。（《清穆宗实录》卷164）

（同治五年正月丙戌）又谕："本日已降旨将……曾国荃调补湖北巡抚……曾国荃现在假期将满，旧病谅已就痊。刻下捻匪窜扰湖北边境，防剿正当吃紧。曾国荃素娴军旅，朝廷为地择人，正资倚任，且由湘赴鄂，相去甚近。着曾国藩、李瀚章即行知照该抚，迅速驰赴新任，力图报称，不得稍存推诿之念，有负属望。曾国荃旧部中有得力将弁兵勇，并着酌量带往湖北，以资差遣。将此由五百里各谕令知之。"（《清穆宗实录》卷167）

（同治五年正月丁亥）以约束勇丁不严，革湖北军营总兵官王名滔职。游击萧至元、守备李上发，均革职永不叙用。（《清穆宗实录》卷167）

（同治五年二月癸卯）命荆州副都统萨萨布、京口副都统富和前赴盛京，交工部尚书文祥、署盛京将军福兴调遣。（《清穆宗实录》卷169）

（同治五年五月丙寅）荆州左翼副都统萨萨布因病解职。（《清穆宗实录》卷176）

（同治五年五月丙寅）以荆州印务参领苏章阿为左翼副都统。（《清穆宗实录》卷176）

（同治五年九月）甲子，谕内阁："前据官文等奏湖北改设道士洑营守备一缺，请以秦殿魁调补，当经降旨允准。兹据兵部奏称'秦殿魁前在保康县汛守备任内，有盗案停升限缉一案，按照定例应令撤回本任。惟保康县汛守备，业经奏准改拨道士洑营，若令撤回，该员无任可归，请旨办理'等语。秦殿魁系改驻营汛调补之员，与实缺请调者不同，着准其调补道士洑营守备，仍将停升限缉之案带于调任。"（《清穆宗实录》卷184）

（同治五年十二月戊戌）谕军机大臣等："……谭廷襄等另片奏'失守地方之知县文湛等，事出仓卒，情有可原，并随同官军收复城池，请革职留任'等语，该员等失守地方，厥咎甚重，若仅予以革留，未免失之宽纵。云梦县知县文湛、应城县知县沈兆元、署天门县知县杨宗时均着改为革职留营效力，以示惩儆。将此由六百里各谕令知之。"（《清穆宗实录》卷192）

（同治六年四月丙申）命直隶提督娄云庆驰赴湖北军营，接统霆军。（《清穆宗实录》卷200）

（同治六年四月戊戌）湖北宜昌镇总兵官安贵开缺引见，以记名提督黄中元为湖北宜昌镇总兵官。（《清穆宗实录》卷200）

（同治六年六月辛丑）又谕："张凯嵩奏'拟由楚、蜀赴任，顺道访询利弊，筹画军需'一折，所陈不为无见。惟滇省现无实任大吏……张凯嵩已卸抚篆，若由楚、蜀赴滇，展转耽延，于紧要地方甚不相宜……"（《清穆宗实录》卷206）

（同治七年五月）戊戌，举行同治六年军政，湖广卓异官八员、不谨官六员、罢软官二员、年老官三员、有疾官二员……分别议叙处分如例。（《清穆宗实录》卷234）

（同治八年四月庚申）调福建陆路提督郭松林为湖北提督，湖北提督江长贵为福建陆路提督。（《清穆宗实录》卷257）

（同治八年十二月丙辰）以记名提督滕嗣武为湖北郧阳镇总兵官。（《清穆宗实录》卷273）

（同治九年八月壬戌）荆州左翼副都统苏章阿因病解职，调正红旗汉军副都统希元为荆州左翼副都统。（《清穆宗实录》卷289）

（同治九年闰十月丙戌）命前任荆州副都统萨萨布驰赴绥远城，交将军定安差委。（《清穆宗实录》卷295）

（同治十年九月丁酉）贵州巡抚曾璧光奏："请调湖北候补道周康禄赴提督周达武军营差委。"允之。（《清穆宗实录》卷319）

（同治十一年四月癸亥）以记名提督成俞卿为湖北郧阳镇总兵官。（《清穆宗实录》卷331）

（同治十一年十月庚辰）以乍浦副都统明兴为荆州右翼副都统。（《清穆宗实录》卷343）

（同治十一年十二月庚午）以记名提督李长乐为湖北提督。（《清穆宗实录》卷347）

（同治十二年三月丁酉）以……前任荆州左翼副都统苏彰阿署镶红旗蒙古副都统。（《清穆宗实录》卷350）

（同治十二年九月丙寅）补行同治十一年军政，湖北卓异官三员、不谨官一员、浮躁官一员、罢软官二员、才力不及官一员……分别议叙处分如例。（《清穆宗实录》卷357）

（同治十三年三月庚申）正白旗汉军都统金顺奏："请调荆州右翼蒙古防御恩泽前赴军营差委。"允之。（《清穆宗实录》卷364）

（同治十三年六月乙未）以散秩大臣恩来为荆州右翼副都统。（《清穆宗实录》卷367）

（同治十三年六月丙申）湖广总督李瀚章奏："请将记名总兵官丁大文留于湖北差委。"允之。（《清穆宗实录》卷367）

（同治十三年六月丙申）湖北宜昌镇总兵官黄中元开缺养亲，以前任直隶通永镇总兵官崔福泰为湖北宜昌镇总兵官。（《清穆宗实录》卷367）

（同治十三年七月丙寅）以荆州左翼副都统希元为杭州将军。（《清穆宗实录》卷369）

（同治十三年七月）丁卯，以黑龙江记名协领穆克德布为荆州左翼副都统。（《清穆宗实录》卷369）

（光绪二年二月）辛未，谕内阁："本年轮应查阅湖北、湖南、云南、贵州四省营伍之期，湖北即派翁同爵……逐一查阅，认真简校。如有训练不精、军实不齐者，即将废弛之将弁据实参奏，毋得视为具文。"现月（《清德宗实录》卷26）

（光绪二年十月壬子）调杭州将军希元为荆州将军，以广州副都统果勒敏为杭州将军。现月 （《清德宗实录》卷41）

（光绪三年十月己酉）荆州将军希元等奏："考验军政逾岁人员，精力未衰，应请留任。"得旨："顺兴等均着准其留任。"满月折 （《清德宗实录》卷60）

（光绪四年正月辛未）以不知检束，革湖北郧阳镇标右营中军守备李

得钰职。折包 （《清德宗实录》卷66）

（光绪五年七月壬午）调湖北提督李长乐为湖南提督，以前湖北提督郭松林为湖北提督。（《清德宗实录》卷98）

（光绪五年十一月丁亥）……调……荆州将军希元为黑龙江将军，以察哈尔都统景丰为荆州将军……明发 （《清德宗实录》卷104）

（光绪五年十二月丁卯）……以湖北按察使姚觐元为广东布政使，两淮盐运使欧阳正墉为湖北按察使。现月 （《清德宗实录》卷106）

（光绪六年正月己卯）调湖北提督郭松林为直隶提督，直隶提督傅振邦为湖北提督。（《清德宗实录》卷107）

（光绪六年正月）乙酉，谕内阁："傅振邦奏'旧疾复发，恳请开缺'一折。傅振邦现已调补湖北提督，着赏假两个月，毋庸开缺。"记注 （《清德宗实录》卷108）

（光绪六年九月壬申）以记名提督周有全为湖北郧阳镇总兵官……现月 （《清德宗实录》卷119）

（光绪七年正月丙戌）以前湖南提督龚继昌为湖北郧阳镇总兵官。现月 （《清德宗实录》卷126）

（光绪七年正月壬辰）伊犁将军金顺奏："请以……荆州驻防正黄旗蒙古佐领恩泽署理巴里坤领队大臣。"从之。折包 （《清德宗实录》卷126）

（光绪七年八月丁卯）以违禁筑坝，革湖北沔阳州在籍参将王子芳

职。折包 （《清德宗实录》卷134）

（光绪七年八月戊辰）以察哈尔都统祥亨为荆州将军，宁夏副都统谦禧为察哈尔都统……记注明发 （《清德宗实录》卷134）

（光绪八年三月戊子）谕军机大臣等："本日李鸿章奏'请假省亲'一折，朝廷因该督母病未愈，不得不俯如所请。已明降谕旨，赏假一月，并赏给伊母人参八两，俾资调摄……李鸿章素抱公忠，谅此次赴鄂后亦必刻不能忘，一俟假期届满，即着赶紧回任，以资倚任。将此由四百里谕令知之。"现月 （《清德宗实录》卷144）

（光绪九年正月甲午）湖北提督傅振邦因伤疾解职，以江西南赣镇总兵程文炳为湖北提督。现月 （《清德宗实录》卷158）

（光绪九年八月乙亥）以记名总兵贺搢绅为湖北宜昌镇总兵官。现月 （《清德宗实录》卷169）

（光绪十年七月庚申）以记名总兵高光效为湖北汉阳镇总兵官。现月 （《清德宗实录》卷190）

（光绪十年八月辛卯）以记名副都统英秀为荆州右翼副都统。明发 （《清德宗实录》卷192）

（光绪十年八月己亥）又谕："鲍超奏'请调员差委'等语。提督衔记名总兵、现署湖北施南协副将谢荣胜，着卞宝第饬令该员迅速前赴鲍超军营，听候差委。将此由四百里谕令知之。"洋务 （《清德宗实录》卷192）

（光绪十年十二月己卯）以记名副都统瑞兴为荆州左翼副都统。明发

（《清德宗实录》卷199）

（光绪十二年七月癸卯）署湖广总督裕禄等奏："请将记名提督张寿安、王得胜，记名总兵石师发、雷长庚留鄂差遣委用，总兵用刘天云以副将留鄂补用。"允之。折包 （《清德宗实录》卷230）

（光绪十二年七月癸卯）署伊犁将军锡纶奏："请调提督曹正兴赴营差委。"得旨："即着咨行湖广督抚饬令曹正兴迅赴伊犁军营，交锡纶差遣委用。"折包 （《清德宗实录》卷230）

（光绪十三年七月壬申）以记名副都统德禄为荆州右翼副都统。明发 （《清德宗实录》卷245）

（光绪十三年八月庚寅）以记名副都统德禄为荆州右翼副都统。（《清德宗实录》卷246）

（光绪十三年十一月丙寅）湖广总督裕禄奏："请将记名总兵魏大全等留于两湖差委。"允之。折包 （《清德宗实录》卷249）

（光绪十五年十一月丁卯）以湖北巡抚奎斌为察哈尔都统。明发 （《清德宗实录》卷277）

（光绪十六年正月）庚申，以记名总兵蒋云龙为陕西延绥镇总兵官，綦高会为湖北郧阳镇总兵官。现月 （《清德宗实录》卷280）

（光绪十七年九月己巳）以记名提督何长清为湖北郧阳镇总兵官。现月 （《清德宗实录》卷301）

（光绪十八年四月甲辰）实授罗缙绅为湖北宜昌镇总兵官。现月（《清德宗实录》卷310）

（光绪十八年九月）戊戌，湖广总督张之洞奏："密举将才，以备任使。"得旨："熊铁生等均着交军机处存记。"折包（《清德宗实录》卷316）

（光绪十八年九月壬子）以记名总兵傅廷臣为湖北宜昌镇总兵官。现月（《清德宗实录》卷316）

（光绪十九年六月辛未）以湖南绥靖镇总兵吴凤柱为湖北提督。现月（《清德宗实录》卷325）

（光绪十九年七月）戊戌，准记名提督刘鹤龄发往湖北差委。（《清德宗实录》卷326）

（光绪二十年二月乙亥）准湖北在籍前湖南沅州协副将施鸿恩重赴鹰扬燕，赏总兵衔。（《清德宗实录》卷335）

（光绪二十年七月乙未）又谕："前任湖北提督程文炳系淮军宿将，现在丁忧在籍，应否令其赴津带营助剿，以资得力之处，着李鸿章熟筹具奏。"电寄（《清德宗实录》卷345）

（光绪二十年九月庚辰）命广东记名总兵广州协副将李先义、崖州协副将吴元恺调往湖北，交湖广总督张之洞差遣。电寄（《清德宗实录》卷348）

（光绪二十年十月甲辰）（湖广总督张之洞）又奏："江防紧要，请将前任汉阳协副将樊国泰留鄂差委。"又奏："准补广东海安营游击吴良儒，请准与前电调之广州协副将李先义、崔州协副将吴元恺一并调鄂差委。并恳免开该三员底缺。”均如所请行。折包 （《清德宗实录》卷351）

（光绪二十年十月己巳）又谕：“电寄张之洞，据电奏，江南防务吃紧，需员委用，所有广东在籍前海坛镇总兵吴奇勋，湖北记名总兵俞厚安，广东候补道王秉恩，山东候补直隶州徐赓陛，广东副将林保，游击丁志德、陈荣坤，都司莫善积，守备黄辅文，广西游击黄守忠等十员，均着准其调赴江南差委。即由张之洞电知两广、湖北、山东各督抚，分饬各员遵照。”电寄 （《清德宗实录》卷352）

（光绪二十年十一月甲戌）又谕：“电寄张之洞，据电奏‘彭楚汉现募勇营，请调员管带’等语，所有汉阳镇总兵高光效、副将许陉发，裕溪营都司裘必成等，均着准其调赴江南差委。”电寄 （《清德宗实录》卷353）

（光绪二十年十一月甲午）又谕：“电寄张之洞，电已悉，着照所请，准其以汉阳镇总兵高光效与瓜州镇总兵谢濬畬、田镇营副将许贵庆与江阴副将李全彪互相调署。湖北差委之记名提督刘鹤龄、张仲春，湖南候补道陈允颐，广西候补道冯相荣，并准张之洞调赴江南差遣委用。”电寄 （《清德宗实录》卷354）

（光绪二十年十一月）以前湖北提督程文炳为福建陆路提督。现月 （《清德宗实录》卷354）

（光绪二十一年八月辛卯）谕内阁：“王文韶奏‘北洋事务殷繁，请调文武员弁差遣’各折片。云南补用道翁寿钱，湖南补用道张鸿顺，候选道左孝同、孙宝琦，云南候补知府韩铣、云南补用知县陈时福、云南补用副将黄呈祥、浙江海门镇标右营水师游击苏长庆、湖北补用游击龚

先第、湖南补用都司李洪斌，均着发往直隶，交王文韶差遣委用。即由该督分别咨行办理。”现月 （《清德宗实录》卷375）

（光绪二十一年九月庚戌）调湖北汉阳镇总兵高光效为江南瓜州镇总兵官。早事 （《清德宗实录》卷376）

（光绪二十一年十一月乙卯）以记名提督周芳明为湖北汉阳镇总兵官。现月 （《清德宗实录》卷380）

（光绪二十一年十一月乙丑）兼署湖广总督、湖北巡抚谭继洵奏：“请将记名提督薛万年暂留湖广差委。”允之。折包 （《清德宗实录》卷380）

（光绪二十二年四月辛未）以湖北郧阳镇总兵何长清为广东水师提督。现月 （《清德宗实录》卷388）

（光绪二十二年四月辛未）以记名总兵陈基湘为湖北郧阳镇总兵官。（《清德宗实录》卷388）

（光绪二十二年七月丁酉）又谕：“李秉衡奏‘曹州地方紧要，请饬总兵迅速赴任’等语。新授山东曹州镇总兵万本华，前经张之洞调往湖北差委，着即饬令迅速赴任。”现月 （《清德宗实录》卷393）

（光绪二十三年六月乙亥）黑龙江将军恩泽奏：“协领良续请留江省差委。”得旨：“仍着饬回荆州，不准留于黑龙江当差。”（《清德宗实录》卷406）

（光绪二十五年五月）庚申，谕内阁：“本日召见之湖北游击蒯德蒲着交荣禄差遣委用。”现月 （《清德宗实录》卷444）

（光绪二十五年五月甲子）荆州将军祥亨因病解职，调杭州将军济禄为荆州将军。（《清德宗实录》卷445）

（光绪二十六年四月丁丑）命前荆州将军祥亨以都统候补，充大阿哥清文谙达。现月 （《清德宗实录》卷462）

（光绪二十六年十二月辛亥）以湖北巡抚景星为福州将军，未到任前，以闽浙总督许应骙兼署。现月 （《清德宗实录》卷476）

（光绪二十七年正月癸酉）以湖北武功全军统领方友升为浙江衢州镇总兵官。现月 （《清德宗实录》卷478）

（光绪二十七年正月壬辰）调……湖北提督张春发为云南提督，贵州提督夏毓秀为湖北提督。现月 （《清德宗实录》卷479）

（光绪二十年七月乙未）又谕："电寄张之洞，电奏已悉，吴凤柱现在北上，湖北提督着傅廷臣署理。"电寄 （《清德宗实录》卷345）

（光绪二十七年十月丁酉）以才堪专阃，予署湖北提督邓正峰、署湖广督标中军副将吴元恺军机处存记。折包 （《清德宗实录》卷488）

（光绪二十七年十月丁未）调广西提督苏元春为湖北提督，湖北提督夏毓秀为广西提督，未到任前，以广西柳庆镇总兵马盛治署理。现月 （《清德宗实录》卷488）

（光绪二十八年三月壬戌）以湖北提督苏元春署广西提督。电寄 （《清德宗实录》卷497）

（光绪二十八年九月甲申）调广西提督夏毓秀为湖北提督，湖北提督苏元春为广西提督。（《清德宗实录》卷505）

（光绪二十九年正月戊辰）以记名总兵邓正峰为湖北郧阳镇总兵官。现月 （《清德宗实录》卷511）

（光绪二十九年二月庚子）以荆州左翼副都统瑞兴护理荆州将军。（《清德宗实录》卷512）

（光绪二十九年二月壬寅）以镶黄旗蒙古都统绰哈布为荆州将军。（《清德宗实录》卷512）

（光绪二十九年四月辛卯）广西巡抚王之春奏，原调楚军四营兵力尚单，续募六营，共十营，业经分途剿匪暨整顿原有防军及水师各情形。下部知之。折包 （《清德宗实录》卷514）

（光绪二十九年八月甲寅）又谕："电寄山西等省巡抚，前有旨，令广西提督刘光才迅赴新任，着山西、河南、湖北各巡抚查明该提督现在行抵何处，催令取道长沙兼程前进。"电寄 （《清德宗实录》卷520）

（光绪三十年四月癸亥）调荆州将军绰哈布署成都将军，以都察院左都御史清锐署荆州将军。现月 （《清德宗实录》卷529）

（光绪三十年十月戊申）调荆州将军绰哈布为成都将军，以都察院左都御史清锐为荆州将军。现月 （《清德宗实录》卷536）

（光绪三十年十月辛未）杭州将军常恩因事解职，以荆州都统瑞兴为

杭州将军。起居注 (《清德宗实录》卷536)

(光绪三十年十月)壬申，调正蓝旗汉军副都统隆斌为荆州左翼副都统……明发 (《清德宗实录》卷536)

(光绪三十二年正月癸巳)调兵部尚书松寿为工部尚书，以荆州将军清锐为兵部尚书，未到任前，以松寿兼署。现月 (《清德宗实录》卷554)

(光绪三十二年正月癸巳)以镶红旗汉军都统载卓为荆州将军。现月 (《清德宗实录》卷554)

(光绪三十二年三月癸酉)荆州右翼副都统德禄因病解职，调镶蓝旗满洲副都统松鹤为荆州右翼副都统……现月明发 (《清德宗实录》卷557)

(光绪三十三年正月壬子)荆州将军载卓因病乞休，调西安将军松溎为荆州将军……现月 (《清德宗实录》卷569)

(光绪三十三年六月甲戌)以深知愧奋，予撤参长江水师汉阳营守备易传荣改以把总降补。(《清德宗实录》卷575)

(光绪三十三年八月辛未)复已革南澳镇总兵潘瀛原官，交湖广总督赵尔巽差遣。现月 (《清德宗实录》卷577)

(光绪三十三年十月壬戌)调西安将军恩存为荆州将军……现月 (《清德宗实录》卷581)

(光绪三十四年二月癸未)谕军机大臣等："电寄陈夔龙，电悉，吴肇邦等着准其调往湖北差遣。"电寄 (《清德宗实录》卷587)

（光绪三十四年十一月庚子）调广东南韶连镇总兵潘瀛为湖北宜昌镇总兵官……现月 （《宣统政纪》卷3）

（光绪三十四年十二月己巳）举行光绪三十三年军政，湖北、湖南两省各营卓异官八员、年老官三员、有疾官一员、罢软官一员、浮躁官一员，分别议叙处分如例。折包 （《宣统政纪》卷5）

（光绪三十四年十二月辛未）以长江水师提标副将张有亮为湖北汉阳镇总兵官。现月 （《宣统政纪》卷5）

（宣统元年五月戊午）调镶红旗汉军副都统连魁为荆州左翼副都统……（《宣统政纪》卷13）

（宣统二年四月己丑）以荆州将军恩存为镶红旗汉军都统，外务部左侍郎联芳为荆州将军……现月官报 （《宣统政纪》卷35）

（宣统二年八月戊子）荆州将军联芳因病乞休，允之。现月 （《宣统政纪》卷41）

（宣统二年八月己丑）以镶黄旗汉军都统凤山为荆州将军。（《宣统政纪》卷41）

（宣统三年闰六月丁巳）调荆州将军凤山为广州将军，以理藩大臣寿耆为荆州将军，未到任以前，以荆州左翼副都统连魁兼署。政治官报 （《宣统政纪》卷57）

（宣统三年八月）己未，谕内阁："电寄新授四川总督岑春煊，据电奏‘由鄂抵沪，病益加剧，请另简贤员督师入川’等语，现在鄂乱方急，川事更紧，该督秉性忠诚，威望素著……着仍督率入川。”（《宣统政纪》卷61）

（宣统三年八月）辛酉，谕内阁：“电寄袁世凯，现在武昌、汉口事机紧迫，该督夙秉公忠，勇于任事，着即迅速调治，力疾就道，用副朝廷优加倚任之至意。”（《宣统政纪》卷61）

（宣统三年八月壬戌）命荆州将军寿耆留京当差，实授连魁为荆州将军。（《宣统政纪》卷61）

（宣统三年八月癸亥）以宁夏副都统恒龄署荆州左翼副都统。（《宣统政纪》卷61）

（宣统三年九月庚午）以荆州副都统恩泽为广州汉军副都统，未到任前，以广州满洲副都统文泰兼署。（《宣统政纪》卷62）

（宣统三年十月）壬戌，谕内阁：“据段祺瑞电奏，湖北汉阳镇总兵张有亮查无下落，着开缺听候查办，李长泰着补授湖北汉阳镇总兵官。”（《宣统政纪》卷66）

（宣统三年十一月癸酉）又谕：“内阁代递段祺瑞电奏‘请以留直补用副将顾鸿恩署汉阳镇总兵’等语，该部知道。”（《宣统政纪》卷67）

（宣统三年十一月丁亥）以汉阳镇总兵李长泰现丁父忧，改为署任。（《宣统政纪》卷68）

8. 军功奖励

（顺治三年四月丁丑）叙山东、山西、陕西、河南及武昌、庆都、山海、九江等处军功。升二等昂邦章京石廷柱为一等昂邦章京，三等昂邦章京墨尔根、侍卫李国翰为二等昂邦章京，三等梅勒章京准塔巴图鲁为三等昂邦章京，三等梅勒章京席特库为二等梅勒章京，一等甲喇章京兼半个前程希尔艮、一等甲喇章京明安达礼为三等梅勒章京，二等甲喇章京苏拜为一等甲喇章京兼半个前程，二等甲喇章京张成德、喀珠、萨必图为一等甲喇章京，三等甲喇章京图勒深、金砺、沙世悌尔、金自成、哈宁噶、马天云为二等甲喇章京，牛录章京兼半个前程达木图、锡忒库、阿济赉、席尔达、岳瞻，牛录章京伊拜、和托阿兰为三等甲喇章京。授固山额真觉罗巴哈纳三等甲喇章京，护军参领纯谷尔岱、鄂内、阿思哈，管牛录章京塞稜、阿邦、诺莫浑、塞讷克、穆傅、桑赛，前锋侍卫科尔昆，废官武习泰为牛录章京，一等甲喇章京巴尔都禅巴图鲁、刘之源、袁晋，牛录章京车尔布、罗弼、扈寿巴图鲁、海塞巴图鲁、莽极图、杜喇习、费雅珠巴图鲁、恩特习巴图鲁、武库礼、克习图、诺木图、朱查噶、卜勒巴图鲁、卜塞赫巴图鲁、扈习纳、宋果托巴图鲁、莫泰巴图鲁、昂凯、鄂尔寨图巴图鲁、萨克察巴图鲁，各加半个前程。半个牛录章京觉罗莽嘉、魏枚、察储、卓和诺、锡特库、罗铎浑、席霸礼、扈信布鲁各加半个前程为牛录章京。管梅勒章京事巴都理，前锋参领扈礼布、陶垓、多木克图，护军参领席特库、麻克查、喀尔塔喇，管牛录章京法特哈、罗邦、赫叶讷、苏默尔、席珠迈图、达木布、吴汝玠、昂噶、毕禄、喇萨礼、达尔玛理、苏尔都、温察、冯有功，虚衔章京雅岱、喀尔侃、郭退萨门、武孙泰、徐成名，前锋侍卫席伯臣，理事官赛达，骁骑校张懋德、王国辅，各授半个牛录章京。赠阵亡三等甲喇章京王世盛为二等甲喇章京，以其弟世显袭职；半个牛录章京嘉隆噶为三等甲喇章京，以其弟子嘉珠袭职；虚衔章京哈尔甘为牛录章京，以其子噶林袭职；骁骑校鄂本为牛录章京，以其子牛钮袭职；管牛录章京董文魁为半个牛录章京，以其子旒锡袭职；前锋侍卫察马垓为半个牛录章京，以其兄之子罗思汉袭职；骁骑校兼管牛录事阿喇睦为半个牛录章京，以其子席忒库袭职。（《清世祖实录》卷25）

（顺治三年六月己丑）湖川总督罗绣锦疏报："总兵官徐勇率兵攻破麻城各山贼寨，生擒伪副将梅增、伪总兵周文江。岳州署总兵官马蛟麟等，阵斩伪帅满大壮，生擒伪将龙现明等。"下部议叙。（《清世祖实录》卷26）

（顺治三年十月丙子）湖川总督罗绣锦疏报："总兵官郑四维等平定彝陵、枝江、宜都三州县，擒斩贼众无算。"下所司察叙。（《清世祖实录》卷28）

（顺治三年十月）乙未，赐湖广凯旋平南大将军多罗贝勒勒克德浑黄金一百两，白金二千两；公傅勒赫、翁古、扎喀纳、富喇塔、苏布图、萨弼等黄金各五十两，白金各一千两；尚书宗室巩阿岱、固山额真叶臣黄金各三十两，白金各五百两；梅勒章京觉善、卓罗黄金各十两，白金各三百两；甲喇章京以下等官及边外蒙古固山额真以下，各赏赉有差。（《清世祖实录》卷28）

（顺治四年九月壬申）叙征宁远、锦州、杏山、山东、北直、河南、陕西、山西、江南、浙江、福建、湖广等处功。授三等昂邦章京阿济格尼堪为一等昂邦章京，半个牛录章京拜音达为三等甲喇章京，三等梅勒章京恩格图为二等梅勒章京。加一等辅国将军宗室韩岱，一等甲喇章京邓长春、巴郎，牛录章京富喇克塔，半个牛录章京鄂贝觉罗普尔盆、赖塔，前锋侍卫夏木善、苏尔吉，护军参领阿尔山、昂阿昂霸，护军校吉尔塔霸，骁骑校黄先养，兵丁胡习布、莫起塔喀恺，各半个牛录章京。

赠阵亡牛录章京苏尔德、胡钮巴图鲁各半个前程，以苏尔德子苏虎济、胡钮巴图鲁子穆成格各袭职。（《清世祖实录》卷34）

（顺治五年六月）丙申，叙征山西、陕西、山东、湖广、四川、江南及追杀流贼功。升二等精奇尼哈番席特库巴颜、墨尔根，侍卫李国翰为一等精奇尼哈番，二等阿思哈尼哈番苏拜为三等精奇尼哈番，三等阿思哈尼哈番阿尔津为一等阿思哈尼哈番，一等阿达哈哈番谭拜为三等阿思哈尼哈番，三等阿达哈哈番觉罗科尔昆、海塞、胡沙、拜他喇布勒哈番兼一把沙喇哈番阿喇善为二等阿达哈哈番，拜他喇布勒哈番兼一拖沙喇哈番觉罗雅布海、阿济拜、锡喇巴雅拉、浑津，拜他喇布勒哈番噶达浑为三等阿达哈哈番。加一等阿达哈哈番俄莫克图巴图鲁，拜他喇布勒哈番费雅思哈、达素、董我乐、翁爱、马锡，各一拖沙喇哈番。额楚护军胡钮，牛录章京阿济图、布达习礼、额尔济图，前锋侍卫俄莫克图、纳哈布、克锡特、塞勒布，护军校瓦尔喀虎席、额尔特鄂内海达、胡护纳，各一拖沙喇哈番。赠故三等精奇尼哈番准塔巴图鲁为一等精奇尼哈番，二等阿达哈哈番哈宁噶为一等阿达哈哈番，拖沙喇哈番马爹为拜他喇布勒哈番，巴禄，牛录章京戴纳、莽色，骁骑校翁阿代为拖沙喇哈番。加赠故拜他喇布勒哈番巴不害巴图鲁一拖沙喇哈番。赠阵亡拖沙喇哈番席特库为拜他喇布勒哈番，牛录章京马如珍、达尔马，护军校巴杨阿、顾朗阿，苏喇章京达鲁堪为拖沙喇哈番。加赠阵亡拜他喇布勒哈番葛霸库一拖沙喇哈番。以准塔巴图鲁弟阿喇密、哈宁噶子率颜、马爹子博洛、巴禄子山津、戴纳子禅布、莽色子马尔汉、翁阿代子巴尔堪、席特库弟辛泰、马如珍兄子惟德、达尔马子葛梅、巴杨阿子杨古孙、顾朗阿子穆成格、达鲁堪子尼雅汉、葛霸库子观布各袭职。（《清世祖实录》卷39）

（顺治五年九月）癸丑，赏湖广凯旋恭顺王孔有德、智顺王尚可喜、怀顺王耿仲明金各二百两，银各五千两；续顺公沈志祥金百两，银二千两；固山额真金砺金二十两，银四百两；梅勒章京卓罗金十两，银三百两；蓝拜、屯泰金各十两，银各二百五十两；阿思哈尼哈番等官金各五两，银各一百五十两；阿达哈哈番等官银各一百五十两；拜他喇布勒哈番兼一拖沙喇哈番及拜他喇布勒哈番牛录章京、拖沙喇哈番、闲散章京等官银各七十两；署章京事骁骑校拨什库银各四十两；三王、续顺公下阿思哈尼哈番等官金各八两，银各八十两；阿达哈哈番等官银各八十两，拜他喇布勒哈番等官银各三十两。（《清世祖实录》卷40）

（顺治五年十一月）癸亥，固山贝子苏布图随征湖广，薨于军，谥悼愍。（《清世祖实录》卷41）

（顺治六年七月）丁卯，湖北巡按陈棐奏报剿抚黄属贼寇情形，并参将韩友、同知白秉贞等功绩，下兵部察叙。（《清世祖实录》卷45）

（顺治七年五月）丙辰，叙追腾机思及平定福建、江西、湖广、浙江等处功。升二等精奇尼哈番伊尔德为一等精奇尼哈番，三等阿思哈尼哈番博尔惠、觉善为二等阿思哈尼哈番，一等阿达哈哈番兼一拖沙喇哈番敦拜、沙尔虎达为三等阿思哈尼哈番，一等阿达哈哈番吴喇禅加一拖沙喇哈番，三等阿达哈哈番纳穆代为一等阿达哈哈番，三等阿达哈哈番宜尔格德、叶赫朱玛喇、硕对为二等阿达哈哈番，拜他喇布勒哈番兼一拖沙喇哈番穆富、冲安、何尔多、罗锡、鄂穆索科为三等阿达哈哈番。加拜他喇布勒哈番阿玉锡、喀尔他喇、博罗对、觉罗穆成格各一拖沙喇哈番。赠阵亡二等精奇尼哈番觉罗顾纳代为一等精奇尼哈番，故三等阿达哈哈番富喇克塔为一等阿达哈哈番。拜他喇布勒哈番兼一拖沙喇哈番觉罗顾喀喇为三等阿达哈哈番。赠故拜他喇布勒哈番布达礼一拖沙喇哈番。以顾纳代子莫罗浑、富喇克塔子傅克都、喀喇子硕伦、布达礼子屯兑各袭职。（《清世祖实录》卷49）

（顺治七年六月）丙申，赠湖广阵亡都司成溥、唐铨为游击，各录其

子弟一人。（《清世祖实录》卷49）

（顺治七年十一月）甲子，赠湖广麻河阵亡拜他喇布勒哈番董廷伯、宗尚勇各一拖沙喇哈番，拜他喇布勒哈番兼一拖沙喇哈番马汝弼为三等阿达哈哈番，管牛录章京事高捷为拖沙喇哈番。以廷伯子振国、尚勇弟尚智、汝弼子纯德、捷子可仰各袭职。（《清世祖实录》卷51）

（顺治八年正月壬申）叙征湖广功。升一等精奇尼哈番阿济格尼堪为三等伯，拜他喇布勒哈番又一拖沙喇哈番索泥为三等阿达哈哈番，加拜他喇布勒哈番土法一拖沙喇哈番……（《清世祖实录》卷52）

（顺治九年十月丙寅）以接济辰州军需功，升湖北道佥事刘升祚为参议。（《清世祖实录》卷69）

（顺治十一年五月丁巳）升江西饶州副将穆生辉为署都督佥事，充郧襄总兵官。（《清世祖实录》卷83）

（顺治十三年七月）辛未，叙征湖广军功。以二等精奇尼哈番、固山额真陈泰为一等精奇尼哈番兼一拖沙喇哈番，一等阿思哈尼哈番兼一拖沙喇哈番、护军统领苏克萨哈为二等精奇尼哈番，三等阿达哈哈番、护军参领穆成格为二等阿达哈哈番，三等阿思哈尼哈番、甲喇章京拜赛为二等阿思哈尼哈番。授护军参领胡尼雅一拖沙喇哈番。（《清世祖实录》卷102）

（康熙元年二月庚午）湖广总督张长庚疏报：“东乡土司覃绳武杀贼归顺。”得旨：“嘉奖，下部议叙。”（《清圣祖实录》卷6）

（康熙二年二月壬寅）湖广提督董学礼疏报：“前奉命会剿湖广西山

巨寇李来亨、马腾霄、党守素等，随同郧阳总兵官穆生辉、襄阳总兵官于大海、辰常总兵官高守贵统领官兵三万人凿山开道，以正月初五日进至李家店，遇贼兵万余人，各路奋击，斩馘过半，生擒伪总兵宋段，获旗帜器械无算，贼党焚巢遁走。又别遣彝陵镇将恢复归州、巴东、巫山等处，直达夔州，并抚辑各处洞寨。"得旨："嘉奖，下部议叙。"（《清圣祖实录》卷8）

（康熙二年二月丁未）陕西总督白如梅疏报："提督王一正率兴安总兵官于奋起、河北总兵官鲍敬进剿逆贼郝摇旗，至房县横水地方，伪罗军门将万余人拒战，大败之。杀贼兵无算，生擒贼一百七十三人，徇于军，大获盔甲器械。"下部察叙。（《清圣祖实录》卷8）

（康熙四年八月乙卯）叙剿平湖广茅麓山功。镶黄旗都统、一等阿达哈哈番又一拖沙喇哈番穆里玛，加一拜他喇布勒哈番又一拖沙喇哈番，授为一等阿思哈尼哈番，余员加等授职有差。（《清圣祖实录》卷16）

（康熙十三年四月）丁酉，郧阳提督佟国瑶疏报："三月十九日，郧阳副将洪福以所部兵千余名反攻臣衙门。臣率领标下官兵三百余名奋勇冲杀，贼退复来，自本日至二十日，共十余阵，斩贼二百余级，贼遁去，仓库、衙署皆得保全。"得旨："嘉奖，下部议叙。"（《清圣祖实录》卷47）

（康熙十三年六月庚子）谕兵部："吴逆作叛以来，湖南绿旗官兵降贼者众。惟彝陵总兵标下官兵，克笃忠贞，坚守地方。近复两战，彝陵奋勇击贼，劳绩显著。若俟事平议叙，则效力之士不得早沾国恩，可即行叙赏，以示鼓励。"（《清圣祖实录》卷48）

（康熙十三年六月丁未）副都统德业立等疏报："五月二十九日，叛将洪福等侵犯均州，营于武当山下。臣率领官兵迎击，大败贼众。"下部

议叙。(《清圣祖实录》卷48)

(康熙十三年七月乙酉)宁南靖寇大将军多罗顺承郡王勒尔锦疏报:“宜都县伪将军刘之复、穆升率贼船百余,陈兵江岸,烧白杨村。副都统苏虎济、署护军统领图尔度浑等率八旗官兵击败之。”下部议叙。(《清圣祖实录》卷48)

(康熙十三年九月乙丑)湖广巡抚张朝珍疏报:“麻城刘青藜等结党倡乱,业经就抚。乃贼首邹君升复与大冶县逃贼黄金龙作乱,武昌知府于成龙等督率官兵堵截,擒杀贼首,胁从余党俱已安插。”下部议叙。(《清圣祖实录》卷49)

(康熙十三年十二月癸巳)以镇守彝陵总兵官、都督佥事徐治都捍贼有功,加左都督衔。标下将弁各增秩有差。(《清圣祖实录》卷51)

(康熙十四年三月乙酉)湖广总督蔡毓荣疏报:“三月初九日,襄阳总兵官刘成龙进剿叛逆杨来嘉、逆党伪总兵陈宗启等于马良坪,杀贼毁巢。”下部议叙。(《清圣祖实录》卷53)

(康熙十四年闰五月甲午)宁南靖寇大将军多罗顺承郡王勒尔锦疏报:“逆贼侵犯均州,将军宜理布等率领官兵两次击败之,阵斩伪副将、参将等及贼兵千余。”下部议叙。(《清圣祖实录》卷55)

(康熙十四年十一月甲午)宁南靖寇大将军多罗顺承郡王勒尔锦等疏报:“将军贝勒察尼等于十月二十日在兴山县地方击败贼众,恢复兴山县城。”得旨:“嘉奖,下部议叙。”(《清圣祖实录》卷58)

（康熙十五年正月甲午）湖广总督蔡毓荣疏报："副将四什[①]六等破贼杨来嘉于黄宝山，杀获无算。"下部议叙。（《清圣祖实录》卷 59）

（康熙十五年六月）己未，湖广总督蔡毓荣疏报："南漳总兵官刘成龙呈首逆贼杨来嘉所给伪书。"得旨："镇臣刘成龙出首逆书，忠贞可嘉，着该部议叙。"（《清圣祖实录》卷 61）

（康熙十五年七月辛巳）加南漳总兵官刘成龙都督同知，以举首逆书议叙故也。（《清圣祖实录》卷 62）

（康熙十五年九月壬午）湖广总督蔡毓荣疏报："逆贼洪福等出犯均州骆驼岭地方，副将四十六等率满汉官兵追至芝河，大殪贼众，夺回难民，并得器械甚多。"下部议叙。（《清圣祖实录》卷 63）

（康熙十五年十月）癸亥，宁南靖寇大将军多罗顺承郡王勒尔锦等疏报："九月三十日，副都统塞格率领官兵追剿贼众于郧西地方，恢复郧西县城。"得旨嘉奖，下部议叙。（《清圣祖实录》卷 63）

（康熙十七年三月丙子）湖广提督伯佟国瑶疏报："官兵进剿杨洪诸逆于房县地方，击败贼众，斩获甚多，生擒伪副将等五十二名，恢复房县。"得旨嘉奖，下部议叙。（《清圣祖实录》卷 72）

（康熙十七年闰三月癸亥）湖广总督蔡毓荣疏报："逆贼杨洪等既经剿除，余孽未靖。臣随遣襄阳总兵官刘成龙，招抚伪官兵丁共五千八百余名。"下部议叙。（《清圣祖实录》卷 72）

---

① "什"应为"十"。

（康熙十七年十一月乙巳）奋威将军、平凉提督王进宝疏言："臣子王用予蒙恩授副将职衔，随征效力，又功加署都督同知，父子同在秦中，例应回避。或准入侍禁旅，或赴湖广、江西军前，自备战马，力图报效。"……（《清圣祖实录》卷78）

（康熙十八年二月）辛巳。宁南靖寇大将军多罗顺承郡王勒尔锦疏报："臣闻岳州贼溃，即遣署都统多莫克图等率师前进，于正月二十七日渡江，太平街虎渡口诸贼悉皆溃遁。臣率大兵于二十九日渡江，次元始，于是前队官兵分路追剿松滋、枝江、宜都诸县及澧州，以次恢复。守百里洲伪将洪福率舟师缴伪印札降。"得旨嘉奖，下部议叙。（《清圣祖实录》卷79）

（康熙十九年三月戊戌）湖广提督桑峨疏报："招抚伪游击刘鹏等文武官共七十五员、兵丁一百六十三名。"下部议叙。（《清圣祖实录》卷89）

（康熙十九年五月）丁巳，绥远将军、湖广总督蔡毓荣疏言："原任宜都游击严弘，身被贼擒，坚拒伪职，乘间来归，应行议叙。"得旨："严弘当逆贼初叛时，独守宜都，后被贼擒，不受伪职，保守原受敕书，乘间来归，忠贞可嘉，着从优议叙。"寻部议："应加都督同知，即以总兵官补用。"从之。（《清圣祖实录》卷90）

（康熙十九年八月丁丑）叙南漳等处杀贼功。加襄阳总兵官刘成龙等为左都督，仍纪余功二次。游击梁汝贵等二十八员各加等议叙有差。（《清圣祖实录》卷91）

（康熙二十年正月甲戌）镇安将军都统噶尔汉疏报："逆贼谭弘已于康熙十九年十二月十一日死。臣等率兵进剿，败贼众于云阳县地方，擒伪总兵向旭辉等，恢复县城。谭弘子谭天秘震惧，焚万县巢穴而遁，万

县、开县、建始县、梁山县、忠州悉平。”得旨嘉奖，下部议叙。（《清圣祖实录》卷94）

（康熙二十年二月壬寅）镇安将军都统噶尔汉疏报：“彝陵总兵官严弘招抚到伪总兵赵克礼，恢复施州卫城。”得旨嘉奖，下部议叙。（《清圣祖实录》卷94）

（康熙二十五年闰四月己未）给湖广阵亡镶黄旗二等侍卫勒德善拖沙喇哈番世职。（《清圣祖实录》卷126）

（康熙二十五年闰四月丁酉）给浙江、福建、江西、湖广、陕西、八旗阵亡官一等侍卫，委署副都统阿喀尼等五十二员拖沙喇哈番世职。（《清圣祖实录》卷126）

（康熙二十五年闰四月乙亥）叙浙江、福建、江西、湖广、陕西、广东、广西、云南军功。授征南将军、都统赖塔为一等阿思哈尼哈番、一等阿达哈哈番又一拖沙喇哈番；都统赵琏加一拜他喇布勒哈番又一拖沙喇哈番，为一等阿思哈尼哈番、三等精奇尼哈番；副都统马锡泰加一拜他喇布勒哈番，为一等精奇尼哈番；给八旗出征官、二等阿思哈尼哈番塞精叩等七百零六员，各一拖沙喇哈番世职。余功牌不及官职者，悉令注册。（《清圣祖实录》卷126）

（康熙二十七年七月壬申）湖广提督徐治都疏报：“六月十四日，官兵于应城县地方遇夏包子贼众二千余人，我师奋力攻击，阵斩伪副将二员、守备三员、把总一员，杀获甚众，随驻师应城县内。嗣于十七、八等日，贼首夏包子率贼兵万余围攻应城，我师内外夹击，大败之，贼奔德安。请敕调南阳总兵出师安陆，以资防守。”得旨嘉奖，下部议叙。（《清圣祖实录》卷136）

(康熙二十七年七月癸巳)湖广提督徐治都疏报:“七月十五日,逆贼夏包子亲率贼众,驾舟至鲤鱼潦地方,近岸驻扎。臣随遣参将郑兴等奋力剿杀,枪炮并发,贼船尽遭焚毁。余贼来犯大营者,官兵击走之,阵斩及溺水死者四千余人,生擒伪总兵一员,副将、参将、都司、千总、把总二十余员,伪兵三百余人。贼首夏包子仅以身免。”得旨嘉奖,下部议叙。(《清圣祖实录》卷136)

(康熙二十七年八月丁未)湖广粮储道叶映榴遗疏言:“康熙二十七年五月初九日,臣署理湖北布政使印务,忽于本月二十二日,督标裁兵夏包子倡乱,闭城造反,劫夺抚臣敕印,分兵围臣衙署,百计胁从。臣幼读诗书,粗知节义,虽白刃当前,岂肯丧耻苟生?臣此时微服匿影,或可幸免以图后效,伏念臣守土之官也,城存与存,城亡与亡,义所当然。臣于本月二十六日,朝服向阙九叩谢恩毕,随升臣衙门公座,骂贼自刎,勉尽一死,以报国恩。”上览毕,集诸王大臣等谕曰:“凡地方官城存与存、城亡与亡者,乃人臣之分。近者武昌兵乱,叶映榴守义不屈,骂贼自刎。朕阅其遗奏,五内伤悼,王大臣等其共听之。”因令展读奏疏,闻者莫不感泣,随谕吏、礼二部曰:“叶映榴值裁兵鼓噪,抗志不屈,捐生殉难,忠节可嘉。今览遗疏,情词惨烈,朕心深为恻然,不忍披阅。应从优赐恤,以表忠贞。”(《清圣祖实录》卷136)

(康熙二十七年八月己酉)先是,武昌兵变,湖广总督笔帖式克锡类探知贼有犯荆州之意,自城沟内遁出,报荆州将军噶尔汉,令豫为防守,乃驰归京师。上以克锡类捐弃妻子,遁归报信,甚嘉矜之,令兵部议叙。至是议克锡类应遇升缺,即行擢用。从之。(《清圣祖实录》卷136)

(康熙二十七年九月庚午)云南贵州总督范承勋疏言:“楚省兵哗,滇南讹言四起,标兵郭之盈密首营兵张麻子等欲谋倡乱,旋擒获叛首十三人，审实正法。”得旨：“据奏营兵结党，欲谋哗噪，该督即行擒获，审明正法，消弭未形，安靖地方，深为可嘉。其出首人等各加赏赉，以示鼓励。”（《清圣祖实录》卷137）

（康熙四十一年二月壬申）户部题：“巡视茶马员外郎车尔贝以茶斤所易之马，应差司官领解。”上曰：“荆州满兵出征打箭炉，甚为劳苦，此马匹着差部院贤能司官解送至荆州，赏给兵丁。”（《清圣祖实录》卷207）

（乾隆三年十二月丙戌）吏部奏：“兵部补行咨送正白旗参领部委营总噶达浑、正红旗防御部委参领绰和托、镶红旗护军部委护军校来布三员，请与议叙。查各员所得功牌，及官有余，从前因何未邀议叙，当即移查兵部。兵部复称‘噶达浑因出征湖广，得过头等功牌四个、二等功牌一个、四等功牌二个、五等功牌一个……据各该子孙呈明缘由，并无重冒，请邀议叙’等情。请将各该员所得功牌照例折算，均授为云骑尉。其噶达浑所多四等功牌二个，绰和托所多五等功牌一个，来布所多三等功牌一个、四等功牌一个，仍请移咨兵部注册。”从之。（《清高宗实录》卷82）

（乾隆十年十二月癸丑）兵部等部议复：“据湖广总督鄂弥达等册开湖南、湖北等省出师城绥、擒剿逆苗之在事有功文武官弁兵丁，并徇难阵亡、受伤病故汉土官弁兵丁，题请议叙议恤，应如所请。在事有功员弁兵丁等，分别议叙。阵亡之千总张文英，把总张章、王宗江、邓廷瑞、李三省、欧国璋、林玉，外委邓岐山、汪自成等，照例给予恤银，并荫子弟一人以把总用。遇苗被害之巡检王淦加赠县主簿，照例给予祭葬。一二等军功病故文武官弁，荫一子七品监生，以把总补用。三等军功病故者，荫一子八品监生，以外委、把总分别补用。其伤亡官弁及阵亡、伤亡兵丁乡勇等，分别赏恤。”从之。（《清高宗实录》卷255）

（乾隆十二年六月戊辰）户部议复："据四川巡抚纪山奏请添拨军饷银六十万两，前因进剿金川，于江西、湖北二省拨银四十万两。本年五月十八日，复奉旨于附近四川省分，再拨银二十万两。经臣部议，于江西拨银二十万两，共六十万两。江西之二十万两，纪山虽未接到部咨，但军需银两，理应充裕。应如所奏，再于广东留备银内拨六十万两协济。"从之。（《清高宗实录》卷292）

（乾隆十二年十二月）癸亥，兵部疏请议叙擒剿城绥逆苗之一等军功。湖南衡州协副将、今升云南昭通镇总兵官冶大雄等六员，各准军功加衔一等，随带纪录二次二等军功。湖北督标外委李超等三员，各准军功加一级，纪录一次三等军功。湖南提标外委王秉正等二员，各准军功纪录三次。再，军营立功之生员蓝光绪等三十三名，监生范应星等二名，应照例授为贡生。又，堵御苗瑶三等军功之贵州外委韩有中等三员，各准纪录一次。至一等军功之贵州外委魏显华，于未经议叙前病故，应照例予荫一子入监。又，打仗受伤之湖北荆门营千总伍以信，及黔、楚二省兵勇刘道明等十六名，并城绥二县苗勇七百三十七名，均照例赏恤有差。从之。（《清高宗实录》卷304）

（乾隆十七年五月癸亥）谕："……永常、尹继善俱亲往该处督率办理，先后拿获奸匪家属及羽党人等，起出军械、硝磺等物。永常勇往办理，甚合机宜，得封疆大臣之体。尹继善同心协力，深属可嘉……宣谕守令各官，使果能身任其事，勇往剿除，未必即至为贼戕害，纵或身膺贼锋奉职而死，国家酬庸之典，必且加之优恤，延及子孙。而畏葸避事之徒，思欲保全躯命，终为法所不容。凡有地方之责者，均当以此为戒。总督永常着交部以军功议叙，总督尹继善着交部议叙。两省在事文武员弁交各该督查明，分别等次，报部议叙……"（《清高宗实录》卷414）

（乾隆三十九年八月壬辰）又谕："据富德奏'攻打穆当噶尔、羊圈等处，现克石碉九座、大木城一座、石卡三十余处，杀贼八十余人。官兵均属奋勇出力，而荆州满兵百名，因曾降旨训饬，咸思奋励争先，力图报效’等语，前自攻克绒布寨以来，距今已经数月。今富德督率官兵，奋力攻得碉卡木城，歼戮贼众，甚属可嘉。所有此次富德所带打仗各兵丁及屯土兵练等，俱照阿桂、明亮军营之例，各赏给一月钱粮。至荆州满兵，能知感愧奋不顾身，并着加恩一体赏给，以示鼓励。”（《清高宗实录》卷 964）

（乾隆四十年正月甲戌）谕：“署湖广襄阳镇总兵官达色自到川省军营，甚为奋勉出力，着加恩实授襄阳镇总兵，以示奖励。”（《清高宗实录》卷 975）

（乾隆四十一年三月癸巳）谕：“……前因各营兵丁有受伤遣回，残废难痊者，曾降旨令各督提查明，仍给守粮一分，以资养赡。其弁员在军营打仗出力，因伤病废，与前项兵丁事同一例，若照寻常衰病勒休，情殊可悯。着云贵、陕甘、四川、湖广各督提查明节次派往军营之千、把、外委，如有因打仗受伤难于痊愈者，一面咨部开缺，仍加恩给与步粮一分，以养余年。所有把总陈宽即照此办理，该部知道。”（《清高宗实录》卷 1005）

（乾隆五十三年四月）甲午，谕曰：“孙士毅奏‘据南澳、碣石、海门各营汛及饶平、惠来等县禀报，台湾凯旋官兵内渡，由闽省厦门蚶江海门收口，因风漂泊到境者，计粤东、乍浦两处驻防及福建官兵，已有八九起，即饬令地方官料理，分别出境归伍’等语。前因各省兵丁派往台湾剿捕逆匪，远渡重洋，究为涉险，曾降旨令将湖广、贵州、广西、四川四省兵丁于内渡时，每名各赏给银二两……”（《清高宗实录》卷 1302）

（乾隆六十年十二月丁酉）又谕曰：“西成着调补陕西布政使，其四川布政使员缺，着林俊补授。从前因林俊之父系福康安家仆，门地卑微，曾降旨内用不过郎中，外用不过道员而止。嗣因林俊在后藏催运军粮，屡有劳绩，用人之际，不得不格外施恩，是以先赏给按察使衔，旋经擢补。此次进剿苗匪，林俊在川省秀山一带，筹办军粮等事，井井有条。福康安、和琳以勤能得力，专折保奏，复经降旨赏给布政使衔，遇有四川、湖广等省藩司缺出，即行补授。两司大员表率全省，原应视其出身，酌为限制，但当军务需人，似此勤奋出力之员，岂可拘其家世不加奖励？况林俊现任臬司，若停其外擢，转用京堂，则班次岂不更优？今将该员补授藩司，实因军务需才起见，该员当倍加感奋，以副逾格施恩至意。所遗四川按察使员缺，杨揆亦系军营得力之员，前经赏给按察使衔，即着加恩补授，以示奖励。”（《清高宗实录》卷1493）

（嘉庆元年三月庚午）谕内阁：“舒亮前在黑龙江将军任内贱价收买貂皮，固有应得之咎。但念其尚系相沿陋习，并非起自伊任，与骫法婪赃者究属有间。鄂辉在四川将军总督任内，于巴忠办理巴勒布一事错谬之处随同附和，而于廓尔喀呈进表贡耽延不办，实属乖谬，但亦无别项婪索劣迹。昨因湖北襄阳一带匪徒滋扰，特赏舒亮、鄂辉三等侍卫职衔，令其驰赴军营带兵效力。伊二人自抵军营后，尚属奋勉。舒亮、鄂辉俱着加恩赏给头等侍卫，协同剿捕，庶官阶较大，呼应更灵。伊二人皆系弃瑕录用之人，经此格外施恩，尤当倍加感激，益图奋勉，克期扫平贼匪，绥靖地方，以副奖励至意。”（《清仁宗实录》卷3）

（嘉庆元年四月戊寅）秦承恩奏报：“派员防守兴汉地方，并截杀湖北窜贼多名。”得旨嘉奖，下部议叙。（《清仁宗实录》卷4）

（嘉庆元年七月）庚子，敕谕：“前因明亮将孝感县贼匪全数剿净，曾降旨加恩赏给轻车都尉世职。毕沅前此剿洗当阳贼匪，擒渠俘逆，肃清县治。今惠龄又将灌湾脑贼巢全行扫荡，生擒首逆张正谟等解京，均属奋勉可嘉。虽湖北教匪滋事，该督抚等平时失于觉察，固有应得之咎，且俟剿贼事竣，再行核办，而此时伊二人著有劳绩，不可不加之懋赏。毕沅、惠龄着一体赏给轻车都尉世职，用昭优奖。舒亮前在当阳剿除贼匪，业经赏给副都统职衔，现出有镶蓝旗汉军副都统一缺，即着以舒亮补授。杨秀于明亮未到之先，在钟祥防堵贼匪，尚能严密，该镇从前已得过花翎，着加恩赏给提督衔，以资鼓励。再，本日毕沅等参奏'署来凤县事、利川县丞王三锡怠玩偷安，请革职留于军前效力赎罪'一折。王三锡前因率领乡勇剿贼，尚属出力，曾加恩以应升之缺升用。今自署理来凤县事以来，心存满足，于委办抚恤事宜，并不认真确查，自图安逸。似此初终易辙之员，即将伊留于军营，亦难望其奋勉自效，王三锡即着革职，发往伊犁效力赎罪，以示惩儆。朕办理军务，于带兵出力、杀贼立功者，无不加倍奖擢，而于怠玩贻误者，亦必从重惩治，所有臣下功罪，权衡轻重，赏罚悉归至当。大小臣工，务宜各矢荩诚，益加感奋，以副朕旌功罚罪、训诲策励至意。"（《清高宗实录》卷1495）

（嘉庆元年二月癸巳）赏湖北枝江县萧家崖剿贼兵丁一月钱粮。（《清仁宗实录》卷2）

（嘉庆元年二月己亥）赏湖北军营兵丁一月钱粮。（《清仁宗实录》卷2）

（嘉庆元年二月丙午）以生擒枝江首逆聂杰人功，总兵官富志那等升赏有差，并赏诸路兵丁一月钱粮。（《清仁宗实录》卷2）

（嘉庆元年三月）癸亥，毕沅奏报攻剿湖北当阳贼匪。赏总兵官阿克东阿，道员高杞、舒永阿花翎。（《清仁宗实录》卷3）

（嘉庆元年三月癸亥）秦承恩奏报歼剿湖北竹溪县贼匪。副将文图以总兵官升用，赏武生王万年守备衔，余给顶带口粮有差。（《清仁宗实录》

卷3）

（嘉庆元年三月癸酉）恒瑞奏报收复湖北竹山县城。得旨嘉奖，下部议叙。赏署总兵官文图、协领富勒杭阿、防御海常阿、骁骑校钟德、千总赵天祥巴图鲁名号，并赏富勒杭阿、海常阿花翎，钟德等蓝翎。（《清仁宗实录》卷3）

（嘉庆元年四月丁丑）毕沅奏房县解围。擢知县魏相臣为知府，千总罗升等升赏有差。（《清仁宗实录》卷4）

（嘉庆元年四月甲申）毕沅奏报克复保康县治。赏生员郭必祥等顶带有差。（《清仁宗实录》卷4）

（嘉庆元年四月癸巳）头等侍卫鄂辉奏报剿杀襄樊贼匪。得旨嘉奖，赏鄂辉副都统衔，总兵官徐昭德等下部议叙。（《清仁宗实录》卷4）

（嘉庆元年六月戊寅）赏湖北王家冈剿贼兵丁一月钱粮。（《清仁宗实录》卷6）

（嘉庆元年七月辛亥）（副都统衔署广州将军明亮）又奏报剿平孝感胡家寨贼匪。得旨嘉奖，赏明亮轻车都尉世职，总兵官德光、副将九十巴图鲁名号，副将百祥花翎，前锋图敏等蓝翎，余升赏有差。（《清仁宗实录》卷7）

（嘉庆元年七月壬戌）以克复当阳县治，赏头等侍卫舒亮副都统衔，按察使高杞、总兵官阿克东阿、参将乌尔卿额巴图鲁名号，按察使张长庚，知府常丹葵，署总兵官黄瑞，副将蔡鼎、马为锦，参将什图，防御花沙布，守备罗大炳、六达色花翎，知州魏耀等蓝翎，员弁兵勇升赏有

差。(《清仁宗实录》卷7)

(嘉庆元年八月丙子)赏湖北青草窝军前兵勇一月钱粮。(《清仁宗实录》卷8)

(嘉庆元年八月戊寅)以防堵钟祥贼匪功，赏总兵官杨秀花翎。(《清仁宗实录》卷8)

(嘉庆元年八月丙戌)明亮等奏报堵剿钟祥土门冲贼匪。得旨奖赉，下部议叙，赏兵丁一月钱粮。(《清仁宗实录》卷8)

(嘉庆元年八月戊戌)福宁等奏报攻剿湖北来凤县指甲坡山梁，并擒获贼首杨子敖等。得旨嘉奖，把总虎正林等升擢有差。(《清仁宗实录》卷8)

(嘉庆元年八月戊戌)赏湖北来凤军营四川土弁两月钱粮，土兵一月钱粮。(《清仁宗实录》卷8)

(嘉庆元年八月庚子)以毕沅剿除当阳贼匪，惠龄擒获灌湾脑首逆张正谟功，均赏给轻车都尉世职。以副都统衔舒亮为镶蓝旗汉军副都统，赏总兵官杨秀提督衔。(《清仁宗实录》卷8)

(嘉庆元年九月丁未)永保等奏报剿平钟祥县贼匪。得旨嘉奖，晋提督庆成太子太保，加副都统鄂辉太子少保并都统衔，总兵官阿克东阿太子少保，赏兵丁一月钱粮。(《清仁宗实录》卷9)

(嘉庆元年九月丁巳)荆州副都统成德等奏报剿擒关口贼匪。得旨嘉奖，副将衔朱士奉等升补有差。(《清仁宗实录》卷9)

（嘉庆元年十月丁丑）福宁等奏报剿败楚省巴东谭家村贼匪。得旨奖赉，总兵官诸神保等升赏有差。（《清仁宗实录》卷10）

（嘉庆元年十一月）丁未，谕军机大臣等："凉山贼匪经惠龄设计攻进，将贼首覃士潮等生擒，所办实属可嘉。关腾带兵由九鼎垭进攻，亦属可嘉，着署理宜昌镇总兵印务。投出之张添富等五名，为官兵内应，放火困贼，不但可免其死罪，并当酌赏金顶。如五人内有为首者，着惠龄查明赏给六品顶带，俾知感激。如此格外施恩，使黄柏山贼众见之，心生艳羡，必有纷纷投出者，亦解散贼党之一法，于剿捕不无有益。"（《清仁宗实录》卷11）

（嘉庆二年正月己酉）以办理襄阳军务出力，赏知府张瑢、张璿花翎，同知萧与洁等蓝翎。（《清仁宗实录》卷13）

（嘉庆二年正月庚戌）惠龄等奏报进剿钟祥窜匪。得旨奖赉，赏三等侍卫江鼎蓝翎，侍卫塔什兰、副将观祥、委章京乌勒兴阿、防御扎勒杭阿、都司岳宁阿巴图鲁名号，知州阿林、都司郭成绪花翎，千总刘铠等蓝翎，侍卫丑保等升用有差，赏兵丁一月钱粮。（《清仁宗实录》卷13）

（嘉庆二年二月乙未）惠龄等奏报杀襄阳郑家河贼匪。得旨嘉奖，赏惠龄双眼花翎，余赏赉有差。（《清仁宗实录》卷14）

（嘉庆二年三月丁卯）荆州将军兴肇等奏报截剿裕州一带北窜贼匪。得旨奖赉，赏佐领那敏花翎，防御百顺等蓝翎，游击六十五等升擢有差，赏兵丁一月钱粮。（《清仁宗实录》卷15）

（嘉庆二年七月丁丑）赏攻克湖北石城口兵丁一月钱粮。（《清仁宗实录》卷20）

（嘉庆二年九月甲午）以剿除利川奉节贼匪功，赏知县尹英图、周景福、陈春波知府衔，擢千总刘忠魁为都司，外委刘文玉为守备。（《清仁宗实录》卷 22）

（嘉庆二年十月辛酉）明亮等奏报截剿湖北镇坪贼匪。赏佐领扎克丹保巴图鲁名号，协领德楞太、佐领穆腾额花翎，骁骑校巴彦保等蓝翎。（《清仁宗实录》卷 23）

（嘉庆三年正月）己丑，谕内阁："额勒登保、汪新奏'擒获首逆覃加耀，扫荡楚北余孽'一折……至汪新一闻贼匪折窜长阳之信，即移营驰赴终报寨协同剿捕。此次额勒登保擒获贼首，或系汪新为之商酌布置，能合机宜，否则即系额勒登保见汪新到后自知愧励，始能擒渠蒇事。是汪新于剿办此股贼匪尚为出力，着交部从优议叙，以示奖励。其首先擒获覃加耀之都司张廷楷着赏换花翎，把总孟光爵、武举李普光、外委王登科俱着赏戴蓝翎，仍各以应升之缺升用。乡勇头目高元、李升俱着赏给六品顶带蓝翎，以示鼓励。其随同额勒登保办理军营之内阁侍读学士衔原任郎中胡时显，俟军务告竣回京补授郎中后，遇有内阁侍读学士缺出，再行奏补。监生六品职衔黄集祐，生员邱裕霖、蒋士魁，交姜晟、汪新以相当之教职佐杂补用。其余折内所奏带兵出力及上次所保武职各员，均着交勒保察看。该员等如果在川、陕始终奋勉，著有劳绩，再行奏请加恩示奖，未为迟也。"（《清仁宗实录》卷 26）

（嘉庆三年四月己亥）湖广总督景安奏剿杀白云山贼匪。赏候补参将撄明副将衔，同知周季堂，守备张霞举、胥泗起花翎，守备李永清等蓝翎。（《清仁宗实录》卷 29）

（嘉庆三年五月戊子）以谷城歼贼功，赏三等侍卫噶拉、协领德明泰、骁骑校伯勒亨保巴图鲁名号，骁骑校叟津保，游击王恺、胡定泰，守备杨芳花翎，领催赫林保等蓝翎。（《清仁宗实录》卷 30）

（嘉庆三年八月辛丑）湖北巡抚高杞奏报剿平蒲圻县洋泉团余匪，擒斩贼首王添万等。得旨奖赉，下部优叙。赏参将德禄、都司玉书、守备宋吉典花翎，把总杨光海等蓝翎，道员保定等升叙有差。（《清仁宗实录》卷 33）

（嘉庆三年八月辛丑）又谕："从前永保剿办湖北贼匪时，不能设法兜围，任令窜逸，获咎甚重，将伊革职，交刑部监禁，并将其子宁志、宁怡革去侍卫，发往热河。今伊兄勒保生擒贼首王三槐，著有劳绩，着加恩将永保释放，宁志、宁怡亦着加恩释回，在上虞备用处拜唐阿上行走，以示权衡功罪，推恩曲宥至意。"（《清仁宗实录》卷 33）

（嘉庆四年正月己卯）又谕："教匪滋事以来，今已三载，尚未荡平。揆厥所由，总因和珅压搁军报，诸事擅专，于军务每多掣肘，以致各路军营，不敢以实入奏，观望迁延，日久不能蒇事。今和珅业经伏法，此后断无从中牵制之人，朕可力保，带兵大臣等，自当咸知奋励，勉赎前愆。但恐势不相下，无所统属，各怀自私自利之心，易启争功诿过之弊。勒保初到川省时尚能振作，近来号令不行，惟以专剿冷添禄一股为词，稽延数月，迄未擒渠，其余各路军营，更难兼顾，此即事权不一之明证。今特申明军纪，勒保着授为经略大臣，赐以印信，所有各路带兵大臣及总督宜绵、景安，巡抚倭什布、秦承恩、高杞等悉受节制。明亮、额勒登保素谙军旅，且办理川、楚邪匪以来，明亮剿平孝感贼匪，额勒登保擒获首逆覃加耀，均曾著有劳绩，俱着实授副都统，授为参赞大臣。伊二人应否与勒保同在一路，抑或别领一军，分布要路之处，着勒保酌量情形办理，其余将领俱着勒保酌派具奏……着将各折发交勒保阅看，可行则行，可止则止，毋庸一一议奏。"（《清仁宗实录》卷 38）

（嘉庆四年四月丁未）湖广总督倭什布奏报剿办贼首张添伦、李杰子等，并保护竹溪县城情形。得旨嘉奖，赏参将董宁川花翎，都司孙应奉等下部议叙。（《清仁宗实录》卷 43）

（嘉庆四年八月）戊戌，倭什布奏报剿捕湖北歇马河窜匪，并招抚投出难民七百余人。赏倭什布云骑尉世职，副将孙清元总兵衔，千总黄富国守备衔，兵丁一月钱粮。（《清仁宗实录》卷 50）

（嘉庆四年九月癸酉）谕内阁："庆溥、温承惠自春夏以来，在平利一带节次堵御贼匪，俱属出力。兹据松筠奏，由湖北竹山窜至平利之熊姓一股贼匪，复经庆溥、温承惠督率兵勇，歼毙贼匪六百余名，所办殊为奋勉可嘉。庆溥着加恩赏还花翎，并交部议叙。温承惠着交部议叙。伊现经服阕，即着以按察使衔补授陕西延榆绥道。"（《清仁宗实录》卷 52）

（嘉庆五年闰四月庚申）以击败谷城贼匪功，授明亮三等侍卫，赏参将吉林泰巴图鲁名号。（《清仁宗实录》卷 65）

（嘉庆五年闰四月辛巳）谕军机大臣等："……现在湖北、陕西亦有军需，并未由京派大员前往经理，川省亦当一律裁撤，以省推诿。已降旨将军饷交署总督勒保派本省地方官接办，托津、广兴着即来京供职，并准其驰驿行走……"（《清仁宗实录》卷 66）

（嘉庆五年八月丁丑）明亮奏报截剿谷城贼匪。得旨嘉奖，擢侍卫富翰头等侍卫，双福、塔津保二等侍卫，江鼎乾清门侍卫，赏游击全禄花翎，骁骑校花连布等蓝翎。（《清仁宗实录》卷 73）

（嘉庆五年十月乙亥）以截剿铁掘寨等处窜匪功，赏已革翎顶之湖北

巡抚倭什布四品衔，以蓝翎侍卫明亮为领队大臣。（《清仁宗实录》卷75）

（嘉庆五年十一月癸卯）以剿湖北房县竹山贼匪功，擢三等侍卫呢玛善、委前锋侍卫特依顺保、委参领喜常阿、佐领彻布登为头等侍卫，赏候补知州魏耀、参将双福、委参领阿穆昌阿、守备罗纶花翎，马甲双喜等蓝翎，余升擢有差。（《清仁宗实录》卷76）

（嘉庆六年二月丙辰）湖广总督书麟等奏报长龄会同明亮歼毙伪总兵卜兴昂等。得旨嘉奖，下部议叙，余升擢有差。（《清仁宗实录》卷79）

（嘉庆六年三月戊寅）勒保奏报截剿川东贼匪，不令窜出楚省。得旨嘉奖，侍卫武隆阿等升擢有差。（《清仁宗实录》卷80）

（嘉庆六年五月乙巳）勒保奏阿哈保、七十五剿办楚陕地界白号蓝号贼匪，并拿获伪总兵艾广云等。得旨奖赉，下部议叙，拔兵丁杨应宗为外委。（《清仁宗实录》卷83）

（嘉庆六年六月）庚午，湖广总督吴熊光奏剿办黄号首逆张万林等。得旨奖赉，提督长龄，总兵官孙清元、吉林泰下部议叙，赏侍卫武隆阿、参领特克升额巴图鲁名号，佐领塔毕善、参将德兴、都司黑达色花翎，弁兵巴林等蓝翎，县丞周以焯等升擢有差。（《清仁宗实录》卷84）

（嘉庆六年十月丁未）德楞泰奏报冒雨进攻兴山一带，歼擒贼匪多名。得旨嘉奖，千总史定川等升擢有差。（《清仁宗实录》卷88）

（嘉庆六年十月癸亥）谕内阁："额勒登保于嘉庆元年冬间，攻克湖南平陇贼巢，曾经赏给侯爵并双眼花翎。二年春间，苗疆事竣，带兵前往湖北，因剿办教匪迟延，革去侯爵，授为伯爵。又因擒捕首逆覃加耀，办理迟缓，革去伯爵及领侍卫内大臣、都统，后复授为经略大臣。又因屡次歼擒首逆冷添禄、阮正潍、庞洪胜、伍金柱、王廷诏、高三、马五，节经加恩复予优擢，递封二等子爵，赏还双眼花翎。数年以来，所至之处，身先士卒，调度有方。杨遇春等节次生获渠魁，皆系额勒登保分出兵力，调遣合宜，故能所向克捷，将十余万之贼歼除殆尽，所余仅十分之一……”（《清仁宗实录》卷89）

（嘉庆六年十二月辛未）谕内阁：“明亮从前在金川等处曾经屡次效力，嗣遣往湖北剿办教匪亦尚奋勉。后因追击窜匪旷日持久，是以将伊革职治罪。寻又遣往湖北，追捕徐添德一股逆匪，节次擒获贼目，歼除贼匪，加恩赏给四品顶带，补授宜昌镇总兵。本年因念伊年迈有疾，乘骑维艰，谕令来京赏给二等侍卫，令在乾清门行走。今闻患病，朕心深为轸念，明亮着加恩赏给副都统职衔，仍在乾清门行走。令其安心调养，俟病痊再行供职。”（《清仁宗实录》卷92）

（嘉庆七年二月甲辰）吴熊光等奏报王曾等股贼匪折窜巴东，孙清元等督兵截剿，歼贼多名。得旨嘉奖，将弁升擢有差，赏乡勇甘魁顶带。（《清仁宗实录》卷94）

（嘉庆七年二月丁卯）全保奏报兴山县知县朱宗腾率领寨民将首逆樊人杰之弟歼毙，余匪剿净。赏朱宗腾同知衔，寨勇首赵杰蓝翎。（《清仁宗实录》卷94）

（嘉庆七年七月甲午）谕内阁：“……邪教起事各首逆俱已陆续办净，只余苟文明一犯，今该逆复经歼毙，是积年著名巨憝，业已悉数扫荡。其零星奔窜之蒲添宝等，只系近日攒聚残匪为首之犯，且为数无多，现有参赞德楞泰等督兵搜捕，蒇功大局，已得十之九。额勒登保着加恩晋封一等伯，赏还双眼花翎，俟陕省零匪全数肃清，再加恩赉。提督杨遇春虽系事后赶到，而督率搜剿，亦属勤奋，着交部议叙。其奋勇出力朱笔圈出之李应贵、张廷楷、吴廷刚、李应元、特依顺保、张超、王兆龙、祝廷彪、黎炳、谢天瑞、丁永安、张必禄、蓝翎马兵杨贵等，或应加升一等，或应交部议叙，或应赏戴翎枝，着额勒登保等分别等第，开单保奏。其余如尚有出力人员，亦着一并查明具奏，候旨加恩。并发去青玉搬指十个、鼻烟壶十个、大荷包五对、小荷包十对，分赏出力员弁；一两重银牌二百面、五钱重银牌二百面，分赏出力兵勇，以示奖励。将此通谕知之。”（《清仁宗实录》卷101）

（嘉庆七年七月）丙申，勒保奏报迎剿楚省窜匪，歼毙首逆赖先锋，扑灭全股，并兜截张长青一股。得旨奖赉，副都统达斯呼勒岱等升叙有差。（《清仁宗实录》卷101）

（嘉庆七年八月丁未）又谕：“本日莫瞻菉条奏‘川、楚、陕三省所募乡勇等，应责令帮同官兵剿贼。如能奋勉立功者，当加厚赏，其现在应撤乡勇不愿入伍者，亦当优给资送’等语。自剿办邪匪以来，所募乡勇，皆令同官兵协力堵剿。量其劳绩，分别赏赉，给予顶带翎枝，以示奖励。近因大功将次告竣，各省乡勇以次裁撤，曾经屡降谕旨，令经略、参赞与督抚等公同筹办，除充伍食粮外，其愿归乡里者，均令给与路费，派员护送，到籍后令地方官妥为安顿，俾无失所。该督抚等遵旨经理，早已办有章程，此皆朕随时谕令军机大臣寄信指示，莫瞻菉自未知悉，故有此奏，所言不为无见……”（《清仁宗实录》卷102）

（嘉庆七年九月丙申）吴熊光奏报兴山县寨勇歼毙黄号首逆唐明万。得旨嘉奖，赏寨目陈允安等顶带并蓝翎。（《清仁宗实录》卷103）

（嘉庆七年十一月丙戌）谕内阁：“川、陕、楚三省大功指日告竣，军营带兵出力各员均应分别加恩。因思从前军务获咎之人，亦当核其情节，量加恩贷。原任提督吉兰泰、总兵索费英阿前因防剿不力革职，于军营枷号，俟军务完竣后发往伊犁，嗣经释枷发遣吉林，作为披甲兵丁。原任总兵官信前因带兵玩愞，问拟斩候，现在监禁。兹蒇功已近，念伊等频年带兵，亦曾出力，吉兰泰、索费英阿均着加恩释令回旗，作为披甲。官信情节较重，着加恩发往乌噜木齐效力赎罪。至原任总督魁伦之子完颜扎拉芬因伊父获罪，发往伊犁，念其年幼无知，伊父军营贻误之罪与伊无涉，着加恩释放回旗，充当披甲。”（《清仁宗实录》卷105）

（嘉庆七年十二月）癸丑，以三省邪匪悉平，论功行赏，谕内阁："本日申刻，据额勒登保、德楞泰、勒保、惠龄、吴熊光等联衔递到六百里加紧奏报'川、陕、楚剿捕逆匪，大功戡定'一折，朕与天下臣民同深欣慰。邪教之始，由奸民假烧香治病为名，惑众敛钱。无知愚民被其煽诱，党与既多，胁从愈众，起于湖北宜都、当阳，继且阑入豫省，由陕入川，蔓延三省，蹂躏地方，无限生灵遭其荼毒，不得不尽力剿办，以靖凶残。溯自嘉庆元年受玺之初，即值办理军务。朕仰荷皇考高宗纯皇帝付畀之重，兢惕实深，幸蒙睿谟指示，两年之间，叠次歼擒起事首逆多名。迨至三年，皇考圣寿益高，秋冬之间，圣体违和，每遇军报到时，犹复亲授机宜，孳孳不倦。而朕日侍左右，仰见皇考精神渐减，侍奉汤药，寝食靡宁，心志昏迷，是以区画未能周备，以致剿捕事机稍形疏懈。犹蒙皇考随时训迪，迨弥留前一日，仍以望捷成什，追维在天，未竟之志，五中悲感，益凛仔肩。四年正月初三日，怆遭皇考大故，饮泣椎心，哀痛弗释，军书旁午，更不能谋虑周详。直至奉安山陵礼成，始得专心军务，申明军纪，激励将士，责以成功。数年来斩获著名首逆不下百余人，积恶头目亦有数百名，悔罪投出者数万余人。兹幸三省余匪一律殄除，耆定大功，飞章奏捷，从此海寓敉宁，升平永庆，皆仰赖昊苍眷佑，祖考垂慈，感慰之余，弥深钦惕。此事系剿捕内地乱民，虽非平定外域、拓土开疆可比，然办理已及七载，领兵大臣等沐雨栉风，驰驱险阻，艰苦备尝，以及征兵转饷、团勇安寨之各督抚等，并在廷参与机谋、趋承密勿之王大臣等，均能各殚心力，用蒇巨功，允宜普沛恩纶，酬庸懋赏。成亲王于四年在军机处行走几及一载，赞襄机务，一切剿捕机宜，深资擘画，今大功告竣，自应嘉奖公勤。王已列亲藩，着施恩加赏一贝勒，令其子绵懃受封。仪亲王虽未在军机处行走，但自元年以后，军报络绎之时，王见朕忧勤，每申诚悃，时进嘉谟，兹当喜报遄来，同深欢庆，着施恩加封一贝子，令伊子绵志受封。庆郡王永璘、定亲王绵恩前在书房时，咸念切军务，盼捷维殷。永璘近来亦醇谨自持，深可嘉慰，绵恩在御前大臣上行走，夙夜勤慎，当此奏绩庆成之际，亦应一体加恩。着再将永璘之子绵慜、绵恩之子奕绍俱封为八分公，以昭恩渥。额勒登保总统师干，公忠懋著，谋勇兼优，前此平定苗匪时，即经赏给侯爵，嗣因剿办邪匪迟延，暂予降黜。自膺经略重任，运筹决胜，悉中机宜，躬亲行阵，与士卒同劳苦，用能屡获渠魁，扫除苞蘖，业经节次加恩，晋封三等侯爵。兹三省全奏底平，厥功殊伟，额勒登保着晋封一等侯，世袭罔替，并授为御前大臣，加太子太保衔，赏用紫缰，以彰殊锡。德楞泰前于平定苗匪时，亦曾赏给子爵，自授为参赞后，督率将士，奋勇超伦，所向克捷，前后歼贼最多，勋绩炳然，节经封至三等侯爵，着加恩晋封一等侯，加太子太保衔，赏用紫缰。伊子苏冲阿并赏给副都统职衔，即着赍送赏件，前赴军营，看视额勒登保及伊父德楞泰，用示眷念。勒保从前办理狆苗，擒渠扫穴，伊一人之功，曾经赏封侯爵，至今苗民安辑。嗣命赴川省总统军务，奏报生擒贼首王三槐，晋封公爵。旋廉知王三槐本欲自行投出，其事尚涉疑似，后授为经略大臣，办贼迟延，降旨逮问。复念其于川省地方情形熟悉，仍令赴川带兵，洊升总督。勒保自复任以来，倍加奋勉，督兵连获首逆，协同德楞泰将川省全境廓清，已加封一等男爵，现当大功戡定，核其功过，虽不能复还原爵，亦当加以褒封，着加恩晋为一等伯，并加太子少保衔。明亮为多年宿将，前此在金川带兵，立功甚著。迨教匪滋事后，派令统兵剿办，曾将湖北孝感贼匪悉数歼除，办理最妥。嗣因在陕办理逆匪迟延，罢其世职，又因南山贼匪未能迅速殄除，降旨逮问，念其久历戎行，仍畀以剿捕之寄。

伊自复用后，亦尚能奋勉立功，惟因年老，不能冲锋接仗，谕令回京，洊擢都统。兹功竣，载念前劳，着加恩赏封一等男。西安将军赛冲阿、固原提督杨遇春自随征以来，在诸将领中勇略尤著，节次歼擒首伙各逆，为数较多，伊二人俱经赏给骑都尉世职，着加赏轻车都尉世职。惠龄由湖北巡抚任内剿贼，旋接办总统事务，叠获首逆张正谟等，历升尚书、都统并给与宫衔及轻车都尉世职。嗣守制回京，因闻其在军营亦有延误之处，且贼匪由陕窜川，惠龄不能遏截，曾经降黜示惩。此次在陕甘总督任内，剿办南山余匪办理迟延，复革去花翎，降为二品顶带。今大功底定，念其从前著有微劳，惠龄着加恩赏还头品顶带花翎。吴熊光自简任湖广总督以来，于一切粮运团堡事宜，实心经理，着加恩赏给太子少保衔，仍交部从优议叙。姜晟前在湖北办理军糈，并无贻误，嗣因在直隶总督任内报灾延缓，罢斥治罪，念其尚无大过，现以四品顶带擢任侍郎，着加恩赏给二品顶带。倭什布前在湖广总督任内，亦曾带兵剿贼，赏给云骑尉世职，嗣因办饷稽迟，被劾逮问，讯明尚非有心贻误，其平日居官声名尚好，复行录用，以三品顶带补授巡抚，兹着加恩赏给二品顶带。福宁前在楚境督剿贼匪，曾加赏宫衔，因在军营节次获罪，罢职遣戍，旋经释宥，以侍卫前往西藏办事，兹着加恩赏给副都统职衔。英善前以侍郎署四川总督，亦有劳绩，嗣缘事镌秩，命在西藏办事，亦着加恩赏给头等侍卫。温承惠、杨揆、文霈、刘清或带兵堵剿，或筹办军储，勤劳数载，均着加恩交部议叙。至军机处行走之大学士庆桂、董诰，尚书戴衢亨，均经皇考简任多年，克尽忠悃，知无不言，言无不尽，自用兵以来，承旨书谕，勤慎小心。朕敬推皇考之恩，庆桂、董诰着赏给骑都尉世职，戴衢亨着加太子少保衔，仍赏给云骑尉世职。尚书刘权之、德瑛虽在军机行走未久，其素日陈奏亦时有所见，协办大学士朱珪、尚书彭元瑞虽未入直枢廷，亦能留心军务，每有敷陈，均着加恩交部议叙。大理寺少卿章煦在军机章京上行走年久，办理军务，始终其事，着加恩交部从优议叙。宜绵前在军营督剿洞汝河等处贼匪，尚属认真，后因总统军务，安坐大成寨，任贼匪往来奔窜，革职发往伊犁，念其年老释放回京，伊究曾出力，亦着加恩以六部员外郎用。景安前任河南巡抚，不能堵御贼匪，致令延及川、陕，其罪甚重，业经问拟重辟，念其平日居官廉洁，从宽监禁。兹军务告葳，着加恩释放，伊系本身获罪，非若完颜扎拉芬因伊父魁伦发遣者可比，着发往热河充当披甲，以示朕覃敷惠闿、嘉赏成功至意。通谕中外咸使闻知。”（《清仁宗实录》卷106）

（嘉庆七年十二月）乙卯，谕内阁：“现在大功告葳，所有川、陕、楚各路征防官兵，数载以来，或身亲行阵，或严防卡隘，倍著辛勤，朕心甚为怜悯。其从前起身时所借整装银两，并在军营支借俸饷等项，除阵伤、亡故满汉官员及兵丁等照例题请豁免外，其奏凯回营各官兵借支行装等项银两，若照户部定例，官分四季、兵分八季扣缴，该官兵等所余俸饷有限，恐不敷当差之用。所有此次奏凯回营官兵借支银两，着加恩官员分作四年，兵丁分作八年，在应得廉俸饷银内扣还，以示体恤。”（《清仁宗实录》卷106）

（嘉庆八年闰二月）壬申，吴熊光奏截剿巴东二塘垭窜匪出力人员。赏都司麻光裕游击衔并花翎。（《清仁宗实录》卷109）

（嘉庆八年七月戊申）以四川、陕西、湖北三省军务全葳，赏八旗兵丁半月钱粮。（《清仁宗实录》卷117）

（嘉庆八年八月乙亥）谕军机大臣等：“本日召见德楞泰，询及从前歼毙齐王氏、姚之富情形。据称‘齐王氏等由陕西向东奔窜，明亮、德楞泰带兵追剿，贼匪由上津堡窜至张家湾沟内，彼时贼匪如从沟口窜出大路，即毫无拦阻。因别无路径可以绕至贼前，正在焦急，忽见贼众转回，又有数千人紧跟其后，疑系另股贼匪。及详加察看，并令官兵示以军中暗号，始知系属郧西乡勇迎头将沟口截住。贼匪因前有乡勇迎截，思欲抢上山梁，经阿哈保带兵下压，明亮、德楞泰督率弁兵四面围剿，齐王氏、姚之富等无路奔逃，遂跳崖跌毙。其时因急欲奏报，未及详查，后来方知此项乡勇实系郧西县知县孔继檊自行捐赀雇募，练习有方，彼时全资其力，际此大功告蒇，军营出力人员无不仰邀恩奖，而孔继檊从前著有劳绩，实不敢掩没其功’等语。孔继檊平日官声甚好，朕所素知，着传谕吴熊光，详查该县令所带乡勇是否自行出赀雇募，孔继檊现在有何加衔，是否赏戴翎枝，据实具奏，候朕加恩。”寻奏：“上津堡之张家湾义勇系郧西民人郭友、桂荣为首，各自捐粮团练，为保护村庄而设，截击齐王氏、姚之富实系义勇之功。该县知县孔继檊虽无捐赀雇募之事，但能晓谕百姓自相团练，尚属能事。该员曾先后蒙赏升衔顶带一级，并赏蓝翎。”奏入，得旨嘉奖，赏孔继檊同知衔，并赏花翎，义勇桂荣以千总即用，郭友不愿入营，赏千总衔。（《清仁宗实录》卷118）

（嘉庆十年五月戊申）谕内阁：“……至明亮本系宿将，从前平定两金川时，曾蒙皇考高宗纯皇帝赏封伯爵，缘事褫革。追剿办苗匪，斩擒首逆石柳邓等，复封伯爵。嗣因带兵截剿高均德，不能顾及姚之富、齐王氏等大股贼匪，致令窜合，革职治罪，旋经带兵立功，荐加拔擢，又因所剿张汉潮脱逃，予以褫革。而该首逆旋即就歼，伊尚无疏纵不力情事，是以复经任用，仍在湖北督兵，歼擒多贼，屡获胜仗，后以年老回京供职。前于大功告竣时，已封为一等男，兹晋秩尚书。念其久历戎行，频年宣力，核其前后劳绩较多，着加恩晋封为一等子，以示朕嘉奖勋臣、有加无已至意。”（《清仁宗实录》卷144）

（嘉庆十一年九月己巳）湖广总督全保奏盘获陕西贼谍王大新。擢把总田受乾为千总。（《清仁宗实录》卷167）

（嘉庆十九年三月）丙午，谕内阁：“马慧裕等奏‘请将湖北省委勘淤田升科之试用佐杂微员量予鼓励’，又另片奏‘查拿纠伙抢夺聚众拒捕人犯之把总李万春，未将为首重犯生获，不敢遽邀议叙’各等语。此二案办理失宜，未免有重文轻武之见，殊属非是。各省试用佐杂人员，督抚大吏必须委办事件，方可觇其才具优劣。如果遇事奋勉，该督抚勤加委用，能者奖拔，不能者亦应澄汰，若委派一事，即奏请分别等次施恩，恐其中不免冒滥。该督等奏请鼓励之处，着不准行。至把总李万春带领兵丁，将聚众纠抢人犯捕获数十名，枪毙起意夺犯之魏第三，其纠众为首之高升一犯亦因拒捕身受枪伤，在监病毙。该弁已属奋勉出力，乃谓其未能将首犯生获，声请无庸议叙。武弁临阵剿贼，不能责以有生擒而无歼毙，何于捕盗而独事苛求乎？李万春着加恩以千总即用，先换顶带，以示奖励。”（《清仁宗实录》卷287）

（道光二年闰三月丁亥）又谕：“绵龄奏‘查明抱养民人之子冒入旗籍，分别办理’一折。荆州驻防八旗满洲、蒙古，现据查明旗人抱养民人之子为嗣，共官兵四百十员名，旗人过继旗人为嗣，共官兵四十一员名。经该将军等分别办理外，内有本身出兵立功官十一员、兵五十一名，及其祖父出兵阵亡著有军功之子孙官三员、兵一百七十三名。荆州向无汉军旗分，着准其照乾隆四十一年办理穆图克、兴禄成案，作为另户满洲。其曾经出兵并未打仗官一员、子孙三名，及祖父曾经出兵并未打仗之子孙四名，亦准其归入著有军功官兵内，另册注明，及身而止。至防御兼云骑尉特图恩、云骑尉赓升，其父兄俱因出兵阵亡，与别项世职不同，均着准其承袭，无庸另行办理。协领图塔布曾经出兵受伤，得有功牌，准其作为另户，仍留协领本任。该将军仍严饬八旗协领等随时留心详查，实力奉行，务期经久无弊。”（《清宣宗实录》卷32）

（道光六年四月）丙辰，谕内阁：“武隆阿奏校阅省东营伍。据称‘各营将弁年力、弓马均尚强壮，惟登州镇标右营都司夏存宇弓马生疏，莱州营千总金洪烈步箭平常，应请分别降革’，金洪烈着以把总降补，夏存宇着革去都司。惟念该都司之父于嘉庆三年在湖北当阳县巡检任内堵御川匪，杀贼阵亡，一门十口，同日尽节，加等予袭，赏给云骑尉世职。

该都司先由馆班议叙未入流，改补营员，弓马非所素习。夏存宇着加恩以府经历县丞改补，归部铨选，仍留云骑尉世职。此系朕轸念忠荩，量予恩施，嗣后不得援以为例。”（《清宣宗实录》卷97）

（道光十年十月辛亥）又谕：“阮元奏‘审拟贵州镇远镇标左营游击石鉴禀控总兵孔广源各款’一折。此案镇远镇总兵孔广源乘坐兜轿，虽因伤发暂坐，但任听兵丁受雇应役，不为禁阻，实属违例，应行革职。姑念其在川、楚、陕、甘出兵打仗一百三十余次，身受多伤，着加恩以原品顶翎勒令休致……”（《清宣宗实录》卷178）

（道光十二年六月甲辰）以歼除瑶匪迅速，予湖广总督卢坤等议叙升补有差。（《清宣宗实录》卷214）

（道光十二年闰九月）癸巳，谕内阁：“休致副都统阔凌阿曾出湖北兵一次，打仗四十八次，杀贼八名，受伤一处，着赏给半俸以养余年。嗣后若非自行呈请，奉旨令其休致人员，副将以下仍照例办理，副都统、总兵以上，着兵部查明该员有无军功劳绩及食俸年分，奏明请旨。”（《清宣宗实录》卷222）

（道光十二年十一月）戊戌，谕内阁：“本年届应军政之期，兵部将在京步军统领、总兵、护军统领、都统、副都统、銮仪使、内务府护军统领，在外驻防将军、都统、副都统、参赞、领队大臣、提督、总兵开缮履历清单进呈，朕详加披阅……湖北提督罗思举剿办湖南逆瑶，扫数荡平，蒇事迅速……均着交部议叙……”（《清宣宗实录》卷226）

（道光十五年正月己卯）赏湖北宜昌镇总兵官珠尔杭阿花翎。（《清宣宗实录》卷262）

(道光十五年八月庚辰)以缉捕捻匪得力，予湖北参将苏清阿等升补有差。(《清宣宗实录》卷270)

(道光二十一年九月甲戌)赏荆州左翼副都统钟灵花翎。(《清宣宗实录》卷358)

(道光二十二年正月己巳)又谕："……逆匪恃众扑城，该两邑派防文武员弁合力堵击，用少击众，连次大获胜仗，挫其凶锋，可嘉之至。把总魏鸿兴先登夺险，加恩着以守备尽先升用，先换顶带。拣发副将双福着赏戴花领，遇缺即补。守备玉贵着赏戴花翎，以都司尽先升用。该督裕泰剿办逆匪，现在崇阳、通城两县虽未即时克复，惟督派将弁连获胜仗，尚属调度有方，着加恩赏戴花翎。在事出力员弁，仍着该督查明保奏，候朕施恩。伤亡兵勇，查明咨部照例议恤。"(《清宣宗实录》卷366)

(道光二十二年正月)癸酉，谕内阁："……该逆匪等屡经湖北官兵挫其凶焰，现在穷蹙奔逃，冀欲兔脱，着吴其濬督饬将弁加意堵截，勿令窜入南境。湘潭守备贾镒财甫经调赴军营，即能奋力当先，不避险阻，实为备弁中出色之员，着加恩赏戴花翎，以示鼓励。其余出力兵弁乡勇及阵亡兵勇，着详查咨明，裕泰汇齐奏请奖恤。"(《清宣宗实录》卷366)

(道光二十二年正月)丙子，谕内阁："前因湖北蒲圻县剿击贼匪大获胜仗，当经降旨将守备玉贵赏戴花翎，以都司尽先升用。兹据兵部奏称'该员前已拟补郧阳镇标前营都司'等语，玉贵着仍赏戴花翎，并交部议叙。"(《清宣宗实录》卷366)

(道光二十二年正月丙子)又谕："……裕泰、刘允孝调度有方，着加恩先行交部议叙。在事出力各员据实保奏，候朕施恩。现在崇阳被胁民人多已解散，所余贼党，分布抗拒，不难一鼓扑灭。着裕泰等飞檄各

路将备分进会剿，并咨明各邻境一律防御，毋令乘间窜逸，以期迅速蒇功。”（《清宣宗实录》卷366）

（道光二十二年正月）丁丑，谕内阁：“本日据裕泰等由六百里驰奏‘收复崇阳县城，生擒首要各犯’一折，览奏欣慰之至……逆匪于上年十二月十二日据城戕官，建立伪号，经该督等调兵防剿，谋勇兼施，在事文武官员、弁兵、绅民，均能同心协力，迅扫欃枪。甫及四旬，收复崇阳县城，生擒首要各犯，办理迅速，甚属可嘉。裕泰前已赏戴花翎，着加恩赏加太子太保衔，并赏换双眼花翎。刘允孝亦着加恩赏换双眼花翎，发去花翎二枝，交裕泰、刘允孝祗领。在事文武各员弁，并向导内应羁縻诱令之绅士民人及出力各义勇，均着据实保奏，候朕施恩……”（《清宣宗实录》卷366）

（道光二十二年二月庚子）以剿办湖北崇阳县逆匪功，赏按察使郭熊飞，知府周鸣銮、周启运，同知郭梦龄、舒升额，通判陆咸升，知县夏廷樾，副将金万全，参将清保，游击谢正国、吉兴，都司王楷，守备薛升堂、王荣、翟万林、鲍云翥、丁存英、张登明花翎，知县金云门等蓝翎，副将双福、都司玉贵巴图鲁名号，余加衔升叙有差。（《清宣宗实录》卷368）

（道光二十二年三月丙子）以攻剿湖北崇阳县逆匪出力，赏提督刘允孝子耀武蓝翎，以千总补用。（《清宣宗实录》卷369）

（咸丰三年四月丙子）以拿办湖北襄阳土匪出力，赏陕西参将阎丕敏等蓝翎，余升叙有差。（《清文宗实录》卷90）

（咸丰三年五月壬戌）谕内阁：“……比年广西、湖南等省绅民、团练剿贼，无不立予恩施，即如帮办军务之湖北臬司江忠源，亦以居乡团

练屡著劳绩，超擢监司……”（《清文宗实录》卷94）

（咸丰三年六月甲申）又谕：“张芾奏‘省城剿守情形’一折，南昌省城自被贼匪攻扑以来，连日出剿获胜，并防守一切，均臻严密。江忠源所带练勇尤为出力，业已明降谕旨，将出力文武员弁分别奖励，并将阵亡之把总等破格赐恤矣。张亮基现驻道士洑，昨已有旨，令其选派镇将，督带兵勇驰赴救援……”（《清文宗实录》卷97）

（咸丰三年六月乙未）以守御江西省城出力，赏职员江忠济、都司景星、守备李朝辅花翎，楚勇唐邦兴等蓝翎，余奖叙有差。（《清文宗实录》卷98）

（咸丰三年九月壬戌）又谕：“逆匪窜踞金陵，已逾半载。向荣统带大兵虽屡挫贼锋，未能克期收复，朕宵旰焦劳，无时或释。因念向荣带兵以来，将弁中奋勇打仗者颇不乏人，即如湖北红山之役，一日破贼十三垒……从征将弁日久勤劳，若不量加奖叙，何以激励戎行？该大臣前保之副将德安、瑞格、明安泰均经朕简放总兵，此外军营各员叠次打仗杀贼尤为出力者，着向荣、许乃钊秉公酌核保奏，候朕施恩，总期无滥无遗，以作士气。此旨着宣示军营，俾咸知感奋。仍着该大臣等激励将弁，迅图克复，扫穴擒渠，以副朕望。将此由六百里谕令知之。”（《清文宗实录》卷106）

（咸丰四年正月丁未）以湖北攻击黄州贼匪获胜，赏都司刘富成花翎，百长宋屏翰蓝翎。（《清文宗实录》卷117）

（咸丰四年四月戊寅）湖北巡抚青麐等奏报渡江剿贼获胜情形。得旨：“此次并非大胜，何必如是铺张？出力人员，姑念其处于贼心，处处棘手，且固守多日，省垣暂可无虞，着准其择尤保奏数员，以示奖励。”

……（《清文宗实录》卷126）

（咸丰四年五月庚申）以湖北龙会桥等处剿匪出力，赏协领功额讷，佐领玉贵、贵凤、防御额尔格春、参将文明等花翎，把总王廷魁等蓝翎，余升叙有差。（《清文宗实录》卷131）

（咸丰四年五月乙丑）以湖北应山剿匪出力，赏防御贵勇，骁骑校讷勒亨阿，都司平德、叶永泰、成福，守备栋成等花翎，骁骑校凤宽等蓝翎，余升叙有差。（《清文宗实录》卷131）

（咸丰四年五月丙寅）以湖北武昌剿贼出力，赏协领安贵、游击玉山、都司周禄、把总刘兆魁花翎、巴图鲁名号，参将景辉、栗襄、恒泰，佐领拉林，游击侯凤岐，同知刘士哲、李锦銮等花翎，千总朱正名等蓝翎，余升叙有差。（《清文宗实录》卷131）

（咸丰四年六月甲戌）以湖北应山县剿贼出力，赏佐领庆元、巴呢泰，防御柯克僧额花翎，防御佛尔果春等蓝翎，余升叙有差。（《清文宗实录》卷132）

（咸丰四年七月辛亥）以克复湖北潜江县城并办理团练出力，赏道员罗遵殿，知府多山，协领依西布、全瑞、汤苏泰、斐音泰，佐领锡龄阿、祥庆、德发依、吉斯洪阿、噶尔桑阿、库猛额、赫尔精布，防御吉德、喜祥、胜魁、吉成、强瑞、霍纶泰，游击常德，守备恩保、阿中保等花翎，防御春瑞等蓝翎，余升叙有差。（《清文宗实录》卷136）

（咸丰四年闰七月乙未）以克复湖北安陆、沔阳二府州城，赏守备陈得新等花翎，把总徐步云等蓝翎，余升叙有差。（《清文宗实录》卷140）

（咸丰四年闰七月丙申）以剿捕湖北应城县贼匪出力，赏游击吴登鳌、守备石清吉等花翎，千总黄显让等蓝翎，余升叙有差。（《清文宗实录》卷140）

（咸丰四年八月辛酉）以剿办湖北野猪湖贼匪获胜，赏都司平德巴图鲁名号，投诚勇目李士林以千总、把总酌量补用。（《清文宗实录》卷143）

（咸丰四年九月辛未）谕内阁："……此次克复两城，三日之内焚舟千余，踏平贼垒净尽，运筹决策，甚合机宜，允宜立沛殊恩，以酬劳勩。杨霈着补授湖广总督。曾国藩着赏给二品顶带，署理湖北巡抚，并加恩赏戴花翎。塔齐布着赏穿黄马褂，并赏给骑都尉世职。广西升用道李孟群，着赏加按察使衔，并赏给珠尔杭阿巴图鲁名号。候选知府罗泽南，着记名以道员用。候选知县李续宾，着以直隶州知州升用，并赏换花翎。游击杨载福，着以参将补用，并赏加副将衔。守备萧捷三，着以都司升用，并赏换花翎。都司彭三元，着以游击补用。守备唐得陞，着以都司升用，并赏换花翎。同知衔文生李光荣，着以府经历县丞遇缺即选。已革副都统魁玉、已革总兵杨昌泗，均着加恩开复原官。其余出力文武员弁兵勇，着曾国藩、塔齐布查明保奏，候朕施恩。"（《清文宗实录》卷144）

（咸丰四年九月甲戌）以派员随同湖南官兵克复湖北省城，予荆州将军官文优叙。（《清文宗实录》卷144）

（咸丰四年十月甲辰）以剿办湖北贼匪叠次出力，赏参将玉山、守备邓翼升等花翎，县丞赵启畇等蓝翎，余升叙有差。（《清文宗实录》卷147）

（咸丰四年十月丁未）以防剿湖北荆州贼匪出力，赏佐领有福、图勒炳阿、长顺、楚樑、裕陞，防御三音额、贵强、斐龄阿、乌贞额、金瑞等花翎，知县钟龄等蓝翎，余升叙有差。（《清文宗实录》卷148）

(咸丰四年十月乙卯）以克复湖北安陆、京山、天门、孝感、黄陂、麻城六府县城，赏参将常德、游击刘富成巴图鲁名号，游击孙学瀛，都司马宣，守备施鸿恩、马成举，守备衔福尔登，在籍员外郎许本镛等花翎，千总赛固胜等蓝翎，余升叙有差。(《清文宗实录》卷148)

(咸丰四年十月甲子）以攻破湖北田家镇贼巢，赏副将杨载福总兵衔，道员罗泽南按察使衔，同知彭玉麟巴图鲁名号，游击普承尧、守备刘培元花翎，外委洪定陞蓝翎。(《清文宗实录》卷149)

(咸丰四年十一月丙子）以剿歼湖北崇通贼匪出力，赏五品衔训导江忠淑花翎，知县赵启玉等蓝翎，余升叙有差。(《清文宗实录》卷151)

(咸丰四年十一月）壬午，以克复湖北武昌、汉阳、兴国、大冶、蕲各府州县城，赏守备佘星元、滕国献等花翎，把总刘三富等蓝翎，余升擢有差。(《清文宗实录》卷151)

(咸丰四年十一月丙戌）以克复湖北黄梅县城，赏千总周友胜花翎，余升补有差。(《清文宗实录》卷152)

(咸丰五年二月己酉）以克复湖北武昌、汉阳、蕲州、广济、黄梅府州县城，赏同知林源恩，游击阿达春，都司李新华、张启基，守备李成谋、陶藻等花翎，守备陈光胜等蓝翎，余升赏有差。(《清文宗实录》卷159)

(咸丰五年二月己未）以川楚交界防堵出力，赏知府罗升棓花翎，余升赏有差。(《清文宗实录》卷160)

(咸丰五年二月己未）准湖北荆州随营出力销除旗档官兵仍归旗档补

粮当差。(《清文宗实录》卷160)

(咸丰五年五月)庚辰，以剿办湖北襄河贼匪获胜，赏协领恩夔、全亮，佐领依西布、春昌，防御胜魁、庆吉、乌尔恭额，都司苏陞，同知恩喜等花翎，武举松鹤等蓝翎，余升叙有差。(《清文宗实录》卷168)

(咸丰五年六月丁酉)以剿歼湖北鹤峰州窜匪出力，赏游击刘廷麟花翎，千总朱发科蓝翎，余升叙有差。(《清文宗实录》卷169)

(咸丰五年六月辛丑)以剿办湖北武昌汉阳贼匪出力，赏把总佘玉兴等蓝翎，余升叙有差。(《清文宗实录》卷169)

(咸丰五年六月庚申)谕内阁："和春、福济奏'贼陷英山，旋即克复'一折。此股贼匪骤陷英山，经罗田县官绅等不分畛域带勇助剿，俾得即行克复，实堪嘉尚。所有在事出力及捐资供应之官绅义勇人等，着和春等酌量保奏，候朕施恩。已革道员何桂珍、英山县知县苏秀槐，虽经失守于前，即能收复于后，功过尚足相抵，均着免其议处。"(《清文宗实录》卷170)

(咸丰五年七月壬午)以湖北分水嘴剿贼出力，赏守备李魁士等花翎，外委胥超云等蓝翎，余加衔升叙有差。(《清文宗实录》卷173)

(咸丰五年七月丁亥)以湖北蒲圻剿贼出力，赏千总樊文忠花翎。(《清文宗实录》卷173)

(咸丰五年九月丙寅)以克复安徽英山、湖北蕲水二县城，赏已革道员何桂珍六品顶带。(《清文宗实录》卷176)

（咸丰五年九月己丑）以堵剿湖北德安逆匪出力，赏参将颜朝斌、都司张万禄巴图鲁名号。（《清文宗实录》卷 178）

（咸丰五年十月辛卯）以湖北汉阳剿贼出力，赏军功刘得亮等蓝翎，余升叙有差。（《清文宗实录》卷 179）

（咸丰五年十月庚戌）以克复湖北德安府城出力，赏游击马天贵、黑龙江总管德楞额巴图鲁名号，都司张万禄，守备张玉春、郑维泰，防御穆腾阿、苏克金、巴彦都楞，委防御漫达尔玛等花翎，把总赵飞雄等蓝翎，余升叙有差。（《清文宗实录》卷 180）

（咸丰五年十一月甲子）又谕："胡林翼奏'羊楼洞官军剿贼大胜'一折。罗泽南分剿崇阳余匪，乘胜进驻羊楼洞。十月初三日，逆首韦俊、石达开合悍贼二万余人，自蒲圻分途来扑。罗泽南派令李续宾等分投迎击，各路兵勇，无不争先用命，奋力截杀，共毙贼二千余人。贼众大败，官兵追杀十余里，复生擒百余名。现在胡林翼已统军与罗泽南会合，着即并力进攻，尽歼丑类。所有杀贼出力员弁兵勇，着胡林翼汇案请奖，候朕施恩。"（《清文宗实录》卷 182）

（咸丰五年十一月辛未）以克复湖北蒲圻县城，赏知州唐训方、都司朱品隆等花翎，六品军功李见荣等蓝翎，余升擢有差。（《清文宗实录》卷 183）

（咸丰五年十一月壬申）以克复湖北沔阳州城出力，赏佐领哲匀等花翎，领催玉福等蓝翎，余升擢有差。（《清文宗实录》卷 183）

（咸丰五年十二月癸丑）以克复湖北汉川县城并截剿德安援贼出力，赏游击赵鸿举花翎，知州程桓升等蓝翎，余升擢有差。（《清文宗实录》卷

187）

（咸丰六年正月壬午）以湖北武昌官绅防剿出力，予把总余云龙等升赏有差。（《清文宗实录》卷189）

（咸丰六年四月甲辰）以截剿湖北麻城、新洲窜匪出力，赏委营总多隆阿副都统衔，委防御富呢雅干、温德勒西、富森保，委参领喀尔库、金顺、诺明阿等花翎，委防御尚福等蓝翎，余升叙有差。（《清文宗实录》卷196）

（咸丰六年十月己亥）以湖北水陆各军击贼屡胜，赏参将李成谋总兵衔，同知孙守信，游击成大吉、张文焕、周宽世，都司沉俊德、胡裕发、赵克彰，守备杨得武、段清平、郑阳和、张志超等花翎，外委王际尚等蓝翎，余升赏有差。予阵亡把总周德麟祭葬世职。（《清文宗实录》卷209）

（咸丰六年十一月丙子）以川楚防堵出力，赏把总丁文元等蓝翎，余升补有差。（《清文宗实录》卷213）

（咸丰六年十一月戊寅）以楚军赴援江西，克复袁州、分宜府县二城，赏道员刘长佑按察使衔，并加伊父母三品封典，知府萧启江道衔，并加伊父母四品封典，千总崔大光等花翎，并各升补有差。予阵亡府经历陈钧和，千总李光祝、余谋忠祭葬世职，兵丁任开元等赏恤如例。（《清文宗实录》卷213）

（咸丰六年十一月戊寅）以楚军援剿贵州铜仁贼匪出力，赏道员翟诰按察使衔，总兵官文安、都司田宗蕃、吉隆阿等花翎，千总周洪印等蓝翎，余升补有差。（《清文宗实录》卷213）

（咸丰六年十二月乙酉）又谕："载增等奏'官军克复老河口，大获胜仗'等语。襄阳匪众屡窜老河口，盘踞焚烧，势甚猖獗。经署松潘镇总兵德恩等督率兵勇乡团攻剿，前后擒斩匪党共二千余名，当将老河口镇市克复，办理尚属得手。着该署将军等迅饬带兵将弁，将零匪搜捕净尽，毋留余孽。所有前次谷城、光化二处剿贼出力员弁兵勇，着载增等分别奏请奖励。伤亡弁兵，查明请恤。"（《清文宗实录》卷 214）

（咸丰六年十二月己丑）以克复湖北省城并汉阳府城，赏将军都兴阿、协领巴扬阿巴图鲁名号，佐领巴克坦布、知县黄培基花翎，按察使李孟群布政使衔，总兵官杨昌泗提督衔，复已革荆州将军绵洵、提督孔广顺、总兵官讷钦职，余升叙有差。（《清文宗实录》卷 214）

（咸丰六年十二月辛卯）以克复湖北武昌县城并获贼渠，赏江夏县民张国煜等六品翎顶，免武昌县知县林之华、把总方寅山罪，仍革职留任。（《清文宗实录》卷 214）

（咸丰六年十二月）癸卯，以湖南官军剿除崇、通贼匪出力，赏候选道王鑫按察使衔，留湖北以道员简用。（《清文宗实录》卷 215）

（咸丰六年十二月戊申）以湖北剿办土匪出力，赏道员文辉花翎，参将文明等升擢有差。（《清文宗实录》卷 216）

（咸丰六年十二月戊申）以克复湖北汉阳府城并剿贼出力，赏协领多隆阿、巴依尔呼兰、倭克锦、德廉，副将穆克登布，参将何越珽，都司张得胜，守备洪舒元巴图鲁名号，副都统魁玉，委营总讷依琫阿、禄昌，委参领乌勒喜布、乌凤阿、喜昌、舒通阿、崇林、春保、富明阿、富平阿、萨隆阿、保庆、穆图善、莫尔赓额、色楞栋鲁普都嘎尔，道员启文，知府顾文彬、桂茂，副将书绅，游击庆衡、吴仕珍，都司张凤春，守备

杨占春等花翎，佐领色楞额等蓝翎，总管平海等升赏有差。（《清文宗实录》卷216）

（咸丰七年正月己未）以湖北荆州防剿出力，予署将军副都统载增优叙，赏道员庄受祺，知府禄勋、郑兰，同知陈元章，协领秀岱、庆序、倭什克、达春、哈那布，佐领文星、楚魁、顺兴、喜春、安祥，防御同庆、廉玉、松柏、全喜、额勒德亨，卫守备杨八元、福兴花翎，防御德广等蓝翎，余升叙有差。（《清文宗实录》卷217）

（咸丰七年正月辛酉）以克复湖北汉阳、黄州二府城，赏知县袁怀忠、游击方映川、都司王玉琳、守备黄大胜等花翎，外委徐正忠等蓝翎，余升叙有差。（《清文宗实录》卷217）

（咸丰七年正月辛酉）以湖北办团济饷出力，予知府刘步驷等升叙有差。（《清文宗实录》卷217）

（咸丰七年正月辛未）以剿办湖北随州土匪出力，赏在籍主事李树人，防御墨尔根布、庆陞等花翎，前锋农吉布等蓝翎，余升擢有差。（《清文宗实录》卷218）

（咸丰七年正月庚辰）以湖北谷城、光化剿贼出力，赏佐领乌勒西冲阿花翎，云骑尉祥贵等蓝翎，余升叙有差。（《清文宗实录》卷218）

（咸丰七年二月戊子）以陕西防兵会同克复湖北竹山县城，赏复副将龙泽厚、兴贵顶带。（《清文宗实录》卷219）

（咸丰七年二月）壬辰，谕内阁："载增等奏'官兵随征出力，请分别奖励'等语。荆州驻防旗兵随征沔阳仙桃镇及荆门襄河等处，屡著战功，接仗复有伤亡，加恩着照所请。所有现食钱粮及身而止之德克精阿等五十六名，准其归入旗籍，作为另户满洲。已销旗档之有成等二十六名，准其免销本身旗档。内阵亡之双全一名，准其子孙仍归旗档，一并补粮当差，以示鼓励。”（《清文宗实录》卷219）

（咸丰七年二月乙酉）又谕：“曾国藩、文俊奏‘官军克复建昌、武宁，并楚军收复瑞昌等县城’一折。江西自前年冬间，各府州县多被贼陷，经曾国藩等派拨兵勇，分投剿办，上年十一月及十二月克复建昌、武宁。湖北李续宾一军，由大冶、兴国追贼东下，将瑞昌、德安二县收复……江西大局，渐有转机。仍着曾国藩等激励将弁，将九江等处合力攻剿，赶紧收复，毋稍延宕。其克复武宁出力员弁兵勇，着准其酌保数人，以示奖励。”（《清文宗实录》卷219）

（咸丰七年二月乙酉）以湖北均州防剿土匪出力，赏知州吴嗣仲花翎，知府衔。（《清文宗实录》卷219）

（咸丰七年二月丁亥）以湖北当阳、远安剿贼出力，赏守备卢又熊游击衔，以都司补用。（《清文宗实录》卷219）

（咸丰七年三月丁巳）以湖北办理军需团练出力，赏州判吴葆仪等蓝翎，知府厉云官等加衔升叙有差。（《清文宗实录》卷221）

（咸丰七年三月）戊午，以克复湖北省城，赏游击李长林、张寅恭，都司李登梗、朱品文、张运馥，守备周喜元等花翎，千总文春元等蓝翎，余加衔升擢有差。（《清文宗实录》卷221）

（咸丰七年三月戊午）以克复湖北黄州等城，赏外委沈廷贵等蓝翎，余升叙有差。（《清文宗实录》卷221）

（咸丰七年三月己未）以克复湖北汉阳府城，复已革游击温发魁职。（《清文宗实录》卷221）

（咸丰七年三月庚午）以克复湖北黄州、武昌、大冶、兴国等城，并攻毁小池口贼垒，擢协领多隆阿以副都统用，赏委参领都嘎尔、喀尔库，委防御温德勒克喜、双福，委骁骑校常兴阿，披甲西们克西克巴图鲁名号，都司咸恒，委参领庆明、奇车布、明德等花翎，军功张兆麟等蓝翎，余加衔升擢有差。（《清文宗实录》卷222）

（咸丰七年三月壬申）以湖北襄阳防剿出力，复总兵官德恩顶带。（《清文宗实录》卷222）

（咸丰七年三月）戊寅，以湖北襄阳剿办匪徒出力，复布政使马秀儒等职，赏委参领富森保巴图鲁名号，委参领富珠哩、委防御金祥、同知唐协和等花翎，马甲双德等蓝翎，余升叙有差。（《清文宗实录》卷222）

（咸丰七年四月丁酉）以剿办江西湖北股匪出力，赏训导丁际可等蓝翎，余升叙有差。（《清文宗实录》卷224）

（咸丰七年四月戊申）以剿办湖北襄阳匪徒及守城出力，赏布政使马秀儒，知府恩祥，知州杜嘉善，参将阿昌阿，都司钱得胜、唐文山，守备唐敏兴等花翎，千总唐华蔚等蓝翎，余升赏有差。（《清文宗实录》卷224）

（咸丰七年五月）己巳，以会剿湖北襄樊窜匪出力，赏署游击吴永庆巴图鲁名号，署总兵官龙泽厚、都司盛玉花翎。以防剿陕西平利县窜匪出力，并克复湖北竹山县城，赏署游击常有花翎，余拔补有差。（《清文宗实录》卷226）

（咸丰七年五月癸酉）以剿办湖北襄樊土匪出力，加道员唐训方按察使衔。（《清文宗实录》卷226）

（咸丰七年闰五月乙巳）以筹办湖北襄郧团练协剿，赏游击乌龄阿花翎，千总王佐等蓝翎，守备余际昌等加衔升叙有差。（《清文宗实录》卷228）

（咸丰七年六月庚戌）以收复湖北宜昌等城并防守荆州出力，赏领催那逊达赉巴图鲁名号，佐领楚梁长顺、倭克精图，防御宝连，员外郎松林，同知牟嗣龙等花翎，笔帖式恩瑞等蓝翎，协领功额讷二品顶带，副将安贵以总兵官用，道员庄受祺等开复升擢有差。（《清文宗实录》卷229）

（咸丰七年六月辛亥）以湖北黄梅、蕲州剿贼出力，赏都司黄胜日，守备张松林、杨朝林等花翎，六品军功梁美材蓝翎，游击石清吉等升擢有差。（《清文宗实录》卷229）

（咸丰七年八月壬戌）湖广总督官文奏："黄州官军移营进剿，连战皆捷。都兴阿、杨载福、李续宾、李续宜、多隆阿、舒保等六员厥功甚伟，其智谋勇略，皆足以当大任，相应据实密陈，以备简用。"得旨："俟楚北军情稍松，大兵东下之时，朕酌量擢用，以期得力。"（《清文宗实录》卷233）

（咸丰七年八月壬戌）以湖北黄州官军剿贼获胜，赏知府李续宜、副将张文焕巴图鲁名号，守备王载驷、唐义训、彭炳武等花翎，并升擢有差。（《清文宗实录》卷233）

（咸丰七年十月甲寅）以湖北官军叠次剿贼出力，赏前锋莫尔根额、领催本福巴图鲁名号，直隶州知州冯礼藩，佐领齐克兴阿，都司宋国永、王玉典、刘元勋，守备王允昌、陈开榜、谭应祥、李德俊等花翎，把总萧仪斌等蓝翎，余加衔升补有差。（《清文宗实录》卷 237）

（咸丰七年十一月乙酉）以楚军援剿粤匪出力，赏千总陈友胜等花翎，把总彭连发等蓝翎，守备鲍得扬等加衔升选有差。（《清文宗实录》卷 239）

（咸丰八年三月丁丑）以河南固始解围，予副都统胜保以都统用，赏还黄马褂巴图鲁名号。河北镇总兵官乐善以提督用，赏穿黄马褂。赏委参领景林、高福，都司唐玉辉巴图鲁名号，协领楚勒刚阿副都统衔，道员文桂、守备黄得魁等花翎，余升擢有差。（《清文宗实录》卷 247）

（咸丰八年三月丙戌）以楚军分剿江皖贼匪出力，赏佐领穆精阿、骁骑校格通阿巴图鲁名号，委参领尚福等花翎，披甲春福等蓝翎，余升叙有差。（《清文宗实录》卷 247）

（咸丰八年四月戊申）以克复湖北德安、随府州城并防守襄阳出力，免升任按察使罗遵殿等处分。（《清文宗实录》卷 250）

（咸丰八年五月丁丑）以陕军会剿襄樊窜匪出力，赏副将龙泽厚巴图鲁名号，阎丕敏、兴贵加总兵衔，道员常瀚、都司李凤山花翎，千总李蕴和等蓝翎，余升叙有差。（《清文宗实录》卷 253）

（咸丰八年五月己亥）以湖北蕲州剿贼出力，赏守备李东山等升擢有差。（《清文宗实录》卷 255）

（咸丰八年六月乙卯）赏湖北剿贼受伤都司胡友亮全俸。（《清文宗实录》卷 256）

（咸丰八年六月癸亥）以湖北援军克复江西九江府城，赏总兵官颜朝斌提督衔，副将文明总兵衔，副将李长林、参将何绍彩巴图鲁名号，总兵官讷钦，知府刘齐衔，同知李宗涞、恩泰、蒋凝学、冯伯麟、马云逵，知州黄世煦，防御凤宽、富明保、佛保、广成、达凌阿、常顺、德贵、成顺，游击李白衮、高兴发、王俊宇、任星元，都司杨起益、李续远、胡晖堂、成立福、周万倬、康必胜、赖由海、王东华、曾泗美、成章鉴，守备魏添应等花翎，骁骑校温善等蓝翎，余加衔升叙有差。（《清文宗实录》卷257）

（咸丰八年六月甲子）以四川防剿楚匪出力，赏知府锡惠、副将成兴、游击邹鸾章、都司方定中花翎，千总况伦福等蓝翎，余升叙有差。（《清文宗实录》卷257）

（咸丰八年九月癸未）以湖北蕲州等处剿贼出力，赏都司陈道富，守备宋长生、陈道念、杨芳桂、胡在位、曾镇国、陈新泰等花翎，千总刘金田等蓝翎，余升擢加衔有差。（《清文宗实录》卷264）

（咸丰八年十二月庚戌）以湖北水师收复安徽东流、建德等县城，赏副将万化林、李朝斌巴图鲁名号，游击杨政谟、杨占鳌、陈明云，都司廖德茂、黎定忠、刘添麒、孙月栋、胡振英、庾光东，守备彭大光等花翎，军功萧云月等蓝翎，余加衔升叙有差。（《清文宗实录》卷271）

（咸丰八年十二月壬子）以楚军援剿贵州贼匪出力，赏参将田宗蕃巴图鲁名号，余加衔升叙有差。（《清文宗实录》卷271）

（咸丰九年二月乙丑）以楚军援剿江西贼匪出力，赏游击刘光明、王华国，都司贺国秀、朱宽义、贺长春，守备王春华、朱德树等花翎，从

九品张恒祥等蓝翎，知府王勋等加衔升叙有差。（《清文宗实录》卷277）

（咸丰九年七月己丑）又谕："骆秉章奏'官军剿贼大获胜仗，城围立解'一折。石逆自祁阳败窜，纠合各逆首，并力攻扑宝庆。经水陆各军援剿，屡获胜仗，毙贼甚多。六月二十八日，李续宜率全军渡资江，各逆首率贼六七万，径扑半边街大营。刘岳昭等分路截击，破贼垒七座，贼卡三十六处，毙贼二千一百余名，生擒二百六十名，救出难民七八百名。二十九日，各贼齐扑营盘，李续宜督饬马步队前后冲杀，复分捣贼巢，贼匪纷溃，官军四面蹙之，贼尸遍野，余贼渡江东窜，共踏贼营六十五座，贼卡一百三十余处，杀贼八千数百名，溺毙约四五千名。生擒一千七百余名，内有贼目四十八名，救出难民五六千名。资西一带余匪，搜捕净尽，宝郡城围立解，北路、西路已就肃清，剿办甚为得手。按察使衔湖北荆宜施道李续宜赴援神速，懋著劳绩，着加恩赏加布政使衔，以示鼓励。其余守城文武官绅，及赴援各军将士之尤为出力者，着骆秉章汇案保奏。"（《清文宗实录》卷289）

（咸丰九年七月庚寅）以湖北黄安、麻城剿匪出力，赏防御西里布等花翎，披甲马俊等蓝翎，余升赏有差。（《清文宗实录》卷289）

（咸丰九年八月庚戌）以楚皖交界防剿出力，复降调副都统舒保职。（《清文宗实录》卷291）

（咸丰九年十一月辛卯）以楚军援剿黔匪出力，赏都司李远成、吴宏胜，守备吴振连、吴士荣等花翎，把总杨正林等蓝翎，余升擢有差。（《清文宗实录》卷301）

（咸丰十年二月丁酉）以湖北均州守城及攻克武当山出力，予外委欧贵贤等升补加衔有差。（《清文宗实录》卷307）

(咸丰十年四月壬申) 以楚皖交界团防剿贼出力，赏直隶州州同赵孟桢蓝翎，余加衔升擢有差。(《清文宗实录》卷 315)

(咸丰十年五月戊午) 帮办军务四品京堂许乃钊奏金陵大营溃败情形，请将翼长王浚恤典撤销。得旨："……王浚以一武弁，从征十载，随向荣由楚至江，虽有劣迹，尚能致危授命……"(《清文宗实录》卷 320)

(咸丰十年六月丁丑) 以川楚官军会剿滇匪出力，赏副将朱桂秋、萧庆高、秦华祝巴图鲁名号，守备萧德经等花翎，余加衔升叙有差。(《清文宗实录》卷 322)

(咸丰十年六月甲申) 以楚军越境克复广西贺县城，赏参将李金旸、李复胜巴图鲁名号，军功陈建勋等蓝翎，余加衔升叙有差。予阵亡都司梁东山、千总胡青桂、把总章桂林、外委刘名章等十三员祭葬世职。(《清文宗实录》卷 323)

(咸丰十年七月己未) 以江苏镇江防剿出力，赏都司张汉、王玉林巴图鲁名号，副都统巴东阿，道员英喜，佐领连喜，游击赖镇遴、向云陞等花翎，笔帖式升喜等蓝翎，余加衔升叙复官有差。(《清文宗实录》卷 326)

(咸丰十年九月乙卯) 以楚军克复广西富川、贺两县城，赏都司刘明德、守备成汉堂、知州刘岳昀等花翎，县丞刘德谦等蓝翎，并各升叙有差。(《清文宗实录》卷 331)

(咸丰十年十一月戊戌) 以擒获湖广荆州、澧州匪徒马怔等出力，赏守备曹立全花翎，知县张建基等蓝翎，余升叙有差。(《清文宗实录》卷 335)

（咸丰十年十一月庚子）以随剿皖鄂贼匪出力，予尽先副将宋国永、黄庆、陈由立遇缺拔补。（《清文宗实录》卷335）

（咸丰十年十一月）甲寅，谕内阁："官文、胡林翼奏'逆众图援怀桐，楚军会剿大获胜仗'一折。逆首陈玉成勾结捻首龚瞎子、孙葵心，各率悍党上窜桐城县之挂车河等处，经副都统多隆阿于十月十四日列队扼截，并派参将赵既发等督率各营迎击，贼匪退败河东。二十三日，该逆复在望鹤墩增筑营垒，多隆阿派亲兵分路进攻，鏖战四时之久。该逆抵死抗拒，协领温德勒克西等率所伏马队扑击，多隆阿亲率吉林官兵从中冲出，该逆奔溃。二十六至二十八等日，贼由新安渡图犯小松园营盘，多隆阿复会同安徽按察使李续宜两路夹攻，立破棠梨山等处贼垒，毙贼八九千名，溺水死者二三千名，生擒一千三百余名，解散胁从一万三四千名，余匪逃窜，剿办甚为得手。多隆阿、李续宜和衷共济，出奇制胜，实属调度有方。多隆阿着赏穿黄马褂，李续宜着赏加二品顶带，其余在事出力人员，准其择尤保奏，候朕施恩。"（《清文宗实录》卷336）

（咸丰十年十一月甲寅）以楚军会剿安徽贼匪获胜，擢协领温德勒克西、佐领金顺以副都统用，副将萧庆衍、彭星占，都司雷正绾以总兵官用，赏副将郭鹏程、参将刘国瑶巴图鲁名号，通判吴廷华花翎，余升叙有差。予阵亡骁骑校丰绅，外委王品祥、刘楚泰祭葬世职，军功吕志国等赏恤如例。（《清文宗实录》卷336）

（咸丰十一年六月乙酉）以随剿出力，赏荆州将军都兴阿姪[①]三等侍卫，色楞额二等侍卫。（《清文宗实录》卷355）

（咸丰十一年七月丙午）以湖北官军克复江西义宁州城，赏还已革道

① "姪"字为衍字。

员李元度按察使衔。（《清穆宗实录》卷1）

（咸丰十一年八月辛酉）又谕："官文等奏'官军克复德安府城'一折，逆匪窜踞德安府城，经官文等派舒保等率水陆各军围攻，复于西北两路分路扼守，节节布置。七月十一日，贼众数千由西北两门窜出，马步官军左右抄击，水师沿岸列炮排轰，并分队登陆接应，贼众溃乱。城内复出贼五六千人，图抄官军之后，官军扼贼归路，会合各军截杀，败贼尽奔河西。官兵缘梯登城，连斩守城悍贼多名，遂于是日将德安府城克复，剿办甚属得手。副都统舒保、广东按察使彭玉麟，均着交部从优议叙。按察使衔道员金国琛，着交军机处记名，遇有道员缺出，请旨简放，并赏加布政使衔。总兵萧庆衍着赏加提督衔，彭炳武着交部从优议叙。"（《清穆宗实录》卷2）

（咸丰十一年八月辛巳）又谕："……安庆省城被陷九载，楚军由九江进攻，水陆合围，逆首陈玉城叠次纠党来援，均经官军协力击退。城破之日，被歼及溺毙贼匪至一万六千余名。钦差大臣大学士湖广总督官文、钦差大臣两江总督曾国藩，调度有方，均堪嘉尚，官文着加恩赏加太子太保衔，曾国藩着加恩赏加太子少保衔。湖北巡抚胡林翼首先画策，身亲督剿，厥功甚伟，着加恩赏加太子太保衔，并赏给骑都尉世职……"（《清穆宗实录》卷3）

（咸丰十一年八月乙酉）以湖北官军截剿安庆援贼出力，赏委参领乌伯讷依，副将魏添应，参将陈应杰、刘连陞巴图鲁名号，余奖叙有差。（《清穆宗实录》卷3）

（咸丰十一年九月壬寅）以克复安徽桐城、宿松，湖北黄梅、蕲州、广济各州县城，赏记名按察使曾国荃，委营总富平阿，协领双福、富庆阿，佐领穆图善，副将巢日升、陶茂林，参将石清吉、蓝斯明、谭仁芳

巴图鲁名号，余加衔升叙有差。（《清穆宗实录》卷5）

（咸丰十一年十月丙子）以克复湖北随州城，予道员刘岳昭以按察使用，都司刘维桢以游击用。（《清穆宗实录》卷8）

（咸丰十一年十一月乙未）以湖北克复河口镇出力，赏参将文斌等花翎，知县朱志良等蓝翎，余升叙有差。（《清穆宗实录》卷10）

（咸丰十一年十一月丙申）以湖北克复通城等城，并击退兴国等处窜匪出力，赏副将喻俊明巴图鲁名号，都司郭恒泰等花翎，主簿陈大源等蓝翎，余升叙有差。（《清穆宗实录》卷10）

（咸丰十一年十一月庚子）以湖北克复黄州府城出力，赏副将曾昭仕、胡以章、王桐柏巴图鲁名号，知府钟谦钧、参将双喜等花翎，主簿周均等蓝翎，余升叙有差。（《清穆宗实录》卷10）

（咸丰十一年十一月庚子）以湖北武昌、汉阳两府肃清，免道员厉云官，知府李宗焘等议处。（《清穆宗实录》卷10）

（咸丰十一年十一月甲辰）以湖北省城巡防出力，赏学政翰林院编修俞奎垣五品衔花翎。（《清穆宗实录》卷10）

（咸丰十一年十一月乙巳）又谕："官文等奏'请将防守省城出力各员奖励'等语。本年春间，皖逆纠合捻匪由英霍窜入楚境，防守各员昼夜巡查，该逆未得逼近省城，尚属著有微劳，自应酌予奖励。署荆州副都统、镶红旗汉军副都统巴扬阿着赏给头品顶带，记名翰林院侍讲卫荣光着赏给五品顶带，并赏戴花翎。至道员恩祥、盛康二员，官文等奏请记名以道员简放之处，昨日业经明降谕旨，嗣后各路军营，必须克复省府城池，或歼除大股逆匪，或擒斩著名首逆者，方准请保记名道府，并须录叙劳绩，专折保奏。此次官文等所保道员恩祥、盛康二员，着遵照谕旨，详细查明，另行专折奏请奖励。”（《清穆宗实录》卷11）

（咸丰十一年十二月甲寅）以湖北克复德安等城出力，赏委参领保升、委防御呢寿、候补防御忠恰布巴图鲁名号，佐领庆禄等花翎，县丞胡庭徽等蓝翎，余加衔升叙有差。（《清穆宗实录》卷12）

（咸丰十一年十二月甲寅）以湖北麻城、安徽太湖二县城解围出力，赏都司王仁赐等花翎，把总宁俊南等蓝翎，余加衔升叙有差。（《清穆宗实录》卷12）

（咸丰十一年十二月戊辰）以克复湖北随州城出力，赏游击沈迎祥等花翎，守备李佩兰等蓝翎，余加衔升叙有差。（《清穆宗实录》卷13）

（咸丰十一年十二月壬申）以湖北荆州防堤出力，予道员栗耀优叙，赏知府唐际盛二品顶带。（《清穆宗实录》卷13）

（咸丰十一年十二月癸酉）以克复安徽桐城、宿松暨湖北黄梅等处出力，赏委参领吉勒忠阿，委骁骑校萨尼布，佐领博新哲，参将易鸿翔、张洪元、陈锡周、魏得春、蒋占鳌，游击谷明发，都司刘定邦、萧河清、余三义，候补防御常在、全太，候补骁校富魁、库哩布巴图鲁名号，都司张在山等花翎，千总陈晋堂等蓝翎，余加衔升叙有差。（《清穆宗实录》卷13）

（咸丰十一年十二月癸未）以湖北枣阳击退捻匪，赏都司殷开山巴图鲁名号，都司李鸿烈等花翎，并升叙有差。（《清穆宗实录》卷14）

（同治元年二月丁卯）以湖北省城防守出力，予道员恩祥、盛康加衔有差。（《清穆宗实录》卷19）

（同治元年二月丁卯）以湖北克复随州城出力，赏参领常山巴图鲁名号，知州伍继勋等花翎，同知刘锡鸿等蓝翎，余升叙有差。（《清穆宗实录》卷19）

（同治元年三月丁亥）以湖北克复孝感等城出力，赏副将康必胜巴图鲁名号，守备张文贤花翎，从九品李基岳蓝翎，余升叙有差。（《清穆宗实录》卷21）

（同治元年四月庚辰）又谕："胜保奏'楚师克复庐州，陈玉城穷窜寿州，经苗沛霖设伏诱擒，请赏还苗沛霖花翎、勇号，并开复原官、原衔'等语。苗沛霖因团练私愤，辄敢拥众围攻寿州，负罪甚重。此次狗逆被多隆阿等军追剿穷蹙，窜入寿城，若以苗沛霖缚献微劳，遽予开复，恐不足以服天下之心。苗沛霖着加恩先行免罪，准其自新，仍俟擒斩张落刑，随同官军扫除蒙亳一带捻逆巢穴后，自必立予恩施，以示朝廷赏罚一秉大公至意。"（《清穆宗实录》卷26）

（同治元年六月己卯）以湖北荆州缉匪出力，予知府唐际盛优叙，同知廷桂以知府用。（《清穆宗实录》卷32）

（同治元年闰八月乙酉）以湖北竹溪、竹山二县城被贼窜陷，旋即收复，革知县周世桀、瑞存等职，仍留任。（《清穆宗实录》卷39）

（同治元年九月丙辰）以湖北官军攻克河南梅黄贼巢，复已革副将周凤山职，赏还花翎，并赏守备蒋仕钉等花翎，余加衔升叙有差。（《清穆宗实录》卷42）

（同治元年十月乙酉）以湖北剿贼获胜，襄河迤北肃清，予总兵官陶茂林以提督用。（《清穆宗实录》卷45）

（同治元年十月丙申）以湖北官军攻克河南荆子关出力，赏佐领米方多尔济，委防御来喜、绰勒洪阿，骁骑校倭什洪额巴图鲁名号，知州曹熙等花翎，恩骑尉荣成等蓝翎，余加衔升叙开复有差。（《清穆宗实录》卷46）

（同治元年十月辛丑）以湖北克复来凤县城出力，赏知府梁硕钊、游击王与仁等花翎，守备王俊川等蓝翎，余升叙有差。（《清穆宗实录》卷47）

（同治元年十月丙午）以湖北官军分路剿贼，全省肃清，赏护军统领舒保黄马褂，委参领德庆巴图鲁名号，同知衔知县汪光璧花翎，余加衔升叙有差。（《清穆宗实录》卷47）

（同治二年正月丁卯）以湖南官军越境剿贼，克复湖北来凤县城，赏总兵官王永章、周达武，副将朱升开三代封典，副将黄仁遗，都司李荣发、江忠倬巴图鲁名号，同知赵焕符、游击王照南等花翎，训导周星耀等蓝翎，余加衔升叙开复有差。（《清穆宗实录》卷55）

（同治二年二月丙戌）以湖北援剿襄河叠获胜仗，赏参将罗应贵、魏元禄、赵金声、周得升、王得胜、黄金山，游击杨清和、刘占魁、宋得路，都司常顺，守备周钦海，防御巴顺，参领乌保，副管萨尼布巴图鲁名号，守备向文富等花翎，千总谢明德等蓝翎，余加衔升叙有差。（《清穆宗实录》卷57）

（同治二年四月乙酉）以湖北竹山、竹溪两县城被贼窜陷，旋即克

复，革游击谢聘环、署都司杨得陞、守备色期音达职，免治罪。（《清穆宗实录》卷63）

（同治二年十月壬午）以湖北郧西击退窜匪，赏署知县知州林瑞枝知府衔花翎。（《清穆宗实录》卷81）

（同治二年十月）丙戌，谕内阁："官文等奏'请将失守城池案内之该管镇道知府各员免议'等语。上年发捻先后窜陷湖北郧阳府属之房县等处城池，该管文武各员于所属州县未能督率固守，本有应得处分。惟前任安襄郧荆道、另案降补同知金国琛力守襄樊，叠次击贼获胜。至房县失守时，系王璐护理安襄郧荆道，到任未久，闻警饬属力保襄樊，贼知有备，不敢回窜。前署郧阳镇总兵讷钦、前署郧阳府知府艾浚美当贼匪围攻郡城，登陴坚守，城垣赖以保全，功过均足相抵。讷钦、金国琛、王璐、艾浚美所有此次应得处分，均着免其置议。"（《清穆宗实录》卷82）

（同治二年十月丙戌）以湖北克复孝感等县城出力，赏副将萧恒胜、参将曾绍霖、委参领吉凌阿巴图鲁名号，参将佛尔国春等花翎，府经历张闻镐等蓝翎，余加衔升叙有差。（《清穆宗实录》卷82）

（同治三年二月辛卯）以湖北攻克厉山贼寨，枣阳霸山解围，复已革提督成大吉职，与副将萧胜南均赏还勇号，赏副将萧翊、参将黄祖淦巴图鲁名号，游击王德光等花翎，余加衔升叙有差。（《清穆宗实录》卷94）

（同治三年六月戊戌）谕内阁："……发逆洪秀泉自道光三十年倡乱以来，由广西窜两湖三江，并分股扰及直隶、山东等省，逆踪几遍天下。咸丰三年，占踞江宁省城，僭称伪号，东南百姓遭其荼毒，惨不忍言。罪恶贯盈，神人共愤。我皇考文宗显皇帝赫然震怒，恭行天讨，特命两湖总督官文为钦差大臣，与前任湖北巡抚胡林翼肃清楚北上游……此次洪逆倡乱粤西，于今十有五年，窃踞江宁，亦十二年。蹂躏十数省，沦陷数百城，率能次第荡平，殄除元恶。该领兵大臣等栉风沐雨，艰苦备尝，允宜特沛殊恩，用酬劳勚。钦差大臣协办大学士两江总督曾国藩自咸丰四年在湖南首倡团练，创立舟师，与塔齐布、罗泽南等屡建殊功，保全湖南郡县，克复武汉等城，肃清江西全境……实由该大臣筹策无遗，谋勇兼备，知人善任，调度得宜……”（《清穆宗实录》卷107）

（同治三年七月庚子）又谕：“蒙古三盟马队官兵，自随僧格林沁剿贼以来，频年征战，所向有功。上年肃清直隶山东全境，削平张落刑、苗沛霖等巨逆，该蒙古马队甚为出力。本年复扫清豫省，进扎皖鄂之交，遏贼东窜。该官兵等从征多年，立功数省严寒酷暑，备极辛劳，而该大臣向来于蒙古官兵内保举出力将士，人数尤属无多，从不肯稍有冒滥。现当江宁克复，行间士卒，均荷恩施。该蒙古官兵，际此溽暑炎蒸，荷戈力战，允宜优加奖赉，普沛恩纶。所有僧格林沁军营统带蒙古马队各员，着该大臣择其出力者，查明酌量保奏，候旨加恩。其该营蒙古兵丁加恩并赏银一万两，由该大臣粮台给发，以示体恤。至吉林、黑龙江官兵，历年征战，亦属著有微劳，并着由该大臣随时酌量奖励，以昭激劝。俟全功告成，定当同加优赉也。”（《清穆宗实录》卷108）

（同治三年七月庚子）谕议政王、军机大臣等：“蒙古三盟马队官兵，自随僧格林沁剿贼以来，频年征战，所向有功。现在进扎皖鄂之交，严扼发逆东窜。时当夏令，冒暑遄征，轸念行间，倍深廑系。本日以江宁克复，已将该处兵弁谕令曾国藩等酌加奖赉外，兹复明降谕旨，将僧格林沁军营统带蒙古马队各员，着该大臣酌量保奏，其该营蒙古兵丁，并加恩赏银一万两，着发去明发谕旨一道。该大臣于接奉后，即行翻译蒙古文，宣示该营将士，以示朝廷垂念辛勤、优加奖赉之意。将此谕令知之。”（《清穆宗实录》卷108）

（同治三年九月甲子）以力战解围，赏还湖北总兵官梁洪胜顶带。（《清穆宗实录》卷116）

同治三年甲子十月戊寅，谕内阁："……署浙江提督鲍超前在江、楚、皖三省剿贼，卓著战功，此次督军入江，所向大捷，叠催巨股，连克坚城，贼众闻风胆落，遂能尽扫逆氛，肤公立奏，加恩着锡封一等子爵，以示优异。"（《清穆宗实录》卷118）

（同治三年十月丁亥）以湖北蕲水等处剿匪叠胜，赏总兵官郭宝昌黄马褂，复已革副都统成保、降调总兵官陈国瑞职，予都司桂锡桢以游击升用。（《清穆宗实录》卷118）

（同治三年十二月辛卯）以晓畅营务，予湖北副将穆克登布以总兵官记名简放。（《清穆宗实录》卷125）

（同治四年二月乙亥）以湖北全省肃清，复已革副都统富森保、总兵官杨朝林等职，分别赏还勇号、花翎。（《清穆宗实录》卷129）

（同治四年二月辛未）直隶总督刘长佑奏请将广西历年阵亡伤故楚军、湘军各员弁兵勇，于柳州、浔州两府建祠合祀。允之，并饬地方官春秋致祭。（《清穆宗实录》卷129）

（同治四年二月己丑）谕内阁："毛鸿宾、郭嵩焘奏'统兵大员遇伏阵亡，恳请优恤'一折。福建按察使张运兰自咸丰元年带兵剿贼，转战江西、安徽、湖南、广东、湖北等省，屡克名城，叠著战功……布政使衔福建按察使张运兰，着加恩照巡抚阵亡例议恤，任内一切处分悉予开复，并于湖南、福建、广东各省建立专祠，其生平战绩并着宣付史馆立传。伊子张恒湘，着俟服阕后由吏部带领引见，以示笃念忠荩至意。"

（《清穆宗实录》卷131）

同治四年乙丑六月甲寅，谕内阁：“朕奉慈安皇太后、慈禧皇太后懿旨，科尔沁博多勒噶台亲王僧格林沁自咸丰三年督军剿办发逆，绥靖畿疆，复于十年，统师南下，转战直隶、山东、安徽、河南、湖北等省，叠平逆首张落刑、苗沛霖等巨股，扫荡群凶，殊勋懋建，宁为有功国家之臣，前已加恩配飨太庙，以示优崇。因思我朝历届办理军务，凡功勋卓著之臣，均于告成以后，图像紫光阁，以彰懋绩。现在南北各路军务虽未告蒇，而如僧格林沁之勋绩昭然，本应在绘像之列，今乃中道战殁，未获目睹成功，追念忠良，弥深眷注。僧格林沁着先行绘像紫光阁，并着南书房翰林撰拟赞词，以示表扬忠烈、垂诸久远至意。”（《清穆宗实录》卷146）

（同治五年十二月甲午）以湖北克复黄陂县城出力，赏总兵官刘士贵，副将张士元、刘胜瑞一品封典，张士元并赏巴图鲁名号，副将唐友远等花翎，守备王喜等蓝翎，余加衔升叙有差。（《清穆宗实录》卷191）

（同治六年八月戊子）以湖北荆门拿获匪首刘汉忠，赏知州徐翼花翎，军功田炳臣等蓝翎，余奖叙免议有差。（《清穆宗实录》卷209）

（同治六年十月壬午）以湖北防剿捻匪并克复云梦等县城出力，予总兵官李济清、万化林、傅开德、邓敬财、刘维桢、周得升、杨正义、吴开征、曹国安、程友彪、黄万鹏、杨廷晖、萧楚、王佩琼、李麟定以提督简放，赏提督张定魁、蒋得胜、殴阳清鉴，总兵官左光培、王先胜、戴洪福、黄锦云、王盛德、刘三元、陶立忠、刘良寿、张启基一品封典，提督万奇益，总兵官杨毅盛、严洪彬，副将罗顺成、周洪胜、余万左、周得胜、田顺友、邓大钦、张友恭，参将周明煜、任正时、李东林，游击李明珠，都司刘彩畴巴图鲁名号，余升叙有差。（《清穆宗实录》卷213）

（同治六年十一月庚戌）以湖北尹滗河等处剿办发匪捻匪出力，赏提督宋国永、唐仁廉、谭胜达、曾成武、曹志忠、萧廷贵，总兵官向世琛、易有胜、周得胜、邹连陞、江自康、徐连陞、刘正同、黄海清、李世泰、李云峰、萧忠云、喻志兴、黄得胜、冯友元，副将汪迎顺、杨友胜、龙藻琦、刘盛国、张魁元、杨福胜、王福彬、孙得友、何云凤、曾腾芳、贺昌佐、管官文、周新元、刘天胜、戴维新、胡锡佑、徐越宏、王仕春、张茂林、罗有亮、杜嵩龄、龙太胜、彭胜发、钟孝贵、满朝贵、彭长胜、姜世友、韩义兴、张世兴、朱连陞、唐桂森、陈胜维、黎承高、彭德发、戴美思、尹茂才、曾又得、罗春芳、王良俊、李文盛、李能寿、萧光友、罗天贵、鲍昌寿、程扶鼎、蔡文友，道员许世福，同知何应钟、周浩，参将尹昌锦、陈国珍、万昌喜、申道发、支廷杰、胡玉禄、衷冀祥、钟镇南、蔡孔昭、韩景廷、易定魁、莫占春、杨世春、谢国恩、彭兰书、程正洪、杨文先、雷贤达、张寿廷、罗宏荣、陈洪恩、周仁舫、王明和、李荣华、丁鸣岐、傅永贵，游击邓世泰、姚华璋、邱显铭、蒋昌品、阎有贵、易福元、黄复兴、高得胜、徐玉龙、蔡廷超，都司吴云贵、谭清远、江德泰，守备铁珍、邓友松，千总唐占魁巴图鲁名号，副将马得胜、知府周成民等花翎，参将冯建龙等蓝翎，余加衔升叙开复有差。（《清穆宗实录》卷215）

（同治六年十二月辛丑）又谕："本日据李鸿章驰奏'剿除捻逆净尽，生擒首逆'，已明降谕旨，将李鸿章等分别给予世职，并升擢有差，以昭懋赏。因思此股捻逆，扰乱江南、安徽、山东、湖北、河南等省，各省疆臣公忠体国，共济时艰，或督兵出境，调度各宜，或转饷筹粮，军行无缺，洵属同心协力，一体有功，允宜特加异数，用普恩施。大学士两江总督一等毅勇侯曾国藩加恩着赏加一云骑尉世职，安徽巡抚英翰加恩着赏给三等轻车都尉世职，漕运总督张之万着赏加头品顶带并赏戴花翎，河南巡抚李鹤年、浙江巡抚李瀚章均着赏加头品顶带，三品顶带前任直隶总督刘长佑着赏加二品顶带。山东巡抚丁宝桢、前任湖北巡抚曾国荃前因防剿不力，分别惩处，现在捻逆荡平，自应量予加恩，丁宝桢着开复革职留任处分，并赏加头品顶带，曾国荃着开复顶带，用副朝廷论功行赏、甄叙贤劳之意。”（《清穆宗实录》卷220）

（同治六年十二月壬寅）谕内阁：“昨据李鸿章驰奏山东、江苏捻股全数荡平，业经降旨宣示。因思博多勒噶台亲王僧格林沁，前在河南、山东、安徽、湖北等省剿办捻匪，叠著战绩，方冀克期奏功。旋因追贼山东，于曹州殉难，现在山东等省捻股肃清，朝廷追念该亲王为国捐躯，益深凄恻。伊子伯彦讷谟祜着加恩赏用黄缰，用示眷念旧勋、有加无已至意。”（《清穆宗实录》卷220）

（同治七年七月乙酉）又谕：“本日据李鸿章驰奏剿办捻匪，全股荡平，览奏之余，实深嘉悦。捻逆自倡乱东南，十有余年，窜扰数省，生民受其荼毒，神人共愤，罪恶贯盈。上年派李鸿章为钦差大臣，剿除任柱、赖汶洸等股匪。本年正月间，逆首张总愚复纠合匪众，肆扰山西、河南、直隶，窥伺近畿。经官文、英翰、丁宝桢、李鹤年督兵防剿，并经左宗棠统军追击，朝廷复调李鸿章赴直、东一带督剿，以收众志成城之效。现经李鸿章会同各军，督率各将领荡平捻逆，并将余匪搜捕净尽，具见该大臣督抚等协力同心，肤公克奏。前已赏还李鸿章双眼花翎、骑都尉世职、黄马褂，并开复处分，及左宗棠等降革处分均予开复，自应分别再沛恩施，以昭懋赏。李鸿章着赏加太子太保衔，并以湖广总督协办大学士。左宗棠着赏加太子太保衔，并交部照一等军功议叙。丁宝桢、英翰均着赏加太子少保衔，并交部照一等军功议叙。李鹤年着赏戴花翎，并交部照一等军功议叙。崇厚当捻逆攻扑天津时，督率兵勇绅团力保郡城，并筹济各营粮石饷需，源源不绝，实属著有劳绩，崇厚着赏加太子少保衔、头品顶带，并赏戴双眼花翎。两江总督曾国藩筹办淮军后路粮饷军火，俾李鸿章等克竟全功，着交部从优议叙。署直隶总督大学士官文前在湖广总督任内，暨本年捻匪窜直时，均因会剿不力，叠经降旨惩处，此次捻股悉平，着加恩开复太子太保衔暨剿捻不力革职留任处分，并赏还双眼花翎，以示锡爵酬庸、用彰庆赏至意。”（《清穆宗实录》卷237）

（同治七年八月癸丑）以安徽、湖北等省历年剿匪暨水师团练筹饷转运出力，赏提督吴长庆，总兵官卫汝贵、丁全胜、彭述清、吴从发、李永元，副将许先传、李正芳、冯作霖一品封典，提督王占魁、张栋材、李洪寿、袁发，总兵官熊兆周、吴从发、吴殿元、龙藻琦、姚礼士、马德顺、李新燕、赵荣亮、黄得胜、刘长庆，副将王钟麟、徐万成、王芝生、贾起胜、石精明、汪隆元、李胜、邓荣佳、刘安泰、雷玉春、雷显扬、万重暄、金庆元、郭得山、梁永福、杨绍勋、张贤贵、蔺福升、宋兴元、朱占魁、周盛朝、张正久、潘永长、滕国春、李占得、刘松林、曾怀仁、潘永久、王占魁、杨祺、李有胜、虞朝纲、余连陞、董学友、梁彦河、彭必胜、薛金榜、李金彪、周东万、蒋全胜、刘有忠、王得胜、徐耀廷、韩定湘、罗友贵、杜万和、郭松盛、黄振鳌、王佐朝、萧心广、张志胜、郑采华、邓元魁，参将邱锦龙、林长清、余德昌、黄斌、尹长林、唐荣陞、陈叙寅、杜长生、吴辅仁、孙显寅、程广和、冯义德、李国珠、桂林香、周盛鼎、萧韶荣、向日倾、孔士高、周鹏飞、张耀南、杨成能、李绍铭、左承福、唐秉钧、曾德麟、陈文和、周启茂、萧宗义，游击李加典、朱荣魁、梅宏胜、黄修发，都司舒拜发、吴西元、陈锦标、邓显廷、胡鸣盛、胡南升，守备高占魁、郜相魁巴图鲁名号，按察使李鸿裔、参将张景星等花翎，同知唐际昌等蓝翎，余加衔升叙开复有差。（《清穆宗实录》卷240）

（同治八年七月庚寅）以湖北蕲水拿获教匪出力，予守备万赋元等升叙有差。（《清穆宗实录》卷263）

（同治十一年正月辛丑）以湖北监利拿获匪首何春台，复已革守备申

大发职，并赏还都司衔蓝翎。（《清穆宗实录》卷 327）

（同治十一年四月丙子）以湖北宣恩扑灭会匪，赏把总李名贵蓝翎，予知县向光谦等升叙有差。（《清穆宗实录》卷 332）

（同治十二年十二月庚寅）又谕："前任陕西巡抚刘蓉前因剿贼失利，降旨革职。兹据王文韶奏'刘蓉于本年十月间在籍身故'等语，该员前在湖南、湖北、四川、陕西等省曾著战功，所有前得革职处分，着加恩开复。"（《清穆宗实录》卷 361）

（同治十三年三月辛酉）以江南、江西、浙江、福建、湖北、湖南、山东、四川、广东、广西节年筹济贵州军饷，予历任将军、总督、巡抚暨布政使等奖叙有差。（《清穆宗实录》卷 364）

（光绪四年正月）丁丑，谕内阁："金顺奏'副都统伤病复发，恳准开缺，并赏食全俸'等语。广州副都统福珠哩前在山东、湖北、安徽、陕西、甘肃省转战二十余年，受伤多处，现在旧伤复发，病难速痊，着准其开缺，回旗调理，并加恩赏食全俸，以示体恤。"现月 （《清德宗实录》卷 66）

（光绪四年四月戊申）谕内阁："左宗棠奏'提督因病出缺，恳请优恤'等语。甘肃提督李辉武前在湖南、湖北、四川、陕西等省军营，前后数百战，所向有功。在署汉中镇任内，整顿营务，军民和洽，均能有裨地方。兹因伤病出缺，殊堪轸惜，加恩着交部照提督军营立功后病故例从优议恤，以彰荩绩。"现月 （《清德宗实录》卷 72）

（光绪四年七月丁卯）湖广总督李瀚章奏："粤逆之乱，湖北省城三次失守，旋即克复，楚军出力最多。现在曾国藩、胡林翼、罗泽南、李续宾、李续宜等仰蒙敕建专祠，而所部将弁勇兵，或血战捐躯，或攻城死节，彭玉麟拟邀本籍官绅另建楚军水陆昭忠祠一所，请饬部列入祀典，由地方官春秋致祭。”允之。折包 （《清德宗实录》卷76）

（光绪四年九月丙子）以拿获邻省滋事匪犯，予湖北副将周有全卓勇巴图鲁名号，千总范得林等升叙有差。外起居注 （《清德宗实录》卷78）

（光绪七年十一月）丙申，谕内阁：“李瀚章等奏‘拿获滋事会匪，就地惩办’等语……此次出力之把总关发旺，着以千总尽先拔补。勇目龚应春，着以外委补用。”现月 （《清德宗实录》卷139）

（光绪九年四月辛酉）谕军机大臣等：“涂宗瀛、彭祖贤奏‘武汉地方教匪潜谋起事，黄梅县匪徒结会抢劫，先后拿获惩办’各折片……把总朱元度，着照所请，即以守备尽先补用，并加都司衔。其余出力员弁，准其择尤请奖，毋许冒滥。至地方各官，于外来教匪多人潜入省城，何以毫无觉察？并着查明据实参奏。将此由四百里各谕令知之。”现月 （《清德宗实录》卷162）

（光绪九年五月）甲辰，谕军机大臣等：“涂宗瀛、彭祖贤奏‘续获教匪，审明惩办，请将出力员弁奖励，失察之地方各官请免议处’各折片……该匪首王觉一等传习邪教，广收徒众，谋为不轨，往来数省，必须迅速弋获，以绝乱萌，断不容任令漏网。着各该督抚督饬属员将王觉一、王继太、刘至刚严密访拿，务获惩办。拿获后，准将出力员弁从优奏请奖励……此次出力之知县罗缃等，均着照所请奖励。失察之地方文武各官，获匪惩办，功过尚足相抵，均着免其查参议处。将此由五百里谕知左宗棠、丁宝桢、涂宗瀛、卞宝第、卫荣光、裕禄、潘霨、陈士杰、彭祖贤，并传谕成孚知之。”现月 （《清德宗实录》卷163）

（光绪十七年七月）乙酉，谕内阁："山东巡抚张曜秉性忠勇，历著勋勤。咸丰同治年间，由知县从戎，创立嵩武军，转战河南、安徽、湖北、直隶等省，叠克名城，剿平粤捻各逆。嗣复剿办甘肃及关外回匪，扫穴擒渠，战功甚伟。历蒙先朝知遇，赏给骑都尉世职，赏戴双眼花翎，升授布政使，改补总兵，擢任提督。朕御极后，因回疆肃清，给予一等轻车都尉世职，补授广西巡抚，加尚书衔……昨因患病，甫经赏假调理，遽闻溘逝，轸惜殊深。张曜着晋赠太子太保，入祀贤良祠，并于立功省分，建立专祠，生平战绩事实，宣付国史馆立传，加恩予谥，赏银一千两治丧，由山东藩库给发，照总督例赐恤。任内一切处分，悉予开复，应得恤典，该衙门查例具奏。灵柩回籍时，沿途地方官妥为照料。伊子知府张端本着遇有道员缺出，请旨简放。主事张端理着赏给员外郎，张端瑾及伊孙张尔常均俟及岁时，由吏部带领引见，用示笃念荩臣至意。"寻予谥勤果。（《清德宗实录》卷299）

（光绪十八年八月）庚辰，以湖南、湖北合力剿捕岳州谋逆会匪，地方肃清，予在事出力员弁李谦等奖叙。（《清德宗实录》卷315）

（光绪十八年九月甲寅）以湖北续获著名会匪出力，予记名提督谢得龙优叙，副将蒋泽斌以总兵记名简放，署汉阳府知府沈保祥俟补缺后以道员用，余升叙加衔有差。折包　（《清德宗实录》卷316）

（光绪二十一年四月戊午）又谕："电寄刘坤一，电奏悉，郑连拔五营，着赏给恩饷一月，以示体恤，由湖广总督于裁撤时分别核给，及早遣散。"电寄　（《清德宗实录》卷366）

（光绪二十六年五月癸丑）谕内阁："李秉衡奏'特参长江水师将领'一折。湖口镇水师总兵许云发嗜好荒惰，废弛营务，湖口水师中军游击黎受田罔利朋比，兵民怨咨，均着即行革职。另片奏'保举总兵、副将'

等语，汉阳镇水师总兵周芳明、瓜州镇水师总兵高光效、江阴协副将李金彪，既据李秉衡奏称皆属可用之才，均着传旨嘉奖，以示鼓励。”现月 （《清德宗实录》卷463）

（光绪二十七年八月戊戌）以剿办会匪出力，赏湖北记名提督张彪壮勇巴图鲁勇号。随手 （《清德宗实录》卷468）

（光绪二十八年十一月甲申）以楚军剿平贵县匪巢出力，赏总兵黄呈祥黄马褂，参将黄荣华、道员孙道毅巴图鲁名号，开复已革前山西五台县知县李希膺、前广西平南县知县宋寿昆原官衔翎，余升叙加衔有差。折包 （《清德宗实录》卷508）

（光绪二十九年正月壬午）以战功卓著，予故湖南岳州镇总兵张捷书照军营立功后积劳病故例优恤，战迹宣付史馆，并附祀湘、皖前兵部尚书彭玉麟专祠，从湖北巡抚端方请也。折包 （《清德宗实录》卷511）

（光绪三十年七月辛卯）以拿获会匪首要，予江苏试用道夏时济、湖北夏口厅同知冯启钧军机处存记。现月 （《清德宗实录》卷533）

（光绪三十一年七月丁丑）（湖南巡抚端方）又奏：“统领健字全旗兼统南洋常备左军记名提督张庆云上年赴桂援剿，驻扎全州一带，防堵甚为得力。湖北常备军镇统记名总兵张彪在鄂治军多年，讲求西法操练，最得风气之先。二员皆堪胜实缺专阃之选，请俟提镇缺出，量加擢用。”得旨：“张庆云、张彪均着交军机处存记。”折包 （《清德宗实录》卷547）

（光绪三十三年五月壬辰）湖广总督张之洞奏湘、鄂各军剿平浏、澧会匪情形，请奖出力员弁。得旨：“仍着严饬缉拿匪道姜守旦、龚春台等，务获惩办，以净根株。请奖各员，着该部议奏。”（《清德宗实录》卷

573）

（宣统元年三月乙亥）湖广总督陈夔龙奏：“鄂军援皖，系以兵剿兵，与平时剿匪不同。且首犯熊成基迄未缉获，各将弁不敢仰邀奖叙。”得旨：“仍着陈夔龙查明择尤保奖，勿许冒滥。”折包 （《宣统政纪》卷11）

（宣统元年五月）乙亥，以援皖得力，赏给鄂军记名简放总兵王得胜健勇巴图鲁勇号，予四川松潘镇总兵壮勇巴图鲁，张彪以提督记名，并赏换奇穆钦巴图鲁勇号。（《宣统政纪》卷14）

（宣统二年二月己亥）予故湖北提督夏毓秀优恤，如提督军营立功后病故例，并将战功事迹付史馆立传，子学部候补主事夏瑞庚以员外郎补用。寻谥勇恪。现月 （《宣统政纪》卷32）

（宣统二年八月丁丑）追予故湖北提督夏毓秀谥勇恪。现月官报 （《宣统政纪》卷40）

（宣统二年十月）丙戌，谕军机大臣等：“电寄瑞澂，据电奏，日皇赠湖北提督陆军第八镇统制官张彪勋一等旭日大绶章，着准其收受。”电寄 （《宣统政纪》卷43）

（宣统三年九月辛巳）又谕：“……河南陆军仅止混成一协，援鄂、援陕以及防边，将士兵丁无不踊跃用命，协统官应龙翔灵敏神速，调度有方。着先传旨嘉奖，并俟事定后，将出力将弁一律择尤保奖。”（《宣统政纪》卷63）

（宣统三年九月甲申）又谕：“电寄袁世凯，据电奏‘此次攻复汉口，夺获枪炮多件，毙匪甚伙。官军酣战数昼夜，坚苦卓绝，请将尤为奋勇之协统王占元等优加鼓励’，又电奏‘请将萧安国补授副参领，并以统带记名加二品衔’各等语，均照所请给奖。”（《宣统政纪》卷63）

（宣统三年九月己丑）命热河都统薄颋来京当差，以开缺东三省总督锡良为热河都统。以攻复汉口出力，赏协统王占元、陈光远，步队标统王金镜、李厚基、马继增、何丰林，炮队标统刘启垣、蒋廷梓巴图鲁名号。以报效内府经费，予二品衔候补三院卿盛桂以副都统记名。（《宣统政纪》卷64）

（宣统三年十月）壬寅，谕内阁：“叠据内阁呈递第一军总统冯国璋电称‘武昌革党于九月二十六日遣悍党二千余人，由汉河上游驼骡口潜归渡河，抄袭官军右翼后路，当经冯国璋分兵迎击，党众溃败，官军踵蹑渡河。该党防御极固，并多次反攻，经官军节节奋击，次第克复蔡甸、四平山、黑山、梅子山、龟山等处，初七日申时克复汉阳。当两军酣战之际，党众由武昌遣兵数支渡江，袭击官军左翼后路之三道桥，叛舰海容等船，协力猛攻，均经官军一再击退’各等语。武昌此次兵变，自称系为政治竞争，朝廷本不忍以兵力从事，经饬督师大臣袁世凯暂停进攻，叠委道员刘承恩、海军正参领蔡廷干驰往汉口、武昌，反复开导。该党首黎元洪迄不受抚，仍复左右进攻，袭击官军甚力，实属甘心扰乱治安，荼毒生灵。幸前敌将士，深明大义，忠勇奋发，得以克复重镇，深堪嘉尚。冯国璋着赏给二等男爵，其余出力将弁，着冯国璋查明拟奖，候旨施恩。其伤亡兵弁，着一并查明具奏，分别从扰抚恤，以作士气而慰忠魂。”（《宣统政纪》卷65）

（宣统三年十月）乙巳，谕内阁：“电寄第一军总统冯国璋，电奏悉，该军统谦退不伐，归功将士，恳辞爵赏，实属出于至诚。惟此次收复汉阳，厥功甚伟，着即祗承恩命，毋庸固辞。其余出力各弁兵，朝廷亦必优加奖励，俟查报到日，即降谕旨。”（《宣统政纪》卷65）

（宣统三年十一月乙卯）以克复湖北黄陂出力，予十九标统带官留直游击施从滨等升叙加衔有差。（《宣统政纪》卷 68）

（宣统三年十二月甲辰）（内阁总理大臣袁世凯）又奏："奖保克复汉阳异常出力各员。窃臣准总统第一军冯国璋咨称'武昌、汉阳势成掎角，汉口适当武汉之冲，官军不得汉阳，则汉口仍不可守。惟汉阳东有扬子江，西有琴断河，北有襄河，水军既失，飞渡为难。且襄河南岸，又有龟山、黑山、梅山、仙女、美娘、汤家诸山，蜿蜒三十余里，地形既极复杂。而大小河流，又复种种障碍，加以革军险固之炮垒则绵亘于前，完全之工事则施设于后，守之甚易，攻之极难。自汉口规复以后，一面防御，一面即为攻取汉阳之谋。先据探称，革党在汉阳，兵力约一万三四千人，其各种防守工程，颇有领异标新、出人意表者。计惟先取黑山、龟山，则汉阳指顾可下，因分兵两道进攻，而以奇兵辅之，编配甲、乙二支队，派第六镇统制李纯统率。九月二十三日，甲支队由孝感县分水陆两路并进，沿途击散辛集、蔡甸、汤家山之匪，剧战五昼夜，至十里铺，豫定会合地点。乙支队于九月二十六日，由大智门攻击坨洛口、美娘山、仙女山等处之匪，至十月初六日，追至十里铺，与甲支队联合。惟时两支队经旬余鏖战，水陆跋涉之困难，兵力渐疲，而前线又无兵可以抽调，因悬重赏，于各镇挑选奋勇队，共得官弁五十余员、兵一千余名，先于十月初三日，昕夕兼进。至是，与甲乙两支队合集，革军见我军之剽锐，专顾十里铺方面射击。而我军间道奇兵，于初六之夜，沿襄河北岸，由水电公司附近暗渡襄河，已拊黑山之背，两面迫胁，革党益不能支，遂自黑山以南溃退。初七日辰刻，我军合队攻克龟山，午后即将汉阳府城收复'等因，拟令将异常出力员弁，开单咨请核奏前来。臣查第六镇统制李纯，忠诚朴至，才略过人，复经劲勇善战之王占元、陈光远为之助援，故能统率甲支队长吴金彪等，乙支队长马继增、张敬尧、丁效兰、吴长植、姚建屏、朱锡泉、李长泰、劳谦光等，奋不顾身，克奏大捷。而劳谦光即以是役阵亡，吴长植、朱锡泉即以是役受伤，又辎重营之南元超，炮队之崔霈、王文熙、田友望、杨文耀、孙传芳等均能入生出死，破锐摧坚。惟其有忠君爱国之忱，故能识敌忾同仇之义，自应优加奖保，以旌锐勇而表忠勋。”得旨：“允行。”寻赏第二镇统制王占元、第四镇统制陈光远头品顶戴，与第六镇统制李纯、第四镇统制吴凤岭并赏穿黄马褂，开复已革留任湖北提督张彪处分，余赏给翎衔、勇号，升叙有差。（《宣统政纪》卷69）

9. 军纪整饬

（雍正八年四月丙午）巡察湖广吏科给事中王瓒奏言：“各省兵制，有督标、抚标、提标、镇标、协标各名目。督、抚、提标之兵，差事简少，驻扎省会地方，习于骄肆，欺压良民，短价强买，藐视同城文官，不加礼敬，且动辄伙众干求，以势挟制。倘或因公调遣，即多方求恳借贷，以致镇、协标兵闻风借口。臣见闻所及，用敢奏闻。”得旨：“从来教练兵丁之道，固在乎技勇优长，尤在明晓礼义，谨守法度，圣贤所以著有勇知方之训。数年以来，朕轸念兵丁，屡加恩恤，其该管官弁若有扣克粮饷者，必严加惩治，又为督、抚、提标兵丁等筹画生息之策，济其吉凶之用，无非望其循理奉公，以受国家之恩养也。但闻有数省兵丁骄纵之习难除，傲慢之风未改，而湖广为尤甚，今见给事中王瓒所奏，甚为详悉，切中兵丁之弊，此实该管官员之责。着直省督、抚、提臣切加训诲，严行约束，倘有生事不法者，即重治其罪，毋得姑容，以长恶习。如徇隐宽纵，经朕访闻，必将该管官从重议处。该给事中虽称镇、协之兵，不若督、抚、提、标之甚，然兵志易骄，难分优劣，该管官亦应时加训饬，倘蹈故辙，咎有攸归。着通行晓谕，督、抚、提、镇等标共知之。”（《清世宗实录》卷93）

（雍正十年三月）戊寅，谕内阁：“向因武员养廉不敷，以致扣克兵饷，是以酌定亲丁名粮，以为养赡家口之费。又因营伍公用无资，定有额兵百名准抽二名之例，似此曲加体恤，无非施恩于弁员，使应有之兵数，再无虚冒，以收戎行之实用也。近闻各省中，尚有数处不能全除空粮之弊，或于亲丁名粮之外，仍有家人、长随顶名支领者，又有字识匠作之类，亦得滥充额数、暗占兵粮者。且或游手之辈，贿求滥充，而勇力之人，转不得入选，每遇调拨差用，则委靡退缩，不耐劳苦。前岁湖广提标曾以兵丁二百名调补镇筸四营，其中逃避者即已过半。又如援剿黔苗时，提标兵丁往来镇筸六里等处，跋前疐后，行役维艰。国家岁费帑金，养一兵期获一兵之用。若实存之名数，既有空虚，而在伍之兵丁，又复怯懦不振，则所谓武备修明者安在乎？着该管大臣用心稽查，勤加训练，务将陋规永革，诸弊悉除。毋得溺于积习，苟且因循，负朕委用。倘屡经训饬之后，仍有不知悛改者，定当加以严谴。”（《清世宗实录》卷116）

（乾隆元年五月丁巳）谕总理事务王大臣：“朕闻江南、江西、湖广地方襟江带湖，广袤数千百里，设立塘汛，所以卫商民、防盗贼也。近访得不肖兵丁疏懒废弛，养盗贻患，受其规礼，分其赃物，为之声援向导。及细求其故，多因兵丁携带家口，安土重迁，与地方奸匪往来熟识，以致事前无忌，事后无踪，放胆游行，竟成盗贼之渊薮。夫汛兵频数更替，出其不意，则与贼无从结识，有纵贼之咎，无伙贼之利，亦何乐乎为此？顾任其挈妻孥，饱溪壑，萑苻多警，铃柝空存，徒法不能以自行，非此之谓欤？朕又闻江岸湖边，船只成群，任意揽载，奸良莫辨，商民被劫，所在多有。雍正五年定例，令地方官取具船户，邻佑保结，编列号次，刊刻姓名，给以印照，不时稽查。而渔船出没无定，藏奸更易，亦依陆地保甲之法，许以公首，惩以连坐，乃日久怠忽，总不奉行。夫弁兵竭力防缉，则盗贼不致蔓延，船户随在清查，则盗贼无由混杂。然必须封疆大吏刻刻留心，时时察访，规条赏罚，整肃严明，方能著有成效。至汛兵更替之法，尤当因地制宜，俾兵丁得顾其室家，而汛地仍资

其防卫。是又在封疆大臣实心区画，善为经理，不徒在文告之虚辞也。着各该督抚悉心详议奏闻。”（《清高宗实录》卷19）

（乾隆四年十月癸卯）湖广总督班第奏：“到任后，训诫属员，示禁地方刁健，查办疏浚堤塘事宜。惟仓贮因市值浮于原价，各属报买无多，现在设法买补。又营伍贵乎兵强饷实，多方面导武员，其苗疆专责者，令其严管兵丁，毋致生事滋扰。”得旨：“不必欲速，但实心竭力办去，所谓数节之后，未有不迎刃而解者也。”（《清高宗实录》卷103）

（乾隆四年十一月己酉）谕大学士等：“朕闻湖广荆州将军衮泰，令右翼副都统于本年十月内带领八旗官兵自荆州起程过江，至洞庭湖边一带地方行围，操练兵马。湖南巡抚冯光裕以荆州官兵从无越境赴湖南行围操练之事，恐百姓不知来由，心怀惊恐，转饬布政司出示通行晓谕。朕思八旗驻防弁兵于秋成之后行围操演，亦农隙讲武之义，但只应在就近常到之地，若越境远行，不但居民以为罕见，即弁兵路费亦觉繁多。至于冯光裕唯恐骚扰百姓，只应知会将军等严加约束，今饬令藩司出示晓谕，恐百姓因此生疑，转起惊慌之意。此一事，衮泰等与冯光裕办理均未妥协，爰降此旨，特行训谕，并令各省将军及督抚等共知之。”（《清高宗实录》卷104）

（乾隆八年六月庚申）又谕：“朕闻湖广营伍甚属废弛，提督总理通省军务，操练修整，是其专责。王无党到任已及两年，全无整理，亦未将营伍情形奏闻，殊属不合，着交部察议具奏。”（《清高宗实录》卷194）

（乾隆十一年十一月）庚申，谕：“湖广通省军政废弛已极，皆因鄂弥达等积习因循，不能实力整饬训练，甚而验看兵丁，不过挑选数名，以应故事。太平无事之时，武备最易废弛，而最不可废弛。今总督塞楞额莅任伊始，一切营务须极力整顿，务使将弁士卒皆知操练技勇为营中实务，不徒粉饰虚文，庶得渐成劲旅。至于荐举挑拔器械军装，事事俱宜加意振作，痛洗从前积玩之习，以无负设兵卫民本意。”（《清高宗实录》卷279）

（乾隆十一年十二月丁卯）又谕曰：“御史冯钤因前降旨湖广军政废弛，令总督加意振作，奏请饬谕各省管兵大员勤加操演等语。朕因设兵所以卫民，不可任其懈弛，从前各省营伍有废弛者，俱经随时训饬，因人董诫。历来所颁谕旨，已不啻三令五申，此奏若交部议，亦不过复准通行晓谕，究与实效无裨。所奏知道了。”（《清高宗实录》卷280）

（嘉庆二年十一月）丁亥，谕军机大臣等：“文图奏长乐县地方又有贼匪焚掠，此股贼匪，是否即系额勒登保追剿窜回余贼，抑系该处新起匪徒与覃加耀早有勾结，乘官兵远出，因而四出响应，汪新系本省巡抚，着即查明复奏。文图既经带兵前往，务当一鼓歼擒，勿使与长阳余匪合伙，方为妥善。至额勒登保追剿覃加耀，旷日持久，总未能将首逆擒获，以致长乐地方复有匪徒乘机响应，皆额勒登保迁延贻误之咎。若再有迟延，致潜匿匪徒互相勾结，额勒登保等自思当得何罪，凛之慎之。将此传谕知之。”（《清仁宗实录》卷24）

（嘉庆五年二月壬辰）谕军机大臣等：“……各省防御贼匪，与其远为征调，自不如就近招募乡勇为便。在各该督抚之意，惟恐竣事后此项乡勇无所归着，是以不敢多募。殊不知兵制虽有一定，而现在郧阳、五郎、西乡等处，业经定议添设营制，其余要隘处所，将来尚须添兵驻守，以资控制，即可于乡勇内分拨充补。特此再行通谕用兵省分各督抚，若尚须添兵，应于乡勇内酌为招募，勤加训练，俾成劲旅。再向来各军营遇贼打仗，总以绿营居前，令其冲锋接刃，而健锐、火器二营及东三省兵，俱在绿营之后，朕所素知。自添募乡勇后，则又令乡勇前敌，以撄贼锋。设遇挫衄，则绿营及满兵等相率先退，一得胜仗，则攘以为功，而首先陷阵之乡勇，转致不能邀赏。即如军营中节次打仗得胜，所保俱系满兵，绿营亦间有保列，至于乡勇，则据实保奏者甚少，此实向来积弊。行军之道，全在赏罚公平，方能鼓励戎行，争先效用。若任满兵及绿营等冒功请赏，而转使实在出力之乡勇多有屈抑，何得为事理之平？伊等见无功者屡邀奖赏，而有功者转置不录，岂能使之用命？此后如再有乡勇出力，不行据实保奏，甚至将平日优待之人冒名举荐，以及官兵等并未出力、攘他人之功以为己功者，并准乡勇自行首告，随时惩治，庶赏罚严明，乡勇等知所激劝。再军营纪律，必须整肃。闻官兵行走，往往搀前落后，即如额勒登保前赴甘肃剿贼时，曾于途次遇见兵丁数人，竟因行走落后，托病逗遛，可见带兵官员于所管兵丁漫无约束。一路如此，他路可知，尤当申明号令，使之步武整齐，不得仍前懈弛贻误，致干重咎。将此传谕知之。”（《清仁宗实录》卷59）

（嘉庆五年六月）丙辰，谕内阁：“恭阅《圣祖仁皇帝实录》，内载：‘谕兵部，我国家开创大业，军法最为严密，凡击斩贼众，攻取城池，必据实奏报，复行确核，功罪昭著，从无虚伪冒功之毙。今自用兵以来，每览各处奏捷章疏，如击败贼兵，动称斩杀甚多，或云数千，或云万余，或云不计其数。甚至贼弃空城，尚云如何攻取，如何恢复，妄行虚报，微功小寇，任意铺张，议叙之时，冀幸滥邀升赏。嗣今诸领兵大将军、将军、督抚、提镇等，凡报捷必确核功绩，据实上闻。如因循陋习，冒滥军功，定以军法从重治罪等因。钦此。’仰见我圣祖仁皇帝整饬军纪，赏罚严明至意。朕思开国以来，我满洲带兵大臣居心淳朴，本无虚伪之习，且平定三藩，恢复七省，军务亟为重大。带兵大臣中，如图海、张勇等皆忠勤奋勇，实力宣劳，用能迅奏肤功，克成大业。然其时睿虑周详，谆谆垂诫，深恐军营奏报有虚捏战功，铺张粉饰之事，饬禁綦严。至现在教匪不过内地乱民，较之底定三藩，难易何殊霄壤。此时带兵大员中，若得有如图海、张勇诸人，自必早经竣事。乃自剿办以来，迄今已及五载，尚未蒇功，设以现在带兵诸臣剿办三藩，岂能克期集事？是其敌忾宣力，远逊于国初诸臣，而其奏报不实，铺叙战功，冒滥邀赏之事，较之从前，何啻倍蓰？经朕屡加训饬，谕令胜败皆宜据实奏报，而军营陋习，至今未能尽改。若不申严禁令，何以肃军纪而饬戎行？嗣后各路奏报军功，务宜从实，毋许一字虚假，倘仍蹈前辙，着兵部查明据实参奏。即所奏情形虚实，兵部或未能悬揣，但军旅之事，断难掩人耳目，如别经发觉，或被人指参，必按军法从重治罪，决不宽贷。将此通谕各路带兵大臣及陕甘、四川、湖广各督抚知之。”（《清仁宗实录》卷69）

（道光十九年十二月）丁卯，谕内阁：“给事中巫宜禊奏‘请查禁驻防习教’一折。各直省设立驻防，特分旗汛地界，原以聚居训练，借资保障。若如所奏，近来禁令日疏，浇风渐染，武艺置之不讲，帑项半属虚糜，甚至如荆州驻防，本年竟有习教念经结会之案，总由武备不饬，稽察不严，故奸民乘间往来，得相引诱，不可不严行申禁。着直省驻防将军都统等各矢天良，亟为整顿，于弓马骑射本业，勤加操练，并着恪遵定制，从严管束，毋任擅离汛界，沾染恶习。其有违禁与奸民相勾结者，必当有犯即惩，从严究办，以肃营制而靖奸宄。将此通谕知之。”（《清宣宗实录》卷329）

（道光二十七年五月庚子）谕军机大臣等：“江西九江、南赣二镇地方扼要，一切训练操防必当认真讲求，方期有备无患。现任总兵清保、德坤二员，平日能否申明纪律，俾技艺悉臻精熟，操防果否留心，设遇调遣能否得力可靠，着李星沅于到任后，随时留心察看，据实具奏，毋稍瞻徇。将此谕令知之。”寻奏：“江西兵额惟九江、南赣二镇最多，前据抚臣吴文镕来咨，挑选精兵三千四百七十名以备调遣。至德坤前任汉中镇时曾与相处，嗣因领兵赴浙，复于苏省接晤。乍浦之战，该镇颇以身先，向来操防勤慎，虽未通晓兵法，尚不失为中材。清保曾任湖北将官，前面询督臣裕泰，据云该镇在崇阳军营甚属出力。及过九江接见，察其年力方壮，明晰周妥，似可望为干城。近复叠饬所属各营设法整顿，认真挑备，断不准有名无实。”得旨：“随时认真察访，阅伍之时，细心校阅，万一有所调遣，不能得力，责有攸归，懔之毋忽。”（《清宣宗实录》卷442）

（咸丰二年正月乙亥）又谕：“本年轮应查阅湖北、湖南、云南、贵州等省营伍之期。湖北、湖南着即派程矞采，云南、贵州着即派吴文镕逐一查阅，认真简校，如查有训练不精，军实不齐，即将废弛之将弁，据实劾参，毋得视为具文。”（《清文宗实录》卷52）

（咸丰二年十一月辛未）谕内阁：“军兴以来将两年矣，广西疮痍未复，湖南又遭涂炭，近乃逆氛更炽，扰及武昌、汉阳，所过郡县，悉被蹂躏……每阅军报，至地方被害情形，朕心如捣……该大臣督抚等均当仰体朕心，为民除害。行军之道，纪律为先，务须信赏必罚，约束严明，俾知有进无退，人皆用命。即小胜小负，亦兵家之常事，总宜据实奏报，不可稍有粉饰。朕赏功罚罪，悉以军报为衡，倘有偏重偏轻，何以令在营军士知感知惧……其各仰体朕意，速振军心，用歼群丑，毋再因循玩泄，致干重罪。将此通谕知之。”（《清文宗实录》卷77）

（咸丰四年五月壬戌）又谕：“和春、福济奏‘督兵焚毁贼营，大获胜仗’一折……至楚勇因领饷不足喧闹，此等刁风亦断不可长，并着和春等严饬带勇各员妥为驾驭，毋令别滋事端。将此由六百里加紧谕令知之。”（《清文宗实录》卷131）

（咸丰五年七月丁丑）谕内阁：“西凌阿等奏‘德安逆匪分股窜扑勇队营盘，现在饬收兵勇以图攻取’一折。本月初二日，德安府城贼匪分股窜扑三陂港等处，参将刘富成带勇迎杀，总管德楞额率领马队接应，枪箭齐施，贼众由两旁抄裹，勇队营盘，猝被烧毁。西凌阿等统兵督剿德安逆匪，未能及时攻取，致被贼扑营盘，损失军装器械，实属调度乖方。西凌阿、绵洵均着革职留任，以示薄惩。孔广顺、讷钦未能带兵接应，亦属怯懦无能，均着革职，留营效力，以赎前愆。贼匪现踞德安，着官文迅速前进，会同攻剿。西凌阿总统诸军毫无纪律，顿兵不战，以致为贼所乘，殊堪痛恨。倘再不知愧奋，必当重治其罪。”（《清文宗实录》卷 172）

（咸丰五年七月甲申）又谕：“西凌阿、绵洵奏‘查办带兵溃逃、逾限回营之武弁’一折。已革游击蕙椿等于德安贼匪扑营时，未能奋勇接仗，随同兵丁溃逃，又迟久始行回营，实属畏葸无能。除署固原提标守备朱起翰等十五名业经该大臣等按律惩办外，蕙椿着即按军法从事，以申纪律。”（《清文宗实录》卷 173）

（咸丰七年五月）甲寅，谕内阁：“昨日兵部带领引见拣发湖北以游击委用之武英、文陞二员，年力均壮，开弓亦尚合式，何以发箭均属无准？难保非有意规避。昨已降旨发往湖北，交官文差遣委用，即着该督随时察看，倘该员等不知奋勉，并有意存取巧之处，即行据实严参。”（《清文宗实录》卷 225）

（同治元年十一月辛未）又谕：“唐训方奏整顿临军，并催萧庆衍等军迅攻巢县各折片。楚军营制，最为整齐，该署抚现留张得胜统领凯字营，复分四营，令王才秀等简练军旅。着即饬该员等认真训练，以为折冲御侮之资，不可有名无实……”（《清穆宗实录》卷 50）

（同治三年四月己亥）谕内阁：“据僧格林沁奏‘用兵之道，首贵严明侦探，知己知彼，调度战守，方能合宜。近见各路军营奏章，每以贼众兵单为词，获捷之报，络绎不绝。而贼势愈众，蔓延愈广，总由领队之员不能确探贼情，贼至不肯迎头堵击，贼去又不肯跟踪追剿，但敷衍出境，即报胜仗，故意以少报多，讳败为胜，豫为冒功邀赏地步。握兵符者，既不能身临前敌，复不知详加查考，率行据禀入告，相沿成习，亟须认真整顿’等语，各路军营恶习，以少报多，讳败为胜，叠经通谕各该统兵大臣及督抚大吏痛除积弊，不啻三令五申。兹览僧格林沁所奏，是各路军营积弊仍未革除，该统兵大臣等仍不能认真整顿，似此积习日深，何以殄灭贼氛，乂安黎庶？僧格林沁此次督师由豫入楚，所言军营各弊自必确有见闻。该大臣老于用兵，惟能真实不欺，故能所向克捷，洵足为各路军营之法。嗣后各路营员及统兵大臣等，于贼势之多寡，接仗之胜负，均须字字从实奏报。如仍任意铺张，未能扫除积习，一经有人参奏，必将捏报军情之营员及统兵大臣等一并从严惩治，决不姑容。僧格林沁督师皖、豫、楚三省之交，如有似此情弊，一经见闻所及，即着指名奏参，惩一儆百，以挽颓风。庶几各路军营，不敢视朝廷谆谆诰诫为具文也。”（《清穆宗实录》卷101）

（同治六年四月）壬寅，谕内阁：“富明阿奏‘请饬催协领回旗带勇’等语。吉林协领喜昌由湖北军营告假回旗，迄今数月之久，尚未到旗。着直隶、河南、湖北各督抚速饬沿途各该地方官，查明该协领行抵何处，催令迅回吉林，管带新募勇丁，前赴左宗棠军营，听候调遣，不准在途逗遛。”（《清穆宗实录》卷201）

（同治六年八月丙午）又谕：“李鸿章奏，复陈胶莱河分守汛地，绘图呈览，请将王心安等分别办理，并布置军情暨筹办粮米各折片……至官军经过州县，须就地采买粮草，若任听地方百姓闭粜，致令兵勇饥饿绝食，何以收饱腾之效？着丁宝桢严檄各地方官，豫行提款购买米面，以便追军过境支用。但近日淮、楚各军所至骚扰，亦无怪百姓畏兵甚于畏贼，并着李鸿章严申军律，饬令各营于经过民寨时给价采买，不准强行索取，如官军有滋扰情事，即按军法惩办，不得稍有回护。倘该地方官于客军过境，延不付给粮米，即着李鸿章、丁宝桢立即参撤，以利军行。将此由六百里各密谕知之。”（《清穆宗实录》卷210）

（同治六年十月癸未）又谕："有人奏'上年十一月间，捻匪窜扰云梦，记名提督姜玉顺未尝一次出战，且纵容兵丁，荼毒闾井，陵虐缙绅，将举人杨觐光等捆缚幽禁。又有勋字营，于本年三月间，爬入云梦县城，钉塞炮眼，抢去团防等局器械财物，不可胜计。又杀毙平人，请饬查办'等语。将弁带兵剿匪，自当申明纪律，专意杀贼。若如所奏各节，贼至并不出战，且纵兵骚扰居民，肆意抢杀，大为地方之害。着李瀚章、曾国荃按照所参各款，确切查明，据实具奏，毋稍徇隐。原片着钞给阅看，将此各谕令知之。"寻奏："遵查提督姜玉顺驻扎云梦，防剿尚属得力，实无纵兵骚扰等情。勋字营系提督杨鼎勋所带，因追贼路过云梦，勇丁饥甚，偶有爬城求米者，误与团防斗殴。经杨鼎勋弹压，旋即和解，并未杀毙平民。"报闻。（《清穆宗实录》卷213）

（同治六年十一月壬戌）谕军机大臣等："刘长佑奏，追击枭匪获胜，贼踪南窜，并陈济清追贼情形各折片……刘长佑所部楚勇，仍着严加管束，地方举办团练，官文当饬各牧令斟酌机宜，务须操纵得当，毋滋流弊……"（《清穆宗实录》卷216）

（同治六年十一月壬戌）又谕："李瀚章奏'霆军营官吞饷滋闹，火药局失火，暨新授藩臬两司各饬赴本任'等折片。管带霆营武员史宗兴等克扣饷项，以致兵勇鼓噪，游勇乘机抢掠，几致酿成事端。现将滋事勇丁正法后，尚能安静。仍着曾国藩、李瀚章严饬娄云庆、宋国永、邓训诰等，将各营勇丁妥为钤束，毋令再蹈从前覆辙……将此由五百里各谕令知之。"（《清穆宗实录》卷216）

（同治十年二月己巳）又谕："李瀚章奏'提督郭松林因母病请假归省'等语。提督系专阃大员，湖北地方操防尤关紧要，郭松林因母病请假，原无不可，惟应奏明请旨，或由督臣奏请，俟给予假期后，方准起程。乃该提督不候谕旨，辄即回籍，实属非是。郭松林着交部议处，仍赏假一个月，假满后迅即回任，毋许耽延。李瀚章于郭松林请假，未经请旨奏定假期，先准回籍，亦属不合。李瀚章着一并交部议处。”（《清穆宗实录》卷304）

（同治十年十二月）癸亥，谕军机大臣等：“吏部左侍郎胡家玉奏‘时局艰难，宜豫筹挽救’一折。军营勇丁随时招募立营，自应核实办理，方能兵归实用，饷不虚糜。若如所奏，各营勇数，多不过七八成，少不及五六成，捏报虚额，冒支军粮，此等情弊，殊堪痛恨。当此经费支绌之时，岂可任令陋习相沿，漫无稽察？着各直省督抚，于现有各营认真查核，务按实在数目，归并立营。如查有营官以少报多情事，立即从严惩办，以儆效尤。此外陕甘、贵州等省，现有他省派往助剿之营，如有勇额不足情事，各该督抚访有确据，亦着随时奏闻。并着遵照兵部奏定章程，每届三月，将勇数造册报部，不得任意迟延，稍涉含混。其现无军务省分，留防之勇为数尚属不少，岁糜帑项甚巨。该侍郎请将各省防勇陆续裁汰，多不过暂留七八千人，少或酌留三四千人，自为节饷起见。着各督抚体察情形，奏明办理。至所称‘长江既添设水师分布汛地，而自瓜洲口上至汉阳镇一带，沿江尚有留防之淮扬水勇，未免重复。李朝斌所带之水勇，尚在苏州等处屯扎，请一并裁撤’等语，着曾国藩等妥筹办理。各省抽收厘金，因军饷孔亟，未能概行停止。第恐局卡各员假公济私，额外需索，借饱私囊，流弊不可胜言。着各督抚随时访察，有犯必惩，毋稍徇纵。其有可以裁减局卡之处，并着酌量情形，分别办理。原折均着摘钞给阅看。将此各谕令知之。”（《清穆宗实录》卷325）

（光绪六年十月己亥）又谕：“詹事府左庶子张之洞奏‘刘维桢、刘连捷两军，平日空籍太多，临行凑募。刘维桢所部，多系黄陂、孝感游手浮惰之徒，刘连捷所部半是直隶、山西沿途乌合之众’等语。山海关防务极为紧要，若如所奏，刘维桢、刘连捷两军平时既多缺额，临行凑募成军，缓急岂能得力？着曾国荃按照所奏各节确切查明，据实具奏，毋稍回护。将此谕令知之。”寻奏：“遵查刘连捷等军并无缺额凑募情弊。”报闻。洋务 （《清德宗实录》卷121）

（光绪八年十月丁卯）又谕：“涂宗瀛奏‘本年八月间，抚标操防营哨官把总杨得魁赴钱铺兑银，与铺伙争吵。江夏县知县蔡炳荣经过查询，该把总出言顶撞，蔡炳荣因其身穿短衣，疑为武生，当即戒饬示儆。九月间，该营兵丁因与县役口角，辄掷砖将蔡炳荣碰伤。复因将队目看管，群赴中军衙门乞恩。愚昧妄为，咎均难辞。现将管带官参将焦克胜等撤任察看’等语。湖北操防营兵丁滋事一案，闻该兵丁等有纠众滋闹、拆毁衙署情事，与所奏殊不相符。此种刁风万不可长，着涂宗瀛等将此案实在情形查明具奏，并将约束不严之该管官弁从严参办。该督等务当整顿营规，申明纪律，以肃行伍，毋得稍涉徇纵。将此各谕令知之。”现月 （《清德宗实录》卷153）

（光绪十年九月）辛酉，谕内阁：“詹事府左庶子恽彦彬奏‘闻湘、鄂两省因募勇纷繁，地方受累，请饬统帅约束’等语。军律首在严肃，若召募之始，即有索饷骚扰情事，焉能练成劲旅？着该统兵大臣等申明纪律，严饬将弁，于所至地方不得稍有扰累。倘有此等弊端，即着该大臣、督抚严参惩办，毋稍宽纵。将此通谕知之。”现月档 （《清德宗实录》卷194）

（光绪三十一年正月）癸巳，谕内阁：“铁良奏‘遵旨抽阅江苏等省营伍情形’一折，据称‘陆军以湖北之常备军为最优……’等语。各省营伍叠经严谕该督抚等认真整饬，勤加训练，不啻三令五申。乃除湖北陆军外，其余各省积习迄未力除，实属有负委任。湖广总督张之洞夙抱公忠，所练陆军独能出色，深堪嘉奖……”现月 （《清德宗实录》卷541）

（宣统三年八月辛酉）又谕："电寄端方，据电奏'鄂军自宜至涪，历经山僻险滩，备尝辛苦，奋勇异常。经过地方，纪律严明，恪守规则。恳传旨嘉奖，以作士气'等语，所有协统邓承拔，标统曾广大，管带董海澜、李锦标，以及标队官排长、目兵等，均着传旨嘉奖。"（《宣统政纪》卷61）

10. 军队操练

（康熙四十一年十月）丁未，上谕大学士等曰："国家承平之日，武备不可一日少弛……湖广、陕西、福建之兵俱强，惟江南、浙江、江西、广西之兵俱懦弱……"（《清圣祖实录》卷210）

（雍正元年九月辛卯）谕湖广总督杨宗仁："……今奉天等处将军、副都统官员俱令酌选数名，着为定额，其提督、总兵以下等官亦宜照例酌定，各于该管兵内查有不堪者，亟应沙汰，选择年力精壮、汉仗雄伟者顶补。嗣后营伍骑射须时加操演，火器营兵在春、秋二季操演，水师营兵在战船操演。其安营布阵、进退作止之法务令精熟，盔甲、器械、船只等项务令坚固……兵丁内有实能效力、弓马娴熟者，遇有把总缺出，即行录用，以示鼓励。其懒惰刁悍者，严行责革，以彰法纪……尔封疆大吏，各宜敬凛，毋忽。"（《清世宗实录》卷11）

（雍正二年七月）辛酉，兵部议复："兵部侍郎牛钮条奏，江宁、杭州、荆州、京口、广州、福州等处驻防兵丁请令学习水师，勤加操演。查京口现设战船，应令该将军拣选兵丁二千名，学习精熟，于协领、参领、防御、骁骑校内派出一半，管辖操演。其江宁等处并无战船，未便学习水师。"从之。（《清世宗实录》卷22）

（雍正六年九月）己酉，谕内阁："各省水师兵丁，惟福建最为熟练，朕前降旨，令蓝廷珍拣选五十名，发往浙江，照陕西兵丁赴浙之例，令其补充营伍，教习浙江水师。其起身盘费及到浙安插之处，令高其倬、李卫照例赏给。查湖北、湖南共有水师七营，向来操演亦未精熟，须得闽人为之教导。着照浙江之例，令蓝廷珍拣选熟练之兵丁五十名发往湖广，交与总督、提督分拨各营，令其教习。其起身盘费及在楚安插之处，亦着高其倬、迈柱等照浙江之例，料理赏给。再，旧例湖广镇标、协标考拔千把，先行咨送提督，转送总督，再加考试，方行补用。但湖南、湖北路途遥远，又隔洞庭之险，微弁往返艰难，资斧不易，且致久旷汛守。嗣后湖北二十四营千、把专隶总督考定，咨知提督，湖南二十四营千、把专隶提督考定，咨知总督，俾微员得省远行之费，而汛守亦不至于久旷。若新任总督、提督到楚之时，南北各标武职等官仍听总督、提督通行调试，分别优劣。”（《清世宗实录》卷73）

（雍正七年八月）甲寅，谕兵部：“盛京旅顺地方，虽设有水师官兵，而俱不能谙练水师事务，若无教习之员，恐其有名无实。着福建水师提督蓝廷珍于千总内拣选数员，于兵丁内拣选数名熟谙水师者，令赴盛京，交与该将军，令其教习旅顺水师官兵。其由福建起身之时，着该督抚照资助送往浙江、湖广弁兵之例，给与盘费。”（《清世宗实录》卷85）

（乾隆四年十月癸卯）（湖广总督班第）又奏：“湖北吏治，大概谨饬。营伍陆续操验，缘湖北兵丁，系在腹地，向不十分演习。自调任督臣，德沛设立赏格，不时亲操，队伍始为整齐。而鸟枪弓箭，以操演未久，尚未得法。现又重立赏格，通饬勤操……其地方一切利弊，非灼见者不敢率奏，如有确应办理之事，当与抚臣和衷商办。”得旨：“所见甚是，知道了。德沛即系好总督，能效法之，则湖广之民皆受卿惠矣。”（《清高宗实录》卷103）

（乾隆十一年四月乙未）湖广提督王无党奏：“操练兵丁并教习钢叉、

长棍，于攻取苗寨，可收实效。”得旨：“士卒自应教练，亦惟用之得其法耳。”（《清高宗实录》卷265）

（乾隆十四年七月）戊午，谕：“适阅荆州、青州、乍浦、河南学习围场官员兵丁等射布把，类皆生疏，弓软不及布把，甚至半途落地。伊等驻防外省，学习技艺，理宜勤为教导，各省将军、副都统俱有训练官兵之专责，除操演官兵外，并无别项官差。此事尚不经心，将复何事可办？今官兵技艺，该管大臣等不事教演，以致生疏，殊属非是。从前朕降旨训饬数次，今尚如此，理宜将该管大臣等治罪，姑加恩宽免。着传谕荆州等四省将军、副都统、城守尉，令其留心训习各该管官兵，以期精锐。嗣后朕躬亲阅看，或特派大臣查看，倘仍如是，定行治罪，并通行各省将军、副都统等知之。”（《清高宗实录》卷344）

（乾隆二十四年六月丙辰）荆州将军嵩椿奏：“荆州城守参将兼管之水师营设有战船，于每岁秋令参将带领城守营兵驾船操练，满兵虽解骑射，于水路攻战之法未娴，请于绿营领兵操练时一体演习。”得旨：“好。但不可滋生事端。”（《清高宗实录》卷588）

（乾隆三十七年二月甲申）（兵部）又议准荆州将军傅玉奏称，荆州四、七两月雨多天热，兵难操演，请照京城例停操，应领火药裁。从之。（《清高宗实录》卷903）

（乾隆四十年八月甲辰）兵部议复：“署湖广总督湖北巡抚陈辉祖奏称‘荆州水师系守备专营，每年仅止宜昌总兵巡察一次，就近并无营将管辖，易致生疏。至管理巡查岳州水师守备之该营参将及长沙协副将，俱非水师人员，于教练无益。请嗣后水面操演，将荆州守备营责令宜昌前营游击，岳州守备营责令洞庭协副将，随时亲往阅验。其岁底巡察，荆州水师仍令宜昌总兵查阅，岳州水师改归洞庭副将办理，将长沙副将

阅验旧例停止’，应如所奏。”从之。（《清高宗实录》卷989）

（乾隆五十一年八月庚午）署湖广总督李侍尧奏：“准兵部咨，州县民壮，派十分之六演习鸟枪。查湖北省与湖南苗瑶杂处者迥异，即施南、郧阳、宜昌近山各处，均在腹地，无须使用鸟枪。况民壮有协同兵丁缉盗、解犯等差，未便再令随营演习。再鸟枪民间禁用，应请无庸演习，以杜奸民影射私藏等弊。”得旨：“所议是。近有旨一概禁习矣。”（《清高宗实录》卷1263）

（嘉庆元年三月）庚申，谕内阁：“健锐营向设有云梯一项，专挑兵丁习演，最为趫捷。即如此次荆州剿捕贼匪，若该处满兵习用云梯，岂不更易蒇事？何至用炮攻击，致耽时日？嗣后外省驻防满兵处所，该将军等当挑选数百名演习云梯。而绿营中兵数较多，每省督抚提镇标下，亦可酌挑一千名使之随时演习，俾臻精熟。”（《清仁宗实录》卷3）

（嘉庆二年九月）庚寅，谕军机大臣等：“宜绵奏请于四川、陕甘共添练备战兵二万名，湖北、河南各添五千名，分营操演。其言似属近理，然折内称一月招募，两月勤操。又称一两月内贼匪全清，此种战兵，仍可放归本业，殊属自相矛盾。试思招募既需一月，训练又复多时，然后调至军营尚有数月之久，宜绵竟坐待新兵，不思进讨乎……其河南、甘肃，着景安、英善体察情形，酌量增添。必须实力训练，可期实效，倘将来不能得力，则惟该督抚是问。”（《清仁宗实录》卷22）

（嘉庆四年五月乙酉）谕军机大臣等：“倭什布奏，安设楚省各边界卡座，操练兵勇，所办俱好。惟所称由川、陕两省受抚来归年力精壮者，拨令工作，或分拨各站充当站夫，虽为分散难民起见，但令在工所力役则可，而置之各站则不可。此等从贼营投出之人，终不可信，倘故智复萌，与贼党暗相勾结，或将粮运文报阻滞，稍有不虞，所关非细。此事

断不可行，着倭什布另筹安插。”（《清仁宗实录》卷45）

（道光二年七月壬辰）大学士陕甘总督长龄复奏操演章程：“督标五营并城守营，定为每月分双单日操演枪箭，逢十合操阵式，并演打大炮。前剿办川、楚教匪，目击长矛最为得力，爰于六营专设矛手，复令各营步兵兼习长矛，间日操演，分别劝惩。数年来颇见功效，现行知各提镇一体加操，俾成劲旅。”报闻。（《清宣宗实录》卷38）

（道光六年十二月庚申）谕内阁：“前据嵩孚奏，湖北、湖南各营云骑尉世职补缺，例将该省候补人员通行檄调考核。惟地方穹远，遇有调考，往返需时，有旷操演，请将成例稍为变通。当交兵部议奏。兹据奏称，此项世职，每遇补缺全行檄调，营员未免苦累。着照所请，嗣后遇有守备缺出，轮用世职先将到标名次在先之员调考。若弓马才具俱堪称职，即将该员题补。倘弓马生疏，饬回原营练习，再调其次之员考验。如仍难称职，即挨次递推调补，下次缺出，仍将前次退回原营之员调考。如练习胜前，准将该员题补。倘仍前生疏，即着勒令休致。所遗世职，另行承袭。至各省云骑尉世职，情形均属相同，俱着照此画一办理。并着该督抚、提督于校阅营伍时，将世职人员择其技艺优长、年分较深及平日差操勤慎者，随时存记。遇有应补缺出，即可核实拣补，以重营务而励人材。”（《清宣宗实录》卷111）

道光十一年辛卯六月辛巳朔，谕军机大臣等：“卢坤奏‘前在关中阅看陕甘总督杨遇春教演之速战阵，其抬炮一项，连环施放，高下皆宜，实为神速利器，现拟于楚省七营照式铸造七十尊、喷筒一百四十杆，挑选兵丁演习。惟该省将备向未谙习，必须熟悉员弁操练，方期得力’等语。着杨遇春史谱即于陕西抚标内选派谙悉速战阵之千、把总二三员，酌带演放抬炮兵丁数名，并制造炮位工匠二三名，饬令赴楚制造教演，以资练习。俟该省兵丁熟习后，即令仍回原营当差。将此谕令知之。”

（《清宣宗实录》卷190）

（道光二十四年二月甲辰）谕内阁："前据裕泰奏，湖北汉阳水师营添造战船，请派拨弁兵操演，酌给薪水口粮，当交该部议奏。兹据该部核议具奏，均着照所议办理。水师营添设船只，全在管驾得力，操演习熟，方可备缓急之用。着该督责成派出各员弁妥为保护，毋令日久损坏，并按期认真操阅，不时稽查。如该员弁等废弛偷安，即着从严参办，毋得视为具文，有名无实。"（《清宣宗实录》卷402）

（道光二十六年二月戊子）湖广总督裕泰等奏："湖北各营奏准添设枪炮，必须随时操演，而营储药铅，系豫防征调之用，未便有缺无补。现在筹捐银一万两，发典生息，以备制补动缺药铅之用。庶操演有资，武备借以整顿。"得旨："所办好。依议妥行。"（《清宣宗实录》卷426）

（道光三十年十二月己巳）又谕："有人奏'广西现调兵丁，宜加防范，有四可虑'等语。国家用兵，所以卫民，第恐驾驭无方，则卫民之兵，适以害民，搜捕贼匪，出入民舍，借端抢夺，患与贼等。乡勇在前，固称得力，官兵在后，宜筹策应。至于楚兵之骄悍，土贼之勾连，尤赖统兵大员随时训练，逐处稽查，方能有备无患。着李星沅等按照折内所指各情，悉心体察，总期兵与民安，勇与兵睦，同心勠力，绥靖边疆，方为不负委任。原片着钞给阅看。将此谕令知之。"（《清文宗实录》卷23）

（咸丰二年十二月丁丑）谕军机大臣等："候补四品京堂胜保奏'江南省城，亟宜扼要设防'一折。现在逆匪窜入汉阳沿江一带，防御吃紧，江南省城尤为重要，必应筹备严密，乃可杜贼匪之觊觎。着祥厚、陆建瀛、杨文定、霍隆武、文艺按照所奏，妥速筹商，无论驻防、绿营、水师、陆路各官兵，遴派得力将弁，一体勤加操演，务令悉成劲旅，以卫省垣，并于江岸上游择要严防，扼贼东下之路……"（《清文宗实录》卷78）

（咸丰五年十月辛丑）又谕："奕格等奏'遵挑余丁候调'一折，据称'于齐齐哈尔城等处，挑选精壮余丁共五百名，并拣选协领等官管带'等语，所有挑出余丁，着奕格即饬管带各员勤加操演，俟有谕旨调拨，再行启程赴楚……"（《清文宗实录》卷180）

（咸丰十一年八月庚申）谕军机大臣等："曾国藩奏'请将上海现泊轮船驶赴上游，豫为练习'等语。现在筹买外洋船炮以资剿贼，而购到尚需时日，曾国藩请先将现泊上海洋船，令楚军豫为演驾，洵属有益。着薛焕即将上海现泊之'土只坡'洋船，迅派干员，克日押令上驶安庆一带，交曾国藩军营，俾资演习。楚军饷项缺乏，一切弁勇工匠口粮，仍照向章在于上海支领。其损坏轮船一只，并着迅速修理完好，驾赴安庆，俾两船更替轮转，以资利用。将此由六百里谕令知之。"（《清穆宗实录》卷2）

（同治二年五月戊辰）谕议政王、军机大臣等："总理各国事务衙门奏'中国自置火轮兵船将抵海口，所有添买军装、器械豫筹月支经费，在各海关分拨，并酌定节制章程'一折。据称'此项轮船，除前拨过银八十万两外，并在英国借银十五万两，在上海借银十二万两，共计需银一百零七万两，又应支粮饷、军火等项一切用款，每月统给银七万五千两，均经该衙门向李泰国再四驳诘，酌定章程，及由中国选派武职大员，作为该师船之汉总统。所延外国人阿思本作为帮同总统，以四年为定，用兵地方，听督抚节制调遣。阿思本由总理衙门发给札谕，俾有管带之权，随时挑选中国人上船学习'各等语，着即照议办理。此项轮船驶抵海口后，即着曾国藩、李鸿章节制调遣，并着派令武职大员作为汉总统会同办理。其前所拟之蔡国祥如能胜任，着即责令统带，以资得力。其如何驾驶之法，总须一切调度机宜事权，悉由中国主持，方为妥善。至中国人上船学习驾驶炮位等事，总期迅速谙练，该督等前奏配用楚勇，当已豫为派定，即着饬令蔡国祥随时督率学习。此项轮船，现在自以先剿金陵等处发逆为要，贼平之后即可以为巡缉私贩之用。无论如何用法，总须俾中国人熟习驾驶，收其利益，断不可日久仍为外国人所主持。其月饷等项银两，官文、曾国藩、李鸿章务须按期支给，不可丝毫短少拖欠，致令有所借口。总理衙门原折及照录现议章程五条，均着钞给阅看。将此由六百里各谕令知之。”（《清穆宗实录》卷68）

（同治五年五月辛巳）谕军机大臣等：“曾国荃奏‘续招新军到鄂，赶紧训练赴防，请裁后路、西路各营，以节饷需’一折。提督郭松林、道员彭毓橘所募湘勇七营现已到鄂，其余各营，六月均可到齐。曾国荃拟赶紧训练，即檄进扎随州唐县镇，仍着官文、曾国荃和衷商榷，妥协办理。协领喜昌等所带各营既难得力，自应裁汰，以节饷需。惟各营人数众多，概行遣撤或恐别生事端，且其中亦未必尽属羸弱，若选其精壮分别去留，束以新规，去其旧习，未始不可收转移之效。并着官文、曾国荃妥筹商办，务使兵归实用，饷不虚糜。其既遣之勇，断不可令其复来应募。其满、绿各营，并着一体操演，未可专恃招募，致成冗军。从前湘勇由各路溃回者甚多，此次新招之军，亦不可令其应募。官文、曾国荃务饬各营严密稽察，毋任滥充滋弊。将此由五百里各谕令知之。”（《清穆宗实录》卷177）

（同治六年五月丁卯）署湖广总督谭廷襄奏：“挑选绿营精壮官兵，仿照直隶章程扎营教练。”得旨：“着咨明李瀚章认真训练，不准日久生懈，以期悉成劲旅。”（《清穆宗实录》卷203）

（同治九年七月癸酉）湖广总督李瀚章等奏：“遵旨整顿长江水师，严申纪律，饬令认真操练巡防。”得旨：“着该督抚会同水师提督黄翼升檄饬将弁认真操练，于该管地方严密巡查，遇有匪徒，立即捕拿惩办，毋得视为具文。”（《清穆宗实录》卷286）

（同治十年五月甲午）谕军机大臣等："英翰奏'饷源日绌，现筹办理情形'一折……皖省与楚北相近，水陆要隘，尤须兵勇严防。该抚所留勇丁，务当勤加训练，实事求是，俾成劲旅，以备不虞……将此由五百里谕令知之。"（《清穆宗实录》卷310）

（光绪二年三月戊戌）兼署湖广总督、湖北巡抚翁同爵复奏鄂省收标章程："挑精壮者练习弓马，给予津贴，行之多年尚属得法，请仍循旧章，毋庸另议。"报闻。（《清德宗实录》卷27）

（光绪九年五月）戊子，荆州将军祥亨等奏查拿教匪。得旨："着该将军等督饬官兵认真操练，并会同地方官巡查缉捕，以靖闾阎。"折包（《清德宗实录》卷163）

（光绪十三年闰四月）甲寅，湖广总督裕禄奏："遵保谙练戎事，堪备缓急武职各员。"得旨："罗搢绅等均着交军机处存记。"（《清德宗实录》卷242）

（光绪二十四年九月丁巳）又谕："电寄张之洞等，据英国议绅、水师提督贝思福以中国练兵为要，与总署王大臣面商，愿荐将弁教练，先从南省办起。着祥亨、张之洞早为豫备，于驻防营挑选一千名，练军各营挑选一千名，务期年力精壮，一律整齐。俟所荐洋将到鄂再与详议章程，派员会同督练，以观后效。"电寄　（《清德宗实录》卷429）

（光绪二十四年十一月壬子）谕军机大臣等："电寄张之洞，电悉。英议绅贝思福商询各节，京城设军务处，用英参谋一说，断不可行。将来如果来京商办，应仍照原议，就鄂省先练二千，一切荐员教练，归我节制，临时由该督妥慎筹酌，务须豫防流弊，操纵在我。贝思福现赴江

宁，并着刘坤一即本此意应付，以免两歧。”电寄 （《清德宗实录》卷433）

（光绪二十五年七月乙卯）湖广总督张之洞奏练兵情形。得旨：“着督饬该将弁随时认真训练，毋得日久懈弛。”折包 （《清德宗实录》卷448）

（光绪二十五年七月癸亥）荆州将军祥亨奏：“挑练旗兵以资捍卫。”得旨：“着即督饬认真训练，毋得虚糜饷项，俾成劲旅，以资镇摄。”折包 （《清德宗实录》卷448）

（光绪二十五年八月丙戌）荆州将军祥亨等奏荆州驻防兵勇操练情形。得旨：“即着督饬认真训练，随时校阅，毋稍懈弛。”折包 （《清德宗实录》卷449）

（光绪二十六年正月戊辰）湖广总督张之洞奏校阅湖北近省各绿营并武汉练军防营操演行军队情形。得旨：“着即勒限上紧操练行军队，复加校阅，据实奏闻。”折包 （《清德宗实录》卷458）

（光绪二十七年十二月丁巳）荆州将军济禄等奏：“革除旧习，改练新军，咨商湖广督臣酌拨新式枪炮，以资操练。并由满营挑选精壮，附入省城武备学堂，随同练习。”得旨：“着即认真训练，切实考校，期成劲旅。”折包 （《清德宗实录》卷492）

（光绪二十八年十一月乙丑）（湖广总督张之洞）又奏：“挑选荆州驻防旗兵，入省城武备学堂，教以炮法。”报闻。折包 （《清德宗实录》卷507）

（光绪二十八年十一月乙丑）（湖广总督张之洞）又奏：“酌调湖北护军营勇一旗，并将弁学堂教练队前赴江南，训练各营。”报闻。折包 （《清德宗实录》卷507）

（光绪二十八年十一月己巳）谕内阁："练兵之道最忌纷歧，曾经叠次降旨，饬各省督抚整顿兵制，期归一律。乃近来各省奏报仍多空言搪塞，绝少切实办法，殊难望有成效。查北洋、湖北训练新军颇具规模，自应逐渐推广。所有河南、山东、山西各省速即选派将弁头目，赴北洋学习操练，江苏、安徽、江西、湖南各省选派将弁头目，赴湖北学习操练。俟练成后，即发回各原省，令其管带新兵，认真训练，以资得力，而期画一。每年由北洋、湖北请旨，简派大员分往校阅，按其优劣，严加甄别，用副朝廷整饬武备、实事求是之至意。其详细章程及应派将弁数目，着袁世凯、张之洞妥议会奏。"寻奏："各省挑选将目赴北洋、湖北学习操练，谨拟章程十二条。一、分设学堂学营。一、定学额。一、选将弁。一、限考期。一、优薪饷。一、筹杂费。一、备器械。一、定学期。一、奖优等。一、毕业考验。一、回省委用。一、画一操法。"如所请行。（《清德宗实录》卷507）

（光绪二十九年正月己卯）革职留任湖南巡抚俞廉三奏："筹办湖南练兵事宜，酌拟常备、续备军营制饷章，一面挑选员弁，派往湖北学习操练。"得旨："着赵尔巽到任后，随时整顿，认真训练，以期饷不虚糜。"折包 （《清德宗实录》卷511）

（光绪二十九年二月丙申）（直隶总督袁世凯）又奏："遵饬各省挑选将目，赴北洋、湖北学习操练，谨拟简易章程。一、分设学堂学营。一、定学额。一、选将弁。一、限考期。一、优薪饷。一、筹杂费。一、备器械。一、定学期。一、奖优等。一、毕业考验。一、回省后委用。一、画一操法。"如所请行。（《清德宗实录》卷512）

（光绪二十九年十月丙辰）谕军机大臣等："前经谕令各省选派将弁，分赴北洋、湖北学习操练，以资得力，而期画一。并饬袁世凯、张之洞将详细章程及应派将弁数目，妥议具奏。上年政务处议复各省奏请改定武职各缺，复经谕令该督等核议具奏，至今尚未奏到。现在时事艰难，练兵尤为当务之急，着袁世凯、张之洞仍遵前旨，详细妥议章程，迅速具奏，请旨遵行。将此各谕令知之。”现月 （《清德宗实录》卷522）

（光绪二十九年十月）辛酉，荆州将军绰哈布等奏：“荆州旗营择要改练常备一军，认真操练，期成劲旅。”报闻。折包 （《清德宗实录》卷522）

（光绪二十九年十二月戊午）荆州将军绰哈布等奏：“荆州驻防常备一军，援照鄂省营制，择要改练。”下政务处议行。（《清德宗实录》卷524）

（光绪三十年三月壬午）兼署湖广总督、湖北巡抚端方奏：“上年添募四营业已成军，兹又召募四营，名为常备军前锋，派委日本学习陆军学生举人刘邦骥管带，一律练习新操。”下部知之。折包 （《清德宗实录》卷528）

（光绪三十年三月辛卯）荆州将军绰哈布等奏：“荆州驻防改练新军，遴派官弁入省城学堂学习，以资教练。”下练兵处、户部知之。折包 （《清德宗实录》卷528）

（光绪三十一年三月乙亥）安徽巡抚诚勋奏：“皖省武备学堂练军，召募成营，营制饷章参照湖北洋操章程办理。原拟经费不敷添置，拟每年加增银一万二千两，合之常年饷需，以三万五千两为度，饬统带谭学衡核实办理，期收成效。”下所司知之。折包 （《清德宗实录》卷543）

（光绪三十二年九月乙巳）广西巡抚林绍年奏：“桂省筹议新军，当人心尚未大定之时，由省至边远数十站，无论练少不足助声威，即练多亦难资遣用。现龙州已照湖北武健军规制新练两营，近又议照郑孝胥前

奏，加练炮队，以期得力……”（《清德宗实录》卷564）

（光绪三十三年八月丁卯）（湖广总督张之洞）又奏：“鄂省营制饷章，按照练兵处章程改正，仍酌量变通，以期撙节。”下部议。（《清德宗实录》卷577）

（光绪三十四年七月甲午）陆军部奏：“湖北、江苏陆军，编练各成一镇，请派大员考验。”得旨：“着派副都统王英楷前往认真考验。”（《清德宗实录》卷594）

（光绪三十四年十一月甲辰）又谕：“荫昌、端方奏‘遵旨校阅陆军会操情形’一折。据陈此次会操始末情形，并披览单图，于江、鄂两军部署之方，攻守之术，颇为完密。端方、陈夔龙督率将士，简练有方，深堪嘉许。仍着督饬认真训练，以整戎行，用副朝廷整军经武、实事求是之至意。”现月　（《宣统政纪》卷3）

荆楚文库

《清实录》中湖北史料辑录（六）

谢贵安 谢 盛 主编
谢贵安 编著

荆楚文库编纂出版委员会
武汉出版社

13. 军需军饷

（顺治十二年正月）壬子，谕内外文武官员等："朕奉天子民，孜孜图治，夙兴夜寐，罔敢怠荒，庶望休息安养，渐兴教化，以奏升平。乃疆圉未靖，水旱频仍，储偫不充，兵民憔悴，流离困苦，永念恻然。虽恩赦屡颁，而奉行无法。每思与朕共理天下者，唯尔内外文武诸臣是赖。已有谕旨，自朕躬阙失以及政事未当之处，俱令各官悉心条奏，采择施行。兹以朕思虑所及，先颁敕谕，着各该管衙门，作速遵奉……一、各处兵丁日见穷苦，皆因督抚镇道不能洁己厘弊，将领馈送悉出兵身，所领月粮得不偿失，深可痛恨。着严行禁革，应支月粮，务须依期给发，不许官吏需索使费，将领借端侵扣，违者重究。一、大军养马及驻兵地方应支粮米草豆，虽动正项钱粮，而运送脚价及各项器用所费不赀，悉系民间备办，最为苦累。着该督抚详察报部，酌量销算。其有奸贪官吏指称供应大军分外多派，用一科十，折敛入己者，严察劾奏，治以重罪……以上事款，内外文武衙门作速遵行。系在外者，该部誊发各总督、巡抚，将行过缘由逐款奏缴，不许视为具文，玩忽迁延，自干宪典。"（《清世祖实录》卷 88）

（康熙六年九月）戊申，湖广道御史萧震疏言："国用不敷之故，皆由于养兵。以岁费言之，杂项居其二，兵饷居其八。以兵饷言之，驻防之禁兵、藩兵居其二，绿旗兵又居其八。今黔、蜀两省，地多人少，诚行屯田之制，驻一郡之兵，即耕其郡之地；驻一县之兵，即耕其县之地；驻一乡之兵，即耕其乡之地。如此，则国家养兵之费既省，而两省荒田亦可渐辟矣。"下部议行。（《清圣祖实录》卷 24）

（康熙十三年三月）丁卯，命都察院左都御史多诺、兵部侍郎纳布、内阁学士李仙根，往荆州督理大兵粮饷。（《清圣祖实录》卷 46）

（康熙十三年六月）甲辰，谕总理粮饷左都御史多诺等："前遣尔等督理湖广通省粮饷，今闻岳州兵马、草豆匮乏，尔等可分一人前往武昌备办。曩当太平之时，湖北、湖南巡抚二人分治。今军兴之际，不得仍以地方分属为诿。尔等会同湖北巡抚张朝珍，即选才能官员备办军需，无致缺乏。岳州马匹倘有不足，可将顺承郡王军前马量为拨给。又王师渡江或取宜都等处，所需船只当于荆州预造百艘。其作何造办及所需工费，详议以闻。"（《清圣祖实录》卷 48）

（康熙十三年八月甲辰）先是，经略莫洛以秦省兵单，请添设绿旗兵万余以资战守。上谕："增兵必须增饷，国家钱粮，止有此数。兹大兵进剿，浙江、江西、湖广需饷浩繁，尔经略所知，前因馈运不给，致王怀忠等兵逃散……若增兵万余，贝勒、经略又统诸军深入，万一糗粮难继，恐禁旅有匮乏之虞，而绿旗兵复蹈前辙矣……"（《清圣祖实录》卷 49）

（康熙十四年六月乙亥）宁南靖寇大将军多罗顺承郡王勒尔锦疏报："逆贼逼近彝陵，兵众舟多，又于虎渡口诸处转运粮饷火器，宜急断其运道。但断水路必须战舰，今荆州只存沙唬船四十艘，不足备用。"上命大将军贝勒尚善发岳州战船四十艘速赴荆州。（《清圣祖实录》卷 56）

（康熙十八年二月庚辰）宁南靖寇大将军多罗顺承郡王勒尔锦疏言："臣兵在彝陵诸处更番来往，水土不宜，致马多毙。请以近地所备马速行拨给，以资进剿。"得旨："兹正前往征剿之际，于武昌预备马内拨一千匹，委才能官员速送大将军顺承郡王军前。"（《清圣祖实录》卷 79）

（康熙十八年四月）戊寅，征南将军都统穆占疏言："臣自辰州启行，追贼二十日，会大雨泥泞，马毙甚多，致兵士乏骑。"得旨："穆占与大将军简亲王进定广西，宜速拨武昌马千匹送至穆占军前，以给乏马兵

士。”（《清圣祖实录》卷80）

（康熙十八年六月庚寅）谕兵部：“尔部见喂马匹及营驿之马，可选择二千送至武昌，令善加刍秣备用。”（《清圣祖实录》卷81）

（康熙十八年七月）丁巳，谕兵部：“江西南昌备养之马二千四百余匹，湖广武昌备养之马一千匹。移文该抚令遣能员解赴长沙，沿途爱护，勿致缺额。付巡抚韩世琦加意饲秣，毋令羸瘦。马毕到长沙仍令韩世琦报部。”（《清圣祖实录》卷82）

（康熙十九年二月丁卯）谕议政王大臣等：“今四川已定，杨茂勋等所乘船俱无所用。粮饷关系重要，其令郎中苏赫臣、员外郎噶迩萨亲督粮务，即以此船载楚饷，溯江运至顺承郡王军前，勿令断绝，有误军需。”（《清圣祖实录》卷88）

（康熙十九年六月庚辰）户部题：“前以大兵征剿逆贼，将湖广漕粮一十六万三千余石俱留供应，又将江南、浙江二省漕粮五十四万余石改折充饷。今京城支放数多，各省运米数少，相应将康熙十九年分湖广漕粮起运，及江南、浙江二省改折仍征本色，亦照旧起运。”从之。（《清圣祖实录》卷90）

（康熙十九年十一月乙丑）谕兵部：“将军噶尔汉等深入剿贼，转运粮饷最为重要。郎中范承勋已至彝陵，自湖广进蜀，一路官兵粮饷可令范承勋身自督趣，毋误转运。”（《清圣祖实录》卷93）

（康熙二十年正月戊寅）郎中额尔赫图疏言：“军粮仅供目下之用，请速拨饷米接济。”上谕：“大兵粮饷所关重大，巡抚王新命可先拨湖广银十万两星夜解交郎中额尔赫图。至由川江运送兵米，亦宜乘此水退之

时，源源不绝速运军前。如或迟缓，贻误军机，所司各官俱按军法重惩不宥。”（《清圣祖实录》卷94）

（康熙二十年四月丙申）湖广提督徐治都疏言：“逆贼谭弘之子谭天秘势穷力蹙，遁入山麓，臣率官兵进剿，因转饷维艰，臣已留兵扼守要地，并相机招抚。于三月初十日，自万县还驻夔州。”上谕：“巡抚王新命、郎中范承勋等，乘川峡未涨，速运粮米，用济军需。苟有稽延，俱以贻误军机治罪。”（《清圣祖实录》卷95）

（康熙二十一年二月丙戌）户部议复：“湖广巡抚王新命疏言，从前楚省漕粮留充兵饷，其里民交纳，盘运脚米，亦令折银，以济兵需。今大兵尽撤，漕米已经起运，其里民交纳，盘运脚米，仍请复给。应如所请。”从之。（《清圣祖实录》卷101）

（康熙四十年四月）戊辰，湖广总督郭琇疏言：“湖南常平仓谷舂米得二十万石，若收贮仓中，必致朽烂，请旨作何支用。”得旨：“此米着即拨给荆州兵饷。”（《清圣祖实录》卷204）

（康熙四十年四月乙亥）吏部议复：“荆州将军莽奕禄疏言，湖广督抚驻扎省城，与荆州相隔九百余里，凡大小军需事件往返行文，数日始达，易致迟误，请以督抚内一员移驻荆州。但督抚大员不便移动，应将湖北按察使移驻荆州，拨银十万常贮荆州库内，以备军需。”得旨：“湖北按察使不必移驻荆州，所拨银两着交与荆州驻扎道员管理。”（《清圣祖实录》卷204）

（康熙五十七年正月壬寅）户部议复：“湖广巡抚刘殿衡疏言，沔阳卫屯田实系水淹洼地，岁输屯饷又挽漕运，两差难以兼办，请照清浪卫减则之例，科粮以舒军困。应如所请。”从之。（《清圣祖实录》卷277）

（雍正五年十二月壬午）戊戌，谕兵部："闻湖南驿站棚厂系各官捐备，未设有正项支销，着照湖北之例添设……"（《清世宗实录》卷64）

（雍正七年四月辛丑）兵部议复："湖广总督迈柱疏言，武昌、荆州、常德、岳州安设水师兵船，徒泊江干，并未游巡缉捕，请于原有分防之处，一汛留兵十名驻船一只，其余悉行撤回，存营拨用……均应如所请。"从之。（《清世宗实录》卷80）

（雍正七年四月癸卯）宁远大将军川陕总督岳钟琪遵旨议奏："肃州地方，甚属紧要……至于肃州办理军需，更关紧要。署督查郎阿相隔路远，巡抚许容又属新任，着湖北巡抚马会伯前往肃州办理军需，一切与督抚等公同计议而行，即带管肃州总兵印务，甚为妥便。其湖北巡抚印务，着四川布政使赵弘恩前往署理……"（《清世宗实录》卷80）

（雍正七年七月）壬戌，谕内阁："直省各营缺额马匹例用朋扣银两买补。自康熙十年，山西、河南、陕西、甘肃、湖广、四川六省营马缺额，以招中茶马拨给，所有朋银悉行解部。其后四川、湖广停拨茶马，动朋银买补……"（《清世宗实录》卷83）

（雍正十三年五月甲子）谕办理苗疆事务王大臣等："贵州台拱逆苗不法，扰害黄平地方……再赴黔会剿官兵云集，粮饷最为紧要，应作何运送协济之法，尔等一并速议具奏。"寻议："……至会剿官兵粮饷，请令湖广督抚酌拨，务须充裕接济，并令两广总督鄂弥达悉心妥办。"得旨："依议……"（《清世宗实录》卷156）

（雍正十三年六月）癸酉，办理军机大臣等议复："署宁远大将军查郎阿等折奏'西路军营撤兵事宜……'等语，应如所请。一奏称'江宁等处满兵在内地行走，盘费诚恐不敷，到肃之日，请将江宁、荆州每官一员酌借一季俸银，每兵一名酌借四月饷银……所借银两，在该官兵俸饷内扣还’等语。查江宁、荆州领兵各员，内有协领阿山泰、常在等五十四员，前于倒毙马匹案内已议革职留任，定例不支俸银，现无俸项可抵，应毋庸议。至江宁、荆州兵丁及西安、宁夏官员兵丁，查郎阿等请借银两亦属过多，臣等酌议江宁、荆州兵丁借给两月饷解……所借银两咨部扣还。”得旨：“……伊等所借俸饷银两俱着赏给，不必扣还。江宁、荆州之满洲官兵在军前诸凡不及，废弛满洲旧规，甚为无耻，尔等所议不准借给官员俸银之处甚是，余依议。”（《清世宗实录》卷157）

（乾隆二年闰九月甲申）（湖北布政使安图）又奏：“荆州驻防官兵应需俸饷米折、马匹料草等项银两，向由司库按月委员解交荆州道库，由道发府，就近供支。查逐月解送，员役以及防护弁兵跋涉之劳，均所不免，应请改为四季解送，以示体恤。”得旨：“好，照所请行。”（《清高宗实录》卷53）

（乾隆三年六月丙午）（户部）又议准杨超曾疏请，于本省春拨留备兵饷银内拨银三万二千二百三十两，为本年兵饷之用，以上年应存地丁归补湖北协饷故也。从之。（《清高宗实录》卷71）

（乾隆三年十一月丙辰）（户部）又议贵州总督兼管巡抚事张广泗疏言，黔省安笼等二十四镇协营，每年应需月粮共四万八千五百六十四石有奇，除就近拨支，并楚、粤二省运供本色米石外，统计无闰之年，不足米一万九千二百七十余石……。应如所请。从之。（《清高宗实录》卷80）

（乾隆五年九月丙申）户部议复：“湖广总督班第奏剿抚苗瑶续行事宜：一、军需银地丁项内不敷支用，请于春存并留备协饷各项动支。一、调湖北官兵口粮头料等项，自入湖南境起，凯旋出境止，请于南省支应。

其盐菜银两，如湖北未经解到，南省就近垫支，仍令湖北按数补解。再有派调，一例照办。一、湖北委赴军营官役所需食米，苗地无从购买，请于军粮内支给，其马亦照官兵例支给。再官兵凯旋，沿途口粮，至偏僻地方并无市集，请动仓谷碾支……均应如所请办理。”得旨：“依议速行。”（《清高宗实录》卷127）

（乾隆六年二月丙午）又谕：“荆州满洲城内官兵住房被火焚毁甚多，朕深悯恻，着照京师旗人房屋被火焚毁之例一体加恩，即就近动荆南道库内银两赏给，该部速行文该将军滚泰等，余着察议具奏。”（《清高宗实录》卷136）

（乾隆六年二月辛亥）免湖北出征弁兵借欠银两，谕：“前因楚粤逆苗不法，派拨弁兵前往征剿。今苗疆平定，军务已竣，朕念黔省路远，所有出征之千把、外委、马步兵丁等力量单薄，其启行时借领俸饷银两，免其扣抵还项。今思湖北虽属楚省，然去城、绥亦甚辽阔，弁兵远涉劳苦，着将千把、外委、马步兵丁等原借库银一体豁除，免其扣抵。该部可即传谕该督抚等知之。”（《清高宗实录》卷137）

（乾隆七年三月癸酉）谕：“湖北标镇协营于雍正九年派调马兵一千名赴陕出口，驻扎凉州，随带马一千匹，所有曾经支领干银，以部例折算，该扣还一千三百一十三两。此项虽不在豁免之例，朕念各兵效力边陲，劳苦可悯，且事历多年，其中事故更换者不少。本兵家属既不可以着追，而现在之兵丁所领粮饷又仅敷每日之食用，难以扣抵从前之欠项。朕心轸恤，着将长支豆草价银一千三百一十三两悉予蠲免，俾戎行得沾恩泽。该部可即行文该督抚知之。”（《清高宗实录》卷162）

（乾隆七年十一月甲戌）大学士等议准湖广总督孙嘉淦奏称，提标、镇筸、永州、龙阳、辰州、沅州、澧州、临武、宜章、桂阳、九溪、常德、永定、常水师十四标营俱支折色，每米一石，折银六钱。在当日米贱时，原可敷用。今两湖生齿日繁，兼以各处采买，粮价日昂，折银六钱，不能买米一石，兵丁日食维艰，不可不为筹画。但向征折色之处，若改征本色，则边氓苦累，若增给兵米折价，则标营繁多，经费有定。臣酌量变通，应将停运黔米分派给兵，并将兵米折价银豫给，买米搭放。至湖北本折兼支之督抚、谷城等十九标营，并全支折色之抚标技勇兵丁及施南、远安二营，每石折银七钱，较湖南虽稍宽裕，但时价仍有不敷，北省又无闲款米石可以通融。应将全支折色之营每年豫给二季折银，本折兼支之营每年豫给一季折银，令各该营弁于秋成时购买。不必另建仓廒，即囤放于将弁公廨，次年米贵时按月支放并扣还豫支银，俟通省米价平减，即停止。从之。（《清高宗实录》卷 179）

（乾隆八年七月辛丑）湖广总督阿尔赛奏："两湖存营及湖北出师损坏军装，请于各营每兵百名内留公粮二分，暂准再留一分，以为修补之用。并于司库应支兵饷内一面动给办理，一面于各营领饷时照所存公粮，按季扣还归款。"得旨允行，下部知之。（《清高宗实录》卷 197）

（乾隆九年四月己巳）兵部议准湖广总督阿尔赛疏称，湖广北南两省，外委、千把总随粮支战支守，事未画一。查外委同有分防差遣之责，似应概给战粮。如湖北德安营、汉阳营……俱请改为战粮，与通省画一……从之。（《清高宗实录》卷 215）

（乾隆九年五月甲辰）兵部议准升任湖广总督阿尔赛疏称，汉阳营沙战船四只、巡船四只，荆州城守营巡船三只，宜昌镇沙襄战船三十只……俱请裁……所有议裁各船，确估变价报部。从之。（《清高宗实录》卷 217）

（乾隆九年十月壬申）兵部议复："山东巡抚喀尔吉善奏称，登、兖两镇，暨抚标兵丁盔甲旧敝，请借动建旷制造……现在实属事繁用缺，恳照楚省邀恩成案，酌于每兵百名额留公费守粮二分外，再暂留一分。将借支银两扣清之日，仍旧募补等因。查东省额兵，扣存公费三百七十余分，每岁约银四千余两……足资营用，不便援照楚省之例。应将该抚所请之处，毋庸议。”得旨：“如该抚所请行。”（《清高宗实录》卷 227）

（乾隆十年十一月丁丑）户部议准四川巡抚纪山疏称，进剿瞻对，应行筹备各事宜……司库存银不敷，即借用贮备司库银，俟安庆、江西、湖广等三省协川军需银解到日归还……得旨：“依议速行。”（《清高宗实录》卷 252）

（乾隆十二年十一月壬辰）户部议复：“四川巡抚纪山疏称‘进剿金川案内前后拨湖北、江西、广东等省银一百二十万两，陆续动用银一百万两零。请再于邻省添拨银五十万两，解川备用’等语，应如所请，于秋拨留协银内湖南拨银三十万两，江西拨银二十万两。”从之。（《清高宗实录》卷 302）

（乾隆十三年十月己酉）署湖广总督新柱奏：“楚省督标三营额马二百匹，仅存九十六匹，又多疲瘦不堪，其所缺一百零四匹，惟左营现存马价一百二两零，余俱难以查考。前督臣塞楞额在任两年，不一察究，玩误已极，而各营将领亦不能辞责，应即查参。其派赴川官兵数内本标三营共马兵六十五名，请将衙门办理公事之武昌关口岸银两借给买马，先尽出师兵带往，余陆续买补，于来年应领朋银内扣还。”得旨：“览奏俱悉。”（《清高宗实录》卷 327）

（乾隆十三年十月己酉）是月，户部奏各省秋拨银两。得旨：“知道了。湖北、湖南、江西俱与四川邻近，着将此三省实存银一百一万一千一百余两解往四川，存贮藩库，以备军需之用。该部即传谕各该抚，遵

旨速办。”（《清高宗实录》卷327）

（乾隆十三年十二月辛丑）又谕：“前据高越奏称，川省军需，年内至明年五月尚须拨银八百七十万两。经军机大臣酌议，本年十月以后，已拨银四百万两，腊底春初，均可抵川。现在又将湖南、湖北、江西省留备等银凑足二百万两协济。如有不足，应俟来春另行筹办……”（《清高宗实录》卷331）

（乾隆十三年十二月戊申）谕军机大臣等：“川省军兴以来，一切夫马粮饷供亿浩繁，内地民情疲困殊甚……再川省马匹，现据高越奏已有八千余匹，且有八旗、山西、湖北之马将次到齐，足备乘骑……”（《清高宗实录》卷331）

（乾隆十三年十二月己酉）谕军机大臣等：“经略大学士傅恒奏‘川省办理粮运，甚关紧要。自成都出口一路共设粮台三十三处，经理各官悉系部中拣发试用之员，未经历练，难以胜任。请于湖南、湖北、云南、贵州四省内，令该督抚量拣道、府、同知咨送川省委用’等语。朕思经略大学士现抵军营督师进剿，不日即可奏凯，运送军粮刻难迟缓。若行令各该督抚遴选派往，恐稽时日。因于就近省分派出道、府、同知三十七员，令往军前专办粮务。各督抚接到此旨，限三日内即驰驿星速起程，不得稍有迟误……”（《清高宗实录》卷331）

（乾隆十四年五月丁巳）谕军机大臣等：“大学士等会同兵部议复，新柱奏‘请购买川、黔马匹’一折，所议甚为妥协。办理营伍事宜，凡有变通于常例之外者，必须实有裨益，且无窒碍难行之处，方可酌议更改。今楚省营马向来俱赴口购买，即浙、闽等省亦皆买用口马，而新柱乃欲购之川、黔，不过轻信属员一面之辞，辄思更张成例，于事转多未便。嗣后筹办诸务，应加意详审，期于妥协可行，不得任意轻举。着传

谕知之。”（《清高宗实录》卷340）

（乾隆十六年辛未闰五月）壬午，大学士等议复：“尚书舒赫德奏，各省标营增扣名粮，以充公费。据各直省督抚陆续奏到情形不一，臣等公议，应如所请……至湖北、湖南二省，据称现在各营借垫扣抵，兵丁不无拮据。若于原扣公粮二名外增扣二名，定以期限，过后仍拨补足伍，一遇营中公用不敷，又须酌拨，办理周章。应令该省各营于原扣二名外，酌扣一名……”从之。（《清高宗实录》卷391）

（乾隆十六年八月癸亥）湖广总督阿里衮奏：“据郧阳副将详称，该协原领生息本银二千两，岁获息银三百五十两，每年赏兵需四百余两，其不敷者，于道库领余息添补。郧阳离省颇远，与其赴道请领，不若酌拨余息添作本银营运，俾兵随时济用。查旧例各营余息存贮司库，不准复行作本生息。然听其不敷赏给，赴道请领，恐不能随时济用。并有未领本银之各营赴道请领者，今议得未经领本之蕲州、安陆、道士洑、荆水师四营。安陆附近德安，荆水师与荆城守营同城，该二营即于德安、荆城守营余息内支领。其蕲州、道士洑二营，俱黄州协所属，即于该协支领，均不必远赴道库。但黄州协余息添拨二营，恐致不敷，应再拨本银一千两，郧阳协亦添拨本银六百两。即于督抚二标、谷城一镇，余息稍充处拨出。”得旨：“如所议行。”（《清高宗实录》卷397）

（乾隆十八年三月甲戌）户部议准湖广总督永常疏称，襄阳镇标中、前、左、右四营并襄阳城守、均、房、安陆等七营所辖地方，乾隆十七年被旱歉收，米价昂贵，兵食拮据。各该镇营请豫领米折银二千四百四十五两有奇，采买米石接济。从之。（《清高宗实录》卷435）

（乾隆二十一年六月癸丑）户部议复：“先经前任广西巡抚李锡秦奏，令各营兵饷一体按月支放，臣部复准在案。嗣据前任江西巡抚范时绶以铜鼓等十六营公驻鸾远，按月赴支，虚悬汛守，请照旧按季支放，部议令各督抚题复。今据复到，除山东、广东、广西三省，皆按月放……湖北之宜昌、黄州等十二营……皆按季放给。查各营或阻山险，或滨江湖，或近苗疆边界，所有饷银，请仍按两月及一季支放，实为妥协，应如所议办理……”从之。（《清高宗实录》卷515）

（乾隆二十四年九月戊午）谕军机大臣等：“据杨应琚等奏‘甘省钱价稍昂，解济搭饷，需用甚繁。楚省存局余钱尚多，请敕下湖广督臣，委员解甘济用’等语。着传谕硕色将该二省存局钱文，查明现存若干，尽数拨解。派委妥员由水路陆续运至陕省之龙驹寨，交该处地方官接收……”（《清高宗实录》卷596）

（乾隆二十四年十一月丙子）湖南巡抚冯钤奏：“甘省地方辽阔，现值凯旋，及屯田事务需钱尤多，请照湖北协济钱数，湖南每年加铸八万串分起运甘。”从之。（《清高宗实录》卷601）

（乾隆二十五年三月癸丑）户部议准湖广总督苏昌奏称，荆州驻防满营官兵应添拨米四万石存贮府仓，以备兵丁借支之需。又汉镇等市，上行酌定完纳税银二两，中行一两，下行五钱。其僻邑，上行一两，中行五钱，下行三钱。从之。（《清高宗实录》卷608）

（乾隆二十六年二月）己丑，谕军机大臣等：“据明德奏‘甘省钱价，现已大平。所有湖南、湖北每岁各协济钱八万串，请概停拨解，以免挽运之烦’等语。从前因甘肃钱价昂贵，且在办理军需之际，是以降旨令川、楚两省就近拨解协济，以裕民用。今军务既已告竣，而甘肃钱价又已大平，且湖广距甘辽远，水陆转运约四五千里。计其运脚所费，转多于甘省现在市价，自应酌量停止，以省糜费。着传谕该督苏昌及湖南、湖北二抚，除已经起运在途者仍照旧转运至甘外，其未经起运及原定每

岁协济钱文，概行停其拨解可也。”（《清高宗实录》卷631）

（乾隆二十七年三月戊午）户部议准湖广总督爱必达疏称，汉阳、安陆、荆州城守水师等营兵饷，向系本折兼支。该处州县上年被水偏灾，恐本年米价昂贵，兵丁买食维艰。请照乾隆十七年例，将各该营米折银两豫发一季，饬各营弁购贮，于米贵时支放。从之。（《清高宗实录》卷657）

（乾隆二十七年十一月戊子）湖广总督兼署湖北巡抚爱必达奏：“湖北荆州驻防满兵额米十万二千余石，系由各州县额征南米拨解，及留贮荆仓漕米搭放。经前督臣苏昌奏准，添买米四万石备用，分二次动支司库银购办。查湖北南粮原供兵米之需，遇拨解不齐以存仓漕米六万石借给，已敷接济，若再添米四万石，仓储太多，未能随时出易，必致霉朽。请于此次应买米二万石，改买谷四万石，其下次应买米二万石，竟行停止。遇兵粮需用，以谷碾米支放，仍按年出陈易新，照常平仓存七粜三例办理。”得旨：“如所议行。”（《清高宗实录》卷675）

（乾隆二十九年三月辛巳）湖广总督李侍尧奏：“督抚两标及武昌城守营额兵繁众，差使最多。其应支粮饷，向例五月中旬后但支折色，每米一石，折银七钱。惟人稠粮责，买食维艰，查常平额内贮有南漕耗米一项，例于青黄不接时出粜，秋成买谷还仓。江夏、汉阳二县，共有南漕耗米一千一百九十六石有奇，请饬该二县于每岁四月内定价拨给各兵，由县扣饷买补。”得旨：“如所议行。”（《清高宗实录》卷707）

（乾隆三十二年六月丙午）谕军机大臣等：“昨据明瑞等奏‘军务情形’一折，看来该处马匹军械俱属短少，而办运粮饷尤为费力，将来克期进剿，自当豫为筹办宽裕，以资接济。断不可因目前军实未充，略存宽缓之见，以致旷日稽时……至火药铅弹，尤军行所必需……此外如有不敷，该督等仍当先时筹办。即或本省缺少，湖广向产硝磺，亦当速行

知会定长等，令其就近采运。着将此传谕明瑞、鄂宁知之。”（《清高宗实录》卷786）

（乾隆三十二年七月乙丑）谕军机大臣等：“据定长等奏称‘明瑞等咨取马二千匹，湖南绿营马匹拣择不能足数，因由湖北绿营内一并拣择，派官兵解送云南’等语。云南既派满兵数千名前往，则马匹需用自属多多益善。湖广地近云南，定长接得明瑞咨文，自应多拨数千匹。即绿营马匹不敷，现有荆州满营马匹，彼处兵丁并未调拨，其马正可调用。乃定长不行调用，自以满营马匹不便妄调，何其拘执之甚。此次兵丁经过，定长办理不妥之处甚多，着传谕定长、永瑞等，由荆州满营马匹内择其肥壮者，选取二千匹解送云南。此二千匹马额，着定长出资买补，仍着派妥干官兵沿途解送，断不可致有亏伤。此事朕一委之定长，如护送失宜，致例毙过多，惟定长是问。”（《清高宗实录》卷788）

（乾隆三十二年十月甲子）谕军机大臣等：“前鄂宝动支赴滇黔兵盐菜口粮一事，辄专具题本，全然不知事体，已传旨严行申饬。兵丁所得银粮，原属应给之项，即例须户部核复，亦惟用折具奏，交部核定，行文知会。从前西北两路军营所给军需，不为不多，从未有遽用题本者，乃鄂宝袭用‘幕宾书吏恶套，将飞调黔兵’等语，张大其词。倘照此传钞，徒令无知之徒妄滋拟议，甚属无谓。且明瑞等请给弁兵等银粮，何止贵州之数。早经奏明交部，又何尝如鄂宝之徒费张皇耶？将此传谕四川、广东、广西、湖南、湖北及云南督抚知之。”（《清高宗实录》卷796）

（乾隆三十二年十一月庚子）又谕：“现在进剿缅匪，所有官兵经过各省，其一切储偫供亿，俱属动支公帑，丝毫不累民间。而长途护送车马人夫，或不无稍资民力。近据阿思哈、舒赫德前后折奏河南、湖广等省办理兵差，除按例正项支销外，所有未敷酌令各州县公同协济。在小民感戴国恩，踊跃急公，固属分谊应为之事。而国家于此等子来恐后之民，亦宜量予加恩。着传谕各该督抚，亦该省办差之项逐一核算，除动支官项外，其经过地方及通省协济，约需民力若干，即速查明，将银数据实详晰复奏，毋得稍有隐饰，候朕酌量加恩降旨。可将此传谕知之。”（《清高宗实录》卷798）

（乾隆三十三年正月）癸巳，谕：“前因进剿缅匪，官兵所过各省一切例支正项外，所有夫马运送不无或需民力，且据河南、湖广等省查奏，俱有各州县公同协济之事。闾阎急公踊跃，固属可嘉，而朕之本意，则不肯使一丝一粟有累民也。当即传谕各该督抚，令将各属实需民力若干奏闻，候朕加恩……”（《清高宗实录》卷802）

（乾隆三十三年正月甲午）湖广总督定长复奏：“官兵经过湖北，一切经费俱系地方印官及遴委各州县协办，并未动用民力。惟马骡一项，湖北计设八台，约备九千六百余头，除准销一万二千余两外，实用民间帮贴银五万五千二百余两。又各站牵马人夫口粮及荆、襄二江船户工食，除准销一千九百余两外，实用民力三千八百余两。”得旨：“俟到齐有恩旨。”（《清高宗实录》卷802）

（乾隆三十三年正月戊申）军机大臣等议奏：“滇省进剿缅匪，及大功告成凯旋时需马甚多，应豫拨解永昌沿途缓解，马可不致伤残。到时如值紧急需用，亦属得力。查西安、荆州两处驻防马额甚宽，请于荆州满营内挑拨二千匹，西安满营内挑拨三千匹，派员分起缓解永昌，交鄂宁喂养备用。其拨解缺额马，陆续赎买补足。”报闻。（《清高宗实录》卷803）

（乾隆三十三年正月乙卯）……谕军机大臣等：“……已传谕调拨西安驻防马三千匹、荆州驻防马二千匹，解送滇省接应……”（《清高宗实录》卷803）

（乾隆三十三年二月庚午）军机大臣等议奏："此次豫备云南进剿马匹，前议于西安驻防营内拨三千，荆州拨二千。第大兵进讨，尚应宽为筹备。查湖广接壤云贵，且多系土马，拨往协济，程途既便，马性亦为驯习。荆州驻防营马四千，前已调拨二千，所余二千，应请一并拨往，再于两湖附近大路各营驿内挑选一二千匹解往。其荆州营马之缺，于河南附近标营拨补……"从之。（《清高宗实录》卷804）

（乾隆三十三年三月己丑）军机大臣等议复："河南巡抚阿思哈奏称'河南拨补荆州驻防马四千匹，已备二千六百四十六匹，酌筹分别妥办'等语。查荆州驻防拨解云南马，业经奉旨，令未起程者加意喂养，听候调拨。是此项马在荆州既暂缓运解，则豫省毋庸急为拨补。况现在西安驻防马经由豫省，已须设站支应，且续派赴滇京兵又将抵豫，若以拨补荆州马匹参杂行走，诚未免办理周章。应俟京兵喧后先拨二千匹，缓程解送荆州，以补去年缺额。其续拨二千匹，俟荆州解滇后再行陆续解往。至所称拨补荆州马，尚缺一千三百五十四匹，查臣等前议河南缺额马，令直隶拨补。今直隶亦办军需，应俟差竣后再将应补豫省马从容滚运。如尚有短少，该省距口甚近，亦无难随时购买。"得旨："依议速行。"（《清高宗实录》卷806）

（乾隆三十三年三月辛卯）军机大臣等议复："升任云南巡抚鄂宁奏'京兵乘骑马匹，酌筹办理'一折……应如所请。惟是陕西、荆州、四川、贵州、广东、广西各省解滇马，业经奉旨将解送在途者从容行走，未解者存留候拨。应令该抚将现在到滇之马即留省城喂养，俟京兵到省给与乘骑。至各省绿营兵，将来或需调拨，俟奉谕旨，臣等行知派出兵丁省分，令将骑驮马自行办备充足，带赴永昌。"得旨："依议速行。"（《清高宗实录》卷806）

（乾隆三十三年三月甲午）湖广总督定长奏："续拨荆州驻防马二千匹，将军永瑞业已带领前往云南。其各标协营马，现于湖北派拨八百，湖南派拨一千二百，仍分十起于荆州会齐，按起陆续赶解。"报闻。（《清高宗实录》卷806）

（乾隆三十三年四月丁丑）谕军机大臣等："昨舒赫德、鄂宁奏折内称'现在办理马匹甚属艰难'，拘泥可笑，已降旨申饬。但思从前两路官兵自撤回宛顶之后，所有骑驮马匹尚存若干，现在加意喂养，是否膘分尚堪应用？其滇省各营额设马匹现有若干，及本地土马尚可购觅若干外，如成都、西安、荆州等处，已经解送云南之马又有若干，均当逐一查明，通盘核计，以备将来应用……"（《清高宗实录》卷809）

（乾隆三十三年七月庚寅）（军机大臣等）又议复："协办大学士公副将军暂署云贵总督阿里衮奏称明年进剿缅匪事宜：……一、马数不敷拨给，应令滇省将各营额马喂养备用，并饬贵州、四川、湖广各营豫备马二万一千三百匹。绿营兵不必给马，满洲兵每人给马二匹，驻防兵每人给马一匹。一、兵丁口粮需骡驮载，应令贵州、四川、湖广各买骡二千，河南买骡四千，于明年解至永昌……均应如所奏。"从之。（《清高宗实录》卷814）

（乾隆三十三年十一月戊子）又谕："前以阿思哈奏称，采办马骡一项，每骡一头，先给银六两，烙印造册，仍责令拴喂以俟取用，恐不无贻累民间，办理殊未妥协，已令军机大臣议驳知会，并传谕湖广等省询问现办情形。今据定长奏，湖北、湖南两省采办马骡，俱系按数给价购买，官为收槽饲喂，系属循照定例采办，共得马骡五千四百余匹，于军储实有裨益。着将此传谕阿里衮等知之。"（《清高宗实录》卷822）

（乾隆三十四年正月癸丑）署湖广总督高晋奏："上年准云贵督臣咨，

奏准湖北、湖南绿营现存操马，同加买一倍马，于本年二三月全数解滇。此项额设营马有关差操，应及时买补，请将马价银于北、南两省上年地丁银内豫支各营，照数采买，俟原设马起解后，陆续给兵骑操。”报闻。（《清高宗实录》卷827）

（乾隆三十四年二月丙辰）吏部等部议奏：“大学士公傅恒等奏称，滇省军需马骡，现据四川、湖广、两广、河南等省陆续奏到所办数目，查此或拨自标营，或动项采买，原期如数解至永昌，备临时进剿之用。恐各该省委解不得其人，致膘分疲瘦及倒毙过多，不敷原数，应请敕下各该省督抚验明所办马骡，委妥员加意喂解。至滇省交收时，果数足膘肥，即将解员由滇省督抚奏请议叙，或疲瘦倒毙，责令当时买补，并奏交派委不慎之上司一体分赔。”从之。（《清高宗实录》卷828）

（乾隆三十四年二月癸未）湖广总督吴达善奏：“湖北各营操马已全数解滇，经署督高晋奏准给价买补。今查荆州满营有上年河南拨解口马，除分给驻防兵外，尚余一千一百余匹，暂令公棚喂养。应请将此项先行拨补绿营缺额，其不敷马三百五十余匹仍即买补。”得旨：“如所议行。”（《清高宗实录》卷829）

（乾隆三十四年三月壬子）经略大学士公傅恒奏：“此次驮载军粮，令河南、湖广等省备办骡头，臣路见湖北、湖南解送骡头大者颇少。陕省本系产骡之区，明山所办售卖之骡，自必胜于湖广等省。臣以为现在陕省四千头，请先令选二千头送至云南，亦不必令官兵购买，俟湖广等省解到时，择其大者留用，余俱拨回……”得旨：“是，即如此办理。”（《清高宗实录》卷831）

（乾隆三十四年七月己酉）湖广总督吴达善复奏：“赴滇官兵廪给口粮，各交领兵官散给，并不经吏役之手。至跟役保安，因见县役在船数钱，即借廪粮为名索诈，致殴县役落水。再查湖北陆路，惟丫角庙一站起旱换马。嗣因溪河可通，改至张家沟起旱，至荆江渡口仅二十余里，即官兵并站过境，马骡尽敷应付，从未折给马价。”报闻。（《清高宗实录》卷 839）

（乾隆三十四年九月甲辰）又谕曰：“军机大臣会同户部议复，明德奏‘军需马匹倒缺各案’一折，已依议行矣。折内称‘湖北应解马骡五千一百四匹头，湖南应解马骡五千七百二十二匹头，共一万八百二十六匹头，并未声明湖北、湖南省分。其所短少马匹，是否即系前奉谕旨内，着令湖广督抚分赔之数，未经分晰’等语。此项马匹数既不符，又未将湖北、湖南两省应赔之数逐一分列，殊未明晰。着传谕明德、吴达善即逐细查明，详悉具折复奏。”（《清高宗实录》卷 843）

（乾隆三十四年十二月）壬戌，谕：“……又称‘荆州官兵向有资济、生息二库得支官项，今二库议停，借贷富户，生计益难’一节，滋生银两一事于兵丁固属有益，但行之日久，在官居营运之名，究非体制，因而降旨议停。然皆通饬部臣及各省统辖大员，悉心详酌条款，如红白赏银，自用官项支给。兵丁急需，并非漫无体恤，至其日月省耗盈绌，本在人自为谋。试问二库未停以前，营兵等果能专恃官借，遂无一向人借贷之事，鲁赞元能保之乎？况各省情形不一，惟在驻防大员等随宜调剂，又何必如此鳃鳃过计，妄生异议乎……”（《清高宗实录》卷 848）

（乾隆三十五年二月辛未）谕军机大臣等：“据梁国治奏‘乾隆三十四年，湖广省第五起解滇马骡少交数目应赔银两，请即于现任楚省办理此案之督抚及原经采买、喂养、挑验、起解文武各员俸廉内摊扣清款’等语，该抚具奏之意，固为速清官帑起见。但此项应赔银两，事不专责，与荆州满营拨解马匹不同。且荆州赔项为数无多，即令现在满营各员与俸廉内分年摊缴，尚属可行，是以另折具奏，批交部议。至此项马骡，缺数既多，在原经买喂验解各员自当按股分赔。而原承办之总督经理不善，岂转得置身事外？至现任巡抚梁国治、宫兆麟，皆到任未久，并非伊等经手之事，若一体摊赔，转不足以昭平允，朕亦岂肯令其为前人任过？着传谕吴达善，此事系伊总督任内所办，今梁国治等以接任之人并无干涉，尚请分赔，伊闻之宁不知愧？所有湖北、湖南应赔银两，除经原采买、喂养、挑验、起解各员实有着落者应分股追赔若干外，该督本分摊赔及无着应赔之项共有若干，即着自行查明，具折奏闻。或为数较多，一时不能完清，即酌量分年扣缴，尚无不可。至案内应行参奏文武各员弁，亦着吴达善查明，奏请交部议处。并将此谕令梁国治等知之。”（《清高宗实录》卷853）

（乾隆三十六年十一月辛亥）（钦差侍郎桂林）又奏：“军需各项用费浩繁，川省备贮银一百五万两，原为缓急之需，已支用三十七万七千余两，仅存六十七万余两，不敷应用。恳敕近川省分，酌拨银三百万两迅速解川，以备接济。”得旨：“该部速议具奏。”寻议：“湖北、湖南各拨三十万两……令各督抚派员解往。”从之。（《清高宗实录》卷896）

（乾隆三十七年四月庚辰）又谕曰：“富明安奏‘前准桂林咨拨解火药铅子，业经起运在途。兹复准来咨，令将解川药铅沿途停止’等语。桂林所办非是，火药铅丸为军营要需，多多益善。现在尚须并剿金川，更宜宽裕备用。且楚省既经陆续起解，岂宜令其中途停止……”（《清高宗实录》卷906）

（乾隆三十七年六月）戊子，谕：“金川用兵以来，已两次拨帑六百万两解川备用。今军务尚未告竣，军需用项自当宽为豫备。着户部查明相近湖广省分足敷协拨款项，即酌拨银二百万两，派员解赴湖广。该省收到后，即派妥员转解四川备用。”（《清高宗实录》卷911）

（乾隆三十七年七月）戊戌，谕："前因川省进剿两金川，军务尚未告竣，曾降旨令户部于相近湖广省分递拨银二百万两解川接济。现在所调官兵陆续抵川，克期集事，军需用项自应宽为豫备。着户部再于部库内拨银一百万两，即拣派妥员，解往备用，该部遵谕速行。"（《清高宗实录》卷912）

（乾隆三十七年八月己巳）四川总督文绶奏："南路粮运，卡丫及绰斯甲布两处军营存米各三千余石，起运在途……现在阿桂乘势采入，陕西、湖广后调之兵俱令前赴南路，粮贮尤宜源源接济，以裕军食……"（《清高宗实录》卷914）

（乾隆三十七年九月辛酉）署湖广总督湖北巡抚陈辉祖奏："湖北地当孔道，各省拨解四川军饷银两皆从此经过。一鞘二夫，每站用夫数百名，各州县额设排夫不敷差遣，俱系添雇民夫。所垫夫价，请照乾隆三十二年协解滇饷例开销。"得旨："如所议行。"（《清高宗实录》卷917）

（乾隆三十七年十一月辛丑）又谕："向来每届岁底，谕令偶被偏灾之各省查明有无应行加恩之处，于次年新正颁发恩旨，以普春祺。今岁各省年谷顺成，寰宇咸臻丰稔，且报收十分者居多……至节次调派之陕、甘、云、贵、湖广等省官兵，所有经过地方停宿供亿，虽无派累闾阎，而百姓趋事奉公，亦不免于勤勚，自宜同普恩施。着传谕各该督抚，即将过兵运粮各属内应作何酌量缓征之处迅即查明，务于岁内复奏，候朕于新正降旨加恩，以示格外优恤之意。此旨着由六百里发往，即令各该督抚由六百里复奏。"（《清高宗实录》卷920）

（乾隆三十八年七月丙戌）军机大臣等议复："署四川总督湖广总督文绶奏称，吉林、西安、荆州驻防兵前赴军营，需马甚多。而川省马不敷，且往来驰送为日甚长，恐劳伤倒毙，办理不无竭蹶……川省不及购办，应将前留成都之荆州驻防兵骑驮原马一千五百通融备用，交与该督遵照前奉谕旨及臣等原议，酌量妥办。”从之。（《清高宗实录》卷939）

（乾隆三十八年十月）乙未，谕：“前岁进剿金川以来，皆系檄调各省绿营，未经简派满洲劲旅，是以兵丁等月支盐菜口粮均照从前办理金川成例。现在添派……荆州满兵前往川省，计皆陆续到营。因思满兵成例，日给米八合三勺足资饱饫，而绿营例给一升，日食之外尚有盈余，若遇乘胜进攻之时，负戴转不免费力，且满、汉同在一营，米数多寡参差支放亦恐致舛错，嗣后绿营兵口粮均照满洲兵例，概以八合三勺关给。至盐菜银两一项，满洲兵每月例给银一两五钱，而绿营兵每月例给银九钱，较满兵所支为数略少。绿营非满兵可比，而同为国家出力，亦当量为体恤，着加恩于例给九钱之外，每兵月加给银四钱，俾其日用更得宽余，士气自倍加鼓舞。所有各处土兵应支银米向照绿营之例，此后并着照此一体加恩，统以十一月初一日为始。该督等即传饬各处粮员遵照妥办，并令各路将军等宣谕随征兵众，使之感激奋勉，迅奏肤功。该部即遵谕行。”（《清高宗实录》卷944）

（乾隆三十八年十二月己亥）定西将军尚书阿桂、定边右副将军尚书公丰升额、定边右副将军广州将军明亮、督理粮饷山西巡抚鄂宝、四川总督富勒浑、署四川总督湖广总督文绶会同复奏：“酌议军营备储粮饷等项，查军米关系紧要，必须宽裕积贮。大率日逐支放外，常余一月之粮、银五六千两、火药三万斤，铜铁等项，止计足用。今大兵克复美诺，迅速前进，西路之日隆宗、达木巴宗、沃克什等处，南路之打箭炉、节木郭、绰斯甲布之梭木松冈、周叟，均当酌量分路转输。则接济既便，亦不致积多成累。”谕军机大臣等：“阿桂等酌议军营备储粮饷等项，亦只可如此办理。现在筹定分路克日进剿，以期迅速采入，则粮运各项愈进愈远，护粮夫役最关紧要。前经传谕富勒浑等妥选强壮夫役，练习器械护行。如州县之设立民壮，亦足以资捍卫。昨已据富勒浑等奏称遵旨通

饬选派，惟在该督等董率粮站各员，酌量缓急随时妥办。”（《清高宗实录》卷948）

（乾隆三十九年八月庚戌）谕军机大臣等：“川省军营如云、贵、陕、甘各省，调用之兵甚多，且较楚兵更久，其衣履刀仗，历来作何添补？今陈辉祖专为楚兵筹计，而各省兵丁同在行间，见楚兵独蒙优恤，相形之下，未免心懈。且于国家一视同仁之义，亦未得其平。着阿桂即速查明各路军营旧办章程，如原系各省拨解，陈辉祖亦照他省之例，自可听其拨解。如各省俱未办及，而此项装械必不可少，则应一体办给，行知文绶购办。”（《清高宗实录》卷965）

（乾隆三十九年九月辛未）又谕：“前因陈辉祖奏，楚兵应需皮衣等项，请借一季俸饷解川制给。朕以军营如云、贵、陕、甘各省兵甚多，若各顾其士卒未为公当，必须画一办理，方为妥协。兹据文绶奏，上年陕、甘两省亦均有办解皮衣之例，则不独楚省一处为然，自可照陈辉祖所奏办理。现在明亮处既复到无须解送，着传谕文绶速行咨询阿桂、富德在营楚省兵丁，如有需用皮衣之处，即一面迅速办理，一面咨会陈辉祖，拨饷解川归款。”（《清高宗实录》卷967）

（乾隆四十年四月丙午）是月，署湖广总督湖北巡抚陈辉祖奏：“查定例，运解饷鞘数至十万两以上，酌派该营汛附近之将备，分起护送。窃思护饷专派将备固属慎重，第千把亦系管兵之员，果遴委得人，原多可用。请嗣后楚省冲途各营，遇解十万两以上饷鞘，除责本营将备遵例亲押外，若鞘多照料难周，或往返不及者，仍准选派本营千把，带兵将后起押送。”得旨：“此在汝酌行耳。”（《清高宗实录》卷981）

（乾隆四十年六月戊子）己丑，谕曰：“陈辉祖奏‘两湖在川征兵，有解川添整衣装之项，应于各名下坐饷内扣还。今在楚未派出师各兵，因未得效力行间，愿将伊等月饷一体均摊还款。察其情出于诚，奏请俯允’等语，所奏殊属见小。征兵借制衣装之项，皆其本人自用，例应于各人名下扣还。或念征兵等接扣数项，生计未免拮据，奏请宽展期限数年，使每月扣数无多，自不至过形竭蹶。其中或有亡故之人，并可令其子弟顶充接扣，设故兵系孑身无着者，并当恩予蠲除。国家轸恤戎行，亦断不肯靳惜锱铢。即虑应扣之项过多，兵丁虽展限分完，尚未能即为归楚，或就督抚、提镇、藩臬及副、参、游、都以上，于养廉内酌为代扣十分之几，尚觉惬情顺理。岂兵丁知此义，而大员反不知乎？督抚、藩臬养廉较优，而游、都以上武职大员均有抚驭兵丁之责，果欲克己以恤下，自属分所宜然。若陈辉祖所奏，以通省未派之兵代为征兵还项，则琐屑不成事体，断不可行。朕于简调兵丁经行供馈，所需一切，官为支给，丝毫不扰闾阎，又岂肯以征兵借项，致扣在家未出征之卒伍乎？即以征兵而论，其奋勇超群者，即可优加拔擢。实心出力者，亦常赏给月粮。至将来凯旋归伍，并可仰邀录叙。是征兵为国宣劳，已属体恤备至，又何必为此鳃鳃过计乎？各省调派之兵不及营额之半，而陈辉祖筹为代扣，乃及通省之全，徒使无知者讥其波累众人，将谓抽调兵丁即阖省之兵丁皆出征矣。此乃大有关系，何可为训乎？陈辉祖着饬行，恐各省尚有类此筹扣者，着并通谕知之。”（《清高宗实录》卷984）

（乾隆四十年九月甲子）户部等部会议：“各省督抚奏复武职交代酌定限期事宜，内除仓场总督查复所辖汛弁并无经手钱粮，毋庸交代。直隶总督奏复武弁中如并无经管钱粮交代者，仍照旧例，报明接卸日期咨部，均毋庸议外，其……湖北、广东、广西等省，并江南、河东各总河暨漕运总督等，各据奏称武职交代钱粮等项，无论正署，均请照黔省奏准抚标之例，统限一月，造具册结咨部……陕甘总督勒尔谨奏‘请交代各员内有旋署旋御在三月以内者，将任卸日期报部，毋庸造具册结。所管钱粮等项，令通报该管上司察核’各等语，亦应如所请，并通行各省一体遵办……”从之。（《清高宗实录》卷991）

（乾隆四十年十一月丁丑）又谕："据刘秉恬奏'川省办理军需，钱粮奏销甚关紧要，现在省、局、司、道各有本任应办之事，未能专心经理，以致节次催趱，仍多延搁。查有湖北安襄郧道浦霖，系户部司员出身，办事颇能留心认真，请令来川帮同钱鋆等办理，并令该道将平日所知属员及书吏内各拣派数人，带同帮办。又云南镇雄州知州白秀，办事细致，亦请令来川帮办，并请各以本任之官，在川办事'等语，所奏甚是。浦霖着即拣派应带员役，由湖北驰驿前赴四川……至浦霖、白秀仍着各以本任之官赴川办事，其员缺，着该抚委员暂署。如该员等果能实心出力，著有劳绩，仍着出具考语，送部引见。"（《清高宗实录》卷996）

（乾隆四十年十一月庚辰）定边右副将军明亮奏："湖广总督陈辉祖于九月间先后解到皮衣、皮帽、皮领共四千六百副，当即散给存营楚省各兵。"谕军机大臣曰："陈辉祖所办固由体恤所属兵丁起见，但军营调到兵丁，陕、甘、滇、黔皆有，其需衣履更换大略相同，不独楚省为然。今陈辉祖独恤楚省从征士卒，使有御寒之具，其意虽善，而其见则小。各省兵丁同系效力行间，惟楚省温暖适体。此外设有衣褐不完之人，欣羡之余，恐不免私怨其该管督抚不知曲体下情，因而心生懈怠，于全局甚有关系。今大功指日告成，此事原可毋庸置议，但就事理而论，凡曾经调兵省分只应将该省派兵若干通知川省总督，如查有应制换衣履之时，即在成都造办，解交军营分给，俾其不致偏枯。仍令各省照例扣项，解还归款，方为普遍。将此谕令四川、陕甘、云贵各督抚一体知悉，并谕陈辉祖知之。"（《清高宗实录》卷996）

乾隆四十三年戊戌正月丁丑，谕："前据户部议驳'富勒浑等题销陕、甘余丁支给本色米石，及滇、黔、湖广三省绿营余丁，仍照长夫之例支给米石'，又'自灌县雇骡，运送楸底米一万四千五百余石，照商运开销脚价，均与例不符，难以准销'二折，户部所驳，俱为得理，因谕令富勒浑等将实在情形，明白回奏。兹据富勒浑等奏称‘当日办理军需，因余丁有实带、未带之异，其口粮遂有本色、折色之分。有实丁者支给本色，无实丁者即支折色。其长夫一项，未经奏定折价以前，西路兵丁业已照旧支给，当时事势，实难裁撤，乃军营共见共闻之事。至骡运一项，实缘彼时军粮孔急，用骡协济。承办各员，均系实支实发，皆臣等所深知’各等语，所言自属实情，并非托词浮冒。所有富勒浑等题销军需余丁长夫及骡运各案，俱着加恩准其开销。此后富勒浑等务须实力稽核报销，不得因此次恩旨，任听各员违例冒销，致干咎戾也。”（《清高宗实录》卷1049）

（乾隆四十三年四月甲辰）军机大臣等议复：“荆州将军兴兆、湖广总督三宝奏称‘向来荆州满营马匹倒毙，例无报销，惟准借公项银令本兵自行买补，分月扣还。现在遵照乾隆三十五年户部酌定之例，每马一匹借银八两，定为二十四个月扣还，合之此时马价，实属不敷。至修理兵房、制办军器等事，每因库存银少，不能动借，请于藩库内拨银存旗，并将原定借过三次，未经扣完不准再借之例，稍为变通’等语，应如所请，准其于湖北藩库内拨银二万四千两解交荆州将军。除官兵引见出差、修理兵房、制造军器等事仍照旧例借给外，其买补马匹银两，每匹借银十二两，分作三十个月扣还。并于借过三次后，如有扣还过三分之一者，仍准再行酌借。”从之。（《清高宗实录》卷1054）

（乾隆四十三年四月甲辰）（军机大臣等）又议复：“兴兆、三宝奏称，荆州产马甚少，价值昂贵。兵丁每年借项买补，银数不敷，日形支绌。且楚省并非产马之区，间有孳畜，身小力单，仅可供农庄任载，于营伍乘骑究属非宜。请嗣后除于本地选骨格壮大者酌量采买，仍间一年借动公项，派员赴部领票出口购买。应如所请。”从之。（《清高宗实录》卷1054）

（乾隆四十三年四月己未）湖广总督三宝奏：“湖北各营，原定惠济银两，向有赢余。偶因军兴以后，致有不敷银七千三百余两未经发给，现在兵丁遇有事故，难免拮据。今查藩库存贮恩赏兵差银一万二百余两，现无动用之处，请将此项暂借动用，即在惠济本款余剩银两逐年按数归还。”报闻。（《清高宗实录》卷1055）

（乾隆四十三年十一月戊戌）户部奏：“出派金川各省兵丁制办衣履银两，请于本省未经出师之文武员弁养廉内摊赔。”得旨：“此项办送征兵衣履银两，户部议在本省未经出师之文武员弁酌量养廉多寡，分别摊赔归款，固属允协。第念此次平定金川，大功告成，各省绿营官兵均能奋勉出力，应予加恩优恤。且此项节次运送衣装，均在乾隆三十七年准予开销恩旨之后，所有陕、甘两省应完川省垫支夫价、米价银二十六七万两，俱着加恩准入军需项下作正开销，其湖广、云、贵等省亦着一律开销。”（《清高宗实录》卷1070）

（乾隆四十四年三月甲寅）湖北巡抚郑大进奏：“湖北上年被灾较宽，其本年满汉各营官兵俸饷等项，除将司库存剩银尽数供支，尚不敷银五十四万三千六百七十余两，请于恩拨来楚部库银一百万两内如数动支，作正开销。”下部知之。（《清高宗实录》卷1079）

（乾隆四十五年九月己亥）湖广总督富勒浑等奏：“湖北施南协，襄阳镇左营，宜昌镇左营、后营、远安营等五协营，因坐落地方，向无额征米石，又水险山崇，难于拨运，兵米俱系折支。近来生齿日繁，谷价昂贵，每届青黄不接，兵丁买食维艰。虽例得借支州县仓谷，秋成扣还，但核计此五协营坐落之恩施等十一州县常平额谷，止七万余石。兵借过多，则存给民买者无几，于民食不无相妨。臣等查武昌、汉阳、沔阳、黄冈、蕲水、蕲州六州县，现有积存漕南余耗米一万三千余石。原系应行出易之项，可酌拨变价，分交施南等五协营坐落之恩施等十一州县，乘北秋成价平，照数买谷分贮。于青黄不接时，由营员详明，饬该州县碾米。每兵一名，按月借米三斗，共准借一石二斗为止。即于秋季兵饷内，照时价扣收，移交州县买谷还仓。”报闻。（《清高宗实录》卷1115）

（乾隆四十九年闰三月辛巳）户部议准湖北巡抚姚成烈疏称，湖北督、抚二标新添兵，应需本色月米，除将裁扣养廉公费抵给，尚不敷一千五百余石，应于裁扣不添兵之卫昌等营养廉公费及沔阳等州县支剩米内派拨。但各该处途远，致多糜费，应请自四十八年为始，于汉阳应兑湖南漕米内拨出三分之一，就近运贮武昌府仓支放。即以江陵、沔阳等州县裁扣支剩米，解荆州仓抵款。从之。（《清高宗实录》卷1203）

（乾隆五十年十二月乙巳）是月，湖广总督特成额奏：“奉旨坐落灾地各营兵分别轻重，酌借月饷。查本年楚北受旱较广，其应领两月饷银兵丁，若概给折色，恐籴买粮石，易致腾贵，应请借给一月饷银外，赏给仓谷一石。”得旨，如所议行。折内称“兵丁得谷一石，可换杂粮一石数升，足资日食”，批：“甚可之事。”（《清高宗实录》卷1245）

（乾隆五十一年四月辛卯）湖广总督特成额奏：“荆州驻防满营所有派支上年十二月起至本年三月初七日止兵米及上年八月、九月豫放之襄漕，共五万九千三百二十三石零，均待征收南米归款支放。查被旱各属输将稍后，襄漕已收之米不敷，均请于襄漕存剩米内动给。如再不敷，将荆仓添贮兵谷动碾凑放。”得旨：“着照所请行，该部知道。”（《清高宗实录》卷1253）

（乾隆五十一年六月）丙子，湖广总督特成额奏：“荆州驻防兵丁岁需口粮向以征存南粮支给，不敷者折色。本年南粮因岁歉蠲多，且遇置闰，应支折色过多，不敷买食。应于襄漕米内暂借两月口粮，并于司库内借给一月饷银，米自闰七月至十一月，分作五个月支放，于来岁应支本色内分作八个月扣还。银需一万一百六十四两，于清还口粮后分作三

季接续扣收。”得旨：“着照所请行，该部知道。”（《清高宗实录》卷 1256）

（乾隆五十一年八月辛酉）兵部等部议准署湖广总督李侍尧奏称，各营官兵俸饷米折等银，请责成该管镇将等核计每月应领银数。在一万两以下者，派守备一员，一万两以上者，派都司一员，赴司请领。其离省遥远营分，按两月及一季或两季应领银数，于都守外加派千总一员。其分防营分银数无多，派妥干千总一员，加派外委一员协同照料。再请照州县领银例，数在一千两至一万两者，首县移会前途，一体拨兵一、民壮四。一万至二万两者，拨兵二、民壮四。二万两以上者，酌量添拨，逐程护送。如有疏失，承领之员革职，原委上司降二级调用，沿途文武员弁及该管将备、道府厅等官，均照饷鞘被失例议处。所失银两，着落承领之员赔十分之六，失事地方官赔十分之四。如承领之员力不能完，即着落佥差不慎之上司赔补，以示惩儆。从之。（《清高宗实录》卷 1263）

（乾隆五十二年七月辛卯）又谕：“前因台湾剿捕逆匪，需用军糈，且漳、泉一带地方缺雨，恐米粮市价昂贵，民情不无拮据。已有旨谕令该抚查明妥办，并节经降旨于浙江、江西、江南、四川、湖广等省派办米共一百余万石，令该督抚等迅速运闽接济……”（《清高宗实录》卷 1285）

（乾隆五十三年三月乙丑）谕：“前因台湾剿捕逆匪，需用军粮应行宽为筹备。又福建漳、泉二郡，上年偶因缺雨，粮价较昂。节次谕令浙江、江苏、四川、江西、湖广各省拨运米石，以资接济。经各督抚派员督办沿途接护，运送到闽，甚为妥速。业经降旨，将各该督抚交部议叙……”（《清高宗实录》卷 1300）

（乾隆五十三年十月辛丑）谕军机大臣等：“前因巴勒布贼匪滋扰藏界，派兵进剿，动拨山西、陕西银各五十万两，复于楚省工赈余银改拨五十万两，一并解交川省，以备军需……”（《清高宗实录》卷 1314）

（乾隆五十三年十一月癸亥）谕军机大臣等："据李世杰奏称'该省办理军需，前拨陕西、山西银一百万两，尽属充裕。续拨楚省银五十万两，可无需用，已就近飞行停止'等语。此项银两，业据毕沅等彼此札商，如所解之银已入川境，自应解往川省。若起程不远，未出楚省，又不妨仍留湖北备用，以省解送之烦。总在该督等酌量妥办，不必拘执……"（《清高宗实录》卷1316）

（乾隆五十五年二月己巳）湖广总督毕沅奏："荆州城守营前年被水冲失，损坏军装器械，应补制盔甲、旗帜二项，额数较多。若全行补制，扣饷归款，兵力拮据。拟将箭手、鸟枪兵盔甲、大小红帜先行酌补，同应制之弓箭、藤牌、衣帽、帐房及应修之鸟枪、腰刀等项，照满营之案，借动司库制给。"报闻。（《清高宗实录》卷1349）

（乾隆六十年二月戊午）……谕军机大臣等："……福宁现已起程前往，湖北至湖南程途更近，自可先福康安到彼……毕沅目下亦将到楚，湖北省城有惠龄在彼，足资照料。毕沅系该省总督，虽未经接印，接奉此旨，亦即速赴荆州、常德等处适中之地驻扎，筹办粮饷、军火等件，以期源源接济。"（《清高宗实录》卷1470）

（乾隆六十年二月癸亥）又谕曰："福宁奏'遵奉谕旨，严禁盐务浮费'一折，前因淮商在楚行盐，该处地方官需索费用，借端剥削，以致商人繁费愈重，成本有亏。曾降旨严饬各督抚等洁己率属，力为整顿，务令永除积弊，更治肃清。现在福宁已调任两江，其湖广总督印篆虽经福宁带赴湖南办理剿捕苗匪事宜，但计日自可蒇事。毕沅前在湖广任内，于地方事务未能实力整饬，以致因循废弛。此次经朕加恩，仍授总督，并昨经降旨令于荆州、常德适中之处驻扎，筹办军饷、火药等件，计此时已可前抵该处。是毕沅虽不接印，已系该省总督，凡地方一切应办事件皆其专责，所有盐务浮费一事，务宜恪遵前旨，严察所属，将陋规革除净尽，俾商力宽裕，引盐畅销。毋得日久稍生玩忽，复蹈故辙，致盐引壅滞堕销。至此时剿办顽苗，一切军需尤关紧要，务遵前旨妥为筹办，以期源源接济。其地方应办事务，亦宜随时留心查察，加意振作，一洗从前疲玩之习。毋得以尚未接印，稍存膜视，致干咎戾。”（《清高宗实录》卷1470）

（乾隆六十年二月）丙寅，谕军机大臣等：“……至毕沅，前已有旨，令其驻扎常德、荆州等处适中地方，筹办粮饷。此时有福康安督办军务，又有福宁在彼，朕已不责毕沅以军旅之事。该督惟当遵照前旨，将应用粮饷、军火等项妥为筹办，源源接济，且为后路应援，庶声势更为联络，军需亦不至迟误也。”（《清高宗实录》卷1470）

（乾隆六十年闰二月辛亥）湖广总督毕沅奏：“现因征剿逆苗，调集官兵万余。臣驻扎常德，设立总局，按兵支粮，请就附近辰州之长沙、岳州、常德、澧州及荆州等属水次各州县，先尽常社存谷，碾运常德，以备转送军营。至逆苗藏匿深山，利用火攻，前已札饬臣标中军将武昌省局存火药赶紧运送，仍令随时配制，并军前所需物件一并豫为筹备。”得旨：“所办合宜。”（《清高宗实录》卷1473）

（乾隆六十年四月戊申）谕军机大臣等：“……楚省粮运未通，现借黔川两省运粮接济。应令刘君辅遵照前旨，迅速带领官兵，将花园、隆团一带屯聚贼匪奋勇剿杀，疏通道路，俾楚省粮饷军火，源源前进，不致缺乏。”（《清高宗实录》卷1477）

（乾隆六十年五月辛未）钦差大学士公调任闽浙总督福康安、贵州巡抚冯光熊奏：“黔省现存军需银两，少不敷用，若不早为筹备，恐致临时掣肘。且将来查办善后留防官兵，赈借难民复业籽种，一切费用繁多。

恳恩于湖北、江西等近省赏拨银一百万两，迅即解黔，以备接济动支。”得旨允行。（《清高宗实录》卷1479）

（乾隆六十年七月）壬戌，谕军机大臣曰：“汪新奏‘交卸藩篆，仍留楚办理军需’一折，此事前据惠龄奏到，早有旨令汪新仍在湖北署理藩篆，俟擒获首逆后再赴安徽新任。安省现无紧要之事，而楚省现有办理军需要务，汪新若知急公，理应自请留楚一手经理。乃前此接到升擢之旨，遽思交卸起程，及见惠龄奏请留彼，又不敢不为此奏。试思伊已升授巡抚，不即交卸藩篆，岂转得谓之恋职？可见其不知大体，汪新着再传旨申饬。”（《清高宗实录》卷1482）

（嘉庆元年七月乙未）敕谕曰：“和琳等奏‘军务将次告竣，查明实支款项’一折，已批交该部议奏矣。此次湖南省剿捕苗匪，所需军火、兵糈，均系黔、川、楚等省转运供支……至湖北教匪滋扰，只系无赖奸民纠众抢掠，经官兵各处堵剿，俱在平地，非如逆苗之屯聚险隘者可比。即该处乡勇，实系御贼出力打仗者，自赏优加恩赉。其真假各半，地方官不无影射，较之湖南省乡勇帮同进剿苗匪者实有不同。其应行支给款项，自宜量加区别。将来报销湖北军需时，应按例悉心酌核，不得援此次湖南之例，漫无分别。朕斟酌地方险易情形，分别轻重，无不折衷至当，谅和琳及湖北、湖南各督抚当必心服也。除随报便谕知和琳等外，并谕该部知之。”（《清高宗实录》卷1495）

（嘉庆元年八月壬寅）是月，湖北巡抚汪新奏：“钟祥贼匪，指日歼除，大兵应移赴宜昌、施南等境。该处跬步皆山，人夫不能负重，转运粮饷运装等项需费浩繁，自以马骡驮运为省便。查西省马贩，每于八九月间前赴豫东贩售，现委员往买数百匹，赶赴宜昌、施南。各粮站地方转连一切，在此时既可节省人夫多费，将来剿匪事竣，仍可为拨补各营驿缺额之用。”得旨嘉奖。（《清仁宗实录》卷8）

（嘉庆元年九月）丁未，谕内阁："户部议复'四川总督伯和琳等汇奏湖南动用军需各款'一折，除复准各款依议准行外，其随营长夫制给帐房以资栖止一款，经户部议，以此项长夫军需例内并无给予帐房之条，固属照例议驳。但长夫随大兵进剿，经历险峻，非若粮台人夫尚可搭棚栖止。且苗地雨多晴少，与湖北情形不同，此等长夫自难令其露处……"（《清仁宗实录》卷9）

（嘉庆元年十月己丑）拨部库银二百万两，解往湖北，以备军需。（《清仁宗实录》卷10）

（嘉庆元年十一月己酉）拨部库银四百万两，分解湖北、湖南，以备军需。（《清仁宗实录》卷11）

（嘉庆二年二月己丑）拨部库银三百万两，解往湖北，以备军需。（《清仁宗实录》卷14）

（嘉庆二年五月己巳）拨内库银二百万两，解往湖北，以备军需。（《清仁宗实录》卷17）

（嘉庆二年七月戊寅）吏部议驳陕西巡抚秦承恩奏请投效职员分外出力者，咨部加捐分发。得旨："部驳甚是，此等军营报效人员，如湖北、河南、四川自所皆有。且该三省所办军需，较之陕西为多，何以他省并未奏及，而陕西先有此奏？未便率准所请，致启冒滥夤缘之渐，统俟大功全竣，再行汇总核办。"（《清仁宗实录》卷20）

（嘉庆二年八月庚子）拨内库银三百万两，解往湖北，以备军需。（《清仁宗实录》卷21）

（嘉庆三年五月）甲申，湖南巡抚姜晟奏："请于已解荆州漕截米内先拨三万石就近解川，协济军米。"下部知之。（《清仁宗实录》卷30）

（嘉庆三年六月辛酉）拨部库银一百万两，解往湖北，以备军需。（《清仁宗实录》卷31）

（嘉庆四年三月丁丑）又谕："董椿奏'芦东商人江公源等呈称，目下川楚教匪，指日可除，惟安抚善后事宜尚需繁费。长芦商人情愿捐银六十六万两……'等语……但现在川楚教匪即日办竣，其善后等事需费无多。且芦东商力素称拮据，所请捐银一百万两着各交十分之六……"寻据长芦盐政董椿以该商等吁求全数赏收为请。得旨："不许渎请，朕言不再，藏富于商，国本有托，毋得再奏。"（《清仁宗实录》卷41）

（嘉庆四年四月）癸巳，谕内阁："据恒瑞、马慧裕奏'现办军需地方，经理需人，与他省情形不同。请将升调委署事宜俟军务告竣后，再遵新例办理'等语。前据御史李蘧条奏，省会首邑及府州县丞倅等官，题调出缺，不准将不合例人员奏请升调。其未经卓异保荐之佐杂，不准委署州县。业经吏部议准通行，固不得轻议更张。但现办军需地方，正在用人之际，自与他省情形不同，亦不得不量为变通，免致贻误。且佐贰中承办军需出力者，自复不少，亦当予以鼓励，以坚其急公向上之心。所有四川、陕、甘、湖北省分，嗣后遇有丞倅州县缺出，准其于本班及佐贰中择其才堪胜任及承办军需出力之员酌量升补。其紧要州县缺出，如本班乏人，亦准于佐贰中出色之员酌量委署。一俟军务告竣，即仍照新例办理，他省不得援以为例。各该督抚等务须秉公无私，慎选良吏，以期经理得人。如有始勤终怠之员，亦当随时更正，毋得稍徇偏私，致有贻误干咎。"（《清仁宗实录》卷42）

（嘉庆四年七月）辛酉，谕军机大臣等：“……再前据松筠等奏，官兵剿贼为时已久，衣敝履穿，并有用牛皮裹足者，朕阅之深为怜悯。军需动支款项有一定则例，原不许额外滥用，但亦不可因例难开销，过事苛刻。今从征者前有锋镝之危，后有饥寒之困，何以使之效命疆场、克敌致果耶？军营一切赏需自应略为宽裕，加之体恤，使士马饱腾，人思敌忾，而发扬蹈厉之气，更可壮军容而寒贼胆。果大功速竣，即有例外动用之项，朕自当酌核情节，特加恩准。将此传谕知之。”（《清仁宗实录》卷48）

（嘉庆四年七月丁卯）拨安徽、江西藩库银各五十万两，解往湖北，以备军需。（《清仁宗实录》卷48）

（嘉庆四年八月）庚寅，谕内阁：“据吉庆台布奏‘藩司闻嘉言在省经理军需，勤慎出力。前臬司孙玉庭随营办事时，曾蒙赏戴花翎，今闻嘉言可否量予鼓励’等语。藩司为钱粮总汇，遇有应办军需，本属分内之事，并非格外宣劳……现在川、楚、陕、甘各省，皆有承办军需，若此例一开，则各督抚皆纷纷代两司陈请，不胜其赏，殊非政体。吉庆等所奏不准行。”（《清仁宗实录》卷50）

（嘉庆四年八月癸卯）谕军机大臣等：“……又本日祖之望到京，据称湖北办理军需，查出胡齐仑经手帐簿，多系开载领兵大臣犒赏提用及督抚与该道馈送领兵官员款项，如明亮、庆成、永保、恒瑞、德楞泰、舒亮等，皆曾得过，惟额勒登保一人未经得受。是军兴以来，所发饷银七千余万，竟为伊等馈送侵肥花消之用。湖北一省经手军需为数尚少，已有如此弊端，何况四川支发军饷，不啻数倍于楚。且胡齐仑仅系道员，辄以公帑作为馈送见情。何况福宁职分较大，总办粮务，如勒保、明亮及在营带兵官员，岂有不任意提用作为馈送借资结纳之理……”（《清仁宗实录》卷50）

（嘉庆四年九月庚辰）又谕："湖北支用军需，为数尚少，已有如此弊端，何况川省军需，不啻数倍，且胡齐仑只系道员……"（《清仁宗实录》卷52）

（嘉庆四年九月）癸未，谕内阁："吏部议'请将祖之望照徇庇例，降三级调用'一折，实属咎所应得。胡齐仑一案，本系特交祖之望审办，祖之望既经查出底帐有馈送军营各员情事，若于彼时即据实具奏，方为不负委任。乃并不早行陈奏，经倭什布再三开导，始行交出。祖之望虽因人数众多，案关重大，其心究不免回护，本应照部议降调，惟念祖之望在湖北藩司任内，于军需总局支发各项尚无染指情弊，此项底帐，旋即送交倭什布处并未焚毁，伊于到京日即行陈明，非始终欺隐者可比。且闻其平日居官，声名尚好，祖之望系刑部司员出身，刑名素所谙习，着加恩以按察使降补。"（《清仁宗实录》卷52）

（嘉庆四年九月）乙酉，谕内阁："前据倭什布奏到胡齐仑动用军需底帐，鄂辉得受馈送银两，因降旨将伊家产查抄。今据傅森、恭阿拉等将抄出鄂辉家产开单呈览，本应照例全数入官，并查革世职。惟念鄂辉所得世袭男爵系在湖南军营擒获首逆加恩赏给，其所受馈送银两系在湖北之事，所有前赏鄂辉男爵，仍加恩着伊长子鄂弥善照旧承袭，其次子、少子所捐官职，亦不必斥革。鄂辉从前得受此项银两，明知出自军需，因有人馈送，佯为不知，竟收受至四千余两之多。如鄂辉尚在，必当计赃治罪，今已身故，免其深究。所有单内开载住房一所、取租房三百余间、地十顷余亩及家人男妇十六名口，俱着加恩赏还伊子鄂弥善等。其银钱、朝珠、玉器、衣服等项，自应入官，着交该衙门照例办理。至伊子鄂弥善等衣服物件，着傅森等分晰查明赏还。"（《清仁宗实录》卷52）

（嘉庆四年十月）辛丑，截留湖北漕米六万石，以备军糈。（《清仁宗实

录》卷 53)

(嘉庆四年十月壬子)又谕:“前因勒保自简任经略以来,安坐达州,从未亲自督兵。惟将各路军营情形,每隔旬余,汇报塞责,迟延日久……传旨将勒保革职拿问,另授额勒登保为经略大臣。彼时并未将勒保家产查抄者,只因勒保尚无别项赃款。嗣经湖北查出军需底帐,如明亮、永保、庆成、鄂辉等俱经得受馈送,提用饷银,先后降旨查抄……如勒保并不留心体恤兵丁,于喧闹生事之满兵不即查明严办,又不将领队之讷音劾参……而于接到倭什布咨会有贼匪窜入楚境之事,并不速行具奏……勒保着从宽改为应斩监候,着魁伦接奉此旨,将朕格外施恩之处向勒保宣谕。即派委妥员,将勒保解交刑部监禁,并将办理缘由通谕知之。”(《清仁宗实录》卷 53)

(嘉庆四年十月壬子)又谕:“礼部奏‘原任云贵总督鄂辉未便仍令入贤良祠’一折,所议甚是。鄂辉前此办理苗疆军务尚为奋勉,伊身故后,曾蒙皇考加恩入祀贤良祠。今查出湖北动用军需底帐内,鄂辉得受馈送银两,竟至四千余两之多,是以降旨将鄂辉家产查抄。如鄂辉尚在,必当计赃治罪,今因身故,免其深究,并将伊房产分别变抵赏还。伊子所袭世职,亦不追夺,已属朕格外施恩,岂可复令其滥膺祀典?鄂辉着照部议,不准入祀贤良祠。”(《清仁宗实录》卷 53)

(嘉庆五年正月庚辰)拨部库银四十万两,解往湖北,以备军需。(《清仁宗实录》卷 58)

(嘉庆五年二月庚寅)谕军机大臣等:“……至长麟迅赴平凉,于适中之地驻扎,筹备军火粮饷,而松筠又须前赴楚北,所有陕省粮饷军需,着台布回至汉中,实力筹办……”(《清仁宗实录》卷 59)

（嘉庆五年四月丁亥）拨广储司库银十万两、热河银十万两、广东银三十二万两，分解陕西、湖北，以备军需。（《清仁宗实录》卷 63）

（嘉庆五年九月）丁未，谕内阁："……现在川陕、湖北贼匪不日荡平，所发帑项接济各路军需，极为充裕，即督抚等果有具奏富户捐输之事，朕断不准行。然一俟地方官禀报，督抚陈奏后，始行饬禁，而闾阎已不胜其扰，与其惩办于事后，莫若严禁于事前。朕宵旰勤求，于小民生计，刻萦怀抱，总期户有盖藏，人皆乐利，庶几渐臻上理，岂忍令贪官墨吏，借词扰我良民？着传谕现无军务各省分之督抚等，此后如有奏请捐输者，不但不准所请，必将该督抚治以渎奏之罪。倘府州县有指称百姓乐输，从中渔利者，该督抚查出，即行严参治罪，决不宽贷。"（《清仁宗实录》卷 74）

（嘉庆五年十二月甲寅）拨山东、江西藩库银各二十万两，解往湖北，以备军需。（《清仁宗实录》卷 77）

（嘉庆六年正月戊子）又谕："自嘉庆元年剿办教匪以来，所需饷项，部库及各省拨解，为数已不下十千万两。自朕亲政之后，叠降谕旨，严饬核实办理，各该督抚及承办之员，尚不敢任意侵渔。是嘉庆四年以后所拨饷银，核其成数，较之从前减少不啻数倍。外省经手支发尚有条理，其嘉庆三年以前每次所拨饷银，动辄二三百万，不逾数月，又复奏请续拨。此三年内拨饷甚多，伊等作何动用，尚未报部核销，其中浮冒情弊，自所不免。即如三年以前由部发出军需，各该省局内动称平兑短少，而四年以后所发之银一经平兑，多属有赢无绌，是从前经手之员有意侵欺，捏报短少。即此一节，已可概见。若统俟大功告竣，一并题销，则牵连弊混，必致碍难稽核。自应截明年分，画出界限，以清帑项。所有嘉庆三年以前领发军需，着各该督抚先行题销，务须逐款详悉核查。如有浮冒分肥情弊，即行据实严参治罪，并着落照数赔缴。如从前办理军需之宜绵、福宁、英善、秦承恩、毕沅、胡齐仑等，俱早经离任抵罪，亦无所用其回护。各该督抚接奉此旨，务须认真核查，迅速题报。倘有扶同徇隐情事，一经部臣核出，则惟该督抚是问。将此传谕陕甘、四川、湖北各督抚知之。”（《清仁宗实录》卷78）

（嘉庆六年四月戊申）拨广东盐课银二十万两解往四川，两淮盐课银五十万两分解湖北、陕西，以备军需。（《清仁宗实录》卷82）

（嘉庆六年五月）癸未，谕内阁：“前因德楞泰奏，年来湖北办理粮饷，不能随时接济，军行乏食，是以贼匪不能克期剿竣。近日德楞泰追剿徐添德，粮饷不继，仅赖书麟捐给银两，俾兵丁沿途购买。即长龄、明亮、孙清元各路军粮，亦皆不能接济……本日倭什布奏到之折，力为申辩，正在降旨查办，适额勒登保奏到密陈湖北情形一折，据称‘久闻湖北办理粮饷甚不妥协，因嘱德楞泰于赴楚时留心察访，现据伊来札内称，楚省所派防堵官兵竟不给发粮饷，以致官兵有勒索百姓之事。而乡勇等系每月给银三两，不给粮食，近则数月以来，并银两亦未给发，甚至扰累居民’等语，殊堪骇异。各省派调兵勇，原以剿贼安良，数年以来，糜帑至数千万，何尝稍有吝惜？昨年因楚省军营久未奏请拨饷，经朕降旨查询，并不待伊等奏请，节次拨发饷银，计自上年至今，所发银数已及一百七十余万两，并拨邻省米石，何至不能接济军食？此必承办之员任意侵扣，私肥囊橐，竟忍令兵勇枵腹从事，累及闾阎，是国家派拨兵勇，未能安民，先已病民，不料该省大小官员丧心昧良一至于此……”（《清仁宗实录》卷83）

（嘉庆六年八月）癸酉，谕内阁：“前据经略额勒登保、参赞德楞泰先后参奏‘倭什布在巡抚任内办理粮饷种种贻误，以致官兵等勒索百姓，抢掠粮食……’各等情，当经降旨，将倭什布革职拿问解京，交军机大臣会同刑部严讯。倭什布逐条登答，惟自认办理不善，其余坚不承认，是以节次降旨，交吴熊光详查具奏。兹据吴熊光奏到‘查明倭什布款迹’一折，朕详加披阅，如楚省兵丁追勦窜匪分合无定，倭什布运送饷银不能设法赶运，积有尾欠。其支给满汉各营饷项，并不照经略等酌定章程办理，所给未免浮多。并于制备军装、军火等事不知缓急，致形缺乏。又上年所截漕粮，原以备兵米之用，倭什布并不运送襄、郧，转解房、竹。迨大兵入境，仓猝赶运，多糜脚价，仍复缓不济急……以上各款，尚无贪婪骩法及纵容家人舞弊之处，其经理军需不能妥协，以致多有贻误，并于饥民数目奏报不实，自当治以应得之罪……”（《清仁宗实录》卷 86）

（嘉庆六年十月乙卯）拨广东藩库银二十万两，解往湖北，以备军需。（《清仁宗实录》卷 88）

（嘉庆六年十二月甲寅）截留湖北江夏等州县带征漕米四万七千八百余石，以备军糈。（《清仁宗实录》卷 92）

（嘉庆七年正月甲申）拨湖南藩库银十五万两，解往湖北，以备军需。（《清仁宗实录》卷 93）

（嘉庆七年二月癸卯）拨安徽藩库银十万两，解往湖北，以备军需。（《清仁宗实录》卷 94）

（嘉庆七年三月）庚子，拨江西藩库银十万两，解往湖北，以备善后事宜之用。（《清仁宗实录》卷 96）

（嘉庆七年四月辛酉）拨江西、河南藩库银各二十万两，解往湖北，并准湖北藩库动支银十万两，以备军需。（《清仁宗实录》卷 97）

（嘉庆七年六月）庚申，谕内阁："……此次川、楚、陕三省剿办教匪以来，官兵分路兜围追击，所向无定。或朝楚而暮川，或出境而复入，历年既久，不特部中无可查核，即带兵大员亦不能一一记忆。惟在该督抚等查照从前奏报原案，逐一详细核算，分别题销，以归核实。至部议立限一月，未免稍觉促迫，着加恩于接奉此旨后勒限两个月，将嘉庆三年以前动用军需银两，速行遵照查明。官兵勇练数目及出境、入境月日，造具各项清册，先行咨部备查，仍即分案题销。倘再有迟延，或局员及承办各员稍有弊窦，即当指名严参究办，该督抚等不得扶同捏饰，致干重戾。其嘉庆四年以后支销各款，现在大功不日告成，亦应上紧陆续咨部核办，毋得任意延宕。"（《清仁宗实录》卷99）

（嘉庆七年八月庚子）拨河南藩库银三十万两、两淮盐库银二十万两，解往湖北以备军需。（《清仁宗实录》卷102）

（嘉庆七年八月）乙巳，拨安徽米四万石、湖南米三万石、河南小米二万石，解往湖北，以济军糈。（《清仁宗实录》卷102）

（嘉庆七年八月己酉）谕内阁："本年春间常明参奏'道员孙文焕滥用军需，朦混洒销'一案，降旨令百龄会同张长庚确审实情，禀明琅玕，定拟具奏……兹据初彭龄富尼善奏到'审讯大概情形，请将巡抚常明、臬司张长庚、贵西道吕云栋、候补道员冯克巩一并革职严审'等语，详阅折内所叙情节，孙文焕所控百龄假公勒索等款，经初彭龄等传齐人证，反复究诘，均属虚诬。而巡抚常明久任黔藩，将军需款项牵混支抵，于应拨铅厂银两延宕未缴，又将军需用剩铅丸十四万余斤交商镕化，令幕友金玉堂私卖，并任听抽匿报销卷案各款，业据初彭龄等质审属实，常明之罪，已无可逭。而此内私卖铅斤一节，情罪尤重，此项铅丸，既经军营用剩，自应归入军需项下报销。乃既不奏明，又未报部，辄因幕友金玉堂向来贩卖白铅，竟将铅丸镕作铅斤，与伊合伙运往汉口发卖，希图渔利。迨至藩司百龄查知，常明始应允照数买还。骫法营私，行同市侩，且于军需报销要案漫不检查，任听幕友私自抽匿，亦难保无侵冒情弊，竟不料其负国至于如此。常明着革职，交初彭龄等严审定拟具奏，一并查抄任所家产。其所卖铅斤曾否照数买还，或将价银交官，抑系私行入己之处，并着查明复奏……”（《清仁宗实录》卷102）

（嘉庆八年三月）己未，免湖北荆州驻防兵丁出师湖南借支整装银。（《清仁宗实录》卷110）

（嘉庆八年四月）乙亥，谕内阁：“吴熊光奏‘兵丁折给长夫及外委加给盐菜，乡勇日支口粮’三款，据称‘楚省旧办章程，马兵连长夫折给七十名，步兵折夫五十名，守兵折夫四十名。川省奏定条例系绿营兵丁，无论马步、守兵，均折给长夫四十名。又定例各官跟役只给口粮……又楚省乡勇，按月给银二两四钱，不支口粮。而陕省乡勇，按月给银一两四钱，日支口粮米一升，请照川、陕之例办理’等语。此事若交部议，自必照例议驳。但念长夫、盐菜两项，该省改给已久，未便复令更易。现在乡勇搜捕零匪，多在老林穷谷，无处买食，尚系实在情形，且川、陕、楚事同一律，着加恩照所请行。”（《清仁宗实录》卷111）

（嘉庆八年十一月）壬寅，谕内阁：“据吴熊光奏‘自上年川、陕零星余匪，间有阑入楚境，该处防守多抽调协捕，未能悉赴边卡。且楚省边界绵长，所设边卡俱在深山老林，时届冬令，节候冱寒。而本年郧、宜一带收成稍歉，食物昂贵’等语。该省防兵，应得分例无多。若将驮折余丁及客兵例加盐菜银四钱概行裁减，未免拮据。除北路与陕省交界之郧西县久已肃清，原设防兵仍照奏定章程酌减支给外，着加恩将南路与川省交界防边官兵应得分例暂缓裁减，照征兵一体支给。俟将外省官兵全数撤回，止留本省官兵弹压时，再行遵例酌量裁减，以示体恤。”（《清仁宗实录》卷123）

（嘉庆九年正月辛丑）勒保奏："前以安防官兵与逐日追贼进剿者不同，粮饷酌量裁减。后因陕、楚余匪，沿边游奕，各兵勇在川、陕交界逐日搜捕，均应携带锅帐军装。且深山老林食物昂贵，若将驮折等项及加赏盐菜银全行裁减，兵力更形拮据，是以仍前支给……"从之。（《清仁宗实录》卷125）

（嘉庆九年五月庚寅）谕内阁："据全保奏'驻防南漳县之改设提标左营，新添弁兵一百一十六员名，四季俱系全支折色。遇粮价较昂之时，买食未免稍艰，请筹备米石以资接济'等语。着照所请，将该省提标左营新添弁兵应食月米，循照各协营旧案，每兵豫备四个月米一石二斗，改存谷二石四斗。准其先于司库公项银内，借动发交营坐州县买谷，附贮常平仓内，于青黄不接之时碾放，俾弁兵等无虞食贵，益资宽裕。"（《清仁宗实录》卷129）

（嘉庆九年六月戊辰）又谕："御史颜培天奏'军需核减银两，请旨饬追报拨'一折，所奏是。川、陕、楚三省，自嘉庆元年至今，动用军需随案报销，俱有核减银两，自应上紧追出，以归原款。乃各督抚任意延缓，以致公帑虚悬，转因动支不敷，辄时请拨饷，借为属员挪掩地步，此实近日通弊。着该督抚等将节年军需各案核减银两立限追完，贮库归款候拨，勿任宕延。至军需与例饷各有专款，尤不得率行牵混，嗣后如有动用之处，务令各清各款，彼此不致混淆，以昭慎重。"（《清仁宗实录》卷130）

（嘉庆九年八月）己未，谕内阁："前闻湖北省办理军需，节次动拨银两，承办局员有滥支滥应情事，谕令该督抚等详细查明，据实奏报，不可归罪于胡齐仑一人，稍致朦混。兹据吴熊光等查明各局滥用平余确数，分别开单具奏，朕逐加披阅，此内领兵各官用过赏犒银两共六万有零。兵丁等应调随征，均有盐粮支给，一遇打仗立功，无不优加升赏示以鼓励。从前节次用兵时，领兵官员原无格外赏犒之需，自福康安屡次出师，始开滥赏之端，任性花费，毫无节制。于是地方承办之员迎合备送，累万盈千，以及银牌细缎，络绎供支。阅单内所开，甚有备送翎枝一项。军营员弁赏戴翎枝，均由京颁往赏给，何须地方官办送？可见此等备用银两，不过以赏兵为名，亦未必实惠尽逮戎行也。况官兵等果有应行奖劳之处，自应据实奏明，候旨加赏，俾知感激恩施。乃并不入告，辄以备送银两自行赏给，在弁兵等得受者，但知被主将之惠，不知感君上之恩。而领兵大员等，亦只以地方官备办宽余，谓其能事，情好款洽。殊不知烦费之供亿，皆国家帑藏之虚糜。今经彻底查明，所有赏兵之项，本亦应罚令赔缴。但作俑者福康安已不深究，安问其余？且如额勒登保、德楞泰等，俱已懋著劳绩，同膺上赏，岂尚复令赔缴官项？况备赏之项，较之馈送他人者其数多少大相径庭。即如德麟、丰绅伊绵，彼时均系奉旨驰往，迎其父柩。地方官致送德麟奠仪，并备赏等银四万余两。德麟收受奠仪，已属不堪，至于备赏银两更何所需，实不成话。丰绅伊绵亦收受备赏银四千余两，虽比德麟少至十分之一，然比之带兵最久之额勒登保、德楞泰二人所收备赏银两，转有增多。总系外省止知逢迎纨绔乳臭，卑鄙恶习，实出情理之外，竟非人类所有。德麟收受银四万一千五百五十二两，着罚令赔缴八万两，以示悖入悖出之天理为治世所不容。各宜猛省，毋堕火坑。丰绅伊绵收受银四千一百两，着照数赔缴。其滥行支给之原任总督毕沅等员，应行追赔银两，着照单开细数，除赏兵各项共银六万三百七十一两零加恩免其赔缴外，余着于各员名下照数追赔归款。此次楚省清查军需款目，尚为详晰，该省抚藩司均着交部议叙。此时搜捕零匪将竣，大兵指日全撤，从此海寓敉宁，永销兵革。然国家立法不可不周，嗣后设遇有征调之事，凡经理军储者，不准再立备送赏犒名目，致滋浮费而市私恩。如违旨者，计赃论罪，决不姑容。将此通谕知之。”（《清仁宗实录》卷133）

（嘉庆九年十一月癸卯）又谕："……本年秋间，湖北省清查军需案内，经该督抚奏将浮支银两查明收受及滥应各员名下分赔，曾经降旨通行。着马慧裕查照章程，详悉确核，奏明分别追赔归款，以清帑项。其六年接到部文之后一切帮价银两，均着遵照分别删除，将停止月日咨部查核，不得再有含糊。"（《清仁宗实录》卷 137）

（嘉庆十年九月己巳）谕内阁："前因湖北省清查军需动用银款，内有该地方官致送兴肇备赏银三千四百两，当经降旨谕令赔缴。旋据兴肇具折陈辩，只自认赔缴，而不认收受，显露屈抑之意。朕恐外省查办或有舛错，复谕吴熊光详细确查。经该督将致送次数月日并经手之员逐一查明具奏。本日兴肇来至行在，当令宗人府会同军机大臣传向讯问，伊一一供认收受属实，是前奏实属无耻巧辩。此项军营备赏银两滥支滥应，彼时带兵大员收受者亦不独兴肇一人，且尚系犒赏公需，是以应赔各员，多有加恩特予宽免者。今兴肇既随同收受，乃复饰词分辩，迨至无可搪塞，始行俯首认罪，是则咎无可辞。兴肇着交宗人府酌议惩处，其应赔银三千四百两应如何扣缴或酌分年限之处，并着一并议奏。兴肇即着回京听候核议。"（《清仁宗实录》卷 150）

（嘉庆十一年四月戊子）谕内阁："据'全保等将湖北军需滥用平余案内，前任湖广总督毕沅名下，应追赏兵滥应等银六万九千三百八十七两三分五厘，查照原奏，在于同案巡抚司道府州县各员名下分摊着赔，并开具款目、员名、银数清单进呈'一折。军营滥支滥应各款，理应照数分摊，严行追缴。至自行赏兵一项，如果查有支用月日及分赏确数，尚与滥支滥应者有间。是以前此川、楚军需，福宁等名下应追赏兵银两，业经降旨宽免，此项事同一律。且毕沅久经身故，家产查抄，子孙并无出仕之人。所有毕沅自行赏兵银二万四千六百六十两零，着加恩豁免，无庸分摊赔缴。其余滥应等银，着照所请，在于单开各员名下照数分摊，行令各原籍及现在任所照例勒限追缴报拨。"（《清仁宗实录》卷 159）

（嘉庆十二年七月）丙辰，谕内阁："户部奏'查明川、陕、楚三省剿捕教匪军需案内，乡勇支给银米，汇总奏明，请按照随征及被贼防堵、近贼防堵三项酌减成数核销'一折。国家设立营伍分置官兵，以备不虞。遇有征剿事务，只须调遣兵丁，原无所资于民力。自台湾剿办逆匪林爽文时，始有团练乡民防堵之事，乡勇名目，由是而起。迨川、陕、楚三省剿办教匪，亦遂相沿办理。此内或村民自相保卫，或官募分地巡防，或帮同官兵随营剿贼。事阅数载，人数众多，均系随时开报，非如兵丁有册档可稽。迨事后报销应付乡勇，以少报多，费至二千余万，实从来用兵所无。此内捏冒浮销，实不能免。如该督抚等捐办衣履等项俱称出自己资，实则仍入于军需款项，甚至将馈送往来官员银两及例内不能开销等款，均洒入应付乡勇项内。朕久深知其弊，即如永保从前监禁囹圄，尚有人送给银两，其余亦可概见。但乡勇随征打仗，效命行间，如桂涵、罗思举均系乡勇出身，因其在军营屡著劳绩，叠加升擢，此外奋勉立功防堵出力者亦属不少。若将该三省所报支应乡勇银米概拘常例不准开销，亦断无此办法。然竟照该督抚所报准销，仍不过据承办之员造册开送，伊等亦无从核实。今该部按照随征及被贼防堵、近贼防堵三项，各酌减银米成数报销，实已平允。即着照所奏办理，行知各该省一体钦遵，余俱照议行。"（《清仁宗实录》卷183）

（嘉庆十二年十二月癸酉）又谕："朕披阅剿平三省邪匪方略，从前湖北办理军需，该督抚任听局员滥支滥应，而于饷项缺乏之际又不肯据实陈奏，辄以通融办理为能。嘉庆五年间，朕因该省久未请饷，曾经降旨询问，并不待该省奏请，即行颁发饷银，拨给邻省米石，截留漕粮，俾资接济。彼时倭什布于粮饷拨到之后，又不以时给发，遂致兵勇等向民间勒索，任意滋扰，几至贻误。经朕降旨将倭什布革职逮问，大加整饬。而昨据汪志伊、章煦奏到'湖北省积年未清仓库钱粮'折内叙称，各州县现在短缺之数多至六十八万余两，声明致亏之由，系因承办军需，积久赔垫。是彼时伊等所谓通融办理者，不过将仓库钱粮任意挪用，其间浮支滥应，无所不有，皆系取给于此。今计算节次所发湖北饷银不啻数千万两，而现在查核仓库，又复因此亏缺。在现任各员皆系接收历任交代，尚非本任亏短，将来不过责令分赔，已足示惩。至从前经手之员率意挪移帑项，其咎甚重，非仅着落赔补，即可免罪。着交汪志伊等查明彼时经手各员，除劣迹昭著如胡齐仑业经抵法外，其现在该省各员，如有承办军需擅动仓库、亏缺数多为众所共知者，着汪志伊等秉公确核，即行指名参奏治罪，以示惩儆。”（《清仁宗实录》卷189）

（嘉庆十五年十二月壬午）又谕：“户部奏‘请饬催陕西等省军需，驳查未结各案’一折。军需为帑项攸关，本应随时报销，以归核实。乃陕西、湖北、四川三省，尚有驳查未经核销银至一千八百余万两之多，此项军需所用银两，或在嘉庆三年以前，或在四年以后，迄今已十有余年，日久悬宕未结，殊非慎重钱粮之道。可见外省办理案件，任意迟延，致多积压。着该督抚等务即严饬所属，逐案清厘，赶紧查报完竣……”（《清仁宗实录》卷237）

（嘉庆十九年十一月）乙巳，谕内阁：“户部奏请饬催陕西等省军需，驳查未结各案，并直隶等省军需报销逾限各一折。军需为帑项攸关，自应随时报销，以杜延混浮冒之弊……其湖北、四川及协济军需之直隶……等省，共未经销结银二百五十二万五千余两。似此多年积压，自久愈滋轇轕……”（《清仁宗实录》卷299）

（嘉庆二十年四月庚午）贷湖北德安营兵丁仓谷。（《清仁宗实录》卷305）

（嘉庆二十一年四月）戊申，谕内阁：“景安等奏‘查明甘肃司库拨存新疆俸饷银两并无亏挪，请将伊犁俸饷照旧汇拨’一折……所有本年

长芦、河东、江西、江苏、山东、湖北未经解到饷银，并着该部行文饬催，毋任迟延。”（《清仁宗实录》卷318）

（道光元年正月戊午）云南巡抚史致光奏：“陛见进京，在湖北荆门州地方接奉朱笔筹办边费谕旨……”报闻。（《清宣宗实录》卷12）

（道光元年十月）己丑，谕军机大臣等：“据英和等奏‘陈若霖将湖北军需案内摊扣养廉未完银三百七十二万四千二百两零，咨请部示，应否遵恩诏免摊。查该省嘉庆元年至十年军需案内例不准销银三百九十三万七千两零，奏明在于本省养廉内各扣三成，扣至本年约应扣银四十万八千余两。今该督咨称止扣过银二十一万余两，与扣存之数大相悬殊’等语。此项军需不准开销银两，系奏明摊扣养廉，何以按年核算，短扣银十九万八千两之多？其准否免摊，应俟户部奏明行知后方准免扣，何得以各州县意存观望为词？着陈若霖详细确查，有无朦饰情弊，据实复奏，再交户部核办，户部折着发给阅看。将此谕令知之。”（《清宣宗实录》卷24）

（道光元年十二月癸卯）谕军机大臣等：“陈若霖奏‘遵查湖北军需案内摊扣养廉并无朦饰情弊，将已未完银数开单具奏，当交户部核议’，兹据英和等奏称‘按款核算仍有未扣银七万三千五百两零，从前原奏内并未声明署事人员减半扣解，代办人员无从摊扣，何以忽将署事代办人员借词支饰，又何以不将未解养廉据实参办，应令逐一声复，并将未完银两赶紧完缴’等语。此项军需摊扣银两，系扣缺不扣人之项，与常例摊款不同，前经户部以扣存数目不符，饬令据实复奏。兹除去免摊各款及奏明免摊并拨船限外接扣等项外，仍有未扣银七万三千五百余两。复以署事代办人员，借词含饰，着该督等按照该部指出情节，逐一据实声复，并查明彼时并不按照原奏办理之员，参奏议处。其未完银两，即严饬赶紧完缴，以重款项。户部原折，着发交阅看。将此谕令知之。”（《清

宣宗实录》卷27）

（道光二年正月甲寅）贷湖北武昌、武左二卫灾缓军帮银。（《清宣宗实录》卷28）

（道光二年三月己酉）免甘肃各提镇协营出征川、楚军需案内官兵借支俸装银。（《清宣宗实录》卷31）

（道光二年三月壬子）又谕："陈若霖等奏'查明湖北军需摊扣养廉三成已未完数目，并请将历任藩司议处'一折。此项军需摊扣银两，前据户部奏，按款核算，仍有未扣银七万三千五百两零。复以署事代办人员，借词支饰，与原奏不符，又不将未解养廉据实参办。当经降旨，令该督等逐一声复，并查明不照原奏办理各员参奏。兹据该督等查明，自嘉庆十三年冬季起至道光元年底，除续因摊扣拨船三成，停扣五年外，计八年一季应扣军需三成银三十三万五千九十两零。除已完并本身有赔项免摊及拨船三成限外接扣等项，共银二十六万一千五百六十六两零。其未扣银七万三千五百二十三两零，除匀闰免摊接摊及署事代办人员归入空旷并续有扣完等项，实未完银二万六千八百二两零。其节年署事代办人员未扣廉银，因系收归空旷项下造报，自未便划出，归足三成。至各年扣解银两，已随时入册报拨，惟未照原奏按年报部，实属疏漏。所有嘉庆十四年起，历经办理奏销及未能全数提解清款之前任署任各藩司，俱着一并交部议处。其坐支州县节年未经解缴银二万六千八百余两，着该督等督饬藩司严催，赶紧完解报拨，以清款项，毋许再有宕延。该部知道，折单并发。"（《清宣宗实录》卷31）

（道光二年十一月庚午）拨湖北司库银二千两作为荆州驻防兵丁赏需，从荆州将军绵龄请也。（《清宣宗实录》卷45）

（道光四年四月丙辰）贷湖北武昌府属道士洑营驻扎灾区兵丁仓谷。（《清宣宗实录》卷67）

（道光四年七月庚辰）以湖北粮价增昂，贷卫昌德安二营兵丁仓谷。（《清宣宗实录》卷70）

（道光四年十一月甲辰）拨湖北藩库银二千五百两协济荆州驻防兵丁不敷赏项。（《清宣宗实录》卷75）

（道光五年四月甲戌）贷湖北驻扎歉区安陆、德安、荆门营、荆州水师营、提标后营仓谷。（《清宣宗实录》卷81）

（道光五年五月丙辰）贷湖北荆州城守、宜都、卫昌、竹山四营驻扎灾区兵丁食谷。（《清宣宗实录》卷82）

（道光六年三月戊戌）贷湖北荆州城守、水师、安陆、荆州、卫昌等营坐落灾区兵丁仓谷。（《清宣宗实录》卷96）

（道光六年八月庚戌）拨山西、河南、四川、山东、湖北、江西司库银二百万两，解往甘肃，以备军需。（《清宣宗实录》卷102）

（道光六年九月癸巳）又谕："前因军务需用孔急，两次经户部奏准于直省各藩库动拨银四百万两解往甘肃备用。本日据长龄奏'接到鄂山来信，各省所拨之项，均尚未解交甘省藩库'。现在长龄、杨遇春将次可抵阿克苏，大兵即日云集，一切供支给发刻难停缓。所有前项拨银，着河南、山东、山西、湖北、江西、四川各督抚将未起解者迅即委员解送，已起解者速行饬令前进，并着鄂山、徐炘飞饬沿途妥为照料，俾得早解甘省，以便陆续转递，源源接济。万勿稍有刻迟，是为至要。将此由五

百里各谕令知之。”（《清宣宗实录》卷105）

（道光六年十月戊午）谕内阁：“户部奏‘慎重军饷钱粮’一折，所奏甚是。从前乾隆年间平定新疆，事皆创始，一切军需，悉照出征外域办理。嘉庆年间川、陕、楚三省军需未经豫定章程，以致用项糜费。此次回疆用兵，经部臣两次筹拨银四百万两，复特旨拨内库银二百万两陆续解甘，俾源源接济……”（《清宣宗实录》卷107）

（道光六年十一月丙申）大学士扬威将军长龄等奏：“会商满汉官兵应支银两马乾，官兵跟役应得驼马折给银两，并酌定运送军需程站等四条……官兵乘骑马匹，请照川、楚军需之例，按官兵应得例马，每匹日支乾银五分。原营估支干银，仍行扣缺造报……”（《清宣宗实录》卷110）

（道光七年二月）丁卯，谕军机大臣等：“……浙江、广东筹拨银两，计已起运在途，着催令赶紧行走，均不许稍有迟误，并着经过之江苏、安徽、江西、湖北、河南、陕西各督抚饬属一体催趱，妥为照料，毋任贻误，仍将起程及沿途经过日期随时奏闻……”（《清宣宗实录》卷114）

（道光七年四月丙午）又谕：“嵩孚奏‘各营裁兵之后，公费银两未经核减，请按照现在兵额减扣’一折。湖北省自裁定兵数后，饷银既已核除，公费银两自应一律裁减。兹据该督查明，仍照原额支领，各营办理错误，计自嘉庆二十三年裁兵起至道光五年止，除减存未领银两外，共长领银六千一百五两零。着照所请，准其分作三年，于各营提还赔缴，同原减存银八百三十两零一并咨部报拨。嗣后即将核除确数，于估拨册内按数缩扣，以符定额。所有未经查明之历任藩司，除暂署不及一月各员免其置议，余俱着查取职名，咨部分别议处。至竹山协副将郑国鸿，前在提标参将任内，寄信郧阳城守营游击郭义，有兵丁公费未减，与司承言明，仍准找领等语，虽询系代笔之人缮写错误，究属不合，着交部

议处。”（《清宣宗实录》卷116）

（道光七年四月戊辰）贷湖北荆州城守等营被水兵丁仓谷。（《清宣宗实录》卷116）

（道光七年闰五月乙巳）贷湖北黄州协道士洑营兵丁谷石。（《清宣宗实录》卷118）

（道光九年三月戊戌）又谕：“杨国桢奏‘请将捐监银两分别封贮起解，以复原额’一折。豫省藩库，于雍正年间设有封贮银三十五万两，寻常不准动用。迨嘉庆年间办理川、楚军需，动拨无存……”（《清宣宗实录》卷153）

（道光九年十一月癸巳）谕内阁：“兵部会同户部议驳，奕颢请添设奉天省官兵骑操马匹，裁减南省驻防马干，拨给喂养，只将江宁等处驻防原设马数及现在实拴马匹笼统具奏。其各省驻防，每处拴马若干，每处原设乾银若干，究竟于奉天添设马数，是否足敷喂养，均未声叙明晰，着该部详悉妥议具奏。”寻奏：“详查江宁实拴马二千八百六十三匹……荆州实拴马四千匹，存价马八千匹，共额设马乾银十二万九百六十两……所有各处每马月支乾银自一两一钱至七八钱不等，皆因不敷喂养。经各该将军等陆续奏准，酌留实拴马匹外，其余改为存价。所支原额马匹乾银，仍给兵丁贴喂实拴马匹，并添赡家口及添设养育兵丁之用。今该将军奏‘请添设奉天省官兵骑操马匹，裁减南省驻防马乾喂养’。查南省各驻防共兵一万五千余名，现实拴马一万匹，已属兵多马少，若量为移拨，不惟不敷……该将军所奏，应无庸议。”从之。（《清宣宗实录》卷162）

（道光十一年二月辛亥）贷湖北荆门营上年被水兵丁仓谷。（《清宣宗实

录》卷184）

（道光十一年三月辛巳）贷湖北督抚两标暨武昌、黄州等营兵丁仓谷。（《清宣宗实录》卷186）

（道光十二年三月辛未）贷湖北督抚两标及武昌城守营上年驻扎灾区兵丁仓谷。（《清宣宗实录》卷208）

（道光十三年五月）己卯，谕内阁："前因荆州副都统善英奏'查阅营马短少，马乾银两向充公用'等情，当经降旨，交讷尔经额会同麟庆彻底查明，据实参奏。兹据奏称'查核该营节年奏咨满汉档案及买马放饷各册，传集该营协领都隆阿等十员确切查询。此项马匹，经前任将军宗室弘丰于嘉庆五年奏裁二千匹，以节省乾银，贴补实马喂养及添设余兵官学经费之用，以后各任将军、副都统亦俱照此办理'。虽系体恤兵丁，尚无克扣侵冒情弊，惟动用帑项，充公调剂，总应奏明办理。乃事经三十余年，历任将军等并未具奏，均属不应。着将嘉庆六年十一月起至善英具奏之日止，历任将军、副都统、协领交部查取职名，与现署将军左翼副都统那当阿，现任协领都隆阿、双兴、甘露、玉顺、星额特依、序柱、顺格、同升、斐星额、穆腾额等，均照例分别议处。至前任将军宗室弘丰，原议再减马一千匹，以资添兵办公等用。着新任将军苏勒芳阿会同左、右翼副都统体察情形，妥议具奏，核实办理。"寻奏："荆州驻防生齿日繁，物价昂贵，兼之地方潮湿，马匹易于倒毙，兵丁受累无穷。自嘉庆六年，节省一千匹马乾银两贴补喂养实马及添补公用，兵力稍裕，其马价仍存旗库，以备调拨时就近买补。惟今昔情形又复不同，应请查照弘丰原奏章程再减一千匹，以资添兵办公等用。仍扣存马价银一万六千两，连前共三万二千两，封存旗库，遇有调拨，即将此项买补，既符定制，亦裕兵丁。"下部议。寻议："减马添兵就近购马，均应如所请行，惟旗库未便存银，应请将二次扣存马价银解交湖北藩库，以昭慎

重。”从之。（《清宣宗实录》卷 237）

（道光十四年正月）戊寅，谕内阁：“杨遇春奏‘甘省各营，岁需操演铅斤，俱系动用川、楚军需案内存贮剩铅……’等语。此项动用存贮铅斤，既系各年俱有奏销，并非永远备贮不准动用之项。着将此项铅斤归补之后，将来按年动用抵销，仍着查照成案办理，该部知道。”（《清宣宗实录》卷 248）

（道光十九年九月癸丑）又谕：“前因荆州将军德楞额等奏‘请添设养育兵，即将裁减马乾银两，动支饷银’等语，当交兵部议奏。兹据该部酌议奏请准其添设，自为调剂兵丁起见。惟该驻防前裁马乾银两，业经拨给添设委甲、兵饷。余剩银两，自应存库备用，以归撙节。若因该驻防户口日增，辄议添设兵额，以为调剂之计。则各省驻防，皆同一例，转无以昭画一而示大公。所有该将军奏请添设养育兵四百八十名之处，着不准行。”（《清宣宗实录》卷 326）

（道光二十年二月戊子）拨湖北司库银买补荆州府仓灾缺兵米，从总督周天爵等请也。（《清宣宗实录》卷 331）

（道光二十一年三月甲午）拨湖北司库银买补荆州仓灾缺兵米，从总督裕泰请也。（《清宣宗实录》卷 348）

（道光二十一年十月庚寅）……寻奏：“各省满汉官兵已到浙省者，均经刘韵珂分拨省城曹江屯扎防守，其河南、湖北二起官兵均已到苏……”从之。（《清宣宗实录》卷 359）

（道光二十二年三月壬子）谕军机大臣等：“奕山等奏筹议战守情形……其酌裁兵勇一节，准其将广西兵一千八百名留东备防，贵州、四川、

江西、湖北各兵，着即分别尽撤……”（《清宣宗实录》卷369）

（道光二十二年三月庚午）以募勇防剿，并捐助军需，赏湖北在籍道员姚必远花翎、盐运使衔。（《清宣宗实录》卷369）

（道光二十二年四月丙申）拨湖南司库银七万两解往湖北，以备兵糈。（《清宣宗实录》卷371）

（道光二十二年六月）癸卯，谕内阁：“裕泰等奏‘军需借拨银两，请由捐输归还’一折，此次湖北办理崇阳军需，奏拨本省、邻省银二十万两。现经该省绅商等捐输银两，足供支应。所有前此奏拨银二十万两，着准其先行提还，封贮司库，毋庸开销帑项。此项军需着免其造册报销。”（《清宣宗实录》卷376）

（道光二十二年七月己酉）又谕：“程楙采奏，调拨官兵，前赴采石矶等处驻扎防堵，并亲往芜湖县驻扎，相机布置，以期声势联络，着照所议妥办。至所称咨调湖北、河南精兵各一千名……其湖北存营兵数，恐未必宽余，已降旨令裕泰、赵炳言、吴其濬在湖北、湖南两省内酌量挑兵一千名，以备程楙采咨调。至所请军需银两，准其在工赈节省项下酌提银二十万两，另立专款，撙节支用，毋稍冒滥。将此由五百里谕令知之。”（《清宣宗实录》卷377）

（道光二十二年七月丁卯）拨荆州旗营节存银，修驻防官兵被淹房屋及公所堆拨并买补马匹军械，从将军禄普等请也。（《清宣宗实录》卷378）

（道光二十三年二月甲午）贷荆州驻防被水兵丁仓谷。（《清宣宗实录》卷389）

(道光二十三年六月甲戌)谕军机大臣等:“据户兵二部会议外省马乾章程‘请令江苏、安徽、江西、浙江、福建、湖北、湖南、广东、广西等九省各按各省,于现需数目,遵减半章程,暂行裁减一半,将乾银存贮藩库,按季造报听拨。仍请饬下各督抚、将军、都统,各就所管绿营、旗营,分别形势险易,酌量留裁,将减半数目均匀分配’,又据许乃普奏‘历次裁减马匹,乾银仍行支领。南省地不产马,去口较远,一遇短绌,猝难买补,民户无可通融,营弁有所借口,请饬将军、督抚、提镇体察情形,详议具奏’各等语。着江苏、安徽、江西、浙江、福建、湖北、湖南、广东、广西各督抚,会同将军、副都统、提镇各就地方情形,悉心筹议,据实具奏。可减则减,可留则留,不必拘定减半数目,务须实力撙节,而于操防亦无贻误,是为至要。原折二件着钞给阅看,将此各谕令知之。”寻复奏:“江宁将军所属裁马四百匹,福州将军所属裁马一百六十匹,杭州将军所属裁马二百八十匹,广州将军所属裁例马二百二十二匹、兵丁马二十匹,福建裁马九百六十匹,广东裁马三百五十五匹,广西裁马一百三十七匹,余均不便裁减。”下部议,从之。(《清宣宗实录》卷393)

(咸丰元年三月乙未)谕军机大臣等:“广西军兴以来,虽叠获胜仗,而贼势狓猖,纵横皆是。现又添调滇、黔、楚、皖精兵前往协剿,兵力既厚,需饷孔殷,设使转运稽时,剿办必至棘手。前有旨饬部于江南、江西、湖北、湖南各省筹拨各款银两,委员解赴广西。恐部文递到后,各省辗转筹商,委员又迁延就道,甚或以指拨之款借词推诿,划扣抵算,往返尤迟。朕夙夜焦劳,粤土一日不安,朕心一日不释。着陆建瀛、陆应谷、龚裕、骆秉章各将历次部拨军饷,已起解者沿途迅速催趱前行,未起解者即日派委干练员弁,星驰解往。各按所拨银数,分起领运,务须接踵而至,源源接济……虽据骆秉章奏称督防周密,该匪等距楚境渐远,惟粤西遍地疮痍,居民已无可掳掠,大兵围剿既久,难保该匪等不窜赴近邻为乘间劫掠之计。是该二省堵剿情形,必应随时严饬地方文武,加意防维。自此次训谕之后，设有粤匪阑入邻省边界，不但将守边文武严行治罪，并将该省大吏重惩，断不能幸邀曲宥也。将此由四百里各谕令知之。”（《清文宗实录》卷29）

（咸丰元年三月壬子）湖北巡抚龚裕奏报拨解军饷并筹办防剿情形。得旨：“防堵情形，随时据实具奏，勿得稍事含混。”（《清文宗实录》卷30）

（咸丰二年六月壬寅）谕军机大臣等：“徐泽醇奏‘遵解粤西军饷，请饬湖南等省妥慎护送’一折，四川省拨解广西军饷银二十万两，业已陆续委员管解启程，着湖北、湖南、广西各督抚于川省委解军饷到境，迅即添派武职带兵逐站防护。其各省拨解军饷，经由湖北、湖南及广西地方，均着照此妥慎办理，毋稍疏忽。将此由四百里各谕令知之。”（《清文宗实录》卷64）

（咸丰二年八月癸巳）又谕：“张亮基奏‘省城被围紧急，请添兵筹饷，并于要路设防’一折……叠经降旨，令徐广缙星夜前往督办，并令湖北提督博勒恭武就近接应……所请湖北、贵州兵各一千名，并借拨银十万两，已有旨分别饬令酌派备调，并谕湖北筹款接济矣……将此由六百里谕令知之。”（《清文宗实录》卷69）

（咸丰二年八月癸巳）又谕：“张亮基奏，常德防堵紧要，请于湖北、贵州二省各调兵一千名，借拨银十万两，飞解来楚，以济急需……其借拨银十万两，贵州恐难济急，并着常大淳于湖北各款内筹解湖南应用，咨部拨还，无稍延缓。将此由六百里各谕令知之。”（《清文宗实录》卷69）

（咸丰二年九月丁丑）谕军机大臣等：“户部奏‘请饬各省豫筹军饷’一折。现在楚、粤军务，未能克期竣事，应用军饷浩繁，各省疆吏自应迅速筹画，以资接济。除湖南、湖北、广东、广西、江西、甘肃、云南、贵州等省或用兵防堵，或地近边陲，均毋庸议外，其余各省，着该督抚盐政等督饬藩运各司，确查各该省可减可删之款，及留支待用正杂等项，约计至本年下忙为止。可以移缓就急者，每省或二三十万两，或一二十万两。各自体察情形，从宽筹备，迅速核明数目，开具清单，于一月内奏到，候朕饬部分拨。该督抚等身受重恩，目击国用支绌，谅必极力图维，不至以无款可筹，一奏塞责也。将此各谕令知之。”（《清文宗实录》卷72）

（咸丰二年十一月乙丑）又谕：“本日据琦善奏驰赴督防，请添调兵丁及筹办情形各条。朕详加披览，所奏不为无见……另片奏请筹兵饷，亦着户部迅拨军需银二百万两，以备湖北军营及河南调兵之用。惟酌加养兵之费一节，意在体恤兵丁。现在军营兵饷，均系照例支给，若将新调兵丁增加银两，恐楚省军营兵心向隅，易滋借口。现命户部查核成案议奏，该署抚仍应全盘筹画，凡事慎之于始，庶免流弊。所请调銮仪卫使武庆等随营差委，已明降谕旨允准矣。行军之道，总在因地制宜，随时通变。一切应办事宜，该署抚既膺重任，自当竭力图维，兼权并计也。勉之，望之。将此谕令知之。”（《清文宗实录》卷76）

（咸丰二年十一月辛未）谕内阁：“军兴以来将两年矣，广西疮痍未复，湖南又遭涂炭，近乃逆氛更炽，扰及武昌、汉阳，所过郡县，悉被蹂躏……每阅军报，至地方被害情形，朕心如捣……朕不惜数千万帑金，借资剿办，本日又特颁部帑，以济军需，此外仍饬宽为筹拨，源源接济。该大臣督抚等均当仰体朕心，为民除害。行军之道，纪律为先，务须信赏必罚，约束严明，俾知有进无退，人皆用命。即小胜小负，亦兵家之常事，总宜据实奏报，不可稍有粉饰。朕赏功罚罪，悉心军报为衡，倘有偏重偏轻，何以令在营军士知感知惧？至团练乡勇，乃民间自为守御，借以保卫身家，或各村自为一团，或数村共为一团，其经费应由绅董自行经理，岂可官为抑勒？且以守望相助之侍，辄复纷纷调遣，必致迁地弗良，转滋流弊。民间捐助军饷，好义急公，朕方破格施恩。若地方官借捐输为名，委员四出，苛派骚扰，胥吏因缘为奸，又何以安善良而昭激劝？即如会筹军饷条款内税契一节，亦国家成例，然或办理不善，亦足以滋扰累。朕宵旰焦劳，冀苏民困，吾民一日不安，朕心一日不释。前此被贼滋扰省分，叠经降旨，令该督抚查明奏请，分别蠲缓抚恤。兹者岳州失守，扰及武昌、汉阳一带，眷怀南服，忧思益深，若再令疆吏饬属照常征纳，小民其何以堪？着该督抚悉心体察被贼地方，分别蠲缓，奏请恩施。其余应行征收钱粮之处，亦着严查各州县，总期照旧开征，毋得稍有浮勒。庶几吾民于颠沛困苦之时，不至再受追呼迫切之累。该大臣督抚等，即刊刻誊黄，遍谕闾阎。其各仰体朕意，速振军心，用歼群丑，毋再因循玩泄，致干重罪。将此通谕知之。”（《清文宗实录》卷77）

（咸丰二年十一月乙丑）又谕：“琦善奏‘请筹备兵饷’等语，现在贼窜湖北，军需紧要，河南防堵，亦需重兵，一切供支款项，均须急筹。着户部迅速筹拨饷银二百万两，分解军营及河南听候拨用……”（《清文宗实录》卷76）

（咸丰二年十二月丙子）谕军机大臣等：“徐广缙、张亮基奏‘请由湖北设立粮台’一折，前因广西贼匪窜出湖南，降旨令湖南分设粮台，并命程矞采专办粮台事务。现在贼由湖南复窜湖北，该督抚等已派衡永郴桂道张其仁带同各粮员随营前往。所有军营粮台，自应移设湖北。惟此时武昌被围，徐广缙驻扎尚无定所，粮台应设何处，着徐广缙、常大淳、张亮基会同酌量办理，仍着程矞采前往总司其事。务须择地安设，兑收转运，均能便捷，无误各路支应。将此由六百里谕知徐广缙、常大淳、张亮基并传谕程矞采知之。”（《清文宗实录》卷78）

（咸丰二年十二月癸巳）又谕：“武昌省城被贼攻陷，所有截留饷银三十余万两，谅必尽为贼得。湖北大兵云集，待饷孔殷，各省拨解饷银，亦恐不免阻隔。着叶名琛迅速设法筹画，无论广东何款，但可移缓就急者，即着奏明起解，就近由江西、湖南等处妥速递往大营，以济要需。并知会沿途各督抚，多派干员，小心防护，毋得稍有疏失。将此由六百里加紧谕令知之。”（《清文宗实录》卷 79）

（咸丰二年十二月庚子）谕军机大臣等：“徐广缙……另片奏‘江苏、福建等省饷项仍应取道江西，解赴长沙，由原办粮台转运。其川省解到饷银，就近解往荆州，分投粮台支应’等语，业经交部查照办理矣。将此由六百里各谕令知之。”（《清文宗实录》卷 80）

（咸丰二年十二月庚子）又谕：“寄谕陕甘总督舒兴阿、陕西巡抚张祥河，昨据台湧等奏‘荆州防兵需饷孔急，请饬部就近筹拨’，已交户部速议矣。现在武昌失守，荆州防堵万分吃紧，陕省距荆州较近，着该督抚于陕西省库存各款移缓就急，酌量协济，迅速解赴荆州，以应急需，切勿迟误……”（《清文宗实录》卷 80）

（咸丰二年十二月癸卯）谕内阁：“户部核议防剿粤匪支发事宜十八条，分别准驳，开单具奏，着依议行。该部即飞咨署湖广总督，湖北、湖南巡抚，饬令粮台各员遵照办理，毋稍冒滥。至兵勇数目及到营日期，为军需要紧关键，屡经降旨饬查，迄今尚未报部。着该督抚迅饬粮台各员，即将所调各省官兵、乡勇名数，暨某起何日到楚，何时起支口粮，每月粮饷应发若干，所支之款系何银两，先行造册报部，以备稽核。其兵勇内随时裁汰名数日期，尤须核实造报，毋任隐混。另片奏‘抚恤难民’一款，现在被贼蹂躏处所，小民颠沛流离，深堪矜悯。着该督抚等派委贤员，体察地方情形，按照水旱灾赈之例，分别妥为抚恤，核实奏报，毋庸归入军需案内办理，以昭实惠而清款项。”（《清文宗实录》卷 80）

（咸丰三年正月戊午）谕内阁：“现在军务未竣，部拨各省军饷，经过地方，必应迅速催解大营，以资接济。即使道途间有阻隔，亦当设法筹运，绕道行走，妥速解交。若因本省需用孔亟，将过境饷银纷纷截留，是但图自便取携，置大营要需于不顾，倘有贻误，所关非细。即如蒋文庆奏‘浙江委解湖南、湖北饷银七万两，因驿路难行，请留皖省，作为防堵经费’，朕以该省现在防堵情形较前紧急，姑允所请。惟该抚折内，并未筹及绕道行走，于大营需用紧要应请补拨之处，亦竟未置一词。封疆大吏，自应统筹全局，岂不知部拨军饷断难辗转稽延耶？嗣后各督抚务当先其所急，于饷银解经本境，赶即派委妥员护送，并饬该员等探明路径，如须绕越前进，即加意防护，迅解大营，毋稍疏失。倘各存畛域，任意截留要饷，至误事机，着该部即行参奏。”（《清文宗实录》卷 82）

（咸丰三年正月己未）又谕：“户部奏‘遵议楚省饷糈’一折，已有旨交向荣、张亮基等照办矣。至所称‘截留米石，作为军食’一节，前经饬令该督抚等筹办，惟江宁等属及安徽、江西应运新漕，除截留军食外，为数尚多。倘因运道梗塞，未能抵京，自应酌量变通，以应运米石抵各该省兵饷银两，且可节省漕项津贴等款。着陆建瀛、杨殿邦、杨文定、蒋文庆、张芾等迅速核计，所有业经征收之漕粮若干，现归节省之漕项若干，应如何搭放兵饷，或就地粜变，务即通盘筹画，奏明办理。至大兵追剿，所在口粮，遇有漕地方，亦令其随地关支，以抵银两。其节省之银，统归军需销报。该督抚等身膺重任，当此军务吃紧、经费支绌之时，其各体察情形，妥速办理。至漕船水手，均系壮丁，现既停运，是否可招募团练以资御侮，有无流弊，并着酌量办理。将此由六百里各谕令知之。”（《清文宗实录》卷 82）

（咸丰三年正月庚申）又谕：“杨文定奏‘江宁办理防堵，需用经费，已据江苏藩司、扬州关、龙江关等处解到银九万两，储库备用。惟龙江关应征税课，因商贩稀少，经征亏短，请责令该监督尽征尽解’等语。龙江关税课，以木簰等项为大宗，现在贼扰湖北，来源稀少。该抚所奏，

自系实在情形，所有该关应征税银，着准其暂行尽征尽解，留存江宁藩库撙节动用……”（《清文宗实录》卷82）

（咸丰三年正月辛酉）谕军机大臣等：“现在贼由武昌东窜，大兵追剿，需饷孔殷，各省拨解饷银，恐因驿路阻隔，致有稽延。惟自广东至湖北转运较便，上年十二月，曾谕令叶名琛等筹款接济，仍着迅速设法，无论库款关税各项，先行筹拨，派委得力员弁，妥速解赴大营应用。或于广东殷实商户，暂行借贷，以期有益要需。刻下向荣统带重兵，由武昌陆路跟踪追剿。九江下游情形万分吃紧，若停兵待饷，其势更不可问，谅该督等必同此焦灼也。将此由六百里加紧谕知叶名琛、柏贵并传谕曾维知之。”（《清文宗实录》卷82）

（咸丰三年正月辛酉）又谕：“张亮基奏‘筹拨湖北军饷’各折片，已饬户部速议具奏，并谕令叶名琛等赶紧筹款接济矣。逆匪窜出武昌，全行上船，在江面阳逻一带屯泊。如果上游船炮应手，正可乘此顺流焚剿。据徐广缙奏，现已酌拨炮位，多备船只，又添置渔船，应募水摸，业经派定，交付鲍起豹管带，一俟船炮到齐，即与续置火船押往金口。着张亮基仍遵前旨，迅速办理，听候钦差大臣向荣调拨。至军饷一节尤关紧要，昨已据户部奏明，开单飞咨各省，并有旨，谕令向荣、张亮基等按单催提。惟各处道路梗塞，恐委解各员绕越行走，不免耽延时日，朕心实深焦灼。着张亮基等先行就近设法筹画，或于本省富户商贾暂为贷借，或将应存米粮运赴军营，以资接济，务须通盘筹画，先其所急。若但以军饷不断，一奏了事，辗转稽延，恐致贻误。武昌省城今已收复，前谕令张亮基、骆秉章即日驰往。现在招集流亡，抚绥难民，弹压土匪，一切均须妥办。武昌饷银究被贼匪掠去若干，该署督等到省后是否尚可稽查，着即一并具奏，飞咨户部查照……将此由六百里加紧各谕令知之。”（《清文宗实录》卷82）

（咸丰三年正月乙丑）又谕："……向荣孤军前进，军行粮随，最关紧要。张亮基署理湖广总督，责无旁贷，务须及早筹备，源源接济，毋得以不敢牵制，空言塞责。至所称'挑兵数百，凑成千名，俟抵岳州，再为筹画'一节，并着迅即调集催进，勿致误事。武昌省城及黄州府城被贼抢去军饷若干，系何省批解，张亮基此时想已由岳州驰赴武昌，着即详细具奏，并飞咨该部查核。将此由六百里加紧谕令知之。"（《清文宗实录》卷82）

（咸丰三年正月戊辰）又谕："本日据向荣奏'追剿贼匪，急须接济军食'等语，向荣现已驰抵九江应援，离楚省粮台较远。军营需饷，刻不容缓，着张芾于该省无论何款，迅速筹备银十万两，飞解该大臣营中应用。并派委司道大员督办粮台，随营接济，倘因银款不敷，或将邻近州县现征漕粮及常平仓谷各项动拨，总期移缓就急，无误军需。将此由六百里加紧谕知张芾，并谕陈孚恩传谕陆元烺知之。"（《清文宗实录》卷83）

（咸丰三年正月戊辰）又谕："前有旨令张亮基等将广西派往湖南军营粮员撤回，无论何省兵勇，概由楚省支应，并谕令张亮基设法筹画，源源接济，俾向荣大军，不至停兵待饷……其楚省承办之员，或应派往交算，或应酌量裁撤，均由该署督等妥筹办理。军情紧要，断不可稍分畛域，推诿贻误。将此由六百里加紧谕令知之。"（《清文宗实录》卷83）

（咸丰三年正月己巳）谕军机大臣等："张亮基奏驰赴湖北省城，筹办抚绥各事宜一折……至所称'两城收复，需用孔繁，苦于无可设措'等语，虽系实在情形，惟部拨款项，均系极力搜括，以供大军急需，犹恐不给。若贼退之后，纷纷请帑，办理善后，该署督试思现在各省何处更能接济？前据骆秉章请拨银三十万两，已交户部速议。本日该署督又请于附近各省先行借给，一并饬部核议。惟此时筹画情形，支绌万难，即河南、川、陕，亦均有请拨请留之款，该署督等身任封疆，岂不计及全局耶？抑明知拨款之艰，而姑为此请耶……向荣大营现在待饷甚急，该署督务当仍遵前旨赶紧筹解，源源接济。断不准将各省解饷借口截留，致有贻误。至向荣军营各省兵丁，除裁汰伤亡外，现有若干名，留于湖南、湖北之各省兵丁若干名，并所募勇除遣散外仍有若干名，着即将约略名数，查明具奏。武昌、汉阳、黄州等属文武各员，着即查明如何殉难及是否逃避各情，分别详细具奏，毋再延缓。将此由六百里谕知张亮基，并谕骆秉章知之。"（《清文宗实录》卷83）

（咸丰三年正月癸酉）署湖广总督张亮基奏："贼势东窜，请由各省粮台，就近截饷支应。"得旨："改设粮台，已有旨了。至粤、楚三省，自军兴以来，需用浩繁，将来恐不免有冒销之处，着户部认真查核。如有造册未到者，即行奏明严催。"又奏："请将已革知府谢继超带赴湖北差委。"批："谢继超着准其带赴湖北，若不遵号令，着从严惩办，不必遵谕旨仅予发遣。"（《清文宗实录》卷83）

（咸丰三年二月戊寅）又谕："向荣驻扎九江，需船甚急。前据张芾奏称，雇船六十只，并借粮船应用。想已催趱前进，无误事机。至粮饷尤关紧要，虽据拨银十万解往军营，尚恐需用不敷，必须或银或米，酌拨就近接济。昨据叶名琛等奏，拨银二十万两解赴湖北，以备军饷。现在粮台移设江西，着该抚遴委妥员，星速迎提，解至大营。又据向荣奏，所带潮勇沿途滋扰。现已咨商该抚，派员来营管领遣撤，并着设法妥速办理，免致别滋事端。将此由六百里加紧谕令知之。"（《清文宗实录》卷84）

（咸丰三年四月乙酉）又谕："前因军饬浩繁，不能不借资民力，叠经降旨，令各省督抚妥为劝谕捐输……若非值此万不得已之时，岂忍重累吾民？惟念贼匪自粤而楚，扰及江省，现在大兵云集，水陆进剿，若军饷稍有不济，致令逆贼南北奔窜，即完善之区亦难自固。着叶名琛、柏贵、哈芬遴选各该省曾任京外各官、公正乡绅、人望素孚者，传旨饬

令劝谕绅士商民人等竭力输将……（《清文宗实录》卷 91）

（咸丰三年八月庚子）户部议复："钦差大臣湖北提督向荣等奏请将江苏各属捐项典本提充军饷，并漕米折银转运章程，拟准将苏松各属捐项及典本催提动用。江北各款，除场灶一项由部另行拨用外，其各州县收捐银钱、存典本息，均准划分一半，解充金陵镇江兵饷，仍留一半，为江北各路粮台待支之用。其征存漕米，请将道途稍远各州县，每石变价折银一两核算，以昭画一。惟正供之外，仍有耗米，及应征漕项、米银各款，仍应划出另算。责令各州县按数征解，备充军饷，以免牵混。至所称各捐局，均宜仿照筹饷例减二成收捐，应如所奏办理。"从之。（《清文宗实录》卷 104）

（咸丰三年十月庚辰）又谕："前因湖北制造战船，降旨令裕瑞筹拨银十万两，迅即解楚，以济要需。本日据台湧奏'贼匪回窜湖北汉阳等处，有上窜荆、襄之说。因武昌被围，道路梗塞，饷鞘不通，请饬部拨款解交'等语。现在楚省军务紧迫，库款空虚，需饷甚急。着裕瑞遵照前旨，于造船经费内，先行设法筹拨银数万两，即日派委妥员赶紧解赴湖北，以备该省兵饷急需。其余银两，仍着陆续解往，以资接济，毋稍延误。至川省界连湖北各要隘，前已降旨谕令严防。着该督即饬属慎密防守，勿任贼匪乘间阑入。将此由六百里谕令知之。"（《清文宗实录》卷 108）

（咸丰三年十一月辛酉）湖广总督吴文镕等奏："楚省未能撤防，请饬拨饷协济。"得旨："除制造船炮为剿贼要需，刻不可缓外，余皆可设法筹办。若处处截留，即拨尽各省款项，尚不足供一湖北之用，着户部速为筹画。"（《清文宗实录》卷 112）

（咸丰三年十一月己巳）又谕："本日据骆秉章、曾国藩奏'剿办常宁土匪，拿获首要各犯’一折……又据该抚片奏‘广东解饷银内有十万五千八百余两，因湖北道路阻隔，暂存湖南司库’等语。现在京饷，待用孔亟，且有改拨安徽之款。若俟江路肃清，再行起解，必致贻误。着该抚速饬委员，绕道行走，并知照沿途小心护送，毋稍迟误。将此由六百里谕令知之。”（《清文宗实录》卷113）

（咸丰四年二月癸未）又谕：“骆秉章奏‘湖南库款支绌，请饬川广督抚协济军需’一折。现在汉口贼船纷纷上窜，楚北军情，甚为紧急。曾国藩督带兵勇船炮，已由湖南衡州驶赴下游会剿，所需军饷甚巨，自应先事豫筹。该省历年防剿，需用浩繁，司库所存银两，为数无多，不敷支发。着裕瑞、叶名琛、柏贵接奉此旨，即迅速妥筹，无论该省何款项下有可动支者，立即设法筹拨，派委妥员飞速解交楚省，断不准稍有推诿。现在湖北情形万分吃紧，该省官兵不敷分拨，急须曾国藩所带炮船借资剿贼之用。该督抚等务当不分畛域，赶紧接济，无误要需。将此由六百里各谕令知之。”（《清文宗实录》卷121）

（咸丰四年二月甲午）又谕：“曾国藩奏‘已故巡抚之孙捐输军饷，请将伊祖入祀乡贤祠’一折，所奏荒谬之至。原任湖北巡抚杨健，道光年间因随声附和，年力就衰，奉旨降为三品顶带休致，其非德望素优，已可概见。嗣因该地方官题请入祀乡贤，经部议奏驳，奉旨允准。兹据曾国藩奏称‘杨健之孙候选员外郎杨江，捐输军饷银二万两，率请将杨健从祀乡贤祠’，实属袒护同乡，以私废公，显背圣旨，可恶已极。各省题请乡贤，例由督抚、学政核其事实具题。曾国藩以在籍侍郎，辄敢专擅入奏，并请特旨允准，毋庸交部，是必欲朕俯如所请，迹近要求。朕知该侍郎断不敢故意违旨，总因见解未充，遇事拘泥，复过于好名所致。甚至饰词巧辩，有名宦以吏治为衡，乡贤以舆论为断之语，竟似从祀乡贤不必问其平日居官何若，所奏更不成话。曾国藩着交部议处，其杨江所捐银两应得奖叙之处，仍着该部核议具奏。”（《清文宗实录》卷122）

（咸丰四年三月壬子）又谕："……逆贼已扰及山东临清，北路万分吃紧，若皖贼再有续来，剿办愈难着手。湖北黄陂虽经收复，而逆贼大股，复踞孝感县之龙宫庙等处，势甚披猖。豫省两面当冲，不可无重兵防剿……惟陕兵调出已多，商雒一路亦界连湖北，军情变幻靡常，难以臆度。英桂仍当与舒伦保等随时知照，并督饬南阳镇道及牛鉴、徐广缙等先就本省应防要隘，严密布置。不得株守省城，致误事机。将此由六百里加紧谕令知之。"（《清文宗实录》卷124）

（咸丰四年三月壬子）又谕："据台湧奏'剿办逆匪，兵单饷缺，情形万分窘迫'等语。现在孝感一带，贼势披猖。该督竭力堵剿，非赶紧接济饷银，必至贻误军需。着骆秉章就近妥筹，无论库存何款，迅即设法筹备银数万两，派委妥员，飞速解交湖北德安一带，以济台湧军饷。即该省现存库款不敷支发，亦须移缓就急，先行垫解，俟川省解饷到楚，届时再行酌量扣抵归款。断不准借词推诿，致滋贻误。将此由六百里加紧谕令知之。"（《清文宗实录》卷124）

（咸丰四年四月庚午）又谕："鄂省逆贼日肆猖獗，台湧扼守武胜关，饷绌兵单，情形极为急迫。前经叠谕裕瑞飞调建昌、松潘两镇官兵，星驰往援，迄今尚无抵鄂消息。楚、蜀壤地相接，岂可坐视邻封紧急，任意稽延？着裕瑞严催此项官兵迅赴楚北，听候台湧调拨，再于川省各营内添拨精兵，遴选将弁管带，克日启程，赴台湧军营备调，以期扫荡妖氛。不得但顾川防，致湖北贼匪益难收拾。前令四川筹拨银十万两协济军需，想已遵照办理。现在台湧所统征兵练勇，口粮支绌，着裕瑞再行宽为筹画，径解江北台湧营中，以资接济。裕瑞简任疆圻，目睹时艰，自应通筹全局，酌量缓急，懔遵叠次谕旨，于兵饷两事悉心计议，迅行拨给，毋误事机。将此由六百里加紧谕令知之。"（《清文宗实录》卷126）

（咸丰四年四月庚午）又谕："青麐奏"库款空虚，请饬部拨饷银速行筹解'一折。前因湖北兵饷孔亟，经户部议令江西省筹措银十万两解往，以资接济，至今尚未解到。鄂省情形，万分紧急，各营兵饷，专待此款支发。着陈启迈迅即先行筹拨银五六万两，解往接济。其余部拨银两，仍着陆续筹解，毋稍延误。又据台湧奏'请饬赴楚援剿之南昌协副将罗玉斌由麻城一带前进'等语，罗玉斌现在义宁剿办土匪，是否事竣？着陈启迈即饬罗玉斌迅领原带兵勇一千名，由麻城黄安等处绕出贼前，迎头截击。该抚务当权衡轻重，移缓就急，万不可稍有延宕，致误事机。将此由六百里加紧谕令知之。"（《清文宗实录》卷126）

（咸丰四年四月庚午）又谕："青麐奏'请催拨饷银'一折，已有旨令陈启迈于部议筹拨银十万两内先解五六万两，迅速启程矣。现在江北盼望援兵，情形紧急，甚于武昌，统计调拨应援之兵，均属缓不济急。该抚防堵武昌，所拥兵勇已逾万人，若但用以守御省垣，试问江北再有疏虞，武昌岂复可恃？办贼之事虽专责之督臣，巡抚亦职任守土，不能辞咎。着即酌派将弁抽拨兵勇，赴台湧军营助剿。若请饷则借口于兵多，赴援则推诿于兵少，贻误之罪，岂能宽宥？所称连次批回折件，均未收到，已谕军机大臣查照办理矣。惟是军报紧要，偶遇道途梗阻，即当豫筹改设驿站，以免贻误，岂可漫无稽察，听其遗失？至地丁漕粮，系惟正之供，湖北未被兵处所，现在地丁钱粮征存若干，漕粮改折若干，未见该省奏报。此项正款，亦可就近催提应用，岂能专借他省协拨？总之，应缓之款，不得借口延误；捐输之款，亦须实力劝谕。惟在守土大吏，统筹全局，设法筹办，何得以万难措手为词，一筹莫展也？将此由六百里加紧谕令知之。"（《清文宗实录》卷126）

（咸丰四年四月庚午）又谕："楚北逆匪鸱张，军情万分吃紧，而饷项匮绌，实有不支之势。着王庆云设法筹画，速于陕省无论何项，即行拨款，派员起解，务由豫省取道，径赴江北台湧军营，以资接济。舒伦保带兵驰赴楚省剿贼，曾谕令该抚陆续筹济军饷，并俟甘省官兵到陕，分拨舒伦保军营，该抚谅已一切豫为筹备。至潼关、商雒等处防御，如何布置之处，务须随时妥筹，毋稍疏虞。将此由六百里加紧谕令知之。”（《清文宗实录》卷126）

（咸丰四年四月戊寅）又谕：“骆秉章、曾国藩奏贼势全注湖南，请调黔、粤等兵，并截留湖北饷银各折片。贼匪前由湖北，复扰岳州……原以楚北贼势猖獗，肃清江面，专恃南省水军……至湖北饷缺兵单，情形万分危急。粤饷十万余两，现虽道路梗塞，亦岂可尽数截留，置大局于不顾？着骆秉章于此项银两，酌留三四万两，余着派员迅速绕道解赴台湧军营，以资接济，万不可心存畛域，稍事迁延。蒋徵蒲所捐钱文催解到省，除就近酌留外，其余亦可两省通融济用。本日据青麐奏‘武昌兵食缺乏，请由南省交界州县拨运米二万石，解往湖北’等语，并着骆秉章赶紧设法，将湖南州县征存米石，酌量派员拨解，以济军糈。将此由六百里加紧谕令知之。”（《清文宗实录》卷126）

（咸丰四年四月壬辰）又谕：“前因台湧军饷缺乏，谕令裕瑞迅筹银十万两，速解湖北台湧军营，谅已遵照办理。本日据裕瑞奏‘请饬浙江、江西钞录筹济江南军营章程，咨川参酌’等语，部拨各省协济军饷，系为移缓就急起见，该督惟当就现在情形，设法筹拨，岂可拘泥他省章程，致误事机？着裕瑞即遵照前旨，筹拨银十万两，速派妥员解往台湧军营，毋得再有延误。至巴东、利川之兵赴楚协剿，若待续调汉屯官兵接防始行启程，必致有误应援。着迅饬带兵员弁，即日前往，不准耽延。军营兵饷，必应迅速筹办，该督此奏，畏难推诿，殊属不知缓急。懔之，戒之。将此由六百里加紧谕令知之。”（《清文宗实录》卷128）

（咸丰四年五月乙巳）又谕：“……现在北窜之贼尚未殄灭，楚、豫交界处处设防，各路军营需饷甚巨……”（《清文宗实录》卷129）

（咸丰四年五月丁未）又谕："裕瑞奏'遵派防堵巴东、利川之松潘、建昌两镇官兵，并添派练丁赴楚迎剿。所有粮台事宜，请归湖北派员经理'等语。此项官兵，着台湧严催前进。其应行支发款项，即归台湧军营派员经理，俾与湖北进剿官兵，不致歧异。其川省兵勇所需粮饷，仍由四川筹项，源源接济。并着台湧随时知照裕瑞拨解，毋稍迟误。再本日据裕瑞奏'已拨银十万两，于四月初八日领解启程，赴德安、襄阳一带投交'，着台湧派员迎提，妥为护送。此外各省应拨湖北军饷，现已解到若干，该督粮台，现派何员经理，均着附报具奏。将此由六百里加紧谕令知之。"（《清文宗实录》卷 129）

（咸丰四年五月戊申）又谕："前以楚省贼氛甚炽，谕令裕瑞将派防巴东等处之松潘、建昌兵二千名，令双保等统带赴楚助剿。正月以来，叠经严谕飞催已不下五六次。昨始据裕瑞奏称遵旨派往，仍未将启程日期奏报。川、楚壤地毗连，剿楚省之贼匪，即以固川省之藩篱。裕瑞于奉拨官兵延不催令前往，是于事势缓急，全未审度。且此项官兵，若于奉拨后即行赴楚协剿，则安陆、荆门等处，不致失事，又何至贼匪扰及宜昌？裕瑞既已迟误于前，若复心存畛域，罪将谁诿？现在荆州待援甚急，着裕瑞迅饬双保、福炘统带前项官兵，即日兼程前进。所派赴台湧军营之练丁一千余名，并着饬令先赴荆州，听候官文调遣。本日已谕令官文将此项官兵飞檄迎提，若再有迁延情事，即将双保、福炘等严参治罪，以肃军令。其官兵练丁等粮饷，仍着源源接济，毋许迟误。前次拨往湖北省饷银十万两，并着飞催委员妥速解往，知照官文派员迎提，毋稍迟误。该督接奉谕旨后，着即将该官兵练丁等出境到楚日期，及如何派拨巴东、利川接防官兵之处，迅速由驿驰奏。将此由六百里加紧谕令知之。"（《清文宗实录》卷 129）

（咸丰四年六月己巳）命陕西巡抚王庆云拨银四万两解赴湖北，以备

军需。（《清文宗实录》卷132）

（咸丰四年六月壬申）荆州将军官文等奏："剿匪叠胜，荆属渐清，酌拨川兵赴省应援。"得旨："荆郡现可无虞，酌撤防兵，亦节省经费、安定人心要著，双保等川兵既可随剿随进。着严催速援武昌，官文等统筹全局，所见甚是。"又奏："荆州官兵俸饷无着，请随时酌留四川解楚饷银，以资接济。"批："着照所请行，然不可漫无限制，仍应随时具奏。"（《清文宗实录》卷132）

（咸丰四年六月癸未）命陕西巡抚王庆云拨银五万两解赴湖北巡抚杨霈军营应用。（《清文宗实录》卷133）

（咸丰四年六月丁亥）又谕："前据台涌奏'武昌省城失守'，本日据官文等奏'亟筹派兵随剿随进，以图攻复。而湖南岳州又有大股贼匪旁窜常德，攻扑府城，荆江一水可通，已派兵赴公安、澧州地方防剿，需饷孔殷'等语。裕瑞前经动拨津贴项下银三万两，解往楚省。现在道路梗阻，着饬知委员，径解荆州，交官文截收，设法转运，免致疏失。并着裕瑞于川省藩道各库项下，无论何款，迅速筹拨银数万两，赶紧续派委员，即日启程，解交官文军营，以应急需。此外如有可筹之款，仍着源源接济……将此由六百里加紧谕令知之。"（《清文宗实录》卷133）

（咸丰四年六月戊子）又谕："骆秉章奏'饷需浩繁，请饬催川、广两省，速筹接济'一折。湖南自本年二月后，贼船连次窜扰，虽经击退，而各路防守兵勇未能裁撤，每月需饷几及十万两。现在武昌失守，曾国藩等急应统带水陆大兵东剿，需饷尤巨，藩库并无存项，劝捐催征，均属缓不济急，自应急筹接济。着裕瑞懔遵前旨，迅速妥筹，无论该省何款项下有可动支者，立即设措银数万两，派委妥员，飞速解交湖南应用……"（《清文宗实录》卷134）

（咸丰四年六月甲午）又谕："英桂奏'湖北襄阳、樊城为川、陕通衢，久为逆匪窥伺，请饬将川省防边官兵，量移襄阳驻守，由川省就近接济饷糈'等语。贼匪占踞武昌，难保不更图旁窜，虽宜昌已经收复，而川楚交界地方尤应加意严防，以资援应……所需饷银，即着该督设法接济，毋得稍分畛域，致误要需。将此由六百里加紧谕令知之。"（《清文宗实录》卷134）

（咸丰四年七月壬子）又谕："据骆秉章奏'请筹拨饷银'等语，现在湖南岳州一带，贼船纷纷占踞，剿办吃紧，需饷浩繁。该省库款支绌，无从设措。据称江西应解湖北饷银十万两，因道路梗阻，尚未解到。着陈启迈迅即派委妥员，将五万两赶解湖南，其余银五万两仍行解往湖北，交杨霈军营，以资接济，毋稍迟延。将此由六百里加紧谕令知之。"（《清文宗实录》卷136）

（咸丰四年七月壬子）又谕："……湖北武昌、汉阳城池亟图克复，需饷孔急，着叶名琛迅速酌筹银数万两，派委妥员，陆续解交杨霈军营，以资接济，毋稍延误。怡良折着钞给阅看。将此由六百里加紧谕令知之。"（《清文宗实录》卷136）

（咸丰四年七月癸丑）又谕："……本日据王庆云奏陕兵出境，前赴襄樊防剿，请饬四川筹饷协济，并着裕瑞与王庆云酌度缓急，通融办理，毋得稍存畛域。将此由六百里加紧各谕令知之。"（《清文宗实录》卷136）

（咸丰四年七月癸丑）又谕："王庆云奏'襄、樊需饷，请饬山西、四川等省协力筹济'等语，本日已寄谕该督抚设法筹解矣。襄、樊与宛、邓毗连，荆、襄两郡，均为川东夔巫门户，裕瑞等自应力筹接济。惟襄、樊移调之兵，陕省为多，且商雒均资屏蔽，若专待他省协拨饷需，诚恐缓不济急。仍着王庆云尽力筹拨，以期源源接济，不可稍分畛域，致误要需。至襄樊兵力是否足敷布置，即着该抚随时知照杨霈酌量移拨可也。将此由六百里加紧谕令知之。”（《清文宗实录》卷136）

（咸丰四年闰七月戊辰）又谕：“前据官文奏‘兵饷拮据，恳将四川解楚饷银酌留二三成’等语，当经准其所请，并于折内批谕‘不可漫无限制，仍应随时具奏’。本日据杨霈奏‘粮台存饷无几，新设之襄阳粮台尚未收饷，荆州解到川饷十万两，经官文全数截留，并将前解省城折回之二万两一并截留，请饬官文将截留之银速解襄阳，以资接济’。现在杨霈军营兵饷需用甚亟，当此剿办吃紧，若饷需不能应手，必致贻误大局。着官文查明解到川饷，除奏明准留二三成外，其余银两迅即派委妥员，克期解赴襄阳应用，毋稍迟延。以后川、粤、湖南各饷，由荆州经过时，均不得截留过多，置杨霈军营要需于不问。至魁玉、杨昌泗二员，据官文奏称派往监利堵剿。兹据杨霈奏分路进兵情形，其由汉水直下一路，拟派杨昌泗等拣带精兵二千，由襄阳乘船顺流下击，为东西两路策应。此次湖北省城赴荆兵勇共有六千余名，荆州兵力已不为单，自无须尽行截留。着官文饬令魁玉、杨昌泗等按照杨霈所咨，迅速带兵前往，毋稍延误。其应行派留监利防剿兵勇，仍着该将军妥筹办理，随时奏报。将此由六百里加紧谕令知之。”（《清文宗实录》卷138）

（咸丰四年闰七月庚午）又谕：“据骆秉章等奏‘岳州水师失利，陆营大获胜仗’一折，现在武昌尚未克复，亟须舟师下驶会剿，统带乏员，甚关紧要。着叶名琛等即于水师内拣选得力镇将二三员，饬令赶赴曾国藩水营听候调遣，并将续购洋炮若干位配齐架具，迅派妥员一并解往备用。至前谕筹饷数万两解赴湖北杨霈大营，并谕拨解庐州饷银，楚皖剿贼正当吃紧之际，需饷孔殷。前拨两省饷银，着即派委妥员，迅速解往，以资接济。毋得稍缓，致误要需。将此由六百里加紧谕令知之。”（《清文宗实录》卷138）

咸丰四年甲寅闰七月戊寅，谕军机大臣等："前据王庆云奏'各路粮台运储粮石'一折，当交军机大臣会同户部，速议具奏。兹据恭亲王奕䜣等酌核例案，详议复奏，现在贼氛未靖，各路军营需饷浩繁，部库筹拨银两，实形支绌。叠经降旨，并由户部奏明，行知琦善、向荣、胜保等军营运储米石，以充军食。湖北等省漕粮，均准截留接济……"（《清文宗实录》卷139）

（咸丰四年闰七月庚辰）又谕："前因杨霈军营兵饷不敷，谕令官文将川饷截留二三成外，余银悉解襄阳应用。本日据杨霈奏'接到官文来咨，仅拨银二万两'，并称'前解省城之项，仍留作遣发武昌兵勇之用'等语。现在杨霈军营需饷甚急，较荆州更为吃紧，武昌兵勇业经骆秉章资给银米，无须多为留备。该将军截留川饷，竟至十五万两之多，实属不知缓急。着官文即按照杨霈所咨，如数迅速筹拨解往该署督军营，毋得稍有推诿。嗣后各路解饷过荆，断不准截留过多，专顾一隅，置大局于不问……将此由六百里加紧谕令知之。"（《清文宗实录》卷139）

（咸丰四年闰七月庚辰）又谕："杨霈奏克复京山等州县，并调荆州官兵军饷及请饬江西派兵出剿各折片。现在京山等州县均已收复，惟汉川尚为贼踞，江北大局，已可粗有头绪，亟应乘势进攻，岂可坐令兵单饷绌，致成株待……至襄阳防兵需饷，前已叠谕王庆云筹办，第该省供给皖、楚军饷为数不少，此时司库亦颇形支绌。山西情形，除拨各路军饷外，并须兼顾京饷，即能酌量拨解，亦恐未可深恃。着杨霈所需银数咨商各该抚酌办，仍饬该地方官设法劝捐接济，不论银米，但期足敷兵食，较胜远道转输。襄阳为完善之区，现又为司道大员驻扎处所，剿办当易为力。安陆等处余匪，仍着赶紧搜捕，务使一律肃清。杨霈亦不得因此零星遗孽，坐受牵掣，致误克复机宜也。将此由六百里加紧谕令知之。"（《清文宗实录》卷139）

（咸丰四年闰七月癸未）又谕："杨霈奏'兵饷支绌，请速饬筹解，以资接济'一折。据称'现存兵饷，不敷十日之用。山西、陕西饷银，到楚尚需时日，已函商英桂于河南暂借银三万两，俟山、陕饷到归还，并请饬山西、陕西抚臣速即设法，通融接济，以应急需'等语。逆贼窜踞武汉，急应克复。杨霈现分三路进兵，需饷浩繁，自应于邻近省分妥筹接济。着英桂速拨银三万两，克日解往，仍俟山、陕饷银过豫时扣存归款。并着恒春、王庆云于各该省无论何款项下，迅速筹画银各数万两，即日遴委妥员，解赴杨霈军营应用，无许迟延。并知照经过各地方，毋许截留，致有贻误。将此由六百里加紧各谕令知之。"（《清文宗实录》卷139）

（咸丰四年闰七月辛卯）又谕："王庆云奏'提督营盘烧失饷银，坐扣兵粮作抵，造册捏销，据实参奏'一折。据称固原提督桂明，督带防兵出省迎剿，由陕西省筹解饷银五万两，其第一次解银二万两，派委候补从九品沈恬管解赴营。于三月十三日，据该提督咨称此项饷银，业已解到。旋于四月二十六日，又据咨称被劫遗失。复于七月初五日，咨称饷银行抵临清，于移营之时，被逆贼烧毁营盘。查点饷车，银匣俱无，遂将遗失银两，按五十五日支放官兵口粮、盐菜、马乾等项坐扣，捏造销册，咨请报销。嗣据沈恬供称'营盘被烧失饷之后，该提督谕令隐匿，捏报土匪劫掠'等语，前后情节不符，览奏深堪骇异。现在桂明在楚随同剿匪，所带员弁兵丁均已赴楚，着杨霈按照所参各情，就近提集应讯人证，确切查明，据实具奏，毋稍徇隐。王庆云原折、桂明咨文、沈恬亲供，均着钞给阅看。将此由五百里谕令知之。"（《清文宗实录》卷140）

（咸丰四年八月丁酉）荆州将军官文奏："截留川饷，由总局分别支解。"得旨："所留饷银，虽非蒙混开销，然找领欠饷及资遣回任回籍之用，实非必不可缓之事。况当兹帑项支绌，断不能悉依旧制。嗣后万不

准视此为常，漫无限制。朕谓汝不知缓急，实非苛论。”（《清文宗实录》卷141）

（咸丰四年八月甲寅）又谕：“骆秉章奏‘请饬升任湖北藩司夏廷樾在川省督办劝捐’等语。现在曾国藩等统领水陆各军东下剿贼，叠获胜仗，剿办正在得手。惟需饷浩繁，湖南阖省捐输，尚难久支供亿。湖北新遭蹂躏，亦恐筹画维艰。广东自七月以来，匪徒滋蔓，邻省军资，更难令其接济。四川省素称殷实，果能实力劝谕，捐输当可踊跃。着照骆秉章所请，即令夏廷樾在川筹办劝捐，协济兵饷。裕瑞接奉此旨，即传谕该藩司认真督办……将此由六百里加紧谕令知之。”（《清文宗实录》卷142）

（咸丰四年九月庚午）江西巡抚陈启迈等奏：“江西捐务及协济楚军饷需，请归并一局办理。”得旨：“名目固不必另设，然不准尽供本省之用。指日舳舻东下，肃清江面，为数省安危之计，若饷项缺乏，致生意外，恐汝等不能当此重咎也。”（《清文宗实录》卷144）

（咸丰四年九月甲戌）又谕：“本日据塔齐布、曾国藩奏‘楚军需饷紧急，请饬筹拨’等语。塔齐布、曾国藩带领湖南一军水陆并进，自岳州而下，克复武昌、汉阳、汉口。乘此破竹之势，指日即可建瓴东下，由楚入吴，为廓清江面之计。当此事机紧切，军行粮饷尤必豫为筹备。江西邻省，最为切近，着陈启迈在于该省，不拘何项，迅速筹拨银八万两，即行派员径解塔齐布、曾国藩军营，以应急需。该省于楚军拨饷，前此计解过银七万余两，颇资接济。此时军威大振，乘胜直前，为万不可失之机。且自九江湖口转战而东，即可以为豫章全省屏蔽，其饷项沿途解送，亦极便速。该抚务当竭力妥筹，设法运济，俾不至有停兵待饷之虞。断不准以筹项维艰，借词推诿。将此由六百里加紧谕令知之。”（《清文宗实录》卷144）

（咸丰四年九月壬午）命山西巡抚恒春、陕西巡抚王庆云各拨银五万两，解赴湖北，以备军需。（《清文宗实录》卷145）

（咸丰四年九月壬午）谕军机大臣等："……至兵饷一节，已饬四川、山、陕各督抚拨解，并饬部迅发执照，以便劝捐。惟曾国藩、塔齐布各营军饷，向来取给于湖南，现在相距路远，转运更难，该督须随时接济，毋令匮乏。襄阳等处尚属完善，仍当设法劝捐，不得专恃邻省。杨霈以总督兼署巡抚，封疆应办之事，当饬藩、臬、道、府等妥为经理，剿贼机宜，仍须与曾国藩等熟思审处。江、皖毗连楚、鄂，以后追剿情形，迅速奏报，以慰悬系。将此由六百里加紧谕令知之。"（《清文宗实录》卷145）

（咸丰四年九月壬午）又谕："……复据杨霈奏'黄州府、武昌县次第收复，军营饷需仅敷月内支发，请饬四川等省协拨'等语。现在下游追剿，甚为吃紧，鄂省蹂躏已久，无款可筹。若因军糈稍有缺乏，致失剿匪机宜，所关匪细。着裕瑞于该省无论何款内筹银十万两，即日委员解赴杨霈军营，以济急需，勿稍延误。夏廷樾现抵长沙，已据杨霈催赴藩司本任，所有前次谕令赴川办理捐输及筹办战船各事宜，着裕瑞另委妥员督同办理。其拨饷起解日期，并着裕瑞、叶名琛等赶紧咨明劳崇光、杨霈，以便派员迎提。将此由六百里加紧各谕令知之。"（《清文宗实录》卷145）

（咸丰四年九月乙酉）湖南巡抚骆秉章……又奏："官军由武昌东下，请饬速筹协济军饷，以利师行。"批："曾国藩军饷，已有旨饬拨江西、陕西两省。该营自有委员经理，不必由湖南派往……"（《清文宗实录》卷145）

（咸丰四年十一月辛卯）谕军机大臣等："前据曾国藩奏'请饬陕西省拨解军饷二十四万两'，当谕知王庆云如数拨解。兹据该抚奏称'除解过外，尚欠解银十二万两，请饬江西先行借拨'等语。曾国藩所统水陆各军，现已渐离楚境，进逼九江，正当攻剿吃紧之际，若专待陕西凑足起解，诚恐缓不济急。着陈启迈即于江西省无论何款项下迅速筹银数万两，径解曾国藩军营应用，仍由陕西续收项下如数拨还江西归款，并着杨霈就湖北省现有之款先行设法接济……沿途水陆催趱及护送迎提各事宜，均着杨霈、陈启迈派委妥干之员，小心经理，勿致稍有疏失。将此由六百里各谕令知之。"（《清文宗实录》卷152）

（咸丰四年十二月壬寅）拨四川筹备银十万两，山西、陕西筹备银各五万两，解赴湖北，以济军需。（《清文宗实录》卷153）

（咸丰五年正月乙酉）又谕："陶恩培奏'贼踪回窜，请饬催兵饷'一折。前因杨霈赴皖进剿，需饷甚殷，当谕令四川筹拨银十万两，陕西筹拨银五万两，迅即解赴军营。现在贼匪复行窜扰汉口，杨霈退守德安，陶恩培保护省城，集兵进剿，所需饷银益形紧急。着乐斌、载龄仍遵前旨，将指拨银两照数迅速备齐，即日派委妥员解赴武昌省城，并将起解日期先行具奏，毋稍迟误。将此由六百里加紧各谕令知之。"（《清文宗实录》卷157）

（咸丰五年正月）壬辰，谕军机大臣等："……至德安、武昌两处兵饷，前已有旨，饬催四川前拨银十万两，陕西前拨银五万两。此项银两，均由荆、襄一路行走，所有官文一军需用款项，即着于此款内通融动用。将此由六百里加紧各谕令知之。"（《清文宗实录》卷157）

（咸丰五年二月己酉）又谕："……四川、陕西饷银，前已有旨饬催，此项银两，均由荆、襄行走。解到时，即着官文、杨霈、陶恩培均匀分

用，毋得专顾一处，致误军需。将此由六百里加紧各谕令知之。”（《清文宗实录》卷159）

（咸丰五年二月壬子）又谕：“逆匪回窜湖北，占踞汉口、汉阳等处，现已厚集兵勇分投攻剿。所需军饷，刻不容缓，并省城战守兵勇及添募水勇、修理船只等项费用，在在均关紧要。着乐斌、王庆云、载龄妥速筹画，源源接济，按月拨解。现当该省剿贼吃紧之时，断不可以无款可筹一奏塞责，致误要需。其前两次拨给湖北川饷，并着该督迅速催解，毋稍延误。将此由六百里各谕令知之。”（《清文宗实录》卷159）

（咸丰五年三月乙丑）又谕：“杨霈奏‘饷需紧急，请饬四川、山西、陕西迅即拨解’等语。湖北贼氛复炽，武昌失守，汉川、应城天门等处均被滋扰，剿办万分吃紧，杨霈营中之饷早已不敷。据称川陕报解饷数仅有银四万五千两，为数既少，计日尚迟，若使接济不及，兵勇枵腹荷戈，殊为可虑。着乐斌、王庆云、载龄无论何款，迅速筹拨，解赴杨霈大营，以应急需。杨霈兵勇屡经挫失，前饬乐斌拨兵勇各一千名，派颜朝斌、陈有才管带赴楚，即着飞催前进。此外有无可拨官兵，并着悉心筹画，添派前往，以助攻剿。至陕西前次拨解楚省大钱，现在该省未能一律通行，无济军营之急。此次拨解湖北军饷，毋庸搭解大钱，军务紧要。该督抚等接奉此旨，迅速遵办，毋稍迁延，致有贻误。将此由六百里各谕令知之。”（《清文宗实录》卷161）

（咸丰五年三月甲戌）又谕：“曾国藩、塔齐布奏‘军饷不支，请饬闽、浙二省筹银接济’等语。现在曾国藩等驻兵江西省城，因湖北武汉一带，为贼占踞，粮道已断，四川、湖南之饷不能运解前往，其水陆各军兵勇口食，仅恃江西一省捐项，不敷支放，必须邻省通融协济，方足以资攻剿。着王懿德、何桂清于该省无论何款项下，每月各筹银二万两，派委妥员解赴曾国藩等军营应用。该督等务当迅速筹解，毋误要需。将

此由六百里各谕令知之。”（《清文宗实录》卷162）

（咸丰五年五月癸亥）署湖北巡抚胡林翼奏：“请饬四川续拨饷银十万两，专济武汉兵食，并分遣官绅劝捐。”得旨：“户部迅速查明具奏，随时劝捐，实为救急良策，惟在办理得人耳。”（《清文宗实录》卷167）

（咸丰五年六月丁酉）又谕：“官文奏‘军需紧要，请饬各省按月筹拨’等语。现在楚北剿贼吃紧，西凌阿、官文等所带兵勇需饷浩繁，着黄宗汉、英桂、王庆云赶紧设法，每月各行筹拨饷银五万两，解往西凌阿军营，以济兵食。并将起解日期，迅速具奏，一面行知该大臣等派员前往迎提。即未能凑足五万两之数，亦须按月拨解二三万两，借资接济。不得以无款可筹及另请改拨各词迁延推诿，致滋贻误。将此由六百里加紧各谕令知之。”（《清文宗实录》卷169）

（咸丰五年七月乙酉）又谕：“官文奏‘请饬催军饷’一折，据称‘胡林翼现已督兵过江，攻破蔡店，进逼汉阳。惟各大营兵饷久缺，急须源源接济，方能无误要需’，自系实在情形。四川省应拨湖北军饷，前经黄宗汉奏称‘每月只可拨银二三万两’。但此时兵勇增多，不敷应用，着该督于续征津贴条粮项下，仍每月拨银五万两派员解赴荆州，交署将军载增咨会官文分拨各营应用……将此由六百里各谕令知之。”（《清文宗实录》卷173）

（咸丰五年八月丙辰）又谕：“官文奏‘金口等处官军失利，请饬催饷银’等语。胡林翼等水陆官军因崇通股匪勾结武汉贼众窜扑金口，以致兵勇溃散，饷糈缺乏。着吴振棫无论何款项下，速筹银数万两，派委妥员，克日解往襄阳粮台，为胡林翼、李孟群水陆各军支发兵饷之用。四川、山东两省，昨经户部奏准，令崇恩将漕粮变价银十万两内拨银五万两，解西凌阿军营，五万两解官文军营，并令四川拨银三万两解赴官文军营。着黄宗汉、崇恩遵照前旨，迅速筹拨。除西凌阿军营之五万两径解德安外，其余应解官文各饷银，均着按照前拨数目，派员解赴襄阳粮台应用。务期克日起解，无稍延缓，致误急需。其起解日期，并着先行驰奏。将此由六百里各谕令知之。”（《清文宗实录》卷175）

（咸丰五年九月丁卯）谕军机大臣等：“……山西应解京饷、楚饷、甘饷，为数甚巨，亦不能按月筹解，已谕知怡良设法筹银数万两，先行解赴庐州……”（《清文宗实录》卷176）

（咸丰五年九月癸酉）又谕：“湖北贼势蔓延，现在调集各路兵勇合力堵剿，所需军饷，亟应广为筹备。着吴振棫于该省续收捐输项下，按九、十、十一三个月，每月提拨银五万两，派委妥员径解胡林翼军营，务必按期如数，毋稍延误。所有此三月内应解京饷，即准其暂缓起解。将此由六百里加紧谕令知之。”（《清文宗实录》卷177）

（咸丰五年十一月甲戌）又谕：“前因曾国藩奏请饬浙江补解饷银，曾谕知陆元烺，浙省无款可筹，着于江西漕项内每月拨银三万两，就近接济数月。兹据陆元烺奏称‘曾国藩水陆饷糈，去冬至今均系江西支应，兼以地方被贼处多，分投防剿，需饷益繁。计截至年底，尚需银六十余万两。司道库现仅存银十三四万，不敷一月之用。浙省应解江西军饷每月二万外，尚有盐课及酌提养廉等项，共银十二万五千两，皆系户部指拨解济楚军之款，请饬浙省迅解江西’等语……”（《清文宗实录》卷183）

（咸丰五年十二月丙申）又谕：“陆元烺奏‘军饷紧急，请饬邻省迅筹协济’一折，据称‘江西省独力接济楚军月饷一载有余，罗掘殆尽。现在瑞州、临江两郡城，被两湖逆匪分股扰陷，逼近省城。添兵必先筹饷，若非协助，实难支持’等语……”（《清文宗实录》卷185）

（咸丰五年十二月庚子）又谕："官文奏'督兵进逼汉阳获胜，攻破贼垒，并武昌各军大获胜仗。惟各营饷需，皆有欠缺，劝捐之款，缓不济急，恳饬催各省接济'等语。武昌、汉阳两路屡获大胜，指日可期克复，若使军饷有缺，恐致功败垂成。河南与该省唇齿相依，接济较近，且联庄会匪现已解散，征纳钱粮，必当踊跃。着英桂即饬藩司酌拨银数万两，派委妥员解往官文军营，俾得发给各路粮饷，迅图克复武汉。不得借口于无款可筹，致误要需。将此由六百里谕令知之。"（《清文宗实录》卷186）

（咸丰五年十二月庚子）谕军机大臣等："官文奏'攻破汉阳城外贼垒，并武昌官军大获胜仗'一折。汉阳城外贼卡土城经官文督兵进攻，悉行焚毁。胡林翼、罗泽南亦将武昌保安门外及洪山等处贼垒分投剿除。南北两路官军均极得手，武汉贼匪不能相顾，势极穷蹙。着官文乘此声势，会同胡林翼、罗泽南并力攻剿，节节进逼，迅图克复两城。所奏需饷情形，已谕令河南省速拨银数万两，山西、陕西两省于前拨饷银外，再添拨银二三万两解交，合之该省捐项钱二十余万串，为数已不为少，着该大臣派员分投迎提，一面将捐项设法催缴……将此由六百里谕令知之。"（《清文宗实录》卷186）

（咸丰五年十二月庚子）又谕："官文奏'饷需缺乏，请饬催拨款'一折。山西、陕西叠经按月拨解湖北军饷银三万两，现在该省情形，必须宽为接济。着王庆云、吴振棫于每月应解湖北三万两之外。再添拨银二三万两，迅速解赴官文军营，俾资攻剿，毋误要需。将此由六百里各谕令知之。"（《清文宗实录》卷186）

（咸丰五年十二月壬寅）谕军机大臣等："……兹据蒋霨远奏，广东解黔，绕道需时，迫不及待。请将广东解黔之银解赴湖北，而以四川应解楚饷改解贵州，转移之间，取其便捷。惟四川应解楚饷，并无二十万

之多，又本有应拨贵州之十万两，若议再加，恐川省力难支应……”（《清文宗实录》卷 186）

（咸丰六年二月癸卯）谕军机大臣等：“官文奏‘请饬调察哈尔马匹’一折，湖北军营马队官兵所用马匹间有倒毙，自应赶紧备办，以资进剿。惟察哈尔马匹，现值水草不接之时，未能一律膘壮，长途调用，恐难得力。着吴振棫即行饬属于商州地方购买膘壮马六七百匹，迅速备齐，派委妥员解赴官文军营应用，不得以疲弱马匹滥行充数。官文接奉此旨，着即咨商吴振棫赶紧筹办。将此各谕令知之。”（《清文宗实录》卷 190）

（咸丰六年三月壬申）谕军机大臣等：“……江西壤地毗连六省，形势极关紧要，现在逆势披猖，省城危急。设有疏虞，则东南大局，岂堪设想？此时筹拨援兵，计惟罗泽南一军驰赴省垣，庶危城可保。着官文、胡林翼酌量情形，如武汉贼势实已穷蹙，即照胡林翼前请，先派官兵数千名驰援江西，令罗泽南暂缓启程，以免功败垂成。若武昌急难克复，则罗泽南虽留无益。而江西省垣十分吃紧，即着官文等饬令该员统带原有兵勇，克日启程，回援江省，并设法迅速驰赴南昌……”（《清文宗实录》卷 193）

（咸丰六年三月戊寅）又谕：“官文奏‘请饬催各省奉拨军饷’等语。前因湖北武汉水陆各军需饷较繁，饬令山西、陕西按月各添拨银二三万两，四川省按月筹拨银五万两，以资接济。现在武汉攻剿吃紧，各营欠饷过多，自应源源拨解，俾免缺乏，着黄宗汉按照奉拨数目，仍再筹款，按月解往。其陕西省应解月济楚饷，并着吴振棫迅速筹拨……将此由六百里加紧各谕令知之。”（《清文宗实录》卷 194）

（咸丰六年三月辛巳）谕军机大臣等：“曾国藩、文俊奏‘袁临路梗，请催楚、粤援兵并饬浙、闽两省严密防堵’等语……舍长江而专顾内地，亦属万不得已之计，但必须迅速设法，使各省援兵能与本省兵勇相接，方可次第剿办……至武昌回援之军，前已屡次谕催，讵意罗泽南遽尔阵亡，新易主将，且武昌此时攻剿正在吃紧。本日复谕催胡林翼迅图克复，以便李续宾回援江西……”（《清文宗实录》卷194）

（咸丰六年三月辛巳）又谕：“胡林翼奏‘密陈南岸贼情，并筹议援剿江西情形’一折。江西自临江、瑞州、袁州、吉安失守后，复连陷抚州、建昌等府城，并进贤、丰城、东乡、安仁等县，情形万分吃紧。本日据胡林翼奏‘罗泽南现已阵亡，武汉如能迅速克复，即可派兵回援。万一久顿城下，即令李续宾一军前往’等语。李续宾着留于湖北，俟武昌克复后再行带兵回援江西。惟该大臣等节次奏报，总以克复在即为词，朕心实深殷盼。若徒以粉饰之词迁延时日，是武汉既不能克复，而江省复不能回援，糜饷老师，岂非两失？着官文、胡林翼督饬水陆诸军，将武汉克期收复，毋得再有迁延，致滋贻误。将此由六百里谕令知之。”（《清文宗实录》卷194）

（咸丰六年七月庚申）又谕：“……惟河南会兴镇一路销盐较多，难保无官吏借端阻挠。且信阳州现办抽厘，接济湖北军饷，倘需索未能尽除，必致商贩裹足……”（《清文宗实录》卷203）

（咸丰六年八月丙午）又谕：“胡林翼等奏‘官军大破援贼，并分攻合剿情形’一折。七月十六日，武昌城贼，分扑洪山，李续宾等两次歼贼各二百余名，又追杀四百余名。十七日，杨载福等将油房岭贼巢尽行烧毁。十八日，胡林翼、李续宾等分路将鲁家巷援贼先后杀毙六七百名，生擒五十三名，并破贼五垒。杨载福等亦于是日攻贼桥垒，烧毁净尽。十九日，贼众大至，经翟定国等焚贼划船百余只。二十八日，援贼及城内之贼四面纷出，李续宾等严阵以待，约时齐出，立斩冲锋悍贼数名，蒋益澧等抄截之。舒保率马队四面冲突，贼遂大败，追之至堤，毙贼三四百人，各营又毙贼一千数百名。鲁家巷等处，共破贼垒四座，并毁东湖贼船七十余只，又烧贼巢八十余户。八月初三至初七等日，李续宾、张荣贵等又节次踏平贼垒共十九座，先后毙贼一千六七百名，追毙千数百名，生擒六十余名，贼锋大挫。此次旬日之内，大小二十八战，水陆皆能用命，而马队之功居多，解散胁从约计万人。仍着胡林翼等督军悉数歼除，赶紧克复城池，毋再延玩。”（《清文宗实录》卷206）

（咸丰六年八月辛亥）又谕：“曾国藩、文俊奏‘湖北援师饷银缺乏，请饬山、陕两省按月接济，并由江省派员赴荆州守候’等语。江西八郡沦陷，钱漕无从办理，各军饷需久缺。现在湖北赴援之师直抵瑞州，连获胜仗，江省军务，借望转机。惟饷银已欠发两月有零，若不速筹放给，深恐士气馁乏……”（《清文宗实录》卷206）

（咸丰六年九月乙亥）又谕：“官文、胡林翼奏‘请饬催各该省按月济饷’等语。楚北武汉南北两岸，水陆各军饷需专恃山、陕、四川等省协济。现在攻剿正当吃紧，本省饷需，无从筹画，必应源源接济，以期迅速蒇事。惟所请按月解银五万两之处，倘各该省力有未逮，亦必得每月各筹措银三万两。如期派员解赴粮台，毋稍延误。至现在襄阳匪徒滋事。道路戒严，山西解饷委员，着饬令取道南阳，至枣阳县所属之张家集前进。陕西委员，或由商州至荆子关入楚，径至光化县，尚无梗阻。着各该抚于起解时派员分投确探，一面飞咨官文等迎提，以昭慎重。将此由五百里各谕令知之。”（《清文宗实录》卷208）

（咸丰六年十月庚寅）又谕：“官文、胡林翼奏‘武汉军饷不支，请饬广东省筹拨银三四十万两，分批驰解’等语，据称‘武汉功在垂成，饷需竭蹷，若不赶紧接济，必至军心涣散’，所奏自系实情，惟所请拨饷三四十万两为数过多。各处军饷，均需粤东协济，恐一时无此巨款。着叶名琛迅筹银十万两，派委妥员陆续解往湖北，交官文军营应用，毋稍

迟误。将此由六百里谕令知之。”（《清文宗实录》卷209）

（咸丰六年十月己亥）谕军机大臣等：“胡林翼奏‘军饷日绌，请饬拨解’等语，据称‘楚省南北军营每月水陆兵勇口粮及制造军火，约需银二十余万两，该省盐课厘金等款，仅敷十分之二。又因夏秋亢旱，荒象已成，额赋钱漕，均少起色，以致兵勇饷银，积欠日久，为数愈多’，所奏自系实情。此时楚省官军攻城筑围，断贼接济，将士极为用命，正当乘此锐气，力图克复。若因饷糈短绌，致劲旅精兵渐生懈志，于大局实有关系。四川距楚较近，饷道亦一水可通，着乐斌即行筹画银十数万两，陆续分起，解往湖北胡林翼军营，以济急需。将此由五百里谕令知之。”（《清文宗实录》卷209）

（咸丰六年十一月丙辰）命湖南巡抚骆秉章拨给漕米三万石，运至湖北荆州营，以济军食。（《清文宗实录》卷211）

（咸丰六年十二月辛卯）又谕：“胡林翼奏‘请饬四川将前拨军饷全数速解’等语。湖北水陆各军并马队官兵乘胜追剿，需饷紧要。前谕乐斌筹银十数万两解往胡林翼军营，仅据报解银三万两，尚未到楚。现在武汉克复，大兵东下，必须源源接济，以利军行。着吴振棫仍遵前旨，迅筹银十余万两，赶紧陆续拨解。胡林翼粮台现改设武昌省城，此项银两着即解赴粮台，毋稍迟误。将此由六百里谕令知之。”（《清文宗实录》卷214）

（咸丰六年十二月癸巳）又谕：“官文奏‘军需款项纷繁，请展限造报’一折，据称汉阳粮台款目繁多，总局远在荆、襄，行查需时。现当克复武汉，办理善后事宜，倍形繁重，骤难造册报部，自系实在情形，着准其展缓数月。该大臣即督饬经手各员，赶紧核实报销，毋许再有延宕。”（《清文宗实录》卷214）

（咸丰六年十二月甲辰）又谕："官文、胡林翼奏'请饬购炮并加解火药'等语。湖北水师剿办贼匪，自粤东运到夷炮六百尊，攻剿甚为得力，现需再为购运。着叶名琛即饬购办四百斤以上夷炮三百尊、五百斤以上夷炮二百尊、六百斤至七百斤夷炮二百尊、八百斤以上夷炮五十尊、千斤至一千五百斤夷炮五十尊，统于来年春夏间，迅速由湖南运至武昌，听候调用。并着吴振棫、谭廷襄、骆秉章于四川、陕西、湖南三省，每月仍遵前旨，各解火药三万斤外，四川、陕西按月各加解火绳三万盘，鸟枪、抬枪、铅子各一万斤，湖南按月加解生铁、熟铁、合膛、炮子十万斤，委员赶解胡林翼军营，以济要需，毋稍延误。将此由五百里各谕令知之。"（《清文宗实录》卷216）

（咸丰七年正月辛酉）谕军机大臣等："英桂奏称'该营现在马队马匹倒毙过半，兵丁间有伤亡，请饬前调湖北马队迅速赴营'等语。现当剿捕捻匪吃紧之时，马队最关紧要，察哈尔官兵不服水土，伤病过多，实属难期得力。着官文酌度情形，如官军沿江东下，马队可以从缓。即着调拨一千或二千名迅赴亳州，交英桂再行分拨。若能拨给二千名，则兵数较多，必须大员统率，即着传旨令都兴阿统带前往。其余湖北存营马队，仍另派大员管带，以资得力。将此由五百里谕令知之。"（《清文宗实录》卷217）

（咸丰七年正月丁卯）谕军机大臣等："曾国藩奏'请饬催各省月济饷银'等语。楚北杨载福、李续宾与都兴阿水陆各军，现已乘胜直抵九江，会合进剿。而饷项匮乏，自应亟为筹拨。着谭廷襄、王庆云仍遵前旨，赶紧筹解，概交胡林翼由水路解至九江济用……将此由六百里各谕令知之。"（《清文宗实录》卷217）

（咸丰七年三月丁巳）谕军机大臣等："前因皖省无为州城被陷，即谕官文等分兵一千名赴庐助剿。嗣因桐城兵溃，庐州吃紧，复经谕令官文等将前调官兵一千名迅速派往，并谕晏端书、邓绍良就近酌拨兵一千名或数百名，渡江绕道，赴庐州军营，听候福济调遣。本日据福济奏‘逆匪大股冲扑柘皋，我军迎击失利。柘皋距庐只数十里，孤城危急，已在呼吸之间’等语，该处需兵情形，实属万分紧急。前谕官文、胡林翼派调之官兵一千名，无论刻下业经启程与否，着再添派官兵一千名并派得力大员管带，由黄州至宿松、太湖一带，驰赴庐州军营交福济调遣……将此由六百里加紧各谕令知之。”（《清文宗实录》卷221）

（咸丰七年三月辛未）又谕：“胡林翼奏‘军饷缺乏，请饬山西等省按月筹解’等语。湖北水陆各军并力东下，关系剿匪全局。襄、郧等处征兵亦须士饱马腾，以期速行蒇事。现在该省年岁荒歉，米价昂贵，官兵欠饷五六月不等，军中仅以糜粥度日，情形实属窘迫。该抚请饬山西、陕西、四川、广东，各按月筹银五万两解往，以资散放，自应亟筹协济。山西、陕西、四川三省拨解楚饷，曾据该督抚等陆续奏报。惟楚省需饷较巨，仍着吴振棫、王庆云、曾望颜竭力筹措，源源接济，纵不能如按月五万两之数，亦须每月拨解数万两，俾供支放。至广东省于奉拨楚饷，并未将解过数目奏报。此次需饷甚急，着叶名琛先行筹银数万两，派委妥员迅速起解。此后仍着按月筹拨，毋得稍涉推诿，致误要需。将此由五百里各谕令知之。”（《清文宗实录》卷222）

（咸丰七年四月丙戌）谕军机大臣等：“前因湖北军饷缺乏，谕王庆云等每月拨解银数万两，俾资支放。兹据胡林翼奏‘饷欠兵饥，请于山西藩库、河东盐库速筹银三十万两’等语。山西协济各路兵饷所拨甚多，未必有此巨款。惟现在都兴阿进剿皖贼，四次夺垒十一座。杨载福水师，正拟会攻湖口，使图安庆。李续宾步队亦素称得力。此三军劲旅不可多得，若听其缺饷饥疲，军威不振，实于大局有妨。该抚请拨三十万两，尚不过稍清旧欠，以为进战地步。着王庆云于按月协济外，竭力设法，酌量筹拨。虽不能如所请之数，总须先拨一二十万，俾资接济。庶不致如杯水车薪，无益于事，着即妥筹速奏。将此由五百里谕令知之。”（《清文宗实录》卷223）

（咸丰七年四月壬寅）谕军机大臣等：“福济等奏‘皖饷不继，大局难支’一折，据称各营兵勇，裁汰老弱，尚不下二三万众。加以李孟群带来楚兵，每月需银十七八万两，方可敷衍……”（《清文宗实录》卷224）

（咸丰七年五月癸亥）谕军机大臣等：“安徽藩司李孟群由湖北带兵赴援庐州，途次克复英山，业经官文等驰奏。本日据该藩司奏称，逆匪自剿败后，复纠大股屯聚张家塝地方，图袭黄梅大军之后……该藩司添募壮勇，严扼罗田，随剿随进，每月需饷三万余两。皖省道路不通，湖北续拨饷银支放已尽，请饬拨专饷，以资剿办。所奏自系实情。英、霍、蕲、黄等处贼势蔓延，楚、皖两军皆有鞭长莫及之势。今得该藩司一军尽力剿办，则上可以固湖北藩篱，下可以通庐州道路，关系实为紧要。该藩司原带兵勇二千五百名，两次添募又四千余名，每月需银三万两尚不为多，着官文、胡林翼先速筹银二万两解赴该藩司军营，以资接济。此后如庐州道路尚未能通，仍着官文等酌量筹饷协济……又李孟群片奏‘皖、楚交界各属，必须激励团练，以助官军’等语，所奏甚为剀切。所有两省交界地方，官绅、士民、团练杀贼及捐资练勇著有劳绩者，即着该藩司查明拟定奖励。如系安徽所属，即详明福济。如系湖北所属，即详明官文、胡林翼奏请优奖，以昭激劝。将此由六百里谕知官文、胡林翼、福济并传谕李孟群知之。”（《清文宗实录》卷225）

咸丰七年丁巳五月丙寅，陕西巡抚曾望颜奏：“筹拨地丁项下银二万两解赴安徽，捐输项下银二万两解赴湖北，以济军需。”报闻。（《清文宗实录》卷226）

（咸丰七年闰五月丁未）又谕："叶名琛奏'查办溢坦变价银两，俟催缴到日，即将欠解湖南、湖北、江西、贵州、庐州各省军饷，分别筹拨。惟解往贵州饷银，应取道湖南，庐州饷银，亦须由湖南、湖北行走，恐中途截留'等语。现值帑项支绌，各省拨解银两，自应酌量缓急，次第筹解。嗣后广东省拨解饷银，除本系湖南、湖北应收款项，准由该督抚收用外，其解往江南、贵州、庐州等处饷银，着官文等于到境时，即行饬属妥为护送，毋得截留，致误邻省要需。将此各谕令知之。"（《清文宗实录》卷228）

（咸丰七年六月庚戌）又谕："福济、郑魁士奏李孟群一军需饷甚迫，请饬豫省就近分拨，并庐州待饷，请饬各省速解一折。安徽藩司李孟群由湖北赴援庐州，需饷甚亟……"（《清文宗实录》卷229）

（咸丰七年七月壬午）又谕："……现在京饷及扬州、湖北之饷，皆取资于该二省。近以回疆滋事，复令拨饷数十万两，是该二省解款甚多……本日据官文奏'已拨银二千两解往，并有兵勇溃赴汉阳就食'之语，福济竟称无项分给，将听其纷纷饥溃，隔膜视之耶……"（《清文宗实录》卷231）

（咸丰七年八月癸亥）谕军机大臣等："胜保奏'安徽凤台境内有练众勾结，到处均粮，请饬袁甲三克日南下，或分兵展沟、阚疃等处，以资控制'等语……前此英桂在颍剿捻，饷需皆由河南接济。今该抚暂行离营，并非不与其事。胜保既欲河南济饷，仍可向英桂商办何待请旨饬拨，岂英桂离营，即置军饷于不问耶？至山东、山西应解京饷、甘饷、楚皖各饷，数目繁多，胜保岂不知之？当此筹饷维艰之际，而随地募勇，动以千计，安得不倍形支绌……"（《清文宗实录》卷233）

（咸丰七年八月癸酉）谕军机大臣等："李孟群奏'饷需告匮，请饬四川按月拨银三万两并请由楚省盐课先行垫解’等语。李孟群一军，由楚入皖，已抵六安该处。粤、捻各匪麇聚剿办，正在吃紧，饷需未容匮缺。惟四川省奉拨款项较多，着有凤斟酌情形，即不能如该藩司所请每月三万两之数，务即速为筹拨银两接济，并着按月解至荆州，即由官文等饬令荆宜施道庄受祺妥为转解。其川饷未到以前，即着官文、胡林翼于该省盐课内先行筹垫解往，俾得将欠发兵饷早为散放。至楚省协济，李孟群军饷前曾谕令该大臣等于先解二万两外仍源源接济，此时该藩司需饷孔殷，并着官文、胡林翼遵照前旨速筹协济。将此由六百里各谕令知之。”（《清文宗实录》卷234）

（咸丰七年十月戊申）又谕：“官文等奏‘请仍饬四川、山、陕等省按月拨饷’等语。湖北官军已于九月初九日克复湖口县城，夺毁梅家洲贼垒。水陆兵勇正可乘胜攻捣九江，而各营口粮欠发甚多。当此事机顺利，亟应迅筹接济，以期士饱马腾，为节节扫荡之计。着有凤、恒福、曾望颜仍各遵前旨，按月筹拨银五万两，陆续解赴湖北军营，以济要需。将此由六百里各谕令知之。”（《清文宗实录》卷237）

（咸丰七年十月庚申）谕军机大臣等：“景淳奏‘挑选西丹赴楚，派员管带启程，开单呈览’一折。此次景淳由伯都讷等处挑选西丹共二百名，派员管带前赴湖北军营，业经定于本月十二日启程。着毋庸给予马匹，其应需车辆等项，该将军即咨明沿途地方官妥为豫备，并饬管带各员严行约束，迅速前进。俟抵湖北军营，应需马匹由官文等拨给可也。将此谕令知之。”（《清文宗实录》卷237）

（咸丰七年十二月丁卯）谕军机大臣等：“李孟群奏‘进攻六安获胜，请饬拨饷需以资支放’一折。李孟群自克复霍山，督兵进取六安州城，于西、北两路叠获胜仗，惟饷需不继……惟四川省距皖较远，着官文、胡林翼先行筹银二三万两，分起垫解李孟群军营。俟四川饷银过楚时，陆续扣还归款……此因该藩司待饷急迫，是以各就近省令该督抚等先行垫拨。官文等接奉谕旨，务各迅速拨解，毋稍迟延……将此由六百里各谕令知之。”（《清文宗实录》卷242）

（咸丰八年正月戊戌）谕军机大臣等：“李孟群奏‘援剿固始情形，请饬催兵饷’一折。李孟群军营饷需，前谕四川、山东分别筹拨。其四川之饷，由湖北先行垫解……以期迅速……”（《清文宗实录》卷244）

（咸丰八年四月乙丑）又谕：“前因楚军攻克九江，谕令李续宾统领得胜之师驰赴六安会剿，其宿、太一路贼匪，即令都兴阿统兵剿办。本日据官文等奏‘九江、湖口等处由鄂省分兵防守，李续宾拟酌带兵勇渡江，先清皖北，再议皖南……’等语，所筹进剿机宜……至楚兵深入皖境，米粮、军火必须地方官员随同照料，呼应较灵。即着福济派员绕道，分赴都兴阿、李续宾行营，设立随营支应局，会同楚省委员办理。其粮饷等项，恐皖省无从措办，仍着由湖北筹拨接济……将此由六百里各谕令知之。”（《清文宗实录》卷251）

（咸丰八年四月乙丑）又谕：“官文等奏‘请饬四川等省，协济军需’等语。湖北省进剿江皖贼匪，派出兵勇，约有五万余人，月费军饷，为数不赀。现在九江郡城业已克复，李续宾等即日移师东下，越境追剿，扫荡皖省南北两岸贼踪，正资得力，饷需尤不可缺。四川、山西、陕西每月协济湖北军饷银各五万两，据官文等奏‘本年惟山西解到一万两，陕西解到二万两，四川解到三万两，欠解尚多，难资挹注’，自系实在情形。着王庆云、恒福、曾望颜查明各该省应解湖北军饷，迅速陆续筹拨，解赴湖北，以济要需。将此由五百里各谕令知之。”（《清文宗实录》卷251）

（咸丰八年五月癸未）谕军机大臣等：“托云保奏‘宁夏官兵困苦情形，请饬陕甘总督迅发饷银’一折。宁夏满洲营饷银，向由甘肃藩库按季支领，自饷银折减后不能如期领到，官兵枵腹堪虞。其应支马乾银两，自上年夏季起至今分文未支，更形拮据。虽经该将军借款接济，而库款久悬，亦须归楚。所有陕、甘省欠发宁夏满洲营，本年春季并现届夏季饷银米折、马乾银两及上年夏、秋、冬三季马乾等项，着乐斌即照折减章程，一并迅速支发，毋稍迟延……”（《清文宗实录》卷253）

（咸丰八年六月己酉）谕军机大臣等：“……惟湖南一省，既能兼顾浙江，湖北省亦当竭力筹画，着官文、胡林翼按月筹解饷银二万两，专供曾国藩一军之用。该侍郎兵力既精，饷需又足，必当迅速奏功。已定何日启程，即着骆秉章传旨，令该侍郎即行驰奏。将此由六百里各谕令知之。”（《清文宗实录》卷256）

（咸丰八年七月丁丑）又谕：“庆端奏贼势猖獗，出省督剿，并请调楚兵、楚饷各折片……所请湖北官兵并参将石清吉等，已有旨谕令官文、胡林翼酌量派拨其所请饷银。湖北省现在供支东征水陆各军，每月尚须邻省协拨，势不能分解二十万两之多，已令户部速筹有着之款指省拨解协济矣……将此由六百里谕令知之。”（《清文宗实录》卷258）

（咸丰八年八月癸丑）又谕：“官文奏‘湖南省垫发兵饷，请即作正开销，免由湖北筹还’等语。湖南省历次垫发湖北凯撤官兵，并李孟群广勇欠找银两，本应由湖北筹解归还。惟因水陆大军东下，需饷较巨，且曾国藩军营饷糈，尚须湖北协济，一时难于归款。所有垫发兵勇饷银七千三百九十余两，着照所请，即由湖南省作正开销，无庸湖北筹还，以清款项。”（《清文宗实录》卷261）

（咸丰八年八月）壬戌，谕内阁：“前据官文奏，已革副都统常亮在湖北支领饷银，无凭造销。当令该旗传讯该革员据实呈报。兹据惠亲王等奏‘常亮前在湖北、河南，陆续领银一万九千两，皆由营总分领。其在直隶、山东有无欠找之项，均不知情’等语……着胜保、翁同书就近饬知麟瑞，传询各该员，将所领银数分晰收支数目，呈明具奏。”（《清文宗实录》卷261）

（咸丰八年九月丁丑）又谕：“前因九江郡城克复，李续宾等即日移师东下，谕令王庆云等将各该省应解湖北军饷，查明迅速筹办。本日复据官文奏‘楚省分道东征各军，暨江西普承尧等水陆各军，并月拨曾国藩援闽之师，需饷甚巨，倍于往时。而各省协拨楚省之饷，解数寥寥，请饬协济’等语。楚省需饷甚殷，虽不至如皖省之支绌，然以一省兼顾江、皖等省，派出兵勇不少，则军食浩繁，断难独力支持，亟应速筹协济。着王庆云、恒福、曾望颜仍遵前旨，将各该省每月协拨楚北饷银源源接济，俾东下各军，毋致乏饷，以利遄行。将此由五百里各谕令知之。”（《清文宗实录》卷263）

（咸丰八年九月庚辰）又谕：“曾国藩奏‘请饬四川协解饷银’等语。曾国藩援闽之师驻扎江西弋阳，攻克安仁，兵勇云集。除湖南、湖北、江西每月各协济饷银外，尚不敷银二万余两。现拟由泸溪入云际关，进剿延邵。该省饷项支绌，无款可筹，着王庆云按月协解饷银二万两，由蜀江运至湖北，转解该侍郎军营……”（《清文宗实录》卷263）

（咸丰八年十月癸亥）又谕：“官文奏‘请饬催各省月济饷银’等语。湖北省东征水陆各军及九江防兵等饷，每月所需甚巨，库款实为竭蹶。加以赴援淮北兵勇由英、霍取道前进，虽经官文先行凑给两月饷银，而此后道途梗阻，转运维艰，亟应设法接济。着英桂于每月应解湖北饷银五万两项下，划出银三万两，按月如数就近委员解赴袁甲三军营，专济唐训方、阿达春一军月饷。其余银二万两，仍按月解赴湖北粮台，以资协济。至四川、陕西月济湖北饷银各五万两，据称本年仅解到银十万两，所短尚多。着王庆云、曾望颜仍遵前旨，将每月应解湖北协饷银五万两，

如数依时源源解往，以应急需。将此由五百里各谕令知之。”（《清文宗实录》卷268）

（咸丰八年十月丙寅）又谕：“都兴阿奏李续宾分军援庐深入失利，现在办理情形，并请饬东北两路进剿各等语，览奏实深愤懑……都兴阿现在围攻安庆，官军腹背受敌，亟宜力筹攻剿，以遏贼冲。该将军业经饬令粮道唐训方，将赴援徐、宿之兵由英、霍转回潜山，力援桐城，并咨官文派舒保带马队由武昌驰赴下游，调度尚属周妥，本日已寄谕官文照办矣。刻下贼势披猖，意在救援安庆，该将军务饬多隆阿、鲍超围逼安庆，一面令赵克彰扼守桐城，并迅饬李续宜、唐训方克期往援，毋令稍有疏失。杨载福水师由枞阳绕进内湖，即可联络声势，以固楚军全局……”（《清文宗实录》卷268）

（咸丰八年十月丙寅）又谕：“都兴阿奏‘李续宾分军援庐深入失利，请截留兵勇回援潜、桐’一折……桐城距三河、舒城仅百余里，为官军后路。设有疏失，上接楚境，在在堪虞。湖北粮道唐训方兵勇，前据官文奏业已调募齐全，分起绕赴袁甲三大营助剿。现在官兵失利，舒城复陷，逼近桐城，自应先其所急。着官文即飞饬唐训方兵勇，赶紧由英、霍转回潜山，力援桐城。并饬候补道李续宜赶赴桐城统带各营，并催调各路援军，派副都统舒保管带马队，由武昌驰赴下游援应，以期军威复振，力拔坚城。该大臣惟当统筹大局，肃清皖逆，即以保固楚疆。将此由六百里谕令知之。”（《清文宗实录》卷268）

（咸丰九年二月壬戌）又谕：“官文等奏‘请拨西丹并筹捐战马赴楚’一折。楚省现筹并力东征，其得力堪战之马队不足千名，教练马队，亦恐缓不济急。东三省骑兵，素称勇鸷，请饬调取西丹一千名。据称‘已筹备银二万两，派现在军营之协领巴扬阿裹带前往黑龙江，交奕山查收，为此项西丹整装之费’。黑龙江马队，固称得力，惟新挑之西丹是否堪以出阵，着奕山认真选择。如实有枪箭娴熟、堪资得力者，即着添足一千名，交巴扬阿管带赴楚，毋稍迟误。至请调战马二千匹一节，据称‘即在本地各城劝捐，或在大凌河马群内拨给’。现在大凌河马匹，已属无可再拨。各城劝捐，亦恐无此力量。湖北带往银二万两，除发给西丹整装外，若再采买马匹，亦恐不敷。着该将军酌量办理，如不能凑足二千匹之数，即行酌减，亦无不可。将此由四百里谕令知之。”（《清文宗实录》卷277）

（咸丰九年七月丁丑）谕军机大臣等：“……需饷甚繁，并着有凤每月筹拨银一万五千两取道湖北，迅解寿州军营……”（《清文宗实录》卷287）

（咸丰九年七月）庚寅，谕内阁：“官文、胡林翼奏‘军营购买马匹，请饬免税’等语。湖北委员出口购买战马二千匹，系为楚军攻剿皖匪之用。着该部移行张家口等处各税口，按照该省咨文查验明确，准其免税放行，毋令迟滞。”（《清文宗实录》卷289）

（咸丰九年七月乙未）又谕：“蒋霨远奏‘筹防楚匪由黔入川，请饬催川省欠解饷银’一折。贵州军饷本赖四川等省协济，近以楚匪图窜蜀中，恐由黔省假道，添兵设防，需饷更巨，自应速筹接济。着有凤将欠解黔省饷银速行筹拨解往，以备支发。将此由五百里谕令知之。”（《清文宗实录》卷289）

（咸丰九年八月丙午）又谕：“官文等奏‘遵筹曾国藩军营协饷银两’等语，据称除先后拨解外，自本年五月起至八月止，共解三个月饷银九万两，以后能否按月如数加解，再行筹酌办理。现在曾国藩移营前往宜昌堵截贼匪入川之路，每月饷需，为数尚复不少。该督等须悉心筹拨，妥为协济，仍着按月如数拨解曾国藩军营，以济要需。不得稍有诿卸，致滋贻误。将此由五百里谕令知之。”（《清文宗实录》卷290）

（咸丰九年八月庚戌）又谕："前因曾国藩办理浙闽军务，当谕令湖北、湖南按月各拨银三万两，江西、川、陕等省，一律协济。兹据官文奏'湖北省年余以来，如数解往湖南，自今春粤逆入境，旋经停止。此外川、陕等省，拨解寥寥，请饬按月如数迅解'等语。现在曾国藩留军剿办皖匪，需饷孔殷，自应仍由四川等省分拨协济。着有凤、耆龄、英桂、曾望颜仍遵前旨，按月各拨银三万两，务须如数筹解，毋得稍有迟延，致误要需。将此由五百里各谕令知之。"（《清文宗实录》卷 291）

（咸丰九年八月辛酉）谕军机大臣等："……其楚省绅商，在川捐输银两，前据王庆云奏，匀拨广西应用。此项续收有款，亦即酌拨解往。将此由五百里谕令知之。"（《清文宗实录》卷 292）

（咸丰九年十月庚戌）谕军机大臣等："……此时西路之太和、阜阳县境，各有捻匪攻扑，亟应迅筹击退。南路匪党，闻楚师将至，欲以全力相抗，该抚已派都司陈松等前往为楚师向道。着该大臣等妥筹夹击机宜，其定远以北之捻，亦应督饬各军迅速攻剿，勿令该匪分股赴庐……至该抚另片请'协济军饷'等语，除江西省现须筹解湖北及曾国藩月饷，恐未能再济皖北，所请毋庸议外。其四川每月应解一万五千两，本日已谕有凤迅即筹解。此后袁甲三署任，并着与翁同书仍照前议，将军饷匀拨分用，毋稍偏枯……将此由六百里各谕令知之。"（《清文宗实录》卷 297）

（咸丰九年十月壬戌）谕军机大臣等："前因楚军东下，应防匪众北窜，并萧启江一军，已准暂留广西……此时捻匪、粤匪既连为一气，皖、豫、徐州各带兵大员竭力环攻，犹时虞其北窜。若得楚师鼓行而东，声威较壮，然必须取道淮北，方不致驱贼北趋……仍着官文、曾国藩、胡林翼悉心筹酌办理，至所请饬令浙江协解饷需，该省于徽州、宁国两营月饷，仅能敷衍，再令协济楚饷，恐徒托空言。本日仍谕令四川、陕西、

山西各督抚，将应解楚饷，速即按月筹解矣。将此由六百里各谕令知之。”（《清文宗实录》卷298）

（咸丰九年十月壬戌）又谕：“前因官文奏，请饬川陕等省按月拨解军饷。当经降旨，谕令四川、江西、陕西、山西各督抚，按月各拨银三万两解赴湖北曾国藩军营。兹据官文等奏称‘除江西按月拨解外，陕西仅报解一万两，四川、山西并未报解’等语，现在曾国藩会同湖北水陆各军攻剿皖匪，需饷甚巨。着曾望颜、谭廷襄、英桂仍遵前旨，即于四川、陕西、山西省按月如数拨解，俾得士饱马腾，借资得力，毋再延宕，致误要需。将此由五百里各谕令知之。”（《清文宗实录》卷298）

（咸丰九年十一月壬辰）山西巡抚英桂奏报：“拨解湖北饷银一万二千两业已启程。”得旨：“虽未能按月如数解齐，亦须源源接济，以重军饷。”（《清文宗实录》卷301）

（咸丰九年十二月丙申）又谕：“……黔省与川、楚唇齿相依，黔匪一日不靖，即川、楚一日不安。若听其饷匮兵饥，防剿何能得力？日久将不可复问。着曾望颜、骆秉章、文煜、英桂、谭廷襄于欠解该省饷项，无论何款，迅即筹拨解往，俾资协济，毋任缺乏。将此由六百里各谕令知之。”（《清文宗实录》卷302）

（咸丰九年十二月壬戌）又谕：“前因萧启江兵勇，曾国藩并未调回湖北，仍谕令骆秉章接济兵饷，由曹澍钟饬赴庆远一带，追剿石逆……况皖省军务正当吃紧，曾国藩现须统师东下，以顾全局，势不能再令赴蜀。着骆秉章仍饬萧启江会合田兴恕一军确探贼踪，迅速相机进剿，务须歼擒巨逆，毋令阑入川境。将此由六百里谕令知之。”（《清文宗实录》卷304）

（咸丰九年十二月癸亥）又谕："……惟粤省情形，困乏已极，前据四川委解银五万两，一时骤难赶到，其部拨山西、陕西协济湖北月饷，各划十万两，亦未有起解之期。军行月饷，断非本省力量所能搜罗，着骆秉章务再设法，移缓就急，仍将刘长佑及刘坤一各军饷银暂行照数按月拨解……将此由五百里各谕令知之。"（《清文宗实录》卷304）

（咸丰十年二月丙申）谕军机大臣等："官文等奏'请饬催各省协饷'等语，湖北入皖之军共计六万人，分布各路。上年十二月间，官文因欠饷已近百万，奏请饬催陕西、山西、四川、江西、浙江等省按月协济饷银，当经批令户部查议速奏。兹据该大臣等奏称，各省并无起解日期。现在楚军需饷甚亟，设有贻误，关系非轻。除山西有应解饷银二万两改拨天津外，其余该省应解湖北饷银，仍着英桂迅筹起解，并着曾望颜、恽光宸、罗遵殿、谭廷襄按照部拨数目，迅速解赴湖北军营，以资接济。将此由五百里各谕令知之。"（《清文宗实录》卷307）

（咸丰十年二月壬子）又谕："前因粤西需饷，谕令曾望颜等速筹协拨。本日据曹澍钟奏'该省军需万分匮乏，前奉谕旨，令山西、陕西于协解湖北月饷内各划解广西银十万两，尚未咨解。四川省亦尚有欠解银十二万五千两，请旨饬催'等语……"（《清文宗实录》卷308）

（咸丰十年三月庚寅）又谕："张亮基等奏'田兴恕现署贵州提督，通省官民，无不额手称庆。惟黔省既无存款，他省协饷又不可恃，若驱饥疲之卒枵腹荷戈，田兴恕亦恐束手。请饬骆秉章将楚师之在黔者，仍归湖南筹饷'等语……"（《清文宗实录》卷311）

（咸丰十年闰三月辛亥）又谕："海瑛奏'署提督田兴恕，现督大队，由靖州拔营……拟添募壮丁，足二万人之数，始能济事。月需饷银十二万两，黔省断难筹兹巨款，请饬湖南并江西、湖北等省，按月各协济数万两，由湖南凑足十二万两，以济田兴恕军饷’等语……又月解曾国藩及徽宁军饷，为数已属不支，仍恐有名无实。若令楚南北月筹十二万两之数，湖北现在分兵入皖，湖南亦派兵援川援粤，饷需未能充裕，恐难筹此巨款。着官文、胡林翼、骆秉章酌量情形，不必限定数目，按月设法筹拨，由湖南转解。总期田兴恕新旧各部士饱马腾，不致因饷缺掣肘，是为至要。将此由六百里各谕令知之。”（《清文宗实录》卷313）

（咸丰十年五月己酉）又谕：“……本日都兴阿奏，已抵英山，湖北饷绌，难期接济。将来该将军驰抵江北，即将裁勇所余口粮接济都兴阿一军……”（《清文宗实录》卷319）

（咸丰十年五月）庚戌，谕内阁：“户部奏‘遵议曾国藩请设立粮台厘局’一折，署两江总督曾国藩现在督兵进剿。所有该署督粮台，即着札令江西布政使总办，再派道府数员帮同办理，由江西报销。并准其将江西钱漕仿照湖北章程，归巡抚经收，以充本省兵饷……”（《清文宗实录》卷319）

（咸丰十年五月庚戌）又谕：“本日据乔松年奏，江南大营募勇，多系无籍游民，平时不守纪律，临阵辄行溃散，甚或纷纷投贼，流弊不可胜言。已谕令江苏、浙江各督抚并带兵各员分别裁遣矣。向来楚省乡勇，多系土著良民，剿匪颇称得力。昨据都兴阿奏，驰抵英山，调拨马队，并会商胡林翼调取余际昌勇丁三千余名。此项勇丁，或能如数调到，或由楚另行添募，着都兴阿妥为择选，务须土著有籍者，方可令其入伍，断不可以无业游民滥行充数，致贻无穷之患。该将军‘请饬袁甲三豫筹饷项，接济楚军’一节，昨据乔松年奏，薛成良一军八千余人，由九洑洲溃退江北，已由该运使散遣回籍。当已谕令，将此项裁勇口粮留为都兴阿所带楚勇饷需接济矣。该将军务就现在调到马、步兵勇，由楚省先为筹备饷需，迅速前赴江北，以图攻取，勿误事机。将此由六百里谕令

知之。”（《清文宗实录》卷319）

（咸丰十年五月丁巳）谕军机大臣等：“……都兴阿仍遵前旨，酌量情形……督办堵剿事宜，勿得再有迟误。所需饷项，即着官文等宽为筹备，源源接济，并将该将军现在调到马、步兵勇，由楚省先为筹备饷需，以便迅速启程……”（《清文宗实录》卷320）

（咸丰十年五月壬戌）又谕：“……至皖饷缺乏，前据张芾奏‘请饬江西等省拨解’，已令户部速议具奏。旋据该部奏准‘于湖南、湖北各拨银十五万两，并令江西仍于每月解足三万两之外，再行筹拨数万两，迅解皖南，以资接济’……”（《清文宗实录》卷320）

（咸丰十年六月甲子）谕军机大臣等：“……前谕令于协解湖北月饷内划解银各十万两，并谕曾望颜将四川省欠解银十二万五千两迅筹陆续解往，迄今未据报解。着曾望颜、英桂、谭廷襄赶紧凑集拨解，毋再推延，将此由六百里各谕令知之。”（《清文宗实录》卷321）

（咸丰十年六月乙丑）谕军机大臣等：“瑞昌、王有龄奏‘浙江军饷罄尽’一折，浙省现在防剿吃紧，必须各军协济军饷，自系实在情形。本日已由六百里寄谕湖北、湖南、福建、广东、四川、江西各督抚按数拨解矣……”（《清文宗实录》卷321）

（咸丰十年六月戊辰）谕军机大臣等：“本日据王梦龄奏‘清淮饷源告竭，厘捐几无可抽，劝捐亦无把握，拟于江北各属及两湖、江西、东、豫五省有漕各州县，按照缺分大小，或四五百两，或二三百两，量力捐输，并措捐库平银一千两，以资倡率。请饬湖北等省各督抚一体饬属照办’各等语。清淮地方……近因贼氛逼近，厘捐各项，诸形短绌，不得不广为劝捐，以救目前之急。湖北、湖南、江西、山东、河南各州县，或甫离贼氛，或地方多事，原不能责其一律捐输。惟军兴以来，绅商富户屡次输将，以佐军储，况各州县受国家豢养之恩，目睹时艰，急公好义之员谅不乏人。着官文、胡林翼、骆秉章、毓科、文煜、庆廉责令各该粮道实力劝谕，饬令有漕各州县按照缺分大小，量力捐输，集有成数，即解交王梦龄粮台，以济军饷。将此由五百里各谕令知之。”（《清文宗实录》卷321）

（咸丰十年六月戊辰）又谕：“本日据王梦龄奏淮扬饷竭，请借拨各省银两，并倡捐劝捐各折片。业经谕令山东、山西、河南等省各筹拨银四五万两迅速解往，并谕令湖北省责成各该粮道实力劝谕捐输，以资接济……将此由五百里谕令知之。”（《清文宗实录》卷321）

（咸丰十年七月癸巳）命江西、浙江、湖北、湖南各督抚筹拨饷银军火解赴皖南军营，并命浙江巡抚王有龄速派大员接办宁国粮台。（《清文宗实录》卷324）

（咸丰十年九月辛丑）又谕：“……着毓科每月将漕折银协解五万两内，以三万两拨济徽防，以二万两拨济宁防。并着谭廷襄每月协济银二万两解至湖北交官文等，专发安庆一军，解三个月即行截止。该抚等务即饬令该藩司迅速拨解，毋误要需。将此由六百里谕令知之。”（《清文宗实录》卷330）

（咸丰十年九月）甲辰，谕军机大臣等：“据官文、胡林翼奏‘征皖各军饷需支绌，请饬各省筹济’一折，据称‘湖北军务孔亟，向赖山西、陕西、四川等省每月各协饷五万两，晋省早行停解，秦、蜀二省亦经年累月报解无期，请饬各该省督抚仍照前案按月接济。其山东、广东二省，请每月协解鄂饷各三万两’等语。着崇实、常绩、谭廷襄仍按从前月济该省五万两之数接续委解，并着劳崇光、耆龄、清盛每月各协解三万两，

以资接济。该督抚等务须不分畛域，如期筹拨，毋得借口耽延。将此由六百里各谕令知之。”（《清文宗实录》卷330）

（咸丰十年九月戊申）又谕：“昨因用项浩繁，部库未裕，业经谕令户部将各省应解京饷迅行咨催……着……湖北、湖南、四川各解银十数万两，无论何款，赶紧着拨，委员星速兼程解京，赴库交纳……京师根本重地，事系安危，该督抚、藩司等共济时艰，谅不能膜视也。将此由六百里密谕恒福、清盛、贾臻、常绩、谭廷襄、官文、胡林翼、翟诰、崇实并传谕文谦知之。”（《清文宗实录》卷331）

（咸丰十年九月乙卯）又谕：“刘长佑奏‘官军剿贼吃紧，请抵拨饷银’一折……惟据称‘楚营欠饷至四十万之多，蒋益澧一军亦不下二十余万，兵勇待哺嗷嗷。山西、陕西奏拨协饷，尚欠解八万。两道途较远，运解为难，湖北厘源丰旺，请于该省应解皖饷内，酌拨若干，就近解济粤西。即以山、陕应解粤西之饷，查明湖北酌拨银数，就近抵解皖省’等语。着官文、胡林翼酌量情形，就近抵拨，用资接济。其山、陕两省应解粤饷，着常绩、谭廷襄亦即迅速解赴楚省，以清款项。将此由六百里各谕令知之。”（《清文宗实录》卷331）

（咸丰十年十一月戊申）命湖广总督官文、湖北巡抚胡林翼……迅解贵州军饷……（《清文宗实录》卷336）

（咸丰十年十二月）甲戌，湖广总督官文等奏：“请提漕折银两，暂资接济军饷。”得旨：“军饷固属紧要，京师为尤为根本之地，着先行迅解五万两，下余银两准其暂缓。”（《清文宗实录》卷338）

（咸丰十一年二月辛酉）又谕：“刘源灏、田兴恕奏‘请饬催各省协饷’一折，贵州军务已有起色，惟军营欠饷过多，必须各省协济，以免军心涣散。所有前次户部奏准，湖北省每月拨济黔饷银二万两，四川欠解银二十七万余两……着官文、胡林翼、崇实、劳崇光、耆龄、瑛棨、常绩，即饬各该藩司筹款报解，源源接济，毋误要需……将此由六百里各谕令知之。”（《清文宗实录》卷342）

（咸丰十一年二月壬申）又谕：“王有龄奏‘请饬催各省协饷’一折，据称‘浙省各防饷银积欠百有余万，湖南、湖北等省协饷，丝毫未解。江西、福建援军口粮，已由浙垫放十余万两之多’等语。浙江防剿吃紧，必须各省协饷按期接济，着官文、胡林翼、劳崇光、耆龄、庆端、瑞瑸、翟诰按照每月协拨数目，同旧欠银两一并尽数迅速拨解……将此由六百里各谕令知之。”（《清文宗实录》卷343）

（咸丰十一年三月甲午）又谕：“前因楚军欠饷过多，谕令山西等省迅筹接济。兹据官文等奏称‘各省协饷，迄今未据咨解。现在武汉戒严，麻城等属亦纷纷告警，请饬山西等省协饷，速筹拨解’等语。山西、陕西应解湖北月饷各五万两，广东应解湖北月饷三万两。现在湖北军饷缺乏，关系紧要，着常绩、瑛棨、劳崇光、耆龄遵照前旨，如数筹拨，星速解往湖北，毋得再事稽迟，致干咎戾。山东每月协济三万两，四川每月协济五万两，虽因现办军务未遑兼顾，亦当设法筹拨。并着清盛、崇实陆续筹款协济，以应急需。将此由六百里各谕令知之。”（《清文宗实录》卷345）

（咸丰十一年三月戊午）谕军机大臣等：“……据王有龄奏‘浙省饷需匮乏，省外各防，屡有索饷哗噪之事……请饬湖北、湖南、广东、江西、福建等省，速将部拨协饷如数筹拨’各等语……着官文、胡林翼、文格、劳崇光、耆龄、庆端、瑞瑸、毓科将部拨浙省协饷，迅速如数筹拨，派委妥员克日起解，毋许迟误……将此由六百里各谕令知之。”（《清文宗实录》卷347）

（咸丰十一年五月乙未）谕军机大臣等："……兹据该将军奏称'江苏地方筹饷较难，是以勇粮未敢悉照楚军章程定拟，计每营每月，较湖北减去银一千余两。其正勇仍照江北旧章，每名三两，仅于队长等项酌加，约计每营每月仅增一百二十余两。至营官薪水，每员月支银五十两，以每营五百十五人为额，随时修补军装、器械，贴补公费之不足，较之零星分报，尚有节省。所带楚勇只一千一百余名，在湖北军营，月饷较优，远调来扬，且称劲旅，与扬营各勇势有不同，若饷项转不如前，恐锐气立形消阻。请照原定酌加银数，抵各勇营积年欠饷应找之数'等语。江北防剿正当吃紧，该将军既查明各勇营皆有欠饷，拟酌加原定银数。每月不过二千余两，以例外酌加之银抵为积年应找之款，尚非格外添饷。着都兴阿、黄彬即照前议章程办理，以示鼓励。此系因江北军营照湖北营制办理，是以允其所请，此外不得援以为例。将此由六百里谕令知之。"（《清文宗实录》卷 351）

（咸丰十一年六月丙戌）谕军机大臣等："……兹据瑞昌、王有龄奏'贼踞金华、兰溪、寿昌，分扰淳安等处，宁、绍、杭、严，均属吃紧，饷糈不继。各防兵勇，深虞哗溃，请饬湖北等省将应解饷银迅速拨解，以应急需'等语……着官文、胡林翼、毛鸿宾、庆端、瑞璸、毓科遵照前旨，将部拨浙省协饷迅速如数筹拨，派委妥员，克日启程，间道解赴该省，毋再迟误。将此由六百里各谕令知之。"（《清文宗实录》卷 355）

（咸丰十一年八月丙寅）又谕："……江北勇粮，经荆州将军都兴阿奏请按照新章，酌加银数。其复奏折内，将每营月给公费银两漏未声叙，以致与粮台咨报数目不符，实属疏忽。都兴阿着交部议处，其未奉旨以前各营起支多加之银，准其扣抵积年欠款，以示体恤。"寻兵部议："都兴阿应罚俸一年，准其抵销。"从之。（《清穆宗实录》卷 2）

（咸丰十一年十二月丁卯）又谕："……兹接得王有龄寄到帛书，杭城四面被围，江路阻绝，城中民食搜括已尽，兵米亦将告罄。该抚在城楼督战已经五十余日，誓与官民死守，所有准拨之广东、江西、湖南、湖北每月协饷无从催取……王有龄所筹'由沪口豫纳商人货税，给单执赴各该省，抵汇协饷'一节，自属万不得已，业由薛焕督同上海关道与中外商民筹办，着官文、李续宜、毛鸿宾、劳崇光、耆龄等遵照……将此由六百里加紧各谕令知之。"（《清穆宗实录》卷13）

（咸丰十一年十二月癸未）又谕："官文、曾国藩、李续宜遵议侍郎宋晋奏请'川、楚、江、皖五省会剿粤逆情形'一折，东南寇势日张，饷需日绌，大有不支之势。现在各省虽各有防剿之事，且有一省兼供数省之饷者，第分计不足，合计有余。骆秉章前此复奏，亦以本省军务未竣为言，然该督抚等素能同心协力，如有大局通筹，可为一劳永逸之计，亦应及早图维。着官文、曾国藩、骆秉章、薛焕、李桓、李续宜、严树森、毛鸿宾熟思至计，仍通筹饷需兵数，并力办理，一面迅速具奏。将此由六百里各谕令知之。"（《清穆宗实录》卷14）

（同治元年正月）丁亥，谕议政王、军机大臣等："……浙省军情万紧，饷需自不能不宽为筹备，前因薛焕奏杭城危急，曾照王有龄所筹，将广东每月协浙饷银五万两，江西、湖南、湖北每月协浙饷银各三万两，均由上海豫纳中外商人货税，给单执赴各省，抵汇浙饷，即由薛焕收集此项抵饷，设法运浙，寄谕各该督抚遵照办理。其各省如有海道及各路可通浙省者，均即各将应协月饷分途解运……将此由六百里加紧各谕令知之。"（《清穆宗实录》卷15）

（同治元年正月丁亥）又谕："前因薛焕奏'浙省危急，请照王有龄所筹，前经准拨之广东每月协饷银五万两，江西、湖南、湖北每月协饷银各三万两。均由沪口豫纳商人货税，给单执赴各该省抵汇浙饷'一节，当经谕令各该督抚遵照办理……左宗棠一军，待饷孔亟，所关非细，着官文、劳崇光、耆龄、李桓、严树森、毛鸿宾、薛焕等各遵前旨，迅将浙省协饷仍如前议，由薛焕收集解交曾国藩，转解左宗棠军营……将此由六百里加紧各谕令知之。”（《清穆宗实录》卷15）

（同治元年正月壬子）又谕：“……着劳崇光速于海关提银十万两，运库提银六万两，粮库提银四万两，藩库提银五万两，共提拨银二十五万两，赶紧交前任湖北按察使裕麟，委员星速领解赴滇……将此由六百里谕令知之。”（《清穆宗实录》卷17）

（同治元年五月甲申）谕议政王、军机大臣等：“官文等奏请饬雷正绾赴陕，并提调陕军各折片。所筹机宜，与昨寄谕旨，适相吻合。现在陕省军情甚关紧要，着官文即遵前旨，速饬多隆阿迅率所部驰赴陕省。所称该将军等随带楚营口粮欠数过多，恐以筹给耽延时日，当即寄谕瑛棨速为量力筹拨，由间道解赴多隆阿军营……多隆阿等何日可以成行，着官文等先行驰奏，以慰廑念。将此由六百里加紧谕令知之。”（《清穆宗实录》卷27）

（同治元年五月甲申）又谕：“昨因庐郡克复，皖省兵力有余，已谕令多隆阿分带楚军驰援陕省，并谕令总兵雷正绾随同赴陕。惟楚营口粮，积欠过多，待饷孔殷。瑛棨务宜筹拨饷银，派委妥员，由间道迅解多隆阿军营，以利遄行。该抚仍宜会同托明阿、孔广顺、张芾等激励兵勇乡团，随时进剿，力扫凶锋。毋得专待援兵，致误事机。将此由六百里加紧谕令知之。”（《清穆宗实录》卷27）

（同治元年九月壬戌）拨湖北司库银二十万两，四川、湖南、山西司库银各十万两，解赴陕西，以济军需。（《清穆宗实录》卷43）

（同治元年十月庚辰）又谕："韩超奏'饷项支绌异常，请饬催各省协饷'一折，黔省瘠苦，征税无多，承平时岁，尚须各省协济。迩来苗教各匪滋事，征税愈少，筹饷愈难。各该省虽有被兵地方，而既有应解协饷款目，自应酌量拨解，以济该省然眉。况江西、广东、湖南、湖北、山西等省，现皆肃清，尤当赶紧筹解。着骆秉章、刘长佑、黄赞汤、沈葆桢、严树森、徐宗干、左宗棠、英桂、瑛棨、谭廷襄、李鸿章，各饬该藩司将欠解黔饷迅即分起批解，赶赴贵州，以资接济。毋得仍前玩泄，致边省呼号莫应也。将此由五百里各谕令知之。"（《清穆宗实录》卷45）

（同治元年十月丙午）又谕："官文奏'飞催多隆阿一军驰赴潼关扼剿'一折，据称'发捻各逆经楚军分道截剿，回窜豫境，全楚一律肃清。遵旨催提多隆阿，赶于十月初旬内拔队西行，现于前敌军饷移缓就急，凑拨银十万两，及应用军火器械，分批运赴襄阳转解，请饬陕西巡抚于关中设立转运粮台'等语。多隆阿督军援陕，入关后距楚较远，该将军行营饷需，自应就近由陕省转运。着瑛棨酌度情形，迅即设立转运粮台，遴委妥实可靠之员前往办理。所有该将军应需饷项，并着瑛棨迅速筹画，源源接济。将此由五百里谕令知之。"（《清穆宗实录》卷47）

（同治元年十一月壬戌）又谕："多隆阿奏'督军入陕，已抵潼关。所部楚军，现值严寒，衣履过单，请筹拨银两，以资接济'等语。英桂于各处协饷，陆续报解，向未宕延，颇为可嘉。此次该将军疾趋入陕，力图扫荡，秦省军务，当日有起色。惟陕省已属糜烂，军饷亦难为接济，着英桂无论何款，迅速筹拨银三万两，委员解赴潼关，以资接济。将此由六百里谕令知之。"（《清穆宗实录》卷49）

（同治元年十一月丙子）又谕："瑛棨奏'多隆阿入陕，粮台一切，援案请归湖北筹办'一折。瑛棨身膺陕抚，多隆阿此次督兵援陕，一切粮饷军火均应由瑛棨源源接济，不得诿诸邻封。惟是陕省情形，万分吃重，办理军务人员其材不逮楚省。多隆阿已授钦差大臣，并带胜保所部兵勇，需饷较巨，瑛棨深虑支应缺乏，亦系实情。官文等素无畛域之见，自当缓急相维，着即豫为筹备，饷需军火随时接济，以补陕省之不足，俾多隆阿军营士饱马腾，克期奏凯，庶不负该大臣等保荐之初心也。瑛棨另片奏‘秦楚道途较远，已遵旨委妥员于商州添设转运局，咨明湖广督抚’等语。着官文、严树森迅将多隆阿军营粮饷军火源源解往，以资转运供应。将此由六百里各谕令知之。”（《清穆宗实录》卷50）

（同治元年十二月）辛巳，谕内阁：“前因多隆阿奏参记名提督赵既发擅自离营，私带勇粮，给事中王宪成奏请将该革员所带勇粮追还，并治以应得之罪。先后降旨将赵既发革职永不叙用，并勒缴勇粮，计赃科罪。兹据多隆阿奏称‘原参携带饷银’一节，因该革员濒行时将帐目带往该营，无从查考。即约略呈报，嗣与楚北粮台勾稽积欠饷项，始知此款尚未报解到营……”（《清穆宗实录》卷51）

（同治元年十二月丁亥）又谕：“……再本日据中允钱宝廉片奏‘请官运淮盐，以裕军饷’等语。淮南鹾务废弛日久，现在运贩楚北者，劣员奸商居多。曾国藩虽设卡抽厘，而所得未多。前据户部奏‘请饬该大臣酌提成本，由官督运，则利权操之自上，而于皖浙军饷，必能稍资接济’。兹据该中允所奏与户部前奏是否可行，着曾国藩一并悉心议奏，钱宝廉片着钞给阅看。将此由六百里各谕令知之。”寻奏：“淮南引盐，体察现在情形，碍难改归官运，应请从缓办理。”下部知之。（《清穆宗实录》卷51）

（同治元年十二月己丑）又谕：“官文、严树森奏恳免筹东省军饷，现就襄、黄二属募勇千人，派员带赴山西，及遵筹多隆阿援陕军饷各折片。楚省近年于各省筹兵筹饷，均能不分畛域，竭力援济，兹阅所奏，自系实在情形。山东省应募新勇着即暂免代筹，仍俟楚省力量稍纾，亦即设法接济，顾全大局。袁复清等带领襄、黄新勇，并着饬传迅赴山西，交英桂调遣。仍着英桂察看袁复清、罗承勋二员，如其才略足当一面，所募勇丁洵属精壮，即令再行添募，以厚兵力。多隆阿所部楚军，严树森拟照瑛棨原奏，由楚省每月筹解一半银三万五千两，真能力顾大局。此外尚有英桂每月协济三万两，计所部月饷已敷，如有一时短绌，瑛棨仍当随时就近接济。其多隆阿接管胜保旧部，每月饷银若干，瑛棨总当宽为筹画，毋令缺乏。严树森所奏荆子关介于秦、楚之间，设立后路粮台，于运解均属合宜。即着瑛棨迅派道府大员，前往查照办理。将此由六百里各谕令知之。”（《清穆宗实录》卷 52）

（同治元年十二月壬寅）又谕：“……瑛棨奏‘汉南剿贼获胜’一折，既称杀贼无数，生擒至一千七百名之多，现在究窜何处？该抚于此等紧要之处全不留心，现在如何攻剿无一语提及，不知所司何事……该抚于多隆阿月饷，则悉数委之湖北。而于胜保旧部月饷，则又委之直隶等省。该抚竟可置之不问，有是理乎？本日虽照瑛棨所请，谕令各省按月筹拨，仍着瑛棨随时接济，倘各营或有缺乏，必将该抚藩从重治罪……将此由六百里各谕令知之。”（《清穆宗实录》卷 53）

（同治二年二月己亥）谕议政王、军机大臣等：“官文奏‘请撤换吉林、黑龙江马队官兵西丹’一折。据称‘吉林委参领常德等、黑龙江委防御萨英额等，并甲兵西丹九十四员名，或打仗受伤，或久病不愈，请一并遣撤回旗，并请饬下吉林、黑龙江各选派马队官兵即由楚省委员就地劝捐，筹备经费’各等语。此次楚省遣撤之官兵等，着照官文所请，交桂廉、富森保统带回旗，并着无庸开其底缺，以示体恤。现在楚军东征，必须有马队供其调遣，方足以利攻剿。着景纶、特普钦各认真挑选精壮马队官兵西丹一百五十名，合共三百名，仍交桂廉、富森保管带赴楚，所有经过沿途用兵省分，概不准借词奏请截留。官文业经发给委员桂廉等部照功牌，就地劝捐，所收捐项即作为现调官兵等安家军装路费

之用。将此由五百里各谕令知之。”（《清穆宗实录》卷59）

（同治二年二月庚子）又谕：“……多隆阿一军自去冬赴陕，至今已阅五月，仅收到湖北、山西、直隶协饷银两，陕西、河南、山东等省协款尚未接到分厘……”（《清穆宗实录》卷59）

（同治二年三月丙寅）又谕：“刘长佑奏‘直隶饷需支绌，请饬各省按月协拨银两’等语。现在直隶剿办降众股匪，需饷孔亟……着……官文、严树森、毛鸿宾于湖南、湖北两省，每月各拨银七千两……各该省均着自四月起，无论何款，迅速如数筹拨，按期委员解交直隶，毋令缺乏。畿疆重地，关系紧要，官文等务当顾全大局，设法拨济，不得以办理防剿筹款维艰，稍存诿卸也。将此由五百里各谕令知之。”（《清穆宗实录》卷61）

（同治二年四月乙酉）又谕：“瑛棨奏‘请饬山西筹济军火，并饬催湖南协饷’各等语。秦省制造火药，皆赴邻省采办，近日道路多梗，采办甚难。多隆阿大营所需火药，向由湖北转运，现亦不敷协济。该大臣剿办东路，正在得手之际，尤不可令军火稍有缺乏，致误戎机。着英桂每月筹办火药一万斤、火绳一万盘，解赴陕西，交潼商道收存，以备多隆阿军营攻剿之需，毋得稍涉迟误。前经陕省请拨湖南协饷，迄今未据报解，该省各属糜烂，钱粮既无从征收，捐借更难以汇集，窘迫万分，若不速筹接济，饥军哗溃堪虞。着毛鸿宾先其所急，将应解陕省协饷先行筹拨若干，以济急需。将此由五百里各谕令知之。”（《清穆宗实录》卷63）

（同治二年四月戊子）又谕：“李桓奏‘陕南协饷紧要，请旨饬查’一折，据称‘该藩司行抵长沙，选将募勇，捐办行资银二万两，定于四月初一日起程入陕。惟闻陕南、川、楚各军欠饷甚巨，向由何路供支，应先行催提，并请饬部查明陕南军饷系指某省，迅速协拨’等语……”

（《清穆宗实录》卷 64）

（同治二年四月乙巳）又谕："……至所请于湖北省拨调马队一百名，如到粤尚需应用，即着酌量采买，以资得力。将此由六百里谕令知之。"（《清穆宗实录》卷 65）

（同治二年五月戊辰）谕议政王、军机大臣等："总理各国事务衙门奏'中国自置火轮兵船将抵海口，所有添买军装、器械豫筹月支经费，在各海关分拨，并酌定节制章程'一折。据称'此项轮船，除前拨过银八十万两外，并在英国借银十五万两，在上海借银十二万两，共计需银一百零七万两，又应支粮饷、军火等项一切用款，每月统给银七万五千两，均经该衙门向李泰国再四驳诘，酌定章程，及由中国选派武职大员，作为该师船之汉总统。所延外国人阿思本作为帮同总统，以四年为定，用兵地方，听督抚节制调遣。阿思本由总理衙门发给札谕，俾有管带之权，随时挑选中国人上船学习'各等语，着即照议办理……其月饷等项银两，官文、曾国藩、李鸿章务须按期支给，不可丝毫短少掩欠，致令有所借口。总理衙门原折及照录现议章程五条，均着钞给阅看。将此由六百里各谕令知之。"（《清穆宗实录》卷 68）

（同治二年六月丁丑）又谕："……本日又据严树森奏'奉拨协浙军饷，请饬江海关拨兑解济'一折……严树森所奏，亦系实情，着李鸿章饬令江海关，于代征湖北洋税项下应拨之款，迅速动拨银十万两解赴浙江军营，作为鄂省协浙之饷。其余欠款，并着加数，解还鄂省。刻下直隶、浙江，军务均形吃紧，务当力筹接济，毋令停兵待饷，致误戎机。李鸿章素顾大局，谅不至意存推诿也。将此由五百里谕令知之。"（《清穆宗实录》卷 69）

（同治二年六月庚辰）又谕："瑛棨奏'汉南军食无从采办，请于川、楚两省筹运米石’一折。汉南兵勇日增，川、楚援师次第将至，若兵糈无出，不但停兵待饷，贻误戎机，且饥军一经哗溃，大局何堪设想？亟应豫筹接济，以免临时匮乏。着官文、严树森、骆秉章督饬安襄郧荆道、川北道、绥定府知府，按照瑛棨所奏各情迅速筹办，源源解济。其米价运费等项均由各该省陕商捐输项下，提还归款。将此由五百里各谕令知之。”（《清穆宗实录》卷69）

（同治二年六月戊戌）又谕：“前因直隶饷需支绌，谕令广东、江西两省每月各拨银一万两，湖南、湖北两省每月各拨银七千两，福建、山西每月各拨银六千两，均着自四月起，无论何款，迅速如数筹拨，委员解交。兹据刘长佑奏‘各省拨定之饷，仅据福建汇解到四五两月饷银共一万二千两，其余均未解到。现在军饷益形缺乏，实有饥溃之虞’等语。畿辅重地，剿贼要需，岂容如此膜视？着官文、严树森、毛鸿宾、晏端书、黄赞汤、英桂、沈葆桢、恽世临等，迅将各该省所欠月饷，无论何款，赶紧筹拨如数，星速委员解赴直隶，俾资接济，不得再有玩延，致干咎戾。刘长佑奏调之李明惠等军，前已谕令毛鸿宾饬该总兵取道楚、豫，径赴直省，以期迅速，并经刘长佑派弁前往迎提。现值直省剿匪吃紧，亟须添集得力之军，以期迅歼丑类。李明惠等此时计已带勇在途，着官文、严树森、恽世临一体饬催，迅速北上，驰赴刘长佑军营，毋稍延误。将此由五百里各谕令知之。”（《清穆宗实录》卷71）

（同治二年七月）辛亥，湖广总督官文等奏：“汉南军米，碍难由鄂省筹济，恳请免其采办。”得旨：“据奏，采办汉南军米，诸多窒碍，自应俯如所请。惟该督等既云粮从饷出，但能多解饷银，即与采办米粮无异。所有援陕之李云麟、梁作楫两军饷需，官文等当设法宽为筹备，源源解济，毋令缺乏。”（《清穆宗实录》卷72）

（同治二年七月壬子）又谕：“瑛棨奏‘请饬催各省协饷’一折。多隆阿大军现分捣高陵、临潼两岸回巢，渐与省城声息相通，事机颇形得手。该营月饷约需银十万余两，即使湖北、山西按月如数拨解，尚且不敷，若再耽延不解，致令停兵待饷，贻误何可胜言！着官文、严树森、英桂迅将应解多隆阿饷银，按月如数筹解，毋得稍分畛域，致误戎机……将此由六百里各谕令知之。”（《清穆宗实录》卷72）

（同治二年八月丙戌）又谕：“官文奏‘筹解京饷，请饬直隶、河南沿途拨护’，张之万奏‘酌筹直隶协饷’各等片。前因直隶道路梗阻，临洺关一带无可绕之路，湖北解京饷银多由票局汇兑。兹据官文奏称‘现在直隶、河南道路肃清，仍照旧章办理，已委候补知县王庭桢等领解盐课银二万两、关税银五万两，赴部交纳。请饬直隶、河南各属地方文武照例拨护，仍多派干练员弁率同丁役沿途小心护送’等语，着刘长佑、张之万严饬各州县于此项银两过境时，加派兵役沿途拨护，不得虚应故事，致有疏失。河南贼氛滋扰，应如何绕道行走之处，张之万豫为筹计，飞咨湖北照办，毋稍大意……将此由五百里各谕令知之。”（《清穆宗实录》卷76）

（同治二年八月丙戌）又谕：“前因常清奏‘伊犁需费浩繁，四川拨解盐厘银两起解无期，请饬陕甘总督筹拨银数万两，以顾然眉’等语，当交户部速议具奏……其四川前经部拨该省正余济楚盐厘项下银十万两，着骆秉章迅即筹款，解由甘省转解，以撑边防危局。道经甘省时，熙麟等不得擅行截留，致误要需，并着该督等将起解日期咨报户部，以凭查核。将此由五百里谕知骆秉章、熙麟，并传谕恩麟知之。”（《清穆宗实录》卷76）

（同治二年八月丁酉）又谕：“李云麟奏‘驰援陕南，通筹进剿，请由楚、陕两省各设粮台’一折。陕南军务，亟须整饬，毛震寿虽尚能撑拄，而剿办总难期得力，即着李云麟迅由郧阳带领所部星驰赴陕，速解汉中城围，分救镇安。其汉阴及山阳所属之漫川关等处分布各军，即照所拟办理，仍着刘蓉迅速由川赴陕，以资统率。刘蓉到陕南后，一切地方军务及毛震寿、李云麟新旧各军，均归该抚节制，以一事权。李云麟即可会同刘蓉陈奏事件，无庸自行单衔具奏。至楚、陕两省，应行各设支应粮台，着官文、严树森、刘蓉、张集馨等查照办理，并将陕南军饷由两省源源解济，毋令缺乏。李云麟现在带兵由鄂赴陕，如需襄办营务文案等件之员，秦、楚两省自不乏人，可以随时择调。所请国子监司业绍祺、兵部郎中国英二员，均着毋庸令其前往。将此由六百里谕知官文、严树森、刘蓉、李云麟并传谕张集馨知之。”（《清穆宗实录》卷77）

（同治二年八月）壬寅，谕议政王、军机大臣等：“前因李云麟拟由郧阳赴陕，请由楚、陕两省各设粮台，当经谕令官文等查照办理，并将陕南军饷由两省源源解济。兹据李云麟奏称‘赶赴郧阳督兵前进，计日可抵陕境。惟去楚日远，楚军行饷，未知何时解到。其支应粮台能设与否，尚无成议。川省与陕北接济，尤属迫不可待，请于夔关现存关税项下，暂行动用’等语。李云麟进兵攻剿，正在吃紧，不日驰抵汉中，所部数万兵勇必须粮饷充足，方免哗溃之虞。着骆秉章详加酌核，查明夔关现存关税项下提款，暂为接济，庶不至停兵待饷，贻误事机。至楚、陕两省应设粮台，着官文、严树森、刘蓉等仍遵前旨，迅速妥筹办理。陕南军饷，仍着该督等赶紧筹款，毋令缺乏。李云麟驰抵陕南，即着迅速部署各军，查明何路贼势紧要，即向何处攻剿，毋得专待刘蓉，稽延时日。将此由五百里各谕令知之。”（《清穆宗实录》卷77）

（同治二年九月甲寅）又谕：“张集馨奏‘沥陈陕省雕敝情形，暂请以粮济饷，并楚军抵汉后无庸专设粮台’各折片……前因李云麟奏请于至汉后，由陕省派员筹备军饷，当经谕令刘蓉、张集馨妥办。兹据张集馨奏‘汉南军饷兵粮已由川省派员采买接济，似可不必另设粮台及制造等局，转致推诿’等语……”（《清穆宗实录》卷78）

（同治二年九月乙卯）又谕："多隆阿奏'陕省精华之地已成焦土，饷银无出，全赖各省协济，以裕军食。山西、湖北尚陆续解饷，惟直隶、山东、河南应解该营协饷从未批解，请饬迅解'等语。该将军入关后叠挫凶锋，力图扫荡，现当攻剿吃紧之际，复届冬令，饷项缺乏，兵勇深虞哗溃。着刘长佑、阎敬铭、张之万迅将应解该营饷需速行拨解，以济军糈，毋得迟延干咎。将此由五百里各谕令知之。"（《清穆宗实录》卷79）

（同治二年十月己亥）又谕："……至汉南各营，业归刘蓉部署，所需饷项，向川省拨解，与李云麟无涉。李云麟军饷，自应仍由鄂省接济，着官文、严树森随时拨解，以利军行。将此由六百里谕知官文、多隆阿、骆秉章、熙麟、严树森、刘蓉、李云麟，并传谕恩麟知之。"（《清穆宗实录》卷83）

（同治二年十一月乙巳）拨湖北江海关税银三万两解赴安徽临淮，以济军饷。（《清穆宗实录》卷84）

（同治二年十二月丙申）又谕："刘蓉奏'遵旨筹办并酌定援军饷额，分任责成，以符三省会剿原议'一折。汉南军务，叠经谕令秦、楚、蜀三省妥筹会剿所需军饷，自应由三省分筹。据刘蓉奏称，前经详定川省所派四军由川拨饷，李云麟所部各军即由鄂省接济，汉南一军由陕省供支。官文等于李云麟健毅六营、梁作楫凯字五营，月需饷银均属竭力筹济。川军新挫之后，亦经刘蓉函商骆秉章，就四军月饷之数裁汰募补，以资整顿。骆秉章允将援陕诸军月饷八万有奇按时拨解，是川、鄂诸军均系自裹行粮，惟李桓所募之义胜军月饷虚悬罔着，梁作楫所部凯字五营既经鄂省调回，则义胜军月饷即应仍由鄂省筹济饷需，以符定议。至李云麟新募之陇军各营及澄汉水师口粮、军火，鄂省力难兼顾，现已由刘蓉饬令道员何丙勋等于兴商一带办理厘捐，随时拨解。刘蓉现在进扎宁羌，力图进克兴汉之策，所募亲兵及添设牌炮营头，以为破贼之用……所需军火、口粮，尤应宽为筹备，以资饱腾，方不至有停兵待饷之虞。着官文、骆秉章、严树森各按所定月饷六万八万之数，随时拨济，毋使稍形缺乏……将此由六百里谕知官文、骆秉章、严树森并传谕张集馨知之。”（《清穆宗实录》卷89）

（同治二年十二月壬寅）又谕：“李云麟奏‘请饬催协饷’等语……李云麟现在进兵石泉，与刘蓉会剿汉中，军情紧要，需饷尤刻不容缓。该京堂所部，均仰给楚省协济。惟李桓旧部之饷，本由山东、河南协拨，岂可虚悬无着，致误戎机？着张之万查照前议，按月如数拨济，并着阎敬铭迅速筹银数万两，均各径解陕省兴安，交李云麟军营，以资饱腾而利攻剿，毋得再事迟延。将此由五百里各谕令知之。”（《清穆宗实录》卷89）

（同治三年六月己卯）又谕：“……刘蓉另片奏‘湖北前解多隆阿军火器械余剩尚多，请饬移送陕省军需局’等语。现在多隆阿旧部各军多已回鄂，其存留粮台及荆子关转运局军火等项，着穆图善酌量情形，转饬多隆阿军营粮台各员，将现存军火器械查明数目，移送陕省军需局，以便提拨应用。将此由六百里各谕令知之。”（《清穆宗实录》卷105）

（同治三年六月壬午）又谕：“前因严树森奏‘鄂省饷源将竭，不能接济秦军巨款’，当经降旨，李云麟军饷五月以后由陕西支发，刘蓉筹解。兹据李云麟奏称‘陕省西、同、凤三府前遭兵燹，民麦未种，上忙不能征收，司库如洗。楚军将士闻楚饷改归陕省筹解，大失所望，遂致毅健六营士卒乘间潜逃至二百余名之多。饷源匮乏，焦灼万分，请饬湖北督抚暂筹接济’等语。现在陕南军务稍松，而蔡逆及启逆等股尚在陕北游弋，李云麟所部楚军驻扎兴安，借资堵剿。倘因饷需不继，致有哗溃之虞，恐该匪乘虚下驶，于楚省大局颇有关碍。着官文、唐训方即将李云麟所部楚军五六两月饷项迅速筹款拨解，以济急需。将此由五百里

谕知官文，并传谕唐训方知之。”（《清穆宗实录》卷106）

（同治三年六月庚寅）又谕：“李云麟奏‘率师援陕，事皆棘手’，并‘饷源已绝，所部军士留撤皆难’各一折。行军之道，首重粮饷，李云麟所部一军约六千人，每月饷需三万余两，前经谕令陕西、湖北两省分任其半，山东、河南月解协饷银一万两，以资接济……并着官文、唐训方将李云麟所部楚军五六两月饷需懔遵前旨，设法迅速筹解，毋稍迟误。刑赏为用兵急务，若有功人员过时不赏，何以责其用命？所有山阳出力及扼堵发匪、川匪之水陆各营，着官文、刘蓉迅速查明，吁请恩施，不得稍分畛域……将此由六百里谕知官文、阎敬铭、张之万、刘蓉、李云麟，并传谕唐训方知之。”（《清穆宗实录》卷107）

（同治三年七月）甲辰，谕内阁：“……兹复据奏‘金陵虽克，而湖北、江西贼氛尚炽，陕、甘、云、贵余孽未平，军饷浩繁，库款支绌……’等语……”（《清穆宗实录》卷108）

（同治三年七月）丙午，谕议政王、军机大臣等：“李云麟奏‘楚军借款急难归还，现拟遣回湖北，再行变通办理’一折，据称‘援陕后添立陇军水陆各营，饷无所出，不得已借用楚饷二万五千余两，并因所部义胜三旗豫东协饷屡催不解，复将毅健一军解到饷银通融垫发，总计垫发过义胜军饷银一万一千余两，合之陇军各营，实借用过楚饷三万六千余两。本拟俟陕南肃清，筹款补还，不意陕南甫清而陕北吃紧，省局不能兼顾。不但前借楚军之饷不能筹还，且并无粮米糊口，楚军众议纷纷，久恐生变，拟于数日内先将楚军六营交游击金殿安、杨桂芳等分统回楚。此项借款暂由官文设法弥补，俟陕省肃清，或豫东欠饷解到，即行陆续解还楚省’等语。毅健六营，本系湖北拨援陕省之兵，李云麟现因饷项支绌，恐致哗溃，先行撤回楚省，自系迫于万难之势。即着李云麟严饬金殿安等妥为管带赴鄂，毋令沿途滋事，此军到后，着官文酌量调遣。

至借用该军饷项，既据李云麟奏称无款筹还，亦系实在情形。即着官文先行设法，将前项借用银三万六千余两筹款分给，以赡饥军。李云麟亦当迅速筹措，解还鄂省。至所留陇军各营，仍着李云麟妥为驾驭，一切粮饷、军火，就近咨商刘蓉，随时接济，以振士气而靖贼氛。将此由五百里各谕令知之。”（《清穆宗实录》卷108）

（同治三年七月庚戌）又谕：“前因李云麟奏‘饷项支绌，请将毅健六营先行撤回楚省’，当因所奏尚系实在情形，谕令将楚军六营交游击金殿安等妥为管带赴鄂，毋令沿途滋事。兹据官文奏‘湖北先后拨解李云麟援陕楚军饷银已逾十四万两，截至四月底止并无欠缺，五、六两月饷银陆续筹解后，自七月起，楚省实难再顾。而五月十八、九等日，已有李云麟所部毅健营溃勇二百余名由水路行抵夹河，陕西白河县水陆两路亦有溃勇过境’等语……着刘蓉迅派妥员确切查明，从严究办。并查明此项勇丁，如未全数启行，现在留陕若干，即将官文此次解款银两由李云麟酌量散放，妥为安置，俾遣撤各勇，不致别滋事端。川、陕交界防剿正当吃紧，着李云麟督率所留陇军严密堵击，不得因楚勇既撤，借口兵单，希图诿卸。李云麟所部兵勇前次克复山阳，剿办回匪出力，曾经谕令官文等查明保奖。兹据官文声称‘远在楚省，打仗情形无从详悉，仍将原保底单咨送刘蓉就近办理，并咨复李云麟’等语。着刘蓉详晰查明，会同李云麟核实保奖，毋许冒滥。将此由六百里各谕令知之。”（《清穆宗实录》卷109）

（同治三年九月辛丑）湖广总督官文奏：“遵查湖北绿营兵额，于咸丰六年克复省城后已一律补齐，与江、皖等省缺额待补者有间。常年兵饷应请循例拨给，以纾兵力而符定制。”下部知之。（《清穆宗实录》卷114）

（同治三年九月癸丑）又谕：“李云麟奏‘请将暂扎漫川关之楚军三营全行遣回，仍由陕省筹还借项，并将水师酌量裁撤’，又‘病势加重，请由襄阳回旗’各折片，据称‘中前后三营暂扎漫川关，现在楚、陕之交，军事已松，必须全行遣撤。已饬三营赴襄阳，领五、六月饷银，所有借款一万两，仍咨刘蓉筹解襄阳，一俟此款解到，便可同时遣撤，并将水师一并裁撤，仅留澄汉一营’等语。着官文即饬襄阳委员，将五、六两月饷银关支，刘蓉将欠款一万余两，转饬粮台如数解襄，并令李云麟妥为遣撤，如此后有该营滋事，定惟李云麟是问……将此由四百里各谕令知之。”（《清穆宗实录》卷115）

（同治三年十月戊辰）又谕：“……此外所需仍多，着官文、左宗棠、毛鸿宾、吴昌寿、徐宗干、郭嵩焘、恽世临各于本省筹拨银八万两……均须克期如数解交杨岳斌行营，以便该督迅速募勇起程。该督抚等均当仰体朝廷轸念西陲之意，速为筹解，不得稍有膜视，致误师行……将此由六百里各谕令知之。”（《清穆宗实录》卷117）

（同治三年十月丙戌）又谕：“……本日据景纶等奏‘存兵无多，无可征调’，已允所请，俟湖北军务告竣，僧格林沁马队尚可酌拨数千，届时即当拨交该将军统带，以资调遣……”（《清穆宗实录》卷118）

（同治三年十月丙申）又谕：“张集馨奏‘通盘筹画饷需’一折，据称‘雷正绾马步二十八营月需饷银八万数千两，而制造帐房、修理军械等款尚不在内……查湖北从前协济多隆阿营每月三万五千两，并协拨军火等件，嗣多营裁撤，协饷亦停。请饬湖北督抚仍照协济多营数目筹解半年……’等语……甘省军务可期速了，该督抚等自当竭力筹拨，以期众擎易举，力保岩疆。着官文、吴昌寿仍照协济多隆阿营章程，每月解银三万五千两，并将军火等件源源接济……该督抚等务当如数筹拨，按月批解甘省，毋令缺乏。将此由五百里各谕令知之。”（《清穆宗实录》卷119）

（同治三年十二月庚辰）又谕："……据官文奏称'该道每月需饷六万两，因楚省支款繁多，力有未逮，不得不借旧欠接济新饷。议定自同治四年正月起，每月由湖北补发欠饷银二万两。其余银四万两，该道行抵陕西，即由陕西筹给。行抵甘肃，即由甘肃筹给'等语。着刘蓉、恩麟于蒋凝学一军到境时，照数接济……将此由六百里谕知僧格林沁、官文、刘蓉，并传谕恩麟知之。"（《清穆宗实录》卷124）

（同治三年十二月庚寅）又谕："杨岳斌奏'湘勇起程日期，并请饬发协饷及派员募勇情形'一折，据称'接准部咨，知甘省协拨饷银已有成议，而湖北防务已松，即饬安肃道蒋凝学等先期带兵赴甘……'等语。前因蒋凝学一军驻扎商城，谕令僧格林沁酌量调遣……即着都兴阿、文煜、杨能格，由庆阳粮台支发饷银，毋稍缺乏。将此由五百里谕知都兴阿、杨岳斌、文煜，并传谕杨能格知之。"（《清穆宗实录》卷125）

（同治三年十二月壬辰）谕议政王、军机大臣等："林鸿年奏'筹办迤西，请拨军饷，并请拨湖北、湖南厘金，调员差委，马荣就擒'各折片……本日已谕令湖南、广东各督抚，令其设法接济，并照林鸿年所请于湖北、湖南令各拨厘金月一万两解滇。该抚得此兵力、饷力，务当随时与骆秉章、劳崇光会筹妥办，认真进剿，不得徒托空言，致负委任……将此由六百里各谕令知之。"（《清穆宗实录》卷125）

（同治三年十二月壬辰）又谕："林鸿年奏'现筹进剿迤西回匪，军饷支绌，请饬湖南、广东设法接济，并拟于川省设立后路粮台，请饬两湖于厘金项下，每月协拨银一万两，以一年为期，以利遄行'各折片……至湖南、湖北两省厘金，来源尚旺。现在湘、楚军务无多，自可酌量抽拨。即着官文、吴昌寿、恽世临于各该省厘金项下，每月各协滇省银一万两，自同治四年正月起，以一年为限，即行停止。务须如数按期，源源筹解，不准稍有迟延蒂欠。将此由五百里各谕令知之。"（《清穆宗实

录》卷125）

（同治四年正月丙辰）又谕："左宗棠奏准'户部咨称，浙省有原定湖北、湖南、江西协饷四万余两，现奏定即令湖北、湖南每月各解银一万两，江西每月解银二万两，作为协闽月饷……请仍饬浙江按月解十四万两，湖北等省仍照部议协济'等语……至湖北、湖南、江西协拨之饷，亟应迅速筹解，共维大局。着官文、吴昌寿、恽世临、沈葆桢，各照部拨原数，按月解交左宗棠军营，以供支放，毋稍延误。将此由五百里谕知官文、吴昌寿、恽世临、马新贻、沈葆桢并传谕蒋益澧知之。"（《清穆宗实录》卷127）

（同治四年正月辛酉）又谕："……林鸿年请于四川、广东、湖南外，复在湖北、山西两省派员劝办捐输，着咨明各该省督抚，饬地方官会同委员体察情形，妥为办理……将此由六百里各谕令知之。"（《清穆宗实录》卷128）

（同治四年正月丙寅）谕议政王、军机大臣等："……湖北、江苏等省又陆续裁撤兵勇，以节饷需，此后各该省所收厘金，自可稍为宽裕。着官文、曾国藩、骆秉章、毛鸿宾、沈葆桢、吴昌寿、恽世临、马新贻、李鸿章、乔松年、郭嵩焘，各于该省每月盐厘项下分拨三成，百货厘金项下亦每月分拨三成，接济杨岳斌军饷；并着杨岳斌派员径赴各省，按月提解庆阳粮台，以应急需。该督抚等务当不分畛域，极力设法，共济时艰，不得稍存推诿之见，致负委任……将此由五百里各谕令知之。"（《清穆宗实录》卷128）

（同治四年二月甲申）谕议政王、军机大臣等："……楚省军务已平，江皖亦无须协济。若如所奏，强分畛域，西陲大局将不可问。每月应解甘省协饷银三万五千两，仍着懔遵前旨，筹解半年，不得借词推诿。将

此由五百里各谕令知之。”（《清穆宗实录》卷130）

（同治四年二月丁亥）又谕：“……至都兴阿所称‘派副将万金荣赴楚招勇六营，其勇丁月饷拟请由湖北筹款协济，仿照鄂军章程，较楚军营制似为节省’等语。现在宁夏军务正在吃紧，亟须招募勇丁训练成军，以厚兵力。着官文、吴昌寿按照该将军所请，将万金荣所募勇丁六营，先筹两月饷银，交万金荣等护带回甘，俟抵防之日，再行起支。务须迅即筹拨，以利师行。将此由五百里谕知官文、吴昌寿、文煜，并传谕杨能格知之。”（《清穆宗实录》卷131）

（同治四年二月丁亥）又谕：“前因都兴阿奏‘调山西驻防茅津渡楚勇两营赴甘，并请饬山西筹拨该营军饷’，当经降旨，谕令沈桂芬将派防茅津渡楚勇拨赴甘肃，归穆图善统带，并由晋省每月解银六千五百两，以供楚勇口粮之用。嗣据沈桂芬奏‘晋省筹防紧要，截留楚勇一营，饬令副将袁复清统带一营赴甘’，亦经降旨允准。兹据都兴阿、穆图善奏称‘山西仅派袁复清统带一营来甘，晋省应拨该勇月饷浮出一半，穆图善前派总兵陈东霖赴楚招募之两营，月饷尚无着落，拟将陈东霖一营补作晋省截留营数，以符六千五百两两营月饷原数。并请将陈东霖下余一营，一并由晋省筹解月饷’等语。宁夏剿匪正在得手，各营军饷均关紧要，着沈桂芬仍遵前旨，将每月应解楚勇口粮六千五百两如数拨解，并将陈东霖下余一营月饷按月筹解，毋稍延缓……将此由五百里各谕令知之。”（《清穆宗实录》卷131）

（同治四年三月己亥）又谕：“林鸿年奏‘云南军务紧要，进兵不宜再缓，惟饷需无出，不得不作裒多益寡之计。现在东南军务渐定，东征局饷银可望腾那接济，请饬该省每月拨银三万两，合之前拨湖广厘金，每月可得五万两之数，庶军务借得措手’等语。昨因杨岳斌奏甘省需饷浩繁，请将东征局改为西征局，借资接济，当经谕令官文等斟酌妥办……第饷项支绌，寔后跋前，仍恐于事无益。官文、曾国藩等素顾大局，务当与吴昌寿、李瀚章等各就本省情形，于拨解西征饷银外，每月可以协解滇饷若干，酌定数目，迅速奏明办理，一面知照林鸿年源源解济，不得推诿不行，亦不得迟延不解，致误要需……将此由五百里谕知官文、曾国藩、吴昌寿、李瀚章，并传谕石赞清知之。”（《清穆宗实录》卷 132）

（同治四年三月癸卯）又谕：“官文奏‘提督鲍超到鄂，起程回川，筹办西征事宜’一折……至鲍超一军启行后，每月所需饷项，前经谕令湖北等省督抚酌定数目，奏明拨解。仅据沈桂芬奏拨地丁银十万两，陆续批解，其余尚无确数。将来全军西行，若非筹定月饷，源源接济，必至贻误军行。杨岳斌前请以东征局厘金移作西征之用，业经谕令官文等斟酌筹办。仍着官文俟杨岳斌抵鄂后与之熟商，应如何酌量分拨，俾鲍超一军得此有着之款，庶期士饱马腾，剿办不至棘手。官文、杨岳斌素顾大局，谅必能妥筹办理也……将此由五百里谕知官文、骆秉章、杨岳斌，并传谕鲍超知之。”（《清穆宗实录》卷 132）

（同治四年三月乙巳）又谕：“杨岳斌奏‘带勇起程日期，请派员总理后路粮台’一折……惟军旅远行，粮饷至为紧要。该督统师进剿，于经理粮饷势难兼顾，必须在后路设立粮台，派员总理，方可妥筹周转，无误师行。既据该督奏称，前任江西布政使李桓，才识明敏，即着杨岳斌檄饬该藩司总理各省协饷事务，于湖北适中之地设立后路粮台，凡杨岳斌军营督饷一切事宜，均归该员酌办，以专责成。并着杨岳斌咨行协饷各省分督抚知悉，一体遵办……将此由五百里谕令知之。”（《清穆宗实录》卷 132）

（同治四年三月己未）又谕：“……曾国藩所称川、湘两省既专任滇黔之事，则甘肃之饷，应责成江苏、江西、浙江、湖北四省，不至推诿……惟江苏、江西、浙江、湖北四省，每月能各接济甘饷若干两之处，亦须豫为筹定数目，方免临时贻误。着官文、吴昌寿、李鸿章、沈葆桢、孙长绂、马新贻速行复奏……嗣据官文、毛鸿宾等亦奏请将楚省并各处厘捐，俟数年后再行酌撤，与前降谕旨相符……前已谕令都兴阿等派拨德祥、鹤龄等统带兵勇二千余名前往驻守，当与都兴阿等添兵接应，妥筹后路粮饷，力保此城，以为将来进兵地步，毋稍疏忽。前令该督克期赴甘，此时行已抵鄂，即着亲督前队勇丁迅速前进，毋庸俟后队勇丁一同起程……”（《清穆宗实录》卷134）

（同治四年三月辛酉）又谕：“现在雷正绾一军，进剿会宁踞逆正当吃紧，必须饷项源源接济，方能迅扫贼氛……四川应解之饷，于未经谋滇之前，仍应按月解甘，俟江苏、浙江、江西、湖北四省，议有协甘饷银成数再行停解，并着杨能格一面咨催，一面派员迎提，以供要需。将此由六百里谕知骆秉章、阎敬铭、沈桂芬、张之万，并传谕杨能格知之。”（《清穆宗实录》卷134）

（同治四年三月）癸亥，谕军机大臣等：“据官文奏称‘与杨岳斌会商甘省饷需情形’一折，另片奏‘请将湖北协济福建、滇、黔之饷，免其拨解，全力移解甘肃’等语，所奏不为无见。甘省军务正当吃紧之际，杨岳斌一军人数众多，饷需较巨，将来尚须援剿新疆，官文务当先行筹拨巨款，源源接济，所有甘省设立后路粮台，代办军械、火药等件，均着由楚省先行筹拨，并着官文迅即咨商江苏、浙江、江西各督抚，即将每月能接济甘饷若干数目赶紧筹画，并湖北协济甘饷定数一并筹定，俟定议后迅即奏明办理。至厘金为饷源所出，前据曾国藩奏称裁撤，系专指湖南一省而言。其湖北厘局自不在减裁之内，官文当妥为经理，以期无误供支。至官文所称湖北每月协济福建、云南、贵州饷银各一万两，请即停止，以便专解甘肃……惟福建之饷，能否专由浙省供支，尚未议及，着左宗棠、马新贻酌定协拨之数，迅速具奏，以便即照官文所请办理……将此由六百里各谕令知之。”（《清穆宗实录》卷134）

（同治四年五月丙午）又谕："官文奏遵旨筹议月协甘饷数目，并谋胜左右两营勇丁索饷滋闹，分别惩办各一折。前因曾国藩奏称，甘肃之饷应责成江苏、江西、浙江、湖北等四省筹解。当经谕令各该督抚等，将每月能各接济甘饷若干之处速行复奏。兹据官文奏称'该督督饬省局司道竭力筹措，每月除拨解蒋凝学一军旧欠外，仍按月再筹银三万五千两解交甘省'等语。现在甘肃军务正当吃紧，杨岳斌一军人数较多，需款尤巨，自应宽为拨解，以济要需。即着照官文所议，每月除拨还蒋凝学一军旧欠二万两外，按月再筹银三万五千两，派员解至甘省交杨岳斌军营分拨接济。并着将协济甘省军装、军火等项一并解交杨岳斌转拨各营，以归画一。经此次议定章程之后，该督务当督饬局员，按月源源筹解，不准稍有蒂欠，致干重咎……将此由五百里谕令知之。"（《清穆宗实录》卷139）

（同治四年闰五月甲子）又谕："前因曾国藩奏'请责成江、浙、楚、鄂等省协济甘饷'，当经谕令各该省豫筹定数。叠据官文、马新贻等将月协饷数奏明，兹复据曾国藩奏'统计协甘银数，除扬防节省项下月解甘饷三万两外，浙江、江苏、湖北、湖南每月可得十万五千两，为数已不为少，请将东征局务裁停'等语……将此由五百里各谕令知之。"（《清穆宗实录》卷141）

（同治四年闰五月己巳）谕军机大臣等："……李桓旧病未痊，鄂省后路粮台亦可不必另设，着照所请，派唐际盛兼综其事。该督即咨行官文，饬该司妥办可也……将此由五百里谕令知之。"（《清穆宗实录》卷141）

（同治四年闰五月）丙子，谕军机大臣等："吴昌寿奏'查明统兵大员被参各节，均无实据，并请将应解曾国藩月饷留豫津贴'各折片……姜玉顺一军，经官文饬令留扎楚、豫之交，惟远防不如近剿，万一豫疆有警，仍着吴昌寿檄调，视何路紧急，即由何路迎剿，毋得置之无贼之地。蒋凝学所部军饷已由湖北月解三万两，惟豫省饷需竭蹶，此军饷银，着官文宽为筹备，源源接济，并由湖北派员专管此军支发，毋令缺乏……将此由四百里各谕令知之。”（《清穆宗实录》卷142）

（同治四年闰五月）癸未，谕军机大臣等：“户部奏‘遵议都兴阿军营饷需’一折。都兴阿一军攻剿宁夏，饷需甚殷。前曾谕令各省自行酌定数目筹解，仍恐虚悬无着，自应指拨专饷，以资接济。即着照户部所议，所有宁夏马步各营，除原有定饷者，仍照旧拨解外，新募楚勇六营，仍由官文、郑敦谨按月拨银二万两。扬州新到两起马队及英字、选锋等营，统计十四营，月饷共需四万三千两，两淮盐课项下，月拨协甘饷银二万两。着曾国藩、李鸿章、刘郇膏饬令两淮运使即将此项银两，径解宁夏军营，无庸解赴江北转拨。山西河东道本有月协甘饷，着沈桂芬饬令该道按月划出二万三千两，径解都兴阿军营，其余仍解庆阳粮台。江苏、山西应解协甘饷银，即可将此次所拨银两，照数划除，以清款目。都兴阿前请每月筹备赏恤杂费等银一万两，着杨能格仍由庆阳粮台按月筹解。经此次指拨之后，庶饷项既有专供，不至复虞匮乏。着官文、曾国藩、李鸿章、郑敦谨、沈桂芬、刘郇膏、杨能格，各将指拨都兴阿所部各营月饷，按月如数解交宁夏军营，毋稍推延，致滋贻误。所有督催转运及支发动用一切事宜，即着都兴阿责成景廉实力稽查，仍饬汇齐总数，详晰造报庆阳粮台核销，以昭画一。将此由五百里谕知官文、曾国藩、都兴阿、李鸿章、郑敦谨、沈桂芬，并传谕刘郇膏、杨能格知之。（《清穆宗实录》卷142）

（同治四年六月丁未）又谕：“……复奏拨山东、河南地丁项下欠解元年京饷银各十万两，本日业经谕令阎敬铭、吴昌寿迅速筹解。其前拨饷银，亦谕令直隶、四川、湖广总督，山东、山西、河南、湖北各巡抚，次第筹解，以济要需矣……将此由六百里各谕令知之。”（《清穆宗实录》卷

145)

（同治四年六月甲寅）又谕："……据称'宁郡地处极边，米粮转运维艰，需款甚巨……兵勇衣食无资，若不宽为筹解，必至贻误事机'各等情……山西省每月协济饷银二万两，楚勇饷银六千余两，新募亲兵后营卫队营饷银六千余两……即着刘蓉、王榕吉迅速设法筹拨，源源解济，以收饱腾之效……将此由五百里谕知骆秉章、刘蓉并传谕王榕吉知之。"（《清穆宗实录》卷146）

（同治四年六月甲寅）又谕："前据吏部奏驳，降调湖北巡抚严树森，保奏湖北承办局务各员，请照定章撤销奖案，改为照例议叙，当经降旨依议。兹据官文、郑敦谨奏称'湖北自兴办牙帖、厘金以来，曾经汇保三次，均已照准。此次自咸丰九年起，至同治元年止，所收银数较前踊跃，各该员等承办局务，时逾三年，不无微劳足录。若将保案概行撤销，不足以昭激劝，请仍照原请给奖'等语。军兴以来，湖北省办理牙、厘，接济本省军需及各路协饷，十余年来，日有起色，于饷需不无裨益。该局负经理其事颇为出力，所有严树森前次保奏之局员，湖南补用知府但湘良等所得保奖，均着准其仍照原案给予奖叙。惟该省所保局务各员人数过多，此次姑允所请，嗣后官文等务当择其实在得力者，酌量保奏，不得胪列多人，滥予优奖，以昭核实。"（《清穆宗实录》卷146）

（同治四年六月壬戌）又谕："……至湖北等省协解甘饷，前经奏定数目，即为有着之款，并着杨岳斌分别催提，以资分拨……"（《清穆宗实录》卷146）

（同治四年七月辛未）又谕："刘蓉奏'援甘协饷紧要。请饬催各省迅解'等语……当此局势紧急，非饷项充裕，何以激励戎行？着官文、郑敦谨将湖北月协之三万两，李鸿章将扬防节省项下月解之三万两……

赶紧委员拨解到陕，由刘蓉转运前进，以济要需。倘敢稍事延宕，致西北大局日就决裂，该督抚等其能当此重咎耶？懔之。将此由六百里谕知官文、李鸿章、刘坤一、马新贻、郑敦谨、李瀚章，并传谕刘郇膏、孙长绂知之。”（《清穆宗实录》卷147）

（同治四年七月丙子）又谕：“……其湖北、湖南、山西三省，现经林鸿年派员前往，设局劝捐，并着官文、郑敦谨、李瀚章、王榕吉各饬藩司，查照四川藩司会同陕西委员劝办之法，一体举办，庶捐务日形踊跃……若远居邻省，徒责他省之膜视，而该抚已先畏难苟安，朝廷亦安赖封疆大吏为耶？将此由五百里谕知官文、骆秉章……并传谕孙长绂、王榕吉、师曾知之。”（《清穆宗实录》卷148）

（同治四年七月丁丑）谕军机大臣等：“前因伊犁需饷孔亟，谕令户部宽为筹拨。兹据奏称‘仅据山西、山东、直隶解过银二十六万两，其余河南、四川、湖北三省分毫未解……’等语。着王榕吉赶紧筹措……及上年原拨未解饷银，着官文、刘长佑、骆秉章、阎敬铭、吴昌寿、郑敦谨、王榕吉督饬各该藩司，次第筹解。除山西应解新疆各城饷银，自行解交绥远城转解外，其直隶、山东、河南、湖北四省，均着各该督抚派员解交山西巡抚，由山西巡抚解交绥远城，递解科布多，听候新疆各城自行酌拨……兹并据奏称‘拟将指拨文麟盐厘四万两免由湖北拨解，改由此次奏拨山西之伊犁军饷二十万两内，以十六万两径解伊犁，听候提用，以四万两划解文麟军营。其湖北应解都兴阿月饷，仍令该省遵照前议筹拨’等语，着官文、郑敦谨、王榕吉即照该部所议，妥为办理。经此次筹拨之后，各该督抚等务当竭力设措，源源接济。倘再迁延推诿，贻误戎机，置新疆大局于不问，恐该督抚等不能当此重咎也。将此由五百里谕知官文、刘长佑、骆秉章……并传谕王榕吉知之。”（《清穆宗实录》卷148）

（同治四年七月甲申）又谕："裕麟奏'黔省军务大概情形，请饬四川等省协拨饷需'一折，据称'黔省苗教各匪蜂起，日成负嵎之势，皆由官军饷匮兵饥，不能捣穴擒渠所致……请饬各该省将协饷源源报解，俾得及时剿贼，以维大局'等语……并着官文、瑞麟、李鸿章、马新贻、郑敦谨、郭嵩焘、刘郇膏、孙长绂，将广东、湖北、江西、浙江、江苏历年积欠奉拨协黔兵饷银两，陆续筹解，毋得稍分畛域，置黔事于不顾。将此由五百里谕知官文、瑞麟、骆秉章……并传谕刘郇膏、孙长绂知之。"（《清穆宗实录》卷149）

（同治四年八月丙辰）又谕："……湖北应解月饷二万两已于七月十五日谕令该省仍照前议筹拨，着都兴阿等即行飞催赶解，以资接济。将此由六百里各谕令知之。"（《清穆宗实录》卷152）

（同治四年八月庚申）又谕："官文等奏'楚军现已驰抵新野，并请俟贼踪稍定，再令成大吉出境会剿'各折片。此股发捻，由皖北悉众西趋，行踪靡定，楚省边防自不可稍涉松懈。官文等现派姜玉顺一军，驰赴新野迎击，并令谭仁芳督率四营会合姜玉顺并力剿办，着即严饬姜玉顺等会同豫军认真攻剿，迅殄逆氛。官文等'请饬应行会剿省分无分畛域，先将本省门户严行戒备，一面专派劲旅前往会剿'等语，与历次谕旨相合。除本日已谕知曾国藩酌办外，即着官文等檄饬成大吉、蓝斯明、刘维桢等军严密布置，毋许该匪阑入边境，俾姜玉顺、谭仁芳等得以拔队跟追，不至回顾楚疆，方为妥善。官文等另折奏'提督鲍超现已抵鄂，募勇赴江助剿'等语。前次霆军叛勇，据粤省奏报，已与汪逆勾合，抗拒官兵。其娄云庆所带部勇，前亦因索饷哗噪，必须鲍超亲往整顿，方可复成劲旅。着传谕该提督赶募四营，驰赴江、粤边境，听候左宗棠调遣。汪逆身受重伤，困守镇平，鲍超打仗素能奋勇，左宗棠得此生力一军，会督闽、粤诸将鼓勇前进，谅不难克日歼除，以慰廑念。鲍超此军应支月饷，现已由湖北筹给两月，以利遄行。该提督抵江后，即着刘坤

一、孙长绂就近筹拨，毋令缺乏。将此由五百里谕知官文、左宗棠、刘坤一、郑敦谨，并传谕鲍超、孙长绂知之。”（《清穆宗实录》卷152）

（同治四年八月庚申）又谕：“杨岳斌奏‘甘饷万分支绌，请饬催江苏等省迅速拨解’一折。甘省需饷孔亟，各该省督抚等自应亟筹拨解，以维大局。着官文、李鸿章、马新贻、郑敦谨、李瀚章、刘郇膏懔遵前旨，将江苏、湖南、湖北、江南、浙江派定协甘之饷，各按月筹解，源源接济，毋许稍有延误……将此由六百里谕知官文……，并传谕刘郇膏、孙长绂知之。”（《清穆宗实录》卷152）

（同治四年九月癸酉）又谕：“官文等奏‘官军乘胜进逼，连破贼寨，大获胜仗’一折，与吴昌寿昨日所奏，情形大略相同。着官文、吴昌寿、郑敦谨懔遵昨日寄谕，饬姜玉顺、张曜等乘胜进攻，将败窜唐县、泌阳之贼节节扫除，毋任再有窜逸。河南地方为四达通衢，该逆虽受大创，而党与仍多，此剿彼窜，是其惯技。曾国藩在徐州，东股任柱等逆未灭，兵力难分，且于豫、楚之交界，亦属鞭长莫及。鲍超新募楚勇数营，前有旨令赴江、粤剿贼，归左宗棠调遣，现在镇平贼势已孤，该处有江西、广东、福建三省兵力合剿，不难克日殄除。着官文、郑敦谨传知鲍超，如已募勇起程，即饬迅速前进。如尚未起程，即毋庸赴粤，将所募勇丁带赴豫南，由裕州、泌阳一路剿贼……饷项由楚省解济，毋令缺乏……将此由六百里谕知官文、曾国藩、吴昌寿、郑敦谨，并传谕鲍超知之。”（《清穆宗实录》卷154）

（同治四年九月戊子）谕军机大臣等：“……另片奏‘穆图善所部陈东霖楚勇二营，应需协饷，请仍饬山西速解’等语。陈东霖两营月饷为数无多，该营抵甘已逾五月，再不赶紧解济，恐饥寒交迫，激而生变。着王榕吉于该省无论何款，迅速按月补解，毋再迟延干咎。将此由六百里谕知都兴阿、穆图善、德勒克多尔济、桂成，并传谕王榕吉知之。”

（《清穆宗实录》卷155）

（同治四年十月丙午）谕军机大臣等："……嗣因官文奏称'该提督游勇太多，漫无纪律。上杭之勇闻有赴豫之信，恐引群呼类而来，请饬仍赴江右'，第念鲍超剿贼，向称勇往。若令严汰游勇，妥加钤束，使该提督有儆惧之心，未始不可资其攻剿。官文恐鄂饷难支，因有饬赴江右之奏，着曾国藩、李鸿章妥为商酌，于江苏接济数成饷需，并令该提督将游勇严行裁汰，不许任意招留……将此由六百里各谕令知之。"（《清穆宗实录》卷157）

（同治四年十月）戊申，谕军机大臣等："……至'请饬陕西拨解曹克忠月饷，及请饬湖北、湖南运解火药等项'各片，已分饬该督抚迅速筹解矣。将此由六百里各谕令知之。"（《清穆宗实录》卷157）

（同治四年十月戊申）拨湖北、湖南火药各五万斤，劈山炮各二十杆，抬枪各一百杆，小枪各三百杆，解赴甘肃军营备用。（《清穆宗实录》卷157）

（同治四年十月壬子）又谕："……并着杨岳斌饬后路粮台，于前次江苏解到协饷内划拨四万两，交都兴阿派赴楚省提饷之侍卫谦禧等领解回营，毋得稍有延误……"（《清穆宗实录》卷158）

（同治四年十一月乙亥）又谕："本日据张亮基奏'各省历年欠拨黔省军饷、铅本等项，开单呈览，请饬分年补还'一折……所奏自系实在情形。该省地方瘠苦，需饷紧迫，若不赶为筹解，恐军务益形决裂。即着四川、湖北、湖南……各该督抚，暨福州将军、粤海关监督，迅将单开积欠黔省兵饷、铅本及文武不敷养廉兵粮米价等项，分作二十年清款，各照所欠总数，以奉旨之日为始，按年拨还半成，不准稍涉延玩。原单着分别钞给阅看，将此由五百里谕知福州将军，四川、湖北、湖南……各督抚，并传谕粤海关监督知之。”（《清穆宗实录》卷160）

（同治四年十一月乙酉）谕军机大臣等：“前因各省应解固本军饷，延未报解，降旨催令迅速筹拨。兹据刘长佑奏称‘仅准四川解银五万两，广东、湖南、湖北、山东、山西或批解一二万两，或划拨二三万两不等，杯水车薪，无济于事。此外江西、福建、河南未解分厘，开单呈览，请旨饬催’等语。现在捻逆势张，马贼东窜，畿疆防务，极关紧要。该省库款罗掘已空，若不速筹接济，势难使军士枵腹荷戈。着官文、曾国藩、左宗棠、崇实、骆秉章……各照单开欠解银数，竭力筹措，源源拨解，以济要需……另片奏‘防饷繁巨，立虞匮乏，请在盐斤复价项下再行提拨银十万两，并于节年盐课、灶课、包课各项下凑拨银五万两’等语，着准刘长佑如数动拨，俾供支放。将此由五百里谕知官文、曾国藩、刘长佑、左宗棠、崇实、骆秉章……并传谕王榕吉知之。”（《清穆宗实录》卷161）

（同治五年正月癸未）又谕：“前因甘肃军务紧急，需饷甚殷，曾经谕令江苏、浙江、湖北、湖南等省按月派定协饷数目，源源接济。兹据刘蓉奏称‘杨岳斌所部亲兵断炊饥困，且泾州防军以及穆图善、曹克忠、成禄等营皆须量为兼顾，乃半年以来，各省欠解甘饷积至四十余万两之多，各军饥困，不堪言状。若再不筹解济，哗溃立见，请饬催各省迅解’等语。即着官文、曾国藩、李鸿章、马新贻、李瀚章、郑敦谨，迅将同治四年欠解甘军月饷及本年按月应协之款赶紧解陕，俾资转运。现在甘省军饷万紧，非寻常饷项可比，该督抚等务当统筹兼顾，毋得稍分畛域，观望迟延，贻误大局……将此由六百里各谕令知之。”（《清穆宗实录》卷167）

（同治五年二月戊午）谕军机大臣等：“鲍超奏‘拔营抵江，拟请筹拨饷项采办战马，整队赴豫’一折。前因鲍超一军调豫助剿，曾经谕令官文、曾国藩将该营所需饷项函商奏拨……着官文、曾国藩懔遵前旨，将鲍超军营月饷迅速函商筹拨有着之款，源源接济。如鄂省饷需缺乏，不能全顾，鲍超军饷或由江西每月协济若干，亦着官文、曾国藩酌度情形，奏明办理。其洋枪所需火药等件应用若干，并着官文等酌定数目，咨明广东赶紧筹解，以利师行……着鲍超迅率所部，克日起程，由鄂赴豫，探明贼踪，认真剿办，毋稍迟延。鲍超折着钞给官文、曾国藩阅看。将此由六百里谕知官文、曾国藩，并传谕鲍超知之。”（《清穆宗实录》卷170）

（同治五年三月戊辰）又谕：“前谕曾国藩檄调鲍超一军北来剿捻，并将该营饷需筹定有着之款……兹据该督奏称‘鲍超步队过多，拟令酌留二十营，月给额饷七万两。其马队令招募十二营，月给额饷三万两。又军火、车辆、柴草之费，月需一万四五千金……拟令江西月解七万，供霆营步军之饷。湖北月解二万，供其马队之饷……’等语，所筹尚属妥协。刘坤一曾有月协霆营四万两之奏，惟该营需饷甚巨，已令湖北、江苏分任，该省自当力任其难。该抚素顾大局，前于鲍超一军入江，供支无缺，嘉应之捷，深资转饷之功。此时该军北来，尤当不分畛域，无误要需。嗣后霆营饷需，即着官文、郑敦谨、李鸿章、刘郇膏、刘坤一按照此次奏定之数，每月源源拨解，以资饱腾。并着官文、郑敦谨于襄阳设立该军粮台，派襄阳道总司其事，仍由江西派一委员驻台，支应步军口粮。湖北、江苏各派一委员驻台，支应马队口粮及洋火药器械等事。步军欠饷将来仍由江西找补，马队欠饷将来仍由湖北、江苏找补，俾该军得一意剿贼，速蒇全功。鲍超之军前因饷需竭蹶，不免骚扰。此时月饷有着，该提督务当严明纪律，俾军行所至，市井无惊，以期终始保全令名，用副委任……将此由六百里谕知官文、左宗棠、李鸿章、郑敦谨、刘坤一，并传谕刘郇膏、鲍超知之。”（《清穆宗实录》卷171）

（同治五年三月庚午）湖南巡抚李瀚章奏："遵查湖南东路撤防匀出饷项，供本省留防。暨援黔各军尚虞竭蹶，甘肃协饷，实难骤增。至协济鄂、豫、江、皖各营，更力有未逮。"得旨："……其协济鄂、豫、江、皖助剿各营军饷，并应通盘筹画，分拨兼顾。"（《清穆宗实录》卷172）

（同治五年四月）辛丑，谕军机大臣等："……林寿图另片奏'荆子关分局前经杨岳斌派委严德芬经理，现查该处已有湖北道员陈丕业驻扎，请将严德芬撤回，以节縻费'等语。着官文转饬陈丕业，嗣后于襄阳解到饷银军火等项，即由该员设法运交西安粮台，由林寿图随时察看情形，运甘应用。其该关局费运费，并着官文饬知陈丕业自行支销，以专责成而清款目。将此由五百里谕知官文、崇实、骆秉章、杨岳斌、阎敬铭、李鹤年，并传谕王榕吉知之。"（《清穆宗实录》卷174）

（同治五年五月丁卯）谕军机大臣等："户部奏'山西、河南、湖北、四川、陕西应解成禄军营月饷各数千两，前经奉旨令各该督抚酌定数目筹解……'等语。该提督现在进攻肃州，需饷堪急，若令停兵待饷，势必哗溃堪虞。即着官文、崇实、骆秉章、李鹤年、曾国荃、刘蓉、赵长龄、王榕吉，将应解该营月饷数千两，赶紧筹定数目，一面奏闻，一面派员按月解赴成禄军营交纳。并着崇实、骆秉章仍遵前旨，将每月解甘之三万两迅速按期拨解。杨岳斌于川饷解到时，务当酌量缓急，与成禄分拨应用，毋令缺乏……将此由五百谕知官文、崇实、骆秉章、杨岳斌……并传谕王榕吉知之。"（《清穆宗实录》卷176）

（同治五年五月戊辰）又谕："穆图善奏'请催各省协饷'等语。穆图善军营及接管都兴阿各营所需月饷，各省欠解甚巨，深虞哗溃。所有穆图善军营……山西月解新募楚勇等营六千两，着该督抚等务须设法源源接济，按月拨解。其都兴阿各营，每月应由……湖北解银二万两，两淮解银二万两……并着各该督抚按月筹解。穆图善军营不得稍有延误，各该省从前历欠穆图善营及都兴阿各营月饷，仍各先筹拨五万两，迅速委解，以济要需……将此由五百里谕知官文、穆图善、崇实、骆秉章、李鸿章、曾国荃、阎敬铭、赵长龄、刘蓉，并传谕王榕吉知之。”（《清穆宗实录》卷176）

（同治五年五月）乙亥，谕军机大臣等：“……该逆复以大股围攻独山州城，此路若再隔绝，则楚省运饷赴黔，无从绕道，黔省必更形危困。着张亮基速派得力之师克期援救，并将荔波一城力图收复，以期疏通要路，不得以饷绌兵单，借词支饰……将此由五百里谕知刘岳昭、张亮基，并传谕兆琛知之。”（《清穆宗实录》卷177）

（同治五年五月辛巳）拨四川、山西、湖北司库银各五万两解赴陕西省城，以备军需。（《清穆宗实录》卷177）

（同治五年六月辛酉）军机大臣会同兵部等部核议钦差大臣官文等会奏长江水师事宜：……一、酌留江楚厘卡数处，由各盐道经收，为长江水师俸饷船炮之费。一、于安庆、武昌、长沙三省城设局，制造子药。一、于汉阳、吴城、草鞋夹三处，各设船厂，排定各营哨，轮年修理。一、雨篷旗帜等项，酌筹经费，按年交哨官承领修换。一、廉俸兵米，均照陆营支给……一、建立衙署军装局，即于酌留厘卡内动款支用……以上三十条，均应如所奏办理。未尽事宜，仍令该督等妥议具奏。从之。（《清穆宗实录》卷178）

（同治五年六月庚戌）又谕：“刘蓉奏‘甘省军务，实因饷源枯竭，军无斗志……请饬浙江月协饷银六万两，广东月协饷银四万两。即从六月为始，按月委解湖北藩库，转解赴陕，酌量分拨陕、甘各营’等语……刘蓉请拨之月饷四万两，着瑞麟、蒋益澧设法筹措，自本年六月起，按月如数派员解赴湖北，转解陕西，毋许借词推诿。刘蓉于各该省解到

协饷，当督饬林寿图酌量缓急，分拨陕、甘各营，以赡饥军……将此由五百里各谕令知之。”（《清穆宗实录》卷179）

（同治五年七月己未）谕军机大臣等：“据穆图善奏称‘山西省每月应解大营月饷五万余两，多有蒂欠。宁夏善后银十万两，分厘未解，委员提到银二万两，该藩司批解时，又将善后及大营军饷、楚勇口粮一并混入，不敷分拨，请饬该省分别筹解’各等语……”（《清穆宗实录》卷180）

（同治五年八月乙巳）又谕：“前有旨令直隶等省将应解新疆饷银解赴山西，递至绥远城，转解乌里雅苏台分拨应用。兹据赵长龄奏‘晋省遵拨饷银，业由该抚饬解绥远城交纳，请饬直隶等省将应解银两径解归绥道转解，以免周折’等语。着官文、崇实、骆秉章、刘长佑、阎敬铭、李鹤年、曾国荃，即将直隶、四川、山东、河南、湖北应解新疆伊犁饷银，由各该省派员径解山西归绥道衙门交纳转解应用，毋庸绕由山西省城，以期迅速而免延误。将此由五百里各谕令知之。”（《清穆宗实录》卷183）

（同治五年八月甲寅）又谕：“户部奏‘请将各省应解固本兵饷改解部库’一折。直隶固本饷项，前经谕令广东按月解银一万两，四川、福建、江苏、江西、湖广、河南、山东、山西九省按月各解银五千两，径解直隶藩库，以供支放。乃各该省奉文以后，均未能按年清款，或全未报解……若各该省仍复报解参差，或短欠划扣，必至临时贻误，关系非轻。着照户部所请，所有各该省应解固本饷项，仍照原定数目，改解部库交纳。自奉文日起，或一月一解，或两三月一解，总须按期赶到，不准稍有拖延。如该督抚等任意迟逾，三月不解，即由户部指名严参，照贻误京饷例议处。从前欠解之款，并着免其补解，以示体恤……此次练兵应需军火杂支等项及一切经始章程，该督即妥筹具奏。至此项各省饷银到部，经委员交兑清楚，着由管库大臣当堂发给批回，无庸领取回省

限照，亦无庸另备科道衙门验批，以省周折。将此由五百里各谕令知之。”（《清穆宗实录》卷183）

（同治五年九月壬申）又谕：“前据张凯嵩奏‘楚勇欠饷过多，请饬广东、湖南各将原拨未解协饷筹解五万两’，当经谕令各该省照数协拨。兹据张凯嵩奏称‘广东已解到银二万五千两，湖南解到银三千四百余两并火药五万斤，共作为一万两，其余尚未报解……’等语。户部所奏停止之款，系刘长佑原定湖南、广东分解之五万两，并非该抚请拨湖南、广东分解之十万两，该抚分晰未清，致有此奏。诚恐广东、湖南二省亦复缘此轇轕，必误要需，仍着瑞麟、蒋益澧、李瀚章遵照前旨，各将此次协拨之饷五万两，除已解过外，所有欠解之数，迅速补齐委解。并着张凯嵩催提，以为裁军补饷之用。将此由五百里各谕令知之。”（《清穆宗实录》卷185）

（同治五年九月戊寅）谕军机大臣等：“前因李云麟奏‘新疆饷项，指拨纷繁，请酌定章程，分局转解’，当经降旨交户部酌度具奏……湖北、陕西应解成禄月饷，并着官文、曾国荃、刘蓉设法凑解该提督军营，以济要需。经此次明定章程，各该省既众擎易举，自可按期拨解。李云麟现在进兵，饷俱有着，亦可收饱腾之效。即着随时提催，督率各将领节节进剿，以图规复乌噜木齐，用副委任。将此由六百里各谕令知之。”（《清穆宗实录》卷185）

（同治五年九月辛巳）又谕：“前据严树森奏‘黔省上游，非筹兵二三万不能济事，月需军饷，请由各省匀派’等语，当交户部议奏……其原定四川月协四万八千余两，湖北月协二万两，广东月协一万两，即着崇实、骆秉章、官文、曾国荃、瑞麟、蒋益澧迅速按月报解至浙江、山东、广东、江西、福建、陕西、湖北、湖南、四川、河南等省……将此由五百里各谕令知之。”（《清穆宗实录》卷185）

（同治五年十月戊子）……寻户部理藩院议："各省捐输章程，以湖北米捐为最优。此次内地官民在蒙古报捐京外官者，拟按照给奖。至蒙古王公、贝勒、贝子捐至五百两，各台吉捐至三百两者，请核给各项翎支。如不及五百两、三百两，亦准给予加级纪录。"从之。（《清穆宗实录》卷186）

（同治五年十月己亥）又谕："前因陕西司库支绌，防剿各军，欠饷日久，谕令湖北、山西、四川三省各拨银五万两，以济急需。兹据刘蓉奏称'各该省均无起解信息'，现值东捻西回，同时窜逼陕境，该省各营军士月饷久悬，司库存项，仅止数千，情形甚为急迫，若不迅筹接济，大局何堪设想。着官文、曾国荃、崇实、骆秉章、赵长龄，各将前拨饷银五万两迅速如数拨解。陕省饷项如此奇绌，各该督抚近在邻封，岂忍坐视？着于接奉此旨后，即行筹拨，克日起解，不准再有延误。将此由五百里各谕令知之。"（《清穆宗实录》卷186）

（同治五年十月）丁未，谕军机大臣等："成禄奏'官军攻剿肃州情形，请拨粮石，催解协饷军火'各折片……着河南、山东、山西、陕西、湖北各督抚，将每月协济成禄军营火药、铅丸各数千斤议定数目，速行奏闻，即按月解交山西藩库，交成禄委员迎提至山东、山西、河南三省饷银，并经户部议定，已专拨李云麟军营应用。成禄月饷，即着官文、曾国荃、刘蓉遵奉前谕，设法凑解，源源接济，毋稍缺乏……以上各处饷银，均着解交山西藩库，由成禄委员提解……将此由五百里各谕令知之。"（《清穆宗实录》卷187）

（同治五年十一月庚申）又谕："刘蓉奏'请严催各省欠解协甘饷银，分别开单呈览'一折。杨岳斌所部各军饷项，前谕由湖北、湖南、江西、江苏、江海关、浙江、江宁各省按月拨解，乃自上年闰五月至今，各省欠解竟至一百六十余万之多……甘省粮缺饷匮，势成坐困，即使各省源源接济，已觉分润无多，若再不克如期，大局何堪设想？着官文、曾国藩、崇实、骆秉章、李瀚章、赵长龄、阎敬铭、马新贻、曾国荃、刘坤一、郭柏荫按照单开，各将欠解数目即速筹拨，派员迅解，以济饥军。毋得再分畛域，致误大局。并着左宗棠委员分投迎提，以期迅捷。原单二件，着分别钞给阅看……又据杨岳斌奏'派委臬司英奎在汉中设局采办米粮，请饬四川划拨饷银，并令湖北督臣饬令藩司，兼司陕、甘后路粮台'各折片……并着官文即将湖北设立之陕、甘后路粮台附入湖北军需总司，仍令藩司何璟兼司其事，俾专责成。将此由五百里谕知官文、曾国藩、崇实、骆秉章、左宗棠、李瀚章、赵长龄、阎敬铭、马新贻、李鹤年、曾国荃、刘坤一、乔松年，并传谕郭柏荫知之。”（《清穆宗实录》卷188）

（同治五年十一月辛酉）拨河南、江西、湖南、湖北征存漕项银各二万两，河南折漕公费银二万两，解赴漕运总督张之万军营备用。（《清穆宗实录》卷188）

（同治五年十一月）甲戌，谕军机大臣等：“……其江西等省应济甘饷，即着左宗棠于道出江西、湖北、河南时，与该督抚商酌筹办。江苏、湖南、四川、山东应协甘饷，即由左宗棠咨商各该督抚妥为筹拨。将此由五百里谕知曾国藩、李鸿章、左宗棠、瑞麟、英桂、吴棠、马新贻、蒋益澧，并传谕郭柏荫、周开锡知之。”（《清穆宗实录》卷189）

（同治五年十一月甲戌）又谕：“鲍超奏'遵赴秦境，豫筹粮运事宜'一折……此军粮米转运事宜，本系鄂、豫两省共相筹办，且荆子关本有鄂省设立粮台，转运甘省饷需。如该军经过淅川、内乡山路中有须设局转运之处，即着官文、曾国荃与李鹤年会商筹办，以便就近分运鲍超军食，总期办理迅速，不可互相推诿，致误师行……原折着各钞给阅看。

将此由六百里谕知官文、曾国藩、李鸿章、曾国荃、李鹤年、乔松年、刘蓉，并传谕鲍超知之。”（《清穆宗实录》卷189）

（同治五年十一月戊寅）谕军机大臣等：“曾国藩奏‘酌筹西路军务，办理霆军粮台，请暂留营自效，并陈东路军情’各折片，乔松年奏‘接印任事并陈军情贼势及现办情形’各折片。鲍超一军，前已叠谕饬令速行赴秦，并谕令湖北、河南、陕西各督抚豫筹转运粮米接济……”（《清穆宗实录》卷190）

（同治五年十一月己卯）又谕：“……赵德光另片奏‘请严饬川、楚督抚，将请拨月协五万两照数分拨以资添练劲旅’等语……着张亮基随时与赵德光会商，为节节扫荡之计。不得虚糜饷项，以致有名无实。将此由五百里谕知崇实、骆秉章、李瀚章、张亮基，并传谕赵德光知之。”（《清穆宗实录》卷190）

（同治五年十二月丙戌）又谕：“林寿图奏‘甘饷急迫，鄂台正值更替，恐误要需’一折。据称‘接刘蓉行知，据左宗棠咨开，湖北、江西、江苏、江海关月协甘饷，各先提一月，分咨各督抚解交湖北省城后路粮台王加敏点收，抵作该督到任后一月协饷。其现在应解杨岳斌协饷，仍由各省按月筹济’，并据何璟咨称‘该藩司收过协饷，仅存银三万八千余两，汇至三原，十二月方能交清，此外毫无存剩。现由左宗棠委湖南补用道王加敏总司台务，该道未到，已移交汉黄德道接办’各等情，‘……现值转运粮台交卸之际，来源断绝，扣还转解，无项可筹，若不饬令该藩司等分别筹解，必至贻误要需’各等语。湖北后路粮台，虽经左宗棠札委王加敏接办，何以王加敏未到，该藩司遽行移交办理，殊属草率。且该督仅提一月备用协饷，此外仍应设法拨解，以济现在陕省粮台之用，倘借端延误，致令饥军哗溃，则西北大局决裂，必至不可收拾。即着谭廷襄、曾国荃督饬藩司，将各省欠解甘饷银一百六十余万两内，迅速催提银八十万两赶解陕省粮台，交林寿图收接转解。此外尚有欠解数十万两，即先提一月饷银，交汉黄德道等，以备左宗棠提用。左宗棠未到任以前，各省解甘饷银应否仍由何璟收解，抑或会同王加敏等筹办之处，着谭廷襄等斟酌情形，妥速办理。将此由五百里谕知谭廷襄、曾国荃，并传谕林寿图知之。”（《清穆宗实录》卷191）

（同治六年正月庚申）又谕：“穆图善奏‘军营需饷万分紧急，请饬四川等省遵照奏案拨解’一折。穆图善军营奏定月饷十五万两有奇，原系核明每营兵勇若干，每月需饷若干，不容稍有缺乏。乃自上年正月起，至十二月止，四川省丝毫未解，两淮、湖北、山东、山西、陕西等处，通共解到银四十万两零，下欠未解银一百十余万两，积欠饷银尚不在内。现在该将军所部各营兵勇一年之久，仅领过三个月饷银……当此边防吃紧，饥卒待哺嗷嗷，所奏自是实在情形。着崇实、骆秉章、谭廷襄、曾国荃、阎敬铭、赵长龄、乔松年、丁宝桢各遵照奏案，每月应解该营饷银若干两，迅速拨解，并着曾国藩、赵长龄各转饬两淮盐运使河东道等处，遵照奏定章程，按月拨解，源源接济，俾收士饱马腾之效，不准稍有延误……将此由五百里谕知曾国藩、崇实、骆秉章、谭廷襄、曾国荃、阎敬铭、赵长龄、乔松年，并传谕丁宝桢知之。”（《清穆宗实录》卷194）

（同治六年正月己巳）又谕：“杨岳斌奏‘甘省饷需军火等项，以鄂台转解为大宗，经左宗棠改派道员王加敏接办台务，左宗棠未到任以先，该委员等如不能将各省协饷，随时径解甘肃，则饷源断绝，饥军哗溃堪虞’等语，自系实在情形。着谭廷襄、曾国荃懔遵上年十二月初一日寄谕，督饬道员王加敏等速将各省协甘饷银军火，随时解赴陕省粮台，接收转解，以济急需，并着知照左宗棠遵照办理。另片奏‘湖北月协饷银三万五千两，自四年三月起，至五年五月止，所解不及十分之三，江宁协款又停止未解’。着曾国藩、谭廷襄、曾国荃、郭柏荫将各该省协甘饷银，仍照原定数目源源筹解，毋稍迟延……将此由五百里各谕令知之。”

（《清穆宗实录》卷194）

（同治六年正月己卯）又谕："李鸿章奏'请将徐防军饷归并徐州行营粮台支放，并请饬催协饷'等语……至徐防兵食，以豫、东、晋三省协饷为大宗，近年拨解寥寥。现在出境助剿，远赴豫、鄂，需饷尤巨……将此由五百里谕知曾国藩、李鸿章、李鹤年、阎敬铭、赵长龄，并传谕丁宝桢知之。"（《清穆宗实录》卷195）

（同治六年正月甲申）户部奏："遵查湖北沙市盐局，提解督署公费银两，系奏明外销之款，作何开销，无凭查核。总督俸廉优厚，足敷办公，应请裁撤，提充该省军饷。"从之。（《清穆宗实录》卷195）

（同治六年二月辛卯）又谕："杨岳斌奏'前派总兵龚良臣往湖南募勇十营赴甘助剿，请饬经过省分给发军火、银两各项'等语。龚良臣于上年夏间赴楚募勇，日久尚未到甘，刻下甘省剿贼，需兵孔亟。着李瀚章查明该员曾否如数招募，催令迅速起程，所需帐房、军火等项，即由湖南军需局发给。其募勇之赀并沿途费用，湖南、湖北各发银一万两，并着谭廷襄、曾国荃、李瀚章于协甘饷银内，即行拨给，俾利遄行……将此由五百里各谕令知之。"（《清穆宗实录》卷196）

（同治六年二月戊戌）又谕："……另片奏'请催湖北饷银'等语。陕省援兵云集，需饷浩繁，雷正绾与谭玉龙均皆缺饷，所有湖北粮台报解汉中银十九万余两，着谭廷襄、曾国荃饬令何璟、陈丕业，仍将此款解交林寿图酌量支放。原片着钞给谭廷襄、曾国荃阅看。将此由六百里各谕令知之。"（《清穆宗实录》卷196）

（同治六年二月庚戌）署湖广总督谭廷襄奏："筹定湖北协甘军饷每月二万两，如期委解，不再虚悬。"报闻。（《清穆宗实录》卷197）

（同治六年二月辛亥）又谕："富明阿等奏'遵办挑募炮手，并请拨饷银等情'一折……协领喜昌，即系湖北军营告假回旗之员，着富明阿于该员回籍后，迅即饬令管带新募炮手前赴左宗棠军营，听候调遣……将此由五百里各谕令知之。"（《清穆宗实录》卷197）

（同治六年二月壬子）又谕："张亮基奏'沥陈瘠苦情形，请饬拨饷接济'等语，据称黔省之患不在无兵，而在无饷，每年额征之数本自无多，而民间被贼滋扰，完纳又属寥寥。厘金一款，近因道阻商稀，日形短绌，叠经函商骆秉章筹借银两，骆秉章均未回复。川、楚协济之项，率以不能分拨为词，恳饬该二省拨银，按月解济，所陈自系为饷需艰窘起见。川、楚两省，密迩黔疆，岂可坐视其危而不为之救？着崇实、骆秉章、李瀚章、刘崐各按月筹拨银五万两，源源接济，毋令缺乏……将此由六百里各谕令知之。"（《清穆宗实录》卷197）

（同治六年三月壬戌）又谕："前据林之望奏参'兰州道英奎署理甘肃臬司，创设粮运局，专供客军，任用不肖官绅，纷纷捐罚，将省城搜括无遗。旋值督臣杨岳斌莅任，希图见好，将源源仓存粮一万数千石全供楚军，并纵令地方官那借标兵额粮，省垣蓄积一空……'各等情，当经谕令穆图善秉公查办，迄今尚未复奏。现在左宗棠业已起程西进，计日可抵陕境，所有林之望奏参英奎种种贻误各情，即着该大臣明查暗访，务得确情……将此由五百里谕令知之。"（《清穆宗实录》卷198）

（同治六年四月庚戌）又谕："……另片奏'甘省饷粮、军火，万分缺乏，请饬速解'等语。甘省困乏情形，实深焦灼，陕、甘唇齿相依，岂容坐视？着乔松年督饬林寿图将陕台现存饷银、军火、帐房等项，迅速派员探明路径，绕道解甘。并着谭廷襄、曾国荃督催湖北后路粮台，将饷银军火源源运至汉中分局，转解赴甘，以济眉急。原片着钞给谭廷襄、曾国荃、乔松年阅看。将此由六百里谕知谭廷襄、杨岳斌、曾国荃、乔松年、玉通并传谕林寿图知之。”（《清穆宗实录》卷201）

（同治六年五月丁巳）又谕：“李鸿章奏‘请饬催山东协饷’等语……该大臣各军转战豫、东、皖、鄂等省，需饷浩繁，东省财赋完善，非他省可比，且该大臣军营尚有水陆四千余人留守东境运河，仅此月解一万八千两，岂容任意延宕？着丁宝桢迅督藩司，照数按月协拨，源源接济，不得意存膜视，致滋延误。将此由五百里谕令知之。”（《清穆宗实录》卷202）

（同治六年五月己未）又谕：“据杨岳斌奏称，楚军粮台欠发饷银并动借商民司库等项，为数甚巨，请将穆图善未到署任以前各省具报起程协甘饷银，仍归楚军粮台核收，以清欠款。内有应拨宁夏军营月饷，仍照旧拨解等语。楚军欠垫各饷固应清还，若如杨岳斌所请，将已报起程者皆作旧饷，岂穆图善带兵赴省，皆可枵腹从事乎？所奏殊属非是。甘省地方瘠苦，筹饷不易，所有该署督未到任以前，已报起程协饷，着仍饬总理粮台司道通融妥办，如楚军酿成别故，惟杨岳斌是问。穆图善于到任后，斟酌情形，妥筹支发，毋稍偏袒。将此由五百里各谕令知之。”（《清穆宗实录》卷202）

（同治六年五月壬戌）谕军机大臣等：“前据张亮基奏‘请于可靠省分比照原定月饷，减半指拨’各等语，当令户部速议具奏。兹据户部奏称‘该署抚原定月饷内，除节次停减外，尚有湖北、四川各月协二万两……’各等语，黔省地瘠饷绌，本系实在情形。各省应解饷项，经此次部定数目，自当按月筹解，以济急需。着骆秉章、瑞麟、李瀚章、曾国荃、刘崐、蒋益澧督同藩司按照部定数目，将四川月饷共五万两、湖南月饷共二万两、湖北月饷二万两、广东月饷一万两，按月源源报解。如有短欠延误，即由该署抚查明各该藩司职名，奏请惩处。将此由五百里

各谕令知之。”（《清穆宗实录》卷202）

（同治六年五月乙亥）又谕：“穆图善奏‘甘省军饷奇绌，请将各省协饷变通办理’一折。甘肃楚勇军饷，前经杨岳斌奏定，江宁、江苏、江海关、浙江、湖北……每月共应协银十五万五千两，自本年正月以前，已经陕西粮台截留四十余万两归还欠款。现在甘军粮饷两绌，嗷嗷待哺，情形甚为迫切，若再将三月以前援甘协饷截留陕台，必致哗溃堪虞。着各该督抚将每月应协之饷，源源拨解，所有本年三月以前及续解饷银，仍由湖北径解汉中，交陈丕业经收转解，林寿图不得擅行截留，致误大局……将此由五百里谕知两江、江苏、浙江、湖北……各督抚，并传谕林寿图知之。”（《清穆宗实录》卷204）

（同治六年五月戊寅）又谕：“前因成禄奏请分拨月饷，当交户部速议具奏。兹据户部奏称‘……此外四川、湖北、陕西各按月数千，又四川按月一万’……其余各省应解该提督月饷，均由户部咨催，源源报解……将此由五百里各谕令知之。”（《清穆宗实录》卷204）

（同治六年六月丁亥）又谕：“据张之万奏称‘清淮军饷支绌，请饬江西、浙江、湖南、湖北每年各协济银二万两，以济眉急’各等语。捻氛现窜东境，清淮防堵吃紧，江西、浙江、湖南肃清日久，湖北现无军务，筹款较易，自应速为筹拨，俾赡饥军。即着李瀚章、曾国荃、马新贻、刘坤一、刘崐自本年为始，每省每年各协济清淮军饷银二万两。所有应解本年协饷，务于九月内如数解清，毋稍延缓。将此由五百里各谕令知之。”（《清穆宗实录》卷205）

（同治六年六月丁亥）又谕：“林寿图奏‘甘饷由汉中转解，西安粮台应否裁撤，并陈庆泾等营饷无可措’一折。甘省军饷，前据穆图善奏‘请将本年三月以前各省饷银仍由湖北径解汉中，交陈丕业经收转解，林寿图不得擅行截留’，当经降旨允行。兹据该藩司奏称‘庆泾等军月需饷银为数尚巨，若因粮饷不济，恐致哗溃’等语。此时左宗棠计可入关，着于到省时与乔松年通盘筹画，于应解汉中饷银，酌提若干，交西安粮台，仍责成林寿图设法转运。该处粮台，毋庸裁撤。穆图善亦当于汉中粮台收到之款，先行酌拨庆泾，分赡各军，不得专顾兰省……将此由六百里谕知左宗棠、穆图善、乔松年并传谕林寿图知之。”（《清穆宗实录》卷205）

（同治六年六月壬寅）又谕：“成禄奏‘饷需不继，窘迫堪虞，请饬催迅速筹解’等语。现在成禄肃州军务，正在吃紧，并整顿出关，需饷尤亟……湖北应解月饷，着李瀚章、曾国荃查照去年九月二十二日谕旨，设法筹解……将此由五百里各谕令知之。”（《清穆宗实录》卷206）

（同治六年八月庚寅）谕内阁：“……至黔省月饷，叠经户部议定数目，奏请饬催四川、湖南、湖北、广东各省督抚措解，着骆秉章、李瀚章、刘崐、曾国荃、瑞麟、蒋益澧按照部定银数，严饬各该藩司按月赶解。如有延玩等情，即由该督抚等奏请议处……”（《清穆宗实录》卷209）

（同治六年九月丁巳）又谕：“前据杨岳斌奏定江宁、江苏、江海关、浙江、湖北……每月共协甘饷十五万五千两，由湖北径解汉中转运……即着曾国藩等各将每月应协甘饷解到湖北粮台后，即饬转交穆图善委员史敬铭守领，径运汉中分局解甘，不必拨解陕省。庆泾各军，既统由甘省匀拨，穆图善务当均匀协济，毋使匮乏……将此由五百里谕知曾国藩、左宗棠、瑞麟、穆图善、李瀚章……并传谕林寿图知之。”（《清穆宗实录》卷211）

（同治六年十月壬午）又谕：“……张凯嵩另片奏‘请调文武各员赴营差委’等语。张凯嵩甫经赴滇，自须有得力之员借资臂助。广西候补道蒋泽春、前署广西提督萧荣芳现在湖南原籍，知府王纲籍隶广西，同知权翊盛籍隶湖北，着李瀚章、曾国荃、刘崐、苏凤文饬令该员等迅速赴滇，交张凯嵩差委，毋得迟延。将此由五百里谕知骆秉章、李瀚章、曾国荃、刘崐，并传谕苏凤文知之。”（《清穆宗实录》卷 213）

（同治六年十月丙戌）又谕：“穆图善奏‘请饬催各省协甘饷银，并筹拨雷正绾军饷’各等语。甘省地方瘠苦，粮面昂贵，全赖各省协饷接济兵食……着左宗棠、李瀚章、曾国荃、乔松年分饬陕西藩司及湖北后路粮台，遇有协甘饷银随到随解，不准停积截留，致误军食。并着曾国藩、郭柏荫、刘坤一、马新贻、刘崐、李瀚章、曾国荃，迅将各该省奏定协甘饷银按月如数拨解，以收饱腾之效。不得存畛域之见，坐视不顾，致干重咎……将此由五百里各谕令知之。”（《清穆宗实录》卷 213）

（同治六年十月乙未）又谕：“本日据张亮基奏称‘黔省饷源枯竭，各营士卒终岁不名一钱。秋深气肃，兵勇啼饥号寒，相率溃去，以致军心日涣，贼氛日炽，剿抚均难措手。倘日久无饷，兵练流而为匪，大局不堪设想，恳请迅催各省协饷，以济要需’各等语，所奏自系实在情形……湖南、湖北两省每月各应解银二万两，广东省每月应解银一万两，着骆秉章、李瀚章、刘崐、瑞麟、蒋益澧按月拨解，毋得仍前延玩，致干重咎。各省协饷解到时，着曾璧光均匀分拨，妥为驾驭，以靖岩疆。将此由五百里各谕令知之。”（《清穆宗实录》卷 214）

（同治六年十一月壬戌）又谕：“李瀚章奏‘霆军营官吞饷滋闹，火药局失火，暨新授藩、臬两司各饬赴本任’等折片。管带霆营武员史宗兴等克扣饷项，以致兵勇鼓噪，游勇乘机抢掠，几致酿成事端。现将滋事勇丁正法后，尚能安静。仍着曾国藩、李瀚章严饬娄云庆、宋国永、邓训诰等，将各营勇丁妥为钤束，毋令再蹈从前覆辙。饷需等项，尤须秉公支放，不得丝毫克扣，以安众心。记名总兵史宗兴，总兵陈由立，记名总兵杨谦万、邹连陞，均系提镇大员，擅敢于军饷任意染指，情殊可恶。均着先行革职，彻底审究，再行从严参办。湖北省城火药局不戒于火，该局附近人民猝遭此灾，情殊可悯。着李瀚章筹款抚恤，毋令失所。新授湖南布政使李榕、湖北按察使王文韶均着李瀚章饬令先赴新任，俟各该省防务告竣，地方静谧，再行来京陛见。将此由五百里各谕令知之。”（《清穆宗实录》卷216）

（同治六年十二月辛丑）又谕：“左宗棠奏‘请饬湖广迅拨应解协饷，采办军米’等语，本年陕西米粮昂贵，军粮缺乏，采办维艰。据左宗棠奏，湖北欠解五六两月协饷银四万两，湖南欠解尤多，亟应筹解采买，以资接济。着郭柏荫、李瀚章、刘崐、何璟各饬该藩司，由湖北迅拨银四万两，湖南迅拨银二万两，均解交陕、甘后路粮台王加敏等委员采办军米，分批转运。由汉江溯流而上，入甲河，至陕西山阳县之漫川关，陆运至西安，以供军食，毋稍迟误……左宗棠新旧各营饷项积欠三、四、五月不等，需用浩繁，必须及早宽备。所有江南、浙江、湖北、广东应解同治七年正、二两月协饷及本年未解协饷，着曾国藩、瑞麟、马新贻、郭柏荫、李瀚章、丁日昌、李福泰、何璟各照单开如数筹拨，务于明年正、二月间，解到该大臣军营，以应急需……”（《清穆宗实录》卷220）

（同治七年正月乙卯）以湖北提督江长贵捐输军饷，永广四川盐亭县学额一名。（《清穆宗实录》卷221）

（同治七年二月甲申）又谕：“前据成禄奏‘军饷万难敷衍，请在新疆协饷下分拨数万两’，当交户部速议。兹据奏称‘新疆饷项支绌，未便再行分拨，请仍饬四川等省拨解’等语……其另拨四川月协饷银一万数千两，陕西、湖北月协饷银各数千两，着崇实、吴棠、李瀚章、郭柏荫、刘典、何璟按月协拨，源源接济，毋稍膜视。将此由五百里谕知崇实、吴棠、李瀚章、郭柏荫、刘典，并传谕何璟知之。”（《清穆宗实录》卷224）

（同治七年二月壬辰）又谕："穆图善奏'遵复甘省兵饷情形并官军进剿官堡、刍粮不继及拾获匿名讦帖'各折片……所有协甘饷银，即着左宗棠、刘典仍遵前旨，饬令径解汉中粮台。毋庸解交陕省，致多周折，并着穆图善知照湖北督抚遵旨办理……将此由六百里各谕令知之。"（《清穆宗实录》卷224）

（同治七年戊辰二月）丙午，谕军机大臣等："官文奏'请饬各省协拨军饷'一折……着湖南、湖北、江西、江苏、广东、福建各督抚速于捐输盐厘并华洋关税项下，无论何款，每省各拨助饷银十万两，克期由海道轮船解赴天津，交崇厚验收。即由崇厚转解保定，交官文应用，以期迅速。现在逆氛扰近畿甸，非寻常军务可比，各该省自应星夜拨解。倘不知缓急，致误要需，即由官文随时参奏……将此由六百里谕知官文、曾国藩、瑞麟、英桂、李瀚章……并传谕何璟知之。"（《清穆宗实录》卷225）

（同治七年四月丁亥）谕军机大臣等："……前经谕令湖南、湖北、江西、江苏、广东、福建各督抚，每省协助饷银十万两，克期由海道轮船解津，交崇厚验收转解应用。各该省至今尚无报解信息，现在待用孔亟，着户部先于部库内借拨银三十万两，迅速解交官文应用。并着户部严催各该省速行拨解，俟此项饷银到津，即由崇厚扣留，解部归款……将此由五百里各谕令知之。"（《清穆宗实录》卷228）

（同治七年四月甲午）又谕："穆图善奏'甘省需饷甚急，请饬各省督抚将协甘专款径解甘肃'等语……署湖北布政使王文韶，本系办理甘肃后路粮台，即着何璟传知该员，分投催提，赶紧转解，以济急需……将此由六百里谕知左宗棠、穆图善、崇实……并传谕何璟知之。"（《清穆宗实录》卷229）

（同治七年五月己丑）又谕："林寿图奏'请裁撤甘肃后路粮台'一折，据称'山西等省应协甘饷，业经奏明径解甘省。湖南等省甘饷，已由湖北粮台转解。河东常饷，亦径解兰州。其由王加敏分运到陕之饷，左宗棠委知县朱瑛经收。泾庆各军，现由道员彭思曾支发饷项。该藩司并无经手甘军饷事，请将粮台裁撤，以节糜费'等语……将此谕令知之。"（《清穆宗实录》卷233）

（同治七年戊辰五月）甲辰，谕军机大臣等："穆图善奏'军粮缺乏日甚，大局万难支撑，请饬催各省协饷'一折……该抚等务当竭力筹措，赶紧解甘，以济眉急。其已经起解之款，即着懔遵四月十六日寄谕解交。至续解饷银，着照穆图善所请，迅解湖北粮台，交王文韶等转拨，道员琫武、史敬铭等收运到甘，以归迅速。前据左宗棠奏'以洋款半给甘肃，现饬王文韶、王加敏于洋款过鄂时，先提银二十万交甘肃委员解甘。下存之银，仍统解陕西，交林寿图将甘肃饷项核算，酌留若干，就近匀拨，一面将长存之项，陆续解甘'等语。着郭柏荫、何璟督饬王文韶等如数提拨，速交甘肃委员解甘……将此由六百里谕知郑敦谨、郭柏荫、刘崐、刘坤一、丁宝桢、李鹤年，并传谕何璟、林寿图知之。"（《清穆宗实录》卷234）

（同治七年七月壬辰）又谕："林寿图奏'甘饷紧急，请饬查鄂台洋款确数，以凭运解，并请饬晋省速拨河东协饷'各折片。左宗棠前奏借款合洋款二百万两，除划提赴直、楚军经费外，曾谕令一半给陕，一半给甘，并令王文韶等先提银二十万两解甘，余银仍解陕交林寿图酌留匀拨。兹据林寿图奏称'自左宗棠入关以来，该藩司未经收领甘饷，询据留陕委员称借款业经用竣，并查阅湖北咨文，洋款亦兑过三十四万两，若并由鄂解甘之二十万两开除，约止剩银四十余万两，尚须留供左宗棠等楚军经费'等语。现在甘省需饷孔亟，林寿图于鄂台洋款有无可拨，难以备知底蕴，自是实在情形。着郭柏荫、何璟就近饬王文韶等查核原奏，留拨左宗棠、刘典及径交甘省委员外，有无余银可分解陕台，约得确数若干，即由郭柏荫等具奏，一面迅催随收随解，毋稍延误……将此由五百里谕知郭柏荫、郑敦谨，并传谕何璟、林寿图知之。”寻郭柏荫、何璟奏：“奉拨甘饷洋款银二十万两，业经如数提解甘台交收，并饬该司道等查明欠解银两，赶紧筹解陕台。”报闻。（《清穆宗实录》卷238）

（同治七年七月乙未）谕军机大臣等：“前因官文奏‘饷需浩繁，请饬部再行借拨银三十万两，由部饬催江苏等省，将欠解协饷解部归款’一折，当交户部速议具奏……并着郭柏荫、刘崐、丁宝桢、何璟将湖南欠解银五万两、湖北欠解银七万两、山东欠解银八万两，迅即委员解交直隶藩库，以备应用。官文即行分投催提，毋任迟延蒂欠，各饷解到时，官文当严饬藩司撙节动用，毋稍虚糜，嗣后并不得再行渎请。将此由五百里谕知官文、曾国藩、郭柏荫、丁日昌、刘崐、丁宝桢，并传谕何璟知之。”（《清穆宗实录》卷238）

（同治七年八月乙卯）谕军机大臣等：“曾国藩奏‘豫筹撤勇经费’一折，据称‘捻股荡平，李鸿章所部各军亟应赶紧裁撤。苏省历年供支该营军饷业已不遗余力，目前撤勇经费需款较巨，一时无从筹画，请借拨浙江、江西、湖北三省银两，以应急用’等语。刻下捻匪既平，裁撤勇丁一事最关紧要，自应宽筹经费，妥速办理……着……郭柏荫、何璟于湖北借拨银十万两解交曾国藩，为遣撤湘、淮各军之用。并照所议，仍由苏省于四个月后陆续归款。浙江之款由淞沪厘局解还，江西之款由西盐督销局解还，湖北之款由鄂盐督销局解还，以清款项……将此由五百里谕知曾国藩、郭柏荫、李瀚章、刘坤一，并传谕何璟知之。”（《清穆宗实录》卷240）

（同治七年八月丙辰）谕军机大臣等：“……已谕知李瀚章、刘坤一于浙江、江西各借拨银二十万两，郭柏荫、何璟于湖北借拨银十万两。此时遣撤湘、淮各军，事关紧要，着曾国藩遵奉前旨，咨催各该省督抚按照所拨数目赶紧解交江宁，以便汇齐饷项，将撤勇事宜早为办理。李鸿章另片奏‘曲阜孔庙宜及时修葺，请饬两江、湖广总督各筹银二万两，汇解山东，并由山东巡抚在本省筹银二万两，派员兴修’等语。即着曾国藩、郭柏荫于该省撤军就绪后，各速筹银二万两，解赴东省。并着丁宝桢在该省筹银二万两，遴派妥员，谨将大成殿九间檐宇及坍毁各工择要兴修，以昭诚敬。将此由五百里各谕令知之。”（《清穆宗实录》卷240）

（同治七年八月庚申）又谕：“户部奏‘遵议提拨甘省饷银，并办理甘肃后路粮台大员无庸改派’一折……现在九江关协甘常饷二十万两及江苏等省协甘半饷十万两，已据湖广总督奏报，分起解赴汉中转解，计此时必可陆续到甘，自足以资接济。着郭柏荫等即饬署藩司王文韶，于洋款到鄂时，迅即提出二十万两，交甘肃委员瑾武等领解，并将以后解到饷银分半给甘。其湖南、江西解到协甘饷银，亦即按月分半解往，毋许迟滞，致误要需……将此谕知左宗棠，并由五百里谕知穆图善、郭柏荫，传谕何璟知之。”（《清穆宗实录》卷241）

（同治七年八月乙丑）又谕：“刘典奏‘请饬湖北省将分收湖南销售淮盐厘金一款拨充陕饷，并请催四川等省迅解奉拨赈银’各等语。陕西需饷孔亟，据刘典奏称，该省地丁随征随发，此外无款可那，又无外省协济。奉拨洋税，每月仅三万两，以之供支各军，不敷甚距。现办收抚土匪安插降众各事宜，在在须筹经费。湖北向有分收湖南销售淮盐厘金一款，每年约可收银八九万两。着郭柏荫、何璟查明此款，即全数拨给陕省充饷，由刘典奏委大员经收解陕，俾资要需。湖北本有欠解该省饷银赈银，即以此款拨抵，以清款目……将此由五百里谕知崇实、郭柏荫、郑敦谨，并传谕何璟知之。”（《清穆宗实录》卷241）

（同治七年八月戊辰）又谕："……成禄另片奏'部署出关，请饬户部指拨银两，并山东等省汇解铅丸、火药，暨请饬穆图善派定粮台'等语。着户部于山西、河东、湖北等处欠解新疆协饷项下，议定指拨银一二十万两，以资周转。其前据山东、山西、湖北、河南、陕西按月协济之铅丸、火药，并着户部咨令各该省解交山西藩库，以便该提督委员赴归化城提取……将此由六百里各谕令知之。"（《清穆宗实录》卷241）

（同治七年八月己巳）谕军机大臣等："前因左宗棠奏请议拨实饷，当谕令军机大臣会同户部速议具奏。兹据奏称'拟由各海关六成洋税内凑拨银一百万两，为该督西征军饷，并由该督酌量协济甘省'等语……广东、福建、浙江、湖北、江苏五省，每月共计协拨左宗棠饷银十九万两，扣至本年十一月止，月饷全行扣抵借款，着各该督抚等自本年十二月起，各照原拨数目按月协济……其河南、陕西、湖北、湖南、四川、江苏、江西、山东、山西等九省协拨穆图善饷银，每月共计十二万八千余两，着该督抚等各按原拨数目赶紧筹解。甘省粮饷两缺，兵勇困苦难堪，该督抚等毋得视甘饷为缓图，以致饥军哗溃，贻误戎机……将此由六百里谕知左宗棠……穆图善……郭柏荫……并传谕何璟、师曾知之。"（《清穆宗实录》卷241）

（同治七年九月己卯）又谕："前因成禄奏'部署出关，请饬指拨银两'，当经谕令户部议定指拨……前拨山东、山西、湖北、河南、陕西按月协济成禄军营之铅丸、火药，着户部咨催各该省迅速筹解，不得迟延。将此谕知户部，并由五百里各谕令知之。"（《清穆宗实录》卷242）

（同治七年九月丙戌）又谕："刘崐奏'筹画进剿黔苗机宜，并请饬拨饷需'一折。黔、楚交界之区，苗寨林立，自应会合各省兵力分道并进，方可收夹击之效。席宝田已假满抵省，着刘崐饬令该臬司懔遵前旨，克日拔队，会商唐炯、张文德等相机进剿，毋稍延延……惟饷糈支绌，增兵则力不能给，尤赖各省协济，方克集事。江南、湖北两省，着每月各协济湖南援黔军饷银二万两。湖南督销局原有应解江南盐课厘金，即可就近拨解湖南。又督销局有鄂厘一款，湖北协济湖南之款，亦可于此项内划拨，所有不敷之数，再由各该省委解。设此两项内尚有赢余，仍由督销局分拨各省，一转移间，两有裨益，即着曾国藩、马新贻、郭柏荫、何璟遵照办理……将此由五百里谕知曾国藩、马新贻、郭柏荫、刘崐，并传谕何璟知之。”（《清穆宗实录》卷242）

（同治七年九月）壬辰，谕军机大臣等：“前据穆图善奏请饬左宗棠拨还甘饷，当交户部速议具奏……现据湖广督臣先后奏报，管理鄂台王文韶已将九江关协饷二十万两、江苏等省协甘半饷十万两、洋税提拨银五万两，分起解赴汉中转解。即着穆图善派员迎提，以资应用。并着左宗棠严饬王文韶等将应解甘省半饷，随到随解，不准迟延。其河南、山西、陕西、湖北、四川、江苏应解专协穆图善月饷，及山东、山西、河南应解协甘半饷，每月共银十一万三千余两，着户部开单严催，专解穆图善军营，借资接济……”（《清穆宗实录》卷243）

（同治七年十月）辛亥，谕军机大臣等：“前经军机大臣会同户部议奏，筹拨左宗棠西征实饷。当经谕令曾国藩等，于各海关六成洋税项下凑拨银一百万两。兹因左宗棠奏请增拨巨款，复据军机大臣会同户部具奏，分别筹拨。左宗棠奉命四征，饷项刻不容缓，所有前拨之洋税一百万两，着两江、闽浙、两湖各总督，江苏、浙江、湖北各巡抚，福州将军，粤海关监督，懔遵本年八月二十五日谕旨，将奉拨左宗棠军饷江海关银五十万两、闽海关银二十万两、江汉关银十五万两、粤海关银十万两、浙海关银五万两，共银一百万两，统于本年年底扫数解齐，毋得迟延蒂欠……此次左宗棠通盘筹画，仅请拨银四百万两，自系为事必求实、饷归有着起见。现在正供之外，各项收款以厘金为大宗，尤以江苏、安徽、江西、浙江、湖北、广东、福建七省厘金为最旺。着各该督抚等速行定议各该省厘金，除必需之款酌留接济外，每省每月究可提存若干，迅速复奏，听候指拨。现届捻匪肃清，陕、甘军情正急，剿贼之任，责在统兵将帅，筹饷之事，责在东南疆臣，均属无可推诿。各该省督抚等受恩深重，务当秉公酌议，力全大局，以纾朝廷西顾之忧。倘敢各存私见，以本省用项较多为辞一奏塞责，置西北大局于不顾，则是有心贻误，必不能曲为宽宥也。将此由六百里谕知曾国藩、左宗棠、文煜、马新贻、吴棠、英桂、瑞麟、郑敦谨、郭柏荫、丁日昌、卞宝第、李瀚章、刘坤一、李福泰，并传谕吴坤修、何璟、师曾知之。”（《清穆宗实录》卷244）

（同治七年十月辛亥）又谕：“穆图善奏‘进剿河州回匪获胜，请饬速解饷银’一折……据穆图善奏称，各省应解甘饷，除江西九江关协济银二十万两，山西、河东、四川省城解到银数万两外，其余由鄂台经收各省协饷，数月之久仍未解到，着户部迅即行令应协甘饷省分各督抚赶紧筹解，源源接济。并饬鄂台将匀拨甘省饷银速即拨解，毋再延缓，致误大局。将此由五百里谕令知之。”（《清穆宗实录》卷244）

（同治七年十月戊午）谕军机大臣等：“户部奏‘统筹军需全局，并遵议胡大任条陈’一折。军兴以来，用兵省分，需饷较多。或由本省筹画，或由他省协济，头绪纷繁，章程不能画一。现在发捻各逆次第殄灭，而各省未裁之营尚复不少，虚縻饷项，伊于胡底？着各该督抚迅议章程，分别遣留，专案奏报。其裁撤各营原拨各省协饷，即可概行停解。所有从前协拨之饷，着截清年月银数，开单具奏。如有必须协拨者，并着专案奏明，听候部议……前经谕令江苏、江西、安徽、湖北、广东、浙江、福建等七省督抚，将厘金一项每月可酌提若干接济外省，奏明办理。着仍遵前旨，迅速筹议，限于年内奏到。该督抚等受恩深重，当知顾全大局，不至迟延观望，致误事机……至各省军务既平，所有捐输一款，自应专供陕、甘、云、贵之用，除江西一省业经刘坤一奏明办理外，其江苏等六省，亦应仿照办理，着该督抚等一并筹议具奏。原折均着钞给阅

看……将此由五百里谕知官文……郭柏荫……并传谕吴坤修、何璟知之。”（《清穆宗实录》卷244）

（同治七年十月丙寅）谕军机大臣等：“……英翰等奏‘筹拨西征军饷，酌定转运章程’各折片。刘松山所统老湘营饷项向由江南供支，该军现在西征，所有饷项自应仍归江苏接济，即着马新贻、丁日昌每月协拨该军饷银六万两，以资饱腾。惟灵宝等处粮台及清江转运局均将次第裁撤，此后协拨该军月饷，着丁日昌委员解交湖北省城甘肃后路粮台接收。江苏每月尚有应协左宗棠、穆图善军营饷三万两，刘典军营饷一万两，着一并解赴湖北，均交陕、甘委员转运，由襄阳老河口登陆入关，着郭柏荫、何璟查照办理……至郭宝昌西征月饷，除山西月协一万两，湖南月协五千两外，英翰等现拟于皖省月协该军饷二万五千两，暨随时找补不敷之数，均解交湖北、甘肃后路粮台转解潼关，由郭宝昌派员接收。并着郭柏荫等督饬局员，遇皖饷解到，即行转运入关，以期迅速。山西月协之一万两，由左宗棠随时催解郭宝昌军营兑收。至湖南每月应解之五千两，何以奏定后并未拨给？着刘崐于本年十月起，按月照数迅解湖北转运局，运赴前敌，不得再有迟误。其十月以前应解之数，仍着解赴安徽，俾吴坤修得以找发欠饷，毋误要需。将此由五百里谕知曾国藩、左宗棠、穆图善、马新贻、郭柏荫、丁日昌、刘崐、英翰、刘典，并传谕吴坤修、何璟知之。”（《清穆宗实录》卷245）

（同治七年十二月庚午）又谕：“前据左宗棠奏，请饬催军饷，当交户部速议具奏。兹据该部奏称‘左宗棠前奏陕、甘缺饷数目暨请增拨巨款并未明晰。前拨六成洋税一百万两，未尝无裨于陕饷。其各省厘金应由各该省定议，再行复核筹拨，于拨饷之期，并无迟误。陕省缺饷数目，据刘典奏明每年需银三百万两，除本省所入及江、广、粤海、闽海、江汉协饷外，仍不敷银一百四十万两，自应酌量添拨。甘省情形虽据穆图善陈奏月需饷四十万两，未据逐款分晰’等语，陕、甘常年军饷及现在用兵饷需必须逐款分明，方免轇轕。陕省据刘典所奏，缺饷已有确数，着该部迅即酌度情形，汇案添拨，以资接济。甘省每年实需饷若干，除本省入款及各处协款外缺饷若干，各省专协甘肃之款，何处尚能协济，何处并不协济，着左宗棠、穆图善会同核议，缕悉陈明，再由该部酌核办理。其提拨六成洋税一百万两……江汉关尚欠解银七万两……着英桂、马新贻、郭柏荫、丁日昌、何璟、师曾各将奉拨未解银两，迅即扫数解清，不准稍有蒂欠。各省抽厘收捐情形，本令各该督抚于年内具奏，安徽、浙江、湖北业经奏到……将此由六百里谕知左宗棠、穆图善、郑敦谨、马新贻、瑞麟、英桂、吴棠、郭柏荫、丁日昌、卞宝第，并传谕何璟、师曾知之。”（《清穆宗实录》卷 249）

（同治八年正月己卯）又谕：“定安、桂成奏‘豫军追剿河西窜匪叠胜’，成禄奏‘请饬催指拨银两’各折片……前因成禄军营饷缺，曾令户部于湖北、山西、河东欠解新疆协饷项下，指拨该军饷银一二十万两。山西、河东应解指拨成禄军营饷项，着郑敦谨赶紧措解，务于春间解到成禄军营，以应急需。将此由五百里各谕令知之。”（《清穆宗实录》卷 250）

（同治八年二月丁未）又谕：“户部奏‘遵查各省厘金，酌定添拨西征军饷，并请饬各省整顿厘金’各折片……湖北省每月除原协陕、甘各饷外，着李鸿章、郭柏荫每月再添拨陕、甘军饷银四万两，每年共添拨银四十八万两。该省岁入各款，较前征收短少，该督等当随时逐款整顿，并将用款酌量缓急，以资周转。本省及外省捐输，仍着照常办理，毋庸议改……至留防直、东、江、鄂各军，食饷尚巨，应如何渐次裁减，着会商李鸿章妥筹办理……其本省及外省捐输事宜，仍着照旧办理。以上添拨银两，着该督抚等自本年正月始，一律照数筹拨，遇闰加算，按月各解交湖北省陕、甘后路粮台交收。均不准稍分畛域，偶有蒂欠，致误要需。该督抚等总当顾全大局，妥速筹解。左宗棠于接到饷银时，着按照陕、甘两省缺饷多寡分别接济匀拨，以昭公允。其各省原协陕、甘各路军营饷银，均着照旧支应，毋稍牵混。各该省报解陕、甘新旧拨款，及左宗棠、刘典、穆图善等营收到各省拨款，并各路捐局所收捐款，均着随时奏报，以凭查核。西征军饷竭各省之力以供应用，左宗棠当撙节支发，毋稍糜费……另片奏‘遵议穆图善请催拨饷’等语，湖北省奉拨甘肃饷银二十万，据郭柏荫奏报已如数批解，着穆图善查明此项拨款是否收到，专案报部查核。如尚未收到，即着派员迎提……将此由六百里谕知左宗棠、李鸿章、穆图善、马新贻、英桂、瑞麟、吴棠、丁日昌、刘坤一、李瀚章、卞宝第、郭柏荫、李福泰，并传谕吴坤修知之。”（《清穆宗实录》卷252）

（同治八年二月己未）谕军机大臣等：“前据岑毓英奏‘筹办滇省军务八条’，当交该部速议具奏。兹据复奏‘逐条酌议，请饬该督抚认真筹办，并饬各省迅拨饷银’等语……岑毓英所请划拨邻省协饷，着照部议，将浙江应解滇饷银六万两，江西应解滇饷银四万五千两，一并改归湖北拨解。着李鸿章、郭柏荫转饬藩司，在于本年应解京饷款内划出，赶紧解滇。并着李瀚章、刘坤一、文辉将应解滇饷划解部库，以清款项……将此由五百里谕知李鸿章、瑞麟……郭柏荫、李瀚章……并传谕文辉知之。”（《清穆宗实录》卷253）

（同治八年三月）壬午，谕军机大臣等：“李鹤年奏‘筹拨潼关、荆关两路防军’一折……荆子关一路，为豫、楚交错之所，尤应先事服防。王万钊所带标兵，为数无多，恐难得力。着李鸿章酌派兵勇迅赴该处，会同王万钊之兵实力防范，以备不虞。本日据吴坤修奏‘皖省拨解郭宝昌军饷由湖北转运，该营久未接到，恐由西安转解，以致迟滞’。现在郭宝昌驻扎宜川，派员在潼关接饷，着李鸿章饬令转运局，嗣后凡遇皖省解到该军饷银，即行径解潼关交郭宝昌委员兑收，以期无误要需。将此由六百里各谕令知之。”（《清穆宗实录》卷254）

（同治八年四月辛未）又谕："户部奏'遵议改拨滇饷'一折……所有原拨滇省月饷，即改由四川每月拨银三万两，湖北每月拨银二万两……着吴棠、李鸿章、郭柏荫、刘崐……在于各该省厘金捐输及无论何款内通融凑拨，按月提交滇省委员，陆续领解。该省军务紧要，需饷孔亟，该督抚等务当力顾大局，不得推诿迟误。其本年二月十七日，户部奏请将浙江、江西应解滇饷共十万五千两，改由湖北于本年应解京饷内动拨之处，着毋庸议……现在各省饷需亦甚支绌，均系竭力筹拨，刘岳昭、岑毓英务当激励将士，将滇省军务力图振作，及早奏功，毋致虚糜饷项……将此由五百里各谕知李鸿章、马新贻、吴棠、刘岳昭、郭柏荫、刘崐、刘坤一、李瀚章、岑毓英，并传谕文辉知之。"（《清穆宗实录》卷257）

（同治八年五月辛卯）又谕："现在云南军务紧急，省城围尚未解，刘岳昭一军亟须由寻甸等处进攻，以资援救。惟该督所部楚军向由川省接济饷需，若不敷支应，难保无停兵待饷之虞。着吴棠将刘岳昭所部楚军及果后军月饷，竭力筹措，源源报解。其从前所欠饷银，亦着一并按月搭解，协济滇军。即以保卫蜀境，毋得稍有迟误。将此由五百里谕令知之。"（《清穆宗实录》卷259）

（同治八年五月辛卯）又谕："前因曾璧光奏'请饬催各省协饷，并添拨实款'，谕令户部速议具奏。兹据奏称'贵州每月协饷，经户部酌定，每月四川五万两、湖南二万两、湖北二万两、广东一万两……自同治六年十月至八年三月，仅据各省解到银十五万两，请旨饬催'等语。黔省军务正当吃紧，若饷需缺乏，必至贻误戎机，着各该省督抚等查照户部奏拨数目，源源批解，并着该督抚等将按年指拨协饷陆续筹拨，仍由黔省委员赴各省守提。该督抚等无论如何为难，务当竭力筹措，以济要需……将此由五百里谕知李鸿章、马新贻、瑞麟、吴棠、丁日昌、郭柏荫、刘崐、李福泰、曾璧光，并传谕张兆栋知之。"（《清穆宗实录》卷

259）

（同治八年五月丙申）又谕：“左宗棠奏‘陕、甘饷绌，请停止陈湜带勇赴陕，并河东盐务解款积压’等语。前因郑敦谨奏‘已革臬司陈湜办理河防尚知愧奋，恳予免罪’，当经降旨暂免发遣，饬令带勇赴左宗棠军营差遣委用……该革员带勇起程时，着该署抚派委文武大员弹压出境，毋任滋事。至经过之河南、湖北各地方，着李鸿章、郭柏荫、李鹤年严密稽查，倘沿途逗遛骚扰，即惟陈湜是问……将此由五百里各谕令知之。”（《清穆宗实录》卷259）

（同治八年七月丁亥）谕军机大臣等：“崇实、吴棠奏‘请将各省应协滇饷汇川转解’一折，前经户部议拨滇饷，当经谕令四川等省按月提交滇省委员，陆续领解。兹据崇实等奏称‘接据岑毓英来函，以滇省军务正在得手，需饷万分紧急。两湖、江浙等省协饷，若专恃委员提解，难应急需……’等语，所奏自系为转输迅速起见，着马新贻、刘坤一、李瀚章、李鸿章、郭柏荫、刘崐，即将江西、浙江、湖北、湖南等省应解滇饷，按月提交该委员等，就各省商号汇川源源转解……将此由五百里各谕令知之。”（《清穆宗实录》卷263）

（同治八年八月癸卯）又谕：“曾璧光奏‘黔省待饷孔亟，请饬催各省迅速筹解饷银’一折，据称‘部拨各省协黔饷银，自同治六年十月起至八年六月，仅据四川解到银六万五千两，湖北解到银二万两，广东解到银三万三千两，核之原拨银数，不及十分之一。饷需不继，各军饥困难堪，空语拊循，终难久恃。现在提督张文德一军因饷绌移兵就食，途中争险血战，各营将领折损甚多，以致都匀府城失守。若再不迅筹接济，大局不堪设想’等语。黔省被兵日久，待饷孔殷，各该督抚总当不分畛域，共济时艰，何得任意宕延，致该省军务无从措手？即着该督抚等查照户部奏拨数目，现尚欠解若干，迅即筹款陆续批解，不准再有延缓，致误戎机。鄂、粤尚系完善之区，所有粤省欠饷十八万余两，鄂省欠饷四十二万两，着于该省厘金项下由黔派员协收，按数提解，以济要需。将此由五百里各谕令知之。”（《清穆宗实录》卷 264）

（同治八年八月己酉）又谕：“户部奏‘遵催西征协饷’一折。江浙等省协济左宗棠等饷项，总计八百十余万两。前经户部奏催，仅据湖北续解银八万两，浙江续解银二十万两……核之各该省应解数目，大相悬殊，此外各该省关并未据报续解。陕、甘需饷孔亟，岂容如此玩延？着李鸿章……郭柏荫……按照该部此次单开数目赶紧筹解，毋得借词推诿，以济要需。如有仍前玩误及欠解最多者，并着左宗棠查明，将该省之藩司等指名严参。现在东南敉靖，江南、浙江、湖北、山东等省所留勇丁尚属不少，应如何酌量裁减，将节省饷需协济西征之处，着李鸿章、马新贻、丁日昌、郭柏荫、李瀚章、英翰、丁宝桢实心筹画，俾裕饷源……将此由五百里谕知左宗棠、李鸿章……郭柏荫……并传谕崇礼知之。”（《清穆宗实录》卷 264）

（同治八年九月庚午）又谕：“成禄奏‘部署出关，缕陈管见八条，请饬催各路协饷并饬穆图善筹粮暨派员赴川、陕募勇，请调甘省人员差委及筹办哈密剿抚情形’各折片。成禄部署出关，饷项支绌自系实在情形……至四川、山西、陕西、湖北、河南等省应解成禄月饷，并着该部查明，迅速咨催，以济要需……将此由六百里各谕令知之。”……（《清穆宗实录》卷 266）

（同治八年九月）辛未，谕军机大臣等：“曾璧光奏‘拣员接署提篆，并请饬催协饷’一折……惟贵州地方瘠苦，刘士奇接办军务，必须豫筹实饷，始克有济。湖北欠解该省协饷为数甚多，着李鸿章、郭柏荫饬令该藩司等遵照部议，按月拨解协饷银二万两，不得再有蒂欠。此项饷银即作为该署提督军营专饷，或汇解重庆府城，或由该署提督自行派员提取，着曾璧光斟酌情形，与李鸿章等会商办理。至该营军火等项并着曾璧光随时接济，毋令缺乏。将此由六百里各谕令知之。”（《清穆宗实录》卷266）

（同治八年九月辛巳）又谕：“前因成禄奏‘部署出关，请指拨各省有着款项’，当经谕令户部速议具奏……至山西、山东、河南、直隶应解新疆月饷及四川、湖北、陕西应解成禄月饷，着户部催令如数报解……毋任延宕。将此由五百里各谕令知之。”（《清穆宗实录》卷266）

（同治八年九月）丙戌，谕军机大臣等：“穆图善奏‘筹办防剿，请饬左宗棠迅拨饷银，镇番解围’各折片……现据穆图善奏称‘鄂台转运之饷，已经袁保恒悉数提归陕西，甘军毫无指望，哗溃堪虞’，自系实在情形。着左宗棠指明专款，饬令袁保恒迅速拨解，源源接济，以固军心……将此由六百里各谕令知之。”（《清穆宗实录》卷267）

（同治八年十月癸亥）又谕：“户部奏‘统筹云、贵协饷，请旨分别办理’一折，云南、贵州两省军务未平，亟需各省协饷，源源接济。兹据该部奏称，云南协饷，前经议准，四川每月拨银三万两，湖北每月拨银二万两……现在该省军务紧急，各省协饷，报解不齐，时形拮据，自应迅速筹济。着吴棠、李鸿章、马新贻、刘崐、郭柏荫、刘坤一、李瀚章遵照该部前次奏案，在各该省厘金捐输及无论何款内迅速凑拨，按月提交云南，委员陆续领解，不得稍有迟误。其各该省是否按月解清，并着刘岳昭、岑毓英详细开单报部，以凭查核。至贵州协饷，前经该部酌定，每月四川拨银五万两，湖南拨银二万两，湖北拨银二万两……又曾国藩等奏请免拨黔饷，经该部奏准，仍遵前奏，每月协银一二万两或数千两。现在各该省所拨月饷能否按月解齐，未据曾璧光奏咨到部……着曾璧光按照户部指询各节，开单迅速奏报。并着吴棠、马新贻、李鸿章、瑞麟、丁日昌、郭柏荫、刘崐、李福泰，各将应协黔饷按月如数拨解，

不得稍有蒂欠。将此由五百里各谕令知之。”（《清穆宗实录》卷269）

（同治八年十二月）甲辰，谕军机大臣等：“……本日已有旨令李瀚章署理湖广总督，并令杨昌濬署理浙江巡抚。李瀚章着即驰赴湖北，将应解饷需源源转运，毋令缺乏。此外协黔各省，并着李鸿章、曾璧光随时咨催，俾资接济……将此由六百里谕知李鸿章、崇实、吴棠、李瀚章、刘崐、曾璧光，并传谕杨昌濬知之。”（《清穆宗实录》卷272）

（同治八年十二月乙丑）又谕：“袁保恒奏‘请饬各省改解协饷’一折。河南、湖北、江苏、四川、山西五省，应拨秦州粮台饷银一百二十万两，历年积欠甚多。现在穆图善所部各军，均改由西征粮台发饷，各该省亟应随时拨解，以济要需。着马新贻、吴棠、李瀚章、李鹤年、郭柏荫、丁日昌、李宗羲，各查照应解秦州协饷数目，自同治九年正月为始，按月筹拨，径解西征粮台接收。其以前欠饷，亦着一并筹解，毋得久延。将此由五百里各谕令知之。”（《清穆宗实录》卷273）

（同治九年正月丙戌）谕军机大臣等：“李鸿章奏‘筹办黔事大略情形，请饬川省裁军腾饷，暨酌拨洋税银两’各折片。黔省苗氛肆扰，川、楚各军未能奏绩，特命李鸿章前往督办，底定黔疆……至李鸿章督办黔事，必得大宗的饷，方足以资饱腾。着……李鸿章、郭柏荫于江汉关按月拨解四成洋税二万两、六成洋税三万两，丁宝桢按月协拨银二万两，均自本年二月分起如数筹拨，按月委解金陵军需局，转解李鸿章后路粮台。该督抚等均能顾全大局，谅不至稍有迟误。将此由六百里各谕令知之。”（《清穆宗实录》卷275）

（同治九年正月戊子）又谕：“李鸿章奏‘拟筹添协援黔客军的饷’等语。李鸿章督师入黔，需饷孔亟。李瀚章拟于浙江岁拨厘捐六万两外，无论何款，每月添协银二万两，仍为援黔客军的饷。此项银两，或由湖北派员领解，或由浙省委员解往，着李鸿章酌定后，即行知照杨昌濬遵照办理。将此由五百里各谕令知之。”（《清穆宗实录》卷275）

（同治九年正月乙未）谕军机大臣等：“户部奏‘遵催成禄军营协饷，并严定处分’一折。成禄军营协饷，出关以后，原定由新疆军饷内支给。该提督未出关以前之饷，叠经户部奏准，于湖北、陕西、四川每月各协数千两……着李鸿章、李瀚章、郭柏荫、蒋志章、刘典、吴棠、丁宝桢、李宗羲、李鹤年，各将该省先后应解成禄军营协饷迅速措解，如再迟延，即由户部查明参奏。原折均着钞给阅看。将此由五百里各谕令知之。”（《清穆宗实录》卷275）

（同治九年二月甲辰）谕军机大臣等：“……刘典另片奏‘请饬湖北军需局将督销淮盐局解到八年夏秋二季鄂厘五成银两仍解陕省，及八年冬季十月十八日以前鄂厘应拨五成饷银截数解陕’等语，着李鸿章等札饬该局，查明实在数目，分别转解，毋稍耽延。原片着钞给李鸿章、李瀚章、郭柏荫阅看。将此由五百里各谕令知之。”（《清穆宗实录》卷276）

（同治九年三月丁亥）又谕：“刘岳昭、岑毓英奏‘请饬催各省协饷，并拨给马如龙专饷’各折片……提督马如龙进剿新兴，两路如能得手，事机尤为顺利。惟饷项支绌，四川、湖北、湖南、江西、浙江等省应解协滇饷银，报解无几，军士枵腹荷戈，殊堪轸念。着吴棠、李瀚章、郭柏荫、刘崐、刘坤一、杨昌濬，各将该省拨定协滇月饷照数批解，不得迟延推诿……将此由五百里谕知吴棠、李鸿章、郭柏荫、刘崐、刘坤一，并传谕杨昌濬知之。”（《清穆宗实录》卷279）

（同治九年三月丙申）谕军机大臣等：“李鸿章奏‘起程赴陕日期’一折，李鸿章督军入陕，后路筹饷转运各事宜，已与李瀚章等办有端绪。拟于本月二十四日起程，由水路前赴襄阳，登陆西进。并饬郭松林、周盛传各统现有步队，先赴樊城、周家口等处整顿行装。惟郭松林等所募马队，尚未据报成军，着即檄饬该提督等俟马队募齐，就近归并操练，即行分起入关，以资援剿……将此由五百里谕令知之。”（《清穆宗实录》卷279）

（同治九年五月壬申）谕军机大臣等：“蒋志章奏‘筹办北山情形，拟咨商李鸿章拨兵进扎，豫遏回逆纷窜’一折……暨咨商李鸿章酌拨劲旅择要进扎各情，均能洞中窾要。李鸿章计自襄阳起程，由南阳、陕州大路入陕，着即催集各队赶紧前进，就近与蒋志章酌度情形，檄饬各军于秦陇交界，如定边、宁州等处，择要扼扎……将此由五百里各谕令知之。”（《清穆宗实录》卷282）

（同治九年六月戊午）又谕：“袁保恒奏‘请饬催归并续拨协饷’一折，据称‘四川、湖北、山西、河南应协穆图善军饷，每月九万两，归并西征粮台催提分拨。而各省应解之饷，自正月以后，仅据四川报解银二万两，山西报解银三万两，此外各省并无分毫报解。其筹拨豫师军饷已垫解六万两，而指拨之河南、山东、两淮每月二万五千两，并无起解日期，以后不惟无可再垫，且已垫之款无可归还，现在情形万紧，请饬严催’等语。着吴棠、马新贻、李瀚章、李鹤年、李宗羲、丁宝桢、郭柏荫，迅将各该省应解穆图善豫师协饷分别如数筹拨，解交西征粮台，以便袁保恒分拨应用，不准稍涉延误。将此由五百里各谕令知之。”（《清穆宗实录》卷285）

（同治九年七月乙亥）又谕：“李鸿章奏‘现已督军由陕赴直，所部各军需饷甚殷，请饬催各省协饷’等语。着吴棠将应解李鸿章军营月饷三万两迅速径解湖北粮台，其山东月拨银二万两，着丁宝桢就近委解刘盛藻军营应用……将此由四百里谕知马新贻、吴棠、丁日昌、丁宝桢，并传谕杨昌濬、张兆栋知之。”（《清穆宗实录》卷286）

（同治九年八月甲辰）又谕："左宗棠、穆图善奏'各军剿贼获胜情形'一折，甘省驻扎镇番、金县北山、阿干镇等处官军，分投雕剿贼股，均获胜仗，尚属得手。惟回逆丑类繁多，肆行窜扰，必须各路一体探踪截击，方不至伺隙奔突，势成蔓延。着左宗棠、穆图善督饬各营统领，勤加侦探，遇贼即击，并随时认真防范，以遏贼氛……嗣后该大臣当不分畛域，体恤兵艰，将甘省各营饷糈军火源源接济，毋令缺乏。甘军、楚军，不可微分厚薄，免致各营援为口实。并着与穆图善彼此和衷商办，毋稍膜视。将此由五百里各谕令知之。"（《清穆宗实录》卷288）

（同治九年十月壬寅）又谕："刘崐奏'湖南饷源匮竭，请饬协拨'一折，据称'湖南援黔之师所费浩繁，近来饷源日窒，需饷日多，各营欠发饷银，已近二百万两……请饬拨协饷'等语。该省援黔各军，正拟进图台拱，而内地哥匪又乘间窃发，饷需匮乏，自系实在情形。着……李瀚章、郭柏荫、杨昌濬、英翰、瑞麟、李福泰于湖北、浙江、安徽、广东四省各迅筹协饷银十万两，务于年内如数解赴湖南，以济要需。将此由五百里各谕令知之。"（《清穆宗实录》卷292）

（同治九年十月）戊午，谕军机大臣等："李鸿章奏'遵旨会商酌派官军赴陕，并分拨各军布置情形'一折……该营所需饷项、军火及转运采办经费，即由李鸿章所设湖北后路粮台及扬州分局筹拨接济。西北粮运维艰，并着咨会刘铭传沿途体察情形，派员设局，节节转输，毋误军食……将此由四百里谕令知之。"（《清穆宗实录》卷293）

（同治九年十月戊午）又谕："李鸿章奏'淮军月饷，江苏照从前减拨一半，嗣因援黔征陕，奏准每月加拨湖北五万两，四川三万两，浙江、山东各二万两。江苏、湖北、浙江等省均经如数协济，山东仅解至七月，四川仅解两批。现在刘铭传督军入关，秦中粮食艰贵异常，尤虑饷糈难继。即留扎畿辅分防江、鄂各营，亦皆关系大局，需饷孔殷，请饬各省筹解’等语。此项月饷均系有着的款，岂可稍令短绌？着曾国藩、魁玉、李瀚章、吴棠、丁日昌、郭柏荫、杨昌濬、丁宝桢仍照原拨淮军额款，按月如数源源筹解，毋稍缺误，以济要需。将此各谕令知之。”（《清穆宗实录》卷293）

（同治九年闰十月丁亥）又谕：“前据袁保恒奏‘各省关应协陕、甘军饷，截至十月止，积欠一千三十余万，请饬飞速筹解，并请于各省京饷项下暂行通那，或于海关洋税内酌提协济，以敷一月足饷之用’等语，当交户部速议具奏。兹据奏称，部库正项无存，需用甚急。京饷势难通那，洋税专备要需，亦难动拨。拟于各省积欠军饷内先行提拨山西十万两……湖北五万两、江苏五万两、浙江五万两。即照所议，着各该督抚严饬藩司，迅速如数筹拨，限于年内解交西征粮台……陕、甘军饷紧要，各省关于拨定之款竟至积欠如许之多，嗣后务须按月如数报解，不准延欠。其以前欠解月饷，仍着陆续补解，以资接济。将此由五百里谕知曾国藩、左宗棠、魁玉、李瀚章……郭柏荫、张之万、杨昌濬，并传谕袁保恒知之。”（《清穆宗实录》卷295）

（同治九年十二月）戊辰，谕军机大臣等：“曾璧光奏‘黔省筹办捐饷’一折，据称‘黔省地处极边，民穷财尽，专赖捐输一项接济。甘省既准另拨省分自行办捐，黔省事同一律，亦须酌设专局，缓急方有所资……此外浙江、福建二省，应与江苏、湖北、湖南等省并照部议，仿江西办捐章程，统由各省督抚自设收捐总局。所收捐项本省毋庸留支，作为甘、黔两省军饷各半提解，仍由黔遴员分赴浙江等省帮办’等语……军饷支绌自系实在情形，着左宗棠按照所陈各节，与曾璧光妥为筹办。其余各省，并着曾璧光咨商各该督抚会同办理，务臻妥协。曾璧光原折，着钞给左宗棠阅看。将此由五百里各谕令知之。”（《清穆宗实录》卷299）

（同治十年四月乙亥）谕军机大臣等："前因袁保恒奏'西征协饷积欠过多，请旨严催'，当谕户部速议具奏。兹据奏称'查明除江西、闽海关两处新旧协饷扫数解清外……湖北欠解续添陕、甘饷银七十七万两、穆营饷银五十六万两……'等语。甘省各军饷需极形缺乏，亟应速筹接济，着各该督抚监督，迅将原拨续拨陕、甘各月饷按月如数解清，不准稍有蒂欠。其向有积欠并提拨未解之省，并着该督抚等严饬司道陆续筹解清完。甘省军务，现在较为得手，倘饷需缺乏，必至停兵待饷，贻误戎机。如各该省任意迟延，着袁保恒查照同治八年奏案，开具各省欠解成数，知照左宗棠查取各该督抚司道监督衔名，即行分别奏参。将此由五百里谕知曾国藩、文煜、英桂、李瀚章……郭柏荫、刘崐，并传谕袁保恒、张树声、崇礼知之。"（《清穆宗实录》卷309）

（同治十年五月甲午）谕军机大臣等："英翰奏'饷源日绌，现筹办理情形'一折……皖省月拨协甘饷银二万两，据称'自八年迄今已欠三十二万两，请自本年四月起，将月解左宗棠军饷暂为停缓，先将旧欠之饷尽筹尽解。俟此项欠饷解竣，再行按月协济'等语……将此由五百里谕令知之。"（《清穆宗实录》卷310）

（同治十年七月癸丑）又谕："户部奏'续行筹拨荣全、景廉、成禄军饷'一折……其景廉军饷，除由西征粮台先拨银十万两外，该大臣与成禄同赴乌噜木齐，饷银自应公同支用。其月协之款，四川每月一万数千两，湖北、陕西每月各数千两，着李瀚章、吴棠、郭柏荫、蒋志章分别按月报解成禄、景廉军营……以上续拨及原定伊犁、乌噜木齐饷项，倘各该省报解迟延，致误事机，即着户部指名参处。至荣全等行抵各该防所后续需饷项，均着核实计算，察酌情形，奏明办理。将此由五百里各谕令知之。"（《清穆宗实录》卷316）

（同治十年十月戊午）谕军机大臣等："……后路转运粮饷各事宜均

关紧要，着左宗棠、穆图善随时照料，妥筹兼顾。该军月饷，着李鸿章迅即核定数目，饬知后路粮台，按月拨交湖北转运局，搭解西征粮台转解，毋令缺乏。并着袁保恒妥为经理，随时督饬运解，不得稍有迟误。其余淮军队伍，即由刘铭传带回徐州驻扎，着曾国藩督饬认真操练，以备缓急。将此传谕曹克忠，并由四百里谕知曾国藩、李鸿章、左宗棠、穆图善、刘铭传，并传谕袁保恒知之。”（《清穆宗实录》卷 321）

（同治十年十月）丁丑，谕军机大臣等：“昨因景廉奏请续拨饷项，当经谕令户部再行筹拨……至成禄军营饷需，截至本年九月止，四川月饷、专饷共欠解六十七万两，山东专饷共欠解二十二万五千两……其月协之饷，湖北、陕西亦尚有欠款。着吴棠、李瀚章、丁宝桢、何璟、鲍源深、李鹤年、郭柏荫、蒋志章督饬藩司迅速如数筹解，不准再有蒂欠。各省饷银解到，景廉、成禄即遵照户部奏案分拨应用，以资接济。将此由五百里各谕令知之。”（《清穆宗实录》卷 322）

（同治十年十一月）辛卯，谕军机大臣等：“曾璧光奏‘饷项支绌，请饬拨实款’一折……至各省奉拨协饷，广东、湖北各二万两，湖南、四川各一万两。据曾璧光奏称，均因本省有事，未能解黔，请饬改拨以符定数，着户部速议具奏。其山东、福建、江苏、浙江等省报解分数，并着户部查明，酌定章程，奏请奖叙。将此由五百里各谕令知之。”（《清穆宗实录》卷 323）

（同治十年十一月壬寅）又谕：“前因户部奏拨景廉、成禄军饷，当经谕令四川每月拨银一万数千两，湖北、陕西每月各拨银数千两，解交成禄、景廉军营……所有此次四川、山东、山西、河南专协欠解景廉、成禄军饷，除业由道员萧宗干解运并专拨成禄军饷银五万两外，其余未解之款及四川、湖北、陕西应解月饷，着李瀚章、吴棠、李鹤年、丁宝桢、鲍源深、蒋志章、郭柏荫、文彬，即将各该省应解景廉、成禄饷银暂行解至察哈尔，转解景廉军营。俟驿路疏通，再由甘省运解。额勒和布、庆春于各该省饷银到时，即行派员转解景廉军营，毋稍迟误。将此由五百里谕知李瀚章、吴棠……郭柏荫，并传谕文彬知之。”（《清穆宗实录》卷 324）

（同治十年十一月）乙巳，谕军机大臣等：“前因袁保恒奏‘西征全军，盼饷甚亟，恳请速筹拨济，并请借拨洋税’，当交户部速议具奏。兹据该部奏称‘西征全军一月满饷，需银六十万两……各省欠解西征饷银甚巨，现拟援照上年成案，仍从积欠最多之省酌量提拨，河南、江苏、湖北各提银八万两……共成六十万两之数’等语。即照所议，着各该督抚严饬藩司迅速如数筹拨，限于年内解交西征粮台，以应急需……将此由五百里谕知曾国藩、瑞麟、左宗棠、文煜、李瀚章……郭柏荫，并传谕文彬、王文韶、袁保恒知之。”（《清穆宗实录》卷 324）

（同治十年十一月丁未）谕军机大臣等：“前因曾璧光奏‘广东、湖北、湖南、四川奉拨协饷，均因本省有事未能解黔，请饬改拨，以符定数’，当令户部速议具奏。兹据奏称‘现在各省同一支绌，若将四省从前酌定之饷尽数改拨，实系无款可筹。况协黔饷内，湖南早经减解，广东、湖北为数无多，请旨饬催’等语。所有原拨湖北及山东、福建、江苏月协黔饷各二万两……着各该督抚督饬藩司、运司、监督等按月如数筹解，毋稍延缓。黔军防剿正当吃紧，倘因饷需缺乏贻误戎机，恐该督抚等不能当此重咎也……将此由五百里谕知曾国藩、瑞麟、文煜、李瀚章……郭柏荫、曾璧光，并传谕文彬、王文韶知之。”（《清穆宗实录》卷 324）

（同治十年十二月乙丑）又谕：“刘铭传、曹克忠奏‘接交队伍情形’一折。曹克忠驰抵乾州，已据刘铭传将铭军步队十七营、马队三营，并楚军马勇二营共二十二营，并军火器械逐款移交曹克忠接管。该提督即当迅速部署，拔队先赴兰州，会商穆图善妥筹防剿，毋误机宜……曹克忠赴甘后，道途寫远，该军饷项，必须先期拨解，方免缺乏。着李鸿章、李瀚章饬知湖北粮台，将赴甘各营军饷先期三个月解交西征粮台，源源转解，以资接济。将此由五百里谕知曾国藩、李鸿章、李瀚章，并传谕曹克忠知之。”（《清穆宗实录》卷325）

（同治十一年三月壬子）又谕：“王文韶奏‘酌减援军，积欠过巨，拟请借拨饷项’一折。湖南援黔一军，积欠饷项甚巨，上年指拨湖北、四川月饷银共四万两。湖北虽随时接济，仍难按月解齐……拟将援军酌量裁减，惟积欠无从筹补，亟须设法通融借拨，以应急需……将此由五百里谕知何璟、刘坤一，并传谕恩锡、王文韶知之。”（《清穆宗实录》卷330）

（同治十一年四月戊午）又谕：“景廉奏‘关外军务孔亟，前任甘肃平庆泾道黎献曾署镇迪道篆务，熟悉情形。该员丁忧回籍，现在计已服阕，请饬赴营差遣’等语。着吏部、湖南巡抚查明该员是否赴部候选，抑或在籍，即行饬令前赴景廉军营，差遣委用，并传知该员在楚省酌带旧部得力将弁数十员，采买开花子母洋炮及火攻利器兼程赴营。其应需价值，湖北本有应拨景廉军营每月饷银数千两，尚未起解，并着李瀚章、郭柏荫即由此款内提拨应用。余银并交该员运解回营，毋稍延误。将此谕知吏部、李瀚章、郭伯荫并传谕王文韶知之。”（《清穆宗实录》卷331）

（同治十一年六月）戊午，谕军机大臣等：“曾璧光等奏‘饷需奇绌，请饬催协饷’一折，据称‘贵州指拨各省协饷每月十四万两，自上年二月起至本年四月止，除四川及江西九江关尚能如数拨解外，其福建、山东、浙江、湖北、江苏等省均解不足数……统计欠解银一百六十四万余两。现在下游军务将竣，各营勇丁分别撤留，亟需拨解巨款方能清厘积欠，开单恳请饬催’等语……所有应撤各军，自应清给欠饷。所留各军，尤须饷项接济，以资饱腾。即着瑞麟、李瀚章、文煜、何璟、丁宝桢、杨昌濬、王凯泰、郭柏荫、王文韶、张兆栋、恩锡，于各该省欠解贵州协饷，饬令藩运各司无论何款，赶紧筹拨。于接奉谕旨后，限一月内扫数解清，不得稍涉迟缓。谅各该督抚等必能力顾大局，不至意存膜视也……将此由五百里谕知瑞麟、李瀚章……郭柏荫、王文韶、张兆栋、曾璧光，并传谕周达武、恩锡知之。”（《清穆宗实录》卷 335）

（同治十一年七月乙未）又谕：“曾璧光奏‘请饬拨专款筹办善后’一折……曾璧光请于江西厘金内提拨银四十万两，湖北厘金内提拨银三十万两，均于应协黔省兵饷积欠项下扣抵。山东、福建各借拨银二十万两，仍由四川、广东、江西、湖北、浙江五省，每省代还。山东、福建两省银各四万两，亦于积欠黔省兵饷项下扣抵。着各该督抚于奉到谕旨后，立即如数分别拨解，不得稍涉迟延，亦不得以现协军饷及现办黔捐借词抵卸。谅该督抚等必能力顾大局，竭力筹拨，不误要需也。将此由五百里各谕令知之。”（《清穆宗实录》卷 336）

（同治十一年八月癸亥）又谕：“成禄奏‘营饷待用孔亟，请饬各省拨解’一折，据称‘四川、湖北、陕西三省应解饷项，惟四川积欠最多。现在该营军粮等项，需款甚殷，拟请四川每月解银四万两，湖北每月解银二万两，陕西每月解银一万两，作为吉林、黑龙江马队专饷’等语。着吴棠、李瀚章、郭柏荫、邵亨豫每月按数筹拨，解交西征粮台转解，以应亟需……将此各谕令知之。”（《清穆宗实录》卷 338）

（同治十一年八月）戊寅，谕军机大臣等：“前据景廉奏，需饷孔亟，各省专协各饷未报起解。当谕令户部查明严催，并再筹拨银一二十万两，以资接济。兹据奏称‘……又本年六月间，奉旨提拨……陕西、湖北欠解新疆饷银各六七万两，应一并严行催解，并拟再于山东、山西、河南三省积欠新疆协饷项下，各提拨银五万两，俾资应用’等语。景廉剿办乌噜木齐逆匪，现在筹画进兵，所有粮饷转运各事宜需款甚巨，必须源源接济，方可无误事机。着李鸿章、吴棠、李瀚章、丁宝桢、鲍源深、钱鼎铭、邵亨豫、郭柏荫严饬各该藩司，将欠解景廉军饷迅即如数拨解，并着丁宝桢、鲍源深、钱鼎铭将此次该部续拨之款一并迅筹，均解交察哈尔都统转解景廉军营收用。该督抚等务当顾全大局，力筹解济，不得稍涉延宕，致误要需。将此各谕令知之。”（《清穆宗实录》卷 339）

（同治十一年九月丙戌）谕军机大臣等：“文煜、王凯泰奏‘筹解善后黔饷，并沥陈税厘情形’一折。前因贵州办理善后事宜，谕令福建借拨银二十万两，由四川、广东、江西、湖北、浙江等省代还……贵州下游肃清，办理善后，需饷孔亟，岂容稍有迟缓？着文煜、李鹤年、王凯泰饬令该藩司等，无论如何为难，务将未拨之十六万两迅速筹拨，解赴贵州，凑足二十万两之数，以资应用……毋稍延缓。倘因彼此推诿，致误要需，恐该督抚等不能当此重咎也。将此由四百里各谕令知之。”（《清穆宗实录》卷 340）

（同治十一年十一月甲申）谕军机大臣等：“前因黔省军饷缺乏，谕令户部于附近贵州省分指拨有着之款一二十万两，赶紧解往，其余各省欠饷，并令查明咨催。兹据该部奏称‘贵州毗连省分非协款本多，即地方瘠苦，可拨之款甚少。惟四川及湖北、广东进款较多，江苏距黔虽远，筹款尚易，请于该四省厘金项下各指拨银五万两，共银二十万两，为贵州专饷。如厘金不敷，即在别项款内凑足起解’等语，即着瑞麟、张兆栋、李瀚章、郭柏荫、吴棠、张树声、恩锡按照户部指拨数目迅速提款，克日解黔，以拯饥军而维大局，毋得稍涉延欠，致误戎机。其余欠解省分并着曾璧光等仿照西征粮台章程，将各省协拨饷银无论月饷、专饷，按月开列，已解、欠解清单报部查核。如有延欠过甚者，即由曾璧光一面报部，一面将该藩司、关道指名参处，以儆疲玩。将由此五百里谕知瑞麟、李瀚章、吴棠、张树声、郭柏荫、张兆栋、曾璧光，并传谕恩锡、周达武知之。”（《清穆宗实录》卷 344）

（同治十一年十一月戊戌）又谕："前据景廉奏'调道员黎献赴营差遣'，当谕令吏部传知该员，在楚省酌带旧部将弁，采买军火器械，前赴景廉军营。应需价值，由湖北应拨景廉军饷内提拨应用。兹据李瀚章奏'接据景廉咨称，已饬黎献就近在湘、楚地方招募数营。现在该员到鄂，当筹拨银三万两，交该员前赴上海采办军火，并筹备银一万两，俟该员回鄂兑交。惟由湘、鄂募勇出关，行粮甚巨，且该勇丁于西北风霜水土皆未服习，尤恐中途逃散，别滋事端，请由景廉就地添募'等语，着照所请，即毋庸在湘、鄂招勇立营。景廉军营所需勇丁，即着该都统就地招募，以资得力。其采买军火及拨解饷银，着李瀚章饬令黎献酌带将弁妥慎解往……将此各谕令知之。"（《清穆宗实录》卷345）

（同治十一年十二月乙亥）谕军机大臣等："刘岳昭奏'官军进攻顺宁，筹办饷需'……马如龙接奉谕旨，即拟克日进征，任事实属奋勇。第兵行粮随，自应赶紧筹画，所有湖北应协该提督专饷及各省应解协饷，着刘岳昭迅即咨催，以资应用。仍一面先行设法筹拨，俾全军得以克日起程。刻下大理攻剿正紧，顺宁、云州等处必须同时进攻，方得牵制之势。着刘岳昭传谕马如龙部署齐备，即行拔队前进，毋稍迁延……将此由五百里各谕令知之。"（《清穆宗实录》卷347）

（同治十一年十二月戊寅）又谕："成禄奏'驰抵安敦，搜捕贼匪，筹办军粮，李天和所部暂难前进，并甘肃等处军情'各折片……该军既经出关，饷需尤不可缓，所有四川、湖北、陕西应协月饷，着吴棠、李瀚章、郭柏荫、邵亨豫赶紧筹拨，按数解交西征粮台，陆续运送出关，毋稍延误。成禄以各省解到之饷为数无多，请饬部于款项稍裕省分先拨银二三十万两，仍在欠解协饷内扣抵归款，着户部酌核办理……将此由六百里各谕令知之。"（《清穆宗实录》卷347）

（同治十二年正月辛丑）又谕："前因成禄一军出关需饷紧急，谕令户部于款项稍裕省分酌拨。兹据该部奏称'拟在四川积欠饷内先提银十万两，湖北积欠饷内先提银五万两，共银十五万两，请饬筹解'等语。着照该部所议即由吴棠、李瀚章、郭柏荫各饬藩司如数筹拨，解至西征粮台，运送出关，毋稍延宕。此项提拨饷银，仍在四川、湖北欠饷内扣抵归款。将此由五百里各谕令知之。"（《清穆宗实录》卷348）

（同治十二年六月）辛酉，谕军机大臣等："……另片奏'闽省借拨善后黔饷，请饬四川迅解归款'等语。福建借拨善后黔饷，业经解足二十万之数。各省除解还外，四川尚欠银二万两，着吴棠迅将所欠银两速即解还闽省，以清款目。湖北省欠解银三万两，业由该省径解贵州，曾璧光于此项饷银解到时，即收作闽省协黔饷银，按数扣抵，以免轇轕。将此由六百里各谕令知之。"（《清穆宗实录》卷353）

（同治十二年六月乙丑）谕军机大臣等："景廉奏'带队驰赴古城，查看前敌情形，并请饬台站筹备驼马，运解炮位、军火'各折片……黎献由湖北购办炮位、军火等项，业经分起起程，由河南、山西、归化城取道蒙古前进。着定安于此项军火经过绥远城时，迅即拨给一半官驼，俾资运解……将此由六百里各谕令知之。"（《清穆宗实录》卷353）

（同治十二年六月丙寅）谕军机大臣等："袁保恒奏'关外需饷甚急，请饬催各省迅速拨解'一折，据称'成禄一军协饷，自上年八月间，奉拨四川每月银四万两，湖北每月银二万两……迄今四川仅两次解到银五万两……湖北仅五次解到银四万五千两，又现据报解银一万两……所解之数与所拨之数计之，尚不及十分之二，不敷甚巨，请饬迅速筹拨'等语。成禄一军现归金顺接统，交替之际，抚驭既难，需饷尤急。关外程途险远，采购转运，在在维艰，尤不可稍有缺乏。着吴棠、李瀚章、郭柏荫、邵亨豫，各将欠解该军协饷迅速筹拨大批，先行解往，并将以后

月协之款如数拨解，源源接济，毋稍延缓。将此由六百里各谕令知之。”（《清穆宗实录》卷353）

（同治十二年闰六月丙戌）又谕：“曾璧光、周达武奏‘请饬催各省欠饷，以维危局’等语，据称‘楚、黔各营勇丁欠饷甚巨，势皆迫不及待。现值新城防勇索饷滋事之后，必须速筹巨款，庶免再生枝节’，所奏自系实在情形。曾璧光等请于四川所欠的饷先拨银五十万两，山东、福建、江西、广东、江苏、浙江、湖北于欠饷内，每省各先拨银十五万两，着各该督抚无论何款照数筹拨，务于一月内飞速解黔，以济眉急。黔省甫经平定，若因饷需不继，致营勇纷纷哗噪，酿成事端，后患何可胜言？谅各该督抚素顾大局，必能力筹接济也。将此由五百里各谕令知之。”（《清穆宗实录》卷354）

（同治十二年九月）庚戌，谕军机大臣等：“刘岳昭等奏‘请将湖北每月拨解提督马如龙专饷，仍解云南藩库’等语。现在云南军务告竣，办理善后，待饷孔殷，着李瀚章、郭柏荫将每月应拨马如龙专饷银二万两即行停止，仍旧拨解重庆转运局解交云南藩库，以济要需。将此由四百里各谕令知之。”（《清穆宗实录》卷357）

（同治十二年十一月甲寅）又谕：“金顺奏‘统师出关，沥陈需饷实数，筹画粮运，请饬拨兵勇皮衣、银两、帐房、军火，仍令陕西制办’各折片。金顺现率所部驰赴古城一带剿贼，士卒荷戈边外，艰苦倍常。且戈壁长途，粮运一切需费甚巨，亟应筹拨有着之款，如期解济，俾赴戎机。所请于粤海关、江海关、江汉关洋税项下，按月添拨三万两之处，着户部速议具奏……关外用兵，粮饷、军火最为紧要，前经谕令左宗棠妥筹办理，该大臣自必通筹全局，源源接济，毋任缺乏……将此由六百里各谕令知之。”（《清穆宗实录》卷359）

（同治十二年十二月壬午）谕军机大臣等："曾璧光奏'川省欠解楚军的饷过多，请饬迅解，并古州生苗滋事，剿捕殆尽'各折片……该军待饷已久，哗溃堪虞，亟应迅拨巨款，以资支放。着吴棠饬令藩司于欠解饷内，无论何款，先拨银五十万两，交该委员领解回黔。以后即照吴棠所议，每月解银二万两，其所欠尾饷四十万四千两，仍着补解清款。该督务当顾全大局，力筹接济……将此由五百里谕知吴棠、曾璧光，并传谕周达武知之。"（《清穆宗实录》卷360）

（同治十三年正月壬子）又谕："景廉奏'请饬催各省协饷，并饬部拨款'一折，据称'该营月饷，前经部拨四川、山东、山西、河南、陕西、湖北等省每月专款银八万两，仅据河南报解银二万五千两，其余各省未据报解。现在各路援兵，计将次第到营，需饷甚殷，请旨饬催，并请先拨部款二十万两以资接济'等语。景廉军营饷需关系紧要，各省协饷未能应期解到，转瞬援兵云集，待用孔亟。着照所请，即由部库先行拨给银二十万两，以应急需，并着李瀚章、吴棠、文彬、鲍源深、钱鼎铭、邵亨豫、吴元炳督饬藩司，迅将各该省应拨景廉军营专饷扫数解清，毋任稍有延欠，致误要需。将此由五百里各谕令知之。"（《清穆宗实录》卷362）

（同治十三年二月丙申）又谕："前因四川欠解周达武军饷甚多，谕令该督先拨银五十万两解黔……至山东、福建、江西、广东、江苏、浙江、湖北各省，均经谕令各于欠借黔饷内先拨银十五万两，飞速解黔，即着曾璧光行文咨催，克期筹解，毋任延缓。所有黔省应撤应留之勇，并着该抚与周达武悉心筹商，妥为办理。将此由五百里各谕令知之。"（《清穆宗实录》卷363）

（同治十三年甲戌六月）己亥，谕军机大臣等："景廉奏'遵查道员黎献被参各款，据实复奏，并请饬催各省协饷'各折片……景廉军营刻下需饷甚急，河南、山东、山西、湖北、四川等省应协景廉专饷，着李瀚章、吴棠、文彬、鲍源深、钱鼎铭、吴元炳迅速拨解，毋稍蒂欠。将此由五百里各谕令知之。”（《清穆宗实录》卷367）

（同治十三年七月己未）谕军机大臣等：“克蒙额奏‘请饬催晋省迅拨饷银’一折……至克蒙额请饬四川、湖北、山东每月各拨解银四千两之处，着户部议奏。将此由四百里各谕令知之。”寻议：“遵查四川等省碍难添拨饷银，应无庸议。”从之。（《清穆宗实录》卷369）

（同治十三年八月庚辰）又谕：“周达武奏‘川省议筹楚军欠饷，缓不济急’一折。川省欠解周达武所部楚军协饷，昨据吴棠奏称‘在于省库凑拨银二十万两解往，先将武字营楚勇裁去五六营。其余银二十八万两，在于富荣局按月拨解……’，当经谕令吴棠等妥为办理。兹据周达武奏‘川省凑拨二十万两，实难先裁五六营，其余专指富荣局按月拨解，而众勇丁停饷守候，亦属为难，请将各营由吴棠遣撤’等语。川省库款支绌，势不能立筹巨款，自当设法通融。惟楚军月饷业已停止，势难日久守候，亦属实在情形……并该军欠饷，除拨用黔局一项外，其余三十余万两作何弥补之处，统由吴棠通盘筹画。至遣撤勇丁，系该提督专责，岂可以饷项为难，即欲置身事外？万一营勇聚而生变，则吴棠、周达武均不能当此重咎。周达武与吴棠会商筹定后，着一面联衔具奏，一面将各营分别陆续遣撤。统俟撤勇事竣，再行来京陛见。当此经费支绌，该督等宜如何和衷商榷，共济时艰，岂得各存意见，致干咎戾？将此由五百里谕知吴棠，并传谕周达武知之。”寻奏：“遵议楚军饷银，应照前奏拨足五十万两之数。其弥补银两，拟由川省筹解八万两，余银由统领率同各将领尽数报捐。”报闻。（《清穆宗实录》卷370）

（同治十三年八月丁酉）谕军机大臣等：“李瀚章等奏‘湖北应协云、贵饷项，请由督抚派员催解’等语，据称‘湖北奉拨月协滇军饷银二万两，嗣经改为提督马如龙专饷，叠次皆由该提督派员守催。现在马如龙路经湖北，随带弁丁七八十人之多，坐索欠饷甚亟。业由李瀚章等筹解银二万两，仍复借端挟制。迨经刘岳昭过鄂，与之婉商，再筹解银四万两，始允清款。又近来云、贵两省，每将寻常商户欠项以及文武廉俸等款，不由督抚知照，径由藩司填给库收，令其至鄂，由协饷汇兑’各情。各省协济饷需，自应由督抚派员催领。且目前各省库款支绌，筹措为难，若如该督等所奏‘带兵官带领多人坐索欠饷，且零碎款项，悉由邻省支给’，实属不成事体。嗣后湖北应协云、贵两省饷项，即着刘岳昭、岑毓英、曾璧光派委妥员，前往催解。不得令带兵官自行委员催取，并不得以寻常欠款指饷汇兑，以免纷歧而重饷需。将此由五百里各谕令知之。”（《清穆宗实录》卷370）

（光绪元年正月癸丑）谕军机大臣等：“曾璧光奏‘饷项支绌，请饬催专协各饷’一折。贵州办理善后事宜，情形万紧，亟须各省专协各饷源源接济。所有湖北、山东、福建、江苏、两浙每月各协拨银二万两……自应迅速筹解。着李宗羲、李瀚章、李鹤年……饬令各该藩司关道，迅将奉拨该省专协各饷勒限筹解，不准稍有蒂欠……将此由五百里谕知李宗羲、李瀚章、李鹤年……并传谕刘秉璋知之。”剿捕档 （《清德宗实录》卷3）

（光绪元年二月癸巳）谕军机大臣等：“李宗羲奏‘筹办海防，请催拨款’一折，据称‘两湖奉拨协款，湖南仅解到银二万两，湖北仅解到银三万两，计两省尚欠解银二十万两，请旨饬催’等语。现在江省筹办海防、修筑炮台、购买枪炮等件，需款甚急，着李瀚章、翁同爵、王文韶即将前次奉拨欠解银两扫数筹解，以应要需。将此由五百里各谕令知之。”现月 （《清德宗实录》卷4）

（光绪元年五月庚戌）湖北巡抚翁同爵奏：“湖北荆州万城大堤春秋

二汛，例应督抚轮赴督防，现值西陲未靖，均应在省督办防兵筹饷，委道员孙家谷等代防。”报闻。折包 （《清德宗实录》卷9）

（光绪元年五月甲寅）又谕：“……古城粮石缺乏，亟应妥筹接济，着左宗棠懔遵前旨，源源运解，以期士饱马腾。各省关应协金顺军营饷银……江海、江汉、粤海三关，每关每年应协饷银二十四万两。仅据江海关拨解十万两，江汉关拨解六万两，粤海关拨解三万两。现在该营盼饷甚殷，着李瀚章、英翰、吴棠、刘坤一、翁同爵、吴元炳、鲍源深、张兆栋、文铦即将各省关欠解协饷，迅速扫数按期拨解，毋稍延缓……将此由六百里谕知左宗棠、金顺、景廉、李瀚章……并传谕文铦知之。”剿捕档 （《清德宗实录》卷10）

（光绪元年八月己巳）谕军机大臣等：“克蒙额等奏‘晋饷拨解愈少，请饬分拨迅解’一折。山西省每年应拨宁夏满营兵饷银十万两，上年两次仅解过银三万两，本年尚未报解。该营官兵困苦，望饷甚殷，着鲍源深即饬河东道每月筹拨银五千两，并饬藩司每季筹拨银一万两，合成十万两之数，毋再延欠。并着鲍源深将从前裁撤楚勇每年节省应拨勇粮银七万二千两查明，除按年应拨外，余饷仍解该营，以清欠款。将此由四百里各谕令知之。”现月 （《清德宗实录》卷15）

（光绪二年正月乙亥）又谕：“前据左宗棠奏‘出关需饷孔亟，拟借洋款，由沈葆桢查照台防成议办理’，当交该衙门速议具奏。兹据总理各国事务衙门户部奏称‘西征军务紧要，请饬各省迅解协饷，并准其借用洋款’等语。西征军饷，前经该部议令将上年指拨各省关的饷一百二十万两，由该将军督抚查明欠解若干，限一个月内全解。至积欠西征军饷二千六百十余万两，限一年内提解一半，并经该部会同总理各国事务衙门奏明。各督抚应将西征、海防各饷，各按各款清解，不得因有海防拨款将西征各饷延欠……各省关原协、添协西征各饷……除同治十二年改拨毅军运费外，仍月协穆图善饷银一万两，湖北月协并应协穆图善饷银八万两……将此由六百里谕知左宗棠、文煜、沈葆桢、李鹤年……并传谕文格、李文敏知之。”剿捕档 （《清德宗实录》卷25）

（光绪二年二月己巳）谕军机大臣等：“沈葆桢等奏‘筹议关外饷需，碍难借用洋款，暨江苏拟力筹西征协饷’各折，据称‘借用洋款耗息甚多，海关部库均受其害，应于各省关移缓就急，并江苏竭力筹借’等语，所陈亦属实在情形。西征饷事甚殷，自当通盘筹画，于国计、军饷两无妨碍，方为有济。左宗棠公忠素著，自能计出万全，应如何斟酌尽善之处，着该大臣体察情形，妥为筹画，迅速具奏。原折片着钞给左宗棠阅看。沈葆桢所请将湖北、湖南协济江防银两移解西征粮台济用，俟左宗棠复奏到日，再行降旨。将此由五百里各谕令知之。”剿捕 （《清德宗实录》卷26）

（光绪二年三月辛丑）谕军机大臣等：“户部奏‘遵议提拨出关饷需’一折，左宗棠出关饷需，业于部库四成洋税项下拨给银二百万两，并准借用洋款五百万两，各省西征协饷提前拨解三百万两，以足一千万两之数，谅敷应用。沈葆桢等前请将江西派协云、贵各饷及湖南、湖北未解江防银两拨归西征，均可毋庸置议……现据户部奏称，福建已奏报提前凑解六十万两，广东省本年应协甘饷计九十一万两，已催令如数迅解。内除应还上届洋款本息约共四十万两零，仍余银五十万两，闽、粤共计已得银一百十万两。其余一百九十万两，即照部议，浙江提银四十五万两……湖北提银三十八万两……均于本年应解西征协饷项下先行提齐，统限三个月内扫数解交左宗棠应用。各该将军、督抚务当遵照部提数目，依限赶解，不得稍有短欠，致误戎机……将此谕知户部，并由五百里谕知左宗棠、李鸿章……并传谕文格、李文敏知之。”剿捕 （《清德宗实录》卷27）

（光绪二年三月甲寅）又谕："岑毓英奏'据提督马青云等禀称，前任云南提督马如龙积欠该营员弁勇丁应领恤赏暨勇丁月饷，共银九万四千一百八十两。经马如龙面谕由湖北欠解专饷项下拨给，迄今二年之久，仅有夏毓秀由湖北领过银四千五百两，其余均未领获。闻马如龙已由湖北领获欠饷银七万二千三百两余，由湖南领获欠饷银四万四千两，并由两湖允为补发银二十六万余两。马如龙领过饷项，并不寄滇分发，现在勇丁困苦，请由两湖划拨解滇发给'等语。马如龙在两湖领获饷项共有若干，其所欠该员弁等款项，自应分别解滇给领，岂容日久延宕？着翁同爵、王文韶知照马如龙，即由补发该提督欠饷项下酌量划拨，委员解滇，交云南藩司分别转发，毋稍延缓。该员弁勇丁等，并着岑毓英饬令马青云等妥为安置，毋得借端生事。原片着钞给翁同爵、王文韶阅看。将此由四百里各谕令知之。"剿捕　（《清德宗实录》卷28）

（光绪二年闰五月甲戌）又谕："明春奏'请饬拨饷银'等语。哈密军饷前经户部拨定，由四川每月解银一万两，湖北每月解银二万两，自同治十三年六月起截至本年四月止，两省共应解银六十余万两。二年之久，仅据湖北解过银五万两，四川解过银四万两。现在办理城守事宜，需饷孔亟，着翁同爵、文格督饬藩司，将应解哈密月饷源源接济，毋再延缓。将此由五百里各谕令知之。"剿捕　（《清德宗实录》卷33）

（光绪二年六月壬辰）谕军机大臣等："刘长佑奏'腾越练军，勾匪踞城，顺宁府城亦被匪窜扰，现在剿办，并请饬各省筹解饷需'一折……滇省军饷支绌，亟应宽为筹拨，以济要需。四川、湖广、浙江、广东应协该省饷银，着文格、翁同爵、杨昌濬、刘坤一、张兆栋无论旧欠新拨，速行筹解赴滇，俾资应用，毋稍延缓。将此由五百里谕知刘坤一、刘长佑、翁同爵、文格、杨昌濬、张兆栋，并传谕潘鼎新知之。"现月档　（《清德宗实录》卷34）

（光绪二年六月乙巳）又谕："……金顺饷需支绌，自属实在情形。刻下攻剿正当紧要，亟应妥筹接济，俾资饱腾。金顺请由部库四成洋税项下提拨现银五十万两迅解来营，即以江海、粤海、江汉三关欠拨该都统营饷归还部款……作为该都统军营专饷，按月解清。各该省每月应拨各处款项，即由原拨金顺协饷之江海、江汉、粤海三关并四川、湖北等省分与专拨，亦系酌量缓急，变通办理。着户部妥为筹议，迅速具奏。该军协饷，各省关积年欠解甚多，何以频催罔应。据奏……湖北欠解银七万五千两……江汉关欠解银四十六万两，着文格、鲍源深、李庆翱、丁宝桢、翁同爵、沈葆桢、吴元炳、俊启迅速筹措，源源拨解，以应急需，毋得再有迟延，致滋贻误……将此由五百里谕知左宗棠、金顺、沈葆桢、翁同爵、文格……并传谕俊启知之。"剿捕 （《清德宗实录》卷35）

（光绪二年六月）戊申，谕军机大臣等："刘长佑奏'滇省支绌情形，请仍准设局劝捐'一折，据称'滇省自军务肃清以后，奏明将各省捐局停止，原冀各省欠解协饷源源接济，借可供支。今各省新欠一半滇饷，自同治十三年正月起……湖北欠解二十九万余两，解拨过银十一万余两，共欠解银二百二十二万余两……现在腾越等处，匪徒滋事，亟须派队剿办，势难停兵待饷，请仍准设局开捐'等语。滇省饷项支绌，自系实在情形。所有四川等省欠解滇饷及常年兵饷，着文煜、沈葆桢、刘坤一、翁同爵、文格……督饬藩司迅筹拨解，以资接济，毋再延缓。刘长佑所请派员分赴各省设局劝捐，即着照所拟准其收捐……将此由五百里谕知文煜……翁同爵、文格……并传谕李文敏、潘鼎新知之。"现月 （《清德宗实录》卷35）

（光绪二年七月）辛未，谕军机大臣等："沈葆桢奏'收回淮盐引地，应遵部议迅速举行'一折，据称'以淮盐原有之楚岸仍令归淮，于楚省饷需大有裨益，非仅毫无所损。现滇、黔肃清，正宜移侵楚之川引，复从前之旧额'等语，所奏甚是。即着李瀚章、文格、翁同爵、王文韶遵照部议，迅速办理。其应如何剔除积弊、严杜私销之处，并着沈葆桢等会商妥办。原折着钞给李瀚章等阅看。将此各谕令知之。”现月随手 （《清德宗实录》卷36）

（光绪二年七月癸未）谕军机大臣等：“前据刘长佑等奏‘滇省军饷支绌，请饬部议拨’，当交户部速议具奏。兹据奏称‘浙江等省欠解滇饷积成巨款，拟按各省积欠之多寡定每月协拨之数目。请自本年九月为始，浙江、四川每月各提银一万三千两，湖北每月提银六千两，江苏、广东、湖南、江西每月各提银二千两，作为协滇新饷’等语。云南办理剿匪事宜需饷孔亟，着沈葆桢、刘坤一、李瀚章、翁同爵、文格……严饬各藩司查照此次指拨数目，按月协解，俾济要需。倘有仍前延欠，即由滇省督抚照贻误军饷例指名奏参。其常年例拨兵饷，仍着各归各款扫数拨解，并将每月批解日期先行报部备查……将此由五百里谕知沈葆桢、刘坤一、李瀚章、刘长佑、翁同爵、文格……并传谕潘鼎新知之。”现月 （《清德宗实录》卷37）

（光绪二年九月壬申）又谕：“谭钟麟奏‘前敌需饷，请饬催各省关欠饷，并饬部提拨年终一月满饷，暨各省欠饷可否先行挪借起解，请饬部酌议’各折片。各省关欠解左宗棠军营协饷，前据该大臣奏陈前敌艰窘情形，当经降旨饬催。兹复据谭钟麟将各省欠解本年饷数截至八月底止开单呈览……湖北未解银五十八万两……现在大军进规南路，亟须饷项接济，乃各该省应解八成以上饷数，报解寥寥。据该抚奏称‘大营存饷仅支两月，若不迅图解济，必致停兵待饷，贻误匪轻。着各该将军、督抚督饬司道监督等迅筹巨款，限九、十月间解至陕省，由粮台转解前敌应用。谭钟麟以需饷紧急，请饬各省将应解之款先由富商挪借一批，即行起解，仍按每月应解之数分期拨还。其应给息银，即由西征饷内扣除’等语，着户部酌核具奏。左宗棠军营应需年终满饷六十万两，并着户部即行分别指拨，统限十月底如数解齐，以应急需。谭钟麟另片奏

‘请饬催金顺军饷’等语，各省应解金顺军饷，本年实解到营者不满四十万两，该军亦在前敌正图进取，所需饷项岂容任意延宕？着户部即于各省关欠解金顺协饷四百数十万两内，每省酌提大批，勒限起解，务于年内赶紧到营，毋任延误。将此谕知户部，并由五百里谕令文煜、沈葆桢、刘坤一、李瀚章、丁宝桢、翁同爵、文格……知之。”剿捕 （《清德宗实录》卷40）

（光绪三年七月丙子）又谕：“前因金顺军饷支绌，当经户部于各省关欠解该营饷内酌提银一百二十万两，均限三个月内照数解交。兹据金顺奏称‘迄今半年之久，仅据……江汉关报解银一万两，其余均未解分厘，请饬严催’等语。金顺师行不容稍缓，此次酌提欠饷自应迅筹解济，以应急需。着沈葆桢、李瀚章……翁同爵、李元华严饬各该司道监督等，迅将一百二十万两之未起解者，勒限八月以前扫数解清，毋再延宕，致干咎戾。将此由五百里谕知沈葆桢、李瀚章……翁同爵，并传谕李元华知之。”现月 （《清德宗实录》卷54）

（光绪三年十一月丁卯）又谕：明春奏‘需饷孔亟，请借库款’一折，据称‘哈密军饷，每月湖北应拨银二万两，四川应拨银一万两，现已半年之久，一批未到。该处军食积欠粮价数万两，并有由吐鲁番送回难夷二千余名，嗷嗷待哺，需款甚殷。请准借部库银六万两，交哈密委员常恩解运，即由湖北如数解还部库’等语。现在部款支绌，能否借拨，即着户部妥速议奏。哈密需用紧要，湖北、四川奉拨银两，岂容任意延宕？着李瀚章、邵亨豫、丁宝桢迅速筹拨，务于年内解到，以济急需。吐鲁番送回难夷，着明春妥为抚绥，毋令失所。将此谕知户部，并由五百里谕令李瀚章、丁宝桢、邵亨豫、明春知之。”折包 （《清德宗实录》卷62）

（光绪三年十一月丙子）谕军机大臣等：“户部奏‘遵议哈密军饷，

请饬川、鄂两省于积欠项下提款解济’一折。湖北、四川应解明春军饷，自同治十三年经户部指拨后，四川仅报解银九万两，湖北仅报解银八万两，核之原拨饷数，不及六分之一，似此屡次玩延，实属意存膜视。现在该处军食久缺，并有难夷嗷嗷待哺，需款綦殷。着李瀚章、丁宝桢、邵亨豫遵照该部所议，于积欠明春饷银项下，湖北先提银六万两，四川先提银四万两，严饬各该藩司赶紧筹款，尽年内如数起解，以济要需。倘再延不报解，或解不足数，即由该办事大臣指名参奏。本年山西、河南旱灾，业经截留京饷数十万两，部款实难再拨。此次提拨饷银未到以前，哈密如有急需，即着左宗棠暂行酌量接济，俟拨饷解到，照数归还。其川、鄂两省应解明春月饷，仍着各该督抚按月源源筹解，毋稍贻误。将此由五百里各谕令知之。”现月　（《清德宗实录》卷62）

（光绪四年二月丁亥）又谕：“前据金顺奏需饷孔急，请饬部拨银一百万两。当谕令户部速议具奏。兹据该部奏称‘现在库款支绌，碍难照数拨给，拟垫发原库平银二十万两，仍于各省关欠饷内提还，并请饬四川等省迅解该营饷银’等语，着照所请，于封存四成洋税项下拨发银二十万两，由金顺派员赴部领解。即于各省关积欠该将军月饷内，江海、江汉、粤海三关各提银四万两……湖北省提银二万两，统限本年六月以前，如数解还部库。前经户部提拨该将军饷银共一百二十万两……各该关业经解清……其各省关应协该营月饷，并着该督抚监督，按月源源报解，不准延误……将此由五百里谕知金顺、沈葆桢、李瀚章、丁宝桢、李鹤年、吴元炳、邵亨豫、文格，并传谕俊启知之。”现月　（《清德宗实录》卷67）

（光绪四年二月庚子）谕军机大臣等：“曾国荃奏‘晋省贼匪蠢动，请饬直隶拨兵防堵，并请调刘连捷募勇来晋’各折片……曾国荃所请召募经费，及立营军装、枪炮器械、帐棚及启行川资，在长沙省城总局借拨，以期迅速。行抵汉口后，其陆路川资行粮，由湖北筹给。即于户部奏准该两省协济晋省款项内，湖南厘金四万两，湖北厘金二万两、盐厘二万两划扣，以清款目。着李瀚章、邵亨豫、崇福查照办理，迅即筹给，以济要需。除湖南扣给枪炮、棚帐价值外，其余银两，该督等即统交刘连捷自行经理，俾利遄行……将此由五百里谕知李鸿章、瑞联、李瀚章、阎敬铭、曾国荃、邵亨豫，并传谕崇福知之。”现月 （《清德宗实录》卷68）

（光绪四年三月己巳）谕军机大臣等：“左宗棠奏‘军饷将罄，请饬催各省关赶解协饷，并借山东、广西库款存银’一折。各省关应协光绪三年分西征新饷，除山西、湖北两省起解不及四成，河南仅及四成外，余均在八成以上，用是师得宿饱……现在筹办善后一切事宜，亦须大批饷银，方可徐收成效……上年山西、河南旱灾太广，停缓协饷，自属实在情形。湖北解饷不及四成，殊属玩泄，嗣后务当源源接济，不得再有稽延，致干咎戾。关内裁并勇营及关外疏通财货各事宜，仍着左宗棠认真擘画，次第奏明试办，以节饷需。将此由五百里谕知左宗棠、庆春、沈葆桢、李瀚章、何璟、刘坤一……并传谕勒方锜、葆亨、潘霨、崇福、俊启知之。”剿捕 （《清德宗实录》卷70）

（光绪四年五月庚戌）又谕：“黎培敬奏‘黔省饷项奇绌，请饬各省赶解协饷’一折，据称‘各省应协黔饷，前经部议，原拨湖北、山东、福建、江苏、浙江每月各协银二万两……自本年正月起至三月止，仅收四川协饷二万两，浙江协饷二万两，江西协饷一万两，不敷一月之用，吁恳催解’等语。贵州军务虽已肃清，而增复营额、裁撤防勇、办理善后一切，需款孔殷，亟应赶紧接济。着各该督抚迅将应协黔饷设法筹措，克期起解，一面将起解银数、日期随时奏报，并着各该督抚不得以捐抵协，俾免牵混。将此由五百里谕知沈葆桢、何璟、李瀚章、刘坤一……并传谕葆亨、藩霨、崇福、勒方锜知之。”现月 （《清德宗实录》卷73）

（光绪四年五月丙辰）署湖北巡抚潘霨奏：“续收漕粮等项拨充军需

局济用。”报闻。随手 （《清德宗实录》卷73）

（光绪四年九月庚申）谕军机大臣等：“户部总理各国事务衙门奏‘遵议左宗棠筹借商款’一折，现在新疆酌改营饷，清厘欠款，一切需用浩繁，经费无措。左宗棠所请‘筹借华商银一百七十五万两、洋商银一百七十五万两，共三百五十万两，指由江苏、浙江、广东、湖北、福建五省应协甘饷项下，并本息各银摊作六年十二期，齐还清款’，经该衙门议定，所称系实在情形，不得不准照办理。着庆春、沈葆桢、刘坤一、何璟、李瀚章、吴元炳、梅启照、张兆栋、吴赞诚、潘霨查照左宗棠借定银数，转饬各海关监督出票，由该督抚加盖关防，发交道员胡光墉妥为筹办。即各饬该藩司应将协甘饷项下，自光绪五年起分作六年，每年每省各划出饷银二十余万两，抵还左宗棠所借华洋各商本息银两，不得稍有蒂欠。借用商款，息银既重，各省关每年除划还本息外，京协各饷更属无从筹措，本系万不得已之计。此次姑念左宗棠筹办各务，事在垂成，准照所议办理。嗣后无论何项急需，不得动辄息借商款，致贻后累……其各省应协该军及新疆各军饷需报解未能踊跃，实属延玩。除山西、河南暂缓停解外，着庆春、沈葆桢、何璟、李瀚章、丁宝桢、刘坤一、吴元炳、裕禄、刘秉璋、李文敏、梅启照、吴赞诚、潘霨、邵亨豫、文格、谭钟麟、张兆栋，严饬各该藩司监督等，查照部定指解西征饷数及节次指提分拨新疆各军饷，各按各款，赶紧照数报解。倘再延缓及解不足数，致误事机，即由左宗棠及各路带兵大臣将各该藩司监督指名严参，以儆玩泄。将此由五百里各谕令知之。”剿捕 （《清德宗实录》卷78）

（光绪四年九月）己巳，谕军机大臣等：“明春奏‘请饬催四川、湖北迅解饷需’一折。据称‘上年指提四川、湖北饷共十万两，截至本年八月底止，两省各仅解过三万两。本年应解月饷，亦均未据报解，请饬严催’等语。哈密现当采办兵食，需款甚亟，着丁宝桢、李瀚章、潘霨严饬各藩司，迅将上年指提之款扫数解清，并将本年应解月饷迅筹大批，

源源接济，毋得再事延宕，致误要需。将此由五百里各谕令知之。”现月 （《清德宗实录》卷78）

（光绪四年十一月丙午）又谕：“春福等奏‘饷源匮竭，请饬部借拨实银，并请将指拨浙江、湖北协饷提解部库归款’一折。乌城库储罄尽，各省月饷报解无期，现值冬防吃紧之时，需款尤急，自系实在情形。所请饬部于四成洋税项下借拨实银四五万两，着户部酌量拨给，即交该城委员领解回乌，俾资接济。其浙江欠解银二万两，湖北应解银二万四千两，即着李瀚章、梅启照、潘霨赶紧筹措，于年内尽数解还部库，以清款目，毋稍迟延。将此谕知户部并由四百里各谕令知之。”现月 （《清德宗实录》卷81）

（光绪四年十一月己未）又谕：“刘长佑等奏‘滇省饷项支绌，请饬各省速解’一折，各省协济云南新饷，原因协滇兵饷积欠过多，是以于光绪二年七月间酌定数目，谕令各该督抚按月解济，以期款归有着，无误要需。乃据奏称‘自光绪二年九月起截至四年九月止，除江西长解银四万四千两外，浙江积欠银十五万六千两，四川积欠银九万五千两，湖北积欠银十一万四千两……共欠解银四十二万五千余两。是各省报解，仍复寥寥，自属不敷周转。该省办理善后一切事宜及剿办临安等处各匪需款尤迫，自应速筹接济，着沈葆桢、李瀚章、刘坤一、丁宝桢、吴元炳、梅启照、潘霨、邵亨豫、张兆栋严饬各该藩司，将欠解滇省新饷赶紧筹解，不准再涉迟延。至该省常年兵饷积欠尤巨，亦应设法筹解。着户部查照刘长佑等咨开各数，分别严催，俾资应用。将此由五百里各谕令知之。”现月 （《清德宗实录》卷81）

（光绪四年十一月壬戌）谕军机大臣等：“锡纶奏‘逆回窜扰塔境，派兵追剿’情形，并‘调营驻防，请改拨饷银’各一折……所请‘将江汉关月拨乌鲁木齐饷银五千两，改解塔城’等语，着户部速议具奏。其

未经拨定专款以前，所有该营饷需，仍着金顺妥筹接济。将此由五百里各谕令知之。”剿捕　（《清德宗实录》卷 82）

（光绪五年正月癸亥）谕军机大臣等：“春福等奏‘需饷孔急，请饬筹拨’一折，乌城月饷，前因山西、河南被灾，经户部议令浙江、湖北，自光绪三年十一月起至四年四月止，每月各协拨银四千两，嗣后仍由晋、豫筹解。兹据奏称‘正月以后，该两省并未筹拨，山东亦久未报解，该城官兵待饷甚殷，请饬户部酌度情形。倘山西、河南两省仍未能筹解，即另指他省，再行垫拨’等语，着户部速议具奏，并着文格迅将该省应解月饷赶紧拨解，不得再事迟延。将此谕知户部并由五百里谕令文格知之。”现月　（《清德宗实录》卷 86）

（光绪五年三月丙午）谕军机大臣等：“御史戈靖奏‘滇省抽厘养勇，于事无益，请饬规复绿营旧制，挑选乡练，编入行伍，将楚勇全行裁撤，并讲求铜盐水利诸税课，责成地方官核实征解，其厘金一项，惟于省会及各巨镇酌留数局，偏远州县概免抽收’等语。着刘长佑、杜瑞联体察情形，悉心酌核，奏明办理。原片均着钞给阅看。将此各谕令知之。”现月　（《清德宗实录》卷 89）

（光绪五年三月）辛亥，谕军机大臣等：“清安等奏‘请旨调练官兵并催解协饷’各折片……该处饷需，前经户部奏明由湖北、广东厘金项下各拨银一万二千五百两，山西、河南、山东每年各应解帮贴台费银一万两，因晋、豫两省前被旱灾，暂由山东一并筹解，时逾年余，均未报解。现在该官兵待饷孔殷，着李瀚章、刘坤一、潘霨、文格各饬藩司迅即照数筹拨，分别委员解赴绥远城将军察哈尔都统衙门，转解赴科，以济要需。将此由五百里各谕令知之。”现月　（《清德宗实录》卷 89）

（光绪五年六月）己酉，谕内阁：“……兹据奏称‘胡中和勇营尚无溃散情事，因四川协饷未解，无从垫发，遂咨请将楚勇两营裁撤，其发给两个月全饷，借充经费，仍系补还旧欠，并非另给行粮，含混支领。前任云南盐法道沈寿榕，查无与魏鼎薰等私事干求、亲密太甚各情，亦无声名平常实据’等语。胡中和着赏还黄马褂勇号，沈寿榕着仍以道员留于云南补用，毋庸送部引见。已革知府魏鼎薰、已革知州李光舒，仍着该督抚随时留心查看，如果始终奋勉，再行酌量奏请开复。”现月
（《清德宗实录》卷96）

（光绪五年八月庚申）谕军机大臣等：“左宗棠奏‘遵筹塔城马队专饷’一折。上年锡纶奏‘请调拨果勇马队两营应需月饷’，既据左宗棠酌定，须以五千两为定数，乃可无虞缺乏，自应照数拨给。此项银两，乌鲁木齐饷内既难改拨，即着照所请，由湖北江汉关每月原协陕西省一万两内改拨银三千两，河南除积欠嵩武军月饷赶紧筹解外，再另筹拨银二千两，共成五千两，作为塔城果勇马队两营专饷。着李瀚章、潘霨、涂宗瀛按月如数协济，以固边防……将此由五百里各谕令知之。”现月
（《清德宗实录》卷99）

（光绪六年正月癸未）谕军机大臣等：“金顺奏‘饷需极绌，请旨饬解’一折，据称‘前经部议，各省关应解该将军饷银，将光绪四年奏明指提之五十万两，尽五年六月以前解清，其应协新饷，按月照数报解。现查指提之项，粤海关尚欠解银一万两，江汉关欠解银三万两，湖北欠解银三万两，山东欠解银二万两。光绪五年应协月饷，亦仅解到二十余万两。现在整顿边务，请严饬按月解足’等语。该将军办理边防，需饷孔亟，着各该督抚、监督将应解月饷按月如数拨解。其粤海关、江汉关、湖北、山东欠解指提之项，并着该督抚、监督迅速解清，不得稍有迟误。将此由五百里谕知刘坤一、李瀚章……潘霨、冯誉骥，并传谕谭钧培、王思沂、俊启知之。”现月　（《清德宗实录》卷107）

（光绪六年正月乙酉）谕军机大臣等："恭镗奏'请饬催协饷'等语，乌鲁木齐饷银，应由山东等省按月协济，统计月饷四万两。现仅据山东协解三万两，江汉关协解一万两……计一年所解，不满两月月饷。该城办理募营善后各事，需饷孔殷，着该将军督抚、监督等竭力匀拨，以济要需。并各于就地饷源每年解交饷银若干，实在协济几月，咨复该城，俾知月饷确数，不致虚悬，以便通盘筹算，有济实用。将此由五百里谕知穆图善、庆春、刘坤一、李瀚章……潘霨，并传谕谭钧培、俊启知之。"现月 （《清德宗实录》卷108）

（光绪六年七月辛巳）谕内阁："岑毓英奏'请饬催各省欠饷'一折，据称'该省协饷，自光绪六年正月起至六月底止，收过四川月饷五万六千两，又春季部拨京款银三万一千五百两，春季抵捐协饷银一万两，湖北月饷银一万两……共收银二十七万五千五百两。而常年兵饷仍未解分厘，请旨饬催'等语。黔省用度艰窘，协款既已减成，各该省所拨饷银自当竭力解济，着刘坤一、李瀚章、何璟、张树声……迅将所欠黔省减成月饷并指拨的饷一律补解清款……将此由五百里各谕令知之。"现月 （《清德宗实录》卷115）

（光绪六年八月甲辰）谕军机大臣等："李瀚章、彭祖贤奏'遵旨咨会鲍超，召募勇丁，筹备饷项'，李明墀奏'拨给鲍超饷需军械并连日商酌情形'，鲍超奏'选募勇丁北上'各折片。前有旨，令鲍超于湖南、湖北两省召募万人，克期成军北上。该提督现在湖南召募十五营，俟赴湖北再召募八营，共计二十三营，是于二十营外，已添亲军三营。且霆营旧制，又系六百人为一营，计一万三千八百人，已逾万人之数，兵力不为不厚。该提督尚拟再添十营，令李鸿章转饬唐仁廉、娄云庆就近各召五营，归并调遣，为数过巨，现在饷需竭蹶，支应较难，所请着毋庸议。该提督当将现在所募二十三营，拣择成军，统带北上，以期得力。李明墀已将在湘起行饷需筹给，鲍超此时计早抵鄂，召募完竣。应需军饷，着李瀚章、彭祖贤妥速应付，并饬招商局整备轮船驶送，催令该提督克期督率前进，毋稍耽误。该军需用军械，据李明墀奏，洋枪洋炮，拟向鄂中采办，添补火药一项，先向津局取用，随后解还。着李鸿章酌量拨给。至鲍超所称霆军向有马队三千名，可否仍照旧章如数添设，着在原募二十三营内酌量改设，毋庸添募。其需用马匹鞍鞯，着李鸿章派员采购，以备乘骑。将此由六百里各谕令知之。”洋务 （《清德宗实录》卷117）

（光绪六年九月壬申）湖广总督李瀚章奏：“筹备饷需，未能远离省城，本年应阅营伍请展至来春举办。”允之。（《清德宗实录》卷119）

（光绪六年九月辛巳）湖广总督李瀚章等奏遵旨筹给霆军饷项并现到轮船先行载勇北上情形。报闻。折包 （《清德宗实录》卷120）

（光绪六年十月己酉）谕军机大臣等：“左宗棠奏‘请饬迅解西征饷需’等语。湖北应解西征协饷，除光绪四年以前欠饷外，五年分欠解银三十三万余两，本年截至七月欠解银三十万余两。现该省筹备边防，需饷甚急，着李瀚章等督饬藩司按月如数解足十成，交陕、甘后路粮台转解，并补清新欠，毋再延缓。将此由五百里各谕令知之。”现月 （《清德宗实录》卷121）

（光绪六年十一月辛卯）谕军机大臣等：“杜嘎尔等奏‘乌城边防紧要，请饬催各省欠款’一折，据称‘……光绪四年乌、科两城岁需经费，经部议由安徽、江苏、湖北、浙江四省在于厘金项下各拨银一万两，至今三年之久，并未报解。目前需饷孔亟，请旨严催拨济’等语。乌里雅苏台现在办理边防，亟须各省筹解饷项，以济要需。着各省督抚查照欠解数目，督饬藩司陆续筹解，其有员弁守催者，即着发交该城领饷之员赶紧运回应用，毋稍延缓。将此由四百里各谕令知之。”现月 （《清德宗实录》卷124）

（光绪六年十二月）己未，谕军机大臣等："明春奏'哈密防营专饷，经部核减，湖北每月拨银一万两，四川每月拨银五千两。自定议后，仅据四川拨银一万两，湖北尚未报解，请旨饬催'等语。该处防营困苦，待饷孔殷，着李瀚章、丁宝桢、彭祖贤督饬藩司按月拨解，俾资应用，毋稍迟延。将此由四百里各谕令知之。"（《清德宗实录》卷 125）

（光绪七年二月辛丑）两江总督刘坤一等奏："苏省厘局应解北洋八成经费，无法应付，请将湖北每年应解南洋防费银十五万两划抵北洋，其余五万两仍着按成分解。"允之。折包　（《清德宗实录》卷 127）

（光绪七年二月）己未，塔尔巴哈台参赞大臣锡纶奏："塔城果勇马队，奏由江汉关、河南省自光绪五年八、十两月分起协饷。惟该勇自四年五月到防，至五年八、十两月，一年有余，专饷无着，请饬部筹补。"下户部议。折包　（《清德宗实录》卷 127）

（光绪七年五月）辛巳，湖南提督鲍超奏："遵旨裁撤乐亭防军十三营，并请给月饷，以作川资。"得旨："昨据户部议复遣撤霆军事宜，所撤各营月饷，发至上船之日截止，鄂勇每名加给四十日饷需，湘勇每名加给五十日饷需，已足以示体恤。该提督当遵照部议，妥为办理，核实散放。"折包　（《清德宗实录》卷 130）

（光绪七年八月辛巳）谕军机大臣等："刘长佑奏'各省关积欠饷项甚巨，请饬迅解'一折，据称'各省关奉拨协滇新饷，自光绪二年九月起至七年七月底止……湖北欠解银三十二万二千五百八十余两……又各省关奉拨乙亥及壬午等年常年兵饷，东海关欠解银三万两……湖北奉拨银二十万两，江苏奉拨银五万两，均全未报解'等语。滇省地处边陲，素称瘠苦，常年全赖各省协济，况现在筹办善后各事宜，需用尤巨。乃自上年七月间，经该督等奏请饬催，谕令各省迅速筹解，迄今报解仍复寥寥，殊属不顾大局。该督等所陈‘收款短绌，一切度支无从挹注’，均系实在情形。朝廷殊深悬系，着各省关迅将积欠新饷并川盐局抵捐协饷及常年兵饷赶紧筹拨巨款，务于年内解滇应用，以后仍源源接济，毋得再有延宕。将此由四百里谕知刘坤一、彭玉麟、何璟、李瀚章、张树声、丁宝桢、黎培敬、谭钟麟、李文敏、岑毓英、彭祖贤、涂宗瀛、李明墀、任道镕、裕宽，并传谕谭钧培知之。”现月 （《清德宗实录》卷135）

（光绪七年十二月乙酉）谕军机大臣等：“户部奏‘遵议金顺军饷，请饬各省关赶解’一折。金顺以伊犁接收在即，开拔各营，转运食粮、军火以及找发积欠，需款甚急，请将各省关应解军饷先行各筹拨银十万两，限来年三月前扫数解清。兹据户部奏‘提拨之数稍巨，为时且促，或各省不能如数筹解，转滋贻误，拟请将应解金顺军饷之山西提银五万两……湖北提银五万两……江海、粤海、江汉三关每关各提银五万两，均限来年三月以前扫数批解’等语。着各该督抚监督等查照户部此次奏拨银两，赶紧如期照数解清，毋误要需。其每月应解金顺协饷亦应随时筹解，毋再积欠。将此由五百里谕知左宗棠、刘坤一、李瀚章、丁宝桢、任道镕、卫荣光、张之洞、李鹤年、彭祖贤、冯誉骥，并传谕谭钧培、崇光知之。”现月 （《清德宗实录》卷141）

（光绪八年六月壬申）又谕：“刘长佑等奏‘各省关欠饷甚巨，请饬速解’一折，据称各省关奉拨协滇月饷，自光绪二年九月起至八年三月底止，湖北欠解银三十七万五千四十余两……又自光绪五年冬季起至八年春季止，欠解盐务项下按季提解银二万一千二百五十两……又各省关自乙亥年起十次奏拨常年兵饷，除解过外，共尚欠解银二百二十余万两。滇省素称瘠苦，常年全赖各省协济，现在筹办边防及善后各事宜需用甚急，乃各省报解寥寥，湖北、浙江两省欠数尤巨，该督等所陈收款短少、用度支绌，自系实在情形。着各省关迅将积欠月饷并川盐局抵捐银两及

常年兵饷，赶紧筹拨巨款解滇，以济急需，毋得再有延宕。将此由四百里各谕令知之。”（《清德宗实录》卷148）

（光绪八年七月甲午）谕军机大臣等：“张树声奏‘提督刘维桢由鄂到津，所部步队四营拟请暂缓撤回，并请饬湖北照旧接济饷需’等语，已照该署督所请，准将鄂军步队四营暂缓遣撤矣。所有该军月饷，即着涂宗瀛、彭祖贤照旧接济，毋误要需。将此由四百里各谕令知之。”现月（《清德宗实录》卷149）

（光绪九年正月戊申）谕军机大臣等：“户部奏‘遵议金顺军饷，请饬各省关赶解’一折，前据金顺奏，伊犁防务紧要，需饷孔殷，请饬各省关于历年积欠内各先提银十万两，限九年六月以前如数解清。兹据户部奏‘提拨之数过巨，或各省未能如数筹解，仍属徒托空言。议于积欠金顺饷银之山西、四川、陕西、山东、湖北、河南等六省，江海、粤海、江汉三关，并河东道，各提银五万两，共提银五十万两，均限本年六月以前扫数批解’等语，着各该督抚监督等查照户部此次奏拨银两，赶紧筹拨，依限如数解清，毋稍延欠。其应拨月饷，仍着按月源源报解，以资应用。倘仍前解不足数，致误要需，即由金顺指名奏参。将此由五百里谕知左宗棠、金顺、涂宗瀛、丁宝桢、卫荣光、陈士杰、任道镕、张之洞、李鹤年、彭祖贤、冯誉骥，并传谕崇光知之。”现月（《清德宗实录》卷158）

（光绪九年四月己卯）陕甘总督谭钟麟奏：“关内防勇粮饷照楚军营制坐粮章程支发，请饬立案。”下部知之。随手折包（《清德宗实录》卷162）

（光绪九年五月）庚寅，谕军机大臣等：“杜嘎尔等奏‘请将西路杂差变通，分路行走’一折，据称‘喀尔喀界内各台上年被灾，驼马倒毙甚多，近来差徭日增，力难支应。请饬将伊犁、塔尔巴哈台各营部拨饷项暨山西协饷，仍由北路台站递运，其余采办杂差等项，均暂由西大路行走。若有南路川、楚、闽、粤等省饷项，请饬经由嘉峪关行走，以免迂折’等语。所奏北路台站苦累系属实在情形，即着金顺、锡纶将伊犁、塔尔巴哈台各项运解差使，查照所奏各节，酌量变通办理，分路行走，以纾台力。将此各谕令知之。”现月 （《清德宗实录》卷163）

（光绪九年九月壬辰）又谕：“前特谕户部筹拨广西、云南边防饷需，兹据部奏‘拟拨湖北应解本年地丁京饷银九万两、厘金京饷银三万两、盐厘京饷银三万两，划解广西应用……另由江西筹拨银五万两，湖北筹拨银五万两，解交广西……令各该省无论何款先行拨解’等语。广西、云南防军驻扎关外，现在边情紧要，需饷孔急，着各该督抚按照该部指拨银数迅速设法筹解。此系特拨之款，该督抚务当顾全大局，先其所急，毋稍延缓，以济要需。将此由五百里各谕令知之。”现月 （《清德宗实录》卷170）

（光绪十年九月辛未）谕军机大臣等：“杨岳斌奏‘募勇启程，并恳酌添营数’一折，据称‘湖南现有八营，并现募十一营，兵不满万，恳再添募十一营，并为三十营，驰赴闽疆’等语，所奏与叠次谕旨不符。现在福建兵力已厚，若再添募多营，徒耗饷需，且滋纷扰。杨岳斌着即于湖南现有八营及募就十一营内挑选精锐，并成十营，刻日统带启行，不得再请添募。该前督老于军事，岂尚不知兵贵精不贵多之义耶？所有湖南应给饷需，着庞际云迅筹拨给，毋稍贻误。另片奏‘由湘达闽，道远天寒，勇夫行粮，请饬湖北、江西两省各筹拨银六万两，迅解给放’等语，着卞宝第、彭祖贤、刘瑞芬筹给应用。将此由六百里谕知杨岳斌、卞宝第、彭祖贤，并传谕庞际云、刘瑞芬知之。”洋务 （《清德宗实录》卷194）

（光绪九年十一月乙巳）又谕：“倪文蔚奏‘王德榜勇营饷项，请饬妥筹并请拨军火’各等语，据称王德榜召募八营现已成军，该营饷需，左宗棠拟饬康国器于两广地方筹捐接济。惟查该两省情形艰窘，事属难行，亦非咄嗟可办，且楚军口粮与关外悬殊，若取给广西，不但无此力量，亦恐相形之下有怠戎心。所奏各节自系实情，即着左宗棠将王德榜营勇口粮妥筹解济，毋令缺乏……将此由五百里密谕知之。”洋务 （《清德宗实录》卷174）

（光绪十年三月丁亥）又谕：“岑毓英奏‘增募勇营，请添拨协饷’，并‘恳免节制粤、楚各军’各一折……关外各军不能无所统摄，该督所请免其节制粤、楚各军之处，着毋庸议……将此由六百里密谕知之。”洋务 （《清德宗实录》卷179）

（光绪十年四月）丁卯，谕军机大臣等：“户部奏‘遵旨筹拨饷需’一折，据称‘潘鼎新现需军饷，拟于前拨云南饷银一百万内拨给银三十万两……并湖北厘金等银三万两……’等语。潘鼎新所需饷银，除苏元春等所带三千余人仍用湖南原饷外，其不敷银两自应赶筹拨解，以应要需。着各该督抚监督等按照该部指定数目迅速拨给，毋稍迟误。至应解云南饷银及湖北等省月协广西饷银，并着户部咨催各该省速拨应用，勿任延欠。将此由五百里谕知曾国荃、张树声、丁宝桢、卞宝第、卫荣光、潘霨、刘秉璋、彭祖贤、倪文蔚，并传谕崇光、海绪知之。”现月 （《清德宗实录》卷182）

（光绪十年六月壬辰）署直隶总督李鸿章奏：“淮军月饷万分支绌，请将江汉关应解额款于四六成洋税项下通融匀拨，以顾近畿要防。”下部速议。折包 （《清德宗实录》卷188）

（光绪十年六月己亥）又谕：“电寄穆图善等，据张佩纶电称‘闽不足，非陆军，请止客军以省帑力’等语，体察兵力、饷力，具见斟酌，

已谕江西、湖北、湖南各军停拨……”电寄 （《清德宗实录》卷188）

（光绪十年七月壬戌）署湖广总督卞宝第奏：“遵旨募勇候调并筹备饷项以济军需。”得旨：“所需饷项，即着严饬司道无论何款速为筹备，一面听候部拨。至各营应给枪炮等件，并着该署督等咨商曾国荃拨济，以期迅速赴防。”折包 （《清德宗实录》卷190）

（光绪十年七月癸亥）又谕：“电寄曾国荃，据电称‘转据卞宝第电称，程文炳援闽，湖北并无六营可调，湘、鄂亦难筹饷’等语，闽事紧急，卞宝第何得以营缺饷绌，不令援军速往？实属不知缓急。着卞宝第速拨鄂军四营并由程文炳另召二营，凑足六营之数，统率赴闽，不准稍延。器械由鄂拨给，洋械不敷即用抬炮排枪，启程饷需鄂省酌拨，以后即由部拨。前饬湘、鄂募勇，仍应豫筹召募，庶几精壮足恃，免致仓猝成军，不暇选择。江阴拨出援闽之军，着曾国荃督饬刘连捷移营填扎，毋稍松懈。”电寄 （《清德宗实录》卷190）

（光绪十年七月癸亥）又谕：“电寄李鸿章，程文炳现由湖北率师赴闽，需用后膛枪炮，该省与南洋均少此项军械，北洋如能拨给，着李鸿章迅速酌解。”电寄 （《清德宗实录》卷190）

（光绪十年八月乙亥）署湖广总督湖南巡抚卞宝第奏：“遵募勇营，请准动拨解部洋税，并截留京饷。”下部速议。（《清德宗实录》卷191）

（光绪十年八月戊寅）又谕：“太常寺卿徐树铭奏‘左宗棠督师援闽，请饬安徽、江西、湖北、湖南四省带收厘款，拨作专饷’一折，据称‘咸丰十年曾国藩等剿办发逆，曾由湖南省于本省厘局之外，别立东征总局，酌收厘金，分解皖南、北各军。现在左宗棠督师援闽，所需军饷，若专责之曾国荃，恐两江亦形支绌，难望源源接济。拟请于安徽、江西、湖北、湖南四省厘局酌量带收海防厘金，或五成，或四成，裒集巨款，协济闽军’等语。左宗棠援闽各军尚无指定之饷，自应豫为筹画，着曾国荃、卞宝第、彭祖贤、潘霨、卢士杰、庞际云按照所奏各节，就各该省厘局情形详细筹议，迅速复奏。朝廷本不愿重困商民，惟当此军需紧要，如果有可增加，无甚窒碍，该督抚亦当竭力设法，以维大局……”（《清德宗实录》卷191）

（光绪十年八月丙戌）户部奏：“拟在湖南、湖北漕项银内各豫拨四万两迅速解闽。”得旨：“允行。”早事 （《清德宗实录》卷191）

（光绪十年八月戊戌）又谕：“广西关外战事孔急，饷亦缺乏，现令户部查明……由各省关月协银共四万两，现除已解外，湖北尚欠银四万九千两……全未报解。又于本年四月奏，由各省关指拨云南饷银一百万两内……湖北匀拨银三万两，均未报解。综计三次所拨广西协饷，各省关欠解甚巨。昨据潘鼎新电称‘现与法人接战情形甚紧，若粤饷一缺，即成徒手’等语，是该省饷需关系极重，亟应赶紧筹解，以应要需。各该将军、督抚、监督等务当顾全大局，共体时艰，无论如何为难，即将欠解银两迅速筹拨。亦知各该省关库款同一支绌，惟关外军情万紧，而核计分解之数多不过数万两，倘不如数批解，贻误军事，厥咎甚重，懔之。将此由六百里谕知穆图善、曾国荃、张之洞、丁宝桢、卞宝第、卫荣光、潘霨、彭祖贤、倪文蔚，并传谕庞际云、海绪知之。”洋务 （《清德宗实录》卷192）

（光绪十年九月）乙卯，谕军机大臣等：“据张之洞电奏‘潘鼎新、岑毓英均苦无饷’等语。关外军情万紧，饷项岂可稍缺，致误戎机？……即由各省应协该两省饷项内解交。川、楚归款，至应如何分还之处，着户部妥筹划拨。其余欠解云南、广西饷项各省关，并着该部查明迅速严催。将此由六百里谕知丁宝桢、卞宝第、彭祖贤，并传谕庞际云知

之。”洋务 （《清德宗实录》卷193）

（光绪十年九月丁卯）又谕：“电寄卞宝第，据潘鼎新电称‘法寇力图谅山，牧马等处空虚，无饷添募’等语，着卞宝第于魏纲等所募新勇酌派四五营，遴选得力统将，迅速带往广西关外交潘鼎新调遣，饷项仍由鄂省筹拨。该营未到以前，如急须添营，潘鼎新即酌募土人应用。”电寄档 （《清德宗实录》卷194）

（光绪十年九月辛未）又谕：“李用清奏‘黔省饷需奇绌，请饬催各省迅解协款’一折，据称‘各省协饷，本年正月至今……共只收银十四万八千二百五十两，于部定核减六十万之数，尚不及三分之一。此外浙江、福建、湖北、东海关全未报解’等语。黔省瘠苦异常，饷需无出，全赖协饷接济。现在各省筹办海防，明知饷需亦形支绌，惟所协该省月饷为数均属无多，筹解较易。各该督抚等自应设法拨解，以顾边陲。着曾国荃等即将本年未解黔省协饷如数赶紧解清，毋稍延缓。将此由五百里谕知曾国荃、杨昌濬、张之洞、卞宝第、卫荣光、陈士杰、刘秉璋、彭祖贤、倪文蔚并传谕庞际云、刘瑞芬知之。”现月 （《清德宗实录》卷194）

（光绪十年十月甲午）又谕：“杨岳斌奏‘行抵长沙筹画军需’一折……前所请湖北、江西各拨行粮六万两，已谕该督抚照拨，该前督经过湖北等省，即催提应用，嗣后每月饷项已由户部筹拨……将此由六百里谕知杨岳斌并传谕庞际云知之。”洋务档 （《清德宗实录》卷196）

（光绪十年十月戊戌）又谕：“杨岳斌奏‘统率辰州召募各营，俟饷到即行就道，并将滋事弁勇正法’，庞际云奏‘杨岳斌营勇滋事，立即拿办，现续筹给饷银’各折片……该军饷项，据庞际云奏，先解五万三千两，现又续解三万两，自已足敷支放。前谕湖北、江西各拨行粮六万两，该前督经过各该省，亦可酌提应用，不得守候逗遛，沿途务须督饬营哨

各官严禁骚扰，以肃军律……将此由六百里谕知杨岳斌，并传谕庞际云知之。”洋务档 （《清德宗实录》卷196）

（光绪十年十二月壬午）又谕：“前据金顺奏‘饷项短绌，请仍由部垫发’，当令户部速议具奏。兹据该部奏称‘自办理边海各防以来，出款骤增至五六百万，津、沽等处防军数十万人之饷皆取给于部库，已虑收不敷支，万难再垫伊犁军饷。而该处需饷孔殷，各省关欠解过多，开单请旨饬催’等语，金顺军饷既据该部奏称万难垫发，自系现在实情。伊犁地处极边，防务关系尤要，各省关何得意存膜视？本年欠解甚巨，深虑贻误要需，着各该将军、督抚、监督等迅将应解欠解伊犁光绪十年分月饷，无论如何为难，赶紧报解至六成以上八成以下，以应急需。不得视为寻常可缓协饷，借词延宕。倘敢再行玩误，即由该将军照贻误军饷例指名严参。原单着分别钞给阅看……将此由五百里谕知福州、伊犁各将军，两江、湖广、四川、两广各总督，江苏、江西、湖北……各巡抚，并传谕粤海关监督知之。”现月 （《清德宗实录》卷199）

（光绪十年十二月己丑）谕军机大臣等：“刘锦棠奏‘饷需涸竭，请旨严催赶解’一折，前据户部奏，本年西征军饷，各省关欠解甚巨，当谕令该将军、督抚等迅解。刻下西征各军待饷孔急，亟须迅筹拨解，以济要需。现着户部查开各省关已解、未解饷数清单，即着该将军、督抚等懔遵前旨，严饬藩运各司赶筹大批迅速解往，务将本年应解西征八成新饷按照户部单开扫数措解赴甘，毋稍延欠，致干咎戾。原单着分别钞给阅看。据刘锦棠奏称‘金顺、锡纶两军需饷至急’等语。金顺军饷，前据户部奏称‘万难垫发，请旨饬催’，已谕各省关赶紧报解。锡纶军饷着户部查明专协省分，催令迅速筹拨，俾资应用。另片奏‘各省关应解新疆工程银两，开单请饬迅解’等语，着该将军、督抚等赶紧拨解，限明年春季内扫数解清，不准借词延宕。原单并着分别钞给阅看。现在关外各项饷需关系极要，该将军、督抚等毋得稍存膜视，致误事机。将此谕知户部并由五百里谕知福州将军，两江、闽浙、四川各总督，江苏、安徽、江西、浙江、湖北……各巡抚，并传谕粤海关监督知之。”照例（《清德宗实录》卷200）

（光绪十一年正月丙午）又谕：“电寄张之洞等……广西军饷着鄂、湘两省截留京饷，无论何款，迅速筹解。张之洞于借款内无论已得若干，迅即分济滇、粤各军，以应急需……”电寄档 （《清德宗实录》卷201）

（光绪十一年正月己酉）署湖广总督卞宝第等奏：“在籍提督刘维桢捐助海防军饷及湖北创设机器局经费巨款，请予奖叙。”得旨：“刘维桢报效银二十万两，捐助要需，深明大义，殊堪嘉尚，着俟呈缴过半后，该督抚速行奏请，候旨施恩。”折包 （《清德宗实录》卷201）

（光绪十一年正月壬子）钦差大臣督办福建军务左宗棠等奏：“请将提督刘维桢捐款解闽接济。”得旨：“昨据卞宝第等奏称，刘维桢捐助海防军饷及湖北创设机器局经费，共银二十万两，分年解缴。当谕令俟呈缴过半，由该督抚奏请恩施。至闽省军饷，业经左宗棠等订借洋款济用，该大臣等所请将此项捐款解闽之处，着毋庸议。”折包 （《清德宗实录》卷201）

（光绪十一年二月戊子）谕军机大臣等：“潘鼎新奏‘湖北四营到防，请仍由湖北拨给月饷，按十二关发足’等语。前由湖北调赴广西之衡胜等四营现已到防，派道员魏纲统领。该营远征关外，自应发给足饷，以资饱腾。着照所请，即由卞宝第、彭祖贤将该营月饷按十二个月发足，陆续拨解应用，毋任缺乏。将此由五百里各谕令知之。”（《清德宗实录》卷204）

（光绪十一年二月）壬申，谕军机大臣等：“电寄卞宝第等，彭玉麟等电奏‘粤防吃紧，请调总兵龚继昌酌带数营迅即赴粤。湘、鄂垫一两月军饷由粤归还，并调副将邓第武随往’等语，着卞宝第、庞际云照所奏迅速办理……”电寄　（《清德宗实录》卷 203）

（光绪十一年三月）戊申，署湖广总督卞宝第等奏：“海疆军务紧要，请暂复米谷厘金，借济饷需。”又奏：“鄂省质当，并未领帖纳税，请每座按年捐银一百两，遇闰加增银八两，收解藩库，以备缓急。”均允之。折包　（《清德宗实录》卷 205）

（光绪十一年三月庚戌）云贵总督岑毓英奏：“鲍军、粤军月饷俱照楚淮章程，每勇丁月支口粮银四两……”允之。折包　（《清德宗实录》卷 205）

（光绪十一年三月壬戌）云贵总督岑毓英奏：“刘永福军饷请示限制。”得旨：“刘永福一军月饷即着咨商张之洞，参酌楚、淮各军饷章，核明给领。”（《清德宗实录》卷 205）

（光绪十一年七月己未）谕军机大臣等：“本年各省应解甘肃、新疆军饷，前经户部指定银数按期拨解，嗣因欠解甚多，复经该部叠次奏咨飞催，兹据将已解、未解数目开单呈览，甘肃、新疆军饷关系紧要，岂容似此迟误？现在各省欠解银两尚有二百六十余万，江西、湖北等省欠解最多，尤属不成事体。着各该督抚等按照单开数目赶紧筹拨，扫数解清，毋再延宕。原单着钞给阅看，将此由五百里各谕令知之。”现月（《清德宗实录》卷 212）

（光绪十一年九月庚申）又谕：“户部奏‘筹拨甘肃新饷’一折，甘肃关内外各军饷银关系紧要，现经户部分别饷数，酌定章程，将光绪十二年新饷，指拨山西省银八十四万两……湖北省银三十三万两……共四百八十万两，请饬依限报解。着该督抚等严饬各该司道按照部拨数目，于本年十二月底止赶解三成，至来年四月底止再解三成，其余四成统限九月底扫数解清。各该省如能依限完解，即由陕甘总督照案奏请优奖，倘仍前延欠，即着户部照例奏参。将此由五百里各谕令知之。”现月（《清德宗实录》卷216）

（光绪十一年十二月庚寅）陕甘总督谭钟麟奏：“提督雷正绾军营行粮，请仍照楚军章程支销。”允之。折包 （《清德宗实录》卷222）

（光绪十二年正月己酉）云贵总督岑毓英奏：“滇省西南两路边防需饷孔亟，请饬严催协饷[①]，指拨的款。”下部议。寻奏：“应请饬下浙江、江西、广东、湖北……各督抚将旧欠滇饷三分之一按照前单提前如数筹解。”从之。折包 （《清德宗实录》卷223）

（光绪十二年四月丁卯）直隶总督李鸿章奏：“由湖北调防直隶武毅军马队一营、步队三营，现酌裁马、步队各一营，以节饷需。”下部知之。折包 （《清德宗实录》卷226）

（光绪十二年六月）甲申，钦奉慈禧端佑康颐昭豫庄诚皇太后懿旨：“前因海防善后用项浩繁，及酌加旗营饷需必须筹款支给，先后谕令各该省关将每年出入款目分晰奏报，并将现有勇营切实核减，冗局闲员大加裁汰，每省每年可以节省若干专款存储解部。节经各直省将军、督抚、监督等陆续奏到，其能节省解部者，仅止江苏、安徽、湖北、湖南……数省，余则非入不敷出，即出入相抵。在各省用款繁多，每谓无可裁减，殊不知近来积习相沿，每办一事即创立一局，位置冗员，开支公费，种种滥用，弊窦甚多。虽经屡次严谕，迄未大加裁减，总由各督抚未能严

---

① 饷：底本误为“镶”。

饬藩司实心经理，致以国家之正供作无益之冗费。国用何时可充，饷需何时可足耶？况王公百官旗营俸饷现已照旧全数放给，海军创立需款尤多，非宽筹饷项不足以资周转而应要需。各该将军、督抚、监督等受国厚恩，务当共矢公忠，破除情面，能省一分浮费即多一分正用。所有奏明无款可拨各省，着再将各项可省之款核实删减，无论正款闲款，不拘数目多寡，每省每年可以节省若干，存储解部，即行筹议具奏，不得以入不敷出、无可节省，一奏塞责，稍涉推诿。当此时事艰难、饷需支绌，但得每省能节若干，积少成多，不无裨益。谅各该将军、督抚、监督等必能共体时艰，力为筹措也。至已经奏明节省饷需存储备拨各省，即着照数批解，勿稍迟延。如尚有可省之处，并着随时筹画，据实奏闻。将此由四百里谕知各直省将军、督抚，并传谕粤海关监督知之。”现月（《清德宗实录》卷229）

（光绪十二年九月戊戌）谕军机大臣等：“户部奏‘筹拨甘肃新饷’一折，甘肃关内外各军饷银关系紧要，现经该部将光绪十三年新饷，指拨山西省银八十四万两……湖北省银三十三万两……共银四百八十万两，请饬依限报解。着该督抚等严饬各该司道按照部拨数目，于年内十二月底止赶解三成，至来年四月底止再解三成，其余四成统限九月底扫数解清。各该省如能依限完解，即由陕甘总督照案奏请优奖。倘仍前延欠，即着户部照例奏参。将此由五百里各谕令知之。”现月 （《清德宗实录》卷232）

（光绪十二年十一月癸丑）又谕：“户部奏‘接据提督鲍超咨报用饷实数，钞录原咨呈览，并查明应缴、应扣等款’各折片，览奏殊堪诧异。鲍超于十月初一日发递遗折，有‘粮饷支发系何应钟办理，并恳恩准实用实销’等语。今户部所接咨文，系填写六月二十九日出咨，乃迟至十一月十六日始行到部，所报用饷实数与上年咨部清册不符二十万两之多。且历述何应钟等朋比侵蚀，情节甚重，与遗折之语如出两人。又称令伊子鲍祖龄缴出银十万余两，亦未声明呈缴何处。种种疑窦，情弊显然。事关朋吞巨饷，亟应彻底根究，湖北候补道何应钟、许世福，候补知县鲍祖馨，营官罗天德、吴荣贵，哨官温德炳、周泰，随员丁堉、刘长松、陈宗器、傅少岩、许世祺，均着暂行革职，交刘秉璋提案，严行审讯，务将支发款目研究得实，毋任稍涉弊混。何应钟等果有浮冒侵吞情弊，即行从严参办，勿稍姑容。至片内所称鲍祖龄缴出银十万八千两及应扣湘平银两，并着确查办理。户部折片及鲍超咨文着钞给阅看，鲍超遗折一并摘钞给阅。将此由五百里谕令知之。"现月 （《清德宗实录》卷 235）

（光绪十二年十二月乙丑）署伊犁将军锡纶奏："卸署塔尔巴哈台参赞大臣明春借拨塔城善后银两，代还哈密任内积欠粮价商款，恐酿他事，请饬另筹办理。"得旨："前据明春奏请将塔城善后银两借拨归还商欠，已照所请行。此项借拨银两，自应仍由前拨哈密饷项内如数归还。明春前奏并有借用刘锦棠银两，着户部查明。湖北、四川欠解哈密饷银数目，严催该督抚迅筹解交刘锦棠，分别划归，以清款目。"折包 （《清德宗实录》卷 236）

（光绪十三年正月丙午）又谕："户部奏'筹垫雷正绾军饷并令将勇丁妥筹裁并'一折……至该军勇丁，前已谕令裁汰归并，如有籍隶……湖北等省，即着就近分别遣散……以节饷糈。将此由五百里谕知庆裕、曾国荃、谭钟麟、崧骏、卫荣光并传谕雷正绾知之。"现月 （《清德宗实录》卷 238）

（光绪十三年八月）壬辰，谕军机大臣等："户部奏'筹拨甘肃新饷'一折，甘肃关内外各军饷银关系紧要，现经该部将光绪十四年新饷，指拨山西银八十四万两……湖北省银三十三万两……共银四百八十万两，请饬依限报解。着该将军、督抚等严饬各该司道按照部拨数目，于本年十二月底止赶解三成，至来年四月底止再解三成，其余四成统限九月底止扫数解清。各该省如能依限完解，即由陕甘总督照案奏请奖叙。倘再仍前延欠，即着户部照案奏参。将此由五百里各谕令知之。”现月 （《清德宗实录》卷246）

（光绪十三年十月己亥）直隶总督李鸿章奏：“湖北调防直隶之武毅两营扼守畿东门户，难遽裁撤。自来年起拟由直隶筹饷，今年仍由湖北解足，以顾要防。”如所请行。折包 （《清德宗实录》卷248）

（光绪十三年十一月丁巳）又谕：“潘霨奏‘请饬拨解欠饷’一折，据称‘贵州协饷，湖南欠解银十一万二千两，湖北欠解银十五万八千两……本年绿营季饷毫厘未发，练军薪饷等款积欠累累，库空如洗，情形急迫。请饬迅筹成数，或五六万两，或三四万两，于年前解到’等语。贵州军饷专待各省解济，现在欠发甚巨，需款孔亟，着曾国荃、裕禄、杨昌濬、张之洞……饬令各该藩司、关道迅筹大批，赶紧拨解，以济急需，毋再迟延。将此由五百里各谕令知之。”现月 （《清德宗实录》卷249）

（光绪十四年四月）丁亥，谕军机大臣等：“户部奏‘请续拨京饷’等语，近年部库放款浩繁，叠经户部续请派拨京饷。此次该部体察各省情形，拟拨……湖北盐厘银五万两……共银一百万两，着该督抚各将所拨饷银，连本年原拨未解京饷，均于五月前解到一半，十二月初间如数解齐。各该督抚务当顾全大局，依限提前完解。倘借词委卸，率请划抵截留，贻误要需，即着该部指名奏参。将此由五百里各谕令知之。”现月 （《清德宗实录》卷254）

（光绪十四年四月）丙申，湖广总督裕禄等奏：“委员赴张家口采买马匹，请饬免税。”下部知之。随手 （《清德宗实录》卷254）

（光绪十四年八月丁未）谕军机大臣等：“户部奏‘筹拨甘肃新饷’

一折，甘肃关内外各军饷银关系紧要，现经该部将光绪十五年新饷，指拨山西省银八十四万两……湖北省银三十三万两……共银四百八十万两，请饬依限报解。着该将军、督抚等严饬各该司道按照部拨数目，于本年十二月底止赶解三成，至来年四月底止再解三成，其余四成统限九月底止扫数解清。各该省如能依限完解，即由陕甘总督奏请奖叙。倘仍前延欠，即着户部照案奏参。将此由五百里各谕令知之。”现月 （《清德宗实录》卷 258）

（光绪十五年五月癸丑）又谕：“前据岑毓英等奏‘云南饷需奇绌，请饬部限催各省如数筹解’一折，当令户部速议具奏。兹据奏称‘滇省兵饷系计口授食之需，各省应解新旧饷银，截至本年三月止，湖南报解不及九成，江西、湖北、四川报解不及五成，浙江报解尚不及二成，实属任意玩延，着裕禄、刘秉璋、崧骏、德馨、奎斌、王文韶严饬各该藩司将欠解滇饷设法筹措，限于本年八月内筹解一半，十一月底扫数解清。云南办理边防，饷需极关紧要，经此次饬催后，各该督抚、藩司倘再延不筹解，即着户部指名严参。原折单均着钞给阅看。将此由四百里各谕令知之。”现月 （《清德宗实录》卷 270）

（光绪十五年六月）丙戌，谕内阁：“奕劻等奏‘各省关应解海防经费限满，请分别劝惩，开单呈览’一折，据称各省关应解上年海防经费及补解历年欠款，有扫数全解者，有尚未解清者，自应查照定章分别劝惩。所有业经解清之湖北省及闽海、镇江、江汉、芜湖、粤海各关，着交部查取职名，给予议叙……此项经费关系紧要，即着该督抚饬司将欠解银两迅即如数拨解，毋再迟延，致误要需。嗣后各省关务当遵照指拨数目，按年解清，不得任意延宕。”现月 （《清德宗实录》卷 271）

（光绪十五年八月壬辰）又谕：“户部奏‘筹拨甘肃新饷’一折，甘肃关内外各军饷银关系紧要，现经该部将光绪十六年新饷，指拨山西省银八十四万两……湖北省银三十三万两……共银四百八十万两，请饬依限报解。着该将军、督抚等严饬各该司道按照部拨数目，于本年十二月底赶解三成，至来年四月底止再解三成，其余四成统限九月底止扫数解清。各该省如能依限完解，即由陕甘总督奏请奖叙。倘仍前延欠，即着户部照案奏参。将此由五百里各谕令知之。”现月　（《清德宗实录》卷273）

（光绪十六年八月壬子）又谕：“户部奏‘筹拨甘肃新饷，并酌定分给各军饷数，开单呈览’一折，甘肃关内外各军饷银关系紧要，现经该部将光绪十七年新饷，指拨山西省银八十四万两……湖北省银三十三万两……共银四百八十万两，请饬依限报解。着该将军、督抚等严饬各该司道按照部拨数目，于本年十二月底止赶解三成，至来年四月底止再解三成，其余四成统限九月底止扫数解清。各该省如能依限完解，即由陕甘总督奏请奖叙。倘仍前延欠，即由户部照例奏参。其关内外各军应分新饷，即着户部按照单开数目，行知陕甘总督等遵照办理。将此由五百里各谕令知之。”现月　（《清德宗实录》卷288）

（光绪十六年十一月甲申）又谕：“户部奏‘豫拨筹边军饷’一折，据称‘辛卯年筹边军饷，共指拨银二百万两，请饬依限报解’等语。此项饷银关系紧要，着该将军、督抚、监督等按照指拨银数于来年四月前解到一半，十月内全数解清，毋稍迟逾。原折单均着钞给阅看。将此由四百里谕知福州将军，两江、湖广……湖北、福建、广东各督抚，并传谕粤海关监督知之。”现月　（《清德宗实录》卷291）

（光绪十七年五月乙丑）四川总督刘秉璋奏：“请将江、楚两省加抽川盐、江防、海防厘金立限停止，以纾商力而顾饷源。”下户部议行。早事　（《清德宗实录》卷297）

（光绪十七年八月）辛酉，谕军机大臣等：“户部奏‘筹拨甘肃新饷，开单呈览，并请饬催关内外各军将裁减实需饷数迅速奏报’一折，甘肃关内外各军饷银关系紧要，现经该部将光绪十八年新饷，指拨山西省银八十四万两……湖北省银三十三万两……共银四百八十万两，请饬依限报解。着该将军、督抚等严饬各该司道按照部拨数目，于本年十二月底止赶解三成，至来年四月底止再解三成，其余四成统限九月底止扫数解清。各该督如能依限完解，即由陕甘总督奏请奖叙。倘仍前延欠，即由户部照例奏参。至各军裁减饷数，并着户部行知该督抚、将军、副都统，切实估计，迅速报部。将此由四百里各谕令知之。“现月 （《清德宗实录》卷300）

（光绪十七年十一月）庚午，谕军机大臣等：“崧蕃奏‘库需匮乏，协饷欠解太巨，请饬催解’一折，据称‘黔省协饷近惟四川、广东、江苏、九江关等处源源报解，余如山东、湖北、湖南等省，每年解不及半……积欠将及三百数十余万两。本省现在进剿苗匪，需饷孔亟，请饬部分催迅解，以济急需’等语……着户部飞催应协黔饷各督抚，务将本年协饷迅即如数解清，仍将历年欠饷陆续筹解，以重边防。原折着钞给阅看。将此谕令知之。”现月 （《清德宗实录》卷303）

（光绪十七年十一月乙亥）又谕：“户部奏‘豫拨筹边军饷’一折，据称‘壬辰年筹边军饷共指拨银二百万两，请饬依限报解’等语。此项饷银关系紧要，着该将军、督抚、监督等按照指拨银数，于来年四月前解到一半，十月内全数解清，毋稍迟逾。原折单着钞给阅看。将此由四百里谕知福州将军，两江、湖广……湖北、广东各督抚，并传谕粤海关监督知之。”现月 （《清德宗实录》卷303）

（光绪十八年八月辛酉）又谕：“户部奏‘筹拨甘肃新饷，开单呈览，并请饬催关内外各军将裁减实需饷数迅速奏报’一折，甘肃关内外各军饷银关系紧要，现经该部将光绪十九年新饷，指拨山西省银八十四万两……湖北省银三十三万两……共银四百八十万两，请饬依限报解。着该将军、督抚等严饬各该司道按照部拨数目，于本年十二月底止赶解三成，至来年四月底止再解三成，其余四成统限九月底止扫数解清。各该省如能依限完解，即由陕甘总督奏请奖叙。倘仍前延欠，即由户部照例奏参。至各军裁减饷数，并着户部行知该督抚、将军、副都统切实估计，迅速报部。将此由四百里各谕令知之。”现月　（《清德宗实录》卷315）

（光绪十九年六月辛酉）湖广总督张之洞等奏：“酌给遣勇游勇船价钱文，恳准作正开销。”下户部知之。折包　（《清德宗实录》卷325）

（光绪十九年八月戊辰）谕军机大臣等：“户部奏‘筹拨甘肃新饷，开单呈览，并请饬催关内外各军将裁减实需饷数迅速奏报’一折，甘肃关内外各军饷银关系紧要，现经该部将光绪二十年新饷，指拨山西省银八十四万两……湖北省银三十三万两……共银四百八十万两，请饬依限报解。着该将军、督抚等严饬各该司道按照部拨数目，于本年十二月底止赶解三成，至来年四月底止再解三成，其余四成统限九月底止扫数解清。各该省如能依限完解，即由陕甘总督奏请奖叙。倘仍前延欠，即由户部照例奏参……将此由四百里各谕令知之。”现月　（《清德宗实录》卷327）

（光绪二十年十月庚戌）又谕：“有人奏‘湖北提督吴凤柱在芦台拔营时，所带马队四百五十名，每日人马只给饷一百二十文，当时兵丁即溃去百数十名，请饬查办’等语。现当军务吃紧之时，必须士饱马腾方能用命，该营饷章究竟如何开放，有无克扣情事，着吴大澂确切查明具奏，毋稍徇隐。将此谕令知之。”寻吴大澂奏：“查明湖北马队饷章，本属不敷，吴凤柱并无克扣情事，拟请加给饷乾银两。”下部知之。洋务折包　（《清德宗实录》卷351）

（光绪二十年十月乙卯）又谕："户部奏'军饷吃紧，请严催各省关欠解各款'一折。本年原续拨京饷八百万两，边防经费二百万两，筹备饷需二百万两。现在各省关应解前项银两，统计所欠尚有三百余万两之多，部库例支各款已属不敷开放，又值军务孔亟，添兵购械，需款浩繁。必须各省关将欠解各饷扫数解清，方足以资周转。着各该将军、督抚、监督等各将欠解银两迅速筹解，以固根本而裕军储。将此由六百里谕知福州将军，两江、两广、湖广、四川、闽浙各总督，山东、山西、浙江、湖北……各巡抚，并传谕粤海关、淮安关各监督知之。"现月 （《清德宗实录》卷351）

（光绪二十年十月戊辰）谕军机大臣等："电寄谭继洵，据李鸿章电奏'吴凤柱马队赴奉，请照出征定章月给七两二钱，并加给钱夫若干名'等语，着照所请，由湖北按月筹给，并将新募步队四营月饷一并源源汇解，毋令缺乏。"电寄 （《清德宗实录》卷352）

（光绪二十年十月戊辰）又谕："电寄李鸿章，宋庆在金州，亟待后路接济，所有章高元、唐仁廉、李光久各军，仍着李鸿章迅催前进。海、盖为必由之路，倘遇倭来窜扰，即着迎头奋击，以顾后路。吴凤柱月饷、钱夫等项，已饬湖北按月照拨，着饬令该提督即日拔队出关，毋得借词延缓……"电寄 （《清德宗实录》卷352）

（光绪二十年十月己巳）湖广总督张之洞等奏："湖北奉调及湖南过境北上诸军，分别筹给饷械，以利师行。"又奏："湖南、北防营出征，拟添募填扎。"均下部知之。折包 （《清德宗实录》卷352）

（光绪二十年十一月戊戌）（护理湖广总督谭继洵）又奏："遵旨就地筹捐，所有鄂省筹垫北征各军饷械及办理江防，亦请于此项捐款内量为匀济。"下部议。折包 （《清德宗实录》卷354）

（光绪二十一年正月丁酉）山西巡抚张煦奏："奉调赴京练军，改旗为营，请照楚军饷章加给饷银。"从之。折包　（《清德宗实录》卷360）

（光绪二十一年二月癸卯）河南巡抚刘树堂奏："豫省调赴前敌各军碍难照楚、淮军章程加增月饷，惟共事一方，相形见绌，请于征倭大饷内酌加津贴，犒赏银两，以示体恤。"下所司议。折包　（《清德宗实录》卷361）

（光绪二十一年七月戊辰）四川总督鹿传霖奏："川盐官运仍请济楚，以裕饷项。"下部议行。随手　（《清德宗实录》卷373）

（光绪二十一年十月庚午）（陕甘总督杨昌濬）又奏："前敌各营月饷请照楚军营制行粮支发，并请添募马步队以资防剿。"均如所请行。（《清德宗实录》卷377）

（光绪二十一年十月乙未）又谕："户部奏'豫拨筹备饷需'一折，据称'丙申年筹备饷需共指拨银二百万两，请饬依限报解'等语。此项饷银关系紧要，着该将军、督抚、监督等按照指拨银数，于来年四月前解到一半，十月内全数解清，毋稍迟逾。原折单均着钞给阅看。将此由四百里谕知福州将军，两江、湖广……湖北、广东各督抚，并传谕粤海关监督知之。"现月　（《清德宗实录》卷378）

（光绪二十三年五月辛卯）湖广总督张之洞奏："湖北筹饷紧急，请整顿厘金，拟定章程，责成地方官稽察，以维饷源。"如所请行。折包（《清德宗实录》卷405）

（光绪二十四年正月辛丑）湖广总督张之洞等奏："户部议提淮盐缉

私经费，拟请划半充饷，余仍照旧支销。”下部知之。折包　（《清德宗实录》卷414）

（光绪二十四年四月癸未）湖广总督张之洞等奏：“湖北勇无空粮，请免提拨。”允之。（《清德宗实录》卷418）

（光绪二十四年七月丁卯）又谕：“户部奏‘库款支绌，请饬催解加放俸饷、旗兵加饷，以资周转’一折，据称‘部库近来存款无多，本年新增出款，如大学堂开办常年经费，译书局开办常年经费，八旗添练兵丁、武胜新队、骁骑营、护军营筹拨月饷各项，统计不下百余万两。各省应解部库各款多未按数解清，若复仍前延欠，库款何从支给？查有欠解最多之加放俸饷及旗兵加饷两款，尤为接济官兵急需，更难稍有延误，请饬催解’等语。着该将军、督抚等按照单开欠解银两赶紧筹解，限于年内全数解清，毋再延欠。至历年欠款，并着分年带解，以清积欠而顾要需。倘再仍前延玩，即着户部照贻误京饷例指名严参。原单均着钞给阅看。将此由五百里谕令吉林将军，两江、闽浙、湖广……各总督……知之。”现月　（《清德宗实录》卷424）

（光绪二十四年十月乙巳）（陕甘总督陶模）又奏：“部拨昭信股票银两，请以江西、湖北应解新饷作抵。”下所司知之。折包　（《清德宗实录》卷432）

（光绪二十五年五月戊辰）荆州将军祥亨等奏：“挑选驻防旗兵练习洋操，于川、淮盐斤加价项下筹拨新饷。”得旨：“着仍设法宽筹饷项，随时扩充添练，以备不虞。”折包　（《清德宗实录》卷445）

（光绪二十五年五月己巳）（湖广总督张之洞等）又奏：“体察湖北情形，复陈道员恽祖祁条陈六团办法及豫计饷源四条窒碍难行。”报闻。折

包　（《清德宗实录》卷445）

（光绪二十六年正月）辛未，湖广总督张之洞等奏："湖北拨补加拨各款不敷过巨，又遵筹江防练兵新饷，款项无着，请整顿田房、契税，酌抽烟、酒、糖三项落地产地税及加抽土药税，以资挹注。"下部议。（《清德宗实录》卷458）

（光绪二十六年七月乙卯）湖广总督张之洞等奏："鄂省饷力支绌，近畿军粮，请饬下江南、安徽合力采办，一律赶运，众擎易举，费省而到速。"从之。折包　（《清德宗实录》卷467）

（光绪二十六年八月癸未）又谕："电寄恽祖祁，李廷箫代奏、恽祖祁请旨各节，清江转运局应否移设汉口，俟抵太原后再行酌量情形，谕饬遵照。武卫军协饷，并着解赴保定荣禄行营查收。此旨着交李廷箫电谕恽祖祁知之。"电寄　（《清德宗实录》卷468）

（光绪二十六年八月丙戌）湖广总督张之洞等奏："恭闻西幸，谨筹水路运米办法，由淮、黄、达、陕州解赴行在，以济兵食。"下部知之。折包　（《清德宗实录》卷469）

（光绪二十六年闰八月癸亥）又谕："电寄奕劻，电悉，现在京城仓库多被焚毁，在京旗步各营月饷及官员俸薪银米久未开放，览奏困苦情形，殊深轸念。所请江苏拨银十五万两……湖北拨银八万两……共银一百万两，着各该省督抚将应解京饷如数划拨，限九月内全数解沪，交江海关道兑收，即由该道转交汇丰银行迅速汇京，俾得均匀发放，切毋少延，致误急需。"电谕　（《清德宗实录》卷471）

（光绪二十六年十月己亥）湖广总督张之洞奏："鄂省防营亟需马匹，

派员往张家口各处采买。请饬部给票，并行知各口监督，免税放行。”下所司知之。折包 （《清德宗实录》卷474）

（光绪二十六年十月庚子）（湖广总督张之洞）又奏：“鄂省饷项支绌，请暂借英商汇丰银行洋款，以应急需。”下所司知之。折包 （《清德宗实录》卷474）

（光绪二十六年十二月癸丑）湖广总督张之洞等奏：“遵旨劝办助饷、新捐，拟请援照两江减成捐章办理，以济军需。”允之。（《清德宗实录》卷477）

（光绪二十六年十二月甲子）湖广总督张之洞等奏：“湘省盛字三旗调鄂防剿，所有原饷及应加饷项改由鄂省接放。”下部知之。折包 （《清德宗实录》卷477）

（光绪二十七年十月）己酉，总统川军湖北提督夏毓秀奏：“秦晋荒旱，粮价高昂，军粮、运费，实难摊扣兵饷，请饬部立案，事竣作正报销。”如所请行。折包 （《清德宗实录》卷488）

（光绪二十八年七月）丁丑，谕军机大臣等：“户部奏‘催解京饷’一折，本年京饷原拨、续拨共银八百万两，截至五月底止，除划拨及已解、报解、启程外，共欠解银五百六十七万五千两。现在用款浩繁，所有各省关欠解京饷亟应源源报解，以济要需。着该将军、督抚、监督等各将欠解银两赶紧陆续提前解部，统于年内扫数解齐。如有诿卸拖欠，即由户部照章奏参，其解不及半及尚未报解等处，经此次严催后，倘仍不完解，即着户部随时指名严参，原单均着钞给阅看。将此由四百里谕知福州将军，直隶、两江、湖广……各总督，江苏……湖北……各巡抚，并传谕粤海关、淮安关各监督知之。”现月 （《清德宗实录》卷503）

（光绪二十九年二月庚子）广西巡抚王之春奏："边饷紧要，无款筹解，仍请饬令湖北、湖南照章协助，以济危急。"得旨："着户部催解。"（《清德宗实录》卷512）

（光绪二十九年十二月癸酉）署四川总督锡良奏："派员出洋购机造械，拓充川厂，下练兵处议。"寻奏："中国各省若各设厂造械，款绌力分，既难求精，亦难画一。如川省需械甚急，正可移购机之款于鄂厂定制，通力合作，两有裨益。所请扩充川厂之处，应毋庸议。"从之。（《清德宗实录》卷525）

（光绪三十年八月壬子）湖广总督张之洞奏："遵旨筹拨练兵的饷。"下部知之。折包　（《清德宗实录》卷534）

（光绪三十年八月癸丑）湖广总督张之洞奏："拟编鄂省常备军制饷章。"下练兵处议。寻奏："所拟章程与新制未合，应照新章筹办，以归画一。"从之。折包　（《清德宗实录》卷534）

（光绪三十一年三月壬午）又谕："电寄岑春煊等，据电奏'湖北、湖南应解龙州边防春饷及湖南去年欠饷，请旨饬催'等语，着户部照催速解。"电寄　（《清德宗实录》卷543）

（光绪三十一年三月癸未）谕军机大臣等："电寄岑春煊等，据电奏'请将广东、湖北、湖南应协广西边饷，抵解赔款'等语，着户部议奏。"寻议驳。从之。电寄　（《清德宗实录》卷543）

（光绪三十一年五月丁丑）（署黑龙江将军达桂等）又奏："江省乱后枪械无存，亟应豫筹定购，以充军实。请饬闽、皖两省督抚将欠解饷银

就近拨解鄂省，抵购枪械款项。”如所请行。折包 （《清德宗实录》卷545）

（光绪三十一年十二月己亥）湖广总督张之洞奏：“遵练兵处新章，改编湖北常备军两镇营制饷章，并设立督练公所，考究军政，拟定办法十三条。”下所司议。寻奏：“拟将湖北所编第二镇改为第二十一混成协，所有薪饷，请饬照奏准福建变通新饷章程办理。统领兼辖两协，万难久悬，拟即行遴充，以专责成。正军医、马医官应令遴用中国明习西医者试充，余应照准。”依议行。（《清德宗实录》卷552）

（宣统元年六月庚子）（署归化城副都统三多）又奏：“南方形势莫要于长江、黄河两大流域之间。东则清、徐，西则荆、襄，其关系最重两处，亟应全力注重，练成劲旅，与京师禁旅指臂相应。其款项应饬各该省总督筹措。”下所司议。寻奏：“财政困难，欲推广至一镇以上，万难为力。惟有仍照陆军部奏定江北应编一镇前案，由南洋大臣会同江苏、山东、河南、安徽巡抚，江北提督，协筹的饷，荆州驻防编为混成一协，暂准援案办理。惟应令湖北已成之一镇一混成协，作为奏定之湖北两镇，其款项即在两镇饷需内支给。”从之。（《宣统政纪》卷16）

（宣统元年十二月丙戌）护理湖广总督杨文鼎等奏：“镇筸镇标兵米例价不敷，请在裁兵节饷项下支给。”下部议。折包 （《宣统政纪》卷27）

（宣统三年六月辛卯）湖广总督瑞澂奏：“前准陆军部电。各处绿营所属田产各项应变价以扩充新军，不得挪作他用等因。惟查此次所节饷项，拨抵一协之饷尚有不敷，拟请将绿营练军公产留作抵补镇协，临时活支，于军费范围仍不违背。”下部知之。（《宣统政纪》卷56）

（宣统三年八月庚申）又谕：“电寄朱家宝，据电奏‘湖北有变，皖实首当其冲，水陆各军不敷分布，拟请添募防勇五营，填扎各属。惟添兵设防，需款甚巨，拟请将本年未解京饷等项及未解、代解赔款一并截留。但各款现尚虚悬，目下待用孔亟，请先由部拨现银五十万两，由上海大清银行迅汇来皖’等语，着准其添募五营，所请截留京饷赔款等项，着度支部迅速议奏……”寻奏：“截留京饷洋款及部拨现银各节，均难照准。拟于江南息借洋款项下，酌量分拨济用。”从之。（《宣统政纪》卷61）

（宣统三年八月癸亥）又谕：“电寄宝棻，据电奏‘赴鄂守路各军纷纷麇集，粮食接济刻不可缓。转瞬大兵入鄂，尤赖豫省为后路转输。本省两年歉收存粮有限，内地交通不便，缓不济急，筹思再四……恳饬山西巡抚先行采购麦麸、小米共二万石……即日派员押解来豫，交由宝棻接收备用。日后如有缺乏，仍当随时电咨，陆续采购。所需粮价运费等项并请概准晋、鲁两省作正开支’等语，着照所请，由陆钟琦、孙宝琦迅即购运接济，以应急需。”（《宣统政纪》卷61）

（宣统三年八月甲子）（冯汝骙）又奏：“派张检督办浔防事宜。”知道了，九江地方关系重要，着即督饬认真防守，豫堵鄂匪下窜，毋稍疏懈。现在作战兵舰需用煤火甚急，着该抚饬令九江道迅速采购，源源接济。所有应需款项，先行酌筹垫办。（《宣统政纪》卷61）

（宣统三年九月丁卯）又谕：“电寄袁世凯，据电奏‘驻鄂师舰及鄂兵船均缺米、煤各物，请饬由两江、江西委员筹办，俟事定分向部、鄂造报拨款归垫’等语，着张人骏、冯汝骙饬令上海、九江两道迅速筹办接济，勿稍贻误。”（《宣统政纪》卷62）

（宣统三年九月）庚午，遣官祭都城隍之神，谕内阁：“监国摄政王面奉隆裕皇太后懿旨，现在湖北用兵，军饷浩繁，着拨出宫中内帑银一百万两，由内务府发交度支部专作军中兵饷之用。”（《宣统政纪》卷62）

（宣统三年九月）辛未，谕内阁："都察院代递四川同乡京官宋育仁等，为川、鄂变乱关系全局，请的筹兵饷等情呈一件。前已有旨，着岑春煊除带粤军两营外，准其添募八营，并由度支部筹拨饷银一百万两，已饬其迅速赴川矣。"（《宣统政纪》卷62）

（宣统三年九月癸酉）又谕："电寄岑春煊，电奏悉，各省兵队不敷分布，饷械无可匀拨，以至该督筹画均不得手，自系实情。此中为难之处，朝廷无不深悉。惟现在鄂匪蔓延数省，川省乱事，专恃该督前往剿办，所有应需饷项着度支部迅速筹拨。军械亦需用甚急，着军咨府、陆军部设法匀拨，以应要需，并准其自行购买，所需款项着度支部另行筹给。该督务即力疾就道，就近在山东、河南地方迅速召募兵队，值此大局艰危，该督世受国恩，毋得固辞。"（《宣统政纪》卷62）

（宣统三年九月甲戌）又谕："电寄袁世凯，据电奏'河南市面钱荒，前敌军饷无可兑换，请准河南铜圆局自行开铸铜圆，以济鄂、豫军需，一俟军务大定，即当停止'等语，着暂准该省自行开铸当十铜圆，以应急需。"（《宣统政纪》卷62）

（宣统三年九月甲申）又谕："电寄连魁等，据电奏'荆州兵力单薄，上下无援，饷源已绝，请饬调马步队一二营、水师一二艘来荆救援，并由部迅拨大宗饷项，或由河南先行垫拨'等语，荆州危急，自系实情。惟各省军情同一吃紧，库款尤值奇绌，着袁世凯、王士珍就近妥筹兼顾，以救危局。"（《宣统政纪》卷63）

（宣统三年十月乙巳）荆州将军连魁等奏："事机紧急，孤立待援，恳饬下军咨府、海陆军部、度支部，迅速拨兵拨饷，并派督兵大员来荆援助，以救危局。"得旨："荆州地方重要，着该衙门迅速筹拨。"（《宣统政纪》卷65）

14. 军器火药

（康熙十三年十月）丁未，谕兵部、工部："武昌、汉阳一带沿江之地俱属重要，防御之策不可不豫，宜于沿江要害多筑墩台，环列火炮，令诸军更番汛守，以固省会。又武昌临江，所在湖汉甚多，宜急设江汛战船，多制火炮，并召募鸟枪兵一千名，为战守之用。"（《清圣祖实录》卷50）

（康熙十四年八月）丁亥，宁南靖寇大将军多罗顺承郡王勒尔锦疏言："湖广逆贼坚立营垒，掘壕堑，设鹿角、挨牌，我军骑兵不能冲突。必设绿旗精兵七千名，造轻箭帘车二百辆、炮车一百辆、熟铁炮一百具，量配兵丁，推向贼营，填其壕，掷火药以烧鹿角、挨牌，用炮攻击，相贼形势，满兵继进，则逆贼可灭，地方可复。如允臣所奏，乞将此七千兵分为援剿二营，设二副将统之。"上谕兵部："大兵与逆贼相持日久，不速剿灭，则军糈日糜，民生日困。今大将军顺承郡王勒尔锦等既请设绿旗兵、造箭帘车等项，应如所请。其副将等官，听会同该督酌选才能补用。着工部精简交枪二千五百杆，遣贤能官员二人，驰驿速送荆州军前，寻令二营援剿兵俱听总督蔡毓荣专辖。"（《清圣祖实录》卷57）

（康熙十六年三月）乙巳，定远平寇大将军和硕安亲王岳乐疏言："臣军中炮小，且复无多，乞将吉安、荆州或西安大炮运至长沙，以便攻城。"疏入，下议政王大臣等议。寻议："今时势攻取长沙、剿灭湖南逆贼最为要务，宜拨新铸大红衣炮二十具，令兵、工二部官员驿送南昌，自南昌至袁州，令江西总督董卫国拨兵护送，由袁州至长沙，令董卫国动支正项银两，多雇夫役，以备转运。俟温代至袁州，即管领此炮与安亲王所遣驮炮马匹官兵一路同行。"上谕："解送马、炮关系重大，将军穆占亲统官兵赴袁迎接，倘未便亲往，选同去大臣一员前来接应，直达

长沙，勿致疏虞。”（《清圣祖实录》卷66）

（康熙十八年二月戊辰）安塘笔帖式报：“大将军、安亲王岳乐已复长沙，今亟进取衡州，移咨大将军、多罗贝勒察尼，令酌拨鸟船、沙船及官兵。察尼遂遣自荆州来水师营总兵官张忠等，率绿旗官兵三千八百、沙船一百、快船八十前赴长沙。”上谕：“贼失岳州、长沙诸要地，正当惊惶骚动之时，乘机进取衡州，击灭逆贼，殊为要务……除先遣总兵官张忠标兵外，今更速发满洲大兵，多拨船炮，迅赴长沙……”（《清圣祖实录》卷79）

（康熙十八年八月癸亥）谕议政王大臣等：“攻击海贼营垒宜用火炮，内造西洋炮甚利，且轻便易运，可令湖广巡抚张朝珍以湖广所有西洋炮二十具，委官递送福建总督姚启圣军前，用资剿御。”（《清圣祖实录》卷83）

（雍正五年闰三月辛未）兵部议复：“署理湖广总督福敏条奏防范苗疆事宜五款：……一、凶苗拒捕，责令营弁协拿，禁止苗民毋得私藏军器，贩卖火药……俱应如所请。”从之。（《清世宗实录》卷55）

（雍正十一年十月甲寅）又谕：“硝磺为军器火药之用，例禁甚严，闻河南地方，有出产焰硝之处，小贩经纪，往往以杂物零星易换，赴邻省售卖。现据湖北各属盘获甚多。朕思河南之硝，既私行于楚北，则其私行于附近各省，更不待言。着该督等饬令各属实力查禁，不得仍蹈前辙。”（《清世宗实录》卷136）

（乾隆七年二月己未）湖广提督王无党奏：“湖省军装残缺，向以买马余朋银两，陆续领修，势难画一。请照黔省办理，不拘动用何项，将余朋银两按年补还。再演试本标子母炮、鸟枪，均系口敞堂宽，食药轻薄，不能致远取准。现饬修造，并檄各营画一整理。”得旨：“知道了。

然须用之实际，若徒为营员开销之计，则将来汝不能辞其责也。”(《清高宗实录》卷161)

(乾隆九年七月甲辰)湖广提督王无党奏报修整军械，陆续完备，并将次巡查各营协器械船只，考校官兵技艺等因。得旨：“览。实力为之，不可稍涉粉饰也。江南各省已查阅营伍，将次及湖广矣。告之鄂弥达。”(《清高宗实录》卷221)

(乾隆十年三月壬寅)署湖广总督鄂弥达、湖北巡抚晏斯盛奏：“武昌郡城内贡院后之凤凰山，地处高坡，应添设炮位，其尤要者。武胜门北城角外对紫荆山，止隔一濠，居民稀少，应盖造官房五间、兵房十间，添造炮房二间，炮门改向山后。循城而南，为白云台，应添造炮房一间、窝铺三间。汉阳门外黄鹤楼炮房，应改筑高基。此外如萧山矶、楚王台诸要害，一切炮位、炮房、窝铺均有移置添设之处，请于奏准修理塘房项内通融凑办。其看守兵丁，即于督抚两标内就近拨防，炮位将荆州府旧存大炮二十余位移用。”得旨：“知道了。妥协办理可也。”(《清高宗实录》卷237)

(乾隆十四年四月癸巳)又谕：“据总督新柱奏称‘荆州、左、右三卫衙署分贮火药，毗连民居，士民王照等恐罹火患，屡请另为安置。经江陵县议，将硝磺、木炭分贮，临时配合给发，并于掷甲山地方建造瓦房六间，以为配药、安贮之所’等语，营中军需、火药关系綦重，其应作何安置，原属地方官酌办之事。若理应迁移，自当因地制宜，苟不斟酌是非，衡其轻重，而曲徇民情，是其权操之自下。倘遇势所不便之事，难以俯从众吁，必至招尤腾谤，滋生事端，成何政体。新柱此奏，甚属不合，着传谕申饬，并谕瑚宝，此事已经办理则已，如尚在筹办，务须酌量事理，不得稍存徇情干誉之见。”寻巡抚唐绥祖复奏：“此案督臣新柱虽经具奏，尚未办理。今查荆州满营岁需火药七千六百余斤、铅弹二千八百余斤，向由省局制运，多不如法。迨运贮荆州卫衙署，又因人居稠密，时虞火患，自应豫筹迁改，随札询将军臣德敏等，亦称‘在荆配制，就近支领为便’等语，应如督臣所奏，令移荆配合，即于城内西北隅掷甲山地方建局收贮，责成城守营经管，并令同城道府于制造时就近监督稽查。”报闻。（《清高宗实录》卷339）

（乾隆十五年九月壬子）军机大臣会同兵部议复：“湖广总督永兴奏酌筹调剂三楚营制各款，内称‘宜昌镇前、后水师二营为楚蜀咽喉，请照沿边、沿海每兵一千设鸟枪四百之例，于现设鸟枪三百六十一杆外，添设一百二十一杆’。应如所请。”从之。（《清高宗实录》卷372）

（乾隆十九年九月癸卯）兵部等部议复：“湖广总督开泰等疏称‘荆州满营需用药铅向系省局制造，嗣因造不合式，改归荆州城守营配制，看守需人，请将看守省城四门之屯丁抽拨四名，即令武左卫将每年原支屯粮解司移营，雇募巡防’。应如所请。”从之。（《清高宗实录》卷473）

（乾隆二十一年十月癸巳）湖广总督硕色、湖北巡抚张若震奏：“缉获逆党王士友，系马朝柱同伙，虽讯未得受伪札，但吃符上名，招人入伙，复制军器火药，实属党恶。应照谋叛已行律，拟斩立决枭示。”报闻。（《清高宗实录》卷525）

（乾隆三十八年十二月丙申）署湖广总督、湖北巡抚陈辉祖奏：“两湖各标协营器技，鸟枪与弓箭各居十之四，刀牌等项十之二。查鸟枪一项，演放既壮声威，临阵尤资利用，旧制枪箭相等，未免枪少箭多。请于南北两省各添一千六百二十杆，于弓箭兵内挑出能施放者，令其领执演习。仍令各食战守原粮，每杆工料一两二钱，共需银四千余两，借项添制。”从之。（《清高宗实录》卷948）

（乾隆四十一年四月庚午）署湖广总督、湖北巡抚陈辉祖奏："修补军械，资用公粮，历年不敷营用。臣曾通酌繁简，更定二战一守及战守各半，扣存备用，定册报部。南省各营已大半积有余费，北省本多守粮，更有全无战粮者，甫经调剂，尚无积余。查南省火药，例止储备三年，北省则加买一年，未免繁费。请以本年为始，除荆州驻防及武昌省城、宜昌镇标中营仍照往例加贮，其余营分与南省一例停减，俾节出公粮，又可凑修装械。"从之。（《清高宗实录》卷1007）

（乾隆四十八年二月辛卯）是月，闽浙总督富勒浑奏："闽省各标营岁需硝斤，向于山东办运。嗣因多有耗缺，经前督臣杨景素奏准，自四十四年始每年附买一万一千斤，分十五年买足。现查确数，除满营足额外，臣标及抚标、福州城守水师各营缺短自三千三百至五千七百余斤不等，台湾各营缺至九万二千余斤，询系赴东采办，过坝过山，漏卤消耗，及到省滗滤足色所致。今酌议，再于河南及湖北之来凤、咸丰二县采办十万斤，分二三年购补。"得旨："览。"（《清高宗实录》卷1175）

（乾隆五十年九月庚戌）兵部等部议准湖广总督特成额奏，称湖北郧阳、宜昌、施南等府，湖南永顺、沅州、镇筸等属，崇山叠嶂，逼近苗疆，向未制有劈山炮，请于北省添制二十位，南省添制二十九位，责令熟谙施放之将备带兵演习。从之。（《清高宗实录》卷1238）

（乾隆五十二年正月癸巳）又谕："……江、浙、湖广等省商贾辐辏之区，此风尤盛，虽中秋、端午等节，及铺户、船户遇有寻常赛神之事，亦无不施放花爆者。此等硝磺，不知所用凡几，又从何而来。若果于军器所储有碍，则国家早应禁止，乃从未设有例禁者，可见习俗相沿由来已久，实于军火所需并无关涉。且商人年例备进烟火等项，所用硝磺，或竟致有碍军火，该督等亦不妨据实奏闻停止，朕岂肯以年例所需娱玩之物，致于营伍要务稍有短绌耶……"（《清高宗实录》卷1273）

（道光二年七月己卯）湖北提督何占鳌奏操演章程："楚省旧存炮位，仅督标、镇标宜昌镇施南协尚有子母、鸟矶等炮，其余多系沉重，殊非行营利器。拟照前在汉南操演之过山鸟炮，亦令各营添造，操练连环准头，以扬武威而成劲旅。"报可。（《清宣宗实录》卷38）

（道光九年四月戊寅）又谕："观喜等奏'请将损坏炮位照式改造抬炮'一折。荆州满洲营额设炮位，年久半皆损坏，该将军查明不堪应用者二十位，请仿照直隶式样，改造抬炮四十位。所需镕铸工费，着照所请，于该营奖赏项下动拨制造，归于年终声明题销。此项炮位，既经改制，务须坚固如式，该将军等督同勤加操练，悉臻纯熟，勿稍怠玩。"（《清宣宗实录》卷155）

（道光十二年二月）丁酉，谕军机大臣等："……又卢坤另片奏'前由陕省派往湖北之守备仇怀瑛，千总程芝、王集贤，现饬令该员等带同该督标弁兵，押解抬炮五十尊、喷筒三百杆，迅速解至永州备用，并将该督标精锐炮手、枪手二百名令武昌城守营参将文兴、德安营守备刘克勤带领迅赴湖南，以资进剿'，俱着照所请办理。将此由五百里谕令知之。"（《清宣宗实录》卷206）

（道光十七年七月戊寅）改造荆州各营额设抬炮四十位，并添造十六位，从将军德克金布等请也。（《清宣宗实录》卷299）

（道光十八年八月甲午）谕内阁："德楞额奏'炮位成造未能如式，请着赔另造'一折。抬炮之设，原期及远，兹据德楞额查明，荆州所制抬炮，每尊只重二十余斤，打靶不过一百余弓，稍远即难命中。着准其咨行陕甘总督借炮一尊，并熟谙匠役一二名赴楚，以便依样成造。至所称原造之五十六尊，与鸟枪一体操演之处，转恐有名无实。此次添制抬炮三十尊，是否可将原造五十六尊销毁改造，与甘肃河州式样相符，着该将军酌量办理。所有前任将军德克金布等，从前用过银四百八十两，着即照数分赔，以备此次工料炉火之用，免其造册报销。”（《清宣宗实录》卷313）

（道光十九年六月戊寅）荆州将军德楞额复奏：“查前任将军德克金布原造抬炮五十六尊，不能攻险致远，惟尚可作为抬枪，与鸟枪一体操演，毋庸销毁。现借甘肃抬炮一尊，照式监造，试放可期得力。”得旨：“认真训练，务期得力，不可日久生懈。”（《清宣宗实录》卷323）

（道光二十年正月庚子）湖广总督周天爵奏：“现由督抚两司暨在省道府厅县捐资添造军器。”得旨：“好，妥为料理。”（《清宣宗实录》卷330）

（道光二十年七月己丑）谕内阁：“周天爵等奏‘收缴民间私藏军器’一折。据查湖北襄阳府属民间私藏枪炮等器，多系远年铸造，向来地方官虽随时查获，往往以铸造年分已久，置之不问。小民不谙例禁，视为泛常，以致各属私枭持械拒捕、火器伤人之案尤多，亟应收缴以挽颓风。现在该督等派委卸署襄阳府事、德安府知府周启运等赴各州县设局收买，并剀切晓谕，收缴枪炮等项共二万五千五百九十二件，计重十万五百二十四斤。除县卫库贮及查起寺庵枪炮无须给价外，其收买废炮、枪铳、刀矛、铁尺等项，业经借款，随时给发具领。周启运自奉委以来，并不假手胥役，收缴易而民不扰，着交部议叙，以示奖励。”（《清宣宗实录》卷336）

（道光二十一年三月庚子）谕军机大臣等：“本日据奕山等奏‘途次檄调藩司，赶办后路粮台，酌拨火药、炮位’一折，览奏均悉。攻剿逆夷，自以兵食为要，器械、炮位必须豫为筹备，方可无误事机。据称‘先饬江西藩司赵炳言赴南安驻扎，赶紧采办兵粮，顺递南雄一带，以备支放。又调安徽备贮火药及江西火药并硝磺数万斤，先行解粤，造作进攻火器之用。并请将湖广、广西存贮大炮迅速解往，以备攻剿’等语，俱着照所奏办理。所有请运炮位，已另降谕旨，令裕泰、吴其濬、梁章钜迅速解往矣……”（《清宣宗实录》卷348）

（道光二十一年八月甲申）又谕：“本日据刘鸿翱奏‘逆夷滋扰厦门，硝磺一项为行军要需，请于湖南、湖北、安徽、江西四省各拨硝十万斤、磺二万斤，即日驰解来闽，以应急需’等语，着裕泰、程楙采、吴文镕、吴其濬如数筹拨，迅速委员驰解福建，毋稍迟误。将此由六百里各谕令知之。”（《清宣宗实录》卷355）

（道光二十一年八月甲申）又谕：“本日据刘鸿翱奏‘逆夷滋扰厦门，硝磺一项为行军要需，请于山东、河南二省各拨硝二十万斤、磺四万斤，解闽以应急需’，并称‘该抚已飞咨该二省赶紧筹拨’等语。此项硝磺，已降旨在湖南、湖北、安徽、江西等省筹拨，毋庸在山东、河南拨给。将此由六百里谕令托浑布、牛鉴知之。”（《清宣宗实录》卷355）

（道光二十一年十月戊戌）湖广总督裕泰奏：“拨解硝磺，筹办火绳并仿明臣戚继光成法，制造火箭五百枝，解赴浙江军营应用。”报闻。（《清宣宗实录》卷360）

（道光二十二年七月）甲子，谕军机大臣等：“前经降旨，着四川、湖广二省总督广购木料，雇觅匠工制造战船。兹据裕泰奏‘川、湖战船但可协济江南，未能前赴浙、闽等省，请各省分造’等语，因思四川更在湖广上游，若成造船只驾运浙、闽等省，尤属未便。着宝兴、裕泰各于所属地方购买巨木，赶造战船，以备长江及各湖操练攻剿之用。无须入海，舵工人等即各就本地雇募，于江中试演驾驶，务求熟习便利，将来即随船前往，方足以资得力。至入海船只，应由沿海各省制造应用，惟川、楚向为产木之区，并着宝兴、裕泰广购坚实巨木，以备海疆督抚随时调取，毋稍迟误。将此各谕令知之。”（《清宣宗实录》卷 378）

（道光二十二年七月壬申）又谕：“程楙采奏‘安徽省并无致远炮位，前经咨调江西铜炮十五位并炮子等件’，嗣据吴文镕复称‘前项炮位业经九江镇道留于浔阳豫备防堵，请饬该抚赶紧委员解往芜湖’等语，安徽为江西、湖广藩篱，自应先其所急……将此谕令知之。”（《清宣宗实录》卷 378）

（道光二十二年八月壬午）荆州将军禄普等奏：“查获荆江、汉城铜铁炮位，酌拨湖北、安徽二省以备防堵。其余炮身较轻、不堪致远及裂锈不堪应用者，移贮满营炮库，用昭慎重。”从之。（《清宣宗实录》卷 379）

（道光二十二年十二月庚辰）谕军机大臣等：“裕泰奏‘拟造防江战船’一折。据奏‘湖北省所辖岷江迤长二千余里，设有宜昌镇标及荆州、汉阳各水师营，战船不能载炮，现拟制造开浪船，绘图呈览’，朕详加披阅，制造之法未能尽善，即如摇橹之人，显露在外，令人一望而知，先受其害。上面尖顶人字罩篷，用竹排钉，炮手人等即伏其下，断不能遮蔽枪炮。且船上只安橹八枝、炮八位，断难抵御夷船。若以为捕盗之船，则盗船率多轻便，以我长六丈之师船，追赶彼船，势难得力。现有广东匠役何礼贵，能造火轮及各式战船，已饬令前赴湖北，交该督面加询问。兹先发去广东所进《造船图说》二分，该督接奉后即行钞录存查，原图说遇便封缴，俟何礼贵到时，该督酌量何项战船利于长江驾驶，即令何礼贵就海船式样，量为变通，务期木料坚实，机关灵捷，方能适用。至何礼贵本为夷人造船之人，此时既为我用，不便以罪人羁禁。惟令其安心服役，密为看管，勿令与外人交接，或至乘间脱逃，是为至要。至所请海疆造船，免其调取楚省木植之处，览奏已悉。将此谕令知之。”（《清宣宗实录》卷 386）

（道光二十六年二月戊子）湖广总督裕泰等奏："湖北各营奏准添设枪炮，必须随时操演，而营储药铅，系豫防征调之用，未便有缺无补。现在筹捐银一万两，发典生息，以备制补动缺药铅之用。庶操演有资，武备借以整顿。"得旨："所办好。依议妥行。"（《清宣宗实录》卷426）

（咸丰二年十一月癸亥）又谕："本日据徐广缙等奏'岳州失守'，并常大淳等奏'贼踪逼近湖北省城'各一折，览奏实深愤懑，已明降谕旨，将徐广缙革职留任，张亮基、鲍起豹降四级留任矣……现在该匪掳船四五百只，聚众数万，直抵距武昌六十里之金口。湖北省城危急，防兵仅止三千余名，益以王锦绣、常禄赶到之兵，亦仅止五千余名，深恐不敷堵御……其博勒恭武收回溃散之兵与瑞元防守蒲圻之兵，能否在通城、崇阳一带接应，以牵制贼匪，使不能由陆路蹑我之后？所有各路运到军饷、火药与武昌城内军饷、火药，应如何密筹分别布置；文报往来，驿路如何绕越；省垣备御之器械土石，如何源源接济；着徐广缙、常大淳等妥密办理。城内奸细尤须昼夜侦缉，防守不力之文武员弁，一经查明，即行按律正法。务期保守武昌、汉阳两处，于水路上游严兵扼守，毋令贼匪更肆窜扰。荆州一带，台湧仍遵前旨，严密防堵。仍着罗绕典等严防该匪回窜长沙、常德等郡，万勿再有疏虞，致干重罪。将此由六百里谕知徐广缙、罗绕典、台湧、张亮基、骆秉章、常大淳，并谕鲍起豹、双福，并传谕向荣知之。"（《清文宗实录》卷76）

（咸丰二年十二月己亥）又谕："现在贼船游奕黄州、武昌县等处，距道士洑甚近，势将沿流东下……江苏道员吴健彰捐备连环马炮六百余尊，谅已酌量带赴军营。此项炮位，为行军利器，但须慎重调拨，不可聚于一处，付之庸懦弁兵，遇贼率行委弃，转为贼匪所得，贻害不浅，慎之慎之……将此由六百里加紧各谕令知之。"（《清文宗实录》卷80）

（咸丰三年二月壬午）又谕："寄谕署湖广总督张亮基、署湖北巡抚骆秉章、署山西巡抚哈芬。有人奏'湖北德安府知府易容之熟悉洋务，若购求洋炮、制造火箭及雇募善用火器之人，均属可靠。山西汾州府通判王韶光，前在广东带勇，著有劳绩，请饬赴军营，必能设法侦探'等语。着该署督抚等确切查明，该员等如果才尚可用，即行奏明发往向荣军营，听候差委。倘名实不符，即毋庸议。将此由四百里各谕令知之。"（《清文宗实录》卷84）

（咸丰三年八月甲申）又谕："据江忠源奏'请制战船以清江面'一折，贼匪自攻陷金陵、扬、镇三城以来，掳掠民船，数已逾万。我军攻剿未能得手，皆由战舰无多，致令长江天堑，无所控扼……前有旨，令张亮基等购募船炮，酌派兵勇，顺流而下，与下游师船两路夹攻，想已遵办。惟江路绵长，必须广为制造，着裕瑞、张亮基、崇纶、骆秉章等于四川、湖广等处，仿照广东拖罟船式，速即雇觅工匠，共制战船百余只，每船约载兵五十名，均着克期三月，一律齐备，以资调遣。本日已令叶名琛等迅将船只式样，咨行各该督抚查照办理，并备五百斤、三百斤炮位千余尊应用矣。川省应造船只，或在该省，或在湖北宜昌一带制造，即由裕瑞酌量办理，所需经费亦着该督筹款赶办。又据奏，四川嘉定府知府俞文诏熟悉工程，着即饬该员监造，总期妥速坚固为要。至此项船只，成造尚需时日，前谕湖北、湖南两省购募船只，仍着张亮基等遵照赶办，倘能与下游艇船并力肃清江面，金陵、扬州先经收复，所有新造战船，尚可为他日江面水师之用。原折着钞给阅看。将此由五百里各谕令知之。"（《清文宗实录》卷103）

（咸丰三年八月甲申）又谕："前经叠降谕旨，令叶名琛等雇备红单船只，载炮驶赴江南助剿，业已前后开行。兹据江忠源奏'制造战船，以广东拖罟船为式'，着叶名琛等速将此号船式咨明各该督抚仿照制造，即选派熟习工匠数名，令赴两湖南北，俾资制造。并着叶名琛等购备夷炮五百斤、三百斤重者合千余尊，克期三月，解至武昌，以便配搭船只，分布水师各营，为水陆夹击之计……将此由五百里各谕令知之。”（《清文宗实录》卷 103）

（咸丰三年八月癸巳）又谕：“张亮基等奏筹备船炮各情形，并绘图贴说，览奏均悉。贼匪占踞江面，必须炮船会剿，方可肃清。前据骆秉章奏，广东拖罟船及快蟹船向俱安设炮位，转运轻便，已饬叶名琛等速为筹备。兹复据该署督等奏称，现拟买船更造，委已革同知劳光泰、张曜孙估买江船五十只，改造战船。骆秉章亦饬属买钓钩等船五十只，运赴湖北，一律改造，另备中船、小船，并募勇铸炮各事宜，均着照议办理。该署督等务将各船所需兵勇挑选足额，勤加练习，迅饬驶往下游，以备攻剿……将此由六百里各谕令知之。”（《清文宗实录》卷 104）

（咸丰三年八月甲午）又谕：“前因江忠源奏请制战船，以清江面，当即谕令四川总督裕瑞并湖广各督抚，仿照广东拖罟船式制造百余只，以资调遣。昨据张亮基等奏‘现已估买江船五十只，改造战船，骆秉章亦饬属买钓钩等船五十只，运赴湖北，一律改造。另备中船、小船，募勇铸炮，并请借拨四川银十万两，协助经费’等语，此项船只已由楚省制备，川省毋庸制造。惟所需经费较多，着裕瑞即设法筹拨银十万两，赶紧解赴湖北，以济要需，毋稍延误。将此由五百里谕令知之。”（《清文宗实录》卷 104）

（咸丰三年十二月甲申）湖广总督吴文镕奏：“带兵出省剿贼，并与侍郎曾国藩商办炮船，俟水勇器械齐集，约于明岁正月水陆进剿。”得旨：“朕总以汝所办之事若何为凭，是时哓哓置辩，何能掩前之失？”（《清文宗实录》卷 115）

（咸丰四年正月乙丑）谕军机大臣等：“前因逆匪窜扰，江面未能肃清，谕令湖南、湖北各督抚制备战船，并令叶名琛等购备夷炮千余尊，解至武昌，配搭船只，为水陆夹攻之计。兹据叶名琛等奏称‘派委副将怀塔布购得夷炮三百二十尊，配齐炮架、炮具等项，由广东派员押解启程，至韶州府乐昌县，经湖南宜章等县，直抵湖北武昌省城投收’等语。前据曾国藩奏，新造、改造战船共四百号，炮位须八百尊，始敷分配。广东购买头起炮位八十尊，已于十二月到衡。现据叶名琛等奏，二起、三起炮位业于十一月内先后启程。此项炮位，即着骆秉章、曾国藩派员迎提，赶紧分配船只。仍须选派得力将弁，慎重督带，以期有济实用，不准稍有疏虞。如曾国藩先已启程，即着吴文镕、骆秉章、崇纶派员解交曾国藩驶赴长江下游，以备水陆夹击，迅殄贼氛，肃清江面。并着该督抚等分饬沿途地方文武妥为护送，其不敷炮位，仍着叶名琛等派员陆续赶紧购买，设法运解，勿稍迟误。将此由六百里各谕令知之。”（《清文宗实录》卷119）

（咸丰四年三月丁卯）谕军机大臣等：“陆元烺奏‘战船将此竣工，急需炮位，请饬广东赶紧筹解’等语。昨据叶名琛等奏，续购夷炮一百尊，派员解楚，并令副将怀塔布查探，如有夷船续到，当再行购买，运送楚省。现经饬令曾国藩于搜捕湖南逆匪后，即日统师东下，肃清江面。兹据陆元烺奏称，除已造各船并雇备渔船百余只外，尚拟添造战船四十只，为上下游夹击之计。惟旧有之炮，不敷拨用，前曾咨会广东省购买，请饬速行解往，自应亟为筹拨。着叶名琛等迅速酌量情形，如解往楚省之炮位四百二十尊，及驶赴江南军营之红单等船炮位约可敷用，即将续购夷炮配齐炮架、炮具等，派委妥员，带同演炮弁兵，刻即解赴江西，以资攻剿。并将续购夷炮已有若干尊，及如何分拨之处，先行驰奏。将此由六百里加紧谕令知之。”（《清文宗实录》卷125）

（咸丰四年七月乙巳）又谕：“官文等奏‘筹剿武、汉贼匪，请饬拨饷银、火药，设局应付’一折。据称，川饷解荆尚需时日，现在进剿武昌、汉阳等处，兵勇口粮及荆郡防堵之旗兵粮饷已经匮乏。前次由川解楚银十万两，仅止截留二万两，该将军等前咨川省拨解火药十万斤、火绳十万盘，并另咨提督万福拨解火药二三万斤，均系急需，不容迟缓。着裕瑞筹款接济，并协济火药、火绳赶紧拨解，以备攻剿之用。并着万福即照官文等所咨，于附近各营内提拨火药，就近迅速解往，毋稍迟延。将此由六百里加紧各谕令知之。”（《清文宗实录》卷135）

（咸丰四年七月庚申）又谕：“骆秉章、曾国藩奏‘水师攻剿急需洋炮接济，请饬广东省将应行续解之炮赶紧解楚’等语。前据叶名琛等奏‘因江西战船将次竣工，急需炮位，已将本拟续解楚省之夷炮一百尊改解江西’，兹据骆秉章等奏称，水师克复岳州，湖南贼䑸全数殄灭，曾国藩即日统师东下，江面攻剿，必须洋炮陆续接济。广东先后所解之炮，俱甚得力，惟现止解到六百尊，尚属不敷分配，自应由粤省续行解往，以资攻剿。着叶名琛等迅速设法购办，将应行续解楚省之夷炮数百尊，配齐炮架、炮具等件，派委妥员，克期分起解赴湖南，毋稍迟延。将此由六百里加紧谕令知之。”（《清文宗实录》卷137）

（咸丰四年十二月庚申）又谕：“杨霈奏‘施用水雷，需用广东水勇’等语。据称‘仿制西洋水雷击贼船筏，颇为利器，惟楚北水勇技艺不精，广东香山、澳门一带有精于水性者，现已咨行广东选募’，着叶名琛等即照该督原咨，速行选募，克日委员管带赴楚，交曾国藩等军营应用，毋得稍有延缓。将此由六百里谕令知之。”（《清文宗实录》卷155）

（咸丰五年十一月甲子）谕军机大臣等：“胡林翼奏‘请饬购运洋炮’等语，据称‘现在外江水师船多炮少，取给湖南炮局暂可供用，而模范较小，不如粤东所购之洋炮。上年曾经曾国藩奏请，因道梗未经运竣，请饬购运以资利用’。着叶名琛、柏贵赶即购运五百斤以上、千斤以下洋炮六百尊，派委兵弁妥为护送，由湖南舟运，解赴湖北胡林翼军营，俾

资应用，无误要需。将此由六百里谕令知之。”（《清文宗实录》卷 182）

（咸丰六年正月壬午）又谕：“前因胡林翼奏请饬粤东购运洋炮，当经谕令叶名琛等赶即购运五百斤以上、千斤以下洋炮六百尊，解赴湖北军营，谅已遵旨办理。本日据胡林翼奏‘沿江一带现须分拨战船扼守，以绝贼粮军火，惟水师十营，大炮甚少，且模范太小，不能利用’，着叶名琛、柏贵仍遵前旨，速购千斤重洋炮三百尊，六百斤、八百斤重洋炮三百尊，派委兵弁，妥为护送，由湖南舟运，解赴湖北胡林翼军营应用，毋误要需。将此由六百里谕令知之。”（《清文宗实录》卷 189）

（咸丰六年八月丙午）谕军机大臣等：“胡林翼等奏‘军火需用浩繁，请饬按月筹解’等语。湖北水陆各师攻剿贼匪所需军火，每月多至十万斤，自应宽为筹备。着乐斌、吴振棫、骆秉章于四川、陕西、湖南三省按月各筹解火药三万斤，每月初旬批解启程，赴湖北交纳，以资攻剿，毋误要需。将此由五百里各谕令知之。”（《清文宗实录》卷 206）

咸丰六年丙辰十二月甲辰，谕内阁：“湖南省自曾国藩统师东下，即筹备船炮，接济大军，甚资利用。其经费均由在局绅士捐办，业经骆秉章奏请奖励降旨加恩。兹据胡林翼奏，上年春初，水师回驻武昌，汉阳战舰无多，经骆秉章督饬船炮各局设法补救，水师得以复振。其接济胡林翼军营战舰三百余只，并运解火药、炮子及一切军械，为数甚多，均系该省官绅董办，实能尽力筹谋，不分畛域。所有湖南总局司道大员，并绅局委员前次未经保奏者，着骆秉章再行择尤保奏，以奖勤劳。”（《清文宗实录》卷 216）

（咸丰六年十二月甲辰）又谕：“官文、胡林翼奏‘请饬购炮并加解火药’等语。湖北水师剿办贼匪，自粤东运到夷炮六百尊，攻剿甚为得力，现需再为购运。着叶名琛即饬购办四百斤以上夷炮三百尊、五百斤以上夷炮二百尊、六百斤至七百斤夷炮二百尊、八百斤以上夷炮五十尊、千斤至一千五百斤夷炮五十尊，统于来年春夏间，迅速由湖南运至武昌，听候调用。并着吴振棫、谭廷襄、骆秉章于四川、陕西、湖南三省，每月仍遵前旨，各解火药三万斤外，四川、陕西按月各加解火绳三万盘，鸟枪、抬枪铅子各一万斤，湖南按月加解生铁、熟铁、合膛炮子十万斤，委员赶解胡林翼军营，以济要需，毋稍延误。将此由五百里各谕令知之。”（《清文宗实录》卷216）

（咸丰九年九月）庚辰，谕内阁：“官文奏‘制造火器，请由广东派拨兵丁，前往制办’等语。喷筒、火箭等物为行军所必需，广东驻防旗兵精于制造，着准其由该督行文广州将军，于驻防兵丁内择其精于制造者，派拨六七名，即委骁骑校贾穆管带前赴湖北，以便制办。”（《清文宗实录》卷294）

（咸丰十年七月乙卯）以浙江火药不敷，命江西、福建、湖北、湖南、广东各督抚筹拨解往。（《清文宗实录》卷326）

（咸丰十年十二月壬戌）又谕：“恭亲王奕䜣等奏‘通判潘国荣愿捐炮位，请旨饬办’等语。据称前任浙江运司潘仕成之子、分发湖北试用通判潘国荣呈称‘情愿回粤倡办捐铸炮位一万斤，共二十尊，每尊自三五百斤至一千斤不等，合膛炮子五千斤，另炸炮十尊、炮子一百枚、力木炮架三十座，足敷配用。或按洋式铸造，或购自洋船’，并称‘回粤后愿推广劝捐，每捐炮十尊，带炸炮三尊，俟有成数，呈缴广东督抚验收，由海船运至上海或山东、天津等处，听候拨用’等语。炮位为军行利用，而炸炮尤为迅烈，以之攻剿发、捻等匪，洵属利器。本日已寄谕劳崇光、耆龄，饬令潘仕成同伊子潘国荣妥为办理，着僧格林沁豫为筹度。此项炮位捐齐，或续行捐铸，再有成数，应由海船解至何处转解该大臣军营，即自行咨明广东督抚查照办理可也。将此由五百里谕令知之。”（《清文宗实

录》卷 337）

（同治元年八月庚辰）谕议政王、军机大臣等："吏部奏'遵议职官承办事件迟延处分'一折。前据恭亲王等奏，前任浙江运司潘仕成之子分发湖北试用通判潘国荣，于咸丰十年冬间，呈请回粤捐办洋炮二十尊、炮子五千斤，炸炮十尊、炮子一百枚、力木炮架三十座。当经奉有谕旨，令劳崇光饬令潘仕成率同伊子办理呈缴。迄今一年有余，并未办齐报解……仍着劳崇光将潘国荣捐办炮位等件，严饬伊父潘仕成督同该员迅速如数捐办，呈缴该督验明演放，据实具奏，听候拨解……将此谕令知之。"（《清穆宗实录》卷 38）

（同治元年九月戊寅）又谕："总理各国事务衙门奏'购买外国船炮明春可到，请饬豫派将弁水勇，以备演习，并请妥筹配派'各折片。购买外国船炮，近以剿办发逆，远以巡哨重洋，实长驾远驭第一要务。曾国藩前次复奏，有'驶到安庆、汉口时商定奏办'之语，第俟该船驶到再行商办，诚恐一时选派难得其人，且停泊过久，难保洋人不另出主见，流弊不可不防。现在既据赫德呈称，此项船炮明春可到，其单内所称'轮船应派官兵及炮手、水手、水师等兵，并船上当差甚苦，须用健壮之人'等语，虽较之上年所开之单尚为核实，惟是否应如此酌派，殊难悬揣。官文、曾国藩久辖南疆，见闻较稔，着即相度机宜，参以赫德之言，悉心筹酌，将应用将弁、兵丁、水手、炮手等人，于该船未到之先一律配齐，俟轮船驶到，即可上船演习，免滋流弊。至酌留外国水手等人，多则经费太巨，少则教导不敷，应如何办理之处，并着届时与税务司等熟商妥办。其赫德单内有'水手用山东人，炮手用湖南人，水师用八旗人'之语，自系为胆气壮实及火器娴熟起见。惟因地制宜，仍在官文、曾国藩详悉筹办，务收实用。其应如何选派之处，即着迅速具奏。总理各国事务衙门折片各一件、赫德呈单一件，均着钞给阅看。将此由五百里各密谕知之。"（《清穆宗实录》卷 44）

（同治四年十月戊申）拨湖北、湖南火药各五万斤，劈山炮各二十杆，抬枪各一百杆，小枪各三百杆，解赴甘肃军营备用。（《清穆宗实录》卷157）

（同治五年四月辛亥）又谕："……本日据杨岳斌奏，领饷委员曾广照在江苏办买铜帽并洋火药等，派于召喜解送湖北，转解甘肃军营，由上海雇船装运起程，行抵棉花堤，因火药轰发，将铜帽、火药焚烧净尽。业经降旨，将曾广照革职矣。该革员领办火药等项，需费甚巨，所禀火药轰发各节有无别情，船户曾广长不戒于火，曾据李鸿章奏报，即着该署督提集曾广照等严切讯究，从重惩办。原片着钞给阅看。将此由五百里谕令知之。"（《清穆宗实录》卷175）

（同治五年四月戊午）又谕："……据刘蓉奏'以曹克忠分军移护省城，而拨楚军并力东剿，以通粮道，尚协此时权宜'等语，即着杨岳斌统筹全局，酌度情形，妥为调派……刘蓉另折奏'陕省火药局被焚'一折，本日已谕令湖北、河南、山西各督抚迅速如数拨解矣。火药被轰至十余万斤之多，该管司人员漫无防范，非寻常疏忽可比。着刘蓉迅即查明，严参惩办。将此由六百里各谕令知之。"（《清穆宗实录》卷175）

（同治五年四月戊午）拨湖北、河南、山西火药各三万斤，解赴陕西省城备用。（《清穆宗实录》卷175）

（同治五年六月辛酉）军机大臣会同兵部等部核议钦差大臣官文等会奏长江水师事宜：……一、战船不准擅离汛地，私借者照例议处。一、长龙长四丈有奇，安炮六位。三板长二丈九尺，安炮四位……一、禁止商民私设炮船，即于战船内奏派巡缉私盐，其未经奏派者，概不准干预盐务。一、建立衙署军装局，即于酌留厘卡内动款支用。一、京口、狼山、湖口、汉阳、岳州五处水师标营，悉归长江提督节制。其向无水师名目者，仍照旧章办理。一、水师技艺，首重驾船，次演炮，哨官则兼阅枪箭。每年春季，提督在上江会同两湖总督简阅一次，秋季在下江会同两江总督简阅一次，核其优劣，分别保奖参办。以上三十条，均应如所奏办理。未尽事宜，仍令该督等妥议具奏。从之。（《清穆宗实录》卷178）

（同治八年二月乙丑）拨湖北火药二万斤、火绳五千盘、铅丸五千斤，解赴宁夏将军穆图善军营备用。（《清穆宗实录》卷253）

（同治八年四月戊午）拨湖北劈山炮十尊、抬枪六百杆、小枪二千杆，解赴署陕甘总督穆图善军营备用。（《清穆宗实录》卷257）

（光绪二年六月壬寅）（兼署湖广总督、湖北巡抚翁同爵）又奏："鄂省购办外洋军火，遵照部议，酌拟支销运脚造报章程。"下兵部知之。折包 （《清德宗实录》卷34）

（光绪二年九月）乙丑，谕军机大臣等："丰绅等奏'遵议喜昌训练旗兵条陈，请饬拨军火'一折。据称'黑龙江现拟拣选旗兵，精练马步各队，查劈山炮一项甚为适用，惟楚省最多，请饬拨五百尊以备演练'等语。着翁同爵即行照数筹拨，委员解交工部验收，转咨丰绅等专弁领回，俾资应用。将此谕令知之。"现月 （《清德宗实录》卷40）

（光绪五年正月乙卯）湖广总督李瀚章奏："湖北各营损失军械尚未补足，恳仍展缓盘查。"下部知之。折包 （《清德宗实录》卷85）

（光绪七年四月戊戌）湖北巡抚彭祖贤奏："荆州满营需用火药、铅弹，动款制造。"报闻。随手 （《清德宗实录》卷129）

(光绪九年正月壬辰)湖广总督涂宗瀛等奏:“军兴以后,湖北各营损失军械骤难补齐,请展缓盘查。”下部知之。折包 (《清德宗实录》卷158)

(光绪十年正月己丑)又谕:“徐延旭奏‘关外需用军火,请由湖南、湖北两省拨解’等语,据奏,广西各局所存枪炮等项,均已尽数运解出关,亟须迅筹拨解,以应急需。着潘鼎新查明湖南省局现存抬枪,即先提借一二千杆,多配子药,如有合用枪炮、逼码等件,一并迅速委员,解赴广西,并派熟习员弁帮同广西委员设局打造,俾资接济。并着卞宝第、彭祖贤由湖北汉口采购各项洋枪二三千枝,多备逼码、子药赶紧运解,毋稍延误。所有以上两项经费,即由徐延旭筹措归款。至所称‘湖北藩司筹拨协饷,不及三月,扫数解清,力顾大局,请饬部从优议叙’等语,着照所请行。将此由六百里各谕令知之。”洋务 (《清德宗实录》卷177)

(光绪十年八月丁酉)又谕:“前据提督刘铭传奏‘船政局、机器局宜加整顿’,主事余思诒、教职陈麟图奏‘请整饬机器局’,编修朱一新奏‘请于湖北、江西近水之处添置机器局’各等语,福建船政局自被轰后,机器尚未损坏,自应一面修理,逐渐整顿。其天津、上海等处机器局开设有年,不惜多费帑金,原期制造精良,乃可适用。现在海疆有事,军火、枪炮尤应宽筹备用,以应急需。着李鸿章、曾国荃、杨昌濬、卫荣光、张佩纶按照该提督等所陈各节,实力整顿,厘剔弊端,并将军火等项多为储备。其湖北、江西应否添置机器局,并军火公司是否可行,着总理各国事务衙门、曾国荃、卞宝第、彭祖贤、潘霨妥筹具奏。此外设有机器局各省,并着总理各国事务衙门咨行各该督抚一律整顿。原折单均着摘钞给与阅看,将此谕知总理各国事务衙门,并由四百里谕令李鸿章、曾国荃、杨昌濬、卞宝第、卫荣光、彭祖贤、潘霨、张佩纶知之。”洋务 (《清德宗实录》卷192)

（光绪十七年十二月乙卯）湖广总督张之洞奏："各营损失军械尚未一律补制，请展缓年例盘查。"从之。（《清德宗实录》卷306）

（光绪二十年三月）丙戌，谕内阁："张之洞奏'省城制造火药所，因碾盘出火，引燃火药，以致轰毁房屋，伤毙工匠多名，请将委员革职'等语。湖北补用通判恩玉疏于防范，着即行革职。其该管各官，该部查取职名，按照奏定章程，分别议处。"现月（《清德宗实录》卷336）

（光绪二十年九月辛丑）又谕："电寄张之洞等，电奏已悉。余虎恩所部十营军械已由湖北筹给，所需炮银六万两，着王廉无论何款，速即照数拨解湖北应用。并着张之洞催令余虎恩迅速带兵北上，勿稍延缓。"电寄（《清德宗实录》卷350）

（光绪二十年十月丙辰）又谕："御史易俊奏'行军以军火为先，现在新募各营，枪炮、子药均属寥寥。虽订购不少，而运到尚需时日。山西、河南、陕西、四川、湖北、湖南、江西等省刻尚静谧，其所存内地制造军火可酌提数成，解京应用'等语。着各该督抚即将该省所造军火提拨若干，派员由陆路解京，以备分拨各营应用，毋得迟延推诿。将此由六百里各谕令知之。"洋务（《清德宗实录》卷351）

（光绪二十年十月庚午）湖广总督张之洞奏："添置炮架、枪、弹三厂机器工料，并改换新式快炮机器，妥筹办法。"得旨："快枪、快炮为现在行军利器，该督于数年前筹备及此，足征思虑深长，此折着照所请行。"折包（《清德宗实录》卷352）

（光绪二十年十一月戊戌）护理湖广总督谭继洵奏："遵拨军火，赶紧委解赴京，以济要需。"下所司知之。折包（《清德宗实录》卷354）

（光绪二十年十二月己未）又谕："电寄张之洞，现在防剿各军需用枪炮甚繁，尽向外洋购运，深恐缓不济急。湖北创设枪炮厂有年，前降旨仍归张之洞一手经理，并令督饬速办。刻下筹办情形若何，能否及时扩充，设法制造，以便分拨应用，即着张之洞迅筹复奏。"电寄 （《清德宗实录》卷356）

（光绪二十一年十一月乙卯）兼署湖广总督、湖北巡抚谭继洵奏："鄂省炮价无力筹付，请由江南代拨。"得旨："即着咨行张之洞，由江南制造局拨给。"折包 （《清德宗实录》卷380）

（光绪二十一年十二月己丑）兼署湖广总督、湖北巡抚谭继洵奏："盘查各营损失军械尚未足额，请俟领饷补制后，再行册报。"下部知之。折包 （《清德宗实录》卷382）

（光绪二十二年正月庚申）（署两江总督张之洞）又奏："江南定购枪炮，原系鄂省拨款，请解归湖北善后局收存备用。"允之。折包 （《清德宗实录》卷384）

（光绪二十二年七月丙午）督办军务处奏："南洋湖北制造枪枝，试验合用，请饬一律照办。"从之。折包 （《清德宗实录》卷393）

（光绪二十二年十一月）癸巳，谕军机大臣等："前据盛宣怀奏'条陈自强大计，并请开设银行，设立达成馆'各折片，当经谕令军机大臣、总理各国事务衙门、户部妥议具奏。兹据该王大臣等悉心核议，逐条具奏，朕详加披阅，除指驳各节应毋庸置议或应暂行缓议外，其练兵一条，为各省将军、督抚专责，不论勇营、绿营，当此饷项支绌，均应大加裁汰。现在各省仿照西法新练各军暨上海、湖北制造枪炮两局厂，务须督饬该管将领、承办局员认真讲求，操练则毋袭皮毛，器械则务求画一，

并按照此次所拟办法，若者宜减定成数，若者宜增创新章，体察情形，斟酌办理……”现月 （《清德宗实录》卷397）

（光绪二十三年十一月己酉）又谕：“总理各国事务衙门、户部会奏‘遵议估计旅顺、大连湾购炮修台经费，拟请分年拨款筹办’一折。旅顺、大连湾拱卫北洋，相为犄角，形势天险。业经王文韶派员勘估，按照图说，拟请择要修筑大小各炮台，配用各种快炮。据该王大臣复核财力，既多撙节，防务复协机宜，自应准如所请……至于应用枪炮，前经张之洞在湖北创设枪炮厂，奏明添拨洋款，除该厂原造之数，每年能加陆路、过山两种快炮二百尊、炮弹二十万颗。现在旅顺、大连湾应添炮位，如果该厂可以制造，较之购自外洋，所省不啻倍蓰。着张之洞酌度情形，总以鄂厂所造应用为宜，并着会同王文韶先行妥商，奏明办理。现在防务紧要，亟宜未雨绸缪，先事布置……原折均着钞给阅看。将此各谕令知之。”洋务 （《清德宗实录》卷412）

（光绪二十四年四月癸未）拨湖北快枪一千枝、弹十万颗、快炮十二尊、弹一千二百颗、克虏伯炮十尊、麦尼夏枪一千八百枝及车轮、车架、子弹等件交神机营练兵处；快枪一千枝、弹二十万颗、快炮十二尊、弹一千二百颗，交董福祥甘军。折包 （《清德宗实录》卷418）

（光绪二十四年六月丙申）湖广总督张之洞奏：“鄂省练兵需械，商拨江南购存大口径毛瑟枪、快枪二千枝。”下所司知之。折包 （《清德宗实录》卷421）

（光绪二十四年六月庚子）谕军机大臣等：“陈宝箴奏‘设立制造枪、弹两厂，拟筹常年经费，并请改拨款项’一折，据称‘沪局暂难移设，拟于湘省购机建厂，制造快枪、弹子，从速开办，以图扩充’等语。现当整顿武备之际，豫筹军储必以自造枪炮为急务，开办伊始，购机建厂暨应需工料自应筹拨款项并常年经费，方可无误要需。所称拟仿照盐斤加价成案，每斤折收加价银一厘四毫，每年约银十余万两，以供制造枪、弹两厂常年的款。又上海机器制造局原议定购机器税款，现在尚未拨解，请饬于此项增拨未解款内迅筹银三十万两，改拨湖南，尽本年内悉数兑交，以为购制机器之费各节。着陈宝箴咨商刘坤一斟酌情形，迅速筹办。另片奏'拟会商湘绅认息借银购办机器，仿用西法炼铜，由该公司自办，照湖北铁厂商办章程，宽免岁课'等语，着照所请。陈宝箴折片着钞给阅看。将此各谕令知之。"现月 （《清德宗实录》卷422）

（光绪二十四年十月甲辰）又钦奉懿旨："荣禄另片奏'请饬南、北洋暨湖北各省赶造枪炮，并请饬考北洋沿海舆图'各节。行军利器，以后膛快炮、小口径毛瑟枪为最，现时南、北洋暨湖北均设有机器制造等局，着该督抚就地筹款，移缓就急，督饬局员，认真考求，迅即制造。至地图为用兵所必究，着北洋大臣督饬武备学堂，将沿海舆图考校精确，绘具总分各图，通颁各营，以资练习。"现月 （《清德宗实录》卷432）

（光绪二十四年十一月丙辰）又谕："有人奏'天津、上海、江宁、湖北制造枪械，较有规模'等语。国家讲求制造，原期精益求精，若非严定课程，难收实效。着裕禄、刘坤一、张之洞确查各该局厂现有机器若干，每年实能造成何项枪炮、药弹若干，估定确数，通盘筹算，严定课程，按季奏报。倘有虚糜废弛情弊，即着严参惩办，毋稍宽纵。至北洋兼造银元是否可以停止，并着裕禄酌核情形奏明办理。原片均着钞给阅看。将此各谕令知之。"现月 （《清德宗实录》卷433）

（光绪二十四年十二月庚辰）谕军机大臣等："前因天津、上海、江宁、湖北所设之制造枪炮各局厂，谕令裕禄、刘坤一、张之洞确查各该局厂现有机器若干，每年实能造成何项枪炮、药弹若干，估定确数，按季奏报。此项枪械为现在要需，制造固须求精，经费尤当核实。着裕禄、刘坤一、张之洞切实会商，饬令各该局厂制造枪炮务须统归一律，仍遵前旨，将每年枪炮、药弹各若干并支销经费若干据实奏报外，并按季咨报户部、神机营查核。仍严饬承办各员认真经理，如有虚縻废弛情弊，即行从严参办。将此各谕令知之。”现月 （《清德宗实录》卷435）

（光绪二十五年正月己未）谕军机大臣等：“荣禄奏‘请饬直隶等省迅造枪弹，以备拨用’一折。枪炮为行军利器，北洋各军拱卫京畿，关系尤重。据称前后左右四军并添募中军，需用枪炮、子药甚多，前经裕禄奏明，由湖北枪炮厂造小口毛瑟枪，江南上海机器局造曼利夏枪，北洋机器局赶造子药兼造快炮，以资应用。即着裕禄、刘坤一、张之洞督饬各局员迅速按式添造，随时认真考核，务将枪枝、快炮力量较准，膛口画一，所造子药，尤宜配合丝毫不爽，俾令一律精良，足资适用。至各该局每年可以赶造若干，应即按季分别造报。原折并着钞给阅看。将此由四百里各谕令知之。”现月 （《清德宗实录》卷437）

（光绪二十五年三月庚戌）又谕：“电寄刘坤一等，江南、湖北现均设厂制造枪炮，俱系何项名目？炮弹、枪子首重合膛，少有参差便同废物，临时最足误事。各该厂曾否按照名目互相较准，每月能出枪枝若干，子弹若干，是否兼造快炮，着刘坤一、张之洞详细查明电复。仍随时确切考订，彼此知照，务须一律，不得任意更改，以致歧异。并督饬局员加意讲求，赶紧制造，用备缓急，毋任延旷。”电寄 （《清德宗实录》卷440）

（光绪二十五年四月壬寅）又谕：“前因天津、上海、江宁、湖北等处均有制造枪械局厂，谕令该督等切实会商，务将所制枪炮膛口、子弹，各局统归一律，以期通用，并将每年所造枪件、子药若干据实奏报，并按季咨报户部、神机营查核。现在为时已久，并未据报有案，枪炮为行军要需，岂容因循延玩？着裕禄、刘坤一、张之洞详悉查明各该局厂所造械炮究系何项名目，是否业已会商，造成一律，迅即切实奏复。嗣后仍遵前旨，按年奏报，并按季分别咨报，毋得延宕。该督等务当懔遵叠次谕旨，督率承办各员认真经理，精益求精。并将膛口、子弹彼此比较画一，务令不差累黍，庶各省互相接济，临时不至缺误。倘该管局员草率从事，虚糜经费，或演放时有炸裂等项情弊，定即治以重罪，决不稍从宽贷。将此各谕令知之。”寻刘坤一奏：“查明江宁、上海两局现有机器暨每年造成军械数目，并筹扩充制造情形。”下所司知之。折包 （《清德宗实录》卷443）

光绪二十五年己亥六月壬辰，谕军机大臣等：“前因上海、江宁、湖北均有制造枪炮局厂，谕令该督等切实会商，将所制枪炮膛口、子弹统归一律。兹据刘坤一奏称‘派员驰赴湖北比较数次，所造枪炮、子弹格式、分量、口径、大小现均一律合膛，并无歧异’等语，着刘坤一、张之洞饬令江宁、上海、湖北各厂，将仿造之小口径毛瑟枪各提二十枝，注明某厂、某年月制造，配齐子弹、药码一切零件，派员解送来京，以备考验。将此各谕令知之。”现月 （《清德宗实录》卷447）

（光绪二十五年六月辛丑）湖北巡抚于荫霖奏：“洋枪、子弹各省务须一律，以资通用。”得旨：“枪炮、子弹必应合膛，必应一律，已叠谕各该省遵照办理，并酌提各厂枪枝，解京考验矣。”折包 （《清德宗实录》卷447）

（光绪二十五年十月庚寅）又谕：“电寄刘坤一等，前经谕令刘坤一、张之洞饬令江宁、上海、湖北各厂，将仿造之小口径毛瑟枪各提二十支，配齐子弹、药码一切零件，派员解京考验，迄今尚未据报解。此项枪枝准于何日、拣派何员解送来京，着刘坤一、张之洞迅速电复。”电寄 （《清德宗实录》卷453）

（光绪二十五年十月甲午）拨南洋制造局各式毛瑟枪四千杆、各式马枪六百杆、过山快炮七尊并子弹、药袋、拉火等件，解交北洋备用。又毛瑟枪一千杆并药袋解交荆州旗营备用。折包　（《清德宗实录》卷453）

（光绪二十六年闰八月壬寅）湖广总督张之洞奏："鄂省解京快炮、枪弹现已在途，应解何处，请旨遵行。"得旨："即着解赴行在。"折包（《清德宗实录》卷470）

（光绪二十六年闰八月丙午）湖北巡抚于荫霖奏："添募两营制备抬枪，严装豫备入卫。"得旨："着听候调遣。"折包　（《清德宗实录》卷470）

（光绪二十六年闰八月丙寅）又谕："现在敌军将至保定，难保不再往西趋，山西防务极形吃紧。该省军械缺乏，亟需接济，着张之洞由湖北枪炮厂迅速酌拨枪、炮各若干，多配子弹，派委妥员，克日设法运解山西，以应要需，毋得少有延误。将此由六百里各谕令知之。"寄谕（《清德宗实录》卷471）

（光绪二十六年九月甲戌）又谕："现在驻跸西安，护卫、分防各军需械甚多，江南、湖北两厂快枪、子弹尚能合用，着刘坤一、张之洞督饬局员加工赶造，一面将现存枪械酌提若干，配齐子弹，迅派妥员解赴行在，以应急需。四川机器局现造后膛枪，子弹未能一律，试放多不灵便，着奎俊督饬局员选择工匠，加意讲求，俾成利器，并即加工制造，源源解赴行在，以资接济。将此由六百里各谕令知之。"寄谕　（《清德宗实录》卷472）

（光绪二十六年九月戊寅）又谕："岑春煊奏'陕省募勇，请饬拨枪械'等语。现在陕省添召勇营，需械甚急，着刘坤一、张之洞于上海、湖北各制造局酌拨小口径枪四千杆、快炮十尊，配齐子弹，解赴西安，俾资应用。将此由六百里各谕令知之。"寄谕　（《清德宗实录》卷472）

（光绪二十六年十一月庚辰）湖广总督张之洞奏："遵旨选拨湖北制造枪炮、药弹，解赴西安。"得旨："着岑春煊统收，随时酌拨。"（《清德宗实录》卷475）

（光绪三十年正月癸未）署湖广总督、湖北巡抚端方等奏："拟就鄂、湘两省合筹，于湘省择地添建枪、弹等厂，并统办土膏税捐，以充经费。"下政务处、练兵处议。寻奏："各省纷纷设厂，各造各械，不能一律，且欲以一二省所筹之款制造枪炮，使其既精且多，甚属不易。所请会筹添建枪、弹等厂，请毋庸议。至鄂省与湘省合办膏捐，应照案另款存储，备练兵处随时提拨，不得挪作他用。"依议行。折包 （《清德宗实录》卷526）

（光绪三十年十一月戊寅）拨湖北五响无烟枪二千枝，配弹一百万粒，交两广总督备用。（《清德宗实录》卷537）

（光绪三十四年十月）己未，谕军机大臣等："电寄赵尔巽，据电奏'请先由鄂厂拨给枪炮、子弹'各节，着陈夔龙查照陆军定章拨给。"（《清德宗实录》卷597）

（宣统元年三月丙子）直隶提督姜桂题奏："武卫左军拱卫畿辅，恳饬两江、湖广督臣拨给开花炮子、无烟枪子以资防守。"如所请行。折包 （《宣统政纪》卷11）

（宣统元年五月丙子）陆军部奏："查从前各省设局制械，权舆于沪，振兴于鄂……先周历沪、鄂、川、广、金陵、德州，递及各局厂，详加研究。某厂应造何项器械，某厂应用何项机件，均详加斟酌，拟定章程，由臣部会商该省督抚办理，俾权限可以分明，规制仍无歧异……"（《宣统

政纪》卷14）

（宣统二年九月）戊午，东三省总督锡良奏："……然使枪炮、子药仍须购外自洋，平时操练，不足以支配，及兵事既起，无制造厂接济军火，则有兵与无兵等。查沪、鄂有厂能造枪而不适于用，德州有厂能制弹而不应所需……"折包 （《宣统政纪》卷42）

（宣统二年十二月癸未）三品卿衔考查各省制造局厂朱恩绂奏："窃维我国制造军械，经营垂三十年，縻款六千余万。及按其成绩，或则地势不宜，或则办理不善，或则制造不备，或则经费不敷，积弊甚深，诚不能不及早筹议……炮则以……鄂厂给西南，枪则以……鄂、德两厂接济鄂、湘、皖、赣、豫、鲁、晋、直隶、东三省，如此则地势便利，而按之各厂出数，亦能配备均匀……查沪厂历年存款约共三百万两，拟即作为布置一切之用，其分配之法……鄂之炮厂二十万、枪子厂十万……"得旨："着交军咨处、陆军部详核具奏。"（《宣统政纪》卷46）

（宣统三年四月）壬申，谕军机大臣等："……至所称'枪械缺乏，请饬两江、湖广总督速提精利五响，每枝配码五百颗，派轮克期径解衡州，由桂派员接运'一节，着张人骏、瑞澂迅即委解，毋误事机。"电寄 （《宣统政纪》卷52）

（宣统三年四月）丙戌，谕内阁："电寄瑞澂等，据电奏'宝庆等属均有桂边士匪滋扰，已饬军队前往防剿。省垣为重要机关，尤须扼守防范。拟添募防勇四五队，以资策应，并向鄂厂购新式快枪子弹，价分三年匀付'等语，着照所请。仍着该督抚等懔遵前旨，认真筹办，毋稍疏懈。并将详细布置情形随时电奏。"电寄 （《宣统政纪》卷53）

（宣统三年八月戊午）又谕："电寄宝棻等，电奏悉，所陈保护铁路，并调营援鄂，及豫省现在筹防情形，尚属周妥。至需用枪械，请饬源源接济一节，着陆军部、北洋大臣随时妥筹接济。”（《宣统政纪》卷61）

15. 其他军务

（顺治十年闰六月戊辰）赐经略洪承畴敕曰：“……前招抚江南奏有成效，必能肃将朕命，绥靖南方。兹特命卿经略湖广、广东、广西、云南、贵州等处地方，总督军务，兼理粮饷，听择扼要处所驻扎，应巡历者随便巡历，总督应关会者必咨尔而后行。尔所欲行若系紧密机务，许尔便宜行事，然后知会巡抚、提督、总兵以下，听尔节制，兵马粮饷，听尔调发。文官五品以下、武官副将以下有违命者，听以军法从事。一应抚剿事宜不从中制，事后具疏报闻。满兵留撤，俟到日酌妥，即行具奏。事关藩王及公者，平行咨会，相见各依宾客礼。文武各官在京在外，应于军前及地方需用者，随时择取任用。所属各省官员升转补调悉从所奏。抚、镇、道、府等官有地方不宜、才品不称、应另行推用者，一面调补，一面奏闻，吏、兵二部不得拘例掣肘。应用钱粮即与解给，户部不得稽迟，如紧急军需，拨解未到，即与就近藩司、榷关行文取用，具疏奏闻。其归顺官员内外酌量题录，投降兵民随宜安插。事会可乘，即督兵进取，时宜防守，则慎固封疆。各处土司，已顺者加意绥辑，未附者布信招怀。四川、江西、河南、陕西地方邻近湖广，应有兵事相关者，移文总督、巡抚，犄角策应。卿受兹委任，务开诚布公，集思广益。收拾智勇，毋为逆党所诱；绥辑穷黎，毋为贪官所苦。进战，则得地以守；固守，则出奇以战。练士卒在平时，选贤良置要地，务使滇、黔望风来归，官民怀德恐后，庶称朕诞敷文教至意。功成之日，优加爵赏，地方既定，详筹善后，即命还朝，慰朕眷怀。尔其钦哉！”（《清世祖实录》卷76）

（顺治十二年二月戊午）谕兵部：“前以湖南寇氛未靖，殃及生民，曾有旨增遣满兵，携家口驻防武昌。今念大军所过，沿途水陆居民及驿递必至骚扰，所驻之地又须拨给房屋田土，其为民累更有不可胜言者，朕实悯之。闻五省经略、辅臣洪承畴在彼操练军兵，修整器械，军威殊壮，招徕抚辑，民情悦安。其停止携带家口驻防，前所遣兵照常更换。至于增设甲兵、缮治军器，俱遵定例行。尔部速行传知。”（《清世祖实录》卷89）

（康熙十五年六月）乙丑，上御乾清门，召郧阳抚治杨茂勋至前，问以招兵事宜，并谕曰：“郧阳地方紧要，尔善安抚军民，如有方略，即具疏陈奏。”（《清圣祖实录》卷61）

（康熙十六年六月己未）命翰林院侍讲学士顾八代赴莽依图军前，传谕莽依图曰：“用兵利在神速，毋稽迟贻误。或不得已，择便而行者有之。凡此机宜，尔自熟悉，近以逗留误事，如长沙、荆州诸处，其明验也。”（《清圣祖实录》卷67）

（康熙三十一年三月）辛酉，湖广总督丁思孔疏言：“请将武昌等营水师船于洞庭湖操演。”上谕大学士等曰：“武昌营沙船甚少，非全部之兵不必于洞庭操演。朕观京口船只最为紧要，有事可以调发，肆应当不时操演。且舟战甚难，彼此乘船对敌，固难。倘对敌之际，倏尔登岸交锋，更难且险。即如澎湖大败水贼，克取台湾，事后人皆视以为易，当未得之先，朕岂遽以为易？且举一事与尔等言之，当吴逆变乱，闻在岳州湖中，官兵与贼交战，扎喇克图、查库等九船官员，齐于将军鄂内前言：‘我等九船，进则齐进，同心破贼，断不相离。’不谙者闻其语，遂以为诚能奋勇效力。若仿此而行，未有不误事者。战阵之道，彼此争先，方为有益。若互相观望，特为各保躯命而已。此九船前进，并未擒获贼船一只，则其观望可知矣。此事止可欺鄂内辈，其可以欺朕乎？朕曾以扎喇克图等齐进之事诘问，鄂内等俯首不能答一言，朕洞悉扎喇克图之为人，解其前锋统领，令随征厄鲁特，又不冒死克敌，以赎前愆，反弃

众先奔，立心奋勇之人岂如是乎？”（《清圣祖实录》卷154）

（康熙五十八年四月）丙子，议政大臣等议复：“四川总督年羹尧疏报‘臣等前闻西藏送回官兵之信，恐贼有奸计，曾经奏请，委永宁道高其佩前往料理。今众兵陆续至里塘者共三百七十人，其未到者不过数十人，其间并无奸计，道员高其佩不必前往里塘。至此一项满汉兵丁到省时，臣等将满兵归入荆州满兵内，汉兵归入臣标，一同操练，以侍将来调遣’，应如所奏。”从之。（《清圣祖实录》卷284）

（雍正六年十月）庚寅，谕兵部：“康熙四十二年定例，自提督以至千、把，各给亲丁名粮，以为养育家口、仆从之需，此外不许一名虚冒。夫有一武弁，即有亲丁，此项名粮理应前后官弁接受者。闻湖广原任提督俞益谟于离任之时，将伊标下所有名粮一一募补，但知有己而不知有人，甚非体恤武弁之道。嗣后武弁去任之时，即将名粮停扣，不必募补，留此与接任之员，俾其得沾余润。若他省营伍中有与湖广提标相类者，俱着遵朕此旨行。”（《清世宗实录》卷74）

（雍正七年三月戊午）又谕：“朕为在京八旗兵丁悉心筹画，其家若有吉凶之事，需用之费无所取办，一时拮据，实为可悯，特给内库银两，令王大臣等营运生息，以备兵丁一时之用。今思外省驻防之满洲、汉军兵丁等，亦当一体加恩。江宁、杭州、西安、京口、荆州、广东、福建、宁夏、右卫共九处，每处赏银二万两……俱着于布政司库内支给，交与该将军、副都统等公同存贮，营运生息。如该处驻防兵丁，家有吉凶之事，将息银酌量赏给，以济其用。其本银永远为存公生息之项，不令缴还。该将军、副都统等，务须尽心办理，使兵丁均沾实惠。倘该管大臣官员有私自侵蚀那移，或委任非人，以致本利亏缺者，定行从重治罪，仍于该管及委用等官名下严追还项。其营运利息之处，亦必公平办理。倘指称官银名色，或占夺百姓行业，或重利刻剥闾阎，与商贾小民争利，扰累地方，着各督抚不时稽查，即行参奏。倘督抚徇隐不奏，经朕访闻，必将该督抚一并议处。此项本利银两每年出入之数，交与在京八旗都统、副都统查核。一旗或管一省，或管二省，着怡亲王、大学士等酌量派定，每年于岁底，各省该管大臣官员等造册赍送，各该旗查核奏闻。再各省督标、抚标、提标兵丁等亦仿此例，每标或给银一二万两，或给银数千两，按照兵丁之额数，分别银两之多寡。亦着怡亲王、大学士等酌量派定，其银即交与各该督抚、提督委员料理，以惠济兵丁。一切照驻防之例行，其前后接任之时，将此造入交代册内查核。至于各省镇、标兵丁等一时难以遍及，候朕酌量国用之出入，次第加恩，陆续降旨。”（《清世宗实录》卷79）

（雍正九年五月乙亥）谕兵部：“山东登州总兵官曾谟，着调补山东兖州总兵官。山东兖州总兵官岳含奇，着调补山东登州总兵官。前降谕旨令湖广预备兵丁二千名，听候西路军营调拨之用，着岳含奇前往湖广，会同总督迈柱，加意挑选人材壮健、技勇优长者二千名，即令岳含奇带领前赴西安驻扎。其领兵之副、参、游、守、千、把等官，亦着迈柱、岳含奇拣选前往。此所派兵丁内，将长于藤牌者挑选五百名，或一千名，充入二千名之数。若弁兵内有人材可用、情愿赴军前效力者，亦着迈柱、岳含奇酌量派用。此二千兵丁，于秋末冬初候旨，从湖广起身，一应赏赉银两，照例给与……”（《清世宗实录》卷106）

（乾隆五年闰六月甲子）谕：“楚、粤苗瑶滋衅，查系上年冬间，即有汉奸唆使，煽惑滋事。该处文武官弁，倘能据实禀报上司，两省会商派拨官兵查拿捕缉，原可即时扑灭。乃两省官弁既欲弥缝，复思推卸，及至事衅已成……楚省当逆苗焚劫之时，不急发兵擒剿，尚欲化诲招抚，指示晓谕，以致逆苗无所忌惮。今楚省大兵云集，自应详查地势之险夷，分别寨、分之首从，与粤省会商，克期并进，蠢兹小丑，自不难次第荡平。乃朕体察情形，仍系各省各办，彼此不相关会，于进剿之始，既不策励官兵，又不知审度地势，使逆苗据险拒敌，我兵竟有损伤。且胸无定见，一举失利，遽将进剿之兵撤退，损威示弱，无逾于此。诚恐勾结渐广，逆苗尚未成擒，而内地不免惊扰矣。军务所关綦重，办理务在得人，前朕降旨，令杜恺酌量情形，应否亲往军前，自行定夺。今再四思维，杜恺以亲往统领楚兵为是……总督班第现赴湖南，诸事可以调度……若事已就绪，即便来京，若尚未就绪，即留楚办理。具折奏闻。班第仍回湖北本署，该部可即行文前去。”（《清高宗实录》卷121）

（乾隆六年三月丁丑）调湖北均房营参将杨通仁赴部引见。（《清高宗实录》卷138）

（乾隆八年十月）甲子，成都副都统永宁奏：“川省驻防兵，从前由荆州派拨者多，父子兄弟不能禁其往来省视，例由该将军、副都统给咨，以四个月为限，责成荆州、成都两处理事同知不时稽察，定例诚善。今自去年十二月至本年八月，陆续来川二十六人，一无正务，若不严申例禁，恐不肖者往返生事。请敕下该将军、副都统等，咨查属实后再行予假。若冒昧给咨，一经查出，除将谎告者严惩外，仍将该管各官交部察议。”得旨允行，下部知之。（《清高宗实录》卷202）

（乾隆九年三月辛巳）（兵部）又议复：“湖广总督阿尔赛疏称‘楚省各标、镇、协、营，例应提督三年，亲身遍历全省巡察一次，但楚省幅员辽阔，往返不下万有余里，恐届轮巡之年，在外日久，贻误衙门公事。请改为每年秋收之后，察其紧要者酌量巡查数处，三年之内，轮巡亦可一周。再巡察营汛，赏号事所必需，每年给赏银三百两’。均应如所请。”从之。（《清高宗实录》卷212）

（乾隆十年七月辛卯）兵部等部议复：“湖北巡抚晏斯盛奏称‘各处在配军流人犯向交地保收管，该犯与牌甲错处，每至诱惑善良，且挟制地保，苛求无状。请嗣后各省收到军犯，除老病废疾仍归原配各州县收入养济院外，其余即于通省府厅州县佐杂各衙门，匀派当差，日给口粮’。应如所请。至所称军犯止照省分充配，不必限定州县，免致多寡参差。查充军例有五等，道里远近不一，若第照省分遣发，恐起趋避之渐。请照军犯应遣府分，转行该处督抚，于该府所属州县核明里数，匀拨充役。”从之。（《清高宗实录》卷 245）

（乾隆十二年正月丙辰）谕军机大臣等：“湖广通省营伍废弛，朕已降旨，令总督塞楞额极力整顿。近闻该省墩台塘汛，种种懈弛草率，不称观瞻，且有守望无人之处，不但不如云、贵等省整齐严密，即较之山东、河南、直隶亦远不逮。自彼经过之人，在朕前陈奏，不一而足，必系实在情形如此，非力为整饬，何以肃营伍而严守御？可传谕塞楞额通饬各营将弁实力办理，痛改积习，务使武备精强，戎行整肃，一切分防戍守，时时严密稽查。向来督抚但于新任下车，略为简阅，以应整饬虚文，日久仍前懈怠；或于初奉谕旨，通行晓示，便为业已奉行，不问是否实在遵循，地方有无实效。将弁习于怠玩纵弛，营伍安得不废？塞楞额当实心渐次经理，不可急遽一时，以求速效，但当时时留心训饬，勿致往来行旅啧有烦言，以副朕念。”（《清高宗实录》卷 283）

（乾隆十二年十一月丙辰）兵部议复：“荆州将军德敏等疏称‘荆州满蒙闲散及另记档案、开档养子各闲散共一千六百三十余名。现在各佐领下，多寡不一，遇有挑选披甲等缺，壅滞不均。请将各闲散均齐旗分’等语，应如所请，除将开档养子闲散二百二十名俱均齐在各本旗外，其满蒙闲散，并另记档案闲散共一千四百十八名，俱准在八旗画一均齐。”从之。（《清高宗实录》卷 303）

（乾隆十二年十一月丙辰）湖广襄阳镇总兵齐大勇奏：“巡察襄阳各营伍，途次接奉谕旨，调任陕西兴汉镇，现在巡察已毕，恭折请训。”得

旨："览奏俱悉。兴汉为边陲重地，武备更宜实力整顿，然亦不可不顾兵丁劳苦，为之过甚也。"（《清高宗实录》卷 303）

（乾隆十三年正月辛卯）谕军机大臣等："据湖广总督塞楞额奏称'莅任已及一载，拟于二月初间束装简从，会同钦差大臣于北、南两省镇协水陆营伍，周阅巡查'等语，此次湖广巡查营伍之处，朕亦不另派大臣，即着塞楞额就近查阅。但湖北巡抚，朕已命彭树葵署理，塞楞额尚未闻知。尔等传谕于伊，俟彭树葵到任后，地方诸务与之商酌办理，一两月之后，再行前往查视。"（《清高宗实录》卷 306）

乾隆十三年戊辰二月乙卯朔，兵部奏："湖北、湖南、云南、贵州四省营伍，请派大臣查阅。"得旨："湖北、湖南营伍，已令总督塞楞额查阅，不必另派。其云、贵二省，张允随新授云贵总督，上年已经查看。此次派往大臣之处，着停止。"（《清高宗实录》卷 308）

（乾隆十四年正月庚戌）谕军机大臣等："元旦天气清朗，旭日融和，群情欣豫，朕心深为嘉悦，以此验之，定卜今岁事事顺畅，所至如愿。经略大学士傅恒已抵军营，茂迓天庥，和辑士众，必能一月三捷，迅奏肤功也。除夕申刻，接到十二月十八日奏折，筹办诸务，俱周详妥协。惟时朕已封笔，此皇祖、皇考所贻成宪，经岁惟此片刻之闲。而经略大学士所奏'拣员办理粮运'一事，若俟部议，行文外省督抚，不知应发若干员，迨其咨商往返，迁延时日，恐至二月杪经略大学士奏凯时，该员尚未必到齐，即交军机大臣办理，亦须迟待数日，是以朕即自行酌定，口授内侍缮写，其中有向经记名者，于履历片中查派，并量地方职任之繁简、设员之多寡，如各省道府及黔省同知本少者，皆未派出。河南路不甚远，添派数员，已行文各该督抚，令于文到三日内驰驿前往，庶可及时任事，足敷调遣。各该员办理妥协，自应照军功议叙。其庸劣者，但议处该员，此系朕所亲定，与该督抚无涉。朕于夜分筹办如此，即封笔后亦未尝稍闲也。至于经略大学士所奏清字一折及复奏密谕诸折、岳钟琪具禀一折，俱尚未发，俟初二日另颁谕旨，以元旦应言吉事，期速成功也。其传谕湖广、云、贵、河南各督抚谕旨及检派各员名单，着一并钞发。鸿钧运转，气象更新，专听经略大学士喜音，以为欢庆。”（《清高宗实录》卷332）

（乾隆十四年二月庚子）谕：“各省轮年查阅营伍，例应由京特派大臣前往，间有即令该省总督查阅者，朕思总督虽统辖戎政，简稽军实是其专责，而整饬营伍之道，必须不时查核，方有实效。或遇钦差大臣于该省道路相近，令其就便往查，似觉更多裨益。上届云南、贵州、湖广营伍，已交该省总督办理，今尚书舒赫德现驻成都，俟军需稽核已有就绪，着即驰驿前往，查阅贵州、云南营伍、军装，回程取道楚省，查阅湖南、湖北各营，由河南还京复命。再云南所开金沙江水道工费浩繁，经该部议驳，究于运铜事宜是否有益，着舒赫德于查阅营伍之便，并行履勘。湖广总督新柱从前曾经奉差勘阅，于该处形势源委尚为详悉，亦着驰驿前往，会同履勘。其湖广总督印务，着兵部尚书瑚宝前往署理，即由西安起程，速行赴任。”（《清高宗实录》卷335）

（乾隆十四年五月壬子）又谕：“据岳钟璜奏称‘初到开化，一查营中，即有一二欠妥、朦胧办理之处。现在细查密访，总以循序渐进、因地制宜为主’等语。外省习气，凡初到新任，必将该处庶政废弛、前任缺失，胪列具奏，以见其留心整顿。及至一二年后，已之所行，亦复如前，而后来者，又摭拾其长短，以指摘之，所谓后人复笑前人者，往往如此。岳钟璜今已调任昭通，其所奏开化营伍事宜，应听接任官办理，但伊所见以为一二欠妥、朦胧未协者何事，应如何料理，着一一查明，备悉陈奏。如不过循袭外省故套，并非确有闻见，亦无妨据实入告，不必有意回护。着传谕知之。”寻奏：“臣到开化即查臣标余丁，原额一百八十五名，现止七十一名，余系旗队及各衙门头目分食，又书识亦多缺额浮粮，前奏因未确查，不能明指其事，嗣查该二项并不遵旨办理，业经密奏在案。但查余丁，现据各将备于四、五月召补齐全，书识除已给工食外，其未给者，请照湖广总督那苏图条奏，量给工食，清出名粮，召募足额。”得旨：“览奏俱悉。”（《清高宗实录》卷340）

（乾隆二十三年十二月戊辰）军机大臣会同兵部议复：“大学士伯管、陕甘总督黄廷桂奏称‘甘肃驿站马应添补’。查甘省现办军务，需马既多，应于内地驿务简少处斟酌裒益。除直隶、山西、陕西等省现有递送文报等事，及浙省驿马只一百匹，均无庸议裁外，计各省额马，山东三千一百五十四匹、湖北三千九十五匹，应各减六百；河南四千五百六十三匹，应减九百；安徽一千八百六十五匹、江苏二千匹，应各减三百五十；江西九百六十八匹，应减二百；湖南一千七百四十三匹，应减三百，共减马三千三百匹。应令各督抚酌量驿务繁简、道路冲僻，分别抽拨。山东、河南解直隶候拨，安徽等五省俱不必解送，但于各驿按数裁扣。至军务告竣，应否酌补缺额，再请旨办理。”从之。（《清高宗实录》卷577）

（乾隆三十三年正月乙卯）又谕：“前因上年官兵进剿缅匪，所过各省州县，其夫马运送，正项开销之外，不无稍资民力。已特颁恩旨，每省给银十万两，令各督抚酌量分给妥办矣。此时大兵已经冞入，量度军务，如可以次告竣，自不须更为措置。倘一时不能遽行蒇事，则续办继进之兵，仍应豫筹备用。现已约派京兵及索伦等兵共计七千名，约拨各处马共计一万匹。其沿途一切按拨递送，务期军旅遄行，而闾阎不扰，各省均当先时悉心部署，临时自免周章。倘或军营已有就绪，竟可不须续办，亦无难随时知会停止。着传谕直隶、河南、湖北、湖南、贵州、云南各督抚，即将应行豫备事宜先行留心，熟筹妥议，一面具折奏闻，但不得稍涉张皇，或致转滋纷扰也。将此详悉传谕知之。”（《清高宗实录》卷803）

（乾隆三十三年十二月癸亥）军机大臣等议奏："各省绿营生息银前经定议全撤，令各将军、督抚另筹别款以资赏项。今据先后奏复，直隶、山东、山西、广东等省酌用裁减冗粮，湖广、陕西等省以节省马干，余剩马价应用……均应如所奏办理……其荆州驻防，有出征滇兵借款，据该督定长奏，请扣限五年完交，应准其展限，俾得从容还项。云、贵二省绿营，俟军务全竣日查办。"从之。（《清高宗实录》卷824）

（乾隆三十三年十二月癸未）谕军机大臣等："滇省办理缅匪军务尚未告竣，现在选派索伦兵二千前往云南，而豫省所办骡头及湖北、湖南、贵州应解马匹，皆须大员沿途照管弹压，非分派专司无以重其责成……其湖北、湖南、贵州护送兵丁，着派闵鹗元、王太岳、张逢尧管理照料，骡马着派德福、三宝、高积管理，并传谕该员等务期悉心妥协经理，倘有承办不善，稍致贻误，惟专管大员是问。至滇省藩、臬两司各有承办事件，不能分身兼顾，着阿桂、明德等于道员内拣派二员，令其分司兵行、骡马事宜，仍一面具奏。将此谕令该督抚知之。"寻阿桂等奏："遵派来滇办差四川建昌道法明、迤西道博明分司其事。"得旨："此内独有阿桂之名，是何缘故？"（《清高宗实录》卷825）

（乾隆三十四年二月丙子）荆州将军永瑞、云南提督五福奏报："会同副都统雅郎阿、总兵永平领兵至猛卯地方，于二月初二、三、四等日杀贼二百余名及其骑马头人二名，余贼宵遁，因巡查打乐附近之猛混、猛海等处而回。"得旨："虽属杀贼，并未擒一活口，一言亦未讯得，此何故也？"又批："我兵究系多少，何人带兵杀入，何人较众奋勇击贼之处，何不明白具奏？"（《清高宗实录》卷829）

（乾隆三十五年三月壬午）谕军机大臣等："据梁国治复奏荆州驻防满营并无帮贴银两一事，同副都统绰和诺联衔用清字缮折，览之殊觉可笑。梁国治系汉人，其从前为翰林时，又未尝习清书，于清字文义岂能通晓？现在虽暂署将军印务，遇有应奏事件，或必须清字单用者，原不妨令绰和诺一人署名。若复奏此等事务，自应兼用清、汉，而于折内声明该抚不晓清字之故，方为允协。且荆州驻防居楚年久，娴于汉字者或更多于谙习清字之人，令满营人员音写汉字奏折，亦非难事。乃竟循照旧例，专用清文，实属过于拘泥，不足发一大噱乎？将此谕令知之。”（《清高宗实录》卷854）

（乾隆三十九年二月）癸丑，户部议复：“署湖广总督、湖北巡抚陈辉祖条奏：一、武职送部引见，例应支食原营一半俸薪马干，除由限内回任照例支给外，其有逾限者，应即由限满日起至回任前一日止，扣除造报。即告假省亲等事，与办公不同，亦应扣除告假日期，毋庸给与公项。一、金川伤亡、阵亡弁兵子弟尚未成丁，奉旨给予半饷，除成丁后自愿入伍者，即令顶补名粮，住支半饷。如身患残废笃疾，难应差操，应令督抚查明结报，准留半饷，以资养赡。其有别能谋生、不愿充伍者，即于成丁后住支。又该故兵丁仅有寡妻，例给半饷，如有改嫁事故，亦应扣除。一、出师兵丁，在军营拔补别营，原营粮饷例应住支，而营分相距远近不一，若令该家属前赴支领，未免跋涉滋扰。除拔补别营外委、把总等官毋庸更易，其有由此营守兵拔补别营马步等兵，知照到省，仍应令各原营俟有兵缺出，照额收归，将所遗别营分兵缺另行拔补。均应如所请。”从之。（《清高宗实录》卷953）

（乾隆四十年十一月丁亥）谕军机大臣等：“前因查办木果木溃逃兵丁案内，令将空出名粮扣存，停止挑补，彼时因此等逃兵不能效力行间，转致偾事，是以停其补额。今大功将届告成，各省原调官兵均须回营归伍，其守汛差操等项，自应照额补还。所有陕、甘、云、贵、湖广、四川等省，从前停补溃兵缺额，俱着即照数挑补。该督、抚、提、镇，务勤加训练，以饬戎行而收实效。将此传谕知之。”（《清高宗实录》卷996）

（乾隆四十一年三月丙戌）……谕曰："军机大臣核复，阿桂等议奏两金川善后事宜折内，所有番境应设绿营兵六千五百名，岁需屯垦盐菜银七八万两，请于江苏、安徽、浙江、江西、湖北、山东、河南、山西等腹内省分酌减名粮抵补一款，尚未妥协。朕平定两金川，不惜七千余万帑金，原为绥靖边圉、一劳永逸之计，何靳此七八万盐菜之需？况江、浙等省营分虽居腹地，亦有差操防汛之事，若酌减名粮，于各该省兵丁生计殊属有碍，自可无庸裁减。所有川省岁需屯兵盐菜之费，着该督文绶即于正项内动支。至番地初定，新设营汛全资将军控驭弹压，自应令将军每年至两金川新设营分巡查两次，副都统亦当每年巡查一次，将所有满兵轮派随往，庶驻防兵丁尝得演习勤劳，即绿营官兵亦知所观法。余依议。"（《清高宗实录》卷1004）

（乾隆四十一年五月）乙酉，谕："军机大臣等议复，阿桂等奏两金川善后事宜折内，所有番境应设绿营兵六千五百名，岁需屯垦盐菜银七八万两，请于江苏、安徽、浙江、江西、湖北、山东、河南、山西等内地省分酌减名粮抵补一款，尚未妥协。朕平定两金川，不惜七千余万帑金，原为绥靖边圉、一劳永逸之计，何靳此七八万盐菜之需？况江、浙等省营分虽居腹地，亦有差操防汛之事，若酌减名粮，于各该省兵丁生计殊属有碍，自可毋庸裁减。所有川省岁需屯兵盐菜之费，着该督文绶即于正项内动支。至番地初定，新设营汛全资将军控驭弹压，自应令将军每年至两金川新设营分巡查两次，副都统亦当每年巡查一次，将所有满兵轮派随往，庶驻防兵丁常得演习勤劳，即绿营官兵亦知所观法。"（《清高宗实录》卷1008）

（乾隆四十七年八月壬辰）军机大臣、兵部会议各省裁扣各营名粮、添补实兵事宜："除河南、山东两河营，陕、甘二省业经臣等具奏外，其直隶、山东、山西、河南、湖北、湖南、江西、江南、福建、浙江、广东、广西、云南、贵州、四川十五省，应分晰定议。一、各省应实添兵额……湖北添养廉兵二千三百八十名……以上应添兵，均限一年挑补足额。至公费名粮一项，前经臣等筹议陕、甘兵额案内，概令删除名色，毋庸募补。今山西、河南、湖北、湖南、江西五省，并请将原扣公费名粮添足实额，应饬一律删除……给与工食。一、各省公费一款，据四川总督福康安奏'业经遵议删除，所需银三万三千三百余两作正估拨'等语，应如所奏。其余各省及河南、山东两河营，并令一体遵办，仍按查定实需确数动支，年终报部……一、添设新挑兵丁马匹，直隶、浙江请动司库朋建银两，山西、江南、广东、广西请动扣存马价置买，均如所奏。至山东、河南、湖北、湖南、江西俱有新添马兵，应俟该督抚奏到再议……一、添设军装器械，除四川请以旧存裁兵军械拨给，云南尚有余存军械外，直隶、江南、广东、广西、福建、浙江、贵州，均准以公费项下制造。其未议及军械各省，应俟奏到再议。一、各省既添多兵，自应添官管束……"从之。（《清高宗实录》卷1163）

（乾隆五十三年九月）辛酉，谕军机大臣等："据李侍尧等奏'审拟讳窃饷鞘之湖北委员知县李景观、县丞熊泗、千总叶永茂，请一并发往新疆效力赎罪'等语，已批交该部议奏矣。检阅该督等奏到供单，熊泗供年已七十一岁，上年台湾剿捕贼匪，各省解运饷鞘，关系紧要，该县丞年逾七十，即不应委令管解，致有贻误。本日姜晟前抵行在，因降旨传询，据姜晟称'例系藩司详委，该县丞年岁履历实不能记忆'等语。军需要件，楚省丞倅中岂少年力精壮堪以委用者，何以转派年老之员，令其管解？舒常于此等事何竟全不留心？该省吏治废弛，即此可见。至该县丞既由藩司详委，则该员年岁履历，藩司陈淮断无不知之理，何以率行派委？着传谕阿桂，即向舒常、陈淮面加询问，令其各行明白登答，据实复奏。"（《清高宗实录》卷1312）

（乾隆五十八年七月戊午）谕军机大臣曰："俞金鳌复奏病势情形，前因该提督自上年患病以来，迄今为日已久，是以降旨询其近日精神若何，于一切营伍事宜能否照常办理，令其据实复奏。今据奏称，两膀、两腿仍觉软弱，行动吃力，是该提督病势难望骤痊。俞金鳌久任提督，平日尚为出力，不忍因其偶尔患病，遽加摈置。但湖广提督管理南北两省营伍事宜，训练操防，均关紧要，亦未便任其因循调养，致滋贻误。该提督近日病势及办事究竟若何，何以未据毕沅奏及？着传谕毕沅，即察看俞金鳌近日精神若何，若果难望即愈，于办理营伍事宜不无贻误，即行据实复奏，毋得稍涉瞻徇，致滋贻误。”（《清高宗实录》卷1433）

（嘉庆元年六月癸卯）署湖广总督福宁奏：“孙士毅病势日重，现令将弁送至平块，以冀痊愈，臣即在红岩堡军营弹压。”奏入，谕军机大臣等：“孙士毅历任封疆，屡著劳绩，此次因湖北教匪滋扰来凤，即带兵督剿，连得胜仗。朕原欲俟大功告竣，加封公爵，乃因劳成疾，难以就痊。如竟因病身故，即加公爵，并赏银五千两，交藩司林俊料理身后之事，俱照公爵办理，并委员护送灵柩回至原籍，届期再降谕旨，令伊长孙承袭伯爵。现在旗鼓寨剿捕贼匪正在紧要，急须大员督率，所有四川总督印务及该处剿捕事宜，均着福宁接办。至永保在张家垱一带痛剿贼匪，乘胜进击，湖北军务，现交伊督率调度。所有湖广总督印务，即着福宁派员送交永保署理。”（《清仁宗实录》卷6）

（嘉庆三年三月）壬辰，敕谕：“……此次剿办川、楚教匪，阅时较久，而一切军需供亿，亦皆由内帑拨给，丝毫不以累民。现在渠魁、首恶二犯，业经授首，其余伙党，屡经官兵截剿，势已穷蹙，无难迅就歼除，军务克期可竣。虽办理善后及抚恤等事，尚须转饷供支，为数究属无多。且军务将次告竣，加以撙节爱养，自可渐就丰裕，国用何忧不足，又奚借捐项为耶？大学士、九卿、科道请如蒋赐棨所奏，暂开捐例，可以不行。但既以经费有常、储备宜裕为辞，且据称捐例停止年久，铨政疏通而趋事急公，冀图及时效用者情尤殷切，合词吁恳，不得已勉从所请，暂准举行。一俟川、楚等省办理善后事竣，即行停止。着各该部查照旧例条款，另行悉心妥酌，俾官方不致混淆，而正途仍无壅滞，以副朕慎重名器不得已权宜办理至意。将此通谕中外知之。”（《清高宗实录》卷1498）

（嘉庆四年二月甲辰）刑部侍郎汪承霈奏“自川、楚用兵以来，非无畏罪投降之人，或兵弁邀功，将束身归命者作为拿获，甚至散归田亩之人，冒功骈戮，以致被胁者畏死裹足，甘心从贼。又该省支发盐菜、口粮等项，未免过于严紧。将帅大员，则仍前多支，而兵丁乡勇分内应得之项，有迟至数月未领者。又各股首逆，虽罪应寸磔，而其人究无足重轻，亦不必拘以生擒，以期克日竣功”等款。得旨：“汪承霈条奏，皆切中三年以来军营之弊，与近日所降谕旨相合。将原折发交勒保阅看，务须力加整顿，以期及早蒇功。”（《清仁宗实录》卷39）

（嘉庆四年二月）辛亥，谕军机大臣等：“据陕甘学政宋澍条奏军营事宜，一称‘带兵大员舍贼不追，先奏胜仗，致贼远窜。其弊起于粉饰，讳败为胜，易罚为赏，将备等因而观望挟制，不能令行禁止’。一称‘带兵大员已离川省，总统耳目有所不及，陕、楚督、抚碍于情面，一任坐失机宜，并不报明总统’。一称‘大兵追贼，州县豫备粮饷，早则被贼擒掠，迟则尾随不及，带兵者以贻误借词需索，地方官畏其参奏，百计逢迎’。一称‘贼匪蹂躏之区，多系往来熟径，南山一带岂无险要可扼？而川省官兵日事尾追，奔驰疲乏，陕、楚之兵分投堵御，亦形单弱’。以上军营积弊，自皆系实在情形，着勒保留心整饬，以肃戎行。”（《清仁宗实录》卷39）

（嘉庆五年五月）乙酉，命侍卫富翰、恒昆、五保住，护军参领玛勒呼善前赴湖北军营。（《清仁宗实录》卷67）

（嘉庆九年二月）己卯，谕内阁：“本年正月间，兵部奏‘轮应查阅之湖北等省营伍及上年额勒登保奏请展期查阅之陕省各营，请派大员查阅’。朕以陕省及楚北之安、襄、郧三府营伍官兵，数年来随同剿贼，且营制多有新设，额勒登保较为熟悉，是以降旨仍派额勒登保驰驿前往。兹据奏称，即日起程。因思三省地方，自肃清以后，民气甫经安辑，而川、陕边界一带，大山老林，尚不免有一二零匪混迹滋事，尤当趁此时搜捕净绝，永靖闾阎。且裁撤兵勇以及安设边防各事宜，亦关紧要，德楞泰一人驻彼，犹恐未能周至。着额勒登保先行驰赴该处，会同督办，妥速经理，务臻尽善。俟蒇事后，将各处营伍以次巡查完竣，再行回京。所有应用文移等项，着将钦差大臣关防赍带钤用。其所请现在来京引见之陕西知州方载豫、四川知县顾绍先二员，均着准其随带，并令一并驰驿。”（《清仁宗实录》卷126）

（嘉庆十八年十二月己酉）谕内阁：“御史童槐奏军务善后事宜各款，所奏俱是。此次逆匪纠谋，非止一省。现在滑城攻克，首恶全除，难保无二三余匪潜投伙党。各该地方官因军务已竣，或于巡缉事宜稍存疏懈，着饬知直隶、河南、山东、江南、安徽、湖北、盛京、吉林将军、督抚等，各督所属文武员弁，于关津要隘处所，加意稽查，毋令奸匪混迹，并严示劝惩，以励巡防……”（《清仁宗实录》卷281）

（道光十二年三月己酉）谕军机大臣等：“本日据卢坤等由五百里驰奏‘提督进剿被害，并现在严堵要隘，筹办粮饷’一折，览奏俱悉……所请湖南岳常澧道梁恩照、署宝庆府候补知府吕恩湛、永绥厅同知常庆，湖北德安府知府方长庆、汉阳府同知邵勷、襄阳府同知周鸣鸾，俱准其带往办理军需事宜。其丞倅州县佐杂，均准该督量才派委，期于敷用而止，不准多派，以为将来议叙地步。其逆首赵金陇困兽反噬，伤我大员，国法不容，神人共愤，仍遵照前旨，设法生擒解京，尽法惩治。其从逆各瑶匪，亦须兜围剿捕，尽杀乃止，以彰天讨而快人心。将此由六百里谕知卢坤、吴荣光，并谕罗思举知之。”（《清宣宗实录》卷207）

（道光二十年正月）己未，谕内阁："本年轮应查阅湖北、湖南、云南、贵州营伍之期，湖北、湖南着即派周天爵，云南、贵州着即派桂良逐一查阅，认真简校。如查有训练不精、军实不齐者，即将废弛之将弁据实参劾，毋得视为具文。"（《清宣宗实录》卷 330）

（道光二十二年五月戊午）湖北巡抚赵炳言奏查阅本标官兵情形。得旨："由近及远，两营兵弁虽不常在面前应差者，亦当轮流训练，务成劲旅。勉之。"（《清宣宗实录》卷 372）

（道光二十四年正月）辛卯，谕内阁："本年轮应查阅湖北、湖南、云南、贵州等省营伍之期，湖北、湖南着即派裕泰，云南、贵州着即派桂良逐一查阅，认真简校。其上年暂停查阅之广东、广西、浙江、福建等省，着统俟二十五年再行奏请查阅。"（《清宣宗实录》卷 401）

（道光二十四年四月）丁未，谕内阁："裕泰奏'请暂缓查阅营伍'一折，本年轮应查阅湖北、湖南营伍之期，前经降旨，着裕泰逐一查阅。兹据该督奏称，湖南各营上年甫经简阅，着准其暂缓前往。其湖北近省各营，既据该督随时考校，所有襄阳、郧阳一带，亦着准其俟秋汛安澜后，次第亲历各营，认真校阅，分别优劣，据实举劾，毋得视为具文。"（《清宣宗实录》卷 404）

（道光二十八年正月戊戌）谕内阁："本年轮应查阅湖北、湖南、云南、贵州等省营伍之期，湖北、湖南着派裕泰，云南、贵州着派林则徐逐一查阅，认真简校，如查有训练不精、军实不齐者，即将废弛之将弁据实劾参，毋得视为具文。"（《清宣宗实录》卷 451）

（咸丰二年七月丁巳）湖广总督程矞采奏："本年军政，因军务未竣，请展限举行。”得旨：“湖广省本年军政着俟凯撤后，再行补考，两省营员如有年老力衰及不能振作者，着该督随时分别参办。”（《清文宗实录》卷65）

（咸丰二年八月戊戌）谕军机大臣等：“据吏部代奏，主事贺寿慈呈称‘湖北沔阳州民人刘万青留心经世之学，于练军、布阵、守卫等事俱能讲求，且生长楚省，风土山川更为熟悉’等语，着常大淳即饬该州查明刘万青住址，速为延致，送省察看。如果名实相副，或留于湖北，备询防堵事宜；或咨送军营，交徐广缙量材录用，该抚即斟酌奏明办理。原呈着钞给阅看。将此由四百里谕令知之。”寻奏：“察看民人刘万青于星象占验及行兵攻守成法，均能详悉，堪备军营咨询，已送交督臣徐广缙量材录用。”报闻。（《清文宗实录》卷69）

（咸丰三年二月甲申）陕甘总督舒兴阿奏：“筹办商州防堵情形，并添派前荆州左翼副都统忠灵驰往武关驻扎，以资得力。”得旨：“所办妥。各处要隘，可绘图呈览。”（《清文宗实录》卷84）

（咸丰三年十一月乙丑）谕军机大臣等：“……另片奏，夔州府、酉阳州与湖北、湖南接壤，闻有奸细潜入该处窥伺，并着饬令该地方官严密查拿惩治，其交界各要隘务须认真防堵，毋稍疏懈。原折片均着钞给阅看，将此由六百里密谕知之。”（《清文宗实录》卷113）

（咸丰三年十一月庚午）又谕：“据安徽学政孙铭恩奏‘有四川逃兵明正邦等数十人持刀擅入衙署，据称前随向提督在湖北打仗立功。又有六品军功马兵熊镇武等率党三百人擅入府城，据供亦系四川人，与明正邦等同在向提督军营，因未得保举，应领饷银又不按月支发，前赴将军呈明，自备资斧，建立义旗，经将军苏布通阿批准，并有印文呈验’等语。此等逃兵，是否曾在该大臣军营打仗，因何逃出，至逃兵自建义旗，贻害尤多，此次熊镇武所领印文，是否系该署将军给发，着向荣、苏布通阿确切查明，据实具奏。并着督饬带兵各员，随时约束，严加查察，无令涣散，滋生事端。孙铭恩原折着钞给阅看，将此由六百里谕令知之。”寻奏：“军营中向有各省闲杂人等，随营贩卖食物，人数既众，良莠不齐。苏布通阿派四川营兵丁熊镇武等就近稽查约束，并发给执照，嗣因贼犯东坝、高淳，熊镇武等愿自备资斧，沿江截击贼船，苏布通阿以其踊跃急公，准令前往，并谆谕不准沿途滋扰……”报闻。(《清文宗实录》卷 113)

(咸丰五年正月癸酉) 湖广总督杨霈奏：“楚北军务未竣，计典仍难举行，请再展限办理。”从之。(《清文宗实录》卷 156)

(咸丰六年正月) 癸未，谕内阁：“本年轮应查阅湖北、湖南、云南、贵州四省营伍之期，湖北着即派官文，湖南即派骆秉章，云南即派恒春，贵州即派蒋霨远，均着俟该省军务告竣，以次认真简校。如查有训练不精、军实不齐，即将废弛之将弁据实劾参，毋得视为具文。”(《清文宗实录》卷 189)

(咸丰七年五月庚辰) 湖广总督官文奏：“军政届期，营员均多征调出师，请将楚省军政展限一年，俟军务告竣，再行办理。”允之。(《清文宗实录》卷 226)

(咸丰八年十二月壬子) 又谕：“骆秉章奏‘武职大员，难期胜任’等语。该抚前在湖北巡抚任内，知现署永州镇总兵、云南临元镇总兵栗襄于应办营务，一味支饰，毫无实际，监造军械，亦多作伪。现在永州一镇，营务废弛，急须整顿，该员断难胜任，着官文查明参奏，再降谕旨。”(《清文宗实录》卷 271)

（咸丰九年七月乙未）谕军机大臣等："据翁同书奏陈'练兵选将、裕饷事宜'一折。览所奏各条，并无非常奇策，所请调固原、汉中等处官兵，因陕甘兵已无可再调，业经两次寄谕，令与胜保会合，兵力便不为单。今据称胜保所派之兵屯驻明光，未能进与会合。然翁同书麾下尚不乏敢战之将，身任帮办，而不能调度，虽增兵添将，亦何足恃？至郑魁士一员，该抚屡请调往安徽，因其交卸宁防后，伤病增剧，未令前往。嗣据和春奏，以高淳、东坝军情吃紧，并该处民情均愿郑魁士留防，是以准行。至翁同书所举胡林翼、袁甲三等，一系湖北军务不可少之人，一系初到清淮，当此蒋坝吃重之时，正赖筹画御侮，各有专司。皆为重任，何能舍他处军务，专顾安徽耶……将此由六百里各谕令知之。"（《清文宗实录》卷289）

（咸丰十年闰三月乙未）又谕："瑞昌奏'代办巡抚事务，委署各缺，并咨请学政回省商办善后'各等语。张玉良一军，已准其留于杭州防剿，此时临安及湖属各邑已先后克复，仍着张玉良督饬援浙各军分投搜剿，务令全省肃清，毋留遗孽。至杭州满洲营兵额为数无多，如恐不敷守御，即着瑞昌、来存查照湖北章程，将所有驻防余丁，挑选年力精壮者，勤加操练，以备缓急……将此由六百城各谕令知之。"（《清文宗实录》卷312）

（咸丰十一年三月丙辰）谕军机大臣等："前因徐之铭奏'滇省军务紧要，请留张亮基在任调理'，当经谕令张亮基暂留本任，督办云南军务，并谕令妥议抚回事宜。兹据张亮基奏'病难速痊，恳俟调理就愈，即行赴滇'等语。滇省回务，因徐之铭办理乖方，致难蒇事，前已谕令新任云贵总督刘源灏迅速赴滇，查明办理。张亮基现在患病，着准其在湖北宜昌一带就医，俟调理稍愈，即行驰回滇省，帮同刘源灏办理安抚回众事宜。将此由五百里谕令知之。"（《清文宗实录》卷347）

（咸丰十一年十月戊午）又谕："昨据福济奏'卢又熊因追贼坠马伤

病复发，请准回籍调理’等语，当准所请。本日据骆秉章奏‘查明卢又熊战功捏词装点，徐邦道所部未见有功，并现在将各勇酌量遣散处置情形’一折，卢又熊擅募勇丁至一万四千余名之多，无非为冒饷起见。现在饬令裁撤，恐人数众多，到处勾结，养痈贻患。福济所称该革员请假调理，难保不因所欲未遂，致生觖望。着骆秉章体察情形，将此项勇丁分别遣撤，或仍照前奏，酌留精锐五六百人，随同楚军进剿。其遣散各勇，务须妥为安置，不得任听该革员私带回籍，致滋事端。徐邦道等既无战功，所请奖叙，均毋庸议。福济原片着钞给阅看。黔江县窜匪，即饬在事各员会剿，毋任久踞。该县文武下落，迅速查奏。将此由六百里谕令知之。”（《清穆宗实录》卷6）

（同治元年二月癸酉）谕议政王、军机大臣等：“官文奏‘筹办湖北军务大概情形’一折，据称‘江浙苏杭贼势披猖，皖、豫、四川逆氛环逼，湖北界连数省，处处防剿不遑。曾国荃新募之十二营业已到鄂，以江面东西梁山贼卡重叠，陆路无可绕越，骤难进取。现在统筹军务大概情形，拟俟庐州克复之后，留一军夹击捻匪；留李续宜一军驻守安庆，以固皖省根本；再留一军驻守淮扬，会合水师，遏截江面；分一军由镇江进攻苏常；分一军由芜湖急围金陵；分一军攻宁国而趋湖州，直规杭城；分一军由常、玉二县入衢州而恢复宁、绍，约期齐举，使贼首尾不能相顾，一路得手，则他路可迎刃而解’等语。所陈于规画东南大局，极合机宜。惟兵贵神速，军情旦夕变迁，过于迂缓，恐落后着。所有进取布置机宜，着官文、曾国藩统筹全局，会商定议，迅速办理。楚师已抵庐州，着即饬多隆阿等会合袁甲三兵练迅速进攻，力拔坚城。其曾国荃一军，即饬进图巢县、和、含、梁山，以与江北江浦等军会合，毋稍迟误。湖北为下游大营后路，官文仍当督饬各军慎密守御，俾东征无虞返顾。其上游川黔各匪，并着饬令南北两省兵勇择要扼防，以维大局。另片奏‘川、楚、江、皖五省，势难合力同谋’等语。侍郎宋晋所陈五省合剿事宜，节据骆秉章、毛鸿宾复奏，事属难行。惟将来大举东下，

亦不能不借资各省，所有东征兵数、饷数，即着官文咨商曾国藩筹议办理。将此由六百里各谕令知之。”（《清穆宗实录》卷19）

（同治元年三月己酉）又谕：“……再据沈葆桢奏‘逆贼李侍贤等统率股匪十余万，欲由江山窥伺广信河口。已函商曾国藩，将曾国荃下攻巢、含之师，移缓就急，以固左军后路’等语。左宗棠现驻常山，设饷路为贼所断，关系非轻。曾国荃一军，能否移缓就急，为左宗棠后路援应，抑应另派官军前往，即着曾国藩酌量调派。刘郇膏深得民心，叠经中外保奏，并着曾国藩、李鸿章察看。如该员于军务可期得力，则李鸿章往镇江后，所有上海军务，即可责成该员接办。倘该员不能驾驭楚军，即着该署抚另简得力之员管带，并将上海附近失陷各城，会同洋人相机进兵，节节攻复，以顾饷源，并为将来夹攻之计。将此由六百里各谕令知之。”（《清穆宗实录》卷23）

（同治元年四月庚辰）又谕：“……陈玉城为贼中巨寇，此次生擒，实足大快人心。惟槛送京师，深恐沿途防范非易，如未押解起程，着胜保即遵昨寄谕旨办理，着即毋庸传首至京。若业已起程而行尚未远，着即派员追回遵办。倘前谕寄到，已将该逆槛送就道，距该大臣军营已远，即飞饬解赴僧格林沁，或郑元善，或吴棠军营，遵旨眼同该大臣委员办理。仍传首楚、皖各军营，以彰国法……将此由六百里加紧谕令知之。”（《清穆宗实录》卷26）

（同治元年五月癸未）又谕：“寄谕安徽巡抚李续宜，据胜保奏称‘李续宜成见太重，与之筹商军事，函牍概置不答。遍贴告示，声言剿苗，以致淮北数百里已定之人心又形惶惑。并拿获奸细吉学盛与捻匪王老鳌密书，内有楚军暗结张落刑以攻苗练之事。倘该大臣整旅西行，请特简大臣专办抚苗剿捻事宜，他人不得过问’等语，所论甚属偏执，已寄谕胜保，严加训饬，未允所请矣……张落刑逆迹昭著，何以楚军有勾结剿苗之举？是否实有其事，即着据实具奏。该抚于抵颍后，将该处情形，并胜保办理是否妥协之处，迅速密陈。剿办捻匪，应如何次第办理，并着妥筹具奏。该抚总当以地方为重，断不可稍存推诿之见。朝廷办理庶事，一秉大公，毫无成见，若因胜保身为统帅，意多迁就，不据实陈奏，转失委任之意，咎有攸归矣。将此由六百里密谕知之。”（《清穆宗实录》卷27）

（同治元年八月己未）又谕：“僧格林沁奏‘苗沛霖甫经归正，全在地方大吏妥为驾驭，方可不至决裂。现在楚军与苗练仍有各不相容之势，请饬李续宜顾全大局’各等语。苗练借就抚之名，威逼各圩，收集羽翼，其居心实属叵测。李续宜慑以兵威，使之潜消桀骜，自是正办。第陕省回匪猖獗，亳捻大股又复西窜，当此各路军务吃紧之时，若该练意不自安，致成反侧，虽该大臣一军兵力强盛，可以剿办，深恐四出滋扰，备多力分，转形棘手。现在僧格林沁已札饬苗沛霖奋勉图功，将攻剿捻匪情形随时禀报，暂示羁縻。惟相隔较远，仍有鞭长莫及之虞。着李续宜统筹大局，妥为驾驭，务使该练于知畏之后，继以知感，庶地方早就肃清。此事关系至重，叠经谕令该大臣妥筹办理，想自能斟酌万全也。胜保办理苗练，一味偏袒，僧格林沁素以公事为重，其心无私，前在连镇、高唐等处，办理剿抚各节，宽严得宜，持论亦无偏倚，该大臣之待僧格林沁，不可与胜保一例看视。如僧格林沁有未能见及之处，该大臣不妨详晰指陈，庶彼此心心相印，可以和衷共济，实所深望。僧格林沁原片着钞给阅看。将此由六百里谕令知之。”（《清穆宗实录》卷36）

（同治元年八月）壬戌，谕议政王、军机大臣等：“……陕省回匪猖獗，前命多隆阿督师往剿，中外欢忻惬望，以为得此劲军，回氛必可迅速殄灭。朝廷拯民情切，恐多隆阿道远不能速到，改派胜保前往，乃命下之后，人言藉藉，咸于胜保有不满之词。且逆料将来必以敷衍了事，断不能如楚师之可与成功。因思胜保不满于人之处，如喜夸张、多嗜欲、轻于受降、滥于用人、好谀恶直、尚气任性，均所不免。至敢于谏诤、明于料敌、勇于陷阵，则胜保之所长也。朝廷节取其长，专以委任，胜保即当自知其短，存一有则改之、无则加勉之心，不可徒以口舌辩论争长……若徒逞虚锋，毫无实际，铺张粉饰，不出人意料之中，致陕事又成不了之局，则公论难逃，朝廷岂能置而不问，当不独楚军之从而笑其后也。懔之勉之。将此由五百里密谕知之。”（《清穆宗实录》卷37）

（同治元年八月丁卯）又谕：“前据僧格林沁奏‘楚军与苗练仍有各不相容之势，请饬李续宜顾全大局’等语，当经谕令李续宜遵照办理，将筹办情形与僧格林沁详细酌商。并据议政王、军机大臣等将僧格林沁所致信函呈览，该大臣公忠体国，所论军务大局及办理苗练情形，权时度势，甚为切要。苗沛霖从前阴鸷狡猾，其甘言软语，原不足恃。如胜保之以事事曲从为抚，固无了期。然必坚持成见，不与以可转之机，必将决裂，亦非办法……将此由六百里密谕知之。”（《清穆宗实录》卷37）

（同治元年闰八月辛丑）又谕：“袁甲三奏‘病难再支，伊子袁保恒现丁母忧，亟须奔丧，请催唐训方来临接办，并饬马新贻暂统临军’一折，自属实在情形。着即将临淮军务，暂交马新贻统率，以重防剿而定兵心。袁甲三俟马新贻到后，布置稍定，准其带同袁保恒起程，回籍调理。曾国藩于皖北军务，仍应妥筹兼顾，督饬马新贻认真料理。此时唐训方已自鄂起程，着即星速前往，毋稍迟误。将此由六百里谕知曾国藩、袁甲三、唐训方，并传谕马新贻知之。”（《清穆宗实录》卷41）

（同治元年十一月癸亥）又谕：“前因山东军务吏治，急切需人整顿，是以将阎敬铭赏给二品顶带，署理山东巡抚，并谕令官文等选募新勇，遴委得力将弁，管带赴东，谅该督等必能妥速办理……阎敬铭赴晋奔丧，前次夺情授职，本属万不得已之举，已谕令移孝作忠，迅赴东省接印任事。昨据英桂奏，该员现在尚未到晋。是否仍在楚省，抑或业已起程赴晋，着官文、严树森查明该署抚现在何处，立即饬令赶紧赴东，毋得稍事迟留，致误事机。楚省新募勇丁，着克期选练成军，派委出色将弁管带赴东。军装口粮，着遵奉前旨，妥为筹备。楚省文员内，有材能出众，可备折冲之选者，酌派数员到东，听候阎敬铭差遣。俾该抚到任后，即可指挥如意，无虞掣肘。该督等务当不分畛域，顾全大局，是为至要……将此由六百里各谕令知之。”（《清穆宗实录》卷49）

同治元年壬戌十一月己巳，谕内阁：“前因御史陈廷经奏请变通营制，以肃军令而一事权，降旨令兵部议奏。兹据奏称‘连年匪徒肆行骚扰，各省道路半多阻梗，总督驻扎地方与巡抚相隔较远，幅员太广，经画难周。如该御史所奏各情诚所不免，自应量为变通’等语。嗣后除专设总督之直隶、江南、四川、甘肃，暨督抚同城之福建、广东、湖北、云南仍遵旧制，会同提督办理，并有提督省分之提标各营，仍遵旧章，毋庸更议。及军营所出之缺，尽归军营量功升用外，其江苏、浙江、安徽、江西、陕西、湖南、广西、贵州等省各镇协武职升迁调补，着就近暂由巡抚办理……”（《清穆宗实录》卷50）

（同治二年三月辛酉）漕运总督吴棠议复：“湖北巡抚严树森奏请停补江、浙兵额。查漕标及江北各镇标汛地被扰无多，汛堡如常，不容稍有旷缺，现当整顿营伍之际，应请无庸更张，以符旧制。”下部知之。（《清穆宗实录》卷61）

（同治二年五月甲子）成都将军崇实等议复：“湖北巡抚严树森奏请停补制兵缺额。查川省八十一营，额兵三万三千八十一名，皆按地势之险夷，定驻兵之多寡，星罗棋布，并无虚糜。现在本省军务尚未一律肃清，加以邻氛不靖，设备筹防，不敷分布，其由黔、楚等省调来勇丁，将来军务告竣，皆愿回籍，碍难强令入伍。请遇有制兵缺出，仍照旧募

补，以重营制。”下部知之。（《清穆宗实录》卷67）

（同治二年六月庚辰）又谕：“……李恒在鄂患病，骤难痊愈，李云麟丁忧回旗，汉中军务，前已谕令张由庚暂行督办，并谕令李云麟于回旗后仍赴汉中，李桓及李云麟所部兵勇已由官文、严树森派令梁作楫带赴兴安。着瑛棨迅速迎提，催令前援汉中，并饬张由庚、毛震寿抚辑兵勇，力解城围，毋稍延误……将此由六百里各谕令知之。”（《清穆宗实录》卷69）

（同治二年八月丁酉）山西巡抚英桂议复：“湖北巡抚严树森条陈停补制兵粮额。查晋省幅员辽阔，额兵三万一千九百余名，现因征调设防，不敷分拨，遇有缺出，势难停额待补。至外来勇丁，口食厚于制兵，强令入伍，恐非所愿，应无庸议。”下部知之。（《清穆宗实录》卷77）

（同治三年七月壬子）谕议政王、军机大臣等：“曾国藩奏‘讯取洪、李二逆供词，就地正法，并筹办善后一切事宜’一折。洪芢达、李秀城二逆前虽有旨解京，惟此等内地叛民，本与献俘之例不合，且究非洪秀泉可比。该大臣于讯明后，即在江宁省城将该二逆极刑处死，免致沿途骚扰地方，所办甚是。惟京外皆知二犯解京，兹忽中止，恐观听不明，转生疑窦，且恐各处逆匪因而造言煽惑，故本日明降谕旨，令该大臣将二逆就地正法。着该大臣仍将洪、李二逆首级传示被扰地方，以快人心而息浮议……从前川、楚善后，积至数年方始肃清，可为殷鉴。不若先汰老弱，而以精壮各军分赴江、楚，俟江、楚一律肃清，再议裁撤归农，或挑补各营兵额，俾不致复生枝节，方为尽善，该大臣其慎以图之……将此由六百里谕令知之。”（《清穆宗实录》卷109）

（同治三年十二月己巳）漕运总督吴棠奏：“请无庸兼管江北事宜，以符旧制。”得旨：“即着将清淮善后事件次第举办。曾国藩现须筹办鄂、豫等省军务及金陵等处善后事宜，其江北地方公事一时尚难兼顾，仍着吴棠管理，俟江苏善后完竣，再行循照旧章办理。”……（《清穆宗实录》卷123）

（同治五年四月辛卯）又谕：“曾国荃奏‘查明湖北营务大概情形，拟请添调良将，整齐兵勇，以收实效’一片。鄂省与豫、皖毗连，捻匪一日不平，则鄂防一日难弛。惟该处兵数虽多，而将领不得其人，有守御之名，无整军之实，安静之时，多糜饷项，寇至之日，无计决胜。自应裁兵并饷，选择良将，分营统领，以期壁垒一新，同心御侮。所有曾国荃请调之记名布政使刘连捷、前福建汀漳龙道彭毓橘、前河南归德镇总兵朱南桂、福建陆路提督郭松林，现在湖南原籍，即着李瀚章饬令该四员即日前赴湖北，听候官文、曾国荃调遣，不准稍有耽延。至朱南桂、刘连捷二员，前经杨岳斌奏调赴甘，曾经谕令李瀚章饬令前往，该员等因病暂缓起程，现在甘肃省城兵变，军事方殷，如鄂省营务整顿有效，接统有人，即着官文、曾国荃斟酌情形，令朱南桂、刘连捷仍遵前旨赴甘，毋稍迟误。安肃道蒋凝学回湘募勇，已逾半载，计已成军，何以久无消息？并着李瀚章催令迅速启行。鄂省节饷练兵各事，不外严核勇数、申明纪律，官文、曾国荃务当振刷精神，认真经理。新裁十三营，尤当善为遣散，毋令借端滋事。将此由五百里各谕令知之。”（《清穆宗实录》卷174）

（同治五年十二月丙午）署西安将军穆隆阿奏：“陕西军务吃紧，待援甚急。”得旨：“鲍超现在援鄂，俟由鄂入陕后再行饬令实力办理。”（《清穆宗实录》卷193）

（同治七年正月）甲戌，谕内阁：“本年轮应查阅湖北、湖南、云南、贵州四省营伍之期，湖北即派李瀚章，湖南即派刘崐，云南即派张凯嵩，贵州即派曾璧光，逐一查阅，认真简校。如查有训练不精、军实不齐，

即将废弛之将弁据实参奏。该督抚等务当加意整顿，毋得视为具文。”（《清穆宗实录》卷 223）

（同治七年八月壬戌）又谕：“左宗棠奏‘筹备晋防，请催臬司赴任’等语。晋省西、北两路防务紧要，自应于冰桥未成之先豫筹堵遏，方免临时张惶……再湖北、湖南各营保奏记名提镇人员，其中如有晓畅戎机、长于训练，能实心实力整顿营务者，着郭柏荫、刘崐悉心察访，出具切实考语，随时奏闻，候旨录用。将此谕知左宗棠，并由五百里谕知郑敦谨、郭柏荫、刘崐，传谕何璟知之。”（《清穆宗实录》卷 241）

（同治八年三月乙酉）谕军机大臣等：“寄谕直隶总督曾国藩，据御史宋邦僡奏‘陕省营勇变乱，请饬左宗棠详察情形’等语……削平粤匪以来，楚勇暮气已乘，此时应如何变通以弭后患，着即悉心筹度，据实以闻，用副畴咨之意。原片着钞给阅看。将此谕令知之。”（《清穆宗实录》卷 254）

（同治八年三月乙酉）又谕：“前因刘松山、高连升所部楚勇相继变乱，曾谕令左宗棠整顿营规，抚驭将士，以弭后患。兹据御史宋邦僡奏称‘楚勇因秦地瘠苦，易于觖望，一军叛乱，恐各军效尤。如不可用，或分起遣散，另行就地召募，请饬该大臣详察办理’等语。楚勇在秦，两次变乱，实为用兵以来所未闻。左宗棠从前曾有‘南人用之西北本非所宜，拟将陕、甘各营兵勇分别汰留’之语，现在各营楚勇仍多，倘各营效尤，俱有离叛之心，则变生肘腋，其患何可胜言。该御史所陈，亦或变通之策，着该大臣虚心体察，斟酌办理，以杜后患。原片着钞给阅看。将此由五百里谕令知之。”（《清穆宗实录》卷 254）

（同治九年十一月）丁未，谕军机大臣等：“兵部奏‘请饬各省督抚及各路统兵大臣依限咨报兵勇数目，并请饬各省将兵丁数目按年题报’

各折片。同治元年十一月间，曾经谕令各省督抚及各路统兵大臣，将存营出师各兵数按限造报，并将军营征调兵勇名数及随时有无增减，限三个月咨报一次。兹据兵部奏称，各省兵勇数目，有始则按限咨报，继则并未依限造送，或有咨报一二次后，又不续报，且有一次未报者。其兵丁数目，除湖北、四川两省依限题报外，其余仍未按限题报。叠经该部严催，总未遵照办理，实属任意玩延。着各省督抚、统兵大臣等奉到此旨后，除以前未经造报兵勇各数无庸补报外，即将现在所部兵勇数目，仍按三个月咨报一次，以备稽核，倘再视为具文，即着兵部严参。至已造报各处，仍着依限报部，毋得先后参差，以昭核实。其各省兵丁数目，并着该督抚按年造册题报，不得再有耽延。至军兴以来，舍兵用勇，本系权宜之计，而勇丁遣撤，易滋事端，流弊日甚。若不将绿营及早整饬，致国家费千百万帑项养之于平日，不能用之于临时，身任封疆者，问心何安？现在天津之案虽经了结，何可复事因循？况甘肃、滇、黔各省军务未靖，我君臣卧薪尝胆，正宜力图自强，以期有备无患。着各直省督抚将所管各营设法整顿，限奉旨后六个月，将如何汰弱募强，如何分日操练及各省可得有精锐士卒若干之处，详晰奏闻。直隶、天津、江苏、上海及刘铭传军营，均练习枪队、炮队，步伐尚为整齐，号令尚为严肃。其教演之法，着各该省自行咨取章程照办，总期实事求是，变疲弱为精强，不得空言粉饰，以至有名无实。年来各督抚曾有裁兵增饷及酌调额兵训练之奏，然为政不在多言，而在实力奉行，若以一奏塞责，日久又渐形废弛，甚非朝廷倚任疆臣之意也。将此各谕令知之。”（《清穆宗实录》卷297）

（同治十年二月）乙丑，谕军机大臣等：“……范铭现在何处？其所带勇丁有不法者，亟应严惩，有可用者，即应留以剿贼，并非楚勇之外皆为不可用之勇，且楚勇中亦未必无他省勇丁参杂其间。所有范铭营勇应如何分别措置之处，该大臣当秉公办理，毋得误听一面之词，以致偾事。将此由五百里谕令知之。”（《清穆宗实录》卷304）

（同治十年九月丁未）谕军机大臣等："李瀚章奏'遵议湖南撤回勇丁，借补行伍，无庸另定章程'一折。据称该督'自调任楚督后，曾仿照前办湖南章程，将湖北省出师凯撤投标员弁，挑选精壮，练习弓马，即以技艺之优劣，定署补之先后，并酌给练习弓箭银钱，以资生计。所有撤勇借补行伍，办理有年，似无庸另议章程'等语。两湖凯撤员弁，既据奏称挑选补额，定有章程，即着李瀚章、刘崐按照旧章办理。惟两湖地方，年来匪徒屡次滋事，该督抚务当认真防范，督饬各该州县，将团练、保甲等事实力整顿，遇有不法之徒，随时密拿严办，以期消患未萌。将此各谕令知之。"（《清穆宗实录》卷320）

（光绪三年二月甲辰）署湖广总督翁同爵奏："请暂缓查阅湖北营伍。"允之。折包　（《清德宗实录》卷48）

（光绪三年十月己亥）湖广总督李瀚章奏长江水师军政与陆营分案办理。下部知之……。折包　（《清德宗实录》卷60）

（光绪十一年七月）癸卯，署湖广总督裕禄奏："前署督卞宝第查阅未竣营伍，应否由原派大臣校阅，抑或另简？"得旨："即派裕禄逐一校阅。"折包　（《清德宗实录》卷211）

（光绪十三年七月甲戌）谕内阁："……湖北郧阳镇总兵龚继昌以实缺人员管理本籍营务，易滋口实，着即饬回本任，以重职守。其所带防营，该抚另行派员接统。该省既有岸费，足资办公，所有此次续捐之款，着即行裁革。近来各省遣勇，大半皆无业之徒，加以会匪莠民，勾结煽诱，难保不乘间滋事，全在地方文武认真防范，庶可消患未萌。卞宝第身任疆圻，责无旁贷，务当督饬所属，整顿捕务，力行保甲，并会同该署提督酌派防营，实力巡缉，俾奸宄无从窃发，地方一律敉平，用副委

任……”现月 （《清德宗实录》卷 245）

（光绪十四年二月乙酉）谕内阁：“本年轮应查阅湖北、湖南、云南、贵州四省营伍之期，湖北即派裕禄，湖南即派卞宝第，云南即派岑毓英，贵州即派潘霨，逐一查阅，认真简校。如有训练不精、军实不齐者，即将废弛之将弁据实参奏，毋得视为具文。”现月 （《清德宗实录》卷 252）

（光绪十四年十二月）辛卯，谕内阁：“兵部奏‘各省营制册籍仍未送齐，请旨饬催’一折。现在兵部纂修《则例会典》，专待各省营制送齐，方可纂辑。所有尚未造报之河南、湖北、湖南、福建、台湾、浙江、广东、云南、甘肃、新疆等省，及尚未造齐之陕西、广西、贵州等省，着各该督抚严饬依限造送，毋再延宕。至满营营制额缺，并巡捕营营制册籍，着该将军等查照该部单开及前行款式，分别详造，送部核办。另片奏‘请饬各省将现在裁定额设旗、绿兵丁数目，及何营何汛、分别马步守各项，详细造册’等语，即着该将军、都统、督抚等查照办理。”现月 （《清德宗实录》卷 262）

（光绪十五年十二月丁丑）又谕：“兵部奏“请饬催各省题报兵马数目，开单呈览’一折。各省兵马数目，例应于每年十月具题，造册报部，该部于年终汇题，以备考核。前于光绪七年七月间曾经降旨严催。现经该部查明奏称，除江苏、湖北、浙江、安徽漕标依限具题外，四川、江西、甘肃、广西、湖南、山西、广东、福建、河南、山东、云南、贵州等省虽据陆续咨报，并未具题。陕西于光绪十一年奏报一次，亦未造册。直隶省自咸丰六年至今，迄未题报，实属不成事体。着各直省督抚迅将本年兵马数目，限三个月，一律造册具题。如再迟延，即着该部奏参，将该督抚从严议处，以儆玩泄。其历年未报各案，并着分年带补，以清积牍。”现月 （《清德宗实录》卷 278）

（光绪十八年二月丁未）谕内阁："本年轮应查阅湖北、湖南、云南、贵州四省营伍之期，湖北即派张之洞，湖南即派张煦，云南即派王文韶，贵州即派崧蕃，逐一查阅，认真简校。如有训练不精、军实不齐者，即将废弛之将弁据实参奏，毋得视为具文。"现月 （《清德宗实录》卷308）

（光绪二十年九月己亥）福建陆路提督黄少春奏："筹办厦门防务，率带所部各营分别布置扼扎……此次仅有楚军达字三营，旋由台调回靖海中营一营，尚形单薄。现拨派兵轮二艘来厦助守，并将险要处所逐一履勘，严密设防。"报闻。折包 （《清德宗实录》卷350）

（光绪二十一年七月庚戌）兼署湖广总督谭继洵奏："湖北沙市、武汉两帮商民械斗，派营弹压，现已解散。"下所司知之。折包 （《清德宗实录》卷372）

（光绪三十三年十月癸酉）荆州将军松溎等奏："撤兵归农，恐碍民生。"下会议政务处议。寻奏："复核原奏所陈各节，似于前奉谕旨多所误会，故凡为旗丁筹生计者，率疑为窒碍难行，应毋庸议。"从之。随手 （《清德宗实录》卷581）

（宣统三年八月庚申）又谕："电寄崑源，电奏'鄂乱孔亟，梦寐难安，请负弩前驱赴援'等语，现在牧政紧要，崑源着毋庸赴鄂。"（《宣统政纪》卷61）

（宣统三年九月丙寅）又谕："电寄袁世凯，昨据瑞澂电奏，楚、豫兵轮开往九江，并闻瑞澂亦有潜赴九江之说。着袁世凯迅速查明具奏，如果属实，即着派员迅速往取印信，即由该督接收任事。"（《宣统政纪》卷62）

（宣统三年九月庚午）又谕："现在湖北军务重要，各处赴援军队日多，亟应因时制宜，未便过拘文法。袁世凯现已授为钦差大臣，着即激励将士，相机因应，有不得力将弁，准其随时撤换。统制以下，如有煽惑观望及不遵命令退缩不前者，即按军法从事，不得优容迁就，以肃军纪而励戎行。"（《宣统政纪》卷62）

（宣统三年九月己卯）又谕："电寄袁世凯，据电奏'新任鄂督魏光焘一时恐未能到任，鄂境善后各事备极繁难，必须有人主持，请简员先行署理'等语，前已有旨，着王士珍署理矣。"（《宣统政纪》卷63）

（宣统三年九月癸未）又谕："电寄王士珍，电奏悉，现在鄂事紧要，袁世凯已奏报启程入都，与该署督路遇交接。王士珍着立即启程赴鄂，毋稍延缓。当此事机危迫，务宜力任其难，所请收回成命之处，着毋庸议。"（《宣统政纪》卷63）

三、经济

1. 民户田产

（雍正五年七月）癸未，谕直省总督、巡抚等："自雍正二年以来，朕躬耕耤田，而耤田之中，每岁必产嘉谷。上年自双穗至于九穗，今岁则自双穗至于十三穗，在廷诸臣及京师耆庶，皆惊讶以为奇。朕之宣示于众者，并非矜诩夸张，以为祥瑞，盖实有见于天人感召之理……今见各省督抚奏报，处处风雨均调，春麦秋禾并登丰稔，虽边远荒僻之地，亦庆有秋。惟直隶、湖广、安徽数州县近水最低之处，常年被潦者，略有浸注，亦不为灾，是今岁可称大有年矣。良田各省初耕耤田，各该有司自然小心敬慎，斋祓虔诚，是以感格上苍，而获此盈宁之锡。倘从此益加敬谨，不懈初心，则岁岁屡丰，可以预必。尔督抚等可通行晓谕所属官民，当凛帝鉴之匪遥，勿视耕耤为故事，永矢严恪，以迓天和。天下臣民受福，斯朕之福也。"（《清世宗实录》卷59）

（乾隆元年五月壬寅）谕各省督抚："据右通政李世倬奏称：'社仓一法，固以济民间之缺乏而救荒之法，即于是而可通。臣在湖北布政使之任，查社仓之春借秋还，立有社长，主其出入。盖一乡一堡之中，其人之贫富，业之有无，皆社长所深知。诚使为有司者，于春借之时，社长具报之日，即备询其家业名口，而自注之于册。或虑家业之消长不时，人口之添退无定，则再于秋还之候，社长具报之日，复询其故而改注之，此不过有司一举笔之劳，不必假手胥吏。一旦遇有水旱赈济之事，举前所自注之册，计其男妇、大小、名口共有若干，按多寡之数而赈给之，视贫富之等而酌量之，自无舛错、遗漏、浮冒之弊……请饬督抚转饬有司，于社长册报之时，专心查记，善为奉行……’着传谕各该督抚酌量地方情形，密饬有司留心酌办。倘该地方有难行处，亦不必勉强。”（《清高宗实录》卷18）

（乾隆三年九月辛亥）湖广总督宗室德沛奏：“楚省汇报夏秋收成分数，请不拘期限，惟在确实查明，以免州县回护欺隐。”得旨：“如所请行。”（《清高宗实录》卷76）

（乾隆四年二月丙午）湖广总督宗室德沛奏：“楚省地势与山陕不同，除挑濠、筑堡、建台等举皆不可行。惟于乡镇紧要隘口，树立栅栏，业经著有成规。应令州县查点朽坏，分别修补，即派栅内居民轮流经管，设立循环二簿，将名姓详细编载，如有迁徙，责令地方保甲填注。其零星小村，饬各营兵丁游巡，并派标营弁兵在水陆两途访缉，又于支河岔港中建立水栅，令汛兵看守。无塘汛者，就近保甲居民，严司启闭。”得旨：“如此办理亦妥，知道了。”（《清高宗实录》卷87）

（乾隆六年四月癸亥）刑部尚书、署理湖广总督那苏图奏：“湖北省自四月初七后，雨水过多，安陆府钟祥县之三官庙月堤、天门县之沙沟垸堤，汉阳府汉川县之彭公垸堤间有漫溃，其附近居民，有坍塌房屋者，照例资助。并查被淹户口有无贫乏，借给籽种。”得旨：“所奏俱悉。其被灾贫民，加意赈恤，毋致失所也。”（《清高宗实录》卷141）

（乾隆六年五月）甲戌，饬民间预筹积谷。谕：“今岁直隶自春徂夏，雨水调匀，麦秋甚为丰稔，乃数年所罕见者。外省督抚亦多以二麦有收奏报，朕心深为慰悦。即江、浙、闽、楚等省春雨稍多，而水耕之乡，实于秋田有益。现在各处禾苗秀发，粮价平减，将来秋成亦大有可望。夫积贮之道，必讲求于丰年，而后可以济俭岁之用。若至俭岁，而返悔从前之未曾预筹，亦已迟矣。今兹禾麦盈畴，实为田家难遇之景象，各省应贮谷数自应及时经理，买补足额，以备缓急。但积之于官，虽仓廪无亏，其为数终属有限。惟当于民间有余之时，教以撙节之方，使人自为计，户有盖藏，庶几长保盈宁，不致有辜上天之隆贶……”（《清高宗实录》卷142）

（乾隆九年七月甲辰）署湖广总督鄂弥达、湖北巡抚晏斯盛奏：“据襄阳县知县郭芝报，该县现产嘉禾有一茎两穗、一茎三穗者，穗长六、七寸不等，洵称上瑞，理合贮匣绘图具奏。”得旨：“嘉禾之可喜者，以闾阎尽得丰登为贵耳。若夫九穗双歧，硕大且长，而不能千亩攸同，亦何足异耶?”（《清高宗实录》卷221）

（乾隆十年七月丙子）兵部议准署湖广总督鄂弥达奏称，楚北荆门一营汛地辽阔，前因新堤地属荒野，移拨该营守备带兵分防，其荆门营务仅责成千总微弁，每多贻误。查新堤近日民户殷繁，原设驻扎之通判兼辖把总一员、兵六十名，今再拨千总一员，带兵四十名，尽足防守……从之。（《清高宗实录》卷244）

（乾隆十年九月戊戌）（湖北巡抚晏斯盛）又奏：“楚省收获惟恃早中二稻，早稻通省八分以上，中稻八九分以上，晚稻稍薄。”得旨：“览奏。不无少歉情形乎？米粮价值若何？并奏以闻。”（《清高宗实录》卷249）

（乾隆十一年二月壬子）湖广道监察御史沈景澜奏：“顷奉恩旨，将直省地丁银两蠲免一年，朝野额庆。查向来蠲免地丁清册，州县造报藩司，书吏借端勒派，视县分大小，自数十金至数百金不等。总吏派之里胥，里胥派之甲户，不遂其欲不止。请敕下直省督抚严行禁止，并取各州县并无科派册费甘结详报。再有漕之省旧例地丁漕项，编为一律征收，不分细数，愚民无从查考，恐不肖官吏，每户暗加分厘，多收入己。并请敕下督抚遍饬州县，于造报漕项清册时即填明各甲户应完细数，豫给一单，庶小民一览易知，浮派之源可杜。”得旨允行。下部知之。（《清高宗实录》卷259）

（乾隆十一年八月癸巳）湖广提督王无党奏：“弭盗息奸，莫良于保甲一法。营兵与齐民杂处，若概不编册，其同居之父兄子弟，在文员稽核则曰营中余丁，武职查察则曰有司百姓，辗转脱卸，匪类易潜，应请饬令兵民一体编册，文武互相稽查。”得旨：“知道了。所请之处，待朕酌量徐办。”（《清高宗实录》卷273）

（乾隆十一年十二月）辛未，户部议复：“调任湖北布政使严瑞龙条陈灾赈事宜：一、查报被灾户口，宜与顷亩分数，勒限办理。查蠲免以分数为凭，赈济以户口为据，如被灾较重而户口繁多者，概令依限查报。恐承办各官草率了事，请嗣后查勘分数限内，除户口繁多难一时并举者照例另报外，其户口较简者，即令乘便带查……”从之。（《清高宗实录》卷280）

（乾隆十三年三月癸丑）署理湖北巡抚彭树葵复奏：“湖北在康熙年间户口未繁，俗尚俭朴，谷每有余，而上游之四川、湖南人少米多，商贩日至，是以价贱，遂号称产米之乡。迨户口渐增，不独本地余米无几，即川南贩运亦少，谷寡价昂，势所必至。且民生既繁，争相置产，田价渐贵……”得旨：“俟各省奏到齐时，交廷臣详议也。”（《清高宗实录》卷311）

（乾隆十三年五月甲午）（户部）又议准湖广总督塞楞额疏称，湖北通省民壮，惟鹤峰、长乐、宣恩、来凤、咸丰、利川、建始等七州县地

处偏僻，原设民壮二十名，应各裁去二名。恩始①县原设民壮三十名，裁去五名。从之。（《清高宗实录》卷314）

（乾隆十五年九月丁巳）又谕军机大臣等："据湖广总督永兴奏称'湖北新设宜昌、施南二府之鹤峰等州县原系改土归流，幅员广阔，近年户口日增，田土日辟……'等语……"（《清高宗实录》卷373）

（乾隆十六年正月庚戌）户部议准原任湖广总督永兴奏称，芦洲地亩滨临江湖，坍涨靡常，定例五年遴选道员督州县大丈一次，但未定丈竣限期，往往逾年始经题报，无论应升应豁，赔漏不均，即业户久稽，亦妨民事。请嗣后届期令州县于十月水涸后确查，岁内册报，委道开印日督同履丈，限四月内丈竣移司，于六月内汇题，违限分别参处。再查坍没地亩，印官竟有从未履丈即据报请豁，委道亦只按册抽查，恐有坍少豁多之弊，应责令州县官清查入册，仍前草率，委道查参扶同，一并议处。从之。（《清高宗实录》卷380）

（乾隆三十四年九月戊申）湖广总督吴达善复奏："武昌省城及各属于八月二十日以后俱得雨泽，中晚稻俱已登场。"得旨："览奏稍慰。"（《清高宗实录》卷843）

（乾隆三十六年九月丁卯）湖广总督富明安奏："楚省湖地港汊交错，居民争讼多因湖地牵混，或执前明旧帖，或称新淤，在官册籍悉不足凭。请于冬月令各州县履地清理，造册通报，旧帖掣毁，换给新帖。嗣后买卖，报官更册，以息讼端。又港汊泊舟最多盗贼，巡缉营船周历难遍，向有各州县自备巡船，但无册档可稽，徒有虚名。请将应行设船处所并船只数目一并造册，令佐杂各员分段督查，于年底核计功过，以资缉

① 始：应为"施"字。

务。”得旨：“览奏俱悉。”（《清高宗实录》卷893）

（乾隆四十年七月壬子）户部议复：“湖北巡抚陈辉祖奏称‘武昌等卫所清出典卖屯田，请加津赡运’。查典卖屯田与受各户，均应照例办理。特以典卖者未必尽系现运之丁，执业者亦恐非起首承买之户。从重加津，免其撤田归运，则私相授受者知戒，而仍不至失业，向后典卖之弊可除。应如所奏。”从之。（《清高宗实录》卷986）

（乾隆四十年十月丙戌）谕军机大臣等：“户部奏‘据湖北巡抚陈辉祖造送乾隆三十九年赈济报销到部，内孝感等十九州县卫被灾六七八分，极、次贫民男妇，大小共一百八十七万五千八百余名口。该部查核此次赈济人数过多，恐其中不无浮滥，因将各该处造报民数清册核对，竟多至十数万，据实奏明’一折，已依议行矣。湖北上年六七月间，有缺雨、被旱之处，据陈辉祖照秋灾常例题报，随令其确勘妥办。嗣因新正，有应须加赈恩旨询问，旋经陈辉祖复奏情形，不过将应赈之孝感等州县照常声叙，朕亦不过照例降旨加赈，实不知该省被灾之特重也。朕爰育黎元，凡遇拯灾恤民之事，惟恐各省督抚稍存粉饰讳匿，致灾民或有失所，不惮谆谆告诫，务令据实妥办，期无遗漏。该省上年孝感等处应赈人数既如此众多，其被灾不为不重，陈辉祖即应将灾重人多之故，豫行奏闻，朕必嘉其实心民事。况民数册即由巡抚衙门汇奏，岂户部事后尚知按籍而核，而该省办赈，转置民册于不问乎？各省奏报民数，大率视为具文，随意增减，原不足为确据，办理灾赈自不能拘泥此册，致灾黎或有向隅。但其册既已奏报，即系备朕亲览者，而应赈人数，题达后，朕亦必加披阅，陈辉祖何不豫为校对，将人数不符之故，据实奏明，而竟颟顸若是乎？陈辉祖实属非是，着传旨严行申饬，并令其明白回奏。”（《清高宗实录》卷992）

（乾隆四十年闰十月）丙寅，谕：“据陈辉祖回奏‘上年奏办湖北灾赈案内，未将灾重人多及查实灾口与民数册不符之故详晰豫陈，请交部严加议处’一折，已批交该部矣。至所称‘从前历办民数册，如应城一县，每岁止报滋生八口，应山、枣阳止报二十余口及五六七口，且岁岁滋生数目一律雷同’等语，实属荒唐可笑。各省岁报民数，用以验盛世闾阎繁庶之征，自当按年确核，岂有一县之大，每岁仅报滋生数口之理？可见地方有司向竟视为具文，而历任督抚亦任其随意填送，不复加察。似此率略相沿，成何事体？现据陈辉祖另折奏请，将本年民数展限于明岁缮进，以期核实。湖广通省如此，各直省大略相同。前曾降旨，令各督抚将实在民数核上，但恐督抚等泥于岁底奏报之期，尚尔草率从事，仍属有名无实。所有本年各省应进民册，均着展限至明年年底缮进，俾得从容办理，以期得实。或今年有陆续报到者，该部即行驳回，毋庸汇进。嗣后每年奏报民数，各该督抚务率属实力奉行，勿再如前开造，倘仍因循疏漏，察出定当予以处分。至陈辉祖上年查办孝感等州县灾务，其过止于未将实在情形豫行奏闻，而其确勘灾民，按数给赈，期无一夫失所，尚能体朕赒恤灾黎之意，是以不加深责。若各督抚查办民数既不实心，及遇有偏灾办赈，复从而迁就回护，致群黎不能普沾实惠者，一经访闻，惟该督抚是问，恐不能当其罪也。将此通谕知之。”（《清高宗实录》卷995）

（乾隆四十一年二月庚午）署湖广总督陈辉祖奏：“前任督臣富明安以湖北大冶等县沿湖居民间有争讼，奏请将全省湖地通加勘量，更正旧册，此后推收，随时换给新帖。查民间借湖为业，或族姓公同，或村众共占，或一姓兼收，或数姓各管。守业有券，输课有额，均非无稽。间有影射争控，即调湖邻及官册互相比核，无难立辨。若遍历勘丈，追换书帖，事涉纷更，舆情未便，并恐奸弊丛生。所有楚省湖地应请停止通勘。”得旨：“此奏是。依议。”（《清高宗实录》卷1003）

（乾隆四十二年四月甲子）湖北巡抚陈辉祖奏：“蒲圻县万寿庄麦秀

两歧。”报闻。(《清高宗实录》卷1031)

(乾隆四十六年七月甲寅)谕军机大臣等:“据梁敦书奏‘地方雨水情形’一折,内称‘湖北省六月望后,武昌、黄州二府属望泽较殷,现随同督抚设坛祈祷’等语。湖北自六月望后,未经得雨,中晚二稻及杂粮等项,自不无待泽情形。舒常等既经设坛祈祷,自应一面奏闻,以副朕廑念雨旸之意。乃本日据梁敦书奏到,而该督抚等均未具奏,为大吏者,岂宜如此?若舒常等既不自行奏报,而转以梁敦书之先行入告,心存芥蒂,则更不是,亦不能逃朕洞鉴也。将此传谕舒常、郑大进知之。仍着将武昌、黄州二府及通省各属,是否得有透雨、一体均沾之处,迅速复奏。”寻奏:“江夏已得透雨,并近省之汉阳、武昌、蒲圻、咸宁、汉川、黄陂、黄冈、黄安、蕲水、蕲州、广济、钟祥、天门、荆门、京山、安陆、应城、应山、云梦、江陵、公安、襄阳、宜城等州县,俱报得雨,已饬道府确查,是否有裨田禾,另容驰奏。”报闻。(《清高宗实录》卷1136)

(乾隆五十一年二月丁丑)谕军机大臣等:“……至山东各属,虽据明兴奏报,于正月初六日得雪,看来亦未深透。而河南、安徽、湖北等省,入春以来,俱未见各该督抚奏报得有雨雪,是各该省均不免望泽。今年此数省之望泽,不比常年也。着传谕特成额、毕沅、书麟、明兴、吴垣,各将现在麦苗情形及曾否得有雨雪之处,迅速复奏,以慰廑念。将此由五百里各传谕知之。”(《清高宗实录》卷1248)

(乾隆五十一年二月癸未)谕军机大臣等:“据特成额等奏‘武昌省城,于正月二十一、二十三等日连得雨五寸,麦苗长发’等语,览奏甚为欣慰。河南、安徽等省与湖北境壤毗连,该处既经得有雨泽,则河南、安徽毗连省分,自可一律普沾。该二省上年被旱日久,望泽更殷,必得春膏沾霈,麦苗方滋荣长发。前经降旨询问,日内尚未据该抚奏报,朕心深为悬注。着传谕毕沅、书麟，即将该省近日曾否得有雨泽之处，迅速查明，由驿复奏，以慰廑念。将此由五百里传谕知之。”（《清高宗实录》卷1248）

（乾隆五十一年四月辛丑）湖广总督、署湖北巡抚特成额奏：“……查武昌、汉阳二府地连省会，户口殷繁，各拨米一万二千石。荆州系满营驻扎，上年拨运南米现将粜竣，今拨一万石。黄州、襄阳二郡尚可少减，共拨一万一千石……”得旨嘉奖。（《清高宗实录》卷1254）

（乾隆五十四年正月戊寅）户部议准湖广总督毕沅、湖北巡抚惠龄奏称，各省屯丁定例四年编审一次，但向来止稽查户口，未及田产，恐仍有漏匿情弊。嗣后编审之时，应将各丁田地、房产一并查明，于各丁户口之下造册存案。如四年内家道稍有缺乏，即可随时另佥接运，仍责令粮道同该管道、府督率卫所等官实力查察。倘徇情捏饰，即照佥选不实例降二级调用，并将该管上司照失于觉察例分别议处，应如所请。从之。（《清高宗实录》卷1321）

（乾隆五十五年十二月）甲寅，谕军机大臣等：“直隶、山东、山西、湖北等省俱经各督抚陆续奏报得雪，豫省与该数省境壤毗连，自应一律均被祥霙。且距京甚近，何以该抚迄今未见奏到？是否该省尚未得有雨泽？抑业经得雪，或未据各属报齐，是以具奏稍迟耶？着传谕穆和蔺，即将现在该省曾否得雪情形，迅速具奏，以慰廑注。”（《清高宗实录》卷1368）

（乾隆五十八年七月辛亥）谕军机大臣曰：“……陕省既已普得甘膏，收成自可望丰稔。惟是本年秋禾约收分数，如福建、湖北较远之省，已据该督抚陆续奏报。陕西距京较近，何尚未奏及？想该抚进京展觐，于起程时业经交与和宁查办。着传谕秦承恩接奏此旨，即迅速行知和宁，

将秋禾约收分数据实速奏，勿稍迟延。”（《清高宗实录》卷 1433）

（嘉庆元年十二月辛丑）会计天下民数、谷数，除湖南、湖北两省及福建之福州等府未经查报外，直隶各省通共大小男妇二万七千五百六十六万二千四十四名口，通共存仓米谷三千七百二十万六千五百三十九石一升二合七勺。（《清仁宗实录》卷 12）

（嘉庆八年十二月庚寅）会计天下民数、谷数，除湖北、陕西、福建三省未经查报，其直隶各省通共大小男妇三万二百二十五万六百七十三名口，存仓米谷三千五十四万八千二百七十三石二斗五升六合八勺。（《清仁宗实录》卷 124）

（嘉庆十七年三月）壬午，谕内阁："马慧裕等奏'湖北各属承变逆绝田产情形不一，请分别查参展限'一折。湖北省剿除教匪，所遣逆绝各产原勘入官估变，勒限归款。从前办理此事，本未能迅速妥协，以致悬宕日久，实难保无朦混影射及不肖官吏串通徇隐等弊。既据该督等奏称，各州县境内情形本有不同，不可不彻底确查。着照所请，再予展限一年。该督等即督同藩司，遴委公正诚实之员分往各属确查，先将已经变价银两提解司库，仍查原勘数目是否确实，原定价值今昔有无增减。倘有匿报侵挪情弊，即将承办各员指名参究。务于展限一年期内认真办竣，毋再任迟延滋弊。"（《清仁宗实录》卷 255）

（嘉庆十八年十一月己卯）又谕："御史汪梅鼎奏'请申明放赈定例，以重民瘼'一折。各直省偶遇偏灾，施恩赈恤，原期实惠及民，不使一夫失所。地方官自应遵照定例，于查报户口之初官给册费，亲勘填册，按户散放，并将应散银米数目、户口姓名明白刊示，以杜胥吏中饱之弊……"（《清仁宗实录》卷 279）

(道光三年十月壬寅)谕军机大臣等:“……至襄樊一带,最易藏奸,该督等严饬所属员弁明查暗访,有犯必惩。其应如何编查保甲并责成兵役缉捕,务须妥为办理,不可借端滋扰,亦不可养痈贻患,以戢奸宄而靖闾阎。将此谕令知之。”(《清宣宗实录》卷60)

(道光七年八月辛卯)又谕:“……饬该藩司驰往督办,分委妥员,将江陵、监利被灾军民户口确实查明,共有若干,妥为抚恤,散放口粮……仍俟水退之后,查明倒塌房屋,照例给予修费……”(《清宣宗实录》卷124)

(道光十三年正月戊子)谕内阁:“……孝感、黄陂二县,因上年捻匪窜入抢劫滋扰,业经该督等严饬营县尽力搜捕,当时各乡居民防范绸缪,在所不免。嗣获犯后民情安帖,乡民并非全迁城内……又吕恂上年代理天门县事,共收绅商捐输工赈钱文,查明各垸内实在贫民户口,择其公正绅士耆民,将钱文当堂给领,每垸给钱自一百余千至数十千文不等,有花名细册、绅耆领状可据……”(《清宣宗实录》卷230)

(道光二十一年十二月丙申)谕军机大臣等:“给事中陈光亨奏‘湖北应修堤垸,奸民书役勾串扰民’一折。据称‘近年叠被水灾,户口流散,地方土棍勾串书差勒令住户捐修,举报大业、大户、富户名目,指名拘押,赔累轻生。复混充首事,敛费包修,工程草率,经费虚糜’等语。湖北临江滨汉,必须堤垸坚固,方可保卫田庐。若任奸民蠹役借端滋扰,势必良民被累,水患频仍……”(《清宣宗实录》卷364)

(咸丰元年十二月庚戌)会计天下民数、谷数,除江苏、湖南、湖北未经册报外,直隶等省通共大小男妇四万三千二百十六万四千四十七名口,存仓米谷二千七百一十一万一千五百二石三斗七升四合六勺。(《清文宗实录》卷50)

（咸丰二年十二月乙巳）会计天下民数、谷数，除江苏、湖北、湖南未经册报外，直隶等省通共大小男妇三万三千四百四十万三千三十五名口，存仓米谷二千四百二十二万二千五百三十七石二升九合九勺。（《清文宗实录》卷80）

（咸丰三年十二月庚子）会计天下民数、谷数，除江苏、湖北、湖南未经册报外，直隶等省通共大小男妇二万九千七百六十二万六千五百五十六名口，存仓米谷二千零六十八万三千七百九十七石五斗五升三合六勺。（《清文宗实录》卷116）

（咸丰四年十二月甲子）会计天下民数、谷数，除江苏、安徽、湖南、湖北、福建、广东、广西等省未经造报外，直隶等省通共大小男妇二万九千八百一十五万二千五百三名口，存仓米谷一千八百一十万三千五百六十六石一斗八升三合九勺。（《清文宗实录》卷156）

（咸丰五年十二月丁巳）会计天下民数、谷数，除江苏、安徽、湖北、贵州未经册报外，奉天等省通共大小男妇二万九千三百七十四万二百八十二名口，存仓米谷一千五百二十万四千五百九十九石三斗三升四合。（《清文宗实录》卷187）

（咸丰六年十二月癸丑）会计天下民数、谷数，除江苏、安徽、湖北、贵州未经册报外，直隶等省通共大小男妇二万七千五百一十一万七千六百六十一名口，存仓米谷一千三百四十三万五千八百六十九石三斗二升一合六勺。（《清文宗实录》卷217）

（咸丰七年十二月丁丑）会计天下民数、谷数，除江苏、安徽、江西、福建、湖北、湖南、河南、广东、广西、云南、贵州未经册报外，直隶等省通共大小男妇二万四千二百三十七万二千一百四十名口，存仓米谷八百二十七万六千三百一十三石一斗六合六勺。（《清文宗实录》卷242）

（咸丰八年十二月辛未）会计天下民数、谷数，除直隶、江苏、安徽、福建、广西、云南未经册报、除直隶、江苏、安徽、福建、湖北、湖南、广东、广西、云南、贵州未经册报外，奉天等省通共大小男妇二万九千三百八十八万七千五百二名口，存仓米谷一千一百四十一万五千一百四十八石二斗八升四合九勺。（《清文宗实录》卷272）

（同治七年十二月壬申）会计天下民数、谷数，除直隶、江苏、安徽、福建、湖北、湖南、陕西、四川、广西、云南、贵州未经册报外，奉天等省通共大小男妇二万三千八百十八万一百三十五名口，存仓米谷二百九十万八千二百四十七石三斗六升一合五勺。（《清穆宗实录》卷250）

（光绪二十八年十月）癸丑，湖广总督张之洞等奏："武昌城外通商场，共计购买官民各地三万余亩，用过地价局费银二十三万余两，暂借商款应付。此外如可推广收买，仍当体察情形，相机扩充。"下部知之。折包　（《清德宗实录》卷507）

（光绪三十一年四月壬子）湖广总督张之洞奏："湖北清理卫田原定章程，屯户诸多不便，另筹简易办法，改订新章八条，体恤屯困，删省虚文，通省卫田一律办理。"下部知之。折包　（《清德宗实录》卷544）

2. 垦荒屯田

（顺治十二年正月）壬子，谕内外文武官员等："朕奉天子民，孜孜图治，夙兴夜寐，罔敢怠荒，庶望休息安养，渐兴教化，以奏升平。乃疆圉未靖，水旱频仍，储偫不充，兵民憔悴，流离困苦，永念恻然。虽恩赦屡颁，而奉行无法。每思与朕共理天下者，唯尔内外文武诸臣是赖。已有谕旨，自朕躬阙失以及政事未当之处，俱令各官悉心条奏，采择施行。兹以朕思虑所及，先颁敕谕，着各该管衙门，作速遵奉……尔内外诸臣果能殚力宣猷，克敷膏泽，朕必论功优擢。如仍前怠忽，误国殃民，定置重典。所有事宜，条列于后……一、赋役原有定额，自流贼煽乱之后，人丁逃散，地亩荒芜，奸民乘机透漏，良善株累包赔，或有田而无粮，或有粮而无地，或有丁而无差，或有差而无丁，甘苦不均，病民殊甚。着各布政使严饬该道府，责令州县官查照旧册，着落里甲，逐一清厘。隐漏者自守免罪，包赔准其控告，查确即与豁免，不许借端扰害，事毕造册报部，以凭复核。即以查出多寡，分别各官殿最。至于屯道、屯厅夺民熟田，捏充开荒及垦少报多，令民包纳者，一体清查，俾无重纳，以宽民力……以上事款，内外文武衙门作速遵行。系在外者，该部誊发各总督、巡抚，将行过缘由逐款奏缴，不许视为具文，玩忽迁延，自干宪典。”（《清世祖实录》卷88）

（顺治十四年十一月）辛亥，湖广巡抚张长庚疏报：“顺治十三、十四两年垦田共八千三百七十五顷二十八亩有奇。”（《清世祖实录》卷113）

（康熙二年二月）癸亥，湖广巡抚刘兆麒疏报：“安陆、岳州、宝庆、永州、郴州、常德、辰州、靖州八府州开垦田地八百八顷六十亩有奇。蕲州、岳州、九溪、茶陵、荆右、铜鼓、伍开、镇溪各卫所开垦田地六百顷三十亩有奇。”下部察叙。（《清圣祖实录》卷8）

（康熙三年五月）癸亥，湖广巡抚刘兆麒疏报：“安、荆等十府州属续垦田一千八百七顷四十五亩有奇。”下部知之。（《清圣祖实录》卷12）

（康熙四年七月丁酉）湖广巡抚刘兆麒疏报：“康熙元年分湖广各府，开垦田地四千七百三十九顷，照例起科。”下部知之。（《清圣祖实录》卷16）

（康熙四年九月甲申）湖广巡抚刘兆麒疏言："均州、南漳等州县向因贼踞，今地方新辟，俟人民复业，逐渐开垦，照例三年后起科。"从之。（《清圣祖实录》卷16）

（康熙五年五月）甲辰，湖广巡抚刘兆麒疏报："康熙四年分湖北各属，共垦荒地四千六百余顷，照例起科。"下部知之。（《清圣祖实录》卷19）

（康熙六年闰四月戊子）湖广道御史萧震疏言："屯田之制，为古帝王养兵裕国之本。臣愚以为兵屯纵不可即行，而投诚开荒之策，未有不可立行者。查投诚之众，所携家口数倍正兵，若予以荒地，给以牛种，俾无失所，以为招徕之劝，一便也。再查绿旗兵有防御之任，投诚兵无汛地之责，是绿旗之屯田难，投诚之屯田易，二便也。近例投诚兵随标者，月给饷银，岁费金钱八十余万，将来台湾平后，尚有继至之人，与其糜费养兵之资，何如使开荒芜之地？每投诚若干兵，应给荒田若干亩，岁省饷银若干两，行之三年，照田起科，是既省饷而又增赋，三便也。查各省荒田尚有四百余万顷，若将此地分给投诚兵丁，使之耕种，则军储日实，户口渐繁，是力田即以阜生，四便也。"疏入，命户部、兵部行令各省督抚确查垦荒事宜遵行。（《清圣祖实录》卷22）

（康熙十年六月）乙未，四川、湖广总督蔡毓荣疏言："蜀省有可耕之田而无耕田之民，招民开垦，洵属急务。但招民限以七百名之例，所费不赀，能招徕者甚少。臣谓非广其招徕之途，减其开垦之数，宽其起科之限，必不能有济。请敕部准开招民之例，如候选州同、州判、县丞等及举贡、监生、生员人等有力招民者，授以署职之衔，使之招民不限年数，不拘蜀民。流落在外及各省愿垦荒地之人，统以三百户为率。俟三百户民尽皆开垦，取有地方甘结，方准给俸，实授本县知县。其本省现任文武各官有能如数招民开垦者，准不论俸满即升。又蜀省随征投诚各官，俟立有军功、咨部补用者，能如数招民开垦，照立功之例，即准咨部补用。其开垦地亩，准令五年起科。如此则人易为力而从事者多，残疆庶可望生聚矣。”下吏、户、兵三部会同议行。（《清圣祖实录》卷36）

（康熙十二年二月甲辰）削解任湖广总督张长庚太子少保衔，以任偏沅巡抚时捏报垦荒故也。（《清圣祖实录》卷41）

（康熙四十四年二月壬辰）户部议复：“湖广巡抚刘殿衡条奏三款：一、湖北荒地甚多，有情愿开垦者准其开垦，无力者通省文武各官给与牛种招垦，照数议叙。一、堤工冲决修筑，照依各堤内所有田粮，按数出夫，不得滥派堤外有田之民。一、遇修筑堤工之时，地方官将堤身所压之田及两边挖土之地，丈明亩数估定价值，补偿本主另置田产。俱应如所请。”从之。（《清圣祖实录》卷219）

（康熙五十一年五月）壬寅，谕大学士等曰：“湖广民往四川垦地者甚多，伊等去时，将原籍房产、地亩悉行变卖，往四川垦地。至满五年起征之时，复回湖广，将原卖房产、地亩争告者甚多。潘宗洛以此情由，曾缮折启奏。嗣后湖广民人有往四川种地者，该抚将往种地民人年貌、姓名、籍贯查明造册，移送四川巡抚令其查明。其自四川复回湖广者，四川巡抚亦照此造册，移送湖广巡抚，两相照应查验，则民人不得任意往返，而事亦得清厘，争讼可以止息。大学士等俟潘宗洛具题到日，会同九卿确议具奏。”（《清圣祖实录》卷250）

（雍正元年三月）庚寅，谕大学士等：“侍郎王懿在军前效力已久，亦有年纪，着原任江西巡抚王企埥前往更换，协办军需钱粮。现今大将军处事少，兵部侍郎渣克旦、原任湖北巡抚张连登、吏部侍郎王之枢，着俱交与年羹尧，在布隆吉尔地方垦地筑城，仍带原品效力。”（《清世宗实录》卷5）

（雍正二年正月戊戌）湖广巡抚纳齐喀疏报："蕲州等十三州县及荆右、施州二卫康熙六十一年分开垦田亩八百八十八顷有奇。"下部知之。（《清世宗实录》卷15）

（雍正二年六月戊子）湖广巡抚纳齐喀疏报："彝陵、宜都等三州县开垦雍正元年分田地共二十二顷有奇。"下部知之。（《清世宗实录》卷21）

（雍正二年八月甲戌）湖北巡抚纳齐喀疏报："蕲州、公安等六州县开垦雍正元年分田地一百四十顷有奇。"下部知之。（《清世宗实录》卷23）

（雍正三年正月戊辰）湖北巡抚纳齐喀疏报："均州、公安、汉阳三州县雍正元年分开垦田地十一顷有奇。"下部知之。（《清世宗实录》卷28）

（雍正三年六月庚寅）湖广总督杨宗仁疏报："钟祥、宜都、光化三县雍正二年分开垦田地五十六顷有奇。"下部知之。（《清世宗实录》卷33）

（雍正四年二月甲子）湖北巡抚法敏疏报："汉川等四县开垦雍正二年分田地二百七十五顷有奇。"下部知之。（《清世宗实录》卷41）

（雍正五年二月壬申）……湖北巡抚宪德疏报："均州、汉川等八州县开垦雍正三年分田地一百三十顷有奇。"……俱下部知之。（《清世宗实录》卷53）

（雍正五年八月己丑）署湖广总督福敏疏报："湖北归州、钟祥等六州县开垦雍正四年分田地七十六顷有奇。"下部知之。（《清世宗实录》卷60）

（雍正五年九月己卯）川陕总督岳钟琪疏奏："湖广、江西、广东、广西等省之民逃荒入川不下数万户，请开招民事例，给穷民牛具、耔种，令其开垦荒地，方为有益。”得旨：“览岳钟琪奏，朕心深为悯恻。各省大小官员于地方歉收，即当题请设法抚恤。况各省皆有耗羡备用银两，即当以此为赈恤贫民之用，何得坐视百姓之窘迫，不加赈恤，而令其逃往他省乎？今据岳钟琪奏请‘设法安插，令其开垦，以为生计’，此实安辑贫民之急务。其牛具、耔种、口粮等项之费不必另开事例，现今有营田水利捐纳银两敷余之项存贮在京，着于此内拨发十万两解川应用，倘有不敷，该督抚再为奏请。但此等远来多人，良奸莫辨，不行稽查，必转为良民之扰，且恐既开招垦之端。愚民无知，但图目前之利，必至轻去其乡，亦非所以爱之也。且地方官吏坐视百姓之远徙异乡而不知轸念，断不可不加惩戒。着岳钟琪会同巡抚宪德行令四川州县，将雍正四年秋冬以后各省入川人户逐一稽查姓名、籍贯，果系穷民，酌量安插，再备造细册，咨查原籍，将所用牛、种、口粮银两，着落原籍之州县官照数补还。如此则游惰之民不致混冒，而地方官亦知所儆戒，共以爱养百姓为务，可杜流移之患于将来矣。”（《清世宗实录》卷61）

（雍正六年二月己丑）湖北巡抚马会伯疏报：“光化县开垦雍正四年分田地五十顷有奇。”……俱下部知之。（《清世宗实录》卷66）

（雍正六年二月辛丑）湖北巡抚马会伯疏报：“均州、汉川二州县开垦雍正四年分田地一十二顷有奇。”下部知之。（《清世宗实录》卷66）

（雍正六年七月戊午）湖北巡抚马会伯疏报：“钟祥等六县开垦雍正五年分田地三十七顷有奇。”下部知之。（《清世宗实录》卷71）

（雍正七年六月）庚辰，湖北巡抚马会伯疏报：“沔阳、汉阳、武定卫、大定所等二十二州县卫所开垦本年分田地三千三百八十五顷有奇。”下部知之。（《清世宗实录》卷82）

（雍正九年五月）庚寅，湖北巡抚魏廷珍疏报："荆门、钟祥等十三州县，襄阳一卫，开垦雍正八年分田地一千三百三十顷有奇。"下部知之。（《清世宗实录》卷106）

（雍正十年四月壬辰）湖北巡抚王士俊疏报："襄阳县开垦雍正八年分田地一百六十顷有奇。"下部知之。（《清世宗实录》卷117）

（雍正十一年九月）丙戌，湖北巡抚德龄疏报："武昌等六府开垦雍正十年分田地一千八百顷有奇。"下部知之。（《清世宗实录》卷135）

（雍正十二年四月）庚戌，湖北巡抚德龄疏报："汉阳等五县开垦雍正十年分田地二百顷有奇。"下部知之。（《清世宗实录》卷142）

（雍正十二年十一月戊子）署湖北巡抚杨馝疏报："武昌、归州等七府州开垦雍正十一年分田地四千一百顷有奇。"下部知之。（《清世宗实录》卷149）

（雍正十三年十二月癸酉）（户部）又议复："湖北巡抚吴应棻疏报'雍正十二年钟祥等二十州县卫劝垦田地共五千二百七顷五十四亩有奇'。应令该抚查实分别水田、旱田，照例升科。"从之。（《清高宗实录》卷8）

（乾隆元年四月）辛未，署湖北巡抚吴应棻奏请雍正三年分汉阳、均州等十州县民垦旱地，雍正七年分蕲、黄、松滋、恩施等四州县卫民垦水田共一百五十顷三亩九分零，应于雍正十三年升科。下部知之。（《清高宗实录》卷16）

（乾隆元年十二月乙丑）户部议复："湖北巡抚钟保疏言'沔阳州清

丈田亩较原额共增出一万一千五百五十一顷五十四亩有奇，请免增赋，按照上中下则，将通属额征摊派起科。又沔阳卫实丈田亩，亦照各则，均摊起科'。应如所请。"从之。（《清高宗实录》卷32）

（乾隆二年十月己酉）湖北巡抚杨永斌疏报："湖北新辟鹤峰、长乐二州县成熟田、地、山共八百三十七顷二十一亩有奇。（《清高宗实录》卷55）

（乾隆三年三月辛酉）户部议复："调任湖北巡抚张楷疏言'雍正七年分屯民首垦地内，有襄阳卫虚报各则地九百三十一顷四十一亩有奇，又八年分襄阳卫虚报各则地十一顷五亩有奇，又十年分均州、光化二州县并襄阳卫虚报各则地十八顷九十八亩有奇，又十一年分松滋、均州二州县并襄阳卫虚报各则地六十八顷二十五亩有奇，应征额赋请予开除。其各属实垦屯地一千四十四顷七十七亩有奇，仍照例升科'。应如所请。"从之。（《清高宗实录》卷64）

（乾隆三年三月戊辰）户部议复："调任湖北巡抚张楷疏言'雍正十二年分劝民开垦地内，有江陵、公安、石首、宜都、均州五州县并沔阳、荆州、荆左、荆右四卫虚报田地塘湖并屯田地四百六十三顷六十一亩有奇，又江陵、公安、石首、宜都、均州、光化六州县及荆州、襄阳二卫虚报地山七百九顷五十二亩有奇，应征额赋请予开除。其钟祥、当阳、江陵、公安、枝江、宜都、均州、谷城、东湖九州县并武左、黄州、荆州、荆左、荆右五卫实垦田塘湖并屯田四千三十四顷四十亩有奇，仍照例起科'。应如所请。"从之。（《清高宗实录》卷65）

（乾隆三年三月庚午）户部议复："调任湖北巡抚张楷疏言'雍正十年分劝民开垦地内，有房县、保康、竹山、竹溪四县虚报各则田十九顷六十亩有奇，又光化、房县、保康、竹山、竹溪五县并襄阳卫虚报各则地九十六顷八十一亩有奇，又雍正十一年分荆门、江陵、公安、宜都、房县、保康、竹山、竹溪八州县并荆州卫虚报田塘湖共三百五十七顷五十四亩有奇，又江陵、公安、宜都、房县、保康、竹山、竹溪七县虚报各则地三百九十顷二十亩有奇，应征额赋请予开除。其各属实垦田地塘湖并屯地七百二顷一十亩有奇，仍照例起科'。应如所请。"从之。（《清高宗实录》卷65）

（乾隆三年十月丁亥）湖北巡抚崔纪疏报："勘明宣恩等县成熟水田九百九十六顷四十一亩有奇，旱地六百七顷七十六亩有奇。"（《清高宗实录》卷78）

（乾隆三年十二月戊子）（户部）又议准湖北巡抚崔纪疏报，房县、保康二县雍正十二年劝垦田地内，虚报不实共七十五顷十亩有奇，所有应征粮麦请予豁除。从之。（《清高宗实录》卷82）

（乾隆三年十二月丁酉）户部议复："湖北巡抚崔纪疏报，郧县、郧西、房县、竹山等四县雍正十年、十一年劝垦民田共四百八十二顷有奇内，虚捏不实田三百一十八顷有奇，应予开除。"从之。（《清高宗实录》卷83）

（乾隆四年八月壬午）湖北巡抚崔纪疏报："武昌、汉阳、黄州、当阳、谷城、郧西、房县、保康、竹山、竹溪、兴山、恩施、利川、咸丰等十四县卫，雍正十年开垦水田、民赋更名田塘并屯田地共四百四十九顷四十八亩有奇。"（《清高宗实录》卷98）

（乾隆五年十二月丙辰）户部议准原任湖北巡抚张渠疏称，施南府属建始县原隶川省，于雍正七年报垦下则地十八顷十八亩，查该处石多土少，有种无收，请将应征科丁条粮银照数开除。从之。（《清高宗实录》卷

133)

（乾隆六年八月壬寅）裁湖北武昌卫、武昌左卫屯丁三百二名，从署总督那苏图请也。（《清高宗实录》卷148）

（乾隆六年九月庚辰）湖北巡抚范璨奏报："雍正八年垦旱田地四十八顷三十亩有奇。"（《清高宗实录》卷151）

（乾隆七年七月）乙亥，户部议准湖北巡抚范璨疏报，武左、黄州、钟祥、江陵、公安、枝江、宜都、东湖、荆州、荆左、荆右、均州、谷城、郧县、房县、保康、竹山、竹溪等十八州县卫雍正十二年报垦田塘湖及归并屯田内，有虚捏不实五百三十顷五十一亩有奇，详请开除。其实在田塘湖及归并屯田地五百七十三顷八十八亩有奇，照例起科。从之。（《清高宗实录》卷171）

（乾隆八年六月癸丑）大学士等议复："……查民间种烟一事，废可耕之地，营无益以妨农功，向来原有例禁，无如积习相沿，日以滋甚。如直隶、山东、江西、湖广、福建等省种植尤多，陇亩相望，谷土日耗。且种烟之地多系肥饶，诚令改种蔬谷，则自八月收烟后，至来岁春，相隔半载，土气已复，并无不宜蔬谷之处。如或以不种则失业，改种则利轻，又当知烟无关于饥饱，原不必论其贵贱，自应禁止。惟城堡内闲隙之地听其种植，城外则近城畸零菜圃亦不必示禁。其野外土田阡陌相连之处，概不许种。"得旨："即照大学士所议行。该部知道。"（《清高宗实录》卷194）

（乾隆八年六月庚申）户部议准漕运总督顾琮疏请，清查湖北武昌、武左、黄州、蕲州四卫屯田，按粮多寡分别议定帮费，官征官给，以均济运。查定额，武昌卫五十六船、武左卫五十五船，每船各得银一百四十七两零。黄州卫二十六船，每船给银一百二十五两零。蕲州卫三十二船，每船给银一百三十五两零。因屯派帮，民不扰而运费有资。又湖北减丁，俱属轮运，并非永减之闲丁，出运者领给帮银，减歇者尚出帮费，并不能坐享余利。请就各卫所情形，有屯清屯、无屯清费为便。从之。（《清高宗实录》卷194）

（乾隆八年九月）己亥，湖北巡抚晏斯盛疏报："鹤峰、长乐二县开垦乾隆四年分水、旱田地六顷五十亩有奇。"（《清高宗实录》卷201）

（乾隆九年二月丙子）湖北巡抚晏斯盛疏报："鹤峰州乾隆六年分劝垦水田三亩、旱地六顷六亩。"（《清高宗实录》卷211）

（乾隆十年四月己未）湖北巡抚晏斯盛疏报："荆州、宜昌二府，枝江、长阳二县并荆州左卫乾隆八年分民屯自首开垦田地共一顷四十五亩有奇。"（《清高宗实录》卷239）

（乾隆十二年九月己酉）湖北巡抚陈宏谋疏报："蕲州卫开垦下则屯地七顷三十三亩有奇。"（《清高宗实录》卷299）

（乾隆十二年十一月庚寅）户部议准湖北巡抚陈宏谋疏称，武昌、汉阳等四十州县卫荒芜田地、山场及屯地一十一万七千九百顷八十亩零，应饬令地方官将尚可开垦者实力劝垦，照例升科。倘实系硗瘠，不得抑勒滋扰。从之。（《清高宗实录》卷302）

（乾隆十三年闰七月戊午）前署湖北巡抚彭树葵疏报："宜昌卫、长乐县民人自首开垦额内荒屯地民赋一顷八十一亩有奇。"（《清高宗实录》卷320）

（乾隆十四年四月庚子）升任湖北巡抚彭树葵疏报：“长乐县乾隆十三年劝垦旱地二顷二十亩应征额赋，照例升科。”（《清高宗实录》卷339）

（乾隆十五年九月丁巳）又谕军机大臣等：“据湖广总督永兴奏称‘湖北新设宜昌、施南二府之鹤峰等州县原系改土归流，幅员广阔，近年户口日增，田土日辟。其内地民人认恳者，应令查明，一体升科’等语，任土作贡，国有常经，在开垦地亩，既经成熟，自应照例升科。但鹤峰等州县本系土司之地，归附版图未久，虽有内地民人赴垦，欲令升科，究与内地不同，必须善为经理之人妥协差办，方不至于滋事。永兴莅楚未久，诸事尚未谙练，此事亦非伊所能办。且不必急遽，俟二三年后，或伊来京陛见时，令会同在京大臣妥酌定议。或另有升调可任兹事之人，再行办理，亦不为迟。可即传谕永兴知之。”（《清高宗实录》卷373）

（乾隆十六年十月己未）湖北巡抚恒文疏报：“恩施县乾隆十五年开垦额内下则民田一顷二十六亩。”（《清高宗实录》卷401）

（乾隆十六年十二月戊戌）湖北巡抚恒文疏报：“鹤峰县乾隆十五年开垦下田一十九顷六亩零。”（《清高宗实录》卷404）

（乾隆十六年十二月癸卯）湖北巡抚恒文疏报：“荆州府属荆州左卫乾隆十四年开垦额外下则屯田十亩零。”（《清高宗实录》卷404）

（乾隆十七年六月壬子）湖北巡抚恒文疏报：“宣恩县乾隆十年垦旱地七亩七分有奇，十二年垦五亩七分有奇。”（《清高宗实录》卷417）

（乾隆十九年闰四月甲戌）湖北巡抚张若震疏报：“乾隆十七年分嘉鱼、均州二州县首垦更名地共五十二顷二亩有奇。”（《清高宗实录》卷463）

（乾隆二十一年三月丙戌）湖北巡抚张若震疏报："宜城县新垦民田九十七亩有奇，升科如例。"（《清高宗实录》卷509）

（乾隆二十三年四月丁卯）又湖北巡抚庄有恭疏报："当阳、长阳、鹤峰、建始等四州县乾隆二十一年分开垦地九十三顷二十亩有奇，应征银米，俟丙戌年起科纳赋。"从之。（《清高宗实录》卷560）

（乾隆二十六年三月壬寅）湖广总督苏昌疏报："建始县劝垦中则地六顷七十亩有奇。"（《清高宗实录》卷632）

（乾隆二十六年四月己卯）湖广总督苏昌疏报："勘实保康、鹤峰二州县乾隆十五年分开垦旱地二十顷七十五亩有奇。"（《清高宗实录》卷634）

（乾隆二十六年四月辛卯）署湖北巡抚周琬疏报："乾隆二十四年分宜昌县首垦下则旱地六顷三十四亩。"（《清高宗实录》卷635）

（乾隆二十六年七月乙巳）又谕曰："苏昌奏'荆州八旗牧马厂地坐落江陵、潜江、石首、监利、枝江等县一带沿江地方，从前原系民间抛荒地土，后因设立满洲官兵，即圈作马厂。近日居民渐次报垦升科，旗人称为侵占厂地，民人指系纳粮产业，彼此争竞不息。现在会同将军定界造册，以息兵民纷争'等语。牧厂关系营伍，而粮地亦民间生计所资，自必明定界限，始可永远杜息争端。现在沿江之地，如果牧放久经圈用，势在必需，而民人从中计图侵种，自应按照前此界限，查出归旗。若仅系附近马厂四旁，原无碍于牧放，民人又已垦熟升科，亦应仍给民人管业。苏昌已经调任，此事着即交与爱必达会同该将军秉公妥协勘办，务令兵民相安，彼此有益无损，毋任有司旗员各存袒护，致乖平允之道。将此传谕该督等知之。"（《清高宗实录》卷640）

（乾隆二十六年十一月甲子）湖广总督爱必达奏："会同将军德敏勘荆州八旗马厂地，界址井然，惟正黄旗厂内月牙湖熟田百余亩，在厂心有碍牧放，应令归旗。拨厂旁荒地给民垦种，仍间半里筑一土墩立界，责令理事同知并地方官查察。再各厂内湖地，虽系民管，业仅产芦草，请嗣后每年二、三两月，令旗牧马，余听民刈芦，毋许滋事。"得旨："如所议行。"（《清高宗实录》卷649）

（乾隆二十七年十月丙申）调任湖南巡抚汤聘疏报："乾隆二十四年建始县垦额外民田税二十八顷八十亩。"（《清高宗实录》卷672）

（乾隆二十八年二月乙卯）署湖北巡抚、湖广总督爱必达疏报："湖北石首县新垦地八顷七十一亩有奇，升科如例。"（《清高宗实录》卷681）

（乾隆二十八年三月戊午）署湖北巡抚、湖广总督爱必达疏报："湖北竹溪县新垦地二顷三十二亩，升科如例。"（《清高宗实录》卷682）

（乾隆二十八年三月壬戌）署湖北巡抚、湖广总督爱必达疏报："湖北咸丰县新垦地二顷六十亩有奇，当阳县新垦地三顷九十六亩有奇，升科如例。"（《清高宗实录》卷682）

（乾隆二十九年三月）庚辰，湖广总督、署湖北巡抚李侍尧疏报："开垦咸丰县中则民地四顷六亩，升科如例。"（《清高宗实录》卷707）

（乾隆三十年四月）丁未，户部议复："湖北巡抚王检疏称'宜昌府属鹤峰州，乾隆十九年开垦额外下地十五顷零，该粮六石二斗五升，银九两二钱二分，造册送部'，应准其造入该年地丁册内查核。其劝垦各官，既据声明不及议叙，应毋庸议。"从之。（《清高宗实录》卷734）

(乾隆三十年十月庚申)湖北巡抚李因培疏报:“宜城县乾隆二十七年开垦额内下则地一顷十九亩有奇。”(《清高宗实录》卷747)

(乾隆三十一年四月戊辰)湖广总督、前任湖北巡抚吴达善疏报:“乾隆三十年长乐县垦地四顷十八亩。”(《清高宗实录》卷760)

(乾隆三十二年五月壬申)谕军机大臣等:“据阿尔泰复奏‘禁止各省民人赴川’一折,内称‘川省荒地业经认垦无余,嗣后各省民人借词赴川垦地者,不必给票,并转饬沿途关津,查无照票者,即行阻回’等语。所奏尚于事理未协,前因岳钟璜奏‘外省民人入川,往往习为匪类,应请设法稽核’,曾降旨阿尔泰,令其详酌经理,特为地方剔除啯匪起见,初非为各省民人强分畛域,多方防禁,徒滋纷扰也。况此等无业贫民转徙往来,不过以川省地广粮多,为自求口食之计,使该省果无余田可耕,难以自赡,势将不禁而自止。若该处粮价平减,力作有资,则生计所趋,又岂能概行阻绝?且邻近该地之湖广、江西等省均属朝廷子民,抚绥本无异视……倘此等民人,入川或有滋事为匪,致为乡里之害,即按罪严惩,以儆其余,亦督抚等分所应办,又何事鳃鳃过虑?立定章程,转使胥吏等乘间苛求,徒滋纷扰,否则有名无实耶?阿尔泰奏定关隘查盘,给票验放及咨移各省晓示民人之处不必行。将此传谕该督及各该督抚知之。”(《清高宗实录》卷784)

(乾隆三十三年三月丁未)湖北巡抚定长疏报:“当阳县劝垦地一顷四十二亩有奇。”(《清高宗实录》卷807)

(乾隆三十三年九月己丑)户部议复:“湖北巡抚程焘奏‘请清理郧阳山地,并咨照陕西、河南二省转饬界连郧阳之各州县,查明所辖山地界址,设立保甲,稽查奸匪。其开垦地亩,照例升科’。应如所请。”从之。(《清高宗实录》卷818)

（乾隆三十四年十月庚午）湖广总督、署湖北巡抚吴达善疏报："咸丰县乾隆三十三年分劝垦额内中则田地三顷六十三亩。"（《清高宗实录》卷845）

（乾隆三十五年三月丙午）湖北巡抚梁国治疏报："建始县劝垦旱地二十八顷八十亩，升科如例。"（《清高宗实录》卷855）

（乾隆三十五年五月）丙戌，湖北巡抚梁国治疏报："乾隆三十三年分武昌卫首垦下则地七十三亩有奇。"（《清高宗实录》卷858）

（乾隆三十七年十月戊辰）谕军机大臣等："据嘉谟奏'屯田原系给丁赡运，因其间隐漏典卖者多，以致田不归运，丁力益疲，请将湖广等省照江西查办章程彻底清厘'一折，所奏甚是。江西丁田一案，前经阿思哈奏请清理，勒限查清，行之颇著成效。此外如湖广、江南、浙江、山东俱系有漕省分，自应仿照江西省办过章程，一体实力查办。着传谕各该督抚等，责成藩司、粮道遴委干员，协同县、卫核实清厘，于佥丁赡运事宜均属有益。其如何定限确勘清查一律整顿之处，并着该督抚一面妥速核办，一面具折奏闻。所有嘉谟原折，即行钞寄阅看。"（《清高宗实录》卷918）

（乾隆三十七年十二月丁卯）湖北巡抚陈辉祖疏报："乾隆三十六年黄州卫开垦额内下则屯田七亩有奇。"（《清高宗实录》卷922）

（乾隆三十八年二月己卯）谕军机大臣等："据陈辉祖奏'湖北郧阳、施南二府所属向多荒地，近年户口日繁，流寓人众，所在开垦缘不谙定例，未尽随时报升科则。请令民间自行首报，分别升科，并请将从前督臣永常所议封禁官荒之处，均令停止'等语，民间开垦荒地，自应查明按例呈报升科，岂宜任其因循违限？至从前永常封禁官荒一节，伊本不明事理，所办原属拘泥，方今生齿繁滋，地利所在，自必趋之如鹜。且现在即有私垦之事，可见前此之官为封禁仍属有名无实，又不若听其耕辟升科，俾小民获自然之利，而在官复有籍可稽，较为两得。陈辉祖所奏亦属应行。但只令自行首报，不复官为核验，愚民惟利是务，谁肯全数开呈，弊将百出。若只系垦多报少，尚属藏富于民，亦可不计政。恐因有隐匿之事，地方里正遂尔串通胥吏，借端挟制，鱼肉乡愚，或遇不肖有司甚至从中染指，于政体大有关系，不可不慎之于始。自非官为查丈不能彻底清厘，而查丈之事亦非易办，如拽绳略有松紧，量弓稍有欹斜，积少成多，亩数即因之增减，是又当董以公正明察之大员亲履实勘，使无丝毫隐漏，方为万妥。然水清无鱼，朕亦不肯因办此一事，致闾阎或致见绌，宁可于丈清之后，酌为百姓留其余，经官明给，不愈于民间之私相欺匿，阴滋流弊乎？此时若即交陈辉祖查办，自必秉公经理，但伊籍隶湖南，与湖北究属同省，未免关碍乡情，即有掣肘之处。且恐无知之徒，从而妄生议论，于陈辉祖亦甚不便。此事本非急务，是以谕令暂行停止。将此旨交军机处密记，陈辉祖原折一并钞存，于富勒浑回任后，再行传谕知之。”(《清高宗实录》卷927)

(乾隆三十八年二月辛巳)又谕：“据陈辉祖奏‘湖北郧阳、施南二府所属民垦荒地向未呈报升科，请令民间自行首报，并将从前督臣永常所议封禁官荒之处，均令停止’一折，其事原属应行，已批‘知道了’。今复思垦荒升科之事，非经官查丈不能彻底清厘，方今青苗在地，势难履亩勘丈，且现在川省军务未竣，湖北与蜀境毗连，遇有协拨军饷之事，不能不需人夫转运，自不值复以此不急之务，致闾阎稍觉纷烦。况相沿业已多年，又不在目下之速为查办，此事竟可暂行停止，俟应办时，候朕另行降旨。将此传谕知之。”(《清高宗实录》卷927)

(乾隆三十八年七月壬戌)谕军机大臣等：“上年嘉谟奏‘各省屯田，

原系给丁赡运，其间隐漏典卖者多，以致丁力益疲，请照江西查办章程，一体清厘'，当经传谕有漕各省督抚委员确勘，核实查办奏闻。嗣据河南、湖北、湖南陆续奏到，俱经部议复。其山东省近经具奏，现交部议。惟江南、浙江尚未复奏。昨嘉谟押运抵通，赴行在召见，询及查办军屯一事，据奏'江省现在查勘造册'等语，屯田隐漏典卖，田不归运，丁力日就疲乏，自应及早清厘，以济漕运。况系特旨查办之事，更不宜经久稽延，着再传谕高晋、萨载、裴宗锡、三宝将清厘屯田事宜迅速查明妥核，具折奏闻，仍将因何迟延缘由一并复奏。"（《清高宗实录》卷 938）

（乾隆四十一年五月）辛卯，湖北巡抚陈辉祖疏报："乾隆四十年分鹤峰州开垦下则旱地七顷八亩有奇。"（《清高宗实录》卷 1009）

（乾隆四十二年六月戊戌）湖北巡抚陈辉祖疏报："乾隆四十年鹤峰州劝垦下则旱地九十四亩有奇。"（《清高宗实录》卷 1034）

（乾隆四十二年七月）乙酉，湖北巡抚陈辉祖疏报："长乐县开垦民赋额外下则旱地二顷八十四亩有奇。"（《清高宗实录》卷 1037）

（乾隆五十四年四月丙申）湖北巡抚惠龄疏报："乾隆五十三年利川县开垦成熟额外下则地三十一顷四十亩有奇。"（《清高宗实录》卷 1326）

（乾隆五十六年六月甲辰）湖北巡抚福宁疏报："乾隆五十五年分武昌左卫首垦下则屯地四顷二十四亩有奇。"（《清高宗实录》卷 1380）

（乾隆五十七年十一月乙卯）湖北巡抚福宁疏报："建始县劝垦地二顷十二亩有奇。"（《清高宗实录》卷 1417）

（乾隆五十八年十一月甲辰）湖广总督兼署湖北巡抚毕沅疏报："乾

隆五十六年分开垦建始县成熟地二顷十二亩有奇。”（《清高宗实录》卷1440）

（嘉庆五年三月丁卯）谕军机大臣等：“朕思各股贼匪屡被歼擒，势极穷蹙。近据各路奏报，贼伙自行投诚及难民由贼营逃出者络绎不绝，正在剿抚兼施吃紧之际，此次剿办教匪，非若边徼外域，必须俟全数荡平受降奏凯后，方筹办善后者可比，自应一面搜捕余孽，一面妥为安抚。况此等从贼匪徒实皆赤子，既经悔罪投出，贷以不死，即当爱之如子，各遂其生，其抚辑之方，不可不及时筹画。现据长麟奏称‘甘省自贼营逃回之川、楚难民甚多，俱经给予路票，释放回籍。但所给路票，止系免死凭据，仍无谋生实济’。因思现在亟须安抚之人约有三等，一系降贼，一系难民，一系乡勇。此三项若俱籍为兵丁，则人数众多，安得有如许营分广为分隶？若于投出后听其各自谋生，其有业者，尚可自为糊口之计，而无业之人，非官为经理，安置得所？则伊等虽去逆投顺，而无衣无食，何以自存？饥寒日久，必致故态复萌，又思抢掠，一经绳以官法，又恐激成事端，彼时业已撤兵，又将如何办理？至乡勇一项，其团练者多系本省有身家之人，惟召募一项，良莠不齐，一旦散归乡里，亦恐未必皆有生路。是安抚之方，目前切宜早筹妥办。总之，有恒产者方有恒心，或将查出叛产及被贼难民绝产量为分给，或于旷闲地方如南山老林等处可以耕种之区拨给开垦。数年之内，免其纳粮，俟垦有成效，再行酌量升科，庶各安本业，不致复怀反侧。此三项中如绝产一项，有目前查系绝产，而流民逃户日久或又归其本土，势又难将业主地亩夺与失业之人，转使本人无所依借。至清查叛产、开垦荒地，头绪纷繁，均赖良有司宣力妥办，方能经理协宜。将此传谕陕、甘、四川、湖北各督抚，于所属道府州县中遴选平日居官廉明公正、实心爱民者，使之专董其事。不妨将其本缺开除，略仿从前观风整俗、宣谕化导等使之意，不必另设官名，各依本衔给予廉俸，俾其专心抚辑。如果能尽心筹办，著有实效，该督等即据实奏明，朕必逾格施恩，加以奖擢。倘办理不善或有懈弛玩误者，亦即严参，治以应得之罪。仍将此旨誊黄晓谕，俾众共

知，各遂其安恬乐业之愿。”（《清仁宗实录》卷61）

（嘉庆六年十一月癸巳）谕军机大臣等：“现在军务即日告蒇，其善后事宜内，惟安插乡勇一事最为紧要。屡次谕令该督抚或酌给叛产、绝产，或令充伍食粮，原为伊等豫筹生计。但闻叛产一项为数无多，盖各省匪党皆系无藉之徒，铤而走险，其甘心从贼，如庞洪胜之家产饶裕者，宁有几人？至被贼裹胁各村民，其本有田产者一经散出，自必归家各认己业，且各处尚有散出难民均须安插，是叛产、绝产亦岂能遍给无遗？况自贼中投出者即属良民，此等多系无业之徒，若不妥为安抚，仍令流离失所，亦恐滋生事端。因思川、陕、楚地方辽阔，尽有官山未经开垦荒地。与其为客民占据，何如拨给乡勇，令其自安耕作。此外若有可兴之利，不妨奏明办理。如川省铜盐等项，或有可以资借谋生，无碍于官而有便于民者，各就该省现在情形量为措置。至乡勇随同官兵剿贼日久，其中伤病者谅亦不少。现在各省所调官兵，其因伤病未愈及随征日久者，均以次撤归原伍，而乡勇之伤病者转未议及，是官兵之裁撤者多，而乡勇之冗食者不少，殊非核实之道。且有由隔省调派随征者，此时即应先行裁撤，以节糜费。将此传谕知之。”（《清仁宗实录》卷91）

（嘉庆七年六月乙丑）户部议准湖北巡抚全保疏报，建始县开垦田一十二亩有奇，照例升科。从之。（《清仁宗实录》卷99）

（嘉庆七年十一月丁酉）又谕：“大学士、尚书等议复‘吴熊光查明湖北叛绝各产，分给乡勇、难民’一折。此项叛绝各产，原无入官之理，其坐落俱在腹地州县，亦不能归入屯田募丁垦种。况将田亩入官后，亦须召民耕佃收租，势必假手吏胥，或有侵渔影射，仍致岁赋拖延，徒滋弊窦。自应分给乡勇、难民借资养赡。但乡勇、难民等人数较多，其本有产业者，足以自谋衣食，固可无庸拨给，而实在贫窘无力者，自当尽先分拨，俾资生计。惟各州县田亩、人数多寡不均，若必将本境田产分给本境乡勇、难民，恐办理转致偏枯。是须通盘筹计，酌剂均平。如所给之产或离乡井较远，设令其移家就业，未必人尽乐从。尤在地方官随时咨询，从其所愿，不必强以所难，稍有抑勒，方为妥善。此事经理原非易易，必须派明干道府大员亲履其地，专司督办。川、楚、陕三省地方现在办理善后事务较繁，或现任各员不能分身经理，该督抚等不妨奏请简发数员前往帮办，或以简发之员人地生疏，即不妨将现任各员印务酌令署理，以便腾出本任之员专办拨产一事。如果有实心经理得宜者，该督抚等即可将该员等据实保奏。若稍有草率，或任听吏胥高下其手，以致办理不能公平，该督抚等亦当据实劾参，务在严饬所属实力妥办，使穷黎普沾实惠，毋致一夫失所。其如何酌量分给之处，仍着该督抚等妥议章程，详晰具奏。”寻奏：“分给田产，窒碍难行，即将变价银两解司报拨。”从之。（《清仁宗实录》卷105）

（嘉庆十九年三月辛酉）户部议准湖广总督马慧裕疏报，汉川、沔阳、天门、江陵四州县丈出民业官荒田一百二万亩有奇，照例升科。从之。（《清仁宗实录》卷288）

（嘉庆二十三年十月）戊辰，户部议准湖北巡抚张映汉疏报，石首县开垦地四十二顷九十五亩有奇，照例升科。从之。（《清仁宗实录》卷348）

（嘉庆二十五年十二月壬辰）又谕：“本日卓秉恬奏陈川、陕、楚老林情形，据称‘由陕西之略阳、凤县，东经宝鸡等县，至湖北之郧西，中间高山深谷，统谓之南山老林。由陕西之宁羌、褒城，东经四川之南江等县、陕西之紫阳等县，至湖北之竹山等县，中间高山深谷，统谓之巴山老林。老林之中，地方辽阔，宜种包谷、荞豆、燕麦，徭粮极微，客民给地主钱数串即可租种数沟、数岭。江、广、黔、楚、川、陕之无业者侨寓其中，以数百万计，垦荒种地，架数椽即可栖身，谓之棚民。种地之外，多资木箱、盐井、铁厂、纸厂、煤厂佣工为生。惟人聚既多，则良莠莫辨。不安本分者，一遇旱涝之时，粮价昂贵，佣作无资，一二奸民倡之以吃大户为名，蚁附蜂起，无所畏忌。山内州县，大者周围一二千里，小亦五六百里，遇有事必数日闻报，数日始至其处，纠结者既难以轻动，远扬者又莫可追捕。且省各有界，贼或逾境而免，官难越境而谋。各处距会城甚远，若三省大吏往返咨商州县奉饬，恒在数月以后。故区画老林之策，当合三省共议，于扼要之地专设大员控制，如福建之台湾，广东之雷琼，湖南之凤凰、永绥等厅，皆有道员驻扎其地。况老林险隘，棚民聚散无定，虽陕安道、川东道、安襄郧荆道未尝不分辖其地，而地界既分，官易推诿。查郧阳地方，明季曾设抚治大员，嗣经裁撤，现经生齿日繁，若不妥为措置，必致日久生事’等语。川、陕、楚老林，地连三省，幅员辽阔，山川险阻，棚民易致滋事，宜如何弹压抚绥之处，着蒋攸铦、朱勋、毓岱确勘情形，悉心筹画，会同定议具奏。卓秉恬原折着钞寄阅看。将此各谕令知之。”（《清宣宗实录》卷10）

（道光六年三月戊戌）谕内阁：“杨懋恬奏‘勘明湖南军船积淹未涸屯田，请按股合船，分别停缓出运’一折。湖南运军蒋法元、李家顺二船屯田，坐落湖北沔阳州境内之朱家、杨庄、郑家、老成等垸内。朱家、杨庄二垸田亩积年被水淹浸，未能涸复，运丁造运艰难，该署督等请援案计股合船，分别停缓挽运。着照所请，准其将蒋法元船屯坐朱家垸被淹七股与李家顺船屯坐杨庄垸被淹三股合为一船，暂停造运。应运粮米，分洒二帮各船带交。应得京脚、行月、生息等项银米，亦令分给洒带各船，俾资贴补。其蒋法元船坐落老成垸屯田三股，与李家顺船坐落郑家垸屯田七股，均属阜高有收之处，即合为一船，佥丁造运，以纾丁力。俟将来各垸积水消涸，屯产布种有收，仍分两船筹办起运。该部知道。”（《清宣宗实录》卷96）

（道光七年七月甲子）户部议准湖广总督兼署湖北巡抚嵩孚疏报，襄阳县鸡心洲沙淤瘠薄地三顷二十八亩有奇，照铁则升科。从之。（《清宣宗

实录》卷122)

(道光十一年十二月)乙未,谕军机大臣等:“寄谕两江总督陶澍、湖广总督卢坤、江苏巡抚程祖洛、安徽巡抚邓廷桢、江西巡抚吴光悦、湖北巡抚杨怿曾、湖南巡抚吴荣光,据给事中邵正笏奏‘江湖涨滩,占垦日甚,请饬查酌办,以弭水患而卫民生’一折,本年江苏、安徽、江西、湖广等省水漫成灾,如果平日讲求水利,江湖通畅,何至酿成水患,积久未消?如该给事中所称,近年长江一带沙洲日增,多被居民占垦,以致阻遏水道。且地方官所报升科者不过十之一二,而豪强之兼并,奸蠹之侵蚀者,不知凡几,自应将积弊悉除,以收实效。着陶澍等各饬所属,于濒临江湖地方详细履勘,如有沙洲地亩实在无碍水道者,方准居民认垦。毋得任令豪强勾通奸蠹霸占,以多报少,而无力贫民,转致向隅,仍无裨益。其有壅遏水道之处,必当设法查禁,使涨水得资宣泄,则害除而利可兴。该督抚等当认真妥办,固不可以空言塞责,亦不可任令地方官假手吏胥乘机舞弊,以致利不能兴,害不能除,百姓转受其骚扰,殊失弭患卫民之意。着将该给事中原折,钞寄该督抚等阅看,酌议具奏。将此各谕令知之。”(《清宣宗实录》卷203)

(道光十二年六月乙酉)又谕:“邓廷桢复奏‘查明安徽省江面沙洲无碍水道’一折。前据给事中邵正笏奏‘近年长江一带沙洲日增,多被居民占垦,以致阻遏水道。请饬各督抚于濒临江湖地方委员详细履勘’,当降旨令江苏、安徽、江西、湖广各督抚认真妥办,酌议具奏……”(《清宣宗实录》卷213)

(道光十六年十月戊午)又谕:“有人奏‘云南地方辽阔,深山密箐,未经开垦之区,多有湖南、湖北、四川、贵州穷民往搭寮棚居住,砍树烧山,艺种包谷之类。此等流民于开化、广南、普洱三府为最多,请仿照保甲之例,一体编查’等语。云南地处边陲,开化等三府又系该省极边之境，异乡流民纷纷杂处，若不设法稽查，或致奸匪混迹，滋生事端。着伊里布等细加查访，严饬所属府厅州县实力稽查，凡遇流民入山种地，如查有面生可疑、行踪诡秘者，即着严拿惩办。并着体察情形，应如何按寮给牌，编立保甲之处，妥议章程具奏。将此谕令知之。"寻奏："开化、广南二府旷土较多，流民垦种渐众，道光三年清查以后，贸易客户，由客长稽查，其种地流民，归各里乡约附入保甲，分册给牌，随时稽查。惟搭棚栖止、砍树烧山之户，在于僻远林谷，未能依户编排，应按棚给予门牌，以昭周密。至普洱府属，流民垦种本少，即搭棚垦种之户亦并入保甲编查。"得旨："依议妥办。养奸贻患，刻不可忘，万勿视为泛泛也。"（《清宣宗实录》卷290）

（道光二十四年二月己酉）又谕："……黄元泰现据该部奏称，选授湖北咸丰县张家坪巡检，着仍以该省府经历、县丞即行升补，此系朕破格加恩。嗣后能于应垦地亩随时经画著有成效者，必当量加鼓励……"（《清宣宗实录》卷402）

（道光三十年十月）辛巳，谕内阁："……浙省如此，其江苏、安徽、江西、湖广等省傍山沿江各州县，难保无私垦山田，使下流填注淤塞，民田受害之处，着各该督抚通饬所属，一体实力稽查，各就本地情形，设法妥办。不得谓积重难返，将就目前，致酿后患……"（《清文宗实录》卷20）

（同治二年十二月癸巳）谕议政王、军机大臣等："光禄寺少卿郑锡瀛奏'请设屯田养兵，以节经费'一折……至折内所陈山东、河南、湖北、湖南、江西及川、黔、两广等省各属被扰地方，有无闲田可以开屯之处，均着各该省督抚确切查明，各就地方情形分别酌度办理，不得以创始为难，借词推委，尤不可假手吏胥，强夺民间有主之田，致令纷纷扰害……"（《清穆宗实录》卷89）

（同治六年六月戊申）谕军机大臣等："本日据御史汪朝棨奏称'安徽、浙江交界之广德州一带开垦荒地，有浙江台州暨湖北等处游民各带兵器，聚众数千，四乡抢掠，致居民惊恐迁徙，请旨饬查'等语。该处为皖浙门户，兵燹之后，尤宜锄莠安良，以培元气。着英翰、马新贻按照该御史所奏，严饬各该地方官实力稽查，如有遣撤兵勇借端霸占等情，即行妥为筹办。其无主荒地应如何设立章程，以杜滋扰居民之处，并着该抚等会商办理。原片着钞给阅看。将此各谕令知之。"……（《清穆宗实录》卷206）

（光绪四年四月癸卯）湖广总督李瀚章奏："遵复编修吴观礼奏召募晋、豫饥民垦荒一节，于鄂省情形未合。"报闻。月折 （《清德宗实录》卷72）

（光绪二十四年七月庚辰）又谕："军机大臣等议复袁昶条陈'请清理屯田'等语。屯卫之设，昉于明代，本所以养兵实边，至国初屯军次第裁汰，惟有漕运省分仍隶卫所，乃为赡运之计。现在漕粮既归海运，卫所半属虚悬，若改卫为屯，征租充饷，于国用不无裨益。着两江、湖广、浙江各督抚通饬所属，彻底清查各卫所屯田地亩实在数目，详定征租章程，迅速奏明，请旨办理。"现月 （《清德宗实录》卷425）

（光绪二十四年十一月戊辰）又谕："前据军机大臣等议复袁昶条陈'请清理屯田'等语，当即谕令两江、湖广、浙江各督抚饬属清查各卫所屯田地亩实在数目，详定征租章程，迅速奏明。除江西省业经复奏，其余各省未经奏到，着该督抚迅即认真详筹妥议，请旨办理，毋再延缓。将此各谕令知之。"现月 （《清德宗实录》卷434）

（光绪三十年四月乙丑）湖南巡抚赵尔巽奏："湘省清查岳州卫屯田，

与鄂省各卫情形相同，请循照鄂章，增收契税，兼抽清文经费。”下部知之。折包 （《清德宗实录》卷529）

（光绪三十年五月癸卯）荆州将军绰哈布等奏：“驻防兵丁生计穷蹙，已将坐落石首县厂荒招佃承垦，计可垦荒田二万余亩，俟成熟后再行定则升科。其监利等县厂荒，亦次第兴办。”报闻。（《清德宗实录》卷531）

荆楚文库

《清实录》中湖北史料辑录（七）

谢贵安　谢　盛　主编
喻俊虹　编著

荆楚文库编纂出版委员会
武汉出版社

3. 财政赋税

（顺治二年六月）己卯，以南京平定，颁赦河南、江北、江南等处诏曰："……朕念峻命之不易，悼斯民之孔艰，深切恫瘝，宜矜诖误，特弘大赉，嘉与维新。所有河南、江北、江南等处地方合行恩例，具列于后……一、河南、江北、江南等处人丁地亩钱粮及关津税银、各运司盐课，自顺治二年六月初一日起，俱照前朝会计录原额征解。官吏加耗重收或分外科敛者，治以重罪。凡各派辽饷、剿饷、练饷、召买等项，永行蠲免。即正项钱粮以前拖欠在民者，亦尽行蠲免。一、大军经过地方免正粮一半，归顺地方不系大军经过者免三分之一，自顺治二年六月初一日起，至本年十二月三十日止……"（《清世祖实录》卷17）

（顺治二年闰六月）壬午，工部议复："巡漕御史刘明偀疏言，旧例额造漕船，如江南、浙江、江西、湖广则于各原卫所成造，南京、江北、中都、山东则于清江厂、龙江关成造。近年以来兵荒扰乱，商税无出，请于臣部发帑，责委才干司官督造，仍照例请差分司，以榷关税。庶将来成造之金钱，即可取用于抽分之税额矣。"疏入，得旨："巡漕御史确算奏行。"（《清世祖实录》卷18）

（顺治二年七月丙寅）工部奏言："芜湖、杭关、龙江、荆州、清江五处，每年例抽税银计十二万九千六百三十一两四钱有奇，请差本部官抽分。"从之　（《清世祖实录》卷19）

（顺治三年九月）甲子，免湖广彝陵州、归州、石首、公安、松滋、远安、兴山、巴东、宜都、长阳、枝江、华容、平江等县荒田额赋十分之七，荆门州、巴陵、江陵、当阳等县十分之五，兴国、均州、广济、黄梅、监利、临湘、郧县、郧西、上津、保康、襄阳、宜城、光化、南

漳、竹溪、谷城等县十分之三。（《清世祖实录》卷28）

（顺治七年七月）乙卯，摄政王谕："京城建都年久，地污水咸，春秋冬三季犹可居止，至于夏月溽暑难堪。但念京城乃历代都会之地，营建匪易，不可迁移。稽之辽、金、元曾于边外上都等城为夏日避暑之地，予思若仿前代造建大城，恐靡费钱粮，重累百姓，今拟止建小城一座，以便往来避暑，庶几易于成工，不致苦民。所需钱粮，官民人等宜协心并力，以襄厥事。除每年旧额钱粮外，特为造城新增钱粮，加派于……湖广九万九千三百八十八两三钱……此项钱粮，从见在当差人丁额征地亩内增派，该管督抚、司道、府州县官宜协力催征，作速起解。此城所用钱粮惟恐苦累百姓，损之又损，于数缩而不浮。凡官吏、书役人等，若有额外需索、罔利作弊者，一经查出，加以重罪。该地方督抚严察禁谕。此外有官民人等好义急公、情愿捐助者，听其自便。其捐助钱粮有能亲自解京者，任其自解，不能亲解者，可将姓名、藉贯并所助钱粮数目详悉开载，投送工部，其钱粮交该管督抚解送。该督抚仍备造捐助姓名、籍贯、钱粮数目文册具奏，捐助之人酌量恩叙。着该部作速传谕各省，一体遵奉施行。"（《清世祖实录》卷49）

（顺治十年闰六月戊子）户科给事中周曾发奏言："……况皇上轸念民艰，所在菑荒钱粮悉行蠲免，则入额已减，楚、粤、滇、黔正在用兵，则所出更多……"（《清世祖实录》卷77）

（顺治十一年六月癸未）户部奏："国家所赖者赋税，官兵所倚者俸饷，关系匪轻。今约计北直、山东、山西、河南、浙江、江南、陕西、湖广、江西、福建、广东十一省，原额地丁银三千一百六十四万五千六百六十八两有奇，内除荒亡蠲免银六百三十九万四千两零，地方存留银八百三十七万一千六百九十六两零，起解各部寺银二百零七万六千八十六两零，该臣部项下银一千四百八十万三千八百八十四两零，内拨给十一年分各省镇兵饷银一千一百五十一万八千四百两零，应解臣部银三百二十八万五千四百八十两零，又应找拨陕西、广东、湖广等处兵饷银一百八十万两，又王公文武满汉官兵俸饷银一百九十万一千一百两零，计不敷银四十一万五千六百两零……”（《清世祖实录》卷85）

（顺治十二年三月戊子）免湖广石门县十一年分蝗蝻额赋。（《清世祖实录》卷90）

（顺治十八年五月戊午）户部议复：“都察院左副都御史朱之弼条奏：一、淮库宜核收支应，请饬漕运总督将节年出入挂欠并余库各项银两造册具题，嗣后于岁底造册奏报，以凭核销。一、楚漕宜还原项。查楚省接连滇、蜀，大兵征调必由之地，南粮一项恐不足用，漕项银米仍应留济军需……”得旨：“依议严行。”（《清圣祖实录》卷2）

（顺治十八年八月甲寅）户部遵旨议复：“查明季加增练饷并无旧案，止有遗单一纸，每亩派征一分，直隶、山东、河南、江南、山西、浙江、江西、湖广、广东、福建、陕西、广西、四川十三省，共计五百七十七万一千余顷，每亩一分派征，计银五百余万两，请敕该抚于十八年为始，限三月征完解部……”得旨：“如议速行。”（《清圣祖实录》卷4）

（康熙二年六月壬戌）湖广巡抚刘兆麒疏言：“郧、襄等属地方向为贼踞，钱粮屡经蠲豁。今虽大兵会剿，荡平可期，但康熙二年分额赋尚无从出，仍请照例蠲免。”下部议。（《清圣祖实录》卷9）

（康熙三年六月）庚申，谕户部等衙门：“各项钱粮，关系国计民生，必征输起解，历年清楚，然后国用有裨，军需不匮，小民无催科之扰，官员免参罚之累……今据奏，将河南、湖广等省所欠钱粮内有议蠲免者，有仍催征者，此累年积欠钱粮，岂尽属小民之故与？前者假托催征，贪

污官吏，科派小民，侵吞入己者甚多……”（《清圣祖实录》卷12）

（康熙三年十月乙亥）清察湖广芦地员外郎王秉仁报增湖广省芦课银三千五百两。下部知之。（《清圣祖实录》卷13）

（康熙四年四月）辛卯，户部议复：“湖广总督张长庚疏言‘归州、巴东、长阳、兴山、房县、保康、竹溪、竹山等州县久为巨逆盘踞，人民逃窜。今贼巢已平，难民渐归，愿就耕种，苦无农器，请酌给牛、种，听其开垦，三年后起科’。应如所请。”从之。（《清圣祖实录》卷15）

（康熙五年九月）戊子，户部议复：“湖广巡抚刘兆麒疏言‘楚省停运多年，缺船缺丁，请将存剩米石暂行折价解部，俟船丁足时，仍运本色’。应如所请。”从之。（《清圣祖实录》卷20）

（康熙十年四月己丑）户部题：“江南、江西、湖广芦课钱粮每年差部员监督管理，查芦课一项，原系地方官按亩征收，转解监督衙门，与各关差监督亲收商税者有别，请嗣后停止差遣部员，将芦课钱粮归并地方官管理。”从之。（《清圣祖实录》卷35）

（康熙十四年十一月丙午）户部议复：“湖广道御史郝浴条奏：一、交纳钱粮，每多杂费，额外多费一分，即额内少纳一分，以致正额拖欠，有误军需。嗣后凡赤历、由单、逃人、盗案、驿递、河道一切造册销算，上下使费陋规应通行直隶各省严禁。一、招买军需，名为市易，实系里摊，比及发价，或贪官层扣，或蠹役互侵，未必尽得实价。嗣后军需粮料，如小民情愿抵纳正赋者，即行给与印票。倘有里摊情弊，该督抚据实指名题参，严行处分。一、银米豆草解到军前，须委廉干官员随到随收。嗣后如有不肖官役掯索收费、任意迟延者，该督抚即据实题参，从重议处。应如所请。”从之。（《清圣祖实录》卷58）

（康熙十八年十月庚辰）免湖广湖北康熙十三年至十七年近贼地方额赋。（《清圣祖实录》卷85）

（康熙二十年十二月己亥）上御太和门，王以下文武各官上表行庆贺礼，颁诏天下，诏曰："……念自变乱以来，军民荼苦，如在水火，披坚执锐，卒岁靡宁，行赍居送，千里相望。被兵之地，既罹于锋刃。供亿之众，复困于征输。朕悯恤民艰，不忍辄加额赋，间施权宜之令，用济征缮之需，意在除残，事非获已……今群逆削平，疆圉底定，悉剪历年之蟊贼，永消异日之隐忧。用是荡涤烦苛，维新庶政，大沛宽和之泽，冀臻熙皞之风……诞告天下，咸使闻知。"（《清圣祖实录》卷99）

（康熙二十四年十一月庚申）谕户部："……前此用兵以来，河南、湖北两省民人转输供亿，劳费繁多。特沛仁恩，以昭轸恤，所有康熙二十五年应征地丁各项钱粮着与蠲免一半，其康熙二十四年未完地丁钱粮亦着尽与豁除……尔部速行该地方官通行晓谕，务使人人均沾恩膏，以副朕爱育苍生至意。如有不肖有司官役借端朦混、反私行重征者，该督抚指名题参，从重治罪。如该督抚徇隐，不行纠举，或经参奏，或被告发，定行一并从重治罪。尔部即遵谕行。特谕。"（《清圣祖实录》卷123）

（康熙二十四年十一月乙酉）大学士等奉命撰拟蠲免河南、湖北及直隶、山东被水州县钱粮谕旨进呈，中有"海宇升平"等语。上曰："今四方虽定，民生未尽悦安。朕宵旰不遑，勤求闾阎疾苦，每遇有利民生之事，惟恐行之稍迟，致民失所，孜孜不已，庶几渐见太平。且古帝王已治益求其治，已安益求其安，朕深自省惕，常虑始勤终怠，不克底于化成，若遽谓升平而泰然自足，非朕勤求上理之初意也。自后谕旨中，凡此矜张盈满之言，勿复拟入。"（《清圣祖实录》卷123）

（康熙三十八年十一月）丙午，户部议复："湖广总督郭琇疏言'黄州府属黄梅、麻城、黄安三县，武昌府属通山、大冶二县，每年解荆州、郧阳等汛兵米二万七千二百二十二石，脚价倍于米价，请改征折色'。应无庸议。"得旨："着照该督所请行。"（《清圣祖实录》卷196）

（康熙三十九年二月丁卯）湖广总督郭琇题："湖广江夏等十三县更名田地乃明季下瘠之藩产，每岁只纳租谷。顺治九年，岁荒谷贵，每石折价银四钱六分零，较民粮加重至六七倍，佃种穷民苦累，叠据布政司请照民田折征。臣查此项田地，应照各县上则起科，其不敷原额银两于十三县田内均摊，每亩所加不过厘毫，国课无亏，民困获苏。"下部议行。（《清圣祖实录》卷197）

（康熙四十四年十一月癸酉）大学士等以蠲免湖广钱粮，上谕进呈。上问曰："曾查此数年蠲免钱粮数目否?"马齐等奏曰："自康熙四十二年以来蠲免钱粮数目一千六百余万。"上曰："自吴三桂变乱之后，民甚艰苦，故朕累年蠲免钱粮，民生优裕，则国家太平矣。尔等可查康熙元年以来所免钱粮总数来奏。"寻大学士等奏："查自康熙元年以来，所免钱粮数目共九千万有奇。"报闻。（《清圣祖实录》卷223）

（康熙四十四年十一月癸酉）谕户部："朕宵旰勤民，廑思恩养，惟务简征宽赋，以期实惠黎元。间有州县水旱不登，即诏所司亟议蠲赈。其直隶各省每岁应输额赋，有以次递蠲者，有频蠲数年者，有将带征积欠暂令停征者……曩年楚省钱粮虽屡行豁免，今已历数载未经特蠲，应将该省额赋全免一年，以示朕加恩优渥之至意。湖北、湖南康熙四十五年除漕粮、漕项外，其余地丁银米一概免征，旧欠未完者并停输纳。尔部移文该督抚，令各饬属员张示遍谕，穷乡僻壤咸使周知。倘有不肖官吏于额征之外巧立名色，别有科派，私图肥己者，察出定治重罪。尔部即遵谕行。"（《清圣祖实录》卷223）

（康熙四十五年十月己酉）谕户部："朕子育黎元，日求所以休养利济之道，念惟赐租减赋，实有禆益于民生。直隶各省钱粮，次第全蠲一年者，业经数举。独是历岁逋负，积累加增，旧税新征，势难兼办，纵使少宽民力，分年带输，而督令续完，仍多拮据。朕眷怀及此，深切轸恤，用是大沛恩膏，俾闾阎获免追呼，官吏亦不罹参罚。直隶、山东积欠钱粮，今年俱已蠲免，其山西、陕西、甘肃、江苏、安徽、浙江、江西、湖北、湖南、福建、广东各省，自康熙四十三年以前未完地丁银二百一十二万二千七百两有奇、粮十万五千七百石有奇，着按数通行豁免。或旧欠已完在官而见年钱粮未完足者，亦准扣抵。谕旨到日，各该抚立行所属张示遍谕，如有不肖有司以完作欠、朦混销算及开除不清者，该督抚即时题参，严加治罪。尔部即遵谕行。"（《清圣祖实录》卷227）

（康熙五十年十月戊午）谕户部："朕诞膺大统，抚育寰区，夙夜孜孜，不自暇逸，凡以为民也。勤图利济，休养安全，即无水旱之虞，时布宽仁之政，蠲租除赋，务使遐方率土无不均沾。或值雨旸偶愆，出帑发粟，多方赈恤。其有益于吾民者，靡弗备举而亟行之。朕勤恳周详之至意，前四十九年所颁谕旨，申晰甚明，原欲将五十年天下钱粮通行蠲免，以诸臣集议，恐需用兵饷拨解之际，兵民驿递，益致烦苦，故自五十年为始，三年之内全免一周。除将直隶、奉天等九省康熙五十年地丁钱粮一概蠲免，及历年旧欠钱粮一并免征外，山西、河南、陕西、甘肃、湖北、湖南各抚属除漕项外，五十一年应征地亩银共八百四十万四千两有奇，人丁银共一百二十万八千一百两有奇，着察明全免。并历年旧欠共五十四万一千三百两有奇，亦俱着免征。其康熙五十二年应蠲省分，至期候旨行。民间旧欠既经豁免，嗣后每年额征钱粮务如数全完，倘完不及额，或有亏空，托称民欠，即责令督抚以下官员偿补，仍从重治罪。该督抚须实心力行，期副朕拳拳爱民之意。如有指称事故，侵欺科派，事发之日，必严行究治。谕旨到日，遍示城郭乡村、深山穷谷，咸使知

悉。尔部即遵谕行。”（《清圣祖实录》卷 248）

（康熙五十一年十月癸丑）谕户部：“朕宵旰孜孜，勤求民瘼，永惟惠下实政，无如除赋蠲租。除每岁直隶各省报闻，偶有水旱灾伤，照轻重分数豁免正供，仍加赈恤外，将天下地丁钱粮自康熙五十年为始，三年之内全免一周，使率土黎庶普被恩膏。除将直隶、奉天、浙江、福建、广东、广西、四川、云南、贵州及山西、河南、陕西、甘肃、湖北、湖南康熙五十年、五十一年地丁钱粮一概蠲免，历年旧欠钱粮一并免征外，所有江苏、安徽、山东、江西四省除漕项外，康熙五十二年应征地亩银共八百八十二万九千六百四十四两有奇，人丁银共一百三万五千三百二十五两有奇，俱着察明全免。其历年旧欠银二百四十八万三千八百二十八两有奇，亦并着免征。计三年之内，总蠲免天下地亩、人丁新征旧欠共银三千二百六万四千六百九十七两有奇。各该督抚务须实心奉行，体朕轸念民生至意。如有侵欺隐匿，使惠不及民、借端科派者，该督抚严行察参。督抚失察，事发之日，亦严加究治。谕旨到日，立即遍示城郭乡村，咸使知悉。尔部即遵谕行。”（《清圣祖实录》卷 251）

（康熙五十五年九月甲申）又谕曰：“闻山西、陕西今岁收获较往年甚丰，但西边见有军务，沿边一带地方钱粮及旧欠钱粮应予蠲免，其在军前绿旗兵丁所借钱粮免其坐扣。今岁湖广收成亦好，湖南大熟，湖北微不及江西，虽觉稍旱，究亦无妨……”（《清圣祖实录》卷 269）

（康熙五十六年十一月丙子）谕户部：“朕抚御寰宇五十余年，夜寐夙兴，为小民勤求生遂，凡率土远近，皆期共享乐利，聿成家给人足之休，未尝一日去诸怀也。数十年以来，各省正赋屡经全免，历年积欠亦已蠲征，偶有雨泽愆期，或发仓廪散给，或截漕粮赈救，不惜亿万金钱、米谷，频沛恩施，诚恐穷檐艰难，或至于颠连失所耳。近者民力虽已稍纾，然念分年带征银两若不格外优免，则小民一岁之所获，分纳二年之赋，以其赢余养赡室家，断难充足。朕每念及此，轸恻良深，宜更加殊恩，通行豁免。今将直隶、安徽、江苏、浙江、江西、湖广、西安、甘肃等八处带征地丁、屯卫银二百三十九万八千三百八十两有奇概免征收。其漕项虽例不准免，亦着破格施恩，将安徽、江苏所属带征漕项银四十九万五千一百九十余两，米、麦、豆一百十四万六千六百一十余石内，免征各半。尔部即行文该督抚，严饬所属实心奉行，遍行晓谕，俾民间无征催之累，均沾实惠，用称朕抚恤群黎至意。倘有不肖有司借端朦混、私行征收者，该督抚严察参处。如该督抚不行察出，一并从重治罪。尔部即遵谕行。”（《清圣祖实录》卷275）

（康熙五十七年三月庚申）户部议复：“江西巡抚白潢疏言‘臣往湖口县周阅地形，虹桥一港逼近石钟山，夏秋水涨，仅容小船一二百只。冬春水涸，湖广、江南往来之船到关报税，必由梅家洲转行十有余里，若遇水涨，则江、湖二水横激，少有微风，即蹈不测。惟湖口关右里许有武曲港可容千艘，请自江岸起至港口止，大为挑浚，于港口建草坝二道，以阻淤沙，外加排桩，以固坝根’。应如所请。”从之。（《清圣祖实录》卷278）

（雍正二年正月甲午）湖广提督魏经国折奏：“楚省大吏皆减轻火耗，严禁馈送，清正自矢。”奉上谕：“目下如此，自兹日新不已，止于至善方好。恐一时鼓舞，勉强从事，又复因循，渐流于下，朕所虑者此也。须不时留心体访，少有不法者，必即奏闻，方见实心效力、忠君爱国之诚也。”（《清世宗实录》卷15）

（雍正五年三月）癸卯，署湖广总督福敏折奏：“臣奉命至楚，任事之后，即查衙门从前陋规，尽已革除。惟武昌厂税一项，每年约计赢余六七千或七八千不等，又盐商未裁礼银四千两，前任督臣杨宗仁留此为总督养廉之用。臣非敢矫廉干誉，缘受恩深重，自奉过厚，踧踖难安，除一切用度外，计余银四千两。今因饥民停赈，恐青黄不接，易致乏食，即以存银买米散赈，用广皇仁。至两省刑名、钱谷事务殷繁，必须幕宾相助办理，所需修金等项，臣俱于岁底将支用存贮细数，另行奏闻。”奉上谕：“此事汝不必矫廉，汝系暂时署理，若令后任难乎为继，亦非情理之平。督抚衙门养廉，自当酌定数目，朕岂有令汝等枵腹从事之理？况一切赏犒兵弁、延纳幕宾之需，有断不可省者。山西、陕西、河南督抚养廉，朕皆许以三万金，因楚省何项可作督抚养廉，朕未周知，难以批谕耳。汝膺署理之任，正可一秉公恕，斟酌允当之数，随便附奏。”（《清世宗实录》卷54）

（雍正七年三月庚戌）户部议复：“湖广总督迈柱疏言‘丁银、田赋，同属正供，但穷民有寸土全无而受丁银之累者，富户有田连阡陌而丁银与穷户相同者，苦乐不均。请将武、郧等九府州，武昌等十卫所，自雍正七年为始，照通省摊匀丁银数目，派入田粮征收。其续报劝垦以及自首隐匿每岁所报升科，应暂缓均摊，俟再遇编审时一并派入’。均应如所请。”从之。（《清世宗实录》卷79）

（雍正八年七月）辛巳，大学士马尔赛等遵旨议奏：“恩赏各镇标兵营运生息备用银两，按数酌拟……湖广镇筸镇、彝陵镇……各一万二千两……湖广襄阳镇……各八千两……行令各镇总兵官会同督抚、提督于该省藩库照数支领，料理营运。”从之。（《清世宗实录》卷96）

（雍正八年八月）癸丑，谕户部：“据湖广总督迈柱奏称‘沔阳州钱粮自康熙五十五年至雍正四年积欠银八万九千二百余两，里民一闻清查，争先完纳，今已完银二万二千四十余两。其官侵役蚀包揽之项，仰请暂缓究治，一年追完，如逾限不完，照例治罪。其余实在民欠，并恳与以一年之限，分作三限征收，则民力宽纾’等语。朕之降旨清查积欠者，原以地方贪官污吏及不法衿棍借民欠之名恣意侵蚀，蠹国累民，为害甚巨，不得不清厘惩治，以儆将来。今于沔阳州逋赋之内，果查出侵蚀包揽银三万余两，而里民一闻清查，即争先完纳，可见民心本属善良。而从前之间有拖欠者，则官吏衿棍导之为非，又或因该州近水，常有涝溢之事，力量未免不敷，并非有心顽抗，轻视国课也。其见在未完之民欠三万余两，朕意欲开恩酌量豁免，俟督抚造具清册到日，再降谕旨。目今着停止催征，并将此旨出示晓谕百姓知之。其侵蚀包揽之项，着照迈柱所请，宽限一年，令其完纳，如逾限不完，照例治罪。”（《清世宗实录》卷97）

（雍正八年九月）甲申，谕内阁：“朕临御万方，宵旰勤求，惟以爱养斯民为念。数年以来，除租减税，叠沛恩膏，不但旱涝歉收之处蠲赈兼施，即该省年谷顺成，不须宽赋，而朕欲使民力饶裕，每加格外之恩。盖国家经费既敷，则藏富于民，俾各家给而人足，乃朕之至愿也。查各省钱粮，朕特降谕旨蠲免者已多，今次第举行，应及于江西、湖北、湖南三省，着将辛亥年三省额征钱粮各蠲免四十万两。又念直隶乃畿辅首善之地，应沛殊恩，山东今岁被水之州县稍多，朕心甚为轸念，除二省涝溢地方已加意赈恤，并将本年额赋照例蠲免外，着将辛亥年二省钱粮各蠲免四十万两。以上五省，各该督抚应仰体朕心，严饬有司敬谨奉行，务令闾阎均沾实惠。”（《清世宗实录》卷98）

（雍正八年十一月癸酉）免贵州新垦起科暨由四川、湖广、广西改隶各地亩本年分额征银三万三千三百两有奇。（《清世宗实录》卷100）

（雍正九年三月乙亥）湖广总督迈柱遵旨将沔阳州实在民欠粮银三万二千余两分晰造册具题。得旨：“朕爱养元元，时下减赋蠲租之诏，每思豁除旧欠，则顽户独蒙恩，蠲免新粮，则善良均被泽，此亦情事之易知者。惟是沔阳民欠与他处不同，该州近水，常有涝溢之患，朕所深悉，其未完民欠银两着从宽豁免。”（《清世宗实录》卷104）

(雍正十三年十月癸酉)又谕:"江南、江西、湖广等省正供钱粮款内有芦课一项,凡芦洲俱系沿江沙滩,坍涨靡定,是以定例,五年一丈量,令地方官踏勘新旧坍涨沙地,据实报闻。而不肖官吏,往往借此纳贿行私,已坍之地不得豁除正赋,新涨之区反可脱漏升科,此种积弊,甚为民害。嗣后届期丈量,着该督抚于通省道员内选廉能夙著者,率同该州县官履亩清查,凡有赢缩,俱按现在实数升除,毋使漏课,亦毋使赔粮。其不肖官吏,或尚有借端需索等弊,即行指名参处,不得姑容徇庇,自干咎戾。"(《清高宗实录》卷4)

(乾隆元年二月甲戌)定江南佐杂养廉。谕曰:"闻江南佐杂等官向来未议养廉,该省事务繁多,差遣络绎,倍于他省。微员俸少力薄,未免衣食艰难。查江苏有不充饷之盐规银两,安徽司库有存公耗羡银两,着总督赵宏恩、巡抚顾琮、赵国麟公同查核,仿照江西、湖广之例,酌定数目,每年赏给,以为养廉,示朕体恤微员之至意。"(《清高宗实录》卷12)

(乾隆元年四月丁丑)免湖北太和山香税谕:"山东泰安州香税,朕已降旨豁免,近闻湖北太和山凡远近进香者,亦有香税一项。小民虔礼神明,止应听其自便,不宜征收香税,以滋扰累。所有太和山香税,着照泰安州之例,永行豁免。该督抚即饬令地方官实力奉行,毋使奸胥、土棍巧取滋弊。"(《清高宗实录》卷16)

(乾隆元年七月辛酉)户部尚书署湖广总督史贻直奏请革除荆关税外浮费。得旨:"报可。"(《清高宗实录》卷23)

(乾隆元年十月甲申)除湖北江夏等州县未经摊减丁银。谕:"湖北丁随粮派一案,前蒙皇考叠沛恩膏,多方调剂减免,以除闾阎之累。其江夏等十九州县摊纳之重丁，原经廷议，俟有升科丁银，可以渐次摊抵，则输纳可得其平。今朕闻得原垦之荒颇多不实，则摊抵之期，一时难必，念此十九州县独受重丁之苦，输纳维艰，朕心深为轸恤。今仰体皇考子惠元元之圣心，将江夏等十九州县未经摊减之丁银八千三百有奇，自乾隆二年为始，全行豁免。着该部行文史贻直、钟保即遵谕行。”（《清高宗实录》卷29）

（乾隆元年十一月丙申）添设四川省救生船只。谕曰：“江路风涛之险，最为不测。闻楚省宜昌以上，川省夔州以下，凡滩水险迅之处，蒙皇考谕令设立救生船，每年多所救济，商民感激。但朕闻川水发源岷山，至眉州彭山县江口而始大，自江口至夔州府巫山县计程二千余里，其中有名险滩，不可悉数。向来该督抚亦有奏请设立救生船之意，逡巡未果。着巡抚杨馝遴委贤员详确查明，于滩水险恶之处，照夔州府以下事例，设立救生船只，以防商民意外之虞。其所需经费，准于正项内报销。务令该地方官实力奉行，毋得草率塞责。”（《清高宗实录》卷30）

（乾隆元年十二月）丁卯，定鹤峰州、长乐县粮额。谕总理事务王大臣：“湖北鹤峰州、长乐县原系容美土司地方，每年征秋粮银九十六两。自前年改土归流，经该督抚题明，俟设立州县后，确查成熟田亩，照内地科则输粮。今鹤峰州成熟田地共六百五十四顷，应科条饷银四百七十九两，长乐县成熟田地一百八十三顷，应科条饷银一百六十七两。朕查雍正八年湖南永顺等土司改土归流之时，蒙我皇考念其地瘠民贫，将土民承种成熟地亩应纳钱粮，即照原额秋粮二百八十两之数，分则升科，仍宽免一年在案。今容美事同一例，且闻彼地山田荦确，土瘠水寒，物产凉薄，若照内地科则征粮，土民不无拮据。着将鹤峰、长乐二州县现报成熟田地亦照容美之例，即以原征秋粮银九十六两之数作为定额，于乾隆丁巳年为始，造册征收，嗣后若有招徕劝垦荒地，再行奏报，酌量升科。至于裁改土司以后，未经查丈以前，雍正十二、十三等年及乾隆

元年共应征秋粮银二百八十八两，悉着宽免，不必补征，以示朕爱养土民之至意。”（《清高宗实录》卷32）

（乾隆二年六月）己巳，户部议准湖北巡抚钟保疏报，安陆府属之何家集等十六处，襄阳府属之双沟等十集，郧阳府属之安阳、龙门、江峪三处櫌锄、箕帚、薪炭、鱼鰕杂税向不入正项，请全行裁革。从之。（《清高宗实录》卷44）

（乾隆三年九月己巳）减湖北沔阳州额设学田租赋。（《清高宗实录》卷77）

（乾隆三年九月辛未）免湖北沔阳卫乾隆元年未完屯饷银两。（《清高宗实录》卷77）

（乾隆三年十二月辛巳）谕：“今年上下两江收成歉薄，米价昂贵，朕屡降谕旨，多方筹画，并免米船之赋税，使商贩流通，多得米谷，以济民食。今闻浙省亦有歉收之处，米价较昔加增，且杭、嘉、湖等府户口繁多，需米孔亟，实望外省客米，以资接济。若有商贩由芜湖、浒墅、北新三关前往浙省者，即照江南之例，免其输税，以明年四月麦熟为止。并传谕江西、湖广督抚，若商民有情愿赴浙贸易者，不得因采买官米，阻其贩运。该部可即行文前去。”（《清高宗实录》卷82）

（乾隆三年十二月庚寅）正黄旗满洲都统平郡王福彭参奏：“大理寺卿伟璱应赔从前安陆府任内承办铜斤核减银，除完仍欠银一千余两，应交部照逾限不完例议罪。”得旨：“依议。其交部之处暂行停止，着再限一年。若一年限内不完，再行交部治罪。”（《清高宗实录》卷82）

（乾隆四年四月丁亥）户部议复：“湖广总督宗室德沛疏称，遵旨本省捐监，湖北捐本色谷一百二十万石，湖南捐本色谷一百五十六万五千石。按部例银数，分别本地时价，照数捐足，即行停止。”从之。（《清高宗实录》卷90）

（乾隆四年五月甲戌）安徽巡抚孙国玺奏：“安省早禾被旱，亟应豫备，当委员前赴湖广，领运备用米石。所有应解谷价，现在库项不敷，请饬该省督抚，查明价值报销，毋庸安省拨解。”报闻。如所请行。下部知之。（《清高宗实录》卷93）

（乾隆四年七月庚午）大学士伯鄂尔泰等议复：“漕运总督托时奏称‘湖广旗丁行月钱粮，分别本折，量为加增’，按各省行月钱粮，俱系半本半折，价值照各本省酌定，每石七钱至一两二钱不等。湖广省本折，俱给价银四钱，盖因该省为产米之乡，当年价贱，是以定价较少。先经侍郎陈世倌以定价不敷，请增折银七钱，于道库存剩项下给发。九卿议以该省运船四百余只，计应派银一万五千余两，倘道库不敷，势必加派累民，将所奏毋庸议。但该省米价迥非从前可比，一概折给四钱，实属偏苦。请分别本折，将一半折色仍照旧例折给，其一半本色照兵粮例，湖北每石折银七钱、湖南六钱，共增银六千六百两，于道库支领尚有存剩，不致加派累民。应如所请。”从之。（《清高宗实录》卷97）

（乾隆四年十一月己未）定湖北省南北两漕分收例禁。谕：“朕闻湖北地方每年额征粮米二十七万八千余石，以十五万一千余石运赴通仓，名曰北漕，以十二万六千余石为荆州官米，名曰南漕。此二项粮米，虽有不同，而征之于官，纳之于民，则同一干圆洁净之米。即额定之耗米脚价，亦属一例。原可合收而分解者，乃有不肖州县巧为多取，分设仓口，分点仓书，令粮户分作两处完纳，以图多得赢余，民间未免苦累。近年以来，上官访知此弊，已出示禁革，小民称便。但未着为定例，恐将来官吏贪得赢余，仍有复蹈旧辙者，着该部行文该省，将南北二项漕粮合收之处，永远遵行。如有分项征收、零星多取者，该督抚即行查参。倘别省收漕地方有似此分收者，着该督抚酌量查禁。”（《清高宗实录》卷105）

（乾隆四年十二月丁丑）（户部）又议：“原任安徽巡抚孙国玺奏，芜湖、凤阳两关税务，请专差监督管理。应如所请。其临清、太平、赣州、荆州、浙海、江海六关应否一体专差?”得旨：“凤阳关差着苏赫纳去，芜湖关及临清等六关，仍交该抚兼管。”（《清高宗实录》卷106）

（乾隆五年七月丙申）工部等部议准湖广总督班第奏，楚省三湘七泽，水势汪洋，江夏等处江流湍激，险厄地方均应设立救生船。通计各处，共用船九十一只，估需工料银四千九百四十八两有奇，请于司库公项银内动支，仍照例三年小修，五年大修，届历十四年，如果朽坏，动项折造。至水手工食，东湖、巴东二县当三峡下流，险厄尤甚，请每名年给银七两二钱，闰不加增，其余各属俱照例月给银五钱。需用若干名，令地方官按照船只大小，酌定数目，募充报部。懒惰偷安者，责革。私索谢银者，计赃以不枉法论罪。抢匿财物者，计赃以抢夺论罪，银两照追入官。从之。（《清高宗实录》卷123）

（乾隆五年七月丙申）免湖北松滋县挑筑堤工、挖压地亩无征额赋。（《清高宗实录》卷123）

（乾隆五年八月己亥）免湖北二帮遭风漂没粮米五百八十石六斗有奇。（《清高宗实录》卷124）

（乾隆五年九月壬申）免湖北三帮因风漂没漕米一千一百六十一石二斗有奇。（《清高宗实录》卷126）

(乾隆五年十一月辛巳)户部议复:“前任湖广总督班第奏称‘通山、当阳二邑漕粮自康熙年间因无水次可通,违例折征,现在骤难改易’等语。查漕粮向不折征,今该二县以日久相沿,几同成例,应如所请,准其折征买兑。至酌中定价之处,仍令妥议具题。”从之。(《清高宗实录》卷131)

(乾隆五年十二月丁巳)(户部等部)又议复:“湖北布政使严瑞龙奏‘楚省高乡田地全赖蓄水灌溉,无源之水,每易竭涸,若将旱地改为水田,其利甚溥。现在南漳、远安二县试有成效,通省自有可仿照者,请照豫省之例,仍按原定科则征收,免其呈报,改则加赋’等语。查旱田、水田原属因地制宜,今该省旱地既多,且经改种有效,应如所奏办理。”从之。(《清高宗实录》卷133)

(乾隆六年三月甲午)刑部尚书署湖广总督那苏图奏:“湖北布政使严瑞龙奏请停止劝民捐谷,奉旨交臣议奏,查当日楚北每岁民捐谷麦,原因未有社仓而设。今社谷既充,常平又在采买,所有劝捐,应如所奏停止。民间好义乐捐者,统于社仓案内,听其自行捐输。再向例有官捐一项,在督抚、司道、州县撙节廉俸,以资储蓄,亦为民之一端。有愿捐者,听佐杂、教职等官,所输有限,亦属烦琐,一概停捐。湖南一体办理。”得旨:“着照所议行。”(《清高宗实录》卷139)

(乾隆六年十二月)丁巳,大学士等遵旨议复:“荆州将军衮泰疏称‘驻防满兵生齿日繁,现在入册闲散幼丁,共计二千六百余名,请添养育兵八百名,照江宁余兵之例,每名一月给与钱粮银一两五钱,令其习学技艺,遇有马甲缺出,即于此项挑取,所出之缺于幼丁内顶补’。应如所请。又该处兵丁,每名拴马三匹,不但折色喂养草料银不敷,设有倒毙,买补亦不免受累。请亦照江宁、杭州满兵之例,每名拴马一匹,余剩二匹,俱折价扣存,以备买马之用,分限四十个月,由伊等每月所领草料

银内坐扣。”从之。（《清高宗实录》卷157）

（乾隆七年三月甲申）户部议准湖广总督孙嘉淦、前署督那苏图奏称，查开垦荒地，除平原沃壤，地虽畸零，仍照则分别升科。滨水坍卸者开除，新淤复涨可耕者造报外，山头地角止宜种树者，听垦免其升科。成丘段者高阜种杂粮二亩以上，照旱地升科，稍低种禾稻一亩以上，照水田升科，不足一二亩者仍免。并饬查丈注册给照，以杜豪并。从之。（《清高宗实录》卷163）

（乾隆七年四月壬寅）大学士等遵旨议奏：“生息银两一项，蒙世宗宪皇帝轸念兵丁贫苦，酌发帑金，分定各该标营营运生息，俾缓急有赖，兼以利济商民。请嗣后每年所得息银除赏给外，余剩存贮司库，不准复行作本生息。其直隶、山西、湖广三省之外属协营未及遍赏，及河南之外属各营兵丁未曾赏给者，查四省皆有以息作本之银，已经充裕，应令该督抚、提镇等量为通融，一体分给。再各省滋生银两利息，约以一分为准，不得过一分五厘，着为例。如违例将息作本并私取重利者，将该管官指参。”从之。（《清高宗实录》卷164）

（乾隆七年八月己丑）大学士会同漕运总督顾琮议奏：“截留漕船，定例扣追钱粮，旗丁不无拮据，应酌量加给，使丁力宽裕……江西、湖广二省帮船，程途皆远于江、浙。而江西船装载正粮较多于湖广，应将湖广帮每船酌给七十两，江西帮每船酌给九十两，以敷旗丁各项用度。其存剩行月等银并全数本色米石，江、浙、河、东等省仍照旧按程追给，至江、广二省程途遥远，经涉江湖，应将该二省帮船在未经过江以前截留者，除在次酌给银两外，其余剩银两同本色米石，一体按程追给。其已过长江尚未渡黄截留者，应给四分之三。至渡黄以北，至临清、德州等处截留者，已俱有提溜打闸、盘浅雇剥之费，应将各项银米全给。”得旨：“依议速行。”（《清高宗实录》卷172）

（乾隆七年十一月甲戌）大学士等议准湖广总督孙嘉淦奏称，提标、镇筸、永州、龙阳、辰州、沅州、澧州、临武、宜章、桂阳、九溪、常德、永定、常水师十四标营俱支折色，每米一石，折银六钱。在当日米贱时，原可敷用。今两湖生齿日繁，兼以各处采买，粮价日昂，折银六钱，不能买米一石，兵丁日食维艰，不可不为筹画。但向征折色之处，若改征本色，则边氓苦累，若增给兵米折价，则标营繁多，经费有定。臣酌量变通，应将停运黔米分派给兵，并将兵米折价银豫给，买米搭放。至湖北本折兼支之督、抚、谷城等十九标营，并全支折色之抚标技勇兵丁及施南、远安二营，每石折银七钱，较湖南虽稍宽裕，但时价仍有不敷，北省又无闲款米石可以通融。应将全支折色之营每年豫给二季折银，本折兼支之营每年豫给一季折银，令各该营弁于秋成时购买。不必另建仓廒，即囤放于将弁公廨，次年米贵时按月支放并扣还豫支银，俟通省米价平减即停止。从之。（《清高宗实录》卷179）

（乾隆七年十二月己酉）户部议准湖北巡抚范璨奏称，被灾各州县卫散赈不敷谷一十余万石，自应动项折赈。第乾隆七年地丁银，除被灾各属照例蠲缓外，其余各州县卫尚未征全，不敷酌动。应请在封贮银内借给十万两，照每石五钱之例分给折赈，俟乾隆八年地丁银解部照数归还。得旨："依议速行。"（《清高宗实录》卷181）

（乾隆八年闰四月壬戌）（户部）又议准湖广总督阿尔赛疏称，湖北长乐县与湖南石门县疆界毗连，中有芦黄山一座，请以山脊分水为界，山南均属石门，山北悉归长乐。所有山北一带田粮向隶石门者，应饬造册移拨长乐县征收。从之。（《清高宗实录》卷190）

（乾隆八年闰四月）癸亥，鸿胪寺卿梅珏成奏："近奉圣谕，停止采买收捐，以足民食。而常平仓贮，额不可缺，请于每年起运漕粮，暂行酌截十分之一二，以补紧要仓贮。又查各省州县，离水次太远，将漕粮改征折色者，令其仍征本色，即存贮本州县作常平之谷，俟仓额已足，仍征折色。”得旨：“奏内所称将起运漕粮每年酌截十分之一二，以补各省仓贮，殊不可行。且有漕之省分，得以接济，无漕省分，又将如之何？其所云离水次太远，改征折色之州县，仍征本色之处，或属可行，着大学士会同该部议奏。”寻议：“……至所奏各省州县漕粮改征折色者，令其仍征本色存贮。查漕运议单开载，山东、河南、江南、湖广等省折米石数，大概非地不产米，即离水窎远，因而改征折色。自明至今，数百年来，纳户相安已久。一旦议令仍征本色，非特输纳维艰，且恐地不产米及产米无多之州县往他处采买，必至谷贵伤民，殊非轸念民食之意。况折漕价值每石自五钱至八钱不等，现在各省米价昂贵，民间岂能以五钱至八钱之价，采办本色一石之漕米？是欲充仓贮而民已先受其累。应将该寺卿所请，毋庸议。”从之。（《清高宗实录》卷190）

（乾隆八年十二月戊寅）湖广总督阿尔赛奏：“湖北武昌管关之员，向于口岸项下每年留银六百两为办公之用，实属不敷。请再于余银内酌给四百两。”得旨：“知道了。”（《清高宗实录》卷207）

（乾隆十年四月癸亥）协办大学士公讷亲等议复：“湖广总督鄂弥达奏称‘剔厘里书、册书积弊’。查粮册为征粮实据，岂有官册不详，转凭私册之理？应拘出里书收贮廒经，与在官之实征逐一查核，册籍已清之后，编列字号，置局大堂，遇民间上税，令经承照则科算，听百姓取册核对，过割清楚。每年开征时轮点户长，分给滚单，令花户自封投柜，毋许里书、胥役包揽，以杜挪延之渐。应如所奏办理。”从之。（《清高宗实录》卷239）

（乾隆十年六月）壬子，大学士等议奏：“据署湖广总督鄂弥达奏，筹捐监事例，捐谷不如捐银，盖银有定数，谷无成价，此贵彼贱，一百八两之数，势不能准照无差。倘易捐谷之例捐银，库贮既充，即偶遇荒歉，原可动支购买现在已收之谷，留为平粜之用，粜后将银贮库，毋庸买补。复据广东道监察御史李清芳疏称，采买之例既停，监谷已通其变，若如湖督所奏，将监谷捐银，粜出者不用买补，仓廪空虚，良规渐废，势难举行。惟称银有定数，谷无成价，恐谷价多于银数，捐者寥寥。应令各省督抚按时价斟酌得中，奏准办理。查采买既妨市价，而仓储不可虚悬，是以停户部捐银之例，令生俊于本地出余粟以报捐，庶仓储渐充，而市价不昂。署湖督陈请更易，殊与停止在部捐银之原议不符，且一概准收折色，不特仓储难期足额，一遇歉岁，必致赈粜无赀。纵动支库银购买，在本地市价既腾，在邻封亦转运不易，均于民食有碍。况捐监已收之谷，皆属额贮之项，若粜后不行买补，仓廪既空，小民何所倚赖？应如该御史李清芳所奏，将署湖督鄂弥达陈请易银之处，毋庸议。至各省生俊应捐谷数，俱系督抚按各地时价之贵贱，定应捐谷数之多寡，题复准行。嗣因各省谷价渐昂，复于原捐数内酌中核议，减一以至减二，较原定谷数已轻，若因报捐人少遽改，倘将来复有贵贱不齐，势必又议更张，殊多未便。所有该御史李清芳奏请令督抚斟酌时价，得中奏准办理之处，亦毋庸议。”从之。（《清高宗实录》卷242）

（乾隆十年六月乙丑）大学士公讷亲等奏蠲免事宜：“臣等谨加酌议，查康熙五十一年蠲免天下钱粮，将各省分作三年，全免一周。查地丁钱粮额银共二千八百二十四万余两，请将直隶、奉天、江苏、西安、甘肃、福建、四川、湖南、云南、贵州等省银一千四十二万九百余两，于丙寅年全行蠲免。浙江、安徽、河南、广东、广西等省银八百六十二万七千三百余两，于丁卯年全行蠲免。山东、湖北、江西、山西等省银九百一十九万二千二百余两，于戊辰年全行蠲免。其运拨岁需银两，统于各该省每年冬拨案内另行奏闻。至应征耗羡银并非解部之项，应照雍正七年之例，仍旧输纳，留充地方公用。”得旨：“依议。各省蠲免正赋之年，若有未完之旧欠按期带征，则民间犹不免追呼之扰。着一并停其征收，展至开征之年，令其照例输纳。至于有田之家既邀蠲赋之恩，其承种之佃户亦应酌减租粮，使之均沾惠泽，着该督抚转饬州县官善为劝谕，感发其天良，欢欣从事，则朕之恩施，更为周普。一切照雍正十三年十二月谕旨行。”又谕：“朕特降旨，将丙寅年各省钱粮通行蠲免，以嘉惠元元。经大学士、户部议称，应照康熙五十一年之例将各省分为三年，以次豁免，朕已降旨允行。嗣后该省应免之年，或遇水旱等事，若不格外加恩，则被泽仍有同异，未为普遍。着将特恩应免之数登记档册，于开征之年补行豁除。该部即将朕此旨通行晓谕知之。”（《清高宗实录》卷243）

（乾隆十年十月辛亥）工部等部议准湖广总督鄂弥达等疏称，芷江县因建衙署、教场、演武厅等项，价买民田八亩有奇，额赋应予开除。从之。（《清高宗实录》卷250）

（乾隆十年十一月庚寅）户部议准前任湖北巡抚晏斯盛疏称，宜镇左后营、谷镇左营、施南、远安等营乾隆丙寅年应需春季白中米折银，统计尚不敷银八百七十两有奇。请于司库本年地丁银内拨支，俟本年各季估饷清册到部日，拨给扣还。从之。（《清高宗实录》卷253）

（乾隆十一年二月壬子）湖广道监察御史沈景澜奏：“顷奉恩旨，将直省地丁银两蠲免一年，朝野额庆。查向来蠲免地丁清册，州县造报藩司，书吏借端勒派，视县分大小，自数十金至数百金不等。总吏派之里胥，里胥派之甲户，不遂其欲不止。请敕下直省督抚严行禁止，并取各州县并无科派册费甘结详报。再有漕之省旧例地丁漕项，编为一律征收，不分细数，愚民无从查考，恐不肖官吏，每户暗加分厘，多收入己。并请敕下督抚遍饬州县，于造报漕项清册时即填明各甲户应完细数，豫给一单，庶小民一览易知，浮派之源可杜。”得旨允行。下部知之。（《清高宗实录》卷259）

（乾隆十二年五月）己亥，谕军机大臣等："各省督抚养廉有二三万两者，有仅止数千两者，在督抚俱属办理公务，而养廉多寡悬殊，似属未均。着军机大臣等酌量地方远近、事务繁简、用度多寡，量为裒益，定议具奏。"寻议："查各督抚养廉银，现在湖广总督一万五千两，两广一万五千两，江苏巡抚一万二千两，江西、浙江、湖南、湖北、四川各一万两，不甚悬殊，无庸置议外，直隶畿辅重地，事务繁多，总督养廉止一万二千两，较各省觉少，请增银三千两……至各省督抚养廉间有奇零，乃从前据火耗之额定数，今既经定制，零数应删。请将两江总督养廉银一万八千二百两内去零银二百两，云贵总督、云南巡抚各去银五百五十两。"从之。（《清高宗实录》卷 290）

（乾隆十二年九月壬寅）谕军机大臣等："据江西巡抚开泰奏称'委员领解川省饷银，抵湖北宜昌府属之巴东县。该县将鞘银落歇空寺，无故稽留，且虚填夫数，玩公慢事，或解员有无别情，现在俱移咨楚省饬查'等语，拨解饷银，最关紧要，自宜加谨防护，依限接解。乃地方官似此拖延玩忽，甚属不合。着传谕湖广总督塞楞额，伊何以未行参奏，今既江省饬查，令其秉公确查，据实具奏，毋得瞻顾。"（《清高宗实录》卷 299）

（乾隆十二年十月乙亥）户部议复："湖广道监察御史冯钤奏称'各省收漕，如踢斛淋尖、刁蹬讲贯、里折外加、仓有余米即以银钱折色各弊，请敕漕臣严察示惩'等语，应如所奏，令总漕及有漕督抚饬各该粮道不时访察，如各州县有不按定例，借端勒索，私行折加以及纵容胥吏舞弊，即行指名题参。"从之。（《清高宗实录》卷 301）

（乾隆十三年七月）壬寅，户部议复："湖北巡抚彭树葵奏称'甲年钱粮例应乙年五月奏销，而乙年钱粮又应是年二月开征。向来奏销时，只将甲年完欠数目载入盘查结内，于乙年已征钱粮并不具结。州县官遇有拖欠旧粮处分，往往挪新掩旧，是以州县亏空，发觉于离任交盘之时者居多，而发觉于奏销盘查之时者甚少。请嗣后直隶州并府属州县奏销盘查，仍令该管上司将现年已征正耗杂项钱粮一并盘查，倘有侵蚀，即行揭参，如无缺少，仍具结申送。至知府有应征之项，责盘查之道员一体遵办’。应如所请，并请令各督抚于清查司库钱粮，亦将本年新收各项一并盘查，出结保题。”从之。（《清高宗实录》卷319）

（乾隆十三年九月乙亥）豁除湖北宜城县编审不实丁银一百十七两有奇。（《清高宗实录》卷325）

（乾隆十三年十月己酉）署湖广总督新柱奏：“楚省督标三营额马二百匹，仅存九十六匹，又多疲瘦不堪，其所缺一百零四匹，惟左营现存马价一百二两零，余俱难以查考。前督臣塞楞额在任两年，不一察究，玩误已极，而各营将领亦不能辞责，应即查参。其派赴川官兵数内本标三营共马兵六十五名，请将衙门办理公事之武昌关口岸银两借给买马，先尽出师兵带往，余陆续买补，于来年应领朋银内扣还。”得旨：“览奏俱悉。”（《清高宗实录》卷327）

（乾隆十四年二月癸卯）钦差户部尚书舒赫德奏称：“……查川省本年额赋，奉恩缓征，临边要地，炉藏各站，岁有供应，宁使多备无缺，应再拨银一百万两，以备岁需。计核少银四十五万两，请于就近湖广起解银，截拨足数……”（《清高宗实录》卷335）

（乾隆十四年四月丁酉）刑部侍郎兆惠、四川总督策楞奏：“三月二十二、二十七等日，节据湖广、江西解到饷银六十五万两，均在舒赫德、兆惠奏明截留川银二百万两外，不应收贮川库。但查川省钱粮不敷支给，岁需他省二十万至三十万不等，似应即将此银留川，抵按年协济之项，以省解费。”下部知之。（《清高宗实录》卷339）

（乾隆十四年七月壬子）户部议复："云南巡抚图尔炳阿奏……又称'沿途用过水脚银，令川、楚等省督抚饬各地方官，将运官所雇船只水脚各费，据实确查，登簿盖印，扶同浮开，事发一并查参'等语，亦应如所奏行。"得旨："依议。"（《清高宗实录》卷344）

（乾隆十六年二月己巳）军机大臣等议准原任湖广总督永兴奏称，武昌关厂税羡盈余，向因湖北公费养廉，每年藩库征贮银不敷支放，议将此银统入充公项下。今查节年以来，藩库积存充公耗羡等银至三十九万余两，遇水旱之年亦敷支放。此项盈余，请自乾隆十五年始，于起解正税时一并解部。从之。（《清高宗实录》卷382）

（乾隆十六年六月庚子）湖广总督暂管湖北巡抚阿里衮疏称："武昌左卫民垦额内中则屯地八亩三分，于丙子年起科。"从之。（《清高宗实录》卷392）

（乾隆十六年十月壬戌）户部议准云南巡抚爱必达奏称，滇省运铜水脚银，抵汉口、仪征支用，向由他省解滇，往返滋费。请令协拨铜本各省，将水脚银自汉口至仪征一万四百三十四两，拨湖北武昌司库。自仪征至通州一万六千二百六两，拨江南仪征县库，运员到彼支领。从之。（《清高宗实录》卷401）

（乾隆十七年九月癸未）又谕曰："湖北巡抚恒文奏动耗羡一折，内称'本年春拨解黔银两共用水脚鞘箍银十二两零，于本年三月分耗羡内动给'等语。此奏殊不知大体，各省耗羡章程，其有定款无定数之项，部议令随时奏明，固为慎重钱粮起见，但若仅十余金之事，亦专折奏请，其琐屑细碎，殊非政体。嗣后此等动用之处，若在百两以下，应成总汇折奏闻，方为得体。可传谕各省督抚知之。"（《清高宗实录》卷423）

(乾隆十九年七月乙巳)豁免湖北运川遭风漂没米二千二百六十石、谷一千三百七十石。(《清高宗实录》卷469)

(乾隆十九年七月丁未)湖北巡抚张若震奏:“湖北原定养廉六百两之州县,内远安、南漳、光化、均州、郧县、郧西、房县、保康、竹山、竹溪、兴山、长阳、巴东、建始、当阳等十五州县地要事繁,实不敷用,应各增银二百两。拟于原定一千三百两之汉阳、黄陂、孝感、荆门、江陵,一千二百两之兴国、蕲州,一千一百两之黄冈、蕲水、沔阳、天门等十一州县各减二百两,一千两之监利、武昌、黄梅、大冶、蒲圻、嘉鱼、麻城等七县并九百两之广泽县各减一百两,加给不敷州县。”得旨:“减有余,补不足,可行之事也。”(《清高宗实录》卷469)

(乾隆二十二年十二月壬戌)谕军机大臣等:“庄有恭查奏‘巴东、长乐等州县浮收缘由,实因各该州县地处山僻,粮户零星,距城窎远,计其往返盘费及补色添平种种积算,故每银一两,于正额之外,多用四五分至钱余不等,并非官吏浮收’等语,看来自系实情,已于折内批谕矣。地方官吏私征加派,朘民肥己,自当严行查参,从重治罪。若山僻小邑,粮额无多而花户零星,远近不一,必令自封投柜,以及召募银匠代为倾销,则粮户额外之费,恐愈滋多,且于民情实多未便,此等处亦只可如此办理。在富勒浑初任未谙,一闻有此弊,自不得不奏,使其早悉实在情节,亦必当据实入告矣。至于胥吏之飞洒侵蚀,实为征粮积弊,又当时刻留心体察,不可因此数州县之并未浮收入己,而遂一概置之不问也。可再传谕庄有恭并富勒浑知之。”(《清高宗实录》卷552)

(乾隆二十三年四月壬戌)户部题湖北巡抚庄有恭疏报,蕲州卫乾隆二十一年开垦屯饷民田地九顷七十三亩,应征银米于丙戌年入额征解。从之。(《清高宗实录》卷560)

（乾隆二十三年四月丁卯）军机大臣等议奏："直省各标营生息银，现已遍行开赏，惟直隶大沽等十八营、山西杀虎协等四十二营尚未开赏。其开赏各营内，已归还原本者湖广、贵州等省，而以息作本赏用存剩者，惟贵州独多……"从之。（《清高宗实录》卷560）

（乾隆二十三年十月辛酉）户部议准户科给事中黄登贤奏请改定额赋征销例款各条：……一、奏销例分旧管新收，今各省有不开旧管，或即以新收为旧管者，办理殊未画一。嗣后应令各省查明上年存剩银两，如已全数拨用，即于下年奏册旧管下注明。如未拨及拨剩，均造入旧管款下，与本年新收分别核算……湖北省册列康熙十一年至五十年丁数……均与本年奏销无涉，应即删除……从之。（《清高宗实录》卷572）

（乾隆二十四年三月丁未）又谕曰："布政使徐垣奏称'原任成都副都统今升将军萨喇善多领养廉银七百二十一两，调任副都统富僧阿多领养廉银四百七十一两，原任按察使今升湖北布政使公泰多领养廉银二千二百六两'等语。官员养廉银两系藩库存贮之项，应按时放给，何得多领？着寄信硕色将公泰多领银严追还项外，其萨喇善、富僧阿皆系武官，有司若不支给，伊等焉能多领？即着开泰、徐垣照数代赔。但萨喇善、富僧阿若令其不还，伊等亦太觉颜厚，着加恩归还一半。"（《清高宗实录》卷583）

（乾隆二十四年十月癸卯）谕："前因甘肃钱价昂贵，传谕湖广、四川各督抚，于局铸余钱内酌拨协济。现在大兵凯旋及一应屯田事务并民间日用，钱文在所必需。着于四川省每岁协济钱十二万串，湖广省每岁协济钱八万串，按数分起解甘济用。其所需工本物料价值以及水陆运费，各该省俱作正报销，毋庸甘省归还，以节縻费。其甘省易钱银两，并着照数报部拨饷。该部遵谕速行。"（《清高宗实录》卷599）

（乾隆二十六年正月）庚申，谕军机大臣等："尹继善复奏，乾隆二十四年芜湖关税赢余短少，折内称'是年江、浙两省各有被灾之处，江、楚油豆等货过关者少，是以赢余较上届短少'等语。江浙被灾，以乾隆二十年为甚，统计两省灾地，共一百十一州县，而是年该关赢余尚有六万七千余两。今乾隆二十四年江、浙灾地仅九十三州县，且被灾分数较轻，而该关赢余何转不及二十年之数，所奏未免仍属故套。着传谕尹继善，令其再行严加查核，据实复奏。"（《清高宗实录》卷629）

（乾隆二十六年三月己巳）湖广总督苏昌奏："湖北征收漕粮南米余耗一万三千八百余石，变价得银一万三四千两。除拨补咸宁等州县不敷水脚一千九百余两，余俱解充养廉公用。查湖北各官养廉，现于耗羡盐规商税项内动支，有赢无绌。其咸宁等处不敷水脚，亦有各属本款余剩银尽可拨给。惟通省常平仓谷，统计不满百万，请将前项南漕耗米，易谷贮各州县，每年共增二万七千六百余石。"得旨："如所议行。"（《清高宗实录》卷633）

（乾隆二十六年四月）己丑，甘肃巡抚明德奏："前奉旨拨运川、楚钱解甘协济，两年以来，已拨到钱四十余万串。正月内，因河东钱价大减，业请将湖南、湖北两省停拨。今河西钱价大平，川钱亦请停拨。"得旨："着照所请行。"（《清高宗实录》卷635）

（乾隆二十七年六月戊戌）湖广总督爱必达奏："湖北各营兵米，除郧阳、荆门二协营全支本色，其余督抚两标及武昌、襄阳等二十二标协营向系本折兼支，并有全支折色者。内除卫昌营，每石折银七钱，复于耗羡下宽给三钱，余营俱仅折七钱。生齿日繁，粮价日贵，实不敷买食。查宝武局每年铸钱，除搭放兵饷外，尚余五万七千余串，例发售以平市价。请即于此项下，照每营折色银数，每发钱一串，较之发银，每两可余一钱七八分，借以多买米粮，扣存米折银两即还铸本。至此项局钱，每串作银一两，除去成本，犹有余息。而改给米折之外，尚余钱二万余串，再合之加卯所铸，仍得随时出易，以便民用。”从之。（《清高宗实录》卷664）

（乾隆二十八年十一月乙卯）户部议奏：“湖南巡抚乔光烈奏称‘乾隆二十四年碾运京仓改拨浙江米石，经过九江关，应纳料税银二千两零，该藩司府县并不扣存，请分别追赔。”得旨：“此项料税银两，湖北行之既有成例，该抚何难于支给水脚之先仿照办理？乃因给发草率，回护前非，屡次请宽，耽延岁月，以致无凭着追。其迟误之咎，实在该抚所有。应追之项，照部议，令许松佶分赔一半外，其余一半，即着冯钤赔补，不必令承办各员分赔。”（《清高宗实录》卷698）

（乾隆三十年二月甲午）户部议准湖北布政使三宝奏称，抚藩接任，例将接收库项有无那亏，于交代限内，乘奏事便，另折附奏。惟署藩司因督抚暂行檄委，例未议及，恐启瞻徇。请嗣后藩司无论正署，将接收钱粮清楚缘由自行陈奏。从之。（《清高宗实录》卷729）

（乾隆三十一年正月壬申）谕：“朕统御万方，孜孜求治，惟以爱育黎元为念。自御极以来，蠲赐所逮，不下千亿万。乾隆十年，曾恭依皇祖普免直省钱粮恩例，蠲除天下额征正赋二千八百万有奇，期斯民家给人足，咸臻乐利。惟岁运漕米向以供给俸饷廪糈之用，非水旱特蠲，例不普免。夫八政以食为先，闾阎盖藏，尤资饶裕。恭阅皇祖实录，康熙三十年，特颁恩旨，将各省起运漕粮通行蠲免一周，大泽均沾，庆逾常格。仰惟皇祖冲龄践阼，临御之三十年，春秋未及四十。朕年二十有五始登大宝，膺祺受祉，迄今亦阅三十年，际重熙累洽之会，必世昌期，均符泰运，其为庆幸倍深……朕自当仰体天心，以推恩黎庶，是用敬承嘉贶，懋继前谟，使薄海亿兆并裕仓箱之庆。所有湖广、江西、浙江、江苏……应输漕米，着照康熙年间之例，于乾隆三十一年为始，按年分省通行蠲免一次。其江宁、京口、杭州、荆州等处驻防地方，该省漕米既蠲，所有估需兵食如何豫为筹办，并各该省蠲免次第应行酌办各事宜，着该部速行定议具奏。”寻议：“各省岁输漕粮，请照康熙三十年分年蠲免之例，再加筹酌。三十一年，免山东、河南二省；三十二年，免江苏省……三十七年，免湖北省，以次递免。其随漕银米，应照旧例轮免之省停运丁船例给减半本折月粮，在漕项款内动支余存银米，报部拨用。有漕省分兵米，杭州、荆州、豫东等处于地丁征收兵粮款内动支，江宁于漕项米内支给，均毋庸另行筹办……”从之。（《清高宗实录》卷752）

（乾隆三十一年七月丙子）又谕：“前据湖北按察使雷畅条奏‘民间田房税契，不黏连司印契尾者，立限一年，令业户首明补税，以杜侵隐而稽假冒’，经户部复准，并令各督抚分别定限，报部查核。夫隐匿漏税若在民，自应查明令其补交，若系州县官办理税契，于契纸内钤印，并不黏用司印契尾，是系不肖有司意图侵肥入已所致。其实小民应投税银，业已照数输纳，今乃令业户首明补税，而不于原税之州县名下追还，是百姓受重税之累，而侵隐之官吏转得安享其利，于情理殊未得平。着各该督抚详悉出示晓谕，凡民间有已经投税并无司颁契尾者，令其据实首明，即行补给契尾，其税银毋庸重复补纳，以恤民力。并查系何员任内经手，除事在五年以前及该员已经身故者，查明免其勒追外，其现任及升调各员均着照原税银数，于各员名下定限追还。此次立法以后，如再有止钤契纸不连用契尾者，各督抚即行查参治罪。如此则闾阎既免重科，州县共知儆惕，将来小契之弊，亦可不禁自止。可将此通谕知之。”（《清高宗实录》卷764）

（乾隆三十一年九月丙戌）户部议准湖广总督定长等奏称，武昌府属汈汉垸地势低洼，时多水患，请将垸内上八总民田，红粮三则，均改为渔粮上则征收。其军田科则，改为渔粮下则征收。至下八总民地内应征

南米，请照上八总南米一并减免。从之。(《清高宗实录》卷769)

(乾隆三十一年十月丁未)谕："向来外省捐监事例，原令其捐输本色，以补仓储。乃行之有年，渐至多捐折色，遇有需用之时，仍属不敷支给。且州县官承办此事，收捐时难保其不多收勒索，或从中侵蚀那移，种种弊端，皆所不免，自不若在部援纳，额数既有成规，不致浮收滋弊。况各省所捐折色，仍须采买还仓，则拨用部帑，较之动用州县存贮之项，尤为妥协。是以前经降旨，将陕、甘捐例停止，仍令原捐贡监者赴部报捐，以归画一。现在除福建、广东、湖南、湖北、云南等五省，或在边远，或为出米之乡，着各该督抚查明实在情形，应行应止，详悉具奏，再降谕旨外。所有直隶、安徽、山西、河南等省事同甘肃，捐例即着一体停止，均令赴部投捐。至各该省仓谷积贮，务须筹备充裕，倘有缺额谷石，俱即动项如数买补。嗣后如有本省库项不敷，应行请拨之处，该督抚等确核情形，随时据实奏闻，听候酌量拨给。该部知道。"(《清高宗实录》卷770)

(乾隆三十二年七月乙亥)谕："滇省现在办理进剿缅匪，调兵拨饷，所有经过各省地方一切供亿虽俱动支官项，丝毫不以累民，但直隶、河南两省道路宽平，车马往来，支应较为便易。其湖北、湖南、贵州等处毗连滇境，本省驿马不敷应用，未免稍资民力。前曾降旨将云南一省地丁钱粮分别蠲免，着再加恩将湖北、湖南、贵州三省军行所过地方应征本年地丁钱粮全行缓征，以纾民力。该督抚其悉心察复妥办，俾闾阎均沾实惠，副朕轸念黎民至意。该部遵谕速行。"(《清高宗实录》卷788)

(乾隆三十三年正月)己酉，谕："昨岁大兵进剿缅匪，所有经过各省储偫供亿，一切动支帑藏，丝毫不累闾阎。第以沿途夫马运送，不无稍资民力，叠经降旨，将滇省地丁及各土司应征银粮分别蠲免，复将湖南、湖北、贵州三省军行所过地方钱粮全行缓征，以示体恤。继思各省民人感戴国恩，深明急公大义，踊跃效力，自当格外加恩，用示奖励。因令各该督抚详细确查，将各属军行所需，除正项开销外，实在所资民力若干，核明具奏，候朕酌量施恩……着将直隶、河南、湖北、湖南、贵州等五省一例从优加赏，于藩库地粮银内每省给银十万两，交各督抚酌量情形，视其款项数目，妥协分给。毋得草率模棱，致小民不得均沾实惠……该督抚等务期实力饬属详慎妥办，无令稍有影射滋弊，副朕广沛殊恩、轸念群黎至意。该部遵谕速行。”（《清高宗实录》卷803）

（乾隆三十三年二月壬戌）又谕：“上年赴滇官兵，经过之直隶、河南、湖北、湖南、贵州五省动支帑项之外，或不无稍需民力，特颁恩旨，每省各赏银十万两，以示体恤。其作何筹办之处，已令军机大臣详议，交与地方官妥协经理。第念经理兵差，各省情形不同，而一省州县所属，其有无帮贴及数月多寡，亦自难于画一。今据裘曰修奏称‘直隶近地，如大兴、宛平等县，并无民间协济之事，其余如派用脚力等项，州县官但就现有车马之家，量取应用，其中有回空守候之日，额给未敷，则同里之人不无出资佐助。然为数零星参错，州县官本不登籍稽查，即使曾立档册，而乡保书役从中经手，乘间改移甲乙，希图肥橐，皆势所必有。今即加恩优赏，而有司以悉心核实，即自干失察之咎，又必颟顸了事，实惠何由下逮？在良民之安守本分者，即曾经出力，既未能如数尽酬，而一二狡黠之徒，转得诡计冒支，种种弊端，赏项虚糜何益？因思嘉惠闾阎，原期事归实用，与其将此帑金费而无济，何如明谕众人，且将此款暂时收贮，或俟将来滇兵凯旋经过，或今岁尚有应须续办继进之兵，俱可备给正项不敷之用。民人见识虽浅，然其为得银于此时，与仍待出银于向后，其数原属相等，亦无不共知感恩之理。如此则在民既无丝毫累及，而在官办理，亦一切不费周章，揆之施恩本意，实为允协’等语，着将此再行传谕各该督抚，令其悉心斟酌，饬属妥协办理。”（《清高宗实录》卷804）

（乾隆三十三年二月癸亥）军机大臣等奏："贵州省封贮银三十万两，上年调拨官兵案内，经该抚题咨，陆续动用，自应再为筹备。昨臣等请于江苏、两淮拨银八十万两，奉有拨给贵州三十万两，余着酌拨湖北、湖南、河南之旨，查湖北、湖南额征银数，俱较河南减少，请各拨二十万两，交该二省收贮备用，并拨给贵州之项，共七十万两。至河南额征银两，本属宽裕，又现存酌留银三十余万两，似可毋庸协拨。"报闻。（《清高宗实录》卷804）

（乾隆三十三年二月丁卯）又谕："进剿缅匪一事，昨经降旨，将用兵始末，宣示中外。现在军务尚未能即时告竣，仍须简派京兵前往。所有经过各省，丝毫不累闾阎，惟沿途夫马运送，或不无稍资民力之处，业经叠沛殊恩，于上年将湖南、湖北、贵州三省军行所过地方钱粮全行缓征，并今岁加赏直隶、河南等五省藩库地粮银各十万两，以资办理，俾小民均沾实惠。在百姓等深明大义，急公固出于悃诚，而朕之轸念群黎，推恩亦倍加优渥。昨已有旨，将云南一省本年地丁钱粮分别蠲免，着再加恩将直隶、河南、湖北、湖南、贵州五省所有军行经过各处本年地丁钱粮，概予缓征，用普恩泽。该督抚等务期实力饬属遵照妥办，副朕体恤民隐至意。该部遵谕速行。"（《清高宗实录》卷804）

（乾隆三十三年二月乙酉）湖广总督定长、湖北巡抚鄂宝、湖南巡抚方世俊复奏："两湖办理兵差，蒙恩赏银十万两，若逐一传集散给，势难清楚，如不一例加赏，又觉未昭平允。查将来凯旋经费，先经奏明应于通省按粮征收，今赏银留为办理凯旋，或续办兵差之需，既免此时按户查给之繁，复省将来按亩征输之费，与普被恩膏事无二致，在官在民，均属妥便。"得旨："知道了。既有此项，目今办理，再不可稍资民力矣。慎之，勉之。"（《清高宗实录》卷805）

（乾隆三十三年十月壬午）户部等衙门遵旨议奏："各处寻常税口，

由各衙门拣员引见派往，专司榷务，并无专员兼管稽核，非所以重责成。请嗣后各司员所管税口……又由工部拣选派往之荆关监督，该处系湖广总督所辖，应即令该督兼管……所有税务，自应交该督兼管，各该关榷务按月造报，兼管大员按册详加稽核。该监督倘有侵蚀那移情事，即据实参奏，严行办理。如兼管大员不实力稽查及扶同徇隐，或别经发觉，一并交部议处，亏短银两着落代赔。”从之。（《清高宗实录》卷821）

（乾隆三十四年正月丙戌）谕：“……至湖北、湖南、贵州三省兵行经过处所，前已两次缓征，今再行加恩，将本年地丁钱粮蠲免十分之三，俾免按年带征，以纾民力。该督抚等其董率所属实心经理，务令小民均沾实惠，副朕轸念群黎至意。该部遵谕速行。”（《清高宗实录》卷826）

（乾隆三十四年正月辛卯）又谕：“征剿缅匪一事，今岁必须大举进兵。现派吉林索伦兵前往，所有经过地方，一切车马等项均动帑办给，丝毫不累闾阎。第沿途运送供役，不无稍资民力，在百姓久沐恩养，趋事服劳，固属分内之事，而踊跃急公，淳良足尚，自当格外加恩，以示嘉奖。直隶、河南、湖北、湖南、贵州等五省各赏银十万两，云南省赏银三十万两，均于藩库内给发。该督抚等须实心实力率属妥办，俾小民均沾实惠。朕如此叠沛恩纶，惟期恤吾赤子。各省倘有办理不善，或致侵蚀冒销、胥役中饱等弊，非但承办之地方官罪难轻逭，即督抚亦自取重戾。且封疆大臣受朕委任，遇有此等紧要事务，若不稍动天良，竭力董察，复何颜对人耶？将此通谕知之。”（《清高宗实录》卷826）

（乾隆三十四年十二月辛亥）又谕：“迩年办理征剿缅匪一事，调兵拨饷，所经各省及滇省屯驻兵马、承办军需各处，虽一切供亿俱系动支官项，丝毫不以累民，但沿途运送夫马，执役服劳，未免稍资民力。而百姓等急公赴义，踊跃可嘉，节经宣谕赏给帑银，分别蠲缓，以示优奖。今已降旨撤兵，所有振旅官兵经过各省，均须照前办理。虽前此存贮赏银足供宽裕给发，而小民勤恳趋事，用宜更沛恩施，着再加恩，将云南办理军需地方及永昌、腾越、普洱三府州明年应征地丁钱粮蠲免十分之五，其直隶、河南、湖北、湖南、贵州等省经过各州县明年应征地丁钱粮蠲免十分之三。该督抚其董率属员，实心察核经理，俾闾阎实被恩膏，副朕体恤良民、嘉惠无已之至意。”（《清高宗实录》卷848）

（乾隆三十五年五月丁酉）又谕：“……兵丁赴滇，一切均有动支官项，又恐正款不敷，经朕特旨屡次加赏银两，交沿途各督抚悉心妥办，务期支用宽裕，不致稍有拮据。地方官何得尚有更需赔垫之事，甚至多有借口，竟于库项内动款帮贴开销。况兵丁过站时，不过按例雇用夫马，支给盐菜银两，自有一定成规，此外并无额外豫备情事。其大道公馆，亦只就各县公所饭店扫除供用，且属兴兵以来，早已办有之地，又何至屡请修理，添建种种，徒滋繁费？着传谕宫兆麟，令其详细确查京兵过黔境时，各州县因何需用站费动支公项帮贴，并因何添修公馆用费浩繁，是否各员借端开销之处，即行据实复奏。再此案贵州既已如此，则沿途各省恐亦不免有相类者，并着传谕直隶、河南、湖广及云南各督抚一并详查，将有无似此帮贴之处，据实折奏，毋得稍有隐饰。”（《清高宗实录》卷859）

（乾隆三十六年六月乙亥）户部议复：“安徽巡抚裴宗锡奏称‘云南省运京铜所需水脚银两例系委员在本省及汉口、仪征等处三次支领，中途遇有沉溺，需用捞费，即在该地方库贮杂项钱粮项下借给，取具该地方印结，报部核销，于该运员应得养廉水脚银内如数扣缴归款’……”从之。（《清高宗实录》卷886）

（乾隆三十六年七月丁未）户部议准漕运总督崔应阶奏称，江西省南昌等十二卫所，每船装载正米一浅零九分，所有行月二粮俱系折色，行粮每浅三十石，每石折银六钱，月粮每浅九十六石，每石折银五钱。现

在食物料价较昔倍昂，丁力竭蹶，请将江西帮行月二粮，照湖广帮之例，每石概折七钱。从之。（《清高宗实录》卷888）

（乾隆三十七年二月己卯）谕军机大臣等：“户部议复荆州将军傅玉等奏‘将荆宜施道库现存赏剩马价银八千九百余两，解交司库’一折，已依议行矣。但傅玉折内，声称‘核对定长原奏，多银二十两八分，承办库员不能查出’等语。此项银两从前存贮道库，支放存剩自有档案可稽，即错算给发，亦必有款项可指，何以多开银数竟无查考？如系承办库员前此支放错误，自应着落赔补，不得仅以咨部查议完结。但为事甚琐，或傅玉有意苛求乎？着传谕富明安详悉查明，具折复奏。”（《清高宗实录》卷902）

（乾隆三十七年七月丙申）户部议复：“调任广西巡抚陈辉祖奏称‘各省岁运滇铜，每百斤例带余铜一斤，请嗣后委员运回本省，兑足额铜后，将余铜归官给价，免其补税’。查委员所带余铜，系在滇酌给，备补正项亏折，如果沿途折耗，添补无存，原可无庸置议。倘有存余，亦属官项，应饬江西、湖北、广东、广西、福建等五省各督抚嗣后照浙江、江苏、陕西等三省将余铜尽数交局，并不发价之例，一律办理。”从之。（《清高宗实录》卷912）

（乾隆三十八年闰三月）丁亥，谕：“昨因进剿金川，曾于湖广各营调拨官兵，所有经过各州县地方本年应征钱粮，业经降旨，按数缓征，以示体恤。此外尚有漕项银款例不并缓，小民仍有赴公输纳之劳，着加恩将湖北竹山等二十二州县、湖南长沙等二十六州县本年随漕等银，准其同地丁一并缓征，俾民力益滋宽裕，以副朕加惠无已之至意。该部即遵谕行。”（《清高宗实录》卷931）

（乾隆三十八年七月庚午）户部议准本部侍郎范时纪奏称，四川省士民报捐贡监，应准其于本省上纳本色。其四川邻近之云南、贵州、湖广、陕西等省，亦准其一体暂于川省报捐。其封典加级以及降级捐复者，仍在部中收纳。从之。（《清高宗实录》卷 938）

（乾隆三十八年八月）戊申，谕："据陈辉祖奏'此次沿站居民，闻官兵经过，运送军械等项，咸争先来站受雇。如宜昌巴东一路，人烟稀少，其旁近之恩施、宣恩、建始等县民夫，亦多自行趋集。军行偶有遗失行装，随路赶送交收'等语，此诚佳事。该省上年过兵地方，本年新正曾经加恩缓征，今沿站旁近各县民夫俱能踊跃急公，各效子来之谊，自宜并沛恩膏，用昭奖劝。着该署督查明恩施、宣恩、建始三县量予缓征十分之几，奏闻请旨。再直隶、河南、陕、甘、云、贵等省兵行经过各州县，节经降旨加恩，分别缓征，其沿站旁近之州县民夫，如有协助办差出力者，并着该督抚一体查明具奏，候朕酌量加恩，以普一视同仁之意。该部即遵谕行。"寻陈辉祖奏："此次沿站民夫，除恩施、宣恩、建始三县协助巴东一路外，又有鹤峰、长阳、长乐、兴山四州县民夫协助东湖、归州一路。内宣恩、兴山二县本非过兵之地，本年钱粮业已全完，应将次年钱粮酌缓十分之五。其恩施、建始、鹤峰、长阳、长乐五州县因前次施南、卫昌二协营兵经由，本年钱粮业予缓征，但各民夫于本处出力，复能协助邻封，其次年钱粮，应再缓十分之三。"得旨："如所议行。"（《清高宗实录》卷 941）

（乾隆三十八年十一月己巳）谕："前据陈辉祖奏'此次办理兵差，旁近之恩施、建始等县民夫俱各急公协助'，特降旨令该署督查明酌量加恩，并谕过兵各直省一体据实奏闻……"（《清高宗实录》卷 946）

（乾隆三十八年十二月）戊子，谕："今年七月间，据陈辉祖奏请将该省民屯新垦丁银随年摊征一折，批交该部议奏。旋经户部即照陈辉祖所奏复准，并请行查各督抚就本省情形，酌筹妥议具奏……陈辉祖原奏，固属琐碎见小，而户部议复亦复未识大体。所有各省办理丁粮一事，无论已未复奏，俱着悉仍其旧，毋庸另议更张。其湖北、长芦二处，已经该部复准者，亦不必行，仍令照旧办理。并将此通谕中外知之。”（《清高宗实录》卷948）

（乾隆三十九年二月）庚寅，户部议准署湖广总督湖北巡抚陈辉祖奏称，出师金川之参领官达色，于乾隆三十八年正月初十日，因襄阳镇总兵马虎阵亡，经副将军丰升额于三月初四日奏准，以该参领署理。其未奉旨以前，原有参领本分应得之项，其由署事日即行起支总兵养廉，查与定例不符，毋庸支给。惟军营打仗人员，若俟得部札，始行起支，诚恐办公拮据，自应量为酌给。而襄阳本缺养廉，自正月初十至三月二十七日，已照例发给马虎，该署镇又无项可领，请查照天津镇总兵存泰往喀什噶尔办事例，照现署之缺应得分例，准给十分之七，由建旷项下支销。从之。（《清高宗实录》卷952）

（乾隆三十九年四月壬子）署湖广总督湖北巡抚陈辉祖奏：“直省社仓借放收息，原期缓急有备。近各乡社长等恃有附案请豁之例，群怀观望。请嗣后出借社谷催收时，如人产现存，不过一时无力，或先令还半，或展限清还，不得遽作无着请豁。若果有失业逃亡，再行遵例请豁。”得旨：“如所议行。”（《清高宗实录》卷958）

（乾隆四十年六月己丑）又谕：“前据韦谦恒奏请将黔省停补名粮四百余名，概于苗疆募补。其事不可行，是以未允所请。因思此项停补缺额，不独黔兵为然，其陕、甘、湖广、云南、四川等省停补名粮若干，自亦有数可考。令军机大臣查询，旋据户、兵二部于近年兵马奏销册内逐一详查，惟贵州省将停缺马、步守兵四百三十五名分晰开造，其余陕、甘各省，只系笼统开报，并未注明停补数目，致难查核。此事前年于川省军营溃逃兵丁案内，特传谕调派川兵省分各督抚及原拨绿营各提督，将此等在营脱逃兵丁所有名粮，不但不当补其子弟，并不当仍令人顶补。并令富勒浑、文绶查明，详晰造册，移知原拨之省分各标营存记，其悬缺统俟大功告成后，另行核办。各省自应一体照办，详晰造册咨部，何独黔省具款造报，而陕、甘各省仍未分晰声明？是否富勒浑、文绶等未经查明造册，遗漏移咨，抑系各该省竟未遵办？着传谕勒尔谨、毕沅、陈辉祖、敦福、图思德、富勒浑、文绶等据实查明复奏。仍着将各该省停补名粮，分晰马、步守兵缺若干，每兵扣存名粮若干，及于何年月日停止补缺，现在扣存银粮若干，逐一开列清单具奏，并造册咨明户、兵二部存案备查，毋得再滋舛漏。”（《清高宗实录》卷 984）

（乾隆四十年九月甲戌）湖北巡抚陈辉祖奏：“滇铜、黔铅运京车脚银俱系拨存通永道库，俟至张家湾核发。其滇铜自汉口以下水脚银系拨贮于湖北、江宁两藩库，俟船到汉口、仪征给领。惟黔员水脚向系在黔全领，似未画一。请嗣后黔省运铅，自汉口至张家湾水脚银，亦如滇省运铜办理。”报闻。（《清高宗实录》卷 991）

（乾隆四十一年三月丁亥）湖北巡抚陈辉祖奏：“前岁被灾各属，邻邑出借籽粮，多有拨运谷石，若需征谷交还，殊滋糜费，应请就款抵兑。如孝感、应城应还江夏、汉阳、汉川等县谷，即将各该县应买赈谷之银截给买补，其本仓赈缺之数，仍以催收民借之谷抵还。并拟嗣后各州县遇有应还邻谷有可划抵，俱随时筹办。”得旨：“如所议行。”（《清高宗实录》卷 1005）

（乾隆四十一年五月）甲戌，吏部左侍郎刘秉恬、湖广总督富勒浑、四川总督文绶、山西巡抚鄂宝、四川提督桂林、浙江布政使郝硕、河南布政使颜希深、布政使衔李湖会奏：“臣刘秉恬等现已先后抵省，会同臣文绶等将奏销按照案次上紧督催。惟每办一路销册，必须将一路站员齐集，方能迅速定案。现分檄各路将各站员调回，分头赶办。查造既属无难，销追亦可立判。至军需支放，虽有口内口外之分，而按款核销，必须汇成一贯。臣等现会集省城，若仍遵前旨各归各办，添局既多糜费，复核亦恐迟延。请将各路报销，令各站员造报，由总理核明，随案移交报销局。各司道复核后，呈送臣等核定具题。其有例案参差，应销应追，臣等各就知闻，核实酌定，于会办之中，仍寓分查之意。事理既便，自不稽延。”得旨：“好。尽心妥速为之。”（《清高宗实录》卷1008）

（乾隆四十二年正月乙未）户部议奏：“自戊戌年为始，普蠲天下钱粮。请将直隶、江苏、安徽、四川、陕西、甘肃、云南、贵州八省钱粮于戊戌年蠲免；山东、江西、浙江、湖南、湖北五省钱粮于己亥年蠲免；奉天并吉林所属、山西、河南、福建、广东、广西六省钱粮于庚子年蠲免。”从之。（《清高宗实录》卷1025）

（乾隆四十二年十月甲辰）又谕：“户部奏驳‘川省报销军需，余丁口粮违例给以本色米石，未便准销。应令该大臣等详查情节，明白回奏’一折，已依议行矣。余丁口粮，前据刘秉恬等会奏条款内，定以每石折银六两，经户部核复奏准。是余丁在营，并无支给本色之例，即应照伊等原奏核办。乃二百一、二百四、二百十、二百十八等四案，应付陕、甘余丁，复请销本色米石，又据何例？若云陕、甘所带余丁俱实有其人，比他省不同，应以本色支给，该大臣等从前即应专折奏闻，或咨户部存案。今至报销时，以无案可据之项支销，无怪该部之指驳也。至滇、黔、湖广三省绿营兵丁，因各该省未及募带余丁，办夫又属竭蹶，前经文绶等奏明，照每兵百名额给余丁三十名之数，将盐菜口粮折价支给。并据富勒浑奏，于到营之日即照折支，此更系该督等自行奏定之例，何以二百二、三，及二百十三、十六等案仍支给本色米石，更属违例妄支。且现据该大臣等题到二百七案，又复按奏准例折银六两，是同一余丁，同一支给，而前后自相矛盾，尤不可解。着传谕富勒浑等，即将户部折内指驳各情节逐一登答，仍即明白回奏。至此项支放米石，应由该办粮大臣等核定，饬知各站遵办，不得诿其过于粮员。所有此项浮销银两，查明共应核减若干，即着落大臣等名下按数摊赔，以为办理不善者戒，毋庸摊及粮员。将此由四百里谕令知之，户部折并钞寄阅看。”（《清高宗实录》卷1042）

（乾隆四十三年五月戊子）是月，湖北巡抚陈辉祖奏：“潜江县护田堤每年按田征钱七百六十千文为岁修之用，近多积欠，请停征。查荆门州之沙洋堤有筹备银两生息，请于此项银内每年拨七百五十两办理。”得旨允行。（《清高宗实录》卷1057）

（乾隆四十三年闰六月）丙戌，军机大臣等议：“据户部咨称，各省劝农赏赉银两，直隶、山东、湖北、福建、浙江、广东、云南七省，各例俱在耗羡、备公各项下动用……各省办理参差不齐，数目亦多寡不等。请交部行知各省，嗣后劝农赏银，俱令各衙门自行办给，毋庸动支公项。”报闻。（《清高宗实录》卷1061）

（乾隆四十三年七月乙未）又谕：“据郑大进奏‘藩库章程’一折，已批该部知道。但郑大进此奏殊属未协。前因孙士毅条奏‘藩司寄库银两分别款项，呈送督抚存核’一事，朕以各省藩库情形自亦大概相似，因谕令各省督抚转饬各该藩司查照核办。节据各省藩司自行专折复奏者甚多……两司帮助督抚办理地方公事，平日各当尽其分所应为，不稍侵与。亦不宜缄默不言，惟督抚之命是从也。设或督抚有赃私不法之事，两司原可据实密陈，若皆畏惧督抚，不敢一言，岂大吏劣迹必待科道纠劾及朕亲为访闻，则又何必有两司奏事之例？而两司瞻徇缄默之咎，又岂能轻逭乎？此风各省皆然，而直隶、湖广、广东、福建为尤甚……督抚等各当善体朕意，为两司者亦当各尽职守。将此传谕郑大进，并遇便谕令各督抚知之。”（《清高宗实录》卷1062）

（乾隆四十四年二月甲戌）户部议复："调任湖北巡抚陈辉祖奏称'湖北省本年轮蠲钱粮，武昌、郧阳等府属额征支应驿站等项银亦在蠲内，除裁节马价等项银归地丁无庸请补外，其夫马工料等项，共需银九万七千有奇，请于邻省拨支'。应如所请，于安徽上年拨剩漕项内如数拨解。"从之。（《清高宗实录》卷1077）

（乾隆四十五年九月庚辰）又谕曰："哲成额奏'任内经征钱粮，因连年以来商贩稀少，是以盈余数目比较乾隆四十三、四两年均有短少，恳请分年宽限，陆续措缴'等语。关税盈余，比较亏短，自系该监督办理不善所致。若实因商贩稀少，亦不妨量宽其赔补也。哲成额所奏各情节，如果属实，尚可酌予展限。若竟征多报少，复以赔偿无力，分年请缴，则名为认赔，转复因缘为利，此风断不可长。着传谕舒常，即将该监督任内经征各数，逐款秉公详晰查核，并将伊所奏情节是否的确之处，据实一并具奏。"寻奏："荆州关税，全赖川省木簰络绎到关，收税始能充足。近因四十三、四两年川省岁歉粮贵，兼以汛水甚大，船载艰于往来，以致商贩到关者少，亏短盈余。该监督尚无征多报少情弊。"报闻。（《清高宗实录》卷1114）

（乾隆四十六年正月壬午）湖广总督舒常、湖北巡抚郑大进奏："荆关税务向例由京特派专员管理，现遵旨议改，请即于荆宜施道暨荆州府知府内遴派一员，如办理妥协，一年满后仍奏请接管，倘经理未善，另行改委，监督关防仍留交委员经管。再该道府本有岁支廉俸，原设监督养廉应裁。其由京派出现任监督阿彰阿应请撤回，即令荆宜施道陈初哲接管。"下部知之。（《清高宗实录》卷1122）

（乾隆四十六年正月癸卯）湖北巡抚郑大进奏："湖北各属水陆墩塘一千一百二十七座，偶遇水涨冲塌及年久颓坏过多，应请动项报销。其常年粘补揭盖，均系文员自行修整，惟各州县卫有日久并无修理或数月屡次补葺，彼此偏枯，致多诿卸。请按所管水汛塘房一座每年扣存养廉银一两，陆路塘房一座每年扣存五钱，交代时按日计算造报。遇该境有应葺塘房，准承修之员详动修理报销，迨移营给兵，亦责令汛弁查察，定以水汛保护二年，陆路保护三年。倘限内任意践毁，汛弁徇纵，即参治着赔。”得旨：“览。”（《清高宗实录》卷1123）

（乾隆四十六年闰五月癸卯）军机大臣议奏：“大学士公阿桂奏称各省营房墩台木楼等项，每年是否必需岁修，抑系相沿旧例，指项开销，交部行查。现据陆续奏到，除直隶、湖北、山东、福建、四川、湖南、浙江、广东、甘肃九省并无岁修报销之例，及山西一省不定保固年限外，其江苏、安徽、江西、陕西、河南、云南、广西、贵州八省，或于耗羡铜息项下动支，或于公费养廉项内扣存，或于充公闲款及余租变价、租息银内拨给，历经报部核销在案。请仍令各该省遇有修理之时，按照保固年限动款支给，勘明葺治。并令地方官随时查察，以期经久。”报闻。（《清高宗实录》卷1132）

（乾隆四十六年十二月丙戌）裁各省武职名粮，核定养廉额数，军机大臣会同户、兵等部议复：“各省武职，自康熙四十二年酌给亲丁名粮，乾隆八年改为养廉名粮。今遵旨将所扣兵饷挑补实额，议给养廉。查各省奏到清单，自京营直省各提督以至经制外委，共一万一千七百十五员，臣等将各省督抚、提镇、河漕各标营，就其原得名粮，按品核支养廉。提督请岁给二千两，总兵一千五百两，副将八百两，参将五百两，游击四百两，都司二百六十两，守备二百两，千总一百二十两，把总九十两，经制外委十八两。至在京五营提督以下员弁，管辖地方，处分较重……请嗣后除京营提督系部旗大臣兼理，所有应得名粮八百八十两应仍照数支给外，副将岁给养廉九百两，参将六百两，游击五百两，都司三百两，守备二百四十两，千总一百四十两，把总一百两，外委二十两……于乾隆四十七年始，按季动支。查文职养廉，系于耗羡项下动支，今武职事同一例，应令各该省一并于耗羡项下及一切闲款内动支，不敷，奏明请旨……再山东、江南、江西、浙江、湖北……有每年收存盐当规礼、房地租银等项作为官兵巡盐之费。查武员管理汛地、巡盐分所应为，亦请停给。”得旨：“依议……”（《清高宗实录》卷1147）

（乾隆四十八年八月庚申）户部议复：“漕运总督毓奇奏称‘近年各省旗丁内，多有卖富差贫，以致贫乏之丁误公滋事，皆由该州县无办运专责，又无混佥处分，以致诸多掣肘。嗣后各省州、县、卫、帮，承佥快运各丁，均以奉文派佥之日起，限两个月佥解，详报道府查验后，发帮管运。并令该管道府查明该丁田地房产，造具细册，呈送总漕衙门存案。该丁设有亏短挂欠，即可变产赔补，倘违限两月，佥解不到，及查出原造田地家产册结不实，即将承佥之员据实参奏，照有意误漕例，从重议处。至佥派之后，运丁到帮误公，或于管运后弃船脱逃，或已革之丁重佥复入，以及徇情出结，混以军丁改入民籍者，即照承佥不实例，降二级调用，不准抵销。并将该管上司照失于觉察例，一并交部分别议处。江西、湖北二省有应征津运银两，经征各官因非正项钱粮催征不力，每年拖欠十之七八，嗣后此项津贴余租，如有不实力催征者，即照正项钱粮经征不力分数之例，分别议处。并交各藩司照正项钱粮，按年催解粮道济运，并将经征已未完各州县造册送查’。均应如所请。”得旨：“依议速行。”（《清高宗实录》卷1186）

（乾隆五十一年闰七月癸巳）又谕：“户部议复‘浒墅关征收一年期满，短少盈余银二十九万四千七百七十余两，请令四德照数赔补，并请将该监督交部议处’一折，固属照例办理，第念上年湖北、安徽等省收成歉薄，而豫、东二省亦因被旱失收，商贩稀少，以致过关船只无几，税课短少，尚属有由。着加恩宽免银二十八万，其余银一万四千七百七十余两，着令赔补，并从宽免其议处。”（《清高宗实录》卷1261）

（乾隆五十二年二月壬戌）又谕："前据徵瑞奏，长芦商人呈请捐银三十万两，备造拨船，以为拨运漕粮之用，民船得免官封，商引即无虞壅滞，是以准其所请。今湖广、江西二省先行动项赶造，解直备用，仍令该商等分限交纳归款。前据该二省题销成造拨船共一千二百只，实用银二十八万二百五十两零，核计原捐银三十万两，共节省银一万九千七百四十三两零。除已降旨准将该督抚原题核销外，所有该二省节省银一万九千七百四十三两零，着该盐政于该商等应行归款时按数扣除，毋庸照原捐之数交纳，以示体恤。"（《清高宗实录》卷1275）

（乾隆五十二年三月庚辰）又谕："户部议复'九江关一年期满，短收盈余银三万五千四百余两，请着落前任监督虔礼宝、现任监督海绍各按经征月日，照数赔补。并请将该监督等交部治罪'一折，固属照例办理，第念上年楚省歉收，以致木商簰把过关较少，税课短绌，尚属有因。着加恩宽免银二万五千四百四十二两，其余银一万两，着令虔礼宝、海绍各按经征月日照数分赔，并从宽免其治罪。"（《清高宗实录》卷1276）

（乾隆五十二年十一月）癸巳，户部等部议复："湖北巡抚姜晟奏称'定例尾欠额征南粮，照地丁钱粮例题参。查南粮关系兵食，未便照一年限满例办理，请立限三月'。应如所请，行令各该督抚，如有次年奏销尚未交仓掣收，即照湖北奏定例，分别议处，载入律例。"从之。（《清高宗实录》卷1293）

（乾隆五十三年二月壬戌）闽浙总督李侍尧奏："台湾军兴以来，拨运浙江、江西、江苏、湖北、湖南、四川等省米石，嗣因台州等九帮漕米冻阻，复奉旨就近运闽备拨。今军务业经告竣，无须多为筹备，除台州等帮漕米现已飞咨停运，其各省拨运米，除陆续运台及内地供支口粮，需米四十八万余石……据称该省仓储充足，无须买补，是此项米石，亦可毋庸截留江苏，着同浙江、湖南二省停运米石，一体分年随帮洒带运通。如米数较多不能于下年全数带交，即分作二三年陆续洒带，亦无不可。该督抚必须饬属加意收贮，勿致霉变，方为妥善。”（《清高宗实录》卷 1299）

（乾隆五十三年三月戊辰）谕军机大臣等：“本日有湖北荆门州民人蔡士仁，在道傍叩阍，当即令军机大臣讯问，据供该州征收漕米，书役舞弊，不收本色，要收折色，上年该处米粮甚贱，每斗卖制钱一百文，交纳时要交八百文。又多出田单卡票，索诈常规钱文，四十二年、四十六年历经州民赴院司道府衙门具控，积弊如故。蔡士仁曾于五十一年赴府控告，被书役等朦混耸禀前任知州，讯息详销等供。地方官征收粮米，自应按例收纳，何得任意折收，例外苛索？现据蔡士仁供，节经州民赴院司道府衙门控告有案，何以并未查办？如果蔡士仁所供属实，则该州官吏苛征舞弊，各上司通同徇隐，不可不严查究办……”（《清高宗实录》卷 1300）

（乾隆五十三年七月丙戌）豁湖北江陵县潭子湖筑堤挖废地三顷四十亩有奇，减堤内挖残地四十亩有奇额赋。（《清高宗实录》卷 1309）

（乾隆五十三年九月丙子）又谕：“前因直隶、山东、河南等省缉拿段文经日久未获，曾降旨将直隶、山东二省督抚、藩臬应得养廉俱不准支给。毕沅因曾派员缉获徐克展，准其支给养廉一半……至毕沅现升湖广总督，已离豫省，此后刘峨、毕沅所有应得养廉，俱着加恩准其支给，俾资办公之用……”（《清高宗实录》卷 1313）

（乾隆五十四年二月）癸巳，湖广总督毕沅、湖北巡抚惠龄奏：“遵旨严查商人匣费陋规，实力禁止。”得旨：“为之在人，时常留心可也。”（《清高宗实录》卷 1322）

（乾隆五十四年二月）壬寅，湖广总督毕沅奏："荆州被冲衙署，若照定例扣借养廉修理，恐有不敷。请酌借帑项，分年扣还。"得旨："如所议行。"（《清高宗实录》卷1322）

（乾隆五十四年三月戊辰）湖南巡抚浦霖遵旨复奏："湖南省每年征存银两，除支应本省经费外，约余剩银三十万两，本属宽裕。惟自五十年至五十三年，节次拨解湖北等省二百二十四万余两，是以现存银较少。应请于本年春拨及奏销案内，拨出银十七万六千七百十九两归还原款，通融筹备。"下部知之。（《清高宗实录》卷1324）

（乾隆五十五年正月辛亥）是月，湖南巡抚浦霖奏："湖南运丁，半坐落湖北境内，上年江陵等县水灾，荆州及荆左二卫屯饷俱经缓征，所需运费，应请于道库南粮米折项下借给，本年秋后征还。"下部知之。（《清高宗实录》卷1347）

（乾隆五十五年三月壬午）仓场侍郎苏凌阿、刘秉恬奏："遵旨查向来南粮拨给直隶赈济例用稜米，头、二进江、浙各帮多系粳米，应请于三进湖广、江西各帮一色稜米内，或以截为拨，或于尾帮截留三十万石，以资备贮。"得旨："依议。"（《清高宗实录》卷1350）

（乾隆五十五年三月壬辰）豁除湖北荆州府乾隆五十四年刨挖芦洲课银一百十九两有奇。（《清高宗实录》卷1350）

（乾隆五十五年六月庚申）又谕曰："海宁汇奏'钱粮完欠数目'一折，其单内所开钱粮各条款完欠等项，各厅州县开叙繁杂，阅之殊未明晰。该省每年额征钱粮几及三百万两，各州县额征粮石亦有定数，其已完、未完自应简明开写，何以含混不清若此？再各省麦收分数，朕时深廑念。山东、河南及江南、湖广、西安无不早奏，即最远之云南等省亦

早经具奏。山西距此间甚近，何迟至此时始行奏到……”（《清高宗实录》卷 1356）

（乾隆五十六年三月丁丑）谕军机大臣等：“向来江、浙两省漕务弊窦最多，上年福崧、长麟将各州县漕总名目革禁，严行惩处，官吏等自必稍知儆惕，浮收包揽之弊，可以渐次剔除。因思江西、湖广、河南、山东等省皆有漕务，虽征收数目不及江、浙之多，但百姓将应完漕米向州县交纳，即难保书吏等无从中勒折浮收、把持包纳之弊，亦不可不一体整饬严禁。着传谕姚棻等务须留心访察，各州县如有设立漕总名目，俱照福崧、长麟所办，即行严拿惩处，以清弊源。除就近谕知毕沅外，将此各传谕知之。”（《清高宗实录》卷 1374）

（乾隆五十六年三月辛卯）豁除湖北黄州卫坍没屯地一顷六十六亩有奇额赋。（《清高宗实录》卷 1375）

（乾隆五十六年十二月戊申）谕军机大臣等：“昨令军机大臣将各省积欠银两数目查明开单进呈，朕详加披阅……湖北省未完银六十四万七千五百余两，为数甚多……此项积欠银两俱系应征正项钱粮，在小民等踊跃急公，自无不输将恐后，其各省所报未完银数，必非尽系实欠在民。闻总由地方官吏借口水旱歉收，因灾带缓，从中那前移后，官侵吏蚀，借称积欠在民。况连岁以来，各省秋收多属丰稔，间有歉收之处，亦不过一隅偏灾。即如……湖北省只系荆州府属堤塍决溃，偶被水淹，均不过一隅中之一隅……若非经手官吏，任意侵那，何至积欠银粮竟有此数？从前雍正年间曾特派大臣往各省逐一清查，朕临御以来，惟恐派出之员奉行不善，或致扰累地方，是以未经派员查办。但国家经费有常，似此悬宕无着，便于蠹吏诬及良民，年复一年，伊于何底？着传谕各该督抚，即将前项未完积欠银两实在因何，民欠若干、官吏侵蚀若干，详晰查明，分别开单据实具奏。此项历年积欠，在州县等断不肯自行呈报，但该督抚等俱系升调未几，其经征州县辗转那欠已非一日，此时自无可用其回护，惟当确切严查，据实陈奏，其经征不力之咎，转可加恩宽宥。若该督抚等心存袒护，代为隐瞒，不过与海捕具文视同一例，稍有不实不尽，经朕派员查出，或被百姓告发，恐该督抚等不能当此重戾也。将此传谕知之。”（《清高宗实录》卷1392）

（乾隆五十七年二月戊午）谕军机大臣等：“本日据江兰复奏‘山东省积欠未完银二百一十八万余两，自上年奏销后，续完银八十四万三千余两。又除本年缓征未届限期银七十四万七千九百余两，现在实未完民欠银五十八万九千三百余两’等语，前因直隶、江苏、山东、河南、浙江、福建、湖北等省历年积欠为数较多，降旨令各督抚据实查奏……”（《清高宗实录》卷1397）

（乾隆五十七年九月己酉）又谕曰：“毕沅奏‘荆关征收钱粮比较’一折，内称‘近年因下游之江南、安徽、江西、浙江等处年岁屡丰，粮价平减，与川省相仿，兼之水脚盘费，贩运每多亏本，是以往来船只稀少，以致不能比较最多之年’等语。各省年岁丰登，粮价平减，商贩自然络绎，关税正当增赢。湖广近年亦庆屡丰，断无因稔收转致税额短绌之理。前次淮阳等关短少盈余，即以豫、东等省因旱薄收，豆麦南下者少为词。今荆关盈余短少，又借词于粮价平减，船只短少。则岁歉固绌，岁丰亦缺，必如何而后可，岂司榷务者，因关税短少而转望歉收，有是理乎？各督抚于办理地方事件，欲为属员地步，往往不顾事理之是非，意为轩轾，托词陈奏。即如常平等仓，州县等欲详采买，即云岁丰粮贱，宜趁此买补，或不欲采买，则又云收成虽好，粮价尚未平减，而该上司亦任其朦混禀报，不加稽核，以致各省仓储不免亏缺。若果如毕沅所奏，则如湖广、四川、江南、安徽、江西、浙江等处粮价平减，即应趁此丰收采买，使仓贮充足，而此数省内常平等仓，该督抚又能保其一一无缺耶？各省督抚皆受朕厚恩，简任封圻，遇有关系钱粮重务，自应各矢天良，平日严密稽察，勿任胥吏舞弊，以致亏短。或因水旱不齐，稍有短绌之处，原不妨据实直陈，何必借词年岁，转成虚饰，殊非事君以诚之道。嗣后该督抚等于粮价、关税等务，务宜详慎确核，俱以实入告，勿任属员等朦混禀报，率行转奏。除将毕沅折交部核议外，将此通谕知之。”（《清高宗实录》卷1413）

（乾隆五十九年十二月壬申）谕军机大臣曰：“福英奏‘九江关税一年期满，盈余比较不敷’一折，内称‘上年湖广、安徽淮徐一带雨多歉收，杂货滞消，以致船只稀少，川、楚粮食及簰把等项贩运寥寥，本年税课比最旺之五十七年，竟短少银一十五万八千二百余两，恳请治罪，全数赔补’等语。湖广、江西、安徽等省本年收成俱属丰稔，商贩往来船只自应较往年为多，所收税课亦应较旺。乃九江关商税上年比较已属不敷，而本年所收数目短少愈多，若非该监督办理不善，即系书役家人有私行透漏等弊，必须严密访查，以杜侵隐。苏凌阿曾任九江道，于该关税课情形素所谙悉，且现署两江总督，江西即其所属，亦应顺便前往巡察。上年系令陈淮复查，据奏无弊，今年未便仍令该抚往查。着传谕苏凌阿即行前往九江，将本年关税盈余银两因何短绌，有无捏饰之处，据实查明具奏，勿稍回护。俟奏到日，再降谕旨。”（《清高宗实录》卷1467）

（乾隆六十年十二月）己卯，谕：“户部议复‘九江关税盈余银两比较五十七年计少银十四万七千三百余两，请令全德照数赔缴’一折，固属照例办理，第念该关税银向以木税船料为重，本年苗匪滋事，湖南、贵州木簰稀少，而湖广米贩又因江、浙等省年岁丰稔，运米船只较稀，短绌尚属有因，着从宽免其一半。全德自请交部严议之处，亦着加恩宽免。”（《清高宗实录》卷1492）

（嘉庆元年二月丁酉）谕军机大臣等：“……至湖广地方，上年虽属丰收，但枝江、宜都、长乐、长阳、东湖、当阳、远安七县，现经匪徒四出滋扰，未便照旧开征。除就近谕知户部外，并着毕沅、惠龄即行誊黄出示，将此七县应征钱粮，俱先予缓征，俟平定后，再降谕旨……”（《清仁宗实录》卷2）

（嘉庆元年三月丁巳）免湖北被贼滋扰之枝江、宜都、长乐、长阳、东湖、远安、当阳、归、兴山、南漳、谷城、宜城、光化、均、钟祥、竹山、竹溪、房、保康、来凤二十州县本年额赋。（《清仁宗实录》卷3）

（嘉庆元年四月甲申）河南巡抚景安奏：“邓州新野地方现有匪徒滋扰，兵力不足，已调河北兵五百名前来南阳。”奏入，谕军机大臣等：“……南阳地方被贼滋扰之处，着该抚即先行誊黄晓谕，将本年应征钱粮概予缓征。湖北枝江等二十州县前已降旨豁免钱粮外，如续有被贼滋扰之处，并着毕沅等查明，一体奏请豁免。并先行誊黄晓谕，俾良民益知感激。将此传谕知之。”（《清仁宗实录》卷4）

（嘉庆元年七月己酉）以贼匪滋扰，办理军需，缓征湖北、湖南两省本年漕粮。（《清仁宗实录》卷7）

（嘉庆元年七月戊辰）免湖北孝感、宣恩二县本年额赋，缓征汉川、黄陂、云梦、应山四县新旧额赋。（《清仁宗实录》卷7）

（嘉庆二年二月丁酉）缓征湖北武昌、咸宁、蒲圻、崇阳、通城、兴国、大冶、通山、汉阳、黄冈、蕲水、麻城、黄安、罗田、蕲、黄梅、广济、安陆、应城十九州县新旧额赋。（《清仁宗实录》卷14）

（嘉庆二年四月甲申）免湖北被贼滋扰之应山、黄安、黄陂、应城、安陆五县本年额赋。（《清仁宗实录》卷16）

(嘉庆二年六月)戊寅，复缓征湖北全省州县元年漕粮。(《清仁宗实录》卷18)

(嘉庆二年八月)甲寅，缓征湖北武昌、汉阳、黄州、荆州、荆门五府州歉收州县新旧漕米并本年漕项等银，及荆州各卫所屯饷耗羡银粮。截留湖南本年漕粮二十万石，分贮武昌、荆州，以备军糈。(《清仁宗实录》卷21)

(嘉庆三年九月己巳)缓征湖北各属带征元年、二年及荆门州本年漕粮漕项银，并武昌、武左、黄州、德安、蕲州、襄阳等六卫所，京山、钟祥、随三州县津贴等款，仍截留本年应运粮六万石，以裕民食。(《清仁宗实录》卷34)

(嘉庆四年五月甲子)免湖北被贼滋扰之孝感、钟祥、京山、安陆、应城、随、应山、江陵、枝江、宜都、襄阳、枣阳、宜城、南漳、均、光化、谷城、郧、郧西、房、保康、竹山、竹溪、东湖、归、兴山、长阳、巴东、鹤峰、长乐、恩施、宣恩、来凤、咸丰、利川、建始、荆门、当阳、远安三十九州县，武昌、武左、黄州、德安、荆州、荆左、荆右、襄阳八卫所新旧额赋，并缓征蒲圻、崇阳、黄陂、黄安、咸宁、通城、江夏、嘉鱼、汉川、沔阳、潜江、天门、公安、石首、监利、松滋十六州县新旧额赋。(《清仁宗实录》卷44)

(嘉庆四年五月)丙寅，谕内阁："徽瑞奏'两淮商众恳请将前次未经赏收银一百万两仍准捐输'一折。在该商众等因两淮盐务叠荷恩施，复行呈恳，固属出于感激悃忱，但前此请输银两业经酌量赏收，徽瑞自应遵照晓谕商众，又何必复行渎请，借商力以自为见好地步？况现在川、陕贼匪以次殄平，大功不日可竣，即暂开筹备川、楚善后事例现已停止，更何须重烦商力耶？所有此项减免银一百万两，着仍遵前旨，毋庸交

纳。”（《清仁宗实录》卷44）

（嘉庆四年八月甲午）免调派盛京、吉林、黑龙江兵丁经过沿途州县本年额赋，直隶自山海关至磁州十分之三，河南至湖北十分之五。（《清仁宗实录》卷50）

（嘉庆四年九月丁丑）除湖北江夏县新筑月堤压坍田一十五顷八亩额赋。（《清仁宗实录》卷52）

（嘉庆四年十一月丙寅）蠲缓湖北被贼滋扰之竹溪、竹山、房、保康、南漳、东湖、兴山、归、巴东九州县，及邻近贼氛之郧西、郧、均、光化、谷城、枣阳、襄阳、宜城、远安、当阳、长阳、鹤峰、长乐十三州县本年夏、秋、冬三季起存驿站并各卫屯饷额赋有差。（《清仁宗实录》卷55）

（嘉庆五年三月壬午）又谕：“吴熊光奏，查明豫省各官扣缴养廉以充军饷，将该省历任巡抚、司道、各府州县分别银数开单进呈。豫省从前被贼处所地方官不能认真防守，固属咎有应得，若因此扣及现任各官养廉，安知不以被累借口，暗肆侵贪，于地方吏治大有关系。且豫省年来一切防守尚为周密，有功无过，朕又安忍令现任巡抚、两司措银充饷乎？以防守严密、有功无过之省分大小官员尽令措银充饷，川、陕、甘、楚之省分大小官员岂尽查抄治罪耶？是朕除邪救民之举，反成掊克聚敛之虐政矣。现据单内所开银数，共四十五万三千余两，军务度支，国家已不惜数千万帑金，又岂借此区区缴项充饷乎？此一事，吴熊光竟无庸办理，原折单俱着发还，不必存留。将此谕令知之。”（《清仁宗实录》卷62）

（嘉庆五年十二月甲寅）缓征湖北被贼滋扰之襄阳、宜城、南漳、保康、巴东、荆门、钟祥、均、谷城、郧、郧西、当阳、远安、房、竹山、

竹溪、东湖、归、兴山十九州县，武昌、荆州、荆左、荆右、襄阳五卫新旧额赋。（《清仁宗实录》卷 77）

（嘉庆六年二月）壬子，谕内阁："军机大臣会同户部议驳'吉庆奏请另开河工捐例，将现开捐例停止'一折，又户部议驳'费淳奏请将捐贡、捐衔、捐封三项皆在外省报捐'一折，所驳俱是，已依议行矣。现开川、楚善后事例，原因剿办教匪，一切善后需用较多，暂行开捐系属一时不得已之举，原非善政，前年本欲即行停止。嗣因各省报捐者人数众多，业已来京具呈，未便阻抑，是以仍准续捐。至今捐生尚踊跃如前，而近来各路军营捷音踵至，川、陕、楚等省教匪指日即可荡平。朕意方欲俟大功告竣，办理善后略有端绪，即将捐例停止，岂有此时复开河工捐例之理……"（《清仁宗实录》卷 79）

（嘉庆六年五月癸未）缓征湖北竹溪、竹山、房、保康、兴山、钟祥、襄阳、宜城、南漳、均、谷城、郧、郧西、东湖、归、巴东、荆门、当阳、远安、江夏、武昌、咸宁、嘉鱼、蒲圻、崇阳、通城、兴国、大冶、通山、汉阳、汉川、黄陂、孝感、沔阳、黄冈、蕲水、麻城、黄安、罗田、蕲、黄梅、广济、京山、潜江、天门、安陆、云梦、应城、随、应山、江陵、公安、石首、监利、松滋、枣阳、光化五十七州县并屯坐各卫及屯坐枝江、宜都二县历年带征额赋暨杂款银。（《清仁宗实录》卷 83）

（嘉庆六年八月）壬子，谕内阁："户部奏请令陕、甘、川、楚等省将近年以来军需项下所收各款银两造册送部查核一折，所奏甚是。各该省军需银两，有奉旨由部库及各省拨解者，亦有由外省截留者，有先经拨给某省后又改拨他省者，此外尚有收捐及变产等款，头绪纷繁。现在大功指日告蒇，报销在即，岂容稍涉牵混？自应缕析条分，以清款项。着陕、甘、四川、湖北各督抚即转饬该省藩司及局员等，查照户部折内所指各条，速行汇造清册，送部查核。仍将续行拨给之款，随时报部，

以免遗漏。”（《清仁宗实录》卷86）

（嘉庆七年三月丙子）免湖北被贼滋扰之郧、郧西、房、竹山、竹溪、保康、东湖、巴东、兴山、归、襄阳、枣阳、南漳、谷城、宜城、均、长阳、长乐、来凤、利川、咸丰、宣恩、荆门、远安、当阳、钟祥、枝江、宜都、随、孝感、京山、江陵、光化、安陆、应城、应山、黄陂、蒲圻、崇阳、黄安、恩施、建始四十二州县本年额赋有差，并展缓带征旧赋。（《清仁宗实录》卷95）

（嘉庆七年五月）戊子，谕内阁：“户部议驳‘吴熊光奏请于各直省捐纳职衔、封诰’一折，所驳甚是。近年开设捐例，原属一时权宜之法，即外省捐纳监生，亦因各直省封贮银两动用较多，是以准令就近收捐，补足额数。至捐职、捐封等项，部中均须稽察，自应赴部报捐。前此费淳、吉庆曾奏请于各直省捐职、捐封，节经饬驳，今吴熊光复有此奏。伊三人平素居官操守尚好，自不疑其有假公济私之事，谅系属员等以外省收捐，银数宽裕，便于挪用，希图沾润，因在督抚前饰词怂恿，伊三人遽以入告。殊不知属员等办理不善，设有营私舞弊之事，转致罪及上司，伊三人不转受其累乎？现在永定河工程告竣，畿辅地方赈务已毕，捐例业将停止，其外省报捐监生，一俟封贮银款补足后，亦即当饬令停止。若将封职等项准令楚省报捐，则各省俱必纷纷奏请，成何事体？况现在各省士民赴部捐封、捐职者均准其转托亲友代为呈纳，又岂有惮于远涉、未能踊跃之事耶？除照部驳不准外，嗣后各督抚等设有再以此为请者，不必再交户部核议，即着交吏部将该督抚议处不贷。将此通谕知之。”（《清仁宗实录》卷98）

（嘉庆七年十二月乙卯）又谕：“川、陕、楚及河南、甘肃等省被贼、近贼各州县应征地丁漕米等项，前经随时降旨，分别蠲缓，以纾民力。现在大功戡定，地方全就肃清，小民等复业归农，渐臻乐利，所有递年积压未完各款，自必踊跃输将。但念该地方经积年蹂躏之余，元气未复，此时甫经安集，生计尚艰，正当加之培养，俾得永庆盈宁，着四川、陕西、湖北及河南、甘肃各督抚，即查明所属各州、县、厅、卫自嘉庆元年至本年为止，其因被贼、近贼不能完纳，现在带征、缓征、民借、民欠一切银米等项，分别开单奏闻，候朕施恩豁免。该督抚等务当实力详查，毋得稍有遗漏，亦不可任官吏等从中隐冒，以副朕轸念黎元、庆成施惠至意。”（《清仁宗实录》卷106）

（嘉庆八年三月甲寅）免湖北被贼滋扰之蒲圻、崇阳、黄陂、孝感、黄安、钟祥、京山、安陆、应城、随、应山、江陵、枝江、宜都、襄阳、枣阳、宜城、南漳、均、光化、谷城、郧、郧西、房、保康、竹山、竹溪、东湖、归、兴山、长阳、巴东、鹤峰、长乐、恩施、宣恩、来凤、咸丰、建始、荆门、当阳、远安四十二州县、各卫所，及邻近贼氛之江夏、咸宁、嘉鱼、通城、汉阳、汉川、沔阳、黄冈、麻城、潜江、天门、云梦、公安、石首、监利、松滋十六州县并各卫所缓带借欠银米有差。缓征武昌、兴国、大冶、通山、蕲水、罗田、蕲、广济、黄梅九州县及各卫所借欠银米。（《清仁宗实录》卷110）

（嘉庆八年七月癸卯）除湖北监利县修堤挖压屯田一顷六十九亩有奇额赋。（《清仁宗实录》卷116）

（嘉庆八年八月壬辰）是月，湖广总督吴熊光等奏：“现在查造饷册，分别办理，以期核实而杜弊混。”得旨：“查明后据实奏报，不可归罪于一胡齐仑。疏脱傍人，若有此弊，是汝等亦朦混朕矣。恐汝等不能当此重戾。勉之，慎之。”（《清仁宗实录》卷120）

（嘉庆十年五月）戊戌，谕内阁：“本年山东军船于回空后，复行装运采买米石，赴通交卸。所有津贴经纪个儿钱文，着免其交纳，照户部

前议，与湖北一例办理，在通济库轻赍项下动支，官为给发，以纾丁力。”(《清仁宗实录》卷143)

(嘉庆十一年六月)癸未，谕内阁：“据全保等奏‘黔省运员范光晋续借水脚银两，饬催趱运’一折，范光晋领运京铅系属上运，其抵楚转在下运吴名馨、王志敬二起之后，业因水脚不敷，于湖北藩库循例借支银五百两。追押催开行，又以沿途患病、守风守水，资斧告罄，禀请再借银一千五百两。该督等查明该运员在川耽延一年有余，行抵汉口又停留多日，恐误鼓铸，即照禀借给，押令开帮趱运。该运员任意耽延，滥借银两，该督等既经查明，即应将该员截留查办，一面另委妥员接运。乃辄如数借给，仍令开运，办理实属非是。计此时该员行走当亦不远，着沿途督抚查明现抵何处，即传旨将范光晋解任，传到讯问，将其在川因何耽延年余，在黔领过水脚若干，因何到楚借领多银，其所称患病、守风守水之处有无证据，是否捏饰，详细讯明具奏。其所运京铅，即着该督抚等就近遴派妥员迅速接运。至范光晋在川因何耽延年余之久，川省原派督催大员因何不催令趱行，及在黔省曾否领过水脚银两之处，并着勒保、福庆各行查明，据实具奏。”(《清仁宗实录》卷162)

(嘉庆十一年十一月)乙巳，谕内阁：“据全保、瑚图礼奏‘湖北边界防兵撤归原营，所有动用银两，除借给官兵养廉行装银五万四千余两应照例扣还外，其余支过盐粮各项约共银六万两，在于通省督抚、司道、知府养廉内每年扣捐二成，陆续归款’等语，此次湖北因宁、陕匪徒滋事，分派官兵，在于边界防剿，现已次第裁撤，所有动支各款内如借给官兵养廉行装银两，自应照例扣还。其余动支盐粮各项，例应报部核销，何必奏请捐廉归款？且外省捐廉款项多不出自己资，上司摊派属员，属员仍取之百姓，政体殊有关系。况全保现已调任陕甘，新任总督汪志伊未经承办此项，亦派令一律按年扣捐，尤属无谓，全保等所请不准行。仍着瑚图礼将支过盐粮运脚各款银约六万两，造册报部核销，不得任令

经手官胥借端浮冒，致滋咎戾。”（《清仁宗实录》卷 170）

（嘉庆十二年二月丁亥）展缓湖北全省节年带征额赋并耗羡银。（《清仁宗实录》卷 174）

嘉庆十四年己巳五月乙亥，谕内阁：“户部奏‘查明各省协济乡勇所支银米，应如何按照成数销赔，请旨遵行’一折。各省正案乡勇，前经该部节次核奏，拟将随征酌减一成，被贼防堵酌减二成，近贼防堵酌减三成，均经朕叠降谕旨，分别酌减准销。此项各省协济乡勇与正案乡勇事同一例，所支银米着照湖北省正案乡勇，其随征者加恩一体报销，其被贼防堵酌减二成、近贼防堵酌减三成银米，着先于原办各名下查明催追，如实系人亡产绝，即照正案摊扣还款。”（《清仁宗实录》卷 212）

（嘉庆十四年十月庚子）谕军机大臣等：“汪志伊复奏‘访查漕务积弊并严定稽查章程’一折，据称漕米未经兑船之先责成州县，既兑之后责成弁兵’等语。此系定例如此，自应遵照办理。湖北有漕各属共三十四州县，计兑运北漕者实止二十一州县，共米一十五万一千一百四十二名零，为数无多，较他省稽查更易为力。该督惟当严饬各州县于收漕时务须一律纯洁，兑交好米，则该丁等自无所借词勒索。其余盗卖搀和等事，尤当严密稽查，有犯必惩，以除积弊。所有立定各章程，即着照该督所议办理，饬属一体遵循，勿任稍有疏懈为要。此谕令知之。”（《清仁宗实录》卷 219）

（嘉庆十四年十二月乙巳）谕军机大臣等：“……数日来，节据各省奏到，浙省拟用减歇帮船，再加洒带。江西、湖广拟雇备民船在途迎兑，并请筹款办理。已降旨照各该督抚所奏事宜，妥为豫备。今马慧裕筹办此事，以雇船受兑，诸弊丛生，转恐耽延歧误，其意欲将浙江、江苏、安徽、江西四省存次新船，先行按数装载，此外或量为洒带，或仍俟续行归次之船补足装运。其湖广省则欲另行添用剥船，并酌改受兑地方。马慧裕于各该省漕务地方情形，未必深悉，但既据缕析陈奏，着即将所议发交各该省督抚自行酌量本处情形，可行则行，当止则止。总须熟筹妥善，一面奏闻，一面即行办理，期于无误新漕，不可稍有观望。设筹办未周，致有窒碍，则惟原议之督抚是问。其折内请酌借守候闸坝各帮银两及令回空船只在停泊地方修舱二款，帮船阻冻之后，守候开坝，旗丁等食用不支，其修舱亦不免需费。昨江西、湖广等省亦曾奏及，请先行动款借给，另为分年归款。今马慧裕所请在于河库内提银二万三千五十两先行应用之处，着即照所请行。仍着再与各该省会同确核，将应需各银数分别办理。”（《清仁宗实录》卷 223）

（嘉庆十六年十二月丙寅）谕内阁：“许兆椿奏‘江西承造河口剥船，请量加津贴缘由’一折……该漕督以此项剥船，原系六省旗丁公捐之事，请将此项不敷银两，在于本年江苏、安徽、浙江、湖南、湖北五省出运船四千余只，每船扣出调齐银一两二钱。此内如有因灾减歇船只，并请于下运补还，均着照所请行。并加恩准其先于江西藩库内动垫银一万一千二百两，发交委员督丁赶紧拆造。其各省旗丁协贴银两，着于明春解还江西。各丁应还银两，自今冬起分作三年扣还，以纾丁力。嗣后此项剥船，每届十年成造，即照现定章程津贴办理。”（《清仁宗实录》卷 252）

（嘉庆十七年八月戊午）谕内阁：“户部奏‘查明各省积欠钱粮及耗羡杂税等款银两数目’一折。直省丁赋钱粮，皆国家惟正之供，每岁量入为出，以给俸饷诸大端。度支所系，国有常经。户部具报月折，毫无额外支销，此中外所共知者，且内府岁用所需，不特从不取之部库。历年以来，每将内府余款拨给户部应用，岁不下数十万，有将及百万者，而核计部中正项钱粮积欠，竟至一千九百余万两之多。屡经饬催，报解寥寥，此实历任直省大吏催征不力所致……其积欠自百余万、数十万至数万两之福建、直隶、广东、浙江、江西、甘肃、河南、陕西、湖北、湖南等省，各督征不力之督抚、藩司，均着传旨申饬。自此次奉旨之日，着督率所属实力催征，毋任延玩拖欠，一经征有成数，即行报部拨解。并着户部于每岁年终，将各该省积欠原数若干，已完若干，未完若干，详悉开单具奏，以报解之多寡，分别饬议，以重国课而昭核实。将此通谕知之。”（《清仁宗实录》卷260）

（嘉庆十八年九月丙寅）除湖北江陵县筑堤挖废田四十八顷十三亩有奇额赋。（《清仁宗实录》卷273）

（嘉庆二十年十月）壬戌，谕内阁：“恒宁奏‘调剂驻防兵丁’一折。荆州驻防八旗，除现有甲粮及幼丁外，尚有闲散大丁二千一百余名，额定名粮不敷挑补。加恩着照所请，准其于发商生息马价。现经征存息银四万一千四百余两内，提出银四万两再行发商，仍以一分生息，同原经发商生息银五万六千两，共九万六千两。将每月所得息银九百六十两，随饷拨解满营，交该将军等在于驻防八旗闲散大丁内，挑选材堪造就者九百六十名作为余兵，每名每月各赏支银一两，以资养赡。其余存息银，着该督抚查明实在数目，造册报部查核，仍贮该省藩库备用。”（《清仁宗实录》卷311）

（嘉庆二十年十月辛未）又谕：“御史孙升长奏‘清厘漏赋匿税田地，分别报垦升科，酌追花息’一折。直隶、湖北、广东屡有垦荒田亩，其余各省或亦有之，但漏报税课，小民多误于不知，若概令入官，贫民未免失业。着各督抚饬知所属州县，查有此等田地，俱分别勘丈，按则升科，酌追花息，免其入官，期于国课民生，均有裨益。”（《清仁宗实录》卷311）

（嘉庆二十一年十二月）癸巳，谕内阁：“户部奏‘各省积欠原数并已未完分数’一折。各直省积欠地丁、耗羡、杂税等款银两，前经降旨，勒限催追，迄今又阅五载，各省欠项仍积压至一千七百二十余万两之多，实属疲玩。除年清年款之湖南、奉天、四川、贵州四省外，其欠项在二万两及数千两并十余两之广西、山西、云南三省，着该督抚等勒限督催报完，均免其议处。欠项较多之山东、福建、河南、江苏、江宁、广东、浙江、江西、安徽、陕西、湖北、甘肃各督抚、藩司，俱着交部议处……”（《清仁宗实录》卷325）

（嘉庆二十二年十月丁亥）谕军机大臣等：“据张映汉奏‘湖北清查旧案，第九限应完银五万二千四百三两零，现已如数完解司库，并声明末三限银两完解后，仍有新办清查案内各州县情愿代前任认完无着及逃亡民欠等项银两，请于二十五年旧案三限全完，再分十年弥补’等语，湖北各州县仓库亏短银两，前于嘉庆十二年经该督抚奏请，分十二限弥补全完。彼时因亏空人数众多，加恩免其治罪，准其依限完缴，已属格外恩施，此后何得再有续亏？乃昨据阮元、张映汉会奏，复加清查，将前次漏报各款请于十二限满后，自嘉庆二十五年六月起，再分限十年弥补完竣，当即降旨申饬，令庆保、张映汉另行妥议。此次张映汉折内，又复申理前说，看来该省从前十二年清查之案，开报隐漏者尚多。若似此前限满后，又以清查未尽为词，续行展限，拖延岁月，终无清楚之日。庆保系新任总督，着会同张映汉彻底查明，全行报出，统计于前十二限满再予限几年，可以弥补全完。嗣后各州县查出新亏，有一案即参办一案，不准再有清查名目。若仍互相容隐，匿不举报，一经发觉，不但将该州县按律治罪，并将该督抚严惩不贷。将此谕令知之。”（《清仁宗实录》卷335）

（嘉庆二十三年十月庚午）谕内阁：“吏部议驳庆保等奏‘留捐升知州与例不符’一折。裘行恕在知县任内，有钱粮盗案展参处分，例不准捐离任分发。上年该督等奏请令其递捐分发，留楚补用，曾经降旨饬驳。兹庆保等不将前案声叙，复行渎奏，殊属含混，着不准行。庆保、张映

汉俱着交部议处。”（《清仁宗实录》卷348）

（道光元年四月丙申）谕军机大臣等：“成龄等奏‘会筹湖北省漕务’一折。湖北额兑漕粮较江、浙等省为少，而积弊相沿，旗丁借口于用项日增，需索帮费，州县即借口于津贴不敷，例外浮收。此时剔除漕弊，先使岁减一岁，积弊方可渐除。着即照所议，湖北帮费一项，每正米一石令州县贴银二钱，各项陋规概行裁减一半，其州县经征漕粮，无论绅民，概以八折收纳，每漕米一石余米二斗五升。经此次厘定之后，该漕督当严饬运官旗丁等撙节办运，如有额外多索帮费及滥取陋规者，立即严究治罪。该督抚并严查有漕州县，如定限外有颗粒浮收，亦即据实严参，从重惩办，不可扶同徇隐。倘此后漕行顺速，丁力渐充，仍将帮费陋规余米逐渐裁汰，以肃漕政而裕民生。将此谕令知之。”（《清宣宗实录》卷17）

（道光元年六月丙午）免江苏川沙厅贫民欠完口粮银，除湖北随州坍没民田一十二顷二十二亩有奇额赋。（《清宣宗实录》卷21）

（道光二年闰三月戊戌）缓征湖北监利县已涸复淹各垸正耗银米。（《清宣宗实录》卷32）

（道光二年八月）己巳，谕内阁：“孙玉庭等奏‘筹款生息，资助旗籍文武举人会试，并分给骁骑校以下官兵进京路费’一折。江宁、京口驻防会试举人及引见员弁，所借恩济马价二项银两，向于月饷内摊扣，生计不免拮据，自应设法调剂……所有江宁拨出马价银七千两，即将教场田租每年征收银归还，京口拨出马价银四千两，即将盐规余剩银归还，均候还楚时，再行各归原款备用……”（《清宣宗实录》卷40）

（道光二年九月丙申）又谕：“左辅奏‘道库盐课短绌，请暂借款支放’一折。湖南省巡抚、学政养廉等项，每年共需银三万二千二百余两，向由两淮运库分拨匣费，解交湖北道库，转解湖南盐法道支给。兹据该抚查明，两淮运库欠解匣费银两，现已拨解湖北道库银七万八千八百余两，屡次札催，仅据拨解银四千三百两，其余尚未解到，以致应支养廉等款不敷支放。着照所请，准其循照旧例，于司库留备项下借拨银二万两解交道库，以供支放。其湖北道库短解银两，并着该督抚严催该道迅速解赴湖南，分别归款支用。”（《清宣宗实录》卷41）

（道光三年五月甲戌）命湖广、江西两省前经停解京通各仓铺廒本色松板，自本年为始，按年全解，从仓场侍郎和桂等请也。（《清宣宗实录》卷52）

（道光三年五月庚辰）户部议准湖北巡抚杨懋恬疏报，黄冈县丈出水田四顷二十五亩有奇，照干鱼麻铁等则升科。从之。（《清宣宗实录》卷52）

（道光三年五月辛巳）又谕：“杨懋恬奏‘筹借银款，供支耗羡’一折。湖北省文职养廉及例支杂款，向系在各属耗羡并田房商膏关税盈余、两淮运司匣费各银两内动支发给。兹据该抚查明两淮应解银两，业经奏明分限带征。其该省耗羡钱粮，已分别豁免缓带。本年各官养廉无项支给，着照所请，准于萧姓生息等款内共借拨银二万四千两，以备支放，俟耗羡完解充裕，即行归款。该部知道。”（《清宣宗实录》卷52）

（道光三年五月）丙戌，谕内阁：“户部奏，请饬催各省节年未完杂税银两，分别开单呈览。朕详加披阅，除盛京、山西、湖南、浙江、四川、陕西、贵州等省年清年款，甘肃、云南两省未完银两为数无多，由该部随案咨催外，所有直隶、山东、河南、江苏、安徽、江西、福建、湖北、广东、广西等省节年积欠银两，自道光元年奏催后，尚未完银一百八十三万四千一百二十二两零，嘉庆二十五年并道光元年复有未完银四十八万一千六百二十三两零。各省杂税银两，向系随同地丁钱粮奏销，自应尽收尽解。乃各该省历年积欠，竟至数十万两之多。地方官恃无展参处分，任意迟玩，延不报解，其中显有亏那情弊。着各该督抚即饬各藩司，查照户部单开未完银数，勒限六个月，严提解司报拨，无任宕延。此项杂税钱粮，向无未完处分，以致日久延玩，着该部核议章程，通行各省，遵照办理。其道光元年奏催以后，逾限不完及提解不力各员，即着查取职名，分别送部核议。”（《清宣宗实录》卷52）

（道光三年五月丙戌）又谕：“给事中清安等奏‘整饬关务以澄弊源’一折。各关正额盈余例有常数，近年征收亏短，缘积弊未能悉除。凡关津市镇地方，往往有恶棍把持，蠹役盘踞，及牙行铺户人等相缘为奸，包揽商贾，串嘱在关家人书吏以重报轻，以多报少，通同掩饰，渔利分肥，甚至纳贿私放，偷漏隐匿，皆所不免。嗣后各关务须实力整顿，访惩奸蠹包揽等弊，严行约束家人书吏，毋得稍有徇纵，俾榷务胥归核实，以裕课项。至奏请四川夔、炉二关，湖北武昌厂，广西浔、梧二厂查照各关事例，赴科领取季簿一节，事涉纷更，徒滋扰累，日久仍归有名无实，所奏着不准行。”（《清宣宗实录》卷52）

（道光三年七月）丙申，谕内阁：“户部议复程祖洛奏，豫省摊扣养廉五成军需银两，可否准予豁免。此项应摊川、楚三成，卫案二成军需，事非经手，人非同案，核与豁免条款相符。且所摊之项，系每年咨部报拨，并非应归藩库支销。所有该省未摊银共四百六十九万七千三百六十七两零，除奉文以前应扣银两外，俱着加恩一体豁免……”（《清宣宗实录》卷55）

（道光三年十一月）庚辰，谕内阁：“李鸿宾奏‘遵查湖北武昌、荆州二关征税情形’一折。湖北省武昌厂关、荆州钞关据李鸿宾查明，历系按照各口岸所过商船多寡酌派丁役巡查。着饬令荆宜施道、武昌府实心经理，严行约束丁胥人等，毋许横征婪索。如查有纵容舞弊、勒索侵渔、亏课累商等事，即行严参惩办，毋稍徇隐。至经征税课，月分衰旺不同，若将短少之项按年匀摊，则暂任人员恃有分赔之例，必致以多报少，侵吞诿卸。着仍照旧章，遇有短缺，各按在任月日，核算赔缴，以免偏枯而昭核实。”（《清宣宗实录》卷61）

（道光三年十二月乙卯）又谕：“……并饬粮道严禁漕船所带天篷竹木及两旁跨带木植，务须遵守定例，高宽各不得过二尺之限。如查有包揽夹带，即将押运弁丁分别参究。并咨湖广省一体查禁，总期透漏杜绝，商贩流通。该部知道。”（《清宣宗实录》卷63）

（道光四年正月己巳）贷湖北黄梅、广济、监利三县及屯坐各卫上年被水军民籽种口粮。（《清宣宗实录》卷64）

（道光五年七月戊子）又谕：“李鸿宾等奏‘筹议折漕济工事宜’一折。前据英和奏，雇商船分运及折漕治河各章程，当交该督等妥速议奏。兹据李鸿宾等奏‘距江、浙海口甚远，难以臆度，楚中并无赴海商船，应俟江、浙督抚查议。至征收折色一节，弊窦丛生，莫若仍令民间完交本色，由收漕州县卖米易银，转解河工’等语，明年筹办海运，浙省不能出口，现令琦善等委员前赴上海筹议。至征收折色，既于民情不便，所有本年湖北漕粮，着仍循旧章，令粮户按额完米。民间既交本色，由州县卖米易银，转解河工，殊属不成政体，更恐启州县抑勒商民承买，书吏揑报市价，加收平色诸弊，所请着毋庸议……又另片奏，带征米石一律变价，请一并解工及留司库报拨。正漕既不变价，所有缓征漕米，亦即照常征收本色可也。将此谕令知之。”（《清宣宗实录》卷85）

（道光五年八月癸酉）除湖北汉阳县泥滩地一千二百六十二顷有奇升科银。（《清宣宗实录》卷87）

（道光五年九月辛丑）以江西南昌前等十三帮，湖南、湖北头、二、三帮丁力疲累，准缓本年应交余米分三限搭解。（《清宣宗实录》卷89）

（道光六年正月辛丑）缓湖北各帮漕船应缴借款，并缓征监利县上年挖河压废田亩额赋。（《清宣宗实录》卷94）

（道光六年五月壬辰）湖北巡抚杨懋恬奏："各帮军船行月银两，请援案全数支给，以纾丁力。"从之。（《清宣宗实录》卷98）

（道光七年正月戊戌）缓湖北监利县挖河压废田亩应征银米。（《清宣宗实录》卷113）

（道光七年十月）庚子，谕军机大臣等："据户部奏'甘肃地处极边，储备尤关紧要，向系额贮银三十八万两，分贮银二十二万两，为数本少，节经动用，所存无几。请于藩库贮银二百万两，先在山西秋拨地丁款内拨银五十万两解甘收贮，其余于陕西、河南、山西、山东、湖北及甘肃捐监应解部银两，并该省旧贮实存银两，共陆续凑足二百万之数，责成藩司加谨封贮，不准率请动支'等语，藩库封贮银款，原备地方缓急之用，甘肃地邻边塞，自应豫筹经费以资储备。惟该省旧存封贮银两久经动缺，未能归补足额，亟须宽为筹画。着照所请，先于山西省秋拨地丁项下动拨银五十万两，解往甘肃收贮。其余银两着陕西、河南、山西、山东、湖北各该抚，将所收监饷每凑足五万两即行奏明，改解甘肃藩库交收。其甘肃所收监银亦毋庸解部，每凑足五万两，即奏明尽数归补封贮，总俟该省藩库共收足二百万两之数，即由该督奏请停止，仍着各该省将监银照常解部交纳。此项银两随时解往，着责成该藩司颜伯焘加谨封贮，若非实有要需，概不准率请动用，倘有丝毫那缺，必当按律严惩。仍着该督按年盘查奏报，以凭稽核。将此谕知鄂山，传谕颜伯焘，并谕

徐炘、杨国桢、福绵、琦善、杨健知之。”（《清宣宗实录》卷128）

（道光八年八月庚寅）又谕：“……至本年各起运员将次前赴泸州领运，着该部飞咨各省停止借支，并令湖北、江宁二省查照应增正加运费各数动款支给，俟滇省下届请拨铜本案内声请扣除。自此次奏定章程，该运员等不得以经费不敷仍前滥借，致滋流弊。该部知道。”（《清宣宗实录》卷141）

（道光八年十二月丙寅）谕内阁：“嵩溥奏‘请暂减课铅成数’一折……至妈姑、福集两厂每年抽课变价银两，除支销厂费外，其余课价银两，因楚运铅斤向于此项课价及三两水脚银内借支办运，俟楚运委员售价领解回黔，核数报部拨归，余银拨入兵饷。现暂减一成课铅，每年计少价银九千四百七十八两零，着由部按年照数补拨，以充兵饷。该部知道。”（《清宣宗实录》卷148）

（道光八年十二月癸酉）又谕：“户部奏，各直省道光七年征收钱粮，比较上三年新旧分数，尚无全行少完省分。惟该部于奏销之外，设立比较，复加考核，逐年开单汇奏，原责令该藩司从严督催，以期完数日增，年清年款。此次虽核与往年完数，稍有起色，而福建、江西未完新赋尚在一分以上，未完旧赋尚在五分以上。甘肃、山东、广西、安徽、江宁、苏州、浙江、广东、河南、湖北、云南、直隶等省未完旧赋由一分至七分不等，岂得以比较案内完数相等可免处分，遂致渐形懈弛？而未完分数，逐年如故，并不扫数完清，于催课仍无裨益。着各直省督抚督令各该藩司认真严催，务期新旧一律十分全完，以清帑项……”（《清宣宗实录》卷148）

（道光十年六月丙申）拨湖北宝武局钱八万串，发商生息，为襄阳缉捕经费，从总督嵩孚请也。（《清宣宗实录》卷170）

（道光十一年六月丁未）户部议准前任湖北巡抚杨健疏报，江夏县原坍复淤地十顷五十亩有奇照例升科。从之。（《清宣宗实录》卷191）

（道光十一年十月壬寅）湖广总督卢坤等奏："设卡巡私，定例本属周详，惟在实力奉行，毋庸多设科条。"得旨："何事又非如是耶？当今之弊，疲玩二字，实堪愤恨。若不大加振作，焉有起色？猛以济宽，勉之。"（《清宣宗实录》卷199）

（道光十二年十二月）乙卯，谕内阁："讷尔经额等奏'被水州县请全放折色'一折。湖北本年汉川等县、卫被水，经杨怿曾等奏请拨银支放，当降旨令该督抚勘定灾区，通盘筹画，如常平仓谷足敷散放，即将所拨银两另行存贮。兹据奏，汉川等县、卫存谷无多，若派拨别属，各州县储备攸关，既不可动用空虚，兼以谷数过多，碾运不易。灾民待哺孔殷，概放折色，俾可早沾实惠。着照所请，所有前发抚恤银及现在应发加赈等银，除已动支司库地丁各项，又动拨饷银俟解到归还借垫各款外，尚不敷银二万四百三十八两零，准于司库监饷项下动拨还款。该督等刊刻誊黄，遍行晓谕，严饬该管道府督率印委各员实心经理，毋任胥役人等克扣侵冒，以副朕轸念灾黎、恩膏速沛至意。"（《清宣宗实录》卷227）

（道光十四年五月乙亥）谕军机大臣等："本日据德顺奏'上年湖广漕船到九江关，例外多带木植，应纳税银一万六千五百四十八两零。除交纳外，内湖北欠交银七千一百九十六两零，湖南欠交银六千四百两。经该监督咨明各该省粮道，勒追赶解，并委员前往守催，仅据湖南粮道交到银一千两，下欠之银，咨明分限四年解交完款。至湖北欠项，分厘未妥'等语。漕船跨带木植，照例纳税，自应随时完缴，不容稍有挂欠，何以湖北、湖南漕船欠解木植税银，延不完交，任催罔应，以致关项久悬？着讷尔经额、尹济源、吴荣光严饬各该粮道，即将前项应交税银赶紧催提，如数解缴，毋许再有延宕。将此各谕令知之。”（《清宣宗实录》卷252）

（道光十四年八月己酉）又谕：“讷尔经额等奏‘湖北漕船挂欠木税，请分限完缴’一折。上年湖北漕船到九江关，例外多带木植，欠交应纳税银七千一百九十两零，延不交纳。前经谕令该督等饬属催提，兹据查明，欠税各丁或已减歇在次，或已革运、退运。军田连年被水，若同时如数提缴，丁力实有不逮。所有前项银两，着准其自道光十五年新运为始，每届漕船过九江关时，分作六限带解归款。至漕船额外多带木植，例应起卸入官，若准其纳税，帮丁惟利是图，即难保无包带漏税情弊，且负重行迟，必致有误漕运。嗣后漕船经过各关，务令将额带木植赴关报明，该管监督即亲往关口查验。如有多带木植，即一面奏闻，咨交漕运总督核实照例惩办，以肃榷务而重漕运。”（《清宣宗实录》卷255）

（道光十四年十二月癸巳）拨湖北襄阳道库银二千九百两，调剂武昌、武左、黄州、蕲州、襄阳、德安六卫疲乏帮丁，并拨银二万两发商生息，备襄阳卫造船经费，从总督讷尔经额等请也。（《清宣宗实录》卷261）

（道光十五年三月）壬戌，谕内阁：“各省应解吏部饭银自当按年批解，以资办公之用。乃各该省节年拖欠，愈积愈多，经该部叠次行催，延不批解。现在江宁、山东、安徽、山西、贵州、江西、江苏、湖南、湖北、福建、广西等省，共计积欠历年应解饭银至三万六千二百两之多，殊属延玩。所有江宁等省应解屡年积欠并直隶等省应解本年吏部饭银一万四千七百两，均着该督抚、藩司等迅速批解，以资办公。嗣后应解饭银，着照例于春季解到，毋得再有迟逾。倘不能年清年款，任意宕延，即着该部严参，决不宽贷。”（《清宣宗实录》卷264）

（道光十五年六月）癸巳，谕内阁：“户部奏，请饬催欠解饭银，以资办公。各直省应解饭食银两，系该部办公必需之用，乃积欠累年，动逾巨万，虽屡经饬催，仍复延宕，实属不成事体。着安徽、江宁、江苏、贵州、甘肃、湖南、湖北、浙江、山东、两淮、两浙、福建、广东、山西、直隶、江西、河南、云南、四川、广西各督抚、盐政，即将历年积欠饭银十五万四千余两及本年应解饭食银两迅速委员解部，以备支放。嗣后务令年清年款，毋再任意拖延，致干咎戾。”（《清宣宗实录》卷267）

（道光十五年十二月甲子）谕内阁：“周之琦奏‘帮丁抗缴关税，恳请饬追’一折。上年湖北省帮丁起运道光十三年漕粮，例外跨带木植，偷漏九江关税，曾降旨令湖北督抚如数饬追，补解归款。兹据周之琦奏称，该粮道李源以帮丁等心疑引例未确为词，率请咨部查例，借图延缓。并据查明例案科则及十三年两关征收税银，九江关实多于芜湖关十一倍，是原奏该帮船应补完九江关十四年漏税银一万一千四百九十余两，毫无舛错。着湖北督抚暨漕运总督，仍饬该粮道勒限半年，如数追补归款。倘逾限追不及数，即着落该粮道李源照数赔解。”（《清宣宗实录》卷275）

（道光十六年十月癸酉）谕内阁：“前据给事中常大淳奏‘各省藩库额设封贮银两动缺甚多，请饬部酌定筹补章程’一折，当交户部查核具奏。兹据查明，该部历次奏定将捐监银两弥补封贮，各省于十万两解部后，以五万两归补。陕西、河南、山东、山西、湖北等省以五万两解甘肃后，以五万两归补。原以轮流间补，则部库与边储既可充裕，而各省缺额亦可渐次弥补，必须通盘筹画，庶不致顾此失彼。现在各省封贮银两，除直隶、江西原额无亏，直隶分贮银两因公借动，归于摊廉追解外，其江苏、安徽、福建、湖南、广西、四川、云南、贵州、陕西、河南、山西、山东、湖北、甘肃等省应仍照历次奏定章程，以捐监银两除解部、解甘肃之外，挨次归补。惟旋补旋拨，于封贮仍属无益，嗣后各直省非有要需，该督抚等不得将此项银两遽请动用，庶有补无拨，而原额自可

渐复。所有该给事中请将捐监银两尽数归补各省封贮之处，着毋庸议……”（《清宣宗实录》卷290）

（道光十七年正月癸巳）缓扣湖广荆州、荆左、荆右、沔阳、岳州五卫积歉帮丁借造剥船银。（《清宣宗实录》卷293）

（道光十七年二月丙寅）贷湖北荆州、荆左、荆右、沔阳四卫帮丁灾缺办运银。（《清宣宗实录》卷294）

（道光十七年四月甲子）谕军机大臣等：“本日据讷尔经额奏称‘道库盐课短绌，援案借款支放’一折，已明降谕旨，准其在于司库存贮留备项下借拨应用矣。据称‘此项匣费银五万九千余两，例由两淮运库解交湖北，转解湖南，支放各项养廉公费等用。除从前奏明分别展缓带征暨戊子、己丑两纲银，应俟辛卯匣费征有存银，再行移解。庚寅纲银应俟辛卯等纲正课带完后再行接征外，所有壬辰纲尚欠解银九千五百余两，乙未又复停纲，其陆续收贮解到前欠甲、乙、丙三纲及各项银两，均已支放无存’等语。匣费为办公所需，例应逐年解交清款，其带征续解之款，亦应按限赶解，办公庶不致竭蹶。现在湖南虽准其暂拨司库银两支放，然库项虚悬，更应迅速筹补。着陶澍即饬新任运司，务将各年匣费银两按年移解，以济公用，毋得再有延宕。将此谕令知之。”（《清宣宗实录》卷296）

（道光十七年十二月丙辰）贷荆州驻防官员修理署宅俸银。（《清宣宗实录》卷304）

（道光十七年十二月乙丑）谕内阁：“据户部汇奏‘各省地丁奏销’一折，各直省地丁案件，定例于五年限内全行登复，汇案奏结。兹据该部查明，道光十一年地丁奏销届期并上届汇奏行查银两各案尚未据全行登复，殊属迟延。着直隶、江苏、安徽、福建、浙江、湖北、湖南、山东、山西、甘肃、广东各督抚迅即查明，造册送部，归于下届汇奏案内完结，并着查取历任承办迟延各职名，交部议处。其道光十二年地丁奏销案内行查各款，着该督抚务须遵照奏定限期，迅速登复清楚，于道光十八年汇案奏结，毋得任意延宕，再有迟逾。”（《清宣宗实录》卷304）

（道光十八年四月癸丑）又谕：“琦善奏‘请饬催各省借欠道库银两’一折。每年南漕行抵天津，向由道库借拨剥价油舱银两。据该署督查明，各省借欠道库未归银十九万四千七百余两，现在存款无多，不敷垫拨。着两江、湖广、闽浙、江苏、浙江、江西、湖北、湖南各督抚转饬将欠解各项银两迅即派员解交天津道库，如此内尚有未经提扣之款，并着各该省司道先行筹款拨解，俾敷支用而清悬款，毋得再有延宕。”（《清宣宗实录》卷308）

（道光十八年五月）乙巳，拨湖北襄阳县筹捐钱十万串，发商生息，为襄河防险经费，从总督林则徐等请也。（《清宣宗实录》卷310）

（道光十八年十月）壬申，谕内阁：“户部奏‘各省解部银两请饬催解’等语。各省收捐监生，例收平余银两解交部库，饭食银两解部充公。据该部查明，湖北省应解平余银二万三百余两、饭食银八千九百四十余两，山东省应解平余银四千两、饭食银二千两，山西省应解平余银二千两、饭食银一千两，定限久逾，延未委员报解。着湖北、山东、山西各巡抚将前项应解银两迅即派委妥员解部，毋再延缓。嗣后应行解部银两务当随时批解，不得任意宕延，以资办公而重库款。”（《清宣宗实录》卷315）

（道光十九年十月丙寅）又谕：“兵部奏‘饭银不敷办公，请旨饬催’一折。饭银为办公之用，自应按年批解，不得任意宕延。兹据该部查明，江苏等省欠解新旧饭银三万一千九百余两，节经严催，未据批解。着两江、湖广、四川各总督，山东、山西、江苏、安徽、广西、福建、湖南、湖北各巡抚，迅将应解该部饭银专员如数批解。其较近之江苏、安徽、山东、山西等省限本年内解到，较远之广西、福建、四川、湖南、湖北等省限明年三月内解到，毋得迟延干咎。”（《清宣宗实录》卷327）

（道光十九年十月）乙亥，谕内阁：“户部奏‘各省捐监正项及平余饭食银两延不解部，请旨饬催’一折。据该部查明，湖北省欠解平余银一万六千七百六十九两零、饭食银四千七百七十七两零；安徽省欠解正项银十万两、平余银六千两、饭食银三千两；山东省本年七月归补本省封贮银五万两，应解部平余银二千两、饭食银一千两；浙江省本年七月奏留东塘修费银五万两，应解部平余银二千两、饭食银一千两，节经严催，未据批解。着湖北、安徽、山东、浙江各巡抚即将前项应解银两赶紧委员解部，并将嗣后应行解部银两随时批解，毋得延缓，以重库款而裕公项。”（《清宣宗实录》卷327）

（道光二十年十二月辛酉）户部议准湖北巡抚伍长华疏报，黄冈县新淤湖场五顷五十五亩有奇，照例升科。从之。（《清宣宗实录》卷342）

（道光二十一年三月乙巳）谕内阁：“裕泰奏‘垫修坍溃堤工，分别追赔还款’一折。湖北监利县查王月堤于保固限内坍溃，业经筹垫修复，自应按例分赔，追解还款。所有领修之前任监利县现升甘肃兰州府知府唐树义，应赔七成银九千五百四十六两零，着即如数解楚，不许稍有借延。其接防之现任监利县知县劳光泰，应赔三成银四千九十一两零，亦着如数完缴，归还垫款。该部知道。”（《清宣宗实录》卷349）

（道光二十一年十一月）庚午，谕内阁：“前因裕泰奏‘请将湖北荆州改设关口，俾免绕越偷漏’一折，当降旨交部核议。兹据工部奏请酌量移设，以裕税课，着照所议，准其将周正关移设柳家集地方，改名柳关，周支关改为柳支关。自此量为变通，商贩无从绕越，竹木税课不致偷漏。仍着该督饬令该道认真稽查，征税如有盈余，尽数报解，试行一二年后，有无成效，据实具奏。其周老嘴地方关口着即裁撤，倘有借名影射之弊，严行参办，以昭核实。”（《清宣宗实录》卷362）

（道光二十一年十二月庚子）缓扣湖广荆州、荆左、荆右、沔阳、岳州五卫被水帮丁借造剥船银。（《清宣宗实录》卷364）

（道光二十三年二月）己丑，谕军机大臣等：“前据耆英奏‘淮南盐课照常奏销银两，分限造报’一折，当交户部议奏。兹据该部奏称‘淮南节次奏准减额运销分纲缓带，原冀商力渐纾，日有起色。兹以湖北崇阳之警，口岸售盐被扰跌价，又值夷艨入江，以致该处盐船俱遭焚毁。该督议加轸恤，意在保护全局。惟奏销豫报全完，额课仍须续缴，事属创见，请旨定夺’等语。淮南积疲之余，口岸又复被扰，该督所请自系实在情形。着准其将壬寅一半正课一百余万两，按数造报，无误拨解。其余一百余万两，亦即赶紧催交，限八月内扫数全清，报部听拨。如果届期丝毫无欠，癸卯、甲辰、乙巳三纲始准照办，截至丙午纲，复归二月奏销，以符成例，不得因此次准予分限，率行援引推展。如本年八月一半课项，报解稍有未清，即将该运司严参重惩。仍着耆英随时督催，勿任再有观望。其各商捐输银两，着即转饬迅速悉数交清，报部存案。将此谕令知之。”（《清宣宗实录》卷389）

（道光二十四年正月）甲午，拨湖北地丁银四千四百两有奇，补给武昌、武左、蕲州、德安四卫帮丁运费。（《清宣宗实录》卷401）

（道光二十四年十一月）辛卯，谕内阁：“贺长龄奏‘楚省借动铅价银两，请饬催解’一折。此项楚省借动铅价售存银两久未归还，以致黔省办理支绌，恐误额运。着湖北巡抚速饬查明续售铅价及借出未归银两，迅即筹还委解，以供支用。嗣后售铅价银并着随时解还归款，不得再行借动。至每年京铅四运所需水脚银两，亦准其改由楚省在于铅价项下就近支发。其应拨水脚银两，仍着全数解黔，以济厂务急需，毋稍延玩。”（《清宣宗实录》卷411）

（道光二十四年十二月癸卯）又谕：“户部奏‘湖北省武职养廉不敷银两，应准借用地丁支放，仍俟两淮将前项银两解到时，即行归款。嗣后如遇本款不敷，应于闲款银内通融借动，不准请借地丁银两，以符定制’等语，着照所议办理。至两淮欠解该省武职养廉项下银两，着两江总督转饬运司，即将道光二十五年以后应解湖北省盐课布税等银按年清解，以资该省武职养廉之用。其节年欠解共银四十四万三千余两，系应归还垫款报拨之项，均着赶紧设法提解湖北省，仍专案报部查核。”（《清宣宗实录》卷412）

（道光二十五年四月乙未）又谕：“吴文镕奏‘江西粮道应解通州轻赍银两，援案请由司库正项借动凑解’等语。此项银两，既因各属未能先期解到，着准其在于司库正项内暂借银五万两，俾资凑解。该抚即严催各属赶紧征完，勒限解还司库归款，毋任稍有悬宕。向来各省正项银两不准率请借用，前因湖北、山西请借用地丁银两，曾降谕旨，概不准动。嗣后该省应解轻赍一款，着该抚于新漕起运以前通盘核计，如遇不敷，着另筹他款应用，不准擅借司库正项，以昭慎重。”（《清宣宗实录》卷416）

（道光二十五年八月）乙卯，谕内阁：“户部奏‘铅运借支银两，核与例案浮多，请旨饬禁，并酌量变通旧章，以示限制’等语。据称节年铅运各员应追借支等款，已积至十四万数千之多，若不即加整饬，势必纷纷效尤，更无底止。着山东巡抚转饬铅运各员，嗣后请借银两务须按照定例，核其应销银数在五百两以外者，止准借至五百两。其在五百两以内者，必使所借之数，无浮于应销之数，不得借至五百两。至让漕等事，尤当查勘确实，毋任冒滥。倘再率行借给，以致无着，即照定例，将滥借之地方官分别着赔，以杜浮冒而重支销。至所议各条，着云贵、湖广及沿途各督抚一体遵照，实力奉行，毋稍冒滥。”（《清宣宗实录》卷420）

（道光二十六年二月庚子）两江总督壁昌等奏：“两淮课源，重在楚岸，保本疏销，实为裕课先务。惟岸商心志不齐，大商本巨盐多，意在扳价，小商本薄盐少，冀速转轮，意在抢跌。现在酌定盐归公售，课归公分，按到船先后以三百万包为一档，前档之盐售至八分，接开后档，价皆一律，售有定时，盐价渐已扳提，销数亦有起色。”报闻。（《清宣宗实录》卷426）

（道光二十六年十二月乙卯）谕内阁：“御史曹澍钟奏‘州县亏那钱漕供给规礼，请饬大吏廉俭率属’一折，并片陈‘规费名目’等语。各省封疆大吏自宜洁己奉公，廉俭率属，于官民受困之处，深加体恤，实力整顿，方为不负委任。若如该御史所奏，近年钱漕积弊，皆由州县趋承上司，供给规礼，因而浮收勒折，朘及小民，又复不自撙节，以致钱漕愈累，仓库愈亏。如楚北之折价完纳、蠹串分肥，江、浙之捏报水旱那借库款办漕，无非以小民之脂膏，供长官之糜费。又如所称督抚巡阅、学政按棚、藩臬道府节寿等项均有规礼供给，并有填衙坐辕门各项名目，此皆州县赔累之由。朘之于民，实亏之于国，日甚一日，几无底止。若不严行禁绝，革除积习，何以饬簠簋而实仓储？着通谕各省大吏，务各激发天良，清廉自励，破除情面，于一切地方供给规礼，概行屏绝，俾州县不至借口赔累，浮收钱漕，于体恤之中，即寓整顿之意。倘查有陋习相沿，以趋承为能事，置民力于不顾者，即行严参示惩。各大吏如敢狃于积习，不能洁清自守，经朕访闻，或被科道纠参，定将该督抚等严

惩不贷。其各懔之，慎之，勿谓言之不豫也……”（《清宣宗实录》卷437）

（道光二十七年三月甲午）缓湖北荆州、荆左、荆右、沔阳，湖南岳州五卫被灾帮丁应扣借造剥船银。（《清宣宗实录》卷440）

（道光二十七年十二月）辛酉，谕内阁：“户部奏，汇核各直省道光二十六年征收新旧钱粮，比较上三年完欠分数，开单呈览。钱粮为国家正供，岂容新旧相因，积年蒂欠？各直省完纳之多寡，全在各藩司督催之勤惰，自应分别惩劝，以重课赋。所有新赋欠数在一分以上之安徽、江西各藩司，新赋欠数在一分以上、旧赋欠数在九分以上之江苏省江宁藩司，并福建、甘肃、浙江各藩司，新赋欠数在二分以上之河南藩司，均着各督抚查取职名，咨送吏部分别议处，并将未完银两按限严催完报。新欠固易征催，即旧欠亦岂容膜视，听其拖欠至八九分之多？国帑攸关，各宜核实督催，倘仍前玩泄，即着从严指参。其四川、广东、湖北三省应征新旧二赋全完各藩司，督催认真，着各督抚查明，咨送吏部议叙。”（《清宣宗实录》卷450）

（道光二十八年十一月）乙未，谕内阁：“户部奏‘催未完借修堤费’等语。湖北各州县自道光十二年起至二十六年止，未完借修堤费银三十七万二千四百七十余两，有无完解，未据该省分晰造报。此项既系在业民名下派征归款，即与正项钱粮无异，何得愈借愈多，递年积压？况已将应豁免者加恩豁免，其余应征银两，小民自必输将恐后。着湖广总督、湖北巡抚转饬各州县，速将未完堤费银两按限征催起解，不准借词展缓。如有届限未完及以完作欠情事，即行指名严参。并将已、未完数目及应征年分查明造册，送部核办，以重帑项而归核实。”（《清宣宗实录》卷461）

（咸丰元年二月壬申）谕军机大臣等：“龚裕奏‘参员列款禀讦总督、藩司’一折。湖北降调武昌府同知劳光泰，讦称裕泰停止各卡饭食，为废弃缉私，二十四年，二十八、九年整轮扳价，以致盐贵。私提节省岸费，多有面谕无札，二十八年捐赈，即在岸费内提用，作为自捐等款。并该参员有无向该督诈索，该督有无饬令藩司给与该参员银一万两作为盘费之事，均着裕泰明白回奏。将此谕令知之。”寻奏：“查各卡员弁饭食，向系动支商捐岸费等项，上年因岸费未经解到，酌行裁撤，并非一概停止。至楚岸邻私，以宜昌、襄阳为要隘，上年冬奏委道员罗遵殿前往督缉，屡经报获解案，何得谓之废弃缉私？查鹾务章程，整轮、散轮、扳价、跌价向由两江督臣主政，前因小商叠次争先抢跌，大商亦因而效尤，不得不随时提扳，以固商本。前因两省办理抚恤等事，面谕盐道，酌提岸费备用，有报文存案。二十八年办理水灾，借支银四千两，旋照数札发还款，并无提用岸费作为自捐之事。又该参员向臣诈索，臣饬令藩司给银一万两作为盘费一节，更属毫无影响。”报闻。（《清文宗实录》卷27）

（咸丰元年三月癸巳）贷湖北荆州、荆左、荆右、沔阳并湖南岳州五卫帮丁运义造费银。（《清文宗实录》卷29）

咸丰元年辛亥六月辛未，谕内阁：“户部奏‘遵拨银两解赴湖北’一折。现在湖北办理过境兵差，需用较繁，所有部拨江海关税及江西、河南、山东监银共十五万两，着各该省迅即按数委员解赴湖北，以资支放。至两淮欠解湖北省己酉、庚戌两纲匣费银两，着两江总督速饬运司，按照奏定新章先行提解，并将节年未解匣费银两分别筹解，毋再延宕。”（《清文宗实录》卷36）

（咸丰元年十一月辛酉）免湖北省节年民欠各款银。（《清文宗实录》卷47）

（咸丰元年十二月乙酉）豁免湖北各属道光二十九年以前军民未完额

赋，两淮、通泰海三分司所属道光二十九年以前灶地未完额赋。（《清文宗实录》卷49）

（咸丰二年二月）乙酉，谕内阁："兴业奏'回空漕船挂欠关税，请饬催解'一折。上年回空各帮军船经过淮、宿两关，共未完正耗税银一万六千三百九十两零。着漕运总督并两江、湖广、江苏、安徽、浙江、江西、湖北、湖南各督抚转饬各该粮道，按照每帮欠税银数，先于道库筹垫解交该关。仍勒限催追各帮丁缴还道库，以免悬宕而重国课。"（《清文宗实录》卷53）

（咸丰二年二月丙午）豁免湖广荆州、荆左、荆右、沔阳、岳州五卫，并湖南华容、临湘、益阳、澧、巴陵、湘阴六州县道光二十九年以前积欠钱漕并各项银米。（《清文宗实录》卷54）

（咸丰二年四月壬午）贷湖北荆州、荆左、荆右、沔阳四卫并湖南岳州卫帮丁办运银。（《清文宗实录》卷58）

（咸丰二年八月甲辰）又谕："常大淳奏'请免商贩米税'等语。所有四川、江西二省商贩米船，运往湖北荆州、武昌、汉阳等府售粜，经过各关，均着暂免米税。俟军务完竣，再行照常征收。"（《清文宗实录》卷70）

（咸丰二年八月甲辰）谕军机大臣等："……湖北商贩米船，准其过关免税。两湖系产米之区，如何互相接济，着随时咨商办理……"（《清文宗实录》卷70）

（咸丰三年二月己卯）又谕："军兴以来，已越两年。逆匪自粤而楚，攻陷州郡，蹂躏地方，吾民颠沛流离，深堪悯恻。业经先后降旨，令将广西、湖南、湖北被扰地方应征地丁钱粮分别蠲缓，以苏民困。现在贼自九江东窜，安庆失守，民间迁徙仓皇，遭罹兵燹。春耕将及，力作未遑，眷念南邦，实堪廑系。所有江西、安徽沿江一带被贼扰害各州县应征新旧钱粮，着各该督抚确切查明，迅速奏请蠲缓。其附近地方虽与被兵处所稍有不同，而警报频闻，民难安业，着一并查明，分别奏请恩施，用示朕轸念穷黎至意。该部即遵谕行。”（《清文宗实录》卷84）

（咸丰三年七月丁巳）谕内阁：“给事中雷维翰奏‘江、广新漕，部议由官折价，请旨遵办’一折。前据户部议奏，江、广等省咸丰三年应征漕粮，由官折价解京，民间完纳，悉仍其旧，不许以折银之议，向民间更改旧章，借口浮收勒折，已降旨依议行矣。第恐户部原奏，闾阎未能周知，各属州县或借口折价，愚弄小民，以为科敛地步，致生事端。着湖南、湖北、江西各督抚按照部议，剀切出示晓谕，俾穷乡僻壤皆知此次新漕，仍照旧章完纳，由地方官自行变价解京，与民无涉。倘不肖官吏有借词私改章程及浮收勒折等弊，即行严参惩办。并着各督抚将此旨及户部原奏一并刊刻，遍行宣示，咸使闻知。将此通谕知之。”（《清文宗实录》卷100）

（咸丰四年三月戊午）又谕：“叶名琛、柏贵奏‘粤省解部银两现已陆续启程，请饬沿途各督抚妥为护送，毋得再行截留’等语。此次广东解京银两系部库急需之款，该委员等业已陆续起解，非由江西绕道浙江，必须由楚达豫，方能抵京。着湖南、湖北、江西、浙江、江苏、河南、山东、直隶各督抚于粤饷入境之时，饬属探明何路可行，速即派拨员弁兵役妥为护送，催趱前进。断不准借词道路梗阻，擅行截留，致误要需。将此由六百里各谕令知之。”（《清文宗实录》卷124）

（咸丰五年五月庚午）以绅民团练杀贼，蠲免湖北黄安、黄冈、蕲水、罗田、沔阳、黄陂、孝感七州县旧欠额赋。（《清文宗实录》卷167）

（咸丰六年十二月己丑）谕内阁："湖北武昌、汉阳两城叠被贼踞，附近各属亦多被扰之处，现经官文等督兵克复城池，地方渐就肃清，闾阎当兵燹之余，元气尚难遽复，自应亟筹调剂，以恤民艰。着官文、胡林翼即将武昌、汉阳两府属被贼扰害地方钱漕正杂各项，应如何分别蠲缓，迅速查明具奏。其被难贫民亟应筹款，妥为安抚，并着遴委妥员迅速查办。该督抚务当悉心筹画，俾无一夫失所，以副朕轸念民依、恩膏速沛至意。"（《清文宗实录》卷 214）

（咸丰七年四月戊戌）谕内阁："近年江、浙二省办理海运，湖广等省办理折色，所有停运军船，前经户部奏请，将年分较远者迅即变价，并节次奏请饬催漕运总督查办。兹复据该部奏称，迄今年余，尚未据该漕督奏明办理。着邵灿即将现办情形迅速具奏，并着有漕省分各督抚迅将各该省停运军船分别已、未归次，并年分较远可以折变船只数目及节年应征造船银两余剩若干，统限两个月，详细查明具奏，妥速办理，以归核实而节虚糜。"（《清文宗实录》卷 224）

（咸丰七年九月丙戌）又谕："有人奏'湖北省设局抽取厘金，以荆州府属之沙市镇为精华。前此地方官吏于各行店货物售得制钱一千者，抽取十二文。零星铺户分上、中、下三项，每月或认出制钱六十串至二十串不等。本年六七月间，又议加增，前次每串收取十二文者，竟加至三十六文。该商等以所取过多，求减不允，几至歇业罢市。且此项厘金，多系官绅侵蚀，归军饷者无几。此外，如荆门州属之沙阳，襄阳府属之樊城、老河口，沔阳州属之新堤等处，皆有分设抽厘各局，亦未必能尽归公用，请饬一并酌量核实办理'等语。各省设局抽取厘金，原出于万不得已，若任意加增，徒饱官绅私囊，必至有碍民生，无益国计。着官文、胡林翼拣派贤员督同地方绅士妥为经理，毋任不肖官吏假公济私，务于军饷有裨，不至扰累闾阎。原片着钞给阅看。将此由五百里谕令知

之。"（《清文宗实录》卷235）

（咸丰七年十月戊辰）湖北巡抚胡林翼奏："漕务积弊已久，欲禁浮收，当革冗费。现已委员驰诣各州县体察情形，分别删减，明定章程，务期积弊尽除，民力借以稍纾，国赋得归实济。"得旨："所奏实属剀切。汝能不顾情面，祛百年之积弊，甚为可嘉。俟办有端倪，再行具奏。"（《清文宗实录》卷238）

（咸丰八年六月乙丑）免湖北江夏、汉阳二县六年芦课杂税银两。（《清文宗实录》卷257）

（咸丰九年三月庚寅）又谕："户部奏'请饬筹办淮南盐务，酌拟条款，开单呈览'一折。淮南盐课为拨解大宗，近年因长江梗阻，经户部议令就场收课，办理数年，稍有起色，尚未能复旧额，亟应设法筹办，以裕课款。着照该部所议，如通、泰各场，于适中之地驻扎武职大员，稽察出入，以杜偷漏。泰州总局及分局，酌增税银。淮盐侵越浙岸，于京口等处地方设卡抽收税银，抵补浙课。又事务较简各场盐官酌量裁并。又川、淮各私由湖北阑入湖南者，必由岳州经过，于该府设局抽税。其余毗连川、粤处所各设税卡，以防偷越。江西饶州、吉安、建昌、九江等府，各于适中地方设局，仿照湖北章程，一律收税。所议均尚周妥，各该督抚果能认真筹办，于鹾务饷需实有裨益。着两江总督，江西、湖南各巡抚悉心筹画，妥速办理……"（《清文宗实录》卷279）

（咸丰十年八月丙寅）又谕："户部奏'酌提各省漕折银两，采买粮石以实仓储'一折。京仓为根本至计，兵民口食攸关，亟应广为筹画。现在江西、湖南、湖北军务肃清，闾阎安业，所有应征各款，自可照旧征收。着官文、胡林翼、文格、毓科将江西漕折银提四十万两，湖南、湖北漕折银各提十万两，务于年内一律解京，并将起解银数日期，先行

奏报……”（《清文宗实录》卷327）

（咸丰十一年四月癸未）谕军机大臣等：“……本日官文奏‘暎、俄各国商船，陆续到汉口，暎国有领事官金执尔同往，俄国船到，并未报知，来去自由，亦无领事官偕来，语言不通，任意装载往来，莫从理喻’等语。汉口江路，贼氛逼近，外国船只驶赴通商，本多窒碍，若如俄国之任意往来，殊滋流弊。且载运货物，亦须遵守条约，着奕䜣等即照会俄国，嗣后该国商船到汉口，务须有领事官偕往，去来必须报明，不得任意装载往来，以杜诡计。其各国出口货税、交纳稽查各章程，并着奕䜣等迅速酌议，咨复官文查照办理。王有龄、官文折片五件，均着钞给阅看。将此谕令知之。”（《清文宗实录》卷350）

（咸丰十一年五月丁巳）又谕：“恭亲王奕䜣等奏‘商办税务事宜，先将该总税务司所递清单禀呈，分别办法开单呈览’一折。现当开办关税之初，必须严定章程，方期税课日增，且以杜影射偷漏之弊。今据该总税务司赫德呈递清单七件、禀呈二件，经恭亲王奕䜣等逐层辩论，分别办法，其中不无可采之处。如长江一带通商一款，据称‘起货、下货均在上海征纳税饷。其镇江以上，汉口以下，准商人任便起货、下货。镇江以上，即作为上海内口，无庸设虚立之关’等语。长江贼匪出没无常，商贩走私难于查拿，固宜于总处纳交，以免偷漏。然任便起卸货物，又恐漫无限制……”（《清文宗实录》卷353）

（咸丰十一年九月甲午）又谕：“前因滇省军务紧要，曾经奉旨令张亮基俟病体稍愈即赴云南，帮办安抚回众事宜。本日据张亮基奏报‘现在鹤峰州，专候部颁捐照，奉到即赴湖南筹费募练，再行赴滇’等语，云贵总督现已简放福济，屡经催令赴任，张亮基着毋庸前往云南。湖北、四川地方叠经劝捐，张亮基请饬户部颁给捐照之处，着毋庸议。该部前发执照着即缴回，已捐银两就近交湖北巡抚收支。张亮基俟病体痊愈，

即来京另候简用。将此由六百里谕令知之。”（《清穆宗实录》卷4）

（咸丰十一年九月乙巳）谕内阁：“户部奏‘请催各省漕粮奏销，并请饬仓场衙门，将行查各案迅速造送’等语。各省漕项钱粮，向例定于隔年三月奏销。乃云南等省地丁奏销及商税等项报销，又奏销案内欠送考成册揭者，该部叠次严催，迄未具题到部，实属任意迟延。着云贵、直隶总督，漕运总督，云南、山东、河南、浙江、江苏、湖南、湖北、江西各巡抚，淮关监督按照户部单开件数，严饬所属赶紧造报，并着吏部查取各该省历任迟延各职名，分别议处……”（《清穆宗实录》卷5）

（咸丰十一年十月）癸酉，谕内阁：“户部奏‘请采买米石以裕仓储’一折。京仓为天庾正供，自应豫筹采买以供支放……至买米经费，前经该部奏明，酌提漕折等银备用，并着江西、湖北、河南、山东各督抚将欠解银两迅速解齐，务于本年内扫数全清，毋许再有延宕……着各该督抚、府尹查照该部前奏认真办理，以裨仓储。”（《清穆宗实录》卷7）

（同治元年六月丙辰）又谕：“严树森奏‘湖北省漕粮请仍收折色解京’一折。据称‘该省漕粮，自咸丰七年前任巡抚胡林翼改征折色后，每年应完漕项，俱已按限全完，官民两便。今若仍征本色，一切零星运费，仍不免科派民间，日久诸多流弊’各等语，所陈自系实在情形。着照所请，本年湖北省应征漕粮米石，仍照前定章程，将部议七万石之数征收折色，依限解京，以免浮勒而收实济。”（《清穆宗实录》卷30）

（同治元年闰八月乙未）又谕：“罗惇衍奏‘请饬各省督抚将欠解库款凑定数目，立限解京’一折。各直省应解库款例应年清年款，况当此经费浩繁之际，该督抚等尤应按限筹解，以裕库储。查山西、广东、山东、河南、四川、福建、湖南、湖北、江西等省短解库款为数甚巨，即使用兵省分需费浩繁，而完善之区岂容膜视库款，相率疲玩……湖北现

欠漕折银十万两，湖南现欠漕折银六万两，着照数迅解外，无论何项均各再行酌提五万两解部……”（《清穆宗实录》卷40）

（同治元年九月癸亥）谕议政王、军机大臣等：“户部奏‘京饷支绌，请饬催各省欠款，并请明定迟延处分’各折片。部拨要款，屡催罔应，以致库储极为支绌。京师为根本重地，年内非有实银二百余万两，断不足以供支放。该督抚、监督等亟应激发天良，源源报解，岂容膜视？所有山西欠解银六十五万两、湖南欠解银五万两、湖北欠解银七万两……以上专提各款，统限于十一月内陆续解齐。该督抚等于接奉此旨之后，务宜赶紧如数按期速解，以接库款。如仍前延玩，限内不能全数解至，即照户部所议，督抚则立予降调，藩运各司及各关监督均立予革职，以为玩视京饷者戒。懔之。将此由六百里各谕令知之。”（《清穆宗实录》卷43）

（同治元年十月丁亥）又谕：“……严树森另折奏‘鄂省被匪窜扰，请将应解漕折银两暂缓筹解’等语。发逆捻匪阑入楚疆，扰及德安、汉阳等府所属地方，漕折银两未能按限催征，而添募营勇、筹济饥军，以致库款支绌，自系实在情形。惟此项漕折银两系采买米石弥补京仓之用，关系甚巨，断不可再事迟延。所有湖北欠解咸丰十年漕折银五万两，仍着严树森督饬藩司赶紧筹解。现在发、捻各匪被剿他窜，楚境渐就安敉。其本年漕折及十年漕折二款，均着该抚设法催征，务于年内起解到京，以供支放，毋得稍涉推诿，致误要需……将此由六百里加紧各谕令知之。”（《清穆宗实录》卷45）

（同治二年二月）辛巳，谕内阁：“前因户部议复御史朱文江奏‘湖北省厘局流弊甚多，请饬该督抚酌量裁撤’，当经谕令官文、严树森遵照办理。兹据官文等奏称‘湖北省自举办厘金以来，每年抽收实数约在一百三四十万两，全赖分设小局稽查偷漏，大局之征收始旺，各处厘捐零卡，势难议裁。且湖北省以一隅财力，协济数省军饷，亦多借资厘金，若不统筹兼顾，轻议更张，恐入款顿减，本省防兵口粮及邻疆协饷均难筹措’等语，所陈自系实在情形，着照所奏，湖北省原设厘局均暂免其裁撤。该督抚仍当随时稽查，各局委员倘有不能洁己奉公，借端侵蚀，即行从严惩办，务令有裨军饷，无病民生。俟各路军务平定，库款稍充，即由官文等体察情形，酌议裁撤。”（《清穆宗实录》卷57）

（同治二年二月辛巳）又谕：“前因御史丁绍周奏各省厘捐流弊滋多，当经谕令各该督抚裁撤委员，统归地方官经理。兹据严树森奏，湖北省办理厘金，经前任巡抚胡林翼仿照唐臣刘晏用士类不用胥吏之法，历年举行，著有成效。今若改归地方官经理，诸多窒碍，就该省情形，胪陈八弊。所奏甚是。各直省举办厘捐借充军饷，原期有利无弊，涓滴归公。严树森所奏州县有地方之责，事务殷繁，若责以厘事，势不能亲历乡镇，必至假手吏胥，从中舞弊。其州县中之不肖者，又或视为利薮，借饱私囊，甚至门印狼狈为奸，绅衿扶同掩饰，纵有弊端无从举发，且交代那移、侵渔亏空诸弊从此而起，均系实在情形。所有湖北省厘捐着照严树森所请，仍照旧章，毋庸改归地方官办理。惟各局委员，该督抚仍当随时稽察，派委贤能之员妥为经理，如查有营私舞弊情事，即着从严参办，毋稍徇纵。”（《清穆宗实录》卷57）

（同治二年六月）甲午，谕议政王、军机大臣等：“前因伊犁将军常清奏‘部拨川、甘两省有着款项未据报解，请饬严催’等语，当交户部速议具奏。兹据奏称‘该部于上年十月间遵旨筹拨伊犁军饷，当将川省征存正余盐厘项下银及济楚盐厘项下银各五万两，行令该督照数提拨。嗣后该督以指拨之饷无从筹解，奏请改拨。复经该部驳令照前拨解，且所拨之项，准其于欠解咸丰十一年京饷银内扣除，更无所用其推诿，何以半载有余，丝毫未解？请饬四川总督查照前案，勒限筹拨’等语……”（《清穆宗实录》卷70）

（同治二年八月）庚寅，谕议政王、军机大臣等："户部奏'专提年内应用京饷，请饬各督抚等迅筹报解'一折，据称'就部库年内用项，通盘核计，非解到实银二百五十万两，难敷开放……湖北尚欠七万五千两……湖北盐厘除起程外，内提七万两……以上总共提银二百五十万两，均限于年内一律到齐'等语。着耆龄、刘长佑、官文、骆秉章、毛鸿宾、李鸿章、严树森、恽世临、英桂、沈葆桢、张之万、徐宗干、阎敬铭、郭嵩焘、崇厚、毓清、英元等各按应解数目，督饬藩司、运司赶紧筹解。此次户部所提银两，均系就各省关力能筹解情形，酌量匀提，并非强以所不能。且系部库年内万不可少之需，该将军、督抚、通商大臣暨监督等务于奉到谕旨后，迅即起解，均限年内一律到齐。倘再有延误，即由户部按照上年新定处分，从严奏参，决不宽贷。另片奏，前次奏提同治二年分洋药税厘……山西、湖北、广东各十万两，除山东、河南奏明尽征尽解，并据山东解到银二千两外，仅据湖北解到银三万两，其余各省均未奏报起程，实属玩误。着刘长佑等遵照前奉谕旨派委妥员赶即解京，并将起程日期先行报部查核，以济要需，毋再迟延干咎。将此由五百里谕知福州将军，直隶、湖北、四川、广东、江苏、湖南、山西、江西、河南、福建、山东各督抚，通商大臣，并传谕各海关监督知之。"（《清穆宗实录》卷76）

（同治二年十月癸巳）又谕："严树森奏'特参原勘洲湖淤地不实之知县及率行转详之知府，请旨交部议处，并请将原定租课免征'一折。湖北省滨江有芦洲地定例五年大丈一次，荆州府石首县各洲地于咸丰十一年三月间，据该知府唐际盛并该县廷元禀报，勘得淤地可以播种者至十三万八千八百余亩，征租至四千七百余两之多。兹据该抚查明石首县团合、刘发等洲地方浮泥滞沙，水涨即淹，不堪耕种。该地方官从前勘丈时，并不认真履勘，仅分遣书差，随同委员望地估亩，派佃认租。且将柴山民业并入淤地，其久经定额之租，亦复一律加赋，有害民生，无裨饷项，办理殊属草率。前任石首县知县廷元、前任荆州府知府唐际盛着一并交部照例议处。其原定租课即着免其征输，以顺舆情而免拖累。所有该处洲地仍责令该地方官俟水涸后确切查勘，其实在可以耕种升科者，究有若干，并入大丈案内办理，以符定制。毋许稍有不实不尽。”（《清穆宗实录》卷82）

（同治二年十二月甲戌）谕议政王、军机大臣等：“户部奏‘专拨新疆南北两路经费以济兵食’一折……着骆秉章于四川正余济楚盐厘拨银十万两……”（《清穆宗实录》卷87）

（同治三年二月丙子）谕内阁：“户部奏‘年内专提京饷限期已满，请分别劝惩’一折。上年八月间，经户部奏准，将山西等省应解同治二年分京饷专提二百五十万两，限于年内解齐，如有宕延，即照该部奏定章程，分别惩处……其湖北省地丁银七万五千两、盐厘银七万两，直隶省天津关税银四万两，亦俱依限报解。该二处应解二年分京饷并能如数清完，湖北巡抚、布政使暨天津关监督均着交部议叙……”（《清穆宗实录》卷93）

（同治三年三月辛亥）又谕：“严树森奏‘解饷委员经过地方，请饬派兵护送’等语。湖北筹解奉拨同治二年京饷及直隶固本军饷、部饭、照费并漕折等项，饬委知县杨宗时、熊启咏分起管解，赴部、赴直隶藩库交纳。严树森因恐河南南阳一带道途梗塞，已饬该委员等改道由信阳州一路行走，并饬本省经过地方妥为护送。第该委员等一经出境，鄂省势难照料，所有经过河南、直隶各州县自应一体护送，以重饷需。着刘长佑、张之万飞饬经过各该地方州县，俟该委员等解饷到境，迅即多派兵役、车辆小心护送，毋稍疏虞……将此由五百里各谕令知之。”（《清穆宗实录》卷97）

（同治三年五月己未）谕议政王、军机大臣等：“上年十一月间，户部奏‘各省军务未平，将本年京饷照历届酌减十分之三，共拨银五百万两，限五月前解到一半，十二月初间全数解清’，当经谕令各该督抚、监督等分限解部，不准改拨截留。兹据户部奏称‘……原拨江汉关税二十万两，已据奏请缓解……至原拨湖北地丁盐厘三十万两，内除已解三万两外，其余银两，又据奏请俟军务稍松再行筹解……若纷纷请缓请留，部库支放，从何措手，请旨饬催’各等语。京饷为部库要需，征解万不容缓，叠经谕各该省、关按期报解，不准稍延。且本年拨款照历届成案已酌减十分之三，体恤不为不至。乃各该督抚、监督等仍纷纷请留，或借口道路梗阻，任意迟延。当此库储匮乏，设或放款无着，贻误非轻。着各该将军、督抚、通商大臣、盐政、藩司、运司、监督等恪遵上年十一月谕旨，按限解齐，毋再请缓请留，致误开放。并着官文、唐训方将本年应解地丁盐厘等项，照江汉关税，限八月前解到一半，统于年终解清。倘再意存膜视，逾限不完，即由户部查照新章参办。将此由五百里谕知福州将军，办理三口通商大臣，各该省督抚、盐政，并传谕各该关监督，各省藩司、运司知之。”（《清穆宗实录》卷103）

（同治三年九月）癸丑，谕议政王、军机大臣等：“户部奏‘本年京饷请严饬各省赶解，以供开放’一折。近年京饷均于八九月间统核年内用项，在原拨未解银内酌量专提。本年京饷原拨银五百万两，为数较少，现计截至八月底止，除解到划拨并已报委解外，尚有……湖北欠解地丁银十五万两……湖北欠解盐厘银五万两……江汉关欠解税银十万两……以上共银二百五十二万五千两。该将军、督抚等具有天良，应念京师为根本重地，饷项至关紧要，本年业经酌量减提，若再行酌减，诚恐年内不敷应用。着该将军、督抚、通商大臣、监督等于接奉此旨后，各将未解银两务于十二月内尽数解齐。倘仍饰词宕延，致误要需，即由该部查照奏定章程，指名严参，毋得视为具文，自取咎戾……将此由五百里谕知官文、英桂、刘长佑、毛鸿宾、阎敬铭、沈桂芬、张之万、徐宗干、沈葆桢、吴昌寿、恽世临、郭嵩寿、崇厚，并传谕宝章、毓清、师曾知

之。”（《清穆宗实录》卷115）

（同治三年十二月壬申）谕议政王、军机大臣等：“户部奏‘豫拨来年京饷，开单呈览’一折。历届京饷向系年前豫拨，上年户部以各省军务稍平，尚须筹办善后，将应拨本年京饷照历届酌减十分之三，仅拨银五百万两，而各该省、关报解仍复拖延。京饷关系要需，该部放款累累，实已无可再减。现在户部奏请豫拨同治四年京饷，拟于地丁盐课、关税等项银两仍照本年酌减数目，拨银五百万两，限于明年五月以前解到一半，十二月初间全数解清，均系斟酌各省缓急情形，撙节动拨，以期易于遵解，并非强以所难。各该省将军、通商大臣、督抚、盐政、监督及藩运各司等具有天良，自当按照户部指拨银数清单依限解齐，以济要需。倘以为数视历年较少之款，仍复任意截留，借词划扣，即着户部按照奏定章程，指名参奏，定将该将军等从重惩处，决不宽贷。至本年未解京饷，曾于九月间降旨严催，现届年终，放款较巨，各该省关岂容再事宕延？着即迅速解到，以供支放，毋得仍前玩泄，致干重咎。懔之，慎之。原折单均着钞给阅看。将此由五百里谕知福州将军，办理三口通商大臣，直隶、山东、山西、河南、湖北、湖南、两江、江苏、福建、广东各督抚，并传谕山海、粤海各关监督知之。”（《清穆宗实录》卷123）

（同治四年闰五月戊子）谕军机大臣等：“户部奏‘请催本年京饷以供开放’一折。上年该部奏拨本年京饷银五百万两，截至本月初十日，除河南、山东等省，闽海、江海等关初限报解足数，其山西等省、江汉等关，或解未及半，或丝毫未解，实属疲玩。既据该部奏称，本年五月以前放款，业经敷衍无误，此次姑免其参处。惟此后放款尚巨，如各该省仍前延宕，必误要需。所有欠解之……湖北地丁银十六万五千……湖北荆、宜、武、襄盐厘银四万五千……江汉关税银二十七万……共有三百万两之多。着各该将军、督抚、盐政、通商大臣、监督务将欠解银两统于年内扫数解齐，并督饬藩运各司赶紧筹画，分起报解。倘再有稽延，致误开放，即着该部指名严参……将此由五百里谕知直隶、江苏、浙江、福建、湖北、湖南、河南、山东、山西、广东、四川各将军、督抚、盐政、通商大臣，并传谕粤海关监督知之。”（《清穆宗实录》卷143）

（同治四年六月癸卯）谕内阁：“前因曾国藩、李鸿章奏‘请将江苏太仓、镇洋二州县漕粮改征折色’，当交户部妥议具奏。兹据该部遵议复奏‘漕粮为天庾正供，定例不准轻议改折’，近来江西、湖北等省虽有改征折色之案，亦出于一时权宜，究非经久之法……”（《清穆宗实录》卷144）

（同治四年十一月癸亥）又谕：“前据工部题奏，湖北新关税务应令实缺道府督办，以符定例，当经降旨依议。兹据官文奏称‘新关建于新堤，与实缺道府所驻地方相离甚远，该道府等不能躬亲其事，势将假手胥役，弊窦丛生。必须监司大员驻关督办，方足以资弹压。请仍由候补道府中遴员经理’等语，所奏系属因地制宜，即着照该督所请，仍于该省候补道府内遴选结实可靠者，奏委一员，驻扎新关，督收税课，以专责成，一年期满，另请更换，倘该委员办理不善，或人地不宜，即着随时撤换。如所委之员得力，接替乏人，届期准其奏明留办。另片奏‘候补道刘建德委办新关税务日有起色，请再留驻关一年’等语，刘建德着准其再留一年，督办新关税务，以资熟手。俟一年期满，再行遴员接办。”（《清穆宗实录》卷159）

（同治四年十一月戊子）谕军机大臣等：“户部奏‘豫拨来年京饷’，据称‘历届京饷均系年前豫拨，现届应行豫拨同治五年京饷，拟在各省地丁、盐课、关税等项银内拨银六百万两，请饬各该省于来年分批起解’等语。京饷关系最为紧要，现经该部就各省缓急情形，撙节动拨，自应遵照奏定银数，源源报解，以济要需。着各该将军、通商大臣、督抚、盐政、监督等务于来年开印后分批起解，限五月前解到一半，十二月初间全数解清，不准截留改拨、借词延误。倘届限不到，即照奏定处分，指名严参。原折单均着钞给阅看。至本年未解京饷，前谕各该督抚等催令赶紧报解，兹据该部奏称，现届年终，仍属拖欠甚多。着各该督抚等懔遵前旨，星速筹拨，毋再迟延，致干重咎……将此由五百里谕知福州将军，办理三口通商大臣，直隶、两江、江苏、福建、浙江、山东、山西、河南、湖北、湖南、广东各督抚，并传谕粤海、淮安各关监督知之。”（《清穆宗实录》卷161）

（同治四年十二月壬辰）豁免湖南长沙、善化、湘阴、益阳、攸、茶陵、衡山、安仁、巴陵、临湘、华容十一州县，暨荆州、荆左、荆右、沔阳、岳州五卫节年民欠额赋并漕折漕费耗羡银。（《清穆宗实录》卷162）

（同治四年十二月）辛丑，谕内阁：“户部等衙门奏‘遵议筹拨内务府需用银两’一折。前因内务府奏称用款支绌，当交户部会同内务府妥议具奏。兹据该衙门等奏称‘各省欠款太巨，遽令批解，势必不能，而借支部库，又非长策，请设法变通，酌核解款及暂行添拨’各等语，着照所请。各直省关口凡历年欠款数在百万以外者，或解五万，或解八万。数在十万以外者，或解五千，或解八千。数在一二万者，或解一半，或扫数全解。至现年解款，除粤海关公用银三十万两仍尽数报解不准蒂欠外，其余数在二三十万者，或解三成，或解四成。数在二三万者，或解五成，或解六成。数在二三千者，或解一半，或扫数全解。即自同治五年起，现年能解若干，每年带解欠款若干，着该督抚、盐政、监督等于三个月内详细复奏，如逾限不复，即着该部严参。其暂行添拨之……江汉关洋税银三万两……共银三十万两，即着各该督抚、盐政、监督等于来年开印后陆续解交内务府，先将起解日期咨报户部，限六月前解到一半，十二月扫数解清。如敢稽延拖欠，即着户部照贻误京饷处分，指名严参……”（《清穆宗实录》卷162）

（同治五年三月）辛酉，谕军机大臣等：“前据户部等衙门奏，遵议筹拨内务府需用银两。除粤海关公用银三十万两仍尽数报解外，当经谕令各直省关口，将历年欠款遵照部议，按成筹解，限于三个月内，由各该将军、督抚、监督等详细复奏，并添拨……江汉关洋税银三万两……该将军、督抚、监督等于开印后陆续解交内务府应用。兹据奏称‘各处筹解欠款及添拨等项银两至今尚无一处报解起程，而库存不敷供备，请饬户部暂借银十万两，并请饬催各处迅速起解’等语，内廷用款，关系紧要，除饬户部先行借拨库银十万两以应要需外，着各该将军、督抚、监督懔遵前旨，将核解各款应如何分成带解之处，迅速核奏。其添拨……江汉关洋税……均着遵限于六月前，各将添拨银数筹解一半，统于十二月扫数解清。如敢再事迟延，定将各该将军、督抚、监督等从重惩处，不稍宽贷。其粤海关应解银三十万两，着该监督源源报解，毋得延缓干咎。将此谕知福州将军，两江、江苏、浙江、山东、福建、湖北、广东各督抚，并传谕粤海关监督知之。”（《清穆宗实录》卷171）

（同治五年三月）甲申，谕军机大臣等：“……前据御史张盛藻奏‘湖北荆州地方有署同知刘姓擅设糖税名目，多为科条，大张告示，人情汹汹，罢市数日，请饬禁止’等语。着官文、曾国荃查明刘姓何人，是否因抽税扰民，据实参奏。原折着钞给官文、曾国荃阅看。将此由六百里各谕令知之。”寻奏：“遵查宜、沙两处，加抽糖厘，系因鄂省协饷太多，前抚臣郑敦谨委员试办，由牙厘总局核议章程，并非该员擅设，商民亦无罢市情事。”报闻。（《清穆宗实录》卷173）

（同治五年八月壬寅）蠲缓湖北黄陂、黄冈二县，暨黄州卫被扰地方新旧额赋漕米有差。（《清穆宗实录》卷183）

（同治五年十一月丁丑）又谕：“前因曾国荃奏参督臣官文贪庸骄蹇各节，内有馈送升任侍郎胡家玉等程仪银两一款……胡家玉等恐水路无驿站，中途需用浩繁，始行收受等语。本日据绵森、谭廷襄奏‘驰抵湖北，查明总督被参，先将大概情形复陈’一折，据称‘该尚书等到后饬提人证，札调军需各册核对，将原参内上年馈送程仪银两一款是否由粮台提取。据官文咨复，钱漕、盐厘、关税、捐输均归粮台实用实支，并无浮滥。惟汉阳竹木捐一款有给与议叙内奖者，移解粮台充饷，其零星不请议叙外奖者，归入粮台军需善后动支。曾经奏明有案，凡善后事宜，因公动用例不报销之项，由此动支。上年胡家玉、张晋祺差竣入都，道经湖北，该督因向章系由省筹拨公款，按站给发，不由地方官支应造报，当与前抚臣郑敦谨等面商，由外销款内提银应付，计入境以至出境二十余名，并在省公所一切共用银二千余两。又因道途多梗，仍于外销款内备银二千两，为胡家玉等沿途添雇车马犒赏之用。胡家玉等辞不肯受，后经告知并非私相馈送，始行接收。统计先后提银四千余两，委非粮台正款等情。经绵森等核对竹木捐收支清折内，提银二千三百两，又制钱二千余串，以银钱合计原参四千两之数约略相符，与胡家玉明白回奏所称二千两之数亦尚吻合’等语。上年胡家玉等差竣过鄂，官文等查照向章，由省提银支应，以免州县赔累，濒行又因水程阻滞，沿途需添雇车马犒赏，费用孔多，另筹银二千两致送……”（《清穆宗实录》卷190）

（同治五年十二月丙戌）谕军机大臣等：“户部奏‘豫拨来年京饷’，据称‘历届京饷均系年前豫拨，现届应拨同治六年京饷，拟在各省地丁、盐课、关税等项银内拨银七百万两，请饬各该省于来年分批起解’等语。京饷关系最为紧要，现经该部就各省缓急情形斟酌动拨，自应遵照奏定银数源源报解，以济要需。着各该将军、通商大臣、督抚、盐政、监督等务于来年开印后分批起解，限五月前解到一半，十二月初间全数解清，不准截留改拨、借词延误。倘届限不到，即着照奏定章程，指名严参。至本年未解京饷，前经该部节次奏咨飞催，现届年终，仍未能如数解清，着各该督抚等迅速筹款报解，毋再迟延干咎。原单均着钞给阅看。将此由五百里谕知福州将军，三口通商大臣，直隶、两江、四川、江苏、福建、浙江、安徽、江西、山东、山西、河南、湖北、湖南、广东各督抚，

并传谕粤海关监督知之。”（《清穆宗实录》卷191）

（同治五年十二月丙戌）又谕：“户部奏‘豫拨来年内务府经费’一折。各省关应解内务府经费银两，经户部议定‘拟拨……江汉关洋税银四万两……共三十万两，请饬勒限完解’等语。即着福州将军，两江、湖广、广东、浙江各督抚、监督各按该部拨定数目，务于明春开印后陆续径解内务府收纳，并将起程日期报部，勒限六月以前解到一半，十二月初间扫数解清，毋稍延缓……”（《清穆宗实录》卷191）

（同治六年正月壬午）又谕：“有人奏‘湖北司道动用竹木商捐’一折，内‘用银二万余两，系分送本省及过往官绅程仪、川资、赙仪。上年曾国荃过境，用银三千两，及历任巡抚到任，江夏县办理铺陈、修理衙署及一切规费，皆于此款领用’等语，所奏是否属实，着谭廷襄提讯委员孙振铨，务得确情，秉公复奏。原折着钞给阅看。将此谕令知之。”（《清穆宗实录》卷195）

（同治六年六月壬寅）谕军机大臣等：“户部奏‘请饬催各省应解京饷’一折。上年十二月间，经户部奏拨本年京饷银七百万两，限五月前解到一半，年终解清。兹据该部查明，截至五月底止，除福建盐课报解过半，河南地丁暂准停免，安徽、湖北地丁，江汉关税，长芦盐课，湖北盐厘均经奏咨展缓外，其余山西等省地丁，两淮等处盐课，粤海等关税，有报解未及一半者，有丝毫未解者。京饷关系紧要，岂得任意延宕？着各该将军、督抚、监督等即将前项应解银两，统于年内扫数解齐，毋得迟延干咎……将此由五百里谕知福州将军，三口通商大臣，直隶、两江、四川、江苏、安徽、江西、福建、浙江、湖北、湖南、山东、山西、广东各督抚，并传谕粤海关监督知之。”（《清穆宗实录》卷206）

（同治六年十月癸巳）署湖广总督李瀚章奏：“本年湖北有漕各州县

被扰后复遭水旱，碍难改征本色，请仍照向章征收折价。”下部议。从之。（《清穆宗实录》卷213）

（同治六年十一月）戊寅，谕军机大臣等：“户部奏‘豫拨来年京饷’一折。据称‘历届京饷均系年前豫拨，现届应拨同治七年京饷，拟在各省地丁、盐课、关税等款内指拨银七百万两，请饬各该省于来年分批起解’等语。京饷关系最为紧要，现经该部就各省缓急情形，斟酌动拨，自应遵照奏定数目，源源报解，以济要需。着各该将军、通商大臣、督抚、盐政、监督等务于来年开印后分批起解，限五月前解到一半，十二月初间全数解清，不准截留改拨、借词延误。倘届限不到，即照奏定章程，指名严参。原单均着钞给阅看。至本年未解京饷，前经该部节次奏咨飞催，现届年终，仍未如数解清。着各该督抚等迅速筹款报解，毋再迟延干咎。将此由五百里谕知福州将军，三口通商大臣，直隶、两江、江苏、安徽、江西、福建、浙江、湖北、湖南、河南、山东、山西、四川、广东各督抚，并传谕粤海关监督知之。”（《清穆宗实录》卷217）

（同治七年正月己未）拨两淮盐课、两浙盐课、福建茶税银各六万两，江汉、江海、闽海、浙海四关洋税，湖北盐厘银各五万两……解交内务府备本年经费。（《清穆宗实录》卷221）

（同治七年四月乙酉）又谕：“刘典奏‘新拨三关洋税银两，拟分别派员领解，请催原拨广东、江苏协饷及请饬湖广等省将奉拨陕省赈银迅解’各折片。陕省军务方殷，待饷孔亟，前经谕令闽海、粤海、江汉等关于四成洋税内，各按月拨解银一万两。又原拨广东、江苏两省协饷按月一万两，乃广东等省拨解寥寥，设因饷需不继，兵勇哗溃，于大局甚有关系。所有闽海关洋税，着英桂知会沈葆桢代为经理，即由沈葆桢派员按月催领起运。粤海关洋税暨广东省协饷，着瑞麟饬令前经奏派办理陕省米捐分局之臬司梅启照等，照奏定章程，妥为经理，交知县洪霈按期运解。江苏月协陕饷，着丁日昌就近派委道员胡光墉，按月催领起运。以上饷需，均由各该省运至湖北，交陕甘后路粮台道员王加敏经收。至江汉关每月洋税，即由王加敏就近催领，并将洋、协各饷一并转运陕省交收。并着曾国藩、瑞麟、丁日昌将前欠陕省协饷迅即筹款，如数分起补解，仍按月源源筹解，以资接济。其上年由部奏拨山西省银六万两，四川、湖北各银七万两，为陕省办赈之用。除湖北筹解银一万两外，山西等省并无分厘报解。着崇实、郭柏荫、郑敦谨、何璟无论何款，迅速拨解，以应急需，毋许再有延缓。将此由五百里谕知曾国藩、瑞麟、英桂、崇实、郭柏荫、郑敦谨、丁日昌、沈葆桢，并传谕何璟、师曾知之。”（《清穆宗实录》卷228）

（同治七年四月丁亥）又谕：“前据户部奏，请饬滨临江海各省督抚筹解制钱运津，为京师变通圜法之用。当经谕令各该省督抚等照办，并令崇厚先行存储津门。嗣据李瀚章等复陈湖北试行情形，现复据马新贻奏称提解钱数运津各一折。浙省厘捐项下制钱经马新贻先提十万串，分批委员由轮船解赴天津。此项钱文抵津后，即由崇厚验收，在津郡择地封存。仍遵前旨，以筹备该处练饷为名，听候提用，不可稍有泄露……马新贻所称，拟于起解时将钱数合计银数，并将银价运费分计并算，即于应解京饷之牙厘各项下作抵，着即照所议办理。仍着马新贻体察浙省情形，如此次制钱运津后，民间用项不至短绌妨碍，即随时酌增续运。李瀚章等并马新贻折各一件，均着钞给崇厚密看。将此各密谕知之。”（《清穆宗实录》卷228）

（同治七年八月）壬子，谕内阁：“前因捻逆张总愚窜扰直隶等省，小民耕种失时，流离困苦，轸念良深。谕令各督抚查明被扰轻重情形，分别奏请蠲缓钱粮，以示普沛恩膏。因思捻逆肆扰湖北、河南、安徽、江苏、山东等省，历十余年，吾民荡析离居，转徙颠沛，殊堪悯恻。今幸次第荡平，自应一体施恩，俾小民得免追呼之苦。所有被扰最重之……湖北黄州、德安所属各州县，同治六年以前钱粮除业经蠲免外，其实欠在民者，均着概予豁免。此系朝廷旷荡之仁，该督抚等即当督饬所属州县认真稽核，不得以完作欠，致滋弊混。并着刊刻誊黄，遍行晓谕，务使实惠均沾，毋任吏胥舞弊。其余被扰较轻各属，并着各该督抚查明，分别奏明请免旧欠钱粮，以副朝廷轸念灾区至意。”（《清穆宗实录》卷240）

（同治七年九月辛丑）谕军机大臣等：“张之万奏‘筹办江北善后，敬陈管见四条，并请饬各统兵大臣查明军营携带民妇子女，递回原籍’各折片……其余厘金、桶捐、盐厘、协饷各款，请饬两江、江西、浙江、湖南、湖北照旧拨解……以上各条均属因时制宜，即着该漕督实心经理，以为经久之图，不得徒托空言，有名无实。其两江、江西、浙江、湖南、湖北应解厘金、桶捐、盐厘、协饷等项，并着张之万咨行各该督抚照旧源源接济，毋稍膜视……将此各谕令知之。”（《清穆宗实录》卷242）

（同治七年十月甲辰）谕军机大臣等：“前据李鹤年奏‘请将应解京协各饷停缓’，并据苏廷魁等奏‘荥工情形变更，请添拨部款八十万两，前次部拨之两淮盐厘、闽海关洋税银二十九万两，先将两湖应解京饷截留，所拨河南漕折银二十一万两，一并由部库筹拨’等语，叠交户部议奏。兹据该部奏称，拟再于部库内拨给银六十万两，并由江海关拨解洋税银十万两，江汉关拨解洋税银五万两，闽海关添拨洋税银五万两，以足八十万两之数。即着户部将续拨库款六十万两赶紧措齐，仍交顺天府领解，星速赴工交纳。并咨行直隶总督，饬属妥速递解，毋稍迟延。前次部拨银两，据苏廷魁等奏称尚未解到，并着该部飞催沿途各督抚趱解，倘承领员弁及地方官任意稽留，即着从严参办……苏廷魁等请先将湖广京饷截留之处，着毋庸议……将此由五百里谕知曾国藩、马新贻、英桂、郭柏荫、郑敦谨、苏廷魁、丁日昌、李鹤年，并传谕何璟知之。”（《清穆宗实录》卷244）

（同治七年十月）辛亥，谕军机大臣等："前经军机大臣会同户部议奏，筹拨左宗棠西征实饷。当经谕令曾国藩等，于各海关六成洋税项下凑拨银一百万两。兹因左宗棠奏请增拨巨款，复据军机大臣会同户部具奏，分别筹拨。左宗棠奉命西征，饷项刻不容缓，所有前拨之洋税一百万两，着两江、闽浙、两湖各总督，江苏、浙江、湖北各巡抚，福州将军，粤海关监督懔遵本年八月二十五日谕旨，将奉拨左宗棠军饷江海关银五十万两、闽海关银二十万两、江汉关银十五万两、粤海关银十万两、浙海关银五万两，共银一百万两，统于本年年底扫数解齐，毋得迟延蒂欠……此次左宗棠通盘筹画，仅请拨银四百万两，自系为事必求实，饷归有着起见。现在正供之外，各项收款以厘金为大宗，尤以江苏、安徽、江西、浙江、湖北、广东、福建七省厘金为最旺。着各该督抚等速行定议各该省厘金，除必需之款酌留接济外，每省每月究可提存若干，迅速复奏，听候指拨。现届捻匪肃清，陕甘军情正急，剿贼之任，责在统兵将帅，筹饷之事，责在东南疆臣，均属无可推诿。各该省督抚等受恩深重，务当秉公酌议，力全大局，以纾朝廷西顾之忧。倘敢各存私见，以本省用项较多为辞，一奏塞责，置西北大局于不顾，则是有心贻误，必不能曲为宽宥也。将此由六百里谕知曾国藩、左宗棠、文煜、马新贻、吴棠、英桂、瑞麟、郑敦谨、郭柏荫、丁日昌、卞宝第、李瀚章、刘坤一、李福泰，并传谕吴坤修、何璟、师曾知之。"（《清穆宗实录》卷244）

（同治七年十月甲子）又谕："苏廷魁、李鹤年奏'收到部拨饷银，择日兴工，请催续拨及指拨各款，并将荥工情形绘图呈览'一折。荥工口门塌宽二百十丈，大溜约有六分，目前客水逐渐见落，亟宜乘此进占堵合……惟户部前拨库款四十万两，迄今两月之久，仅据解到头、二、三批三十万两，第四批迄未解到。指拨各省协款，并无一处报解，殊属任意延玩。着顺天府迅将原拨第四批部款及续拨部款六十万起解日期查明咨部，一面严催该委员等星速趱行，并着官文派委结实可靠之员接解，限十一月上旬悉数到工。沿途州县，先期饬令多备车辆，挨站递送，毋许片刻停留。倘该员等不知缓急，仍前迟滞，即着该署督、府尹等指名严参……续拨江汉关洋税银五万两，郭柏荫、何璟亦当赶紧筹解。以上各款，均勒限十二月以前解到工次，不准丝毫拖欠。该署河督等一面遴派妥员分路催提，一面督饬在工各员无分昼夜上紧兴办，务于年内蒇事……将此谕知万青藜、王榕吉，并由六百里谕知官文、曾国藩、马新贻、英桂、郭柏荫、苏廷魁、李鹤年、丁日昌，并传谕何璟知之。"（《清穆宗实录》卷245）

（同治七年十一月辛巳）谕军机大臣等："苏廷魁等奏'截留楚饷请饬部照数扣抵，并购办工料及进占西坝'各折。据称'荥工先办物料，用多存少，指日东坝与举，需料更夥。前请部饷仅收到四十万，各路协饷报解寥寥，年前为日无多，恐致停工以待。现有楚饷过境，请截留济用，饬部扣抵'等语，自系为工程紧要起见。着该署河督等将此次湖北解到江汉关洋税等项银两，除内务府户部、国子监两款仍令解京外，下余八万两，及前次楚饷十三万两，准其一并截留，以资应用。此项银两，即着户部于江汉关等处协拨荥工款内照数提扣，毋庸于续拨之六十万内扣存，亦毋庸派员截回。倘有未经起解银数，仍着知照顺天府迅速转解，及早到工……各省拨饷仍当遵奉前旨分别派员迎提，以免停待之虞……将此由五百里各谕令知之。"（《清穆宗实录》卷246）

（同治七年十一月）甲午，谕内阁："前因毛昶煦奏'军务渐平，请饬裁减厘金'，当经降旨谕令各该督抚体察情形，酌留大宗，撤去分局，零星杂贩概免抽厘，以纾民力。兹据郭柏荫、何璟奏称'湖北现存各营需饷尚多，并有积欠旧饷及筹办善后各事宜，现在酌留局卡八十六处，拟裁分局分卡五十四处，其余偏僻集场各局卡概行裁撤'等语，即着照所拟，将暂留局卡慎选妥实可靠人员认真经理，以归核实。其裁撤各局卡，如有私收等弊，即行从严参办，毋稍徇隐。此外抽厘省分，各该督

抚等务当懔遵前旨体察情形，分别裁留，迅速具奏。”（《清穆宗实录》卷247）

（同治七年十一月丙申）又谕：“前因陕省奏拨饷项，由户部议令，湖南将捐项四成，归陕、甘两省分用，嗣又准刘典所请，谕令郭柏荫、何璟将湖北分收湖南销售淮盐厘金，全数解陕。原以陕饷支绌，借此资其饱腾。兹据刘典奏称‘屡次催提，并未分厘解到’，该省军事方殷，现又收抚扈彰一股，筹给口食并安插经费，无款拨发，自系实情。且湖南系属完善之区，捐输各款尚易为力，刘崐自应统筹全局，彼此兼顾。所有前经部议分成捐输银两，着即按照成数随时分解，并就近催令道员易润坛将准拨湖北分收淮盐厘金全数起解，毋再借词推延，致陕军日形匮乏。刘典即酌量派员迎提到营，以资应用。将此由五百里各谕令知之。”（《清穆宗实录》卷247）

（同治七年十二月丙午）谕军机大臣等：“户部奏‘豫拨来年京饷’一折。据称‘历届京饷均系年前豫拨，现届应拨同治八年京饷，拟在各省地丁、盐课、关税等款内指拨银七百万两，请饬各该省于来年分批起解’等语。京饷关系，最为紧要，现经该部就各省缓急情形斟酌动拨，自应遵照奏定数目源源报解，以济要需。着各该将军、通商大臣、督抚、盐政、监督等务于来年开印后分批起解，限五月前解到一半，十二月初间全数解清，不准截留改拨、借词延误。倘届限不到，即照奏定章程，指名严参。原单均着钞给阅看。至本年未解京饷，前经该部节次奏咨飞催，现届年终，仍未如数解清，着各该督抚等迅速筹解，毋再迟延干咎。另片奏‘内务府同治八年分应需经费，拟拨两淮盐课银六万两、两浙盐课银六万两、福建茶税银六万两、江汉关洋税银五万两……湖北盐厘银五万两……共银六十万两，请饬勒限完解’等语，着该将军、督抚、盐政、监督等各按拨定数目，务于来年开印后，陆续径解内务府收纳。并将起程日期报部，限六月前解到一半，十二月初间扫数解清，毋稍延缓……将此由五百里谕知福州将军，三口通商大臣，直隶、两江、湖广、闽浙、两广、四川、江苏、安徽、江西、福建、浙江、湖北、湖南、山东、山西、广东各督抚，并传谕粤海、淮安各关监督知之。”（《清穆宗实录》卷248）

（同治七年十二月丙寅）谕军机大臣等：“前因刘典奏‘陕饷支绌，请饬添拨’一折，当经降旨交户部议奏。兹据该部奏称‘陕西饷银尚不敷一百四十万两，应俟各省厘金复奏后，再行通盘核计，斟酌办理’。惟该省现在情形万紧，待饷孔殷，所有江苏、广东、粤海关、闽海关、江汉关等处欠解该省协饷为数尚多，自应迅速筹解。着文煜、马新贻、瑞麟、英桂、丁日昌、李福泰、师曾赶紧照数拨解，并着郭柏荫、何璟饬令江汉关监督迅速筹拨，毋再迟误。左宗棠、刘典于各省饷银到时分匀支放，以收饱腾之效。原折均着钞给阅看。将此由五百里谕知左宗棠、文煜、马新贻、瑞麟、英桂、郭柏荫、丁日昌、李福泰、刘典，并传谕何璟、师曾知之。”（《清穆宗实录》卷249）

（同治七年十二月庚午）又谕：“前据左宗棠奏，请饬催军饷，当交部速议具奏。兹据该部奏称‘左宗棠前奏陕、甘缺饷数目暨请增拨巨款并未明晰。前拨六成洋税一百万两，未尝无裨于陕饷。其各省厘金应由各该省定议，再行复核筹拨，于拨饷之期，并无迟误。陕省缺饷数目，据刘典奏明每年需银三百万两，除本省所入及江、广、粤海、闽海、江汉协饷外，仍不敷银一百四十万两，自应酌量添拨。甘省情形虽据穆图善陈奏月需饷四十万两，未据逐款分晰’等语，陕、甘常年军饷及现在用兵饷需必须逐款分明，方免轇轕。陕省据刘典所奏，缺饷已有确数，着该部迅即酌度情形，汇案添拨，以资接济。甘省每年实需饷若干，除本省入款及各处协款外缺饷若干，各省专协甘肃之款，何处尚能协济，何处并不协济，着左宗棠、穆图善会同核议，缕悉陈明，再由该部酌核办理。其提拨六成洋税一百万两……江汉关尚欠解银七万两……着英桂、马新贻、郭柏荫、丁日昌、何璟、师曾各将奉拨未解银两，迅即扫数解清，不准稍有蒂欠。各省抽厘收捐情形，本令各该督抚于年内具奏，安徽、浙江、湖北业经奏到……将此由六百里谕知左宗棠、穆图善、郑敦谨、马新贻、瑞麟、英桂、吴棠、郭柏荫、丁日昌、卞宝第，并传谕何璟、师曾知之。”（《清穆宗实录》卷249）

（同治八年三月己亥）谕军机大臣等：“户部奏‘请饬催各省关应解本年京饷并四成洋税银两’一折。据称‘部库支放八旗兵饷等款，每年不下千余万两，其王公、官员廉俸、各衙门领项并内务府借拨银两尚不在内。各省解到京饷及铜局捐数，所入已不敷支放。现在内务府恭办大婚事宜，需款尤巨。本年奏拨京饷等款已届三月，各省关应解京饷及四成洋税报解均属寥寥，请旨饬催’等语。部库支放各款均关紧要，若因报解迟延，不敷周转，贻误非轻。着各该将军、通商大臣、督抚、盐政、监督等遵照奏案，各将八年分京饷于五月前解到一半，并各海关四成洋税按结报解，不准稍有蒂欠。倘敢诿卸拖延，逾限不解，或解不足数，即着户部照贻误京饷成案指名严参，以示惩儆。将此由五百里谕知福州将军，三口通商大臣，直隶、两江、湖广、闽浙、两广、四川、江苏、安徽、江西、福建、浙江、湖北、湖南、山东、山西、广东各督抚，并传谕粤海、淮安各关监督知之。”（《清穆宗实录》卷255）

（同治八年五月辛巳）谕军机大臣等：“前因户部奏‘请饬滨临江海各省解钱筹铜’，叠经湖广等省将钱文解存天津，听候拨用。兹据该部奏称‘库款不敷周转，请停止天津练饷钱文，无庸在京饷内划抵，仍将所拨银两解京’等语，现在库款支绌，自应斟酌缓急，妥筹办理，所有湖广等省未经报解钱文，即着照该部所议，一律停止。各该省应解八年分京饷，着李鸿章、马新贻、英桂、瑞麟、郭柏荫、刘崐、刘坤一、丁日昌、李瀚章、李福泰、张兆栋、文辉，按照该部原拨数目批解银两。其七年分欠解钱二十万串，并着李鸿章、马新贻、丁日昌、刘崐、张兆栋各按以钱合银数目赶筹银两，委员解部，不准借词迁延。至各该省已解未到钱文，着崇厚于解到时认真验收，同上年已收钱文截清数目，照旧存储。该大臣即将练饷局委员薪水等项归并裁减，咨部核办。原折均着钞给阅看。将此由五百里谕知李鸿章、马新贻、英桂、瑞麟、郭柏荫、刘崐、刘坤一、丁日昌、李瀚章、李福泰、崇厚，并传谕张兆栋、文辉知之。”（《清穆宗实录》卷258）

（同治八年七月）庚寅，谕军机大臣等：“户部奏‘请饬催各省应解京饷’一折。上年十二月间，经户部奏拨本年京饷银七百万两，限五月前解到一半，年终解清。本年五月间，续拨银一百万两，限年内解齐。兹据该部查明，截至七月十八日止，除天津关十五万两准其留用，长芦盐课二十五万两内划拨造船经费等款外，余银并福建盐课，均已解清。湖北、安徽地丁……报解过半……湖北盐厘……江汉关洋税，亦据报解及半……除业经划拨截留解到及报解外，尚有……湖北地丁银十四万九千五百两……湖北盐厘银五万两……江汉关洋税银十五万两……湖北厘金银三万两……着各该将军、督抚、监督等即将前项应解银两，统于年内扫数解齐，毋得迟延干咎。将此由五百里谕知福州将军，两江、湖广、闽浙、两广、四川、江苏、安徽、江西、福建、浙江、湖北、湖南、山东、山西、河南、广东各督抚，并传谕粤海关盐督知之。”（《清穆宗实录》卷263）

（同治八年十一月乙未）谕军机大臣等：“户部奏‘豫拨来年京饷’一折。据称‘历届京饷均于年前豫拨，同治九年京饷，拟在各省地丁、盐课、关税等款内指拨银七百万两，请饬各该省于来年分批起解’等语。京饷关系紧要，现经该部就各省缓急情形，斟酌动拨，自应遵照奏定数目源源报解，以济要需。着该将军、通商大臣、督抚、盐政、监督等务于来年开印后分批起解，限五月前解到一半，十二月初间全数解清，不准截留改拨、借词延误。倘届限不到，即照奏定章程指名严参。原单均着钞给阅看。至本年未解京饷，前经该部节次奏咨飞催，现届年终，仍未如数解清，着各该督抚等迅速筹解，毋再迟延干咎……将此由五百里谕知福州将军，三口通商大臣，直隶、两江、湖广、闽浙、两广、四川、江苏、安徽、江西、福建、浙江、湖北、湖南、河南、山东、山西、广东各督抚，并传谕粤海关监督知之。”（《清穆宗实录》卷271）

（同治九年正月丙戌）谕军机大臣等：“李鸿章奏‘筹办黔事大略情形，请饬川省裁军腾饷，暨酌拨洋税银两’各折……及酌拨滇、黔协饷，不准稍存膜视，仍随时知照李鸿章酌度办理。至李鸿章督办黔事，必得大宗的饷，方足以资饱腾。着……李鸿章、郭柏荫于江汉关按月拨银四成洋税二万两、六成洋税三万两……均自本年二月分起如数筹拨，按月委解金陵军需局，转解李鸿章后路粮台。该督抚等均能顾全大局，谅不至稍有迟误。将此由六百里各令知之。”（《清穆宗实录》卷275）

（同治九年七月）己巳，谕军机大臣等：“户部奏‘请饬催各省赶解京饷’一折。上年十一月间，经户部奏拨本年京饷银七百万两，限五月前解到一半，年终解清。兹据该部查明，截至六月底止……至湖北等省地丁……或解不及半，或丝毫未解。京饷关系紧要，岂容任意延宕？除划拨截留、准缓解到及报解外……湖北地丁银十九万五千两……湖北盐厘银六万两……江汉关洋税银十七万两……湖北厘金三万两，着各该将军、督抚、监督等即将前项应解银两统于年内扫数解齐，毋得迟延干咎……将此由五百里谕知福州将军，直隶、两江、湖广、闽浙、两广、四川、江苏、安徽、江西、福建、浙江、湖北、湖南、山东、山西、河南、广东各督抚，并传谕粤海关监督知之。”（《清穆宗实录》卷286）

（同治九年十一月）丙辰，谕军机大臣等：“户部奏‘豫拨来年京饷’一折，据称‘历届京饷均于年前豫拨，同治十年京饷，拟在各省地丁、盐课、关税等款内指拨银七百万两，请饬各该省于来年分批起解’等语。

京饷关系紧要，现经该部就各省缓急情形斟酌动拨，自应遵照奏定数目源源报解，以济要需。着该将军、督抚、盐政、监督等务于来年开印后分批起解，限五月前解到一半，十二月初间全数解清，不准截留改拨、借词延误。倘届限不到，即照奏定章程指名严参。至本年未解京饷，前经该部节次奏咨飞催，现届年终，仍未如数解清，着各该督抚等迅速筹解，毋再迟延干咎……将此由五百里谕知福州将军，直隶、两江、湖广、闽浙、两广、西川、江苏、安徽、江西、福建、浙江、湖北、湖南、河南、山东、山西、广东各督抚，并传谕粤海关监督知之。”（《清穆宗实录》卷298）

（同治十年六月丙子）谕军机大臣等：“……至援黔军饷本归楚省筹济，该御史深虑独力难支，请令湖南从长核算，每岁实协黔饷若干万两，再于两广、四川、湖北、江南、江西等省厘捐项下酌量拨济。着各该督抚酌度该省情形，能否协拨若干，毋稍推诿，庶众擎易举，楚、黔均受其利也……原折片均着钞给阅看。将此各谕令知之。”（《清穆宗实录》卷314）

（同治十年七月癸丑）谕军机大臣等：“户部奏‘请饬催各省赶解京饷’一折。上年十一月间，经户部奏拨本年京饷银七百万两，限五月前解到一半，年终解清。兹据该部查明，截至七月初十日止，除天津关常、洋两税银十五万两无庸依定五月前初限，统令年底解齐……粤海、闽海、江汉关税报解均已过半……福建、湖北、湖南盐课、盐厘……亦据报解及半。至湖北等省地丁厘金……或解不及半，或丝毫未解。京饷关系紧要，岂容任意延宕？除缓解划拨解到外，尚有……湖北地丁银十九万两……湖北盐厘银五万两……江汉关洋税银十四万两……湖北厘金二万两，着各该将军、督抚、监督等即将前项应解银两统于年内扫数解齐，毋得迟延干咎……将此由五百里谕知福州将军，直隶、两江、湖广、闽浙、两广、四川、江苏、安徽、江西、福建、浙江、湖北、湖南、山东、

山西、河南、广东各督抚，并传谕粤海关监督知之。”（《清穆宗实录》卷316）

（同治十年十一月壬子）又谕：“淮安关监督舒麟奏‘运铅委员欠缴银两，请饬追缴’等语。江苏候补同知直隶州知州朱桂生、候补知县朱应江、湖北候补知县方殿元解运京铅，行抵淮安大关，经舒麟照例查验，该委员等抗不遵照。其单开木植等货，应纳淮、宿二关正税及船料等银七百十四两零，亦未完交。税课自有定章，岂容任意延宕？着两江总督督饬藩司，勒令该委员等将欠缴税银如数完缴，毋许抗欠。嗣后各省运解官物，若有多余及别项货物，务令遵例即时纳税。船料一项，并令船户完纳，倘再违抗，即由监督查明奏参，以重税课而儆效尤。”（《清穆宗实录》卷324）

（同治十年十二月）丁巳，谕军机大臣等：“户部奏‘豫拨来年京饷’一折，据称‘历届京饷均于年前豫拨，同治十一年京饷，拟在各省地丁、盐课、关税等款内指拨银七百万两，请饬各该省于来年分批起解’等语。京饷关系紧要，现经该部就各省缓急情形斟酌动拨，自应遵照奏定数目源源报解，以济要需。着该将军、督抚、盐政、监督等务于来年开印后分批起解，限五月前解到一半，十二月初间全数解清，不准截留改拨、借词延误。倘届限不到，即照奏定章程指名严参。原单均着钞给阅看。至本年未解京饷，前经该部节次奏咨飞催，现届年终，仍未如数解清，着各该督抚等迅速筹办，毋再迟延干咎……将此由五百里谕知福州将军，直隶、两江、湖广、闽浙、两广、四川、江苏、安徽、江西、福建、浙江、湖北、湖南、河南、山东、山西、广东各督抚，并传谕粤海关监督知之。”（《清穆宗实录》卷325）

（同治十一年四月）己未，谕军机大臣等：“李鸿章奏‘奉办缎紬等件，需款过巨，请酌量减办’一折。据称‘长芦奉派活计，前经咨照各织造分办，统计江宁、苏州、杭州三处共需银五十余万两，除湖北等省协拨外，尚需银四十二万余两。直隶灾瘠之区，实难如数筹拨，请将原派长芦各件，先行照单减办一半’等语，自系实在情形。着照所请，所有长芦应办缎细等件，准其照单减办一半。即着李鸿章将应拨款项，迅速分解各该织造，以便赶办。务于七月内一律办齐解京，毋稍延缓。其余一半缎细，俟款项稍充，再行分别筹办。将此谕令知之。”（《清穆宗实录》卷331）

（同治十一年九月丙午）谕内阁：“彭玉麟奏‘伤疾未痊，恳请开缺回籍’一折。侍郎彭玉麟平日办事认真，勤劳夙著，前于陛见时，令其署理兵部右侍郎，以资倚任。兹据该侍郎奏称‘带兵江上十有余年，伤疾未痊，仍恳回籍调理’，览其情词恳挚，姑允所请。彭玉麟着开署兵部右侍郎缺，回籍调理。新授长江水师提督李成谋初膺重任，一切情形，未能尽悉。着该侍郎顺道驰赴长江一带，督同李成谋布置周妥，再行回籍。嗣后每年着巡阅一次，遇有应行参劾及变通之处，准其专折具奏。应需办公经费，着两江、湖广各总督筹款奏明，交该侍郎支领，以副朝廷慎重江防之意。”（《清穆宗实录》卷341）

（同治十一年十一月甲申）谕军机大臣等：“前因黔省军饷缺乏，谕令户部于附近贵州省分指拨有着之款一二十万两，赶紧解往，其余各省欠饷，并令查明资催。兹据该部奏称‘贵州毗连省分非协款本多即地方瘠苦，可拨之款甚少。惟四川及湖北、广东进款较多，江苏距黔虽远，筹款尚易，请于该四省厘金项下各指拨银五万两，共银二十万两，为贵州专饷。如厘金不敷，即在别项款内凑足起解’等语，即着瑞麟、张兆栋、李瀚章、郭柏荫、吴棠、张树声、恩锡按照户部指拨数目迅速提款，克日解黔，以拯饥军而维大局，毋得稍涉延欠，致误戎机。其余欠解省分并着曾璧光等仿照西征粮台章程，将各省协拨饷银无论月饷、专饷，按月开列，已解、欠解清单报部查核。如有延欠过甚者，即由曾璧光一面报部，一面将该藩司、关道指名参处，以儆疲玩。将由此五百里谕知瑞麟、李瀚章、吴棠、张树声、郭柏荫、张兆栋、曾璧光，并传谕恩锡、周达武知之。”（《清穆宗实录》卷344）

（同治十一年十一月）壬辰，谕军机大臣等：“户部奏‘豫拨来年京饷’一折。据称‘历届京饷均于年前豫拨，同治十二年京饷，拟在各省地丁、盐课、关税等款内指拨银七百万两，请饬各该省于来年分批起解’等语。京饷关系紧要，现经该部就各省缓急情形，斟酌动拨，自应遵照奏定数目源源报解，以济要需。着该将军、督抚、盐政、监督等务于来年开印后分批起解，限五月前解到一半，十二月初间全数解清，不准截留改拨、借词延误。倘届限不到，即照奏定章程，指名严参。原单均着钞给阅看……将此由五百里谕知福州将军，直隶、两江、湖广、闽浙、两广、四川、江苏、安徽、江西、福建、浙江、湖北、湖南、河南、山东、山西、广东各督抚，并传谕粤海关监督知之。”（《清穆宗实录》卷344）

（同治十一年十一月丙申）又谕：“前因贵州办理善后需饷甚殷，谕令由福建借拨银二十万两，迅速解黔应用，即由四川、广东、江西、湖北、浙江等省筹款解闽归还。现在黔军已将新城攻拔，上下游一律肃清，善后事宜尤属刻不容缓。闽省厘税支绌，自属实情，惟黔省需饷孔殷，亟须赶紧设法措解，以期无误……着瑞麟、李瀚章、吴棠、杨昌濬、刘坤一、郭柏荫、张兆栋等懔遵前旨，迅各拨银四万两，克期解交福建，以清款目。毋得稍有延缓，致误要需。将此由五百里各谕令知之。”（《清穆宗实录》卷344）

（同治十二年八月辛巳）谕军机大臣等：“前因直隶永定河南岸决口，被灾地方甚众，谕令于东南各省厘金、关税、盐课项下合拨银三四十万，以资赈济。兹据李鸿章奏称‘七月十九日，运河堤岸复冲刷数口，天津、河间、保定三府属邑被灾有极重者，亟应量筹抚恤，并酌定各省应解数目。拟拨……湖北江汉关洋税银三万两，厘金银三万两，共六万两……请饬迅速筹拨’等语，今年畿辅地方民间被灾甚重，赈恤之款刻不容缓。着李宗羲、张树声、刘坤一、李瀚章、郭柏荫、杨昌濬、李鹤年、王凯泰、瑞麟、张兆栋、英翰各饬所属迅即照数通融筹拨，务于本年十月以前解到，俾资接济。李鸿章一面饬令司道，无论何款，设法筹垫，以应急需。并着万青藜、彭祖贤与李鸿章分饬经理官绅认真稽查，核实办理，务使灾黎实惠均沾，毋令一夫失所。倘查有官绅等侵冒等弊，即着从严参办，毋稍宽纵。将此谕知万青藜、彭祖贤，并由五百里谕令李鸿章、瑞麟、李宗羲、李鹤年、李瀚章、张树声、英翰、杨昌濬、刘坤一、王凯泰、郭柏荫、张兆栋知之。”（《清穆宗实录》卷356）

（同治十二年十月辛丑）谕军机大臣等：“户部奏‘请饬催各省赶解京饷’一折。本年京饷经户部奏拨并续拨银八百万两，限五月前解到一半，年终解清。兹据该部查明，截至十月初十日止，各省共欠解银二百六十七万余两，除湖南地丁银二万五千两、盐厘银一万五千两，四川盐厘津贴银十一万两，湖北江汉关洋税银五万两，现经奏报解清……湖北地丁银十一万两……湖北盐厘银二万两……未据报解。京饷关系紧要，各该督抚等即将前项应解银两迅即照数依限解齐，毋得迟延干咎……将此由五百里各谕令知之。”（《清穆宗实录》卷358）

（同治十三年九月）乙卯，谕军机大臣等：“前因延煦、毕道远奏‘请饬江西等省酌征本色，或筹款采买’，当令户部议奏。兹据奏称‘江、广、河南现办折漕省分规运本色，实为当务之急’等语，前据户部奏请令江西、湖北、湖南起运本色，业经降旨允准。着李宗羲、李瀚章、恩锡、刘坤一、王文韶查照该部前奏，将本年新漕酌办本色，迅筹起运，并将办理情形先行具奏，不得以事属为难，借词推诿……将此谕知李宗羲、李瀚章、吴元炳、刘坤一、杨昌濬、钱鼎铭、王文韶，并传谕恩锡知之。”（《清穆宗实录》卷371）

（同治十三年十一月丙辰）又谕："丁宝桢奏'前因贵州筹办善后事宜，借拨山东银二十万两，由四川、广东、江西、湖北、浙江五省分还归款。现已拨解过贵州银十八万两，下余二万两，现筹措解。刻下山东筹办河工及抚恤等项，需款甚殷，而五省应还之款丝毫未解，请旨饬催'等语。此项银两原系由山东借拨之项，各省亟宜及早归还，以清款目。着李瀚章、翁同爵、吴棠、张兆栋、刘坤一、杨昌濬各饬该省藩司，将应解还黔省借拨山东银各四万两，迅速如数拨还山东，以应急需，毋稍延缓。将此由四百里各谕令知之。"（《清穆宗实录》卷373）

（同治十三年十一月）己未，谕军机大臣等："户部奏'豫拨来年京饷'一折。据称'历届京饷均于年前豫拨，同治十四年京饷拟在各省地丁、盐课、关税等项内指拨银七百万两，请饬各该省于来年分批起解'等语。京饷关系紧要，现经该部就各省缓急情形斟酌动拨，自应遵照奏定数目源源报解，以济要需。着该督抚、将军、盐政、监督等务于来年开印后分批起解，限五月前解到一半，十二月初间全数解清，不准截留改拨、借词延误。倘届限不到，即照奏定章程，指名严参。原单着分别摘钞给阅看……将此由五百里谕知福州将军，直隶、两江、湖广、闽浙、两广、四川、江苏、安徽、江西、福建、浙江、湖北、湖南、河南、山东、山西、广东各督抚，并传谕粤海关监督知之。"（《清穆宗实录》卷373）

（光绪元年三月甲寅）又谕："杨岳斌奏'恳请仍准回籍养亲'一折。杨岳斌前在江、楚等省统带水师剿除贼匪，懋著勋勤。上年奉旨召令来京，该前督以母病未痊，未即北上。现来京叩谒梓宫，朝廷念其前功，正资倚畀。兹据奏称，伊父母年老多疾，仍请回籍侍养。览其情词恳挚，出于至诚。该前督于水师一切事宜最为熟悉，着前赴长江一带，每年与彭玉麟往来巡阅，将各营水师认真整顿，并准其会衔奏事。应需办公经费，着两江、湖广各总督筹款奏明，拨交应用。该前督于巡阅之余，随

时回籍省亲，仍可借修子职也。”现月 （《清德宗实录》卷 6）

（光绪元年四月辛卯）谕军机大臣等：“户部奏‘请饬催各省迅解京饷’一折。本年京饷经户部奏拨并续拨银共八百万两，截至四月二十日止，仅解到银四十万两，起解银七十六万五千两，其余银六百八十三万五千两均未报解。现在部库存款无多，应发之款为数甚巨，设有贻误，关系实非浅鲜，着该将军、督抚、监督等将本年应解京饷，赶紧依限报解。倘竟任意宕延，致误部库开放，即着户部指名严参。其历年欠解京饷，并着查照该部叠次奏案分别补解。原单着分别摘钞给与阅看。将此由五百里谕知福州将军，直隶、两江、湖广、闽浙、两广、四川、江苏、安徽、江西、福建、浙江、湖北、湖南、河南、山东、山西各督抚，并传谕粤海关监督知之。”现月档 （《清德宗实录》卷 8）

（光绪元年七月癸卯）又谕：“翁同爵奏‘请免抽收湖北省未拨米谷厘金’一折。湖北省被兵最久，民间元气未复，本省所产米谷不敷，必须外省接济。若照常抽收，粮价难期平减，闾阎生计维艰，亟应及时体恤。着照所请，即将湖北省米谷厘金概行蠲免，以纾民力。”记注 （《清德宗实录》卷 13）

（光绪元年七月甲辰）谕军机大臣等：“户部奏请‘饬催各省关欠解京饷’一折。本年京饷经户部奏拨并续拨银八百万两，均限五月前解到一半，年终一律解清。兹据该部查明，截至六月十六日止，除已经解到、报解起程划拨等款外，尚有……湖北地丁银十七万两……湖北盐厘银六万两……江汉关洋税银十四万两……湖北厘金银二万两，共未解银四百九十三万九千余两。京饷关系紧要，着各该将军、督抚、监督等即将前项应解银两迅即照数拨解，统于年内扫数解齐。倘有迟延拖欠，致误要需，即着户部指名严参……将此由五百里谕知福州将军，直隶、两江、湖广、闽浙、四川、两广、江苏、安徽、江西、浙江、福建、山东、山

西、河南、湖北、湖南、广东各督抚，并传谕粤海关监督知之。”现月
（《清德宗实录》卷13）

（光绪元年九月丙午）谕军机大臣等：“延煦、毕道远奏‘修廒经费，请酌提轻赍银两’一折。延煦等筹修廒座，需款孔殷，着照所请，即于各省应解轻赍银两内提拨……湖北提银二千三百两，该督抚等即饬各该粮道迅速筹措，务于来年起解轻赍银两时，附搭解通交纳，即在光绪三、四两年应解款内匀分扣还。着该侍郎等督饬各仓监督择日兴修，务须工坚料实，以期经久，毋稍草率。余着照所议办理。将此谕知延煦、毕道远、刘坤一、翁同爵、吴元炳、裕禄、刘秉璋、杨昌濬、丁宝桢、王文韶，并传谕刘齐衔知之。”现月 （《清德宗实录》卷17）

（光绪元年十月庚午）谕军机大臣等：“户部奏‘请饬各省赶解京饷’一折。本年京饷前经户部原拨、续拨共银八百万两，统限年内解济。兹据该部查明，截至九月二十日止，除划拨解到、报解起程等款外，尚有……湖北地丁银八万两……湖北盐厘银五万两……江汉关洋税银三万两……共未解银三百十三万余两。京饷关系紧要，现在部库年内例放一切款项甚巨，需饷孔亟，着各该将军、督抚、监督等即将前项欠解银两迅速如数依限解京，其已报起程各款亦即赶催解部，毋任沿途逗遛。倘有诿卸拖欠，致误要需，即着户部指名严参……将此由五百里谕知福州将军，直隶、两江、湖广、闽浙、四川、两广、江苏、安徽、江西、浙江、福建、山东、山西、河南、湖北、广东各督抚，并传谕粤海关监督知之。”现月 （《清德宗实录》卷19）

（光绪元年十一月壬寅）又谕：“户部奏‘豫拨来年京饷’一折。据称‘历届京饷均于年前豫拨，光绪二年京饷，拟在各省地丁、盐课、关税等款内指拨银七百万两，请饬各该省于来年分批起解’等语。京饷关系紧要，现经该部就各省缓急情形，斟酌动拨，自应遵照奏定数目源源

报解，以应要需。着该将军、督抚、盐政、监督等务于来年开印后分批起解，限五月前解到一半，十二月初间全数解清，不准截留改拨、借词延误。倘届限不到，即照奏定章程，指名严参。原单着分别摘钞给与阅看……将此由五百里谕知福州将军，直隶、两江、湖广、闽浙、两广、四川、江苏、安徽、江西、福建、浙江、湖北、湖南、河南、山东、山西、广东各督抚，并传谕粤海关监督知之。”现月 （《清德宗实录》卷21）

（光绪元年十一月戊午）谕军机大臣等：“文彬奏‘请饬江西等省仍筹拨款’等语。南河堰盱石工协款向由江西等省筹拨，户部前以湖北省本年买米起运，咨准停解，并令文彬声明江西、湖南拨款能否停止，该漕督尚未复奏。湖南已请停解，兹据文彬所称该工关系甚重，再修三四年可一律巩固，若遽行停止，恐续塌日多，需款更巨，请旨仍饬筹解，亦系实在情形。着刘秉璋、李文敏将原拨南河协饷按年批解，其湖北、湖南漕项银两，着翁同爵、王文韶于筹运正供外，仍设法筹拨，以济要需。将此由四百里谕知翁同爵、刘秉璋、王文韶，并传谕李文敏知之。”现月 （《清德宗实录》卷22）

（光绪二年闰五月）乙酉，谕军机大臣等：“户部奏‘请饬催各省关欠解京饷’一折。本年京饷经户部奏拨并续拨银八百万两，均限五月前解到一半，年终一律解清。兹据该部查明，截至闰五月初十日止，除已解到、报解起程外，尚有……湖北地丁银二十万两……湖北盐厘银七万两……江汉关洋税银十八万两……湖北厘金银五万两……江汉关应解银一万六千两……统共未解银五百三十四万五千两。着该将军、各督抚、监督等即将前项未解银两赶紧依限提前解部，统于年内扫数解齐。倘敢诿卸拖欠，致误要需，即着户部指名严参。其现在解不及半、丝毫未解等处，经此次严催后仍不完解，并着户部酌核情形，随时奏参。将此由五百里谕知福州将军，直隶、两江、湖广、闽浙、四川、两广、江苏、安徽、江西、浙江、福建、山东、山西、河南、湖北、湖南、广东各督

抚，并传谕粤海关监督知之。”现月 （《清德宗实录》卷33）

（光绪二年十月）癸卯，谕军机大臣等：“户部奏‘两淮等处积欠京饷，逾限未解，请旨议处，并饬各省关迅解本年京饷’一折……除划抵解到、报解起程等款外，尚有……湖北地丁银十万两……湖北盐厘银三万两……江汉关洋税银六万两……江汉关欠解银一万六千两……现在部库应放各款为数甚巨，需饷孔急，着该督抚、监督等各将未解京饷，迅即照数依限解京，已报起程各款，亦即迅催解部，毋任沿途逗遛。倘有诿卸延欠，致误开放，即着该部指名严参。将此由五百里各谕令知之。”现月 （《清德宗实录》卷41）

（光绪二年十一月己未）谕军机大臣等：“户部奏‘豫拨来年京饷’一折。据称‘历届京饷均于年前豫拨，光绪三年京饷，拟在各省地丁、盐课、关税等款内指拨银七百万两，请饬各该省于来年分批起解’等语。京饷关系紧要，现经该部就各省缓急情形，斟酌动拨，自应遵照奏定数目源源报解，以应要需。着该将军、督抚、监督等务于来年开印后分批起解，限五月前解到一半，十二月初间全数解清，不准截留改拨、借词延误。倘届限不到，即照奏定章程，指名严参。原单着分别摘钞给与阅看。另片奏‘光绪三年内务府经费拟拨……湖北盐厘银五万两……共银六十万两，请饬依限完解’等语。着该将军、督抚等务于来年开印后，陆续径解内务府交纳，先将起程日期报部，仍限六月前解到一半，十二月初间扫数解清，不准稍有蒂欠。将此由五百里各谕令知之。”现月 （《清德宗实录》卷42）

（光绪三年二月己亥）豁免湖北省同治十年以前民欠钱粮。折包 （《清德宗实录》卷47）

（光绪三年三月庚申）湖广总督李瀚章奏：“江汉关招商局税项，请

准分四六成。”下户部、总理各国事务衙门议。(《清德宗实录》卷49)

(光绪三年四月己丑)湖广总督李瀚章等奏“湖北饷需支绌，奉拨西征及宁夏协饷，应请分别筹解，以急要需，而纾财力”等语。下部知之。折包 (《清德宗实录》卷50)

(光绪三年四月己丑)(湖广总督李瀚章等)又奏：“湖北库款支绌，请将世俸一项仿湖南章程变通撙节。”下部议。折包 (《清德宗实录》卷50)

(光绪三年六月辛卯)谕军机大臣等：“金顺奏订买俄粮一折，据称‘与俄官立约，订买粮一千万斤合银四十万两，由营交银五万两，其余价银三十五万两，均兑至湖北江汉关交给’等语。军食关系紧要，采买俄粮，亦足以资接济。惟由江汉关兑交之款，必须与该督抚先期商定，随时应付无误，方足示信。即着金顺咨明李瀚章等，务将所兑银两届期如数付给，毋得稍有延欠。将此谕令知之。”剿捕 (《清德宗实录》卷52)

(光绪三年六月)己酉，谕军机大臣等：“户部奏‘请饬催各省关欠解京饷’一折。本年京饷经户部奏拨并续拨银八百万两，均限五月前解到一半，年终一律解清。兹据该部查明，截至六月初十日止，除截留及奏准缓解并解到、报解启程等款外，尚有……湖北地丁二十万两……湖北盐厘六万两……江汉关洋税二十一万两……湖北厘金四万两……江汉关应解一万六千两……共欠解银十九万四千两，统共未解银五百四十四万四千两。着该将军，各督抚、监督等即将前项未解银两赶紧依限提前解部，统于年内扫数解齐。倘敢诿卸拖欠，致误要需，即着户部指名严参。其现在解不及半及丝毫未解等处，经此次严催后，仍不完解，并着户部酌核情形，随时奏参。将此由五百里各谕令知之。”现月 (《清德宗实录》卷52)

（光绪三年七月）辛未，谕军机大臣等：“前据金顺奏，订买俄粮价银，兑至湖北江汉关交给。当经谕令该将军咨明李瀚章等，将所兑银两届期如数付给。兹据李鸿章奏称‘江汉关征收洋税入不敷出，俄商如持票取银，届期必无以应，请饬部另款筹拨’等语，关外军食转运艰难，采买俄粮原是不得已之举，此次金顺订买粮面，既经兑由湖北协饷内拨交银三十五万两，若复另行筹拨，诚恐辗转迟误，无以取信于外人，诸多未便。湖北本有应解金顺之饷，无可推诿，着李瀚章、翁同爵竭力筹画，无论何款豫为拨定，以备应付。如实不能全数筹拨，短少若干，即着该督等与李鸿章熟商，于北洋海防经费内暂行借拨，以足三十五万之数，总期届时无误给发，是为至要。所借海防经费，仍着李瀚章等随时筹解归款。近来各省用款均极支绌，况与外人交涉尤宜慎之于始，若未经商定款项，遽行指兑，设有贻误，转费周张。金顺嗣后于购买外国粮糈等项亦须悉心妥筹，不可冒昧从事也。将此由四百里各谕令知之。”剿捕 （《清德宗实录》卷54）

（光绪三年八月丁亥）谕内阁：“谭钟麟奏‘买米赈饥，恳免抽厘’一折。本年陕西亢旱歉收，民生困苦，全赖采运米粮，借资赈济。现谭钟麟委员分赴湖南等省购运，所有陕西采买米粮经过湖南、湖北、河南关卡，着该督抚等饬令各属一概免其抽收厘金，以裕民食。”现月 （《清德宗实录》卷55）

（光绪三年九月甲寅）又谕：“前因金顺订买俄人粮面，兑由湖北协饷内拨交银三十五万两，当经谕令李瀚章等豫为拨定，短少若干，与李鸿章熟商，于北洋海防经费内暂行借拨，以足三十五万两之数。兹据李瀚章奏称‘江汉关入款不敷分拨，金顺所买俄粮原分两期兑银，第一期应交十五万两，由湖北及北洋海防经费项下筹拨应用，第二期应交银二十万两，请将户部指提江海关、粤海关欠解金顺协饷改拨解鄂，以便凑给’等语，此项粮价，既经金顺与俄商订定，自应如期付给，免致失信于洋人。惟为数较多，湖北一时未能筹足，亦系实情。着沈葆桢、刘坤一、吴元炳、俊启即将户部指提金顺协饷江海关银八万两、粤海关银十二万两，限于本年内解交湖北，以为应付粮价之用，毋稍迟延。设届时未能解齐，李瀚章仍当设法筹足。该督等素顾大局，不得互相推诿，致有贻误。将此由四百里谕知沈葆桢、李瀚章、刘坤一、吴元炳，并传谕俊启知之。”剿捕　（《清德宗实录》卷57）

（光绪三年十月辛丑）谕军机大臣等：“户部奏‘请饬各省赶解京饷’一折。本年京饷，前经户部原拨、续拨共银八百万两，统限年内解齐。兹据该部查明，截至九月底止，除截留、暂留、解到、报解启程等款外，尚有山西地丁银五十万两、山东地丁银十二万两、湖北地丁银七万五千两……湖北盐厘银一万两……江汉关洋税银八万两……湖北厘金银二万两……现查浙海、天津、东海三关各欠解银二万两，江汉关欠解银一万六千两……共未解银二百九十四万七千三百余两。现在部库应放各款为数甚巨，需饷孔亟，着该将军、督抚、监督等各将未解京饷迅即照数依限解京。已报启程各款，亦即赶催解部，毋任沿途逗遛。倘敢诿卸拖欠，致误要需，即着户部指名严参……将此由五百里谕知直隶、两江、湖广、四川、两广各总督……湖北、湖南、广东各巡抚，并传谕粤海关监督知之。”现月　（《清德宗实录》卷60）

（光绪三年十一月壬子）谕军机大臣等：“户部奏‘豫拨来年京饷’一折，据称‘历届京饷均于年内豫拨，光绪四年京饷拟在各省地丁、盐课、关税等款内指拨银七百万两，请饬各该省于来年分批起解’等语。京饷关系紧要，现经该部就各省缓急情形斟酌动拨，自应遵照奏定数目源源报解，以应要需。着该将军、督抚、监督等，务于来年开印后分批起解，限五月前解到一半，十二月初间全数解清，不准截留改拨、借词延误。倘届限不到，即照奏定章程指名严参。原单着分别摘钞给与阅看。另片奏‘光绪四年内务府经费，拟拨……湖北盐厘银五万两……共银六十万两，请饬依限完解’等语。着该将军、督抚等务于来年开印后，陆续径解内务府交纳。先将起程日期报部，仍限六月前解到一半，十二月初间扫数解清，不准稍有蒂欠。将此由五百里谕知直隶、两江、湖广、四川、两广各总督，闽浙总督兼署福州将军，江苏、安徽、江西、福建、浙江、湖北、湖南、河南、山东、山西、广东各巡抚，并传谕粤海关监督知之。”现月　（《清德宗实录》卷61）

（光绪三年十一月辛未）又谕：“户部奏‘豫拨惠陵工程银两’一折，据称‘光绪四年惠陵工程应需银两，拟拨……湖北厘金银二万五千两……江汉关六成洋税银五万两……共银一百八十万两，请饬各省关照数拨解’等语。工程要需，自应赶紧筹拨，着各该督抚、监督等按照户部指拨各款银两，限来年二月起，迅速派员分拨，陆续径解惠陵工程处交纳，并限来年八月以前如数解清，毋稍延缓。余着照该部所议办理。将此由五百里谕知李鸿章、沈葆桢、何璟、李瀚章、丁宝桢、刘坤一、吴元炳、裕禄、刘秉璋、梅启照、邵亨豫、王文韶、文格、张兆栋，并传谕葆亨、崇福、俊启知之。”现月　（《清德宗实录》卷62）

（光绪三年十二月丙申）谕军机大臣等：“谭钟麟奏‘转运赈粮需费过巨，请饬催协饷并催欠饷’一折。陕西现购赈粮需费甚巨，前经谕令各省将欠解陕饷并粤海、闽海、江汉三关本年协饷筹解，自应迅速解往，以济急需。兹据奏称，闽海关尚欠解银四万两，江汉关尚欠解银五万两，粤海关尚欠解银九万两。着何璟、李瀚章、刘坤一、俊启将本年应协陕饷悉数筹解。即使为难，亦着分借一批，由各关分期扣还。至各省欠饷，仅四川、山东各解过银二万两，安徽解过银一万两，着沈葆桢、李瀚章、刘坤一、吴元炳、梅启照、裕禄、邵亨豫、王文韶、崇福饬令各该司无论如何为难，即筹一大批，迅速起解，毋再延缓。将此由五百里谕知沈葆桢、李瀚章、刘坤一、何璟、吴元炳、梅启照、裕禄、邵亨豫、王文韶，并传谕崇福、俊启知之。”现月档　（《清德宗实录》卷64）

（光绪四年正月）丙子，河东河道总督兼署河南巡抚李鹤年等奏："河南被灾极重，请将叠次借拨银米，饬解备赈，并自请严加谴责。"得旨："……至刘坤一捐银十五万两，据该督奏称，以洋银十万两，分解山、陕两省，余纹银五万两，即由票号汇至汉口，着李鹤年等委员提解回豫，以济要需。"折包 （《清德宗实录》卷66）

（光绪四年二月庚寅）帮办河南赈务、刑部左侍郎袁保恒奏："拟加抽入楚、川盐厘课，为豫省拨还办赈借款。"下户部速议具奏。寻奏："请饬湖广、四川总督察核情形办理。"嗣湖广总督李瀚章、四川总督丁宝桢复陈事多窒碍，请毋庸议。报闻。折包 （《清德宗实录》卷67）

（光绪四年四月）己亥，谕军机大臣等："户部奏'请饬各省关迅解京饷'一折。本年京饷，户部原拨、续拨共银八百万两，均限五月前解到一半，十二月初间全数解清。兹据奏称'截至四月十六日止，库存正项银只有八十七万六千余两，核计放款，尚不敷一月之用。各省关应解京饷，报解寥寥，请旨严催'等语。现在部库支绌，应放各款关系紧要，该将军、督抚、监督等自应体念时艰，将京饷迅速起解，何得稍事迟延？除山西、河南两省被灾甚重，地丁银两业经暂缓拨解外，所有各省关地丁等项及河东盐课应解本年京饷，着该将军、督抚、监督等均即依限如数报解。倘敢诿卸拖延，致误开放，即着户部指名严参。该部即分晰开单，迅咨各省关，钦遵办理。将此由五百里谕知福州将军，直隶、两江、闽浙、湖广、四川、两广各总督，江苏、安徽、江西、福建、浙江、湖北、湖南、山东、山西、广东各巡抚，并传谕粤海关监督知之。"现月 （《清德宗实录》卷72）

（光绪四年六月己亥）谕军机大臣等："前据李瀚章奏'金顺订买俄粮价银，因江汉关款项不敷分拨，请将户部指提金顺协饷江汉关银八万两、粤海关银十二万两，改拨解鄂’，当谕令沈葆桢等照数拨解。兹据李瀚章奏‘应交粮价业于应解南北洋海防经费，借拨凑给清楚，惟鄂饷支绌，无力筹还借款。请饬江海、粤海两关于应协该军饷内，改拨解鄂抵还’等语，所有江海、粤海两关尚欠解银十六万两，着沈葆桢、刘坤一、吴元炳、俊启于各该关嗣后应协金军月饷项下，各扣留银八万两，改拨解鄂，抵还海防经费借款十六万两，以清款项。将此由四百里谕知沈葆桢、刘坤一、吴元炳，并传谕俊启知之。”现月 （《清德宗实录》卷75）

（光绪四年六月癸卯）谕军机大臣等：“本年四月间，据户部奏‘各省关应解京饷，报解寥寥’，当谕令该将军等依限报解。兹据该部奏称‘查明截至六月初十日止，除划拨铜价暨各处解到、报解起程外，尚有……湖北地丁银十七万两……湖北盐厘银五万两……江汉关洋税银十二万两……湖北厘金银五万两……共未解银五百七十六万二千余两’，着该将军，各督抚、监督等即将前项未解银两，赶紧依限提前解部，统于年内扫数解齐。倘敢诿卸拖欠，致误要需，即着户部指名严参。其现在解不及半及丝毫未解等处，经此次严催后，仍不完解，并着户部酌核情形，随时奏参。将此由五百里谕知福州将军，直隶、两江、湖广、闽浙、四川、两广、江苏、安徽、江西、浙江、福建、山东、山西、河南、湖北、湖南、广东各督抚，并传谕粤海关监督知之。”现月 （《清德宗实录》卷75）

（光绪四年七月）丙子，谕军机大臣等：“惠陵工程节经户部分年指拨，现计全工估定经费，尚欠银一百万两。刻下要工克期告成，需款孔亟，若照案指作光绪五年分应拨银两，恐有延误。着户部将所欠估需银一百万两，提前指拨有着之款，限令各省关务于本年年内赶紧解齐，以重要工。至各省关应解光绪四年分工程银一百八十万两，除福建全数解清外……湖北欠解银二万五千两……江汉关欠解银三万两……现在工程吃紧，急需款项，着各该督抚、监督等迅将欠解银两务于八月前扫数解齐，毋稍延玩。此项银两未到以前，着户部、总理各国事务衙门各先行借拨银十万两。俟各省关解到，即行酌量拨还，以清款目。将此由五百里谕知李鸿章、沈葆桢、李瀚章、丁宝桢、刘坤一、文格、刘秉璋、李文敏、梅启照、裕禄、吴元炳、张兆栋、潘霨、邵亨豫，并传谕俊启知之。”现月 （《清德宗实录》卷77）

（光绪四年十月丙申）谕军机大臣等：“户部奏‘请饬各省赶解京饷’一折。本年京饷前经户部原拨、续拨共银八百万两，统限年内解齐。兹据该部查明，截至九月底止，除缓解划拨并解到、报解启程等款外，尚有……湖北地丁银八万两……湖北盐厘银二万两……湖北厘金银三万两……共未解银二百八十三万余两。年内部库应放各款，为数甚巨，需饷孔亟，着该将军、督抚等各将欠解京饷迅即照数依限提前解京，已报起程各款亦即赶催解部，毋任沿途逗遛。倘敢诿卸拖欠，致误要需，即着户部指名严参。将此由五百里谕知福州将军，直隶、两江、湖广、闽浙、四川、两广、江苏、安徽、江西、浙江、福建、山东、山西、河南、湖北、湖南、广东各督抚，并传谕粤海关监督知之。”现月 （《清德宗实录》卷80）

（光绪四年十一月丙午）谕军机大臣等：“户部奏‘豫拨来年京饷’一折。据称历届京饷均于年前豫拨，光绪五年京饷，拟在各省地丁、盐课、关税等款内指拨银七百万两，请饬各该省于来年分批起解’等语。京饷关系紧要，现经该部就各省缓急情形，酌量动拨，自应遵照定章数目源源报解，以应要需。着该将军、督抚、监督等务于来年开印后分批起解，限五月前解到一半，十二月初间全数解清，不准截留改拨、借词延误。倘届限不到，即照奏定章程指名严参。原单着分别摘钞给与阅看……另片奏‘……湖北盐厘银五万两……共银六十万两，请饬依限完解’等语，着该将军、督抚等务于来年开印后陆续径解内务府交纳，先将起程日期报部，仍限六月前解到一半，十二月初间扫数解清，不准稍有蒂欠。将此由五百里谕知福州将军，直隶、两江、湖广、闽浙、两广、四川、江苏、安徽、江西、福建、浙江、湖北、湖南、河南、山东、山西、广东各督抚，并传谕粤海关监督知之。”现月 （《清德宗实录》卷81）

（光绪五年正月壬戌）谕军机大臣等：“户部奏‘请饬催折漕省分欠解银两’一折。湖北等省自改办折漕以来，除解部及拨用各款外，积欠甚多……现在部库支绌，各省应解漕折银两亟应照数报解，岂容任意积欠？着各该督抚饬属查明，各将改办折征以来征收银两解部若干、动用若干、未解若干，详细开单，报部查核。所欠漕折，即行陆续分批清解，毋稍延缓。其光绪四年漕折，即行查照折征数目，按限起解，不得再行挪用延欠。嗣后折漕省分，仍应设法征运本色，规复旧章。如仍有展办折征者，务将银两照限解部，年清年款，以应要需。将此由四百里各谕令知之。”现月 （《清德宗实录》卷86）

（光绪五年六月壬子）谕军机大臣等：“本年四月间，据户部奏‘各省关应解京饷报解寥寥，请旨严催’，当经依议允行。兹复据该部奏称‘查明截至五月底止，各省关尚欠解银五百四十五万八千余两，请饬严催’等语，现在部库支绌，应放各款俱关紧要。该将军、督抚、监督等自应体念时艰，迅速报解，何得任意延宕，致误要需？所有各省关欠解本年京饷，着该将军、督抚、监督等各按照单开数目，赶紧报解，统于年内扫数解齐，倘敢诿卸拖欠，即着户部指名严参。其现在解未及半及丝毫未解各处，经此次严催后仍不完解，并着户部酌核情形，随时奏参。原单均着摘钞给阅看。将此由五百里谕知福州将军，直隶、两江、闽浙、湖广、四川、两广各总督，江苏、安徽、江西、福建、浙江、山东、山西、河南、湖北、湖南、广东各巡抚，并传谕粤海关监督知之。”现月 （《清德宗实录》卷96）

（光绪五年八月辛亥）又谕：“前据李鸿章奏‘湖北委员管解京饷银

两，由河南安阳县入直隶磁州境，该处向以漳河为界，饷银未抵北岸，被水冲失十一鞘，应由湖北、河南督抚查核办理’。兹据涂宗瀛奏‘前项饷银业经渡过北岸，被水冲失，请饬直隶总督派员会勘’等语，着李鸿章迅速派员前往，与河南委员会同勘办。该督抚等当确切查明，毋任属员推诿。”现月 （《清德宗实录》卷99）

（光绪五年十月）己未，谕军机大臣等：“户部奏‘部库需款浩繁，各省关欠解京饷请旨严催’一折。各省关欠解本年京饷，统限年内解齐，叠经严催，截至九月底止，除已经解到及报解启程外，尚欠解银二百九十一万余两。现在部库支绌，年内应放各款关系紧要，亟须各省关全数解到，以应急需，岂容任意延宕？着该将军、督抚、监督等各按照单开欠解数目，依限扫数解京，其已报起程各款，亦即赶催解部，毋任在途逗遛。倘敢诿卸拖欠，贻误要需，即着户部指名严参。原单均着摘钞给予阅看。将此由五百里谕知福州将军，直隶、两江、闽浙、湖广、两广、四川各总督，江苏、安徽、江西、福建、浙江、山东、山西、河南、湖北、湖南、广东各巡抚，并传谕粤海关监督知之。”现月 （《清德宗实录》卷102）

（光绪五年十一月乙亥）谕军机大臣等：“户部奏‘豫拨来年京饷’一折。据称‘历届京饷均于年前豫拨，光绪六年京饷，拟在各省地丁、盐课、关税等款内指拨银七百万两，请饬各该省于来年分批起解’等语。京饷关系紧要，现经该部就各省情形酌量动拨，自应遵照奏定数目源源报解，以应要需。着该将军、督抚、监督等务于来年开印后分批起解，限五月前解到一半，十二月初间全数解清，不准截留改拨、借词延误。倘届限不到，即照奏定章程指名严参。原单着分别摘钞给与阅看……另片奏‘光绪六年内务府经费，拟拨……湖北盐课银五万两……共银六十万两，请饬依限完解’等语。着该将军、督抚等务于来年开印后陆续径解内务府交纳。先将起程日期报部，仍限六月前解到一半，十二月初间扫数解清，不准稍有蒂欠。将此由五百里谕知福州将军，直隶、两江、湖广、闽浙、两广、四川、江苏、安徽、江西、福建、浙江、湖北、湖南、河南、山东、山西、广东各督抚，并传谕粤海关监督知之。”现月（《清德宗实录》卷103）

（光绪六年三月乙酉）谕军机大臣等：“户部奏‘请续拨京饷’等语。近年库款支绌，叠经户部续请添拨京饷，此次该部酌量各省情形，拟拨……湖北盐厘银五万两……共银一百万两。着该将军、督抚各将所拨饷银，连本年原拨未解京饷，均于五月前解到一半，十二月初间如数解齐。各该将军、督抚务须顾全大局，依限提前完解。倘借词诿卸，率请划抵截留，贻误要需，即着该部指名严参。将此由五百里各谕令知之。”现月　（《清德宗实录》卷111）

（光绪六年六月丙午）谕军机大臣等：“户部奏‘请旨催解京饷，分别已解、未解银数，开单呈览’一折。本年京饷，户部原拨、续拨共银八百万两……截至本年五月止，各省关计共欠解银五百七万两，现在部库支绌，应效各款均关紧要，所有应解京饷，该省关自应迅速报解，何得任意延宕，致误要需？即着该将军、督抚、监督等各查照欠解数目赶紧陆续解部，统于年内扫数解齐，倘敢诿卸拖欠，即由户部指名奏参。其现在解不及半及丝毫未解各处，经此次严催后，倘仍不完解，并着该部随时严参。原单着分别摘钞给与阅看。将此由五百里谕知福州将军，直隶、两江、闽浙、湖广、四川、两广各总督，江苏、安徽、江西、福建、浙江、山东、河南、湖北、湖南、广东各巡抚，并传谕粤海关监督知之。”现月　（《清德宗实录》卷114）

（光绪六年六月）癸亥，谕军机大臣等：“李鸿章奏‘请旨催解北洋海防经费’一折。据称‘北洋海防经费，该大臣前请将各省奉拨厘金，悉按原拨八成实数解足。经户部、总理各国事务衙门议准奏催，计自本年正月以来，各关洋税，惟山海、江海两关随征随解，粤海、浙江两关自第七十八结以后，时逾半年未据报解。各省厘金，湖北解到银四万两……’等语。北洋防务极关紧要，叠次购买船械，库储经费业将告罄，已订未放之款为数甚巨……至湖北、江西、江苏应解厘金，粤海、江海两关应解洋税，并着该督抚、监督赶紧拨解，力求足额。各该省关倘再延欠，即着李鸿章于年终核参，照延误京饷例议处。将此由五百里谕知李鸿章、刘坤一、李瀚章、吴元炳、李文敏、谭钟麟、彭祖贤，并传谕俊启知之。”洋务 （《清德宗实录》卷115）

（光绪六年八月丙辰）谕军机大臣等：“刘长佑等奏‘各省关欠饷甚巨，请旨饬催’一折。据称‘各省关应解滇省新饷，自光绪二年九月起，至六年六月止……湖北欠解银二十四万六千两……共欠解银九十七万二千一百余两。至各省关乙亥至辛巳等年常年兵饷……湖北奉拨之十五万两……全未报解，共欠银一百七十一万三千两。光绪六年正月起至六月止，仅解银六万九千余两，请饬赶解’等语。滇省用度支绌，亟须各省关源源协济，着各该督抚赶筹大批饷银解往该省，以应要需。将此由五百里各谕令知之。”洋务 （《清德宗实录》卷118）

（光绪六年十月壬子）谕军机大臣等：“户部奏‘部库需款浩繁，各省关欠解京饷请旨严催’一折。各省关欠解本年京饷，统限年内解齐，叠经严催，截至九月底止，除划拨免解及解到、报解起程外，尚欠解银二百十三万余两。现在部库支绌，年内应放各款关系紧要，亟须各省关全数解到，以应急需，岂容任意延宕？着该将军、督抚、监督等各按照单开欠解数目，依限扫数解京，其已报起程各款，亦即赶催解部，毋任在途逗遛。倘敢诿卸拖欠，贻误要需，着户部指名严参。原单均着摘钞给阅看。将此由五百里谕知福州将军，直隶、两江、湖广、闽浙、两广各总督，江苏、安徽、江西、福建、浙江、湖北、湖南、河南、山东、广东各巡抚，并传谕粤海关监督知之。”现月 （《清德宗实录》卷122）

（光绪六年十一月戊辰）又谕："户部奏'豫拨来年京饷'一折。据称'历届京饷均于年前豫拨，光绪七年京饷，拟在各省地丁、盐课、关税等款内指拨银七百万两，请饬各该省于来年分批起解'等语。京饷关系紧要，现经该部就各省情形酌量动拨，自应遵照奏定数目源源报解，以应要需。着该将军、督抚、监督等务于来年开印后分批起解，限五月前解到一半，十二月初间全数解清，不准截留改拨、借词延误。倘届限不到，即照奏定章程指名严参。原单着分别摘钞给与阅看。另片奏'光绪七年内务府经费，拟拨……湖北盐厘银五万两……共银六十万两，请饬依限完解'等语。着该将军、督抚等务于来年开印后陆续径解内务府交纳，先将起程日期报部，仍限六月前解到一半，十二月初间扫数解清，不准稍有蒂欠。将此由五百里谕知福州将军，直隶、两江、湖广、闽浙、两广、四川、江苏、安徽、江西、福建、浙江、湖北、湖南、河南、山东、山西、广东各督抚，并传谕粤海关监督知之。"现月 （《清德宗实录》卷123）

（光绪七年三月乙酉）谕军机大臣等："户部奏'请续拨京饷'等语。近年库款支绌，叠经户部续请添拨京饷，此次该部酌量各省情形，拟拨……湖北盐厘银五万两……共银一百万两。着该将军、督抚各将所拨饷银，连本年原拨未解京饷，均于五月前解到一半，十二月初间如数解齐。各该将军、督抚务须顾全大局，依限提前完解。倘借词诿卸，率请划抵截留，贻误要需，即着该部指名严参。将此由五百里各谕令知之。"（《清德宗实录》卷128）

（光绪七年六月）甲辰，谕军机大臣等："户部奏'请旨催解京饷，分别已解、未解银数，开单呈览'一折。本年京饷，户部原拨、续拨共银八百万两，除划拨伊犁偿款二百万两外，截至本年五月止，各省关计共欠银三百三十六万五千两。现在部库支绌，应放各款均关紧要，所有应解京饷，该省关自应迅速报解，不得任意延宕，致误要需。即着该将军、督抚、监督等各查照欠解数目，赶紧陆续解部，统于年内扫数解齐。本年部库放项，增出伊犁偿款二百万两，需饷尤殷，倘敢诿卸拖欠，即由户部指名严参。原单着分别摘钞给与阅看。将此由五百里谕知福州将军，直隶、两江、闽浙、湖广、四川、两广各总督，江苏、安徽、江西、福建、浙江、山东、山西、河南、湖北、湖南、广东各巡抚，并传谕粤海关监督知之。”现月 （《清德宗实录》卷131）

（光绪七年闰七月戊申）又谕：“户部奏‘遵拨银两请饬迅解’一折。据称‘现在恭修普祥、峪定、东陵神路营房等工，应行采买各项物料，需款甚亟，拟拨……湖北盐厘银三万两……江汉关六成洋税银三万两，着各该将军、督抚饬令藩运各司、监督等赶紧筹拨，统限于本年九月内，迅速派员径解普祥、峪定、东陵工程处交纳，毋稍延误，并将起解日期先行报部。将此由四百里谕知穆图善、刘坤一、李瀚章、张树声、丁宝桢、彭玉麟、黎培敬、谭钟麟、李文敏、彭祖贤、李明墀、裕宽，并传谕谭钧培知之。”现月 （《清德宗实录》卷133）

（光绪七年八月）戊子，谕军机大臣等：“户部奏‘遵议乌鲁木齐饷银，请饬各省关迅解’一折。部库一应放项，时虞不敷周转，乌鲁木齐所需饷银自难再行垫发。惟乌城欠垫各款无从筹还，月饷及应修要工无项可指，待饷孔亟亦属实在情形。户部两次提拨各省关积欠乌垣饷银共三十万两，业已逾限数月，乃仅据闽海关解银一万两，江汉关解银五千两，而月饷则分毫未解……实属不成事体，似此意存漠视，深恐贻误军需。着各该将军、督抚等查照户部节次奏案，务将本年两次应解提拨银两，限十月以前扫数解清。其常年月饷，并着源源报解，以济要需。倘再任意延宕，即由恭镗将各藩司、监督等指名奏参。将此由五百里谕知穆图善、刘坤一、彭玉麟、张树声、李瀚章、丁宝桢、任道镕、黎培敬、彭祖贤、恭镗，并传谕谭钧培、崇光知之。”现月 （《清德宗实录》卷135）

（光绪七年九月）乙卯，谕军机大臣等："户部奏'请旨催解京饷'一折。本年京饷原拨、续拨八百万两，统限年内解齐，截至八月底止，除划拨解到、报解起程等款外，尚欠解银一百四十万八千余两。现在部库支绌，本年在各省关应解京饷内划拨伊犁偿款等银，库款益形减少，年内应放各项关系紧要，亟须各省关全数解到，以应要需，岂容任意延宕？着该将军、督抚、监督等各将欠解银两，迅即照数依限提前解京，已报起程各款亦即速催解部，毋任在途逗遛。倘有诿卸拖欠，致误开放，即着户部指名严参。原单着分别摘钞给与阅看。将此由五百里谕知福州将军，直隶、两江、湖广、闽浙、两广、四川各总督，江苏、安徽、江西、福建、浙江、湖北、湖南、山东、山西、广东各巡抚，并传谕粤海关监督知之。"现月　（《清德宗实录》卷137）

（光绪七年九月乙卯）又谕："户部、总理各国事务衙门奏'东北边防经费，各省报解迟延，请旨严催'一折。据称'各直省应解本年东北边防经费，截至九月止，除已解到银九十五万两，暨报解银二十三万两外，尚欠解银八十二万两。现在库存经费不敷周转，请旨严催'等语，此项经费银两关系紧要，自应迅速筹解，以济要需。除河南及津海关业经户部议准暂行缓解外，其余各省关欠解银两，即着各该督抚、监督源源报解，统限年内解清。倘再迟延，即着户部照贻误京饷例指名严参……原单着分别摘钞给与阅看。将此由五百里谕知两江、闽浙、湖广、两广、江苏、安徽、浙江、江西、山东、山西、湖北、湖南、广东各督抚，并传谕粤海关监督知之。"（《清德宗实录》卷137）

（光绪七年十一月）乙未，谕军机大臣等："户部奏'豫拨来年京饷'一折。据称'历届京饷均系年前豫拨，光绪八年京饷，拟在地丁、盐课等款内指拨银七百万两，请饬各该省关于来年分批起解'等语。京饷关系紧要，现经该部就各省关情形酌量动拨，自应遵照奏定数目源源报解，以应要需。着该将军、督抚、监督等务于来年开印后分批起解，限五月前解到一半，十二月初间全数解清，不准截留改拨、借词延误。倘届限不到，即着该部照奏定章程指名严参。原单着分别摘钞给与阅看。另片奏‘光绪八年内务府经费，拟拨……湖北盐厘银五万两……共银六十万两，请饬依限完解’等语。着该将军、督抚等务于来年开印后陆续径解内务府交纳，先将起程日期报部，仍限六月前解到一半，十二月初间扫数解清，不准少有蒂欠。将此由五百里谕知福州将军，直隶、两江、湖广、闽浙、两广、四川、江苏、安徽、江西、福建、浙江、湖北、湖南、河南、山东、山西、广东各督抚，并传谕粤海关监督知之。”现月 （《清德宗实录》卷139）

（光绪七年十一月）丁未，谕军机大臣等：“有人奏‘缕陈鄂省积弊，请旨派员查办’一折。据称‘湖北厘金及新关竹木税，每年实收之数与报部之数相去悬殊，悉归委员中饱，督署亦有规费。李瀚章任用私人，纵容劣员，该省防军缺额，虚糜帑项，贻害地方。并李瀚章黩货无厌，民怨日深’等语。李瀚章任湖广总督有年，兹据所奏理财、用人、练兵种种弊端是否属实，着左宗棠将所奏各节确切查明，据实具奏，毋稍徇隐。原折着钞给阅看。将此由四百里谕令知之。”现月 （《清德宗实录》卷139）

（光绪八年三月癸卯）谕军机大臣等：“户部请‘续拨京饷’等语。近年库款支绌，叠经户部续请添拨京饷，此次该部酌量各省情形，拟拨……湖北地丁银五万两……湖北盐厘银五万两……共银一百万两。着该将军、督抚各将所拨饷银，连本年原拨未解京饷，均于五月前解到一半，十二月初间如数解齐。各该将军、督抚务当顾全大局，依限提前完解。倘借词诿卸，率请划抵截留，贻误要需，即着该部指名严参。将此由五百里各谕令知之。”现月档 （《清德宗实录》卷144）

（光绪八年六月甲戌）谕军机大臣等："户部奏'请旨催解京饷，分别已解、未解银数，开单呈览'一折。本年京饷，户部原拨、续拨共银八百万两，截至五月底止，各省关计共欠银五百三十四万七千余两。现在部库支绌，应放各款均关紧要，所有各省关欠解京饷自应迅速报解，不得任意延宕，致误要需。着该将军、督抚、监督等各查照欠解数目，赶紧陆续解部，统于年内扫数解齐。如敢诿卸拖欠，即由户部照章指名奏参。其解不及半暨丝毫未解等处，经此次严催后，倘仍不完解，即着户部随时严参。原单着分别摘钞给与阅看。将此由五百里谕知福州将军，直隶、两江、闽浙、湖广、四川、两广各总督，江苏、安徽、江西、福建、浙江、山东、山西、河南、湖北、湖南、广东各巡抚，并传谕粤海关监督知之。"现月　（《清德宗实录》卷148）

（光绪八年七月己酉）谕军机大臣等："户部、总理各国事务衙门奏'东北边防经费，各省报解迟延，请旨严催'一折。据称'各省关应解本年东北边防经费，截至七月止，除已解到银六十四万五千两，暨报解银十六万两外，尚欠解银一百十九万五千两，请旨严催'等语。此项经费银两关系紧要，自应迅速筹解，以济要需。着各该将军、督抚、监督将欠解银两赶紧筹解。倘再迟延，即着户部照贻误京饷例指名严参。原单着分别摘钞给与阅看。将此由五百里谕知福州将军，两江、闽浙、湖广、两广、四川、江苏、安徽、浙江、福建、江西、山东、山西、湖北、湖南、广东各督抚，并传谕粤海关监督知之。"现月　（《清德宗实录》卷149）

（光绪八年九月壬寅）谕军机大臣等："户部奏'请旨催解京饷'一折。本年京饷原拨、续拨共银八百万两，统限年内解齐，截至八月底止，除划抵解到、报解起程等款外，尚欠解银三百二十八万九千余两。现在部库支绌，年内应放各项关系紧要，亟须各省关全数解到，以应要需，岂容任意延宕？着该将军、大臣、督抚、监督等各将欠解银两，迅即照数依限提前解京，已报起程各款亦即赶催解部，毋任沿途逗遛。倘敢诿卸拖欠，致误开放，即着户部指名严参。原单着分别摘钞给与阅看。将此由五百里谕知福州将军，北洋通商大臣，直隶、两江、湖广、闽浙、两广、四川各总督，江苏、安徽、江西、福建、浙江、湖北、湖南、河南、山东、山西、广东各巡抚，并传谕粤海关监督知之。”现月 （《清德宗实录》卷 152）

（光绪八年十一月）庚寅，谕军机大臣等：“户部奏‘豫拨来年京饷’一折。据称‘历届京饷均系年前豫拨，光绪九年京饷，拟在地丁、盐课等款内指拨银七百万两，请饬各该省关于来年分批起解’等语。京饷关系紧要，现经该部就各省关情形酌量动拨，自应遵照奏定数目源源报解，以应要需。着该将军、大臣、督抚、监督等务于来年开印后分批起解，限五月前解到一半，十二月初间全数解清，不准裁留改拨、借词延误。倘届限不到，即着该部照奏定章程指名严参。原单着分别摘钞给与阅看。另片奏‘光绪九年内务府经费，拟拨……湖北盐厘银五万两……共银六十万两，请饬依限完解’等语。着该将军、督抚等务于来年开印后陆续径解内务府交纳，先将起程日期报部，仍限六月前解到一半，十二月初间扫数解清，不准稍有蒂欠。将此由五百里谕知福州将军，北洋通商大臣，直隶、两江、湖广、闽浙、两广、四川、江苏、安徽、江西、福建、浙江、湖北、湖南、河南、山东、山西、广东各督抚，并传谕粤海关监督知之。”现月 （《清德宗实录》卷 154）

（光绪八年十一月戊戌）谕军机大臣等：“户部、总理各国事务衙门奏‘照案筹拨东北边防经费’一折。东北两路边防经费，前经户部等衙门奏定，由各省关按年解部，以应要需。兹据该衙门查照原拨、改拨成案，将光绪九年经费指拨……湖北厘金银八万两……江汉关六成洋税银十二万两……共银二百万两，‘请饬各省关依限报解’等语，此项经费银两关系紧要，亟应迅速筹解。着该将军、督抚、监督等按照应解银数分批解部，于来年五月前批解一半，年内全数解清，毋得稍有迟逾。又奏

‘各省欠解边防经费，请旨严催’等语，各省关欠解经费，曾于本年七月间催令迅解，兹据奏称，截至十月十六日止，除江海、闽海两关六成洋税银两全数解清外，其余各省关欠解甚多，并有本年丝毫未解及欠解六、七两年经费者，现在需款孔亟，岂容任意延宕？着该督抚、监督等按照单开数目赶紧筹解，倘再迟缓，即由户部照贻误京饷例指名严参。原单着分别摘钞给与阅看……将此由五百里谕知福州将军，北洋通商大臣，两江、闽浙、湖广、两广、四川、江苏、安徽、江西、福建、浙江、湖北、湖南、河南、山东、山西、广东各督抚，并传谕粤海关监督知之。”现月 （《清德宗实录》卷155）

（光绪九年三月辛丑）谕军机大臣等：“户部奏‘请续拨京饷’等语。近年库款支绌，叠经户部续请添拨京饷，此次该部酌量各省情形，拟拨……湖北盐厘银五万两……共银一百五万两。着该将军、督抚各将所拨饷银，连本年原拨未解京饷，均于五月前解到一半，十二月初间如数解齐。各该将军、督抚务当顾全大局，依限提前完解。倘借词诿卸，率请划抵截留，贻误要需，即着该部指名严参。将此由五百里各谕令知之。”现月 （《清德宗实录》卷161）

（光绪九年六月）己巳，谕军机大臣等：“户部奏‘请旨催解京饷，分别已解、未解银数，开单呈览’一折。本年京饷，户部原拨、续拨共银八百万两，截至五月底止，各省关计共欠解银五百四十一万六千余两。现在部库支绌，应放各款均关紧要，除山东现办赈务，前经谕令截留银十六万两外，所有各省关欠解京饷，自应迅速报解，不得任意宕延，致误要需。着该将军、督抚、监督等各查照欠解数目，赶紧陆续解部，统于年内扫数解齐。如敢诿卸拖欠，即由户部照章指名奏参。其解不及半暨丝毫未解等处，经此次严催后，倘仍不完，即着户部随时严参。原单着分别摘钞给予阅看。将此由五百里谕知福州将军，直隶、两江、闽浙、湖广、四川、两广各总督，江苏、安徽、江西、福建、浙江、山东、山

西、河南、湖北、湖南、广东各巡抚，并传谕粤海关监督知之。”现月
（《清德宗实录》卷165）

（光绪九年七月戊子）谕军机大臣等：“户部、总理各国事务衙门奏‘东北边防经费，各省报解迟延，请旨严催’一折。据称‘各省关应解东北边防经费，截至本年六月十五日止，除已解到银五十八万两，暨报解银十三万两外，尚欠解银一百二十九万两，请旨严催’等语，此项经费银两关系紧要，自应迅速筹解，以济要需。着各该将军、督抚、监督将欠解银两赶紧筹解，倘再迟延，即着户部照贻误京饷例指名严参。原单着分别摘钞给与阅看。将此由五百里谕知福州将军，两江、闽浙、湖广、两广、四川、江苏、安徽、浙江、福建、江西、山东、山西、湖北、湖南、广东各督抚，并传谕粤海关监督知之。”现月 （《清德宗实录》卷166）

（光绪九年九月）壬辰，谕军机大臣等：“法人胁越议约，尽攘该国权利，果如所议，越南无以图存，大局所关甚重。法使脱利古来京，在总理各国事务衙门并未提及此事，意殊叵测。刘永福一军屡获胜仗，当不因彼国议和，稍形退沮。现在进规河内，如能克期攻克，以固北圻门户，办理自易得手。前有旨谕倪文蔚等，令唐景崧设法激励，着该抚等密速妥筹，徐延旭着懔遵前旨，星速出关，相机调度。所有滇粤防军，岑毓英、倪文蔚、徐延旭、唐炯务当督饬将领严密布置，俾壮声援，勿稍松劲。粮饷军火，必须力筹接济，朝廷惟恐该两省饷需不继，致失事机，谕令户部筹拨有着之款。兹据该部奏称‘截拨湖北应解京饷银十五万两，解广西应用……此外另由江西拨银五万两，湖北拨银五万两，解交广西……’等语，已谕令各该督抚分别迅速拨解。本年京饷屡有截留，部库益形支绌，兹因边情紧要，特予添拨。该督抚等务当深体时艰，极力筹办，俾越事及早挽回，以维大局。将此由六百里各密谕知之。”洋务
（《清德宗实录》卷170）

（光绪九年九月壬寅）谕军机大臣等："户部奏'请旨催解京饷'一折。本年京饷原拨、续拨共银八百万两，统限年内解齐，截至九月止，除划拨截留、报解起程等款外，尚欠解银二百五十万四千余两。现在部库支绌，年内应放各项关系紧要，亟须各省关全数解到，以应要需，岂容任意延宕？着该将军、督抚等各将欠解银两迅即照数依限提前解京，已报起程各款亦即赶催解部，毋任沿途逗遛。倘敢诿卸拖欠，致误开放，即着户部指名严参。原单着分别摘钞给与阅看。将此由五百里谕令福州将军，直隶、两江、湖广、闽浙、四川各总督，江苏、安徽、江西、福建、浙江、湖北、湖南、河南、山东、山西各巡抚知之。"现月　（《清德宗实录》卷170）

（光绪九年十一月）壬午，谕军机大臣等："户部奏'豫拨来年京饷'一折。据称'历届京饷均系年前豫拨，光绪十年京饷，拟在地丁、盐课等款内指拨银七百万两，请饬各该省关于来年分批起解'等语。京饷关系紧要，现经该部就各省关情形酌量动拨，自应遵照奏定数目源源报解，以应要需。着该将军、督抚、监督等务于来年开印后分批起解，限五月前解到一半，十二月初间全数解清，不准截留改拨、借词延误。倘届限不到，即着该部照奏定章程指名严参……另片奏'光绪十年内务府经费，拟拨……湖北盐厘银五万两……共银六十万两，请饬依限完解'等语，着该将军、督抚等务于来年开印后，陆续径解内务府交纳，先将起程日期报部，仍限六月前解到一半，十二月初间扫数解清，不准稍有蒂欠。将此由五百里谕知福州将军，直隶、两江、湖广、闽浙、两广、四川、江苏、安徽、江西、福建、浙江、湖北、湖南、河南、山东、山西、广东各督抚，并传谕粤海关监督知之。"现月　（《清德宗实录》卷173）

（光绪九年十一月乙未）谕军机大臣等："户部、总理各国事务衙门奏'东北边防经费，各省报解迟延，请旨严催'一折。据称'各省关应解东北边防经费，截至本年十一月止，除已解到部及报解截留共银一百三十六万两外，尚欠解银六十四万两，请旨严催’等语。此项经费银两关系紧要，自应迅速筹解，以济要需。着各该督抚、监督将欠解银两赶紧筹解，倘再迟延，即着户部照贻误京饷例指名严参。原单着分别摘钞给与阅看。将此由五百里谕知直隶、两江、闽浙、湖广、两广、四川、江苏、安徽、浙江、福建、江西、山东、湖北、湖南、河南、广东各督抚，并传谕粤海关监督知之。”现月 （《清德宗实录》卷174）

（光绪九年十二月丙辰）署湖广总督卞宝第等奏：“筹办江防，请截留边防经费。”得旨：“着该督抚就现有兵力督饬将领分别妥筹布置，勤加操练，以期有备无患。所请截留湖北应解边防经费作为江防经费，着户部议奏。”折包 （《清德宗实录》卷175）

（光绪十年三月丁亥）谕军机大臣等：“户部奏‘请续拨京饷’等语。近年库款支绌，叠经户部续请添拨京饷，此次该部酌量各省情形，拟拨……湖北盐厘银五万两……共银一百万两。着该将军、督抚各将所拨饷银，连本年原拨未解京饷，均于五月前解到一半，十二月初间如数解齐。各该将军、督抚务当顾全大局，依限提前完解。倘借词诿卸，率请划抵截留，贻误要需，即着该部指名严参。将此由五百里各谕令知之。”现月 （《清德宗实录》卷179）

（光绪十年三月癸巳）谕军机大臣等：“户部奏‘遵旨筹拨要款’一折。滇省边防紧要，需款孔殷，经户部于本年应解京饷项下……又另拨湖北厘金等银三万两……江汉关洋税银三万两……共银一百万两，着穆图善等按照部拨各款如数赶紧委解，以济要需。近年部库支绌，岑毓英办理防务，当知筹款维艰，务期归诸实用，不得虚糜。将此由五百里谕知穆图善、曾国荃、张树声、丁宝桢、岑毓英、卞宝第、卫荣光、裕禄、潘霨、刘秉璋、彭祖贤、倪文蔚，并传谕庞际云、崇光知之。”现月 （《清德宗实录》卷180）

（光绪十年三月甲午）谕军机大臣等："御史陈锦奏'税务一端，中饱太甚，即如湖北省江汉、新堤两关，岁收甚巨，解部甚少，以有用之公帑，饱无耻之私囊，请饬整顿确查'等语。国家设关榷税，岂容官吏从中侵蚀？叠经谕令各该督抚等严查中饱，总未破除情面，实力奉行据奏。江汉、新堤两关，收解多寡悬殊，湖北一省如是，其余有关省分均难保无侵渔情弊。当此库储支绌之时，亟应核实清查，以除积弊。该将军、督抚、监督均系朝廷特简之员，尤应激发天良，认真整顿，着各就关卡情形确切稽查，将所有弊端痛行革除，如能力杜中饱，多解赢余银两，朝廷亦不追究既往。经此次申谕之后，倘仍锢于积习，敷衍塞责，将来查出侵吞等弊，惟有执法严惩，决不姑容。懔之。将此谕知李鸿章、穆图善、曾国荃、张树声、卞宝第、卫荣光、裕禄、刘秉璋、潘霨、陈士杰、彭祖贤、倪文蔚，并传谕崇光、海绪知之。"现月 （《清德宗实录》卷180）

（光绪十年三月癸卯）谕军机大臣等："户部奏'此次山东办理河工，截留应解甘肃常年兵饷银八万两，请于浙江厘金项下补解银三万两，江西厘金项下补解银一万两，两淮、两浙盐课、盐厘项下各补解银二万两；截留新疆月饷银八万两，请于江苏厘金项下补解银二万两，福建、湖北厘金项下各补解银三万两；截留西征月饷银四万两，请于江苏、湖北厘金项下各补解银二万两'等语。山东河工关系紧要，不得不截留协饷以济要需，而甘肃、新疆待用孔亟，必应设法拨补，着曾国荃、何璟、卞宝第、卫荣光、潘霨、刘秉璋、张兆栋、彭祖贤严饬藩运各司，按照该部指拨之项，迅速如数批解，勿稍延误。各该督抚等务当共体时艰，竭力筹措，毋得稍存诿卸，是为至要。至山东明年应解甘肃、新疆、西征各协饷，仍着陈士杰照常筹解。将此由五百里各谕令知之。"现月 （《清德宗实录》卷180）

(光绪十年四月辛酉)又谕:“御史屠仁守奏‘湖北钱粮积弊,自咸丰年间革除冗费,奏定章程,近年夙弊潜滋,开征时催役揭票,下乡催收,每票勒索钱数百文,甚至数千文。柜书经收钱粮,核算溢额取赢,并有搬脚票号等费任意浮收,又不当时给票,以致乡民羁候,甚或被催重纳,为害最甚’等语。钱粮正供,征纳悉有定则,岂容奸胥蠹役借端扰累?该御史所陈各弊,亟应严行禁革。着湖广总督、湖北巡抚饬令各州县查照定例,按户豫给易知由单,核算明晰,纳户持单投柜换票,不准滥设催役名目。柜书如有刁难情事,准其禀诉惩治,倘州县意存袒庇,即着严行参办。至前项各弊端,他省恐亦不免,并着各该督抚一体查明禁革,以副轸念民生至意。”记注 (《清德宗实录》卷182)

(光绪十年四月辛酉)又谕:“……又据奏称‘湖北应城县征收盐斤石膏税课,自德安府同知蔡懋赓接办以来,百弊丛生,多立名目,恣意朘削’等语。地方官不恤民瘼,贪黩营私,亟应严行惩治。着孙毓汶等将所参蔡懋赓各节彻底详查,如果属实,即行从严参办。并将该处征收税课明定章程,剔除弊混,毋致贻累闾阎。原片着摘钞给与阅看,将此由四百里各谕令知之。”现月 (《清德宗实录》卷182)

(光绪十年闰五月丙午)又谕:“前因御史屠仁守奏湖北钱粮积弊,当经谕令该督抚饬属查禁。兹复据该御史奏‘引伸前议,酌拟六条,冀得切实整理’等语,着湖广总督、湖北巡抚归入该御史前奏,一并饬属认真整顿,务使弊革利兴,催科不扰,以副轸念民生至意。”现月 (《清德宗实录》卷185)

(光绪十年闰五月辛未)又谕:“户部奏‘请旨催解京饷,分别已解、未解银数,开单呈览’一折。本年京饷,户部原拨、续拨共银八百万两,截至五月底止,各省关计共欠银五百十三万八千两。现在部库支绌,应放各款均关紧要,所有各省关欠解京饷自应迅速报解,不得任意宕延,致误要需。着该将军、督抚、监督等各查照欠解数目赶紧陆续解部，统于年内扫数解齐。如敢诿卸拖欠，即由户部照章指名奏参。其解不及半暨丝毫未解等处，经此次严催后，倘仍不完解，即着户部随时严参。原单着分别摘钞给与阅看。将此由五百里谕知福州将军，直隶、两江、闽浙、湖广、四川、两广各总督，江苏、安徽、江西、福建、浙江、山东、山西、河南、湖北、湖南、广东各巡抚，并传谕粤海关监督知之。”现月 （《清德宗实录》卷186）

（光绪十年九月丙寅）谕军机大臣等：“户部奏‘请旨催解京饷’一折。本年京饷原拨、续拨共银八百万两，统限年内解齐，截至八月止，除划拨截留、解到、报解启程等款外，尚欠解银二百七十万九千余两。现在部库支绌，年内应放各项关系紧要，亟须各省关全数解到，以应要需，岂容任意延宕？着该将军、督抚、监督等各将欠解银两，迅即照数依限提前解京，已报启程各款亦即赶催解部，毋任沿途逗遛。倘敢诿卸拖欠，致误开放，即着户部指名严参。原单着分别摘钞给与阅看。将此由五百里谕知福州将军，直隶、两江、湖广、闽浙、四川、两广各总督，江苏、安徽、江西、福建、浙江、湖北、湖南、河南、山东、山西、广东各巡抚，并传谕粤海关监督知之。”现月 （《清德宗实录》卷194）

（光绪十年九月丁卯）署湖广总督卞宝第等奏：“体察鄂省情形，厘捐难议加成。”下部知之。折包 （《清德宗实录》卷194）

（光绪十年十一月）乙卯，谕军机大臣等：“户部奏‘豫拨来年京饷’一折。据称‘历届京饷均系年前豫拨，光绪十一年京饷，拟在地丁、盐课等款内指拨银七百万两，请饬各该省关于来年分批起解’等语。京饷关系紧要，现经该部就各省关情形酌量动拨，自应遵照奏定数目源源报解，以应要需。着该将军、督抚、监督等务于来年开印后分批起解，限五月前解到一半，十二月初间全数解清，不准截留改拨、借词延误。倘届限不到，即着该部照奏定章程指名严参。原单着分别摘钞给与阅看。另片奏‘光绪十一年内务府经费，拟拨……湖北盐厘银五万两……共银六十万两，请饬依限完解’等语，着该将军、督抚等务于来年开印后，陆续径解内务府交纳，先将启程日期报部，仍限六月前解到一半，十二月初间扫数解清，不准稍有蒂欠。将此由五百里谕知福州将军，直隶、两江、湖广、闽浙、两广、四川、江苏、安徽、江西、福建、浙江、湖北、湖南、河南、山东、山西、广东各督抚，并传谕粤海关监督知之。”现月　（《清德宗实录》卷197）

（光绪十年十一月）戊午，谕军机大臣等：“户部、总理各国事务衙门奏‘东北边防经费，各省报解迟延，请旨严催’一折。据称‘各省关应解东北边防经费，截至本年十月止，除已解到部及报解截留，共银一百四十五万两外，尚欠解银五十五万两，请旨严催’等语。此项经费关系紧要，自应迅速筹解，以济要需，着各该督抚、监督将欠解银两赶紧筹解。倘再迟延，即着户部照贻误京饷例指名严参。原单着分别摘钞给与阅看。将此由五百里谕知直隶、两江、闽浙、湖广、两广、四川、江苏、安徽、浙江、福建、江西、山东、湖北、湖南、河南、广东各督抚，并传谕粤海关监督知之。”现月　（《清德宗实录》卷198）

（光绪十一年三月戊申）（署湖广总督卞宝第等）又奏：“请于汉口、沙市、樊城、老河口等处劝办商捐，随厘呈缴，以助饷需。”下部议。折包　（《清德宗实录》卷205）

（光绪十一年四月癸酉）又谕：“户部奏‘请续拨京饷’等语。近年库款支绌，叠经户部续请添拨京饷，此次该部酌量各省情形，拟拨……湖北盐厘银五万两……着该将军、督抚各将所拨饷银，连本年原拨未解京饷，均于五月前解到一半，十二月初间如数解齐。各该将军、督抚务当顾全大局，依限提前完解。倘借词诿卸，率请划抵截留，贻误要需，

即着该部指名严参。将此由五百里各谕令知之。”现月　（《清德宗实录》卷206）

（光绪十一年四月壬辰）裁缺哈密办事大臣明春奏请饬催欠饷。得旨：“着户部咨催湖北、四川两省，将应解银两迅速拨解，以资应用。”折包　（《清德宗实录》卷206）

（光绪十一年七月壬子）又谕：“户部奏‘请旨催解京饷’一折。本年京饷原拨、续拨共银八百万两，截至五月底止，除划拨截留、解到及报解起程外，尚欠解银五百七十四万四千余两。现在部库支绌，应放各款均关紧要，所有各省关欠解京饷，亟应全数报解，以应要需，着该将军、督抚、监督等各将欠解银两赶紧陆续提前解部，统于年内扫数解齐。倘敢诿卸拖欠，即由户部照章参奏。其解不及半及丝毫未解等处，经此次严催后，倘仍不完解，着户部随时指名严参……将此由五百里谕知福州将军，直隶、两江、湖广、闽浙、四川、两广各总督，江苏、安徽、江西、福建、浙江、湖北、湖南、河南、山东、山西、广东各巡抚。”（《清德宗实录》卷212）

（光绪十一年九月丙午）谕军机大臣等：“金顺奏‘前拨伊犁善后经费……至湖北原拨银三万两……均丝毫未解。现拟将欠发工匠各款，于各省关就近领给’等语。伊犁应给工程银两需款甚殷，着曾国荃等查照应解数目如数筹出，交该将军催饷委员收领给发，毋再延欠。将此由五百里谕知曾国荃、裕禄、卫荣光、德馨、刘秉璋、彭祖贤，并传谕谭钧培、海绪知之。”现月　（《清德宗实录》卷215）

（光绪十一年十月辛巳）署湖广总督裕禄等奏：“鄂省加征洋药税厘偷漏太易，酌拟由商董承认包收，暂行试办章程。”下该衙门知之。随手　（《清德宗实录》卷218）

（光绪十一年十月己丑）谕军机大臣等："户部奏'请催解京饷'一折。本年京饷原拨、续拨共银八百万两，截至九月底止，除划拨截留、解到及报解起程外，尚欠解银二百六十六万九千余两。现在部库存项无多，一切放款为数甚巨，所有各省关欠解京饷，亟应全数报解，以应要需。着各该将军、督抚、监督等各将欠解银两赶紧陆续解部，统于年内扫数解齐。倘敢诿卸拖欠，即由户部指名严参。原单着分别摘钞给与阅看。将此由五百里谕知福州将军，直隶、两江、湖广、闽浙、四川、两广各总督，江苏、安徽、江西、福建、浙江、湖北、湖南、河南、山东、山西、广东各巡抚，并传谕粤海关监督知之。"现月 （《清德宗实录》卷218）

（光绪十一年十一月）甲寅，谕军机大臣等："户部、总理各国事务衙门奏'东北边防经费，各省报解迟延，请旨严催'一折，据称'各省关应解东北边防经费，截至本年十月止，除各省截留及已解到部并已报起解外，尚欠解银六十四万两，请旨严催'等语。此项经费关系紧要，自应迅速筹解，以济急需，着各该督抚、监督将欠解银两赶紧筹解。倘再迟延，即着户部照贻误京饷例指名严参。其历年欠解银两并着赶筹解济。原单均着钞给阅看。将此由五百里谕知直隶、两江、闽浙、湖广、两广、四川、江苏、安徽、浙江、福建、江西、山东、湖北、湖南、河南、广东各督抚，并传谕粤海关监督知之。"现月 （《清德宗实录》卷220）

（光绪十一年十一月）壬戌，谕军机大臣等："户部奏'豫拨来年京饷'一折。历届京饷均系年前豫拨，光绪十二年京饷，该部拟在地丁、盐课等款内指拨银七百万两，'请饬各该省关于来年分批起解'等语。京饷关系紧要，现经该部就各省关情形酌量动拨，自应遵照奏定数目源源报解，以应要需。着该将军、督抚、监督等务于来年开印后分批起解，限五月前解到一半，十二月初间全数解清，不准截留改拨、借词延误。倘届限不到，即着该部照奏定章程指名严参。原单着分别摘钞给阅看。

另片奏‘光绪十二年内务府经费，拟拨……湖北盐厘银五万两……共银六十万两，请饬依限完解’等语，着该将军、督抚等务于来年开印后，陆续径解内务府交纳，先将启程日期报部，仍限六月前解到一半，十二月初间扫数解清，不准稍有蒂欠。将此由五百里谕知福州将军，直隶、两江、湖广、闽浙、两广、四川、江苏、安徽、江西、福建、浙江、湖北、湖南、河南、山东、山西、广东各督抚，并传谕粤海关监督知之。”现月 （《清德宗实录》卷220）

（光绪十二年二月戊寅）又谕：“上年八月间，钦奉慈禧端佑康颐昭豫庄诚皇太后懿旨，通饬各直省将军、督抚裁勇节饷，专款解部备用。业据各该省陆续奏到，另款存储备拨。如奉天、江宁、江苏、江西、安徽、湖北、湖南、河南、山东、陕西各筹银三二十万及十余万不等，山西业已报解银二十万两，均能力顾大局……将此由四百里谕令知之。”现月 （《清德宗实录》卷224）

（光绪十二年三月庚子）署湖广总督裕禄奏：“海防经费无出，请暂停淮川盐斤加价，以资挹注。俟厘金稍裕，再行停止。”允之。折包 （《清德宗实录》卷225）

（光绪十二年三月癸亥）谕军机大臣等：“户部奏‘请续拨京饷’等语。近年部库放款浩繁，叠经奏请续拨京饷，此次该部体察各省情形，拟拨……湖北盐厘银五万两……共银一百万两。着该督抚各将所拨饷银，连本年原拨未解京饷，均于五月前解到一半，十二月初间如数解齐。各该督抚务当顾全大局，依限提前完解。倘借词诿卸，率请划抵截留，贻误要需，即着该部指名严参。将此由五百里各谕令知之。”现月 （《清德宗实录》卷225）

（光绪十二年四月丙子）江西巡抚德馨奏：“江西加征洋药税厘，拟援照鄂省章程，归商承包，按新关进口洋药箱数为准，以六成八厘归公，三成二厘为承办各项费用。每箱仍着缴税厘银八十六两，以符部章。似此变通，庶与江汉、芜湖两关征收税厘章程画一，商贩不至避重就轻，别滋流弊。请自三月初一日为始，试办一年，如有实效，再请作为定章。"下所司知之。折包 （《清德宗实录》卷226）

（光绪十二年六月）戊寅，谕内阁："都察院奏，据湖北武生刘鲲等以书吏加征钱粮、勒派规费等词赴该衙门呈诉，案关书吏舞弊，违例苛征，虚实均应彻底根究。着湖广总督、湖北巡抚亲提人证卷宗，秉公研讯，务得确情，按律定拟具奏。"现月 （《清德宗实录》卷229）

（光绪十二年七月）戊午，谕军机大臣等："户部、总理各国事务衙门奏'请催解东北边防经费'一折。据称'各省关本年应解东北边防经费，截至七月十五日止，除解到及报解起程外，尚欠解银一百二十五万两，请饬迅解，并补解历年积欠银两'等语。此项经费关系紧要，自应迅速筹解，以济要需，着该将军、督抚、监督将欠解银两赶紧筹解。倘再迟延，即着户部照贻误京饷例指名严参。原单着分别摘钞给与阅看。将此由五百里谕知福州将军，直隶、两江、闽浙、湖广、两广、四川、江苏、浙江、安徽、江西、福建、湖北、湖南、广东、河南、山东各督抚，并传谕粤海关监督知之。"现月 （《清德宗实录》卷230）

（光绪十二年十一月）壬子，署湖广总督裕禄等奏："道员魏纲前在广西军营垫发募勇、遣勇暨制办军装、枪刀、军火等件银两，捐资报效，未领公款，恳恩酌予奖叙。"下户部核议。折包 （《清德宗实录》卷235）

（光绪十二年十二月庚申）谕军机大臣等："户部奏'豫拨来年京饷'一折。历届京饷均系年前豫拨，光绪十三年京饷，该部拟在地丁、盐课等款内指拨银七百万两，'请饬各该省关于来年分批起解'等语。京饷关系紧要，现经该部就各省关情形酌量动拨，自应遵照奏定数目源源报解，以应要需。着该将军、督抚、监督等务于来年开印后分批起解，限五月前解到一半，十二月初间全数解清，不准截留改拨、借词延误。倘届限不到，即着该部照奏定章程指名严参。原单着分别摘钞给与阅看。另片奏‘光绪十三年内务府经费，拟拨……湖北盐厘银五万两……共银六十万两，请饬依限完解’等语，着该将军、督抚、监督等务于来年开印后，陆续径解内务府交纳，先将起程日期报部，仍限六月前解到一半，十二月初间扫数解清，不准稍有蒂欠。将此由五百里谕知福州将军，直隶、两江、湖广、闽浙、两广、四川、江苏、安徽、江西、福建、浙江、湖北、湖南、河南、山东、山西、广东各督抚，并传谕粤海关监督知之。”现月　（《清德宗实录》卷236）

（光绪十三年二月丁卯）两江总督曾国荃奏：“淮南加收川厘并与鄂省加收淮厘同时并停，以免偏畸。”允之。折包　（《清德宗实录》卷239）

（光绪十三年四月乙丑）又谕：“户部奏‘请续拨京饷’等语。近年部库放款浩繁，叠经户部续请添拨京饷，此次该部体察各省情形，拟拨……湖北盐厘银五万两……共银一百万两，着该督抚各将所拨饷银，连本年原拨未解京饷，均于五月前解到一半，十二月初间如数解齐。各该督抚务当顾全大局，依限提前完解，倘借词诿卸，率请划抵截留，贻误要需，即着该部指名严参。将此由五百里各谕令知之。”现月　（《清德宗实录》卷241）

（光绪十三年七月乙丑）谕军机大臣等：“户部、总理各国事务衙门奏‘请催解东北边防经费’一折。据称‘各省关应解东北边防经费，截至六月初十日止，除解到及报解启程外，尚欠解银一百三十四万二千两零，请饬迅解并补解历年积欠银两’等语。东北边防经费关系紧要，自应竭力筹解，以济要需，着该将军、督抚、监督将欠解银两赶紧筹解。

倘再迟延，即着户部照贻误京饷例指名严参……将此由五百里谕知福州将军，直隶、两江、闽浙、湖广、两广、四川、江苏、浙江、安徽、江西、福建、湖北、湖南、广东、河南、山东、山西各督抚，并传谕粤海关监督知之。”现月　（《清德宗实录》卷 245）

（光绪十三年七月戊辰）谕军机大臣等：“有人奏‘湖北漕折厘金专征青钱，售卖销毁，或以红黄制钱折算加收，或以台票抵收。州县局员种种作弊，小民苦累，请饬严禁’等语。漕折厘金征收钱文，必须裕国便民，两有裨益。所交既系制钱，何容挑剔折算？至奸商贩运销毁，尤应严行禁止。着裕禄、奎斌确查妥办，务绝弊端。原折均着钞给阅看。将此各谕令知之。”寻裕禄等奏：“湖北征收厘课，专拣青钱，历经示禁，现查漕、厘两项尚无挑钱折算情弊，仍随时严查妥办，以绝弊端。”得旨：“仍着申明前禁，饬属照章妥办，并随时加意访查，以杜弊端。”折包　（《清德宗实录》卷 245）

（光绪十三年八月戊戌）谕军机大臣等：“总理各国事务衙门奏‘汇核出使经费’一折。据称‘江海关道册报出使经费，南北洋先后借拨银二百十三万七千九百四十余两，现在提存经费为数太少，嗣后如遇要需，奉有特旨拨放，方准动用，并请分别归款’等语。此项出使经费本系专款存储，叠经南北洋挪借动用，为数甚巨，现在存款无多，不敷分拨，着李鸿章、曾国荃、裕禄即将前后借拨银两分别迅速筹解归款，毋稍迟延。嗣后无论京外何项要款，非有特旨拨放，不准动用……至请催东海、宜昌两关欠解出使经费一节，并着李鸿章等严饬该关监督迅即扫数解清，以后按结报解，如再怠玩，由该衙门查参。原折片均着钞给阅看。将此由四百里谕令李鸿章、曾国荃、裕禄，并传谕增润、长有知之。”现月　（《清德宗实录》卷 246）

（光绪十三年十一月丁巳）谕军机大臣等：“户部奏‘豫拨来年京饷’

一折。历届京饷均系年前豫拨，光绪十四年京饷，该部拟在地丁、盐课等款内指拨银七百万两，并声明本年部库存款及应入各项，业已提拨截留至一千二百余万两，核计年终，部库存款不过三百余万两。转瞬开春，应放俸饷为数甚巨，不敷周转，请饬设法提前赶解’等语。京饷关系紧要，本年部库存款无多，待用尤亟，现经该部就各省关情形酌量动拨，自应遵照奏定数目源源报解，以应要需。着该将军、督抚、监督等务于来年分批提前赶解，限五月前解到一半，十二月初间全数解清，不准截留改拨、借词延误。倘届限不到，即着该部照奏定章程指名严参。原单着分别摘钞给与阅看。另片奏‘光绪十四年内务府经费，拟拨……湖北盐厘银五万两……共银六十万两，请饬依限完解’等语，着该将军、督抚、监督等务于来年开印后，陆续径解内务府交纳，先将起程日期报部，仍限六月前解到一半，十二月初间扫数解清，不准稍有蒂欠。将此由五百里谕知福州将军，直隶、两江、湖广、闽浙、两广、四川、江苏、安徽、江西、福建、浙江、湖北、湖南、河南、山东、山西、广东各督抚，并传谕粤海关监督知之。”现月　（《清德宗实录》卷249）

（光绪十四年七月丁卯）谕军机大臣等：“户部、总理各国事务衙门奏‘请催解东北边防经费’一折。据称‘各省关本年应解东北边防经费，截至六月底止，除解到及报解起程外，尚欠解银一百三十万两零，请饬迅解，并补解历年积欠银两’等事。此项经费关系紧要，自应迅速筹解，以济要需，着该将军、督抚、监督将欠解银两赶紧筹解。倘再迟延，即着户部照贻误京饷例指名严参。原单均着钞给阅看。将此由五百里谕知福州将军，直隶、两江、闽浙、湖广、两广、四川、江苏、浙江、安徽、江西、福建、湖北、湖南、广东、河南、山东、山西各督抚，并传谕粤海关监督知之。”现月　（《清德宗实录》卷257）

（光绪十四年十月乙巳）谕军机大臣等：“户部奏‘请催解京饷’一折。本年京饷原拨、续拨共银八百万两，截至九月底止，除划拨截留、解到及报解起程外，尚欠解银二百五十二万三千余两。现在部库存项无多，一切放款为数甚巨，所有各省关欠解京饷，亟应全数报解，以应要需。着各该将军、督抚、监督等各将欠解银两迅即照数依限解部，统于年内扫数解齐。倘敢诿卸拖欠，即由户部指名严参。原单着分别摘钞给与阅看。将此由五百里谕知福州将军，直隶、两江、湖广、闽浙、四川、两广各总督，江苏、安徽、江西、福建、浙江、湖北、湖南、山东、广东各巡抚，并传谕粤海关监督知之。”现月 （《清德宗实录》卷260）

（光绪十四年十一月）辛未，谕军机大臣等：“户部奏‘豫拨来年京饷’一折。历年京饷均系年前豫拨，光绪十五年京饷，该部拟在地丁、盐课等款内指拨银七百万，并声明本年部库之款，提拨截留为数甚巨，库储现在空虚，转瞬开春，应放俸饷各项更属无从支持，‘请饬设法提前赶解’等语。京饷关系紧要，本年部库存款无多，待用尤亟，现经该部就各省关情形酌量动拨，自应遵照奏定数目源源报解，以应要需。着该将军、督抚、监督等务于来年分批提前赶解，限五月前解到一半，十二月初间全数解清，不准截留改拨、借词延误。倘届限不到，即着该部照奏定章程指名严参。原单着钞给阅看。另片奏‘光绪十五年内务府经费，拟拨……湖北盐厘银五万两……共银六十万两，请饬依限完解’等语。着该将军、督抚、监督等务于来年开印后，陆续径解内务府交纳，先将起程日期报部，仍限六月前解到一半，十二月初间扫数解清，不准稍有蒂欠。将此由五百里谕知福州将军，直隶、两江、湖广、闽浙、两广、四川、江苏、安徽、江西、浙江、湖北、湖南、河南、山东、山西、广东各督抚，并传谕淮安关、粤海关各监督知之。”现月 （《清德宗实录》卷261）

（光绪十五年三月丁未）湖广总督裕禄等奏：“遵筹海军要需，拟于川、淮盐斤加价项下拨银四十万两，分三年清解。”下所司知之。折包 （《清德宗实录》卷268）

（光绪十五年三月）乙丑，谕军机大臣等："前据唐炯奏'云南矿务渐有起色，请拨铜本银一百万两'，当谕令户部如数指拨。兹据该部详议复奏，请于欠解项下，令……江苏、湖北、福建、广东于加放俸饷项下，各改解银十二万两，浙江改解银十万两，共银五十八万两……着各该督抚饬藩司于本年六月间解到一半，年底全数解清……其余各省，均不得诿卸迟延，致干参处……将此谕知曾国荃、裕禄、卞宝第、张之洞、刘秉璋、德馨、崧骏、奎斌、沈秉成、高崇基、唐炯，并传谕黄彭年知之。"现月　（《清德宗实录》卷268）

（光绪十五年四月）辛巳，谕军机大臣等："户部奏'请续拨京饷'等语。近年部库放款浩繁，叠经户部续请添拨京饷，此次该部体察各省情形，拟拨……湖北盐厘银五万两……共银一百万两，着该督抚各将所拨饷银，连本年原拨未解京饷，均于五月前解到一半，十二月初间如数解齐。各该督抚务当顾全大局，依限提前完解，倘借词诿卸，率请划抵截留，贻误要需，即着该部指名奏参。将此由五百里各谕令知之。"现月　（《清德宗实录》卷269）

（光绪十五年七月丁未）谕军机大臣等："张曜奏'前经部议加培黄河两岸堤埝，指拨各省郑工捐输银两，现除山西等省陆续解到外，其余指拨江苏、甘肃、新疆、福建、台湾、江西、湖北、湖南、四川、广东、广西、云南、贵州应解山东银两，迄今尚未起解'等语。山东黄河增培堤埝工程需款孔亟，既经该部指拨各省郑工捐项，均系有着之款，何以尚未报解？即着各该省督抚迅将前项银两如数解往山东，以资工用，毋稍延缓。将此由四百里各谕令知之。"现月　（《清德宗实录》卷272）

（光绪十五年十月壬寅）谕军机大臣等："户部奏'请催解京饷'一折。本年京饷原拨、续拨共银八百万两，截至九月底止，除划拨截留、解到及报解起程外，尚欠银二百二十二万三千余两。现在部库存项无多，一切放款为数甚巨，所有各省关欠解京饷，亟应依限报解，以应要需。着各该将军、督抚、监督等各将欠解银两迅即照数解部，统于年内扫数解齐。倘敢诿卸拖欠，即由户部指名严参。原单着钞给阅看。将此由五百里谕知福州将军，直隶、两江、湖广、闽浙、四川、两广各总督，江苏、安徽、江西、福建、浙江、湖北、湖南、山东、广东各巡抚，并传谕粤海关监督知之。”现月　（《清德宗实录》卷 275）

（光绪十五年十一月辛亥）谕军机大臣等：“户部奏‘豫拨来年京饷’一折。历届京饷均系年前豫拨，光绪十六年京饷，该部拟在地丁、盐课等款内指拨银七百万两，‘请饬各该省关于来年分批起解’等语。京饷关系紧要，现经该部就各省关情形酌量动拨，自应遵照奏定数目源源报解，以应要需。着该将军、督抚、监督等务于接到部文后分批赶解，限于来年五月前解到一半，十二月初间全数解清，不准截留改拨、借词延误。倘届限不到，即着该部照奏定章程指名严参。原单均着钞给阅看……此由五百里谕知福州将军，直隶、两江、湖广、闽浙、两广、四川、江苏、安徽、江西、福建、浙江、湖北、湖南、河南、山东、山西、广东各督抚，并传谕淮安关、粤海关监督知之。”现月　（《清德宗实录》卷 276）

（光绪十五年十一月辛未）又谕：“户部、总理各国事务衙门奏‘豫拨东北边防经费’一折，据称‘光绪十六年东北边防经费，照案指拨……湖北厘金银八万两……江汉关六成洋税银十万两……请饬依限报解’等语。此项饷需最关紧要，着该将军、督抚、监督等按照指拨银数，于来年五月前批解，一年内全数解清，毋稍迟逾。将此谕知福州将军，两江、湖广、闽浙、四川、两广、山东、山西、浙江、江西、安徽、江苏、湖北、湖南、福建、广东各督抚，并传谕粤海关监督知之。”现月
（《清德宗实录》卷 277）

（光绪十五年十二月丁丑）湖广总督裕禄等奏："钟祥等县堤工要紧，请于地丁、盐课、牙厘项下借款兴修，并恳将还款分年带征，以纾民力。"允之。折包 （《清德宗实录》卷278）

（光绪十六年闰二月乙丑）湖广总督张之洞奏，购办织布机器用款，并布局移鄂后，在省城文昌门外建造厂屋，商拨广东闱姓捐款与山西善后生息款为建厂暨常年经费，不动鄂省库款及劝商集资，扩充推广情形。下所司知之。折包 （《清德宗实录》卷282）

（光绪十六年三月辛巳）谕军机大臣等："户部奏'请续拨京饷'等语。近年部库放款浩繁，叠经户部续请添拨京饷，此次该部体察各省情形，拟拨……湖北盐厘银五万两……共银一百万两。着该督抚各将所拨饷银，连本年原拨未解京饷，均于五月前解到一半，十二月初间如数解齐。各该督抚等务当顾全大局，依限提前完解，倘借词诿卸，率请划抵截留，贻误要需，即着该部指名奏参。将此由五百里各谕令知之。"现月 （《清德宗实录》卷283）

（光绪十六年七月戊子）湖广总督张之洞奏："电汇天津、顺天赈银各一万两。"下部知之。折包 （《清德宗实录》卷287）

（光绪十六年九月癸未）又谕："有人奏'湖北安陆府属狮子口地方抽收船厘，近年逐渐加增，缴足后并不给票，往往留难数日不肯放行。该处船厘，无补正款，徒累商民，恳恩撤免'等语。各省征厘向有定章，岂容任意苛索？所参各节，着张之洞、谭继洵确切查明，据实具奏。此项船厘应否准予撤免之处，并着体察情形，奏明办理。原片均着钞给阅看。将此各谕令知之。"寻张之洞等奏："狮子口船厘前经奏归钟祥岁修专款，堤工紧要，势难撤免。拟核减抽收数目，刊示定章，以恤商民而重工需。"报闻。（《清德宗实录》卷289）

（光绪十六年十月）戊午，谕军机大臣等："户部奏'请催解本年各项京饷'一折。各省关应解本年京饷、筹边军饷、边防经费、西征洋款改为加放俸饷，旗兵加饷、抵闽京饷改为加放俸饷，京官津贴改为加复俸饷。备荒经费、固本京饷及积欠固本京饷，共银一千五百八十万余两。截至九月二十日止，除划拨截留、解到及报解起程外，尚欠解银五百六十六万一千七百余两。现在部库存项无多，放款甚巨，加以本年畿辅被水，支拨赈款及一切工程经费需用更繁，所有各省关欠解各项京饷，亟应依限报解，以应要需。着各该将军、督抚、监督等各将欠解银两迅即照数解部，统于年内扫数解齐。倘敢诿卸拖欠，即由户部指名严参。原单着钞给阅看。将此由五百里谕知盛京、福州各将军，直隶、两江、湖广、闽浙、四川、两广、漕运各总督，江苏、安徽、江西、福建、浙江、湖北、湖南、河南、山东、山西、广东、广西各巡抚，并传谕粤海关、淮安关监督知之。"现月 （《清德宗实录》卷290）

（光绪十六年十一月）甲申，谕军机大臣等："户部奏'豫拨来年京饷'一折。历届京饷均系年前豫拨，光绪十七年京饷，该部拟在地丁、盐课等款内指拨银七百万两，'请饬各该省关于来年分批起解'等语。京饷关系紧要，现经该部就各省关情形酌量指拨，自应遵照奏定数目源源报解，以应要需。着该将军、督抚、监督等务于接到部文后分批赶解，限于来年五月前解到一半，十二月初间全数解清，不准截留改拨、借词延误。倘届期不到，即着该部照奏定章程指名严参。原单均着钞给阅看……将此由五百里谕知福州将军，直隶、两江、湖广、闽浙、两广、四川、江苏、安徽、江西、福建、浙江、湖北、湖南、河南、山东、山西、广东各督抚，并传谕粤海关、淮安关监督知之。"现月 （《清德宗实录》卷291）

（光绪十六年十一月甲申）湖广总督张之洞等奏："湖北征收钱漕尚

无积弊，请免造征信册以节糜费。”下部议行。折包 （《清德宗实录》卷291）

（光绪十七年二月庚子）豁免湖北光绪十三年以前民欠钱粮。折包 （《清德宗实录》卷294）

（光绪十七年三月辛卯）成都将军岐元等奏：“鄂省议咨川土加增税厘，碍难照行，谨将征收利弊及办法缘由沥陈请旨。”下部议。折包 （《清德宗实录》卷295）

（光绪十七年八月丁酉）四川总督刘秉璋奏：“土药税银遵议在于川省界连湘、鄂、陕处所扼要设卡稽查，以免偷漏。”下所司知之。折包 （《清德宗实录》卷300）

（光绪十七年十月乙卯）谕军机大臣等：“户部奏‘请催解京饷’一折。本年京饷原拨、续拨共银八百万两，截至九月底止，除划拨、解到、报解起程等款外，尚欠解银二百四十八万九千余两。现在部库存项无多，一切放款为数甚巨，所有各省关欠解京饷，亟应全数报解，以济要需。着各该将军、督抚、监督等各将欠解银两，迅即照数依限解部，统于年内扫数解齐，倘敢委卸拖欠，即由户部指名严参。原单着钞给阅看。将此由五百里谕知福州将军，直隶、两江、湖广、闽浙、四川、两广各总督，江苏、安徽、江西、浙江、湖北、湖南、河南、山东、山西、广东各巡抚，并传谕粤海关、淮安关各监督知之。”现月 （《清德宗实录》卷302）

（光绪十七年十一月）乙亥，谕军机大臣等：“户部奏‘豫拨来年京饷’一折。历届京饷均系年前豫拨，光绪十八年京饷，该部拟在地丁、盐课等款内指拨银七百万两，‘请饬各该省关于来年分批起解’等语。京饷关系紧要，现经该部就各省关情形酌量指拨，自应遵照奏定数目源源报解，以应要需。着该将军、督抚、监督等务于接到部文后分批赶解，限于来年五月前解到一半，十二月初间全数解清，不准截留改拨、借词延误。倘届限不到，即着该部照奏定章程指名严参。原单均着钞给阅看……将此由五百里谕知福州将军，直隶、两江、湖广、闽浙、两广、四川、江苏、安徽、江西、浙江、湖北、湖南、河南、山东、山西、广东各督抚，暨传谕粤海关、淮安关监督知之。”现月 （《清德宗实录》卷303）

（光绪十七年十二月辛卯）又谕：“户部、总理各国事务衙门奏‘豫拨东北边防经费’一折。据称‘光绪十八年东北边防经费，照案指拨……湖北厘金银八万两……江汉关六成洋税银十万两……请饬依限报解’等语。此项饷需最关紧要，着该将军、督抚、监督等按照指拨银数，于来年五月前批解一半，年内全数解清，毋稍迟逾。将此谕知福州将军，两江、湖广、闽浙、四川、两广、山东、山西、浙江、江西、安徽、江苏、湖北、湖南、广东各督抚，并传谕粤海关监督知之。”现月 （《清德宗实录》卷305）

（光绪十八年九月）辛亥，直隶总督李鸿章奏：“永定河工需款紧急，请饬催江汉关欠解银两。”得旨：“即着该部严催速解，以重要工。”（《清德宗实录》卷316）

（光绪十八年十月）乙亥，谕军机大臣等：“户部奏‘请催解京饷’一折。本年京饷原拨、续拨共银八百万两，截至九月底止，除划拨、解到、报解起程等款外，尚欠解银二百二十一万七千余两。现在部库存项无多，一切放款为数甚巨，所有各省关欠解京饷，亟应全数报解，以济要需。着各该将军、督抚、监督等各将欠解银两迅即照数依限解部，统于年内扫数解齐，倘敢诿卸拖欠，即由户部指名严参。原单着钞给阅看。将此由五百里谕知福州将军，两江、湖广、闽浙、两广各总督，江苏、安徽、江西、浙江、湖北、湖南、山东、山西、广东各巡抚，并传谕粤海关、淮安关各监督知之。”现月 （《清德宗实录》卷317）

（光绪十八年十月）癸未，谕军机大臣等："户部奏'豫拨筹备饷需'一折。据称'癸巳年筹备饷需，共指拨银二百万两，请饬依限报解'等语。此项饷银关系紧要，着该将军、督抚、监督等按照指拨银数，于来年四月前解到一半，十月内全数解清，毋稍迟逾。原折单均着钞给阅看。将此由四百里谕知福州将军，两江、湖广、闽浙、两广、江苏、安徽、江西、浙江、湖北、广东各督抚，并传谕粤海关监督知之。现月 （《清德宗实录》卷317）

（光绪十八年十月癸未）又谕："户部奏'豫拨来年京饷'一折。历届京饷均系年前豫拨，光绪十九年京饷，该部拟在地丁、盐课等款内指拨银七百万两，'请饬各省关于来年分批起解'等语。京饷关系紧要，现经该部就各省关情形酌量指拨，自应遵照奏定数目源源报解，以应要需。着该将军、督抚、监督等务于接到部文后分批赶解，限于来年五月前解到一半，十二月初间全数解清，不准截留改拨、借词延误。倘届限不到，即着该部照奏定章程指名严参。原单均着钞给阅看……将此由五百里谕知福州将军，直隶、两江、湖广、闽浙、两广、四川、江苏、安徽、江西、浙江、湖北、湖南、河南、山东、山西、广东各督抚，并传谕粤海关、淮安关监督知之。"现月 （《清德宗实录》卷317）

（光绪十八年十一月丁未）又谕："户部、总理各国事务衙门奏'豫拨东北边防经费'一折，据称'光绪十九年东北边防经费，照案指拨……湖北厘金银八万两……江汉关六成洋税银十万两……请饬依限报解'等语。此项饷需最关紧要，着该将军、督抚、监督等按照指拨银数，于来年五月前批解一半，年内全数解清，毋稍迟逾。将此谕知福州将军，两江、湖广、闽浙、四川、两广、山东、山西、浙江、江西、安徽、江苏、湖北、湖南、广东各督抚，并传谕粤海关监督知之。"（《清德宗实录》卷318）

（光绪十八年十二月己巳）谕内阁："……本年特颁内帑，赈济顺天、直隶贫民。嗣后着每年发银二万两，交顺天府府尹、直隶总督普给穷黎。甲午年，每省各赏银二万两，交奉天、吉林、黑龙江各将军，两江、陕甘、四川、闽浙、湖广、两广、云贵各总督，江苏、安徽、山东、山西、河南、陕西、甘肃、新疆、浙江、福建、台湾、江西、湖北、湖南、广东、广西、云南、贵州各巡抚核实散放，均由节省内帑项下给发，用示行庆施惠、有加无已至意。钦此。朕钦奉懿训，祇切遵承。将此通谕知之。"现月 （《清德宗实录》卷 319）

（光绪十九年二月戊辰）湖广总督张之洞等奏："荆州沙市商民就地筹捐募勇，严防会匪，不动库款。"又奏："湖北织布官局应完税厘，请援照上海新关章程，本地销售者免税，运往各处者，完一正税，沿途概免。"并下部知之。折包 （《清德宗实录》卷 321）

（光绪十九年三月丙戌）谕军机大臣等："前因山西被灾较重，赏发部库银十万两赈济，旋据张煦复奏'冬春赈抚及筹款购粮情形，该省已发银二十五万两、米数万石，现在春麦可种，民情安谧'等语。嗣复据徐桐等奏'天津续捐银十余万两，总计赈款银米为数已不为少'。兹复据御史林绍年奏'请拨湖广折漕银两解往散放'一折，直隶与山西壤地毗连，见闻较确。现在该处办赈情形若何，是否尚须接济，着李鸿章迅速确查复奏。至湖广折漕银两，现在已否购米运津，并着查明具奏。林绍年原折着钞给阅看。将此谕令知之。"现月 （《清德宗实录》卷 322）

（光绪十九年三月丁酉）湖广总督张之洞奏，汉阳铁厂计日告成，豫筹开炼成本，酌拟节省腾挪办法，下户部、总理海军事务衙门速议。寻奏："扣留两湖应解关东铁路经费，碍难照准。至由湖北粮道库内借拨无碍京饷之杂款十万两，作为代北洋筹垫轨木之用，应如所请办理。"从

之。折包 （《清德宗实录》卷322）

（光绪十九年十一月）癸未，谕军机大臣等：“户部、总理各国事务衙门奏‘豫拨东北边防经费’一折，据称‘光绪二十年东北边防经费，照案指拨……湖北厘金银八万两……江汉关六成洋税银十万两……请饬依限报解’等语。此项饷需最关紧要，着该将军、督抚、监督等按照指拨银数，于来年五月前批解一半，年内全数解清，毋稍迟逾。将此谕知福州将军，两江、湖广、闽浙、四川、两广、山东、山西、浙江、江西、安徽、江苏、湖北、湖南、广东各督抚，并传谕粤海关监督知之。”现月

（《清德宗实录》卷330）

（光绪十九年十二月癸酉）谕军机大臣等：“张煦奏‘湖北织布局前借山西善后银二十万两’，张之洞前奏‘请自本年三月起，分作八年还清’等语。山西筹办善后，待用孔殷，着张之洞将前项借款分作四年归还，不得再行延缓。原片着钞给张之洞阅看。将此各谕令知之。”现月

（《清德宗实录》卷331）

（光绪二十年三月）乙巳，谕军机大臣等：“户部奏‘援案添拨京饷，缮单呈览’等语。京饷关系紧要，谕经户部指拨本年京饷七百万两，当经谕令各省关分批报解。现在部库放款浩繁，援案请添拨银一百万两，即着福州将军，直隶、两江、闽浙、湖广、四川、江苏、安徽、江西、湖北、湖南、山东、山西各督抚按照该部此项指拨数目，连原拨未解京饷，均于五月前解到一半，十二月初间数解清。各该将军、督抚等务须依限提前完解，倘借词诿卸，或率请划抵截留，以致贻误开放，即由户部指名严参。原单均着钞给阅看。将此由四百里各谕令知之。”现月

（《清德宗实录》卷337）

（光绪二十年七月）丙子，谕军机大臣等：“户部奏‘请旨催解京饷’

一折。本年京饷原拨、续拨共银八百万两，截至五月底止，除划拨截留、解到及报解起程外，尚欠解银四百六十二万三千余两。现在部库支绌，应放各款均关紧要，所有各省关欠解京饷，亟应全数报解，以应要需。着该将军、督抚、监督等各将欠解银两赶紧陆续提前解部，统于年内扫数解齐。倘敢诿卸拖欠，即由户部照章参奏，其解不及半及丝毫未解等处，经此次严催后，倘仍不完解，即着户部随时指名严参。原单着钞给阅看。将此由四百里谕知福州将军，直隶、两江、湖广、闽浙、四川、两广各总督，江苏、安徽、江西、湖北、湖南、河南、山东、山西、广东各巡抚，并传谕粤海关监督知之。”现月 （《清德宗实录》卷344）

（光绪二十年七月丙子）又谕：“户部奏‘各省关奉拨二十年分筹备饷需银两，除粤海关应解六成税银业经照案全数截留，广东省及两浙运库应解银两报解均已及半外，江苏、福建两省应解银两，闽海、粤海、江海、江汉四关应解四成、六成税银均解不及半……请旨饬催’等语。各省关应解筹备饷需银两，关系紧要，刻因军事需款尤急，着各该将军、督抚、监督等各将欠解银两迅速筹解，统于本年十月底扫数解清，倘仍延不完解，即着户部指名严参。原单着钞给阅看。将此由四百里谕知福州将军，两江、湖广、闽浙、两广各总督，江苏、安徽、江西、浙江、湖北、广东各巡抚，并传谕粤海关监督知之。”现月 （《清德宗实录》卷344）

（光绪二十年八月庚午）（湖广总督张之洞）又奏：“湖北铁厂实兼采铁、炼钢、开煤三大端为一事，用款繁巨，经费不足，请于厘金、盐厘项下，每年拨银十万两。”下户部议行。折包 （《清德宗实录》卷347）

（光绪二十年九月己卯）又谕：“张之洞电奏‘请暂借宜昌关税，并筹捐息借购买枪炮’等语。着户部速议具奏。”洋务 （《清德宗实录》卷348）

（光绪二十年九月癸未）又谕：“电寄张之洞，户部遵议张之洞奏请暂借宜昌关税并筹捐购买枪炮，请准照办，已依议行。着张之洞迅速设法购办，拨运各军，以供急用。”电寄 （《清德宗实录》卷348）

（光绪二十年九月丙戌）又谕：“电寄吴大澂，据电奏‘铁字五营奉旨北来，需拨精械，代订奥国小口径快枪二千杆、带弹一千。应需价银，请饬张之洞由湖北息借商款内筹拨’等语，着照所请行，即由吴大澂电知张之洞照办。”电寄 （《清德宗实录》卷349）

（光绪二十年十月乙丑）又谕：“电寄谭继洵，据电奏‘添募勇营，由鄂省捐助项下筹给’等语，着照所请办理。”电寄 （《清德宗实录》卷352）

（光绪二十年十月庚午）谕军机大臣等：“裕禄奏‘请饬拨东三省来年的饷，并请催欠饷’一折……其各省欠解东三省本年的饷暨历年欠饷，着各该督抚、监督按照单开数目赶紧筹措，务于年内扫数解清，以济要需。原单均着钞给阅看。将此谕知户部，并由五百里谕知直隶、两江、闽浙、湖广各总督，江苏、安徽、江西、湖北、河南、山东各巡抚，暨传谕淮安关监督知之。”现月 （《清德宗实录》卷352）

（光绪二十年十月辛未）又谕：“户部奏‘请催解京饷’一折。本年京饷原拨、续拨共银八百万两，截至九月底止，除划拨截留、缓解、解到、报解启程等款外，尚欠解银一百八十一万九千两。现在部库存款无多，一切放款为数甚巨，所有各省欠解京饷亟应全数报解，以济要需。着各该将军、督抚、监督等各将欠解银两迅即照数依限解部，统于年内扫数解齐，倘敢诿卸拖欠，即由户部指名严参。原单着钞给阅看。将此由五百里谕知福州将军，两江、湖广、闽浙、两广、四川各总督，江苏、安徽、江西、浙江、湖北、湖南、河南、山东、山西、广东各巡抚，并传谕粤海关、淮安关各监督知之。”现月 （《清德宗实录》卷352）

（光绪二十年十月辛未）又谕："户部奏'豫拨筹备饷需'一折。据称'乙未年筹备饷需，共指拨银二百万两，请饬依限报解'等语。此项饷银关系紧要，着该将军、督抚、监督等按照指拨银数于来年四月前解到一半，十月内全数解清，毋稍迟逾。原折单均着钞给阅看。将此由四百里谕知福州将军，两江、湖广、闽浙、两广、江苏、安徽、江西、浙江、湖北、广东各督抚，并传谕粤海关监督知之。"现月 （《清德宗实录》卷352）

（光绪二十年十月辛未）又谕："户部奏'豫拨来年京饷'一折。历届京饷均系年前豫拨，光绪二十一年京饷，该部拟在地丁、盐课等款内指拨银七百万两，'请饬各该省关于来年分批起解'等语。京饷关系紧要，现经该部就各省关情形酌量指拨，自应遵照奏定数目源源报解，以应要需。着该将军、督抚、监督等务于接到部文后分批赶解，限于来年五月前解到一半，十二月初间全数解清，不准截留改拨、借词延误。倘届限不到，即着该部照奏定章程指名严参。原单均着钞给阅看……将此由五百里谕知福州将军，直隶、两江、湖广、闽浙、两广、四川、江苏、安徽、江西、浙江、湖北、湖南、河南、山东、山西、广东各督抚，并传谕粤海关、淮安关各监督知之。"现月 （《清德宗实录》卷352）

（光绪二十年十一月壬辰）谕军机大臣等："户部、总理各国事务衙门奏'豫拨东北边防经费'一折。据称'光绪二十一年东北边防经费，照案指拨……湖北厘金银八万两……江汉关六成洋税银十万两……请饬依限报解'等语。此项饷需最关紧要，着该将军、督抚、监督等按照指拨银数于来年五月前批解一半，年内全数解清，毋稍迟逾。将此谕知福州将军，两江、湖广、闽浙、四川、两广、山东、山西、浙江、江西、安徽、江苏、湖北、湖南、广东各督抚，并传谕粤海关监督知之。"现月 （《清德宗实录》卷354）

（光绪二十年十二月丙寅）护理湖广总督谭继洵奏："饷需支绌，请规复前抚胡林翼征收米谷旧章。"下部知之。折包 （《清德宗实录》卷357）

（光绪二十一年六月丙子）又谕："户部奏'请旨催解京饷'一折。本年京饷原拨、续拨共银八百万两，截至五月止，除划拨截留、解到及报解启程外，尚欠解银五百二十六万七千余两。现在部库支绌，应放各款均关紧要，所有各省关欠解京饷，亟应全数报解，以应要需。着该将军、督抚、监督等各将欠解银两赶紧陆续提前解部，统于年内扫数解齐。倘敢诿卸拖欠，即由户部照章参奏。其解不及半及丝毫未解等处，经此次严催后，倘仍不完解，即着户部随时指名严参。原单均着钞给阅看。将此由四百里谕知福州将军，直隶、两江、湖广、闽浙、四川、两广各总督，江苏、安徽、江西、浙江、湖北、湖南、河南、山东、山西、广东各巡抚，并传谕粤海关监督知之。"现月 （《清德宗实录》卷370）

（光绪二十一年六月丙子）又谕："户部奏'各省关奉拨二十一年分筹备饷需银两，除安徽、广东两省，两浙运库应解银两报解均已及半，江苏、江西两省应解银两，粤海关、江海关、江汉关应解四六成税银，均解不及半……请旨饬催'等语。各省关应解筹备饷需银两，关系紧要，刻因需款孔急，着各该将军、督抚、监督等各将欠解银两迅速筹解，统于本年十月内如数解清，倘仍延不完解，即着户部指名严参。原单均着钞给阅看。将此由四百里谕知福州将军，两江、湖广、闽浙、两广各总督，江苏、安徽、江西、浙江、广东各巡抚，并传谕粤海关监督知之。"现月 （《清德宗实录》卷370）

（光绪二十一年八月辛未）御史易俊奏："湖北银圆成色，须防日久弊生，请饬部严定章程，并请捐项钱粮准其搭收，户部收支各款亦请一律通行。"下户部议。（《清德宗实录》卷374）

（光绪二十一年十月）乙未，谕军机大臣等："户部奏'请催解京饷'一折。本年京饷原拨、续拨共八百万两，截至九月底止，除划拨截留、解到、报解启程等款外，尚欠解银二百十万一千余两。现在部库存项十分支绌，一切放款为数甚巨，所有各省关欠解京饷，亟应全数报解，以济要需。着各该将军、督抚、监督等各将欠解银两迅即照数依限解部，统于年内扫数解齐，倘敢诿卸拖欠，即由户部指名严参。原单着钞给阅看。将此由五百里谕知福州将军，直隶、两江、湖广、闽浙、两广、四川各总督，江苏、安徽、江西、浙江、湖北、湖南、山东、山西、广东各巡抚，并传谕粤海关、淮安关各监督知之。"现月 （《清德宗实录》卷378）

（光绪二十一年十月乙未）又谕："户部奏'豫拨来年京饷'一折。历届京饷均系年前豫拨，光绪二十二年京饷，该部拟在地丁、盐课等款内指拨银七百万两，'请饬各该省关于来年分批起解'等语。京饷关系紧要，现经该部就各省关情形酌量指拨，自应遵照奏定数目源源报解，以应要需。着该将军、督抚、监督等务于接到部文后分批赶解，限于来年五月前解到一半，十二月初间全数解清，不准截留改拨、借词延误。倘届限不到，即着该部照奏定章程指名严参。原单均着钞给阅看。另片奏'光绪二十二年内务府经费，拟拨盐课、茶税等款共银六十万两，请饬依限完解'等语，除各省关应还部库垫放银二十一万二千二百九十余两，应由指拨各款内匀解部库外，下余银三十八万七千七百余两。着该将军、督抚、监督等务于来年开印后，陆续径解内务府交纳，仍限六月前解到一半，十二月初间扫数解清，不准稍有蒂欠。原片单并着钞给阅看。将此由五百里谕知福州将军，直隶、两江、湖广、闽浙、两广、四川、江苏、安徽、江西、浙江、湖北、湖南、河南、山东、山西、广东各督抚，并传谕粤海关、淮安关各监督知之。"现月 （《清德宗实录》卷378）

（光绪二十一年十一月己亥）又谕："户部、总理各国事务衙门奏'豫拨东北边防经费'一折，据称'光绪二十二年东北边防经费，照案指拨……湖北厘金银八万两……江汉关六成洋税银十万两……请饬依限报解’等语。此项饷需最关紧要，着该将军、督抚、监督等按照指拨银数，于来年五月前批解一半，年内全数解清，毋稍迟逾。将此谕知福州将军，两江、湖广、闽浙、四川、两广、山东、山西、浙江、江西、安徽、江苏、湖北、湖南、广东各督抚，并传谕粤海关监督知之。”现月 （《清德宗实录》卷379）

（光绪二十一年十一月壬寅）谕军机大臣等：“裕禄等奏‘请饬拨来年的饷，请催欠饷’一折。东三省丙申年的饷，应拨奉天银二十六万两，吉林银十四万二千七十两零，打牲乌拉银三万五千七百七十两零，黑龙江银二十万九千两，着户部照数指拨，令各该省督抚等如数筹解，毋许迟延。并于报解之时，分晰奉天、吉林、打牲乌拉、黑龙江各款目，以免牵混。其各省欠解东三省本年的饷暨历年欠饷，着各该督抚、监督按照单开数目赶紧筹措，务于年内扫数解清，以济要需。原单均着钞给阅看。将此谕知户部，并由五百里谕知直隶、两江、闽浙、湖广各总督，江苏、安徽、江西、湖北、河南、山东各巡抚，暨传谕淮安关监督知之。”现月 （《清德宗实录》卷379）

（光绪二十一年十一月甲辰）免扣湖北文职佐杂以下、武职都司以下各员三成养廉。（《清德宗实录》卷379）

（光绪二十二年七月癸卯）又谕：“户部奏‘请旨催解京饷’一折。本年京饷原拨、续拨共银八百万两，截至五月底止，除划拨、解到及报解启程外，尚欠解银五百四十二万两。现在部库支绌，应放各款均关紧要，所有各省关欠解京饷，亟应全数报解，以应要需。着该将军、督抚、监督等各将欠解银两赶紧陆续提前解部，统于年内扫数解齐。倘敢诿卸拖欠，即由户部照章参奏。其解不及半及丝毫未解等处，经此次严催后，倘仍不完解，即着户部随时指名严参。原单均着钞给阅看。将此由四百里谕知福州将军，直隶、两江、湖广、闽浙、四川、两广各总督，江苏、安徽、江西、浙江、湖北、湖南、河南、山东、山西、广东各巡抚，并传谕粤海关、淮安关各监督知之。”现月 （《清德宗实录》卷 393）

（光绪二十二年七月癸卯）又谕：“户部奏‘各省关奉拨二十二年分筹备饷需银两，除安徽省及两浙运库应解银两、闽海关应解四成税银报解均已及半外，江苏、浙江、福建、广东四省应解银两，粤海、江海、江汉三关应解四成、六成税银均解不及半，江西省应解银两、粤海关六成税银均未报解，请旨饬催’等语。各省关应解筹备饷需银两，关系紧要，现在库款支绌，着各该省将军、督抚、监督等各将欠解银两迅速筹解，统于本年十月底扫数解清，倘仍延不完解，即着户部指名严参。原单均着钞给阅看。将此由四百里谕知福州将军，两江、湖广、闽浙、两广各总督，江苏、安徽、江西、浙江、湖北、广东各巡抚，并传谕粤海关监督知之。”现月 （《清德宗实录》卷 393）

（光绪二十二年八月癸亥）湖广总督张之洞奏：“长江水师，岳、汉二镇所属八营都、守以下各官三成养廉援案恳恩免扣。”允之。折包 （《清德宗实录》卷 394）

（光绪二十二年十月庚午）湖广总督张之洞奏：“铁厂官本重大，炼铁与制造货物有别，未便照新章征税。请免税十年，或俟官本全数收回后再行收税，以维铁政而保全利。”下所司议。折包 （《清德宗实录》卷 396）

（光绪二十二年十月）辛巳，谕军机大臣等：“户部奏‘请催解京饷’一折。本年京饷原拨、续拨共银八百万两，截至九月底止，除划拨截留、解到、报解启程等款外，尚欠解银二百二十二万两。现在部库存项十分支绌，一切放款为数甚巨，所有各省关欠解京饷，亟应全数报解，以济要需。着各该将军、督抚、监督等各将欠解银两迅即照数依限解部，统于年内扫数解齐，倘敢诿卸拖欠，即由户部指名严参。原单着钞给阅看。将此由五百里谕知福州将军，直隶、两江、湖广、闽浙、两广、四川各总督，江苏、安徽、江西、浙江、湖北、湖南、山东、山西、广东各巡抚，并传谕粤海关、淮安关各监督知之。”现月 （《清德宗实录》卷396）

（光绪二十二年十月辛巳）又谕：“户部奏‘豫拨来年京饷’一折。历届京饷均系年前豫拨，光绪二十三年京饷，该部拟在地丁、盐课等款内指拨银七百万两，‘请饬各该省关于来年分批起解’等语。京饷关系紧要，现经该部就各省关情形酌量指拨，自应遵照奏定数目源源报解，以应要需。着该将军、督抚、监督务于接到部文后分批赶解，限于来年五月前解到一半，十二月初间全数解清，不准截留改拨、借词延误。倘届限不到，即着该部照奏定章程指名严参。原单均着钞给阅看。另片奏‘光绪二十三年内务府经费，拟拨盐课、茶税等款共银六十万两，请饬依限完解’等语，除各省关应还部库垫放银二十一万二千二百九十余两，应由指拨各款内匀归部库。北洋代借洋款尚短银五万两，由闽海关解赴北洋外，下余银三十三万七千七百余两，着该将军、督抚、监督等务于来年开印后，陆续径解内务府交纳。仍限六月前解到一半，十二月初间扫数解清，不准稍有蒂欠。原片单并着钞给阅看。将此由五百里谕知福州将军，直隶、两江、湖广、闽浙、两广、四川、江苏、安徽、江西、浙江、湖北、湖南、河南、山东、山西、广东各督抚，并传谕粤海关、淮安关各监督知之。”现月 （《清德宗实录》卷396）

（光绪二十二年十月辛巳）又谕：“户部奏‘豫拨筹备饷需’一折，据称‘丁酉年筹备饷需，共指拨银二百万两，请饬依限报解’等语。此项饷银关系紧要，着该将军、督抚、监督等按照指拨银数于来年四月前解到一半，十月内全数解清，毋稍迟逾。原折单均着钞给阅看。将此由四百里谕知福州将军，两江、湖广、闽浙、两广、江苏、安徽、江西、浙江、湖北、广东各督抚，并传谕粤海关监督知之。”现月 （《清德宗实录》

卷 396）

（光绪二十二年十一月）辛丑，谕军机大臣等："依克唐阿等奏'请饬拨东三省来年的饷，并请催欠饷'一折。东三省丁酉年的饷，应拨奉天银二十六万两、吉林银十二万五百四十三两零、打牲乌拉银四万三千四百七十四两零、黑龙江银九万八千三十一两零。除吉林、黑龙江有应抵各款由部核明扣除外，其余银两着户部照数指拨，令各该省督抚等如数筹解，毋许迟延。并于报解之时，分晰奉天、吉林、打牲乌拉、黑龙江各款目，以免牵混。其各省欠解东三省本年的饷及历年欠饷，着各该省督抚、监督按照单开数目赶紧筹措，务于年内扫数解清，以济要需。原单均着钞给阅看。将此谕知户部，并由五百里谕知直隶、两江、闽浙、湖广各总督，江苏、安徽、江西、湖北、河南、山东各巡抚，暨传谕淮安关监督知之。"现月 （《清德宗实录》卷 397）

（光绪二十二年十一月乙巳）又谕："户部、总理各国事务衙门奏'豫拨东北边防经费'一折，据称'光绪二十三年东北边防经费，照案指拨……湖北厘金银八万两……江汉关六成洋税银十万两……湖北粮道库漕银四万两……请饬依限报解'等语。此项饷需最关紧要，着该将军、督抚、监督等按照指拨银数，于来年五月前批解一半，年内全数解清，毋稍迟逾。将此谕知福州将军，两江、湖广、闽浙、四川、两广、山东、山西、浙江、江西、安徽、江苏、湖北、湖南、广东各督抚，并传谕粤海关监督知之。"现月 （《清德宗实录》卷 397）

（光绪二十三年六月辛巳）户部奏："核议湖北应城、竹山盐课公费，应将浮支钱文提出报部。"又奏："湖北解淮一半课钱，应请提解充饷。"均依议行。早事 （《清德宗实录》卷 406）

（光绪二十三年七月甲午）又谕："户部奏'请旨催解京饷'一折。

本年京饷原拨、续拨共银八百万两，截至五月底止，除划拨、解到及报解启程外，尚欠解银四百八十七万五千余两。现在部库支绌，应放各款均关紧要，所有各省关欠解京饷，亟宜全数报解，以应要需。着该将军、巡抚、监督等各将欠解银两赶紧陆续提前解部，统于年内扫数解齐，倘敢诿卸拖欠，即由户部照章参奏。其解不及半、丝毫未解等处，经此次严催后，倘仍不完解，即着户部随时指名严参。原单均着钞给阅看。将此由四百里谕知福州将军，直隶、两江、湖北、湖南、河南、山东、山西、广东各督抚，并传谕粤海关、淮安关各监督知之。”现月　（《清德宗实录》卷407）

（光绪二十三年七月甲午）又谕：“户部奏‘各省关奉拨二十三年分筹备饷需银两，除安徽、广东及两浙运库应解银两，闽海关应解四成税银报解均已及半外，江苏、浙江两省应解银两，粤海、江海、江汉三关应解四成、六成税银均解不及半，江西、福建两省应解银两，粤海关应解六成税银均未报解，请旨饬催’等语。各省关应解筹备饷需银两，关系紧要，现在库款支绌，着各该省将军、督抚、监督等各将欠解银两迅速筹解，统于本年十月底扫数解清，倘仍延不完解，即着户部指名严参。原单均着钞给阅看。将此由四百里谕知福州将军，两江、湖广、闽浙、两广各总督，江苏、安徽、浙江、江西、湖北、广东各巡抚，并传谕粤海关监督知之。”（《清德宗实录》卷407）

（光绪二十三年九月癸卯）湖广总督张之洞等奏：“筹还洋款，援案动拨粮库各款，俾资凑解。”下部速议。折包　（《清德宗实录》卷410）

（光绪二十三年十月壬戌）湖广总督张之洞等奏：“湖北所产土药稀少，就地无可征收，所收外省土税，仍请照旧办理。”下部知之。折包　（《清德宗实录》卷411）

（光绪二十三年十月）己卯，谕军机大臣等："户部奏'请催解京饷'一折。本年京饷原拨、续拨共银八百万两，截至九月底止，除划拨截留、报解启程等款外，尚欠解银二百四十七万一千二百余两。现在部库存项十分支绌，一切放款为数甚巨，所有各省关欠解京饷，亟应全数报解，以济要需。着各该将军、督抚、监督等各将欠解银两迅即照数依限解部，统于年内扫数解齐，倘敢诿卸拖欠，即由户部指名严参。原单着钞给阅看。将此由五百里谕知福州将军，直隶、两江、湖广、闽浙、两广、四川各总督，江苏、安徽、江西、浙江、湖北、湖南、河南、山东、山西、广东各巡抚，并传谕粤海关、淮安关各监督知之。"现月 （《清德宗实录》卷 411）

（光绪二十三年十月己卯）又谕："户部奏'豫拨来年京饷'一折。历届京饷均系年前豫拨，光绪二十四年京饷，该部拟在地丁、盐课等款内指拨银七百万两，'请饬各该省关于来年分批起解'等语。京饷关系紧要，现经该部就各省关情形酌量指拨，自应遵照奏定数目源源报解，以应要需。着该将军、督抚、监督等务于接到部文后分批赶解，限于来年五月前解到一半，十二月初间全数解清，不准截留改拨、借词延误。倘届期不到，即着该部照奏定章程指名严参。原单着钞给阅看。另片奏'光绪二十四年内务府经费，拟拨盐课、茶税等款共银六十万两，请饬依限完解'等语。除内务府应还部库垫收银四万六千六百余两，应由指拨九江关常税款内均解部库外，下余银五十五万三千三百余两，着该将军、督抚、监督等务于来年开印后，陆续径解内务府交纳，仍限六月前解到一半，十二月初间扫数解清，不准稍有蒂欠。原片单并着钞给阅看。将此由五百里谕知福州将军，直隶、两江、湖广、闽浙、两广、四川、江苏、安徽、江西、浙江、湖北、湖南、河南、山东、山西、广东各督抚，并传谕粤海关、淮安关各监督知之。"现月 （《清德宗实录》卷 411）

（光绪二十三年十月己卯）又谕："户部奏'豫拨筹备饷需'一折。

据称‘戊戌年筹备饷需，共指拨银二百万两，请饬依限报解’等语。此项饷银关系紧要，着该将军、督抚、监督等按照指拨银数于来年四月前解到一半，十月内全数解清，毋稍迟逾。原折单均着钞给阅看。将此由四百里谕知福州将军，两江、湖广、闽浙、两广、江苏、安徽、江西、浙江、湖北、广东各督抚，并传谕粤海关监督知之。”现月 （《清德宗实录》卷411）

（光绪二十三年十一月己酉）又谕：“总理各国事务衙门、户部会奏‘遵议估计旅顺、大连湾购炮修台经费，拟请分年拨款筹办’一折。旅顺、大连湾拱卫北洋，相为犄角，形势天险。业经王文韶派员勘估，按照图说，拟请择要修筑大小各炮台，配用各种快炮。据该王大臣复核财力，既多撙节，防务复协机宜，自应准如所请……湖北每年划拨厘金银十万两……均自明年起，按年照数解交北洋大臣兑收，解足五年，共合银二百万两，统作为购炮修台之用。至于应用枪炮，前经张之洞在湖北创设枪炮厂，奏明添拨洋款，除该厂原造之数，每年能加陆路、过山两种快炮二百尊、炮弹二十万颗。现在旅顺、大连湾应添炮位，如果该厂可以制造，较之购自外洋，所省不啻倍蓰。着张之洞酌度情形，总以鄂厂所造应用为宜，并着会同王文韶先行妥商，奏明办理。现在防务紧要，亟宜未雨绸缪，先事布置。而且筹款实非易易，王文韶务当督饬在事各员认真办理，庶几缓急可恃，款不虚糜。原折均着钞给阅看。将此各谕令知之。”洋务 （《清德宗实录》卷412）

（光绪二十三年十一月）辛亥，谕军机大臣等：“户部、总理各国事务衙门奏‘豫拨东北边防经费’一折。据称‘光绪二十四年东北边防经费，照案指拨……湖北厘金银八万两……江汉关六成洋税银十万两……湖北粮道库漕项银四万两……请饬依限报解’等语。此项饷需最关紧要，着该将军、督抚、监督等按照指拨银数，于来年五月前批解一半，年内全数解清，毋稍迟逾。将此谕知福州将军，两江、湖广、闽浙、四川、两广、山东、山西、浙江、江西、安徽、江苏、湖北、湖南、广东各督抚，并传谕粤海关监督知之。”现月 （《清德宗实录》卷 412）

（光绪二十四年二月甲子）总理各国事务衙门奏：“续借英、德商款一千六百万镑，周息四厘五毫，八三折扣，以苏州、淞沪、九江、浙东货厘及宜昌、鄂岸、皖岸盐厘作抵，分四十五年本利还清，订立合同，请旨遵行。”从之。折包 （《清德宗实录》卷 415）

（光绪二十四年四月癸未）（湖广总督张之洞等）又奏：“湖北绅士请将减征丁漕平余，捐作通省学堂永远经费。”下所司议。折包 （《清德宗实录》卷 418）

（光绪二十四年七月庚申）又谕：“户部奏‘请旨催解京饷’一折。本年京饷原拨、续拨共银八百万两，截至五月底止，除划拨、解到及报解启程外，尚欠解银四百八十一万两。现在部库支绌，应放各款均关紧要，所有各省关欠解京饷，亟应源源报解，以济要需。着该将军、督抚、监督等各将欠解银两赶紧陆续提前解部，统于年内扫数解齐。倘敢诿卸拖欠，即由户部照章奏参。其解不及半及丝毫未解等处，经此次严催后，倘仍不完解，即着户部随时指名严参。原单均着钞给阅看。将此由四百里谕知福州将军，直隶、两江、湖广、闽浙、四川、两广各总督，江苏、安徽、江西、浙江、湖北、湖南、河南、山东、山西、广东各巡抚，并传谕粤海关、淮安关各监督知之。”现月 （《清德宗实录》卷 423）

（光绪二十四年七月庚申）又谕：“户部奏‘各省关奉拨二十四年分筹备饷需银两，除两浙运库应解银两已解及半外，福建、广东两省应解银两，闽海、粤海、江海、江汉四关应解四六成税银均解不及半，江苏、江西、安徽、浙江四省应解银两，粤海关应解六成税银均未报解，请旨饬催’等语。各省关应解筹备饷需银两，关系紧要，现在库款支绌，着各该省将军、督抚、监督等各将欠解银两迅速筹解，统于本年十月底扫数解清，倘仍延不完解，即着户部指名严参。原单均着钞给阅看。将此由四百里谕知福州将军，两江、湖广、闽浙、两广各总督，江苏、安徽、浙江、江西、湖北、广东各巡抚，并传谕粤海关监督知之。”现月 （《清德宗实录》卷423）

（光绪二十四年七月丁卯）又谕：“光禄寺卿常明奏‘敬筹的款以济时用’一折。据称‘湖北候补知府郑思贤禀称，广东向有闱姓、宝字馆、基票三项风行已久，势难禁止。除闱姓规现已提归大学堂抽收经费，其宝字馆、基票仿照招商承充旧案办理，每年可筹报效银一百万圆，按季解交神机营，作为练兵购械之用。据情代奏，请旨赏收，并请以郑思贤招商承充’等语。着谭钟麟确切查明，款项是否属实，并郑思贤可否承充之处，据实具奏……。”寻奏：“……郑思贤等所称报效百万、六十万，皆欲借以营私，请毋庸议。”得旨：“所奏甚是。着即一体禁止。”现月 （《清德宗实录》卷424）

（光绪二十四年八月丁未）湖广总督张之洞奏：“湖北厘金查无中饱，拟将外销赏款提解充饷。”下部知之。折包 （《清德宗实录》卷428）

光绪二十四年戊戌十月丙申，谕军机大臣等：“内务府奏‘各省关欠解本年分经费各款，开单呈览，请旨严催’一折。据称‘本年分各省关应解常年经费及另筹各款，欠解银两为数甚巨，叠经电催，迄未清解’等语。内务府应用各款，关系内廷要需，何得任意延欠？着各直省将军、督抚、监督等自接奉此旨之后，按照单开数目限于十二月初间扫数解清。倘再迟延，即着该衙门照贻误京饷例指名严参。原单均着钞给阅看。将此由四百里谕知福州将军，直隶、两江、闽浙、湖广、两广、四川各总督，江苏、安徽、江西、浙江、湖北、广东、河南、山东、山西、陕西各巡抚，并传谕粤海关、淮安关各监督。”知之。（《清德宗实录》卷432）

（光绪二十四年十月己亥）谕军机大臣等："户部奏'豫拨来年京饷'一折。历届京饷均系年前豫拨，光绪二十五年京饷，该部拟在地丁、盐课等款内指拨银七百万两，'请饬各该省关于来年分批起解'等语。京饷关系紧要，现经该部就各省关情形酌量指拨，自应遵照奏定数目源源报解，以应要需。着该将军、督抚、监督等务于接到部文后分批赶解，限于来年五月前解到一半，十二月初间全数解清，不准截留改拨、借词延误。倘届期不到，即着该部照奏定章程指名严参。原单着钞给阅看……将此由五百里谕知福州将军，直隶、两江、湖广、闽浙、两广、四川、江苏、安徽、江西、浙江、湖北、湖南、山东、山西、河南、广东各督抚，并传谕粤海关、淮安关各监督知之。"现月 （《清德宗实录》卷432）

（光绪二十四年十月己亥）又谕："户部奏'豫拨筹备饷需'一折。据称'己亥年筹备饷需，共指拨银二百万两，请饬依限报解'等语。此项饷银关系紧要，着该将军、督抚、监督等按照指拨银数，于来年四月前解到一半，十月内全数解清，毋稍迟逾。原折单均着钞给阅看。将此由四百里谕知福州将军，两江、湖广、闽浙、两广、江苏、安徽、江西、浙江、湖北、广东各省督抚，并传谕粤海关监督知之。"现月 （《清德宗实录》卷432）

（光绪二十四年十二月庚寅）又谕："户部、总理各国事务衙门奏'豫拨东北边防经费'一折。据称'光绪二十五年东北边防经费，照案指拨……湖北厘金银八万两……江汉关六成洋税银十万两……湖北粮道库漕项银四万两……请饬依限报解'等语。此项饷需最关紧要，着该将军、督抚、监督等按照指拨银数，于来年五月前批解一半，年内全数解清，毋稍迟逾。将此由四百里谕知福州将军，两江、湖广、闽浙、四川、两广、山东、山西、浙江、江西、安徽、江苏、湖北、湖南、广东各督抚，并传谕粤海关监督知之。"现月 （《清德宗实录》卷435）

（光绪二十五年二月）庚辰，谕军机大臣等："户部奏'边防经费不敷应用，酌量添拨'一折。据称'东三省边防经费，每年二百万两，以入抵出，并无余存。现在东北边防日益吃重，亟须筹饷添兵，拟请每年添拨银五十万两，俾资周转。查通商各关征收洋税及洋药税厘项下，向有开支倾镕折耗一款，按每百两给银一两二钱各关监督俸廉之外，另有办公经费。拟将此项减半开支，自本年起，准按百两留支六钱，余银六钱如数提出，积有成数，解部交纳，计每年约可提银十余万两。此外不敷银四十万两，即照原拨边防经费二百万两之数，加拨五分之一，仍由原拨各省关自本年起分批解部'等语。东北边防紧要，原拨经费不敷应用，自应酌量添拨，以为添练兵勇加增饷项之需。着各将军、督抚、监督照单开指拨数目，将应解之款，统限于年内扫数解清，毋稍延欠。倘解不足额，由该部照贻误京饷例分别奏参。原单均着钞给阅看。将此谕知盛京、福州各将军，直隶、两江、湖广、四川、两广、闽浙、云贵各总督，山东、山西、浙江、江西、江苏、安徽、湖北、湖南、广东、广西、云南各巡抚，并传谕粤海关监督知之。"现月 （《清德宗实录》卷439）

（光绪二十五三月辛亥）谕内阁："钦奉慈禧端佑康颐昭豫庄诚寿恭钦献崇熙皇太后懿旨，八旗兵丁近来困苦异常，非将应领甲米于八成折色内改放本色二成，不足以资养赡。现在仓储粳籼米石实计若干，是否足敷支放？其改征折色之江西、湖北、湖南等省应令全数规复本色，按年起运，以备开放，着户部通盘筹画，迅速具奏。"现月 （《清德宗实录》卷440）

（光绪二十五年五月癸丑）湖广总督张之洞等奏："请援照湖南奏案，推广川淮盐斤加价，以供湖北练兵新饷。"如所请行。折包 （《清德宗实录》卷444）

（光绪二十五年五月癸丑）（湖广总督张之洞等）又奏："部拨湖北宜昌盐厘抵还洋款，除四川昭信股票银三十六万拨到，余俱无着，请改拨以济要需。其拨补江南之鄂岸盐厘，沙市关无款可解，长江水师节饷，当留为凑拨北洋练军之用，请一并改拨。"下部议。折包 （《清德宗实录》卷444）

（光绪二十五年五月戊辰）（湖广总督张之洞等）又奏："武昌厂关口岸因轮船盛行，收数短绌，请援案尽征尽解。其历年短少银两，并恳免其补解。"得旨："着仍严饬该管府实力稽征，期复原额。"折包 （《清德宗实录》卷445）

（光绪二十五年六月）丁酉，谕军机大臣等："户部奏'请旨催解京饷'一折。本年京饷原拨、续拨共银八百万两，截至五月底止，除划拨、解到及报解启程外，尚欠解银五百八十六万五千两。现在用款浩繁，所有各省关欠解京饷亟应源源报解，以济要需，着该将军、督抚、监督等各将欠解银两赶紧陆续提前解部，统于年内扫数解齐，倘敢诿卸拖欠，即由户部照章奏参。其解不及半及丝毫未解等处，经此次严催后倘仍不完解，即着户部随时指名严参。原单均着钞给阅看。将此由四百里谕知福州将军，直隶、两江、湖广、闽浙、四川、两广各总督，江苏、安徽、江西、浙江、湖北、湖南、河南、山东、广东各巡抚，并传谕粤海关、淮安关各监督知之。"现月 （《清德宗实录》卷447）

（光绪二十五年六月丁酉）又谕："户部奏'各省关奉拨二十四年分筹备饷需银两，除江海关应解六成洋税银已解过半，安徽省及两浙运库应解银两已解及半外，福建、广东两省及闽海、粤海、江汉三关应解四六成税银均解不及半……请旨饬催'等语。各省关应解筹备饷需银两，关系紧要，现在库款异常支绌，着各该省将军、督抚、监督等各将欠解银两迅速筹解，统于本年十月底扫数解清，倘仍延不完解，即着户部指名严参。原单均着钞给阅看。将此由四百里谕知福州将军，两江、湖广、闽浙、两广各总督，江苏、安徽、江西、浙江、湖北、广东各巡抚，并传谕粤海关监督知之。”现月 （《清德宗实录》卷447）

（光绪二十五年九月庚申）又谕：“前因有人陈奏‘东南各省从前办理军务时，曾有抽收房捐之议，现在需饷孔殷，似可仿行’，当经谕令两江、湖广、闽浙、两广各督抚体察情形，如能有益于国，无累于民，即行妥定章程，奏明办理。惟查从前抽收房捐，本系军务时不得已之举。此时东南各省，商务未兴，民力尚困，深恐地方官吏办理不善，转滋骚扰，殊非朝廷体恤民艰之意。所有东南各省筹办房捐之处，均着一律停止。”现月 （《清德宗实录》卷450）

（光绪二十五年十月己亥）谕军机大臣等：“户部奏‘豫拨来年京饷’一折。历届京饷均系年前豫拨，光绪二十六年京饷，该部拟在地丁、盐课等款内指拨银七百万两，‘请饬各该省关于来年分批起解’等语。京饷关系紧要，现经该部就各省关情形酌量指拨，自应遵照奉定数目源源报解，以应要需。着该将军、督抚、监督等务于接到部文后分批赶解，限于来年五月前解到一半，十二月初间全数解清，不准截留改拨、借词延误。倘届期不到，即着该部照奏定章程指名严参。原单着钞给阅看……将此由五百里谕知福州将军，直隶、两江、湖广、闽浙、两广、四川各总督，江苏、安徽、江西、浙江、湖北、湖南、山东、山西、河南、广东各巡抚，并传谕粤海关、淮安关各监督知之。”现月 （《清德宗实录》卷453）

（光绪二十五年十月己亥）又谕：“户部奏‘请催解京饷’一折。本年京饷原拨、续拨共银八百万两，截至九月底止，除划拨截留、解到及报解启程外，尚欠解银二百七十七万九千两。现在部库支绌，应放各款均关紧要，所有各省关欠解京饷亟应源源报解，以济要需。着该将军、督抚、监督等各将欠解银两赶紧陆续提前解部，统于年内扫数归齐。倘敢诿卸拖欠，即由户部指名严参。原单均着钞给阅看。将此由四百里谕知福州将军，直隶、两江、湖广、闽浙、两广、四川各总督，江苏、安徽、江西、浙江、湖北、湖南、山东、山西、广东各巡抚，并传谕粤海关、淮安关各监督知之。”现月 （《清德宗实录》卷453）

（光绪二十五年十月己亥）又谕：“户部奏‘豫拨筹备饷需’一折。据称‘光绪二十六年筹备饷需，共指拨银二百万两，请饬依限报解’等语。此项饷银关系紧要，着该将军、督抚、监督等按照指拨银数，于来年四月前解到一半，十月内全数解清，毋稍迟逾。原单着钞给阅看。将此由四百里谕知福州将军，两江、湖广、闽浙、两广各总督，江苏、安徽、江西、浙江、湖北、广东各巡抚，并传谕粤海关监督知之。”现月 （《清德宗实录》卷453）

（光绪二十五年十月己亥）又谕：“户部奏‘各省关奉拨二十五年分筹备饷需银两，除两浙运库、江海关应解银两均已解清，暨各省已经解到、报解等款不计外，其余未解银两，请旨饬催’等语。各省关应解筹备饷需，关系紧要，现在库款支绌，着各将军、督抚、监督等各将欠解银两迅速筹解，倘仍不完解，即着户部指名严参。原单均着钞给阅看。将此由四百里谕知福州将军，两江、湖广、闽浙、两广各总督，江苏、安徽、浙江、江西、湖北、广东各巡抚，并传谕粤海关监督知之。”现月 （《清德宗实录》卷453）

（光绪二十五年十一月癸亥）谕军机大臣等：“户部、总理各国事务衙门会奏‘豫拨东北边防经费，照案指拨……湖北厘金银八万两，加拨银一万六千两……江汉关六成洋税银十万两，加拨银二万两……湖北粮道库漕项银四万两，加拨银八千两……共银二百五十万两，请饬依限报解’等语。此项饷需最关紧要，着该将军、督抚、监督等按照指拨银数，于来年五月前批解一半，年内全数解清，毋稍迟逾。将此由四百里谕知各该将军、督抚，并传谕粤海关监督知之。”现月 （《清德宗实录》卷455）

（光绪二十五年十二月丁丑）谕军机大臣等：“崧蕃等奏‘滇省用款浩繁，请旨限催各省速将欠饷解滇’一折。据称‘云南本系受协省分，经户部奏准，饬令四川省每月协解银三万两，又经户部议准，每月改由湖北省划拨银七千两，江汉关指拨银二千两，湖南省每月协解银二万两。奉拨之始，各省鲜有延欠，乃查湖北等省，自光绪二十一年以后截至本年八月底止，湖北省共欠解银六十四万五千七百余两，江汉关欠解银八万四千两，湖南省欠解银一百九十五万五千四百余两’等语。云南边防紧要，各省应协之款理应源源报解，岂容任意延欠？着张之洞、于荫霖、俞廉三即将历年欠解协滇饷银按照单开数目，陆续筹拨，分批解滇，以资接济。倘或迟延诿卸，任意拖欠，即着户部指名严参。原折单均着钞给阅看。将此由五百里各谕令知之。”现月 （《清德宗实录》卷456）

（光绪二十六年正月）乙巳，谕内阁：“张之洞、于荫霖电奏，前奉电谕，令各省将关税、盐课、厘金裁去陋规，提充公用，迅将实在数目奏报。据称湖北税、厘、盐课三项及州县丁漕平余皆经逐加整顿，无可裁提，又极言近年来户部指拨之多，该督等筹画之苦，拟以后每年总督捐助银二千两，巡抚以下分别递减，共银七千七百两等语。现在时局艰难，张之洞等手握疆符，受恩深重，目睹库款支绌，自应通盘筹算，极力删除浮费，以杜中饱而充正用。非令其搜括民财，亦非令官吏勉强报效也。如实在无可裁提，亦应据实奏明，讵可敷衍塞责？昨据裕长奏到，愿通省捐提十万两，当以款非陋规中饱，地方官应加体恤，谕令免其提扣。张之洞久任封疆，创办各局，开支国家经费奚止巨万，即以湖北一省而论，岂竟弊绝风清，毫无陋规中饱？乃以区区之数，托名捐助，殊属不知大体。张之洞、于荫霖均着传旨严行申饬，所捐之项，着不准收。嗣后如实系事关紧要，准其简明电奏，若寻常应行奏咨事件，均不得辄

发长电，以节糜费。”现月 （《清德宗实录》卷458）

（光绪二十六年正月辛酉）四川总督奎俊奏：“川省奉拨宜昌鄂岸盐厘无力筹解，请改拨他省，以免虚悬。”得旨：“户部酌核改拨。”折包（《清德宗实录》卷458）

（光绪二十六年三月戊辰）谕军机大臣等：“户部、总理各国事务衙门奏遵议盛宣怀等复陈增税事宜各折片。洋税为国家岁入大宗，前因饷项支绌，特派盛宣怀、聂缉椝会同赫德将加税事宜查照条约筹议办理。该京卿等所拟，将进出口货物照时价另行核估，暨外国烟酒等物分别纳税，均属有利无害。现在修约届期，即着盛宣怀、聂缉椝会同赫德照会各国公使，将此次修改税则缘由声明大旨，即就以上两端先行开议，以免延误。至该京卿等所议厘税并征，系专指洋货而言，与土货厘金尚无关涉，此事利害出入关系甚大，如果确有把握，则每年可增千百余万之进款，于大局实有裨益，亦不宜诿延观望，致失事机。所有洋货加税免厘一事，着南、北洋大臣，两广、湖广、四川、闽浙各总督，江苏、安徽、江西、浙江、山东、湖北、湖南、广东、广西各巡抚，查照盛宣怀等及户部、总理各国事务衙门各原折，参以本省情形，按之中外时势如何可有利而无害，如何可利重而害轻，勿持两端，勿执成见，务即妥为筹定，限于一个月内迅速复奏，听候谕旨遵行。盛宣怀等折单及户部、总理各国事务衙门折片，着分别钞给阅看。将此由四百里谕知各督抚并谕令盛宣怀、聂缉椝知之。”现月 （《清德宗实录》卷461）

（光绪二十六年五月戊辰）四川总督奎俊奏：“库储支绌，奉拨宜昌鄂岸盐厘各款，请援上年成案，仍予免解。”下部议。折包 （《清德宗实录》卷464）

（光绪二十六年十一月乙未）谕军机大臣等：“户部奏‘豫拨来年京

饷’一折。京饷关系紧要，本年事变以后，库款益形支绌，来年京饷该部仍照向年原数指拨，各将军、督抚必当设法提前源源报解，以应要需。所有各省关应解光绪二十七年京饷银七百万两，务于来年五月以前解到一半，十二月初间全数解清，不准截留改拨、借词延误。倘届期不到，即由该部查照奏定章程指名严参。另片奏‘豫拨来年内务府经费银六十万两’等语。此项银两均关紧要，各将军、督抚、监督等务于来年六月以前解到一半，十二月初间扫数解清，不得稍有蒂欠。单二件均着钞给阅看。将此由五百里谕知福州将军，直隶、两江、湖广、闽浙、四川、两广各总督，江苏、浙江、江西、安徽、山东、山西、河南、湖北、湖南、广东各巡抚，并传谕粤海关、淮安关各监督知之。”电寄 （《清德宗实录》卷475）

（光绪二十六年十二月）庚子，谕军机大臣等：“户部奏‘豫拨甘肃新饷’一折。甘肃、新疆关内外应需饷项，关系紧要，该部指拨光绪二十七年各省关协济银四百八十万两，统限于来年四月底解足六成，其余四成，限于九月底扫数解清，不准稍有蒂欠。各省筹饷之藩运司道，如能依限解清，即由陕甘总督奏请奖叙。倘任意延欠，即着该部照例奏参，以重饷需。原单均着钞给阅看。将此由五百里谕令福州将军，两江、湖广、四川各总督，江苏、安徽、江西、湖北、湖南、山西、河南、陕西各巡抚知之。”现月 （《清德宗实录》卷476）

（光绪二十八年二月己亥）湖广总督张之洞等奏：“湖北现拟规复丁漕减征钱文，并加提州县平余，酌抽税契捐，凑供赔款。”下部知之。折包 （《清德宗实录》卷495）

（光绪二十八年五月丙戌）又谕：“电寄刘坤一等，据盛宣怀电奏‘马凯亟欲回国，所议加税倍半，仍留内地销场税抵补。已约马凯同赴江、鄂，与刘坤一、张之洞筹商’等语，加税止倍半，仅留销场税一项，与所免厘捐大宗究竟能否抵补财政出入关系太巨，切勿轻于定议。不得以马凯回国之言，为所摇夺。着该督等会同详慎，妥议具奏。”（《清德宗实录》卷499）

（光绪二十八年六月壬子）湖广总督张之洞等奏：“省城创办警察，拟将省城房捐一项作为警察经费，以免重累商民。”得旨：“着即认真办理，毋滋流弊，以收实效。”随手 （《清德宗实录》卷501）

（光绪二十八年七月丁丑）又谕：“户部奏‘各省关奉拨二十八年分筹备饷需二百万两，除两浙运库应解银两、江海关应解六成税银均已报解及半外……请旨饬催’等语。各省关应解筹备饷需银两，关系紧要，现在库款异常支绌，着各省将军、督抚、监督等各将欠解银两迅速筹解，统于本年十月底扫数解清。倘逾限延不解清，即着户部指名严参。原单均着钞给阅看。将此由四百里谕知福州将军，两江、湖广、闽浙、两广各总督，江苏、浙江、江西、安徽、广东、湖北各巡抚，并传谕粤海关监督知之。”现月 （《清德宗实录》卷503）

（光绪二十八年十月壬子）湖广总督张之洞等奏：“鄂省州县签捐，酌议改为赔款捐，各就地方情形与绅民妥筹，不为抑勒。大抵抽捐之法，以串票为大宗，而铺户亦居其三四，务使款皆有着，不累穷檐。”得旨：“着妥为筹办，毋稍扰累。”折包 （《清德宗实录》卷506）

（光绪二十八年十一月丁巳）湖广总督张之洞等奏：“筹办鄂省清丈屯田，增收税契，并酌定兼抽经费各情形。”下户部知之。折包 （《清德宗实录》卷507）

（光绪二十八年十一月己未）又谕：“户部奏‘豫拨来年京饷’一折。历届京饷均系年前豫拨，光绪二十九年京饷，该部拟在地丁、盐课等款内指拨银七百万两，请饬各该省关于来年分批起解’等语。京饷关系紧要，现经该部就各省关情形酌量指拨，自应遵照奏定数目源源报解。着该将军、督抚、监督等务于接到部文后分批赶解，限于来年五月前解到一半，十二月初间全数解清，不准截留改拨、借词延误。倘届期不到，即着该部照奏定章程指名严参。原单着钞给阅看……将此由四百里谕知福州将军，直隶、两江、湖广、闽浙、两广、四川各总督，江苏、安徽、江西、浙江、湖北、湖南、山东、山西、河南、广东、广西各巡抚，并传谕粤海关、淮安关各监督知之。”现月 （《清德宗实录》卷507）

（光绪二十八年十一月己未）又谕：“户部奏‘豫拨筹备饷需’一折。据称‘癸卯年筹备饷需，共指拨银二百万两，请饬依限报解’等语。此项饷银关系紧要，着该将军、督抚、监督等按照指拨银数，于来年四月前解到一半，十月内全数解清，毋稍迟逾。原单均着钞给阅看。将此由四百里谕知福州将军，两江、湖广、闽浙、两广、江苏、安徽、江西、浙江、湖北、广东各督抚，并传谕粤海关监督知之。”现月 （《清德宗实录》卷507）

（光绪二十八年十一月丙戌）谕军机大臣等：“户部、外务部奏‘豫拨东北边防经费，照案指拨……湖北厘金银八万两，加拨一万六千两……江汉关洋税十万两，加拨二万两。湖北南粮米折银四万两，加拨八千两……湖北粮道库存漕项银四万两，加拨八千两……共银二百五十万两，请饬将原拨银二百万两依限解部，其加拨银五十万两改解江海关道，以抵新案赔款’等语。此项饷需最关紧要，着该将军、督抚、监督等按照指拨银数，于来年五月前批解一半，年内全数解清，毋稍迟逾。将此由四百里谕知各该将军、督抚，并传谕粤海关监督知之。”现月 （《清德宗实录》卷508）

（光绪二十九年二月丙申）谕军机大臣等：“外务部代递盛宣怀电奏

‘请将通商银行商股改作萍乡矿股，所存部款百万改归铁厂，由该厂分年归本缴息’等语，着外务部、户部议奏。”寻奏：“商力竭蹶，而湖北铁厂不至中辍，实赖萍乡煤矿辅助之功。所请通商银行商股改作萍乡矿股，自应照准。至部款应归部库，留作国家银行之用，未便挪移。”从之。（《清德宗实录》卷512）

（光绪二十九年五月癸酉）湖北巡抚端方奏：“鄂省筹办屯田税契，核与山东缴价章程仅减少十分之二，实属不甚悬殊，于清赋恤民，两有裨益。”下户部知之。折包 （《清德宗实录》卷512）

（光绪二十九年八月）戊辰，湖北巡抚端方奏：“鄂省绅民完纳赔款，所捐银两岁约五十万，请加乡试中额，以昭激劝。”下部议。（《清德宗实录》卷520）

（光绪二十九年九月丁酉）署湖广总督湖北巡抚端方奏：“动拨江汉关洋税银两，照案作为本年应协淮饷，解交枪炮局，以应急需。”下部知之。折包 （《清德宗实录》卷521）

（光绪二十九年九月丁酉）（署湖广总督湖北巡抚端方）又奏：“动支江汉关洋药税厘银两，拨归海军经费解部。”下部知之。折包 （《清德宗实录》卷521）

（光绪二十九年十月丙寅）谕军机大臣等：“户部奏‘豫拨来年京饷’一折。历届京饷均系年前豫拨，光绪三十年京饷，该部拟在地丁、盐课等款内指拨银七百万两，‘请饬各该省关于来年分批起解’等语。京饷关系紧要，现经该部就各省关情形酌量指拨，自应遵照奏定数目源源报解。着该将军、督抚、监督等务于接到部文后分批起解，限于来年五月前解到一半，十二月初间全数解清，不准截留改拨、借词延误。倘届期不到，即着该部照奏定章程指名严参。原单着钞给阅看……将此由四百里谕知福州将军，直隶、两江、湖广、闽浙、两广、四川各总督，江苏、安徽、江西、浙江、湖北、湖南、山东、山西、河南、广东各巡抚，并传谕粤海关、淮安关各监督知之。”现月 （《清德宗实录》卷522）

（光绪二十九年十一月丙戌）谕军机大臣等：“现在国步艰虞，百废待举，而库储一空如洗，无米何能为炊？如不设法经营，将大局日危，上下交困，后患何堪设想。查近年来银价低落，各省不甚悬殊，其向以制钱折征丁漕，各州县浮收甚多，而应征房田契税，报解者什不及一。各州县身拥厚赀，坐视国家独为其难，稍具天良，当必有愁然不安者。在各督抚每以保全优缺、优差，留为调剂地步，不肯实力清厘，而不知国势阽危，大小臣工奚能常享安乐？该督抚等受恩深重，又何忍因见好属吏，致负朝廷？着自光绪三十年始，责成各督抚将所属优缺、优差浮收款目彻底确查，酌提归公。并将房田税契切实整顿，岁增之款，各按省分派定额数源源报解……河南、江西、浙江、湖北、湖南各省每年各二十万两……以上计十六省，通共每年派定三百二十万两。如该省地方情形实有为难，准其在本省各项原有中饱陋规内酌量筹补，必须筹足定额为度，不得稍有短欠……该督抚等务当整躬率属，痛予禁除，其所节省当亦不少。如此认真厘剔，何患巨款难筹？倘仍玩愒因循，习常蹈故，致指定额款解不足数，定惟该督抚等是问。将此通谕知之。”现月 （《清德宗实录》卷523）

（光绪二十九年十一月丙戌）又谕：“百度之兴，端资经费，现值帑藏大绌，理财筹款尤为救时急务。前经户部通行各省整顿烟酒税，以济要需，乃报解之无多，实由稽征之不力。据直隶总督袁世凯奏称，直隶抽收烟、酒两税，计岁入银八十余万两。以直隶凋敝之区，犹能集此巨款，足见该督公忠体国，实心任事，殊堪嘉尚。即着钞录直隶现办章程，咨送各省，责成该将军、督抚等一体仿行。并量其省分之繁简，派定税额之多寡……山东、江西、湖北、浙江、福建各省，每年应各派三十万两……通计以上二十一行省，每年派定税额共六百四十六万两，殊于国计有裨，仍于民生无损。良以烟、酒两项，徒供嗜好之用，并非生计所必需，虽多取之而不为虐，且可以寓禁于征。东、西洋各国于此两项皆榷税特重，意亦为此。经此次派定税额之后，各该将军、督抚务即遴选妥实明干委员实力奉行，认真稽征，并明定赏罚。如有收数及额或逾额者，准其将尤为出力人员量予优奖，以资激劝。倘收不足额，亦分别究惩。督征出力之员，即着该督择尤请奖，以示朝廷有劳必录之至意。各该将军、督抚等毋得视为具文也。除奉天、吉林、广西暂行缓办外，将此通谕知之。”（《清德宗实录》卷523）

（光绪二十九年十一月壬寅）湖南巡抚赵尔巽奏：“拨补宜昌盐厘项下漕折银两不敷甚巨，请饬改拨。”下部议驳。折包（《清德宗实录》卷523）

（光绪三十年三月甲辰）（湖南巡抚赵尔巽）又奏：“整顿田房税契，拟仿照河南、湖北办法，略从轻减。”下部知之。折包（《清德宗实录》卷528）

（光绪三十年四月乙丑）湖南巡抚赵尔巽奏：“湘省清查岳州卫屯田，与鄂省各卫情形相同，请循照鄂章，增收契税，兼抽清文经费。”下部知之。折包（《清德宗实录》卷529）

（光绪三十年四月己巳）湖广总督张之洞等奏：“本年应还克萨款本息银两，鄂省奉拨铁路、船厂经费，委实无从筹解，请饬迅速改拨，免误大局。”下部议。折包（《清德宗实录》卷529）

（光绪三十年五月庚寅）湖广总督张之洞、河南巡抚陈夔龙奏：“鄂、豫两省筹办火车货捐，已著成效，请饬部立案。”下部知之。折包（《清

德宗实录》卷530）

（光绪三十年八月乙亥）湖广总督张之洞奏："虚定金价，改用金币，与今日中国情势不合，无益有损。无论授权外人与否，皆不可行。"下所司知之。（《清德宗实录》卷534）

（光绪三十年十一月甲申）谕军机大臣等："铁良奏'拟请派员抽收土膏统捐，以裕度支'一折。据称'湖北、湖南合力于宜昌设立总局，抽收土膏税捐，继又并江西、安徽两省合办，较各省分办之时，溢收甚巨，已著成效。两广、苏、闽亦系云、贵、川土行销之地，若合八省为一，收数必更可观。收捐章程悉照宜昌现行办法，凡纳总捐后，运售各省者如非落地销售，概不重征。此项收款均照二十九年收数，作为各省定额，由宜局合收分解。溢收之数，另款存储候拨'等语。土药税捐统归一处抽收，既为商民省累，又于进款加增，着财政处、户部即行切实举办。其统捐收数除按各省定额仍照旧拨给应用外，其余溢收之数，均着另储候解，专作练兵经费的款，不得挪移。至此项统捐应如何遴派妥员通筹办法，期于推行尽利之处，并着财政处、户部会商各该督抚从速详定章程，奏明办理。原折均着钞给阅看。将此各谕令知之。"现月（《清德宗实录》卷537）

（光绪三十二年十月甲子）管理八省土膏统捐事宜户部右侍郎柯逢时奏："奉旨督办各省土药统税事宜，经在武昌设立总局，叠据湖北、江苏、安徽、江西、湖南、直隶、山东、河南、山西、陕西、甘肃、浙江、福建、广东、广西、云南等省禀报开局，四川、贵州正议开办，惟东三省、新疆咨查未复，已派员前往考察。"下度支部知之。（《清德宗实录》卷565）

（光绪三十三年二月）丙戌，谕军机大臣等："电寄端方等，据电奏

‘采运川米平粜，请饬四川、湖北等处免厘’等语，着照所请，度支部知道。”电寄 （《清德宗实录》卷570）

（光绪三十三年三月壬辰）出使英国大臣汪大燮奏：“要政待兴，库储支绌，因时制宜，行用金币，实有利无弊。”下度支部议。寻奏：“本位币制关系重要，请饬廷臣会议。”得旨：“着内阁各部院会议具奏，并着直隶、两江、湖广、两广各总督一并妥议奏闻。”折包 （《清德宗实录》卷571）

（光绪三十三年四月丁卯）侍郎衔督办各省土药统税事宜柯逢时等奏：“各省土药统税试办期满，请饬部派员监督，即将武昌总局裁撤，以省虚糜。”下部议行。（《清德宗实录》卷572）

（光绪三十三年六月乙亥）湖广总督张之洞奏：“汉口办理警察关系重要，请援照上海成案，每月由江海关拨银四千两，俾作经费。不敷之款，由外筹补。”如所请行。（《清德宗实录》卷575）

（光绪三十四年四月）戊午，谕内阁：“据柯逢时电奏‘差缺重要，势难兼顾，土税仍须留鄂经理，孱躯久病，赴浙未能定期’等语，浙江为海疆重地，朝廷特简柯逢时补授巡抚，原为因地择人，乃该巡抚一再渎奏，赴任需时，而海疆要缺讵可久悬？浙江巡抚柯逢时着即行开缺，仍责成督办土药统税事务，以期专心筹办，免隳成局。”现月 （《清德宗实录》卷589）

（光绪三十四年七月辛卯）湖广总督陈夔龙奏：“鄂省兵工、钢药两厂经费短绌，请饬陆军、度支部筹拨常年大宗的款，以资接济。”得旨：“造械关系军队命脉，着该部会商湖广总督妥筹接济，毋令中辍。并会同速议具奏。”寻奏：“兵工、钢药两厂久著成效，现值停工待款，拟由湖北土药税项下拨给二十万两，江汉、宜昌两关税各拨十万两，以资接济。并拟参仿江南制造局成案，凡两厂用人、筹款及一切事宜，由陆军部会同该省督臣办理，总期中外协力，速求进步。”从之。（《清德宗实录》卷594）

（光绪三十四年七月辛亥）湖广总督陈夔龙奏：“鄂省倡办造纸厂、针钉厂，半由官拨款，在息借商本项下动支；半招集华股，按照商律股分有限公司条例办理。”下部知之。（《清德宗实录》卷594）

（光绪三十四年九月）辛丑，谕军机大臣等：“电寄柯逢时等，电悉，湖北已解之赔款，仍着柯逢时等设法补解，嗣后着度支部通盘核计，妥筹抵补，俾鄂款有着。”（《清德宗实录》卷596）

（光绪三十四年十月辛巳）又谕：“电寄陈夔龙，据电奏，汉口怡和兴等钱店倒闭，市面摇动，已筹拨官款借给，以后若仍形慌恐，非由度支部接济，不足以纾困厄各节，着度支部知道。”（《宣统政纪》卷1）

（光绪三十四年十一月己亥）税务处奏：“湖北毡呢厂请将所购机器材料免税三年，核与现行税章不符，不得引京师自来水、呢革公司为例，碍难照准。至成货销售，应完应免各项税厘，准其援照唐山洋灰公司、上海日辉毡呢厂成案办理。”又奏：“上海日辉厂机制毡呢应完应征各税厘，准援照湖北、上海织布局成案办理。”均依议行。（《宣统政纪》卷3）

（光绪三十四年十二月丙子）度支部奏：“理财为庶政根本，清理财政，以统一财权为先务。臣等明定办法六条之奏，经会议政务处复奏，大致以各省办事之艰难，疑臣部持之过急。现奉谕旨，令斟酌另奏，自应逐款详议，期臻妥善。一、复奏称‘募借外债，统归度支部主持，咨明外务部会商办理’。又‘称各部、各省如愿自向外国放债之人相商者，准商定办法，仍归度支部出名立约承借一节’。查整理国债，自系臣部专责，外债关乎交涉，自应咨明外务部，以昭妥慎。外债流弊，言之疚心，去年六月间，臣部有豫制之奏，用意实在于不使轻易募借。倘无论应否举债，准由各部、各省自为商办，是放任仍旧，而中央财政益滋其患。请嗣后各部、各省，必不得已募借外债，应先经臣部核准，会同外务部奏明，再由臣部出名订借，交各部、各省领用。各部、各省不得径向外国订借。二、复奏称‘在京各衙门款项，分别经收，随时报明度支部。若概令解交部库，再向部库请领，徒多周折’一节，查近日在京各衙门款项，自收自用，臣部无从过问。现当筹备宪政，财政统计，又为臣部专责，若仍令各衙门自为收支，则肥瘠不均，遑论制用。应请嗣后在京各衙门，将现在已筹及将来应筹之款分别情形，或由臣部直接经收，或由各衙门经收，统由部库收发，各衙门应销款项暂仍照常支拨，如实有不敷，再由臣部拨补，以资办公。三、复奏称‘各省官银号所出纸币，应由公家担其责成，自应由部稽核，所有赢利仍归该省支销，并不提拨’一节，查各省官银号发出纸币，滥恶过甚，湖北、江苏等省为数尤巨。近外人以事关商务，曾照会此等纸票是否国家担认，各省既向不咨报，无从知其底蕴，各疆臣既浚此利源，自当担此责任。应请饬下各省督抚，所有现开官银号，无论旧设新设，将开设年月及资本实数，现在发出纸币若干，豫备金若干，经理协理何人，限六个月逐一详细列表送部，以凭稽考。邮传部、交通银行亦一律办理。四、复奏称‘各省关涉财政事件，除非常变故外，遇变通成法，须先咨部筹商，并分别内销外销，咨部办理，俟清理款项后，酌留若干，以备特别之用’一节，查臣部此次奏定清理财政章程第十四条，内开自宣统二年起，逐年将京外各处送到豫算报告册详细核定，奏请施行。又第二十二条，内开遇有临时特别重要款项，未经列豫算册，或已列豫算册而收不足额，不敷所出，由该省督抚会商臣部奏明酌拨。是各省试办以后，凡款项皆入豫算，自不能仍有外销之名，豫算本可追加，自无妨酌留特别之款。应请饬下各督抚将该省出入款项，无论向为报部、向为外销，通盘调查，据实报部，不准丝毫隐饰。至各省关涉财政事宜，自非军务、灾赈迫不及待者，均应照臣等原奏所称，未经臣部核议，概不准行。五、复奏称‘藩司归部考核，所管财政每季造册报查’一节，查各省财政局系以藩司为总办，是藩司既为该省总管财政之官，即兼任清理财政之责。所管款项，按月由司报局，按季由局报部，藩司按月报告，固不至以缮造为劳，而臣部按季综核，亦不至以阅算为难，应即遵照章程办理。六、复奏称‘各省造报，另定册式，并展宽限期，加重处分’一节，查各省造送部告册应定限期，业经臣部分别奏定，并声明‘如有任意逾限者，该藩司或度支使由臣部据实奏参’等语，应即遵照章程办理。至豫算、决算报告各册与从前报销不同，自应另订册式。现拟逐一厘订，交清理财政局，遵式填送。至逾限处分如何加重之处，应会同吏部酌拟，另行具奏。其宣统二年以前报销期限处分，仍照旧例办理。以上六条，或为臣等原奏所未议及，或与臣等用意稍有不符，均逐款详陈，以期合于统一分明之义。”从之。折包　（《宣统政纪》卷5）

（宣统元年闰二月辛巳）湖广总督陈夔龙奏：“湖北司局州县入不敷出，拟援案酌加契捐，以资弥补。查湖北田房税契，向止征三分，嗣因赔款，加契捐三分。现拟再加收三分，以一分解储司库，为调查等局常年之用；以一分解储善后局，专供赔款不敷之用；以一分留给州县津贴公费之用。”下度支部议。折包　（《宣统政纪》卷9）

（宣统元年三月壬子）湖广总督陈夔龙等奏：“粤汉铁路为南北之枢纽，只以股款不充，未能大兴工作。查川汉铁路，川省集股章程有抽租之股，滇省铁路仿为粮捐，均经奏咨有案。湖南素重农务，因地制宜，惟有仿照川滇章程量为变通，令各租户同任路股，同分利息，综计合省租数约五千六百七十三万六千三百余石，每租五十石，输出一石，以为路股，每谷一石，折银圆一圆。其银圆不便之处，折收钱一千三百文，于完纳钱粮时，随正交收，发给铁路公司收条，由零星凑成整数，填换股票，每年可得银圆一百余万圆，名为租股，由州县汇解司库，转解铁路公司备用。不准于折收之外，复有补水解费等项名目，以杜流弊。俟五年后，察看路成股足，即行停止。”如所请行。折包 （《宣统政纪》卷11）

（宣统元年五月壬子）湖广总督陈夔龙奏：“查明湖北各署局未经报部各款，其隶于藩司者，曰清查三成、裁减役食二成、文职捐廉、科场经费、官役俸工、各属公费、抵补药厘、漕南赢余、督漕公费。其隶于江汉关道者，曰大油池捐、红茶补厘、堡工经费、一五经费、发商生息。其隶于盐法道者，曰杂款公费、淮盐商捐杂款、应城井盐新捐、厘金江工余剩款、善资捐款。其隶于善后局者，曰厘金申款、新关余存公用、洋油厘金、筹防捐、船捐、汉镇行户商捐、质当练兵杂款捐。以上外销各款，或凑拨练兵，或接济学堂，或津贴各署办公，或筹备地方善举，虽未报部有案，要皆实在应用之要需，请饬部一并立案。惟此项外销款目，有已历四五十年之久者，如需逐一造销，实属无从着手。恳准将光绪三十三年以前外销各款，免其分年开报，以省繁牍。”下度支部知之。（《宣统政纪》卷13）

（宣统元年五月庚午）东三省总督锡良等奏：“吉省田宅税契，光绪三十四年经照湘、鄂奏定税契章程，参订章程二十四条，试办半年，税收已旺，而民情亦相安。比较旧额，增逾数倍，办理似尚有成效。”下度支部知之。（《宣统政纪》卷14）

（宣统元年六月戊寅）农工商部奏：“湖南醴陵瓷业学堂业已渐著成效，所拟章程及豫算表均无不合，应即准予立案。其常年经费向由两江、湖广、四川、湖南四省协助，以三年为限，今既著有成效，应请饬四省仍照原允协款，接续递解，并请饬湖南巡抚慎选监督，以专责成。”从之。折包 （《宣统政纪》卷15）

（宣统元年六月丁亥）（湖广总督陈夔龙）又奏："鄂省厘金岁收统捐甚巨，向来局用一项多系就款融销。现值清理财政之时，已将各总分局之用悉心厘订，明定限制，总期无一文不报部之款，亦无一文不可稽之数，请准予实用实销。"报闻。折包 （《宣统政纪》卷15）

（宣统元年七月辛未）又谕："湖广总督陈夔龙电奏武汉劝业奖进会，请将本省、外省一切与赛商品概免税厘等语，着该衙门议奏。"电寄 （《宣统政纪》卷18）

（宣统元年十月戊戌）邮传部奏："湖北赈粜米捐备还粤汉铁路本息暨充铁路经费，请饬该省仍照原案支付。"得旨："着度支部妥议具奏。"（《宣统政纪》卷24）

（宣统二年二月）丙戌，护理湖广总督杨文鼎电奏："湖北米谷歉收，向资外省接济，请将鄂境统捐各局卡向收米谷捐税，一律暂免征收三个月。"得旨："着照所请，该衙门知道。"电寄 （《宣统政纪》卷31）

（宣统二年四月癸未）谕军机大臣等："瑞澂电奏'湖北奉派新案赔款原筹各款，已将尽归无着，现拟筹措抵补，并将签捐分年递减'等语。度支部知道。"电寄 （《宣统政纪》卷34）

（宣统二年五月甲寅）谕军机大臣等："电寄瑞澂，据电奏'请将湖北米谷捐税再行展限，免收两个月'等语，着照所请。"电寄 （《宣统政纪》卷36）

（宣统二年七月丁巳）湖南巡抚杨文鼎奏："湘省财殚亏巨，惟有援照直隶、湖北成案，试办公债票，但须指项的实，足以取信于人。各属矿务办理有年，而常宁县水口山之铅砂尤为地产大宗，一年约得银五六十万两，除用费外，可获余利三十万两。兹按照鄂省折半计算，募积公债一百二十万两，即以售砂利银作为偿还专款，本息分摊六年，足敷抵拨，每年提出售砂利银二十六万五千两，另款存储，以备按期照付本息抵款。所有递年加息及收付办法，酌照鄂省成规，归湖南官钱局经理。”下度支部议。（《宣统政纪》卷39）

（宣统二年七月丁卯）湖南巡抚杨文鼎奏：“……兹豫计宣统三年岁入经常、临时各款银七百六十六万一千余两，内除赈粜米捐归鄂、湘铁路分用，盐捐归湘铁路动用外，岁入银六百七十四万五千余两。岁出经常、临时地方行政经费九百二十三万二千七百余两，除交通费剔归鄂、湘铁路支用，实岁出八百三十一万七千余两……”（《宣统政纪》卷39）

（宣统二年八月庚子）陕西巡抚恩寿奏：“陕省试办宣统三年豫算，出入相抵，计不敷银一百万两。从前所以尚能勉强支持者，以尚有赈余一款及每年土厘可资贴补。现在赈余用罄，土厘无收，何能别筹巨款？计惟有将行政经费再加撙节……其旧拨之宜昌盐厘银二万两……均请一并缓解……”下部议。折包　（《宣统政纪》卷41）

（宣统二年十二月己亥）又谕：“电寄瑞澂，据电奏‘道员职衔汪为樑、江苏试用知县宝颐报效巨款，请均以道员选用’等语，既据该督声请鄂省灾重款绌，挪垫甚巨，着照所请。”（《宣统政纪》卷47）

（宣统三年二月丙戌）谕军机大臣等：“瑞澂电奏‘汉口商人刘人祥积欠华洋各款五百余万，必须力与维持，请用湖北官商名义合借洋利银五百万两，订立合同，分二十年筹还。所有刘有祥地皮及建筑物，作为全省公产，陆续变还借款’等语。着度支部妥议具奏。”电寄　（《宣统政纪》卷49）

（宣统三年三月辛酉）湖广总督瑞澂奏：“湖北各府厅州县署用经费饬由司道会同清理，财政局调查明确，兹经通盘筹画，酌盈剂虚，综计各项经费连同上年原定公费，十府共银九万一千二百两，六十九厅州县共银五十一万二千两。其司法各官所需经费，应俟审判厅一律成立，官俸章程颁布以后，再行核办。”下部知之。折包 （《宣统政纪》卷51）

（宣统三年四月己卯）又谕：“邮传部奏‘遵议给事中石长信奏铁路亟宜明定干路、枝路办法’一折，所筹办法尚属妥协。中国幅员广阔，边疆辽远，袤延数万里，程途动需数阅月之久。朝廷每念边防，辄劳宵旰，欲资控御，惟有速造铁路之一策。况宪政之咨谋，军务之征调，土产之运输，胥赖交通便利，大局始有转机。熟筹再四，国家必得有纵横四境诸大干路，方足以资行政而握中央之枢纽。从前规画未善，并无一定办法，以致全国路政错乱纷歧，不分枝干，不量民力，一纸呈请，辄行批准商办。乃数年以来，粤则收股及半，造路无多；川则倒帐甚巨，参追无着；湘、鄂则开局多年，徒资坐耗，竭万民之膏脂，或以虚糜，或以侵蚀，恐旷时愈久，民累愈深，上下交受其害，贻误何堪设想？用特明白晓谕，昭示天下，干路均归国有，定为政策。所有宣统三年以前各省分设公司集股商办之干路，延误已久，应即由国家收回，赶紧兴筑。除枝路仍准商民量力酌行外，其从前批准干路各案一律取销。至应如何收回之详细办法，着度支部、邮传部懔遵此旨，悉心筹画，迅速请旨办理。该管大臣毋得依违瞻顾，一误再误。如有不顾大局，故意扰乱路政，煽惑抵抗，即照违制论。将此通谕知之。”现月 （《宣统政纪》卷52）

（宣统三年四月乙未）湖广总督瑞澂奏：“裁撤土药统税部局，拟即责成通省州县会同地方绅董，先将本省囤土之户清查一次。凡未经报税者，均令按照部定税则，克日措缴，一律将土寄储公栈或殷实行店，不准再行在家囤积。其贩土外销者，先将商名及运销处所及土药件数斤重，报由起运，地方填发执照始准入境，不论为专运鄂省及由鄂经过运往他省之土。但入鄂境，由首境验明按则完税，发贴藩司印花，以杜影射洒卖之弊。至运赴他省之土，仍由收税处另给两联凭单，由出境关局验放，截取一联送原处查核。庶于征禁两途，均有裨益。”下所司知之。折包（《宣统政纪》卷53）

（宣统三年六月戊寅）湖广总督瑞澂奏：“中国会计年度，应以七月朔日为始。”下度支部核议具奏。（《宣统政纪》卷55）

（宣统三年六月壬辰）护理四川总督王人文代奏：“四川绅民罗纶等二千四百余人呈称‘叠读收路国有谕旨，并盛、端两大臣会同度支部酌定办法，不敢从命’。查盛、端两大臣电称‘川股由部筹还，必借洋债，必照湖北以川省、部有之财政作抵’等语，是意在挟持川人，不还股款可知。又度支部会议细则谓公司股票，如愿领保息股票，除倒帐准不扣折等语，是倒款固永不归还，路本亦必扣折又可知。又度支部会奏谓‘湘、粤商股一律照本发还，川路用款准给保路股票，其存款或令入股，或归本省举办实业’等语，是川路虽有商股，不得如湘、鄂商股，照本发还又可知。部臣对待川民种种均以威力从事，毫不持平，敢同声吁于我皇上之前，惟裁察焉。”得旨：“铁路国有政策，早经宣示。借款合同系有旨谕令签押，决无反汗之理。该护督一再渎奏，殊为不合，着仍懔遵叠次谕旨办理。倘或别滋事端，定惟该护督是问。”（《宣统政纪》卷56）

（宣统三年八月壬寅）邮传部奏：“川粤汉铁路收归国有，款巨工长，必资借款。此次所订四国银行合同，系照张之洞原定之数，皆在湘、鄂境内，而草合同内已允之荆宜枝路，特令删除，留归鄂省商办，腾出此款，以抵鄂境干路。宜昌至夔州一段，极难工筑，川、粤两省并未借款，初经会议，因恐商办各省不愿退股，则拒款尤力，故必先尽其附股，而缓借外债。今湘、鄂虽附股，皆出自愿。张鸣岐来电，粤商似皆愿领现银，并谓不宜即指粤路以借外债，致滋口实。川公司总理李稷勋前次来京面商，欲求全领国家股票，保守桑梓血本，而屡次电商川督，究应如何办法。复电初则专指合同为不然，继则无暇计及路事，其不能即指川路借款，更无待言。此次奉谕旨交议，沈秉堃、岑春煊先后所请全还现银。四川一省如此，粤、湘、鄂三省亦必连类而及。现在会筹，总以符合历次之谕旨为宗旨，仍当附股发银，二者兼筹，各听其便，但必须豫备全数发银一着，以免为难。且此次还款，拟请以各该公司所收之股分为应还实数，不再问其支款，则其所有亏耗倒帐，实已一概认还。惟其股分之外，粤省尚有列收存息、路余、溢水各杂款银二百三十七万余两，张鸣岐来电，已允剔除以抵亏耗，其实股本以外，本无再有认还之款。川省王人文来电，亦有列收生息及杂收银三百三十余万两，皆在股本之外，似与粤省无异。论理既已照数全还股本，则此外各该公司列收列支，皆不应问……”得旨：“着该部议奏。”（《宣统政纪》卷60）

（宣统三年八月戊午）又谕：“宝棻电奏‘湖北官钱局钞票流行豫省，昨得武昌警报，商民纷纷取现，司库存款军用甚急，万无余力兼顾。请饬度支部、邮传部暂令大清交通各分银行，将现在豫省行用湖北官钱局各钞票，设法担任兑汇’等语。着度支部、邮传部分别酌核办理，以维市面而安人心。”（《宣统政纪》卷61）

（宣统三年八月庚申）又谕：“电寄朱家宝，据电奏‘湖北有变，皖实首当其冲，水陆各军不敷分布，拟请添募防勇五营，填扎各属。惟添兵设防，需款甚巨，拟请将本年未解京饷等项及未解、代解赔款一并截留。但各款现尚虚悬，目下待用孔亟，请先由部拨现银五十万两，由上海大清银行迅汇来皖’等语，着准其添募五营，所请截留京饷赔款等项，着度支部迅速议奏。至添拨兵轮驻泊九江，并请将原驻安庆、大通、芜湖各兵轮暂归调遣各节，着海军部知道。”寻奏：“截留京饷洋款及部拨现银各节，均难照准。拟于江南息借洋款项下，酌量分拨济用。”从之。（《宣统政纪》卷61）

（宣统三年九月丁卯）又谕："电寄张人骏，据电奏'前经奏准，借轻息长期洋债五百万两，除还重息短期债项三百五十万两外，加以清付利息，挪支军储赈粜，所余无几。鄂事剿抚以及江防招勇购械，开办制造赶拨鄂省军械，在在需款，均应豫筹的款，为之应付，拟请向洋行加借二百万两，即以已还腾出之官产为之抵押'等语，着照所请，该部知道。"（《宣统政纪》卷62）

（宣统三年九月戊辰）又谕："电寄孙宝琦，据电奏'京外财政，因鄂乱牵动，请旨通谕人民，照常通用纸币，再由各省出示晓谕，钦遵'等语，着度支部迅速会商各省督抚酌核办理。"（《宣统政纪》卷62）

（宣统三年九月庚午）又谕："张人骏电奏'宁省息借洋款，各国洋商因鄂事未定，意存观望，惟有由中央筹借，分拨济用，以应急需。请饬下外务部、度支部迅速协商，急向各国银行息借，各省认用认还，并声明江宁先后借款共七百万两，统由国家担保'等语，着外务部、度支部速议具奏。"（《宣统政纪》卷62）

（宣统三年九月乙亥）又谕："电寄长庚，据电奏，甘省地瘠民贫，财力奇绌，现值川、鄂不靖，陕西又遭兵变，筹防宜急，筹款维艰……"（《宣统政纪》卷63）

（宣统三年九月辛巳）又谕："电寄溥良，据电奏'张家口近因鄂、晋事起，金融机关异常窘迫，请饬部拨银圆二十万圆，发交大清分银行，散拨殷实商户'等语，现在库款奇绌，万难筹拨。着该都统督饬商会就地设法筹画，竭力维持，以安市面而定人心。"（《宣统政纪》卷63）

（宣统三年十月癸亥）谕内阁："电寄会办江防江南提督张勋，电奏悉，现在部库如洗，河南筹办防剿兼顾鄂省，同一拮据，着该提督就现在部拨之六万两，撙节动用，一俟筹有的款，即由度支部迅速加拨。”（《宣统政纪》卷 66）

4. 灾害蠲赈

（顺治四年五月庚戌）免湖广兴国州，江夏、武昌、崇阳、通城、大冶、通山、蒲圻、咸宁、嘉鱼等县三年分旱灾额赋。（《清世祖实录》卷 32）

（顺治七年九月）丙子，免湖广蕲州、麻城、罗田、蕲水、黄梅、广济、黄冈等县五、六二年分荒地额赋。（《清世祖实录》卷 50）

（顺治九年八月丁卯）户部左侍郎王永吉奏言：“臣见直隶、河南、山东、山西皆报大水，江南、江北、湖广、浙江皆称大旱，各镇战守官兵，日索本折粮饷，势处两难，事须兼顾。臣谓来年兵马之饷，当预筹于今岁，而饥民冬春之苦，宜急救于秋前。伏望皇上远虑深思，克谨天戒，停罢游观，减彻音乐，董戒臣工，实图修省，召见满汉内院、九卿、科道诸臣，各抒所见，如何清核兵丁，如何充足粮饷，安民以何事为先，救荒以何事为急，众议佥同，恭请圣断，立见施行。”得旨：“此奏甚是。王永吉必有良策，着详明具奏。核饷、清军原系一事，救荒、靖寇作何两便？着户、兵二部会同确议速奏，诸臣有真见者，亦许直陈方略，不得泛论往弊。”（《清世祖实录》卷 67）

（顺治十年五月甲戌）免湖广沔阳州，潜江、天门县八年分水灾额赋。（《清世祖实录》卷 75）

（顺治十年五月乙酉）免湖广武昌、汉阳、黄州、安陆、德安、荆州、岳州等府九年分旱灾额赋。（《清世祖实录》卷 75）

（顺治十一年三月）戊戌，免湖广襄阳、黄州、常德、岳州、永州、荆州、德安七府属州县及辰、常、襄三卫……十年分水旱灾伤额赋。（《清世祖实录》卷82）

（顺治十一年四月）乙酉，免湖广保康、竹山、竹溪、房县十年分寇荒额赋。（《清世祖实录》卷83）

（顺治十一年六月丁丑）湖广安陆、荆州府属钟祥、京山、天门、潜江、荆门、江陵等州县大水。（《清世祖实录》卷84）

（顺治十一年十二月戊辰）免湖广钟祥、京山、天门、潜江、荆门、江陵等州县本年分水灾额赋。（《清世祖实录》卷87）

（顺治十二年三月壬寅）免湖广郧阳、襄阳府属州县卫所十一年分寇灾额赋。（《清世祖实录》卷90）

（顺治十二年十一月戊子）免湖广郧阳、襄阳府属州县逃亡租赋……（《清世祖实录》卷95）

（顺治十三年二月戊午）免湖广荆州、安陆、常德、武昌、黄州等府属州县十二年分水灾额赋。（《清世祖实录》卷98）

（顺治十三年三月）癸未，免湖广天门、松滋、安化、黄梅、广济、汉川、枣阳、宁远、武昌九县十二年分旱灾额赋。（《清世祖实录》卷99）

（顺治十三年五月己亥）免湖广荆门、彝陵、均三州，京山、枝江、远安、襄阳、宜城、光化、谷城、南漳等县，襄阳卫十二年分逃亡灾伤

额赋。（《清世祖实录》卷101）

（顺治十四年二月癸卯）免湖广沔阳州、益阳县十三年分水灾额赋。（《清世祖实录》卷107）

（顺治十五年三月壬子）免湖广郧阳、襄阳二府属寇灾荒地额赋。（《清世祖实录》卷115）

（顺治十五年四月癸未）免湖广江夏、江陵、石首、益阳、安乡、华容、攸县等十三年分水灾额赋。（《清世祖实录》卷116）

（顺治十五年六月）戊子，湖广巡抚张长庚疏报："荆门、沔阳、当阳、钟祥、潜江、天门、监利、枝江、衡阳、远安、襄阳等州县，大水伤禾。"下所司知之。（《清世祖实录》卷118）

（顺治十五年十月丁卯）湖广总督李荫祖奏报："汉、天、潜、沔一带，水势骤涨，田屋尽随波逝，穷黎无告，哀号万状。至采取茭秕为食，臣探取亲尝，万难下咽，虽钱粮自可邀蠲，但目前存活莫保，后日流亡不免。除臣率属修省外，伏冀皇上身居九重，念切四海，刑罚或有不中，思所以省之；财用或有未舒，思所以节之；前后左右或有比昵，思所以远之；游逸宴乐或有慆淫，思所以禁之。罢不急之兴作，黜无益之崇奉，行将上回天心，下苏民命，丰年立可召致矣。谨将灾民采食茭秕，进呈御览。"得旨："据奏汉、天、潜、沔一带水灾异常，穷民无食无居，难以聊生。采取茭秕，艰苦不堪，深轸朕怀。着该督、抚、按督同各地方官速图多方拯恤，务令得所。"（《清世祖实录》卷121）

（顺治十五年十一月）乙未，免湖广郧阳、襄阳二府属本年分荒田额赋。（《清世祖实录》卷121）

（顺治十六年二月）辛未，免湖广荆门、沔阳二州，潜江、监利、天门、江陵、松滋、远安、钟祥、枝江等县，沔阳、安陆二卫十五年分水灾额赋。（《清世祖实录》卷123）

（顺治十六年三月丁巳）免湖广襄阳、光化、宜城、谷城、枣阳、南漳等县十五年分水灾额赋。（《清世祖实录》卷124）

（顺治十六年闰三月甲申）免湖广钟祥县十五年分水灾额赋。（《清世祖实录》卷125）

（顺治十七年六月戊子）免湖广澧州、巴陵、平江、临湘、华容、安乡、通城等县，岳州卫旱灾，石首、天门、汉川、江陵、监利等县，荆州卫、沔阳卫水灾十六年分额赋有差。（《清世祖实录》卷136）

（顺治十七年七月己巳）免湖广荆门、沔阳、茶陵等州，祁阳、常宁、衡阳、潜江、长沙、宁远、湘阴、益阳、安仁、新田等县，衡州、镇远、永州等卫十六年分水旱灾伤额赋有差。（《清世祖实录》卷138）

（顺治十七年七月庚午）免湖广均州、房山、保康、竹山、竹溪、郧、南漳、谷城等县及郧阳卫十六年分兵荒额赋。（《清世祖实录》卷138）

（顺治十七年八月庚寅）免湖广武冈州十六年分旱灾额赋。（《清世祖实录》卷139）

（顺治十八年正月）壬申，免湖广蕲州、广济县顺治十七年分蝗灾额赋有差。（《清圣祖实录》卷1）

（顺治十八年十二月庚申）免湖广沔阳州本年分水灾额赋。（《清圣祖实录》卷5）

（康熙元年二月）丁巳，免湖广黄梅、广济二县及沔阳一卫顺治十八年分水灾额赋十之三。（《清圣祖实录》卷6）

（康熙二年二月）壬戌，免湖广荆门州钟祥、汉川二县康熙元年分水灾额赋有差。（《清圣祖实录》卷8）

（康熙二年五月）壬辰，免湖广兴国、黄梅等七州县，沔阳一卫康熙元年分旱灾额赋有差。（《清圣祖实录》卷9）

（康熙三年二月辛亥）免湖广嘉鱼等十四州县卫康熙二年分水灾额赋有差。（《清圣祖实录》卷11）

（康熙三年二月己未）免湖广沔阳州、临湘县康熙二年分旱灾额赋有差。（《清圣祖实录》卷11）

（康熙三年三月辛未）免湖广黄冈等十三县卫康熙二年分水灾额赋有差。（《清圣祖实录》卷11）

（康熙三年四月）丙申，免湖广兴国州，安陆、应城二县，德安所康熙二年分水灾额赋有差。（《清圣祖实录》卷11）

（康熙三年五月）丁丑，免湖广石首县康熙二年分水灾额赋十之三。（《清圣祖实录》卷12）

（康熙三年十一月）庚戌，免湖广沔阳等十一州县本年分水灾额赋有

差。（《清圣祖实录》卷 13）

（康熙四年三月）乙卯，免湖广石首、黄梅、广济三县康熙三年分蝗灾额赋有差。（《清圣祖实录》卷 14）

（康熙四年十月己巳）顾如华又疏言："近见楚省屡报水灾，以地称泽国，向恃长堤，以资捍御。今荆襄一带堤防溃决，虽朝廷沛蠲恤之仁，而生灵终遭沉溺之害。请严饬督抚责成有司，查边近江、汉旧堤，及时修筑。并入考成例，定其官箴，怠缓草率者依律治罪，亦备荒之急务也。"得旨："修筑堤防，上官不亲身验看，率委微员，任其怠忽，以致溃决，下部确议。"（《清圣祖实录》卷 17）

（康熙五年二月）癸丑，免河南虞城等三县，湖广沔阳、潜江等六州县，及沔阳一卫康熙四年分水灾额赋有差。（《清圣祖实录》卷 18）

（康熙五年二月乙亥）免湖广蕲州等八州县卫康熙四年分水灾额赋有差。（《清圣祖实录》卷 18）

（康熙五年十一月）丙戌，免浙江宁海等五县、湖广江夏等十二县卫本年分水灾额赋有差。（《清圣祖实录》卷 20）

（康熙六年二月）辛酉，免湖广沔阳、黄冈等十二州县卫所康熙五年分旱灾额赋。（《清圣祖实录》卷 21）

（康熙六年十二月）甲申，免湖广通城等七州县，陕西平凉、兰州等十二州县卫所本年分旱灾额赋有差。（《清圣祖实录》卷 24）

（康熙七年九月丁酉）免湖广黄冈等十三县本年分旱灾额赋有差。

（《清圣祖实录》卷 27）

（康熙七年十一月）庚戌，免湖广潜江等七州县卫本年分水灾额赋有差。（《清圣祖实录》卷 27）

（康熙七年十一月丙辰）免江南亳州等十二州县卫所、湖广汉阳等五州县卫本年分水灾额赋有差。（《清圣祖实录》卷 27）

（康熙八年十一月庚寅）免湖广黄梅县本年分旱灾额赋十之三。（《清圣祖实录》卷 31）

（康熙九年五月）壬午，湖广巡抚林天擎疏报竹山县火灾。得旨："竹山县新辟残邑，复罹火灾，兵民栖止无所，深轸朕怀。其速行赈济，务令均沾实惠。"（《清圣祖实录》卷 33）

（康熙九年八月甲辰）免湖广汉阳等六县并沔阳卫本年分旱灾额赋有差。（《清圣祖实录》卷 33）

（康熙十年十月壬午）免湖广蕲州、江夏等十七州县，又偏沅、平江等十三县卫本年分旱灾额赋有差。（《清圣祖实录》卷 37）

（康熙十年十二月乙未）免湖广荆门、武昌等三十三州县卫所本年分旱灾额赋有差。（《清圣祖实录》卷 37）

（康熙十一年十一月丁丑）免湖广嘉鱼等十四县本年分水灾额赋有差。（《清圣祖实录》卷 40）

（康熙十一年十一月丁亥）免湖广监利县本年分水灾额赋有差。（《清

圣祖实录》卷40）

（康熙十一年十二月丙午）免湖广江夏等八县卫本年分水灾额赋有差。（《清圣祖实录》卷40）

（康熙十二年十一月）甲戌，发湖广郧阳等府县仓谷赈江陵等十三州县饥民。（《清圣祖实录》卷44）

（康熙十四年二月）壬子，免湖广武昌等七府康熙十三年分旱灾额赋有差，并命动支节年存贮谷米、银钱赈济。（《清圣祖实录》卷53）

（康熙十四年十一月丙申）免湖广沔阳、黄梅等四州县本年分水灾额赋十之三。（《清圣祖实录》卷58）

（康熙十四年十一月）癸丑，免湖广通城、潜江二县本年分旱灾额赋有差。（《清圣祖实录》卷58）

（康熙十六年正月）丁酉，免江南睢宁县，湖广襄阳、宜城、谷城三县康熙十五年分水灾额赋有差。（《清圣祖实录》卷65）

康熙十六年丁巳三月丁丑朔，免湖广江夏等十州县卫康熙十五年分水灾额赋有差。（《清圣祖实录》卷66）

（康熙十七年十二月丙戌）免湖广兴国等八州县本年分水灾额赋有差。（《清圣祖实录》卷78）

（康熙十八年十二月辛未）免湖广江夏等四十七州县，武昌等十卫本年分旱灾额赋有差。（《清圣祖实录》卷87）

（康熙十九年二月）甲戌，以湖广武昌等府兵兴后频遭水旱，命该抚动支积谷一万一千余石，速行赈济。（《清圣祖实录》卷88）

（康熙二十年十一月辛未）免湖广江陵、监利二县本年分水灾额赋十之三。（《清圣祖实录》卷98）

（康熙二十一年四月辛卯）免湖广沔阳、潜江等三州县，沔阳、荆州等四卫康熙二十年分水灾额赋十之三。（《清圣祖实录》卷102）

（康熙二十一年九月己未）免湖广黄梅、广济、蕲州三州县本年分水灾额赋十之三。（《清圣祖实录》卷104）

（康熙二十一年十二月己卯）免湖广江陵、沔阳等八州县及沔阳、荆州卫本年分水灾额赋十之三。（《清圣祖实录》卷106）

（康熙二十三年九月）丁丑，免湖广江夏等三县及沔阳卫本年分水灾额赋有差。（《清圣祖实录》卷116）

（康熙二十四年五月）壬午，免湖广沔阳州本年分水灾额赋有差。（《清圣祖实录》卷121）

（康熙二十四年五月丁亥）免湖广黄冈等十一州县康熙二十三年分旱灾额赋有差。（《清圣祖实录》卷121）

（康熙二十五年八月庚辰）免湖广兴国、通山二州县，浙江西安等九县本年分水灾额赋有差。（《清圣祖实录》卷127）

（康熙二十七年十一月）壬辰，免湖广崇阳等七州县本年分旱灾额赋有差。（《清圣祖实录》卷137）

（康熙二十八年八月）丁亥，免湖广钟祥等六州县及沔阳卫本年分旱灾额赋有差。（《清圣祖实录》卷141）

（康熙二十八年九月庚子）湖广巡抚杨素蕴疏言："湖北各属亢旱异常，请将湖北本年分应征漕粮分年带征，使百姓得一意办纳南粮，以给兵饷。"得旨："近因直属地方亢旱，朕心深切焦劳，已经遣官详察。今据奏'湖北地方亢旱，小民饥馑'等语，朕心益廑忧虑。着差户部贤能司官速往，会同该督抚详察以闻。"寻户部议："将本年应征正耗漕粮、漕项钱粮准康熙二十九、三十两年带征。"从之。（《清圣祖实录》卷142）

（康熙二十八年十一月甲寅）谕户部："朕念小民衣食，惟田亩是赖，必年谷顺成，斯生计无乏。若遭罹荒歉，饘粥尚且艰难，正赋安能输办？今年湖北亢旱为灾，已遣官会同该督察勘。今据将武昌等府所属二十九州县、八卫所灾伤分数勘明具奏，朕心深用轸念，倘不亟加蠲恤，恐致流移失所。武昌等四府今年钱粮前已全蠲，其被灾二十州县、四卫所，康熙二十九年上半年地丁钱粮着与蠲免。荆州、安陆二府所属被灾九州县、四卫所，本年地丁钱粮除已征在官外，其未经征收及二十九年上半年钱粮，亦尽行蠲免。尔部速行该督抚通行晓谕，务使均沾实惠，以副朕拯济穷黎至意。如民人或致流散，不肖官役，朦混侵蚀及仍行私征者，将该督抚一并严加处分。尔部即遵谕行。"（《清圣祖实录》卷143）

（康熙三十一年二月）甲申，谕户部："朕勤求治理，念切民依，凡有往来人等，必以年岁之丰歉、雨泽之有无一切间阎情形，备悉咨访。前闻陕西西安、凤翔各属饥荒，已经特颁谕旨蠲免钱粮，并发帑金专遣大臣赈济。仍拨给别省钱粮，刻期运送，务使均沾实惠，人获更生。近又闻颁赈之前尚有贫民散入四方，流离失业，势不能复还乡井。倘不曲加抚绥，必致转于沟壑，深为可悯。凡流民所至地方，应令该省督抚董率有司区画赈济，令各得所。其赈济过人口数目，着具册题报，有能酌量资给俾回原籍者，一并造册具奏。至于湖广襄阳等处，距潼关相近，且道路平坦，易于转输。襄阳等处所有积贮仓谷，应令该督抚运至潼关，陕西督抚接受转运，庶于散给兵饷、赈济饥民，均有裨益。应作何挽运，尔部作速详议以闻。”（《清圣祖实录》卷154）

（康熙三十二年九月丙辰）免湖广蕲州、黄冈等五州县，黄、蕲二卫本年分旱灾额赋有差。（《清圣祖实录》卷160）

（康熙三十二年十二月）丁丑，免湖广兴国、江夏等四州县本年分旱灾额赋有差。（《清圣祖实录》卷161）

（康熙三十五年十一月己未）免湖广潜江等九州县卫本年分水灾额赋有差，并发谷赈济饥民。（《清圣祖实录》卷178）

（康熙三十七年十二月癸丑）免湖广钟祥等七州县本年分旱灾额赋有差。（《清圣祖实录》卷191）

（康熙三十八年十月己丑）免湖广沔阳州本年分水灾额赋有差。（《清圣祖实录》卷195）

（康熙四十一年十一月）己巳，免湖广沔阳州卫本年分水灾额赋十之三。（《清圣祖实录》卷210）

（康熙四十二年八月）壬寅，免湖广沔阳州、潜江县及沔阳卫本年分水灾额赋有差。（《清圣祖实录》卷213）

（康熙四十二年九月丙寅）免湖广江陵县本年分水灾额赋有差。（《清圣祖实录》卷213）

（康熙四十二年十一月）戊午，谕四川陕西总督觉罗华显、陕西巡抚鄂海、甘肃巡抚齐世武等："朕抚有区夏，思臻上理，期于举世乂安，宵旰勤劳，未尝少释。而秦省为天下要地，时廑朕怀。曩者连岁荒旱，所司未经奏报，朕访闻得实，即多方筹画，运米拯救。一由襄阳运至商州……"（《清圣祖实录》卷214）

（康熙四十二年十二月戊寅）免湖广监利县本年分水灾额赋十之三。（《清圣祖实录》卷214）

（康熙四十四年正月癸亥）免湖广京山县康熙四十三年分水灾额赋十之三。（《清圣祖实录》卷219）

（康熙四十四年九月庚辰）免湖广沔阳、江夏等九州县，武昌等五卫本年分水灾额赋有差。（《清圣祖实录》卷222）

（康熙四十六年七月戊寅）又谕曰："……至江西、湖广两省雨水、米谷何如，亦着问明具奏。若江西、湖广两省雨水调和、米谷丰收，尚无妨碍。倘雨水不调，关系甚大，不可不预筹画也。"（《清圣祖实录》卷230）

（康熙四十七年九月己丑）免湖北江夏等十三州县卫，湖南巴陵等三县本年分水灾额赋有差。（《清圣祖实录》卷234）

（康熙四十八年二月丙辰）免湖广蕲州、郧西等五州县康熙四十七年

分旱灾额赋有差。(《清圣祖实录》卷236)

(康熙四十八年八月甲子)免湖广汉阳、荆门等十五州县卫本年分水灾额赋有差。(《清圣祖实录》卷238)

(康熙四十八年十一月庚午)赈济湖广汉阳等十五州县卫水灾饥民。(《清圣祖实录》卷240)

(康熙五十三年十二月癸未)免湖广嘉鱼等八州县及武昌等二卫本年分旱灾额赋有差。(《清圣祖实录》卷260)

(康熙五十三年十二月辛巳)免湖广沔阳州、潜江县及沔阳卫本年分水灾额赋有差。(《清圣祖实录》卷261)

(康熙五十五年九月壬戌)免湖广江夏等八县、武昌等六卫本年分水灾额赋有差。(《清圣祖实录》卷269)

(康熙五十五年八月丙申)免湖广巴陵等三县、岳州一卫本年分水灾额赋有差。(《清圣祖实录》卷269)

(康熙五十五年九月丙子)免湖广黄陂等四县、荆左一卫本年分水灾额赋有差。(《清圣祖实录》卷269)

(康熙五十七年十一月)癸巳,免湖广钟祥等十二州县、武昌等七卫本年分旱灾额赋有差。(《清圣祖实录》卷282)

(康熙五十九年九月)戊申,谕大学士等:“朕临御以来,凡事惟以实心行实政,务俾群黎均沾实惠,从未讳言灾伤,崇尚虚文。今岁江南、

浙江、湖广等省大稔，豫省微觉歉收，朕已颁谕旨，将漕粮停止起运，令于彼处收贮……”（《清圣祖实录》卷289）

（康熙六十年二月戊戌）免湖广沔阳、汉川等四州县，武昌等四卫康熙五十九年分水灾额赋有差。（《清圣祖实录》卷291）

（雍正元年二月辛酉）免湖广荆门、钟祥等四州县卫康熙六十一年分旱灾额赋有差。（《清世宗实录》卷4）

（雍正二年十一月己未）免湖北沔阳、江陵等四州县，荆州等三卫本年分水灾额赋有差。（《清世宗实录》卷26）

（雍正四年二月戊寅）免湖广沔阳州、沔阳卫雍正三年分水灾额赋有差。（《清世宗实录》卷41）

（雍正四年十月戊辰）署湖广总督福敏折奏：“湖广沔阳、潜江等十州县被水饥民逃荒载道。查此十州县皆系水乡，米商易通，目下止需谷六万石，即已足赈济之用。楚省各衙门现有赢余银两，原充公用，请动二万四千两买谷备用。但一时采买，恐谷价反致腾贵，应暂借常平仓谷六万石发赈，即将此项银两陆续买补，庶于积储无损，而民生有益。”奉上谕：“买谷散赈，筹画甚为允当，实属可嘉。朕救荒心切，岂惜仓谷？但如此一转移间，赈务既济，积储仍不亏缺，可谓一举而两得也。”（《清世宗实录》卷49）

（雍正四年十月丁丑）免湖北沔阳、江夏等十一州县，武昌、武左等六卫本年分水灾额赋有差。（《清世宗实录》卷49）

（雍正四年八月辛未）赈湖广武昌等四县、武左等三卫水灾饥民。

（《清世宗实录》卷 47）

（雍正四年十一月己亥）广东巡抚杨文乾疏报："归善、博罗等十一县滨海被水，秋收歉薄，请加赈恤。"……寻议："除先拨广西桂、梧等六府存仓捐谷三十万石运至广东收贮备赈外，应请将常平仓捐监事例改为运谷，令邻省江西、湖广、广西愿捐人等买籴谷石，运送广东，照例折半交纳……"从之。（《清世宗实录》卷 50）

（雍正四年十二月辛酉）署湖广总督福敏折奏："江夏、沔阳等州县被水歉收，遵旨煮赈。但雨雪连绵，老幼颇难赴厂食粥，即丁壮就食，亦觉路远。南方地暖，腊月可以佣工种麦，每日往返，有妨生业。臣遵煮赈之法，少为变通，行令各州县，确查人口数目，老弱丁壮一体给米。俟来春赈毕，造册报部。"奉上谕："变通救济，总期灾黎得沾实惠，以慰朕饥溺之怀。"（《清世宗实录》卷 51）

（雍正五年闰三月乙丑）缓征湖广江夏、沔阳等十七州县卫雍正四年分及本年额赋。（《清世宗实录》卷 55）

（雍正五年七月乙卯）谕户部："湖北地方今年四五月间雨水稍多，江流泛涨，沿江之地罹于水患。如武昌府属之咸宁、蒲圻、嘉鱼三县，武昌、武左二卫，汉阳府属之汉阳、汉川二县，荆州府属之江陵、荆州卫，黄州府属之黄陂、黄梅二县，田亩被淹，米价渐昂，朕心深为轸念，着该地方官加意抚恤。朕又思此县卫数处既经被水，仍令其输纳钱粮，民间未免竭蹙。着将今岁钱粮全行蠲免，倘有已经完纳者，准作雍正六年应完之项。再各省藩库俱有酌留银两备用，因湖北并无存剩银两，是以未曾酌留。今既有蠲免之州县，恐俸饷公用等项一时或有不敷。查湖南藩库有存贮银三十万两，着将银十万两就近拨解湖北布政司，再将两淮盐课拨动二十万两，以十万两解送湖南补项，以十万两解送湖北备用。

又闻湖南近江州县亦有数处被水，着总督、巡抚确实查明，亦照湖北咸宁、蒲圻等县卫之例，将今岁钱粮蠲免。”（《清世宗实录》卷59）

（雍正五年七月）戊辰……得旨：“朕前令该督抚行查湖南被水之地，今据布兰泰奏报，十一州县卫被水，甚为可悯，着照湖北被水之地一体加恩。虽据布兰泰奏称，已经动用银两，委员赈恤，朕恐所发之银或未敷用，着再动用司库帑银二万两，作速确查散给，务使穷民均沾实惠。如王国栋已经到任，即交与王国栋料理。至湖南、湖北近江滨湖之地，虽地势低洼，易至泛溢，然居民常被水患，朕心甚为悯恻。或有堤岸未修，或有疏浚不力，俟迈柱到任后，会同湖北、湖南巡抚悉心商酌，将如何兴修防护之处，详悉定议……”（《清世宗实录》卷59）

（雍正五年八月）辛亥，谕湖广督抚等：“湖广近江滨湖之州县，如咸宁、蒲圻数处，今岁被水，特颁谕旨，将今岁钱粮全行蠲免。沔阳、潜江、监利一州二县及卫所屯田皆属低洼之地，与咸宁等处相同，照例将今岁钱粮全免。其有已经完纳者，准抵算明年额赋。朕因轸念楚省穷民，已发帑银二万两，令该督抚加意赈恤。此银倘有不敷，湖北现有买谷备用之银六万两，即将此项银两动支，于应用之州县分给赈恤，务令均沾实惠。”（《清世宗实录》卷60）

（雍正五年十一月丁卯）免湖北蕲州、黄冈等四州县，黄州、蕲州二卫本年分水灾额赋有差。（《清世宗实录》卷63）

（雍正五年十一月庚辰）免湖北公安、石首二县，荆左、荆右二卫本年分水灾额赋有差。（《清世宗实录》卷63）

（乾隆元年五月壬寅）谕各省督抚：“据右通政李世倬奏称‘社仓一法，固以济民间之缺乏，而救荒之法，即于是而可通。臣在湖北布政使之任，查社仓之春借秋还，立有社长，主其出入。盖一乡一堡之中，其人之贫富，业之有无，皆社长所深知。诚使为有司者，于春借之时，社长具报之日，即备询其家业名口，而自注之于册。或虑家业之消长不时，人口之添退无定，则再于秋还之候，社长具报之日，复询其故而改注之。此不过有司一举笔之劳，不必假手胥吏。一旦遇有水旱赈济之事，举前所自注之册，计其男妇大小名口共有若干，按多寡之数而赈给之，视贫富之等而酌量之，自无舛错、遗漏、浮冒之弊。臣愚欲请定例颁行，第恐有司未能留心于平日，一朝奉命，势必责令社长另造户口册籍，责令百姓开报花名，彼此相传，惊疑易起。请饬督抚转饬有司，于社长册报之时，专心查记，善为奉行，则不动声色，不事烦扰’等语。所奏似属有理，但必有司善于奉行，方为有益，否则纷扰闾阎，未见其益，先受其累矣。着传谕各该督抚，酌量地方情形，密饬有司留心酌办。倘该地方有难行处，亦不必勉强。”（《清高宗实录》卷 18）

（乾隆元年七月戊午）赈湖北汉川、江陵二县，荆州等三卫水灾饥民。（《清高宗实录》卷 23）

（乾隆元年八月）庚寅，赈贷湖北潜江、荆门等五州县，沔阳、荆州等四卫水灾饥民。（《清高宗实录》卷 25）

（乾隆元年十一月丁酉）赈恤安徽霍邱等三县卫，湖北汉川等十三州县卫被灾军民，缓征额赋。（《清高宗实录》卷 30）

（乾隆元年十二月）辛酉，户部议复：“湖北巡抚钟保疏言‘汉阳县滨江被水冲坍屯地五顷六十二亩有奇应纳更名租饷，又下税地七十三亩有奇应纳民赋条饷，共摊丁银十九两有奇，请予豁除’。应如所请。”从之。（《清高宗实录》卷 32）

（乾隆元年十二月壬戌）截留湖北潜江等五州县额漕，赈汉川等十一州县卫水灾军民。（《清高宗实录》卷32）

（乾隆二年四月甲申）免湖北汉川、江陵二县及武左、荆州、荆左三卫水灾乾隆元年分额赋有差。（《清高宗实录》卷41）

（乾隆二年五月癸巳）免湖北安陆、荆州两府属各州县卫水灾乾隆元年分额赋有差。（《清高宗实录》卷42）

（乾隆二年七月壬子）（户部）又议准湖北巡抚杨永斌疏报，汉阳府属之汉川、黄陂、孝感，黄州府属之黄冈、麻城等五县，本年蛟涨灾民，动支存公银两，分别赈恤。得旨："依议速行。"（《清高宗实录》卷47）

（乾隆二年九月庚子）免湖北汉川、江陵、潜江、沔阳、荆门、监利等六州县乾隆元年分水灾应免起存银五万六千六百十两有奇。（《清高宗实录》卷50）

（乾隆二年闰九月庚辰）户部议复："湖北巡抚杨永斌疏报黄陂、黄冈、麻城等三县被水冲压田亩一百三十五顷有奇额征银米，请于乾隆二年为始，永行豁除。"从之。（《清高宗实录》卷53）

（乾隆三年三月丁丑）谕："湖北沔阳州地势低洼，为诸水汇归之地，以致田亩坍塌，淤涨靡常，小民苦乐不均，积有逋赋。迨雍正十二年，该督题请丈明，按实在地亩输纳，民累顿除。但未经清丈以前，有雍正十三年未完银四千六十余两，乾隆元年未完银八千一百余两，率系被水淹没之地，无力完粮者，官吏仍事催科，穷民不免敲扑，深可悯念，着将此两年未完之项，悉行蠲免，以息闾阎追呼之扰。"（《清高宗实录》卷65）

（乾隆三年九月癸亥）免湖北钟祥、云梦、江陵等三县被水冲决田地无征额赋有差。（《清高宗实录》卷76）

（乾隆三年九月）己卯，户部议复："兵部侍郎吴应棻奏称'上江被旱各属存贮米谷不敷赈粜之用。查闽省拨运江、楚仓谷三十万石，不过为弥补仓储，非被灾急需者可比。请于三十万石内，将十万石仍运闽省备用，改拨二十万石，截留两江赈济'。应如所请。"得旨："依议速行。"（《清高宗实录》卷77）

（乾隆三年十一月癸丑）赈湖北孝感、黄安、钟祥、京山、宜城、襄阳等六县卫旱灾军民。（《清高宗实录》卷80）

（乾隆三年十一月癸亥）赈湖北应山县，四川忠州、万县、开县本年旱灾饥民。（《清高宗实录》卷80）

（乾隆三年十二月丙戌）（户部）又议准闽浙总督郝玉麟奏，浙江全省各属多有被灾，现届秋成，米价每石至一两七八钱不等，来春势必更贵。除飞饬劝谕商贩多方贩运，粜卖接济外，请将闽省差赴江、楚等处已经报买之四万有余石移济浙江、江南上下两江。本年被旱，兵部左侍郎吴应棻等奏请将江西、湖南拨运闽省谷石内，改拨二十万石截留两江，不敷即将闽省应领若干，一总拨给。闽省备储之谷，统俟明年收成后，会同江西、湖广等省督抚查明地方情形，妥议题请办理。得旨："依议速行。"（《清高宗实录》卷82）

（乾隆四年二月庚子）免湖北钟祥、京山、黄安、宜城、襄阳五县卫乾隆三年旱灾额赋有差。（《清高宗实录》卷87）

（乾隆四年三月戊午）免湖北应山县乾隆三年旱灾额赋。（《清高宗实

录》卷88）

（乾隆四年七月）辛酉，谕曰："河南巡抚尹会一奏称'豫省自六月以后天雨过骤，又因上游之水漫及下游，以致被淹处所共计四十余州县。其间田禾房屋多遭水患，现在分别查赈办理'等语。朕思豫省今岁麦收未称丰稔，今又罹此水灾，闾阎困苦，深轸朕怀，该抚等可督率属员迅速查勘，多方抚绥。其田亩被淹，无糊口之资者，即加意赈济，毋使乏食。其室庐倾圮，无栖身之所者，即设法安插，毋使失所。至于钱粮应免应缓之处，即分别查明，具题请旨。朕又思豫省今既被灾伤，将来施赈之际，恐米谷不能敷用。楚省素称产米之乡，闻今岁雨泽尚觉调匀，秋收在望，可以接济邻省。着河南巡抚会同湖广督抚就近商酌，如何转运楚米，以济中州之用，即速妥议，一面办理，一面奏闻。"（《清高宗实录》卷97）

（乾隆四年七月乙丑）湖北巡抚崔纪题报："郧阳府属之房县，入夏亢旸，冈坡旱地，全未下种。请将该县地丁钱粮暂停催征，先将仓贮给赈。"得旨："下部速议具奏。"寻议："应如所请。"从之。（《清高宗实录》卷97）

（乾隆四年八月甲辰）河南巡抚尹会一奏："前奉谕旨，令会同湖广督抚，酌运楚米济用。豫省常平仓谷尚足敷用，其未被水之五十属，收成颇好，尚可接济。"得旨："朕先接汝奏，将谓豫省之积贮不敷赈恤之用，是以有此旨。今看此奏，是豫省之谷，尚足接济，而未被水之处，收成原好，自不必如是急遽办理也。"（《清高宗实录》卷99）

（乾隆五年二月己丑）免湖北襄阳县卫乾隆四年分水灾额赋有差。（《清高宗实录》卷111）

（乾隆五年二月辛丑）免湖北汉阳、黄陂、孝感、黄州等四县卫乾隆四年分旱灾额赋有差。（《清高宗实录》卷111）

（乾隆五年八月戊辰）护湖北巡抚布政使严瑞龙奏："郧县、襄阳、钟祥、京山、潜江、沔阳、天门等州县卫所田禾被水，现分别赈恤。"得旨："所奏俱悉。被灾之处告之督抚，加意赈恤，毋致失所也。"（《清高宗实录》卷125）

（乾隆五年九月丁酉）缓征湖北钟祥、京山、潜江、沔阳、天门、江陵、郧阳等七州县并武昌、襄阳二卫本年分水灾额赋，兼赈饥民。（《清高宗实录》卷127）

（乾隆六年二月辛亥）免湖北钟祥、京山、天门三县并武昌卫被灾田亩乾隆五年额赋，共银二千七百二十两有奇、米豆二百四石有奇，缓征潜江、沔阳、郧县、襄阳等州县卫本年额赋。（《清高宗实录》卷137）

（乾隆六年四月癸亥）刑部尚书署理湖广总督那苏图奏："湖北省自四月初七后，雨水过多，安陆府钟祥县之三官庙月堤、天门县之沙沟垸堤、汉阳府汉川县之彭公垸堤，间有漫溃。其附近居民，有坍塌房屋者，照例资助。并查被淹户口，有无贫乏，借给耔种。"得旨："所奏俱悉。其被灾贫民，加意赈恤，毋致失所也。"（《清高宗实录》卷141）

（乾隆六年五月癸巳）刑部尚书署湖广总督那苏图奏报："湖南湘乡县被水，勘不成灾。湖北汉阳县失火，延烧六百余户，查勘照例资助。"得旨："所奏俱悉。楚省多有火灾，虽茅茨之室，易致回禄，究系未雨之绸缪有所疏略耳。卿其加之意焉。"（《清高宗实录》卷143）

（乾隆六年九月壬申）豁除湖北监利县坍塌民田额征银四十一两有

奇、麦一十四石有奇。（《清高宗实录》卷150）

（乾隆六年十月壬子）赈恤湖北汉川、潜江、沔阳、天门四县，沔阳卫被水灾贫民。（《清高宗实录》卷153）

（乾隆七年七月丙寅）又谕："朕闻河南南阳地方雨水过多，有无伤损禾稼之处，雅尔图未曾奏报，朕心廑念，可寄信询问之。"寻奏："南阳府所属多系依山傍水，一遇大雨时行，山涧并涨，每岁有之。今年六月内，新野、叶县、舞阳、唐县等处雨水稍多，下游之湖广襄、汉等水同时长发，宣泄不及，沿河洼地间段被水。但系积年受水之区，多种麦而不计秋，间有受伤之秋禾，零星无几，补种甚易……"得旨："所奏俱悉。"（《清高宗实录》卷170）

（乾隆七年七月乙酉）户部议复："湖北巡抚范璨疏报'汉阳府属之汉川县，安陆府属之潜江、沔阳、天门、荆门四州县并沔阳卫，德安府属之云梦县，荆州府属之江陵、监利二县并荆州、荆左二卫，襄阳府属之襄阳县，于本年五六月内，或因河水泛涨，或因雨水漫溢，低洼田地禾苗多被淹没，庐舍人口亦有损伤。又襄阳府属之襄阳、枣阳、谷城三县并襄阳卫，于本年四月内，因风雨骤至，内带冰雹，粟、谷、棉、豆均有折伤。应请查明被灾军民，先动库项并仓谷，分别抚恤。其应完地丁屯饷钱粮，暂停催征'。应如所请。"从之。（《清高宗实录》卷171）

（乾隆七年八月甲寅）又谕："据湖广督抚奏报湖北之荆州、安陆、汉阳、襄阳、德安，湖南之长沙、衡州、岳州、常德、澧州等府州所属之州县，及沔阳、武昌、襄阳三卫，有夏月被水之处，淹没田庐禾稼，民人困苦。现在动支常平仓谷，按名赈济。又据江西巡抚陈宏谋奏报，赣州、吉安、南安三府所属州县，有被水较重之处，现在灾民俱已照例赈济安顿，不至流移。朕览湖广、江西督抚等所奏，深为轸念，比即严切批谕该督抚加意抚绥，悉心筹画，务登灾民于衽席。今思江、广虽系偏灾，而被水之民，未尝有偏全之别。着该督抚于被水地方，将应征钱粮先行缓征，然后查勘，照例题请蠲免。该部即传谕知之。”（《清高宗实录》卷173）

（乾隆七年九月庚申）赈恤湖北潜江、沔阳、天门、监利、枣阳、宜城、光化七州县并沔阳、武昌、襄阳三卫续被水灾军民，并缓征额赋。（《清高宗实录》卷174）

（乾隆七年十一月丙辰）加赈湖北汉川、沔阳、天门、荆门、云梦、江陵、监利、襄阳、枣阳、谷城、宜城、光化等十二州县水灾饥民，并酌借籽种。（《清高宗实录》卷178）

（乾隆七年十一月戊午）停征湖北沔阳、均州、嘉鱼、汉阳、汉川、黄陂、孝感、黄梅、广济、武昌、武左、蕲州等十二州县卫水灾额赋。（《清高宗实录》卷178）

（乾隆八年二月癸卯）豁湖北襄阳、宜城、枣阳、谷城四县冲坍民屯地共三十七顷一十二亩有奇额赋。（《清高宗实录》卷185）

（乾隆八年二月乙巳）蠲湖北襄阳、枣阳、宜城、武昌、襄阳卫五州县卫上年水灾应征额赋，分别借贷、抚恤如例，并缓汉川、沔阳、天门三州县未完乾隆六年分带征旧欠银两。（《清高宗实录》卷185）

（乾隆八年二月丁未）蠲湖北汉川、潜江、沔阳、天门、荆门、江陵、监利、光化八州县上年水灾田地塘额银七万七千七十两有奇、米九千三百八十一石有奇，沔阳、荆州、荆左三卫上年水灾额银二千三百三十两有奇，并缓征蠲余及勘不成灾额赋有差。（《清高宗实录》卷185）

（乾隆八年四月庚寅）免湖北江夏、嘉鱼、汉阳、汉川、黄陂、孝感、黄梅、广济、沔阳等九州县，武昌、武左、蕲州三卫乾隆七年被水灾额赋有差。（《清高宗实录》卷 188）

（乾隆八年四月癸巳）免湖北襄阳、枣阳、宜城三县并武昌、襄阳二卫乾隆七年水灾额赋有差。（《清高宗实录》卷 188）

（乾隆八年五月己酉）又谕："地方偶遇荒歉，小民乏食，富户家有余粮，或蠲助赈恤，或及时出粜，原属有无相通之义。该地方有司，平时固宜化导，使知周恤乡间，及至米谷短少，市价昂贵，尤当加意劝谕，俾富户不至坐拥其余积，漠视乡人之困苦，于贫民自有裨益。但周急之道，出于义举，百姓众多，良顽不一，若出示晓谕，勒令蠲粜，则奸民视为官法所宜然，稍不如意，即存攘夺之心，其风断不可长。近闻湖北、湖南、江西、福建、广东等省多有此等案件，夫拥仓庾以自利，固属为富不仁，而借赒恤以行强，尤属刁恶不法。尔等可寄信与各督抚，令其密饬各属，嗣后地方需米孔亟之时，善为化导，多方劝谕，令富户欣然乐从，不可守余粮以勒重价。若有强暴之徒罔知法纪，肆行抢夺者，则宜尽法严惩，以戢刁风。"（《清高宗实录》卷 193）

（乾隆八年七月庚戌）（湖广总督阿尔赛）又奏报，楚省禾稻茂盛，所有偏灾抚恤查办缘由。得旨："览奏稍慰，其被灾之处，加意抚绥之。"（《清高宗实录》卷 197）

（乾隆八年八月癸丑）赈恤湖北兴国、黄冈、麻城等三州县水灾饥民，分别蠲缓本年额赋。（《清高宗实录》卷 198）

（乾隆十年六月庚午）署湖广总督鄂弥达等奏："据汉川、潜江、天门、监利、沔阳五州县报称，汉水骤长，各堤垸均有冲溃，田禾间亦被淹，枝江、当阳水势较大，被灾略重。当饬水利道员星往查勘，将被水居民分别赈恤，并饬修理城垛，堤塍稳固。”得旨：“所奏俱悉。虽属偏灾，彼受灾之民，则已拮据矣，惟应加意抚恤可耳。”（《清高宗实录》卷 243）

（乾隆十年七月丙申）免湖北荆门州乾隆七年水冲沙压田地额征银三百一十九两有奇，并乾隆八、九年未完银两悉行豁除。（《清高宗实录》卷 245）

（乾隆十年八月癸卯）停征湖北汉川、孝感、黄梅、潜江、沔阳、天门、荆门、当阳、云梦、江陵、监利、枝江、宜都等十三州县，沔阳、荆州、荆左、荆右四卫本年水灾，光化、谷城二县雹灾额赋，赈贷饥民。（《清高宗实录》卷 246）

（乾隆十年八月壬戌）赈贷湖北宜城、长乐二县并荆州右卫本年续被水灾饥民。（《清高宗实录》卷 247）

（乾隆十年十月丙寅）豁除湖北当阳、荆左二县卫水冲难垦民屯田地共十三顷七十三亩有奇。（《清高宗实录》卷 251）

（乾隆十年十月丙寅）赈贷湖北汉川、孝感、黄梅、潜江、沔阳、天门、荆门、当阳、云梦、江陵、监利、枝江、宜都、宜城、长乐、光化、谷城、均州、郧县、荆州、荆左、荆右等州县卫水灾军民，并分别停征本年钱粮。（《清高宗实录》卷 251）

（乾隆十一年正月丙申）（湖北巡抚开泰）又奏：“潜江、沔阳、天门、荆门、当阳、汉川、江陵、枝江等八州县，荆州、荆左、荆右三卫上年夏秋被水成灾，虽经查明赈恤，然贫民耕作无资，请动用仓谷借给。”得旨：“是，此等处宜留心者也。”（《清高宗实录》卷257）

（乾隆十一年三月）丙申，蠲缓湖北省汉川、潜江、当阳、江陵、枝江等县乾隆十年分水灾田赋。（《清高宗实录》卷261）

（乾隆十一年四月乙未）（湖北巡抚开泰）又奏：“各属赈务告竣，复借给籽种口粮，减粜仓谷，以资接济。并查荆州卫及枝江、潜江、天门等县查办饥口时，有书吏希图需索之弊，饬令该道等分别惩办。”得旨：“好，知道了。”（《清高宗实录》卷265）

（乾隆十一年六月）戊寅，谕军机大臣等：“杨锡绂奏报‘岳州府平江县等处被水’一折，内称会商该督鄂弥达，飞饬该司查勘赈恤，并列该督鄂弥达之名具奏。夫赈恤灾荒，乃刻不容缓之事，湖南、湖北相距千有余里，若果会商该督而后抚恤，则赈务稽迟，穷民其何以堪？尚可谓之臣等飞饬乎？可谓漠视民瘼矣！若未曾会商，而杨锡绂竟列该督之名，则又伪而不实矣。况发水在四月二十八日以及五月初旬，而六月中旬始行奏到，是朕视民如伤之意，杨锡绂全不知之。朕平日以和衷训饬督抚，原指办理公事，以及举劾属员而言，至于赈恤灾荒，此等急切之务，焉有俟文移往来，辗转相商，然后办理之道乎？尔等可传谕，严饬杨锡绂。至于鄂弥达平日习气，常以为地方遥隔，凡有奏事，不妨竟行列名。今则又蹈此辙，可一并申饬之。”（《清高宗实录》卷268）

（乾隆十一年七月）丙辰，谕军机大臣等：“据湖广总督鄂弥达等奏报‘六月初八日，枣阳县因豫省上游蛟水大发，沿及该处，以致被淹’，又据安徽巡抚魏定国奏报‘凤、颍、泗所属怀远、阜阳、五河等处，因六月初旬至十三四日，连降大雨，而上游豫省地方水发，下注湖河，以致漫淹’等语，是江南、湖广之水，皆发于豫省，巡抚硕色何以不行奏报？查伊六月折内，但有雨水沾足之奏，尔等可传谕询问，令其将现今该省实在情形，并如何料理之处，即速奏闻。”寻奏：“查豫省东南一带，归德、陈州、汝宁等府与湖广、江南接壤，并无蛟水大发之事。惟六月中接连大雨，三属秋禾被淹，现将被灾贫户酌借口粮、耔种，俟查明成灾分数后，再行加赈。”得旨：“汝近来诸事颇不认真，戒之。至于查办赈恤，尤当加意妥办。不然，汝所司者何事耶？”（《清高宗实录》卷271）

（乾隆十一年七月壬戌）赈贷湖北汉川、潜江、云梦、应城、江陵、襄阳、枣阳七县被水灾民，郧县被雹灾民，并予缓征。（《清高宗实录》卷271）

（乾隆十一年十月丁卯）赈恤湖北汉川、潜江、沔阳、天门、荆门、江陵、监利等七州县并沔阳卫、荆州左卫本年被水灾民，并予缓征。（《清高宗实录》卷276）

（乾隆十一年十月丙子）赈恤湖北枣阳县本年被水灾民，并予缓征。（《清高宗实录》卷276）

（乾隆十一年十二月甲子）赈湖北潜江、沔阳、天门、荆门、江陵五州县，沔阳、荆左二卫被水灾民。（《清高宗实录》卷280）

（乾隆十一年十二月）辛未，户部议复：“调任湖北布政使严瑞龙条陈灾赈事宜：一、查报被灾户口，宜与顷亩分数，勒限办理。查蠲免以分数为凭，赈济以户口为据，如被灾较重而户口繁多者，概令依限查报。恐承办各官草率了事，请嗣后查勘分数限内，除户口繁多，难一时并举者照例另报外，其户口较简者，即令乘便带查。一、勘灾限内，有续经被灾村庄，酌量展限。查续被灾荒，亦应早为勘报，若于正限外加半扣展，反致借端稽误，请嗣后除旱灾以渐而成仍照旧例办理外，如查勘水灾限内，有续被水村庄距原报期已过十五日者，方准声明展限二十日。一、本管道府亲督查灾赈。查各省委查灾赈道府，多有止据印委各官印结。加结详报者，应令各督抚严饬道府，务须亲身督察，实力稽查。”从之。（《清高宗实录》卷280）

（乾隆十二年二月己丑）免湖北枣阳县十一年分水灾额赋，其云梦、应城、襄阳、郧县等四县并予缓征。（《清高宗实录》卷285）

（乾隆十二年三月丁酉）缓征湖北汉川、枣阳二县十一年分水灾额赋。（《清高宗实录》卷286）

（乾隆十二年六月戊子）湖广总督塞楞额奏报雨水禾苗情形。得旨："览奏俱悉，既云望雨日久，何不早奏？殊未体朕如伤之念也。一切绸缪之计，宜妥协加意为之。"（《清高宗实录》卷293）

（乾隆十二年七月甲辰）谕军机大臣等："昨据湖广总督塞楞额奏报楚省得雨日期，称望雨日久。今已据报，于六月二十八、九等日得雨，陈宏谋报雨之折，亦于今日同到，而前此之望雨，何以并未奏闻？督抚奏报雨泽，只应就现在情形，据实陈奏，其将来收成若何，安能豫必？而陈宏谋折中，屡以田禾丰盛为言，且谓低田向易淹没，今岁可期倍丰，为此满足过量之语，殊非敬畏之道，如此不已，必至隐讳捏饰。夫水旱愆期，时所恒有，即仰邀上苍敷佑，全省有秋，而民间盖藏，亦当豫为筹画。况尚未至涤场之时，民食未见其必能宽裕，而乃以西成丰稔，沾沾自足耶？若谓以此宽慰朕怀，则朕必详核其所奏尽实，方为欣慰。如其稍涉讳饰，则奏报不足取信，徒益朕之悬念耳。着传谕训饬陈宏谋知之。"（《清高宗实录》卷295）

（乾隆十三年三月癸丑）护理安徽巡抚布政使舒辂复奏："粮贵固由

户口繁滋，而连年采买过多，实为切近。隔省采买，脚价不赀，若多减价平粜，则耗经费；若照例减银出易，是市米贵而官米亦贵。况官仓米藏州县，即发四乡平粜，所恤不过村庄、市井，穷乡僻壤总不能及，不若暂停采买。然积贮备赈，未便竟置不议。请查明各州县粮储，未动用照旧存贮，其动用尚有原额之半者不必再购，不及半者俟本地丰收买补。现存粮石，非实在歉收，不得轻粜，或照例出易，本地买补，不必远求他省。此数年内些小赈恤，俱给以银，年岁丰歉不齐，即一省中高低互异。从前惟大灾大祲，方一赈恤，小灾则听民以有易无，从无每岁赈恤之事。况江南地窄民稠，借工趁食，力田之家，十不二三。今赈恤惟江南独多，而浙江、山东、河南次之，湖广等省又次之，滇、黔等省最少。岂彼省独无歉岁？皆因向未习惯，未敢妄冀，而江南等省，习惯成熟，一有水旱辄引领而望。臣愚以为民气之骄，当渐裁抑，如遇实在灾祲，自当抚恤蠲赈，其些小偏灾，惟令各督抚督率地方官随时调剂，毋容特为赈恤。”得旨：“俟各省复奏到齐日，交军机处密议。此奏知道了。”（《清高宗实录》卷311）

（乾隆十三年九月辛巳）署湖广总督新柱奏报汉川、潜江、沔阳、天门、江陵、监利等六县，沔阳、荆州二卫被水情形。得旨：“览奏俱悉。一切督率属员，极力妥为之。”（《清高宗实录》卷325）

（乾隆十三年十一月甲寅）赈恤江苏铜山县被水灾民，湖北汉川、潜江、沔阳、天门、江陵、监利六州县并沔阳、荆州二卫先被夏灾、复被水灾民。（《清高宗实录》卷328）

（乾隆十三年十一月丁巳）湖北巡抚彭树葵复奏：“荆襄一带江湖袤延千余里，一遇异涨，必借余地容纳。宋孟珙知江陵时，曾修三海八柜以潴水，又荆州旧有九穴十三口以疏江会汉，故迹久湮。现在大江南岸，止有虎渡、调弦、黄金等口，分疏江水，南入洞庭。至汉水由大泽口分派入荆，所恃为蓄泄者，江邑之长湖、桑湖、红马、白鹭等湖，譬之胸膈也。监、潜、沔阳诸湖，下达沌口，尾闾也。无如三襄水浊，多沙易淤，小民趋利者，因于岸脚湖心，多方截流以成淤，随借水粮鱼课，四围筑堤以成垸，人与水争地为利，以致水与人争地为殃。今欲复三海八柜之旧，势既不能，亦惟杜其将来，而使垸不增多。现檄饬各州县，亲行履勘，将所有现垸若干，各依土名查造清册存案，嗣后即以此次所查，着为定数，听民安业，此外不许私自加增。仍令该管道员于出巡之便，详查加结具报，各州县实心奉行与否，查核劝惩。”得旨：“只可如此办理，知道了。”（《清高宗实录》卷328）

（乾隆十四年三月甲戌）赈湖北汉川、潜江、沔阳、天门、江陵、监利六州县卫乾隆十三年被水灾民。（《清高宗实录》卷337）

（乾隆十四年七月庚戌）蠲免湖北汉川、潜江、天门、沔阳、江陵、监利六州县乾隆十三年被水灾地，起存驴脚等银二千四百两有奇、租饷银六百四十两有奇、南米三百二十石有奇，又荆州卫屯饷起存丁粮银一十二两有奇。（《清高宗实录》卷344）

（乾隆十四年八月壬午）赈贷湖北罗田、云梦二县被水灾民，并缓征本年额赋。（《清高宗实录》卷346）

（乾隆十四年八月甲辰）赈贷湖北潜江、沔阳、天门、荆门、当阳、江陵、监利、远安、襄阳等九州县并沔阳、荆州、荆左、荆右四卫被水灾民，并缓征本年额赋。（《清高宗实录》卷347）

（乾隆十五年三月）乙丑，蠲湖北续报潜江、沔阳、天门、监利四州县乾隆十四年分水灾民更屯地银共四千五百九十九两有奇、南米五百二十六石零，并缓蠲余带征及勘不成灾各项应征额赋。（《清高宗实录》卷361）

（乾隆十五年五月庚午）豁除湖北武昌卫乾隆五年被水修堤挖压屯田十一顷八十七亩有奇粮丁额赋。（《清高宗实录》卷365）

（乾隆十五年七月庚午）湖广总督永兴奏两湖丰稔，间有一二被水处，灾轻易办各情形。得旨："览奏俱悉。被水之处虽系一隅，然应加意抚恤，毋致失所也。"（《清高宗实录》卷369）

（乾隆十五年十一月乙卯）缓征湖北汉川、黄冈、应山等三县及武昌左卫本年水灾地亩额赋有差。（《清高宗实录》卷377）

（乾隆十五年十二月）丙子，谕："据湖北巡抚唐绥祖折奏'安陆府属沔阳、天门二州县，乾隆十二年分借给贫民谷九千余石，原应于次年催征全完。因该州县十三、四年接连被灾，未经征输，其天门一县，又有上年续借谷二千余石，今岁甫得有收，若一时并征，未免拮据'等语，着将天门、沔阳二州县所有原借、续借谷石，再加恩准其分限二年，于本年及来岁秋成后，陆续按数还仓，以纾民力。该部即遵谕行。"（《清高宗实录》卷378）

（乾隆十六年七月庚午）（军机大臣等）又议复："大学士、江南河道总督兼管两江总督事务高斌奏'外省米贵缘由，请停趸买之令'一折……应令督抚因时制宜，如可稍缓，不妨暂存库项，倘需米孔亟，则择米多价贱处，委员照时价采买，价长即停，并禁牙侩借端居奇。又称，常平仓定例，每年存七粜三，若遇偏灾，破例多粜，或拨协邻省、邻邑赈济，秋成后，听州县分头买补，数少则易足，地分则势涣，庶于大局市价无碍。应如所请办理。又称水旱赈恤，可以照例折银，如须本折兼赈，而常平仓谷不敷有漕省分，抑恳量予截留。倘该省灾多熟少，请照恩例折征，免输本色，留纳官之米，流通民间，远胜别筹。查抚恤灾黎，自应确按情形办理，若路远米少，百姓得银难购，自当专赈本色。如不过一隅，则照例兼赈本折，或专征折色，在百姓既可自行买食，而留此仓储，可备别项接济。至截留折征，皆出格外殊恩，如遇偏灾，援为定例，积年计算，通仓正额必亏，有关国计甚巨。应无庸议。”从之。（《清高宗实录》卷394）

（乾隆十六年八月乙未）赈贷湖北天门县被旱贫民口粮、籽种，并缓征本年额赋。（《清高宗实录》卷396）

（乾隆十六年九月戊寅）谕军机大臣等：“前因永贵奏报，浙省被旱成灾，请邻省接济。经传谕江、楚各督抚通融筹办。昨舒略奏称，运米三十万石赴浙。今据阿里衮奏‘将先运川米十万石尽数运浙，并咨商川省，再为酌运数万石来楚，俟浙省再有需用，即可拨济’等语。今岁浙省旱灾虽甚，自金、衢而外，尚有薄收，第因一时顿乏，市价翔踊，永贵仓皇入告。朕以救焚拯溺为心，即行传谕产米省分督抚筹办……永贵欲令灾地与丰年同价，如邻封何？江、楚督抚一体筹办，恤邻道固应尔……”（《清高宗实录》卷398）

（乾隆十六年十月辛酉）贷湖北荆门州本年旱灾贫民，并缓应征钱粮。（《清高宗实录》卷401）

（乾隆十六年十一月庚午）缓湖北天门县本年旱灾田亩应征钱粮。（《清高宗实录》卷402）

（乾隆十七年七月戊子）湖广总督永常奏：“楚属秋田缺雨，现在虔诚祈祷。”得旨：“京师亦然，六七月之间乃望雨，实为希有之事，目今得雨否，速奏，以慰朕怀。”寻奏：“各属虽节经得雨，未能一律沾透，内惟钟祥、京山、荆门、郧县、保康、东湖等六州县旱象已成，现委员

查明办理。”得旨：“览奏俱悉。”（《清高宗实录》卷419）

（乾隆十七年十月丁巳）赈贷湖北钟祥、京山、潜江、荆门、当阳、随州、江陵、远安、枝江、襄阳、枣阳、宜城、均州、谷城、郧县、郧西、保康、竹山、竹溪、东湖二十州县，武昌、荆州、荆左、荆右、襄阳五卫本年旱灾饥民，并缓征额赋。（《清高宗实录》卷425）

（乾隆十七年十一月辛酉）又谕：“据恒文奏称‘十月二十二日起程，前往荆门、郧县等被灾州县，加意稽查，一切审题案件，现在咨部扣展’等语，直省被灾地方，所贵督抚前往办理者，或因灾伤过重，米价昂贵，民情不甚宁怗，司道守令不能弹压，是以必须亲行耳。今据奏粮价俱不为昂贵，民情亦皆安怗，如此则司道大员查办足矣，何待亲行？况因此转将一切审解事件稽迟扣展，益复无谓。前谕各督抚谓以奏明亲往为了事，此正切中其弊矣。恒文着传旨申饬，并谕各督抚知之。”（《清高宗实录》卷426）

（乾隆十七年十一月丁丑）豁除湖北监利县之车湾修堤挖压田地七十九顷有奇额赋。（《清高宗实录》卷427）

（乾隆十七年十二月辛卯）豁除湖北江夏县属杨林洲坍地一十四顷八十四亩有奇，甘肃平罗县筑城废地一百四亩有奇，平凉县雹灾废地二十九顷四十一亩额赋。（《清高宗实录》卷428）

（乾隆十八年三月辛巳）赈恤湖北钟祥、京山、荆门、随州、江陵、枝江、枣阳、宜城、均州、谷城、郧县、郧西、竹溪、东湖等十四州县并武昌、荆州、荆左、荆右、襄阳等五卫乾隆十七年旱灾饥民。（《清高宗实录》卷435）

（乾隆十八年九月庚申）湖北巡抚恒文奏："续据潜江、天门、沔阳三州县具报，于八月十二、十三、十六等日，襄河水涨，风雨交加，水势汹涌，垸堤冲决，该处田地多被淹浸。经臣与署督臣分路委员，协同该州县亲诣查勘，被灾军民，加意抚恤，一面将溃堤抢筑完固。其是否成灾，统俟勘报到日，遵谕善为料理。"得旨："览奏俱悉。"（《清高宗实录》卷446）

（乾隆十八年九月庚午）又谕："据庄有恭折奏'扬、徐各属，今冬赈济，俱可折给银两，来春始需银米兼放，而截留漕粮，拨运川米，共得六七十万，已足敷用，所有前次密咨东省及各省米谷，俱可无庸拨协'等语，看来下河灾赈，米谷已足敷用。但徐州铜山堤工于九月被水冲决，又复漫淹睢宁、灵璧、虹县等处，灾民亦亟须赈济。所有湖北米十万石、江西碾米谷二十万石，应仍准其运往江苏，以备将来赈恤之需，并谕鄂容安、恒文知之。"（《清高宗实录》卷447）

（乾隆十八年九月辛巳）湖北巡抚恒文奏报："潜江、天门、沔阳三州县被灾田地，经臣委员分路查勘，兹据各员勘报，潜江、天门二县因襄河秋汛涨溢，该处居民共淹毙八口，房屋共倒塌八十余间，臣飞饬委员前往该二县被灾处所，动项分别抚恤。其沔阳州实未成灾，无庸抚恤。"得旨："览奏俱悉。"（《清高宗实录》卷447）

（乾隆十八年十月癸未）谕："今年七月间，河湖盛涨，高宝一带，下游民居被水。该抚庄有恭即行咨商豫东、两楚及江西、浙江等省拨协米石，以备赈恤，及朕降旨截漕，拨运川米，率已足用。不欲以一省被灾，而致各省皆食贵米，故曾降旨，谓庄有恭所办稍步张皇。而庄有恭旋复奏称'赈济已足敷用，所有各省俱可无庸拨协'等语，盖其始则未经审酌实在情形，其继则又矫枉过正，所办皆为未协。故于其奏到，即仍令江西、湖北各拨米十万石，运往应用……该部遵谕速行。"（《清高宗实

录》卷448）

（乾隆十八年十月癸未）又谕："前庄有恭咨商豫东、两楚及江西、浙江等省拨米备赈。彼时原仅高宝一带被水需用，其办理之初，实属张皇。是以降旨令酌量，果有不敷，再为奏请。乃伊复奏'以现在截漕并拨运川米已足敷用，毋庸更为协济'等语，又属矫枉过正。朕已令江西、湖北两省协拨米石运往矣……"（《清高宗实录》卷448）

（乾隆十八年十月甲申）……寻舒赫德、鄂容安等复奏："江南被水成灾，既将本省漕粮先后截留，又将河南、山东、湖广、浙江、四川、江西等省米拨运协济，共一百数十万石，各处协拨备赈银，又不下五百万两。自目前以及明春，银米兼放，均属有备。"报闻。（《清高宗实录》卷448）

（乾隆十八年十月己酉）赈恤湖北潜江、沔阳、天门三州县卫本年被水灾民。（《清高宗实录》卷449）

（乾隆十八年十月辛亥）（钦差尚书舒赫德）又奏："沿途查看灾民，高宝一带，水陆通区，兼今岁湖广、江西丰收，商贩云集，米价平减，但漫田未涸，春麦既难播种，商贩米冬三月势亦粜完，明春价必腾贵……"（《清高宗实录》卷449）

（乾隆十九年三月庚申）加赈湖北潜江、沔阳、天门三州县，沔阳卫乾隆十八年水灾饥民，并分别蠲缓应征额赋。（《清高宗实录》卷458）

（乾隆十九年闰四月己未）免湖北潜江、沔阳、天门三州县并沔阳卫乾隆十八年分水灾额赋有差。（《清高宗实录》卷462）

（乾隆二十年九月己丑）赈恤湖北江陵、监利、潜江、荆门、沔阳五州县，荆州、荆左、沔阳三卫本年被水贫民。（《清高宗实录》卷497）

（乾隆二十年九月己亥）谕：“淮扬及江苏等府属，本年偶被偏灾，已屡饬该督抚，加意抚绥赈恤，截漕拨粟，叠次加恩。并降旨于例应蠲缓外，将勘不成灾应征漕粮，酌量改收折色，以纾民力。但恐来岁青黄不接之时，粮价渐致昂贵，不可不宽裕储备。着将湖广省本年应运漕粮截留二十万石，江西省本年应运漕粮截留十万石，俱即委员运赴江苏，分拨收贮，以备将来接济之用。其应于何处附近水次州县交收，着该督抚妥协办理，该部遵谕速行。”（《清高宗实录》卷497）

（乾隆二十年十月）癸亥，谕：“江省淮、扬各属，秋潦成灾，前已降旨截留湖广漕粮二十万石，运往备用……”（《清高宗实录》卷499）

（乾隆二十年十二月甲辰）又谕：“各省年岁丰歉不齐，全赖商贩流通，有无贸迁，以资接济。向来地方官怀私邀誉，罔顾大体，虽有遏籴之禁，而阳奉阴违者，仍复不免。今年江、浙所属偶被偏灾，本地米粮既少，势必借资邻省，诚恐不肖有司昧救灾恤邻之义，阻遏籴贩，市贾益借以居奇，地棍因而滋事，则灾地民食，倍觉拮据。着传谕四川、湖广、江西、河南、山东各督抚等严饬属吏，遍行晓谕，凡有商贩米船，不拘大小多寡，听其装载流通，不得遏籴。如有地方无赖棍徒借端挠阻者，即行严拿治罪。该督抚等务宜实力奉行，以副朕一视同仁之意。”（《清高宗实录》卷502）

（乾隆二十年十二月己未）赈恤湖北潜江、沔阳、荆门、江陵、监利、荆左等六州县卫本年水灾饥民，并缓征新旧钱粮。（《清高宗实录》卷503）

（乾隆二十一年正月庚午）又谕："江、浙两省上年俱有被灾州县，屡经降旨该督抚等加意抚绥，并截留漕粮，多方赈恤。但念将来青黄不接之时，尚需平粜接济，以资口食。湖广素为产米之区，江西仓粮亦尚充裕，着令江西、湖南二省各拨米十万石运交江苏，湖北省拨米十万石运交浙江，以备平粜之用。各该督抚务董率属员，善为经理，毋令市价增昂，俾穷黎均沾实惠。该部即遵谕行。"（《清高宗实录》卷504）

（乾隆二十一年二月）癸丑，谕："上年江南歉收，屡经降旨截漕赈恤，并令酌拨江、楚等省粟米，运往平粜……"（《清高宗实录》卷506）

（乾隆二十一年三月丙戌）蠲免江苏宿迁县乾隆二十年被灾河租银四十四两二钱，湖北潜江、江陵、监利、荆门、沔阳五州县乾隆二十年被灾地丁银六千六百七十九两有奇、米八百八十四石二斗有奇。（《清高宗实录》卷509）

（乾隆二十一年五月庚辰）豁湖北沔阳州乾隆十二年被灾贫民折借籽种口粮银五百七十六两有奇。（《清高宗实录》卷512）

（乾隆二十二年三月壬子）豁湖北监利县筑堤挖压民田额赋银九十五两、米二十七石二斗各有奇。（《清高宗实录》卷535）

（乾隆二十二年七月丙申）又谕："据刘慥奏称'豫省被水州县所需赈粜，请将山东、江南二省应运漕粮截留五十万石，运赴开、归、陈、许等属，以济赈粜之需，并请于该二省近河州县仓贮内，按一米二谷先行拨运'等语。豫省今岁被灾州县颇广，将来一切赈借平粜，需米正多，自当豫为筹画，以资接济。但山东、江南二省运河州县，现在均有被水之处，仓储亦应留备，未便拨运。江西、湖北与豫省舟楫可通，乾隆四年豫省被灾，曾转运楚米协济，甚为妥便。此次应拨粮石，着交江西、湖北巡抚在于该省相近河南各州县仓贮内酌定数目，咨会动拨，运交豫省分派收贮。其江西、湖北动拨谷数，即将该省本年应运漕粮照数截留归款，以符原额，仍将拨运截留各务一面办理，一面速行具折奏闻。”（《清高宗实录》卷542）

（乾隆二十二年七月丁酉）又谕：“今岁河南各属被水成灾，已屡降恩旨，筹办抚绥。但米粮充裕，尤须商贩流通，着将江南、江西、山东、湖北等省商贩米麦杂粮船只查系运往豫省灾地粜卖者，照乾隆四年之例，经由赴豫各关加恩免征粮税，俾得踊跃运粜，灾地足资接济。俟明年麦熟后，仍报明停止，该部即遵谕行。”（《清高宗实录》卷542）

（乾隆二十二年八月己丑）河南巡抚胡宝瑔奏：“豫省往年春月粜借，通省不下百万石，今岁被灾六十一州县，所需更多。除将截留漕粮及江、楚米另派被灾州县外，所有本省仓粟，臣等筹其多寡，豫运灾地接济……”（《清高宗实录》卷545）

（乾隆二十二年九月乙卯）谕：“昨据开泰奏称，川省收成丰稔，已碾米十五万石，运交楚省，以备灾地拨用。今岁豫省现有江西、湖北之米协济，灾地已为有备，着将川省运楚米石，即由楚运交山东，令该抚酌量分贮，以资接济。自楚至东，舟楫可通，亦属妥便，该部即遵谕行。”（《清高宗实录》卷547）

（乾隆二十二年九月丙辰）谕：“湖北从前碾运仓谷，接济河南，经硕色奏明，截留湖北漕米抵补外，俟湖南漕米经过武昌，再截留十万石，以补常平仓谷。今该抚奏称‘湖南现有溢谷四十七万余石，可令湖北来南领运归仓。而湖南漕米，仍可全数起运北上，或于明春过淮时，酌留徐属’等语。徐属灾地屡加赈恤，连岁俱经截留漕粮，米石自应充裕。而豫省频年被灾，今岁方加赈恤，现在该省自尚有需米之处，着将湖北应截留湖南之漕米十万石拨给豫省，以备接济。其应如何转运分贮之处，着富勒浑、庄有恭、胡宝瑔会商妥办，该部即遵谕行。”（《清高宗实录》卷547）

（乾隆二十六年八月丁丑）抚恤湖北汉川、京山、潜江、沔阳、天门、云梦、江陵、公安、监利、黄冈并沔阳卫、武昌左卫、荆州卫等十三州县卫本年水灾饥民。（《清高宗实录》卷642）

（乾隆二十六年九月壬子）赈贷湖北沔阳、天门、潜江、荆门、江陵、公安、监利、归州、沔阳卫、荆州卫、荆州左卫等十一州县卫本年续被水灾饥民，并予缓征。（《清高宗实录》卷645）

（乾隆二十六年九月乙丑）湖广总督兼署湖北巡抚爱必达复奏：“湖北省六七月间被水之处，除京山、云梦、公安、黄冈、归州等五州县勘不成灾外，沔阳、天门、潜江成灾稍重，江陵、监利次之，汉川、荆门又次之。其沔阳、武左、荆州三卫屯田被水情形，亦与民田相等，均照例分别办理。”得旨：“览奏俱悉。”（《清高宗实录》卷645）

（乾隆二十六年十一月丙申）豁除湖北监利县筑堤挖压田地二十七顷三十八亩有奇额赋。（《清高宗实录》卷648）

（乾隆二十六年十二月甲申）赈湖北汉川县、武昌左卫本年水灾饥民，并缓勘不成灾之黄冈、云梦、京山、公安等四县额征。（《清高宗实录》卷651）

（乾隆二十七年三月丁酉）加赈湖北潜江、沔阳、天门、荆门、江陵、监利等六州县并沔阳卫、荆州卫、荆左卫乾隆二十六年水灾饥民。（《清高宗实录》卷656）

（乾隆二十七年闰五月丁卯）蠲缓湖北潜江、沔阳、天门、荆门、江陵、监利等六州县并沔阳、荆州、荆左三卫乾隆二十六年水灾额赋有差。（《清高宗实录》卷662）

（乾隆二十九年二月辛亥）蠲湖北沔阳、天门二州县并沔阳卫乾隆二十八年分被水灾地应征额赋十之一，缓文泉、潜江、荆门、江陵、监利、竹溪、东湖、兴山、利川、来凤十州县并荆州卫勘不成灾地亩额赋如例。（《清高宗实录》卷705）

（乾隆二十九年七月）甲子，谕曰："常钧奏'黄梅、广济、武昌、黄冈、蕲水、蕲州等处，因江水涨溢，民田、庐舍不无漫浸，其黄梅、广济二县情形较重'等语。该处一带，因大雨时行，江水暴长，居民田庐猝被水淹，朕心深为轸念。着该督抚速行勘明被灾各属灾重之处，所有乏食民人势难缓待者，即随查随赈，抚恤一月口粮。其被灾稍轻者，酌量借给口粮、籽种，俾得赶种秋禾，以资接济。俟勘明被灾分数，再行分别办理。该督抚等其实心督率，经理赈恤，毋任吏胥从中侵渔滋弊，俾贫民均沾实惠。该部遵谕速行。"（《清高宗实录》卷714）

（乾隆二十九年七月）甲戌，谕曰："辅德奏'江西德化县与湖北黄梅联界，江水奔注，淹及该县封一、封二、桑落三乡，现在照例抚恤'等语……"（《清高宗实录》卷715）

（乾隆二十九年九月庚申）缓征湖北江夏、武昌、咸宁、嘉鱼、蒲圻、兴国、大冶、汉阳、汉川、黄陂、沔阳、文泉、黄冈、蕲水、黄安、蕲州、黄梅、广济、石首、监利并武左、沔阳、黄州、蕲州二十四州县卫水灾额赋。（《清高宗实录》卷718）

（乾隆二十九年十月戊戌）抚恤湖北汉阳、汉川、沔阳、文泉、黄梅、广济、监利七州县，武昌、武左、沔阳、蕲州、荆州五卫水灾贫民。（《清高宗实录》卷721）

（乾隆二十九年十月庚子）谕："据常钧奏'监利县孙家月堤工程例应民修，今因该处滨江被水，民力未免拮据，吁请自修三分，暂行借帑七分，按三年带征还项'等语。此等堤工，虽向系民修之项，但今年江湖骤涨，该处现在尚加赈恤，闾阎物力维艰，深为轸念。所有现请借银一万二千两，加恩免其带征归款，着在罚修堤费等项内动支，倘罚项不敷，即动拨正项亦可。"（《清高宗实录》卷721）

（乾隆二十九年十二月戊子）又谕："湖北被水各州县内，黄梅、文泉、监利三县最重，广济稍轻，其武、汉、黄、荆四府属，间有被水之处，均经降旨赈恤一月，并酌借口粮、籽种，以资接济。其湖南省内，夏间被水之武冈、衡山暨湘阴等十州县卫，亦经降旨分别抚恤。巡抚王检亦奏湖北成灾各属，米价尚不甚昂，二麦已经布种。续据李侍尧奏报，湖南涸出地亩已经补种，可望有秋。但该二省被灾之地，此时农民实在情形若何，明春当青黄不接时，是否尚有应行加恩展赈之处，着传谕该督，令其作速查明，由驿用六百里驰奏，候朕酌量降旨。"寻奏："明岁青黄不接之时，应将文泉、监利、黄梅、广济等四县，展赈一月。至沔阳、汉川、汉阳、江夏、武昌、咸宁、嘉鱼、蒲圻、兴国、大冶、黄陂、黄冈、蕲水、黄安、蕲州、石首等十六州县，应酌借常、社等谷为口粮、籽种。其益阳、华容、龙阳、安乡、岳州等五县卫，亦只须拨谷借粜，无庸展赈。"报闻。（《清高宗实录》卷724）

（乾隆三十年正月）己酉，谕："上年湖北黄梅等各州县，偶被水灾，已经叠降谕旨，加恩赈恤抚绥。嗣据该督抚等奏报，被水之区，补种收成，均有六、七、八分不等，民情已为宁帖。第念借赈贫民，向资官廪，入春东作方兴，正在青黄不接，若骤行按例停止，未免糊口维艰，深为轸念。着再加恩将被灾较重之文泉、监利、黄梅三县及毗连之广济一县，无论极次贫民，俱展赈一个月，并酌借籽种，以资耕作。其沔阳、汉川、汉阳三州县及勘不成灾之江夏、武昌、咸宁、嘉鱼、蒲圻、兴国、大冶、黄陂、黄冈、蕲水、黄安、蕲州、石首等十三州县，收成究属稍歉，亦着该地方官酌借常、社等仓谷石，接济口粮、籽种，俾得尽力南亩，以待麦秋。该督抚等董率属员，实心经理，务使小民均沾瀛泽，副朕加惠元元至意。该部遵谕速行。”（《清高宗实录》卷726）

（乾隆三十年三月丙子）加赈湖北汉阳、汉川、沔阳、黄梅、广济、监利、新裁文泉等七州县乾隆二十九年分水灾饥民，并缓征江夏、武昌、咸宁、嘉鱼、蒲圻、兴国、大冶、黄陂、黄冈、蕲水、黄安、蕲州、石首暨武昌、黄州、蕲州等十六州县卫钱粮。（《清高宗实录》卷732）

（乾隆三十年四月庚戌）免湖北汉阳、汉川、沔阳、文泉、黄梅、广济、监利等七州县，并屯坐汉阳、文泉二县之武昌卫，汉川县之武昌左卫，沔阳州之沔阳卫，黄梅县、江南宿松县之蕲州卫，监利县之荆州卫乾隆二十九年分水灾额赋，其蠲剩银米，并予带征。（《清高宗实录》卷734）

（乾隆三十年九月甲戌）豁除湖北江夏县下黄、荞麦、红社、草埠、杨林等处及荞麦湾、金沙洲水冲堤压田地五十四顷五十四亩有奇额赋。（《清高宗实录》卷744）

（乾隆三十一年七月丙申）又谕：“据常钧奏‘常德府城滨临朗江，地势卑下。西南二面，以城为堤，其中笔架城一段，城墙最低，遇水势骤长时，几平垛口，请添高加厚以备不虞’等语，已于折内批示，照所请行矣。至另折所奏应修堤垸一事，虽系官堤少而民垸多，但此次山水骤发，漫溢江湖，民间猝被异涨，非寻常被水者可比。灾民口食维艰，现在加恩赈恤，期无失所，岂能复有余力营修堤垸？从前二十九年，湖北监利县江水涨溢，冲损孙家月堤，经该抚请借帑兴修，曾降旨官为修筑，免其征还。此次所有应修民垸，并着一体官为修建，以恤民力，且灾后兴举堤工，无食贫民兼可资以工代赈之益。着该抚将积水处所上紧，设法堵御疏消，即速勘明应修各堤垸残缺丈尺，刻日兴工，俾灾黎均沾实惠。该部即遵谕行。”（《清高宗实录》卷765）

（乾隆三十一年八月）壬寅，湖广提督李国柱奏：“湖南常德、岳州、沅、辰地方，本年被水较重，曾经节次奏明。兹复查得湖北嘉鱼、沔阳、广济、黄梅、石首、监利等州县滨临江河民间田庐，亦有淹浸。臣已批饬各该营县，确查被水浸淹田亩，现在作何疏泄，曾否补种杂粮晚禾，星飞具报。”得旨：“仓猝被水之际，汝所办颇妥。”（《清高宗实录》卷766）

（乾隆三十二年六月乙卯）湖广总督定长奏：“荆门州地处环山，于五月二十四日大雨之后，夜半发蛟，将北关外桥座冲坍，带损临河民房，并淹毙人口。当饬布政使等亲往查勘，半日间水即消退，田禾并无伤损，所坍民房，给资修葺，并分别赈恤。是日往滇第十起官兵适至该州关外，水发时各兵所住之房皆在高埠，并无妨碍，桥座虽经冲断，当经扎筏以渡官兵，照常按程前进。”报闻。（《清高宗实录》卷787）

乾隆三十二年丁亥闰七月壬辰朔，谕：“据定长奏‘湖北黄梅、广济等州县，六月间雨水过多，江湖陡涨，堤垸受冲，田庐间有淹浸，现在亲往查勘’等语，该处州县滨临江湖，每遇夏秋盛涨，易致浸溢。此次黄梅、广济等处被灾稍重，朕心深为轸念。所有黄梅、广济二县，着该督即速照例抚恤，仍着详勘被灾情形，妥协经理，毋使稍有失所。其黄冈、汉阳、汉川、沔阳、江夏、武昌、嘉鱼等各州县卫，并着迅速查明成灾分数，分别赈恤。该督其董率所属，加意筹办，实力抚绥，务俾小民均沾实惠，毋致胥吏从中滋弊，以副朕轸恤灾黎至意。该部遵谕速

行。”（《清高宗实录》卷790）

（乾隆三十二年闰七月癸巳）又谕：“昨据定长奏‘湖北黄梅、广济等州县，六月间江湖盛涨，堤垸田庐间有受冲’，当经降旨谕令该督即速照例抚恤，并着详勘黄冈、汉阳、汉川、沔阳、江夏、武昌、嘉鱼等各州县卫成灾分数，分别赈恤矣。今复据该督奏‘黄梅一带，先后被灾情形较重，其罗田、谷城二县亦因蛟水长发，冲淹民房，现在确查办理’等语，该处频经被水，已属积歉之区，贫民生计难免拮据。该督务即详核被灾轻重，于抚赈各事宜饬属妥速筹办，加意抚绥，俾穷黎均沾实惠，毋致稍有失所，以副朕轸念闾阎至意。着将此传谕定长知之。”（《清高宗实录》卷790）

（乾隆三十二年闰七月）己酉，谕：“前因湖北省黄梅、广济及黄冈、汉阳等州县卫间有被水之处，业经降旨，即速据实查勘，分别加恩赈恤，毋致失所……”（《清高宗实录》卷790）

（乾隆三十二年九月）庚子，户部议准湖广总督定长疏报，江夏、武昌、嘉鱼、蒲圻、兴国、大冶、汉阳、汉川、黄陂、沔阳、黄冈、蕲水、蕲州、广济、天门、潜江、安陆、云梦、随州、应山、江陵、石首、监利等二十三州县，武昌、武左、沔阳、黄州、蕲州、荆州、荆左七卫陆续详报，本年夏秋之间，阴雨连绵，山水、江水一时并涨，低洼田地多被淹浸，业经委员分头查勘，是否成灾分数，另行详报。应行急赈者，先行抚恤一月口粮，其倒塌房屋、淹毙人口均饬令查明，一例办理。所有本年应完民屯额赋，暂请缓征。得旨：“依议速行。”（《清高宗实录》卷794）

（乾隆三十二年十月）戊寅，谕军机大臣等：“今年江苏、安徽、江西、湖北、湖南、山东等省被灾州县，业经降旨各督抚照例赈恤，并饬令加意抚绥，无力贫民自可不致失所。惟是被水之余，秋收分数，不无稍减，明春青黄不接之时，穷黎生计未免拮据。其或有尚需加赈之处，着各该督抚查明实在情形，详悉复奏，候朕酌量加恩降旨。可将此传谕知之。”……湖广总督、署湖北巡抚定长奏：“湖北被水成灾之黄梅等二十州县卫冬底停赈，灾民难免拮据。请暂缓催征，俟来年秋收后按限征还。”得旨：“新正有旨谕部。”（《清高宗实录》卷797）

（乾隆三十三年正月辛卯）谕：“上年湖北省黄梅等十三州县，并屯坐各州县之武昌等七卫，夏秋间被水灾，业经该督等照例分别抚恤加赈。惟念停赈之后，即值青黄不接之时，贫民口食不无拮据，着加恩将被灾较重之黄梅、广济、黄冈、汉阳、汉川五县，及屯坐各县之武昌、武左、黄州、蕲州四卫，并蕲州卫屯坐江南宿松，江西德化、瑞昌三县地方，无论极贫、次贫军民，概行加赈一个月。其黄梅等州县上年应征钱粮，虽已分别蠲缓，所有乾隆二十九年被水以后未完带征钱粮及领借籽种、口粮，若仍按限征追，尚恐积歉之区输将无力，并着加恩统缓至本年秋收丰稔后再行带征。该督抚等其督率所属，实力奉行，务使灾黎均沾实惠。该部即遵谕行。”（《清高宗实录》卷802）

（乾隆三十三年二月己卯）湖广总督定长奏：“臣抵荆州会办派拨满营马匹赴滇事宜，现在按起次第起行。臣即顺道查察汉阳、汉川二县加赈事务回省。”得旨：“汝应仍往荆州，办荆州驻防及京兵往滇之事。鄂宝不能妥协，一切汝极力为之。”（《清高宗实录》卷805）

（乾隆三十三年四月壬戌）蠲缓湖北江夏、武昌、嘉鱼、汉阳、汉川、黄陂、沔阳、黄冈、黄梅、广济、云梦、江陵、监利十三州县，并武昌、武昌左、沔阳、黄州、蕲州、荆州、荆州左等七卫乾隆三十二年水灾额赋有差。（《清高宗实录》卷808）

（乾隆三十三年九月己酉）停征湖北孝感、京山、安陆、云梦、应城、应山六县，武昌、武左二卫，德安所本年旱灾应征地丁屯饷钱粮。（《清高宗实录》卷819）

（乾隆三十三年十月丙辰）谕军机大臣等："前据定长、程焘奏称，湖北省安陆、云梦等州县，因得雨未足，收成不免稍歉，俟确勘情形，再为酌量办理。至今未据将如何分别赈恤之处奏闻。各该州县间被旱灾，秋收未能丰稔，民力自不免拮据，该督抚自应饬属速为勘查妥办，无致稍有失所。着传谕定长、程焘即董率各属，详勘被旱处所是否成灾，尚有需赈恤、缓征及借给籽种之处，迅速据实复奏，候朕酌量加恩降旨。"（《清高宗实录》卷820）

（乾隆三十三年十二月癸酉）赈贷湖北孝感、安陆、云梦、应城、应山等五县，武昌、武左二卫，德安一所本年旱灾饥民，并缓征额赋。（《清高宗实录》卷825）

（乾隆三十四年正月戊子）又谕："湖北省安陆、云梦等州县，上年得雨稍迟，收成不无歉薄，已分别加恩蠲缓，照例赈恤。即勘不成灾之州县卫所田地，亦经将应征钱粮，缓至麦收后启征。今念该省尚有京山、随州二处，虽俱勘不成灾，而高阜之区，秋收颗粒不及往年，小民口食未免仍多拮据。着再加恩，将京山、随州应征乾隆三十三年屯饷钱粮，一体缓至麦熟后征收，并酌借籽种、口粮，以纾民力。该抚等其即率属妥协经理，俾穷黎均沾实惠，副朕轸念闾阎至意。该部遵谕速行。"（《清高宗实录》卷826）

（乾隆三十四年四月丙辰）蠲免湖北孝感、安陆、云梦、应城、应山等五县，武昌、武左二卫，德安所乾隆三十三年旱灾额赋有差。（《清高宗实录》卷832）

（乾隆三十四年六月甲戌）谕："据揆义奏'湖北自五月以后，雨水过多，江水陡长，江夏、武昌等州县地亩房屋多被淹浸，现在率领道府等查勘'等语。湖北滨临大江之区，每遇夏秋盛涨，易致泛溢。此次江夏、武昌、兴国、汉阳、汉川、沔阳、黄冈等州县田庐被淹，虽成灾分数不同，朕心深为轸念，着该督抚等即速详勘被灾情形，照例抚恤，妥协办理，毋致穷黎稍有失所。其勘不成灾之处，即可补种晚禾，民力未免拮据，并着酌量借给籽种，实力抚绥，俾小民均沾实惠，毋令胥役从中滋弊，以副朕轸恤闾阎至意。该部即遵谕行。"（《清高宗实录》卷837）

（乾隆三十四年六月戊寅）谕军机大臣等："据伊龄阿奏'湖北黄梅之扁担裂江堤迤上，于六月初六日夜，因大雨水长，已长溃口，约长六七十丈'等语。前据揆义奏到，湖北武昌、汉阳等府属被水情形，并称今年水势与乾隆三十二年相等。当经明降谕旨，令该督抚等详勘被灾处所，加意抚恤……再该处江堤与江西德化县相接，黄梅堤既漫溢，其毗连江西一带地面，有无被水淹浸，是否不致成灾，未据吴绍诗奏及，并着吴绍诗一并确查，迅速据实具奏。"（《清高宗实录》卷837）

（乾隆三十四年六月庚辰）又谕："据富尼汉奏'安徽省因六月初一日至初六连日大雨，诸水涨溢，沿江、滨湖之怀宁、桐城各州县禀报低洼田地被淹，饬属确查，分别酌量'等语。前据揆义奏湖北武昌、汉阳、黄梅等处江水涨溢，安徽境地，本属毗连，且势当下游，所有洼地，自必间被淹浸……"（《清高宗实录》卷837）

（乾隆三十四年六月庚辰）是月，江西巡抚吴绍诗奏："九江地处下游，于五月二十八、九至六月初七等日，暴风疾雨，湖北连界之黄梅县，后湖涨溢，斗母庵横坝溃口二处，湖水漫入。又初五日夜，风雨甚大，兼之上游川水暴注，高于堤面，黄梅潘兴口迤上江堤，陡被冲漫，江水涌入，人力难施，以致德化县之封一、封二两乡，全被淹没。其附近之桑落等乡，亦淹至十之七八，幸先期豫备，未伤人口。臣于十一日轻装减从，亲赴查勘，务使一夫不致失所……”得旨：“黄梅被水，正廑江西，览此奏水退补种情形，略慰。其有成灾者，即加意抚恤，毋致失所。”（《清高宗实录》卷837）

（乾隆三十四年七月辛卯）谕军机大臣等：“据阿思哈奏‘由豫入楚，见襄阳、安陆等处秋禾畅茂，惟荆州一带似觉短雨’等语。当此秋苗勃发之时，农田待泽甚殷，湖北武昌等府，曾经吴达善等奏称雨水稍多，其荆州一带短雨之处，何以并未奏及？着传谕吴达善，将该地现在田禾光景若何，及曾否得有透雨之处，即行详查，据实迅速复奏。”（《清高宗实录》卷838）

（乾隆三十四年八月庚午）谕军机大臣等：“据吴绍诗奏‘江西省城七月下旬无雨，望泽甚殷。今于八月初六、初九等日甘霖大沛，高下田亩俱极深透，雨势甚为浓厚’等语。昨闻湖北亦有望雨之处，且据该督从前复奏，武昌省城得雨两次，仅以二三寸计。嗣后曾否沾足及通省有无缺雨地方，是否普沾渥澍，并现在田禾光景若何，着传谕吴达善详悉查明，即行据实复奏。吴绍诗折片，并钞寄阅看。”（《清高宗实录》卷841）

（乾隆三十四年八月辛未）贷给湖北黄梅、黄冈、蕲水、蕲州、广济、江夏、武昌、咸宁、嘉鱼、蒲圻、兴国、大冶、汉阳、汉川、黄陂、孝感、沔阳、天门、云梦、江陵、公安、石首、监利二十三州县，武昌、武左、沔阳、黄州、蕲州、荆州、荆右七卫本年被水贫民口粮、籽种，分别缓征额赋。（《清高宗实录》卷841）

（乾隆三十四年十月辛亥）谕军机大臣等：“今年安徽、湖广、江西等省各有被水州县，西成未免歉薄……节次皆经降旨，分别赈恤、缓征，并谕酌借籽粮，毋令黎民稍致失所，各该督抚自当仰体朕心，实力妥办。但恐被灾略重处所，明岁二、三月间青黄不接之时，民食或有拮据，着传谕各该督抚，将所属被灾各州县，明春是否尚须加赈，或再借籽种、牛具之处，详悉查勘，据实迅速复奏，候朕酌量加恩。”（《清高宗实录》卷844）

（乾隆三十五年正月辛巳）又谕：“去年湖北汉阳、黄州府属因夏雨稍多，江水漫溢，沿江各县，被有偏灾，业经加恩分别赈恤，并谕借给籽种，赶种晚禾，俾裕口食。现在东作方兴，麦收未届，闾阎生计，犹恐不免拮据。所有黄梅、广济、汉阳、汉川四县，及坐落四县之武昌、武左、黄州、蕲州四卫，并蕲州卫坐落宿松、德化等处之屯田，皆属被灾较重之区。着再加恩，将成灾九分之极贫，加赈两月，其九分之次贫，与七分、八分之极贫、次贫，均加赈一月。其中有需再借谷种者，仍令酌量借给仓谷，以济春耕。该处连年被涝，前借籽种尚有未完旧欠，并着缓至秋成之后，再行征收，俾民食益得宽裕。该督抚等务严饬所属，妥协经理，实力稽查，毋任官吏中饱，俾歉地黎民均沾闿泽。该部遵谕即行。”（《清高宗实录》卷850）

（乾隆三十五年三月）壬寅，湖北布政使闵鹗元奏：“湖北上年水灾，黄梅、广济、汉阳、汉川等县，奉旨于抚恤加赈外展赈，臣督同该管道府州县，分厂开放，遴员严察吏胥、地保侵扣影射，酌量应借籽种、口粮，分别办理。”得旨：“知道了。务使小民均沾实惠，毋滋弊可也。”（《清高宗实录》卷855）

（乾隆三十七年七月甲辰）豁免湖北江陵县新开地方筑堤挖压民田四顷六十五亩有奇额赋。（《清高宗实录》卷912）

（乾隆三十八年七月辛巳）豁除湖北监利县筑堤挖压田地六十三顷六

十五亩有奇额赋。(《清高宗实录》卷939)

(乾隆三十八年八月丙辰)署湖广总督湖北巡抚陈辉祖奏:“湖北沔阳州卫并汉川等县卫垸田,五月下旬被水淹漫。臣因催督军行赴荆宜一带,顺道履勘,该处垸田现天气晴明,已涸出十之五六,陆续补植晚禾。惟购秧补种,重费工本,民力不无拮据。前经奏明酌借籽种,仰恳俯准次年秋成后,免息征还。再东湖县北乡地方,五月中山水骤发,亦有冲塌房屋、淹毙人口之处,已经该县捐银抚恤,民情宁谧。”得旨:“如所议妥办,俾沾实惠。”(《清高宗实录》卷941)

(乾隆三十八年十月)戊戌,谕:“沔阳州卫有被水垸田补植较迟、收成稍歉者,若与熟田一体征收,小民未免拮据。着加恩将该州卫补种歉收地亩,今岁应完下半年钱粮缓征至次年麦熟后征收,以纾民力。该部即遵谕行。”(《清高宗实录》卷944)

(乾隆三十八年十一月)丙子,豁除湖北汉阳县冲塌田地、山场五百五十一顷六十六亩有奇额赋。(《清高宗实录》卷947)

(乾隆三十九年九月庚辰)缓湖北汉阳、孝感、安陆、云梦、应城、应山、随州、京山、钟祥、荆门、天门、黄安、襄阳、宜城、枣阳十五州县,并武昌、武左、荆州、荆左、荆右、襄阳六卫,德安一所旱灾额赋。(《清高宗实录》卷967)

(乾隆三十九年十月)庚寅,谕军机大臣等:“本年各直省秋收均尚属丰稔,惟江苏之淮安一带,八月间因黄水骤长,漫溢外河老坝口,以致山阳、清河二县,及漫水下注之盐城、阜宁二县,猝被水灾。业经降旨赈恤,并将乾隆四十年应征钱粮全行蠲免,及乙未年漕粮、漕项,同节年旧欠钱粮漕米,俱缓至明年秋成征办,灾黎自可不致失所。但恐明春正赈已毕，尚届青黄不接之时，民食或有拮据，并先经被旱之东台、泰州、兴化三属，亦有偏灾。此外如……湖北之汉阳、孝感等十五州县卫，或因缺雨被旱，或因水沙冲压，均间被偏灾……均经各该督抚陆续奏明题报，照例分别赈恤。其明春是否尚须量予加恩之处，并传谕各该督抚详悉确勘，据实迅速复奏，候朕新正酌量加恩降旨。”（《清高宗实录》卷968）

（乾隆四十年正月癸丑）又谕：“昨岁豫、楚二省，俱获丰收，惟河南之信阳、光州等处，湖北之安陆等州县卫，均因夏秋之间偶尔缺雨，间成一隅偏灾，秋收未免歉薄，业经照例分别抚恤加赈，小民已不致失所。但今岁青黄不接之时，穷黎口食，未免拮据，着加恩将河南之信阳、罗山、光州、光山、固始五州县极、次贫民，概行加赈一个月。湖北之安陆、京山、随州、孝感、应山、枣阳六州县，及屯田坐落六州县之武昌、武左、德安、襄阳四卫，将成灾七、八分极、次贫军民，于例赈之外，各加赈一个月。其余五、六、七分灾之钟祥、荆门、云梦、应城、襄阳、宜城等民屯地亩，并着该督抚酌看情形，分别借给籽种，以济春耕。该督抚等其董率属员，实心经理，务俾茅檐均沾实惠，以副朕轸恤民隐至意。该部遵谕速行。”（《清高宗实录》卷974）

乾隆四十年乙未六月丁丑朔，蠲免湖北汉阳、孝感、安陆、云梦、应城、应山、随州、京山、钟祥、荆门、天门、黄安、襄阳、宜城、枣阳十五州县，并武昌、武左、荆州、荆左、荆右、襄阳六卫，德安一所乾隆三十九年旱灾额赋。（《清高宗实录》卷984）

（乾隆四十年九月庚戌）蠲免湖北孝感、钟祥、京山、荆门、安陆、云梦、应城、随州、应山、襄阳、宜城、枣阳等十二州县并武昌、武左、荆州、荆左、荆右、襄阳、德安等七卫乾隆三十九年旱灾额赋。（《清高宗实录》卷990）

（乾隆四十年十一月壬辰）豁除湖北监利县坍废屯田一顷七十一亩有奇额赋。（《清高宗实录》卷997）

（乾隆四十一年七月）乙未，谕军机大臣曰：“陈辉祖奏‘……又据湖北郧西县禀报，西乡石滩河山内，骤发蛟水，双掌坪、五掌坪等处，冲坏沿河山脚草房十余间，淹毙男妇二十余名口’等语……至湖北郧西地方，系蛟水骤发，自属来猛去速，其冲倒房间及淹毙人数亦较少。着饬令委员会同该地方官，照例妥协抚恤，仍各将查办情形据实具奏。将此谕令陈辉祖、敦福知之。”（《清高宗实录》卷1013）

（乾隆四十一年九月戊戌）署湖广总督湖北巡抚陈辉祖奏：“……湖北郧西县石滩河地方，五月水发，冲塌草房二十一间，淹毙男女三十一口，俱经给资抚恤。至沿溪地多石坂，本少种植，其泥土处，禾稻杂粮，水过仍含苞吐实，现俱收获，并无减损。其自观音堂以下，即出大江，畅流平缓，并无淹溢。”报闻。（《清高宗实录》卷1017）

（乾隆四十二年五月丙子）豁除湖北江陵县筑堤挖压田五顷四亩有奇额赋。（《清高宗实录》卷1032）

（乾隆四十二年十月癸卯）谕：“湖北省江陵、监利二县，本年因秋水泛涨，其最低垸田间有被浸处所。虽该抚等查明，疏消补种，俱秋成有望，不致成灾，第念该处垸田，俟水退后补种荞粮，收成究未免歉薄。所有江陵、监利二县被水补种歉收各垸田，本年下半年钱粮着加恩缓至次年麦熟后征收，以示体恤贫民之至意。该部即遵谕行。”（《清高宗实录》卷1042）

（乾隆四十三年二月庚戌）贷湖北监利县乾隆四十二年被水灾民耔

种、口粮如例。（《清高宗实录》卷1051）

（乾隆四十三年七月戊戌）又谕："据三宝等复奏'湖北省自六月十二、三日得雨后，晴霁几及一月，嗣于闰六月初六、七及十三、二十一等日陆续得雨，一切晚禾杂粮，颇资润泽。但现在立秋已过，如处暑之前连得透雨，未经枯槁之禾尚可减收，即被旱之处，情形轻重不一。所有武昌等府属之四十六州县，现在分委妥员，逐一履勘，分别办理'等语。该省本年雨水未能透足，目下节过处暑，恐收成不无歉薄，粮价未免稍增，朕心深为廑念。着即传谕三宝等董饬道府大员，据实确查缺雨各州县，如有已成偏灾之处，即量其轻重，分别照例妥办，务俾闾阎不致失所，勿稍存讳饰之见……将此传谕三宝、陈辉祖，并谕李湖知之。"（《清高宗实录》卷1062）

（乾隆四十三年七月）戊申，谕军机大臣曰："三宝等奏'湖北省雨水田禾各情形'一折。据称'通省气候迟早不一，树艺亦先后不齐，前此缺雨各州县，近皆溥渥甘霖，早禾已经收割者，不过十分中之一。至高阪平陆，被旱之后，未能秀实。且已届处暑，其土性冷薄处所，播种无益者，难冀秋成。惟低洼近水之地，中禾、杂粮、晚禾俱渐转青葱芃勃，而被旱高阜之处，又可乘时翻犁，被种荞麦杂粮'等语。看来湖北得雨究觉稍迟，偏灾自所不免，该督抚务须董饬所属，实力确查。如已经成有偏灾者，即照例妥办，勿稍讳饰。又据奏'各属米价渐长，现饬地方官晓谕有谷之家乘时出粜，并令酌量该地盖藏，详请粜济'等语，自应如此办理。至所称，遇有川米过境、催趱运售之处，非遏籴而何？该督等所谓知其一未知其二，为楚省民食计则得矣，殊不知江南向每仰给川、楚之米，今岁湖北既有被旱偏灾之处，该省米粮自不能贩运出境。若复将川米截住，不令估舶运载，顺流而下，则江南何所取资？况江南今岁亦有偏灾，若川米不至，粮价必昂，民食或致拮据，甚有关系。该督抚止知为湖北调剂，并未就他省情形筹核，所见殊小。朕则视天下百姓皆吾赤子，并无厚薄之分，岂肯顾此而忽彼乎？着传谕三宝、陈辉祖，凡川省米船到楚，如有愿在楚省售卖者，自可各从其便。若欲运赴江南各处贩售，即当听其通行，勿稍抑勒阻遏，俾为下游接济。该督抚即速遵旨妥办，仍具折复奏。”（《清高宗实录》卷 1063）

（乾隆四十三年七月丁巳）湖广总督三宝等奏：“楚北被旱，江夏等四十六州县，于闰六月内及本月初三、四、九等日，节据报得雨二三寸及四五寸不等。虽景象较前稍胜，但现届白露，缺雨之区早稻刈获不过十之一二，中稻未能充实，晚禾得雨复苏者，均难再熟。俟委员履勘成灾分数，题报妥办。”得旨：“览奏俱悉。其成灾处，加意抚恤。”（《清高宗实录》卷 1063）

（乾隆四十三年十月）癸亥，谕军机大臣等：“……及湖北之汉阳、安陆、荆州各府属，夏禾被旱，入秋汉江盛涨，又被淹浸，灾分亦重。虽屡经降旨该督抚等统率各属，切实查勘，妥协赈恤，灾黎均可不致失所，但恐明春正赈已毕，尚届青黄不接之时，民食不无拮据。是否尚需加赈，以资接济，着传谕该督抚等，即行妥酌复奏，候朕于新正降旨……此旨甘肃、湖南由五百里发往，湖北、江苏、安徽、河南由三百里发往，仍各按原发里数，由驿复奏。”（《清高宗实录》卷 1068）

（乾隆四十三年十月甲子）赈恤湖南湘阴、长沙、善化、浏阳、巴陵、临湘、华容、平江、武陵、桃源、龙阳、澧州、安乡、安福等十四州县，并岳州、武昌、黄州三卫本年旱灾贫民。（《清高宗实录》卷 1068）

（乾隆四十三年十月）癸酉，赈恤湖北汉川、沔阳、潜江、荆门、江陵、监利等六州县，并沔阳、荆州、荆左、荆右等四卫本年水灾贫民，并予缓征。（《清高宗实录》卷 1069）

（乾隆四十三年十月辛巳）赈恤湖北江夏、武昌、咸宁、嘉鱼、蒲圻、崇阳、通城、兴国、大冶、通山、汉阳、汉川、黄陂、孝感、沔阳、黄冈、蕲水、麻城、黄安、罗田、蕲州、黄梅、广济、钟祥、京山、潜江、天门、荆门、当阳、安陆、云梦、应城、随州、应山、江陵、公安、石首、监利、松滋、枝江、宜都、远安、襄阳、枣阳、宜城、南漳、谷城、长阳等四十八州县卫本年水旱灾贫民，并予缓征。（《清高宗实录》卷1069）

（乾隆四十三年十一月）丁酉，谕："本年湖北汉阳等各府属先被旱灾，又因汉江盛涨被淹，灾分较重，节经降旨，谕令该督抚等加意抚恤。第念灾后贫民盖藏鲜少，其补种之秋荞杂粮，收成亦属有限，若银米兼征，民力不无拮据。着加恩将成灾有漕之江夏、武昌、嘉鱼、汉阳、黄陂、孝感、黄冈、潜江、天门、荆门、安陆、云梦、应城、应山、江陵、公安、石首、监利、松滋、咸宁、蒲圻、大冶等二十二州县本年应完漕粮正耗、米石、水脚及随漕银两，均缓作两年带征。至有漕之崇阳、通城、兴国、沔阳、蕲水、罗田、蕲州、广济、黄梅、随州等十州县，虽未成灾，但悉与灾地环近，在本处既歉收食贵，而邻境成灾应赈之民，皆仰资购食。又通山、当阳二县，虽系折征银两，但需拨江夏等县耗米，均宜藏富于民，以资接济，并着加恩，将该十二州县应纳漕粮正耗、米石及折漕银两，水脚、随漕等银，同成灾无漕而有应征随漕浅船银之黄安等县，暨屯田分坐灾地应征军三安家闲丁等项，分解湖北、湖南之武昌、荆州等各卫所银两，一体暂宽催纳，亦缓至下年，一年带征。该督抚等务宜董率各属，实力妥办，毋使吏胥从中滋弊，以副朕轸念灾黎至意。该部即遵谕行。"（《清高宗实录》卷1070）

（乾隆四十四年正月丁亥）又谕："上年湖北汉阳、安陆、荆州各府属夏禾被旱，入秋汉江盛涨，又被淹浸，灾分较重。业经降旨该督抚，加意抚绥，照例给赈，以示优恤。第念今春正赈已毕，尚届青黄不接之时，民食未免拮据，着再加恩，将江夏、汉阳、汉川、黄陵、孝感、钟祥、京山、潜江、天门、荆门、云梦、应城、江陵、公安、石首、监利、襄阳、宜城十八州县，及屯田坐落各州县之武昌、武左、沔阳、黄州、德安、荆州、荆左、荆右、襄阳等九卫，成灾七、八、九、十分极、次贫军民，俱各加赈一个月，以资东作。其无庸展赈各州县卫，亦着察看情形，分别酌借口粮、籽种，俾得尽力南亩，以待麦秋。该督抚等董率属员，实心经理，务使穷檐均沾渥泽。该部遵谕速行。”（《清高宗实录》卷1074）

（乾隆四十四年正月）戊子，谕：“前据陈辉祖奏请，拨办赈银七十万两，业已降旨拨给。其奏片声请另拨银六十万两，以备加赈之需，经军机大臣具奏，以该抚所称尚属约略之词，未便遽拨，令该督抚将实在应需加赈折色银数若干，详悉查核，复奏到日再定，意在核实办理，并非为节省帑项起见也。今据三宝等奏‘江夏等十八州县及九卫所加赈一月口粮，实需折银五十九万八千七百六十余两，拟借用司库封贮银两，及寄贮荆州满营马价，并铸钱余息等银，俟将来陆续归款，此时无庸请拨’等语，所奏非是。朕惠爱黎元，恫瘝在抱，凡遇水旱偏灾，无不即发帑金，多方赈恤，期无一夫失所，即数逾百万，从不稍有吝惜，此天下臣民所共见共知者。况今库藏充盈，其所请之六十万两，尚不及库贮百分之一，且用以赡恤灾黎，朕更何所靳乎？三宝等既经查明，实需加赈银约六十万，即应奏请拨给，乃纷纷筹借动用，而以暂时无庸拨发为词，试思所借各款，将来仍须分别归还，何必徒费一番周折？三宝等非特不能善体朕意，亦并不善于办事矣。如照伊等所奏，恐外间无识之徒妄生议论，且恐他省督抚闻之漫为臆度，遇有应办灾赈，转致讳匿，所系甚大。封疆大臣岂可不以保赤为怀，存此惜费小见乎？着于户部库帑内，即拨银六十万两，解往该省，为加赈之需。该督抚务董饬所属，实力妥办，使贫民均沾实惠。该部遵谕速行，并将此通谕中外知之。”（《清高宗实录》卷1074）

（乾隆四十四年二月辛酉）又谕："上年湖北被灾处所较多，藩库存银一百一十四万余两，俱因赈恤动用，并借动封贮银三十五万两。业经降旨，于浙省拨银七十万两，部库拨银六十万两，解往该省，止敷正赈、加赈之需，即归还封贮原款，为数亦未为充裕。着再于部库拨银一百万两，解交该省司库存贮，以资储备。"（《清高宗实录》卷1076）

（乾隆四十四年三月）己酉，赈湖北江夏、武昌、咸宁、嘉鱼、蒲圻、大冶、汉阳、汉川、黄陂、孝感、黄冈、麻城、黄安、钟祥、京山、潜江、天门、荆门、安陆、云梦、应城、应山、江陵、公安、石首、监利、枝江、襄阳、枣阳、宜城，并武昌、武左、黄州、沔阳、荆州、荆左、荆右、襄阳、德安等三十九州县卫上年旱灾极、次贫军民。并缓征勘不成灾之崇阳、通城、兴国、通山、沔阳、蕲水、罗田、蕲州、黄梅、广济、当阳、随州、宜都、远安、南漳、谷城、长阳，并武昌、武左、沔阳、黄州、蕲州、荆州、荆左、荆右、襄阳、德安二十七州县卫民屯田四十三年钱粮，及成灾之江夏、江陵、监利，并黄州等县卫旧欠钱粮。（《清高宗实录》卷1079）

（乾隆四十四年五月戊申）缓征湖北江夏、武昌、咸宁、嘉鱼、蒲圻、大冶、汉阳、汉川、黄陂、孝感、黄冈、麻城、黄安、钟祥、京山、潜江、天门、荆门、安陆、云梦、应城、应山、江陵、公安、石首、监利、松滋、枝江、襄阳、枣阳、宜城等三十一州县，暨屯坐各该州县之武昌、武左、沔阳、黄州、荆州、荆左、荆右、襄阳、德安等九卫乾隆四十三年水旱成灾额赋。（《清高宗实录》卷1083）

（乾隆四十四年六月）庚辰，谕军机大臣等："据荆州将军兴兆等奏'六月十四日，江水骤涨，漫过堤身，随即登城查看，水势甚大，向城东南直流，将月牙堤冲破，至护城堤，不能抵御，水至城根，将城外居民住屋冲坏，居民并无伤损，即用土囊将城门堵御，漫水幸未进城。十六、十七两日，水势更大，至十九日，水势稍退’等语。荆州为楚省冲途，居民稠密，其地甚关紧要，现据兴兆等所奏江水长发情形，比往年较大，图思德等何以尚未奏到？想因荆州距省较远，发折稍迟，但此时该督抚谅已接据该地方官禀报。未知该处田庐民舍有无伤损，沿堤人口有无淹毙，着传谕图思德速即亲往，查明该处田亩，如有成灾者，即行照例抚恤；农民如有失业者，即行照例给赈。务须董率各属，尽心妥办，俾灾黎均沾实惠，毋致失所。又该处系满洲兵驻扎之区，如营房等或有因水冲坏者，即行勘估缮葺，毋任倾颓。至图思德前曾奏请陛见，当经批令冬底来京，今既有应办灾务，如至冬间尚未办竣，即至明岁开春赈务竣后，再行起程进京，亦无不可。将此由六百里发往，并谕令兴兆知之。”（《清高宗实录》卷1085）

（乾隆四十四年六月壬午）湖广总督觉罗图思德、湖北巡抚郑大进奏江陵川水泛溢，现在勘办各情形。得旨：“览奏俱悉。有成灾者，实力抚恤。”（《清高宗实录》卷1085）

（乾隆四十四年八月壬戌）赈恤湖北钟祥、京山、潜江、天门、荆门、江陵、监利、石首、沔阳等州县，及荆州、荆左、沔阳三卫被水灾民，并缓征新旧额赋。（《清高宗实录》卷1088）

（乾隆四十四年十月丙寅）谕军机大臣等：“本年各直省雨旸时若，秋成俱属丰稔……至湖北省于六月中旬荆江水涨，沿江之钟祥、京山等九州县，堤垸漫溃，田禾被淹……业据该督抚题报，分别赈恤。明春是否尚须量予加恩，或酌借口粮、牛具之处，亦着该督抚查明复奏，候朕酌量降旨。此旨甘肃由五百里发往，湖北、江苏、安徽、河南、直隶由三百里发往，仍各按原发里数，由驿复奏。”（《清高宗实录》卷1093）

（乾隆四十四年十一月己丑）又谕："上年湖北偶被偏灾，业经降旨加恩赈恤，并将成灾有漕之江夏等各州县漕粮正耗米石、随漕水脚银两，缓至己亥、庚子两年带征。本年通省丰收，各属有粮花户，自应踊跃输将，第念潜江、江陵、监利、沔阳、荆门五州县，俱系上年灾重之区，若将缓带银米一并征收，民力未免拮据。着再加恩，将潜江、江陵、监利、沔阳、荆门五州县上年灾歉今复成灾田地，应在本年带征银米，展至庚子年征收，应分作庚子年带征银米，展至辛丑年征收，俾民力宽纾，共受盈宁之乐。该部即遵谕行。"（《清高宗实录》卷1094）

（乾隆四十四年十二月丁卯）加赈湖北沔阳、潜江、荆门、江陵、监利、荆州、荆左七州县卫本年水灾饥民。（《清高宗实录》卷1097）

（乾隆四十四年十二月己卯）湖北巡抚郑大进奏："潜江县长一垸，逼近襄江，连年溃决，积沙深厚，堤根不实，请就地势较高之董家台筑月堤一道。又钟祥县浪堤观、殷家湾、刘公庵三处亦应筑月堤，草庙原堤应修补，均请于公项借给领办，分年于钟祥、潜江及下游之天门、京山等县有业民分别按年征还。"得旨："知道了。"（《清高宗实录》卷1097）

（乾隆四十五年六月甲寅）蠲免湖北沔阳、潜江、荆门、江陵、监利等五州县本年水灾额赋有差。（《清高宗实录》卷1108）

（乾隆四十五年八月乙亥）湖广总督富勒浑等奏："上年钟祥县民堤被水溃决，经臣等奏请赏借公项兴修，于本县及下游协济之天门、京山、潜江等县分年征还。内查天门县协修堤费银九千八百八十五两，较京山、潜江独多，原限二年完纳，民力未免拮据，请展作三年归款。"得旨："如所请行。该部知道。"（《清高宗实录》卷1113）

（乾隆四十六年六月庚子）湖北布政使梁敦书奏："闰五月中旬，襄水涨发，沿河堤垸漫溃，臣前往各属周历察看，除沔阳、天门、嘉祥三州县被水较轻，无需抚恤外，惟潜江、荆门、江陵、监利四州县堤垸溃口甚大，田庐多被淹没。目下正交秋令，补种恐已失时，现禀请督抚，臣饬员查明田地户口，先行抚恤一月口粮，给与倒房修费。”得旨：“实力为之。”（《清高宗实录》卷1135）

（乾隆四十六年七月壬寅）又谕：“据兴兆等奏‘六月十九日，江水盛涨漫溢，灌入荆州府之护城，所有东、西、北三门俱被淹浸。沙市一带至观音寺、泰山庙等处堤垸，均有冲塌。现在督同地方官，设法防护，一面知会督抚办理’等语。前据舒常奏，钟祥等四县垸田滩地均有冲漫，已批交该督抚亲往察看，有实系成灾者，即善为抚恤。今据兴兆等所奏，江陵一带又有涨溢之处。着传谕舒常、郑大进务即督率所属，实力抚绥，加意赈恤，毋使贫民稍有失所。仍将如何查办缘由，迅速复奏，并谕兴兆知之。”（《清高宗实录》卷1136）

（乾隆四十六年八月乙酉）赈恤湖北潜江、江陵、监利、荆门等四州县本年水灾饥民，并予缓征。（《清高宗实录》卷1138）

（乾隆四十六年九月甲寅）湖北巡抚郑大进奏：“八月十六日，襄水大涨，夏间被水勘不成灾之钟祥县草庙堤内外田地，复被淹浸。臣亲赴确查，人口庐舍尚无伤损，其补种粟谷俱已失收，即先抚恤一月口粮，并容查请蠲缓加赈。”得旨：“览。其成灾处所，一切赈恤，妥为之。”（《清高宗实录》卷1140）

（乾隆四十六年十月）丁丑，谕军机大臣等：“本年各直省被有偏灾地方……又湖北之潜江等县，田垸被水浸溃……俱屡经降旨，令该督抚等统率所属，切实查勘，分别赈恤，及酌借口粮、籽种……湖北江夏、武昌等八县及京山县，亦据该督抚奏报秋收歉薄，此数处虽成灾较轻，

第恐民力不能骤纾，应否量予加恩分别办理之处，亦着该督抚据实具奏。将此由三百里各传谕知之。”（《清高宗实录》卷1142）

（乾隆四十六年十月庚寅）赈恤湖北江夏、武昌、汉川、黄坡[①]、孝感、云梦、应城、应山、钟祥、潜江、天门、荆门、江陵、监利、沔阳并荆州、荆左等十七州县卫本年水旱灾民，并予缓征。（《清高宗实录》卷1143）

（乾隆四十六年十二月丁丑）豁除湖北江夏县乾隆四十五年分被水冲坍民田五十七顷十九亩有奇额赋。（《清高宗实录》卷1146）

（乾隆四十七年正月癸卯）又谕：“上年湖北潜江等县卫因襄水泛涨，沿河田垸被水浸溃。屡经降旨，令该督抚等切实查勘，照例赈恤，毋俾失所。第念今春正赈已毕，尚届青黄不接之时，民食不无拮据，着再加恩将被灾八分以上之潜江、江陵、监利、荆门等州县，及屯坐该州县之荆州、荆左二卫极、次贫军民，加赈一个月，以资接济。其续被秋水之钟祥、京山二县，被旱之云梦、应城二县，及屯田坐落之各卫所军田，并成灾五分之江夏、武昌、汉川、黄陂、孝感等县，及勘不成灾之天门、沔阳、安陆、应山、广济、黄冈、石首等州县，并京山县之东、西、北三乡民屯田地，该督抚等酌看情形，再请分别赏借籽种，俾穷黎得沾实惠，尽力春耕。该督抚其董率所属，实力妥办，以副朕轸念灾黎之至意。该部遵谕速行。”（《清高宗实录》卷1148）

（乾隆四十八年三月己未）豁除湖北监利县挖压屯田四顷三十亩有奇。（《清高宗实录》卷1177）

---

① 坡：应为“陂”之误。

（乾隆四十八年六月戊子）是月，湖北巡抚姚成烈奏："滨临大江之黄梅、广济、黄冈、兴国、江夏、黄陂六州县，因上游川江及洞庭湖水势涨发，宣泄不及，灌入内湖，以致低洼田亩被水淹浸。现在查勘妥办。"得旨："有成灾者，妥恤之。"（《清高宗实录》卷1183）

（乾隆四十八年七月）丙午，谕曰："舒常等奏'湖北因上游川江水发，内湖宣泄不及，兼之江西发水，灌入内湖，以致黄梅县属之青江等镇、广济县属之泰东等乡、黄冈县属之还和等乡滨江沿河地亩多被浸淹，房屋间有倒塌，并江夏、兴国、汉阳、黄陂、蕲水五州县，亦因江水泛涨，间有淹及田禾之处，现在亲往确勘'等语。黄梅各州县被水偏灾，民食未免拮据，朕心深为廑念。着传谕该督等查明被淹轻重，设法疏消，如有应行抚恤及酌借耔种之处，务须饬属加意妥为查办，毋致一夫失所，以副朕轸念灾黎之至意。"（《清高宗实录》卷1185）

（乾隆四十八年八月丙寅）赈贷湖北黄梅、广济、黄冈、蕲水、江夏、兴国、汉阳、黄陂等八州县，武昌、黄州、蕲州三卫本年被水灾民，并予缓征。（《清高宗实录》卷1186）

（乾隆四十八年十月癸未）谕军机大臣等："本年湖北之黄梅、广济、黄冈、江夏四县，及江苏之上元、句容、丹徒三县，因六月间江水盛涨，滨江地亩均被淹浸，致成偏灾。业经降旨，令该督抚实力抚恤，毋致失所。第念被灾地方，于明春青黄不接之时，民食不无拮据，是否应需展赈蠲缓，并此外勘不成灾地亩，应否量予加恩、分别酌借口粮之处，着传谕该督抚体察情形，查明据实复奏，候朕于新正再降谕旨。将此由四百里各谕令知之。"……湖北巡抚姚成烈奏："查被水各邑内，惟黄梅、广济二县成灾较重，恐正赈散竣之后，民食不无艰难，恳展赈一月。其黄冈、江夏二邑被灾本轻，无庸展赈，止须于明春借给耔种、口粮。"得旨："届时有旨。"（《清高宗实录》卷1191）

（乾隆四十九年正月戊子）又谕：“上年湖北黄梅、广济、黄冈、江夏四县，因六月间江水盛涨，滨江地亩均被淹浸，致成偏灾。业经降旨，令该督抚实力抚恤，俾无失所。第念今春正赈已毕，距麦收尚远，正届青黄不接之时，民食未免拮据，着再加恩，将黄梅、广济成灾八、九分之极、次贫军民，展赈一个月，俾资糊口。其余被灾较轻地方，有应于今春酌借口粮、耔种，以资接济之处，并着该督抚察看情形，分别办理。该督抚其董率各属，实力妥办，俾穷檐均沾渥泽，副朕轸恤灾黎，用普春祺至意。该部即遵谕行。”（《清高宗实录》卷1196）

（乾隆四十九年三月）壬辰，豁免湖北江夏、兴国、通山、大冶、沔阳、麻城、钟祥、京山、荆门、当阳、安陆、云梦、应城、江陵、监利、远安、宜城、嘉鱼、汉阳、黄坡[①]等二十州县，武左、沔阳、荆州、荆左等四卫乾隆三十年至四十四年出借民欠无着谷十五万二千八百五十石有奇、银六千七十五两有奇。（《清高宗实录》卷1200）

（乾隆四十九年四月辛亥）蠲免湖北黄梅、广济、黄冈、江夏四县，武昌、黄州、蕲州三卫乾隆四十八年分水灾额征银三万四千二百十两有奇、米五千八百九十石有奇，并予成熟各乡村缓征。（《清高宗实录》卷1205）

（乾隆五十年五月）丁卯，谕：“……朕廑念民依如伤在抱，似此拯救灾黎之事，一经督抚奏闻，即立时降旨，俾小民生计有资，早沾一日之惠，早得一日之益。即如直隶、山东、安徽、湖北等省，俱因未得透雨，麦收歉薄，早经陆续加恩。乃晋省缺雨已久，直待朕降旨询问，该抚始行亲往查勘，方行奏闻办理，以致小民迟沾渥泽，此即农起从前含

① 坡：应为“陂”之误。

糊俱奏之咎。封疆大吏，当时时仰体朕怀，留心民瘼，岂应延缓含糊若此耶……”（《清高宗实录》卷1231）

（乾隆五十年五月甲戌）又谕：“据特成额奏‘湖南、湖北雨水情形’一折，内称‘自长沙起程，前赴衡州一带校阅营伍，途次接据湖北武昌等处，具报先后得雨，其安陆、荆州、黄州等属未据具报。现在节届芒种，急须时雨沾濡，民情望泽孔殷’等语。所奏前后总未明晰，已于折内批示，用朱笔点出矣。湖北省与中州壤境毗连，本年豫省雨泽愆期，麦收无望，而湖北则全仗水田。此时正届分秧插莳之际，该处农民尚殷望泽，看来南省一带皆属缺雨，特成额前次折内既未奏及，而此次奏报又未将缺雨之处详晰声叙。地方旸雨，朕无时不廑于怀，着传谕特成额即将朱笔点处，所谓望泽孔殷者，是否即系安陆、荆州、黄州等处，查明据实复奏。现在节过夏至，如该处尚未得有甘霖，于播种大有关碍，该督抚不可稍存讳饰，即当妥为抚恤办理，以副朕廑念民依至意。将此由六百里发往，传谕特成额，并谕吴垣知之。”寻奏：“臣赴衡州，先据武昌、汉阳、安陆、荆州、黄州、襄阳等府，俱称田间望泽。旋于四月二十四日，武昌、汉阳、襄阳三府据报得雨沾足，臣即行具奏。其安陆、荆州、黄州三府并郧阳、宜昌，于具奏后，始据报五月初二、三、十二等日均得雨未十分透足，随于二十六日具奏。兹于六月初二日，省城得大雨，入土五寸，各属曾否普沾，俟查明另奏。”报闻。（《清高宗实录》卷1231）

（乾隆五十年七月辛亥）谕军机大臣等：“据特成额等奏‘湖北省止施南一府，暨荆州、宜昌、郧阳三府属，禀报于六月初二、三等日间有得雨深透数处，可卜有秋。其余各属，仅报同时得雨一二寸，或微雨数阵，不成分寸，并有未经得雨者，请将缺雨之江夏等四十七州县减价平粜’等语，已有旨谕部矣。看来湖北省今年缺雨处所较广，目下已届立秋，必得甘霖大沛，或可补种晚粟、秋荞等项。本日据毕沅、书麟奏，河南、安徽两省均于六月二十七日得被浓膏，且云气颇广。湖北与河南、安徽接壤，或可一律普沾。着传谕特成额、吴垣，即将江夏等处立秋以前曾否得有透雨、晚粟等项能否补行栽插，迅速据实复奏，以慰廑念。如此时仍未得有透雨，不及赶种，即当归于秋灾案内详查妥办，不可丝毫讳饰……将此传谕知之。”（《清高宗实录》卷1234）

（乾隆五十年七月辛酉）谕军机大臣等：“……至湖北迤东各府属，与江省境壤毗连，前据特成额等奏，武、汉、安、襄、德、黄等府属尚未均沾渥澍。该省农利全赖水田，现在节近处暑，正秧苗盛长之时，若非水泉滋养，则秋成难望丰收。特成额等具奏后，至今又已数日，尚未据该督等将曾否得有透雨情形续行奏到，朕心深为悬切。着传谕吴垣，即将缺雨各州县曾否得有透雨之处，查明迅速复奏。如有成灾者，即酌量赈恤，妥协办理，毋得稍存讳饰。”（《清高宗实录》卷1234）

（乾隆五十年七月丙寅）又谕：“前据吴垣等奏，江夏等四十七州县短少雨泽。节经降旨，令该抚等查明缺雨各属曾否得有雨泽并是否成灾，迅速具奏。乃半月以来，总未据该抚奏报得雨。本日据书麟奏，安徽庐、凤、颍、泗各属盼泽甚殷。湖北与安省境壤毗连，情形自必相同。看来今年旱象自北而南，湖北缺雨处所甚广。况此时尚未得被醶膏，则晚禾又必失望，朕心深为悬注。着传谕吴垣，即查明江夏各州县立秋前后曾否得被甘膏、秋荞晚禾等项曾否补行栽插，迅速具奏。如现在尚未得雨业致成灾者，即遵前旨妥为抚恤，一面奏闻，一面办理，毋得稍存讳饰。”（《清高宗实录》卷1235）

（乾隆五十年七月丁卯）又谕：“据吴垣奏‘勘得江夏、武昌、广济、黄梅等州县早、中二禾俱多黄萎，惟棉花、杂粮尚属青葱。六月三十日、七月初一日，路经武昌、大冶等县，连次遇雨。初五日兴国州途次，又遇阵雨。日内又据武、汉、荆、襄等府俱报同沾，均未能十分透足，惟德安府得雨较大。查此番雨泽，虽于已萎禾稻无济，而田土滋润，均可翻犁改种’等语。武昌等州县既连得雨泽，自当赶种秋荞、晚粟，以冀薄收，俾小民得资糊口。但此次得雨，据该抚奏，惟德安府属较大，其武、汉、荆、襄等府俱未能十分透足，未审各该处晚禾能否一律补种，近日曾否续霈甘霖，朕心深为廑念。本日据姜晟奏‘德安府属于六月三十，七月初一、初五连得大雨，汉阳府属得雨情形相同’等语，着传谕该抚，即将汉阳府属是否亦已得有透雨、其得透雨之各州县现在播种情形若何，迅速据实复奏，以慰悬注。如有实在赶种不及、灾象已成者，即当遵照前旨，妥为抚恤，一面办理，一面奏闻，毋得稍存讳饰。”（《清高宗实录》卷1235）

（乾隆五十年八月乙酉）谕军机大臣等：“……总之，河工运务，关系国家大计，而民生疾苦，尤切朕怀。即如吴垣所奏楚北歉收，借四川、江西两省米石接济一事，朕为之酌筹调剂，训谕周详……”（《清高宗实录》卷1236）

（乾隆五十年八月乙酉）又谕：“本日据特成额奏‘湖南省粮价、雨水情形’一折，内称‘通省雨旸顺叙，早稻现已陆续登场，统计收成分数，实有八分有余’等语。是本年湖广被旱灾区，专在湖北之武、汉、荆、襄等府州属，而湖南一省，州县中不过有四五县得雨稍迟，其余七十厅州县，则已早庆秋成，米粮渐次入市。湖广虽分南北两省，实与同省无异。今因湖北灾区赈粜需用米石较多，尚向四川、江西二省越境采买，湖南境壤毗连，该处商民情同桑梓。着传谕特成额，即于湖南各属出示晓谕，不论市集、乡城，遇有湖北商贩入境，断不可居奇遏籴，并劝令该处商民多运米石到湖北被旱各府州属粜卖。似此以南省之有余，补北省之不足，于商贩民食，均有裨益。再本年江苏、安徽二省被旱地方较广，该二省地狭民稠，向来丰收之年，米粮仅敷本地口食，若稍遇歉收，即须仰给于四川、湖广、江西之米。其四川商贩，载米至安徽、江苏粜卖者，必经由湖北。闻江西商贩，则由九江一带顺流径抵安省、江宁、苏州等处，鲜有逆水载往湖北上游者。若因湖北现在采买，或将四川运往江南米船于中路邀截，不令其东下，或将下游江西之米令其逆流赴楚售卖，则在商贩既非所愿。而安徽、江苏二省，现在年成歉薄，又无商贩接济，该处民食必至拮据，亦非通盘筹画之道。着传谕特成额、李世杰、舒常、吴垣，止须督饬所属，招商出示，一面给票采买，一面平价应粜，俾商贾等运回楚省，速济灾区民食。其四川省运往江南之米，断断不可于中途拦截遏粜，其江西下游商贩，亦难强令其逆挽入楚。如此通盘筹画，于湖北、安徽、江苏三省民食均匀接济，更属有裨。该督等务宜实力妥办，毋令不肖官吏、奸商等稍有遏抑拦阻，致滋弊窦也。仍将如何酌筹接济粜贩之处，会商妥协，迅速具奏，以慰廑念。”（《清高宗实录》卷1236）

（乾隆五十年九月）辛未，谕：“据吴垣奏‘本年湖北江夏、武昌等州县民田军屯夏秋被旱成灾内，应行输漕州县，共计有三十余处。自开征月余，完纳无几，体察情形，民力实为拮据，恳请照四十三年缓征成案，分别办理’等语。着照所请，将成灾较重有漕之江夏、武昌、咸宁、嘉鱼、蒲圻、汉阳、沔阳、黄陂、孝感、荆门、广济、黄梅、应城、随州、江陵、公安、监利十七州县本年应完漕粮正耗、米石银款等项，缓作三年带征。成灾较轻有漕之兴国、大冶、崇阳、潜江、天门、黄冈、蕲水、蕲州、罗田、安陆、云梦、应山、石首、松滋十四州县本年应完漕粮正耗、米石银款等项，缓作两年带征。至被灾稍轻之通城，及毗连灾区之通山、当阳，又成灾之黄安等州县所有本年应征漕粮，并折漕、随漕银款，俱着一体缓作两年征解。其该处屯田分坐灾地应征等项，亦着一并宽至下年一年带征。俾军民均得从容输纳，口食益资充裕，以副朕轸念灾黎，无使一夫失所之至意。该部遵谕速行。”（《清高宗实录》卷1239）

（乾隆五十年十月）庚辰，赈恤湖南巴陵、临湘、华容、武陵、桃源、龙阳、安福、岳州等八州县卫，并坐落巴陵、临湘、华容三县之湖北武左、黄州等二卫屯田本年旱灾贫民，蠲缓额赋有差。（《清高宗实录》卷1240）

（乾隆五十年十月壬午）谕军机大臣等："……又湖北江夏等州县并武昌等卫所，因今夏晴日较多，夏收无望……虽经节次降旨，分别蠲赈，令该督抚实力抚恤，毋致失所。第念各该处被灾地方，于明春青黄不接之时，民食恐不无拮据，是否应需展赈蠲缓，并此见勘不成灾地亩应否量予加恩，分别酌借口粮、籽种之处，着传谕各该督抚体察情形，查明据实复奏，候朕于新正酌量再降谕旨。将此由四百里各谕令知之。"（《清高宗实录》卷1240）

（乾隆五十年十月）壬寅，谕："本年河南、山东、江苏、安徽、湖北等省，春夏之间，雨泽缺少，被旱处所较多。业经节次降旨，分别蠲赈，各该处灾黎糊口有资，自不致复虞失所。惟是被灾地方米粮价值昂贵，该处兵丁所得月饷，恐不敷买食，生计未免拮据。着传谕河南、山东、江苏、安徽、湖北各督抚，即查明坐落灾地各营兵丁，其被灾较重者，赏借两月饷银，于明年夏秋两季扣还。被灾稍轻者，赏借一月饷银，于明年夏季扣还，俾得养赡身家，无虞食贵。该督抚其实力体察奉行，以副朕体恤兵丁之至意。"（《清高宗实录》卷1241）

（乾隆五十年十月丙午）四川总督李世杰奏："浙省杭、嘉、湖三府歉收，奏请来川采买。查委员到川，于民间购买，未免迟滞，请将奏定碾备楚粜仓米十五万石，先拨十万石兑交浙省。俟湖北官商到时，除存米五万外，如不敷用，再筹动碾。"得旨："所办好。该部知道。"（《清高宗实录》卷1241）

（乾隆五十年十二月癸卯）谕："据吴垣奏'湖北省现有展赈事宜，连前加赈不敷银两，除动支正、杂各款分给各属外，尚不敷银一百六十三万两，请于邻省拨解，以备支放'等语。湖北今岁被灾较重，赈恤银两不敷，自应早为筹备。着于浙江地丁拨银三十万两，两浙盐课拨银二十万两，湖南地丁拨银三十万两，长芦盐课拨银三十万两，浒墅关税拨银十万两，九江关税拨银四十三万两，共拨银一百六十三万两，该抚等各派委妥员，解交湖北，以备赈恤之用。该部即遵谕行。"（《清高宗实录》卷1245）

（乾隆五十年十二月乙巳）湖北巡抚吴垣奏："楚北本年旱灾，前经川督奏准，碾动仓米十五万石，豫备商籴。查楚省招商赴川，不下百余人，而买回官米者，仅止一名，余俱向民间贩运。川省官米，除拨济浙省外，尚存四万余石，应请委员赴川官买，以备春粜。"得旨："如所议行。"（《清高宗实录》卷1245）

（乾隆五十一年正月戊申）又谕："上年湖北江夏等州县并武昌等卫，因旱暵成灾，夏收无望，节经降旨，粜赈兼施，俾灾黎口食有资，不致一夫失所。第念现届东作方兴，青黄不接，民食恐不无拮据，所有成灾七、八、九、十分之江夏、武昌、咸宁、蒲圻、嘉鱼、汉阳、沔阳、黄陂、孝感、汉川、广济、黄安、麻城、黄梅、钟祥、荆门、应城、随州、江陵、公安、监利、襄阳、枣阳、谷城、光化、宜城等二十六州县，并坐落各该州县卫所屯田之极、次贫军民，着加恩于正赈散毕后，再行展赈一个月。其成灾五、六、七、八分之兴国、大冶、黄冈、蕲水、蕲州、罗田、潜江、京山、天门、当阳、安陆、云梦、应山、石首、通山、松滋、枝江、宜都、均州、郧县、崇阳等二十一州县，并勘不成灾之通城、南漳、东湖三县，以及坐落各该州县卫所军民，俱着加恩，分别赏借口粮、籽种，以资耕作。该督抚其董率所属，实力体察奉行，务使闾阎均沾实惠，以副朕轸念民艰、恩加无已之至意。该部即遵谕行。"（《清高宗实

录》卷 1246）

（乾隆五十一年正月庚申）谕："上年湖北、安徽、江苏等省被旱成灾，屡经降旨，加恩赈恤，并为之筹酌调剂，令将四川、江西米石接济各省，俾商贩流通，以平市价而裕民食。各该督抚均能仰体朕怀，督饬所属，尽心经理，实力妥办，甚属可嘉。此内如李世杰先行碾动常平仓谷，按照时价发粜，接济灾区，不分畛域，深得封疆大臣之体。书麟于各属应行放赈时，轻骑减从，比户亲查，灾氓得以均沾实惠，殊堪嘉奖。李世杰、书麟着交部从优议叙，舒常、特成额、闵鹗元、吴垣俱着交部议叙。"（《清高宗实录》卷 1246）

（乾隆五十一年三月癸酉）湖广总督特成额奏："湖北上年旱灾各属展赈事宜，现轻骑减从，亲赴武昌、汉阳、德安等府属抽查。"得旨："此语人皆能言，但未必能如书麟也。汝系旧家，又总督，应实力严管家人。"又奏："沿途麦苗均因春雨及时，青葱畅茂。"得旨："览奏欣慰。"又奏："驻防荆州满营兵米，向拨湖北各州县额征南米供支，新征南米未解荆时，于存贮荆仓襄漕米内借给。上年各属被灾，蠲剩南米，征解逾期，致去年十二月并本年三月初七以前满营兵米不敷支放，请均于荆仓存贮襄漕米内借支。其三月初七至七月初二应支米，因灾蠲拨给折色，秋成未届，兵买维艰，请照调支冬月本色例，并于支剩襄漕及添贮兵谷内碾放。又武昌、东湖、郧阳、襄阳、均州、谷城等六仓应支绿营兵米，亦因灾征解不齐，请照荆仓例，一律借各本仓襄漕米谷支放。"得旨："如所请行。"（《清高宗实录》卷 1251）

（乾隆五十一年四月癸未）谕："据富勒浑奏'广行商人潘文岩等禀称，闻江、浙一带现有荒歉，动拨帑金赈济，商等情殷报效，愿捐银三十万两，以资公用，请在藩库借支起解'等语，所奏殊可不必。上年江、浙、河南、山东、湖广等处被旱地方较多，节次降旨蠲免，并不惜数百万帑金，以为灾黎赈恤之用。今富勒浑以商人潘文岩等愿捐银三十万两，辄以入奏，殊属见小。封疆大吏，于地方紧要事件，自应实心整顿，乃富勒浑意存见好，殊非朕委任之意。试思各省赈济银两，俱出自帑金，先后已盈数百万，亦何用此商人些微捐助为耶？该部传谕富勒浑知之。”（《清高宗实录》卷1252）

（乾隆五十一年五月丙午）缓征湖北江夏、武昌、咸宁、嘉鱼、蒲圻、崇阳、兴国、大冶、通山、汉阳、汉川、黄陂、孝感、沔阳、黄冈、蕲水、麻城、黄安、罗田、蕲州、黄梅、广济、钟祥、京山、潜江、天门、荆门、当阳、安陆、云梦、应城、随州、应山、江陵、公安、石首、监利、松滋、枝江、宜都、襄阳、枣阳、宜城、均州、光化、谷城、郧阳等四十七州县，并屯田坐落之武昌、武左、沔阳、黄州、蕲州、荆州、荆左、荆右、襄阳、德安十卫上年旱灾额赋。（《清高宗实录》卷1254）

乾隆五十一年丙午五月己未，谕：“都察院奏‘据湖北江陵县民蒋鲁玉等控告县书苏秉六等克扣赈项，舞弊侵吞’一折。上年湖北被旱成灾，叠经降旨，粜赈兼施，并饬该督抚董率各属实力稽查，妥协办理，俾灾黎均沾实惠……”（《清高宗实录》卷1255）

（乾隆五十一年六月癸巳）又谕：“朕问及特成额上年湖北被灾情形，据其面奏‘去年江夏等州县旱暵成灾，夏收歉薄。该处绅士，谊笃桑梓，或出余米减粜’等语。上年江夏等州县被旱成灾，该处绅士谊敦任恤，减价出粜，甚属可嘉。着该督抚查明共有几人，据实奏闻，交部照例赏给议叙，以示优奖。”（《清高宗实录》卷1257）

（乾隆五十一年七月壬子）又谕曰：“李侍尧等奏‘审拟江陵县民蒋鲁玉等控告该县及书吏侵蚀赈银一案，讯系江陵县书吏苏秉六等虽无吞赈侵谷情弊，而于复查户口，勒索保正银六十余两，五人分用。知县孔毓檀于灾赈银两尚无侵蚀，但于领到银谷，先放附近各垸，其较远所，直至本年正月始行放给，以致灾民情急呈控。请将孔毓檀革职，从重发往军台，效力赎罪，书吏苏秉六等从重改发乌噜木齐为奴’等语。朕细阅此案情节，该县于灾赈银两不能按户发给，以致灾黎情急控告。该县如果实有侵蚀入己情弊，自应从严治罪，即立置重典，亦不为枉……今苏秉六等于跟随本官承办赈务，勒索保正银两，每人分得十余两。其呈报户口尚无增减情弊，即照李侍尧等所拟完结，亦足示儆。余着该部议奏。”（《清高宗实录》卷1258）

（乾隆五十一年七月乙卯）又谕：“……再上年淮徐一带及湖北、安徽等省被旱地方甚广，此次淮安所属，即有被水处所，亦不过一隅中之一隅。其抚恤所用及堵筑漫口约费若干，着李世杰等通盘核计，据实速奏……”（《清高宗实录》卷1258）

（乾隆五十一年十月辛丑）谕：“……上年湖北省被旱成灾，朕轸念灾黎，叠经降旨，蠲赈兼施。该督抚等于赈恤事宜，开销帑银至五百余万两。朕因该督等查办尚属认真，曾经降旨交部议叙。乃督抚以及布按不能实心督率各属妥协料理，俾灾氓均沾实惠，以致有贫民乏食、抢夺米粮之事……是该省吏治阘冗，废弛已极……”（《清高宗实录》卷1266）

（乾隆五十一年十月壬寅）谕军机大臣等：“上年湖北省被旱成灾，朕轸念灾黎，叠经降旨，蠲赈兼施，动用帑项五百余万两之多。该督抚及藩臬等果能督率府州县，实心料理，何至复有贫民乏食抢夺粮食之事？况该省被灾处所，不过几府州县，其应赈人口，有极贫、次贫，大口、小口之别，且其中尚有不应予赈者，断无有五百余万人口之数，即使果有此数，每人各给银一两，亦可均沾实惠，何致酿成事端？可见该督抚司道等并不认真查办，一任不肖之府州县官侵吏蚀，泽不下逮，以致穷黎乏食，抢夺逞凶，实出情理之外。着传谕李侍尧、李封即行严密访查湖北成灾各属正赈、展赈时，该地方官及吏胥人等有无混冒开销、侵肥入己情事，据实严参具奏。倘李侍尧等瞻徇情面，不行严查参奏，或将来别经发觉，该督抚恐不能当其咎也……”（《清高宗实录》卷1266）

（乾隆五十一年十月壬寅）谕：“……昨年湖北荒歉，已发五百余万帑金赈恤，若地方官办理得宜，何致尚有抢掠之事？即以为发帑不足用，何妨再请，朕岂惜而不与乎？此必有贪官污吏侵冒其间，以致饥民有不受实惠者耳。所关甚大，亦可恶……”（《清高宗实录》卷1266）

（乾隆五十一年十月）癸卯，谕曰：“朕爱养黎元，勤求民瘼，各省偶遇地方偏灾，一经禀报，即降旨蠲赈兼施，并屡谕该督抚实心实力，督率各属妥协办理，不惜千百万帑金，务俾灾黎均沾实惠，此朕五十余年如一日，亦天下臣民所共见共闻者。上年湖北荒歉，已发五百万帑金赈恤，若地方官办理得宜，何至复有贫民乏食、抢夺粮食之事？乃刘金立等因借贷不遂，辄将谷麦搬抢，而劣衿梅调元父子，竟敢纠众逞凶，活埋多命。此必该督抚、司道并不认真查办，一任贪官污吏，浮冒侵渔，以致朕恩不得下逮闾阎，乃有饥民乏食，抢夺滋事。及酿成重案之后，大小各员恐从此究出弊端，遂尔通同讳匿，联为一气。吏治如此，实出情理之外……”（《清高宗实录》卷1266）

（乾隆五十一年十月庚午）谕：“前据李侍尧等奏‘孝感县革生梅调元等因饥民抢掠粮食，纠众逞凶，活埋多命，地方官讳匿不办’一案，因思湖北因灾发帑至五百余万，为赈济饥民之用，即有所不足，再请亦所勿靳也。必系该省办理灾赈事务，有不肖官吏从中侵冒情弊，使恩不下逮，故降旨令该督等严查具奏。兹据李侍尧等查奏‘黄安县上年放赈，该县经承王炳、王言纶勾串知县陈玉之子虚开户口，侵冒赈项。又兴国州参革知州温有光于上年承办抚恤加赈，领银易钱，查对所放数目，竟有易多散少、侵渔入己情弊。请将知县陈玉革职，同参革知州温有光，提同应讯人等，一并严审，按律定拟’等语，已发者如是，未发者更不知几何也。上年湖北因旱成灾，朕轸念灾黎，蠲赈兼施，动用帑金至五百余万两，令特成额等督率所属加意抚恤。今据李侍尧等查奏，该省不肖州县竟有浮开户口、冒赈侵渔之事，此皆由特成额在湖广总督任内诸事废弛，而藩司永庆、臬司王廷燮亦俱因循怠玩，于赈恤要务全不认真查办，一任不肖州县分渔舞弊，以致灾民不能均沾实惠。若非令李侍尧、李封前往接任督抚，彻底清查，则此等劣员皆得饱其欲壑，不至败露，其何以肃吏治而惩贪墨耶……”（《清高宗实录》卷1267）

（乾隆五十一年十一月丙戌）谕军机大臣等：“……再前召见由湖北一带回京复命试官，将该省办赈情形面加询问，据奏‘办理赈务，全在各上司实力稽查，饬属妥办，虽有一二不肖劣员，自不敢稍有侵渔情弊’等语，所言似属有理。上年湖北被旱成灾，朕不惜五百万帑金加恩赈恤，原欲百姓等均沾实惠，该上司等果能逐层查核，州县等自无由滋弊。现在兴国州温有光、黄安县陈玉即于办赈案内有侵肥舞弊之事，可见该省赈务实有办理不善、冒赈分肥之处。并着李侍尧等于严审温有光等时，再行详晰研讯，如果各该上司等有通同侵肥之弊，即行据实严参，毋得稍存讳匿之见。”（《清高宗实录》卷1269）

（乾隆五十三年六月壬寅）谕军机大臣等：“据姜晟奏‘宜昌府属之长阳县，于五月二十一、二等日，大雨如注，山水陡发，平地水高八九尺至丈余不等。城墙倒塌，县监仓谷亦俱冲汕浸湿，并有坍塌衙署、民房及淹毙人口之处，现饬藩司陈淮前往勘办’等语。湖北长阳县因骤雨水发，宣泄不及，以致漫溢城墙，冲汕官民房屋，并损伤人口，情殊可悯，自应亟为抚恤。该抚业经派委藩司亲往查勘，着传谕该抚，即饬令详悉查明，有应行抚恤之处，照例分别妥办，毋使灾民失所。其城墙、衙署、监狱、仓廒实系被冲者，亦即确勘酌修，勿任牵冒。”（《清高宗实录》卷1306）

（乾隆五十三年七月壬戌）湖北巡抚姜晟复奏："长阳县被水，据藩司陈淮勘禀，水已涸退。计共被灾男妇一万五千余名口，塌房八千二百余间，已提荆州道府库银五千两、仓谷三百余石，散给口粮修费，民情安帖。"报闻。（《清高宗实录》卷1308）

（乾隆五十三年七月甲子）又谕曰："图桑阿、陈淮奏'六月二十日，荆江夏汛泛涨，随督同地方文武员弁，将护城各堤塍加筑抢修，各城门下闸堵闭，分段照料。讵酉刻堤塍溃决，江水直逼城下，冲开西、北两门，满、汉两城文武衙署、兵民房屋以及仓库、监狱俱被淹没，兵民多赴城上及屋顶、树上逃生，其奔走不及者多被淹毙。经陈淮令随身家丁扎筏渡赴沙市招募船只，图桑阿亦动项雇船，分救满、汉两城人口，赴城上搭棚栖止。现酌动府仓南米散给抚恤，其驻防、绿营兵丁俱照例借给一月口粮。监犯现查获三十八名，其余五十名是否淹毙或私逃，上紧查究。又随陈淮办事之州同娄业燿被冲无踪。至二十三日水势稍平，陈淮现在荆州，亲身督查，俟办有头绪，方可回省'等语。荆州江水泛涨，溃决堤塍，致满、汉两城俱被淹浸，兵民四散逃避，其奔走不及者即被淹毙情状，闻之惕然恻然。幸而陈淮因往长阳查灾回省，适至荆州，伊系藩司，呼应较灵，得招募船只，分救两城人口，并酌动府仓散借，兵民得资接济。该司此时自应在彼亲身督查，此次荆州被淹情形甚重，姜晟一得陈淮禀报，自已起程前往。舒常目下亦当回任，并着驰赴该处，会同详细查办，着加意抚恤，一面奏闻，一面动给，勿使兵民失所……将此由六百里加紧传谕舒常、姜晟，并谕令图桑阿、陈淮知之。仍着该督等将何日起程前往及现在查办情形，各行迅速复奏，以慰廑念。"（《清高宗实录》卷1308）

（乾隆五十三年七月）乙丑，谕军机大臣等："昨据图桑阿、陈淮奏，荆江夏汛泛涨，溃决堤塍，将府城及满城全行淹浸。已有旨，令舒常、姜晟速赴该处详细查办矣。此次荆州被淹情形较重，所伤人口必多，朕披阅奏折，为之惕然恻然。该督抚到彼后，务宜详悉查明，加意抚恤，一面奏闻，一面动给，俾资接济，不可讳饰，致兵民稍有失所。至水所淹浸，既在城郭地方，或于田禾尚可无妨，并着该督等逐加履勘，如亦有被淹损伤之处，即一并妥为抚恤，据实具奏。再阅图桑阿等折内称'堤塍溃决时，冲开西、北两门，水遂入城'等语，以所奏情形而论，堤应在江之南，而府城又应在堤之南，乃舆图并《一统志》图内，荆州府城又绘在江之北，与所奏情形不符。并着该督等即将荆江在府城何方、相距远近若干、堤塍在何处溃决，详细绘图贴说呈览，将此由六百里谕令知之。仍着将如何妥筹抚恤情形，迅速据实复奏，以慰廑注。"（《清高宗实录》卷1308）

（乾隆五十三年七月）己巳，谕："前据图桑阿、陈淮等奏，荆江夏汛泛涨，溃决堤塍，将府城及满城淹浸，冲没人口。朕览奏为之惕然恻然，随降旨令该督抚等即速驰赴该处，详悉查明，加意妥恤。嗣据舒常奏，得信后即与抚臣会商，豫饬附近各县动谷碾米，听候拨运接济，复提取库局钱银，以备应用。伊即由水路起程，亲往查勘，本日复据奏到'日夜加紧赶往，会同将军等迅速妥办'等语。前因舒常陛见回任后，未经奏有回任日期，是以谕令姜晟即速前往，履勘妥办。今舒常既已前赴该处，省城亦不可无大员弹压，且赈恤需用接济米谷、饼面、钱银等项，俱须由省城拨运，姜晟自当在省筹备一切，豫为布置，即可毋庸前往。舒常到彼后，务宜逐加履勘，详悉查明，加意妥为抚恤，一面奏闻，一面即行散给，俾资接济，毋致失所，不可稍存讳饰。至此次荆州被灾情形较重，附近村庄亦不无淹浸处所，而长阳一县，前此亦经被水，现在蒲圻、汉川、蕲水、罗田、黄梅、鹤峰等州县，复据姜晟奏'或因山水陡发，或因湖河漫溢，低洼田地，间有被淹'等语，各处被水，虽轻重不等，同系灾民，自宜一体查明，设法疏消，妥为抚恤。其有应行酌予赈缓之处，即据实奏明，分别办理，不可因荆州府城被灾较重，皆专注意办理，而于别州县被水处所，未免心存忽视，以致灾民或有失所向隅之叹。舒常、姜晟等务当一体详加妥办，以仰体朕轸念灾黎、一视同仁之意。”（《清高宗实录》卷1308）

（乾隆五十三年七月）辛未，谕：“前据图桑阿、陈淮奏‘荆州江水泛涨，堤塍溃决，以致府城及满城均被淹浸’。览之惕然恻然，已屡有旨谕令舒常等迅速前往，详晰查明，妥加抚恤矣。看来荆州被淹情形甚重……若该府民人安土重迁，或难改徙，不妨将城垣衙署酌移高阜处所，收小改建，亦无不可。至该处城工既需另建，而衙署、仓廒、监狱以及驻防官兵房屋一切亦被水淹，均须查明分别修建。其被灾人口，尤应亟行抚恤，需项浩繁，该省藩库所存银两必不敷用，着于户部库内，动拨银二百万两，并派户部司员二人，每人管解银一百万两，径送荆州应用。并着沿途各该督抚速备人夫车驮，直隶着派梁肯堂，河南着派景安，湖北着派李天培，并各派出道府营员一体护送，以期迅速解到。至此次荆州城垣可否改建及尚可因旧，朕不能悬度，及一切抚恤事宜，所关甚巨，恐舒常、姜晟等见识未能周到。阿桂历经委任，自能善体朕意……阿桂等到彼，当详细筹勘，妥协办理，不必泥于遵旨，以副朕轸念兵民、保障久远至意。其留京事务着绰克托代办。”（《清高宗实录》卷1308）

（乾隆五十三年七月辛未）又谕：“荆州被水，驻防兵丁冲毙多人，房屋、器具皆被淹浸，殊为可悯，着将借给伊等银两，俱施恩免其缴还，其淹毙马一千二百余匹，不必买补。且现在亦无拴养之地，着交乌尔图纳逊等，照数于牧群内择其肥健者，于明年秋凉咨付，并令图桑阿等派兵接护分给，免其缴价。仍着阿桂查看被灾情形，如尚有应行赏恤之处，即一面奏闻，一面办理，以副朕轸念兵丁、有加无已至意。”（《清高宗实录》卷1308）

（乾隆五十三年七月戊寅）谕军机大臣等：“……本年安徽、湖广二省，水势较大，间有泛滥之患，江西浮梁、鄱阳二县，因与祁门接壤，致被水冲。虽其地不过一隅，然该抚亦不可心存大意，如于民田庐舍，稍有淹损之处，即当查明抚恤，毋稍讳饰……”（《清高宗实录》卷1309）

（乾隆五十三年七月戊寅）又谕：“……又据舒常、图桑阿等奏‘坍塌兵房请借银修复，分年扣还’一折，此次荆州被淹尤重，所有该兵丁修复房屋各费，朕亦不忍复令其扣还，前已有旨，竟全行赏给。并着阿桂等到彼后，即遵前旨，会同查明妥办，仍酌量抚恤，俾无失所。至城厢内外淹毙大小男妇人口，经舒常等查明，共有一千三百六十余名。此等民人因躲避不及，仓猝淹毙，实堪怜悯，皆当赐恤。其余各灾户，现在城上搭棚居住者，尚有一万余人。虽据舒常奏，连日天气晴明，兼之捞获各仓湿米，散给糊口，人心安帖，览奏为之稍慰。但各灾户被淹之后，房屋坍倒，栖止无所，而田禾被水淹浸，亦恐多有损伤。着舒常等即先行详悉查明，加意抚恤。似此重灾，只当期于无遗，不必复言无滥。该督等宜善体朕意，妥协办理也……其被淹各处，虽有轻重不等，但同系灾民，皆当一例抚恤。不可因荆州府城被灾较重，皆注意在彼，而于被水之别州县，未免心存歧视，致有失所向隅之处。姜晟现在省城筹备一切，并着该抚一体详加妥办，以副朕轸念灾黎、一视同仁、有加无已之至意。”（《清高宗实录》卷1309）

（乾隆五十三年七月辛巳）谕军机大臣等：“据浦霖奏‘华容县地方，于六月十九至二十二等日，连日阴雨，又值荆河、襄河二水并发，陡长二丈二尺有余，各堤垸同时漫溢，田禾皆被浸损。其衙署、仓库、监狱并未淹及，亦无损伤人口，现在设法疏消’等语。湖北江水泛涨，荆州被淹，华容县正当荆江下游，该处因荆、襄之水同时并发，又值洞庭湖水盈满之候，宣泄不及，以致堤垸被淹，田禾浸损。着传谕浦霖，急须设法疏消，赶紧补种，以冀有秋。其被水居民，应行量加抚恤，并酌借工本、籽种之处，俱应勘明，加意妥为抚恤，毋得因一隅偏灾，致被水

贫民稍有失所。”(《清高宗实录》卷1309)

(乾隆五十三年七月壬午)又谕:“据舒常奏‘荆州府所属公安县地方,自六月二十日至二十五日,阴雨稍多,江湖并涨,城乡堤塍溃决,田禾庐舍多被水淹,衙署监仓坍塌无几,人口并无损伤。仓贮米谷抢至高阜,现将居民搬移高处,散给钱米,照例抚恤’,又据片称‘监利县滨临江湖,势更低下,亦被淹浸,现在派员查勘办理’等语。着传谕毕沅等,即将公安被水居民应行量加抚恤、散给口粮之处,加意妥为办理。其监利地方,查明被灾情形,亦着一体抚恤。并将该处积水早行设法疏消,毋得因荆州府城被灾最重,专于一处办理,以致他处被水贫民稍有失所。并谕舒常等知之。”(《清高宗实录》卷1309)

(乾隆五十三年八月)甲辰,原任湖广总督舒常奏:“臣委荆宜施道沈世焘往看监利、石首二县水灾。据禀,监利滨江之孙张王等月堤普漫,除南乡无水,其东、北、西三乡,惟五十七垸未淹,余皆弥漫,房屋、人口俱有坍伤,先已抚恤一月口粮。至东乡地势最低,水浸堤身,间有酥矬。石首沿江堤工稳固,因上游公安县东壁堤溃口波及该县,四乡俱被淹浸,房屋冲倒,尚未损伤人口,亦先抚恤一月口粮,现俱安贴。”得旨:“加意抚恤灾民,毋致失所。”(《清高宗实录》卷1310)

(乾隆五十三年八月)丙辰,谕军机大臣等:“本日据阿桂等奏‘察看荆州城垣堤工情形’一折,内称‘荆州郡城四面平原,别无高阜,未便轻议迁徙。此次被水较重,固由堤塍不固,而川江异涨,一时宣泄不及,以致壅高漫溢。其受病之由,询之土人等,多以窖金洲涨沙逼溜为言。因思濒江郡治,固借堤防为保障,但江流奔放,一泻千里,若下游扼塞关拦,则浩瀚之势,不能宣泄畅遂,自必至上壅为患。询访舆情,察看形势,其故总因下游之窖金洲涨阻’等语。下游扼塞,则上流自然冲决,病源在此,自当急为治理。前经舒常奏‘郡城江面迤西有龙尾洲一道，当即以该洲距现决堤工不远，恐江水至此，为其所逼北趋’，已谕令阿桂详悉履勘，妥筹办理。今据奏，下游之窖金洲涨沙梗阻，是以上游壅决为害，自应速行勘办，去其病源。况荆州四处平原，既无高阜之区，而移建城垣，所费不赀，且恐小民安土重迁，自不便复言移建。今堤工已大加修筑，岂可复留此洲，壅遏水势，致贻后患？舒常前奏此次被水与窖金洲无涉之处，伊固何能计及此也？着传谕阿桂，即再亲加履勘，并遍加访询，或于该洲之上开挑引河，或将洲尾酌量铲挖，以畅水势，速行绘图贴说奏来。但窖金洲亘涨日久，不知其上有无百姓居住，小民贪利，罔知后患，即如黄河外滩及西湖、淀河等处淤出之地，小民无不偷占开垦，与水争地。但窖金洲既于江流有碍，事关全郡保障，未便因有民居，因噎废食，置之不办。阿桂等宜谕令迁移，设法抽挑，以期江流畅达，不至仍前壅遏为害，方为妥善。又毕沅奏‘郡城被害虽重，水退尚速，现在有力之家，鸠工筑室，其贫乏之户，俱经给予修费，四乡涸出地亩，农民尚可补种荞谷’等语，览奏稍慰。目下已届深秋，所有应办赈济事宜，速即照例给予，毋待朕旨。又据阿桂奏‘现在荆州满城驻防官兵一切抚恤等事，约需银十四万余两’等语，阿桂所奏十四万之数，仅止抚恤满城官兵所用，而此外尚有赈恤灾黎及一切要工，需费自必更多。但朕为民生起见，即多费帑金，亦所不靳。前已拨银二百万两解楚备用，倘尚有不敷，着传谕阿桂、毕沅不妨再行据实具奏，另请筹拨。阿桂历经委任，自能仰体朕怀，妥协督办一切。毕沅新任湖广总督，地方是其专责，更当董率所属，遴委妥员，于各属成灾处所，分投确勘，实力赈恤，俾灾黎均沾实惠，毋使贪吏饱壑，方为不负任使。将此由六百里加紧各谕令知之。”（《清高宗实录》卷1311）

（乾隆五十三年九月乙丑）谕军机大臣等：“据海绍奏‘九江郡夏秋以来，大雨时行，川、楚水发，附近街衢四围皆有积水，现在渐次消落……’等语……”报闻。（《清高宗实录》卷1312）

（乾隆五十三年九月己巳）又谕曰："惠龄奏'湖北沔阳、黄冈二州县被水地亩，涸出无几，节候已迟，不能补种'等语。荆州上游各属被水贫民，前经降旨分别抚恤，其下游汉阳等县，亦经借给口粮，小民口食有资，自可无虞失所。今沔阳、黄冈二州县因积水未消，田亩未经涸出，难以补种，着借给一月口粮，以资接济。该督抚务须督饬该地方官，查明实在被水户口，按名给发，毋任假手胥役，稍滋克扣。其余成灾处所应行给赈者，并着该督抚照例具题，实力抚恤，以副朕轸念灾黎、有加无已至意。"（《清高宗实录》卷1312）

（乾隆五十三年九月壬申）谕曰："阿桂等奏'荆州城守绿营兵丁，因该处被水，共查有三百二十六名，所居屋宇多被冲没，一切家具、衣物亦多漂失，情形未免拮据。恳恩每名借给银四两，仍于应得饷银内，分三年扣还归款'等语。此次荆州府城被水较重，所有该处满洲驻防兵丁，业经降旨加恩酌赏银两，以资接济。今阿桂等既查明绿营兵丁房屋多有淹浸，自应一体加恩赏恤。所有此项被水之绿营兵丁三百二十六名，俱着每名赏给银四两，毋庸扣还归款，俾各安辑宁居，用示朕一视同仁至意。"（《清高宗实录》卷1312）

（乾隆五十三年九月乙亥）又谕曰："阿桂等奏'提讯垦种窖金洲沙地萧逢盛供称，伊祖父于雍正七年起至乾隆二十七年止，陆续向本处民人契买，种植芦苇'等语，此明系狡饰之词。各省民田庐舍，俱有管业之人，其辗转典卖，始得谓之契买。今江中涨出沙洲，自系官地，不论何处民人，何得据为己业？萧姓又何得向其契买？如萧姓契买属实，则雍正七年及乾隆二十七年以前，有此沙地者，又系何人？着传谕阿桂等即逐一查明，据实复奏，毋任狡展。又据毕沅奏'地方灾赈情形'一折，所奏尚未详晰。荆州被水之后，兵民荡析离居，朕心为之恻然，节经降旨，令该督抚等妥为抚恤。今江水久已消落，该处廛庐地亩曾否全行涸出？旗民人等经抚恤之后，能否安辑复旧？朕轸念灾区，无时或释，并

着毕沅等再行详悉查明，据实具奏，以慰廑注。”（《清高宗实录》卷1313）

（乾隆五十三年九月甲申）湖广总督毕沅奏：“楚北被水之区，共三十六处，江陵为最，其次公安、监利、石首、汉川、黄梅五属，又其次松滋、枝江、汉阳、沔阳、黄冈、长阳、广济、江夏八属，其余二十余处，皆不成灾。臣与惠龄将成灾者确查分数，按月散赈，即不成灾者，亦酌予缓征，量借籽种。”得旨：“览奏稍慰。”（《清高宗实录》卷1313）

（乾隆五十三年十月庚寅）谕军机大臣曰：“阿桂等奏‘赏给绿营兵丁银两’一折，内称‘兵丁等偶因猝被水灾，房屋漂失，荷蒙格外体恤，恳求叩谢天恩’等语。荆州此次被淹较重，兵民等荡析离居，朕心为之恻然惕然，特发给帑金，命阿桂前往，会同该督等详悉查勘，加意抚绥。目下积水早已消涸，兵丁等经抚恤之后，即或元气不能遽行全复，而一切居住房屋自必逐渐修建，此时约有几分光景，阿桂等亦当查明详晰奏闻。及阅本日奏到各折，俱系寻常复奏及代为谢恩之件，而于兵丁居住及生计情形竟未叙及，岂不知朕轸念灾区，无时或释耶？着传谕阿桂，即将荆州现在兵民房屋修建约有几分及舆情是否安辑之处据实奏闻，以慰廑注。本日镶蓝旗将荆州送到之骁骑校观布等带领引见，当令军机大臣询问一切，并着将原片发交阿桂阅看……将此由四百里传谕知之。”（《清高宗实录》卷1314）

（乾隆五十三年十月壬辰）谕军机大臣曰：“惠龄奏报‘襄河一带水势、堤塍各情形’一折，内称‘天门、潜江二县夏间被水田地，先经查明俱已涸出，补种秋粮。现在天门县被冲田地，禾稻已经收割，惟潜江一县带淹之感林、黄景等垸，秋后水涸，甫经补种杂粮，今复被水淹冲，当即飞饬臬司李天培驰往，督率地方官填筑溃口，酌量抚恤’等语。此次襄河水长，虽已在寒露之后，现在节过霜降，水势消退，自必甚速。第潜江一县，夏间曾经被水，甫经补种秋粮，又值襄河水涨，复被淹浸，情殊可悯。着传谕阿桂、毕沅于荆州事略定后，顺道前赴潜江，会同详悉查勘，该处积水是否业已疏消，其应如何酌加抚恤之处，一面奏闻，一面妥为办理，以副朕轸念灾区至意。又据毕沅等奏‘安襄郧道萧应植陡发风痰，请解任调理’等语，萧应植详报患病，适当襄河水涨之际，该处一切查勘抚绥，正需人料理，恐萧应植或系有心规避，借词捏饰，亦未可定。并着阿桂查明该员患病是否属实，倘系借病推诿，不准遽行回籍，应责令该员协同查勘被水各处，将应办各事宜全行完竣，再准回籍。将此传谕阿桂、毕沅，并谕惠龄知之。”寻阿桂奏：“潜江县被水，随涨随消，惟补种荞麦杂粮，间复被淹，计成灾不过一隅中之一隅，现在毕沅已赴该处查办。”又毕沅奏：“萧应植陡发风痰，详请解任，系在襄河水涨以前，实无规避捏饰情事。”均报闻。（《清高宗实录》卷1314）

（乾隆五十三年十月丙申）谕军机大臣等：“……又湖北省荆州堤塍溃决，并武昌、江夏、潜江等三十六州县，江河泛涨，田地房屋多被淹浸……节经降旨分别赈济，令该督抚等实力抚恤，毋使一夫失所。第念各该处被灾地方，秋成失望，于明春青黄不接之时，民力恐不无拮据，是否应需展赈蠲缓，并此外勘不成灾地亩，应否量予加恩，分别酌借口粮、耔种之处，着传谕陈用敷、何裕城、琅玕、毕沅、惠龄、浦霖即行体察情形，据实复奏，候朕于新正酌量加恩降旨。”（《清高宗实录》卷1314）

（乾隆五十三年十月丁未）又谕：“据毕沅奏‘勘定各属灾分轻重，应行办理各事宜’一折，已明降谕旨，分别加恩，并交该部详悉议奏矣。惟折内称‘应赈各州县初赈银两，按数于十月内一律散给，以后按分加赈，所有五十三年钱粮，照伊灾分循例蠲免，分年带征’等语，各属被灾地方钱粮，应缓征者例须带征，该督折内既称循例蠲免，何以复称分年带征，所奏殊未明晰。着传谕毕沅，将此一节详细查明，分晰具奏……”（《清高宗实录》卷1315）

（乾隆五十三年十月丁未）又谕："本年湖北荆州等属被灾较重，现据毕沅等查明灾分轻重情形，分晰具奏。所有荆州、汉阳、宜昌、武昌、安陆各府所属州县，成灾至九分、十分者，着将乾隆五十三年应征钱粮加恩蠲免。其成灾六、七、八分者，着交该部查照该督等原奏，于应行缓征定限分年带征之外，再酌为递缓宽限一季带征，以示格外体恤。余着该部妥议具奏。"（《清高宗实录》卷1315）

（乾隆五十三年十月）丁巳，谕曰："毕沅等奏'湖北被水各属内，江陵等县民屯田地，被水成灾，嗣因襄河涨发，潜江一县亦被淹浸。各该州县应完漕项银米，分应依限输纳，但察其情形，未免拮据'等语。湖北被灾各属，其本年及旧欠钱粮，业经分别蠲缓停征，兹届应完漕项之期，若即令依限输纳，民力究未免拮据。所有成灾较重之江陵、公安、石首、监利、汉阳、沔阳、黄冈、广济、黄梅、潜江十州县本年应征漕粮正耗米石、水脚随漕银两，均缓作两年带征。成灾较轻之松滋、江夏二县本年应征漕粮正耗米石、水脚随漕银两，亦缓作一年带征，统加恩俟下年带征五十年灾缓银米全完之后，再行递年带征。其各卫所屯田分坐灾地，应征各项运费银两，亦着一并缓至下年带征。俾得从容输纳，益资宽裕，以示朕加惠灾黎、有加无已至意。该部即遵谕行。"（《清高宗实录》卷1315）

（乾隆五十三年十一月壬戌）谕："……方今承平日久，生齿日繁，虽不能无故增加满洲等钱粮，岂有裁汰兵缺之理？况今岁荆州被灾，一切赈济，朕即动用二百万两，且从前二、三次蠲免普天下钱粮，不啻数千余万两。于彼皆不曾稍有爱惜，况此数两兵丁钱粮，朕岂肯复为节省乎？今魁伦、存泰等如此办理错谬，实未晓朕意，着传旨申饬。其养赡荆州水灾淹毙兵丁之孤寡，亦如是降旨矣。恐图桑阿等误会朕旨，亦未可定，着交图桑阿等，惟体朕悯恤旗仆，以期于事有益，酌量办理。将此仍晓谕满兵驻防各处知之。"（《清高宗实录》卷1316）

（乾隆五十三年十一月）庚午，谕曰："毕沅奏'本年监利县地方，因江湖涨漫，将东乡之孙张王公月堤二处普漫。该县堤工本系民办，但今年被灾较重，请借帑兴修，事竣按粮摊派，分三年征完'等语。本年荆州被水各堤工，应行加高培厚之处，俱经动项修筑，不惜多费帑金，以期便民经久。至监利县堤工，固系例应民办之事，第念该处甫遭淹浸，虽已优加抚恤，民力究不免拮据。所有该县孙张王公月堤需用土方，现据该督估计需银三万两以上，此次着加恩照荆州堤工，一体动用官项，以示朕轸念灾区、格外体恤至意。"（《清高宗实录》卷1316）

（乾隆五十三年十一月）丁丑，谕曰："毕沅奏'江陵县南岸及公安县各漫口，应补还堤塍，共需银一万九千二百余两。此项堤工，向俱民修，但本年被水较重，民力不无拮据，请借帑兴修，俟事竣按粮摊征'等语。本年荆州应修万城各堤工，因被水较重，特降旨官为修筑。其监利堤工，亦加恩动帑兴修。今江陵、公安两处补还漫口各堤塍，虽向例应归民办，第念该处甫经漫淹之后，民力恐不免拮据。所有该两县此次应修各堤银一万九千二百余两，并着加恩，一体动用官项，此后再照例办理，以示朕轸恤灾区、有加无已至意。"（《清高宗实录》卷1317）

（乾隆五十三年十一月丁丑）蠲缓湖北江陵、监利、公安、石首、松滋、枝江、汉川、汉阳、沔阳、黄梅、广济、黄冈、长阳、江夏、武昌、咸宁、嘉鱼、蒲圻、兴国、大冶、黄陂、孝感、蕲水、罗田、蕲州、天门、荆门、当阳、云梦、应城、宜都、潜江、东湖、归州、巴东、鹤峰等三十六州县本年被水灾民额赋有差。（《清高宗实录》卷1317）

（乾隆五十三年十二月壬辰）谕军机大臣等："据毕沅复奏'楚省本年被水各州县，应请分别加恩'一折，已照所请明降谕旨，俟新正颁发矣。第思本年江陵、监利两县因堤塍溃决，被淹尤重，更宜格外优恤。

该督等原折仅请展赈一月，自系荆州被水后，经朕节次加恩，优加赏恤。又现在修筑城垣堤塍，贫民赴工力作，以工代赈，不致觅食维艰，是以不敢宽为吁请。但朕轸恤灾区，不少为靳惜，现已加恩特将该县展赈两个月，该督等务宜督饬所属，妥协办理，俾小民均沾实惠，以副朕廑念穷檐、有加无已至意。将此先行传谕知之。”（《清高宗实录》卷 1318）

（乾隆五十三年十二月）丁未，谕：“据毕沅等奏‘查勘广济、黄梅二县堤工，向系民修，今请暂行借帑兴修，俟事竣分年摊征归款’等语。本年湖北荆州被水地方，所有万成及监利等处堤工，俱经发帑官为修筑。今广济等县堤塍，虽系例应民修之工，但念该处被灾之后，民力未免拮据。此次广济、黄梅二县堤工，估需银共二万八千一百余两，均着加恩动用官项修筑，俟将来再行照旧办理，以示朕加惠灾区、一视同仁至意。又另片奏‘广济县所属之武穴镇漫口一处，业经修筑，询系该处监生张植鹏率众兴修’等语。张植鹏首先集事，捐资修复，尚属急公，着赏给县丞职衔，以示鼓励。”（《清高宗实录》卷 1319）

（乾隆五十四年正月戊午）谕：“上年湖北江陵等州县，夏秋被水成灾，节经降旨抚赈，分别蠲缓带征，小民自可不至失所。第念今春正赈已毕、青黄不接之时，民食恐不无拮据，而江陵、监利两县，因堤塍溃决，被淹尤重，更宜格外优恤。着再加恩将江陵县成灾八、九、十分军民不分极、次，及监利县成灾八分极贫军民于正赈之外，再加赈两个月。其公安、汉川、黄梅三县成灾八分极贫军民，并各加赈一个月，俾资接济。又公安等四县内，成灾七分极、次贫，八分次贫，暨成灾六、七分之石首、汉阳、沔阳、黄冈、广济、长阳六州县，成灾五、六分之潜江县极、次贫各军民并成灾五分及勘不成灾各属，仍着该督抚察看情形，或酌借籽种、口粮，或减价平粜，分别酌办。该督抚等务须督饬所属，实心经理，俾灾黎均沾渥泽，以副朕轸念穷檐、普惠春祺至意。该部即遵谕行。”（《清高宗实录》卷 1320）

（乾隆五十四年六月丙子）蠲免湖北江夏、汉阳、汉川、沔阳、黄冈、黄梅、广济、潜江、江陵、公安、石首、监利、松滋、枝江、长阳等十五州县，暨武昌、武左、沔阳、黄州、蕲州、荆州、荆左、荆右、襄阳等九卫乾隆五十三年水灾额赋。（《清高宗实录》卷1333）

（乾隆五十四年八月丁卯）谕军机大臣等："据毕沅等奏'湖北各属得雨情形'，折内称'惟安陆、宜昌二府属有一二州县得雨未透，已饬该道府敬谨诚求，并斋心默祷'等语。楚北各属，前于六月中旬后暑雨少缺，兹于七月初旬得雨深透，秋田自可资以接济。但安陆、宜昌二府属，据奏仍复缺雨，朕心深为廑念。现在该二府属曾否续得雨泽、是否不致成灾，该督等务须详悉查明，据实具奏。如有成灾应行抚恤之处，即一面奏闻，一面妥为办理，毋得稍存讳饰，致灾黎或致失所。再惠龄奏到六月分粮价单，所开价值，览奏颇不明晰。昨阅刘峨所奏直隶粮价单，开列各项价值，颇觉眉目清朗，着照钞一分，寄惠龄阅看，令其嗣后即仿照此式开列具奏。将此各谕令知之。"（《清高宗实录》卷1336）

（乾隆五十四年九月壬子）湖广总督毕沅奏："汉江两次暴涨，致滨临汉水之荆门、潜江、江陵、监利四属低洼田垸间段被淹。荆门州地势较高，涸出之区可望薄收。其潜江、江陵、监利三属被水各垸并屯坐军丁，生计不无拮据。请先抚恤一月口粮，并请将该三属被淹民卫同荆门州带淹民卫本年应征漕粮各项及带征各年钱粮概行缓征。再目下汉水业已归槽，尽力疏消，尚可补种宿麦。"得旨："览奏稍慰，一切妥为之。"（《清高宗实录》卷1339）

（乾隆五十四年十月壬戌）又谕："……湖北荆门、潜江、江陵、监利四州县汉水陡发，低洼处所均被水灾。节经降旨，分别赈借，令该督抚等实力抚恤，毋使一夫失所。第念各该处被灾地方，秋成失望，于明春青黄不接之时，民力恐不无拮据。是否应需展赈，并此外勘不成灾地亩，应否酌借口粮、籽种之处，着传谕刘峨、闵鹗元、陈用敷、毕沅、惠龄、梁肯堂即行体察情形，据实复奏，候朕于新正酌量加恩降旨。”（《清高宗实录》卷1340）

（乾隆五十四年十一月）辛丑，湖北巡抚惠龄奏：“本年夏秋，潜江、江陵、监利、荆门四州县被淹田垸，实止一隅中之一隅。该军民均系上年赈恤之户，底册可查，无从弊混，业将抚恤一月口粮，按户散给。现在接放正赈，且值城堤各工并举，即无业贫民亦得借工食力。惟被淹极低各垸，积水未涸，现饬地方官上紧设法疏消，劝令赶种二麦。并饬该管道府督率放赈办工各员实力妥为经理。”得旨：“览奏稍慰。”（《清高宗实录》卷1343）

（乾隆五十五年正月）癸未，谕：“上年湖北荆门、潜江、江陵、监利等州县因秋泛汉水倒漾，低洼各垸先后被淹。业经降旨，令该督抚实力抚恤，分别赈济，小民自可不致失所。第念潜江等处本系积歉之区，上年又复被淹，今春正赈已毕，青黄不接之时，贫民口食维艰，着再加恩将潜江、江陵、监利三县成灾八分极贫各军民展赈一个月，以资接济。其成灾八分次贫及成灾七分极、次贫，并荆门州成灾五分各军民，仍着该督抚察看情形，或酌借籽种、口粮，或减价平粜，分别办理。该督等务宜督饬所属实心经理，俾灾黎均沾闿泽，以副朕轸念穷檐、普惠春膏至意。该部即遵谕行。”（《清高宗实录》卷1346）

（乾隆五十五年九月）己亥，谕曰：“毕沅奏‘湖北江夏、武昌等州县卫，所有应征节年缓带钱粮八十二万六千二百余两，请于本年征收十分之四。其余六分，于乾隆五十六、七、八三年，轮免正赋之期，按数完足’等语。楚省本年雨旸时若，闾阎幸获丰收，但于一岁之内新旧并征，民情不无拮据。着照该督所请，湖北江夏、武昌、咸宁、嘉鱼、蒲圻、兴国、大冶、汉阳、汉川、黄陂、孝感、沔阳、黄冈、蕲州、蕲水、黄梅、广济、潜江、天门、荆门、云梦、江陵、公安、石首、监利、松滋等二十六州县，并武昌、武左、沔阳、蕲州、黄州、荆州、荆左、荆右等八卫，所有应征节年缓带钱粮八十二万六千二百五十两零，着于本年先征十分之四，其余均于五十六、七、八轮免钱粮之年照数输纳。俾小民生计倍觉宽舒，以示朕嘉惠黎元至意。该部知道。”（《清高宗实录》卷1363）

（乾隆五十五年十一月）丁酉，谕曰：“……至折内所称，伊经过之直隶、山东、河南、湖广、江、浙、广西、贵州、云南等省，商民半皆蹙额兴叹之语，竟似居今之世，民不堪命矣。朕临御五十五年，子惠元元，恩施优渥，普免天下钱粮四次，普免各省漕粮二次，为数何啻万万。偶遇水旱偏灾，不惜千百万帑金，初助抚恤，赈贷兼施，蔀屋穷檐，共沾实惠。凡身被恩膏者，无不家喻户晓，小民等具有天良，方将感戴之不暇，何至蹙额兴叹，相聚怨咨？或系尹壮图往来途次，间有一二小民为胥役扰累者，向其陈诉，尹壮图亦即当据实奏闻，朕必差大臣往办。但此系闻之何人，于何处见此情状，亦令其据实指出……若如尹壮图所奏，则大小臣工等皆系虚词贡谀，面为欺罔，而朕五十余年以来竟系被人朦蔽，于外间一切情形，全无照察，终于不知矣。着尹壮图将所奏直隶等省亏空者何处，商民兴叹究系何人，月选官议论某缺亏空若干，又系闻自何人传说，逐一指实复奏。若果查询得实，朕从不肯颟顸混过，自有办法。尹壮图不可徒以空言无实，自蹈欺罔之咎也。”（《清高宗实录》卷1367）

（乾隆五十六年十一月）庚子，谕曰：“毕沅等奏‘湖北汉阳江岸停泊船只被火焚毁’一折，内称‘该处泊有回空漕船及铅船、盐船、民船约千余只，沿岸排列。十一月十一日，有民船一只失火，延烧各船，一时风狂火烈，被烧回空漕船十六只、铅船九只、盐船一只，沉溺铅六十四万余斤，淹伤贵州委员吏目吴抡元一员，淹毙家丁、舵工四名，水手九名不知下落’等语。此系无妄之灾，览奏深为悯恻……今汉阳江岸延烧官民船只，淹毙人口，猝被灾伤，此正上天垂戒满盈之意，是宜引以自儆，而益深乾惕也。所有汉阳江岸被烧漕船及沉失铅斤，事起仓卒，人力难施，何忍按例令被灾之运丁及委员等赔补？此项漕船十六只，俱着官为造办，免其着赔。明岁应运新漕，即着该督等雇募民船，无误开兑。其沉失铅斤，并令该督等督率所属，上紧打捞务获，如有捞不足数者，亦加恩豁免。至淹伤委员及淹毙人口，俱着妥为优恤。恐此外尚有并非在官人役及商民同时淹毙者，亦着查明确数，一体办理。该督等务须实力查办，以副朕恤灾爱民至意。”（《清高宗实录》卷1391）

（乾隆五十九年九月己丑）又谕：“据惠龄奏‘查勘沔阳等处被水情形，委员分路查抚’一折，内称‘各州县被水之处，必须分投查勘，该抚前赴汉川、沔阳、天门三州县督同查办，并委藩司汪新等分往京山、江陵等处办理抚恤。其被淹居民，俱即搭盖席棚，散给饼馍，并放给一月口粮，以资糊口’等语。沔阳等处猝被水淹，该抚因灾民亟需待哺，即亲往查办，并委员分投抚恤，所办尚妥。至所称‘倒塌房屋，分别草瓦房间，照例给与修费’等语，该处居民房屋多有被水浸损，人口亦有淹毙，情殊可悯。着加恩按例加两倍赏恤，并着该抚查明被水各属，如有冲损民堰应行修筑者，均着官为经理，准其作正开销，俾被灾之处民力得免拮据。该抚务须督率所属妥协办理，使小民均沾实惠，毋致一夫失所，以副朕廑念灾区、恩施逾格至意。”（《清高宗实录》卷1460）

（乾隆五十九年九月庚子）又谕曰：“惠龄奏‘潜江等县被水情形’一折，内称‘倒塌草瓦房间，照例给与修费’等语。前因该抚奏沔阳等县猝被水淹，有倒塌房屋、淹毙人口之处，早经降旨，按例加两倍赏恤。今潜江等处同被淹浸，所有倒塌房屋，自应一并加两倍赏给修费，以示体恤。又据另片奏‘京山、荆门各州县堤塍漫水之处，刷塌甚宽，例应民修，但需费甚巨，请借帑兴修，按年征还归款’等语，此项冲损堤堰，虽例应民修，但今年被水较重，均着加恩，官为修理，准其作正开销，不必征还归款，俾被灾之处，民力得免拮据。又据奏‘被淹各垸水渐消退，而低洼之处，尚积深四五尺’之语，目下正届补种秋麦之时，该处积水，何以不设法疏消？该抚务宜督饬地方官实力办理，速筹宣泄，俾积水全消，无误补种秋麦，此为最要。惠龄因办揭晓事宜，现回省城，着传谕该抚，事完之后，仍宜前往被灾各属，董率所属，实心妥办，使小民均沾实惠，毋致一夫失所，以副朕廑念灾区、恩施逾格至意。”（《清高宗实录》卷1461）

（乾隆五十九年十月丁卯）又谕：“据惠龄奏‘查勘京山等州县被水情形’一折，内称‘京山、潜江、天门、江陵、监利五县成灾较重之处实有七分，其余成灾六分、五分不等，荆门、沔阳、汉川三州县均各成灾五分，其余俱勘不成灾’等语。京山等州县猝被水灾，漫溢田庐，情殊可悯，现据该抚查明散赈，俾资口食，但此等被灾小民，生计维艰，若令照常输纳，恐民力益形拮据。所有京山等县本年未完钱粮，着该抚查明，按照成灾分数，照例分别蠲免缓征。其各县内应行带征历年钱粮、堤费，一体加恩，分别缓带。其各州县内坐落军户屯田并各军户应征本年运费，亦着一并查明，分别蠲缓。至勘不成灾各属地亩，均与灾地毗连，所有本年应征钱粮，均着缓至次年麦熟后征收，以纾民力。该抚惟当督率详查，妥为经理，核实题报，俾闾阎均沾实惠，以副朕轸念民依、有加无已至意。”（《清高宗实录》卷1462）

（乾隆五十九年十月己卯）谕军机大臣等：“……又江苏、安徽、湖北、湖南、福建、广东等省，或因河流下注，或因山水骤发，低洼地亩间被淹浸。虽止系一隅中之一隅，并经加恩抚恤，分别缓征，但明春是否尚须量为接济之处，并着各该督抚一体查明，据实具奏。”（《清高宗实录》卷1463）

（乾隆五十九年十二月）辛未，谕军机大臣等：“据惠龄奏‘本年被淹成灾之京山等八州县，内有涸出较迟之处，不免有误春耕。仰恳天恩，分别酌借籽种、口粮，以资接济’等语。湖北京山等州县，本年夏秋雨水稍多，偶被偏灾，前此降旨询问，原为明岁新正加恩，如有应行展赈及赏给口粮等事，方可谓之行庆施惠。至酌借籽种、口粮，只系该抚自行办理。乃称‘仰恳天恩’，措词殊属失当，惠龄着传旨申饬。除将原折照所请行外，将此谕令知之。”（《清高宗实录》卷1467）

（乾隆六十年正月壬辰）谕：“前经降旨，将各省节年正耗民欠及因灾缓带银谷普行豁免，并令各督抚详晰查明具奏。兹据福宁等奏到湖北省积年民欠，计节年未完民欠正耗钱粮及借修堤工并因灾出借口粮，共银十九万一百九十一两零，又常年出借、因灾出借常社义仓谷七万九千二百十六石零，均着加恩豁免。至该督抚等奏称‘乾隆五十九年江陵等八州县因灾蠲缓钱粮，系六十年启征之项，未敢列入’等语，所奏殊未喻朕意。朕临御六十年，普免钱粮四次、漕粮三次，其余水旱偏灾，蠲赈兼施，所费帑金，不下亿万万。今已将节年积欠全行豁免，岂有上年因灾蠲缓之项，斤斤较此锱铢，转令向隅之理？所有此项银粮，并着该督抚查明数目，速行咨部题豁，用敷闿泽而普春祺。”（《清高宗实录》卷1468）

（乾隆六十年四月甲辰）蠲缓湖北汉川、沔阳、京山、潜江、天门、江陵、监利、荆门八州县，武左、沔阳、荆州、荆左、荆右五卫乾隆五十九年水灾额赋有差。（《清高宗实录》卷1477）

（乾隆六十年六月己酉）又谕：“据惠龄奏‘五月间大雨后，襄江新涨，水势汹涌，以致荆门之郑家港、天门之沅家口堤塍同时漫水。该处居民房屋间有淹浸，并未倒坏，亦无损伤人口’等语，荆门、天门等处猝被水灾，民房间有淹浸，殊堪怜悯。现经该抚等豫备馍饼、芦席等物，按名散给，以资栖食，务须加意查察，勿任吏胥从中侵扣，俾无业贫民均沾实惠，不致稍有失所，方为妥善。又据惠龄奏‘汪新现在办理军需，请暂留楚省，查办军需事竣，再赴安徽新任’等语，湖北现有办理军需事宜，正关紧要，祖之望系新任藩司，地方情形自必生疏，军需事宜更未能熟谙。汪新虽升安徽巡抚，应自行奏请留于该处，一手经理，乃尚称俟祖之望到任交印后，即驰赴新任，并即奏请陛见，殊属不知缓急。看来新任汪新只系循分供职之员，竟不晓事，除将伊交部察议外，仍着传旨申饬。祖之望到楚后，汪新亦不必将藩司印篆交出，即兼摄湖北藩司，同祖之望将军需事宜悉心经办妥协，俟军务告竣，再行交印，前往安徽巡抚之任，亦未为迟。至惠龄在京供职多年，且曾为参赞，岂不知事体轻重？今以该处办理军需关系紧要，请留汪新一手经办，所奏尚是。但既令汪新在楚，即不应令其交卸藩篆，乃折内尚称祖之望到任，令汪新交篆，亦属非是。惠龄着一并申饬。将此各谕令知之。”（《清高宗实录》卷1481）

乾隆六十年乙卯七月乙丑，蠲免湖北江陵、监利、潜江、天门、京山、荆门、沔阳、汉川等八州县并沔阳、荆州、荆左、荆右等四卫乾隆五十九年分被水灾民额赋。（《清高宗实录》卷1483）

（乾隆六十年十月）己丑，谕曰：“惠龄奏‘湖北荆门、天门二州县因本年五月间连降大雨，汉水盛涨，堤塍陡被水漫，并及下游之潜江、沔阳等属，低洼处所，均有被淹’等语。荆门等各州县因夏间雨水盛涨，各堤垸均有被淹，虽据该抚饬同该管道府等勘明被水各垸早经涸出，均属薄有收成，但查各该处上年、今年叠遇水灾，元气一时未能尽复，所有本年应征钱粮若一律催征，民力更形拮据。着加恩将荆门州之马上一等九垸、潜江县之长一等二十九垸、天门县之连鱼团等二十七垸、沔阳州之小石等二十八垸本年应征钱粮缓至次年麦熟后征收，以示体恤。该

抚惟当督率所属，妥为经理，俾小民均沾实惠，以副朕轸念闾阎、恩加无已至意。该部即遵谕行。”（《清高宗实录》卷1488）

（乾隆六十年十月丁未）湖广总督毕沅奏：“湖广早稻，中、晚二禾，收成均八、九分余。北省荆门、潜江、天门、沔阳等四州县因襄水陡涨，偏隅被淹，不致成灾……”得旨：“欣慰览之。”（《清高宗实录》卷1489）

（嘉庆元年二月丁酉）谕军机大臣等：“……至湖广地方，上年虽属丰收，但枝江、宜都、长乐、长阳、东湖、当阳、远安七县，现经匪徒四出滋扰，未便照旧开征。除就近谕知户部外，并着毕沅、惠龄即行誊黄出示，将此七县应征钱粮俱先予缓征，俟平定后，再降谕旨。其被贼焚抢之处，并妥为绥辑，勿任少有失所，使知肆逆者法所必诛，安分者恩所必逮，以副朕廑念灾黎、嘉惠善良至意。”（《清仁宗实录》卷2）

（嘉庆元年五月乙卯）缓征湖北附近灾区昼夜御贼之宣恩、潜江、天门、江陵、松滋五县新旧额赋。（《清仁宗实录》卷5）

（嘉庆元年六月）庚寅，谕内阁：“湖北教匪滋事，肆行劫掠，焚烧村庄，业经官兵屡加剿杀，而该省绅士、百姓等能知大义，团练乡勇随同官兵打仗杀贼，实属可嘉……朕心实为轸念，宜加渥泽，以示体恤。除该二省被贼扰累地方，业经加恩分别蠲缓外，着再加恩将湖南、湖北二省来岁应征钱粮俱行豁免，俾被扰失业者得以复其生计，而急公出力者亦可更资温饱。并着该督抚速行誊黄宣示，务令乡村僻壤咸使闻知。”（《清仁宗实录》卷6）

（嘉庆元年六月丙申）抚恤湖北荆门、潜江、沔阳、天门、监利、江陵六州县被水灾民并免本年额赋。（《清仁宗实录》卷6）

（嘉庆元年八月甲戌）毕沅奏当阳善后事宜六款：“……一、城内良民被贼滋扰日久，应照水旱灾伤极贫例，普给三个月口粮，房屋被焚者，酌赏修费。一、贼众仓卒入城，官民士女守义捐躯者，现饬查事迹，题请议恤旌表，以示激劝。一、当阳东、南二面城身残坏，文庙及衙署、监狱、仓廒亦经焚毁，急应修建。此外仓谷、库银、狱囚荡然一空，现调取荆门州案据，查清另报。”下部知之。（《清仁宗实录》卷8）

（嘉庆元年八月丁酉）给湖北荆门州被水灾民一月口粮。（《清仁宗实录》卷8）

（嘉庆元年八月庚子）给湖北江陵、监利、公安、石首、松滋五县被水灾民一月口粮。（《清仁宗实录》卷8）

（嘉庆元年九月乙丑）缓征湖北江夏、嘉鱼二县水灾新旧额赋。（《清仁宗实录》卷9）

（嘉庆二年正月癸卯）免湖北汉川、公安、石首、松滋四县元年水灾额赋，加赈荆门、潜江、天门、沔阳、江陵、监利六州县被水灾民。（《清仁宗实录》卷13）

（嘉庆二年十月丙午）缓征湖北天门、松滋、公安、石首四县水灾本年漕粮。（《清仁宗实录》卷23）

（嘉庆二年十月丁未）赈湖北江陵、监利、荆门、当阳四州县被旱灾民。（《清仁宗实录》卷23）

（嘉庆三年八月辛丑）景安奏：“湖北被贼滋扰难民，例应给赈三月，又上年被旱之江陵等四州县，奉旨赏给一月口粮。前经抚臣高杞奏上年被旱、被扰之区，即在本年续经被扰地方，应统归本年被扰案内查办，以免重复冒滥。查楚北被贼各属，有上年被扰本年贼氛未经者，亦有本年贼到之处上年未被蹂躏者，情形不一，势难归并。且有上年被旱并未被贼，而本年虽被蹂躏亦未尽被旱者，若止赈本年被难之户，而置上年于不问，是一属之中，办理两歧。应请仍分别给赈，以免向隅。”报闻。（《清仁宗实录》卷33）

（嘉庆四年六月）丙午，谕内阁：“祖之望奏‘汉水上游陡涨，荆门、潜江等处民堤间有漫淹’等语。楚省邪氛甫敛，民困稍苏，今又因汉江上游水势涨发，荆门、潜江等处间被冲淹，深为可悯。着该抚等督饬所属，速行查明被淹户口，实力抚恤。并将各堤缺口上紧抢筑，积水设法疏消，俾得补种，以期有秋，勿使一夫失所。”（《清仁宗实录》卷47）

（嘉庆四年七月癸未）缓征湖北潜江、京山、荆门、天门、沔阳、汉川、江陵、监利八州县水灾本年额赋。（《清仁宗实录》卷49）

（嘉庆五年正月辛酉）贷湖北荆门、潜江、天门三州县被水军民籽种、口粮。（《清仁宗实录》卷57）

（嘉庆五年正月庚辰）缓征湖北被贼滋扰之竹山、竹溪、房、保康、南漳、东湖、兴山、归、巴东九州县卫本年春征额赋，并荆州、荆左、荆右、沔阳四卫及枝江、松滋、宜都、当阳四县未完节年运费、义帮等银。（《清仁宗实录》卷58）

（嘉庆六年正月丁酉）命截留湖北漕粮六万七千七百余石，备恤被贼难民。（《清仁宗实录》卷78）

（嘉庆六年二月乙丑）赈湖北被贼滋扰之竹溪、竹山、房、保康四县

贫民。(《清仁宗实录》卷79)

(嘉庆六年八月)癸酉,谕内阁:“前据经略额勒登保、参赞德楞泰先后参奏倭什布在巡抚任内办理粮饷种种贻误……并闻于赈济饥民一事张大其词,多有不实……各等情,当经降旨,将倭什布革职拿问解京,交军机大臣会同刑部严讯。倭什布逐条登答,惟自认办理不善,其余坚不承认,是以节次降旨交吴熊光详查具奏……又上年倭什布奏报郧县难民二十余万,内有各回本籍民人,并非全系待赈之人。倭什布并不分别查察,率行入奏,实属张大其词。以上各款,尚无贪婪骫法及纵容家人舞弊之处。其经理军需不能妥协,以致多有贻误,并于饥民数目奏报不实,自当治以应得之罪……”……(《清仁宗实录》卷86)

(嘉庆七年六月)甲子,谕军机大臣等:“全保奏‘湖北被水各州县酌筹抚恤’一折,据称‘汉阳府属之汉川、沔阳,安陆府属之潜江、天门、京山、钟祥,荆州府属之公安、松滋、江陵、监利等州县,经各该地方官陆续禀报,或因连日大雨,或因江水骤涨,堤塍俱被漫淹’等语。看来各州县被水情形,公安一县较重。该县地处下游,江陵、松滋二水并泻,城内水深至丈许,衙署、民房、城墙、仓廒多有倒塌,尚云人口幸未损伤,殊不可信。外省报灾,总不肯据实,推原其故,皆由徇庇属员、自免处分起见。试思一二人之功名,与千百人之性命相较,其轻重何啻霄壤。现据该抚将被灾较重之公安、潜江二县先行抚恤一月口粮,自应如此办理。此外如再查有被水较重应行抚恤之处,即着全保等据实奏闻,不可讳饰,如地方官有匿灾不报者,即行指名严参。”(《清仁宗实录》卷99)

(嘉庆七年七月己丑)缓征湖北公安、松滋、江陵、监利、汉川、天门、潜江、钟祥八县水灾新旧额赋,并给公安、潜江、松滋、江陵四县灾民一月口粮。(《清仁宗实录》卷101)

（嘉庆七年八月庚申）谕内阁："给事中萧芝奏陈时政一折，内称'江西受旱十有一府，目下虽市粮无缺，恐今冬明春无所接济，请将两淮盐义仓谷石碾运江西，以资平粜'等语。此事可行。上年因湖北被灾，曾经将两淮义仓贮谷二十万石协济湖北，今江省被旱，事同一例……"（《清仁宗实录》卷102）

（嘉庆七年八月丙寅）缓征湖北江夏、咸宁、嘉鱼、崇阳、通山、汉阳、黄陂、孝感、安陆、云梦、应城、武昌、蒲圻、兴国、大冶、黄冈、蕲水、蕲、黄梅、广济、麻城、罗田、黄安、荆门、汉川、潜江、公安、江陵、松滋、监利三十州县旱灾、水灾新旧额赋漕粮有差。（《清仁宗实录》卷102）

（嘉庆七年九月癸巳）缓征湖北公安、潜江、松滋、监利、汉川、天门、荆门、京山、通城九州县水灾、旱灾新旧漕粮额赋有差，并给各都垸军民一月口粮。（《清仁宗实录》卷103）

（嘉庆八年正月庚午）免湖北潜江、公安、江陵、监利、松滋、汉川、沔阳、钟祥、天门、荆门、江夏、咸宁、嘉鱼、汉阳、黄陂、孝感、安陆、云梦、应城、京山、枝江、武昌、蒲圻、崇阳、通山、通城、兴国、大冶、黄冈、蕲水、麻城、黄安、罗田、蕲、黄梅、广济、随、应山三十八州县并各卫所上年水灾、旱灾额赋有差。又免荆州、荆左、荆右、沔阳四卫缓带元、二、三年漕运各款银。（《清仁宗实录》卷107）

（嘉庆八年十一月壬寅）缓征湖北兴山、巴东二县旱灾额赋。（《清仁宗实录》卷123）

（嘉庆九年六月己巳）缓征湖北被贼滋扰及邻近贼氛之江夏、咸宁、嘉鱼、通城、汉阳、汉川、沔阳、黄冈、麻城、潜江、天门、云梦、公安、石首、监利、松滋、武昌、兴国、大冶、通山、蕲水、罗田、蕲、黄梅、广济二十五州县并屯坐各卫历年积欠额赋有差。（《清仁宗实录》卷130）

（嘉庆九年七月癸巳）缓征湖北天门、沔阳、汉川、荆门、潜江、江陵、监利七州县及屯坐各卫水灾本年额赋。（《清仁宗实录》卷131）

（嘉庆九年七月辛丑）缓征湖北黄梅县水灾本年额赋，并给一月口粮。（《清仁宗实录》卷131）

（嘉庆十年正月辛卯）给湖北黄梅县被水军民一月口粮，展缓汉川、沔阳、天门、潜江、监利、黄梅、荆门、江陵八州县节年旧欠民屯额赋有差。（《清仁宗实录》卷139）

（嘉庆十年闰六月丙戌）给湖北钟祥、天门二县被水灾民一月口粮，并缓征钟祥、荆门、京山、天门、潜江、沔阳、汉川七州县及屯坐各卫所新旧额赋。（《清仁宗实录》卷146）

（嘉庆十年九月戊午）展缓湖北潜江、天门、江陵、监利四县摊征节年修堤银。（《清仁宗实录》卷150）

（嘉庆十年十月庚子）免湖北天门、汉川、潜江、京山、钟祥五县本年额赋十分之一，缓征沔阳、荆门、江陵、监利四州县新旧额赋，贷天门县属两次被水灾民耔种。（《清仁宗实录》卷151）

（嘉庆十一年十一月丁巳）缓征湖北汉川、沔阳、潜江、天门、荆门五州县并屯坐各卫被水灾民新旧额赋及未完南米、耔种、堤费。（《清仁宗

实录》卷 170）

（嘉庆十二年三月丁未）谕军机大臣等："据汪志伊奏'查勘堤工，目睹各州县境内积年被水田亩未涸，请将湖北岸商匣费银两作为防堵疏消之用'一折。堤垸保卫田庐，关系紧要。今汪志伊目睹汉阳等州县均有未涸田亩未筑堤塍，并接据呈报江陵县一百余垸因万城堤溃口，田亩尽沉水底，监利县一百余垸情形相同，天门县七十二垸全数被淹。此外汉阳、潜江、荆门、公安、应城等州县，民间连名具呈，或请堵塞开疏，或请减则豁粮，不下数十起，自应亟筹勘办，以兴水利而卫民田。其所请岸商匣费一项作为修理之用，自系以公济公，事属可行。惟据称'该省岸商向有督抚衙门匣费每年银十万两，因节奉谕旨查禁后，历任督抚俱未敢收受'等语，此项匣费银两现存何处、核计共有若干、现在修垸之费实需若干，着汪志伊咨会额勒布查核明确，会同妥议具奏。将此谕令知之。"（《清仁宗实录》卷 176）

（嘉庆十二年九月）癸丑，缓征湖北江夏、咸宁、嘉鱼、蒲圻、崇阳、通城、汉阳、黄陂、孝感、安陆、云梦、应城、应山、随、枣阳、武昌、兴国、通山、汉川、黄冈、麻城、广济、黄安、罗田、黄梅、钟祥、京山、潜江、天门、江陵、石首、监利、宜都、襄阳、荆门三十五州县旱灾本年额赋，并节年带征银米。（《清仁宗实录》卷 185）

（嘉庆十三年正月己亥）贷湖北江夏、咸宁、嘉鱼、蒲圻、崇阳、通城、汉阳、黄坡[①]、孝感、安陆、云梦、应城、随、应山、枣阳十五州县暨屯坐各卫所被旱灾民籽种、仓谷。（《清仁宗实录》卷 191）

（嘉庆十三年正月）甲寅，缓征湖北汉阳、汉川、沔阳、钟祥、潜

① 坡：应为"陂"之误。

江、天门、应城、江陵、监利、荆门十州县及武左、沔阳、德安、荆州、荆左五卫积水田亩应征各项银米。（《清仁宗实录》卷191）

（嘉庆十三年十月）癸丑，展缓湖北江夏、兴国、黄梅、江陵、监利、钟祥、天门、潜江、荆门、武昌、孝感、黄冈十二州县，及武昌正、左二卫，德安所节年带征额赋。（《清仁宗实录》卷202）

（嘉庆十五年十二月乙未）缓征湖北汉川、黄梅、广济、蕲四州县并屯坐各卫所被水地亩本年额赋。（《清仁宗实录》卷237）

（嘉庆十六年十月己未）缓征湖北江夏、咸宁、嘉鱼、蒲圻、崇阳、通城、兴国、通山、钟祥、应山、襄阳、光化、荆门、当阳、武昌、汉阳、汉川、黄陂、孝感、黄冈、蕲水、潜江、安陆、随、江陵、松滋、枝江、宜都、谷城二十九州县及屯坐各卫所旱灾新旧额赋有差。（《清仁宗实录》卷249）

（嘉庆十七年正月丙子）贷湖北江夏、咸宁、嘉鱼、蒲圻、崇阳、通城、兴国、通山、钟祥、应山、襄阳、光化、荆门、当阳十四州县及屯坐各卫所上年被旱灾民籽种、仓谷。（《清仁宗实录》卷253）

（嘉庆十八年六月癸丑）命拨奉天官仓粟米二十万石，并截留湖广漕船稄米五万石，备赈直隶顺德、广平、大名三府被旱灾民。（《清仁宗实录》卷270）

（嘉庆十八年九月辛未）除湖北石首县沿江坍没田二十八顷五十亩有奇额赋。（《清仁宗实录》卷273）

（嘉庆十八年十一月乙亥）展缓湖北江陵、公安、石首、随、应山、天门、汉川、沔阳、潜江、枝江十州县及各卫所水灾、旱灾新旧额赋有差，并缓征江夏、武昌、兴国、黄陂、孝感、黄冈、蕲水、荆门、嘉鱼、崇阳、通城、汉阳、钟祥、安陆、襄阳十五州县，武昌、武左、德安三卫旧欠额赋。（《清仁宗实录》卷278）

（嘉庆十八年十一月己卯）又谕："御史汪梅鼎奏'请申明放赈定例，以重民瘼'一折。各直省偶遇偏灾，施恩赈恤，原期实惠及民，不使一夫失所。地方官自应遵照定例，于查报户口之初官给册费，亲勘填册，按户散放，并将应散银米数目、户口姓名明白刊示，以杜胥吏中饱之弊。近乃里保申报、书吏造册均索使费，官又辗转克扣，以银易钱，减价侵渔。种种流弊，不一而足。本年直隶、河南、山东、安徽、湖北、陕、甘等省各有歉收处所，已节次降旨赈恤。而直、豫、东三省交界毗连之处，兼有贼匪蹂躏，小民颠沛流离，尤堪悯恻。若地方官当此之时，办理赈务及抚恤难民仍不认真经理，竟有侵蚀克扣等事，非我臣仆，其情难恕。一经发觉，必立予正法，以为玩视民瘼者戒。各该督抚等务当督饬所属实心抚恤，用副朕惠爱黎元至意。"（《清仁宗实录》卷279）

（嘉庆十九年正月庚午）贷湖北随、应山、江陵、公安、石首五州县及屯坐各卫所上年被水、被旱灾民耔种。（《清仁宗实录》卷282）

（嘉庆十九年四月乙亥）缓征湖北沔阳、监利、天门、荆门、应城五州县上年歉收新旧额赋。（《清仁宗实录》卷289）

（嘉庆十九年八月庚午）缓征湖北沔阳州淤地新赋。（《清仁宗实录》卷294）

（嘉庆十九年十一月庚子）缓征湖北黄陂、孝感、安陆、应城、随、应山、云梦、江夏、武昌、嘉鱼、兴国、汉阳十二州县及武昌、武左、

德安三卫旱灾本年额赋漕粮并旧欠银米、耔种有差。（《清仁宗实录》卷299）

（嘉庆二十年十月癸酉）缓征湖北沔阳、天门、江陵、公安、石首、枝江、荆门、潜江、汉川、黄冈等十州县并屯坐各卫被水村庄新旧额赋。（《清仁宗实录》卷311）

（嘉庆二十年十一月丁未）缓征湖北京山、汉阳二县及屯坐各卫水灾本年额赋。（《清仁宗实录》卷312）

（嘉庆二十一年正月戊申）缓征湖北沔阳、汉川、天门、江陵四州县上年被水淤田花利银。（《清仁宗实录》卷315）

（嘉庆二十一年十一月甲子）缓征湖北汉川、沔阳、潜江、天门、江陵、公安、监利、江夏、武昌、嘉鱼、汉阳、松滋、咸宁、兴国、黄冈、黄梅、石首、荆门十八州县及屯坐各卫水灾新旧额赋有差。（《清仁宗实录》卷324）

（嘉庆二十三年三月）丙辰，缓征湖北汉川、沔阳、潜江、天门、江陵、荆门、汉阳七州县水灾带征额赋。（《清仁宗实录》卷340）

（嘉庆二十三年十一月辛酉）缓征湖北天门、沔阳二州县及屯坐各卫水灾节年旧欠额赋。（《清仁宗实录》卷350）

（嘉庆二十四年六月）庚申，除湖北黄梅县坍没地四十六顷九十一亩有奇额赋。（《清仁宗实录》卷359）

（嘉庆二十四年九月丙戌）免湖北汉川、天门、沔阳三州县应追花利银。（《清仁宗实录》卷362）

（嘉庆二十四年十二月乙巳）缓征湖北汉川、沔阳、潜江、天门、江陵、公安、松滋、汉阳八州县及屯坐各卫水灾本年及上年额赋漕粮。（《清仁宗实录》卷 365）

（嘉庆二十五年十一月乙丑）展缓湖北嘉鱼、蒲圻、咸宁、崇阳、通城、通山、松滋、荆门、沔阳、潜江、江陵、公安、汉川、兴国、江夏、汉阳、天门十七州县被水、被旱、被雹村庄本年漕屯额赋，并带征积年未完银米有差。（《清宣宗实录》卷 8）

（道光元年七月乙丑）湖广总督陈若霖奏“湖北保康县被水捐资抚恤”一折。批：“妥为查办。如有应行抚恤之处，即日具奏，慎勿稍有隐匿也。”（《清宣宗实录》卷 21）

（道光元年十月壬寅）缓征湖北天门、潜江、江陵、沔阳、荆门、京山、监利、汉阳八州县暨屯坐各卫新旧钱漕、屯饷及淤田花利、堤闸各费。（《清宣宗实录》卷 25）

（道光元年十二月庚子）免湖北汉阳、天门、汉川三县节年民欠花利银。（《清宣宗实录》卷 27）

（道光二年六月己巳）除湖北汉川县水冲沙压田七百三十六顷五十八亩有奇额赋，并免节年未完银米。（《清宣宗实录》卷 37）

（道光二年十月丁卯）赈湖北天门、钟祥二县被水灾民，蠲免新旧额赋，缓征沔阳、荆门、京山、汉阳、汉川、潜江、江陵、监利八州县额赋有差。（《清宣宗实录》卷 43）

（道光三年四月乙卯）给湖北天门县上年水灾被淹民房修费。（《清宣宗实录》卷51）

（道光三年六月甲子）除湖北汉川县水冲沙压垸田七百三十六顷五十八亩有奇额赋。（《清宣宗实录》卷53）

（道光三年七月庚寅）给湖北黄梅县被水灾民口粮。（《清宣宗实录》卷55）

（道光三年八月庚子）谕内阁："孙玉庭等奏'筹议安徽省各属被水事宜'一折。本年安徽省滨江各州县被水较重，米价渐昂，民食兵糈攸关，自应豫为筹备。着照所请，准其援照嘉庆十九年采买成案，于安徽藩库动项，委员前赴四川、湖广、江西等省探价购买米十万石，如价值不敷，即于采买省分就近动借。一俟运回到皖，先约计灾缺兵粮，尽先提贮，余即分运灾区，减价平粜。其动用银两若干及将来如何归还库款，统俟事竣后，核实办理……"（《清宣宗实录》卷56）

（道光三年八月）辛亥，安徽巡抚陶澍奏："委员赴四川、湖广、江西等省采买米石，并劝谕绅商捐赈，以资接济。"得旨："随时妥办，勿使灾黎失所，勉之。"（《清宣宗实录》卷56）

（道光三年八月甲寅）湖广总督李鸿宾等……又奏："黄梅县被水各镇钱粮，请照例先行缓征，并续报潜江、松滋、广济、武昌、石首、荆门、谷城七州县各有被淹处所，俟确勘后奏请分别办理。"批："明白察看，据实奏闻。"（《清宣宗实录》卷57）

（道光三年八月乙卯）谕内阁："……俟外省客贩流通，即行停止。至浙省本地商人前赴湖北汉口一带米多价平之区分投采购，着咨明该省

及经过之安徽、江苏二省，勿任在地行户居奇、沿途兵役留阻，以期往还迅速……”（《清宣宗实录》卷57）

（道光三年九月己卯）加赈湖北黄梅县被水灾民，并蠲缓本年额赋及屯坐各卫应征新旧银米，给坍塌房屋修费。（《清宣宗实录》卷58）

（道光三年九月己卯）湖广总督李鸿宾等奏：“筹备江苏、安徽等省委员来楚采买米石银两，查司库现有清查弥补划存谷价银堪以借支，应请事竣后，仍由各该省照数解楚归款。”报闻。又奏：“续查江陵、监利、广济三县被淹各垸灾民，请抚恤一月口粮，并给房屋修费。又荆门、天门二州县，或因地处低洼，江湖涨漫，或被邻邑堤塍溃决带淹，应俟确勘明晰，分别轻重蠲缓。”得旨：“妥为办理，据实奏闻。”（《清宣宗实录》卷58）

（道光三年十月甲寅）赈湖北广济县被水军民，给江陵、监利、广济三县及屯坐各卫军民口粮并房屋修费，蠲缓江陵、监利、广济、公安、汉阳、汉川、沔阳、黄冈、潜江、天门、荆门、江夏、武昌、松滋十四州县及屯坐各卫新旧额赋有差。（《清宣宗实录》卷60）

（道光四年四月乙巳）贷湖北荆州城守、水师、宜都三营驻扎灾区兵丁仓谷。（《清宣宗实录》卷67）

（道光四年五月乙亥）给湖北黄梅、广济、江陵、监利四县及蕲州卫被水倒塌民房修费。（《清宣宗实录》卷68）

（道光四年十月乙亥）展缓湖北京山、钟祥、潜江、天门、沔阳、汉川、汉阳、荆门、江陵、黄冈、监利、江夏、孝感、应城、云梦十五州县及屯坐各卫被水、被旱新旧额赋有差。（《清宣宗实录》卷74）

（道光五年三月丁未）缓征湖北石首县被水冲坍田租银。（《清宣宗实录》卷80）

（道光五年十月壬申）缓征湖北江陵、监利、潜江、天门、沔阳、汉川、钟祥、京山、应城、孝感、荆门、黄冈、云梦十三州县被水、被旱灾民新旧额赋及杂项银米有差。（《清宣宗实录》卷90）

（道光六年四月辛未）贷湖北德安、宜都二营上年被水、被旱兵丁仓谷。（《清宣宗实录》卷97）

（道光六年六月）乙丑，谕内阁："观喜等奏'荆州大堤被水冲决，现饬地方官赶紧堵筑'一折。荆州万城迤西上逍遥湖堤身被水冲决二处，山水与江水接连，势如建瓴，直向堤内灌注，居民田庐被淹，现经该地方官设法抢堵，并捐办馍饼，散给灾民。惟水势未定，计嵩孚此时尚未到任，着李鸿宾、杨懋恬即派藩司徐承恩前往查看，山水来自何处，现在水势若何，并将堤身冲决、民田被淹情形详加履勘，有无伤毙人口之处，一面督饬地方官赶堵决口，一面将被水灾民妥为抚恤。此外如有漫淹处所，一并查明办理，无俾失所。至观喜等因地方陡被水灾，淹及郡城，原应由驿驰奏，但不得擅发五百里急递，致骇听闻。观喜、七克唐阿、成顺，俱着传旨申饬。"（《清宣宗实录》卷99）

（道光六年六月）壬申，湖广总督李鸿宾等奏："荆州府城上游堤塍决口，动拨库款，抚恤江陵、当阳二县被水灾民。"得旨："所办俱是。如有应行续奏之处，即行奏来。"（《清宣宗实录》卷99）

（道光六年十月丙寅）缓征湖北江陵、沔阳、云梦、汉川、天门、京山、钟祥、潜江、应城、枝江、江夏、黄冈、荆门、当阳、汉阳、孝感

十六州县暨屯坐各卫水灾新旧正杂额赋。(《清宣宗实录》卷108)

(道光六年十二月庚戌)谕军机大臣等:“据嵩孚奏‘本年十月下旬,有江苏省淮安、扬州等属被水灾民八千余名口,坐船八十余只,自下游江西一带,赴黄州、汉阳等属求食。当即委员驰往前途截阻,劝谕早归就赈,各安农业,并督饬司道府县捐备口粮、钱文,雇就船只咨送,汉岸盐店商人捐银三千两凑用,饬令该府县等至阳逻分散口粮,该灾民俱遵约束,转回本籍。并委员沿途押护,饬令下游沿江州县会同营员,妥为稽查催趱,送出楚境。又有由陆路至黄梅县境灾民二百余名,至汉阳县境数十名,均经各该县借给口粮,饬令回籍’等语。本年淮安、扬州各属被水较重,琦善等奏请赈恤,并筹办平粜,均经降旨准行。现在田庐渐次涸复,转瞬即届春耕,该灾民如果得资接济,各安耕作,何肯飘泊外出,忍受饥寒?该督等当督饬印委各员,将赈恤、平粜各事宜核实妥速办理,一面出示晓谕灾民,各就本籍领赈、领粜,毋任流离失所,道殣相望,致干重咎。并飞檄安徽、江西沿江各州县,将两路回籍灾民一体资送过境,如有续来灾民,劝令就近折回,以免辗转截送,徒滋扰累。将此谕令知之。”(《清宣宗实录》卷111)

(道光七年闰五月)丁巳,疏湖北汉川县草庙口、消涡泾、湖口水道,从总督嵩孚请也。(《清宣宗实录》卷118)

(道光七年八月辛卯)又谕:“嵩孚奏湖北江陵等县被水情形较重,查办抚恤事宜。本年荆江伏汛盛涨,致江陵县下潭子湖民堤被水漫溃,并监利县地方因水由江陵溃口灌入,致被漫淹。经该督饬委该管道府等确勘,受灾情形较重,着加恩准其于地丁项下酌动银五万两,解往荆宜施道库存贮。即饬该藩司驰往督办,分委妥员,将江陵、监利被灾军民户口确实查明,共有若干,妥为抚恤,散放口粮,总期灾民均沾实惠,毋滥毋遗,并不许假手胥役稍有克扣滋弊。仍俟水退之后,查明倒塌房屋，照例给予修费，其应如何分别蠲缓钱漕之处，着该督再行详查具奏，候朕施恩。至另片奏，松滋、枝江、天门、潜江、荆门、沔阳、汉川、汉阳等州县均有江水带淹处所，着该督遴委干员，驰往各该处确勘被淹轻重情形。能否补种，是否不致成灾，统俟秋成后，一并奏明办理。”（《清宣宗实录》卷124）

（道光七年十月戊寅）赈恤湖北江陵、监利二县及屯坐各卫被水军民有差。（《清宣宗实录》卷127）

（道光七年十月己亥）蠲缓湖北江陵、监利、钟祥、京山、潜江、天门、汉川、沔阳、公安、枝江、荆门、应城、汉阳、松滋、黄冈十五州县被水垸区新旧额赋有差。（《清宣宗实录》卷128）

（道光七年十一月丙寅）暂缓湖北荆州、荆左、荆右、沔阳四卫被水屯田应扣借支库银。（《清宣宗实录》卷130）

（道光八年正月丙午）贷湖北江陵、监利二县并屯坐各卫上年被水军民耔种。（《清宣宗实录》卷132）

（道光八年四月乙酉）贷湖北坐落灾区荆州水师等营兵丁仓谷。（《清宣宗实录》卷135）

（道光八年五月丁卯）贷湖北黄州协营上年被水歉收兵丁仓谷。（《清宣宗实录》卷136）

（道光八年十月己丑）缓征湖北荆门、汉川、沔阳、潜江、钟祥、京山、天门、江陵、监利、汉阳、江夏、孝感十二州县及屯坐各卫被水、被旱田地新旧额赋有差。（《清宣宗实录》卷145）

（道光九年五月庚子）贷湖北荆州城守、水师二营及宜都营被水歉收兵丁仓谷。（《清宣宗实录》卷156）

（道光九年十月戊子）缓征湖北潜江、荆门、江陵、监利、沔阳、公安、京山、天门、汉阳、江夏、汉川、黄冈、钟祥十三州县并屯坐各卫被水村庄新旧额赋有差。（《清宣宗实录》卷161）

（道光十年六月壬寅）谕军机大臣等："据杨怿曾等奏'六月初一日，行抵荆州府城，据江陵县知县林士瑛禀称，五月初八日起连日大雨，至十五日酉刻，江水增长，南岸松滋县之朱家埠、公安县之许刘洲，下游监利县堤头等工段，为江水涨漫溃口，驿路漫溢，须改由水路前行。次日甫经渡江，即有生员唐际盛等呈递公呈，并两岸随从居民百余人喊禀乞恩。饬县勘验，或称公邑堤溃，江邑被淹，或云势当顶冲，被灾较重，或云粮田溢涨，并有淹毙人口情形。随于经过地方，察看两岸水淹之处，业已半月，并未消涸，居民支棚架席，炎蒸露处，殊堪悯恤'等语。地方大吏首以安民为重，偶遇偏灾，即当迅速查勘，加意抚绥，无使一夫失所，方为不负委任。湖北荆州南岸公安、松滋等县，据该侍郎等奏，漫口溃堤，居民被淹，情形甚重。该处被水成灾，系在五月，该督抚自应一面据实奏闻，一面设法安抚。乃迄今一月之久，尚未据查勘具奏，该督抚所司何事？废弛已极，着传旨严行申饬。现在该处被灾情形究竟若何？该督等曾否委员查勘？被灾居民是否妥为抚恤？何以迟至月余不行奏闻？着迅即由驿明白回奏，将此谕令知之。"（《清宣宗实录》卷170）

（道光十年七月癸亥）谕内阁："嵩孚等奏'查明荆州等属被淹轻重情形'一折。湖北荆州府属监利等县江水涨溢，居民田庐被淹，该督等已酌拨银二万两，责成该道府及委员等分投散放，并将嘉鱼等县被水处所设法疏消。着该督抚即饬署藩司栗毓美亲往查办，督同道府委员妥为

抚恤，务使实惠及民，毋令灾黎失所。”（《清宣宗实录》卷171）

道光十年庚寅八月丙戌朔，加赈湖北监利、公安、江陵、石首四县被水灾民。（《清宣宗实录》卷172）

（道光十年八月壬寅）缓征湖北江陵、监利二县低洼田亩新旧额赋。（《清宣宗实录》卷172）

（道光十年九月甲子）蠲缓湖北监利、公安、江陵、石首、沔阳、松滋、潜江七州县及屯坐各卫被水村庄新旧额赋有差。（《清宣宗实录》卷173）

（道光十年十月丁酉）缓征湖北汉川、潜江、天门、钟祥、嘉鱼、汉阳、孝感、黄冈、江夏、通山、荆门十一州县并屯坐各卫被水、被旱军民新旧额赋。（《清宣宗实录》卷177）

（道光十一年六月庚戌）以湖北嘉鱼、汉阳、黄冈、沔阳、监利、江夏、蒲圻、武昌、蕲水、黄梅、黄陂、孝感、汉川、安陆、云梦、石首、潜江、荆门、咸宁、兴国二十州县被水，命平粜仓谷，免各关津米税。（《清宣宗实录》卷191）

（道光十一年七月癸酉）给湖南武陵、龙阳、沅江、安乡、华容五县被水灾民一月口粮。贷湖北被灾各县司库银，购米减价平粜。（《清宣宗实录》卷193）

（道光十一年七月丁丑）又谕：“……是以各直省遇有偏灾，鲜有以拨放常平仓赈给为请者，大率动支藩库银两，易钱散给。即如本年江苏、安徽、湖广等省被灾，现请免税招商，并赍银至邻省采买，此后请帑办赈，无非以银钱易谷，始敷灾黎口食。推原其故，总由仓储不足所致，虽此时急切救灾，不得不如此办理，然终非先事豫筹之道，必应力加整顿。着各直省督抚严核各州县常平仓实贮数目，令其加具印结申送，按时报部查核，如遇缓急之需，即由该督抚随时声请动用，务将交代虚收存银流抵等弊，永远禁止。所有旧缺仓谷，亟行赔补完足，毋许再有新亏。自此次申谕之后，倘仍有前项弊端，即着严参惩办，以实仓储而裕民食。将此通谕知之。”（《清宣宗实录》卷193）

道光十一年辛卯八月庚辰朔，谕内阁：“……该地方官须委任得人，即现在江苏、安徽、江西、湖广等省被水之区，办理灾务之地方官尤关紧要。着通谕各该督抚加意访查，其有声名平常及才具平庸者，皆不可委任，必应及早撤回，无稍姑息。务当遴委廉干之员、平日实心任事可以信任者，责令认真办理灾赈事宜，俾小民均沾实惠，毋致一夫失所，以副朕廑念民瘼之至意。”（《清宣宗实录》卷194）

（道光十一年八月丁酉）给湖北江夏、武昌、咸宁、嘉鱼、汉阳、汉川、沔阳、黄陂、孝感、黄冈、黄梅、广济、江陵、石首、公安、监利十六州县被水灾民一月口粮。（《清宣宗实录》卷195）

（道光十一年九月）壬子，谕军机大臣等：“寄谕两江总督陶澍、湖广总督卢坤、江苏巡抚程祖洛、安徽巡抚邓廷桢、江西巡抚吴光悦、湖北巡抚杨怿曾、湖南巡抚吴荣光。毛式郇奏‘沿途目睹灾民情形，请豫谋抚绥’一折……至湖北黄梅县界，水势更大，旱路水深二丈余，与大江相连百余里……沿途灾民络绎不绝，携持幼弱，愁苦难堪，驿路未经，概可想见。严冬将届，转徙无依，势必至良善者无以全生，刁悍者横行滋事，尤当豫为筹画，加意抚绥。着各该督抚督饬司道府厅州县等激发天良，尽心赈恤，俾寒冬衣食有资，均沾实惠，用副朕轸念灾黎之至意。将此各谕令知之。”（《清宣宗实录》卷196）

（道光十一年九月戊午）谕军机大臣等："寄谕两江总督陶澍、湖广总督卢坤、江苏巡抚程祖洛、安徽巡抚邓廷桢、江西巡抚吴光悦、湖北巡抚杨怿曾、湖南巡抚吴荣光。给事中邵正笏奏'陈灾务'一折，据称'被灾省分，宜先在本省无灾州县中酌借仓谷，或劝令富户出粜米石，官为购买，运赴灾区，先行给放，俟采买委员回省，再行接赈，所剩余米，即尽归所借州县仓谷原款。又散放赈济，宜在大村、大镇适中之地专设一厂，其散处小村、小镇，亦各择适中之地，分设数厂，广委妥员，分头放给。又查赈之法，宜慎选绅耆协理，俟其查办明确，大吏总受其成，再委妥员按册给放。又煮赈之弊，恐饭之不足，则加入皮硝以发其米。恐粥之不足，则搀和冷水以增其碗数。灾黎一经入口，无不呕泻交作。应派廉正员弁，严密督率，查有弊端，从重治罪。又招徕米商，宜榜示通衢，重价购买，俾米商风闻辐辏，粮食充盈，市价自平。又平粜米石，往往有奸丁蠹吏勾通商贩窃卖，并有地棍土豪、牙行囤户贿诱贫民往来代买，宜先申厉禁，并派干员访拿惩办。又安插流亡之法，宜择城外高燥宽阔地方，广圈篱栅，多搭窝棚，排列东西，编连字号。凡流民之有眷口亲属者，同置一棚；其零丁人口，分棚隔别男女，均匀安插。篱栅外设一总门，派员弹压，早晚查点人口，司其启闭。并慎选一二诚实乡耆，逐日散给口粮，令壮丁出外采樵，老幼妇女在内炊爨，轮流执役，病者为之医治，殁者为之埋葬，俟其本境可归，再行资送回籍。又京外仓储，宜豫为核计，请饬各督抚将所属无灾郡县仓储实数共有若干，详为查核。若支放兵米外尚有赢余，即可暂为帮借，以资接济，俟来岁秋成后，采买归款，可不必有截留之请'。并据另片奏'被水各省多有饥民聚众滋事，兼有不安本分棍徒以及私枭会匪乘机抢掠，扰害村庄。江苏、江西、安徽、湖广长江一带，五省毗连，应豫为防范。请饬各督抚严速查办，果系被水灾黎，即行设法安辑，倘有地方棍徒以及私枭会匪煽惑滋事，立即严拿惩治'等语，本年江苏等省被灾较重，叠经谕令各该督抚妥为抚恤，该给事中所奏各条内，想已有似此办理者，惟筹办不厌周详。着各该督抚各就地方情形，悉心体察，是否有可采择之处，酌量办

理。将此各谕令知之。”（《清宣宗实录》卷196）

（道光十一年十月己卯）蠲缓湖北江夏、嘉鱼、汉阳、孝感、黄冈、黄梅、广济、汉川、武昌、咸宁、黄陂、沔阳、江陵、公安、石首、监利、蒲圻、大冶、钟祥、京山、潜江、天门、荆门、云梦、应城、松滋、枝江、兴国、蕲水二十九州县暨屯坐各卫被水村庄新旧额赋有差，给房屋修费。（《清宣宗实录》卷198）

（道光十一年十月）丁酉，湖广总督卢坤等奏："办理疏通积引。"得旨："认真督饬办理。"又奏："遵查赈务积弊。"批："认真妥办，勿忘视民如伤之意，何况已被灾之百姓也。"（《清宣宗实录》卷199）

（道光十一年十二月丙戌）展缓湖北咸宁、沔阳、钟祥三县暨蕲州卫被水庄屯新旧额赋。（《清宣宗实录》卷202）

（道光十一年十二月丙戌）展赈湖北江夏、嘉鱼、汉阳、汉川、孝感、黄冈、黄梅、广济、咸宁、武昌、黄陂、沔阳、江陵、监利、公安、石首十六州县被水灾民。（《清宣宗实录》卷202）

（道光十二年正月甲寅）贷湖北江夏、武昌、咸宁、嘉鱼、汉阳、黄陂、汉川、孝感、沔阳、黄冈、黄梅、广济、江陵、公安、石首、监利、蒲圻、兴国、大冶、云梦二十州县并屯坐各卫上年被水军民籽种。（《清宣宗实录》卷204）

（道光十二年三月壬申）展赈湖北江夏、汉川两县灾民一月。（《清宣宗实录》卷208）

（道光十二年九月丙寅）给湖北天门、公安、石首、江陵、松滋五县

并荆州、荆右二卫被水军民一月口粮。(《清宣宗实录》卷 220)

(道光十二年闰九月丁酉)给湖北汉川、京山二县被水灾民一月口粮。(《清宣宗实录》卷 222)

(道光十二年闰九月)辛丑,谕内阁:“各省常平仓谷,原为救荒储备而设,地方偶遇水旱偏灾,自应即行勘报,酌动常平仓谷,妥为赈恤。如仓谷不敷,再行动拨银两,本折兼放,俾乏食贫民借资糊口。前据杨怿曾奏,湖北本年被水较重,勘明天门等县应行抚恤一月口粮,先后在于司库借支给发。又查明屯坐各卫应行分别加赈,此外尚有应抚屯坐贫军及贫生,暨闻赈归来贫民与尚未勘定之是否成灾监利等县,恳筹备银四十万两,于邻省酌拨,解楚供支,当交户部议奏。兹据户部奏拨安徽留备地方公用银五万两、漕项银四万两,湖南粮道库存银五万两,浒墅关征税银六万两,九江关征税银五万两,淮关征税银五万两,共银三十万两。灾区拯济,民瘼攸关,不容不先为筹备,着安徽、湖南、江西、各抚暨浒墅、淮安各关监督迅速委员解往湖北,以济要需。惟据该省道光十一年奏销册报,共存常平仓谷九十九万余石、米一万四千余石,被水各县及邻近州县均有实存仓谷,既经勘定应行抚恤,即应早日碾放,免致灾民嗷嗷待哺。至于数月之久,何以该抚辄全用谷折银两筹拨散给,岂非缓不济急?着该督抚勘定灾区,通盘筹画,如常平仓谷足敷散放,即将所拨银三十万两另行存贮候拨。仍督饬道府等认真稽查,核实散给,刊刻誊黄,遍行晓谕,务使灾民均沾实惠。其道光十一年册报常平仓谷数目,是否实贮,着讷尔经额据实确查,如有亏缺虚报情弊,即行严参惩办,毋稍徇隐。”(《清宣宗实录》卷 222)

(道光十二年十月辛酉)蠲缓湖北汉川、公安、天门、石首、京山、江陵、松滋、武昌、嘉鱼、黄陂、孝感、沔阳、钟祥、潜江、云梦、应城、监利、枝江、襄阳、宜城、荆门、汉阳、江夏、咸宁、蒲圻、黄冈

二十六州县并屯坐各卫被水、被旱村庄新旧额赋有差，赈汉川、天门、公安、石首四县并屯坐各卫军民。（《清宣宗实录》卷224）

（道光十三年正月戊寅）贷湖北汉川、京山、天门、江陵、公安、石首、松滋七县暨屯坐各卫上年被水军民耔种。（《清宣宗实录》卷229）

（道光十三年十月辛丑）又谕："据御史朱逵吉奏'湖北连年被水，必有致患之由，该省之水，江、汉为大，欲治江、汉之水，以疏通支河为要，堤防次之。近日支河淤塞，诸湖受水之区，其洲、渚亦多被民间侵占，以致水无所容，江水横决为灾。请疏江水支河，使南汇于洞庭湖；疏汉水支河，使北汇于三台等湖；并疏江、汉之支河，使分汇于云梦七泽之间，堤防自可渐固，水患亦可稍息。闻前任总督卢坤曾议开浚支河，委员查勘，已有端绪，因经费未裕，未及奏办，有案可稽'等语。洞庭湖界北南二省，为众水聚汇之地，江、汉支流有所汇归，自不致冲决为患。该御史所奏开浚支河，以工代赈，亦属一举两得之计。卢坤前在湖广总督任内，是否委员查勘，因经费不允，未及办理，着讷尔经额、尹济源、吴荣光体察情形，遴委明干大员，相度地势，咨访舆情，清出支河故道。倘查明亟应兴修，即在该督等前请拨邻省银二十五万两内，趁此水落归槽之际，择要兴工，以工代赈，庶于水利、民生两有裨益。将此各谕令知之。"寻讷尔经额、尹济原奏："虎渡口支河，即前督卢坤议开之河道，先经勘明兴修。嗣又查出黄梅县各地方溃堤十九处，及各属应修堤塍，分别着赔，毋庸动款。前拨饷银，除放赈外尚余十万两有奇，应请封存备用。"吴荣光奏："查湖南湘、澧、沅、蒸、鼎、资、萧七水归湖之道尚无壅溃，惟近湖私垸，不免增筑占碍，仍应饬属严勘。"均报闻。（《清宣宗实录》卷244）

（道光十三年十月庚戌）谕军机大臣等："朕勤恤民隐，惟日孜孜，遇各省水旱，该抚等奏请抚恤，无不立沛恩膏，分别蠲缓给赈。第思国家旷典，所以惠黎元，而非以饱溪壑，如果实惠及民，虽多费帑金，朕亦何吝？乃近来江苏、安徽、山东、河南、江西、湖北等省，虽丰歉有时，几于无岁不缓，无年不赈。为大吏者，遇有灾歉，匿不以闻，诚非为民父母之义。惟国家经费有常，岂容以展缓旷典，年复一年，视为相沿成例？此必不肖之州县、不堪之胥吏，希图沾润，于勘不成灾者而报灾，即于例不给赈者而捏赈，视灾区为利薮，借民瘼为身图，任意侵吞，以完作欠。而该督抚等又不肯为国任怨，不以国计为亟。是国家徒有加惠之名，而百姓无受惠之实，无非官吏私充囊橐，大吏博取声誉，尚复成何事体！嗣后遇有水旱偏灾，该抚等务须遴派结实可靠道府大员确查，并责成藩司认真稽核，断不可讳灾，亦断不准捏报。倘以展缓殊恩，视为奉行故事，一经科道参奏，或经朕别有访闻，惟该抚等是问。懔之，慎之。将此各谕令知之。”（《清宣宗实录》卷244）

（道光十三年十月戊午）蠲缓湖北武昌、黄梅、江陵、公安、石首、嘉鱼、汉川、黄冈、咸宁、蒲圻、大冶、汉阳、黄陂、孝感、沔阳、蕲水、广济、钟祥、京山、潜江、天门、云梦、应城、监利、松滋、枝江、荆门、江夏、兴国二十九州县及屯坐各卫被水村庄新旧正杂额赋有差，加赈汉川、黄梅二县及屯坐各卫军民，给武昌、嘉鱼、黄冈、江陵、公安、石首六县及屯坐各卫军民一月口粮。（《清宣宗实录》卷244）

（道光十三年十二月戊午）缓扣湖广荆州、荆左、荆右、沔阳、岳州五卫被水屯丁应还借款。（《清宣宗实录》卷247）

（道光十四年正月辛未）贷湖北武昌、嘉鱼、汉川、黄冈、黄梅、江陵、石首、黄陂、孝感、沔阳、广济、钟祥、潜江、天门、云梦、监利、松滋、枝江十八州县及屯坐各卫上年被水军民籽种。（《清宣宗实录》卷248）

（道光十四年四月戊申）免湖北黄州卫遭风沉没军船应赔漕米。（《清

宣宗实录》卷 251)

(道光十四年十月丙午) 蠲缓湖北黄梅、公安、松滋、嘉鱼、汉川、黄陂、沔阳、广济、钟祥、京山、潜江、天门、应城、江陵、石首、监利、枝江、汉阳、孝感、荆门、武昌、咸宁、蒲圻、兴国、黄冈、江夏二十六州县暨屯坐各卫被水、被旱村庄新旧额赋有差,给黄梅、公安、松滋三县暨屯坐各卫军民一月口粮。(《清宣宗实录》卷 258)

(道光十四年十一月丙子) 缓征湖北黄冈县及蕲州、黄州二卫被水民屯新旧额赋。(《清宣宗实录》卷 260)

(道光十五年三月甲戌) 展缓湖北黄陂、应城、蕲、云梦、黄梅、广济、嘉鱼、汉阳、汉川、孝感、沔阳、钟祥、京山、潜江、天门、江陵、公安、石首、监利、松滋、枝江、荆门、江夏、黄冈二十四州县并屯坐各卫带征旧赋。(《清宣宗实录》卷 264)

(道光十五年十月丁丑) 展缓湖北江夏、武昌、嘉鱼、兴国、汉阳、黄陂、孝感、黄冈、广济、钟祥、京山、天门、云梦、应城、江陵、公安、石首、监利、松滋、汉川、沔阳、潜江、枝江、荆门、黄梅、蒲圻、咸宁、蕲、崇阳、安陆、大冶、蕲水三十二州县及屯坐各卫被水、被旱村庄新旧额赋。(《清宣宗实录》卷 273)

(道光十六年十月丁卯) 缓征湖北汉阳、汉川、沔阳、钟祥、潜江、天门、应城、监利、枝江、江夏、武昌、兴国、孝感十三州县及屯坐各卫被水村庄新旧额赋。(《清宣宗实录》卷 290)

(道光十六年十一月丙申) 展缓湖北京山、江陵、公安、石首、松滋、荆门、黄陂七州县暨屯坐各卫被水村庄新旧额赋。(《清宣宗实录》

卷 291）

（道光十七年十月癸亥）缓征湖北汉川、沔阳、钟祥、京山、潜江、天门、应城、江陵、公安、石首、监利、松滋、枝江、荆门、江夏、嘉鱼、汉阳、黄陂、孝感、蕲水、黄冈二十一州县并屯坐各卫被水村庄新旧额赋。（《清宣宗实录》卷 302）

（道光十八年九月甲辰）湖广总督林则徐奏："凡遇偏灾，奉到恩旨誊黄，即饬各州县将所造应蠲、应缓之村庄顷亩细册另行缮榜，随同誊黄遍贴晓谕，俾灾民一见了然，胥吏无从舞弊。"得旨："所见精细，依议行。"（《清宣宗实录》卷 314）

（道光十八年十月癸巳）展缓湖北汉川、沔阳、钟祥、京山、潜江、天门、应城、江陵、公安、石首、监利、松滋、枝江、荆门、汉阳、江夏、武昌、咸宁、嘉鱼、黄陂、孝感、黄梅二十二州县及屯坐各卫被水、被旱村庄新旧额赋。（《清宣宗实录》卷 315）

（道光十九年七月丙午）谕军机大臣等："御史陈岱霖奏'两湖被水地方请妥为抚绥'一折。据称'湖北之天门、汉川、沔阳、监利等州县，湖南之华容、安乡、沅江等县地势洼下，每遇水涨，民田、庐舍多被淹没，老幼转徙。道光十一、二年间，人民逃亡，匪徒混杂，往往易滋事端。本年入夏后，两湖叠次被水，现在尚未全消，若不及早抚恤，势必逃亡四出，或致流为盗贼'等语。州县为亲民之官，所辖境内如果堤工巩固，不致溃决，或豫筹宣泄，俾免浸灌，居民自皆安堵，无虞播迁。即或水势盛涨，豫办不及，亦应即时查明详请抚恤，毋令民人流离辗转，轻去其乡。若如该御史所奏情节，是该地方偶遇水患，弱者几填沟壑，强者流为奸匪，州县不能抚绥，大吏焉可坐视？着周天爵、伍长华、裕泰即将两湖被水之区派委妥员，详晰查明被灾轻重，设法妥为抚恤，勿使一夫失所。倘有匪徒乘间滋扰，或该民人等迫于饥寒，借众喧闹，即着严饬各地方州县分别查办，除莠安良。并着周天爵等查明被水若干州县，应如何酌量抚恤，据实具奏。将此各谕令知之。”（《清宣宗实录》卷324）

（道光十九年八月丁丑）抚恤湖北汉川、沔阳、天门三州县被水灾民。（《清宣宗实录》卷325）

（道光十九年十月庚辰）蠲缓湖北汉川、沔阳、广济、天门、江陵、石首、公安、黄梅、监利、武昌、嘉鱼、黄陂、孝感、黄冈、钟祥、京山、潜江、应城、松滋、枝江、荆门、江夏、咸宁、汉阳、云梦二十五州县暨屯坐各卫被水灾区新旧额赋有差，给汉川、沔阳、广济、天门、江陵、石首、公安、黄梅、监利九州县暨屯坐各卫军民一月口粮，赈黄梅、监利、公安三县暨屯坐各卫军民。（《清宣宗实录》卷327）

（道光十九年十一月庚申）贷湖北京山、江陵二县修复砖石各堤银，以工代赈。（《清宣宗实录》卷328）

（道光二十年七月己酉）抚恤湖北公安、江陵、沔阳三州县被水灾民。（《清宣宗实录》卷337）

（道光二十年九月）甲午，谕军机大臣等：“本年湖北省各州县被水民人纷纷逃往他省，虽经该督等奏请抚恤，并委员查勘，朕心实深轸念，着周天爵、伍长华确切查明被水州县，是否应加调剂，候朕施恩。其民人被水逃散者，共有若干户？其经邻省咨送回籍者，共有若干户？现在秋稼尚未登场，被水村庄未知能否涸出，尚可补种？事关民瘼，该督等查明后详细具奏。倘含糊了事，致小民流离失所，甚或因饥寒交迫，滋生事端，该督抚恐难当此重咎也。懔之。将此谕令知之。”寻奏：“查本年夏汛盛涨江陵等县，间有被淹田地，当经奏明拨帑抚恤。嗣于九月初一日起至初十日止，大雨匝旬，山水陡发，汉江涨水一丈七尺余寸，以致钟祥、潜江、天门、沔阳、汉川等州县晚禾亦被淹浸。刻下水势尚未全消，节候已迟，难再补种，容即委员复勘，奏恳恩施。”得旨：“急速妥办，速行奏闻。”又奏：“查得江夏等州县逃户，已回者共九千八百三十五户，未回者共五千八百五十八户。已回者逐户安抚，未回者分关邻境，设法招徕。”报闻。（《清宣宗实录》卷339）

（道光二十年十月癸酉）蠲缓湖北汉川、沔阳、江陵、石首、监利、公安、江夏、武昌、咸宁、嘉鱼、蒲圻、汉阳、黄陂、孝感、黄冈、黄梅、广济、钟祥、京山、潜江、天门、云梦、应城、松滋、枝江、荆门、蕲水二十七州县并屯坐各卫被水村庄新旧正杂额赋有差，赈公安、监利二县及屯坐各卫军民，给汉川、沔阳、江陵、石首、监利五州县及屯坐各卫军民一月口粮。（《清宣宗实录》卷340）

（道光二十年十一月丁亥）又谕：“前因本年湖北省各州县被水民人纷纷逃往他省，降旨交吴其濬等察访情形具奏。兹据奏称‘到楚后细访致水之由，委因夏雨过多，江、汉同时并涨，以致堤工溃漫成灾。查阅该省奏报原稿，监利一县被淹情形轻重不符，途次复接有武昌等处军民呈词恳请抚恤。现在低洼处所积水弥望，逃往各省灾民递回者仅止二百七十余名’等语。该省州县查报灾区，有无疏漏，着该督抚遴委廉干大员复加履勘，确实核办。至现在递回流民及未经逃散人民，着按照户口速行赈恤。其未经归来者，着妥为招徕，一俟回籍，务须随到随赈。来春应否尚需接济，一并豫为筹备，毋任流离失所。”（《清宣宗实录》卷341）

（道光二十一年正月庚寅）贷湖北汉川、沔阳、江陵、公安、石首、监利、嘉鱼、广济八州县并屯坐各卫上年被水军民籽种。（《清宣宗实录》卷344）

（道光二十一年正月）己亥，谕军机大臣等："前据吴其濬等奏湖北省被淹州县情形，与该省奏报原稿轻重不符，并军民呈恳抚恤，灾民逃往各省，降旨交该督抚复勘筹备。兹据伍长华奏'夏秋两次汛涨，监利被淹转重，致与原禀不符，复勘并无疏漏。其外出续归之户，随到随抚，不致失所'等语，所奏是否属实，着裕泰再行委员复勘，核实查办。如有应行赈恤招徕接济之处，着即确切查明，据实具奏。该督甫经到任，无所用其回护，务须确实核查，无任属员讳饰。将此谕令知之。"寻奏："查监利县之王姓八工溃口，因上游石首县属垸堤冲决，以致汛水下注，渐积渐深，被淹较重。现派员确查，如有遗漏赈抚者，即当奏办。至沔阳等州县逃出灾民已回籍者，共二千一百四十二名口。其未回者设法招徕，务使各归故土。"得旨："妥行办理。"（《清宣宗实录》卷344）

（道光二十一年七月壬申）谕军机大臣等："……所有河南司库报存正杂银，除分解湖北南河外，实存银三十五万五千一百二十余两……"（《清宣宗实录》卷354）

（道光二十一年十月戊戌）蠲缓湖北沔阳、黄梅、广济、江陵、公安、石首、汉川、潜江、嘉鱼、江夏、孝感、武昌、咸宁、蒲圻、黄陂、黄冈、蕲水、钟祥、京山、天门、云梦、应城、监利、松滋、枝江、荆门、兴国、大冶、汉阳、蕲三十州县并蕲州卫被水庄屯新旧额赋有差，给沔阳、黄梅、广济、江陵、公安、石首、汉川、潜江、嘉鱼九州县暨屯坐各卫军民一月口粮，加赈潜江、公安、嘉鱼三县暨屯坐各卫军民。（《清宣宗实录》卷360）

（道光二十二年正月乙卯）贷湖北嘉鱼、汉川、黄梅、广济、潜江、公安、石首、蒲圻、监利九县并屯坐各卫上年被水军民耔种。（《清宣宗实录》卷365）

（道光二十二年正月癸亥）谕军机大臣等：“赵炳言奏‘续拨兵丁驰往咸宁调遣，并添调附近营兵到省协防’一折，又另片奏被水灾民现俱安静情形，览奏均悉。崇阳县匪徒滋事，节经降旨，着裕泰、刘允孝带兵剿捕。该督现驻咸宁，刘允孝未到以前，兵力单薄，自应拨兵接济。该抚已续拨省标兵丁，并配给乡勇，派员管带驰往，驻候调遣。又因省城存兵短少，札调附近之黄州、德安二营兵丁到省协防，当足以资堵御而安民心。至武昌、汉阳地方，现在收养贫民，当逆匪滋事之时，该民人等尚不至闻风惊疑。除年壮贫民志切同仇者，应募乡勇外，其余仍饬该地方官加意安抚。至各属灾民，或煮赈散钱，或修堤力作，均使糊口有资，毋令失所，是为至要。将此谕令知之。”（《清宣宗实录》卷365）

（道光二十二年六月戊子）蠲缓湖北崇阳、通城、蒲圻三县暨武昌、武左二卫被贼滋扰灾区新旧额赋有差。（《清宣宗实录》卷375）

（道光二十二年六月）辛卯，谕军机大臣等：“禄普等奏‘荆州大堤冲决，郡城被淹’一折。据称‘万城以上之吴家桥地方水闸冲开，并万城下十余里上渔埠头大堤被水冲决，直冲郡城西门，致江水灌进，城内多被淹浸’等语，荆江大堤为阖府田庐保障，现因江水陡发，兵民人等猝被淹浸，亟应分别抚恤。着裕泰等迅委妥员前往查勘，一面将被水兵民酌给口粮，毋令一夫失所，一面将应修堤工城垣赶紧修筑，以御伏汛……将此谕令知之。”（《清宣宗实录》卷375）

（道光二十二年六月壬辰）谕内阁：“昨据禄普等奏‘荆江大堤冲决，郡城被淹’，已降旨交裕泰等查勘办理矣。兹据该督等奏‘荆江水势盛涨，连日大雨，将此渔埠头工段漫缺一口，刷宽数十丈，水由西门绕过，以致城垣、仓库、监狱均被淹浸’等语，荆州万城大堤为阖郡保障，现在江水盛涨，城乡被淹，亟应查明抚恤。裕泰已由水程驰赴荆州，着即

督饬该地方官将被水居民妥为安抚，毋使流离失所……”（《清宣宗实录》卷375）

（道光二十二年六月）乙巳，谕内阁：“……湖北荆州上渔埠头工段江水漫溃，府城被淹……被水灾黎现虽以工代赈，仍着确查妥办，其估修府城及抚恤灾民应需银两，着准其于上年江、汉捐抚恤款内动支。至郡城用资保障，现据勘估修复，即饬承办之员认真办理，务期一律坚固，以资经久。”（《清宣宗实录》卷376）

（道光二十二年七月辛酉）谕内阁：“裕泰奏‘遵查荆州溃堤，原修已逾固限’，并‘续勘漫溃民工各堤情形’各一折。前因荆江堤决，郡城被淹，降旨令裕泰督饬该地方官赶紧修筑，安抚居民，并查明历任承修各员，据实参奏……其受灾较重之公安县及监利、江陵等州县被淹情形，亦着转饬迅速查明，一面妥为抚恤，一面据实奏闻，用副朕轸念民艰至意。”（《清宣宗实录》卷377）

（道光二十二年九月丙午）湖广总督裕泰等复奏：“据御史徐嘉瑞奏‘湖北水灾，请饬豫筹良策’一折，查上年被水灾区，当经奏请赈缓，并设厂收养贫民。间有无赖刁民借灾抢夺，已饬按律惩办，民情安帖。至各府州县漫溃堤塍，当即筹项修筑，以工代赈。惟七月初旬秋汛盛涨，荆州新工复被漫溢。又天门等县湖垸民堤亦有漫缺处所，现均查勘，设法赶办，不敢稍有贻误。”得旨：“详慎妥办，万勿致滋生事端。”（《清宣宗实录》卷380）

（道光二十二年十月辛卯）蠲缓湖北江陵、公安、石首、监利、江夏、咸宁、嘉鱼、蒲圻、汉阳、汉川、黄陂、孝感、黄冈、黄梅、钟祥、京山、潜江、天门、应城、松滋、枝江、荆门、武昌、沔阳、兴国、大冶、蕲水、广济二十八州县暨蕲州卫被水庄屯新旧额赋有差，给江陵、

公安、石首、监利四县灾民一月口粮。（《清宣宗实录》卷383）

（道光二十三年正月乙巳）贷湖北江陵、监利、石首三县暨屯坐各卫上年被水军民耔种。（《清宣宗实录》卷388）

（道光二十三年十月甲寅）展缓湖北汉川、沔阳、钟祥、京山、潜江、天门、江陵、公安、石首、监利、枝江、荆门、黄陂、汉阳、孝感、松滋、蕲水、武昌、咸宁、嘉鱼、云梦、应城、江夏、蒲圻二十四州县并黄州卫被水、被旱村庄新旧额赋。（《清宣宗实录》卷398）

（道光二十四年七月戊子）谕军机大臣等："裕泰等奏'荆江水涨，堤段漫缺被淹'一折。据称'本年水势异常泛涨，将李家埠五号内老堤漫溢成口，刷宽十余丈，郡城间有渗漏，并西门闸板被水冲翻，灌入汉城。又江陵县所管南岸虎渡汛江支各堤亦有漫溢之处，该督即前赴荆州督办抢堵'等语。荆州万城大堤为阖郡保障，现因水涨漫溢被淹，亟应妥为安抚。该督等既经委员前往查勘，着即饬将被水居民妥速查明，分别抚恤，毋令一夫失所……"（《清宣宗实录》卷407）

（道光二十四年七月）辛卯，谕军机大臣等："恒通等奏'荆江泛涨，郡城被淹，并水势渐退情形'一折。据称'荆州李家埠堤身漫溢成口，刷宽十余丈，旋将西门闸板撇断，水向城内灌注，界城冲倒，淹及满洲城，水势散漫，军械、人口先期移避。该将军等饬属巡防，数日水渐退出，城垣多有塌陷，官兵房间倒塌甚多，现饬抢堵补修'等语……其被灾兵丁应抚恤者酌量抚恤，均着确切查明，详细具奏。将此谕令知之。"（《清宣宗实录》卷407）

（道光二十四年八月辛亥）又谕："据裕泰奏'查明荆州府李家埠老堤漫溃，郡城被淹情形'一折，已明降谕旨将该府道分别革职摘去顶带矣。荆州李家埠工段因江水泛涨，漫刷成口，计宽至一百五十余丈之多，亟应筹办堵筑，其荆州府城垣被水坍卸之处亦应一律兴修，所有此项修费及李家埠溃口工需，着准其由外筹款，次第赶修。该处被水居民，着饬该地方官妥为抚恤，毋令一夫失所。并着查明各垸被淹轻重情形，应如何酌量调剂之处核实办理……将此谕令知之。”（《清宣宗实录》卷408）

（道光二十四年十月丁酉）湖广总督裕泰奏：“查明李家埠溃口，监利等州县湖河被淹尚轻，现妥为筹办。”得旨：“言顾行，行顾言，民为邦本，别无他谕。”（《清宣宗实录》卷410）

（道光二十四年十月癸丑）蠲缓湖北江陵、石首、公安、武昌、咸宁、嘉鱼、蒲圻、汉阳、汉川、黄陂、孝感、沔阳、黄冈、蕲水、广济、黄梅、钟祥、京山、潜江、天门、应城、监利、松滋、枝江、荆门、兴国、江夏、云梦、蕲二十九州县及屯坐各卫被水、被旱灾区新旧额赋有差，并给江陵、石首、公安三县灾民一月口粮。（《清宣宗实录》卷410）

（道光二十五年十月丙辰）展缓湖北嘉鱼、蒲圻、汉阳、汉川、沔阳、钟祥、京山、潜江、天门、应城、江陵、公安、石首、监利、松滋、枝江、荆门、黄陂、孝感、黄冈、江夏、武昌、蕲水、广济、黄梅二十五州县并屯坐各卫被水、被旱灾区新旧额赋。（《清宣宗实录》卷422）

（道光二十六年十一月壬午）展缓湖北咸宁、嘉鱼、蒲圻、汉阳、汉川、黄陂、孝感、沔阳、蕲水、广济、黄梅、钟祥、京山、潜江、天门、云梦、应城、江陵、公安、石首、监利、松滋、枝江、荆门、江夏、黄冈、武昌二十七州县暨屯坐各卫被水、被旱村庄新旧额赋。（《清宣宗实录》卷436）

（道光二十七年十月辛未）缓征湖北汉阳、咸宁、嘉鱼、蒲圻、汉川、沔阳、黄梅、钟祥、京山、潜山、天门、应城、江陵、公安、石首、监利、松滋、枝江、黄陂、孝感、潜江、荆门、江夏、黄冈、云梦、广济、蕲水二十七州县及屯坐各卫被水、被旱村庄新旧额赋。(《清宣宗实录》卷448)

(道光二十八年九月)乙酉，谕内阁："前据裕泰等奏称'本年湖北省灾区宽广，现在亟筹赈抚，于邻近省分拨银备用'一折，当交户部速议具奏。兹据该部奏称，湖北附近省分，如安徽、江苏亦各报成灾，所存库款，均经请留备用。湖北省存银无多，而需用又不可缓，自应亟为筹拨。着照所请，即将顺天六次捐输所收银内拨给银三十万两，山西、江西秋拨现报地丁等银各十五万两，共拨银六十万两，着顺天府尹及山西、江西各巡抚迅即派委妥员，解往备支。并着直隶、山东、河南、安徽各督抚分派员弁沿途催趱，妥速解交，毋任稍有迁延，致误要需。其该督等原奏所称有堤各属应需抚赈银两、移赈归工、以工代赈之处，亦着照议妥办。惟念该省此次被灾至三十余州县之多，当此亿万灾黎嗷嗷待哺，倘查办稍缓，或措置失宜，必致转徙流离。瞬届冬令，饥寒交迫，朕心实深焦切，该督抚等惟当督饬地方各员，于抚恤加赈等事宜，务各认真核实散放，俾小民均沾实惠。该地方官等岂无天良？当此满目逃亡，呼吸之间，所全不止千百。即各省绅耆富室，痛痒相关，必有急公赴义者，惟在大吏谆谆劝谕，启发至诚，借举众擎，隐弭灾沴。如查有贪劣委员、奸猾胥吏营私克扣，乘隙侵渔，立即拿办治罪，据实奏闻。该地方绅士等见地方官如此认真，谅必更加踊跃。即使办赈之员无侵蚀之弊，而办理或有不善，致未能实惠及民，亦当随时参办，毋稍姑容。古人遇灾而惧，其各勉之，慎之。将此特谕知之。"(《清宣宗实录》卷459)

(道光二十八年十月丁巳)又谕："给事中吕贤基奏'陈荒政积弊并赈恤急务'一折。本年江苏、安徽、湖北等省悉被水灾，叠经发给帑金，严饬各督抚等妥为赈恤，详慎办理。惟荒政乃民命所关，讲求不厌周密，该给事中所奏，均系救荒要务。着各该督抚等各就地方情形，悉心体察，实力讲求，按照所陈各条，详加采择，酌量施行，务期实惠及民，勿任一夫失所。如查有不肖官吏玩视民瘼，借端舞弊，或未敢染指而办理不善，均着分别严行惩办，毋稍宽贷。该督抚等具有天良，谅必能仰体朕怀，尽心竭力，俾膏泽速逮，用副朕恫瘝在抱、保全民命至意……”（《清宣宗实录》卷460）

（道光二十八年十月）丁卯，谕内阁：“裕泰等奏‘查办灾赈情形’等语。本年湖北省灾区宽广，虽叠经降旨拨帑赈济，令该督抚妥为抚恤，第恐奉行不善，州县既视为具文，并不实心经理。甚或不肖官吏肆意侵渔，以国家恩泽之敷，为中饱营私之计，穷黎失所，实惠未沾。此等贪劣之员，该省难保必无，若不加重惩办，该督抚天良安在？朕于此事昕夕萦怀，倘有饥民载道，弊端未除，经人控告，或被人纠参，朕必将该督抚及司道严处，所有不职各员，加等治罪，其能当此重咎否耶？懔之，慎之。”（《清宣宗实录》卷460）

（道光二十八年十月丁卯）赈湖北汉阳、黄陂、孝感、黄冈、潜江、江陵、松滋、武昌、咸宁、大冶、天门、公安、江夏、汉川、沔阳、广济、监利、嘉鱼、黄梅、石首二十州县及屯坐各卫被水灾民，并蠲缓汉阳、黄陂、孝感、黄冈、潜江、江陵、松滋、武昌、咸宁、大冶、天门、公安、江夏、汉川、沔阳、广济、监利、嘉鱼、黄梅、石首、蒲圻、兴国、蕲水、钟祥、京山、云梦、应城、枝江、荆门、蕲三十州县暨武昌、武左、沔阳、黄州、蕲州、德安、荆州、荆左、荆右九卫庄屯新旧额赋有差。（《清宣宗实录》卷460）

（道光二十九年六月）癸未，谕内阁：“本年入夏以来，江、浙、安徽、湖北等省皆因雨多水涨，各属漫淹较广，灾民荡析离居，嗷嗷待哺。每一览奏，焦虑殊深。现经各该督抚及时筹办赈抚，凡有可以恤民之处，自无不尽心经理，力图保全。惟是灾区既宽，需费甚巨，虽经官民等量力捐助，赈恤穷黎，尚恐未能周遍。当此哀鸿满目，朕复何忍稍为屯膏，致民困未能即苏？除江苏省前已奏明动款，安徽省亦请留款备赈，并均免商贩米税外，其浙江、湖北等省被灾情形皆同，所有藩关各库银两，概准该督抚酌留备赈，商贩米船，亦准一体免税。该督抚等其共体朕意，务各遴委贤员认真查办，总期实惠均沾。如查有浮冒克扣等弊，立即严参重惩，断不可使有一夫失所，以副朕念切民依、恩膏速沛至意。”（《清宣宗实录》卷469）

（道光二十九年六月戊子）谕军机大臣等：“裕泰、唐树义奏‘地方被水较重，筹办安抚情形’一折。湖北省自上年被水，民鲜盖藏，本年自春徂夏，阴雨过多，以致江湖并涨，低洼田地，均被漫淹，贫民荡析离居，情形殊堪悯恻。前已降旨将湖北藩关各库银两留于该省以备赈恤，兹据该督等奏称‘开仓碾谷，设厂平粜，并于上年捐输存剩银内拨银三万两，委员速解，妥为安抚’。该督等即遴委贤员认真经理，务使实惠及民，毋令一夫失所。倘委员等办理不善，以致困苦灾黎未能均沾惠泽，即着该督等严参惩办，并将勘明情形迅速具奏，以慰廑念。将此谕令知之。”（《清宣宗实录》卷469）

（道光二十九年六月）甲午，谕内阁：“本年江苏、浙江、安徽、湖北等省被水灾区较历届尤为宽广。前经特降谕旨，令各该省督抚将藩关各库银两酌留备赈，并准商贩米船一体免税，各该督抚等自应仰体朕心，极力筹办。第思嗷鸿遍野，安集无期，赤子何辜，流离失所，即令筹款赈抚，仍恐缓不济急，无裨目前。朕夙夜焦思，难安寝馈，除准拨各款饬部议行外，着发内府银一百万两，交户部查明被灾各区，分别配搭拨款，迅即解交该督抚督率司道，严饬承办正印各员激发天良，核实认真散放，务期无告穷民，均沾实惠，不致转徙沟壑，庶几感召天和，回春可望。当此经费支绌之际，朕不惜帑金以苏民困，各省大吏倘不认真经

理，致被不肖官吏侵吞朘削，不惟无以对朕，其何以对此亿万灾黎耶？懔之，勉之。将此特谕知之。”（《清宣宗实录》卷469）

（道光二十九年十月壬辰）谕军机大臣等：“本年浙江、安徽、湖北等省被灾之区均极宽广，江西、湖南各地方亦多偏灾。现经各该督抚纷纷奏请蠲缓钱漕，分别赈赏，朕无不悉照所请，立沛恩施。因思来岁漕额减缓既多，若不豫为筹裕京仓，则三十一年北地数十万人口食从何而出？现在各省被灾固多较重之区，其并未成灾者尚复不少，仅恃蠲缓所剩之漕，兑运北上，尚济何事？为此剀切谕知有漕各督抚，各就地方情形，或妥筹采买，或劝令捐输，或由河运，或办海运，就积贮之多寡，酌米价之低昂，总期源源运京，补漕粮之不敷，裕仓储于不匮，中外同享乐利之休，方慰朕意。断不可心存畛域，或推诿于帮费，或借口于歉年，竟置京仓短绌于不问。该督抚经朕特简封圻，受恩深重，当此灾重漕亏之时，既应以本省筹画为急，尤当以神京拱卫为先，清夜扪心，其能恬然自安乎？勉之，勉之，朕将拭目俟之矣。将此各谕令知之。”（《清宣宗实录》卷473）

（道光二十九年十月）癸巳，赈湖北蒲圻、黄陂、孝感、蕲水、蕲、潜江、江陵、石首、武昌、咸宁、大冶、黄冈、天门、松滋、公安、江夏、兴国、汉阳、广济、嘉鱼、汉川、沔阳、黄梅、监利二十四州县及屯坐各卫被水灾民，缓征天门、钟祥、京山、云梦、应城、枝江、荆门、当阳、通山九州县被水村庄新旧额赋。（《清宣宗实录》卷473）

（道光三十年正月丁酉）贷湖北武昌、咸宁、嘉鱼、蒲圻、兴国、大冶、汉川、黄陂、孝感、沔阳、黄冈、黄梅、蕲、天门、江陵、公安、石首、监利、荆门十九州县暨屯坐各卫上年被水灾民籽种。（《清宣宗实录》卷476）

（道光三十年四月己卯）贷湖北黄州、兴国二营驻扎灾区常平仓谷。（《清文宗实录》卷8）

（道光三十年四月戊子）又谕："户部……又另片奏'报灾防弊'等语。湖北荆州等四卫及湖南岳州卫军船载运湖南漕粮，应征运义造费业经因灾缓征，自应准其借给，以济运行。惟运务既不能稍缓，借项又未便久悬。历查旧案，该五卫每岁必灾，每灾必借。其应征之款，每岁必缓，每缓必展，习成故套，竟未有不需奏借之年，从未有如数征还之日。明目张胆，其为捏报灾荒，希图覃恩豁免，已可概见。着万贡珍即将此案办理蒙混缘由迅速查明，据实具奏，不得因本任藩司自行回护。因思湖南一省如此，他省可知，并着各该督抚严饬所属，偶遇地方偏灾，务须查照定例，勘验明确，分别轻重准驳，毋得任意报灾，有心欺罔。该管道府亦应亲往履勘，核实办理。倘有扶同影射情弊，即着该督抚严行参处……"（《清文宗实录》卷8）

（道光三十年十月丁亥）缓征湖北嘉鱼、蒲圻、汉阳、黄陂、孝感、沔阳、黄梅、应城、江陵、公安、石首、监利、松滋、汉川、枝江、咸宁、广济、钟祥、京山、潜江、天门、江夏、黄冈、蕲水、云梦、武昌、兴国、蕲、荆门、通山三十州县，并武昌、武左、沔阳、蕲州、黄州、德安、荆州、荆左、荆右九卫被水、被旱庄屯新旧额赋有差。（《清文宗实录》卷20）

（咸丰元年七月）戊戌，谕内阁："龚裕奏'湖北黄陂等州县地方被淹，现饬查勘，分别核办'等语。据称湖北黄陂、孝感、应城、沔阳、公安、江夏、汉阳、天门、江陵、蕲水、监利、武昌、枝江、京山、嘉鱼、石首、荆门、当阳、大冶、蒲圻二十州县因入夏后，五六月间大雨连旬，江、汉、湖、河并涨，以致军民田地被淹。又公安、江陵、监利、石首四县民堤亦多漫缺，业经该督抚等委员往勘，着即严饬该管道府及委员认真查勘。被水人民如何安辑，被淹田地能否及早涸复乘时补种，漫缺堤段如何设法堵筑，迅即查明具奏，分别办理，以副朕轸念灾区至意。”（《清文宗实录》卷37）

（咸丰元年十月己亥）缓征湖北武昌、咸宁、嘉鱼、蒲圻、大冶、汉阳、黄陂、孝感、沔阳、黄冈、蕲水、黄梅、广济、潜江、天门、云梦、应城、江陵、公安、石首、监利、松滋、荆门、汉川、江夏、钟祥、京山、枝江二十八州县暨武昌、武左、沔阳、蕲州、黄州、德安、荆州、荆左、荆右九卫被水村庄本年漕粮及新旧正杂额赋有差。（《清文宗实录》卷46）

（咸丰元年十二月己酉）贷湖北公安、江陵、监利、石首、汉川五县修堤银并赈汉川县被水灾民。（《清文宗实录》卷50）

（咸丰二年正月乙卯）贷湖北汉川、公安、监利三县暨屯坐卫所上年被水军民耔种。（《清文宗实录》卷51）

（咸丰二年七月丁巳）谕内阁：“龚裕奏‘公安县地方被水较重，现饬勘办’一折，另片奏‘大冶等州县被水情形’。本年湖北省荆江泛涨，公安县地方叠被淹浸。又因上游支堤漫溃，水势骤涨，高过县城，所筑子埝抢护不及，将县城西南角漫缺，衙署、监、仓均被淹没，览奏实深轸念。现经龚裕饬令该管知府就近确勘，着即迅速查明被灾情形，动用司库银两，妥为安抚。其被水较轻之大冶等十四州县乏食贫民，一并查勘抚恤，毋令一夫失所。所有被水各州县如何设法疏消，本年应征钱粮应行分别缓征，均着确查具奏。仍查明公安、江陵、潜江等县堤工是否因漫致溃，据实参奏。”（《清文宗实录》卷65）

（咸丰二年八月壬辰）又谕：“常大淳奏‘湖北省被淹、被旱各州县现饬查勘’等语。据称‘本年江、汉泛涨，更兼山水陡发，以致公安、沔阳、石首、天门等州县田亩被淹，民堤漫缺。又江夏、汉阳等县雨泽稀少，高田被旱，现经该抚派员查勘’。着即分饬该管道府及委员等确切查明，有应行缓征之处据实具奏。”（《清文宗实录》卷69）

（咸丰二年九月己巳）调任山西巡抚湖北巡抚常大淳奏：“湖北被淹各属已成灾象，先行动项接济穷黎，俾免失所。”得旨：“汝现虽调任，筹赈事宜，不可不尽心经理。”（《清文宗实录》卷72）

（咸丰二年十月庚子）蠲缓湖北公安、天门、江夏、嘉鱼、汉阳、广济、石首、监利、咸宁、黄陂、孝感、沔阳、黄梅、潜江、云梦、应城、江陵、松滋、荆门、蒲圻、钟祥、汉川、京山、武昌、大冶、蕲水、黄冈、枝江二十八州县暨武昌、武左、沔阳、黄州、蕲州、德安、荆州、荆左、荆右九卫被旱、被水民屯新旧额赋，赈钟祥、公安、汉川、天门灾民口粮有差。（《清文宗实录》卷74）

（咸丰二年十月乙卯）赈湖北公安、钟祥、汉川、天门四县被水灾民。（《清文宗实录》卷75）

（咸丰二年十一月辛未）谕内阁：“军兴以来将两年矣，广西疮痍未复，湖南又遭涂炭，近乃逆氛更炽，扰及武昌、汉阳，所过郡县，悉被蹂躏……每阅军报，至地方被害情形，朕心如捣……逆贼以左道煽惑愚民，肆行抢掠，荼毒生灵，实属复载不容，神人共愤。经我军叠次歼戮外，其凶悍之贼不过数千，余众大半皆裹胁之徒，其甘心从逆者无多。揆之天道人心，贼匪恶贯满盈，必当指日歼除，不致久为民患。朕不惜数千万帑金，借资剿办，本日又特颁部帑，以济军需，此外仍饬宽为筹拨，源源接济。该大臣、督抚等均当仰体朕心，为民除害。行军之道，纪律为先，务须信赏必罚，约束严明，俾知有进无退，人皆用命。即小胜小负，亦兵家之常事，总宜据实奏报，不可稍有粉饰。朕赏功罚罪，悉心军报为衡，倘有偏重偏轻，何以令在营军士知感知惧？至团练乡勇，乃民间自为守御，借以保卫身家，或各村自为一团，或数村共为一团，其经费应由绅董自行经理，岂可官为抑勒？且以守望相助之俦，辄复纷纷调遣，必致迁地弗良，转滋流弊。民间捐助军饷，好义急公，朕方破格施恩。若地方官借捐输为名，委员四出，苛派骚扰，胥吏因缘为奸，又何以安善良而昭激劝？即如会筹军饷条款内税契一节，亦国家成例，然或办理不善，亦足以滋扰累。朕宵旰焦劳，冀苏民困，吾民一日不安，朕心一日不释。前此被贼滋扰省分，叠经降旨，令该督抚查明奏请，分别蠲缓抚恤。兹者岳州失守，扰及武昌、汉阳一带，眷怀南服，忧思益深，若再令疆吏饬属照常征纳，小民其何以堪？着该督抚悉心体察被贼地方，分别蠲缓，奏请恩施。其余应行征收钱粮之处，亦着严查各州县，总期照旧开征，毋得稍有浮勒。庶几吾民于颠沛困苦之时，不至再受追呼迫切之累。该大臣、督抚等，即刊刻誊黄，遍谕闾阎。其各仰体朕意，速振军心，用歼群丑，毋再因循玩泄，致干重罪。将此通谕知之。”（《清文宗实录》卷77）

（咸丰三年正月癸丑）谕内阁：“本月上辛，祈谷大祀，朕诣坛斋宿，虔申默祷，惟愿吾民同登衽席，永戢干戈。念自逆匪滋扰以来，由广西而湖南，由湖南而湖北，所过城池，多被蹂躏。现复围陷武昌省城，数万生灵惨遭荼毒，即未被贼地方，亦复闻警远避，备极流离颠沛之苦。总由地方官吏，平日既不先事豫防，临时又复张皇失措，甚至望风先遁，以致居民失其所恃，不得不转徙他方以全性命。朕为天下生民主，不能察吏安民，致令盗贼肆行，闾阎惊扰，兴言及此，寝馈难安。固思嘉庆年间川、楚教匪蔓延数载，嗣行坚壁清野之法，令民团练保卫，旋就荡平，即今广西、湖南地方，多有团勇保护乡里，贼不敢逼，且有杀贼立功者，况各处乡村，良民多而莠民少，若得公正绅耆董理其事，自不致别滋流弊。即地方间有土匪，一经约束，亦将去邪归正，共保乡闾，惟在良有司素得民心，必可收众志成城之效……我朝列圣相承，深仁厚泽，洽于黎庶。朕以薄德，绍承大统，三载以来，勤求民瘼，惕厉时深。虽因各省水旱偏灾并南河决口，蠲缓钱粮，截漕赈济，粤、楚被兵处所，亦已分别查办，蠲缓加恩，而民困未能尽苏，小惠恐难遍及。每念生民涂炭，抚育无方，即再三引咎自责，亦属虚文。惟有恐惧修省，叩吁昊苍，宥予之辜，极我穷黎。中外文武大臣及地方官吏亦当激发天良，为民除害，各省绅民人等自必同仇敌忾，速殄妖氛。从此永庆绥丰，仰承天佑，朕与天下臣民，同深寅感。兹值大祀礼成，用是敷布朕怀，重申诞告，着该部及各直省大吏刊刻誊黄，宣示中外，咸使闻知。”（《清文宗实录》卷81）

（咸丰三年正月己巳）谕军机大臣等：“张亮基奏‘驰赴湖北省城，筹办抚绥各事宜’一折。逆匪全股东下，武昌、汉阳两城现经收复，所有招集流亡，严查土匪，在在均关紧要。骆秉章已由岳州驰赴武昌，张亮基亦经接受湖广总督关防，并于湖南总局装米五千石、制钱五千缗，由水路运赴北省，着即兼程前往，安抚招徕，与骆秉章熟商筹办……前据骆秉章请拨银三十万两，已交户部速议。本日该署督又请于附近各省先行借给，一并饬部核议。惟此时筹画情形，支绌万难，即河南、川、陕，亦均有请拨、请留之款，该署督等身任封疆，岂不计及全局耶？抑明知拨款之艰，而姑为此请耶？现在该省漕粮业经展缓，或于丰收地方劝令富绅大贾量捐银米，或于各该州县内酌量碾动仓谷，以为赈恤难民之用。当此帑项万分艰难之时，惟在该署督等权其轻重缓急，设法筹办，期于库款、地方两有裨益……将此由六百里谕知张亮基，并谕骆秉章知之。”（《清文宗实录》卷83）

（咸丰三年六月己亥）蠲缓湖北江夏、武昌、咸宁、嘉鱼、蒲圻、通城、兴国、大冶、汉阳、沔阳、黄冈、蕲水、蕲、黄梅、广济、监利十六州县暨屯坐各卫被贼村庄新旧额赋、漕项银米。（《清文宗实录》卷98）

（咸丰三年十月）甲戌，谕内阁："本年丰工漫口，叠次谕令该督抚等筹备银米，抚恤灾民。其被贼之湖南、湖北、江西、安徽、江苏、河南等处，亦经谕令各督抚查明蠲缓……"（《清文宗实录》卷108）

（咸丰六年八月癸丑）又谕："御史方濬颐奏'旱蝗成灾省分，请查明抚恤'一折。前据英桂奏'该省雨水未能一律深透，商丘等县各有飞蝗停落，田禾间有损伤。河内等县低洼处所，田禾被淹'，湖北省亦经官文奏报'入夏以来，雨泽稀少，旱象已成'各等语，迄今两旬有余，各该地方是否成灾，并该御史奏黄州、襄阳一带间生蝗蝻，均未据该督抚续行奏到，朕心实深廑念。着官文、胡林翼、英桂派委干员，轻骑减从，会同地方官迅速诣勘被灾轻重情形，如有应行抚恤蠲缓之处，即着据实具奏，候旨遵行，用副朕轸念灾黎至意。将此由四百里各谕令知之。"（《清文宗实录》卷206）

（咸丰六年九月乙亥）谕军机大臣等："官文、胡林翼奏'襄阳匪徒滋事，派兵剿捕'一折。前据英桂奏，襄阳县匪徒聚众滋事，已饬总兵庆德等调拨官兵严密防堵。本日官文等所奏滋事情形，大略相同。襄阳地居孔道，该匪徒勾结被旱贫民肆行焚抢，且据该督等称，探闻北方股匪甚多，实为心腹之患……襄阳等属被旱成灾，何以久稽奏报？着官文等速派妥员查勘，将应行蠲缓抚恤之处即日奏闻，以纾民困。襄阳府知府海顺等，已据该督等参奏惩处。惟布政使马秀儒、升任安襄郧荆道罗遵殿，均有地方之责，于被旱轻重情形自应确切查明，具详奏办，何以迟延未报，致酿事端，并着官文等查明参奏。将此由六百里谕令知之。"（《清文宗实录》卷208）

（咸丰六年十二月甲午）蠲缓湖北黄安、黄陂、孝感、沔阳、麻城、罗田、汉川、钟祥、京山、潜江、天门、江陵、公安、石首、监利、松滋、枝江、荆门、安陆、云梦、应城、随、应山、襄阳、宜城、枣阳、南漳、光化、谷城、均三十州县被水、被旱、被扰本年额赋有差，免甫经收复之江夏、汉阳二县及汉川县立营平毁地亩本年额赋。（《清文宗实录》卷 215）

（咸丰七年三月）乙卯，谕军机大臣等："王庆云奏'南阳等处被旱灾民请筹赈恤'一折。河南省上年被蝗，春雨复未优渥，粮价昂贵，据闻南阳一带饥民，至以树皮充食。该处本多捻匪，恐其乘饥裹胁，且襄樊匪徒现窜内乡、淅川，尤虞勾结滋事……"（《清文宗实录》卷 221）

（咸丰七年十二月己巳）缓征湖北汉川、黄陂、天门、云梦、应城、江陵、公安、石首、监利、松滋、嘉鱼、汉阳、沔阳、孝感、钟祥、京山、潜江、枝江、荆门十九州县暨屯坐军卫被水村庄新旧额赋，免江夏、汉阳二县地课银。（《清文宗实录》卷 242）

（咸丰八年五月甲辰）豁免湖北武昌、咸宁、嘉鱼、蒲圻、崇阳、通城、兴国、大冶、通山、黄冈、蕲水、蕲、黄梅、广济十四州县被旱、被扰地方旧欠额赋及杂项钱粮。（《清文宗实录》卷 255）

（咸丰八年十一月乙亥）蠲缓湖北黄梅、广济、罗田三县被扰地方旧欠漕粮。（《清文宗实录》卷 269）

（咸丰八年十二月丁卯）缓征湖北江夏、汉川、天门、江陵、公安、石首、监利、松滋、汉阳、黄陂、钟祥、京山、应城、嘉鱼、沔阳、孝感、潜江、枝江、荆门十九州县，武昌等卫被水村庄新旧额赋有差。（《清文宗实录》卷 272）

（咸丰九年六月乙丑）展缓湖北广济县被水地亩上年银米。（《清文宗实

录》卷286）

（咸丰九年十二月癸卯）又谕："官文、胡林翼奏'沔阳州地方猝被江水漫淹情形'一折。湖北沔阳州属一百四十一垸于本年十月猝被江水刷溃堤塍，民房多有淹没，粮食漂失无存，且系收获之期，补种无望，亟应妥筹办理，着官文等严饬司道等迅速查勘被灾地方轻重情形，分别奏请蠲缓，候朕加恩。其迁徙灾民，并着饬令该管府州妥为抚恤，毋令失所，用示朕轸念灾区、恩膏速沛至意。"（《清文宗实录》卷302）

（咸丰九年十二月丁巳）蠲缓湖北汉川、荆门、京山、钟祥、嘉鱼、孝感、枝江、罗田、江夏九州县被水、被旱灾区新旧额赋有差。（《清文宗实录》卷304）

（咸丰九年十二月丁巳）蠲缓湖北沔阳、汉阳、黄陂、黄梅、广济、天门、江陵、公安、石首、监利、松滋十一州县被水、被旱灾区新旧额赋并本年漕粮有差。（《清文宗实录》卷304）

（咸丰十年七月癸卯）赈湖北东湖、江陵、松滋、公安、石首、枝江、宜都、监利、沔阳、云梦、汉川十一州县，并抚恤湖南华容、安乡、湘阴、澧、沅江、龙阳、益阳、巴陵八州县被水灾民。（《清文宗实录》卷325）

（咸丰十年十二月甲戌）蠲缓湖北公安、沔阳、汉阳、汉川、黄陂、钟祥、京山、天门、云梦、石首、监利、松滋、枝江、荆门、江陵、嘉鱼、孝感、黄梅、潜江、江夏、罗田、广济二十二州县暨武昌、蕲州二卫被水灾区新旧额赋，并公安、沔阳、汉阳、黄陂、天门、云梦、江陵、石首、监利、松滋十州县本年漕粮。（《清文宗实录》卷338）

（同治元年正月丁亥）缓征湖北沔阳、黄梅、武昌、嘉鱼、汉阳、汉川、黄陂、广济、钟祥、京山、潜江、天门、江陵、公安、石首、监利、松滋、枝江、荆门、蒲圻、孝感、江夏二十二州县暨武昌卫被扰、被水地方新旧额赋有差。（《清穆宗实录》卷15）

（同治元年十二月乙巳）展缓湖北汉阳、汉川、黄陂、沔阳、钟祥、京山、潜江、天门、江陵、公安、石首、监利、松滋、枝江、荆门、武昌、嘉鱼、黄梅、孝感、江夏二十州县暨武昌卫被水地方新旧额赋有差。（《清穆宗实录》卷53）

（同治二年十二月己亥）展缓湖北沔阳、荆门、汉阳、汉川、黄陂、钟祥、京山、潜江、天门、江陵、公安、石首、监利、松滋、枝江、武昌、嘉鱼、孝感、黄梅、广济二十州县暨屯坐各卫被水、被旱地方新旧正杂额赋有差。（《清穆宗实录》卷89）

（同治二年十二月己亥）展缓湖北沔阳、汉阳、黄陂、天门、江陵、公安、石首、监利、松滋九州县被水地方新旧糟粮。（《清穆宗实录》卷89）

（同治三年十二月辛卯）缓征湖北江夏、嘉鱼、汉阳、汉川、黄陂、黄梅、钟祥、京山、潜江、天门、江陵、公安、石首、监利、松滋、枝江、荆门、沔阳十八州县暨武昌等卫被水、被旱地方新旧额赋、杂课有差。（《清穆宗实录》卷125）

（同治四年三月甲寅）缓征湖北黄冈、蕲水、麻城、蕲、广济、罗田、孝感、钟祥、京山九州县暨各卫军田被旱、被扰地方新旧额赋有差。（《清穆宗实录》卷133）

（同治五年正月戊寅）缓征湖北嘉鱼、汉阳、黄陂、沔阳、天门、江陵、公安、石首、监利、松滋十州县被水地方应征漕粮，并展缓嘉鱼、汉阳、汉川、黄陂、孝感、沔阳、钟祥、京山、潜江、天门、江陵、公安、石首、监利、松滋、枝江、荆门、江夏、黄冈、广济二十州县暨武昌等卫被水、被旱地方新旧额赋、杂课有差。（《清穆宗实录》卷166）

（同治五年八月）乙巳，谕内阁："御史汪朝棨奏'月食示儆，请饬在廷诸臣实力修省'一折。现在捻匪回氛，尚未平定，江南之淮、扬、庐、凤，湖北之江、汉、蕲、黄等处均罹水灾，允宜倍深儆惕。朝廷宵旰勤求，不敢稍自暇逸，内外臣工，其各力图振作，同心协赞，用副恐惧修省之意。"（《清穆宗实录》卷183）

（同治五年十二月甲辰）蠲缓湖北沔阳、监利、武昌、嘉鱼、汉阳、汉川、黄陂、孝感、广济、黄梅、钟祥、京山、潜江、天门、云梦、江陵、公安、石首、松滋、枝江、荆门、江夏、黄冈、蕲水二十四州县被水、被旱地方新旧额赋暨杂课有差。（《清穆宗实录》卷192）

（同治六年九月己卯）又谕："李瀚章等奏'襄水陡涨，襄阳等府属被淹，现筹赈抚'一折。本年八月间，湖北襄水氾溢，襄阳、安陆等府及均州、光化、襄阳、谷城、宜城、钟祥等处均被水淹，天门、汉川被灾尤重。该督抚等督率官绅现办赈济，着即妥为抚恤，毋令流离失所。其应如何蠲缓钱漕之处，仍着查明迅奏，候旨施恩。另片奏'郧阳府城，阴雨连绵，河水并涨，衙署、民房被淹，现在设法安抚难民'等语，着一并妥为抚恤。"（《清穆宗实录》卷212）

（同治六年十一月壬戌）又谕："……湖北省城火药局不戒于火，该局附近人民猝遭此灾，情殊可悯。着李瀚章筹款抚恤，毋令失所。新授湖南布政使李榕、湖北按察使王文韶均着李瀚章饬令先赴新任，俟各该省防务告竣，地方静谧，再行来京陛见。将此由五百里各谕令知之。"

(《清穆宗实录》卷216)

(同治六年十二月戊戌)蠲缓湖北钟祥、天门、嘉鱼、汉阳、汉川、黄陂、孝感、沔阳、黄冈、蕲水、京山、潜江、云梦、江陵、公安、石首、监利、松滋、枝江、江夏、武昌、黄梅二十二州县暨武昌卫被水、被旱、被扰地方新旧额赋、杂课有差。(《清穆宗实录》卷219)

(同治七年十二月壬子)缓征湖北江夏、嘉鱼、汉阳、汉川、黄陂、孝感、沔阳、黄梅、钟祥、京山、潜江、天门、江陵、公安、石首、监利、松滋、枝江、荆门、武昌、蕲水、应城二十二州县暨沔阳、武昌二卫被水、被旱地方新旧额赋。(《清穆宗实录》卷248)

(同治七年十二月酉刻)准河南省留湖北京饷银二十一万两,赈济灾民。(《清穆宗实录》卷249)

(同治八年九月)壬申,谕军机大臣等:"李鸿章等奏'湖北被水成灾较重,请饬部拨款以济工赈要需'一折。本年湖北武、汉等属地方夏秋多雨,又值湘水下注,川水、襄水并涨,堤垸漫溃,田庐被淹,业据该督抚奏拨军需善后项下钱二万五千串,并于省仓提拨谷石,以资赈恤。该督抚现于武、汉城外分设粥厂,并令各府县设法平粜,灾黎谅可不至失所。惟秋禾补种失时,转瞬节交冬令,更虞饥寒交迫,该省堤工既难捐办,亦宜亟为豫筹。该督抚以赈抚、堤工两事撙节办理,需银三十万两,拟请饬部拨款,以济要需。着准其在于应解京饷之司库、地丁暨江汉关六成洋税各拨银十万两,并在本省货厘、盐厘项下各拨银五万两,照该督抚所议,将有堤州县未成灾者,准其借拨修堤;已成灾者,以工代赈。其老弱妇女及无堤州县,概行酌发赈济。该督抚务饬各该地方官认真经理,以期实惠及民,毋任官吏中饱。其各属被水轻重情形及成灾分数,并着饬属赶紧查勘,分别奏请蠲缓,用副朝廷轸念灾区至意。将

此由五百里各谕令知之。”（《清穆宗实录》卷266）

（同治八年十二月壬子）蠲缓湖北武昌、黄梅、沔阳、嘉鱼、监利、广济、汉阳、汉川、咸宁、蒲圻、黄陂、孝感、黄冈、蕲水、钟祥、京山、潜江、天门、云梦、应城、江陵、公安、石首、松滋、枝江、荆门、江夏、兴国、大冶、蕲三十州县被水地方新旧额赋、租课有差。（《清穆宗实录》卷272）

（同治九年八月丁酉）又谕：“李瀚章、郭柏荫奏‘川江水势异涨，荆、宜等属猝遭水患，并汉水时发，沿河民田垸堤漫淹’一折。本年夏间，湖北大雨时行，江水陡涨。五月间，汉水又发，以致宜昌郡城内外概被淹没，荆州南岸公安地方被淹最重。此外松滋、石首、监利、嘉鱼、咸宁、蒲圻、江夏、汉阳、黄梅及钟祥、荆门、京山、潜江、天门、沔阳、汉川、黄陂、孝感、云梦、应城各州县，均因各堤漫溃，田亩淹没，人民迁徙，殊深轸念。所有被灾较重之宜昌、公安二郡邑，着李瀚章等督饬司道，筹款发给，量予赈抚。其余各处，并着督饬各该地方官，随时设法妥为安抚，毋令一夫失所。”（《清穆宗实录》卷288）

（同治九年十二月）丙寅，蠲缓湖北公安、沔阳、黄梅、监利、广济、江夏、咸宁、嘉鱼、蒲圻、汉阳、黄陂、孝感、黄冈、蕲水、钟祥、京山、潜江、天门、云梦、应城、江陵、石首、松滋、枝江、荆门、蕲、武昌、兴国、大冶、汉川三十州县暨武昌、沔阳二卫被水地方新旧额赋有差。（《清穆宗实录》卷299）

（同治十年十二月己未）缓征湖北江夏、武昌、蒲圻、黄冈、蕲水、广济、嘉鱼、汉阳、汉川、黄陂、孝感、沔阳、黄梅、钟祥、京山、潜江、天门、应城、江陵、公安、石首、监利、松滋、枝江、荆门二十五州县暨武昌、沔阳二卫被水地方新旧钱粮漕米并杂课有差。（《清穆宗实录》

卷 325）

（同治十一年正月）丁酉，豁免湖北黄陂、钟祥、京山、潜江、天门五县被扰地方积欠额赋。（《清穆宗实录》卷 327）

（同治十一年二月壬戌）又谕："吴棠奏'川省歉收粮贵，恳请拨银赈济'一折。四川上年夏旱秋潦，收成歉薄，入春以来，粮价骤昂，饥民待哺嗷嗷，自应迅筹调剂，加恩着照所请，即于该省厘金捐输项下拨银二十万两，以资赈恤。该督务当督饬地方官尽心经理，俾得实惠均沾，勿使一夫失所，倘查有侵冒情弊，即行从严参办。并着湖广总督，湖北、陕西、贵州各巡抚晓谕商民，运米赴川接济。所过关卡，概免厘税，以广招徕。"（《清穆宗实录》卷 328）

（同治十一年十二月壬子）缓征湖北江夏、武昌、咸宁、嘉鱼、蒲圻、汉阳、汉川、黄陂、孝感、沔阳、黄冈、蕲水、黄梅、广济、钟祥、京山、潜江、云梦、天门、应城、江陵、公安、石首、监利、松滋、枝江、荆门二十七州县暨沔阳、武昌等卫被水地方新旧额赋并杂课有差。（《清穆宗实录》卷 346）

（同治十二年八月）戊子，谕内阁："李瀚章、郭柏荫奏'县属被水成灾，派员查勘'一折。本年夏秋间，湖北公安县属地方，因松滋、石首二县溃堤之水冲入，全境成灾，小民荡析离居，殊堪矜悯。着该督等饬属逐细查勘，妥为抚绥，毋使一夫失所，用副朕轸念灾黎至意。"（《清穆宗实录》卷 356）

（同治十二年十二月己卯）蠲缓湖北江夏、公安、咸宁、嘉鱼、汉阳、汉川、黄陂、孝感、沔阳、黄梅、钟祥、京山、潜江、天门、应城、江陵、石首、监利、松滋、枝江、荆门、黄冈、蕲水、广济二十四州县

暨武昌等卫被水、被旱地方新旧额赋有差。(《清穆宗实录》卷360)

(同治十三年十二月丁丑)缓征湖北嘉鱼、汉阳、黄陂、孝感、沔阳、潜江、天门、应城、江陵、公安、石首、监利、松滋、荆门十四州县被水、被旱地方本年暨历年带征漕粮。现月 (《清德宗实录》卷1)

(同治十三年十二月丁丑)缓征湖北江夏、嘉鱼、汉阳、黄陂、孝感、沔阳、钟祥、京山、潜江、天门、应城、江陵、公安、石首、监利、松滋、枝江、咸宁、汉川、黄冈、蕲水、荆门、黄梅、广济、武昌二十五州县暨蕲州、武昌二卫被水、被旱地方新旧额赋并各项租课有差。现月 (《清德宗实录》卷1)

(光绪元年十月丙寅)又谕:"……湖北省被兵最久,元气未复,节经各该督抚奏到,已加恩将民欠钱粮等项,分别蠲减、豁免、缓征,并谕令户部将各省民欠钱粮酌核奏请蠲免……此外各省有无被灾地方应行调剂抚恤之处,着该将军、督抚等一并查奏,候旨施恩。将此各谕令知之。"现月 (《清德宗实录》卷19)

(光绪元年十二月癸酉)缓征湖北江夏、武昌、咸宁、嘉鱼、汉阳、汉川、黄陂、孝感、沔阳、黄冈、蕲水、黄梅、广济、钟祥、京山、潜江、天门、应城、江陵、公安、石首、监利、松滋、枝江、荆门二十五州县被淹、被旱地方及武昌等卫钱粮银米等项,并递缓节年漕粮有差。现月 (《清德宗实录》卷23)

(光绪二年十二月丙申)缓征湖北江夏、咸宁、嘉鱼、汉阳、黄陂、孝感、沔阳、蕲本、黄梅、广济、京山、天门、应城、江陵、公安、石首、监利、枝江、汉川、钟祥、潜江、松滋二十二州县并武昌等卫军田被淹、受旱地方地租、杂课。现月 (《清德宗实录》卷44)

（光绪三年八月庚戌）谕军机大臣等："谭钟麟奏'陕省被灾甚广，请饬催各省欠饷以资赈济'，'韩城匪徒，剿捕已尽，现办赈务情形'各一折。陕西本年被旱成灾，饥民嗷嗷待哺，现在购粮办赈，需款甚殷。同治九年间，部拨各省协济陕西专饷，浙江拨银二十万两，欠解银十八万两；山东拨银十万两，欠解银九万两；江苏拨银十五万两，欠解银十三万五千两；安徽拨银五万两，欠解银四万五千两；四川、湖南各拨银十万两，湖北拨银二十万两，广东拨银二十五万两，均未报解。着沈葆桢、李瀚章、刘坤一、丁宝桢、吴元炳、裕禄、梅启照、文格、王文韶、张兆栋迅速筹解，以应急需……"现月 （《清德宗实录》卷56）

（光绪三年九月丙辰）谕军机大臣等："李鸿章奏'奉拨晋、豫两省赈粮，请变通办理'一折。据称'本届江、安漕粮八万数千石，业经仓场侍郎将奉拨晋赈四万石饬原船督押回津，其余已全数进仓，若再行拨出，转多糜费。拟请在于光绪四年……湖北应办漕米三万石内提办二万石，全数拨运山西，即将山西原截之江、安漕粮四万石，先行拨运河南，以期水陆转运，均得其便'等语，所筹变通办理，甚合机宜。即着李瀚章、刘秉璋各照应行提办来年漕米之数，速将购价、运脚银两，即行发交道员朱其昂等，赶紧领办。李鸿章即豫饬该员等一面领银，一面设法垫款购米，务于封河以前，刻期运津，俾免贻误。所有山西原截之江、安漕粮四万石，该督即饬丁寿昌等妥为经理，由水路运至河南道口交卸，并着李庆翱迅派大员驰赴道口，设局接收转运，以期妥速。山西被灾甚重，待赈尤殷，此次原截江、安漕粮，业经改拨，所有晋粮购运事宜，李鸿章务当饬令丁寿昌、黎兆棠等迅速筹办，陆续转运，毋稍迟误。将此由五百里各谕令知之。"现月 （《清德宗实录》卷57）

（光绪三年九月戊午）谕军机大臣等："给事中寻銮炜奏'筹备山西荒政，请饬将各州县已征未解钱粮，提归藩库'各折片。山西本年被旱成灾，叠经降旨拨给帑银、漕米，筹办赈抚。该给事中以陕西亦被旱灾，民间处处遏粜，请饬山西、陕西巡抚不分畛域，合筹共计，出示晓谕沿河一带居民，如有商贩运米，不得阻挠拦截，并请将陕西采买湖广米石，宽为筹补，分济山西省南各属，购运诸费由山西筹款归还等语，着曾国荃、谭钟麟会同熟商，妥筹办理……”现月 （《清德宗实录》卷 57）

（光绪三年九月甲戌）又谕：“曾国荃奏‘山西赈款不敷，恳请推广捐输，并请饬部颁发执照’一折。山西现办赈务，需款甚巨，该抚请于直隶、江苏、安徽、湖北、湖南、广东、广西、四川、浙江、江西推广捐输，以资接济，着照所请行。其捐生应给奖叙，即由各该省督抚分案奏咨办理，并着户部颁给实职、虚衔、封典空白执照各二千张，即行发交山西，俾资应用。”现月 （《清德宗实录》卷 58）

（光绪三年十月）癸未，谕军机大臣等：“曾国荃奏‘山西全省被灾，本岁秋禾未收，来年春麦未种，停赈无期，急须广筹款项。请令两江总督转饬两淮运司瓜栈及四省督销局道员，在于西岸、鄂岸、湘岸各票商每大票捐银二百两，皖岸小引每票捐银四十两，均于两个月内凑齐’等语。该省现办赈务，需款甚巨，待用尤迫，自属实在情形。着沈葆桢酌量劝谕各商，量力捐输……将此由四百里谕令知之。”现月 （《清德宗实录》卷 59）

（光绪三年十月癸未）山西巡抚曾国荃奏：“请将来年江、鄂未提漕米六万石，拨给山西放赈。”下部议行。折包 （《清德宗实录》卷 59）

（光绪三年十月甲申）谕军机大臣等：“……谕令李鸿章于海防经费项下拨银八万两，将天津练饷制钱发商生息一款，易银十万两拨给，提办来年江西、湖北漕粮五万石，运赴该省……”现月 （《清德宗实录》卷 59）

（光绪三年十月辛卯）吏部右侍郎崇绮、湖北巡抚邵亨豫奏报驰抵河南省城，查办荒旱日期。得旨："着即认真查办，据实具奏。"折包　（《清德宗实录》卷59）

（光绪三年十月己亥）湖广总督李瀚章……又奏："湖北荆州府万城大堤防护稳固。"报闻。折包　（《清德宗实录》卷60）

（光绪三年十月甲辰）山西巡抚曾国荃……又奏："湖北道员朱其诏，请俟山西赈务完竣，再饬赴鄂。"均报闻。折包　（《清德宗实录》卷60）

（光绪三年十一月壬戌）稽查山西赈务前工部右侍郎阎敬铭、山西巡抚曾国荃奏："晋省饥民倒毙日多，请准续拨江、鄂漕米六万石以资赈济。"如所请行。折包　（《清德宗实录》卷61）

（光绪三年十二月癸巳）缓征湖北咸宁、嘉鱼、汉阳、汉川、黄陂、孝感、蕲水、黄梅、钟祥、天门、应山、江陵、公安、监利、松滋、荆门、沔阳、京山、潜江、应城、石首、枝江、江夏、武昌、黄冈、广济二十六州县暨武昌等卫被旱、被水地方新旧钱米、漕粮有差。现月档（《清德宗实录》卷63）

（光绪四年三月）癸亥，谕内阁："上年山西、河南被灾甚重……加恩着再由江苏、安徽、浙江、福建、湖北、湖南、山东、四川、广东每省协济山西、河南两省银各数万两，俾资赈需。该督抚即行筹款拨解，用副轸恤灾区至意。"现月　（《清德宗实录》卷69）

（光绪四年四月庚寅）谕军机大臣等："前因山西、河南被灾甚重，谕令江苏等省每省协济山西、河南银各数万两，俾资赈需。兹据阎敬铭、曾国荃奏‘办理赈务，万分窘迫，请于各该省指定确实数目，协济晋省银六十万两’等语，现在山西尚未得有透雨，饥民待赈，为日甚长，亟应速筹接济。着即由江苏、安徽、江西、浙江、福建、湖北、湖南、山东、四川、广东各筹拨银六万两，克期解赴山西，以应急需。晋民被灾之惨，朝廷实深矜悯，所有应行加赈事宜，着阎敬铭、曾国荃悉心会商，认真经理，毋令失所。阎敬铭等原折着钞给各该省督抚阅看，将此由五百里谕知沈葆桢、何璟、李瀚章、刘坤一、丁宝桢、吴元炳、阎敬铭、裕禄、刘秉璋、梅启照、邵亨豫、文格、曾国荃、张兆栋、吴赞诚，并传谕葆亨、潘霨、崇福、勒方锜知之。”现月 （《清德宗实录》卷71）

（光绪四年九月）丁巳，谕内阁：“御史周开铭奏‘东南数省被水，请饬豫筹拯救’一折。本年江西、福建、广东、湖北、湖南等省两水过多，被淹地方甚众，江西饶州，湖北安陆、荆州，湖南常德等处被灾尤重，荒歉已形，明岁青黄不接之时，甚属可虑，亟宜豫为筹画，防患未萌。着各该省督抚确查所属州县被灾情形，豫筹拯救之策。所有疏导水势、安辑流亡、筹办赈济、勘报蠲缓各事宜，均着悉心体查，妥为办理，以期有备无患……”内起居注 （《清德宗实录》卷78）

（光绪四年十月）己卯，谕军机大臣等：“……并谕令江西、福建、广东、湖北、湖南各督抚确查被水地方，豫筹拯救……此外各省有无被灾地方应行调剂抚恤之处，着该将军、督抚等一并查奏，候旨施恩。将此各谕令知之。”现月 （《清德宗实录》卷79）

（光绪四年十一月戊辰）谕军机大臣等：“阎敬铭、曾国荃奏‘筹备东漕运费，请饬各省协济’一折。据称‘晋省奉拨山东漕米十二万石，分运晋南灾区赈济，约需运费在百万两以外，无从筹措，请饬江苏、安徽、江西、浙江、山东等五省各拨银六万两，湖北、湖南、广东、四川等四省各拨银五万两，俾资周转’等语。晋省赈粮转运，异常劳费，该省款项拮据，亦属实情，着照所请，即由沈葆桢、李瀚章、刘坤一、丁宝桢、吴元炳、裕禄、李文敏、梅启照、文格、潘尉、邵亨豫、张兆栋如数筹拨，于年内批解赴晋，以济赈需。将此由四百里各谕令知之。”现月 （《清德宗实录》卷82）

（光绪四年十二月）丁酉，蠲缓湖北武昌、咸宁、嘉鱼、蒲圻、汉阳、汉川、黄陂、孝感、沔阳、黄冈、蕲水、黄梅、广济、钟祥、京山、潜江、天门、应城、江陵、公安、石首、监利、松滋、枝江、荆门二十五州县被淹、被旱地方新旧额赋暨漕粮、杂课有差。现月 （《清德宗实录》卷84）

（光绪五年六月壬子）又谕：“户部奏‘遵议曾国荃请展缓停捐’一折，所筹甚是。本年停止捐输，原为澄清吏治起见，曾国荃因赈抚需款……朝廷宵旰焦劳，尤刻刻以灾区为念，捐例既难展限，亦岂肯因小民稍有生机，遂不力图拯济？着照部议，于部库拨银二十万两，即由该抚迅速派员赴京领回，以资应用。仍恐不敷接济，着再拨山东省地丁银三万两，安徽、江西两省厘金银各三万两，湖北省厘金、盐厘银各二万两，湖南省厘金银二万两，四川省盐厘津贴银三万两，浙江、广东、福建、江苏四省欠解山西饷银各提银三万两，共银三十万两，即着各该省督抚迅筹解济，不准稍有迟缓。统计部库及各省共拨银五十万两，曾国荃陆续领到后，即将抚恤善后诸大端督饬各属，认真筹办，务须实惠及民，毋得稍有糜费。”现月 （《清德宗实录》卷96）

（光绪五年九月）甲戌，谕内阁：“李鸿章奏‘直隶水灾较重，前截漕粮不敷分拨，恳赏湖北来岁新漕’一折。直隶、顺天各属，本年夏秋之间雨水过多，洼区被淹，秋禾无收，春麦难种，民间被灾甚深，前次截留漕米六万石，恐不敷赈济。即照该督所请，着湖广总督、湖北巡抚将湖北来岁新漕三万石提前办运，赶于封河以前，由轮船运赴天津，俾

应今年冬间赈抚急需，毋稍延缓。”现月 （《清德宗实录》卷100）

（光绪五年十月）癸卯，谕军机大臣等：“本年直隶、山西、河南、被灾……复拨湖北新漕三万石，借资赈恤。山西赈粮不敷……湖北各属、浙江绍兴等处低田被淹……均经该督抚等委员查勘，即着迅速办理，并将来春应否接济之处一并查明，于封印前奏到。此外各省有无被灾地方应行调剂抚恤之处，着该将军、督抚一并查奏，候旨施恩。将此各谕令知之。”现月 （《清德宗实录》卷101）

（光绪五年十二月庚戌）缓征湖北咸宁、嘉鱼、汉阳、汉川、黄陂、孝感、沔阳、黄梅、钟祥、京山、潜江、天门、应城、江陵、公安、石首、监利、松滋、枝江、荆门、京山、江夏、武昌、蒲圻、黄冈、蕲水、广济二十七州县暨武昌卫被淹、被旱地方新旧额赋，暨咸宁、嘉鱼、汉阳、黄陂、孝感、沔阳、黄梅、潜江、天门、应城、江陵、公安、石首、监利、松滋、荆门十六州县漕粮。（《清德宗实录》卷105）

（光绪六年十月戊戌）又谕：“……湖北武昌各属被水……均经该督抚等委员查勘，即着迅速办理，并将来春应否接济之处一并查明，于封印前奏到。此外各省有无被灾地方应行调剂抚恤之处，着该将军、督抚等一并查奏，候旨施恩。将此各谕令知之。”现月 （《清德宗实录》卷121）

（光绪六年十二月癸卯）缓征湖北咸宁、嘉鱼、汉阳、汉川、黄陂、孝感、沔阳、蕲水、黄梅、钟祥、京山、潜江、天门、应城、江陵、公安、石首、监利、松滋、枝江、荆门、江夏、武昌、蕲州、黄冈、广济二十六州县暨武昌等卫被淹、受旱地方新旧正赋、杂课有差。现月 （《清德宗实录》卷125）

（光绪六年十二月癸卯）缓征湖北咸宁、嘉鱼、汉阳、黄陂、孝感、沔阳、蕲水、黄梅、潜江、天门、应城、江陵、公安、石首、监利、松滋、荆门十七州县被淹、受旱地方本年漕粮。现月　（《清德宗实录》卷125）

（光绪七年三月壬午）谕内阁："上年顺天、直隶各属被水、被旱，灾区甚广，本年春麦歉收，饥民待泽孔殷，朝廷实深轸念。着拨给湖北本届采运漕米三万石，由李鸿章等详查灾区轻重，分别散放。其随漕剥船耗食米石及运通船价等项，并饬解交天津赈局津贴运费。该督等即督饬所属认真经理，务使实惠及民，毋任丝毫弊混，用副勤恤民依至意。"（《清德宗实录》卷128）

（光绪七年十二月丁卯）缓征湖北咸宁、嘉鱼、汉阳、汉川、黄陂、孝感、沔阳、黄梅、钟祥、京山、潜江、天门、应城、江陵、公安、石首、监利、松滋、枝江、荆门、江夏、武昌、黄冈、蕲水、广济二十五州县暨武昌等卫被水、被旱地方新旧钱粮、漕粮、杂课有差。现月　（《清德宗实录》卷140）

（光绪八年七月）乙巳，谕内阁："朕奉慈禧端佑康颐昭豫庄诚皇太后懿旨，两月以来，叠据各省奏报水灾，详加披阅，时切廑怀……其余江苏、山东、湖北、四川、福建、陕西等省均有被灾之处，即着各该省宽筹款项，妥为抚恤。各该督抚务当严饬所属，将所拨银两核实散放，毋任一夫失所，仰副皇太后节用推恩、勤恤民隐至意。"现月　（《清德宗实录》卷149）

（光绪八年十月）丙辰，谕军机大臣等："……湖北罗田、沔阳等州县被水……均经该督抚等查勘抚恤，小民谅可不至失所。惟念来春青黄不接之时，民力未免拮据，着传谕该督抚等体察情形，如有应行接济之处，即查明据实复奏，务于封印以前奏到，候朕于新正降旨加恩……湖北黄州府属被水……均经该督抚等委员查勘，即着迅速办理，并将来春应否接济之处一并查明，于封印前奏到。此外各省有无被灾地方应行调剂抚恤之处，着该将军、督抚等一并查奏，候旨施恩。将此各谕令知之。”现月 （《清德宗实录》卷153）

（光绪八年十二月乙丑）蠲缓湖北沔阳、武昌、咸宁、嘉鱼、汉阳、汉川、黄陂、孝感、黄冈、蕲水、黄梅、广济、钟祥、潜江、天门、应城、公安、石首、监利、松滋、枝江、江夏、江陵、荆门二十四州县被灾村庄钱漕、杂课有差。现月 （《清德宗实录》卷156）

（光绪九年正月乙巳）截拨湖北漕米三万石，赈恤顺天直隶文安、大城、任丘、献、雄、高阳、安平、安、新城、静海、蠡、博野、深、束鹿十四州县积水、地震各村庄。现月 （《清德宗实录》卷158）

（光绪九年六月戊午）湖北巡抚彭祖贤奏："民情困苦，拟办理赈粜，采买米石，接济民食。”报闻。折包 （《清德宗实录》卷164）

（光绪九年七月丙申）又谕："御史黄兆柽奏'现在湖北江堤溃决，蕲州等处江水漫溢'等语。该处堤工溃溢情形未据奏报，着涂宗瀛、卞宝第、彭祖贤迅速查明具奏。将此各谕令知之。”现月 （《清德宗实录》卷167）

（光绪九年八月辛亥）又谕："卞宝第、彭祖贤奏'查明湖北各属被水，民情困苦，请旨截留漕米赈抚'一折。据称'本年六月间，长阳、兴山、宜都等县蛟水陡发，沿河民田、庐舍、庙宇均被淹灌，冲塌甚多，又云梦、潜江、江陵等县亦同时被淹，现已委员查勘，分投赈抚'等语。览奏被灾情形，小民荡析离居，殊堪悯恻，着照所请，准其截留湖北冬漕采运米三万石并随漕耗米等项，俾作赈需。其余被淹之孝感等州县，仍着卞宝第等察看情形，分别办理，用副朝廷轸念灾区至意。”现月

（《清德宗实录》卷168）

（光绪九年十月庚戌）又谕："……湖北监利等处被水……均经该督抚等查勘抚恤，小民谅可不致失所。惟念来春青黄不接之时，民力未免拮据，着传谕该督抚等体察情形，如有应行接济之处，即查明据实复奏，务于封印以前奏到，候朕于新正降旨加恩……湖北孝感等处被水……均经该督抚等委员查勘，即着迅速办理，并将来春应否接济之处一并查明，于封印前奏到。此外各省有无被灾地方应行调剂抚恤之处，着该将军、督抚等一并查奏，候旨施恩。将此各谕令知之。"现月 （《清德宗实录》卷171）

（光绪九年十二月庚申）蠲缓湖北江陵、永丰、天门、监利、沔阳、汉川、潜江、武昌、咸宁、嘉鱼、汉阳、黄陂、孝感、黄冈、蕲水、黄梅、广济、钟祥、京山、云梦、应城、公安、石首、松滋、枝江、江夏、荆门二十七州县本年被水尤重地方钱粮、芦课等项有差，并展缓江陵、天门、监利、沔阳、潜江、武昌、咸宁、嘉鱼、汉阳、黄陂、孝感、黄冈、蕲水、黄梅、广济、云梦、公安、石首、松滋十九县漕粮。（《清德宗实录》卷175）

（光绪十年五月己亥）以湖北樊口建闸，刻难兴办，蠲免被灾之武昌县及黄州卫，武昌正、左两卫额征银米。现月 （《清德宗实录》卷184）

（光绪十年十月）甲戌，谕军机大臣等："本年直隶、浙江、湖北、陕西、甘肃、云南、贵州等处灾荒地亩，节经该省奏到，加恩将新旧钱粮分别蠲免缓征……此外各省有无被灾地方应行调剂抚恤之处，着该将军、督抚等一并查奏，候旨施恩。将此各谕令知之。"现月 （《清德宗实录》卷195）

（光绪十年十二月甲戌）蠲缓湖北咸宁、嘉鱼、汉阳、汉川、黄陂、沔阳、黄梅、广济、钟祥、京山、潜江、天门、应城、江陵、公安、石首、监利、松滋、枝江、荆门、孝感、蕲水、江夏、黄冈二十四州县被淹、被旱地方新旧钱粮、芦课等有差。现月　（《清德宗实录》卷199）

（光绪十年十二月甲戌）缓征湖北咸宁、嘉鱼、汉阳、黄陂、沔阳、黄梅、广济、潜江、天门、应城、江陵、公安、石首、监利、松滋、荆门、孝感、蕲水十八州县被淹、受旱地方应征漕粮有差。现月　（《清德宗实录》卷199）

（光绪十一年七月庚子）谕军机大臣等："……近闻湖南省城及湖北地方均有被水成灾之处，即着该督抚饬属将被灾处所确切查明，一面设法赈济，一面迅速奏闻。将此由五百里各谕令知之。"现月　（《清德宗实录》卷211）

（光绪十一年十月戊辰）又谕："……湖北咸宁等县被水……均经该将军、督抚等查勘抚恤，小民谅可不至失所。惟念来春青黄不接之时，民力未免拮据，着传谕该将军、督抚等体察情形，如有应行接济之处，即查明据实复奏，务于封印以前奏到，候朕于新正降旨加恩……将此各谕令知之。"现月　（《清德宗实录》卷217）

（光绪十一年十二月庚午）缓征湖北武昌、嘉鱼、汉阳、汉川、黄陂、孝感、沔阳、黄冈、蕲水、黄梅、广济、钟祥、京山、潜江、天门、云梦、江陵、公安、石首、监利、松滋、枝江、荆门、江夏、咸宁、永丰二十六州县被水、被旱村庄新旧钱粮暨杂课有差，其武昌、咸宁、嘉鱼、汉阳、黄陂、沔阳、黄冈、蕲水、黄梅、广济、潜江、天门、云梦、应城、江陵、公安、石首、监利、荆门、松滋二十州县新旧漕粮并缓征。现月　（《清德宗实录》卷221）

（光绪十二年十二月癸亥）缓征湖北咸宁、嘉鱼、汉阳、汉川、黄陂、孝感、沔阳、黄冈、蕲水、黄梅、钟祥、京山、潜江、天门、应城、江陵、公安、石首、监利、松滋、枝江、荆门、江夏、武昌、广济二十五州县暨武昌等卫被淹、被旱新旧钱漕、粮赋、课税有差。现月 （《清德宗实录》卷236）

（光绪十三年六月己酉）谕军机大臣等："御史胡泰福奏'湖北本年自春徂夏，雨多晴少，江、汉同时并涨，漂没田庐。现闻省城内外水深数尺，请饬查明抚恤，蠲缓钱漕'等语。着奎斌迅即查明被灾处所，妥筹抚恤，本年钱漕应如何分别蠲缓，奏明办理……倘各该省地方官有讳灾不报情事，即行据实严参。将此由四百里谕知奎斌，并传谕李嘉乐知之。"现月 （《清德宗实录》卷244）

（光绪十三年六月庚戌）抚恤湖北罗田、石首各县被水灾民。折包 （《清德宗实录》卷244）

（光绪十三年八月）丙午，谕内阁："奎斌奏'查明湖北各属被水民情困苦，请旨截留漕米并办赈捐'一折。据称'本年夏间大雨滂沱，江、汉并涨，各属田庐多被淹没，除罗田、石首二县前已奏报筹款急抚外，现在沔阳、监利、汉川、嘉鱼四州县受灾尤重，又江夏、武昌、咸宁、蒲圻、兴国、汉阳、黄陂、孝感、黄冈、蕲水、广济、钟祥、京山、应城、江陵、公安、松滋、天门、潜江等二十州县亦同时被淹，遵筹抚恤'等语。览奏被灾情形，小民荡析离居，殊堪悯恻，着照所请，准其截留湖北冬漕三万石并随漕耗米等项，俾作赈需，并准其劝办赈捐，以资接济，用副朝廷轸念灾区至意。"现月 （《清德宗实录》卷246）

（光绪十三年九月乙丑）署湖广总督奎斌奏："汉镇盐局被火，请分别优恤。”得旨：“高映奎、李振清均着交部从优议恤。所有被灾户口，着即饬属查明，妥为抚恤，毋任失所。”（《清德宗实录》卷247）

（光绪十三年十月）丙戌，谕军机大臣等：“……湖北罗田、石首及沔阳等州县先后被水，准令奎斌截留冬漕三万石……湖北汉口镇被火……均经该督抚等查勘抚恤，小民谅可不至失所。惟念来春青黄不接之时，民力未免拮据，着传谕该督抚等体察情形，如有应行接济之处，即查明据实复奏，务于封印以前奏到，候朕于新正降旨加恩……此外各省有无被灾地方应行调剂抚恤之处，着该将军督抚等一并查奏，候旨施恩。将此各谕令知之。”现月　（《清德宗实录》卷248）

（光绪十三年十二月丁亥）蠲缓湖北监利、沔阳、石首、汉川、武昌、咸宁、嘉鱼、汉阳、黄陂、孝感、黄冈、蕲水、黄梅、广济、钟祥、京山、天门、应城、江陵、公安、松滋、枝江、荆门、兴国、云梦二十五州县被水、被旱村庄新旧钱粮、芦课有差。现月　（《清德宗实录》卷250）

（光绪十四年十二月庚辰）缓征湖北嘉鱼、汉阳、汉川、黄陂、沔阳、黄梅、钟祥、京山、潜江、天门、应城、江陵、公安、石首、监利、松滋、枝江、孝感、黄冈、蕲水、荆门、江夏、兴国、武昌、咸宁、广济二十六州县暨武昌等卫被水、被旱地方新旧钱粮、芦课，嘉鱼、汉阳、黄陂、沔阳、黄梅、潜江、天门、应城、江陵、公安、石首、监利、松滋、孝感、黄冈、蕲水、荆门十七州县本年应征漕粮。折包　（《清德宗实录》卷262）

（光绪十五年八月庚辰）湖广总督裕禄等奏：“钟祥等处被水，分别轻重，查勘抚恤。”报闻。（《清德宗实录》卷273）

（光绪十五年十月己丑）又谕：“裕禄、奎斌奏‘各属被水成灾，恳请拨款赈抚’一折。本年湖北夏秋两汛，江河并涨，八月以后，又复大雨兼旬，水势日甚。武昌、汉阳、黄州、安陆、德安、荆州各府低洼田地多被淹浸，襄阳、郧阳、宜昌、施南地处上游，亦因雨水过多，同时被灾，小民荡析离居，实堪悯恻。加恩着于司库拨银十万两以作赈需，准其作正开销，如有不敷，仍着体察情形，随时奏明请旨。该督等即确查各属被灾轻重，督饬分别妥为散放，务期实惠及民，毋任稍有弊混，用副朝廷轸念灾区至意。”现月 （《清德宗实录》卷275）

（光绪十五年十二月癸巳）又谕：“御史余联沅奏‘各省办赈，请饬妥筹良法’一折。本年江苏、浙江、湖北等省被灾甚重，叠经发帑赈恤，惟灾区太广，饥民众多，全在各督抚实心经理，力除积弊。该御史所称‘审户宜实，筹款宜博，积谷宜清，用人宜慎’各条，其言均不无可采。着曾国荃、张之洞、刚毅、崧骏、奎斌督饬所属，按照原折所陈，酌度情形，认真办理，不得有名无实，稍滋弊混。原折均着钞给阅看，将此各谕令知之。”现月 （《清德宗实录》卷279）

（光绪十五年十二月丁丑）蠲缓湖北汉川、武昌、咸宁、嘉鱼、汉阳、黄陂、孝感、沔阳、黄冈、蕲水、黄梅、广济、钟祥、京山、潜江、天门、云梦、应城、江陵、公安、石首、监利、松滋、枝江、荆门、江夏二十六州县暨崇、通等屯，武昌等卫被淹地方新旧钱漕、杂课。现月 （《清德宗实录》卷278）

（光绪十五年十二月丁丑）谕内阁：“裕禄等奏‘各属被灾，来春青黄不接，恳请筹款接济’一折。本年湖北武昌各府属田亩被灾甚重，民情困若，前经赏拨银十万两以作赈需，现经该督等体察地方情形，来春青黄不接，民食维艰，自应豫筹接济，加恩于该省司库再拨银五万两，由该督抚分别备赈，务须实惠及民，毋任稍有弊混，用副轸念灾区、有加无已至意。”现月 （《清德宗实录》卷278）

（光绪十五年十二月辛巳）两江总督曾国荃奏："湖北宜昌被灾，于淮南局加抽川盐厘项下，酌拨银五千两散赈。"报闻。折包　（《清德宗实录》卷278）

（光绪十六年七月乙亥）湖广总督张之洞奏施南、宜昌两府所属被水赈抚情形。得旨："着饬属认真查勘赈抚，以恤灾黎。"折包　（《清德宗实录》卷287）

（光绪十六年十月己亥）谕军机大臣等："……湖北施南等府被水……均经该将军、督抚等查勘抚恤，小民谅可不至失所。惟念来春青黄不接之时，民力未免拮据，着传谕该将军督抚等体察情形，如有应行接济之处，即查明据实复奏，务于封印以前奏到，候朕于新正降旨加恩……将此各谕令知之。"现月　（《清德宗实录》卷290）

（光绪十六年十二月丁未）缓征湖北武昌、咸宁、嘉鱼、光化、蒲圻、汉阳、汉川、黄陂、孝感、沔阳、黄冈、蕲水、黄梅、广济、钟祥、京山、潜江、天门、应城、江陵、公安、石首、监利、松滋、枝江、荆门、江夏、蕲二十八州县暨武昌卫被灾地方新旧钱粮，其武昌、咸宁、嘉鱼、宣化、蒲圻、汉阳、黄陂、孝感、沔阳、黄冈、蕲水、广济、黄梅、潜江、天门、应城、江陵、公安、石首、监利、松滋、荆门二十二州县被淹、受旱地方漕粮并缓征。现月　（《清德宗实录》卷292）

（光绪十七年十一月甲申）湖广总督张之洞奏汉口失火，延烧贫户千余，并筹赈抚情形。得旨："即着饬属妥为抚恤，毋任失所。"折包　（《清德宗实录》卷304）

（光绪十七年十二月辛丑）缓征湖北咸宁、嘉鱼、汉阳、汉川、黄陂、沔阳、黄冈、蕲水、黄梅、钟祥、京山、潜江、天门、应城、江陵、公安、石首、监利、松滋、枝江、荆门、孝感、江夏、武昌、广济二十五州县暨武昌等卫被灾地方新旧钱粮、租课，其咸宁、嘉鱼、汉阳、黄陂、沔阳、黄冈、蕲水、黄梅、潜江、天门、应城、江陵、公安、石首、监利、松滋、荆门、孝感、武昌十九州县本年暨原缓节年漕粮并缓征。现月 （《清德宗实录》卷305）

（光绪十八年七月辛丑）湖广总督张之洞等奏公安县被水成灾，筹款抚恤情形。得旨："即着饬属妥为抚恤，毋任失所。"折包 （《清德宗实录》卷314）

（光绪十八年十月丁巳）谕军机大臣等："……湖北东湖县被火……均经该督抚等查勘抚恤，小民谅可不至失所。惟念来春青黄不接之时，民力未免拮据，着传谕该督抚等体察情形，如有应行接济之处，即查明据实复奏，务于封印以前奏到，候朕于新正降旨加恩……将此各谕令知之。"现月 （《清德宗实录》卷317）

（光绪十八年十二月丁卯）蠲缓湖北公安、武昌、咸宁、嘉鱼、汉阳、汉川、黄陂、孝感、沔阳、黄冈、蕲水、黄梅、广济、郧西、钟祥、京山、潜江、天门、应城、江陵、石首、监利、松滋、枝江、江夏、蒲圻二十六州县被淹、被旱地方新旧钱粮、杂课，其公安、武昌、咸宁、嘉鱼、汉阳、黄陂、孝感、沔阳、黄冈、蕲水、黄梅、广济、天门、应城、江陵、石首、监利、松滋、荆门、蒲圻二十州县漕粮并缓征。现月 （《清德宗实录》卷319）

（光绪十八年十二月己巳）谕内阁："……本年特颁内帑，赈济顺天、直隶贫民。嗣后着每年发银二万两，交顺天府府尹、直隶总督普给穷黎。甲午年，每省各赏银二万两，交奉天、吉林、黑龙江各将军，两江、陕甘、四川、闽浙、湖广、两广、云贵各总督，江苏、安徽、山东、山西、河南、陕西、甘肃、新疆、浙江、福建、台湾、江西、湖北、湖南、广东、广西、云南、贵州各巡抚核实散放，均由节省内帑项下给发，用示行庆施惠、有加无已至意。钦此。朕钦奉懿训，祗切遵承。将此通谕知之。”现月 （《清德宗实录》卷319）

（光绪十九年正月己亥）蠲免湖南所属荆州五卫……光绪十三年以前军欠、民欠因灾缓征漕项银米。折包 （《清德宗实录》卷320）

（光绪十九年三月）辛卯，谕内阁：“前因山西被灾较重，赏发部库银十万两赈济，旋据张煦复奏冬春赈抚及筹款购粮情形，该省已发银二十五万两、米数万石，嗣复据徐桐等奏捐米二万石，李鸿章奏陆续筹捐银二十余万两，总计各项银米源源解往，谅可稍资接济。惟闻该处灾民众多，嗷嗷待哺，为日方长，殊深轸念。加恩着将湖南、湖北本年应解正耗漕米六万五千余石，迅速核实变价，同水脚、运费等款一并核扣，径解天津，交李鸿章发交办赈各员，确查灾区，妥速散放，毋得稍有弊混，用副轸念民艰、有加无已至意。”现月 （《清德宗实录》卷322）

（光绪十九年五月壬午）谕军机大臣等：“张煦奏‘山西省向有善后银二十万两，张之洞带至鄂省应用，现在山西办赈需款，请饬该督迅即拨还’等语。山西北路荒歉，赈抚一切，待用孔殷，即着张之洞将前借山西银二十万两迅筹拨还，交商限期汇解晋省，以应急需。原片着钞给阅看。将此谕令知之。”现月 （《清德宗实录》卷324）

（光绪十九年十月）辛亥，谕军机大臣等：“……湖北公安县，陕西绥德、泾阳等州县被雹，咸宁等县被水……均经该督抚等查勘抚恤，小民谅可不至失所。惟念来春青黄不接之时，民力未免拮据，着传谕该督抚等体察情形，如有应行接济之处，即查明据实复奏，务于封印以前奏

到，候朕于新正降旨加恩……将此各谕令知之。”（《清德宗实录》卷329）

（光绪十九年十一月戊戌）湖广总督张之洞等奏：“顺直赈务紧要，请将备荒经费拨应急需。”下所司知之。折包（《清德宗实录》卷330）

（光绪十九年十二月庚申）蠲缓湖北公安、咸宁、嘉鱼、汉阳、汉川、黄陂、孝感、沔阳、黄冈、蕲水、黄梅、钟祥、京山、潜江、天门、应城、江陵、石首、监利、松滋、枝江、荆门、江夏、武昌、广济二十五州县暨武昌等卫被灾地方应征新旧钱粮有差。（《清德宗实录》卷331）

（光绪二十年十二月乙卯）蠲缓湖北咸宁、嘉鱼、汉阳、汉川、黄陂、沔阳、黄冈、蕲水、黄梅、广济、京山、潜江、天门、应城、江陵、公安、石首、监利、松滋、枝江、荆门、孝感、钟祥、江夏、蒲圻二十五州县暨武昌卫被旱、被淹地方新旧钱粮、漕粮并芦课有差。现月（《清德宗实录》卷356）

（光绪二十一年四月）癸亥，谕内阁：“奉天、锦州、广宁一带上年秋灾既重，今年春荒尤甚，小民困苦情形，殊堪悯恻，加恩着将本年湖北漕米三万石截留，以资赈抚。即由王文韶催提此项漕米到津，即行截留折价，迅速派员解往，详查灾区，核实散放。务使实惠及民，毋任稍有弊混，用副轸念民艰至意。”现月（《清德宗实录》卷366）

（光绪二十一年五月庚辰）又谕：“电寄裕禄，前因奉天、锦州、广宁一带被灾甚重，已降旨截留湖北漕米以资赈抚。第恐缓不济急，近闻该处粮价极昂，民间饔飧不给，殊堪矜悯。着裕禄速即查明灾区，应征新旧钱粮奏明蠲免，并筹办赈抚，广招粮商，免征厘税，以纾民困。”电寄（《清德宗实录》卷367）

（光绪二十一年六月戊子）护理湖广总督谭继洵奏湖北钟祥、荆门、京山、潜江、天门、汉川等州县被水勘抚情形。得旨："即着饬属查勘，妥为抚恤，毋任失所。"折包 （《清德宗实录》卷371）

（光绪二十一年九月乙巳）谕内阁："谭继洵奏'查明湖北被水成灾，请旨截留漕米赈抚'一折。据称'本年五月间，钟祥、荆门、京山、潜江、天门、汉川等州县暴雨连朝，汉水陡涨，以致各该州县堤塍漫溃，田庐多被淹没，人口间有损伤。现已委员查勘，以工代赈，酌发钱米赈济'等语。览奏被灾情形，小民荡析离居，殊堪悯恻。着照所请，准其截留湖北冬漕三万石并随漕耗米等项，俾作工赈之需，用副朝廷轸念灾区至意。"现月 （《清德宗实录》卷376）

（光绪二十一年十月庚午）谕军机大臣等："……又奉天、锦州等处春荒，截留湖北漕米三万石，折价解清赈济……湖北钟祥等州县被淹，准令谭继洵截留冬漕三万石并随漕耗米等项，俾作工赈之需……湖北荆门等州县被水……均经该将军、督抚等查勘抚恤，小民谅可不至失所。惟念来春青黄不接之时，民力未免拮据，着传谕该将军、督抚等体察情形，如有应行接济之处，即查明据实复奏，务于封印以前奏到，俟朕于新正降旨加恩……将此各谕令知之。"现月 （《清德宗实录》卷377）

（光绪二十一年十一月乙巳）兼署湖广总督、湖北巡抚谭继洵奏："鄂省被水各属地广灾重，请开赈捐。"下户部速议。折包 （《清德宗实录》卷379）

（光绪二十一年十二月庚辰）拨湖北司库银六万两以备春赈。折包 （《清德宗实录》卷381）

（光绪二十一年十二月庚辰）免湖北办赈谷米厘税。折包 （《清德宗实

录》卷381）

（光绪二十一年十二月庚辰）蠲缓湖北汉川、咸宁、汉阳、黄陂、孝感、沔阳、黄冈、蕲水、黄梅、钟祥、京山、潜江、天门、应城、江陵、公安、石首、监利、松滋、枝江、荆门、武昌、嘉鱼、蒲圻、广济、江夏、汉川二十七州县暨武昌、黄州二卫被淹、被旱地亩新旧钱粮、杂课并原缓银米有差，其咸宁、汉阳、黄陂、孝感、沔阳、黄冈、蕲水、黄梅、潜江、天门、应城、江陵、公安、石首、监利、松滋、荆门、武昌、嘉鱼、蒲圻、广济二十一州县漕粮及民欠米石并缓征。现月　（《清德宗实录》卷381）

（光绪二十二年六月）丙戌，谕内阁："张之洞等奏'湖北应山等县被水情形，分别办理'一折。五月间湖北应山、孝感、罗田三县蛟水猝发，田庐被淹，应山县并查有伤毙人口情事。现经该督等拨款派员前往赈抚，即着督饬委员，会同应山县官绅，将抚恤事宜认真筹办，并设法疏消积水，毋令灾民失所。其孝感、罗田两县被灾情形，并着迅速查明办理。"现月　（《清德宗实录》卷392）

（光绪二十二年七月）丙辰，湖广总督张之洞等奏："罗田等六县山水、蛟水并发，房屋多被冲倒，田地多被沙压，小民荡析离居，分别拨款，工赈兼施，俾资拯救。"得旨："着即设法疏消积水，查明灾情轻重，分别办理。"折包　（《清德宗实录》卷393）

（光绪二十二年十月壬戌）湖广总督张之洞奏江、汉被淹地方现筹赈抚情形。得旨："着即复勘被灾轻重，酌量办理。"随手　（《清德宗实录》卷396）

（光绪二十二年十月甲子）谕军机大臣等："……湖北各属被水，先后准令张之洞等筹拨应山县银一千两，罗田县银二千两、米五千石，麻城县银五千两，黄冈县银二千两，蕲水县银一千两，江陵、监利二县共银二千两，分别赈恤。另拨麻城、江陵二县米各三千石，黄冈县米二千石，蕲水县米一千石，减价平粜……均经该督抚等查勘抚恤，小民谅可不至失所。惟念来春青黄不接之时，民力未免拮据，着传谕该将军、督抚等体察情形，如有应行接济之处，即查明据实复奏，务于封印以前奏到，俟朕于新正降旨加恩。再黑龙江呼兰等处及湖南巴陵、湖北荆门等州县，江西进贤县均被水……经该将军、督抚等委员查勘，即着迅速办理，并将来春应否接济之处一并查明，于封印前奏到。此外各省有无被灾地方应行调剂抚恤之处，着该将军、督抚等一并查奏，候旨施恩。将此各谕令知之。”现月 （《清德宗实录》卷 396）

（光绪二十二年十二月乙亥）蠲缓湖北监利、江陵、咸宁、嘉鱼、汉阳、汉川、黄陂、孝感、沔阳、黄冈、蕲水、麻城、黄梅、钟祥、京山、潜江、天门、应城、公安、石首、松滋、枝江、荆门、罗田、江夏、武昌、蒲圻、广济二十八州县被淹、被旱地方新旧赋额有差。现月 （《清德宗实录》卷 398）

（光绪二十三年正月辛亥）谕军机大臣等：“张之洞等电奏‘湖北上年被灾甚广，请截留漕米及运费，以充工赈’等语，着户部速议具奏。”旱事 （《清德宗实录》卷 400）

（光绪二十三年三月）乙未，湖广总督张之洞等奏湖北被灾情形，以宜昌各州县，施南之建始、恩施、咸丰、来凤，郧阳之保康、房县、竹溪等县为最重。该三府窎远，距省一千数百里，最远或二千里，灾区甚广，拨银截漕，工赈兼筹，地方尚属安静。下部知之。折包 （《清德宗实录》卷 402）

(光绪二十三年三月丙申)谕军机大臣等:"御史张仲炘奏'湖北灾区甚广,请宽拨银米,饬地方官切实办理'一折。据称'湖北郧阳、宜昌、施南各属上年因旱潦叠乘,颗粒无收,被灾情形极为惨苦。地方官相率讳匿,截漕之旨已下,而办赈尚无明文。附近荆门所属之当阳县饥民已借故滋事,宜昌、川东一带亦均蠢动。现在三府被灾丁口约在百万以外,仅恃官筹绅助,既难周遍,亦患迟延'等语。上年湖北灾情极重,叠经降旨截漕散放,并据该督抚奏称,业已分别筹款赈恤。若如所奏情形,是该地方官于灾赈一事并未切实办理。着张之洞查明各属灾区究竟应否宽拨银米赈济之处,酌量情形,严饬地方官认真办理,以拯灾黎。原折着钞给阅看。将此谕令知之。"现月 (《清德宗实录》卷402)

(光绪二十三年三月甲辰)湖广总督张之洞等奏:"鄂省连年被灾,赈广款繁,请暂行推广赈捐,有捐银一万二千两以上者,奏请优奖;有捐翎枝及举人者,照部章加一成收捐。"下部速议。(《清德宗实录》卷402)

(光绪二十三年三月戊申)谕内阁:"朕钦奉慈禧端佑康颐昭豫庄诚寿恭钦献崇熙皇太后懿旨,四川川东一带,湖北郧、宜、施等属均因上年秋雨为灾,冬间又复亢旱,民情均形困苦,深堪悯恻。着于宫中节省内帑项下,赏给四川银十万两、湖北银五万两,交鹿传霖、张之洞妥速赈济,以全民命。该督等务当仰体圣慈轸念黎元之至意,妥为分拨,认真散给,务期宽惠及民,毋得稍有弊混。"(《清德宗实录》卷403)

(光绪二十三年三月戊申)又谕:"湖北各属被灾较重,本日朕钦奉皇太后懿旨,特颁内帑银五万两为赈抚之需。深宫轸恤灾区,该地方官尤当核实散放,务使实惠及民。前据张之洞等奏请裁留漕米运费,并推广赈捐,业经户部分别议准,即着张之洞督饬所属认真办理,毋稍迟延。将此谕令知之。"现月 (《清德宗实录》卷403)

（光绪二十三年六月己卯）湖广总督张之洞等奏崇阳等县被灾，现办赈抚情形。得旨："崇阳猝被山水，情形最重，其余被灾处所，均着一面疏消，一面上紧赈抚。"折包　（《清德宗实录》卷406）

（光绪二十三年八月甲戌）湖广总督张之洞等奏："恩施、郧、东湖等县被水，急筹赈抚。"得旨："恩施等县连年被水，灾情甚重，着该督等饬属认真抚恤，毋任失所。"折包　（《清德宗实录》卷409）

（光绪二十三年九月）丙辰，谕军机大臣等："……湖北郧阳、宜昌、施南等府属，亦因上年灾区过广，准张之洞等电请截留漕米三万石，办理春抚。嗣蒙懿旨，赏给内帑银五万两，并准张之洞等奏请推广捐输，俾作赈抚之需……湖北天门、崇阳、恩施等县……被水……均经该督抚等查勘抚恤，小民谅可不至失所。惟念来春青黄不接之时，民生未免拮据，着传谕该督抚等体察情形，如有应行接济之处，即查明据实复奏，务于封印以前奏到，俟朕于新正降旨加恩……此外各该省有无被灾地方应行调剂抚恤之处，着该督抚等一并查奏，候旨施恩。将此各谕令知之。"（《清德宗实录》卷410）

（光绪二十三年十二月丁卯）蠲缓湖北汉川、孝感、武昌、咸宁、嘉鱼、崇阳、汉阳、沔阳、黄冈、蕲水、黄梅、广济、钟祥、潜江、天门、应城、江陵、公安、石首、监利、松滋、枝江、荆门、罗田、京山、江夏、大冶、黄陂、蒲圻、麻城三十州县被水村庄新旧额赋、租课有差。现月　（《清德宗实录》卷413）

（光绪二十三年十二月丁卯）缓征湖北孝感、武昌、嘉鱼、蒲圻、崇阳、汉阳、黄冈、蕲水、黄梅、广济、潜江、天门、应城、公安、石首、监利、松滋、荆门、罗田、沔阳二十州县歉收村庄漕粮。现月　（《清德宗实录》卷413）

（光绪二十四年七月甲戌）又谕："户部奏'代递主事王凤文请设工赈厂'一折。以工代赈，实救荒之良法。中国办理荒政，旧有此条，而泰西推行尤广，所有修造工程各项手艺，皆足为养赡穷民之用。国家偶遇灾荒，赈施动拨巨款，而在事人员办理不善，侵渔冒领，弊窦百出，灾黎转不得均沾实惠。若以工代赈，则弊杜而工业可兴。近来江苏、湖北、山东等省偏灾屡告，饥民转徙流离，朕心深为轸念。王凤文所请不无可采，着农工商务总局端方等妥议开办章程，迅速具奏。"现月 （《清德宗实录》卷425）

（光绪二十四年九月丁丑）湖广总督张之洞奏："汉口镇火灾，拨款抚恤。"得旨："汉口镇猝被火灾，情形甚重，实堪悯恻。该督当严饬印委各员认真抚恤，毋任失所。"折包 （《清德宗实录》卷430）

（光绪二十四年十月癸未）谕军机大臣等："……湖北汉口镇被火……均经该督抚等查勘抚恤，小民谅可不至失所。惟念来春青黄不接之时，民力未免拮据，着传谕该督抚等体察情形，如有应行接济之处，即查明据实复奏，务于封印以前奏到，俟朕于新正降旨加恩……将此各谕知之。"现月 （《清德宗实录》卷431）

（光绪二十四年十二月丁酉）展缓湖北汉阳、汉川、黄陂、沔阳、钟祥、京山、潜江、天门、应城、江陵、石首、监利、松滋、枝江、荆门、咸宁、嘉鱼、蒲圻、孝感、黄冈、蕲水、罗田、黄梅、江夏、武昌、麻城、广济、公安二十八州县，暨武昌、蕲州等卫被灾地方新旧钱粮有差。现月 （《清德宗实录》卷436）

（光绪二十四年十二月丁酉）蠲免湖北汉阳、黄陂、沔阳、潜江、天门、应城、江陵、公安、石首、监利、松滋、京门[1]、咸宁、嘉鱼、蒲圻、孝感、黄冈、蕲水、罗田、黄梅、武昌、广济二十二州县被淹、受旱地方钱粮有差。现月 （《清德宗实录》卷436）

（光绪二十四年十二月癸卯）（湖广总督张之洞）又奏："湖北灾民仰赖官款赈恤，请将现办赈捐接展一年，以济工赈而苏民困。"从之。折包 （《清德宗实录》卷436）

（光绪二十五年五月己巳）以督劝鄂赈集款八十万两有余，准记名简放道李徵庸、直隶候补道洪恩广送部引见。折包 （《清德宗实录》卷445）

（光绪二十五年十一月庚午）护理山西巡抚何枢奏："晋省亢旱，灾象渐形，请饬湖广督臣张之洞将前借晋省善后余银二十万两，迅速汇还，以为续购赈粮之用。"得旨："即着张之洞赶紧设法筹还备赈，毋得漠视。"随手 （《清德宗实录》卷455）

（光绪二十五年十二月壬辰）缓征湖北汉阳、汉川、黄陂、沔阳、黄冈、黄梅、钟祥、京山、潜江、天门、应城、江陵、公安、石首、松滋、枝江、荆门、武昌、嘉鱼、蒲圻、大冶、孝感、蕲水、罗田、监利、江夏、兴国、汉阳、咸宁、麻城、广济、潜江、监利三十三州县暨武昌等卫被淹、被旱地方新旧钱粮，其汉阳、黄陂、沔阳、黄冈、黄梅、潜江、天门、应城、江陵、公安、石首、监利、松滋、荆门、武昌、咸宁、嘉鱼、蒲圻、孝感、蕲水、罗田、广济二十二州县漕粮并展缓。现月 （《清德宗实录》卷457）

（光绪二十六年闰八月己未）又谕："户部奏'遵议端方奏请颁发帑

① 京门：应为"荆门"之误。

银，改拨饷需，以备赈济’一折。本年陕西年岁荒歉，亟应筹备赈需，着照所请，将该省应解京二十五年烟酒等厘税，以及新海防捐输共银二十万九千五百六十余两，准其截留备用。所拨各省协济银三十万两，即着江苏、浙江、湖北、广东、四川各督抚迅速如数筹解，毋稍迟延……”寄谕 （《清德宗实录》卷471）

（光绪二十六年闰八月乙丑）谕内阁：“此次朕恭奉慈銮，巡幸西安，所有随扈大小臣工及各路护卫兵勇日用浩繁，深恐有妨民食，且陕省亦有偏灾，亟应筹备银米，以资接济。前据户部奏准，将该省应解京饷银二十万九千余两截留备用，并拨江苏、浙江、湖北、广东、四川等省协济银三十万两，当经寄谕各该督抚如数筹解。该督抚等务当迅速分批起解，毋稍迟延……”现月 （《清德宗实录》卷471）

（光绪二十六年十月壬子）又谕：“电寄刘坤一等，陕省连年均有偏灾，本年灾情尤重。适逢驻跸西安，目击饥民困苦情形，深堪悯恻，亟应宽筹粮食，以资接济。叠经谕令刘坤一等将江苏留存海运漕粮二十万石，兼程趱运，尚未据报启程，着刘坤一、聂缉椝迅速设法分路趱运，若仅恃汉口一局转运，万万缓不济急。该督等当存己饥、己溺之怀，实力督催，毋稍延缓。其清江转运局恽祖祁采买米十万石，并湖北采买米十万石，据恽祖祁报称，业已由汉口起运十批，每批一万石。现在节届冬令，灾民嗷嗷待哺。着张之洞饬令恽祖祁，于龙驹塞[①]水运一路外，另由襄樊一路，筹办分运，庶期水陆兼行，较为迅速。闻湖北襄阳一带杂粮麦石颇称稔熟，并着张之洞、景星筹款采买，一并起运，以赈灾黎，是为至要。”电寄 （《清德宗实录》卷474）

（光绪二十六年十二月丁巳）缓征湖北夏口、汉阳、汉川、黄陂、沔

---

① 龙驹塞：应为“龙驹寨”之误。

阳、黄冈、蕲水、罗田、黄梅、京山、潜江、天门、应城、江陵、公安、石首、松滋、枝江、嘉鱼、孝感、钟祥、监利、荆门、江夏、武昌、蒲圻、兴国、麻城、广济二十九厅州县被灾地方钱粮、芦课、杂税暨新旧杂粮有差。（《清德宗实录》卷 477）

（光绪二十七年四月己酉）直隶总督李鸿章奏："直境兵燹后又遭旱荒，恳拨湖北漕粮，以资赈济。"从之。折包 （《清德宗实录》卷 482）

（光绪二十七年七月己巳）湖广总督张之洞等奏："湖北武昌、黄州等府所属州县被水成灾，已委员查勘，分别筹款赈抚。"得旨："览奏深堪悯念，即着分别灾情轻重，妥筹赈抚，毋任流离失所。"折包 （《清德宗实录》卷 485）

（光绪二十七年十二月壬子）蠲缓湖北黄梅、江夏、武昌、咸宁、嘉鱼、蒲圻、大冶、夏口、汉阳、汉川、黄陂、孝感、沔阳、黄冈、蕲水、罗田、广济、钟祥、京山、潜江、天门、应城、江陵、公安、石首、监利、松滋、枝江、荆门二十九厅州县暨武昌、武左、沔阳、黄州、蕲州、荆州、荆左、荆右八卫被淹、受旱村庄粮赋，其黄梅、武昌、咸宁、嘉鱼、蒲圻、夏口、汉阳、黄陂、孝感、沔阳、黄冈、蕲水、罗田、广济、潜江、天门、应城、江陵、公安、石首、监利、松滋、荆门二十三厅州县应征新旧漕粮并缓征。现月折包 （《清德宗实录》卷 492）

（光绪二十八年十二月癸卯）缓征湖北咸宁等各厅州县被灾村庄新赋钱粮，并原缓节年银米有差。现月 （《清德宗实录》卷 510）

（光绪二十九年七月癸卯）署湖广总督端方奏："潜江等县民堤被水，现经拨款修筑。"得旨："着即分别抚恤，毋任失所。"折包 （《清德宗实录》卷 519）

（光绪二十九年十月癸丑）谕军机大臣等："本年直隶、吉林、山东、广东、广西、甘肃、新疆、江苏、陕西、湖北、浙江、云南、江西曾报偏灾，朝廷轸恤为怀，议赈议蠲，已饬各该将军、督抚等，妥筹抚恤，小民谅可不至失所。惟念来春青黄不接之时，民力未免拮据，着传谕该将军、督抚等体察情形，如有应行接济之处，即着查明据实复奏，封印以前奏到，候朕于新正降旨加恩。此外各该省有无被灾地方应行调剂之处，着该将军督抚等一体查明具奏。"现月　（《清德宗实录》卷522）

（光绪二十九年十二月壬戌）署湖广总督湖北巡抚端方奏："勘明湖北各属本年被淹、受旱轻重情形，请分别展缓新旧钱漕。"得旨："着遵前旨，确查具奏。"折包　（《清德宗实录》卷524）

（光绪三十年十二月丙辰）湖广总督张之洞奏："请缓征湖北本年被淹、受旱江夏等三十三厅州县卫钱粮，咸宁等二十厅州县粮漕。"下部议。（《清德宗实录》卷539）

（光绪三十一年十二月己亥）（湖广总督张之洞）又奏："湖北荆州府属各县水灾较重，拟筹拨银两，以工代赈，俾修复漫溃各堤。"下部知之。折包　（《清德宗实录》卷552）

（光绪三十一年十二月甲寅）蠲缓湖北公安、枝江、江陵、松滋、嘉鱼、夏口、汉阳、汉川、黄陂、孝感、黄冈、蕲水、罗田、黄梅、钟祥、京山、潜江、天门、应城、石首、监利、咸宁、荆门、江夏、沔阳二十五厅州县被水、被旱地方新旧田赋、漕粮。现月　（《清德宗实录》卷553）

（光绪三十二年六月甲申）湖广总督张之洞奏："湘、鄂皆罹水灾，民情困苦，请援案开办赈捐并七项常捐，以资拯救。"下户部议。现月

（《清德宗实录》卷561）

（光绪三十二年十二月戊寅）蠲缓湖北江夏、咸宁、嘉鱼、夏口、汉阳、汉川、黄陂、孝感、沔阳、黄冈、蕲水、麻城、罗田、蕲、黄梅、广济、钟祥、京山、潜江、天门、应城、江陵、公安、石首、监利、松滋、枝江、荆门二十八厅州县被水、被旱新旧粮赋有差。现月 （《清德宗实录》卷568）

（光绪三十三年九月壬寅）外务部奏："日本水灾告籴，拟由江、皖、鄂、湘等省酌购运米六十万石，以济邻灾。"依议行。折包 （《清德宗实录》卷579）

（光绪三十三年十二月壬申）蠲缓湖北松滋、咸宁、汉阳、黄陂、孝感、沔阳、黄冈、蕲水、罗田、黄梅、钟祥、京山、潜江、天门、应城、江陵、石首、监利、枝江、荆门、嘉鱼、夏口、江夏、广济、公安、兴国二十六厅州县被淹地亩新旧粮赋有差。（《清德宗实录》卷584）

（光绪三十四年五月癸卯）湖广总督陈夔龙奏："襄河水涨，飓风两次为灾，沉失货物、淹毙人口甚夥，船只、房舍损失不可胜计，派员会同商董查勘抚恤。"得旨："着督饬官绅，将善后事宜详细考察，妥慎筹办。"折包 （《清德宗实录》卷592）

（光绪三十四年六月丙子）又谕："电寄陈夔龙，电悉，湖北霪潦为灾，居民荡析，朝廷殊深轸念。着该督督饬印委各员，赶放急赈，实力抚恤，勿任失所，并将续查情形随时具报。"电寄 （《清德宗实录》卷593）

（光绪三十四年七月）丁亥，谕内阁："朕钦奉慈禧端佑康颐昭豫庄诚寿恭钦献崇熙皇太后懿旨，前据陈夔龙电奏，湖北霪潦为灾，当经谕令赶办急赈，并将续查情形具报。兹据查明电奏‘黄冈、麻城、黄安三处灾情最重，居民荡析流离，惨不忍睹。余如汉阳府属之夏口、黄陂、汉川，荆州府属之江陵、监利、石首，安陆府属之潜江，宜昌府属之兴山等处均多被淹’等语，览奏殊堪悯恻，加恩着赏给帑银六万两，由度支部给发，着该督派委妥员前往灾区，切实散放。务令实惠均沾，毋任失所，用副朝廷轸念灾黎至意。”（《清德宗实录》卷 594）

（光绪三十四年十月乙卯）谕军机大臣等：“本年广东、湖北、湖南猝遭水患，当经分别颁发帑银，并由该督抚等妥筹赈抚……小民谅可不至失所。惟念来春青黄不接之时，民力未免拮据。着该督抚等体察情形，如有应行接济之处，即着认真查明，据实复奏，务于封印以前奏到，候朕于新正降旨加恩。此外各该省有无被灾地方应行调剂之处，并着一体查明具奏。前经降旨，谕令该督抚等痛除积习，饬属确查，毋任豪强胥吏盘剥欺侵。该督抚等务当恪遵前旨，实力奉行，不得稍有捏饰，以副朝廷实惠及民之至意。将此通谕知之。”现月 （《清德宗实录》卷 597）

（光绪三十四年十月癸酉）奉大行皇帝遗诏曰：“……各直省遇有水旱偏灾，凡疆臣请赈请蠲，无不恩施立沛。本年顺直、东三省、湖南、湖北、广东、福建等省先后被灾，每念吾民满目疮痍，难安寝馈。朕躬气血素弱，自去年秋间不豫，医治至今，而胸满胃逆、腰痛腿软、气壅咳喘诸证，环生叠起，日以增剧，阴阳俱亏，以致弥留不起……”现月（《清德宗实录》卷 597）

（光绪三十四年十月癸酉）大行皇帝诏曰：“……各直省遇有水旱偏灾，凡疆臣请赈请蠲，无不恩施立沛。本年顺直、东三省、湖南、湖北、广东、福建等省先后被灾，每念吾民满目疮痍，难安寝馈。朕躬气血素弱，自去年秋间不豫，医治至今，而胸满胃逆、腰痛腿软、气壅咳喘诸证，环生叠起，日以增剧，阴阳俱亏，以致弥留不起……”现月 （《宣统

政纪》卷1）

（光绪三十四年十二月丙辰）蠲缓湖北江夏、咸宁、嘉鱼、夏口、汉阳、汉川、黄陂、孝感、沔阳、黄冈、蕲水、麻城、罗田、黄梅、钟祥、京山、潜江、天门、应城、江陵、公安、石首、监利、松滋、枝江、荆门、兴国、大冶、蕲二十九厅州县被灾地亩新旧钱漕。现月 （《宣统政纪》卷4）

（宣统元年六月甲申）谕军机大臣等："电寄陈夔龙，电奏悉，湖北入夏以来，大雨连旬，蛟水骤发，汉阳等府属田庐，半沦泽国，人民淹毙亦多，殊堪矜悯。着该督督饬印委各员，分赴灾区，分别情形轻重，妥为抚恤，无任失所。"电寄 （《宣统政纪》卷15）

（宣统元年六月）丁酉，谕内阁："前据陈夔龙电奏，湖北霪潦为灾，当经谕令陈夔龙督饬分别情形，妥为抚恤。兹据查明电奏'荆州属之公安、石首、江陵，汉阳属之沔阳，灾情最重，饥民荡析离居，惨不忍睹。余如汉阳属之夏口厅、汉川、孝感，安陆属之天门、潜江，荆州属之监利，德安属之应城，黄州属之黄冈等处，及枝江、松滋、黄梅、蕲水、蕲州、嘉鱼、汉阳、黄陂等处，亦多被淹'等语，览奏殊堪悯恻，加恩着发内帑银六万两，由度支部迅速拨给。并照所请，除有关京饷等项毋庸动拨外，其余无论何款，先其所急，设法筹拨银二十万两，着该督派委妥员，前往灾区，切实散放。务令实惠均沾，毋任失所，用副朝廷轸念灾黎至意。"现月 （《宣统政纪》卷16）

（宣统元年七月丁巳）谕军机大臣等："湖广总督陈夔龙电奏'本年鄂省水灾甚巨，拟请援照各省办赈成案，如有报效万金以上者，准其奏奖实官，并俟收足五十万两之数，即行停止'等语。着度支部速议具奏。"电寄 （《宣统政纪》卷17）

（宣统元年八月）甲辰，谕军机大臣等：“电寄陈夔龙，电奏悉，鄂省灾后，民食维艰，非借资邻省，不敷接济。着湖南、四川、江西各督抚通饬产粮各属，劝谕绅民，毋得阻粮出境，以救邻灾。”电寄 （《宣统政纪》卷20）

（宣统元年十月己卯）谕军机大臣等：“本年因甘肃连遭亢旱，吉林、湖北猝被水灾，当经分别颁发帑银，并由该督抚等妥筹赈抚。其余奉天、湖南、广东、福建等省，据报偏灾，亦经先后谕令该督抚等筹办急赈，妥为抚恤，小民谅可不至失所。惟念来春青黄不接之时，民力未免拮据。着该督抚等体察情形，如有应行接济之处，即着认真查明，据实复奏，务于封印以前奏到，候朕于新正降旨加恩。此外各该省有无被灾地方应行调剂之处，并着一体查明具奏。该督抚等务当痛除积习，饬属确查，不得稍有捏饰，以副朝廷实惠及民之至意。将此通谕知之。”（《宣统政纪》卷23）

（宣统元年十月辛巳）（湖南巡抚岑春煊）又奏：“鄂省饥民到湘，由官酌给钱粮，妥为资遣。”报闻。（《宣统政纪》卷23）

（宣统元年十月丁亥）蠲免湖北沔阳、江陵、公安、石首、监利五州县被水田亩本年应征钱粮杂课，并将上年原缓银米递缓一年。（《宣统政纪》卷23）

（宣统元年十月丁亥）湖广总督陈夔龙奏：“两湖有赈粜米捐一款，系前湖南抚臣俞廉三奏准开办。嗣因鄂省收回美商承造粤汉铁路，一时无款可筹，经前任督臣饬将此项米捐借拨垫用，本为一时权宜之计。本年鄂省水灾奇重，仰蒙朝廷施济于上，官绅、商界协助于下，而动用之款，数已不赀，此后由冬徂春，赈抚工粜，需款尤巨。伏思鄂省应得一半赈粜米捐，原为灾荒而设，际此饥馑荐臻之日，顾名思义，自应将前项捐款仍拨充赈粜之用，以符奏案而济急需。所有鄂境粤汉铁路之应还赎路本息、金圆小票息金，及粤汉、川汉两局局用，铁路学堂经费，现在粤汉及鄂境川汉两路，均归邮传部接办。此后支付上项款目，亦应由邮传部筹给。其以前为该两路垫用之赈粜米捐，如能由部归还清款，固属最善，否则即作为两路之股款，给以股息，俟开车见利，照章分红，以期两有裨益。”下部知之。（《宣统政纪》卷23）

（宣统元年十二月甲午）蠲缓湖北江夏、咸宁、嘉鱼、蒲圻、夏口、汉阳、汉川、黄陂、孝感、沔阳、黄冈、蕲水、罗田、黄梅、广济、钟祥、京山、潜江、天门、应城、江陵、公安、石首、监利、松滋、枝江、荆门、兴国、大冶、蕲三十厅州县，并湖南临湘、巴陵，江西德化，安徽宿松卫屯被灾地方新赋钱粮、漕米有差。现月 （《宣统政纪》卷28）

（宣统二年三月庚戌）又谕：“电寄瑞澂，电奏‘鄂省灾重，筹款维艰，原赖报效接济，请将请优奖之河南修武县知县张序等仍照原请给奖’等语，既据该署督声称灾重款绌，赈务迫急，着照所请。”电寄 （《宣统政纪》卷33）

（宣统二年四月癸巳）豁除湖北石首县文义洲坍塌地方租课、芦课。官报 （《宣统政纪》卷35）

（宣统二年五月庚午）湖广总督瑞澂奏：“鄂省灾情奇重，现将赈粜事宜接续筹办，并督催赶修滨临江、汉各处堤垸。”报闻。折包 （《宣统政纪》卷36）

（宣统二年十二月辛巳）蠲缓湖北枝江、沔阳、松滋、咸宁、汉阳、汉川、孝感、黄冈、蕲水、罗田、黄梅、钟祥、京山、潜江、天门、应城、江陵、公安、监利、荆门、嘉鱼、江夏、黄陂、邵陵、夏口、广济、石首、大冶二十八厅州县被灾村庄新旧钱漕、杂课，并原缓银米有差。（《宣统政纪》卷 46）

（宣统三年十月戊戌）暂护湖广总督段芝贵电奏："节逾霜降，江水退消，本年万城大堤三汛安澜。"报闻。（《宣统政纪》卷 65）

（宣统三年十月）癸卯，谕内阁："自武昌肇变，朝廷以其为政治关系，极不愿以兵力靖乱，酿成惨祸。乃叠降诏旨，改良政体，并停止进攻。而该革党置若罔闻，仍一味恃强袭击，竟迫成欲罢不能之势，致使兵连祸结，举吾民之生命财产付诸灰烬者，不知凡几。赖官军将士忠勇坚卓，始得渐图规复。昨接军报已克汉阳，反复思维，转增怮怛。比月以来，锋镝交加，死亡枕藉，加以地方糜烂，元气大伤，小民荡析离居，转徙沟壑，惨病情状，至不忍言。虽杀机起自革党，而四境之内，皆吾赤子，一经战哄，两有损伤。哀我国民横遭荼毒，疮痍满目，良用心恻。着段祺瑞协商慈善救济会，遴派多员前往战地，不分畛域，掩埋骸骼，医治伤残，并将被难人民设法拯救，加意抚恤，俾死者免致暴露、生者赖以保全，用副朝廷哀矜庶民、恫瘝在抱之至意。"（《宣统政纪》卷 65）

（宣统三年十一月癸巳）又谕："荆州失陷，该处驻防旗丁户口众多，颠沛流离，朝廷时切恻悯。着舒清阿帮办湖北防务，会商段祺瑞，提拨鄂存恩赏抚恤款二万两，交该副都统设法妥为接济，勿任失所，并会商规复事宜。"（《宣统政纪》卷 68）

5. 仓储粜粜

（顺治十二年正月）壬子，谕内外文武官员等："朕奉天子民，孜孜图治，夙兴夜寐，罔敢怠荒，庶望休息安养，渐兴教化，以奏升平。乃疆圉未靖，水旱频仍，储偫不充，兵民憔悴，流离困苦，永念恻然。虽恩赦屡颁，而奉行无法。每思与朕共理天下者，唯尔内外文武诸臣是赖。已有谕旨，自朕躬阙失以及政事未当之处，俱令各官悉心条奏，采择施行。兹以朕思虑所及，先颁敕谕，着各该管衙门作速遵奉……尔内外诸臣，果能殚力宣猷，克敷膏泽，朕必论功优擢。如仍前怠忽，误国殃民，定置重典。所有事宜，条列于后……一、水旱灾荒，古今代有，全在预备得法。一省报荒，必有不荒之府。一府报荒，必有不荒之县。荒者当速赈，不荒者即当蚤备。如常平仓之法，米贱则增价以籴，米贵则减价以粜，官民俱便，历代行之，未常有改……若各地方官果有为国为民之心，岂不能于存留项下周详设处？着户部严饬遵行……以上事款，内外文武衙门作速遵行。系在外者，该部誊发各总督、巡抚，将行过缘由逐款奏缴，不许视为具文，玩忽迁延，自干宪典。”（《清世祖实录》卷88）

（顺治十二年十一月戊申）裁……湖广……武昌府大有仓、荆州府常积仓、襄阳府均州广积仓、岳州府广丰仓、澧州万盈仓、安陆府广盈仓、德安府大盈仓、岳州府安福仓大使各一员，九溪仓、永定仓、广盈仓副使各一员，大庸、铜鼓、黎平、中潮、隆里、新化屯、平茶、平茶屯、安福、桃川、枇杷、澧州、均州、德安、郴州、锦田各所吏目各一员。（《清世祖实录》卷95）

（康熙十九年二月丁丑）以浙江杭州等府康熙十八年分旱灾，岁收歉薄，恐米价腾贵，命户部檄巡抚李本晟动支库银四万两，往湖广、江西籴米平粜。（《清圣祖实录》卷88）

（康熙三十年）十二月辛巳朔，谕大学士等曰：“各省挽运京师粮米，除一岁所需，每年存余几何，着查明具奏。”又谕曰：“治道以爱民为要，而利益民生，务在均沾实惠。朕屡蠲免地丁银两，思完纳漕粮一项，小民良苦，亦欲特赐蠲征，此念已久，每岁余米若足供一二年之需，则漕粮亦可酌量免征。其荆州、江宁、杭州等大兵驻防处所，亦酌量截留，以为储备。民既现沾实惠，或遇水旱之年，更有裨益。至于运丁赖运资生，若停挽运，须使运丁不至困穷，着一并议奏。”（《清圣祖实录》卷153）

（康熙三十年十二月）壬午，大学士等奏：“臣等会同户部确查米数，现今仓内储米七百八十万石有奇，足供三年给放。”上曰：“有米如许，朕意将三十一年起运之米于江宁、京口、杭州、荆州等处酌量截留，将三十二年漕运尽行蠲免，民生宽裕，于国实有裨益。其下九卿确议。”寻九卿议复：“京师根本重地，漕粮输挽关系国计，似难轻议全蠲。况五方杂处，人烟凑集，需用孔多，若一年停运，米既不能北来，百货价值亦将腾贵。臣等公议，将漕米照省分府逐年轮免，二三年间即可周遍，无有不邀圣恩者矣。”得旨：“朕急思轸恤民生，于都城人民食用之需未曾计及，九卿议是。”（《清圣祖实录》卷153）

（康熙三十年十二月）甲申，谕户部：“朕抚驭区宇，三十年以来，早夜图维，惟以爱育苍生，俾咸臻安阜为念。比岁各省额征钱粮业已次第蠲豁，其岁运漕米向来未经议免，朕时切轸怀。所有京通各仓米谷撙节支给，数载于兹，今观历年储积之粟，恰足供用，应将起运漕粮逐省蠲免，以纾民力。除河南省明岁漕粮已颁谕免征外，湖广、江西、浙江、江苏、安徽、山东应输漕米，着自康熙三十一年始，以次各蠲免一年。至江宁、京口、杭州、荆州大兵驻防地方，亦应预行积贮。着将康熙三十一年起运三十年漕米各截留十万石，存贮仓廒，令该地方官敬慎守视，以备需用。尔部即遵谕行。”（《清圣祖实录》卷153）

（康熙三十一年十二月）辛丑，谕大学士等：“闻西安米价仍贵，流民还原籍者稀少。朕为陕西地方民生常萦于怀，必如何措施然后于民有济，盖孳孳不置也。先是，闻自湖广襄阳至陕西商州水路可达，已遣郎中苏赫纳往视。今问之内大臣索额图，乃亦乘船自商州至襄阳。若西安米价仍贵，则流民不能还籍。商州到襄阳既有水路，应将目下运到襄阳米二十万石自襄阳水路运至商州，自商州运至西安粜卖，则饥民流民均得苏息矣。可遣内阁学士德珠会同总督丁思孔、总兵官王化行等率河道刘暟，将转运米石及招还流民之事委之专理。其自襄阳运至西安之米照湖广价值，止加算所运脚费与之贸易，则米价即平，于百姓大有裨益，而流移之民亦获速还故土。所得米值赍至湖广，复买米粮，亦依此法转输平粜，当俟陕西流民悉还本籍，米价既贱之后方行停止，尔等会同速议以闻。”（《清圣祖实录》卷157）

（康熙三十九年七月庚申）户部议复：“湖广总督郭琇疏言‘臣前蒙皇上面谕，湖广可收米二十万石，当预于秋成时定价，折送内阁。臣思楚省之米出自湖南，湖南历年所积谷一百万四千八百石零，即遇岁歉，广行赈济，亦不过至五十余万石。何若将此一半积谷办米留一半贮仓备赈，而米价亦不致腾贵，似属两便’。应如所请。”从之。（《清圣祖实录》卷200）

（康熙四十六年十月辛巳）九卿议复：“江苏巡抚于准疏言‘江宁、苏州等处旱灾米贵，请动支藩库钱粮至湖广买米，平价粜卖’。应如所请。”从之。（《清圣祖实录》卷231）

（康熙四十七年六月乙丑）户部议复：“江苏巡抚于准疏言‘江宁等府属入夏久雨，米价腾贵，请将前截留分贮各州县米石尽行平粜发卖。至本地户口繁庶，产米不敷所食，全赖外省客米接济，今湖广、江西等省俱严禁贩米出境，以致米商裹足，米价愈增，并请特敕各督抚开禁，听商贩卖，庶江南米价可平均’。应如所请。”得旨：“速依议行。”（《清圣祖实录》卷233）

（康熙四十八年七月）乙亥，谕大学士等曰：“偏沅巡抚赵申乔、湖北巡抚陈诜、江西巡抚郎廷极等奏湖广、江西稻谷丰收，沿江贩米甚多，而近日江、浙米价愈贵。朕为民生计，时切忧劳辗转，思之上江之米不禁，其沿江而下者，特欲使江、浙米价平耳。今富豪之家广收湖广、江西之米，囤积待价，于中取利，虽米船沿江而下，而粜卖之米愈少。此事关系贫民甚大，尔大学士及九卿诸臣，皆国家倚赖之人，所以为民生忧虑者必与朕同，当何如有济于民，着公同详议速奏。”（《清圣祖实录》卷238）

（康熙五十二年四月）辛亥，都察院左都御史赵申乔以奉差广东平粜仓谷，奏请训旨。上曰：“朕览广东奏销册内现有存仓米石，即以之减价平粜，似属有益。尔至广东详查，如所粜谷石尚不足用，即速奏闻，朕令动正项钱粮买米平粜。江西、湖广二省不禁商人贩米，良有益处。前江、浙米贵，朕谕将湖广、江西米船放下，江、浙米价遂平。广东督抚若于正月间早行奏闻，则海运可及。今风信不顺，海运尚难行也。”（《清圣祖实录》卷254）

（康熙五十八年正月）壬寅，谕大学士、九卿等：“京城通州仓内贮米甚多，各省运至漕粮亦无亏欠，在仓内堆积，恐致红朽。杭州、苏州、镇江、江宁、淮安、安庆等处俱有仓廒，与水路相近，江南、浙江漕船，想此时已过完。朕意欲将湖广、江西等未过漕粮截留，存贮此等地方仓内，遇米价腾贵之年，将此存贮米石，或减价粜卖，或行散赈，则民人得沾实惠，大有裨益。如蠲免地丁钱粮，不过于田多富户有益，其无地穷民未必均沾实惠。米谷甚属紧要，不可不预为备也。年来丰收，米价虽贱，但岁岁大有，岂能期必乎？应将久远裨益之处预行筹画，尔等将漕粮作何截留之处会同议奏。”寻议：“应行令总漕将江南、湖广见今起运米内，苏州截留十万石，镇江截留三万石，江宁截留十五万石，淮安截留五万石，安庆截留十万石，俱交地方官加谨收贮，以备动用。”从之。（《清圣祖实录》卷283）

（康熙五十八年十二月庚申）谕户部："今年湖广田禾大收，若将漕粮截留，湖广米价更贱，而江、浙米价自然亦贱。尔部将如何截留之处，速议具奏。"寻议："于湖广额征漕粮内截留十万石，交与各府州县官员加谨收贮。"从之。（《清圣祖实录》卷286）

（康熙六十年五月辛巳）户部等衙门议复："奉差陕西赈济漕运总督施世纶疏言'陕西四月无雨，秋成可虑……请速催豫省将后运米石运到平粜，再拨河南、湖广米各十万石，运至陕西存贮备用'。俱应如所请。"得旨："依议速行。"（《清圣祖实录》卷292）

（雍正元年六月）丁丑，谕户部："去年亲阅京通各仓虽有积贮，但京师人民聚集，食指浩繁，米粮储备不可不裕。查有漕各省，惟湖广、江西产米最广，近年盛京年岁丰收，米价亦贱，此三处酌量动正项钱粮，采买数十万石，雇募民船，运送京师，大有裨益。着怡亲王、隆科多会同详议具奏。"（《清世宗实录》卷8）

（雍正二年四月）丙辰，谕湖广总督杨宗仁、湖北巡抚纳齐喀、湖南巡抚魏廷珍等："国家设立常平诸仓，蓄谷积粟，偶逢旱涝，详报踏勘，往返察验，未免后时。古人云'备荒之仓，莫便于近民，而近民则莫便于社仓'。前谕尔等劝导建设，盖专为安民起见也。尔等自应转谕属员，体访各邑士民中有急公尚义之心者，使主其事。果掌管得人，出纳无弊，行之日久，谷数自增。至于劝捐之时，须俟年岁丰熟，输将之数，宜随民力多寡。利息之入，务从乎轻；取偿之期，务从乎缓。如值连年歉收，即予展限，令至丰岁完纳。一切条约，有司毋得干预。至行有成效，积谷渐多，该督抚亦止可具折奏闻，不宜造册题报，使社仓顿成官仓，贻后日官民之累。朕初意如此，孰料该督抚欲速不达，令各州县应输正赋一两者加纳社仓谷一石，且以贮谷之多少定牧令之殿最。近闻楚省谷石现价四五钱不等，是何异于一两正赋外，加收四五钱火耗耶？是为裕国乎，抑为安民乎？谕到，该督抚速会同司道府等官确商妥议，务得安民经久之法，以副朕意。”（《清世宗实录》卷18）

（雍正二年九月）壬戌，谕湖广、江西、河南、山东、安徽督抚等：“今岁各省秋成大有，惟浙江、江南沿海地方，七月十八、九等日，海潮泛溢，近海田禾不无损坏。朕轸今灾黎，惟恐失所，业经严饬各省督抚发仓赈济。但苏、松、杭、嘉等府人稠地狭，产米无多，虽丰年亦仰给于湖广、江西及就近邻省。今沿海被灾，恐将来米价腾贵，小民艰食。湖广、江西地居上流，河南、山东二省接壤江南，今岁俱各丰收。安徽宁、太等府属，亦俱收成丰稔。着动湖广藩库银买米十万石，江西藩库银买米六万石，运交浙江巡抚平粜。动河南藩库银买米四万石，山东藩库银买米六万石，安庆藩库银买米五万石，运交苏州巡抚平粜。俱着速即办理，委员运送，毋得怠缓迟误。”（《清世宗实录》卷24）

（雍正三年二月乙酉）贵州巡抚毛文铨疏言：“贵州山高多雨，积贮米石恐致潮湿霉变。”得旨：“积贮仓粮，特为备荒赈济之用。南省地气潮湿，贮米在仓，一二年便致霉烂，实难收贮，着改贮稻谷，似可长久。应否改折稻谷收贮之处，着九卿详议具奏。”寻议：“南方诸省土脉潮湿，兼有岚瘴，积贮仓米，易致浥烂，不若稻谷可以耐久。嗣后江南、浙江、福建、湖广、江西、四川、广东、广西、云南、贵州等省，存仓米一石，改换稻谷二石，加谨收贮，需用之岁，碾旧贮新，尤为尽善。”从之。（《清世宗实录》卷29）

（雍正三年八月辛卯）谕大学士、九卿等：“前于天津盖造仓廒，原备截留漕米，是以朕谕托时等，将湖北、湖南之米截留二十万石，存贮天津。托时因奏，天津仓廒地势卑湿，廒底须铺垫干草，以隔潮气。昨牛钮奏称，垫草亦不免浥烂。如此，则截留漕米无益。前所降谕旨截留

之米，可仍令抵通归仓……”（《清世宗实录》卷35）

（雍正三年九月丁巳）又谕：“古者视岁之上中为储蓄之节，盖官民经画久远，不为一时苟且之计，积之于丰年，用之于歉岁，所谓有备无患，法良而意美也……兹据江南、浙江、江西、湖广、福建、河南、山西、陕西、广东、广西、云南、贵州等省督抚报称，今岁秋成八、九、十分不等。朕览奏不胜慰悦，又重为吾民计及长久，宜乘此时讲求储蓄之道，以备将来。该督抚等可转饬有司，遍行晓谕，务须撙节爱惜，各留余地，预为他时缓急之需。社仓之法，亦宜趁此丰年，努力行之，勿但视为虚文故事。朕为吾民筹画养赡之道，惓惓于怀，无时或释，而吾民自谋其身家，若但苟且因循，不复长顾远虑，则重负朕轸念元元之意矣。至于州县仓储向有亏缺者，若不趁此丰收之时速行买补，将来发觉，断不姑贷。慎之，慎之。”（《清世宗实录》卷36）

（雍正三年十二月）戊寅，谕户部：“湖广为产米之乡，谷石最宜多贮，将来运往别省，皆为近便。今查湖广通省存仓之谷只数十万石，为数无多。今岁湖广收成丰稔，着即行文该省督抚，令其动支库银十余万两，遴委贤员，采买谷石，于省仓及府州县应贮之处加谨收贮。此时只宜陆续办理，不可因有官价，一时采买，致令谷价腾贵。设若民间谷价稍昂，即便停止，俟明年再行采买……”（《清世宗实录》卷39）

（雍正五年三月）壬子，户部议复：“署湖广总督福敏等疏称‘大江以南，皆系财赋重地，独至米谷，则江、浙等省每赖湖广接济。苟仓庾所积充足有余，不但本省无忧乏食，即江、浙等省或有歉收，可以拨运平粜，顺流直下，诚甚便也。今湖北、湖南现存常平仓谷麦及截留漕米等项，统计止有五十余万石，视他省积贮较少。臣等公同筹画，须每年买谷数十万石，分贮各仓，以备不时之需。查楚省向有各衙门盐规银十六万两，经前督臣杨宗仁裁革，迨杨宗仁故后，各衙门仍复明裁暗收。

臣蒙皇上高厚隆恩，万无收受丝毫之理，而观感之下，各衙门自不敢收受，以此项银两买贮谷石，自可备用。再查江、浙二省现开事例，捐纳贡监，以裕积贮，请令湖广照例开捐，着各府知府收捐本色，实贮在府仓廒，以便盘查。则湖广积贮充裕，不惟本省足食，且东南各省便于拨运平粜，赈恤黎民，大有裨益’。均应如所请。”从之。（《清世宗实录》卷54）

（雍正五年六月丙戌）署湖广总督福敏参奏亏空社仓谷石各员，请分别议处。得旨：“社仓之设，所以预积贮而备缓急。朕御极以来，令各省举行，曾屡颁训谕，务俾民间踊跃乐输，量力储蓄，不可绳以官法。诚以官法相绳，则勉强催迫，转滋烦扰。惟期设法开导，使众乐从，不致一毫扰累，乃为尽善也。数年之内，各省督抚奉行最力者，惟湖广总督杨宗仁。今据福敏陆续盘查具奏前来，始知原报甚多，而现贮无几。此中情弊，想因不肖有司侵蚀入己，或那移以掩其亏空，又或杨宗仁锐于举行，而各官迎合其意，虚报谷数，以少为多，均未可定。总之，举行社仓之法，其中实有甚难者。我圣祖仁皇帝深知其难，是以李光地奏请而未允，张伯行暂行而即罢，此实事势使然也。以民间积贮言之，在富饶之家自有蓄积，虽遇歉收，而无借乎仓谷，则当输纳之时，往往退缩不前。至贫乏之家仰给社仓，固为殷切，而每岁所收仅供生计，又无余粟可纳，以备缓急，此责诸民者之难也。至于州县官，实心视百姓为一体者，岂可多得？今以常平之谷为国家之公储，关系己身之考成，尚且侵欺那用，亏空累累。况民间之社仓，安能望其尽心经理，使之实贮以济用乎？朕之举行社仓，实因民生起见，又诸臣条奏多言之凿凿，是以令各省酌量试行，以观其成效何如，并非责令一概施行也。湖广社仓亏缺之数，即交与福敏悉心清查。倘谷已如数交仓，而州县侵蚀那移，忍以百姓预备之需，充一己之私用者，着即于原侵那之州县名下，严追赔补。或民间原未交仓，或交仓之数与原报之数多寡不符者，若必欲令民间照数完纳，恐小民力有未敷，未免竭蹶，非朕曲体民隐之意。福敏办理此事，必须至公至当，方于吏治、民生两有裨益也。自古有治人，无治法，必有忠信乐善之良民，方可以主社仓之出入；必有清廉爱民之良吏，方可以任社仓之稽查。各省官民果能实力奉行，而善全无弊，朕实嘉之。至于绳以官法，而好尚虚名，则有司奉行之不善，负朕本意矣。”（《清世宗实录》卷58）

（雍正六年九月）丙子，河东总督田文镜疏言：“东省仓库钱粮俱有亏空，且多那新掩旧之弊，历任抚臣不及查参，皆该管之知府、知州为之通同徇隐。请嗣后东省知府、直隶知州离任时，将所辖州县仓库钱粮，俱照豫省交代之例，限三个月，令接任官查明出结。如有亏空，即着落知府、知州均半分赔，完后方许另赴新任。倘接任官徇情出结者，即着落出结之官分赔。再查知府、直隶知州亦有仓库，向系该管之道员盘查，请嗣后道员升迁事故离任者，亦照此例交代。”得旨：“东省吏治废弛，仓库钱粮尚有亏空，且多那新掩旧，及仍复收受陋规，加增火耗科派等弊，是以特命田文镜为河东总督，整理清查，扫除锢习。虽管理钱粮系巡抚专责，然岳濬以少年新办巡抚之事，或有未谙。田文镜练达老成，经理豫省钱粮已有成效，则东省钱粮于积弊丛生之后，应悉听田文镜主张料理。岳濬与费金吾尽心竭力，协同赞助，则自无不清厘之患矣。倘稍存怠忽之念，经朕察出，定将布政使严加处分，该抚一并议处。田文镜此奏，俱照所请行。又前迈柱差往江西办理钱粮，甚为妥协，今湖北、湖南钱粮亦有不清者，着迈柱与巡抚一同办理。凡各省钱粮，总督旧无兼办之责，今令田文镜、迈柱兼理者，乃因人而施，后不为例。”（《清世宗实录》卷73）

（雍正八年十二月）甲辰，谕户部：“今年江南、河东等省间有被水州县，已降旨发粟蠲租，并令该督抚加意抚恤。但至明岁春间青黄不接之时，恐不无借资邻省买米减粜之事。湖南、湖北二省，向来积谷甚多，正在预筹出陈易新之法。而今年又复丰收，谷价大减，恐民间出粜维艰，朕特思酌盈剂虚之道，着将从前商捐及耗羡银两存贮楚省藩库者，动支五万两，遴选贤员，分往所属丰收价平之处，籴买新谷，暂行收贮。俟邻省需米平粜，即令委员来楚，照楚省原买价值先尽仓贮之谷交买运回，以济民食，仍将新谷补仓价银还项。如此，则邻省无贵籴之虞，而楚省又得出陈之益，事属两便。倘邻省可以不用，则仍留楚省，于青黄不接之时照价平粜，于民亦属有济。着该督抚遵谕料理，并移会邻省知之。”（《清世宗实录》卷101）

（雍正九年二月）乙未，谕内阁：“山东济南、兖州、东昌三府，从前积谷甚多，因去年水灾之后，朕特命大臣动发仓粮赈济，用谷一百八十余万石。又念今春二三月间青黄不接，小民粒食维艰，再发仓谷二十万石，截留漕米二十万石，重赈两月。是三府各州县存仓谷石俱作赈济之用。虽登、莱、青三府尚有存仓之谷百余万石，而转运甚难，与济、兖、东三府无益……尔等一并确议具奏。”寻议：“……其东昌以下近水州县，应截留湖广、江西漕粮三十万石，转运存贮，俟今年秋收后，将存贮之米，或全行易谷，或一半易谷，令该抚酌量办理。其应补谷八十万石，于壬子、癸丑两年采买完补。”从之。（《清世宗实录》卷103）

（乾隆元年六月庚辰）经略苗疆贵州总督张广泗奏：“请湖广督抚拨米四万石，或于湖南近黔各府州县存仓谷内碾运，或于湖北襄漕米内分晰运黔，并粤西巡抚于各府州县存仓谷内碾米三万石至古州、凯里等处，以备兵需。”下部议行。（《清高宗实录》卷21）

（乾隆元年七月癸卯）户部议准署湖广总督史贻直奏，亏空仓储向例计赃科罪，请查照一米二谷之成例，每侵那米一石比照侵那银一两，谷一石，比照侵那银五钱，计算治罪。麦、豆、高粱、青稞等各色杂粮，照谷石一例科断。从之。（《清高宗实录》卷22）

（乾隆二年十月癸丑）（署湖北巡抚张楷）又奏："遵旨买补湖北通省仓谷。"得旨："部议固如是，至地方丰稔，虽多买而无高昂之弊，则部臣远在京中，何由得知耶？在汝等地方大吏，酌量情形为之，要之地方以积贮足数为是。"（《清高宗实录》卷55）

（乾隆二年十一月癸未）（湖北巡抚张楷）又奏楚省积贮事宜。得旨："好，俟德沛到任后，再行细酌，应具题时具题。"（《清高宗实录》卷57）

（乾隆三年二月辛卯）户部议复："湖北巡抚张楷疏请'将现存废铜转饬该管之员作速变价，除归还原价外，余银买社仓谷，接济民食'。应如所请。"从之。（《清高宗实录》卷62）

（乾隆三年四月甲辰）户部尚书海望奏："据户部左侍郎鄂善面奉谕旨'各省粮船，将所带土宜改带米石，并买旗丁余米，以济民食，着交海望详议具奏'。查粮船准带土宜一百二十六石，原以惠养旗丁，今将土宜全数改带米石，运通接济粜卖，固为妥事。但携带货物，亦属通商交易之道，势难令全数改带。且江、浙二省粳米价昂，似于平粜无益。惟江西、湖广二省，稜米值贱，宜于丰收之年酌量动帑，采买数万石存贮，陆续带运，仍给与负重银两。至所存各船余米，皆系丁船行月等项回南食米，在所必需，难再行议价收买。"从之。（《清高宗实录》卷67）

（乾隆三年六月辛卯）刑部议复："湖广学政开泰疏言'州县上司书役，在本地与民构讼，倚恃播弄，本官无从知觉，地方官或多瞻徇'。应如所请。嗣后自督抚司道以及知府、直隶州等衙门书役，遇有词讼干连，务令开载现在何衙门着役，一面讯供，一面报明本官查考。结日，仍申报注销，庶若辈知所顾忌，本官亦易稽查。又称'物价低昂，原属不齐，乃铺户公同约会，预定行规，居奇垄断，以致增长价值，实与民生未便。请通行直省，多方晓谕禁止，违者照把持行市律加等治罪'。亦应如所

请。”得旨允行。（《清高宗实录》卷70）

（乾隆三年六月辛丑）户部议奏：“山东巡抚法敏遵旨议复收谷捐监各事宜……应照湖北纳谷例，定仓廒铺盖，户部、藩司饭食纸张之费……应如所请。”从之。（《清高宗实录》卷71）

（乾隆三年十二月丙戌）户部议复：“大学士前总理浙江海塘管总督事嵇曾筠疏言‘杭、嘉、湖三府地狭人稠，每岁产米不敷数月口粮，全赖商贩接济。而赴浙客米俱由江南运至，近江南被旱米贵，势必截买，浙江米价自难平减。除将该三府属雍正十一年自湖广等处买回原贮备粜米石陆续平粜外，仍请动支本年地丁银三万两，委员赴江西采买’。应如所请。”从之。（《清高宗实录》卷82）

（乾隆四年四月乙巳）湖北巡抚崔纪奏：“清查通省各州县常平仓、社仓实存谷数。”得旨：“知道了。一省之大，且素称鱼米之乡，所储不过五十余万，亦不为多，尚当留意积贮为要。”（《清高宗实录》卷91）

（乾隆四年五月丁巳）又谕：“据湖北巡抚崔纪奏称，今岁麦秋丰稔，又豫省河以南麦已大熟。民间当此有余之时，恐以有用之物造曲耗费，殊为可惜，必须酌盈剂虚，始于民生有益。直隶、江南上年歉收，今岁麦秋，雨泽又愆，尔部可行文直督孙嘉淦，会商河南巡抚尹会一，酌量市价民情，委员采买存贮，如直隶需用麦石之时，以便拨运。至湖北与江南邻近，其应否采买接济，有便民食之处，亦行文江南总督那苏图等，会同湖北巡抚崔纪商酌办理，即速奏闻。”（《清高宗实录》卷92）

（乾隆四年八月甲辰）护理山东巡抚布政使黄叔琳奏：“前奉颁发抄录湖广督臣德沛奏报粮价贵贱式样，遵行缮奏。近因单内填注‘价中’字样，东省各府不论贵贱，一例俱填‘价中’。请嗣后以适中之价为准，稍增者为‘价昂’，大增者为‘价贵’，稍减者为‘价平’，大减者为‘价贱’，不得概填‘价中’。”得旨：“如此甚是，此原系汝等错会矣。”（《清高宗实录》卷99）

（乾隆四年八月甲辰）湖南巡抚冯光裕奏请买谷五十万石，备本省积贮、邻省协济，并称江苏、湖北现委员赴江西、四川、湖南三处采买，恐民间闻风踊贵，如委员到时，先尽采买，不致价昂。得旨：“此奏实属可嘉，着照所请行。”（《清高宗实录》卷99）

（乾隆四年九月癸酉）湖南巡抚冯光裕奏：“楚南各属丰收，而米价不能平者，皆由奸牙囤积之故，现在严行禁止，除江南、湖北委员采买必不可缓外，其本省应加贮之处，容另筹奏闻。”得旨：“此见甚是，妥协相机办理可也。”（《清高宗实录》卷101）

（乾隆五年七月癸未）谕：“……地方积谷备用乃惠济穷民第一要务，而州县有司惟恐贮谷过多，平时难于照料，离任难于交盘，瞻顾迁延，实为通病，朕知之甚悉，已屡降谕旨矣。今年直隶、山东、河南、江南等省俱获丰收，而各省奏报年谷顺成者颇多。况江西、湖广原系产米之地，皆当乘时料理积贮之事。如捐监一项，固宜极力劝导，多方鼓舞，将勒抑阻挠、胥吏苛索等弊悉行革除，弗致纳粟之人裹足不前。其他凡可以积之于官、藏之于民者，皆当于此时悉心筹画，并切谕小民撙节爱惜，弗糜费于无益之地。如造酒、造曲诸事，尤宜禁约，庶不有虚上天之恩赐。夫丰年不知积贮，一至歉年，束手无策，是谁之咎耶？各督抚有司均有父母斯民之责，应视民事如己事，毋得徒奉具文，仍蹈苟且便安之习。”（《清高宗实录》卷122）

（乾隆五年七月）戊子，饬福建讲求积贮，谕：“积谷乃养民之要务，今年直隶、山东、河南、江南、湖广等省俱庆有秋，朕已降旨，谕令各督抚于丰收地方，乘时讲求积贮，以备将来缓急之用。今闻福建今岁雨旸应时，年谷顺成，为向来所罕见，朕心深为愉悦。闽省环山滨海，米贩不通，惟赖本省及台湾之米以资接济。从前歉收之年，则远赴吴楚，由海道运致，不惮涉险烦劳，供民日食。今当多稼之秋，地方大吏有司自当留心筹画，凡可以积之于官、藏之于民者，多方经理，以实仓储……”（《清高宗实录》卷123）

（乾隆五年十一月己卯）大学士、九卿会议：“升任漕运总督托时等，将臣等议复仓场侍郎宗室塞尔赫等条奏漕务一折妥议具题。内蠲折漕粮、丰年酌补一款，据该督等就各省情形定议，除江南、浙江、湖广等省势难买补，应毋庸议外，其江西、河南、山东等省遇丰买补之处，查买补必俟丰收，既难定限……又运丁钱粮、酌留回空费用一款，据称‘各省出运丁船，按在淮应给行月钱粮，照数酌扣’等语。查该丁领项有多寡，程途有远近，诚未便照原奏概扣银三十两，应如该督等所请，于解淮验给一半钱粮内，数多者扣留三分之一，数少者酌扣八两，令粮道另行封兑，于过淮时给发随运官弁收领，俟抵通交粮后，给发各丁……”从之。（《清高宗实录》卷130）

（乾隆六年三月丁卯）户部议准升任总漕托时奏复监察御史钟衡条奏收漕法：“查各省仓廒多寡不齐，收漕难于画一。下江按照区图，派廒收纳。浙江、江西、河南、湖南不分区图，随廒收纳。江宁、湖北、山东粮多之县，按照区图；粮少之县，不分区图，民皆称便。总无此廒收完，复开彼廒，致粮户拥挤守候，胥役刁难措勒。若如御史所奏，令各廒通行收米，恐粮多之县，里户向认区图投纳，一旦更改，必致聚集拥挤。且有司不能按各廒完数，稽各图完欠，更恐狡猾花户串熟识收书，将不堪米混纳，应仍旧办理。”从之。（《清高宗实录》卷138）

（乾隆六年九月丙寅）户部等衙门议复：“陕西道监察御史朱伦瀚奏

称‘各省买补仓储，争购于产米之乡，致价腾贵，请于各省应行运京漕米内，酌留本地’。查京通各仓米有定额，天庾关系重大，未便截留，应毋庸议。又兵部左侍郎鄂弥达议将江苏、安徽、浙江、湖南、湖北、江西六省漕粮，明年截留一百万石，次年再截留一百万石，各按本省漕粮多寡扣存，以充本省积贮。”得旨：“朱伦瀚因各省积贮缺额之米，争购于产米省分，以致米价昂贵，奏请截留漕粮。鄂弥达议将江、广等六省截留一百万石，以济积贮。九卿议称，天庾关系重大，不便轻议截留。九卿所议甚是。但江苏、安徽、浙江三省，今岁曾有偏灾，赈济需用米谷，仓廪自必空虚，一时诚难买补。而京师仓贮足敷二三年之用，尚可略为变通。着将江苏、安徽、浙江乾隆壬戌年应解京漕粮，共截留八十万石，每省应留若干，该部速行定议。至三省既有截留，自可不往邻境采买，而产米之湖广、江西等省不致昂价，亦有裨益矣。此朕轸恤民生、因时制宜之道，各省不得援以为例。”（《清高宗实录》卷150）

（乾隆六年十一月辛卯）两江总督那苏图奏：“请于湖北武、汉、黄、德等府存备接济邻省仓内买米一十万石，分发江南庐、凤、颍、泗四府州属，派拨存贮，以资每年平粜。”得旨：“如所请行。”（《清高宗实录》卷155）

（乾隆七年二月甲辰）户部议复：“湖北巡抚范璨奏称，湖北州县常平仓谷多寡悬殊，平粜时此丰彼啬，价有昂减，应于捐监项下酌盈剂虚，以符定额。但本色报捐之例，奉文三载，捐者寥寥，实缘本色重于折色，请将原例所称百石之数准以九折报捐，其苗疆与不产谷处，准用杂谷。”从之。（《清高宗实录》卷160）

（乾隆七年三月辛巳）命督抚广济俭岁民食，谕：“各省常平仓谷每年存七粜三，原为出陈易新，亦使青黄不接之时，民间得以接济。当寻常无事之际，自然循例办理，若遭值荒歉，谷价昂贵，小民难于谋食，而仍复存七粜三，则闾阎得谷几何，大非国家发粟平粜之本意矣。嗣后凡遇岁歉米贵之年，着该督抚即饬地方官多出仓储，减价平粜，务期有济民食，毋得拘泥成例。着该部即行文各省督抚知之。”（《清高宗实录》卷163）

（乾隆七年三月己丑）湖北巡抚范璨奏：“两江总督那苏图委员赍银籴谷，楚北上年有收，不借仓谷平粜，安省急资接济，已饬近省各府照价粜给，交员赶运。”得旨：“办理甚妥，知道了。”（《清高宗实录》卷163）

（乾隆七年九月乙酉）江西巡抚陈宏谋奏：“江西素称产米之乡，近来积谷未裕，而采买又不能多……本年通省收成止七八分，加以楚、粤、江南等省米粮缺少，贩运者多，目下米谷登场，而米价仍然昂贵……”得旨：“着照所请行，该部知道。”（《清高宗实录》卷175）

（乾隆七年十二月乙未）大学士等议准四川巡抚硕色奏称，川省连年丰稔，统计常平、捐监、社仓，现共贮谷二百六十余万石，而未经敷额之监粮，又现在陆续收捐，是川省之仓储渐充，足备缓急。近因江、楚等省粮贵，贩运者多，又两淮、湖北赴川采买者，十四万余石，自无谷贱伤农之患。若再加本地采买，恐粮价腾贵，转于本地民食有碍。今两江灾伤甚重，楚省亦被偏灾，何敢歧视？查自成都至重、夔一路近江易运州县，共有二十余处，系产米之区，又临河易买，生俊乐捐，故所贮独多，约计现存谷六十余万石。倘江、楚需粮孔亟，可先酌动二十万石。今楚省就近拨运，递相接济，俟该省平粜完时，将价银解缴川省，酌发于粮少仓虚之州县，照时价从容买贮。从之。（《清高宗实录》卷180）

（乾隆八年正月甲申）湖北巡抚范璨奏：“前大学士等以湖北米价未平，议拨川省贮谷二十万石。惟谷石过多，势难猝办，且须汛水未涨之时运过川峡，方可坦行。因思川谷碾米拨运较为利便，应令川省待拨各属，一面代碾豫备，一面雇就船只，以便委员速运，依期回楚。并分派总运、协运人员，各携制斛往兑。如楚省价平，不必全用川米平粜，即将余米补仓，或酌济下游邻封之用。”得旨：“所办甚妥，知道了。”（《清高宗实录》卷 183）

（乾隆八年三月癸未）（调任湖北巡抚范璨）又奏：“上年安、荆一带水灾，各属买籴过多，粮价未平。其有仓贮可济者，毋庸酌拨。至仓贮无多，与虽有贮积，而地属灾祲之后，必须多为筹备，当将自川买回米石，酌量分拨，俾敷春粜之用。正月后积雪经旬，穷民无可佣趁，令地方有司将社仓谷麦分别借给，其社仓不敷之所，则酌借常平仓谷。至汉阳之汉口与荆州之沙市二巨镇，本境外来之人聚集甚众，经两淮商人及本地绅士好善乐输，并令地方官代为经理，均各得所。”得旨：“所奏俱悉。”（《清高宗实录》卷 187）

（乾隆八年四月癸丑）湖广总督阿尔赛奏：“湖广仓储原贮六十五万余石，不能广为平粜，以致米价腾贵。经前抚臣张楷请添贮四十二万余石，原题每石价银以四钱为率，但米价贵贱，难以逆料。伏思秋稼登场，即在四钱以外，若得如数采买，于来岁青黄不接之时，粜济民食，在原价则有盈无绌，在穷黎得减价平买，于地方大有裨益。”得旨：“是，应如是留心办理者。”（《清高宗实录》卷 189）

（乾隆八年七月）壬辰，户部议复御史沈廷芳奏“请截留江苏等六省漕粮，以实仓储”一疏。得旨：“漕运关系京师积贮，原未便轻议截留，但目前京仓尚属充裕，而各省仓储正在需米孔亟，偶尔变通，尚属可行，着将乾隆甲子年江苏、安徽、浙江、江西、湖北、湖南六省应运京漕粮，各留十万石于本省。再着江苏、浙江各将十万石运往福建，着江西将十万石运往广东，以备缓急之用。此朕格外之恩，不得援以为例。”（《清高宗实录》卷 196）

（乾隆八年七月癸巳）谕军机大臣等："前经降旨，令韩光基、三和修建仓廒。朕思今年直隶天津、河间被旱，先后拨米五十万石，以备赈恤。又江苏、安徽、浙江、江西、湖北、湖南各截留漕米十万石，又拨运福建、广东二省米二十万石。是明岁漕粮，较之往年已为减少，所有仓廒谅已足敷存贮。可寄信三和，令其传旨韩光基，将此项仓工暂为停止，俟乙丑年应需添盖之时，另行请旨办理……"（《清高宗实录》卷196）

（乾隆八年八月己卯）湖北巡抚晏斯盛奏："湖北现存谷数仅三十一万五千余石，应乘秋成，在本省产米价平民有余粮之所，分途购买。"得旨："所见甚是，妥协为之。"（《清高宗实录》卷199）

（乾隆八年九月己酉）是月，户部议复："……请将兵粮停买，即在现截漕粮十万石内，照数划拨，以备来年凑放。将应买米价暂行贮库，俟江、楚等省岁稔价平，照一米二谷，酌量买谷抵拨。其余米五万六千七百石，分别存贮，令各该州县于岁稔价平之后，陆续换谷贮备。"得旨："依议速行。"（《清高宗实录》卷201）

（乾隆八年十月癸丑）户部议复："广州将军、署总督策楞等奏称'前截留江西漕粮十万石运往广东，中经滩河大岭，挽运维艰，请改于湖南拨运'。查湖南一水可达广东，拨运脚价自较节省，但楚省仓储亦关紧要，应请即将江西应运粤东米石运送湖南，而湖南运至粤东，两省均归实贮。"得旨允行。（《清高宗实录》卷202）

（乾隆八年十一月丙戌）谕："朕前降旨，令江苏、安徽、浙江、江西、湖北、湖南等省各截漕粮十万石，存贮本省，以备一时缺乏之用……"（《清高宗实录》卷204）

（乾隆九年三月辛丑）训饬有司劝课，以足民食，谕："人君以养民为急务，养民之道，在使之上顺天时，下因地利，殚其经营力作，以赡其室家，非沾沾于在上之补苴救恤，遂长恃为资生之策也。在昔善图国是者，谓以君养民则不足，使民自养则有余，诚不易之论。国家岁转漕粟，以实京师，乃备天庾之出纳，关系最重。或因偶遇灾歉，万不得已，而为截留之计，仅可间一行之，岂遂视为常法？今内外臣工，动以截漕为请，朕念切民依，亦屡次允从，出于一时之急济。其实京仓所贮，虽云可备五年，可备十年，要仅为官俸、兵饷所必需，若统为京师人民计，即一二年恐亦不足供支，况欲更分此以赈贷直省，何未之思也？汉文景间，太仓之粟陈陈相因，至红朽不可食，彼时岂无一方之凶歉，而未闻轻议分减者？诚以经国之大计，务筹久远，在官在民，于内于外，莫不各有本图。舍本图而谋兼济，事多未便，势且不能一有亏则两俱损，依古以来无取焉。上年各省仓储，需米孔亟，朕因偶尔变通，将江苏、安徽、浙江、江西、湖北、湖南六省漕粮各留十万石于本省，并着江苏、浙江各将米十万石运往福建，江西将米十万石运往广东……凡此皆因民命所关，不得不变通办理。若小民不知各务生计，而惟官粮是赖，无论官兵之外，断不能遍给穷黎。即近漕之处，可以议截留，其边远省分，更无漕可截留，又将何以取给乎？朕思一方之地利，原可以养一方之人，一家之人力，原可以养一家之人。古者九职任万民，一曰三农生九谷，二曰园圃毓草木，三曰虞衡作山泽之材，四曰薮牧养蕃鸟兽，何一非资生养赡之术？为民父母，民事即家事，宜实心劝课，随时区画，使地无遗利，民无余力，则家有盖藏，自可引养引恬，俯仰不匮。倘督抚不能董率有司，有司复不以田里树畜为事，及歉收之年，但请给发仓粮、截留漕米，为督抚有司备赈之良策，将使民间谓水旱可以不备，不图自食其力，甚至游惰成风，举身家衣食之切务，皆委之在官，是非爱之，实以害之矣。天下之大，亿兆人民之众，惟正之供，只有此数，焉得人人而济之？用是特降谕旨，通谕直省督抚，并饬守牧等官，各思所督何事，所抚何事，所称知府事，知州、知县事实应知何事。凡以为民计，即所以为身计，既为民计，而不使民知各自为其身计，其能为民计者几何？继自今督抚尚各体朕心，毋忽民事，恳切开导，并劝良有司，务使百姓各知自谋，以裕生养之源，不徒望恩幸泽。而恩泽之加，斯实足以利济，则丰年乐其降康，歉岁亦可恃无恐。朕愿与诸臣共勉之。”（《清高宗实录》卷213）

（乾隆九年四月丁丑）署广东巡抚广州将军策楞奏：“前护抚托庸题准截留楚漕十万石，改抵春夏兵米外，尽数减价平粜，于秋收后买补还仓。今臣查各属，旸雨应时，米价有减无增，并无望粜情形。此时不早筹办，无论以有用之仓储，狼籍于无用之地，并恐将来购补时，转致价昂。莫若全留支放秋冬兵米，即以应征兵粮改收谷石贮仓，既免采买之烦，仓储亦归实贮。”得旨：“好，知道了。”（《清高宗实录》卷215）

（乾隆九年五月）丙午，谕军机大臣等：“前因直隶地方缺雨，恐秋禾难以布种，将来民食艰难，借外省接济，曾寄信与河南、江南、湖北、湖南、四川督抚，豫备米粮，以待直隶需用之时即便运用。今直隶已得透雨，秋禾俱已广种，收成可望，湖南、四川道路甚远，朕已降旨停其拨运矣。尔等可再寄信询问高斌，令其酌量本地情形，若将来尚需外省之米，伊即就近知会河南、江南、湖北三省，商酌运送以备用。如直隶可以不需，即行奏闻，待朕降旨停止。”（《清高宗实录》卷217）

（乾隆九年五月丙午）晏斯盛奏：“近闻畿辅亢旱，据湖督鄂弥达以内阁寄字内开，楚省二麦丰收，豫备米石，以待拨用。臣查湖北现有截漕十万石，又有川米及买补添贮、常平粜三米，可足二十万石，已经备妥候拨。”得旨：“览奏俱悉，兹京师已蒙天赐甘霖，大不似从前气象，其所备米谷，候旨可耳。”（《清高宗实录》卷217）

（乾隆九年十二月）乙巳，谕：“据鄂弥达、晏斯盛奏称‘湖北有待拨直隶米二十万石现在存贮。今年直隶已获丰收，无须接济，楚北年谷全登，亦无需用之处，惟浙江先后被水，恐来岁青黄不接之际，米价易腾。应请将湖北现贮之米酌拨十万石运赴浙省，以备赈粜之需。所粜之银，归还楚省买补仓储。此外存贮米石，如不需用，即于来春粜抵仓储'等语，鄂弥达等所奏是，着照所请办理，该部即遵谕行。”（《清高宗实录》卷230）

（乾隆九年十二月戊午）左副都御史范璨奏：“户部议复河南按察使王丕烈条陈内称，青黄不接时，米价昂贵，地方有司自应谆劝盖藏充裕之家，令酌留食用外，陆续粜卖。原不必绳之以法，如有积米数多、闭籴妨民者，酌量情形，勒令出粜，可谓适中而无偏重之弊矣。然臣以为尚有当参末议者，查原奏有云‘贫民不能向买，势必归于富有之商贩'，斯言正当理会。如其为本地之商，诚如原奏所言，一困于富户闭籴，再困于商贩居奇。如其为外来之商，或数百里、数千里之遥，与本地全无涉。窃虑富家平日必有亲熟牙行，既不许闭籴，群趋便捷，滨水州县舟楫可通，朝呼夕至，搬运一空。夫向日所患民之贫者，无担石之储，空虚犹居半也。逮富者一无留余，此日之空虚，乃真空虚也。然问之富户，富户曰功令宜遵，问之商贩，商贩曰遏籴有禁，有司亦无可如何。国家虽设常平仓，安得有如许谷米为之补苴？臣愚以为民间患其浪费，而喜其积蓄，诚以天时难测。尝有二麦将获而水汛骤发，秋谷将登而蝗雹告祲者。设当其时，非富民之尚有盖藏是赖，而谁赖乎？臣屡任在外，如逢雨旸时，若收成可保，无不开仓发囷，市集山堆海积，惟恐米价渐减，争先出粜，则乐岁毋容劝也。惟是俭岁歉收、青黄不接之候，市价腾踊，待哺嗷嗷，斯时急宜密劝富户，惇睦乡里，如数百石之家，令自行零星出粜。倘盈千累万之户，令其附近村落分设粜局，亲自经理，务使本地买食穷民均沾实惠。如此办理，庶不为商贩远运一空。且既系俭岁，民食艰窘，尤当谕以任恤之谊。其不愿减价者，不必强之，如有乐于行善者，州县官核其所粜若干、所减若干，量为嘉奖，或赉花红，或给扁额，行善者多，或统作一碑志，以为乡党劝，富民益加鼓舞，贫民大有裨益。臣在安省曾试行之，颇得其济。有每石减五分者，有减一钱者，甚有买米来家仍照原价出粜者，此即使民相养，非全仰给于公家之大义也。然臣所谓劝谕富户，而必用密者，何也？盖有余之家，众所觊觎，未形之患，法宜豫防。查乾隆七年之冬、八年之春，湖广、江西、江南等处抢粮之案，俱未能免，而江西尤甚，一邑中竟有抢至百案者，彼时犹未彰明较著也。若大张告示，不许久贮，保无奸顽之辈声言朝廷之惠爱穷黎若此，煽惑良善，纠党成众，或踵门陵辱，或逞殴行凶，或本属小康而妄称巨户，或稍留食用而指有余藏，或勾通地方总甲而私相勒诈，或朋比衙门胥吏而装点捏呈。其尤甚者，本挟制之有因，肆抢夺之恶习，如是而富民不重累乎？如是而富民尚肯好行其德乎？臣故以为宜密为劝导，不特贫者无挟制之缘，而富者且更有乐善之举。总之，地方不可一日无积贮，无富民是无积贮也。贫与富皆赤子，弭其衅，乃以调其平。今使闾阎各自零星粜济，则富有之惠人者良多，官民实以情谊感孚，则恻怛之动人者最速矣。”得旨：“这所奏是，该部密议速奏。”寻议：“该左副都御史范璨奏请，俭岁歉收，密劝富户自行出粜，既可以杜本地富户之囤积，又可以绝外来商贩之远运。本地积米自多，而日买升合以糊口之贫民得以均沾实济，洵可补臣等部议所未及。又称，乐于行善之家，量为嘉奖，查士民乐善好施，原有题请议叙之例，而捐输社谷，亦有递加奖励之条。今殷实富户，如有情愿减价平粜以济贫民，数在千石以上者，应如所奏，酌加旌奖。至称恐有奸顽之辈，煽惑抢夺等弊，宜密为劝导。窃思民生日用，原限于丰啬之不齐，富者每有独拥之利，贫者易生觊觎之心，偶遇歉岁艰食，遂致激成抢夺，此皆有司经理未善也。果能先行劝谕，多方开导，令积粟之家笃念桑梓，出其有余，以平市价，以惠乡党，则恤贫正所以安富，而息事即可以宁人，正所谓弭其衅，乃以调其平也。国家之禁令，必万姓易知易从，今使储粟者敦雍睦之行，鬻食者无挟制之缘，阻饥无虞，而贫富均安，此即使民相生相养之道，可家喻而户晓者，似不必密为劝导也。应仍请敕下各直省督抚，于歉岁先行出示晓谕，使富户知功令之宜遵，违者有在官之禁，从者蒙赏赉之荣。即地方有挟制滋扰等弊，各督抚严饬所属，实力查禁，如不肖有司乘间作奸及有勒诈、挟制、抢夺等事，不能禁抑者，即照例参处，庶于民无累，而于法相安矣。”得旨：“依议速行。”（《清高宗实录》卷230）

（乾隆十年四月丁巳）军机大臣等议复：“湖北巡抚晏斯盛奏‘请于汉口地方，令盐、当等商各建义仓积谷，以备平粜’。查积谷备粜，事属利民，第恐奉行不善，易起囤积之弊，转致米价高昂。如令择谨厚者司其出纳，亦属保聚之一法。现奉朱批，令鄂弥达熟筹妥酌，应俟奏到之日，如属可行，再行询问各省。”得旨：“是。”（《清高宗实录》卷238）

（乾隆十年六月庚午）（署湖广总督鄂弥达等）又奏复：“广东抚臣策楞奏办常平仓谷一折，令直省督抚查奏，除南省办理情形业经抚臣蒋溥会奏外，楚北枕山傍水，仓贮所在，濒临江岸者，潮湿易侵，僻处山坳者，霉变堪虞，若使舍旧粜新，折耗益多，该州县岂肯自为贻累？势不能移新作旧。至仓谷交代之例，旧官夏秋离任，新谷尚未登场，将价银交新任买补；若旧官冬间离任，仍令旧官采买。如有亏缺，该管道府分赔，亦难容隐虚捏。惟仓贮廒口，虽编列字号数目汇报，而买贮年分，实未开载，应如策楞所奏，造具清册，注明年分通报。”得旨：“知道了，妥办则仍在汝等不时稽察也。”（《清高宗实录》卷243）

（乾隆十年七月）庚寅，谕：“各省捐收监谷，原欲广为储积，以济民生，使仓储日渐充裕。且出有余以备不足，亦不似一时采买，致有谷贵之患。乃州县或恐折耗赔垫，或恐有干例议，往往视为畏途，每遇投捐之人，故为刁难恐吓，是以生俊畏葸不前，又复多布浮议以摇惑上司之听闻。地方大吏不思善于督率，转为其所愚，即如湖广总督鄂弥达奏请监谷收银，并称州县畏惧霉烂，难望其实力奉行。是明知州县有留难之弊，不行查禁，而为之迁就其说。楚省为产米之乡，尚且如此，又何怪他省之有名无实也？夫捐谷乃利民之善举，但非州县之所乐从，即欲顾惜赔累，亦当设法筹办，使不致于霉变，岂可听其腾口阻格，而明露姑息之意？着各该督抚实心整理，严行申饬，务将从前积习涤除，使生俊乐从，仓庾充实，庶于民生实有裨益。该部即通行各督抚知之。”（《清高宗实录》卷245）

（乾隆十一年六月甲午）湖北巡抚开泰奏：“湖北通省社仓现存谷麦共计五十二万余石，若不及时设法整顿，日久恐多亏缺。但各属社仓散在村庄，未便特行委员遍查，致滋扰累。查州县应行兴革诸事，例应该道府按季巡查，拟饬各道府于巡查所至，遇有存贮社谷之处，就便抽验。倘有挪移等弊，将社长分别责革，勒限追赔，过多者，将失察之州县揭报。”得旨：“此见甚好，所为不动声色之办理也。”（《清高宗实录》卷269）

（乾隆十一年六月丁亥）谕军机大臣等：“朕览鄂弥达奏报雨水禾稻情形，折内称‘现在各属米值稍增稍减不一，照常核计犹属平减，人民亦俱宁贴’等语。又一折奏称‘飞饬各府州县，将常平仓谷添设厂所，减价多卖，但期于民有济，不妨尽数尽粜，如使仓有余谷、涂有饥民者，立即查参’等语。湖北、湖南壤地相接，如果米值平减，人民宁贴，不过沿存粜之常例，则何至涂有饥民？又何须将仓谷减价多粜？若百姓待哺孔迫，必须接济，则应急筹抚恤，妥协办理，俾百姓不致失所，一面将实在情形奏闻。乃所奏俱未明晰，显有掩饰之意，尔等可传谕鄂弥达，令其据实速行陈奏。”（《清高宗实录》卷269）

（乾隆十二年四月己丑）湖广总督塞楞额、湖北巡抚陈宏谋奏：“楚省积储未足，请将本省人民停止在部捐监，专收本色，以实仓储。”得旨：“楚省不似江省灾伤之余，艰于储蓄也。总之，部臣利于在内，督抚利于在外，朕惟酌中行之，至汝等此奏，实在不可行之列也。”（《清高宗实录》卷289）

（乾隆十二年十二月戊辰）谕："军机大臣等议复西安巡抚徐杞所奏'民间粮石，有奸徒射利、豫先给银、贱价定买及囤户居奇等弊，应令各省督抚不时严饬地方有司查禁'等语，所议固属现在应行之事。然督抚奉到部文，不过转行各属出示禁约，多一番文告而已。有司之果否实力奉行及奉行而于米价之贵贱实在有无裨益，尚未可知也。朕思米谷为民生日用所必需，而迩年以来，日见腾贵，穷黎何以堪此？即如川、湖素称产米，而川抚纪山则以商贩云集，米价腾涌为奏；湖北督抚则以江南被灾，资楚粮接济，以致本省米贵为奏。又如直隶一省，向借八沟粮石，今岁畿辅尚属有秋，而八沟亦以搬运太多而贵。夫商贩流通，贵则征贱，间或暂时翔涌，何至连岁递增，有长无落？若谓囤户居奇，此实弊薮，然自地方官力所能禁，何至全不奉行，任其垄断累民，而督抚漫无觉察，竟无一实力严禁，著有成效者？若谓户口繁滋，则自康熙年间以来，休养生息，便应逐渐加增，何独至今日而一时顿长？若谓水旱偏灾，则亦向来所有，何以从来未闻如此之贵？且亦当歉者贵而丰者贱，又何至到处皆然，丰歉无别？若谓康熙年间仓储有银无米，雍正年间虽经整饬，尚未详备，今则处处积贮，年年采买，民间所出半入仓庾，未免致妨民食，此说似乎切近。然在当时分省定额，悉经该督抚分别酌议，自按各省情形。且至今足额者寥寥，亟需采买，所在皆是，借以备荒拨赈，难议停止。设或果由于此，则当切实敷陈，商酌妥办，不当听其自然而不为之所也。朕反复思之，不能深悉其故，亦未得善处之方。夫人事不修，则民生不裕，今日政治之阙失何在？所以致此者何由？米豆关税业经通免，虽不可因此遽求奏效，而于米价宜不为无补，又何以价不日减，转益日增？今使复征，不且较此更增乎？朕自御极以来，宵旰励精，勤求民隐，闾阎疾苦，无或壅于上闻，乃不能收斗米三钱之益，而使赤子胥有艰食之累，殊益焦劳。各督抚身任封疆，于民生第一要务，必当详悉熟筹，深究其所以然，如果得其受病之由，尤当力图补救。乃各省督抚或不以介意，或归咎于邻封，或责过于商贩，而应作如何办理之处并未筹及。可传谕各督抚，令其实意体察，详求得失之故，据实陈奏，或朕所举诸条之外，别有弊端，俱宜确切入告，务期实有裨益，以裕民天。更不得因谕旨中偶及免税一节，误会朕旨，以谓意在仍征米税也。”（《清高宗实录》卷304）

（乾隆十三年三月癸丑）署理湖北巡抚彭树葵复奏：“湖北在康熙年间户口未繁，俗尚俭朴，谷每有余，而上游之四川、湖南人少米多，商贩日至，是以价贱，遂号称产米之乡。迨户口渐增，不独本地余米无几，即川南贩运亦少，谷寡价昂，势所必至。且民生既繁，争相置产，田价渐贵，农家按本计利，但愿价增无减。兼之官与商接踵采买，奸牙乘机抬价，年复一年，有长无落。今欲价平，必酌减官买。即如湖北州县内，山深地僻、外商不至之处，一岁之出，尽供一岁之食，非遇荒歉，每石不过三四钱，可为明验。请凡常平仓原贮谷有全不足额及六分以下者，仍采买。其买有十之六七，并额外添贮，俱暂停，俟生俊捐谷补额。所有谷价，均贮库，遇偏灾，银谷兼赈。每青黄不接时，不拘存七粜三例，视价稍昂，立即出粜。倘市价原属中平，仓谷不虞霉变，亦无庸泥定出粜，以免秋后买还。至湖北囤积之弊较他省为少，惟有严惩无故抬价，使奸牙敛迹。”得旨：“俟各省奏到齐时，交廷臣详议也。”（《清高宗实录》卷311）

（乾隆十三年三月癸丑）云贵总督张允随复奏：“米贵之由，一在生齿日繁，一在积贮失剂，而偏灾商贩囤积诸弊不与焉。天下沃野，首称巴蜀，在昔田多人少，米价极贱。雍正八、九年间，每石尚止四五钱，今则动至一两外，最贱亦八九钱。查贵州旧案，自乾隆八年至今，广东、湖南二省人民由黔赴川就食者，共二十四万三千余口，其自陕西、湖北往者，更不知凡几。国家定蜀百余年，户口之增，不下数十百万，而本地生聚尚不在此数，一省如此，天下可知。此时势之不得不贵者，况加以采买之不已乎……”得旨：“俟奏齐交议。”（《清高宗实录》卷311）

（乾隆十三年五月乙酉）又谕："近阅浙省奏报米价，较前增长。访求其故，因上年御史汤聘条陈严禁囤户，通行各省，而常安奉行不善，以致于此。盖浙西一带地方所产之米不足供本地食米之半，全借江西、湖广客贩米船，由苏州一路接济。向来米船到浙，行户揭贮栈房，陆续发粜，乡市借以转输，即客贩偶稀，而栈贮乘时出售，有恃无恐，是以非遇甚歉之岁，米价不至腾涌……并将此旨传谕江南督抚知之。"（《清高宗实录》卷314）

（乾隆十三年十二月壬辰）大学士等议复："……又福建、广东、贵州三省，山海之地，商贩不通，仓储宜裕。现较乾隆年定额多不敷，而较雍正旧额则有余，酌量情形，请即以现存之数为定额。其余各省，悉照雍正旧额，通计一十九省，应贮谷三千三百七十九万二千三百三十石零，较之乾隆年定额，计减一千四百三十一万八千三百余石，应令各该督抚，按所属大小匀贮。其间有转运之难、出产之寡、地方之紧要，应分别加贮者，业经尚书臣蒋溥奏准，行令各该督抚详议具奏，俟奏到再议。至各省有余、不足之数，直隶、江苏、江西、湖北、湖南、山西、广西、安徽、山东、四川、云南、西安、湖北、福建、广东、贵州十五省皆额外有余，奉天、浙江、河南、甘肃四省皆额内不足。其有余省分，应将现在溢额谷及出借征还余谷以次出粜，将价提贮司库，报部酌拨。不足省分，现有征收地米及收捐本色应渐次补足，毋庸邻省拨运。至于存粜之法，定例存七粜三，然各省情形不同，应令酌量增减。其每年平粜谷，例于秋后原价买补。然价有平贵，不可一例，应令因时酌办。再各省收捐监谷以实仓储，今常平既经定额，无庸于额外增贮。除不敷省分仍收捐补足外，其有余各省所收本色，应另案存贮，遇赈恤即于此内拨用，或平粜谷不能买补，即将此项拨抵，粜价造报酌拨。至各省常平仓外另有仓贮，如河南之漕仓、安徽之江宁省仓……及各省之社仓，盐、义等仓，皆不常平额内，应照旧存贮。"从之。（《清高宗实录》卷330）

（乾隆十四年五月丁巳）户部议复："升任湖北巡抚彭树葵奏称'请将常平仓谷分别府、厅、州、县、卫，酌派匀贮'。应如所请。除盐驿道、安襄郧道、荆宜施道俱与府县同城无庸收贮外，其地方最大之江夏等四州县，各贮一万石；武昌等二十大州县，各六千石；咸宁等十二次大州县，并谷城、东湖二县，各五千石；崇阳等八中州县，各四千石；通山等九小州县，各三千石；长阳等十最小州县，各二千石；来凤等三县，各一千五百石；武昌等十卫所，各五百石；武、汉二府，各四万石；黄、荆二府，各四万石；安陆府，二万石；襄阳府，一万五千石；德安府，一万石；郧、宜二府，各四千五百石；施南府，四千四百三十五石；施南府之分驻同知、通判，各一千五百石；长乐县分驻之县丞，一千石，通计派贮额定谷五十二万九百三十五石。其旧存谷不敷派贮之额，若将谷拨补，徒费运脚，应令逾额之州县将本年平粜价银酌拨，秋成买补足数。"从之。（《清高宗实录》卷340）

（乾隆十六年四月庚辰）又谕："据德文奏称'楚省正、二月间雨水过多，米价由一两四五钱增至二两不等。向来楚省民食全赖川省商贩，近因川米稀少，若麦秋有望即可接至秋成，倘再阴雨连绵，二麦歉收，米价自必倍加昂贵。请敕下川督，晓谕商贩挽运来楚，以平市价'等语。此在德文，或因已经调任，特为此奏，见其留心民瘼，以博去后之思，亦未可定。但果如所言，则民食攸关，自不可不为调剂。着传谕阿里衮，令将地方现在情形速为据实查奏，如有应行酌量办理之处，亦即一面速为办理，务俾民食不至拮据，以慰轸念。"寻奏："今岁湖北因上年稍歉，故正、二月间米价自一两一二钱至五六钱不等，虽未至二两，而民食已艰。臣当即饬开仓平粜，禁止囤积，并劝谕富民出粜，一面檄行宜昌、荆州等府，将四川、湖南商船催赴汉口。但商民因闻下游江、浙、江西米价更昂，米船到汉，每多过而不留，有米之家，因复观望。臣复饬地方官劝谕到汉商民，令其就近酌粜。且今川江水长，商帆接至，下路米

多价平，上游去者自少，且二麦指日登场，接济有资，自不致有缺乏。”得旨：“览奏俱悉。”（《清高宗实录》卷386）

（乾隆十六年闰五月辛巳）……寻高斌等奏：“……再闻江西、湖广早稻颇丰，六月望后，商贩踵至，自可日渐平减。目前偶贵，可以无虑。”得旨：“览奏稍慰，仍望秋成大有，始释此怀耳。”（《清高宗实录》卷391）

（乾隆十六年闰五月乙未）是月，两江总督黄廷桂奏：“两江近日以来得雨栽插，米价渐减，惟是人稠地窄，食指不赀，全资客贩，稍稽便需平粜。且上江凤、颍一带，下江淮、徐各属，动遭漫淹，节年赈济，仓贮大概不充。从前湖北、湖南曾经拨协仓谷，河南亦曾协济杂粮，可否令楚、豫二省督抚，酌量于湖南、湖北动拨谷石，分发两江存贮？其河南则不拘粟麦动拨，由河路分发淮、徐等处。”得旨：“览。此或系因灾，岂有无事而资邻省之理？此奏恐非诚，将以博去后之思乎？卿不宜出此。”（《清高宗实录》卷391）

（乾隆十六年六月戊申）谕军机大臣等：“近闻江西米价甚昂，其最贵之处，有每石需价三四两者。前据该抚于闰五月十七及本月初八等日折奏，因上年赣州、吉安、临江等府晚禾稍歉，米石不能运省出售，湖广上江米船到省亦少，是以省城粮价稍昂，但亦止称二两二三钱，与所闻殊不相符……”……（《清高宗实录》卷392）

乾隆十六年辛未六月辛亥，谕：“据浙江巡抚永贵奏称‘浙省现资粜赈，请于湖广两省中拨谷碾米协济。若系额外溢谷，即补浙省未足之额，若系额谷，则将浙省现存粜价解还楚省归款’等语。着照永贵所请，令楚省督抚等酌量拨谷碾米二十万石，即着浙江委员前至汉口接运赴浙，以备粜赈之用。该部遵谕速行。”（《清高宗实录》卷393）

（乾隆十六年六月甲寅）谕军机大臣等："……前据永贵查奏，惟温、台、处三府所属，有因米价稍昂，以致抢夺数案……现已降旨楚省拨米赴浙，自可陆续接济。着传谕永贵，务董率属员，一切平粜事宜，实心经理，晓谕穷黎，毋得借端滋衅。如有恃众不法，即行严查究惩，不可因循姑息，以长刁风。"（《清高宗实录》卷 393）

（乾隆十六年六月辛酉）谕军机大臣等："上下江及江西米价较旧稍昂，该督抚等现在筹办平粜，俱请于楚省溢额谷内拨给。近据楚督阿里衮奏请通融酌拨，但楚省虽有溢额谷石，未足应邻封三省之需，且本地亦资平粜。朕思接济民食，莫善于截漕一法，况目今天储充羡，岁积陈红，正可因时酌盈补缺。着传谕署督高斌，巡抚王师、张师载、舒辂通盘筹酌，应用谷石数目若干，速行奏闻，于本年应征漕米项内，降旨截留存贮，以资平粜。"（《清高宗实录》卷 393）

（乾隆十六年六月壬戌）又谕："据永贵折奏，杭、嘉、湖三府属县均得大雨沾濡，可冀有秋。惟浙东八府，自前月下旬至今，尚未得透雨。浙东各属商贩罕通，民间日食急需接济……'等语。前因该省温、台等属需米平粜，即令拨运闽谷数万石，并于江省稍近州县常平仓谷碾米运往接济。续又以浙省现资平粜，谕令楚省酌拨谷石，碾米协济，以备赈粜之用……"（《清高宗实录》卷 393）

（乾隆十六年七月辛未）又谕："前因浙江地方米价昂贵，现资接济，已降旨令湖广、江西、江南、浙江各督抚通盘筹画……今既令江、楚各该督抚会同商酌，着伊等彼此速行咨商办理，俟奏到，酌量降旨。漕粮所关綦重，亦不可因有此旨，截留过多。着一并传谕知之。"（《清高宗实录》卷 394）

（乾隆十六年九月戊寅）谕军机大臣等："前因永贵奏报，浙省被旱成灾，请邻省接济。经传谕江、楚各督抚通融筹办。昨舒略奏称，运米三十万石赴浙。今据阿里衮奏'将先运川米十万石尽数运浙，并咨商川省，再为酌运数万石来楚，俟浙省再有需用，即可拨济'等语。今岁浙省旱灾虽甚，自金、衢而外尚有薄收，第因一时顿乏，市价翔踊，永贵仓皇入告。朕以救焚拯溺为心，即行传谕产米省分督抚筹办。永贵因有此谕，遂四出告籴不已，但以目今浙省情形而论，则商贩流通，米价不过二两有余，在俭岁已为平减，即外省中价，往往有似此者。永贵欲令灾地与丰年同价，如邻封何？江、楚督抚一体筹办，恤邻道固应尔。但浙省已屡被恩膏，截漕赈恤，为数已多，兼有江、闽协济，外省实无需多拨。江西距浙较近，舒辂业经派员拨运，降旨恐已无及，且虑胶柱鼓瑟，将至浙境者仍复追还，则往返益滋纷扰，姑允其拨济。至楚省动拨川米，似尚可及止，着传谕该督抚，如运浙之米尚未出楚境，则此项原系拨补湖北之用，着即于湖北收贮，无庸运交浙省矣。喀尔吉善等在浙言浙，不暇计及其他，朕则天下一家，何分彼此？往复调剂，几费苦心，该督抚等当亦未能深悉也。着一并传谕知之。"（《清高宗实录》卷398）

（乾隆十七年七月）丙寅，谕军机大臣等："年来米价在在昂贵，深廑畴咨。上年大学士高斌曾奏，动帑委官采买，数盈万千，克期取足，市价鲜不骤昂，有妨本地民食，请永行停止。经军机大臣等议，令该督抚量其缓急，通融筹办，近复有以停止采买为言者。夫采买以裕仓储，本为民食计耳。乃因采买而市价益昂，是未得向后接济之益，而先受当前贵食之苦。市侩共知采买在所必需，甫届西成，豫为抬价之地。小民嗜利，习为当然，地方官亦以奉行为职，务在取盈，年复一年，有增无减，筹米价者率以停采买为言，非无所见。虽未可明立禁令，永行停止，而以今岁情形而论，各省仓储尚多有备，即或有需，亦可于附近拨给。所有存贮实数得十分之三四，即不必亟资买补。其动帑委员采买之处，似可概行停止。官买少则市粜多，米价庶可望其渐平，于民食有济。着传谕询问各该督抚，令将本地收成情形据实查明，详悉妥酌具奏。如应行停止，即一面奏闻，一面出示晓谕商民，俾共知悉。”寻……湖广总督永常、湖北巡抚恒文奏：“楚北各属仓贮，尚属有盈无亏。本年被旱各州县，虽赈粜或有不敷，仍可银米兼赈，应将动项采买之处停止。”署湖南巡抚范时绶奏：“湖南如永州、常德、辰州、沅州各府，并郴、靖、澧、桂各州，每年例用仓粮，碾运兵米，兼以湖北、江西、浙江等省向资接济，亦须缓急有备。今查常平应买动粜谷三十余万石，本年秋收丰稔，请及时买补。”……得旨：“览奏所议甚妥，咨部知之。”……（《清高宗实录》卷 418）

（乾隆十七年九月庚辰）谕：“浙江、江西、湖广等省上年动缺仓储，恐一时采买，市价腾踊。因酌量截留各该省本年应运漕粮，以资拨补。所有浙江截留四十万石，江西截留二十万石，湖广截留十万石。其减歇船丁，虽非因灾可比，但照例给予折半月粮。各丁苫盖日用之费，未免拮据，着于例给折半之外，再加恩赏给一分，以恤丁力。该部即遵谕行。”（《清高宗实录》卷 423）

（乾隆十八年七月戊寅）谕军机大臣等：“开泰奏‘湖北应补常平额谷’一折。据称‘官仓买补，易致市侩借口抬价，请早发价银，令地方官零星平买。或行户中有情愿承买者，即豫行发给，于来春完仓’等语。采买仓谷，在于酌量地方年岁情形，权衡贵贱，使囤积者不得居奇，即市侩无从借口。豫将银两交州县收贮，设遇升迁事故，前后交代不清，必且滋弊，若豫行发给行户，谁不踊跃乐从。但行户之米，仍需于本地民间购买，徒多一转手，致令中饱欲壑，于调剂价值，亦未见有益。若发价民间，令于明岁完仓，在殷实者必不愿领，愿领者必致追呼，其滋扰正与青苗法等耳。该省仓谷应补之额未为甚多，惟在督率地方官实心筹画，即照旧于丰收州县酌量采买，奸贩亦不得借口抬价，不在更张成法也。可传谕开泰知之。”（《清高宗实录》卷 443）

（乾隆十八年八月壬寅）谕军机大臣等："……前者恒文闻川省丰收，筹拨溢谷运楚，该督未允，彼为仓储起见，非所急需，不允为是。此则助赈恤灾，非楚省还仓可比，该督其详悉妥协办理，副朕轸念。如已经运米若干石，即于数内扣除，知会恒文，由楚运赴江省。"（《清高宗实录》卷445）

（乾隆十八年九月丁卯）又谕曰："开泰、范时绶奏'酌筹接济江省米谷'两折，庄有恭办理灾赈殊属张皇，今年淮扬被水，不过数府偏灾，何至四出告借，纷纷不已？此特庄有恭借此以见其留心灾赈，令人称颂其德耳。江省备赈米石，屡经朕降旨截漕，并传谕四川、山东、河南等省拨运米麦接济，核计不下百余万石，当已尽足敷用。所有湖广代买之米，可以不必。即或江省尚在必需，亦只可各以十万为率。其多余米石，即留楚省，以补仓储。至庄有恭办理如此张皇，殊属不识大体，有意沽名，着传旨严行申饬。"（《清高宗实录》卷446）

（乾隆二十年十二月戊辰）署湖广总督硕色、湖北巡抚张若震奏："湖北汉口镇本年米价每石银一两二三钱，近因江南贩运，增至一两八九钱。兹准浙江抚臣周人骥咨称'浙省歉收，选商赴江、汉采买'等语。臣等思邻封理宜协济，自应听其粜运，但江、浙商人同时购买，价愈昂，楚民亦受食贵累。查乾隆十八年，楚北储备案存常平加贮谷四十万石，请将此项谷分饬各属碾米，运至汉口及田家镇，委官设局，听浙省官商买运。"得旨嘉奖。（《清高宗实录》卷503）

（乾隆二十二年二月辛卯）是月，湖北巡抚卢焯奏："湖北通省储谷九十二万余石，上年碾动三十九万六千余石，已于离省稍远处，饬买补一十九万三千余石。近省各属市价略昂，尚有未买谷二十万三千余石。查上年川省歉收，川米罕至，湖南米粮转贩运川省，楚北粮石止可供本地民食，未便收买。请将未买谷石，俟麦收后照市价买麦抵谷，如不足数，再俟秋成买谷储仓。”得旨：“如所议行。”（《清高宗实录》卷533）

（乾隆二十二年八月癸酉）又谕：“据硕色奏称‘湖北碾运豫米，动拨谷五十万二千余石，该省本年额征运京漕米止一十五万一千余石，尚缺额常平谷约二十万石，请将湖南本年运京漕粮十五万余石，截留十万石，存贮北省，补还常平仓谷’等语。今年运河水大，南来粮艘颇多阻滞，楚省过淮最后，抵通既迟，回空更致延误。湖南应运漕粮，竟可停其运京，漕粮十五万余石，全数截留湖北。除所请十万石存贮该省，照数补还仓额，其五万余石，一并委员运赴豫省兑收，更于赈粜有益。该部即遵谕行。”（《清高宗实录》卷544）

（乾隆二十二年八月癸酉）河南巡抚胡宝瑔奏：“两省水路，俱应由长江顺流而下，至通州转入洪泽湖，经泗州、临淮等处，甚为便捷。应咨明江、楚，以二十五万石从临淮抵亳州一路转运，以二十五万石从临淮正阳关抵周家口一路转运。臣委员兑收接运，盘费饭食及水脚铺垫司库支给。”得旨：“如所议行，咨各该处知之。”（《清高宗实录》卷544）

（乾隆二十三年二月丙戌）署湖北巡抚庄有恭奏：“湖北上年代湖南办运豫米，动碾仓谷，已据该省将截漕米石陆续运抵，请及时照市价每石减五分平粜，秋后买谷归款。农民愿借者，令以一米二谷，秋成时免息还仓。四川运到楚米五万石，亦照此例办理。”得旨：“如所议行。”（《清高宗实录》卷557）

（乾隆二十三年六月甲申）湖南巡抚冯钤奏复：“查本省溢额谷共四十七万石，从前节次拨运豫省赈济、湖北补仓，仅存二十六万石零，俱系附近水次之谷。今奉拨广东以补平粜缺额，所存大都山僻州县，骤难挽运。惟查上年曾经奉文加买谷二十万石，又买备豫省谷二十万石，均

附近水次，可否即将此四十万石内动拨……”得旨：“甚妥，如所议行。”（《清高宗实录》卷565）

（乾隆二十四年六月辛酉）又谕：“据尹继善奏‘筹办楚米运京，及采买上下江米石，拨运江西仓谷’一折。现在核计湖南、湖北二省漕船，既不足敷搭运，自应先尽本省运载之外，将多余米石，豫期运赴淮扬，俟江、浙漕艘经过时，酌量分派兑运。其一切委员交卸事宜，着尹继善即行咨商硕色、冯钤，彼此妥协办理。至上下江地方，虽现值丰收价减之时，但前此曾经灾歉，民间元气初复，一应仓储，倍宜补贮充裕。且直隶地方现在光景，亦可不必多需协济，所有江南米谷竟可毋庸采买。惟江南素称产米之乡，迩年俱获倍稔，仓储有余，或于存仓谷内，量其饶裕之处，分别转拨十数万石，一并搭运，庶为挹注合宜。着该督随时察看情形，熟筹妥办可也。”（《清高宗实录》卷588）

（乾隆三十年五月甲辰）湖北巡抚李因培奏：“湖北粮米，向仰给湖南、川东。春间川省少雨，湖南去岁歉收，客米稀至，湖北米价渐增。因飞饬各属，开仓平粜，并屡饬武、汉二府，自四月初间开粜起，至本月底止，分设多厂，减价而粜，贫民资以糊口。又各营兵例给折色之时，按名一例借给米石，即于伊等应领饷内，照平粜价值，分作三个月扣还，兵民宁怙。近日客米渐通，市价骤减，俟早禾一登，民食愈足。”得旨：“览奏欣慰，凡事豫则立，如湖南所办似迟，而又不得当，故致成事端矣。”（《清高宗实录》卷737）

（乾隆三十年八月癸酉）湖北巡抚李因培奏：“查湖北各府仓并各首邑仓谷多寡不等，除将额谷无多处照部咨改并首邑外，请将武昌府谷十二万石酌派首邑江夏及兴国、武昌、咸宁、嘉鱼五州县，汉阳府谷十万三千八百余石酌派首邑汉阳及沔阳、汉川三州县，黄州府谷三万九千余石酌派首邑黄冈及蕲州、蕲水三州县分贮。各处皆近水次，拨给亦易。”

得旨："如所议行。下部知之。"（《清高宗实录》卷743）

（乾隆三十一年十月丁未）谕军机大臣等："外省常平捐监事例，原令其捐输本色，以备仓储，乃行之年久，渐至多收折色，承办官吏，不无浮收需索及那移侵蚀等弊，自不若在部报捐者转属简便妥协。前已降旨，将陕甘捐例停止，仍令赴部报捐。复经查明各省捐监事例，未经停止者，尚有九省……至湖广一省，向称产米充裕，若平时宽余储偫，不特本省有备无患，设遇邻省需粮，亦可酌量协拨。然只可多存本色，不可言及折色。且各该省向设常平事例，是否实在收贮本色，现今或已足额，无需再捐，或尚需仍留本省收纳，并果否裨益仓储，不致有名无实，及启官吏私征折色、借端滋弊之处，着传谕各该督抚，将实在情形及此事应行应止，逐一查议，据实奏闻，候朕另降谕旨。"（《清高宗实录》卷770）

（乾隆三十二年闰七月）庚申，谕军机大臣等："定长奏'湖北省各属查无亏空'一折，已批交该部存案矣。迈拉逊现在该省查审事件，着于事竣之后，将顺道经过地方，择其钱粮仓库最多者及附府首邑，抽查一二处，据实奏闻，并将原折钞寄。"（《清高宗实录》卷791）

（乾隆三十三年正月癸丑）军机大臣等议复："大学士陈宏谋奏称'此次赏给直隶、河南、湖北、湖南、贵州五省银各十万两，作为各该处社仓谷本，按出雇车马之乡里酌定数目，发给里民，令于秋后交谷纳仓，永为社本'等语。查各处社仓，法自古传，事从民便，听其自为捐输，并不官为督责，与此次因兵差加惠群黎之意本无干涉。若以恩赏之帑金，杂于民输之粮石，则必派委催追，徒滋纷扰。如令发给里民，任其意为出入，则在出力者或不获及时沾被，而司事者难保典乘间侵牟之弊。况自直隶至贵州，毗连数省，如于秋收时以五十万官帑收买谷石，市集粮价必致倍增，所奏应毋庸议。但各省办理本有不同，请交各督抚详悉筹画。如本系按粮均派者，可于应征钱粮按数扣还。如系就各乡有车骡之家备应者，亦可按户分赏。此外如实有零星难核者，或将银两暂行存贮，俟凯旋时抵补帮贴之用。应令各督抚一面妥办，一面奏闻。”从之。(《清高宗实录》卷803)

(乾隆三十五年七月壬申)湖广总督吴达善、湖北巡抚梁国治奏："湖北省额设常平仓谷一百二十余万石，近年粜赈兼施，缺额谷五十余万石。粜缺之谷，照市价销银六钱五六分至七钱不等。赈缺之谷，每石例给五钱。现在粜缺未买之谷止五万余石，而赈缺未买之谷积至四十八万余石之多。查赈缺之谷，自乾隆七年部定每石给银五钱，至今几及三十载，谷价情形不同，现饬买补赈缺各州县，每石不得逾五钱六分之数。其开销正项，仍以五钱为率。此外应补银两，即以粜价盈余银一万余两先行拨补，如有不敷，准其于续收盈余，找拨清款，并请嗣后每逢平粜，核计上年买补原价，于酌减之外，每石盈余银一钱。在小民买食，已比市价较减，而谷价盈余，较前更为核实，不三四年，拨补渐清，仓储可以足额。”得旨嘉奖。(《清高宗实录》卷865)

(乾隆三十七年十二月庚寅)是月，湖北巡抚陈辉祖奏："查通省额贮仓谷及零星各款，共存谷一百三十万三千余石，每年奏销册内，附贮另立一款，造册纷繁，查核难遍，恐日久不肖吏胥影射滋弊，且每年出陈易新，非如银两各清各款者比。请删除归并，以一百二十万石作为正额，其余十万有奇及将来漕南耗米易谷、折谷俱入附贮项下，列为二款，令各属一体造报。”报闻。(《清高宗实录》卷923)

(乾隆三十八年五月戊子)户部议奏："藩司到任，委员盘查所属仓谷，宜定限期。前议令各该督抚按本省情形定限具奏，今江苏、安徽、山东、山西、陕西、湖南、福建、河南、浙江、直隶、广西、湖北、贵州、甘肃陆续奏到，殊不画一。查定例，督抚到任盘仓，计道路远近、

仓储多寡，统以三个月为限。嗣后各省藩司到任委盘，应照督抚例，勒限三个月盘清结报……”从之。（《清高宗实录》卷935）

（乾隆四十年九月甲戌）湖北巡抚陈辉祖议复：“布政使吴虎炳奏称‘定例南漕余剩耗米易谷存贮各州县，附入常平额内。查湖北州县有南漕者三十三处，原额贮谷及余剩耗米易谷存仓，日积日多，甚至仓廒不敷。无南漕者三十五处，仅止额谷存贮，遇有赈贷粜济等事，谷少处拨运为难。请嗣后查明，各州县存仓谷少者，仍照旧办理，若存仓谷石已多，即令将余剩耗米变价解司，派令无南漕州县仓谷数少之处，赴司领价，买谷存仓。倘仓廒不敷，详请添建。如此二十年后，通省匀贮，则各州县均无不足之虞’等语。该司所陈，自属因时调剂，惟必俟有耗米之州县陆续变价发买，未免仓储额数无定，且二十年后匀足，亦觉纡迟。今拟核定石数，一百二十万为正额，余作附贮，于各州县中择其正额外，附贮岁剩耗米过多者，将粜缺之价分发谷少之州县购贮。一二年内，通省仓粮皆可齐全。”得旨：“如所议行。”（《清高宗实录》卷991）

（乾隆四十三年八月辛酉）谕军机大臣等：“据文绶奏‘筹济楚省民食，现在飞札咨询湖北，如果需米孔殷，请于川省水次州县存贮仓谷内拨谷二三十万石，碾米运往楚省，酌拨应用’等语，所奏未免有意。川省素称产米之区，各处民食，该督止须饬令夔关速行验放，不至遏籴阻商，自可络绎接济，毋庸官为筹办。设或川米价值稍昂，商人惟利是图，必不肯费贵价以亏本，更不值官为过计。今文绶欲于官贮仓谷内酌拨二三十万石碾米运往，是名为筹济楚省，而实则以此数十万石仓谷，官为办运塞责，实意欲禁商籴也，殊非通商恤邻之道。况该督止知湖北偶被旱灾，早稻歉收，粮价昂贵，不知江南向亦仰给川米，今夏缺雨，复有一隅偏灾，其望上游米船更切。前因三宝等欲将川米截住，不令估舶运行，所见殊小。曾降谕旨，饬令不许阻遏。今文绶仅拨官谷为湖北调剂，并欲禁使商贩赴楚之川米，不令流通，与三宝之禁楚民流通之意同，非特湖北民食有碍，江南更何所取资？岂朕一视同仁之意乎？尔等封疆大吏，或分疆界，朕亦如尔等分疆界乎？着传谕文绶，将所奏碾米运往之处，不必行。仍饬产米各属，听外省商民照常贩运，源源接济。夔关验放，勿稍留难，俾江、楚间阎口食无虞缺乏，副朕轸念。将此传谕文绶，并谕三宝、陈辉祖知之。”（《清高宗实录》卷1064）

（乾隆四十三年八月丙寅）谕：“前据三宝、陈辉祖奏‘今夏湖北得雨稍迟，米价渐长，遇有川米过境，催截运售’等语，此非遏籴而何？朕以该督等为楚省民食计则得矣。不知江南向每仰给川楚之米，今岁亦间有偏灾，更不能不待上游之接济。且楚米既不能贩运出境，若复将川米截住，不令估舶运载，顺流而下，则江南何所取资？该督抚止就本省筹核，所见殊小，岂朕一视同仁之意？随即传谕训饬。如川省米船到楚，听其或在该省发卖，或运赴江南通行贩售，总听商便，勿稍抑遏。嗣又据文绶因楚省有买川米之咨，奏称‘川西、川南虽获丰收，恐商贾纷集争籴，或致米价腾踊，拟将水次州县各仓内拨谷二三十万石，碾米运楚应用’等语。名为设法调剂，实欲借此塞责，禁止商籴也。所见与三宝等相同，随即饬令不必将仓谷碾米运楚，听商贩源源籴运。夔关验放，不得稍有留难。在该督抚仅就一省起见，或分疆界，朕视天下百姓皆吾赤子，岂亦如伊等之分疆界乎？且伊等皆国家大臣，自当以朕之心为心，岂宜意存轸域？若徒知各子其民，囿于私见，不亦可鄙乎？如川省米船运载疏通，固属甚善，但恐川船到楚，仅敷该省之用，不能分运，则江南粮价或致增长，深为廑念。着谕文绶，将拟拨楚省之仓谷二三十万石，即速就各水次碾米，运赴江南备用。并谕萨载等酌于何处接运，分拨需米之各地方，随时出粜，以平市值而裕民食，一面知照文绶办理，一面奏闻。至川省动拨仓谷，俟明岁谷贱时再行买补，该督抚速为遵照妥办。该部即遵谕行。”（《清高宗实录》卷1064）

（乾隆四十六年五月甲申）增建湖北枣阳、均州、兴山三州县常平仓

廒一十七间，从巡抚郑大进请也。（《清高宗实录》卷1130）

（乾隆五十年七月）辛亥，谕："据特成额等奏'湖北省江夏等四十七州县因入夏以来未得透雨，早、中二禾鲜有收获，粮价未免稍昂'等语。江夏等州县因缺雨歉收，粮价加昂，民食自不免拮据，着即照歉收地方之例，将仓谷减价多粜。该督抚其督饬各州县实心经理，务期小民均沾实惠，毋许胥役稍滋弊窦，以副朕惠爱闾阎至意。该部即遵谕行。"（《清高宗实录》卷1234）

（乾隆五十年八月甲申）又谕："据吴垣奏'湖北省被旱各州县仓谷已减价平粜，并酌借口粮，将来赈济备粜，在在需用。查四川、江西两省，向有米船运楚粜贩，现广为招商，饬令地方官给与照票，分往四川、江西采买'等语。湖北今年被旱较广，虽已分别平粜，借给口粮，民情究不免拮据。四川、江西与湖北境壤毗连，且该二省上年秋成丰稔，今年雨泽调匀，丰收在望，自应令湖北商贾前往贩运，俾资接济。着传谕李世杰、舒常，务须帮同料理。即转饬产米地方及关津隘口，遇有湖北商贩到境，毋稍留难阻滞，并出示晓谕该省民人，不可因此而遏籴居奇。倘商贩前往稍多，市集米粮一时未能应籴，不妨即将常平、义仓等谷先行开粜，俾商贾等速运回楚，以济民食，俟米价平减时，再照数买补还仓。如此办理，则该二省粮价自不至骤加，而楚省又得源源接济。该督等即当酌量情形，遵照妥办，并谕吴垣知之。"（《清高宗实录》卷1236）

（乾隆五十年八月辛丑）谕军机大臣等："据舒常奏'本年湖北省被旱，屡有民人赴江西贩卖粮食，当即饬令该府县留心稽查，毋许遏籴居奇，并拣派道府前往督率妥办，剀切传谕，乘时籴粜，遇有川省运往江南之米，不得中途拦截。其江西下游商贩，亦听其运赴安徽、江苏出卖。倘湖北来江商贩众多，产米之地一时未能应粜，即将常平等仓谷石先行开粜'等语。所办俱好，览奏略慰。江西系产米之乡，江、浙等处仰给该省，今经舒常妥协经理，因时调剂，并先行开仓出粜，以供转运，俾商贩通行无阻。湖北、江、浙等省自当米粮汇集，接济有资，市价不至腾踊，于灾区均有裨益。将此遇便传谕特成额等，并谕舒常知之。”（《清高宗实录》卷1237）

（乾隆五十年八月乙巳）又谕：“据李世杰复奏‘筹办楚省赴川贩买米石’一折，称‘本年川省均庆有秋，现已剀切示谕商民，毋许囤积，并令量存本家一年口粮外，其余悉行发粜，兼派司道往来稽察，务使楚省商贩到川随处可以籴买，不致留难。设有不敷，即将仓谷开粜，总期楚省米足敷用，川省价不增昂。其川省运往江南米船，于到关纳税时，即于税票上注明前往江南贩卖字样，移明湖北验票放行’等语。所办甚属妥协，深慰廑注。川省产米最广，今岁又庆秋成，所有积贮米粮，经该督明切劝谕商民，尽数出粜，复派大员督察，俾商贩得以通行。其运往江南米船，均于税票注明，前途可无拦截之虑。且湖南之米现已陆续运往湖北，而安徽、江苏二省又可取给江西，则各省灾区米粮自当汇集，小民口食有资。着将李世杰奏到之折，钞寄特成额等阅看，并着该督等将李世杰设法办理之处及朕节次所降谕旨，一并详晰出示，令知四川、江西商贩源源而至，米粮日渐充盈，足资接济，民食可无虞拮据，本地商民自不致观望居奇。如此遍行剀切晓谕，庶粮价渐就平减，灾黎均有裨益。将此各传谕知之。”（《清高宗实录》卷1237）

（乾隆五十年九月乙卯）又谕：“据福崧奏‘浙江杭、嘉、湖三府属，雨泽愆期，秋成不免歉薄，外省米船到浙稀少，粮价较前渐增，体察情形，岁内民食尚不至于缺乏。至明岁青黄不接之时，恐米少价昂，请照乾隆四十三年之例，招商贩运闽省台湾仓谷，以资粜济’等语。前浙西杭、嘉、湖三府属缺雨歉收，已节次降旨，令该抚饬属开仓平粜，俾市价不至日增。虽现在民食有资，而明岁青黄不接之时，本境米粮渐少，外省商贩不前，必须豫为筹画。今该抚请招商贩运台湾仓谷，以资接济，是亦筹办之一法。闽、浙境壤毗连，雅德系两省总督，浙西民食，该督亦应悉心筹办。着传谕雅德，饬属俟浙省商人至台湾贩运时，妥为照料，俾商贩迅速开行，得以源源赴浙，米粮充裕，于粜济方为有益。至福崧奏请派员赴四川采买，所办亦属可行。前已节次谕令李世杰，遇有各省赴川贩买米粮，该处不得居奇，并谕湖北省毋得拦截，则贩运可以流通，浙省米粮自更为充足。将此传谕雅德，仍将筹办情形速行具奏，并谕福崧知之。”（《清高宗实录》卷1238）

（乾隆五十年九月戊午）谕：“据李世杰奏‘现在钦遵谕旨，将附近水次各州县常平、义仓等谷先碾动三十万石，令各州县收贮，俟楚贩到境，设市集之米不敷应粜，即将仓米按照每月报部时价发粜’等语，所办甚好。前因江、浙等省皆仰给川米，惟恐湖北商民赴川贩运，该省产米或有未敷，特谕李世杰即将常平、义仓等谷先行开粜，以资接济。今据该督奏到‘已遵旨将仓谷碾动三十万石，俟楚贩到境，按照时价发粜’，又同日据舒常奏‘楚省商船过境，已有一千三百余只，从江西贩去米谷，约有数十万石’等语，是楚省米粮已经汇集，四川、江西二省自必将余米运往江、浙贩卖。安徽、江苏、浙江各灾区既有两省之米源源接济，小民口食有资，免朕南顾之忧，览奏为之稍慰。将此通谕知之。”（《清高宗实录》卷1238）

（乾隆五十年九月戊午）谕军机大臣等：“据舒常奏‘楚省商贩米船过境，已有一千三百余只，从江西贩去米谷，约有数十万石，嗣商贩陆续采买，官为照料，更可迅速，无价昂之弊’等语。湖北灾区急需客米接济，前已节次降旨，令江西、湖南、四川各督抚帮同料理，遇有湖北商贩到境，毋稍留难阻滞，并出示晓谕各该省民人，毋得居奇。又因安徽、江苏、浙江等省必须川米接济，其商民贩运者必经由湖北，该省毋得中途拦截，似此通盘筹画，方于各省民食有裨。今江西省商贩赴楚已有一千三百余只，米谷约有数十万石，嗣后陆续采买，官为照料，更可迅速运往。本日又据李世杰奏，将常平仓谷碾出三十万石应粜。是商贩运楚米石日渐充裕，民间可无虞艰食。其有运往安徽、江苏、浙江粜卖商船，该省断不可于中途遏粜，务俾商贩流通，灾歉之区均资接济，以副朕廑念民依、一视同仁之至意。将此传谕特成额、吴垣、书麟、闵鹗元、福崧，并谕舒常知之。”（《清高宗实录》卷1238）

（乾隆五十年九月甲子）又谕：“据特成额奏‘酌拨湖南仓谷碾运湖北，俾下游民食得资接济。又督催川南米船由湖北速下江、浙，并恐商贾趋利，见湖北米粮价昂，就近粜卖，不即东下江、浙，即将官谷发往粜济，以平市价，庶商贾见楚省粮价减落，多趋江浙，更可获自然之效。现在飞饬邻近水次州县各仓内动谷碾米，并于两省各派道府大员迅速妥办’等语，所办甚好。该督能如此存心，不分畛域，仰体朕节次降旨一视同仁至意，方得大臣之体，甚属可嘉。特成额着交部议叙，以示奖励。湖北米石既有湖南接济，而江西、四川各商贩又可源源而下，是湖北、江、浙灾歉之区，均可无虞缺乏。商贩流通，自可以平市价而裕民食，略纾朕南顾之忧矣。将此通谕知之。”（《清高宗实录》卷1239）

（乾隆五十一年正月辛酉）谕军机大臣等：“上年山东、河南、江苏、安徽、浙江、湖北等省因有灾赈，截存漕米甚多。本年山东、河南等省亦俱有截留粮米，兼有轮免省分应行停运者，所有各省新漕及江西省搭运上年漕米，实应运抵通仓，共有若干万石，着传谕毓奇通盘核算，查明确数，即行具奏。”（《清高宗实录》卷1247）

（乾隆五十一年正月庚午）又谕：“据何裕城奏‘江西省市粮价值稍昂，皆由江、楚商民贩运过多所致’等语，意存畛域，殊非封疆大臣之体，业经明降谕旨饬行矣。至折内所称‘酌粜常平仓谷，以裕民食’一节，前据李世杰奏‘因商贩赴川，即碾动常平仓谷，发粜接济’，甚合事宜。今江西省粮价稍昂，该抚酌筹调剂，何不即将常平仓谷出粜邻省，所有粜价即存贮藩库，以备将来价贱时买补归仓？似此一转移间，则邻省既得资接济，而市价亦不致昂贵，何裕城何计不及此耶？着传谕该抚，嗣后务须遵照妥办，不得仍存畛域之见。”（《清高宗实录》卷1247）

（乾隆五十一年正月甲戌）湖广总督特成额奏：“湖北宜昌府属之鹤峰州水田甚少，常平仓向贮包谷、粟谷二千三百九十余石。乾隆四十年，前抚陈辉祖奏明，将有漕而仓谷充盈之江夏等县附贮粜缺谷价，分发随州等州县买谷贮仓。鹤峰州酌增稻谷七千六百余石，迄今仅买三千五百石，余未领买。查该州不通舟楫，改买本地包谷，性难久贮，且合计新旧贮谷已六千有奇，请将未买稻谷停止，价存司库。前请添建仓廒，无庸估建。”报闻。（《清高宗实录》卷1247）

（乾隆五十一年六月乙亥）……寻奏：“江苏地方全赖客米接济，粮价增减，视以为准。本年自正月起至四月止，正值苏杭粮艘北上之时，河道拥挤，江、楚米商来苏者，仅贩到五万余石。彼时二麦虽丰，尚未刈获，是以价值翔涌。至四月后，商贩络绎，麦已丰收，遂渐次平减。查五月下旬，已较四月减去三四钱不等。”报闻。（《清高宗实录》卷1256）

（乾隆五十一年闰七月戊寅）又谕：“本日何裕城奏到‘六月分粮价单’一折，内价中者甚属寥寥，余俱价贵，自系该省实在情形。盖缘去年湖北、安徽、江、浙等省前往籴买米石接济，该省米石运出稍多，以致市价昂贵，亦未可定。是否如此，着传谕何裕城遇便据实复奏。嗣后该抚所奏粮价单，均应照此核实开报，毋得因朕有此旨，稍存虚饰也。”（《清高宗实录》卷1260）

（乾隆五十二年七月戊寅）又谕：“据舒常、姜晟奏‘湖北省早稻丰收，秋成可卜大有，现在动支仓谷二十万碾米一十万石，遴委妥员，分别四起，由江西一路运往闽省，舒常并往湖南与浦霖酌议动谷碾米运闽，以资备用'等语。现在台湾剿捕逆匪尚未蒇事，一切军粮及抚恤平粜等事，所需粮石较多，不妨宽为豫备。该督等能不分畛域，先事豫筹，殊属急公。舒常、姜晟，俱着交部议叙。"（《清高宗实录》卷1284）

（乾隆五十三年十二月庚子）谕军机大臣等："昨因琅玕奏'浙省岁时丰稔，谷价平减，请不拘年限，乘时采买，以补仓储'等语，所办甚是，已降旨通谕各督抚酌量情形仿照办理。本日据浦霖奏'湖南中米价自一两一钱四分至一两四钱八分，甚属平贱，民间穑事屡丰之后，盖藏本属充盈，现遍行出示晓谕，一切概从节俭，以期家给人足'等语。湖南省屡岁丰收，米价一律平减，若不豫为调剂，恐有谷贱伤农之虑。朕意若该省仓储正须买补，为数较多，自应先尽本省采买。若本省仓储本属足数，或采买无多，可以接济邻省，则湖北、安徽、江西三省本年被水之区，收成不免歉薄。而该三省又皆地居湖南下游，一水可通，脚价亦不至多费。着传谕毕沅、书麟、浦霖等即彼此通盘札商，如湖南米石充裕，可敷就近何省采买之用，即酌量数目，先咨会浦霖查照，再派员赴湖南采办运回，则各省仓储既可乘时补足，而湖南亦不至有谷贱之患，自为一举两得。若湖南仅敷本省买补，而江西、湖北、安徽无须采买接济，则又当据实奏明停止。此事惟在各督抚等体察情形，随宜妥办，不必因有此旨，稍存迁就也。"（《清高宗实录》卷1318）

（乾隆五十七年二月）乙巳，谕："户部议复给事中初彭龄条奏'各省州县征收正杂钱粮及出借仓谷，责成各道府据实查核等因'一折，已依议行矣。清查之事，朕素不欲为，但各省州县经管仓库钱粮，该管各上司衙门，层层稽核，立法不为不周，各督抚如果实心经理，随时查察，即有不肖之员，何敢侵那影射，致滋弊端？倘督抚不能洁己率属，致属员持其短长，遂尔心存回护，概置不办，即多设科条，亦属有名无实，所谓有治人无治法也。即如上年，军机大臣将各省积欠银两数目查奏，朕以此项未完银数，在小民踊跃输将，断无实系积欠在民之理，必系地方官吏任意侵那，借词掩饰，因特降谕旨，令各该督抚彻底查明，据实具奏，不得便于蠹吏诬及良民。嗣经梁肯堂复奏‘分委隔属之道府大员督同候补丞倅州县等官，分投各处，调取收纳红簿及完银串票，逐一核对’等语，自应如此办理。复经降旨该督，令其确切严查，并勒限一年，将积欠之项全数归款。直隶系首善之区，为各省之所取法，所有山东、江苏、河南、福建、湖北、浙江积欠较多省分，自应一体实力查明，尽心经理，务俾正项钱粮悉有归着，不致朕特遣大臣往查，岂不妥善？本日户部议奏，各省经征钱粮、出借仓谷，俱责成各该管道府随时确查，将州县所报完欠钱粮数目详加核对，并由督抚取具藩司道府印结，报部存案各条。所议章程虽为详备，然在人不在法，各省督抚务须遵照所议，督率所属随时随事确访严查，一经查有弊端，即行严参究办。州县及该管各员具有身家，断不敢轻于试法，庶陋习可以转移，而积弊可以厘剔。倘各督抚尚存袒护属员之见，任情怠玩，及有心朦混，迟之一二年，或派大臣往查，各督抚能保其必无乎？若查有仍前侵那，以致仓库亏短之事，则各该督抚能任其罪乎？毋谓教之不早也。将此通谕知之。”（《清高宗实录》卷1396）

（乾隆六十年五月甲子）又谕曰：“贺长庚奏‘官兵经过，沿途应付口粮，俱于仓贮兵米内支给，无需向街市采买，是以虽值办理军务之时，民间粮价仍属平减’等语。各省仓储，经朕屡降谕旨饬查，近年渐归实贮。此次黔省大兵剿办苗匪，需用米石甚多，今沿途应付，俱于仓贮内支给，市价不至腾长，贺长庚所办尚好，着交部议叙。其该管道府，着该督抚查明，咨部议叙。再滇省兵丁，亦经檄调至楚，协同剿捕。而湖北、湖南两省调兵一万有余，为数尤多，经过沿途，在在皆须应付。其所用粮石，是否皆动用仓谷，不至市价增昂之处，并着各该督抚详细查明。如能照黔省之办理妥协者，即据实奏明，将该藩司及道府一并交部议叙。”（《清高宗实录》卷1478）

嘉庆八年癸亥六月己卯，谕军机大臣等："各省设立仓库，以备缓急之用，皆系正供岁入及一切经费所关，原不容稍有亏缺。前闻各省州县多有任意侵亏、以完作欠情弊，其中或私肥囊橐，或逢迎上司，岂必尽属因公挪移？而该管上司或因平素婪索属员分肥入己，或因有三节两生日之私情，碍于颜面，并不实心查办，以致上下通同，不惟旧欠未补，抑且新欠复增，遂令储积空虚，有名无实。节经降旨，谕令各该督抚悉心查核，力加整顿。嗣于嘉庆六年五月内，复经谕知各该督抚，将查出无着款项，总当责成现任之员上紧弥补，不得任意诿之前任亏缺，徒以查追了事。倘于一二年后，经朕特派大臣分往实力盘查，如有亏挪情弊，惟现任接收之员是问。诚以清厘正项，乃国家理财大端，非鳃鳃言利也。今阅时已届二年，总未见各该督抚将各属仓库如何勒限弥补、现在曾否弥补完竣详悉具奏，一味迁延含混。当此整纲饬纪之时，该督抚等岂应全无畏惧，复有从前营私袒庇恶习？且如川、陕、楚三省，或犹以现办军需未暇清查，其余各省督抚等正当督率属员及早完款，何以至今尚未奏及？殊属延缓。着再传谕各该督抚，于接奉此旨后，即将各该省现在有无亏缺，其查出亏缺之州县银数、谷数共有若干，现在已补若干、未补若干，其在本省现任官员名下勒令弥补者若干，已经离任各员由该省行知旗籍咨追者共有若干，究于何时可以全数弥补完竣，一一详细分析，开单具奏，毋得稍有讳饰回护。仍着一面严催完缴，勿任因循疲玩，并严查各该州县等，不得借词弥补，致有劝输派累等事，扰及百姓。将来朕派员查办时，仍有未完款项，或查出别项弊端，则系该督抚等奉行不力，朕将执法惩治，勿谓罚不及众，亦莫谓言之不早也。"（《清仁宗实录》卷115）

（嘉庆十一年十一月）癸丑，谕内阁："……又御史严烺奏'请添设年终盘查藩库，以杜虚冒'一折，所奏亦是。督抚到任及每年钱粮奏销后，例须盘查藩库一次，自当将各项款目及收支实数详悉钩稽，方为有益。近来督抚等视为具文，不过到库略为抽验，虚应故事，日久酿成弊端。即如本年直隶、湖北俱有藩库侵亏重案，不可不详定章程，以资厘剔。嗣后督抚于到任及奏销时，盘查司库，均当实力清查，并着于每年封印后，亲赴藩库，将本年收支正杂款项逐一详查，取结送部。如将来款项不清，将加结之督抚一并惩治。其有运库、河库地方，亦照此办理。”（《清仁宗实录》卷170）

（嘉庆十八年正月己卯）又谕：“昨据张映汉奏‘遵照部行，查明湖北弥补无着仓库确数，核实办理’一折，所奏系属误会。各直省仓库钱粮本不应有亏缺，前因各省有年远递亏，或历任各官身故无着者，接任之员不能一时完缴，谕令各督抚设法弥补，每岁年终，密奏一次，以备查核。上年户部奏请将各省欠款报部查核，此内如灾缓钱漕及民间积欠，原应分析咨部，部中核其能否依限催征，奏明分别劝惩。若仓库亏空系万不得已，一时权宜密办之事，不可借以为例。若部臣知有数目，即当照例参奏，治罪勒追。户部原奏未经分析清楚，各督抚若据此即将亏空数目按年报部，以空言塞责，该管州县知系已经报部之款，或心生推诿，亦不上紧完交，办理转多窒碍。着传谕查有亏空各省之督抚等，嗣后仍遵照前旨，将所属亏空认真催追弥补，并于新旧交代时彻底盘查，每岁年终，将弥补确数据实密奏。俟奏报全完日，朕仍分派大员前往确查，如有短缺情弊，惟该督抚、藩司是问。无庸照户部所奏，纷纷咨部，徒以岁报具文，于弥补之法，转致有名无实也。”（《清仁宗实录》卷265）

（嘉庆十八年八月丁未）平粜湖北随、应山二州县仓谷。（《清仁宗实录》卷272）

（嘉庆十九年正月己巳）命再减湖北随州平粜米价。（《清仁宗实录》卷282）

（嘉庆十九年二月癸丑）平粜湖北郧、郧西、房、竹山、竹溪、保康

六县仓谷。(《清仁宗实录》卷 285)

(嘉庆十九年闰二月丁丑)拨湖北安陆、应城、黄冈三县仓谷四千石，运赴应山县平粜；拨房县余存秋米，运赴郧阳、竹山、竹溪、保康、房、郧西六县平粜。(《清仁宗实录》卷 286)

(嘉庆十九年三月丙午)平粜湖北当阳县仓谷。(《清仁宗实录》卷 287)

(嘉庆十九年十二月)戊辰，谕军机大臣等："本日军机大臣会同户部仓场侍郎议复'百龄等筹济缺额漕粮'一折，所议甚是，已依议行矣。京仓储贮足敷接济，该督等所请收买行月耗米，徒然多糜帑项，着即饬知各该粮道毋庸办理。其征存历年缓漕正耗等米四万五千九百余石，即行催齐搭解运通。至江西、湖北、湖南滨临水次州县，每省酌碾常平仓谷二十万石一款，着该三省巡抚各将该省水次州县常平仓谷现存数目查明，每处可以碾动若干，即行分别派碾，于帮船开行之前交兑洒带运通。一面奏闻，一面办理，勿致迟误为要。将此各谕令知之。"(《清仁宗实录》卷 300)

(嘉庆二十年正月辛丑)谕内阁："张映汉奏'动碾仓谷搭运赴通，并筹借南米凑运'一折。湖北省额贮仓谷，除碾动拨补兵食及平粜外，实存仓谷四十五万五千余石，着照该抚所请，就近省临江濒河之州县内酌量分派，共动仓谷十万石碾米五万石，并将该省本年应解荆州兵米之各州县征存南漕两项余剩耗米，及淤田案内新升科征存正耗南米，及十九年应征正耗南米内拨出二万石，与动碾仓谷共米七万石，统交漕船运通交纳。所有运兑筹给津贴一应事宜，均着照该抚所奏办理。其荆州南米借拨二万石，着该抚即责成荆州府按照每月月报时价，随时采买供支兵食，以补借额。买米价值，由该省藩库内收存各项工程二成平余，并正案留防军需报拨及逆产变价等款银内陆续给发采办，事竣据实造册，

报部核销。”（《清仁宗实录》卷302）

（嘉庆二十三年五月癸丑）谕军机大臣等：“庆保等奏‘复查湖北亏缺实数，筹议勒限追补章程’一折。湖北各属仓库亏缺无着银五十五万八千余两，于嘉庆十二年经该督抚奏请分十二限弥补，除已完四十万一千余两外，尚有三限未完银十五万六千余两。嗣又据阮元等查出十二年以前，有各属原报遗漏及抵交什物朽坏，变为无着银七万八千余两。此项银两系十二年清查以前漏报者，仍属旧亏，今续经查出，准其同前三限未完银十五万六千余两一并扣至二十五年五月底弥补全完。其十二年以后至二十年分，各属又有挪缺银六十六万余两，此则全属新亏。该省督抚、藩司自十二年清查之后，并不认真截流，以致旧亏未完，新亏又增，似此辗转相仍，伊于胡底？该州县等如此玩愒成风，其罪尚有何可原？庆保、张映汉虽先后将王澍、方遵辙、樊钟英三员参办，此六十六万亏缺之款，岂尽伊三人任内之事？念其人数众多，虽不将该员等一概革职拿问监追，着庆保等即切实查明十二年以后至二十年各州县所亏银两有可着追者，尽数实力严追，不准予限八年，扣至二十九年五月，赏限四年，追缴完款。其无着者，交庆保等将自十二年奏办清查之督抚、藩司起，以至二十年以前接任之督抚、藩司止，各按在任年月久暂，拟开清单，分别着赔，以示惩儆，亦赏限四年，统于二十九年五月内全数交清。至该省各属常、社等仓，十二年清查案内未完三限米谷价银十二万一千余两，仍着照原定限期，扣至二十五年五月全数追缴。其此次续经查出常、社二仓挪缺谷石未完价银十三万九千余两，即照该督等所请予限八年，自二十五年五月起，至三十三年五月，一律追补全完，每年察看秋收情形，于军需动缺谷石买竣后接续采买，以归实贮。其节年奏销案内未完民欠，自元年至二十年尚有一百余万两之多。其奏明因灾展缓者，均有奏案可稽，此外如查有私收包庇情弊，立即严拿究惩。该督等现在派员确查，着限于年内一律查竣，据实核办，不可稍有含混。”（《清仁宗实录》卷342）

（道光三年八月庚子）谕内阁："孙玉庭等奏'筹议安徽省各属被水事宜'一折。本年安徽省滨江各州县被水较重，米价渐昂，民食兵糈攸关，自应豫为筹备。着照所请，准其援照嘉庆十九年采买成案，于安徽藩库动项，委员前赴四川、湖广、江西等省探价购买米十万石，如价值不敷，即于采买省分就近动借。一俟运回到皖，先约计灾缺兵粮，尽先提贮，余即分运灾区，减价平粜。其动用银两若干及将来如何归还库款，统俟事竣后，核实办理……"（《清宣宗实录》卷56）

道光五年乙酉九月庚子，谕内阁："李鸿宾等奏'查明各州县历年盘折仓谷，勒限买补'一折。湖北汉阳等府属二十州县额贮常平仓谷，因历任交代盘折及气头廒底鼠耗，共缺谷三万七千六百九十余石，俱将谷价流交，存贮州县各库，尚未买补。据该督等查明，将交存前项价银提贮司库，请勒限采买足额。着照所请，即饬将汉阳、汉川、孝感、黄冈、蕲、罗田、钟祥、京山、江陵、石首、监利、松滋、松江、襄阳、枣阳、宜城、南漳、均、光化、谷城二十州县盘缺仓谷，察看本年秋成丰稔，即饬该州县勒限三个月如数买齐，以实仓贮。如再逾限未能买补，即行指名严参。从前违例折价各员，姑念官非一任，事非经手，免其追究。自此次盘查清厘之后，倘再将盘缺仓粮擅行折价接收，容隐不报，一经查出，着即将前后任各员一并严参究办，勿稍宽贷。该部知道。"（《清宣宗实录》卷89）

（道光七年四月丙午）又谕："嵩孚奏'查明各州县盘折霉变谷石，勒限赔缴，并请免参处'一折。湖北省额存仓谷，经该督盘查，共亏缺二万二千九百七十四石零。内除盘折谷石已据该州县缴存价银，尚未买补外，其气头廒底霉变谷石，显系该州县经理不慎所致。乃以滨临江湖地处卑湿，仓谷易致浥烂为词，请免处分，各省沿江沿湖州县甚多，若皆以此借口，岂能概从宽贷？着该督即查明各该州县霉缺之多寡，开送职名，交吏部分别议处，并勒限追赔价银。此内除大冶、京山二县已将价银解缴司库，孝感、黄冈、东湖、归州、巴东各州县并沔阳卫六处价银已分别解贮府州县库外，其孝感、黄冈二县及沔阳卫三处，系每石以银六钱五分作价，恐不敷买补，着责令一律按每谷一石价银一两，分别补足，同解存价银一并提解司库。至咸宁、通山、汉阳、黄陂、沔阳五州县未缴谷价，亦着按每谷一石解银一两，一千石以上者勒限三个月，二千石以上者勒限半年，解交司库。倘延不批解，或缴不足数，即着撤参。所有提存司库银两，着该督察看秋收丰稔，饬发买补还仓，仍责成该管道府分往盘验结报。此后各州县存贮仓谷，如再不妥慎经理，致有折耗，又不立时补足，或交代时虚款作抵，及以例价折交，致有亏缺，着即严参治罪，毋得稍事姑容。该部知道。”（《清宣宗实录》卷116）

（道光七年十月己丑）以湖北省粮价平减，命买补常、社仓谷十三万一千五百余石，米一万三千八百余石。（《清宣宗实录》卷128）

（道光十二年十二月乙卯）又谕：“本日据讷尔经额奏‘汉川等县卫抚恤加赈，仓谷不敷，请全放折色’，已明降谕旨准行矣。各州县常平积贮，原以备不时之需，如果实贮无亏，或偶被偏灾，本境不敷碾放，犹可借资邻境，自不致动须折色。该省道光十一年奏销册报各属常平谷数，是否实贮在仓，着讷尔经额督饬各该道府先行核盘，俱结呈送。该督于出省查阅营伍时顺道抽盘，倘有霉烂亏短，据实参办，断不可姑容徇隐。该督到楚未久，无所用其回护，务当破除情面，认真抽查。经此次盘查之后，将来如有亏短，惟该督是问，恐不能当此重咎也。将此谕令知之。”（《清宣宗实录》卷227）

（道光十四年二月己酉）以湖北武昌、汉阳二县粮价增昂，贷司库银，招商赴四川、湖南买米平粜，免各关津米税。（《清宣宗实录》卷249）

（道光十五年六月丁酉）贷湖北提标左营兵丁仓谷。（《清宣宗实录》卷267）

（道光十八年正月）乙未，谕内阁："御史袁玉麟奏'请买补仓谷'一折。据称'东南各省前因频年荒歉，赈贷平粜，仓谷缺额颇多，比年以来，虽庆丰登，而谷价尚昂，即有买补，未能足额。上年东南各省俱登大有，江西省米价每石银一两一二钱不等，谷价每石银五六钱不等。此外江南、浙江、湖广、四川、广东等省，价值微有不同，均各平减，粮价之贱，为十余年来所未有，若不乘时办理，恐将来价值一昂，仓庾必致久缺'等语。各省常平仓谷原宜于丰稔之年随时买补，以备缓急之需。但各省情形不同，应买粮石多寡亦异，着江南、江西、浙江等省各督抚体察情形，应如何酌定章程采买足额之处，妥议具奏。"寻两江总督陶澍等奏："常平仓储关系民食，请俟秋成采买。"……均报闻。（《清宣宗实录》卷305）

（道光二十二年二月壬午）以湖北武昌、汉阳、黄州、荆州等府粮价增昂，命平粜仓谷。（《清宣宗实录》卷367）

（道光二十五年十二月戊子）命买补湖北常平仓谷，从总督裕泰请也。（《清宣宗实录》卷424）

（道光二十八年九月癸巳）谕内阁："御史王本梧奏'各省仓谷有名无实，请饬采买足额，并严禁亏缺'一折。各省仓储，原为备荒而设，本年江南、湖北等省均被水成灾，叠经朕准留库存银两，并拨款济赈，事关拯救民生，虽动费百万帑金，朕何所吝惜。若各省州县常平等仓皆有实贮，偶有灾歉，碾动济赈，甚觉裕如，何至各省纷纷截款采买？若如该御史所奏，各州县每乘出借名色，任意侵那，甚至捏造册籍，非以无为有，即折银代谷，种种弊端，殊堪痛恨。着各督抚即将所属仓谷，派员认真盘查，倘有亏缺，即行从严参办，并责令赔补足数，以昭核实……各省督抚如漫不经心，苟且从事，上何以对朝廷？下何以对万姓？言念及此，仍不动心，朕不忍言之也。为封疆大吏者，反堪忍耶？扪心自问可也。将此通谕知之。”（《清宣宗实录》卷459）

（咸丰二年四月丁亥）又谕：“程矞采、龚裕奏请筹补缓缺兵糈一折。湖北荆州府仓应支满洲营兵米，因各属被水缓征，不敷支放，仓谷无多，碍难碾运，援照成案，恳请动项买补。着照所请，荆州府仓不敷兵米五万一千四百四十七石零，共需价银六万六千八百八十二两零，准其在于该省地丁银内照数动支，交该府就近采买，以济兵食。”（《清文宗实录》卷58）

（同治十三年十月戊子）兼署湖北巡抚李瀚章奏：“湖北折征漕粮，骤难改征本色，拟酌提漕折采买米三万石，由海运至津兑通，以实仓储。”下部知之。（《清穆宗实录》卷372）

（光绪三年十月庚戌）谕军机大臣等：“御史李嘉乐奏‘河南仓谷久缺，请饬清查买补’一折。据称‘本年河南旱灾极广，仓谷存剩无多，该抚仅令有谷州县搭放粥赈，而于无谷州县尚未参一亏空之员，办一买补之案，请饬清查亏欠确数，并于湖北、安徽之成熟地方，买补还仓’等语。各省仓谷原为备赈平粜之用，河南现办赈务，仓谷岂容亏缺？应如何清查买补之处，着李庆翱酌度情形，妥为筹办。另片奏‘河南西平等处驿站道路失修，地方官如筹款兴工，失业农商借可自食其力’，又片奏‘豫省与楚接壤，民多杀马为食，若令楚省购买，以补驿站缺额，豫民亦可得价糊口’各等语，是否可行，并着李庆翱斟酌办理。原折片均着钞给阅看。将此谕令知之。”现月 （《清德宗实录》卷60）

（光绪二十二年二月）庚辰，谕军机大臣等：“给事中高燮曾等奏

‘湖北米价翔贵，请饬平粜’一折。据称‘湖北近省数府产米不敷民食，向仰给于湖南。上年湖南被灾，颗粒不能入境，以致米价翔贵。拟请仿照顺天平粜章程，或拨给公款，或招商购米，设局平粜’等语。着张之洞、谭继洵体察地方情形，迅速办理。另片奏‘潜江等处奸民借护堤抢险为名，扰害居民，请饬严禁，并明定守堤章程’等语，着一并查明办理。原折片均着钞给阅看。将此由四百里谕令知之。”现月 （《清德宗实录》卷385）

（光绪二十五年二月丁亥）湖广总督张之洞奏筹议湖北通省积谷办法，并酌拟劝惩章程。得旨：“即着照拟定办法切实举办，毋得徒托空谈。”折包 （《清德宗实录》卷439）

（宣统三年八月乙未）江苏巡抚程德全奏：“通筹民食，拟标本兼治，以救阽危，谨举及时补救大端……一曰实仓储、严米禁以备不虞也。自海禁既弛，米谷出口几等于丝茶，不知中国今日仍是以农立国，农业不加益而米出口日多，外洋价高，则争出粜，稍有不继，则高价以籴入，而受损无穷矣。内地仓谷自各属举办新政，辄有粜谷存款以生息者，值旸雨偶愆，则仓谷无存，或购米外洋，或泛舟邻省，耗更甚于存息矣。今宜切实筹议，仓未建者速捐办，仓未实者速补还。谷米止许内地流通，民间广种杂粮辅助，此治标所宜急者也。”下内阁会议具奏。（《宣统政纪》卷60）

6. 酿制织造

（康熙三十七年三月）戊子，谕大学士等：“闻湖广、江西、江南、浙江、广东、广西、福建、陕西、山西米价腾贵，是必糜费于无益之事。湖广、江西地方粮米素丰，江南、浙江咸赖此二省之米。今此二省米价腾贵，诚为可虞，酒乃无益之物，耗米甚多。朕巡幸直隶等处，见虽有

禁造烧酒之名，地方官不甚加意，未曾少止，着令严禁，以裨民食。”（《清圣祖实录》卷187）

（乾隆五年七月癸未）谕：“……地方积谷备用乃惠济穷民第一要务，而州县有司惟恐贮谷过多，平时难于照料，离任难于交盘，瞻顾迁延，实为通病，朕知之甚悉，已屡降谕旨矣。今年直隶、山东、河南、江南等省俱获丰收，而各省奏报年谷顺成者颇多。况江西、湖广原系产米之地，皆当乘时料理积贮之事。如捐监一项，固宜极力劝导，多方鼓舞，将勒抑阻挠、胥吏苛索等弊悉行革除，弗致纳粟之人裹足不前。其他凡可以积之于官、藏之于民者，皆当于此时悉心筹画，并切谕小民撙节爱惜，弗糜费于无益之地。如造酒、造曲诸事，尤宜禁约，庶不有虚上天之恩赐。夫丰年不知积贮，一至歉年，束手无策，是谁之咎耶？各督抚有司均有父母斯民之责，应视民事如己事，毋得徒奉具文，仍蹈苟且便安之习。”（《清高宗实录》卷122）

（乾隆五年十一月癸酉）大学士、九卿会议：“贵州总督张广泗、将署贵州布政使陈德荣奏‘黔省开垦田土，饲蚕纺绩，栽植树木’一折，酌议应行各款……至请仿江、楚龙骨车灌田并雇匠教造之处，应于借给工本款内另议……至请募楚、粤织葛机匠之处，亦于后款另议……”……（《清高宗实录》卷130）

（乾隆十三年六月壬午）云南巡抚图尔炳阿复奏：“米价之贵，总由于生齿日繁，岁岁采买。窃以为除沿边各省照额买贮外，其内地各省未买之额谷似可暂停，俟二三年后，视丰歉再办。脱需赈济，可兼用银，存七粜三之例，亦宜变通。如一省岁收，不无上中下之差，或粜一，或粜二，或粜三，总视上中下为权衡，则红腐无虞，而买补可减。再赴滇时，经由楚中，见黄酒之多更甚于烧酒，江、浙尤甚，所耗米粮几与饔飧相等。况食饱而止，酒则濡首无度，所耗更甚于食。又烧酒易醉，黄酒可以多饮，烧酒可用杂粮蒸熬，黄酒必需糯米，所耗又甚于烧锅，黄酒一禁，自皆改种粳稻。请仿禁烧锅例，槽坊悉除，零酤罔禁。又如茔葬步数各有例限，近来惑于风水，务求宏敞，此风江、浙、荆楚多有之，江西为甚。请凡废田产为坟墓者，令地方官劝导，勿致额外多占。富家造园至十百亩不等，更应查禁……”得旨：“俟会议。”（《清高宗实录》卷317）

（乾隆二十年五月壬寅）湖广总督开泰奏：“民间生计，耕织并重，查荆州素出绫绢丝布，其所需之丝，皆取给本省，是楚中风土，非不宜蚕，只缘工匠习业平常，狃于其旧。若令江、浙工匠教以染造，自可驯致改观，并可仿织绸纱。臣与抚臣并在省司道公同捐办，已向江南雇募工匠来楚，复选觅荆州工匠到省，设立机局，使之试织。其仿织之宫绸府纱，颇肖江南商店，闻而购买，得价尚易。察其情形，似堪收效，惟是捐办不能经久，又未便请动正项。查有惠济加铸节省工料钱二千余串，可以暂借，俟民间学织者众，即将官局停止，料物变缴完款。”报闻。（《清高宗实录》卷489）

（乾隆三十九年六月甲申）军机大臣等议复：“前因铁甲不能适用，酌议各省驻防及绿营兵丁一体改造棉甲，交各织造分年制办。查棉甲一项，惟京城满洲兵丁及各省驻防多兵处所间有调遣出征之事，给用原属得济，若驻防兵少地方，向为调拨所不及，即可无须棉甲。至绿营兵丁，本未谙用棉甲，即制给亦属虚置。臣等酌议，驻防内如荆州、青州、广州、凉庄、西安、宁夏、察哈尔俱系兵多地方，应各制给棉甲三分之一，共六千四百八十五副，其余均无庸添造。”从之。（《清高宗实录》卷960）

（乾隆四十五年十月戊辰）谕军机大臣等：“据勒尔谨奏准‘塔尔巴哈台参赞等咨调庙布，所开长宽丈尺色样，陕省不能织办，请敕交湖北巡抚如式织办，以便转解该处备用’等语。着传谕郑大进，即照勒尔谨单开长宽丈尺色样，如式妥协制办。遴委妥员，速行解赴甘省，转发备用。所有勒尔谨原折清单，俱着钞寄阅看。”（《清高宗实录》卷 1117）

（乾隆五十五年二月戊寅）谕军机大臣曰：“福康安奏到‘阮光平进关日期’一折，并将原禀及照会稿进呈，所办诸凡皆妥。据称‘阮光显等回国过粤时，曾言爱内地蟒袍华美，为生平所未见，在京购买数件，又于湖北汉口置买带回。今该国王复呈寄式样，请织交龙蟒袍以为朝宴之服。外藩羡慕中华黼黻，婉言声恳，自当遂其所请，赶办发往’等语。阮光平祇受藩封，倍加恭顺，祝釐请觐，比于内臣。因伊侄阮光显回国，见带回内地蟒袍华美，禀请制造朝宴之服，以为章身之用。但内地蟒袍料不可改作汉衣圆领也。如系该国王心慕华风，欲从天朝制度，虽属好事。但阅伊禀内有‘中州服色、采章深所景慕’之语，若许其更换衣冠，自所乐从，但所言未明，亦不可勉强也……”（《清高宗实录》卷 1349）

（乾隆五十五年三月）戊申，谕军机大臣等：“顷据福康安复奏‘阮光平寄来蟒袍式样系汉制圆领’一折，始悟从前错会所奏之误，总由福康安折内有该国王爱羡中华黼黻，阮光显已于湖北汉口置买蟒袍带回之语。朕披阅之下，因文会意，一时以为在汉口置买蟒袍断不能改圆领，自系该国王心慕华风，有到热河后随众更换中国衣冠，并表其恭敬之意，是以降旨询问。殊不知与该国禀请情形互异，竟似有强其改换之事，则错矣。今细阅福康安奏折内有此时未便先行照会之语，自系亦知此事错误，不敢显言。福康安受朕深恩，委以边关要务。兹办理安南一事，见阮光平恳请入觐，边隅宁谧，未免心存高兴，所奏之折每每敷衍闲文，转昧本意。即如前折称‘欣慕中华黼黻，在汉口置买蟒袍’等语，试思汉制衣冠，并非本朝制度，只可称为圆领，何得谓之蟒袍，更何得谓之中华黼黻乎？此必系庸劣幕宾拟写折稿时随手填砌成文，福康安又不谙文义，未加检点，遽行入告，遂尔错误至此……”（《清高宗实录》卷 1351）

（嘉庆二十年正月）庚戌，谕军机大臣等："给事中辛从益奏'严禁重利盘剥，以苏丁困'一折。据称'浙江漕船二十一帮运丁债累至五六十万两，有绍兴各酒商借装带土宜为名，坐放帮帐，有南帐、北帐之号，其利皆在四分以上。如孙汝坚、钟师山、阮绍丰、钟仲鲠等酒号，各坐放帮银，近来各丁疲乏，不能清还，该酒商等即令帮丁禀请应领公款银两，并串通粮道书吏周履泰，将银扣抵私帐……'等语。漕运转输最须顾惜丁力，今奸商等巧为盘剥，有南帐、北帐之号，并串通书吏，勒将公款扣抵，自应严行查禁……将此传谕李奕畴、颜检，并谕两江、湖广总督，江苏、安徽、江西、湖北、湖南各巡抚知之。"（《清仁宗实录》卷302）

（同治十一年四月）己未，谕军机大臣等："李鸿章奏'奉办缎绌等件，需款过巨，请酌量减办'一折。据称'长芦奉派活计，前经咨照各织造分办，统计江宁、苏州、杭州三处共需银五十余万两，除湖北等省协拨外，尚需银四十二万余两。直隶灾瘠之区，实难如数筹拨，请将原派长芦各件，先行照单减办一半'等语，自系实在情形。着照所请，所有长芦应办缎绌等件，准其照单减办一半。即着李鸿章将应拨款项，迅速分解各该织造，以便赶办。务于七月内一律办齐解京，毋稍延缓。其余一半缎绌，俟款项稍充，再行分别筹办。将此谕令知之。"（《清穆宗实录》卷331）

（光绪十六年闰二月乙丑）湖广总督张之洞奏，购办织布机器用款，并布局移鄂后，在省城文昌门外建造厂屋，商拨广东闱姓捐款与山西善后生息款为建厂暨常年经费，不动鄂省库款及劝商集资，扩充推广情形。下所司知之。折包　（《清德宗实录》卷282）

（光绪十九年二月戊辰）湖广总督张之洞等奏："荆州沙市商民就地筹捐募勇，严防会匪，不动库款。"又奏："湖北织布官局应完税厘，请援照上海新关章程，本地销售者免税，运往各处者，完一正税，沿途概

免。”并下部知之。折包 （《清德宗实录》卷321）

（光绪十九年十二月癸酉）谕军机大臣等：“张煦奏‘湖北织布局前借山西善后银二十万两，张之洞前奏请自本年三月起，分作八年还清’等语。山西筹办善后，待用孔殷，着张之洞将前项借款分作四年归还，不得再行延缓。原片着钞给张之洞阅看。将此各谕令知之。”现月 （《清德宗实录》卷331）

（光绪二十二年二月癸酉）兼署湖广总督、湖北巡抚谭继洵奏：“湖北兴办蚕桑已著成效。”报闻。折包 （《清德宗实录》卷385）

（光绪二十三年十二月壬戌）又谕：“徐树铭奏‘请饬各省举行蚕政’等语。蚕政与农功并重，浙江、湖北、直隶等省均已办有成效。各省宜蚕之地尚多，即着各督抚饬令地方官认真筹办，以广利源。”现月 （《清德宗实录》卷413）

（光绪二十九年十一月丙戌）又谕：“百度之兴，端资经费，现值帑藏大绌，理财筹款尤为救时急务。前经户部通行各省整顿烟酒税，以济要需，乃报解之无多，实由稽征之不力。据直隶总督袁世凯奏称‘直隶抽收烟、酒两税，计岁入银八十余万两’，以直隶凋敝之区，犹能集此巨款，足见该督公忠体国，实心任事，殊堪嘉尚。即着钞录直隶现办章程，咨送各省，责成该将军、督抚等一体仿行。并量其省分之繁简，派定税额之多寡……山东、江西、湖北、浙江、福建各省，每年应各派三十万两……通计以上二十一行省，每年派定税额共六百四十六万两，殊于国计有裨，仍于民生无损。良以烟、酒两项，徒供嗜好之用，并非生计所必需，虽多取之而不为虐，且可以寓禁于征。东西洋各国于此两项皆榷税特重，意亦为此。经此次派定税额之后，各该将军、督抚务即遴选妥实明干委员实力奉行，认真稽征……将此通谕知之。”（《清德宗实录》卷523）

荆楚文库

《清实录》中湖北史料辑录（八）

谢贵安　谢　盛　主编
喻俊虹　编著

荆楚文库编纂出版委员会
武汉出版社

7. 工程建筑

（顺治十二年正月）壬子，谕内外文武官员等："朕奉天子民，孜孜图治，夙兴夜寐，罔敢怠荒，庶望休息安养，渐兴教化，以奏升平。乃疆圉未靖，水旱频仍，储偫不充，兵民憔悴，流离困苦，永念恻然。虽恩赦屡颁，而奉行无法。每思与朕共理天下者，唯尔内外文武诸臣是赖。已有谕旨，自朕躬阙失以及政事未当之处，俱令各官悉心条奏，采择施行。兹以朕思虑所及，先颁敕谕，着各该管衙门，作速遵奉……尔内外诸臣，果能殚力宣猷，克敷膏泽，朕必论功优擢。如仍前怠忽，误国殃民，定置重典。所有事宜，条列于后……一、濒河郡县，田土尽湮，各地方协济河工，一束之草赔银数钱，征调繁兴，侵那万状。河夫工食不能时给，物力已竭，绩用未成，中原重地，人民苦累，半由于此。自今以后，该管各官务宜亲驻河干，解到人夫、物料，严核数目，乘时修筑，工食价直毋得短减，有仍前作弊者，官则题参，吏即拿究，期在早竣，以苏民困……以上事款，内外文武衙门作速遵行。系在外者，该部誊发各总督、巡抚，将行过缘由逐款奏缴，不许视为具文，玩忽迁延，自干宪典。"（《清世祖实录》卷88）

（顺治十五年五月乙丑）郧阳抚治张尚疏报："襄阳雷雨大作，山裂蛟起，平地水深丈余，城堤冲决，请急议修筑，以重岩疆。"下工部议。（《清世祖实录》卷117）

（康熙四年十月己巳）顾如华又疏言："近见楚省屡报水灾，以地称泽国，向恃长堤，以资捍御。今荆襄一带堤防溃决，虽朝廷沛蠲恤之仁，而生灵终遭沉溺之害。请严饬督抚，责成有司，查边近江、汉旧堤，及时修筑，并入考成例，定其官箴，怠缓草率者依律治罪，亦备荒之急务也。"得旨："修筑堤防，上官不亲身验看，率委微员任其怠忽，以致溃

决，下部确议。”（《清圣祖实录》卷 17）

（康熙二十一年九月乙丑）以兴建太和殿，命刑部郎中洪尼喀往江南、江西，吏部郎中昆笃伦往浙江、福建，工部郎中龚爱往广东、广西，工部郎中图鼐往湖广，户部郎中齐穑往四川采办楠木。（《清圣祖实录》卷 104）

（康熙二十二年六月庚辰）兵部等衙门议复：“发往荆州、汉中、江宁、西安驻防官兵给房居住，派户、兵二部贤能司官各一员，会同督抚，量度圈给民房作何给价，并添造房屋价值若干，令其报部。”得旨：“依议。房屋未造完之前，若将官兵发往，无处栖止，必致借住民房，兵民受累。着俟房屋盖造将完，具报到日，再将官兵发往。”（《清圣祖实录》卷 110）

（康熙三十九年四月庚辰）……又谕原任河道总督王新命、学士白硕色曰：“自江南、浙江、江西、湖广四省协运永定河需用桩木，着谕工部侍郎特默德遣司官一员催运前来，粮船毋得拦阻，令桩木先行，沿河文武官员昼夜督催，速行运至。”（《清圣祖实录》卷 198）

（康熙四十三年十一月戊午）湖北巡抚刘殿衡以刷印御书并藏书楼图呈览。上谕大学士等曰：“湖广省捐工建楼殊属糜费，凡车驾巡幸之处，一切需用，从不取办于民。而各省不肖官员，指称修理行宫、供备器物，并建造御书碑亭等项名色，辄行动用正项钱粮，借词捐还，究无偿补。及至亏空数多，复加倍私派，科敛肥己，以致重贻小民之累。种种弊端，不可胜指，嗣后着严行禁止。”下部知之。（《清圣祖实录》卷 218）

（康熙五十五年闰三月辛巳）工部议复：“河道总督赵世显疏言，瓜洲花园港去岁六月内，江流北徙，坍塌一百二丈，应于运河北岸挑挖月河以为屯船之地。至瓜洲息浪庵前之石马头亦为江潮冲坏，应早为修筑。其花园港挑挖月河之处，应如所请。至瓜洲城垣与息浪庵相去不远，今息浪庵前之石马头渐致坍卸，恐江流汕刷，逼近城垣，应照荆州、杭州等处建筑护城堤岸，行文河道总督，会同江南督抚、漕运总督亲勘，确议具奏。”得旨：“据赵世显奏称，江流北徙，花园港地方被冲坍塌一百二丈，瓜洲息浪庵前之石马头亦被汕刷。倘江流北徙，日渐冲刷，瓜洲城垣必致危险，若不豫为筹画，修堤保护，断乎不可。着江南督抚、总河、总漕速行亲往，详加察勘，作何修理保护之处，作速详议，一面动帑修筑，一面奏闻。”（《清圣祖实录》卷268）

（雍正四年七月）庚戌，谕湖广总督李成龙、湖北巡抚郑任钥：“荆州长江两岸堤防关系民生，最为紧要，盖因川、湘二江之水汇归于此，易于泛溢。闻今年雨水连绵，水势甚猛，陆地之水，为江水所拒，不能减退，以致低洼之地禾苗淹没。又闻往年黄滩等处堤岸两次冲决，江陵、潜江等州县田苗被淹，甚为民害。长江两岸州县虽每年各自兴修，然地方辽远，少有疏忽，则民生重受其累。尔等可公同商酌，委员踏勘，应否作何修筑、防护之处，悉心妥议具奏。”（《清世宗实录》卷46）

（雍正五年二月甲子）署湖广总督福敏奏请动用耗羡银两，修筑荆州府江陵、监利、松滋等县沿江堤岸。得旨：“据福敏奏称‘荆州地方沿江堤岸，例系民堤民修，今请动用耗羡银两修筑，令监修官防护’。朕思耗羡银两亦系小民脂膏，凡地方应修工程，于民生实有裨益者，即当动用帑金办理，不必取给于耗羡。但此既系民堤，若修理之后即算钦工，则凡遇随时补葺之处，小民不敢干涉，转致疏忽。且恐顽劣之民，恃有朝廷岁修之例，不肯用心防护，以致溃决，害及庐田，而民受其累，此等处皆当预为筹及。荆州沿江堤岸，着动用帑金，遴委贤员监督修理。修成之后，仍算民堤，令百姓加意保护，随时补葺，俾得永受其益。”（《清世宗实录》卷53）

（雍正五年七月庚辰）署湖广总督福敏折奏："臣查看安陆、荆州各府被水堤塍，今年冬初水退，尚未严寒，正可兴工。仰恳皇恩，自十月初一日起，即为赈济，除老幼妇女照常计口给食外，其余丁壮皆令修筑堤塍，优给赈米，自必踊跃赴工，易于告竣，则饥民不至乏食，而堤工可以完固矣。"奉上谕："此议甚善，应如是行。"（《清世宗实录》卷59）

（雍正六年三月壬子）湖广总督迈柱疏言："各属堤塍，历系业户按粮派夫运土，逐年岁修。今各业户感戴鸿恩，情愿照上年水痕，加高修筑。其支河淤塞之处，业户亦照岁修之例，自行挑浚。"得旨："修筑江堤，疏浚河道，该地方既有岁修之定例。今百姓踊跃从事，加工修浚，甚属可嘉，用沛特恩，助其力作。查康熙五十五年湖北、湖南地方兴修堤岸、河道工程，蒙圣祖仁皇帝特恩，赏助米粮、人工之费共计银六万两。今朕遵照此例，将帑银赏赐六万两，令迈柱于湖北、湖南二省，酌量工程多寡，分派散给，并饬地方有司，实心料理，使小民均沾实惠，工程永远坚固，以副朕爱养楚民之至意。"（《清世宗实录》卷67）

（乾隆元年三月）己未，修舜陵，设各陵守户。谕总理事务王大臣："各省历代帝王陵庙，均宜严肃整齐，以昭敬礼。闻湖广地方，炎帝神农氏陵庙，殿宇墙垣，丹雘合度，而帝舜有虞氏陵庙，则规模狭窄，丹青剥落，不足以肃观瞻。着该督抚转饬有司，动用公费，即行修葺。其他处陵庙若有类此者，着各该督抚委员查勘，动用存公银两酌量修理，务令完整……"（《清高宗实录》卷15）

（乾隆元年八月乙丑）署湖广总督史贻直奏："武昌城西南一带江岸坍颓，应及时修筑。通计正护两岸，共二千余丈，估银十一万一千九百余两，于今冬动项修筑，限三年次第修理。"得旨允行，下部知之。（《清高宗实录》卷24）

（乾隆三年二月己酉）湖广总督宗室德沛疏报："武昌府属修筑江塘告竣。"下部知之。（《清高宗实录》卷 63）

（乾隆三年二月壬子）湖北巡抚张楷奏："办理楚省堤塍塘堰，次第力行。"得旨："已用汝为陕西巡抚矣，陕西地方辽阔，责任更重，汝其勉力察吏安民，以副朕望。至崔纪开井一事，汝更宜因地制宜，体贴民情，必期实有益于百姓方佳。"（《清高宗实录》卷 63）

（乾隆三年三月甲子）工部议复："湖广总督宗室德沛疏称'湖北黄陂县溪河一道，因去年六月内蛟水暴涨，冲决河岸，须及时修筑，估计土方工料银九百九十六两有奇'。应如所请。"从之。（《清高宗实录》卷 64）

（乾隆三年六月庚戌）湖广总督宗室德沛奏："安陆府城北、西、南三面原有支河一道，有利商民，缘明季阉宦恃强堵筑，以致淤塞，请动项疏浚。"得旨："楚省工程颇多，似此可行可止之事，莫若缓之。或遇地方偶尔水旱，以为兴工代赈之举，不亦美乎？何急迫乃尔？"（《清高宗实录》卷 71）

（乾隆三年十月癸卯）工部议复："湖广总督宗室德沛奏'湖北施南府属各县，衙署、祠宇、桥梁、道路、船只等项均须修葺，确估共需工料银四万四千九十二两有奇，动支乾隆三年地丁银兴修'。应如所请。"从之。（《清高宗实录》卷 79）

（乾隆四年四月乙酉）湖广总督宗室德沛奏："武昌沿江堤岸，先经调任巡抚张楷请添护岸并土矶工程加增二层。查土矶临江枕湖，水势南来折东，波涛迅激，一层培岸，势难稳固，必须加增二层，三面环筑石堤，计三十六丈。再查十四号工内，太乙宫前，正面堤岸六丈五尺，前未估计入册，旧岸单薄，日见裂卸，自应修筑。计太乙宫右首起，至砖瓦巷口止，正岸三十五丈五尺，岸陡土浮，水冲堤脚，应加筑护岸，高九尺，进深六尺，共计工料银六千七百九十九两零，请于原估工料银内撙节支用，不敷，另请拨帑。”下部知之。（《清高宗实录》卷90）

（乾隆五年七月壬辰）工部议准湖广总督班第奏，楚省各路塘房倾圮已多，现在湖北公项银两积贮稍充，请动用修葺。哨船一项，关系巡缉，有朽坏不堪驾驶者，一并修造。从之。（《清高宗实录》卷123）

（乾隆七年正月）庚辰，工部议准湖北布政使严瑞龙奏称，核减工程银两，系浮开应缴之项，承修官值升迁事故，往往拖欠。承追之员，因未定有年限处分，因循延缓。嗣后应照承追杂项钱粮例，定以年限，限满不完，如例降罚，承修官逾限不缴，参处。从之。（《清高宗实录》卷159）

（乾隆七年七月丙戌）湖广总督孙嘉淦奏：“楚省江、汉经流，湖泽潴汇，百姓多从水中筑垸为田，一有漫溢，遂失生计。臣今春巡视苗疆，凡经过有堤之处，俱行相度。窃见大江两岸，多有小山，土岸本高，而所筑之堤，去水颇远，故冲溃尚少。惟汉水自襄阳至汉阳，皆走平原，溢为潜、沔，旁无冈阜以为畛域，百姓生齿日繁，圩垸日多，凡蓄水之地，尽成田庐，只留一线江身，两岸筑土堤束之。当筑堤时，不善相度，紧逼水涯，不留尺寸地以予水，故水与堤日相切摩。而所筑之堤，又未夯硪坚实，皆系浮土堆成，累年岁修，因艰于取土，虚应故事，甚至将堤身草皮铲去，以充新工，徒烦民力，无裨实用，是以荆、襄、安、汉诸府，无年不有水患。臣查湖广无专司水利之大员，道府等官各有分界，不能通身相度。再湖广堤工，凡岁修小工，皆用民力，若普兴大工，必需用项帮修。又天门、沔阳、潜江、监利等处，今夏被水处甚多，既有偏灾，兼当以工代赈，似此既用民力，又动帑项，必须相度妥确，详慎办理，乃可无冒滥滋扰之弊。臣拟于秋分水涸后，亲往荆、襄等处，将江、汉堤工通身相度，通盘计算所用民力几何，需费国帑若干。若一年可以普修，则于今冬修筑，若工程繁多，不能一时完竣，则酌分缓急办理。”得旨：“卿所见甚是，而于水利情形实未悉，若以直隶治河之术，施之湖广，则不可之大者。”（《清高宗实录》卷171）

（乾隆七年九月庚辰）又谕：“前孙嘉淦奏称‘荆、襄等处堤工，必须臣亲身前往相度，通盘计算，方为有益’。旋报于八月二十一日启行，前赴襄阳。今闻孙嘉淦行至安陆地方，即便回省，朕再四思维，不解其故。近日襄阳府城有匿名逆示一事，若孙嘉淦先知此事，欲前往襄阳料理，固属不可。今因查勘堤工而往，地方适有此事，孙嘉淦何以行至半途而返，岂不起人疑议？总督管辖两省封疆，一举一动，关系观瞻，不应轻率若此，致骇听闻。昔祖逖击楫中流，慷慨灭贼，今襄阳之无赖，非若江北之众也，孙嘉淦何畏葸至此，岂不有玷封疆？可寄信询问，令其明白回奏。”寻奏：“臣向赴襄阳勘工，适有匿名逆示一事，查系一二奸徒，希图煽惑，并无聚众谋逆情节，是以一面奏闻，一面札谕各衙门，令其镇静，不得声张惊扰。彼时因汉江堤塍至沙洋而已完，襄阳舟行甚难，且无可勘之工，不便徒往。且今年军政大计皆在十月内举行，九月望后，即须办理，是以决意返棹，并非因有逆示之事畏惧而返。”得旨：“虽云如此，但畏葸之意已形，心疑之辞颇支，百口何能致辨，一生学问皆虚。”（《清高宗实录》卷175）

（乾隆七年十月甲寅）工部议准湖广总督孙嘉淦奏称，湖北连年水灾，现在亲行各郡查勘，自武昌一带民堤，多踞高而远水，故工程稳固，偶有残缺，俱令照例承修。其自安陆至武昌，堤皆临水，自潜江以下至沔阳、汉川交界二百里内，处处卑薄，必倍加培筑。今百姓现被水灾，力有不胜，若欲酌给口粮，以工代赈，不惟目前所需浩繁，且恐百姓之心易生觊觎，将来应修工程，转致观望迟延。应令地方官分别确查，其未经被水与被水稍轻以及田少堤多之处，俱令照旧派夫，加筑坚固。其田多堤少而又被水稍重者，量其夫工数目，即动支雍正七、八等年汉商公项余银二万二千两，借给修理，于明秋征追还项。从之。（《清高宗实录》卷177）

（乾隆七年十月甲寅）（工部）又议准湖广总督孙嘉淦奏称，湖北荆门州之关庙、郑家潭等处，沙洋大堤二十余里，为荆州、安陆二郡各州县保障，于本年六月溃决。臣亲往查勘，该处堤工，多有大溜顶冲之所，即将新溃之口，加意堵塞，以一线之堤，与大溜抗衡，终非万全。迤南一二里外，尚有古堤一道，长二十里。其上十里，当关庙之后，堤身尚皆高厚，可以缓修。下十里，适当郑家潭溃口之后，本身浅薄，况大堤新溃，更宜保护，必大加修筑，一律高厚。现今各处民堤，既奏请借支商捐余银二万二千两帮修，计此项借给外，尚有余剩，即修理此堤。如再不敷，现有武昌关口岸银，每年亦有余剩，可以动给。从之。（《清高宗实录》卷177）

（乾隆七年十月乙卯）湖北巡抚许容奏及时督修被水堤塍情形。得旨："办理甚妥。知道了。"（《清高宗实录》卷177）

（乾隆八年正月甲申）前任湖广总督孙嘉淦奏："湖北荆、襄一带塘汛，营房卑狭，急应兴修者，计四十六处，应仿豫省规模，动项修理，余令地方官照例修葺。湖南塘汛，与抚臣许容商酌，亦拟先将冲途各汛，次第兴修。"得旨："交与新任督臣，听其酌办。"（《清高宗实录》卷183）

（乾隆八年二月）己丑，工部议准前任湖广总督孙嘉淦疏称，荆门州郑家潭堤，以该牧张镇原筑草率，乾隆七年秋汛冲决，经参勒赔，查溃口紧要，应先动项修筑，事竣勒还。从之。（《清高宗实录》卷184）

（乾隆八年七月庚戌）湖广总督阿尔赛奏："湖北武昌府省城堤工，

于乾隆四年告竣，但水势浩瀚，每当夏秋泛涨，排荡震撼，易就倾圮，当急图善后之费。请于现存司库之前项节省余剩银内动支五千两，发交江夏、汉阳二县，转给殷实典商营运生息。其息以一分五厘为率，按季交总理江工之驿盐道库贮。每年水涸时，着地方官查明应补处，据实详报，臣遴委谙练之员，勘明确估，动支息银修理，工竣核销。如有浮冒侵克，工程草率，题参赔修。”得旨：“照此办理可也。”（《清高宗实录》卷197）

（乾隆八年十月壬申）工部议复：“湖广总督阿尔赛疏称‘荆门州属，有沙洋关庙官堤一道，上自荆门之沙洋，下至潜江县之石界，计长二十余里，地处上游，最为紧要。堤外逼临襄江，水势极猛，稍有疏虞，则下游之江陵、监利、潜江、沔阳四州县属均受其患。应于顶冲处添建石矶十座，并将一带大堤加高培厚。又每岁伏秋大汛后，尚应勘验岁修。该处岁征堤费银三百两，实属不敷，应请发银一万两，分给荆、安二府属州县，交商营运，以一分五厘取息，按季呈缴，息银存安陆府库备工’。应如所请。”从之。（《清高宗实录》卷203）

（乾隆八年十二月）戊辰……又阿尔赛奏：“两湖塘汛营房、烟墩、望楼，亟须修理添建。两省各需银一万两上下，为费既多，非地方官所能捐办，湖北请于司库内支一万两办理，湖南无闲款可动，即支岁修石台银一万两，为修建塘汛之用，工竣后每冬交巡道查看。”谕：“据湖广总督阿尔赛奏称‘湖北、湖南二省塘汛营房、墩台废坏不整，相沿已久，实须急为兴修，以固边防。除向来已接交代者，仍着落各州县修整外，其应行设立而废置未举者，自当照本地成式办理。今约略估计北南每省各需银一万两上下，为费既多，非地方官所能措办，仰恳天恩，准于司库公项内动支银一万两应用。至湖南公项现在不敷，难以支拨，臣与抚臣蒋溥查勘洞庭湖舵杆州石台情形，另折奏请无庸岁修，所有原存岁修石台本息银两，既可不用，请即于此内动支一万两，以为修理塘汛之费。

修理之后，兵丁住房，应令自行随时修整，毋许推诿。其官厅、墩台、望楼等项，照依定例，文员修竣，移交营员收管，每年冬月道员出巡时留心查看，如有倾圮颓败等弊，即行揭参’等语。楚省武备废弛已极，不独塘汛墩台一项也，今欲修建完整，费用浩繁，谅非地方官所能措办。着照阿尔赛等所请，动用公项银两兴修，但此后保固修整之处，该督抚提镇应不时查察，若稍有疏忽，仍蹈前辙，则责有攸归矣。”（《清高宗实录》卷207）

乾隆九年甲子五月戊寅朔，户部议复：“湖北巡抚晏斯盛疏称‘楚省备铸铜铅，赴滇采买，较之自川赴滇道路，实有远近险易之别。原议盘费，府佐月给银十八两，随带家人、书役五名，人日给银五分；杂职月给银十二两，随带家人、书役三名，人日给银五分，均难核减’。查委员盘费，只应按往返月日多寡计算，不应按月加增，且川、楚二省同一采买，未便多寡互异，应令照川省之例支给。至钱局后楼，改为铜铅贮库，所有估修工料，现已移咨工部查核。”从之。（《清高宗实录》卷216）

（乾隆九年八月甲戌）署湖广总督鄂弥达奏：“本年八月十四日，奉到谕旨‘鄂弥达自署任以来，所奏事件甚属稀少。湖广两省地广事繁，岂无应奏之事？可寄信询问训饬之，并着议台臣张汉奏请疏通水利一折’。伏思有关国计民生之事，非灼见确知，不敢冒昧琐渎。即如水利一事，荆襄一带当洞庭、江、汉之冲，上流多壅，即下流易溃，总缘民间堵截筑垦，以致滞塞。其间孰淤孰险，宜疏宜杀，必俟亲身查勘后酌议具奏。”得旨：“看汝有姑息终老之意，非长策也。”（《清高宗实录》卷223）

（乾隆九年十一月乙亥）大学士鄂尔泰等议复：“署湖广总督鄂弥达疏称‘遵旨交议御史张汉条陈湖广水利’一折。‘臣惟治水之法，有不可与水争地者，所以祛民患也。有不能弃地就水者，所以从民便也。所谓不可争者，疏湮浚浅，导壅杀流，向来泄水港汊，毋令堵截，致水四溢而为灾也。所谓不能弃者，东洲西滩，积淤成腴，现在居民之围田万难开凿，致民离居废业也。楚水之大者，曰江，曰汉，江水自四川经宜昌、荆州等府，分流于洞庭而过汉口，江固与汉会也。汉水自陕西经郧阳、襄阳、安陆诸府而出汉口，汉亦与江会也。江水之患，江陵、监利、松滋、石首诸县实受其冲。汉水之患，钟祥、京山、潜江、天门、荆门、沔阳诸州县实受其冲。二水支流，脉络相通，分注而互涨者，各属交受其冲。今台臣张汉所请者，疏江之水，曰调弦口，曰宋穴，曰杨林市，曰虎渡口，曰采穴，曰庞公渡等处，盖欲导江水入洞庭，分于支河，而杀江之流也。疏汉之水，曰臼口，曰操家口，曰泗港等处，盖欲导汉水绕三台湖，出五通口，而杀汉之流也。臣谨分言之，江之调弦口、虎渡口皆入洞庭之道，向来河路宽深，足资宣泄，两岸堤塍屹立，无庸置议。至宋穴、采穴、杨林市等处，自宋元来久湮，访之故老，考之传志，旧迹无存。其间堤岸绵亘，田园庐墓棋布星罗，若欲掘地成河，势必废已筑之旧堤，又欲增无数之新堤，不独工费浩繁，无从措手，而田地为墟，人民失所，岂容轻议？又庞公渡一处，明天启年间曾经开通，后因泛溢，国朝顺治七年，经该县详明堵塞始安，此江水之不能疏者也。汉之臼口、操家口距五通口计八九百里，中间烟火万家，田畴弥望，今若漫议开泄，势将千万顷之良田胥为河流经行之道，而两岸堤防之费，殆不可以百万计。况明神宗年间，操家口决，经官民毕力堵御，崇祯九年又决，不能堵御，直至国朝顺治七年，用各县民夫合筑，经数十余年之久，始成乐土，并非年久淤塞。现在沙洋一堤，经前督臣阿尔赛题请动帑兴修，壅之方惧为患，曷敢言泄？至于泗港，居天门之上流，泗港一疏，天门殆将为壑。他若通顺等河，不通小港，水大无能宣泄，水小遂成涸泽，此汉水之不能疏者也。又张汉请疏便河郝穴，使江水从了角庙东注，则江水必入于汉水，方欲疏汉以杀其势，而又引江水以灌之，未便置议。张汉又云，操家口达五通口，为汉水故道。查《禹贡》载汉水至于大别，南入于江，大别去五通三十余里，非故道也。臣思沧桑屡易，禹迹茫然，昔之由地中行者，故轨久已难寻。三楚之水百派千条，其江边湖岸未开之隙地，须严禁私筑小垸，俾水有所汇以缓其流，臣所谓不可争者也。其倚江傍湖，已辟之肥壤，须加谨防护堤塍，俾民有所依以资其生，臣所谓不能弃者也。其各属迎，溜顶冲险难之处，长堤联接，每岁责令分管水利各员逐一查勘，督率居民增高培厚，寓疏浚于壅筑之中，此全楚所以兴水利而除水害之大概也。臣躬亲阅勘水道情形如此，台臣张汉所请疏泄之处，似无庸议’等语。查兴修水利，全在便民，今该署督鄂弥达身在地方，亲经阅勘水势，既已备细分析，则是江、汉二水皆不可疏，应将该御史张汉所奏，俱无庸议。”从之。（《清高宗实录》卷 228）

（乾隆九年十一月丙申）工部议复：“署湖广总督荆州将军鄂弥达奏称‘武昌城西南保安门外、金沙洲之左偏为荞麦湾，紧临大江，向有老堤，为府城保障，缘江流冲激，日渐坍卸，须退入湾里，筑大堤一道，约需银一二万两。安陆府属之沙洋，最为汉江险工，现在动帑修筑，第汉水日就南滚，设遇暴涨，人力难支，须添筑月堤，约需银三四万两。请借帑银四万两，合前督臣阿尔赛题请岁修借帑本一万两，共五万两，分交武、汉行铺，按照每月一五生息，每年可得息银九千两。三五年间两处大工次第克举，陆续归还成本，临期酌量留存，以为逐年岁修之资。又襄阳府之老龙石堤，旧有子堤，已多坍裂，每年仅岁修银三百余两，实不敷用。查该府库内有积贮军需银二万两，请拨银五千两，交襄属当铺生息，每岁可得息银九百两，合岁修银共千余两，以充岁修堤工之用’。均应如所请。”从之。（《清高宗实录》卷 229）

（乾隆九年十一月癸卯）署湖广总督鄂弥达奏：“楚省弁兵，现有并无衙舍，僦居庙宇铺店者，又有久经派拨，因无住址尚未移驻者，现在饬行查办。守备每员给瓦房五间，千、把总每员瓦房三间，兵丁每名草房一间，仍照例瓦房一间不得过四两，草房一间不得过二两，统于前任督臣阿尔赛奏准修造汛房等项动支银内通融给领，添造齐全。”得旨：“是。知道了。”（《清高宗实录》卷 229）

（乾隆十年三月壬寅）署湖广总督鄂弥达、湖北巡抚晏斯盛奏："武昌郡城内贡院后之凤凰山，地处高坡，应添设炮位。其尤要者，武胜门北城角外对紫荆山，止隔一濠，居民稀少，应盖造官房五间、兵房十间，添造炮房二间，炮门改向山后。循城而南，为白云台，应添造炮房一间、窝铺三间。汉阳门外黄鹤楼炮房，应改筑高基。此外如萧山矶、楚王台诸要害，一切炮位、炮房、窝铺均有移置添设之处，请于奏准修理塘房项内通融凑办。其看守兵丁，即于督抚两标内就近拨防，炮位将荆州府旧存大炮二十余位移用。"得旨："知道了。妥协办理可也。"（《清高宗实录》卷 237）

（乾隆十年六月庚午）署湖广总督鄂弥达等奏："据汉川、潜江、天门、监利、沔阳五州县报称，汉水骤长，各堤垸均有冲溃，田禾间亦被淹，枝江、当阳水势较大，被灾略重。当饬水利道员星往查勘，将被水居民分别赈恤，并饬修理城垛，堤塍稳固。"得旨："所奏俱悉。虽属偏灾，彼受灾之民，则已拮据矣，惟应加意抚恤可耳。"（《清高宗实录》卷 243）

（乾隆十年十月己酉）工部等部议准湖北巡抚晏斯盛疏称，武昌省城坍塌，上年曾题估修，嗣因积雨，坍塌更多，请于原估外，续加确估兴修。从之。（《清高宗实录》卷 250）

（乾隆十年十月丁卯）湖北巡抚晏斯盛奏："请动支司库存荆关减半余平银，开修东湖、归州、长阳、巴东四州县入川陆路。并称宜昌府以下，三峡水路内有十二碚，为纤道所必经，险窄倾卸。上年修过三碚，本年八月修过五碚，余未修四碚，请归并修理入川陆路项下，续修完竣。"得旨："此处向未修理，姑仍其旧。且明年免各省正供，所用钱粮正多，理应节省。此项俟有偏灾，以工代赈，尚可为耳。"（《清高宗实录》

卷 251）

（乾隆十一年二月乙丑）工部议复："湖广总督鄂弥达疏称'荆门州属之沙洋地方逼临江、汉，堤岸最为危险。前经题建石矶，并增月堤，岁修料理需员，请移安陆府黄蓬山同知驻其地，以收险工实效。潜江县四面皆堤，如泽口、芦茯等处，在在紧要，请移荆门州丽阳司巡检改驻潜江，与该主簿分地管理。天门、钟祥二县俱当汉水之冲，请移天门县县丞驻岳家口，移钟祥县县丞驻石牌，俾各管要工'。应如所请，各官应建衙署，应令该督于沙洋堤工生息银内动用。"从之。（《清高宗实录》卷 259）

（乾隆十一年五月甲子）（湖北巡抚开泰）又奏："湖北民田最资塘堰灌溉，愚民往往任其淤垫，日久荒湮，竟有改田种谷、希图升斗者。应将各处所有塘堰，令业户等各乘农隙，次第修浚。"得旨："此见甚是而正，实力行之。"（《清高宗实录》卷 267）

（乾隆十一年七月癸卯）工部议复："湖广总督鄂弥达奏称'湖北滨江水势冲激，今金沙洲已建石岸，荞麦湾又筑月堤，可以互资捍御。惟武昌望山门外王惠桥为金沙洲江口入水之区，请添建石闸一道，依时启闭，外防江涨，以免冲淹，内蓄湖水，以备旱潦'。应如所请。"从之。（《清高宗实录》卷 270）

（乾隆十二年正月庚申）湖北巡抚陈宏谋奏："湖北冬春连得雨雪，夏收可望丰稔，各属米价平减，上年被水等处，目下正在加赈，小民不致失所。再湖北夙号水乡，全仗堤工捍卫，通省有堤工者，共二十九州县卫所，每岁民间出夫合力修筑，已饬经理河堤各官及时查勘，督率兴工，期于一律坚固。至楚民健讼，若旧案不为速结，则新案日增，现在彻底查催。"得旨："览奏俱悉，行之以实，而要之以久，朕所素训百尔者也，汝其勉之。庆复所参汝徇庇属员之事，汝亦有辩乎？今虽从宽留任，然汝不宜自满，诸事去积习而勉诚实也可。”（《清高宗实录》卷283）

（乾隆十二年十二月庚申）兵部等部议复：“湖广总督塞楞额奏称‘湖广为适中要区，稽查务严。湖北各处塘汛，止官厅三间，兵房五间、三间不等，瞭楼、烟墩多致颓斜，兵亦私离汛地。欲使长川在汛，必得携眷居住，添建塘房’等语。查设汛安兵，务需长川实驻，应如所请。湖北大路共八十九塘，每塘准添建厢房四间、围墙三面，其瞭楼、烟墩，分别砖石修砌。至湖南要汛作何增修之处，题报再议。”从之。（《清高宗实录》卷304）

（乾隆十三年二月己卯）工部议准湖广总督塞楞额奏，湖北武昌府省城望山门外王惠桥水口不便建闸，请建石桥，高三丈，洞宽二丈六尺，洞面用大木排垫，水小由桥下顺流，水大即抽去洞面大木，听其畅流直下。从之。（《清高宗实录》卷309）

（乾隆十三年十二月庚子）又谕曰：“巡抚陈宏谋办理军行事宜，尚属黾勉，而缉获逞凶匪卒一案，亦见实心任事。朕于臣工功罪，赏罚一秉至公，从前楚省布、按违制剃头，从宽免治重罪，除温福已示薄罚外，其严瑞龙、刘芳霭、周人骥三人亦应量加惩儆。着传谕那苏图，所有陈宏谋应修城工，加恩宽免。其未完工项，着匀派严瑞龙等三人分修，并谕湖广总督新柱令其督催完缴，以便竣工。”（《清高宗实录》卷331）

（乾隆十四年二月庚子）谕军机大臣等：“金沙江工程一事，其有无全行开通及于运铜事宜有无裨益之处，现差尚书舒赫德、楚督新柱前往会同履勘。图尔炳阿身任封疆，于所辖工程更为明晰，在工属员是否粉饰侵渔，亦易周知，且非本任经办之事，无庸回护。着将此案实在情形逐一查访，不可因系督臣经手有心偏向，亦不可故为避嫌有所隐讳，更

不可揣摩观望过于吹求。惟秉公持正，据实详悉密行陈奏，该抚之居心，亦即此可见。慎之。”（《清高宗实录》卷335）

（乾隆十四年三月癸亥）谕军机大臣等：“据湖广总督新柱奏称‘荆门州属之沙洋大堤，武昌省城金沙洲江堤、廖家洼挽月堤等工，俱应如式赶修。其民修诸堤，亦劝谕业民量议抢修之费，存公备用，并出借谷石，令其速为抢修，于秋成还项’等语。楚省向称泽国，所赖堤防捍御，自当及时修筑，但向来地方官往往借修抢之名，冒销肥橐者不少。着传谕该督新柱留心督察，务令工归实用，毋任虚糜侵冒。再年来各省轮免正供，偏灾时须赈恤，加之金川军务支费浩繁，今虽凯旋，而经费未为充裕。前经传谕各督抚，该地方工程非必不可缓者，俟一二年后再行奏请。此旨新柱尚未接到，今所奏各堤工，亦应令其再加酌量，如必资保护、不容稍缓者，亦应令承修各官加意料理，务俾实济。其民修之堤，一经冲决，既艰窘无力抢护，多有任其淹没，晚禾不能补种，益觉拮据。新柱所奏，劝谕业民量议抢修之费，存公备用，量借谷石，帮补食用，俾速为抢修，以便补种晚禾，尚属有益，惟应督令地方官斟酌妥办，毋令稍有勉强贻累，可也。”（《清高宗实录》卷336）

（乾隆十四年十一月甲戌）湖南巡抚开泰奏：“沅江县之万子湖，地势洼下，逼近洞庭，每当夏秋间，洞庭分流，借以容纳，实为通邑受水之区。从前曾据流棍张年丰等请于万子湖修筑堤垸，经抚臣蒋溥亲勘难垦，饬递回籍。近复有流棍周邦彦，串同湖北人左锡皇并沅江人郑士长捏词呈请。臣思万子湖既为容纳洞庭分流之所，不特筑垸难成，就令筑成，而水势阻激冲突，势必贻患邻封，乃刁民妄行呈请，若止照常例批饬，该犯罔知儆畏。除批司将首犯即于湖畔枷号重责，余俱分别杖惩安插。其籍隶别省者，移解回籍，严加约束，毋令出境。”得旨：“是。知道了。”（《清高宗实录》卷353）

（乾隆十五年二月癸卯）湖北巡抚唐绥祖奏："武昌城外金沙洲王惠桥水口，经鄂弥达议建石闸，嗣因不能坚固，复经塞楞额请改筑石桥。该地内湖外江，秋冬湖水外泄，春夏江水内灌，甫立桥根，旋被冲决，人力莫施，徒糜帑项。请将桥工竟停，仍于该地设浮桥济涉。至委员承领估费，屡修屡刷，尚无浮冒，请于该员养廉内分年扣还，免其急追。其浮桥工料，即于此内动支。"报闻。（《清高宗实录》卷359）

（乾隆十五年三月壬戌）湖北巡抚唐绥祖奏："荆、襄、安、德四郡所属濒临江、汉二十六州县，泛涨不常，必须建筑堤垸，捍护田庐。向来按田派土，董率修防，实为地方第一要务。旧例经秋水涸，水利人员逐段勘办，小民自护田庐，无不乐于从事。迩年田价日昂，豪强刁黠之辈及不肖衿监，希图躲避邻垸，互争讦讼，而胥役作奸，或卖富差贫，或包工侵价，更有劣衿刁民观望草率，印河各员虚应故事。连年如天门、监利、潜江、沔阳、荆门等邑，岁被水灾，皆因平时修筑草率，一段被冲，处处受害。臣上年五月莅任，正值涨溃，当即分别劝惩，河员渐知警勉。秋冬水落后，复出示开导，令各垸业户公同出资，官为督修，其决口令道府催办，新涨沙洲及私立小垸，阻江流水道者，概令相度疏通。复思江、汉二流奔腾数千余里，必须分晰险要缓急，通盘筹计，始可冀一劳永逸。现在江陵应挽月堤，监利应浚支河，沔阳应修垫老垸，钟祥应修筑月堤，当饬司道悉心查议，并委道员赴荆、襄、安、德四郡所属通筹确勘。兼去冬水涸较迟，各堤被浸日久，入春雨水颇多，川江发水较早，现复分委谙练人员加紧赶办。至汉阳、武昌、黄州三郡地处下游，一切岁修堤垸均已修固。"得旨："此事所办好。知道了。"（《清高宗实录》卷361）

（乾隆十五年十二月甲午）谕："据湖北布政使严瑞龙折奏'直省大小工程，或办员初萌不肖之心，有于估报时有意浮开者；或工程未谙，估报未尽如式，见估册未奉部驳，即据为定准，致多糜费者，与其减退于工竣之后，不若核定于初估造册之时’等语。近经御史胡蛟龄折请，估报工程即于造报时，部臣详加核减。朕因兴工之前，遽行悬定，即估册亦未足为凭，是以降旨以为不当。今严瑞龙奏称，承办之员估计造册，先照部颁则例。则例本属部颁，则部臣查核自非无据，其中即有工料浮于定例者，该部但以工在应兴，不行指驳，贻误不少。又称领银兴工之时，该管上司委员监察，或较原估工料略有增减，仍令据实办理，于估报销册内分晰声明，是该省既可循定则以勘工，该部又可按销册以核实，所言殊切事理。朕办理政务，惟期得当，从不固执，胡蛟龄既言之于前，不数日间严瑞龙又为此说，则或有可行，亦未可知，不可以已经奉旨之事毋庸再议为辞也。着该部按照折内情形，悉心详议具奏。”寻议：“查各省工程缓急不一，河工堤岸固难稽迟，城垣仓库修坍补缺，若必俟估册核定，方准鸠工，则坍塌愈多，渗漏愈甚。至其余工程可缓，而估计册违例者，原可先行指驳，请嗣后题估之时，臣等酌议。如系紧工，则令一面兴修，于题销时查核；若系缓工，俟估册核定，方准兴工。至部核各省销册，如驳款繁多，开单不能详尽者，请就原册内将应驳之款各粘浮签，发回改正，另造妥册，同原册一并交部查核，庶免往返驳查。”从之。（《清高宗实录》卷379）

（乾隆十六年十二月壬戌）署湖广总督湖北巡抚恒文奏：“省城西南保安门外有金沙洲，洲之左偏曰荞麦湾，旧筑月堤，以卫居民，河流顶冲，日见坍损，请筑石堤二百四五十丈并挑水坝数座。”得旨：“着照所请行。”（《清高宗实录》卷405）

（乾隆二十年四月癸酉）吏部尚书仍管四川总督黄廷桂奏：“川省各府城垣颓圮者多，地方官力不能修，又无正项可动，据藩司明德禀称，湖北江岸城工，取资于铸钱余息，似可仿照……”得旨：“有益地方之事，详悉为之可也。”（《清高宗实录》卷487）

（乾隆二十一年二月庚子）……谕曰："白钟山查复孔昭焕所奏'邹县知县大章私毁遵例免差碑碣'一折，孔昭焕之不能安分自爱，干与地方公事，更属显然。我朝百年以来，薄海编氓从无公旬徭役，所有守夜、开沟、栽树、修堰等事，乃民间自为保护，相友相助之谊。如江西、湖广等省沿江堤堰，民间自为修防者甚多，何得谓之差徭……"（《清高宗实录》卷506）

（乾隆二十三年十月己未）吏部议准湖广总督硕色等奏称，湖北省管水利各官，应专责成……至黄州、蕲州、荆州、荆左、荆右、沔阳等六卫，屯田坐落之处，有应修堤垸，应令守备协同水利同知查办。从之。（《清高宗实录》卷572）

（乾隆二十四年正月辛丑）谕军机大臣等："硕色所奏'武昌荞麦湾石堤请改筑土工'一折，情节殊不明晰，其中显多情弊。适开泰陛见在京，将此案缘由传旨询问，据称'彼地俱系沙岸，从前恒文并未详悉查看，率议修筑石工，沙松石陷，最易坍损，是以将已经坍损之三段改筑土堤。今第五段石工续又坍损，应亦改建土堤'等语。可见从前縻费误工，皆系恒文草率从事所致，现今改石为土，固属随时相机办理，未必别有弊窦。但所称原工坍塌石块未便挖取之处，或系当年建筑之初承办各员原有侵蚀，以致工料不全，抑系现在压陷日久，石块零星，不堪充用，而刨取人工，更为繁费，其中情事，俱未确切奏明。再建修堤工，虽以保护民舍、田庐为词，然自乾隆十六年恒文未经兴工以前，该处居室耕作之人，何尝不相安有素？则不独石工措置乖方，而土堤又安知其非赘设耶？着传谕硕色，将此项工程自恒文未经办理之先，有堤无堤及石工旧料因何不能刨挖，并前后原委利弊、现在情形，逐一详查具奏。"寻奏："荞麦湾旧土堤一道，田庐俱资保护。恒文所议筑石工，第一段无恙，现在二、三、四段改建土工亦完好，第五段石塌，须改土堤。至所坍石块，江险石重，不但人力难施，虚縻工费，且一经挖取，松动脚根与改筑之堤碍，应存御冲激。再查石堤坍卸，业于承修各员名下追赔，无侵蚀情弊。”得旨：“知道了。照原议改土工可也。”（《清高宗实录》卷579）

（乾隆二十四年二月癸亥）又谕：“前据庄有恭将湖北省动用钱粮工程报销未完各案缮折汇奏，当于折内批谕，令其速为完结。今硕色所奏‘工程未完，及部驳核减各案’一折，虽系督抚两衙门各行承办，而同系湖北一省之事，可见该省尘案未结者甚多，日积月累，势必又滋阘冗陋习。着传谕该督抚等各将所办案件即速饬催完结，毋得仍事因循。”（《清高宗实录》卷580）

（乾隆二十六年十二月甲午）湖广总督爱必达等奏：“武昌省保安门外荞麦湾一带，江水顶冲堤脚沙土，原建石岸土堤节次坍卸。经前督臣苏昌议用石斜砌，形如梯级，稍容水势，但石体究沉，江流冲激易陷，应仍修筑土堤，较有济益。其荞麦湾第五段土岸，现卸三十余丈，请仿第一段工式，填石加土坚筑，仍深钉排桩，用篾缠绊紧，以资捍御。嗣后如有坍损，俱一律照办。”得旨：“如所议行。”（《清高宗实录》卷651）

（乾隆二十七年三月辛亥）湖北巡抚汤聘奏：“楚省常平仓每年于三月望后借粜，今岁遇闰，节候较迟，加赈将竣，现饬于三月初旬开仓。再上年被水州县，展赈后余谷无几，并饬各府仓就近拨运协济，按该地情形，或粜十分之七，或粜十分之五，不拘存七粜三旧例。又被灾州县中，有经部复领银修城，令刻速兴修，以工代赈。”报闻。（《清高宗实录》卷657）

（乾隆二十八年六月己丑）工部议准湖广总督爱必达疏称，荆门州属沙阳下游仙人古月堤外郑家潭南耳堤紧逼襄阳迎溜，外滩坍卸，难以帮筑，应加月堤一道防护。从之。（《清高宗实录》卷688）

（乾隆二十八年八月甲寅）湖北巡抚辅德奏："查勘堤垸筹办事宜，查湖北疆域，东南辽阔，境内有江二道，一为荆江，一为襄江，俱由黄梅县出楚境，此外支河湖港不计其数。施南、宜昌、郧阳三府，向无水患，其武昌等七府属，有三十三州县卫，俱系沿江滨湖，内除江夏之金沙洲、荞麦湾，荆门之沙洋，襄阳之老龙等堤，例动生息银岁修，其余俱民自修筑。复于堤内田之四围，各筑小堤一、二、三尺不等，俗称为'垸'。经久达部者，谓之'部垸'，官为经理，未达部者为'民垸'。查民垸、部垸各处毗连，民垸被溃，淹及部垸，且田同一堤，赋属一制，似未便歧视，应概令官为经理。谨酌各款开后：一、堤岸宜并力合作也。请嗣后定于九月望前，先令该管州县查明垸长，更换殷实农民，会同公正绅士，将该垸各户田数查开清册，一存垸长，一存州县。按堤估计夫土，均派运工，无论近于某户之堤，相度何处卑薄险要，即于公派夫土内通力合作。伏秋大汛，再于险处多备土牛，同心防守。其田售堤存者，总令现在业户承值，有抗违误公等弊，分别惩治。一、修堤宜高厚坚实也。查向来岁修，不过于冬春间听各业民于残缺处松堆浮土，即报工竣，遇雨即坍，遇涨即溃。应将各境内分别极险、次险，极险之堤先令加高二尺，帮宽三尺，俱行夯硪。凡行硪之夫，准其将应出之土，按方折抵堤外，作为坦坡，前植柳树。其次险者，亦令帮全，下年岁修，照前加增。一、私垸宜禁也。嗣后令道府大员于查办岁修之便，亲履勘验。无论垸之新旧、田之肥瘠，但妨水路，立即督令平毁，仍听其耕种，不致失业。再有新淤滩地，不许私筑，岁底令印河各官亲查，加具印结，通送院司道府查核，违者分别参办。一、淤塞宜疏也。查支河湖港，既赖其潴蓄，复借以宣通，应于霜降水落后，责令各该水利汛官乘便逐一勘明。不论外河内港，或有淤浅，一面报明印官，一面督押头人、业民等先就仰侧处设法挑浚深通，即以所挖之土，培补附近堤身。一、水利大小各官宜重责成也。嗣后印官委令水利佐杂于开工之时，各按本汛查勘，将堤身高低宽窄残缺之处开明丈尺，限于九月内造册，报明印官，一面监视头人、业户培补高厚，印官常川稽查。并于二月内取具如式修固印结，送印官查验，加结申报道府厅员，分路履勘，由道核明，详报院司，分往抽查。有怠玩草率，分别参办。一、极险堤工佐杂不宜更调也。查水利佐杂，冬春有监修之工，夏秋有防护之责，必须久于其地，堤工民情方能熟悉。应将极险之江陵、监利、荆州、荆左、荆右、潜江、天门、荆门、沔阳、文泉、汉川等十一州县卫水利佐杂，停其委署别缺，派委外差。能办事实心，工程坚固，一年平稳，记功。三年内一无溃决，遇应升之缺，酌量奏咨。”得旨：“所奏甚属有见，当与李侍尧和衷共理，以期有济。”（《清高宗实录》卷693）

（乾隆二十八年十一月壬午）（四川总督阿尔泰）又奏：“川江绵亘数千里，地险水急，或顽石横亘中流，或石笋林立水底，凡商客及云、贵运解铜铅，江、楚拨运官米船只，每磕帮擦底，动辄复溺。查冬月水落，滩石率多显露，饬沿江各属将境内险滩查明，或应开宽，或应凿底，设法筹办，乘水落石出时，顾觅夫匠，将险滩怪石逐加锤凿起除。士民闻风趋事，现在有方兴工者，有将次完工者，又饬各属将急公绅士办工较多者，详请奖励，牧令办有成效者，并准记功。”得旨嘉奖。（《清高宗实录》卷699）

（乾隆二十九年七月己卯）湖广总督李侍尧、湖北巡抚常钧奏：“武昌地处下游，每夏秋江涨，洼处多被淹浸。今年江水更大，被淹者尤多，乏食贫民，已确勘分别抚恤。惟查汉镇后有十里长堤，为通镇捍卫，外即湖面通江，堤身两头，因年久渐至低塌，水从低处漫入，街巷俱淹。今外水渐退，而内水不消，必须加筑高厚，以免倒灌，并将原有两闸及沟渠坍坏淤塞者，修筑疏通，随时启闭，以免水患。又省城亦属低洼，外临大江，本年二月间，将旧有沟渠闸座酌动闲款疏浚修筑，虽江水不能溃入，然一遇霪雨，城内之水无从宣泄，街衢积水至四五尺不等。查城内原有都府等湖七处，年久淤浅，应挑深以为潴蓄，并将各门砖闸改为石闸，再于汉阳门添建石闸一座，正在筹项。据汉口商人情愿公捐银一万两，以资工费，应准其交纳，分别兴修。”报闻 （《清高宗实录》卷715）

（乾隆二十九年九月戊寅）湖北巡抚常钧奏：“黄梅、广济等属，本年夏江水溃堤，现督饬分段修筑。查该处堤工，向系民修，按亩出夫，官为督率。本年广济一带不当顶冲，尚易办理。惟黄梅一邑，正当鄱阳湖水横冲阻溜，大小溃口一十三处，共长五千余丈，需工甚多。且该县半系灾区，出夫难免迟滞。现有绅士等谊笃桑梓，念被水之户艰于力作，情愿出资交官，量给工作人等饭食之费，计此工需费万金，先缴一半，余请筹款垫发，分年完纳。”应如所请办理。报闻 （《清高宗实录》卷719）

（乾隆二十九年十一月壬戌）吏部议准调任湖北巡抚署湖广总督常钧奏称，广济县堤工离城百里，该县典史分管江堤，计长二千四百余丈，典史驻扎县城，专管监狱，岂能分身遥管？黄梅县县丞经管正堤、月堤约计一万四千余丈，实难周遍，亦且驻扎县城，离堤甚远。又黄梅县新开镇巡检，原兼水利，向不经管堤工。查广济县之武穴镇，于二十六年奏准移驻同知一员，专司捕务，其驻扎地方，系广、梅二邑堤工适中之处，应将该二县堤工归该同知统管。武穴巡检似属闲旷，查武穴下游有龙坪镇，商贾聚处，建有仓廒，亦属要地。即将该巡检移驻龙坪，分管堤工，将广、梅二邑堤工均匀酌派。查广济县所属，自茅林篷至龙头篷，计长一千九百二十丈，原系马口巡检经管，工段太短，将接连之窝坡穴下二篷，计长八百四十丈，加入马口巡检经管。武穴巡检，原管堤工二千七百九十丈，除拨归马口巡检八百四十丈外，余归武穴同知经管。又自五里篷至保赛篷，计长二千四百三十丈，改归龙坪巡检经管。黄梅县所属堤工，自保赛口至沙湾，计长三千六百十八丈零，附近新开镇，改归该巡检经管。自潘兴口至马路口，计长五千三十六丈零，附近孔垄镇，改归该巡检经管。自潘兴口至董家口，计长六千三百七十二丈，仍由该县丞经管，其该县丞衙署应移驻清江镇。所有经管堤工各员，统归武穴

同知管辖。从之（《清高宗实录》卷722）

（乾隆三十年三月乙巳）谕军机大臣等："……又据尹继善奏称，张宏运在淮徐道任内，尚有张家马路漫工一案，应追分赔银两，除将任所资财抵赔外，所有未完之项，业将张宏运解回湖北，交原籍地方官，严查家产，勒限追赔。此案漫工银两，系贻误工程，应行追完之项，不便听其任意拖延。着传谕吴达善、李因培，即将张宏运监追，并将伊原籍产业，尽数查抵，毋得令其稍有隐匿拖欠，以为承办工程任意冒销者戒。俟帑项全完再奏。"（《清高宗实录》卷733）

（乾隆三十年三月乙巳）湖广总督吴达善奏："江夏县监狱，在该县大门之东，紧连马号，与该典史衙署相距窎远，请以现在马号改为典吏衙署，以县署余基改为马号。再查该县有县丞旧署，因坍卸，县丞赁住民房。其旧署物料，尽敷典史衙署之用，请拆建。典史现在衙署完好，即令该县丞移驻。"得旨嘉奖。（《清高宗实录》卷733）

（乾隆三十年六月癸酉）湖北巡抚李因培奏："湖广滨江临湖，原系潴水之区，宜听水所归，不与之争地。乃小民贪目前微利，畚土成圩，冀堪种植，且有只图收麦一熟者。迨潦水忽至，决口频仍，地方官不得不督率兴筑，而田中一亩岁入，不敌一丈堤费，遂有决后不肯再修者。现在汉川堤垸，民情颇有甘废之意，臣与督臣、司道等详加筹画，期于妥协，俟办理有绪，再行奏闻。"得旨："是，若原系水区，可以让水者，究以复旧为妥。"（《清高宗实录》卷739）

（乾隆三十年十月丙辰）又谕："据吴达善等奏'湖北城垣工料银两，除铸钱余息等项外，尚不敷银五万三千余两，现据各属殷实士民踊跃捐输'等语，已于折内批示矣。前此安徽城工急需修理，经托庸奏请劝捐兴修，该抚于此事聚精会神，经理两年，因得克期告竣，虽无大弊，已不能不致议论。嗣经尹继善奏，各省城垣请照安省之例修理。朕以各省民情土俗未必相同，降旨令各督抚按该地方情形，悉心筹画，详议复奏，并交该部，俟各省奏齐时，汇总通盘核议，酌量举行。并未令其一面奏闻，一面办理也。今吴达善等，查奏修理湖北城工，自应奏明，听候部复遵行，乃即饬各属晓谕士民，陆续报捐，未免急遽无序。着传谕该督等，静候部臣议复，再行照办，此时毋庸急于从事。”（《清高宗实录》卷746）

（乾隆三十一年七月丙申）又谕：“据常钧奏‘常德府城，滨临朗江，地势卑下。西南二面，以城为堤，其中笔架城一段城墙最低，遇水势骤长时，几平垛口，请添高加厚以备不虞’等语，已于折内批示，照所请行矣。至另折所奏应修堤垸一事，虽系官堤少而民垸多，但此次山水骤发，漫溢江湖，民间猝被异涨，非寻常被水者可比。灾民口食维艰，现在加恩赈恤，期无失所，岂能复有余力营修堤垸？从前二十九年，湖北监利县江水涨溢，冲损孙家月堤，经该抚请借帑兴修，曾降旨官为修筑，免其征还。此次所有应修民垸，并着一体官为修建，以恤民力，且灾后兴举堤工，无食贫民兼可资以工代赈之益。着该抚将积水处所上紧设法，堵御疏消，即速勘明应修各堤垸残缺丈尺，刻日兴工，俾灾黎均沾实惠。该部即遵谕行。”（《清高宗实录》卷765）

（乾隆三十二年八月戊辰）谕军机大臣等：“据定长奏‘湖北黄梅县董家口以下，即系江南地方，旧有堤塍一道，自顺治年间修后，并未重修，若能修复旧堤一百里，不特黄梅、广济可资捍御，即江西德化、江南宿松等县胥受其益’等语。黄梅等县居全楚下游，内湖外江，易致淹浸。据图内所绘情形而论，如凉亭商家各口，未尝非节年修筑之堤工，一经江湖异涨，即不免冲溃。今欲于董家口以东复筑堤百里，则是加之堵束，与江争地，当水发之时，上流不更激而涨溢乎？且此处堤工自顺治年间旋建旋废，经久未加修葺，可见江水势大，原非一线堤塍所能抵御，此时即勘估修复，亦未必能一劳永逸，则又不如顺其自然之为得也。定长于江防诸务，未经谙习，兹但据道员卢谦所禀，欲议兴修，恐于江湖形势未必实有裨益。此地与安徽、江西毗连，定长原有与三省会办之语，高晋总理河务有年，筹办水利素所熟悉，着交与高晋前往相度情形，将应否办理之处，会同定长熟商妥议具奏。”（《清高宗实录》卷792）

（乾隆三十二年十月壬申）两江总督高晋、湖广总督定长等复奏：“臣高晋与定长于九月十三日齐至黄梅县，率同湖北布政使闵鹗元、武汉黄德道卢谦等逐勘堤工，并询该处土人，缘黄梅一带地势稍高，偶值大水，外江内湖亦易消退，惟二十九年及本年因雨泽过多，江湖一时并涨，消退不及，以致成灾，此亦数十年仅有之事。今若重建百余里长堤，不特费繁工巨，设遇江湖并涨之年，更阻碍上游湖水宣泄之路，所有董家口以下旧堤，臣等公同商酌，应请毋庸议修。至董家口以上黄梅县，并界连江西德化境内一带江堤，由来已久，地势外高内洼，江水一经长发，易致漫淹，全赖堤塍保护，是以按段设有堤长，每年如有冲刷，系各该县民人同力修补。因系百姓自修之工，地方官稽查不周，以致工程多不坚实。现溃口残缺之处，若不一律修补，明春水发，必致淹没为患。臣等逐细勘估，所有黄梅县境内，应补溃口七处，计工长七百六十三丈，修补残缺，计工长一万三百六丈五尺。又董家口以下旧堤，地形洼下，堤尾并无收煞，应接长堤工七百二十八丈。又连界之江西德化县，应补筑溃口五处，计工长一百五十一丈，修补残缺，计工长三千三百四十六丈。查此项工程，向系民修，此次应照例仍交民修，但该地系积歉之区，本年被灾较重，若令其修补江堤，民力实属拮据。应恳借动公项银两，慎选殷实士民，分段估修，仍派委妥员协同地方官督率，勒限报竣。”得旨：“另有旨谕。”谕：“据高晋、定长等奏‘会勘湖北黄梅等县董家口以上界连江西德化境内一带江堤溃缺之处，应行修筑，估需银一万七千九百余两，请借动公项，照例交民自修，分年征收还款’一折。该处地滨江湖，所有堤工自应及时修补，以资保障。但念黄梅等县频年偏被水灾，闾阎不无竭蹶，况借项鸠工，按年摊扣，民力终多拮据，而一切派委董事，仍令绅衿承办，势必仍蹈黎明五等故辙，于事更无裨益。所有此次堤工，着加恩即动用公项，交地方官实力妥办，毋庸借帑扣还，俾贫民得以赴工糊口，是于捍卫田庐之中，推广以工代赈之法，实属一举两得。该部即遵谕行。”（《清高宗实录》卷796）

（乾隆三十三年九月庚子）又谕曰：“定长等奏‘黄梅堤工完竣，所有余剩应还司库银一千一百余两，请留为岁修之用。并请将动用银两，每岁照数于通邑按亩随粮征收归款’一折，殊属非是。此项堤岸，本应民修之工，朕以灾歉之后，格外加恩，发帑兴筑，为该处居民图计安全，永资保障。今全工甫竣，例有保固年限，何致遽筹及缮完？若限内即需重修，则此番糜帑巨万，竟属有名无实。承修各官，所办何事，当于伊等是问。至限外有偶需补葺之年，亦有不必修葺之岁，今请将动用银两，仍于通邑每岁按亩征还归款，则是以朕施恩之事，转借端暗地加征累民，徒供不肖有司开销肥橐，乖政体而滋吏弊，更属错谬。定长、程焘均着交部议处。”（《清高宗实录》卷818）

（乾隆三十三年十一月）戊戌，谕军机大臣等：“前以各省城垣工繁费巨，特颁谕旨，给发帑金修筑，俾闾阎得资保护，而地方并肃观瞻，司事之臣益当实力奉行，屏除积弊。况屡经谕该督抚专派地方大员督办稽查，指名奏闻。俟报明工竣之日，朕当特派大臣前往查勘，如有侵冒苴率诸弊，惟督抚及专派大员是问，所以提撕警觉之者，不啻至再至三。乃近日如江南之宿迁城工，现已查有不符原估之事，而湖南茶陵州亦有首报工册多寡互异一案，俱已派员前往查办。是各省办工之员，总不能核实厘剔大概，可知现在虽未尽发觉，恐不止江、楚二省为然，且闻不肖官吏竟有视城工为利薮，多思于中染指肥橐，丧良藐法，更不可问。着再传谕各督抚严饬指派大员，将所属城工已修者详慎勘核，未修者据实估查，总期工程益加坚致，而帑项不致浮糜。倘仍视为具文，将来或经钦差查出，或别经发觉，该督抚恐不能当此重戾，亦断难曲为宽宥，毋谓朕言之不深切著明也。着于奏事之便，详悉传谕知之。”（《清高宗实录》卷822）

（乾隆三十四年六月戊寅）谕军机大臣等：“据伊龄阿奏‘湖北黄梅之扁担裂江堤迤上，于六月初六日夜，因大雨水长，已成溃口，约长六七十丈’等语。前据揆义奏到，湖北武昌、汉阳等府属被水情形，并称今年水势与乾隆三十二年相等。当经明降谕旨，令该督抚等详勘被灾处所，加意抚恤。至黄梅县属被水之处，该抚折内只称淹漫堤内水镇乡村十八处低洼地亩，其江堤漫口若干丈，及现在作何抢修赶筑之处，并未据详晰声明。再揆义所奏系六月初二以前之事，今伊龄阿所称大雨水涨系六月初六日，似黄梅江堤溃口，又系该抚前次具折后事，何以未据续行奏报？着传谕吴达善、揆义一面上紧妥协查办，仍速将漫口情形若何据实复奏。至黄梅县堤工，前于三十二年据定长奏请修筑，曾谕高晋前往该处会同查勘，据奏，黄梅等县董家口以上界连江西德化境内一带堤塍，原系民修工程，现估需银一万七千九百余两，请借动官项，交民自修后，分年征还。经朕降旨加恩，即交地方官动用公项办理，毋庸借帑扣还，原期工归坚实，以为永远捍卫田庐之计。今此段漫缺堤垸，按当日原图核计，似即在前次估修之内，何缮筑甫及年余即已溃塌若此？从前系派何员承办稽查，并动项若干，如何核销保固之处，着吴达善、高晋即速查明，各行具奏。再该处江堤与江西德化县相接，黄梅堤既漫溢，其毗连江西一带地面有无被水淹浸，是否不致成灾，未据吴绍诗奏及，并着吴绍诗一并确查，迅速据实具奏。”（《清高宗实录》卷837）

（乾隆三十四年七月）癸卯，谕军机大臣等：“据高晋复奏‘湖北黄梅扁担裂江堤溃决之处，系前任黄梅县知县吕世庆承修。请敕湖广省督抚查明溃决丈尺，着令原办之员赔修。从前不能实心督办之道府，查明参处’等语。此项堤工濒江捍御所资，关系最为紧要。前岁因江水暴涨，旧堤残缺者多，恐民修力或不赡，工作未得实济，是以于高晋等会勘奏到时，特饬动帑修筑，以期永固。乃报竣甫逾一年，偶遇盛涨，即有溃塌之处，是承修之员不能如式坚筑，实难辞咎。着传谕吴达善，即将黄梅县溃决丈尺迅速查明具奏，着令原办之吕世庆赔修，其从前派出稽查验收之大员，并着一并查明参奏……”（《清高宗实录》卷839）

（乾隆三十四年七月己酉）（湖北总督吴达善）又复奏：“勘得黄梅县江堤，原任黄梅县知县吕世庆承修之扁担裂堤工，溃口九十七丈一尺；原任麻城县知县刘希向承修之凉亭口堤工，溃口八十八丈五尺。又吕世庆承修工内，有内堤等处溃口三十六丈四尺，现在水未涸出，难以抢筑，应俟水涸，复勘办理。此项工程，动帑兴筑甫及年余，即已溃塌，应责令原承办之委员，各按段落赔修。”得旨：“览奏俱悉。”（《清高宗实录》卷839）

（乾隆三十六年三月庚午）湖北巡抚梁国治奏：“武昌城外第十五号江工石岸，因近年水涨根松，坍正岸二十丈、护岸三十九丈，而护岸根脚沙松桩朽，低矬尤甚，填土钉桩，难资坚久，应请填砌石脚三尺，俾与完好堤岸一律平整。现当汛水将至，已饬动项兴工。”报闻。（《清高宗实录》卷881）

（乾隆三十六年十月戊寅）谕军机大臣等：“富尼汉奏‘督抚藩臬等衙门有坍塌处所，一体酌准借支闲款动修，不得过二千两之数，仍限三年于养廉内坐扣’一折，所见甚属卑鄙。衙署为办公之所，间遇坍塌，自应随时修整。在道府以下等官，兼俸无多，准其先行借款动用，分年扣还，尚属近理。至督抚两司，养廉甚厚，每岁所得数至万金有余，折内所称修署之用，多者不过二千，何难及时自行修葺？乃欲援引僚属之例，借项续还，专为节省己资，鳃鳃过计，实属可鄙。富尼汉人本平常，前在山东巡抚任内屡获愆尤降调，于复加恩擢授河南巡抚，仍然拘谨无能，事多丛脞，难以复膺封疆之寄。因其尚无大过，特降为湖北布政使，以观后效。乃自到任以来，毫无振作，即所陈事件，率皆摭拾琐屑，无裨实政。今复见小若此，明系逢迎督抚之意，更不止于不达事理矣。此后若再不知儆惕，痛自惩艾，即藩司之任，恐亦难胜，不能再望承受朕恩矣。富尼汉着传旨申饬，并将此详谕知之。”（《清高宗实录》卷 894）

（乾隆三十九年五月壬午）署湖广总督湖北巡抚陈辉祖奏：“沔阳州民请于蔡口添建天井石闸二座，估需工料银三千三百余两，愿按田亩出银，自为修筑。查该处添建石闸，以捍外涨而疏内涌，启闭节宣，口内数万粮田均资保护，并于水道无碍。”应如所请。报闻。（《清高宗实录》卷 959）

（乾隆三十九年九月丙子）工部议复：“湖北布政使吴虎炳奏称‘定例道府以下等官借项修理衙署，数在一千两以上者，限六个月修竣；一千两以下者，限五个月；二百两以下者，限三个月；延缓者，查明参处。查湖北借项修署尚未扣完者共有三万七千余两，其中亦有逾限经年未报、工竣尚未起扣者，请嗣后凡有借项修署已逾定限，失报完工者，即行按数坐扣，仍将迟延职名开参’。应如所请办理，仍行文各督抚等遵照一例查办。”从之。（《清高宗实录》卷 967）

（乾隆三十九年九月庚辰）工部议复：“湖北布政使吴虎炳奏称‘查各省办理城工，承修之员各按工段银数多寡扣限赶办，工竣详请验修，督抚候府道藩司勘报，亲赴验收，定例不准稽延。惟逐层勘转之员，每因通工内有一二不能合式，尚须增办、改办，又或于勘后未经结报之前，适有事故离任，惮于出结，借名慎重工程，移交后任，展限延宕，殊非急公之道。请嗣后凡有城工经承修官报竣，府道藩司均各予限两个月，勘验转报，遇有增办、改办，止准照所增改之工按银数扣展，不得牵扯通工，另为展延时日。设遇勘后有事故离任，该原勘之员即出具保结，交接任之员代造册籍，转申督抚收工造销，如有借延，开参议处’。自应如所奏办理。但通工完竣后，藩司道府验报各予限两个月，未免旷日持久，应酌定各予限一个月勘验转报，仍令该管上司遵限速办。”从之。（《清高宗实录》卷967）

（乾隆四十年三月丁丑）署湖广总督陈辉祖奏：“湖北武昌省城金沙洲、太乙宫等处，滨江石岸迎溜冲刷，坍裂正岸八十丈、护岸七十七丈，急应修筑，以防汛水。”报闻。（《清高宗实录》卷979）

（乾隆四十一年四月癸卯）又谕曰：“英廉奏‘湖北民人江荣周在京呈控沔阳州土堤冲溃多年，未经修筑’一案，已将江荣周交部解赴湖北，听候查办。着刘墉于查审安徽事竣，即就近前赴湖北，会同陈辉祖秉公查勘。此项堤工虽系民修，但关系垸田数百万亩，岂可听其经久不行葺治？若其中有业户民，即应令其出资，上紧赶筑。倘或民力实有不能，亦当官为设法借给，按年扣还，俾堤塍卫田，以资久远之利。不宜因循坐视，致良田多年歉收。刘墉等务将实在情形确查妥议具奏。至江荣周本身止有田百亩，因何远涉赴控，恐不免有借端敛费情弊，并着一并查明具奏。英廉折钞寄一分，并江荣周呈词原图寄交刘墉阅看。”（《清高宗实录》卷1006）

（乾隆四十三年四月丙午）户部议复：“湖广总督三宝奏称‘远安等十三州县买贮谷七万二百七十五石零，无仓存贮，请添建仓廒七十四间’。应如所请。”从之。（《清高宗实录》卷1055）

（乾隆四十三年八月戊寅）添建湖北京山、东湖、枝江、应城、保康、来凤等六县仓廒三十九间，从巡抚陈辉祖请也。（《清高宗实录》卷1065）

（乾隆四十三年十一月丁酉）署湖北布政使、按察使福川奏："安陆府城外富民河淤塞，士民情愿公捐疏浚，需银一万二千两，工多费繁，请借项垫发，照堤工例按亩带征，分两年归款。"得旨："告之督抚，令其速行办理。"（《清高宗实录》卷1070）

（乾隆四十四年二月丙寅）谕："据陈辉祖奏'现在豫省堤工重务，需员差委，即将来每岁修防疏泄，其稽察厘剔，既不便令同官久任之员，致多瞻徇，而地方要件亦有随时查办之事，必得妥干之员，以资遴委。因初莅豫省，属员均系甫经识面之人，若奏请拣发，亦恐人地生疏。恳请将现任湖北同知永庆、陈嘉谟、陈文纬，通判归朝煦，知县李之骏发往豫省'等语。督抚奏调隔省官员，屡经降旨饬禁，但豫省现有堵筑漫工，急需干员差委，非寻常奏调者可比。所有陈辉祖请调豫省之永庆等五员，俱准其发往差委，遇缺酌补，嗣后不得援以为例。该部知道。"寻大学士、暂署湖广总督三宝等奏："武昌府同知永庆，系附省首厅；汉阳府同知陈嘉谟，承办事繁，均难骤易生手，请仍留湖北。"得旨："如所请行。"（《清高宗实录》卷1076）

（乾隆四十四年七月辛亥）湖广总督觉罗图思德奏："查勘荆州被水情形，前缘荆江上游，川水泛涨，由沙市老堤漫过，致将月堤冲缺，逼近城根，经地方官堵筑，并于堤面加筑子堤捍卫。其沿江一带老堤为郡城保障，水过不无汕刷，现饬道府俟江滩全涸，修筑完固。城外涸出地亩补种杂粮，可望收获。居民并无伤损，间有房屋坍塌，业已查明抚恤。"得旨："览奏稍慰。"（《清高宗实录》卷1087）

（乾隆四十五年正月己酉）署湖广总督湖北巡抚郑大进奏："武昌省城滨临大江，荆襄之水汇流直泻，绕城而东，沿江俱砌有石岸，顶冲处兼有护岸。上年五六月间，江水盛涨，汕刷数月，致堤脚多有虚悬，查勘坍塌臌裂之处刻不可缓者，估需银二万九千四百四十两有奇，请动支

现贮江工筹备本款银及时修筑。”下部知之。(《清高宗实录》卷1099)

(乾隆四十五年八月甲寅)谕军机大臣曰:“富勒浑等奏‘安陆府城外有久塞支流,旧名富民河,经前督臣德沛奏请开浚通舟,奉旨停缓。前署藩司福川复因顺道勘估,请借帑挑挖。兹据该府县禀报,该处沙停淤塞,难以照估开浚,随委道府等勘查请停’等语。此事德沛好名于前,福川接踵于后,既非紧要工程,自可无庸办理。福川不过署藩司,顺道勘估,即请借帑开浚,其为沽名显然,不惟虚糜帑项,且徒劳民力,着福川明白回奏。富勒浑等折,并着钞寄阅看。”寻福川奏:“臣从前奏请时,适遇该处偶有偏灾,据知府沈树声转据士民等呈称,富民河久经淤塞,农商未便,请捐项开浚。臣于查灾之日顺道勘明情形,允准具奏,即为以工代赈。后因雨多水涨,不能施工,曾禀明督臣请停,但未自行陈奏,实属错谬,请交部严加议处。”得旨:“该部议奏。”(《清高宗实录》卷1112)

(乾隆四十六年七月壬子)又谕:“前据兴兆等奏‘六月十九日,荆州江水盛涨漫溢,灌入荆州府护城,现在督同地方官设法办理,并知会督抚’一折,已传谕舒常等督率所属加意抚恤矣。乃本日舒常奏报‘亲往该处查勘情形’折内,朕详晰披阅,仅据声明沔阳、安陆等处被淹地亩情形,而于荆州府城现在水势曾否消退,并东、西、北三门城墙有无冲坍,城内驻防满兵及府城人口有无伤损,护城堤垸冲塌究竟若何,并如何与兴兆会商勘办之处,均未详晰叙及。伊系满洲总督,乃于驻防满兵处所全不留心查办,殊属不知轻重。舒常着传旨申饬,仍令将荆州府城实在情形查明据实迅速复奏,毋再牵混迟延。”寻奏:“川江水溢,漫过荆州府沙市老堤,数日后涨水已涸。驻防兵丁及府城人口并无伤损,田亩亦无被淹。三门城脚吊桥浸损,暨各堤溃口俱属无多,已与兴兆商饬修筑,并留藩司梁敦书在彼赶办。”报闻。(《清高宗实录》卷1136)

（乾隆四十七年十一月甲午）又谕："据何裕城等奏'来年兴办运河堤工，所需杉木一项，应购办八万根，现在拟即动拨司库银两，委员前赴湖北汉口一带产木处所，照依现定围圆长丈，如式采买齐全，务于明年三四月内到工，庶不误要工之用'等语。所奏甚好，自应即需筹办者。东省堤工，需用木植稍多，现据该河督等动拨司库银两，遴委干员，前往湖北汉口一带赶紧采买。着传谕舒常、姚成烈传饬地方官，俟东省委员到彼，即协同照料购办，毋任商贾居奇，并沿途派员催趱出境，俾遄行无滞，速济要工之用。"（《清高宗实录》卷1168）

（乾隆四十八年二月丙戌）湖北巡抚姚成烈奏："东省委员采办堤工木植，准河臣将需用丈尺各数咨复，即饬汉阳府、县宽为豫备。现据委员禀称，按照工次所需，拣择买齐，扎簰起运，随派委督护催行，仍咨经过各省接护抵工。"得旨嘉奖。（《清高宗实录》卷1175）

乾隆四十八年癸卯三月壬辰朔，谕军机大臣等："据何裕城奏河湖水势情形及南漕首帮入境日期，折内既称'应办纤道，查催督办，计日内均可全竣，无误运行'，又称'刻下韩庄闸座尚在漫水中，漕船北行，难由闸门前进'等语。韩庄一带堤岸，既经涸出，添修黏补，普律完工，足资通纤，何以又须鸠工集料，于湖广采办木植，赶运兴修，未免张皇糜费。且所称'闸座尚在漫水淹浸，漕船北行，难由闸门前进'，与前无误运行之语不符。着传谕何裕城据实复奏，勿稍回护。再折内称'东坡入口之处水势已浅，恐重运经行，致多阻搁，应改从正河北上'等语，是独山湖之水已日就减落，而微山湖水势尚未大消，是否尚可将微山湖之水设法宣泄，俾得畅消之处，并着何裕城一面勘估兴工妥办，一面奏闻，以利重运。以上情形着该总河等酌量办理。总之，大工告成在即，则河湖水势自归故道，原不在斤斤补救为也。将此由五百里谕何裕城，并谕阿桂等知之。"寻奏："韩庄一带纤道，只系于水面浮修。至堤岸闸坝、大石排桩等工，现未兴修，应须豫办料物。又韩庄以北，即系郗山正河近连微山湖之处，闸背现尚漫水，是以前议改从正河行走，微山湖由伊家河出水，甚属通畅。江境尾间去路足资宣泄，无庸另筹。”报闻。（《清高宗实录》卷1176）

（乾隆四十八年三月庚申）湖广总督舒常、湖北巡抚姚成烈奏：“武昌金沙洲江工内金字号迎水坝长十七丈、高二丈七尺，马头一座宽二丈、斜高一丈。又汤字号正岸一段长十六丈、高一丈一尺，第一层、二层护岸长各十六丈、高九尺至七尺，均被江水冲坍，应动项修砌。”报闻。（《清高宗实录》卷1177）

（乾隆四十八年六月乙丑）又谕：“现在修建体仁阁，工程关系紧要，据金简奏称‘与福隆安商酌，会同督办，并派员分头上紧赶办事项匠工、料物’等语，自应如此办理。至所奏‘现派员赴圆明园木厂，查量福康安、徵瑞进到木料，并工部木仓现存桅木，配搭应用。又设法寻觅合式木料、砖块，购买拆用’等语，此项工程需用大木较多，自应亟为筹备。即修辟雍所有豫备木料，亦可先行尽用，以期迅速集办。又福康安尚有采办楠木二十余件，伊在川起程时业经起运，计此时已过湖广地界，现在传谕江南、山东、直隶各督抚速即催运来京。着传谕福隆安、金简通盘筹画，上紧兴修，务于本年九月内，妥速完竣。”（《清高宗实录》卷1182）

（乾隆五十年八月丙戌）谕：“据特成额奏‘湖北潜江、钟祥二县应修民堤，先行借项兴修，仍于有堤业户名下分别征还，共用过银七万八千五百余两，经部驳减银一万九千六百余两，请于承办各员名下勒限催追，俟缴齐时，发商营运生息，以备再有工程动支给发’等语。工程动项兴修，自有勘估原册，及工竣报销，部中核减，亦必有一定章程。今湖北省借项兴修堤工，动用银七万八千五百余两，此必因当仍征于民之项，地方官任意浮冒多估，为营私之地也。设如部中核减不过数千两，尚在情理之内，乃竟驳减至一万九千六百余两之多，则是七分之二矣。

设遇数十万两之工程，竟将核减至十余万两，有是理乎……即使无此等情事，而驳减如此之多，若该省皆实工实料，该督抚等当据实直奏部驳之苛求，朕亦自有办理之法。今竟受之，是承办工程各员必有浮冒侵蚀之弊，不然何甘受核减、屈意认赔之理？且向来工部遇有此等浮冒，如海塘及韩庄岁修闸坝等工，皆系专折奏明，查办有案。此案以七万余两工程，竟至驳减七分之二，何不奏闻请旨饬查，仅照例题本完结？此事着交留京王大臣传集工部堂司各官，拘提书吏，并吊齐报销册籍驳减例案，秉公查询有无前项情弊，据实具奏，该督抚亦着明白回奏。其特成额所奏核减银一万九千余两，追完时发商营运，以备再有工程动支之处，着照所请行。”（《清高宗实录》卷1236）

（乾隆五十年八月丙戌）谕军机大臣曰：“特成额奏‘湖北省钟祥、潜江二县堤工溃决，借官项兴修，仍于有堤业户名下分年立限征收完项，共用银七万八千五百四十四两零。经部议驳一万九千六百三十六两零，于承办各员名下追缴，但未便查照民捐原数分晰扣除，按数给还。所有核减银两，请俟缴齐之时发商营运，遇有大工再行支给’等语。民间堤垸原以保护田庐，今以应追之公项备待给之工需，于经理堤塍自有裨益，即照该督所请办理。但此项堤工用银七万八千五百余两，报销时核减一万九千六百余两，核计驳减银数，竟至七分之二……”（《清高宗实录》卷1236）

（乾隆五十年八月戊戌）谕军机大臣等：“前因湖北潜江、钟祥二县兴修堤工银两，报销时工部驳减过多，恐有别项情弊，特谕留京王大臣秉公查询，仍令该督明白回奏。兹据留京王大臣查奏‘此案用夫一款，则例内开潜江、钟祥二县每夫一名银三分。今该督册开每夫一名，用银四分，较定例多开一分，工部照例核减，是以减去银一万九千六百余两’等语。是工部办理此案，系属照例驳减，并无不合。至潜江、钟祥二县每用夫一名银三分，系载在则例，久经颁发遵行，非无定款之工可比，该督岂有不知之理？乃于估册内每夫浮开银一分，必此地方官因此项堤工银两当仍征之于民，是以浮冒多估，而该督轻听工员之言，并不确核，率行题销，至干部驳。着传谕特成额，将何以并不遵照定例，任意浮销，及工部员有无侵冒之处，据实详查，明白回奏。”（《清高宗实录》卷1237）

（乾隆五十年九月丁巳）又谕：“前因湖北省报销潜江、钟祥二县兴修堤工银两，经工部驳减至一万九千六百余两之多，疑部中胥吏或因需索不遂，有意苛求，特命留京办事王大臣秉公查讯。嗣据王大臣以工部核销此案系照则例驳减，并无不合，复谕特成额将何以并不遵照定例，任意浮销，及工员有无侵冒，据实详查具奏。兹据该督复奏‘此项堤工系四十四年兴修，四十五年工竣题销，节据工部驳饬删减，经前任督臣富勒浑等以此次筑堤取土较远，兼有应填坑塘，是以夫工递有加增，请仍照原册核销，题复在案。至承办工员有无侵蚀之弊，现在切实究查参奏’等语。该省钟祥、潜江二县堤工，既据特成额查明，经历任督臣四次题销有案，其应减银两自应遵照部例，不得以民价浮销，业经该部行令在承办各员名下追缴，已可完案。所有从前工员，毋庸再行查究。至此项银两缴齐之日，该督请发商营运，遇有大工勘明支给之处，应如特成额前奏办理。该部知道。”（《清高宗实录》卷1238）

（乾隆五十年九月壬申）军机大臣等议复：“湖广总督特成额、湖北巡抚吴垣奏称‘南北两省备造剥船，请于武昌、汉阳、长沙、常德等府聚木之处鸠工集料，责成汉阳、长沙等府县分领承办，仍令藩司永庆、秦承恩总催赶造办竣。将承办各员，于船旁刊刻何处成造字样，如有草率浮冒，即行指参’，应如所奏。”得旨：“依议速行。”（《清高宗实录》卷1239）

（乾隆五十三年六月壬寅）谕军机大臣等：“据姜晟奏‘宜昌府属之长阳县，于五月二十一、二等日大雨如注，山水陡发，平地水高八九尺至丈余不等。城墙倒塌，县监、仓谷亦俱冲汕浸湿，并有坍塌衙署、民房及淹毙人口之处，现饬藩司陈淮前往勘办’等语，湖北长阳县因骤雨水发，宣泄不及，以致漫溢城墙，冲汕官民房屋，并损伤人口，情殊可悯，自应亟为抚恤。该抚业经派委藩司亲往查勘，着传谕该抚，即饬令详悉查明有应行抚恤之处，照例分别妥办，毋使灾民失所。其城墙、衙署、监狱、仓廒实系被冲者，亦即确勘酌修，勿任牵冒。”（《清高宗实录》卷1306）

（乾隆五十三年七月甲子）又谕曰：“图桑阿、陈淮奏‘六月二十日，荆江夏汛泛涨，随督同地方文武员弁，将护城各堤塍加筑抢修，各城门下闸堵闭，分段照料。讵酉刻堤塍溃决，江水直逼城下，冲开西、北两门，满、汉两城文武衙署、兵民房屋以及仓库、监狱俱被淹没，兵民多赴城上及屋顶、树上逃生，其奔走不及者多被淹毙。经陈淮令随身家丁扎筏渡赴沙市招募船只，图桑阿亦动项雇船，分救满、汉两城人口，赴城上搭棚栖止。现酌动府仓南米散给抚恤，其驻防、绿营兵丁俱照例借给一月口粮。监犯现查获三十八名，其余五十名是否淹毙或私逃，上紧查究。又随陈淮办事之州同娄业燿被冲无踪。至二十三日水势稍平，陈淮现在荆州，亲身督查，俟办有头绪，方可回省’等语……但该处堤塍兴修未久，荆州前曾被水，其淹浸情形并未闻如此之重，此次满、汉两城均被淹浸，虽系大江夏汛泛涨，究由堤塍不固、被水溃决所致。除交军机大臣详查具奏外，着传谕舒常等即将所决堤工系何年、何人承修，因何工程不固，以致溃决之处，查明据实参奏……再缅甸贡使现赴热河瞻觐，荆州为必经之路，此次被淹情形较重，城垣、庐舍多有坍塌，恐不足以壮观瞻。着传谕该督等务将堤塍各工上紧兴修，如能于该贡使过境之前一律兴修完整，并将各兵民妥为安顿，固属甚善。如实赶办不及，或令绕道行走亦可，该督等务遵照妥办具奏。将此由六百里加紧传谕舒常、姜晟，并谕令图桑阿、陈淮知之。仍着该督等将何日起程前往及现在查办情形，各行迅速复奏，以慰廑念。”（《清高宗实录》卷1308）

（乾隆五十三年七月）丁卯，谕军机大臣等："前据图桑阿、陈淮奏'荆江泛涨，府城被水冲淹'，已屡谕令舒常等亲往查勘，妥为抚恤矣。其折内称'西刻堤塍溃决，江水直逼城下，遽将西、北两门冲开'等语。前次荆州被水时，水势亦曾至城下，当将城门关闭，用土囤塞，城内并未冲入。此次水淹府城，若系冲塌城垣而入，尚可诿为人力难施。今水逼城下，冲开西、北两门，自由城门并未囤土，办理不善所致。至堤塍各工，尤为御水而设，本日据军机大臣查奏，四十四、六两年荆州两次被水，俱曾借项兴修堤塍，用银七万余两及四万两不等，分年于各业户名下征还。该处堤工因例归民修，向无保固，督抚等既不慎重拣派妥员办理，而承办之员又以此项工程系动用民力，并不认真修筑。外省官办工程尚有草率浮冒情弊，何况民修之工？官员等从中偷减浮开，尤属事之所有，以致堤塍不能巩固，屡被冲决，而此次被淹情形尤重。着传谕该督等务遵前旨，即将现冲堤工系何员承修，查明严参着赔，以示惩儆。至该处被淹兵民，情状可悯，该督务当遵照节次谕旨，详悉查明，加意抚恤。所有此次抚恤被灾户口，以及修理堤工、城垣、仓廒、监狱并兵民房屋，除官员衙署可以分年借廉修补外，其余共需银若干之处，并着该督等即通盘约计大概，先行具奏，若钱粮不敷，又可速拨。该督等务当亲加履勘，切实估计，不得一任属员借端浮冒，豫为侵冒地步也。将此由六百里加紧谕令知之。仍将查办情形迅速复奏，以慰廑注。"（《清高宗实录》卷1308）

（乾隆五十三年七月）辛未，谕："前据图桑阿、陈淮奏'荆州江水泛涨，堤塍溃决，以致府城及满城均被淹浸'。览之惕然恻然，已屡有旨谕令舒常等迅速前往，详晰查明，妥加抚恤矣。看来荆州被淹情形甚重。本日又据图桑阿奏'该处城垣四十四、六两年曾两次被淹，城垣亦不坚固，此次被淹更重'等语。荆州城垣，既两被水淹，此次因冲开西、北两门，水直入城，城内水深一丈余尺，虽渐次消落，而城垣经此一番淹浸，基址必至松动闪矬，势须另行修建。朕意该处城垣既屡被水淹，自因江水顶冲之故，而城内水至丈余，其地势亦必低下可知。但该处为古来重镇，近乃屡被淹浸，殊非捍卫久安之道，或江路有所迁移乎？兹既另须修建，何必与水争地，莫若择一地势较高及非顶冲之处，酌量移建，庶可以一劳永逸。若该府民人安土重迁，或难改徙，不妨将城垣、衙署酌移高阜处所，收小改建，亦无不可。至该处城工既需另建，而衙署、仓廒、监狱以及驻防官兵房屋一切亦被水淹，均须查明分别修建。其被灾人口，尤应亟行抚恤，需项浩繁，该省藩库所存银两必不敷用，着于户部库内，动拨银二百万两，并派户部司员二人，每人管解银一百万两，径送荆州应用。并着沿途各该督抚速备人夫车驮，直隶着派梁肯堂，河南着派景安，湖北着派李天培，并各派出道府营员一体护送，以期迅速解到。至此次荆州城垣可否改建及尚可因旧，朕不能悬度，及一切抚恤事宜，所关甚巨，恐舒常、姜晟等见识未能周到。阿桂历经委任，自能善体朕意。德成于工程亦为谙习，着派令由驿前往勘办。所有城工应否改建及如何筹办，毋致再被水淹之处，着交阿桂会同舒常定议具奏，改与不改，阿桂定之。其料估城垣、仓廒及驻防官兵房间等项工程，着交德成核实估计具奏。阿桂、德成接奉谕旨，即日迅速起程前往，不必前赴行在请训，其详悉俟朕细思，续有指示办理之处，即行由驿陆续寄知。阿桂等到彼，当详细筹勘，妥协办理，不必泥于遵旨，以副朕轸念兵民、保障久远至意。其留京事务着绰克托代办。”（《清高宗实录》卷1308）

（乾隆五十三年七月辛未）又谕：“荆州堤塍修理未久，如果工程坚实，何至屡被水冲？已有旨交舒常等查明严参。恐该督意存回护，或任令地方官捏禀，以所修堤塍已被冲溃，无从查考为词，希图朦混。朕思堤塍道路绵亘，即被冲处所，亦必有基址可验。德成于查工一事尚属认真明白，着阿桂会同该侍郎逐一亲加验勘，如有工程草率及偷减情弊，即分别严参着赔。又荆州为关圣帝君镇守之地，该处必有庙宇崇奉。今城内水深丈余，恐庙貌亦不免浸损，如将来城垣应须移建，自当将旧有

栋宇移在新城建盖，若城垣实难移建，务须将原有庙宇重行修整，俾轮奂一新，以壮观瞻而崇虔祀。”（《清高宗实录》卷1308）

（乾隆五十三年七月甲戌）谕军机大臣等：“据阿桂奏前往荆州查勘应否改建城垣，折内称‘向熟谙该处情形之人留心访问，闻得荆州府治对岸一带向有泄水之路八处，近惟虎渡一处现在尚可泄水，其余七处俱久在湮废，江水分泄之路既少。又沙市对岸有地名窖金洲，向来只系南岸小滩，近来沙势增长，日加宽阔，江流为其所逼，渐次北趋，所谓南涨北坍，以致府城濒江堤岸多被冲塌，屡致淹浸，其故或由于此’等语。荆州为古来重镇，城犹是城，江犹是江，何以从古俱未闻有被淹之事，而本朝百余年来，亦未闻此事，乃十年之间，四十四、六及本年三被淹浸。而此次江水，竟至冲入城内。朕即疑必因江流或有迁徙，密迩城垣，顶冲受患所致。今据阿桂查询，荆州对岸泄水之路，竟有七处湮废，而窖金洲小滩，近复沙势增长宽阔，以致江流渐次北趋，府城濒江堤岸多被冲塌淹浸。观现在被水情形，则阿桂所言，竟是该处受病有由，已非一朝一夕之故，而地方官之漫不经心，已可概见。现在阿桂到彼尚需时日，着传谕舒常到彼先将荆州对岸一带亲加履勘，是否实系该处泄水之路渐就淤塞，窖金洲沙势增长，逼江北趋，即行查明，据实具图贴说复奏，不得因失查于前，又复回护于后。阿桂到后亦即行详悉查明复奏。又据阿桂奏‘荆州城垣一切布置规模由来已久，不便轻议更张，即当察看地势，或于府城濒江处所，筑建鸡嘴石坝之类，逼溜南趋，将窖金洲沙渐次冲刷’等语，所见甚是。荆州城垣若需移建，则衙署、仓廒、监狱等项概须搬移，所费不赀，况该处素称富庶，民人世居其地，亦不免安土重迁。朕意若府城可以无需移建，即当于濒江处所酌建石坝，逼溜南趋，再将从前泄水故道，择其疏消得力、易于修复者，即为挑浚，并将窖金洲上挑挖引河，俾府城不受水顶冲，自可长期巩固。阿桂历经委任，谙悉形势，务与舒常酌筹尽善，因利乘便，妥为办理，总期一劳永逸，方为妥善。将此由六百里各传谕知之。”（《清高宗实录》卷1308）

（乾隆五十三年七月戊寅）又谕："据舒常奏'驰抵荆州，查明被水情形'一折，并据绘图呈览，详阅图内沿江堤工，漫溃至二十余处，各宽十余丈至数十丈不等。是此次荆州被淹较重，竟由堤塍不固所致，该处堤工于四十四、四十六两年被水后，均曾借项兴修，如果工程巩固，何致屡被溃决？外官习气不堪，官工尚且思肥己，况此项工程例系民修，向无保固，承办之员并不认真妥办，草率从事，甚或侵渔入己，均属事所必有。屡经降旨，交阿桂等查明严参。着阿桂到后，即会同舒常等详细查明。以十年为限，所有现决之堤工，如在十年以内兴修者，承修之员俱当从重治罪，仍着落赔补。其监修之该管道府及藩司、督抚等，亦着一并查参，分别议罪着赔。嗣后并着定限保固十年，如在限内冲溃者，即照此严行参处，以示惩儆。此次荆州被淹，既因堤工不固之故，则该处城垣自以不移为是。着德成到彼后，详细察勘，坚实重修，以垂久远。其衙署、仓、监等项，并着阿桂、德成等会同确勘，分别动借，以次兴修。至该处堤塍为全郡保障，所关甚重，从前因系民修，以致地方官办理不善，任意克减，屡被冲淹，况该处人民现在被灾较重，朕心方为恻然，亦不忍再令其自行修理。所有此次应修各堤工，竟着动项兴修，官为办理，并着阿桂、德成妥为估计，务期加高培厚，认真修筑，俾崇墉屹立，永资抵御。其将来每岁修理，需费无多，再照例办理，以示体恤。又据舒常、图桑阿等奏'坍塌兵房请借银修复，分年扣还'一折，此次荆州被淹尤重，所有该兵丁修复房屋各费，朕亦不忍复令其扣还，前已有旨，竟全行赏给。并着阿桂等到彼后，即遵前旨，会同查明妥办，仍酌量抚恤，俾无失所。至城厢内外淹毙大小男妇人口，经舒常等查明，共有一千三百六十余名。此等民人因躲避不及，仓猝淹毙，实堪怜悯，皆当赐恤。其余各灾户，现在城上搭棚居住者，尚有一万余人。虽据舒常奏，连日天气晴明，兼之捞获各仓湿米，散给糊口，人心安帖，览奏为之稍慰。但各灾户被淹之后，房屋坍倒，栖止无所，而田禾被水淹浸，亦恐多有损伤。着舒常等即先行详悉查明，加意抚恤。似此重灾，只当期于无遗，不必复言无滥。该督等宜善体朕意，妥协办理也。又据姜晟奏‘接准督臣咨会，续调银二万两、钱四千串，解赴荆州应用，已饬照数解往’等语。荆州现有修建堤塍、城垣各工及抚恤兵民之用，需费浩繁。虑该省藩库所存不敷动用，早发户部银二百万两，派员迅速解往。并着阿桂等到彼通盘约算，如尚不敷用，即据实奏闻，以便再行拨解应用。至楚省今年被淹处所较多，前据姜晟奏，长阳、蒲圻等处皆被水淹，已有旨，谕令一体查明妥办。今日又据该抚奏‘汉阳、武昌两城俱因江水过高，城中积水无从流泻，低洼之处间致淹溢，省城贡院尤为低下，湖水渍入号舍’等语。现届宾兴大典，所有淹渍号舍，着该抚即上紧设法疏消。其被淹各处，虽有轻重不等，但同系灾民，皆当一例抚恤，不可因荆州府城被灾较重，皆注意在彼，而于被水之别州县，未免心存歧视，致有失所向隅之处。姜晟现在省城筹备一切，并着该抚一体详加妥办，以副朕轸念灾黎、一视同仁、有加无已之至意。”（《清高宗实录》卷1309）

（乾隆五十三年七月己卯）又谕：“据舒常奏荆州沿江堤工漫溃至二十余处，各宽十余丈至数十丈不等，此事前据图桑阿、陈淮奏，堤工溃决后，江水冲开西、北两门而入。朕意该处西、北两门被冲，大江自应在府城之北，及查阅舆图及《一统志》图，大江则皆绘在府城之南。昨据舒常所进之图又与舆图所绘南北方向相同，江既在南，则城内被淹时，水势自应由南门而入，何以此次又绕至北门，殊不可解。此皆从前承修堤塍各员见该工例应民修，任意草率偷减，侵肥入己，该管上司复不以事为事，以致工程不固，一经江水涨发，不足抵御，在在溃决，江水建瓴而下，将并非顶冲处所，亦被冲淹。况阅图内堤工溃决共有二十余处，自系迤西之堤先行溃决，是以水势由西南绕至西北，遂至冲开北门入城，以致成大灾无疑。昨福建、台湾文武员弁因循玩愒，肆意贪婪，竟致酿成逆案，不得不彻底究办，湖北吏治亦属废弛已极，活埋冒赈之案相继败露，其办理盐务，辄敢私立匣费名目，大小官员染指肥橐，累商滞课，今于承修堤工，又复一任劣员肥己误工，屡被冲溃，而此次江水竟至淹入城内，被灾甚重。前据图桑阿查奏，满城淹毙者共四百余名。昨又据舒常查奏，府城大小男妇淹毙者一千三百余名。外省官员于灾伤向有讳饰，兹报出者已有一千三百余名之多，则其讳匿不报者必尚不止此数，想来不下万余。此等灾户流离颠沛，伤毙多口，可悯可怜，皆由堤工不固，以致罹此重灾。若不将承办及该管之员从重治罪，又复何以示惩儆而慰舆情？除交军机大臣将十年以内历任湖北督抚、藩司及荆州道府详细查明具奏外，并着阿桂到彼后，即将十年以内之承修堤工官员暨该管各上司一体详查严参，分别从重治罪，仍着赔补，用昭惩创。至沿江堤塍，为百姓保护田庐而设，固应动用民力。此次因被淹较重，朕不忍仍令被灾之民按例修理，业降旨动用帑项，官为坚实修筑，永资保障。俟将来每岁修理，需费无多，再照例办理。但该处民人甚众，若竟归民修，不复官为经理，则百姓等谁肯首先出资，踊跃从事？即如井田之制，宜古者未必宜今，若此时而沿袭井田，即‘雨我公田，遂及我私’之句，亦徒成虚语。是将来修理堤塍各费派之于民，而仍当官为经理。第不肖官吏于官工尚思侵克肥已，矧此项工程例归民修，并无保固。官员等不特于需费之外，可以借端加倍洒派，入其囊橐，而且草率从事，偷减侵渔，均属事所必有。其该管上司，又因系民修之工，遂尔漫无查察，殊非慎重堤防保护民命之道。自应定立章程，于应修时派委大员确加勘估，借项兴修，俟报部核准后，再按亩摊征归款。并定以保固年限，如在限内有溃决之事，即严参治罪着赔，庶工程可期永固，而官员亦不敢有侵蚀情事，方为妥善。除此次应修之堤交阿桂、德成妥为估计，动项官办外，其将来民修堤工作何稽察保固之处，着阿桂到彼后，即会同舒常悉心妥议具奏。再舒常所进之图未甚明晰，阅之不能了然，着该督即将此项堤塍先由何处冲决，江水又因何绕至北门，其被淹各处所系何地方，另行展宽图幅，详细绘图贴说呈览。”寻奏：“荆州堤决，先自城西四十里万城堤之中方城溃塌，并及迤下之上下渔埠及玉路口等处，致由西门冲涌入城。此地距大北门止二里余，城北有土岗较高，水流至此，回溜

湍急，遂将大北门扫塌，并小北门、东门相继冲泻。”报闻。（《清高宗实录》卷1309）

（乾隆五十三年七月）庚辰，谕：“……朕本欲舒常来京供职，因其曾任湖广总督，上年李侍尧调任闽浙，一时乏人，以舒常人尚小心，是以差往署理，续行实授。今该省似此种种废弛贻误，舒常并未据实陈奏，咎无可辞，岂可复膺封疆之任？舒常即着解任，留于荆州工次，效力自赎。李封曾任该省巡抚，并不能实力整顿，相沿玩误，伊亦无颜在京供职，并着前往荆州，管工效力自赎。其行在刑部印钥，着福康安带管。现在荆州堤塍、城垣各工，已命阿桂、德成前往勘办，阿桂等将大局勘定估明后，即交与舒常、李封在彼监修，俟各工及灾赈等务完竣，另降谕旨。其十年以内之承修官员并该管各上司，仍着阿桂遵照前旨，详细查明，分别严参，从重治罪，并着赔补，用昭惩创……”（《清高宗实录》卷1309）

（乾隆五十三年七月）壬午，谕军机大臣曰：“舒常奏‘此次荆州江水骤涨，陡高两丈有余，堤塍漫溢，荆江水面本高于城，是以水势形同建瓴。地方文武各员赶紧保护，讵风狂浪涌，各堤联翩溃决’等语。此奏多有不实，已于折内批示。本年荆、襄二江同时并涨，水固异常，但堤塍原为御水而设，若果工程巩固，何致一经风浪鼓荡，溃决至二十余处之多？足见堤工不堪。即如淮、扬两郡，全借高家堰以为保障，乃淮、扬各城，并未闻有被淹之事，足见堤堰坚固，原可无事。若如舒常所奏，风狂浪涌，各堤遂联翩溃决，则设堤何用？且设城又不当在此矣。此必该地方官因系民修，向无保固，草率偷减，并不认真修筑所致，舒常何尚为属员地步乎？昨已降旨将伊解任，令在荆州管工自效，并不为屈，实有先兆矣。又据奏‘此次溃堤二十一口，系在万城堤之中方城、玉路口等处，其四十四、四十六两年所修之沙市观音塔、古月堤等处，俱皆稳固’等语。沙市等处堤工，既皆稳固，而现在溃决之方城、玉路口等处堤工，又是何年何人所修？舒常何以并不奏明？况沿江堤塍为全部保障，所关甚重，向于每年秋后用民力自修，仅责成县丞督率赶办，外省正印各官于承办官工尚思肥己，矧县丞职分甚微，派令管工，必更有分肥克减情事，而又无大员查勘，无怪工程之不巩固。从前所定，本非善策，舒常不过一谨慎小心之人，原非长才，今见该处遭此重灾，益无主见，现已派阿桂等驰往勘办，并令将此次应修之工动项官为办理。虽据舒常奏'荆郡滨江之处，地势卑洼，江面高于内地，一经漫溢，势同建瓴'等语，若诚如此，则又当别论。但荆州为古来重镇，城犹是城，江犹是江，城垣自以不移为是，况江水澄清，非如黄河之挟沙而行，易于淤垫者可比，一经消退，城内仍可安处。第城垣既不移改，则堤工倍为着重，着传谕阿桂到彼后，务遵前旨，妥为估计，加高培厚，坚实修筑，俾资捍御。再阅舒常折内称'沿江堤塍每年民间自行估土修筑'等语，是该处堤塍皆系土工，土性松浮，易被冲刷。现在既需重修，何不将迤南遮护府城一带堤工，酌量改建石工？石性既比土性坚固，而荆州距山不远，采运亦易。若属可行，即或需费较多，朕为全郡民生起见，断不稍有靳惜，自当即为改建石工，以为一劳永逸之计。其是否可办之处，并着阿桂及毕沅确勘妥筹定议具奏。又据舒常奏'荆州抚恤灾民并修理各项工程约估银十九万六千余两'等语，舒常所奏系约估之数，其修堤费用未据列入，前虑该省藩库所存银两或有不敷，早经发银二百万两解往，似可敷用。阿桂历经委任，自能将工程及抚恤各事督饬各该地方官妥协办理，俾兵民不致失所，而工程足垂久远。若该地方官等因见发往帑项宽余，复思从中染指，则是太无良心矣。一经查出，伊等自思当得何罪耶？又据舒常另片奏称'将军、副都统衙署均有坍塌，恳请借廉修理，分年归款'等语，将军、都统同系大员，皆有廉俸，所有衙署，自应准其借廉修理，分年扣缴。将此由六百里传谕阿桂、毕沅知之。仍着将现决堤塍，系何年何人所修，遵照前旨，将承修之员及该管上司详细查明，分别严参治罪着赔，以示惩儆。"（《清高宗实录》卷1309）

（乾隆五十三年七月丙戌）又谕："现在荆州被水甚重，皆由堤工不固所致，因该处堤工向系民修，并不报部核销，是以一面谕令阿桂等办理，一面令军机大臣查各省凡系民修各工，向俱是否报部。兹据查奏，各省修浚堤河等工，有借项里民自行经理，并不造册送部者；有借项官为经理，工竣造册送部备案者；亦有借项造册具题核销者。是各省民修之工，并非全行报部核销，章程本不画一，立法未为妥善。修浚堤河等工，原为保护田庐、疏消积水起见，向系民间修理者，原不便遽动官项。且各处堤工甚多，岂能一一官为修理？但因系民修之工，竟不立定章程报部核估，仅令官为经理，则外省官员于官工尚思侵克肥己，矧工程例归民修者，并无保固查销，不肖官吏等不特于需费之外，可以借端加倍洒派，入其囊橐，而且草率从事，偷减侵渔，均属事所必有。该管上司又因向系民修，遂尔漫无觉察，工程岂能永资巩固？幸而各处堤工尚安稳无事，是以从未觉察。现在荆州护城堤溃决至二十余处之多，即其明证，岂可不严定章程，令其一并报销保固？嗣后民修各工，除些小之工无关紧要者，仍任民间自行办理外，如系紧要处所工程，在五百两以上者，俱着一体报部查核，予以保固限期，兴修后再行酌令百姓出资归款。各工既有查核，承修各员自必有所顾忌，不敢任意从中侵克，且有保固限期，亦自不敢草率办理，庶工程可期久固，而闾阎不致有被淹受害情事。此正系朕为保护民生节省民费起见，各督抚务宜仰体朕意，遇有民修之工，妥为办理，严加查核报部。如有仍前任令属员从中克扣、草率从事之处，经朕访闻，或经科道参奏、百姓告发，不特将承办各员从严办理，必将该督抚一并从重治罪。着为令。"（《清高宗实录》卷1309）

（乾隆五十三年七月己丑）又谕："据舒常奏'荆州此次江水涨发，因万城堤溃决，以致郡城被淹，与窖金洲无涉'等语。可见荆州此次被淹尤重，总由堤塍不固所致。因阅所进图内，郡城江面迤西，有沙洲一道，距现决堤工不远，或江水至此为其所逼，以致溃决，亦未可定。但该洲长二里，宽一里，势不能全行铲除，或于洲尾酌量开挑，引溜南趋；

或酌建挑水坝，挑溜往南，俾堤工不至着重。即如江南陶庄，自开挑引河后，引溜北趋，清口得免倒灌，此阿桂之所稔知者。着传谕阿桂，到彼后即详细履勘，将龙洲一带江水至此是否为其所逼，及是否可以设法办理之处，即行妥筹具奏。本日据舒常奏‘请将万城堤通行加高培厚，再于龙尾洲、玉路口二处加筑挑水矶头，逼溜南趋，似可无虞水患’等语，是否可行之处，着交阿桂履勘，一并详查议奏。”（《清高宗实录》卷1309）

（乾隆五十三年七月己丑）是月，暂署湖广总督舒常复奏：“荆州前番水灾，溃堤不多，城根水仅三四尺，是以囤土城门，得免冲入。此次藩司陈淮等督率地方文武，多集人夫刨土，并赶买棉袄旧絮堵塞，讵风狂浪疾，各堤联翩溃决，水头高出一丈余尺，瞬将西、北两门冲开，并冲塌城墙三处，一涌而入，实属人力难施。”得旨：“水固异常，堤亦不堪至此，尚为属员地步乎？罢汝总督不为屈，实有先兆矣。”（《清高宗实录》卷1309）

（乾隆五十三年八月丙申）谕军机大臣等：“前据舒常将荆州被水情形绘图呈览，因阅图内郡城迤西江面，有龙尾洲一道，距现决堤工不远，恐江水至此为所壅逼，以致溃决，亦未可定。已有旨将原图发交阿桂，令其到彼详细履勘，设法办理。本日据阿桂奏‘途次遇见荆州佐领德楞阿等，询据称，该处沙洲日益增涨，江水渐逼北岸，堤根、堤外沙滩都被冲刷，是以屡有漫溃’等语。该佐领所称，或即系前旨询问阿桂之处。同日又据舒常绘图呈览，阅图内此次江水漫溢时，首将万城堤冲决，该堤适处龙尾洲上游，自因江水至此，为沙洲所遏，不能迅速东注，以致壅高冲决。着再传谕阿桂，到彼后即遵前旨亲加确勘，并详查案卷，熟筹妥办，并将查勘各情形迅速复奏，以慰廑念。”（《清高宗实录》卷1310）

（乾隆五十三年八月辛丑）谕军机大臣等：“据舒常奏‘查明荆州堤

工各溃口，节年督修查验各员’一折，所开职名，只系知县、县丞微职，殊属不成事体。荆州堤工虽系民修，但关系全城保障，既经官为经理，即应遴委大员督办兴修，何以仅委之知县、佐杂等官，而督抚、司道以及本府都不过而问之，是何政体？可见从前办理堤工，承办之员全不以为事。且该处同城有道府大员，何以并不就近督查，而督抚等亦竟置之不问？是其玩视要工，一任属员草率完事，侵冒其间，以致堤工在在溃决。历任督抚、藩司及该管道府，其咎均无可辞，着传谕阿桂、毕沅即遵照前旨，据实查明参奏。”（《清高宗实录》卷 1310）

（乾隆五十三年八月）丙辰，谕军机大臣等：“本日据阿桂等奏‘察看荆州城垣堤工情形’一折。内称‘荆州郡城四面平原，别无高阜，未便轻议迁徙。此次被水较重，固由堤塍不固，而川江异涨，一时宣泄不及，以致壅高漫溢。其受病之由，询之土人等，多以窖金洲涨沙逼溜为言。因思濒江郡治，固借堤防为保障，但江流奔放，一泻千里，若下游扼塞关拦，则浩瀚之势，不能宣泄畅遂，自必至上壅为患。询访舆情，察看形势，其故总因下游之窖金洲涨阻’等语。下游扼塞，则上流自然冲决，病源在此，自当急为治理。前经舒常奏，郡城江面迤西有龙尾洲一道，当即以该洲距现决堤工不远，恐江水至此，为其所逼北趋。已谕令阿桂详悉履勘，妥筹办理。今据奏，下游之窖金洲涨沙梗阻，是以上游壅决为害，自应速行勘办，去其病源。况荆州四处平原，既无高阜之区，而移建城垣所费不赀，且恐小民安土重迁，自不便复言移建。今堤工已大加修筑，岂可复留此洲壅遏水势，致贻后患？舒常前奏此次被水与窖金洲无涉之处，伊固何能计及此也？着传谕阿桂，即再亲加履勘，并遍加访询，或于该洲之上开挑引河，或将洲尾酌量铲挖，以畅水势，速行绘图贴说奏来……但窖金洲既于江流有碍，事关全郡保障，未便因有民居，因噎废食，置之不办。阿桂等宜谕令迁移，设法抽挑，以期江流畅达，不至仍前壅遏为害，方为妥善……将此由六百里加紧各谕令知之。”（《清高宗实录》卷 1311）

（乾隆五十三年九月己未）谕军机大臣曰："阿桂所奏'窖金洲适处荆州郡治下游江心，此时即于洲上挑挖引河，不得迎溜河头，恐江水平漫，入河仍虑淤闭，必须建筑石坝，挑溜向南，激注沙洲，方可相机办理'等语。建坝挑溜，所想甚好，自应即速妥办。但朕意何不于洲之上首西北处所，先挑成河口，使其迎受江水，因势利导，将来石坝筑成，挑溜南趋，江水必更直注洲头，或可冀冲刷成河，岂不省便？已于图内用朱笔标志发去，着阿桂等即确勘妥商，将是否可以如此办理之处，据实具奏。又据奏'现决各堤塍补完缺口后，再按被淹痕迹最高处所，加高培厚，坚实硪筑，足资保障，似毋庸改建石工'等语。前因郡城迤西一带堤工顶冲着重，迤南遮护府城一带亦关紧要，恐土性松浮，不能坚实，因谕令阿桂酌量情形，用石修筑。今既据阿桂奏，江水深至数丈，难以措手，且土堤加高培厚，足资保障，则亦毋庸改建石工。但阿桂等现因拟添石坝，筑成尚需时日，而玉路口迤东一带正对窖金洲，扫成大湾，堤根搜刷倾缺，虽现经阿桂派员于该处载石沉船，护住扫湾，此亦不得已之一法，将来应否将该处堤工及附近挑水坝堤工酌量用石改建之处，并着阿桂复加察勘，悉心筹酌，总期于堤工有益，不在惜费，永杜后患，或石或土，亦不必泥于遵旨也。所有萧姓民人侵占洲地，着交阿桂等查明究竟起自雍正何年，彼时县府道司及该督抚系属何人，并乾隆二十七年该处地方官及该督抚又系何人，其是否从他处转售，一并详悉查明，据实具奏。并着传知该处附近居民，以萧姓贪图洲地利息，广植芦苇，壅遏江流，致郡城被淹，该处百姓咸受其害，是以将萧姓查产入官，照例治罪，并无丝毫委屈。此即为富不仁之炯戒，嗣后小民等毋得效尤争利，复蹈罪愆，庶该处民人，知所惩儆。将此由五百里传谕知之。"（《清高宗实录》卷1312）

（乾隆五十三年九月庚申）钦差大学士公阿桂、湖广总督毕沅复奏：

“查龙尾州[①]在荆州府城迤西，与龙洲、天鹅等洲相连，上接百里洲，绵亘二百余里，虽不能保护堤塍，而洲南江面甚宽，水流通畅，于堤工并无妨碍。前佐领德楞阿所称，确系指窖金洲而言，非龙尾洲，应无庸挑挖建坝。”报闻。（《清高宗实录》卷1312）

（乾隆五十三年九月壬申）谕军机大臣曰：“阿桂等奏‘估计补还缺口、加培堤塍及建筑坝工等款’一折，并绘图呈览。阅图内所绘大江，距现缺万城等堤尚远，且有下百里洲为之间隔。其附近堤根处所，惟有沙河一道，但该河甚小，未必能冲决堤根，而此次荆州被淹，何以又由万城堤首先冲决？是否江水盛涨时，漫过下百里洲，竟与沙河连成一片，抑系沙河上游，即系承受江水，大江水发，建瓴而下，致由此冲决堤塍？折内未据详细声叙。着阿桂等即逐一叙明，另绘一图，详加贴说，据实复奏。又据另片奏称‘荆州泄水故道，现惟虎渡一溪，承受江流，南达洞庭’等语，向止闻洞庭之水归江达海，并未闻该湖有可分泄江水之处。若果江可归湖，则夏秋之间湖水本属涨盛，何以复能容纳江水？且其间所隔州县城郭地方甚多，又何以能越过，不致淹浸，仍复归江？此语尚不甚解，并着阿桂等一并详晰绘图，贴说呈览。至折内称‘观音寺残缺石矶，现因水深不能得底，无从估计，俟冬令水落时，毕沅即派委大员，查看明确，再行奏明兴修’等语，荆州堤塍因向系民修，仅委令微员监办，道府等并不亲往验勘，而督抚等更不以事为事，漫无稽察，以致偷减草率，工程不固，酿成大灾。现在动帑修筑，务期十分巩固，永资保障，何必派员查看？毕沅即当亲往详勘，并查所做之工是否坚固，及军民等加恩抚恤之后，能否安辑复旧各情形，据实奏闻。其迤下南岸工程，毕沅亦应亲加确勘，再行次第估修，不得仅以派员了事，致令仍前弊混也。”寻奏：“荆州堤塍自得胜台至玉路口一带，总名万城堤，此次系由万城堤之中方城首先漫决，距江甚近，暴涨本涌，又遇堤逼束，以致漫

---

① 应为“洲”字。

过各洲，与沙河连成一片，冲决城垣。至本年湖水虽亦盛涨，而江水较湖水尚高，是以湖水容纳江水，又虎渡湾两岸俱有支堤，分泄江流，均未漫溢为害。”报闻。（《清高宗实录》卷1312）

（乾隆五十三年九月丙子）钦差大学士公阿桂、湖广总督毕沅复奏：“窖金洲沙涨，逼溜北趋，恐开挖引河，江水平漾无势，仍至淤闭。请于对岸杨林洲靠堤先筑土坝，即靠土坝接筑鸡嘴石坝，逐步前进，约计一百四十余丈，激溜向南，俟洲勘荡击剥蚀，刷成兜湾，方乘势酌挑引河，较为得力。又黑窑厂一处应用碎石裹头，遏其北来水势，可期溜缓沙积，不再往里搜刷。又玉路口迤东扫湾之处，饬员载石沉水，亦可渐次挂淤，保护堤根，俱无庸改建石工。”得旨：“览奏俱悉。”又批：“亦只可如此。”（《清高宗实录》卷1313）

（乾隆五十三年九月戊寅）钦差大学士公阿桂、工部侍郎德成、湖广总督毕沅奏：“荆州堤工内，中方城、上渔埠、中独杨漫溃共七处，应外越补筑，接还旧堤；玉路口一处，拟做柴坝，于坝内补筑；上方城、洪家湾及万城三处旧堤，拟各筑顺水坝，以挑水势；余缺口十四处，俱补还旧址，复行培高。此外杨林洲、黑窑厂所需碎石及未经过水旧堤，应行加高培厚，并沙市镇等处加筑土堰，通共估银十八万九千五百三十八两零，请即动项，饬该地方官购料雇夫，次第兴工，限明年三月报竣，并遵旨令舒常、李封等实力监修，永资保障。”得旨：“如所议行。该部知道。”（《清高宗实录》卷1313）

（乾隆五十三年九月戊子）是月，钦差大学士公阿桂、工部侍郎德成、湖广总督毕沅奏：“荆州满城营房应新盖一千五百三十四间，添料补盖者一千五百三十一间，量加粘补者三千五十七间，补筑院墙者一千六百七十间，并补砌门楼三千八百九十六座，又筑墙凑长二万三千三百七十六丈，共估银十二万二千九百八十二两零。又办事公所并演武厅、步营堆拨房一百七十五间，内新盖、补料、砌墙、揭瓦并院墙凑长共估银四千九百五十三两零，均请动项官修。至协领等各衙署，应建盖粘补者计一千十五间，共估银三万九百七十三两零，虽俱经邀恩赏俸一年，而被冲之重轻不一，扣还之多寡不齐，请将协领应扣之三千两即于该十员中摊扣，佐领应扣之一万一千两即于该四十六员中摊扣，防御、骁骑校俱照此办理。惟笔帖式每年得俸二十一两，尚不及披甲钱粮，该三员衙署共需费四百六十二两零，请照兵丁恩赏，免其扣还。其将军、副都统衙署，业奉旨借项兴修，地方文武衙署亦先予借项，于廉俸扣还。又仓廒、监狱，已据革职知府俞大猷、知县屈振甲呈请赔修，均毋庸估计。”得旨：“如所议行。”（《清高宗实录》卷1313）

（乾隆五十三年九月戊子）（钦差大学士公阿桂、工部侍郎德成、湖广总督毕沅）又奏：“荆州旗民叠蒙赏赈兼施，房屋渐次修理，现俱宁辑安居，元气可复。至应修城垣，查明冲坍无存并闪矬应补砌者四十七段，惟小北门迤东、西门迤南两处，坍入护城河内，根基不固，拟向里收筑，余仍照旧址；又城身临近护城河者应包砌砖石泊岸九段；又西门水洞冲刷宽深，拟改为水津门，外用闸板，并门台、门楼应补砌九座，共估银二十万，由臣德成详核，开具做法清册，移交臣毕沅照办。”报闻。（《清高宗实录》卷1313）

（乾隆五十三年十月）甲午，谕军机大臣等：“前因惠龄奏，襄河水涨，潜江一带又复被水淹冲。当即降旨，令阿桂等于荆州事略定后，顺道前往，会同查勘。今据阿桂奏，荆州城工、堤工查办俱已完竣，于九月二十七日启程进京。约计阿桂接奉前旨时，业已在途。如离潜江已远，该处查勘抚恤事宜，有臬司李天培在彼办理，阿桂、毕沅即可不必绕道前往。若距潜江不过数站，自应仍遵前旨，会同毕沅驰抵该处，查勘积水是否业已疏消，其应如何酌加抚恤之处，妥协办理。阿桂系历经委任之人，毕沅又系该省总督，会同勘办自觉更为周妥。至阿桂等奏荆州修建关帝庙工程，自应敬谨整理，其庙内应用扁额对联，着毕沅查明殿宇宽窄，将扁对尺寸开明具奏，候朕亲书发往，摹勒悬挂，将御笔即存贮供奉该处，毋庸缴进。将此各谕令知之。”（《清高宗实录》卷1314）

（乾隆五十三年十月乙巳）大学士等议准：“钦差大学士公阿桂、湖广总督毕沅条奏荆州临江堤塍各事宜：一、岁修万城堤，责成大员经理，每年秋汛后，令荆州水利同知会同江陵县将应修处所勘估造册，送荆州府并荆宜施道复勘后，移咨藩司，借项兴修，于次年摊征归款。如银数在五百两以下，仍令民修，该道、府妥查督办，每年奏销后，令藩司亲往查勘，督、抚于春汛前，复轮往查看。一、岁修堤塍，定限保固十年，限内冲溃，即将承修人员参处，仍将补筑夫工等银着追。一、堤面堤身，应照现定丈尺，加高培厚。一、岁修工程，募雇人夫，令该同知亲身督办，该道、府随时密查，如假手家丁书役，参究。一、万城大堤，估需银五百两以上，先于司库借给，应令该督豫筹报部，仍将次年摊征归款细数送部查核。一、万城堤工向系民修，今工在五百两以上，准借项官办，仍应摊征归款，恐地方官吏加派滋弊，应令公举诚练绅耆三四人，专司银钱册档。一、新筑石矶随时修补，责成该道、府、同知按年查勘，坍蛰即行报修，并将窖金洲萌长芦根刨尽，不许民人居住。一、每堤五百丈，设堤长、圩甲各四名，立卡住宿，如有獾洞、蚁穴，报明补修，汛涨时多备守水器具，协同民人防护。该道、府亲往巡查，水利官防护不力，纠参。一、堤上民房令该府、县出示概行迁居，其沙市稠密处所民房，俟倾倒时报地方官，察勘无碍堤面处所盖造，堤外龙尾等洲民筑土堰，有碍涨水流行，应概刨毁。一、堤工自逍遥湖至玉路口令江陵县县丞管，自玉路口至黄家场令沙市巡检管，自黄家场至拖茅埠令郝穴巡检管，遇防汛等事，就近督办。一、荆州同知向系选缺，今将万城大堤责成专管，请改调缺，在外拣题，并将衙署移建堤所。均应如所请。”从之。（《清高宗实录》卷1315）

（乾隆五十三年十一月丁卯）谕军机大臣等："湖北荆州被水，现经修筑堤工，加高培厚，并改建城垣，永资巩固。因思向来江河险要之区多有铸造铁牛，安镇水滨，盖因蛟龙畏铁，又牛属土，土能制水，是以铸铁肖形，用示镇制。此次荆州被灾甚重，闻亦系蛟水为患，现在该处新筑堤工，着传谕毕沅于荆州万城堤及沙市等处形势扼要处所，相度紧要顶冲，酌量铸置铁牛，以镇堤堧，亦豫弭水患之一法。"（《清高宗实录》卷 1316）

（乾隆五十三年十一月庚午）谕军机大臣曰："毕沅奏'荆州修筑堤工，玉路口堤塍已有七分工程，杨林洲鸡嘴坝、黑窑厂裹头亦次第筑做，毕沅亲赴该处查看，石矶已出江面约长七丈，溜势稍觉南趋，将来接长做去，似可冀挑溜得力'等语。荆州一带堤工，总因大河溜势北趋，易于漫溃，今杨林洲石矶做出七丈，溜势已挑向南开，此是极好机会，正当乘此水弱之时，赶紧进做，得尺则尺。该督即督饬在工员弁，勉力妥办，并绘图贴说，具奏呈览。至万城堤上民居，虽属相沿已久，但堤工之上盖有庐舍，且约有万余家之多，于加高培厚究多妨碍，自应谕令迁移居住，况官为给与屋价，亦可无虑失所。现在拆卸让出，将来务宜严饬地方官随时查察，勿任再有私占居住之弊。将此由四百里传谕知之。"（《清高宗实录》卷 1316）

（乾隆五十三年十一月丁亥）是月，湖广总督毕沅奏："沙市观音寺地方紧临大江，适当窖金洲尾兜湾，溜势内逼寺前，系顶冲迎溜之处。旧有石矶三十九丈，系旱地工程，用整石砌筑，今既沉水底，请于旧址上抛砌碎石接筑，以冀挑溜南趋，洲尾软沙刷动，则江流去路自通。至石矶西首扫湾处所，有回溜老崖渐塌，应添砌碎石护崖二十八丈，再黑窑厂裹头，在江势坐湾地方，扬林洲添建矶嘴坝，在玉路口迤西，南对窖金洲之首，现俱用石抛砌。"得旨："览奏颇合机宜，知道了。"奏内又称："江溜渐次开行，窖金洲北面露出嫩沙，业已刷成陡磡，渐见坍塌，

现在溜势归槽，水势深通，俱饬赶紧兴工。”又批：“此是好机会，勉为之。”（《清高宗实录》卷1317）

（乾隆五十三年十二月）丁未，谕：“据毕沅等奏‘查勘广济、黄梅二县堤工，向系民修，今请暂行借帑兴修，俟事竣分年摊征归款’等语。本年湖北荆州被水地方，所有万城及监利等处堤工，俱经发帑官为修筑。今广济等县堤塍，虽系例应民修之工，但念该处被灾之后，民力未免拮据。此次广济、黄梅二县堤工，估需银共二万八千一百余两，均着加恩动用官项修筑，俟将来再行照旧办理，以示朕加惠灾区、一视同仁至意。又另片奏‘广济县所属之武穴镇漫口一处，业经修筑，询系该处监生张植鹏率众兴修’等语。张植鹏首先集事，捐资修复，尚属急公，着赏给县丞职衔，以示鼓励。”（《清高宗实录》卷1319）

（乾隆五十四年二月戊子）谕曰：“毕沅奏‘杨林洲矶嘴坝原估十五丈，已如数挑砌；窖金洲嫩沙刷去三百四十余丈；黑窑厂里头原估长五丈，今已做出七丈；对面沙滩亦经刷去一百二十余丈，溜势愈觉南趋，仍日见溃塌。毕沅现亲赴该处，相度形势，苟可向前进占。总当极力做出，俾溜势日挑日远，以期浮沙尽去，刷动窖金洲老土礶’等语，并据绘图呈览，所办是。但阅图内所绘黑窑厂裹头取势太直，若复往南进做，不特恐致着重。且江水至此，已成入袖，兼虑激回，波冲北堤，不能复向南挑。朕意应顺向东南，不妨略长，以次进做，因势利导，溜势自全往南开，则窖金洲土礶可期逐渐刷尽。于图内用朱笔标志，着发交毕沅，即复加履勘，酌量妥办，并将应否如此办理之处据实复奏。至杨林洲矶嘴坝现做出十五丈，黑窑厂裹头现做出七丈，窖金洲淤沙已刷去数百丈不等，可见荆州堤工屡次溃决，而上年被淹尤重，总由窖金洲之上种植芦苇，以致淤浅日涨日宽，逼溜北趋，堤塍因而冲决。舒常平日在彼，既不能豫行查察，迨降旨询问，尚称此次荆州被淹与窖金洲无涉，实难辞咎。而萧姓民人惟图肥己，不顾占碍地方水利，酿成大灾，淹毙多命。

将伊治罪，尤属情真罪当，毫无屈抑也。将此通谕知之。”（《清高宗实录》卷1322）

（乾隆五十四年三月）甲子，谕：“据毕沅奏‘续添荆江矶嘴坝工及打筑万城堤工情形’各折。内称‘黑窑厂碎石裹头，遵照谕旨，改为矶嘴坝，砌出江面，顺向东南接做，共长十八丈。又杨林洲砌出江面二十一丈，自两坝接出后，对面窖金洲浮沙已刷去，东西长四百七八十丈，南北宽六十五六丈，江面较前宽阔，统计添做碎石工程，共需例价银五万三千一百余两。又万城堤现在做有九分工程，三月内即可一律告竣，惟楚省筑堤并无夯硪一法，土方例价不敷硪工，现在招募岳州人夫，酌给硪价，不敢稍存惜费之见’等语。荆州黑窑厂等处坝工，毕沅等遵照指示机宜，添筑碎石，接砌矶头，挑溜甚为得力。现在窖金洲沙岸日渐冲刷，业已著有明效，毕沅等所办甚属妥协。即添估多需银两，亦所不惜。惟期工程巩固，足资挑刷淤沙，俾大溜南趋，窖金洲逐渐刷尽，江流复旧，最为紧要。至土工经久，全恃层土层硪。毕沅添雇硪工，不存惜费之见，所办亦是。又另折奏‘荆州满营兵房现在修理完整者，已有十分之七，荆州城内外居民生计渐觉从容，市阛俱复旧观，民情均各宁悦’等语，览之极为欣慰。其所奏‘此次兵房，俱系各兵丁领银自修，大小各从其便，不能与原估工程相符，恳请免其报销’等语。此项兵房，上年赏给帑项，既经各兵丁领银自修，若再令报部核销，转恐部中书吏从中需索，徒滋往返驳查，转非朕惠恤各兵之意。毕沅奏请免其报销，足见晓事，着照所请，竟无庸报销，以省案牍。惟荆州城工照估修筑坚固，仍报部核销，以期经久。”（《清高宗实录》卷1324）

（乾隆五十四年三月己巳）湖广总督毕沅奏：“荆州万城堤工紧要，应照河工之例，拨派标营弁兵，协同知县、佐杂分汛防守。查荆州水师营设有守备、千、把，专管水操并护送铜铅等差，请令嗣后兼管堤工。其战守兵二百十三名，移驻堤上，每二里设一卡房，官兵二名防守。守

备以下，听荆宜施道节制，并就近归荆州城守营参将兼辖。”得旨：“如所议行。”（《清高宗实录》卷1324）

（乾隆五十四年三月）乙酉，谕：“荆州万城堤各工向属民修，地方官不能妥为办理，上年夏间江水泛涨，漫决多处，因命大学士阿桂等前往详悉查勘，分别熟筹具奏。朕以该处堤工为全郡保障，特命动帑兴修，并指授机宜，令将杨林洲矶嘴坝尽力进做，逼江溜南趋。其黑窑厂裹头直接筑砌逼溜，俾堤塍益见巩固。前据毕沅奏‘万城堤暨石矶各工全行完竣，工程一律坚实。荆郡地形卑下，向受水患，而沙市尤当冲要，今筑长堤以遏江流，复设石坝以逼溜势，嗣后沙市街岸可冀稳固无虞’等语，览奏欣慰。此次工程浩大，毕沅能遵照指示机宜，督率在工文武认真办理，妥速竣工，着交部议叙。其在工之藩司陈淮以及各员弁等，并着毕沅查明实在出力者，分别等第，咨部议叙。又据另折奏，调往之南河游击田宏谟派令总理土石各工，始终勤奋；降革之知府史湛、知县沈清直承办巨工，亦能出力；又现任浙江同知之孝感县知县高为济，在楚年久，办工熟谙各等语。田宏谟着赏戴花翎，遇应升处题补；史湛、沈清直着准其捐复原官，交与毕沅等差遣委用；高为济着留该省接办城工，遇有同知缺出，奏明补用。”（《清高宗实录》卷1325）

（乾隆五十四年三月乙酉）湖广总督毕沅奏：“荆州万城堤根，向来民间岁修，就近取土筑堤，致成坑洼，有碍堤身，请嗣后将窖金洲一带洲地概行翻犁，挖取芦根，于堤外坑洼处所遍加种植。芦根盘结日蕃，可以外御奔流，内次捍卫。”得旨：“甚是之举，一举两得也。”（《清高宗实录》卷1325）

（乾隆五十四年四月癸巳）谕军机大臣曰：“毕沅奏‘荆州郡城水津门外，逼近护城河，万城堤正在城之西面，上年江水漫溢，该处适当顶冲，请停止补建。查西门是佛第地方设有水沟，为宣泄西南各水之所，于乾隆二十一年被民房阻塞，现已查出旧时沟形，仍饬疏通，尽可宣泄积水’等语，所办好。是佛第一带水沟向为宣泄积水之路，乃被居民分占阻塞，现经毕沅查出疏通，但恐日久弛懈，居民又复渐行侵占，不可不永行禁止。着传谕毕沅，即交地方官立碑严禁，并时刻留心查察，毋许附近居民在彼搭盖房屋。如有仍前占住，以致阻碍水道者，惟该地方官是问。其另折估修庙宇、考棚之处，亦所应办，已如议行矣。将此传谕知之。”（《清高宗实录》卷1326）

（乾隆五十四年四月丙申）又谕曰：“浦霖奏‘查勘各属堤垸情形’一折，内称‘常德府城，近年以来每遇朗江水涨，南城以外居民多被水淹。其对岸之玉皇阁、青草嘴两处，又因历年淤积成洲，逼溜直射城根，沙洲已成高阜，占塞水道。查该府旧有石柜四座，逼溜南趋，原为保卫城堤而设，今年久大半蛀损，请于水退时照旧修复’等语。各省堤垸必须豫为修筑，遇江水盛涨，下流无壅遏之患，始于堤根无碍。今常德府对岸玉皇阁、青草嘴两处淤积成洲，此即与荆州之窖金洲无异，自宜亟去为要……毕沅系两省总督，着于深秋水退时亲赴该处，会同浦霖据实查明，勘估兴工，并绘图具奏，俾江流畅达，不致再有壅碍，方为妥善。将此各传谕知之。”（《清高宗实录》卷1326）

（乾隆五十四年四月癸卯）都察院奏：“据湖北江陵县民朱如标呈控，荆江大堤工程草率，应修之郝穴堤、萧子渊口等处俱被势豪占阻。又库书张翘南等克扣赈项，浮收银米，请交湖广总督审办。”得旨：“此案着派阿桂驰驿前往审办。至上年荆州堤塍溃决，府城及满城俱经淹浸，被灾较重，皆由该处堤工向系民修，地方官不能妥为经理，而窖金洲又逼溜北趋所致。经朕特派阿桂等前往勘筹，其万城等堤俱特发帑金，官为修筑，并节次指示，令将鸡嘴石坝尽力接做，挑溜往南。窖金洲沙碛已渐见刷动，兵民人等亦皆分别赏给银两，俾修复庐舍、接济口粮，不致失所，此皆阿桂在彼会筹督办之事。此次阿桂到彼，务宜复加查勘，将所筑各堤工是否坚固如式，足以永资捍卫，大江溜势现既南趋，窖金洲能否逐渐刷去，不致有碍江流，兵民人等曾否安顿复元之处，详悉据实具奏，以副朕轸念灾区、无时或释至意。”（《清高宗实录》卷1327）

（乾隆五十四年四月）乙巳，谕军机大臣等：“昨因湖北江陵县民朱如标呈控郝穴等堤工及库书减赈一案，已派阿桂驰驿前往审办矣。此案朱如标所控情节，看来虽无甚紧要，亦有关系，一经阿桂到彼讯究，虚实无难立见。毕沅身为该省总督，系受恩深重之人，谅不致有袒庇属员情事，不必意存疑惧，俟阿桂到时，秉公审讯。如有不肖官吏徇庇绅衿，应行参劾者，即会同严参究办，毋得稍有回护，致负委任。荆州万城堤业经修筑完竣，能否坚固如式，足资捍卫？其接做坝工，逼溜南趋，窖金洲沙礁是否逐渐刷去，无碍江流，军民均获安堵，不致失所？朕心深为廑念。此次命阿桂前往楚省，正为此事所关甚重，令其到彼复勘，除就近传知阿桂遵照外，着传谕毕沅，届期先赴荆州，于阿桂到日，会同悉心查勘，并将朱如标所指郝穴、萧子渊口等处一并详悉查明，据实具奏。”（《清高宗实录》卷1327）

（乾隆五十四年五月）辛未，谕军机大臣曰：“毕沅奏‘襄阳城迤上老龙堤之卧铁牛对面周家嘴系襄江坐湾，新长沙滩一处将大溜逼向南趋，洲沙多系石子砂礓，未能挑挖。近年以来，河形兜曲，溜势较急，若不早为抵御，恐将来对岸新滩日长，汉水益逼而南，必至搜刷堤根。拟于普陀庵至黑龙庙等处，仿照荆州沙市石矶做法，各接做挑溜碎石坝十丈及十余丈不等，俾节节挑溜，以护石岸根基’等语。窖金洲在荆州府城之南，洲沙涨阔，逼溜北趋，以致万城等堤顶冲受患。今周家嘴在襄阳府城之北，若新滩日长，汉水益逼而南，则该处老龙堤工适处顶冲，亦难免搜刷为患，其情形大约与窖金洲相仿。汉水流为荆江，亦不可不豫为筹办。况现据毕沅奏，估做石坝，共需用碎石八九千方，工程亦属有限，易于建筑。阿桂现在荆州查办事件，回程必经由襄阳，着传谕阿桂，于回京经过之便，即会同毕沅到彼详悉履勘。如周家嘴洲沙可以设法去净，甚妙。若一时未能挑挖，则酌量于迎溜处所建做石坝，务期挑溜往北，直走江心，俾沙滩不至再长，而老龙堤石岸亦可永保无虞。阿桂屡膺任使，到彼会同勘办，自益稳当也。”（《清高宗实录》卷1328）

（乾隆五十四年六月癸酉）又谕：“本日据书麟等奏，睢宁南岸周家楼又有漫塌堤工之事。现在京中大臣内并无谙习河务者，若派令前往，亦属无益。阿桂历在豫省督办堵筑事宜，其识见亦较为谙练。伊甫由荆州差旋，并据奏于途次受暑，头目昏晕，尚未全愈。但除阿桂，亦别无可派之人，已有旨传谕书麟等自行酌量，如伊等可以堵办完竣，毋庸特派大臣则已。如因工程重大，必须请派大臣前往，即一面奏闻，一面札知阿桂，以便即由京前往。计阿桂此时不过在近京一带，李天培私带木植一事已查询明白，阿桂前来行在，亦无可面谕之处，着传谕阿桂，接奉此旨，不必再来行在，暂留京办事。伊免此一番跋涉，又可在京多为歇息，气体自易复元。倘书麟等知会到时，有需阿桂督办之处，即可就近由京前往。其留京事务，再交与常青接办也。将此传谕阿桂知之。”（《清高宗实录》卷1333）

（乾隆五十四年七月己丑）谕军机大臣曰：“毕沅奏‘今年江水实比常年为盛，较之去岁仅低五尺，系属汛水极大之年。荆州万城堤工程完固，均臻平稳’等语。荆州上年甫罹水患，万城各堤工皆系新筑，非旧有堤塍可比。况据该督奏，此次江流盛涨，为汛冰极大之年，早应亲往督率防守，以昭慎重。其道府各官有在工出力者，亦可就近查明具奏，加之鼓励。乃毕沅竟安坐省垣，并不亲往防汛，不知谁夺其聪明，以至错谬至此，实属大奇。此时汛水已过，亦不必去矣。仍饬该管官妥为修防，毋得稍存大意。今年汛水安澜，本欲将该督暨道府等一并交部议叙，兹毕沅既不亲身前往，不值再加甄叙。其地方各官内有实在奋勉者，仍着查明咨部，分别议叙，以示鼓励。将此谕令知之。”（《清高宗实录》

卷 1334）

（乾隆五十四年八月甲戌）湖广总督毕沅奏："荆州堤工，着重全在伏汛，与河工相仿。前奏定章程，藩司于每年奏销后亲往查验，督抚于每年春汛前分年轮往查验，尚未详备。请自明岁为始，即照河工例，于五月内汛水未发以前，总督亲往驻工防守，交白露后旋省。至春汛前，本无应办之事，奏销后已入大汛，既经总督前往，则巡抚与藩司均有地方事务，请毋庸重复前往。再查江陵、监利沿江一带堤塍，应筑坝工，拟于九月初前往，详细确勘兴办。"得旨："欣慰览之。"（《清高宗实录》卷 1337）

（乾隆五十四年九月）辛亥，谕军机大臣曰："毕沅奏'查勘荆州万城堤坝各工并窖金洲刷塌情形'一折，览奏欣慰。窖金洲老磡渐次刷动，又有杨林洲石矶挑溜得力，北岸堤塍自足资巩固，将来江溜能走中泓，顺轨东趋，固属甚善。但阅图内窖金洲之西南有大溜一股，分向南行，恐日久大溜全往南趋，南岸堤工又致着重。该处堤垸之内必有民田庐舍，所关并重，不可不豫为留意。着传谕毕沅，务宜随时留心察看，如大溜有直趋南岸之势，即宜设法妥办。不可专注意于北，以致南岸稍有顶冲受险也。"（《清高宗实录》卷 1339）

（乾隆五十四年九月辛亥）御书荆州万城堤江神庙扁曰："恬流普卫。"（《清高宗实录》卷 1339）

（乾隆五十四年十月庚申）谕军机大臣曰："毕沅奏'勘佑郝穴镇矶嘴坝裹头石方银数，分别办理'一折。批阅后，又观所进之图，该督因许仙观对岸新长淤洲，恐其日向北涨，拟于许仙观堤外建筑鸡嘴坝一座，挑溜南趋。江流浩瀚，岂一二石坝遂能挑动大溜？况沿江一带堤塍从前亦并未有工，即云此项工作系用民力，但将来仍须按粮摊派。小民生计有常，讵能于额征之外复事增加？此次该督奏请于许仙观建筑石坝，系为保护郝穴镇市起见，姑准照所请办理。惟阅所绘石矶图样，形势太直，恐致着重，应斜向东南，顺溜进做，方为稳妥得力，已于图中朱笔标出。再石矶距白沙、覃家两洲江面尚远，溜势一时亦恐未能挑至对岸，或仿照办理窖金洲之法，将该处新淤量为挑切，自更易于冲刷。着传谕毕沅，将能否如此筹办之处详勘熟商，据实复奏，不必泥于遵旨。其沿江堤塍，嗣后不得滥添工作，为属员多派开销之渐……”（《清高宗实录》卷1340）

（乾隆五十四年十一月辛卯）谕军机大臣曰：“毕沅奏‘建筑郝穴镇碎石坝工及潜江县易家拐补筑堤塍’一折。江流浩瀚，向无施工之事，而沿江一带堤塍，百有余年，并未有工，即云此项工程例系民修。但既借帑垫办，仍须按粮摊派，小民生计有常，岂能于额征之外，复有增加？且江堤工作，此次既令民为经理，立有成规，则每年必须循例岁修。所有工价钱粮，虽据奏公举诚实绅耆专司收放，但督率稽查仍不能不假手于官吏，其中难保无勒索扣克之弊。是卫民之事，转以累民，殊非惠爱闾阎之意。此次毕沅所奏应修各工，既为保护郝穴镇市及江陵等县城垣起见，着交军机大臣速议外，嗣后沿江一带堤塍，倘有实在关系民生应行修防各要工，方准据实奏明，候旨遵办。其无关紧要者，不得借词民为捐修，滥添工作，以启官吏派累浮销之弊。将此传谕知之。”（《清高宗实录》卷1342）

（乾隆五十四年十一月）甲午，军机大臣议奏：“据湖广总督毕沅奏称，江陵县郝穴镇地方，居万城堤下游，紧临大江，该处旧有沙洲，江溜渐趋北岸。今许仙观对岸新长淤洲，江流大溜，紧走北岸埽湾，东岸日见塌进，较为着重。恐江流北趋，镇市有冲刷之患，实非建筑矶嘴石坝一座，斜向东南顺溜进做，不能得力。至新淤洲尚系嫩沙，趁此水枯之时，于洲尾开挖引渠一道，挑溜刷沙，即于碎石坝工内撙节挑办，毋庸另行筹款。自应均如该督所奏，赶紧兴修。又称襄阳老堤应筑碎石护堤坝，约须碎石八九千方，业经奏明，于本款筹备银内支用，毋庸另行动项外，现因老龙堤对岸长有砂礓，以致大溜坐成顶冲，今年八月中，堤段复冲矬一百数十丈，并应归岁修案内办理，亦应如所请。至所称潜江县易家拐地方应行补筑堤塍之处，应令该督另行确勘，如系必须修防要工，再行据实奏请。倘不过偶有冲刷，无关紧要，不得借词民修，滥添工作，以启官吏派累浮冒之弊。”从之。（《清高宗实录》卷1342）

（乾隆五十五年二月丁巳）湖广总督毕沅、湖北巡抚惠龄奏：“臣等前奏筑潜江县仙人旧堤，经军机大臣议令复查，奏明请旨。今查潜江在郧、襄下游，汉江之水建瓴东注，上年夏秋异涨，宣泄不及，倒漾而西，江陵、监利、荆门俱受淹浸。臣与藩司熟筹，易家拐堤顶冲迎溜，现已冲成深潭，难以施工，是以将该处让去，修复仙人废堤，以资保障。应恳照臣前奏，酌发修费，迅速办理，工完后，仍于潜江、江陵、监利、荆门等州县，分三年摊征还款。计此时距汛期已近，现派分段赶筑，勒限四月完竣。”报闻。（《清高宗实录》卷1348）

（乾隆五十五年四月庚辰）是月，湖北巡抚惠龄奏：“荆州修理城垣业经完整，万城堤工亦极巩固。其南岸窖金洲被溜刷塌，已成陡磡，查窖金洲头另有新洲，向连一片，兹未届盛涨，而溜势分走，渐成河形，该处土人即名为‘天然河’，将来新洲谅可全行刷去。”旁批：“实是好机会。”又奏：“自此窖金洲以次汕刷，北岸可保无虞。”得旨：“欣慰览之。”（《清高宗实录》卷1353）

（乾隆五十五年四月庚辰）（湖北巡抚惠龄）又奏：“潜江县属易家拐地方堤塍为江陵、监利、荆门等处保障，上年汉水漫溢，冲成深潭，不能修筑，因修复仙人古堤一道，长一千二百八十余丈。该堤去江稍远，堤外积沙弥望，即遇水发，势平性缓，于堤工可无冲刷之虞。再堤下旧有间段河形，恐积雨成潭，致伤堤脚，现亦一律补平。”报闻。（《清高宗实

录》卷1353）

（乾隆五十六年六月癸酉）湖广总督毕沅奏："潜江县仙人堤培高五尺，日前汉水大涨，得资抵御，万城堤及窖金洲老磡一律稳固。"得旨："以手加额，欣慰览之。"（《清高宗实录》卷1381）

（乾隆五十七年二月庚戌）吏部等部议复："湖广总督毕沅疏称'安陆府属荆门州改为直隶州，荆门州州同改为直隶州州同，裁改管辖各事宜：……一、该州所辖二县，远安向无堤塍，其当阳堤塍应该县估修，由该州查验结报，该州本境堤塍应由本管道查验结报。一、安陆府同知原驻荆门州属之沙洋，今该州与当阳、远安二县已非所辖，请改于钟祥县属臼口地方移驻。至该州属沙洋襄河堤塍一道，上自何家嘴起，至荆门、潜江交界之萧家湾止，应归该州督修。其潜江县堤塍并天门、钟祥、京山等县堤工，仍饬安陆府同知督办……'均应如所请。"从之。（《清高宗实录》卷1396）

（乾隆五十七年九月乙丑）是月，湖广总督毕沅奏："荆州府城工告竣。"得旨："诸凡皆妥，欣慰览之。"（《清高宗实录》卷1413）

（乾隆五十七年十月丙寅）谕："前据梁肯堂奏'请修雄县驻防兵房'一折，恐系从前承修之员未能坚固如式，当经降旨饬查……如从前荆州满营被冲及本年热河沙堤一带猝被山水者，原不惜帑金，为之另行建葺。若不过每岁风雨飘摇，稍有渗漏残损，该兵丁自应随时黏补，免致欹倾，岂得视为传舍，任其年久塌坏，迨难以栖止，又请官为办理？似此屡圮屡修，帑项虚糜，伊于何底……"（《清高宗实录》卷1414）

（乾隆五十八年三月壬戌）湖广总督毕沅奏："湖北襄阳城旧老龙堤，原额设岁修银四百两。乾隆九年，因费不敷，经前督鄂弥达奏拨银五千两，交典商生息九百两，增作岁修费。五十四年，臣因该处顶冲险要，奏添石矶四座，修费不敷，请于充余之江夏县荞麦湾堤工款内拨银五千两，交襄阳府属典商，以一分五厘生息添济工用。”得旨：“此等事只可如此，然易于滋弊，应常留心查察。”（《清高宗实录》卷1425）

（乾隆五十八年十二月戊子）湖北巡抚惠龄……又奏：“臣严谕地方官察访水摸，有犯必惩。再查荆州一带堤工，惟监利县因秋水骤涨，堤塍冲刷，现已赶修。其万城堤工及杨林洲、黑窑厂、观音寺等处各石矶堤根，均堵筑结实。窖金洲沿堤居民，佥称自蒙恩建此巨工，田庐保固。”得旨：“览奏俱悉。”（《清高宗实录》卷1443）

（乾隆六十年正月壬子）是月，调任湖广总督福宁奏：“上年汉江盛涨，各堤间有漫缺，除天门、京山、潜江等处修补无多，业经该县等捐廉办理。其荆门、沔阳、钟祥、江陵等四县漫缺堤，估需夫料银二万三千九百两有奇，内钟祥所需八千余两，在该府存备项内动支，余由司库拨给。”报闻。（《清高宗实录》卷1469）

（乾隆六十年六月丁未）湖北巡抚惠龄奏：“荆州沙市滨临大江，向借大堤保障，近因江流冲激，致紧靠沙市堤岸露有顶冲九处，绅士鲍照等呈请出资，自汪家场起至拖船埠止，共长二里，添建草坝一座，当即准其兴修。嗣经前任督臣福宁来堤巡视，因恐本地民人不谙工程，建筑未能如法，复咨调南河河工守备包宗尧，带领河兵三名，来荆勘明。大江水性驶悍，草坝难以抵御，随于顶冲处所排钉木桩，另用竹篓装石，沉于水底，上铺柴草，层草层石，积累而上，计高二丈五六尺不等，宽四丈至七丈有余，长九十余丈，于五月初十日工竣。所有人工物料，俱系绅士等自行经理，臣复亲临履看，工程实属坚固，当谕该绅士等将来秋深水落，准其就近于窖金洲上取土挖芦，以为岁修坝工之用。至守备包宗尧等在工数月，不辞劳瘁，督率有方，现已饬回，并咨明河臣兰第

锡量加拔擢，以示奖励。”报闻。（《清高宗实录》卷1481）

（乾隆六十年七月丙寅）又谕曰：“惠龄奏‘荆江伏汛安澜，堤矶稳固情形’一折。据称‘自六月初入伏以来，江水屡次涨发，幸无漫溢，且值连旬晴霁，水势随消，江流极为平顺’等语。此皆仰赖江神默佑，大溜南趋，堤坝各工得以一律巩固。特发去大藏香二十枝，交与该署抚敬谨致谢，以答灵贶。现在正届秋汛，该署抚仍当严督文武员弁小心防范，勿稍疏懈，以期秋汛安澜，方为妥善。将此谕令知之。”（《清高宗实录》卷1483）

（嘉庆元年八月甲戌）毕沅奏：“当阳善后事宜六款……一、当阳东、南二面城身残坏，文庙及衙署、监狱、仓廒亦经焚毁，急应修建。此外仓谷、库银、狱囚荡然一空，现调取荆门州案据，查清另报。”下部知之。（《清仁宗实录》卷8）

（嘉庆元年十二月辛卯）湖广总督毕沅奏请修复樊城旧城。允之。（《清仁宗实录》卷12）

（嘉庆十年闰六月辛丑）谕内阁：“前据瑚图礼奏‘转据布政使台斐音禀请，钟祥、潜江二县民修堤垸，无庸保固年限’，并称‘乾隆年间，荆州万城堤冲决案内，钦奉谕旨，荆州堤工着保固十年，系专指荆州万城堤而言，其余似不在保固之列，请嗣后除官修之堤仍遵例保固十年外，其余借项民修之堤，无庸定以保固年限，遇有溃决，仍令民自修补’等语，朕以所奏自系实情，当经降旨，照所请行。兹据工部查明乾隆五十三年节次所奉谕旨并彼时大学士、九卿原议，与瑚图礼原奏不符，据实参奏，所奏甚是。详阅工部折称，乾隆五十三年荆州堤工溃决时，钦奉谕旨，以民修工程向无保固，是以承办之员侵渔草率，诸多不免。嗣后着定限保固十年，并令各省河堤等工，凡系紧要处所工程在五百两以上者，均一体报部，予以保固限期。复令将荆郡堤工嗣后作何稽察保固之处，交大学士、九卿等妥议。当经嵇璜等奏定，一律保固十年，如限内冲溃，即将承修之员参处，着赔通行在案。是从前钦奉谕旨及议定章程极为明晰，自当永远遵行。今瑚图礼折内，辄将从前所定民堤例限作为专指官堤，又将堤工通例作为专指万城堤一处，竟系有意朦混。且钟祥、潜江二处工程，俱系嘉庆七年所办，彼时亦曾声明保固十年。瑚图礼前奏不但请免着追，并欲此后永免保固，则承办之员，尚复何所儆戒？势必人人效尤，偷减工料，草率从事，明系为属员办工取巧地步，大属非是。瑚图礼、台斐音均着传旨严行申饬。此事瑚图礼系转据布政使台斐音禀请具奏，台斐音着交部严加议处，瑚图礼着交部议处。嗣后官督民修之堤工保固十年，仍照旧例行。其钟祥、潜江二县溃决堤工既在保固限内，仍着追赔归款。至工部于此事能详细查出，据实参奏，尚属留心，该堂司官究系何人首先看出查办，即着据实奏闻，候朕酌量加恩，以示鼓励。”（《清仁宗实录》卷146）

（嘉庆十二年十一月癸亥）又谕：“工部议驳‘湖北修筑堤塍，挑挖淤河，于例外奏请照南河加价’一折，所驳甚是。南河关系运道民生，遇有抢险工程，克期办理，不能不于例价之外，略为加增，然亦不过暂时准行，一俟料价平减，即仍照从前定例核销，原非永远加价。至湖北所办，只系寻常修筑堤闸，何得援照南河险要工程，率请加增？况该省历年准销成案，河夫之外加用夯夫，乾隆四十四年以后又准用倍夫，已属例外加增，今更将土方增至一倍，殊为冒滥。若各省办工，似此相率效尤，伊于何底？所奏着不准行，并将该督汪志伊及该抚章煦交部议处。”（《清仁宗实录》卷188）

（嘉庆十三年六月）戊戌，谕军机大臣等：“朕因南河兴办宣防疏筑各工，需用人数较多，节经简员发往，俾资差委。因思前由直隶、湖北两省改拨南河道府已有数员，谅足敷用，其由新疆等处发往之员为数过

多，未必尽谙河务，若令闲住清江，岂不转增应酬，徒滋烦费……”（《清仁宗实录》卷197）

（嘉庆十三年六月癸卯）谕军机大臣等：“……此时南河发往人员，如直隶、湖北候补各道府以及由新疆赴彼效力者甚多，着铁保等于此内派委明干者数人，分投往查，据实勘办。将应行抚恤蠲缓者，即速奏闻，候朕加恩，不可稍有讳饰。将此谕令知之。”（《清仁宗实录》卷197）

（嘉庆十五年十一月己卯）又谕：“松筠、许兆椿奏‘请减造江、广剥船以裕修费’一折。据称‘前因江、广漕船笨重，偶值河口水浅即难挽渡，请添造剥船一千五百只，所需造费共一百二十万两，已交湖南、湖北、江西三省酌核成造。兹体察江、广漕船行走情形，即遇河口浅滞，只系最后各帮难以挽渡，向无全帮停阻之事，其在后各帮应须过坝盘剥米石，为数亦不过五六十万之间，以现造剥船装米七百石而计，止须添造一千只，即敷剥运，所有减造剥船五百只，节省银四十万两，请分拨江、广三省发商生息，以为随时修舱之费’等语。所奏甚是，着照该督等所请行。”（《清仁宗实录》卷236）

（嘉庆十五年十二月己亥）谕军机大臣等：“……前年吴璥所奏剥运事宜章程具在，且湖广、江西剥船俱已次第成造，陈凤翔惟当力持定见，通盘筹画，勿稍游移……将此谕令知之。”（《清仁宗实录》卷237）

（嘉庆二十三年七月）戊戌，谕内阁：“庆保奏‘沔阳州垸田积水，请借项修建闸座’一折。湖北沔阳州低洼田亩全赖堤垸保护，每遇伏秋盛涨，江水浸灌垸内，无路疏消。兹据勘明，该州龙王庙地方添建闸座引渠，可资宣泄，于农田大有裨益。着照所请，准其于该处建立石闸，挑挖引渠，以时启闭。所有估需银二万八千九百九十一两零，加恩先于司库商捐堤河沙洋筹备善后工程款内借支给领，勒限完工，照例保固十

年，所借银两于工竣后分作五年，在于受益各垸业户名下，按数摊征归款。”（《清仁宗实录》卷344）

（嘉庆二十四年十月）庚子，谕内阁：“吴璥等奏‘从前历届大工均有投效之例，或认办工段，或交纳捐资。此次武陟大工，请援照成例准令各省投效人员赴工捐输，交纳豫省藩库。除准分发四省三河外，其连界之山西、陕西、安徽、湖北、浙江等省并准分发，自道员至佐杂分别授职’等语。现在武陟大工需费浩繁，着照所请，准令各省人员投效。其如何按捐输之多寡分别授职及分发之处，仍着吴璥等查照上届成例，妥议具奏。”（《清仁宗实录》卷363）

（嘉庆二十五年十月戊申）修湖北襄阳老龙石堤，从总督张映汉请也。（《清宣宗实录》卷7）

（道光元年二月戊戌）修湖北省城汉阳门外江堤，从巡抚毓岱请也。（《清宣宗实录》卷13）

（道光元年三月壬子）修湖北荆州府黑窑厂等处江堤，从巡抚毓岱请也。（《清宣宗实录》卷14）

（道光元年六月）甲申，谕军机大臣等：“据杨怿曾奏‘湖北当阳县城外西北五里为关帝之陵，向建有祠宇，陵外相距数丈，即系沮、漳二水汇流之处，甚为逼近。现在对岸已成沙碛，河势渐就洗刷，请饬查勘，捍以石堤，以资保护’等语。我朝崇祀关帝，春秋致祭，载在祀典，今陵墓之地沮、漳汇流，逼近冲刷，自应亟筹捍卫，以奠神居。着陈若霖即派员前往详加查勘，应如何建筑堤工，俾资保障，并酌筹经费，奏明兴修，用垂永久。将此谕令知之。”（《清宣宗实录》卷19）

（道光元年八月庚子）谕内阁："本日陈若霖等奏'已革黄梅县知县王进祖亏短钱粮'一案，已照所拟办理矣……若因公那移，其情不无可原，然该督抚必须将动用实据根究明确，方成信谳。即如王进祖那移库银，以为买补驿马，黏修城垣仓廒，抢筑堤堰之用，必皆有工程簿籍可考，均当一一验明，方足以杜借词支饰之弊。着通谕直省各督抚，嗣后审办此等案件，务将那用实据查核明确，于折内详细声叙，朕察其情节，分别核办，以昭平允。"（《清宣宗实录》卷22）

（道光元年九月己未）筑湖北当阳县关帝陵石堤并修葺祠宇，从总督陈若霖请也。（《清宣宗实录》卷23）

（道光元年十月壬寅）修湖北公安县仓廒，从兼署巡抚陈若霖请也。（《清宣宗实录》卷25）

（道光元年十二月丁亥）修湖北潜江县骑马堤、荷湖垸，从总督陈若霖请也。（《清宣宗实录》卷27）

（道光元年十二月戊戌）修湖北武昌城外沿江石岸堤工，从总督陈若霖请也。（《清宣宗实录》卷27）

（道光二年二月乙酉）加筑湖北襄阳府老龙石堤，从总督陈若霖等请也。（《清宣宗实录》卷29）

（道光二年八月丁未）修湖北江陵县仓廒，从巡抚杨懋恬请也。（《清宣宗实录》卷39）

（道光三年正月甲申）修湖北襄阳府老龙石堤，从总督李鸿宾请也。（《清宣宗实录》卷48）

（道光三年正月己丑）修湖北天门、京山、钟祥等县堤垸，从总督李鸿宾请也。（《清宣宗实录》卷48）

（道光三年二月戊申）修湖北监利县樱桃垸及荆门州沙洋堤工，从总督李鸿宾请也。（《清宣宗实录》卷49）

（道光三年二月戊午）修筑湖北省城文昌门外江岸，从总督李鸿宾请也。（《清宣宗实录》卷49）

（道光三年三月丁丑）谕军机大臣等："御史佘文铨奏'请勘办汉水支流'一折。据称'汉水由陕西汉中发源，至郧县入楚，历汉阳等处，出汉口，与江水合流，其分泄有潜江境内之泽口，天门境内之牛堤支河，近皆淤塞，每遇盛涨，冲击溃决，动辄成灾。查天门之牛堤支河，淤塞几至百里，碍难挑办。惟潜江之泽口下通沌口，上通田关河、长湖等处，淤塞亦止二十余里，若开挖此口，正当汉水中路，疏浚通畅，则正流顺轨，堤防亦臻巩固'等语。着李鸿宾、杨懋恬即遴派熟谙河道人员前赴潜江之泽口详细履勘，是否淤塞无多，消水路广，开挖深通，果否有济，并此外该处滨河地方有无支流水口可以修防疏泄，俾襄河正流不致仍前漫溃，于农田庐舍均有裨益，方为妥善。将此谕令知之。"（《清宣宗实录》卷50）

（道光三年四月乙卯）给湖北天门县上年水灾被淹民房修费。（《清宣宗实录》卷51）

（道光三年六月乙巳）又谕："李鸿宾等奏'勘明潜江县境内挑浚支河，事难经久，并筹议培护堤防'一折。前据御史佘文铨奏，湖北潜江之泽口为汉水支流，近年日形淤塞，请疏浚以防正流漫溃，当交李鸿宾等详勘妥议。兹据查明，汉水正流尚无阻遏，惟各处支河每遇夏秋汛涨，山水挟沙而下，逐渐淤高，即使挑浚深通，一二年间仍形壅积，于堤防既无裨益，帑项必致虚悬，自未便遽议开疏，致滋糜费。惟支流既难挑浚，堤工必须修培。着饬令有堤州县于每岁霜降后，督率该处业民，取用外滩淤土，培筑堤身，使滩面去土一尺，河中即多容水一尺，堤身加高一尺，即可挡水一尺，俾得继长增高，用资捍卫。该督等总须饬属认真经理，无许徒托空言，亦不得借端派累。其余支流小港，统俟秋间水落查勘后，再行奏明办理。”（《清宣宗实录》卷53）

（道光三年八月庚子）修湖北黄州协副将衙署，从总督李鸿宾请也。（《清宣宗实录》卷56）

（道光三年十月壬寅）谕军机大臣等：“御史陈沄奏‘江汉堤防利弊及襄樊情形’各一折。据称‘湖北地处江汉下游，全资堤防保障，如潜江、天门、沔阳、汉川等州县，居民沿河筑堤为垸，其各州县佐贰分管附近堤垸者为汛员，其业民轮年催修者为堤头圩长，其河流盛涨，各村庄农民邀约沿堤巡防者，则谓之游夫。水涨时，各垸游夫聚众，遇险帮同抢护，或值漫口，则催迫堤户，逼令堵塞。凶顽之徒遇事生风，折毁房屋，甚至启衅械斗，酿成巨案，缘各汛员名为上堤催修，实只收堤头圩长规礼，于堤塍加高培厚置之不问，河水泛涨又不亲诣防护，以致堤垸日坏。其荆州万城堤、襄阳老龙堤，城邑皆资保障，尤当认真办理。又襄樊为全楚上游，与陕之汉中、豫之南阳犬牙相错。从前襄阳有白撞手、樊城有掖刀手等名目，常聚众拦夺客商货物，或纠抢市集村庄，始犹不过数十人，今则公然聚众千余，到处有白撞手、掖刀手矣。地方遇有劫盗等案，州县皆畏缩不敢出城履勘。该处向设同知一员，驻扎樊城，督销淮引，兼缉私贩。乃于大伙之犯不敢查拿，而肩挑背负之民借行讹索。又襄阳、均州地方有武当山，每年三月至九月，男妇烧香，动辄数百人，其寺观僧道借以敛钱作会，容留无赖匪徒，文武大员姑容不问’

等语。着李鸿宾等严饬有堤垸州县，按照岁修工程，督率汛员逐段催修，务期一律完固，如有业户抗修及汛员收取规礼贻误堤工等事，立即惩办。至襄樊一带，最易藏奸，该督等严饬所属员弁明查暗访，有犯必惩。其应如何编查保甲并责成兵役缉捕，务须妥为办理，不可借端滋扰，亦不可养痈贻患，以戢奸宄而靖闾阎。将此谕令知之。”（《清宣宗实录》卷 60）

（道光三年十二月己未）修湖北黄梅县属漫溃堤塍，从总督李鸿宾请也。（《清宣宗实录》卷 63）

（道光四年正月癸酉）修湖北荆州府万城大堤、横塘以下各工，从总督李鸿宾请也。（《清宣宗实录》卷 64）

（道光四年二月丁酉）修湖北监利县任家口吴谢垸漫缺堤塍，从总督李鸿宾请也。（《清宣宗实录》卷 65）

（道光四年三月丁丑）修湖北武昌府城外路堤，从总督李鸿宾请也。（《清宣宗实录》卷 66）

（道光四年五月乙亥）给湖北黄梅、广济、江陵、监利四县及蕲州卫被水倒塌民房修费。（《清宣宗实录》卷 68）

（道光四年九月丁未）以湖北京山县王家营月堤冲溃缺口，革承修知县方椿森顶带。（《清宣宗实录》卷 73）

（道光五年二月辛酉）修湖北省会江堤，从总督李鸿宾请也。（《清宣宗实录》卷 79）

（道光五年二月乙亥）湖广总督李鸿宾奏：“湖北监利县江堤、襄阳

府老龙石堤被水坍塌，请借项兴修。”从之。（《清宣宗实录》卷79）

（道光五年十月戊午）贷荆州将军庆山等养廉银，修理衙署。（《清宣宗实录》卷90）

（道光五年十月辛未）浚湖北汉水支河，修黄梅县塘房哨船，从总督李鸿宾请也。（《清宣宗实录》卷90）

（道光五年十二月乙卯）修湖北潜江县城外土堤，从总督李鸿宾请也。（《清宣宗实录》卷92）

（道光五年十二月乙亥）修湖北汉阳营唬战巡船，从总督李鸿宾请也。（《清宣宗实录》卷93）

（道光六年正月庚子）湖广总督李鸿宾奏：“京山县王家营堤工修竣，添建碎石坝矶，本应民间自行修筑，因连年被水，请借项兴修，分限按征还款。”从之。（《清宣宗实录》卷94）

（道光六年正月辛亥）贷湖北荆右卫司库银，修被水冲刷军堤。（《清宣宗实录》卷94）

（道光六年五月乙巳）修湖北汉阳营唬战巡船，从总督李鸿宾请也。（《清宣宗实录》卷98）

（道光六年六月）乙丑，谕内阁：“观喜等奏‘荆州大堤被水冲决，现饬地方官赶紧堵筑’一折。荆州万城迤西上逍遥湖堤身被水冲决二处，山水与江水接连，势如建瓴，直向堤内灌注，居民田庐被淹，现经该地方官设法抢堵，并捐办馍饼，散给灾民……”（《清宣宗实录》卷99）

（道光六年七月丙戌）修筑湖北荆州府得胜台民堤，从巡抚杨懋恬请也。（《清宣宗实录》卷100）

（道光六年七月）戊戌，谕内阁："李鸿宾等奏'襄阳府老龙石堤，本工经费无多，请将堤河生息银款分拨筹备'一折。湖北襄阳府老龙石堤捍御襄河，保护郡城，最为紧要。前因南岸堤身屡被冲溃，估工修筑，本款不敷，借动司库各款共银八万二千一百三十七两零，至今尚未归还。兹该督等查明堤河生息一款，本银十五万两，汉商每年应缴息银一万八千两，原备合省堤河之用，请拨出五万两本息为老龙堤经费，历次借项得以逐渐归还。着照所请，准其拨银五万两，作为老龙石堤修葺之用。其前借商捐堤河息银一万五千六百五十一两，即于本款开销，毋庸归还。其余借动八款银六万六千四百八十五两零，均着照现定章程，按年扣还，以清款项。该部知道。"（《清宣宗实录》卷101）

（道光六年七月戊戌）修湖北襄阳府城垣，从总督李鸿宾请也。（《清宣宗实录》卷101）

（道光六年十二月庚戌）修湖北潜江县城外土堤，从总督嵩孚请也。（《清宣宗实录》卷111）

（道光七年正月戊子）修湖北武昌府荞麦湾月堤，从总督嵩孚请也。（《清宣宗实录》卷113）

（道光七年五月）乙酉，谕内阁："四川省采办昌陵圣德神功碑楼所需木植，已据该督奏报，于上年三月内起运。当经降旨，饬令沿途催趱，至今尚未抵工。着湖北、江西、江南、山东、直隶及漕河各督抚查明经过地方，一体照料饬催，迅速运抵工次，毋许迟延，致误要需。"（《清宣

宗实录》卷117）

（道光七年闰五月戊申）谕军机大臣等："寄谕湖广总督嵩孚，御史程德润奏'请修复堤防，以资保障'一折，据称'湖北安陆府属京山县王家营堤工，于道光二、四、六等年屡次溃口，下游各州县连年被灾，而天门尤当其冲，民田、庐墓及城池、仓库多被淹浸。上年冬间，经该督奏明亲往履勘，并委各道府集议，博采众论，期为一劳永逸之计。现在上游居民倡议废堤，纷纷聚讼，或废或修尚在未定。本年四月，桃汛忽来，所有上年被灾各处又复汪洋一片，转瞬伏秋大汛经临，春麦既未登场，秋禾亦难播种，请饬相度修筑'等语。该处王家营堤工，田庐、城郭攸资保障，若不及时修复，致令溃溢成灾，追奏请抚恤缓征，而居民业已失所。至称议废旧堤，必须另开河道，建筑新堤，工程经费尤属倍蓰。着该督前赴该处履勘，相度形势，悉心筹议，设法修筑，务令堤防得资捍卫，而灾黎均各复业，是为至要。该御史折着钞给阅看。将此谕令知之。"（《清宣宗实录》卷118）

（道光七年六月辛卯）谕军机大臣等："据嵩孚奏'筹办京山县王家营堤塍，请于沙滩之中开挑引河，疏导渍水，排桩下埽，固其根底，再行修筑堤身'等语。王家营堤工为数县田庐保障，前既屡筑屡溃，亟应筹议经久之策，永资利赖。该督既称杨家脑沙滩积沙过厚，水至即淤，断难开疏，则又欲于淤滩之中开挑引河，疏导溃口渍水，设仍旋挑旋淤，岂不徒糜工费？至谓该省修堤，仅用土石抛填，根脚难期坚实，须仿照黄河工程做法，排桩下埽，固其根底。该处杨家脑沙滩逼水东趋，直射堤所，又有胡李湾沙洲横截河中，回溜搜根，势甚湍急。现议所下之埽，仅用苇料，是否即比土石抛填较为坚巩？将来修筑堤身，能否长资捍卫？事关数邑民瘼，不可不详慎妥筹，以期一劳永逸。着嵩孚再行虚衷集议，务求妥善，奏明办理，勿因具奏在前，稍存回护之见也。将此谕令知之。"（《清宣宗实录》卷120）

（道光七年八月辛卯）谕军机大臣等："据嵩孚复奏'王家营堤工前议于对岸沙滩之中开挖引河，业已停止。现拟照河工切滩之法，平其直射溃口之溜势，再将下游沙洲开挑引河，破其环抱，以顺正流。堤工易于堵筑，不致有回溜搜根之患，仍仿照黄河工程，排钉木桩，再用秸麻、苇料下埽，使堤底不能冲动，筑堤可期坚实'等语。王家营堤工建自前明，迄今二百余年，虽偶有溃决之时，旋即堵合，何以自道光二年溃决后屡筑屡溃？是否今昔情形不同，溜势迁移，堤身当其顶冲，难以堵筑？抑系工程并未坚实，以致不能经久？该督议筹兴筑，原为保下游居民田庐起见，惟恐与水争地，难资捍御，虚糜工费，岂不徒劳无益？且所议用秸麻、苇料排桩下埽，不过为暂时堵合之计，工程岂能经久？若日后桩埽频蛰，必须不时镶筑，是又添出岁修之费。即谓此项工程原系保卫民田，可以借资民力，而逐年摊征，岂非近于加赋？如果自此次兴筑之后，必能一劳永逸，朕岂靳此区区经费耶？现已派陈若霖、姚祖同前往详勘，应否兴办，俟伊等查勘复奏，再行定议饬遵。至所请将湖北司库存贮贵州铅价银内酌留十万两，以备工用，着即暂留藩库，候旨遵办可也。将此谕令知之。"（《清宣宗实录》卷124）

（道光七年十月丁丑）谕军机大臣等："本日据嵩孚奏'楚省堤河水利系伊专管，理应赴工，拟于九月二十一日起程'等语。王家营堤工，朕已派陈若霖、姚祖同前往详勘，若须该督会办，自当早经降旨。该督应办日行事件，正复不少，何得率请赴工？嵩孚着不准前去，如已经起程，即行折回省城可也。将此由四百里谕令知之。"（《清宣宗实录》卷127）

（道光七年十月丁丑）又谕："前派陈若霖、姚祖同前往详勘湖北王家营堤工，计此时当已抵楚省。本日据嵩孚奏'楚省堤河水利系伊专管，理应赴工，拟于九月二十一日起程'等语。此项工程，朕特派陈若霖、姚祖同前往，若须该督赴工，早派伊会同履勘，何待该督自行奏请？除另降谕旨不准该督前往外，陈若霖等务须立定主意，破除情面，悉心详勘，据实奏闻。或该省官员竟有回护怂恿情事，切勿受人愚弄，立即斥驳，断不许扶同徇隐。将此由四百里谕令知之。”（《清宣宗实录》卷127）

（道光七年十月）癸未，谕内阁：“前据嵩孚奏‘王家营堤工，拟照河工切滩之法，平其溜势，仍仿黄河工程，钉桩下埽’。当经派令陈若霖、姚祖同前往详勘，定议复奏。兹据奏称‘查明京山县溃口长三百二十五丈，钟祥县溃口长一百七十二丈，正河经行二百余年，自不应舍此另寻故道。下游潜江等处被淹不少，势不能徇上游居民以邻为壑之私见，惟有堵合口门，工坚料实，方为正办。其胡李湾沙洲现已刷塌，乘势挑除沙块，俾去路通畅，亦属因势利导。惟仿黄河工程做法，势必巧营销算，多报岁修，踵添另案，流弊滋甚，断不可行’。所奏极是，与朕意合。着照所请，挑除胡李湾沙块，先畅下游去路，将京山县已涸口门，挽筑月堤，展宽水道。其钟祥口门，俟拦水坝筑就，即乘势堵闭，并在溃口处添筑石坝二道，护堤攻沙。所需经费银两，着准其于存贮贵州铅价银十万两内动支，即责成该督嵩孚驻工认真督办，赶紧于年内一律完竣。严查工员，勿任草率偷减，工竣验收核销，其报销保固，悉照该省旧规，不准另有所请，致滋弊端。该部知道。”（《清宣宗实录》卷127）

（道光七年十二月丁丑）谕内阁：“嵩孚等奏‘勘估王家营堤工应需经费银两，请借项修办’一折。湖北王家营应办堤河各工，前经派令陈若霖等前往勘明，降旨交嵩孚驻工督办，兹据奏，勘估修办京山、钟祥二县堤塍并挑河切滩、砌筑拦水护堤各坝，实需经费银十八万八千三百六十四两零。惟该处积年被淹，按粮派修，民力实有未逮。又筑拦水柴坝，例不报销，应由督抚司道及安陆、汉阳、德安三府捐廉办理，一时亦未能扣收，自系实在情形。着照所请，准将所留贵州铅价银十万两，并于司库筹动商捐堤河生息谷价各款银八万八千三百六十四两零，先行借支应用，除各官应捐养廉银二万六百四十三两零分作两年扣还，其余借动银十六万七千七百二十两零，即在受益之钟祥、京山、天门、潜江、应城、汉川各县业户名下，自道光八年秋后起，分作八年摊征归款，以纾民力。该督现已赴工，着即严督承办各员分头赶办，务于年内一律完竣，如查有草率偷减，立即严参惩办。照例保固十年，仍照该省旧规报销，毋许滋弊。其前署京山县另案参革知县方椿森应赔银二万六十一两零，即着严追归款。该部知道。”（《清宣宗实录》卷131）

（道光八年正月壬子）修湖北荆门州官堤并荆州府民堤，从总督嵩孚请也。（《清宣宗实录》卷132）

（道光八年二月）庚寅，湖广总督嵩孚奏：“监利县滨江民堤势甚险要，请借款兴修。汉川县水道前经借款筹办，兹已开挖深通，所借银两均请自本年秋后分限征还。”从之。（《清宣宗实录》卷133）

（道光八年九月丁未）又谕：“嵩孚等奏‘各卫军户堤塍岁修工程，请改归屯坐州县就近经理’一折。湖北屯坐各州县军户堤工系归各卫守备经管，兹据该督等奏称‘每年秋后水落，应修堤塍之时，正值赶办新漕，该卫守备等佥丁造船，兑粮起运，无暇督办堤工。其屯头、堤长人等任意延宕，以致书役串通侵蚀，土方工程不能坚固。且军堤俱系滨江临河，一经汛涨漫溃，即致贻害民堤。请将每年岁修工程，改归屯坐各州县就近经理’。着照所请，即饬令各卫，限一月查明屯坐地方管修堤工之首事、堤长、屯头、业户，造册移送该州县存贮。自本年起，于秋后勘办民堤之时，顺道查勘军堤，凡低矮虽薄之处，按段加高培厚，估计应需夫工，造册详报，一面责令首事堤圩人等赶办土方，自行兴修，毋许书役涉手，以杜弊窦。并责成该州县暨汛员等一体督率查催，务与民堤同时兴工报竣，工程一律坚巩，俾资捍御。每年汛水涨发，亦责令该州县等认真抢护巡防，倘有草率偷减及防护不力，即着严行参处。该部知道。”（《清宣宗实录》卷142）

（道光八年十月丙戌）添建湖北钟祥县王家营新堤石坝，从总督嵩孚请也。（《清宣宗实录》卷145）

（道光九年正月甲辰）修湖北荆州府万城大堤，从总督嵩孚等请也。（《清宣宗实录》卷150）

（道光九年十二月己卯）加修湖北万城堤，从总督嵩孚请也。（《清宣宗实录》卷163）

（道光十年正月庚子）修湖北省会江岸并添建石坝，从总督嵩孚请也。（《清宣宗实录》卷164）

（道光十年九月癸酉）修湖北襄阳府监狱，从巡抚杨健请也。（《清宣宗实录》卷174）

（道光十年十二月辛卯）修湖北公安、监利二县堤工，从总督嵩孚请也。（《清宣宗实录》卷181）

（道光十一年四月乙巳）修湖北天门县襄河南岸堤工，从总督卢坤请也。（《清宣宗实录》卷187）

（道光十一年六月辛巳）修湖北荆州将军、左右翼副都统衙署，从总督卢坤请也。（《清宣宗实录》卷190）

（道光十一年九月丙辰）又谕："卢坤等奏'请展限办理堤工'等语。湖北天门县下老观垸挽筑月堤，前经勒限五十日，于夏汛未涨以前修筑完竣。兹据奏'查明该处工程已有七分，现在水势汪洋，无处取土，不能施工’，自系实在情形。着照所请，准将未完工程，展至九月初旬再行挽筑，勒限十月内，一律修筑完竣，务期工程坚实，派委大员核实验收，照例保固。如有偷减草率情弊，即行据实参办。”（《清宣宗实录》卷196）

（道光十一年十二月乙酉）以捐办湖北监利县险要堤工，予绅士黄善良等议叙有差。（《清宣宗实录》卷202）

（道光十二年正月壬申）又谕：“卢坤等奏‘请暂留候选同知沈志尹，办理湖北堤工’等语。湖北堤工修筑事宜正在需人帮办，该督等所请，为要工起见，尚无不可。总不得借此开一钻营幸进之路，即工竣之日，亦不能妄希格外邀恩也。”（《清宣宗实录》卷204）

（道光十二年正月壬申）湖广总督卢坤等奏：“湖北被水各属溃缺堤工，分别借项修理。严除书差董事勾串侵渔之弊，倘委员不实心经理，即撤参惩办。”得旨：“不可空言塞责，如有办理不善者，必须从严究治，惩一儆百，不准姑息。”又奏：“酌拟修筑堤工章程。”批：“所议尚属周妥，但要行之以实，不可徒托空言。勉之又勉，令出惟行弗惟反，刻不可忘。”（《清宣宗实录》卷204）

（道光十二年正月壬申）命湖北荆州府万城堤工改归知府承办，并贷宝武局钱修江陵、公安、监利三县堤塍，从总督卢坤等请也。（《清宣宗实录》卷204）

（道光十二年七月）甲戌，谕内阁：“杨怿曾奏‘江河并涨，各属堤段续被漫溢，并被水较重之天门县，现委藩司驰往勘办’一折。湖北公安、石首等县因江河水涨，堤塍漫溃，间被淹浸。天门县被水较重，业经该抚饬令藩司衔庆带银前往抚恤，着即照例给与口粮，俾资接济，以免灾黎失所。其公安、石首等州县亦经派员前往会勘，如须藩司督办，着即饬令驰往，务将被淹轻重，确切勘明，妥为抚恤，总期毋滥毋遗，实惠及民。其城垣、衙署、仓库、监狱坍塌情形及溃口若干丈尺，着督饬赶紧设法抢筑，仍严饬有堤各属加意防护，务保无虞。”（《清宣宗实录》卷216）

（道光十二年八月己亥）以湖北京山县吕家潭、江陵县虎渡汛堤工漫溃，摘通判胡楷等项带。（《清宣宗实录》卷218）

（道光十二年十月丁未）又谕：“前降旨令讷尔经额于到任后，即赴湖南衡州办理善后事宜。兹据奏称‘湖南善后章程业经拟定入奏，似无急需应办要件，而湖北现当请帑赈恤，武昌、汉阳、荆州、襄阳、德安、安陆各府属十五州县溃堤，计共三千余丈，尚未堵合。请先将赈恤、堵筑两事筹办妥协，即于查阅湖南营伍之便，前往衡州’等语，已批令依议行矣。着讷尔经额将该省应办事宜会同该抚酌筹妥办，将来前赴湖南时一面奏闻，一面起程前往。将此谕令知之。”（《清宣宗实录》卷223）

（道光十二年十月戊辰）又谕：“……穆彰阿现往湖北，陶澍办理武闱完竣后，着即赴清江浦，会同张井详细筹商具奏……”（《清宣宗实录》卷224）

（道光十二年十二月乙卯）修湖北襄阳府老龙石堤，从总督讷尔经额等请也。（《清宣宗实录》卷227）

（道光十二年十二月丙辰）谕军机大臣等：“有人陈奏‘湖北江、汉堤工每年于八九月水退时修筑，以资捍御。本年水退，尚未兴修。十月底，云南考官路过荆州、安陆等处，目击情形，道府州县观望迟疑，毫无定见。孝感、黄陂劫案甚多，地方官置若罔闻，或避重就轻，规避处分，家道稍裕者，多迁城内，其他州县类此者恐亦不少。署天门县知县吕恂上年办理赈务，将合邑民商捐赈银二万余两只发一万两，余皆肥己。督抚捐有被灾各州县棉衣三千件银两，该署县领回，止给草衣，以棉衣开报，乡民怨讟，致有谣言’等语。江、汉堤工为各州县保障，该处频年水患，自应及时修筑坚固，以卫民生，何以迟至十月底尚未兴筑？着穆彰阿会同讷尔经额确切查明，饬令赶紧修筑，毋许草率侵冒……原折钞给阅看。将此谕令知之。”（《清宣宗实录》卷227）

（道光十二年十二月丙寅）修湖北汉阳府护城石堤并马头闸坝，从总督讷尔经额等请也。（《清宣宗实录》卷228）

（道光十三年正月戊子）谕内阁：“前据蒋立镛奏‘湖北堤工，地方官未赶紧兴修，孝感、黄陂抢劫之案甚多，署天门县知县吕恂侵蚀捐赈棉衣银两’各款，当降旨交穆彰阿等查办。兹据奏‘讷尔经额于到任后，查知各属官民，希冀借帑兴修，以致观望迟延，即严饬该管道府亲诣督勘筹议，并勒限严督赶办，春汛以前，均可一律完竣。至历年残缺堤工，须俟水势归槽，方能集费修筑，实非有意迟延……又吕恂上年代理天门县事，共收绅商捐输工赈钱文，查明各垸内实在贫民户口，择其公正绅士耆民，将钱文当堂给领，每垸给钱自一百余千至数十千文不等，有花名细册、绅耆领状可据。其余钱文为修复各垸溃堤之用，均系绅耆经手，俱有工程底帐可查，不但该员毫无沾染，且未假手吏胥，可保无克扣之弊……’等语。穆彰阿系钦派大臣，讷尔经额系新任湖广总督，交查事件均无所用其回护，既据详查具奏，自系实在情形。蒋立镛所奏，着毋庸议。”（《清宣宗实录》卷230）

（道光十三年正月丁酉）修湖北武昌、荆州二府沿江堤岸，从总督讷尔经额请也。（《清宣宗实录》卷230）

（道光十三年五月壬申）修湖北钟祥县堤塍，从总督讷尔经额请也。

(《清宣宗实录》卷237)

(道光十三年十一月乙酉)谕军机大臣等:“御史刘谊奏‘湖北汉水滨江堤塍连被冲决,该处士民在籍呈请建立闸坝,请饬查办理’一折。据称‘湖北所属之安陆府滨临汉江,向有堤塍一道,为京山等县保障,近年连遭溃决,汉水泛溢,沿河两滩日渐淤垫,堤塍内外居民均受其害。该处士民由地方官呈请建立闸坝,挑浚河道,以泄水势。由钟祥之海子湖、郑家桥直接京山之卢家塞、永乐河,天门县河,入三台湖,出涢口,仍会汉水以达于江。其卢家塞以下向俱疏通,惟钟祥所属河道不无淤塞,疏浚亦易为力。一切经费,该县向有筹备生息银两,存贮藩库,专为该县堤塍而设。现积有十余万两,即动用此项银两,不必别筹款项’等语。安陆府滨江堤塍,冲决被害,若如该御史所奏,建立闸坝,挑浚河道,不惟下游免冲突之患,上游亦无淹浸之虞。着讷尔经额、尹济源遴派明干道府大员,详加查勘,并查明钟祥县是否向有此项筹备生息银两存贮藩库,积存若干两,及建立闸坝应如何估计兴工,悉心妥议,据实具奏。将此谕令知之。”寻奏:“查传具呈士民,令其指出所请建闸之处,即系董家垱溃堤之处。自董家垱至永乐河一百三十五里,间有河形,断续不接,又自永乐河至三台湖,旧河仅宽数丈,只可宣泄溪流,断难分消汉水。就使开挖宽畅,而三台湖不能容纳,仍由涢口递达入江,其间湖河交错,稍有阻滞,必致汛滥四溢,是建闸疏河,实与下游大有妨碍。至钟祥县筹备堤工银,系归司库经管,自乾隆五十六年发商生息,前后共收过银十一万三千三百余两,除动支外,现在实存二千余两,均有三咨案据可凭。该处堤塍,岁修所需夫工,或别筹款项生息,或令受益业民摊交工费,应另议章程办理。其应堵筑之溃口并下游王家店险工一段,均须挽筑月堤,估需银一万五千四百余两,请将现存本工息银二千余两尽数动用,不敷银两在于别案堤河生息款内先行凑发。”报闻。(《清宣宗实录》卷245)

（道光十三年十一月乙未）谕军机大臣等："有人奏'江汉修防事宜'一折。据称楚北堤工，有官征土方绅士领修者，有民间自为修理者，有官督民修者，俱不能无弊。而惟官督民修之弊为尤甚，不若改为官修，以专责成。至既改为官修后，必应定考课之法，请仿照河工经历三汛后，督修、承修官应如何分别劝惩，严定章程，每年由道府核实结报督抚具奏。并请将同知、通判等官事务较简者，酌改为江、汉二防厅员。所属州县中有堤工较长者，令其分段管理。一切修防事宜及三汛考课，均照州县之例。又楚北堤工并不豫备土牛，应于每年勘估时，即将土牛一并估计。向例所纳芦课，改征柴束，以济工用，并每三里设堤正、堤夫，饬令巡防。又宜相度情形，于内面近堤本有河港者，因而开通之。原可分泄之支河，疏沦之。其溃堤难堵者，顺势利导之。务使水分其势，不致壅遏为患各等语。湖北频年水灾，下游各省均受其患，必应及早修防，永资保护。着讷尔经额等将所奏四条与该省现在情形，悉心体察，详细妥议具奏，务期水利、民生均有裨益。将此各谕令知之。"寻奏："民修堤工概改为官修。按地征费，情同加赋，书吏浮派苛索、草率偷减，均不能免，于堤工实为窒碍。堆筑土牛，应归现在奏办培筑堤工案内一律赶办。有堤之处，并非皆有芦课，改征柴束，运赴工所，须筹脚价，应毋庸议。虎渡支河已于本年正月兴挑；调弦口一河亦拟次第疏沦；江、汉支河及洞庭湖港汊应俟勘齐筹办；险要处所应令试用佐杂、候补备弁分段巡防，毋庸另改厅员。"报闻。（《清宣宗实录》卷245）

（道光十四年二月丙辰）修湖北潜江县护城堤，从总督讷尔经额等请也。（《清宣宗实录》卷249）

（道光十四年四月己亥）军机大臣会同户、工二部议奏："湖广总督讷尔经额等奏'请酌展筹备事例，令在湖北报捐，借充工用'。查湖北堤塍，向系民捐民修，如有不敷，借款垫办，分年摊征。又各省办理堤工保固限内溃塌，着落原办之员赔修。至军民如愿捐修，即可援案奏请议

叙，所请应毋庸议。”从之。（《清宣宗实录》卷251）

（道光十四年六月庚子）浚湖北沔阳、天门二州县牛蹄支河，汉阳县通顺支河，并修筑滨临江、汉各堤，从总督讷尔经额等请也。（《清宣宗实录》卷253）

（道光十四年十一月）乙亥，以修湖北江、汉堤工出力，予同知张实荣等加衔升补有差。（《清宣宗实录》卷260）

（道光十四年十二月丁酉）修湖北省城驿路桥堤，从总督讷尔经额等请也。（《清宣宗实录》卷261）

（道光十四年十二月壬子）浚湖北石首、潜江、汉川三县支河，从总督讷尔经额等请也。（《清宣宗实录》卷261）

（道光十五年正月丁亥）又谕：“讷尔经额等奏‘请动项分别培修紧要堤工’一折。湖北嘉鱼等县境内堤塍屡被浸溢掣坍，民力拮据，未能擁修。据该督等勘估紧要各工，自应动给银两分别加培修复。所有咸宁、蒲圻、嘉鱼、汉川、沔阳五州县，估需土方夫工银共四万五千余两，着准其在于该省司库存剩抚恤余银项下动支给发，照估兴修，勒限春汛以前一律完竣。该督当亲往核实验收，如有草率偷减，即行参办。沔阳、汉川二处民人叠被水灾，逃亡甚众，该督设法招徕并咨会邻省截留，资送回籍。现在估修各工即着以工代赈，俾新归贫民得以佣趁糊口。至该省逃荒民人尚有逗留在外者，该督务须认真妥办。现虽派员携资分投迎提，押令回籍，其如何安插之处，务令各该州县暨委员等加结申报，以凭稽核。断不准奉文了事，仍致有名无实也。”（《清宣宗实录》卷262）

（道光十五年正月丁亥）修湖北潜江县护城堤，从总督讷尔经额等请

也。（《清宣宗实录》卷262）

（道光十五年二月辛亥）修湖北荆州府万城大堤，从总督讷尔经额等请也。（《清宣宗实录》卷263）

（道光十五年九月壬子）修湖北潜江、钟祥、京山、天门、沔阳、汉川六州县临江堤岸，从总督讷尔经额等请也。（《清宣宗实录》卷271）

（道光十五年十月癸酉）修湖北武昌府沿江石岸，从总督讷尔经额等请也。（《清宣宗实录》卷273）

（道光十六年六月）己巳，谕内阁："讷尔经额等奏'新筑堤工被水漫溃'等语。湖北沔阳等州县堤垸各工，甫于本年三月修筑完竣。其沔阳堤工，系由司筹项协济至八千余两之多，何以一遇汛涨，即行漫溃？承修各员，显有办理草率情弊。着该督等确切查明，据实参奏。"寻奏："承修系署沔阳州知州张宝荣，请摘去顶带，责令赔修。"从之。（《清宣宗实录》卷284）

（道光十六年十月戊寅）又谕："有人奏'湖北监利县堤工向系官征民修，每年岁修土方六十余万，派征制钱六万余串，由该县签点董事，发给印单，收取土费，粮书、工书等辄用墨券私收，致董事赔累，不足完工。又有库总六人，狼狈为奸，被控未结。前经讷尔经额派员前往会议章程，设立总局收土，并公举诚正首士八人及领修数十人分修，一切事宜不假吏胥，士民踊跃。而蠹书等遂把持花户，不许赴局完土，首士屡经禀究，藐玩如故，一年所收土费，不及三万串，余皆尽饱蠹橐……又本年荆江水未大涨，该蠹书等潜往刨毁，溃决二十余丈，致淹毛老等一百四十余垸，下及沔阳、汉阳等处，皆受其害'等语。收土修堤，改设总局，行之一年，士民称便，该地方官自应实力奉行，用收实效。何以该蠹书等辄因无从渔利，胆敢纠众毁局，抢劫肆殴？如果属实，大干法纪……首士畏其凌虐，不敢承管局事，于民命要工，大有关系，不可不严行查究。着讷尔经额、周之琦亲提现获粮书张良佐，并饬该县严拿首从各犯务获，秉公审讯，认真研究，务即查明溃堤毁局各确情，依律究办，并追出抗缴土费，以杜包揽而清积弊。至该县邓兰薰倘查有徇纵情事，着即据实严参，毋稍姑息。将此谕令知之。”寻总督林则徐等奏：“监利县设立总局、散局收土，仍令粮书帮收。散局首士秦祖恩因粮书萧之桐旧欠不缴，令工人、县役将萧之桐锁拿赴局，以致争闹。至江堤溃决，实因渗漏所致。粮书张良佐等声称田墓被淹，赴局吵闹，将总局首士周超伯等殴伤，被人乘间窃去钱文衣物，张良佐按律拟杖……惟失察县书龚绍绪等侵收土费，又该县赔修堤工，而抢险用费仍于土费内开销，殊属非是，应请革职，以示惩儆。”下部议，从之。（《清宣宗实录》卷290）

（道光十七年正月庚寅）修湖北武昌府沿江石岸，钟祥县刘公庵、何家潭二处老堤，潜江县城外土堤，从总督讷尔经额等请也。（《清宣宗实录》卷293）

（道光十七年十二月庚午）修湖北钟祥县河堤石坝坦坡、潜江县护城土堤，从总督林则徐等请也。（《清宣宗实录》卷304）

（道光十八年三月戊寅）修湖北黄梅县堤工，从总督林则徐等请也。（《清宣宗实录》卷307）

（道光十八年九月丁卯）湖广总督林则徐奏：“江、汉安澜，堤防一律巩固，仍当乘此水落之后，饬属查照盛涨水痕，将各办岁修段工及早估办，工料愈加坚实，丈尺愈见高宽，俾来年捍卫有资。”得旨：“凡事若能如此，有何不可挽回？朕意在言外，卿其善体朕心，决意勉为之。”（《清宣宗实录》卷314）

（道光十九年二月乙未）修湖北省城保安门外江堤、蕲州卫军堤，从署总督周天爵等请也。（《清宣宗实录》卷319）

（道光十九年三月丁酉）修湖北汉阳府临江石堤，从署总督周天爵等请也。（《清宣宗实录》卷320）

（道光十九年十月）己巳，谕内阁："周天爵奏'查勘各属被淹情形'一折。湖北滨江、滨汉各州县垸堤，本年因汛水叠涨，多有漫溃。据该督查勘，议请于险工处所多贮芦苇，仿照黄河办法，先立挑坝，再将单薄堤段镶护草工。其张壁口一处情形，或就分泄之水使之冲刷成河，或仍行堵塞以归正流，照依王家营办法，俟冬令水涸，确勘形势，再行奏办等语。着该督届时亲往，切实查勘，酌量妥为办理。务须确有把握，为一劳永逸之计，而下游亦不致漫淹，方为尽善。至该督议请以工代赈，俾资接济，自是良法。惟未经兴工以前，灾民失业，未免嗷嗷待哺。该督仍察看情形，照例妥为抚恤，勿使一夫失所，以慰朕廑念灾黎至意。"（《清宣宗实录》卷327）

（道光十九年十一月庚申）贷湖北京山、江陵二县修复砖石各堤银，以工代赈。（《清宣宗实录》卷328）

（道光十九年十一月辛酉）谕军机大臣等："上年五月，据林则徐等奏'请酌筹襄河防汛经费'。旋据奏称'江、汉普庆安澜，恳请鼓励各员'，当经降旨施恩。因思该处堤工紧要，既经该督等筹款修办，复将经手承办各员奏请议叙，自必修防妥协，一律巩固。乃甫隔年余，堤塍遂致漫溃，其办理不善，已可概见。昨据周天爵奏称，湖北之汉川、沔阳、天门、京山等处溃决。查对原折内，有上年伍长华等所称为验收坚实者，恐水势稍大，漫溃尚多。着周天爵核实查明，本年决堤有若干丈尺系上年奏称修筑妥协之处，并查明得邀议叙各员所办工程溃决若干处，据实具奏，毋稍回护。将此谕令知之。”（《清宣宗实录》卷328）

（道光二十年正月戊戌）谕内阁：“前年五月据林则徐奏‘江、汉安澜，恳请鼓励各员’，当经降旨加恩。兹据周天爵查明江、汉堤塍漫溃情形，京山、天门二县系安陆府所属，沔阳州系汉阳府所属，江夏等县公堤系武昌府所属，此次漫溃堤段，虽因水势过大，猝不及防，究系筹办验收未能尽善。所有安陆府知府周鸣銮，前加道衔、汉阳府知府杨炳堃交部议叙之处，着即注销。试用布政司照磨胡廷琨前请尽先补用之处，亦着注销。其原请奖励之调任湖广总督林则徐，着交部议处。此次石工、草工现已陆续兴修，着周天爵亲往督办，勒令依限完竣。又另片奏‘京山县知县梁芸滋应赔月堤溃口银六千两，请移修渡船口、杨堤湾二处要工’等语，着即照所议办理。”（《清宣宗实录》卷330）

（道光二十年二月）辛巳，修湖北荆州府万城大堤，从总督周天爵等请也。（《清宣宗实录》卷331）

（道光二十年五月辛卯）谕内阁：“周天爵奏‘请将估办堤工草率玩延各员交部严议’一折。湖北荆州府万城大堤工程，前经奏准动项修筑，兹据该督履勘，与原估多有未符，且屡催迄未蒇事。前任荆州府告病知府王若闳任听书吏朦估，率行详报，荆宜施道陶梁，前代理荆州府事、襄阳府同知张书年接手承办，并不认真厘剔，均属草率玩延。王若闳、陶梁、张书年，着一并交部严加议处，全工俱不准开销，以示惩儆。其未完工段，勒令各段夫头照依领估丈尺，赶紧加培补足，克日报竣，毋再玩延。”（《清宣宗实录》卷334）

道光二十年庚子六月己未朔，大学士军机大臣穆彰阿等议复：“湖广总督周天爵奏‘查看江汉情形，并酌拟疏堵章程六条：一、沙滩上游作一引坝，拦水入口，再作沙堤障其外面，以堵旁泄。一、江之南岸，改虎渡口东支堤为西堤，别添新东堤一道，留宽水路四五里，下达黄金口，归于洞庭，再于石首县之调弦口留三四十里沮洳之地，泻入洞庭。一、江之北岸旧有闸门应改为滚坝，冬启夏闭。一、襄汉上游应多作挑坝，撑水外出，再于险要处所加筑护堤、护滩。一、襄河两面堤畔应用砖石多砌陡门，一交夏令，相机启闭。一、襄河水势浩大，应添造滚坝，冬启夏闭，仿照沿江改作之法，于两岸低洼处所引渠纳水'。俱应如该督所请办理。惟兴利必兼防患，施功贵有成谋，应令该督通盘筹画，务须拔本塞源，为一劳永逸之计。"从之。（《清宣宗实录》卷335）

（道光二十年十月甲申）修筑湖北京山县杨堤湾等处堤塍，从总督周天爵等请也。（《清宣宗实录》卷340）

（道光二十年十一月戊申）修湖北公安、监利二县老堤，以工代赈，并修江陵县虎渡汛堤，从总督周天爵等请也。（《清宣宗实录》卷341）

（道光二十年十二月癸亥）修湖北潜江县护城堤，从前任总督周天爵等请也。（《清宣宗实录》卷342）

（道光二十一年二月癸亥）修湖北荆州府万城大堤及江陵县支堤，从总督裕泰请也。（《清宣宗实录》卷346）

（道光二十一年二月甲戌）修湖北沔阳州龙王庙闸座，从总督裕泰请也。（《清宣宗实录》卷347）

（道光二十一年闰三月甲戌）改筑湖北京山县杨堤湾等处石坝，从总督裕泰请也。（《清宣宗实录》卷350）

（道光二十一年十一月甲戌）修湖北潜江县民堤，以工代赈，并修钟祥县堤，从总督裕泰等请也。（《清宣宗实录》卷362）

（道光二十一年十二月癸巳）贷湖北江陵、公安二县修堤银。（《清宣宗实录》卷363）

（道光二十一年十二月丙申）谕军机大臣等："给事中陈光亨奏'湖北应修堤垸，奸民书役勾串扰民'一折。据称'近年叠被水灾，户口流散，地方土棍勾串书差勒令住户捐修，举报大业、大户、富户名目，指名拘押，赔累轻生。复混充首事，敛费包修，工程草率，经费虚糜'等语。湖北临江滨汉，必须堤垸坚固，方可保卫田庐，若任奸民蠹役借端滋扰，势必良民被累，水患频仍。着裕泰、赵炳言转饬所属，严行禁止，如有前项情弊，立即严拿惩办，毋少姑容。所奏'循照旧章，晓谕业户，未溃则各防各汛，既溃则各修各工，间有逃亡，合垸摊修'等语，是否可行，并着悉心妥议具奏。原折钞给阅看，将此谕令知之。"寻奏："近年川、陕贫民于深山邃谷中开辟垦种，以致山水涨发，沙土顺流而下，江、汉底垫日高，堤塍愈形卑矮，而土棍书差借名修堤，勾串舞弊在所不免。惟垸中有逃户归于合垸兴修，民情未必乐从，必须体察情形，分别厘剔筹办。"报闻。（《清宣宗实录》卷364）

（道光二十二年三月丙辰）修湖北沔阳州溃口江堤等工，从总督裕泰请也。（《清宣宗实录》卷369）

（道光二十二年六月）辛卯，谕军机大臣等："禄普等奏'荆州大堤冲决，郡城被淹'一折。据称'万城以上之吴家桥地方水闸冲开，并万城下十余里上渔埠头大堤被水冲决，直冲郡城西门，致江水灌进，城内多被淹浸'等语。荆江大堤为阖府田庐保障，现因江水陡发，兵民人等猝被淹浸，亟应分别抚恤。着裕泰等迅委妥员，前往查勘，一面将被水兵民酌给口粮，毋令一夫失所，一面将应修堤工城垣赶紧修筑，以御伏汛。至荆州堤工屡经动项修筑，何以一遇盛涨，即有冲决之事？着裕泰查明历任承修各员，据实参奏。将此谕令知之。”（《清宣宗实录》卷375）

（道光二十二年六月壬辰）谕内阁：“昨据禄普等奏‘荆江大堤冲决，郡城被淹’，已降旨交裕泰等查勘办理矣。兹据该督等奏‘荆江水势盛涨，连日大雨，将此渔埠头工段漫缺一口刷宽数十丈，水由西门绕过，以致城垣、仓库、监狱均被淹浸’等语。荆州万城大堤为阖郡保障，现在江水盛涨，城乡被淹，亟应查明抚恤。裕泰已由水程驰赴荆州，着即督饬该地方官将被水居民妥为安抚，毋使流离失所，并将堤工赶紧修筑，以御伏汛。至历任承修各员，着该督仍遵前旨，据实参奏，不准稍有瞻徇回护。”（《清宣宗实录》卷375）

（道光二十二年六月）乙巳，谕内阁：“裕泰奏‘请将承办堤工之知府革职留任，勒限赔修’一折。湖北荆州上渔埠头工段江水漫溃，府城被淹，现据该督勘明水已消退，惟埠头漫口较宽，势难对口接筑，拟估挽外月堤一道，并先于上下游各筑横堤一道，着该督认真饬属赶紧修办。该府程伊湄责重修防，未能先事抢堵，虽现在捐修横堤，办理尚为迅速，究属咎无可辞，着革职暂行留任，勒限两月，将溃口挽月工程堵筑完固，所有大限估需银二万八千三百余两，即着责令赔修，倘再贻误，即着从严参办。被水灾黎现虽以工代赈，仍着确查妥办，其估修府城及抚恤灾民应需银两，着准其于上年江、汉捐抚恤款内动支。至郡城用资保障，现据勘估修复，即饬承办之员认真办理，务期一律坚固，以资经久。”（《清宣宗实录》卷376）

（道光二十二年七月辛酉）谕内阁：“裕泰奏‘遵查荆州溃堤，原修已逾固限，并续勘漫溃民工各堤情形’各一折。前因荆江堤决，郡城被淹，降旨令裕泰督饬该地方官赶紧修筑，安抚居民，并查明历任承修各员，据实参奏。兹据奏称，现溃堤工，近年未经估办，其道光九年原修之员，已逾保固例限，着即照例免其查参。现任知府程伊湄，业经该督奏明，责令赔修，仍着倍集人夫，赶紧加筑，以资捍卫。其被水灾民，经该道府等劝谕捐输，设厂散放，并委员分往各处发钱查抚，均着照议妥为办理。至续勘江支各堤溃口三处，均系民修工程，现当伏汛，势难勉强兴工，着先将溃口两头裹护，不令续坍，俟秋后查勘情形，再行估办。其受灾较重之公安县及监利、江陵等州县被淹情形，亦着转饬迅速查明，一面妥为抚恤，一面据实奏闻，用副朕轸念民艰至意。”（《清宣宗实录》卷 377）

（道光二十二年九月丙午）湖广总督裕泰等复奏：“据御史徐嘉瑞奏‘湖北水灾，请饬豫筹良策’一折。查上年被水灾区，当经奏请赈缓，并设厂收养贫民。间有无赖刁民借灾抢夺，已饬按律惩办，民情安帖。至各府州县漫溃堤塍，当即筹项修筑，以工代赈，惟七月初旬秋汛盛涨，荆州新工复被漫溢。又天门等县湖垸民堤亦有漫缺处所，现均查勘，设法赶办，不敢稍有贻误。”得旨：“详慎妥办，万勿致滋生事端。”（《清宣宗实录》卷 380）

（道光二十二年十二月己卯）修湖北潜江县护城堤工，从总督裕泰请也。（《清宣宗实录》卷 386）

（道光二十二年十二月庚寅）修湖北荆州府万城堤工，从总督裕泰请也。（《清宣宗实录》卷 387）

（道光二十三年二月甲午）贷湖北江陵、公安二县修筑月堤银。（《清宣宗实录》卷 389）

（道光二十四年二月癸丑）修湖北江夏县江堤，从巡抚赵炳言请也。

（《清宣宗实录》卷402）

（道光二十四年七月癸未）又谕："裕泰奏'督署不戒于火，自请议处'一折。湖广总督衙门不戒于火，致二堂五间、后房一间及西首群房三间俱被焚毁，着即赶紧购料，照式赔修……"（《清宣宗实录》卷407）

（道光二十四年七月戊子）谕军机大臣等："裕泰等奏'荆江水涨，堤段漫缺被淹'一折。据称'本年水势异常泛涨，将李家埠五号内老堤漫溢成口，刷宽十余丈，郡城间有渗漏，并西门闸板被水冲翻，灌入汉城。又江陵县所管南岸虎渡汛江支各堤亦有漫溢之处，该督即前赴荆州督办抢堵'等语。荆州万城大堤为阖郡保障，现因水涨漫溢被淹，亟应妥为安抚。该督等既经委员前往查勘，着即饬将被水居民妥速查明，分别抚恤，毋令一夫失所。其应修各工，并着赶紧抢筑，以防复淹。该堤岁修，既系该府承办，可见平时经理不善，以致临事不能抢护，裕泰现在亲赴该郡，着即确切查明各堤是漫是溃、有无保固及被淹轻重情形，据实严参。至该处堤工屡经动项修筑，何以一遇盛涨，即至漫溢，并着该督将全堤形势通行履勘，务使一律坚固，保卫有资，毋得苟且目前，将就了事。将此谕知裕泰，并谕赵炳言知之。"（《清宣宗实录》卷407）

（道光二十四年七月）辛卯，谕军机大臣等："恒通等奏'荆江泛涨，郡城被淹，并水势渐退情形'一折。据称'荆州李家埠堤身漫溢成口，刷宽十余丈，旋将西门闸板撴断，水向城内灌注，界城冲倒，淹及满洲城，水势散漫，军械、人口先期移避。该将军等饬属巡防，数日水渐退出，城垣多有塌陷，官兵房间倒塌甚多，现饬抢堵补修'等语。江水现虽消退，秋汛在即，亟宜先事豫防。满洲城被水浸泡之处，城垣、房屋亟须修葺，其被灾兵丁应抚恤者酌量抚恤，均着确切查明，详细具奏。将此谕令知之。"（《清宣宗实录》卷407）

（道光二十四年八月辛亥）又谕："据裕泰奏'查明荆州府李家埠老堤漫溃，郡城被淹情形'一折，已明降谕旨将该府、道分别革职摘去顶带矣。荆州李家埠工段因江水泛涨，漫刷成口，计宽至一百五十余丈之多，亟应筹办堵筑，其荆州府城垣被水坍卸之处亦应一律兴修，所有此项修费及李家埠溃口工需，着准其由外筹款，次第赶修。该处被水居民，着饬该地方官妥为抚恤，毋令一夫失所，并着查明各垸被淹轻重情形，应如何酌量调剂之处，核实办理。至该堤漫水所经附近湖河田地，不免被淹，着一并委员确勘，据实具奏。该督现驻荆州，着即督饬该道府等迅速堵筑，务期克日竣工。又另片奏'江陵县各工漫溢之处应挽筑月堤，共长四百六十丈，估需夫土银一万六百三十余两'，着准其筹借银五千两，不敷银五千六百余两，即由该县自行捐资办理。所借银两，归于来年秋成后，于受益业户名下按田征还归款。其该县支河民工内，尚有团湖垸、麻家堤二处，着准其俟秋后涸出，勘估筹修。将此谕令知之。"（《清宣宗实录》卷408）

（道光二十四年八月丁巳）谕军机大臣等："裕泰奏'荆州万城堤根现未涸露，尚难勘估'一折。览奏均悉。该堤为全郡保障所关，亟宜设法筹办，一俟水势稍退，即饬该委员等先行拦筑土坝，以便兴工。该督届时仍亲赴工次周历查勘，妥为估修，总期全堤坚固，足资捍卫。毋得苟且了事，致将来一遇水涨，再有坍塌，徒滋糜费，是为至要。将此谕令知之。"（《清宣宗实录》卷408）

（道光二十四年八月丁巳）又谕："裕泰奏'请将疏防民堤漫溃之知县摘去顶带'一折。湖北石首、松滋两县，本年六七月间，因江水涨溢，致将民修各堤工均被漫缺。该县等疏于防范，咎无可辞。石首县知县罗珍、松滋县知县陆锡璞，着一并摘去顶带，仍饬迅速勘估，集费兴工，勒限年内一律完竣，如稍逾违，即着严行参办。"（《清宣宗实录》卷408）

（道光二十四年九月乙亥）修湖北荆州府万城大堤，从总督裕泰请也。（《清宣宗实录》卷 409）

（道光二十四年十月丁酉）修湖北荆州府李家埠堤埝，从总督裕泰请也。（《清宣宗实录》卷 410）

（道光二十四年十月庚申）贷荆州驻防司库银，修理被水衙署、兵房。（《清宣宗实录》卷 410）

（道光二十六年四月癸丑）修湖北公安县兴隆庙等处江堤，从总督裕泰等请也。（《清宣宗实录》卷 428）

（道光二十七年正月庚子）修湖北武昌府江堤，从总督裕泰等请也。（《清宣宗实录》卷 438）

（道光二十七年三月庚寅）贷湖北公安县修理民堤银。（《清宣宗实录》卷 440）

（道光二十七年八月丙寅）修筑湖北安陆府滨临襄河堤塍，从总督裕泰请也。（《清宣宗实录》卷 446）

（道光二十七年十一月戊戌）修筑湖北潜江县杨湖垸等处堤工，从总督裕泰等请也。（《清宣宗实录》卷 449）

（道光二十八年正月甲申）修湖北江夏县堤工，从总督裕泰请也。（《清宣宗实录》卷 451）

（道光二十八年正月戊戌）修湖北钟祥县廖家店堤外滩岸，从总督裕

泰请也。（《清宣宗实录》卷451）

（道光二十八年十一月己丑）以捐筑湖北安陆府堤工，予知府贾世陶等加衔升补有差。（《清宣宗实录》卷461）

（道光二十八年十一月乙未）免湖北民欠借修堤费银六十万一千七百四十七两有奇。（《清宣宗实录》卷461）

（道光二十九年正月丙申）修湖北省城江堤，并荆州府万城大堤、杨林洲、黑窑厂石矶，从总督裕泰等请也。（《清宣宗实录》卷463）

（道光二十九年二月庚戌）修湖北潜江县护城堤工，从总督裕泰请也。（《清宣宗实录》卷464）

（道光二十九年三月）庚辰，谕内阁："裕泰奏'总督衙署不戒于火，自请赔修，并请议处'一折。湖广总督衙门失火，延烧房间，焚毁敕书、火牌、文卷等件。裕泰疏于防范，着交部照例议处。所有被烧房间，着落赔修。"（《清宣宗实录》卷465）

（道光二十九年三月己丑）修湖北襄阳府老龙石堤，从总督裕泰请也。（《清宣宗实录》卷465）

（道光二十九年七月辛亥）又谕："裕泰、唐树义奏'堤塍被水漫淹，请将办理不善之知县，分别革职议处'一折。湖北黄梅、广济二县上年溃口，拨银修筑，乃该县等承修溃堤，并不审度水势、尽心筹画，以致本年堤塍弥漫过顶，田庐被淹。且黄梅县于被水后，该县不即安抚，辄任灾民结伴外出，更属玩视民瘼。黄梅县知县金崇城着即革职，署广济县事、调补崇阳县知县福昌阿着交部议处。仍俟退水后，查勘该二县漫

溢各堤，如有新修溃缺工段，即分别着落赔修，以示惩儆。”（《清宣宗实录》卷470）

（道光三十年正月乙巳）修湖北襄阳府老龙石堤，从总督裕泰请也。（《清宣宗实录》卷476）

（道光三十年正月戊申）修湖北汉阳县堤坝，从总督裕泰请也。（《清文宗实录》卷1）

（道光三十年正月辛酉）修湖北武昌府沿江右岸并潜江县土堤，从总督裕泰请也。（《清文宗实录》卷2）

（道光三十年二月壬午）修湖北武昌府城外路堤，从总督裕泰请也。（《清文宗实录》卷4）

（道光三十年四月丁卯）修湖北钟祥县高家堤等工，从总督裕泰等请也。（《清文宗实录》卷7）

（道光三十年七月己亥）湖北巡抚龚裕奏：“江夏、嘉鱼等县多被漫淹，江陵、公安二县民堤漫缺，业民迁居高阜，当饬该管道府查勘安辑，缺堤赶紧堵筑，以资捍卫。”得旨：“妥速勘办。”（《清文宗实录》卷13）

（道光三十年十月）丁亥，谕内阁：“裕泰奏‘荆江三汛安澜，万城大堤防护稳固’一折。此项堤工为荆州全郡及下游各州县田庐保障，最关紧要，该督仍当饬属实力巡防，俾一律稳固，足御来年汛涨。前因滨江处所棚民开山，致碍水道，降旨令各省督抚确查妥办，果使沙土不致淤垫，江流自可畅行，于堤工大有裨益。该督等务当体察情形，随时防护，勿稍懈弛。”（《清文宗实录》卷20）

（咸丰元年三月癸丑）又谕：“龚裕奏‘请将疏防堤工，延不修复之知县交部议处’一折。湖北前署江陵县事、宣恩县知县姜国祺，于堤塍要工既未能竭力抢护，迨经漫缺成口，又不设法赶筑断流，以致缺口刷宽，多费工资，转图委卸，实属玩泄。着即交部议处，勒令赔修。该处工程紧要，着照所请，暂于司库杂款内借动银六千两，交荆州府督率姜国祺暨现任知县俞昌烈赶紧修复，所借银两严饬追缴归款。”（《清文宗实录》卷30）

（咸丰元年四月丁丑）湖北巡抚龚裕奏：“遵查湖广水道，均无新涨河洲及筑围筑堤阻塞水道情形，惟支河港汊间有淤积，当即随时督属设法挑疏。”报闻。（《清文宗实录》卷32）

（咸丰元年七月乙未）又谕：“程矞采、龚裕奏‘省会城垣现多坍塌臌裂，请责成承办之员赔修’一折。湖北武昌府城垣于道光二十九年商捐兴修，三十年六月工竣，迄今未及一年，坍塌膨裂竟至二百八十余丈之多，着饬令该藩司先行筹款赶办，暂资保卫，俟秋后再行勘估兴修。至此段城工系已革同知劳光泰与竹溪县告病知县马铨承办，着责令该革员等将工料银两照数赔缴，毋任延宕。”（《清文宗实录》卷37）

（咸丰元年闰八月乙未）又谕：“程矞采、龚裕奏‘民堤漫缺，请将抢护不力各员交部议处’一折。湖北公安、江陵、监利、石首四县民堤，于本年六月初间，均有被水漫溢致成缺口处所，该管各员抢护不力，咎实难辞。署公安县事、试用知县刘德纪，江陵县知县俞昌烈，监利县知县彭凤池，代办石首县事、石首县县丞黄履元着一并交部照例议处。该督抚即严饬该员等迅将溃口抢筑修复，毋稍延宕。其被水居民，据称业经妥为安抚，仍着察看情形，据实具奏。”（《清文宗实录》卷41）

（咸丰二年正月戊辰）修湖北武昌府城垣，从总督程矞采等请也。（《清文宗实录》卷52）

（咸丰二年三月丁巳）修湖北钟祥县堤工，从总督程矞采请也。（《清文宗实录》卷55）

（咸丰二年六月丙申）湖广总督程矞采奏："接奉谕旨，与帮办军务罗绕典商办筑堡事宜。"得旨："罗绕典人尚可用，择紧要处所试行之。"（《清文宗实录》卷64）

（咸丰二年十一月乙卯）修筑湖北襄阳老龙官堤及公安、钟祥、天门、江陵、石首、潜江六县被水冲缺民堤，从巡抚常大淳请也。（《清文宗实录》卷75）

（咸丰三年六月乙未）又谕："张芾奏'楚勇抢护省城出力'一折，此次贼匪轰塌城墙，乘势抢扑，该楚勇等能于仓猝之间奋勇抢护，俾城内得以赶紧修筑……均属奋勇可嘉……本日张亮基奏'已饬都司戴文兰管带湖北兵一千名……星夜驰往'……"（《清文宗实录》卷98）

（咸丰三年八月癸巳）又谕："前因江忠源奏'请制战船，以清江面'，当即谕令四川总督裕瑞并湖广各督抚，仿照广东拖罟船式制造百余只，以资调遣。昨据张亮基等奏'现已估买江船五十只，改造战船，骆秉章亦饬属买钓钩等船五十只，运赴湖北，一律改造。另备中船、小船，募勇铸炮，并请借拨四川银十万两协助经费'等语。此项船只已由楚省制备，川省毋庸制造。惟所需经费较多，着裕瑞即设法筹拨银十万两，赶紧解赴湖北，以济要需，毋稍延误。将此由五百里谕令知之。"（《清文宗实录》卷104）

（咸丰三年九月丙午）又谕："本日据江忠源奏'窜扰江西省城之贼叠受惩创，于八月二十二日乘风下窜，现已跟踪追剿，惟水路船只，自被贼扰后，一时实难雇觅'，又据李嘉端奏'有贼船陆续停泊安庆，占踞府城，请饬亟为应援'各一折，是由江西击退之贼，非上窜湖北，即全数下扰安庆。江忠源虽已跟踪追剿，而苦无船只，恐剿办未易得手。张亮基等前奏筹备船炮，此时谅已办有成效，如尚办不足数，着即将业经改造若干只，先行派委得力员弁管带，星速驶赴下游，听候江忠源调遣，协同截剿，毋得延误。将此由六百里加紧谕令知之。"（《清文宗实录》卷105）

（咸丰六年十一月庚辰）湖广总督官文等奏："近在汉阳上游设立修舱船厂，以资防剿。"得旨："就近办理，甚属妥协。"（《清文宗实录》卷213）

（咸丰八年十一月乙亥）协办大学士湖广总督官文奏报："荆江三汛安澜，万城大堤防护稳固。"报闻。（《清文宗实录》卷269）

（同治二年十一月乙巳）谕议政王、军机大臣等："……又据都察院奏，公安县民人叶华品呈称'该县自咸丰十年江陵之毛家尖堤溃漫，被淹四载，屡经督抚札饬江陵修复，复由公安筹款帮费，均以无费停工。小民频遭水患，淹毙饿毙，惨不可言，恳恩早为修复'等语。本日已明降谕旨，令官文等查明该处修堤之费，向来是否民捐民办，抑应官为修理，酌量奏办。惟览该民人所呈，该县连年被淹，流离困苦，经费实无从出，官文、严树森尤当体察情形，如向系民捐，而现在民力实有未逮之处，亦当设法迅为捍筑，保全民命。毋得徒事批饬兴修，仍复任令地方官借口修费，延阁不办，以重堤工，是为至要。叶华品原呈原图，着分别钞录发给阅看。将此由五百里各谕令知之。"（《清穆宗实录》卷84）

（同治二年十一月乙巳）又谕："都察院奏，湖北民人叶华品以'堤溃停修，全境被害'等词，赴该衙门呈诉。据称'公安县历年被淹，皆因江陵县南岸之毛家尖、杨家尖等处堤溃所致，公安民人拨助经费，始行兴工，帮费用尽，工即停止，本年复被江水涨淹'等语。堤工紧要，民命攸关，亟应设法修筑，以资捍卫。惟此项工程，是否向由绅民倡捐兴修，抑应由官为经理之处，着官文、严树森体察情形，妥筹办理。"（《清穆宗实录》卷84）

（同治二年十一月丙辰）又谕："官文、严树森奏'湖北汉镇地方久为发、捻垂涎，该镇前滨大江，东西及后湖沿堤一带处处可达皖、豫，春冬水涸，无险可守。现就该镇地势，三面筑堡开濠，设立炮台，以补长江之险，所需经费，该镇商民皆愿抽捐房租。现于十月兴工开濠，一面购备本桩石块，筑设堡墙炮台，责令于来年春间一律完竣'等语。所筹尚属周妥，即着照所拟办理。所称各国洋行及所买地基，拟即一并包入，外国商民借资捍卫，该洋人自无不欣然乐从。惟此事总须内地官员自为经理，不可假手洋人。从前上海曾有筑堡开濠保卫地方之举，洋人代为经手，借此百计浮开，索费甚巨，一切颇形掣肘。此次如不慎之于始，恐蹈上海前辙，并着官文、严树森妥筹办理。将此由四百里密谕知之。"（《清穆宗实录》卷85）

（同治四年九月癸酉）以疏防堤工，革湖北知县徐畅达职。（《清穆宗实录》卷154）

（同治七年正月乙亥）修湖北安陆等府属堤工，从署总督李瀚章请也。（《清穆宗实录》卷223）

（同治七年九月）丁亥，谕内阁："都察院奏，据湖北民人刘照棠以'堤溃不修'等词赴该衙门呈诉，前因湖北民人叶华品呈控'堤溃停修，全境被害’等情，当经降旨交该督抚体察情形，妥筹办理。兹复据民人刘照棠呈称‘江陵堤工，日久仍未修理’，民命攸关，岂可任意延宕？着该省督抚饬属勘明，赶紧兴办，毋再玩误。”寻李鸿章等奏：“勘估江陵溃堤工程浩大，现值春汛将临，未便修筑，拟俟秋后再筹办理。”报闻。（《清穆宗实录》卷242）

（同治七年十月甲子）又谕：“苏廷魁、李鹤年奏‘收到部拨饷银，择日兴工，请催续拨及指拨各款，并将荥工情形绘图呈览’一折。荥工口门塌宽二百十丈，大溜约有六分，目前客水逐渐见落，亟宜乘此进占堵合……惟户部前拨库款四十万两，迄今两月之久，仅据解到头二三批三十万两，第四批迄未解到。指拨各省协款，并无一处报解，殊属任意延玩。着顺天府迅将原拨第四批部款及续拨部款六十万起解日期查明咨部，一面严催该委员等星速趱行，并着官文派委结实可靠之员接解，限十一月上旬悉数到工。沿途州县，先期饬令多备车辆，挨站递送，毋许片刻停留。倘该员等不知缓急，仍前迟滞，即着该署督、府尹等指名严参……续拨江汉关洋税银五万两，郭柏荫、何璟亦当赶紧筹解。以上各款，均勒限十二月以前解到工次，不准丝毫拖欠。该署河督等一面遴派妥员分路催提，一面督饬在工各员无分昼夜上紧兴办，务于年内蒇事……将此谕知万青藜、王榕吉，并由六百里谕知官文、曾国藩、马新贻、英桂、郭柏荫、苏廷魁、李鹤年、丁日昌，并传谕何璟知之。”（《清穆宗实录》卷245）

（同治七年十一月辛巳）谕军机大臣等：“苏廷魁等奏‘截留楚饷请饬部照数扣抵，并购办工料及进占西坝’各折。据称‘荥工先办物料，用多存少，指日东坝与举，需料更夥。前请部饷仅收到四十万，各路协饷报解寥寥，年前为日无多，恐致停工以待。现有楚饷过境，请截留济用，饬部扣抵’等语，自系为工程紧要起见……此项银两，即着户部于江汉关等处协拨荥工款内照数提扣，毋庸于续拨之六十万内扣存，亦毋庸派员截回。倘有未经起解银数，仍着知照顺天府迅速转解，及早到工……各省拨饷仍当遵奉前旨分别派员迎提，以免停待之虞……将此由五百里各谕令知之。”（《清穆宗实录》卷246）

（同治八年九月）壬申，谕军机大臣等：“李鸿章等奏‘湖北被水成灾较重，请饬部拨款以济工赈要需’一折……惟秋禾补种失时，转瞬节交冬令，更虞饥寒交迫。该省堤工既难捐办，亦宜亟为豫筹。该督抚以赈抚、堤工两事撙节办理，需银三十万两，拟请饬部拨款，以济要需……照该督抚所议，将有堤州县未成灾者，准其借拨修堤，已成灾者，以工代赈。其老弱妇女及无堤州县，概行酌发赈济……将此由五百里各谕令知之。”（《清穆宗实录》卷266）

（同治八年十月）己未，谕军机大臣等：“张之万奏‘请饬各省拨解协饷，兴修堤工’一折。堰盱长堤为淮扬保障，军兴以来，失修年久，溃塌日增，亟须次第修复。据该督奏称‘各省额解河银尚多悬欠，一时无款兴办。现清淮防务已松，请饬浙江等省将岁协清淮军饷按年拨解，为举办堤工之用，约四五年后堤工完固，再行停止，并请饬催欠解河银’等语。着李鸿章、李瀚章、刘坤一、郭柏荫、刘崐，将浙江、江西、湖北、湖南岁协清淮饷银各二万两，自同治九年为始，照旧按年拨解，张之万即将应修各工，以次兴办。浙江积欠清淮协饷尚多，亦着如数补解。至山东、浙江、广东欠解河银，并着瑞麟、丁宝桢、李瀚章、李福泰迅速拨解，以济要需。将此各谕令知之。”（《清穆宗实录》卷269）

（同治十二年十二月乙酉）谕军机大臣等：“李宗羲、文彬奏‘暂停堰盱石工，筹修惠济正闸，请饬湖北等省迅解协饷’一折。清江以上之运口地方为里运河咽喉，该处旧设惠济、通济、福兴三闸，而惠济闸首先当冲，尤为吃重。该正闸久经废闭，自应亟筹兴修，以免疏失。该督等拟暂停堰盱石工，将同治十三年原拨湖北、湖南、江西修理石工银六万两先修惠济正闸，自系移缓就急之计。即着李瀚章、刘坤一、郭柏荫、王文韶，将同治十三年应解协饷银两如数提前赶解，俾得克期兴工。郭柏荫并将本年未解银两先行拨解清款，如此外尚有不敷，即由李宗羲设法筹措。该督等务当督饬道厅各员核实妥办，不得稍有虚縻。将此由四百里各谕令知之。”（《清穆宗实录》卷360）

（同治十三年四月癸巳）修湖北江陵、蒲圻二县堤工，从总督李瀚章请也。（《清穆宗实录》卷365）

（光绪元年九月丙午）谕军机大臣等：“延煦、毕道远奏‘修廒经费，请酌提轻赍银两’一折。延煦等筹修廒座，需款孔殷，着照所请，即于各省应解轻赍银两内提拨……湖北提银二千三百两，该督抚等即饬各该粮道迅速筹措，务于来年起解轻赍银两时，附搭解通交纳，即在光绪三、四两年应解款内匀分扣还。着该侍郎等督饬各仓监督择日兴修，务须工坚料实，以期经久，毋稍草率。余着照所议办理。将此谕知延煦、毕道远、刘坤一、翁同爵、吴元炳、裕禄、刘秉璋、杨昌濬、丁宝桢、王文韶，并传谕刘齐衔知之。”现月　（《清德宗实录》卷17）

（光绪二年三月戊戌）（兼署湖广总督湖北巡抚翁同爵）又奏：“潜江县大泽口支河为分泄襄水要道，近年沙泥淤塞，致上游吴家场堤塍决成改口，沔阳、江陵、监利均受水害。请拨款四万九千串，疏浚大泽口河，并修筑改口堤塍，不敷之数由潜江、沔阳、江陵、监利四州县就地分筹。钟祥县长堤绵亘百里，为下游各县田庐保障，因水涨时，四、六两工堤段冲刷崩裂，请拨款一万串修筑，不敷之数由钟祥、京山、天门三县就地分筹。”从之。折包　（《清德宗实录》卷27）

（光绪三年二月壬辰）修湖北襄阳府老龙石堤，从署督翁同爵请也。折包　（《清德宗实录》卷47）

（光绪三年十一月辛未）又谕，户部奏："豫拨惠陵工程银两’一折，据称‘光绪四年惠陵工程应需银两，拟拨……湖北厘金银二万五千两……江汉关六成洋税银五万两……共银一百八十万两，请饬各省关照数拨解’等语。工程要需，自应赶紧筹拨。着各该督抚、监督等按照户部指拨各款银两，限来年二月起，迅速派员分批陆续径解惠陵工程处交纳，并限来年八月以前如数解清，毋稍延缓。余着照该部所议办理。将此由五百里谕知李鸿章、沈葆桢、何璟、李瀚章、丁宝桢、刘坤一、吴元炳、裕禄、刘秉璋、梅启照、邵亨豫、王文韶、文格、张兆栋，并传谕葆亨、崇福、俊启知之。"现月 （《清德宗实录》卷62）

（光绪四年七月）丙子，谕军机大臣等："惠陵工程节经户部分年指拨，现计全工估定经费，尚欠银一百万两。刻下要工克期告成，需款孔亟，若照案指作光绪五年分应拨银两，恐有延误。着户部将所欠估需银一百万两，提前指拨有着之款，限令各省关务于本年年内赶紧解齐，以重要工。至各省关应解光绪四年分工程银一百八十万两，除福建全数解清外……湖北欠解银二万五千两……江汉关欠解银三万两……现在工程吃紧，急需款项，着各该督抚、监督等迅将欠解银两务于八月前扫数解齐，毋稍延玩。此项银两未到以前，着户部、总理各国事务衙门各先行借拨银十万两。俟各省关解到，即行酌量拨还，以清款目。将此由五百里谕知李鸿章、沈葆桢、李瀚章、丁宝桢、刘坤一、文格、刘秉璋、李文敏、梅启照、裕禄、吴元炳、张兆栋、潘霨、邵亨豫，并传谕俊启知之。"现月 （《清德宗实录》卷76）

（光绪四年八月丙戌）又谕："前有人奏，樊口堤闸关系农田民命，请饬复加查勘。当降旨，派彭玉麟、杨岳斌前往确查。兹据李瀚章等奏‘武昌县匪徒违禁，复欲筑坝，调派营勇前往查拿解散，获犯惩办’等语，樊口地方究竟应否筑坝……着彭玉麟、杨岳斌迅速前往，确切查明，

据实具奏，毋稍徇隐。原折着钞给阅看。将此各谕令知之。”现月 （《清德宗实录》卷77）

（光绪四年九月辛酉）又谕：“前因湖北樊口地方应否筑坝，谕令彭玉麟、杨岳斌前往查勘。兹据杨岳斌奏称‘父病日重，请宽予假期’等语，已允所请，毋庸前往。现在彭玉麟想已驰抵樊口，着即确切查明，据实具奏，毋庸俟杨岳斌会勘，致延时日。将此由四百里谕令知之。”现月 （《清德宗实录》卷78）

（光绪四年九月丙子）谕内阁：“前据御史李廷箫奏‘湖北樊口堤闸关系农田民命，委员勘报不实，请饬复查’，当派彭玉麟等前往确查。兹据彭玉麟奏‘樊口堤闸于滨湖农田民命所关甚重，必须将滨江黄柏山起至樊口四十里之大堤赶紧修补，再于黄柏山以上添修里许。樊口以内宜修一石闸，其横直宽广可以度地布置。并应设立埠头，搬运货物，均由民间自行经理，官则严立规条，重惩需索’等语。该处堤闸既据该前侍郎查明有裨国课民生，而于渔户商贩尚无大害，自应权衡轻重，酌度兴修。即着照所请，由李瀚章等督饬属员赶紧办理，毋任该地方官拘泥成规，稍形松懈。此次所筑堤闸实因地势变迁必须兴办，既可于民田有益，而江流宣泄亦无妨碍……其修堤建闸及被水灾区应如何减免钱粮之处，并着查明具奏……”现月折包 （《清德宗实录》卷78）

（光绪四年十一月）辛亥，谕内阁：“前据彭玉麟奏，遵查湖北樊口地方，宜修补大堤，建筑石闸。当照所请，谕令李瀚章等饬属办理。兹据李瀚章等奏‘一面饬议举行’，并称‘樊口建闸，惟于西阳畈附近一隅有益，而江湖盛涨之时，皆难宣泄，有害通省水利’等语，所奏亦不为无见。惟建筑石闸，究非堤坝可比，但当察看外江内湖水势消长，以时启闭，既可宣泄盛涨，又可保卫田庐，未始不可两全。该督等所称，下闸必在桃汛以前，放闸应俟霜降以后，殊属拘泥成说。至应如何严立章程，重惩需索之处，着李瀚章等督饬属员妥议办理，将来建闸以后，利病若何，仍准随时体察情形，据实具奏。”现月 （《清德宗实录》卷81）

（光绪四年十二月辛巳）又谕：“御史孔宪瑴奏‘樊口建闸筑堤，有关农田水利，请简派大员复勘’一折。据称‘湖北樊口筑堤一事，彭玉麟与李瀚章所奏意见不同，请饬彭玉麟将李瀚章原奏逐条查复，或饬杨岳斌就近查勘’等语……当经谕令该督等督饬属员妥议办理，并令将建闸以后利病若何，随时体察情形，据实具奏。如果创建石闸有利无弊，而李瀚章固执成见，不为办理，朝廷亦不能为之曲恕……”现月 （《清德宗实录》卷83）

光绪五年己卯闰三月己丑，湖广总督李瀚章等奏：“湖北襄阳老龙堤冲塌，拨款兴修。”又奏：“沔阳、天门等州被水灾民借款修堤，以工代赈。”均报闻。折包 （《清德宗实录》卷92）

（光绪五年九月丁亥）湖广总督李瀚章等奏：“修筑武昌县黄柏山大堤工竣。”报闻。折包 （《清德宗实录》卷100）

（光绪七年二月）己酉，湖广总督李瀚章奏：“请拨款兴修湖北襄阳老龙石堤。”从之。折包 （《清德宗实录》卷127）

（光绪八年八月）甲戌，谕军机大臣等：“涂宗瀛奏‘查明监利县子贝渊堤挖口放水情形，筹议疏河建闸，请拨款调员’一折。知县吴耀斗奉委随同决堤，既据查明并无办理不善情事，即着毋庸置议。子贝渊地方堤工南北两岸居民，因水无出路，互相争讼，现据涂宗瀛筹议疏浚柴林河道，并建修新旧闸工，系为民生水利起见，所请动拨公项银十四万两，准其如数拨用。即着涂宗瀛、彭祖贤督饬陈汝蕃等认真兴办，务期工归实用，款不虚糜。湖南管带水师之福山镇总兵陈海鹏着卞宝第饬令

前赴湖北，会同办理疏河建闸事宜，以资得力。将此各谕令知之。”现月（《清德宗实录》卷150）

（光绪九年十月癸丑）又谕：“给事中黄元善奏‘湖北钟祥县城外长堤，从前按亩派费协修，自新河口征收船厘作为岁修之资，即严禁亩费。近年所收船厘全数解省，该处工程复向民间按亩收费，局员胥役，百弊丛生，致闹局之案，不一而足。请将所收船厘，永作该堤岁修银两，毋庸另派亩费，如遇堤决，仿照直隶等省兴修水利章程办理。又钟祥等县所属小河淤塞，宜设法疏通，湖田宜设法宣泄’等语。着卞宝第、彭祖贤按照所奏各节，酌度情形，奏明办理。原折均着钞给阅看。将此各谕令知之。”（《清德宗实录》卷171）

（光绪九年十二月）甲子，谕军机大臣等：“陈士杰奏‘东省黄河堤工经费，前经部拨湖北银十一万两，迄今未解分毫；浙江欠解银三万两，据称库款支绌，无从措解，请饬催迅解’等语。山东堤工紧要，需款甚殷，着卞宝第、彭祖贤、刘秉璋即将前项部拨银两迅速如数筹解，以济要需，毋稍迟缓。将此各谕令知之。”现月（《清德宗实录》卷176）

（光绪十年正月乙巳）谕军机大臣等：“御史赵尔巽奏‘樊口宜建石闸，请旨饬办’一折。据称‘湖北樊口地方前经奉旨修建堤闸，至今大堤虽补，石闸尚未兴修，以致居民仍遭水患，请饬条议章程，官督民办’等语。着卞宝第、彭祖贤酌度情形，奏明办理。原折均着钞给阅看。将此各谕令知之。”现月（《清德宗实录》卷177）

（光绪十年三月癸卯）谕军机大臣等：“户部奏‘此次山东办理河工，截留应解甘肃常年兵饷银八万两，请于浙江厘金项下补解银三万两，江西厘金项下补解银一万两，两淮、两浙盐课、盐厘项下各补解银二万两；截留新疆月饷银八万两，请于江苏厘金项下补解银二万两，福建、湖北厘金项下各补解银三万两；截留西征月饷银四万两，请于江苏、湖北厘金项下各补解银二万两’等语。山东河工关系紧要，不得不截留协饷以济要需，而甘肃、新疆待用孔亟，必应设法拨补，着曾国荃、何璟、卞宝第、卫荣光、潘霨、刘秉璋、张兆栋、彭祖贤严饬藩运各司，按照该部指拨之项，迅速如数批解，勿稍延误。各该督抚等务当共体时艰，竭力筹措，毋得稍存诿卸，是为至要。至山东明年应解甘肃、新疆、西征各协饷，仍着陈士杰照常筹解。将此由五百里各谕令知之。”现月 （《清德宗实录》卷 180）

（光绪十一年五月）癸卯，署湖广总督卞宝第奏：“筹办江防，于田家镇南岸半壁山起筑明炮台三座，派副将文有亮管带南字左营五百人驻守。北岸冯家山起筑明炮台一座，以副将田其述管带升字后营五百人驻守。又于北岸吴王庙添筑暗炮台一座，以总兵黄德管带督标左营五百人驻守。南岸六墩堤添筑暗炮台一座，以总兵滕国春管带督标右营五百人驻守。并饬副将姜河清管带清胜营五百人，驻扎马鞍山，以资援应。”报闻。折包 （《清德宗实录》卷 207）

（光绪十一年九月庚子）又谕：“李鸿章奏‘筹造云南电线，拟改接鄂线，由川入滇，请饬四川筹借银十万两，湖北筹借银五万两，交电局委员领用’等语。着丁宝桢、裕禄、彭祖贤如数筹解，以资应用，俟事竣分年缴还归款。并着沿途各督抚派委妥员帮同办理，仍严饬各地方官一体保护，勿任拆毁。原片均着钞给阅看。将此由四百里谕知丁宝桢、岑毓英、裕禄、彭祖贤、张凯嵩、潘霨，并传谕李用清知之。”洋务 （《清德宗实录》卷 215）

（光绪十三年三月丙午）湖广总督裕禄等奏：“汉阳江岸堤工现经绅民捐修，请酌借官款赶办，分年归还。”报可。折包 （《清德宗实录》卷 240）

（光绪十四年三月）甲寅，谕军机大臣等："有人奏'江陵土费病民暨潜江吴家改口被灾，请饬核减估修'一折。湖北江陵堤工土费本系借资民力，何得任意加派，甚至不肖官吏废弛中饱？潜江吴家改口筑坝，意在保卫地方，岂容奸绅库书借端敛费，扰累乡民？若如所奏，亟应查明严禁，着裕禄、奎斌确切查访，应如何核减修筑之处，妥为办理。另片奏'湖北漕务请革除冗费'等语，并着裕禄等通饬所属严禁勒索，如有违例浮收情弊，即行从严参办。原折片单均着钞给阅看，将此各谕令知之。"寻裕禄等奏："遵查江陵县万城等堤土费，仍请照咸丰九年所定三限章程变通办理，并禁书差需索。至潜江县吴家改口，当以疏通河道、畅泄尾闾为要义，俟水退后，督饬地方官绅确切估勘，分别筹办。"从之。折包　（《清德宗实录》卷253）

（光绪十五年七月丁未）谕军机大臣等："张曜奏'前经部议加培黄河两岸堤埝，指拨各省郑工捐输银两，现除山西等省陆续解到外，其余指拨江苏、甘肃、新疆、福建、台湾、江西、湖北、湖南、四川、广东、广西、云南、贵州应解山东银两，迄今尚未起解'等语。山东黄河增培堤埝工程需款孔亟，既经该部指拨各省郑工捐项，均系有着之款，何以尚未报解？即着各该省督抚迅将前项银两如数解往山东，以资工用，毋稍延缓。将此由四百里各谕令知之。"现月　（《清德宗实录》卷272）

（光绪十五年十二月丁丑）湖广总督裕禄等奏："钟祥等县堤工要紧，请于地丁、盐课、牙厘项下借款兴修，并恳将还款分年带征，以纾民力。"允之。折包　（《清德宗实录》卷278）

（光绪十八年二月己亥）汉阳东关外江岸兴修完竣，前借库款由民捐还清。报闻。（《清德宗实录》卷308）

（光绪十八年五月）辛酉，谕军机大臣等："都察院奏'湖南京官郎中张闻锦等，以水患日迫，请复旧堤，绘具图说，赴该衙门呈递’一折。据称‘湖北藕池口等处湖堤溃决，灌入湖南常德府属，被害最重，惟有规复旧堤，堵塞溃口，或于藕池口东南筑长堤一道，兼浚深洪，俾引入大江，由江入海，以消上下游水患’等语。藕池口溃堤情形，前经张之洞亲往查勘，奏陈大概，拟与湖南巡抚会商办理。现在该处水势究竟如何，该督抚等曾否妥筹办法，此次张闻锦等所呈各节是否可行，着张之洞、谭继洵、张煦会同悉心商酌，妥议办理，总期于湖南、北两省地方均无妨碍，以弭水患而卫民生。原折呈均着钞给阅看，原图一件，并着发交张之洞等阅看后，仍行缴回。将此各谕令知之。”现月 （《清德宗实录》卷311）

（光绪十八年六月丙申）湖广总督张之洞等奏：“湖北黄梅县、江西德化县、安徽宿松县滨江连界，共管之同仁堤筹款改建，合修工竣。”下部知之。折包 （《清德宗实录》卷312）

（光绪十八年六月）丁酉，湖广总督张之洞奏：“汉阳炼铁、枪炮等厂工程，正在吃紧之际，查阅省外各营，请展至明年举办。”从之。折包 （《清德宗实录》卷312）

（光绪十八年九月）辛亥，直隶总督李鸿章奏：“永定河工需款紧急，请饬催江汉关欠解银两。”得旨：“即着该部严催速解，以重要工。”（《清德宗实录》卷316）

（光绪十八年十一月甲午）安徽巡抚沈秉成奏：“安徽宿松县与江西德化县、湖北黄梅县共管之同仁堤，前因堤身倒塌，且逼近坍江，择地另建，共需经费银二万五千九百余两，三省匀筹。皖省奏明于赈捐余款项下拨款兴修，现已竣工，验收如式，请饬部核销。”下部议。折包 （《清德宗实录》卷318）

(光绪十九年八月戊午)湖广总督张之洞等奏:“勘明藕池口一带水道碍难堵筑,绘具图说呈览。另筹湖南、北两省均无妨碍办法,一曰禁新垸,一曰疏湖港,一曰培城堤。”报闻。(《清德宗实录》卷327)

(光绪二十三年三月庚寅)安徽巡抚邓华熙奏:“安徽制钱缺乏,请仿广东、湖北筹铸大小银圆,以济钱荒而挽外溢之利。”下所司知之。折包 (《清德宗实录》卷402)

(光绪二十三年十月)癸未,谕军机大臣等:“给事中高燮曾奏‘湖北潜江县属唐心口堤工,关系数州县田庐,本年汉水漫溢,其故由于兴工太迟,请饬迅速堵筑’等语。此项堤工据奏关系紧要,即着张之洞、谭继洵酌度情形,赶紧堵筑。原片着钞给阅看。将此谕令知之。”现月(《清德宗实录》卷411)

(光绪二十四年正月)己丑,谕军机大臣等:“王文韶、张之洞、盛宣怀奏粤汉铁路紧要,三省绅商吁请通力合作,以保利权,并筹议借款各折片。现在时局日亟,所有中国紧要枝干各路,除卢汉业经开办外,粤汉一路虽经总署王大臣奏明次第举办,尚未定有切实规模,自应豫争先着,若由湘、鄂、粤三省绅商自行承办,仍归总公司总其纲领,实于大局有裨。惟是造路之资本、借款之办法、通行之章程,必须与卢汉公司一气贯注,始可收通力合作之效。着王文韶、张之洞、谭钟麟、谭继洵、陈宝箴、许振祎随时会商盛宣怀妥议招股借款各节,并选举各省绅商,设立分局,购地鸠工,认真办理。各国如有以承办此路为请者,即由总署王大臣告以三省绅商自行承办,已有成议,或可杜其要求。此路贯湖南腹地,衔接武昌,不特取径直捷,练兵、开矿诸凡有益。该大臣等当妥速开办,力任其难,以收实效。另片奏‘请暂用中国工师勘路’等语。詹天佑、邝景阳二员已谕令胡燏棻暂时借调,即着陈宝箴派员协同该二员，将湘省应造铁路之地测量勘绘。原折着钞给谭钟麟、谭继洵、许振祎、陈宝箴阅看。将此各谕令知之。”洋务 （《清德宗实录》卷414）

（光绪二十四年十月）癸卯，谕军机大臣等：“有人奏‘湖北安陆府各属县滨临汉水，向恃河堤保卫。该府属新河口地方，自咸丰年间抽取船厘，每年约收一万三四千串，曾经奏准，专为钟祥县堤工之用。惟下游京山、天门等县堤工亦宜兼顾，请饬详定章程，将钟堤岁修余款，酌拨择修京山、天门等县之堤’等语。着张之洞体察情形，妥筹办理。原片着钞给阅看。将此谕令知之。”现月 （《清德宗实录》卷432）

（光绪二十九年七月癸卯）署湖广总督端方奏：“潜江等县民堤被水，现经拨款修筑。”得旨：“着即分别抚恤，毋任失所。”折包 （《清德宗实录》卷519）

（光绪二十九年十月辛未）署湖广总督湖北巡抚端方奏天门、监利二县民堤续被秋汛漫溃，分别筹办情形。得旨：“着即督饬赶紧修筑，以惠民生。”折包 （《清德宗实录》卷522）

（光绪三十年五月己卯）湖广总督张之洞、两江总督魏光焘会奏：“遵筹江南制造局移建新厂办法，妥商定议，计筹款、择地、定机、核用、用人、定枪炮式、储备厂才、整顿旧局八大端。”下所司议。折包 （《清德宗实录》卷530）

（光绪三十二年正月癸巳）湖广总督张之洞等奏：“鄂、湘、粤三省修筑铁路，经三省官绅公商妥协，议定条款十四条，豫议路成后条款四条。”下部知之。折包 （《清德宗实录》卷554）

（光绪三十二年七月）乙卯，湖广总督张之洞奏：“粤汉、川汉两路

亟须兴工，现已分投测勘招股。”下部知之。折包 （《清德宗实录》卷562）

（光绪三十三年八月甲子）湖广总督张之洞等奏：“联合粤、湘、川、鄂四省建设铁路材料机器厂，自造铁路应用钢铁各项料物，以塞漏卮。其厂中所出料物，并恳暂免出口税银。”下所司知之。折包 （《清德宗实录》卷577）

（光绪三十四年五月癸丑）湖广总督陈夔龙奏：“粤汉铁路需款紧迫，绅民公议，请仿照二十八年因新案偿款筹备盐斤口捐成案，于湘省境内行销川、淮、粤盐，每盐一斤，一律加收口捐钱四文，以维路政。”允之。折包 （《清德宗实录》卷592）

（光绪三十四年十月）丙辰，谕内阁：“前以粤汉铁路最关重要，特派大学士、军机大臣张之洞为督办大臣，近询该大学士筹办铁路情形，据称‘该路事权纷歧，议论淆杂，诸多窒碍’等语。该路交通，大有关系，讵可长此延缓？嗣后该路筹款、用人、兴利、除弊各事宜，悉责成张之洞通筹全局，力任劳怨，严定期限，各就三省情形分别妥定章程，因时制宜，主持定断。邮传部暨湖北、湖南、广东各督抚均须实力协助，不得掣肘。所有各该省原派之总理、协理均听节制。在事官绅、商董，倘有营私舞弊、煽惑把持，以致妨害路政各情事，即着张之洞据实参办。经此申谕后，该督办大臣等务当协力赶办，不准延缓，以期事权专一，免误要工。”折包 （《清德宗实录》卷597）

（光绪三十四年十一月戊戌）大学士张之洞奏：“湖北、湖南路工紧要，请调员来京议定借款。”依议行。现月 （《宣统政纪》卷3）

（光绪三十四年十二月丙寅）又谕：“有人奏‘鄂省被淹溃堤，请饬速筹修固，以工代赈’一折。着陈夔龙按照所陈各节，体察情形，妥酌

办理。原折着钞给阅看。”现月　（《宣统政纪》卷 4）

（宣统元年正月庚戌）湖广总督陈夔龙奏：“鄂省被淹溃堤，业经督饬筹修，并办理工赈。”报闻。折包　（《宣统政纪》卷 7）

（宣统元年十月丙午）湖广总督陈夔龙奏：“鄂省灾民就抚人多，非以工代赈不足以资安集。拟将江、襄溃口各处一律修复，俾丁壮归工，老弱归赈，以裨赈务而救灾黎。”又奏：“筹筑汉口后湖马路，以兴商业。”均报闻。（《宣统政纪》卷 24）

（宣统三年七月壬子）湖广总督瑞澂奏：“鄂省本年五月连日大雨，襄河涨至一丈，由老河口建瓴直下，兼之江水抵塞下游，致将潜江县之马家拐民堤漫溃一口，监利县之双湖口、丁家月堤、严小垸、铁老垸、胡家沟等处民堤漫溃五口，沔阳州新筑之九合垸堤带溃，并淹没州河两岸排湖一带及朱麻、官洲、龚垸等四十余垸。又沔邑滨襄南岸之高严泗垸、新挽月堤同时漫溃一口，带淹汉川县莲子、打雁、临江、白鱼等垸，当即筹拨款项，派员抢筑散赈。九合垸为向来积淹处，去冬候补知府冯敩彭请款修堤，辄于已溃之后，先报完工，次日始报溃决，并闻所用司员侵克工费，已提省讯办。又江陵县丁家滩官堤，汤长垸，刘家滩，洋长上、下等垸被水冲洗坍塌成口，业经抢修。松滋县新修之杨家脑月堤小有坍缺，责令原修之员赔修。他如宜都县安福铺之马脑河，及东湖、当阳两县连界之玉泉河，蛟水陡发，附近多淹，并带淹枝江县之合兴垸、苍茫溪、太平、保宁等垸以及六合、下百里洲等十余垸，所幸消退尚速。此外潜江之龙头拐、京山之渡船口各堤，或先期撑帮，或临时抢险。荆州之万城大堤、潜江新修之袁家月堤，以及各属新旧等堤均尚完固。相应请旨将冯敩彭先摘顶戴，俟水退，勒令将九合垸堤赔修，侵克工费之司事等审明照办。候补知县恽锡蕃承修之高岩泗垸新堤被水冲溃，责令赔修。至被水各县应予蠲缓钱漕，届时勘明办理。”从之。（《宣统政纪》

卷38）

（宣统二年十一月己巳）又谕："瑞澂电奏'荆门州沙洋堤工关系重要，请饬部酌拨一半经费钱二十万串，以济急需'等语，着度支部议奏。"（《宣统政纪》卷45）

（宣统三年六月）癸酉，谕内阁："电寄瑞澂，据电奏'抢筑沙洋堤工，仍被漫溃，请将承办各员分别参处，并自请议处'等语。沙洋李公堤为下游数州县之保障，关系至为重要，自上年拨款开工，至今数月，讫未堵合，近因连日大雨，襄水陡涨，已成之工多被冲刷，虽因水势过猛，人力难施，承办各员终难辞咎。坐办委员候补知府彭觉先、分修中段委员候选知县常梧均着暂行革职，分修东段委员候补知县方述猷着革职提省究问，总办堤工候补道袁励桢着摘去顶戴，前派查勘堤工之丁忧湖北候补知府伍玑着以县丞降补，发交湖北留工效力。仍着该督督饬各该员将未溃之堤认真防护，务保无虞，并将已溃之工豫为筹备，届时赶速抢筑，毋再疏失。所有自请议处之处，着加恩宽免。"（《宣统政纪》卷55）

（宣统三年七月癸未）又谕："电寄瑞澂，据电奏'湖北各州县堤垸被水浸溃，分别筹办工赈'等语，着即按照所筹各节，妥速经理。"电寄（《宣统政纪》卷59）

（宣统三年八月乙未）江苏巡抚程德全奏："通筹民食，拟标本兼治，以救阽危，谨举及时补救大端。一曰治江湖河海诸患以弭乱源也。以江苏而论，在长江流域下游，近年上游水患莫如湘，洞庭湖之涸出日多，面积日窄，一经水涨，横溢遂不可收，下游之鄂、赣、皖、苏，沿江沿海之涨滩，亦复不少，居民筑圩成田，视为己产，始则水让地而人咸趋之，继则水争地而人复据之，据之奈何，缮完增培，则堙之而已耳。前查赈大臣冯煦有'欲除江、皖水患，必治淮河'之奏，近江苏咨议局有导淮之议，为今日计，舍此亦实无下手之方。且以工代赈，贫民受益，虽事非一省，工非一时，然不及今早为，则损失日甚。治之之法，先将沿江湖河海各省属地测绘为图，俾形势了如指掌，然后求水所归宿。山阜当路者凿之，城郭受冲者迁之，不与水争地，此治本所宜急者也……”下内阁会议具奏。（《宣统政纪》卷60）

（宣统三年八月丙申）又谕：“都察院代递法部主事张美玉等以皖、鄂、江西等省之宿松等县叠遭水患，恳请筹款修堤呈一件，着张人骏、瑞澂、朱家宝、冯汝骙按照所呈各节，分别查勘，妥筹办法，据实具奏。原呈着钞给阅看。”（《宣统政纪》卷60）

（宣统三年八月乙巳）湖广总督瑞澂奏：“鄂省绿营业经裁汰，所有绿营田地、产业及台垒、营房、马厂各基地，前准陆军部电开，应查明变价，以备扩充新军。惟鄂省各属城治各级审判厅及府治应设之地方监狱，遵照法部章程，概不建造，就裁废官署修改。监狱虽应特建，亦以废署官地拨用。现经各属调查，有可就官署改办者，有须拨营署操场修建者，若营署操场属于军费范围，则须另行购地建筑，为费不资。兹拟先就别项官署官地拨用，如实无相当之处，始酌用营署操场。”下部知之。（《宣统政纪》卷60）

8. 矿冶铸造

（顺治三年正月）庚午，开湖广鼓铸。（《清世祖实录》卷23）

（顺治三年三月辛亥）开湖广荆州鼓铸。（《清世祖实录》卷25）

（顺治四年八月）庚寅，开湖广鼓铸。（《清世祖实录》卷33）

（康熙二十三年七月丙戌）工部议复："管理钱法刑部左侍郎佛伦疏言，宝源局每年鼓铸用铜六十五万八千一百斤零，以五万斤铜为一卯，每月鼓铸二卯，此六十五万余斤之铜，止可鼓铸六个月有余。其五个余月，匠役无事，各归乡村，伊等俱赖手艺为生，焉能保其不行私铸？请将芦课并各关税增买铜斤共一百二十万斤，一年十二月，每月铸钱二卯，不令匠役出局，可杜匠役盗铸之弊。查见今芜湖、龙江、杭州、荆州四关，岁办铜斤七十一万九千六百五十四斤，尚不足铜四十八万三百四十六斤。应将江苏抚属芦课银内令其办铜十七万斤，安徽抚属芦课银内令其办铜六万斤，湖广芦课银内令其办铜一万斤……以康熙二十四年为始，解交宝源局，以足鼓铸。"从之。（《清圣祖实录》卷116）

（康熙三十九年正月）戊午，以湖北、湖南钱多壅滞价低，命暂停鼓铸。（《清圣祖实录》卷197）

（康熙四十七年闰三月）己丑，谕大学士等："朕闻湖广襄阳地方鼓铸私钱，粮船装载至京各处售卖。此事须清其本原，着大理寺卿塔进泰速往，会同该督抚严察具奏。并檄总漕将楚省粮船装载私钱偷卖者严行查拿。"（《清圣祖实录》卷232）

（康熙五十二年五月）辛巳，大学士、九卿等遵旨议复开矿一事："除云南督抚雇本地人开矿及商人王纲明等于湖广、山西地方各雇本地人开矿不议外，他省所有之矿向未经开采者，仍严行禁止。其本地穷民现在开采者，姑免禁止。地方官查明姓名，记册听其自开。若别省之人往开及本处殷实之民有霸占者，即行重处。"上曰："有矿地方初开时，即行禁止乃可。若久经开采，贫民勉办资本，争趋觅利，借为衣食之计。而忽然禁止，则已聚之民毫无所得，恐生事端。总之，天地间自然之利，当与民共之，不当以无用弃之。要在地方官处置得宜，不致生事耳。"（《清圣祖实录》卷255）

（康熙五十三年正月）癸亥，户部题："禁用小钱限期三年已满，见今大钱不敷用度，请将小钱再展限三年，与大钱兼用。"上曰："尔等所见甚善。自古钱法未有如本朝流行之广者，如宋时钱至元末尚有，元时钱至明末亦尚有，惟本朝不但顺治钱于今已少，即康熙初年之钱亦少。前者湖广总督额伦特来奏湖广一省小钱甚多，若将大钱二百万贯运去收买小钱，则小钱可尽矣。朕谕'尔但知一省之事，未知天下之事，以二百万贯钱运至湖广能保途间无不测之事乎'？伊愕然奏称'上谕甚是，臣实意料不及'。总之，钱法必期便民，若不计便民，而但期法之必行，严加禁止，亦有何益？凡事必酌量权变，不失其宜，方有济耳。"（《清圣祖实录》卷258）

（康熙五十六年四月己亥）大学士、九卿等遵旨议复："民间私毁小制钱，作铜变卖，当严行禁止。"上曰："毁坏制钱，原有明禁，特因铜少价昂，部内铸钱不敷采买废铜，以致小民射利，毁小制钱作废铜变卖。朕办事五十余年，屡次更定钱法，皆视民之形势，从未严行禁止，销毁小制钱亦屡为宽限。前李光地请将小制钱严禁，朕曾下旨断不能行，伊后知其不可，始以朕所见为是。总督额伦特请于湖广省发大制钱二百万贯通用，将小制钱销毁，朕以不可之故，分晰下旨，伊始晓然。小制钱私毁如何禁止之处，九卿、詹事、科道会同确议具奏。"（《清圣祖实录》卷272）

（康熙五十八年三月）壬辰，谕大学士等："户部见今采买器皿旧铜，兹工部又行采买，京城焉有如许器皿旧铜采买？至不得之时，不肖之徒乘机射利，必致将制钱转买销毁，毁钱则钱价必长，甚与民生无益。且伊等局内每月铸钱，即将伊匠役工钱作为采买铜斤所铸之钱交部，亦未可定，此事不无情弊，尔等详问九卿具奏。"寻大学士等奏："臣等遵旨询问九卿，据九卿云，户部已经采买旧铜，工部又行采买，京师无有如许旧铜，恐射利之徒销毁制钱作为废铜，则钱价必长。且旧铜一时不得，则匠役将自己所得工钱，作为新铸之钱交纳，亦势所必有。查见今宝源局余剩铜一万四千八百斤有奇，又湖南解到铜五万四千四百斤有奇，湖北解到铜三万斤有奇，可以不误鼓铸，其采买器皿旧铜之处，应不准行。至江宁等八处应解铜斤，行文各该督抚，严催作速送至。”从之。（《清圣祖实录》卷283）

（雍正元年五月甲午）户部议复：“御史单畴书条奏‘安徽、湖广承办铜斤日久未完，恐有借词故延之弊，请敕户、工二部清查历欠铜斤，勒限完解。又从前解官皆属微员，易于误公，宜遴选府佐家道殷实者，委令领解’。均应如所请，令各该督抚限四个月速催完解，逾限不完，照例参处。并选贤能府佐领解。”从之。（《清世宗实录》卷7）

（雍正三年五月癸丑）又谕：“制钱乃日用必需之物，务使远近流通，以便民用。京师钱局每岁鼓铸，则制钱应日加增。今虽不致缺乏，而各省未得流布，民用不敷，是必有销毁官钱以为私铸者。且闻湖广、河南等省私铸之风尤甚，着直隶及各省督抚申饬该地方官密访查拿，严行禁止，毋使奸徒漏网。倘稽察少疏，仍蹈前弊，一经访觉，定将地方大小官吏分别治罪。”（《清世宗实录》卷32）

（雍正四年十一月丙午）户部议复：“云贵总督鄂尔泰疏言‘停止大理、沾益二局鼓铸，请于云南、临安二府共加炉九座，鼓铸钱文，以四万串发运湖广、四川、江西、两广等处’。应如所请。”从之。（《清世宗实录》卷50）

（雍正五年六月戊申）户部议复：“云贵总督鄂尔泰疏言‘滇省采买铜斤，除供鼓铸一百余万斤外，每岁多不过二三十万斤。今岁铜矿增盛，就现在核算，五年分铜斤可获三百数十余万。但铜多本少，收买不敷，恳于盐务盈余银两酌借五六万两，发价收铜，运至镇江、汉口，令江南、浙江、湖广办铜诸省出价收买，以便还项’。查各省承办铜斤，除广东、福建从无迟误，浙江现在开洋，毋庸另购外，其湖南、湖北以采买维艰，每逾定限，而江苏则办新不足，旧欠滋多。应如该督所请，将滇省鼓铸余铜二百数十余万，动用盐务盈余银六万两收买，即委滇员运至镇江、汉口，卖价还项，庶滇省余铜既得流通，而江苏及湖南、湖北承办亦免迟误，实于彼此均有裨益。”从之。（《清世宗实录》卷 58）

（雍正七年正月甲戌）户部议复：“广西左江镇总兵官齐元辅疏言‘向来京局所铸新钱从未到粤，民间日用悉系私钱，自非制钱充足，其弊难除。雍正四年，户部议发云南所铸之钱二万串到粤搭放兵饷，军民称便。但数止二万串，散之通省，寥寥无几，且粤西所收铜器有限，又不足以资鼓铸’。按广西水道，上通云南广南府属之剥隘，较他省挽运稍易。现今云南有余之铜，差员由广西运往汉口、镇江，若以此存于临安府，添炉鼓铸，运交粤西给发官俸役食及驿站钱粮，计可岁销四万余串……’应如所请……”从之。（《清世宗实录》卷 77）

（雍正十年七月）庚戌，谕内阁：“楚南所属地方，山岭重复，产铁之处甚广，采取最易，凡农民耕凿器具与穷黎之衣食，皆借资于此。虽历来饬禁，而刨挖难以杜绝，但废铁出洋例有严禁，楚南地方产铁既多，外来射利商贩每于就近设炉锤炼，运赴湖北汉口发卖，或由汉口转运两江递贩，以致出洋，亦未可定，不得不立法查察，以防其渐。着湖广督抚与两江督抚会同悉心妥议，本地应否准其刨挖，关口如何稽查，务期民用有资而弊端可杜，庶公私两有裨益。”（《清世宗实录》卷 121）

（雍正十一年十一月）癸巳，谕内阁：“鼓铸钱文专为便民利用，铜重则滋销毁，本轻则多私铸。原宜随时更定，筹画变通，斯可平钱价而杜诸弊。顺治元年每文铸重一钱，二年改铸一钱二分，十四年加至一钱四分。康熙二十三年因销毁弊多，仍改重一钱，嗣因私铸竞起，于四十一年仍复一钱四分之制。迨后铜价逐渐加增，以致工本愈重。今宝泉、宝源二局额铸钱文，岁计亏折工本约银三十万两。朕思钱重铜多，徒滋销毁，且奸民不须重本，便可随时镕化，踩缉殊难，若照顺治二年之例，每文铸重一钱二分，在销毁者无利，而私铸者亦难，似属权衡得中，可以行之久远。再现今五省采办洋铜，三省采办滇铜，朕思与其令三省办铜解部，莫若即令滇省就近铸钱，运至四川永宁县，由水路运赴汉口，搭附漕船解京，可省京铸之半，甚为便益……”（《清世宗实录》卷137）

（乾隆元年三月甲子）署湖广总督史贻直奏：“各省新设鼓铸，多因民间缴官黄铜存贮日久，恐致官吏侵欺，是以设炉鼓铸，未便遽停，并请弛各省黄铜之禁。”得旨：“此议朕嘉悦览之。户部尚书海望亦为此奏，部复以为应照所奏行，朕犹以为行之既久，未便更张。今览卿奏，明晰妥协，情理允当，已准行矣。其议复崔纪一折，俟朕再为酌量。”（《清高宗实录》卷15）

（乾隆三年六月戊戌）大学士等会同九卿、科道遵旨议复：湖广道御史陶正靖条奏‘近日钱价转昂，皆由经纪从中阻挠，兵役搜查扰害，请一切革罢。凡银钱交易，悉听民间自相买卖，即各当铺质当钱文，多寡听便，舟车运载，无庸拦阻，钱价自平’。应如所请……”从之。（《清高宗实录》卷71）

（乾隆五年二月丁丑）大学士赵国麟奏：“请敕下直省督抚，凡产煤之处，无关城池龙脉及古昔帝王圣贤陵墓，并无碍堤岸通衢处所，悉听民间自行开采，以供炊爨，照例完税。地方官严加稽查，如有豪强霸占、地棍阻挠，悉置于法。”得旨：“大学士赵国麟此奏着各省督抚酌量情形，详议具奏。”寻据直省各督抚陆续题报，经工部议复：“除福建、湖北、广西等省素不产煤，应无庸议……”从之。（《清高宗实录》卷110）

（乾隆五年九月丁酉）云南总督公庆复奏："蒙自县金钗厂铜矿最为盛旺，今湖北采买滇铜二十余万，应将此项铜斤令其委员运楚，以充鼓铸……"（《清高宗实录》卷127）

（乾隆五年十二月戊戌）户部议复："湖北巡抚张渠疏称'楚省钱价昂贵，私铸充斥，现在骤难禁止。请采买滇铜，开炉鼓铸，俟官钱充足，收买小钱添铸'等语。查楚省至滇，较别省为近便，应令该抚将每年铸钱若干、需铜若干咨商云南督抚，妥议办理。"得旨："依议速行。"（《清高宗实录》卷132）

（乾隆六年二月乙丑）刑部尚书署湖广总督那苏图奏："楚省钱少，民间所用，不特沙板、漏风、鹅眼、榆荚等钱公然配搭，甚至将前代废钱并指顶大之小铜片作为钱形，以及铁、锡等造作埋藏旧钱，搀杂行使，屡禁不止。每千换银一两二三钱，军民苦累，奸徒乘机私铸，需钱甚亟，鼓铸刻不容迟。查滇省现有金钗厂铜，可酌拨一年，而汉口铅、锡，俱可就近采买，请即开局鼓铸。再滇铜采买者多，恐不能源源接济，闻北南二省俱有铜厂可开，现在察访筹办。"得旨："所议俱属妥协，竭力办理可也。"（《清高宗实录》卷137）

（乾隆六年四月癸亥）署理湖南巡抚许容奏："湖南各属制钱缺乏，计惟筹备铜斤，设局鼓铸。闻滇省各厂产铜甚旺，除解京外，尚多余剩。本拟一面具奏，一面委员赴买，但究未识滇铜是否足供鼓铸之需，因咨询云南总督庆复，并购取样铜样钱。寻据咨复'滇省金钗厂铜堪以接济邻省，其样铜业已委员赍解湖北'等语，旋准督臣那苏图札称滇铜业已解到，现在试铸，俟有定局，另行札商。但闻金钗厂铜质不高，应俟湖北试验明确，会同酌办。"得旨："观此奏，汝颇有意见，而左右其说，是属何心？此等伎俩，朕前不可也。"（《清高宗实录》卷141）

（乾隆六年十一月戊辰）户部议复："前湖北巡抚张渠奏称'楚省钱价昂贵，请采买滇铜开炉鼓铸'。经咨令自行咨商云南督抚，妥议具奏。今湖北巡抚范璨奏称'调任云南总督庆复奏明，有金钗厂铜可以酌拨，请湖北设炉二十座，每座每月铸钱三卯，委武昌府知府督理，武昌同知协办。巡查之员临时酌委，按季轮换。每座一年需正耗铜三十一万八千五百五十斤零，白黑铅、点铜如例配搭，应委府佐一员、杂职一员，同往采买。又滇省现买之铜仅止一年，不敷接济。金钗厂铜，新旧各炉配铸外，可余铜一二十万斤。请将滇省每年余铜留为楚北购买，庶得源源接济'。应如所请……"从之。（《清高宗实录》卷154）

（乾隆七年正月庚寅）（湖广总督孙嘉淦）又奏："武昌关沿用明尺，较工部营造尺短一寸五分，请饬铸五尺发关遵用。俟一年后，酌定征额，以泯盈缩。"得旨："知道了。但事属琐碎，待朕缓酌之。"（《清高宗实录》卷159）

（乾隆七年十一月己巳）户部议准闽浙总督那苏图、巡抚刘于义奏称，闽省接济鼓铸，应收买商铜三万二千四百余斤，计价银五千六百七十三两零。至配铸尚需白铅二万六千九百余斤，应照前次委员赴楚采买，计价银及水脚银一千六百一十二两零，均请在乾隆六年地丁银内动给。从之。（《清高宗实录》卷178）

（乾隆八年二月辛亥）（户部）又议复："贵州总督兼管巡抚张广泗疏奏黔省办解京局铅斤事宜：……一、黔省起运，俱于重庆雇觅大船，载至汉口更换，每有坏船之患，请照运铜之例，制备麻绳浮杠，以备沉溺标记。应如所请……"从之。（《清高宗实录》卷185）

（乾隆八年三月己未）户部议准前护理河南巡抚印务布政使赵城奏称

豫省额办铅斤，例派祥符等三十九州县。该处邻近楚省，易于购办。其派买数目请按大、中、小三等匀派，不致偏累。俟奉部复，再将派数造报。从之。（《清高宗实录》卷186）

（乾隆八年五月丙午）户部议准调任湖北巡抚范璨奏湖北开炉鼓铸，员役薪水饭食等费，请照浙省之例，分别给予。从之。（《清高宗实录》卷193）

（乾隆九年四月戊午）大学士鄂尔泰等议复："升任湖广总督阿尔赛奏称'湖北鼓铸，用金钗厂铜，成色低潮，请不必照京局配用黑铅，应将买备汉口客铜试铸。每百斤用金钗厂铜三十一斤，汉口铜十九斤，除去黑铅，用白铅四十八斤，点锡二斤'等语。查湖北所用铜，本非京局用滇省汤丹厂净铜可比，若必照加黑铅，恐钱文黑暗，应如所请，增白铅配铸，仍可杜绝私销。至所称金钗厂铜低潮，配以汉口铜鼓铸，又因客铜无几，不敷应用，请截留滇铜十万斤配铸，即于范毓䭪解楚铜内，令先拨运十万斤解京还项。查滇省运京额铜，原未可轻议截留，但本年正月内，户部议奏范毓䭪办运洋铜案内，于乙丑年为始，每年以二十五万斤分运湖北，今事在急需，请截留十万斤，仍于应解湖北铜内还项，是属有抵之项，不须另行采买，亦应如所请。"从之。（《清高宗实录》卷214）

（乾隆十年正月辛巳）命直省筹鼓铸，谕军机大臣等："近年以来，京师钱价增长，民用不便，朕深为廑念，多方筹画，谕廷臣悉心计议，务得善策以平价值。上冬伊等议得数条，试行于京师。数月以来，钱价渐减，似有微效，民间称便。至于外省钱价昂贵，比比皆然，尔等可将京师所议各款内摘取数条，密寄外省有鼓铸地方之督抚，令其密为商酌，能仿照而行，以便民用否。外省与京师情形不同，自有难于一例之处，但钱文源源鼓铸，自应日积日多，足敷民用。乃价值日渐增长，恐私销或亦不免，夫销毁制钱之弊，最为难查。若将零星设炉之小铺，照京师之例，令其归并，派官稽查，以杜毁钱造器之弊，事属易行。又如该省既开鼓铸，其搭放兵饷余钱，并青黄不接之际，平粜官米钱文，照京师之例，发出官卖，以平市价，此亦似乎可行。总之外省情形，京师不能悉知，该督抚身在地方，自能因时措置。如可仿照而行，即密商办理，具折奏闻。若难于筹办，亦将不能仿照之处，据实陈奏，不必勉强，或致累民。”……湖北巡抚晏斯盛奏：“京师钱法六条，除归并经纪，碍难仿设，粜买杂粮，早经酌奏，兴贩囤积，再行申禁，均毋庸议外。一、铜铺四散开设，既未便议移官局，销毁自所不免。应照京师例，派佐杂武弁，督兵役常川查禁，责十家互相稽察，并令各铺将出入数目逐日登记，按月呈报。一、向来州县多将平粜钱存俟秋成买谷，应令随收随发，即于厂旁设局，令商民持银兑换。”得旨：“总在汝等妥酌行之。语云‘救荒无善政’，朕于钱法，亦云如此。”……（《清高宗实录》卷232）

（乾隆十年二月癸丑）大学士等议复：“湖北巡抚晏斯盛奏称‘钱法关系民用，谨就本省情形，酌陈事宜。一、奸民私剪钱边，案破累累，亟宜及时严禁行使。此外砂板锤扁古钱及铅铁钱，俟相机查禁。一、民间质当多系零星，不能禁其使钱，惟价在三五两以上者，当给本色，取赎在二三两以上者，亦照本色交还。一、粜买粮食，令汉口等镇，自二三石以上及四川、湖南本省大小各船自成石以上用银交易。船过关汛，即行严查，除日用盘费外，不准携带多钱’。以上三条，均应如所请。至称各当积钱至十串以上者，随令兑给钱铺，诚恐小民待质者多，存不敷出，尚非尽善之策，应令该抚会同湖广总督鄂弥达，将该省大小当铺按照每日所出钱文多寡，遵照京师之例，酌定数目，妥协办理。”得旨：“奏内事情，着鄂弥达、晏斯盛妥协实力为之，余依议。”（《清高宗实录》卷234）

（乾隆十年五月辛巳）户部奏：“署湖广总督鄂弥达咨称‘宜都县之

横磺铁矿，雍正十二年，因地僻矿稀，照旧封禁，汉洋铁矿，从前未据开报。今复奉文行查该县，亲诣二厂查勘，均属腹里，毫无妨碍，委非奸商射利营求，似应听民刨挖，仍照原题二八抽课’。应如所咨办理。”从之。（《清高宗实录》卷240）

（乾隆十年六月庚戌）户部议复：“前署广东巡抚策楞疏称‘粤东鼓铸钱文，部议令将现贮局铜照例配搭铅、锡，先行开铸。其滇省有无余铜，可否通融卖给之处，并令咨商办理……所有粤东开炉鼓铸青钱，所需铜、铅、锡，应照京局配搭，并照云贵、湖广、粤西等省加耗，先设炉六座，每百斤于正耗九斤之外，再加补色耗八斤……’……臣部查粤东鼓铸，应给炉匠工料钱，应按该省食物时价支给，未便照别省支销，余皆应如前署抚所请。”从之。（《清高宗实录》卷242）

（乾隆十年八月乙巳）署湖广总督鄂弥达奏：“楚北开炉鼓铸，先经采办滇铜三十一万八千五百五十余斤，嗣因铜色低潮，奏请截留京铜十万斤，与滇铜搭配鼓铸。俟范毓馪所办洋铜到楚，再行调剂办理。现今截留之铜，配筹已完，而洋铜尚未运到，万难停炉以待。查原办滇铜，除陆续配铸外，尚存十二万四千二百二十余斤，请以滇铜六二、红铜三八配用，即动项酌买红铜，解局供铸。”得旨：“该部知道。”（《清高宗实录》卷246）

（乾隆十年十月丁卯）署广西巡抚托庸复奏：“本年二月，奉准抄示京城现行钱法，命斟酌可否遵行，谨就粤西情形条议……一、钱文宜严禁出境。粤西陆联滇、黔，水通湖南、广东，滇省产铜，鼓铸甲于天下，黔省毗连滇省，湖广亦开铸多年，自足民用。往来粤西者，除带盘费钱，照京师例禁止，惟广东需钱甚广，现始开铸，民用未敷，势难概禁。请酌定赴广客船，大船许带钱二十串，中船十五串，小船八串，俟该省开铸，足敷民用，一体禁止……”得旨：“此事不应如此迟延办理，可行不

可行，直陈何妨，观望何为耶？戒之戒之。”（《清高宗实录》卷251）

（乾隆十年十二月辛亥）户部议复：“护江苏巡抚安宁疏称‘江苏每年鼓铸需用黑白铅斤向由楚办，现闻黔省铅厂甚旺，请照江西改办例，亦改由黔省办买，并酌动钱本银两，专员赍解黔省，交该省委办京铅之员带办……’咨复苏抚妥协办理。”从之。（《清高宗实录》卷254）

（乾隆十二年三月辛亥）户部议准湖广总督塞楞额奏称，上年湖北因铜斤不敷鼓铸，经前督臣鄂弥达奏准，暂改铸八分重之小钱，搭放兵饷。今查小钱与大钱同价，私销、私铸二弊相因而起，应仍遵定制，改铸大钱，并采买汉镇客铜，添炉鼓铸，将搭放余剩钱文，设局照市价酌减出售，银归原项，所需铜价照定价支给报销。其市用京塹小钱，定为每千文易银一两。放饷所用八分重之小钱，照成本计算，每银一两，给钱一千二百四十六文。又远安县三宝山地方产铜，试采有效，应亲查确实，酌定章程，请旨办理。得旨：“依议速行。”（《清高宗实录》卷287）

（乾隆十二年三月己未）湖广总督塞楞额奏：“乾隆十年，经前督臣鄂弥达奏请动项，于武昌城上添建炮亭、炮房、兵房、窝铺并大小铜铁炮位，派把总二员、兵丁一百余名，分拨城上居住看守，不惟于城下居民不便，亦且骇人听闻。臣因将西南两路兵丁撤回，查明要隘处所及登城马道，添设栅栏，严行封锁，炮位收贮于各城楼上。惟东北两面，民居稀少，近山之处，仍照派定兵数，往窝铺看守，可省兵一百二十余名。”得旨：“既已如此办理，知道了。朕谓鄂弥达此事尚非大谬，且彼受恶名而去，后人踵之，反得稽察之益，亦何必博名而顿改耶？”（《清高宗实录》卷287）

（乾隆十二年九月甲寅）谕：“据山西巡抚准泰奏称‘晋省办铜鼓铸尚须白铅、点锡，应委员赴楚采买，一时不得其人，请饬发参革河东道周绍儒出资前赴采买，效力赎罪’等语。周绍儒阘茸无能，贻误地方，现在照例治罪，既据准泰保奏，着照所请，将周绍儒发往晋省，办理铅斤，以赎前愆。”（《清高宗实录》卷 299）

（乾隆十二年十月庚申）户部议复：“前署山西巡抚宗室德沛疏称‘交城县之张家山、王家山、木股沟，阳城县之松脚山并边傍子洞，盂县之王子、均才、温家等山，平陆县磨儿岭之三成、洋溢二洞，线断砂微，不敷工本，请准封闭……又晋省鼓铸，现需白铅四十一万五千斤，本省矿产尚难即时敷用，仍请委员赴楚采买’。均应如所请。”从之。（《清高宗实录》卷 300）

（乾隆十二年十二月乙酉）调任湖北巡抚陈宏谋奏：“……至湖北用钱，向来大小兼用，杂以砂壳小钱，钱价亦昂。自今年开炉鼓铸，悉铸大钱，搭放兵饷，兼设官局，发兑钱文，官制大钱，渐得流通。将来小钱、砂钱可以渐少。”得旨：“览奏俱悉。今命汝复为陕抚，督臣远在川省，一切官方民瘼，汝其加意勉为之。至湖北现有应办者，告之督臣及新抚可也。”（《清高宗实录》卷 305）

（乾隆十三年十月乙未）工部等部议准闽浙总督喀尔吉善等奏称，闽省营伍需用铅向系往楚采办，今楚省铅价倍昂，官价不敷。查南洋回棹商船，向有黑铅运厦发卖，请照官价抽买四万五千余斤，以供岁需。倘遇闽省配铸洋铜需用黑铅之年，亦一并向商抽买。从之。（《清高宗实录》卷 326）

（乾隆十四年八月乙未）大学士等议准广西巡抚舒辂奏添铸钱各事宜：……一、铸出钱，请照向例搭放俸饷钱六万二千串，并除岁需工料局费钱一万三千六百八十串外，余存钱二万三百十八千零。照湖北之例，于钱价昂贵时，随宜酌办，以平市价。从之。（《清高宗实录》卷 347）

（乾隆十五年十一月乙巳）又谕曰："湖北巡抚唐绥祖奏称'滇省本年二运京铜，于湖北东湖县地方遭风，沉溺铜九万斤，委员蔡理经将现铜起运后，地方官全数捞获，现贮县库，应俟滇省后运铜船过楚搭解，但滇员来楚无期，恳将此项铜斤借给湖北接济鼓铸，来春采买滇铜回日，即行照数归还'等语。滇铜关系京局鼓铸，原不容轻议截留借用。唐绥祖所奏乃沉溺铜斤，该地方官设法捞获贮库，滇省后运委员未到，奏称借用，尚属可行，着照所请，后不为例。"（《清高宗实录》卷376）

（乾隆十六年十二月壬寅）户部议准湖广总督阿里衮疏称，湖北横碛、汉洋二处铁矿，砂炭已尽，应即封闭。从之。（《清高宗实录》卷404）

（乾隆十九年八月丙子）湖广总督开泰等奏："湖北宝武局加铸钱本年应停，但湖北现有应修城工，请仍旧加铸，所得余息以为修理城工之用。"得旨："如所议行。"（《清高宗实录》卷471）

（乾隆十九年九月乙巳）湖广总督开泰奏："湖北各标营原领惠济本银三万两，除节次归还外，尚欠二万一百有奇，现筹归本。查湖北鼓铸，设炉二十座，原系每月二卯，前以修理城工，奏准加铸，以余息完借项修城之费。今营运本银，赶紧归结，因思铸局中每月正卯加卯之外，尚可再加二卯，以加铸余息，归完全数。完后尚有余息，再拨办成工。"得旨："如所议行。"（《清高宗实录》卷473）

（乾隆十九年十月乙亥）湖北巡抚张若震奏："湖北宝武局鼓铸，配用洋、滇、汉铜，近年洋铜缺少，汉铜价值昂贵。川省产铜颇旺，价值平减，应酌买川铜，既有节省，而程途较近。"得旨："如所议行。"（《清高宗实录》卷475）

（乾隆二十一年三月庚午）署湖广总督硕色等奏："湖北应修城尚有十三府州县，应照前议，于钱局加卯，以所得余利拨作修项。且楚省钱贵，因加铸渐平。现有标营借项归清，例停之卯，拟仍旧加铸，于城工、钱价有裨。"得旨："两便之举，可为也。"（《清高宗实录》卷508）

（乾隆二十二年五月己未）户部议复："湖北巡抚卢焯疏称'湖北鼓铸，除洋、汉、滇三铜总配每百斤加色耗一斤毋庸另议外，请汉、滇二铜配铸每百斤加耗二斤，纯用滇铜每百斤加耗四斤'。应如所请，嗣后买回滇铜，每百斤酌加色耗三斤，给委员运回，照现定加耗鼓铸。余剩耗铜，作正报销。"从之。（《清高宗实录》卷539）

（乾隆二十三年四月乙酉）贵州巡抚周琬奏："黔省各厂出产铅斤，经前任抚臣爱必达奏准，每年酌拨二百万斤，运赴汉口售卖，以供江南等九省鼓铸。嗣据委员禀报，二百万斤不敷销售，又经前抚臣定长议于额运外加运正耗铅一百八十九万斤，节年办理在案。兹查汉口局内除销售外，现存积铅六百五十余万斤，已足供两年销卖，应将额解楚铅停运一年。至湖南省本年需用铅斤，即令运解京铅之委员带运，不致贻误。"报闻。（《清高宗实录》卷561）

（乾隆二十四年五月己亥）谕军机大臣等："据吴达善奏称'甘省各提镇营储备铅斤一项，自调拨以来，渐见短缩，而兰州、宁夏等处出产无多，不敷买补。请于湖北代购黑铅三十万斤，委员解赴甘省'等语。铅斤为军储要需，务宜豫为积备，现在甘省各营存贮无多，本地买补艰难，未可任其缺乏。向来西安鼓铸铅斤，俱取资于湖北，买运定有成规，自可挹彼注兹，补完旧额。着传谕该督硕色，即于楚省收买黑铅三十万斤，委员解赴西安，转解至兰，其水路脚运，即于该二省耗羡项下动支。解兰之后，令各提镇分领回营，以补备贮原项。"（《清高宗实录》卷587）

（乾隆二十五年六月壬寅）贵州巡抚周人骥奏："黔省鼓铸，向系采买滇铜，因本省咸宁州属铜产足敷鼓铸，是以停买。近勺录厂山空封闭，各属新厂矿产微薄，恐将来不敷鼓铸。除现在仍用黔铜及积存局铜项下抵补缺额外，请自来年为始，每岁酌买滇铜四十余万斤，即可敷用。其铜价运费，俟铸出局钱归款。再黔省新河运铅，现在源源无滞，新报之都匀厂产铅甚旺，数月间已积至百万，即饬趱运赴楚，以备各省采买。"报闻。（《清高宗实录》卷615）

（乾隆二十六年四月戊戌）（贵州巡抚周人骥）又奏："黔省白铅原议每年酌拨二百万斤运赴汉口，售供各省鼓铸之用，自后递加至三百四十万斤。现今汉局铅斤充裕，请将加运之一百四十万斤停止，仍照原议，每年拨运二百万斤。或有不敷，即于新开河道所办乐助、福集二厂运汉铅内分销。"报闻。（《清高宗实录》卷635）

（乾隆二十七年十二月戊午）湖北巡抚署湖南巡抚宋邦绥奏："郴州、桂阳二处抽收各税，锡积至十万四千余斤。本省鼓铸，正卯二十炉，岁仅用锡一万五千余斤，郴、桂二厂每年可收二万斤，尽足敷用。查湖北钱局鼓铸，正、加二卯，岁需锡三万余斤，现委员赴汉镇采买，遇商贩不前，价多昂贵，应将南省现存锡酌留一万四千斤，其余九万斤协拨北省，只须归还锡厂运脚，较之采买，可节省银一万五千余两。"得旨："如所议行。"（《清高宗实录》卷677）

（乾隆二十八年六月己亥）广西巡抚冯钤奏："臣前在湖南任内奏准停止加铸，本年正月湖南采买粤铅之员，甫经运回，是以奏请停办。今接湖南抚臣陈宏谋札称'该省尚有积存之铅，并有可开之矿，此后不需粤铅'等语，至广东除买广西铅外，须至汉口采办，路远费繁，仍赴粤西采买为便。现在广西宣化县属之度楼岭、荫巷岭并融县之古丹山报产铅砂，已饬各县督采。"报闻。（《清高宗实录》卷688）

（乾隆三十一年八月壬戌）户部议准直隶总督方观承奏称，采办鼓铸铜铅，酌定限期，洋船铜斤进口，令江苏巡抚起限，统计苏州至保定交局，请限三个月十八日。委办铅锡，自该省至汉口，及运回保定，共限七个月二十八日。如无故逾限一月以上，将领解官革职，戴罪管解，完日开复。从之。（《清高宗实录》卷767）

（乾隆三十一年十月乙丑）户部议复："江苏巡抚明德奏称'奉准部议，酌定采办铜铅限期，请嗣后委员领银，自江苏至云南省城，定限一百八十二日。及领运铜斤，自广西全州以下至苏州，应行九十六日'等语，应如所请。至委员自云南领铜，运至剥隘地方，酌定限期之处，听云贵总督定议外，其自剥隘至百色，百色至全州，先据湖北巡抚定限九十四日，应令该抚遵照办理。至该省委员，在湖北采买铅锡，运回苏州，亦应如所奏，定限四十日，其自该省领银至湖北，亦如之。"从之。（《清高宗实录》卷771）

（乾隆三十一年十月）丙子，户部议复："广西巡抚宋邦绥奏称'奉准部议，酌定采办铜铅限期，自省城至梧州府，限十二日；梧州府至百色，限六十五日；百色至云南剥隘，限七日；剥隘至云南省城，限二十一日……'等语，应如所奏。至委员自云南领铜，运至剥隘地方，酌定限期之处，应听云贵总督定议外，又自剥隘运铜至百色，前经湖北省定限三十五日，今该省定限五十六日，殊觉太宽，应查照湖北定限办理。"从之。（《清高宗实录》卷771）

（乾隆三十二年八月辛巳）又谕曰："方世俊奏审绥宁县耙冲地方开矿一案，内称'赫升额因欲调剂鼓铸，固执己见，任意详开，研讯各犯俱供赫升额除听家人借端索赃外，别无请托受贿之处'等语，所讯供词未可尽信。开矿系湖南公事，并无迫不及待之势。赫升额既已调任湖北，何以当离任之时急欲赶办？详请抚臣批准，即云赫升额志切办公，亦何至急遽若此？此中情节，恐或有未实未尽之处。赫升额现在刑部监禁，着传谕刑部堂官就近确切严讯，据实具奏。方世俊折并着钞寄。”（《清高宗实录》卷793）

（乾隆三十二年八月甲申）又谕户部奏：“鄂宝咨请‘停运汉口铅斤，不如暂停京局半年铅运’一折，该部通融酌办，所奏甚是，已依议行矣。鄂宝于停运铅斤之事何以不行奏闻？遽尔咨部已属不合，且黔省接送京兵、采办马匹不过暂时筹办，原可计日就竣，何致张皇竭蹶若此？即如滇省亦有运解铜斤，并未闻其因承办军需，难于兼顾，黔省何转以此借口，声张咨部耶？鄂宝着传旨申饬。”（《清高宗实录》卷793）

（乾隆三十五年三月甲午）户部议复：“护广西巡抚布政使淑宝奏称‘粤西省铸局共存铅一百七十万五千余斤，除粤东、西两省需用外，余铅一百一十万二千余斤，尚有本年冬季应抽厂课及收买白铅’。应如所请，次第拨百二十万斤，于三十五年二月春水发生、滩陡易行时，委员分帮，勒限星运汉口，接济各省。交湖抚传各委员，按到楚先后，挨次秤交。”从之。（《清高宗实录》卷855）

（乾隆三十五年七月丁未）户部议复：“署云南巡抚明德……又奏称，嗣后先尽陕西委员兑领，其余择紧要省分给发，亦应如所请行。至以高铜抵拨低铜，每百斤应补价银二两，臣等就采买各省成本核计，除广东以铜易盐，不便抵拨外，其江苏、江西、湖北、广西等省加以补给高铜价值，余息有余，均可通融抵办……”得旨：“依议速行。”（《清高宗实录》卷864）

（乾隆三十五年七月己巳）谕军机大臣等：“据熊学鹏奏‘浙省委员巡检孔传望、主簿温颂先后赴楚采办铅斤，迄今二年，尚未运回，请敕下湖北、贵州二省据实速复’等语。铅斤关系配铸，委员等一经到楚，自应上紧赶办，乃迟延日久，未能回浙，是否楚省转办黔铅贻误，抑系委员等托故逗遛？着传谕湖北、贵州巡抚作速查明，一面据实奏闻，一面仍自行知照浙省，毋致展转纡回，久稽时日。”寻奏：“黔省铅斤因近年驮马稀少，先尽京运办解，致楚铅未能克期运贮汉口。本年五月，陆续运铅到局，兑交委员孔传望、温颂，均于七月起程回浙。”报闻。(《清高宗实录》卷865)

(乾隆三十五年八月辛巳) 户部议准原任云南巡抚明德奏称，云南钱价，每银一两，易钱一千一二百文，市价已属太贱。向于六府设炉一百十六座，岁用铜二百三十余万斤，实属过多……湖北汉口为商铜聚集之所，今岁办滇铜五十万斤，均属过当，此四省可酌减铜五六十万斤。滇省现开子厂，岁获铜一千万余斤，除供京铜及本省外，可得余铜三百万斤。一二年间，外省委员均可挨次领运。从之。(《清高宗实录》卷866)

(乾隆三十六年七月乙丑) 湖北巡抚梁国治奏：“黔省每年铅运汉口，以供采买，旋因黔运愆期，部议拨广西、湖南铅协济。此项关系鼓铸，向无严查迟误偷盗之例，请嗣后将何时运到若干，何时售卖若干，并于何时运回，查明有无迟误偷盗等弊，一体汇奏。”得旨：“是。”(《清高宗实录》卷889)

(乾隆三十七年七月壬戌) 河南巡抚何煟奏：“……查开封、归德、陈州三府每年产硝止供本省，及湖广、浙江、江南、江西、广东等省采买，并部硝之用。第四川现剿金川，比各省更关紧要，臣已饬司筹备，先尽陕省，俟委员一到，即照数交给，不至迟误军需。”得旨嘉奖。(《清高宗实录》卷913)

(乾隆三十九年三月戊午) 户部议准署湖广总督湖北巡抚陈辉祖奏

称，施南府属咸丰、宣恩、来凤三县铜槽五十余处，现获积砂，炼有净铜，足资鼓铸，查与田园庐墓无碍，应请招商试采。又督采伊始，请将武昌知府姚棻调补施南，并将原任知县等留办矿厂。从之。（《清高宗实录》卷954）

（乾隆四十年九月辛酉）户部议复："陕西巡抚毕阮[1]疏称，宝陕局鼓铸，应采办铅锡，共估需价值运费银一万八千六百余两，派委典史陆象拱赴楚领办。查各省采买铜铅等项，或委州县，或委佐杂，向来办理原未画一。但银数既多，微员恐致贻误，应请旨饬令该抚于丞倅州县中派员前往，并请嗣后采买动项数至一万两以上者，皆于丞倅州县中选委办理。"得旨："依议速行。"（《清高宗实录》卷991）

（乾隆四十四年八月甲戌）谕军机大臣等："前据户部奏'京局现存京铜可铸至明年二月，又有四十二年三运及加运，三起一并计算，又可敷至六月。至六月以后之铸务，更觉棘手，请交该督抚详悉筹议'，当即传谕李侍尧筹画趱办，并谕沿途各督抚设法严催，于明年五月以前全数抵通……至丁酉年三运二起京铜，已于五月中出江苏境，加运一起于六月初过安徽境，加运二起于六月中旬出湖北境，节据各督抚奏到计算日期，约可于本年九月、十月抵通……"（《清高宗实录》卷1089）

（乾隆四十四年九月乙未）又谕："据图思德等奏，接奉谕旨，查办汉口私铜，随密委盐道张廷化率同府厅，逐细详查汉口商铜。现存五万四千余斤，并提各行户研讯。据称，近年以来，川、陕二省运到商铜约十五六万斤，除发卖外，现在存铜实系川、陕二省商铜，并非滇省贩至，此语不实。川、陕安得有许多铜出卖？是楚省大小官员同以买汉铜为难，故为此言耳。伊等又称'滇省既定三连印票，请敕川、陕二省仿照办理'

① 阮：应为"沅"。

等语，所奏未为妥协。商人运贩滇铜，如果有走私之弊，自当查拿重惩，若过于设法严防，恐商人畏避，裹足不前，汉铜必日形其绌，非但于该省采买有碍，但恐商铜短少，民间购买不敷，势必致有私销之弊，于钱法大有关系，不可不通盘筹画。图思德等所请川、陕二省仿照滇省三连印票之法，断不可行。朕意即滇省亦可毋庸急办，李侍尧等但须严饬所属实力稽查，如有逾额走私之事，立即拿究。其余通商之铜仍从其便，务令贸易相安，公私俱益，方为妥善。至图思德等所称，汉口之铜买自川、陕而非由滇省，恐未必然。陕省虽新开铜厂，于本省供用尚属不敷，安得复有余铜供商买运？而川省亦非产铜之所，商人又何从多购？且李侍尧前奏原因滇铜之走私日甚，汉口现在铜多，因设为三连印票稽核，若非访有确据，必不肯率定章程。况滇省现有一分通商之铜，听其流通利用，今乃云滇铜久未至楚，则此项通商铜斤，又复何往？图思德等此奏不过因郑大进曾奏停买汉口之铜，仍买滇铜，属员等未免迎合回护，又恐采买汉口铜斤，价值或有赔累，是以竟云汉口无铜。此事朕不值差人驰往查核，第以理度之，断未必然。铜斤鼓铸攸关，乃国家大计，不特滇省产铜之处应行筹画，即各省督抚亦当视其丰啬实情，从长计较，不可稍存畛域之见。若各图一省之利，而不顾全局，尚得谓之公忠体国之大臣乎？况图思德曾任滇省督抚，该省铜务尤所深知，更不应存隔膜之见。着传谕图思德等悉心妥办，并令李侍尧等详悉熟筹，务使官铜、商贩两无窒碍，将此由五百里谕令知之。”（《清高宗实录》卷1090）

（乾隆四十四年九月丁酉）又谕：“昨据图思德等奏‘近年汉口运到商铜约十五六万斤，均买自川、陕二省，并非滇省贩至，现在存铜计五万余斤’等语，所言不实。川、陕二省，安得有许多铜斤供商贩运？而滇省现有一分余铜通商，又岂能舍汉口而他往？且李侍尧前奏以汉口铜多，足为走私之据，言之凿凿，因而设法稽查，自系探访确实入奏，必非妄语。今图思德等乃以汉口之铜买自川、陕，久不由滇省贩运，趋避之意显然。盖因郑大进曾有停买汉口商铜仍买滇铜之奏，欲为回护，实属非是。郑大进前奏，名为每年少得铸息二千余两，其实因购买汉口商铜价值较昂，承办之员恐有赔累，不肯担当，而又不肯明言其故，遂请停购商铜，仍欲赴滇买用，止图为楚省办铜数员卸责，并不知为滇省铜斤盈缩大局而计，实属大谬。如汉口定价稍有不敷，何妨据实奏明，量为增给？若使畏难不办，遂欲诿卸邻封，是其视滇省铜斤之能否供用，竟如视秦越人之肥瘠，封疆大臣岂宜出此？郑大进心存畛域而罔顾铜务大计，所见已小。至图思德曾为云南督抚，岂不知汉口之走漏滇铜？乃既至楚省，即不复为滇铜通盘筹画，亦与郑大进扶同入奏。图思德平日办事尚属诚实，不应漫无主持若此，图思德、郑大进并着传旨申饬。至图思德等前奏川、陕二省之铜亦欲照滇省设立三连印票之法，断不可行，已降旨谕令停止。即滇省三连印票，亦宜缓办。铜斤除鼓铸官用外，原有余铜通商，立法最善，盖铜斤为百姓器用所必需，听商贾流通贸易，以便闾阎，方为有利无弊。若持之过严，商人无利可图，不复营运，致民间无铜供用，势必又生私销之弊。是欲禁走私，而转导奸民之销毁，虽立法甚严，私销者处斩，然获者百之一二耳，非计之得也。朕以为欲杜走私，止须滇省严饬厂员实力查察，有犯必惩，毋庸另立科条，徒滋流弊。并着传谕李侍尧等再行悉心筹核具奏，此旨着由五百里一并谕令知之，仍着图思德等即行据实复奏。”寻图思德、郑大进奏：“查滇铜系紫板蟹壳形式，川、陕铜俱平面圆饼，今验各行户所存，实无紫板蟹壳等铜。”据称：“近年滇省产铜渐少，通商之铜或在本省，或在中途即售，到汉绝少，并非讳匿。”旁批：“未必。盖自行户以至大小官吏皆欲讳此，尔等伎俩，朕岂不知？”又奏：“臣郑大进前奏宝武局需用滇铜，请仍赴滇采买。因近年到汉铜斤，除供山西及本省钱局外，存留民用者甚少，遂尔冒昧呈奏，容将本省鼓铸所需并汉口现有铜斤通盘筹议。”又批：“若甚无法，亦只可略减所增炉座耳。”（《清高宗实录》卷1091）

（乾隆四十五年七月乙酉）湖北巡抚郑大进奏称：“各省鼓铸，向拨黔铅应用，嗣因黔省供运不敷，令粤西酌拨铅斤接济。今查汉口节年运到黔铅，合计已有五百五十余万斤，足供各省二三年采买之需。而旧存粤铅一百二十万余斤，各省委员以其色低质浊，不愿采买，久贮在局，归价无期，且散寄民房，亦难监验。请按照时价出售，酌留六十万斤备用，俟日后黔铅畅运，存积益多，再行变价报拨。”得旨：“览。”（《清高宗实录》卷1110）

（乾隆五十一年五月壬申）贵州巡抚李庆棻奏：“黔省钱局鼓铸，因从前铜、铅阻滞，递压卯额，积至四五年之久，现在所铸之钱，尚系四十六年分卯额。请照四川、湖北之例，将宝黔局现在造报之四十五年分卯钱，作为四十九年正额，其四十五、六、七、八等年欠卯，无庸补铸。以后年清年款，庶不致再有滞压。”下部知之。（《清高宗实录》卷1255）

（乾隆五十二年正月戊戌）贵州巡抚李庆棻奏：“黔省每年应办楚铅二百五十万斤，委员解赴湖北汉口铅局，以供各省采买鼓铸之用。其销售铅价银两，向责成湖北汉阳府同知查验，解交汉阳府库暂贮，俟委员销售事竣，领解回黔报销。请嗣后委员到汉口采买铅斤价银，仍令汉阳府同知查验，径解湖北藩库收存，俟黔省后运委员到楚，立即催令前运交代清楚，给咨领解银两，回黔报销。”得旨允行，下部知之。（《清高宗实录》卷1273）

（乾隆五十二年八月丁酉）署湖广总督舒常奏：“湖北宜昌、施南二府属之长阳、兴山、鹤峰、归州、来凤、建始等州县出产硝斤，向系商民自备工本，赴产硝地方采办解省，交局给价，以供各营岁需之用。现在筹备闽省采买硝五万斤，若仍照常俟商民采办，势必贻误。应先行动项，给发产硝州县，分饬上紧办理，勒限解省，一俟闽员到楚，即可给领运回。”得旨嘉奖。（《清高宗实录》卷1286）

（乾隆五十二年十月乙卯）湖北巡抚姜晟奏：“宝武局每年鼓铸额铜，

经前抚臣郑大进奏请，于知府内每年酌委四五员，领价采办交局。窃思各府分领承买，檄催往返，头绪纷繁，即倩人赴汉置办，亦不免侵那糜费等弊。查铜价银两，向系盐法道库给发，请即饬该道购办，责令汉阳县稽查，如有行户抬价居奇，即行究治。”得旨：“有治人，无治法，实力行之可也。”（《清高宗实录》卷1291）

（乾隆五十三年二月）乙卯，江西巡抚何裕城奏：“江西各营兵需用操演黑铅，每届三年，委员赴湖南汇买一次。兹准湖南、贵州抚臣咨复，产铅不旺，均难采办。惟查湖北汉口镇现积有商贩黑铅，但向赴楚南买运，每百斤共银四两四钱五分有奇。今汉镇商铅时价实需五两七钱零，虽运脚较减，每百斤仍多银一两四钱八分，按照江西应用铅斤计，每年应增银二百余两。臣以时地情形不同，未便拘泥往例，现于估拨公费项内动支，委员前往，买备三年额铅，俟湖南、贵州矿产旺盛，或商价稍平，即请减价改办。”报闻。（《清高宗实录》卷1299）

（乾隆五十四年六月）戊辰，谕曰：“惠龄奏‘湖北委员李英、汪景苏接运已故委员周方炯、吕日永领运乾隆四十一并四十九两年鼓铸滇铜回楚，每百斤煎炼实止得净铜七十斤，较部定八三成色折算，每百斤计折耗铜十八斤有零，应着落原办及接运之员，分股赔补，于任所原籍分别咨追’等语，所奏殊属不成事体。铜斤关系鼓铸，何至四十一年应办之铜，至今始运到楚？相隔十余年之久，以致委办各员相继病故，辗转更易迟延。况委员人等如果有中途盗卖情弊，不特应行着赔，尚当重治其罪。若无盗卖等事，则伊等因办运官铜在外多年，中途病故，已为可悯，复于伊家属名下追赔，殊非正道。且事隔多年，该员等离任已久，原籍亦未必有力能赔，是官项仍至虚悬。该抚此折不过以奏请追赔，见其认真办理，及咨追无着，将来原籍可以家资尽绝，援例豁免。所奏似严，而实非正办，终于姑息而已。该省钱局既属盐道管理，委员赴滇办铜，守候至十余年之久，因何并不禀催，而历任督抚亦竟置之不问，均难辞咎。所有此项折耗铜斤，业据该抚传讯接运各员暨原办之员家属，实无盗卖情事，则该员等因奉有远差，中途病故，情尚可悯，即接运各员现查无弊窦，均无庸着赔，应即令该省历任督抚暨该管道员分赔七成。至滇省办铜各官虽因先尽京铜，于各省先往采买铜斤，不能即时办给，其过较楚省为轻，但亦何至迟逾十余年之久，而铜斤又不能照部定成色，且滇省各厂俱有道府经管，亦难辞咎，并应着落滇省承办铜务厂员及经管之道府分赔三成，以示惩儆而昭平允。至各省钱局所办铜斤，虽不能如户、工二部钱局之年清年款，但不定以限制，似此累岁经年，稽迟守候，致令承办之州县等于本任事务转需纷纷委署，不能亲身经理，既非慎重地方之道，并恐滇省官员与委员有所厚薄，可以意为先后，将后到者徇情早给，而先到者反致守候，亦不可不防其弊。自当按省分之远近，以到滇之日为始，酌定年限，如有逾限不将铜斤办给者，即将厂员议处。其铜斤务令照部定成色，不准搀和低潮，倘有不足，准令该委员禀明另换。如此有所责成，庶厂员等不致任意玩延，运员等亦复无可借口，其如何按照道里定立限期之处，着军机大臣会同该部详悉妥议具奏。”（《清高宗实录》卷1332）

（乾隆五十四年七月壬寅）调任贵州巡抚郭世勋奏：“黔省每年额办楚铅二百五十万斤，运赴湖北汉口，以供各省采买鼓铸，嗣因汉局铅多，奏准减半运铅一百二十五万斤。查现在汉局余铅无几，请自本年为始，仍照原额拨运铅二百五十万斤。再楚铅既经复额，厂铅亦应加买，请自五十五年为始，饬令威宁州于额办外加买铅一百万斤。”报闻。（《清高宗实录》卷1335）

（乾隆五十四年七月辛亥）定沉溺铜斤每月奏报例。谕：“据陈用敷奏报‘滇省铜船过境日期’一折，内称‘云南委员漆炳文领运五十三年三运一起京铜七十六万一千七百九十三斤，在湖北归州沉溺铜七万斤’等语。运京铜斤事关鼓铸，沿途自应小心运送。今滇省领运之铜，在湖北归州地方沉溺至七万斤之多，殊属可惜。着传谕毕沅、惠龄即饬所属查明，务期捞获，并谕沿途各督抚，嗣后遇有铜船过境，沉溺若干，捞获若干，必须每月奏报，以便随时查验。庶督抚等实力督率地方官认真查办，不致视为具文也。”（《清高宗实录》卷1335）

（乾隆五十五年三月）辛丑，谕军机大臣曰：“孙士毅奏‘川省地方情形’一折，筹办调剂，均得要领。惟收买小钱一节，折内称‘川省有搀和小钱之弊，请定价逐日收买，搭配铜铅，改铸制钱，易银归款，现将破烂小钱概行收买，其余尚堪行使者，暂准流通，仍酌定易钱数目，商贾无利可图，自不肯携至川中’等语。川省行使小钱，殊干例禁，但相沿日久，若竟全行禁止，未免于边黎生计有关。孙士毅请将破烂小钱一面收买，一面将尚堪行使之钱定以价值，于禁止之中稍寓变通之道，亦只可如此办理。但小钱因私铸而起，若止收买小钱，随收随铸，其弊究未能净绝。且直隶、山东、河南、山西、江南等省从未闻有夹杂小钱之弊，何以川省积习相沿，皆将破烂小钱搀和行使？自系该省为铜斤聚集之所，奸民射利，于山僻地方私行鼓铸，以致小钱充斥。孙士毅现已饬属访查，着传谕该署督派委妥协员弁，严密查拿，务使私铸净尽，则夹杂小钱之弊，可以不杜自绝。至四川邻省地方，亦恐有奸民等私铸小钱运往川中，希图获利之事，并着传谕甘肃、陕西、湖北、湖南、云南、贵州督抚，一体严行查禁，实力访拿，毋得视为具文，致坏钱法。”（《清高宗实录》卷1351）

（乾隆五十五年四月癸亥）又谕：“本日浦霖复奏到‘查禁私钱’二折……及阅其第二折内称‘民间日用小钱久已剔除，其余官板制钱因行使日久，稍有边幅不整及颜色微黯者，现饬呈缴给价，解局改铸’等语，是其所奏，前后自相矛盾，可见该省官局鼓铸，已不能如式，久有小钱夹杂行使。官钱且然，安能使民间私铸小钱查禁净尽耶……至毕沅管辖二省，湖南官铸既有小钱，湖北官局有无鼓铸不能画一之处，及民用、商贩是否禁绝私钱，前经降旨询问，何以尚未复奏？着传谕该督，将官局鼓铸及民间偷铸、商贩夹带之弊如何严行查禁之处，据实复奏，不得视为具文，致坏钱法也。”（《清高宗实录》卷1352）

（乾隆五十五年四月甲子）又谕：“前因江、浙、四川、湖广、陕、甘、云、贵等省多有私铸小钱，业经通饬各省，严行查禁。昨据浦霖复奏称‘官板制钱因行用日久，稍有边幅不整及颜色微黯者，饬令地方官毋得挑剔太苛，以致市侩居奇昂价’等语，可见小钱净尽之语，本未确实。各处钱局鼓铸钱文，大小轻重，本有一定之制。在京钱局，专有钱法侍郎稽察办理，是以向来俱系如式鼓铸，并无弊窦。外省钱局，有系臬司及他道专管者，总在督抚实力查察，庶局员不致任意舞弊。若专委该司等漫无整顿，恐有不肖之员或竟借铸小钱，希图多得羡余，从中渔利。总之，外省督抚果能严饬所属认真办理，原可诸弊肃清，即如近来漕务迟滞，经朕严行饬办，本年漕运始得迅速抵通。可见地方应办事务，必须朕降旨督饬，方肯留心办理，及事过之后，仍复因循玩忽，又安用督抚大吏为耶？嗣后除京师行用钱文，俱系宝源、宝泉二局铸造，向无搀和小钱，并直隶、山东业经面谕梁肯堂、长麟实心办理外，着再传谕各省督抚，所有鼓铸局钱，务须各督抚实力稽察，毋任局员稍有弊混。其民间私铸，尤须随时严办，毋得视为具文，一奏了事。倘私铸未能净绝，而官板制钱又复不能如式，一经查出，朕必将该督抚一并治罪。至民可使由，不可使知，该督抚惟当妥为办理，毋令胥吏借以滋扰，市侩闻风居奇，方于国计民生，均有裨益也。”（《清高宗实录》卷1352）

（乾隆五十五年十二月乙亥）湖广总督毕沅、湖北巡抚福宁奏：“楚省自收买小钱以来，共收过小钱七万四千三百五十余斤，现在市廛交易制钱，物价颇觉平减。”得旨：“毋致终怠可也。”（《清高宗实录》卷1369）

（乾隆五十六年正月庚子）谕军机大臣曰：“长麟奏‘访拿收藏小钱

之黄甲一犯，讯系此项小钱从湖北开张缎店之屈恒太、钟嘉茂处得来。查验背面清字，多系宝黔、宝云、宝源字样，现在咨明湖广、云、贵各省确查严办’等语，所办好。小钱搀杂流行，于钱法大有关碍，节经降旨，通谕各督抚一体认真严禁，乃黄甲、屈恒太等并不遵例缴销，胆敢辗转藏寄。若各省奸商从而效尤，则官为收买查禁之例，仍属有名无实，不可不严究，以绝根株。其小钱背面所铸宝黔、宝云字样，自系云、贵二省私铸，由湖广流行到苏。该二省向来有私铸小钱之弊，虽经上年严定章程，通行禁止，而地方官奉行不力，积弊未能一时肃清。着谭尚忠、额勒春严饬所属上紧查拿，勒限呈缴，如再视为具文，该处奸商仍将小钱私行贩卖，一经查出系宝黔、宝云字样，惟该省督抚是问。至宝源系工部钱局字样，官铸断无此等小钱，想系奸商等见通行钱文内有宝源字样，私销仿铸。并着湖广督抚逐一根查，此样小钱究竟何处私铸，严办示儆……将此各传谕知之。”（《清高宗实录》卷1371）

（乾隆五十六年三月）丙子，谕：“上年孙士毅奏‘川省地方向有搀和小钱之弊，请定价收买销毁，另行改铸制钱’，节经降旨通谕各督抚一体收买查禁。乃奉行未久，本年正月内，据长麟奏称，在苏州地方访获收藏小钱，讯系由湖广、云、贵流行到苏，复降旨令该省根查严禁……可见各省私销私铸之弊，虽屡经饬令设法禁止，而小民趋利若骛，地方官又不认真查办，或且局钱不能如式，以致奸民影射，积习难除，即官为收买之例，亦属有名无实。此事总在督抚等行之以实，要之以久，而于官局不任透漏舞弊，始能尽绝根株，若不能正本清源，即定例綦严，亦复何益？嗣后各督抚务须一体严行饬禁，毋得日久懈弛，仅以查无私铸一奏塞责。若经此次饬谕之后，再有小钱搀杂流行，惟该督抚及管钱局之员是问。将此通谕知之。”（《清高宗实录》卷1374）

（乾隆五十六年六月壬戌）户部议准湖北巡抚福宁疏称，宝武局铸卯积压，应自本年起，分作十年，将买存汉、洋铜斤通融借支带铸，仍将额办滇铜分年带买，俟铸竣一年卯额，专案造报。岁需滇铜先一年六月咨滇省拨厂，限八月内咨复楚省。监铸各员造报迟延或限内卸事，违限一月至三月者照奏销钱粮册结迟延不送例分别罚俸，四五月者降一级留任，六月以上降二级调用，一年以上革职。倘因滇铜未到，不能依限鼓铸造报，随时咨部展限。从之。（《清高宗实录》卷1381）

（乾隆五十六年六月庚午）两广总督公福康安、广东巡抚郭世勋奏："广东办运滇铜及广西、湖北白铅，又江西采买滇铜，所过地方，应责成各该府护送催趱，倘遇守风守水等事，亲往稽察。至运京点锡，添派道员押送，督粮道督催，先期移咨前途各省督抚，豫派道员接解。"从之。（《清高宗实录》卷1381）

（乾隆五十八年正月）庚申，户部议准湖广总督毕沅等疏称，湖北省铸钱，岁需采运云南铜二十万斤。现查收买小钱，共镕铜十四万四千三百八十斤，外有委员带买铜六万斤，足供明年正铸，请停买滇铜一年。又宝武局前因采买滇铜迟滞，递压五十二、三、四等年卯钱，题明分十年带铸，但现在钱多价平，嗣后照正额鼓铸已足敷用，所有递压卯钱请停带铸。从之。（《清高宗实录》卷1421）

（乾隆五十八年五月庚申）又谕曰："毕沅等奏'楚北收买小钱，因地处冲途，易换尚多，恳请不必立限，常川收买'一折。内称'自乾隆五十五年奏准定限后，前后共收买过三十万九千余斤，俱经发交宝武局销镕，改铸制钱。现在民间见小钱不能行用，源源易换，甚为踊跃，应准其常川收买，缴局改铸'等语。湖广省自五十五年收买小钱以来，先后收买过三十万九千余斤，不为不多，何以小钱仍源源不绝，从何而来？今又奏请展限，可见私铸、私贩来源不断，必致日收日多。而奸商等恃有官局收买之例，若一经查出，可以借词赴局呈缴，卸脱罪名，如地方官查察不到，即搀入制钱行用渔利，是名为收买小钱以期净绝，而其实私贩无所顾忌，搀杂更多。且湖广小钱非本省私铸，即系四川、云、贵各省私贩顺流而下，必非下游江西、江南等处商贾携带到彼。近闻楚省下游各处皆因湖广小钱不净，致有携带到彼，搀杂行用，铺户居民均受其累。是湖广为私贩小钱总汇之所，尤不可不设法禁止，以清其源而截其流。毕沅等今请展限收买之意，不过以该处小钱不能净绝，将来下游各处遇有私贩小钱，破案审系由楚省贩来，可以托词收买限期未满，为卸过地步。今姑再予限二年，着毕沅等一面尽数收买，一面于上游各关隘实力巡察，如有四川、云、贵私贩小钱到境，即严行查办，并令江南、江西、安徽、浙江各督抚等通饬九江、芜湖、龙江、浒墅、北新、淮安各关，凡遇商船经过，于查看税货之便，一并详查。如只系制钱中搀杂小钱一二十串者，仍给予大钱收换，不必苛求，致滋扰累。若纯系小钱，而钱数竟多至百千余串以上，其为私贩无疑，即查出全数入官，照例发落。如此办理，既清其源，又截其流，则私贩净绝，小钱无从行使，私铸之弊不禁而自止矣。如予限之后，毕沅等或于本省私铸及上游各关隘不能禁绝，以致下游各省复有小钱行用，一经查出，系从楚省携往，惟该督抚是问，毕沅等亦不值代人受过，自干咎戾也。将此各谕令知之。”

（《清高宗实录》卷1429）

（乾隆五十八年八月甲子）谕军机大臣曰：“姜晟奏‘湖南省收买小钱’一折。内称‘自乾隆五十六年六月至五十七年冬间，汇总查核，共收买小钱四十四万七百四十余斤’等语。前以毕沅奏，湖北省收买小钱至三十余万斤之多，曾经降旨，以此项小钱若非本省私铸，即系四川、云、贵等省私贩顺流而下，特宽限二年，令毕沅等严密查察，尽数收买，并令江南、江西、安徽各督抚通饬九江、芜湖、龙江、浒墅、北新各关，于查看税货之便，一体查缴。今据姜晟奏，收买小钱四十四万余斤，较之前此毕沅所奏，为数尤多。看来此项小钱，竟系楚省奸商恃有官局收买之例，可以呈缴获利，任情私筹，将得受制钱又复改铸，以致日积日多。而上游四川、云、贵等省私贩又携带小钱闻风踵至，是以一年之内收买之数多至四十余万斤。湖广为私贩小钱总汇之所，竟不出朕之所料。前降谕旨甚明，若徒恃收买而不严行查禁，是止截其流，未清其源，私铸私贩之弊源源不绝，必致无所底止。着再传谕各该督抚并通饬各关严密巡查，如有私铸人犯一经拿获，即严办示惩。其上游商贩如有携带纯系小钱者，即查出全数入官，照例发落。该督抚等务遵前降谕旨，实力奉行，毋任属员视为具文塞责，庶私铸私贩之弊可以杜绝，而小钱可期净尽，方为核实清源之道。”（《清高宗实录》卷1434）

（乾隆五十八年八月丁丑）又谕曰：“毕沅复奏‘酌筹查禁私铸小钱’一折，已于折内详晰批示矣。惟称‘又有一种用熟之康熙、雍正钱文，形模略小，铜色带青，市人谓之青钱，流传已久，若一概禁止，恐钱价因此翔贵’等语，所奏实属非是。前因小钱流行，有关鼓铸，是以降旨各省督抚设局收买，复因湖广省收买小钱为数至三四十万余斤之多，显系奸商见有官局收买，因而私铸私贩，冀图渔利，节经严饬该省督抚并予限二年，令其实力查禁。原指尠薄小钱而言，并未令其将青铜钱文一体销毁，况康熙、雍正钱文，系皇祖、皇考年号，岂有查禁之理？何得与应毁小钱一体列诸章奏？毕沅系读书之人，何不检点若此？着传旨严行申饬。所有湖广私铸、私贩之弊，仍着遵照节次谕旨，严饬各属，实力奉行，毋得视为具文，以一奏塞责也。”（《清高宗实录》卷1435）

（乾隆五十九年六月丙寅）谕军机大臣等：“……至各省如云南、贵州、四川、湖广等处，小钱最为充斥，以致下游江、浙等省钱价亦为过贱，商民多有不便……各省中每年经费，如亦有搭放钱文之项，可以酌量改放银两，俾银两流通，钱价增长，是亦一办法。或有闲款可以拨动，将银两按照时价收买钱文，其鼓铸酌行停减，市间钱文既经官为收买，自必将大钱交出易换，即或稍有夹杂，亦可官为拣出改铸，则小钱之弊亦可不禁自绝。但各省情形不同，难以悬定，着将寄信阿桂等谕旨钞寄各省督抚阅看，令其查照各该地方情形，应作何筹办，可使银钱价值两平，商民均有裨益，而小钱亦可渐次杜绝之处，各抒所见，据实具奏。各省小钱充斥，节经降旨查禁，而其弊仍复如故，若非该督抚等任听不肖属员将局铸官钱私行减小，希图多铸，分肥入己，即系奸民私铸，该督抚等并不实力查禁所致。若不究官员偷减侵蚀之弊，而徒向民间纷纷查缴，于事无益，乃似此积弊相仍，漫无整顿，则该督抚等所司何事？今经朕为之设法筹画，详悉指示，该督抚等若再不各抒天良，妥协筹办，以致钱法日坏，私铸充斥，则惟该督等是问。”（《清高宗实录》卷1454）

（乾隆五十九年六月丁卯）谕军机大臣等：“据毕沅等奏‘卯钱存积过多，请将宝武局鼓铸岁额暂停一二年，俟现存钱文支放变卖将次完竣，再行奏请复额，按年鼓铸’等语，所奏似属可行。昨因京城钱价过贱，已降旨令各督抚酌量情形。今据毕沅等奏请‘停止鼓铸’一折，看此情形，不独湖北一省局钱存积过多，即各省亦大概相同。其故总由鼓铸局员多有额外私铸小钱，以为赢余，借资肥橐，而该上司亦不免从中分润，是以陈陈相因，不愿将鼓铸停止。试思小民肩挑步贩，为数有限，即奸民私铸，亦只能于僻静处所，设炉镕化，能有几何？乃各省小钱在在充斥，以致钱价日贱，商民交累，岂可不力为整顿？除奉天、山东、河南、安徽、甘肃五省向未设局外，其余各省均系开炉鼓铸，虽情形各有不同，其应如何酌量办理，或仿照毕沅等所奏暂停一二年，或竟停止，或酌量减卯，及将搭放钱文改放银两，并动款收买钱文之处，各抒所见，悉心妥议具奏。且小钱充斥，川省尤甚，近闻孙士毅在彼督率查办，渐就减少，然近边宁远一带尚仍沿用小钱，根株未能净绝。福康安前任四川总督未久，旋即来京，又复调任陕甘，其未能办理之咎，尚属可宽。今值此甫经整顿之后，若能认真不避嫌怨，留心查办，以期弊绝风清，方为不负任使。此系朕为整顿钱法起见，特为详悉指示，该督抚务宜共矢天良，据实筹办。若希图钱局沾润，借词含混，以致钱法日坏，私铸充斥，朕必追究来自何省，一经发觉，恐该督抚不能当其咎也。”（《清高宗实录》卷1454）

（乾隆五十九年六月）癸酉，谕曰："阿桂等奏'请申明例禁，严禁小钱'一折，已交步军统领衙门、五城、顺天府一体查禁矣。据称'小钱之弊，节经饬禁，乃现在派人持银至市易钱，亲加检阅，每串内搀用砂板、鹅眼等钱数十文。京城如此，外省不问可知，显系该督抚奉行不力'等语。各省地方小钱充斥，节经降旨通饬查禁，而其弊仍复如故，此其致弊之由，朕细思得之，即如富商大贾，资本殷实，即使逼令私铸小钱，伊等顾惜身家，亦断不肯作此违禁之事。不过游惰小民、衣食不给者，于僻静处所，私行设炉镕化，能有几何？其余止系肩挑步贩，为数更少，何至小钱日积月多，甚至流行他省？其故盖由于各省钱局鼓铸钱文之时，不肖局员将官钱私行铸小，额外私铸小钱，希图赢余肥橐，该管上司从不顾问，或且不免从中分润，是以利于多铸，从不议及停减。小钱充斥，其弊实由于此。而各省中，则以云南、贵州、四川、湖广为尤甚。盖各省鼓铸所需铜铅，俱系由滇、黔二省采买运往，而所买铜铅，皆由部中查照各该省应行额铸钱文，核定数目，比较盈绌，不能额外多买多铸，即使各该省局员希图微利，将局钱减小，余出铜斤额外多铸，亦尚限于额铜，不能过滥。至云、贵、四川本系出产铜铅之地，取携甚便，而湖广汉口地方，为云、贵、四川总汇，奸民杂处，私贩私铸，诸弊丛生，是以小钱公然行用，比之各省，倍为充斥。且户、工二局鼓铸钱文，例有侍郎二人专行管理，又有该部各堂官随时督察，钱局监督更系二年更换，所铸钱文尚不能弊绝风清，然即使有弊，亦不过稍减分两，较之官铸形模略小，断无砂板、鹅眼等项破烂小钱，若非出于此四省私铸流行搀和，则此等小钱又从何而来？况各该省只系司道府等官承办，又系常川管理，安能不弊端百出耶？现惟湖北省经毕沅等奏请停止鼓铸，尚为留心整饬，然仅请停止一二年，尚觉年分较少，看来竟应多停数年，方为有裨……其余各省督抚，经朕屡加训饬，务宜共矢天良，据实查办。若仍漫不经心，致流弊竟无底止，必将该督抚从重治罪，决不稍为宽贷。但查禁小钱，全在该督抚等实心董率，严密稽查，不得委之官吏胥役，转致借端扰累。近闻外省繁剧州县，所用衙役，有多至千余名者，内中并非正身，俱系无籍之徒，挂名冒充，希图恐吓乡愚，借资勒索，于吏治民生，殊有关系。并着该督抚等实力稽查，一体严禁，除额设各役外，其余滥行冒充白役者，概行革逐。倘并不认真办理，以致滋生事端，一经发觉，除该州县从重治罪外，必将该上司一体治罪，恐不能当其咎也。将此通谕知之。”（《清高宗实录》卷1455）

（乾隆五十九年六月乙亥）谕军机大臣等：“本日惠龄前来热河陛见，询以湖北停止鼓铸一事，据称‘湖北省每年额铸钱八万六千余串，除搭放兵饷及工料钱三万九千余串外，每年多有积存卯钱。近日钱价较贱，兵丁饷项亦乐于支放银两，不愿关领钱文，若改放银两，实于兵丁为便。其钱局鼓铸，竟可多停数年。至川省近日省城及各府属节经查禁，小钱较少，而近边宁远一带，现尚沿用小钱，皆由与云南境壤相接，该处小钱流入川省，是以尚多沿用’等语。前因各省小钱在在充斥，尤以云、贵、四川为甚，业经降旨饬谕，小钱之弊出于民间私铸者，不过十之二三，出于钱局减小多铸者，竟有十之七八，若不揣其本而齐其末，于事仍属无益。所有云、贵二省，不但鼓铸竟应永远停止，其查禁小钱一事，尤不可不实力整顿。现在湖广因卯钱存积过多，经毕沅等奏请暂停鼓铸，尚为留心，但该省每年额铸八万串，除搭放兵饷外，尚存四万余串，似此陈陈相因，徒置无用，而兵丁等又乐于支银，而不愿支钱，是竟应将兵饷满支银两。其钱局鼓铸，仅停止一二年，年分尚少，竟应多停数年，俟至必须开炉时，再行奏请办理。其汉口地方，为云、贵、四川等省总汇处所，奸民杂处，私铸私贩，易滋弊端，更令随时查禁，不可日久生懈。至云、贵二省小钱充斥，由来已久，富纲等既并未认真查禁，又不奏请停铸，实属非是。此时若再不实心督率，严行查办，致小钱仍复蔓延他省，则惟该督抚是问。四川省现经查禁之后，小钱虽已减少，而近边一带，根株仍未能净尽。该省鼓铸，业经降旨永远停止，其查禁小钱一事，福康安尤当实力董率，不避嫌怨，留心查办，务使近边等处小钱

净绝，一律行用大钱，永杜弊端，毋使日久通省又复相沿行使，方为不负委任。”（《清高宗实录》卷1455）

（乾隆五十九年八月癸酉）又谕曰：“吉庆复奏‘酌筹钱法情形’一折。内称‘浙省小钱多由湖广、江西一带客贩搀和，私运来浙。严饬管税官役，于稽查商税时严行查察，拿获二起，均不过数千文，当经照例责儆，钱文入官’等语。浙省既有客贩搀和夹带之事，他省自必大略相同，何以自查禁小钱以来，从未见各省有奏及拿获私贩小钱，治罪入官之案？可见不过虚应故事，并未实力稽查。着再传谕各该督抚，于本境私铸奸民，固应严密搜查，尽法惩治。即外来私贩，尤应责成水陆入境地方州县及关津税口，仿照吉庆所办，严密查拿，毋得仍前偷漏，致干咎戾。”（《清高宗实录》卷1459）

（乾隆五十九年九月戊申）谕军机大臣曰：“永庆奏‘陆地私铸易于败露，若于水面舟次乘便私铸，在长江一带宽阔僻静之处抛锚停泊，倘遇官船巡缉，或将私铸什物抛沉水内，难于搜获。请严饬地方官员，将一应船只编号烙印，各给执照，注明船户姓名，以凭稽查’等语。长江大湖，水面辽阔，其中洲滩汊港人烟稀少之处，奸徒等驾驶船只，藏匿其中，私铸为匪，在所难免，不可不一体稽查。但如永庆所奏，将一应船只编号烙印，则私铸之弊未除，而吏胥人等纷纷借端婪索，更恐百弊丛生，不胜扰累。云、贵、四川为小钱之薮，私贩沿江而下，必经由湖广、两江地方，此外如洞庭、鄱阳、太湖等处水面宽广，亦易藏奸。着传谕各该督抚，止须严饬沿江滨湖文武员弁留心巡查，一有私铸私贩匪徒，立即严拿究治，不得任令胥役人等借端滋扰，方为妥善。”（《清高宗实录》卷1461）

（乾隆五十九年十月丙辰）又谕：“御史王城奏‘宝泉、宝源二局现已减卯，云、贵、四川、湖广等省亦停止鼓铸，请暂行停减采挖铜铅，以杜私铸’等语。云、贵、四川等省现在正需筹办停炉及私缴小钱各事宜，头绪纷繁，若复封闭矿厂，地方官何暇常川前往查验？且封厂之后，奸民惟利是趋，势必有潜往采挖等事，是所谓封厂，仍属有名无实。况厂徒人数众多，矿厂一经封闭，此等无业贫民，糊口无资，更恐滋生事端。王城所奏，止知其一，不知其二，但该御史既有此奏，着交与云、贵、四川各督抚，将所言是否可采，或应如何在各该厂设法稽查，倍加严密，以防透漏，于厂务更为有益，一并悉心妥议具奏。”（《清高宗实录》卷 1462）

（乾隆五十九年十一月戊子）谕军机大臣曰：“奇丰额奏‘拿获贩卖小钱人犯张世扬等，讯据供称，系买自湖北汉口镇开张船行之刘天泰铺内。现将该犯等枷号，并飞咨福宁提拿刘天泰到案，讯取确供，俟移咨到日再行定罪等因’一折，所办好。私铸小钱，起自四川、湖广一带，屡经降旨饬令严拿究办。现当整饬钱弊，功令森严之际，刘天泰等敢于存积小钱，私相售买，贩运至二百余串之多，可见私运小钱，总在水路一带，而湖北汉口镇尤为冲要之所。现在张世扬等贩运小钱行至江南地方即被拿获，则汉口地方屯匿小钱必不止此，不可不彻底查办，以清积弊……”（《清高宗实录》卷 1464）

（乾隆六十年二月辛酉）又谕：“前因御史王城奏‘现在云、贵、四川、湖广等省停止鼓铸，请暂行停减采挖铜铅，以杜私铸’。特降旨交该督抚等将所言是否可采，或应如何设法稽查，悉心妥议。嗣经孙士毅、姜晟复奏，四川、湖广两省铜铅各厂均请照旧开采，经部议复准行……”（《清高宗实录》卷 1470）

（乾隆六十年七月乙卯）又谕曰：“据吴璥奏‘自本年闰二月起至六月止，续收小钱三万三千余斤，解交直隶，归局镕销’一折，已于折内批示。前因各省私铸充斥，钱法日坏，节经降旨各该督抚严切查禁，立限收缴，大加整顿，现在稍有起色。但外省习气往往日久懈生，或查察稍疏，奸商市侩仍复私自行使，又滋弊端，不可不防其渐。除四川、云、贵、湖广各督抚现在办理军务，俟大功告竣后再行降旨饬查外，其余各该督抚务当严密收查，依限尽缴，毋得视为具文，日久懈弛。倘该督抚仍不实力奉行，以致小钱又复充斥，惟该督抚是问，恐不能当其咎也。将此传谕各该督抚并谕吴璥知之。”(《清高宗实录》卷1482)

(乾隆六十年十月丁未)又谕：“前因京师及各省钱价日贱，由于小钱充斥，节经降旨饬禁，并立限收缴。乃自查禁以来，已逾年余，而京城钱价近又减落，步军统领衙门尚有陆续收缴小钱，是钱价之贱，总由于私钱未能净尽。京城地方辽阔，人烟稠密，并无偏僻处所，奸徒无从藏匿偷铸，所有小钱必系外省夹带来京，而外省私贩若由陆运，需费繁多，不能获利，必从水路私行贩运来京。前经降旨，交各关口实力严查。今小钱尚敢于辇毂之下私行使用，自由管关各员奉行不力，日久生懈，而地方官查禁私铸，亦视为具文，不过出告示查禁，止过一年半载，胥忘之矣。否则各省现俱停铸，京城户、工二局亦各减卯，并将应发兵饷实支银两，又赏借王公及文武各官俸银，银多钱少，钱价自当增长，何以转日就减落？其为小钱未净，情弊显然。昨据陈淮奏拿获小钱一案，讯系由湖北汉口贩至江西，是汉口竟为小钱聚集之所，该督抚及地方官所司何事……至云、贵、四川，尤为私铸之薮，虽据该督抚奏‘现在实力收缴，渐次净尽’，但所奏如果属实，则私铸既绝，来源肃清，因何各省仍复搀和行使？是该督抚所奏现无私铸之处，亦系托诸空言。况前据徵瑞奏‘于天津关已另设收缴小钱之局，晓谕过往客贩，令其尽数缴出’等语，随交各监督仿照徵瑞留心查验，嗣据盛住奏‘在淮、宿、海三关设局，于查看税货之便逐细严查’，并据刁玉成奏‘应责成地方官，令钱铺出具不敢搀扣小钱甘结’各等语，乃自该监督等具奏以来，惟淮关收过小钱三百余斤，浒墅关奏收过小钱六百千文，此外并未据将收过数目具奏，而刁玉成转以责成地方官为词，可见该监督等并不认真遵办，惟以一奏了事……再通谕各省督抚及管关各员，嗣后当各矢天良，一体实心查察，清其源以杜其流，务期圜法肃清，国宝流通，钱价增平……倘经此次饬查之后，仍有盘获小钱，必当彻底根究系何处私铸及经过何处，即将该管各督抚暨地方官并管关各员一并从重惩治，不能复邀宽宥也。”（《清高宗实录》卷1489）

（乾隆六十年十一月）丙子，谕曰：“景安奏‘豫省小钱较前日少，但尚未能净尽，请展限半年，尽力收缴’，又据苏凌阿等奏‘江苏省收缴小钱，俱系硾碎存局，自上年冬底至今，又收缴十三万余斤’等语，各省小钱，屡经降旨交查，并予限收缴，其鼓铸各省分，又已概行停止，何以钱价仍未增平？自系私钱未经净尽所致。前据陈淮奏拿获私贩小钱之案，讯系由汉口转贩，昨又据方维甸奏‘湖广帮船难保无携带小钱沿途使用’等语，可见湖广地方竟为小钱聚集之所……该督抚务宜董率所属实力严查，如明年各省再有拿获小钱之案，讯系贩自楚省，必将该督抚及地方官从重惩治，不能复邀宽宥……但清查小钱之道，惟在随时留心，核实办理，如经此次展限之后，该督抚等仍敢视为具文，始勤终怠，将来遇有查出私贩小钱之案，必究明来自何处及经过何省，将督抚及地方官一并从重惩处，不可不知凛慎也。”（《清高宗实录》卷1491）

（嘉庆元年三月）癸卯，敕谕：“前因各省小钱充斥，由于各省督抚不实心详查，不肖局员等鼓铸时偷减铜斤，将轮廓收小，且以为好缺，用其所私之人，以致奸民因之私铸，弊端百出，是以降旨，将有鼓铸省分暂行停止，业将两年。因念各局匠役人等世业其役，停铸日久，伊等未免生计维艰，而滇、黔各省照旧开采，并恐铜铅积压过多，致启偷卖营私之弊，不可不量为变通。又上年皇帝率同户、工部臣奏请各省开铸时，乾隆、嘉庆钱文各半分铸，业经允准。今思朕临御六十年，而云南铜厂又值丰旺，遂照数鼓铸。乾隆钱文各直省流行较多，兹复各半分铸，则新旧钱文搀杂行使。倘局员等仍复减小鼓铸，转致无从稽核，着有鼓铸省分各督抚于接奉此旨后，即将嘉庆年号钱文按例全行开铸，并照户、工二局颁发钱式，铜六铅四，配搭试铸。户、工二局，现系乾隆、嘉庆钱文各半铸造，亦着将乾隆钱文改为二成，嘉庆钱文改为八成鼓铸，使新式钱文广为流通。今当开铸伊始，务须轮廓分明，质地坚实，不得再有偷减收小等弊，以便商民而清圜法。若此次开铸后，嘉庆钱文内再有未能如式、薄小糙脆者，钱上有各省局名，可以一望而知，非局员舞弊，即系地方官查察不严，致有奸民私铸，必将该督抚及地方官局员等分别从重治罪。至云、贵、楚、蜀，向为小钱渊薮，尤应实力稽查，倘阳奉阴违，仍前滋弊，一经查出，必将该督抚等加倍治罪，决不姑贷。伊等身任封圻，从前既未能严查小钱，收缴净尽，已属咎无可辞，幸邀格外宽宥，兹当奉行之初，经朕谆谆训诲，若再不缴发天良，认真查办，则是始终不悛，恐不能当此重戾也。将此通谕知之。”（《清高宗实录》卷1494）

（嘉庆十四年四月甲午）又谕：“御史何学林奏‘鼓铸宜昭画一’一条，据称‘京局钱文字画俱不分明，由铅多铜少，缳薄不堪。外省则有缺边漏缝等钱，不能通行垂久，甚或暗减卯数，已发出者复潜归局中，故逐年鼓铸，钱不加多而小钱充斥。现在贵州及湖南之常德、湖北之汉口以至江省莫不皆然’等语。钱法为国用攸关，原当坚厚明洁，期于通行经久。乃近来京局鼓铸钱文，其轮郭肉好，即有模糊胆薄之弊，无怪外省往往偷减工本，率为缳薄。钱文不堪使用，甚或奸民嗜利私铸小钱，搀和行使，种种弊端难以枚举，自宜申明旧例，加意厘剔。着户、工二部及各省督抚力除诸弊，铸局铜铅照例配搭，毋任偷减，务期大小轻重适均。其市间小钱设法收销，庶国宝流通，私铸自息……”（《清仁宗实录》卷209）

（嘉庆二十五年五月）甲子，谕内阁：“御史杨腾达奏‘请禁州县滥行采买及民间私用小钱’一折……至民间行使小钱，湖广、江、浙等省为甚，其弊由于铜船沿途盗卖铜斤，且山水奥区易藏私铸，并着各该省督抚实力稽查，遇有铜船过境，派员催令趱行，无使逗遛，致有私售之暇。其有具报沉溺者，并确加查核，是否实系遭风失事，有无以少报多情弊，倘查有捏饰，立将运员严参惩办，并于各州县隐僻地方严查私铸局场，一经拿获，按律重惩，则其源既绝，自其流渐息矣。”（《清仁宗实录》卷370）

（道光元年二月壬辰）谕内阁：“……兹又据该御史奏称‘晋省委员赴楚购运，赔累甚巨，通省津贴，官民交受其累’等语。山西既非产锡之地，又非聚锡之区，本系实在情形。着交管理三库大臣再行酌筹，应如何调剂，务归平允核实，妥议具奏。”寻议：“请将山西额解高锡一万五千斤改派福建添办五千斤，湖北办解一万斤，自道光二年为始，山西免其办解。”从之。（《清宣宗实录》卷13）

（道光元年三月丁巳）谕内阁：“毓岱奏‘湖北宝武局缺铸卯钱，请免补铸’一折，着照所请，湖北省嘉庆二十二年三卯一尾卯，及二十三、四、五等三年卯额缺铸钱文，俱准其停免补铸。其现在买运嘉庆二十二、三两年铜斤，即作为道光元、二两年正铸之用，以归核实。”（《清宣宗实录》卷14）

（道光二年正月戊辰）又谕：“史致光等奏‘黔省运贮楚局白铅现在积存充裕，请停办趱运铅斤’一折。黔省岁办楚铅，向以汉局存贮之盈虚，酌核黔厂转运之缓急。嘉庆二十年，因汉口铅斤支绌，趱运癸、甲、乙、丙四起楚铅。现在汉局存铅充裕，足敷各省三年采买之用，若再将丙子趱运及借拨趱办乙亥之铅按年踵运，亦不过久贮汉局。其水城、威宁两厂，年久硐深，攻采匪易，或厂地因此疲乏，转致有妨正额。该督等所奏，自系实在情形，着照所请，准其将未办第四起丙子趱运楚铅停其办运。其已运乙亥趱办，系借拨正运楚铅，即抵本年壬午楚铅正运。所有乙亥、丙子二起未运加趱铅斤，既无须办运，其未领工本，亦着停

其发给。该部知道。”（《清宣宗实录》卷28）

（道光三年三月己丑）停铸湖北宝武局卯钱。（《清宣宗实录》卷50）

（道光三年五月己巳）谕军机大臣等：“御史龚绶奏‘请查禁私铜以裕鼓铸’一折，所奏是，铜斤为钱法所关，必须认真整顿。近来滇铜渐形短绌，各省采办不及，本年贵州、湖北先后奏请暂停鼓铸，固由物产丰歉有时，亦由私铜充斥、积弊未除之故……”（《清宣宗实录》卷52）

（道光三年八月甲寅）湖广总督李鸿宾等奏：“湖北宝武局鼓铸钱文，滇铜未能运回，亟须豫筹接济，请就近采买商铜供铸，嗣后仍按年委员赴滇办运。”得旨：“依议办理。”……（《清宣宗实录》卷57）

（道光七年五月壬午）谕内阁：“嵩孚奏‘采办滇铜，未能运回接济，请照案采买商铜’一折。湖北宝武局鼓铸钱文，额配滇铜二十三万余斤，向应按年采买，交局济铸。近年滇省产铜未能丰旺，委员采办需时，请援照成案，采买商铜，俾资局铸。着照所请，该省宝武局应买道光七年分正耗余铜，准其在附近口岸购买，即照准销铜价、运脚、杂费等银按数给发，勒限一年，买运交局，提作道光五年之用。俟委员张从鼎等运回滇铜，作为道光六、七两年岁额之需。惟楚省商贩铜斤，每年多寡盈绌，未能据为定额。滇省不得以湖北就近购买商铜，借词诿卸。其道光八年分铜斤，仍着照例委员赴滇办运。此次购买商铜，需用脚价等银，准其照案销银三万三千四百三十一两零，事竣造册报销。如有不敷，亦着照案办理，以归核实。该部知道。”（《清宣宗实录》卷117）

（道光七年九月）壬申，谕内阁：“户部奏‘查明宝泉局库贮铜铅，请定鼓铸卯额’。着自本年九月起，每月仍按六卯鼓铸，其次年三月以后卯额，届时再行察看情形具奏。现在滇省委员恒明、庆瑞领运乙酉年两运铜斤将次到局，其黄元吉领运乙酉年加运一起铜斤，于本年正月过龙江关，至今未据两江总督咨报过境，黎永赞领运乙酉年加运二起铜斤，于本年闰五月抵湖北汉阳县，亦未据咨报出境。着各该督抚迅即确查，严行催趱北上，并将已过龙江关之马承业、宫思晋，已入湖北境之吴廷柱、金澂等领运两戌年正运四起铜斤，一体严饬承催、督催各员实力趱运，毋任迟延，以资鼓铸。”（《清宣宗实录》卷126）

（道光九年九月乙卯）又谕：“耆英等奏户部宝泉局鼓铸卯额，前经奏准，每月按六卯鼓铸。兹查明现存铜铅斤数，自本年九月起，至次年三月，仍按六卯鼓铸。惟在途各运，日久未据各该省咨报过境，恐致临时短绌。所有运员罗祖望、喀勒崇阿、李秉钧、秦士纶等领运戊子年正加各运铜斤，均于本年夏间先后行抵湖北境内，着两江、湖北、安徽、山东、直隶各督抚严饬承催、督催各员实力催趱，务令各运员迅速前进，毋任稍延。”（《清宣宗实录》卷160）

（道光十三年三月癸酉）谕内阁：“讷尔经额等奏‘湖北宝武局鼓铸钱文，委员采办滇铜，因辗转改委羁迟，请照案暂时就近采买商铜济铸’一折。湖北宝武局每年鼓铸钱文，额配滇铜二十三万余斤，原应按年采买，交局济铸。利川县知县王汝澎委办道光十一年滇铜，因前委各员均有事故，辗转改委，以致羁迟，与他运委员不同，若此时责令领价赴滇，恐采买需时，缓不济急，有误鼓铸。既据该员访得各口岸商贩铜斤充裕，请照案改买商铜，以资接济，自系实在情形。着照所请，所有该员应买道光十一年分宝武局需用正耗余滇铜二十三万二千九百九十九斤零，准其在于附近各口岸购买商铜，并照准销铜价、运脚、杂费等银，按数给发，即以领银之日起，勒限一年，陆续买运交局，事竣造册报部核销，如有不敷价值，亦着照案由该员自行措办，以归核实。”（《清宣宗实录》卷233）

（道光十四年正月戊寅）谕军机大臣等："杨遇春奏'筹补缺额铅斤'一折。据称'甘肃省各营岁需铅斤，前经奏准在于安西州所属之普城山，定限六年，采铅五十万斤，以供领用。嗣因限满未能足额，所有动缺铅斤，现经奉旨勒限归补，未便分年采买，请由黔省产铅之区，照数代办黑铅五十万斤，搭附来年额解，运送湖北汉阳官局。即将存局黑铅，先行照数拨给，咨明甘肃省委员赴楚领运，以补动缺。一面严饬西安州[①]，并通饬各属，遍行躧勘。如有铅苗旺盛之地，即奏请招商采办'等语。甘肃省近年操演，均动营中备贮之铅，所有动缺铅斤，前经降旨勒限半年，全数筹足。现据该督设法筹办，试采需时，刻难归补，请由黔省产铅之区照数代办。着讷尔经额、尹济源、裕泰体察情形，是否可行，悉心详查妥议，据实具奏。其甘肃省应行采买各铅斤，仍着该督严饬安西州，并通饬各属躧勘铅苗畅旺之处，即行招商采办，俾省采买运脚之费，以济要需而供营用。将此各谕令知之。"寻湖广总督讷尔经额奏："甘肃省所需买补缺额铅斤，应请即于局存五十二万四千余斤内，酌拨四十万斤，按每百斤例价银三两七钱九分一毫五丝计算，由甘肃省解价赴楚，兑交起运。至甘肃省尚有不敷应补动缺黑铅一十万斤，现查黔省各厂产铅未能丰旺，实难再行代办，应由甘肃省另筹足额。"从之。（《清宣宗实录》卷248）

（道光十四年三月乙酉）谕内阁："讷尔经额等奏'局铸额配滇铜，请照案就近购买'一折。湖北宝武局每年鼓铸钱文，额配滇铜向系按年委员赴滇买运，嗣因滇省产铜不旺，历经奏明凑买附近各口岸商铜，以资鼓铸。兹据查明，现在滇省产铜仍不丰旺，两运委员接续前往拨运，有需时日，自应通融筹办，俾局铸得以无误。着准其援照成案，将委员邓应羆应买宝武局道光十三年正耗余滇铜二十三万二千九百九十九斤零，即在本省附近口岸购买商铜，以领银之日起，勒限一年，陆续运局交收。

① 西安州：应作"安西州"。

所需铜价、脚费等项银两，照案给银三万三千四百三十一两零，事竣核实报销。其邓应罴所买商铜，着即提作十二年卯额，王体名运回滇铜，即作为十三年额铸，嗣后仍按年委员赴滇办运，以符旧章。该部知道。”（《清宣宗实录》卷250）

（道光十五年三月）己丑，谕内阁：“奕纪等奏‘酌议鼓铸卯额，并请饬催途次铜铅’一折。宝泉局现存铜斤，按每月六卯鼓铸及闰月加铸四卯，可敷七个月之用。现存白铅斤，按每月六卯鼓铸，可敷两个月之用。现存黑铅斤，可敷四十三个月之用。所有该局鼓铸卯额，着自本年三月分起，每月仍按六卯鼓铸，其九月以后卯额，届期察看情形，再行具奏。至该局需用铜铅，必须严催在途各运迅速抵京，铜铅为鼓铸攸关，断不容迟延贻误。着湖北、江苏、安徽各巡抚派委道员会同武职大员迎提催趱，严饬所属文武员弁及沿途地方官查明各运铜铅现在行抵何处，督令赶运，统限五月内全数抵京。倘该员等借词逗留，地方官不实力督催，该抚等即指名严参……”（《清宣宗实录》卷264）

（道光十五年六月庚戌）以湖北市钱价贱，暂停宝武局鼓铸，从总督讷尔经额等请也。（《清宣宗实录》卷267）

（道光二十一年八月丙申）谕内阁：“户部奏‘请饬催各省开铸’一折。各省鼓铸钱文，搭放兵饷，以便流通，现据该部查明停铸省分至十一省之多，且停铸多年，恐钱法渐至废弛，不足以资民用。着直隶、山西、陕西、江苏、江西、浙江、福建、湖南、湖北、广西、贵州各督抚，务照每年应铸卯额，迅速开铸。其有铅斤不敷之处，亦着赶紧购办，毋稍迟逾。”（《清宣宗实录》卷355）

（道光二十一年九月甲戌）湖广总督裕泰复奏：“请嗣后产硝各峒，责令该州县严行封禁，俟奉文购买，方准开采。其开采期内，小民扫积散碎硝斤，官为收买解省，无庸在该处设局，仍饬各关卡严查偷漏。”得旨：“认真严办，此时若仍视为泛常，自问忍乎？安乎？”（《清宣宗实录》卷358）

（道光二十一年九月乙亥）又谕：“梁章钜等奏‘续调官兵防御’，并‘遵旨赶铸炮位’各一折。江苏宝苏局铜铁现已用尽，经梁章钜委员赴湖北采购精铁，并将废炮改铸数百斤至二三千斤炮位，以备调拨，着即赶紧铸造，随时演试，如有调拨，即行飞速解往应用，毋稍迟误。至上海等处各海口，应如何添调兵丁、分驻防堵之处，已谕知扬威将军奕经等路过江苏时，会同体察情形，酌量调拨，总期有备无患，足资防剿，是为至要。将此由五百里谕令知之。”（《清宣宗实录》卷358）

（道光二十一年十月乙巳）又谕：“……又另折奏续铸大炮一节，据奏现已铸成大炮八十二位，均在一二千斤上下，堪以适用，并于楚省购买铁斤及提宝浙局洋铜，一面赴苏添购铜锡，源源制造。所办尚属周妥，着即严饬赶办，以济要需，毋稍迟滞……将此由五百里谕令知之。”（《清宣宗实录》卷360）

（道光二十二年三月丙辰）以湖北银价未平，暂缓宝武局鼓铸卯钱，从总督裕泰请也。（《清宣宗实录》卷369）

（道光二十三年正月戊辰）又谕：“李湘棻奏‘筹议江防添铸炮位’等语，览奏均悉。江苏江面鹅鼻嘴等处，南北相去仅宽五六里至七八里不等，若能筑台设炮，演习精熟，实堪断其来路。至江北添铸炮位，着照所议，采买湖北生铁，即在河口设局委员鼓铸，务须多为储备，尤当煎炼加工，庶施放有准，方为适用，断不准草率偷减，仍成虚设。该署漕督奉旨会办江南善后事宜，所有一切防守章程，着随时会商具奏。将此谕令知之。”（《清宣宗实录》卷388）

（咸丰元年六月）戊午，谕内阁："工部钱法堂奏'请分拨铜斤以资鼓铸'等语。工部宝源局现存铜斤不敷鼓铸，在途各运叠经严催，尚未据报抵何处，自应先事豫筹，着户部钱法堂，于业经提到之湖北铜六十万斤内拨交工局二十万斤，以资接济……"（《清文宗实录》卷35）

（咸丰七年十二月壬子）又谕："耆龄奏'火药不敷应用，请饬河南、山西两省筹款，各解硝斤'等语。现在江西各郡剿贼吃紧，需用火药甚巨，虽经该抚采办硝磺制造，仍属不敷支领。河南、山西系产硝最旺之区，自应代筹协济，以资军火。着英桂、恒福各筹款采买净硝二十万斤，派委妥员，迅由湖北解往江西应用，毋误要需。此项价脚银两，准其作正开销。将此由五百里各谕令知之。"（《清文宗实录》卷241）

（同治六年十一月）甲寅，谕军机大臣等："户部奏'请饬滨临江海各省解钱筹铜'一折。前因铜斤缺乏，鼓铸当十大钱，原为一时权宜之计，行之日久，不无流弊。近来市廛行使暗中折减，于国用民生均有未便，惟欲规复圜法，必须筹备制钱。京师自通行大钱以来，所有制钱大都运往外省，若欲鼓铸新钱，又非一二年所能骤复。户部议令滨临江海各省筹解制钱，实为便捷之法，前经谭廷襄函商湖北督抚，拟于盐厘项下，酌提制钱，由轮船运津，据称事属可行。此外如江西、江苏、浙江、广东四省，均有海船可通，各该省厘金较旺，自可一律提解，着曾国藩、郭柏荫、英桂、马新贻、瑞麟、蒋益澧、李瀚章、何璟、刘坤一各于盐卡、厘卡收款内，每年酌提制钱三十万串，由轮船装运天津，交崇厚择地严密收存，听候提用。酌提钱文，准照银价划抵应解京饷，其制钱一千合银若干，及运脚若干，即着各该督抚迅速议定具奏。所提之钱，务须年清年款，以两年为止，不准稍有短解。此项钱文即名为天津练饷，以昭慎密，不可稍有宣露，致令外来商民传播都城，有碍钱法。其湖北施、宜等处向多铜矿，着该督抚饬属招商试办，酌抽矿税，试行有效，即筹款收买商铜，以裕鼓铸，并着妥议章程具奏……将此密谕曾国藩、英桂、瑞麟、李瀚章、马新贻、郭柏荫、刘坤一、蒋益澧、崇厚并传谕何璟知之。”（《清穆宗实录》卷215）

（同治七年三月戊辰）署湖广总督李瀚章等奏：“遵复解钱铸铜各事宜，拟于本年应解京饷项下，酌运制钱二十万串，临时按照市价开报。运津脚费，约钱一千需银一钱有零，均归应解项下开支。至东洋之红铜、条铜，采买较难，施、宜一带铜矿，现拟招商试办。”下部知之。（《清穆宗实录》卷227）

（同治七年六月辛亥）谕军机大臣等：“户部奏‘筹办铜斤，请催各督抚认真办运’一折。京师自滇铜停运，鼓铸不能如额，曾经户部奏令四川省派员在泸州一带设局采买滇铜，由湖北转运天津，并议准林鸿年所奏云南东川所属各厂每年额办京铜三百六十万斤，运赴川、楚变价，迄今日久，并未据该省督抚复奏，实属迟误。着崇实、吴棠、刘岳昭、岑毓英、宋延春各将该省招商开厂设局收买等事宜，迅于三月内妥议章程具奏，由部指拨有着之款解往，分起办运，不得如前因循，以重圜法。泸州存积滇铜，湖北省应如何分局收买，及施、宜等处铜矿能否开采，着郭柏荫、何璟迅饬妥议，奏明办理。至红铜、条铜足资鼓铸，应如何体察华洋商贩情形，随时变通设法采买之处，着曾国藩、英桂、马新贻、瑞麟、丁日昌、李瀚章、李福泰赶紧筹办，不准空言塞责。原折着钞给阅看，将此由五百里谕知曾国藩、崇实、英桂、吴棠、马新贻、瑞麟、刘岳昭、郭柏荫、李福泰、丁日昌、李瀚章、岑毓英，并传谕宋延春、何璟知之。”（《清穆宗实录》卷235）

（同治八年五月甲戌）湖广总督李鸿章奏：“遵查川存滇铜已竭，楚省无从收买，至施南各属开矿，利少弊多，亦难办理，仍请由苏省到沪，采买洋铜，以资鼓铸。”下部议从之。（《清穆宗实录》卷258）

（光绪二年正月己亥）谕军机大臣等："李鸿章等奏'鄂省试办开采煤铁'一折。据称'湖北广济县所属阳城山产煤甚旺，兴国州所属山地兼产铁矿，两处均可开采，现由李鸿章、翁同爵筹拨资本制钱共三十万串，拟即派员设局试办'等语。此事为该省创办，必须详细筹画，以期悉臻妥协。翁同爵即饬令道员盛宣怀妥为经理，并饬道员李明墀会同筹办，督饬地方文武，认真稽查弹压，毋任滋生事端。仍着李鸿章、沈葆桢随时督筹查察，以防流弊。至煤铁所售价银，即着照所拟，提还湖北、直隶资本，俟提清后，即以此项余利作为江海筹防经费。该督等务当督饬各员，将支发各项核实动用，毋稍虚糜。将此由四百里各谕令知之。"现月档 （《清德宗实录》卷25）

（光绪三年三月）庚申，两江总督沈葆桢奏："湖北开采煤铁，请援案减税。"下户部、总理各国事务衙门议。（《清德宗实录》卷49）

（光绪三年九月壬戌）两江总督沈葆桢等奏："安徽贵池县境煤铁援台湾、湖北成案，请减税银，以期畅销。"下总理各国事务衙门议。寻奏："应如所请办理，以归一律。"从之。折包 （《清德宗实录》卷57）

（光绪十二年四月壬申）谕军机大臣等："潘霨奏'试办矿务'一折。据称'黔省各矿，煤、铁处处皆有，硝、磺两项尤价贱质良，所有矿产，半在万山之中。现查看直达江口之路，设局分运，搭附商轮，由汉口至上海，以便挽运。其价值各处不同，拟比较向时所采买者，酌减定价，以期畅销。惟须各省每岁酌量能销若干斤数，汇总计算，分储备用，其余仍听各商领照运销'等语。煤、铁、硝、磺等项，均为防务所必需，果能设法畅销，不独黔省之利。惟各省采办，道路远近不同，运脚多寡不一，必须各将价值详加核算，方能定购。着李鸿章、曾国荃、裕禄、张之洞、丁宝桢、岑毓英、谭钧培、卞宝第、倪文蔚、张凯嵩、李秉衡各就该省情形，与潘霨详细会商，酌核定议。并着潘霨督饬承办各员，务将各矿认真经理，撙节浮费，以期价省质良，畅销无滞，庶于大局有裨。将此由四百里谕知李鸿章、曾国荃、裕禄、张之洞、丁宝桢、岑毓英、谭钧培、卞宝第、倪文蔚、张凯嵩、潘霨，并传谕李秉衡知之。”现月 （《清德宗实录》卷226）

（光绪十三年正月辛丑）又奉懿旨：“户部奏‘请于滨临江海各省应解京饷内酌易制钱，解存天津备用，开单呈览’一折。上年六月间，谕令醇亲王奕譞会同军机大臣、户部、工部将钱法妥为筹议，以期渐复旧制。旋据奏请‘以三年为期，徐图规复。先令直隶、江苏各督抚添购机器，制造制钱，并饬例应鼓铸制钱各省，一体赶紧开炉铸造’，当经照所请行。此系特旨交办之事，宜如何切实举行，俾臻成效，户部为钱法总汇，自应督催各省认真筹办。乃时阅半年，忽称机器制造工本过巨，京局开炉，恐滋市井疑虑，而以饬令湖北等省搭解制钱，运津备用为请。该部并未向醇亲王奕譞等筹议，辄信外省督抚卸责之词，互相推诿，为此敷衍搪塞之计。规后制钱，仍准搭用，当十大钱，前奏声叙甚明，何至一经开炉，阛阓嚣然，措词尤属失当。近来筹画度支，如开采铜铁等矿，本为天地自然之利，各该督抚往往以事多窒碍，一奏塞责，中外泄沓成风，于因时制宜、变通尽利之至计，并不尽心筹画、实力奉行，更思借端尝试，豫为异日诿卸地步，此等积习，深堪痛恨。总之，旧制必宜规复，钱法亟应整顿，前经叠次训谕，乃该堂官不能仰体朝廷裕国便民之意，饰词延宕，实属大负委任。户部堂官均着交部严加议处，原折单掷还，仍着将开炉鼓铸各事宜，迅速另行筹议具奏，限于一年内一体办理就绪，毋再迟延干咎。懔之。”现月 （《清德宗实录》卷238）

（光绪十三年四月）壬戌，湖广总督裕禄等奏：“鄂省现拟开办鼓铸章程。一、遵照钦奉懿旨，每文铸重库平一钱，以铜铅各五成，配合匀铸。一、赢余钱文，留备日后铜铅涨价支用。一、由司库拨钱五万千文，发商生息，弥补铜斤折耗。一、采办外洋铜铅价值，照闽省科算。一、局用月定银二百两。一、铸出新钱，发商易银，借资民用。”下部知之。折包 （《清德宗实录》卷241）

（光绪十三年七月壬戌）（陕西巡抚叶伯英）又奏：“陕省现办鼓铸，由上海、汉口等处购运外洋铜铅，请免交关税。”得旨：“着照所请，即由该抚咨行经过各省督抚查照办理。”折包 （《清德宗实录》卷245）

（光绪十五年三月）乙丑，谕军机大臣等：“前据唐炯奏，云南矿务渐有起色，请拨铜本银一百万两，当谕令户部如数指拨。兹据该部详议复奏，请于欠解项下，令……江苏、湖北、福建、广东于加放俸饷项下，各改解银十二万两，浙江改解银十万两，共银五十八万两……着各该督抚饬藩司于本年六月间解到一半，年底全数解清……其余各省，均不得诿卸迟延，致干参处……将此谕知曾国荃、裕禄、卞宝第、张之洞、刘秉璋、德馨、崧骏、奎斌、沈秉成、高崇基、唐炯，并传谕黄彭年知之。”现月 （《清德宗实录》卷268）

（光绪十九年三月丁酉）湖广总督张之洞奏：“汉阳铁厂计日告成，豫筹开炼成本，酌拟节省腾挪办法。”下户部、总理海军事务衙门速议。寻奏：“扣留两湖应解关东铁路经费，碍难照准。至由湖北粮道库内借拨无碍京饷之杂款十万两，作为代北洋筹垫轨木之用，应如所请办理。”从之。折包 （《清德宗实录》卷322）

（光绪十九年十一月戊戌）（湖广总督张之洞等）又奏：“汉阳炼铁全厂告成，现拟于十二月间筹款开炉，试炼生铁、熟铁及各钢轨铁货，并赶办煤井工程。”又奏：“于湖北省城建立自强学堂，分习方言、格致、算学、商务四门，招选两湖学生，分门学习。”均下所司知之。折包 （《清德宗实录》卷330）

（光绪二十年二月辛亥）湖广总督张之洞奏，汉阳铁厂于本年正月初十日开炉煅矿，并饬大冶铁山委员洋匠迅速开采，暨趱办煤井情形。下总理海军事务衙门知之。折包 （《清德宗实录》卷 334）

（光绪二十年三月）己丑，谕军机大臣等："户部奏'遵拨铜本银两'一折。云南铜本银两，鼓铸攸关，现经户部遵旨筹拨，由河南、江西、湖北、湖南、广东五省于二十、二十一两年，应解部库旗兵加饷项下，每年各划拨解五万两……湖北、广东两省于二十、二十一两年，应解部库西征洋款改为加放俸饷项下，每年各划拨银十万两。着谭钟麟、张之洞、裕宽、德馨、吴大澂、刚毅即饬各该藩司，务须分年迅速筹拨，不准稍有蒂欠……"现月 （《清德宗实录》卷 336）

（光绪二十年六月戊申）谕军机大臣等："前据御史易俊奏'钱法日坏，请添铸银钱'，当令户部妥议具奏。兹据该部奏称'铜铅来源日绌，该御史请铸银钱，于商贾辐辏之区招集股分，购置机器，官督商办，与广东所铸分两成色，不减分毫，将来收放章程，再由户部酌议。请饬南、北洋大臣各就地方情形，悉心斟酌，并将现铸之小银元一并妥办'等语。现在广东、湖北等省均已次第开铸银钱，南、北洋沿海繁庶地方，如能招商集股，官督试办，实可以济圜法之穷。着李鸿章、刘坤一体察情形，妥筹具奏。户部折均着钞给阅看，将此各谕令知之。"现月 （《清德宗实录》卷 342）

（光绪二十年八月庚午）（湖广总督张之洞）又奏："湖北铁厂实兼采铁、炼钢、开煤三大端为一事，用款繁巨，经费不足，请于厘金、盐厘项下，每年拨银十万两。"下户部议行。折包 （《清德宗实录》卷 347）

（光绪二十一年正月戊寅）又谕："电寄张之洞，据电奏'与谭继洵

商明，将湖北银圆局归南洋经理，余利协济鄂省’等语，着照所请办理。”电寄 （《清德宗实录》卷358）

（光绪二十一年六月丁亥）湖北新铸银元，筹拟行用办法。下户部妥议。（《清德宗实录》卷371）

（光绪二十一年八月丁丑）又谕：“电寄张之洞，有人奏‘湖北铁政局与大冶产铁处相距甚远，以致铁价太昂，且近处并无佳煤，炼铁未能应手。查湖南、北商民以铁厂为生业者极多，不患铁之缺乏，而患铁质不良，铁价较贵。铁政局犯此二弊，即难收效’等语。铁政局经营数年，未著成效，即如快枪一项，至今尚未制成。着张之洞通盘筹画，毋蹈前失。”（《清德宗实录》卷374）

（光绪二十一年九月壬子）又谕：“电寄张之洞，近闻湖北铁厂采煤合用，火炉业已烧通，每年可出快枪七八千枝，铁轨尤易铸造。张之洞经理此事，历有年所，着将现办情形，切实复奏，如经费不足，亦应确切直陈。现在时事多艰，中外大臣宜讲求一实字。总之，毋妄费，毋受欺蒙，方有实济，该督其深体此意……”电寄 （《清德宗实录》卷376）

（光绪二十一年九月丁巳）署两江总督张之洞奏：“汉阳铁厂炼成钢铁、钢轨，并造成快枪、药弹，派员解京试验。”得旨：“交督办军务王大臣阅看。”折包 （《清德宗实录》卷376）

（光绪二十一年十二月庚午）署两江总督张之洞等奏：“部议湖北银圆局办法，恐有窒碍，请仍归臣之洞经理，所得赢余，江、鄂各半均分，俾得行销周转。”允之。折包 （《清德宗实录》卷381）

（光绪二十一年十二月辛卯）盛京将军依克唐阿奏：“奉省钱法积弊，

拟设局铸银，俾远助粤、鄂，以收利权，近通吉、江，以便民用。”下部知之。折包 （《清德宗实录》卷382）

（光绪二十二年四月丙寅）（黑龙江将军恩泽等）又奏：“黑省制钱缺乏，请将部拨丙申年俸饷划解鄂省鼓铸银圆，借资补救。”下部议行。（《清德宗实录》卷388）

（光绪二十二年四月甲申）（湖南巡抚陈宝箴）又奏：“湘省设立矿务总局，请饬江、浙、鄂、粤等省，嗣后派员来湘采办硝磺，皆赴总局验照，毋庸赴出产地方，自行收买，以防流弊。”得旨：“着即咨明各省办理。”折包 （《清德宗实录》卷389）

（光绪二十三年二月壬戌）湖广总督张之洞等奏：“湖北制钱缺乏，拟筹款购机，制造钱币，以济民用。”从之。折包 （《清德宗实录》卷401）

（光绪二十三年二月壬戌）（湖广总督张之洞等）又奏：“湖北钱少价昂，奸商居奇，现设立官钱局，制为钱票、银圆，与现钱一律通行，以平市价而纾民困。”下部知之。折包 （《清德宗实录》卷401）

（光绪二十四年二月己未）黑龙江将军恩泽奏：“江省利用银圆，各省应拨协饷，请饬解鄂局代铸。”得旨：“户部知道，即着转行各该省办理。”折包 （《清德宗实录》卷415）

（光绪二十五年二月戊子）浙江巡抚廖寿丰奏：“浙江仿照粤、鄂银圆章程，业经购器设厂，推广鼓铸。”得旨：“即着移交刘树堂认真办理，仍将各种银圆，先行呈览。”折包 （《清德宗实录》卷439）

（光绪二十五年四月辛丑）又谕：“近来各省银钱两项日形短绌，各该督抚请铸银圆，以维圜法，未始非补救之一术。惟各省设局太多，分两成色难免参差，不便民用，且徒糜经费。湖北、广东两省铸造银圆，设局在先，各省如有需用银圆之处，均着归并该两省代为铸造应用，毋庸另筹设局，以节糜费。该两省所铸银圆成色分两，不得稍减，务归画一，嗣后无论运交他省，或解赴京师，发商验明，如有成色分两不符、不便行用之处，定将该局员治以重罪，决不宽贷。并着该两省将监造各员衔名咨报户部备案。将此谕令知之。”现月 （《清德宗实录》卷443）

（光绪二十五年六月己卯）谕军机大臣等：“裕禄奏‘直隶试铸银圆，民间行使流通，已著成效，未便遽议停办’等语。前因各省铸造银圆，设局太多，徒糜经费，是以谕令归并湖北、广东两省代铸，其余一律停办。既据该督奏称‘津局所铸银圆行使已久，民间称便’，着准其照旧铸造，以利民用。此外江宁、吉林两处铸造银圆，闻亦一律通行，著有成效，该两省所设银圆局，亦着仍旧铸造。其余各省均仍遵前旨，毋庸另行设局。将此各谕令知之。”现月 （《清德宗实录》卷446）

（光绪二十五年六月癸巳）两江总督刘坤一奏：“江南银圆局著有成效，未便议停，恳准与湖北、广东两省一体办理。”得旨：“前已有旨，令该省照常铸造矣。”折包 （《清德宗实录》卷447）

（光绪二十五年十月丙申）又谕：“电寄张之洞等，前因京师创设银圆局，特调湖北候补道王秉恩来京开办一切局务。旋据张之洞电报，该道员丁忧，未能来京，惟念银圆局创办伊始，必需熟悉情形之员妥为经理。王秉恩前在广东、湖北办理银圆局有年，此等局差，与地方事务不同，丁忧人员原可入局办事，着张之洞、奎俊查明该道员曾否回籍，饬令于穿孝百日后，迅速来京，以资熟手。”（《清德宗实录》卷453）

（光绪二十五年十二月癸卯）（黑龙江将军恩泽）又奏：“江省银圆附

吉林搭铸，诸多窒碍，请仍准自铸，并调鄂省银圆工匠来江承造，俾敷通省之需。”得旨：“着寿山体察情形，再行复奏。”折包 （《清德宗实录》卷457）

（光绪二十六年正月己巳）湖广总督张之洞奏：“应解部库银两，请暂缓搭解制钱。”得旨：“着准其暂缓搭解，仍俟铜价稍平，即行采办鼓铸。”折包 （《清德宗实录》卷458）

（光绪二十六年七月戊申）又谕：“袁世凯奏‘请饬江、鄂接济畿辅各军军火’等语，着刘坤一等赶造协拨。将此由六百里谕令刘坤一、张之洞知之。”（《清德宗实录》卷466）

（光绪二十七年七月）丙子，谕内阁：“铸造银圆与圜法相辅而行，较为利便，必须明定章程，先由京外各库于收放各款内搭成行用，昭示大信，方可推广畅行。近年各省所铸银圆，惟广东、湖北两省成色较准，沿江、沿海均已通行，应即就该两省多筹银款，源源铸造。即应解京饷，亦准酌量拨作成本，仍以每圆库平七钱二分为准，并兼铸小银圆，以便民用而收赢余。每次报解京饷，准其搭用三成，所有铸造余利，尽数核实归公。此外各省，并可拨款附铸，不必另行设局，亦准搭解京饷。凡各省征收钱粮税厘，概准其以银圆搭用三成完纳，各州县解省司道等库、各省关解部库，均按三成搭放，仍严禁吏胥刁难挑剔诸弊，务使收发一律，毫无畸重、畸轻，自可逐渐畅行，俟畅行后再行按成递增，以期行用日广。着户部及各直省一体遵照办理，并着广东、湖北各督抚严饬局员多择良匠，加意铸造，务令成色丝毫无爽，益求精工。如有参差不齐之处，即将经管之员严参重惩，其认真考核、有利无弊者，酌与奖励。所有动拨出入款项及每月铸成银圆数目，仍按季报部查核，以昭慎重。”现月 （《清德宗实录》卷485）

（光绪二十七年八月癸卯）又谕："江南银圆局创设多年，行销甚广，已著成效，仍应照旧办理。着刘坤一会商张之洞、陶模等，将江、鄂、粤三局并造章程，切实通筹，妥议具奏。"现月　（《清德宗实录》卷486）

（光绪二十七年八月乙卯）又谕："奎俊奏'四川道险运艰，难赴邻省附铸银圆，拟就原有机器，自行试造搭用'一折。各省通行银圆，前已谕令江、鄂、粤三局并造，并会同妥议章程具奏。川省转运艰险，该督所奏亦系实在情形，着准其就原有机器，自行设局铸造，总期成色一律。其云、贵、陕、甘各省亦可就近附铸，仍着奎俊会商刘坤一、张之洞、陶模等遵照叠次谕旨，妥议画一章程，奏明办理。将此各谕令知之。"电寄　（《清德宗实录》卷486）

（光绪三十年八月乙亥）（湖广总督张之洞）又奏："拟就湖北铸造库平一两银币，先行试用。"如所请行。折包　（《清德宗实录》卷534）

（光绪三十一年十月）壬戌，谕内阁："财政处奏'酌拟铸造银币分两成色并行用章程，开单呈览'一折。据称'各省所铸银圆，系属一时权宜，未可垂为定制。现在明定国币，拟铸造重库平一两银币，定为本位，更铸五钱、二钱、一钱三种银币，与现铸之铜圆、旧有之制钱相辅而行'等语。整齐圜法，为当今财政要图，着户部造币总厂按照所拟章程，行知直隶、江苏、湖北、广东各分厂赶紧铸造，嗣后公私收发款项，均应行用银币，以垂定制而昭大信。一切未尽事宜，着该王大臣等体察情形，随时奏明办理。"现月　（《清德宗实录》卷550）

（光绪三十一年十二月乙卯）（湖广总督张之洞）又奏："湖北需用铜圆尚亟，拟请量予变通，由本省自行限制，按实在需用之款铸造。"下所司议。寻奏："湖北以铸数最多省分先请自行限制，于整齐币制大有关碍，请饬遵照奏章办理。"依议行。（《清德宗实录》卷553）

（光绪三十二年三月辛卯）云贵总督丁振铎奏："拟请添设云南造币分厂一局，与南、北洋，粤，鄂四局一律办理。"下财政处、户部议。寻奏："请准暂行办理，所铸银币计足敷流通行使，应即停铸，以符定章。"依议行。折包 （《清德宗实录》卷557）

（光绪三十二年九月乙巳）湖广总督兼署湖北巡抚张之洞奏："鄂省试铸一文铜币，以保现行当十铜币价值本位。其一文铜币，宜与现行铜币一式，方能子母相权。"下财政处、户部议驳。（《清德宗实录》卷564）

（光绪三十三年十一月辛丑）湖广总督赵尔巽等奏："湖南粤汉铁路开工在即，需用铜圆甚夥，拟请仍在长沙暂行鼓铸，以济工需。"得旨："暂准照数开铸一年，亦不得充斥外省。"外纪 （《清德宗实录》卷582）

（光绪三十三年十一月辛丑）（湖广总督赵尔巽等）又奏："湖北日限铜币二百万枚，不敷行使，拟请加倍铸造。"得旨："暂准照数加铸一年，惟不得充斥外省，如有窒碍，仍即减铸。"随手 （《清德宗实录》卷582）

（光绪三十四年正月己亥）谕军机大臣等："前以制钱缺乏，各省鼓铸当十铜圆，以期相辅而行。乃近来铜圆益多，制钱益少，铜圆一枚，不足抵制钱十文之用，而奸商折扣盘剥，颇足为害市面，且小民因制钱太少，零星日用，诸多不便。当各省鼓铸之始，原期准作十文，与制钱两无轩轾，而钱少圆多，遂至钱贵圆贱，不但物价腾涨，大碍小民生计，抑且铸本日亏，并足损碍饷源。自非铸用一文之钱，令一文本位长存，不足以显铜圆当十之数，保铜圆行销之利。前年湖北、广东等省，曾奏铸一文新钱，当经度支部议奏通行，而各省搭铸一文新钱者，仍不多见，盖由于铸造一文新钱，成本较重，不免稍有亏耗。然以铸当十铜圆余利，酌量补提，亏耗尚不至无着，所失无多，所全甚大。着度支部通行各省厂，凡铸当十铜圆，必须于定额之外，加铸三成一文新钱，以资补救。其形式、重量、铜质、铸本均须豫为核算，妥为配合。又必须与当十铜圆工料成本大致相准，则兑换价值，铜圆一枚，必当新铸制钱十文，庶利推行而资信用。至此项一文新钱，或宜黄铜，或宜紫铜，或宜有孔，或宜无孔，并着该部详晰考核，悉心厘定，迅速奏闻，务期子母相权，大小相维，以便民生而正圜法。”现月　（《清德宗实录》卷586）

（光绪三十四年十月己巳）湖广总督陈夔龙奏：“改定银币，未经铸足颁行，亟应先事筹虑。其要曰，定画一之价，议吸收之法，巩固法权，抵补亏款。”下会议政务处知之。（《清德宗实录》卷597）

（宣统元年正月戊申）邮传部会奏：“……原奏备物料一节，内称‘铁轨枕木，仰给外洋，漏卮殊甚，请在太原建一铁厂，专铸路轨，并饬近路州县各种榆三万株’等语。邮传部查近来各路需轨，均尽汉阳铁厂购办，常患不敷，诚能建厂太原，广为铸造，实属路矿交益……各路应需铁轨，仍应先向汉阳铁厂购办，一面饬令该公司迅即实力扩充开采，俟出矿日多，或即由该公司设厂铸造，或由公家建厂收炼，届时再酌量办理……”从之。折包　（《宣统政纪》卷7）

（宣统元年闰二月乙酉）先是，湖广总督陈夔龙奏称：“改定币制，亟应先事筹虑。”又度支部奏称：“币制重要，宜策万全。”均下会议政务处议。至是，议上：“以度支部奏陈铸造、推行、画一三端，仍以成色分两多所窒碍为言。查币制通病，成色高则患私销，成色低又患私铸，故前代诸臣，皆有不惜铜爱工之论。考日本改革币制，尝由大藏大臣设立币制调查局，会议至三十余次。迨决议施行，新旧引换之际，犹复几经困难，始克有成。现在度支部清理财政，正在派员，如由部分别调查，以为入手办法，似属一举两得。拟请饬由度支部设立币制调查局，详加考察，再行确定方法，奏明办理。陈夔龙所陈划一币价、吸收银圆、巩固法权、抵补亏款四条，查各国通例，国币只行本国，无论何国，皆不能以自定币价，强人就我，此与国家法权并无关碍。其余三条，与度支部所奏大致相同，应请饬部一并妥筹办理。”均从之。折包 （《宣统政纪》卷9）

（宣统元年五月壬戌）湖广总督陈夔龙奏：“湖北矿政调查局经派司道充当总会办，按之矿章，凡人民禀请探矿、开矿一切事宜，均须督同地方官察度办理。劝业道系实缺监司大员，事有专属，监督较易，自当遵章归并，一切文卷移交劝业道管理，该局即日裁撤，前发关防呈销。”又奏：“鄂省官办硝磺，先由善后局招商，发给执照采运，往往迟延，或运不足数。近年兵工钢药厂制炼镪水，需磺尤夥，自设矿政调查局后，即归该局兼办，察度需用数目，先期济运，并委员圈山开采，稽察私贩。此次裁局归劝业道管理，应将硝磺划出专办，名曰硝磺总局，刊刻关防，派专员办理，以供兵工钢药厂之用。”均下部知之。折包 （《宣统政纪》卷13）

（宣统二年二月丁丑）都察院代奏：“湖北试用道彭汶孙条陈调查矿产，以兴大利。”下部知之。现月 （《宣统政纪》卷31）

（宣统二年四月戊子）度支部奏：“铸造国币应一事权，拟将各省所设银铜各厂分别撤留，所留汉口、广州、成都、云南四处之厂，专归天津总厂管理。东三省情形与他省不同，拟就奉厂基址，暂改分厂一所，其余各厂一律裁撤。”从之。折包 （《宣统政纪》卷34）

（宣统二年七月丁巳）湖南巡抚杨文鼎奏：“湘省财殚亏巨，惟有援照直隶、湖北成案，试办公债票，但须指项的实，足以取信于人。各属矿务办理有年，而常宁县水口山之铅砂尤为地产大宗，一年约得银五六十万两，除用费外，可获余利三十万两。兹按照鄂省折半计算，募积公债一百二十万两，即以售砂利银作为偿还专款，本息分摊六年，足敷抵拨，每年提出售砂利银二十六万五千两，另款存储，以备按期照付本息抵款。所有递年加息及收付办法，酌照鄂省成规，归湖南官钱局经理。”下度支部议。(《宣统政纪》卷39)

(宣统三年八月庚申)又谕：“张人骏电奏‘鄂省变乱，裕宁官钱局大受影响，持票兑现者纷至沓来，应接不暇。宁省造币分厂，尚有造成新币一百余万，请饬度支部飞饬该分厂，尽数拨交大清、交通二分行及裕宁总局，以备应付钞票行用’等语，着度支部迅速酌核办理。”(《宣统政纪》卷61)

(宣统三年八月辛酉)又谕：“张人骏电奏‘宁省现因鄂事，钞票失信，请援照广东成案，添铸旧制银元，由裕宁官银钱局筹备现银，交江宁造币厂，即日代为附铸，随时发用’等语，着度支部速议具奏。”寻奏：“应如所请行。”从之。(《宣统政纪》卷61)

9. 米谷采买

(康熙十八年五月)癸丑，议政王大臣等议奏：“广西官兵乏粮，请令两广督抚由广东设策运粮。”得旨：“不必自广东挽运，令遣户部贤能官二员，采买湖广米运至广西军前。其湖广武冈诸处官兵，亦令料理备办。”(《清圣祖实录》卷81)

(康熙十八年九月癸丑)户部议复：“江宁巡抚慕天颜疏言‘天时亢旱，各属报灾，请借动库银五六万两，遣官往湖广买米，运至江南平粜’。应如所请。”从之。(《清圣祖实录》卷84)

(康熙四十七年八月乙巳)户部议复：“江西巡抚郎廷极疏言‘本省

康熙四十六年起运漕米，奉旨截留三十万石于江南平粜，令康熙四十七年秋收购买楚米附搭运通。但粮艘负载过重，涉险堪虞，请分作三年附运抵通’。应如所请。”从之。（《清圣祖实录》卷233）

（康熙四十八年七月己卯）大学士、九卿等遵旨议复：“江西、湖广产米甚多，但恐富豪奸商广收米石囤积图利，以致贫民愈困。应檄各该督抚选委廉能官员，凡有名马头，令其严行察访。如有富豪人等将市米囤积者，即令在囤积之处照时价发粜，不许囤积，违者以光棍例治罪。其有贩米私出外洋者，令沿途文武官弁严查禁止，使湖广、江西贩买之米俱入江南、浙江地方，则米价自平，似于贫民有益。”上谕大学士等曰：“朕因湖广、江西之米，商贩由江而下者多，而江、浙米价不减，故命尔等会议。阅尔等所议与朕意迥殊，如照尔等所议定例，禁止囤积米石，则胥役借此稽查，徒滋需索而已。不但于百姓无益，反至受害矣。尔等但言其枝叶，未尝究其本源，朕意以为必于本源之地清查，自无收买囤积之弊。湖广、江西之米，或江、浙客商，或土著人民，某人于某处买米石若干清查甚易，应行文湖广、江西督抚委贤能官，将有名马头大镇店买卖人名姓及米数一并查明，每月终一次奏闻，并将奏闻之数，即移知江、浙督抚。湖广、江西之米不往售于江浙，更将何往？此米众所共知，则买与卖不待申令，而米之至者多，即大有利于民也。可将朕谕旨宣示在京九卿，令檄行湖广、江西、江南、浙江督抚。”（《清圣祖实录》卷238）

（康熙四十八年九月乙未）谕九卿等曰：“江、浙连年水旱，湖广、江西米至安庆，地方官辄遏止之，不令南下。又江苏等处被灾百姓甚苦，地方官匿不奏报，如安徽布政使李法祖、四川布政使何显祖皆年老龙钟，不能治民，调取来京，令尔等见之，可知其不足任事也……”（《清圣祖实录》卷239）

（康熙四十八年十月丙午）又谕曰：“近来科道言事必有所倚借，方始上疏，至有关国计民生者，全不念及。如朕因江、浙年岁歉收，米价腾贵，令江西、湖广米商报名，不许积囤，沿海一带禁约不许出洋，闻江、浙米价皆平矣，科道何不言及耶？朕凡遇饥荒，即蠲本年钱粮及历年逋欠，又留漕赈济，但恐民未必得沾实惠。闻江南有催征蠲免钱粮以偿已之亏空者，科道何以不行指参？”……（《清圣祖实录》卷239）

（康熙五十五年五月壬申）谕大学士等曰：“阅今岁督抚等奏折，陕西、山西、河南、山东等省二麦丰收，乃京师麦价未见甚减……从前江南、浙江所买湖广、江西米数及湖广、江西卖去米数，该督抚俱具折奏闻，大有裨益。今山东、河南除陆路贩卖者无庸稽察外，自水路买来麦谷数目，可否照湖广、江西督抚具折奏闻之处，尔等会同九卿确议具奏。”（《清圣祖实录》卷268）

（康熙六十年六月）甲辰，谕大学士等曰：“闻得米从海口出海者甚多，江南海口所出之米尚少，湖广、江西等处米尽到浙江乍浦地方出海，虽经禁约，不能尽止。福建地方正在需米之时，以派浙江兵二千往闽驻防，恐米价益贵。米到乍浦，价值必贱，交与浙江巡抚、提督严禁私买，不许出海，动帑买米三万石，预备海船装载，提督派官兵护送押运，从海运至厦门收贮，自福宁州直至福州府，不过十数日之内即可达厦门。斯事甚属紧要，嗣后出海米石，交与江南、浙江总督、巡抚、提督、总兵官严行禁止，其福建贩买米石不必禁止。尔等将此旨交九卿阅过速行。”（《清圣祖实录》卷293）

（雍正元年七月）乙酉，户部遵旨议复：“遣官往盛京、江西、湖广采买米粮。”得旨：“南方差汉御史或给事中一员前往，动正项钱粮，照时价买米。雇觅民船，即行起运，赶上漕船，可以先到即先来，如其不能，在何处遇见粮船，即随便同行。此系官买之米，若交与地方官，恐派累小民，亦未可定。不必交与地方官运送，着派同知、通判等官一员，协同买米之员管运到京，武职内派守备一员押运。到淮之日，总漕处派守备一员更换，盛京差满官一员前往……”（《清世宗实录》卷9）

（雍正元年十月）壬申，谕户部：“朕御极以来，宵衣旰食，无日不以民依为念。督抚以下、守令以上，凡有地方之责者，均宜公忠体国，仰副朕心。今年夏月，朕以北省二麦歉收，差员到南省于秋成后采买米石，以备赈贷平粜。朕意切于为民，正欲酌盈剂虚，以羡补不足也。又恐有不便于民之处，于差员临行之时再三申谕，地方米多方可采买，不必定要买足。今闻各省地方官因钦差买米，禁止商贩不许出境，大负朕恫瘝一体之意，甚属不合。况浙江及江南苏、松等府地窄人稠，即丰收之年，亦皆仰食于湖广、江西等处，今秋成歉收，若商贩不通，必致米价腾贵。该部速即行文各省总督、巡抚，凡有米商出境，任便放行，使湖广、江西、安庆等处米船直抵苏州，苏州米船直抵浙江，毋得阻挠。庶几有无流通，民皆足食，以副朕爱养元元之意。”（《清世宗实录》卷12）

（雍正四年十月戊辰）署湖广总督福敏折奏：“湖广沔阳、潜江等十州县被水饥民逃荒载道。查此十州县皆系水乡，米商易通，目下止需谷六万石，即已足赈济之用。楚省各衙门现有赢余银两，原充公用，请动二万四千两买谷备用。但一时采买，恐谷价反致腾贵，应暂借常平仓谷六万石发赈，即将此项银两，陆续买补，庶于积储无损，而民生有益。”奉上谕：“买谷散赈，筹画甚为允当，实属可嘉。朕救荒心切，岂惜仓谷？但如此一转移间，赈务既济，积储仍不亏缺，可谓一举而两得也。”（《清世宗实录》卷49）

（雍正八年正月）己亥，谕内阁：“向因铺垫仓廒需用松板，令各省粮船随带，到仓交纳。续经该部定议，产木之省如江西、湖广及江、安粮道所属地方，则全解十分本色。其不产木之浙江，苏、松等属，则解三分本色，七分折色。此便民利用之意也。今闻该地方所交三分本色亦于抵通之时始行采办，以致通州木商与胥役勾通包揽，每板一片，较折色之数用银多至四五倍，运丁不免苦累。查京通各仓一年支放俸米、甲米空出廒座，应铺垫一百五十座。其湖广、江西、安徽三处所解松板已足备用，即有应需采办者，谅亦无多。所有不产木之浙江，苏、松等属应解三分本色松板，着俱改征折色，令各该粮道汇解通济库，以备采办之用。其湖广、江西、安徽等处全解十分本色者，着仓场侍郎严行稽查，不许收板官吏勒索使费，俟各仓廒铺垫完日，将应征本色若干之处，具奏请旨。”(《清世宗实录》卷90)

(雍正十一年正月丁亥)谕内阁：“川省为产米之乡，历来听商贾贩运，从长江至楚，以济邻省之用。雍正九年，巡抚宪德以川省米价稍昂，又复碾办军糈，奏请暂禁商贩，此不过一时权宜之计。至雍正十年，川省收成丰稔，米价平减，宪德即当奏请开禁，乃至今照前禁遏，以致米谷不能流通。楚省不得川米之益，甚非大臣公平办事之道，况目今江、浙有需米之州县望济于楚省，而该抚不令川米赴楚，则邻省何所资借？着即传谕宪德速弛米禁，毋蹈遏籴之戒。”(《清世宗实录》卷127)

(乾隆二年七月戊申)工部议复：“署河南巡抚尹会一疏称‘豫省硝斤自改听民间交易以来，殊于贫民有益。惟是每当邻省采买之时，数多不易足额，及至买毕，又硝多无从出售。贫民煎熬度日，转觉生计难资。请嗣后产硝地方，听收硝行客运往售卖，仍将硝斤数目及运卖处所禀明州县官，给发印结，以凭关会查验’等语。查采办硝斤，最严夹带，今若听行客贩运，恐不肖商行易启将多报少、私行夹带等弊。且如江、浙两省，皆近海滨，湖广地方苗瑶杂处，倘有透漏，所关尤巨，应仍令遵照定例，不许私贩出禁。”从之。(《清高宗实录》卷47)

(乾隆二年闰九月甲申)湖北布政使安图奏：“查雍正十一年，议将垦荒银两摊抵重丁一项案内，积有江陵、监利二县民户溢完银一千二百七十余两，原令领回，迄今数载无人请领，未便久贮县库，应令该县买谷，贮各乡社仓，听民借放。”得旨：“如此办理甚好。”（《清高宗实录》卷53）

（乾隆二年十二月壬寅）户部议复：“贵州总督张广泗疏称‘贵阳、安顺地方兵民杂处，存米不敷，委员赴楚采买二万石，交安顺、普定两仓收贮，以实仓储’。应如所请。”从之。（《清高宗实录》卷59）

（乾隆三年九月己卯）湖广总督宗室德沛奏：“江南今年歉收，采买楚省谷石甚多，兼以闽、浙等省亦陆续来楚采买，以致米价腾贵。请将附近水次之各州县常平仓谷支给江省采买各员，令其交价领运。俟秋收全毕，再行买补还仓。”得旨：“如此办理甚是。”（《清高宗实录》卷77）

（乾隆四年二月庚寅）户部议复：“湖广总督宗室德沛疏称‘江、广素称产米之乡，每年酌买带运，用资京中平粜’。今楚省户口日繁，米价腾贵，若照向例采买，资本益重，恐与平粜无益。且粮艘带贮，种种不便，应停止。至江西省可否采买之处，交该督抚妥议具奏。”从之。（《清高宗实录》卷86）

（乾隆四年六月甲辰）湖广总督宗室德沛奏：“湖北贮谷无多，请委员赴湖南等省采买二十万石，以备本省邻封缓急之用。”得旨：“知道了。应如此办理者也。”（《清高宗实录》卷95）

（乾隆七年四月乙未）户部议准：“臣部尚书陈德华奏称‘庐、凤、颍、泗四府州叠被灾祲，饥民流离异地，需动项遣归。安徽实存数目尚未造报，约略亦属无多。请将两淮今春拨存课银内动用，即以在部捐监银扣抵’等语。查安徽上年秋拨册报，尚有备公银三十余万两，应令该抚确实查明。倘有必需，即于前项盐课银内动拨，一面奏闻，一面办理，仍报部以便扣抵。又称此数府州给赈甚多，仓谷动用无存，先经总督那苏图奏准‘动银十万两，赴楚采买米谷，而湖北、湖南尚俟江督知会，并未拨运’等语。应如所奏，行令该督转饬委员，并咨湖广督抚星速买运，并酌量于十万石外再为多拨，分贮庐、凤等属备粜……而楚省现存不敷拨运，即咨商邻省，确访时价，一面奏报，一面购买。”得旨：“依议速行。”（《清高宗实录》卷164）

（乾隆七年四月辛丑）大学士等议复：“湖南巡抚许容奏称‘乾隆六年秋冬，江苏、福建、湖北委员赴湖南采买谷石，嗣闻价贵撤回。广东委员奉谕，不论时价高下，务必买回。窃计闻贵停买，则徒费跋涉，而虽贵亦买，又虚糜帑金。请预咨知会，以免临时周章’等语，应如所奏，行令湖广、江西督抚以乾隆七年为始，于秋收之后，自七、八月至十二月，将本地附近水次各属谷价咨报安徽、江苏、闽、浙、两广，俾得审择而行。若遇各省必须采买，而江、广等处又值价昂，亦准在存仓谷内拨运，秋成照数买补还仓。”得旨：“即依议行。”（《清高宗实录》卷164）

（乾隆七年八月丙辰）湖南巡抚许容奏：“近日米价增贵，因商贩源源搬运，邻封官买，亦有咨会，理无禁遏。窃计湖广虽熟，在湖广且难以言足也。”得旨：“所奏俱悉。各省采买固非湖广之所愿，而各省嗷嗷待哺之民，尤幸有此也。若只为湖广而行遏籴之政，非朕一视同仁之心也。”（《清高宗实录》卷173）

（乾隆七年十月乙卯）贵州总督兼管巡抚张广泗奏：“酌筹采买屯苗余粮事宜……一、新疆各苗人，数年来每种粳米杂粮，可就近收买……再现议新疆共裁减兵一千六百余名，俟一二年内裁减足额，又可节省月粮五千七百余石，嗣后楚、粤二省每年只须运米一万余石，即敷供支。现在动项试买，俟买获若干石，即飞咨楚、粤二省，于来年额运四万石内照数减运。如此递年采买，只视上年买获若干，以定下年减运之数，帑项既可节省，于苗疆邻省两有裨益。俟再行之数年，苗疆日益奠定，兵食尚可酌减，且屯户生齿日繁，种植益广，则产米渐多，收买自易，苗疆兵粮即就苗疆筹济，庶楚、粤二省稍可息肩。”得旨：“所见甚属妥协。然行之苗疆，尤应酌其轻重，而不可徒为节省之见，则善矣。”（《清高宗实录》卷177）

（乾隆七年十一月甲戌）大学士等议准湖广总督孙嘉淦奏称，提标、镇筸、永州、龙阳、辰州、沅州、澧州、临武、宜章、桂阳、九溪、常德、永定、常水师十四标营俱支折色，每米一石，折银六钱。在当日米贱时，原可敷用。今两湖生齿日繁，兼以各处采买，粮价日昂，折银六钱，不能买米一石，兵丁日食维艰，不可不为筹画……应将全支折色之营每年豫给二季折银，本折兼支之营每年豫给一季折银，令各该营弁于秋成时购买。不必另建仓廒，即囤放于将弁公廨，次年米贵时按月支放并扣还豫支银，俟通省米价平减，即停止。从之。（《清高宗实录》卷179）

（乾隆七年十二月甲午）钦差侍郎周学健、直隶总督高斌、两江总督宗室德沛、安徽巡抚张楷奏：“上江连年拨赈平粜，仓贮空虚，应及时买补，接济来春。但本年江北大荒，而湖广、江西又有失收之处，时价在一两二钱上下，较昂于各属原粜一两内外之价，实难责其赔垫。恳将今年采买准以一两二钱为率，设价再昂，即停止，后不为例。”得旨：“如所请行。该部知道。”（《清高宗实录》卷180）

（乾隆八年正月甲申）（湖北巡抚范璨）又奏：“闽省委员赴楚买米二万石，尚少米九千七十七石有奇，将武昌府仓贮买回川米照数拨给。”得旨：“好，知道了。”（《清高宗实录》卷183）

（乾隆八年五月）辛丑，户部议复：“江苏巡抚陈大受奏称……第查川省地处边疆，积贮紧要，前项谷石应否买补，应令硕色就本地方情形妥议办理。至称委员领赍库银一万四千两赴汉口接运，而硕色前咨派拨米谷，系委员运至江南芜湖，是前项米谷究应何处交卸接运，应令陈大受、硕色会商办理。”从之。（《清高宗实录》卷193）

（乾隆八年八月己卯）湖广总督阿尔赛奏：“请密谕各省督抚，如四川等产米省分察看本地情形，若果年丰价减，而其他各省设有需用米谷之处，即令该督抚彼此密商，酌量动项，代为采办，分拨运济，解银归款。是于停止采买之中，仍寓豫筹积贮之计。”得旨：“此奏亦是，待朕酌筹之。”（《清高宗实录》卷199）

（乾隆九年四月庚申）大学士鄂尔泰等……又议：“雅尔图奏称直隶春雨愆期，麦收既失，倘大秋复难播种，民食何赖？请敕直督早委干员，分往湖广、江西、江南三省，不拘米麦豆谷，采买四十万石，运至直属，分发收贮。再豫省彰、卫二府水路可通直隶，该处今岁二麦丰收，亦应委员酌量赴买以凑赈用。查先经直督高斌奏报，通省存仓米谷及截留之项共二百一十余万石，今除大名、宣化雨泽已降外，其余各处俱须豫筹。恐前项米谷不敷，皇上念切恫瘝，不惜帑金赒恤，则先事豫防，自应再加购买。但查江南地方民众所产米谷，只足供本地民食，况歉收后偶遇有秋，亦未必能接济他省。其湖广、江西二省距直隶辽远，现虽据总督阿尔赛奏称，两湖地方米价平减，二麦茂盛。巡抚塞楞额奏称，该省麦苗茂盛，米价亦平，而收成分数尚难豫定，恐委员往购，转致商贾居奇，彼处或有未便……并湖广、江西二省可否采买之处详细计议，奏闻办理。”……（《清高宗实录》卷214）

（乾隆九年九月壬午）户部议复：“贵州总督兼管巡抚事务张广泗疏称，黔省新疆之古州、上江、下江、朗洞、清江、台拱、丹江等镇协营兵月粮，除附近古州之各府州县拨运外，其有不敷，原于楚、粤二省分拨米四万石以资接济。嗣以楚、粤粮价日昂，而近地苗民每年俱有变卖余粮可以收买搭放，业经收采二万一千余石，经部议，以有无妨碍苗民食米及久远无弊之处，行令妥议具题。伏思苗疆山地瘠薄，民间岂有倍收？若尽数收采，于民食未免有妨，莫若减买屯苗之余粮，以仍裕屯苗之积蓄。现除附近各府州县拨运外，约不敷兵粮一万石。查黔省各属每年征支余存米五万九百余石，原奉部议，即将此项拨供新疆兵粮，以抵楚、粤运米之数。请于附近各营之州县量给脚价，与楚、粤运费相等，庶不致多糜公项。俟各处查明里数远近另题。至收买屯苗余粮，应令各地方官于秋收后照该处价值领司库银给各屯苗采买，毋许丝毫减短。赴仓纳米时，照部颁升斗斛式，令屯苗自行执挡平量，随到随收。应如所请。”从之。（《清高宗实录》卷224）

（乾隆九年十月癸酉）两广总督那苏图等奏：“承准廷寄，御史卫廷璞、欧堪善条奏二件，请停缓开采矿山，奉旨交臣等定议。臣抵任后，即与臣策楞详查案卷，并备询属员，博采舆论。窃惟粤东矿厂，自康熙三十八、九年以来，议开、议停已非一次，臣等身膺重寄，何敢好大喜功，创此无益之举？第敷政有体，当衡其轻重缓急，补偏救弊，而归于至当。若两御史所奏，虽因息事宁人起见，而臣等仰承下问，不敢不据实上陈……查产米地方，远则江、楚，近则粤西，皆一帆可达。购邻省之米，养本省之人，有何食贵之虑……”得旨：“大学士会同该部议奏。”（《清高宗实录》卷227）

（乾隆十年三月己卯）户部议复：“四川布政使李如兰奏‘豫筹边地仓储’，查雅州府属为西藏孔道，现有瞻对夷人滋事，应将楚省解贮谷价一万两分发雅安、荥经二县，买补缺额之谷，仍各增买五千石。清溪一县溢额无多，亦准买三千石。如价银不敷，于盐茶耗羡内垫支。又川西之茂州，川南之会理州盐源、冕宁二县，越嶲一卫，番苗相率就食，兼开采铜矿，商民需米孔殷，亦应将楚省借拨谷价内，除归还雅安、荥经、

清溪三县所支库项外，先尽该州县卫酌量买贮。”得旨：“依议速行。”（《清高宗实录》卷236）

（乾隆十三年三月癸丑）云贵总督张允随复奏：“米贵之由，一在生齿日繁，一在积贮失剂，而偏灾商贩囤积诸弊不与焉。天下沃野，首称巴蜀，在昔田多人少，米价极贱。雍正八、九年间，每石尚止四五钱，今则动至一两外，最贱亦八九钱。查贵州旧案，自乾隆八年至今，广东、湖南二省人民由黔赴川就食者，共二十四万三千余口，其自陕西、湖北往者，更不知凡几。国家定蜀百余年，户口之增，不下数十百万，而本地生聚尚不在此数，一省如此，天下可知。此时势之不得不贵者，况加以采买之不已乎？夫积贮非病，病在处处积贮。采买非失，失在年年采买。积贮之计，京师根本而外，次重莫如西北沿边各省，若东南泽国，舟楫通行，商米源源接济，岁歉每荷截漕，贫民领银，得以糊口，尽可银米兼赈，不必尽赖仓储。康熙年间，有银无米，赈济未始不办。今普天下有城社处，皆积贮米谷，绳以一定之价，限以必盈之额。本地不敷采买，远购邻封，有盘运水脚之费，有波涛沉失之忧。每新谷上市，价值本平，一闻采买，立即增长。盖商贩买米，价贱则买，价贵则止，操纵自由。官买补仓储，例有定限，价贵不得不如额买足，牙侩习知其然，因得肆其把持之术，遂使丰处与灾地同忧。及至平粜，地方官恐不敷买补，名为减价，实则无几，民未受积贮之利，先受米贵之害。救时急务，莫如暂停采买，暂停之议，止可行于东南泽国商贾四达之区，不可行于沿边重地舟楫不通之所。即暂停省分，亦非听其仓额虚悬，良法终废。俟二三年后，民间稍有留余，仍于丰年略仿古人平籴之法酌量收买，使无谷贱伤农之患，则目前米价可平，而经久仓储渐裕，庶策之两全者也……”得旨：“俟奏齐交议。”（《清高宗实录》卷311）

（乾隆十三年四月癸未）升任浙江巡抚顾琮复奏浙省米贵缘由：“杭、嘉、湖三府树桑之地独多，金、衢、严、宁、绍、台六府山田相半，温、处二府山多田少，向资江、楚转输。近岁江、楚价昂，商贾至者无几，此致贵之由一。地接江、闽二省，商旅络绎，以有限之米谷，供无穷之取携，此致贵之由二。杭、嘉、绍、宁、台、温六府东际海，商渔出入，米谷随之，自外入者无多，自内出者难计，奸徒射利，每有透越，此致贵之由三。伏思江、楚米贵，贩运不前，并无调剂之术，邻省商旅往来，断无裹粮之理，海洋禁例非不甚严，但必将积年贩米出洋奸棍访获一二，置诸重法，庶可示儆，如果透漏无虞，则内地米谷自免消散。至常平积贮一事，惟在权其缓急轻重，歉岁宜停，丰年应补。常平本额，不可不存，续议加增，可以酌减。其高贾居奇，法宜惩儆，惟严禁囤积，俾使疏通，田多业户，盖藏颇裕，于青黄不接之时出售亦为有益。”得旨：“此等岂汝之识见所能办，既经奏到，俟议。”（《清高宗实录》卷313）

（乾隆十三年八月辛亥）山东巡抚阿里衮复奏：“米贵由于生齿日众，逐末遂多。凡布帛丝棉之属，靡不加昂，而钱价昂贵，尤与米谷相表里……至江、浙等省，必须赴川、楚、江西等处采买，不必先行咨会，俟委员到日，一如市集交易，公平籴买，将实价开送该地方官，核明与市价相符，据实详咨核销。则产地不致闻风骤长，而商贾亦免于争买抬价……”得旨：“候汇议。”（《清高宗实录》卷323）

（乾隆十四年三月丁丑）是月，钦差户部尚书舒赫德等议复：“四川布政使高越请动项发给重、叙等府州买米运省，今已班师，军粮停运，碾办之米尚须及时平粜，若再采买，必致米贵。”得旨：“知道了。留有余于民间，于各省皆有益。至川省米贩湖广者，以军兴禁粜，今尚当禁乎，抑应令其流通乎？汝若已往滇省，将此旨寄策楞，令其酌量。若尚在蜀，汝等同酌议奏。”（《清高宗实录》卷337）

（乾隆十六年七月庚午）（军机大臣等）又议复：“大学士、江南河道总督兼管两江总督事务高斌奏‘外省米贵缘由，请停采买之令’一折。

据称比年江西、湖广、安徽产米之区，米价较前加贵，由官为采买，数盈千万，以致市价骤昂，转病本地民食，请将动项委员趸买一事长远停止。查发帑趸买，诚不免市价渐增，然必着例停止，恐缓急无以接济。应令督抚因时制宜，如可稍缓，不妨暂存库项，倘需米孔亟，则择米多价贱处，委员照时价采买，价长即停，并禁牙侩借端居奇……"从之。（《清高宗实录》卷394）

（乾隆十六年七月丁丑）浙江巡抚永贵遵旨复奏："杭、嘉、湖三府闰五月内望雨甚殷，今于前月下旬得雨，虽觉稍迟，尚无大碍。惟浙东八府被旱颇重，臣于闰五月望前，即令开仓平粜，劝富招商，豫行各属尽动常平粜价前赴外江采买。小暑尚不得雨，秧多生节，已有成灾之象，又于闰五月杪，奏请借拨楚谷，并动帑三十余万，委员分赴江、楚采买……"（《清高宗实录》卷394）

（乾隆十六年八月丁未）户部议复："湖广总督阿里衮奏称'通山、当阳二县漕粮，向例每石连耗共征折色一两二钱五分，但近年楚北米价较昂，即属丰年，总未能平至一两二三钱之下，折征采买，实有未敷。本省泸溪一县，向依时价折征，请嗣后照例画一办理，每年开征时，司道确访附近水次地方米价，即按该二县应完米数先动库项及时采买，仍将时价确数与应征银两出示谕民完纳。一切杂费仍照通省定例，每米一石征耗米一斗、水脚银一钱五分，同正额一律征收，如有节省，详报充公'。查通山、当阳二县僻处山陬，不通舟楫，民折官办，与泸溪事属相符，应如所请。"从之。（《清高宗实录》卷396）

（乾隆十六年十二月）已未……寻奏："广、饶二府得雨甚迟，收成六分，米价自一两七钱至二两六钱。其余各属收成皆八分以上，米价自一两七钱至二两不等。至浙省并无请粜派累之事，现已檄各属劝民兴赈，并盐商等愿出银一万两，赴川、广贩米。又先动司库粜贮溢额谷价银二

万两，委员赴湖广采买……”得旨：“览奏俱悉。”（《清高宗实录》卷405）

（乾隆十七年四月）甲辰，谕：“上年浙东被灾特重，赈恤多方，本省仓储俱经动拨。江西、湖广上年亦有偏灾，兼之协济邻省，拨用仓谷为数亦多，俱应于今秋后买补。朕思各该省今春米价俱昂，即西成丰稔，一经采买，市价仍恐不能平减。京通各仓储积陈陈相因，现在盘验，本欲少进南漕，使新旧不致交错，以滋弊窦。应将浙江、江西、湖广三省今岁应征漕粮酌留本省，各该省万一水旱不齐，恃以无虑，即遇丰稔，则以本地所出留为拨补仓储之用，无借采买新粮，于民食自为有益。着军机大臣会同该部速议具奏。”寻奏：“各省偶遇灾眚，拨动常平仓谷，定例秋收买补，但产米止有此数，一经采买，市价必昂。酌议将浙省额征漕粮七十六万余石内截留四十万石，江西额征漕粮七十六万余石内截留二十万石，湖广额征漕粮二十六万余石内截留十万石。该督抚等查现需买补各仓，分别按额拨给。”得旨：“依议速行。”（《清高宗实录》卷412）

（乾隆二十三年四月壬戌）谕军机大臣等：“……至另折所奏赴楚买谷为粤东补仓一事，使本省囤户不能居奇，办理本属妥协。但恐楚省铺户昂价，至令委员装作客商前往，相机平买，以为巧于用术，殊非政体。陈宏谋向在巡抚中系才识优裕、素能办事之人，若以升任总督，矜心作意，急欲见长，适以自露浅狭，转非持正之道。虽巡抚之于总督，局量攸殊，不能强致，然非朕之所望于陈宏谋者。可将此传谕知之。”（《清高宗实录》卷560）

（乾隆二十三年五月）庚戌，谕军机大臣等：“据调任两广总督陈宏谋等陆续奏到‘广东米价昂贵，为从前所未有，请概准平粜’各折，看来办理未免过于张皇……奏折内甚至有谕令赴楚员役假装牙估情事，其措置过当，已可概见……”（《清高宗实录》卷563）

（乾隆二十四年九月甲寅）谕："御史袁芳松奏'请外省谷价平减之处，动帑多行采买，以裕储备'一折，所见非是。今岁惟直隶数属夏前得雨稍晚，入秋大田仍获有收。至江、浙、福建、江西、湖广等省均属收成倍稔，民间谷价自必平减。此在各该督抚就地方情形随宜酌量奏请采买，既于民食有裨，亦不致市价翔涌，此皆封疆大臣分所应为之事。若如该御史所奏，行令各省一例用帑买贮，是闾阎不得丰收之益，而转受采买之累，其事尚可行乎？至截留漕粮虽非定例，然朕轸念灾歉地方，不惜抚绥接济，亦何至遂虑及天庾。现在太仓正供足余三年之备，众所共知，而该御史乃以兴平仓已放至二十二年米石，鳃鳃过计，殊不知此一仓特就其分查所偶及，真一隅之见耳。安可据以议漕储、讲积贮耶？所奏俱属不知事理。原折着发还。"（《清高宗实录》卷596）

乾隆二十四年己卯十二月丁丑朔，谕军机大臣等："据杨廷璋奏'浙省动支银三十六万两，委员前赴江、楚等处买米，恐买地奸牙市侩闻浙省官买过多，昂价居奇，有妨彼地民食，是以批令将银数酌减。但既经抚臣遴委道员前往，自能体察情形，经营妥协'等语，所见甚是。前此庄有恭奏到时，朕以其筹画采买，不免过涉张皇，即传谕该抚断不可为委员所愚，以致身受其累。嗣据周琬奏到，楚省一时未能依期购足，因降旨即将湖南省运通米十五万石兑交浙省，既以济浙省之用，亦正为楚省本地民食起见也。在庄有恭急筹采购接济，尚属遇事担当，若他人处此，其中保无商同属员因公济私情事耶？督抚办理此等事件，务在镇静持重，方可杜绝弊端。庄有恭虽心本无他，而委员动帑，一切不为顾虑，则犹未免书生之见。虽浙民感其惠，而湖广、江西之民保无怨之者乎？且如此张皇，则本省之奸侩必致高抬时价，亦非所以爱本省也。自不如杨廷璋所奏较为老成。况杨廷璋特为公事据实陈奏，于该抚并无芥蒂，该抚若因此而心存成见，与杨廷璋不能和衷共济，岂封疆大臣协恭之体耶？着传谕庄有恭所有委员陈守诚即速赶回，不得在江西、湖广设法采买矣……"（《清高宗实录》卷602）

（乾隆三十七年九月）庚子，谕军机大臣等："据文绶奏'筹补仓储，请及时采买米三十万石，以备接济军需'一折。今岁川省夏秋两熟，俱获丰登，各州县动缺仓粮，乘时采买，自属应办之事。前于七月内，召见周煌，据奏'蜀中素称产米之区，每遇丰年，下游省分皆取资川米，商贩搬运甚多，似应量为禁制'等语。朕彼时以外省贩运米粮，裒益盈虚，原所不禁，自不便仅为一省闾阎口食计，稍存遏籴之见。今思湖广、江西、江南各省，本年一律丰收，是处米粮充足，不复仰给于蜀米，无庸商舶流通。况西南两路，现俱购办军糈，而各州县又须采买至三十万石，若再听商贩搬运外出，恐本地市侩借以居奇增价，于民食致有妨碍。是就现在情形而计，不可不为川省留其有余。着传谕文绶，留心体察，于夔州、汉中等处豫为禁约，毋令商运贩载外省牟利，期于川省民用军粮均有裨益。仍将作何办理之处，附便奏闻。"寻奏："奉谕，已分饬成都、嘉定、雅州、叙州、潼川、顺庆各府，眉、资、邛、泸各州，凡近水次处，严禁商贩，毋许透漏。至汉中产米本多，向不借资川省，惟川东与楚省一水可通，商贩络绎，第查重、夔两府及酉阳、忠州、石砫等处，距省窎远，为派买军糈所不及。该处产米甚多，仓贮易于买补，现新谷登场，农民出售度用，恐概行禁止，不无谷贱之弊。且下游江、楚等省同属丰收，取资有限，时价不致骤昂，请暂听流通，以为民便。"报闻。（《清高宗实录》卷916）

（乾隆三十八年七月丙寅）又谕："蜀中产米素多，常时商贩搬运外省，原所不禁。昨岁周煌面奏请留川米以备军需，朕初未允行。嗣因湖广、江、浙等省一律丰收，毋庸仰给上游接济，曾谕令文绶豫为禁约。续经该督将近省需米之地严禁外出，其米多价平之处暂听流通，分别奏明办理，是以军营粮石购备充余。今又添派满汉兵一万八千，需米更增于昔，而湖广、江南各省今岁秋成，均为丰稔，着传谕富勒浑、文绶，仍照上年所办，严禁川米出境，妥酌办理，仍将筹办情形复奏。"寻奏：

“外省贩运川省米粮，概由川江经重、夔一带顺流而下。如由夔州一带买米，逆流而上，运至成都，不特涉险稽程，亦复多糜运脚。是以上年至今，派办军粮，西南两路，均系派令附近省城各属动碾仓谷，并就地买米起运。其远处州县，发给价值，亦令赴近省产米之地买运，以省脚价。今岁西成丰稔，新谷自多，再于沿江要口严禁出境，则米石无从偷漏，自足以供采买……”得旨嘉奖。（《清高宗实录》卷938）

（乾隆四十五年六月戊辰）湖广总督富勒浑等奏：“遵查湖北各属乾隆三十五年赈缺未买之谷，积至四十八万余石。经前督臣吴达善等请拨司库银二十万两，分发各属购买，又以粜价盈余拨补，尚不敷银二万五千三百九十余两。借三十六年秋拨银两支给，复因平粜无多，正项久悬，又经前抚臣陈辉祖于耗羡银内改拨归款，现收贮司库余银一千八百五十余两，尚不敷归还耗羡之数，不能遽照闽省办理。”报闻。（《清高宗实录》卷1109）

（乾隆四十五年九月己亥）湖广总督富勒浑等奏：“湖北施南协，襄阳镇左营，宜昌镇左营、后营，远安营等五协营，因坐落地方，向无额征米石，又水险山崇，难于拨运，兵米俱系折支。近来生齿日繁，谷价昂贵，每届青黄不接，兵丁买食维艰。虽例得借支州县仓谷，秋成扣还，但核计此五协营坐落之恩施等十一州县常平额谷，止七万余石。兵借过多，则存给民买者无几，于民食不无相妨。臣等查武昌、汉阳、沔阳、黄冈、蕲水、蕲州六州县，现有积存漕南余耗米一万三千余石。原系应行出易之项，可酌拨变价，分交施南等五协营坐落之恩施等十一州县，乘北秋成价平，照数买谷分贮。于青黄不接时，由营员详明，饬该州县碾米。每兵一名，按月借米三斗，共准借一石二斗为止。即于秋季兵饷内照时价扣收，移交州县买谷还仓。”报闻。（《清高宗实录》卷1115）

（乾隆五十年八月乙酉）又谕：“本日据特成额奏‘湖南省粮价、雨水情形’一折，内称‘通省雨旸顺叙，早稻现已陆续登场，统计收成分数，实有八分有余’等语。是本年湖广被旱灾区，专在湖北之武、汉、荆、襄等府州属，而湖南一省，州县中不过有四五县得雨稍迟，其余七十厅州县，则已早庆秋成，米粮渐次入市。湖广虽分南北两省，实与同省无异。今因湖北灾区赈粜需用米石较多，尚向四川、江西二省越境采买，湖南境壤毗连，该处商民情同桑梓。着传谕特成额，即于湖南各属出示晓谕，不论市集、乡城，遇有湖北商贩入境，断不可居奇遏籴，并劝令该处商民多运米石，到湖北被旱各府州属粜卖。似此以南省之有余，补北省之不足，于商贩民食，均有裨益。再本年江苏、安徽二省被旱地方较广，该二省地狭民稠，向来丰收之年米粮仅敷本地口食，若稍遇歉收，即须仰给于四川、湖广、江西之米。其四川商贩，载米至安徽、江苏粜卖者，必经由湖北。闻江西商贩，则由九江一带，顺流径抵安省、江宁、苏州等处，鲜有逆水载往湖北上游者。若因湖北现在采买，或将四川运往江南米船于中路邀截，不令其东下，或将下游江西之米令其逆流赴楚售卖，则在商贩既非所愿。而安徽、江苏二省，现在年成歉薄，又无商贩接济，该处民食必至拮据，亦非通盘筹画之道。着传谕特成额、李世杰、舒常、吴垣，止须督饬所属，招商出示，一面给票采买，一面平价应籴，俾商贾等运回楚省，速济灾区民食。其四川省运往江南之米，断断不可于中途拦截遏籴，其江西下游商贩，亦难强令其逆挽入楚。如此通盘筹画，于湖北、安徽、江苏三省民食，均匀接济，更属有裨。该督等务宜实力妥办，毋令不肖官吏、奸商等稍有遏抑拦阻，致滋弊窦也。仍将如何酌筹接济粜贩之处，会商妥协，迅速具奏，以慰廑念。”（《清高宗实录》卷1236）

（乾隆五十年十一月乙亥）广西巡抚孙永清奏：“粤西各属霉折仓谷，本年应买十万八百余石。现因粤东及楚省商贩络绎，市价渐昂，应请暂停采买，以便接济邻省。”得旨：“如此方是，所见可嘉。”（《清高宗实录》卷1243）

（乾隆五十一年正月庚午）又谕曰："何裕城奏'江西省市粮价值近日稍昂，由江、楚商民贩运过多所致'等语。上年江、楚等省被旱成灾，收成歉薄，全赖邻省米粮接济。商民均向江西、四川等省贩运粮石，以资口食，费朕许多苦心，节次降旨，令各该省督抚实力经理，设法调剂，务俾商贩流通，不致稍有阻遏，方为妥善。今何裕城因该省粮价加增，归咎于商民贩运过多，是意存遏籴，此何言耶？民间遇有灾歉，自应以此省之有余补彼省之不足。为督抚者，皆当以民食为心，不分此疆彼界，筹办得宜，俾得均匀接济。且邻省到境采买，小民等得价售卖，可沾余润，尚不应稍有居奇，何况封疆大臣，乃竟存彼此之见耶？前据李世杰奏，因商贩赴川，即碾动常平仓谷应粜，所办甚合机宜。又据舒常奏，江、楚等省商民赴该处贩买米石，官为照料，令其迅速运回。该督抚等皆能无分畛域，办理妥协，是以将该督抚等议叙。何裕城甫经到任，何以即有商贩过多之虑，甚属非是。何裕城着饬行。"（《清高宗实录》卷1247）

（乾隆五十一年正月甲戌）（湖广总督特成额）又奏："湖北卫昌营坐落苗疆，产稻甚少，岁需兵米，除春夏二季拨江陵等县南米供支外，秋季将鹤峰、长乐二州县官谷碾供，不敷。该二州县每石领价七钱买供，冬季按每石七钱价折银给兵自买。乾隆元年，前署督臣史贻直因兵买维艰，题明每石宽给银三钱，俟五年后，田垦米多，仍照七钱原额折给，嗣后五年一题。迄今五十一年，俱因米贵，未复原额。现查米价仍昂，与其存待复原额虚名，不若将宽给折色，赏为定额，于公项内动支。"得旨允行。（《清高宗实录》卷1247）

（乾隆五十一年二月庚寅）又谕："据李世杰奏'筹备楚省委员赴川，采买官仓米石'一折，所办固属周到。惟所称'川省碾出仓米十五万石，以备楚商采买。自上年十月以来，川省赴楚米粮已运出三十八万余石，皆系楚商籴贩前往，而到官请买者，止有潘乾顺一名，可见楚商交易，各图其便，不欲赴官承买’等语，此事李世杰竟为属员所愚矣。该省碾动官仓米石，豫备楚商采买之需，若果地方官妥协经理，平价出粜，禁止胥役需索，则楚商自必踊跃赴买，何至自上年十月以来，赴官承买者止有潘乾顺一名，其余俱向民间市集采买运楚？此必系地方官于楚商赴川时并不妥速办理，而奸胥蠹役从中舞弊勒掯，以致该商等守候稽累，裹足不前，纷纷俱向民间交易。前因李世杰碾备官米协济邻省，办理甚为妥协，是以将伊议叙，何于此等情弊，竟不能见及耶？李世杰虽为其所愚，而朕断不为其所蔽也。着传谕该督，务须严密访查，如有官吏勒索刁难，即据实严参惩治，毋得稍存回护。再据奏‘现接楚省来咨，委员赴买川米四万五千石，现饬各州县豫期赶备，照数兑交’等语，自应如此办理。倘嗣后楚省复需米石及有商贩赴官请买者，着李世杰留心访察筹备，俾楚省得资接济，毋得仍受属员弊混，再蹈故辙。将此由四百里传谕知之。”（《清高宗实录》卷1249）

（乾隆五十一年四月辛巳）又谕：“据李世杰奏‘楚省采买官米之委员袁纯德等先后抵川，现在承领脚价，受兑开行’一折，所办尚好。又据另片奏称‘楚商自潘乾顺领买后，续有罗隆盛一名领买官米一千石，严饬司道等访查，如有官吏勒掯刁难之弊，当即严参’等语，所奏似略迟。川省碾动官米，豫备楚商采买，接济民食。前经降旨，令该督等妥协经理，毋使胥役从中舞弊掯勒，以致楚商裹足不前。兹据李世杰复奏，楚省委员现已受兑米石，换船装载开行。李世杰经理尚属妥协，着传谕保宁，嗣后如有楚商赴川请买仓米之处，保宁务须遵照李世杰现办章程，督饬所属，妥为照料。并严密访察，如有官吏胥役借端勒掯刁难情事，立即据实严参，毋稍徇庇，俾楚省商民闻风踊跃粜贩，以济民食。将此由四百里传谕保宁，并谕李世杰知之。”（《清高宗实录》卷1252）

（乾隆五十三年四月庚子）谕军机大臣曰：“……乃该抚上年即奏请采买楚米，以资接济，自因该省民仓不能充裕，是以借资邻省……”寻奏："粤西上年收成止有七分，积贮本少，现在东省籴运者多，正值青黄不接，米价稍增，实由于此。至奸商囤积，游惰抛荒，均系地方要务，惟有认真查办，不敢稍涉回护。"得旨："以实为之。"（《清高宗实录》卷1302）

（乾隆五十三年十二月庚子）谕军机大臣等："昨因琅玕奏'浙省岁时丰稔，谷价平减，请不拘年限，乘时采买，以补仓储'等语，所办甚是，已降旨通谕各督抚酌量情形，仿照办理。本日据浦霖奏'湖南中米价自一两一钱四分至一两四钱八分，甚属平贱，民间穑事屡丰之后，盖藏本属充盈，现遍行出示晓谕，一切概从节俭，以期家给人足'等语。湖南省屡岁丰收，米价一律平减，若不豫为调剂，恐有谷贱伤农之虑。朕意若该省仓储正须买补，为数较多，自应先尽本省采买。若本省仓储本属足数，或采买无多，可以接济邻省，则湖北、安徽、江西三省本年被水之区，收成不免歉薄，而该三省又皆地居湖南下游，一水可通，脚价亦不至多费。着传谕毕沅、书麟、浦霖等即彼此通盘札商，如湖南米石充裕，可敷就近何省采买之用，即酌量数目，先咨会浦霖查照，再派员赴湖南采办运回，则各省仓储既可乘时补足，而湖南亦不至有谷贱之患，自为一举两得。若湖南仅敷本省买补，而江西、湖北、安徽无须采买接济，则又当据实奏明停止。此事惟在各督抚等体察情形，随宜妥办，不必因有此旨稍存迁就也。"（《清高宗实录》卷1318）

（乾隆六十年八月）癸巳，谕军机大臣曰："吴璥奏'筹买谷石，归补仓储'一折，已于折内批示。今年豫省夏秋一律丰收，市粮平贱，正应乘时采买，归补仓储缺额。吴璥之意，自以河南毗连楚省，该省现办军需，或有需拨运邻省米石之处，是以先期筹买，以备不时之需，若果如此，心思尚为周到。但外省办理采买，往往易滋扰累，着传谕吴璥，仍当严饬所属，务宜妥为经理，毋任不肖州县吏胥有短价抑勒情弊，以至扰累闾阎，方为妥善。"（《清高宗实录》卷1484）

（乾隆六十年九月丁丑）谕军机大臣等：“据陈淮奏‘请乘时采买谷石，以实仓储’一折。本年江西年岁丰稔，市粮充裕，且有运闽米石应买补还仓，自宜趁此新谷登场、价值较贱之时，尽数买补，以归实贮。同日又据毕沅等奏‘楚省一岁三登，收成丰稔，谷多之家多欲以日食所余出易银两，请官为收买，以备军糈之用’等语。此次逆苗滋事，湖南地方碾运食谷，不下数十万石。现在大功即日告竣，官兵应用粮石尤须多多贮备。该督等奏请于粮多谷贱之时，多为收买，自应如此办理。但该省现在需用较多，大兵凯旋后，所有抚恤难民、支给口粮等项，在在需用。一切碾动米石，均须按数拨还，恐湖南一省采买尚有不敷。江西与楚省接壤，舟楫相通，尽可通融筹运。着传谕毕沅、姜晟、陈淮彼此咨商，或楚省采买谷石尚有不敷，即于江西再为采买数万石，一面奏闻，一面遴委干员由水路运往楚省，以济军糈而充积贮。倘湖南本年收成丰稔，该省粮价较贱，采买充裕，毋庸借资江省，亦即据实奏明，不必因有此旨稍为迁就也。”（《清高宗实录》卷1487）

（嘉庆六年八月癸酉）湖广总督吴熊光奏：“湖广省营马，请循照旧章，仍在本省购买。”从之。（《清仁宗实录》卷86）

（嘉庆九年十一月癸丑）谕军机大臣等：“漕粮为天庾正供，积贮本宜宽裕……本年四川、湖南收成均属丰稔，四川本系产米之乡，着传谕该督，通计所属收成分数，共可采买米几十万石，由水路运至湖北，或交湖北军船洒带，或由汉口换船装载，径行运送通州。其湖南除收兑本年漕粮外，着该抚酌量仍可采买若干石，如能于本年粮船未经开行之先采办齐备，即交令均匀搭运，最为妥协，否则随后雇觅船只，接运来京。至江苏、浙江、江西、安徽、湖北，虽各该省间有被水州县，嗣据该抚等具奏，晚稻均各丰收，并闻浙江因商贩云集，尚有囤积粮石。着各该督抚悉心体察，各省除交兑新漕，此外每省尚可收买米石若干，以备京仓之用。不可因办理稍难意存推诿，亦不可令地方官减价抑派，致令米价腾贵，有妨民食……现在各省正当收兑新漕，再加此项采买，设为数过多，恐有谷贵伤民之弊。各省均有常平仓贮，或先于此内碾动成数，如期解京，该省再陆续分限补额，亦无不可。各督抚皆系受恩深重之人，此事当密志于衷，尽心妥办，不可宣扬，既须于国家仓储有裨，又须于闾阎民食无亏。其粮石之多寡及运解如何妥速之处，朕亦不为悬定，务各筹画尽善，迅速奏明办理。将此各传谕知之。"（《清仁宗实录》卷137）

（嘉庆十七年二月壬申）湖广总督马慧裕等奏："湖北各属应买动缺仓谷，核实办理。"得旨："采买视年岁之丰歉，固不待言，既买则必须实贮，严查折钱虚报等弊，否则官民皆累，徒饱胥役囊橐耳。"（《清仁宗实录》卷254）

（道光三年八月）癸丑，谕内阁："孙玉庭等奏'灾区粮价增昂，请借项采买米石'一折。本年江苏省被水地方，米价增昂，前经降旨，饬令于邻省成熟地方采买粜卖，以裕民食……着照所请，准于江西藩库借银四万两，湖北藩库借银四万两，俟江省委员到日，即动项给领。仍晓谕行铺，按照市价平买，赶紧运回粜卖。江西、湖北两藩库所动之款，即作正开销。其运回粜出米价，就近解交江宁藩库，报部拨用。至粜价不敷及运脚银两，既据该督等暨司道府等官捐廉贴补，毋庸报销。采运委员，果能办理妥速，杜绝弊端，再行奏请鼓励……该部知道。"（《清宣宗实录》卷57）

（道光十一年六月丙午）给江苏上元、江宁、句容、江浦、六合、高淳、仪征、江都八县被水灾民一月口粮，并采买奉天、河南、四川、湖广等省米麦，免各关津米税。（《清宣宗实录》卷191）

（道光十一年九月戊午）谕军机大臣等："寄谕两江总督陶澍、湖广总督卢坤、江苏巡抚程祖洛、安徽巡抚邓廷桢、江西巡抚吴光悦、湖北巡抚杨怿曾、湖南巡抚吴荣光。给事中邵正笏奏‘陈灾务’一折，据称被灾省分，宜先在本省无灾州县中酌借仓谷，或劝令富户出粜米石，官为购买，运赴灾区，先行给放，俟采买委员回省，再行接赈，所剩余米，即尽归所借州县仓谷原款……又京外仓储，宜豫为核计，请饬各督抚，将所属无灾郡县仓储实数共有若干，详为查核。若支放兵米外尚有赢余，即可暂为帮借，以资接济，俟来岁秋成后，采买归款，可不必有截留之请……将此各谕令知之。”（《清宣宗实录》卷196）

（道光二十二年六月）丙申，谕军机大臣等：“本日据伊里布等奏‘京口情形危急’一折，伊里布现已驰赴镇江，会同耆英商办夷务。苏州省城，防守抚绥，均关紧要，着程矞采妥为筹度，设法保卫，毋得稍有疏虞。又据程矞采奏‘江苏米商稀少，请饬邻省采买米十万石’等语，已谕知程楙采、吴文镕、裕泰、赵炳言饬委妥员采办足数，赶紧运苏，所需价脚，仍由苏省照数报拨。至此次江苏需米紧要，所有安徽、江西、湖北采办米石经过各关，请一体免予征税之处，着照所议办理。将此由六百谕令知之。”（《清宣宗实录》卷375）

（道光二十八年九月）乙未，谕军机大臣等：“给事中陈坛奏‘河南谷贱，请饬采买搭运，以实京仓，并运赴江苏以资赈济’一折。据称‘河南各府两季丰收，现在开封等处粮价甚贱，今年江、楚被灾，明岁南粮必减，应早为筹画，于彰德、卫辉两府滨临兑运之地，定价采买，搭运京仓……’等语。本年江南、楚、皖一带，半皆被水成灾，来年漕额势必短绌，京仓亟应豫为筹裕。而灾黎待哺嗷嗷，如能采买接济，尤可早苏民困。着潘铎即查照该给事中原奏，详察情形，悉心筹画办理。将此谕令知之。”（《清宣宗实录》卷459）

（咸丰六年九月庚辰）又谕：“官文奏‘请饬湖南省招商贩运米谷，

接济民食兵糈’等语。据称湖北各属夏秋亢旱，客米来源稀少，价值过昂，兵民籴食维艰。该省向赖四川、湖南两省客米接济，川省近岁收成亦歉，无米到楚，惟湖南年谷屡丰，足资运济。着骆秉章出示晓谕，饬属广招商贩，起运米粮，前赴湖北售卖。所有商船经过关卡应纳税项厘金，均着一体免其完纳，随时给照放行，俾得源源接济，不致缺乏。将此由四百里谕令知之。”（《清文宗实录》卷208）

（咸丰七年正月丁卯）又谕：“据福济奏‘皖省上年荒旱，仅恃无为州一隅采买米石。现在该州被贼窜陷，贩卖无从，兼之隆冬无雪，麦苗难冀滋生，未免兵民交困。闻湖南秋收颇稔，武、汉既复，水路可达蕲州，请饬赶紧筹办米粮四万石’等语。湖南省岁收虽属丰稔，而现在支应各路防兵需饷不少，原恐未能兼顾。惟皖省兵民乏食，情形亦关紧要。骆秉章向于邻省缓急不存畛域之心，此次福济所请，该省能否筹办米若干石，即着骆秉章酌量情形，一面专折具奏，一面派员赶办，运至蕲州，转由罗田、英山运至六安，俾资接济。将此由六百里谕令知之。”（《清文宗实录》卷217）

（同治元年十二月辛卯）又谕：“……张之万奏‘接多隆阿咨称，属饬卢氏县采买大米一千石、麦面十万斤，惟豫西残破太甚，力不能支’等语，所陈自系实情，即着多隆阿自行派员，分赴豫省完善地方，或楚省产米之区，设法采买。将此由六百里各谕令知之。”（《清穆宗实录》卷52）

（同治二年二月戊寅）谕议政王、军机大臣等：“李鸿章奏‘筹备京米情形’一折。前因户部奏请筹款，由江苏省购运商米，以实仓储，当经谕令李鸿章赶紧购买，陆续运津。兹据该抚奏称‘现拟责成商人分赴湖广等处采办，并设局劝办’各等语。江苏省各府县产米不敷民食，向赖湖广等省商贾贩运。近来米商断绝，采购维艰，自系实情。即着照该抚所议，责成商人分赴湖广江北一带采办，由该商承运，赴津交兑。着官文等查照，遇有采办京米商船过境，其关税、厘捐概予宽免，验明有无应完他税，分别放行，毋许留难，以示体恤。前谕李鸿章，将革守俞斌罚款银二十万两，为购买京米之用，如有不敷，于江海关洋税项下凑拨。现在该革员罚款既难如数着追，而江海关洋税一项又属入不抵出，京仓关系紧要，自应设法接济。着照李鸿章所请，迅即劝谕商绅各富户，无论粳籼、洋米，或自行捐运，或凑缴银钱交商购运，尽捐尽解，借济要需。并着妥议章程，设局劝办，不得令经手各员从中舞弊。该商绅等捐有巨款，准其随时奏奖。其凑捐各散户，并准其汇案，分别咨部核办。李鸿章另片奏'请饬湖广、江西采办米石，从漕折内开支'等语。漕粮改征本色，及采买米石运京前，经户部奏咨，湖广等省遵办。旋据官文等以事多窒碍奏请停止。兹据李鸿章奏'请饬湖广等省酌提漕折采办米石解至安庆、大通一带'……劝令沙、卫各船陆续运津……湖广、江西等省，距安庆尚不甚远，既不若解沪、解京长途阻隔，而以轮船护送，亦非冒险挽运，事属可行。所有湖北之武昌、汉阳、荆州、襄阳、黄州等府，湖南之长沙、衡州、澧州、岳州等府州，江西之南昌、瑞州、临江、吉安、抚州、建昌等府，均堪采办。着官文、严树森、毛鸿宾、沈葆桢饬令该藩司、粮道等体察情形，责成各该州县动用漕折采办米石，各视漕折旧额或二三成，酌加运费折耗，派员按照前法办理。如此沿江转运联为一气，于京仓必当大有裨益，不至支绌为患。将此由六百里各谕令知之。"（《清穆宗实录》卷57）

（同治二年七月）辛亥，湖广总督官文等奏："汉南军米，碍难由鄂省筹济，恳请免其采办。"得旨："据奏，采办汉南军米，诸多窒碍，自应俯如所请。惟该督等既云粮从饷出，但能多解饷银，即与采办米粮无异。所有援陕之李云麟、梁作楫两军饷需，官文等当设法宽为筹备，源源解济，毋令缺乏。"（《清穆宗实录》卷72）

（光绪元年四月）庚辰，湖广总督李瀚章、湖北巡抚翁同爵奏，鄂漕试办采买，约计米价等项银数及用款。得旨："户部知道。折内屡见朱道字样，殊于体制未协，李瀚章、翁同爵均着交部察议。"随手档 （《清德宗实录》卷7）

（光绪二年闰五月戊辰）谕军机大臣等："李鸿章奏'直境被旱情形及筹办救荒事宜'一折。近畿一带，旱象已形，灾黎糊口维艰，亟应豫筹接济。李鸿章前奏'招商贩运奉天粮米赴津，以备转运平粜'，业经降旨准照所请办理。兹该督以仓储久虚，本年旱区较广，必须宽为筹备，已于运道关库动支银十万两，发交轮船招商局，分赴奉天、江苏、安徽、湖广等省，采买米麦杂粮运津，存备赈需……此次轮船办运救荒粮米，即着援照沙船海运漕粮章程，准其搭货二成，进出海口，免其输税。其捐输赈款，着准其查照上届赈捐章程，核给奖叙。并着崇实、庆裕、沈葆桢、翁同爵、吴元炳、裕禄饬令沿途关卡，于此项商贩及采买米粮经过，免征厘税，迅速查验放行，不准借端留难。仍出示严禁粮户遏粜居奇，以资利运……将此由四百里各谕令知之。"现月 （《清德宗实录》卷33）

（光绪三年九月丙辰）谕军机大臣等："李鸿章奏'奉拨晋、豫两省赈粮，请变通办理'一折。据称'本届江、安漕粮八万数千石，业经仓场侍郎将奉拨晋赈四万石饬原船督押回津，其余已全数进仓，若再行拨出，转多糜费。拟请在于光绪四年……湖北应办漕米三万石内提办二万石，全数拨运山西，即将山西原截之江、安漕粮四万石，先行拨运河南，以期水陆转运均得其便'等语，所筹变通办理，甚合机宜。即着李瀚章、刘秉璋各照应行提办来年漕米之数，速将购价、运脚银两，即行发交道员朱其昂等，赶紧领办。李鸿章即豫饬该员等一面领银，一面设法垫款购米，务于封河以前刻期运津，俾免贻误。所有山西原截之江、安漕粮四万石，该督即饬丁寿昌等妥为经理，由水路运至河南道口交卸，并着李庆翱迅派大员驰赴道口，设局接收转运，以期妥速。山西被灾甚重，待赈尤殷，此次原截江、安漕粮，业经改拨，所有晋粮购运事宜，李鸿

章务当饬令丁寿昌、黎兆棠等迅速筹办，陆续转运，毋稍迟误。将此由五百里各谕令知之。”现月 （《清德宗实录》卷57）

（光绪三年十二月）丁酉，谕军机大臣等：“给事中郭从矩奏‘请借用轮船，招商买米济赈’一折。据称晋、豫两省灾黎甚众，待赈孔殷，拟请由盛京、江、浙、湖广、山东各省素产粮米之区，出示招商，采买米石，俟集有成数，报知各该地方官，借用官办轮船，由江苏、上海为之济运，直达天津……并请饬直隶拨兵护送，以免饥民沿途截抢’等语。采买粮石，自是目前要务，该给事中所陈各节是否可行，有无窒碍，着李鸿章酌度情形，通盘筹画，并咨行盛京、江苏、浙江、江西、湖南、湖北、山东各将军、督抚，筹商一切，酌量办理……原折着钞给李鸿章阅看。将此各谕令知之。”寻李鸿章奏：“郭从矩所奏，并无窒碍之处，臣已咨各省将军、督抚，招商贩运，以济灾区。”报闻。现月折包 （《清德宗实录》卷64）

（光绪二十五年五月甲寅）湖广总督张之洞等奏：“复陈鄂省漕米，碍难规复本色，仍筹采买运济。”允之。折包 （《清德宗实录》卷444）

（光绪二十五年十一月甲寅）湖广总督张之洞等奏：“本年京仓采运，请照案停办，将此款拨补宜昌盐厘，兼供剥船要需。”得旨：“湖北漕粮着仍采买三万石运通，其应行拨补盐厘，着户部另行改拨。”随手 （《清德宗实录》卷454）

（光绪二十六年十月壬子）又谕：“电寄刘坤一等，陕省连年均有偏灾，本年灾情尤重。适逢驻跸西安，目击饥民困苦情形，深堪悯恻，亟应宽筹粮食，以资接济……该督等当存己饥、己溺之怀，实力督催，毋稍延缓。其清江转运局恽祖祁采买米十万石，并湖北采买米十万石，据恽祖祁报称，业已由汉口起运十批，每批一万石。现在节届冬令，灾民嗷嗷待哺。着张之洞饬令恽祖祁，于龙驹塞水运一路外，另由襄樊一路，筹办分运，庶期水陆兼行，较为迅速。闻湖北襄阳一带杂粮麦石颇称稔熟，并着张之洞、景星筹款采买，一并起运，以赈灾黎，是为至要。”电寄　（《清德宗实录》卷474）

（光绪三十三年正月己未）又谕：“电寄恩铭，据电奏‘采买米粮赈粜，请饬鄂、豫两省免收税厘’等语，着照所请。”电寄　（《清德宗实录》卷569）

（光绪三十三年二月丁卯）谕军机大臣等：“电寄张之洞，据电奏‘请免采运鄂省稻米’等语，着照所请。”电寄　（《清德宗实录》卷570）

（光绪三十三年三月丙申）谕军机大臣等：“电寄张之洞，据电奏‘该省粮贵，请饬江督毋庸发给护照来鄂运米’等语，并另电奏‘采运洋米三十万石来鄂平粜，请饬沿海、沿江各省免征税厘’等语，均着照所请，度支部知道。”电寄　（《清德宗实录》卷571）

（光绪三十三年九月）戊午，谕军机大臣等：“电寄赵尔巽等，电悉。鄂米来源，既向以湘为外府。本年湘省年尚丰稔，着该督会商岑春煊合力通筹，在上游米价较廉地方准其采买，不必拘定在汉口购运，统以三十万石为限，当不至损妨民食。并着外务部妥筹商定，详电该省，以免误会。”电寄　（《清德宗实录》卷580）

（宣统元年七月）丙子，谕军机大臣等：“电寄陈夔龙，电奏‘鄂省灾重粮贵，拟派员驰往直隶保定、天津，采购杂粮数万石’等语。本年直隶收获未尽丰稔，若鄂省采购多数杂粮，恐于民食有碍。着陈夔龙于奉天一带酌量采买，沿途免征税厘，以资平粜。”电寄　（《宣统政纪》卷18）

（宣统二年二月）丙子，谕军机大臣等："电寄岑春煊，电奏'湘省各属被灾，米价日贵，所有洋商在湘购运津、沪各处米石，请即照约禁运。鄂省采运湘米查照军米办法，限定数目采购'等语，着照所请，该部知道。"电寄 （《宣统政纪》卷31）

10．盐茶商贸

（顺治二年七月）癸酉，户部奏言："陕西地方旧例召商茶以易番马……行令四川布政司，拨发有茶之仓照数支放，不许于湖广等处收买私茶，违者尽数入官，仍将伴送人员、通把依律问罪，此诏谕勘合之旧例，所当晓谕遵行者也。若金牌一项，系明初事例，至永乐十四年已经停止，今我朝号令一新，各番慕义朝宗，驰贡上驷，云锦遝来，金牌似不必用，但以茶易马，务须酌量价值，两得其平，无失柔远之义。"从之。（《清世祖实录》卷19）

（顺治八年三月）乙酉，谕刑部、户部、都察院："……朕又亲览巡盐御史崔允弘章奏，因思及各处所报盐课，每报余银若干，细思盐课正额自应征解，若课外余银，非多取诸商人，即系侵克百姓，大属弊政。户部、都察院通行各盐差御史及各盐运司，止许征解额课，不许分外勒索余银。有御史及运司各官贪纵者，许商民指实赴部院首告，审问确实，奏请治罪，用布朝廷恤商裕民至意。该部院各刊刻告示，通发京城内外及督抚、巡按，遍传道、府、州、县、盐运等官，实力遵行。"（《清世祖实录》卷55）

（雍正元年九月）甲辰，湖广总督杨宗仁奏言："百姓食盐价值应请钦定，下慰商民仰望。"得旨："据杨宗仁奏请钦定盐价，伊并不体察事理，但固执己见，仍照原题具奏。夫士农工商，虽各异业，皆系国家子民，理当一视同仁。督抚偏袒百姓，巡盐御史偏袒商人，可乎？总督系地方大臣，凡办理事务，必须平心静气，期于合理。杨宗仁身为总督，于此等处并不留意，混行渎奏，着黄叔琳、谢赐履前往楚省，会同杨宗仁将盐价确议酌定，谢赐履印务着运使何顺暂行署理。”（《清世宗实录》卷11）

（雍正元年十月壬戌）谕湖广总督杨宗仁：“凡为大臣者，身任封疆重寄，必当和平详慎，曲体人情，虚怀博询，以求适中，庶于国计民生俱有裨益。近闻湖广盐斤涌贵，良由减价太过所致。在尔意原欲利民，而不期先已病商，乃致商运裹足不前，众口食淡，是欲利民，而民转受其困矣。至如楚地本产米之乡，素为东南之所仰给，因尔禁米出境，以致川米亦不到楚，不但邻省价昂，而本省粮价亦致渐长。是尔之遏籴，原欲封殖本境，而本境之民并未沾毫厘之益也。夫邻省黔黎莫非朝廷赤子？大臣体国当以公溥为心，似此偏执褊狭，殊属不谙大体。其速行改图，务令贩运流通，远近民食有赖。”（《清世宗实录》卷12）

（雍正三年三月丁未）户部议复：“湖北巡抚纳齐喀疏报‘荆州府巴东县北纸倍溪地方忽涌盐泉，居民煎煮，每日得盐约二千余斤，请照淮盐行引，于楚北各州县分销’。应如所请。”从之。（《清世宗实录》卷30）

（雍正五年三月）戊戌，谕大学士、九卿等：“朕办理天下事务，惟有物来顺应，初无成见成心，盖天下庶务殷繁，人情诈伪，变幻百出，朦蔽欺罔之处，往往有之。而一时听从，或不能不有错误。惟知其错误，而即为改易，不存回护之见，则误者可以不误，而是非了然，人亦知所警惧。古之圣贤，不曰无过，而曰改过不吝，朕常以此自勉也……朕因蔡珽力言程如丝居官甚优，是以用为四川按察使，以观其后效。然其中虚实真伪，朕究未释然于中，数年以来，未尝不时时留心访察也。前者检阅汪景祺记载程如丝贪横一条云，程如丝重贿蔡珽，调补夔州知府。程如丝至夔，凡商家所有之盐，尽以半价强买之。私盐船自夔至楚者，官素不甚禁，以活穷民，程如丝悉夺之。私盐船过夔，程如丝遣人籍其盐，私商不服，程如丝集吏人、乡勇、猎户、汛兵几千人往捕治之，鸟枪弓矢竞发，私商与捕人，死者枕籍，商人过客毙者无算。蔡珽庇之，不以上闻……”（《清世宗实录》卷54）

（雍正六年七月己巳）户部议复：“浙江总督兼理两浙盐务事李卫，遵旨会议署两江总督范时绎等条奏两淮盐务七条：一、各灶烧盐处，令商人公举干练殷实者，按其场灶，酌用数人，并设立灶长巡役，查核其盐斤多寡，尽入商垣，以杜灶丁私卖之弊……一、两淮所辖隔省案件，惟恐呼应不灵，且长途解审，往反滋累，请转饬湖广、江西、河南等省各驿盐道，加意督缉，将盐务案件就近审理完结……以上七条，俱应如所请。”从之。（《清世宗实录》卷71）

（雍正十二年九月辛丑）谕内阁：“各省盐政，关系国计民生，所当加意整理。而两淮监务之积弊，更在他省之上，此中外所共知者。大约盐法之行，必以缉私为首务。两淮行盐地方，江西、河南有浙私、芦私之侵越，而湖广之川私、粤私为害更甚，现今虽于各处隘口设立巡官、巡役，而地方文武官弁不肯实力奉行，一任兵役人等避难趋易，罔利营私，以致立法虽严，而邻私之肆行如故。即在江南督臣，亦不过责成所属地方，至咨会邻省，即未必有呼辄应，此私贩之所以难禁也。年来朕留心访闻甚确，用是特颁此旨，晓谕湖广等省督抚等务矢公心，视邻省之事为己事，严饬文武官弁同心协力，家喻户晓，使川、粤、浙、芦之私盐不敢越界横行，则两淮积引易销，于国计民生均有裨益。”（《清世宗实录》卷147）

（雍正十三年十月乙未）谕总理事务王大臣：“两淮商人向蒙皇考深仁体恤，有加无已，十余年来商力宽裕，伊等咸知感激，新旧正额带征各项，俱能急公完纳。朕临御以来，时时仰体皇考深求民瘼之盛心，早夜咨询，凡有关于民生日用者，竭虑殚思，务期至当，商众即吾民也，朕心岂有歧视？淮南盐政课额甲于天下，两江、三楚延袤七八千里，皆仰给于淮盐，课源用以饶裕。近闻湖北旱禾收成稍歉，盐未畅销，楚地素为鱼米之乡，湖鱼旺产，亦号丰收，商得资其腌切，借以完课。今年汉水涨发，鱼市稀少，又湖南因经理贵州苗疆军务，未暇转运，以致汉口盐壅未销，积至七八百万包。是乙卯纲正额未能当年报销，而明年乾隆元年丙辰纲又应按年起运，两年并纳，商力维艰。朕心深为轸念，用是详为区画，筹度变通，将乙卯纲未完正额提出，分年带征。自乾隆元年丙辰纲起，按年接运，则商力既纾，完纳自无迟误。其带征之处，俟现在各项带征完纳之后，分年起限。其乙卯纲内应带运口岸之盐，免其带运，俾得易于疏销。至丙辰纲课额，既将乙卯纲提出之后，若仍于九月奏销，则新颁引盐甫到口岸，课源尚难接济，着展限至乾隆二年二月奏销，从此年清年额，可永无递压之虞。着该督赵宏恩、该盐政高斌实力奉行，务令诸弊尽革，实惠均沾，以示朕优恤商民之至意。”（《清高宗实录》卷5）

（乾隆元年十二月己巳）户部议复：“署湖广总督史贻直疏言‘四川建始县改隶湖北，例销淮南引盐，相距汉镇水陆二千余里，淮商成本及水商脚价，每盐一斤需银六七分不等。而相离云阳县盐场地近价廉，照旧行销川盐，商民两便’。应如所请。”从之。（《清高宗实录》卷32）

（乾隆三年二月甲午）（户部）又议复：“湖北巡抚张楷疏称‘湖北改土归流之鹤峰、长乐、恩施、宣恩、来凤、咸利①、利川七州县，前未派销官引，今若行销淮盐，合算成本，每斤七八分至一钱不等，若行销川盐，每斤价止二分。应令募商于就近盐场领引运销，赴川省完纳额课。其应行水陆盐引一千二百三十张，户部照数刷行，令四川巡抚赴部请领

① 利：应为“丰”字。

转发。其与淮盐分界之水陆路，严查不使私盐侵越’。应如所请。”从之。（《清高宗实录》卷62）

（乾隆四年二月己亥）谕大学士：“据大学士查郎阿、西安巡抚张楷奏称‘陕省制钱已属缺少，而商民人等竟有将钱文贩往湖广、河南，成驮成车以图利息者。现据潼关、商州地方官查出，核计数日之内，出境之钱不下数十万’等语。朕思陕西地方如此，京师此弊更不能免。惟是四通八达之区，难于查禁，若朕特降谕旨，又恐奉行不善，转致滋扰。可密寄信与孙嘉淦，令其于出京要隘之地设法稽查。若有装运多钱于舟车之中以图贩卖获利者，即于近京地方，押令将钱易银，方准前去。庶奸商贩运之弊，可以渐少。”（《清高宗实录》卷87）

（乾隆五年五月）庚申，谕：“湖广盐价一案，必须商民两得其平，始可遵行无弊。是以特降谕旨，令崔纪、三保来京，会同大学士、该部详妥定议。朕曾向大学士等面降谕旨，商民营运贸易，亦须酌量情理，若执一偏之见，绳之以法，必致有弊。可详记此旨，俟彼二人到京会议时，传谕知之。顷闻汉口地方，有拥集多人，向盐店强行勒买之事。果如此，则是以有益之名，受无益之实，愚民并不静听办理，妄行生事，自取罪戾矣。着总督班第，详切晓谕，俾各安本分，并将商民现在情形秉公确查，据实奏闻。”（《清高宗实录》卷117）

（乾隆五年五月戊辰）两淮盐政三保奏：“湖北巡抚崔纪刚执自用，并不从公计议，将汉口盐价核减，以致奸民转贩图利，食盐缺少，商人受困，诸多掣肘。”得旨：“知道了，已命班第秉公料理矣。”（《清高宗实录》卷117）

（乾隆五年五月戊辰）（两淮盐政三保）又奏：“五月十七日，奉到户部札付，内开大学士会同议复湖北巡抚崔纪，指奏汉镇所到盐船甚少，令盐臣作速督运。”奉批：“依议速行，查崔纪所奏情节，与原折互异处，难以枚举。现奉旨进京，面圣有日，此时毋庸琐渎。”得旨：“所奏俱悉，汝等孰是孰非，面议自明，朕此时并无成见也。”（《清高宗实录》卷117）

（乾隆五年六月癸酉）谕军机大臣等：“湖广盐价一案，朕已屡降谕旨。前闻汉口地方，有拥集多人，向盐店强行勒买之事，又复降旨，令总督班第详切晓谕，各安分守法，毋自取罪戾，并将商民情形秉公确查奏闻。今又闻巡抚崔纪于三月间饬谕湖北各府，议令暂食邻私，现有崔纪与各府谕帖为据。朕思为巡抚者，必无有谕令所属暂食私盐之理，不知崔纪果有此谕与各府否？如果有之，则不知崔纪何意，而为此悖理之言。尔等可作速将伊谕帖抄录，密寄与班第，令其秉公确查，据实具奏。并将现在盐务情形如何，一面妥帖办理，一面速行奏闻。”寻据班第查复：“抚臣崔纪于三月内饬谕各府议食邻私之处，臣现署抚印，随调崔纪任内发谕号簿查阅，有三月二十四日谕令安陆、德安、襄阳三府。查所属州县需盐情形，并未全载事由。询之书役云‘因盐少价昂，恐州县民多淡食，令该府确查情形，并有无邻私可以暂食，原系内署发谕，止令登记号簿，发谕之后，未据各府文复，或有回禀，无从得知’等语。查三府中惟德安最近，随密札询问该府。旋据该府王拱垣禀称‘三月间系前署府事荆州府同知张延庆任内之事，并无稿案存房。因问安陆县知县杜若甫，据云三月内曾奉署府转谕此事，当即具禀回复，不知署府作何转禀’。并将原谕及回禀稿抄到，查所录原谕，与廷寄谕稿相符，是崔纪因此三府与豫省接壤，令该府等查议，实有其事。至武、汉、黄已经密查，并无此谕，其余各府现在密查，俟复到另行具奏。”得旨：“这所奏情节，着崔纪明白回奏。”（《清高宗实录》卷118）

（乾隆五年闰六月丁未）湖北巡抚崔纪遵旨奏复：“前经盐臣三保责臣饬减盐价，因此发盐之期不遵定例，故意迟延，盐价顿长几倍。且又百计刁难，民间咸有食淡之虑，臣不胜焦切。查雍正元年，督臣杨宗仁因盐船不到，有差员至宜昌府接买川盐一事，臣因此密谕德安、安陆、襄阳三府，商及邻私接济之说，亦不过为将来万不得已之一策，并非即令见诸施行。迨各府禀复'从无越境邻私，惟有饬商趱运，尚可接济'等语，皆有档案可查，此万不得已之实情。"得旨："崔纪回奏情节，着交部一并严察议奏。"（《清高宗实录》卷120）

（乾隆五年闰六月）庚申，谕曰："三保着留京，另有交办事件。其两淮盐政员缺，着准泰补授。现在会议楚省盐价，着准泰、三保一同入议。"（《清高宗实录》卷121）

（乾隆五年七月丁亥）大学士等奏："湖广盐价一事，奉旨命原任湖北巡抚崔纪、两淮盐政三保来京会议。今据崔纪、三保所开成本价值清单，互有参差，多寡不一，碍难核定，请命大臣一员，会同新任盐政准泰，将楚盐价值通盘核算，定议具奏。至湖广总督班第条奏盐务各款，一、请核减续增匣费。查楚省匣费，雍正十年额定银十二万两，今每岁又多用十二三万两不等，明系伙商浮用，自应永行禁止。仍令该盐政每年岁底清查一次，造册报部。一、请禁梁垛、安丰二场巧分名色。查楚盐只分梁、安二种，安盐价值，每包照梁盐酌减二厘，并无白梁、次梁、白安、黑安等项名目，令该盐政严饬淮商，查明禁止。一、请余盐零包一例开报。查零星盐斤向不造报，恐沿途不无盗卖夹带等弊，应如所请，令该盐政严饬各商将所行之盐若干引、共正盐若干包、零盐若干包，俱于桅封单内详载，毋许漏报。一、请水贩铺户一体给发水程。查商贩运盐赴各处售卖，全赖盐道水程稽考，应如所请，买盐不及二引者，给水程一张，将多买零数添明。其不及一引并附近汉镇之江、汉二县水贩，俱一例发给水程。一、请较准各店法马。查商店卖盐，既用库平库银合算，应如所请，照部颁法马，将各店一律较准，不得参差。一、请清查引盐斤数。查盐船到岸未发之先，例应委员查点，应令遵照定例办理。至黄州一府并兴国等州县，俱在汉口之下，为盐船所必经，应如所请，令盐道查明各处额引，预发水程，俟船到黄境，将盐提出发卖，到汉扣除。再汉口盐船不能抵岸，有自雇小船提剥者，亦应如所请，令盐道给发印照，到汉时查对，毋任私提盗卖。”得旨：“依议，着江苏巡抚徐士林会同两淮盐政准泰确核定议具奏。”（《清高宗实录》卷123）

（乾隆五年十一月辛巳）大学士等会议行运楚盐事宜，先经湖北巡抚张渠奏称“盐价高昂，固由成本加多，亦由商运缺误，请将淮盐至楚，令各商按月运清，回空船只立法催攒”一折。奉朱批：“张渠此奏颇中窾要，盖盐臣不能督运，地方官不能督销，而但于成本是论，是舍其本而求其末也。今年议盐之弊，即坐此病。此奏，着大学士会同该部速议具奏。查楚省行销淮监，每岁正额七十七万七千四百余引，每月应销引六万四千七百八十余道，盐政十日一次，将在仪开行船只引目清册，咨送该抚查考。今该抚既称‘核计册内，每次率多欠缺，递运递欠，以致行销缺误，抬价措卖’等语，应如所请，嗣后将盐政咨册内，先列十日应运引数，次开现运若干、末开缺运若干，后次报册，将前次缺运之数并作后次应运之款，仍分现运、缺运登注如前。务于每月下旬册报时，勒限各商运清一月之额。至所称‘产盐时候有旺衰，运河水势有消长，不能按月运清，务于旺产之月、水满流通之时预为多运。再盐船回空，虽向无催攒之例，但仪盐解包之后，待运乏船，应责令汉镇同知，俟引盐到岸，验卸已竣，即督催开行，具报盐道，转报巡抚，亦照十日一咨之例，咨会盐政查考’等语。查旺产易行之月，正可装载赶运，但恐船只不能接济。至抵汉后，回空船只，即催攒赴运，又恐借口民船，不能速行。其如何设法办理，应令该抚会同湖广总督、两淮盐政详悉议奏。”得旨：“依议速行。”（《清高宗实录》卷130）

（乾隆六年正月）癸巳，江苏巡抚徐士林会同两淮盐政准泰奏复：“淮盐行运湖广，所有成本按照每纲银数及时价贵贱酌定数目，并请每引酌给余息银二三钱。”得旨：“原议之大臣议奏地方盐价之平，惟在盐臣尽心督运，该督抚加意督销，则盐斤自多，而无价昂病民之弊，从前谕旨甚明。至于奸商长价居奇，固不可不为裁抑，而刁民借端生事，尤不可不加严惩。惟在该督抚查禁于平时，访缉于临事，则情法均平，商民并受其福。着该部将朕旨行文该督、抚、盐政知之。”（《清高宗实录》卷135）

（乾隆六年二月乙丑）（刑部尚书署湖广总督那苏图）又奏：“北南二省食盐俱由汉口发行，汉口盐多价贱，则盐价俱平；汉口盐少价昂，则盐价益贵。淮商旧习，将盐船沿途停压，故示盐少，以期价昂。又虚开价值，宁使暗为贱卖，不肯明示减少。水贩铺户，因得贱买贵卖，民间仍不能受盐多价减之益。又盐船湾泊汉口，无栈房堆积，俱于船上发卖。凡买盐，先至船上看定盐色，始往商店兑银交易。买定后，商给领水程，赴船起盐。船户、水手每包暗偷数两，又每百包扣留数包，名为折扣。又每包取钱二文，名为个子钱。又有开舱、发脚等银。查船户、水手，原系各商雇倩，包载包卖，岂容如此勒索？再楚民每于盐贵时，不待官司查减，辄行争买，无赖之徒即借端生衅。种种弊端，现行禁戢。”得旨：“惟在卿秉公妥办耳。”（《清高宗实录》卷137）

（乾隆六年四月丙申）大学士等议准江苏巡抚徐士林奏称，淮南纲盐行运湖广，年来增贵。今据逐项确查，酌定纲引，必须银数。贱价，每斤一分五厘零、每包一钱二分零、每引五两三钱零；贵价，每斤一分六厘零、每包一钱三分零、每引五两七钱零，请自辛酉纲为始，遵照运销。并查明年成本之重轻，定盐价之贵贱，按年造报，咨部查核。从之。（《清高宗实录》卷140）

（乾隆六年四月己酉）户部议复：“四川巡抚硕色奏称‘利川县向配万县井盐，嗣因万县并无余盐，云阳县云安厂增加煎办，足供运销’。应如所请，改配销盐。”从之。（《清高宗实录》卷140）

（乾隆六年六月壬戌）（吏部尚书署理两江总督杨超曾）又奏："上年查办淮盐运楚成本，较部议稍增。而各款皆现在必须实数，今若不给余利，恐商情失望，辄生退阻。且汉口到盐稍有不继，淮商困而楚民亦困。恳每引给余息二三钱，俾沾余利，恤商正以惠民。"得旨："着照所请行，该部知道。"（《清高宗实录》卷145）

（乾隆六年九月辛卯）户部议准四川巡抚硕色疏称，云阳县各井，岁共产盐五十一万一千余斤。据湖北恩施、长乐、利川等县认销配增水引共八十九张，准于乾隆六年余引内动给，每年应征税银三百三两，照数征收。从之。（《清高宗实录》卷151）

（乾隆七年九月）辛巳，户部议复："两淮盐政准泰奏称'淮属场灶被水，盐价腾贵，请于原定成本外，每引再酌给成本银三钱'等语。查运楚淮盐价值，从前酌定于贱价外定有贵价，原以备荒歉之岁成本不敷，俾商人行运无误。况于成本外，酌给余息，是该商获利已多，无论丰歉，皆可办理宽余，何得又请增加？应将该盐政所请毋庸议。"得旨："今年江南水灾非常时可比，着照该盐政所请，以明年四月为限，后不可为例。"（《清高宗实录》卷175）

（乾隆八年十一月）癸未，两淮盐政准泰奏："淮盐运楚成本，于乾隆五年具题，内有湖广匣费、布税、充公等三款，每引应派银一钱九分四厘，声明俟楚省议定，添入成本。因部中通案驳款未清，至今尚未摊入卖价，而匣费等款，各商已在楚按年扣缴，积至三年，几亏本四十余万。请将前项应派银数摊入成本行销，其各商已缴银两，并请于甲子纲起，分作三年带入成本摊销。"得旨允行。（《清高宗实录》卷204）

（乾隆十年二月癸丑）大学士等议复："湖北巡抚晏斯盛奏称'钱法

关系民用，谨就本省情形，酌陈事宜。一、奸民私剪钱边，案破累累，亟宜及时严禁行使。此外砂板、锤扁、古钱及铅铁钱，俟相机查禁。一、民间质当多系零星，不能禁其使钱，惟价在三五两以上者，当给本色，取赎在二三两以上者，亦照本色交还。一、粜买粮食，令汉口等镇自二三石以上，及四川、湖南本省大小各船自成石以上用银交易。船过关汛，即行严查，除日用盘费外，不准携带多钱’。以上三条，均应如所请。至称各当积钱至十串以上者，随令兑给钱铺，诚恐小民待质者多，存不敷出，尚非尽善之策，应令该抚会同湖广总督鄂弥达，将该省大小当铺按照每日所出钱文多寡，遵照京师之例，酌定数目，妥协办理。”得旨：“奏内事情，着鄂弥达、晏斯盛妥协实力为之，余依议。”（《清高宗实录》卷234）

（乾隆十年三月壬寅）湖北巡抚晏斯盛奏：“汉口一镇，商贾辏集，请令盐、当、米、木、花、布、药材六行及他省会馆各建社仓，择客商之久住而乐善者，经理其事。”得旨：“若行之善，则今之一米商即可为商社矣。若行之不善，是益一行为六行囤积之人，米必大贵。再与鄂弥达熟筹妥酌奏闻。”（《清高宗实录》卷237）

（乾隆十年七月乙亥）户部议复：“署两淮盐政吉庆奏称‘盐引疏销，必须豫筹接济，现在办运之乙丑纲盐，江西、湖广口岸销售疏畅，恐将来民食不敷，请豫提丁卯引目备用’等语。查乾隆八、九年癸亥、甲子二纲，因额引不敷，豫提己巳、戊辰纲引运销，今乙丑纲既称行销畅旺，自应照例豫提引目带运。但原定额引，自庚申纲起至己巳纲止，分作十年带销，目下已带完九纲，止存丙寅一纲。将来带完之后，更无带运引目。应令该署盐政，将如何酌增新引之处，先期核议具题。”从之。（《清高宗实录》卷244）

（乾隆十年八月己巳）署湖广总督鄂弥达议复：“汉口镇为九省通衢，

商贾云集，皆赖四川、湖南及本省产米州县运贩资食，及江浙商贩之需，实为米粮会集之区。今抚臣晏斯盛请设市镇社仓，查系商当等六行情愿捐贮，俾得随时减粜，以济商民。即长远举行，亦无奸商囤积，致有米贵病民之处。”得旨：“果属可行，汝等妥协为之可也。”（《清高宗实录》卷 247）

（乾隆十四年三月辛酉）署湖广总督新柱奏：“米粮腾贵，其原不一，屯户厚资广贮，汉口盐船满载，借商贩之名居奇，然出售仍散在闾阎，不致耗散。惟奸徒乘稽查不及，搬运出洋，暗中消耗，实为民食之害，应严禁屯户，毋许聚船贩运，并饬员弁于通洋口岸严查禁惩。”报闻。（《清高宗实录》卷 336）

（乾隆十五年六月）己亥，谕军机大臣等：“永兴所奏办理盐政折内，禁止抬价，以恤民艰之处。向来楚省督抚于新到时，该地方多以盐价昂贵为辞，辄为出示禁谕，冀以博百姓之称扬，而奸胥地棍打点名色，从中取利，督臣专管盐政，吁请尤亟，竟成习套。此时楚省盐价，如果系商人有意高抬，致淡食病民，自应力为禁约。如不过时长时落，则如京师钱价，竟可以不治治之。永兴初莅外任，于地方情形未能尽悉，不可不令知此意。至所称本年正月至今，遭风盐船共八只，淹消盐二百六十六万四千二百余斤之处，当由分销小商及商厮船户舞弊所致。盖口岸行销如额，则利归大商。惟捏报淹消沉溺，则可盗卖肥橐，是以半年之间，多至二百六十余万。不然，自扬至楚，虽冒涉湖江，究系内地。且岁岁往来，其于风涛平险，进止停泊，榜人舟子，无不熟悉。何至连樯淹损，数盈巨万耶？此亦不可不留心设法查办，并着传谕该盐政吉庆，令其实力稽查，妥协办理，务使民食有资，商力益裕，斯为两得。”（《清高宗实录》卷 367）

（乾隆十六年五月乙丑）湖广总督阿里衮奏复上年十一月盐船失火烧

毁引盐一案："查盐船重大，停泊外江，联帮密靠，非若小船近岸，易于移动。深夜失火，事起仓猝，船户、水手各顾逃生，既不及抽帮开避，亦无暇搬抢盐包。且每船一只，费本二三千金，计所免之课，不及所烧船价三分之一，委无商人、船户串通，故烧船只，捏报失盐之弊。再四月初九日，湖南长沙府省城居民邱长生家失火，延烧民房七十五间，即行扑灭，亦无伤毙人口及延烧仓库、衙署等项。"得旨："知道了。湖广屡有回禄之灾，应将扑救之法留心可也。"(《清高宗实录》卷389)

(乾隆十六年闰五月戊辰) 大学士等议复："管理两淮盐政吉庆等奏称'两淮行运江、广引盐，价贱亏商，贵则病民，近定议贵贱两价，照年之丰歉，请自辛未纲始，酌定奏办。其丁卯、戊辰、己巳三纲，概卖之贵价，并免追缴，以恤商力'等语。查该处并未报灾，而造报引盐，任听该商昂价，未便免追。所有丁卯、戊辰楚盐多卖银九十六万余两，己巳纲西盐多卖有十六万两，应追报部。"谕曰："两淮运销丁卯、戊辰、己巳三纲引盐皆照贵价，曾经部驳追缴，今该盐政吉庆等又复奏请免追，该部仍照例议驳。此虽部例，但向来各省盐引，原听其自相交易，无官为限制之例，长芦、河东至今尚然。惟两淮行运江、楚盐引，适因崔纪沽名，三保庇商，两持异议，始将各商运楚成本分别定以贱价、贵价。然自定价以来，商人总以贵价销售至今。夫恤民裕商，本属一事，若任其屡抬时价，日引月增，则于民食有关。然勒令贱卖，则该商等又以成本有亏，不免纷纷吁请。今计各商比年行销价值，于成本自可无亏，将来即借口年岁不齐，料亦不过如今之所称歉年而止耳。嗣后淮商销售引盐，即遇应贵之年，亦不得于现在所销价值外，复议稍有加增，庶可示以限制。至于岁事丰稔，盐价可以酌量平减，则令各该督抚会同盐政等，随时筹画妥办。部臣亦不必固执定例，徒滋驳诘之繁，庶于商民均为有益……"(《清高宗实录》卷390)

(乾隆十六年七月癸巳) 户部议复闽浙总督喀尔吉善奏称浙省通商事

宜一折："一、乾隆十三年奉谕，地方偶有偏灾，即将该处关口应征米、豆税加恩宽免，商舶云集，市价自平。现浙省被灾，请凡商民远赴楚省汉口及苏州等处购运者，官给印票，米谷数目相符即免税。查浙省关口免征米税原系格外加恩，商人图利，自必闻风贩往。若各省关口皆然，则商贩不见赴浙之利，谁肯踊跃远来，米谷转虞缺少。应令该督将商贩之经由浙省关口者免税，各省不得概免。一、商贩自备资本，远赴各省转运，自当权其子母，不至亏折，毋得照平粜官米之价，以致畏阻不前。应如所请，听其酌照市价，公平粜卖，仍将抬价病民及囤积居奇等弊严禁。一、急公商人，请就挽运之难易，定议叙之章程。其愿照市价减粜惠民者，亦恳加恩议叙。查商人贸易，向无议叙，但地方乏食，量予议叙，俾踊跃贩运，亦属权宜。应如所请，温、台航海最远，金、衢虽由内江，然逆流而上，输挽亦艰，如有运至万石以上者，分别优加议叙。内河各郡运至二万石以上者，一体议叙。其不及前数者，酌加奖励。至愿照市价减粜者，计减值一千两以上，不论何郡，均准议叙。其不及千两者，酌加奖励。"得旨："依议速行。"（《清高宗实录》卷395）

（乾隆二十三年六月戊辰）户部议准四川总督开泰疏称，大宁县新增灶座盐斤足敷配销鹤峰州六引二百一十九张，其云阳县原配鹤峰州额引在于万县销售。从之。（《清高宗实录》卷564）

（乾隆二十六年四月）丁亥，谕："朕恭奉皇太后慈辇南巡，途次建设行宫，不过足供顿宿，原无事过于劳费。乃扬州所建行宫，从前吉庆为盐政时，其缮葺已觉较华，而普福任内，必求争胜于吉庆。今闻高恒所办，则又意在驾普福而上之，踵事增华，长此安穷。朕向来巡幸所至，一切供帐，俱取给于内帑，从无丝毫累及闾阎，前后谕旨，屡经谆谆及之，此中外臣民所共悉者。商人亦吾赤子，岂于百姓则恤之，而于商人则累之耶？虽伊等抒诚襄事，实皆出于至诚，亦应量为节制，以省糜费。至于两淮盐务，经费浩繁，商力不无拮据，如豫提余引一事，从前吉庆系派之通纲，而普福、高恒则择其奋勉办事者，以为酬奖之地。其中即不能允协群情，其应作何立定章程，着军机大臣会同尹继善、吉庆、高恒等详悉妥议具奏。”寻议：“两淮盐销额引一百六十八万五千四百九十二道，嗣因不敷，逐年增余引二十万至四十万道不等，初次均摊众商，现在只给办差各商，以致利泽不均，臣等公议酌定章程。一、余引仍请均摊通纲各商行销。一、外支银宜分别撙节。查乾隆六年，议定每纲设外支银四万八千两，除办贡一万二千两外，余三万六千两作为公用，往来应酬、助恤等项亦取给于此。查此项原为办公而设，交际私情未便滥销，嗣后办公有余，归入下年旧管数内，一切应酬，不得开销。一、两淮盐政所办常贡银，从前在闲款项下提取，无定数。前议定一万二千两，每季取办贡物价，呈报查核，如有特交办物件，许其在于外支银动给，造册呈报。一、两淮盐政衙门费用从前并无定数，自雍正十二年，酌定盐政养廉银一万五千两，总理盐政总督养廉银三千两，盐运使六千两。查总督养廉前经杨超曾任内奏准作为本衙门公用，运使养廉已于乾隆十二年裁减二千两归公。至盐政每年办贡，已有外支银一万二千两，所有养廉亦请酌减五千两归公。一、各处办盐匣商，汉口为最。汉口匣商取用银，并在众商派出盐课内扣派，往往指称公用，任意开销。嗣后盐政、运使宜加意查察，如有必需，公札到日，方准开销。一、行销盐引，宜分别纲食，不得滥行通融。其纲盐行销江、广者，仍照江三广七之例销售。一、各处设立卡商，首在助官缉私。川卡尤为紧要，川卡查缉不严，则川私全入楚地。而私盐走漏，其弊首在场灶。盐场各官及各口岸营汛，务须实力稽查，毋令偷越。如卡商故纵私贩，即以官法究处。”从之。（《清高宗实录》卷635）

（乾隆二十八年七月甲申）又谕：“据李侍尧奏‘湖广今年盐价，每包卖银至三钱三四分，自钦差阿永阿等到楚，暨陈宏谋及臣先后抵任，渐次递减。现在市价每包二钱七八分不等，与高恒奏准定价一钱四分，尚属加倍。现经札知高恒，饬令汉口总商定价’一折，已令李侍尧将汉口增价累民人商就近查办矣。楚省距两淮尚远，盐价陡然增落，或与淮商无涉，但既经奏定价值，岂得任意增加？即运载水脚，所需亦为数无多，何至相悬倍蓰？汉口行盐，原系两淮商伙，其历求销售盐斤，定价偶有增添，是否随时关白，及今年楚盐价值昂贵，淮商有无见闻，其中或系各口岸遥受两淮意指，通同抬价，抑或伙商捏称盐少，而铺户、水贩又复辗转加增，致市值日渐腾踊之处，着传谕高恒逐一据实查奏。向来盐政志在销引裕课，地方官每言价踊病民，彼此抵牾掣肘，势所不免。此奏出自李侍尧，朕可信其毫无成见，不得不彻底根查，以肃鹾政而苏民困。并将此旨钞寄李侍尧知之。”（《清高宗实录》卷691）

（乾隆二十八年七月甲申）又谕：“据李侍尧奏‘湖广盐价昂贵’一折。该省行销淮盐，前经高恒奏定，每盐一包，价银一钱四分六厘，商人行运，自应遵照出售。即水脚加费，为数无多，市价或时有低昂，亦何至顿长逾倍？且知有钦差及总督等先后赴楚，始闻风畏惧，遽行递减。即现在每包二钱七分，较之原定价值尚加一倍，明系奸商贪利无餍，任意居奇，亦由谈羽丰平时办理不善所致。即此一节，楚省积年吏治废弛已可概见。至奏称现经札知高恒饬令定价之处，往返咨商，徒多纡折，楚省距两淮千余里，信息岂能遽达？即就现在盐价陡落而论，淮商自不及与闻，则前此之肆值腾踊，其为汉口商人牟利自封，已属显然。奸商不遵定价，辄敢额外妄增，致民间有淡食之累，实为法所难贷。着李侍尧就近查明违例增价之商，尽法惩究。并酌定盐斤价值，使闾阎日用有资，即行悉心妥办具奏。并将此旨及原折钞寄高恒知之。”（《清高宗实录》卷691）

（乾隆二十八年八月壬子）谕军机大臣等：“前据李侍尧奏‘湖广盐价骤增’一折。彼时即以楚省向来吏治废弛，致商贩乘间牟利高抬市价，淮商相距辽远，未必与闻，随谕李侍尧就近查办，并传谕高恒，令其将汉口淮贩因何辗转加增之处，逐一据实查奏。今据高恒奏到，汉口发贩收价向由卖商经理，两淮商众不能遥为操纵，或卖商人等见盐既畅消，可以居奇，设计作奸，陡长市价。前已咨行楚省，将蠹棍吴美堂等拿究，并札寄李侍尧随时查察，无使抬价累民，所奏甚属明晰。楚省地棍敢于把持盐务，致市价腾踊，民间有食贵之患，皆由地方官，平昔不能整顿所致，自当实力根究，示以严惩，俾奸蠹共知敛迹，而盐价长落尤宜随时查察，期于市价常平，商民交便。着传谕李侍尧，即速查讯明确，从重究治，以清积弊而肃盐政。高恒原折并着钞寄。”（《清高宗实录》卷693）

（乾隆二十八年十月甲申）谕军机大臣等：“前因李侍尧奏湖广盐价骤增一事，当经传谕高恒奏复，以楚省行盐一切，并由汉口商人经理，是其增价情由当与淮商无涉。今阅李侍尧折，内称汉口卖商缴出淮商公札，有嘱令不可贱价轻售之语，则不得专委其过于楚商矣。但所奏春间每包价银二钱一二分，即谓淮商札致而然，若卫凤翥等竟行卖至二钱七八分之多，又岂尽淮商教之耶？看来盐价之长落，视成本之多寡。物情虽本难齐，而豫定价值，自为节制，商人之常法。此则李侍尧之说，终属优于高恒也。总之，高恒在淮言淮，其意以恤商为重。而李侍尧在楚言楚，亦未免以莅任伊始，汲汲欲为地方，以平价便民。使二人易地而处，亦必更无异说。然此究系意见所为，非虚公无我之本心也。着传谕李侍尧等，办理地方公事惟在平心静气，和衷商榷，酌中妥办。在汉口不得定价太苛，致商人深苦余息之悭；在两淮亦不得借词定价无余，勒措不往运售，致闾阎重贻淡食之患。斯商民交便，而体制尤为协。宜将此详谕知之。”（《清高宗实录》卷696）

（乾隆二十八年十月丙午）谕军机大臣等：“前因湖广盐价增长一事，传谕李侍尧，令其和衷商榷，酌中妥办。在汉口不得定价太苛，致商人艰于生息；而在两淮亦不得借词息少，勒措不往运售。今据高恒奏到，现在赴楚引盐，约可销至明年二三月内，是楚省盐斤，目前自不至有匮乏之虞。至行销价值，自当酌计成本，示以节制，固不可听其任意增长，致闾阎食贵滋累。若过于裁减，或于盐本不敷，将来运售恐不免拮据。即如米谷价值，亦随时长落，岂能着之禁令，概定石米数钱，而强人以所不能耶？总之，办理盐务，惟在虚公酌剂，立定章程，俾商民两无亏扰，不可任情偏听，致刁民猾商从中滋事，方为平允。现在楚省盐价情形若何，及如何酌中定价之处，着传谕李侍尧详悉复奏，高恒折并钞寄阅看。”（《清高宗实录》卷697）

（乾隆二十八年十一月丁丑）谕军机大臣等：“李侍尧奏‘酌定汉商盐价’一折。前因湖广盐价增昂，是以屡经降旨，令李侍尧、高恒妥议，酌中核定。今该督尚未接高恒札复，专就现在情形，酌定价值较量，自必务准公平。但其中商人、民人，犹未免彼此各存畛域之见。朕意欲定折中，莫若该盐政与该督公同面商允协，始可永久遵循。况汉口销盐口岸原属高恒管内，不妨亲往巡察，以裨公务。着高恒自行酌量，可以赴楚时，带领两淮办事商总一二人前往湖广，会同李侍尧详悉筹议，核定章程，汇折、奏闻折并钞寄阅看。”（《清高宗实录》卷699）

（乾隆二十九年正月壬申）两淮盐政高恒奏：“汉口卖商挟制拖欠，以致扬商亏本。嗣后卖商侵蚀滥赊，行店拖欠，请俱责成盐道，如经扬商控告，照例究处。又江夏、汉阳二县，向分别大、中、小盐铺，发给印票，令商人减价售卖，名为公盐，而卖商仍以贵价转售，应将印票公盐名色晓谕革除。”得旨：“所办甚好。”（《清高宗实录》卷703）

（乾隆二十九年正月壬申）（两淮盐政高恒）又奏：“淮商向于汉口设立公所，公举一二人，专司支解应酬等事，名为匣商，并不经管行销事宜。如养廉生息，楚省则由卖商于售盐价内扣交匣商，以致迟延侵欠，贻累商本。至盐务应酬，沿滥日甚，查养廉各项，盐道尽可承办，应酬例应裁减。现与督臣李侍尧商酌，将一切支解款目俱交盐道办理，裁去匣商，撤其公所。”得旨：“甚好。”（《清高宗实录》卷703）

（乾隆二十九年正月壬申）湖广总督李侍尧、两淮盐政高恒奏楚省盐价章程："臣高恒赴楚，公同体察，缘淮商成本，各纲既不相同，既一纲亦不能画一。如癸未纲，每引实需成本，加以余息三钱，计每包卖银二钱三分一厘，应即照此定为限制。现在各商浮滥费用，详加厘剔，从此成本轻一分，卖价自减一分。嗣后汉口卖价，总以淮盐成本为准。请以甲申纲为始，每纲于纲首盐船开江之日，查取商人成本余息，核定每包应卖银若干，移明楚省，饬商遵照。"得旨："如所议行。"余有旨谕，谕军机大臣等："朕前谕高恒赴楚，面同李侍尧会议盐务事宜，今据奏到，所办甚属允协，已于折内批示如所议行。从前湖广行盐之弊，总由不按淮商成本，折衷定价。是以汉口卖商从中意为低昂，甚至抬价，赊欠侵吞，种种作奸，而扬商鸾远阻碍，遂不得不受其挟制。今高恒遵旨前往，李侍尧与之协力清厘，将成本核定，加以余息，明立限制，情理皆得其平，鹾政可以永行无弊。且撤去匣商，节减縻费，则商力裕而民食益充。若非朕深究弊源，以会商为两省通气之法，安能得其要领若此？不但该商民等当为欢忻感切，该督、该盐政公同筹办，益当踊跃倍常，溢于言表。今览所奏，似不过就事完事，初不以积弊有年，始得洞中窾要为喜。岂该督等彼此成见未化，仅借此调停了局，抑以前此两两相持，迄无定夺，尚不足为盐法之累耶？着传谕李侍尧、高恒，令其详悉复奏。再长芦盐政，原有每年自赴山东严查道库、体察商情之例。楚省距维[①]扬虽较山东稍远，然究属该盐政统辖之区，现在一经亲行，已有明验。嗣后该盐政或酌量于一二年中亲往巡视一次之处，着一并令其定议奏闻，候朕降旨。"寻李侍尧奏："上年奉旨饬高恒赴楚会商，询明现在成本，加以余息，酌中定价。从此商力日裕，成本日轻，卖价平减，皆由睿虑周详，无微不至。乃臣等于从前办理未当，经奉旨遵照妥办缘由，并未切实奏明，实属草率，非敢稍存成见。"得旨："览，此奏甚明矣。"高恒

① 维：应为"淮"。

奏："盐法两两相持，商民并累，幸蒙圣恩教导，与督臣李侍尧协力清厘，得以永行无弊。至盐臣赴楚巡视年限，查楚省距扬稍远，请嗣后二年一次，奏明前往。如二年内有必须查办会商之处，随时奏请。"得旨："知道了，不必定年限，于应去之时请旨可也。"（《清高宗实录》卷703）

（乾隆三十年六月壬申）两淮盐政高恒奏："淮商中家资殷厚、才识明干者，原知长价不如广销，惟实力办运，期于流通获利。乃有无业之人，专事囤积引窝，日望江、广卖价增长，其窝价亦可骤昂，以致办运之商成本加重，口岸卖价不能不增。私盐毕集，官引遂至壅滞，实为盐法大害。又口岸原有疲畅之分，畅岸销售自易，其疲岸或与邻盐接壤，或系淮引通津，其中窃贩亦所不免。但使该岸之商将盐照额运赴，加意查缉，民间亦何至舍官店而买私贩？无如商人一目之为疲岸，即安心弃置，而惟趋畅岸以图易销。如安徽之安、池、太三府，江西之南昌等八府，人皆百计图避，群趋湖广，而其后并湖广亦不能尽销。臣于丁丑年到任，查知其弊，于安庆等三府选派殷商，前往运销，并饬谕本岸商人毋许妄争新旧。现在各府销售，已觉畅顺。至于行销江西之盐，向来俱于仪所过掣后始行戳派，以致商人规避。今将各商根窝彻底清查，造送印册。如在十引以下，免其戳派；十引以上至数万引者，均按各处额销之数，于根窝内豫行分定。每纲朱单照此填给，庶通河商人，知引已戳定，不复再有希冀。"得旨："将此章程详悉面交后任可也。"（《清高宗实录》卷739）

（乾隆三十五年十一月壬申）湖广总督吴达善等奏："宜昌通判所属白洋河川船总汇，凡上游疏纵之私盐必由此处经过，现虽设卡，巡役只十名，距通判一百余里，鞭长莫及，巡缉最易懈弛。而上游巡役，因该地稽查疏懈，竟可得钱买放。请于该处添巡役二十、巡船四，遴干员专司其事。倘拿获私盐船，查系上游疏纵，即将该卡官严参。再巴东、归州、兴山、长阳等县，地连蜀道，岭峻滩高，溯流非易。盐船当夏秋封峡之际，既不能运行，秋冬水落，挽运亦难速捷。请照旧例，如遇不能接济时，零星食盐，十斤以上，免其缉捕。”得旨：“着照所请行。”（《清高宗实录》卷873）

（乾隆三十七年十月甲申）谕军机大臣等：“户部议彰宝等奏‘黔省水银价值，请交湖广总督、湖北巡抚确查，据实具奏’一折，已依议行矣。黔省水银，自乾隆三十一年以前，每百斤价银五十余两至四十八两不等，行之几二十年之久。迨三十一年，减至三十九两，遂有高积私贩牟利之事。旋经宫兆麟查办价值案内，奏请定价四十二两之后，库存水银并未发售。据彰宝等称，咨询湖北巡抚，访查汉口价值，乾隆三十三年以前，俱在五十五两以上。自三十四年起，忽减至四十两。本年正月起，又减至三十二两。其间价值陡落，适在查议定价之后，而减之又减，并在行查楚省之时，情节未免可疑。黔省商贩水银，俱系运至汉口发售，安知非即系该商等与汉口行户、牙侩潜相勾通，明知官为定价，故将市值减落短报，希图贱买牟利，均未可定。黔省价值，虽视汉口为低昂，而汉口发运，尤以苏州为总汇。从前高积私贩水银一案，以三十九两领买之货载赴苏州，每百斤卖至五十六两八钱，是苏州行价，较黔、楚加至十之三四。近年时值，谅不至大相悬殊，无难确访而得。着传谕高晋、萨载，密派妥干大员，就近详询体访确切价值，即行据实具奏。不得仅委之地方官，以致胥吏借端滋事。亦不必通知湖北，稍有扶同。可将此传谕知之。”寻高晋、萨载会奏：“确访苏州水银价值，本年四五月以前，每百斤卖银三十八九两及四十余两不等。七八月以后，减至三十一两。询据客商及行户等称，贵州近来出产水银甚旺，贩卖来苏者多，销售有限，遂至壅滞价减。”报闻。（《清高宗实录》卷919）

（乾隆三十八年正月己未）署湖广总督湖北巡抚陈辉祖奏：“黔省水银价值一案，前经户部奏明，交臣等严查汉口发卖时价并近年因何骤减缘由。当即密委汉阳府知府潘振莹等取各行底簿核对，详查各年每百斤价值，三十四年自六十九两至五十二两，三十五年自五十一两至三十二两，三十六年自三十二两至三十两，三十七年自三十七两至二十七两不等，俱系逐年递减，实缘近年出产盛旺，商贩不绝，汉口各行现积至四万一千三百余斤，壅滞既多，价值自减，似非商、牙故为短报。再查汉口货物与苏州声息相通，一面飞移江苏抚臣确查，以便咨部核办。”报闻。（《清高宗实录》卷925）

（乾隆三十八年四月）壬辰，谕：“户部议复彰宝奏‘水银定价，改收折色’一折，请照该督抚所定酌中之价，无论市值低昂，俱照数折收之处，尚未允协。此项水银，从前每百斤自三十六两渐加至五十四两，后复递减至三十九两，是前后售价长落，本无一定。而今年汉口及苏州，时价仅至三十一二两，经各该督抚确查，自不至尚有虚假。若以彰宝等所定四十两之价而计，每百斤较时价短至八两，非累及商人，即官为赔补，名为酌中，而实乖平允，岂可为训？此等在官物价，如经手之员从中侵欺牟利，固应有犯必惩。若明知所值不敷，亦断不可无端令其赔垫。着交该部另行妥议具奏。”（《清高宗实录》卷932）

（乾隆四十年二月癸巳）户部议复：“两淮盐政李质颖奏称‘江都、甘泉二县食引滞销，乾隆三十五年奏准，自庚寅纲起，于额销数内融出五分，在于江西、湖广行销，迄今已阅四纲，积盐带销将及一半，商本已得归回。其融纲之引卖给纲商，复得窝价，该商等情愿将引价银两自甲午纲起按年呈缴充公’。应如所请。”从之。（《清高宗实录》卷976）

（乾隆四十年闰十月己巳）谕：“据文绶奏‘川省所产杂粮，现饬夔关一并截留，禁止贩往楚省’一折，所办非是。川省产米，素称饶裕，向由湖广一带贩运而下，东南各省，均赖其利。近年因办理军务，购粮较多，经该督等奏准，暂停夔关出米，以供军储而资民食，尚属可行。至各项杂粮，仍当听商贩流通，俾从民便，不应在禁止之例。今大功指日告成，军粮储备充盈，采买较前渐少，何以转加饬禁？况今年江苏、安徽俱被偏灾，米价不免昂贵，若得上游粮食源源贩运，两省之民更可借以接济。所有文绶截禁杂粮越省一事，断不可行，即着停止。现在官兵乘胜深入，便可扫穴擒渠，一经红旗驰报，并应将川省米石听其运出夔关贩卖，无许再行禁遏。俾各省商民，均沾利益，副朕惠爱普同至意。该部遵谕即行，并将此通谕知之。”（《清高宗实录》卷995）

（乾隆四十二年十二月）辛丑，谕军机大臣等：“……而此等枭众，无难私雇穷人在场，如数携出，彼即从旁收买，一落其手，仍可积少成多，贩行无忌。是此例不除，流弊终难尽绝，不可不通盘筹画，以期妥善也。且此等肩挑背负之盐，期使濒海贫户稍获微利以谋生，乃积久法弛，穷民之沾润有限，奸贩之影射浸多，竟以老少之利源变而为私枭之弊薮，可不急改弦更张乎？朕意与其存此例以滋弊，莫若去此例以防奸。自应将各盐场所出余盐，穷民肩挑背负，岁可获利若干，通行核计，即照数官为收买，散给贫民。其一切肩挑背负之例悉行停止，则贫民仍得倚以糊口，奸徒无得借以犯科，实为两便。其收买之盐，或仍给商领销，或并听商买用，务使挑负之众仍免向隅，而场灶所余亦无狼籍，正本清源之道莫过于此。着传谕有盐各省分督抚及各盐政等，将如何设法办理之处，就各省实情，公同悉心妥议，详晰复奏。又如湖广省向多川、广私贩，陕、甘省向售蒙古私盐，与此等情形又复不同，或系积久相安，或应另为筹办，务按各实在情形妥为筹议。朕意筹度如此，但各省地方及场灶情形未能深悉其事，是否可以行之有益而无弊，着各督抚会同各盐政按该处实情斟酌妥善，据实复奏。不得因朕有此旨，稍存迁就也。将此通行传谕知之。”（《清高宗实录》卷1046）

（乾隆四十三年闰六月）丙子，谕军机大臣等：“据伊龄阿奏‘湖广口岸盐斤未能畅销，四十二年较四十一年少销盐斤十万一千三百余引。今自四十三年五月比较四十一年五月止，少销盐七万一千四百余引。年复一年，办理维艰’等语。盐斤销滞，关系引课，至湖广口岸向俱畅销，何以四十二年少销盐十万一千余引，四十三年亦少销盐七万余引？自系该盐法道办理不善，及地方官不为实力缉私，致川、广私盐充斥，官引因而壅滞。着传谕三宝、陈辉祖，严饬地方文武员弁，督率兵捕，实力查缉私贩，以疏积引。并将湖广口岸因何不能畅销盐引之故，查明具奏。再楚省盐斤，上年既少销至十万余引，寅著在盐政任内，何以不行具奏？着寅著一并明白回奏。将此传谕三宝、陈辉祖、寅著，并谕伊龄阿知之。”（《清高宗实录》卷1061）

（乾隆四十三年闰六月己卯）又谕：“今日户部议伊龄阿奏‘增戊戌纲湖广、江西二省盐价，请交两江、湖广、江西各督抚，会同该盐政，就各省情形秉公酌定，务使两得其平等因’一折，已依议行矣。昨据伊龄阿奏，湖广口岸盐斤，四十二年少销十万余引，四十三年五月前少销七万余引，是楚省引盐未能畅销，已可概见。此数年中，楚省盐价如前，尚且行销不畅，今转欲每包增价，必更致壅滞难销，岂伊龄阿竟未计及此耶？着传谕伊龄阿，令其据实复奏。又上年七月，曾据寅著奏称‘丙申额盐已竣，丁酉纲亦运过六十余万引，新纲开运之期尚远，江、广民食，应豫筹接济，请提戊戌纲引二十万道，豫派各商领运’等语。楚省上年既未销十万余引，何以寅著又请提纲？虽每年商课现俱无亏，而配引过多，必更致盐斤积滞，寅著前奏更不可解。并着谕令寅著，据实具奏。”（《清高宗实录》卷1061）

（乾隆四十三年七月丁巳）谕军机大臣等：“前据伊龄阿奏‘湖广口岸盐斤未能畅销，四十二年少销盐十万一千余引，四十三年亦少销盐七万余引，年复一年，办理维艰’一折，恐系盐法道办理不善及地方官不实力缉私所致。因传谕三宝、陈辉祖，令将湖广口岸因何不能畅销盐引之故，查明具奏。今据三宝等奏称‘湖北、湖南二省向为淮盐畅销口岸，查自乾隆三十一年起，四十二年止，惟三十二年、三十八年销引至一百余万。其余九年内，亦有销引八十余万者。四十二年，销至九十一万三千余道，并未短少。四十一年，虽少销盐七万一千余道，而较之三十三、四等年，亦属相同。若将最旺之年一律比较，实有不能一致之势’等语，所奏自属实在情形。是楚省口岸，并未短销，伊龄阿止就畅销之年比较，故觉其少。其意不过欲因此以形寅著之短，此即其取巧高兴之一端。试问伊龄阿到任后，能保湖广口岸年年畅销盐引，皆多至一百余万道乎？伊龄阿办事尚能认真，惟性喜见长，是其受病处。昨将其调任盐政时，曾降旨训饬，令勿复蹈旧辙。乃甫经到任，即有此奏，恐其故智复萌，不可不痛自湔改。伊龄阿着传旨申饬，仍令其明白回奏。”（《清高宗实录》卷1063）

（乾隆四十三年十月戊辰）谕：“本日户部议复萨载、三宝等同盐政伊龄阿会议酌加江西、湖广戊戌纲盐价两折，俱称‘仍令该督等随时察访，嗣后雨水调匀，若无起剥水脚之费，仍核实办理，不准加增’等语，所议尚未周到。江、楚两省盐斤，原因本年水浅，挽运维艰，自应暂加价值，不使商本有亏。但不予以限期，该商等一经增价，谁肯复行议减。该督等亦未必能实力稽查，是此时调剂之议增，遂为日后长行之凭借，究于民食有碍。着各照所定之价，止准暂增一年，过期仍照旧价行销，以杜流弊。”（《清高宗实录》卷1068）

（乾隆四十五年八月）甲寅，谕曰：“富勒浑等奏‘滇省运铜知州李治管运铜船十二只，在东湖县地方，经巡防兵弁于船内起获私盐八百十七包，讯系船头蔡大玉所买，其为贩私无疑，当批饬严讯。运员李治前既漫无觉察，及经盘获，始称移县查办，殊属巧诈，显有知情故纵情弊，请将李治革职严审’等语。贩运私盐，例有明条，且以运铜官船，装载贩私，尤干例禁，此风断不可长。况贩运至三万余斤之多，自非一时所能私买，何至运员毫无觉察，及湖北弁役等盘获后，始行移县查办？其为知情故纵，分肥入己，情弊显然，尤不可不彻底审究。李治着革职拿问，交该督等提集案内有名人犯，一并严审定拟，毋使稍有支饰。其能盘查之文武员弁，着酌予议叙。至所称铜铅船只，自带食盐，应请定例，每船许带四十斤之处，并着该部议奏。”寻议：“铜铅船只，向例只准装载八分，原取其运行便捷，若每船准带食盐四十斤，恐不肖官员及船户家人等借此影射多带，势必迟误铸务。该督所请准带食盐之处，应毋庸议。仍令各该运员沿途严查船户家人，毋许多买，并令产盐处所及地方文武各官，遇此等船只到境，不时稽查。如有前项夹带情弊，别经发觉，除将运员船户参究外，其管理盐务及地方文武各官，照失察漕船夹带之例分别议处。”从之。（《清高宗实录》卷1112）

（乾隆四十六年二月）丁巳，谕军机大臣等：“户部奏‘清查各省盐务’一折。据称‘四川盐课羡余一项，积欠至二十八万七千余两，曾经行令该督设法筹办，迄今半载有余，尚未咨复。又该省引目，仅十四万八千二百余道，乃未缴残引积至五万三千四百余引。前经湖广总督舒常等以由川入楚船只购买食盐，每船不得过十斤，因私贩入楚，有妨该省纲盐。又四川与云南接壤，私盐亦不无偷漏，是川省之残引，不可任其因循不缴，请一并饬令实力稽查’等语，已依议行矣。川省积年欠项，虽系羡余，然总应归入盐课正项，乃积欠至二十八万七千余两之多，经部行查，何以该督至今并未咨复？至该省所产盐斤本旺，尚有私贩至云南、湖广等省，可见并非缺乏，何至四川本省不能销售，致有拖欠？总由该省地方官平日不能实力整顿，以致走私偷漏，正课积欠累累，若年复一年，将来何所底止？文绶不应有此，着传谕文绶，严饬各属，设法实力稽查，使影射私贩诸弊日就肃清，历年积欠，克期完缴，毋致再有稽迟延宕。并将因何积欠如此之多，及经部行查，又因何迟至半年不行咨复缘由，即行据实速奏。将此由五百里谕令知之，原折并发交文绶阅看。”（《清高宗实录》卷1124）

（乾隆四十九年正月甲寅）谕军机大臣等：“据李世杰复奏‘审讯叶

体仁与范軏伙开盐井一节，查系范軏赊欠庄宏远货钱一千三百余千无偿，将开凿盐井契约顶与庄宏远。嗣庄宏远至武昌，盘费短少，因向叶体仁家人耿贵借银八十两，复将此约为质，实未同叶体仁伙开盐井’等语，是叶体仁并无与叙州所辖民人范軏合伙营运情事……”（《清高宗实录》卷1197）

（乾隆五十年八月戊戌）又谕：“据吴克垣奏‘筹办采买粜贩事宜，接济民食’一折。内称‘四川产米最广，现仍招商采买。倘彼处商民自行贩运到楚，如欲速赴江苏、安徽者，毋许拦截阻滞。若自愿沿途销售，亦听其自便。俾湖北、江苏、安徽三省，俱得均匀接济’等语，所办甚好。为大臣者，皆当如此存心，不分畛域方是。江苏、安徽向皆仰给于川、楚等省。谚云：‘湖广熟，天下足。’今湖北被旱地方较多，势不能不借川米，以资口食。如湖北商人赴川采买，李世杰当明切晓谕，令川省民人毋得居奇遏粜，使以川省之有余，济湖北之不足。而川省商贩米船到楚，湖北民人不可狃于平日之粮价平减，不肯加增价值，希图贱粜，致令商贩无所获利，裹足不前。特成额、吴垣当出示劝谕，以湖北民人，因地方繁庶，丰年不知撙节，粒米狼戾，以致上天示谴，被旱成灾。今邻省贩运到境，灾民口食有资，益当共相引咎，激发天良，即贩商图利，索价稍昂，亦应增值粜买，稍费己资，俾商人得沾余润，亦弭灾徼福之道。如此明切开导，庶商贩得有利息，自当源源而来，可无缺乏。至川省米船过楚，运赴安徽、江苏者，湖北省亦不可尽数截留，庶上下两江，均资接济。如此则四川、江西米船，皆接续前往。安徽、江苏二省米粮，自应凑集。其本省商民，亦不得观望居奇，过昂其价。萨载、书麟务须饬属遍行晓谕，俾米粮流通，价值不至腾踊。似此通盘筹办，彼此照应，则三省歉收地方，均有裨益。将此各传谕知之。仍将如何招徕劝谕情形，迅速复奏。”（《清高宗实录》卷1237）

（乾隆五十年八月己亥）又谕曰：“富勒浑奏‘浙江省之杭、嘉、湖三属雨泽稀少，晚禾未能插竣，民间望雨甚殷，客米因河路干浅，艰于运到，粮价渐次增昂’等语。江、浙民人素皆仰给四川、湖广客米。今湖北被旱成灾，所有贩运川米之欲赴江、浙一带者，过楚时或被湖北省拦截，则商贩自不能到浙。朕已早经虑及，节次降旨，令该省督抚明切晓谕各该地方，毋许遏籴及截留过境米船，庶米粮流通，小民可资接济。今阅富勒浑所奏，浙省粮价稍昂，推原其故，或竟系楚省截留过多，是以江、浙商贩不前，米价踊贵。着传谕特成额等遵照节次所降谕旨，实力办理，务俾商贩通行，灾歉之区均得资口食，方为妥协。至浙省粮价既昂，民力自必拮据，着传谕雅德、福崧即行开仓平粜，俾市价不至日增。并须明切劝谕该省殷实民人，毋得居奇囤积，致妨民食。”（《清高宗实录》卷1237）

（乾隆五十一年五月辛未）又谕：“上年江苏、安徽、山东、湖北等省被旱较重，民气未复。如江苏之扬州、湖北之汉口、安省之徽州等处地方，商贩聚集，盐贾富户颇多，恐有越境买产、图利占据者，不可不实力查禁。着将明发谕旨，钞寄各该督抚阅看。倘各该省有似此牟利者，即行遵照谕旨，并查阅毕沅原奏办理，以副朕惠保如伤至意。将此由五百里各谕令知之。仍着各将所属灾区，有无似此贱买渔利之处，据实复奏。”（《清高宗实录》卷1255）

（乾隆五十一年闰七月壬申）又谕：“据四德奏‘征收浒墅关税额比较上年又短少盈余至十七万两之多，请旨交部议罪’一折，已批交该部议奏矣。据折内称‘上年湖北、安徽等省收成歉薄，而豫、东二省亦因被旱失收，商贩稀少，以致过关船只无几，税课短绌，固属有由。但该关得项较多，非他处可比，每年经征税课自有定额，即云上年商贩稀少，亦何至比上年仍短绌盈余至十七万之多？将来部议上时，朕自当另降谕旨，令酌量赔补，该织造不必心存惶惧。本年江、浙、安徽等处甘泽频沾，麦收丰稔，商贩流通，到关货物自必渐多，嗣后惟当实力稽查，毋

令书役人等乘机侵隐及商贩偷漏情弊，以期税课日增，不致仍前短绌，方为妥善。”（《清高宗实录》卷1260）

（乾隆五十一年八月己酉）又谕：“本日据何裕城奏到七月分粮价单，各府属县分，开注价贵者居多。本年江西省收成尚属丰稔，即邻近各省，亦俱雨水调匀，并未有前赴该省籴运粮米之事，何以各属米麦豆价转昂？着传谕何裕城将该处情形据实具奏，亦不可因有此旨，辄将价贵者改为平减，致有讳饰也。”寻奏：“江西粮价，查自去年至本年七月，因运往湖北、安徽等省米谷共一百余万石，市价因此稍昂。现晚稻丰登，粮价日就平减，嗣后惟有核实具奏，不敢虚饰。”报闻。（《清高宗实录》卷1262）

（乾隆五十一年十月庚申）谕军机大臣等：“据户部奏‘两淮盐引，自乾隆四十六年前任盐政图明阿奏请豫提壬寅纲引目二十万道后，未据该盐政复请豫提。经部行查，该盐政以历年尚有未销积引，至本年丙午新纲，亦以核计盐引，有盈无绌，俟畅销后再行请领为辞，殊难凭信，请敕交新任盐政详查具奏’等语。两淮盐课，向来俱于正引之外豫提下纲引目二十万至四十万道不等，分带疏销，所以济民食而裕国课。该处淮南、淮北引盐，本向湖广、江南等省销售。上年湖北、安徽等处年岁歉收，盐引积压，未能畅销，尚属事之所有。至四十七、八、九等年，湖广、安徽收成丰稔，该处引盐何至有积年滞销、不能豫提引目之事？看来系该商等额外夹带，私行销售，竟如骆愉所称加斤重捆、割引归商等弊，不为无因矣。否则何以积至四年额引，尚不能畅销，并未豫提引目？两淮盐引，国课所关，即以四十六年豫提盐引而论，系二十万道，以一引三两不等计算，应纳课银六十余万两。若该商等以应提引目之盐，而于正引内私行夹带售销，以无课之盐私销入己，复借口于引盐积滞，将提引停歇。是将课赋之羡余，为贾贩肥橐之私计，日复一日，伊于何底？不可不切实查办。但此事俱非李世杰、徵瑞任内之事，与伊等并无关涉，即该商等果有夹带私销情事，亦不过责令赔缴，无所用其瞻顾回护。着传谕该督等，务须切实查察。并将骆愉所称三百六十斤之外私自通同割引加斤等弊，彻底详查，据实具奏，不可以人废言，俟查明后，再行降旨酌办。户部原折，并钞寄阅看。将此谕令知之，由五百里驿寄，仍令先将大概情形速奏。”（《清高宗实录》卷1267）

（乾隆五十二年十二月丙申）谕：“户部议驳徵瑞奏‘请将淮南引盐戊申纲额课分作十年带完，并将丁未纲奏销展至次年五月造报’一折，所驳甚是。两淮引盐课项，例应按年奏报，以清年款。从前全德在两淮盐政任内，曾请将乙巳纲奏销展限半年，原因湖广、江西等省偶被偏灾，引盐行销不无壅滞，其事尚属有因，是以加恩允准。且所请展限，不过半年，不久可复归原限。至近年以来，两淮及附近行销之引盐，湖广、江西等省雨泽调匀，收成丰稔，并非灾歉滞销者可比，徵瑞何得借口历年有未销积引，复请提引展限至十年之久？徵瑞前在长芦盐政任内，办事尚属细致认真，是以将伊调任两淮。乃徵瑞自到任后，办理诸务，渐不如前，春间于查办硝磺一案，并不亲身速往，一味养尊处优，意存自满。今于奏请提引展限一事，又复有意沽名，为取悦商人之举，岂可复胜两淮繁剧之任？现据李奉翰奏，淮关监督福海业经病故，所有淮关监督，即着徵瑞调补。其两淮盐政，仍着全德去，全德着速即来京。至徵瑞所奏历年有未销积引，其应如何筹酌调剂之处，俟全德到京请训时，再行交令到任妥办。”（《清高宗实录》卷1294）

（乾隆五十三年三月）壬午，谕军机大臣等：“据全德奏‘淮南纲盐积年递压，一时未能运竣，请将丁未纲未行纲引内提出六十万道，分作五年带运’，并另片奏‘淮北商盐，亦须调剂，俟确核情形，再行具奏’等语，已批该部议奏矣。商人办运引盐，例应年清年款。况两淮盐课，为数尤多，若积年递压，伊于何底？该处盐引向在汉口分销，如果楚省官员实力缉私，何至官盐积滞？此皆由地方官吏平日巡缉不力，以致川省私贩充斥，而商人等在彼，一切匣费又复繁重，获利无多，不能源源转运，是以纲盐积压至一百余万之多。舒常两任湖广，盐务是其专管，从前不能实力查察，已难辞咎。今复任总督，若再不认真实力帮同整顿，致仍有壅滞，必将该督从重治罪。姜晟到任已将一年，亦有缉私之责，并着该抚一体严饬所属，梭织巡查，仍时加察访，如有奉行不力，仍前弊混者，即据实参奏。至川省与湖广接壤，虽楚省向有数府例食川盐者，自不能禁其贩运，但亦应严清境界，止令于食川盐州县地方贩售，岂容任意侵销？着传谕李世杰帮同严查，除应食川盐州县仍听其运往外，其余一概严行禁止，庶商贩无从夹带，官盐自可畅销，以期积引疏通，新纲速运，年清年款，方为妥善。"（《清高宗实录》卷1301）

（乾隆五十三年三月壬午）又谕："淮商办运引盐，例应年清年款。乃未销纲引，竟至一百余万之多。此皆楚省地方官巡缉不力，私贩充斥，而口岸费用又复繁重，商人未能源源转运所致，现已传谕该督抚等实力整顿。至楚省官吏虽非盐政所辖，但此项盐引积年递压，地方官于缉私等事不能实力奉行，已非一日。即使盐务衙门呼应不灵，亦应及早奏闻，设法调剂，或据实参办。乃竟任其积压，因循观望，殊属延玩……"（《清高宗实录》卷1301）

（乾隆五十三年三月）丁亥，谕军机大臣等："前据全德奏，淮南纲引积压、淮北亦须调剂，自有私贩充斥，以致官引滞销，已有旨传谕舒常等实力严缉矣。昨因伊龄阿久任两淮，向其询问积弊，据称'淮南私盐，惟在盐政督饬，留心稽察。淮北私盐，向由督臣派员巡缉，恐日久因循，必须地方州县随时缉拿治罪，庶私销可以敛迹。又各商配运时，滚总乏人，往往不能及早行运销售，最为积弊。其盐斤运到汉口时，各店商亦不无借口缉私等事，私议出费，应严饬总商等酌量调剂，并寄字汉口商人，不得任意糜费，致亏成本'等语。伊龄阿在两淮年久，其所称盐务弊窦，自属实在情形，但尚恐不能详尽。全德系现任盐政，惟在其随时筹办，设法调剂。着传谕全德，即将伊龄阿指出各条及此外尚有应行查办、可以杜绝私贩、减省费用之处，即悉心筹酌，妥协办理，以期纲引畅销，鹾务日有起色。至两江总督，本有节制盐务之责，且于州县各官呼应较灵，并着书麟帮同严饬各属，实力查拿，如有奉行不力者，即参奏治罪，以除积弊。至两淮盐斤，向在汉口销售者居多，此次盐引积压，即由楚省节年以来私贩充斥，地方官任意勒索、不肯认真查缉所致。舒常久任湖广，固有应得之咎，即姜晟到任业将一年，亦不应任其因循废弛。嗣后务须洁己率属，实心整顿，协力妥办，于缉私节费等事痛加磨濯，实力查察。若既废弛于前，又复玩误于后，将来引盐仍有滞销，必将该督抚等一并从重治罪。所有伊龄阿奏片，并着钞寄阅看。”（《清高宗实录》卷1301）

（乾隆五十三年四月甲辰）谕军机大臣等：“据舒常等复奏‘查办楚岸盐务情形’一折。内称‘川盐来路，总由宜昌府属巴东、归州一带界卡外买食川盐，近因查出囤私案犯，当即申明例禁，出示晓谕。现札宜昌镇会同该府，多派兵役侦缉，并委干员不时访察’等语。前因两淮盐引多在汉口分销，商人等在彼一切匣费日渐繁重，而川省私贩充斥，该督等平日并不饬属认真巡缉，是以降旨，令舒常等实力整顿。其查缉私盐，固属该督等分内应办之事，但该商等引盐积滞，总由在楚行销，浮费繁重。地方道府州县往往借口为商缉私，任意勒索。而督抚等沿习陋规，收受商人公费，恐亦在所不免。即如舒常等，前此参奏归州囤私一案，据刘鳌供出，有向来派出巡缉委官，俱量送盘费，伊与委员励世求等，因同乡旧识，送银一百五十两等语，可见该省盐务繁费，实有其事。而商人等出费日重，成本愈亏，以致获利无多，不能源源转运。该督等接奉前旨，自应将向来相沿浮费严查饬禁，实力整顿，俾商人可以节省繁费，行销畅速，方于鹾务有裨。今乃仅以申明禁例、派委缉私为辞，敷衍塞责，止系有名无实。而于该省浮费繁重之处，并未据实查明、立法严办。试思川省私盐，即有越界销售者，亦不过在川、楚邻近一带私行销售，焉能越至武昌？岂派员查缉，即可谓之实心整顿？出示严禁，止属具文，若仅巡缉川私，而武昌一带淮商私贩仍照常充斥，楚岸鹾务又焉能有起色？乃舒常等竟以此等空言搪塞，并不认真查办，实属昧良文过，大不是矣。舒常、姜晟俱着传旨严行申饬，仍着将该省相沿繁费如何立法查办、严行裁革之处，据实具奏。毋得再涉颟顸，致干咎戾。”（《清高宗实录》卷1302）

（乾隆五十三年四月丁巳）两淮盐政全德奏：“回空粮船，最易夹带私盐，现咨漕臣毓奇豫饬各帮，无许私带，并咨行各关，务于回空经过时，一体严查。又淮安、扬州设有搜盐厅二处，淮安由督臣、漕臣派员搜查，扬州由督臣、盐政派员搜查，均饬凛遵查缉。其江宁各口岸亦有滞销之处，已会同书麟严饬文武各员设法缉私，如疏懈即指名参处。再淮北盐务亦应调剂，现访有经营殷实者，会同督臣签派领运，并将盐河浅滞处所疏通。目下扬州各商，闻风踊跃，办运大有起色。”谕军机大臣曰：“回空粮船夹带私盐，定例原应严禁，即盐枭等往来私贩经过地方及各关口，俱有稽查之责。若果平时彼此留心，各能严加防范，何至有如许弊端，致私盐充斥，官引不能畅销？地方文武、盐政呼应不灵，而漕船非其所管，亦难于稽查周密，现既查有此等积弊，皆系该督等从前废弛所致。况沿江沿河要隘处所俱有巡役，原为缉私而设，闻商人等向有帮费，是既得其津贴，尤不应不代为查缉。至漕船往来，准其携带货物，已属加恩体恤。乃从中影射贩私，该总漕不能查出，已难辞咎。倘更知而故纵甚，至从中分肥，尤属不成事体，今姑不究其既往。着传谕书麟、毓奇，嗣后务宜严饬所属，实力搜查，务将夹带透漏各弊防禁肃清，无致官盐再有稽滞。至两淮盐引，在湖广地方销售最多，近因川省侵销，浮费滋重，商人不能获利，以致引盐积压，屡经降旨严饬矣。地方官吏，缉私是其分内，乃以此借口，向商人需索，已大干法纪，而又不为之认真查缉私贩，扪心宁不知愧？现经全德奏明，将各项浮费悉行裁减，着再传谕舒常、姜晟，务宜洁己率属，实心整顿，协力妥办。若再因循废弛，仍蹈陋习，或阳奉阴违，私存匣费之名，累商滞引，一经发觉，恐该督等不能当此重咎也。至全德奏调剂淮北盐务，亦只可如所奏办理。惟所称扬州现在办运各商大有起色之语，恐是虚词。两淮盐务废弛已久，兹甫经查办，岂能即有起色？着传谕全德，于缉私节费等事，总宜时刻留心查察，实力妥办，不得仅以空言塞责也。”（《清高宗实录》卷1303）

（乾隆五十三年四月庚申）谕军机大臣等：“据舒常等复奏‘严禁汉口商人匣费，并自请交部严加议处’一折。淮商在楚行盐，私行出费，地方官相沿沾润，固属事所不免。但日渐加增，甚至借端剥削，任意婪索，以致商人繁费愈重，成本有亏，不能接济转运，引盐壅滞。而督抚等故为不知，日复一日，鹾务焉能得有起色？自不可不实力严办。今虽据舒常等奏称，现在立法节费，并饬承缉文武各员秋毫无染，一律湔除。但恐为日稍久，又复视为相沿陋规，仍前婪取，殊属有名无实。着该督等嗣后务先正己率属，随时查察，上下力为整顿，俾商力渐纾，疏销畅速，勿致日久玩生，又踵前辙。仍着将如何禁绝浮费之处，于年终汇奏一次。倘有阳奉阴违、借词婪索者，一经发觉，恐不能再邀宽贷也。将此谕令知之。”（《清高宗实录》卷1303）

（乾隆五十三年五月）己丑，谕军机大臣等：“询据舒常奏称‘两淮盐引，向在湖广行销，每年正额七十八万余道，商人按引捐输，以备应酬之用，名为匣费。近因汉口店商经理不善，任意开销，以少报多，浮费日重，商人等不能获利，配运不前。此次积压之由，亦因该商等不能按额运到楚省所致。又两淮向有融销之例，以别省口岸应销之引，运至楚省行销，商人等恃有通融，遂至正额不能运足’等语。湖广匣费，陋习相沿，已非一日。乃不肖官吏因可从中沾润，遂至视为利薮。该管道员既向店商浮开取用，而店商等开与本商时，又复虚增银数，以肥囊橐，层层朘削，以致商人等亏折成本，配运不前。近年盐引积压，即由于此。但湖广盐道，本属盐政专辖，如果该盐道经理不善，该盐政原可具折参奏，另请简放。即或楚省督抚竟有从中沾润情事，该盐政断无不知之理，亦何妨据实参奏？乃历来盐政从无奏及此事者，外省官官相护恶习，牢不可破，屡经降旨严饬。现据舒常奏称，该省匣费已全行禁革，是商人等不复有亏累情弊，已无可借口。着传谕全德，嗣后务饬该商等将应销楚岸引盐，每年依数运到，年清年款。其匣费一项，经此次禁革之后，若该省官员尚有阳奉阴违、借端需索浮开者，亦即查明严参，毋得仍前瞻徇，累商缺配，积压纲引，致干重戾。至融销一节，如果楚省口岸畅销，原定正额不敷售卖，固不妨以他省之引运至汉口，接济民食。乃楚省正额尚未能全数运到，转先销他省应行之引，以致正引积压。向来办理殊未妥协，此后融销之盐，应俟楚岸正额销竣后，始准其销售。如正额引盐未经运到，即将融销之盐抵作正额，庶该商等不致因引可通融，借端缺配。并着传谕全德即遵照饬办，仍将从前楚省匣费名目，该盐政因何未经查参，缘何一任商人先尽融销，有无弊窦之处，据实查明复奏。”（《清高宗实录》卷1305）

（乾隆五十三年七月丁亥）户部议复两淮盐政全德奏称，湖广、江西销卖商盐，照旧例停止定价，请交两江总督等会筹议奏。得旨：“阿桂现在派往湖北办理堤工抚恤事宜，所有酌定盐价是否可以停止之处，着阿桂就近会同书麟、毕沅、何裕城、惠龄、全德秉公筹办，妥议具奏。”（《清高宗实录》卷1309）

（乾隆五十三年十月癸巳）谕：“据全德奏‘两淮商人呈称，本年楚省荆州被水，堤塍冲漫，该处为行销淮盐纲地转运所资，情关休戚，情愿公捐银一百万两，稍助工赈之需，请于运库解部项下先行借支，自来年己酉纲起，分五年带纳归款’等语。荆州万城堤溃决被淹，早经发帑赈恤，修筑堤工城垣，以资保障。兹据该商等具呈恳请捐输，情词恳切。着照所请，准其于运库借支，分年带完归款，并着加恩交该盐政查明捐输各商，送部照例议叙。湖北为淮商销盐之地，向有匣费陋例，为数不赀。今已清查严禁，地方官吏不敢复行扰累，商人等盐引畅销，永免需索，每年所省浮费，较之此次公捐之数，不啻倍蓰，是以俯如所请。至长芦、山东、河东、广东、浙江等处，非两淮可比，若因淮商现在捐输之举纷纷吁请，转非朕体恤各商之意。着传知各该盐政，俱毋庸代为陈奏。”（《清高宗实录》卷1314）

（乾隆五十三年十月己酉）户部议复：“两淮盐政全德奏称‘本年题奏送楚盐斤，抵作正额案内，声明江西及江南所属安庆、池州、太平等岸额引，向来听其以纲融纲，随到随售。部议以引盐各有疆界，何以他省盐引，运至楚省越界销售？今臣查复，缘湖广为畅销地面，向于每纲之首，查核前纲畅滞情形，略为裒益分派，以期无壅无缺，至两地通融。若俟滞销已有成数，始令改运，已在一纲将完之后，是以向来本岸之引过半，即给与融引运楚，其间商力不齐，或有正引未到，而融引已到，并非有意先融后正’等语。应令该盐政嗣后遇正盐未到，即将已到之融盐抵作正额，以清年限而杜影射。至该盐政又称，各处行盐向有定额，缘江西、安徽等处滞岸，未能杜绝邻私，有妨官运。应如所请，饬交各该督抚、盐政严饬所属文武员弁，实力缉私，以期官引疏销。”从之。（《清高宗实录》卷1315）

（乾隆五十四年四月癸卯）又谕曰：“梁肯堂奏‘河南息县盐务乏商经理，恐民间淡食，是以官为拨运。乃该县陈文衡于两淮委员汪良增运到盐斤后，并不设法速销，转借端搜剔，辗转捺延，其中不无徇利营私情弊，请将陈文衡解任严审’等语。两淮盐引，因湖广地方官向商人需索陋规，并不认真缉私，以致滞销压课。上年甫经整顿清查，河南尚未闻有此等情事，乃息县知县陈文衡竟敢意存需索，勒掯耽延，此而不彻底根究，即是贪婪之渐，势必至如湖广，大为盐务之害……”（《清高宗实录》卷1327）

（乾隆五十四年五月甲子）谕军机大臣曰：“全德奏‘湖广每季应销

十九万三千余引，本年春季仅销十五万四百余引……各商因口岸滞销，已皆减价发卖，而销售情形仍复迟滞。若每季如此，不惟积引不能疏销，将额引亦不能销足。现在严饬江西、湖北、湖南各盐道，督饬地方官实力缉私，以杜侵占’等语。淮南盐引积滞不销，自系各该省督抚不能督饬地方官实力缉私所致。该省大小各员历年得受各商陋规银两，累万盈千。上年查办之后，本应重治其罪，经朕格外宽宥，仅令将陋规永行禁革，该督抚等即当感激朕恩，督饬属员实力查察，严缉私贩，俾官引得畅销无滞，庶可稍赎前愆。地方官吏本有缉私之责，若因该省陋规禁革，不能从中分润，遂竟视同膜外，并不认真督率稽查，以致私贩充斥，官引不行，又安用督抚为耶？毕沅、惠龄、浦霖、何裕城俱着传旨申饬，仍将此次春季盐引因何滞销之处明白回奏。并着严查各属，如有因不能分受规例，遂敢肆行懈玩，并不拿缉私贩，以及仍有借端勒索商人、任意堕销情弊，即行秉公严参治罪，毋得稍有回护。倘嗣后该省仍令私贩累累，致按季应销引盐再有积滞，朕必将该督抚等一并治罪，勿谓言之不豫也。将此由四百里传谕各督抚，并谕全德知之。”（《清高宗实录》卷1328）

（乾隆五十四年五月乙酉）谕军机大臣等：“据毕沅等奏‘楚岸销售淮盐，总以缉私为务，现在严饬州县将弁四路堵截，并查历来私贩，四川则由夔州入境，陕西则由汉兴入境，业将通省私盐踪迹备悉侦知，选派参、游大员分投南北二省，改装密缉’等语。楚省官引滞销，总由私盐充斥，地方官不能实力查拿所致。今既将私盐经由地方及窝囤处所详悉访闻，该督等自应通饬所属文武各员，于水陆要隘之处严密躧缉，务使私盐净尽，官盐畅销，以裨鹾务。其四川、陕西贩往楚省私盐，一由夔州潜至宜昌，一由汉兴潜至郧、襄，着李世杰、巴延三严饬交界地方各官查禁偷越，以杜私贩之源。至湖南之衡州、宝庆两府，亦为私盐出入之地，并着浦霖一体查拿，毋任疏玩。如此四路堵截，民间无私可买，官引渐次疏通，盐法自日有起色。惟在该督抚实力奉行，不得徒以空言

塞责也。将此各传谕知之。”（《清高宗实录》卷1329）

（乾隆五十四年闰五月辛卯）谕军机大臣曰：“浦霖奏‘自五十年十月到任后，因淮盐抵岸甚少，民间盐价日昂，川、粤私盐乘机充斥，当经查明私贩出没之所，不时派委干员，会同地方各官分路严查，并移会提镇，选派营员协同巡缉，密加体访，地方官及派出委员尚无怠惰。惟私盐查禁虽严，淮盐转运不至，楚南额销之引总未能如数运足，民间买食维艰’等语，所奏竟不成话。浦霖身任巡抚，五十年抵任后既知该省淮盐抵岸甚少，私盐充斥，即应将官盐堕销实在情形据实奏闻，候朕及早查办。乃数年以来，并无一语奏及，直待降旨询问，始以此奏塞责，甚属不合。试思民间盐价日昂？私盐乘机充斥，前后措词已自矛盾，私盐并不纳课，又无引额，其价较之官盐甚贱，既因官盐不能抵岸，乘机充斥，小民必向私贩买食，盐价自应平减，何以折内反称盐价日昂。至淮盐抵岸既少，而该抚复派委员弁，于私盐充斥地方，处处严查禁止。是湖南一省官盐、私盐均无从运售，民间势必有食淡之虞。即云五十年以前，或有积贮官盐，亦已早经销尽，此数年来该处民人又从何处买食？岂浦霖目击民间食淡而漠不关心，竟不奏闻，设法查办乎？且私盐既经严禁，不使丝毫透漏入境，官盐自必畅销，商人利于速销，辘轳沾润，又何所阻碍？而不按季转运行销，折内似斯词语支离，不一而足……”寻，全德奏：“询据各商，佥称近接汉口来信，闰五月以来，督抚查缉私盐甚严，盐引得以畅销。臣现鼓励各商倍加赶运，务使岸盐充裕，以供楚商贩运。”得旨：“好，勉为之。”……（《清高宗实录》卷1330）

（乾隆五十四年六月乙卯）谕军机大臣等：“据全德奏‘湖南省官盐从前原系旺销，今日少一日，若非私盐占卖，民间于何处买食？该省私盐充斥，不问可知。但得私盐之来路一清，则官引之行销自畅’等语。湖南界连川、粤，水陆皆通，为私盐出没之地，该抚果能于要隘处所饬属躧缉，自必私盐净绝而官盐畅销。今全德称现在汉口存积多盐，而湖南水贩寥寥无几，非地方官需索，成本有亏，即系得受私贩馈送，以致水贩裹足不前，二者必出其一。是该抚前奏实力查缉、私枭敛迹之处不过徒托空言，仅以一奏塞责，殊不可信。除将全德原折钞寄该抚阅看外，着传谕浦霖，即将近年水贩何以不赴汉口转运，并地方官有无需索及得受私贩馈送，以致官引不能畅销之处，一并详细查明，据实明白回奏，毋得稍存隐饰，致干戾咎。”（《清高宗实录》卷1332）

（乾隆五十四年六月）壬午，谕军机大臣曰：“浦霖奏伊在楚年久，向不闻有地方官向水贩需索之事等语。水贩接买转售，惟利是图，非在官承充、家道殷实者可比。伊等见前赴汉口贩售官盐，途远价贵，不能获利，而私盐无课价贱，易于销售，又可以多为沾润，则官贩即私贩之人也。前据全德奏有‘近年汉口湖南水贩到者寥寥’之语，水贩既不到汉口接买官盐，必系去而贩私谋利，浦霖何未思及耶？并着浦霖留心严查，以期私贩敛迹，官引畅销，不可久而生懈，徒以一奏塞责。将此传谕浦霖，并谕全德知之。”（《清高宗实录》卷1333）

（乾隆五十四年七月乙酉）谕军机大臣等：“据全德奏‘在扬各商，佥称近接汉口来信，闰五月以来，湖南水贩来者日多，据各水贩称，督抚查缉私盐，甚为严紧，贩盐到彼，可以速销，是以上紧前来贩运’等语。湖南官引滞销已久，自系私盐未净。如该督抚等果能饬属实力缉私，何虑官盐不行？今自闰五月以来，水贩至汉口日渐增多，可见毕沅、浦霖等从前并未严饬所属查禁私盐，以致水贩裹足不前，私盐得以充斥。经朕节次降旨饬查，始行上紧严缉私盐。水贩闻风源源而至，则是私盐一经禁绝，官引自可畅销，不致壅滞，其效立见。着传谕毕沅、浦霖等务须饬属时刻留心，实力查禁，毋再如从前之玩懈，致干咎戾也。再全德折内称‘湖南盐斤既可畅销，则汉口益宜储积充足，现饬各商倍加赶运，以供各贩运买’等语，所办好。自当妥为经理，俾运岸盐斤充裕，湖南水贩得以源源接济，不致稍有短缺。将此传谕毕沅、浦霖，并谕全

德知之。”（《清高宗实录》卷1334）

（乾隆五十四年八月丁巳）湖广总督毕沅奏：“向来水贩赴汉商买盐，汉商给与盐道印票，名曰‘水程’。水贩卖盐后，即将水程赴该管州县呈缴，报道查核。迩来并不随时呈缴，以致官私不分。臣现令南北二省将节年水程尽行查缴清楚，以后俱责令一月一缴，并饬盐道将水程豫先发交商人，以便水贩随到随给。不得俟水贩买盐后始发，致令守候。”得旨：“毋始勤终怠可也。”（《清高宗实录》卷1336）

（乾隆五十六年正月乙巳）（四川总督鄂辉）又奏：“川盐各分口岸按引配供，惟川东与湖北毗连，该省鹤峰等八州县又例食川盐，恐有影射夹带之弊，分饬巫山等处严查透漏，毋致有碍淮纲。其余未尽事宜，惟有竭尽愚忱，不敢冒昧更张，不敢因循迁就。”批：“二语得之矣，诸凡勉为之。”（《清高宗实录》卷1371）

（乾隆五十六年三月庚子）谕军机大臣曰：“姚棻奏‘粤、浙两省毗连江境之处，堵缉私盐，尚易为力。惟建昌府属，界连闽省之区，路径较多，堵缉稍难，必须于各要隘添设卡巡，广为堵截，方收实效’等语。各省行销官盐，分疆画界，各销各地，原以杜偷漏引课、越境贩私之弊。但必须酌核远近情形，使民间食盐不致舍近求远，去贱就贵，方为妥善……他如湖南之永顺、湖北之宜昌等府，与川境毗连，该处私盐俱从四川运入，以此类推，各省多有。在盐政等各有额定引课，所谓出纳之吝，不肯通融办理，殊不知建昌与闽省相近，永顺、宜昌等府与川省相近，何妨改食川、闽引盐。所有应征盐课，即移至该二省输纳，如此一转移间，不特便于民食，即私贩亦无从影射获利，其弊自可不禁而止……着传谕各督抚酌量情形，悉心核议，如能不动声色，与邻省彼此确商调剂，可省许多缉私之繁者，并着会衔详议具奏，总以不畏难而又以不滋事为要。”（《清高宗实录》卷1375）

（乾隆五十六年五月戊寅）户部议准两淮盐政全德奏称，前因江都、甘泉二县食引壅滞，以五分融入湖广纲引行销。今湖广积引较多，应将融引收回本岸办理。从之。（《清高宗实录》卷1378）

（乾隆五十六年五月）丙申，谕军机大臣曰："毕沅等奏'永顺、宜昌两府，每年定额不过各销三千余引，淮商并不争此纲地，实系恃此数处险隘，以为敌私之地。如改食川盐，实有捍格难行之处，应请仍循其旧'等语。此事昨已明降谕旨，将各省行销引地，悉照旧定章程办理，无事更张矣。今毕沅所奏，永顺、宜昌二府不复改食川盐，尚与谕旨相合，自应照旧办理。惟所称永顺、龙山等四县，如遇淮盐不能接济，仍令零星买食川盐，听从民便，但不得过十斤以上一节，所言殊属未当。该处毗连川境，小民因淮盐不能接济，零星买食川盐，亦事所常有。但不可定以销盐斤数，使百姓以买食私盐，业已奉有明文，遂致逐渐增多，无所底止。设如毕沅等所奏，以十斤为率，明立科条，不啻导以兴贩私盐之路。况小民趋利若鹜，或于十斤之外加增数斤，地方官岂能按户稽查，逐一秤验？如果私贩盐斤事经发觉，自当按法惩处。若系官盐不能接济，零星买食，地方官只可行所无事。所谓民可使由之，不可使知之，毕沅等所奏永顺等四县买食川盐定以十斤之处，不必行。将此各传谕知之。"（《清高宗实录》卷1379）

（乾隆五十六年七月乙亥）谕军机大臣曰："魁伦奏'琉球船只出口，照例免税'一折。细阅单内所开，除大黄一项系遵照奏定章程，官为代买外，其绸缎丝布及川芎、川连纸、泾县纸等件，俱系内地货物。而洋参、苏木等物，乃外洋所出，又似带至内地售卖之件。该夷使既置买内地物件，带回该国，何以外洋之物复转向内地购买带回？魁伦所开单内殊属牵混，着该将军详晰奏明。又大黄系向何铺代买，来自何处，即行复奏。"寻奏："洋参、苏木俱出西洋、暹罗等国，并非琉球所产。大黄一项，据承买药材行户等供称‘各样药材，俱由江西樟树镇贩运来闽销售。但江西亦不产大黄，闻得陕西泾阳县为大黄汇集之所，转发汉口、樟树等处行销’等语……”报闻。（《清高宗实录》卷1382）

（乾隆五十七年正月壬辰）湖广总督毕沅、湖北巡抚福宁奏：“楚省额销淮盐七十七万九千余引，因界联川、粤、豫、陕，缉私最要，遵旨督饬文武员弁严行躧缉。今总计一年，除足额外，溢销十万二千余引，现仍加紧督缉。”得旨：“毋久而懈，勉之。”（《清高宗实录》卷1395）

乾隆五十七年壬子二月乙卯，谕军机大臣曰：“全德奏‘上年江、广销盐总数’一折。内称‘湖广于岁额外，多销十万二千七百六十七引，江西于岁额外，多销一万八千九百二十六引’等语。江、广额销盐斤，前因督抚等皆有积弊，以致私贩充斥，官引不能畅销，引课往往缺额。经朕节次降旨，饬令该督抚严定章程，实力去弊缉私。今据全德查明，上年江、广销盐总数，于正额外多销十二万一千六百余引，可见各督抚果能洁己，更饬属上紧缉私，其效立见。但江、广地方盐务，于积疲之后，甫有起色，该督抚等尤应各饬所属，加倍认真，俾官引销售日畅。不可因上年稍有多销引额，遂尔心存懈怠，复使私贩得以侵销，官引再有积压，方为妥善。将此各传谕知之。”（《清高宗实录》卷1397）

（乾隆五十九年三月癸巳）又谕：“据董椿奏‘湖广、江西口岸向来不免堕销缺额，近年以来，湖北盐道保定、江西护盐道衡龄，督饬认真，官引得以畅销’等语，保定现届六年俸满，例应调取来京引见。今该处鹾务正资调剂，未便遽易生手，保定着再留任三年，且不必送部引见，以资驾轻就熟。衡龄前于知府护理盐道任内，所报销数不实，部议降调。今护篆数年，办理尚知奋勉，着加恩赏还知府原衔，仍令护理江西盐道事务。该员等当倍加感激，实力妥办，以期官引源源畅销，毋得始勤终怠，致滋贻误。”（《清高宗实录》卷1448）

（乾隆五十九年十二月乙丑）谕军机大臣曰："御史王城奏'盐课以两淮为重，淮盐以楚纲为重，近闻河东贩卖盐斤，私行阑入楚境，官纲不能畅销，请饬该督抚、盐政会同妥议，于楚、豫交界处所设卡查拿'等语。河东鹾务，因该处盐池不能旺产，商力疲乏，逐年缺销，经朕加恩，将盐课归入地丁，连岁以来该省民无食贵之虞，并免佥商之累，实属沾益无穷。但各省行盐，俱有定界，今王城奏河东现在盐贱，私行侵销出境，以致两淮官引壅积，若果有此情形，于鹾务亦有关系，该管督抚及两淮盐政何以未经奏闻？福宁本系湖北巡抚，今复擢授湖广总督，于该处纲引行销有无侵占，自必早有见闻。即阿精阿，虽甫任河南巡抚，但河东盐斤是否由豫省阑入楚境，亦无难询访而知。着传谕福宁、阿精阿，即将楚、豫交界地方有无河东盐斤侵销之处，据实核办复奏，毋稍回护。至苏凌阿现署两江总督，有兼管盐政之责，而全德正署两任，久在两淮，盐务尤其专管。如果湖广滞销由于河东私贩入境，该处盐道及商人岂有不行禀报之理，全德何以竟未奏及？着传谕苏凌阿、全德，即将各实在情形详悉复奏。"（《清高宗实录》卷1466）

（乾隆六十年二月癸亥）谕军机大臣等："本日福宁等奏楚省销盐溢额折内称'在襄阳地方督拿，共获豫省私盐十余起，又在宜昌地方拿获积惯囤贩私盐之户，现在提解究办'等语。上年冬间，御史王城曾经奏及河东盐贱，阑入楚境，以致两淮官引滞销。朕以山西、湖广并非接壤，中隔河南一省，即系行销芦东之盐，若河东私贩阑入楚省，势不能越过豫省，自必先行侵占芦东口岸，始能阑入楚省。彼时适徵瑞在京，因令军机大臣询问，据称'芦东行销河南地方盐斤，近年按引畅销，并无河南私盐阑入'等语。今据福宁奏，拿获豫省私盐至十余起之多，是河南地方即有私贩透漏，以致阑入楚境，何以并未据该抚等奏及？着传谕阿精阿、徵瑞，即将此次福宁拿获豫省私盐，是否系由河东私贩阑入，抑系长芦私贩偷越至楚之处，查明究办。并着该抚等于豫省口岸地方严密

稽查，督饬地方官实力巡缉，俾私贩不致偷越，官引得以畅销，方为妥善。”（《清高宗实录》卷1470）

（乾隆六十年九月甲子）又谕：“据苏楞额奏‘季报销盐实数’一折，内称‘湖广夏季分照额销足外计溢销盐四百引，江西夏季分照额销足外计溢四引，至淮南食盐口岸并安庆、池州、太平三府本年夏季少销盐二万一千二百十七引’等语。每季盐引，自应实力妥办，以期畅销。本年夏季分，湖广、江西只溢销四百四引，而淮南及安庆等府额销引盐竟缺至二万余引之多。虽盐斤销数系按年牵算，但似此逐渐递压，岂不复至堕销？且淮南、安庆、池州、太平等处，俱系该盐政驻扎附近地方，尤易稽察，如果地方官实力督销，何至短销二万余引之多？着传谕苏凌阿，会同苏楞额，即将淮南口岸并安庆、池州、太平三府夏季报销盐引因何短销之处，据实查明复奏。并严饬地方官实力妥办，务期按季销足，毋得再有短缺，致干咎戾。”（《清高宗实录》卷1487）

（嘉庆五年二月）甲辰，谕军机大臣等：“御史郑宗彝奏‘请饬查盐务岸费’一折，湖广、江西运盐口岸向有匣费，自经裁革后，商人成本减轻，于办运实多裨益。乃日久懈弛，其弊复生，竟至有每引用至一两数钱以上之事。其运盐江船，复不遵奉官价，任意高昂，而自场灶至各口岸无益之费有增无减，似此种种縻费，商本日亏，于国课民生所关匪细。着传谕姜晟、张诚基、书鲁严饬各该岸商人，务将浮费尽行裁汰，不得复有加增。即有必不能省者，亦应令该商等酌定数目，费归实用，毋许丝毫浮冒。倘此后裁革各款，仍属有名无实，惟该督抚、盐政是问。”（《清仁宗实录》卷60）

（嘉庆七年正月辛卯）谕内阁：“山西巡抚伯麟奏请‘晋盐行销地界，给票验放，以杜偷越’一折。晋盐课归地丁，原以便民，兹于晋、豫关津等处层层验票，始令贩运，诚恐官吏等从中勒索，致滋弊端，而于稽察私贩越境仍无裨益。其如何设法严禁越贩，又不致扰累商民之处，着该部详悉妥议具奏。”寻议：“晋省池盐向系行销豫省，自乾隆五十七年课归地丁，任听商贩，本以便民，兹恐其偷越楚省，遂欲明立限制，给票稽查，势有难行，应毋庸议。至向来稽查盐斤，系于茅津等渡，令其对渡登岸，勿许顺流直下，实为查禁私枭要务，应令抚臣责成地方官会同营汛，于盐斤到黄河北岸，饬令对渡南岸，不许顺流驾船由黄入洛，由洛入汝，越至楚境。又河南南阳府属之南阳等七州县，共有水陆要隘三十七处，地方文武员弁稽查私枭越楚，系属定例，亦应再行申明，惟在各督抚督饬所属实力奉行，则贩运既难，脚价亦贵，私贩无利，其弊自止。”从之。（《清仁宗实录》卷93）

（嘉庆七年二月庚申）谕军机大臣等：“御史乔远煐奏‘请调剂楚省鹾务，以杜积弊’一折。据称‘楚省行销两淮纲引，近年该管道员私立封轮之禁，将淮纲先到船只查验号数开售，其后到船只，均封贮汉河，不准抢卖，奸商得以居奇垄断，民间有淡食之虞。又将已裁汉商匣费酌定银数，并逐渐加增，致该商等暗扣折头，滥行开支’等语。引盐向无轮售之例，从前该省于盐船抵汉，均系不论先后，听商起售，何以近年该管道员立有封轮名色？是否必应如此办理，抑系管理盐务官员私设此例，为抑勒地步？匣费久经裁革，该御史折内所称己未、庚申两年共派银八十余万及百万两不等之处，是否因办理军需，添凑支用，抑系该管官员私行派累？并着吴熊光彻底清查，据实奏闻。”寻奏：“汉镇岸商承领扬商引盐售卖，向来奸猾者不顾扬商成本，跌价抢卖，是以前任盐道保定定有封船轮售之例，并于轮销之中，凡领帑营运及遇风走漏者，俱准先行提销，似尚为顾恤商本起见。臣现饬藩、臬、盐道切实查明，另行奏复。至汉商匣费久奉裁革，前接盐政书鲁来咨，以己未、庚申两年共派费银八十余万两至百万两不等，任意浮冒，行提岸商赴扬查办，查裁存匣费原为各岸商房租伙食，暨惠济乏商及缉私卡商俸工等用。而元、二两年雇备乡勇保护汉镇，前年冬间煮赈饥民，所用之项亦在引盐内派费公摊。现在经管岸商业已赴扬，所有己未、庚申两年派费加增作何支销，各官有无染指情弊，请饬新任盐政佶山饬提查讯。”得旨：“着传谕佶山详悉查讯。至汉岸销盐设立封轮之例，有无抑勒需索及抬价病民之处，佶山务当与吴熊光合筹妥议具奏。”（《清仁宗实录》卷94）

（嘉庆八年八月）甲戌，谕军机大臣等：“吴熊光等会筹晋盐定立章程一折，已批交户部议奏矣。又据佶山密奏‘晋省民人愿食池盐，只缘口盐侵占，以致池盐不能畅行。若将口盐禁止水运，可无晋私充斥之虞’等语。从前蒙古盐斤，原不许运入内地，定例綦严。迨巡抚农起以口盐不通，或致土盐价贵，议请弛禁，但彼时止准由陆路零星贩卖，并不准其水运。嗣经伊桑阿以口盐陆运所销无几，会同旺沁班巴尔奏准，贩运口盐，由黄河至临县碛口镇起岸，亦曾立有定界，以为节制。自从课归地丁以后，听民自销，而口盐水运地界，无人稽察，日久亦俱废弛，由是口盐越界行销，而池盐转不能畅行于晋省，遂致私越楚、豫。两淮官引历年每有积滞，自应通盘筹画，以杜弊源。今该盐政请禁止口盐水运，只准由陆运行销，固属探本之论。但口盐准由水运已非一日，是否可以概行禁止，抑只须严定地界，杜绝私越之处，着伯麟察看情形，或与阿拉善王旺沁班巴尔会商，期于内地盐务有益，而蒙古亦可日久相安，方为妥善。该抚务须悉心详议，据实具奏。将此谕令知之。”（《清仁宗实录》卷118）

（嘉庆九年四月）癸未，谕军机大臣等：“现在阿拉善王旺沁班巴尔业经身故，伊并无子嗣，将来系伊弟袭爵。因思上年筹议蒙古盐斤入口事宜，曾经伯麟会晤旺沁班巴尔商定章程，具奏准行。但晋省盐务，从前佥商办理时，曾不闻蒙古盐斤充斥内地。迨课归地丁以后，因池盐听民间行销，官无缉私之责，盐禁日就废弛，蒙古盐斤因而偷越，不特于晋省地方任意行销。甚至河南、湖北等处口岸，亦均有侵界私销之事，以致淮北官引转有滞销堕运。此弊言者啧啧，于国计关系甚重，不可不亟为治理。目今口盐虽已定立船只、盐斤数目，并于碛口画界稽查。然蒙古趋利若骛，而派出稽查之官员胥吏等亦难保无疏纵卖放等弊，势必仍有侵越，恐属有名无实。从前办理，课归地丁，原因河东佥商一事，竟有富户出资求免，辗转改佥，不肖地方官借得私肥囊橐。思欲绝其弊源，殊不知改归地丁，则穷民小户转代殷实之家输纳盐课，本未平允。况池盐或有偷漏其利，总在民间，若口盐侵占，到处行销，设不杜渐防微，必致闾阎之脂膏渐为外藩盘剥，殊有关系。着伯麟率同张师诚悉心筹画，如能将晋省盐务仍归官办，按照旧章，使口盐无从侵越，最为妥善……”（《清仁宗实录》卷128）

（嘉庆九年十月）辛巳，谕内阁：“前因佶山奏‘两淮纲引不能畅销，请将运豫潞盐定额给票，以杜侵越’，当经降旨令同兴及张师诚悉心体察晋省民情，有无妨碍，妥议速奏……所有晋盐给票一事，仍着交该部再行妥议具奏。”寻经户部议驳：“……并请分饬河南巡抚、两湖总督等转督各属，于南阳、襄阳交界地方严行巡缉，再湖北宜昌一带责成新滩通判严缉，以遏川私。”从之。（《清仁宗实录》卷135）

（嘉庆十年九月戊寅）谕军机大臣等：“本日百龄奏‘岸商抬价病民，劣衿得贿私和，审明定拟’一折。据称‘汉口岸商程启大等于淮盐配运到楚时，借称成色工本不一，意为高下，私将价值加增，并复递加平色，以致行户水贩辗转递增，经该处监生吴家珏等历次具控，现经审讯定拟’等语。淮盐配运到楚，本有一定例价，今该商等不遵限制，抬价病民，以致衿民借端挟诈，甚至酿成人命，皆由奸商网利而起。前据佶山奏称，潞私充斥，官引滞销。似此官盐之价贵于私盐数倍，小民焉肯弃贱食贵？无怪官引滞销，私盐充斥。乃鳃鳃焉惟以缉私为急，岂非舍本求末乎？吴熊光、托津赴楚省查办此事，着查明该商等擅抬盐价，是否私自增添，抑曾经禀明盐道及佶山，准令伊等办理，毋任含混。将此谕令知之。”（《清仁宗实录》卷150）

（嘉庆十年十一月甲寅）又谕："本日铁保奏'查明楚省岸商私自抬价一案，因该省嘉庆九、十两年官引畅销，岸商欲弥补八年以前缺额亏累，将梁、安等盐分别增减出售，以致牵扯合算，每包多卖银数厘。现据该商等请照九、十两年销盐引数计算，将多卖银二十二万两零缴还外，并请照数认赔银二十二万两零，于二年内全数缴完'等语。该省盐价，节经奏定章程，商人等自应恪遵办理。即因今昔成本不同，应须调剂，亦当据实呈请奏办。乃黄潆泰等任听岸商私自增减售卖，显违定例，实属不合。即责令倍罚革退，亦属咎有应得。第念事关通淮商力，特予格外体恤，着将此项多卖银二十二万两零，即在该商黄潆泰等名下照数于二年内缴完，免其革退。其认罚银二十二万两零，着加恩宽免。至佶山久任盐政，于此案抬价病民之处毫无觉察，所司何事？佶山着交部议处。运司曾燠亦未查出，着交部察议。此后盐价，仍遵照五十三年奏准原案办理，毋许有逾定额。"（《清仁宗实录》卷152）

（嘉庆十年十二月辛巳）刑部议驳"调任湖广总督吴熊光等审讯岸商抬价病民，劣衿得贿私和"一案。得旨："部驳甚是。此案余理堂于岸商程启大与吴家珏贿和之后，恐盐价终不能平，始同廖士琳续控。经司道等审明吴家珏受贿属实，是余理堂所控并无虚捏，正当理直气壮，何转虑及吴家珏怀恨牵污，辄萌短见？且吴家珏并无向余理堂用言恐吓情事，有何悔虑？况余理堂如果悔虑轻生，亦必当向伊子道及，何以案内又无一字声叙？看来余理堂难保非被人勒毙，看役等受贿捏供，即其子余楫或亦有贿嘱私和情事，俱未可知。案关人命，不可不切实根究。至该省盐斤价值，据吴熊光等讯据岸商供称，梁盐每包卖银自三钱二三分及三钱四五分不等，核之例价每引增至四五钱及一两五六钱，安盐每包多卖二三分，每引亦增至一两二三钱。何以铁保前奏只称一引多卖银一钱六分五厘，并称有少卖之处？彼此声叙，多寡悬殊，此时全保尚未赴楚，着仍交托津会同瑚图礼提集原被人证，按照部驳情节，再行研讯确实，

详细查明，据实具奏。”（《清仁宗实录》卷154）

（嘉庆十一年七月）辛未，谕军机大臣等：“本日英和等奏称‘吉兰泰池盐，除由黄河水运可行山西省北，陕西府谷、神木等处，闻尚有由甘肃巩、秦一带入陕西陇州，分途入楚之路。从前私贩透漏侵越淮纲，俱由于此，可否敕下陕甘督抚体察情形，或即改行口盐，或应划分疆界，防其越境假卖’等语。着方维甸查明该一带向来例食何处之盐，从前私贩到彼，系经由何处州县贩卖入楚……着即体察情形，妥议具奏。”（《清仁宗实录》卷164）

（嘉庆十二年六月）庚子，谕内阁：“户部议复‘湖广、江西两省行销淮盐价值，恳照总督汪志伊所奏，暂援余息成例，每引酌增银四钱二分，请旨办理’一折。盐斤为民食攸关，该二省引盐成本加价已非一次，若只为商人沾润起见，屡请加增，则恤商转以病民，不足以昭平允。姑念两淮场灶连年被灾，该商等成本加重，办理竭蹶，亦属实在情形。所有湖广、江西盐引，着照汪志伊所奏，一体准其援照余息成例，每引酌增银四钱二分。此系因商力疲乏，暂为调剂，该督抚、盐政等当随时留心察看，将届三年，据实具奏。俟商力稍裕，即行奏减，仍复旧规。如届期商力尚未宽纾，或再展限三年亦可。但现在所定成本余息，较之从前原议已不啻数倍，该督抚、盐政等此后再不得渎请加增，致滋民累，余俱照户部所议行。”（《清仁宗实录》卷182）

（嘉庆十六年十月己未）谕军机大臣等：“据步军统领衙门奏‘直隶沧州民人王大有呈控张自明等殴伤伊父王其祥身死，贿买顶凶，并首出彭姓等盐店私卖给湖北三帮粮船盐一万八千余担，控县不为究办’各等情，已明降谕旨，交温承惠亲提审办矣……今王大有所控沧州盐店卖给粮船私盐一万八千余担，酿成命案，系在八月二十一日。计其月日，已在嵩年离任之后，或系祥绍接任，因有前谕，遂将查缉员役概行裁撤，

以致私贩公行无忌，亦属非是……”（《清仁宗实录》卷249）

（嘉庆十六年十二月丙寅）又谕：“直隶天津一带向有私贩盐斤卖给回空粮船之弊，前任盐政嵩年查缉甚力，惟将肩挑负贩之人纷纷查拿，未免苛扰，曾经温承惠奏及。乃祥绍接任后，又一味因循，任令奸商私售。前经沧州回民王大有呈控命案，首出彭姓等盐店私卖给湖北三帮粮船盐一万八千余担，当饬许兆椿派员截查。兹据该漕督奏称，将湖北头、二、三帮一体搜查，共起出私盐二十九万二千余斤。并讯据丁舵等供称，所带私盐，系买自天津一带常春等店，并非买自沧州彭姓等盐店。粮船私载盐斤至二十九万之多，必非零星担负所能售给，自系奸商私开店铺，大起贩运，毫无顾忌。盐政系专管之员，祥绍着交部议处。温承惠不能查察，着交部察议。所有应行承缉各员，着该督查明参奏，分别议处。现在粮船丁舵等供出情节与王大有所控不符，经许兆椿咨行该督，提讯王大有及彭姓等，确供私盐究系卖给何帮。着温承惠即行讯明复知该漕督核办。倘许兆椿所讯丁舵等续行供出有与王大有控案相涉应行质讯者，着即解交直隶归案办理。”（《清仁宗实录》卷252）

（嘉庆二十三年二月）丙子，谕内阁：“孙玉庭等奏‘湖广、江西纲引滞销，请将盐道惩处’一折。湖广、江西丁丑纲盐引运销不及十分之一，实属惰玩。盐道章廷梁、胡稷俱着革职留任，摘去顶带，责令将积引督属上紧疏销。如能依限足额，由该督等奏请开复。倘始终怠玩，即参奏离任。至官引滞销，由于私盐充斥，该二省行引地界辽阔，所有缉私事宜，并着湖北、江西各督抚督饬地方文武官员一体认真查办。其应如何设法疏通积滞、堵缉邻私及稽查夹带偷漏之处，着该督抚、盐政等会同妥议章程具奏。”（《清仁宗实录》卷339）

（嘉庆二十三年二月丙申）谕内阁：“御史吴杰奏‘湖北缉私，请派道府查办’一折。湖北近来官引滞销，皆由邻私浸灌，承缉员弁不能认真巡缉，并兵役等得规庇纵，以致枭贩益无忌惮，自应亟加整饬。着该督抚遴派文职道府，武职副将、参、游等官，在于川私、潞私入楚各要隘地方实力巡查，设法堵缉。并将得规包庇卖放之兵役查出，严究重惩，以除积弊。”（《清仁宗实录》卷339）

（嘉庆二十三年二月丙申）谕军机大臣等：“前据孙玉庭等奏，湖广、江西纲引滞销。当经降旨，将该盐道革去顶带，令该督抚、盐政等将堵缉邻私及稽查夹带偷漏之弊会同妥议章程具奏。兹据御史吴杰奏称‘巫山、大宁一带盐埠口岸素有奸商私造引张，名为墨引，串通土豪，勾引私贩各船，到彼捏称提载，由水路浸入荆州、宜昌等处；陆路则由灶户出卖，与竹溪、房县肩挑背负之民，每日不下数百人，听其贩往楚界各乡村售卖。又闻陕西商南、平利一带私盐，即自潞商各店中贩来，由汉中顺流而下，至襄阳之谷城、德安之安陆分途暗售。河南私贩即自南阳之李官桥店中贩来，亦至谷城、安陆等处，请饬令各督抚查办’等语。私盐充斥，以致官引滞销，亟应设法整顿。着孙玉庭、庆保、张映汉、钱臻、阿克当阿会同确查，并将该御史指出开设店铺、兴贩私盐各地界，移咨四川、陕西、河南各督抚，一体查明究办。其应如何设法堵缉稽查之处，归入会议章程内，一并妥议具奏。将此各谕令知之。”（《清仁宗实录》卷339）

（嘉庆二十三年四月辛未）谕军机大臣等：“据庆保等奏‘查明湖北历来邻私浸灌各口岸均已添建官厅卡房，并酌给口粮薪水，饬令派出各员弁分率兵役常川驻宿巡缉，其余水陆交冲各处随时委员巡查，并令各商公举在楚年久、熟悉盐务商人专司缉私，自选商伙分投踹缉，一有枭犯踪迹，随地报官擒拿。如各口岸有疏懈卖放之弊，准其据实密禀，以凭究办，并移咨四川、两广、陕西、河南各督抚一体查缉’等语。私盐浸灌引地，惟在地方大吏督率文武员弁认真缉拿，按律惩办，俾私枭知所畏惧，自能敛戢。岂可以踹缉之责诿之商人，转令各员弁兵役有所推卸？试思邻省匪徒成群结党，突入境内，地方官本应严拿惩办，不但堵截私盐，兼可剪除匪类，以靖闾阎。若不认真查缉，徒为纸上空谈，于事有何裨益？至界连湖广各省，如四川之巫山、大宁，陕西之商南、平利，河南之新野、唐县以及粤西与湖南接壤各州县，均应认真查禁。除官引之外，盐斤概不准私贩出境，则其源既清，下游自不致受浸灌之累。着蒋攸铦、阮元、叶绍楏、朱勋、和舜武各饬所属于要隘地方实力巡缉，并严查官役包庇卖放之弊，庶周防严密，可收裕课安民之效，慎毋存畛域之见也。将此各谕令知之。”（《清仁宗实录》卷341）

（嘉庆二十三年五月）丙午，谕内阁：“庆保等奏‘湖广行销淮引界内，有淮盐挽运维艰之永州、宝庆二府，请就近改食粤盐；郧阳一府，请就近改食潞盐；宜昌一府，请就近改食川盐’等语。淮盐行销地界，系百余年久定之例，近日楚省地方官不能实力缉私，以致邻盐浸灌，额引缺销。乃辄议将楚省四府淮盐引地改食邻盐，不知私盐充斥之区，全赖自固藩篱，若退让一步，必愈致进侵一步，是何异引盗入室，自撤藩篱乎？所奏实属纰缪，庆保、张映汉俱着交部议处。该督抚惟当督饬地方文武员弁实力缉拿私枭，以护引地，如再不认真查办，仍前疏纵，定行惩处不贷。并知会孙玉庭、阿克当阿遵守原定界址，不得轻改旧章，致滋流弊。”（《清仁宗实录》卷342）

（嘉庆二十三年六月）辛未，谕内阁：“孙玉庭等奏‘会议江西堵缉邻私条款，开单请旨’一折。前因湖广、江西纲盐滞销，降旨令该督抚、盐政将疏通积滞、堵缉邻私、稽查夹带偷漏事宜，会议章程具奏。兹据孙玉庭等将江西堵缉邻私章程开单呈览，朕详阅单内……各条均系因地制宜，俱着照所议办理……”（《清仁宗实录》卷343）

（嘉庆二十三年九月丁巳）又谕：“孙玉庭等奏‘请定盐捕通判惰销处分，并责令营员一体缉私’一折。湖北宜昌府拨贮淮盐十万包，设立盐捕通判，领运分销，向止定有缺销罚扣薪水章程，并未明定惰销处分，以致日渐懈弛，任听川私浸灌，不特宜昌一府销不足额，下游纲引悉受其害。自应严定考成，俾有专责。着照所请，即以每年运盐十万包，作为十分销数，责成该通判缉私运售。如销不足额，按照惰销分数据实参处，分别降革。其宜昌上游归州一带，并着宜昌镇派弁督兵，会同移驻文员实力缉私。如上游堵截不力，准该通判禀揭，查明该文武员弁，严参究办。务各行之以实，以肃鹾政。”（《清仁宗实录》卷347）

（嘉庆二十三年十月）乙酉，谕内阁：“御史黄中模奏‘请复盐价旧规’一折。湖广、江西盐价，嘉庆十二年酌议，每引增银四钱二分。其时降旨，令该督抚、盐政等随时察看，或将届三年，或再展三年，俟商力稍裕，即行奏减。迄今已阅十余年，总未据奏请减价。兹该御史奏请仍复盐价旧规，着两江总督、两淮盐政即行查明湖广、江西两省现在行销淮盐价值，酌量奏请裁减，以敌私贩而裕民食。”（《清仁宗实录》卷348）

（嘉庆二十四年二月甲戌）又谕：“孙玉庭等奏‘查明淮盐现销价值，请免裁减’一折。前因御史黄中模奏请复盐价旧规，当交该督等详查情形，奏请酌减。兹据查明湖广、江西两省行销淮盐价值，上年曾将十三年所加一分五厘余息奏请停止，只留十二年所加四钱二分余息，以资办运。现在体察该商等运销成本，较前增重，若再行议减，必致商力拮据，自系实在情形。着将前议留存四钱二分余息，仍准其暂免裁减。该盐政更不得听商人怂恿，以转输不继为词，再议加增，妄行渎奏，即奏亦断不准行。”（《清仁宗实录》卷354）

（嘉庆二十四年五月辛巳）谕军机大臣等：“御史程伯銮奏‘湖北巴东县一带，有借巡查私盐名目勒捐下水船只者。自巴东以下，如八幅亭、小新滩、清滩、平山坝、红花套以及宜昌属之白杨等地方，计程仅二百余里，设立盐卡七处之多。每处巡船约十余只，巡役约数十人，下水船到，必令挂号，先索挂号钱，始行查验。其有女眷船只，往往计口索钱，谓之免验钱。行旅等因有奉旨缉私黄旗，不敢与较，不得不多与钱物，恳其放行，谓之验放钱。沿河兵弁，亦助势分肥’等语。湖北行盐口岸设卡巡私，原为缉拿枭贩，止应于要隘地面认真巡逻，岂容纷纷设立私卡，致胥役等借端需索，扰累商旅？着庆保等即查明该御史所奏之八幅亭等处盐卡，是否官应设立，抑系私行添设。如有私设者，即令裁撤。其官设盐卡，务饬该管文武官严督兵役人等实力查缉私枭。其行旅船只，概不许借端需索。查有挂号、免验等项名目，立即严办示惩，勿稍徇纵。将此谕令知之。”（《清仁宗实录》卷358）

（嘉庆二十四年五月乙酉）又谕：“……上年庆保等奏酌改湖广行销盐引章程，经户部议驳，曾降旨将该督等议处。今该御史复为此奏，显系受人怂恿，轻议更张。唐鉴不胜御史之任，着以六部员外郎用。”（《清仁宗实录》卷358）

（嘉庆二十四年六月庚申）是月，湖广总督庆保等复奏：“官设盐卡相符，仍密查私设。”得旨：“有官卡必有私设，影射图利，势所不免，总在随时查察，不可懈怠。”（《清仁宗实录》卷359）

（嘉庆二十五年二月）辛卯，谕军机大臣等：“据延丰奏‘淮南各口岸邻私浸灌，场灶透漏，以致累年销绌引滞，课悬本搁。楚岸则有四川、巫山、大宁一带盐埠口岸越境侵销，一由水路入宜昌、荆州等处，一由陆路入房县、竹溪等处。其陕西之商南、平利一带私贩，由汉中顺流而下，至襄阳、德安等处分售，名曰潞私。河南自南阳之李官桥各铺贩至谷城等处售卖，名曰豫私……请饬各该督抚实力缉私。又疏销引盐为盐道专责，向来各省因考核过严，虑干处分，不免有多开轮售、捏报分数之弊’等语。近年楚西各口岸私枭充斥，官引滞销，国课既多虚悬，商力亦虞支绌。现据该盐政查明私盐浸灌处所，着该督抚等各饬所属文武地方官无分畛域，实力侦缉，务将巨枭窝囤随时随地严拿惩办。不得互相诿卸，或仅将寻常小贩缉拿数案，借以塞责。总期私枭敛戢，俾官引得以畅销，以裕国课。至各该盐道疏销纲引，是其专责，按照分数以定考成，并着该督抚核实稽查，务令各盐道将销售轮盐实数按季据实开报，不得以开轮未售之盐入数作销，以杜规避。将此各谕令知之。”（《清仁宗实录》卷367）

（嘉庆二十五年十二月戊子）又谕：“孙玉庭等奏‘请停止淮南、北口岸盐斤加价’一折。据称‘办理盐务，减价乃可敌私，销引方能裕课，今因加价而盐不能销，不如勿加而销盐较畅，请将现在淮南、北纲食各岸加卖盐价三厘，援照从前停止楚西余息之例，自辛巳纲起，均予停止，此后可令专心赶办课赋，于食、课两有裨益’等语。盐斤加价，有妨正课、民食，该督等所奏自系实在情形，朕此时不难降旨允准。第思此次加价余息，即概行停止，在课款不过少入数十万两，恐所减之价仍不敌私盐之贱。既不能敌私，则盐引仍不能畅销，正课仍不能足额，于国帑、民食两无裨益。现在盐法敝坏，其致敝之由必仍有故，着孙玉庭、延丰等再行通盘筹画，总期每岁引课永远年清年款，毫无短绌，务得正本清源之道，行之日久，俾盐法日有起色，渐复旧规，不致又议加增。果能如此，该督等切实奏陈，再奏请停止加价，朕必不吝准行也。将此谕知孙玉庭，并传谕延丰知之。”（《清宣宗实录》卷10）

（道光元年六月）壬寅，谕内阁：“曹振镛等奏‘会议两淮盐务’一折，着照所议行。至邻私浸灌一节，缉捕之责，惟在地方文武各员实力奉行，着湖广总督，湖北、湖南、江西、安徽各巡抚及宜昌、永州两镇，各饬所属认真巡缉。如有大伙枭贩，立即严拿重惩，不可区分畛域，以杜侵私而裕国课。”（《清宣宗实录》卷20）

（道光元年七月）乙丑，谕内阁：“前据孙玉庭奏‘淮盐运至楚岸，应停止封轮之法，改复散卖旧章，以利疏销’，当交陈若霖查核妥议具奏。兹据陈若霖奏称‘查明现在楚岸积盐，自上年十一月起，至本年五月底止，未经开封盐船尚有四百十三只。此时若令全行开售，恐变法太骤，一时疏销不及，盐行水贩压价赊欠，有力者争买新盐，旧盐停积，商本愈亏。船户水手不下数千人，一闻散卖之信，均思卸载，纷纷争闹，势所必然。总须妥筹全局，逐渐疏销’等语，所奏自系实在情形。着照所请，先将存积最久之上年十一、十二两月到岸盐船尽数开售。俟销售将竣，再将本年正、二两月到岸之盐接手开售，以后均照此办理，俟现在积存之引销有成效，续到之盐易于流通，再令随到随卖，以广疏销。若行之日久，各商办盐踊跃，岸盐有存积过多、争先抢卖者，则随时暂封，仍不得过两月之限。似此逐渐疏通，自可不至因革弊而先受变法之累也。”（《清宣宗实录》卷 21）

（道光元年十一月戊午）又谕：“陈若霖等奏‘筹议查办苗疆事宜’一折……再苗疆远处边隅，如遇淮盐不能接济，着准其照湖北归州等州县之例，听民买食川盐，不得过十斤之数。如有大伙私贩，仍责成该地方官严拿，以杜侵灌。该督等督饬该道，董率厅县，实心经理，加意抚绥，用副朕乂安边圉至意。”（《清宣宗实录》卷 26）

（道光二年六月丁卯）谕军机大臣等：“据孙玉庭奏‘接两淮盐政曾燠钞寄复奏御史条陈盐务事宜折稿，内有轮规当散一条。曾燠意在整轮，该督以两次接陈若霖来信。楚省自上年散轮后，商人极见相安，并无跌价抢卖之事。若散售未久，仍复整轮，水贩必致观望，民间将虞淡食。并据运司钱宝甫前在湖北盐道任内禀称，未经封轮以前及封轮以后，商运畅旺消乏情形，指陈最为明白，请交湖广督臣确查实在岸情，随时制宜，再行定议施行’等语。此事前据曾燠奏称‘封轮章程行之年久，商贩相安。自散轮之后，争先抢售跌价，水贩乘机压勒，于国课、民食均无裨益，请照旧封轮销售’。轮规之整散，关乎销引之畅滞。而疏引裕课，以汉岸为重，督销专责，尤在楚省熟筹办理。着陈若霖详查楚岸现在情形，是否必须散轮，抑或照旧封轮之处，悉心妥议具奏。务期盐引畅消，商本无虞亏折，小商不致守候，方为至善。不可稍有回护。将此谕令知之。”（《清宣宗实录》卷37）

（道光二年七月庚子）又谕：“前据曾燠复奏御史条陈盐务事宜，当经军机大臣会同户部核议，奏称‘折内轮规一节，自散轮后，较封轮时究竟畅销与否，商人是否情愿封轮，请敕两江、湖广总督会同该盐政秉公查议’，已有旨依议行矣。此事前经孙玉庭奏，接陈若霖来信，据称‘楚省自上年散轮后，商人极见相安，若散售未久，仍复整轮，水贩必至观望’等语，业经有旨谕令陈若霖详查楚岸情形，妥议具奏。兹复据孙玉庭奏‘札询陈若霖，复称自去年七月散轮后，至今岁五月，所销盐数较前岁多至十七万九千余引。商盐卖给水贩，既未于例价有减，而民间买食之盐比前较贱，是散轮之裨益商民，实有成效。而扬商乃有汉岸抢售跌价，水贩乘机压勒，每包照例价亏跌七八分之语，难保非商船夹带淮私渔利，希冀封轮扳价，是以扬商具禀盐政，独有亏折难堪之言’等语。轮规之整散，即销引之畅滞攸关，该督等意以散轮为有裨盐务，而曾燠以为必须整轮。着孙玉庭会同陈若霖、曾燠通盘筹计，务须和衷商榷，妥议具奏。总期盐引畅销，商本无虞亏折，于国课民食两有裨益，方为至善。将此谕令知之。”（《清宣宗实录》卷38）

（道光二年七月庚子）又谕：“据孙玉庭奏‘近闻淮南大小各商因轮规整散未定，两月以来，咸怀观望，并不请引捆运。查向来引盐到岸，必须接续捆运，源源而往，使楚岸常存一季之盐，以供水贩转输。若各商延不请运，则后盐莫继，民食攸关，转恐因此招私’等语。着曾燠督率运司，严饬淮南各商，即行请引捆运，毋任该商等观望延挨，以致有误课食也。将此谕令知之。”（《清宣宗实录》卷38）

（道光二年八月甲辰）谕军机大臣等："御史佘文铨奏称'楚北私盐有二，一潞私，一川私。川私之偷越，由东湖县之南沱，归州之毛坪，巴东县之万户沱、管堵口等处，船载马驮，肆无忌惮。有龚载赓者，系东湖县典史，革职后并不回籍，盘踞南沱地方，包揽私盐。因督抚访拿，改姓为龙，于宜昌府城外开设大川钱铺，以供私贩银钱交易。现于本年捐复原官，仍发湖北候补。典史龚载赓于革职后仍易姓潜匿南沱地方，包揽枭贩，以致私盐充斥。又在部捐复原官，仍发该省，意图暗中包揽。似此积蠹营私，实属目无法纪，着陈若霖等密切访查，如龚载赓实有前项不法情事，即行严拿究办，毋稍疏纵，致贻地方之害也。将此谕令知之。"寻湖广总督李鸿宾等复奏："遵将龚载赓咨部斥革提讯，实止与刘建忠伙开钱店，将米油易换私盐八百余斤，转售渔利，并无包揽枭贩及改姓情事，应按律拟以杖一百、流二千里。"下部议。从之。（《清宣宗实录》卷39）

（道光二年八月丁未）谕内阁："陈若霖复奏'查明楚岸散轮后销盐畅旺情形，请无须照旧封轮'，又据曾燠奏'上年散轮后，商船抢售，水贩挑剔，众商观望，陈明议整轮规实情'各一折。此事前据孙玉庭因曾燠有轮规宜整之议，将楚省上年散轮后商贩踊跃情形具奏，当交陈若霖详查妥议。兹据奏，自上年散轮之后，各路水贩云集，向来官引未能流通之处，客贩亦源源而至。一年之内，比较封轮之年，共溢销盐二十六万四千余引，行销实力畅旺，商船水贩并无抢售跌价、乘机压勒等事，湖南、湖北两省，各州县民间食盐价值较减。若复整轮挨售，在水贩稽留观望，不能源源买运，而大商把持垄断，抬价加耗，民有食贵之虞，私枭即得以充斥，仍请散轮销售。而曾燠复请整轮，以增商力。轮规之整散，原为恤商以便民，若专顾商情，有碍民食，其流弊岂可胜言？既据陈若霖查明，散轮后商民两便，并无抢售压勒之事，着照所议，仍行开轮销售。倘实有商情未协之处，俟试行一二年后，再将实在情形奏明办理。该督等不得因定议在前，稍存回护迁就之见，以致累商误运。"

（《清宣宗实录》卷39）

（道光三年八月庚子）又谕："……至该将军等请于安徽、江苏、湖北、山西出茶省分酌添行销引张，定立税课，听北路商人由归化城贩运出口销售，以抵甘肃，续增引数，其甘肃续增之引，量予裁撤一节，着户部即行核议具奏。"（《清宣宗实录》卷56）

（道光三年九月辛未）又谕："户部议复庆祥等奏新疆行茶情形，请照陕西、甘肃之例办理。山西一省向不产茶，江苏、安徽、湖北等省只有坐销之引，并无行销之引，且距新疆甚远，未便酌添行引，令商贩行销，转致坐引壅滞。着照陕西、甘肃设有茶商由引之例，即添在新疆地方，令该商人承领输课。引内有新疆字样，自可杜朦销而疏积滞……"（《清宣宗实录》卷58）

（道光三年十月）辛亥，协办大学士两江总督孙玉庭奏："淮盐运行楚岸销售，关系国计民食，自封轮之说行，意在扳价固本，遂致盐船到岸，不得即售，反滋夹带私盐，先行销卖，百弊丛生，转令正引尘封，课源愈绌。自上年谕令散轮，额引行销渐畅。惟汉口为淮引总岸，必须源源运往，前销后续，方于课食有济。现在飞咨盐政，并饬运司督商捆运，多雇轻便船只，趱开速到，俾得运岸接售。"得旨："好为办理，不可留不妥之处。"（《清宣宗实录》卷60）

（道光四年三月）丁丑，湖广总督李鸿宾奏楚省行销引盐数目，并查禁岸商浮费。报闻。又批："盐道查清阿年逾六十，可否胜任，留心查看，据实密奏。如有不妥之处，惟卿是问也。"（《清宣宗实录》卷66）

（道光四年七月庚辰）湖广总督李鸿宾奏："前于衡州府设立总店，试售官盐，并于衡山县分设子店，三郡民人皆得就近买食，减价敌私，著有成效。惟路隔重湖，船户盗卖、搀和各弊，商人不能约束稽查，致有赔累。查湖北宜昌府亦为淮纲门户，由该府盐捕、通判领运分销，应仿照此例，责成衡州府盐捕、通判每年领运十万包，按季接运，毋使间断。盐价亦照例每包减银一分二厘，按十分销数严定处分……严饬该通判与驻卡文武及下游州县认真防堵，互相稽查。不但该府额销可足，且为全省益固藩篱。并令汉商仍留衡居，酌带商伙，帮同缉捕，庶立法愈臻周密。”下户部议。寻议：“官运、减价、设卡、会营均如该督所奏办理，惟查衡州、永州、宝庆三府，额销盐八万余引，与宜昌额止三千余道者不同。兹仅请运十万包，何足以敷民食？折内声叙未明，碍难悬定，应令查明复奏，再行核议……”从之。（《清宣宗实录》卷70）

（道光四年闰七月庚戌）又谕：“御史蔡学川奏‘江西销盐，私仓私轮积弊，请照两湖散轮成案办理’。各省行销引盐，期于官民两便，岂可使奸商蠹吏借以囤积居奇？如该御史所奏，江西商人设立私仓，限轮售卖，以致民有食贵之虞，私枭因而充斥，病民短课，流弊不可胜言。着交孙玉庭，会同毓岱体察该省现在情形，应否照湖广散轮办理之处，据实妥议具奏。该御史原折并着钞给阅看。”（《清宣宗实录》卷71）

（道光四年九月丁未）谕军机大臣等：“前据陈若霖议复，湖广行销淮盐，无须照旧封轮。当降旨，仍行开轮销售，俟试行一二年，再将情形奏明办理。兹据李鸿宾奏‘散轮售卖，跌价抢售之弊实所难免，现议立公局，佥派妥商经理。无论盐船到岸先后，将小商之盐随到随卖，大商之盐按名家所到引数，公同合计，逐日均匀派销。俟试行两月，再将议定章程具奏’等语。湖广行销淮盐，封轮挨售，小商每致向隅，大商把持垄断，民有食贵之虞。而散轮售卖，仍恐私跌抢卖，成本亏折，自应熟筹商民两便之策。着李鸿宾先将近日酌办汉岸情形，试行两月，悉心体察。如果盐引畅销，价无例外之加，民亦无虞买食之贵，于商民均有裨益，即将议定章程，会同孙玉庭、曾燠具奏，再降谕旨。将此谕令

知之。”（《清宣宗实录》卷73）

（道光四年十一月癸丑）大学士两江总督孙玉庭等议复御史蔡学川奏：“江西销引，与湖广情形不同，引额多寡悬殊，商贩难易迥别。设仓轮售，行之数十年，并无病民短课诸弊，请仍循旧章办理。”得旨：“依议妥办，如有不善处，不妨随时损益之。”（《清宣宗实录》卷75）

（道光五年二月辛酉）湖广总督李鸿宾奏报：“楚岸设立公局，行销淮盐，销引较畅，例价无增，商民均有裨益，请永远遵行。”从之。（《清宣宗实录》卷79）

（道光五年六月）乙丑，谕内阁：“曾燠奏‘汇核淮南、北纲食各岸销盐总数’一折。据称‘两淮纲食各岸，道光四年分销数，惟湖广省照额全销。此外江西缺销盐八万二千八百一引，江南安庆等府州缺销盐八万五千八百八十二引，江南凤阳等府州并河南汝宁等府州缺销盐六万二千二十三引’等语。两淮盐务积疲已久，近年以来，曾经严立章程，缉拿枭贩，官引自应畅销。乃此次各岸缺销额盐尚有二十余万引之多，岂得以比较道光三年分销数稍有加增，便可塞责？除现据该盐政已将缺销之各该盐道州县职名册揭，咨部议处，并严催江南寿州、凤台二州县开报销数，查取迟延职名，另行咨部外，该盐政务当认真办理课运，实力督销，并着各该管督抚严饬所属文武员弁一体堵缉私枭，疏销官引，务期额盐畅售，以裕国课。如再不能足额，即将督销不力之该管各员严行参处，毋得视为具文，致干重咎。该部知道。”（《清宣宗实录》卷83）

（道光六年十二月戊申）又谕：“琦善等奏‘酌议盐斤加价输纳出售章程’一折。前据该督等奏，两淮盐斤加价，并请复整轮规，业经交该部议行。兹据该督等奏‘嘉庆十四年间，虽办有成案，彼时仅将淮南安、池、太及食盐各岸并淮北纲食引盐加售，其楚西两岸因已加售余息，不复再加。此次则淮南、淮北一律加增，输纳出售，必须议立章程，以严稽核’。着照所请，淮南盐价，查照旧案，随同分次输完。至淮北三限钱粮，向系总纳，今加完盐价，银数增多，应俟捆掣装船后，将盐价并为一款完纳，方准给桅水开行，并加盖司印，登注‘已完盐价’字样，以便查考。其征收价银，着照部议，按三个月一报，听候拨解。钱价准照长芦之例，酌中定制。淮北、豫省各岸，以银一两作制钱一千三百文，折合出售。安省各岸，以银一两作钱制一千二百五十文，仍察看市价长落。倘有任意增多，即行提究。该部知道。”（《清宣宗实录》卷 111）

（道光六年十二月庚戌）又谕：“御史汪琳奏‘淮盐积滞，请严饬缉私’一折。各省行销盐引地方，每因邻私浸灌，以致官盐滞销。如该御史所奏，各省透漏之处，所在皆有。两淮引地辽阔，私贩尤多。该地方文武果能认真缉拿，何至私枭充斥？无如派委巡缉之官弁兵役，始而得规包庇，继而畏凶纵放，转将零星挑负穷民需索扰累，于大伙枭贩则置之不问，即间有督抚奏明设卡缉私，旋即视为具文，有名无实，何以肃鹾政而靖地方？着江苏、安徽、闽、浙、广东、广西、湖北、湖南、四川各督抚，严饬印委文武各员，认真访察，实力堵缉，将结伙私贩严拿务获，分别功过，以示劝惩，毋再仍前疏纵干咎。至商人向有放砠夹带、借官售私及违例重斤情弊，责成各盐政及兼管盐政各督抚，严饬监掣之员，于引盐过掣时，务须核实盘验。如有徇纵，即当严参究办……”（《清宣宗实录》卷 111）

（道光七年三月）甲午，谕内阁：“……又另片奏，请将楚西加价银两，俟商人到岸销售后，始行缴库收解。售盐迟速不齐，交价必迁延不定，那移侵蚀，势所不免。该督等应仍遵照旧定章程，无论楚西、江、皖等省，概令于赴司请引时，即将加价完交司库，由运司三月造报一次，听候拨用，无许迟延。两淮盐务日敝，朕念商力疲乏，停止每年玉贡折价银五十万两，复将商捐未解银五百余万两全行豁免，其节年各项欠交银数几及四千万两，准令分年带完，近又准复整轮旧规，不得取巧跌售。各商渥被恩施，自应力图报称。该督等惟当加意整饬，设法督销，以期日有起色。国家经费有常，不得为调剂目前之计，屡请加恩也。”（《清宣宗实录》卷115）

（道光七年五月壬午）谕内阁：“嵩孚奏‘采办滇铜，未能运回接济，请照案采买商铜’一折。湖北宝武局鼓铸钱文，额配滇铜二十三万余斤，向应按年采买，交局济铸。近年滇省产铜未能丰旺，委员采办需时，请援照成案，采买商铜，俾资局铸。着照所请，该省宝武局应买道光七年分正耗余铜，准其在附近口岸购买，即照准销铜价、运脚、杂费等银按数给发，勒限一年，买运交局，提作道光五年之用。俟委员张从鼎等运回滇铜，作为道光六、七两年岁额之需。惟楚省商贩铜斤，每年多寡盈绌，未能据为定额。滇省不得以湖北就近购买商铜，借词诿卸。其道光八年分铜斤，仍着照例委员赴滇办运。此次购买商铜，需用脚价等银，准其照案销银三万三千四百三十一两零，事竣造册报销。如有不敷，亦着照案办理，以归核实。该部知道。”（《清宣宗实录》卷117）

（道光七年五月乙未）谕内阁：“……又另片奏‘请将楚西纲岸加价银两，俟售盐后缴纳’一节。楚西纲盐与淮南食岸及淮北各岸专岸专商者情形不同，着照所议，准其将此项加价银两于到岸销盐后随时交纳，责成湖广、江西各盐道核实收解，按三月造报一次，听候拨用。仍令该盐政于年终汇奏，以凭考核。如有丝毫短欠及报解迟延、那移侵隐情弊，除将该商照正课例治罪外，仍将该管道员及该盐政惩处不贷。”（《清宣宗实录》卷117）

（道光八年五月乙巳）又谕：“福珠隆阿奏‘现开戊子新纲，办理情形’一折。两淮引积课滞，前经福珠隆阿奏定年清年款章程，经军机大臣会同户部议奏，将丙戌等纲岁支悬垫银两先于戊子五纲归还，业经降旨允行。兹据奏，运引全借岸销畅旺，方无壅积，此次清厘之后，尤须上紧缉私，请令各该地方官设法疏销。着江苏、安徽、湖广各督抚严饬所属文武，随时缉捕，毋稍疏懈。并着责成该盐政实力督销，认真经理，务期引销课裕，全复旧规。不得以该地方官缉私不力，豫为将来推卸地步，自干重咎。”（《清宣宗实录》卷136）

（道光九年正月甲辰）谕军机大臣等：“嵩孚等奏‘守备呈报查获前任四川学政潘光藻船上私盐，转被诬抢勒赔，与该学政信知围船抢殴情节不符，恐有滋事捏饰情弊’一案，已明降谕旨，将巴东县官渡口卡缉私之荆州水师营守备张湖革职，交该督抚提集人证秉公审讯矣。此案据张湖具报，与该学政所称情节互异，是否该守备纵容弁兵等借查私盐，抢诈滋事，饰词捏报，抑系该学政竟有不法情事，或系家丁夹带私盐，或系舵工水手等倚恃官船私行夹带，必应据实严办。该督等现已饬委道府驰往查确，着即将实在情形秉公讯明具奏，断不准稍有隐混。潘光藻系交卸学政给假回籍之员，着暂留该省以备质对。将此谕令知之。”（《清宣宗实录》卷150）

（道光九年三月丙午）又谕：“嵩孚奏‘汉岸引盐滞销，恳恩展限奏报’一折。湖北、湖南两省，上年夏秋雨泽愆期，收成稍歉，以致岁额盐斤缺销六万九千八百九十二引，暨水贩已买未售之盐停积二十四万二千八百四十四引。虽于应纳盐课及加价银两并无亏短，惟按例限截数奏报，则旧盐新引层递积压，愈形壅滞，商力未免支绌。着照该督所请，准其援照成案，将本年正月间应行奏报八年销数之期，展限至六月内再行截数具奏，接销新引以后，每年提前一月，至五年后，仍遵原限于正月内奏报，不准再有推展。该部知道。”（《清宣宗实录》卷153）

（道光九年十二月癸未）又谕：“……至该盐政请于来年开印后驰赴楚省，会同该督抚设法疏销，自系为整顿鹾务起见。惟江西口岸现亦滞销，从前历任各盐政曾否亲往该省巡视，此次应否于驰赴楚省时便道至江西一并查看之处，着该盐政体察情形，自行酌量办理……”（《清宣宗实录》卷163）

（道光十年正月）庚戌，谕军机大臣等：“寄谕大学士两江总督蒋攸铦、湖广总督嵩孚、江西巡抚吴光悦、河南巡抚杨国桢，两淮盐务现在弊坏已极，固由历任盐政办理不善，而引滞课亏，亦未必不由于私枭之侵越。上年福森奏，请本年开印后驰赴楚省，会同该督抚设法疏销。朕以江西口岸现亦滞销，谕令该盐政酌量便道至江西一并查看。惟淮盐之累总由引积，而疏引之法首在缉私。私盐之为害，不独有妨引课，且枭徒聚集，扰害地方，尤为可恶。淮盐引地最广，各口岸私贩众多，该地方官或以事涉盐务，意存畛域，并不实力缉拿，必致枭徒毫无顾忌，愈积愈多，势将何所底止？着各该督抚严饬所属文武员弁认真巡查，遇有大伙私贩，立即严拿惩办，务期奸徒敛迹，盐务日有起色。倘因循不办，以致私枭充斥，惟各该督抚是问。将此各谕令知之。”（《清宣宗实录》卷164）

（道光十年四月庚午）又谕：“嵩孚复奏楚省堵截邻私情形，据称‘上游之巴东县为川私入境门户，向来川江铜铅各船，往往夹带私盐，现已移咨该督互相盘察’等语。邻私浸灌楚岸，必须各该督抚不分畛域，互相查拿，方有裨益。滇、黔铜铅船只向多带私，此外枭徒兴贩，亦所不免。着琦善严饬滨江营汛、州县设法稽查，认真堵截，既不使私盐偷漏，又不致扰累行旅，与楚省一体互相盘察，不得稍分畛域。将此谕令知之。”（《清宣宗实录》卷167）

（道光十年四月庚午）又谕：“嵩孚奏‘湖北、湖南两省堵截邻私情形’一折。前因行销淮盐口岸私枭充斥，降旨令各该督抚严饬所属认真查办。兹据嵩孚查明，湖北、湖南两省设卡巡查，并委员密访，饬令藩司、盐法道筹添经费，期归周密。汉岸行销淮盐，引地最广，各路邻私浸灌为尤甚，该督因缉私经费不敷，现议筹添，必须严饬所属文武员弁及坐卡缉私委员认真查拿，若遇大伙枭徒，得规纵放，转借查缉私盐，扰害行旅，是不但徒糜经费，于鹾务民生有何裨益？现已谕知琦善，严饬滨江营汛、州县稽察铜铅船只夹带私盐。此外凡邻私浸灌及枭匪出没地方，着该督严查密访，督饬所属不分畛域，认真办理，不得徒托空言，有名无实。将此谕令知之。”（《清宣宗实录》卷167）

（道光十年闰四月戊子）又谕：“有人密陈‘两淮巨枭黄玉林以仪征老虎颈水次为汇聚筹运之所，以湖北之阳逻、江西之蓝溪为屯私发卖之处。大者沙船载数千石，三两连樯，由海入江；小者猫船载百石，百十成帮，由场河入瓜口。器械林立，辘轳转运，长江千里，呼吸相通，甚则劫掠屯船转江之官盐，每次以数百引计。各路关隘俱可贿嘱巡役，明目张胆，任其往来。资本既多，党羽益众，公然立有约束，于贩私之外，不许有劫盗客商等事，以为要结人心之计。且闻该犯于大小衙门俱有勾结耳目，凡有举动，无不先知。上官为属员朦蔽，或陷于不知；下僚以畏葸偷安，相期于苟免，且恐酿成事端，反蹈办理不善之咎，以致上下相蒙，惟恐多事。所获者不过肩挑负贩、零伙小枭，借此为敷陈张大之词、官弁升迁之地，苟且塞责而已。近见该督抚所奏，以仪征为私枭窝据之所，请将王用宾调补，是督抚等亦虑及于此。王用宾前在沭阳任内，勤于缉捕，自系能事之员。然此等巨枭，声势已重，岂县令一人所能制伏？而巨枭不除，又何以清盐务而杜后患’等语。江南为腹心重地，此等巨枭肆行无忌，地方官岂竟毫无闻见？若恐查拿激变，不及早剪除，相率容隐，是不第为害鹾务，日久养痈贻患，必致酿成他变。蒋攸铦接奉此旨，务当不动声色，密速掩捕，一面将办理情形先行由驿复奏。惟该犯声势已重，党羽必多，江海船只时常往来，在官人役皆其耳目，若稍露端倪，或聚众拒捕，或闻风远窜，尚复成何事体？着该督酌量情形，如须借用兵力，即当随宜调度。倘江省文武员弁于办理此事不能得力，他省文武各员内如有该督稔知其可备任使者，亦即据实奏明，饬调前往。总期将黄玉林一犯先行拿获，严究党羽，尽绝根株。既不可轻率偾事，亦不可任令潜逃，懔之慎之。将此谕令知之。”（《清宣宗实录》卷168）

（道光十年六月）辛卯，谕军机大臣等：“据御史朱壬林奏‘私盐侵占，淮纲最甚，而为害于江、广尤深者，莫如粮私、川私。粮船水手沿途收买芦盐，以及高宝、兴化地棍屯积私盐，每船约计千余石，经过安庆、池州、太平以至江西、湖广，冬令回空，正值菜市旺销之候，沿途售卖，各岸均被占销。风闻江、广帮船回空入境，各该省亦委员照例搜查，而水手众多，毫无忌惮。委员一至，则各帮停泊每船出盐一二包，以为委员销差地步，其实未得搜查。上年粮船行抵江西湖口，曾经该省委员立卡严搜，旋即闻风停泊，及至兑漕期迫，不得不撤卡放行。此等挟制刁风，必须严加惩办。至川私由夔关至宜昌之巴东县入楚，蔓延湖南、北，由铜铅剥船随带者十之三四，由私枭贩运者十之六七。近年四五月间，江水涨发，每至连樯接舳，顺流而下，守卡官弁目击，畏葸不前，而屯户之分贩占销，复听其往来自若，以至楚岸未销之积引竟有七八十万。自整顿鹾务以来，江省屡奏拿获枭匪多名，而楚省竟未有以拿获私枭入奏者，请饬实力筹办’等语。两淮鹾务疲敝，整顿之法莫要于疏引靖私。该御史所奏回空漕船及铜铅船只水手人等，沿途分贩占销，自系实在情形，全在文武官弁不分畛域，随时严密稽查，有犯必惩，方足以挽积疲而收实效。着各该督抚，漕运总督，长芦、两淮盐政督饬所属，于回空漕船过境时，实力查办，不得仍前得规卖放，并借词兑漕期迫，有意纵容。其铜铅各船，不得任听多带船只，以为私贩地步。总须私盐敛戢，官引畅销，断不可视为查缉具文，仍至有名无实。将此各谕令知之。”（《清宣宗实录》卷170）

（道光十年十二月乙巳）钦差户部尚书王鼎等奏：“会筹两淮盐务，拟定章程十五条。一、两淮杂费，除养廉、兵饷、水脚、部饭等项作正开销，此外普济、育婴、书院、义学等项亦从其旧。惟各堂董事滥厕多名，与书楼、务本堂、孝廉堂等处岁需银二十余万两，应行裁汰。其各衙门公费及盐政、运司、书役、辛工、纸饭并乏商月折等项，岁需银八十余万两，应加删除。再汉口各岸商，按引抽捐各衙门公费，定为每引捐银四钱，永不加增。各费共减银一百十余万两，科则成本，可以稍轻。一、运商请引，先向有窝之家出价买单，然后赴司纳课，窝家辗转私售，以一纸虚根，先正课而享厚利，致商本加重，昂价病民。惟相沿已久，姑留根名，每纲每引，酌给银一钱二分。嗣后请引，按纲给单，不准豫请数纲。一、领运旧例，名目过多，致运司衙门书吏多至十九房，商人办运请引文书，辗转至十一次。盐务大小衙门节节稽查，有名无实，徒为需索陋规之具，应交运司查明删并。一、商课入库，不分正杂，笼统动支，迨遇紧饷，百计凑解，有豫纳、减纳、贴色、贴息、印本抵课等弊，俱应查禁，将正项贮库候解，并听部拨。杂费另贮外库，不许将正项那垫及商人干预。一、淮南设有总商筹办通纲公事，应择各商内公正醇谨、行盐最多者数人，为办事之商。至办公一项，照减定额数指领，不准立总商名目。一、庚寅纲引现已冬杪，尚未行运，已丑仍余积引三分，辛卯即应开纲，岂能一年行三纲之盐？请于道光十一年正月，即开辛卯本纲，其庚寅、已丑积引随时带销，另款存拨。遇畅销提纲时，仍补销以符原额。一、淮南、北商欠，若按纲带征，仍致套搭，占碍新纲，应分别停缓，俟课款充裕时归补。内惟帑本利息一项，仍在新纲引内摊征。一、收盐桶秤，旧有定制，请由运司烙发，不准私制。责成场官随时稽查，运司于运河要道北桥处所亲莅抽秤，如格外重斤，将秤验各官参撤。一、运盐水脚，埠头串同商伙从中勒扣，船户意图带私，甘心忍受，且有出钱买装者，应将例价照实核发，各船挨次编号，连环保结。倘仍蹈故习，查出严办，该埠保一并治罪。一、盐船遭险，例有津贴，并准批补沉失之盐，免其输课。近以守轮待售，时日迁延，船户盗卖后凿沉空船。运商利有津贴批补，且可分装多船，越轮先售，遂相效尤，应停其津贴，准其补运，不准免课。一、仪征河道淤阻，应勘估挑浚，即以挑出之土，培筑泰堤，俾速转运，以轻商本。一、运盐向自仪征运至汉口折回，转售于各岸，往返脚费加重，致引地为江船、粮船各私所隐占，应饬盐道查明各口岸每年额销引若干，将水程豫为给发，佥商运赴该处，俾水贩就近领卖，水程照例汇缴，以免越运转折。一、船至汉西两岸，大商抬价，封轮挨卖，守候既久，百弊丛生，汉岸滞盐不下二千万砠，应派公正之员驻守汉岸，会同盐道办理散轮事宜，不许再有整轮，以免滞销。一、盐务之官，有与商人联姻换帖者，俱令回避。各场分司大使，应照州县之例，察看人地，随时调换。至湖北盐道督销功过，应归兼辖盐务之总督考核，会同该省督抚具奏，以专责成。一、淮北湖运各岸，委员销不及半，积盐无商收买，各灶吁求调剂，应先行筹款，收买灶盐，以济口食。其盐存贮各场，俟来年秋单发运时，查照销滞各岸，委员领运，售盐缴价，以还原本。”得旨：“均着照所议办理，该部知道。”（《清宣宗实录》卷182）

（道光十一年正月）辛巳，谕内阁：“陶澍奏‘淮盐行销引地，散在各省，请饬一体巡缉’等语。两淮鹾务疲敝已极，其销盐口岸散在湖广等省，现当整饬之时，巡缉疏销最关紧要，该督抚等自应督率各地方官一体认真查办。第恐该员弁等狃于积习，视同局外，漫无责成。是销路不畅，仍于淮纲无济，难期起色。着湖广总督，江西、河南、安徽各巡抚，严饬地方文武员弁，无分畛域，并力巡缉。该督抚等即就各地方情形，分别滞销、畅销，明示惩劝，妥议章程具奏。俾赏罚功过，责有攸归，以免推诿而肃鹾政。”（《清宣宗实录》卷183）

（道光十一年正月辛巳）谕军机大臣等：“陶澍奏‘接受两淮盐篆，并陈现办情形’一折。据称‘两淮盐务积敝之余，章程甫立，节目尚多，如裁浮费、去根窝、慎出纳、禁淹消、散轮规、减价敌私诸款，皆商情所不乐。应申明国法，从实妥办，一有胆玩，即并其从前弊混之罪，追革查抄。至文武员弁，向于疏销巡缉不肯认真出力，甚至得规包庇，必应整饬’等语。现当整顿之际，功令森严，该督务须实心查办，力除积弊，俾各商及员弁等咸知儆畏，于销引、缉私方有裨益。至所称‘现在商人力能办运者，不过二三十家。新商佥募，尚需时日，兼之汉口积引不下数千万砠，非三两月所能罄尽，江西情形亦然。前纲既滞，则辛卯新盐，即截清限界，于春月开纲，而行抵楚西各岸已在夏秋之际，明岁奏销，势不能如期完竣’等语，自系实在情形。所有明岁奏销，着准其稍宽时日，届期奏明办理。此后仍当年清年款，不得复蹈故辙。其余未尽各事宜，并着该督随时察看，分别奏咨核办。该督身受重恩，总当任劳任怨，悉力筹办，力图振刷，以期盐务日有起色，勉副委任，方为妥善。谅该督亦必不甘蹈曾燠等之覆辙也。将此谕令知之。”（《清宣宗实录》卷183）

（道光十一年二月）辛亥，谕内阁：“卢坤等奏‘筹销楚岸积盐，并查重斤，恳恩从宽，罚令量减售价，以便民食’一折。楚省额销淮盐，据该督等查明现报存岸及载运在途盐数，已有六十一万余引之多，几占一年销额，并查出短少盐包及重斤夹带之弊。本应将该商船户厮伙等分别究惩，因人数过多，恳恩宽其既往，责令该商减价售卖，以溢出之重斤，抵补减售之价值，于商本不致大折，可以稍示薄惩。所有查出重斤，着加恩一体免其究办，罚令各商每包减价一成售卖，以期速销。其辛卯纲到岸新盐，毋得仍前套搭。并着此后查照奏定章程，由淮实发水脚，严禁扣价买装，以杜带私盗卖诸弊。至现在存岸盐船，有历一年十月之久尚未开封者，虽到船月分多寡不一，尽可酌数开售，着照所议，上年正、二、三、四等月到岸最久之船，计五万余引，合为一次，先行尽开。其在后月分，到船数多者，一月一开，到船数少者，并为两三月一开，总期广为疏销。俟新纲运岸，随到随售，永除封轮名目。其在扬、在楚浮费，现已逐加厘剔，着该督随时稽查，俾成本永远轻减，民间无虞食贵。并着督饬所属严缉邻私，仍于汉岸江船聚集之处，酌派干员，设卡稽查，以杜盗卖、淹消各弊。该督等务当认真整顿，俾积弊悉除，鹾务

日有起色。不可有名无实，致干咎戾。”（《清宣宗实录》卷184）

（道光十一年三月己巳）又谕：“杨国桢奏‘行销淮盐引地筹议章程’一折。前因陶澍奏淮盐行销引地散在各省，请饬一体巡缉。当经降旨饬令该督抚各就地方情形，妥议章程，明示惩劝。兹据杨国桢复奏，河南汝宁府并光州所属十四州县例食淮盐，该抚于上年亲往查办，水陆隘口添设卡座，责成地方员弁随时巡逻，杜绝私贩。现在明定惩劝章程，咨会两江督臣，饬令该商迅速运盐到岸，俾枭贩、捻匪无从乘隙为奸。其毗连楚省地方，并咨明该省督抚饬属堵缉，以杜偷越。着照所请，嗣后豫省行销淮引，如果地方官缉私出力，督销三年如额，即咨部量予议叙。如督销不力，或巡缉懈弛，即严行参办。并着两江总督严饬淮商办运迅速到岸，毋蹈从前稽迟悬引积弊。其行销潞盐南阳府属，界连楚省淮盐引地，着湖广总督、湖北巡抚一体饬属堵缉。各该督抚等务当恪遵前次所降谕旨，督饬地方文武员弁，无分畛域，并力缉巡。俾官引畅销，私贩净绝。勿得日久生懈，致干重咎。”（《清宣宗实录》卷186）

（道光十一年四月乙巳）又谕：“卢坤等奏‘整顿盐务，设立章程’一折。楚岸淮引滞销，皆由内私、外私占塞销路，而治内私尤亟于堵外私。现经该督等遴选干员，专驻江船聚集之塘角，设立总卡稽查，并派员帮同巡察，即查出郭汉玉盐船船户盗卖等情，在汉关盘获李之连私盐万余斤，又续获刘大富等雇船装运脚私二起，计重三万七千余斤，并查近年盐船动辄捏故淹消，多有划船乘机抢夺。现饬员会同总卡委员各派丁役，不分昼夜，在于各垱口梭织巡逻，遇有捏漏淹消、抢盐划船、盗卖轻载，即分别查拿验究。其江干渡划、摆江渔艇等船，旧有编号章程，业饬各该县转饬汛员督率保甲，将所管水面船只分类编号，大书姓名，各归各埠，造册报县，送总卡稽查，并将存河盐船，按帮取具连环保结，俾盗卖者邻船即行举报，办理尚属周密。如果各该县暨委员认真稽查，将带私之船遇案获究，淹消盗卖之风自必敛戢。惟所拿必须私枭大伙，

方准奏请鼓励。该督等务当严饬所属实力巡查，使积弊胥除，官销日见畅旺，以肃鹾政。”（《清宣宗实录》卷187）

（道光十一年五月）己未，谕内阁：“陶澍奏‘筹议粮船夹带私盐，请扼要稽查’一折。江西、湖南、湖北、安徽等省军船，往往于回空时夹带私盐，必应严行查禁。据陶澍奏，天津一带于家堡、杨柳青、独流等处及沧州之砖河地方，现经直隶委员巡查。着琦善严饬该员等查拿私艇，堵截囤贩，有犯必惩，以杜透漏。迨入江南地界，着该督派委徐州镇道大员严密迎查，兼防河北漏私。至杨庄勾水起卸渡黄后，应于扬州之搜盐厅停泊待查。惟该处河道窄隘，易致阻碍行船，着该督酌派文武员弁，量择上游河道稍宽之处，照例搜查，随查随放。如有例外夹带盐斤，悉行起除，根究出本贸盐之风客，加等严治，帮弁旗丁一并参惩。至驶出大江以后，着将瓜洲、仪征搜查委员派至九江、芜湖等处，会同各该关监督按船严查。所有水手人等向遇搜查严紧，辄弃船四散，以图挟制。委员恐误归次，往往敷衍了事，遂致肆无忌惮。自应申明定例，一船之内，丁舵为主，水手有犯，责在旗丁。如有逃匿，一面严拿究惩，一面督饬弁丁另雇水手驾船，赶帮受兑，不致有误。该督务当督饬所属认真稽查，俾粮私净尽，以清弊源而收实效。”（《清宣宗实录》卷188）

（道光十一年五月辛未）又谕：“陶澍奏‘酌定楚西等省盐船到岸限期，并委员巡缉，以杜夹带盗卖’一折。楚省商运江船行走限期，旧例已为周密，惟运盐至江西省向未定有限期。据该督查明程途，比较楚省限期酌定，着照所议，小船定限二十日，中船定限三十日，大船定限五十日，责成淮南监掣同知，于商人雇船运盐前赴楚西，视引数之多寡，定雇船之大小，以装满九分为率，不许留有空舱，致多夹带。至安徽、河南各口岸盐船，既分江、湖两运，兼有换船起剥之处，其船并无大小，着以淮安城北乌沙河开运之日起定限，每日行三十里，将盈补绌按程途之远近、扣日期之多寡，责成淮北监掣查验开行……倘有中途风水阻滞，照楚省旧例，准其据实呈报。如逾限不到，即行查办。至夹带、卖私之弊，楚西一路为尤甚，往往盐已卖尽，即捏报淹消。从前曾委武职员弁巡缉，嗣经裁撤，着仍复旧规，每年酌委参、游、守备或文职二员，自仪征大江溯流巡缉。至湖口分路，一往江西，一往汉口，仍由原路查回仪征，换员前往接巡，责令访查夹带、卖私、捏报淹消等弊，并令沿途催趱行运，毋任稍有逗留。其所委之员，该督仍随时查察勤惰，分别劝惩。总须认真办理，杜绝诸弊，俾盐引畅销，鹾务日有起色。不可虚行故事，日久仍视为具文，以致有名无实。”（《清宣宗实录》卷189）

（道光十一年十月）丁酉，湖广总督卢坤等奏：“办理疏通积引。”得旨：“认真督饬办理。”……（《清宣宗实录》卷199）

（道光十一年十一月）戊辰，谕内阁：“直隶官剥船只，经江西、湖广两省，借动地丁正项银至一百四十五万余两之多，未能归补。自嘉庆二十年成造后，商欠生息银两全未解交，旧船变价银两从未报部，亦未拨用，究归何处存贮？其每年工食油舱，为数仍复不少。着直隶总督会同漕运总督通盘筹计，或酌展排造年分，仍令挑择修用，不必全数排造。并于天津道库油舱项下及每年旗丁扣解银两内划出若干，同前此应存旧船变价银两查明提贮，以为下届排造之费。该督等悉心定议，务令济运无误，而排造开销，不致再糜正帑，方为妥善。其芦商、东商、淮商各欠，着各该督及该盐政等实力严催。已届限者，即饬速筹解交。未届限者，俟届限即行筹解，不准借词延宕，以重帑项。”（《清宣宗实录》卷201）

（道光十一年十一月己巳）刑部议复湖广总督卢坤审明盐商借官贩私一案，请加等问拟。得旨：“此案已革捐纳知府巴恰裕即巴树蕃，身充盐商，运售引盐，乃敢伙同张逢昌另开子店，借官行私。前经湖广总督审明，收贩船户脚私七千二百余包，核计盐数至五万九千七百余斤之多。巴树蕃系捐纳知府，不思奉公守法，私开子店，收卖脚私，占碍官引，已属骫法营私。复因访闻传讯，辄敢捏造合同，饰词狡赖，情更可恶。现经刑部加等拟军，着于犯事地方，加枷号一个月，满日发近边充军，以示惩儆。”（《清宣宗实录》卷201）

（道光十二年三月乙丑）谕内阁：“前据陶澍奏‘盐务奏销届期，请稍宽时日，并察看淮北未尽事宜，分别核办’，当交户部议奏。兹据奏称，两淮盐务疲乏已久，现在销盐虽多，均系己丑以前已经纳课之引，与新纲无涉。其新盐发运，陡值各省被水，转运迟滞，亦系实在情形，自应量予展缓。惟奏销宽展一日，即占碍下纲一日之引，该督遽请展限半年，恐新纲难以接办，着予限四个月，展至本年六月内造报奏销。至楚西各岸，均属畅销，该督即迅饬各商及时捆运，其次年如何提前以复原限之处，并着确定限期，据实具奏。至两淮例入奏销课项，共银二百十余万两，此外加斤正课并应解帑利及外支外销各款，当大加厘剔之后，俱应按款造报。现在辛卯本纲将届一年期满，并着该督速即分晰造册报部，以备查核。其淮北未尽事宜，亦着迅速妥议章程，分别办理。”（《清宣宗实录》卷208）

（道光十二年四月丙午）又谕：“陶澍奏‘查禁回空军船夹带私盐，并严堵川私、潞私’一折。各省军船回空，沿途装载私盐，侵销引地，最为淮纲之害。上年节次降旨，饬令经过各省督抚、漕督、盐政诸臣，督饬所属，节节盘查，严防透漏，粮私得就肃清。本年军船北上，转瞬回空，诚恐夹带之风息而复起，于两淮纲食各岸大有关系。着直隶总督、山东巡抚、长芦盐政严饬各属，于军船经过之处，仍照上届章程，严密稽查，不准私盐售卖上船。如有土枭风客囤积盐斤，跟帮上载，务即访拿究治。并着漕运总督严谕押空员弁随时防范，遇有私带盐斤，立即起除净尽，并治以应得之罪。倘该员弁等不能实力查禁，抑或有心徇庇，即行严加参处。至潞私由河南南阳等府充斥襄樊，下游安陆、荆门胥被侵灌；川私由夔关而下，直达宜昌、荆州，尤为楚岸大害，自应认真堵截，俾淮引得以疏销。着四川总督、河南巡抚严饬夔州、南阳各府，于各境内实力认真查禁，勿任偷越。并着湖广督抚选派明干文武员弁，分投于川、豫接壤要隘，堵截查拿，以靖私源而利官运。”（《清宣宗实录》卷210）

（道光十二年九月壬子）谕内阁：“前以两淮盐务自去年辛卯开纲后，截至今年四月，征收课银尚未完三分之二，降旨询问陶澍，是否确有把握，无误限期。兹据奏称，本年奏销虽已办竣，纲引尚有存留。计九月初间，壬辰甫得开征，以一年未竣之纲应两年必须之款，办理实属竭蹶。并沥陈两淮鹾务疲敝情形，又以职任较繁，请另简盐政，专司课务，实属有心取巧。国家设官分职，岂容私意更张……从前曾燠、张青选、福珠隆阿、福森尚无推诿情事，只因办理不善，且立予罢斥。况以总督兼辖盐政，办理较易，责无旁贷，何得任意推卸？且据称，请饬下湖广、江西、安徽等省各督抚，凡行销淮引之处，招商领运。该督既有此奏，即照所请，着湖广等省各督抚一体招徕民商，由地方官给照到扬，承充领运，俾转运人众可期起色。试思行销淮引之地，除湖广外皆其所辖，于缉私、办运、招商等务本无掣肘，呼应较灵，尚且不能办理，岂改设盐政转能办理裕如耶？若如此朝更暮改，不成政体，朕不能为，而朕亦不能对天下矣。陶澍着传旨严行申饬。该督如有天良，即振刷精神，勉图自效。倘办理不善，有负委任，朕惟有执法从事，治以应得之罪，不能稍为宽贷。曾燠等即系前车之鉴，懔之慎之，毋自贻误，致干重咎。”（《清宣宗实录》卷219）

（道光十二年十二月丙午）钦差户部左侍郎敬徵等复奏：“御史周彦条陈淮北票盐，以为与场灶起征，名异实同，利枭不利国。查票盐系官为设局，民贩在局纳课，买盐领票，迥异场灶起征之散漫无稽，于国并无不利。即其人本系枭贩，而领运有课之盐，非曩时贩私可比，似别无利枭之处。原奏以借官票运私盐，引少盐多，设卡抽验，人众不服，兵役受贿包庇，为一可虑。查民贩俱挨号次，到卡抽验，各顾资本，无敢不服。苟查察不严，商贩亦有夹带，缉私卡巡，岂免贿纵。惟有犯必惩，自知儆惕。原奏又以试行滞岸，两三月内，已销一年之盐，必系侵及畅岸，暨淮南引地，场税增银有限，而引地被占，负课更多，为二可虑。查北盐出场，须俟六七月间双金闸启放，趁水赶运，冬春例应闭闸。故本年七月后，请运逾额，票盐成本轻减，得价即售，故销数较多。票内填注姓名籍贯、运盐引地、往销州县，其未改票盐口岸，不准请运，是畅岸既未侵及，距淮南引地更远。原奏又以匪徒占立马头，械斗纷争，滞销之地，商仍裹足，为三可虑。查民贩各销各盐，数月以来，皖、豫等岸均无争占。至极远滞岸，始则观望。经委员领票运往倡导，亦乐附从。原奏又以如果利多害少，请移其法于淮南，诚如圣谕，自相矛盾。淮北每纲钱粮三十余万，淮南正杂各款多至七八百万，既难轻试。淮北引地仅皖、豫一角，淮南之湖广、江西口岸，居各省腹中，若行票盐，势必四侵邻境，于各省盐法有碍。”得旨：“仍照原议，尽心妥办。”（《清宣宗实录》卷227）

（道光十三年二月丁卯）又谕：“陶澍奏‘汉口盐岸规费浮滥，请将经手各商解交湖北质讯’等语。淮盐各岸规费业经裁减，汉岸亦经删定。兹据陶澍查明，道光十一年该岸用数又有浮滥，提到经手各商研审，所呈数目甚多。是否浮用在官，抑或商有混冒，必须提同质讯明确。所有牵涉各衙门均在湖北，着将经手各商，暨簿册一并解往湖北，交讷尔经额就近查传，质讯明确，照例定拟具奏，以肃鹾政。”寻奏：“讯据岸商供称，十一年十月间，方奉到裁撤规条。是年江水漫溢，店屋冲塌，赈恤等项不无浮用。其费银六万八千余两，情愿按店摊赔，即于淮南应给辛工等项内分年扣还，至十二年后，俱照减定章程支发。”下部知之。（《清宣宗实录》卷232）

（道光十三年九月丁酉）又谕：“陶澍奏‘查缉漕船夹私，正以远趱回空，未便任带芦盐，致使盐漕两误’一折，所议甚是。前据贵庆奏筹议江、广回空军船酌增食盐、给票交课章程五条，朕即觉其不可行。惟以盐漕并重，不厌精详，当交部议。旋据户部奏，增买芦盐，有妨淮引，降旨陶澍悉心妥议。兹据该督于未奉谕旨之先，接该漕督咨文，即力陈误盐亦且误漕，甚为明晰。漕船回空带私为历来之痼弊，并有随帮风客除本分利，坐占淮南数十万引纲额，勾引枭匪，肆行无忌。漕船停泊买私，尤有误于趱运。前经陶澍派委文武大员于黄河南北及淮扬等处严密迎查，并令漕员会同押空帮弁于直隶、山东隘口认真堵缉，即寓催趱于查缉之中。回空归次，亦较前迅速。粮私既绝，官引自销……至丁情苦累，准带土宜津贴，以鹾纲为丁舵沾润之计，国家无此政体。着直隶总督、山东巡抚、长芦盐政、天津镇总兵，仍严督沿河营汛州县，查拿枭匪窝囤，堵截私盐透上漕船。并着署漕运总督恩铭，仍派干练漕弁，于各要隘会同帮弁，堵截搜查。其有已经议撤者，仍行添设，不准带私停留，务期迅速南下。其楚西纲岸，不致于歉岁滞销之后，再受粮私侵占。并着责成陶澍实力整顿，以期盐务日有起色，不至滞销，庶盐漕均有裨益。”（《清宣宗实录》卷243）

（道光十三年十一月乙亥）又谕：“有人陈奏‘江西、湖广各州县官盐价昂，每斤制钱六十文至七十余文，而私盐每斤不过三十余文。民间捍法食私，地方文武员弁任听该商昂价渔利，绝不禁止，其为得规庇纵无疑’等语。商人私抬盐价本干严禁，近年一切陋规浮费概行裁革，商本既轻，盐价即可平减。若如所奏，官盐价昂，几及私盐一倍有余，私枭乘间而入，势必官引滞销，课款不能足额。着陶澍等严饬各该地方文武员弁，于新定章程实力奉行，不得仍前收受商人陋规，任听昂价。倘查有得规庇纵情弊，即行严参惩办。并着照现在银价，核定每盐一包应值制钱若干，通行晓谕，不准逾越。俾盐价平减，官引畅销，以期鹾务渐复旧规。将此各谕令知之。”寻陶澍奏：“溯查嘉庆六年奏定江、广盐价、水贩转运，例准按程加增。自道光十一年酌减部价二成之后，偶有增长，随即复原。本年场灶被淹，成本较重，商情竭蹶，屡次援案请复部价，均经剀切驳斥。现在湖广售价尚平，江西销市更滞，仍严饬地方文武，无许得规包庇。”报闻。裕泰奏：“湖广两省食盐均汉岸分运，水贩总售，铺户零卖，准有工伙、运脚余息，历经奏明，载在盐志。现在各属起价，未逾奏定之数，无从核减。嗣后拟核定价值，出示晓谕，仍令各属按月禀报。如查有卖价与报价不符，即行严参，以肃鹾政。”得旨：“务要认真妥办。”（《清宣宗实录》卷245）

（道光十四年九月）丁丑，谕内阁：“栗毓美奏‘查明桐柏县前设盐厂，请旨裁撤’一折。河南桐柏县设立盐厂二处应否裁撤，前经降旨着该抚体察情形，妥立章程，据实具奏。兹据该护抚查明，桐柏县行销河东潞盐，与行销淮盐之信阳、确山及湖北枣阳、随州接壤，盐价悬殊，易致浸灌。该县旧设卡房六处，复于道光十年，在于接壤淮纲之钟家冈等处添设卡房十一座，是该县路通淮纲地方，共有新旧卡房十七座，足资巡缉。原设公厂二处，本可无需，且董事、绅士经手过秤，借收用钱，徒滋纷扰。着即行裁撤，以符定制。其界连湖北之枣阳、随州等处，着该督抚严饬所属，一体严密堵缉，以肃鹾政。”（《清宣宗实录》卷256）

（道光十五年正月甲申）又谕：“陶澍奏‘请变通巡江章程’一折。两淮商盐船只，每多夹私盗卖、捏报淹消等弊。前经降旨，每届半年，酌委参、游、守备或文职二员，自仪征大江溯流巡缉，至湖口县分路，一往江西，一往汉口，仍由原路查回仪征，换委妥员，前往接巡，遇有夹私捏报之案随时惩办。兹据该督查明，安庆府属之华阳镇，彭泽县属之沙湾、马当二处，均系楚西船只失事被抢、积惯盗卖之地。该三处均着各调拨盐务红船两只，雇用小船两只，遴委都、守、千、把一员，带兵十名，并遴委盐务候补运判、经历、知事、大使一员，雇募巡役十名，各驾坐红船一只、小船一只，分段护送催趱，上下会巡交替。如遇盐船搁浅难行，即为随时起剥。倘有匪徒抢劫，暨船户盗卖情事，会同协力查拿，交地方官严办，并责成访查夹带卖私、捏报淹消等弊，仍按半年一换，以均劳逸。其所需红船舵水工食、小船价银及员弁兵役薪饭，着照巡江章程给发，每年于商捐缉私经费内动支。”（《清宣宗实录》卷262）

（道光十五年二月辛亥）又谕：“讷尔经额奏‘查明销过淮盐引数，请宽免盐道考核’一折。湖广盐务积滞已久，自经整顿之后，销数逐渐加增。惟十三年未销十万余引，委系因灾滞销，于十四年实销数内划补，致缺额二分以上，尚非督销不力。湖北盐法道邵甲名，着加恩免其议处。该督仍当督饬该道设法疏销，以期年清年额，毋许稍涉疏懈。”（《清宣宗实录》卷263）

（道光十五年闰六月丙子）又谕：“讷尔经额等奏‘筹议禁戢铜铅船夹带私盐，以肃鹾政’一折。湖广省每年额销官引，为淮纲最重口岸，只以界连数省，水陆交冲，私贩每多浸灌，官引辄致滞销，必应随时整饬，设法禁戢。兹据该督等查明，铜铅船只自四川装运北上，一路收买私盐，入楚售卖，经由卡隘，并不听候查验，自非督饬严查，不足以资镇压。嗣后铜铅船经由宜昌府所属地方，着即饬令该镇总兵亲督卡运各员查验催趱，倘有水手抗拒及逃散、挟制等事，即拿交地方官究办，一面代为雇觅水手，迅速开行，以副例限。并着云贵、四川各督抚严饬运员，务将船价水脚照数给发，不准稍有克扣。运船过境，饬令沿途各州县加意稽查，如有私行售给该船户盐斤，即行严拿惩治。倘不认真查办，一经楚省察出夹私情事，即着行知川省，核实查参。惟铜铅船只听候稽查，不无停待，仍应严饬卡员，查无夹私等弊，立即赶紧放行，断不准借端勒措，稍有稽迟，致误鼓铸。务俾盐务、铜运两有裨益。”（《清宣宗实录》卷268）

（道光十五年十二月辛巳）谕军机大臣等：“有人奏‘两江总督与湖广总督具奏鹾务情形，互相歧异，请旨饬查’等语。前据陶澍奏请展缓乙未新纲折内，声称疏销之责在于江、广，现在盐多滞销，并非筹运本纲之不力。又据复奏折内，声称江、广各口岸目前销路难通，课运因而阻滞。昨据讷尔经额片奏，楚岸仅止存盐一万八千二十七引，盐斤短缺，现在赶催接济。江、广各岸情形，向系随时申报盐政，陶澍谅所深知，何以陶澍奏称江、广销路难通，讷尔经额又奏称楚岸盐斤短缺？两省同时具奏，彼此情形互相歧异，两淮盐务疏销，在于江、广各口岸，既系盐斤短缺，即畅销而非滞销，如果销路难通，何至赶催接济？着陶澍即将江、广各口岸实在情形、如何陈奏两歧之处，查明据实复奏，不准稍有欺饰。将此谕令知之。”（《清宣宗实录》卷 276）

（道光十六年正月辛卯）谕军机大臣等：“前据陶澍奏江、广盐多滞销。又据讷尔经额奏楚岸盐斤短缺。两省同时具奏，情形互异，当降旨着陶澍将江、广各口岸实在情形，查明据实复奏。兹据陶澍奏称‘查明湖广全省年额，应销七十七万九千九百余引。春夏二季，仅销过三十万四千四百十四引，尚未及年额之半。秋冬二季，未据报到。该省奏称该岸只剩盐一万八千二十七引，未将已销之数提及，无从核算。此时汉岸之盐，似因场运偶稽而不继，未必尽因多销而见缺’等语。盐务以转运疏销为要，若销路不畅，转运为之不灵。据陶澍奏称，上年江、广口岸额销引数，查春夏二季，尚未销及年额之半。讷尔经额则称，截至十一月二十日止，除销过盐六十三万五百五十六引，现只剩一万八千二十七引。此项引盐所销，究系何纲，着陶澍、讷尔经额查明据实具奏。至口岸销盐各有定数，两淮总司全局，必应赶催接济，无误转运。嗣后赶运不速，着陶澍实力催提。至口岸疏销，责成讷尔经额认真经理，随销随核，总期岸销大畅，以资转输。务须不分畛域，核实办理，以期盐务日有起色，方为不负委任。陶澍行抵该省，将盐务应办事件与讷尔经额悉心妥筹，实力赶办，无误鹾纲全局。倘办理不善，惟该督等是问。咎有攸归，懔之慎之。将此各谕令知之。”（《清宣宗实录》卷 277）

（道光十六年二月丙寅）又谕："前因陶澍、讷尔经额所奏江、广口岸额销盐引情形互异，当降旨着该督等查明具奏。兹据陶澍奏称'盐法纳课请引，向以纲计，及至分运各岸，止按年计额，而不按纲。盐既随到随销，是纲分虽有新旧，而销售并无后先'等语。盐务以转运疏销为要，若销路不畅，转运为之不灵。该督统辖三省，固应成算在胸。至江西、安徽各抚臣亦有专责，嗣后着一体认真就近督办，同心并力，畛域不分，兼与湖广督臣悉心妥筹，实力赶办。其口岸疏销，责成各省督抚认真经理，随销随核。其赶运迅速，则责成陶澍实力催提，以资输转。务使岸销大畅，俾盐务日有起色。倘仍复稽迟滞销，有误鹾纲全局，惟该督抚等是问。懔之。"（《清宣宗实录》卷278）

（道光十六年二月丙寅）又谕："讷尔经额奏'楚省行销淮盐，一年期满，查明销过引数及缺额缘由'一折。湖北、湖南两省，道光十五年分行销淮盐，缺销在三分以上。据该督查明，实因岸盐短缺，无盐可销，委非该盐道督销不力。所有前任湖北盐法道邵甲名应得处分，着加恩宽免。"（《清宣宗实录》卷278）

（道光十六年七月乙未）谕内阁："讷尔经额等奏'筹议添设卡座，堵缉私贩'一折。楚省行销官引，为淮纲最重口岸。惟界连数省，水陆交冲，向多邻私浸灌。据该督等查明，湖北襄阳府属均州之小江口、湖南永州府属之老埠头……等处，实为邻私透漏门户，现议酌添卡巡，以资扼要……着照所议办理，该督等惟当认真查察，并严饬镇将、道府，督同州县及各卡员弁并力缉捕，不得日久生懈。倘查有得规纵放情弊，着即指名撤参，毋稍姑息。"（《清宣宗实录》卷285）

（道光十七年二月丁卯）谕军机大臣等："本日据讷尔经额奏称，上年楚省行销淮盐，共销引七十三万有奇，较之销数最畅之十四年分尚多六千余引。且自辛卯纲每引加斤，计算已逾额销之数，实属大有起色。

林则徐到任以后，自必稽核旧章，因势利导。仍当严饬各属，设法疏销，不可因甫有起色，稍形疏懈。至楚省行销淮南盐引，本属一气相通。各该省大吏经朕委任，必应熟筹情势，于划清界限之中，仍有并行不悖之意，方称办理妥善。林则徐曾两署两江总督印务，于盐务素所熟悉，其楚省应销淮南盐引，早应成竹在胸。现当接任之初，尤宜尽心筹画，不分畛域，督饬文武员弁巡商，实力整顿，堵缉邻私，搜查夹带，庶官引日形疏畅，而国课益见充盈矣。将此谕令知之。”（《清宣宗实录》卷294）

（道光十七年四月庚申）谕军机大臣等：“本日据陶澍奏‘淮鹾实在情形’一折。两淮盐务最为繁重，一切催征、催运各事宜，该督责无旁贷。已故运司刘万程竭虑急公，本属职分所当为，现因病发轻生，该督正当督饬新任运司陆荫奎认真经理，期于课额无亏，方为不负委任。何得因刘万程一人，辄谓诸事掣肘，遽请钦派大臣前往查议筹办？此奏殊出意外，太不成事。总之引课奏销原系该督专责，如果办理得宜，自可日有起色。即谓两淮责在督运，其督销之任，分寄诸湖广、江西、安徽各督抚，独不思江西、安徽均系该督统辖省分，其应如何实力堵缉，赶紧疏销，无难与两省巡抚妥为筹办。至湖广分销各口岸，与淮南本属一气相通，前已有旨，令林则徐尽心筹画，不分畛域。如有应行会议之处，尽可随时咨商，从长计议。该督受恩深重，惟当实心筹办，不得以力单任重为词，借图卸责。倘畏难观望，以致鹾务不见起色，朕惟该督是问。将此谕令知之。”（《清宣宗实录》卷296）

（道光十七年五月丁亥）又谕：“前降旨饬令陶澍实心筹办盐务，兹据奏称‘查明现在奏销不误，库内暂贮银两足供正拨之需，商情黾勉，尚有起色’等语。办理盐务，全在转运畅销，杜绝漏私之弊。至楚省与两淮，本属一气相通，林则徐曾署两江总督，其于鹾务转运交关之处，熟悉情形，现经酌定道里远近限期，由水贩交付盐行，送局赍道，不准由州县催缴，可免需索留难，办理甚为合宜。其场岸邻近枭私，仍着不分畛域，饬令文武员弁扼要巡查，该督随时稽核功过，以示劝惩。此外催征、催运各事宜，陶澍惟当督同运司，实力整顿，以冀日有起色，方为不负委任。至前次奏折内有误写字样，自请交部察议之处，着加恩宽免。”（《清宣宗实录》卷297）

（道光十七年五月）壬寅，谕内阁："林则徐奏‘铜铅船只夹带私盐，请将运员、总兵分别议处’一折，所奏甚是。滇、黔铜铅向由川船装载，借差夹带私盐，为弊滋甚。前降谕旨，饬令经由卡隘认真查验，有犯即惩，原所以杜私卫引，整饬鹾纲……该督等惟当以公事为重，不分畛域，实力稽查，务期买私诸弊一律肃清，庶于盐务、铜运两无妨碍。如敢意存膜视，任听私贩充斥，再经楚省搜获，除将失察透私之州县及纵漏之夔关照例查参议处外，定将该督一并惩处，决不宽贷。”（《清宣宗实录》卷297）

（道光十七年七月）壬寅，谕内阁："林则徐奏‘襄阳一带缉私事宜’一折。湖广界连数省，水陆交冲，行销引盐，必以堵缉邻私为第一要务。据该督查明，河南与楚境附近村镇，皆有铺户囤积私盐，越界售卖，侵占淮纲，请将毗连淮界三十里内之盐店照例撤退。着照所请，所有河南毗连楚省三十里以内之盐店，即着襄阳营县咨会南阳府属文武一体差催撤退。如抗不遵撤，即将盐包起到襄阳充公，并将囤户差拿究办。其河南唐河、白河装载盐船，顺流而下，系属侵灌楚境私盐，尤为显而易见。着河南巡抚饬令南阳府属县汛各员，毋得纵令装盐下船。其在中途被获，查明由何处下水，即于审办时随案声明，将该处营县交部议处。此外，与德安、黄州等属连界之信阳、罗山、光山、商城等县，越界票私，着即一体撤店。至单开河南各地名开设盐店、囤积贩私处所，着照例撤退，以免侵灌。”（《清宣宗实录》卷299）

（道光十七年九月癸巳）又谕："林则徐奏‘稽查盐务，拿获私枭，官引渐见疏销’等语。湖广私盐充斥，大为淮纲之害。该督委员巡缉，拿获多起，私贩既知敛迹，官引自可畅行。下游长沙一带可免侵灌，即至永、宝一带久不销引之地，亦可渐冀挽回……”（《清宣宗实录》卷301）

（道光二十年二月戊寅）谕军机大臣等：“前据周天爵奏‘留举人江开襄办盐务’。本日有人奏‘安徽举人江开，夤缘在湖广总督署中，好为大言，该督为其所动，派在汉口经理盐务，该地方呼为小总督，恐文武员弁借为引援，易滋流弊’等语。汉岸盐务，督销者有盐道，查引者有同知，缉私者有委员。如果办理不善，该督自可撤任严参，另派委员办理，何必用一举人，致招物议？在周天爵原奏，自因初至湖北，地方官员未及周知，是以暂留该举人襄办盐务。今已逾半载，该处情形谅已熟悉。湖北、湖南两省，岂乏经理盐务、实心任事之员，派委办理，以专责成。着周天爵即将该举人饬回原籍，毋任逗留干预……”寻奏：“江开、韦允升俱遣回籍。”得旨：“甚是，此乃朕不令卿有物议之意也。”（《清宣宗实录》卷331）

（道光二十年八月甲戌）又谕：“裕谦奏‘申明旧章，查禁粮私’一折。近年归次军船夹带盐斤，较前增益，于楚西销数大有关碍，自应严密搜查。现在回空军船正届南下，着直隶总督、漕运总督、长芦盐政并各省粮道，先期出示晓谕丁舵人等，每船于例带食盐外，不准丝毫多带，并责成运弁实力稽查。该署督于军船行抵江南时，即查照旧章，逐段委员搜察，如查有夹私情事，立即起除净尽。除丁舵人等按律重治外，仍将该管运弁一并参处，以利鹾纲而肃漕政。”（《清宣宗实录》卷338）

（道光二十年十二月甲戌）钦差户部左侍郎吴其濬等奏：“讯明已革湖北郧阳府知府李嘉祥，于道光十六年奉文督饬郧县采买仓谷，照例每石领银六钱五分。因是年抚恤灾民，捐资赔累，起意于应买一千五百石外，自照例价发银，浮买一千二百余石。分派郧县差役赴各堡催传乡保领价，收过本色谷一千二百余石，其余概令折价，每石二千五百五十文。嗣有民人江绍凰赴总督衙门，具控乡保王德修以仓书李春和等浮买勒折，赴都察院呈控，咨回该省审办……复讯李春和等浮派勒收实数，李春和等畏刑供认派买谷三千八百石，除收一千石外，余皆折收。李嘉祥亦恐受刑，即照李春和等所供数目承认……”下部议，从之。（《清宣宗实录》卷343）

（道光二十一年九月丁卯）准浙江派员赴湖北、江西、安徽、江苏招商贩米，免输关税，以备兵民口粮，从巡抚刘韵珂请也。（《清宣宗实录》卷358）

（道光二十二年九月甲子）湖广总督裕泰……又奏：“楚岸行销淮引，凡盐船到楚，均聚泊武昌省城下游塘角地方候售。向有刁顽船户中途盗卖，将船凿沉，名曰‘放生’，又有三把浆划船受雇乘机窃运。本年夷船闯入大江，仪征盐艘被焚，舵工人等纷纷逃避来楚，负盐四出发卖，并有匪徒刊刷传单、创议减砠之事，现经拿获各犯，饬属分别严审，尽法惩治，以期弊绝引畅。”报可。（《清宣宗实录》卷381）

（道光二十四年五月乙酉）谕军机大臣等：“御史刘良驹奏‘请推广票盐’一折。淮北票盐试行有效，淮南事同一律。现在官引滞销，积疲已甚，亦宜设法变通，以期便民裕课。着壁昌详察情形，统筹全局，是否可以仿照淮北现办章程改行票盐之处，悉心妥议具奏。另片奏‘票盐章程骤难遍及，请先于上下江食岸试行，然后推及于江西、湖广’，即着壁昌咨行该督抚，各就该处地方情形熟商定议，以冀推行渐广，有益全纲。至近来银贵钱贱，为各省通病，该御史所奏银钱兼收、就近拨解之处，是否可行，亦着壁昌等一并详议奏办。原折片俱钞给阅看。将此谕令知之。”寻奏：“淮南、淮北情形悬殊，未便轻为试行。至银钱兼收，就近拨解南河，运钱水脚较之解银，所费奚啻十倍，且恐行之日久，应

纳之课尽行交钱，则应解京外饷银将何分解，亦未便轻议变通。”从之。（《清宣宗实录》卷405）

（道光二十七年十一月）辛巳，谕军机大臣等：“本日户部遵议李星沅奏‘淮南盐务现办章程’一折，已依议行矣。又片奏‘楚岸滞销情形’等语，据称，楚岸盐价，前因积滞过多，先后酌减。现在存盐积引几及三纲之数，银价日昂，盐价益形吃重。若不亟加整顿，于国课关系匪轻。着李星沅、裕泰率同该运司、盐道，确查汉岸现时盐价，每斤究系合钱若干，并现在存盐因何递年积压一至于此，究应如何设法补救之处，熟筹妥议，迅速奏办。至淮南行销之江西、安徽、湖南、湖北各口岸，巡缉尤关紧要，着该督等分咨该抚严饬地方文武，不分畛域，实力巡查。总期实心经理，俾鹾务日有起色。该督抚受恩深重，具有天良，当此国用支绌之时，再不力图振作，年复一年，伊于胡底？该地方员弁，尤当各顾考成，认真办理，不得视为具文，仍前玩泄也。将此各谕令知之。”寻奏：“现在汉岸价值，每盐一包，售银二钱三四分，每斤合钱五六十文，较例价二钱五分九厘，所减已多，而销数仍未加畅，是减有本之岸价，不敌无本之私盐。惟有严加缉私，为目前要务。臣裕泰委员分赴边界，查拿窝囤，并于盐船经过之武穴及泊船之塘角地方，设卡巡防。至场灶透私，亦经臣李星沅先后委员扼要堵巡，能少一分私盐，即多一分官引。”下部议。从之。（《清宣宗实录》卷449）

（道光二十七年十二月丙辰）湖广总督裕泰复奏：“楚岸额销淮盐，截至二十七年十一月十六日止，查明实存未售盐四十五万余引。前因两淮商疲引积，奏蒙减运，原为恤商疏滞。而每年复有带运残引，及食岸融楚，或十余万引至二十万余引不等，合之额运，仍与未减相同。加以整轮、散轮，提前展后，皆足占碍新纲，此历年存盐之实在情形也。至售盐之价值，系按各场盐色为等差，现在每包卖银二钱六分六厘至二钱八分不等，每库平纹银一钱易制钱二百文，每包需钱五百三十余文至五百六十文不等。前经部议减价，每包卖银二钱九分有奇。今楚岸盐价虽尚不及此数，而民间犹苦价昂，此又银贵钱贱之实在情形也。总之疏引在于缉私，惟有严饬地方文武实力巡查，认真督销，以清积滞。”报闻。（《清宣宗实录》卷450）

（道光二十九年七月）丁酉，谕内阁：“前因各省灾区米价增昂，降旨将湖北、江、浙、安徽等处一体免商贩米税。兹据裕泰等奏请‘所有四川、江西商贩米船运至湖北售卖，并本省请照出境采买者经过关津，均免纳税，循例只收船料’等语，着再申谕，如有米船至湖北省，着迅速验明，不准关役人等留难阻滞，免税放行，以广招徕而纾民困。”（《清宣宗实录》卷470）

（道光三十年三月辛酉）谕军机大臣等：“前因两淮运司一缺关系紧要，曾降旨令陆建瀛于所知道员内酌保候简。旋因穆彰阿保奏联英前在山东运司任内，办理著有成效，复有旨令联英暂署此缺，俟简放有人，仍随同陆建瀛总理盐务。连日召见鸿胪寺少卿刘良驹，知系户部司员出身，询以盐务，甚为熟悉，因即授为两淮运司，无非为整饬淮鹾起见。惟淮纲之利弊全在楚岸之能否疏销，如楚岸督办得人，则淮纲自必日有起色。当此鹾务疲敝、国课支绌之际，必应因地制宜，量材器使，方期两有裨益。刘良驹到任后，联英即应交卸运篆，着陆建瀛于伊二人内详加斟酌。两淮运司既已实授有人，或即令联英前赴湖北办理楚岸事宜，或因刘良驹于两淮情形尚未深悉，先即委令督办楚岸盐务，仍令联英暂署运篆，亦无不可。惟在该督随时察看，酌量调度，总期用当其才，俾盐务从此改观，乃为妥善。至分任之中，仍有专责，联英、刘良驹自不致罔知振作，惟知之匪艰，行之维艰。倘刘良驹筹办盐务，日久未能协宜，该督仍当据实奏请改调，断不可稍有瞻徇，致滋贻误。将此谕令知之。”（《清文宗实录》卷6）

（道光三十年四月癸酉）又谕："户部奏'盐引畅销，首重缉私'等语。淮南盐务，全在汉岸疏销。而湖广各州县均居腹地，邻私处处可通。现当整顿淮鹾之际，若仍前枭贩横行，甚至奸商亦借官盐为影射，安望日有起色？该处盐务，虽统归两江总督管辖，而相隔既遥，有鞭长莫及之势，且缉私系地方文武应办之事，着湖广总督，湖北、湖南各巡抚严饬盐道，督率所属，不分畛域，协力查拿。每获一起私盐，具详咨部。仍于一年期满，奏报销引分数折内汇核，以凭稽考。如有查缉不力，或始勤终怠之员，即着严参。毋得视为具文，以挽颓纲而惩积弊。"（《清文宗实录》卷7）

（道光三十年四月己丑）谕内阁："陆建瀛奏'访闻湖北、江西两岸现办盐务情形，请饬严查'一折。淮南新办盐务章程，前经降旨永禁整轮，裁减岸费，并令陆建瀛查有掣肘阻挠之员，即行参办。兹据该督奏称'访闻湖北盐道邹之玉，仍谕各商扳提售价，不遵永禁整轮办法，以致存盐滞销，民食增贵。江西署盐道庆云，需索月费，争竞不已，并有应照廉俸支缴谬论'等语。现在整顿盐务之时，似此不遵札饬，甚至需索陋规，于鹾政实大有害。着湖广总督、江西巡抚秉公严查，据实参办，毋稍姑容。"（《清文宗实录》卷8）

（道光三十年八月壬申）谕内阁："前据陆建瀛奏，湖北盐法道邹之玉不遵永禁整轮办法，仍令各商扳提售价，以致存盐滞销。当经降旨，交裕泰严查参办。兹据该督奏称，该道因各商减价速售，谕令兼顾商本，系在未奉奏定新章以前。迨接奉新章，即督饬岸商赶销存河旧盐，尚无不遵永禁整轮办法及拘执扳价情事。惟于各商减价之际，仅谕令兼顾商本，并不禀商该管总督及两江总督核办，实属疏忽，邹之玉着交部议处。"（《清文宗实录》卷15）

（道光三十年十月辛未）又谕："陆建瀛奏'盐务新章试行有效'等

语。淮南盐务新章，经陆建瀛督同联英、刘良驹等扫除积弊，自开局至今五月有余，已办过上下两半奏销，约十一月内外，淮南全纲可清。合之淮北盐课协饷，计应共收银五百余万两，办理尚属妥善，陆建瀛、联英、刘良驹均着加恩交部议叙。至楚西两岸为商贩行销要地，各该督抚务当饬属一体督销，毋因新章初立，稍存畛域。如果认真妥办，日有成效，朕必加以鼓励。倘借词观望，致令滞销，责有攸归，勿谓能逃朕鉴也。”（《清文宗实录》卷19）

（道光三十年十一月癸卯）又谕：“前据裕泰等奏，武昌府同知劳光泰议论鹾务新章，其子率行刊刷，当降旨将劳光泰严加议处，并令陆建瀛查明该员所论系何意见，据实具奏。兹据陆建瀛奏‘该同知投递禀函，并作有《移岸三论》，现在板虽销毁，而散布已多，深恐商贩见而裹足’等语。淮南盐务新章甫有成效，岂可任不肖委员散播浮言，阻挠挟制？着裕泰派员将劳光泰解往江南，交陆建瀛督同运司刘良驹严行审讯，务将折内所指各情逐一研鞫，据实具奏，毋稍含混。当此整顿鹾务之时，销岸畅行，方收实效。裕泰总制楚疆，自当不分畛域，协力疏销，着即督同该盐道认真办理，一面严密查访，如有似此播散浮言者，即行拿究，按律惩办，断不可稍有徇隐，以除积习而杜弊端。”（《清文宗实录》卷21）

（道光三十年十二月戊午）两江总督陆建瀛奏：“淮鹾销路，湖广为巨，惟有自任其难，而于湖北盐道邹之玉等全不计较，诚恐迁怒商贩，寻隙骚扰，无裨公事。”得旨：“邹之玉如显有阻挠情事，何妨专折奏参，不可拘泥。”（《清文宗实录》卷23）

（道光三十年十二月甲戌）谕军机大臣等：“裕泰、龚裕奏‘楚岸办理盐务情形’等语，已谕令陆建瀛酌量时地所宜，悉心筹计，并令严饬稽查夹带矣。现当整饬盐纲之时，该署督务当破除成见，力祛积习，与陆建瀛同心合力，认真办理，俾纲地日有起色。倘有不肖属员因循怠玩，

訾议阻挠，即着从严参办。将此谕令知之。”（《清文宗实录》卷24）

（道光三十年十二月甲戌）又谕：“裕泰、龚裕奏‘楚岸办理盐务情形’等语。淮鹾引地以两湖为最广，惟湖北之宜昌、襄、郧，湖南之衡、永、宝庆向因淮盐成本过重，积不能销，遂为邻私浸灌之地，自须设法分销。据称‘江省现拟将盐包交盐道转发，已据该道议详。宜昌、衡州二府，仍令通判赴省领运。襄阳则拟令樊城商栈认运各商照前办理，或照运宜章程改为官运’各情，着陆建瀛量其时地所宜，乘此盐价平减，应如何使官盐源源接济，不致私盐仍前侵占引地，官吏人等又添浮费？立法之初，必期周密，毋令日久更蹈积习。至所称江省应严查夹带一节，自属吃紧要务。该督自必防制周详，其悉心筹计，妥议具奏。原片着钞给阅看。将此谕令知之。”（《清文宗实录》卷24）

（道光三十年十二月辛巳）谕内阁：“裕泰、龚裕奏‘请将道员休致’等语。湖北盐法武昌道邹之玉于盐务新章甫定之际遇事因循，且委令查办川私，屡催尚未启程，实属不知振作。邹之玉著即勒令休改。”（《清文宗实录》卷24）

（咸丰元年正月戊戌）湖广总督裕泰等复奏：“宜昌、襄阳、衡州均系淮盐引地，应照原议，由运司按其所需引数，委员解交南北盐道分销。”从之。（《清文宗实录》卷25）

（咸丰元年五月戊戌）两江总督陆建瀛奏请停止襄阳运盐。报闻。（《清文宗实录》卷33）

（咸丰二年正月壬戌）谕军机大臣等：“户部尚书孙瑞珍奏‘淮南盐务急须严杜川私，请于湖北东湖县属之平善坝、南津关、西坝，宜都县之白洋河、红花套设卡缉私，责成宜昌镇总兵分拨弁兵，实力巡查，以专责成。此外另有走私之处，卡座或移或添，随地随时，相机办理。并请明定章程，如于定额之外，再有溢销，则以官盐溢销之多寡为该总兵功效之大小’各等语。淮南盐引销路全仗两湖，近来粤私、潞私浸灌尚少，惟四川与湖北毗连，由长江顺流而下，驶入楚境，大为淮南之害。该尚书所奏，均系实在情形，着程矞采按照折内所陈各情节，逐一讲求，悉心体察。应如何添设卡座，分拨弁兵，妥议章程，明定赏罚，即责成宜昌镇总兵认真稽查，总期私盐无透越之虞，官盐有畅销之势，庶于国课、民食两有裨益。原折着钞给阅看。将此谕令知之。”（《清文宗实录》卷51）

（咸丰二年七月乙丑）先是，湖广总督程矞采复奏：“湖北宜昌府为四川入楚门户，堵巡私盐，应将向设陇旺冲等卡略为改移，并添派宜昌府协同宜昌镇督缉，以专责成，核其功过，奏请议叙、议处。”下户部议。至是，奏：“应如所议办理。”从之。（《清文宗实录》卷66）

（咸丰三年二月乙未）又谕：“前因湖北省淮盐阻滞，降旨准其借销川盐、潞盐，以资接济。兹据张亮基奏，川盐转运既易，成本亦轻，较之潞盐更为便利，自系实在情形。着四川总督即饬盐茶道借拨川盐二千引，迅速解赴湖北，以济急需。俟江路廓清，淮引通畅，仍照旧章办理。”（《清文宗实录》卷85）

（咸丰五年十月己亥）又谕：“户部奏‘楚岸盐斤抽税章程久未奏报，请饬查明声复’等语。前因湖南、湖北借运川、粤官盐，经该部奏准，凡川、粤盐斤入楚时，无论商民，均许自行贩鬻，于楚省堵私要口，专驻道府大员，设关抽税，并令川、广两省将商支外款大加裁减，妥议章程，责成湖南藩司熟筹妥办。现在川、粤接济楚省盐斤，办理已经两载，该省如何议立章程、按引抽税之处，并未据该督等详晰复奏。着湖广督抚等查明现办章程，迅速具奏，毋再稽延。”（《清文宗实录》卷179）

（咸丰七年四月辛丑）浙江巡抚宴端书奏："筹议接办浙盐，运赴江、楚销售，即以课项接济饷需，俟淮盐运道疏通，再行奏明停止，并请令补用三品京堂张芾就近督运。"允之。（《清文宗实录》卷224）

（咸丰七年九月丙戌）谕军机大臣等："有人奏'湖北省于宜昌府设立盐卡一处，归荆宜施道庄受祺管理。江陵县设立盐卡二处，归保升道员郑兰管理，抽收川盐税课。复于沙市镇设立官盐号，以庄受祺、郑兰为总理，监生严步高为襄办，四、五两年，总计数处税钱，每月可得制钱三十万串。六年秋间，改换部帖，行分而税亦分。近日贩商稍减，每月尚可得二十余万串。此项除协济荆州驻防饷银外，每月应余钱二十万串。乃大营饷需，仍资拨解，本地团练，全赖捐输，不知此项销归何处？严步高以侵蚀之资开设宏盛盐行，襄办者如此，总理可知。并闻郑兰于沙市设立公和钱店，银两悉归兑会，复令亲属郑竹山赴川坐办行盐，两地把持，情同市侩，请饬查办'等语。入楚川盐，经该省督抚等奏准抽收税课，原为协济军饷，若抽收之款甚巨，而兵饷团练仍取给于拨项捐输，是直以数百万巨资徒资中饱，亟宜清厘，以归核实。绵洵近在荆州，见闻较确，着即将宜昌等处盐卡、盐号，自四年以来，抽收盐课若干，拨过军营饷需若干，查明庄受祺、郑兰等有无侵蚀。郑兰于沙市开设银号，并令亲属赴川办盐，显有图利情形，断非因公起见。严步高如何侵蚀盐局，以为资本，并此外委办盐务微员，有无囊橐充盈之处，均着访查确实，详细具奏。帑项攸关，该将军务将所奏各情秉公查办，毋得稍涉瞻徇，或受人蒙蔽，致负委任。原折着钞给阅看。将此由五百里谕令知之。"寻奏："查宜昌盐局实无弊窦。"报闻。（《清文宗实录》卷235）

（咸丰九年三月庚寅）又谕："户部奏'请饬筹办淮南盐务，酌拟条款，开单呈览'一折。淮南盐课为拨解大宗，近年因长江梗阻，经户部议令就场收课，办理数年，稍有起色，尚未能复旧额，亟应设法筹办，以裕课款。着照该部所议，如通、泰各场，于适中之地驻扎武职大员，稽察出入，以杜偷漏。泰州总局及分局，酌增税银。淮盐侵越浙岸，于京口等处地方设卡抽收税银，抵补浙课。又事务较简各场盐官酌量裁并。又川、淮各私由湖北阑入湖南者，必由岳州经过，于该府设局抽税。其余毗连川、粤处所各设税卡，以防偷越。江西饶州、吉安、建昌、九江等府，各于适中地方设局，仿照湖北章程，一律收税。所议均尚周妥，各该督抚果能认真筹办，于鹾务、饷需实有裨益。着两江总督，江西、湖南各巡抚悉心筹画，妥速办理……”（《清文宗实录》卷279）

（咸丰十一年十二月己未）又谕：“大学士周祖培奏‘请饬整顿盐务’等语。鹾务为国课大宗，各省额销应征课银为数甚巨，近年短绌过多，总由该管官不能认真办理所致。当此帑项支绌，宜如何激发天良，力求整顿畅销，以期裕国课而济时艰？长芦近来悬岸甚多，着直隶总督督饬运司严拿私贩，招商认办，毋再任令久悬，以致额征短绌。两淮就场征税，并着核实征收。前经湖广总督官文奏请办理淮盐，行销楚岸；江苏巡抚薛焕奏请招商运销湖北、江西，俱由户部议准，均着认真办理，毋任领运行销官吏人等营私舞弊。其两广、福建、山东、四川、甘肃等省或仍属完善，或军务渐平，尤应早复旧额。并着各该省督抚、盐政痛黜积习，讲求利病，务期经商裕课，按照例限奏销，不得稍有迟误。倘或不知振作，任令国家正课日形短绌，朕必加以重惩，不稍宽贷，懔之。”（《清穆宗实录》卷12）

（同治二年六月壬寅）四川总督骆秉章……又奏：“军务未平，请将盐茶报销展限办理，并盐引积滞过多，拟分别新旧，犍、富两厂自同治元年始，荣厂自同治二年始，划为新引，以前所积为旧引。新引仍行本岸，旧引则犍、富两厂予限八年，荣厂予限六年，责成犍、富、荣各商与楚商合力行销，以顾课羡。至湖北长乐等县续增犍厂引张，请仍招商领配，以专责成。”下部议行。（《清穆宗实录》卷71）

（同治二年十一月甲辰）又谕："前因毛震寿奏陈汉南艰窘情形，请于川省借地抽取盐厘济饷，当经谕令骆秉章按照所奏筹办。嗣因刘蓉奏称'川省盐厘应由井灶抽收'，复经谕令骆秉章酌量办理。兹据骆秉章奏称'川省盐厘，叠经酌定税则，在渝城并富、荣、犍、乐等厂设局，分按斤包水引抽取……兼以淮运已通，楚盐价减，川商无利可图，请免予再抽陕省加半盐厘'等语，自系为体恤商情起见。惟前据刘蓉奏称，川省各厂盐策之利，井灶实居其源，而商贩特承其流，拟就井灶起课，按锅计盐，按盐定厘……刘蓉前任川藩一载有余，所拟由井灶抽厘之法，自必确有所见。着骆秉章仍按该抚原奏，悉心妥筹，核实定议具奏，以裕度支而资饷源。将此谕令知之。"（《清穆宗实录》卷84）

（同治七年十二月甲寅）谕军机大臣等："前据曾国藩奏，请禁川私入楚，收复淮南引地，以复旧制，当交户部议奏。兹据该部遵议'请旨办理'一折，淮南引地，以楚岸为大宗，从前因江路梗阻，淮盐未能行销，叠经湖广总督奏明，借拨川盐，并抽收川私厘税，原系一时权宜之计。近年江路早经畅通，自应规复旧制。虽节经酌减淮厘以轻成本，而邻私未能尽禁，淮盐总难畅销。曾国藩所陈川私病淮各节，自系实在情形，着吴棠、李鸿章、郭柏荫、何璟即将川盐行楚章程妥筹停止。其宜昌、沙市等处，应如何撤局停税并稽查偷越之处，着李鸿章、郭柏荫、何璟饬属妥办，并将裁停川税日期截清报部，毋滋弊混。至曾国藩所称，淮盐并收鄂厘，淮销果畅，鄂饷即可加增。将来所收鄂厘，较之川税收数，能否不至大相悬殊，着李鸿章等体察情形具奏。惟川盐行楚既久，井灶增多，现在既经禁销，自应酌量封禁，并着吴棠妥为筹办。其如何分限减停及堵缉各路邻私，着马新贻核议章程，奏明办理。自此次改复旧章之后，务当严禁商人夹带，并饬垣商讲求煎炼。其到岸候轮之盐，不准私自抬价。该督抚等总当不分畛域，实力妥筹，以绝弊窦而维大局……将此谕知李鸿章、马新贻、吴棠、郭柏荫、刘崐，并传谕何璟知

之。”（《清穆宗实录》卷248）

（同治八年六月）辛亥，谕军机大臣等：“丁宝桢奏曲阜文庙各处要工，现已估计兴修，惟木植、油漆、颜料等物，山东无从购觅，现委监修委员候补知府周垚，开明应用实数，带领护照，前赴楚北、汉口一带采买。着李鸿章、马新贻、丁日昌、郭柏荫、刘锟①、李鹤年各饬所属沿途各关及税厘卡局，俟该委员押解前项物料到境时，立即照数点验放行，免其纳税，并按站妥为护送。将此各谕令知之。”（《清穆宗实录》卷260）

（同治八年七月乙亥）又谕：“前据左宗棠奏‘河东盐务废弛，解款积压，并河东道李庆翱鄙诈成性，惟解钻营’等情，当经谕令郑敦谨查明具奏。兹据奏称‘河东盐课，向系陆续征收，必至次年奏销时，始能全完。故历届拨解甘饷，均在次年奏销后解清，并非李庆翱任内有意积压。道库存款五十一万余两，虽与左宗棠原奏相符，然已借动一半，且有匀拨京饷等款，实存并无此数，是以甘饷未能立即解清。至盐引积滞，则因襄樊以北，淮盐侵占，并陕、豫引地销售不畅之故。李庆翱居官勤慎，现署臬篆，于公事均能讲求，实无夸诈习气’等语。署山西按察使、河东道李庆翱，既据郑敦谨查明并无废弛钻营情事，着无庸议。”（《清穆宗实录》卷262）

（光绪二年九月癸未）又谕：“御史吴鸿恩奏‘川盐济楚，有利于淮，请饬四川等省体查情形复奏’等语，着户部俟四川等省复奏到日，与翁同爵折片一并妥议具奏。”现月 （《清德宗实录》卷40）

光绪三年丁丑九月戊辰，谕军机大臣等：“候补中允张鹏翼奏‘湖北

① 锟：应为“崐”之误。

盐禁病民，请撤防兵而复旧制’一折。私盐向干例禁，防兵之设，即为巡缉私贩而行。若如张鹏翼所称，种种弊端，是防兵徒滋扰累，亟应力为整顿，以重鹾纲。该候补中允所请裁撤防兵，仍责成地方守令严密巡防，大吏时复委员查访之处是否可行，着李瀚章体察情形，奏明办理。原折着钞给阅看。将此谕令知之。”现月 （《清德宗实录》卷58）

（光绪三年十二月甲辰）又谕：“前据李瀚章奏，复核沈葆桢奏收复淮盐引地、立限截止川盐、包完鄂饷等节，当经谕令沈葆桢悉心复核。兹据丁宝桢奏‘禁川之举，以时势筹之，实难遽行。惟有俟黔边销路渐畅，使川商暂归本岸，而淮引自复。皖西本两淮专岸，官票不及私贩之多，不若先行整理，则淮盐销路自畅，引课自增’各等语，着沈葆桢汇入李瀚章所陈，一并复核，妥筹办理。原折片着钞给阅看。将此谕令知之。”现月档 （《清德宗实录》卷64）

（光绪四年二月庚寅）谕军机大臣等：“前据李瀚章、丁宝桢先后陈奏淮南规复引地，窒碍难行，当经谕令沈葆桢复核筹办。兹据奏称‘引地当复与否，请旨定夺，或饬部通筹’等语。淮南规复引地一事，关系商民利害，必须疆臣各就地方情形，通盘筹画，互相熟商，期于办理无弊。且各该省均有为难之处，朝廷亦所深知。乃彼此各执一说，往复辩论，迄未定议，殊失政体。李瀚章前次所奏，不免措词过当，沈葆桢叠次所陈，语意亦多不平，均非大臣和衷共济之义。所有规复淮南引地，各该省如何办理，不致为难之处，着户部再行妥议具奏。俟该部议定后，仍着沈葆桢、李瀚章、丁宝桢妥商筹办，总期于公事有裨。不得稍存成见，致误大局。将此谕知户部，并由四百里谕令沈葆桢、李瀚章、丁宝桢知之。”寻户部奏：“淮课为东南一大利源，缓急可恃。禁川复淮之议，创自曾国藩，继之以周声澍，而臣部实主持之。以产盐之数，榷盐之利，两省互较，实皆淮盛于川，仍当以复淮为可久之策。前议令将已到楚岸川盐先查确数，核定何时准可销完，一面严密设立巡卡，即以设齐局卡之日为禁止川盐入楚之始，以销竣存楚川盐之日为禁止川盐销楚之始。惟其间随时斟酌，因地制宜，则全恃身司其事者之实心讲求，变通尽利，非臣部所能悬揣而遥制。仍应请饬下两江、湖广、四川各督臣，湖南抚臣，汇集臣部先后各奏案，妥速筹商，或川、淮并销，或退川还淮，各就地方情形秉公会议，专折复陈。至沈葆桢奏‘应增新复楚岸引票，由楚督定价’等语，请毋庸议。”从之。现月 （《清德宗实录》卷67）

（光绪四年三月甲子）又谕：“翰林院代奏‘编修刘海鳌等请饬将楚岸川、淮盐斤分别暂加赈厘’等语，着户部汇入沈葆桢、周声澍折，一并妥议具奏。”寻户部奏：“请饬两江、川、楚督抚臣查核具奏。”从之。现月 （《清德宗实录》卷69）

（光绪六年六月壬子）署四川总督丁宝桢奏：“川省盐务，向有湖北八州县计岸，近因买引漏楚，引积课悬，办理无从下手，亟应设法变通筹办，以资整顿。”下部议。折包 （《清德宗实录》卷114）

（光绪八年四月）壬午，谕军机大臣等：“前据左宗棠奏，淮盐拟加引票，当以增引恐致滞销，谕令详议具奏，候旨遵行。旋据左宗棠奏‘筹复楚岸，派员办理官运，拨营前往巡缉及淮北加引’各情，已谕令户部妥议具奏。兹据彭祖贤奏‘两淮议禁济楚川盐，有关鄂省饷源，客军缉私，窒碍难行，请饬暂循旧章’各折片，据称‘鄂省出款，半取给于川盐厘税。若禁川复淮，则饷源大减。此时未与四川议定停运限期，先行设卡堵截，恐无以取信于民。恩施等州县，例应行销川盐，不能概行禁绝。监利县已到川盐，限三个月销尽，窒碍殊多’等语。川盐济楚行之已久，此时议复淮引，固为规复旧制起见。惟川盐能否即行停运，鄂省饷源有无关碍，必须通盘筹画，从长计议。且将来如果复淮，亦必须酌定限期，晓谕商民，行之以渐，方不致激生事端。此事惟视民生国计所宜，或淮、或川，朝廷并无成见，总须妥慎办理，以期商民相安。着左宗棠、涂宗瀛、丁宝桢、彭祖贤悉心会商，妥议具奏，候旨遵行，现在仍着循旧办理。川盐行销楚岸，尚未能克期禁止，遽派勇营前往，恐致民间疑惧，着左宗棠饬所派亲军二营暂行停止赴鄂。将此由五百里各谕令知之。”查结　（《清德宗实录》卷145）

（光绪八年六月壬戌）四川总督丁宝桢奏：“遵旨查明川盐济楚，未能骤停，请展缓办理，以顺舆情。”得旨：“着仍遵照四月二十七日谕旨及户部议复左宗棠原奏，会同两江、湖广各督抚，悉心妥议，奏明办理。”折包　（《清德宗实录》卷147）

（光绪八年九月丙午）湖广总督涂宗瀛奏：“两淮议减济楚川盐，事多窒碍难行。”下部议。折包　（《清德宗实录》卷152）

（光绪九年二月丁巳）两江总督左宗棠奏：“淮南、鄂、湘前加新票，另招殷商照缴票价，给发循环盐引三万引，以符部议。”下部知之。（《清德宗实录》卷159）

（光绪十年闰五月丙寅）又谕：“前因御史屠仁守奏‘湖北应城县征收盐斤、石膏税课，自德安府同知蔡樾赓接办以来，百弊丛生，恣意朘削’，当经谕令孙毓汶等详查参办。兹据奏称‘石膏、井盐税课向分两宗，石膏税厘尚无弊混，井盐课名目太多，立法未善。同知蔡樾赓接办征收，尚无贪苛劣迹。现将井盐水课改定新章，开单呈览’等语。同知蔡樾赓虽于井盐课额并无亏短，惟于章程繁琐滋弊，不思及早变通，又未将丁役私费查明禁革，以致商情不协，啧有烦言，实属办理不善，蔡樾赓着交部议处。至所定井盐水课新章，即着该督抚饬属认真妥办，毋任再有弊端。”现月　（《清德宗实录》卷186）

（光绪十年九月丙午）谕军机大臣等：“曾国荃奏‘加抽川厘济饷，

无甚窒碍，仍拟在万户沱设局试办’一折。湖北为淮盐引地，此次曾国荃拟请设局加收川盐厘金，自系为军饷紧要起见。着准其于万户沱设卡，遴派委员，妥为试办。数月后察看情形，如果毫无窒碍，即可接续办理。倘川盐停阻，鄂饷短绌，即照所请奏明撤局，抽厘济饷。江、鄂同一筹备军需，曾国荃、卞宝第、彭祖贤务当力顾大局，和衷商办，切勿稍存畛域。原折着钞给卞宝第、彭祖贤阅看。将此各谕令知之。”（《清德宗实录》卷193）

（光绪十一年三月丁未）署湖广总督卞宝第等奏：“鄂省加增茶课，窒碍难行。洋商有意抑勒，讵肯骤加重价，窒碍一。售价仅数两之茶，未便征收过半，窒碍二。华商无力领照，必暗买洋人运单，入山采办，此项茶厘即归乌有，窒碍三。请照旧章征收，以恤商力。”从之。折包（《清德宗实录》卷205）

（光绪十一年九月丁未）谕军机大臣等：“顺天府代递道员叶廷眷条陈内‘扶持商局’一条，据称‘请准招商局轮船装运鄂盐，该局承运漕粮，请照沙船回空免税章程办理，并展缓运漕限期，借客货水脚补其不足。湖北帽合茶酌减税课，归局装运’等语。所陈各节，系专为维持商务起见。惟于各该省鹾政税厘，有无关碍，着李鸿章、曾国荃体察情形，悉心筹商，奏明办理。至该局事务，应否令苏松粮道及江海关道就近会商，并着酌议具奏。原呈均着摘钞给与阅看。将此谕知李鸿章，并由五百里谕令曾国荃知之。”寻直隶总督李鸿章等会奏：“遵议维持商局事宜，查装运鄂盐及展缓运漕限期两条不无窒碍，应毋庸议。其运漕回空免税二成及装运湖北帽合茶两项，尚可酌准。惟所沾利益甚微，不足以资补救，应请将运漕水脚仍照沙宁船现领之款支给，不再减扣，以免亏赔而保权利。并令江苏粮道与江海关道随时会同局员，筹商协助，俾资利便。”下部知之。洋务 （《清德宗实录》卷215）

（光绪二十年八月辛未）湖广总督张之洞等奏："汉口茶务，为商务大宗，关系厘税巨款，亟应设法维持。查红茶销路，以俄商购办为最多。现拟由南北两省分筹官款，酌量购茶，自行运俄试销。"下所司知之。折包 （《清德宗实录》卷347）

（光绪二十年九月癸卯）又谕："……又片奏'行盐道里表所刻，误列宜昌等处。又引张额行数目，新志与奏销不同，黔税厘岁解银数，与奏明每引征数亦有不符'各等语，着户部查明分别核办。"现月 （《清德宗实录》卷350）

（光绪二十年九月癸卯）又谕："前据御史钟德祥奏'川盐各弊，官吏侵蚀，商民朘伤'等情，当经谕令裕德、廖寿恒驰往四川查办。嗣又据该御史奏称'四川盐局簿据，皆系事后改换，惟提井场各灶商卖盐及计岸各行号买盐帐簿查阅抽对，即可核出真情'等语，复谕令裕德等察酌办理。兹据查明据实复奏，官运济楚，漏纳渝厘，影占商岸，以致公私交病。前总办局务唐炯自紊定章，造销蒙混；接办局务道员夏旹相率徇隐，含混奏办，致亏课款甚多，均着交部严加议处……"现月 （《清德宗实录》卷350）

（光绪二十一年七月己酉）（四川总督鹿传霖）又奏："查明官运行盐道里表误列宜昌等处，请归并停止济楚案内办理，并请免加复黔引税厘。"下部议。折包 （《清德宗实录》卷372）

（光绪二十二年正月丁未）谕军机大臣等："福润奏'安徽制钱缺少，查禁私运外贩，并请各省一体严禁'一折。据称'近日安徽制钱骤形短少，兵民受累，由于匪徒串通奸商，运出销毁转售，并闻有洋商暗中收买，由轮船运往外洋，该省业经拿获奸商惩办'，此等情弊，恐不独安徽一省为然。制钱原以便民，奸徒私贩镕销，例禁綦严，必须从严究办。

至铜钱不准运出外洋，载在约章，如果实系洋人收买，贻害非浅，尤当力遏其流。着盛京将军，直隶、两江、闽浙、湖广、两广、四川各总督，江苏、安徽、江西、浙江、湖北、湖南、山东、广东各巡抚，饬令沿海、沿江各州县一体实力稽查，严行禁止，毋任稍有偷漏。将此各谕令知之。”现月 （《清德宗实录》卷383）

（光绪二十三年六月己巳）四川总督鹿传霖奏：“遵查川、楚掣验盐秤及卤耗包皮斤数，应否酌采宜局向章，抑令湖广明定限制，务于核实之中，仍寓体恤之意。并嗣后商运济楚盐船失事，均令呈报所在州县勘验。”又奏：“制造局经费，请暂加至八万两。”均下部知之。折包 （《清德宗实录》卷406）

（光绪二十五年四月乙未）又谕：“有人奏‘监司大员卑污贪婪，声名狼藉，据实纠参’一折。据称‘署江宁藩司本任盐巡道胡家桢，为胡燏棻胞弟，弟兄异籍，并在游幕省分服官，显干例禁。性好冶游，广置姬妾，在江宁私置房产，伙通奸商贩米出洋，私买鄂岸盐票，又与候补道沈敦和伙买吴淞地皮，勾通洋人索开码头，总办江南矿务毫无成效，复将矿厂转卖洋人，得银巨万，在藩司任内，广收属员馈赠，请饬查办’等语。着刚毅确切查明，据实参办。原折着钞给阅看。将此谕令知之。”现月 （《清德宗实录》卷443）

（光绪二十六年正月乙卯）（江西巡抚松寿）又奏：“请仿照鄂、皖成案，于两岸淮盐每斤加钱二文，以资挹注。”报闻。折包 （《清德宗实录》卷458）

（光绪二十七年十月辛酉）两江总督刘坤一奏：“本省饷需赈务，需款甚亟，请将衔封、翎枝、贡监等捐接续展办一年。”又奏：“两淮盐斤部议加价四文，查淮盐行销鄂、湘两省，各已奏加四文，合之旧案加价，

每斤共加至十四文之多，未免过重。部加之四文，拟请减去二文，稍纾商困。”均下部知之。折包　（《清德宗实录》卷488）

（光绪三十一年四月壬申）陕甘总督崧蕃奏：“新疆伊塔一带，本系南商官茶引地。近因晋商私茶充斥，官运滞销，现南商另请新票，赴湖北羊楼峒采办茶砖，运至关外各处行销，以顾引地，应准其暂行试办。”下部知之。折包　（《清德宗实录》卷544）

（宣统元年五月戊辰）两江总督端方奏：“淮南盐引向行销鄂、湘、西、皖四岸，而尤以鄂、湘占大半。兵燹后，各处邻私侵占，致南盐引额短缺。请酌加湘岸引盐七十票，合盐三万五千引，鄂岸引盐三十票，合盐一万五千引，遵章每票缴捐银一万两。又以近时湘、鄂商票获利较丰，请于正项外每票加捐银二千两，归入江南财政局，暂抵拨补厘金各省欠解之项，俾充本年要需。经招商认足，银两亦陆续缴齐，援案归入现行纲分，与旧票一律挨售，三纲以内，免予输捐，庶旧商无积压之虞，新引得转输之利。”下部知之。（《宣统政纪》卷14）

（宣统元年十月戊子）内阁侍读学士甘大璋奏：“川省盐出于井，泉脉之富，几遍全蜀……巴盐色青坚整，状如块甓，质味双佳，人争购食，而尤以鄂、湘两地之民为尤甚。盖川盐之济楚者，向仅湖北鹤峰等八州县并湖南衡、永、郴、宜等处，销地未广，而每年济楚收数，已三四百万串。若再扩其销路，则税收正未可量……仅鄂、湘十余州县之地行销，而统计岁入额数，已达六七百万两之多。而淮盐则行销鄂、湘、赣、皖、豫并江、甘等地，远及六七省，范围之广，十倍于川盐。而历年该省奏销，岁入不过四五百万两，虽经光绪二十九年查办之后，清出款目甚多，约计正、杂两项，每年入款不下一千二三百万两。其中除正款五百万两外，余八百万两均未报部……今鄂、湘距淮较远，距川较近，淮盐现既缺产，而川盐产额充富，积聚之数几倍岁销，且有若干旺井可开，货弃于地，诚属可惜，何不将向销淮引之鄂、湘各处，划归川盐引岸，俾川盐得以渐辟销场，而淮盐亦不至顾此失彼。此酌盈剂虚之理，为借川助淮之总机关，实弥补土药税筹款之一大宗也。应请饬下四川总督，会同两江总督、湖广总督、湖南巡抚，体察情形，妥速筹议。勿执彼疆此界之说，致遗全局之利，于川、淮盐务两有裨益。”得旨：“度支部妥议具奏。”（《宣统政纪》卷23）

（宣统三年八月庚戌）内阁会奏：“今日盐务难于整理者，其故有二：一在各省自为风气，不能祛官与商弊蠹；一由各省自保藩离，不能谋国与民公益。是以销数则彼此悬殊，引地则动成争执，自非改定盐政官制，设立专员不可。旧制设官，皆注重于产、运、销三项，故长芦、山东、两淮、两浙、两广各运司，河东、四川、云南各盐道，以司产运；河南、陕西、甘肃、湖北、湖南、江南、江西、广西各盐道，以司岸销，皆受成于盐政。军兴以后，各省多设督销官运等局，运司之权既分，而盐道尤成虚设。故河南、江西、陕西各盐道均经奏裁，以藩司及巡警道兼之。湖北、湖南、广西各盐道则名存实去……至各省督销总办，多系一年瓜代，贤者循例奉公，不肖者侵蚀亏累。外此官运各局及分销以下各员司，品流糅杂，职事丛脞，弊更不可究诘。尤甚者，湖南之川、粤盐捐，湖北之川盐厘金，江西之粤盐口捐，河南之潞盐、东盐加价，均由行盐省分派员设卡征收，而主管产运之运司、盐道及督销局不能过问……窃思国家岁征盐税，同治以前，不过一千二百万两。光绪季年，增至二千八九百万两。及试办宣统三年豫算，各省盐务收入乃增至四千余万两，与地丁钱粮相埒。夫丁粮则有二十余藩司督征于上，千数百州县经征于下，而盐务官乃散漫至此，自非酌订官制，特设京外盐务专官统一事权，明定责任不为功。臣等公同酌议，拟请将督办盐政处改为盐政院，设盐政大臣一员，管理全国盐政，统辖盐务各官。设盐政丞以襄理鹾纲，厅长以承宣政令，参议、参事以佐拟法制，佥事、录事以执行事务。其在外省，则于产盐区域设正监督，于行盐区域设副监督，各置属官，分司榷政，此京外盐官编制之大略也。全国盐务，必须提挈纲领，以总其成，分划区域，以专其任。拟于盐政院设总务厅及南盐、北盐两厅，总务厅掌机要、铨叙、会计、收发，并筹拟盐法、编订章程，即以督办盐政处原设之盐务总厅及庶务厅改设。南盐厅掌淮、浙、闽、粤盐务，即以原设之两淮、两浙、闽粤三厅改设……淮南之鄂、湘、西、皖四岸暨淮北各督销局，并湖北宜昌川盐厘局，均改为副监督。江南盐巡道原管江宁食岸督销，而金陵下关又为掣验鄂、湘、西、皖四岸盐船之所，地势颇为扼要，拟将该道改为淮南江岸副监督，管理江宁食岸督销，并大通以下扬子栈以上掣验缉私事宜……所有湖北武昌、湖南长宝……各盐法道，均撤去盐法字样……此又京外盐官，规定职掌及现时改设之情形也。当此官制未颁，等级未定，京外盐官拟暂以原品治事，惟正、副监督拟暂定为正三品、正四品，均视京秩，以重事权。以原有之差缺，酌设实官，以原有之薪俸，匀定公费，事权既一，责任以专。谨将拟订盐政官制缮单呈进，经此次改订后，凡关于盐务用人行政，均属监政大臣专责。各省督抚，毋庸再兼会办盐政大臣及会办盐政大臣衔。惟盐务与地方关系事件，仍由各省督抚饬属办理。再此项官制内丞及厅长以次名称地位及简任、奏任各官办法，俟各部官制通则颁布后，如有歧异，均改归一律，以重宪政。”得旨：“前因各省盐务疲敝，特派大臣督办，以资整顿。惟事体重大，头绪纷繁，非设立专官，无以收挈领提纲之效。着即将盐政院官制颁布，以盐政处改为盐政院，全国盐务均归管理，以一事权而重责成。”（《宣统政纪》卷61）

（宣统三年十月辛酉）又谕：“电寄段祺瑞，据电奏‘委分省补用道祝芾，署湖北盐法武昌道，兼办督销事宜’等语，着照所请。”（《宣统政纪》卷66）

四、交通

1. 水马驿站

（顺治十二年正月）壬子，谕内外文武官员等："朕奉天子民，孜孜图治，夙兴夜寐，罔敢怠荒，庶望休息安养，渐兴教化，以奏升平。乃疆圉未靖，水旱频仍，储偫不充，兵民憔悴，流离困苦，永念恻然。虽恩赦屡颁，而奉行无法。每思与朕共理天下者，唯尔内外文武诸臣是赖。已有谕旨，自朕躬阙失以及政事未当之处，俱令各官悉心条奏，采择施行。兹以朕思虑所及，先颁敕谕，着各该管衙门，作速遵奉……一、近来各处驿递，疲累至极，冲要地方，尤为困苦，皆因马价、草料、工食等银不敷支用。民力既穷，马亦随毙，买补之费，仍出于民，民困如此，势必至驿政尽坏，道路不通。着户、兵二部行各督抚，察地方冲僻及路程远近，每驿应用马匹、草豆、鞍辔、夫役工食数目，钱粮见额若干、应补若干，逐一确算，造册奏报。应用钱粮，准于应解正项钱粮内动支。原解缺额，该部另行酌议，务期久远可行。凡从前倒塌驿站，责令各地方官速行料理。如因仍废弛，着该督抚察明，并道府题参究治。其奉差员役需索骚扰，屡有严禁，着再行申饬，务革积弊……以上事款，内外文武衙门作速遵行。系在外者，该部誊发各总督、巡抚，将行过缘由逐款奏缴，不许视为具文，玩忽迁延，自干宪典。"（《清世祖实录》卷88）

（康熙三年十二月己巳）山东巡抚周有德疏言："山东为南北孔道、十省通津，当倡议分路之时，止从陆路起见，故河南议分湖广、广西、陕西、四川、云南、贵州等六省，山东议分江南、浙江、福建、江西、广东等五省，论分省之多寡，似得其平。合水陆繁简情形计之，则山东所分之五省，其王公、将军、督抚、提镇等衙门较多于他省，加以运河直贯其中，兵差解运船只悉由此路往来，沿河居民尽为纤夫，其或不足，则取之他州县，经费有限，民力几何？而况楚、蜀、云、贵、广西等省之船，路所必经，是名为五省，而实为十省，其繁苦不几三倍于河南耶？请将陆路所分之江西、广东二省，敕令取道河南，庶民困可以少苏，而驿站无倒塌之忧矣。”下部议。（《清圣祖实录》卷 13）

（康熙五年十二月）丁卯，兵部议复：“四川巡抚刘格疏言‘夔州为楚蜀通衢，往来差使络绎不绝。请于云阳、奉节、巫山三县，定远、烈面二处各设水站’。应如所请。”从之。（《清圣祖实录》卷 20）

（康熙六年十月）戊寅，命湖北驿传道移驻湖南，管理湖南驿粮事务。湖北粮道仍留湖北，管理湖北驿粮事务。（《清圣祖实录》卷 24）

（康熙十三年九月壬申）添设湖北驿传道员缺，兼管盐法事务，驻扎省城。（《清圣祖实录》卷 49）

（康熙二十七年七月甲午）上谕内阁：“顷驿站笔帖式等所报，我兵近抵武昌，贼渠以三人遁去，武昌城中民羁贼渠妻子，献城降。由此观之，城中贼皆已降，余贼略尽，地方提督、总兵、绿旗官兵自可追擒抚辑。江宁、京口、荆州诸路兵仍赴武昌，则转输供应，民力维艰。满洲、汉军及调集绿旗兵，皆令各归本汛。又遇难官民之妻子或恐株累，可令其地巡抚察明奏闻。”（《清圣祖实录》卷 136）

（康熙二十七年七月）壬寅，谕大学士等：“徐治都标兵屡次大战，受伤、阵亡者必多，且系各营镇调集之人，若待回汛察核，又需日月。今应遣户、兵二部贤能司官会同提督、巡抚，即于武昌给赏，则穷兵得

沾实惠，而日后无浮冒缺少、迟延时日之弊矣。其令司官殷达礼、温保驰驿速往。”（《清圣祖实录》卷136）

（康熙二十七年九月丁亥）吏部议复：“偏沅巡抚兴永朝疏言‘楚省旧设驿道一员，驻扎武昌，管理全省驿务。但湖南、湖北道里辽远，以湖北之道遥制湖南，事多贻误。请改湖南驿站事务归并湖南粮道兼理’。应如所请。”从之。（《清圣祖实录》卷137）

（康熙五十六年十一月）甲戌，上以甘肃提督师懿德议不可进兵一折，示满汉大学士、学士、九卿、詹事科道等，谕曰：“……故各省督抚奏折来，俱批先固内地紧要，不可听小抄以惑人心。我朝驿递之设最善，西边五千余里九日可到，荆州、西安五日可到，浙江四日可到……”（《清圣祖实录》卷275）

（康熙五十六年十一月）丙子，谕大学士等曰：“……朕曾遣人往五台、武当等处，皆于兵部起票，驰驿前往，并将差遣缘由声明，光明正大，伊等亦不能假借也……”（《清圣祖实录》卷275）

（康熙五十七年闰八月乙亥）九卿议复：“兵部奏称‘直隶各省历年驿站奏销册内，倒毙马匹数目多寡不一，若不定额规，恐不肖官员希图冒销钱粮，捏报销算。应自康熙五十七年为始，将直隶、河南、山东、湖广、云南、贵州并盛京沙河站、凤凰城、宁古塔、黑龙江等处驿站地方马匹十分之内，倒毙不许过三分……’应如所请。”从之。（《清圣祖实录》卷281）

（康熙五十八年十二月己未）裁湖北驿盐道，归并湖北粮道管理，从总督满丕请也。（《清圣祖实录》卷286）

（雍正八年三月辛卯）裁湖北荆山、荆南、孙黄、汉江、鄢城五驿驿丞各一员，其驿务归各该州县管理，从湖广总督迈柱请也。（《清世宗实录》卷92）

（乾隆二年六月丙戌）湖北巡抚杨永斌疏奏训饬属员、肃清吏治、整顿士习、稽查驿站各事宜。得旨："此固澄清吏治之良法，但须行之以实，而持之以久，方与民生有益。至民生日用之常，水旱饥馑之备，尚须勤讲，方是为政之本也。"（《清高宗实录》卷45）

（乾隆五年正月）甲子，谕："雍正三年定例，湖广地方，每年派往巡察御史一员，专司稽察盗贼、巡视驿站烟墩、操阅民壮等事。嗣因盗案减少，于雍正十二年奉旨停止。朕看得湖北襟江带汉，素称四达之区，且幅员辽阔，薮泽弥漫，盗贼易于藏匿。近日河南盗案繁多，众论颇以为邻近楚省之故，朕思此时若专遣御史巡察，恐地方又添供应之烦。该省原设有守道、巡道三员，平时有督缉之责，事发有处分之条，应于每年冬月各出巡一次，轻装减①从，遍历所辖州县，稽察保甲，操阅民壮，即顺便验视烟墩、点查汛兵，如有疏懈，即移知营员，照例究治。至于驿站夫马，原系驿道职掌，亦应每年巡查一次，如有马匹疲瘦、排夫缺额以及骚扰驿递、滥应夫马等弊，即行详揭请参，以肃邮政。该督抚可遵旨酌派施行，着为定例。"（《清高宗实录》卷109）

（乾隆十一年十月庚午）兵部议复："直隶总督那苏图疏称'直属冲繁地方差使络绎，夫役奔驰，马匹损伤，请倍给工料'等语。查直属各驿，支销钱粮多寡悬绝，自应分别冲僻，核定数目。请嗣后至冲繁驿递、差使最多者，其马匹草料照臣部馆所额马之例，日准销银六分七厘五毫，次者照江南、山西之例，日准销银六分，最简僻者照河南、湖广之例，

① 减：应作"简"。

日准销银五分……着为运例。”从之。(《清高宗实录》卷 276)

(乾隆十六年三月乙丑)兵部奏：“前据调任户部尚书舒赫德奏请‘酌定各省往来文移日行里数，编设排单，挨站填核’，奉旨允行，并行令各省查报。经各督抚彼此咨商，分别险易，酌复到部……湖北自东湖县至成都，四川自成都至打箭炉，并至湖广、陕西、贵州各省会，均日行四百里……”从之。(《清高宗实录》卷 385)

(乾隆二十六年十一月戊戌)(吏部)又议复：“陕甘总督杨应琚等奏称‘商州属龙驹寨，距城百里，水路直通襄阳，五方错处，需员弹压……’均应如所请……”从之。(《清高宗实录》卷 648)

(乾隆二十八年二月辛丑)湖北巡抚宋邦绥奏：“粮、驿二道经手钱粮款项，奏销交代均责成督抚，请嗣后督抚到任与藩库一体盘查。”得旨：“着照所请行。”(《清高宗实录》卷 680)

(乾隆二十九年八月丙申)调任湖广总督李侍尧奏：“湖南、北毗连八省，差使往来，络绎不绝。所有各州县额设驿马，遇有倒毙，向系领票出口采买补额。口马身高力大，堪以负重致远，本地土马小弱，虽胜驰载，是以屡禁私购充数。嗣于乾隆十七年，前督臣永常以赴口采买路远费繁，楚地湿热，口马土性不习，易于倒毙，奏准将各营马匹就近采买土马。又于十八年奉谕旨，嗣后江、浙各省营驿购买口马之例停止，钦遵各在案。但自奉行办理以来，两省有驿各州县皆以土马于驿站未宜，遇紧要差使，每多贻误。臣自到任，细加体察，口马初购到楚，若不善喂养，原易倒毙，各驿中俱有素识马性之人及额设兽医加意调养，一两月后即可服习。现在驿站中，亦各蓄口马数匹，应付紧要差使及递送六百里公文之用，往往经五六年之久。惟土马倒毙，赔累实多，应请仍准给票赴口买马，加意节省。现定每匹价银十六两，亦足敷用，毋庸再请复原减一两之价。况两省各驿岁需马不过数百匹，亦无妨于马政。至营伍购回马匹分给各兵，其中未识马性、不善喂养之人以致倒毙，亦非尽因水土不宜所致。查各营从前例买口马，必积至一岁之久始差弁往买一次，其中空旷日多，各兵于马干草料均不能支领，遇操演又缺马合队，诚不若就近购买，可以随时补额，是土马惟于营伍相宜，而口马实于邮务有裨。”得旨允行。（《清高宗实录》卷717）

（乾隆二十九年十一月乙卯）兵部议复：“调任湖北巡抚常钧奏称‘湖北应山县，北距河南信阳州，为楚、豫门户。向有东西两路，西路自平靖关，经应山、安陆、云梦、孝感等县至杨店村，为驿路通衢；东路自武胜关，经广水、小河溪等处至阳店村，系商贾捷径，核算程途，较西路实近百里，应付差使，请改由东路，护送饷鞘，仍由西路。又武昌省城至江南、江西等省驿路，由江夏经黄冈县，至蕲水之巴水驿，地势洼下，往来差使用船装载，多致稽迟。请改由江夏之长山铺，经武昌县之华容店、黄冈县之三江口渡江，至蕲水县之巴水驿，归入正路’。均应如所请。”从之。（《清高宗实录》卷722）

（乾隆三十年五月丁亥）兵部议准湖广总督吴达善疏称，湖北省现存驿站座船十二、沙船二，皆毋庸议减。惟宣楼船三十六，船多差简，请裁减十只余。各项站船四十，足敷拨用。统计拆造苫盖及水手工食银，每年可节省二千七百余两，倘遇差添，即于裁存工食银内雇船备用。从之。（《清高宗实录》卷736）

（乾隆三十一年八月己酉）兵部议复：“湖北巡抚鄂宁疏称‘安陆府观音店等处，前已移设驿站，应改建马号棚厂。又黄州府长山铺驿站，距武昌府四十五里，距华容站七十五里，远近不齐，将长山铺移设土桥’。均应如所请。”从之。（《清高宗实录》卷766）

（乾隆三十二年四月乙卯）谕："现在滇省办理缅匪事务，一切奏报邮函关系最为紧要。昨鄂宁奏'普洱至省不过千里，所发六百里奏折文书亦须五六日始到'等语，此皆各站递马台员经理不善所致，不可不加意整饬。即经过各省，亦当一体稽查，加紧递送。若非特派大员督办，无以专责成而免稽误。云南着派夔舒，贵州派良卿，湖南派三宝，湖北派朱圭……将经过各驿站接递交送，朕沿途催趱事宜，实力查察，董率办理。如有稽迟舛错之处，惟专派之员是问。"（《清高宗实录》卷783）

（乾隆三十二年五月）戊寅，谕："现在云南进剿缅匪，所有直隶、河南、湖北、湖南、贵州、云南各省，地当孔道之驿站，弁兵经过、文报往来，均关紧要。着将各处站马即行确查，或从前曾议裁减现在仍复旧额；或向未议裁而原额不敷，应行酌量抽拨中增。其如何核定章程，俾长途得资接济、裨益军行之处，着军机大臣会同该部详悉查明，定议速奏。"寻议："……湖北经行十站，现马七百五十七匹，裁过六百，应暂复一百，每站设八十余匹……以上复额拨增，共马二千二百匹，俟军务告竣，应如何裁汰，至时令该督抚查明具奏。"从之。（《清高宗实录》卷784）

乾隆三十二年丁亥六月癸巳朔，湖北按察使朱珪奏："滇省军报由公安县之孙黄驿入楚省南境，经襄阳县之汉江、吕堰等驿出楚省北境。臣逐站选验夫马，度量远近，分设腰站十六处，并查勘南北大江及小溪渡河共九道，分设船只，于渡口昼夜轮候，并饬各站校验时刻，明立赏罚，俾紧件随到随递。"得旨："好。今既添马，想尔等不费周章矣。"（《清高宗实录》卷786）

（乾隆三十二年八月辛卯）是月，湖北布政使闵鹗元奏："查湖北之公安、江陵、荆门、宜城、襄阳五州县为云、贵进京孔道，计程七百五十里，向设驿递十站，五州县分管。惟荆门州兼管丽阳、石桥、建阳、州城四驿，计程三百里，驿务稍繁。内建阳离城南九十里，石桥离城北六十里，尚易兼顾。惟丽阳一驿离城北一百二十里，为荆门及钟祥县交界之所，驿属荆门，地属钟祥，其附近村庄亦多隶钟祥管辖。该处虽有荆门之仙居司巡检兼司驿务，因地多隔属，呼应不灵，应请将丽阳驿驿务改归钟祥管理，其兼管驿务之仙居巡检即请改属钟祥，为丽阳司巡检，并将钟祥县附近丽阳村庄量拨数处归其管辖，其一切衙署、书役、俸工均仍其旧。再查沿途各驿，如吕堰、汉江、鄀城、荆南、孱陵、孙黄等处，俱额设排夫，自八十名至百余名不等。惟丽阳、石桥、州城、建阳相连四驿，只于州城设排夫一百一十名，其丽阳、石桥、建阳有马无夫，遇有差遣，则由宜城等处召拨，易致稽迟。除石桥距上下站较近，毋庸添夫外，请于丽阳设排夫一百名，建阳设排夫八十名，均于湖北省内驿务稍简之处酌量抽拨，毋庸额外加增。”得旨嘉奖。（《清高宗实录》卷793）

（乾隆三十三年二月乙酉）定长、鄂宝又奏：“京兵指日过境，奉旨先行筹议。查湖北境内十站，应照向例于吕堰、樊城、宜城、丽阳、荆门、建阳、江陵、公安分设八台，屯扎骡马接替，于各台适中处安设八尖。惟马骡最为紧要，襄阳所属，地近豫省，尚易雇备，其钟祥、荆门、江陵、公安所辖五台，应于郧阳、宜昌、德安、汉阳、黄州、施南等府分别酌拨。至一切经费，蒙恩赏银十万两，现议留为凯旋或续办兵差之用，诸可妥为储备，不致贻误。”得旨：“览。仍在尔等不辞劳，往来稽察妥办耳。勉之。”（《清高宗实录》卷805）

（乾隆三十三年六月丁巳）军机大臣会同兵部议复：“河南巡抚阿思哈条奏河南省营马拨解楚省荆州事宜：一、马匹解楚，应仿照伊犁换获哈萨克马匹拨补内地倒马缺额例，成群赶送，不必牵拉，但大路两旁均有庄稼，非比口外空地，恐逸入民田，践食禾苗，若赶马人少，难以照管。应如所奏，以五十匹为一群，每群用兵十名赶解，仍令转饬管兵员弁，弹压兵役，加谨照管，毋任马匹逸入民田，致损禾稼。一、解运官弁，分作三运、十二起，每运委游击、都司一员总运，每起委千、把总一员管解。南阳镇属八营马俱在南阳府会齐，由南阳起解为头运；河北镇属六营马俱在襄阳城会齐，由河北镇起解为二运；抚标营，满营及附近省之镇、标、开封等三营马俱会齐省城，即由省城起解为三运，陆续运送，交楚省委员验收，应如所奏行。一、解送马匹，若令河南直送荆州交替，隔省地方恐呼应不灵，不如于交界处所委员接收为妥。应如所奏，解至襄阳县，令湖广总督定长、署荆州将军世良先期遴选干员，前往襄阳接收，至将来直隶应解河南马，亦于交界处所接收。一、马匹沿途赶解，每匹日支豆三升，七斤重草一束，灯油杂费银四分四厘；其管解将弁，每员日给饭食银一钱，兵役日给饭食银四分。一、起解马匹，拟于七月二十日头运自南阳起程，十八日二运自襄城起程，十四日三运自省城起程，分起前进，至湖北襄阳县交收，其直隶解豫马，应于八月初旬解至彰德交收。均应如所奏行。"从之。（《清高宗实录》卷812）

（乾隆三十三年六月乙酉）钦差、侍郎期成额，湖广总督定长奏："查本年京兵经由湖北，设旱站八台。今按水道情形，请将来继进京兵，于襄阳吕堰驿入境至樊城一站，陆路六十里，仍设旱站一台，用骡马伺应。自樊城之襄河登舟，直达荆州府属之丫角庙，水程六百一十里，改设水站七台。自丫角庙盘过荆堤，陆路九十里，仍设旱站一台。过荆江进虎渡口至湖南澧州观音港，水程二百二十里，于适中孟家溪地方，改设水站一台。比较本年全设旱站八台，仅多二台，而骡马人夫、尖宿桥道等项，实多节省，于兵行亦无迟误。"得旨："好。如所议行。"（《清高宗实录》卷813）

（乾隆三十四年正月丁亥）谕军机大臣等："征剿缅匪，由水路进兵必需船只，令派出署副都御史傅显、护军统领乌三泰，令其驰驿前往云南军营监造船只。着传谕高晋将湖广善造船只匠役多为挑选，妥协豫备，俟傅显、乌三泰到日，即行交与伊等由彼带往。"（《清高宗实录》卷826）

（乾隆三十四年三月辛亥）前任云贵总督明德奏："前经奏准，楚省马解至贵州南笼一带，喂养月余，至五月内来滇，贵州马俟楚省马过完，亦即起解。但自贵州至大理尚有二十余站至三十余站不等，后到者攒喂不及。查云南大路宽展，每起解送五百匹，与大兵行走无碍，应请将楚省在贵州休养马及黔省马统于五月初旬起解，七月中旬全至大理，一律喂养。"得旨："依议速行。"（《清高宗实录》卷 831）

（乾隆三十四年五月庚戌）湖北布政使闵鹗元奏："征缅索伦、吉林等兵于五月二十二、三、四等日陆续抵境，现已过二十四起，臣董率台站各员往来照料，夫马船只均各应用，俱安静遄行。"得旨："好。今更趱程行走，益速益妙，勉力妥为之。"（《清高宗实录》卷 835）

（乾隆三十四年六月乙亥）又谕曰："揆义奏'湖北自五月以后，大雨连绵，江水骤长，江夏、武昌一带低洼地亩，间被淹浸'等语，已明降谕旨，令该督抚悉心查勘，分别加意抚恤矣。湖北现在办理送兵事宜，其官兵经过各驿，虽在上游，非滨江州县可比。但恐地界毗连处所雨水亦多，间有泥潦阻滞，亦未可定。着传谕吴达善，迅速查明官兵经过各站，有无妨碍之处，即行具折奏复。其间或桥道、马匹、船夫之类，有应行经理者，务即一面妥协筹办，令官兵迅速前往，早抵滇省，方于军行有裨。将此传谕知之。"（《清高宗实录》卷 837）

（乾隆三十四年九月丁未）又谕："现在大兵进剿缅匪，军营往来文报最关紧要，不可无专司大员督率稽查。直隶着派观音保、河南着派杨景素、湖北着派德福、湖南着派三宝、贵州着派高积、云南着派彰宝，务各时加稽察，经过驿站，毋任稍有延缓，如不实力奉行，致文报略迟片刻，惟派出之员是问。"（《清高宗实录》卷 843）

(乾隆三十四年十一月己卯)又谕："本月初一日，递到经略大学士傅恒十月十五日在新街拜发报匣一件，计行十六日有零，而傅恒十月十二日在新街拜发六百里加紧之报，于十月二十九日递到，计行十七日有零，何以六百里加紧之件较寻常六百里递送者转多一日？此自系关外新设之站驰递不无稍稽，然或内地各驿站间有耽延之处，亦未可定。着传谕沿途各督抚等按站挨查，确核具奏，并令严饬经过驿站各员弁，嗣后遇有加紧字样之报，务须星飞趱递，毋任片刻稽迟。再十二日所发之报，尚有木匣一件，未经同递，即云木匣稍重，未能与报匣一例驰送，何至迟逾两日尚未递到？据发单内河南新野县湍阳驿填注结报，上站未曾交到，新野与湖北襄阳接界，或即系该站迟滞，或又系以上各站别有迟缓，并着一并查明具奏。将此通谕各该督抚并派出管站之各大员知之。"(《清高宗实录》卷846)

(乾隆三十四年十二月甲戌)军机大臣等奏："查傅恒在新街拜发六百里报匣一件，计行十六日到京，而前次六百里加紧一件并木匣一个，计十七日方到。据直隶、河南、湖北三省奏到，驿站俱误，惟湖南境内报匣逾限二时六刻，贵州境内木匣逾一日三时，应一并交部议处。"报闻。(《清高宗实录》卷849)

(乾隆三十五年二月辛未)谕军机大臣等："据梁国治奏'乾隆三十四年，湖广省第五起解滇马骡少交数目应赔银两，请即于现任楚省办理此案之督抚及原经采买、喂养、挑验、起解文武各员俸廉内摊扣清款'等语。该抚具奏之意，固为速清官帑起见。但此项应赔银两，事不专责，与荆州满营拨解马匹不同。且荆州赔项为数无多，即令现在满营各员与俸廉内分年摊缴，尚属可行，是以另折具奏，批交部议。至此项马骡，缺数既多，在原经买、喂、验、解各员自当按股分赔。而原承办之总督经理不善，岂转得置身事外？至现任巡抚梁国治、宫兆麟，皆到任未久，并非伊等经手之事，若一体摊赔，转不足以昭平允，朕亦岂肯令其为前人任过？着传谕吴达善，此事系伊总督任内所办，今梁国治等以接任之人并无干涉，尚请分赔，伊闻之宁不知愧？所有湖北、湖南应赔银两，除经原采买、喂养、挑验、起解各员实有着落者应分股追赔若干外，该督本分摊赔及无着应赔之项共有若干，即着自行查明，具折奏闻。或为数较多，一时不能完清，即酌量分年扣缴，尚无不可。至案内应行参奏文武各员弁，亦着吴达善查明，奏请交部议处。并将此谕令梁国治等知之。”（《清高宗实录》卷853）

（乾隆三十五年六月）丙子，谕军机大臣等：“据梁国治查奏‘湖北省办理兵差，所有不应开杂费、势在必需者，每次公捐养廉银一万余两，现在按月陆续捐扣，于两年内即可清完’一折，所奏自属实在情形。前此杨廷璋、永德回奏，并无额外豫备站费帮贴之语，未免稍有掩饰，转不若梁国治之直陈无隐，为足信也。此项捐备银两，出自阖省急公，且因此可杜派累百姓之弊，于事理原属可行。但兵行应需杂费亦属有限，何至备及万余两之多？恐在站胥役、长随等不无浮冒开销，冀肥私橐，或管站官员因费非己出，任意虚縻，不知撙节，流弊皆所不免。虽现在已无办理兵差之事，而各驿站办过供应之案在该省自行支销者，该督抚等亦宜定以限制，留心核实，不得任其浮开冒领。至现派侍卫三十员，赴滇备卡巡之用，即分拨陆续起程，伊等过境时，止须按寻常出差之例，由驿应付前进，不必照近年军行豫备，致涉张皇繁费。其湖广至黔、滇驿路向系陆程，昨闵鹗元陛见时，询及该省办理兵差情形，据奏‘自改归水路后，民不知兵，照料实属省便’等语。所有此次派往之侍卫等，即令其从湖北襄阳下船，至贵州镇远，再由陆路前往。着将此传谕沿途各督抚知之。”（《清高宗实录》卷862）

（乾隆三十六年六月）壬申，谕军机大臣等：“据李湖奏‘查究碰损报匣’一折。内称‘军务告竣后，奏撤军台马匹，归驿递送，止拨马夫一名。现在严饬各驿，如遇紧要文报，派添壮健马夫二名赍送’等语，所奏于事理尚未允协。滇省现在虽非用兵之时，而军营尚有副将军驻扎，一应往来文报均关紧要，况沿途各省军台虽经议撤，而拨归驿站马匹数甚宽余，自应仍照前定章程，令武弁等专司管押护递，方无贻误。着传谕直隶、河南、湖广、贵州、云南各督抚，嗣后遇有滇省军营文报往来，仍按原设台站，拣派千、把、外委等员，小心押送驰递，以昭慎重。不得仅交马夫赍递，致有破损迟误之处。将此即行传谕知之。”（《清高宗实录》卷886）

（乾隆三十八年七月）辛巳，军机大臣等议复：“署湖广总督湖北巡抚陈辉祖奏称‘筹办驻防官兵赴川，按数拨马三千，似觉过多，与各省供应京兵骑驮之例不符。但荆州、宜昌一路入川，俱系山僻小路，并无驿站，议给长马，以供骑驮。又川省各路军营，路多陡仄，即给马亦不得力，而口外供运料草，殊费周章，请将荆州兵所带马，到成都后交与文绶分拨各台站，以供差使。俟凯旋之日，所有荆州兵酌由水路回程，至此项动用荆州马，应于原扣马价内照例买补’。均应如所请。”从之。（《清高宗实录》卷939）

（乾隆四十年闰十月癸酉）军机大臣议复：“阿桂等奏称‘豫备郊劳官兵等四百员名，由陆路回京，其余俱于重庆用船，由湖广襄阳起岸，川省马匹已可不致竭蹶……其余自成都至重庆坐船，从湖广水路赴襄阳起岸，由河南直隶回京。再各省驻防绿营官兵为数不少，若俟大功告成，再行文各处豫备，未免需时，所费实为繁巨。臣等亦即一并酌定，除陕兵仍由广元一路回陕外，令……湖广兵亦由成都至重庆用船，从水路回楚，庶分道遄行，不至前停后待，久驻旋师’。均应如所请。”得旨：“依议速行。”（《清高宗实录》卷995）

（乾隆四十一年正月）丙子，军机大臣议准署四川总督文绶奏筹备凯旋各事宜：……京城、吉林、索伦、黑龙江及荆州满兵应同楚兵至重庆

下船，现饬地方官豫备……。从之。（《清高宗实录》卷1000）

（乾隆四十二年四月甲子）是月，钦差、协办大学士阿桂，大学士、管云贵总督李侍尧复奏："……再潞江等处，现派员稽察，倘有江、楚客商至彼，均不许出口。"报闻。（《清高宗实录》卷1028）

（乾隆四十二年十二月乙未）谕："据寅著奏'湖北驿盐道吴之黼系淮南总商吴惇大胞兄，其服亲世戚，在淮扬一带行盐者，不可悉数。此等商人运盐赴楚，该道均应管理稽查，将来办事恐多未便，请将吴之黼另行酌调'等语，所奏甚是。吴之黼本系商家，其亲族行盐者甚多，难以悉行辞退，而管理又复不便，自不若将吴之黼更调，较为妥协。所有湖北驿盐道员缺，着张廷化调补。所遗之缺，即着吴之黼调补。"（《清高宗实录》卷1046）

（乾隆四十三年二月乙巳）吏部议复："湖北巡抚陈辉祖奏称'武昌府同知向系简缺，查该厅驻扎省会，专司堤工河务，并管火药局，且时有委办事件，请改为冲繁难要缺。汉川县刘家隔巡检向系驿路通衢，定为调缺，今驿路改由应山县行走，事务不繁，请改选缺'。均应如所请。"从之。（《清高宗实录》卷1050）

（乾隆四十六年七月壬戌）又谕："现据礼部带领安南国使臣前来行在谢恩，行礼后令其回国。该使臣等来京时，系由湖南、湖北、江南、山东一带水程行走，现在东省曹、单等县黄水下注漫溢，运河水大，纤路被淹，舟行不无阻碍。着传谕国泰，若东省运道无阻，所过地方不至荒凉，即行据实具奏，令该使臣等仍由原路行走。倘东省运河阻滞，村庄被淹俱在道旁，于观瞻亦有未便，不若令该使臣由陆路从直隶磁州入河南境，至湖北襄阳，再由水程前往，较为妥协。并着传谕富勒浑会同国泰详细酌量情形，迅速奏闻。"（《清高宗实录》卷1137）

（乾隆五十三年三月乙酉）吏部议准湖广总督舒常奏称，湖北应山县向列为专冲简缺，查该县与豫省信阳州交界，经管四驿，差使繁多，且民情好讼，应改为冲繁难要缺，在外拣补。至恩施县粮赋稍减，近年案亦简少，应改为繁难中缺，归部铨选。从之。（《清高宗实录》卷1301）

（乾隆五十五年六月庚申）谕军机大臣等："据姚棻奏'安南国王阮光平于五月内入江西境，所过水陆塘汛必当整齐严肃，即沿途供顿犒劳筵宴均宜量从优厚'等语。昨因热河道府禀知军机大臣，接到沿途自江西而来传单，每日供应阮光平尖宿，约用银四千两。办理殊觉过当，已降旨令福康安及湖广、河南、直隶各督抚查明沿途供应如此浩繁，系从何省而起，据实参奏，并令各该省逐渐递减，以期丰俭适中……"（《清高宗实录》卷1356）

（乾隆五十五年六月甲戌）又谕曰："福康安复奏'阮光平入觐，沿途供应事宜恐地方官踵事增华，办差长随等从中浮冒，节饬广东、广西两省司道妥行酌议，俱系节之又节，并移咨沿途督抚一体遵照。兹直隶所接传单如此混开经费，殊堪骇异'等语，所奏系属公论，已于折内详晰批示矣。此事前据热河道府面禀军机大臣，朕以为必起自江西。当经降旨，谕令直隶、河南、湖广、江西各督抚及福康安据实查明奏复。节据河南、湖广等省陆续复奏，并无其事，而何裕城、姚棻尚未奏到……着再传谕梁肯堂，将刊刻传单直省系照何处之例转行，若非起自直隶，一面奏闻，一面飞咨河南、湖广、江西逐站挨查，务使根究到底，水落石出。不可存颟顸了事之见，致干咎戾。"（《清高宗实录》卷1357）

（乾隆五十五年七月）庚辰，谕军机大臣曰："福康安奏'带领阮光平于六月二十四日已抵许州，约于七月初八日必可赶到，并遵旨将该藩随从内酌减人数，令其在后缓行，另饬委员径行带至京城，札会金简，即令于恩赏阮光平住屋内居住’等语，所办俱属妥当，已于折内详悉批示矣。阮光平瞻觐情殷，欢欣踊跃，沿途趱程行走不辞劳顿，系属出于中心至诚……至阮光平沿途供应每日需银四千两之事，已据江西、湖广、河南等省先后奏复，皆称福康安早经传知丰俭适中，不许张大其事。看来传单内所列供应条款章程自系直隶所定……”（《清高宗实录》卷1358）

（乾隆五十五年七月甲申）谕军机大臣曰：“……前据江西、湖广、河南等省复奏，皆称福康安早经传知沿途，务须丰俭适中，不许张大其事，经由各省实无过费。经朕节次严询，梁肯堂自知不能再为推托，始认此项传单起自直隶，并非仿照他省知会办理，虽欲辩而更无可辩矣……”（《清高宗实录》卷1358）

（嘉庆十一年十一月）癸丑，谕内阁：“本日御史花杰奏‘整顿驿站，以肃吏治’一折，所奏甚是。各省州县安设驿站，以备驰递文报及紧要差使，凡遇钦差官员往来过境及此外应行驰驿者，自应查照勘合内所填夫马之数，照例给与，然亦不得稍涉浮滥。至于本省官员来往境内，其夫马饭食，俱当自行备办，岂得责令地方官供应？乃近日督抚司道等官经过所管州县，该地方官不但豫备夫马，且须铺设公馆，供应饭食，争华斗靡，曲意逢迎，甚至有馈送程仪之事，惟以办差为能，而邮政转置之不问。即或该州县额马不敷，平日有废弛浮冒情事，方且代为弥缝，又安肯核实查办？积弊相仍，自当严行饬禁，嗣后州县官于驿站应付，惟当以勘合为凭，毋许滥应滥支。如有违例供应以及借端馈送，或沿途勒索及纵容家人长随肆行需索者，一经查出，或被人参劾，必当严惩示警。其州县额设马匹如有短少情事，该上司务当随时整顿，无任亏短干咎……”（《清仁宗实录》卷170）

（道光十六年十月乙丑）谕内阁：“给事中陈功奏‘驿站积弊’一折，据称‘上届越南国贡使入关，所过广西、广东、湖南、湖北各省，每站人夫用至四五千名。推原其故，皆由各员弁任听家丁私带货物箱只，且有赴补、赴选佐杂武弁等员及幕友、长随人等附搭同行，名为搭差，又曰搭贡。附搭者图其便安，私带者利其津贴，以致沿途备办行馆，地方不胜扰累’等语。各直省设立驿站，原以备传递公文及奉旨驰驿办公之用，应需夫马自有定例，岂容任意滥派，假公济私？明年系越南国例贡之期，积习相沿，恐不免仍有前项情弊，着梁章钜于该国使臣起行之日，酌定护送各官应用人夫多寡，沿途牌饬，总期无误行期，不准再有私带附搭之弊，并着知会各该省督抚一体严查，毋任随途附搭，以免扰累。至上届越南贡使入关，经过广西，所有人夫是否有四五千名之多，着梁章钜查明据实具奏。因思驿传积弊，不独贡使为然，即钦差大臣查办事件、督抚大吏出巡阅兵，应用夫马亦有一定，不准稍有逾额苛派，致州县官以驿站赔累，动至侵亏国帑，迨经发觉，该管上司平日受其供应，辄以因公那移，为之设法调剂，日久仍归无着。此等情弊，尤应严行查禁。着各直省督抚严饬管理驿传大员，倘有违例需索及滥应等弊，一经查出，惟该督抚是问。将此通谕知之。”（《清宣宗实录》卷290）

（道光十八年二月）壬申，谕内阁：“前据伊里布奏请裁减站船，当经部咨各该省查明办理。旋据陶澍奏‘请仍照旧章，碍难裁汰’。所有江宁站船一项，已降旨毋庸裁减。兹据林则徐等奏称‘湖北站船应付一切往来差使，并非专应滇铜，倘将此项裁汰，遇有紧要差使，必致贻误’等语，两省情形相同，该督等前后查议，均属相符。所有湖北站船，亦着毋庸裁减，并着林则徐等仍遵前旨，责成管解运员沿途约束舵工水手人等，毋许借端滋事，以肃运站而昭画一。”（《清宣宗实录》卷306）

（道光二十一年正月己酉）又谕：“裕泰奏‘请将接递紧要公文退回迟误之知县交部严加议处’一折。湖北蕲州、广济二州县，于本省总督衙门发递限行紧要公文，辄听丁书人等互相推诿，任意退回，以致迟延六日之久，并将邮封排单擦损，实非寻常玩误可比。署湖北蕲州事、巴

东县知县刘鸿庚，广济县知县蔡学清着一并交部，严加议处，以为玩视驿站者戒。”（《清宣宗实录》卷345）

（道光二十二年二月甲辰）谕内阁：“裕泰奏参湖北署蒲圻县事拣发知县萧荫恩，于禀报港口、官塘二驿前此被逆匪抢去马匹，与委员等所查多寡悬殊，又屡次领银并不开明用款，总以筹垫甚巨，空言请益，显有希图浮领马价及冒销经费情事。现当核实军需之际，必须严行究办，以儆将来。该县曾经裕泰保奏赏加知州衔，着即撤销，仍着先行撤任，交该督督同司道饬提该驿丁书册档到案，逐一彻底根究，如查有浮冒情弊，即着从严参办。”寻奏：“查蒲圻县三驿失马一百一十七匹，数目相符，现均陆续查获。其倒毙无着马匹，已如数赔补。垫用军需银一万一千二百九十五两零，因款目纷杂，曾请事竣造报，亦非朦混冒销……”从之。（《清宣宗实录》卷368）

（咸丰四年五月甲辰）又谕：“……楚省贼匪已阑入江西边境，着即严饬罗玉斌督兵竭力固守，万不可令该处州城再失，致干重咎……仍饬罗玉斌带兵赴楚，将崇、通匪徒协力剿除，以为楚省援应。所有解往湖北饷银并应解金陵兵饷，均着悉心筹画，设法运往。不得因道路梗阻，任意稽延，致误要需。至各省照例陈奏之事，自应专弁赍京，不准擅用驿递。该抚奏报军情，将按月例奏之事附入，实属有违定例。嗣后务当分别缓急，不准因内有一二件关涉军饷之事，一概擅用驿报也。将此由六百里加紧谕令知之。”（《清文宗实录》卷129）

（咸丰五年八月丁酉）谕军机大臣等：“都兴阿等奏‘驿路被淹，绕探赴楚’一折，此项官兵赴楚攻剿，刻难迟缓。现因东昌一带赴豫之路水势浩大，无可绕行，该副都统拟绕至德州等处，再行分起由直隶境界赶程前进。所有军装口粮，东省尚未运送到营，着崇恩设法解送，俾得星速遄行。其经由直隶地面，并着桂良饬令地方官备办车辆，接济军粮，

毋令缺乏，致滋贻误。将此由五百里各谕令知之。”（《清文宗实录》卷174）

（咸丰十一年十月戊寅）又谕：“庆端奏‘军报驿递迟延，请饬查办’等语。福建文报因江南道梗，改由江西等省绕递，乃据称近来火票部文均有迟误，甚至六百里寄谕要件行走至四十五日之久，实属任意稽迟。着江西、湖北、湖南、河南、山东、直隶各督抚查明参办，以儆将来。”（《清穆宗实录》卷8）

（同治四年二月己卯）又谕：“……骆秉章奏‘请饬陕省照旧安设驿站，以速邮传’等语。前因陕西驿路梗阻，改由东川递送湖北、湖南，以免阻滞。现在汉南一律肃清，自应仍由陕省接递。着刘蓉查照旧章，饬令各该州县照常安设驿站，凡遇川省文报，仍由川北各州县递至陕西、山西、直隶等省，往返接递，以免稽延。将此由六百里谕知骆秉章、刘蓉并传谕胡中和知之。”（《清穆宗实录》卷130）

（同治六年四月丙戌）四川总督骆秉章奏：“陕西驿路梗塞，往来文报请改由湖北、河南转递。”下部知之。（《清穆宗实录》卷200）

（同治七年二月壬寅）又谕：“崇实奏‘请饬陕省照旧安设驿站’一折。前因陕西驿路梗阻，川省文报改由川东递送湖北、河南、直隶转递。兹据崇实奏称‘自改道以来，凡限行五六百里折报，往返六七十日始行递回，其题奏本章及部院公文，更属迟缓。现在汉南业已肃清，川省援陕之军进扎宝鸡，与西安省城声息相通，两省文报，自可照常接递’。着刘典、乔松年照旧安设驿站，遇有川省折报、题本及一切公文，仍由川北各州县至陕西、山西、直隶往返接递，以免稽延。将此由四百里各谕令知之。”（《清穆宗实录》卷225）

（光绪八年四月庚午）拨湖北驿站银二万八千余两，量补被水旱各州

县。折包 （《清德宗实录》卷145）

（光绪十年十一月癸亥）湖北学政高钊中奏："请固根本，增调统兵将帅，驻扎近畿，以防深入之寇。"得旨："该学政条陈折件由驿驰奏，殊属非是。嗣后非地方紧要事务，不得率发驿递。"折包 （《清德宗实录》卷198）

（光绪十六年四月甲寅）谕军机大臣等："电寄张之洞，湖北提督已有旨派张之洞兼署，嗣后此等事件，仍着由驿驰递，不得率行电奏。"电寄 （《清德宗实录》卷284）

（光绪二十年十月甲子）又谕："电寄直隶等省督抚，现在军情吃紧，亟需大兵齐集，迅赴戎机。闻南来各军，车船均系自办，以致雇觅艰难，行程迟滞。即着直隶、两江、江苏、安徽、山东、河南、湖北各督抚迅即沿途设局，派员代雇车船，酌量数站一换，毋庸逐站更换，致稽时日。并须宽为给价，准其作正开支，以利军行而免扰累。倘沿途各地方漫不经心，致滋贻误，定将该管各官查明，按照军律严办不贷。"电寄 （《清德宗实录》卷352）

（光绪二十三年二月己卯）（湖广总督张之洞）又奏："湖南省城安设电线，将至鄂境，应由蒲圻、咸宁、江夏等县地方驿路接造，以通武昌，联为一气。"下所司知之。折包 （《清德宗实录》卷401）

2. 水路漕运

（顺治十二年十月）戊辰，谕户部："漕运至为重务，年来拖欠稽迟，弊非一端，深可痛恨。漕运总督固应尽心料理，即各省督抚亦当分任责成。除湖广漕粮暂留充饷外，江南、江北、浙江、江西等处，着该督抚督率所属各粮道、州、县、卫所等官，恪奉漕规，冬兑春开，务依限到淮。其到淮以后，漕运总督察验催趱，抵通交纳……系何地方迟误者，自督抚以下，至州县、卫所等官，应拟何罪；属何省分者，应限若干月日，尔部详确议奏。”（《清世祖实录》卷94）

（康熙十一年六月己亥）复湖广起运漕粮，每石给运军赠贴米二斗。（《清圣祖实录》卷39）

（康熙二十年四月丙申）湖广提督徐治都疏言：“逆贼谭弘之子谭天秘势穷力蹙，遁入山麓，臣率官兵进剿，因转饷维艰，臣已留兵扼守要地，并相机招抚。于三月初十日，自万县还驻夔州。”上谕：“巡抚王新命、郎中范承勋等，乘川峡未涨，速运粮米，用济军需。苟有稽延，俱以贻误军机治罪。”（《清圣祖实录》卷95）

（康熙二十一年二月丙戌）户部议复：“湖广巡抚王新命疏言‘从前楚省漕粮留充兵饷，其里民交纳、盘运脚米亦令折银，以济兵需。今大兵尽撤，漕米已经起运，其里民交纳、盘运脚米、仍请复给’。应如所请。”从之。（《清圣祖实录》卷101）

（康熙三十二年八月己卯）谕大学士伊桑阿、户部尚书马齐等：“朕闻襄阳米石运至商州，沿河一带并无村庄，民居相离甚远，水溜汛险，逆流而上，民夫甚为劳苦。前遣学士德珠运米时，朕曾谕，至彼挽运，倘有不合处及应奏事宜，即行启奏。此所运之米，专为陕西百姓预备，今年陕西雨水及时，麦田广收，秋稼亦茂，民生已宁，拣选户部司官一员，驰驿往问。学士德珠、总督丁思孔、总兵官王化行等，倘谓运米不至累民，易于运到，令伊等陈奏。”（《清圣祖实录》卷160）

（康熙四十七年正月乙亥）大学士、九卿等遵旨会议：“江南米贵，应令漕运总督将湖广、江西起运本年漕米内截留四十万石，分拨江宁、苏州、松江、常州、镇江、扬州六府，交贤能官员减价平粜。”从之。（《清圣祖实录》卷232）

（康熙五十八年八月）壬寅，户部议复：“芜湖关监督赫昌疏言‘芜湖关缺欠钱粮，因江西、湖广粮船二千余只，每年过关，旗丁任意将货物满载，船尾拴扎木筏，不令查验，请谕总漕，令两省粮道于本处粮船载米起运后，亲身先行到关，查验放行。如有装载货物木筏，尽行入官，庶于粮船无误，而关课亦不致多缺’。应如所请，令总漕于湖广、江西二省漕船载米起运后，令各该粮道至上流汉口、吴城马头亲身稽查。仍严饬押运官弁，每船照定例，除六十担土宜外，不许多载私货。如有违例多载及拴扎木筏过关者，将货物入官，该管粮道、押运官弁一并题参治罪。”从之。（《清圣祖实录》卷285）

（康熙六十年七月）癸巳，先是户部议：“河南省运米陕西，其存仓之米止余十七万石，恐不足用。应将湖广起运之梭米截留二十万石，运送河南，分贮开封等府，以资备用。”奉有依议之旨。至是，河南巡抚杨宗义疏言：“湖广梭米运至河南，需运费银十二万两。且梭米贮仓易致浥烂，请停止拨运，即以本省六十一年分起运漕米截留二十万石，每米一石，请易谷二石贮仓，可免浥烂之虞。”下部议行。（《清圣祖实录》卷293）

（雍正二年闰四月癸未）谕湖广总督杨宗仁等：“国家设立官员，分别等次，俱有定分，不得僭越。湖北粮储道郭维新于起程之前请训旨时，朕曾谕如有裨益地方百姓之事，着令密奏。郭维新莅任后，奏称该省漕船式样宽大，遇水浅之处挽运维艰，请照江、浙漕船式样，减小成造，朕未降谕旨。今伊又奏称‘遵旨将船攒造完工，兑载漕粮，于正月十七等日起程，三月十六日过淮’等语。夫改造漕船亦属大事，郭维新理应报明该督抚，如果有益，题明改造。今并未报明上司，即行任意改造。

着湖广总督杨宗仁，巡抚纳齐喀、魏廷珍等，将曾否报明及督抚因何不奏，并有无裨益之处，据实明白具奏。其郭维新两次奏折，一并发往。”（《清世宗实录》卷19）

（雍正二年闰四月）辛卯，谕漕运总督及直隶、山东、河南巡抚：“各省旗丁运粮进京，沿途水次，理应奉公守法。乃数年前，浙江、湖广粮船运丁，因怀挟私忿，彼此争斗，逞其凶顽，持戈放箭，致有杀伤。又闻前岁之冬，粮船守冻在山东地方，竟行抢夺，扰害居民。去岁回空，又闻强取百姓衣物。此等妄行，皆大干法纪。嗣后总漕若不严加禁约，仍然宽纵，直隶、山东、河南巡抚即转饬沿河官弁，不时稽察，倘犯法为非，即分别轻重，按律治罪。不得稍有徇纵推诿，以长刁风。若仍前有争斗伤人及抢夺扰民之事，该督抚即行奏闻请旨，于彼地正法，决不宽贷。可预行晓谕各省运丁知之。”（《清世宗实录》卷19）

（雍正二年八月）乙未，谕江南、浙江、江西、湖广、山东、河南督抚等：“漕船关系紧要，朕前降谕旨，除本船正副旗丁外，其头舵、水手，皆应择用本军，庶各知守法，不敢误漕生事。此虽系总漕专责，然亦有关地方之事，尔等当严饬所属粮道、都司、卫所等官，务使清查什军，毋令隐漏规避。头舵、水手作何更换，换去之人作何安插，毋令失所，俱宜协同总漕，悉心筹画商确，实力奉行，以为永远之计。”（《清世宗实录》卷23）

（雍正四年十月甲子）谕兵部：“各省驻防兵丁已故者，其妇女每年以船载送回京，江南、浙江等处，俱于七八月起程；福建、广东、荆州等处，俱于四五月起程。沿途换船，船户惟利是图，故意延挨，一到临清、济宁地方，即称恐致冰冻，仍令旱路来京，中途苦累，甚属可悯。嗣后着于定限之前一月起程，交与沿途地方官速换船只，与粮船一例照管督催，务令必至张家湾，庶寡妇等不致苦累，而回空船只亦不致守冻

矣。”（《清世宗实录》卷49）

（雍正五年十二月庚寅）仓场总督岳尔岱等参奏：“各省运弁邹世权等七十八员，到通违限，应交部议处。”得旨：“粮船抵通，若限期紧迫，势难依限全到，运官俱被参处，似觉可悯。着九卿会同仓场侍郎定议宽限，但不得有误回空，则于公私均便。”寻议：“江南、浙江、湖广、江西四省粮船过淮抵通，原有六个月限期，今不能依限过淮，自难责以依限抵通。若运官、运弁、监兑等员过淮违限，既有处分，抵通违限，又有处分，是一运而两被参罚矣。嗣后四省粮船，如过淮违限十日已经处分者，将抵通违限免其处分。”从之。（《清世宗实录》卷64）

（雍正七年五月）甲子，谕户部：“朕闻各省粮船过淮抵通之时，该管衙门官吏胥役人等额外需索陋规，以致繁费甚多，运丁重受其累。特命御史前往稽查，禁革苛索等弊。又查向来之例，每船北上，许带土宜六十石。朕思旗丁运驾辛苦，若就粮艘之便，顺带货物，至京贸易，以获利益，亦情理可行之事。着于旧例六十石之外，加增四十石，准每船携带土宜一百石，永着为例。惟是运丁人等繁多，素有恶习，如偷盗米石、挂欠官粮、夹带私货、藐视法纪，此向来之通弊也。又如昔年浙江、湖广二省粮船因私忿小怨，遂致操刃持戈，杀伤多命。又从前偶值回空守冻，遂致纵容水手公然抢夺，扰害居民。此皆众所共知者。是以数年以来，内外臣工条奏旗丁不法者，不下数百纸。前又有奏称‘贩卖私盐之弊，在粮船为尤甚。有一种积枭巨棍，名为风客，惯与粮船串通，搭载货物，运至淮扬，托与本地奸徒，令其卖货买盐，预屯水次，待至回空之时，一路装载。其所售之价，彼此朋分。粮船贪风客之余利，风客恃粮船为护符，于是累万盈千，直达江、广，私贩日多，而官引日滞’等语。观此，则旗丁之作奸犯科，诚难以悉数也。朕年来屡饬该管官严行禁约，又复念其劳苦，叠沛恩膏。近见伊等之恶习刁风亦渐悛改，是以特颁谕旨，严禁过淮抵通苛索之陋规，复令增添携带土宜，俾得多沾余润，以赡家口。伊等益当感戴朕恩，遵守法度，共为良善，以免罪愆。着总督仓场侍郎、漕运总督将朕此旨通行刊布，每船各给一张，使运丁人等触目警心，以副朕体恤训诲之至意。”（《清世宗实录》卷81）

（雍正九年正月）乙酉，谕内阁：“朕闻洞庭一湖绵亘八百余里，自岳州出湖，以君山为标准，一望杳渺，横无涯际。而舵杆洲居西湖之中，去湖之四岸，或百余里，或二百余里，舟行至此，倘遇风涛陡作，无地停泊，亦无从拯救，多有倾覆之患。昔人曾经创议，若于此处建筑石台，则狂风巨浪之中，商船有挽泊之所，实有裨益……查营田水利衙门有存公银二十万两，着解送楚省，交与总督迈柱，会同巡抚赵弘恩遴选贤能之员，相度估计，悉心经理，建筑石台，以为行舟避风停泊之所。务期修造坚固，垂诸永久，毋得草率塞责。”（《清世宗实录》卷102）

（雍正十三年三月）庚寅，谕内阁：“朕闻南方滨江两岸多系芦州，民间俱将芦苇堆贮洲上，卖以度日，而江、楚及上江各帮漕船由江往回，竟有不法水手，每遇芦柴堆积之处，辄纠集多人蜂拥上岸，恃强夺取。洲民拦阻，动辄殴詈，民多怨言。夫领运弁员即坐本帮粮船之内，水手肆行如此，安得推为不知？至督运之粮道、押运之厅员，虽云统辖众帮，亦当留心查察，何得任其多事？着漕运总督通行晓谕，倘有仍蹈前辙者，经朕访闻，必将文武大小运官，分别严加议处。”（《清世宗实录》卷153）

（乾隆元年八月戊寅）户部议准署湖广总督史贻直奏，黔省用兵后，田地多荒，此后米粮正需接济，本省仓储亦宜充裕，请将本年湖北、湖南应运漕粮二十六万六千余石全数截留，以为拨运抵补之用。从之。（《清高宗实录》卷25）

（乾隆二年七月甲辰）又谕：“本年粮艘因淮扬挑浚运河，令其速行北上，以便及早回空。乃四五月间，山东一带河道水浅，盘运起剥，旗丁未免苦累，朕心深为轸念。又闻四月间，邳州地方暴风骤发，伤损粮艘，其中有未满年限船七只，例应运丁赔造。朕思该丁等一路盘剥，已费多力，且此次失风，亦非弁丁疏忽所致，着准给价成造，免其赔补。疏防各官，亦免其处分……湖广省今年并未出运，山东、河南省抵通甚近，繁费无多。惟江南、浙江二省，本年丁力拮据，向例每船准带货物一百二十六石，着于明年，准其增带货物四十石，后不为例，以示朕轸恤旗丁之至意。”（《清高宗实录》卷47）

乾隆二年丁巳九月辛丑，工部议复：“漕运总督补熙疏言‘漕运议单内开，漕船载米不得过四百石，入水不得过六捺，遂相沿河水以三尺五寸为度，嗣于雍正二年定议。江西、湖广粮船远涉长江，造船以十丈为率，载米一千石有余，入水八捺，非得四尺，难以济运。而该管河员仍执三尺五寸之例，每遇水涸之年，辄以尺寸已足，不肯加力疏浚，以致船运浅阻。请嗣后闸河之水，以四尺为度，令沿河官弁实力遵行’。应如所请。”从之。（《清高宗实录》卷51）

（乾隆三年二月丙午）给江南随帮千总养廉，谕：“各省漕船挽运北上，每帮例设随帮千总协办运务，长途往返，费用较多，非本营供职者可比。查山东、河南、浙江、江西、湖北等省随帮弁员，均于廪工之外，每岁给与养廉，以为资斧。惟江南省向未议及，微弁未免艰难。着从乾隆三年为始，每员每岁赏给银二十四两，其应将何项支给之处，着总督那苏图酌定报部。”（《清高宗实录》卷63）

（乾隆四年五月丙午）户部议准漕运总督托时疏称，遵奉部咨，湖南、湖北旗丁运粮抵通，或遇截留，应追应给银米一并妥议。查各丁在次在淮，所领三修行月二耗并津贴京脚银米，原为修船养家及沿途回空之用，俱难议追。惟所领四耗米内之一五耗米，乃为沿途盘耗，如遇截留，应行按程追缴。嗣后两省漕粮若在本省截留者，四耗米石俱随正粮

交收。如已出境，则按各水次计算，俱于一五耗米按程、按分追缴，载入漕运议单。从之。（《清高宗实录》卷92）

（乾隆四年六月甲辰）（江苏巡抚张渠）又奏："上下两江拨运楚谷，临时酌量缓急，截留备用，或收成相等，平分各运。"得旨："此议即属允当，想那苏图等亦不过如是办理也。"（《清高宗实录》卷95）

（乾隆五年十二月辛丑）户部议复："升任漕运总督托时奏'请匀派两湖押运通判盘费银两'。查原定盘费，湖南二百八十四两，湖北七百两，多寡本属不均。应如所奏，于湖北押运盘费内，拨给湖南二百七两八钱。"从之。（《清高宗实录》卷132）

（乾隆六年八月庚申）户部议复："漕运总督常安奏称：一、江、安粮道所属各卫帮，遇截留停运之船减半月粮，应支半本半折者，俱给折色，与例未符，请悉照出运漕船之例，将全支本色之各帮亦减半支给本色，全支折色之各帮亦减半支给折色，兼支本折之各帮亦按本折各数减半兼支。应如所请，如因地方灾缓运，则行月亦在停缓中，应将上年余米通融拨补，以济减丁急需，下年照数征收还项。一、苏松粮道所属各卫帮船行月钱粮，定例本折各半，所有截留停运船只一半月粮，亦应本折均支。一、湖北省各帮船遇截留停运之年，减半月粮，仍照乾隆元年旧例，俱行折给……应如所请，其偶因灾缓减运之处，业于江、安款内议明，一体办理。"从之。（《清高宗实录》卷149）

（乾隆六年九月丙寅）（户部）又议复："兵部尚书班第奏称'粮船回空，各省远近不同，如湖广、江西等省，约十一月方能抵次，已届开免之期，如有事故，打造新船，购料鸠工，难以猝办。若赔造未完，即将该卫所官弁予以处分，未免过严'。应如所请，嗣后湖广重运，于过淮后失事，业届受兑新漕、赔造不及者，暂减一年，责令该丁在次备办物料，于一年内修造完固，再行出运。所有该年应装正耗米石，即分洒通帮附搭运通交纳。其未经过淮失事者，去受兑之期尚远，仍于本年赔造。”从之。（《清高宗实录》卷150）

（乾隆七年七月丙戌）是月，总督仓场侍郎宗室塞尔赫等奏：“绍兴前后两帮沿途起剥，耗费过多，请照例每船借支银八两，以资回空。又江、兴等卫，湖北二、三两帮，实因漕河水浅，运丁艰苦，其起欠米石，请将各丁应得余米抵补，嗣后不得援以为例。”得旨：“着照所请，该部知道。”（《清高宗实录》卷171）

（乾隆八年二月甲寅）四川巡抚硕色奏：“湖北巡抚范璨奏准买运川谷二十万石，嗣准咨令在川碾米，以利运载，并为豫雇船只。兹复准江南督臣德沛等咨拨川谷二十万石，臣以江省济赈孔亟，亦照运楚之谷一例办理。”得旨：“所办俱妥，嘉悦览之。”（《清高宗实录》卷185）

（乾隆八年闰四月壬午）广州将军署两广总督策楞奏：“桂林米价每石已至二两以上，恐本地存仓米不敷接济，将东省运回楚谷，就近截留一万石，仍于梧仓买备平粜项内拨还东省，再于柳州府仓内拨谷五千石，运省平粜。其运脚等，在粜价盈余内开销，至拨运之后尚有不敷，亦即在柳州就近酌拨。”得旨：“好，应如是详酌妥办也。”（《清高宗实录》卷191）

（乾隆八年十月丁巳）户部议复：“漕运总督顾琮议奏漕船变通事宜：一、漕船当大造之年，遇有减歇，请将减歇之船停造一年，则与先运之船年限参差，将来可无需同年配造。如湖北额漕十三万石有奇，原需船一百五十九只，现奉旨截留十万石于本省，其应运京漕粮仅三万余石，内应减存九十余只，应即俟明岁配造。一、赔造之船，多因原船已出若干运，现止须补出若干运，是以造船多未坚固。请嗣后将赔造之船，接算原船已满十运，再能多出二运者，准其将船在通变卖。一、满号之船，无论坚固与否，向俱分年抽造。其中有实在坚固、可以加修者，交总漕慎加选择，令加修出运一次，准其留通变卖。均应如所请行。”从之。（《清高宗实录》卷202）

（乾隆九年四月壬戌）漕运总督顾琮奏：“奉旨截留尾帮漕粮五十万石，贮天津北仓备用。今岁尾帮系江西、湖广二省粮石俱系稜米，可以经久。如数有未敷，再行酌拨江、浙等省漕船。”得旨：“着照所请速行，该部知道。”（《清高宗实录》卷214）

（乾隆九年四月癸亥）又谕：“前据硕色、纪山奏称‘河南今岁雨水调匀，二麦可望；川省今年膏雨频施，四野沾足，春收丰稔，可望丰登’，朕心深为欣慰。今春直隶地方雨泽愆期，麦秋失望，恐将来有须外省接济之处，可密寄信与硕色、纪山，令其豫备米、麦、谷或二十万石，或三十万石，若直隶需用之时，信到，即速运送……”……又四川巡抚纪山奏：“川省常平仓谷应留本省备用，即上年采买米谷亦在本省平粜。其余谷，又准两淮盐政准泰移咨，拨济扬仓。惟盐谷一项，计一百五十一万八千石，上年拨运江、楚二省四十万石，尚存一百一十一万八千石，酌拨四十万石，碾米二十万石，以省运费之半。惟是栈道崎岖，必由川江水运，时值五月封峡之际，重载俱不敢行，俟八月内开峡，委员速运，由汉口换船至仪征，再换船抵直。一切雇船过载等事，必地方官代为经理，请敕下遵照办理……”得旨：“今京师已得雨泽，可毋庸此。”（《清高宗实录》卷215）

（乾隆十年二月己酉）户部议复：“漕运总督顾琮疏称‘各省截漕，仍征漕耗，其折征之年，除山东、湖北二省照旧征收外，浙江、江西、河南、湖南四省俱令免征，而湖南一省养廉等项，在二耗未变价内动支’……应令该督因时调剂，妥议具题。”从之。（《清高宗实录》卷234）

（乾隆十一年四月乙未）（湖北巡抚开泰）又奏："湖北为水路通津，凡云、贵、川、广、江、浙等处船只往来如织，长江风涛不测，兼多急溜险滩，患生呼吸，不独商民货载易有疏虞，即官运料物亦间有沉失之案。本省水摸，入水不能久耐，闻闽省沿海水摸惯习水性，波底游行，取携甚便，若选募十数人来楚，补充江、汉两县水手，风土渐熟，听其入籍，于公、私船均有裨益。"得旨："甚妥之举，知道了。"（《清高宗实录》卷265）

（乾隆十三年闰七月己卯）户部议准湖北巡抚彭树葵疏称，湖北、湖南两省漕船额运米数相等，而湖北船数较多于湖南，请裁四十八只，加装米石，与湖南相等。从之。（《清高宗实录》卷321）

（乾隆十四年正月辛酉）谕军机大臣等："据尚书舒赫德奏称'将来大兵凯旋，西安一路，夫马供亿，恐应付竭蹶，闻由川江直达湖广，一水可抵京师'等语。大军回营，若果水路可行，则备船较备马为易。着传谕总督新柱，令其查明四五月间川江是否尚可行舟；楚、蜀两省船只是否足敷雇觅；若溯长江而下，过淮入运，正值漕艘遄行之际，是否不致羁阻；由川抵京，水路应需时日几何，一一详悉奏闻。再前据新柱奏，所调湖北兵丁悉会于宜昌，水陆两路均可前抵重庆。如夏间封江难下，改由此路是否可行，自汉而北，其水程有无别道可抵京师，不致与漕艘同时拥挤，一并密行查明速奏。"（《清高宗实录》卷332）

（乾隆十五年三月丁未）户部议复："漕运总督瑚宝疏称'湖北各卫所丁船帮次，向系签掣轮运，每年帮次无定。且别卫素不相识之人，同帮共事，各不相关，不若阖本卫之丁，同运一帮为便。请将武昌卫船三十五、蕲州卫船二十五，定为头帮；武左卫船四十、黄州卫船二十，定为二帮；襄阳卫船二十四、德安所船二十六、武昌卫船一十，定为三帮，

无庸掣签。其水手人等，召募充用。至领运千总，请即以本卫之弁押本卫之帮’。俱应如所请。”从之。（《清高宗实录》卷360）

（乾隆十六年三月癸卯）户部议准原任湖北巡抚唐绥祖疏称，湖北漕粮少而漕船多，每船应得之耗米、水脚等项亦少，运丁拮据。经前抚彭树葵等题请裁船四十八只，即将裁船之帮费、增运之耗米添给存运各船。经部复准，其原给屯田作何归着，查例咨复。嗣经咨复，部议令照江、浙等省减船屯田例，一体归公。查江、浙等省裁减漕船，加装米石，俱另给负重银两。湖北无此项，且程途较远，请仍照原题，将裁船屯田帮费银加给现运各船。从之。（《清高宗实录》卷384）

（乾隆十六年六月）壬寅，谕军机大臣等：“据黄廷桂折奏‘江省需米浩繁，请令楚、豫二省酌量动拨谷石，分发上下两江，以备缓急’等语。从来邻省拨运协济，或因地方现需赈粜，待用方殷，不得不通融筹办。岂有本省无事，概请借资邻省之理？朕已明切批示，该督所奏，实出无因，自无庸动拨。或地方实在情形果否有另应先事绸缪之处，着将原折抄寄高斌阅看，令其悉心详查具奏。”寻奏：“臣查各属平粜，米价渐次平减，早禾将登，新粮亦将贩到，楚、豫谷毋庸动拨。至全省雨旸固有不齐，谨就目下情形，江苏常、镇各属，虽则雨少，大概近水围田，禾苗俱长发。即山田微旱，为数不多……毋庸先事绸缪。”得旨：“览奏俱悉。”（《清高宗实录》卷392）

（乾隆十六年七月己卯）户部议复：“御史欧堪善奏称‘浙省偶遇偏灾，米价昂贵，前奉旨准抚臣暂弛海禁之请，但闻迩年来外洋米价较内地倍昂，沿海地方时有商贩偷运，关隘弁役得贿私放，江、楚、闽、粤米价之贵，未必不由乎此。今海禁一弛，倘防范不周，徒饱欲壑，于民食仍无裨益。请饬江、闽文武大吏，酌量地方出海情形，以杜偷漏’。应如所请，令该督抚严饬守口员弁，于出口时验明关照，如无夹带等弊，

加戳挂号放行……”得旨：“依议速行。”（《清高宗实录》卷394）

（乾隆十七年二月辛酉）江苏巡抚庄有恭奏：“自苏赴江宁监临文闱，经常、镇一带，春雨淋漓，潮汛亦长，运通漕粮、运浙楚米俱可通行。现在江宁粮价亦昂，与苏相等，民食维艰，但仓储须留备缓急。此时距麦秋尚远，不敢遽言平粜……但今岁情形较常年不同，偏灾与无灾处所，淮北与淮南地方，因地因时，不能胶执。故与督臣面商，令各府留心察看实在缓急情形，星驰通禀，无论督、抚衙门，就近一处批准，即督令该县发粜妥办，既可杜先时出脱之弊，亦无缓不及事之虑。”得旨：“甚是。”（《清高宗实录》卷409）

（乾隆十八年八月壬寅）谕军机大臣等：“江南淮扬一带被水成灾，赈恤需米，朕恐于邻近省分采买，转致市侩闻风居奇，为邻省之累，是以特降明旨，不令赍帑采买。今据黄廷桂奏称，本年川省丰收，米价处处皆贱，则以丰补歉，乃理所当然。着将该省现贮仓谷，酌拨二三十万石，即着黄廷桂委贤员运往江南，以资接济。该省于秋成后，陆续买补还仓，则川省米价，既可不致一时腾贵。而川米由江运下江省，亦缓急有赖，于赈务甚为有益。前者恒文闻川省丰收，筹拨溢谷运楚，该督未允，彼为仓储起见，非所急需，不允为是。则此助赈恤灾，非楚省还仓可比，该督其详悉妥协办理，副朕轸念。如已经运米若干石，即于数内扣除，知会恒文，由楚运赴江省。”（《清高宗实录》卷445）

（乾隆十九年五月壬辰）谕军机大臣等：“仓场侍郎双庆等奏‘自闰四月二十五日绍兴帮过天津后，湖北头等帮俱皆脱空。查据旗丁口称，一路让运石船，因此脱空，其宁波卫等帮亦未跟艄，飞咨漕臣严查’等语。江南、山东一带采运石料，久已办竣，何至阻碍粮艘遄行？况同日现据瑚宝奏‘各闸水足，催趱漕船，飞挽前进’等语，其尚未抵通各帮，何以行走参差？或系沿途催趱不力，旗丁借口耽延，着传谕瑚宝，令其严行核查，据实复奏。”寻奏：“查湖北头帮在白洋河脱空四日，二帮在古城溜脱空二日，因东省采石船其时尚未运竣，以至阻碍稽迟，三帮在沙沟营汛守风脱空一日，俱在闸河阻隔，事属有因，请毋庸置议外，惟查湖北头帮，经由临清、德州一带脱空五日，二帮经由南河脱空一日，三帮经由南河脱空二日，领押各官，并不严督趱行，均请交部议处。”得旨：“该部察议具奏。”（《清高宗实录》卷464）

（乾隆十九年十一月甲辰）两广总督杨应琚奏：“粤西兴安县陡河俗名北陡，为转运楚米、流通商货之要津，久未修浚，坝身坍损，河流渐致浅涸，舟楫难通。临桂县陡河俗名南陡，下达柳、庆，溉田运铅，亦关紧要。近日陡坝倾颓，且有陡门相离太远，并需酌添闸坝之处，均请动项兴修。”得旨：“如所议行，但期帑归实用，永资保障可耳。”（《清高宗实录》卷477）

（乾隆二十一年二月）癸丑，谕：“上年江南歉收，屡经降旨截漕赈恤，并令酌拨江、楚等省粟米，运往平粜。近闻该省米价尚未平减，且南方全恃秋田将获，麦收亦属有限，其秋成以前，尚须筹画接济。去年豫、东二省收成颇好，麦价平贱，着河南、山东巡抚酌量采买小麦数万石运江平粜，并各饬属晓谕商民，流通贩运，俾灾地民食充裕，以副轸念。”（《清高宗实录》卷506）

（乾隆二十二年七月丙申）又谕：“据刘慥奏称‘豫省被水州县所需赈粜，请将山东、江南二省应运漕粮截留五十万石，运赴开、归、陈、许等属，以济赈粜之需，并请于该二省近河州县仓贮内，按一米二谷先行拨运’等语。豫省今岁被灾州县颇广，将来一切赈借平粜，需米正多，自当豫为筹画，以资接济。但山东、江南二省近河州县，现在均有被水之处，仓储亦应留备，未便拨运。江西、湖北与豫省舟楫可通，乾隆四年，豫省被灾，曾转运楚米协济，甚为妥便。此次应拨粮石，着交江西、湖北巡抚在于该省相近河南各州县仓贮内酌定数目咨会动拨，运交豫省分派收贮。其江西、湖北动拨谷数，即将该省本年应运漕粮，照数截留归款，以符原额。仍将拨运截留各务一面办理，一面速行具折奏闻。”（《清高宗实录》卷542）

（乾隆二十二年七月丁酉）又谕：“今岁河南各属被水成灾，已屡降恩旨，筹办抚绥。但米粮充裕，尤须商贩流通，着将江南、江西、山东、湖北等省商贩米麦杂粮船只查系运往豫省灾地粜卖者，照乾隆四年之例，经由赴豫各关，加恩免征粮税，俾得踊跃运粜，灾地足资接济。俟明年麦熟后，仍报明停止，该部即遵谕行。”（《清高宗实录》卷542）

（乾隆二十二年八月）壬戌，谕军机大臣等：“据开泰奏报，川省今年秋收，乃数年以来所仅见，披阅深为欣慰。但谷太贱则伤农，亦不可不为调剂。且今岁豫、东、下江等省，皆被灾祲，全赖米粮流通，以资接济。向来川省商贩，由川江贩运至楚，甚属便益。朕意乘此丰收、粮价平减之时，官为采买，运至湖广水次，先期知会该省督抚委员兑收存贮，以备他省拨运，实为两省裨益。其采买数目，或二三十万石，或三四十万石，酌量地方情形，分派采买。仍随时察看，毋令市价翔踊，致妨本地民食。开泰其善为经理，即将酌买粮数，具折奏闻。”寻奏：“臣因今岁秋禾大熟，先经通饬各地方官乘时购补常平积贮，正在分头催办。若再另行采买，诚恐市侩居奇。且川江滩险，船宜略小，谷多则需船亦多，计其脚费倍于运米。现将沿江路通水次各属存仓谷，饬令碾米十五万石，各赴水次汇交，陆续起运。脚费及官役饭食，照乾隆十八年运米赴江南例给发。拟俟各属额谷购补，仍就沿江一带碾米五万石，运往湖广备用。”得旨：“甚妥。”（《清高宗实录》卷544）

（乾隆二十二年九月乙卯）谕：“昨据开泰奏称，川省收成丰稔，已碾米十五万石，运交楚省，以备灾地拨用。今岁豫省现有江西、湖北之米协济，灾地已为有备，着将川省运楚米石，即由楚运交山东，令该抚酌量分贮，以资接济。自楚至东，舟楫可通，亦属妥便。该部即遵谕行。”（《清高宗实录》卷547）

（乾隆二十二年九月丙辰）谕：“湖北从前碾运仓谷接济河南，经硕色奏明，截留湖北漕米抵补外，俟湖南漕米经过武昌，再截留十万石，以补常平仓谷。今该抚奏称‘湖南现有溢谷四十七万余石，可令湖北来南领运归仓。而湖南漕米，仍可全数起运北上，或于明春过淮时，酌留徐属’等语。徐属灾地屡加赈恤，连岁俱经截留漕粮，米石自应充裕。而豫省频年被灾，今岁方加赈恤，现在该省自尚有需米之处，着将湖北应截留湖南之漕米十万石拨给豫省，以备接济。其应如何转运、分贮之处，着富勒浑、庄有恭、胡宝瑔会商妥办。该部即遵谕行。”（《清高宗实录》卷547）

（乾隆二十二年十二月）壬戌，谕：“湖北拨运豫省米石，抵豫交卸后，原船回过各关，例应输纳船料。但各船户回棹时，如已揽载客货，其船料自当征收。若仅原船回空，船户未免拮据。着加恩免其征收船料，以示优恤。该部即遵谕行。”（《清高宗实录》卷552）

（乾隆二十三年二月乙丑）谕：“湖北拨运豫米，船料业经降旨免其征收。其运东、川米，原船回空时，如查无揽载客货，着一体加恩，免其征收船料，以示优恤。该部即遵谕行。”（《清高宗实录》卷556）

（乾隆二十三年二月壬午）兵部议准漕运总督杨锡绂奏称，卫所守、千，亲老改近，向由各该巡抚主稿。缺有美恶，巡抚未必尽知。恐人怀去就，巧于趋避，请嗣后归漕督查办。缺苦借称亲老请改者参处，无情弊者繁缺题请对调，简缺咨部另补。又押运同知、通判向不论省分远近，概以抵通无欠，分三次议叙，请嗣后除粮多路远之江南、浙江、江西、湖广等省押运官照常议叙外，其粮少路近之河南、山东二省改为四限，初次抵通无欠，纪录二次……四次即升。又湖广满号漕船，向不即留通变卖，因系一时满号，全须成造，概留变卖。丁舵、水手不能附搭回南，经前督顾琮奏准变通办理。现计回空船多，成造船少，丁舵等易于附搭，请照江西例，遇满号即于交粮后，留通变卖。从之。（《清高宗实录》卷557）

（乾隆二十三年三月辛丑）又谕："据庄有恭奏'川省运到米船十三只，并湖南漕船四十五只，湾泊武昌城外，于二月初九日陡遇暴风，江宽浪急，并各坏船八只，现在加紧抢救，查核米石数目。其川运米船，应咨川督，于各运员名下查参追赔。至湖南漕船沉失米数，应勒令什军名下摊赔。所损船只，亦令赔造雇运。所有押运员弁及该地方官，应一并查参'等语。该处米船已经湾泊，押运员弁自应小心防护。但据所奏情节，实系风起仓猝，波浪腾涌，人力难施，尚非防守疏懈、救护不力者可比。所有沉失米石、损坏船只，并着格外加恩，免其追赔。其押运员弁应行查参之处，着一并宽免。"（《清高宗实录》卷558）

（乾隆二十三年三月乙巳）户部奏："江西、湖南、四川运济豫省米石，请照湖北一体免征船料。"得旨："着豁免。"（《清高宗实录》卷559）

（乾隆二十三年八月壬申）户部议复："漕运总督杨锡绂条奏：一、安庆帮船一百八只，向设千总二员领押，约束难周，请分安庆一帮为二，各添千总一员。查额设千总二员押运，久属相安，即虑耳目难周，可于效用员弁内差委，无庸更张。一、湖广、江西帮船已有领运千总及押运抵通之同知、通判等照管，其监兑厅员，如米色不纯，即可将该员参处，毋庸再令押送到淮。一、旗丁逃匿限百日拿获，逾限，请将承缉之卫所官罚俸一年，协缉之州县罚俸六月。其州县佥丁者，即将州县官罚俸一年。均应如所请。"从之。（《清高宗实录》卷569）

（乾隆二十四年十一月）甲子，谕："前因直属夏间得雨稍迟，恐向后粮价易昂，是以豫令楚省于存仓谷内碾米十五万石，分搭漕船运通，以为有备无患之计。旋因畿辅甘霖普降，秋田并获有收，现在搭运之项并无需用，而浙省有间被偏灾之处，该抚正在委员赴江、广采买接济，莫若即将楚省此项米石兑交浙省委员运回备用，既不须往来购运之烦，而彼此裒多益寡，调剂尤为适宜。其江西省亦现有搭运通仓米十万石，即着就近留于江苏水次州县，以备拨用。该部速遵谕行。"（《清高宗实录》卷601）

（乾隆二十五年九月甲寅）兵部议复："两江总督尹继善奏准'查各省驻防八旗、寡妇等项，近已停止进京。江南共设各项沙、宣等船三百余只……冗设过多，不特闲泊河干，坐糜工食，且遇大小修造，需费更繁，应量裁，已饬令两省司道查议酌减'。恐各省亦有似此应裁之处，请敕各该督抚一并查议。兹据各督抚议奏，除湖北、湖南、福建、四川、广西、浙江等省，船数并无冗设，照旧存留外，广东裁船十八只……共裁船一百九十一只，设遇紧要差务，额船不敷，仍恳动项另雇。应如所请。"从之。（《清高宗实录》卷620）

（乾隆二十五年十月辛巳）谕军机大臣等："御史朱稽折奏'各省收漕，有暗开斛角，密宽斗面，且或置斗不用，专以斗量，又零尖浮收，至所收已经足额，即令各户折价'等语。已饬部速议，并令该御史指参矣。征收漕粮向多积弊，屡经降旨厘剔，渐就肃清。如该御史所奏置斛、用尖斗诸弊，或系该上司查察未周，以致不肖州县乘机舞弊，亦不能保其必无，然各督抚并未见查参一二。至兑漕封仓之后复行折价，尤属骇闻，如果有之，则营私蠹民莫此为甚，该督抚自当严参治罪，以示创惩，岂得漫无觉察耶？现在正届收漕之候，着传谕有漕省分督抚速即留心访查，据实具奏。"寻山东巡抚阿尔泰、河南巡抚胡宝瑔、湖北巡抚周琬、浙江巡抚庄有恭均奏："访查收漕州县，实无各项弊端。"俱报闻……

（《清高宗实录》卷 622）

（乾隆二十七年十二月壬辰）兵部等部议复："漕运总督杨锡绂奏称'湖广漕运俱由各卫守备佥丁，如荆州、荆左、荆右、沔阳四卫，系以湖北丁运湖南粮，卫备不亲出运，佥丁遂多草率。再湖南三帮内有四号旗丁，由武昌左卫佥定，亦系隔省，运丁每致脱逃。请嗣后各卫如有逃丁，将原佥卫守备向例降一级调用，改为降二级调用，不准抵销。旗丁潜逃，除再犯、三犯分别军绞外，其初次逃丁从重杖一百，枷号一个月，面刺逃丁二字'。应如所请。"从之。（《清高宗实录》卷 676）

（乾隆二十九年七月乙丑）户部议准漕运总督杨锡绂奏请裁减拨兑粮船：一、湖北武昌左卫拨入湖南三帮船四只，由武赴岳，道里既远。而以四船拨入全帮，丁孤情睽，日益拮据，每当佥选，难得殷富之丁。查湖南船宽、长与江西相等，而每船所装米较江西尚少二百余石，应将此四船竟行裁汰。其米，即分洒湖南四十八船之内，运费等银分给加装之船，于帮丁既不无少补，兼可节省修造等费……从之。（《清高宗实录》卷 714）

（乾隆三十年闰二月壬子）又谕："据王检奏'湖南粮船停泊汉口镇守风，因盐船失火，延烧岳州卫三帮船一十三只，经官弁兵役扑救，余船一百六十五只俱保护无损。所焚粮石，请照例于各船之旗丁什军名下追补。漕船照出厂年分，着落赔造'一折。焚失漕粮，若由旗丁等不能小心防范，本帮不戒于火，自应按数着赔。今湖南粮艘停泊岸旁，盐船失火，风急延烧，非该丁等力能豫防。所请应赔粮米、漕船之处，俱着加恩宽免。其官弁兵役等尽力救护，奋勉可嘉，着查明出力之人，酌量奖赏。该部即遵谕行。"（《清高宗实录》卷 730）

（乾隆三十年十月乙卯）漕运总督杨锡绂奏："前因湖南粮艘抵次最

迟，修舱草率，奏准于田镇豫给银两，置办篷桅，至汉口修舱。本年春间，据该省粮道刘秉愉详称，篷缆须二三年更换一次，每年即有添补，亦可至田镇置办。至修舱，必须旗丁亲身承办，各船至汉口，抵决不远，旗丁急回卫料理新漕，其时旧丁更换，新丁未到，彼此观望推延，卫备远处各地，不能督修，豫给银两，每致浮销。经臣咨部请停，准部复，此项豫发银两，系奏准遵行之案，应具题办理。查田镇给银，原期修船坚固，今有名无实，应请仍循旧章。”得旨：“着照所请行。下部知之。”又谕军机大臣等：“杨锡绂奏‘湖南粮艘，请停豫解篷缆银两’一折，已照所请准行矣。此事杨锡绂之咨部，及户部之咨驳，皆不能无失。杨锡绂初据粮道刘秉愉禀详，粮艘于田家镇发银豫修，乃系有名无实，不如照旧修舱，以免逗留花费。既知其事不可行，即应奏请停止，何必复咨户部？而该部接据来咨，见其核实筹办，亦即应奏明复准，又何必以从前奏准之案驳令具题？是该部固过于拘泥，而该督之咨部办理，亦因前此系伊奏请，未免稍存回护。但杨锡绂究因刘秉愉之禀详奏请停止，并不固执成见，是其可取处。朕办事准酌得中，务使瑕瑜不掩。可将此传谕知之。至粮道刘秉愉，能查核具禀，颇属留心任事。该员平日居官如何，并着该督查明据实复奏。”寻奏：“粮道刘秉愉操守谨饬，性情朴直，办理粮运事务颇知奋勉。”报闻。（《清高宗实录》卷746）

（乾隆三十一年十二月乙丑）是月，漕运总督杨锡绂奏：“各州县征完漕米，兑与丁船，每府例委同知、通判一员监兑，即令尾押过淮，然后回任。该员等并无所事，转滋扰累。查江西、湖广押淮之员，前经臣奏准停止。惟安徽仍循旧例，应请并停。”得旨允行，下部知之。（《清高宗实录》卷775）

（乾隆三十三年五月庚寅）又谕：“前因彰宝折奏有运河水势较小之语，而嵇璜亦曾奏及，当即传谕该总河，令其查明复奏。随据奏到，四月初旬得雨五寸，各帮已衔尾遄行。乃近日仓场侍郎等具奏，又称济宁等处粮艘过津，前后脱帮，自一二日至四五日不等，情形迥不相符，此实近年希有之事。运河粮艘，全赖诸湖水柜启闭应时，以利浮送。而先期酌量调剂，尤系河臣专责。前此李清时经管有年，办理妥协，从未闻以湖河浅涩，致转漕或有濡迟。至春末夏初，雨水较少，亦北方常事。况今春已得雨数次，而粮艘脱帮，转致多稽时日若此，此岂借口雨泽稀少，遂可以为卸责之计？况嵇璜到任以来，于潴蓄宣泄事宜既已办理不善于前，及降旨询问，又复自行掩覆于后，是何意见，着嵇璜明白回奏。”寻奏：“查粮船脱帮在所不免，或因阻风，或因船中多带土物，遇有可起卸之地，必将停泊。查台庄闸报，江南漕船自二月至五月，共有三十五日无船入境，而东省各闸亦有之。即检上年各厅报单，亦多有无船入境之日。向来总以统限为断，其逾统限者，运弁照例议处。今湖北船已于十三日过济，湖南船接续北上。惟江西船，于十三日抵台庄，吃水独重。臣亲往验明，蜀山等各湖水俱高于运河二尺至三尺不等，尽足浮送。只以重船在后，各湖蓄水，未便轻放，以致有稽时日，此系实在情形。至头进粮船不能迅速，实系督办不善所致。”得旨：“该部察议具奏。”（《清高宗实录》卷810）

（乾隆三十三年五月己亥）又谕曰：“杨锡绂等折奏南省运河水势情形，称‘现在猫儿窝、宿迁关上下及古城溜、崔镇等处俱有浅阻，粮艘不能畅行，与河臣李宏酌开骆马湖水，以资接济’等语。今岁东省漕运浅涩，粮艘屡经起剥，甚且前后脱帮，已属频年希有之事。至南省运道，水势向尤宽裕。即雨水稍稀，河臣亦应先事调济，随时量开湖水，俾浮送无虞迟滞。何以李宏竟未豫为筹及，亦并不据实奏闻？着即行传谕李宏，速即会商妥办，并将办理缘由据实奏闻。”寻奏：“查河水虽较小于往年，而各省粮艘足资浮送。惟江、广船重，吃水较深，臣饬员弁酌开骆马湖、柳园头石闸泄水，放行湖广各船，随后江西帮亦陆续全数渡黄。随即委员往古城溜、猫儿窝、宿迁关上下，将柳园头、王家沟二闸全行启板，开放湖水，江西漕船俱可攒行，一二日内，即可出江南境。”报

闻。(《清高宗实录》卷 810)

(乾隆三十三年九月壬寅)又谕:"……至水手栖止之所原不必官为筹画,此辈皆旗丁临时雇募应用,更非官丁可比。即或散居各处,至期自能赴帮应雇,何必为之鳃鳃过计?况有漕之处不止浙江一省,即如江南、湖广、河南、山东均有粮船,即均须水手,并不闻皆有栖止公所,何独浙省为然?况此等游手好闲之人群居一处,必致滋生事端,于地方又有何益?着传谕永德,除将本案从重办理外,所有各庵堂概行拆毁,毋得仍前留存,复贻后患。"(《清高宗实录》卷 819)

(乾隆三十四年三月壬子)署湖北巡抚揆义奏:"湖北省本年漕粮遵旨轮免,其应征随漕二耗米,应请照乾隆三十一年山东抚臣崔应阶奏准之例,缓俟下年随正带征。所有停运丁船减半本色月粮、舵水日食口粮及停运千总一半养廉米石等项,向于二耗米内支给者,应请于常平仓内借支。查帮船向系停泊江夏、汉阳二县水次,应即令该二县按照一米二谷,就近给发。支过仓谷,将明岁有漕州县带征二耗米,照数拨运该二县收贮,俟下年减粜,秋后买谷还仓。有余,同未拨各州县二耗米,照例易谷,并归常平盈余项下造报。"报闻。(《清高宗实录》卷 831)

(乾隆三十五年四月丙寅)谕:"据黄登贤奏'湖南荆州右卫帮船行抵扬州府江都县八里铺地方,于三月十八日被雷火焚击四十三号旗丁王才船只,并延烧五十八号旗丁张受三漕船。所焚粮石,请令该丁等于抵通后买补一半,余俟来年新运带交。其漕船查明出厂年分,着落赔造,并请将总运领运员弁职名查参'一折。漕船焚失粮石,若由旗丁等不能小心防范,一时不戒于火,自应按数着赔。今旗丁王才、张受三所押漕船,猝遇雷火焚毁,非人力所能豫防,所有应赔粮米、漕船之处,俱着加恩宽免。其总运、领运各员弁,亦非救护不力,着一并免其查参。该部知道。"(《清高宗实录》卷 857)

（乾隆三十六年十月戊辰）谕军机大臣等："据总兵达翎阿奏称'湖南尾帮回空粮船，业于九月二十五日催趱出直隶境，仍知照东省官兵，速行催趱'等语……今湖南尾帮于九月二十五日始出直境，为期已觉太晚。若途次再有羁延，则于今冬收兑开行，必致迟误。而江西、湖广之船，帮后路远，更恐有逾例限。着传谕崔应阶，专派妥干员弁，按回空各船，逐程催趱，务令如期回次。并谕湖广、江西督抚，委员迎促遄旋，并饬有漕州县依限上兑，毋误开帮。其经由之山东、江南等省，并着该督抚一体委员上紧催押，毋任刻延。仍各将督趱情形及入境、出境日期据实复奏。"（《清高宗实录》卷894）

（乾隆三十八年四月戊午）谕军机大臣等："前因申保等奏，南漕船内有脱帮一二日并多至五日者，曾降旨令嘉谟查明迟误缘由参奏。昨据嘉谟自行奏请议处，并据声明，俟将沿途员弁职名查明，到日再行参奏。今复据郎图奏称'据湖北头帮运弁禀报，该帮行抵江南惠济闸，四月初一日，遇湖水涨发，出闸艰难。于初七日始全数渡黄，随会同河臣催趱。该帮于十七日始入东境，距前帮杭严三帮，已脱空十二日'等语。是此次脱帮，又在江南境内，即因湖水涨盛，停泊待闸，亦何至稽延如许之久？该总漕又何以不豫行奏闻？看来今年漕船屡屡脱帮，竟是办理不善之故。着传谕嘉谟，将各帮因何脱空缘由一并确查，据实复奏。"寻奏："湖北头帮缘湖水涨发，闸塘溜急，竭力挽运，四日方出闸坝。又值黄河风阻两日，渡黄时，与杭严三帮已脱空七日。渡黄后，缘船质较重，十日方抵台庄，又脱空五日。随饬弁员督押飞挽，并咨会山东、总河、巡漕各臣一体严饬押催。前未详奏，实深惶恐。"得旨："汝竟无能而不晓事，奈何。"（《清高宗实录》卷933）

（乾隆四十年二月丁未）湖北巡抚陈辉祖奏："湖北武昌等六卫屯田被旱成灾，新漕长运无力帮济，请于三十八、九年分征解添办漕船大修

银两内拨给银五千九百四十两，以济本年长运。”下部议行。（《清高宗实录》卷977）

（乾隆四十年六月戊子）又谕：“据巡漕御史邱日荣奏‘滇省运员张绥佩委运铜斤抵津，理应于起剥后迅速北上，乃该员因乏运费，任意稽延。除一面移会地方官查照办理外，应请敕下直隶总督、仓场侍郎细加盘验，逐一查明具奏’等语……”寻奏：“……又查该员于云南、湖北、江南三处共领得水脚银六千四百八十二两四钱，为沿途船户支领之用，又领有杂费银九百五十八两，为置备筐篓绳索、夫工犒赏等用。至途中起剥、守冻等费，俱应运员垫用，差竣旋滇补领。该员垫银一千五百余两，俱有所在地方官印结为据。运抵天津，无资可垫，在津竭力设措，始得开行。查该员自泸开帮，迄今抵通，其实历行程尚在定例十一个月之内，亦未逾限。是该员并无情弊，请交户部查核。”下部知之。（《清高宗实录》卷984）

（乾隆四十一年正月丙申）谕军机大臣等：“据敦福奏‘上年江省间有被灾之处，恐致青黄不接时，灾地民人有食贵之虞。楚省现有常平溢额及停运豫省正耗谷共二十万一千石，请尽数碾米，运赴江南，听候分拨平粜，以裕民食’等语。适高晋陛见在京，尚未起程回任，当经传问，据称‘上年江省偶被旱灾，节经蠲赈频施，穷黎已各得所。现又奉旨加赈，所有本省仓谷尽足敷用。且川省米粮业已弛禁，商贩又源源而至，无需邻省接济’等语。江省民食现既不虞匮乏，且川米源源而下，更无借接济。此项谷石，自可毋庸碾运，致糜运费。着传谕敦福知之。”（《清高宗实录》卷1001）

（乾隆四十一年七月）丁酉，谕：“前据阿思哈等奏，山东夏津县地方有常州帮王益周回空粮船被盗之事。旋据杨景素奏，拿获首伙盗犯段老等九名，讯出俱系沿河短纤，纠伙行劫，现令审明，按律定拟，分别斩枭矣。沿河短纤，多系无业穷民，群聚觅食，昼则随帮受雇，夜则乘机为匪，其中最易藏奸。而漕艘经行上下，遇有顶风浅水，添雇帮纤人夫亦属必不可少。莫若令沿河州县酌量安设纤夫，并选派夫头照管，以供受雇。其各帮雇觅纤夫，并令押运千总督率旗丁，查点稽核，按站交替，不许携带过站，亦不许中途私雇，庶各有责成，不致滋事。其应如何酌定章程之处，着直隶、山东、江南、江西、浙江、湖广各督抚会同漕运总督确商妥议具奏。”（《清高宗实录》卷1013）

（乾隆四十一年八月辛亥）巡视通州漕务御史索兴阿奏：“漕政以米色为先，签验以抵淮为准，欲察米色之高低，总在过淮之验放。请敕漕臣眼同弁兵逐船比对，务期一律纯洁，方准过淮。倘有搀杂低潮，一面奏闻，一面责令收漕监兑各官及时赔补，庶米色无不齐之虑，过淮后，弁兵等亦不致借词原兑米色平常，敢于作奸舞弊。”下部议，寻议：“查各省兑运粮务，除山东、河南帮船例不过淮外，其江苏、安徽、浙江、江西、湖广等省均系过淮盘验。但近年来，米色不能一律纯洁。自应如所奏，严加查办。惟查漕员责任各有专司，处分自应区别。安徽、江西、湖广等省监兑官，例在水次验兑，并不押帮赴淮，倘中途霉暗搀和，止应将在帮各员参处追赔……再各省吏胥，或因此次整顿，将民间完纳好米故意勒揹，不即兑收，该管上司立即揭报严参，从重治罪，请敕交有漕省分各督抚严行访查，明示晓谕。”从之。（《清高宗实录》卷1014）

（乾隆四十一年十月）癸亥，谕军机大臣曰：“姚立德奏‘各省重运漕船向来俱系冬兑冬开，次年得及早过淮，五月全入台庄，回空于九月初，亦得全入临清闸河，总无迟逾之事。近年以来，兑开既迟，长途不能趱程，年复一年，回空亦未能依期归次，不无阻浅守冻之虞。前与阿思哈面商，意见相同。兹阿思哈病故，恐冬兑冬开之例仍不能实力奉行，请敕谕有漕各督抚责成各粮道妥协料理’等语，所奏甚是。各省漕粮冬兑冬开自属正办，迨后开兑迟缓，实系历年因循所致，虽催趱尚无贻误，究不若照例于冬月开帮之为暇豫。目下正届收兑漕粮之期，若能于今岁冬间办定章程，嗣后即无难递年遵办。着即传谕有漕各督抚，一体实力妥办。其江苏、安徽、浙江各省粮艘，务令岁内全数开行。其江西、湖广各帮，亦须将回空之船迎催归次，必于正月内扫帮前进，毋致迟逾。至德保业已起程，着谕令前赴济宁，与姚立德面商熟悉，实力妥办。此旨着由五百里传谕知之，姚立德折并钞寄各督抚阅看，仍将作何遵办缘由据实复奏。”（《清高宗实录》卷1019）

（乾隆四十一年十一月壬午）河东河道总督姚立德奏：“署漕督臣德保到济，与臣面商速运事宜，查今岁粮船回空出闸已为不早，先经札会江南河臣萨载，一体督饬沿河将备加紧严催。今德保一入江境，即分派标弁，催赶渡黄出江，自可不致迟滞。刻下江南各帮约计均已归次，安徽、浙江各帮现已抵次不远。惟江西、湖广各帮程途较远，德保到任后，即飞檄各该省粮道专员迎催，务期迅速交兑。”得旨嘉奖。（《清高宗实录》卷1020）

（乾隆四十一年十二月甲寅）湖北巡抚陈辉祖遵旨复奏：“湖北各属经征漕米，十月下旬即可全完。受兑后俱能依限渡淮，未敢迟误。间有落后，实因旗丁等置买土宜，冀沾余润。其殷实之丁，俱能迅速办完。其力稍疲乏者，专资公费等银备办。臣已饬粮道豫为筹备，及早散给，并严檄沿江营县实力稽查，毋任停滞。”报闻。（《清高宗实录》卷1023）

（乾隆四十二年六月）癸卯，谕：“据德保奏‘湖北三帮旗丁王清、卓伯青、邓英三船在邳州河定闸遭风漂瀼，粒米无存，例应照数赔补’等语。漕船内河失事，例固应赔，但念该帮船只猝遇暴风漂溺，人力难施，情尚可原。况该丁等船已漂没，若一时全行补交，未免竭蹶。着加恩令其各买本帮余米三百石交纳，其余四百五十余石同随粮席竹，俱着缓俟下年搭运全完，以示体恤。其失防之押运员弁及地方文武各官，着

该总漕查明，交部察议。”（《清高宗实录》卷1034）

（乾隆四十二年十月）戊戌，谕：“本日吏部将仓场侍郎咨送押运漕船之江西同知刘国烜，湖北通判福克精阿、州同李超玠带领引见。本年漕务早竣，该押运官何以迟至今日始行引见，殊属迟滞。据吏部堂官查询‘有仓场给咨本迟者，有该员称病未即到部者，各官于引见后，由陆路赶赴前途押回’等语。漕船抵通，其押运各官既经粮石交清，该仓场侍郎自应将该员等即日给咨送部，该部亦即带领引见，俾得及早押送回空南下。刘国烜等何以俱迟至半月余方为送部？且既经押重运而来，即当押回空而往。嗣后漕艘抵通，粮石交完后，所有应行送部之运员，该仓场侍郎即行给咨送部，该部亦即循例带领引见，着为令。”（《清高宗实录》卷1042）

（乾隆四十二年十一月甲子）兵部议奏：“署漕运总督德保奏称‘近年粮船每多失风之案，黄河、大江、闸河水大溜急，或易失事，内河并无险阻，即风暴尚可力为拯挽，乃失风案内河更多，总由押运厅弁并不实力稽查所致。且难保无奸丁捏报失风、亏折霉变、买余抵补情事。查失风处分，运弁罚俸一年，押运厅员罚俸六个月，其一帮内失风船只多寡并无区别，致厅弁视为无关考成。请嗣后除在大江、黄河、洪湖、闸河内失风查无情弊者，仍照向例办理外，若江、浙帮在镇江口以内，江西帮在鄱阳湖以内，河南、山东、湖广各帮均至临清闸以北，或一二只失风，亦照向例议处外，其失风至三只以上，运弁降一级调用，厅员罚俸一年；五只以上，运弁革职，厅员降一级留任，旗丁杖一百、枷号一个月；捏报者从重定拟……’，均应如所奏。”从之。（《清高宗实录》卷1044）

（乾隆四十三年八月癸酉）又谕曰：“……前据文绶奏，拟将川省水次州县各仓拨谷二三十万石碾米运楚。朕因江南每年仰资川米，今岁又有偏灾州县，曾明降谕旨，令该督即将此项碾米运赴江南备用，并谕萨载酌量地方分拨，随时出粜。今安省亳、寿等州县旱灾之后继以水灾，贫黎自皆嗷嗷待哺。恐该处常平不敷应用，莫若即将川省碾运之米酌拨，以资调剂……”（《清高宗实录》卷 1065）

乾隆四十四年己亥七月戊戌，谕军机大臣等：“据阿那布奏‘湖北头、二帮漕船于七月初三、初十等日俱经催过津关，其后接之湖北三帮、湖南三帮、江西十三帮各船尚未跟接报入直境’等语。各省漕船例应衔尾而进，方得依限抵通。如该巡漕御史所奏，则直隶、山东一带，江、广各帮已有脱帮之处。昨据鄂宝等奏‘通漕尾帮于七月初一日已全数催入山东台庄闸河，鄂宝督催北上’，并称‘本年运河水势深通，凡向来古浅处所，俱克遄行无阻’等语，是江、广重运，俱比往年较为迅速。因何复有脱帮之事，且八月中旬方得全行抵通？今鄂宝亲在尾帮督运，沿途呼应较灵，务饬各运帮员弁，并饬知经过地方官，竭力趱催，连艘遄进，勿任稽缓。至鄂宝欲于督运之便至行在陛见，不过照例觐谒，并无紧要事宜必须面谕之处。鄂宝竟不必前来，止须督趱各帮船迅速抵通，并即催押回空，毋误冬兑，庶为克尽职守耳。将此由五百里传谕知之。”（《清高宗实录》卷 1087）

（乾隆四十四年八月癸亥）谕军机大臣等：“前经降旨，令鄂宝督催各帮粮船迅速抵通，并催押回空，毋误冬兑，不必至行在陛见。嗣于七月二十八日，据该督复奏湖广粮船脱帮情形及严催各帮迅速抵通回空各缘由，而于遵旨毋庸前来之处未经奏及。本日鄂宝又有奏粮船尾帮全出临清日期折内，亦未将回任缘由奏明，岂此旨未接得乎？着传谕鄂宝，即将粮艘于何日可以全数抵通，及该督何日遵旨回任之处，遇便复奏。”寻奏：“奉到谕旨，正在督催重运前进，拟俟江、广帮船抵通交卸后，谨将遵旨督押回任日期具奏。至重运尾帮约月内全数抵通，臣即回任，赶办新漕。”得旨：“何糊涂至此！”（《清高宗实录》卷 1088）

（乾隆四十七年八月壬申）谕军机大臣等："据巡漕御史张霁奏'本年漕运，江、浙各帮行走尚为迅速，于程限并未稽迟。惟湖北头帮脱空已逾半月，询系经历湖河地面，守候风水，致稽时日。而江西各帮在后，行走又尚需时，将来回空南下，诚恐中途冻阻，惟有将后到之江西各帮在天津杨村一带全数剥运，俾粮米早起一日，即可令空船早回一日，于接兑新漕方为有益'等语，所奏亦是。漕艘北上，经行济宁以下湖河一片守候风水，未免稽迟。其后到之江西各帮，若至九月起卸回空，势必中途冻阻，有误冬兑冬开日期，自应酌量剥运，以速回空。除就近谕知郑大进外，着传谕仓场侍郎书麟等，即查照旧定章程妥协办理。其未到各帮，并着鄂宝、明兴迅饬文武员弁严加催趱，务令迅速遄行，毋误回空日期。再上年济宁一带已经黄水漫溢，粮艘行走尚属无误。今年有毓奇、沈启震在彼设立水程纤道，妥协照料，何以江、广各帮转致脱空迟缓？并着鄂宝、明兴、书麟等将现在办理较上年迟早之处，查明据实具奏。将此由五百里各谕令知之。"（《清高宗实录》卷1162）

（乾隆四十七年八月庚寅）谕："据毓奇奏'济宁以南，河湖水势甚大，恐明春重运经临，行走维艰。浙江等处路途较近，帮船回次尚可从容接兑，惟湖广、江西帮船最后，回空迟滞，即误受兑之期。请将轮免湖广、江西之五十年、五十一年漕粮，改移于四十八、九两年停运'等语，所奏甚是。今年回空粮船既迟于往年，则明春重运北上，自应豫行筹酌，量为变通。着照毓奇所请，将江、广二省漕粮应于五十年、五十一年轮免者，改于四十八、九两年停运……如此一转移间，重运既无虞行走迟滞，而丁力亦可稍纾，于漕运实有裨益。所有酌改轮免之处，着该部详悉妥议具奏。"寻议奏："湖南漕船较湖北路程更远，今年回空又最后，请将湖南省并江西南昌、饶州、南康、广信四府属，于四十八年先行停运。其湖北漕船程途稍近，而江西漕粮本年八月截留山东三十万石，是湖北并江西之瑞州、临江、吉安、抚州、建昌、赣州六府属漕船，

回空尚不甚迟，请于四十九年停运……”得旨：“依议速行。”（《清高宗实录》卷1163）

（乾隆四十八年四月丙戌）谕军机大臣等：“据毓奇奏‘淮安头帮漕船在桥头店遇风沉溺一事，应即亲赴该处确勘办理。但现在浙江、湖广、江西各帮源源渡江来淮，必须亲加盘验，是以不能分身亲往’等语，所奏是。粮船过淮，必须总漕亲加盘验，若毓奇因东省沉溺漕船立即驰往履勘，则各帮在淮必致守候需时，迟误期限。毓奇之不亲往，深知事理轻重。若明兴安坐省城，又去失风处所甚近，何以不行亲往，乃仅委之道将查勘乎？是同一事，而应亲往与不亲往，各有所宜，在毓奇又以不去为是，而明兴则以去为是也……将此传谕毓奇、明兴，并谕何裕城知之。”（《清高宗实录》卷1179）

（乾隆四十八年五月丙辰）又谕：“据兰第锡奏‘查勘运河工程，并漕船水势情形’一折。内称‘粮艘已入东省，共六十六帮，若以每日一帮计算，约计六月底可以尽数出境，较之上年实可赶早两月’等语。济宁以南运河两岸工程最关紧要，必须俟漕艘赶紧回空，早出东境，所有闸坝涵洞等工始能一律及早兴修。现在漫水消落，漕艘北上既可遄行无阻。且今岁江西、湖广系轮免之年，帮船较少，比上年实可赶早两月。着传谕毓奇，严饬沿河文武员弁上紧查催，务令各帮迅速抵通。并着仓场侍郎书麟等于漕船抵通时随到随收，得以迅速回空，毋稍迟滞。俾各帮速出东境，以便运河工程及早兴修，方为妥善。将此由四百里传谕毓奇等，并谕兰第锡、明兴知之。”（《清高宗实录》卷1181）

（乾隆五十年六月乙未）又谕：“前因毓奇奏‘本年重运漕船缘水势浅小，节节阻滞，已入台庄闸者仅十五帮’，览奏深为廑念，已屡降旨，谕令萨载等上紧捞挖，迅速催趱，俾漕船无误抵通。计毓奇此折于本月初七日奏到，距今已十余日。管干珍身任巡漕御史，例得奏事，催趱漕船是其专责，乃并未将近日该处帮船行走若何，及水势是否加长足资浮送，并如何设法办理之处具折陈奏。现在济宁巡漕御史阿那布、天津巡漕御史陈桂森，将各该处水势、帮船行走及办理情形，分晰陆续具奏。何以该御史身任巡视南漕，于现在漕船浅阻，行走维艰，正在彼所管之地，竟一筹莫展，又无一语陈奏？岂竟坐拥廉俸，形同木偶耶？管干珍着传旨申饬，仍着将该处水势、漕船行走情形据实具奏。”寻奏：“臣巡视南漕，刻以剔弊速漕为务。兹黄林庄以南水浅舟迟，臣未能先事豫筹，仅与漕臣毓奇会奏剥浅情形，未经专奏，实臣拘泥糊涂，乃蒙仅予申饬，并谕将现在情形复奏。查本年漕船因去冬回空迟延，又因运中河大挑，铺水稍迟。南漕首帮于三月十三日始渡黄，邳、宿一带守剥，以致入东太迟。头进船二十五帮虽于本月十三日全出江境，二、三进帮船已入东境者无几。臣前于瓜口查催江、广渡江帮船过关时，即酌量水势，谕令卸起天蓬笨木。至清、黄交汇处，复谕旗丁将土宜售卖。现在三进之浙江、湖北十四帮船，均已渡黄。十九日晚，大西北风，运口刷深三尺余寸，湖广帮船将次渡竣，惟江西十三帮皆抵清河县境，七月初可以全数渡黄。臣星驰猫儿窝各处及宿迁一带严催，现有副将马天麒亲驻河口趱渡。”得旨：“览，此是汝竟未知地方情形，自然观望无术也。”（《清高宗实录》卷1233）

（乾隆五十年七月壬戌）谕军机大臣等：“据毓奇奏‘督催南粮二进帮船全入东境’一折。内称‘趁此水势，按日计算，三进浙江、湖广各帮于七月二十外，俱可入东境。其江西十帮有零，为数无多，若跟帮前进，尽可于七月底八月初全行趱入东省闸河’等语。七月初间，已入东境之二进帮船，前经核算日期，行走约须两月，于八月底可以抵通。今三进帮船须至七月底方能全行趱入东境，即使沿途催趱，衔尾遄行，亦须至九月底方可抵通。则起卸回空，必不能于今冬赶至水次受兑，致误明年新漕，亦不可不通盘筹画，妥酌办理。着传谕毓奇、刘峨、明兴，即将三进帮船，计算可以抵通、无误回空者共若干帮，即催令上紧飞挽前进。其尾后数帮，实有抵通过迟、致误回空者，即于东省水次各州县及直隶泊头等处，酌量截留起卸妥协，交地方官存贮，俟明春水势宽裕时，地方官再行雇觅小船剥运抵通，亦不为迟。况此截留船只，仅止三进尾后数帮，不过全漕中十分之一二，已不至如从前毓奇所奏，二进浙江帮船过津已在九月下旬，即虞冻阻矣。该督等务须酌量情形，悉心筹酌妥议具奏。”（《清高宗实录》卷1234）

（乾隆五十年七月辛未）又谕：“据明兴奏‘三进浙江、湖广各帮已入东境者，现已委员分段严催，无分雨夜，飞挽北上。其江西尾帮，此时尚滞河干，应于江南水次截留起卸。则重运既过韩庄，湖口双闸无须放水接济，微山湖底水亦可稍为存积’等语，所奏甚是。前因江西漕船十余帮于七月中旬尚浅滞清口，未能全数渡黄，计算日期，必不能于今冬回至水次受兑，与其多行程途，仍须截留，莫若即于江南水次各州县截留起卸，俾漕船即行回空，即可免长途牵挽之劳，又得及早回至水次受兑，实为两便。业经降旨，令萨载、毓奇等酌量情形，妥协办理。今明兴所奏适与朕旨符合，着将原折钞寄萨载、毓奇等阅看，令其遵照前旨，一面办理，一面奏闻。至微山湖为运河水柜，最关紧要，尤应速筹妥办。着传谕明兴，务须挑沟导引，广为收蓄，以为明岁济运之计，仍着迅速复奏。”（《清高宗实录》卷1235）

（乾隆五十年七月癸酉）又谕：“据明兴奏‘委派专员驻扎大泛口等处，一遇水长沙喷，即雇夫立时捞挖，不使河有停沙，以利遄行。此时二进首帮已入直境，随后各帮俱上紧跟接北上，三进之浙江、湖广各帮亦俱已入东境，惟江西帮船此时尚无入东确信’等语。明兴于催趱漕船一事，先期派员于大泛口等处捞挖停沙，以利遄行，所办颇好。今岁漕艘迟滞之过，本与明兴无涉，惟当益加勉力，上紧催趱，俾衔尾前进。至三进浙江、湖广帮船，核算日期，总可赶至津关。惟江西漕船十帮有零，因渡黄迟滞，此时尚无入东信息。前已有旨，谕令萨载等酌量情形，其实在不能到通、并虞阻冻者，莫若于江南水次各州县即行截留起卸，俾得及早回空，以省其长途往返之劳。着将明兴折钞寄萨载、毓奇阅看，令其遵照前旨，妥协办理，迅速奏闻，以慰廑注。将此谕令知之，仍着迅速复奏。”（《清高宗实录》卷1235）

（乾隆五十年七月丁丑）漕运总督毓奇奏：“本年二进尾后镇海等十七帮及浙江十帮、湖广六帮，虽止渡黄起剥，而邳、宿运河顶阻久候，及水长倍加挽纤，请每船赏银三两。其自头进淮安头帮起至二进宁太帮，共二十八帮，自渡淮至猫儿窝、黄林庄等处节节起剥，劳费较重，每船加赏银六两。”得旨允行。（《清高宗实录》卷1235）

（乾隆五十年八月甲申）又谕：“据毓奇奏‘酌定帮船米数，分派截留起卸’一折，自应如此办理。至所称‘直隶截留米石，系派拨于大名府各属收贮备用，现令尾后之抚州、吉安、南昌后等帮挽至临清住泊，一面知照直隶，派员就近迎帮兑收’等语，着传谕刘峨，迅派妥员，前赴临清水次就近迎帮，上紧兑收，俾漕船迅速回空。而收贮米石，即可备冬春赈借之用，方为一举两便。至二进及三进在前之浙江帮船，既可于八月底趱过津关，其三进在后之湖广六帮及江西渡黄在前入东各船，亦可于八月底赶入直境。着传谕毓奇督押各帮尽力日夜催趱行走，赶紧抵通。其尾后各帮有实在迟滞、恐误回空者，并着毓奇遵照节次所降谕旨，酌量情形，于直隶泊头、安陵等处截留起卸，该督等熟筹妥酌，一面办理，一面奏闻，总期无误回空，受兑新漕，方为妥善。”（《清高宗实录》卷1236）

（乾隆五十年九月辛亥）谕曰：“徵瑞奏‘据长芦商人呈请捐银三十万两，备造剥船一千余只，并请赏借库项，各商按引均摊，分限十年归款’等语。此项船只，所需板片木料较多，直省恐不能应手。即着徵瑞开明丈尺数目，知照特成额、吴垣、舒常，令该督抚等于湖广、江西二省遴派妥员，各赶造五百余只，以供剥运。其应用帑项，若由长芦解往，徒滋烦费，即着特成额等各于该省耗羡闲款等项内各动支银十五万两办理，工竣据实核销。所有长芦商人分限十年应归之款，着徵瑞按限催缴。”（《清高宗实录》卷1238）

（乾隆五十年九月辛亥）谕军机大臣等：“据徵瑞奏‘据长芦商人呈请捐银三十万两，备造剥船一千余只’，已明降谕旨。即着徵瑞开明丈尺数目，知照特成额、吴垣、舒常，令该督抚等于湖广、江西二省遴派妥员，各赶造五百余只，以供剥运。惟明岁新漕头、二进前抵北河，即需剥船备用，约计彼时湖广、江西成造之船恐未必即能运到，并着特成额等将此项船只赶紧成造，先得一半或三分之一，于明年二三月前即派员送到直省应用，免致临时又须雇用民船。其余一半，仍饬迅速赶办，于该二省漕艘开行时，随帮前抵北河，庶不致迟误。至成造此船，每船一只计用银三百两上下，工价已属宽裕。特成额等应行严饬承办各员，务将所用工料切实造办，期于坚固经久，不致易于损坏。至该船户除空闲揽载，得有余资，足敷养赡应用外，其剥运漕粮、铜、铅等项时，应如何酌给船户、水手工食及逐年修舱之处，并着刘峨会同徵瑞，一并另行妥议具奏。将此传谕特成额等，并谕毓奇知之。”（《清高宗实录》卷1238）

（乾隆五十年九月己未）又谕：“据徵瑞奏‘北河剥船，必须吃水不过二尺，仍可受载二三百石者，方为得用。现在开明丈尺做法清单，并烫样进呈，以便江西、湖广二省照办’等语，所办甚好。北河杨村一带多有横浅，剥运船只自应制造合式，方能行驶便利。今徵瑞烫样贴说进呈，办理颇为周到。即将所进烫样一分寄交吴垣，令其赶紧照办。再着徵瑞照式烫样一分，速送军机处发往江西，令其照式成做。仍遵前降谕旨，先造一半或三分之一，送到直省，自可无误。其应造船只数目及板片厚薄分寸，俱经徵瑞酌定咨明。该督抚务饬承办各员如式造办，毋得草率贻误。将此传谕吴垣、舒常，并谕徵瑞知之。”（《清高宗实录》卷1238）

（乾隆五十年九月乙丑）又谕："……至所奏'晓谕江苏各属商贩，多赍资本往江、楚贩运，其由上游贩往浙西一带者，毋许拦阻截留，及察看水势情形，确估开挖'等语，所办尚是。该抚务悉心筹酌，妥协办理，以慰廑注。将此传谕知之。"（《清高宗实录》卷1239）

（乾隆五十年十月庚子）谕军机大臣等："前据徵瑞奏请备造剥船一事，已交江西、湖广二省赶紧成造，分别运送直省。其剥运漕粮、铜、铅、麦豆等项时，船户、水手工食及逐年修舱之处，早经降旨，令刘峨会同徵瑞，详悉妥议，何以至今尚未据该督等议奏？向来漕船水手，俱系官给工食。至此项剥船起运漕粮及铜、铅、麦豆等项，既例有贴费，空闲时又准揽载营生，尽可得有余资，用资养赡黏修，自无须照漕船水手之例官为发给。再此项船只成造，送到直省之后，应交该地方官小心经管，其如何分派管束，应需剥运时如何分别派拨之处，着传谕刘峨，即会同徵瑞，酌量情形，并将一切章程迅速妥议具奏。"（《清高宗实录》卷1241）

（乾隆五十年十月丙午）（湖广总督特成额）又奏："前因湖北岁歉，奏请于湖南拨谷十万石碾运平粜。现在催趱碾竣，运交武、汉二府各一万七千石，荆州府一万石，黄州府六千石。至沿江客米，自九月后，到过湖南船九百余只，四川船二百余只，米价较前渐减。"得旨："览奏稍慰，该部知道。"（《清高宗实录》卷1241）

（乾隆五十年十二月丙戌）谕军机大臣等："据刘峨奏'本年豫、东二省以及大名等府秋收歉薄，全赖天津海运奉粮，暨直省粮食必须商贩流通，方资接济。请将北仓截存漕米暂缓转运，俟新造剥船到时，再行运赴通仓。所有北河现在浅阻，商贩船只一俟冰泮，即全行催赴天津，以资商民雇用'等语，所奏是，已于折内批示。豫、东二省及大名等府本年收成歉薄，自须商民船只源源运贩，庶灾黎不致乏食……湖北省所造剥船，前据特成额奏，已经成造三百余只，派员运送直省。并着传谕该督饬令委员赶紧行走，务于明春开坝后即行遄进，迅速抵直，以便剥运北仓米石。除就近传谕仓场侍郎外，将此谕令刘峨、特成额知之。”（《清高宗实录》卷1244）

（乾隆五十一年二月庚寅）又谕：“据萨载等奏‘湖北先造拨船二百只，现已挽进瓜州运口，应俟首进头帮一抵镇江，淮河上下开坝，即令此项拨船在于重运之前行走，于将次渡黄时，知会河东河臣，开坝酌放河水接济，催令拨船先行’等语。湖北新造拨船现需拨运北仓米石，今既挽进瓜州运口，自应俟首进帮船抵镇江等处开坝时，即令在重运之前行走。但拨船非重载可比，吃水不多，入山东境后，虽需微山湖水接济，亦只须酌看空船吃水尺寸，足资浮送，樽节酌放。不可照浮送重运一律开放，过于宣泄，致湖水消耗，有碍重运行走，方为妥善。萨载等何见不到此耶？着传谕兰第锡、明兴撙节妥办，并谕萨载、李奉翰、毓奇知之。”（《清高宗实录》卷1249）

（乾隆五十一年三月癸酉）江南河道总督李奉翰奏：“湖北、湖南委员押解拨船，本月初七、八等日先后抵淮，淮安、常州、凤中等三帮漕船跟帮前来，初八日开放裴家场通湖引河，口门过水深五六尺，并将束清临黄及新建东坝，遵图内朱笔指示处，相机启拆。清水直向东北，顺趋出口，会黄下注，形势顺畅。两湖拨船先令渡黄，进杨家庄运口北上，随令漕船接进，开放运中河内古城坝工，并将拨船吃水尺寸飞咨东省，撙节酌放微湖之水，先送拨船，后济重运。”得旨：“好，尔等诸事，若皆似朕豫计，何致有误?”又奏：“洪泽湖清水自前月启坝，迄今未见消动，志桩仍存水四尺六寸，往后江、广重运，足资浮送。且先后得雨六次，各处山泉可期渐长，济运无虞缺水。”得旨：“且莫为此满足之言，但长存敬畏之心，思患豫防可也。”又批：“上天仁爱，应以敬承之。”又奏："淮扬运河两腮浮淤，日见涤除，新建东西坝上下新滩，清水下注，亦即刷动。"得旨："览奏稍慰。"(《清高宗实录》卷1251)

(乾隆五十一年四月辛丑)湖广总督署湖北巡抚特成额奏："前买川米四万五千石，将次抵楚。查武昌、汉阳二府地连省会，户口殷繁，各拨米一万二千石。荆州系满营驻扎，上年拨运南米，现将粜竣，今拨一万石。黄州、襄阳二郡尚可少减，共拨一万一千石。均查明市价，酌减出粜。再查采运川米行过荆州，所有拨荆米石于过境时即令量收。其襄阳米石，亦令就近往运，免致稽迟。至黄州一郡，即在省城下游，可期迅速粜济。"得旨嘉奖。(《清高宗实录》卷1253)

(乾隆五十一年九月乙酉)谕军机大臣等："本日据王柄奏'现在北仓截卸漕船，所有湖广帮船业已起卸完竣，江西在前等帮跟接入境，即可趱卸'等语。此次湖广及江西在前各帮，业已陆续行抵北仓，即可起卸完竣。虽据刘峨奏称，所有江西后帮，已用剥船一千二百只，迎赴前途，全数起拨，径运通仓。但现在天气尚早，或此项剥运漕米全行抵通后，尚觉节气和暖，不至冻阻。所有剥船已属空闲，正可乘此时，再将北仓截存漕米陆续运通，俾早运一日，多得数石，即可早抵通仓一日，明年又省数石剥运之烦，岂不甚善？着传谕保泰、蒋赐棨，即行酌筹办理。"(《清高宗实录》卷1264)

(乾隆五十二年五月庚午)谕军机大臣等："据刘秉恬奏'德州一带运河于四月二十日陡长水三四尺，粮艘商船足资浮送，将直隶调往德州拨船四百只俱行截回。刘秉恬仍赴德州，与梁肯堂体察该处情形，如该处需设拨船，请将上年江西、湖广新造拨船三百只，于经过德州时即交山东巡抚，照直隶之例安设，俟每年粮运到时，于德州、安陵一带起拨'等语。东省德州一带现因上游得雨，水势充裕，粮艘商船俱畅行无阻，所有前项直隶拨船四百只，自应停止前往，以省繁费。至江西、湖广新造官拨船，不日即应经过德州，着照刘秉恬所请，安设德州，以备每年粮艘出闸后，德州以南、临清以北一带间有水浅处所，即用此项官船起拨。但此事长麟未经办过，着刘峨即照天津办定章程，详细咨会长麟，令其遵照妥办，以省封雇之扰。将此传谕刘峨、长麟，并谕刘秉恬、梁肯堂知之。”（《清高宗实录》卷1280）

（乾隆五十二年七月戊寅）又谕：“此次湖北所碾米石，亦由江西运赴闽省。着何裕城即将江西米石于何时可以运竣，其湖北米石接续由该省运闽道路便捷之处，一面酌定，一面飞咨舒常，令其速将碾就米石分起拨运，由江西五福一路前进，不可似前次推诿，以致迟延。如江西实有碍难办理之处，一面飞即知会舒常等，令其将米石装载拨船由水路运往江南，交李世杰等由上海出口运往闽省。但前经先后降旨，令保宁豫备米五十万石，陆续由川江载赴江南，备船运闽，为数较多，恐江苏船只骤难添雇，转恐有误要需，莫若即由五福旱运为是。”（《清高宗实录》卷1284）

（乾隆五十二年七月甲午）又谕：“据徐嗣曾奏，浙省米石运到泉、厦者已七万有余，是闽省此时已有米石接济。其江南、江西续运之米，亦当接踵而至，可以无虞缺乏。若因各省米石皆须由江南、浙江出口，船只不能应手，一时纷纷封雇，扰累商民，转多未便。着李世杰、闵鹗元、琅玕务须量其缓急，酌筹妥办，次第起运。所有江南本省及湖北、四川运闽之米，止须随到随办，使之源源不绝，俾船只流通，足敷装载，不必一时齐运，将船只全行截留封雇。其湖南应运米石，并着舒常、浦霖亦由该处径运江南海口交李世杰等接续配运，毋庸咨商江西省，转致耽搁。至川省续运之米，该督务须妥协办理，陆续接运，竟由川江顺流而下，亦由江、浙海运抵闽可也。”（《清高宗实录》卷1285）

（乾隆五十二年八月辛丑）又谕：“前降旨，令将湖北、湖南之米俱归江南海运。今据何裕城奏，江西陆运既属可行。着舒常等即将湖北、湖南之米一并运赴江西，交何裕城，竟由五福一路接运赴闽，毋庸再由江南海运。何裕城当妥速办理，陆续转运，俾闽省足资接济。至江南海口既无需再运楚米，所用船只较少，俟川省两次拨运米石到时，正可随到随运，陆续载往，海船无虞缺乏，更不必将商船全行封雇，致滋扰累也。”（《清高宗实录》卷1286）

（乾隆五十二年八月甲辰）四川总督保宁奏：“续办运闽米三十万石，船只不敷装载，现饬忠、夔等属并檄调湖北荆州、宜昌二府，将各处船只通查留雇。”谕：“此项运闽米石本为军储要需，宽为储备之用，止须源源接济。若如该督所奏，将川省及湖北宜昌、荆州等处船只纷纷押雇，既有累商民，且恐不肖州县及吏胥等从中需索，借端滋事，尤为未便。况江、浙等省全赖川米接济，若将川省、湖广船只尽行封雇，则商贩无船装载，川米即不能转运，各省米价必致腾贵，于民食大有关系，该督何见不及此？着保宁务须设法妥办，止须陆续拨运，期于要需无误，而商贩仍不致有所妨碍，方为妥善。”（《清高宗实录》卷1286）

（乾隆五十二年九月丁卯）谕军机大臣等：“据刘秉恬等奏称‘湖广、江西粮船抵津，已在八月二十五日以后。现经督率地方官，雇备民船济拨，就近在天津回空’等语。向年粮艘由天津起拨回空，原因气候已近严寒，恐回空船只中途冻阻，是以在天津北仓即行截留，较之抵通起卸为早，俾空船得以迅速南下，不误新漕受兑之期。此次江、广漕船抵津，虽在八月二十五日以后，但本年气候较暖，现在木兰行围，进哨后天气尚觉暄和，想运河迤南一带自必更暖。若能趁此时将漕船设法催趱，尽数抵通，可省将来搬运之烦。着传谕苏凌阿、刘秉恬，会同刘峨悉心筹酌办理，所有江、广未经起卸各船，乘此气候尚暖，上紧趱运，俾得尽数抵通，多多益善。若时近沍寒，再行截留北仓，尚不迟也。”（《清高宗实录》卷1288）

（乾隆五十二年十一月己卯）谕："昨据李世杰、闵鹗元等奏'动拨钱文，委员附米船解闽'，本日据琅玕奏'动拨宝浙局钱文，委员运往上海，附拨米船解闽应用'，又何裕城奏'湖南头起官兵于十一月初一日入境前进'各折，俱属妥协。前因江、浙、两广、四川、湖广、江西、贵州各督抚办运解闽米石及料理官兵过境各事宜均为妥速，业经降旨交部议叙。该督抚等身任封圻，于军需要务俱能奋勉急公，实心任事，殊属可嘉。即日大功告竣，自当再降恩旨，予以甄叙。该督抚等务须倍加感奋，遇有地方公事，益当实力妥办，以副委任而承优眷。"（《清高宗实录》卷1293）

（乾隆五十二年十二月丙申）又谕："据兰第锡等奏'回空漕船俱于十一月中旬陆续催过济宁南下，其在后之台州等九帮在阳谷、东阿等处地方，因连日北风时作，冰雪冻阻，不能前进，请俟明年正月开坝时尽数催行，一面飞咨浙江抚臣，各备拨船赶兑漕粮，沿途迎受，仍可无误新漕'等语。浙省台州九帮回空漕船既经冻阻，不能如期趱赴水次，受兑新漕，若令将明岁应兑漕粮由浙省用拨船赶兑，迎赴沿途装载，挽运仍不免往返之劳。前此因台湾逆匪滋事，闽省米粮短缺，曾谕令江、浙、湖广、江西、四川等省拨运米石百余万，现今源源运到，该省粮石已为充裕。此时大功将次告竣，固无需再行接济军糈。但交春后，即届青黄不接之时，自不妨宽为筹备。所有浙省台州九帮明年应兑漕粮，竟无庸拨船运送来京，着琅玕将此项新漕于征收齐全后，即由海道运往闽省，交李侍尧、徐嗣曾收贮，遇应行平粜时，即可动用。即日台湾逆匪荡平，该处产米，自可照旧运入内地。复得此项漕粮接济，闽省储积充盈，军民口食所需倍当宽裕，更为一举两得。该部遵谕速行。"（《清高宗实录》卷1294）

（乾隆五十三年二月庚子）谕军机大臣等："……再据福建藩司万钟

杰奏‘该省百姓闻知浙省台州九帮漕米截留运闽接济，感颂皇仁，欢呼载道’等语……如该省现在已可无须再行接济，即当飞咨停止，将此项米石，于明年随帮洒运带通。其川、楚未经起运各米，如亦可无需全运，俱不妨酌量截留……”（《清高宗实录》卷1298）

（乾隆五十三年六月）壬寅，谕：“近年各省漕船，丁力多有疲乏，自由签派时不能慎加选择所致。此项卫丁虽俱系总漕及粮道衙门管辖，但总漕统辖七省漕务，驻扎淮安，办理签盘事宜，每年不过于尾帮押运北上。其所辖各省相离遥远，于一切签丁等事既鞭长莫及。而各省粮道虽属总漕兼辖，历年以来，从未见有总漕特参粮道之事。各处运丁，竟由粮道于该州县卫随意签派，不能加意遴选，以致各帮丁力多形疲乏，殊非慎重漕运之道。嗣后江以南各省运丁竟当专交总漕，会同地方官慎选签派；江以北各省运丁，即交该督抚慎选签派，以专责成。不得仍前将疲乏之丁，凑数充补。至各省粮道每年押运抵淮后，不过于各粮道中轮派一员，押帮前进。漕艘为数较多，一人耳目难周，照料难期妥协。亦宜何省粮船，即令该粮道押送抵通，于转运更为有益。其如何酌定章程，着大学士、九卿会同该部妥议具奏。”寻奏：“山东、河南、江南、浙江四省，应令该粮道一体押运抵通。惟江西、湖南、湖北三省程途较远，兼系尾帮，往返需时，恐误新漕兑运，应令该粮道押抵临清，交山东粮道就近催趱。”从之。（《清高宗实录》卷1306）

（乾隆五十三年九月己卯）大学士嵇璜等议复：“漕运总督毓奇奏称‘奉旨将佥丁事宜分为江以南交总漕衙门，江以北交各该督抚。查江北惟直隶、山东，其余安徽、浙江、湖北、湖南、江西五省皆在江南。而江苏统辖江之南北，有江南军户住江北者，亦有江北军户住江南者，是同帮、同卫之丁，在江北则归督抚，在江南又归总漕，责成未能画一。请将湖南、湖北、江西、直隶等省交各督抚，江苏、安徽、浙江等省交总漕办理’。应如所请。至所称山东距淮安尚近，亦归总漕之处，查山东与

直隶均系江北省分，应遵原省，仍令该抚专办。”从之。（《清高宗实录》卷1313）

（乾隆五十四年闰五月癸巳）又谕：“前据毓奇奏，江西各帮漕船在该省之凤凰滩等处水浅耽迟。业经降旨，将书麟、何裕城申饬。本日又据毓奇参奏，湖南帮船行次湖北汉口地方，各丁以置备篷缆并江行遇风为词，任意逗遛，脱空十日之久，亦已将押运、领运各员交部议处矣。漕运为天庾所关，自应迅速趱行，衔尾前进，以期如限抵通起卸，无误回空。况本年运河水势充裕，豫、东、江、浙各帮行走顺利，抵坝渡黄各日期视上年较早三四十日不等，江西、湖广各船正应跟帮遄行，俾及早南回，赶符冬兑、冬开定制，乃江西、湖南帮船又有浅滞脱帮之事。浙江尾帮早于四月二十七日全入东境，湖北帮船应跟浙江行走，何以并未据报渡黄？是湖北已属脱帮，而湖南帮船竟在汉口耽延十日之久，其迟误为尤甚。江西受兑水次即在鄱阳湖左近，而凤凰滩、罐子湖等处相距不过数十里，何至头帮船只于四月十三日始渡湖前进？则其在后各帮尚未离水次，更属显然。似此脱空耽延，是今年江、浙各船虽抵坝较早，又多闰月，而江西、湖广之船恐仍似每年之抵坝迟延，甚至又须截留守冻，岂不前功尽弃？伊谁之咎，该督抚等既不督催查办，而毓奇又曲为回护，并不严查参办，仅以一奏塞责，俱不可解。此事若仍交该督抚及总漕办理，未免始终讳饰。现在通州起卸各事，刘秉恬带领坐粮厅等足资料理，着派苏凌阿，会同韩鑅速行迎赴山东、江南一带，实力严催，务令湖广、江西漕船接续前进，毋任再有脱帮迟缓等事。并将该二省各帮船究竟因何迟滞，其禀报风水浅阻之处是否有捏饰情弊，即秉公访查，据实严参，想苏凌阿等亦无所用其回护。若因江西相隔遥远，访查凤凰滩浅滞及距水次远近之处一时不能得实，不妨酌留韩鑅在彼，督催江、广落后各帮船。苏凌阿曾任江西道员，熟悉该省道路情形，即速赴江西就近严查，据实具奏。不可瞻徇，致负委任。将此传谕知之。”（《清高宗实录》卷1330）

（乾隆五十四年闰五月）癸丑，谕："前因和琳参奏李天培私派湖北帮船带运桅木一千八百根，以致漕运迟滞，已降旨将李天培革职，发往伊犁矣。本日又据苏凌阿等奏'讯据湖南三帮弁丁等供称，该省帮船于三月初一、二日行抵汉口，至二十七、八等日始得领到运费，又奉本道谕，代湖北臬司等桅木一百五十根，迟至四月初三、四日方自汉口开行'等语。李天培身为臬司大员，且系屡经获罪经朕弃瑕录用之人，竟敢牟利误公，派令官船私带木植至一千八百根之多，其负恩作弊已出情理之外。乃于湖南各帮船复洒带桅木一百五十根，致该省漕船又羁延八九日，似此辗转洒派，贪多无厌，罔顾漕运迟延，其罪甚大，仅予发往伊犁，不足蔽辜。且伊何由积有多资购此木植，作何使用，均应逐一根究……再据苏凌阿等奏称'湖广二省漕船脱帮，始因州县运米稽迟，岳州卫守备发费不早，该湖北调任粮道王均、湖南署粮道张官五办理不善，捏报颟顸，继为李天培分带木植，以致稽迟时日'等语，除张官五业经有旨严加议处外，王均亦着一并交部严加议处。其运米稽迟之各州县，并发费不早之卫守备，并着阿桂等查明参奏。"（《清高宗实录》卷1331）

（乾隆五十四年六月甲子）吏部议："于洒带李天培木植及江、广漕船迟误之处，并不据实参奏之漕运总督毓奇等，分别革职降调。其查明据实参奏之巡漕御史和琳照例加级。"得旨："毓奇身为漕运总督，项家达特派巡视南漕，稽查漕运是其专责，乃于江、广各船开行迟误，并不豫行檄催，迨至节节脱帮，仍思曲为回护，不将该管粮道等迟开捏报各情弊据实严参，且湖广通帮因代李天培洒带桅木，以致耽延多日，毓奇有签盘之责。项家达驻扎瓜仪，此项桅木至一千九百五十根之多，根件又复长大，捆缚系带无难一望而知，毓奇、项家达宁得诿为未见，辄敢有心徇隐？及传旨询问，尚以失于觉察，捏词巧辩，其获咎较重，非寻常错误可比。况毓奇由巡漕擢任漕运总督，八年以来，皆有截留守冻之事，有过无功，其不实心经理可知。毓奇、项家达均着照部议革职，其

漕运总督员缺着管干珍补授，即速赴运河一带接印任事……”（《清高宗实录》卷1332）

（乾隆五十四年六月）丙寅，谕曰：“毕沅等奏‘李天培交与湖广通省帮船洒带木植一事，据李天培供，曾向调任粮道王均，护粮道王兴谟、张官五等告知，该道等虽讯无分肥情事，但袒徇同官，并不劝阻，又不禀揭，任其洒带，以致迟阻漕船，请旨革职拿问，押运各官均请革职，并自请从重治罪’等语……”（《清高宗实录》卷1332）

（乾隆五十四年八月丁卯）户部议复：“湖广总督毕沅奏称‘湖北漕、南二米，一兑交旗船，转之通仓，一解交荆州各营，供支兵食。向来将上游各州县解通漕米，与下游各州县解荆南米，互相抵兑，各就附近水次解交，实为妥便。惟查崇阳、通城二县均在省城上游，距省六七百里不等，其漕米未经一律抵兑。请自本年为始，将该二县应解漕米五千九百八十四石改解荆州，抵补南米，以下游之蕲州、蕲水、广济、兴国、黄冈、武昌等六州县解荆南米就近兑交旗船，划抵崇阳、通城二县应运漕额。所有该二县起运漕米水脚银即可节省，报解充公，其解荆南米脚费，亦即在蕲州等六州县原解荆州水脚银内拨给。至漕粮应给旗丁截贴及南粮耗米修仓等费，俱照抵兑旧例办理’。应如所奏。”从之。（《清高宗实录》卷1336）

（乾隆五十五年三月丙申）又谕：“据苏凌阿等奏‘东、豫二省粮船全数起卸完竣，其南粮头进之淮安等帮现已报过津关’，又据管干珍奏‘浙江尾帮及湖北、湖南漕船全行到淮，盘验前进’等语。本年东、豫漕粮，于三月初十日业经全数起竣，依限回空，比较上年，较早月余。而南粮各帮亦已衔尾北上，即可陆续抵通，甚为妥速。上年漕运迟误，曾将办理漕务各官分别议处。此次该总漕等认真催趱，全漕均可迅速回空，自宜加以奖励。所有漕运总督、巡漕御史及有漕省分督抚、粮道，俱着

交部议叙。其押运催漕出力之文武员弁，着该督抚详悉查明，一并咨部议叙。”（《清高宗实录》卷1351）

（乾隆五十五年七月丁酉）又谕：“据苏凌阿等奏‘现在湖广军船业已全数起竣，止余江西漕船四帮赶紧办理，不日即可竣事，统俟起卸全完，再趋赴行在叩觐’等语。前以起卸回空等事在在均关紧要，虽本年全漕抵通，较上年早至两月，办理尽属从容，而该仓场等必须亲身在彼督率，赶紧验收，方能使江、广尾帮及早回空受兑，是以谕令该侍郎等照例在南石槽接驾，不必前赴行在叩觐。着再传谕苏凌阿、刘秉恬，务须遵照前旨，将现在抵坝军船竭力起卸，一面即委员押催回空南下，俾得早回一日，即早兑一日新漕，方为妥善。该侍郎等总不必急欲趋赴行在，以致收兑稽迟也。”（《清高宗实录》卷1359）

（乾隆五十六年六月壬申）又谕曰：“苏凌阿等奏漕船抵通，折内称‘湖北、湖南各帮，有失风拆板船，自一只至五只不等，不能到通’等语。向来漕船失风，该总漕及沿途督抚俱应专折具奏。此项拆板船只并未据奏报，想系失风后，所装米石即时搬出，不致沉失，或系上年重运北上及回空时失风损拆。此次未经起运之船，着该侍郎查明复奏。至本年河水充足，漕船行走迅速，现在南粮尾帮俱已陆续抵通，较上年更早。该侍郎自应督率坐粮厅随到随收，俾无壅滞，及早回空，方为妥善。并着传谕苏凌阿等，将本年全漕约计何时可以收竣，比上年可早几日之处，即行奏复，以慰廑注。”（《清高宗实录》卷1381）

（乾隆五十六年十一月）庚子，谕曰：“毕沅等奏‘湖北汉阳江岸停泊船只被火焚毁’一折。内称‘该处泊有回空漕船及铅船、盐船、民船约千余只，沿岸排列。十一月十一日，有民船一只失火，延烧各船，一时风狂火烈，被烧回空漕船十六只、铅船九只、盐船一只，沉溺铅六十四万余斤，淹伤贵州委员吏目吴抡元一员，淹毙家丁、舵工四名，水手九名不知下落’等语。此系无妄之灾，览奏深为悯恻。本年雨旸时若，年谷阜成，河工海塘安澜顺轨，朕犹虑直隶、河南、山东、江苏等省所属村庄内间有一隅歉收之处，特降谕旨，令该督抚查明具奏，候朕新正加恩抚恤。嗣据各督抚奏称，查明所属，均不致成灾，只须于明春酌借口粮，无庸加赈。是朕欲加惠黎元而恩无可施，正思广求民瘼，用普春祺，俾蔀屋茅檐咸沾恺泽。朕临御以来，惟日孜孜，常怀寅畏，从不敢稍存满足之念。今仰赖昊苍鸿贶，诸事顺宁，正益深兢惕之时，乃秋间有廓尔喀与唐古忒索欠滋扰后藏边界一事，致劳宵旰。今汉阳江岸延烧官民船只，淹毙人口，猝被灾伤，此正上天垂戒满盈之意，是宜引以自儆，而益深干惕也。所有汉阳江岸被烧漕船及沉失铅斤，事起仓卒，人力难施，何忍按例令被灾之运丁及委员等赔补？此项漕船十六只，俱着官为造办，免其着赔。明岁应运新漕，即着该督等雇募民船，无误开兑。其沉失铅斤，并令该督等督率所属，上紧打捞务获，如有捞不足数者，亦加恩豁免。至淹伤委员及淹毙人口，俱着妥为优恤。恐此外尚有并非在官人役及商民同时淹毙者，亦着查明确数，一体办理。该督等务须实力查办，以副朕恤灾爱民至意。”（《清高宗实录》卷1391）

（乾隆五十六年十一月庚子）是月，漕运总督管干珍、巡视南漕御史查莹奏：“本月二十四日，兑运淮安、海州各属漕粮之大河前帮船三十五只，泗州后帮船三十五只，兑竣来淮，查验后饬令前进，遇宽阔处所暂泊，俟东省挑工完竣，照例铺水，飞挽北上。山东省重船，现已全出临清卫河，至德州一带守冻，俟明春冰泮，即可速赴通坝。”得旨：“迩年漕运可谓盛极，因有湖北风火之失，满招损，益深儆惕耳。”（《清高宗实录》卷1391）

（乾隆五十七年三月戊戌）书麟又奏：“江、安两省，自二月十六以来先后得雨……湖广、江西帮船亦由江入运，衔尾遄行……”得旨：“欣慰览之。”（《清高宗实录》卷1399）

（乾隆五十七年六月辛未）谕军机大臣等："据诺穆亲等奏'目下北河一带，于五月二十八、九连日得雨，水势颇为充足。现在过关到通，浙江、湖广等帮船核计所需拨船足资接济。其浙江杭、严四帮，于五月二十四日过津关后未见续行具报，现将北河拨船酌量赶赴津南，以备江、广各帮轮拨'等语，所办好，自应如此办理。至北河一带，现据诺穆亲等奏，水势充足，所有陆续入境帮船皆已过关北上……"（《清高宗实录》卷1406）

（乾隆五十七年十二月辛未）谕军机大臣曰："毕沅等奏'京兵自川省北上，由水路行走，经行湖北，从前办有章程，如此次凯旋索伦各兵由川江水程入楚北上，已查照旧案，饬为撙节妥备，并飞咨穆和蔺酌办'等语，固属急公，亦觉张皇。此次剿办廓尔喀，所调索伦、达呼尔兵为数本属无多，尽可由四川省陆路回京。乃孙士毅因据林俊所禀，率行具奏，议改水路，以致楚省又多此一番豫备，殊觉无谓。此事孙士毅奏到时，朕即以川江上游船只较少，未必足敷雇觅，降旨令英善就近酌办。昨据该藩司复奏'川江冬令，上水船多，下水船少，所有凯旋索伦等兵应仍由陆路进京'等语，是此项兵丁，仍由栈道至西安一路行走，并不经过楚省。着传谕毕沅等，即将水路豫备之处飞速停止，其豫省南阳一路，亦着穆和蔺饬知沿途，毋庸豫备。"（《清高宗实录》卷1418）

（乾隆五十八年七月丙辰）漕运总督管干珍奏："川、楚、豫、东、安徽各省及江南镇江、常州、松江总运厅员，均于水次派押帮船，径抵通州交卸……"得旨："所奏是，着照所议行，该部知道。"（《清高宗实录》卷1433）

（乾隆六十年三月丁巳）又谕："……所有湖广、江西、江浙等帮船现已陆续北上，着传谕管干贞、玉德等，当沿途实力查催，俾重运遄行无滞，衔尾北上，依限抵通。毋得借口遇闰潮微，再有迟误，致干咎戾。并谕江南、山东巡漕御史知之。”（《清高宗实录》卷 1474）

（嘉庆三年三月）庚寅，湖南巡抚姜晟奏：“湖北抚臣汪新奏截湖南省嘉庆二年漕粮二十万石，分解武昌、荆州，以裕兵糈。经臣酌请先解米十万石，余俟麦收后酌解。嗣据湖北司道详称，该省满汉兵丁岁需米十三万四千七百七十二石零，请即解往。当即督饬司道如数运交。现存南省漕米六万五千二百二十七石零，请拨归本省苗疆留防项下动用。似此转移调剂，两省兵米均敷供支，而南省市粮民食亦无虞缺乏。”下部知之。（《清仁宗实录》卷 28）

（嘉庆四年三月辛未）又谕：“景安等奏‘汉阳江岸停泊船只失火延烧’一折。此内有德安所减歇漕船五只、汉阳营战船二只，俱被焚毁。而各船商民、水手、船户人等，间有被烧落水身死者，殊为可悯，着该督等查明，照例抚恤。至被毁漕船、战船，该督等议令分别赔造，固属照例办理，但究因该处盐船失火延烧，并非因本船起火。所有此项船只，俱着加恩动用官项补造，免其分赔。其盐船失火之熊成玉如已查明下落，即着照例办理。”（《清仁宗实录》卷 40）

（嘉庆九年十一月癸丑）谕军机大臣等：“漕粮为天庾正供，积贮本宜宽裕，朕因本年江、浙等省各有蠲缓漕米，谕令户部查明来年支放数目是否敷用。据户部查核具奏，现在各仓存贮米石可以支放至明年六七月，江南河口业已通畅，明春新漕重运衔尾北来，足资接续。惟明岁新漕因灾蠲缓，共有一百余万石，其实在抵通者，计算只敷支放至嘉庆十一年三月之用。而是年粮船到通，总须在五六月间，此数月内俸米、甲米必须百余万石，方足以供支放，亟应早为筹备，以免临时缺误。本年四川、湖南收成均属丰稔，四川本系产米之乡，着传谕该督，通计所属收成分数，共可采买米几十万石，由水路运至湖北，或交湖北军船洒带，或由汉口换船装载，径行运送通州。其湖南除收兑本年漕粮外，着该抚酌量仍可采买若干石，如能于本年粮船未经开行之先采办齐备，即交令均匀搭运，最为妥协，否则随后雇觅船只，接运来京。至江苏、浙江、江西、安徽、湖北，虽各该省间有被水州县，嗣据该抚等具奏，晚稻均各丰收，并闻浙江因商贩云集，尚有囤积粮石。着各该督抚悉心体察，各省除交兑新漕，此外每省尚可收买米石若干，以备京仓之用。不可因办理稍难意存推诿，亦不可令地方官减价抑派，致令米价腾贵，有妨民食。该督抚等各按地方情形酌定数目，即各先行由驿具奏，并将如何解运之处筹画周妥，一并奏明，一面动用正项银款妥速购办，能于明年八九月以前陆续解运抵通，即可不误……现在各省正当收兑新漕，再加此项采买，设为数过多，恐有谷贵伤民之弊。各省均有常平仓贮，或先于此内碾动成数，如期解京，该省再陆续分限补额，亦无不可。各督抚皆系受恩深重之人，此事当密志于衷，尽心妥办，不可宣扬，既须于国家仓储有裨，又须于闾阎民食无亏。其粮石之多寡及运解如何妥速之处，朕亦不为悬定，务各筹画尽善，迅速奏明办理。将此各传谕知之。”（《清仁宗实录》卷137）

（嘉庆十一年三月甲戌）又谕：“……又据奏称‘台郡米石尚不致缺乏，无需川、楚等省米石协济’等语，业经降旨，谕令玉德知会勒保、阿林保停止运送，以省劳费。至江西米十万石业已起运，未便复令运回，况该省军务未竣，米石宽为储备，于民食军粮均资接济也。将此谕令知之。”（《清仁宗实录》卷158）

（嘉庆十二年七月）乙丑，谕内阁：“铁保等奏‘分别截留囤卸漕米’一折。江西、湖南、宿州等十三帮漕粮，计船六百六十余只，此时尚未渡黄，自应分别截留囤卸。所有此项漕米七十二万四千余石，着照所请，分拨江苏二十万石、安徽十万石，各于灾歉之区量为平粜。所收价值，即着于各该藩库内存贮报拨。仍知照江西、湖南、湖北各该抚，按照三十万石之数采买，随同新漕搭运，并准其借给回空各帮漕米十万石零，令于新运开行时买补运通，以归简易。此外尚存漕米三十二万余石，着即截卸淮、扬等属，饬令该处卫守备会同总运丞倅等经理截卸，明春如数搭运，即令一手交兑。其每百石应贴耗米二石，明春搭运时，准其开销。”（《清仁宗实录》卷183）

（嘉庆十二年九月己未）谕内阁：“本日萨彬图及贾允升等奏‘重空粮船被火烧毁缘由’二折。据称本月十九日丑刻，北仓迤南王家庄军船停泊处所，吉安帮第三十二号旗丁康胡梁重船失火，将本船烧毁，并延烧本帮重船九只……又烧毁湖北三帮旗丁田显举等卸空军船十二只……细讯起火缘由，据称有民间买卖小船，乘夜暗贴吉安帮第三十二号军船梢后系泊，不知因何遗火，以致辗转延烧，现在起火人船均无踪迹’等语……此次军船失火系在北仓地方，萨彬图远在杨村，不及救护，情尚可原……湖南前帮代运千总傅煇并湖北押运通判联保、押空千总熊兆祥等猝不及防，咎止失察，着交部议处。”（《清仁宗实录》卷185）

（嘉庆十四年五月）丁卯，谕内阁：“据铁保等奏‘邳宿运河无需挑浚，筹催漕船，湖北各帮及江西头、二两帮均已渡黄’一折，又萨彬图等奏‘筛搧江淮三、六两帮米石，赶运北上，并查明米色碎杂缘由，分别参赔’一折，览奏俱悉。漕储为天庾正供，每年粮艘往来，经由河道，在河臣等惟知将运道筹浚深通，趱行无误，是其职任。至总督统辖全省事宜，总漕、巡抚于州县征收、旗丁兑运各有攸司，分宜尽心率属，剔除弊端……”（《清仁宗实录》卷211）

（嘉庆十四年六月丙午）谕军机大臣等：“朕向闻南粮赴通，本省即折价亏短，沿途亦有盗卖情弊，以致到通后折价回漕，仓储亏缺。此弊关系漕运甚大，该督抚等各行密访严查，将该旗丁在本省如何亏短，及运米上岸在何水口，该水口是否现有囤积铺户，务即访获根究。再粮米颗粒不容上岸，该旗丁等是否借变卖土宜为名，夹带米石，亦当详查底里，据实具奏，不可稍涉徇纵。将此谕令河南、山东、江南、浙江、湖广、江西各督抚知之。”（《清仁宗实录》卷214）

（嘉庆十五年正月癸酉）谕军机大臣等：“据吴璥等奏‘豫筹速漕防汛事宜’，并‘筹办春修堤埽工程’各一折，地方与河工本应视同一体，而河工与漕运二事又相为表里。每年大汛经临，在河工官员，防守是其专责。而沿河地方官保卫民生，是即守土之吏职之最重者，亦岂容漠视旁观？着松筠即饬知沿河府州县，嗣后凡遇大汛防险之时，均着该府州县协同厅汛官员实力守护。其雇夫集料等事，亦令相助为理，庶呼应较灵，不致彼此掣肘。并饬两司于汛期紧要时，不得轻调沿河府县，以重巡防。至上年漕船回空已迟，若今春开行再有耽延，不能如期过淮，不特抵河口时虑有淤阻，且恐今秋回空再迟，于疏治河工亦多窒碍。着传谕江苏、浙江、安徽、江西、湖北、湖南各巡抚，各饬知该管粮道等，务即扣算日期，将一应出运事宜妥速豫备。回空船只随到随兑，随兑随开，其有需迎兑者，亦赶紧料理周妥，总不许误往年过淮限期。再于沿江濒河，节节派员查催，抵淮时，着漕运总督迅速认真签盘，以便及早趱过黄河。其河防应办各工，吴璥等务严督工员核实办理。至邳宿运河，并令及早认真挑挖，勿令新漕渡黄，到彼又有浅滞。总须同心协力，而又各专责成，庶漕务、河工均日有起色也。”（《清仁宗实录》卷224）

（嘉庆十五年四月）辛亥，谕内阁：“汪志伊奏‘民船失火延烧在次漕船，查明已未兑米石物件，分别洒带赔补’一折。漕船受兑水次，倘有疏于防范之处，该管官均难辞咎，自应查明照例办理。兹据奏称‘襄阳卫漕船二十一只于停泊处所猝被民船失火延烧，该粮道即率同押运厅弁等极力扑救，共救护漕船十九只。惟段恩、邹学道漕船二只已被烧毁，并致烧毙人口’等情，是此项漕船，因民船失火延烧，尚非疏于防范，且该管官率同弁丁等奋力扑救，仅止焚毁二只，其水手人等并猝被焚毙受伤，情殊可悯。所有该管官应得处分，着加恩宽免。其被焚已兑米石及松板等件，均着加恩免其赔补，仍照例于下年搭运。被焚漕船二只，亦着官为补造。至失火民船是否连人焚毁溺毙，有无捏饰，并着该督查明，据实具奏。”（《清仁宗实录》卷228）

（嘉庆十五年五月）乙丑，谕军机大臣等：“本日据吴璥奏‘漕运关系至要，河口通塞靡常，酌拟剥运江、广各帮，俾免误漕，兼利河务’，所奏不为无见。河漕本相辅而行，而经权须相济而理，所有试办海运一节，既属格碍难行，而欲求河漕两治之道，总不免于两妨。似此年复一年，无日不筹治河，亦无时不虞误运，正不可不随时酌剂，量为变通。江、浙各帮于春夏之交赶紧渡黄，尚可无虞淤阻。江、广船身笨重，最为滞累，该三省漕船共计十九帮，若径用剥船分截，则全漕抵通较易，而江、浙回空，得免江、广阻压之虞，自可递年赶早。一交伏汛，如黄高于淮，即堵闭御黄坝，使清水由运河畅注，而黄水亦全力东趋，以黄刷黄，以清刷运，皆可日渐深通，如此权宜筹办，或于遭运、河防两有裨益。至计需剥船二千只，所需银一百万两，亦尚易于集事。一俟河道顺畅，即将此项剥船分交北河之天津、杨村，东河之临清、汶上，南河之邳、宿等处，以备剥浅之用，亦不为无济。其应如何筹办之处，着江南、湖广、江西各督抚会同漕运总督妥议具奏。”（《清仁宗实录》卷229）

（嘉庆十五年五月丁丑）又谕：“松筠等奏‘筹运江、广重船，以期河漕交利’一折。前据吴璥奏‘请将江、广各帮在清江一带剥运’，当经降旨，谕令各该督抚及漕运总督会同妥议。兹复据松筠等奏称‘各省军船，惟江、广各帮船身笨重，吃水最深，一遇河口淤浅之时，即难挽运。请造剥船一千五百只，停泊御黄坝外，以备剥运’等语。河漕本相辅而行，近年来黄水倒漾，粮运递迟，所关于国计民生者至为重大，亟应随时酌剂，量为变通。所有应造剥船一千五百只，即着照所请行。其计需工费银一百余万两，现在款项充余，尽可敷用，亦均照所奏办理。至淮商等情殷报效，恳请捐银五十万两，亦着加恩赏收，并着阿克当阿查明捐输各该商，咨部照例议叙。此项剥船，该督等即咨会湖广、江西各督抚，饬令承办各员妥为制造，务期宽大结实，以济转运。”（《清仁宗实录》卷229）

（嘉庆十六年二月辛卯）谕内阁：“同兴等奏‘筹议湖广漕船，量为改小’一折。该省漕船向与江西一律办理，兹据该抚等奏称‘此次新造各船，亦请仿照江西新定丈尺，船身轻便，挽运可期迅速。并照江西每漕船一只，准带可装三百石剥船一只，以便分装土宜运具’等语，事属可行。着照该抚等所请，准其将新造之船照江西粮艘成造，并带剥船。其尚未轮届改造船只，毋许影射携带三百石剥船，以杜隐混。”（《清仁宗实录》卷239）

（嘉庆十九年八月丙子）又谕：“前据阮元等筹议南粮寄剥截卸章程内，湖北等处六帮米三十三万二千余石，用杨村剥船运通；其江西八帮半共米三十八万七千八百余石，在北仓截卸，俱经降旨允行。兹荣麟奏请‘自湖北头帮起至饶州半帮止，共十四帮半，先在北仓截卸，量加堆贮，如空剥轮转回杨，再将余剩米数迎帮剥载赴坝’等语，所办未为妥善。南粮转运，应尽先到帮船赴杨村寄剥，将在后各帮截卸北仓。若此时概行截卸，露囤堆贮，将来又将余米迎剥，多此一番辗转，既虞折耗，复虑稽延。着荣麟仍遵照原议章程，将在后之江西八帮半米石照数截卸，其在前帮船，除现已开斛起卸米石即在北仓收贮外，未经起卸者，均仍催赴杨村寄剥，勿得频番改易，致有迟逾。”（《清仁宗实录》卷295）

（嘉庆十九年九月甲午）又谕：“御史孙汶奏‘荣麟截卸漕米办理未协’一折。北仓截卸米石，先后定有章程。昨荣麟奏请改自湖北头帮起至饶州半帮止，先在北仓起卸，所办本未妥善。业经降旨，饬令遵照原议章程办理。乃荣麟于八月二十日接奉谕旨后，仍将湖北头、二、三帮在北仓起卸，其在后之九江后等帮转改寄剥，复迟至二十三日始行补奏，实属固执偏见，乖张错谬，荣麟着交部议处。至该御史所奏湖北头、二、三帮本不应截卸，系该帮头伍利其省便，向荣麟所带书吏吴姓及舍人刘姓贿嘱所致，是否属实，着交熙昌会同广惠就近秉公查讯确情，据实分别参奏。”（《清仁宗实录》卷296）

（嘉庆十九年九月甲辰）又谕：“熙昌等奏‘查讯荣麟办理北仓截卸漕米缘由’一折。荣麟于北仓截卸各帮米石，并不遵旨照原议办理，又将满号船只一并任意截卸，种种乖谬，已据熙昌等查明具奏，惟于荣麟办理此事有无情弊之处，尚未查明。现据折内奏称‘传到在通开设木厂收买湖北头帮满号船只之李泳发，据供该帮头伍毛胜于八月间，曾经告伊因贪图省便，贿买仓场衙门截卸北仓，船只可免到坝’等语，毛胜既有此语，情弊显然，必须彻底究问……”（《清仁宗实录》卷297）

（嘉庆十九年九月）壬子，谕内阁：“荣麟于北仓截卸漕米，并不遵照奏定章程，辄将在前行走各帮率行截卸，并将例应到通之满号船只一并截卸。迨经旨饬令照原议办理，仍不凛遵，朦胧具奏，殊属种种乖谬。兹复据熙昌等奏‘讯明仓场衙门书吏徐建超等，因湖北头、二、三帮本不在截卸之列，闻荣麟欲改议截卸，遂起意向该帮头伍撞骗银两。该帮头伍毛胜等贪图截卸省便，行贿属实，荣麟毫无觉察，请旨严议’等语，荣麟如果遵照原议办理，该书吏等何由借端撞骗？皆由伊固执己见，擅改章程，致令不法奸胥乘机舞弊……”（《清仁宗实录》卷297）

（道光二年四月）丁未，谕军机大臣等：“李鸿宾复奏‘访查帮船积蠹，核减闸坝费用，严禁陋规需索’一折。漕船过闸起剥不无需费，而尖丁积蠹之勒索兑费、克扣散丁，因得有所借口。该漕督将闸坝著名刁横夫头尽行革逐，并酌定关缆人夫需费，刊刻木榜，通行晓谕，俾众共知，所办甚好。其一切陋规使费虽经严行禁革，恐不肖官丁吏役日久玩生，该漕督总当身先倡率，慎终如始，随时认真查办，毋得日久视为具文，勉副委任。至帮丁积蠹，既有常德广、马回子著名刁横，常德广是否即系苌德光，抑或另有昔充伍丁，今已退出之常德广，并马回子究系何名，务即访查明确，严拿惩办。此外如有把持盘剥之尖丁，亦即一并拿究，以肃漕政。又另片奏，湖南旗丁张文川等屯田被淹，力难造运，现已将粮米洒带本帮开运。其被淹屯田是否即能涸复，应如何筹办起运之处，该漕督已移咨湖北巡抚，再行委员确勘。俟该抚察勘明确，会同该漕督具奏到日，再降谕旨。将此谕令知之。”（《清宣宗实录》卷33）

（道光三年八月）甲子，谕军机大臣等：“据和桂等奏‘江南、浙江军船早已全数回空，其江西、湖北军船亦均由杨村回空，自可及早抵次。至天津北仓截卸赈米船只，请催令起卸完竣回空’等语，着蒋攸铦即行严饬天津镇总兵印登额、天津道韩文显赶紧起竣，押令迅速南下，及早归次受兑新漕，毋致迟误。将此谕令知之。”（《清宣宗实录》卷57）

（道光四年六月）丁未，以湖北漕船猝遭雷火，命应赔正耗平米分三限交仓，从漕运总督魏元煜请也。（《清宣宗实录》卷69）

（道光四年八月甲子）又谕：“湖北黄州卫班舍军丁杜奠邦等，遣抱告杜启国等，以不愿佥运、逼取允结等情在户部呈控。经户部查明，分隶湖北出运之武昌等六卫所，内惟蕲州一卫之归船班舍等军一律勾佥，其余五卫班舍等军向系津贴，历未出运。前据黄州卫运丁柯世麟等赴部呈请一体勾佥，而该卫丁杜奠邦等叠控多年，总未允服。该卫已未归船之班舍等军，自康熙年间定佥以后，百有余年，按粮派费，向未出运，原以造运重务，须用谙练之人，余军出资津贴，并无偏枯。若将未经领运之丁遽行概令承办，易滋贻误，并恐奸丁蠹吏卖此就彼，借可高下其手。且各卫均有归船班舍等军，倘运丁等俱各呈请勾佥，势必讼无底止，亦属不成事体。着该省督抚及漕运总督仍照旧章办理，永远遵行，以杜纷更而免扰累。并严谕该运丁等各安各业，毋得妄滋讼端。其抱告之杜启国、史光德等，即着交兵部递回原籍，交该地方官发放。”（《清宣宗实录》卷72）

（道光五年正月辛亥）又谕：“魏元煜等奏‘请饬催漕船，赶早渡黄’等语。上年洪泽湖堰盱堤工掣塌，清水消耗过多，本年重运到淮，必须相机设法济运。据魏元煜等奏称，现办各工，正月内定可一律定竣。所有重运漕船，须跟接前进，迅速渡黄，赶早堵筑御黄坝，以免黄水停淤。着湖广、江西、安徽、浙江、江苏各督抚，即行严催军船受兑，飞速开行。并饬沿途昼夜催趱，毋许片刻停泊脱空，务期渡江入运，更比常年赶早，于四月内扫数渡黄，俾免启坝待船，致有贻误。”（《清宣宗实录》卷78）

（道光五年六月甲申）谕军机大臣等：“琦善奏‘遵旨筹议海运折漕大概情形’一折。据称‘与陶澍面商，饬藩司贺长龄亲赴海口，督同地方官将商船设法招徕，并剥运兑装等事逐一筹议章程，再行会奏……至筹办海运，皆在上海一处出口，沙船为数无多，倘各省漕粮俱从上海放洋，船只愈形短少，必致连江省议运之米壅滞难行。浙省本有宁波、乍浦两海口，自可就近办理。其安徽、江西、湖南、湖北四省均无海道，请饬浙江等省督抚豫筹。本年回空，势不能不借黄浮送，来岁新运，正当湖水消耗，如竟开坝趱挽，实未敢冒险尝试’等语，览奏均悉。所有来年海运事宜，着俟藩司贺长龄赴海口筹议，该督再会同该抚妥议具奏。折色既不可行，其变价存贮二议，亦俟该藩司酌核情形，详晰定议，务期官民两无窒碍。至所称来年海运皆在上海，船只无多，浙省尚可分运。惟前据程含章奏，浙省乍浦海口中隔石塘，不能停泊，宁波甬江口远隔三江五坝，盘剥费巨，折漕一节亦窒碍难行，已降旨令该抚毋庸办理。所有安徽、江西、湖南、湖北四省均无海道，着李鸿宾等各就本地情形豫为筹计。如明年清水足资敌黄，仍可照旧办理。倘情形稍有阻滞，或量收折色，或变价归工，或设法存贮，待至下年搭运。议定后即一面奏闻，仍咨会琦善、陶澍妥商办理。事关重大，断不可迁就游移，尤不可冒昧轻率，总期于事有济，筹出万全，勿存成见，是为至要。至琦善奏本年回空仍系借黄，来岁新运正当湖水消耗，未敢冒险尝试，自系为慎重起见。着与严烺会同妥议，务令蓄清敌黄，渐复旧规，照常济运，方为妥善。将此各谕令知之。”（《清宣宗实录》卷84）

（道光五年七月戊子）又谕：“李鸿宾等奏‘筹议折漕济工事宜’一折。前据英和商船分运及折漕治河各章程，当交该督等妥速筹议。兹据李鸿宾等奏‘距江、浙海口甚远，难以臆度。楚中并无赴海商船，应俟江、浙督抚查议。至征收折色一节，弊窦丛生，莫若仍令民间完交本色，由收漕州县卖米易银，转解河工’等语。明年筹办海运，浙省不能出口，现令琦善等委员前赴上海筹议。至征收折色，既于民情不便，所有本年湖北漕粮，着仍循旧章，令粮户按额完米。民间既交本色，由州县卖米易银，转解河工，殊属不成政体，更恐启州县抑勒商民买，书吏捏报市价，加收平色诸弊，所请着毋庸议……将此谕令知之。”（《清宣宗实录》卷85）

（道光五年七月甲辰）谕军机大臣等：“李鸿宾等奏‘筹议约束粮船水手章程’一折。据称‘湖北额设粮船一百八十只，每届兑米开行之际，头舵、水手悉由各船旗丁雇觅，责成卫所运弁查开姓名、籍贯，赍交粮道厅员查核，取具十船连环保结。各帮水手向听弁丁约束，并无立教敛钱、树党索值情事，惟水手良莠不齐，仍当议定章程，逐层纠察。嗣后各帮头舵、水手未雇之先，由旗丁详慎选募。既雇之后，由运弁取结确查。水手应得雇值，按程支给，无许刁难需索。其运弁失察及县营弹压、分别赏罚’各章程，俱着照该督等所议，妥为办理，无得日久生玩，视为具文。至所奏‘本年漕粮请仍征本色，由州县易银解工。漕船全帮停运，应减去水手一千八十名’等语，前据琦善等奏‘海运事宜，尽江省漕船由海船起运者，不过一百五六十万石。其各省漕粮，仍须筹画河运'，已谕令琦善等修复高堰石工，收蓄清水，以期河海并运。该督等应遵前旨，本年漕粮仍按额征收本色，随时咨查琦善、严烺等办理河湖各工情形，如清水足资敌黄，仍应照常起运。所奏漕帮停运、减去水手各事宜，此时俱毋庸筹办。将此谕令知之。"（《清宣宗实录》卷86）

（道光五年八月癸亥）谕内阁："前据英和奏'通筹漕河全局，请暂雇海船以分滞运，酌折额漕以资治河'，当交有漕省分各督抚等悉心议奏。嗣据各督抚等详晰筹议，安徽、江西、湖广离海较远，浙江乍浦、宁波海口或不能停泊，或盘剥费巨，惟江苏、上海商船，据琦善等奏可以暂行海运，已有旨交议筹办矣。其折色一节，据程含章奏，窒碍难行，请仍收本色。琦善、李鸿宾、陶澍、杨懋恬、嵩孚等均以为弊窦丛生，请收本色，由州县变价归工。惟成格、张师诚因全收折色，不便于民，请以本折各半征收。朕以漕粮为天庾正供，征收本色由来已久，改收折色易滋弊端，所有江苏、安徽、浙江、湖广折漕一节，已降旨毋庸议。并将该督抚等变价归工及本折兼收之议概予驳斥，仍令江西省再行妥议，尚未奏到。现当秋获登场，各省将次征收漕米吃紧之时，若耽延时日，不早定议，恐不肖官吏借端影射，舞弊病民，所关甚巨。着通行晓谕有漕省分各督抚，所有应征漕粮，仍照向例征收本色，毋得借口折漕，致滋扰累。并着琦善、严烺体察情形，明年各省军船行抵江境，应如何渡黄运通，自应早为计及，通盘等画，据实具奏。并咨会各该省督抚妥为办理，俾不致临时周章，总期无误开兑日期，又能全数抵通，方为妥善。将此通谕知之。"（《清宣宗实录》卷87）

（道光五年八月壬午）谕军机大臣等："琦善等奏'核议明岁新漕盘坝接运，及豫筹微山湖蓄水事宜'一折。本年盘坝接运业经办有章程，江南首、二进帮船均未经渡黄归次，明年自应坚守御黄坝，提用江省各帮回空船只盘坝运通。除江宁、扬州、淮安、徐州、通州、海州等四府二州明岁新漕各归本帮兑收盘运及各帮内有满号九运等船应均扣除外，所有首、二进并减存在次江北各帮船二千二百三十余只，盘运浙江、安徽、江西、湖广等省漕米，足敷应用，着该督等临时通融办理。前降旨令有漕省分各督抚所有明岁应征新漕仍照向例征收本色，并令琦善等体察情形，咨会各省，妥为办理。着该督等仍遵前旨，即知照各省，并严饬各该省押运员弁沿途加紧催趱，以期及早抵坝，迅速盘运。并着以重运到坝之先后随到随盘，不拘帮次。其接运经费，除江宁等府州系本帮受兑，毋庸筹款，并各州县剥运抵坝水脚等项业经另筹，毋庸请帑外，其余接运外省漕粮，即照本年所定水脚等项银数办理。各军船并准照例携带土宜，免其纳税，俾旗丁稍资接济。其各船应给水手往返口粮，由各省旗丁于应领钱粮内付给。沿途提溜打闸，亦由各省旗丁自行开发，并将接运帮船每船应给食米一石，亦令各省旗丁实给，毋庸折价。其津贴三分，着即裁减，余俱着照本年军船接运章程办理。其江省盘坝处所，高坂头、御黄坝、顺清河、吴城七堡等处分路盘剥，着均匀牵算，以每石二分八厘核计。所需帑银一百万两，着届期具奏请旨，准其筹款动拨。该督等惟当竭力节省，总期全漕无误，帑项不致浮糜，方为不负委任……将此各谕令知之。”（《清宣宗实录》卷87）

（道光五年十二月丁巳）又谕：“陈中孚奏‘酌提来年各省漕粮盘坝先后’一折。明年起运安徽、浙江漕粮，比之常年情形不同，自应酌定省分，按次提催，以免参差迟误。着照该漕督所奏，先提安徽剥船到坝盘运，次提浙江军船粮米接办，俟浙粮盘竣，即将江、扬、淮、海等属粮米提坝盘运，再将在后之湖广、江西等省重船督趱跟接赴淮，俾粮道运员各归各省，督催弹压，不致前后搀越，难以兼顾。并着各该省督抚酌定起米期限，令该粮道等催运漕粮，源源到坝，固不可过迟，致有脱空守候，亦不可过早，致运河有拥挤之虞，以臻妥协而归迅速。”（《清宣宗实录》卷92）

（道光六年三月戊戌）谕内阁："杨懋恬奏'勘明湖南军船积淹未涸屯田，请按股合船，分别停缓出运'一折。湖南运军蒋法元、李家顺二船屯田，坐落湖北沔阳州境内之朱家、杨庄、郑家、老成等垸内。朱家、杨庄二垸田亩积年被水淹浸，未能涸复，运丁造运艰难，该署督等请援案计股合船，分别停缓挽运。着照所请，准其将蒋法元船屯坐朱家垸被淹七股与李家顺船屯坐杨庄垸被淹三股合为一船，暂停造运。应运粮米，分洒二帮各船带交。应得京脚、行月、生息等项银米，亦令分给洒带各船，俾资贴补。其蒋法元船坐落老成垸屯田三股，与李家顺船坐落郑家垸屯田七股，均属阜高有收之处，即合为一船，佥丁造运，以纾丁力。俟将来各垸积水消涸，屯产布种有收，仍分两船筹办起运。该部知道。"

（《清宣宗实录》卷96）

（道光六年十二月庚午）谕内阁："琦善奏'来年各省漕船，请不论帮次，随时提前过淮，并设法趱挽上闸'一折。每年起运头、二、三进漕粮，向按江苏、安徽、浙江、湖北、江西、湖南次序行走，不准搀越。来年起运新漕，节经降旨，严催迅速趱行，若令沿途停候挨次，恐致稽迟。着照所请，浙江帮行抵江境，如在江苏各帮之前，即将浙江帮提前插档渡江前进。江西、湖广各帮先有停泊江面者，毋论何省何帮，即行趱挽径进瓜口，过淮时亦即随到随验，毋庸按帮等候。并责成沿江沿河各营县，无分昼夜，刻速催行，另派镇将大员沿途督察，见帮即提。其本应列前各帮因何迟延落后，仍查明时日久暂，将该县该帮分别参处，俟全数渡黄后，于邳、宿一带，仍令按照原定省分次序顺帮前进。至清江、福兴等闸，溜急水深，牵挽未能赶速，着饬令该管河厅多添关缆人夫，船到即行上挽。其帮船所带货物，令于高坂头起卸，渡黄后再行归载。总期节节催提，俾长河无脱帮之时，比常年倍臻迅速。至淮安、海州首、二两帮因灾蠲缓起运不成帮次，准俟在后之帮到淮，归并北上。"

（《清宣宗实录》卷112）

（道光七年正月戊戌）谕内阁："嵩孚奏'请将帮船应扣借款银两准予展缓'一折。湖北省本年起运新漕必得赶紧渡黄，无误定限。各帮丁有前借应扣各款，若同时并扣，丁力未免竭蹶。兹据该督查明，奏恳量加调剂，着照所请，准将原限四年扣还，每船分借备带接济银五十八两零。又盘坝接运，每船应扣津贴银二十一两零，均予递缓一年，自道光七年冬起，查照各总数分作四年扣还。其原限两年扣还，回空阻守河北，每船借领银十两，亦准缓至道光七年冬起，仍照原限分作两年扣还。又道光五年盘坝接运报销案内，江南总局垫发过闸用费、修舱二项，每船应扣银一十三两零，亦着展缓一年，于本年冬间全数扣解，不准再请递缓。"（《清宣宗实录》卷113）

（道光七年十一月乙巳）又谕："……至拦黄埝以内，清水塘河底增淤，必须大加挑挖，着张井等勘挑塘淤，务须格外加深，以免重运阻滞。并着漕运总督讷尔经额选派押运帮弁、佥丁修船，赶紧受兑，江苏巡抚陶澍查照妥为经理，毋误兑运。其安徽、浙江、江西、湖北、湖南各督抚仍遵前旨，将起运新漕督饬各粮道早兑早开，总期于四月初十日以前，全数趱至清江，克期抵坝，以便渡黄，毋许延误。将此通谕知之。"（《清宣宗实录》卷129）

（道光九年三月壬戌）谕军机大臣等："据张井等奏称'漕船倒塘灌放，现已渡黄船二千三百余只，倒塘顺利。惟后船抵坝者只二百余只，浙省并江、广帮船已报渡江者仅止湖北两帮及杭、严三一帮，其余各帮，尚未据报进口'等语，本年倒放军船既称顺利，亟应乘机趱渡。时已将交夏令，在后漕船尚未跟接抵坝，是否江口一带浅滞，抑别有耽延？蒋攸铦自已委员迎提，昨复降旨令该督兼署漕督，着再行严催趱进，务令跟接抵坝，以便及时挽渡，无得任令脱帮，致逾定限。将此谕令知之。"（《清宣宗实录》卷154）

（道光十三年三月癸酉）以湖北搭运归还截留漕粮，准加给旗丁行月银。（《清宣宗实录》卷233）

（道光十四年五月乙亥）谕军机大臣等："本日据德顺奏'上年湖广漕船到九江关，例外多带木植，应纳税银一万六千五百四十八两零。除交纳外，内湖北欠交银七千一百九十六两零，湖南欠交银六千四百两。经该监督咨明各该省粮道，勒追赶解，并委员前往守催，仅据湖南粮道交到银一千两，下欠之银，咨明分限四年解交完款。至湖北欠项，分厘未妥'等语。漕船跨带木植，照例纳税，自应随时完缴，不容稍有挂欠，何以湖北、湖南漕船欠解木植税银，延不完交，任催罔应，以致关项久悬？着讷尔经额、尹济源、吴荣光严饬各该粮道，即将前项应交税银赶紧催提，如数解缴，毋许再有延宕。将此各谕令知之。"（《清宣宗实录》卷252）

（道光十四年五月乙亥）又谕："本日据德顺奏'上年湖广省漕船多带木植，应纳税银，未据完缴。本年湖北漕船于三月初四日，据领运千总何世升等到关开呈竹木清单，并不听候查验，即于初五日黎明闯关直下，无分昼夜。至初七日全帮均已闯过，前后一百十九只，各船跨木较上年更多，倚恃船多人众，不服截留。各帮运弁目击情形，不行禁止。该粮道李源延至初十日始行到关，事越五日，各船早已出境，无从查验'等语。漕船多带木植本干例禁，且敢径直闯关，运弁明知故纵，若不严行查办，不但各帮丁毫无忌惮，将来必致木商以木植包给漕船，任意偷漏，包带愈多，漕行更形迟滞，于关税、漕运均有关系。着该署漕督即将湖北漕船行抵九江关，何以不候查验，径行闯越；该粮道李源何以于帮船过关后，迟至五日始行到关；各帮运弁何以目击情形，不行禁止，确切查明，据实具奏。将此谕令知之。"（《清宣宗实录》卷252）

（道光十四年八月己酉）又谕："讷尔经额等奏'湖北漕船挂欠木税，

请分限完缴’一折。上年湖北漕船到九江关，例外多带木植，欠交应纳税银七千一百九十两零，延不交纳。前经谕令该督等饬属催提，兹据查明，欠税各丁或已减歇在次，或已革运、退运。军田连年被水，若同时如数提缴，丁力实有不逮。所有前项银两，着准其自道光十五年新运为始，每届漕船过九江关时，分作六限带解归款。至漕船额外多带木植，例应起卸入官，若准其纳税，帮丁惟利是图，即难保无包带漏税情弊，且负重行迟，必致有误漕运。嗣后漕船经过各关，务令将额带木植赴关报明，该管监督即亲往关口查验。如有多带木植，即一面奏闻，咨交漕运总督核实照例惩办，以肃榷务而重漕运。”（《清宣宗实录》卷 255）

（道光十五年四月庚戌）谕内阁：“周之琦奏‘审明粮船闯关实情’一折。上年九江关监督德顺奏‘湖北漕船不候查验，闯关直下’，当降旨着江西巡抚确切查明，据实具奏。兹据周之琦查明，此次湖北粮船路经九江，帮弁等赴关投册，因水大溜急，难以停泊，顺流直下，尚非有心闯越。惟既在芜湖关完纳例外跨带木税，则偷漏九江关税属实，所议应完九江关税银一万一千四百九十余两，着湖北督抚如数饬追，补解九江关归款。该帮千总何世升、王作仁、常福失察帮丁例外跨带木植，前经奏请革去顶带，着仍交部议处。粮道李源押运尾船在后，又因帮船过关未验，饬追停泊，尚非无故逗留，惟先未审出帮丁漏税实情，着交部察议。”（《清宣宗实录》卷 265）

（道光十五年七月壬辰）准浙江、湖北、江西漕船遭风漂失米石分限买补。（《清宣宗实录》卷 269）

（道光十七年二月）壬子，谕内阁：“前因御史朱成烈奏‘查拿粮船滋事水手，宜先清其巢穴’，当降旨令漕运总督及有漕各省督抚妥议具奏。兹据讷尔经额等奏称‘湖北粮船水手向照保甲之法，取具连环保结，各给腰牌，不准将外来游民混行收雇。水次途中，尚无设立经堂、聚众抢掠等事，亦无老官师傅及老安潘安泰子船等项名目，现在明定章程，严密稽查’等语。水手人数众多，最易煽惑，嗣后该省漕船归次时，责成粮道按照花名清册逐一点验搜查，并严饬各地方官于帮船停泊处所及各水次密为查访，如有设立经堂、勾结外来匪徒者，立即严拿究办。并多派兵役，于附近水次之庵堂、庙宇密行查缉，开行以后，由该粮道督同厅员运弁逐船查点。需用纤夫，由旗丁觅雇，如有匪徒勒掯把持，禀明拿究。其滨河旷僻处所开设茶酒等铺，倘敢容留匪类，勾结水手，即行严拿，从重惩治，毋稍疏懈。经此次筹议章程之后，押运厅弁及地方官倘再奉行不力，日久视为具文，仍有前项弊端，该督抚一经查出，务即从严参处，不得稍事姑容，以戢奸萌而肃漕政。”（《清宣宗实录》卷294）

（道光十七年八月癸丑）协办大学士署直隶总督琦善奏：“湖北重运抵故城境内，间有浅阻，饬员先往筹办。”得旨：“上紧妥速办理，重运尚有寄剥迎剥之道，若回空不能连樯而返，所误非浅。勉之。”（《清宣宗实录》卷300）

（道光十七年八月甲寅）谕军机大臣等：“本日据琦善奏‘故城浅滞军船现已设法挑挖通行’，又据经额布奏‘湖北头、二等帮在临清州闸外夏津、武城等县及直隶故城县河道浅滞’各一折。本年卫河水势较弱，豫省各处泉源虽经全行启放，究未畅旺。现在直隶故城县及山东夏津、武城等处浅处极多，节节起剥，已虞棘手。且重运尚有十余帮在后，正资浮送，此时若不设法赶紧催办，必致有误回空……务令卫源日裕，重运可以畅行，回空不致迟误，方为妥善。将此谕令知之。”（《清宣宗实录》卷300）

（道光十七年八月乙丑）谕军机大臣等：“据色卜星额奏‘湖南头、二、三帮漕船上年欠完芜湖关木税银二万三千一百十八两零，并本年欠找木税银五千七百七十五两零，延不交纳，请饬催追完缴’，又另片奏

‘江、广重运漕船任意包揽客木，沿路耽延，行走迟滞，此弊江西、湖北间或有之，惟湖南帮为甚，请饬该省严禁各船丁舵，毋许包揽客木，例外多带’各等语。江、广重运漕船向准跨带竹木，原以御风浪而资贴补。近来帮丁惟利是图，每有逾额多带，或包揽客货，以致运行迟误，且于过关时并不照例纳税。经前次明定章程之后，此风尚未尽革。若不严行查禁，何以肃关务而利漕行？着林则徐、讷尔经额即严饬该管粮道，查明各该帮应交芜湖关税课银两，照数催追完缴，迅速解交该关，以便随同下届钱粮补行解部，以清年款，毋再迟逾。并严禁各船丁舵，不得任意包揽客货，致误运行，如有例外多带，即着各关查照道光八年谕旨，将客木解卸，漕船放行，令木商自行报税，总期漕运、关务两有裨益。将此各谕令知之。”（《清宣宗实录》卷300）

（道光十八年三月丁亥）谕内阁：“周之琦奏‘请停造漕船’一折。湖北头帮蕲州卫旗丁傅牛儿漕船，屯坐黄梅县境内，据该抚查明屯田淹废，力难造运，所有傅牛儿一船，着准其暂停造运。其应运正、四二耗稜米，着分洒同帮各船带领。应领帮津行月等项银米，亦着分给洒带各船，以资帮贴。该抚仍随时查勘，一俟各军力能垦复，即责令佥造承运，复还原额。该部知道。”（《清宣宗实录》卷307）

（道光十八年六月）丙子，谕内阁：“铁麟等奏‘南粮抵通过晚，桥坝卸运不及，筹请饬办长剥截卸’一折。据称‘本年南粮头进等帮行走迟滞，现在扬州三帮甫经报入直隶境，此后各帮约计到通尚须二十余日，距霜降前十日回空之期止剩六十余日，由坝运桥，共米二百八十余万石，每日运米不能于三万石例限之外更有加增，势必贻误回空期限。查有山东、河南小米军船共八百余只，可运米三十余万石，上年湖南三帮重运即系山东小米军船，由南运河长剥前抵杨村，办有章程，请援照办理’等语。本年南漕浅阻脱空，抵通较迟，自应变通筹办，以期无误回空。着周天爵即查照该侍郎等所奏，将山东、河南二省小米军船八百余只全数调集，即于沿途将湖北、湖南及江西尾后十余帮漕粮全行起卸长剥，前赴杨村。所有湖北等省军船，于起卸后就近回空，免致拥挤。至该侍郎等请于长剥之外，再在临清、德州等处仓廒截卸三四十万石之处，着该漕督会同山东巡抚察看情形，妥筹办理。”（《清宣宗实录》卷311）

（道光十九年七月壬寅）又谕：“铁麟奏‘湖南重运帮船到淮盘验，例在江西各帮之前行走。近年逐渐耽延，不能紧跟江西帮挽入瓜洲内河，以致渡黄较迟。其归次零星断续，随处逗留，该省三帮每年出运弁丁等辄以守候卫备钱粮未能随时征给为词’等语。着漕运总督、两江、湖广各总督，江西、湖南各巡抚悉心体察，即将该三帮实在耽延情节确切查明，筹议章程，并设法提前趱办，仍循定例，赶跟湖北各帮抵淮盘验，克期渡黄，以速漕行而免迟误。”（《清宣宗实录》卷324）

（道光二十二年五月壬申）又谕：“前据朱树奏‘酌议稽查粮船水手章程’，已降旨照所议行矣。现在江、浙、湖广粮船将次抵通，水手、短纤人数众多，稽查尤应严密。该漕督前定章程已属周妥，所属粮道及在事文武员弁倘视为具文，仍属有名无实。着该漕督再行严切晓谕所属，务于各帮船抵通时切实查明，某帮某船原有水手、短纤若干名，逐一点验明确，即饬令按数回南，毋得一人逗留。倘有奉行不力，任听该水手、短纤人等借词暂留，不即回南者，即行指名参奏，毋许稍存徇庇。将此谕令知之也。”（《清宣宗实录》卷373）

（道光二十二年六月壬辰）准浙江宁波后帮、湖北三帮军船遭风沉失米石分限买补。（《清宣宗实录》卷375）

（道光二十二年六月丙申）又谕：“……至江宁省城通济门，前经牛鉴奏请留放米商，业经有旨允准，现在计已遵办。该大臣所奏‘江、浙食米半借川、楚，设法晓谕米商绕道前往，以资接济’等语，本日已谕

知程楙采、吴文镕、裕泰、赵炳言饬委妥员赶紧采办矣。将此由六百里加紧谕令知之。”(《清宣宗实录》卷375)

(道光二十二年七月丁巳)又谕:“卞士云奏‘招商改道贩米至浙,吁恳免输关税’一折。前因刘韵珂遣员赴邻省贩米,奏请免输关税,当经加恩允准。兹据卞士云奏称,湖广等省米商至浙,向皆取道长江,今查得安徽芜湖地方有路可以绕至苏州,不必由扬子江行走,着湖南、湖北、江西、安徽、江苏各督抚出示晓谕各米商,迅速贩运米石,由芜湖改道运浙销售,以济兵民口食。所有米船经过各关,着仍遵前旨,免输税银。将此谕令知之。”(《清宣宗实录》卷377)

(道光二十三年正月壬子)又谕:“寄谕浙江巡抚刘韵珂,新授浙江粮道顾椿现在湖北有应办事件,已饬令裕泰将该员暂留楚省,一手经理,浙江粮道正值新漕开兑之时,着该抚派员署理,以专责成。将此谕令知之。”(《清宣宗实录》卷388)

(道光二十三年六月癸巳)谕内阁:“李湘棻奏‘清、黄盛涨,五塘军船急切不能渡黄,请将湖北、江西等帮催令先行’一折。现在清、黄并涨,势甚汹涌,所有挂黄未进口军船三百余只,因纤道淹没,人力难施,势难催提前进。准其将湖北、江西等帮催令乘空先行,俟浙江、湖南等帮进口后,即令跟随江西尾帮前进,毋庸再行漫越行走。该署漕督仍会同该河督速饬厅营将各坝纤道赶紧修理完竣,以利漕行而免迟误。”(《清宣宗实录》卷393)

(道光二十三年七月癸丑)准浙江杭州四帮、湖州八帮缓交晒飏余米,并浙江金、衢所帮,江苏江、淮七帮,湖北三帮遭风漂失米石分限买补。(《清宣宗实录》卷394)

（道光二十四年五月）乙亥，谕内阁："壁昌奏'江、广各帮漕船行抵龙江关，查验木税窒碍情形'一折。据称江西各帮抵关停泊二十余日始行查验，湖北帮船，该监督辄令停帮候查，并不照原奏迎帮查验，以致本年江西十三帮具报入瓜洲口已迟，而湖北三帮又因验税迁延。似此贻误漕行，所关非细，该监督办理纰缪，实属不晓事体。瑞长着交部严加议处，即来京听候部议。嗣后重运漕船应如何严禁例外多带木植及查验收税之处，着壁昌妥议章程具奏。"（《清宣宗实录》卷405）

（道光二十四年五月癸未）又谕："前据壁昌奏'江、广各帮漕船行抵龙江关查验木税窒碍情形'。当降旨将该监督瑞长交部严加议处，并令来京听候部议矣。兹据瑞长奏，湖北漕船违例带木越关，无凭查验。所奏各情节与壁昌前奏互异，着该署督即将该省漕船如何不候查验径行越关各情节确切查明，据实具奏，毋得稍存回护，致有不实不尽。瑞长原折，着钞给阅看。将此谕令知之。"寻奏："查湖北漕船停泊二套沟七日之久，屡次咨请查验，该监督不肯往验，咨明漕督饬令开行，始敢前进，并非不候查验径行越关。"下军机大臣知之。（《清宣宗实录》卷405）

（道光二十四年八月己未）谕内阁："前据壁昌奏'江、广各帮漕船行抵龙江关，查验木税窒碍情形'一折，当经降旨将瑞长交部严加议处，即来京听候部议，并饬令湖北粮道邱煌来京听候查询。嗣据邱煌、瑞长先后到京，当交军机大臣等分别传询，令其据实呈递亲供。朕详加披览，此案瑞长偏执己见，不行迎帮查验，原属错谬，业经交部严加议处。该署督壁昌及湖北粮道邱煌均属办理不善，一并交部分别议处。嗣后漕船跨带木植，着仍照旧例，责成九江、芜湖两关核实查验，如有多带木植致误漕行及胥役、家丁等留难滋扰情弊，即着两江总督查明参奏。至关口多一查验，即多一流弊，所有龙江关添设查验之处，着即裁撤。"（《清宣宗实录》卷408）

（道光二十五年二月甲辰）又谕："陆费瑔奏'勘明屯田沙压限满，仍难垦复，请将应造粮船展缓造运'一折。湖南荆右卫旗丁吴聪先一船，曾于道光九年因屯田水淹沙压，暂停造运十年。兹届限满，据该抚查明，节年复被水淹沙压，未能垦复，请展缓造运。着照所请，所有吴聪先一船，准其自本年为始，再行缓造十年。该船应运漕米，仍令荆右、沔阳二卫带运，其应得京脚、行月、耗赠等项银米，分给带运各船，以资贴补。该抚仍饬该府卫随时察看，勤督垦复，限满饬令成造出运。"（《清宣宗实录》卷414）

（道光二十五年八月己酉）又谕："德春等奏'江、广帮船脱空迟延，请旨饬催'一折。据称湖北头帮挽入直境，相距前帮脱空五日，其二帮尚无入直消息，现在时候已迟，计霜降前十日回空例限，仅止二十余日，江、广漕米尚有六十余万石之多，此时帮船衔尾而来，已属赶办不及。似此节节脱空，必致耽延误事。着漕运总督、山东巡抚、直隶总督严饬所属，设法筹催，添剥济运，务期速益求速，毋致有误回空例限。"（《清宣宗实录》卷420）

（道光二十七年九月庚寅）谕内阁："户部奏'运弁坐船，跨带木植，据江西九江关申报，请饬查禁'等语。本年湖北三帮漕船例外多带木植，已属违例。乃该省押运千总坐船两旁，亦各跨带木植，何以禁帮丁包揽之弊？着该督抚即向九江关查明该帮千总何员违例，据实严参，嗣后并着各该省督抚及漕运总督，于漕船出运经过之时，实力稽查，严行禁革。如仍有漕船及帮弁坐船违例私带货木者，即着从严参办，以肃漕政。该督等若不肯实力办公，何以表率属员，天良安在耶？"（《清宣宗实录》卷447）

（道光二十八年正月庚寅）谕内阁："前据王植奏'江、广漕船准带竹木，与旧案悬殊，请敕部核复'一折，当交该部妥速议奏。兹据该部复奏，着仍照前署两江总督陆建瀛、漕运总督杨殿邦前奏，所有漕船天篷竹木，准其循照旧章，高二尺而不计宽长，总以天篷为度。两旁跨木，亦照旧章，各宽二尺而不计深长，总以船身为度。此外如有奸商影射及例外多带情弊，着责成各该粮道督饬各帮员弁认真查验，核实结报，并饬各关监督实力查丈，以杜争执而利漕运。至各关历年科算参差，未经报部有案，不可不画一办理，以杜各弊。着两江、湖广总督，江苏、安徽、江西、湖北、湖南各巡抚会同漕运总督查核明确，准情酌理，迅速妥议章程，连衔会奏，以为永远遵行之制。再漕船准带土宜，原为津贴体恤起见，惟例外多带，既应查验于未经开行之先，尤宜严防其中途装带之弊，着湖广、江西各督抚转饬各该粮道实力查验，并开列舱口清单，先期飞移各关，俟粮船抵关时按单查验，认真办理。惟江西漕船抵关时，每多连樯竟[①]过，不候查验，借口于限紧溜急，每多夹带。着查照两湖漕船章程，到关暂停，或溯流迎查，俾得核实稽察，无误遄行。总当见船即验，一验即行，断不准稍有迟延透漏，以速运务而重关税。”……（《清宣宗实录》卷451）

（道光二十八年二月）丙午，谕内阁：“德诚等奏‘请饬催轻赍银两’一折。有漕各省每年应解通济库轻赍银两，自应按限解交，以供支放。本年苏、松、太等处漕粮改办海运，抵津较早，尤应迅速解交。除江、安一处业经解到外，其余未到者甚多，着江苏、浙江、山东、湖南、湖北、江西各巡抚，督催各粮道星速起解，并着直隶、山东、江南各督抚查明沿途催趱，毋得延误。”（《清宣宗实录》卷452）

（道光二十九年三月丁亥）谕内阁：“杨殿邦奏‘请饬催漕船’等语。现在江南苏、松、太漕船仅报开五帮，浙江漕船仅报开二帮，江、广各帮虽据报开，尚未据报出境。似此迟延，恐逾定限，着江苏、浙江、安

---

① 竟：应为“竞”。

徽、江西、湖广各督抚严饬地方文武员弁，迅速催趱，勿任逗留，以利漕运。”（《清宣宗实录》卷465）

（道光三十年二月甲戌）湖北巡抚龚裕奏：“请将蒲圻、黄陂、孝感、安陆、云梦、应城、随、应山八州县应解荆南米石与崇阳等州县漕米互相抵兑，免误运行。”下部知之。（《清文宗实录》卷3）

（道光三十年四月甲戌）谕内阁：“杨殿邦奏‘饬催新漕’等语。上年回空军船归次较迟，以致兑开延缓。现在松江、常州、安徽各帮尚未全行离次，江、广帮船虽已开行，亦未挽过九江关，瞬届大汛，亟应加紧趱挽，期于黄水未涨以前灌塘北上。着两江、江苏、安徽、江西、湖广各督抚，飞饬沿途文武各员迅速迎提，押令昼夜趱行，并饬九江、芜湖各关查照定章，迎帮查验，立即放行，毋任稍有羁留，以利运行而免濡滞。”（《清文宗实录》卷7）

（道光三十年九月丙辰）谕内阁：“庆祺、朱嶟奏‘节候已晚，粮多限迫，请豫为筹备’一折。据称‘本年重运漕船北上，节候已迟，湖北三帮及江西前七帮现已起剥北上。至江西后六帮及湖南三帮，自安陵一带剥运赴通，道路遥远，恐有偷漏使水等弊，且虞河冰冻结，不能抵坝，即相机卸囤德州仓’等语。着漕运总督、山东巡抚赶紧催趱，总期以速补迟，一律到坝。倘因限期迫促，随后各帮不能全数抵坝，应否卸囤德州仓，以便回空南下，该漕督等务当即速筹商，斟酌妥办，毋稍迟误。”（《清文宗实录》卷18）

（道光三十年九月戊午）谕内阁：“漕粮为天庾正供，近来重运漕船不能如期抵坝，以致回空归次、兑受新漕节节耽延。上年空运军船因运河淤垫阻滞，直至春季，始行催归水次。本年南漕减歇较多，帮船起运为数本少，乃沿途并不实力催趱，节次脱空迟延。江、广各帮或在临清，或在途次，分别起卸剥运。现在节逾霜降，水势日消，若不赶紧趱令归次，本年新漕受兑必至贻误，关系甚巨。着漕运总督严饬起卸空船即刻连樯南下，衔尾趱行，不准片刻停留。并着东河、南河河督，两江、湖广、山东、江苏、安徽、江西、湖北、湖南各督抚，分饬军船经过地方派委妥员，严切提催，及早归次，毋任稍有迟滞。并严饬约束经由各闸及启堰灌塘役夫人等相度水势，分别蓄泄，回空军船一到，立即放行，不得稽留阻掯，再有玩延，致干重咎。来年新漕尤当赶紧办理，按限兑开，统限于四月初十日以前全数趱至清江，克期渡黄北上，毋得因本年回空较晚，又复借口耽延。倘将节次所降谕旨视为具文，仍致临事周章，有逾例限定，将该漕督及有漕各省督抚严行惩处，决不宽贷。懔之慎之。将此通谕知之。”（《清文宗实录》卷 18）

（咸丰二年四月乙酉）又谕：“朱嶟奏‘请饬催河运漕粮’一折。本年江苏苏、松等四府一州粮米业经由海运抵津，其余江、安、浙江、江西、湖南、湖北各省漕粮均仍由运河挽运北上。现在南河丰北漫工尚未据报合龙，各省粮船已次第兑开前进，南北运道设有阻隔，必致节节耽延，于漕务大有妨碍。着陆建瀛、杨以增、颜以燠、杨殿邦体察情形，赶紧筹办，总期漕船及早催挽，如限抵通，毋致临事周章。倘有贻误，惟该督等是问。”（《清文宗实录》卷 58）

咸丰二年壬子六月乙未，谕内阁：“陆建瀛奏‘出省督催帮船，请旨饬催在后各帮迅速趱行’一折。本年江、安、江、广各帮河运漕米，除截留备赈外，其应行运赴通州之米为数尚多，事关京仓储备，该漕河诸臣宜如何竭力筹维，悉心赶办？兹据该督奏称，现在渡黄之船仅止三百七十余只，其首先渡黄之大河前帮尚未行入山东境内，湖北、江西、湖南各帮亦皆阻压不前。转瞬即交秋汛，似此任意迟延，必致贻误，该漕河总督及地方大吏所司何事？现在陆建瀛业已督押江西尾帮提上清江闸，并即驰往韩庄、济宁一带督催，所有在后各帮船，着杨殿邦、杨以增、颜以燠督饬严催，毋许片刻稽留。倘意存诿卸，任听帮丁人等借端迁延，以致误漕误赈，该督等岂能当此重咎耶？至浙江漕船，现在首帮尚未行过苏州，在后各帮复不能跟踪前进，该粮道惟知借口水浅，一味耽延，更属不成事体。着陆建瀛仍遵前旨，会同浙江巡抚体察情形，妥筹办理，并将贻误各员查明参奏。”（《清文宗实录》卷64）

（咸丰二年七月）乙卯，谕内阁：“陆建瀛奏‘请截留江、广尾帮漕米备赈，并催趱帮船北上’等语……现在江西省帮船已经渡黄者六百九十九只，其在前各帮并着严催跟接首进之江、安、湖北各帮连樯北上，毋得借口截留米石及运道艰滞，任意耽延，致干重咎。至已经渡黄之铜铅船只，亦即催令插档随漕北上，以免起卸之烦。”（《清文宗实录》卷65）

（咸丰二年七月癸亥）谕内阁：“陆建瀛奏‘湖北督运道员等耽延阻滞，请饬漕运总督速催趱行’等语。本年丰工未合，运道未能疏畅，自与往年情形不同。然漕船果能依限开行，该漕督及粮道等于盛涨以前实力督催，设法挽运，何难跟接北上？乃自有截漕变价之议，朕观诸臣会奏，即有借词观望之意。是以叠降谕旨，令该督抚等赶紧催趱，不得以截留漕米、运道艰滞，借口迁延。兹据陆建瀛奏称，湖北粮道龚绶及押运同知诚意，自四月行抵瓜口，沿途耽延两月，经该督严饬，始肯渡河，犹复节节逗遛，以致江西全帮阻压。似此任意延玩，不知是何居心，岂视天庾正供竟可虚掷河干，诿过他人耶？龚绶、诚意均着先行交部严加议处，仍着杨殿邦饬令该员等督押帮船，飞挽前进。如再延误，惟该漕督及该粮道等是问。”（《清文宗实录》卷66）

（咸丰二年十一月戊申）又谕：“陆建瀛、杨文定奏‘江苏赈济漕米一律截卸完竣，陆续散放’一折。江苏丰、沛等州县被水灾民，前经降旨，截留南粮三十万石赈济，并派布政使祁宿藻专司查办。现据奏称，应行截留之湖南、江西各帮漕米业已截卸完竣，由该藩司查照奏定章程，陆续设厂开放……所有江、广帮船，除在江南卸载者已由该督派员押令回空外，至截卸山东赈米各船及接剥运通之江、安、湖北、江西等帮，昨已有旨严催，一俟剥船起卸，即着漕运总督、沿途各督抚，迅即督押回空南下，不准片刻停留，以期无误新漕。毋得借词延宕，致干咎戾，懔之。”（《清文宗实录》卷75）

（咸丰二年十二月丙子）停运湖南、湖北被扰州县本年新漕。（《清文宗实录》卷78）

（咸丰三年十月丙申）又谕：“有人奏‘豫筹招商海运米石，请饬广东省劝谕官绅士民捐办’一折。现在逆匪肆扰江南并江西、湖北各省，明岁漕粮到通，道路恐有梗阻。前经降旨，令广东省招商贩米，赴上海收兑，迄今尚未就绪。着叶名琛、柏贵体察情形，迅即劝谕官绅士民一体捐办……将此由五百里谕令知之。”（《清文宗实录》卷110）

（咸丰四年正月甲子）又谕：“户部侍郎罗惇衍奏‘京仓支绌，请饬广东采买米石，以资接济’一折。前以江南等省漕粮到通恐有梗阻，降旨令叶名琛、柏贵劝谕官绅捐银办米，运赴上海兑收，转运天津，未据该督抚等将办理情形复奏。兹据该侍郎奏‘京糈亟应筹备，广东高、廉、雷、琼等府素为产米之区，且洋米到粤者尤为饶裕，请饬官为采买，径运天津，并请于屯田溢坦地亩变价及捐输银两内拨款办理’等语。本年江、安、江西、湖南、湖北等省漕粮未能运通，江苏、浙江海运尚未兑收放洋，其余省分复有截留蠲缓之处，自应及早绸缪，以裕支放。着叶名琛、柏贵体察情形，饬属筹办……将此由五百里谕令知之。”（《清文宗实录》卷119）

（咸丰八年七月己亥）改定湖北漕务章程：一、有漕州县核减向日浮收之数，分别折价，所有由单、串票、样米、差费等类概行革除。一、折收北漕，照部定每石一两三钱之数，共正耗银二十一万四千余两，并津贴帮丁兑费银六万八千余两，均解交粮道库，暂行提充军饷。一、各州县折解南粮，每石酌定一两五钱，共应解银二十万六千五百余两，除支发满汉各营兵食外，尚余银八九万两，存留藩库，备灾缓拨补之用。一、漕南水脚及随漕等项银两，现因漕船停运，均解交道库报拨，并暂济兵饷。一、粮道以下各官漕规及各衙门书吏杂费概行裁革。一、漕南折价，民间输将自易，毋许各州县稍有蒂欠。至将来运河修复，仍设法办解本色，应令随时体察情形核办。从巡抚胡林翼请也。（《清文宗实录》卷259）

（同治六年九月甲子）谕军机大臣等："户部奏'来岁海运、河运新漕，请饬各省力筹足额，提前赶办'一折。本年京师粮价昂贵，业加成开放兵米，并截拨正漕赈济饥民，仓储匮乏，粳米放至春间即形竭蹶，来年各省新漕必须提前运解，方足以资接济。江苏、浙江两省漕额既减，今岁又复丰收，催征自易。着曾国藩、英桂、吴棠、张之万、郭柏荫、马新贻督率藩司、粮道等，严饬所属，按则开征，力筹足额。并将一切事宜提前赶办，迅速运通。其江北漕粮仍当遵照成规，妥速兑运。着曾国藩、张之万、苏廷魁、郭柏荫、丁宝桢饬属认真筹办，仍各将该省起运米数先期奏报。至海运、河运雇备商船，江苏省业经曾国藩奏加水脚，其浙江、江北应用船只，着各该督抚等体察情形酌办，以恤商艰……有漕各省，来岁新漕如何办理，除江西省本日已据刘坤一奏到外，所有湖北、安徽两省筹办情形，着曾国藩、李瀚章、曾国荃、英翰迅即驰奏。将此由五百里各谕令知之。"（《清穆宗实录》卷211）

（光绪元年九月丙午）又谕："延煦、毕道远奏'全漕告竣，请将办运出力员弁奖励'一折。本年江浙、江北、湖广海运暨山东河运、奉天额运漕粮先后抵通，经延煦、毕道远督率坐粮厅等验收完竣，办理尚为妥速。延煦、毕道远着交部议叙，所保出力各员着该部议奏。"现月

（《清德宗实录》卷 17）

（光绪二年十月）甲辰，谕内阁："延煦、毕道远奏'全漕告竣，请将办运出力员弁奖励'一折。本年江苏、浙江、江西、湖北海运暨山东河运漕粮，奉天牛庄等米豆先后抵通，经延煦、毕道远督率坐粮厅等验收完竣，办理均无贻误。延煦、毕道远着交部议叙，所保出力各员着该部议奏。"现月 （《清德宗实录》卷 41）

（光绪三年十月戊戌）又谕："桂清、毕道远奏'全漕告竣，请将办运出力员弁奖励'一折。本年山东河运，江苏、浙江、江西、湖北海运漕粮，奉天牛庄等米豆暨江北各起漕船先后抵通，经桂清、毕道远督率坐粮厅等验收完竣，办理均无贻误。桂清、毕道远均着交部议叙，所保出力各员着该部议奏。"现月 （《清德宗实录》卷 60）

（光绪五年十一月甲申）谕内阁："继格、毕道远奏'全漕告竣，请将在事出力员弁奖励，并请将前保各员改奖'各折片。本年江苏、浙江、江西、湖北海运暨江北河运漕粮、奉天额运米豆先后抵通，经继格、毕道远督率坐粮厅等验收完竣，办理均无贻误。继格、毕道远均着交部议叙，所保出力及改奖各员着该部议奏。"现月 （《清德宗实录》卷 103）

（光绪十四年九月甲子）湖广总督裕禄奏："复陈湖北漕务，自前抚臣胡林翼明定折征章程，现仍照章征收，尚无弊混。"报闻。（《清德宗实录》卷 259）

（光绪二十五年三月乙卯）谕军机大臣等："户部奏'遵议八旗兵丁加放甲米，通盘筹画'一折。八旗兵丁甲米，自漕粮改折以来，皆以二成放给本色，其余八成折银开放。近来粮缺价昂，旗兵困苦日甚，必宜设法变通。惟现在京仓所储，仅供常年支放，所有折漕各省，自应规复本色运京以备加放。着两江、湖广、江西、安徽、湖北、湖南各督抚通饬有漕各厅州县，自本年冬漕为始，全数改征本色，妥筹运京。京师为根本之地，兵糈尤关紧要，该督抚务当中外通筹，力图储备，毋得借词推宕，致误要需，并先将按年起运数目及如何筹运办法迅速复奏。将此各谕令知之。”现月 （《清德宗实录》卷440）

（光绪二十六年八月癸未）又谕：“毓贤奏‘请将湖北京饷、江北漕粮转运入晋’一折。各省关应解京饷已谕令改解行在，以应要需。所有湖北现解京饷银二十万两，既据该抚奏称已到河南彰德府，暂存县库，自应仍遵前旨，谕令河南巡抚速派妥员，协解行在交纳。至江、安漕粮十余万石，前经直隶总督奏请截留备赈，业已允准……将此由五百里各谕令知之。”电寄 （《清德宗实录》卷468）

（光绪二十六年闰八月壬寅）又谕：“电寄刘坤一等，电悉。苏省截存海运漕粮，既据陕西以大旱成灾，电请接济，着即取道汉口、襄阳，陆续运解，听候谕旨拨用。”电谕 （《清德宗实录》卷470）

（光绪二十六年闰八月戊申）又谕：“电寄刘坤一等，据奏‘江北漕粮转运艰难情形’一折，江北漕粮十四万余石前已拨给山西，现既运至德州，即着锡良派委妥员前往接运。至清江转运局所拨直隶赈米十万石，仍着该督等饬令恽祖祁运至德州，由直隶总督派员接运。其余十万石及本届截存海运漕粮二十余万石，即着一并取道汉口，改由襄河运赴行在。现在驻跸长安，该省适值旱灾，需粮甚多亦甚急，刘坤一、张之洞务饬在事各员迅速转运，毋稍迟误，是为至要。”电谕 （《清德宗实录》卷470）

（光绪二十六年闰八月丁卯）谕军机大臣等：“刘坤一电称‘所有漕粮采买米石，业经饬令道员恽祖祁改道由汉口、襄阳运至龙驹寨，请饬陕省派员接运’等语。着岑春煊迅派干员前往龙驹寨设局转运，如水势浅阻，或改设紫荆关，务饬令派往之员会商恽祖祁妥速设法筹运，总期早到行在，源源接济，毋误要需。将此电知刘坤一、张之洞，并谕岑春煊知之。”寄谕 （《清德宗实录》卷471）

（光绪二十六年十月）甲子，谕军机大臣等：“御史管廷献奏‘疏通商运，以济民食’一折……至所称‘河南采买未运之粮由河西运，以及江南未运余漕由南运河入黄河上驶，较由汉口至龙驹寨运路尤便，运费亦省’等语。现在河冰将合，所请是否可行，着张人骏、于荫霖、袁世凯等会商妥办。原折均着钞给阅看。将此由六百里谕令知之。”寻袁世凯奏：“遵筹运河办法，应俟解冻后察看情形，设法办理。”报闻。折包 （《清德宗实录》卷474）

（宣统二年七月）丙午，翰林院侍读学士恽毓鼎奏：“窃维淮水导源桐柏，历河南、安徽、江南以入海，长逾千里，自魏晋以来类皆引水开渠，以施灌溉，濒淮田亩悉成膏腴。乃近来沿淮州县无年不报水灾，浸灌城邑，漂没田庐，自正阳关至高、宝一带，尽为泽国。实缘近百年间河身淤塞，下游不通，水无所归，浸成汛滥……今黄河久经北徙，堰坝无所用之，当别筹入海之途，使下游得所宣泄……分浚支流以杀水势，既消盛涨兼溉民田，可使枯瘠变为膏腴，灾区更成乐土。民生大利，无逾于此……由响水口入长淮，沿河至信阳州，与铁路交通，可运百货，以输汉口……”…… （《宣统政纪》卷38）

3. 其他运输

（康熙十八年九月）壬寅，学士佛伦等疏言：“大兵进取辰、沅，不久即至镇远，臣等先于荆州、常德、澧州诸处豫备进黔兵饷，付督抚等运至镇远。但黔地人夫不足，将湖南人夫作何分派，运送收贮，宜会同酌议，请留湖南巡抚韩世琦与臣同驻镇远。”上谕：“总督蔡毓荣酌量留

司道各官同驻镇远，协理粮务。”（《清圣祖实录》卷84）

（康熙十八年十一月壬辰）户部议复：“湖广巡抚张朝珍疏言‘本省起运军需米豆草束，路经长江及滩高水急之地，有实在漂没者，应取有司官印结，准其豁免。又各省派养之马瘦病倒毙，难于赔补，请开马禁，许卖马人等将马数呈明兵部，颁给部单，准赴某地方贸易，以便购买补足’。应如所请。”从之。（《清圣祖实录》卷86）

（康熙二十四年五月）丙戌，工部议复：“湖广巡抚石琳、浙江巡抚赵士麟疏言‘楠木、杉木不能如期运至，特请宽限’。应不准行。”上谕大学士等曰：“朕闻明时采运楠木，从山至河，民力告竭，地方苦累。今运各省所备楠木、杉木，若程限太迫，恐山路崎岖，转运艰难，地方虽有良吏，不能不苦累百姓。其令部臣详议缓运，勿致累民。”（《清圣祖实录》卷121）

（康熙二十九年八月己卯）湖广巡抚吴琠疏言：“前任粮道叶映榴任内，长支各标兵米八千一百石零，原领各兵逃亡解散，莫可追求，请免追赔。”从之。（《清圣祖实录》卷148）

（康熙三十一年正月乙酉）户部遵谕议复：“襄阳、郧阳等处积贮米谷发一十五万石，选贤能官员给与脚价，运至秦省潼关，陕西复遴委贤能官员接受，运至西安。用此米谷之处，仍行题明。”得旨：“郧阳山路崎岖，难于输挽，应停止郧阳运米，将襄阳等处米谷运送一十万石。其运送事宜，遣部院堂官一员前往管理。此运米俱见给脚价，如陕西流民在襄阳者，有情愿运米，即给脚价，令其运送，既可有济转输，亦可俾流民还籍。随命刑部侍郎傅腊塔前往管理。”（《清圣祖实录》卷154）

（康熙三十一年七月丁卯）四川陕西总督葛思泰疏言：“请将襄阳运

送之米所余六万石散给兵丁月饷。”上曰：“已有旨，将布喀运送米石支给，不得贻误。其所运米石，限九月内尽数运至西安。如官兵月饷有误，挽运米石逾期，即照前旨，从重治罪。”（《清圣祖实录》卷155）

（康熙三十二年二月丙戌）九卿议复：“户部郎中苏赫纳等疏言‘奉命勘襄阳府通陕西商州水路，自襄阳至商州所属龙驹寨八百七十余里，内有淤浅及险滩，应于未运米之前交地方官疏浚。自龙驹寨至商州城一百里虽有水道，浅处甚多，不能行船，应将米由陆路运至西安’。并应如所请，将襄阳二十万米石动运十万石至龙驹寨，交陕西督抚陆路运至西安。”得旨：“着直隶守道邵嗣尧前往会同料理。”（《清圣祖实录》卷158）

（康熙三十七年十一月丁酉）又谕曰：“前谕西宁茶马五千匹，自边外送三千至京，此地需马不甚紧要，送二千足矣。闻南省驻防军士马匹甚艰，其余三千送至荆州、江宁、杭州三处各一千，给散军士。此马由内地行，值稼穑时必践踏民田，着及时遣部院贤能官赴彼领取起行，沿途牧养，尽心护送，各至所派之处交该将军。”（《清圣祖实录》卷191）

（康熙六十年十月）戊辰，议政大臣等议复料理粮饷事务：“陕西总督鄂海疏言‘臣遵旨前至甘州料理粮饷，甘州等处山多田少，所获粮草无多，不得不预为多备。今河南、湖广之粮已运至陕西，请于此内运米六万石、豌豆四万石，半送甘州，半送凉州。臣前在西安时，因各仓无存贮豌豆，以粮更换豌豆起运，请交与总督年羹尧照前料理’，应如所请。”从之。（《清圣祖实录》卷295）

（乾隆三年十二月癸未）（户部）又议：“贵州总督兼管巡抚事张广泗疏报，黔省办运铅斤，部议停运一年，未奉部文之先，已将己未年正耗铅斤改由贵阳直运楚省，请仍照旧解京。查威宁一路，有江、安、浙、闽四省承办铜斤人员，并商驮货物，均于此处雇运，马匹无多，脚价必

贵，是以议令停运一年。该抚既称改由贵阳，并无拥挤，应准照旧解部……”（《清高宗实录》卷82）

（乾隆五年六月戊戌）云南总督庆复、巡抚张允随奏：“前闽省请买滇铜二十万斤，江苏请买滇铜五十万斤。查滇省每年办运京铜共七百三十余万斤，黔省每年办运京铅一百八十三万斤，同路运送，驮脚每苦不敷……至江苏上通楚、蜀，应由威宁、镇雄两路运赴永宁，交办员领运回苏。但铜斤现在不敷，实不能如江苏所请原数，请酌减二十万，给与三十万，亦分作两年运送。”得旨：“办理俱属妥协，知道了。”（《清高宗实录》卷119）

（乾隆六年七月癸酉）（户部）又议准云南总督兼巡抚庆复奏称，滇省每年搭解停铸京钱，原用铜一百八十九万一千四百四十斤，照依额铜之例作为四运，每运委佐杂一员，赴永宁领铜，尾同运解额铜之员押至汉口，即换装站船。湖广等省委员协运，其佐杂养廉并陆路脚价银，悉照办运额铜之例支给。从之。（《清高宗实录》卷146）

（乾隆九年九月癸卯）云南总督兼管巡抚事务张允随奏：“金沙江上下两游共一千三百余里，应开凿大小八十三滩……查金沙江自古不通舟楫，自乾隆七年上游开通，川、楚商船赴金沙厂以上地方贸易者渐多，现试运铜斤至河口滩者四十三万三千余斤，转运至黄草坪者十万二千三百余斤，下游告竣，即可运至泸州，直达京局。就目下情形计算，每年可运铜百余万斤，较陆运之费可省十之二三，并将来川省商民闻风贩运，盐米流通，民食亦可资接济。”得旨：“所奏俱悉，若果实如所言，自是美举。”（《清高宗实录》卷225）

（乾隆十四年五月乙丑）户部议奏：“酌定铜运各款。一、铜斤亏缺宜分赔，查采办洋铜例内载‘铜斤报解后，即分咨沿途催攒，设有盗卖等弊，解官按律究拟，着落追赔，委解各上司分赔’等语，请嗣后如沿途盗卖，解官名下不能追赔，亦照例着落委解不慎各上司分赔，并严加议处。一、运解宜定限期，查自永宁至汉口限四个月已属宽裕，汉口抵通五个月系照漕船例，惟在汉口、仪征换船换篓停留日期，例报地方官转详咨部扣除，运官借词稽延，嗣后汉口限四十日，仪征二十日，统核自永抵通，定限十一个月，如逾一月以上，照例查参，领解官革职，委解上司降三级留任。至守风守水，定限已宽，不准扣算。再每运正、协二员倘沿途有沉溺打捞等事，即令一员前运，如逾限，亦不准扣算。一、加运宜遴员领解，每年四正运，委府佐州县一员、佐杂一员。二加运，但委佐杂二员。嗣后正加运，俱委府佐州县一员为正运官，佐杂一员为协运官。一、办解铅锡与运铜事同一例，应均照例办理。至运送饷鞘，经由陆路，与运铜不同，按站拨送，定例綦严，应再行令各督抚，饬属详慎稽查，违误照例参究。”从之。（《清高宗实录》卷341）

（乾隆十六年四月癸未）又谕：“户部所议铜铅交局赢余之处，奏称‘滇省办运铜斤，每百斤给有余铜三斤，以备折耗添秤之用。额铜交足外，余剩令其尽数交局，余铅亦应照此令其尽数交局’等语。铅斤昨于刑部折内已降谕旨，看来从前成例似是而非，办理亦有名无实。解局铜铅既有定额，不足者责令赔补，则赢余者即当听其售卖。盖赢余已在正额之外，即不得谓之官物，如应尽解尽收，则从前竟可不必定以额数矣。足额已可完公，又谁肯尽交余数？徒有尽交之名，而余铜未尝不留存私售。朕办理庶务，惟期行实政而去虚名。铜铅交局，一遵定额，正额交足，所有余剩铜铅应听其售卖，以济京师民用，未尝不可。但官解之余，而私售漏税，则不可行，而且启弊。惟令据实纳税，隐匿者治以漏税之罪足矣。此折着发还另议。”寻议奏：“嗣后领运各员交局后，将实存赢余数目报明户、工二部，行崇文门监督，按照经过各关应交税课通盘核算，照例纳税，如以多报少，即照漏税律治罪。再查铜铅抵通抵湾，即照汉口、仪征换船换篓之例，限两个月全数交局，如遇阴雨泥泞，或铜铅并到，车脚难觅，令转运之通州坐粮厅、张湾巡检据实报明。逾限捏饰，将解员及转运之员一并议处。”从之。（《清高宗实录》卷387）

（乾隆十七年正月癸未）又谕军机大臣等：“漕运总督瑚宝奏报‘铜船入汛、出汛日期’一折，内称‘云南委员黄有德、沈良遇领解乾隆十六年正耗铜九十四万余斤，行至归州叱滩雷门洞、宜昌府黄颡洞等处，损船二只，共沉溺铜十五万一千余斤’等语。向来各省委解铜船中途沉溺，有实系遇险遭风者，亦有不肖劣员沿途盗卖捏报者。此次黄有德等沉溺铜斤至十五万余之多，其中似不无情弊，着传谕硕色令其严行确查，毋任该委员等任意侵盗，以饱私囊。至沿途各督抚虽系隔省，但船只既在境内，即与有查察之责，前经该部定议通饬在案，嗣后务宜实力稽查，以杜积弊。不得但据委员禀报之词入奏，视为奉行故事而已。着各督抚奏事之便，一并传谕知之。”（《清高宗实录》卷407）

（乾隆二十三年五月戊戌）署理湖北巡抚庄有恭奏：“据云南抚臣刘藻咨称，滇省岁办京铜，向分正加六运，每遇川江盛涨，碍难违限，多至沉失。经户部议以川江水急，惟在五六月间，欲将二运分摊前后五运，以为避险之计。经滇省议称‘正运铜斤系沿途雇船，加运之铜系拨船递运，若将正运派加，未免参差互歧，请将四正运并为三运，两加运合为一运，每岁七月开头运，九月开二运，十一月开三运，次年二月开加运。一切换船等事，可以次第办理’等语。查四、五两月，不特川江盛涨，即楚北归州一带亦皆难行，但每岁汉口换船，系两湖公应。兹据各司道会议，湖北原存站船五十八只，湖南站船二十四只，从前滇省加运京铜，头运到楚，例拨湖北船十二只、湖南船十只，二运止派湖北船二十只轮流应付。今两运加铜合为一运，其两运站船亦应并为一运，计拨湖北船三十二只、南省船十只，足敷接运。倘遇船只拆造之年，若照往例兴修，未免有误。请定于正月具题，二月完工，庶可接运。又滇铜两运合一，运员酌减，止派正协三员，楚省委员不过照料，亦须南北二省各派一员，

足敷照料。”均如所议，从之。（《清高宗实录》卷562）

（乾隆三十年十一月辛丑）是月，湖北巡抚调任湖南巡抚李因培奏：“滇省铜船至湖北境，自宜昌府属巴东县万流塘起，至东湖县止，江流湍急，峡滩鳞列。遇有铜铅沉溺，铜包随浪旋流，急雇钩手，尚可取获。若沉入江底乱石内，水摸难施。江陵县一带江阔水平，又无乱石，水摸易于为力。但伊等潜谋分润，积弊已久，应设法防范。请饬沿江州县，遇铜铅沉失，即一面赴勘，一面代雇水摸，并委捕巡一员带兵役前往，协同运员家丁督率防范。倘有私卖，即严拿治罪。如别经发觉，将该员查参。”得旨：“此应实力妥办者，毋论弊窦丛生，即实系沉没，亦觉物力可惜也。南省亦应有类此者，一体留心可也。”（《清高宗实录》卷749）

（乾隆三十四年八月己卯）湖广总督吴达善复奏：“各营县解滇马骡，解员不能小心管押，致倒毙疲瘦。此时解员在滇，相拒遥远，禀报尚无确数，无凭核实，俟各解员回楚，核实严参。再各督抚会衔事件，系一面具奏，一面知会，是以湖南抚臣方世俊折内有会同臣吴达善之语。”得旨：“览。”（《清高宗实录》卷841）

（乾隆三十五年七月）癸酉，谕军机大臣等：“据户部参奏，宫兆麟前此折奏，委员刘岱领解辛卯年下运铅斤，必俟本年八月方可开行，彼时又值壬辰上运开行之期，势难并举，请将辛卯下运，分年带解，当经议复准行。今据湖北巡抚咨报，刘岱已于五月运铅，行抵归州，核算程期，尚在宫兆麟具奏之前等语。宫兆麟平日办事尚能留心，此案何以率行陈奏？舛误若此，殊不可解，着传谕该抚即行明白回奏。”（《清高宗实录》卷865）

（乾隆三十六年五月庚申）又谕：“据桂林等奏‘滇省派员知州德敏领运京铜七十余万零，行至四川云阳县磁庄滩及湖北归州新滩、湖南巴陵县下反嘴等处，三次沉铜至三十九万二千余斤’等语。解运铜斤，中途猝遇滩险风暴，人力难施，致遭沉溺，亦属情理所有。然或一次事出不虞，尚非意料所及，何至接连三次，处处如出一辙？且沉铜如许之多，其中保无沿途盗卖亏缺、捏词掩饰情弊，不可不彻底根究。着传谕各该督抚等，各就该省沉溺处所详细访查，有无弊混情由，据实专折奏闻，毋得稍存瞻徇。”寻富明安等奏：“德敏领运京铜……于本年正月十八日行抵新滩，一号铜船遇风，折断头招，将船打至天平石，沉铜四万二千斤，已捞获一万八百斤零，并无沿途盗卖捏饰……查德敏在四川、湖北两次遭风，心甚着急。适至该地，系荆口下流、洞庭湖上游，江面四十余里，猝遇暴风，不能停泊。臣屡经委员稽查，均无弊混。”报闻。（《清高宗实录》卷885）

（乾隆三十七年四月甲午）湖广总督富明安复奏：“查前此拨解川省药铅，虽经川省咨行停止后陆续运回各营，但军务所需，自当筹备宽裕，以资接济。查湖北荆州、宜昌、宜都、施南等镇协营，附近川省，运送甚便，臣已飞饬此数营内共派拨火药二万斤、铅子二万斤，委员运赴四川巫山县交收转运。又咨明四川督臣桂林，如再需若干，即飞行咨移，俟到日再于北、南两省内续拨解送。”得旨嘉奖。（《清高宗实录》卷907）

（乾隆三十七年六月癸巳）户部议复：“湖北巡抚陈辉祖奏称‘川江入陕，由巴东、归州至东湖县四百余里内，滩势甚险。近年铜铅船只沉溺不一，非用小艇全数起剥，难以避害。查每运滇铜七十余万，应剥十分之四，例准销银八十八万两，若每运再加一百三十余两，即可全剥。黔省铅斤亦即仿此项增费，援照东川、寻甸等陆运铜百斤搭运五斤之例，节省脚费，以充剥项’等语。查湖北省新滩、空舲峡等处俱有名险滩，若铜铅船每运全行起剥，不过增费一百三十余金，所全实大，应如所奏办理。但请增剥费，援照东川、寻甸例，每百斤加添数斤，固属通融之道。第近年铜铅各厂所出未旺，请敕下云贵抚臣妥协筹备，倘不敷加添，

应另法措办。”从之。（《清高宗实录》卷911）

（乾隆三十八年十月乙卯）湖北巡抚陈辉祖奏：“归州新滩剥运铜铅，定例虽在冬春，但江流涨落不齐，势难拘定月分。请于秋末春仲，责令该州协同分驻新滩之州判查勘，酌定应停应剥起止日期，庶剥费均归核实。”得旨：“好，自应如是办理。”（《清高宗实录》卷945）

（乾隆四十年二月丙午）豁湖北归州大冶地方沉溺贵州委员张凤枝运铅九万七千斤。（《清高宗实录》卷977）

（乾隆四十二年正月丙申）贵州巡抚裴宗锡奏：“从前试采铅厂，奏明在案。兹查松桃厅属巴坝山一处，即名大丰厂，地近楚省，遵义县属新寨一处，地近川省，所产纯系白铅，矿砂盛旺，足资拨运。请以大丰厂铅全拨楚省额运，新寨铅酌拨京运一百余万斤，较莲花、福集厂办理既易，兼可节省水陆脚费四万余两……”得旨嘉奖。（《清高宗实录》卷1025）

（乾隆四十二年十月己酉）谕军机大臣等：“据李侍尧奏，滇省迁徙乌噜木齐土夷，起解时，照发遣矿徒之例，将男丁概行上锁。兹据颜希深咨称，头二三起夷户先后到境，俱极安静，惟无锁链，与滇省原行不符。当即行查，藩臬等详复‘当日实系按名上锁，经署昆明县知县徐沅连锁匙点交委员查收，该委员等私擅开放，未便稍为宽贷。现将委员陈英栋等审明治罪，并咨明前途，即于所在地方将该三起夷户补行上锁’等语。该夷人等在云南起解时既按名上锁，并经昆明县将锁匙点交解员，乃行至湖南已无锁链，必系解员等中途擅开，自应查明办理。但此等土夷俱系投诚之众，本属无罪，非前此窜回矿徒可比。今分别安插新疆，原可无庸锁项。而伊等在途行走安静，尚知守法，并当稍为怜惜。且从前锁解矿徒未尝无沿途兔脱之事，可见押解人犯惟在解员等严为防范，自不致有疏虞，并不系乎锁与不锁也。今前途既已无锁，即不应复加。所过地方官接到滇省传知，毋庸补行锁项。若接文在前，已经照办，即传朕此旨，将锁开去，俾伊等知朕体恤远夷之意。将此传谕湖广至甘肃督抚妥办，并谕李侍尧知之。”（《清高宗实录》卷 1043）

（乾隆四十二年十二月壬子）豁湖北巴东县地方沉溺云南省委员孙新吉运铜六万七千二百七十六斤。（《清高宗实录》卷 1047）

（乾隆四十四年八月乙丑）谕军机大臣等：“据李湖奏‘接奉催运铜斤谕旨，查滇省应运乾隆四十三年分京铜，本年四五月内，先后接准滇省来咨，头运一起，委员姚州知州黄韶音，已于四十三年十二月二十日自滇起程。二起，委员嶍峨县知县邵滋，于四十四年二月初五日自滇起程。该委员等到泸之后，受兑装载，开帮启行，迄今并无日期咨会’等语。该委员等于上年十二月、本年二月陆续自滇起程，距今已逾半载，何以尚未报在泸州受兑开行？殊属延玩。向来铜船过境，各地方官虽有催趱之责，往往视为具文，并不实力董促，是以运员得以沿途逗留，本属非是。此次铜运尤关紧要，更不宜稍有稽延。昨据图思德等复奏‘现于峡内豫雇小船，俟铜船一到即为起剥。其汉口换船，亦令地方官豫为觅定，随到随令过载开行，不使其复拘四十日旧限。并酌派都司游击一员，又添委丞倅一员逐程查督，俟铜船出境，方许回销，以专责成’等语，所办亦是。但仅派丞倅，职分尚轻，不足以资整饬。着派吴之黼于汉口一带往来严催，俟铜船全出楚境，再行回任。其臬司印务，着该督等另行派员，奏闻署理。其余各省督抚并当一体留心，核实办理，务使铜船迅速抵京备用。将此由六百里一并谕令知之。”（《清高宗实录》卷 1088）

（乾隆四十四年八月壬申）谕军机大臣等：“据李侍尧等复奏‘筹办运京铜斤’一折……又据称‘铜斤之弊患在走私，风闻汉口商铜聚集甚多，实为滇省走私之据。而泸州水路系官铜正运，恐奸商巧侩即乘此串混夹带，一水运至汉口售卖，更为捷径。现令藩司于通商铜斤给以连三印票，以凭查验，如无印票，即系私铜。请饬湖广督抚验明连三印票方准售卖，如或不符及无印票，应严究来历惩治’等语，所奏甚是。着传谕图思德、郑大进，照滇省所给连三印票实力稽查，以杜奸弊。毋得以事属邻省，视同膜外，不为切实整理，致干咎戾，并将作何查办情形迅速复奏。李侍尧折并着钞寄阅看。此旨着由五百里传谕知之，仍各将铜船过境及筹办情形随时迅速具奏。”（《清高宗实录》卷 1089）

（乾隆四十六年九月丙寅）豁湖北东湖县大峰珠滩沉溺云南委员丽江县知县游永年运铜二万五千一百一十斤有奇。（《清高宗实录》卷 1141）

（乾隆四十九年二月甲戌）户部议复：“四川总督李世杰奏称，铜铅到川，应需船只，遵旨交沈清任率属妥办。惟查重庆以上雇船之事，沈清任止能于所辖之重庆地方照料。其自永宁至泸州，泸州至重庆，皆永宁道专管。应责令该道督同各该地方官代为雇备，并用谙练舵水管驾，如有疏虞，即将船户舵水追价枷示。应如所奏。再查铜铅经过汉口、仪征两处向系运员自行换船装运，亦应照此办理，请饬下湖北、江苏巡抚饬属妥办。”从之。（《清高宗实录》卷 1199）

（乾隆五十一年十月癸卯）谕军机大臣等：“据毓奇奏‘各省领运铜船过境’一折，内称‘云南委员杨有祐、李达等领运乾隆乙巳年三运一二起京铜，行至巴东宜都等县地方，沉溺未获铜斤颇多’等语。各省领运京铜，沿途沉溺，固不能保其必无。但此次沉溺京铜多至八九万斤，而捞获者仅数千至一万余斤不等，自系地方官不能督饬丁役水手实力捞获，而奸民等又复从中图利，将沉溺铜斤诡称捞获无多，俟委员过境后潜行捞取，私自售卖，俱未可定。此等奸民伎俩，在委员呼应不灵，无从杜其弊窦。且领运限期有定，不能在境坐候捞获，以致奸民等得行其诈。全在各该督抚实心实力，严饬各该州县督率夫役，上紧探捞，庶沉溺铜斤或可多获，委员亦不致多有赔累。着传谕沿途各督抚，凡遇铜船过境时，加意护送，如有沉溺铜斤，并责成地方官严行督饬人夫竭力捞获，毋任奸民借端渔利，方为妥善。”（《清高宗实录》卷1266）

（乾隆五十三年八月戊午）贵州巡抚李庆棻奏：“黔省福集、莲花二厂，岁供京楚两运白铅六百余万斤，每年所产，有一百余万斤缺额……请照滇省加增铜价例，每百斤加价三钱，即于解运京铅节省水脚银六万余两内拨补养廉等项外支给。”得旨：“如所请行，该部知道。”（《清高宗实录》卷1311）

（乾隆五十四年闰五月癸巳）谕军机大臣曰：“毓奇奏‘铜船过境’一折，内称‘云南委员张景熠领运戊申年头起运京铜斤，在东湖、石首二县沉溺，未获铜一十四万一千八百五十斤’等语。运京铜斤事关鼓铸，沿途自应小心运送，毋使稍有沉溺。今云南运解京铜在东湖、石首二县沉溺铜至一十四万一千余斤之多，岂不可惜！湖广东湖等处并非有名险滩，船只即偶有碰损，何至沉溺如许之多？且铜斤沉重，落水不患漂失，即或少有陷失，亦不应全行沉没多至数万。此必系运员亏缺铜斤，捏称遭风沉溺；或系船户水手偷卖，故将船底凿漏，沉溺铜斤，临时既可得捞摸之费，而事后又可私赴该处，潜取售卖渔利，二者必居一于此。着传谕沿途各督抚，严饬所属，嗣后遇有铜铅船只过境，运员申报沉溺者，务须严密查验，毋任稍有捏饰。如查系委员船户等装点舞弊，即据实参奏严办，以示惩儆。所有此项沉溺铜斤，即着湖广总督等饬属查明，是否实在沉溺，抑系委员、水手、船户捏报之处，据实复奏，勿任狡饰。”寻湖广总督毕沅等奏：“查东湖县之沾山朱滩，实系三峡中著名险滩，运员张景熠铜船前在该处陡遇暴风，将船碰碎，沉铜七万一千斤。又于石首县之藕池地方，因回溜甚急，风狂势猛，两船对碰，坏船一只，沉铜七万一千斤，并无盗卖捏报、故为凿漏及事后潜取等弊。但打捞尚未及十分之一，据称现因水涨不能兴工，俟水稍退，即饬上紧捞取。”得旨：

"地方官如不实力，即行参处。今水退，全捞获否？"（《清高宗实录》卷1330）

（乾隆五十四年七月戊子）谕军机大臣等："据刘秉恬奏'云南委员黄澍领运京铜九十四万一千九百余斤，行至四川大湖滩、大黑石滩暨湖北江陵县马家赛地方，三次遭风沉溺。除捞获外，共计未获铜二十万余斤。该员存费留人，在彼打捞，殊非慎重铜运之道。请嗣后铜铅锡船过境，遇有沉溺，即令道府大员驰往确勘，并催令上紧捞获'等语。铜斤沉溺至二十余万之多，虽经该委员留人在彼，不过有名无实，安能尽数捞获？并恐照料不及，或被人潜行盗取，均未可定。且安知非船户人等串通作弊，尤不可不严查确勘。刘秉恬请派大员往验，所奏尚是。着传谕李世杰、毕沅等，即派道府一员前赴大湖滩、马家赛等处，督率地方官，多雇熟识水性人夫，务将黄澍所报沉溺铜斤速行全数捞获。嗣后该督抚等于铜铅锡船过境，遇有禀报沉溺之事，务须照此办理，勿任有捏报盗卖等弊。将此并谕刘秉恬知之。"（《清高宗实录》卷1334）

（乾隆五十五年三月庚子）又谕："据浦霖奏'护送铜船过境'一折，夹单内称'湖北委员南漳县知县李继孟，沿途磕碰铜一千七百五十斤。江苏委员常熟县知县何廷凤，沿途磕碰铜四千七百三十五斤'等语，所奏殊不近理。铜斤为质甚坚，镕炼时尚费椎凿，何至如玉器磁器，不耐磕碰？即使铜板四边浇薄之处，偶有擦损，自在船内，尚可随时检拾归数，即稍有遗失，亦不应多至数千余斤。若铜斤因沿途磕碰，即有损耗，假令各省解送银两数目短绌，亦可借称磕碰乎？此必系解铜委员有盗卖遗失情弊，诳报掩饰，所言本不足信。而沿途各省督抚不加体察，即行据禀入奏，甚属漫不经心。所有此项磕碰短少铜斤，即着浦霖照数赔补，遇便搭解。委员李继孟、何廷凤，俱着交部严加议处。嗣后如有解铜官员禀报磕碰数目，督抚中昏愦者遽行转奏，俱照此办理，以示惩儆。"（《清高宗实录》卷1351）

（乾隆五十五年三月庚子）署四川总督孙士毅奏：“川省五方杂处，民情犷悍，命案倍于他省，应从重办理。新疆一带营汛操防严整，民番皆知守分，各土司亦俱安静。至盐法宜严查缉私，水陆各引除分运滇黔，尚有湖广八州县，由川江及酉阳、黔江行走。查夔州水陆要冲，巫山入楚门户，现饬盐法道及该管府厅州县各于要隘巡查，仍严禁私煎，不许稍有搀越。”批：“得其要矣。”……（《清高宗实录》卷1351）

（乾隆五十五年五月己酉）湖广总督毕沅、湖北巡抚惠龄奏防范铜运章程：“一、铜船应责成永宁道，于雇募时验明稳固坚厚。其有现行打造者，亦责令监造官查察，毋许偷工减料。一、向例每船载铜七万斤，多则私带，少则盗卖亏短，应责成江北厅逐一过秤。其船身吃水若干尺寸，并船户头舵姓名，移知接护州县，随时验明。一、应将宜昌至汉口一切新旧险滩刊刻一纸，饬巴东县交给运员，传知各船户水手，并令所过州县将险滩名目标立两岸，俾知趋避。一、水摸捞费，每获沉铜百斤给工价三钱，请嗣后遇水深四丈以外者，每百斤加银一钱，俾得踊跃从事。一、铜船沉溺处所，应饬运员亲属及沿江州县丁役严加查察，毋任水摸私放水底，夜间窃取。”得旨：“有治人，无治法，以实妥为之。”（《清高宗实录》卷1355）

（乾隆五十五年六月）丁卯，谕曰：“毕沅等奏‘黔省委员桐梓县知县吴寿朋领运京铅，该县带有家眷多人并柴米物件，以致船身加重，于巴东县等处地方沉溺船只铅斤，请将吴寿朋革职审拟，并着落照数赔缴’等语。运京铅斤鼓铸攸关，押运委员自应小心谨慎，乃吴寿朋携挈家眷多人，并带有柴米物件，种种累坠，以致连溺船三只，沉铅二十一万斤之多，殊属玩误，迥非遇有险滩风暴失事者可比。吴寿朋着革职，交毕沅等提同船户人等秉公查审，该参员有无盗卖铅斤、捏报沉溺等事，讯明具奏。其沉溺铅斤，并着照数赔缴。至吴寿朋在黔挈眷同行，本省巡抚何以漫无觉察？亦着查明交部议处。此等押运事务，不过一二年即可差竣，原不必携带家眷。嗣后遇有解运铜铅及因公奉派押解官物等事，俱不准委员等挈眷同行，以昭慎重。”（《清高宗实录》卷1357）

（乾隆五十五年十二月戊午）谕：“向来滇省办运京铜八起，皆派云南官员领运。自泸州至京，程途甚远，涉历江河，屡换船只，运员等人地生疏，雇觅他省舵工水手多非素习，往往防护疏虞，铜船致有沉溺。今费淳奏‘请承运京铜，令滇员运至重庆交替，自重庆至汉口、仪征等处例应换船之所，即由各省选派人员更换递运，令其雇觅妥船，慎选舵水，可免沉溺之虞’等语。户部照该藩司所奏核复，固属慎重铜务起见。惟是各省水程辽远，自重庆至汉口，自汉口至仪征，再由运河进京，中间相距各数千里，每至交替处所，凡递运委员不能不盘查秤兑……势必辗转长途，逾违程限。是欲杜弊而转致有违限误运之渐，不足以专责成而昭慎重。嗣后自应仍令滇省委员长运到京，庶责有专司，不致互相诿卸。但所历之四川、湖南、湖北、江西、江苏、安徽、山东、直隶地方，皆非滇员本省，如江路经过险滩，河道提溜打闸，雇觅人夫，呼应究恐不灵。且遇有沉溺等事，亦恐该员借端影射，不可不派委大员经理稽查。所有滇铜经过之处，四川着派鄂辉，湖南着派冯光熊，湖北着派福宁……于铜船到境时，各派勤干或道或府一员，会同滇员照料押运。出境后递相交替，仍通饬各属小心护送。令各该督抚筹定章程，如何督同道府大员及地方官稽查弹压、代雇船只之处，妥议具奏，不得仅以出境入境日期一奏了事。倘有沉溺短少，惟派出之该督抚是问。嗣后每年滇省奏到铜运开帮时，即照此次办理章程，将沿途各省藩臬大员开单，候朕每省酌派一员经理其事，俾各有专责，毋致推诿，则盗卖短少之弊自可永除。所有户部核复费淳陈奏各条，俱毋庸议。”（《清高宗实录》卷1368）

（乾隆五十六年正月辛丑）两江总督孙士毅奏：“筹议护送京铜章程。铜船自湖北蕲州地方，即与江西九江府属德化县交界，经安徽之池州、太平，江苏之江宁、扬州、淮安、徐州，方始出境。道里迢遥，江面居其大半，若仅派道府一员押送，耳目难周，且恐非本属，呼应不灵。臣悉心筹议，除江宁巡道本有经理换船之责，江宁府即令该道专查督运，其余责成该管知府各于所辖地方接替押送。所有楚、黔、粤等省办运京铅点锡及各省采买铜铅过境，亦一体办理……”得旨：“好，实力为之。”（《清高宗实录》卷1371）

（乾隆五十六年二月癸亥）湖北巡抚福宁奏：“筹议护送京铜事宜。查铜船由湖北巴东入境，黄梅出境，请嗣后铜船将次到楚，即令宜昌府前往迎护，送至宜都，交荆州府接护；至监利县，交湖南委员护送；至湖北嘉鱼县，交武昌府护送；至汉阳、黄州二府，按段转交，由江西出境，即转回，迎护续到各起，再令该道就近稽察。其各船停泊，必使归于一处，并令地保塘汛巡防危险处所，责令地方官添雇熟谙水手，以资防护。并咨会川省，于重庆换船时，将船只编号，载明船户、水手姓名及铜斤若干，造册咨楚，以便按船复验，催令出境。仍飞咨江西、安徽、江苏一体盘查，庶免盗卖之弊。”得旨：“总之在人不在法，勉为之。”（《清高宗实录》卷1373）

（乾隆五十六年三月乙未）湖南巡抚冯光熊奏：“筹议护送铜铅章程。查每年滇黔运京铜铅，俱经过湖南巴陵县境，系岳常澧道及岳州府所辖。岳常澧道驻扎澧州，距岳郡较远，岳州府近在同城，请嗣后准到滇黔知照之文，即饬岳州府驰往界首迎护，督送出境。又南省办运京铅，自省城开行，至湖北嘉鱼县出境，其长沙至巴陵交替，应责成长沙府照料。巴陵至湖北嘉鱼，即令岳州府护送出境，并令该管长宝道、岳常澧道稽查。再滇黔铜铅自四川重庆换船开行，若俟地方官具报上司转咨，未免纡迟。现咨明川省，令重庆府于换船开行五日前，即缮传单沿河飞递来楚，以便迎护。又船只入巴陵县观音洲，经上翻嘴、下翻嘴、荆河脑、白螺矶、杨林矶，在在危险，应照例刊知单，并令多雇熟谙水手小心保

护，以免疏虞。”得旨：“行之在人，立法而不实力行之，何益？”（《清高宗实录》卷1375）

（乾隆五十六年八月乙巳）四川总督鄂辉条奏铜运事宜：“一、向例装载铜船，每夹觚船一只，以七万斤为率，但查重庆至宜昌寸节皆滩，装载过重，转掉欠灵。今拟酌装五万斤，并饬经过地方官协同运员严查船户，毋许违例夹带私货，仍致笨滞难行。至一入长江，并无滩险，到楚换载，仍以每船七万斤为限。一、铜铅船只每年春夏在二、三、四、五等月，秋冬在八、九、十、十一等月，按八个月放行。其六、七、十二、正月俱停开运，并咨明云贵督抚饬令运员豫为料理，查照月分，按起如期到川领运……”下军机大臣会部议行。（《清高宗实录》卷1384）

（乾隆五十六年十月）癸卯，谕军机大臣等：“据苏凌阿等奏‘贵州委员萧志翊接运吴寿朋解京铅斤，吴寿朋押解领运时，在湖北地方沉溺未获铅十七万八千一百斤，该处地方官是否打捞全获’等语。上年贵州委员吴寿朋在湖北省之巴东、东湖、江陵三县地方沉溺铅斤，迄今已一年有余，何以未经该督抚报明捞获数目？此项沉溺铅斤至十七万八千余斤之多，若不上紧打捞，任其沉失，岂不可惜？着传谕该督抚等严饬地方官，同该委员亲属，认真督令水摸实力打捞，务期全数起获，并将曾否捞获若干斤之处及委员如何治罪，据实复奏。毋得久而生懈，致沉失铅斤终无获也。”寻，湖广总督毕沅奏：“黔员吴寿朋沉溺铅船，经臣参奏，并饬分赔在案。嗣据巴东、江陵县陆续捞获四万四千八百一十斤，尚未获铅十三万一千三百九十斤，现在江水稍涸，勒限打捞，不敢稍懈。”得旨：“实力为之。”（《清高宗实录》卷1388）

（乾隆五十八年五月辛酉）是月，湖广总督毕沅、湖北巡抚福宁奏：“运京铜铅首严偷漏，现饬沿江州县遇沉失铅铜之案，其打捞时固应实心查办。如遇委员已去，水涨停工之候，立将水摸遣令回籍，一面委员住宿江干，昼夜巡查，毋任水摸潜匿。俟江水稍退，再行雇募开工打捞，如能多获或全数获起者，除给工价外，再加赏赉。倘故将铜铅存留水底，或搬运他处，潜肆盗卖者，即照偷盗钱粮律计赃治罪，地方官严参着赔，该管道府议处。”得旨：“总在尔等实力，外省诈习闻之厌矣。”（《清高宗实录》卷1429）

（乾隆五十八年十一月丁巳）又谕：“据司马騊奏‘滇省壬子年运京铜斤第八起，在湖北归州吒滩遭风沉铜五万斤，捞获铜三万五千五百九十余斤，赶运归帮’等语。铜船遭风后，铜斤沉溺江底，不能随波冲去，若果认真捞摸，断无不获之理。乃向来水摸人等隐匿铜斤，希图盗卖牟利，报获之数往往无多。今第八起运京铜斤，在湖北归州地方沉溺五万斤，捞获只及大半，明系水摸私行隐匿，地方官不能实力稽查所致。着传谕毕沅等，即行实切根查，严禁水摸藏匿偷窃及串通铺户私卖情弊，以期全数捞获，搭运送京。现在曾否全获，并着遇便据实具奏。”寻奏：“先后捞获铜四万四千二百余斤，计未获铜五千七百九十九斤，少十分之一。”得旨：“数虽少，在盗卖则多矣。”又奏：“现乘水落，严饬督捞。”得旨：“以实为之。”（《清高宗实录》卷1441）

（乾隆五十八年十二月戊子）湖北巡抚惠龄奏：“臣由蜀赴楚，察看铜船所经，如嘉定、叙州、重庆、夔州各府属，水已归槽，各州县遵于滩上雇募滩师，帮同驶放，但铜船较重，仍易失事。臣谕令先用小船导引。”得旨：“亦一法。”又奏：“饬于两岸雇募民夫，持篙杆以资保护，勤者奖赏，不经心者枷责。至楚境宜昌府属，三峡水更迅急，怪石布满江心，亦令各备船夫，兼用导引推拒之法。所过失铜处，有捞夫入水数刻，并无所获者，有得一二块者，诚恐乘机盗窃。”得旨：“此系必有者。”……（《清高宗实录》卷1443）

（乾隆五十九年四月辛未）又谕：“前因沉溺铜铅，捞获甚少，恐水摸等偷匿滋弊，地方官不能实力查察，是以饬令四川、湖广各督抚设法打捞，以杜弊端。兹据孙士毅奏'捞获铜铅筹议章程'一折，内称'库套子险滩波浪奔腾，水摸不能到底，仅有一人直到水底，尽力打捞，获铜一块。该水摸登岸，当时口中流血，昏晕半日始苏'等语，所办殊属非是。铜铅船只遇风覆溺，自应勒限打捞，尽数报获。倘系有名险滩，人力难施，断无逼令水摸委身冒险，轻试不测之理。设竟在江淹毙，是因捞铜之事致令戕生，实属不忍。况现据孙士毅酌议，极险江滩沉铜无获，只准豁免一半，余亦着落运员与地方官分赔，又何必勒令冒险轻试耶？孙士毅办理不合，着传旨申饬。外省督抚于地方事件非失之不及，即失之太过，办理总不能得当。嗣后该督抚遇有铜铅沉溺，固应实力打捞，如实系险滩难以施力者，自当酌量情形，不必过于勉强，以致水摸有涉险轻生之事。除将孙士毅所奏筹议章程交部核议具奏外，将此通谕知之。"(《清高宗实录》卷 1450)

(乾隆六十年七月戊辰)又谕："据惠龄奏'续获沉铜'一折，内称'滇省委员胡钟等在湖北境内遭风，沉铜二十四万一千八百七十九斤，节次捞获铜一十六万九百余斤'等语。各省铜铅沉溺，前屡经降旨，令各督抚督率地方官多雇水摸，设法打捞，以期全数捞获。兹虽据惠龄称，现在江水泛涨，难以施工。但未获铜斤尚有八万余斤之多，安知非水摸人夫借称水涨难摸，私自偷捞牟利，亦未可定。该水摸等所偷铜斤，不过在附近市肆私行售卖，无难随时访查。着传谕惠龄，即将此项未获铜斤，饬令地方官于水势略平时妥速打捞，毋任水摸私行偷获。并着铜铅船只经过省分之各督抚一体留心上紧打捞，随时访察，勿任稍有偷漏，方为妥善。"(《清高宗实录》卷 1483)

(乾隆六十年九月己巳)谕军机大臣曰："宜兴等奏'云南委员叶道治押运癸丑年加运二起京铜，除在湖北巴东县遭风沉溺外，已全数交局'等语。查上年十一月内，据汪新奏'该委员在归州地方沉铜五万一千六百七十斤，经该州知州多雇水摸，全数捞获。巴东县地方沉铜五万一千六百七十斤，亦经捞获三千二百三十斤’等语，当经降旨，令将全数捞获之归州知州王钟岳咨部议叙。其巴东县沉溺未获铜斤，上紧设法打捞，以期速行全获。迄今几及一年，此项沉铜，虽据惠龄奏续获一千三百三十二斤，为数甚属有限。着传谕惠龄，趁此水尽潭清之候，严饬所属，多雇人夫，实力打捞，毋任隐匿偷买，方为妥善。”（《清高宗实录》卷1487）

（嘉庆十年五月庚子）又谕：“瑚图礼奏‘滇省运京铜船遭风沉溺情形’一折，据称‘滇省委员程球领运京铜，在楚省汉阳县新滩邓家口地方陡遇狂风，沉溺铜船十只，并淹毙丁役舵水十二名，沉失铜五十万八千余斤，尚未全数捞获’等语。汉阳县邓家口地方系属著名险滩，该运员领解铜船驶至该处江面，猝遇狂风巨浪，沉溺船只，实因人力难施，尚非疏于防护。其丁役舵水等因迎浪抢救，致被淹毙，情殊可悯，着该抚查明给予赏恤埋葬银两。所有沉失铜斤，除已捞获三十七万余斤盘验起运外，其未获沉铜十三万八千余斤，仍着该抚饬属上紧打捞务获，并着官给捞费。至损失船只及打捞沉铜或有未能足数者，俱加恩免令该员赔偿，以示体恤。”（《清仁宗实录》卷144）

（嘉庆十一年二月辛巳）谕内阁：“据户部奏‘议复江省不能接运滇铜，请仍循照旧定章程办理’一折，滇省运京铜斤，向系由该省派员解送。嗣据永保奏请分省递运，经楚省奏明照议办理。今江苏省因河工海防及办理漕务，均关紧要，难以再派运铜，自系实在情形。江省既不能接运，断无只令楚省委员接运之理。看来三省递运一事，势属难行，着照部议，仍循旧定章程，滇省委员径运进京，以归简易……”（《清仁宗实录》卷157）

（嘉庆十一年二月）庚子，谕内阁：“各省押运道员，前经降旨，令该督抚出具考语，给咨送部，俟抵通交粮完竣，即由仓场侍郎查明，移咨吏部带领引见。兹据瑚图礼奏‘湖北省道员押运，向止趱抵临清闸口，即移交东省接催前进，例不抵通，可否请将该省道员俟押漕三次后，准其出考给咨，送部引见’等语。湖北等省距通州较远，即令中途交替，其所历程站，比之豫、东、江、浙等省劳逸维均，自应一体示以奖励。嗣后湖北省及湖南、江西省粮道，押运已届三次，如果催趱认真，并无过失，即着该督抚出具考语给咨，由仓场侍郎查明，送部引见。此外豫、东、江、浙等省粮道直押抵通者，亦着俟押运三次后送部引见，以归画一。”（《清仁宗实录》卷157）

（道光六年十月己酉）又谕：“嵩溥奏‘查明楚局存铅尚多，请暂停续运，以免久贮’一折。黔省每年办运楚铅，向视楚局存铅多寡，随时酌量增减。上年因楚省存铅充裕，奏准将乙酉、丙戌两年楚铅暂行停运。现当办运丁亥年楚铅之期，据该抚查明，楚省尚存白黑铅共计九百余万斤，足备一二年内各省采买之用。此时即照常办运，不过堆贮局中，于成本徒滋縻费。着照所请，所有黔省应运丁亥年楚铅，准再停运一年，该部知道。”（《清宣宗实录》卷107）

（道光十年五月己巳）又谕：“宝兴等奏，滇省委员喀勒崇阿、罗祖望两运铜船，于上年八九月间运抵江苏，至今未据咨报何日开行。着两江总督查明该运船开行日期，一面咨报，一面迅饬该运员趱运北上。至己丑年六运滇铜，内除郑允修一运业已渡黄外，其滇员方若麟、周诵芬、王寿、沈改之并川省接运委员杨佩芝等五运，均未依次跟接咨报过境，着云南、四川、湖北督抚查明，饬令各运员扫帮前进，并着沿途各督抚一俟铜船抵境，即饬上紧趱行，毋许稍有迟延。倘承催、督催各员催趱不力，立即严参……”（《清宣宗实录》卷169）

（道光十年九月）庚午，谕内阁：“嵩孚等奏‘查拿私盐’一折，所办好。前因两淮盐引滞销，私枭充斥，降旨令各该督抚等督饬所属，实力查拿。兹据嵩孚等奏，自本年三月以后，各卡文武员弁暨各州县，先后报获私盐二十五起，人犯二十九名，计盐一万八千余斤；又据湖南报获私盐四十三起，人犯一百六十五名，计盐二万三千余斤，可见私盐侵占。一经严旨饬拿，该二省即缉获六十余起之多，此后当倍加振作，认真查拿，以收实效。所有江广帮船经由搜盐之处，随查随行，毋许停泊。现届回空之时，务当严查夹带，并严饬由川入楚各州县，于铜铅船只过境，查验有无多带剥船，并令各卡员搜查，如敢越卡直下，即行拿究……”（《清宣宗实录》卷174）

（道光十二年十二月庚申）谕内阁：“裕诚等奏‘勤炉停限将满，请豫筹铜斤’一折。宝源局勤炉停铸期限，于明年四月届满，二月内即应开铸，而现在局库存铜一百十万余斤，仅敷明年六月发给八月分之用。在途各运已届年底，尚在川、楚、江西地面，势难于明年八月以前到局接济。若不复开勤炉，既无别款搭放兵饷，若照限满复开，又恐铜斤不敷。其应如何筹济之处，着户部速议具奏，并着沿途各督抚专派妥员，严催各运员赶紧趱行，将入境出境日期先期报部查核，无许借词阻风守水，耽延程限，致误鼓铸而干重咎。”（《清宣宗实录》卷228）

（道光十六年十一月丁亥）谕军机大臣等：“寄谕云贵总督伊里布、云南巡抚何煊。据御史袁文祥奏，云南铜务，每年正运四起，由运员领银办船直送天津。加运二起，运员领银办船止到汉口，由汉口更换站船二十只，湖北委佐贰一员弹压回空。及至江南，更换站船二十只，俗名马包子船。此项船只，船丁头工勾串各船，招集匪徒，沿途滋扰。江南委试用佐杂一员弹压，该委员得此以为美差，包庇匪徒，任其讹诈，或串同船丁向运员恶借银两。是铜船水手扰害地方，由于地棍之插入，实由于协运委员之包庇。若将加运改照正运，一体由运员直办船只送至天津，则诸弊可免。且查汉口站船二十只，应领水脚银一千余两。江南站船二十只，应领各费银四千余两。又湖北委员帮费银三百余两，江南委员帮费银一千余两，并站船修造各项，所费更巨。加运一改，则站船可裁，繁费既可节省，铜运自必迅速等语。铜船水手沿途讹诈，最为地方之害，不可不设法办理。着该督等体察情形，将加运二起改照正运办理之处是否可行，确切查明，据实具奏。将此谕令知之。”（《清宣宗实录》卷291）

（道光十七年四月甲子）云贵总督伊里布奏：“遵议御史袁文祥奏，云南铜务，每年正运四起，由运员领银办船直送天津。加运二起，运员领银办船，止到汉口，由汉口更换站船，至江南复换站船。将加运铜船改照正运办理，庶该运员于船丁人等尤易稽查约束。”从之。（《清宣宗实录》卷296）

（道光二十一年四月戊申）谕内阁：“上年据御史陈爔奏‘解运铜船，宜严查奸私’，并另片奏‘铜船过境，须派干员饬与一路同行督催’等语，当降旨交铜船所过省分各督抚妥议具奏。现据江苏等省各督抚各就所办情形陆续奏到，其应如何酌定章程之处，着该部议奏。”寻议：“……一、湖北议，运船入境，由宜昌镇总兵督同各卡员地方官搜查，顺水押护至宜昌府，移委丞倅各员督同地方文武交替催趱出境。至汉镇以下，另雇熟谙大江水手，由巡抚严饬汉黄德道督同汉阳同知，选雇头舵经工，查照川省新章办理……均应如所请行。”得旨：“着照所议办理，惟滇、黔两省办解铜铅均有一定例限，近来在途耽延日期，往往转多于例限，嗣后着责成派出之藩臬大员严饬各道府及沿途地方文武员弁一体认真稽查，如该运员无故逗留，地方官扶同结报，即着该督抚严行参办。”（《清宣宗实录》卷351）

（道光二十一年六月）戊子，谕内阁：“御史朱淳奏‘铅船夹带木料过多，请旨饬禁’一折。各省解运铜铅关系京局鼓铸，若如所奏，运员雇船之日，借带木之私以省水脚，船户承揽之后，借运铅之名以脱关税，以致铅运迟延，任催罔应。该御史奏称湖北之田家镇为储木之乡，江西之九江关为舣舟之地，着湖北、江西各巡抚先行出示晓谕，俾居民商贾咸知法令所在，再饬所属严行查禁，有犯必惩，毋任虚应故事。”（《清宣宗实录》卷353）

（道光二十二年七月戊辰）又谕：“刘韵珂等奏‘浙省现难捐造船只’一折，据奏‘浙省产木多系松杉，坚大木料非贩自川楚，即来于福建。现在洋面江面均有逆船梗阻，无从贩运。浙省临海各处又无僻静处所，请俟夷务稍平，路通民归，再行筹办’等语，览奏均悉……”（《清宣宗实录》卷378）

（道光二十二年九月丁未）安徽巡抚程楙采奏：“遵查江省夷船，尚存十余只，难保必无反复，所有楚省遵备兵勇木簰现已到境，未便遽行截回，请俟确探夷情，随时酌办。其代安徽购办木植行抵九江，亦檄催解皖，以便如法捆扎，俾资调遣。”从之。（《清宣宗实录》卷380）

（道光二十三年六月）乙亥，谕内阁：“德春等奏‘委员解铜抵通，据报在途有沉溺铜斤情事，请饬部传询’一折。云南委员张应扬解运辛丑年正运铜斤，于抵通后，报称在湖北归州地方沉溺铜六万六百五十余斤，并未将地方官印结呈验。所报沉溺情形是否属实，着户部即将该员就近传询，据实核办。”寻奏：“查明该员实系遭风，尚无捏报，惟未遵奏定章程，另取地方官印结赍赴仓场衙门呈验，究属疏忽，请交部议处。”从之。（《清宣宗实录》卷393）

（道光二十四年九月）丁亥，谕内阁：“户部奏‘请饬催途次铜铅船只’等语。铜铅为鼓铸攸关，断不容迟延贻误，所有已入直隶境之张循徵、童翚、赵亨钤三运，已过天津关之杨汝芝、方联选二运，已入山东境之姚光熹、黄际昌二运，已自湖北开行之李杰一运……均着沿途各督抚迅派干员，会同经过地方文武员弁迎提催趱，务期于河水未冻以前一律赶运抵通，不准稍有稽滞。倘该运员等借词延宕，承催督催各员并不实力催趱，即着各该督抚指名严参，以肃运务。”（《清宣宗实录》卷409）

（道光二十七年三月己亥）谕内阁：“户部奏‘请饬催铜铅船只’等语。铜铅为鼓铸攸关，断不容迟延贻误，所有……已入湖北境乙巳年正运四起、加运一起……已入湖北境之黔员丙午年下运二起，丁未年上运二起、下运二起……均着沿途各督抚迅即派委干员，会同经过地方文武员弁无分昼夜，迎提催趱，迅抵清江，责成漕运河道各总督，饬令跟随首进粮船相机插档行走，俾资迅速。其已咨报起程尚未开行之滇员桂文奎、已报接运未据盘兑开行之湖北运员德通二运，着云贵、四川、湖广各督抚严饬该委员等迅即兑交，盘兑开行，无令稍事耽延。倘运员借词延宕，地方官不实力催趱，着即指名严参，毋稍隐饰。”（《清宣宗实录》卷440）

（道光二十八年三月辛巳）谕内阁：“工部钱法堂奏‘请饬催铜运’等语。铜运为鼓铸攸关，断不容迟延贻误。所有已出湖南境之桂文奎一运、已出四川境之李令仪一运并湖北接运委员韩印海一运，着沿途各督抚查明行抵何处，务令星夜遄行，勒限于六月内解京……”（《清宣宗实录》卷453）

（道光二十八年三月）庚子，谕内阁：“户部钱法堂奏‘请饬催铜铅船只’等语。铜铅为鼓铸攸关，断不容迟延贻误，所有已入湖北境之云南解员丙午年正运三起、四起，加运二起……均着沿途各督抚迅即派委干员，会同经过地方文武员弁，无分昼夜，迅即迎提催趱，早抵清江，责成漕运河道各总督，饬令跟随首进粮船相机插档行走，俾资迅速。其已报起程尚未开行之云南解员冯祖绳、已报接运盘兑尚未开行之湖北接运员韩印海两运，着云贵、四川、湖广各督抚严饬该委员等迅即兑交开

行，毋令稍事耽延。倘运员借词延宕，地方官不实力催趱，着即指名严参，毋稍瞻徇。”（《清宣宗实录》卷453）

（道光二十八年五月）庚子，谕内阁：“户部钱法堂奏‘请饬催铜运’等语。铜运为鼓铸攸关，断不容迟延贻误。所有已报渡黄之桂文奎一运，已入江南境之李令仪一运，并先后入湖北境之韩印海、李旸、王阶钰、盛熙瑞四运，着……湖北巡抚严饬文武员弁将在境各铜船迅即押令飞挽北上，勿令片刻逗留。并令直隶、山东各督抚一俟各该运船到境，即专派妥员迎提催趱，务于七月内全数抵通。傥该运员等借词延宕，或该地方官提催不力，即着查明参办。”（《清宣宗实录》卷455）

（道光二十八年九月甲午）谕内阁：“户部钱法堂奏‘请饬催铜铅船只’等语……湖北接运委员韩印海、二起李旸，丁未年正运一起王阶钰、二起盛熙瑞……均已先后入直隶境，迄今未据咨报行抵何处，若再羁滞，必致在途守冻，有误鼓铸。着直隶总督将在境铜铅船只迅速派委干员，会同经过地方文武员弁无分昼夜，迎提催趱，务于十月内一律赶紧抵通运局，以济要需。倘该运员借词延宕，地方官催趱不力，即着指名严参，以肃运务。”（《清宣宗实录》卷459）

（道光三十年六月己巳）谕内阁：“工部钱法堂奏‘请严催铜运’等语。铜运为鼓铸攸关，断不容迟延贻误。所有已过淮关之宋淇、已入安徽境之姚光璐二运现在何处逗遛，着沿途各督抚督饬地方官设法催趱，务于七月内解京。至已入湖北境之戊申一运、己酉二运，并着转饬领运各员务于九月内解局。其余己酉各运，亦着赶紧严催，迅速趱运，以重鼓铸而济要需。”（《清文宗实录》卷11）

（道光三十年六月癸酉）又谕：“户部奏‘请饬催铜斤’等语。京局鼓铸钱文，全赖滇、黔二省按时运到铜铅，方资应用，岂容任意稽延？

所有甫经运过淮关及尚在湖北、江西地方之滇运戊申、己酉等年铜斤各员，着沿途各督抚严饬沿河文武员弁押令昼夜遄行，克期北上……”（《清文宗实录》卷11）

（道光三十年七月癸丑）谕内阁：“户部钱法堂奏‘请饬催铜斤’等语。滇运铜斤迟滞，屡经降旨饬催，并特派沿途各省藩臬大员实力催趱，何以漫不经心，任令延宕？可见各省藩臬直将特派事件视为具文，殊负委任。兹据户部钱法堂奏称，在途各起运员均未据经过各省报抵何处，其已入山东境之宋淇一运，亦未据报出境日期。若再耽延，致误鼓铸，所派催趱大员岂能当此重咎？着直隶总督、山东巡抚先将宋淇一运铜斤星夜迎提，飞挽北上，一俟行抵通坝，即着仓场侍郎迅速盘验，务于八月中旬运交京局。其余在途各运，亦着经过各该省督抚勒限加紧严催，不准片刻停留。并着漕运总督饬令于重运军船内插档行走，毋得借称拥挤，再有迟延。至湖广等省铜斤，亦着一律趱进，勿任虚报阻滞。倘各该运员仍复逗遛，地方官催趱不力，即着各该督抚指名严参，以儆怠玩而济要需。”（《清文宗实录》卷14）

（咸丰元年闰八月乙未）谕内阁：“工部钱法堂奏‘请严催铜运’等语。铜运为鼓铸攸关，断不容迟延贻误。现在户、工两局铜斤短绌，叠经降旨严催，而该运员等行走迟滞，习为故常，若非责成地方官竭力催提，必致贻误鼓铸。所有……已入湖北境之二起王日省现在何处逗遛，着沿途各督抚及藩臬大员飞饬提催，先将已入山东境之彭克偁、赵崑，已渡黄之吴鸿昌、郑训逵等四起铜运赶于九月内运送到京，以资接济。其报入湖北境之王日省及庚戌正运三起陈步莱、四起顾恩绶，加运一起邹衍泰、二起彭荩忠等在途各运，亦着赶紧严催迅速趱行。倘各该运员沿途逗遛，或地方官不能实力催趱，即着指名严参惩办。”（《清文宗实录》卷41）

（咸丰三年十月己亥）又谕："户部奏'筹议川楚封存铜铅改道运京'一折。现在京局铜铅短绌，各起运员多因江路梗阻，不能抵通。湖北省城现有存留两运铜斤，四川巴县现有截卸四运铅斤，据该部奏请，均令运赴樊城……着裕瑞、吴文镕、崇纶、英桂按照该部所指程途办法，派委道府大员悉心筹办，亲往督理，监押各运员遄行……该督抚等务当迅速妥筹办理，毋得推诿贻误。原折着钞给阅看。将此由五百里各谕令知之。"（《清文宗实录》卷110）

（咸丰四年二月戊戌）又谕："……本日据英桂奏'四川铜斤，前经户部奏明，由湖北转运陆路至河南运京，现在尚未行抵豫境'等语，京局需铜甚急，着台湧速饬所属，查明该运员等铜船现抵何处，催令星速运至江北陆路，由河南转运，万不可稍有延误。将此由六百里加紧谕令知之。"（《清文宗实录》卷122）

（咸丰四年七月壬戌）谕军机大臣等："……又据蒋霨远奏'委员赵鸿吉、王敬烈领解癸丑年上运第一起、下运第二起京铅，共计三百二十二万三千一百七十余斤，又带解营操黑铅二万斤，因道路不通，起存东湖县库。宜昌失守，所存之铅是否全失，未据湖北咨报'等语。此项铅斤，系京局鼓铸要需，宜昌虽经贼扰，旋即收复，所有存库铅斤，当不至全行失去。着该署督迅即派员确查，毋令不肖官吏借词隐没，查出存铅若干，着即设法由襄阳一带起解运京，毋稍延缓。将此由六百里加紧谕令知之。"（《清文宗实录》卷137）

（同治七年四月丁亥）又谕："前据户部奏，请饬滨临江海各省督抚筹解制钱运津，为京师变通圜法之用。当经谕令各该省督抚等照办，并令崇厚先行存储津门。嗣据李瀚章等复陈'湖北试行情形'，现复据马新贻奏称'提解钱数运津'各一折。浙省厘捐项下制钱经马新贻先提十万串，分批委员由轮船解赴天津。此项钱文抵津后，即由崇厚验收，在津郡择地封存。仍遵前旨，以筹备该处练饷为名，听候提用，不可稍有泄露……马新贻所称，拟于起解时将钱数合计银数，并将银价运费分计并算，即于应解京饷之牙厘各项下作抵，着即照所议办理。仍着马新贻体察浙省情形，如此次制钱运津后，民间用项不至短绌妨碍，即随时酌增续运。李瀚章等并马新贻折各一件，均着钞给崇厚密看。将此各密谕知之。”（《清穆宗实录》卷228）

（光绪五年八月甲子）谕军机大臣等：“总理各国事务衙门奏‘筹办交收伊犁事宜，请饬疆臣核议’一折，据称‘连接崇厚电报，内称约章现皆定议。崇厚定于八月初八日起身，赴黑海画押后，即由南洋回京复命，并将现议条约十八款摘要知照，详加复核……’各等语……第十四款，并有俄商运俄货走张家口、嘉峪关，赴天津、汉口，过通州、西安、汉中，运土货回国同路之语。不特口岸过多，并与华商生计亦有妨碍，允行则实受其害，先允后翻，则曲仍在我，自应设法挽回，以维全局。左宗棠于新疆情形了如指掌，金顺、锡纶久在西北各路，谙习边情。且西路通商如何布置，始能害少利多，左宗棠必有权衡。至张家口、汉口，系南北洋分辖地方，所有通商诸务，亦应彼此通筹。着左宗棠、金顺、锡纶将界务商务各条款悉心酌核。李鸿章、沈葆桢素顾大局，除商务各条款详加筹画外，其界务如何办理，始臻周妥之处，分别详细密陈……”

洋务　（《清德宗实录》卷99）

（光绪六年八月戊申）又谕：“前据鲍超奏遵募勇丁情形，当经谕令李瀚章等将应需军饷妥速应付，整备轮船，催令该提督克期督率前进。现在事机紧迫，亟宜厚集兵力，以固藩篱。鲍超已在湖南召募十五营，其余八营赴鄂选募，此时计早行抵湖北，添募成军。着李瀚章、彭祖贤速将该军应用物项筹画给发，一面饬令招商局整备轮船驶送。如船只不敷装运，即着该提督统带十数营先行起程，限于八月内到防。其余各营，即由该提督责成派出将领统带约束，陆续北上，不准稍有迟误。并着刘坤一酌调福建官局轮船及招商局轮船赶紧驰赴汉口，运载此军，以期捷速。将此由五百里各密谕知之。”洋务 （《清德宗实录》卷117）

（光绪六年八月甲寅）又谕：“前因事机紧迫，谕令鲍超统带十数营先行起程，限于八月内到防，并令刘坤一酌调福建官局轮船及招商局轮船驰赴汉口运载。鲍超接奉前旨，自即赶紧起程。第恐轮船不多，往返装载，未免稽迟。着该提督会商李瀚章、彭祖贤速即调集船只，先行统带十余营克日北来。其余各营，如何设法陆续起程，并着妥筹办理，总期迅速到防，毋稍延缓。将此由六百里密谕知之。”洋务 （《清德宗实录》卷118）

（光绪九年二月辛酉）谕内阁：“户部奏‘云南铜运改归旧道，经过四川、湖北两省，请派大员经理’一折。云南解运京铜，经过各省，前经派员经理。现据该部奏，自五起二批为始，改由四川、湖北运解。所有经过各省，除江苏、直隶仍遵前旨办理外，四川着派鹿传霖、湖北着派蒯德标，即责成各该员严饬委员及沿途地方文武员弁认真稽查，催趱护送前进。该运员倘有无故逗遛及盗卖短少等弊，详报该督抚严行参办。如有应需水师照料之处，即由派出之员详咨该督抚及水师提督调遣。至此次派出之员，遇有升调事故，即令接任之员遵办。”现月 （《清德宗实录》卷159）

（光绪十一年六月己巳）又谕：“户部奏‘稽查云南运铜各员期满，请旨更换’一折。云南办解六起二批京铜，现据咨报起程，此后续办铜斤次第运解。前派沿途经理各员期满，该部查照例案，将经过之四川、湖北、江苏、直隶等省藩臬开列名单，请旨更换。四川着派易佩绅、湖北着派黄彭年……即责成各该员严饬各道府及沿途地方文武员弁认真稽查，催趱护送前进，如有无故逗遛及盗卖短少等弊，详报该督抚严行参办。沿途应需水师照料之处，即由派出之员详咨前途督抚及水师提督调遣。仍着以奉旨之日起，以三年为限，均责成此次所派之员一体经理，遇有升调事故，即令接任之员遵办，期满再行更换。”现月 （《清德宗实录》卷209）

（光绪十四年六月丙戌）谕内阁：“户部奏‘稽查云南运铜各员期满，请旨更换’一折。云南办解八起头批京铜，现据咨报起程，此后续办铜斤次第运解。前派沿途经理各员期满，该部查照例案，将经过之四川、湖北、江苏、直隶等省藩臬开列名单，请旨更换。四川着派崧蕃，湖北着派蒯德标……即责成各该员严饬各道府及沿途地方文武员弁认真稽查催趱，护送前进，如有无故逗遛及盗卖短少等弊，详报该督抚严行参办。沿途应需水师照料之处，即由派出之员详咨前途督抚及水师提督调遣。仍着自奉旨之日起，以三年为限，均责成此次所派之员一体经理，遇有升调事故，即令接任之员遵办，期满再行更换。”现月 （《清德宗实录》卷256）

（光绪二十六年七月）己未，谕军机大臣等：“张之洞奏‘赶运枪弹’一折，据称‘湖北由沪购解神机、虎神两营枪弹各二十万，又有续解张春发营枪弹三十万，拟即日派轮运赴镇江，由清江转运。惟洋舰窥伺长江，闻是军火必将拦截，现将此项枪弹七十万藏于米船，运赴瓜州，转入内河运清江，名为鄂省运京余米，以后应随到随运’等语。即着刘坤一、袁世凯饬令清江转运总局及沿途州县筹办车船，赶紧运解，勿稍延误。原折着钞给刘坤一、袁世凯阅看。将此由六百里谕令知之。”现月 （《清德宗实录》卷467）

（光绪二十六年九月丙申）谕军机大臣等：“现在驻跸陕西，适值灾重粮缺，运粮尤关紧要，应即分两路设局，设法源源运济，以期妥速。恽祖祁既已移局汉口，即着专办此路，其清江转运粮米事宜，着派江苏候补道程和祥、湖北游击蒯德浦会同办理，刘坤一、张之洞务当宽筹运费，督饬该员等分投迅速筹运，以资接济。遇有军火饷银过境，一并照料前进，均毋迟误。将此由六百里各谕令知之。”寄谕 （《清德宗实录》卷473）

（光绪三十三年九月丁未）又谕：“电寄冯煦，电悉。日本乞籴，由外务部奏准，江南皖赣共运米三十万石，鄂、湘两省共运米三十万石，并无百万石之多。计各省匀摊，每省不过十数万石，尚不至有妨民食。着查照原奏，妥速办理。”电寄 （《清德宗实录》卷580）

（光绪三十四年五月己亥）谕军机大臣等：“都察院奏‘湖南商民代表前浙江巡抚聂缉椝等呈称，萍潭铁路展筑洙昭妨害湘路，请饬部停止，以顺商情，据情代奏’一折。萍洙路现已改归邮传部接收管理，洙昭一路经部奏准展筑，该绅等率请停止，殊属不合。惟究竟与湘路有无妨害，着邮传部会同湖广总督、湖南巡抚体察情形，妥议具奏。”现月 （《清德宗实录》卷591）

4. 交通工具

（康熙十六年正月壬寅）征南将军穆占疏言：“臣抵岳州，相度形势，江湖之间，非船不济。今安徽巡抚造送沙船四十艘，于本月十五日到岳，应再发江南、荆州诸处沙船百余艘，齐赴岳州军前。倘长沙未能即克，至三四月间，臣等遣兵取船，由洞庭前进，或攻或围，均有攸赖。若长沙既得，则安亲王及臣等之兵即乘此船，水陆夹攻岳州，庶乎有济。上命京口将军王之鼎发沙唬船六十艘，随带炮械水手人役量配官兵，护送至岳州，并靳辅所送船，足百艘之数，以备安亲王岳乐、将军穆占取用。”（《清圣祖实录》卷65）

（康熙十六年八月丁未）谕议政王大臣等曰：“外藩蒙古等进献马甚

多，江西邻近湖广、广东，乃适中之地，可拨五千匹发往南昌，令总督董卫国遴委贤能官员督视秣养，并简选兵部喂养马及营驿马二千匹，发往湖广武昌，饲秣备用。”（《清圣祖实录》卷68）

（康熙十七年二月）甲寅，先是，安远靖寇大将军贝勒尚善疏言：“得鸟船四十艘，可以破贼，因令江南造船如数送往。”后尚善复奏：“目前水小难行，俟三月后，湖水既涨，添造之船度亦告成，彼时酌量水势，相机进取。”上谕：“湖中所需之船已如数办遣，尚善复尔迁延。观其所奏，虽添造船成，又必旁借事端，稽缓时日。且公温齐率往之兵，本令剿贼，非俾驻守荆岳也。况添造之船难期三月必成，时渐炎暑，又逾进讨之期，大将军顺承郡王勒尔锦、贝勒尚善等其公同确议，添造战船，可否击破湖中贼艘，具以奏闻。”至是，宁南靖寇大将军多罗顺承郡王勒尔锦疏言：“臣等因远隔汛地，船成之日能破湖贼与否未可遥度。且水涨迟早难定，臣等前疏曾谓如有可乘之机，则率兵渡江。顷者荆州相对沿江一带贼势稍减，臣请调将军鄂内舟师并岳州沙唬船五十艘来荆州，臣等即帅师渡江进取。”得旨：“荆州满汉兵数甚多，攻守未为不足。倘调鄂内兵船赴荆，仍未能进取，则往返稽迟，反误攻岳机会。鄂内兵船不必调往，俟船成之日，即将温齐所领及陕西调往之兵一并发赴岳州，尚善等其详加筹度，务期破贼。”（《清圣祖实录》卷71）

（康熙二十二年七月）庚辰，兵部题：“发往荆州、江宁驻防官兵需用船只，请将广西回京官兵家口所坐船只封拨，系民船给与雇值，系官船给与工食。”得旨：“将广西等处官兵家口坐来船只令其装载前往，恐该管官员滥行封拨，借端需索，苦累小民，着差部院堂官一员会同直隶巡抚酌定官兵乘坐数目，量行拨留，毋得多留滋扰。”（《清圣祖实录》卷111）

（康熙二十二年七月）戊子，命兵部右侍郎熊一潇会同直隶巡抚察拨

发往荆州、江宁官兵船只。(《清圣祖实录》卷111)

(康熙四十七年三月)己巳，谕议政大臣等曰："朕自幼时读书之余常习骑射，因见满洲中挽硬弓者甚少，常以骑射鼓舞众人，今见官员兵丁中挽十五力及十余力弓者甚多矣。且朕自幼常习畋猎，身体强健，中路出征时，往来行走四月有余，日进一餐，五更起行，至晚始歇，遇沙地则下马步行，殊觉耐劳。至宁夏出征时，往来两月有余，并不曾在途中歇养马驼，自往迄还，马驼俱无倒毙。旧时将军出于未到西安、宁夏、荆州等处之先，必喂养马匹二三十日，然后起行，尚不能无倒毙之累。由是观之，凡领兵行走，欲士卒精强，马匹壮健，俱视率领之人措置何如耳……"(《清圣祖实录》卷232)

(康熙五十五年十月)己酉，谕议政大臣等："江南、杭州、荆州、西安、固原、甘州、宁夏等处拴养马驼，如有用处，甚属有益。着西安兵拴养马二千匹、驼一百只，固原、甘州、宁夏兵各拴养马一千匹、驼一百只，江南、杭州、荆州兵各拴养马一千匹，俱给发价银，令其购买。"(《清圣祖实录》卷270)

(康熙五十九年五月)庚午，兵部等衙门议复浙江道御史严开昶疏言，江南、浙江、江西、湖广、福建五省营驿，每年遣人赴张家口，向商人王纲明等领受马匹。查五省距张家口计程数千里，商人所给之马未必尽皆膘壮，路远日久，不无倒毙，地方官员多受赔累。请嗣后五省营驿马匹停其赴张家口领受，准令就近购买，以充营驿之用。应如所请。从之。(《清圣祖实录》卷288)

(雍正元年七月丙戌)谕户部、兵部："从前商人王纲明因亏空铜斤银两，具呈愿采买两江、浙、闽、湖广五省营驿马匹，于每匹额价内节省三两，填补亏空。后五省以王纲明所交之马疲瘦不堪，易于倒毙，题请仍自行采买，每匹扣银三两交部，为王纲明补垫亏空。此事虽行已数年，但各省采买额价不敷，不能采买膘壮，营驿之马恒至倒毙，以至地方官员岁有赔累。况商人王纲明亏空银两与各省地方官员何涉，而代为补垫？除从前五省解部补垫银两外，以后每匹扣银着俱行豁免，其王纲明欠项着另行查明清结。”（《清世宗实录》卷9）

（雍正六年十月庚子）工部遵旨议复：“福建、浙江、江南、江西、广东、湖广、山东等省额设内河外海战船，所关甚巨。承修之员，每有逾限不即修完，及修完而未能坚固者，因议处定例稍轻之故也。嗣后修造战船，如有未至应修年限损坏者，请着承修之员赔修六分，督修之员赔修四分，仍将承修官革职，督修官降调。至勒限完工之期过于紧迫，嗣后小修大修，应各展限期，先期领银备料。倘仍有迟误，应照旧例，各加一倍处分。其有承修之员延挨请领，及该上司故意措勒，并将未完之船捏报完工者，分别从重议处。”从之。（《清世宗实录》卷74）

（雍正十二年六月甲寅）工部议复：“内阁学士凌如焕奏言‘臣前奉差湖北学政，查楚属接壤长江，地名三峡，自湖北彝陵州起，至四川夔州府，横亘数百里，峰峦插天，两岸对峙，中间水道一线，滩高石巨，罗布江心，商民往来，如遇风涛之险，每赖江边小船抢救，方得保全，以此知救生船只所宜广设。访闻峡中木值颇贱，造一小船，约计银二三十两。现在归州城外，设有救生船三只，但地广难周，即如归州而上，有泄滩、巴峡、瞿塘峡、滟滪堆等处，归州而下，有新滩、獭洞、舵舲峡、黄牛滩等处，悉系著名奇险，每年为商旅之患。皇上轸念民生，实心实政，巨细毕举，请敕谕四川、湖广两省督抚，转饬地方官，将三峡中水道遍加详勘，设立小船守候救生，保全民命，亦推广皇仁之一端也’，应如所请，行令湖广总督、四川巡抚饬查三峡等处应设船只数目，确估具题。”从之。（《清世宗实录》卷144）

（乾隆十三年十二月丙戌）军机大臣等奏："现今川省马少，大兵阻滞，臣等商酌，京城八旗马不下二万，未经起程兵尚有二千名，若将八旗马内拨三千匹，分为四起，按起骑至良乡，即留该处……至湖北兵四千名业经停调，豫备之马骡已可不用，应行文该督抚，令酌拨二千匹头，即交与奉旨派出领兵将弁解赴川省，于成都一带沿途迎接官兵。事竣后，或应留用，或仍发回本省，交尹继善、策楞酌办。"从之。（《清高宗实录》卷330）

（乾隆十四年正月）庚午，谕军机大臣等："……至所奏官兵由水路回营之处，原因五六月间禾稼遍野，恐致蹂躏，兼可节省马匹。今既即行撤回，其所到之处远近不一，且川楚两省船只一时骤难雇备，水路纡回阻滞，更费时日，自以仍由原路为便。着传谕舒赫德、班第知之。"（《清高宗实录》卷333）

（乾隆十四年四月丁未）兵部等部议复："署湖广总督新柱奏称'宜昌镇后营俱属上游，所设五板船足供河面驾驶。其前营上下两游俱有汛地，惟所设头二号战船二十只较五板船宽大，不能利涉川江。请将前营战船照式改造五板船十只，以便上游与后营官兵轮流会哨。仍留原船十只于下游长江地面，以备巡防调遣'等语，应如所请，行令该督照例分别大修，先后改造，届期估报查核。"从之。（《清高宗实录》卷339）

（乾隆十五年正月丁未）湖北巡抚唐绥祖奏："准工部咨裁虚设无用船，湖北旧设救生船一百四只，应裁武昌一、兴国一、黄冈二、广济四、沔阳二、江陵八、公安一、石首二、监利三、松滋七、枝江二、宜都二、宜城二，共三十七。即于庚午年正月停支佣值，船变价归款。"下部知之。（《清高宗实录》卷356）

（乾隆十八年九月戊午）谕："各省营驿及驻防标营马匹，向例俱令出口采买，送部印烙，盖因口马善于驰骤，于营伍为宜。但南省地土卑湿，天气炎蒸，且饲喂草豆各殊，口马性不相习，每致倒毙，即有存留，亦不能经久，是于口外马匹有损，于内地营伍无益，徒滋商贩中饱。上年湖广总督永常奏请于本省及附近省分购买土马，业已准行。嗣后除直隶等北五省仍照旧例出口采买外，其江浙各省营驿需马，即着就近在本省及邻省买补，所有购买口马之例着停止。其本省马价将来应作何分别准销之处，着该部查明，定议具奏。”（《清高宗实录》卷446）

（乾隆三十二年六月庚子）又谕：“前据定长奏‘护送健锐营兵丁，雇备竹兜乘坐’一节，殊属不知事理，业经传旨申饬。今复据奏‘官兵跟役亦为雇给竹兜，以便遄行’等语，益复荒唐可笑，初不意定长之全不晓事，竟至于此。官兵等奉派征剿，策马驰驱，乃其本分。间遇径路崎岖及马力疲乏之际，虽徒行亦当不惮艰辛，岂可令其安坐肩舆，前往冲锋杀贼之理？即或因兵丁等马匹不敷，酌借竹兜，以代其跋涉，尚云事出权宜。然我满洲兵弁俱知顾惜颜面，亦未必肯贪图安逸，以贻坐轿打仗之诮。至跟役亦令一体乘坐竹兜，尤为非体。夫以舆儓贱役，奔走是供，转使良民赬肩舁送，而伊等遽尔适体乘轩，殊骇观听。定长竟不计为人嗤笑，尚自以为筹画得宜，并令湖南照伊办理，实为厚颜。况我国家遇有军旅之事，兵弁往来一切悉由官办，丝毫不以累民。若令百姓供彼兜夫，是以力田耕作之人，而驱之仆仆道路，岂能无扰闾阎？前此平定准部、回部，军行经过从未轻役一人，定长岂不闻知？现在征缅官兵仍照前官为资送，又何必更烦民力乎？定长着再传旨申饬。所有该省及湖南办给竹兜之处，着速行停止。其湖北省已经雇备竹兜，银两不准开销，即于定长等名下追赔还项。至云、贵两省与楚省毗连，恐亦闻风相效，并着传谕知之。”（《清高宗实录》卷786）

（乾隆三十三年二月庚午）军机大臣等议奏：“此次豫备云南进剿马匹，前议于西安驻防营内拨三千，荆州拨二千。第大兵进讨，尚应宽为筹备。查湖广接壤云贵，且多系土马，拨往协济，程途既便，马性亦为驯习。荆州驻防营马四千，前已调拨二千，所余二千，应请一并拨往，再于两湖附近大路各营驿内挑选一二千匹解往。其荆州营马之缺，于河南附近标营拨补……”从之。（《清高宗实录》卷804）

（乾隆三十三年三月己丑）军机大臣等议复：“河南巡抚阿思哈奏称‘河南拨补荆州驻防马四千匹，已备二千六百四十六匹，酌筹分别妥办’等语。查荆州驻防拨解云南马，业经奉旨令未起程者加意喂养，听候调拨。是此项马在荆州既暂缓运解，则豫省毋庸急为拨补。况现在西安驻防马经由豫省，已须设站支应，且续派赴滇京兵又将抵豫，若以拨补荆州马匹参杂行走，诚未免办理周章。应俟京兵过后先拨二千匹，缓程解送荆州，以补去年缺额。其续拨二千匹，俟荆州解滇后再行陆续解往。至所称拨补荆州马，尚缺一千三百五十四匹，查臣等前议河南缺额马，令直隶拨补。今直隶亦办军需，应俟差竣后再将应补豫省马从容滚运。如尚有短少，该省距口甚近，亦无难随时购买。”得旨：“依议速行。”（《清高宗实录》卷806）

（乾隆三十三年三月辛卯）军机大臣等议复：“升任云南巡抚鄂宁奏‘京兵乘骑马匹，酌筹办理’一折……应如所请。惟是陕西、荆州、四川、贵州、广东、广西各省解滇马，业经奉旨将解送在途者从容行走，未解者存留候拨。应令该抚将现在到滇之马即留省城喂养，俟京兵到省给与乘骑。至各省绿营兵，将来或需调拨，俟奉谕旨，臣等行知派出兵丁省分，令将骑驮马自行办备充足，带赴永昌。”得旨：“依议速行。”（《清高宗实录》卷806）

（乾隆三十三年三月甲午）湖广总督定长奏：“续拨荆州驻防马二千匹，将军永瑞业已带领前往云南。其各标协营马，现于湖北派拨八百，湖南派拨一千二百，仍分十起于荆州会齐，按起陆续赶解。”报闻。（《清

高宗实录》卷806）

（乾隆三十三年四月丁丑）谕军机大臣等："昨舒赫德、鄂宁奏折内称，现在办理马匹甚属艰难。拘泥可笑，已降旨申饬。但思从前两路官兵自撤回宛顶之后，所有骑驮马匹尚存若干，现在加意喂养，是否膘分尚堪应用？其滇省各营额设马匹现有若干，及本地土马尚可购觅若干外，如成都、西安、荆州等处，已经解送云南之马又有若干，均当逐一查明，通盘核计，以备将来应用……"（《清高宗实录》卷809）

（乾隆三十三年七月庚寅）（军机大臣等）又议复协办大学士公副将军暂署云贵总督阿里衮奏称明年进剿缅匪事宜：……一、马数不敷拨给，应令滇省将各营额马喂养备用，并饬贵州、四川、湖广各营豫备马二万一千三百匹。绿营兵不必给马，满洲兵每人给马二匹，驻防兵每人给马一匹。一、兵丁口粮需骡驮载，应令贵州、四川、湖广各买骡二千，河南买骡四千，于明年解至永昌……均应如所奏。从之。（《清高宗实录》卷814）

（乾隆三十三年十月癸亥）谕军机大臣等："前据阿里衮等奏请于贵州、四川、湖南、湖北等省各买马二千匹，河南省买骡四千头，以备驮载之用。今先据阿思哈奏称'令各州县豫为购买，每骡一头先给银六两，烙印造册，俟明年取用时复挑补价'等语，办理殊未妥协，已经军机大臣议驳矣。军营驮载马骡固当先期筹画，但滇省尚非急于需用之期，自应各按情形从容酌办。若如豫省所奏，未免滋扰闾阎。未知川、黔等省现在如何办理，着传谕各该督抚即行查明，据实复奏。"寻湖广总督定长奏："楚省先期筹备马骡价值全给，收槽后官为饲养。"……俱报闻。（《清高宗实录》卷820）

（乾隆三十四年二月）辛未，军机大臣等议复："云贵总督明德奏称，滇省每马每日例给干银五分，连年粮料价昂，所给银除草价外，止得料米一升，不敷喂养。今秋攒喂六万马骡之料，业经购办，除湖北、湖南、贵州秋间始行解到外，滇省现存及川、粤、河南解交马骡春夏料米，请加给日三仓升。再山场不敷牧放，并应于盛暑时量加牧放，夜间仍收槽饲秣。均应如所请。”从之。（《清高宗实录》卷829）

（乾隆三十四年六月壬申）又谕：“据明德奏‘查验湖北省解滇马骡内，除沿途倒毙及留喂九百六十五匹外，尚有一千四百七十三匹，或鼻湿患病，或劳瘠疲瘦，均难收用。现将陕西所办骡头抵补，并经解员等借银就近购买赔还。其湖南马匹已到一起，逐一查验，与湖北大概相仿，现在督令上紧买补’等语。军营马匹最关紧要，该督抚等自应详加挑选膘分肥壮者解送，并饬解员沿途小心管解，以资军行实济。且该督等曾经奏及，解滇马骡俱加意选择，如法运送。乃今湖北解送之马骡倒毙疲乏，不堪适用者至一千余匹之多，而湖南续到之马大略相等，皆该督抚等漫不经心，办理不善所致。现照明德所请，令解员等就近买补。所有抵补陕省骡头各项价费及解员暂借买马之项，俱着原办之督抚等分赔。其因何将此等疲乏不堪马匹解往充数之处，着传谕吴达善、揆义、方世俊即行明白回奏。其不能小心管押之解员，并着该督抚查参。明德原折并钞寄阅看。”（《清高宗实录》卷837）

（乾隆三十四年六月壬申）又谕：“据明德奏‘湖北解到马骡内，逐一查验，不堪应用者甚多，湖南所办亦与北省相仿，现将陕省解到之二千骡头抵补。其不足者，仍令解员就近购买赔补’等语。湖北、湖南两省解到马骡，既有倒缺驳还，自应如傅恒等前奏，即将陕西解到之二千骡头抵补。前已传谕文绶，将停解之骡二千头速行续解，合计共有四千，谅已敷用。所有补用骡头购买及解送价费，均着楚省原办之督抚等如数赔还。至此项骡头原备军营官员买用，今既须抵补楚省解到疲乏不堪之数，自应先尽官用，如有余剩，再令滇省官兵出资认买。但应将原买价值及沿途支应草干饭食并运解一切银两全行估算核计，令其照数承买，方于官帑无亏。其楚省办理未协、倒驳过多之处，已有旨令该督抚等明白回奏。着将此传谕傅恒及明德知之。”（《清高宗实录》卷837）

（乾隆三十四年七月辛丑）谕军机大臣等：“前以湖北、湖南解滇马匹俱有疲瘦，因降旨该督抚，令其明白回奏。今据方世俊将湖南办理不善缘由复奏，且折内已有会同总督吴达善之语。湖北距京较湖南为近，吴达善何以转未奏到，着再传旨询问，令将马匹疲乏之故即行查明，据实复奏，并将因何迟延缘由一并奏闻。”（《清高宗实录》卷839）

（乾隆三十六年二月丙子）谕军机大臣等：“昨据阿桂等奏‘请选拨京兵二百名前往滇省备用’，已允所请，俟回銮后再行派往。此项兵丁，不过往供委遣，与前岁兵差不同。经过地方，只须行所无事，照寻常驿递差使办理。拟分作十起，每三日启行一起，为数无多，沿途尤易照料，无庸安设营盘及官立买卖街市，但须酌备歇店，足容居住。所至尖宿之处均有食物铺店，伊等按程俱系官给盘费，原可听其自行买食。地方官及带兵之员随时留心管看，自不至于滋事……湖北、湖南水程最便，仍照例给与船只……着传谕各督抚，先期妥密筹办车马等项应用，不可稍露送兵名目，致涉张皇。并不得丝毫派及闾阎，妄滋扰累，俟起程有期，再令行文知照。将此豫行传谕知之。”（《清高宗实录》卷878）

（乾隆五十年九月辛亥）谕曰：“徵瑞奏‘据长芦商人呈请捐银三十万两，备造剥船一千余只，并请赏借库项，各商按引均摊，分限十年归款’等语。此项船只，所需板片木料较多，直省恐不能应手。即着徵瑞开明丈尺数目，知照特成额、吴垣、舒常，令该督抚等于湖广、江西二省遴派妥员，各赶造五百余只，以供剥运……”（《清高宗实录》卷1238）

（乾隆五十年九月辛亥）谕军机大臣等：“据徵瑞奏，据长芦商人呈请捐银三十万两，备造剥船一千余只，已明降谕旨，即着徵瑞开明丈尺数目，知照特成额、吴垣、舒常，令该督抚等于湖广、江西二省遴派妥员，各赶造五百余只，以供剥运。惟明岁新漕头二进前抵北河，即需剥船备用，约计彼时湖广、江西成造之船恐未必即能运到，并着特成额等将此项船只赶紧成造，先得一半或三分之一，于明年二三月前即派员送到直省应用，免致临时又须雇用民船。其余一半，仍饬迅速赶办，于该二省漕艘开行时，随帮前抵北河，庶不致迟误。至成造此船，每船一只计用银三百两上下，工价已属宽裕。特成额等应行严饬承办各员，务将所用工料切实造办，期于坚固经久，不致易于损坏……将此传谕特成额等，并谕毓奇知之。”（《清高宗实录》卷1238）

（乾隆五十年九月己未）又谕：“据徵瑞奏‘北河剥船，必须吃水不过二尺，仍可受载二三百石者，方为得用。现在开明丈尺做法清单，并烫样进呈，以便江西、湖广二省照办’等语，所办甚好。北河杨村一带多有横浅，剥运船只自应制造合式，方能行驶便利。今徵瑞烫样贴说进呈，办理颇为周到。即将所进烫样一分寄交吴垣，令其赶紧照办。再着徵瑞照式烫样一分，速送军机处发往江西，令其照式成做。仍遵前降谕旨，先造一半或三分之一，送到直省，自可无误。其应造船只数目及板片厚薄分寸，俱经徵瑞酌定咨明。该督抚务饬承办各员如式造办，毋得草率贻误。将此传谕吴垣、舒常，并谕徵瑞知之。”（《清高宗实录》卷1238）

（乾隆五十年十二月辛巳）谕：“据特成额等奏‘派委汉阳府知府德泰承造剥船，已于十一月十五日造竣二百只。其余一百五十只，十二月初间即可一律完工。又湖南长沙等县陆续造竣一百三十六只’等语。此项剥船，该督等饬委知府德泰赶紧成造，于十二月初间即可全竣，办理甚为妥速。德泰现经该督派令押船运送直省，俟送至北河，着就近来京，交该部带领引见。特成额、吴垣并着交部议叙。其该督等派出在工出力人员，亦着查明咨部，分别照例议叙。”（《清高宗实录》卷1244）

（乾隆五十年十二月丙戌）谕军机大臣等："……湖北省所造剥船，前据特成额奏，已经成造三百余只，派员运送直省。并着传谕该督，饬令委员赶紧行走，务于明春开坝后，即行遄进，迅速抵直，以便剥运北仓米石。除就近传谕仓场侍郎外，将此谕令刘峨、特成额知之。"（《清高宗实录》卷1244）

（乾隆五十年十二月）甲午，谕曰："舒常奏'江西省应造剥船业经造成三百只，委员于十二月初九日起程，运送赴通。其余三百只，亦赶紧制造，于明春运通应用'等语。此项剥船，该署抚派员经理，现已造成三百只。其余船只，明正即可全竣，办理甚为妥速。舒常着照湖广之例交部议叙。其派出在工出力人员，亦着查明咨部，分别照例议叙。"（《清高宗实录》卷1245）

（乾隆五十一年九月乙亥）谕军机大臣等："据徵瑞奏'现在剥船一千二百只尚不敷用，请于每年商交二钱款项内拨银九万两，添造剥船三百只，仍交江西、湖广，即于今冬趱造，来春南漕未到之先，运送至津备用'等语。剥船多为豫备，于漕运事宜更为有济，着传谕李世杰、何裕城、浦霖，即照上年办送剥船之例就近动项，饬委熟谙干员迅速妥造，务于开春南漕未到以前运送至津备用，并着传谕徵瑞，查照旧式烫样分咨各省，照样成造。"（《清高宗实录》卷1264）

（乾隆五十二年二月庚申）又谕曰："工部奏'湖广、江西造办拨船，所开物料夫价与例不符，应令据实删减，再行核销'等语，固属照例办理。但念前年湖广适遇岁旱歉收，一切木料匠工未免昂贵，且办理尚为迅速；江西省承造船只，亦能妥速完竣，所有该二省请销拨船价值银两，着加恩准照该督抚等所题核销。"（《清高宗实录》卷1275）

（乾隆五十二年五月）辛卯，谕军机大臣等："据长麟奏'湖广、江西新造拨船三百只，业已陆续到齐，分拨沿河之德州等六州县安设。现在东省河水充足，重运无虞浅阻，新到拨船俱饬赶紧油舱，倘遇有应用之处，即飞行酌调专员押赴'等语。此项拨船，甫经成造，岂有即须油舱之理？明系地方官借词捏饰，为将来冒销地步……"（《清高宗实录》卷1281）

（乾隆五十三年九月癸亥）又谕："……再刘峨折内称'所毁拨船三只，系动项在江、楚等省置造。今被客民耿德甫船内失火延烧，应责成该犯即在直省照式赔造，以供拨运'等语，所办甚是。至此次延烧漕船米石，应如何着落补交赔造之处，并着该仓场侍郎一并确查妥议具奏。"（《清高宗实录》卷1312）

（乾隆五十四年九月甲申）谕军机大臣曰："毕沅等奏'新造粮船既已改小，犹必刊刻吃水尺寸，以杜载重之弊。至旧船本属宽大，更自便于多装，岂可不限以吃水尺寸？应俟回空抵次后逐一量明，一并刊刻'等语。本年湖北粮船因兑米延逾，实于三月开行。乃该督等代为捏报正月，又任令李天培勒带桅木，等候多日，兼之船重难行，以致脱帮迟误，与新旧船只未经一律刊刻吃水尺寸何涉？毕沅等此奏，不过冀掩其种种贻误之咎。况即欲如所奏办理，而新旧无所区别，将来遇有改造时，旗丁等贪图船大可以多装货物，势必仍照旧船式样成造，岂肯照新船收小拆改？是该督等所办殊多疏漏。着传谕毕沅等，所有该省新旧船只，虽已一例刊刻吃水尺寸，仍当留心查察，于年满拆造之年，务令遵照新定尺寸，毋许仍前放大，致滋弊混。又据惠龄另折奏'七月分，阖省普沾渥泽，中晚二稻已届刈获，约秋收均有七八九分不等'等语，究竟该省秋收通行牵算共有几分之处，何以未据奏及，并着该抚即速查明，据实具奏。将此谕令知之。"寻惠龄奏："湖北秋收，合计八分有余。"报闻。（《清高宗实录》卷1338）

（嘉庆十五年五月）乙丑，谕军机大臣等："……至计需剥船二千只，所需银一百万两，亦尚易于集事。一俟河道顺畅，即将此项剥船分交北河之天津、杨村，东河之临清、汶上，南河之邳宿等处，以备剥浅之用，亦不为无济。其应如何筹办之处，着江南、湖广、江西各督抚会同漕运总督妥议具奏。"（《清仁宗实录》卷229）

（嘉庆十五年五月丁丑）又谕："……兹复据松筠等奏称'各省军船，惟江、广各帮船身笨重，吃水最深，一遇河口淤浅之时，即难挽运。请造剥船一千五百只，停泊御黄坝外，以备剥运'等语。河漕本相辅而行，近年来黄水倒漾，粮运递迟，所关于国计民生者至为重大，亟应随时酌剂，量为变通。所有应造剥船一千五百只，即着照所请行。其计需工费银一百余万两，现在款项充余，尽可敷用，亦均照所奏办理。至淮商等情殷报效，恳请捐银五十万两，亦着加恩赏收，并着阿克当阿查明捐输各该商，咨部照例议叙。此项剥船，该督等即咨会湖广、江西各督抚，饬令承办各员妥为制造，务期宽大结实，以济转运。"（《清仁宗实录》卷229）

（嘉庆十五年十一月）乙丑，谕内阁："松筠奏'江西漕船量为改小，并造剥船随带'一折……至湖广军船，较之江西少装米石，若另行改小，诚恐经历江湖，未能稳重。着交该省督抚察看情形，是否仍旧，抑或仿照江西新定丈尺改造之处，妥议具奏，再降谕旨。"（《清仁宗实录》卷236）

（嘉庆十六年二月辛卯）谕内阁："同兴等奏'筹议湖广漕船，量为改小'一折，该省漕船向与江西一律办理，兹据该抚等奏称'此次新造各船，亦请仿照江西新定丈尺，船身轻便，挽运可期迅速。并照江西每漕船一只，准带可装三百石剥船一只，以便分装土宜运具'等语，事属可行。着照该抚等所请，准其将新造之船照江西粮艘成造，并带剥船。

其尚未轮届改造船只，毋许影射携带三百石剥船，以杜隐混。”（《清仁宗实录》卷239）

（嘉庆十六年六月丁卯）又谕：“……至折内称‘此项剥船，因造办不能坚固，致多裂缝，器具亦属不全，兼有沿途损坏者。且现在用船无多，请酌留二三成外，其余变通筹办，或给与两淮商人承领缴价，改为盐船；或拨与山东、河南运丁改作漕船，以期归款’等语。漕粮即需剥运，亦不过二三十万石，何用多船？伊等除挑留二三成加添油舱器具备用外，至其余剥船，既云官不合用，而欲强令淮商及山东、河南之运丁承领缴价，伊等又岂能合用耶？所办殊属未协。此项船只，本系湖南、湖北、江西三省承办，现既办不如式，即应不准开销，着驳回该三省变价归款，伊等亦无可推卸也。”（《清仁宗实录》卷245）

（道光元年十月）己亥，谕内阁：“李鸿宾奏‘请修造黄河口官拨船只，并酌量匀派造费’一折。淮安黄河口官拨船只现届十年满运，应行修造。据李鸿宾验明船身破朽，实应新造者一百九十只，着照所请，仍照旧案，交江西各帮承造。惟此项拨船系备六省南粮公用，上届成造不敷银两，专在江西帮丁调剂银内拨出，未免偏枯。此次除扣存正价外，尚不敷增费银四千五百八十两零，着在江苏、安徽、浙江、江西、湖南、湖北等六省出运各帮内，每船扣银一两，其各帮减歇船只下运补扣，倘银数尚不敷用，仍归承造之江西各帮补足。该漕督即饬知各该粮道，将先经扣存正价及现扣增费迅速移解江西，同江西道库新旧扣款一并给发领办，并准其先于江西司道库内垫款兴工，以免迟误。嗣后令江、安等六省粮道于每年运船扣银八钱外加扣二钱，存留各道库，以备将来成造拨船正价加价之费……”（《清宣宗实录》卷25）

（道光元年十一月）己酉，谕军机大臣等：“孙玉庭等会奏‘江、广代造直隶剥船，请改运木料’一折。直隶北河剥船原议江、广二省造送，至十年拆造，则归直隶办理。嗣于嘉庆十年拆造时，经直隶省奏准，仍由江、广代办。今据孙玉庭、陈若霖等会筹，以江、广代造此项剥船，成造既多贴赔，驾运尤滋烦费，请仍归直隶成造。其应需木料，由直隶豫计下届排造年分，按应造船数核定何项木料板片、长径丈尺，先期咨会江西、湖广购办运交，并由江、广各雇熟谙工匠十余名，交委员带往，以为教习直隶工匠之用。此项剥船由江、广成造，不特赔累滋多，且经涉江湖，运送北来，中途多有损坏，自不如运木就直成造之较可经久……”（《清宣宗实录》卷26）

（道光二年五月）乙未，谕内阁：“颜检等奏‘请豫造续增官剥船只’一折。直隶杨村起运漕米，前因原设剥船不敷轮转，奏准续增官剥船一千只，由江、广等省承造，解送直隶应用。现届十年满料，自应先将斮朽剥船豫行造送，着江西、湖北、湖南等三省豫造新船三百只，务于明春解送直隶，以备顶补。其余剥船，俟派员验挑后再行续造。所有豫造船只，共需银七万五千两，即着江、广等省动用正款，俟直隶验挑后，查明应造剥船若干只，将垫用料价并油舱工食银两一并奏明办理……”（《清宣宗实录》卷36）

（道光三年四月己酉）谕内阁：“颜检等奏‘续请添造剥船，以济剥运’一折。直隶杨村起运漕米，续增官剥船一千只，前经降旨，饬令江、广等省豫造新船三百只解送直隶，其余剥船，俟派员验收后再行续造。兹据颜检等奏称‘尚缺额船及堪用之船，请饬赶造’等语，着江西、湖北、湖南等三省将额船一百二十七只同堪用一年之船四百六只赶紧成造，务于本年秋间解送直隶。其余挑留坚固、堪用二年之船一百六十七只，亦着次第赶造，于明春解至直隶，以济剥运。”（《清宣宗实录》卷51）

（道光三年六月庚申）以湖北船厂被淹，本年应解直隶杨村剥船，准俟秋后赶造，明年解交，从总督李鸿宾等请也。（《清宣宗实录》卷53）

（道光四年七月壬午）命停止江西、湖北、湖南三省制备苫盖闸河粮船篾篷，从仓场侍郎博启图等请也。（《清宣宗实录》卷70）

（道光七年五月壬辰）谕内阁："那彦成奏'剥船限满，例应排造'一折。直隶北运河商捐剥船一千五百只，已届十年限满，自应照例排造，着准其循照成案，交江西巡抚、湖广督抚一体派员购料造办，分四限解交直隶。内初限船四百只，着于本年造齐，务于道光八年四五月间解到。其二限船四百只，三限船四百只，四限船三百只，均照初限排造，于道光九、十、十一等年解到，以济剥运。所有应需船价并运脚共银四十一万一千五百三十一两，仍着照案先在江、广二省藩库筹款办理，作正开销……"（《清宣宗实录》卷117）

（道光八年十月己丑）湖北巡抚杨健奏："委员迎提回空帮船。"得旨："受兑开行，断不可误，务要严行催饬。"（《清宣宗实录》卷145）

（道光十二年十二月甲寅）谕军机大臣等："据陶澍奏'四川派赴台湾征兵，请由江西行走'一折。查乾隆、嘉庆年间，调赴台湾之四川官兵均由江西行走，较之绕道安徽、江苏、浙江，计少程途一千七百余里，自应循照办理。现经该督飞咨湖北、江西、福建各督抚，豫备夫马船只，俟官兵到境，随时应付，毋误军行。并着飞咨各带兵将弁兼程前进，不准稍有延缓……"（《清宣宗实录》卷227）

（道光十三年六月己未）修湖北水站差船，从前任巡抚杨怿曾请也。（《清宣宗实录》卷239）

（道光十八年十一月辛亥）准湖北荆右卫被灾屯丁暂停造运漕船。（《清宣宗实录》卷316）

（道光二十二年六月己丑）谕军机大臣等："齐慎奏'京口情形危急，请截留官兵协防'一折，据奏'初七日逆夷火轮兵船已过圌山关，距京口数十里，该大臣仅止带兵七百名，现已咨会刘允孝，将所带官兵一千名截留协防'等语……逆夷由海入江，大江以内，浅滩暗礁，随处皆有。该逆冒险深入，地势未必周知，又非海洋可比。着该大臣等悬立重赏，赶募水勇，雇备小船，暗伏苇洲，豫备乘夜火攻。其江面官设红船及湖广装货江船数亦不少，水手素称矫捷，着以重价雇觅，相机调拨，万勿为该逆所得。是在激以忠义，勉以功名，人既尽为我用，地又有险可扼，逆夷深入之时，进易退难，当可制其死命……将此由六百里加紧谕令知之。"（《清宣宗实录》卷375）

（道光二十二年六月丁酉）又谕："逆夷两载以来流毒闽、粤、江、浙，近复由海入江，扰及京口，总缘各该省武备废弛，水师战船有名无实，以致沿海郡县屡遭失挫。因思逆夷所恃，惟有船坚炮利，设我沿海各省亦有大小战船，可以多安炮位，一闻夷警，各处应援，主客之势既殊，劳逸之形迥异，彼以孤军深入，我可首尾夹攻，且跨海远来，后无所继，我能制其死命，逆必不敢跳梁。惟广东、福建、浙江、江苏现在用兵，无暇办理。况制造大船，必资巨木，四川、湖广向系产木之区，着宝兴、裕泰广购木料，雇觅工匠，约计每年可得船若干只，如何驶往闽、粤、江、浙等省，妥议章程，先行具奏，一面赶紧制造，务须十分坚固，度其力量堪与逆船接仗，方为适用。其工匠应由各省调取者，即行调取，毋稍迟误。所有方熊飞所递原呈，着钞给阅看。将此谕令知之。"（《清宣宗实录》卷375）

（道光二十二年六月乙巳）又谕："前有旨，令四川、湖广购备木料，制造战船。昨复谕令裕泰雇备盐船，挑选水摸。计该督接奉后，自必将应造战舰遵旨妥办。其盐船水摸等项，就近雇募，尤易为力。现在逆夷由海入江，滋扰江苏、安徽沿江各处，亟需此项人船协同剿办。着裕泰遵照昨降谕旨，赶紧雇募练习，探明该二省江面何处现有逆船，迅即派员驾驶前往，慎勿迟误，是为至要。将此谕令知之。”（《清宣宗实录》卷376）

（道光二十二年七月丁巳）又谕：“……再前有旨，令裕泰于湖广购办木料，制造战船，并雇备盐船，挑选水摸，探明逆船所在，派员驾往攻剿，谅已遵旨赶办。现据程楙采奏，需用沙木扎箄，以备火攻。着该督速购沙木，扎成数十箄，派委干员解往芜湖，俾资应用。至该逆闯入长江，势更猖獗，咽喉要地，岂容逆贼逗留？为今之计，非与水战，不能驱出长江，所有大船木筏，必须多备。湖广素饶材木，该督务即饬属广为购买，以济军实。倘能乘风纵火，迅扫鲸鲵，懋建殊勋，伫膺上赏。朕惟裕泰是望，奋勉为之。至前有旨，令四川总兵桂明前赴安徽，随同程楙采办理防堵事务，并着裕泰飞咨四川并湖北入川沿途地方，催令星驰前赴芜湖，毋少稽缓。将此由六百里谕令知之。”（《清宣宗实录》卷377）

（道光二十二年八月癸巳）又谕：“宝兴奏‘委员采购造船木料’一折。川河水道曲隘，成造船只，航海固非所宜，即江行亦难适用，自系实在情形。惟该省向为产木之区，前有旨谕令广购坚实巨木，以备随时调取。现在各海疆善后章程，尚未定议，其海船需用木植，长径丈尺，亦难悬定。着该督委员即将坚实巨木，寻勘标记，豫备将来各省成造海船之用。至江行船只，已饬令湖广督抚赶办，所需木料，即着宝兴广为采购，运赴湖北备用。将此谕令知之。”（《清宣宗实录》卷379）

（道光二十二年十二月丙戌）又谕：“本日据祁贡等奏‘制造船只事宜，遵旨咨商两湖、四川，将可造大船坚实木料，俟体察实在可用，即分别咨取’等语。造船木料，前据宝兴复奏，业于泸州等处标记杉木数百株，柏木数千株，备海疆随时调用。将来广东咨取到时，着该督即查照粤省咨调根件丈尺，妥为运送备用。至湖广省现因议造防江船只需用材木，昨经裕泰奏准，免令海疆调取。将来粤省咨取到时，仍着裕泰随时斟酌是否尚敷协济粤省之处，自行咨复。将此谕令知之。”（《清宣宗实录》卷 386）

（道光二十三年正月壬子）谕军机大臣等：“据裕泰奏，造办防江战船，委员造成鳌脊船一只，绘图贴说开单呈览。据称‘知府顾椿所拟鳌脊战船，查与粤东在籍员外郎许祥光所拟船式相同’等语。大江战船，与海船各异，何礼贵到楚后，着派顾椿与之熟筹江面情形，不必拘定三船图式一并制造，无论何项船只，总须驾驶灵便，顺风逆风，顺水逆水，皆能操纵自如，方为合用。该督俟战船造成，水手驾驶演习纯熟，即带同文武将备亲往乘船，浮江试验，是否冲风破浪，确有把握，勿仅据委员工匠之言，遂信为得力也。所需木料，准其咨会四川，酌量调取，并委员赴粤采办梨、榄、樬、桷等木。其工匠亦准其在广东咨取数人来楚，随同何礼贵制造。顾椿已升任浙江粮道，该员现在督造战船，自应令其一手经理，着暂留湖北署武昌府之任，以便就近差遣。所有浙江粮道，已有旨令刘韵珂派员暂署矣。将此谕令知之。”（《清宣宗实录》卷 388）

（道光二十三年三月辛酉）谕军机大臣等：“宝兴奏‘川省勘标木料，咨行湖广、闽、粤商办’一折，据称‘湖广咨取杉木、柏木，业经先期采选，惟须自小河运至大河，始能直达长江，必俟六月水势泛涨，方足以资浮送。其木植能否适用，已咨楚省委员来蜀，俟勘明适用，再行运送……’等语。该督系为慎重要需、节省糜费起见，已谕知裕泰、怡良、刘鸿翱、祁贡、程矞采各令委员赴川确勘妥筹，着宝兴俟各该省咨复到时，并委员到川勘定，再行酌核办理。将此谕令知之。”（《清宣宗实录》卷 390）

（道光二十三年三月辛酉）又谕：“据宝兴奏‘川省勘标木料，咨商楚省’一折，据奏‘楚省咨取杉木、柏木，先期拣选，其株樟、栗枣等木并非川省出产，所采杉、柏两木须由小河运至大河，直达长江，必俟六月水势泛涨，始足以资浮送。川、楚地土不同，木性因而互异，此项木植，制造江船能否适用，已咨楚省先行委员来川勘估’等语。现在湖广制造江船，是否必须川省木料？倘此时率行咨取，日后不适于用，不惟工料运费全属虚糜，且恐贻误要需，着裕泰悉心筹议。如果必须川省木料，亦着遴委妥员，先期赴川确勘。实系适用，再行起运，务使工归实用、费不虚糜为要。将此谕令知之。”寻奏：“楚北居川省下游，系商贩运木必由之路，制造江船，铺底必须杉木，船身头尾宜用株樟，亦有兼用柏木之处，惟株樟木性坚实，需用较多，已分饬委员于南北两省采买。至前次行取川省杉、柏等木，相距数千里，尚需时日，且新取木植未经干透，亦恐不适于用，应先就川南商贩运来之木分别购买，倘将来实不敷用，必须川省杉、柏二木接济，再当筹商咨取。”从之。（《清宣宗实录》卷390）

（道光二十三年七月己未）谕军机大臣等：“裕泰等奏‘请将督造船只道员留楚对调’一折，据奏‘鳌脊样船现仅造成二只，尚拟多造数只，分作中军暨左右两翼，请留浙江粮道顾椿一手经理，并将新选湖北粮道邱煌对调’等语。此项船只既经造成，其做法式样，以后接任之员不难仿照办理，此时尽可暂停兴造，即将造成之船先行试演，如果驾驶得力，将来或必须添造，随时体察情形，再行办理。浙江粮道员缺紧要，顾椿着即饬令赴任，所请以邱煌对调之处，着不准行。其何礼贵仍留楚省，交地方官妥为管束，毋任滋生事端，俟将来续造船只，酌量差遣。将此谕令知之。”（《清宣宗实录》卷394）

（道光二十三年闰七月丁酉）又谕：“裕泰等奏‘防江战船续造三只，遵旨暂停兴造’一折，该省鳌脊船计前后所造共有六只，着俟全功告竣后，由该督亲往试验，即将各船同已造之快哨小船，均交汉阳水师营收管，并着遴派明干将领一员，会同该营将备督率弁兵勤加操练，务期驾驶便捷。遇有缉捕盗贼之时，即饬弁兵等配驾此项战船，于江面往来巡哨，借资得力，毋得日久生懈，视为具文。广东匠役何礼贵着仍留楚省，妥为管束，毋许脱逃。将此谕令知之。”（《清宣宗实录》卷395）

（道光二十三年十二月甲辰）谕内阁：“裕泰等奏‘捐输制造战船及海疆经费收支数目’一折。湖北省造就鳌脊战船六只、哨船四只，着照议发交汉阳营收管，并准其于前存捐输钱内酌提本钱二万串，交武昌、汉阳二府盐典各商承领生息，以为常年拨兵操练工食、岁修油舱之用。所有制造战船及办运木筏、军械、火药等项，均着免其造册报销。”（《清宣宗实录》卷400）

（道光二十四年二月甲辰）谕内阁：“前据裕泰奏，湖北汉阳水师营添造战船，请派拨弁兵操演，酌给薪水口粮，当交该部议奏。兹据该部核议具奏，均着照所议办理。水师营添设船只全在管驾得力，操演习熟，方可备缓急之用。着该督责成派出各员弁妥为保护，毋令日久损坏，并按期认真操阅，不时稽查。如该员弁等废弛偷安，即着从严参办，毋得视为具文，有名无实。”（《清宣宗实录》卷402）

（咸丰三年十月壬申）又谕：“朕闻扬州贼匪日渐穷蹙，屡次缒城，冀图逃窜，自双来失事以后，未闻有攻城之举。而安庆又被贼踞，江西匪船，分扰楚、皖江北一带，若不赶紧肃清，贼势蔓延，何所底止？朕思移缓就急，必以先克扬城为要，着向荣于和春、苏布通阿二员内，酌量拣派一员，管带精兵驰往江北，与琦善大兵协力攻剿，当可破其壁垒，迅图收复……前令湖北改造战船，顺流助剿。今湖北因贼船欲扑武昌，已奏明无暇制造，着向荣先行设法，将下游已到红单各船并原备艇船酌量缓急，调拨应用。许乃钊带兵赴上海剿匪，若能迅速蒇事，即可乘胜图复镇江，与向荣合力筹办也。将此由六百里加紧谕令知之。”（《清文宗实

录》卷108）

（咸丰四年八月戊午）又谕："自逆贼窜踞金陵，分扰扬镇，继复攻陷安庆、庐州等处，蹂躏再及武汉，长江之险，半为贼占……湖南曾国藩统带兵船，现已沿江东下，直抵金口，距武昌仅六十里，是剿贼兼赖水军，已有明验……上年曾谕四川、湖广等处，雇匠造船……着裕瑞督饬湖北藩司夏廷樾办理战船，以资攻剿……此项战船，如由川之涪江取径辰、沅，势在曾国藩之后。若由夔、巫上游径赴荆江，直逼汉水，当可与曾国藩会合。俟江汉道通，即可节节攻剿，截断安庆、九江两路贼船。着裕瑞与夏廷樾悉心筹议，将如何办理之处，迅速具奏……将此由六百里加紧谕知裕瑞、骆秉章，并传谕夏廷樾知之。"（《清文宗实录》卷143）

（同治元年二月丁丑）又谕："前因购买洋船须配兵勇，谕令曾国藩先行筹备。兹据曾国藩奏'楚军水勇仅能用之江面，未能强令出洋'等语。现筹购买外国船炮，本拟用于江面剿贼，并非施之海洋。惟楚军由江北赴沪，陆路多梗，故有由海道前往之谕。至外国船只尚称坚致，而英法住京公使则称，凡上海等处洋商所售船只均不可恃，必须于伊等本国及香港购觅，方可利用。此时伊等已函致各该国带兵员弁，帮同物色等语。购船一事，谅可即有头绪。所有应配兵勇，仍着曾国藩先事豫筹……"（《清穆宗实录》卷20）

（同治六年正月癸酉）又谕："左宗棠奏敬陈筹办情形……所称采买马匹，练习马队，先造独轮车应用，俟所调各营取齐，由襄樊出荆子关赴陕，抵陕后，制造双轮炮车，兼雇买车辆，俟采口马到陕，增练马队，并习车营……将此由六百里各谕令知之。"（《清穆宗实录》卷195）

（同治九年十月戊戌）谕军机大臣等："李鸿章奏'漕运剥船不敷周

转，请及时筹备’一折。前因天津剥船不敷，曾国藩请由直隶分年排造九百只，经户部奏请，仍由江西、湖南、湖北等省排造，解赴直隶应用，当经降旨允准。兹据李鸿章奏称‘来岁南漕抵津，若待江西等省剥船赶到，诚恐缓不济急，请先行拨款赶办’等语。漕粮为天庾正供，关系甚重，李鸿章豫筹各节自系实在情形。着户部先行拨借银十二万两解赴直隶，交李鸿章收纳。该督接到此项银两，即责成天津道就地赶造剥船一百只，一面招商由海道赴南，购运木料到津，续造二百只，务于明岁漕前造齐，以备应用。此项拨借银两，着李瀚章、郭柏荫、刘坤一、刘崐于江西、湖北、湖南三省照数摊解户部归款。其余应造剥船六百只，并着李瀚章等饬令各该省承办各员勒定限期，赶紧分造，务于明年夏初黄运水涨时解送直隶，毋得稍有迟误。将此由四百里各谕令知之。”（《清穆宗实录》卷292）

（同治九年十二月庚午）湖广总督李瀚章等奏：“鄂省应造漕运剥船，请将价银解赴直隶代造。”下部知之。（《清穆宗实录》卷299）

（光绪二年六月壬寅）兼署湖广总督湖北巡抚翁同爵奏：“湖北汉阳船厂造船价值，请饬部仍照原册核销。”允之。折包　（《清德宗实录》卷34）

（光绪八年八月）乙卯，谕内阁：“湖南提督鲍超奏‘四川夔州至湖北沿江一带向有救生红船，惟险滩过多，红船尚少，遇有覆溺船只救护不及，情形甚惨，请饬添设’等语。着湖广总督、四川总督、湖北巡抚筹拨款项，于著名险滩处所酌量添设红船，并饬属随时认真救护，以保行旅。”现月　（《清德宗实录》卷150）

（光绪九年四月）己巳，湖广总督涂宗瀛等奏：“宜昌府属添设救生红船。”下部知之。随手　（《清德宗实录》卷162）

（光绪二十四年十一月壬戌）湖广总督张之洞奏："湖北应造剥船七十二只解津备用，拟请援案将价值银两拨解至津，仍由直隶代造，以期简速。"下部知之。折包 （《清德宗实录》卷433）

（光绪三十二年正月癸巳）湖广总督张之洞等奏："鄂、湘、粤三省修筑铁路，经三省官绅公商妥协，议定条款十四条，豫议路成后条款四条。"下部知之。折包 （《清德宗实录》卷554）

（光绪三十二年七月）乙卯，湖广总督张之洞奏："粤汉、川汉两路亟须兴工，现已分投测勘招股。"下部知之。折包 （《清德宗实录》卷562）

（光绪三十三年八月甲子）湖广总督张之洞等奏："联合粤、湘、川、鄂四省建设铁路材料机器厂，自造铁路应用钢铁各项料物，以塞漏卮。其厂中所出料物，并恳暂免出口税银。"下所司知之。折包 （《清德宗实录》卷577）

（光绪三十四年五月癸丑）湖广总督陈夔龙奏："粤汉铁路需款紧迫，绅民公议，请仿照二十八年因新案偿款筹备盐斤口捐成案，于湘省境内，行销川、淮、粤盐，每盐一斤，一律加收口捐钱四文，以维路政。"允之。折包 （《清德宗实录》卷592）

（光绪三十四年十月）丙辰，谕内阁："前以粤汉铁路最关重要，特派大学士军机大臣张之洞为督办大臣，近询该大学士筹办铁路情形，据称'该路事权纷歧，议论淆杂，诸多窒碍'等语。该路交通，大有关系，讵可长此延缓？嗣后该路筹款、用人、兴利、除弊各事宜，悉责成张之洞通筹全局，力任劳怨，严定期限，各就三省情形分别妥定章程，因时制宜，主持定断。邮传部暨湖北、湖南、广东各督抚均须实力协助，不得掣肘。所有各该省原派之总理、协理均听节制。在事官绅、商董，倘有营私舞弊，煽惑把持，以致妨害路政各情事，即着张之洞据实参办。经此申谕后，该督办大臣等务当协力赶办，不准延缓，以期事权专一，免误要工。”折包 （《清德宗实录》卷597）

（光绪三十四年十一月戊戌）大学士张之洞奏：“湖北、湖南路工紧要，请调员来京议定借款。”依议行。现月 （《宣统政纪》卷3）

（宣统元年二月戊午）邮传部奏：“遵查川汉路线资本，四川认造自成都至宜昌约长二千三百余里，中分宜万、万重、重成三段，工程造端，自以宜万一段为入手，约计需银三千余万。岁入之款，除历年动用外，共存银八百八十一万二百余两，又常年有租股等项二百余万，陆续建筑，陆续通车，养路之费，不患无着。其自宜昌至应山县，奏归鄂省认造，即所谓湖北川汉也。查鄂境川汉铁路，估资约费三千万两左右。其现收款项，共六十五万六千九百余圆，除开支外，实存四十四万一百余圆，均存放官钱局生息。”报闻。折包 （《宣统政纪》卷8）

（宣统二年七月丁卯）湖南巡抚杨文鼎奏：“……兹豫计宣统三年岁入经常、临时各款银七百六十六万一千余两，内除赈粜米捐归鄂、湘铁路分用，盐捐归湘铁路动用外，岁入银六百七十四万五千余两。岁出经常、临时地方行政经费九百二十三万二千七百余两，除交通费剔归鄂、湘铁路支用，实岁出八百三十一万七千余两……”（《宣统政纪》卷39）

（宣统三年四月己卯）又谕：“邮传部奏‘遵议给事中石长信奏铁路亟宜明定干路、枝路办法’一折，所筹办法尚属妥协。中国幅员广阔，边疆辽远，袤延数万里，程途动需数阅月之久。朝廷每念边防，辄劳宵旰，欲资控御，惟有速造铁路之一策。况宪政之咨谋，军务之征调，土产之运输，胥赖交通便利，大局始有转机。熟筹再四，国家必得有纵横四境诸大干路，方足以资行政而握中央之枢纽。从前规画未善，并无一定办法，以致全国路政错乱纷歧，不分枝干，不量民力，一纸呈请，辄行批准商办。乃数年以来，粤则收股及半，造路无多；川则倒帐甚巨，参追无着；湘、鄂则开局多年，徒资坐耗，竭万民之膏脂，或以虚糜，或以侵蚀，恐旷时愈久，民累愈深，上下交受其害，贻误何堪设想？用特明白晓谕，昭示天下，干路均归国有，定为政策。所有宣统三年以前各省分设公司集股商办之干路，延误已久，应即由国家收回，赶紧兴筑。除枝路仍准商民量力酌行外，其从前批准干路各案一律取销。至应如何收回之详细办法，着度支部、邮传部懔遵此旨，悉心筹画，迅速请旨办理。该管大臣毋得依违瞻顾，一误再误。如有不顾大局，故意扰乱路政，煽惑抵抗，即照违制论。将此通谕知之。”现月（《宣统政纪》卷52）

（宣统三年八月壬寅）邮传部奏：“川粤汉铁路收归国有，款巨工长，必资借款。此次所订四国银行合同，系照张之洞原定之数，皆在湘、鄂境内，而草合同内已允之荆宜枝路，特令删除，留归鄂省商办，腾出此款，以抵鄂境干路。宜昌至夔州一段，极难工筑，川、粤两省并未借款，初经会议，因恐商办各省不愿退股，则拒款尤力，故必先尽其附股，而缓借外债。今湘、鄂虽附股，皆出自愿……”得旨：“着该部议奏。”（《宣统政纪》卷60）

（宣统三年八月）癸丑，谕内阁：“端方等奏‘湖北境内粤汉、川汉铁路遵旨收归国有，取销商办公司，并议定接收股款办法’一折。前因铁路收归国有，曾经谕令督办粤汉、川汉铁路大臣会同各该省督抚，将所有收款遵照五月二十一日谕旨分别办理。兹据奏称‘鄂路股款约分四项，官招粤汉商股、川汉商股皆系实银，应即钦遵谕旨，一律发给国家铁路股票，不愿附股者发还现银。其川汉彩票股与普通彩票不同，早经按户换给股票，逐次付息，拟恳一并按照商股办法，给与分利分红股票。至商招商股一项，系零星劝集，股东散处，无从遍询。拟由该省铁路协会绅士自行清理，先将股本一律退还，其有愿附股者，再行缴银领票，以清界限。此外尚有赈粜捐一款，拟援湘省成案，拨作地方公股。官绅会商意见相同，业于八月初六日接收完竣’等语。该大臣等办理接收事宜，暨所拟办法，均尚妥协。湖广总督瑞澂办事明敏，于此次路事尤能尽心筹画，不负委任。该省士绅复能仰体朝廷德意，率先遵办，洵属深明大义，着传旨嘉奖。该大臣等迅即会同度支部、邮传部按照筹拟各节分别清理，克期开工，以重交通要政。”（《宣统政纪》卷61）

（宣统三年八月戊午）又谕：“电寄宝棻等，电奏悉，所陈保护铁路，并调营援鄂，及豫省现在筹防情形，尚属周妥……”（《宣统政纪》卷61）

（宣统三年八月庚申）御史史履晋奏：“窃自铁路国有政策宣布以来，全国哗然，民心大失，以致四川糜烂，湖北遂乘机起事。赵尔丰之激变，瑞澂之潜逃，固罪无可逭，而罪魁祸首，则实为盛宣怀。夫各省商办铁路，为世诟病，授人以口实者约居多半。或款不足而先事铺张，竭小民之脂膏，供个人之挥霍。或款已集而互争权利，因私家之水火，误工事之进行……”（《宣统政纪》卷61）

荆楚文库

《清实录》中湖北史料辑录（九）

谢贵安 谢盛 主编
金诗灿 编著

荆楚文库编纂出版委员会
武汉出版社

五、文教

1. 宗教祠祭

（顺治二年闰六月）辛卯，以流寇荡平，遣户部尚书英俄尔岱告祭圜丘，礼部尚书郎球告祭方泽，吏部尚书巩阿岱告祭太庙，兵部侍郎朱玛喇告祭社稷。圜丘祝文曰："臣祇承天命，遣靖远大将军和硕英亲王阿济格等统率禁旅，扑灭流氛，楚豫之民望风纳款，南中左梦庚等十余万众相率归降……"（《清世祖实录》卷18）

（顺治二年十二月）癸巳，以江南各省底定，遣官祭告福陵、昭陵。福陵文曰："前命和硕德豫亲王多铎统领大兵，由河南渡孟津，进取潼关，破闯贼二十余万，遂克西安，旋复移师南下，克扬州，定江南，生擒伪弘光朱由松于芜湖。又命多罗英郡王阿济格率师由晋入秦，破贼于延安，随与德豫亲王合军追剿李自成，历武昌、江西，所至地方平定，此皆太祖武皇帝素所贻谋者。谨此致告，用慰神灵。"昭陵文同。（《清世祖实录》卷22）

（雍正五年十一月癸亥）兵部议复湖广彝陵镇总兵官杜森疏言，伊父陕西宁夏镇标右营千总杜呈源随师进剿吴逆阵亡，恳照例入祠。应如所请。从之。（《清世宗实录》卷63）

（雍正五年十一月）甲子，礼部议复署直隶总督宜兆熊疏言，临城县原任湖广两桂营都司追赠游击刘芳周，于康熙三年调剿西山逆贼，临阵

捐躯，请照例入祠。应如所请。从之。（《清世宗实录》卷63）

（雍正七年正月庚申）谕礼部："山川之神锡福于地方百姓，是以自古帝王皆诚心展祀，以答神贶……古称江海为百川之长，而湖广境内，西南数省之水汇入大江，又为川泽之总会。凡属地土民人及舟楫行旅，皆仗江神默佑，保护安宁，允宜修建庙宇，按时致祭，以崇报享。着湖广总督会同湖北、湖南巡抚确查妥议，南北两省应于何处各建庙宇，或旧有祠庙，敬谨兴修，皆动支公帑办理。此朕虔祷神祇、护国佑民之意，并非谄媚以求一己之福也。并令该督抚晓谕居民，不得私结社会，妄事祈求，以滋亵慢。"（《清世宗实录》卷77）

（雍正十年七月庚寅）礼部议复湖北巡抚王士俊疏言，荆州府江陵县为关圣帝君尽忠授命之地，冢墓现在当阳，今有五十二代孙岁贡生关朝泰岁时奉祀。请照解州、洛阳守祠之例，授为五经博士，准其世袭。应如所请。从之。（《清世宗实录》卷121）

（乾隆元年三月）己未，修舜陵，设各陵守户。谕总理事务王大臣："各省历代帝王陵庙，均宜严肃整齐，以昭敬礼。闻湖广地方，炎帝神农氏陵庙，殿宇墙垣，丹雘合度，而帝舜有虞氏陵庙，则规模狭窄，丹青剥落，不足以肃观瞻。着该督抚转饬有司，动用公费，即行修葺。其他处陵庙若有类此者，着各该督抚委员查勘，动用存公银两酌量修理，务令完整。再各陵向来未设陵户，无人看守者可酌设几户，令其专司巡查洒扫，永着为例。"（《清高宗实录》卷15）

（乾隆三年二月甲申）大学士会同礼部议复："湖广道监察御史陶正靖奏，请将先贤闵氏、冉氏、言氏、卜氏、颛孙氏后裔世袭五经博士，照衍圣公孔广棨原咨，一体行取，赴京观礼。查十哲内仲氏子孙，例得行取。又雍正二年，世宗宪皇帝临雍，闵氏世袭五经博士，闵兴汶曾入庙陪祀。今恭逢皇上举行临雍盛典，应如所请，行取该五经博士，各带族人二人，赴京观礼。至十哲后裔，尚有端木氏世袭五经博士，应一并行取。”……（《清高宗实录》卷62）

（乾隆三年十二月丙申）予……孝感县知县部炳元……入祀各本地乡贤祠。（《清高宗实录》卷83）

（乾隆四年十二月甲申）礼部议驳：“湖北巡抚崔纪奏‘孟子称陈良悦周公、仲尼之道，又称为豪杰之士，请从祀文庙’。查从祀之先贤、先儒，或当时亲承私淑，证道统之渊源，或后来羽翼经传，实有功于圣学，故列于两庑，以光祀典。陈良，孟子所载，因辟许行、责陈相而偶举其师，其生平行谊无考，又无著述可传，未可遽入圣门弟子之列，所奏应毋庸议。”从之。（《清高宗实录》卷106）

（乾隆四年十二月己丑）追予……荆州阵亡马兵丁成友，领催李成、武印文……共二百九十员名，补入昭忠祠。（《清高宗实录》卷107）

（乾隆五年十二月庚戌）赐……湖广南漳县知县李朴……入祀各本籍乡贤祠。（《清高宗实录》卷132）

（乾隆六年十二月戊戌）以江南丹阳县前明御史吉棠、湖北孝感县故黄冈县教谕程大纯……各祠乡贤……（《清高宗实录》卷156）

（乾隆七年八月甲辰）礼部议准湖北巡抚范璨疏称，宜昌府属之鹤峰州系新辟苗疆，请建社稷、山川二坛。从之。（《清高宗实录》卷173）

（乾隆七年十二月辛丑）予故原任直隶巡抚郭世隆、涿州知州荐升湖广总督李成龙……入祀各该省乡贤祠……（《清高宗实录》卷181）

（乾隆九年十二月壬戌）予安徽故亳州知州朱之琏、甘肃故西宁道历升湖广总督少保杨宗仁入祀各该省名宦祠……（《清高宗实录》卷231）

（乾隆十年十二月甲寅）予故仓场侍郎吕耀曾……嘉鱼县知县庞颖、监利县知县郭徽祚……俱入祀各该地方名宦祠……（《清高宗实录》卷255）

（乾隆十一年八月癸巳）湖北巡抚开泰奏："大乘教张保太余党蔓延数省，现在所有经堂，不为设法更改，又恐灰烬复然。应请饬各省，查出有名经堂，酌量地方冲僻，或拨作堆铺给兵，或改置社仓义塾，交地方官稽查。"得旨："知道了。汝省即实力为之可也。"（《清高宗实录》卷273）

（乾隆十一年十一月癸巳）谕军机大臣等："大乘邪教蛊惑人心，皆由伊等著有邪书，转相传播，以致愚民被诱。今邪教之案已经完结，川、黔、滇三省所有邪书已经汇缴，其审讯逆犯供词内邪说稿底，亦着检出销毁。至江南、江西、湖北、湖南等省邪教书籍、图记一应牵涉邪说者，俱着该督抚于结案之后查明销毁，毋致留存，以滋后患。可于伊等奏事之便，传谕知之。"（《清高宗实录》卷278）

（乾隆十一年十一月辛酉）调任湖北巡抚开泰奏："近见本省及各省办理大乘教一案，其现在犯事者，多有地方各官从前曾经查获、勒令开斋之人，其平时未能加意稽查，已可概见。请饬谕嗣后凡遇查禁之事，务期设法防维，求其实际。"得旨："此惟在汝等实力行之耳，虽百定例，其如阳奉阴违何？汝既有见于此，即妥办于汝省，朕将徐观其效。"（《清高宗实录》卷279）

（乾隆十一年十二月戊寅）予江南清河县知县涂璋、浙江杭州府理事同知多永俄、湖北罗田县教谕戴俊……等八人，入祀各该地方名宦祠；……湖北兵部员外郎朱翼治……等二十一人，入祀各该籍乡贤祠。（《清高宗实录》卷281）

（乾隆十八年十月丙申）赐故湖北沔阳州知州禹殿鳌……等四人入祀各该地方名宦祠……（《清高宗实录》卷448）

（乾隆二十六年十一月癸亥）左都御史金德瑛奏："告祭古帝王及岳渎，例遣侍郎、三四品京堂十七员……湖广有二陵，开封、河南二府有八陵，由豫顺道湖广，二使可并为一……"（《清高宗实录》卷649）

（乾隆三十三年八月乙酉）湖北布政使闵鹗元奏："游方僧道易藏奸伪，请嗣后止许在本处寺庙焚修，游方不得过本管府属。"得旨："此事可缓。"（《清高宗实录》卷817）

（乾隆四十三年闰六月己巳）又谕："据三宝等会参……再该督另折奏称，江夏、武昌等十二州县，六月内兼旬不两，现皆设坛祈祷。前此湖南省两司所奏，亦有盼泽之处，今该督亦复奏及，是该二省俱各盼望甘霖，以资优渥。刻下曾否得有透雨，其缺雨之处，田禾有无妨碍情节，着该督即行据实复奏，将此由四百里发往，谕令知之。"（《清高宗实录》卷1060）

（乾隆五十三年七月辛未）又谕："……又荆州为关圣帝君镇守之地，该处必有庙宇崇奉，今城内水深丈余，恐庙貌亦不免浸损，如将来城垣应须移建，自当将旧有栋宇移在新城建盖，若城垣实难移建，务须将原有庙宇重行修整，俾轮奂一新，以壮观瞻而崇虔祀。"（《清高宗实录》卷1308）

(乾隆五十四年九月辛亥)御书荆州万城堤江神庙扁,曰“恬流普卫”。(《清高宗实录》卷1339)

(乾隆五十九年九月壬辰)谕军机大臣曰:“穆和蔺奏‘率同藩司吴璥驰赴登封县境内详查,并无无影山名目,惟告成镇地方旧碑,有‘无影塔’字样。无影塔三十余里之朱家垌,有朱洪道一名,与朱红桃字音相似。讯据朱洪道坚供,伊种地度日,并无牛八之称,不知龙华三会名目,亦不与谢添繡等相识’等语。谢添繡籍隶湖北,在四川传习邪教,何以供出之朱红桃,与朱洪道字音不谋而合……”(《清高宗实录》卷1460)

(乾隆六十年七月丙寅)又谕曰:“惠龄奏‘荆江伏汛安澜,堤矶稳固情形’一折。据称‘自六月初入伏以来,江水屡次涨发,幸无漫溢,且值连旬晴霁,水势随消,江流极为平顺’等语,此皆仰赖江神默佑,大溜南趋,堤坝各工得以一律巩固。特发去大藏香二十枝,交与该署抚敬谨致谢,以答灵贶……”(《清高宗实录》卷1483)

(嘉庆七年十一月乙酉)予原任湖北竹溪县知县宗超海、陕西白水县知县王希伊入祀名宦祠,从总督吴熊光、惠龄等请也。(《清仁宗实录》卷105)

(嘉庆七年十二月)甲寅,上以四川、陕西、湖广三省教匪全平,诣寿皇殿行礼。(《清仁宗实录》卷106)

(嘉庆八年七月戊申)军机大臣庆桂等奏:“查明四川、陕西、湖广、河南应行遣官告祭名山大川……湖北武当山真武帝君庙、荆州关帝庙……”奏入,谕内阁:“川省军务告蒇,捷书驰奏,八表同欢。因思前此兵燹扰及三省地方并曾窜及豫境,大兵所至,仰赖山川效灵,神祇助顺,用得师行贞吉,全奏底平,允宜修举明禋,敬答鸿佑。所有四省岳渎诸神，湖广、河南着派赓音、邵自昌于审案事竣后分往告祭……凡载在祀典者，着该衙门照例撰文，将应用仪物，虔备发往……”（《清仁宗实录》卷117）

（嘉庆九年八月己巳）谕内阁：“盛京为我朝发祥之地，桥山弓剑谟烈存焉。自祖宗以来，祗修谒陵之典，朕忆从前随侍皇考高宗纯皇帝恭诣陪都，敬仰鸿仪山川风景，依依在目……本拟于亲政后即恭谒祖陵，适缘剿办川、陕、楚邪匪，筹笔连年，今幸事机顺利，歼厥渠魁，党恶十数万悉被歼除，零星余匪亦已迅就肃清，从此海宇敉宁，群黎蒙福……”（《清仁宗实录》卷133）

（嘉庆十年八月壬寅）又谕：“朕恭谒三陵礼成，本日驻跸盛京，以次举行一切典礼，渥敷恺泽，吉事有祥。因念额勒登保久历戎行，克敌致果，前因平定苗匪，仰蒙皇考高宗纯皇帝锡以通侯之爵，旋因剿办教匪，迟延除爵，仍令带兵打仗，屡立战功。嗣经朕畀以经略重任，伊倍知感奋，数年之间，扫荡凶渠，俾川、楚、陕三省地方咸臻宁辑，厥功甚伟……”（《清仁宗实录》卷149）

（嘉庆十八年十二月壬寅）予江西故湖北黄州府同知阮龙光、江苏故苏州府学教授浦起龙、云南故给事中尹壮图入祀乡贤祠，从巡抚先福、朱理、孙玉庭等请也。（《清仁宗实录》卷280）

（嘉庆二十三年十二月辛巳）予……湖广道御史林钟岱……入祀乡贤祠，从总督董教增、蒋攸铦，巡抚陈桂生、成格，前任巡抚巴哈布、陈预等请也。（《清仁宗实录》卷352）

（嘉庆二十五年二月庚戌）封湖北武昌府八分山龙神为宣润敷化之神，春秋致祭，从总督庆保请也。（《清仁宗实录》卷367）

（嘉庆二十五年十二月甲午）予湖北故广西宣化县知县梁友谷入祀乡贤祠，从巡抚张映汉请也。（《清宣宗实录》卷10）

（道光元年六月）甲申，谕军机大臣等：“据杨怿曾奏‘湖北当阳县城外西北五里为关帝之陵，向建有祠宇，陵外相距数丈，即系沮、漳二水汇流之处，甚为逼近。现在对岸已成沙碛，河势渐就洗刷，请饬查勘，捍以石堤，以资保护’等语，我朝崇祀关帝，春秋致祭，载在祀典，今陵墓之地沮、漳汇流，逼近冲刷，自应亟筹捍卫，以奠神居……将此谕令知之。”（《清宣宗实录》卷19）

（道光元年九月）癸亥，颁发湖北当阳县关帝陵御书扁额，曰“声灵如在”。（《清宣宗实录》卷23）

（道光元年十二月戊寅）予故河南开封府知府昌宜泰、湖北襄阳县县丞周大观各入祀名宦祠……从巡抚姚祖同，总督陈若霖、孙玉庭、长龄请也。（《清宣宗实录》卷27）

（道光元年十二月庚辰）予湖北故仓场侍郎许兆椿入祀乡贤祠，从总督陈若霖等请也。（《清宣宗实录》卷27）

道光八年戊子六月己巳朔，谕内阁：“湖北学政王赠芳奏‘请以陈良从祀两庑’一折。从前嘉庆年间，据给事中乔远煐奏请以陈良从祀两庑。经部议驳，甚是。兹该学政复为此请，甚属冒昧。陈良道悦周孔，虽见称于孟子，不在弟子之列，又无言行可考，稽诸书传，若陈良者尚复有人，如皆滥行从祀，成何体制？殊失崇文重道之义。该学政王赠芳，摭拾空言，比拟失当，着传旨申饬，所奏不准行。”（《清宣宗实录》卷137）

（道光十四年十二月）戊申，予故湖北襄阳府知府郑敦允……入祀名宦祠，……湖北故贵州开泰县知县张锡穀……入祀乡贤祠，从总督讷尔经额、鄂山，巡抚伊里布、尹济源、林则徐、杨名扬、栗毓美、惠吉请也。（《清宣宗实录》卷261）

（道光十五年八月辛巳）颁发湖北八分山龙神庙御书扁额，曰“泽敷江汉”。（《清宣宗实录》卷270）

（道光十五年十二月庚午）予……陕西故湖北施南府知府杨毓江……湖北故甘肃陇西县知县刘嵩……入祀乡贤祠，从总督陶澍、杨遇春、阮元，巡抚林则徐、伊里布、尹济源、魏元烺等请也。（《清宣宗实录》卷276）

（道光十六年十二月癸亥）予四川故成都县知县张人龙……山东故湖北石首县知县张杰……入祀乡贤祠，从都统嵩溥，总督鄂山、讷尔经额、琦善、邓廷桢、伊里布，巡抚林则徐、钟祥请也。（《清宣宗实录》卷292）

（道光十八年九月丁卯）颁发湖北江神庙御书扁额，曰“岷源永靖”，汉神庙曰“三澨波恬”。（《清宣宗实录》卷314）

（道光二十年八月甲戌）以捐修湖北兴国州文庙，予绅士曹俊等议叙有差。（《清宣宗实录》卷338）

（道光二十年十二月甲戌）予……甘肃故湖北盐法道秦维岳……入祀乡贤祠，从署总督讷尔经额、麟庆，前任总督邓廷桢，巡抚杨国桢，署总督瑚松额，前任总督林则徐请也。（《清宣宗实录》卷343）

（道光二十一年九月丁丑）又谕：“前因广东副将陈连陞父子阵亡，有旨令祁贡察看该故员等子嗣才具，奏闻候旨。兹据奏称‘该故员等子嗣陈起鹏、陈受桂等，现在湖北原籍，并未来粤，无凭察看’等语，着湖广总督裕泰就近传唤，察看才具，奏明候朕施恩。该副将父子同时尽节，忠孝兼全，勇烈尤著，着准其一体在阵亡处所建立专祠，以慰忠魂。”（《清宣宗实录》卷358）

（道光二十一年十二月戊戌）予……浙江杭嘉湖道前任湖北襄阳县知县窦欲峻入祀名宦祠……从总督宝兴、裕泰、裕谦，巡抚牛鉴、吴文镕、贺长龄、钱宝琛、梁章钜、富呢扬阿、刘韵珂请也。（《清宣宗实录》卷364）

（道光二十二年十二月甲申）予故湖北郧阳府知府陈天泽……入祀名宦祠……从总督宝兴、富呢扬阿，巡抚赵炳言、鄂顺安、程矞采、吴文镕、梁萼涵、刘鸿翱请也。（《清宣宗实录》卷386）

（道光二十四年十二月庚戌）予……故湖北礼科给事中袁铣……入祀乡贤祠，从总督宝兴、刘韵珂、富呢扬阿、讷尔经额、桂良、裕泰，巡抚贺长龄、李星沅请也。（《清宣宗实录》卷412）

（道光二十六年十二月甲子）予……湖北故浙江湖州府知府李堂……入祀乡贤祠，从总督宝兴、刘韵珂、壁昌、裕泰、耆英，巡抚吴其濬、梁宝常、王植、赵炳言、黄恩彤，署巡抚文柱等请也。（《清宣宗实录》卷437）

（道光二十八年十二月甲寅）予……湖北故翰林院侍读学士易元善……入祀乡贤祠，从总督林则徐、布彦泰、刘韵珂、廉敬、李星沅、讷尔经额，巡抚潘铎、王兆琛请也。（《清宣宗实录》卷462）

（道光三十年十二月癸酉）予……浙江故湖北德安府同知茹敦和……入祀乡贤祠，从总督布彦泰、琦善，巡抚傅绳勋、吴文镕、徐继畬、陈

庆偕、张日晸、乔用迁请也。(《清文宗实录》卷24)

(咸丰元年六月壬申)又谕:“礼部议复‘护理浙江巡抚汪本铨,题请敕赐祠额’一折。宋臣岳飞精忠大节,炳耀古今,其杭州、汤阴、武昌等处均有祠额表扬,惟嘉兴金陀坊祠宇尚无题额,着内阁拟呈祠额字样,俟朕亲定颁赐,以示褒崇而光祀典。”寻奏上,赐额曰“显忠”。(《清文宗实录》卷36)

(咸丰二年十二月己丑)予……山西故湖北安襄郧荆道寻步月……入祀乡贤祠,从总督讷尔经额、徐泽醇,巡抚李僡、庆端、郭梦龄、张亮基请也。(《清文宗实录》卷79)

(咸丰二年十二月己丑)予江西故湖北学政王赠芳入祀名宦乡贤祠,从巡抚陆元烺、龚裕请也。(《清文宗实录》卷79)

(咸丰五年十一月丙戌)追予阵亡湖北游击李信入祀忠义孝弟祠,从直隶总督桂良请也。(《清文宗实录》卷184)

(咸丰五年十二月辛丑)追予湖北阵亡都司葛以敦附祀其父总兵官云飞专祠。(《清文宗实录》卷186)

(咸丰八年十二月丁巳)予……湖北武昌府知府多山……入祀名宦祠,从总督王庆云,巡抚恒福、晏端书、胡林翼、骆秉章、赵德辙请也。(《清文宗实录》卷272)

(咸丰九年六月)丁卯,谕内阁:“御史吴祖昌奏‘学臣殉难,请逾格加恩’一折。广西学政沈炳垣前因梧州失守时被害最惨,业经从优赐恤,并建立专祠,兹据该御史奏称‘该学政及身之赠恤已优,后嗣之推恩未逮，援照湖北学政冯培元成案请旨’等语，着照所请，由浙江巡抚查明沈炳垣子嗣，俟服阕后，送部带领引见。”（《清文宗实录》卷 286）

（咸丰九年十二月辛亥）又谕：“骆秉章奏‘建立专祠、书院，表扬忠义’一折。湖南省自江忠源、罗泽南、王鑫、塔齐布、李续宾等先后募勇，训练兵丁，百战粤、黔、江、鄂之间，悉成劲旅。其部曲疆场效命者尤不乏人，忠义之风，照耀区宇，江忠源等业经优加恤典，备予褒荣，并准其建立专祠，用彰荩节。此次着照骆秉章所请，准其于长沙省城内再行建祠，其部下员弁兵勇曾经赐恤者，并准其一律附祀，以慰忠魂。至该省带兵出境各官绅，追赠提督湖北郧阳镇总兵瞿腾龙……或在邻疆击贼捐躯，或于本省力战殒命，并着照该抚所请，别建表忠祠汇祀。所有该省阵亡员弁兵勇一律附祠，并准其建立求忠书院，令阵亡各员后嗣入院读书，所需经费除地方绅富捐助外，即由该抚率属捐办，以昭激劝而励忠贞。”（《清文宗实录》卷 303）

（咸丰十年九月己酉）准湖北随州殉难知州杨嘉运于直隶原籍建立专祠。（《清文宗实录》卷 331）

（咸丰十一年十二月甲戌）予……湖北故户部郎中李昌平……河南故湖北应山县知县周锴……入祀乡贤祠，从总督劳崇光，巡抚耆龄、胡林翼、英桂、严树森、王有龄请也。（《清穆宗实录》卷 14）

（同治元年三月癸巳）以神灵显应，颁湖北省城江神庙扁额，曰“灵昭南纪”。（《清穆宗实录》卷 22）

（同治元年十月丙午）追予湖北来凤殉难知县王颂三于死事地方暨原籍建立专祠。（《清穆宗实录》卷 47）

（同治二年三月庚申）追予浙江乍浦阵亡副都统锡龄阿谥“武烈”，于湖北荆州府旗籍建立专祠，殉难家属一并附祀。（《清穆宗实录》卷61）

（同治二年四月丁酉）追予湖北阵亡知府金云门谥“果毅”，知州李穊谥“刚介”，于死事地方暨原籍各建专祠。（《清穆宗实录》卷65）

（同治二年六月癸卯）予故贵州黎平府知府升任湖北巡抚胡林翼入祀名宦祠，从巡抚韩超请也。（《清穆宗实录》卷71）

（同治二年九月甲寅）追予湖北阵亡道员王寿同谥“忠介”，子恩晋暨家人义勇等一并附祀专祠。（《清穆宗实录》卷78）

（同治三年五月庚子）以神灵助顺，颁湖北荆州府关帝庙扁额，曰“靖寇绥疆”。（《清穆宗实录》卷102）

（同治三年十二月丁亥）追予湖北殉难巡抚陶恩培于死事地方暨原籍建立专祠，知府多山、游击陶得寿附祀陶恩培湖北专祠。（《清穆宗实录》卷124）

（同治三年十二月己丑）予……湖北荆门州知州蒋照……入祀名宦祠，从巡抚黄赞汤、严树森、吴昌寿、阎敬铭、沈桂芬请也。（《清穆宗实录》卷125）

（同治三年十二月己丑）予湖北故内阁中书陈一揆……入祀乡贤祠，从总督刘长佑、骆秉章，巡抚恽世临、张之万、吴昌寿、郭嵩焘请也。（《清穆宗实录》卷125）

（同治四年二月辛未）直隶总督刘长佑奏请将广西历年阵亡伤故楚

军、湘军各员弁兵勇，于柳州、浔州两府建祠合祀。允之，并饬地方官春秋致祭。（《清穆宗实录》卷129）

（同治四年二月己丑）谕内阁："毛鸿宾、郭嵩焘奏'统兵大员遇伏阵亡，恳请优恤'一折。福建按察使张运兰自咸丰元年带兵剿贼，转战江西、安徽、湖南、广东、湖北等省，屡克名城，叠著战功……布政使衔福建按察使张运兰，着加恩照巡抚阵亡例议恤，任内一切处分悉予开复，并于湖南、福建、广东各省建立专祠，其生平战绩并着宣付史馆立传。伊子张恒湘，着俟服阕后由吏部带领引见，以示笃念忠荩至意。"（《清穆宗实录》卷131）

（同治四年四月癸巳）谕内阁："国瑞奏'官军进剿发捻，督师重臣，遇伏力战阵亡，现筹剿办'一折……钦差大臣科尔沁博多勒噶台、亲王僧格林沁于咸丰三年间督师剿贼……嗣于十年间整旅南征，转战直隶、山东、河南、安徽、湖北等省，扫荡捻圩，殄除发匪，擒斩巨逆张落刑、苗沛霖等不可胜计，军麾所至，众望允孚……"（《清穆宗实录》卷137）

（同治四年四月癸巳）又谕："朕奉慈安皇太后、慈禧皇太后懿旨，科尔沁博多勒噶台亲王僧格林沁蒙宣宗成皇帝恩眷之隆，派充御前大臣，管理旗营事务。文宗显皇帝御极以来，优加委任，咸丰三年特命剿办发逆，十年督师南下，转战直隶、山东、安徽、河南、湖北等省……顷因督战阵亡，虽已加恩优恤，建立专祠，并入祀昭忠祠，尚不足以崇奖忠荩……僧格林沁着加恩配飨太庙，以示朝廷轸念勋旧，有加无已至意。"（《清穆宗实录》卷137）

（同治五年十二月庚戌）予……湖北粮储道魁联……入祀名宦祠，从总督官文、刘长佑，署总督崇实，巡抚徐宗干，署巡抚刘蓉护，巡抚郭伯荫、刘郇膏请也。（《清穆宗实录》卷193）

（同治五年十二月庚戌）予……湖北故训导黄本敬……入祀乡贤祠，从署总督崇实，巡抚英翰、马新贻、郑敦谨、李瀚章、吴昌寿，署巡抚刘蓉请也。（《清穆宗实录》卷193）

（同治六年六月庚子）准江南节次阵亡楚军水陆各营将士合祀江宁府昭忠祠。（《清穆宗实录》卷206）

（同治六年八月己亥）追予湖北崇阳殉难知县师长治于陕西韩城县原籍建立专祠，弟安徽阵亡参将长镳附祀。（《清穆宗实录》卷210）

（同治六年九月癸酉）以神灵显佑，颁湖北沙洋镇江王庙扁额，曰“宣威普佑”。（《清穆宗实录》卷212）

（同治七年三月己酉）予湖北钟祥阵亡提督曹仁美、吴崇国，总兵官谢连陞等于死事地方暨原籍各建专祠。（《清穆宗实录》卷226）

（同治七年三月己酉）追予湖北尹滗河阵亡提督唐殿魁谥“忠壮”，交国史馆立传，于江苏、湖北暨原籍各建专祠，阵亡弁勇一并附祀。（《清穆宗实录》卷226）

（同治七年八月辛未）追予湖北武昌殉难同知王本立于河南罗山县原籍建立专祠。（《清穆宗实录》卷241）

（同治七年十二月乙卯）予……湖北故浙江云和县知县陈治策……入祀乡贤祠，从署总督英桂、郭柏荫，巡抚丁日昌、马新贻、刘崐，署巡抚吴坤修、何璟请也。（《清穆宗实录》卷248）

（同治八年四月）丙辰，以神灵显应，加湖北孝感县城隍神封号，曰“护国”。（《清穆宗实录》卷256）

（同治八年六月）庚申，以湖北当阳县重修关帝陵庙工竣，颁扁额，曰“威震华夏”。（《清穆宗实录》卷261）

（同治八年六月壬戌）追予湖北黑沙洲阵亡知县姚国振于奉天原籍建立专祠，按察司司狱李克慎附祀。（《清穆宗实录》卷261）

（同治八年十月甲寅）追予湖北江夏殉难知县王恩绶建立专祠，子燮附祀。（《清穆宗实录》卷269）

（同治八年十一月戊辰）追予湖北田家镇阵亡道员徐丰玉谥“勇烈”，于死事地方暨原籍建立专祠，生员吴冲谟暨家丁等均附祀。（《清穆宗实录》卷270）

（同治八年十一月丙申）予安徽故湖北武昌道章廷樑……入祀乡贤祠，从巡抚刘崐、李鹤年，署巡抚郑敦谨、吴坤修、刘典请也。（《清穆宗实录》卷271）

（同治九年二月乙巳）追予湖北武昌殉难道员王东槐谥“文直”，于山东滕县原籍建立专祠，眷属人等一并附祀。（《清穆宗实录》卷276）

（同治九年六月庚申）追予湖北田家镇阵亡道员张汝瀛谥“勇节”，于死事地方暨原籍建立专祠。（《清穆宗实录》卷285）

（同治九年六月甲子）追予湖北武昌殉难知县何开泰建立专祠，家丁姚福等一并附祀。（《清穆宗实录》卷285）

（同治九年八月丙午）又谕："都察院奏'据两江补用参将韩殿爵遣抱呈称，伊父原任安徽庐州营把总候补千总韩映奎，前于咸丰二年十二月间，在武昌剿贼阵亡，业经议恤，恳请自行捐资建祠，并将随同殉难之兵丁金登科等一并附祀'等语。着湖北、安徽各督抚查明具奏，嗣后阵亡员弁，如家属人等有愿自行捐资建祠者，应禀由各该省督抚查明请旨，不得纷纷向都察院呈请，以符体制。"（《清穆宗实录》卷288）

（同治九年九月壬辰）以神灵显应，加湖北麻城县五脑山土主神封号，曰"灵感"。（《清穆宗实录》卷291）

（同治九年闰十月）丁亥，以神灵显应，颁湖北荆州府江神庙扁额，曰"金堤保障"，沮、漳二神祠扁额，曰"安流福佑"。（《清穆宗实录》卷295）

（同治九年十二月戊寅）予……湖北故钟祥县教谕陈启图……入祀乡贤祠，从总督曾国藩、李鸿章、左宗棠，巡抚英翰、丁日昌、卞宝第、杨昌濬、丁宝桢、郭柏荫、何璟、李福泰、苏凤文、曾璧光请也。（《清穆宗实录》卷300）

（同治十年正月丁酉）追予湖北崇阳阵亡署知县钮芳津建立专祠，知县吴振镛、守备黄鹏程一并附祀。（《清穆宗实录》卷302）

（同治十年正月丁酉）追予湖北武昌阵亡千总韩映奎建立专祠，兵丁等一并附祀。（《清穆宗实录》卷302）

（同治十年正月）壬寅，谕内阁："大学士官文持躬端谨，器量恢宏，历承先朝知遇，由侍卫荐升将军，蒙文宗显皇帝优加擢用，补授湖广总督，简任纶扉，特命为钦差大臣督办军务，与原任湖北巡抚胡林翼协力同心，和衷共济，肃清全楚……方冀克享遐龄，长资倚畀，乃以偶染微疴，遽尔溘逝，遗章披览，轸惜殊深，着赏给陀罗经被，派惠郡王奕详带领侍卫十员，即日前往奠醊，加恩晋赠太保，照大学士例赐恤，入祀贤良祠，赏给广储司银二千五百两治丧。任内一切处分，悉予开复，应得恤典，该衙门察例具奏。其一等伯爵，着俟伊子荣彩百日孝满后，由该旗带领引见承袭，无庸俟年终办理，用示笃眷荩臣至意。”寻予祭葬，谥“文恭”。（《清穆宗实录》卷 302）

（同治十年十月辛巳）追予湖北麻城阵亡知县姚国振建立专祠。（《清穆宗实录》卷 322）

（同治十年十月甲申）予故湖北安襄郧荆道升任巡抚罗遵殿入祀名宦祠，从巡抚郭柏荫请也。（《清穆宗实录》卷 322）

（同治十年十一月丁亥）直隶总督李鸿章奏：“湖北殉难署按察使李卿榖……请饬列入祀典，并以前金川阵亡都司李云福附祀。”允之。（《清穆宗实录》卷 323）

（同治十年十二月癸亥）追予湖北武昌殉难通判沈燿鋆建立专祠。（《清穆宗实录》卷 325）

（同治十年十二月壬申）予……湖北荆门州知州舒成龙……入祀名宦祠，从总督李鸿章，巡抚刘坤一、杨昌濬、郭柏荫、丁宝桢，护巡抚张树声请也。（《清穆宗实录》卷 326）

（同治十年十二月壬申）予……河南故湖北督粮道刘毓恒……入祀乡贤祠，从总督李鸿章、吴棠，巡抚张之万、英翰、刘坤一、刘崐、李鹤

年、蒋志章、何璟，护巡抚张树声请也。（《清穆宗实录》卷326）

（同治十一年六月）乙亥，以神灵显应，加湖北蒲圻县城隍神封号，曰“灵感”……（《清穆宗实录》卷335）

（同治十一年十二月丙寅）予……湖北故拔贡生朱奇生……入祀乡贤祠，从总督李鸿章、吴棠，巡抚英翰、刘坤一、杨昌濬、王凯泰、郭柏荫、王文韶、李鹤年、丁宝桢、鲍源深请也。（《清穆宗实录》卷347）

（同治十一年十二月乙亥）以神灵显应，颁湖北襄阳府城关帝庙扁额，曰“山南保障”。（《清穆宗实录》卷347）

（同治十三年九月戊辰）追予故安徽巡抚李孟群附祀湖北按察使李卿穀武昌府专祠。（《清穆宗实录》卷371）

（光绪元年三月癸丑）湖广总督李瀚章奏：“殉难知县王恩绶建立专祠，请饬部列入祀典。”从之。折包　（《清德宗实录》卷6）

（光绪元年五月庚申）准楚军援黔节年阵亡各员弁在贵州施洞口建立总祠，从贵州巡抚曾璧光请也。随手　（《清德宗实录》卷10）

（光绪元年十月戊寅）署湖广总督翁同爵奏：“请将忠义军历年阵亡员弁等一并入祀黄州府昭忠祠。”允之。随手折包　（《清德宗实录》卷19）

（光绪二年正月癸丑）以骂贼捐躯，予故湖北安陆县知县万成于该县建立专祠，入祀京城及德安府昭忠祠，并将事迹宣付国史馆，从御史刘国光请也。外记注　（《清德宗实录》卷25）

（光绪二年八月壬寅）又谕："沈葆桢奏'匪徒传习邪术，现筹查办情形'一折……近闻湖北、浙江、江西等省均有邪术纷扰之事，着翁同爵、杨昌濬、刘秉璋一体饬属实力查拿，从严惩办，一面绥辑闾阎，以消隐患。将此由五百里各谕令知之。"现月　（《清德宗实录》卷38）

（光绪二年八月辛亥）谕军机大臣等："前据裕禄、沈葆桢先后奏报，匪徒剪取辫发，拿获惩办，并讯出福建等处均有匪党，叠经谕令各该督抚认真查办。兹复据刘秉璋奏'江西都昌等县均有邪术……安徽、湖北、湖南、广东等省均有匪党勾结'等语，匪徒传习邪术，蔓延数省，摇惑人心，谋为不轨，亟应上紧查办，豫遏乱萌。着文煜、沈葆桢、刘坤一、翁同爵、吴元炳、裕禄、刘秉璋、丁日昌、王文韶、张兆栋督饬所属严查保甲，实力搜拿，毋任奸宄溷迹……"现月　（《清德宗实录》卷39）

（光绪二年九月壬申）以故湖北大冶县知县倪应颐剿贼殒命，准于死事地方捐建专祠，从总督翁同爵请也。折包　（《清德宗实录》卷40）

（光绪三年六月丙午）又谕："刘坤一奏'捐建忠义祠，请饬春秋致祭'一折。两广总督刘坤一，捐资为旧部阵亡、病故楚勇在原籍新宁县建立忠义祠，着俟工竣后，由地方官春秋致祭，以慰忠魂。"现月　（《清德宗实录》卷52）

（光绪四年四月庚寅）又谕："裕禄奏'已故都统前在安徽著有勋绩，请旨宣付史馆，并建专祠'一折。已故乌鲁木齐都统英翰，前经降旨从优赐恤，并于安徽省建立专祠……英翰在皖，宣力年久……叠经督兵赴援蒙城、麻城等处……"现月　（《清德宗实录》卷71）

（光绪四年七月丁卯）湖广总督李瀚章奏："粤逆之乱，湖北省城三次失守，旋即克复，楚军出力最多。现在曾国藩、胡林翼、罗泽南、李续宾、李续宜等仰蒙敕建专祠，而所部将弁勇兵，或血战捐躯，或攻城死节。彭玉麟拟‘邀本籍官绅另建楚军水陆昭忠祠’一折，请饬部列入祀典，由地方官春秋致祭。”允之。折包 （《清德宗实录》卷 76）

（光绪四年九月庚申）又谕：“沈葆桢奏‘请将已故提督战功宣付史馆，并恳入祀昭忠祠’一折。已故记名提督前云南鹤丽镇总兵宋国永，于咸丰、同治年间随同霆军转战江南、安徽、江西、湖北、广东等省，所向有功。嗣移师剿捻，由湖北驰入河南，大破任赖各逆，洵属功绩卓著。着照所请，将该提督战功宣付史馆立传，并准入祀四川、湖北霆军昭忠祠，以彰劳勚。”现月 （《清德宗实录》卷 78）

（光绪五年八月辛亥）予阵亡知州李槱富池口专祠列入祀典，从湖广总督李瀚章请也。折包 （《清德宗实录》卷 99）

（光绪六年三月丁酉）准故湖北参将石清吉原籍沙河县专祠列入祀典。折包 （《清德宗实录》卷 111）

（光绪八年五月）甲午，准湖北省城淮军昭忠祠列入祀典，从湖北巡抚彭祖贤请也。折包 （《清德宗实录》卷 146）

（光绪八年七月）庚子，以神灵显应，颁湖北黄陂县城隍庙扁额，曰“功德昭明”；木兰山山神庙扁额，曰“普为仁表”。现月 （《清德宗实录》卷 149）

（光绪九年十二月乙丑）丙寅，以神灵显应，颁湖北荆州江神庙扁额，曰“郁素波平”；沮、漳二神祠扁额，曰“德昭楚望”。现月 （《清德宗实录》卷 176）

（光绪十年十二月乙亥）以神灵显应，颁湖北郧西县黑龙洞龙神庙扁额，曰“泽沛恩濡”。现月随手 （《清德宗实录》卷199）

光绪十一年乙酉十月辛巳，以神灵显应，颁湖北房县关帝庙扁额，曰“筑江昭佑”；城隍庙扁额，曰“上津显应”；龙神祠扁额，曰“报功祚福”。现月随手 （《清德宗实录》卷218）

（光绪十二年五月）丁酉，以神灵显应，颁湖北通城县城隍庙扁额，曰“功昭幕阜”；城南锡山龙神庙扁额，曰“泽敷天岳”。现月 （《清德宗实录》卷228）

（光绪十二年十二月）己卯，谕内阁：“穆图善、恭镗奏‘已故将军功绩卓著，恳恩准予建祠立传’一折。已故伊犁将军金顺，历在军营带兵剿贼，转战直隶、山东、湖北、安徽等省，所向克捷，嗣于陕甘关外剿办回逆，懋著勋劳。着加恩准于立功省分建立专祠，并将生平战绩宣付国史馆立传，以彰忠荩。”现月 （《清德宗实录》卷237）

（光绪十三年三月丙午）以神灵素著，颁湖北随州城隍庙扁额，曰“福佑唐城”，并加封号，兴山县城隍庙扁额，曰“练城保障”，并加封号。现月随手 （《清德宗实录》卷240）

（光绪十三年十月）癸卯，以神灵显应，颁荆州万古楼关帝庙扁额，曰“威振华夏”。现月 （《清德宗实录》卷248）

（光绪十三年十月）甲辰，以神灵显应，颁直隶通州潮白河河神庙扁额，曰“潞堤保障”；湖北宜昌府城隍庙扁额，曰“峡州澄镜”；汉川县城隍庙扁额，曰“涢汉诒庥”。现月 （《清德宗实录》卷248）

（光绪十三年十二月）庚寅，以神灵显应，颁荆州城外江神庙扁额，曰“金堤保障”；沮、漳二神祠扁额，曰“泽周楚望”。现月 （《清德宗实录》卷250）

（光绪十四年正月己未）以神灵显应，颁湖北德安府城隍庙扁额，曰“郧城昭佑”。现月 （《清德宗实录》卷251）

（光绪十四年十二月）辛巳，以神灵显应，颁湖北兴国州城隍庙扁额，曰“惠周鄂雉”。现月 （《清德宗实录》卷262）

（光绪十五年四月）戊寅，以神灵显应，颁湖北枝江县城隍庙扁额，曰“丹阳昭佑”，并加封号。（《清德宗实录》卷269）

（光绪十五年六月）丙申，加湖北枝江县城隍神封号，曰“灵佑”。早事 （《清德宗实录》卷271）

（光绪十五年十二月壬辰）直隶总督李鸿章奏：“请于湖北汉阳府省城捐建武毅军专祠，追祀从征伤亡将弁，以彰义烈。”从之。折包 （《清德宗实录》卷279）

（光绪十六年七月戊子）以战功卓著，予故湖北郧阳镇总兵龚继昌照军营立功后积劳病故例优恤，事迹宣付史馆立传，附祀江西、贵州等处席宝田专祠，城步县本籍捐建专祠，从云贵总督王文韶请也。（《清德宗实录》卷287）

（光绪十六年十一月壬辰）予故湖北布政使朱士达入祀名宦祠。早事 （《清德宗实录》卷291）

（光绪十八年正月己卯）（湖广总督张之洞等）又奏："提督宋德鸿在湖北汉阳府捐建嵩武军昭忠祠落成，置祭田，设义塾，请予立案。"下所司知之。折包　（《清德宗实录》卷307）

（光绪十八年十二月戊辰）湖广总督张之洞等奏："荆州府江神庙暨沮、漳二神祠请颁扁额。"得旨："江神庙等处扁额着遵照前旨按季汇题。"（《清德宗实录》卷319）

（光绪十八年十二月丁丑）又谕："御史余联沅奏'楚臣屈平请从祀文庙'一折，着礼部议奏。"寻奏上，议驳。从之。（《清德宗实录》卷319）

（光绪二十年五月丙申）予故浙江处州镇总兵陈国瑞于湖北应城县本籍建立专祠……金国琛并附祀湖北省城胡林翼专祠，从湖广总督张之洞请也。现月　（《清德宗实录》卷341）

（光绪二十一年五月戊戌）予故前湖广总督吴文镕在黄州郡城捐建专祠，从兼署湖广总督湖北巡抚谭继洵请也。折包　（《清德宗实录》卷368）

（光绪二十二年四月癸未）予故郧阳镇总兵龚继昌城步县本籍专祠列入祀典。（《清德宗实录》卷389）

（光绪二十三年七月甲午）予荆州驻防历年战殁官兵所建昭忠祠列入祀典，从荆州将军祥亨请也。折包　（《清德宗实录》卷407）

（光绪二十九年正月壬午）以战功卓著，予故湖南岳州镇总兵张捷书照军营立功后积劳病故例优恤，战迹宣付史馆，并附祀湘、皖前兵部尚书彭玉麟专祠，从湖北巡抚端方请也。折包　（《清德宗实录》卷511）

（光绪三十年五月癸卯）以神灵显应，颁湖北荆州府万古楼关帝庙扁额，曰“泽被荆南”。（《清德宗实录》卷531）

（光绪三十年十二月乙巳）湖广总督张之洞奏：“已故荆州府知府陈梦兰功德在民，请入祀名宦祠。”下部议。（《清德宗实录》卷539）

（宣统元年二月辛亥）予湖北汉阳故国子监学正刘传莹从祀乡贤，并列入《国史儒林传》。折包 （《宣统政纪》卷8）

（宣统元年二月辛亥）予故湖北汉阳镇总兵周芳明优恤，战功事迹宣付史馆立传，并附祀前兵部尚书彭玉麟湖南原籍专祠。折包 （《宣统政纪》卷8）

（宣统元年六月）壬午，谕军机大臣等：“电寄岑春蓂，前派致祭南岳等处荆州左翼副都统隆斌现在开缺，着改派总兵张庆云前往致祭。”电寄 （《宣统政纪》卷15）

（宣统元年八月己亥）谕内阁：“大学士张之洞公忠体国，廉正无私，荷先朝特达之知，由翰林荐升内阁学士，简授山西巡抚，总督两广、湖广，权理两江，凡所设施，皆提倡新政，利国便民。庚子之变，顾全大局，保障东南，厥功甚伟，旋以总督晋陟纶扉，入参机要，管理学部事务，宗旨纯正，懋著勤劳。朕御极后，深资倚畀，晋加太子太保衔。服官四十余年，擘画精详，时艰匡济，经猷之远大，久为中外所共见。近因患病，屡经赏假调理，并赏赐人薓，方冀克享遐龄，长资辅弼。兹闻溘逝，轸惜殊深，着赏给陀罗经被，派郡王衔贝勒载涛带领侍卫十员，即日前往奠醊，并赐祭一坛，加恩予谥‘文襄’，晋赠太保，照大学士例赐恤，入祀贤良祠，赏银三千两治丧，由广储司给发。任内一切处分，悉予开复，应得恤典，该衙门查例具奏。灵柩回籍时，沿途地方官妥为照料。伊子礼部郎中张权着以四品京堂候补，邮传部学习员外郎张仁侃着以郎中补用，伊孙选拔生张厚璟着赏给主事分部补用，用示笃念荩臣至意。”现月 （《宣统政纪》卷20）

2. 书籍图册

（顺治十六年三月丙午）立明崇祯帝碑，命大学士金之俊撰文，文曰：“……然发难之初，不过西陲一隅，亦何难以国家全力制之？而上下相蒙，以贼为讳，啸聚之势，日炽月盛，攻城掠邑，有同破竹。然后举国张皇，纷纷议选将，议抽兵，议加派，议设总理、总督重臣。临渴掘井，毫无成算。以言剿，则挫衄屡闻；以言抚，则招徕无术。至于骄兵悍将，反借贼势披猖为护身符，来不能御，去不肯追，遂蔓延流毒。秦、晋、楚、豫、巴蜀暨大江以北，所在骚然……”（《清世祖实录》卷124）

（康熙五十八年二月乙卯）谕内阁学士蒋廷锡：“《皇舆全览图》朕费三十余年心力始得告成，山脉水道俱与《禹贡》相合。尔将此全图并分省之图与九卿细看，倘有不合之处，九卿有知者即便指出，看过后面奏。”寻九卿奏称：“从来舆图、地记往往前后相沿，传闻傅会，虽有成书，终难考信。或山川经络不分，或州县方隅易位，自古至今，迄无定论。我皇上以生知之圣，殚格致之功，分命使臣，测量极度。极高差一度，为地距二百里，昼夜之长短、节气之先后、日食之分秒时刻、都邑之远近方位，皆于是乎定。天道地道，兼而有之，从来舆图所未有也。南北两大干，一干自昆仑东北，历西番境，至兴安岭，达于盛京，南折入朝鲜境入海；一干自昆仑东南，历云贵、广西、湖广、江西境，或东或北，折至闽浙入海。凡两干以南、以北之水，大则名川灵渎，小则泉涧溪潭，莫不顺山脉以分流，随地形而转下，萦回盘带，刻镂绣错，而寻源溯委，条贯井然，从来舆图所未有也。关门塞口、海汛江防、村堡戍台、驿亭津镇，其间扼冲据险，环卫交通，荒远不遗，纤悉毕载，星罗棋布，栉比鳞次，从来舆图所未有也……皇上精求博考，积三十年之心力，核亿万里之山河，收寰宇于尺寸之中，画形胜于几席之上，臣等荷蒙皇上教思不倦，得以瞻仰披寻。昔曾经过之区，宛然阡陌；素所未历之境，不啻乡闾。而于《禹贡》所书，古今图志所传，平日有迷莫指、有惑莫祛者，一旦豁然贯通，涣然冰释，此诚开辟方员之至宝，混一区夏之巨观，昭揭日月而万世不刊者也。谨将原图恭缴，伏求颁赐。”得旨：“图着颁发。”（《清圣祖实录》卷283）

（康熙五十九年十一月）辛巳，谕大学士、学士、九卿等：“朕于地理，从幼留心。凡古今山川名号，无论边徼遐荒，必详考图籍，广询方言，务得其正。故遣使臣至昆仑、西番诸处，凡大江、黄河、黑水、金沙、澜沧诸水发源之地，皆目击详求，载入舆图……其山川名号，番汉异同，当于此时考证明核，庶可传信于后……乌尼尹乌苏峰，中华谓之乳牛山也。其水名穆鲁斯乌苏，东南流入喀木地，又经中甸入云南塔城关，名金沙江，至丽江府，又名丽江，至永北府，会打冲河东流，经武定府入四川界，至叙州府，流入岷江，经夔州府，入湖广界，由荆州府至武昌府，与汉江合。汉江源出陕西宁羌州北嶓冢山，名漾水，东流至南郑县，为汉水，入湖广界，东南流至汉阳县汉口，合岷江。此诸水在东南诺莫浑乌巴西大干之内，源发于西番，委入于中国也……尔等将山川地名详细考明具奏。”（《清圣祖实录》卷290）

（乾隆四年九月甲寅）礼部议复：“湖北巡抚崔纪疏请颁发武英殿所有之《性理大全》《古文渊鉴》《分类字锦》《骈字类编》《月令辑要》《子史精华》《文献通考》《资政要览》《御制孝经》《御注孝经》，翰林院所有之《佩文韵府》《御选唐诗》《孝经衍义》《广群芳谱》，国子监所有之《古文约选》，共计十五部。查崔纪所请《性理精义》《古文渊鉴》《御注孝经》《孝经衍义》《御选唐诗》《资政要览》六部，均为士人所宜诵习之书，应如所请颁发，并令酌量刊刻，以广流布。其《御注孝经》冠以御制序文，并非另有御制孝经。其余所请诸书，卷帙浩繁，且崇文门等处现有刷印，准令远近士子购觅，自可渐次流通，毋庸再行颁发。”从之。(《清高宗实录》卷100)

(乾隆六年八月壬戌) 刑部尚书署湖广总督那苏图奏：“通山县民全崇相，刊刻其父已故举人全渊《四书宗注录》一部，其书有推崇逆犯吕留良之处。”得旨：“自应追出书版销毁，至全崇相愚昧无知，照例处置可也。”(《清高宗实录》卷149)

(乾隆六年九月) 丁亥，谕军机大臣等：“朕闻谢济世将伊所注经书刊刻传播，多系自逞臆见，肆诋程朱，甚属狂妄。从来读书学道之人贵乎躬行实践，不在语言文字之间辨别异同。况古人著述既多，岂无一二可指摘之处？以后人而议论前人，无论所见未必即当，即云当矣。试问于己之身心有何益哉？况我圣祖将朱子升配十哲之列，最为尊崇，天下士子莫不奉为准绳，而谢济世辈倡为异说，互相标榜，恐无知之人为其所惑，殊非一道同风之义，且足为人心学术之害。朕从不以语言文字罪人，但此事甚有关系，亦不可置之不问也。尔等可寄信与湖广总督孙嘉淦，伊到任后，将谢济世所注经书中有显与程朱违悖抵牾，或标榜他人之处，令其查明具奏，即行销毁，毋得存留。”(《清高宗实录》卷151)

(乾隆七年正月庚寅) 湖广总督孙嘉淦奏：“遵查谢济世所注经书，立说浅陋固滞，不足以欺世盗名，无庸逐条指渎，谨将原板查毁，并通饬收毁已印之本。”得旨：“所办甚妥，只可如此而已。”(《清高宗实录》卷159)

(乾隆十一年十一月癸巳) 谕军机大臣等：“大乘邪教蛊惑人心，皆由伊等著有邪书，转相传播，以致愚民被诱。今邪教之案已经完结，川、黔、滇三省所有邪书已经汇缴，其审讯逆犯供词内邪说稿底，亦着检出销毁。至江南、江西、湖北、湖南等省邪教书籍、图记一应牵涉邪说者，俱着该督抚于结案之后查明销毁，毋致留存，以滋后患。可于伊等奏事之便，传谕知之。”（《清高宗实录》卷278）

（乾隆三十年五月丁丑）军机大臣等议复：“湖广襄阳镇总兵立柱奏请‘刊颁钦定清语’一折。据称‘清语为旗人根本。外省所钞清字黏单，或圈点多寡不合，任意长短违式，总缘缮写之吏，不识清字。虽曰照钞，实错中添错。请敕下各省督抚，将历年奉到清语，遴派旗员校正，饬令布政司刻印颁发文武各衙门，并嗣后遇有奉到清语，亦照式颁行，以免钞誊讹错’等语。查各直省俱有部颁定本，现在讹错纷纷，若就现行部颁清语各省刊刻，其中分门别类，仍不免舛漏错误，徒滋糜费。臣等酌议现增纂《清文鉴》，俟书成颁发，即可久远遵循。至各省同知、通判等官，不少满员。令该督抚就其中翻译精熟者，专派一二员兼办清文，随时校正，自不致辗转讹错。所有拣派之员，咨明军机处存记，倘再有钞写舛错等情，惟该员是问。”从之。（《清高宗实录》卷736）

乾隆三十五年庚寅十一月癸卯朔，礼部议复：“湖北学政戴第元奏称‘楚省各学册籍开填年貌经书，每有舛错，廪增字样亦间有讹，或新册与旧册不符，或卷面与册注互异，将应议各职名分别咨部’等语。查教官应办册卷、学政汇造总册，旧例均无舛错议处之条，应请交吏部察议定例。”从之。（《清高宗实录》卷872）

（乾隆三十七年十月）己丑，谕：“国史馆进呈《新纂明珠列传》内所列郭琇纠参各款，胪采不全，于核实纪载之义未合。明珠在康熙年间身为大学士，柄用有年，乃竟不克自终，渐至植党营私，市恩通赂，势焰熏灼，物议沸腾。皇祖叠申诫谕，期得以恩礼保全，而明珠不知省改，致为郭琇参奏。复念其于平定三藩时，曾有赞理军务微劳，不即暴示罪状，然亦立予罢斥，并未尝废法姑容。后虽量为录用，仅授内大臣之职，距其身殁二十余年，不复再加委任。此实皇祖恩威并用，权衡纤毫不爽，迥非三代以后所可几及。而确核明珠罪案，只在徇利太深，结交太广，不能恪守官箴……即如明珠以现任阁臣，而郭琇即以露章胪款，抨击甚力，使明珠果能如明季诸奸之箝制言路，则郭琇矢口之间，早已祸不旋踵。即或深谋修隙，亦必多方狙伺，假手挤排。乃郭琇因此一疏，遂以鲠直受知，不及二年，即由佥都御史荐擢都御史，不闻明珠之党有能为之抑沮者。虽其间亦曾因事论黜，而我皇祖鉴其政绩风力，由闲废中擢为湖广总督，后因红苗抢夺，隐匿不报，削籍归里，其罪实由自致，亦非明珠之党借事以为报复。今郭琇列传具在，可考而知也……。”（《清高宗实录》卷919）

（乾隆三十八年四月己丑）谕军机大臣等：“昨据工部题销山东省各学建立平定准噶尔告成太学碑文工价一本，令军机大臣将从前如何行文各省，并平定回部碑文是否亦通行建立之处，查据礼部复称‘乾隆二十年，经大学士会同各该衙门议奏，请将御制碑文勒石太学，并将碑文摹拓颁发直省督抚，转发各府州县卫学宫，其平定回部后，亦经查照前例办理，行文各省’等语。是原行只令其碑摹颁发，并未行令各学立碑。各省督抚即欲重摹勒石，亦止当于省会学宫建竖碑座。其余各属，即就碑文拓本转发，或另行锓版刷印，颁贮各学，尽足传示来兹，断无合府州县卫，悉令逐一建碑之理……”（《清高宗实录》卷932）

（乾隆三十九年八月丙戌）谕军机大臣等：“前曾谕令各督抚采访遗书，汇登册府。下诏数月，应者寥寥。彼时恐有司等因遗编中或有违背忌讳字面，惧涉干碍，而藏书家因而窥其意指，一切秘而不宣。因复明切宣谕，即或字义触碍，乃前人偏见，与近时无涉，不必过于畏首畏尾。朕断不肯因访求遗籍，于书中寻摘瑕疵，罪及收藏之人。若仍前疑畏，不肯尽出所藏，将来或别露违碍之书，则是有意收存，其取戾转大。所降谕旨甚明……朕办事光明正大，各督抚皆所深知，岂尚不能见信于天下？该督抚等接奉前旨，自应将可备采择之书开单送馆。其或字义触碍者，亦当分别查出奏明。或封固进呈，请旨销毁，或在外焚弃，将书名奏闻，方为实力办理。乃各省进到书籍不下万余种，并不见奏及稍有忌讳之书，岂有裒集如许遗书，竟无一违碍字迹之理？况明季末造野史者甚多。其间毁誉任意，传闻异词，必有诋触本朝之语，正当及此一番查办，尽行销毁，杜遏邪言，以正人心而厚风俗，断不宜置之不办。此等笔墨妄议之事，大率江浙两省居多，其江西、闽粤、湖广亦或不免，岂可不细加查核？高晋、萨载、三宝、海成、钟音、德保皆系满洲大臣，而李侍尧、陈辉祖、裴宗锡等亦俱系世臣，若见有诋毁本朝之书，或系稗官私载，或系诗文专集，应无不共知切齿，岂有尚听其潜匿流传，贻惑后世？不知各该督抚等查缴遗书于此等作何办理，着即行据实具奏。至各省已经进到之书，现交四库全书处检查，如有关碍者，即行撤出销毁。其各省缴到之书，督抚等或见其书有忌讳，撤留不解，亦未可知，设或竟未交一关碍之书，则恐其仍系匿而不献。着传谕该督抚等，于已缴藏书之家，再令诚妥之员前往明白传谕，如有不应存留之书，即速交出，与收藏之人并无干碍。朕凡事开诚布公，既经明白宣谕，岂肯复事吹求。若此次传谕之后复有隐讳存留，则是有心藏匿伪妄之书，日后别经发觉，其罪转不能逭，承办之督抚等亦难辞咎。但各督抚必须选派妥员，善为经理，毋得照常通行，交地方官办理不善，致不肖吏役借端滋扰。将此一并谕令知之。”（《清高宗实录》卷964）

（乾隆三十九年十一月戊午）谕军机大臣等：“前此谕令各督抚遍行晓谕，如有收藏违碍之书，即及早交出，免其治罪。并以此等笔墨诋毁之事，大率江浙两省居多，其江西、闽粤、湖广亦或不免，因指名交各督抚留心查办。乃高晋、萨载、三宝皆复奏称，查无违碍之书……着传谕各督抚，再行明白晓谕，此时即速呈献，尚不为晚。不过将不应收藏之书尽行销毁，杜遏邪言，以正人心而厚风俗，何可稍存观望，自贻伊戚乎？若再隐匿不缴，后经发觉，即治以有心藏匿之罪，必不姑宽，并

于该督抚等是问。将此遇奏事之便，传谕知之，仍各妥办，据实复奏。”（《清高宗实录》卷970）

（乾隆四十年五月辛酉）谕：“前曾命仿朱子《通鉴纲目》体例，纂为《明纪纲目》，刊行已久。兹披阅《叶向高集》，见《论福藩田土疏》，所叙当日旨意之‘养赡地土，原给四万顷，卿等屡奏地土难以凑处，王亦具辞，今减去二万顷’云云。则福王当日所得之田仅二万顷。今《纲目》载‘福王常洵之国’条云：‘赐庄田四万顷，中州腴土不足，取山东、湖广田益之。’与向高言不合……是张廷玉等原办《纲目》，惟务书法谨严，而未暇考核精当，尚不足以昭传信。着交军机大臣，即交方略馆，将原书改纂，以次进呈，候朕亲阅鉴定。其原书着查缴。”（《清高宗实录》卷982）

（乾隆四十四年三月庚子）又谕：“据三宝等奏‘兴国州候选训导冯王孙呈所著《五经》《简咏》二本，语多狂悖，并有不避庙讳之处。现在提同应质犯证，严审究拟，俟将刷印各本搜查净尽，同起出板片一并解京’等语，朕初阅时，尚以为不过如李湖前奏陶汝鼐、黎元宽诗集一例。及加细阅，则冯王孙现系捐贡候选训导，且曾在国子监肄业，久为学校教育之人，理应知法守分。今阅签出诗内各句，悖妄狂诞，不可枚举，且有复明削清之语，并于庙讳全然不避，悖逆显然，实属可恶。应即严讯该犯，录取确供……并将所有刷印各本尽行查缴，毋使片纸存留。并查此外不法诗文，一并解京销毁，勿以具文了事……此旨着由五百里传谕知之。”（《清高宗实录》卷1079）

（乾隆四十四年五月乙酉）谕军机大臣等：“据护理湖南巡抚陈用敷奏‘武生沈荣英等呈缴沈大绶刊刻《硕果录》《介寿辞》等书，语多狂悖。现派员驰赴该犯家内，逐细搜查。并委员分往作序之陈湄、江苏余永观各家查搜，提集人犯，督同司道等研审，从重定拟。并飞咨湖北、江西二省，就近查起书籍板片销毁’等语。沈大绶身系举人，曾任江西知县，缘事降调，胆敢心怀怨谤，肆其狂吠，情罪实为可恶。虽其人已伏冥诛，亦当照徐述夔之例戮尸，以伸国法而快人心。着传谕该抚，即速审明定案，照律办理……又据奏‘沈荣英供称，书板先存永新县刷印，将板片携至新建县，交伊母舅庄老满转寄城内五台庵。其江苏家原存一部，借给湖北通城县人吴华年未还’等语。着传谕郑大进，将沈大绶诗集刷印本及板片一并查明，解京销毁，原折并着钞寄阅看。”寻奏：“沈大绶所著《硕果录》《介寿辞》等不法逆书，先据沈荣英首缴各书时，即讯明伊父沈大绶曾分送沔阳州李堂、沈乾原、刘应鹤、侯正禄及崇阳县荣天柱、余学鲁，又原存江苏家各一部，借给通城吴寿平即吴华年各等情。兹已按名勘查各家，或呈缴，或已经烧毁，委无藏匿，并将刷本、板片解京销毁。”报闻。（《清高宗实录》卷1082）

（乾隆四十四年七月）庚子，谕军机大臣等：“据李湖奏‘武陵县生员邓大廷呈缴前任湖广提督俞益谟刊刻《青铜自考》一书，请销毁查办’一折，阅其书，系俞益谟将伊历任奏疏及文移书启汇集而成，并无违碍。即该抚签出处所，亦止抬头款式未合及字句偶失检点，此等乃常有之事，不足深责。况俞益谟本系武弁，原不能通晓文义，其所刻书籍，大抵皆庸幕及字识辈纂缉成帙，又岂能谙习体例？且刻出距今七十余年，其人物故已久，何必复行追究乎？但原书既经缴出，自应销毁，亦不必辗转深求，致滋纷扰。着传谕李湖，不必查办。”（《清高宗实录》卷1087）

（乾隆四十五年五月甲午）谕军机大臣等：“前据闵鹗元奏，查有和州逆犯戴移孝及伊子戴昆所著《碧落后人诗》《约亭遗诗》二本，阅其书内悖逆之处甚多，殊属可恶，已将二书销毁矣。其作序之鲁之裕，身任道员，敢为逆犯作序，使其人尚存，必当重治其罪。今已身故，姑免深究。但此书刊刻多年，留存断不止二本，现据戴昆之孙戴世道供称，《约亭遗诗》系乾隆十年在湖广刻印，恐楚省尚有收藏之家。着传谕闵鹗元、富勒浑等饬属严查，如有此书板片及钞本刻本，即行解京销毁。其余别省亦恐有流传之处，并着各该督抚等实力查毁，俾狂吠诗词搜毁净尽，以正风俗而厚人心。倘有片纸只字存留，将来别经发觉，惟该督抚等是问。”（《清高宗实录》卷1107）

（乾隆四十五年九月丙戌）谕军机大臣等：“据姚成烈奏‘准湖广督臣富勒浑等咨拿鲁之裕之孙鲁恕杰。随委员于全州，将鲁恕杰拿获严搜，止有随身行李，并无别项不法书籍，已将该犯押解赴楚收审’等语。鲁之裕身任道员，胆敢为逆犯戴移孝父子逆诗作序，使其身尚在，自当置之重典。今其人已故，故免深究。至其子孙，若将前项悖逆诗集翻刻流传，其罪自难轻逭。着传谕舒常等，即将鲁恕杰有无另行翻刻传布之处严加诘讯，如有翻刻传布，即从重究拟，仍将原书尽行搜缴销毁，并将审明缘由据实复奏。”（《清高宗实录》卷1114）

（乾隆四十六年十一月庚子）又谕曰：“舒常、郑大进奏‘查出明末人瞿罕所著《孝经对问》《体孝录》二书语有违悖，系黄梅县人吴碧峰刊刻，自行缴出，并声明此书系前抚臣陈辉祖汇发局员查勘’等语。各省查缴违碍各书，自应随时奏明。今《孝经对问》《体孝录》二书语有违悖，吴碧峰既自行呈缴，陈辉祖于发局查勘之时，何以仅交后任查办，并不自行具奏？着传谕陈辉祖，令其据实复奏，舒常等折并着钞寄阅看。”寻奏：“臣前在楚省查出违碍书集，业经奏缴四次，其未阅定者尚有八百余种，内《孝经对问》《体孝录》因发局员校阅，未据签送复勘，嗣调任河南巡抚，交接任抚臣查办，是以未及奏明。”报闻（《清高宗实录》卷1144）

（乾隆四十九年十一月乙丑）谕军机大臣等：“前令各省督抚抽改《通鉴纲目续编》，务将外间翻刻之本一律挖改。复因江浙为人文之薮，流传翻刻之本必多，曾降旨令该督抚饬属留心访查更改。现在又系应行汇奏之时，据江西、湖广等省奏到，查获《通鉴纲目续编》，照本抽改，而江浙二省尚未据该督抚奏到，着再传谕闵鹗元、书麟、福崧，即将本年搜获几部、挖改若干部之处详晰复奏。”（《清高宗实录》卷1218）

（乾隆五十八年三月丙午）又谕：“本日，据郭世勋奏‘查禁删本经书’一折，将查出各书名目及板片数目一并开单进呈，所办颇为周到。因令军机大臣检查各省奏到各折，惟浙江、江苏、山西、湖北、陕西等省开有书名清单，其余各省……并未开有清单。而就浙江等省所开清单而论，惟山西省查出销毁各种删本经书计一百零五种，其湖北省仅止二十一种，陕西省仅止十六种，较之山西为数已少。此外各省，更有仅止四五种及十余种者，并不及湖北、陕西查禁之数，又未开缮清单，办理殊为未妥。此等删本经书不过为荒经之士便于揣摩，冀图幸进及坊贾射利起见，最为士习之害，该督抚等自应实力详查，通行禁止。况浙江等省向为人文之薮，此等书籍流行必广，而边远省分未必皆能诵习全经，其删节之本自必更多。乃各省查禁之书转不及山西所办，自系该督抚等视为具文，地方官奉行不力，不过以一奏塞责，岂朕整饬士风，崇尚实学之意？着将山西省蒋兆奎查出最多书单及本日郭世勋所奏清单一并发交各该督抚，通行仿照办理具奏。所有查出删本经书及板片，并着解京销毁。该督抚等务饬地方官实力查收，不使存留传播，以饬士风而除陋习，毋得仍前玩忽，有名无实。除就近传知梁肯堂外，将此各谕令知之。”（《清高宗实录》卷1424）

（乾隆五十九年十二月丁卯）谕军机大臣等：“……毕沅由湖广总督降补山东巡抚，伊在湖广任内，有查办邪教事件，又自楚前赴山东，仆仆道途，所进贡品亦必无暇自行制办。况此项灯词冬至月间始行发誊，若该抚得有底稿后，再行缮写制灯，虽造办处就近制作，亦不能如此之速，自系有人在京代为办贡，以为争先出奇，见好毕沅，要其厚谢地步。内廷行走翰林，理宜小心慎密。从前康熙年间，南书房翰林如徐乾学、高士奇辈，往往有与外省勾结情事。恭阅雍正年间实录内，亦以臣工等不知谨慎，屡加训诫。朕临御以来，于内外臣工从不存逆亿之见，且办理庶务，大公至正，亦无不可共见共闻者。但以未经写入诗本之御制诗章，遽尔传播外间，由此而推，设遇有机密事件，亦可豫为轻泄。若高云从之将道府记载私以告人者，甚至无中生有。若从前查嗣庭、邹鲁、胡中藻之造言生事，酿成巨案，不可不防其渐。着传谕毕沅，即将灯词序文得自何人、系何人代为承办，据实复奏。朕不过欲明白此事，并不加责备，该抚亦不必心存畏惧，稍有讳饰，致干咎戾，仍即据实复奏。”（《清高宗实录》卷1466）

（嘉庆十二年七月癸丑）湖广道御史徐国楠奏请敕交国史馆增辑列传，并续修天文等志。下大学士、六部尚书、本馆总裁议奏。寻议：“历代史例以纪、传、表、志为纲，而列传内有儒林、文苑、循吏、孝友、列女、土司、四裔各目。我朝文教覃敷，宜裒事迹，垂示将来。至天文等十四志，自雍正十三年前俱已详载，但成书逾七十余年，亦应续修，应如所请。”从之。（《清仁宗实录》卷183）

（道光五年十一月壬辰）湖北巡抚杨懋恬奏：“动用耗羡银两纂修《赋役全书》。”下部知之。（《清宣宗实录》卷91）

（道光三十年十一月癸卯）又谕：“前据裕泰等奏，武昌府同知劳光泰议论鹾务新章，其子率行刊刷，当降旨将劳光泰严加议处，并令陆建瀛查明该员所论系何意见，据实具奏。兹据陆建瀛奏‘该同知投递禀函，并作有《移岸三论》，现在板虽销毁，而散布已多，深恐商贩见而裹足’等语。淮南盐务新章甫有成效，岂可任不肖委员散播浮言，阻挠挟制？着裕泰派员将劳光泰解往江南，交陆建瀛督同运司刘良驹严行审讯，务将折内所指各情逐一研鞫，据实具奏，毋稍含混……”（《清文宗实录》卷21）

（同治元年八月丙寅）又谕："严树森奏'绘具《湖北全省地图》呈览'一折。行军之道，以审地势为先，鄂省居天下之中，为自古用武要地，该抚宦楚十年，足迹所至，悉行记识，并于郧阳、施南二府未曾亲历者，饬属绘呈地图，加以咨访参核，具见留心军事。图内所绘山川险要，朗若列眉，而于道里远近亦能详细开载，尚足为发纵指示之一助。近来督抚中如曾国藩、左宗棠等均能讲求地理，是以所向有功。严树森惟当益励精神，于战守机宜实心讲究，务期四境乂安，庶不负其所志。又奏'林光祖、黄苳臣不可再行录用'一片，已谕令军机处存记矣。将此由四百里谕令知之。"（《清穆宗实录》卷37）

（同治四年二月乙亥）以遗爱在民，予故湖北布政使刘体重入国史《循吏传》。（《清穆宗实录》卷129）

（同治九年闰十月乙亥）又谕："御史吴凤藻奏'明儒吕坤所著《实政录》最为吏治针砭，现江南、湖北、浙江等省均开书局，请饬刊刻'等语。着该省督抚于刊刻经史之余，接刻吕氏《实政录》，广为流布，俾收实效而饬官方。"（《清穆宗实录》卷294）

（光绪十一年四月戊戌）谕内阁："卞宝第等奏'故员绩学敦行，恳准宣付史馆立传'一折。已故湖北郧县知县桂文灿，同治年间进呈所著经学诸书，奉旨留览，特予褒嘉。嗣应诏陈言，亦多可采。其潜心经术，讲求实学，足为士林矜式。着准其宣付史馆，列入《儒林传》，以为研经者劝。"现月 （《清德宗实录》卷206）

（光绪十九年十二月）戊午，谕内阁："兵部奏'各省土司册籍仍未送齐，请饬催'一折。现修《会典》，土司一门，必须各省册籍造齐送部，方可纂辑成编。乃屡经该部奏催，仅据贵州造送，此外甘肃、广西均未咨报，湖广、四川尚未送齐。至云南咨送营制总册，开有土司各员，亦未注明设立年月日期，殊不足以资考核。着甘肃、广西、湖广、四川、云南各督抚迅速造报，统限于文到三个月内一律送齐。如有原系土司续经改土归流者，并着将议改缘由日期一并详细声叙，不得再行延宕。”现月 （《清德宗实录》卷331）

（光绪二十七年五月）甲申，谕内阁：“陕西学政沈卫奏‘呈进书籍，请将校刊各员绅恳恩奖励’一折。据称三原、泾阳两县官绅刊刻书籍不下二百余种，均关典要。该员绅等捐集经费，校刊精勤，有功学校，深堪嘉尚……已故湖北试用知府刘升之、已故候选知府刘质慧、已故道衔增贡生刘昌复均着追赠三品衔，郎中衔中书科中书柏森着赏加四品衔，道衔监生刘嗣曾、同知职衔附生刘昌晋均着传旨嘉奖，以示鼓励。”现月 （《清德宗实录》卷483）

（光绪二十七年八月）庚子，湖广总督张之洞奏：“遵购《大清一统志》，并附进天文、舆地各图，天地两球，派员赍解呈进。”得旨：“所进书图等件均留览。”折包 （《清德宗实录》卷486）

（光绪三十年十一月辛卯）（署两江总督端方等）又奏：“裁减江楚编译官书局闲员，并令移设已裁织造司库衙门，延聘通儒，审译教科善本，备学堂之用。”下学务大臣知之。折包 （《清德宗实录》卷538）

（光绪三十四年二月戊寅）以循良著绩，予已故江苏署黄安县知县江世玉列入国史《循吏传》，从湖广总督赵尔巽请也。折包 （《清德宗实录》卷587）

（宣统元年二月辛亥）予湖北汉阳故国子监学正刘传莹从祀乡贤，并列入国史《儒林传》。折包 （《宣统政纪》卷8）

（宣统元年六月丁未）湖广总督陈夔龙奏："刷印一端虽属营业性质，有关于政治者甚大。此次鄂省开办所有刷印纸品，分官用、民用两种，先顺民情习惯，而后终归法律之范围，实于新政前途，隐有裨助。"报闻。折包 （《宣统政纪》卷16）

（宣统元年八月庚寅）以捐躯救父，予湖北黄陂举人陈鸿伟列入国史《孝义传》。折包 （《宣统政纪》卷19）

（宣统元年十二月辛卯）两江总督张人骏等奏："《江南通志》初成于康熙二十三年，重修于乾隆元年，迄今一百七十余年未经修辑。现拟将江楚编译局改为江苏通志局，延聘总纂、分纂员绅，征集府州县志书并广搜官书及私家著述，上继乾隆丙申，下讫光绪戊申，悉为编入。所需经费，就编译局本有之款供支，如有不敷，另行筹补。"如所请行。折包 （《宣统政纪》卷28）

（宣统二年三月壬子）予故湖北襄阳府知府郑敦允列入国史《循吏传》。折包 （《宣统政纪》卷33）

（宣统二年三月壬申）予湖北故光禄寺少卿王家璧、国子监学正张裕钊、举人张官德列入国史《儒林传》。折包 （《宣统政纪》卷33）

3. 学校教育

（顺治二年五月）庚子，遣福建道试御史姜金允巡按江北，湖广道御史高去奢提督江北学政，广西道御史李发元巡视两淮盐课，贵州道御史刘明偀巡漕。时陕西道御史赵开心亦在应差之列，以其直声久著，令别候优擢。（《清世祖实录》卷16）

（顺治二年十月）辛巳，调陕西清军道佥事徐养元为湖广按察使司佥事，提调湖北学政；督粮道佥事赵渔为湖广按察使司佥事，提调湖南学政。（《清世祖实录》卷21）

（顺治三年六月庚寅）升……湖广武昌道佥事王尔禄为本省布政使司参议，提调湖北学政；江西九江道参议黄澍为湖广布政使司参议，提调湖南学政。（《清世祖实录》卷26）

（顺治三年十二月）癸巳，遣湖广道监察御史魏琯提督江宁学政，山西道监察御史苏铨提督苏松学政。（《清世祖实录》卷29）

（顺治六年七月乙丑）荫湖广襄阳府殉难推官李实发子瞵入监读书。（《清世祖实录》卷45）

（顺治十二年正月戊申）升工部员外郎狄敬为湖广按察使司佥事，提调学政。（《清世祖实录》卷88）

（顺治十三年十月甲申）升户部郎中刘果远为湖广按察使司佥事，提调学政。（《清世祖实录》卷104）

（顺治十五年九月戊午）升浙江督粮道参政周天裔为湖广按察使司按察使……湖广下荆南道佥事赵焘为贵州布政使司参议，管按察使司副使事，提调学政……（《清世祖实录》卷120）

（顺治十五年十二月戊寅）以户部主事王同春为江南按察使司佥事，提调上江学政；刑部员外郎王发祥为湖广按察使司佥事，提调湖北学政……（《清世祖实录》卷122）

（顺治十六年十一月甲申）升兵部郎中宋祖法为福建按察使司佥事……陕西庆阳府知府杨藻凤为湖广按察使司副使，俱提调学政。（《清世祖实录》卷130）

（顺治十八年九月癸巳）以礼部郎中孔印樾为河南按察使司佥事，提调学政……刑部郎中李可乔为湖北按察使司佥事，提调学政……（《清圣祖实录》卷4）

（康熙三年正月丁亥）以刑部郎中王自新为湖广按察使司佥事，提调学政……（《清圣祖实录》卷11）

（康熙五年八月）辛酉，以刑部郎中李可汧为湖广按察使司佥事，提调学政。（《清圣祖实录》卷19）

（康熙八年九月）辛丑，以兵部郎中魏学渠为湖广按察使司佥事，提调学政。（《清圣祖实录》卷31）

（康熙十二年正月庚寅）以户部郎中张萃为四川按察使司佥事，提调学政；郑崑璧为湖广按察使司佥事，提调学政……（《清圣祖实录》卷41）

（康熙十六年十月丙寅）以原补江西提学副使未任撤回蒋永修为湖广按察使司副使，提调学政。（《清圣祖实录》卷69）

（康熙二十二年八月戊午）以刑部郎中姚淳焘为湖广按察使司佥事，提调学政。（《清圣祖实录》卷111）

（康熙二十三年十二月）庚戌，以翰林院侍讲李振裕提督江南学

政……湖广驿盐道宫梦仁为山东按察使司副使提调学政……（《清圣祖实录》卷118）

（康熙二十六年十二月）庚戌，以礼部郎中任塾为山东按察使司佥事，提调学政……山西太原府知府郑侨生为湖广按察使司副使，提调学政……（《清圣祖实录》卷132）

（康熙二十九年十二月戊午）以原任山西提学道朱雯补山东按察使司副使，提调学政……工部郎中邱园卜为湖广按察使司佥事，提调学政……（《清圣祖实录》卷149）

（康熙三十三年正月）丁卯……刑部郎中岳宏誉为湖广按察使司佥事，提调学政……（《清圣祖实录》卷162）

（康熙三十八年十二月）壬申，以工部郎中秘丕笈为陕西按察使司佥事，提调学政……户部郎中王祚兴为湖广按察使司佥事，提调学政……（《清圣祖实录》卷196）

（康熙四十一年十二月）丁酉，以翰林院编修顾悦履提督山东学政……翰林院检讨潘宗洛提督湖广学政……（《清圣祖实录》卷210）

（康熙四十四年十二月戊午）以翰林院编修赵申季提督山东学政……编修顾图河提督湖广学政……（《清圣祖实录》卷223）

（康熙四十五年十月）甲辰，以翰林院侍讲吴昺提督湖广学政。（《清圣祖实录》卷227）

（康熙四十六年十二月辛卯）以刑部郎中蒋德昌为湖广按察使司佥

事，提调学政。（《清圣祖实录》卷231）

（康熙四十七年正月）壬申，以刑部郎中袁乃澍为湖广按察使司佥事，提调学政。（《清圣祖实录》卷232）

（康熙四十八年四月）甲子，以吏部郎中董思凝为湖广按察司佥事，提调学政。（《清圣祖实录》卷237）

（康熙五十一年二月己未）以翰林院编修陈恂提督山东学政……原授湖广学道服阕候补蒋德昌为湖广按察使司佥事，提调学政。（《清圣祖实录》卷249）

（康熙五十二年四月乙亥）以左春坊左赞善薄有德提督湖广学政。（《清圣祖实录》卷254）

（康熙五十三年八月壬辰）以原任国子监祭酒余正健提督江南学政，侍讲李周望提督湖广学政，编修车鼎晋提督福建学政……湖广汉阳府知府郝士镎为云南按察使司副使提调学政。（《清圣祖实录》卷260）

（康熙五十六年九月癸酉）以翰林院编修嵇曾筠提督山西学政……编修缪沅提督湖广学政……（《清圣祖实录》卷274）

（康熙五十九年十一月）丙寅，以翰林院侍讲马豫提督浙江学政……检讨黎致远提督湖广学政……（《清圣祖实录》卷290）

（雍正元年九月己亥）以礼部郎中吕文樱提督山东学政，翰林院侍读刘于义提督山西学政，侍讲学士张廷璐提督河南学政，编修吴家骐提督湖广学政……（《清世宗实录》卷11）

（雍正二年六月辛巳）吏部议复："湖南巡抚魏廷珍疏言，湖北、湖南乡闱既分，教职亦请分选。查未分闱以前就教举人，湖北共有一百五十四人，湖南止有二十九人，若南北分选，湖南必致有缺无人，而湖北教职必多壅滞。请仍照旧例选用，俟用完日，将分闱后就教者，南北分选。"从之。（《清世宗实录》卷21）

（雍正三年二月癸巳）增湖北省各学取进文童额数，江夏、武昌、兴国州、黄冈、蕲水、黄梅、黄陂、京山、景陵、沔阳州、孝感、江陵、公安、石首、监利、襄阳十六州县向系大学，照府学额各取进二十名；大冶、云梦二县向系中学，升为大学，各取进十五名；应山县向系小学，升为中学，取进十二名。（《清世宗实录》卷29）

（雍正四年十月乙酉）……以云南学政翰林院侍读蔡嵩为湖北按察使司按察使。（《清世宗实录》卷49）

（雍正四年十一月辛卯）以翰林院编修杨超曾提督陕西学政，修撰于振提督湖北学政……（《清世宗实录》卷50）

（雍正五年八月乙未）工部等衙门议复川陕总督岳钟琪遵旨查复四川永宁协副将张瑛条奏内，酌议可行者四款：……一、东川府土人习读蛮书，不谙文艺，请设立义学，俟教化有成，照湖广考取苗瑶童生例，另编字号，酌量进取，以示鼓舞。均应如所请。从之。（《清世宗实录》卷60）

（雍正六年七月戊寅）加工部主事管式龙翰林院检讨衔，提督湖北学政。（《清世宗实录》卷71）

（雍正六年十一月丁巳）以翰林院侍讲凌如焕提督湖北学政。（《清世

宗实录》卷75）

（雍正十年十一月庚寅）调安徽学政内阁学士王兰生提督陕西学政……湖北学政翰林院侍讲凌如焕……俱仍留任。（《清世宗实录》卷125）

（雍正十二年二月己未）加户部员外郎蒋蔚翰林院检讨衔，提督湖北学政。（《清世宗实录》卷140）

（雍正十三年十月辛巳）吏部请点各省学政。得旨："各省学政有训导士子、校阅文艺之责，关系甚重，非才守兼优、素有学问者不克胜任。朕即位之初，于诸臣之才学品行，未能深知，难以降旨简用。着大学士尚书侍郎于翰林科道部属内，各据所知，保举二三员，开列送部，汇奏请旨。张廷璐、蒋蔚声名好，着仍留江苏、湖北学政之任。"（《清高宗实录》卷5）

（乾隆元年六月甲戌）湖北学政蒋蔚疏请增新设宜昌府学文武学额各二十名、廪增额四十名，新改东湖县学文武学额各十五名、廪增额二十名。下部议行。（《清高宗实录》卷20）

（乾隆二年二月戊寅）湖北学政蒋蔚丁忧，以国子监司业开泰提督湖北学政。（《清高宗实录》卷37）

（乾隆二年五月丙辰）（户部）又议准湖广总督史贻直、湖北巡抚钟保疏请新设宜昌府学应额添廪膳生四十名，原彝陵州改为东湖县，应减廪膳额三十名，存留二十名。其余十名，即拨入宜昌府学额数四十名之内。从之。（《清高宗实录》卷43）

（乾隆三年五月戊寅）礼部议准湖北学政开泰条奏，命题割截，宜行

停止，并士子预行填明专经，不准临场填注。从之。（《清高宗实录》卷69）

（乾隆四年三月壬子）调湖北学政开泰为安徽学政，以翰林院侍讲张映辰为湖北学政。（《清高宗实录》卷88）

（乾隆四年七月戊辰）礼部议复："湖广总督宗室德沛疏称，湖北施南府属之宣恩、来凤、利川、咸丰四县在馆肄业童生已有百余名，文义亦略通顺，请附入恩施县文童内，暂于宜昌府棚考试。岁科两考，另编新字号，择文理稍优者，四县酌取一二名。应如所请。"从之。（《清高宗实录》卷97）

（乾隆四年十一月辛酉）礼部议复湖北学政张映辰条奏学政事宜："一、生童临考，每因细故与市民纷争，动辄率众禀官，有司过存姑息，多将小民理责，以致益生骄玩，请嗣后遇生童临考禀控小民之案，止许本人听审，如多人拥挤喧嚷，即照聚众生事例治罪等语。查军民因事聚众，抗官塞署，审有不法，究治均有明条。至生童临考，以细故争讼，虽未有不法情事，实属嚣凌陋习。本年六月内，因湖南、福建、直隶生童滋事案内，奉有申饬士子之谕旨，通行督抚、学臣刊布在案，应令该学政与各地方官实力化导，如有前项案件，遵照惩办。一、考试武童骑射，例由督抚提镇饬委就近副参游击一员会同校阅，若既奉饬委，仍不回避关防，恐其听受贿嘱钻营，请令一体回避关防等语。应如所请，加谨防闲，仍令提调官密行访察。一、生员随任、游学等项，有宽限补考之例，报部册即附在现考各生等第之后，有欠考数多而仅补一次者，并有徇情免考、径行附等者，请嗣后补考生另册报部，不得朦混，并申严徇情附等之弊等语。应如所请，行令各学政将欠考生按次补试，另册注名，报部备核，如有径行附等之弊，照徇情朦混例议处。"从之。（《清高宗实录》卷105）

（乾隆六年十二月己酉）命吏部文选司郎中吴嗣爵提督湖北学政。（《清高宗实录》卷157）

（乾隆九年二月甲子）（吏部）又议复湖北学政吴嗣爵奏称，向例训导专用岁贡，其由生员补廪挨次二十余年，始得出贡。又候选十余年，大约迟暮方能补缺，其有教谕训导兼设之处，一学两官，尚可协同办理。若施南府恩施、建始二县，只设训导一员，况地属苗疆，必须年壮学优，实心牖迪，方为有益。请以会试后拣选之明通举人选授，以教谕管训导事，仍照教谕原衔升转。应如所请。从之。（《清高宗实录》卷211）

（乾隆九年七月甲辰）湖北巡抚晏斯盛奏："国家于学校外设立省会书院，慎选院长，伏念人师、经师，实难其选。请嗣后各省本乡如有老成望重、可膺讲席者，督抚奏明请旨，如乏其人，仰恳于现任编检内各拣发一人前往，六年一更替，以观教育人才之效。"得旨："养士育贤，固为政之先务，然亦不可好名而无实，若各省皆遣翰林往居皋比之席，是又添一学政矣，有是政体乎？"（《清高宗实录》卷221）

（乾隆九年十二月辛亥）命翰林院检讨吴嗣爵提督福建学政，左春坊左中允于敏中提督山东学政，翰林院侍读宋邦绥提督湖北学政，翰林院编修官献瑶提督广西学政，翰林院编修汪士锽提督河南学政。（《清高宗实录》卷230）

（乾隆九年十二月壬申）湖北巡抚晏斯盛奏："现在淘汰年老之教谕、训导等官，部文内开，恩贡之应选复谕，岁贡之应选训导，于每科乡试后，各督抚、学政将年力学业堪司教者，准注册备选，其精神衰惫者，给应得职衔，勒令休致。查年力强健，验看立明，学业优劣，非考试则难知，自应淘汰之时，验考并行。但此项人员选期尚远，或将年至七十以上者概行淘汰，毋庸考验，以免龙钟跋涉。又恩岁贡生注册送部后，未经铨选，计年至七十，即于先一年将该生来岁年已七十之处，声明送部销名，给以原衔顶带，毋庸铨选。”得旨：“此未可以概论，譬如逾七十而强壮者，亦不可铨选乎？未至七十而病惫龙钟者，亦可姑容乎？总在汝等实力办理，所见甚迂。”（《清高宗实录》卷 231）

（乾隆十年正月壬寅）福建学政吴嗣爵奏谢恩请训。得旨：“汝在湖北可谓称职，未可谓尽职，尚应实心勉力，以育才正俗为务可也。”（《清高宗实录》卷 233）

（乾隆十年二月壬戌）壬戌，谕：“教职为司铎之官，训课士子，长养人材，是其专职。乃向来循例铨授，未加别择，以致衰老龙钟、庸劣荒疏之人滥居师儒之席者，不可胜数，此中外所共知共见者。是以去年朕命廷议，古人原有七十致仕之义，现任教职年至七十以上者，令其休致之处，曾经通行。上年湖北巡抚晏斯盛以岁贡年已七十应否扣选一事，折奏请旨时，朕复思古来申公、伏生老而传经，人之可用与否，未可专以年齿论。譬如年逾七十而强健者，亦不可铨选乎？未至七十而病惫龙钟者，亦可姑容乎？惟当看其人之可用与否为去取，不当以七十为限，总在督抚、学政秉公实心办理，庶有裨益，已将此意明白批谕。今伊又复具奏，内称‘每科乡试后既行淘汰，至奉文截取之时，是否再加考验’，又称‘拔贡副榜似应一体考验’等语，是晏斯盛尚未领会朕务在得人之旨，但于细微之处沾沾奏请。且此旨未曾颁布各省，恐不知者尚多，今应通行宣谕，一体遵奉。查上年有‘每次乡试后，令该督抚、学政验看，大加淘汰’一条，昨甲子乡试后已举行一次，其实在老迈龙钟者业已去其大半，嗣后此例不必每年举行，候朕因时制宜，酌量降旨。其恩拔岁副及挨贡应用教职者，验看之处，仍照旧例行。至该员临选时，给发文凭到日，仍加考验，必精力文艺，足胜司教之职，方准领凭赴任，庶衰庸者不得滥膺，而学校或可收得人之效。”（《清高宗实录》卷 235）

（乾隆十二年十月丙子）命顺天学政吕炽、江苏学政尹会一、安徽学政观保仍留原任。调山东学政于敏中为浙江学政，浙江学政陈其凝为山东学政，湖北学政宋邦绥为山西学政，山西学政夏廷芝为湖北学政……（《清高宗实录》卷301）

（乾隆十二年十一月辛卯）谕："据山西巡抚准泰奏称'学政有统率士子之责，晋省两年中，如天镇之抢粮，乡宁、静乐、镇宁等处之聚众抗官，皆劣衿倡首。该学政从前未报劣行，宽纵之咎已属难辞。镇宁等未结之案，该学政有无瞻徇之处，现在查核'等语，夏廷芝着来京供职，其任内如有应参之案，着准泰查参。宋邦绥仍留湖北学政之任，山西学政着德保去。"（《清高宗实录》卷302）

（乾隆十五年二月甲戌）礼部议复湖北学政宋邦绥奏称，各学举报优劣，责任教官，有时一学教谕、训导俱系新任，未能深知诸生优劣。适学臣按临岁试，往往以无优无劣，草率申复，势不得不展至下次，六年之久，在优者有志向上，或不以迟于举报自懈，而劣生得以滋事不法，未必不由乎此。请嗣后遇两教职俱到任未及半年以上者，许学臣于随棚造册时，声明展限，于科试补行察核举报。应如所请。从之。（《清高宗实录》卷358）

乾隆十五年庚午八月丙戌，谕："直省学政已届更换之期，安徽学政双庆、广西学政罗源汉俱着仍留原任，湖北学政着葛德润调补……"（《清高宗实录》卷371）

（乾隆十七年七月丁卯）（礼部）又议复湖北学政葛德润条奏考试各事宜：……一、考试拔贡照乡会试之例，论题以《孝经》、周子《太极图说》《通书》、张子《西铭》参出。应如所请……。从之。（《清高宗实录》卷418）

（乾隆十七年十二月己亥）命翰林院侍读学士陈大晼提督湖北学政。（《清高宗实录》卷428）

（乾隆十八年九月甲子）命詹事府少詹事陈浩提督湖北学政。（《清高宗实录》卷446）

（乾隆十八年九月戊辰）谕："各省学政已届差满，浙江学政着雷鋐调补，江苏学政着梦麟去……安徽学政良诚、湖北学政陈浩、河南学政孙灏俱着仍留原任。"（《清高宗实录》卷447）

（乾隆十九年四月癸卯）礼部带领浙江、江西、福建、湖北、湖南、陕西等省选拔贡生引见。得旨："杨兴邦、谈恕行、孙贤相、颜煌、钟旭、朱垙、何泽著、程继莱、王用鑑、黄立隆、马文炳等十一名以知县试用，金学超、吴条、高大爵、王诰、陈文组、方卓然、朱大勋、李文藻、程兆铿、韩修凤、尹荣世、任文溥、王宣邵、张拱辰、熊榕、饶梦铭、陈继镇、黄宏泰、钟正人、萧炳馨、李大烈、傅其瑛、林绍裕、林虎榜、周凝光、龙镐、阮文玙、卢儒、罗治、左士望、舒才博、黎乐生、易祚坤、李道一、王杰、叶长赓、蓝衣经、高其志、曾一贯、杨本立、黎廷梅等四十一名着交吏部询问，愿以佐贰等官用者以佐贰者官用，愿以教职用者以教职用。"（《清高宗实录》卷461）

（乾隆二十年十二月壬戌）命刑部湖广司员外郎眭朝栋提督贵州学政。（《清高宗实录》卷503）

（乾隆二十一年四月甲辰）吏部议复："先据原任浙江巡抚周人骥奏称，教职与学政最为切近，勤惰贤否，不待临期验看。请嗣后六年俸满教职，该督抚即调省看验，并咨学臣出具考语，到日分别题咨，经臣部饬各督抚会同学政议奏。今据复，除奉天、顺天、山东、山西、广东、云南、安徽、四川、湖南、广西等省教职，均应照旧会验。惟直隶、江苏、陕西等省学政驻扎，均不与督抚同城，江西、浙江、福建、湖北、河南、贵州等省学政，虽与督抚同城，而回省不能准于岁底，碍难会验。所奏随时验看，事属可行……”从之。（《清高宗实录》卷510）

（乾隆二十一年九月壬辰）谕：“各省学政已届期满，直隶学政着庄存与去，河南学政着李宗文去，安徽学政着刘墉去，湖北学政着毛永燮去……”（《清高宗实录》卷521）

（乾隆二十三年七月癸巳）礼部议复：“署湖北巡抚庄有恭奏称，各省乡试及岁科两试，功令概用律诗，教官为士子观法，请令一体习诗，三年后学臣考试，不能诗者勒休。查教官学行兼重，未便因不能诗而遽落其职，但现在士子功令试诗，教官职列师儒，岂可不谙篇什？应令学臣按临日，兼试律诗，总核学行，以定黜陟。”从之。（《清高宗实录》卷566）

（乾隆二十四年九月丁卯）谕：“各省学政现届差满，福建学政汪廷玙、广西学政鞠恺俱于本年任事，无庸更换……湖北学政着温如玉去……”（《清高宗实录》卷597）

（乾隆二十七年九月）壬戌，谕曰：“各省学政现届差满，山东学政蒋元益于本年任事无庸更换，江苏学政着李因培调补……湖北学政着朱丕烈去……”（《清高宗实录》卷670）

（乾隆三十年九月庚辰）谕：“各省学政现届差满……湖北学政着胡绍南去……”（《清高宗实录》卷744）

（乾隆三十二年十二月己卯）礼部议准前任湖北巡抚范时绶奏称，湖北鹤峰州、长乐县自改土归流后，人文渐有可观，请照湖南保靖等县例设立学校，鹤峰州取进文童八名，长乐县取进文童七名，并拨长阳县训导归鹤峰州，兴山县训导归长乐县，俾资教训。均应如所请。从之。（《清高宗实录》卷801）

（乾隆三十三年九月）癸巳，谕："各省学政现届差满，顺天学政倪承宽、浙江学政周煌、湖南学政陈科捷、广西学政朱丕烈，俱系本年任事，无庸更换……湖北学政着戴第元去……"（《清高宗实录》卷818）

（乾隆三十六年三月庚午）命侍读学士边继祖提督湖北学政。（《清高宗实录》卷881）

（乾隆三十六年九月己亥）又谕："各省学政现届差满。福建学政汪新、湖南学政褚廷璋、贵州学政孙士毅、湖北学政边继祖俱系本年任事，无庸更换……"（《清高宗实录》卷892）

（乾隆三十六年十二月丙戌）礼部等部议复："湖广总督富明安等奏称，施南府属宣恩、来凤、咸丰、利川四县自改土归流，设县分治，考试童生渐多，经前督臣德沛奏准，四县共进童生一二名，暂归首邑恩施县学管辖在案。今宣恩、来凤、咸丰三县应试童生现各有三百余名，请岁科两试，各取进七名。利川县童生现有五百余名，请取进八名，并请添设府学，取进十二名。查从前合四县考试文童，仅取进一二名，今奏请四县各取进七名、八名，又添设府学十二名，殊属过多。嗣后宣恩、来凤、咸丰三县，准其各取进三名，利川取进四名，所请设立府学之处，查恩施县学原定十五名，量减三名，建始县学原定八名，量减一名，拨入府学。此外于六县中酌取四名，定为学额八名。再取进生童应设教官管束，查宜昌府及所属东湖、巴东、归州三州县并施南府属恩施县学各有教职二员。应如所请，宜昌府训导拨改施南府学，东湖县训导拨改来凤县学，巴东县训导拨改咸丰县学，归州训导拨改利川县学，恩施县训导拨改宣恩县学。”从之。（《清高宗实录》卷899）

（乾隆三十八年四月己丑）谕军机大臣等：“昨据工部题销山东省各学建立平定准噶尔告成太学碑文工价一本，令军机大臣将从前如何行文各省，并平定回部碑文是否亦通行建立之处，查据礼部复称‘乾隆二十年，经大学士会同各该衙门议奏，请将御制碑文勒石太学，并将碑文摹拓颁发直省督抚，转发各府州县卫学宫，其平定回部后，亦经查照前例办理，行文各省’等语。是原行只令其碑摹颁发，并未行令各学立碑。各省督抚即欲重摹勒石，亦止当于省会学宫建竖碑座。其余各属，即就碑文拓本转发，或另行锓版刷印，颁贮各学，尽足传示来兹，断无合府州县卫悉令逐一建碑之理。乃今查据工部称‘山东通省府州县学，共石碑一百二十三座，报销工料银一万二千九十余两。此外尚有湖北省七十七属，报销银二千九十余两……’等语，此三省并不遵照原议，又不揆事理之可否，率行办理，殊属非是，已交工部另行核议。至其余未经通行报销各省，自未必如此三省之错误，均可毋庸再办。但从前是否系照原议遵行，着于各督抚奏事之便，谕令查明复奏。”（《清高宗实录》卷932）

（乾隆三十九年七月庚辰）礼部议复湖北巡抚陈辉祖奏称，施南府属之宣恩、来凤、咸丰、利川四县人文渐盛，前经奏请设学定额，其应附恩施考试之文武各生，拨归各学管辖。但各学未设廪增额数，除宣恩、来凤、咸丰拨归人数无多，所有候廪、候增仍归恩施学新旧间补外，其利川一学，拨回六十余名，实为四县中人文较盛之区。查恩施学定额廪增各二十名，今已分出多人，若仍令循照旧额，未免过优。请将恩施县廪增旧额各二十名，减为十二名，以八名拨入利川。再该四县武童向亦附恩施县考试，请照文童例，恩施量减三名，建始量减一名，作为府学四名，并于利川、咸丰二县各取武童二名。均应如所请。从之。（《清高宗

实录》卷963)

（乾隆三十九年九月辛亥）谕："各省学政现届差满……着吉梦熊去湖北学政……学政之职，惟在公慎自矢、整饬士习、兴起文风，此外更无可训谕。伊等接奉此旨后，即各赴新任，不必来京请训。"(《清高宗实录》卷966)

（乾隆四十二年八月壬子）又谕："各省学政现届差满，应行更换……湖北学政着洪朴去……此内有现出试差人员，若回京请训再行赴任，徒劳驿传往返。学政之职，惟在公慎自矢、整饬士习、兴起文风，此外更无可训谕。伊等接奉此旨，即各赴新任，不必来京请训。"(《清高宗实录》卷1039)

（乾隆四十五年八月己巳）又谕："各省学政现届差满，应行更换之期，除顺天学政金士松、江苏学政彭元瑞、浙江学政王杰俱系本年简放，毋庸更换外……湖北学政着吴省钦去……"(《清高宗实录》卷1113)

（乾隆四十六年八月壬申）吏部议准湖北学政吴省钦奏称，全楚原设学政一员，通辖两省，雍正四年分设湖南学政后，湖北仍用旧给湖广学政关防，名实不符。请易湖北学政字样铸给。从之。(《清高宗实录》卷1138)

（乾隆四十八年七月癸丑）又谕："安徽学政着叶观国去，湖北学政着王懿修去，俱着于试差事竣即由该省前赴新任，不必来京请训。"(《清高宗实录》卷1185)

（乾隆五十一年九月辛未）谕："各省学政现届差满，应行更换之期……湖北学政着张焘去……"(《清高宗实录》卷1264)

（乾隆五十二年十二月丙辰）命编修戴心亨提督湖北学政。（《清高宗实录》卷1295）

（乾隆五十三年五月己巳）命编修吴省兰提督湖北学政。（《清高宗实录》卷1304）

（乾隆五十四年八月己巳）谕："各省学政现届应行更换之期，除安徽学政秦潮、湖南学政张姚成俱系本年补放，毋庸更换外……湖北学政着李长森去……"（《清高宗实录》卷1337）

（乾隆五十七年二月庚戌）吏部等部议复湖广总督毕沅疏称安陆府属荆门州改为直隶州，荆门州州同改为直隶州州同，裁改管辖各事宜：……一、当阳、远安二县应考生童，应由该州复考转送学院录取。至该州州学应考生童，应由该州考试，径送学院考取。一、新改各员应支廉俸等项，仍照旧办理。均应如所请。从之。（《清高宗实录》卷1396）

（乾隆五十七年八月丁丑）又谕："各省学政现届应行更换之期，除顺天学政吴省兰、福建学政邹奕孝、山东学政翁方纲、山西学政戈源均任事未久，毋庸更换外……湖北学政着查莹去……"（《清高宗实录》卷1410）

（乾隆五十八年七月壬寅）命光禄寺少卿初彭龄提督湖北学政。（《清高宗实录》卷1432）

（乾隆六十年八月）丙申，谕："各省学政现届应行更换之期，除广东学政恭泰、四川学政李桀甫经到任，毋庸更换外……湖北学政着施朝干去……"（《清高宗实录》卷1485）

（嘉庆二年三月甲子）以太常寺卿施朝干为宗人府府丞，仍留湖北学政任……（《清仁宗实录》卷15）

（嘉庆二年十一月戊子）命国子监祭酒陈崇本提督湖北学政。（《清仁宗实录》卷24）

（嘉庆四年二月癸丑）又谕："有人参奏'湖北学政陈崇本校士衡文，任情去取，去岁考录遗才，尤为不公，及肆为豪侈，所带仆婢众多，衙署不容，添盖广厦'等语。陈崇本身任学政，理宜秉公考试，方为克称厥职，如果实有不公之事，必应严查究办。着传谕祖之望密为查访，该学政考试时于某府某县生童任情去取及考录遗才如何不公，必须确有其人、确有其事实在证据，并有无携带多人及衙署添建房屋等事，即作为该司查出，具折参奏，毋稍瞻徇。"（《清仁宗实录》卷39）

（嘉庆六年二月乙亥）命左春坊左赞善茹棻提督湖北学政。（《清仁宗实录》卷79）

（嘉庆六年十一月）庚辰，谕内阁："前因各省奏到年老诸生单内，其所开诸生年岁及有无入学年分，均未画一，特降旨交大学士礼部会议办理。昨据大学士礼部会议具奏，已照议准行。本日全保奏到湖北省年老诸生折内，恭录乾隆五十九年原奉谕旨一道，因孙士毅所奏'年老诸生、将例监生及入学年分较近并精力衰迈不能进京者概行删去'，曾传知各督抚遵行。现在各督抚奏到年老诸生折内，并未一体恭录，昨大学士礼部会议时，亦疏漏未叙，其议定章程与前奉谕旨尚未尽合，自应再行妥议，令各省画一办理。着仍交原议之大学士、礼部详悉妥议具奏。"寻议："各省例监，其捐监在十科以前，曾经应试者，即照例奏请赏给。至近年入学诸生，只须查明实在年岁，不必拘定入学年分，仍请照例赏给。

嗣后各省办理年老诸生，如果三场完竣，即一体奏请施恩。其进京与否，悉听其便。”从之。（《清仁宗实录》卷90）

（嘉庆八年十一月戊戌）又谕：“湖北学政茹棻因蒲圻县劣衿熊士鳌抗粮纵凶滋事，自请议处一折。各省设立学政，原欲其化导士子，训俗型方，非徒以校阅艺文，遂称尽职。盖士为四民之首，学政于平日诚能尽心训迪，令士子循循然动遵法度，而士子等又各于乡党中互相劝喻，俾人人知尊君亲上之义，则奸宄潜消，善良蔚起，士习端而民风厚，所谓经正则庶民兴，庶民兴斯无邪慝也……至各省学政，职司学校，有教士之责。与其俟该生员等有抗粮包漕、唆讼武断种种不法之事，犯而后惩，曷若正其趋向，迁善远罪而不自知？总之，道政齐刑，末也；道德齐礼，本也。德礼之化，非平日渐摩涵育，焉能蒸蒸丕变？着通谕各学政，务宜敦崇教化，庶庠序皆循规矩，闾阎得资表率，用副朕端本善俗至意。”（《清仁宗实录》卷123）

（嘉庆九年八月甲子）命太常寺少卿梁上国为奉天府府丞兼学政……右春坊右中允吴烜提督湖北学政……（《清仁宗实录》卷133）

（嘉庆十二年八月庚寅）命……山东道御史涂以辀提督湖北学政……湖广道御史陈兰畴提督广西学政……（《清仁宗实录》卷184）

（嘉庆十五年八月甲辰）命詹事府少詹事汪守和为奉天府府丞兼提督学政……翰林院侍讲学士鲍桂星提督湖北学政……（《清仁宗实录》卷233）

（嘉庆十六年五月辛巳）……以户部右侍郎江苏学政刘镮之为兵部尚书，前任湖北巡抚钱楷为户部右侍郎。（《清仁宗实录》卷243）

（嘉庆十八年八月癸卯）命吏部右侍郎戴联奎提督顺天学政，工部右

侍郎陈希曾提督江苏学政……翰林院侍讲朱士彦提督湖北学政……（《清仁宗实录》卷272）

（嘉庆二十一年八月丁亥）命鸿胪寺卿申启贤为奉天府府丞兼提督学政……司经局洗马沈维鐈提督湖北学政……（《清仁宗实录》卷321）

（嘉庆二十四年九月甲子）命太常寺少卿桂龄为奉天府府丞兼提督学政……大理寺少卿杨怿曾提督湖北学政……（《清仁宗实录》卷362）

（道光元年六月甲申）又谕："据杨怿曾奏'湖北襄阳、郧阳两府向有书院，日久废弛，经费缺乏，不能延师教读，该生童等亦无膏火之资，难以肄业。询查襄阳府属旧存入官叛产，尚有原估价值二万余两者，未经民人承买。请照陕西兴安之例，将叛产租银作为两府书院膏火'等语，此项叛产核计每年租银可得若干，是否可以作为该两府书院经费，着毓岱详细确查。如果事属可行，即行妥议章程，奏明办理，期于行之久远，不可有名无实。将此谕令知之。"（《清宣宗实录》卷19）

（道光元年十一月乙卯）以……大理寺少卿杨怿曾为光禄寺卿，仍留湖北学政任。（《清宣宗实录》卷26）

（道光二年八月甲寅）命大理寺少卿程同文为奉天府府丞兼学政……编修李浩提督湖北学政……（《清宣宗实录》卷39）

（道光二年九月辛卯）命拨湖北襄阳、郧阳两府入官叛产租息为书院膏火。（《清宣宗实录》卷41）

（道光五年八月丁巳）命翰林院侍读学士彭邦畴提督顺天学政，礼部左侍郎汪守和提督安徽学政……河南道御史王赠芳提督湖北学政……

（《清宣宗实录》卷87）

道光八年戊子六月己巳朔，谕内阁："湖北学政王赠芳奏'请以陈良从祀两庑'一折。从前嘉庆年间，据给事中乔远煐奏，请以陈良从祀两庑。经部议驳，甚是。兹该学政复为此请，甚属冒昧。陈良道悦周孔，虽见称于孟子，不在弟子之列，又无言行可考，稽诸书传，若陈良者尚复有人，如皆滥行从祀，成何体制？殊失崇文重道之义。该学政王赠芳，摭拾空言，比拟失当，着传旨申饬，所奏不准行。"（《清宣宗实录》卷137）

（道光八年六月辛未）命湖北学政王赠芳来京，以京畿道御史贺熙龄提督湖北学政。（《清宣宗实录》卷137）

（道光八年八月庚午）命大理寺少卿沈维鐈提督顺天学政……湖北学政贺熙龄……仍留任。（《清宣宗实录》卷140）

（道光十年十一月壬午）湖北学政贺熙龄以亲老乞养，允之。命翰林院编修许应藻提督湖北学政。（《清宣宗实录》卷180）

（道光十一年八月辛巳）命顺天府府丞龚镗为奉天府府丞兼提督学政……江苏学政汪守和、安徽学政鄂木顺额、湖北学政许应藻、陕甘学政戴兰芬仍留任。（《清宣宗实录》卷194）

（道光十二年二月己亥）命翰林院修撰吴其濬提督湖北学政，编修池生春仍在南书房行走。（《清宣宗实录》卷206）

（道光十四年八月甲午）命翰林院侍读学士吴文镕提督顺天学政……翰林院编修朱兰提督湖北学政……（《清宣宗实录》卷255）

（道光十七年八月丁未）命户部右侍郎祁寯藻提督江苏学政……编修方锴提督湖北学政……（《清宣宗实录》卷300）

（道光十九年十二月辛巳）湖北学政翰林院编修方锴因病解任，命编修朱凤标提督湖北学政。（《清宣宗实录》卷329）

（道光二十年八月）己未，命礼部右侍郎冯芝提督顺天学政……湖广道御史焦友麟提督山西学政……江苏学政毛式郇、安徽学政车克慎、浙江学政季芝昌、湖北学政朱凤标均留任。（《清宣宗实录》卷338）

（道光二十三年八月）壬寅，命詹事府詹事王广荫提督顺天学政……翰林院编修王履谦提督湖北学政……（《清宣宗实录》卷396）

（道光二十六年八月丙辰）以户部右侍郎徐士芬提督顺天学政……翰林院编修梁同新提督湖北学政……（《清宣宗实录》卷433）

（道光二十六年八月丁巳）调湖北学政梁同新提督湖南学政，湖南学政江国霖提督湖北学政。（《清宣宗实录》卷433）

（道光二十七年九月庚子）命翰林院侍讲龙启瑞提督湖北学政。（《清宣宗实录》卷447）

道光二十九年己酉八月丙寅朔，以大理寺少卿雷以诚为奉天府府丞兼提督学政……命江苏学政青麐、山东学政冯誉骥、河南学政俞长赞、湖北学政龙启瑞、四川学政支清彦、贵州学政翁同书仍留任。（《清宣宗实录》卷471）

（道光二十九年十一月癸丑）命翰林院检讨杜翰提督湖北学政。（《清

宣宗实录》卷474)

(道光三十年五月甲午)谕内阁："据户部、礼部会议，升任给事中吕贤基陈奏四条一折，学校为教化之原，士子训课，责在校官，校官贤否，责在学政。近日校官一途，半皆年老衰庸及末学浅见之士，着各省学政严行考核，文行兼优者方准列荐，庸劣不职者即行甄别。至于月课岁考，尤须认真举行，所课试卷，按季申送学政，诸生优劣学册，三岁咨部备查，总期实力奉行，毋得日久生懈。其安徽、江苏、江西、湖北等省捐赈银米及道光二十八年推广捐米事例，俱着一律停止……"(《清文宗实录》卷9)

(咸丰二年七月丙寅)又谕："朕念杜受田之父杜堮年近九旬，在京就养，猝闻伊子差次病逝，自必伤感逾常。伊孙杜翰现任湖北学政，惟伊次孙杜翻一人在京，若前往清江奔丧，则伊祖杜堮膝前乏人侍奉，朕心实深廑念，着传旨令杜翰即由湖北驰赴清江浦，扶柩回京，所有学政关防，暂交巡抚兼署。杜翻即在京侍奉，毋庸前往，以示体恤。"(《清文宗实录》卷66)

(咸丰二年七月丙寅)命翰林院编修冯培元提督湖北学政。(《清文宗实录》卷66)

(咸丰二年八月甲申)命太常寺少卿张鍱为奉天府府丞兼学政……湖北学政冯培元、湖南学政刘崐、云南学政杨式谷俱留任。(《清文宗实录》卷68)

(咸丰二年十二月戊子)以翰林院侍讲学士冯培元为光禄寺卿，仍留湖北学政任。(《清文宗实录》卷79)

（咸丰三年二月丙子）命户部右侍郎青麐提督湖北学政。（《清文宗实录》卷84）

（咸丰四年二月甲午）命翰林院侍讲学士冯誉骥提督湖北学政。（《清文宗实录》卷122）

（咸丰四年四月辛巳）谕内阁："……另片奏'请饬湖北学政冯誉骥仿照孙铭恩帮办防剿事宜'等语，冯誉骥经朕特简湖北学政，该员才具能否办事，朕心自有权衡，又岂待该侍郎保奏，始能上达？至称伊系文庆门生，文庆亦素相推许，并有学臣闲居无用，不如帮办青麐军务之语，罗惇衍若深知冯誉骥之才，又何必牵涉师生，致蹈援引标榜恶习，所奏尤属非是。罗惇衍着传旨申饬。"（《清文宗实录》卷127）

（咸丰四年五月丙寅）以两广总督叶名琛捐输军饷，永广本籍湖北汉阳县文武学额各二名。（《清文宗实录》卷131）

（咸丰五年八月壬辰）命太常寺少卿张炜为奉天府府丞兼学政……湖北学政冯誉骥、四川学政郑琼诏、贵州学政鲍源深均留任。（《清文宗实录》卷174）

（咸丰七年四月戊申）以湖北襄阳县绅民力保危城，永广文武学额各二名。（《清文宗实录》卷224）

（咸丰七年闰五月丁未）以湖北罗田县绅团出力，永增文武学额各二名。（《清文宗实录》卷228）

（咸丰八年正月庚子）以湖北绅民团练出力，永广沔阳、孝感、江陵、随四州县文武学额各三名，江夏、武昌、兴国、黄陂、黄冈、蕲水、麻城、黄安、均、枣阳、南漳、钟祥、天门、京山、安陆、应山、应城十七州县各二名，大冶、咸宁、蒲圻、嘉鱼、蕲、罗田、松滋、枝江、监利、谷城、宜城、光化、潜江、云梦十四州县各一名。（《清文宗实录》卷244）

（咸丰八年七月庚寅）以湖北绅民团练出力，永广汉川县文武学额各二名。（《清文宗实录》卷259）

（咸丰八年八月乙巳）命兵部左侍郎万青藜提督顺天学政……翰林院编修俞奎垣提督湖北学政……（《清文宗实录》卷260）

（咸丰十年闰三月乙卯）以湖北捐输军饷，永广江夏县学额九名，武昌、兴国、大冶、江陵四州县各六名，沔阳州五名，黄冈县四名，咸宁、汉阳、天门、随、光化五州县各三名，嘉鱼、蒲圻、孝感、蕲水、黄梅、京山、应城、应山、襄阳、东湖、恩施、荆门十二州县各二名，崇阳、通城、通山、麻城、蕲、钟祥、潜江、安陆、监利、松滋、宜都、南漳、谷城、长阳、当阳十五州县各一名。（《清文宗实录》卷314）

（咸丰十一年八月己未）命鸿胪寺卿程祖诰为奉天府府丞兼学政……翰林院编修贾瑚提督湖北学政……（《清穆宗实录》卷2）

（同治元年十月辛丑）又谕："翰林院侍读学士颜宗仪，前蒙文宗显皇帝简放云南学政，旋即告病规避，本年简放湖北正考官，差竣时复命为云南学政，并明降谕旨，令其即赴新任，毋庸来京请训。乃本日忽据该员到京呈递谢恩折片，据称'绕道北上，途次未接部文，亦未接督抚知会，到京始见邸钞'等语。阅其所递折内恭录谕旨，将'即赴新任，毋庸来京请训'字样全行节去。该员既称到京得见邸钞，何以又不将谕旨全录？总系因到京递折之举，显与谕旨相背，是以工于掩饰，意存含混，此等巧于尝试之风，断不可长。颜宗仪着降为编修，限于五日内即行起程，赴云南学政之任，不准迟延。”（《清穆宗实录》卷47）

（同治二年二月丙戌）又谕：“……前任湖北臬司裕麟据刘长佑等奏请留粤差委，曾降旨允准，兹据张亮基奏请饬该臬司赴黔。现在张亮基前赴贵州，差委乏人亦系实情，着晏端书即饬裕麟兼程赴黔，听候张亮基差委，俟贵州事毕，仍回粤东，毋许延缓。将此由六百里各谕令知之。”（《清穆宗实录》卷57）

（同治二年五月辛酉）命翰林院编修孙念祖提督湖北学政。（《清穆宗实录》卷67）

（同治二年七月己巳）以湖北捐输军饷，永广蕲州学额九名，黄梅县七名。（《清穆宗实录》卷74）

（同治二年十二月庚辰）又谕：“官文奏‘各省优贡，业经奉旨，准照拔贡一体复试录用。湖南省选举优贡，恳照中省定额办理’一折。湖南省近岁以来，人材蔚起，讲求实学，即如各路军营，以诸生而委身戎马，建立勋劳，擢膺封疆将帅之任者，不一而足。庠序之中经明行修、践履克敦者，谅更不乏其人。加恩着照所请，湖南选举优贡，准与湖北一律按照中省四名定额举行，即以同治三年甲子科为始，由该省学政会同该督抚核实办理。该督抚、学政等仍当慎选贤才，考求素履，为国储贤，以收实用。如或不得其人，仍当任缺毋滥，以体朝廷循名责实之意。现当破格求才之际，各直省于优贡一途，均当痛除向来虚冒积习，访举潜修积学之士，广其登进，为国得人，以副殷望。”（《清穆宗实录》卷87）

（同治三年正月丙午）以湖北捐输团练，永广通山县学额七名，广济县五名。（《清穆宗实录》卷90）

（同治三年三月丁卯）以湖北捐输军饷，永广兴国、沔阳、荆门、咸宁、汉阳、江陵六州县学额各四名，蒲圻、崇阳、孝感、蕲水、钟祥、监利六县各三名，武昌、汉川、黄陂、黄冈、麻城、京山、天门、应城、松滋、宜城、南漳、当阳十二县各二名，江夏、嘉鱼、通城、大冶、黄安、罗田、广济、潜江、安陆、公安、枣阳、东湖、长乐、恩施、远安十五县各一名。（《清穆宗实录》卷98）

（同治三年三月戊辰）命翰林院修撰孙家鼐提督湖北学政。（《清穆宗实录》卷98）

（同治三年五月己酉）以湖北通城县捐输团练，永广学额七名。（《清穆宗实录》卷102）

（同治三年六月己丑）以湖北罗田县捐输军饷，永广学额九名。（《清穆宗实录》卷106）

（同治三年八月己巳）命礼部左侍郎庞钟璐提督顺天学政……湖北学政孙家鼐、湖南学政吕朝瑞、山西学政黄钰均留任。（《清穆宗实录》卷111）

（同治三年九月庚子）以江南军营总兵官詹启纶捐输船炮，永广湖北黄安县学额一名。（《清穆宗实录》卷114）

（同治四年八月丁酉）以湖北汉川县捐输团练，永广学额七名。（《清穆宗实录》卷150）

（同治四年十月丙辰）以湖北应山县捐输军饷，永广学额五名。（《清穆宗实录》卷158）

（同治五年二月乙卯）以湖北黄安县捐资团练，永广学额八名。（《清穆宗实录》卷170）

（同治五年六月丁未）以湖北云梦县捐输团练，永广学额一名。（《清穆宗实录》卷179）

（同治五年八月庚寅）以湖北天门县捐输团练，永广学额五名。（《清穆宗实录》卷182）

（同治五年十月癸卯）以湖北黄冈县捐输团练，永广学额四名。（《清穆宗实录》卷187）

（同治六年二月庚子）以湖北东湖县捐输军饷，永广学额七名。（《清穆宗实录》卷197）

（同治六年四月庚寅）以已革总兵官陈国瑞呈缴盐本银两，永广湖北应城县学额四名。（《清穆宗实录》卷200）

（同治六年四月丙午）以湖北麻城县捐输团练，永广学额七名。（《清穆宗实录》卷201）

（同治六年六月丁未）以湖北蕲水县捐输团练，永广学额三名。（《清穆宗实录》卷206）

（同治六年七月丁巳）以湖北崇阳县捐输团练，永广学额六名。（《清穆宗实录》卷207）

(同治六年七月辛酉)以湖北随州捐输团练,永广学额六名。(《清穆宗实录》卷207)

(同治六年七月辛未)以湖北捐输军饷,永广荆门、监利、襄阳三州县学额各三名,咸宁、蒲圻、大冶、黄陂、孝感、蕲水、广济、钟祥、南漳九县各二名,沔阳、随、均、武昌、通城、汉川、京山、潜江、安陆、云梦、石首、松滋、枝江、枣阳、宜城、谷城、郧、房、保康、长阳、恩施、当阳二十二州县各一名。(《清穆宗实录》卷208)

(同治六年八月辛巳)命太常寺少卿任兆坚为奉天府府丞兼学政……翰林院编修张之洞提督湖北学政……(《清穆宗实录》卷209)

(同治六年八月庚子)以湖北孝感县捐输军饷,永广学额一名。(《清穆宗实录》卷210)

(同治七年正月乙卯)以湖北黄陂县捐输团练,永广学额六名。(《清穆宗实录》卷221)

(同治七年正月甲戌)以湖北应城县捐输军饷,永广学额二名。(《清穆宗实录》卷223)

(同治七年七月)壬寅,谕内阁:"湖北学政张之洞奏'府州县试,录送过滥,请申明旧例,以定限制'等语。向来府州县录送文童,荒谬不通至五十卷以上者参处,立法本严。自军兴以来,被兵省分士子播迁流离,备尝艰苦,是以于考试时,每宽其科条,广其登进,借以培养士气。兹据该学政所奏,近来府州县积习相沿,于考试文童全行录送,并不遗漏一人,以致院试时,每有涂写杂字并钞写他题成文以及枪冒传递怀挟等弊,层见叠出,于士习文风大有关系。此等恶习,他省谅亦不免,着各该省学政严饬各府州县，遇考试文童时，查照旧例，认真删汰，录送不准过滥。其实有事故，正场后始经赶到者，定期于院试将近，汇齐补考一次，认真扃试。荒谬不通者，屏绝不录，并严禁搭册等弊。其有借考试为名，希图滋事聚众扰害者，并着地方官严拿惩办，以正士习而绝弊端。将此通谕知之。”（《清穆宗实录》卷239）

（同治七年七月壬寅）又谕：“湖北学政张之洞奏‘各省捐输，加广学额，请核实办理，并请变通广额章程’等语。军兴以来，各省捐输团练经费，均准加广学额，原于鼓励人心之中，寓嘉惠士林之意。若如该学政所奏，近来各省开办捐数，动多浮冒，以致各州县广额过多，其中根柢浅薄、文艺粗疏者滥竽充数，殊非朝廷培植人才之意。嗣后各直省督抚于所属捐输团练经费，务须查明实用实销之处，切实核减，方准奏请加广学额，不得任听笼统开报，致滋流弊，并着该部将原定捐输广额章程量为变通，与御史范熙溥折一并妥议具奏。”寻奏：“现在各府厅州县，除原额及永远定额照数取进外，所加一次广额，拟请比照恩诏加额之例，大学七名，中学五名，小学三名，以示限制。所有余额，分届递广，其实在人数不敷及文少通顺者，仍责成学臣任缺无滥。至御史范熙溥所称明定数人取进一名，殊多窒碍，请无庸议。”从之。（《清穆宗实录》卷239）

（同治七年十二月庚午）以湖北枣阳县捐输团练，永广学额八名。（《清穆宗实录》卷249）

（同治八年四月辛未）以湖南官员捐垫军需，永广安徽凤阳县学额八名、泾县四名，顺天大兴县、江苏娄县、湖北蒲圻县、陕西咸阳县各一名。（《清穆宗实录》卷257）

（同治九年正月庚午）以湖北捐输军饷，永广安陆县学额三名，利川

县二名。(《清穆宗实录》卷274)

(同治九年八月乙未)命鸿胪寺卿张沄卿为奉天府府丞兼学政……修撰洪钧提督湖北学政……(《清穆宗实录》卷288)

(同治十二年八月丁丑)调顺天府府丞张绪楷为奉天府府丞兼学政……翰林院编修王文在提督湖北学政……(《清穆宗实录》卷356)

(光绪二年八月己丑)命工部左侍郎何廷谦提督顺天学政……翰林院修撰梁耀枢提督湖北学政……现月 (《清德宗实录》卷38)

(光绪五年八月壬寅)调顺天府府丞潘斯濂为奉天府府丞兼学政……翰林院编修臧济臣提督湖北学政……现月 (《清德宗实录》卷99)

(光绪八年三月甲辰)谕内阁:"前因御史叶荫昉奏,河南学政廖寿恒岁试各属,于欠考生员斥革甚多,苛刻士类,及难免书吏索费开复各情,当谕令李鹤年查奏。旋经该抚查明欠考情形据实复奏,并请旨可否饬部援照湖北成案,将上年咨革文武各生概予开复……"现月档 (《清德宗实录》卷144)

(光绪八年八月甲寅)命兵部右侍郎徐郙提督安徽学政……翰林院编修冯光遹提督福建学政,高钊中提督湖北学政……现月 (《清德宗实录》卷150)

(光绪八年十二月己卯)命湖广道监察御史邵积诚提督四川学政。现月 (《清德宗实录》卷157)

(光绪十年四月辛酉)又谕:"有人奏'湖北学政科岁两试取进生员,

有所谓书价银，由来已久，逐渐增加，近年竟须交制钱十七八千，实为士子之累，请饬酌中定数’等语。此项钱文，既据奏称学署办公所资，若尽行裁革，转恐别滋弊端。即着孙毓汶、乌拉布确切查明，酌量定数，务从减损，以恤寒儒……”现月 （《清德宗实录》卷182）

（光绪十年闰五月丙寅）谕军机大臣等：“前据御史屠仁守奏‘湖北学政科岁两试取进生员，有所谓书价银，近年竟增至制钱十七八千，请饬酌中定数’等语，当谕令孙毓汶、乌拉布查明酌减。兹据奏称‘查明此项钱文始于咸丰初年，每名交制钱九千六百文，作为给役办公之用。嗣因创建经心书院，每名加收二千四百文，又有喜钱四五千不等，亟应核减定数。拟将喜钱即行禁止，书院增收之数亦即免交。其原收九千六百文办公之费，有力者不得增加，无力者全行裁免，请即照此定数’等语。学政衙门取进生员，本不应按名收取陋规。既据奏称，此项钱文作为办公经费，相沿已久。该御史原奏内亦称给役办公，应请酌中定数，与孙毓汶等现在复奏之意尚相吻合。着卞宝第、彭祖贤、高钊中督饬所属，查照从前所收每名九千六百文作为定数，有力者照数呈交，无力者全行裁免，以示限制而恤寒儒。自此次奏定之后，胥吏人等如再有另立名目，需索分文，或向无力之人收取公费，该学政失于觉察，即着该督抚据实参奏，毋得稍涉瞻徇。将此各谕令知之。”现月 （《清德宗实录》卷186）

（光绪十一年七月辛酉）谕内阁：“高钊中奏‘查明笃行朴学之士，恳恩奖励’等语。湖北江陵等州县生员傅听之等，笃志潜修，积学不倦，允宜量予奖励，以资观感。生员傅听之、孝廉方正生员刘伯允均着赏给国子监学正衔，候选训导张清瑞着赏教谕衔，贡生赖廷模、孝廉方正生员游恺均着赏给训导衔。至所称生员卢靖究心算术，有裨时务，着该督抚咨送总理各国事务衙门察看。”现月 （《清德宗实录》卷212）

（光绪十一年八月丁卯）调奉天府府丞兼学政朱以增为顺天府府丞……翰林院编修张仁黼提督湖北学政……现月 （《清德宗实录》卷213）

（光绪十四年八月庚辰）命刑部右侍郎周德润提督顺天学政……翰林院编修赵尚辅提督湖北学政……湖广道监察御史黄煦提督广西学政……（《清德宗实录》卷258）

（光绪十七年八月壬辰）命礼部右侍郎李文田提督顺天学政……编修孔祥霖提督湖北学政……现月 （《清德宗实录》卷300）

（光绪二十年八月乙巳）命工部右侍郎徐会沣提督顺天学政……翰林院编修庞鸿文提督湖北学政……（《清德宗实录》卷346）

（光绪二十三年二月己卯）湖广总督张之洞奏："鄂省筹设武备学堂，俟学有成效，拟援照直隶、江南奏定学堂年限章程请奖，并择委差缺，以示鼓励。"下所司议。折包 （《清德宗实录》卷401）

（光绪二十三年八月戊午）命礼部右侍郎张英麟提督顺天学政……翰林院编修王同愈提督湖北学政……（《清德宗实录》卷408）

（光绪二十四年闰三月丙寅）（湖广总督张之洞等）又奏："遵筹教养事宜，于湖北省城设立农务工艺学堂，汉口设立劝工劝商公所，以开风气而阜民生。"下所司知之。（《清德宗实录》卷417）

（光绪二十四年四月乙酉）湖广总督张之洞等奏："湖北自强学堂改课东西各国方言，请照同文馆例奖叙，并送入同文馆一并备用。"下所司知之。（《清德宗实录》卷418）

（光绪二十四年四月乙酉）（湖广总督张之洞等）又奏湖北经心书院、两湖书院变通章程。报闻。折包 （《清德宗实录》卷418）

（光绪二十六年闰八月丁巳）湖广总督张之洞等奏："新设湖北夏口厅，由汉阳县分拨学额文九名、武八名，岁科递取文武公额各一名、廪增各七名、拔贡额一名。"下部知之。折包 （《清德宗实录》卷471）

（光绪二十六年九月戊寅）命兵部右侍郎陆宝忠提督顺天学政……给事中蒋式芬提督湖北学政……现月 （《清德宗实录》卷472）

（光绪二十六年十二月）壬子，谕内阁："湖北学政王同愈奏'保举书院院长暨肄业各生，恳恩鼓励'一折。湖北经心书院院长已革掌广西道御史吴兆泰、两湖书院院长降调翰林院编修梁鼎芬，训课精勤，卓著成效，均着赏还原衔。谷城县举人拣选知县钱葆青、江夏县岁贡生姚汝说、黄陂县廪生徐毓华，均能励志勤学，自应予以奖励。钱葆青着以知县选用，姚汝说、徐毓华均着以教职选用，以示鼓励。"现月 （《清德宗实录》卷476）

（光绪二十七年七月壬辰）又谕："现在整顿兵制，停止武科，亟应于各省省会建立武备学堂，以期培养将才，练成劲旅。查南北洋、湖北所设武备学堂及山东所设随营学堂，均已办有规模，应即责成李鸿章、刘坤一、张之洞、袁世凯等酌量扩充，认真训练，其应如何分门操习，俾精兵学而备干城，一切规制章程，务再细心核议，斟酌尽善，详晰具奏，请旨施行。其余各省，即着该督抚设法筹建，一体仿照办理，以归划一。将此通谕知之。"现月 （《清德宗实录》卷485）

（光绪二十七年八月丁酉）又谕："造就人才，实为当今急务。前据江南、湖北、四川等省选派学生出洋游学，用意甚善。着各省督抚，一律仿照办理，务择心术端正、文理明通之士前往学习，于一切专门艺学，认真肄业，实力讲求，学成领有凭照回华，即由该督抚学政按其所学，分门考验，如实与凭照相符，即行出具切实考语，咨送外务部复加考验，择尤奏请奖励。其游学经费，着各省妥筹发给，准其作正开销，如有自备资斧出洋游学者，着由该省督抚咨明该出使大臣随时照料，如果学成得有优等凭照回华，准照派出学生一体考验奖励，均候旨分别赏给进士、举人各项出身，以备任用而资鼓舞。将此通谕知之。”现月 （《清德宗实录》卷486）

（光绪二十七年八月壬子）命掌山西道监察御史彭述提督湖北学政。现月 （《清德宗实录》卷486）

（光绪二十七年十月甲寅）命翰林院侍讲学士彭清藜提督湖北学政。现月 （《清德宗实录》卷488）

（光绪二十七年十二月丁酉）命内阁学士秦绶章提督福建学政，翰林院编修胡鼎彝提督湖北学政。现月 （《清德宗实录》卷491）

（光绪二十八年十一月乙丑）（湖广总督张之洞等）又奏：“鄂省遵设文武实业各学堂，筹定规模，次第兴办。”下管学大臣议。寻奏：“该督臣留心学务最早，办学亦最认真，原奏筹定各学堂规模，应请悉如所议办理。其中各条，间有与钦定章程小异之处，请饬改从此次核议，一律举办。”依议行。（《清德宗实录》卷507）

（光绪二十九年正月丙子）以实力教授，赏湖北武备学堂教习德员福克斯宝星。现月 （《清德宗实录》卷511）

（光绪二十九年正月庚辰）管学大臣张百熙等奏：“湖广总督张之洞

等兴办学堂一折，与钦定章程相合处甚多，大都久经阅历、深造有得之言。其防流弊等语，于学务尤有禅益，应请悉如所议办理，责成该督等随时认真举行。”报可。折包 （《清德宗实录》卷 511）

（光绪二十九年六月丙寅）荆州将军绰哈布等奏：“筹办荆州驻防中小蒙养各学堂，并拟定常年经费。”得旨：“着即督饬认真办理，务收实效。”折包 （《清德宗实录》卷 518）

（光绪二十九年八月壬子）命署工部左侍郎唐景崇提督江苏学政……翰林院编修李家驹提督湖北学政……（《清德宗实录》卷 520）

（光绪二十九年八月丁卯）湖广总督张之洞奏：“遵旨与日本使臣筹议出洋学生办法，拟定约束、鼓励章程各十款，又另拟自行酌办立案章程七款，请分别通饬遵照。”如所请行。折月 （《清德宗实录》卷 520）

（光绪三十年三月壬午）（兼署湖广总督湖北巡抚端方）又奏：“荆州驻防兼设工艺、方言两学堂。”下学务大臣知之。折包 （《清德宗实录》卷 528）

（光绪三十年三月壬辰）以湖北武备学堂教习德员泰伯福实力讲授，日员铸方德藏充当军幕兼授兵法，均赏宝星。折包 （《清德宗实录》卷 528）

（光绪三十年五月戊子）以捐助学堂经费，予湖北候选知府邓奇勋为其故继母建坊。（《清德宗实录》卷 530）

（光绪三十年六月戊辰）政务处奏：“湖北武备学堂请奖教习委员人数较多，惟据称该学堂设立经阅七年，学生毕业已达七十五人，与从前他省奖案不无区别。拟嗣后各省武备学堂均俟学生毕业成就在六七十人以上，咨送到京考验相符，方准将在事人员请奖。每案文武并计不得过十六员之数，异常劳绩准保二三员，余均按寻常劳绩给奖。现湖北请奖之教习委员，应俟该学生考验后，再由该督另行造册送部，照新章核奖。”从之。折包 （《清德宗实录》卷532）

（光绪三十一年二月辛未）直隶总督袁世凯奏：“湖广督臣张之洞谨将恩赏五千两并历年廉俸二万二千两，创设本籍南皮双妙村中学堂、高等小学堂各一所，名曰慈恩学堂。请赏给御书扁额。”如所请行，寻给扁额二方，曰“慈恩学堂”，曰“振民育德”。包手 （《清德宗实录》卷542）

（光绪三十一年八月丙午）命翰林院编修李家驹提督东三省学政，裁缺奉天府府丞裴维侒提督湖北学政。现月 （《清德宗实录》卷548）

（光绪三十一年十二月丙辰）湖广总督张之洞奏：“湖北摊筹赔款，完缴为难，请改作学堂捐，留办本地学务。”下部知之。折包 （《清德宗实录》卷553）

（光绪三十二年正月丁丑）湖南巡抚庞鸿书等奏：“拟将校士馆等处酌改学堂，依照大学堂通儒院暨河南尊经学堂、湖北存古学堂各章程，酌订办法十六则，以保国粹。”下学部知之。折包 （《清德宗实录》卷554）

（光绪三十二年七月）戊午，湖广总督张之洞奏：“湖南、湖北两省新选、新补实缺州县，拟派令出洋游历。”下政务处议，寻奏：“该督为造就人才、裨益政治起见，均请照准。惟近时游历人员有沾染习气、荒废正业者，亦应由该督严加训诫，并咨照出使大臣随时查察，以防流弊。”从之。折包 （《清德宗实录》卷562）

（光绪三十二年十一月）乙卯，谕内阁：“朕钦奉慈禧端佑康颐昭豫庄诚寿恭钦献崇熙皇太后懿旨。湖北按察使梁鼎芬奏‘请建曲阜学堂’各折片，孔子为万世师表，昨经降旨升为大祀，曲阜为圣人之乡，自应建设学堂，以拓宏规而启后进。着张之洞督同湖北提学使黄绍箕等悉心筹画，妥慎办理。所需经费，即着该督筹办，并颁发帑银十万两，由山东藩库发给。”现月 （《清德宗实录》卷567）

（光绪三十三年四月己丑）湖广总督张之洞奏：“学堂风气嚣张，不守礼法，即冠服一端，率皆短衣皮鞋，仿效西式。请制定冠服程式，以遏乱萌。”得旨：“所奏甚是。着学部会同礼部，将所拟学堂冠服章程，妥议具奏。”寻奏：“遵议学堂冠服章程，缮单呈览。”从之。折包 （《清德宗实录》卷572）

（光绪三十三年六月癸酉）湖广总督张之洞奏：“近日学堂怪风恶俗，不忍睹闻。为国家计，则必有乱臣贼子之祸；为世道计，尤不胜洪水猛兽之忧。谨于湖北省城设立存古学堂，以经、史、词章、博览四门为主，而以普通科学辅之，庶经训不坠，以保国粹而息乱源。”下部知之。（《清德宗实录》卷575）

（光绪三十三年八月丁卯）湖广总督张之洞奏：“筹办湖北陆军小学，创拟用小费以练多兵之法，间日上学，间日在营，以本营武官管学堂，较部章略有变通推广，仍与部章用意相合。”下部知之。（《清德宗实录》卷577）

（光绪三十四年二月戊寅）调任四川总督湖广总督赵尔巽奏：“湖北遵章设立咨议局，先行筹画选举区域，以为豫备。”又奏：“遵设法政学堂，筹定开办大纲，以资治理。”均下所司知之。折包 （《清德宗实录》卷587）

（光绪三十四年二月戊寅）（调任四川总督湖广总督赵尔巽）又奏："湖北省城设立全省地方自治局，分设编制、调查、文牍、总务四科，并附设调查员养成会，复于法政学堂附设自治研究所。"又奏："另设调查局一所，以期一气贯注。"均下所司知之。折包 （《清德宗实录》卷587）

（光绪三十四年四月辛酉）以尽瘁学务，遗爱在人，予故湖北提学使黄绍箕宣付史馆立传，从湖广总督赵尔巽请也。折包 （《清德宗实录》卷589）

（光绪三十四年四月壬戌）湖广总督赵尔巽奏："遵照奏定实业学堂章程，参酌本省情形，筹设两湖高等矿业学堂，经费由鄂、湘两省摊认。"下部知之。折包 （《清德宗实录》卷589）

（宣统元年五月壬戌）（湖广总督陈夔龙）又奏："湖北自光绪三十年将新案赔款捐留办各州县学堂，名为赔款改学堂捐。三十三年复因学务公所岁入学款自铜币赢余，经部提拨，不敷甚巨，饬将赔款改学堂捐，酌提五成，充省城办学经费。除宣恩、来凤、咸丰、建始、归州、长阳、长乐、兴山、巴东、竹山、竹溪、保康十二州县及鹤峰直隶厅地方均系瘠苦，原派捐款无多，准其全数存留自办学务外，其余各厅州县一律提拨五成，计实应解钱四十二万二千余串，行之两年，省城学务赖兹挹注。伏查此项本系奏明专为鄂省兴学之用，而用之各属，与用之省城相同，自应奏明立案，以期垂久。"下部知之。（《宣统政纪》卷13）

（宣统元年五月癸丑）又谕："都察院代奏'湖北举人曹林条陈学务弊窦'一折，下学部知之。"（《宣统政纪》卷13）

（宣统元年六月丁亥）湖广总督陈夔龙奏："鄂省遵设自治研究所，所列讲授科目均照馆章第五条，俟毕业后即派赴各府厅州县办理自治研究所。盖以各属分设研究所佐省设研究所之不及，又以校外讲义分途讲演，助各属分设研究所之未逮。”下部知之。折包 （《宣统政纪》卷15）

（宣统元年十二月癸卯）学部奏，增订学堂管理通则。依议行。（《宣统政纪》卷28）

（宣统元年十二月癸卯）（学部）又奏：“酌拟曲阜学堂办法，并请派开缺湖北按察使梁鼎芬为监督。”得旨：“应需经费着度支部核议，余依议。”折包 （《宣统政纪》卷28）

（宣统二年三月癸亥）（四川总督赵尔巽）又奏：“川省筹设存古学堂，参酌鄂苏办法，暂定简章。”下部知之。折包 （《宣统政纪》卷33）

（宣统三年正月辛酉）（湖广总督瑞澂）又奏：“准度支部电‘要政加价’一款，应以四分之一充办学费，余须尽数作赔款。嗣据咨议局呈称，湖北教育经费，用于省城中等以上暨各专门学堂者，不过四十余万两，今部提要政加价之款至三十余万两。自今以往，非独教育不能普及，从前已成之学堂均将停闭。又据提学司王寿彭详称，湖北学务公所岁出入两抵已有不敷，若再裁此巨款，非独整顿进行无可希望，势必将已收入之学生而散遣之，已建筑之校舍而空锢之。伏乞俯念鄂省学务观成不易，筹款维难，饬部将此项要政加价暂行免提，一俟稍有地方的款，或东西洋留学经费停解，再将此款遵照部议拨归赔款，以资兼顾。”得旨：“度支部查核具奏。”折包 （《宣统政纪》卷48）

4. 考试科举

（顺治五年闰四月壬子）复湖广乡试旧额一百六名。（《清世祖实录》卷38）

（顺治五年五月）庚寅，命……内翰林弘文院编修胡兆龙、户科给事中常居仁为湖广乡试考试官……（《清世祖实录》卷38）

（顺治八年四月壬子）定各直省乡试差员例：顺天、江南正、副主考，浙江、江西、福建、湖广正主考，差翰林官八员。浙江、江西、福建、湖广副主考，山东正主考，差给事中五员……各衙门堂印官慎选开送，如应差八员者，倍送十六员。礼部会同内院、吏部拟定正陪，疏请简命。其已充会试房考、乡试主考者不得重送。顺天房考听吏、礼二部选用，余省听各巡按御史选用，阄定内帘。（《清世祖实录》卷56）

（顺治八年六月）己未，命……内翰林弘文院检讨庄冏生、兵科给事中王廷谏为湖广乡试主考官。（《清世祖实录》卷57）

（顺治九年七月己丑）内院议复："吏科给事中高辛允疏言，皇上亲政之首科，允宜慎选庶常，以光圣治。臣等参考旧例，斟酌时宜，择其年貌合格、文字雅醇者充其选。名数照己丑科例，取汉进士四十名。查照直省大小及近日人材多寡……江西、福建、湖广、山东、河南各取四名……内拔其年青貌秀、声音明爽者二十名，习学清书，余二十名，习学汉书，届期恭请御赐题目考试。其满洲进士取四名，蒙古进士取二名，汉军进士取四名，俱选年貌、声音合式者，同汉进士一体读书。进馆之后仍不时稽核敬肆勤惰，以为优劣，用昭朝廷作养人才之意。"报可。（《清世祖实录》卷66）

（顺治十一年六月）辛未，命……内翰林弘文院编修徐致觉、礼科左给事中赵进美为湖广乡试主考官。（《清世祖实录》卷84）

（顺治十四年六月）乙未，命内翰林国史院检讨薛沄、礼科左给事中

孙光祀为湖广乡试主考官……（《清世祖实录》卷110）

（顺治十五年二月）丙申，礼部议复："湖广道御史上官鉝疏言，江南新榜举人啧有烦言。应照京闱事例，请皇上钦定试期，亲加复试，以核真伪。至直省士子云集，闱务不便久稽，其江南新科举人，应停止会试。"从之。（《清世祖实录》卷115）

（顺治十七年六月丙午）命……翰林院检讨邹度琪、工科右给事中薛鼎臣为湖广乡试主考官。（《清世祖实录》卷137）

（顺治十八年二月）甲辰，礼部题："会试取士原分南、北、中卷，后因云贵等省未经平定，将中卷分入南、北卷内。今各处省分俱全，应仍将……湖广……为南卷……其南、北、中卷中式额数，照赴试举人之数均派。"从之。（《清圣祖实录》卷1）

（康熙二年六月）己未，以……国史院检讨王钟灵为湖广乡试正考官，户科给事中俞之琰为副考官。（《清圣祖实录》卷9）

（康熙五年六月）丙寅，以……户部郎中谢观为湖广乡试正考官，刑部郎中曹鼎望为副考官。（《清圣祖实录》卷19）

（康熙八年六月丙子）以……刑部郎中陈必成为湖广乡试正考官，户部员外郎袁鸿谟为副考官。（《清圣祖实录》卷30）

（康熙十一年七月庚申）以……礼科给事中朱裴为湖广乡试正考官，行人司司正刘梅为副考官。（《清圣祖实录》卷39）

（康熙十一年九月壬辰）礼部议复四川湖广总督蔡毓荣疏言，川、湖

二省移驻弁兵，既经安插，即同土著，伊等子弟有读书者，似应准其入籍考试。应如所请。从之。（《清圣祖实录》卷40）

（康熙十四年闰五月丙辰）以军兴，命停湖广乙卯科乡试。（《清圣祖实录》卷55）

（康熙十六年六月）癸丑，礼部题："前经九卿议准，御史程文彝疏请本年添行乡试。……湖广、江西归并江南省，福建归并浙江省考试。以入场应试人数计算，于十五名中取中举人一名，不必另取副榜，于本年九月内考试。"从之。（《清圣祖实录》卷67）

（康熙十七年六月）庚寅，以……吏部员外郎王雅为湖广乡试正考官，内阁中书侯璋为副考官。（《清圣祖实录》卷74）

（康熙二十年五月）壬申，湖广巡抚王新命疏言："楚省乡试中额，因逆贼变乱，于康熙十六年改照中省取中。今湖南既已平定，应仍改为大省额数取中。"从之。（《清圣祖实录》卷96）

（康熙二十年六月戊戌）以……侍讲李来泰为湖广乡试正考官，吏部员外郎李含春为副考官。（《清圣祖实录》卷96）

（康熙二十年六月）丙午，吏部议复："湖广道御史房廷祯疏言，捐纳岁贡，终非正途，不应考选科道。应如所请。又督抚子弟应照在京三品京堂子弟例，亦不与考选。应不准行。"得旨："汉军、汉人捐纳岁贡，俱不准作正途考选。京官三品以上子弟既不与考选，总督、巡抚子弟亦不准考选。"（《清圣祖实录》卷96）

（康熙二十三年六月丁未）以……工科给事中任辰旦为湖广乡试正考

官，内阁中书崔徵璧为副考官。（《清圣祖实录》卷115）

（康熙二十六年六月）壬戌，以……户科掌印给事中汪晋徵为湖广乡试正考官，内阁中书冯廷櫆为副考官。（《清圣祖实录》卷130）

（康熙二十九年六月乙亥）以……翰林院编修周金然为湖广乡试正考官，吏部员外郎曾华盖为副考官。（《清圣祖实录》卷146）

（康熙三十年五月）辛亥，礼部等衙门遵旨会议御史江蘩条奏科场事宜："查会试之分南、北、中卷，原为因地取才起见，行之既久，其势不能均平，若不稍加变通，恐遐方士子不能仰承皇上广兴文教、乐育人材至意。嗣后应于南、北、中卷内再分江南浙江为南左，江西、湖广、福建、广东为南右……仍照定例，各计卷数之多寡凭文取中，既于科场条例并无更改，又于各省中额不致偏枯……"从之。（《清圣祖实录》卷151）

（康熙三十二年六月）戊子，以……编修刘灏为湖广乡试正考官，礼部郎中史陆舆为副考官。（《清圣祖实录》卷159）

（康熙三十五年六月庚子）以……翰林院编修姚士藟为湖广乡试正考官，户部郎中赵之随为副考官。（《清圣祖实录》卷174）

（康熙三十五年七月癸亥）广八旗满洲、蒙古、汉军、直隶各省乡试解额……浙江、湖广、福建各十七名……（《清圣祖实录》卷174）

（康熙三十七年十一月丙戌）吏部议复："湖广道御史李登瀛疏言，……湖北等处举人会试，五科不中方许拣选，又需次数年始得补用。请酌减科分拣选，使得及时效力。应如所请。直隶等九省举人会试三科不中，准其拣选知县，一科不中，改就教职者，以州学正、县教谕补

用。”从之。（《清圣祖实录》卷191）

（康熙三十八年七月己丑）以……翰林院编修陈梦球为湖广乡试正考官，中书科中书舍人苏伟为副考官。（《清圣祖实录》卷194）

（康熙三十九年十月甲子）直隶巡抚李光地、河道总督张鹏翮、湖广总督郭琇、广西巡抚彭鹏各遵旨先后详议科场事宜。得旨：“九卿、詹事、科道会同确议具奏。”（《清圣祖实录》卷201）

（康熙三十九年十一月丙午）九卿等议复：“湖广总督郭琇等遵旨详议科场事宜四疏，嗣后直隶各省乡试，在京三品以上及大小京堂、翰詹科道、吏礼二部司官，在外督抚、提镇及藩臬等官子弟，俱编入官字号，另入号房考试……”从之。（《清圣祖实录》卷202）

（康熙四十一年闰六月）丁酉，以……太仆寺少卿李旭升为湖广乡试正考官，大理寺评事拔海为副考官。（《清圣祖实录》卷208）

（康熙四十一年七月丙子）增湖广省乡试中额十三名，照江南例共八十三名，从总督郭琇请也。（《清圣祖实录》卷209）

（康熙四十三年十一月）己卯，礼部议复提督湖广学政潘宗洛疏言，湖广各府州县熟苗中，有通文义者，准与汉民一体应试。应如所请。从之。（《清圣祖实录》卷218）

（康熙四十四年六月）己酉，以……编修文岱为湖广乡试正考官，吏部员外郎耿惇为副考官。（《清圣祖实录》卷221）

（康熙四十四年九月）壬午，兵部议复原任湖广总督喻成龙疏言，湖

广南北各土司子弟中，有读书能文者，注入民籍，一同考试。应如所请。从之。（《清圣祖实录》卷222）

（康熙四十七年六月）庚申，以……广东道御史王企埥为湖广乡试正考官，内阁中书张如绪为副考官。（《清圣祖实录》卷233）

（康熙五十年四月）戊辰，增直隶、各省乡试中额……江南、浙江、湖广各十六名……着为令。（《清圣祖实录》卷246）

（康熙五十年六月）癸酉，以……大理寺少卿张德桂为湖广乡试正考官，检讨马汝为为副考官。（《清圣祖实录》卷246）

（康熙五十年七月）庚子，以湖广道御史徐树庯为河南乡试正考官，翰林院检讨西库为副考官。（《清圣祖实录》卷247）

（康熙五十年十二月癸亥）礼部题："康熙五十年，湖广乡试少中举人十名，应将提调布政使张圣猷、监临巡抚刘殿衡、正考官大理寺少卿张德桂、副考官翰林院检讨马汝为各降级调用。"得旨："张圣猷着降三级调用，刘殿衡着降二级留任，张德桂、马汝为俱着降二级调用。"（《清圣祖实录》卷248）

（康熙五十一年十二月乙丑）以……太仆寺少卿严虞惇为湖广乡试正考官，翰林院检讨李天祥为副考官。（《清圣祖实录》卷252）

（康熙五十三年六月丙戌）以……内阁学士沈涵为湖广乡试正考官，编修查嗣庭为副考官。（《清圣祖实录》卷259）

（康熙五十六年六月）癸卯，以……检讨胡煦为湖广乡试正考官，太

常寺少卿林洪烈为副考官。（《清圣祖实录》卷 272）

（康熙五十九年六月）乙卯，以……编修惠士奇为湖广乡试正考官，编修吕谦恒为副考官。（《清圣祖实录》卷 288）

（乾隆二十三年三月丙申）……请嗣后直隶、江南、浙江、江西、湖广、福建等大省官生，二十名取中一名，三十一名取中二名……（《清圣祖实录》卷 558）

（雍正元年二月丁卯）以……广西道御史漆绍文为湖广乡试正考官，编修景考祥为副考官。（《清世宗实录》卷 4）

（雍正元年七月丙午）谕礼部："湖南士子赴湖北乡试，必经由洞庭湖，湖水浩瀚无涯，波涛不测，六七月间风浪尤险，间有覆溺之患，朕心甚为恻然。或至士子畏避险远，裹足不前，又非朕广育人材之意。今欲于湖南地方，建立试院……则于明春，即分湖北、湖南两闱考试。倘为期已迫，预备不及，则于下科举行。至于湖广通省取中原有定额，今既分两闱，其取中之数应如何分别之处，着湖南、湖北巡抚公议，湖广总督从公酌定具奏。"（《清世宗实录》卷 9）

（雍正元年十月辛未）以湖广道御史江芑为云南乡试正考官……（《清世宗实录》卷 12）

（雍正元年十二月己酉）分湖北、湖南乡试额，湖北中式五十名、副榜十名，湖南四十九名、副榜九名，武举各二十五名。（《清世宗实录》卷 14）

（雍正元年十二月丙辰）以……翰林院侍讲学士德龄为湖北乡试正考

官，工科给事中蔡仕舢为副考官……（《清世宗实录》卷14）

（雍正二年九月庚戌）命赏给会试举人盘费……福建、浙江、江南、江西、湖广、陕西六省，每人银七两……（《清世宗实录》卷24）

（雍正四年六月戊寅）以……编修杨超曾为湖北乡试正考官，内阁中书曹仪为副考官。（《清世宗实录》卷45）

（雍正七年七月丁巳）以……编修刘统勋为湖北乡试正考官，检讨张若涵为副考官。（《清世宗实录》卷83）

（雍正十年六月辛未）以……编修李锦为湖北乡试正考官，编修邓启元为副考官。（《清世宗实录》卷120）

（雍正十三年六月）戊子，以……云南道御史卢秉纯为湖北乡试正考官，刑部主事苏霖渤为副考官。（《清世宗实录》卷157）

（乾隆元年二月戊子）礼部以会试中额请。得旨："这会试……湖北取中十四名……"（《清高宗实录》卷13）

（乾隆元年六月辛巳）以……编修孙灏为湖北乡试正考官，吏部郎中陈其凝为副考官。（《清高宗实录》卷21）

（乾隆元年九月己未）兵部以武会试中额请。得旨："这考试……湖北取中三名……"（《清高宗实录》卷27）

（乾隆二年三月甲寅）礼部以会试中额请。得旨："这会试……湖北取中十四名……"（《清高宗实录》卷39）

（乾隆二年九月）乙巳，兵部以恩科武会试中额请。得旨：“这考试……湖北取中三名……”（《清高宗实录》卷51）

（乾隆三年六月癸未）定各省主考官起程日期。谕：“向例外省主考官闻命之日，即速就道。蒙皇考世宗宪皇帝念其办理行装，未免忙迫，伊等既奉命典试，自知奉法惟谨，不必过于防范，特令稍宽起程之期，此体恤臣工之厚意也。近闻奉差诸臣起身甚迟，有至十余日外者，殊非远嫌之意。着礼部酌定日期，着为定例。”寻议：“……湖北……以七日为限……逾期参奏。”从之。（《清高宗实录》卷70）

（乾隆三年六月戊戌）以……侍读张映辰为湖北乡试正考官，检讨仲永檀为副考官。（《清高宗实录》卷71）

（乾隆三年十一月乙卯）定给各省考官路费。谕曰：“每科主考差往各省，彼地督抚有无馈送路费，向无定例，其数目之多寡，亦无成规。伊等回京时，有奏闻者，有不奏者，亦不画一。自应酌定一例，俾永远遵行，庶无轻重不均之事。今朕酌量道途之远近，分别路费之多寡……江南、浙江、湖北、江西、陕西五百两……尔等可寄信各督抚遵照此数，不得以私意增减，主考等亦不得于此数之外，更有所受。将此永着为例。”（《清高宗实录》卷80）

（乾隆四年二月甲辰）礼部以会试中额请。得旨：“这会试……湖北取中十四名……”（《清高宗实录》卷87）

（乾隆四年九月癸亥）兵部以武会试中额请。得旨：“这考试……湖北取中六名……”（《清高宗实录》卷101）

（乾隆四年十月癸卯）（川陕总督鄂弥达）又奏：“……甘省亦有抡元擢魁之人，与西安文风亦不甚悬绝。可否照湖南、湖北之例，酌额分闱……”得旨：“此事尚可缓图。”（《清高宗实录》卷103）

（乾隆六年六月己酉）以……翰林院检讨陈兆仑为湖北乡试正考官，编修闻棠为副考官。（《清高宗实录》卷145）

（乾隆七年二月）己未，礼部以会试中额请。得旨：“这会试……湖北十五名……”（《清高宗实录》卷161）

（乾隆七年九月乙亥）兵部以武会试中额请。得旨：“这考试……湖北取中五名……”（《清高宗实录》卷175）

（乾隆八年五月戊子）（兵部）又议准湖北学政吴嗣爵咨称，监生一途，从前照文生之例，准入武闱一次。现在议准文武乡会互试永行停止，则监生自不便仍令入武闱。第查监生中，有由武生捐纳者，仍应准入武闱。至由廪、增、附生及俊秀捐纳者，应不准收入。从之。（《清高宗实录》卷192）

（乾隆九年六月甲子）以……翰林院侍读学士沈德潜为湖北乡试正考官，户部郎中西成为副考官。（《清高宗实录》卷219）

（乾隆九年八月乙卯）兵部左侍郎舒赫德奏：“科场额中举人一名，向止录取科举三十名，嗣后增至六十名，近来部议增至百名，本为江浙人文较盛，故宽以收之。至中边小省，固有不同，不得滥取以足额。请照百名之数，递加裁减。”得旨：“此奏是，大学士、九卿议奏。”寻议：“直隶、江南、浙江、湖广、福建等六大省，每举人一名，录科八十名……”从之。（《清高宗实录》卷222）

（乾隆九年八月庚申）谕："国家设科取士，原欲遴选真才，以备任使，典至重也。近来士习不端，不惟文风未见振起，抑且怀挟作弊，行类穿窬，诡计百出，竟有意想所不到者，朕早已闻知，屡行训饬……与其宽登选以启幸进之门，不如严俊造以收得人之实，此朕寓矜惜于整饬之中，曲为调剂，万不得已之苦衷也。其乡试中额作何量为裁减之处，着大学士、九卿会议具奏。此次经朕严训以后，如果文风日盛，士习克端，朕又何难停罢诸途，专用科目之人？并将此晓谕中外知之。"寻议："直省解额酌减十分之一……湖北五十三名，减五名……以乾隆丁卯科为始。"从之。（《清高宗实录》卷 223）

（乾隆九年八月庚午）礼部议复："湖北巡抚晏斯盛奏称'科场应试士子，向例许其连日宿场，易滋弊窦，嗣后应请停止。再贴例，如遇题目错落及文中错落过多者，例应贴出。至点画小误、试卷油污墨染，字迹犹可辨认者，应请免其贴出'等因。查雍正八年议准乡会宿场举子，令监试、提调官传至至公堂，看其誊写。伏思监试、提调正当料理次场印戳、卷号之事，势难兼顾。应如所请，于出题次日之晚，尽令举子散出。如有容留宿场者，将监试、提调及本生一并议处。又题目字句错落应贴者，必错而已改、落而已添及油墨、污迹细小者方免贴。若错处未经改正，落处未经添注，则疏忽太甚，应照旧例贴出。至遗漏全题，而于夹缝添注，则较题目字句错落过多者更甚，均应贴出。"从之。（《清高宗实录》卷 223）

（乾隆九年十一月辛丑）大学士鄂尔泰等议复："……再湖广中额原系九十七名，加以五经五名，共一百二名。自湖北、湖南分闱以后，湖北取中五十名，湖南取中四十七名，其五经五名，或二或三，两省轮中。原议内酌减之数虽无错误，但未将五经轮中之处声说，应再为分晰，以便轮流取中。其两省录科之数，亦应以轮中之数，照例录送……"从之。

（《清高宗实录》卷229）

乾隆九年甲子十二月甲辰朔，兵部尚书彭维新等奏："臣等奉旨磨勘湖北举人复试，卷内杨曰坰、周云龙二名文理蒙疵，照议罚停会试二科。其主考、同考及录送之该学政，应一并察议。"得旨："依议。复考之事，原交巡抚会同学政办理者，况晏斯盛尚系知文之人，而此次并未实心考核，其所奏亦属含糊了事，晏斯盛亦着交部察议。"（《清高宗实录》卷230）

（乾隆十年三月庚子）礼部以会试中额请。得旨："这会试……湖北取中十四名……"（《清高宗实录》卷237）

（乾隆十年九月庚寅）兵部以武会试中额请。得旨："这考试……湖北取中二名……"（《清高宗实录》卷249）

（乾隆十二年六月丁丑）以……詹事府少詹事裘曰修为湖北乡试正考官，翰林院编修朱荃为副考官。（《清高宗实录》卷293）

（道光十八年三月甲午）礼部以会试中额请。得旨："……湖北取中七名……"（《清高宗实录》卷307）

（乾隆十三年三月壬子）礼部以会试中额请。得旨："这会试……湖北取中十三名……"（《清高宗实录》卷311）

（乾隆十三年九月壬申）兵部以武会试中额请。得旨："这考试……湖北取中三名……"（《清高宗实录》卷325）

（乾隆十五年六月丁亥）以……大理寺少卿王会汾为湖北乡试正考官，侍读学士王际华为副考官。（《清高宗实录》卷367）

（乾隆十五年十一月辛丑）礼部议复："湖广总督永兴奏称'本年湖北官字号生监止十六名，取中举人四名、副榜一名，较民卷过优，可否将各省官生按照人数多寡，酌定取中？再吏、礼二部司员子弟均列官生，亦属太优，请将吏、礼二部郎中子弟，方准编入官号'等语。查官卷人数多寡难以悬定，请仍照旧例行，其数少省分，如无佳文，宁缺无滥。至吏、礼二部司员子弟编入官卷，非以示优，盖以除弊。该督所请，均毋庸议。"得旨："礼部议复永兴条奏官生过优一本，请仍照旧例遵行，甚属偏私。各省官生文庸幸中者，不堪屈指数，何国宗之子同中一科，即其验也。永兴奏到，朕交部议时，即已知该部必将指驳，今果不出所料。虽该部议令'此后务遵定例，官卷数少省分，必文理精通，方准取中，否则宁缺无滥'等语，不知从前何尝无此例，而各省试官狼狈相顾，何尝实力遵照？况如各部司官同一办事，何独吏、礼二部得编官卷？此例实不公当。该部自应准理持正立议，乃先怀私意，转云'非以示优，盖以除弊'，此其巧于回护，尤属纰缪。该部堂官着交部察议，此本发还另议。"寻议："官生取中旧例实属太优，请嗣后直省额中举人二十五名内，许中官卷一名，如无佳文，宁缺无滥，仍以民卷取足，零数不足二十五名者，不准录取。至中、小等省，虽应额中官卷一、二名，而或文不足录，全以民卷补足。如磨勘时，所取官卷较民卷优劣悬殊者，题参严议。至吏、礼二部员外郎、主事固与各部相同，即郎中亦属无异。其应试子弟，应请均无庸编入官卷。并乾隆九年臣部奏准，将内阁侍读子弟，照吏、礼二部司员编入官号，例亦停。"从之。（《清高宗实录》卷376）

（乾隆十六年四月戊辰）礼部以翻译会试中额请。得旨："这翻译会试……湖北取中十一名……"（《清高宗实录》卷386）

（乾隆十六年九月壬午）兵部以武会试中额请。得旨："这考试……湖北取中二名……"（《清高宗实录》卷399）

（乾隆十六年十一月甲子）大学士等议复："各省乡试官卷中额……湖北各二名……"依议。（《清高宗实录》卷402）

（乾隆十六年十二月辛丑）以……侍读窦光鼐为湖北乡试正考官，编修庄存与为副考官。（《清高宗实录》卷404）

（乾隆十六年十二月丙午）定拔贡朝考选用例。谕："各省选拔贡生，经朕降旨，以十二年举行一次。计至癸酉年，即届选拔之期。惟是来京朝考，拣选引见，札监读书，或以知县等官试用，或以教职即用，或以教职归班序选，条例屡经更定。朕思选拔于每学数十百人中，拔取一二人，且不糊名易书，可以验其人才，核其素行，自当精择以充其选。应令该学政于试列前茅之士，举其文行兼优、才品出众者，会同该督抚秉公抡采，以杜滥觞。至庠序为陶育人才根本，今教职率多昏耄龙钟，滥竽恋栈。虽定以六年甄别，而上官以闲曹多方宽假，非国家设官敷教本意。应分以年限，详加澄汰，所遗员缺，即以应授教职之选拔充补，于士风当有裨益。所有选拔贡生赴部验到，作何定限，及朝考录用一切规条，俱应详悉酌定，永着为令。大学士、九卿集议以闻。"寻议："各选拔赴部，应以该年十月起限……湖南、福建、江西、浙江、湖北、陕西限次年三月……其有患病事故者，许呈明咨部。朝考之法，除前项选拔补考人少，仍照向例在礼部考试外，其新选拔应照拟定限期分为三次，由礼部奏请，钦点大臣于午门内考试，拟定等第进呈。卷分三等，不入等者，本生斥革，发回原学，该学政及督抚、府尹一并议处。再向例朝考后，礼部会同九卿拣选引见。有奉旨以知县及知县以下等官试用者，余札监肄业，三年期满，以教职选用。其考取景山等处教习，期满引见，候旨分选知县教职。归本籍肄业者，遇考职之年，准考取州同、州判、县丞。有愿就佐贰及教职者，以直隶州州判复设教谕选用。乾隆二年议停，今请照旧拣选一、二等引见，候旨简用。"从之。（《清高宗实录》卷

404）

（乾隆十七年二月丙午）兵部议准湖北巡抚恒文奏请，湖北、陕西、福建、云南、江南等省，考试武举外场，若督抚均系汉员，仍遵定例，咨调提镇公同较阅。倘提镇驻扎路远，或因公他出，即派委副将一员代办。从之。（《清高宗实录》卷408）

（乾隆十七年七月丁卯）（礼部）又议复湖北学政葛德润条奏考试各事宜：一、各省乡试同考官酌量裁减。查江西、广东、河南等省内帘人数，前经议准酌增。今科举录取人数，各较减十之三四五不等，校阅尚易，其可否酌减之处，应行令各该抚确查议复。一、考试拔贡照乡会试之例，论题以《孝经》、周子《太极图说》《通书》、张子《西铭》参出。应如所请……。从之。（《清高宗实录》卷418）

（乾隆十七年八月辛亥）又以会试中额请。得旨："这会试……湖北取中十名……"（《清高宗实录》卷421）

（乾隆十七年十月己亥）兵部以武会试中额请。得旨："这考试……湖北取中三名……"（《清高宗实录》卷424）

（乾隆十八年三月庚午）礼部议奏："裁减各省乡试房考官。据各省督抚疏奏'……湖北酌减易经一员，定为十员……'，均应如所请。"从之。（《清高宗实录》卷434）

（乾隆十八年六月己亥）以……翰林院侍读学士庄存与为湖北乡试正考官，礼部郎中李玉鸣为副考官。（《清高宗实录》卷440）

（乾隆十九年三月丙子）礼部以会试中额请。得旨："这会试……湖

北取中十一名……”（《清高宗实录》卷459）

（乾隆十九年九月己亥）兵部以武会试中额请。得旨：“这考试……湖北取中二名……”（《清高宗实录》卷473）

（乾隆二十一年六月辛亥）以……编修叶观国为湖北乡试正考官，侍讲德保为副考官。（《清高宗实录》卷514）

（乾隆二十二年三月己未）礼部以会试中额请。得旨：“这会试……湖北取中十二名……”（《清高宗实录》卷535）

（乾隆二十二年九月丁未）兵部以武会试中额请。得旨：“这考试……湖北取中二名……”（《清高宗实录》卷547）

（乾隆二十四年闰六月辛卯）以……右庶子沈栻为湖北乡试正考官，工部主事赵瑗为副考官。（《清高宗实录》卷590）

（乾隆二十五年三月）庚午，礼部以会试中额请。得旨：“这会试……湖北取中八名……”（《清高宗实录》卷609）

（乾隆二十五年六月丁亥）以……刑部郎中蔡鸿业为湖北乡试正考官，御史王懿德为副考官。（《清高宗实录》卷614）

（乾隆二十六年三月甲子）礼部以会试中额请。得旨：“……湖北取中八名……”（《清高宗实录》卷633）

（乾隆二十六年九月乙卯）兵部以武会试中额请。得旨：“这考试……湖北取中二名……”（《清高宗实录》卷645）

（乾隆二十七年六月甲辰）以……右中允翁方纲为湖北乡试正考官，编修彭冠为副考官。（《清高宗实录》卷664）

（乾隆二十七年八月己未）湖北巡抚汤聘奏："湖广向设外帘官十六员，后南北分闱，中额减半，而外帘员数相沿未改，较为繁冗。请照江西、湖南之例，酌减三员。"得旨："是。"（《清高宗实录》卷669）

（乾隆二十八年三月甲申）礼部以会试中额请。得旨："这会试……湖北取中九名……"（《清高宗实录》卷683）

（乾隆二十八年九月）辛未，兵部以武会试中额请。得旨："这考试……湖北取中二名……"（《清高宗实录》卷695）

（乾隆三十年六月）己未，以……侍讲学士汪廷玙为湖北乡试正考官，给事中陈科捷为副考官。（《清高宗实录》卷738）

（乾隆三十一年三月己亥）礼部以会试中额请。得旨："这会试……湖北取中八名……"（《清高宗实录》卷757）

（乾隆三十一年九月）乙酉，兵部以武会试中额请。得旨："这会试……湖北取中二名……"（《清高宗实录》卷769）

（乾隆三十二年七月辛卯）贵州学政陈筌奏："黔省所属地方均与各省毗连，每有湖广、四川附近之人，希图贵州人少额多，获售较易，遂私通廪保，窜名冒考，以致土著生童艰于进取，文风日就颓废。查乾隆二十五年，奉旨敕令云、贵、川、广各学臣彻底清厘，准其改拨。各生均系违例冒入，褫革本所应得，既邀宽典，自应据实呈首。乃复希冀便宜，多方隐匿，理应严加惩创，以昭定制。臣现饬各府及所属教官逐一细查，分别办理。其在乾隆二十五年未经清厘以前者，该生不行具首应科，其隐匿之罪，将衣顶褫革，照违制律问拟杖责，失察教官照例议处。其在二十五年以后者，系已经清厘之后，仍敢勾通冒籍，情罪较重，除将该生治罪外，滥保之廪生一并查究示惩。”报闻。（《清高宗实录》卷789）

（乾隆三十三年六月甲戌）以……祭酒良诚为湖北乡试正考官，主事郑步云为副考官。（《清高宗实录》卷813）

（乾隆三十三年八月己巳）吏部等部议复：“江西巡抚吴绍诗、湖北巡抚程焘会奏，湖北蕲州所辖小江口，距该州远隔一百八十里，与江西德化县毗连，应改归德化。其该地岁征屯粮，田土虽在小江口，而屯丁散处隔属，德化县不能熟悉，应仍归蕲州卫。岁科考试，军籍子弟有应试者，另编军籍，取入府学。应如所请。”从之。（《清高宗实录》卷816）

（乾隆三十四年三月壬子）礼部以会试中额请。得旨：“这会试……湖北取中四名……”（《清高宗实录》卷831）

（乾隆三十四年九月丁酉）兵部以武会试中额请。得旨：“这考试……湖北取中二名……”（《清高宗实录》卷843）

（乾隆三十五年六月己丑）以……侍讲学士李中简为湖北乡试正考官，宗人府主事冯应榴为副考官。（《清高宗实录》卷862）

（乾隆三十六年三月丁卯）礼部以会试中额请。得旨：“这会试……湖北取中五名……”（《清高宗实录》卷881）

（乾隆三十六年六月乙酉）以……翰林院侍读吴省钦为湖北乡试正考

官，编修黄良栋为副考官。（《清高宗实录》卷887）

（乾隆三十六年九月甲寅）兵部以武会试中额请。得旨：“这考试……湖北取中二名……”（《清高宗实录》卷893）

（乾隆三十七年三月甲子）礼部以会试中额请。得旨：“这会试……湖北取中五名……”（《清高宗实录》卷905）

（乾隆三十七年九月庚戌）兵部以武会试中额请。得旨：“这考试……湖北取中二名……”（《清高宗实录》卷917）

（乾隆三十九年六月）乙未，以……编修祝德麟为湖北乡试正考官，编修陈昌齐为副考官。（《清高宗实录》卷960）

（乾隆三十九年六月癸卯）以翰林院侍读学士国柱为湖北乡试正考官，以编修祝德麟丁忧故也。（《清高宗实录》卷961）

（乾隆四十年三月）壬申，礼部以会试中额请。得旨：“这会试……湖北取中四名……”（《清高宗实录》卷979）

（乾隆四十年九月癸亥）兵部以武会试中额请。得旨：“这考试……湖北取中二名……”（《清高宗实录》卷991）

（乾隆四十二年六月丙午）以……中允张书勋为湖北乡试正考官，礼科给事中戴第元为副考官。（《清高宗实录》卷1034）

（乾隆四十三年三月丁亥）礼部以会试中额请。得旨：“这会试……湖北取中四名……”（《清高宗实录》卷1053）

（乾隆四十三年九月乙巳）兵部以武会试中额请。得旨："这考试……湖北取中二名……"（《清高宗实录》卷1067）

（乾隆四十四年六月壬戌）以……修撰戴衢亨为湖北乡试正考官，中书吴俊为副考官。（《清高宗实录》卷1084）

（乾隆四十四年十一月）己丑，谕："据郑大进奏'麻城县生员李尌，年八十三岁。天门县生员李作朋，年八十一岁。本年文闱应试，精力尚健，三场完卷，榜发均未中式'等语，李尌、李作朋俱着加恩赏给举人，准其一体会试，用昭嘉惠耆年至意。"（《清高宗实录》卷1094）

（乾隆四十五年四月己酉）礼部以会试中额请。得旨："这会试……湖北取中四名……"（《清高宗实录》卷1104）

（乾隆四十五年六月辛酉）以……编修缪晋为湖北乡试正考官，中书姚天成为副考官。（《清高宗实录》卷1108）

（乾隆四十五年九月壬辰）兵部以武会试中额请。得旨："这考试……湖北取中二名……"（《清高宗实录》卷1115）

（乾隆四十五年十一月辛卯）谕："本年各直省乡试，据该督抚等奏，应试士子内，有年八十、九十以上者，三场完竣，榜发未经中式。念其踊跃观光，至老弗衰，宜沛渥恩，以广化泽。所有……湖北省之沈聚奎……俱着加恩赏给举人，一体会试，俾皓首寒儒，得偿夙愿，用昭嘉惠士林之至意。"（《清高宗实录》卷1119）

（乾隆四十六年三月丙申）礼部以会试中额请。得旨："这会试……

湖北取中五名……”（《清高宗实录》卷1127）

（乾隆四十六年九月丙辰）兵部以武会试中额请。得旨：“这考试……湖北取中二名……”（《清高宗实录》卷1141）

（乾隆四十八年六月）壬申，以……编修陈嗣龙为湖北乡试正考官，中书张敦培为副考官。（《清高宗实录》卷1182）

（乾隆四十九年闰三月戊午）礼部以会试中额请。得旨：“这会试……湖北取中三名……”（《清高宗实录》卷1202）

（乾隆四十九年九月庚午）兵部以武会试中额请。得旨：“这考试……湖北取中一名……”（《清高宗实录》卷1215）

（乾隆五十一年七月丙辰）以……编修吴敬舆为湖北乡试正考官，编修关槐为副考官。（《清高宗实录》卷1258）

（乾隆五十二年三月）甲午，礼部以会试中额请。得旨：“这会试……湖北取中四名……”（《清高宗实录》卷1277）

（乾隆五十二年九月庚辰）兵部以武会试中额请。得旨：“这考试……湖北取中一名……”（《清高宗实录》卷1289）

（乾隆五十三年六月甲辰）以……编修余集为湖北乡试正考官，编修戴均元为副考官。（《清高宗实录》卷1306）

（乾隆五十三年十一月癸亥）又谕：“……又据惠龄奏‘湖北省应试诸生吴梅、舒继芬年皆八十以上，三场完竣，榜发无名’各等语。该生等年逾八旬，精神矍铄，踊跃观光，实为儒林嘉瑞。汤振、王长驾、吴霖、王日蕡、毕文琳、王圣际、胡先桂、翟承眷、吴梅、舒继芬均着加恩赏给举人，准其一体会试，以示朕寿世作人、嘉惠耆龄至意。”（《清高宗实录》卷1316）

（乾隆五十四年三月）甲申，礼部以会试中额请。得旨：“这会试……湖北取中二名……”（《清高宗实录》卷1325）

（乾隆五十四年六月己巳）以……修撰史致光为湖北乡试正考官，吏部员外郎恭泰为副考官。（《清高宗实录》卷1332）

（乾隆五十四年九月丁未）兵部以武会试中额请。得旨：“这考试……湖北取中一名……”（《清高宗实录》卷1339）

（乾隆五十四年十二月丙辰）谕：“本年乡试诸生，年届八十、七十以上未经中式者，除顺天业经降旨，分别加恩外，兹据各省陆续奏到，诸生中年跻耄耋，踊跃观光，共百有余人。虽未经中式，而三场均能完竣，洵为士林盛事……湖北省八十以上之刘化鲲、王奉元、涂宗诏、朱有荣等四名……俱着加恩赏给举人，准其一体会试……湖北省七十以上之刘中陵、萧光泰、张元珑、袁国桂、邱雨濬、李华、卢薰、杨大谟、刘先士、方玉堂、冉之桂、邱文开、闵力魁、周之鼎等十四名……俱着加恩赏给副榜，以彰寿世作人至意。”（《清高宗实录》卷1344）

（乾隆五十五年三月丁未）礼部以会试中额请。得旨：“这会试……湖北取中三名……”（《清高宗实录》卷1351）

（乾隆五十五年九月）乙未，兵部以武会试中额请。得旨：“这考试……湖北取中一名……”（《清高宗实录》卷1363）

乾隆五十七年壬子六月癸未，以……编修王锡奎为湖北乡试正考官，刑部主事范鏊为副考官。（《清高宗实录》卷1407）

（乾隆五十七年十二月）丁卯，礼部等部议复湖北学政李长森疏称，湖北安陆府属荆门州，改为直隶州，辖当阳、远安二县。请将安陆府额进文武生各二十名，裁去三名，拨入荆门州学二名，合旧额文武各取进十七名，拨入当阳学一名，文武各十三名。远安文风少逊，毋庸议拨。至从前荆门州等属，拨入府学之廪、增文武生，俱改归原籍，教官约束。廪、增改为候廪、候增，岁试后照例间补，与本籍廪生较食饩先后，按期出贡。均应如所请。从之。（《清高宗实录》卷1418）

（乾隆五十七年十二月）戊辰，谕："据复勘乡试试卷，大臣等奏'本年各省乡试取中之卷，除陕西、湖北、湖南三省正、副考官俱有批外，其余顺天等八省有正、副考官总批一卷及同考官未批者，办理疏忽，请将考官及内帘监试交部议处'等语……" （《清高宗实录》卷1418）

（乾隆五十八年三月庚申）礼部以会试中额请。得旨："这会试……湖北取中三名……"（《清高宗实录》卷1425）

（乾隆五十八年九月丁未）兵部以武会试中额请。得旨："这考试……湖北取中一名……"（《清高宗实录》卷1437）

（乾隆五十九年三月庚子）礼部议复湖广总督毕沅等疏称，湖北荆门直隶州及所辖当阳、远安二县应试生童，向附安陆府考试。兹该州县绅士等以附考不便，呈请捐资，照各省直隶州之例添建考棚。应如所请。从之。（《清高宗实录》卷1448）

（乾隆五十九年六月癸酉）以……内阁学士周兴岱为湖北乡试正考官，中书齐嘉绍为副考官。（《清高宗实录》卷1455）

（乾隆五十九年七月庚戌）谕军机大臣等："据惠龄奏'行至正定一带，沿途阻水，行走迟速难定，诚恐有误入闱监临之事'等语，本年乡试八月初间即应办理监临事宜，惠龄沿途阻水，恐未能克期到彼。藩司汪新现赴荆州防汛，所有应办监临事宜，即着毕沅入闱办理。至复试一事，须在九月初间榜发以后，彼时惠龄早已抵楚，即着办理复试。如此一转移间，监临复试，俱有大员专办，自可不至贻误也。将此传谕毕沅，并谕惠龄知之。"（《清高宗实录》卷1457）

（乾隆五十九年十一月戊申）礼部议复："湖北学政初彭龄奏'凡商人呈请寄籍，应令地方官详查存案，以杜冒占而息告讦'等语。查生童寄籍，地方官应查明寄籍逾二十年，田粮庐舍均已有据，始准呈明入籍考试。倘有妄行告讦者，照例治罪。若入籍之始，先不呈明，即将生童究办，不行详查之该管官，交部议处。"得旨："此等寄籍生童，嗣后如有未经呈明入籍，即寄籍已满二十年例限，未经呈明，辄行冒考者，一经发觉，除照例斥革，不准应试外，并着咨明原籍地方，亦不准其复在原籍考试。俾跨考幸进之徒，知查出后，寄籍、原籍均无进身之路，庶各知自爱，不敢复蹈前辙。所有此次冒考之洪檀，即照此办理。余依议。"（《清高宗实录》卷1465）

（乾隆五十九年十二月）丁巳，谕："本年乡试诸生，年届八十、七十以上未经中式者，除顺天业经分别加恩外，兹据各省陆续奏到，诸生中年跻耄耋，踊跃观光，共百有余人。虽未中式，而三场均能完竣，洵为士林盛事。所有……湖北省九十以上之郑泳，八十以上之梁国铨、何乘时、李方荣、胡萃英、王应徵、萧士光、况绍中、周维新、胡镗、文振翎、罗致之等十二名……俱着加恩赏给举人，准其一体会试……以彰

寿世作人至意。”（《清高宗实录》卷1466）

（乾隆六十年三月己卯）礼部以会试中额请。得旨：“这会试……湖北取中四名……”（《清高宗实录》卷1475）

（乾隆六十年六月乙未）以……刑部侍郎谭尚忠为湖北乡试正考官，工部员外郎李肖筠为副考官。（《清高宗实录》卷1481）

（乾隆六十年九月乙丑）兵部以武会试中额请。得旨：“这考试……湖北取中一名……”（《清高宗实录》卷1487）

（乾隆六十年十一月）辛亥，谕：“本年乡试诸生，年届八十、七十以上未经中式者，除顺天业经分别加恩外，兹据各省陆续奏到，诸生中年跻耄耋，踊跃观光，共一百六十三名。虽未经中式，而三场均能完竣，洵为士林盛事。除上年甫经赏给副榜，现年未届八十者，毋庸加恩外，所有……湖北省八十以上之张泉、李本浩、郭仁、董万年、胡岩、冯泽洙、陶庆、王宗礼、任伟烈、杨大观、刘光乙、李俊伟、邓来等十三名……俱着加恩赏给举人，准其一体会试……以彰寿考作人至意。”（《清高宗实录》卷1490）

（嘉庆元年三月）乙亥，礼部以会试中额请。得旨：“……湖北取中五名……”（《清仁宗实录》卷3）

（嘉庆元年九月）丁巳，兵部以武会试中额请。得旨：“……湖北取中一名……”（《清仁宗实录》卷9）

（嘉庆三年六月）甲辰，以……詹事府少詹事曹振镛为湖北乡试正考官，内阁中书邵瑛为副考官。（《清仁宗实录》卷31）

（嘉庆四年三月壬午）礼部以会试中额请。得旨："……湖北取中九名……"（《清仁宗实录》卷41）

（嘉庆四年十月甲午）兵部以武会试中额请。得旨："……湖北取中二名……"（《清仁宗实录》卷53）

（嘉庆五年六月丙寅）以……翰林院侍读学士刘凤诰为湖北乡试正考官，编修黄焜望为副考官。（《清仁宗实录》卷69）

（嘉庆六年三月）庚子，礼部以会试中额请。得旨："……湖北取中十二名……"（《清仁宗实录》卷81）

（嘉庆六年五月乙巳）又谕："湖北光化县贡生吴焕章，前因献赋复试时，以误录旧诗语句斥革，究与临场怀挟者有间。该生在襄阳地方团练乡勇，设卡防御，著有微劳，曾经得受守备职衔。今既情愿缴销执照，仍恳开复贡生，且该省又有吴朝英成例可援，吴焕章着加恩准其开复贡生。"（《清仁宗实录》卷83）

（嘉庆六年六月己未）以……翰林院编修施杓为湖北乡试正考官，国子监助教陆开荣为副考官。（《清仁宗实录》卷84）

（嘉庆六年十月戊午）兵部以武会试中额请。得旨："……湖北取中三名……"（《清仁宗实录》卷88）

（嘉庆七年三月丙申）礼部以会试中额请。得旨："……湖北取中十一名……"（《清仁宗实录》卷96）

（嘉庆七年九月）甲申，兵部以武会试中额请。得旨："……湖北取中四名……"（《清仁宗实录》卷103）

（嘉庆九年三月丁未）礼部议准："四川总督勒保咨称，雅州府属番民，呈请援例捐监……均应如该督所咨办理。惟查番民子弟读书，既准其捐监乡试，其愿应童试者，并请照雍正八年议准之例，准其于附近州县报名……再查湖广之苗、瑶……向俱准应童试。如有情愿捐监者，照番民例办理。"从之。（《清仁宗实录》卷127）

（嘉庆九年六月）己巳，以……右春坊右庶子王引之为湖北乡试正考官，掌陕西道御史贾允升为副考官。（《清仁宗实录》卷130）

（嘉庆十年二月辛巳）赏江西、湖北、广西甲子科乡试年老诸生龚应镄等四十六名举人、副榜有差。（《清仁宗实录》卷140）

（嘉庆十年三月己酉）礼部以会试中额请。得旨："……湖北取中十一名……"（《清仁宗实录》卷141）

（嘉庆十年九月丙寅）兵部以武会试中额请。得旨："……湖北取中三名……"（《清仁宗实录》卷150）

（嘉庆十二年六月己卯）以……侍讲黄钺为湖北乡试正考官，编修葛方晋为副考官。（《清仁宗实录》卷181）

（嘉庆十三年三月丙寅）礼部以会试中额请。得旨："……湖北取中十二名……"（《清仁宗实录》卷193）

（嘉庆十三年六月乙巳）以……编修龚守正为湖北乡试正考官，内阁

中书桂龄为副考官。(《清仁宗实录》卷197)

(嘉庆十三年九月己卯)兵部以武会试中额请。得旨:"……湖北取中二名……"(《清仁宗实录》卷201)

(嘉庆十三年十一月)癸酉,谕内阁:"武乡会试为抡才大典,较试技艺,必须膂力超众,方可入选。即如硬弓一项,能开十三力至十五力者向来甚多,间有开十二力者,朕所素知。本年各省进呈武乡试题名录,朕详加披阅,其填注技勇,尚多可观。惟湖北省题名录内取中共二十五名,而竟有十六人开弓仅止十力,殊属软弱。常明办理武闱,取中太觉宽滥,着交兵部查明,如与定例不符,着即参奏。"(《清仁宗实录》卷203)

(嘉庆十四年三月丁亥)礼部以会试中额请。得旨:"……湖北取中十一名……"(《清仁宗实录》卷208)

(嘉庆十四年九月)甲戌,兵部以武会试中额请。得旨:"……湖北取中二名……"(《清仁宗实录》卷218)

(嘉庆十五年六月乙未)以……翰林院编修沈岐为湖北乡试正考官,王耀辰为副考官。(《清仁宗实录》卷230)

(嘉庆十六年三月庚午)礼部以会试中额请。得旨:"……湖北取中十一名……"(《清仁宗实录》卷240)

(嘉庆十八年六月)癸卯,以……翰林院编修陈玉铭为湖北乡试正考官,吏部主事张辅为副考官。(《清仁宗实录》卷270)

(嘉庆十九年三月丙辰)礼部以会试中额请。得旨:"……湖北取中

十一名……”（《清仁宗实录》卷288）

（嘉庆十九年九月戊申）兵部以武会试中额请。得旨：“……湖北取中一名……”（《清仁宗实录》卷297）

（嘉庆二十一年闰六月）丙戌，以……修撰龙汝言为湖北乡试正考官，浙江道御史史谱为副考官。（《清仁宗实录》卷319）

（嘉庆二十二年三月丙寅）礼部以会试中额请。得旨：“……湖北取中十一名……”（《清仁宗实录》卷328）

（嘉庆二十二年九月庚申）兵部以武会试中额请。得旨：“……湖北取中一名……”（《清仁宗实录》卷334）

（嘉庆二十三年六月甲戌）以……吏部郎中余本敦为湖北乡试正考官，内阁中书刘鸿翱为副考官。（《清仁宗实录》卷343）

（嘉庆二十三年六月丁亥）以……刑部左侍郎帅承瀛为江南乡试正考官，湖广道御史卢炳涛为副考官。（《清仁宗实录》卷343）

（嘉庆二十四年三月乙卯）礼部以会试中额请。得旨：“……湖北取中九名……”（《清仁宗实录》卷355）

（嘉庆二十四年六月乙未）以……右春坊右庶子吴信中为湖北乡试正考官，内阁中书边廷英为副考官。（《清仁宗实录》卷359）

（嘉庆二十五年三月己卯）礼部以会试中额请。得旨：“……湖北取中十一名……”（《清仁宗实录》卷368）

（嘉庆二十五年十月己亥）兵部以武会试中额请。得旨："……湖北取中一名……"（《清宣宗实录》卷7）

（道光元年四月戊申）以翰林院编修吴敬恒为云南乡试正考官，湖广道御史宋其沅为副考官……（《清宣宗实录》卷17）

（道光元年六月辛卯）以……翰林院侍读学士史致俨为湖北乡试正考官，吏部主事素博通额为副考官。（《清宣宗实录》卷19）

（道光二年三月戊辰）礼部以会试中额请。得旨："……湖北取中十名……"（《清宣宗实录》卷31）

（道光二年六月丁巳）以……内阁侍读闻人熙为湖北乡试正考官，刑部主事赵炳言为副考官。（《清宣宗实录》卷37）

（道光二年九月丁亥）兵部以武会试中额请。得旨："……湖北取中一名……"（《清宣宗实录》卷41）

（道光三年三月庚寅）礼部以会试中额请。得旨："……湖北取中十一名……"（《清宣宗实录》卷50）

（道光三年九月庚辰）兵部以武会试中额请。得旨："……湖北取中二名……"（《清宣宗实录》卷58）

（道光五年六月己巳）以……司经局洗马许乃普为湖北乡试正考官，江南道御史王赠芳为副考官。（《清宣宗实录》卷83）

（道光六年三月乙巳）礼部以会试中额请。得旨：“……湖北取中十二名……”（《清宣宗实录》卷96）

（道光六年九月癸巳）兵部以武会试中额请。得旨：“……湖北取中一名……”（《清宣宗实录》卷105）

（道光八年六月辛巳）以……翰林院编修吴文镕为湖北乡试正考官，孙瑞珍为副考官。（《清宣宗实录》卷137）

（道光九年三月丁巳）礼部以会试中额请。得旨：“……湖北取中九名……”（《清宣宗实录》卷154）

（道光九年九月己亥）兵部以武会试中额请。得旨：“……湖北取中四名……”（《清宣宗实录》卷160）

（道光十一年五月丙寅）以……湖广道御史徐广缙为广西乡试正考官……（《清宣宗实录》卷188）

（道光十一年六月癸巳）以……编修李儒郊为湖北乡试正考官，费开绶为副考官。（《清宣宗实录》卷190）

（道光十二年三月壬申）礼部以会试中额请。得旨：“……湖北取中九名……”（《清宣宗实录》卷208）

（道光十二年六月戊子）以……翰林院编修贾克慎为湖北乡试正考官，京畿道御史卞士云为副考官。（《清宣宗实录》卷213）

（道光十二年九月己未）兵部以武会试中额请。得旨：“……湖北取

中一名……”（《清宣宗实录》卷220）

（道光十三年三月乙未）礼部以会试中额请。得旨：“……湖北取中十名……”（《清宣宗实录》卷234）

（道光十三年九月壬午）兵部以武会试中额请。得旨：“……湖北取中一名……”（《清宣宗实录》卷243）

（道光十四年六月丁未）以……翰林院侍读学士侯桐为湖北乡试正考官，编修张集馨为副考官。（《清宣宗实录》卷253）

（道光十五年三月辛巳）礼部以会试中额请。得旨：“……湖北取中十五名……”（《清宣宗实录》卷264）

（道光十五年闰六月）戊辰，以……京畿道御史许球为湖北乡试正考官，翰林院编修周铭恩为副考官。（《清宣宗实录》卷268）

（道光十六年三月乙巳）礼部以会试中额请。得旨：“……湖北取中六名……”（《清宣宗实录》卷280）

（道光十六年九月丙申）兵部以武会试中额请。得旨：“……湖北取中一名……”（《清宣宗实录》卷289）

（道光十七年六月）丙辰，以……侍讲贾桢为湖北乡试正考官，编修李恩庆为副考官。（《清宣宗实录》卷298）

（道光十九年六月甲戌）以……编修陶庆增为湖北乡试正考官，李汝峤为副考官。（《清宣宗实录》卷323）

（道光十九年六月丁丑）以浙江乡试副考官何裕承回避祖籍，调湖北乡试正考官陶庆增为浙江乡试副考官，浙江乡试副考官何裕承为湖北乡试正考官。（《清宣宗实录》卷323）

（道光二十年三月壬子）礼部以会试中额请。得旨："……湖北取中六名……"（《清宣宗实录》卷332）

（道光二十年六月戊辰）以……编修劳崇光为湖北乡试正考官，福建道御史陈岱霖为副考官。（《清宣宗实录》卷335）

（道光二十一年三月戊申）礼部以会试中额请。得旨："……湖北取中七名……"（《清宣宗实录》卷349）

（道光二十三年七月辛亥）以……编修萧时馥为湖北乡试正考官，沈元泰为副考官。（《清宣宗实录》卷394）

（道光二十四年三月己丑）礼部以会试中额请。得旨："……湖北取中八名……"（《清宣宗实录》卷403）

（道光二十四年六月乙巳）以……编修仓景恬为湖北乡试正考官，殷兆镛为副考官。（《清宣宗实录》卷406）

（道光二十四年九月戊寅）兵部以武会试中额请。得旨："……湖北取中二名……"（《清宣宗实录》卷409）

（道光二十四年十二月己酉）谕内阁："前据给事中安诗奏'本科中式举人各卷内有钞录旧文，请旨饬办，并请严定章程'，当交礼部查议。

兹据查明，浙江中式举人吴应壬、湖北中式举人周崇勋实系钞录旧作，吴应壬、周崇勋着照例革去举人，并将生监一并斥革。惟录旧间由记诵，亦难保必无怀挟，节经叠降谕旨严加惩治。嗣后着各省督抚于乡试监临时，严饬所属认真搜检，遇有怀挟士子，立即枷示场门，并按照所出题目，多调坊间刻文，交考官详加稽核，以杜幸进而崇实学。”（《清宣宗实录》卷412）

（道光二十五年三月）甲申，礼部以会试中额请。得旨：“……湖北取中九名……”（《清宣宗实录》卷415）

（道光二十五年九月）甲戌，兵部以武会试中额请。得旨：“……湖北取中二名……”（《清宣宗实录》卷421）

（道光二十六年六月癸亥）以……编修廉师敏为湖北乡试正考官，何彤云为副考官。（《清宣宗实录》卷431）

（道光二十七年三月）辛丑，礼部以会试中额请。得旨：“……湖北取中九名……”（《清宣宗实录》卷440）

（道光二十七年九月辛卯）兵部以武会试中额请。得旨：“……湖北取中二名……”（《清宣宗实录》卷447）

（道光二十九年六月丙子）以……编修童华为湖北乡试正考官，修撰张之万为副考官。（《清宣宗实录》卷469）

（道光二十九年六月戊子）又谕：“裕泰、唐树义奏‘请将乡试展期’一折。湖北本年阴雨过多，贡院内号舍积水，急难宣泄，所有本年湖北文闱乡试，着准其展至九月初八日举行。至湖北正副考官现已简放，着

童华、张之万查照现展日期，俟一月后起程。其武闱乡试俟文闱事竣，再行接办。”（《清宣宗实录》卷469）

（道光三十年三月丙辰）礼部以会试中额请。得旨：“……湖北取中八名……”（《清文宗实录》卷6）

（道光三十年九月癸卯）兵部以武会试中额请。得旨：“……湖北取中一名……”（《清文宗实录》卷17）

（咸丰元年六月乙丑）以……编修冯培元为湖北乡试正考官，彭涵霖为副考官。（《清文宗实录》卷35）

（咸丰二年三月壬申）礼部以会试中额请。得旨：“……湖北取中十名……”（《清文宗实录》卷57）

（咸丰二年六月己丑）以……詹事府少詹事王履谦为湖北乡试正考官，翰林院编修许其光为副考官。（《清文宗实录》卷63）

（咸丰三年正月戊辰）谕军机大臣等：“寄谕步军统领，有人奏‘各省举人赴部会试，向例在省起文，入城时验文放行。现在湖北巡抚关防尚未查出，恐有匪徒冒充该省举人，假造文书入城者，请旨严查’等语。着该衙门派委妥员，于入城时查明湖北举人。如有执持该省巡抚公文赴部会试者，即令指出素识之同乡京官，或居住之会馆，派役妥行送往。仍不得稍滋扰累，并不得因有此旨，致将各省会试车辆概行搜查，致启胥役刁难讹索之弊。倘有情节不符，或实在情形可疑者，即着严行究办，以杜假冒而戢奸宄。将此谕令知之。”（《清文宗实录》卷83）

（咸丰三年三月丙寅）礼部以会试中额请。得旨：“……湖北取中八

名……”（《清文宗实录》卷 89）

（咸丰三年八月癸巳）又谕：“青麐奏‘援案酌量变通考试’一折。湖北省现办善后事宜，各属府县考试未能依期报竣，着照所请，准其岁科并试，以免迟误。嗣后不得援以为例。”（《清文宗实录》卷 104）

（咸丰三年九月戊午）兵部以武会试中额请。得旨：“……湖北取中一名……”（《清文宗实录》卷 106）

（咸丰三年十月癸巳）湖北学政青麐奏报：“文报已通，贼船下窜，现在出示接考。”得旨：“武昌已解围，德安犹不可疏懈，一切情形，随时具奏，汝心断不可先存无地方之责成见。当今时势紧迫，患最巨者莫若因循，岂可尚拘向例耶？”（《清文宗实录》卷 110）

（咸丰五年六月）丙申，谕内阁：“湖北学政冯誉骥奏‘请展缓乡试’一折。本年湖北省应举行乙卯科文武乡试，据称‘该省军务未竣，防堵紧要，依限举行，恐赶办不及’等语，所有本年湖北省乙卯科文武乡试，准其展至戊午科归并举行，按照两科定额取中。”（《清文宗实录》卷 169）

（咸丰五年十二月）丁未，谕内阁：“礼部奏‘查议湖北巡抚胡林翼奏请生监准充牙行’一折。生监人等例不准开设牙埠，胡林翼所奏自因接济军需起见。惟生监既充牙行，若仍准其应试，漫无限制，与例不符。着照部议，所有捐充牙行之生监，均不准复行考试。如有情愿报考者，先将牙帖呈明地方官注销，咨部查核。俟军务告竣，生监仍不准续行捐充，以符定制。”（《清文宗实录》卷 186）

（咸丰六年三月辛巳）礼部以会试中额请。得旨：“……湖北取中七名……”（《清文宗实录》卷 194）

（咸丰六年九月壬申）兵部以武会试中额请。得旨："……湖北取中一名……"（《清文宗实录》卷208）

（咸丰八年五月庚子）湖北巡抚胡林翼奏："修理试院未竣，请将本年湖北文乡试展至九月，武乡试展至次年三月举行。"下部知之。（《清文宗实录》卷255）

（咸丰八年七月乙酉）以翰林院侍讲许彭寿为湖北乡试正考官，编修俞奎垣为副考官。（《清文宗实录》卷258）

（咸丰八年七月己亥）以绅民捐输军饷……湖北乡试中额三名……（《清文宗实录》卷259）

（咸丰八年八月）戊午，谕内阁："前因官文奏，湖北绅民于捐饷外自备口粮，团练防剿，恳请再行加广文武乡试中额，当交该部速议具奏。兹据礼、兵二部会奏，该省捐助军饷，业经准加乡试定额三名。此次所请，因募勇防剿再行加广中额之处，银数既无可稽，额数何从核定？所有该省绅民应如何酌予奖励，以昭激劝，着该督秉公酌核，另议办理。"（《清文宗实录》卷261）

（咸丰九年二月丙寅）赏湖北等省戊午科乡试年老诸生詹逢年等八十四人举人、副榜有差。（《清文宗实录》卷277）

（咸丰九年三月甲午）礼部以会试中额请。得旨："……湖北取中八名……"（《清文宗实录》卷279）

（咸丰九年六月戊申）以……都察院左副都御史钱宝青为湖北乡试正

考官，翰林院编修薛书堂为副考官。（《清文宗实录》卷 285）

（咸丰九年九月壬午）兵部以武会试中额请。得旨："……湖北取中一名……"（《清文宗实录》卷 294）

（咸丰十年三月庚寅）礼部以会试中额请。得旨："……湖北取中九名……"（《清文宗实录》卷 311）

（咸丰十一年十月辛未）兵部以武会试中额请。得旨："……湖北取中一名……"（《清穆宗实录》卷 7）

（同治元年三月丙午）礼部以会试中额请。得旨："……湖北取中九名……"（《清穆宗实录》卷 23）

（同治元年四月甲子）湖广总督官文等奏："请将湖北省辛酉科乡试归并本科举行。"从之。（《清穆宗实录》卷 25）

（同治元年四月戊辰）以湖北续捐军饷，永广乡试中额四名。（《清穆宗实录》卷 25）

（同治元年六月丙辰）以右春坊右赞善罗嘉福为江西乡试正考官，湖广道御史薛春黎为副考官；翰林院侍读学士颜宗仪为湖北乡试正考官，编修谭钟麟为副考官。（《清穆宗实录》卷 30）

（同治元年七月甲申）又谕："张亮基奏'代递在籍京员封事'一折，湖北在籍刑部主事王柏心进呈'经论及应诏陈言'各一折，言皆忠告，具见悃忱。所呈伊训及太甲要语经论八首，即着弘德殿存记，以备乙览。其应诏陈言八条内，所请'开特科''宽榷算'二条，着该部妥议具奏……”寻礼部议：“乡会试三场，已可拔取真才，另开特科未免纷更，应毋庸议。至奇才异能登进无阶，请令中外大臣采访保荐。”……从之。（《清穆宗实录》卷33）

（同治元年九月乙丑）兵部以武会试中额请。得旨：“……湖北……各取中一名。”（《清穆宗实录》卷43）

（同治二年二月辛巳）又谕：“严树森奏‘鄂省举行武闱乡试，循例办理主考事宜’一折。前因汉南军务吃重，叠经谕令严树森即日出省，驰赴秦鄂交界地方，扼要驻扎，督饬梁作楫等越境驰剿。现在兴安未复，贼氛甚炽，陕南无兵可调，剿办正当吃紧，严树森仍当懔遵叠次谕旨，星驰出省督饬各军，克期规复兴安郡城，以副委任。所有该省武闱主考事宜，着派员办理，以专责成。将此由六百里谕令知之。”（《清穆宗实录》卷57）

（同治二年三月丁卯）礼部以会试中额请。得旨：“……湖北取中十一名……”（《清穆宗实录》卷62）

（同治二年六月壬寅）四川总督骆秉章奏：“军务未平，请将补行咸丰辛酉科乡试再行展缓办理。”从之。（《清穆宗实录》卷71）

（同治二年八月戊子）引见湖北等省补行考取拔贡生。得旨：“郑子兆等二十八名以七品小京官分部学习。李元善等二十一名以知县试用。邱广生等二名交吏部询问，以教职佐贰等官分用。”（《清穆宗实录》卷76）

（同治二年九月庚申）兵部以武会试中额请。得旨：“……湖北取中二名……”（《清穆宗实录》卷79）

（同治三年六月乙亥）以翰林院侍读梁肇煌为湖北乡试正考官，编修王珊为副考官。（《清穆宗实录》卷105）

（同治三年六月戊寅）湖广总督官文等奏："湖北防堵吃紧，请将本年乡试展至九月举行。"从之。（《清穆宗实录》卷105）

（同治三年七月壬子）以湖北捐输军饷，永广乡试中额二名。（《清穆宗实录》卷109）

（同治四年三月）庚申，礼部以会试中额请。得旨："……湖北取中十二名……"（《清穆宗实录》卷134）

（同治四年五月乙未）赏湖北等省甲子科乡试年老诸生陈本升等三十三人举人、副榜有差。（《清穆宗实录》卷138）

（同治四年九月戊寅）兵部以武会试中额请。得旨："……湖北取中三名……"（《清穆宗实录》卷154）

（同治六年六月甲午）以……侍讲学士常恩为湖北乡试正考官，修撰钟骏声为副考官。（《清穆宗实录》卷205）

（同治七年三月甲戌）礼部以会试中额请。得旨："……湖北取中十一名……"（《清穆宗实录》卷227）

（同治七年七月）壬寅，谕内阁："湖北学政张之洞奏'府州县试，录送过滥，请申明旧例，以定限制'等语。向来府州县录送文童，荒谬不通至五十卷以上者参处，立法本严。自军兴以来，被兵省分士子播迁流离，备尝艰苦，是以于考试时，每宽其科条，广其登进，借以培养士气。兹据该学政所奏，近来府州县积习相沿，于考试文童全行录送，并不遗漏一人，以致院试时，每有涂写杂字并钞写他题成文以及枪冒传递怀挟等弊，层见叠出，于士习文风大有关系。此等恶习，他省谅亦不免，着各该省学政严饬各府州县，遇考试文童时，查照旧例，认真删汰，录送不准过滥。其实有事故，正场后始经赶到者，定期于院试将近，汇齐补考一次，认真扃试，荒谬不通者，屏绝不录，并严禁搭册等弊，其有借考试为名，希图滋事聚众扰害者，并着地方官严拿惩办，以正士习而绝弊端。将此通谕知之。”（《清穆宗实录》卷 239）

（同治七年九月庚寅）兵部以武会试中额请。得旨：“……湖北取中三名……”（《清穆宗实录》卷 243）

（同治九年六月丁未）以……编修曹炜为湖北乡试正考官，兵部郎中蔡逢年为副考官。（《清穆宗实录》卷 284）

（同治十年三月甲寅）礼部以会试中额请。得旨：“……湖北取中十四名……”（《清穆宗实录》卷 307）

（同治十年九月癸卯）兵部以武会试中额请。得旨：“……湖北取中四名……”（《清穆宗实录》卷 320）

（同治十二年闰六月）戊子，以……编修解煜为湖北乡试正考官，陕西道御史吴凤藻为副考官。（《清穆宗实录》卷 354）

（同治十三年三月）戊辰，礼部以会试中额请。得旨：“……湖北取中十五名……”（《清穆宗实录》卷 364）

（光绪元年五月戊午）以……侍讲学士徐郙为甘肃乡试正考官，掌湖

广道监察御史刘瑞祺为副考官。（《清德宗实录》卷10）

（光绪元年六月丁丑）以翰林院编修朱福基为湖北乡试正考官，编修恽彦彬为副考官……（《清德宗实录》卷11）

（光绪二年三月戊午）礼部以会试中额请。得旨："……湖北取中十五名……"朱签 （《清德宗实录》卷28）

（光绪二年六月辛丑）以…………詹事府右春坊右赞善叶大焯为湖北乡试正考官，江南道监察御史梅启熙为副考官。朱签 （《清德宗实录》卷34）

（光绪二年八月庚子）湖北巡抚翁同爵奏："本年查阅营伍，因丙子科文武乡试接连举办，应请展缓。"从之。随手 （《清德宗实录》卷38）

（光绪二年九月）癸酉，兵部以武会试中额请。得旨："……湖北……各四名……"现月 （《清德宗实录》卷40）

（光绪三年三月）庚辰，礼部以会试中额请。得旨："……湖北取中十四名……"（《清德宗实录》卷49）

（光绪三年九月戊辰）兵部以武会试中额请。得旨："……湖北取中五名……"现月 （《清德宗实录》卷58）

（光绪四年四月丙申）湖广总督李瀚章等奏："施、郧二府乡试，请分编字号，轮流间科取中。"下部议。月折 （《清德宗实录》卷72）

（光绪五年六月甲寅）以……翰林院编修陆继辉为湖北乡试正考官，

编修赵尔巽为副考官。朱签 （《清德宗实录》卷96）

（光绪六年三月）辛卯，礼部以会试中额请。得旨："……湖北取中十四名……"现月 （《清德宗实录》卷111）

（光绪六年九月辛巳）兵部以武会试中额请。得旨："……湖北取中四名……"现月 （《清德宗实录》卷120）

（光绪七年十二月甲申）谕军机大臣等："有人奏'河南自叠遭兵燹，更复连年奇荒，士子转徙流离，以致不能应试……'等语。所奏各节，着李鹤年迅速查明实在情形，酌议具奏，原折着钞给阅看。将此谕令知之。"寻奏："……惟豫省值灾荒之后，士子未能遵限赴试，可否准照湖北成案，将上年咨革文武各生，概予开复之处，请饬部核议办理。"下部议。折包 （《清德宗实录》卷141）

（光绪八年六月丙寅）以……检讨陈存懋为湖北乡试正考官，编修管廷鹗为副考官。外起居注 （《清德宗实录》卷147）

（光绪九年三月甲辰）礼部以会试中额请。得旨："……湖北取中十四名……"（《清德宗实录》卷161）

（光绪九年九月癸巳）知武举薛允升以武会试中额请。得旨："……湖北取中五名……"（《清德宗实录》卷170）

（光绪十一年六月丁丑）以詹事府少詹事承翰为湖北乡试正考官，翰林院编修朱一新为副考官……朱签 （《清德宗实录》卷209）

（光绪十一年十二月癸酉）署湖广总督裕禄奏："在籍记名提督刘维

桢捐银二十万两，呈缴过半，请将伊子奖叙。”得旨：“刘国柱、刘国栋均着赏给举人，准其一体会试。”折包 （《清德宗实录》卷221）

（光绪十二年三月乙卯）礼部以会试中额请。得旨：“……湖北取中十四名……”朱签 （《清德宗实录》卷225）

（光绪十二年九月丙午）知武举廖寿恒以武会试中额请。得旨：“……湖北取中五名……”折包 （《清德宗实录》卷232）

（光绪十四年六月壬辰）以翰林院编修冯光遹为湖北乡试正考官，户科给事中殷李尧为副考官……起居注 （《清德宗实录》卷256）

（光绪十五年三月己巳）礼部以会试中额请。得旨：“……湖北取中十四名……”外记注 （《清德宗实录》卷268）

（光绪十五年六月丙戌）以……内阁中书陈璧为湖北乡试正考官，翰林院编修华辉为副考官。外记注 （《清德宗实录》卷271）

（光绪十六年三月辛卯）礼部以会试中额请。得旨：“……湖北取中十五名……”外记注 （《清德宗实录》卷283）

（光绪十六年十二月庚申）湖广总督张之洞奏：“在籍记名提督刘维桢捐银二十万两，充枪炮厂经费。其子刘国梁、刘国标读书向学，均堪造就，恳予恩施。”得旨：“刘国梁、刘国标均着赏给举人，准其一体会试。”折包 （《清德宗实录》卷292）

（光绪十七年六月甲辰）以……编修刘启端为湖北乡试正考官，山东道监察御史张嘉禄为副考官。外记居注 （《清德宗实录》卷298）

（光绪十八年三月）戊寅，礼部以会试中额请。得旨："……湖北取中十四名……"折包 （《清德宗实录》卷309）

（光绪十九年六月）壬戌，以……编修吴鸿甲为湖北乡试正考官，彭述为副考官。朱签 （《清德宗实录》卷325）

（光绪二十年三月庚子）礼部以会试中额请。得旨："……湖北取中十四名……"朱签 （《清德宗实录》卷337）

（光绪二十年五月戊戌）以翰林院编修柏锦林为湖南乡试正考官，掌湖广道监察御史蒋式芬为副考官……起居 （《清德宗实录》卷341）

（光绪二十年六月丁巳）以翰林院编修吴鸿甲为湖北乡试正考官，朱益藩为副考官……记注 （《清德宗实录》卷342）

（光绪二十一年三月癸巳）礼部以会试中额请。得旨："……湖北取中十三名……"（《清德宗实录》卷364）

（光绪二十三年六月庚午）以翰林院编修黄绍箕为湖北乡试正考官，熊亦奇为副考官……记注 （《清德宗实录》卷406）

（光绪二十四年三月丁未）礼部以会试中额请。得旨："……湖北取中十五名……"（《清德宗实录》卷416）

（光绪二十四年四月甲辰）署湖广总督谭继洵奏："遵议改试武科章程六条。一、武童均归团练操演。一、枪炮分别考试。一、兵勇乡试先录科。一、武生武举通习算学。一、试场兼操技艺。一、训练定赏罚。"

下部议。折包 （《清德宗实录》卷418）

（光绪二十四年五月乙丑）引见新科进士。得旨："……湖北大挑知县刘汉云均着以原班用，余着归班铨选。"现月 （《清德宗实录》卷419）

（光绪二十六年六月壬午）以……侍读载昌为湖北乡试正考官……（《清德宗实录》卷465）

（光绪二十七年三月）癸未，展缓湖北辛丑正科乡试于次年秋间举行，从湖广总督张之洞请也。折包 （《清德宗实录》卷481）

（光绪二十八年六月庚子）以……侍读宝熙为湖北乡试正考官，编修沈曾桐为副考官。（《清德宗实录》卷500）

（光绪二十九年三月戊寅）知贡举以会试中额请。得旨："……湖北取中十四名……"现月 （《清德宗实录》卷513）

（光绪二十九年闰五月甲申）以……编修李哲明为贵州乡试正考官，掌湖广道监察御史刘彭年为副考官。随手 （《清德宗实录》卷517）

（光绪二十九年闰五月乙巳）以……编修马吉樟为甘肃乡试正考官，湖广道监察御史朱锡恩为副考官。现月 （《清德宗实录》卷517）

（光绪二十九年六月）壬戌，引见考取经济特科人员。得旨："……江苏兴化县教谕胡玉缙着发往湖北，以知县补用……"现月 （《清德宗实录》卷518）

（光绪二十九年六月甲子）以……编修李翰芬为湖北乡试正考官，饶

芝祥为副考官。现月 （《清德宗实录》卷518）

（光绪二十九年七月）乙酉，谕内阁："端方电奏'湖北学堂学生璟芳游学日本，效忠守正，请加恩奖励'等语，王璟芳着赏给举人，准其一体会试，以示奖劝。"现月 （《清德宗实录》卷519）

（光绪三十年三月壬寅）礼部以会试中额请。得旨："……湖北取中十三名……"现月 （《清德宗实录》卷528）

（光绪三十三年五月辛卯）护理荆州将军隆斌奏："科举停止，翻译、举人、生员请一律筹给出路，以恤寒畯。"下部议。折包 （《清德宗实录》卷573）

5. 医药科技

（康熙十三年正月乙亥）上御太和殿，遣宁南靖寇大将军多罗顺承郡王勒尔锦帅师之湖广……赐之敕印。谕之曰："行军之道，惟得民心为要，所过宜厚加抚恤，严禁侵掠，诚能无犯秋毫，则百姓安矣。至官兵暴露良苦，亦宜拊循，其进止处所，谨设斥堠，善自周防，勿懈也。南方卑湿，念吾军士远役，或不习水土，猝有疾病，可致良医，以药饵调治之。其有劳绩者，即向所司支给赏赉，勿致逾时。"谕毕，上诣堂子行礼，祭旗纛。还，出西长安门送之行，命王以下、副都统以上俱乘马驰而过，复遣内大臣、礼部、兵部大臣饯于郊外。（《清圣祖实录》卷45）

（嘉庆五年二月辛丑）谕军机大臣等："额勒登保奏剿办甘省及川、陕、楚窜匪情形，所办俱好。惟现患肝旺心怯之症，殊为廑念。现令伊侄福忠阿带同御医田广福前赴军营诊视，赏给人参半斤，并赏亲佩小荷包一个，如朕亲临问病……"（《清仁宗实录》卷60）

（嘉庆六年四月辛酉）谕内阁："据书麟奏'现因感受潮湿，胸腹胀懑，日渐委顿，难望即痊，深恐贻误军务，请简员来楚接办，回赴后路医治'等语。书麟历任封圻，公勤素著，朕所深信。自调任湖广总督后，督兵剿贼不辞劳瘁，现在大功将次告竣，岂肯以偶抱微疴辄思委卸？自因楚境气候不时，山岚蒸湿，书麟年近七旬，每日骑马疾驰，以致感冒寒热，积劳成疾。所奏俱属真情，朕心深为廑念。书麟着准其来京供职，伊本系协办大学士，加恩补授吏部尚书，并派乾清门侍卫孟住带同御医田广福驰驿前往诊治。书麟之子云麾使吉郎阿，亦着一并驰驿同往省视。书麟接到此旨后即缓程来京，现在天气渐热，途次不妨稍为憩息，并着田广福沿途调治，以冀速痊……"（《清仁宗实录》卷82）

（道光二十二年十二月庚辰）又谕："造船匠役何礼贵，现在谕令李星沅于赴陕之便，带至河南地方，转送湖北。着鄂顺安饬属探明该抚经过河南境内时，即派委妥员，将何礼贵送至湖北省城，交与裕泰听候差使。务饬接送之员，沿途妥为照料，毋稍疏虞。将此谕令知之。"（《清宣宗实录》卷386）

（咸丰三年二月壬午）又谕："寄谕署湖广总督张亮基、署湖北巡抚骆秉章、署山西巡抚哈芬。有人奏'湖北德安府知府易容之熟悉洋务，若购求洋炮、制造火箭及雇募善用火器之人，均属可靠……'等语。着该署督抚等确切查明，该员等如果才尚可用，即行奏明发往向荣军营，听候差委。倘名实不符，即毋庸议。将此由四百里各谕令知之。"（《清文宗实录》卷84）

（光绪六年七月戊辰）又谕："刘坤一奏'查明精于医理之官绅由驿复奏'一折。所有现在湖南原籍之前刑部尚书郑敦谨、在江苏原籍之前湖北巡抚潘霨，着刘坤一、李瀚章、吴元炳、李明墀催令该尚书等迅速来京。又署湖北盐法道程春藻，并着李瀚章、彭祖贤饬令该员克日进京。均由内务府大臣遵照前旨办理。将此由四百里各谕令知之。”现月 （《清德宗实录》卷115）

（光绪七年六月）乙卯，谕内阁：“慈禧端佑康颐昭豫庄诚皇太后自上年春间圣体违和，多方调摄，现已大安，朕心实深庆幸。惟念慈躬甫就绥和，仍宜随时静摄，旰宵训政，未可过涉焦劳。朕惟有于定省之余，吁恳圣慈遇事节劳，宽怀颐养，日益康健，以慰天下臣民之望。上年宝廷奏请饬各省保荐医士，当经寄谕各省督抚，详细延访，保送来京。旋据李鸿章、李瀚章、彭祖贤保送道员薛福辰，曾国荃保送知县汪守正，吴元炳、谭钧培保送职员马文植等到京，由总管内务府大臣带领各该员同太医院院判等每日进内请脉。所拟方剂，均能敬慎商榷，悉臻妥协，允宜特沛恩施……湖广总督李瀚章、陕甘总督曾国荃、湖北巡抚彭祖贤……均着交部从优议叙。”现月 （《清德宗实录》卷131）

（光绪二十四年闰三月丙寅）湖广总督张之洞等奏：“湖北试办工艺，附于蚕桑局兼理，以节经费。”下所司知之。折包随手 （《清德宗实录》卷417）

（光绪二十四年五月丁丑）（总理各国事务衙门）又奏：“令京外大员保荐精专制造、驾驶、声光、化电诸学之才，考验得实，因材器使从之。”折包 （《清德宗实录》卷420）

（光绪三十一年十二月己亥）湖广总督张之洞奏：“遵练兵处新章，改编湖北常备军两镇营制饷章，并设立督练公所，考究军政，拟定办法十三条。”下所司议。寻奏：“……正军医、马医官应令遴用中国明习西医者试充，余应照准。”依议行。（《清德宗实录》卷552）

（光绪三十四年四月辛酉）荆州将军恩存等奏："借拨铜圆余利，筹办荆州驻防工艺厂，先就原设之八旗工艺学堂地址改设，招集生徒，学习手艺。"下部知之。折包 （《清德宗实录》卷589）

（光绪三十四年十月癸酉）谕内阁："自去年入秋以来，朕躬不豫，当经谕令各省将军、督抚保荐良医。旋据直隶、两江、湖广、江苏、浙江各督抚先后保送陈秉钧、曹元恒、吕用宾、周景涛、杜钟骏、施焕、张鹏年等来京诊视，惟所服方药，迄未见效，近复阴阳两亏，标本兼病，胸满胃逆，腰腿酸痛，饮食减少，转动则气壅咳喘，益以麻冷发热等证，夜不能寐，精神困惫，实难支持。朕心殊深焦急，着各省将军、督抚遴选精通医学之人，无论有无官职，迅速保送来京，听候传诊，如能奏效，当予以不次之赏，其原保之将军、督抚并一体加恩。将此通谕知之。"现月 （《清德宗实录》卷597）

（宣统元年三月戊午）荆州将军恩存奏："荆州驻防生齿繁滋，困苦日甚，拟就八旗工艺厂另划门阑，设立女工传习所，额定六十名，分授纺织、刺绣、裁剪、造花、养蚕各课。"下部知之。折包 （《宣统政纪》卷11）

（宣统元年十二月庚寅）（督办土药统税事务柯逢时）又奏："在武昌省城开办医馆，招生肄业，延聘老成医士，分别内外各科，以六年为期。开办一年后，接开施诊馆，随证施诊，以戒烟为先，俾教者有所发明，学者借资考验，于民生不无裨益。"下部知之。折包 （《宣统政纪》卷27）

（宣统三年二月）癸酉，湖广总督瑞澂奏："奉省鼠疫盛行，渐及关内，当以汉口为通商巨埠，轮轨交通，深虑辗转传达，当饬于汉口大智门及广水两车站附近各设防疫办事处一所，选派医员，随时查验。所需经费格外撙节，务期款不虚糜，功归实际。"得旨："该督豫防疫办法甚

是。”（《宣统政纪》卷49）

（宣统三年三月乙丑）谕军机大臣等：“电寄瑞澂，据电奏‘鄂省停撤防疫所，拟将部拨余款创办卫生医院’等语，着照所请，该部知道。”电寄 （《宣统政纪》卷51）

（宣统三年八月壬子）又谕：“电寄岑春煊，据电奏‘在鄂水土不服，请暂回上海就医’等语，着照所请。”（《宣统政纪》卷61）

（宣统三年九月己巳）又谕：“昨据盛宣怀奏‘设立慈善救济会，派员赴鄂救济被难人民’一折。此次湖北变乱，武汉居民同遭惨祸，现既不得已而用兵，凡军前之受伤被难军民其困苦尤堪悯念，着即设立慈善救济会。盛宣怀现已革职，着尚书吕海寰妥速筹办，并督饬派往各员于医伤、救难两事认真救济。又片奏‘派令沈敦和、福开森前往办理救济事宜’，又片奏‘在京设立会所，选派得力人员随同规画’各等语，均着吕海寰酌核办理。”（《宣统政纪》卷62）

（宣统三年九月庚午）又谕：“电寄袁世凯，据电奏‘筹办前敌行军医院，请饬陆军部、北洋大臣迅速合力选派医员，组织斯院应用药料、棉布、舁床，均须备带，即赴前敌，听候调用’等语，昨已有旨，派吕海寰办理慈善救济会，派员前往湖北救济被难军民，并着陆军部北洋大臣迅速会商办理。”（《宣统政纪》卷62）

六、司法

1. 司法综合

（顺治二年六月）己卯，以南京平定，颁赦河南、江北、江南等处诏曰："……朕念峻命之不易，悼斯民之孔艰，深切恫瘝，宜矜诖误，特弘大赉，嘉与维新。所有河南、江北、江南等处地方合行恩例，具列于后。一、自顺治二年六月初一日昧爽以前，河南、江北、江南等处地方官吏军民人等犯罪，无论轻重大小，已发觉、未发觉，已结正、未结正，咸赦除之。有以赦前事相讼告者，以其罪罪之……一、官吏贪赃，最为民害，自本年六月初一日以后，各抚按司道及府州县镇协营路军卫等官，并书吏、班皂、通事、拨什库、粮长、十季、夜不收等役，但有枉法受赃及逼取民财者，俱计赃论罪，重者处死……一、归顺地方，前朝建言降谪诸臣，果系持论公平、有裨治理者，吏部具奏召用。其横被诬害、公论称冤、曾经荐举不系贪酷犯赃者，并与昭雪录用……一、各地方势豪人等受人投献产业人口及诈骗财物者，许自首免罪，各还原主。如被人告发，不在赦例，追还原主……一、河南及大江南北避兵人民，团结山寨，诏书到日并听各还本业，赦出前罪……"（《清世祖实录》卷17）

（顺治八年三月）乙酉，谕刑部、户部、都察院："朕于本月初六日亲览章奏，巡抚迟日益为原参荆州府推官刘祖生招罪内，称祖生病故，已服冥诛。因思及天下之大，罪囚之毙于囹圄者不知若干人，或死于疾病，或死于饥饿，或死于刑拷，甚至有死于官卒之虐害，囚徒之阴谋，诸如此类，未可悉数，朕心为之恻然。是在府州县良有司济以医药，给以口粮，非刑有禁，陵虐有禁，内外交通毒谋阴害有禁，督抚、巡按时时申饬，该道府亲为清察，该州县有犯前弊者分别参处，庶狱囚之伏法，而死者罪属应得，其余不至无故而枉死，用昭朝廷立法之仁。方今时候向热，连日风霾不雨，前代常有热审之例，刑部可通察刑狱五城司坊、顺天府京县，各察监犯之无干牵连者，即日释放，笞杖徒流，次第减免，有死罪情可矜疑者，奏请定夺，仰合上天好生之德。朕又亲览巡盐御史崔允弘章奏，因思及各处所报盐课，每报余银若干，细思盐课正额自应征解，若课外余银，非多取诸商人，即系侵克百姓，大属弊政。户部、都察院通行各盐差御史及各盐运司，止许征解额课，不许分外勒索余银。有御史及运司各官贪纵者，许商民指实赴部院首告，审问确实，奏请治罪，用布朝廷恤商裕民至意。该部院各刊刻告示，通发京城内外及督抚、巡按，遍传道府州县盐运等官，实力遵行。”（《清世祖实录》卷55）

（顺治十二年正月）壬子，谕内外文武官员等：“朕奉天子民，孜孜图治，夙兴夜寐，罔敢怠荒，庶望休息安养，渐兴教化，以奏升平。乃疆圉未靖，水旱频仍，储偫不充，兵民憔悴，流离困苦，永念恻然。虽恩赦屡颁，而奉行无法。每思与朕共理天下者，唯尔内外文武诸臣是赖。已有谕旨，自朕躬阙失以及政事未当之处，俱令各官悉心条奏，采择施行。兹以朕思虑所及，先颁敕谕，着各该管衙门，作速遵奉……尔内外诸臣，果能殚力宣猷，克敷膏泽，朕必论功优擢。如仍前怠忽，误国殃民，定置重典。所有事宜，条列于后……一、直省地方重大狱情沉积甚多，每处不下数百起，皆因逐件具题。且疏内所载招词批驳之语，重复繁冗，不便览观。人命至重，有罪者尚宜哀矜，无干者岂可淹禁？似此奏谳，虽复延引岁时，安能完结，或致无辜赤子毕命囹圄，深为怜悯。已经科臣查照会典疏陈，着三法司作速详议复行。以上事款，内外文武衙门作速遵行。系在外者，该部誊发各总督、巡抚，将行过缘由逐款奏缴，不许视为具文，玩忽迁延，自干宪典。”（《清世祖实录》卷88）

（顺治十六年十月乙卯）九卿科道议奏逃人事例："一、刺字逃人私出境外、被地方官拿解者，其经过州县未能查获等官，虽有拿解逃人之功，应加级升转者不准题叙，仍罚俸半年，容留逃人歇宿店主责四十板。一、责令各道员严行保甲，每年两次取州县官甘结，如所属州县官失察逃人，道员降一级留任。降后，所属地方查解逃人至四十五名，即复还原级……一、陕西、湖广、四川、江南、江西、浙江、福建、广东、广西、云南、贵州所获逃人，着令递解。批文限定日期，如经过地方官选差不慎，钮锁不严，以致脱逃，查参革职。违限者，该衙门察参。一、畏罪潜遁或往屯过限、十日之内拿获者，止鞭一百。过十日者，鞭刺。"从之。（《清世祖实录》卷129）

（顺治十八年七月戊辰）湖广总督张长庚疏报："阵斩伪总兵刘偁，并获其党周文栋，命诛之。"（《清圣祖实录》卷3）

（康熙四十五年十月壬寅）命大学士席哈纳、吏部右侍郎张廷枢、兵部右侍郎萧永藻前往湖广，察审容美司土司田舜年一案。（《清圣祖实录》卷227）

（康熙四十六年十二月）丙戌，刑部议复："漕运总督桑额察审运丁张季友等抗拒巡捕私盐，将张季友拟充军，情罪不符，应驳回。"上谕大学士等曰："漕船往来，河道运丁人等夹带私钱、私盐并装载一切货物，遇有稽察员役，辄抗拒伤人，放火诬赖，沿途商民船只悉被欺凌，种种不法之事甚多，湖广、安庆运丁尤甚。朕以南巡屡经河路，运丁凶恶，知之甚详，今张季友等偷装私盐，显被拿获，反敢抗捕，强横如此，漕运总督倘不严察惩处，则运丁恣意横行，必致重为民害。桑额所审此案甚属朦混，显有偏徇，着该督再行确审，作速定拟具奏。"又谕曰："桑额居官尚好，待下极宽，故运丁皆爱戴之。然而运丁劳苦，但可加惠而已，若横行不饬，反致纵肆矣。昔王樑任总漕时，运丁略有过恶，即责四十板，不少宽恕，故运丁皆畏王樑。今桑额待运丁不严，一味用宽，人不知畏。凡用人行政，不可偏于宽，亦不可偏于严，宽严适中始可谓善也。”（《清圣祖实录》卷231）

（康熙五十一年十二月甲子）谕大学士等曰：“朕办事有年，凡人命审拟事件，要期悉当乎理。今陈汝咸条陈，应照宋时《洗冤录》，较定致命伤痕处所画一，除枪刀、弓箭、铜铁等器械外，木棍等俱不作凶器。夫人命事件，有拳殴脚踢、木棍殴打致死者，若酌凶器轻重定罪之轻重，则事必致舛错。如针乃最微之物，将针刺人致死，岂可因针非杀人凶器而免其罪乎？孟子云：可使制梃以挞秦楚之坚甲利兵。由此观之，木棍亦凶器也。”（《清圣祖实录》卷252）

（雍正三年十月）戊辰，谕内阁：“外省官员，督参抚审，抚参督审，此系向来定例。但朕思督抚果系同城驻扎，或相距不远，则旧例甚属合理。若隔处辽阔，该犯与干连人等不无往返拖累，且案件亦易至耽延。即如山东、河南、山西俱无总督，但有巡抚，凡题参事件，旧例亦仍交巡抚查审。嗣后督抚纠参事件，应如何得就近审理，使案件易于归结，情罪皆得公平，着九卿议奏。”寻议：“嗣后总督所参之员，仍照例令各该抚审理。其福建、湖北、陕西、云南等省，巡抚与总督同城……亦皆应照旧例，抚参督审外，其湖南虽统属湖广，相隔洞庭一湖……均属隔省，巡抚所参之员，应即令该抚就近审结。该布按两司审转时，备详总督稽核，仍令巡抚将审案移会总督，合词具题。”从之。（《清世宗实录》卷37）

（雍正六年九月）丁丑，差往西藏吏部尚书查郎阿等奏：“……番人素性凶恶，阿尔布巴等须令番众目睹正法，以示惩戒。臣等一面奏闻，一面将阿尔布巴等及事内应斩人犯即行正法。其应行发遣之人，由撤回兵丁内酌量派出，解送至江宁、杭州、荆州将军处赏给兵丁为奴。”奏

人，报闻。（《清世宗实录》卷73）

（雍正十一年九月）壬寅，上御洞明堂，阅秋审湖广等省情实招册，谕刑部曰："尔等所进秋审册，俱经细加酌勘，拟定情实，但此内有一线可生之机，尔等亦当陈奏。盖在秋审定拟时，自当执法，而在勾到时，倘有可宽之处，又当原情，二者原不相背，断不可因已定情实，欲符前奏，难于更改，遂隐默不复奏也。执法原情，总归于大公至当而已。"阅毕，又谕曰："朕阅招册，得宽一犯，便心意顺适，若不能宽，便觉不快。诸臣自同此心，即质之天下之人，自亦同此心，断未有以多杀一犯为快者。但犯人情罪，必实有可宽之处，而后予以矜全，此心顺适，方出于自然。若犯人情罪万无可宥，勉强求一时之顺适，屈法后宽，致令恶人无所儆惧，恣肆妄行，则罹于法网者必多，皆此姑息之一念贻之害也。辟以止辟，欲求斯民之迁善远罪，正不得暂图一时之顺适耳。"（《清世宗实录》卷135）

（雍正十二年二月戊辰）刑部议复湖北巡抚德龄疏言，向例以财行求，无禄人俱照有禄人减一等。而说事过钱者，或止照有禄人减一等，或照本律递减二等，殊不画一。嗣后以财行求，说事过钱，照例与受财人同科，有禄人概不减等，无禄人各减一等。倘承审官不依例拟断，将说事过钱之无禄人仍照律减二等者，照故出人罪议处。再行求说事，亦有首从之别，请将为首者照例科断，为从者再照有禄、无禄听减一等。倘所许财物，立议封贮，官吏虽未收受，亦应向许财之人追取入官，并将听许之人议处。应如所请。从之。（《清世宗实录》卷140）

（雍正十三年十月戊子）谕总理事务王大臣："周官王朝之狱讼，虽乡遂都家公邑之士分掌之，而一人狱讼之词，大司寇必集群士司刑公听之，使各丽其法，以献其议。其有疑狱，则又讯之群臣，讯之群吏，讯之万民，王与三公六卿共议之，诚以刑为天讨，或出或入，一成而不可变，适轻适重，隐深而难得其情，不可不慎也。故刑部之任，视别部尤重。吏、兵二部铨选失宜，不过一二人资格之不当，先后之或淆；户、工二部稽察不精，不过为胥吏所侵欺，微亏国帑，非民生之剧害也。刑部乃天下民命所关，直省督抚按拟，不过据州县之狱词。州县贤不肖混淆，即无以贿鬻狱之奸心，亦未必尽有明清单辞之卓识，其间轻重倒置，情罪不符者多矣。而况诬上行私，改易供招，枉法出入者乎？若刑部不能悉其聪明，原情酌理，慎测诚伪浅深之介，以定出入轻重之衡，则残民命而伤天和，其负国旷官，岂他职所可比耶？且律条有定，不足以该事之变，故引例以断，即吕刑所谓上下比罪也。不肖有司及胥吏，巧法舞文，出入轻重，皆由于此。苟不能察，则失入固以戕良民，而失出亦以纵奸宄，误重则受刑者不服，误轻则含冤者不伸。夫一夫不获，时予之辜。我君臣代天讨以用五刑，必至虚至公，必诚必悫，务尽乎天理之极，而不可执成心，或重改已定之案。倘督抚拟罪，有于律例未安，必悉心详察，另议奏闻，不得稍涉疏忽。即如近日湖广督臣具题临时行强殴伤僧人以思身死之邓正一案，刑部如拟，照杀人强盗例，斩决枭示题复。朕思强盗杀人，有明火执仗，杀人而取其财物者；有起意行窃，被事主追殴，希图脱身，因而回殴，致伤事主身死者，其中情罪，原有分别。今邓正穿窬入庙，以思执棍出视，邓正顿起强心，持镰向敌，致伤以思身死，与杀人强盗亦微有差别，其应否枭示尚宜斟酌，朕已着九卿另议具奏。诸凡此类，刑部皆须细心体究，使丝毫不爽。书曰：与其杀不辜，宁失不经。朕深望于明刑弼教之臣工焉。”（《清高宗实录》卷5）

（乾隆二年十月癸丑）湖北按察使阎尧熙奏：“旧例农忙停讼，本欲安民，而民情反致阻抑不达，应请量为变通，分别缓急轻重，随时酌准，以达民情。”得旨：“告知督抚，即如此办理可也。”（《清高宗实录》卷55）

（乾隆三年十月）辛巳，上御懋勤殿，勾到湖广、陕西情实罪犯，停决湖广斩犯十五人、绞犯二人，余五十四人予勾。（《清高宗实录》卷78）

（乾隆三年十月）庚寅，上御懋勤殿，勾到直隶情实罪犯，停决斩犯八人、绞犯十二人，余七十五人予勾。谕："直隶各省秋审大典，乃民命出入攸关，宽则失之于纵，严则失之于苛，均非谳狱平允之义。必须至详至慎，轻重无偏，始可以副弼教明刑、钦恤协中之至理。今年各省招册，九卿改定者甚多。朕详加览阅，九卿所改，俱与情罪允当。如……湖广省，该抚所拟情实之王老施、赵国贤二名，九卿改为缓决；所拟可矜之幸曾、周信、李公宜、道悦、陈二、田国学、王从德、王尔禄、李次韩九名，九卿改为缓决……此等案件，皆督抚等亲自录囚，重加核拟而后题达者，如果准情酌理，虚衷推究，何至轻重未协，不能合乎人心之大同？此皆由意见稍偏，遂致权衡有爽。大臣等受封疆之重寄，化民成俗，端以明罚敕法为先。若姑息而长刁恶之风，或刻核而乖和平之气，所关甚巨。朕是以于此番秋审，将九卿所改各案亲加阅定，一一摘出，晓谕各省督抚知之。嗣后务仰体朕心，谳鞫明允，毋使丝毫不得其平，以副国家刑期无刑之化。"（《清高宗实录》卷78）

（乾隆四年五月乙亥）刑部议准湖北巡抚崔纪疏称，凡声明情有可原之伙盗，年止十五以下，实系被人诱胁随行上盗者，无论分赃不分赃，俱问拟满流。从之。（《清高宗实录》卷93）

（乾隆四年十月）丙戌，上御洞明堂，勾到湖广、浙江、江西情实罪犯，停决湖广斩犯五人、江西斩犯二人，余二十六人予勾。（《清高宗实录》卷102）

（乾隆四年十二月壬辰）礼部会议："兵部侍郎、今授河南巡抚雅尔图奏'湖广、山东、河南等省常有邪教之事，豫民尤愚而易诱，每有游棍僧道假挟治病符咒诸邪术，以行医为名，或指烧香礼斗，拜忏念经，求福免灾为词，哄动乡民归依其教，展转纠集多人，奸宄百出。且大河以南，山谷深邃，奸徒便于藏匿。山居百姓本有防身刀械，少壮又习悍俗。如少林寺僧徒，素以教习拳棒为名，聚集无赖邪教之人，专意煽惑。此等人入伙，与其发觉后四出擒拿，尽置诸法，何如豫先防察晓谕，设法潜消’等语。查禁止师巫邪术，律有明条，雍正五年十一月内，钦奉世宗宪皇帝特谕，严禁学习拳棒。应如所奏，行令河南抚臣，转饬各该地方官密行稽查……”从之。（《清高宗实录》卷107）

（乾隆五年八月壬寅）刑部等部会议各省督抚遵旨议复刑部侍郎钟保奏“请清理词讼，力行保甲”一折，先经闽浙、湖广、川、陕、两广等省总督，江苏、福建、湖北、河南……等省巡抚陆续奏到，或申明定例，实力奉行，或诫谕有司，严加整饬，均奉旨允行……。从之。（《清高宗实录》卷124）

（乾隆六年三月丁卯）刑部议准湖广按察使吴龙应奏，州县遇地方报窃，应即日差缉，不俟查验拘讯，以免事主拖累，日久赃贼难获，如失赃满贯及强窃未明者，仍验讯。又命案，如妇女自尽，父母兄弟远居别属未到，官为详验立案，毋庸关提，致案悬不结。又诱拐案，沿途歇家房主供系不知情者，不必提质，以省株连。从之。（《清高宗实录》卷138）

（乾隆六年四月丙申）刑部议复：“护湖北巡抚、布政使严瑞龙奏称，吴汉宗等雕刻假印案内，为从拟流之邵廷锡、杨斐存二犯应追给主银茶，并无家产可变，请行豁免。嗣后有给主银两请免者，应令该抚俱照新定之例查办。”从之。（《清高宗实录》卷140）

（乾隆六年五月癸巳）（湖北巡抚范灿）又奏：“归州新滩驳运船只苛索滋扰，责成驻防州判严行查禁，并定该管道府、知州稽查州判功过处分。”得旨：“立法固属周详，尤在汝等实力行之耳。”（《清高宗实录》卷143）

（乾隆六年十月）戊戌，谕："秋审重务，民命攸关，虽至详至慎，犹恐出入未能平允。今湖广省秋审各案，经九卿于缓决、可矜内多有改拟者，巡抚范璨、许容并不留心鞫勘，以致错误甚多，着该部传谕申饬。"（《清高宗实录》卷152）

（乾隆七年八月丙辰）（刑部）又议复："湖广总督孙嘉淦、湖北巡抚范璨奏请'设立赏格，以励健役'一疏。查捕役倍给工食，捕获盗贼是其本分。至盗发即获，或全伙皆获，其应如何赏赉之处，只在有司临期酌办。若定为经制，必致非赏不行，无此治体。且恐恶役贪赏，诬良栽赃，势所不免。若一遇多盗，设赏悬购，盗息乃止，似亦可暂行而未可施之久远。今海宇乂安，萑苻不起，然既有良民，即有莠民。今乃独于湖北一省添捕盗之赏格，岂湖北之外，尽夜户不闭乎？如果应行即应行之天下。即以江苏言之，自准杨永斌条奏以后，不闻盗风减于平日，其无效已可概见。臣等愚见，窃以为江苏省已行之例，亦应停止。果有剧盗巨魁，与寻常不同者，该地方官呈报督抚并转咨邻省一体缉拿，如能擒获，按大小以为重轻，赏重者不过一百两。如获盗之功，有百两不足以酬者，准将得功捕役拔补千把。其寻常强劫窃夺等案，不必议立赏格。即有量赏之处，仍照旧例，听地方官斟酌捐给。"从之。（《清高宗实录》卷173）

（乾隆七年十月）丙申，上御洞明堂，勾到湖广、陕西情实罪犯，停决湖广斩犯五人、绞犯二人，陕西斩犯二人、绞犯二人，余六十七人予勾。（《清高宗实录》卷176）

（乾隆七年十月）甲辰，谕："今年秋审册内，刨坟之案，奉天、江南、江西、陕西、山西、湖广、福建、云南诸省皆有之，而山东、河南较多，直隶为尤甚。此等人犯，按其情节，法所难宽。查雍正年间，凡为首一次者，俱行正法。近年以来，朕办理稍宽，实出一时不忍，不意掘坟之案，数倍于前。是此等凶恶之徒，不可以德感，或且因宽而启玩法之心也。夫愚民即为饥寒所迫，不免作奸犯科，何遂以贪取财物，而残及枯骨？惨毒至于此极，此虽人心之无良，或亦由平素未知国法，视发掘为行窃之常，以至干犯严条，断无可贷。着奉天府尹及各该省督抚通饬地方有司，留心开导，谆切劝戒，以感动其天良。并将律文于各处明白晓示，俾知刨坟之情罪如此其重，一犯此律即不免于死，则奸徒畏法，故习不敢复萌，而薄俗可因而止息。该部即传谕各该督抚知之。”

（《清高宗实录》卷177）

（乾隆七年十一月丁巳）兵部议奏：“先经前任漕运总督常安奏称‘应禁运丁收养军犯，以免累丁误运，并请敕下外省督抚各就本省情形，将发配军犯作何收管养赡之处，奏明请旨’等语。臣部移咨有漕之江南、山东、河南、江西、浙江、湖北、湖南等省督抚，令各将本省情形奏报。今据陆续复到，查各省立法互有同异，均未斟酌尽善。惟乾隆二年七月内，九卿议复原任福建巡抚卢焯条奏内称‘嗣后收到军流等犯，不分新旧，均派各州县安插。如年逾六十，不能食力，拨入养济院，按名给孤贫口粮。或年未六十、成笃疾者，一体拨给。其挟有微资、习有手艺者，听各自谋生，交地保收管查点。若少壮军犯实系贫穷、又无手艺者，初到配所，各地方官就近酌量安插管束，按该犯本身及妻子女，每名每日，照孤贫例给口粮，以一年为止，于各州县仓谷项下支销，一年后，该犯于风土人情渐熟，不难自食其力。再此辈年力强壮，尽可使用。各州县有驿递之处，一切应用人夫，酌拨少壮并无资财手艺者充当，给应得工食，交夫头管束，该管官仍行查点。无驿地之州县，公用夫役，均令一体充当，日给工价，毋许胥役克扣。如此，则安置得所，就近亦易稽查’等语，复准在案。是军流各犯，若何管束养赡之处，闽省例极周详。现在直隶省已照此办理，而山东、河南、湖广、江西、江南、浙江各督抚所议，俱有请照闽省之例之说，应即令仿照画一办理。其所需酌给米粮，有存贮仓谷者，在仓谷项下开销。无存贮仓谷者，在存公项下支给，并于每月朔日，该管官查点一次。则军犯既无失所，运丁亦不致派累。俟命下，移咨各省遵行。”从之。（《清高宗实录》卷178）

（乾隆九年四月辛亥）刑部议复：“湖北按察使石去浮疏称，向来通行事件，各省接准部咨，有藩臬并行者，有只行专管衙门者。行司之后，有转移知照者，亦有竟不移会者，于道员府佐，遗漏尤甚。即或得之邸抄，势难全备，以致见闻疏略，率借幕宾之钞白以为引据。应如所奏，嗣后凡有关涉定例之部文，该督抚接到日，一概通行藩臬。到司后，专管该司于行府外分移各道。到府后，于行州县外，并分移丞倅等官。如此，则大小臣工娴习律例，临事不致歧误。至称‘派拨专书经手，汇总齐全，入于新旧交盘内’，亦应如所奏。倘有疏忽，将该管官照遗漏行文例参处，其典吏照遗失官文书律治罪。”从之。（《清高宗实录》卷214）

（乾隆十年十月）辛亥，上御洞明堂，勾到江西、浙江、湖广情实罪犯，停决……湖广斩犯五人、绞犯二人，余八十五人予勾。（《清高宗实录》卷250）

（乾隆十一年七月）甲寅，谕军机大臣等：“前据四川巡抚纪山审讯逆犯供内，有‘金友端知道吕斋婆下落’等语。今金友端已经拿获，可传谕鄂弥达等，令其研讯金友端，务将吕斋婆现住何处根究明白，具折速行奏闻，不得任其狡饰。再鄂弥达奏内，有‘拿获金友端并同行之伙犯曹定祥、祝邦宽、严正士’等语，而前次杨锡绂折内，何以未将拿获伙犯曹定祥等三名奏闻？可询问杨锡绂，令其明白具奏。”寻鄂弥达、开泰等奏：“臣等将金友端追提回省，会同严诘，委实不知吕斋婆下落……”报闻。又杨锡绂奏：“查贵州咨拿邪教各犯，湖南系莫少康、刘选升、孙其天，湖北系金友端。原分两省查拿，因湖北差役跟缉金友端，至湖南宁乡县查获，并获金友端同行之曹定祥等三人，即将该犯速解湖

北收审。其是否金友端伙犯，应听督臣同湖北抚臣究明具奏，是以未及琐叙。”报闻。（《清高宗实录》卷271）

（乾隆十一年七月癸亥）湖北按察使徐琳奏：“五刑之有流徒，其罪本不至死，第此等人犯，在配所守分者鲜，无赖者众，盖名为交地方官，实则地保收管而已。防范既疏，难免别生事端，为地方之累。伏思大辟而下，既有充军一条，其罪至流徒者，与其安插远乡，不若即羁管原籍，地方官按月点卯稽查，如三年后果能悔过自新，即取具地保邻族甘结，申报上司准免。既省有司案牍之繁，并可减道途囚粮之费，免兵役递解之劳。”得旨：“此见可谓奇特，朕亦知其有名无实，但以成例相沿，不肯轻改，俟朕再酌之。”（《清高宗实录》卷271）

（乾隆十二年二月己丑）又谕：“官员侵盗钱粮案件，既经题参，自应速行审结定拟，以伸国法。今查此等案件，竟有迟久不结、事历一载有余尚未题复者。如直隶则有张德荣、张鉴、查锡纳三案……湖广杨统正、曹绳桂二案……此皆该督抚等任意迟延，不以谳决为事，殊非国家立法惩贪之意。可寄谕各该督抚，将以上各案即速审明定拟题复，务必入于今年秋审案内，毋得再有迟延。”（《清高宗实录》卷285）

（乾隆十二年十月丁卯）御懋勤殿，勾到湖广、浙江、江西情实罪犯，停决湖广斩犯四人、绞犯二人……余六十人予勾。（《清高宗实录》卷300）

（乾隆十三年闰七月癸亥）谕军机大臣等：“湖广总督塞楞额奏请‘定民间争沙治罪之条’，及‘失察宰牛之官员保甲处分’二折，朕已交部议。此等事件，乃民间所常有，固不当听其纷争违犯而漫无章程。然亦非民间最关紧要之事，将来部议，固当酌其可行，量予复准。但地方政务，立定章程，固易遵守，而行之则在乎人，若不得其人，虽有良法，亦具文耳。奉行故事，乃群有司之锢习，督抚身膺表率，务期使之巨细兼举，风流令行，乃无忝厥职。非仅立一法，去一弊，遂以为胜任而愉快也。塞楞额之为此奏，固所谓非之无举，刺之无刺者，幸而邀准，不过增一条例，不准亦无干系。伊任事数年，惟知自为保守，苟免无过，而于吏治民生之大者何尝早作夜思，有所经营规画于其间？其平日之处心积虑大率如此，观此二奏，与伊素习适相符合矣。着将此旨传谕知之。”（《清高宗实录》卷320）

（乾隆十三年九月甲子）户部等部议复：“原任湖广总督塞楞额奏称，湖广民田多系滨江，每一洲涨出，争执构讼，请嗣后凡业户坍地，报官勘明注册。遇淤涨沙洲，如系附靠某户之地涨出者，不得即令某户据为己有，仍令报官查明原坍若干，照数补足。此外余地，不许概行霸占。如从前并未报坍，即不准给拨。至隔江遥远之户，果系报坍有案，即将多余涨地秉公拨补。若报坍户多，按先后以次照拨。倘坍户均已补足，尚有余剩，许召无业穷民具呈认垦，给与印照，按则升科。以上俱令季终造报，俟五年大丈之期再行履勘，造册报部，以定升除。倘未经报坍，与虽经报坍，而遇有淤洲不行报官查拨、私自霸占者，除将淤洲入官外，仍将该户照盗耕官田律治罪。地主官不查丈明确，以致坍少补多、坍多补少、舛错不公者，查出将该州县官照官吏不用心从实检踏律议处。应如所请。至所称止许以本处之涨补本处之坍，毋得隔县牵混之处，似未妥协。应令嗣后报涨报坍之案，如此属淤涨之地实系彼处坍塌之数，上下对岸，显有形迹可据者，即委员会同地方官据实勘验，秉公拨补。”从之。（《清高宗实录》卷324）

（乾隆十四年十月）癸未，上御懋勤殿，勾到浙江、湖广情实罪犯，停决浙江绞犯三人、湖广斩犯一人，余七十四人予勾。（《清高宗实录》卷350）

（乾隆十四年十月甲午）谕："秋审为要囚重典，轻重出入，生死攸关，直省督抚俱应详慎推勘，酌情准法，务协乎天理之至公，方能无枉无纵，各得其平。朕于情实招册，皆反复省览，再三究极情状，毫不存从宽从严之成见，所勾者必其情之不可恕，所原者必其情之有可原，惟以一理为权衡，而于其人初无爱憎好恶之见者存也。今年各省招册，经九卿改定之案甚多，俱属允当。其中由缓决改入情实者，四川省则有八名，湖北则有四名，江苏则有八名，河南、山东各有五名……或谋杀，或故杀，或拒捕，或诬良致死，或威逼致死，或奸民悍卒聚众不法，或邪术迷拐，或强奸幼女，或羞忿自尽，或连砍数人，或殴死服制尊属，皆情罪较重，万无可贷。虽各省情实人犯临勾之时稍有可原，必加宽宥，而此等凶徒断不应拟以缓决。设非九卿改正，经朕裁酌，置之典刑，则奸凶幸免，死伤屈辱者，冤无可伸，而刑罚于是乎失中，岂所谓诘奸止辟之义耶？此于法纪伦常风化，所系甚重。督抚身任封疆，为国家明罚敕法，岂宜出此？所有审拟不当之该督抚策楞、彭树葵、雅尔哈善、鄂容安、准泰、阿里衮等，俱着严行申饬。"（《清高宗实录》卷351）

（乾隆十五年四月己丑）谕军机大臣等："阿思哈所奏'船户万令德揽载盐船，行至江省地方遭风淹没，溺毙唐伟侯'一案。湖北抚臣唐绥祖则称，究出该犯于沿途偷卖盐斤，将唐伟侯闷禁船舱，放漏淹死，捏报失风情由。据将首犯万令德现解江省就质，但前此既经捏报失风，则万令德到江自必坚称失风，以脱重罪。而地方官规避从前捏报失察处分，又何难令其坚称失风，以符原案。此等处阿思哈皆不可不知，应另行委员查办，不得仍令原问官承审。再唐绥祖与彭家屏素不相合，或唐绥祖因事在江省，地方官不得辞咎，有意故重其辞，或彭家屏庇护属员，欲宽其处分，故为开脱，坐唐绥祖以罗织锻炼之名，俱未可定。阿思哈甫莅江省，身在事外，着将此情节传谕知悉，令其秉公据实办理。"寻奏："据湖北巡抚唐绥祖将该犯万令德解到，臣另委员审讯，已据供盗卖引盐，谋溺唐伟侯致毙情由，但尚有同谋凶犯胡长子、胡老六及伙犯等均未弋获。查从前原报失风坏船，适值事在同时，是以借此装捏，希图漏网，除专差严缉逃犯外，合先奏闻。”得旨：“览，若果如此，则彭家屏将来有处分否乎?”（《清高宗实录》卷363）

（乾隆十五年十二月癸未）刑部议复：“湖北按察使德文奏称‘州县官审理案件舛错，上司另委别员审详，原问官原不在会审之列，乃各省因原问官会审改正，得免处分，是以另委他员审理之案，往往仍令原问官会审。在委员因原问官同堂共理，其纰缪错误之处难以觌面指摘，原问官亦难保无文过饰非之心，且狡黠之犯或有窥察颜色，冀原问官代为回护，不以实供。请嗣后除事关两邑，或案情重大、发审之初即委员会审者，仍会同审详外，其原审错误、另委别员者，无庸原问官会审’，应如所请。再该按察使请‘后官审明改正，前官如系供情疏漏，或援引拘泥，实出无心之失，应比照原问官缘事离任无从改正、后官遵驳审改者、原问官一体免议之例，免其议处，仍不准另行起限，统计两限月日，坐原问官以迟延处分’等语。查原问官错误改正，与缘事离任不同，若一体免议，恐漫不经心，应请嗣后除委员审出，原问官如有徇情枉法，仍照定例处分。其无心之误，原问官应照审处错误例，罚俸一年。至驳案事件，定例以委员奉文之日另行扣限，今若统计原限，是委员转无定限，原问官既无承审之责，反受无辜参处，殊于情理未协，应无庸议。”从之。（《清高宗实录》卷378）

（乾隆十六年八月戊戌）又谕军机大臣等：“据云贵总督硕色折奏‘本年七月初一日，接古州镇总兵宋爱密禀，内称六月二十二日，据驻安顺府提塘吴士周呈禀内，另有密禀一纸，词殊不经。查系本月初八日，有赴滇过普之客人钞录传播，现即着落提塘吴士周根追。阅密禀所钞传播之词竟系假托廷臣名目，胆肆讪谤，甚至捏造朱批，种种妄诞，不一而足，显系大恶逆徒，逞其狂悖，不法已极’等语。着传谕步军统领舒赫德、直隶总督方观承、河南巡抚鄂容安、山东巡抚准泰、山西巡抚阿思哈、湖北巡抚恒文……令其选派贤员密加缉访，一有踪迹，即行严拿，奏闻请旨，勿令党羽得有漏网，务须密之又密，不可稍有张扬泄漏。”（《清高宗实录》卷396）

（乾隆十六年八月辛酉）又谕：“湖北巡抚恒文奏到‘查拿伪造孙嘉淦奏稿逆犯，已将滇省咨查之陈俊臣等拿获到案，并飞咨江西抚臣舒辂，密拿江锦章’等语。此等悖逆诬谤之词肆行传播，实为风俗人心之大害，既经犯出，不可不痛绝根株。该抚查办此案迅速严密，深属可嘉。至案内搜出逆书之金汝政一犯，其罪又不仅在传钞伪奏。盖此案捏造首犯，固为罪魁，其辗转传钞，罔识天高地厚，已非我国家豢养黎民之所应有。但其罪较之造谋诬谤首犯自属有间，若借此煽惑愚民，别有情节，又当从重办理。至金汝政钞藏妖妄逆书，显系幸灾乐祸，不逞凶徒，更当以谋逆首恶入罪，而不宜入于传钞伪奏、为从之犯而论也。将此传谕恒文知之。”（《清高宗实录》卷397）

（乾隆十六年八月辛酉）又谕：“据湖北巡抚恒文折奏‘查拿滇省传钞伪撰孙嘉淦奏稿逆犯，逐一根究，云系江西天一堂铺内江锦章所寄，已用日行六百里公文咨江西抚臣舒辂，密拿江锦章到案，究出捏造首恶’等语。恒文办理此案迅速严密，甚属留心。其移咨舒辂，自早已接到，着速行传谕舒辂，看其如何办理。倘谓不由江西发觉，置之膜外，或因已调任豫抚，稍存诿卸之见，则有准泰之炯鉴在，其自审度之。”（《清高宗实录》卷397）

（乾隆十六年九月甲戌）谕军机大臣等：“杨锡绂折奏‘查办传播伪造奏稿一案，遴委县丞巡检等员改装更名，先于冲衢大路、市镇寺院潜行密查，如得有踪迹，再委大员驰往办理’等语，所办甚拙而谬。此案发自滇黔，移咨湖北查拿，当经查获传抄之犯甚众。湖南居三省之中，入黔路所必经，岂独于该省转无传播之人？若能如恒文之迅速查办，逆徒自无漏网。乃拙于布置，似乎慎密从事，而不知多派微员，必且因而泄漏，逆徒必且闻风远窜。况朕已明降谕旨，人所共知，又何必改装更名，作此虚诈之状。果使实心办事，必不出此。杨锡绂着传旨申饬，如不实力加紧缉办，则纵奸之咎断不能为杨锡绂宽也。”（《清高宗实录》卷398）

（乾隆十七年二月己亥）湖北巡抚恒文奏：“办理传钞伪稿，请敕下各省督抚，凡传钞人犯，系于何省发觉，因而咨查别省者，即令发觉之省分，不时查案咨催，审究明确，或应解回本省完结，或应于别省完结，总归发觉省分之督抚始终查办完结，不致彼此推诿，而各归各案，可免沉搁遗漏。”报闻。谕军机大臣等：“据恒文奏‘办理传钞伪稿章程’一折，其所称令发觉省分始终稽察，节次查案咨催，完结时奏明销案之处，似属责成之一法，所见亦是。着于各督抚奏事之便，将原折钞寄阅看。”（《清高宗实录》卷408）

（乾隆十七年十月）丙申，上御懋勤殿，勾到陕西、湖广情实罪犯，停决陕西省绞犯二人，湖广省斩犯一人、绞犯一人，余一百十八人予勾。（《清高宗实录》卷424）

（乾隆十七年十二月戊戌）又谕：“据策楞奏称‘川省江玉成等传钞伪稿，究至湖北之刘国兴，又由刘国兴究至李朝选，已准山西访获。其李朝选得自何人，应听山西办理’等语。此案既经究出多人，是亦伪稿之一线，务宜上紧根追，不可将就了事，草率并案。可传谕署抚胡宝瑔，令将李朝选得自何人之处作速严切追讯，逐层根究，勿任狡供延饰，并将该省现在查办情形据实奏闻。”（《清高宗实录》卷428）

（乾隆十七年十二月乙巳）谕：“御史书成奏称‘传钞伪造孙嘉淦奏稿一案，外省督抚不能实力查办，特令廷臣分别提解省释，势必旷日持久，虽省释出自天恩，而株连终所难免，恳将现在人犯概行免释，敕下督抚严密访拿’等语。前因云南发觉此案，该督硕色一面奏闻，一面即咨查江西、湖广等省。彼时朕意谓流言诪张，原可置之不问。但该督抚既经拿犯审讯，断无降旨反令不必查办之理，尚恐株连淹系，早降旨密谕各省，其仅属传看及互相钞播者，即令分别发落。嗣因江省传布最多，案犯最众，而该督抚等办理错谬，以致辗转诬扳。至施廷翰子侄奏请在京提犯，因就近命军机大臣等审明，实系无辜，即予昭雪，乃知外省办理并未实心研究，惟求上下接受有人，便归案完结，转致草率株连，正犯何由而得？遂将该抚臬等解任来京，所有应行质讯之犯自应提解详悉推鞫，务得实情。自京中查审之后，其命外省提解人犯，皆系实在传钞散布、确有实据者。承审各官亦皆知儆惕，不敢牵涉影响。犹虑此案查办经年，正犯或难究出，特召廷臣面加咨询，佥谓头绪渐近，自不可忽为中止。且在京办理，各犯省释者多，滋蔓日少，情节渐次明晰，若交外省督抚访拿，非浮混递交，即仇扳诬首，徒益纠烦，首犯终无弋获之日。此皆明切宣示，中外所共知者，今书成身居言路，不思办理重案，必当水落石出。当此政治清明之日，忽为颟顸了事之见，使如所言，则朕与诸臣何必惟日孜孜，托名清简，诸事皆可不理矣。且伊系满洲世仆，似此丧心病狂之言，如诅咒彼父祖者，乃视为漠然，则所系于败坏满洲尊君亲上之风为尤甚，着革职，交武备院执伞苦差处学习规矩。”（《清高宗实录》卷 429）

（乾隆十八年三月甲戌）又谕：“前降旨，将各省传钞伪稿案犯无论已未发觉，概行从宽免究。原指愚民无知，未经定拟者言。若已经定拟永远枷号人犯，其情罪自属较重，非仅传钞传看者比。至于身为职官，复转行传播，其罪益无可逭，岂得与平民一例省释？是以朕复降旨，将此案文武员弁仍交与吏、兵二部定拟，汇题完结。乃署督鄂容安前奏，将永远枷号之江锦章一犯及守备王百祥等六名俱行释放，殊属非是。现在湖北巡抚恒文，并不分别案犯情罪，遽释陈俊臣等二犯，已经交部严加议处。鄂容安亦在应行议处之内，念其查办此案以来尚属勇往出力，特从宽免其交部。若使他人如此，定不能邀朕曲宥也。”（《清高宗实录》卷435）

（乾隆十八年六月）己亥，谕军机大臣等：“巡抚恒文奏‘上年襄阳县盘获信从天主教之曹殿邦，写寄万一举番字经札、药方等物，及现在拿获假冒钦天监差役之唐县民人邸兰，究出曹应文代毕珠所写番字书札各情’一折，内称‘伊等字迹，臣等既不认识，而此处亦无认识之人，恐有悖逆不法情弊，即应严加根究，何敢草率完结？现在访查有无伙党，并为匪确情，再行严审，所有西洋番字经札一并进呈’等语。曹应文等写西洋番字，密相札寄，并假充差役，既经拿获，其有无别情，自应讯究。但京师现在亦无认识番字之人，若交与西洋人之在钦天监者，令其译汉，即札中果有不法情弊，伊等恐亦未必写出实情。且伊等在中国已久，尚属安分守法，想无煽诱为匪情事，一经查办，转致惊疑，看来此事，只应在曹应文等究明缘由。可传谕恒文，该犯现在楚省，其所寄番字札中情由，俱可就近讯问，照例办理，在外究结可也。”（《清高宗实录》卷440）

（乾隆十八年十月）戊子，上御行殿，勾到江苏、江西、安徽、浙江、湖广情实罪犯，停决安徽斩犯一人、湖广绞犯一人，余九十一人予勾。（《清高宗实录》卷448）

（乾隆十八年十一月丁卯）又谕：“据黄廷桂奏‘抵川督任后，检阅卷宗，尘案累累，殚力清厘，半载以来，先将旧日参案全数办竣外，其命盗抢夺等事一并饬催，已经咨题者计二百二十余件，尚有乾隆十三年至十七年未结之案八十余起，现在勒限严催题审’等语。川省数年以来案牍尘积，何至如此之多？若系前任怠玩，则策楞向来办事尚属黾勉，并非懈惰之人，应不至此。黄廷桂久历封疆，亦非新履外任、夸诩见长者可比，其核数入奏，亦必不至捏辞取巧，着将此询问策楞，令其据实复奏。”寻奏：“川省自瞻对、金川用兵，吏治积疲，遇刑名钱谷案件，每以军需紧要，咨部展限。臣于乾隆十四年由军营回任，检查卷案，应咨题及应复部者统计数千余件，其余积件更多。再湖广、江西、广东等省入川民人自两次用兵后多失业流寓，因致命盗窃案，岁至数百余起，应入本年秋审者，多至二百余件。州县官复意存开脱，案多驳诘稽延。臣四年在川竭力清厘，自乾隆八年至十二年积案已结，十三年以后虽办有十之七八，实不能全无留滞。”报闻。（《清高宗实录》卷451）

（乾隆二十年四月）辛未，谕军机大臣等：“刑部题复，湖北巡抚张若震审拟周绍珍一案，周绍珍既供曾为逆伙李正南挑负行李，又在逆伙刘廷佐店内佣工，乃深悉逆情之犯。现在首逆马朝柱未获，凡属案内知情各犯既经拿获，自应悉心研讯，根究首逆踪迹，何得任该犯狡展供词，草率完结？周绍珍着该督抚遴委妥员，即行押解来京，交刑部另行审讯，务于沿途加意防范，勿致乘间脱逃及畏罪自戕。如有前弊，惟于该督抚是问。”（《清高宗实录》卷487）

（乾隆二十年九月）丁酉，上御依清旷，勾到奉天、陕西、湖南、湖北、浙江省秋审情实罪犯一百三十五人，俱予勾。（《清高宗实录》卷497）

（乾隆二十一年二月丁未）御史李绶奏：“吏部文选司书吏王明一讹索因回避本籍、调任枣阳县黄文瑗银两，经吏部移送刑部，夹讯不承，即行释放，若非徇隐颟顸，即系误勘平人。”得旨：“着该部明白回奏。”（《清高宗实录》卷506）

（乾隆二十一年闰九月）癸卯，上御依清旷，勾到奉天、福建、湖广、陕西情实罪犯，停决奉天绞犯一名，余五十八人予勾。（《清高宗实录》卷522）

（乾隆二十二年十月乙丑）上御洞明堂，勾到湖广、浙江、江西、安徽情实罪犯，停决湖广绞犯一人，余九十一人予勾。（《清高宗实录》卷548）

（乾隆二十三年十月）辛酉，上御懋勤殿，勾到奉天、湖广、陕西情实罪犯，六十九人予勾。（《清高宗实录》卷572）

（乾隆二十三年十一月乙未）又谕："据庄有恭奏'楚省承缉、接缉例应按年汇题之案，积渐迟延，现将乾隆十八、十九两年案件于岁内题报，其递年空缺之案于二十四年一岁三题'等语，命盗重案虽在四参以后，接任各官有照案缉拿之责，是以定有议处议叙之条，以示惩劝。乃定例綦严，而地方官视为具文，竟将每年应行汇题之案，迟至四五年之久尚未题报。该省之怠玩废事，一至如此，殊出情理之外。而部科诸臣，职司稽查参劾，又何以置若罔闻？则现在所称分曹承办者更为何事？国家设官，大小相统、内外相维之义顾安在耶？比年来承审命案，多以人犯患病事故支延时日，经朕指驳，彻底查办，阘冗之员稍知儆戒，直隶一省其明验也。楚省事件较之繁剧省分尚当有间，今节年玩愒因循，各任上司及地方官所司何事？此案着庄有恭即速并年催办，并逐一查明，按各官历任月日分别题参议处，不得稍为宽纵。朕日理万几，惟兢兢业业，以政事废弛为戒。内而部院，外而督抚诸臣，俱膺委任重寄，宜其仰体朕心，力图振作，何至尘案累累日积日多？一省如此，他省可知，当交刑部将各省汇题之案逐一清查……至此等案件，向来吏部如何会稿及科道衙门是否注销，亦着查明，交部分别察议。再披阅刑部查出历年条例，其中尚未允协，如索柱所奏，则接任各官代人受过，辗转无穷，固为过当。即如张楷所奏，又使承缉本员以一经汇题，便得卸责，不肯尽力缉捕，亦失之太宽。嗣后承缉官有虽经四参、本身不至离任者，应仍入于汇题，按年照例议处，以专责成。其接任代缉人员既经汇参一次之后，即予免其续参，以示区别，则情法均为允当矣。将此通着为例。"

（《清高宗实录》卷 574）

（乾隆二十四年四月辛酉）刑部议复湖北按察使沈作朋条陈例禁：一、例载外省民人买贵州穷民子女，无官媒花押，及数过三人者，照略卖本律徒流。例文专指贵州，直省办理不一，嗣后如遇奸徒兴贩人口，卖为奴婢，杖一百，流三千里。卖为妻妾子孙，杖一百，徒三年。地方官匿不申报，查参议处。一、在配军流人犯行窃为匪，该管官失察者，每名罚俸一年。一、私铸未成，房主邻甲知情不首者，请照已成之房主邻甲知情不首例减二等，杖八十，徒二年，雇工一例拟罪。一、奸徒冒称差役，以稽查为名窥探行旅，肆行抢窃，请照诈充差役扰害军民例，徒罪以上者枷号一月，发边卫充军，杖罪以下，亦枷号一月发落。均应如所奏。从之。（《清高宗实录》卷 584）

（乾隆二十四年五月辛巳）刑部议复："署湖北巡抚庄有恭奏称，徒配人犯及自内部外省解回管束者，原解地方业将年貌开载，中途仍有顶替情事，询系贿差顶替，将佥差之员照失察衙役犯赃例分别议处。如止于失察，照失察例罚俸一年，转解之员照不行详查例，罚俸六个月。如原文内未经开载，将原解之员照违令公罪律罚俸九月，混行接解之地方官照疏忽例罚俸三月。应如所奏。"从之。（《清高宗实录》卷 586）

（乾隆二十四年九月戊午）又谕："蒙古人等皆赖牲畜度日，故定拟偷窃牲只之罪较内地加重。但今之蒙古律，凡偷窃无多之犯拟绞监候，数年后仍减等释放。此辈习于为盗，一经释放，仍在蒙古地方偷窃为害。嗣后此等贼犯，若行窃甚多、情节可恶者，当即入于情实。其情罪尚轻者，亦按偷牲多寡，量其远近，分别发往内地。则蒙古地方既可肃清，而匪徒亦知警惕。其应如何改拟之处，刑部会同该院议奏。"寻会议："嗣后蒙古等除抢夺四项牲畜、杀人伤人者仍照旧例办理外，如偷……三匹至五匹，发湖广、福建、江西、浙江、江南等处……至行围巡幸地方，

如有偷窃马匹者，不分蒙古民人……一二匹，发湖广、福建、江西、浙江、江南等处充军。”从之。（《清高宗实录》卷596）

（乾隆二十四年九月）丁卯，上御行殿，勾到奉天、陕西、湖广、浙江秋审情实罪犯八十四人，均予勾。（《清高宗实录》卷597）

（乾隆二十五年四月癸卯）湖南巡抚冯钤奏：“四月初八日，接准江苏抚臣陈宏谋札开，查拿兵部书吏茹胜谦……又知会湖北一带，沿途追缉茹栻、王正文并案根究。现经湖北咨到于河南襄城县地方，业将茹栻、王正文二人追获，就近解京。”得旨：“览。”（《清高宗实录》卷611）

（乾隆二十五年八月甲午）吏部议复：“贵州按察使彰宝奏准，苗疆命盗等案停止展限办理一折，经臣部行文湖南、湖北、四川、云南、广西、甘肃等省并山西归化、福建台湾、广东琼州等边远地方，可否照贵州一例办理之处，令各督抚详议。兹据各督抚回奏，苗瑶夷壮久知奉法，承审案件未便仍旧展限，且内地定例，解审人犯原准扣除程限，今苗疆既照内地不准展限，请一体扣除。应如所请。”从之。（《清高宗实录》卷619）

（乾隆二十五年十月）己卯，上御依清旷，勾到奉天、陕西、湖广情实罪犯，停决湖广绞犯一人，余六十五人予勾。（《清高宗实录》卷622）

（乾隆二十六年六月庚午）刑部议复湖北布政使亢保条奏：“一、妻妾过失杀夫及家长者不许转嫁，闺帏幽隐，暧昧莫测，若不明定禁例，弊端不可究诘。应如所奏，嗣后妻妾过失杀夫及家长依例决杖赎流外，禁令不许改嫁。其实无亲属可依，不能自存，准族保呈报，当官嫁配。一、两家互殴，各毙一命，例得免死减军之犯，请一体追给埋葬银。查应偿人命罪囚遇赦者，例追银二十两给与被杀家属。至两家各毙一命之减军人犯，以均系尸属，亦同属苦主，是以并无此例。但一家之内，虽属至亲，有并非同居者，名为一家，实则各户，凡遇丧葬各自经营，如此等类，既因亲属同伤杀人，致因不偿命，又令死者之家自备营葬，未为平允。亦应如所奏，嗣后除两家实系同居，无庸议追埋葬银外，其一家而凶手及被杀之人实系各居者，均于免死减军该犯名下，照定例追银二十两。”从之。（《清高宗实录》卷638）

（乾隆二十六年九月乙巳）又谕曰：“学政谢溶生折奏‘江西泰和县逆犯李雍和，前名李必亨，潜递狂悖呈词，搜出家中各单。该犯于乾隆十九年由四川递解回籍，其所开控过各衙门有湖北省开大人字样，虽自称所控各处有收有不收之语，但既经该犯具控，当时岂有竟不省视之理？此在他人或可，开泰其可乎？或彼时仅以其迹类疯狂，遂屏斥不顾耶？此系向来地方官消弥锢习，实足酿成重案，为害不小。着传谕开泰，令其将该犯从前如何投告及该督因何不行查办缘由详悉查明，据实具奏，毋得稍有回护。”寻奏：“逆犯李雍和并未递过呈词。”报闻。（《清高宗实录》卷644）

（乾隆二十七年闰五月）癸酉，谕军机大臣等：“据顺天府尹钱汝诚等奏‘宛平县巡检朱斯献，押解赴楚候审要犯华九如，于四月初五日起程。今接湖抚冯钤五月二十六日来咨，尚未解到，请将朱斯献革职，仍一面行查’一折，已照所请行。押解待质要犯，中途自应严密迅速。乃迟至五十余日尚未到楚，如谓犯人或解员途次患病濡迟，则应报明所在地方官转行详报，何至并无音耗？倘该犯在途或有疏脱，以致巡检微员亦复畏罪躲匿，则其事尤关重大。着传谕直隶、河南、湖北各督抚，速饬沿途经过州县严密追查该委员及该犯实系于何处逗遛，抑或中途别有情弊，并着查明据实具奏。”（《清高宗实录》卷662）

（乾隆二十七年六月）癸卯，谕军机大臣等：“前因佟铭冒领宗人府银两脱逃一案，令军机大臣行知河南、湖北二省侦缉务获。嗣据该抚等复称，访查并无其人……此等玩法重犯一经通缉，辄致漏网稽诛，成何政事？现在躧缉之后，奸徒或因事过防备渐弛，转得乘隙潜踪，均未可定。着传谕明山、汤聘、胡宝瑔，仍通饬所属严密体访，务令就获，不得因已查复，以通缉了事，并自护前说，竟尔疏纵也。”（《清高宗实录》卷664）

（乾隆二十七年六月癸卯）又谕曰：“镶红旗汉军马甲佟铭冒领宗人府银两，事露脱逃一案，先因承缉各官不能及时上紧查拿，致该犯迁延免脱。屡经降旨，遍行严缉，至今尚未弋获。并据江西及湖北、河南等省节次奏报，亦称现在并无踪迹。以玩法重犯悬缉日久，辄至漏网稽诛，成何事体？且此等狡狯匪徒安知不以各处通缉，转于近京之地匿影潜藏，自为得计。现饬提督衙门于京城内外一面严密体访……”（《清高宗实录》卷664）

（乾隆二十七年九月己丑）刑部议复：“湖北按察使高诚奏称，嗣后流罪人犯越狱脱逃，各按律加二等，三犯以次递加。满流人犯改发边卫充军，原犯充军者，照在配脱逃加等调发。原犯极边烟瘴充军者，改发黑龙江等处，给披甲人为奴，均不得以罪止满流定拟。应如所奏。”从之。（《清高宗实录》卷671）

（乾隆二十七年十月）戊戌，上御懋勤殿，勾到奉天、陕西、湖广情实罪犯，停决奉天绞犯二人、湖广斩犯四人，余一百二十六人予勾。（《清高宗实录》卷672）

（乾隆二十七年十月庚戌）刑部等部议复：“湖北布政使沈作朋奏称，外省督抚指驳各案，除案情重大者应令核转之知府赴省审理外，其寻常命盗事件，只调原审州县。至省委员会审如无出入，即由附省知府审转，仍许原审知府列衔，倘原审错谬，将率转之知府及承审州县一并题参。又降级留任处分，向例无级可降微员，文职将俸银分为十分，每降一级，扣一分，武职则将俸银全扣。事同一体，而文武悬殊，请嗣后文职微员遇降级留任处分，亦照武职例办理。均应如所请。”从之。（《清高宗实录》卷 673）

（乾隆二十七年十月癸丑）兵部奏：“向例奉天、宁古塔、黑龙江等处发遣人犯，由兵部发往西安、荆州、杭州、成都等满洲驻防省城分别当差为奴。此项匪犯集聚一处，每难约束……请嗣后奉天等处遣犯，轮流编发各省安插，无庸专发西安等四处。”从之。（《清高宗实录》卷 673）

（乾隆二十八年七月癸亥）又谕：“湖北盗犯张洪舜等前后两案，承办之上司属员种种扶同欺蔽，实为情理所不容，历来所罕见之事。前后所降谕旨甚明，朕之所以弗惮谆谆告诫者，不特为楚省整纲饬纪，亦正为直省各督抚提撕警觉耳。国家立法，弭盗所以安良，乃沈作朋等辄将赃真盗确之犯立意翻案纵脱，转致冤累良民。及后案复发，仍辗转护非，并欲消弭前案。天下岂有甫经开释之盗犯，旋即伙劫败露，而仍疑前案之尚非真盗者？此虽三尺童子，亦知其断无是理。乃转于此吹求驳诘，是诚何心？若论反坐常例，未的决者，原问官得减等定拟，此在州县微末之员承办偶尔舛误，或可依例稍从末减。若督抚藩臬，为地方倚任大僚，案情由其核定，乃敢上下联为一气，掩蔽欺朦，几致覆盆莫白，况事主李作棋等冤累经年，一家已破，岂得复借决与未决为解免之词？伊等之纵盗冤良，钳制属员，朋比为奸，天下所共知，本不待更讯，所以亲加鞫讯者，特示严惩，以申国法而抒民愤。且使天下司宪者，知善良不可滥冤，谳牍不容淆乱，于明罚敕法之中寓惩一儆百之意。昨讯沈作朋供，强盗关系四命，事主罪止军流，此语尤为丧心病狂。夫审理盗案，亦只论赃盗之真确否耳。既已赃真盗确，即按律多诛数人，亦法纪之所应得。若无辜之百姓，虽一笞一杖亦不得妄加，何得较量科罪之重轻，概置黑白于不问？朕于各省臬司陛见时，每剀切训谕及之，初不料沈作朋等竟借口于人命攸关，转以纵盗冤良为得计。甚至赵启贤家被劫盗，深以前案事主坐罪为鉴，不敢赴控。若非秦鐄之立时获盗起赃，禀详切实，则强劫得以肆行无忌，闾阎尚可安居乎？且秦鐄及游击李华搜拿赃盗时，当盗犯之家，先令捕役脱衣搜检，以防他日栽诬地步，正以愧前案枉纵之上司。而伊等犹恬不知耻，仍欲售其朦混消弭之故智，不畏功令，不恤人言，公行欺罔。若似此而不为之整顿，地方尚有何事不可为乎？此案沈作朋实属罪魁，立即正法。爱必达护非欺罔，周琬朋比为奸，本均应正法，但以案中尚未冤及人命，故从宽改为监候。此后各督抚藩臬等，俱当触目警心，共知鉴戒，毋蹈覆辙。着将此通谕中外知之。”（《清高宗实录》卷690）

（乾隆二十八年十月）甲午，上御懋勤殿，勾到奉天、陕西、湖广情实罪犯，停决奉天斩犯一人，陕西斩犯一人，湖广斩犯一人、绞犯一人，余一百六人予勾。（《清高宗实录》卷696）

（乾隆二十九年七月己卯）河南巡抚阿思哈奏：“各省遣发军流人犯，俱照道里表内注定安置地方佥发。查豫省各府州现在安置数十名至一二百名不等，惟卫辉、光州二属独无。军卫表内虽载湖北安陆、甘肃平凉、广西庆远军犯应配卫辉，而从未发到……当系安陆等三府犯案本少，抑因道里不符应配之数。请嗣后各省解到军流人犯，由臣衙门核明，如应佥之处犯数过多，而与卫、光相去不远者，即匀拨二属安置，庶不致集聚滋事。”报闻。（《清高宗实录》卷715）

（乾隆二十九年十月）癸未，上御行殿，勾到陕西、湖广、浙江情实罪犯，停决陕西斩犯一人、湖广斩犯八人，余七十五人予勾。（《清高宗实录》卷720）

（乾隆三十年二月戊子）刑部等部议准湖北按察使雷畅奏称，州县离任，例将一切案件造册交代，但未分已结未结，恐办理歧误。请嗣后无论正署，离任时，将一切已结案卷册交；未结各案分开事由，注明月日，册交接任官，限一月查对，册申府核，加结转详。又承审盗案，例限十个月完结，州县官恃期宽，不即审办，致凶犯稽诛。请嗣后无论首伙、缉获几名，赃证确凿者，概照命案例六个月完结；赃证未确者，据实声详该管上司，核明咨部，准以十个月完结。续获盗犯，到官在州县分限外，不能并案解审者，扣限四个月审结。从之。（《清高宗实录》卷728）

（乾隆三十年六月辛酉）谕军机大臣等："昨李因培奏'盘获究出水摸杨龙等偷窃铜斤'一折，已降旨该督抚，令其尽法惩治矣。因念铜铅船只经涉江河，遇有沉溺等事，必需雇觅水摸打捞。乃此辈或乘机于水底倒翻铜包，仅抽取碎磈搪塞，甚或凿通船孔，将偷窃铜斤悬络水底，夜间移放浅滩，以便私卖。现据访获买铜价银至八百余两之多，伙党朋谋久成积蠹，殊属可恶。其已经发觉者，固当严行惩处，而将来通彻查办，尤不可稍存姑息。盖此等水摸以打捞铜铅为业，所得不过雇价，岂能分润余铜？若有装载私卖之事，其为偷窃不问可知，踪迹尤易为根究，地方官俱应悉心查缉，以绝根株。湖北既有此恶匪，则上游之四川、湖南，下游之江西、江南各省，皆系沿江毗连，为铜铅船只经过之处，安知不有此种匪徒商谋偷窃等弊。着传谕各该督抚，严饬地方员弁，所在设法躧缉，毋得稍有疏纵。再运河一带，所过铜铅船只向来俱经奏报，亦间有沉溺打捞之事，其中藏奸积弊亦复不少，并着一体通行查究，务使奸匪肃清，以裨挽运。将此一并传谕知之。"（《清高宗实录》卷739）

（乾隆三十年九月己丑）谕军机大臣等："刑部进湖广招册，九卿由缓决改入情实及由缓决改入可矜者，较他省起数独多。内湖北省改情实者，则有散力行。但其云，杨得宏改可矜者，则有何世新、马大宾、刘玉贤、徐柯儿等共七起……核其情罪，刑部九卿所改均属允当，该抚等原拟何以错谬若此？夫以应入情实人犯列为缓决，即为失出。而以可矜者列入缓决，又属失入。秋谳大典，理宜详慎持平，失出、失入，厥过维均，皆非执法者所应有。李因培、王检初经办理秋审，于律例未能熟谙，此次尚可宥恕，嗣后当留心省记，轻重务得其平。若再定拟失当，必将伊等交部议处。李因培、王检俱着传旨申饬。”（《清高宗实录》卷745）

（乾隆三十年十月）丙午，上御懋勤殿，勾到湖广、浙江情实罪犯，停决湖广斩犯五人、绞犯三人，余七十三人予勾。（《清高宗实录》卷746）

（乾隆三十一年正月）乙未，谕：“向来各省督抚办理案件，瞻徇欺朦，上下通同舞弊，习气最为恶劣。前岁湖北盗犯张洪顺一案，经朕彻底查办，严加惩治，以为各省督抚自应涤虑洗心，奉法惟谨。乃未及三年，不意又有罔上行私，毫无顾忌，如庄有恭之甚者，可见各省督抚之锢习相仍，牢不可破。段成功诈扰累民，赃迹显著。庄有恭身任巡抚，不思秉公参究，转授意臬司知府，令其委罪家人书役，巧为开脱，以遂其解怨市恩之计，居心欺诈，骫法负恩，莫此为甚。此而不痛加惩创，其何以饬吏治而正人心？故将伊革职，拿交刑部，令军机大臣会同审拟。外间无识之徒，未必不以此案较之湖北案情为轻，而处之则同。不知张洪顺只系细民犯盗，爱必达等并非有意袒徇，乃因回护已过，遂将后案延搁，然究未敢公然授意属官，乃属官承其意指，相与颟顸了事耳。若段成功，则身为职官索诈部民，情节可恶。庄有恭惟知官官相护，罔知法纪，于查参段成功时，辄先授意承办之臬司知府，令其从宽开脱，遂尔隐跃其词，以患病被朦参劾。若非朕留心详阅，洞烛其奸，则贪黩扰民之段成功几致幸逃法网。是此案之挟私舞弊，实倡于庄有恭，其罪更浮于爱必达矣。且爱必达已经发遣伊犁，并不稍为宽贷。今朱奎扬、孔传炯供词具在，案情历历如绘，稍有知识者阅之，尚能为庄有恭置一词乎？昨四达等奏到，即令军机大臣将朱奎扬等亲供交庄有恭阅看。伊惟俯首认罪，并不置辩，其意不屑与属员对簿，自为得体，不知实小人之尤。岂有如此重案，听其含糊认罪，而遂可成信谳之理？因命军机大臣等复行传旨讯问，则又供‘朱奎扬等承查月余，延挨观望，直至庄有恭自行访有款单，札司转府拘审，伊等始将家人书役勒诈得赃情弊具揭，又不将段成功自已标判厅票回明送看’等语。所供情节，亦系一面之词，难于凭信。即日朱奎扬等拿解到京，彼此质证，自可得其底里。设稍有支吾掩饰，亦何难加以严鞫，使之水落石出耶？外省吏治弊坏，皆由督抚不能正己率属，专以上下和同，联为一气，以行其朦蔽欺诈之伎俩。各省皆所不免，而江南为尤甚。在伊等相习成风，恬不为怪。不思此等鬼蜮形迹，断难逃朕洞鉴，一经败露，惟有力加整顿，执法不挠，务在廓除积习，俾吏治肃清。该督抚等各宜猛省自爱，毋得以身试法。将此通谕各直省督抚等知之。”（《清高宗实录》卷753）

（乾隆三十一年三月甲午）谕军机大臣等：“湖北省拿获逃犯邓悠远一案，经刑部行查，该将军究出该犯跟随伊主索卜廷查偷窃马匹，逃回原籍，而在楚所供转卖赎身等语，并无其事，已将该犯照例拟以斩决。乃该抚从前办理此案，既知邓悠远系免死问发为奴、随征在逃之犯，并不移咨黑龙江将军查取原案，惟凭该犯一面廋词，辄照寻常遣犯脱逃之例问拟完结，实属有心宽纵。李因培之意，必以为此等事属细微，朕未必留心详阅。伊前在阁学侍郎年久，岂不知朕于内外臣工章奏，无论事之大小，悉皆详细披览？而敢于如此草率了事，希图混饰耶？李因培着传旨申饬。李因培素有沽名习气，于此略见一斑矣。现在调任福建，若仍不知悛改，决不稍为宽贷也。并着传谕，令其小心。”（《清高宗实录》卷757）

（乾隆三十一年九月）庚寅，上御行殿，勾到福建、奉天、湖广情实罪犯，停决……湖广斩犯五人、绞犯二人，余九十二人予勾。（《清高宗实录》卷769）

（乾隆三十二年九月）辛亥，上御行殿，勾到湖广、浙江情实罪犯，停决湖广斩犯五人、绞犯三人……余七十三人予勾。（《清高宗实录》卷795）

（乾隆三十三年七月乙卯）又谕："据镶蓝旗汉军都统奏'郭鹏翀之第三子明格，在湖北襄阳县病故'，又镶蓝旗满洲都统奏'陈元震之第二子六格，在直隶邯郸县身死'等语。郭鹏翀、陈元震之子，俱系解部查办要犯，何以两人同在途次身故，其中恐不无别项情弊。所属地方官当时曾否查明呈报，不可不彻底根究。着传谕各该督抚，即派该管道员详悉确查。该犯身故时所在知县曾否亲往验明身尸，讯取是否因病身死及有无延医调治各确情，并曾否查讯原解人员有无抵换藏匿情节。如查明实有确据，即出具切实印结，咨送部旗存案，仍一面据实奏闻。若其中或有情弊，亦即据实查参究治。"寻……湖广总督定长等奏："明格在襄阳病故时，经该县亲往验看，取有医生解员供结，并无捏饰换匿。"俱报闻。（《清高宗实录》卷815）

（乾隆三十三年九月辛丑）谕军机大臣等："本日阅刑部进呈湖北省秋审招册，内九卿等从缓决改入情实者至有四起之多。如袁四，以妒奸持械纠殴毙命；吴云山，以窃匪图赖杀死幼孩；黄国明，殴死吴氏，复将己女抵赖，连戕二命；熊添云、谢怀义，以争刘稻谷，致毙刘以仁父子二命，俱属凶横不法，情殊可恶，九卿所改甚是。程焘于秋谳大典并不细心核拟，辄尔意存轻纵，殊属非是。念伊初任封疆，姑从宽免其交部。着传旨申饬，嗣后办理刑名案件，务准情法之平，期协明允，毋再稍为姑息，致干咎戾。"（《清高宗实录》卷819）

（乾隆三十三年十月）丙寅，上御懋勤殿，勾到湖广、浙江情实罪犯，停决湖广斩犯五人、绞犯五人……余六十人予勾。（《清高宗实录》卷820）

（乾隆三十四年十月）己未，上御懋勤殿，勾到湖广、浙江情实罪犯，停决湖广斩犯五人、绞犯三人……余九十二人予勾。（《清高宗实录》卷844）

（乾隆三十四年十月癸亥）谕军机大臣等："……着传谕吴达善，即将总督印务及所署荆州将军印俱交梁国治暂行兼署，此旨一到，该督即日起身，驰驿兼程前往。一到黔省，即将各案紧要关键速即讯究确信……将此密谕知之。"（《清高宗实录》卷844）

（乾隆三十五年九月）己巳，上御依清旷，勾到湖广情实罪犯，停决斩犯三人、绞犯三人，余五十六人予勾。（《清高宗实录》卷869）

（乾隆三十六年十一月丙寅）又谕："据德保奏'新安县积匪改遣军犯杨大、蓝月在配脱逃。杨大系山东德平县回民，蓝月系直隶沧州回民，已飞咨经过各省及原籍查拿'等语。此等积匪情罪较重，原系去死一间之犯，乃既经改发，不知畏法，复敢任意脱逃，尤属可恶。该犯等现在潜踪图脱，但多系恋家室，即使暂时诡避他处，日久自必潜回本籍……其原籍经由之江西、湖北、安徽、河南各省，亦着一体饬属加紧侦捕，毋得稍有疏懈，致稽显戮。"（《清高宗实录》卷897）

（乾隆三十六年十二月辛巳）又谕："前据富明安等奏'湖北京山县逆犯严金龙纠众不法'一案，竟敢于私制衣帽，设令伪号、伪官，图劫仓库，是其谋反之迹已属昭著，实为罪大恶极。今该督审拟续获逆党严在和等，将案内缘坐之严喜儿仅照谋叛亲属律发功臣之家为奴，所拟殊未允协，已据三法司另行改拟矣。向来谋反、谋叛，律文各有专条。盖谋叛乃指谋背本国、潜从他国者而言，其情罪较谋反迥别，是以问拟缘坐亦轻重不同。且谋叛之条原系沿用旧律，方今天下一家，岂复有此国彼国可以叛往之处？又岂严金龙之显然谋反者所得比附乎？今该督以首恶胞侄严喜儿仅照谋叛家属问拟，必系胥吏人等瞻徇同乡，因而避重就轻，以逞高下其手之计。而幕宾无识，亦遂以多活数囚，妄谓可积阴德。此种锢习，最为可恨。富明安于刑名律例原未谙习，但不细检律条，确切比拟，亦属疏略，现已传旨申饬。至于奏谳重案，乃臬司专责，何竟率意拟转，不加详核，以致轻重失当乎？所有湖北按察使刘秉愉着交部察议。”（《清高宗实录》卷898）

（乾隆三十七年十月）庚午，上御懋勤殿，勾到陕西、湖广情实罪犯，停决……湖广斩犯七人、绞犯八人，余一百五十五人予勾。（《清高宗实录》卷918）

（乾隆三十八年九月）丙子，上御行殿，勾到湖广、浙江情实罪犯，停决湖广斩犯十八人、绞犯九人……余七十七人予勾。（《清高宗实录》卷943）

（乾隆三十八年十一月丁巳）谕军机大臣等：“据裴宗锡奏‘有湖北省解苏要犯萧士进递解桐城县时，因该署县陈大熠公出，典史王述古并不申请委员护解，仅令兵役押送，以致萧士进与差役陈玉同逃，请将王述古革职，陈大熠交部严加议处等因’一折，已批交该部矣。萧士进系解审要犯，胆敢同役陈玉在路脱逃，实属可恶。谅此二犯不过潜匿安徽境内，自应严行躧缉，俾得即就弋获。着传谕裴宗锡，速饬所属上紧严拿务获，毋任兔脱。至萧士进籍隶湖北，或仍逃回本籍，亦未可知，并着陈辉祖一并饬属严拿速获，毋得视为通缉具文，致令藏踪漏网。将此谕令知之，裴宗锡折并着钞寄陈辉祖阅看。”（《清高宗实录》卷946）

乾隆三十九年甲午十月丙申，上御瀛台，勾到湖广、浙江情实罪犯，停决湖广斩犯十七人、绞犯八人……余八十二人予勾。（《清高宗实录》卷969）

（乾隆四十年七月）乙亥，谕军机大臣等："据陈辉祖奏'拿获邻境劫掠凶盗之汉阳县知县孟秉坚等，应否送部引见'一折，已照所请批示矣。各员实力缉捕，使凶盗不致漏网，自应送部引见，以示奖励。但各案盗首自乾隆三十八年以来胆敢出没江澨，在湖南、湖北地方肆行窃劫，已非一日。所在州县，何以不即时禀报，上紧严拿？至数年之久始行就获，则前此未办之地方官，均不能保无讳匿情事，其咎并不止于失察。今陈辉祖既将出力查拿之员奏请引见，其前此未经查缉之员自应一并附参议处。乃止将获盗各员专折保奏，其应行处分者仅于审案折内附称，三十八年起有无报案及此案失察之文武查明劾参，并未专折参奏。是陈辉祖之意，惟急于有功者行赏，而缓于有罪者示罚，何以饬吏治而昭劝惩？陈辉祖着申饬，并着将三十八年起各盗犯案州县有无报案及是否讳匿情形迅即确查，据实分别参奏，毋得稍有瞻徇。将此谕令知之。"（《清高宗实录》卷987）

（乾隆四十年十月）癸巳，上御懋勤殿，勾到陕西、湖广情实罪犯，停决陕西斩犯三人、绞犯四人，湖广斩犯十三人、绞犯七人，余七十二人予勾。（《清高宗实录》卷993）

（乾隆四十一年九月己巳）谕军机大臣等："据裴宗锡奏'准咨截留两淮运司大堂失鞘案内之解员盐运司知事刘天焘，现在委员押解起程，由湖南、湖北层次接递，转解江宁质审'等语。刘天焘于失鞘一案，商同库官宋炎私自赔银，捏报捞获，自有应得之咎。但伊系接解饷鞘之员，被窃缘由无从而知，转不必向伊根究。至此案前据伊龄阿奏，系解员陈文栋差役钱玉，伙同已革长随王天荣起意偷窃，钱玉现已拿获，王天荣已往甘肃。朕因所奏折内疑窦甚多，曾经传谕高晋，将案犯提至江宁，悉心研鞫，务得实情，并谕毕沅等速将王天荣躧缉务获……及现在作何查办之处，迅速据实复奏。将此由四百里谕令知之。"……（《清高宗实录》

卷1016）

（乾隆四十一年十月庚子）御懋勤殿，勾到湖广、浙江情实罪犯，停决湖广绞犯一人、浙江绞犯一人，余九十九人予勾。（《清高宗实录》卷1018）

乾隆四十二年丁酉十月戊申，上御懋勤殿，勾到陕西、湖广、浙江情实罪犯，停决……湖广斩犯十一人、绞犯七人……余一百二十三人予勾。（《清高宗实录》卷1043）

（乾隆四十三年四月壬子）刑部议复："湖北巡抚陈辉祖奏'已经秋审缓决人犯情罪无可更定者，下届即叙由详报，停其再解'等语。查缓决一次之犯不复入于情实，与臣部三十四年奏准九卿朝审会鞫一次，下届不复提审之例相符，应如所请。"从之。（《清高宗实录》卷1055）

（乾隆四十三年十月）乙丑，上御懋勤殿，勾到湖广情实罪犯，停决斩犯十一人、绞犯六人，余九十八人予勾。（《清高宗实录》卷1068）

（乾隆四十四年二月己巳）刑部议复："大学士暂署湖广总督三宝等奏称，湖北郧阳府界连秦豫，宜昌、施南二府地接川黔，距省较远。秋审人犯，请照云南永昌等府例，免解省，责成该管道研讯。应如所请，郧阳令安襄郧道，宜昌、施南令荆宜施道，各于冬季按巡之便，亲诣各州县提讯，不令原审知府会勘。案无异词者，即加结册申院司。情罪未协者，另缮招册，将犯证委员解省，候院司复审。徇庇及有心翻案，该督抚参办。"从之。（《清高宗实录》卷1076）

（乾隆四十四年六月丙辰）又谕："李万春为此案首犯，断不可容其漏网。该犯形迹诡秘，四川、湖北俱与粤西相近，恐其越界潜窜，亦未可定。着传谕文绶、图思德、郑大进，即派委妥干员弁一体设法购线躧缉。至前经传谕查缉李万春之各省督抚，现在作何查缉要犯，曾否就获，并着即行具折复奏，不得视为海捕具文，致首恶远扬兔脱，久稽显戮。将此由五百里一并传谕知之。”（《清高宗实录》卷1084）

（乾隆四十四年九月丁酉）谕军机大臣等：“连日刑部进呈各省秋审册，朕详加披阅，惟湖北省看语，每案多至一篇并有至篇半者，殊觉繁冗。原情定罪，其紧要处数语可了，各省看语多不过半篇，历年俱系如此。郑大进独哓哓不休，其意何取？若欲以此见其认真办事，又殊不然。如果断狱得当，片言已可扼其大要，虽简而不嫌其少。若郑大进之复叙案情，即连篇累牍，亦复何益？且或出于幕友所拟，或由于书吏所呈，郑大进止于依样葫芦，又岂得谓之能办事乎？朕非惮于披阅，憎厌其多。如各省招册中，遇大案多至十余篇，朕无不逐行细览，又岂嫌湖北每案之多阅数篇？但爰书自有体裁，而谳案贵得要领，看来郑大进于事理轻重总未体会，殊属非是。将此饬谕知之。”（《清高宗实录》卷1091）

（乾隆四十四年十月）甲寅，上御懋勤殿，勾到湖广情实罪犯，停决斩犯二十六人、绞犯五人，余九十八人予勾。（《清高宗实录》卷1092）

（乾隆四十六年二月癸酉）湖北巡抚郑大进奏：“从前办理邪教旧案，凡借名诓骗香钱，与实在邪教有间者，止分别枷责完结。近来牧令或竟视同自理，词讼率不通详。查地方鼠窃等案，罪止笞杖，亦必详报上司。况邪教贻害人心，尤不应率结。请嗣后遇此等事件，该州县立即搜讯，通禀各上司，按核情罪办理。倘有讳匿辄自完结，别经发觉，除曲法轻纵严参外，即使罪止枷责，案无出入，亦照讳窃例加等议处。”得旨：“好，知道了。”（《清高宗实录》卷1125）

（乾隆四十六年七月庚戌）谕：“据毕沅奏‘平利县拿获川省太平县

抢夺轮奸之凶淫啯匪艾隆即艾小二等十一名，先行按律定拟’一折，已批交军机大臣，会同行在法司核拟速奏矣。川省啯匪最为地方之害，此案聚集多人，持械拒捕，淫凶肆扰，实为不法已极。前据舒常、刘墉、李本、李国梁等先后奏报，屡经传谕迅速查拿，毋令兔脱散逸。至此等匪徒，本起于川省之太平等县，文绶以本省总督兼署提督，乃不及早饬属严行缉捕，致令窜往黔、楚、陕西等省，且其具奏转较舒常等为迟，而匪犯百余人所获亦未及其半。地方大吏遇此等匪徒聚集之案尚不实力查办，所司更属何事？文绶着交部严加议处……至湖广仅止拿获一名，贵州亦止拿获七名，余犯已俱逃脱，督缉亦俱不力，并着传旨申饬。将此通谕知之。”（《清高宗实录》卷 1136）

（乾隆四十六年七月甲寅）又谕：“据舒常等奏‘巴东县典史潘永鳌禀报盘获临湘县人张武迁，搜有帐簿、黄纸等项。讯据该犯所供，在兴山看见之袁文秀、袁绍哲、严敬龙、李併花等，多有从前历经查缉之要犯姓名、住址，种种悖逆，妖妄不法，看其神情似系疯颠，现在根讯搜查审办’等语，已于折内批示。此等悖逆匪徒既经拿获，即当严切讯究来历下落。所供各犯，俱须逐一严讯住址，查拿审办。其有无捏供诬陷，必须根究确实，务使水落石出，方不致有疏纵枉滥之弊。乃外省办理此等逆犯，往往以疯病为词，以图将就了事，是即化大为小之积习断断不可。又另折所奏‘盘获携带悖妄字迹之饶盛治并范万一等，现在审办’一折，该犯所带报单竟敢诈称官职及书写悖妄字迹，尤属不法。该省同时有此二案，殊骇听闻。舒常等现在查拿啯匪，此二案人犯或竟系啯匪等行踪诡秘，改装易名，以图煽惑，亦未可定。着舒常等即将此两案人犯提齐，严行根讯确供。是否啯匪改捏，据实审究，从重速拟具奏，不可稍存姑息了事之见。”（《清高宗实录》卷 1136）

乾隆四十六年辛丑七月丙辰，谕：“据李本奏‘拿获啯匪伙犯陈正山、钟凤鸣等，审明分别定拟，请敕法司核复’一折，甚不解事，已于折内批示矣。此案啯匪聚集多人，由川省潜窜楚黔，持械拒捕，滋扰地方，情罪甚为重大。前已降旨，谕令四川、湖广、云、贵各督抚，于拿获啯匪审明时，凡帮同拒捕之人，俱一面正法，一面奏闻。其余随行未经拒捕者，亦应发伊犁，给厄鲁特为奴，毋得存姑息将就之见。今李本既经拿获拒捕啯匪，审得实情，自应即请王命，立正典刑。其余各犯，即行从重分别定拟，一并具奏。何待法司核复，致要犯久稽显戮耶？李本着交部严加议处。其啯匪陈正山、钟凤鸣、刘贵三犯俱着处斩，余仍着该部议奏。”（《清高宗实录》卷1137）

（乾隆四十六年七月丙辰）谕军机大臣等：“川省啯匪结伙抢劫、窜逸各省一案，已谕令文绶亲往太平督办外，朕思此事，湖广、贵州各省若不特派大员，专司擒捕，不足以专责成。着即派李国梁挑选本标精壮兵丁三百名，令奋勇将备带领，亲身督率前往，先由湖北至贵州、湖南一带，会同各该省督抚实力搜捕净尽，毋使一名漏网。如三省已无贼匪，即往四川交界处所，会同文绶将川省啯匪一体搜捕，以副朕戢暴安良之至意。将此传谕李国梁，并谕文绶等知之。”（《清高宗实录》卷1137）

（乾隆四十六年七月）辛酉，谕军机大臣等：“本日据李本奏‘续获啯匪杨清、叶长红、陈老五、李思贵、李朝等五犯，并案审办’，又准川督文绶札称‘……闻刘老十等从前在川犯过抢劫之案，今年四月，因在川北地方抢夺伤人，被拿严紧，始行潜逃，欲由湖广、贵州往云南厂地’等语。此等匪犯自三四月间在川省聚党抢劫伤人，已非一日。彼时文绶如果实力查拿，尽数搜获，从重办理，该匪等何至纷纷逃逸，窜入别省？乃文绶并不亲往严行查办，又未具折奏闻，此皆该督办理延缓所致。文绶着再传旨严行申饬，仍着将现在亲身前往督率擒捕情形迅速具奏。至李国梁，前经谕令带兵先由湖北至湖南、贵州一带搜捕，如三省已无贼匪，即往四川交界处所，将川省啯匪搜捕净尽。今据李本所奏，是贵州现无贼匪踪迹，并着传谕李国梁，不必前往贵州，并令酌量现在情形，如湖南亦无须往捕，即行迅速赴四川，会同文绶将啯匪一体搜拿净尽，毋使一名漏网。仍着速行复奏，并李本原折着钞寄文绶、李国梁阅看。”（《清高宗实录》卷1137）

（乾隆四十六年七月癸亥）又谕：“本日据刘墉奏‘查办啯匪’一折，其夹片内称‘川省重庆、夔州二府与湖广等省毗连，结党为匪者每起或二三十人、或四五十人不等，每起必有头人，名为掌年儿的，带有凶器，沿途抢夺拒捕’等语。此等啯匪，起自川省之重庆、夔州所属，成群结党，每起多至数十人，并有掌年儿头目，可见匪党结聚已久，设令合各起为一起，而其中又有大头人为之统率，更复何所不为，尤觉不成事体。文绶在川年久，平日于此事漫不经心，并未随时严饬所属早为查办，以致滋蔓如此。伊试扪心自问，将何以自解耶？着再传谕文绶，将刘墉奏到折片令伊阅看，仍将近日续获匪犯若干名、现在李国梁曾否到川会捕之处，迅速详晰复奏。”（《清高宗实录》卷1137）

（乾隆四十六年七月）丙寅，谕军机大臣等：“据文绶奏复‘前后拿获啯匪审办’一折，内称‘……该匪等闻风窜匿，逃往合州太平县，并窜入湖北、黔省……’等语，所奏甚属糊涂，已于折内详悉批示……文绶久任督抚，所办何事，不应糊涂若此。况匪徒聚集川省，该督果能随时严饬文武各员实力擒捕，四处派员堵截，于边界有防，何至逃逸别省？乃文绶平日漫不经心，一任地方官疏纵酿成，致该匪等踪迹往来，如入无人之境，其所谓边防者何在？及匪徒窜入湖广、贵州等省，结党成群，抢掠滋事，该督仍复安坐省城，并不于要隘处所亲往督率查办。乃此次折内，尚腼颜称‘经楚黔等省官兵截拿，仍复窜回’等语，一似置身局外者然……再提督李国梁，前经降旨，派令带兵三百名竟赴川省，会同该督设法搜捕，此时想已到川境。如该处啯匪业经捕获净尽，无须李国梁在彼带兵督办，亦即一面奏闻，一面令其将所带楚兵先行撤回。此处在文绶相度机宜，酌量办理……将此传谕文绶，并谕李国梁知之。”（《清

高宗实录》卷1137)

(乾隆四十六年八月丙子)谕军机大臣等:“据舒常、郑大进等奏‘续获嘓匪彭家桂一名,讯据伙党有黄大年、黄大富等十人,此外尚有不知姓名者二十八人,并有头人陈升、罗恒二名,俱系忠州人,曾抢劫梁山马家堰场及高峰山场’等语。此等嘓匪,有头人掌年儿名目,呼群蚁聚,四处抢劫,若不及早设法搜捕净尽,将来或更合数党为一党……此案皆缘文绶平日疏纵,及至事发,又不督饬文武各属实力擒捕,致令窜出楚黔。文绶又安坐省城,及获犯审讯,又不能如舒常等将紧要情节确讯供词呈览,办理种种错谬,全无条理,丧心昧良,天夺其魄,着再传旨严行申饬……至李国梁现赴川省,所有湖广提督印务,即着刘墉暂行兼署……”(《清高宗实录》卷1138)

(乾隆四十六年九月甲辰)谕军机大臣曰:“……至各省擒拿嘓匪,如湖广、贵州等省,办理俱属认真,其所获正伙各犯亦多,惟川省尚未见实力严办。福康安抵任后,务须督饬阖属各员弁严密访缉,其已经盘获者必逐名讯究伙党,躧拿务获,断绝根株……”(《清高宗实录》卷1140)

(乾隆四十六年九月壬子)谕:“本年秋审,据刑部将各省情实人犯招册进呈,朕详加披阅,内四川省经部改入情实者七案,湖广省经部改入情实者七案。谳狱大典,内外承办官均宜悉心推鞫,以期无枉无纵,若部驳未能妥协,朕亦未肯准行。今此次部中改拟各案,核其情罪,均属平允,自系外省问拟失当,不可不明定处分,俾知警省。治狱之道,惟在准情酌理,务得其平,固不可稍存姑息,有意从宽。若欲避宽纵之名,而过为刻深,则民命所关甚巨,是失入之咎比失出为重,又不可不示区别。嗣后各省秋审案件,如经部驳至五案以上俱系问拟失出者,着交部议处。如五案之内有问拟失入一案,即着交部严加议处,以示慎狱明刑之意。所有此次四川、湖广两省秋审案件,即照此例办理。”(《清高

宗实录》卷1140)

(乾隆四十六年九月乙卯)又谕:“本日据舒常奏‘拿获啯匪杨潮臣一犯,讯有张起陇伙内头目四人有辫,其余六十二人皆无发辫,该犯亦被勒割辫’等语,昨据舒常奏‘拿获伙犯邹开太,供系被张添飞等逼胁不从,持刀恐吓,是以将伊发辫割去,并非啯匪以割辫为标记’,确凿可据,何此次拿获之杨潮臣供惟头目四人有辫,其余六十二人皆无发辫?如此则凡入啯匪之党者,尽以割辫为识认,显与国家制度相违,若不及早严办,将来竟如王伦、苏四十三之率众抗拒,亦何不可。着传谕福康安,即查明川省所获啯匪是否俱无发辫,并确讯割辫之由究竟是何主意,即据实复奏。所有舒常奏到原折及本日文绶复奏之折,一并钞寄阅看。其湖广所获之杨潮臣供出头目伙党及现经缉获喻维海一犯,着舒常督饬所属上紧缉拿,一并严讯确情具奏。”(《清高宗实录》卷1141)

(乾隆四十六年九月己巳)谕军机大臣等:“刘墉奏‘拿获啯匪,究讯割辫情由’一折,据称‘拿获匪犯黄胜才、王景文、刘荣华、颜自远、颜应超、陈添喜等六名到案查验,皆系割去发辫一段,作为记认等供。且棚头自留发辫,余人勒割,显有奸谋邪术,别有营为。现在暂留活口,再为设法研讯,究出实情’等语,所办是。匪徒聚党,俱以割去辫发标志色认,其情甚为可恶。现在湖广地方所获割辫之犯颇多,啯匪起自川省,总由文绶不能饬属查拿,以致养痈贻患,而于割辫一节尤无一字提及。其从前该省所获各犯及现获匪党内,必有似此割辫者,着再传谕福康安,令其将从前拿获各犯内,其中割辫者共若干名、曾否讯取供词,逐一查明,据实复奏。如有现获割辫之犯,即严讯其是何主意,从重究拟,不得稍为姑息了事。将此并谕舒常、刘墉知之。”(《清高宗实录》卷1142)

(乾隆四十六年十月乙亥)上御懋勤殿,勾到湖广情实罪犯,停决斩

犯二十四人、绞犯七人，余一百五十八人予勾。（《清高宗实录》卷1142）

（乾隆四十六年十月戊寅）谕军机大臣曰："李本复奏'审办啯匪'一折，据称'前拿获匪犯二十一名内，陈正山、钟凤鸣、刘贵三犯已审明遵旨正法。彭昌文、王元周、萧方旦三犯，除萧方旦病故外，余二犯拟绞，赶入本年秋审。其吴大汉等十五名，又续获李老八、周老五二名，屡经严究提质，复行查原籍，实非啯匪，已就现犯情节录取供单，分别办理'等语。啯匪肆行不法，就获后审讯明确，即当照前旨严办。至吴大汉等十七名，虽据该抚讯明实非啯匪，但此等匪徒均因形迹可疑被获，其所供情节或不无避重就轻，希图漏网。李本于拿获匪犯时，务须彻底研究，详晰录取供词，一面分别办理，一面即行具奏。如遇四川、湖广等省拿获别犯供出伙党，咨查该省时，该抚务须详晰质对，方成信谳，毋使狡饰。并谕福康安知之。"（《清高宗实录》卷1142）

（乾隆四十六年十一月）戊午，谕军机大臣等："据刘墉奏'究出割辫啯匪黄胜才等，供称川省匪类各有记号，其割辫伙内成群结拜，割下之发烧灰入酒共饮，各护各党，其棚头因欲出头露面，故不割辫'等语。此等匪徒竟敢割去发辫作为记号，甚属可恶。看来川省逸出湖广境内之贼匪竟有此记认，今黄胜才等犯已据刘墉审明正法，恐川省各州县似此割辫逃出者亦复不少。虽从前据福康安奏川省啯匪从无割辫之事，但楚省获犯既有此事，则川省亦应严密查察。着传谕福康安，密饬各属于山谷深僻地方再行严加搜缉，务令此类根株净绝，毋使稍留余孽，或致远扬，方为尽善。将此由六百里传谕知之，刘墉折并着钞寄阅看。"（《清高宗实录》卷1145）

（乾隆四十六年十二月戊寅）又谕："……至此等遣犯脱逃之案，节次谕令各省督抚严行查缉，乃各督抚并不留心，是以奏报就获者甚属寥寥。即如湖广一省，昨据舒常奏到，未获逃兵尚有一百五十余名。可见外省于此等案件往往视为具文，不能督饬属员实力盘缉，以致各该犯等幸逃法网，殊非缉匪安良之道。着再传谕各督抚，于此等逃犯务须严饬各属慎密侦探，设法查拿，毋使该犯等得以匿迹远扬，致稽显戮。”（《清高宗实录》卷1146）

（乾隆四十六年十二月辛巳）又谕：“本日据毕沅奏‘署咸宁县知县徐大文拿获上年顺天乡场舞弊之方大中一犯，严审定拟’一折，已交该部议奏。并令将徐大文送部引见矣。此外尚有储椿年一犯，查缉已久，未据弋获。此等科场作弊要犯，自应迅速就获，照例严办，方足以示惩儆，岂可任其兔脱远扬，久逃法网？着传谕各督抚，即将储椿年设法躧访，严密查拿务获，毋得视为通缉具文。”（《清高宗实录》卷1146）

（乾隆四十七年九月）乙巳，谕：“刑部进呈本年湖北省秋审黄册，该抚原拟缓决、九卿改入情实者十九起，湖南省改拟八起，均在五案以上，着将各该抚并按察使交部照例分别议处。”（《清高宗实录》卷1164）

（乾隆四十七年十月）庚午，上御懋勤殿，勾到湖广情实罪犯，停决斩犯十人、绞犯十二人，余一百四十一人予勾。（《清高宗实录》卷1166）

（乾隆四十八年十月）丁卯，上御行殿，勾到湖广情实罪犯，停决绞犯一人，余一百十四人予勾。（《清高宗实录》卷1190）

（乾隆四十九年正月甲寅）谕军机大臣等：“据李世杰复奏‘审讯叶体仁与范輗伙开盐井一节，查系范輗赊欠庄宏远货钱一千三百余千无偿，将开凿盐井契约顶与庄宏远。嗣庄宏远至武昌，盘费短少，因向叶体仁家人耿贵借银八十两，复将此约为质，实未同叶体仁伙开盐井’等语，是叶体仁并无与叙州所辖民人范輗合伙营运情事……”（《清高宗实录》卷1197）

（乾隆四十九年三月癸卯）又谕："本日刑部定拟川匪周仕贵等结众抢劫一本，此案李世杰仅具疏题报，并未具折陈奏，况该犯杨帽壳子邀同周仕贵等至十一人之多，行至空野地方抢夺俵分，即与嘓匪无异，且近日又有抢夺湖北一案。川省此等匪徒经福康安大加惩创之后，凶顽甫知敛戢。今福康安离任未久，即连有此聚众劫财之案，则该督未认真督办，已可概见……"……（《清高宗实录》卷1201）

（乾隆四十九年三月戊申）谕："据李世杰奏'酉阳州知州吴受申于楚民杨魁林等来川争界放火伤人一案意存观望，及至禀报，又与湖北来咨所称川民皮恒泰等在楚抢劫情节迥异，请将该州知州吴受申革职，留于该处缉拿各犯，俟本案审明后，果有捏报情事，再行从重办理。署知州窦組不查案情轻重，移交卸责，咎亦难辞，请交部严加议处'等语，吴受申着革职，留于该处缉拿案犯，窦組着交部严加议处。该部知道。"（《清高宗实录》卷1201）

（乾隆四十九年三月戊申）谕军机大臣曰："李世杰参奏'接据酉阳州知州吴受申禀报，楚民杨魁林等来川争界，放火伤人，与湖北来咨所称川民皮恒泰等在楚劫掠情节互异，且该知州吴受申于此案并不即行禀报，请旨革职留缉，俟本案审明再行从重办理。知州窦組不察案情轻重，移交卸责，请交部严加议处'等语。此案前据伊星阿、姚成烈前后奏报，已经降旨令李世杰迅速擒捕，从重审办矣……所有此案人犯，即着上紧督率擒获，毋使一名漏网，仍会同湖北督抚严审确情，速行据实具奏。将此由五百里发往，并谕令伊星阿、姚成烈知之。"（《清高宗实录》卷1201）

（乾隆四十九年闰三月壬戌）谕军机大臣等："本日据姚成烈奏报查办川匪焚抢一案，据称'于三月三十日拜折后，即驰赴咸丰县，会同李世杰督缉严审'等语。同日，又据伊星阿、姚成烈会奏'川匪案内现获人犯，录取供词’一折，亦系于三月三十日拜发。彼时伊星阿远在湖南，姚成烈现在湖北，何以所奏两折同日拜发，自相矛盾。是伊星阿拜折之时，姚成烈并未知之。若姚成烈知有会奏之折，断不复为此奏。可见外省列衔会奏之事，竟系具文。若地方寻常事件，督抚札商，合词题奏，尚属可行。至此等要案，各有承办之责，何得率行列名会奏？岂谓朕披阅奏折，于此等处亦如伊等漫不留意耶？伊星阿、姚成烈均着传旨申饬。”（《清高宗实录》卷1202）

（乾隆四十九年闰三月丁卯）谕军机大臣等：“据伊星阿奏‘湖北咸丰县民杨正邦等家被川民邢持试等纠众争地、伤人放火一案，因新任督臣特成额已由成都驰赴该处审办，抚臣姚成烈亦带同臬司前往，现在湖南省查拿未获逸犯，未便一时并往’等语，所奏亦是。川楚交界地方有此聚众焚抢重案，亟宜实力搜捕，务绝根株。特成额、姚成烈业已前后驰往查缉审办，伊星阿自应在湖南办理本任事务，不必同时并往，转致事涉矜张。其未获逸犯十六名，即着伊星阿严督各文武选派员弁兵役密速跟缉，尽数弋获，毋使一名漏网。至此等重犯纠众抢杀，目无法纪，一经拿获审讯，其应问拟斩决者，自属情真罪当。该督抚等即应一面恭请王命正法，一面奏闻。若具折请旨，候部复再行办理，不特往返需时，致稽显戮，并恐凶徒久羁囹圄，或有越狱抢犯情节，更属不成事体。着传谕各省督抚，嗣后遇有此等聚众焚杀数命重案，拿获究审，律应即时正法人犯。审讯确凿，应行刺字问拟斩决者，于法本无可宽，各督抚即当恭请王命，一面正法，一面奏闻，毋致稽缓滋事。将此由四百里传谕特成额、伊星阿、姚成烈，并谕各督抚知之。”（《清高宗实录》卷1202）

（乾隆四十九年六月）乙未，谕曰：“特成额奏‘据湖南藩臬两司禀报，五月二十六日，已将逆回马五一等截留正法，并查出回民丁正祥三人随同行走，现已审明定拟，因请将湖北、湖南两省各员及委解员弁请旨交部严加议处’等语，所办过当，已批俱着宽免矣。此案前据伊星阿奏到，朕业已降旨，令福康安将甘省首站起解之员查明参革，拿交刑部治罪。并因署长沙府事同知王用锷等能留心盘诘，特令送部引见。原以疏纵匪徒，罪在本省首站押解之员，至沿途地方官不过照依上站接递，咎尚可宽，是以概不加罪。朕办理庶务，宽严务协事理之平。乃特成额身为总督，遇事不权轻重，遽将湖北、湖南首站及接解之员悉行严参，办理殊属失当。若因该省各员既经参处，而甘肃、陕西、河南各省闻而效尤，纷纷具奏，伊于何底？总之封疆大吏，遇有地方事件，必当斟酌事理轻重，明示劝惩，不可稍涉张皇，自占地步。特成额甫经擢任总督，遇事即不知轻重若此，安望其总督两省办理裕如耶？特成额着严行申饬，并将此通谕各督抚知之。”（《清高宗实录》卷1208）

（乾隆四十九年九月）癸酉，上御行殿，勾到湖广情实罪犯，停决斩犯十八人、绞犯十二人，余八十九人予勾。（《清高宗实录》卷1215）

（乾隆四十九年十月戊子）谕军机大臣曰：“何裕城奏‘据邓州知州张文炯禀称，盘获邻省盗犯刘二彪、李应辉、曹魁三名，系在楚省行劫西洋人银物之犯，已飞咨湖广确查审明定拟’等语。此案前据特成额奏到，已降旨令其查明。如该犯等无关系西洋人传教通信，不过借端诈财，即交与该督定拟具奏。今何裕城奏所获刘二彪等亦系案内逸犯，豫省距京不远，着传谕该抚，即将刘二彪等三犯速行解部审办，毋致兔脱。其刘善等，着特成额仍遵前旨，审拟具奏办理。”（《清高宗实录》卷1216）

（乾隆五十年五月）壬戌，谕：“刑部奏‘湖北民人左富佐、褚福汉呈控仓书邱高陞等苛征勒派，地方官瞻徇不办；又褚自昌呈控革监江云汉盗葬违断，抗不迁坟，该县延案不结，致拖毙伊伯二命’两案，又都察院奏‘江苏徐州府监生王万宁呈控刘维三等诬良为贱，又勾合董玉龙串通书吏，假债滥拘妇女，地方官悬荡不结’一案，着派侍郎姜晟驰驿前往徐州，秉公审明定案后，即赴湖北秉公审办。所有原告左富佐等，

均着照例解往。”（《清高宗实录》卷1230）

（乾隆五十年五月丁丑）是月，湖广总督特成额奏：“向来湖北省每年秋审，臬司分送节略查核，临期会同抚臣勘录。惟湖南省从未往勘，臬司亦不豫送节略，俟将审勘之期始汇送一册备案，督臣即有酌商已在抚臣题达之后。查两江督臣，系轮年按赴江苏、安徽、江西三省审录，请嗣后湖广北南二省秋审，臣按年轮流会勘，间岁一往，借可稽察地方情形，并抽阅营伍。”得旨：“允行。”（《清高宗实录》卷1231）

（乾隆五十年十月）壬午，上御懋勤殿，勾到湖广情实罪犯，停决斩犯七人、绞犯十二人，余五十八人予勾。（《清高宗实录》卷1240）

（乾隆五十年十月甲申）谕：“前因西洋人吧哋哩啖等私入内地传教，经湖广省查拿，究出直隶、山东、山西、陕西、四川等省俱有私自传教之犯。业据各该省陆续解到，交刑部审拟，定为永远监禁……因该犯等并不报明地方官，私在各处潜藏，转相传引，如鬼蜮伎俩，必致煽惑滋事，自不得不严加惩治。虽坐以应得之罪，朕仍悯其无知，仅予圈禁。今念该犯等究系外夷，未谙国法，若令其永禁囹圄，情殊可悯。所有吧哋哩啖等十二犯，俱着加恩释放。如有愿留京城者，即准其赴堂安分居住；如情愿回洋者，着该部派司员押送回粤，以示矜恤远人、法外施恩至意。”（《清高宗实录》卷1240）

（乾隆五十一年九月壬午）谕军机大臣等：“大名纠众滋事一案，首犯至今未获，恐该犯闻山东、山西邻近各省，查拿紧急，或竟由豫省潜窜入湖广襄阳一路藏匿，俱未可定。着传谕李侍尧，严饬湖南北各属文武员弁，一体购线设法侦缉。李侍尧办事尚属认真，自能实力查缉。若将首犯段文经等迅速拿获，岂不更见出力耶？段文经、徐克展年貌单，着钞寄阅看。并谕李封一体留心，勿任久稽显戮。”（《清高宗实录》卷1264）

（乾隆五十一年九月庚子）谕军机大臣等："据毕沅奏'续获伊阳拒捕害官伙犯李殿士，审明正法'一折，内称'该犯同逃赴楚之杜三一犯，经汝州差捕，会同襄阳县拿获。现准署湖广督臣李侍尧咨会，已解豫归案审办'等语。李殿士一犯系伊阳县差役，在襄阳县地方盘获。杜三一犯，前据李侍尧奏，系襄阳县兵役，于樊城地方盘获。而毕沅则又称，汝州差捕会同襄阳县拿获。外省遇有缉捕案件，往往有功则相攘夺，有过则相诿卸，最为可恶。杜三一犯究系何处差役首先盘获，着传谕李侍尧、毕沅，查明据实复奏，毋蹈外省朦混邀功积习。至杜三、李殿士俱在湖北襄阳地方拿获，则同案在逃之秦国栋及大名案内首犯段文经、徐克展，或由河南一带窜入该处潜匿，亦未可定。前已节次传谕李侍尧严饬文武员弁一体购线设法侦缉。李侍尧办事向属认真，若能将各该首犯按名拿获，岂不更见其出力？朕必格外嘉奖。将此传谕李侍尧、毕沅，并谕李封知之。"（《清高宗实录》卷1265）

（乾隆五十一年九月己丑）谕军机大臣等："前因豫省伊阳夺犯拒捕案内，首犯秦国栋逃逸未获，及直隶大名案内段文经、徐克展二首犯等在逃，恐该犯窜入豫省，节经降旨，令毕沅等督率严拿，并谕江兰在彼缉捕，更为得力，迄今尚未据奏拿获。其段文经、徐克展二犯，该督等犹可诿为邻省之事，未能即时查拿就获。至秦国栋一犯，独非该省戕官首犯乎？且该犯情罪重大，乃亦不能实力侦缉，该督等所司何事？所有秦国栋一犯及段文经等，竟责成毕沅、江兰专心在彼督率查拿，若不能拿获，现在湖广总督有李侍尧署理，并不需人，毕沅且不准前赴新任，江兰亦不准遽卸藩司之任来京陛见，其段文经等二犯，仍着该督等一体严密侦缉，毋得视为具文，以致正犯潜匿稽诛。倘经别处拿获，恐该督等不能当其咎也。"（《清高宗实录》卷1265）

（乾隆五十一年九月辛卯）又谕："据毕沅奏'藩司江兰护送移驻官

兵事竣，现在起程进京陛见’等语。前因该省伊阳县戕官首犯秦国栋在逃未获，又大名滋事案内首犯段文经、徐克展亦日久未获，曾降旨责成毕沅、江兰专心查缉，若不能拿获，毕沅不准前赴湖广新任，江兰亦不准遽卸藩篆，来京陛见……”（《清高宗实录》卷1265）

（乾隆五十一年九月乙未）又谕曰：“毕沅、江兰、王昶虽俱经朕降旨，各加升擢，但河南伊阳戕官首犯秦国栋及大名滋事案内首犯段文经、徐克展俱日久查拿未获，可见该抚等缉捕并不认真，尚何颜复膺升擢？着遵前旨，责成毕沅、江兰专心查缉，若不能拿获要犯，毕沅不准前赴湖广新任，江兰亦不准遽卸藩篆，来京陛见。倘秦国栋经别省拿获，毕沅等俱不能辞咎……至毕沅素系晓事之人，江兰即欲来京，亦应阻止，乃竟代为陈奏，亦属不合，毕沅着交部议处。”（《清高宗实录》卷1265）

（乾隆五十一年九月）戊戌，谕军机大臣等：“据王昶奏‘督缉伊阳匪犯秦国栋及直隶大名滋事首犯段文经、徐克展，现拟驰赴楚、陕、豫三省毗连处所，督率员役，上紧躧缉。合三省力量，尽心设法，四面搜查，总使凶犯无可潜藏，自不致久稽显戮’等语。要犯迄今尚未就获，何云尽心？毕沅、江兰、王昶虽经降旨各加升擢，但伊阳戕官首犯秦国栋及大名滋事首犯段文经、徐克展等俱经责成伊等督饬搜缉。乃查拿日久，至今并无一名就获，可见该督等缉捕全不认真。外省废弛恶习可恶已极，毕沅、江兰、王昶尚何颜复膺升擢，若要犯一日不获，毕沅、江兰、王昶均不准各赴新任。至段文经、徐克展等经该督等多派员弁，广为搜捕，其与直隶、山东，附近之河南、山西、陕西、湖广、江南，以及福建、盛京、口外、京师，凡该犯等可以逃窜之处，俱经朕早为虑及，节次降旨，令各该处一体饬属严拿，何以至今尚未得该二犯实在下落？朕心甚为烦懑，昨以无聊之极思，令吉梦熊占六壬课，据称‘贼当在近水处藏匿，应于正北往南略近西追捕’等语。近水处所自系运河一带，而往南略近西，则又在湖广、陕西等省，并着传谕李世杰、李侍尧、毓

奇、李封严饬各属，一体留心侦缉……”（《清高宗实录》卷 1265）

（乾隆五十一年十月）甲辰，上御懋勤殿，勾到湖广、江西情实罪犯，停决湖广斩犯二十人、绞犯十二人……余七十五人予勾。（《清高宗实录》卷 1266）

（乾隆五十一年十一月癸酉）又谕：“据毕沅奏‘湖北咨解盘获之秦怀玉到豫，隔别严讯。不特秦国栋侄辈内并无秦怀玉之名，即伯叔兄弟内亦无其人。因在湖北地方佣工，被差役盘获，逼令承认，即随口混供’等语。前经陕西拿获之王进城一犯解至豫省，亦经审明，实名王兴元，并非王进城。向来误拿人犯之地方官例有处分，但秦国栋纠众戕官，情罪重大，又复潜行窜逸，希图兔脱。该州县选派差役躧缉查拿，遇有形迹可疑之人不得不盘查根究，况此等被获之人亦非善类，即监禁数日，审明后再行释放，亦不为拖累。且现在段文经尚未就获，若将误拿之地方官议处，恐该州县畏避处分，心存观望，不能实力缉捕，转致首逆漏网。所有此二案内误拿人犯之各州县俱着从宽，免其交部议处。该地方官等尤应感激奋勉，上紧搜缉段文经等，务期按名弋获，毋得稍存瞻顾，致滋疏纵。”（《清高宗实录》卷 1268）

（乾隆五十一年十一月）壬午，谕军机大臣等：“现在大名案内首犯段文经尚未就获……因思该犯或闻查拿紧急，复从颍、亳一带潜行逃逸，又窜至湖北地方潜匿，亦未可定。着传谕李侍尧督饬所属密访严拿，务将首恶渠魁速就弋获，毋任辗转逃匿稽诛。李侍尧向来办事认真，若能将段文经拿获，岂不更见出力耶？”（《清高宗实录》卷 1268）

（乾隆五十二年正月乙酉）谕军机大臣等：“……再湖北、江南二省俱与安省毗连，段文经等见徐克展被拿，恐其到案供出，果由盐船逃至汉口一带，否则又由凤颍转至归德、周家口等处潜回原籍探听消息，均未可定。并着刘峨、舒常、毕沅、李封严饬所属上紧缉拿，务须跟寻该匪等实在下落，毋得因日久生懈，若视为海捕具文，则刘峨等获咎滋重矣。将此由六百里传谕刘峨、李世杰等，并谕明兴知之。”（《清高宗实录》卷1273）

（乾隆五十二年二月）乙巳，谕：“向来各省承审命盗案件，迟延者例有处分，而所逾之限有过五月以上者，亦只照例议处，不足以示区别。嗣后承审之员，其逾限在五月以内者，仍照定例办理，若再迟至五月以上，自应加重分别议处。着交该部另行酌拟处分，妥议具奏。所有湖北武昌县熊之玉伙劫叶组耀等家衣物一案，其承审迟延各员即照新例办理。”寻议：“向例命盗初参，迟逾统限，议以罚俸之后，若有逾违二参分限者，即应革职。其盗案历限五月、命案历限七月以上之案，因尚未逾二参，故未定有加重议处之例。请嗣后承审命盗重案州县官于初参限满之后，计初参已迟至五月、七月以上，向例罚俸一年者，今增定予以降一级留任，其逾二参分限者，仍照旧例革职。”从之。（《清高宗实录》卷1274）

（乾隆五十二年二月庚申）谕军机大臣等：“大名案内首犯段文经等至今未获，节经降旨，令各督抚上紧躧缉……因思上年该犯等曾有逃上盐船及往武当、汉口之信，此时直隶、山东等省查拿紧急，不致潜匿，或竟由盐船逃往汉口，或窜入武当山藏避，均未可定。徐克展一犯系毛师沆在亳州访获，尚属能事，着传谕毕沅，仍密饬该员带同眼目前赴汉口、武当山一带及各盐船上，不露形迹，设法购线查拿。若该员果能再将段文经、刘勤盘获，朕必破格加恩升擢，该员不可不倍加奋勉也。将此谕令知之。”（《清高宗实录》卷1275）

（乾隆五十二年三月庚午）又谕：“大名案内首犯段文经等至今未获，前经降旨，谕令毕沅密饬毛师沆带同眼目前赴汉口、武当山一带，购线查拿。本日据保宁奏‘拿获王福一名，讯据供称，与段文经等相识，曾诱赴大名城内行劫，该犯并未随行，逃往四川’等语。看来此案人犯或因附近省分查拿紧急，复逃至川省，希图潜窜漏网，亦未可定。该省峨嵋山高峻深远，易于藏匿奸匪，着传谕毕沅，即速饬知毛师沅，如汉口、武当山等处查无段文经等踪迹，即由该处迳赴川省峨嵋山一带，改装逐细根缉务获，解京审办，必邀格外加恩也。将此由五百里谕令知之。”（《清高宗实录》卷1276）

（乾隆五十二年三月丙戌）谕军机大臣等：“据舒常奏‘准陕西咨会，有颍州张良功资给段文经钱文，逃往陕省之语。现派文武各员在陕楚交界之处认真侦缉，以期就获’等语。舒常此奏系准陕省咨会，自非无据。其所称张良功一犯，既经资给段文经钱文，即为案内要犯矣。现在曾否就获，何不问之此人……何以总未见陕西、安徽具奏……着传谕巴延三、秦承恩，即将此语得自何人，及此项咨文系巴延三任内所发，抑系秦承恩护理抚篆时所发，并因何不奏之处，据实速行复奏。仍饬属严密躧缉，务将段文经等拿获，解京审办，毋令又至远扬……将此由六百里各谕令知之。”（《清高宗实录》卷1277）

（乾隆五十二年三月己丑）谕军机大臣曰：“舒常奏‘武昌县典史会同河南委员拿获貌似段文经之吴添德一犯，讯据供称，系直隶宛平县人，向在湖南开膏药铺，因有同乡人杨四在汉口谋生，来索旧欠钱文，随传讯杨四，亦称欠钱属实。查验该犯吴添德与段文经形貌相符，现在解交直隶认识’等语。吴添德虽供非段文经，但形貌既与相似，保无畏罪隐匿不吐情事。着传谕刘峨，一俟楚省解到时，直省自有眼线，该督必须详加质认，如果确系段文经，即行迅速遴派干员解京审办。而杨四一犯即其伙党，亦必有知情容隐之罪，不得任其逃匿。着刘峨于质对属实后，即飞咨舒常，将杨四一并解京审办。倘吴添德质认实非段文经，亦应奏明解京，再令逆犯王成功等对质，以成信谳。将此由五百里传谕刘峨，

并谕舒常知之。”（《清高宗实录》卷1277）

（乾隆五十二年九月）甲申，上御行殿，勾到湖广情实罪犯，停决斩犯二十一人、绞犯十人，余九十人予勾。（《清高宗实录》卷1289）

（乾隆五十三年五月庚辰）又谕：“据舒常、姜晟奏‘湖北省自乾隆四十五年起至五十一二年止，积压未办案件共六百余件，除现在勒限赶办已完五百四十余案外，尚有五十余案未经完结，请将历任迟误各员分别议处’等语。从前特成额在湖北总督任内数年，一切事件并不留心，于照例应办之事亦不上紧办理，积压至六百余件之多，特成额在任所司何事？前经特成额获罪，朕尚加恩，开以自新之路，发往乌什办事。今据舒常等所奏，可知伊在总督任内坐拥厚禄，止求安逸，全不办事，丧尽天良。所有舒常等奏折钞寄阅看，着将从前何以如此任意迟延之处据实明白回奏。”（《清高宗实录》卷1305）

（乾隆五十三年七月甲子）又谕曰：“图桑阿、陈淮奏，六月二十日，荆江夏汛泛涨……冲开西、北两门，满、汉两城文武衙署、兵民房屋以及仓库监狱俱被淹没……监犯现查获三十八名，其余五十名是否淹毙或私逃，上紧查究……至监犯现无下落者，固应上紧查明，分别核办。其现已查获之三十八名，如系当时救出，另行监禁，自应仍照本案办理。如系被水得生、自行投到者，尚为守法，即应照其本罪，量予减等……”（《清高宗实录》卷1308）

（乾隆五十三年七月甲申）谕军机大臣等：“本日据舒常奏‘荆州府城猝被水淹，监犯不带刑具，遂皆随水漂散，查系各犯日间开放杻镣，至晚始上刑具’等语，已降旨将该管各员分别革职议罪矣。因思刑部监狱羁禁各案罪犯，向来该堂官等未曾留心防范，如大员中富勒浑、雅德等犯罪系狱，情罪重大，皆知王法，虽疏刑具，必不敢别滋事端。即军流人犯罪不至死，亦无虞有疏脱之处，或私疏放尚可，朕非不知。此外定拟斩绞凶犯，不可不严加羁禁，如有在监酗酒斗殴情事，即系刑具松放所致。部监重地，防范自应严密，着传谕刑部堂官，严饬管狱司员将各犯照例稽查刑具，加意防范。该堂官等仍不时留心查察，毋得漫不经心，致有疏虞。舒常折着抄寄阅看，当以此为前车之鉴也。”（《清高宗实录》卷1309）

（乾隆五十三年十月）壬辰，上御懋勤殿，勾到湖广情实罪犯，停决斩犯十六人、绞犯十三人，余八十二人予勾。（《清高宗实录》卷1314）

（乾隆五十三年十月戊申）又谕：“据毕沅……又另片奏称‘荆州窖金洲系萧姓买自王、齐、叶、张、杨五姓，该五姓并非江陵县人，俱籍隶石首，已饬提究讯’等语。窖金洲系江陵县地面，以本县人而买本县之地尚属近理，该五姓既籍隶石首，岂有非本处人而占隔县江中涨沙之理？前因萧姓私占洲地，种植芦苇，又复每年培植，逐渐加增，以致涨沙日长，壅遏江流，为数万生灵之害。若非趁此时亟为划去，势必愈占愈增，必致全城俱难保固。萧姓牟利酿灾，情节可恶，是以将其财产查抄，为该郡工赈之用，并交部治罪，以示炯戒。至所称买自王、齐、叶、张、杨五姓之处，自系萧姓因获罪甚重，借词扳引异籍之人以为卸罪地步，即其呈出契纸等项亦恐系假捏，难以凭信。毕沅系晓事之人，何以被其所愚？该督只须再向萧姓严切根究，务期确实，不得任其展辗牵连，徒滋拖累。此中弊窦已久，该督务宜悉心详查，勿为萧姓狡饰之词所惑，以转致波及无辜也。将此由五百里谕令知之，仍即据实复奏。”（《清高宗实录》卷1315）

（乾隆五十四年四月庚戌）谕军机大臣等：“……阿桂俟磁州审案完竣再由彼起程，前赴荆州查办一切。将此由六百里传谕阿桂，并谕刘峨知之。”（《清高宗实录》卷1327）

（乾隆五十四年五月甲戌）谕军机大臣等："……阿桂在荆州审案，距湖南不远，着即将李茂才一犯解交阿桂，就近提集犯证前至荆州，详细秉公研审，务得确情，定拟具奏。如浦霖有袒徇情节，亦即据实参奏，勿稍回护。"（《清高宗实录》卷1329）

（乾隆五十四年七月）甲辰，谕军机大臣等："……再前在密云县地方叩阍之四川民人马晏清窜匿未获，恐其潜回本省，业经军机处行文沿途各省一体缉拿，复经降旨传谕刘峨，严饬所属实心躧缉。嗣据李世杰奏，查得马晏清又姓张，原籍湖北。是该犯或竟窜回楚省，亦未可定。直隶、河南系蜀楚必经之地，该督抚接到谕旨咨文，自应饬属严密根缉，毋致远扬。何以为期已久，至今未据缉获？着将李世杰所开年貌钞寄刘峨、梁肯堂阅看，令其严行缉拿。"寻刘峨奏："直隶通省秋成实有八分，至马晏清一犯尚未缉获。"报闻。梁肯堂奏："河南秋收八分有余，马晏清现饬属严缉。"得旨："览。"（《清高宗实录》卷1335）

（乾隆五十四年九月）壬寅，上御行殿，勾到湖广情实罪犯，停决斩犯十八人、绞犯十人，余九十六人予勾。（《清高宗实录》卷1339）

（乾隆五十五年六月甲戌）又谕曰："……直隶刊刻传单，似非接据江西知会仿照办理，而河南、湖广又复诿为不知。即昨据福康安奏供应事宜，俱系节之又节，移咨沿途遵办，所言似非捏饰。但此项传单终无着落，朕岂能任伊等含糊混过，不复查究明确？着再传谕梁肯堂，务遵前旨彻底根查。究竟此项传单仿照何处知会，抑系直隶凭空刊刻之处，务得实据复奏。不可存颟顸了事之见，致获咎戾也。"（《清高宗实录》卷1357）

（乾隆五十五年十一月乙巳）湖广总督毕沅奏："楚北民气浇漓，讼风最甚，一经控准，即窜迹远扬，以遂其迁延拖累之计，致民间有图准不图审之谚。”批：“实在可恶。”又奏：“现饬令各州县每届放告之期，控案稍涉紧要，即将原告押送藩臬，立时审办。倘有原告逃避、行提已逾两月者，即将被告人证讯明销案。”批：“似此恶人，莫若竟以不审结案，则恶徒或敛迹矣。”又批：“汝至楚惟此一奏尚觉有良心，但迟矣。余有旨。”（《清高宗实录》卷1367）

（乾隆五十五年十二月丁未）谕军机大臣等：“据毕沅奏‘楚北讼风最甚，一经控准，窜迹远扬，民间有只图准不图审之谚。每届放告之期，接阅词状，即将具呈人押交藩臬，立时审办。倘有原告规避已逾两月者，即照新例详明销案，仍俟缉获原告治罪。统计结过各案一千五百余件，未结各案现俱派员分审，立限速结’等语。楚省民情刁悍，素以健讼为能，但若如所办，何致原告规避？希冀牵引株连，为泄忿陷人之计。此等刁民甚属可恶，自当严行惩创，以儆恶习。今毕沅督率地方官严审速结，并将具呈人立即管押，勿令远扬，所办尚好。但该督自到任以来，迄今已及两载，于地方事件并未实力整顿，惟此一奏尚觉稍有良心，然亦因楚省赴京呈控者纷纷不绝，派往审办之吉庆等久驻该省，毕沅恐民风日益刁健，始行留心查办，立法严惩。是所办虽属认真，而平日不及早清厘，以致尘案累积，告讦成风，亦难辞怠缓之咎，且恐此奏仍属虚言也。况地方官收受呈词后，即应将原告之人扣留待质。乃任其匿不到案，枉累无辜，而阘茸疲玩之员借辞延宕，悬案不结，就该督所奏情形而论，是该省之吏治废弛，已不啻自行呈首矣。嗣后该督等务须督率所属，遇有控案，立即管押原告，迅速审断。倘敢潜行逃避，情虚已可概见，莫若照原告两月不到立案不行之例，竟可毋庸审办，详明销案。其任听原告逃匿之地方官即行从严参处，仍俟缉获原告到案，重治其罪，庶使此等刁恶讼棍知所儆惧，或可稍为敛迹也。将此传谕毕沅，并谕福宁知之。”（《清高宗实录》卷1368）

（乾隆五十五年十二月甲戌）谕军机大臣曰："……再尹壮图丁忧回籍时，由京至滇，只过直隶、河南、湖广、贵州等省，何以伊前折内，又有经过江浙、广西各省之语，自系尹壮图纡道前往各处，与地方官交接，以为抽丰之计。并着庆成将伊回籍时因何由江浙、广西等省之处，一并询明具奏。"（《清高宗实录》卷1369）

（乾隆五十六年八月戊申）……寻奏："嗣后除原议应拟满流之犯，律有一定罪名，无从高下其手，遇有监毙及解审病故，照例准其抵命，将下手致命伤重应绞之人减等拟流外，其助殴伤重之人，如有监毙及解审病故，必须验讯明确。所殴实系致死重伤，始准抵命，将下手致命伤重应拟绞抵之犯量减一等拟流，并于例文内分别注明。"从之。（《清高宗实录》卷1384）

（乾隆五十六年九月）庚寅，上御行殿，勾到奉天、湖北情实罪犯，停决……湖北斩犯三人、绞犯十人，余一百二十一人予勾。（《清高宗实录》卷1387）

（乾隆五十七年二月庚戌）吏部等部议复湖广总督毕沅疏称安陆府属荆门州改为直隶州，荆门州州同改为直隶州州同，裁改管辖各事宜：……一、该州自理刑名命盗等案，应请由州径详臬司审转。所辖二县案件，应由该州审转。一、荆门、当阳、远安三州县，上司批审、邻邑咨查，一切已未结等案，应饬安陆、荆州二府移送该州审办，均以到任之日为始。一、该州安置军流，应以该州为专管，以安襄郧荆道为兼辖。一、安陆府督缉荆门、当阳二州县，荆州府督缉远安县，一切应参案件均以新任到任之日截扣。其该州处分及督缉二县兼辖处分，亦以到任为始。一、荆门、当阳二州县军流，应仍照安陆府原定道里表佥发。远安县军流，亦仍照荆州府原定表佥发……均应如所请。从之。（《清高宗实录》卷1396）

（乾隆五十七年三月乙亥）湖广总督毕沅、湖北巡抚福宁奏："缉私一事，臣等随时筹办，体访南北各路情形，凡私贩出入往来处所分设卡座，酌派官兵，并专委参游都守各员分投总巡，不令始勤终怠。"得旨："览奏俱悉，久而毋懈可也。"（《清高宗实录》卷1398）

（乾隆五十七年十月）甲戌，上御懋勤殿，勾到湖广情实罪犯，停决斩犯十人、绞犯十八人，余九十三人予勾。（《清高宗实录》卷1414）

（乾隆五十八年十月）辛巳，上御懋勤殿，勾到湖广情实罪犯，停决斩犯七人、绞犯十一人，余九十四人予勾。（《清高宗实录》卷1439）

（乾隆五十九年二月癸未）谕军机大臣曰："冯光熊复奏'接奉谕旨，地方如遇纠众肆劫重大案件，自应将法无可贷之犯立正刑诛'等语。从前所降谕旨，原因湖北省匪犯杨应子等叠次抢劫，聚至数十人之多，情罪极为重大，是以令将为首各犯于审明后一面奏闻，一面办理，不得拘泥请旨，转致别生事端。近因伍拉纳等将内地寻常案犯亦照台湾漳泉械斗聚众之案从重定拟立决，实属过当，已将该督等交部察议，并特颁谕旨，宣谕各督抚矣。督抚等身任封圻，于审拟案件当准情定罪，期于情法得平。若一案经朕改轻，即意存宽减，一案改重，即有意从严，非失之过当，即失之不及，岂核实持平、矜慎庶狱之道？嗣后各督抚惟当酌核案情，权其轻重，不得概请从严。昨降谕旨甚明，各该督抚当善体遵行，毋致意存偏畸也。将此各传谕知之。"（《清高宗实录》卷1447）

（乾隆五十九年十月）癸未，上御懋勤殿，勾到湖广情实罪犯，停决斩犯七人、绞犯四人，余二十二人予勾。（《清高宗实录》卷1463）

（乾隆五十九年十一月辛亥）谕军机大臣等："据惠龄奏'安省现有

缉拿要犯刘之协一事最关紧要，俟陈用敷到楚后，驰赴安省，至湖北地方，仍留心饬拿，不敢因交代在即，稍存疏懈’等语。刘之协在豫省脱逃，至今尚无踪迹，陈用敷此时尚在安省，即责成该抚，董率所属查拿，迅期弋获。其湖北地方与安省、豫省均属接壤，该犯若不潜回原籍，或即逃往湖北藏匿，惠龄在楚，自当一体留心严缉。今陈用敷既不能即赴楚省，惠龄亦应缓赴新任，庶免往来交代，致属员等互相观望，心存怠玩。着传谕惠龄、陈用敷，各于安省、楚省地方实力侦缉，四路截拿。俟刘之协就获后，再行各赴新任，以专责成。”（《清高宗实录》卷1465）

（乾隆五十九年十二月丁卯）谕军机大臣等：“……毕沅由湖广总督降补山东巡抚，伊在湖广任内，有查办邪教事件，又自楚前赴山东，仆仆道途，所进贡品亦必无暇自行制办。况此项灯词冬至月间始行发誊，若该抚得有底稿后，再行缮写制灯，虽造办处就近制作，亦不能如此之速，自系有人在京代为办贡，以为争先出奇，见好毕沅，要其厚谢地步。内廷行走翰林，理宜小心慎密。从前康熙年间，南书房翰林如徐乾学、高士奇辈，往往有与外省勾结情事。恭阅雍正年间实录内，亦以臣工等不知谨慎，屡加训诫。朕临御以来，于内外臣工从不存逆亿之见，且办理庶务，大公至正，亦无不可共见共闻者。但以未经写入诗本之御制诗章，遽尔传播外间，由此而推，设遇有机密事件，亦可豫为轻泄。若高云从之将道府记载私以告人者，甚至无中生有。若从前查嗣庭、邹鲁、胡中藻之造言生事，酿成巨案，不可不防其渐。着传谕毕沅，即将灯词序文得自何人、系何人代为承办据实复奏。朕不过欲明白此事，并不加责备，该抚亦不必心存畏惧，稍有讳饰，致干咎戾，仍即据实复奏。”（《清高宗实录》卷1466）

（乾隆六十年二月癸丑）又谕曰：“陈用敷现已革职解交刑部治罪，惠龄尚在湖北缉拿邪教要犯，未能即赴调任，所有安徽巡抚印务着交周樽暂行护理。”（《清高宗实录》卷1470）

（乾隆六十年二月癸丑）谕军机大臣曰：“刘之协系于上年十月内逃回太和，旋即起身潜往湖北樊城藏匿，迄今已及数月，湖北地方官何以漫无觉察，并不缉拿？况安省委令吴甸华赴楚查拿，系于正月初七日起身，计算程期，早到湖北，并未据福宁将督同查缉缘由具奏。安省距湖北甚近，岂邻省委员到彼缉犯，尚毫无闻见耶？又陈用敷折内称‘委令吴甸华驰赴樊城，查拿刘之协，并咨会惠龄委员协拿’等语。惠龄接到陈用敷知会，即应一面具奏，一面亲往樊城。今事隔二十余日，竟未据惠龄奏及，其故殊不可解，着传谕福宁，即暂留湖北，亲往督缉，不必急于前赴两江新任。若该督业已起程，于何处接奉此旨，即于何处迅速驰回樊城，总须俟刘之协就获后，一面派委妥员解京，一面再赴新任。”（《清高宗实录》卷1470）

（乾隆六十年二月）乙卯，谕曰：“苏凌阿奏‘据江宁副将明泰禀称，有六安州文生陈以宁，于正月十七日前赴抚臣陈用敷处面禀，情愿缉拿刘之协，求发护身牌票。陈用敷欲派拨弁兵同往，伊恐人多泄漏，未肯带往，随给与护票前去。该副将因见其人语言清朗，就近禀知陈用敷，带同跟线兵役改装易服，暗暗跟随前往帮拿’等语。此事陈用敷昨日所奏之折并未提及，殊不可解。陈用敷上年因调任安徽，来京陛见时奏对之次，朕本不甚满意……乃陈用敷于审讯阮沅、郭彦忠一案，业据供出刘之协逃往湖北樊城苏明宽家躲匿情节，于正月初七日，已委知县吴甸华前往查缉。而事隔多日，并无一字奏及，又不亲往查拿，并欲坐待苏凌阿到后会同究讯具奏。种种错谬推诿，置缉拿要务于不办，实出意料之外，是以降旨革职解交刑部治罪……且该生缉拿刘之协，自应带同跟线兵役前去，而陈用敷仅给护票，经该副将见其人尚明白，恐有别项隐情，禀知陈用敷，始行添拨跟往。是陈用敷见识远不如该副将之晓事，似此缉拿要犯，种种迟延，糊涂可笑，即革职拿问，亦属罪所应得。今仅解交刑部治罪，尤属侥幸。于此可见督抚等于地方事务不能实心经理，即使混过一时，日久未有不自行败露者。朕于臣工功过，一秉大公至正，惟视其人之自取，各该督抚等惟当益加谨凛，以陈用敷为前车之鉴也。”（《清高宗实录》卷1470）

（嘉庆二年九月）己丑，上御洞明堂，勾到湖广、江西情实罪犯，停决湖广斩犯五人，余一百一十一人予勾。（《清仁宗实录》卷22）

（嘉庆五年三月丙辰）谕内阁：“据铁保奏‘检查历年饬发各省粮道及府卫审讯词讼，未结者共有六百六十余案，请分别注销起限，以清积案’等语，已另降谕旨，令铁保查办矣。漕督衙门发审各件积压年久，皆由管干贞、富纲、梁肯堂等废弛所致。因思总漕专司漕务，发审未结事件即有六百六十余案之多，地方有司词讼纷繁，其历年积压者更不知凡几。州县惟知以逢迎交结上司为急务，遂置公事于不问，视陋规为常例，以缺分美恶得项多寡，总思满载而归，视民生如膜外。而督抚司道等亦只知收受属员规礼，并不随时督察，上紧严催。而胥吏等又利于案悬不结，可以两造恣其需索，以致拖累多人，日久尘积，上下相蒙。其弊已非一日，此朕所深悉者，屡经降旨严饬。现在纲纪肃清，地方官吏谅不敢仍蹈故辙，显事苞苴，但于历年积压之案，尚不能勒限清厘，即如湖北呈控各案，上年发交高杞审办者，至今未尽奏结……其余案件，积压者尚多。复经降旨饬催，该督抚于朕特交之事尚尔耽延，况问刑衙门自理词讼，本无一定例限，有不日积日多，竟至延搁不办者乎？京中部院办事皆有例限，从不许积压多案，外省地方官事同一例，岂得任意稽延？嗣后各直省凡遇地方案件，除审办命盗本有定限外，其余自理词讼，着各督抚分别立限，饬令有司按期完结，逐件注销。若有任意迟延逾限不结者，立即参奏。倘意存徇庇，经朕访闻，或被他人纠劾，必将该督抚一并严处，决不宽贷。将此通谕知之。”（《清仁宗实录》卷61）

（嘉庆五年九月）乙未，上御懋勤殿，勾到湖北情实罪犯，停决斩犯

二十四人、绞犯二人，余一百二十五人予勾。（《清仁宗实录》卷74）

（嘉庆六年二月辛酉）减免陕西、湖广……缓决三次以上人犯六百六十三名。（《清仁宗实录》卷79）

（嘉庆六年九月）庚寅，上御洞明堂，勾到湖广、江西情实罪犯，停决湖广官犯一人、斩犯二十一人、绞犯二人……余九十六人予勾。（《清仁宗实录》卷87）

（嘉庆七年十一月）甲戌，上御懋勤殿，勾到奉天、浙江、湖广情实罪犯，停决……湖广斩犯十二人、绞犯十九人，余八十九人予勾。（《清仁宗实录》卷105）

嘉庆八年癸亥九月戊申，上御洞明堂，勾到奉天、湖广情实罪犯，停决奉天斩犯四人，湖广斩犯八人、绞犯十七人，余五十七人予勾。（《清仁宗实录》卷121）

（嘉庆九年七月癸丑）命兵部右侍郎贡楚克扎布河南审案完竣后驰往湖北审案。（《清仁宗实录》卷132）

（嘉庆十年九月）丁巳，上御行殿，勾到湖广、奉天上年情实罪犯，停决湖广斩犯九人、绞犯十八人……余八十四人予勾。（《清仁宗实录》卷150）

（嘉庆十年十月丁酉）御懋勤殿，勾到广东、湖广、浙江本年情实罪犯，停决……湖广斩犯五人、绞犯二人……余一百六十四人予勾。（《清仁宗实录》卷151）

（嘉庆十年十月辛丑）谕军机大臣等："……因思吴熊光、托津在湖北审办各案，自必得有端绪，奏折谅已拜发在途。现经明降谕旨，将吴熊光调补两广总督，吴熊光接奉此旨，即星夜兼程由驿驰赴新任。其湖北应讯案件，如尚审办未结，即专交托津会同瑚图礼秉公办理，并将私盐、小钱两事会同查办。俟办理完竣后，托津着仍遵前旨，驰赴广东，会同吴熊光查办一切，回京面奏……"（《清仁宗实录》卷151）

（嘉庆十一年九月）丁卯，上御洞明堂，勾到浙江、湖广、陕西情实罪犯。停决……湖广斩犯七人、绞犯二十七人……余一百三十人予勾。（《清仁宗实录》卷167）

（嘉庆十二年十月）壬辰，上御懋勤殿，勾到奉天、陕甘、湖广情实罪犯，停决……湖广斩犯十四人、绞犯十八人，余一百十七人予勾。（《清仁宗实录》卷186）

（嘉庆十三年九月）乙亥，上御行殿，勾到陕甘、湖广情实罪犯，停决……湖广斩犯十五人、绞犯二十二人，余一百三十人予勾。（《清仁宗实录》卷201）

（嘉庆十五年十月）壬寅，上御懋勤殿，勾到上年及本年湖广情实罪犯，停决斩犯十三人、绞犯二十六人，余一百十六人予勾。（《清仁宗实录》卷235）

（嘉庆十六年闰三月壬辰）命吏部左侍郎玉麟、刑部左侍郎朱理驰往湖北查办事件。（《清仁宗实录》卷241）

（嘉庆十六年九月）己丑，上御行殿，勾到奉天、湖广情实罪犯，停决……湖广斩犯五人、绞犯六人，余八十五人予勾。（《清仁宗实录》卷248）

（嘉庆十七年三月）壬午，谕内阁："马慧裕等奏'湖北各属承变逆绝田产情形不一，请分别查参展限'一折。湖北省剿除教匪，所遗逆绝各产原勘入官估变，勒限归款。从前办理此事，本未能迅速妥协，以致悬宕日久，实难保无朦混影射及不肖官吏串通徇隐等弊。既据该督等奏称，各州县境内情形本有不同，不可不彻底确查。着照所请，再予展限一年。该督等即督同藩司，遴委公正诚实之员分往各属确查，先将已经变价银两提解司库，仍查原勘数目是否确实，原定价值今昔有无增减。倘有匿报侵挪情弊，即将承办各员指名参究，务于展限一年期内认真办竣，毋再任迟延滋弊。"（《清仁宗实录》卷255）

（嘉庆十七年五月庚寅）又谕："刑部奏'各省秋审后尾到部迟延，请旨饬催'一折。各省秋审后尾，定例限于四月内具题到部。本年将届五月下旬，未到者尚有十一处，而其中山东、山西、直隶、热河道里俱近，亦复迟延，恐不免有意观望，私向部中书吏探听实缓情节，再行改合具题，冀免将来失入失出处分，不可不严防流弊。所有此次办理迟延之山东、山西、直隶各督抚及臬司，并热河都统，均着交部议处。其贵州、广西、广东、福建、湖南、湖北、浙江各督抚及臬司，均着交部察议。并将此旨各由四百里发往，令其速行具题达部。嗣后俱着遵照定限，如有迟延，刑部查参，即照此次一律惩处。"（《清仁宗实录》卷257）

（嘉庆十七年九月）癸巳，上御洞明堂，勾到湖广、浙江情实罪犯，停决湖广斩犯十四人、绞犯二十八人……余九十一人予勾。（《清仁宗实录》卷261）

（嘉庆十八年十月）壬戌，上御懋勤殿，勾到江西、安徽、湖广情实罪犯，停决……湖广斩犯十七人、绞犯二十五人，余一百十八人予勾。（《清仁宗实录》卷277）

（嘉庆十九年九月戊戌）又谕："从前办理川、楚、陕三省邪匪时，地方官清查叛产绝产甚属迟延，自缘三省地方辽阔，林薮邃深，事阅多年，易滋轇轕，其延缓尚属有因。此次平定教匪，如林清、祝现等犯，其逆产即在近畿……逆产在千里之内，地势平衍，并无山林错杂，且前后三月蒇事撤兵，为时不久，清查较易。前经降旨饬办，延未办竣，又犯因循疲玩之锢疾矣……"（《清仁宗实录》卷296）

嘉庆十九年甲戌九月癸卯，上御洞明堂，勾到安徽、湖广、江西情实罪犯，停决……湖广斩犯十二人、绞犯十四人……余一百一人予勾。（《清仁宗实录》卷297）

（嘉庆二十年正月）庚戌，谕军机大臣等："给事中辛从益奏'严禁重利盘剥，以苏丁困'一折，据称'浙江漕船二十一帮运丁债累至五六十万两，有绍兴各酒商借装带土宜为名，坐放帮帐。有南帐、北帐之号，其利皆在四分以上。如孙汝坚、钟师山、阮绍丰、钟仲鲠等酒号，各坐放帮银，近来各丁疲乏，不能清还，该酒商等即令帮丁禀请应领公款银两，并串通粮道书吏周履泰，将银扣抵私帐……'等语。漕运转输最须顾惜丁力，今奸商等巧为盘剥，有南帐、北帐之号，并串通书吏，勒将公款扣抵，自应严行查禁……至该给事中复称'运丁等挪借无自，亦恐不敷办公，更形竭蹷，奸商仍得居奇。不如受贷于官，设法通融，酌借官项，仍于该帮丁每年应领银内扣还，或量加一分之息'等语，此事是否可行，着交李奕畴会同有漕省分督抚，各酌量该省帮丁情形，如此官借官扣，有无闲款银两可以动用，于疲乏帮丁有无裨益，行之日久有无弊端，熟筹妥议具奏。将此传谕李奕畴、颜检，并谕两江、湖广总督，江苏、安徽、江西、湖北、湖南各巡抚知之。"（《清仁宗实录》卷302）

（嘉庆二十年六月）甲子，命协办大学士吏部尚书章煦、刑部右侍郎

熙昌驰往湖北查办事件。（《清仁宗实录》卷307）

（嘉庆二十年十月）癸酉，上御懋勤殿，勾到湖广、江西、安徽情实罪犯，停决湖广斩犯三人、绞犯三人……余九十人予勾。（《清仁宗实录》卷311）

（嘉庆二十一年九月戊午）御行殿，勾到湖广、浙江、江西情实罪犯，停决湖广斩犯三人、绞犯十四人……余一百五人予勾。（《清仁宗实录》卷322）

（嘉庆二十二年九月）壬戌，上御洞明堂，勾到湖广、陕甘情实罪犯，停决湖广斩犯二十三人、绞犯十九人……余一百一十九人予勾。（《清仁宗实录》卷334）

（嘉庆二十三年二月丙申）谕军机大臣等："前据孙玉庭等奏，湖广、江西纲引滞销。当经降旨，将该盐道革去顶带，令该督抚盐政等将堵缉邻私及稽查夹带偷漏之弊会同妥议章程具奏。兹据御史吴杰奏称'巫山、大宁一带盐埠口岸素有奸商私造引张，名为墨引，串通土豪，勾引私贩各船，到彼捏称提载，由水路浸入荆州、宜昌等处。陆路则由灶户出卖，与竹溪、房县肩挑背负之民，每日不下数百人，听其贩往楚界各乡村售卖。又闻陕西商南、平利一带私盐，即自潞商各店中贩来，由汉中顺流而下，至襄阳之谷城、德安之安陆分途暗售。河南私贩即自南阳之李官桥店中贩来，亦至谷城、安陆等处，请饬令各督抚查办'等语。私盐充斥，以致官引滞销，亟应设法整顿。着孙玉庭、庆保、张映汉、钱臻、阿克当阿会同确查，并将该御史指出开设店铺、兴贩私盐各地界，移咨四川、陕西、河南各督抚，一体查明究办。其应如何设法堵缉稽查之处，归入会议章程内，一并妥议具奏。将此各谕令知之。"（《清仁宗实录》卷339）

（嘉庆二十三年十月）己丑，上御懋勤殿，勾到陕甘、湖广情实罪犯，停决……湖广斩犯二十四人、绞犯十七人，余八十二人予勾。（《清仁宗实录》卷348）

（嘉庆二十三年十一月）壬戌，谕内阁："吏部奏'行查各省事件，逾限未复，请旨饬催'一折。近来各督抚因循成习，于各部院咨查事件任意迁延，不行咨复，每年各部院纷纷请旨饬催，不独吏部为然，实属疲玩。所有此次吏部单开行催未复十一案以上之直隶、山东、江苏、安徽、广东、福建、湖北、闽、浙各督抚，着该部即查取职名，核其本任迟延案数，照例议处。嗣后各部院咨查直省事件，如有行催未复、逾十案以上至十一案者，即将该督抚奏请交部议处，以儆玩延。"（《清仁宗实录》卷350）

（嘉庆二十四年正月甲寅）又谕："陈若霖奏'拿获复兴白莲教匪犯柯老人'一折，所办甚好。前因湖北省拿获复兴白莲教匪犯金文等，供出传教师傅柯老人居住河南、安徽一带地方，当经降旨饬拿。兹据陈若霖奏，访获先曾习教之王道等，究出该犯在陈州一带潜匿，派员掩捕。经该府李振翥访明潜匿处所，亲率丁役，将该犯柯老人即王柯，及其子王大川、王二川迅就擒获，实属能事。李振翥着交部议叙，以示奖励。其王柯等犯，着该抚即派委妥员严密解往湖北，归案审拟，毋稍疏虞。"（《清仁宗实录》卷353）

（嘉庆二十四年三月甲寅）又谕："前因河南省拿获湖北复兴白莲教匪犯王柯，供出黑龙江遣犯王举相貌体面，教中人常敛银送往接济。当即降旨，令松宁将王举拿获严讯……"（《清仁宗实录》卷355）

（嘉庆二十四年十二月辛丑）谕军机大臣等："据御史袁铣奏'湖北

江夏、汉阳两县均设有班房。其汉阳班房名曰东廊西廊，凡遇传质人证，先交饭店，县役索诈不遂，勾通门丁提押东廊西廊，非予重资，不能释放。派管此处门丁，一岁可获数千金。江夏班房名曰自新所，又有上班房、下班房、东班房、西班房等处。各班房之外，又有所谓关厅者，百姓名之曰枉死城……遇有户婚田土细故，其族邻乡保之属无论绅士平民，一经牵连传唤到省，即于此处押禁。有财力者，犹得行贿释放；无财力者，或数月数年不得脱。往往以铁索联拴数人，缀以猴儿重石，百般困辱，甚或械其手足，昏夜叫呼。酷刑恶气与饥病交迫，瘐死其中者，相继不绝。迨押毙之后，则令县役倒提年月，书立保状，总以在保病毙为词，弥缝销案，以致小民含冤，无路控告’等语。州县官听理词讼，原应勤于审断，随到随结。其案内牵连人证，只须取保备质。私设班馆，例有明禁，着庆保、张映汉即行确查该二县，如有前项班房、关厅名目，立即严禁。其丁役等如有滥押索诈等弊，查明按律治罪。并通饬各属，遇有控案，速为审理，不得违例押禁无辜。若阳奉阴违，即行严参示惩。将此谕令知之。”（《清仁宗实录》卷365）

（嘉庆二十五年二月）辛卯，谕军机大臣等：“据延丰奏‘淮南各口岸邻私浸灌，场灶透漏，以致累年销绌引滞，课悬本搁。楚岸则有四川、巫山、大宁一带盐埠口岸越境侵销，一由水路入宜昌、荆州等处，一由陆路入房县、竹溪等处。其陕西之商南、平利一带私贩，由汉中顺流而下，至襄阳、德安等处分售，名曰潞私。河南自南阳之李官桥各铺贩至谷城等处售卖，名曰豫私……请饬各该督抚实力缉私。又疏销引盐为盐道专责，向来各省因考核过严，虑干处分，不免有多开轮售、捏报分数之弊’等语。近年楚西各口岸私枭充斥，官引滞销，国课既多虚悬，商力亦虞支绌。现据该盐政查明私盐浸灌处所，着该督抚等各饬所属文武地方官无分畛域，实力侦缉，务将巨枭窝囤，随时随地严拿惩办。不得互相诿卸，或仅将寻常小贩缉拿数案，借以塞责。总期私枭敛戢，俾官引得以畅销，以裕国课。至各该盐道疏销纲引，是其专责，按照分数以定考成，并着该督抚核实稽查，务令各盐道将销售轮盐实数按季据实开报，不得以开轮未售之盐入数作销，以杜规避。将此各谕令知之。”（《清仁宗实录》卷367）

嘉庆二十五年庚辰七月庚午，上御勤政殿，勾到上年湖广、陕甘情实罪犯，停决湖广斩犯十二人、绞犯十三人……余一百一人予勾。（《清仁宗实录》卷374）

（道光十年十月辛卯）谕军机大臣等：“向来河东河道总督每年秋间，除照例备防秸料外，又添购备防岁料二千五百垛，派员于岁内购办齐备，运至工所堆贮，近年习以为常，即遇工程平稳之年，亦无减少。此时已届冬令，该处料垛，应俱陆续采办齐全。运贮工次，着钟昌、杨怿曾于湖北审案完竣，路过豫省时，不可稍露端倪，到彼将此项秸料，逐垛抽查核验，如有虚松短少情弊，即行据实密奏，毋得稍有徇隐。将此谕令知之。”（《清宣宗实录》卷176）

（道光三十年四月己卯）湖广总督裕泰奏报：“续获抢劫拒捕匪徒黄三等犯，因在武冈督办军务，距省较远，不克分身亲讯。”得旨：“严行审办，尔称现办军务，不克分身亲讯，理固属然。但尔现在军营，不闻办理如何，数十日并未见奏报，似属怠玩，抑或别有缘由，朕实不解。此等言语，尔或能出诸口，为尔深耻之。”（《清文宗实录》卷8）

（道光三十年四月庚辰）湖广总督裕泰奏：“拿获逆匪李沅发案内伙党李沅字等多名，讯明正法，并续行解到各犯另行审拟。”得旨：“严行审办。”（《清文宗实录》卷8）

（道光三十年九月戊申）湖广总督裕泰奏：“遵查藩司万贡珍参款，委员访察。”得旨：“认真查办，不许稍有回护。”（《清文宗实录》卷18）

（道光二年七月己丑）御懋勤殿，勾到陕甘、湖广上年情实罪犯，停决……湖广斩犯二十二人、绞犯六人，余七十四人予勾。（《清宣宗实录》卷38）

（道光二年九月）庚寅，上御懋勤殿，勾到湖广、江西本年情实罪犯，停决湖广斩犯九人、绞犯四人……余五十三人予勾。（《清宣宗实录》卷41）

（道光三年十月）戊午，上御懋勤殿，勾到陕甘、湖广情实罪犯，停决……湖广斩犯四十三人、绞犯十人，余八十五人予勾。（《清宣宗实录》卷60）

（道光四年七月辛巳）以湖北郧阳、宜昌、施南、襄阳四府所属各州县距省较远，命嗣后秋审及遣军流徒各犯由该管道就近审勘，限期处分，照臬司例，从总督李鸿宾请也。（《清宣宗实录》卷70）

（道光四年九月壬寅）御洞明堂，勾到湖广、安徽情实罪犯，停决湖广斩犯二十四人、绞犯十二人……余六十人予勾。（《清宣宗实录》卷73）

（道光五年九月）辛丑，上御洞明堂，勾到奉天、湖广、浙江情实罪犯，停决……湖广斩犯二十人、绞犯三人……余七十人予勾。（《清宣宗实录》卷89）

（道光六年十月己巳）御懋勤殿，勾到奉天、湖广情实罪犯，停决……湖广斩犯三十五人、绞犯十二人，余六十六人予勾。（《清宣宗实录》卷108）

（道光七年九月）癸丑，上御洞明堂，勾到奉天、湖广、浙江情实罪犯，停决……湖广斩犯二十四人、绞犯十一人……余八十一人予勾。（《清宣宗实录》卷125）

（道光八年九月庚戌）谕内阁："嵩孚等奏'道员随带夫役，中途酿命，提省审办，请将该道先行交部议处'一折。湖北汉黄德道吉光因差公出，不能约束随从人役，致押送行李之夫役徐栋楷中途踢毙人命，着先行交部议处。至该犯徐栋楷以道署打杂人夫，辄敢乘坐竹兜，是否实因患病，抑竟有倚势逞凶、故杀捏饰，及该道有无纵容情事，着该督抚饬属严切根究，务得确情，按律定拟具奏。"（《清宣宗实录》卷142）

（道光八年十月）丁亥，上御懋勤殿，勾到奉天、湖广情实罪犯，停决……湖广斩犯三十人、绞犯十三人，余五十九人予勾。（《清宣宗实录》卷145）

（道光九年十一月）丙申，上御懋勤殿，勾到奉天、湖广情实罪犯，停决……湖广斩犯三十八人、绞犯十三人，余三十四人予勾。（《清宣宗实录》卷162）

（道光十年正月）丙辰，谕内阁："各省道府州县于应办案件必须迅速提讯，随案审结，断不准稍有积压，拖累闾阎。前据嵩孚等奏，湖北候补知县唐树义帮同审办案件，一年之内，讯结一千余起……朕均已分别施恩鼓励。惟各该省积案如此之多，总由地方官延不审结，或听断不公，因而上控。及上控后，并不急为清厘，又致京控。并有将就了结、两造未能输服、旋结旋翻者，且或借口人证不齐，或以监候待质，咨部展限，耽延时日，致原被告均受拖累。而讼师乘间播弄，情伪百出，乡愚堕其术中，为害尤甚。现在各省只知于委员审案出力者奏请鼓励，而积压案件之员总未据实参奏，殊不足以昭劝惩。着各该督抚严饬所属，于自理词讼及奏咨各案务须随到随结，遇有因循不办、积案过多者，一经查出，即行从严参办。总期功过分明，力除疲玩积习，以清庶狱而肃官常。将此通谕知之。”（《清宣宗实录》卷164）

（道光十年九月甲戌）御洞明堂，勾到浙江、湖北、湖南情实罪犯，停决……湖北斩犯十人、绞犯三人……余九十三人予勾。（《清宣宗实录》卷174）

（道光十一年七月丁丑）又谕：“刑部奏‘各省秋审，外拟情实缓决，间与部拟不符，请旨更正办理’一折。本年正月内，特降恩旨，查办减等，所有各省本年秋审人犯，经刑部会同大学士等分别酌拟，将应行减等及不应减等者节次开单具奏，俱经朕逐案详阅，核其情节，次第施行，各省自应钦遵办理……其贵州、广东、四川、陕西、甘肃、湖北、湖南、浙江、江西、山东、山西等十一省，所拟情实缓决间与部拟不符，惟念该省具题之日在未接部咨之先，着加恩免其议处，仍着刑部将各案不符之处一体更正。”（《清宣宗实录》卷193）

（道光十二年七月丙寅）又谕：“有人奏‘各省审办案件宜核明功过，以惩怠玩而昭激劝。地方积案累百盈千，既有清理之员，必先有压搁之员。如襄阳县知县阮克峻，到任甫及年余，而大小各案件已积至八九百起之多，当其未经审结，而衙蠹之弊延，民生之拖累，已不知凡几。若查系积自前任，则应将前任参办，而后将该员奏请鼓励。若查系积自本任，则功过尚不足相抵，亦只宜计过而不宜计功。乃该督等只知奏请鼓励审办之员，而于各案积自何任何时并未查明参奏，是不惟劝惩不得其平。恐各省府厅州县每遇升调有期，先将案件延搁，不特任意安逸，且可留为后任清理邀功地步’等语。地方官于应办案件，必须迅速提讯，随案审结，断不准稍有积压，拖累闾阎。若既于清理积案之员奏请恩施，而疲玩积压之员并不据实参奏，殊不足以昭劝惩。着卢坤即将襄阳县所

积八百余起案件确查究系积自何任何时，据实奏参惩办。将此谕令知之。”（《清宣宗实录》卷216）

（道光十二年九月）丙辰，上御洞明堂，勾到湖广、浙江情实罪犯，停决湖广斩犯二十二人、绞犯五人……余五十四人予勾。（《清宣宗实录》卷219）

（道光十二年闰九月）丙申，上御洞明堂，勾到湖广、江西情实罪犯，停决湖广斩犯七人、绞犯二人……余七十人予勾。（《清宣宗实录》卷222）

（道光十二年十月戊辰）谕军机大臣等：“据穆彰阿奏‘挖堤案犯陈堂、陈钦二名续行拿获，着朱士彦、敬徵、陶澍提同全案，研审确情，定拟具奏。现获陈堂是否确系查拿之要犯，抑系姓名相同，毋得稍涉含混。未获之陈端、陈光南，着严催该督抚迅速密拿。又前据御史周彦条陈淮盐票引一折，已有旨交穆彰阿、陶澍核议。穆彰阿现往湖北，着敬徵会同陶澍体察情形议奏。将此各谕令知之。”（《清宣宗实录》卷224）

（道光十三年四月庚申）谕军机大臣等：“前因荆州副都统善英奏‘查阅营马短少，马乾银两借词充公’一案，当降旨交讷尔经额、麟庆会同查办。现据杨国桢奏，麟庆之母在河南省寓病故，麟庆例应丁忧。该河督自黔赴楚，无论行抵何处，该督即行知令其赴豫穿孝，迅速回旗。所有营马短少一案，即责成讷尔经额秉公详查，据实参奏，不得稍涉颟顸，倘有不实不尽，惟该督是问。将此谕令知之。”（《清宣宗实录》卷236）

（道光十三年九月）庚寅，上御洞明堂，勾到陕甘、湖广、浙江情实罪犯，停决……湖广斩犯三十七人、绞犯七人……余六十六人予勾。（《清宣宗实录》卷243）

（道光十四年九月）乙酉，上御洞明堂，勾到奉天、湖广、江西情实罪犯，停决……湖广斩犯十四人、绞犯二人……余七十三人予勾。（《清宣宗实录》卷257）

（道光十六年八月己卯）御洞明堂，勾到湖广、浙江上年情实罪犯，停决湖广斩犯八人……余五十七人予勾。（《清宣宗实录》卷287）

（道光十六年十月）癸酉，上御懋勤殿，勾到湖广、浙江、江西本年情实罪犯，停决湖广斩犯十四人、绞犯二人……余七十人予勾。（《清宣宗实录》卷290）

（道光十七年十月）乙丑，上御洞明堂，勾到湖广、江西、浙江情实罪犯，停决湖广斩犯十一人、绞犯二人……余一百十三人予勾。（《清宣宗实录》卷302）

（道光十八年九月己未）御洞明堂，勾到陕甘、湖广情实罪犯，停决……湖广斩犯三十五人、绞犯八人，余六十二人予勾。（《清宣宗实录》卷314）

（道光十九年九月）乙卯，上御洞明堂，勾到陕甘、湖广情实罪犯，停决陕甘绞犯二人，余六十六人予勾。（《清宣宗实录》卷326）

（道光二十年九月癸丑）御洞明堂，勾到湖广、浙江情实罪犯，停决湖广斩犯十四人、绞犯四人……余四十三人予勾。（《清宣宗实录》卷339）

（道光二十二年九月）丙辰，上御洞明堂，勾到上年湖北、湖南、浙江情实罪犯，停决湖北斩犯五人……余四十九人予勾。（《清宣宗实录》卷

380）

（道光二十二年十一月）丙午，上御洞明堂，勾到湖广、安徽、江苏情实罪犯，停决湖广斩犯七人、绞犯一人……余六十四人予勾。（《清宣宗实录》卷384）

（道光二十三年九月）庚寅，上御洞明堂，勾到湖广情实罪犯，停决斩犯二十二人、绞犯五人，余三十八人予勾。（《清宣宗实录》卷397）

（道光二十四年九月）己丑，上御洞明堂，勾到福建、奉天、湖广情实罪犯，停决湖广斩犯七人、绞犯一人……余八十人予勾。（《清宣宗实录》卷409）

（道光二十四年十一月辛巳）谕内阁："户部奏，罚赔银两案内，本身完不足数之已革乌噜木齐领队大臣琦琛，着再勒限四个月，如逾限不完，即行监追。其代赔完不足数之署东乐县县丞王志枫，着再勒限六个月，如再逾限不完，着即革职监追。湖北贡生吴季镳，前因代赔银两全未完交，业经该部奏准斥革监追。兹据湖北巡抚咨报，该贡生业于限内交过藩库银一千两，系在未经限满之前。该抚出咨迟至限外，吴季镳着毋庸斥革，暂行释放，仍展限六个月勒赔，俟限满时分别办理。其该省详报迟延职名，着该抚查明送部，照例议处。"（《清宣宗实录》卷411）

（道光二十六年九月）戊子，上御洞明堂，勾到上年湖广、浙江、江西情实罪犯，停决湖广斩犯三人、绞犯一人……余六十一人予勾。（《清宣宗实录》卷434）

（道光二十六年九月）甲辰，上御洞明堂，勾到奉天、湖广情实罪犯，停决……湖广斩犯十一人、绞犯一人，余五十人予勾。（《清宣宗实录》

卷434）

（道光二十七年九月）戊戌，上御洞明堂，勾到广西、福建、湖北、湖南情实罪犯，停决……湖广斩犯十人，余七十四人予勾。（《清宣宗实录》卷447）

（道光二十八年七月）丁酉，谕军机大臣等："寄谕湖广总督裕泰，前因刑部奏请饬提已革山西巡抚梁萼涵署内门丁艾庆，当降旨饬令徐泽醇查询。如该门丁已回湖北原籍，即着飞咨该督抚迅速饬提解京。兹据署登州镇总兵景琳奏称'查询梁萼涵门丁，据供称道光二十四、五两年在山西巡抚任内，所用门丁艾庆早回湖北江夏县原籍'等语，着该督速即饬提艾庆，委员押解，速行来京，交刑部归案质讯。倘该门丁业经外出，即提其家属确切讯明现往何处、作何营干，即速飞行饬提委解到部，毋得稍有耽延，尤不得致令闻风逃逸。将此谕令知之。"（《清宣宗实录》卷457）

（道光二十八年九月）甲午，上御洞明堂，勾到湖广、江西情实罪犯，停决湖广斩犯十人、绞犯一人……余四十七人予勾。（《清宣宗实录》卷459）

（道光二十九年九月辛亥）谕军机大臣等："赵炳言奏'拿获纠抢各犯，现饬严审究办'等语。湖南岳州、常德、澧州三府州及长沙府属，上通黔粤，下达荆襄，其中港汊纷歧，最为盗贼窝藏之薮……此等匪犯瞀不畏法，现既起获令旗兵书等件，即难保无另有谋为不轨别情。且恐该犯等辗转勾结，断不止此现拿之数。冯德馨到任后，赵炳言必将旧案移交，着将现获各犯委员隔别研审，如有别项重情，即当尽法惩治……该抚初膺疆寄，宜如何振刷精神，力求整顿，以无负委任也？将此谕令知之。"（《清宣宗实录》卷472）

（道光二十九年九月）丁巳，上御洞明堂，勾到福建、奉天、湖广情实罪犯，停决……湖广斩犯八人、绞犯一人，余五十三人予勾。（《清宣宗实录》卷472）

（咸丰元年二月甲申）定郡王载铨等奏："会议湖北清查一案，计亏短正项杂捐及米谷折价共银四十六万八千有奇，请饬湖广总督、湖北巡抚遵照奏定章程迅速严追。"从之。（《清文宗实录》卷28）

（咸丰元年闰八月戊子）湖广总督程裔采奏："前获匪犯陈先得等供词虚捏。"得旨："仍应严密防范，勿致本境另起股匪。"（《清文宗实录》卷41）

（咸丰二年八月甲辰）御洞明堂，勾到湖广、江西上年情实罪犯，停决湖广斩犯十人、绞犯二人……余六十五人予勾。（《清文宗实录》卷70）

（咸丰二年十月）戊戌，上御懋勤殿，勾到湖广、江西本年情实罪犯，停决湖广斩犯五人、绞犯二人……余五十人予勾。（《清文宗实录》卷74）

（咸丰四年闰七月辛未）谕军机大臣等："前因直隶贼氛未靖，桂良奏请将各该州县案犯酌核犯罪情节，其谋故凶盗拒捕杀人重犯，法无可贷者，即行正法，至情有可矜及例应缓决各犯，拟即减等，并将向拟情实免勾之犯开单请减，已经降旨允行。兹据刑部议复御史毓禄奏'现办军务省分，请变通办理秋审'一折，所有现在被贼滋扰之江苏、安徽、山东、湖北、湖南等省，虽据山东将本年秋审各犯题报到部外，其余各省均尚未具题到部。若再令展限，恐监禁之犯积而愈多，凶狡之徒转为贼用，自应变通酌办，以期消恶未萌。着各该督抚于接奉此旨后，无论已题未题，即将本年应入秋审人犯并上年停止各省分，一概查照直隶省现办章程，其例应情实者，立予正法。若情有可矜及例应缓决各犯，即按照应减罪名先行减等发配。至旧事情实免勾，并新事例应情实，向俱免勾各犯，亦即由该督抚开单奏请减等。仍将查办原由迅速奏明遵办，总期狱无留滞，毋得稍事拘泥，致有疏虞。本日据骆秉章奏'石门等县绞犯难以解勘'等语，即着遵照此旨办理，毋庸归入下届，以昭画一。将此由五百里各谕令知之。"(《清文宗实录》卷138)

(咸丰十一年九月乙巳）又谕："刑部奏'各省秋审外拟情实缓决，间与部拟不符，请旨更正办理'一折。本年正月内，皇考大行皇帝特降恩旨，查办减等，所有各省本年秋审人犯，经刑部会同大学士等分别酌拟，将应行减等及不应减等者节次开单具奏，业已核其情节，次第施行，各省自应钦遵办理……其广东、黑龙江、四川、陕西、湖北、河南等六省，所拟情实缓决间与部拟不符，惟念该省具题之日在未接部咨之先，着加恩免其议处，仍着刑部将各省不符之处一体更正。"(《清穆宗实录》卷5)

(同治元年六月丙寅）又谕："谭廷襄奏'拿获奸细供词，核与原审不符，据实密陈'一折，据称'奸细张林搜有粤逆伪印封条，该犯初审，自认为陈玉城赴北路探听勾结，兹复供称系宛平县刘家村人，曾在原任湖广总督裕泰家照料杂务，九年四月，曾赴天津，见过长启……'各等语。前因张林供认为陈逆指使北来，并带有伪印封条，似其确为奸细，已无疑义……"(《清穆宗实录》卷31)

(同治元年闰八月）甲申，谕内阁："都察院奏'请饬各省将咨交控案迅速审办，并请将逾限未结之委审各员议处'一折。近来各省吏治因循，每遇京控案件，一经交办，率皆视为具文，久悬不结，以致吏胥夤缘为奸，官员规避取巧。京控各件，无论虚实，地方官均应速为了结，方免拖累抑勒之苦。现据都察院单开该衙门及步军统领衙门咨交各省京控案件，逾限未结并上次展限已逾仍未审结各案，共计一百五十六件之多，实属疲玩已极。着盛京将军，顺天、奉天各府尹，热河都统，闽浙、云贵、福建、湖北、河南、山东、山西、江西各督抚，督同臬司将各该省承审京控各案迟延职名立即查明，送部议处，并严饬将未结各案迅速审结。倘再任意延宕，即着指名严参，以儆疲玩。嗣后各该省大吏，于京控各案无论奏交咨交，务宜督饬属员认真审断，依限迅速了结，毋许仍前积压迟延，致干重咎。”（《清穆宗实录》卷39）

（同治二年七月丙寅）湖北巡抚严树森奏拿获习教谋逆匪犯宋幺等正法。报闻。（《清穆宗实录》卷74）

（同治二年八月庚子）勾到湖广、山东情实罪犯，停决湖广斩犯七人……余三十六人予勾。（《清穆宗实录》卷77）

（同治二年九月乙卯）勾到湖广上年情实罪犯，停决斩犯三人，余二十人予勾。（《清穆宗实录》卷79）

（同治四年九月甲戌）勾到江西、湖广、山东情实罪犯，停决湖广绞犯二人……余五十四人予勾。（《清穆宗实录》卷154）

（同治五年九月己卯）勾到四川、湖广情实罪犯，停决……湖广斩犯二人，余七十五人予勾。（《清穆宗实录》卷185）

（同治五年十一月）乙酉，谕内阁：“前据吴昌寿奏，河南商水县扶苏寺寨杀害官弁，知县联魁邀同参将蒋希夷围攻其寨，搜杀凶犯，请将联魁撤任，蒋希夷摘去顶带。当以吴昌寿办理错误，不允所请，谕令将始末详细情形查奏。兹据李鹤年查明具奏，此案黑龙江委参领依勒吞等奉委前往湖北，行至河南商水县扶苏寺寨地方，寨民疑系贼匪，及将公文持验。该寨匪民王二剌等称系假冒，裹入寨中，劫去马匹行李，妄行杀害。该县联魁闻信，责令寨首王崇德交出凶犯，王二剌等抗不到案，邀同蒋希夷带兵前往弹压开导，竟敢开放枪炮，击毙兵勇，经蒋希夷进寨将王二剌等拿获正法，办理并无不合……委参领依勒吞、防御经通阿及兵丁等奉文请饷，中途惨遭戕害，殊堪悯恻，均着交部议恤。寨首王崇德讯无同谋杀害抗官等情，并赴营自首，将要犯全行指拿，尚知畏法。惟充当寨长，于王二剌等霸管寨务不早禀究，以致酿成巨案，亦有不合。生员王崇德着即行斥革，以示薄惩。”（《清穆宗实录》卷190）

（同治六年五月）丙辰，谕内阁：“前因御史佛尔国春奏‘湖北竹木商捐一款，曾国荃前于过境时曾用银三千两，及历任巡抚到任，办理铺陈，修理衙署，皆于此款领用’各节，当谕令谭廷襄查讯。兹据谭廷襄奏称‘前于查办官文被参案内，业将调到清折核明，并无曾国荃用银之款’。复讯据委员孙振铨供称‘同治三年，曾国荃过境，曾由粮台解过旧欠饷银四万二千余两，系属正款，并未支竹木商捐。历任巡抚到任，该员并未办过支送铺陈等项’，又据总局司道详称‘历年在竹木商捐项下，领过办公等项银钱，如兵差、堤工、城工修理衙署，皆确有案据，并非铺陈规费’各等语。此案曾国荃被参动用竹木商捐等款，既无其事，着无庸议。至佛尔国春原奏内所称‘曾国荃原参官文贿通肃顺贪婪欺罔各节，据绵森等查属子虚，曾国荃宜照律反坐’一节，官文受文宗显皇帝特达之知，十数年来，历著勋绩，谅不至辜恩昧良，肆行贪罔。且其重膺疆寄，尚在肃顺未经用事之先，亦无所用其夤缘。朕御极之初，曾特谕内外臣工，既往不咎。曾国荃以影响之事胪列入奏，本属不谙大体，佛尔国春遽引加以反坐之罪，尤属迹近报复，故为苛论。嗣后风闻言事，必宜慎重，党援攻讦之风，断不可开，所奏并毋庸议。”（《清穆宗实录》卷202）

（同治六年六月丁未）又谕："前因御史佛尔国春奏称，绵森等查办湖北省提用竹木捐馈送一案，未将收受职名清单呈进。当经谕令军机大臣向刑部查取原单呈览，并令绵森等将单内所开各员分别奏办。兹据绵森、谭廷襄先后奏称'历来查办事件之员，止应于讯明后，将紧要情节及如何酌办之处具折奏明，至全案卷册，向止送部备查，现经遵旨分别奏办。查湖北省自克复后，办公草创，随事设施，其不循例案者甚多，所有动用竹木捐一款，其咎不在收受而在滥支。且其馈送之事，公私皆出有因，并非平空朋分'等语。此案收受馈送各员，既经绵森等查明并无别项情弊，且历任滥支之员业经责令分赔，予以议处，自无庸[1]。"（《清穆宗实录》卷206）

（同治六年十月乙巳）勾到江苏、江西、湖广情实罪犯，停决江苏斩犯二人、江西斩犯一人、湖广斩犯二人，余五十一人予勾。（《清穆宗实录》卷214）

（同治七年九月戊戌）勾到福建、湖广、浙江、江西情实罪犯，停决福建斩犯二人，湖广斩犯二人、绞犯一人……余三十二人予勾。（《清穆宗实录》卷243）

（同治八年九月己丑）勾到江苏、浙江、江西、湖广秋审情实罪犯，停决……湖广斩犯四人，余六十人予勾。（《清穆宗实录》卷267）

（同治九年九月己丑）勾到奉天、湖广、陕西情实罪犯，停决奉天斩犯一人，余四十九人予勾。（《清穆宗实录》卷291）

（同治十年九月丙申）谕军机大臣等："有人奏'已革提督李世忠闻

① 后脱"议"字。

有招集党与私买火药情事，请饬查拿正法’等语……陈国瑞籍隶湖北，曾否回里，李世忠有无前往寻衅之事，并着李瀚章、郭柏荫暗中查察，先事防维，毋稍疏忽。此系密查之件，该督抚等总宜慎固机密，不得稍事张惶，致有泄漏。原折均着钞给阅看。将此由五百里各密谕知之。”（《清穆宗实录》卷319）

（同治十年九月庚戌）勾到奉天、陕西、湖广情实罪犯，停决……湖广绞犯一人，余五十二人予勾。（《清穆宗实录》卷320）

（光绪三年八月壬寅）勾到陕西、湖广等省情实罪犯，停决斩犯六人，余八十八人予勾。现月 （《清德宗实录》卷56）

（光绪三年九月甲戌）勾到四川、湖广情实罪犯，停决四川斩犯十人、湖广斩犯一人，余三十人予勾。现月 （《清德宗实录》卷58）

（光绪四年八月戊寅）谕军机大臣等：“前据李瀚章奏‘湖北武昌等县，刁衿拦河筑坝，有碍水利，调派兵勇前往平毁。兹有人奏，樊口堤闸，关系农田民命，委员勘报不实，请饬复加查勘’等语。樊口地方应否建筑闸坝，为商民利害所系，亟应确切查明，以昭慎重。着派彭玉麟、杨岳斌前往详细查勘，悉心酌度，据实具奏。原折及李瀚章前奏折片，均着钞给阅看。将此各谕令知之。”现月 （《清德宗实录》卷77）

（光绪四年八月丙戌）又谕：“前有人奏，樊口堤闸关系农田民命，请饬复加查勘。当降旨，派彭玉麟、杨岳斌前往确查。兹据李瀚章等奏‘武昌县匪徒违禁，复欲筑坝，调派营勇前往查拿解散，获犯惩办’等语，樊口地方究竟应否筑坝，该督等所奏匪徒凶横不法、分别正法究办各情，办理是否允当，着彭玉麟、杨岳斌迅速前往，确切查明，据实具奏，毋稍徇隐。原折着钞给阅看。将此各谕令知之。”现月 （《清德宗实录》

卷77）

（光绪四年十二月辛巳）又谕："御史孔宪瑴奏'樊口建闸筑堤，有关农田水利，请简派大员复勘'一折，据称'湖北樊口筑堤一事，彭玉麟与李瀚章所奏意见不同，请饬彭玉麟将李瀚章原奏逐条查复，或饬杨岳斌就近查勘'等语。此案李瀚章于彭玉麟查复明降谕旨后，续据具奏该处情形，当经谕令该督等督饬属员妥议办理，并令将建闸以后利病若何随时体察情形，据实具奏。如果创建石闸有利无弊，而李瀚章固执成见，不为办理，朝廷亦不能为之曲恕。现在该督方奏明饬议举行，该御史复请派员复勘，所奏殊非政体，应毋庸议。李瀚章等惟当懔遵前旨，于该省农田水利通盘筹计，务策万全，不得稍涉偏执，亦不准故为迁就，以致贻误地方。前派恩承、童华前往四川查办事件，孔宪瑴何以指为灌口决堤之事，率以臆见形诸奏牍，殊属冒昧。另片奏'武昌府知府方大湜居心巧滑，专事逢迎，李瀚章办理樊口一案，均由该府引导，请饬查办'等语。方大湜历任官声若何，其于樊口之案有无迎合妄为之处，着潘霨确切查明，据实具奏，勿稍瞻徇。"现月 （《清德宗实录》卷83）

（光绪五年九月戊子）勾到云南、广东、广西、四川、奉天、陕甘、湖广、浙江、河南、山西、直隶情实罪犯，停决……湖广斩犯六人、绞犯一人……余一百三十四人予勾。现月 （《清德宗实录》卷100）

（光绪六年九月甲申）勾到福建、吉林、奉天、陕西、湖南、湖广、浙江情实罪犯，停决福建斩犯二人、吉林斩犯一人、陕西斩犯一人、湖南斩犯一人、浙江绞犯一人，余一百九人予勾。现月 （《清德宗实录》卷120）

（光绪八年九月乙巳）勾到陕西等省情实罪犯，停决……湖广斩犯七人、绞犯二人……余一百二十二人予勾。现月 （《清德宗实录》卷152）

（光绪八年十一月）癸巳，谕内阁："各直省办理秋审人犯，经刑部由缓决改情实者，上年奉天省多至六起，湖广、河南两省均多至五起……该将军、府尹、督抚并臬司，于秋谳重犯未能详审核议，均着交部查明，分别议处。本年八月，业经降旨严行申谕，嗣后各将军、府尹、督抚等务当督同所属，遵照定例酌核案情，悉心究拟，固不可失之刻核，亦不可惑于救生不救死之说，甚至规避失入处分，故从轻减。总期执法持平，无枉无纵，用副明慎用刑至意。将此通谕知之。"现月 （《清德宗实录》卷154）

（光绪九年九月己亥）勾到四川等省情实罪犯，停决……湖广斩犯二人……余一百二十九人予勾。（《清德宗实录》卷170）

（光绪十年二月）戊午，谕内阁："卞宝第奏'郧西县廪生余琼芳身死一案，现调江西仵作检验尸骨，与原验不符，请另调仵作复验'等语，着刑部迅即拣派谙练仵作前往湖北，由卞宝第督饬详加检验，务期伤痕确实，以免枉纵。湖北郧西县知县谢翼清于尸子呈报未即往验，以致尸身发变，酿成开验之案。郧县知县彭世翰奉委相验，并不细心检视原格，填报伤毒，现验毫无痕迹，均属玩视人命，荒谬异常。谢翼清、彭世翰俱着先行革职，归案审办。"现月 （《清德宗实录》卷178）

（光绪十年二月癸酉）命工部左侍郎孙毓汶、内阁学士乌拉布驰驿前往湖北查办事件。（《清德宗实录》卷178）

（光绪十年四月癸亥）又谕："卞宝第奏'劣幕被控潜逃来京，请旨革拿'一折，据称'丁子亨即丁保霖，籍隶湖北汉阳县，向在郧阳府知府幕中充当刑名。上年于郧西县廪生余琼芳身死一案，挟嫌议供刑逼，并有强讨许聘有夫之民女为妾情事。嗣经查拿，据报于上年进京投亲，请旨革拿’等语。六品衔候选从九品丁子亨即丁保霖，被控潜逃，亟应严拿讯究，着先行斥革，并着步军统领衙门、顺天府、五城御史一体严拿务获，解赴湖北归案讯办。原折均着钞给阅看。将此各谕令知之。”现月 （《清德宗实录》卷182）

（光绪十年五月丁酉）又谕：“前据内阁学士周德润奏参倪文蔚在广西巡抚任内滥保徇私，并收受季规各款，当经谕令张树声查明具奏。兹据奏称‘……湖北试用州判倪文棨，与倪文蔚服属疏远，投效浔州防营，在该抚未到广西之前，著有劳绩，是以列保’等语。倪文蔚被参各节，既据查明并无情弊，即着毋庸置议。”现月 （《清德宗实录》卷184）

（光绪十年闰五月庚午）又谕：“……前因有人参奏潘霨办事率多乖谬等情，当经谕令孙毓汶等查明具奏，兹复有人奏参。着孙毓汶、乌拉布于查明湖北事件完竣后，即行先往江西，按照所参各节，同前次奏参之案一并确查，据实具奏，毋稍徇隐……”现月 （《清德宗实录》卷186）

（光绪十年六月癸酉）谕内阁：“前据御史屠仁守奏，湖北郧西县廪生余琼芳身死一案，疑窦多端，显有冤抑。当派卞宝第详加检验，悉心复鞫。旋经卞宝第奏称，调到江西仵作检验尸骨，与原验不符，请另调仵作复验。复据屠仁守奏，督臣瞻徇回护，请另派大员查办。当派侍郎孙毓汶、乌拉布驰赴该省查办。嗣据该侍郎等先后奏陈，检验有伤，并搜获串供信函多件，及现询情形，叠经谕令详细推求，讯取确供，以成信谳。兹据该侍郎等审明定拟具奏，此案郧西县书吏干瑞堂，因余琼芳在捐局查明欠赈，不服口角，余琼芳向前殴打，干瑞堂将其推跌倒地，用拳连殴，并踢伤左后胁殒命，检验尸骨应伤相符，该犯供认不讳，众供亦均确凿，干瑞堂着照所拟绞监候，归入下届秋审办理。书吏王士俊于干瑞堂殴打余琼芳，辄用拳帮殴，着照所拟革去书吏，杖一百。干必达代作词状，添砌妄控，复串唆教供，实属生事扰害，着照所拟，发极边足四千里充军。已革郧西县知县谢翼清，于人命重案报验掷禀不收，复于会验后捏改伤痕，并呈递亲供，哓哓置辩，辄敢以毫无根据之词任意狡赖，玩视人命，袒护书吏，酿成蒸检之案，情节尤重，着发往军台效力赎罪。已革郧西县知县彭世翰，于原验拳踢各伤尚无错误，惟任听仵作喝报，填注有毒，会审时又复帮同拷讯，非寻常疏忽可比，业经革职，着毋庸议。郧阳府知府承禄、竹溪县知县周益承审此案，并不虚衷研鞫，用刑拷讯，致王士俊诬认重罪，虽未定案，究属草率。候补知县柳玉麟、邵承灏，于尸子禀请免检，虽无抑勒情事，惟辄令改具确系病死切结，殊属不合。武昌府知府王庭桢，写给尸子'据实呈情'四字，令其照缮代详，亦有不合。承禄、周益、柳玉麟、邵承灏、王庭桢均着交部议处。按察使黄彭年、道员严昉，复审犯供翻异，未能严切根究，及检有应伤，复专执成案，屡加辨驳，殊属拘牵。黄彭年、严昉均着交部议处。署湖广总督卞宝第于王庭桢禀详免检并不批驳，及检出应伤，又不详究供情，辄行奏提仵作复检，办理究属未当。湖北巡抚彭祖贤于免检详文未经批驳，亦有不合。卞宝第、彭祖贤均着交部分别议处。"现月 （《清德宗实录》卷187）

（光绪十年六月庚寅）又谕："内阁侍读学士邓承修奏'刑官挟持成见，谳狱失平'一折。所有湖北郧西县廪生余琼芳身死一案，着刑部将全案供招，详细复核具奏。"现月 （《清德宗实录》卷188）

（光绪十一年九月）戊申，署湖广总督裕禄等奏："司监羁禁命案人犯在狱自尽，请将臬司黄彭年等议处。"得旨："曾传禄、黄彭年均着交部分别照例议处。"随手 （《清德宗实录》卷215）

（光绪十二年九月辛亥）勾到陕西、湖广、浙江、江西省情实罪犯，停决陕西斩犯三人、绞犯三人，湖广斩犯七人……余一百二十四人予勾。现月 （《清德宗实录》卷232）

（光绪十三年七月戊辰）谕军机大臣等："有人奏'湖北漕折厘金专征青钱，售卖销毁，或以红黄制钱折算加收，或以台票抵收。州县局员种种作弊，小民苦累，请饬严禁'等语。漕折厘金征收钱文，必须裕国便民，两有裨益。所交既系制钱，何容挑剔折算？至奸商贩运销毁，尤应严行禁止。着裕禄、奎斌确查妥办，务绝弊端。原折均着钞给阅看。将此各谕令知之。"寻裕禄等奏："湖北征收厘课，专拣青钱，历经示禁，现查漕厘两项尚无挑钱折算情弊，仍随时严查妥办，以绝弊端。"得旨："仍着申明前禁，饬属照章妥办，并随时加意访查，以杜弊端。"折包（《清德宗实录》卷245）

（光绪十三年九月癸酉）勾到湖广、河南、江苏、安徽、浙江、江西情实罪犯，停决湖广斩绞犯四人，余七十三人予勾。现月 （《清德宗实录》卷247）

（光绪十四年九月丁卯）勾到四川、湖广情实罪犯，停决四川斩犯七人，湖广斩犯六人、绞犯二人，余七十二人予勾。现月 （《清德宗实录》卷259）

（光绪十七年六月）戊戌，谕军机大臣等："各省哥老会匪最为地方之害，叠经降旨查拿，并经各该督抚先后获案，奏明惩办。惟此等匪徒行踪诡秘，往往与游勇地痞暗相勾结，动辄纠集党与，乘机煽乱，甚至造谣惑众，潜谋不轨。近来江苏、安徽、湖北、江西等省屡有焚毁教堂之事，其拒捕逞凶抢劫衙署等案更层见叠出，半由会匪从中主谋，游手之徒相率附和，以致愈聚愈多，动成巨案。犯事以后四散逃逸，真犯十不获一。若不先事筹办，绝其根株，后患何堪设想？着各直省将军、督抚严饬地方文武随时留心，实力查缉，如有访获会匪首犯，一面严行惩办，一面准将出力员弁照异常劳绩随案奏请优奖。但须查有确实证据，不得因希图保奖，妄拿无辜，致滋扰累。凡地方良民，有误买匪徒保家伪票，呈缴地方官者，免其治罪。其有向充会匪，自行投首，密报匪首姓名，因而拿获者，亦一律宥其既往，准予自新。该将军、督抚务即出示晓谕，俾众咸知。总期严惩首要，解散胁从，以除奸宄而安良善。将此通谕知之。”现月　（《清德宗实录》卷298）

（光绪十七年七月乙丑）又谕：“电寄刘坤一等，近来江南、湖北等处教案纷起，皆由匪徒造言惑众，希图乘机抢掠。前经明降谕旨，令该督等迅饬严拿惩办。迄今两月之久，仅芜湖、武穴两处正法四名，此外丹阳、无锡、金匮、阳湖、江阴、如皋等处首从各犯，悉无一获。总由各该地方官因案关教堂，意存膜视，于查办访缉毫不认真。既经疏忽于前，又复推延于后，而于奸徒之得计、外人之借口，漠不经心。此等玩延恶习，深堪痛恨，着刘坤一等查明，分别据实严参，不得稍涉瞻徇。仍一面督饬各文武员弁，将丹阳等处首要匪犯悬赏购线，实力缉捕，务获严办。其芜湖、武穴逃散之首从各犯，仍应设法严拿，不得以拿办在场滋事之一二人，遽云结案。其应给修费各处，即饬该管官与领事等迅速议结，不可拖延。此案于内治外交均关紧要，该督等身膺重寄，务须尽心竭力，妥筹速办，免致别生枝节。将此电令刘坤一等知之。”电寄（《清德宗实录》卷299）

（光绪十七年九月戊寅）勾到新疆、云南、贵州、广东、广西、福建、湖广、浙江等省情实罪犯，停决……湖广四人、浙江六人，余八十八人予勾。现月　（《清德宗实录》卷301）

（光绪十八年九月庚子）勾到四川、湖广上年情实罪犯，停决……湖广斩犯四人，余五十一人予勾。现月　（《清德宗实录》卷316）

（光绪十九年正月己亥）湖广总督张之洞奏：“湖北宜昌地方焚毁教

堂，办理完结。”报闻。折包 （《清德宗实录》卷320）

（光绪十九年九月壬寅）勾到江苏、安徽、江西、湖广、河南情实罪犯，停决……湖广斩犯三人……余九十三人予勾。（《清德宗实录》卷328）

（光绪二十年六月乙卯）谕军机大臣等：“给事中张嘉禄奏‘商民行使吕宋赌票，受害无穷，请饬申明旧章，严行禁止’一折。吕宋票流行中国，前经刑部将发帖招帖及窝顿容隐并贪利贩卖各项人等严定罪名，通饬湖北等省一体禁止。乃奉行日久，仍属具文，甚至京城地面亦有大张招帖领票转售之事，殊为风俗人心之害。着刑部、步军统领衙门、顺天府、五城御史、南北洋大臣申明旧章，一律严禁，毋得虚应故事。并着总理各国事务衙门咨行出使大臣设法阻止，以杜漏卮。原折均着钞给阅看。将此各谕令知之。”现月 （《清德宗实录》卷342）

（光绪二十一年九月乙卯）勾到四川、陕西、浙江、江西、安徽、湖广、江苏、河南、山西情实罪犯，停决……湖广斩犯八人……余一百四十七人予勾。现月 （《清德宗实录》卷376）

（光绪二十二年九月甲寅）勾到江西、浙江、福建、湖广、四川、陕西等省情实罪犯，停决……湖广斩犯三人……余七十四人予勾。（《清德宗实录》卷395）

（光绪二十三年九月庚戌）勾到奉天、陕西、湖广、浙江、江西情实罪犯，停决奉天斩犯一人、湖广斩犯二人，余六十人予勾。（《清德宗实录》卷410）

（光绪二十四年闰三月）丁丑，谕军机大臣等：“电寄张之洞，前据电奏，于十七日启程，嗣后尚无交卸来京之奏，此时计程当抵上海。惟现在湖北有沙市焚烧洋房之案，恐湘鄂匪徒勾结滋事，长江一带呼吸相连，上游情形最为吃重。着张之洞即日折回本任，俟办理此案完竣，地方一律安靖，再行来京。”电寄 （《清德宗实录》卷417）

（光绪二十四年九月丙辰）又谕：“电寄王之春，电悉。该司现已由鄂启程，行抵宜昌，即由陆驰赴重庆，办理教案事竣，再行进省，所筹甚是。着俟入川后，将办理教案情形随时电奏，以慰廑系。”电寄 （《清德宗实录》卷429）

（光绪二十四年九月戊辰）勾到奉天、陕西、湖广、浙江情实罪犯，停决……湖广斩犯四人、浙江斩犯二人，余五十九人予勾。折包 （《清德宗实录》卷430）

（光绪二十四年十一月辛未）湖北巡抚曾钚奏：“请于补官、掣签、度支、讼狱四条酌量变通成例，以培国本而固民心。”下所司议。折包 （《清德宗实录》卷434）

（光绪二十五年九月壬戌）勾到奉天、湖广、浙江、安徽、江西等省情实罪犯，停决……湖广斩犯五人……余七十三人予勾。折包 （《清德宗实录》卷451）

（光绪二十七年七月甲子）湖广总督张之洞奏：“情实免勾人犯李糯粑、徐荃福，事关交涉，专案具奏。”得旨：“仍着牢固监禁。”（《清德宗实录》卷485）

（光绪二十八年九月庚辰）勾到吉林、奉天、湖广、陕西、浙江、江西情实罪犯，停决……湖广斩犯二人……余一百二人予勾。（《清德宗实录》卷505）

（光绪二十九年九月甲午）勾到奉天、陕西、湖广、浙江、江西、安徽情实罪犯，停决奉天斩犯二人、湖广斩犯二人……余五十九人予勾。现月 （《清德宗实录》卷521）

（光绪三十一年九月丁亥）勾到奉天、陕甘、湖广情实罪犯，停决奉天绞犯一人、陕西绞犯四人、湖广绞犯三人，余四十九人予勾。现月 （《清德宗实录》卷549）

（光绪三十二年九月壬子）勾到奉天、陕西、湖广情实罪犯，停决陕西绞犯二人、湖广绞犯五人，余四十四人予勾。（《清德宗实录》卷564）

（光绪三十三年九月庚戌）勾到福建、奉天、陕西、湖北、湖南、浙江情实罪犯，停决奉天绞犯五人、陕西绞犯二人、湖南绞犯一人、浙江绞犯二人，余四十三人予勾。现月 （《清德宗实录》卷580）

（光绪三十四年九月甲辰）勾到奉天、吉林、黑龙江、陕西、甘肃、湖北、湖南情实罪犯，停决奉天绞犯三人……湖北绞犯一人、湖南绞犯一人，余四十一人予勾。（《清德宗实录》卷596）

（宣统二年十月丁亥）都察院奏："四川京官内城总厅五品警官邓镕等，以川路股款亏倒过巨，应请撤销总理，仍饬督同经手，追收欠款，以重股本，请据情代奏。"得旨："邮传部查核具奏。"寻奏："据该公司办事单开，存沪路款共三百五十万，约计亏挪各款竟至二百万两……乔树枏总司全局，于沪款亏倒事前毫无觉察，一任施典章所为，以至糜烂至此，应撤销四川川汉铁路驻京总理。至该公司所收亩捐等项，应责成上海、宜昌、成都三处办事人员暂行会同经管。"从之。（《宣统政纪》卷43）

（宣统二年十月丁亥）勾到奉天、吉林、黑龙江、陕西、甘肃、湖

北、湖南、浙江、江西等省情实罪犯，停决斩犯一人、绞犯十二人，余八十九人予勾。现月　（《宣统政纪》卷43）

（宣统三年十二月己酉）内阁代递民政大臣赵秉钧奏："已革湖北巡警道冯启钧等被参冤抑，请予昭雪。"从之。（《宣统政纪》卷70）

2. 官吏查惩

（顺治五年八月庚戌）偏沅巡抚线缙疏劾："前抚臣高斗光向带劣弁宋奇英、魏思德等，擅用催饷旗号，遍诈商民，又代贼至汉口，侦探我军消息，叛情显露，今已密擒，请乞严加究治。"疏入，得旨："高斗光着革职，督抚按究拟具奏。"（《清世祖实录》卷40）

顺治六年己丑九月丁巳朔，革户科给事中常若柱职，以劾湖广粮储道牛铨失实故也。（《清世祖实录》卷46）

（顺治七年七月癸丑）陕西榆林道丁允元、湖广上湖南道李仲熊坐规避不赴任，俱削职为民。（《清世祖实录》卷49）

（顺治七年八月己丑）革兵部尚书明安达礼一拖沙喇哈番，罚银百两，侍郎朱玛喇、特晋金维城各七十两，启心郎常鼐五十两，以叙湖广、福建、大同功迟误故也。（《清世祖实录》卷50）

（顺治八年闰二月）乙亥，刑部尚书固山额真公韩岱等审议刚林等罪状，议曰："……审讯阿尔三，据供'我因剿土寇，随征往湖广，归时已拨白旗，家已移住白旗讫，随往护军统领伊尔德前怨忿曰，缘何如此屡迁，今又离尔去矣'。随质之伊尔德，所言是实，阿尔三应免罪……"奏入，得旨："……阿尔三俱如议完结……前所行情罪已结，今后于委任职

掌，当矢忠报效。其晓谕之。”（《清世祖实录》卷54）

（顺治十一年正月）甲午，工科右给事中许作梅劾奏：“郧阳抚治朱国柱玩寇殃民，贼围竹山蒋家寨，竟未遣兵援剿，以一矢相加，辱简命而误封疆，请严加处分。”得旨：“国柱明白回奏。”（《清世祖实录》卷80）

（顺治十三年十月）己丑，降湖广巡抚林天擎五级，调外用。以保举随州知州程文光行贿营升，事觉连坐也。（《清世祖实录》卷104）

（顺治十四年七月戊午）湖南巡按御史周季琬劾奏：“龙阳县知县冒正宗奇贪异酷，湖北道娄镇远徇私党庇。”得旨：“娄镇远、冒正宗俱着革职，该督抚提问。”（《清世祖实录》卷110）

（顺治十五年六月辛卯）原任总督张悬锡疏言：“臣以迎节失仪，错误甚大，悔罪刎颈，迷谬益深，仰荷洪慈，从宽降调，方拟交代，入觐天颜。乃因学士折库讷等质问一疏，奉有张悬锡畏惧麻勒吉等，不敢尽吐实情之旨，部议令臣赴部面质，理应静候。惟是臣恭绎明纶，仰见皇上日月之明，无所不烛。臣至今日，有不敢终隐之实情，又不敢径诉之部臣者，谨沥陈于皇上之前……一则云‘前日我们往湖广去时，你在山东，岂不见小报，何为不来迎接’，再则云‘我们到南边，洪经略差人远接馈遗，日日来见，何等小心’，此皆麻勒吉责臣失仪后之言，而臣前供所未吐者也……臣若将此段情节终于不吐，则是臣诚畏惧麻勒吉等，而反不畏惧皇上之明纶。欺蔽之罪，更不可逭矣。”得旨：“张悬锡以总督大臣轻生自刎，必有逼迫情由，朕已知及此，故特行详察。今据张悬锡沥吐实情，麻勒吉等因事责备，借端苛索，种种情弊有据。麻勒吉系简任近臣，奉命出差，乃敢于逼迫大臣，任意妄行，负朕委任之恩，深为可恨。着九卿、科、道会审，从重议处具奏。”（《清世祖实录》卷118）

（顺治十五年十一月丁酉）湖广道监察御史冯班参奏山东巡抚耿焞庇贪纵恶，溺职欺君，下所司察议。（《清世祖实录》卷121）

（顺治十六年二月庚寅）吏部议奏："延绥巡抚周召南、湖广右布政使田起龙前任山东参政，失察昌邑等县欺隐故明废藩地九百余顷，应革职。"从之。（《清世祖实录》卷123）

（顺治十七年八月壬辰）湖广道监察御史萧震劾奏："原任工部侍郎张缙彦曾任明季兵部尚书，交通闯贼，开门纳款，士民共为切齿。我皇上定鼎之后，缙彦踉跄投诚，不惟待以不死，且加录用。为缙彦者，正当洗心革面，以图报称，乃守藩浙江，刻有《无声戏二集》一书，诡称为不死英雄，以煽惑人心，入为工部侍郎，又复包藏祸心，交结党类。今为刘正宗一案，已提至京师，伏乞皇上俯赐乾断，明正典刑，庶人伦正而纲纪张矣。"得旨："此所参张缙彦事情，着于现议案内一并严察议奏。"（《清世祖实录》卷139）

（康熙五年）二月壬子朔，吏部都察院议复湖广道御史李之芳疏言，今考满已经停止，其各部院官有才力不及、不称职者，请敕各堂官严察题参，如徇情故纵，一并治罪。应如所请。从之。（《清圣祖实录》卷18）

（康熙六年五月癸丑）左都御史王熙遵旨条奏："闽、广、江西、湖广等省各官，近或自置货物售于属下，或巨舸连樯，装载他方市易，行同商贾，不顾官箴，甚者指称藩下挟势横行，假借营兵放债取利。请敕部详议，嗣后闽、广等省王公、将军、督抚、提镇，如有恃势贸易、与人争利者，作何议处治罪，并严指称假借之禁，庶小民得以安生，官方因之整肃。"下部议行。（《清圣祖实录》卷22）

（康熙六年六月己亥）户科给事中姚文然疏言："四川、湖广、江西、浙江、江南五省采办楠木，每有不肖官役借事吓诈，封锁民房，砍伐坟树。百姓受殃，必用贿求免。况采木原有丈尺定式，乃不问大小，砍山陆运，假公行私，致累小民，请敕严禁。”得旨：“采办楠木以备大工之用，不肖官役及奸商土棍借名生事，苦累小民，着督抚严禁。”（《清圣祖实录》卷22）

（康熙九年五月己卯）湖广道御史李之芳疏言：“今年考选庶常，皇上委内院阅卷，京师哄传，谓取中上卷二十四名，系魏裔介使家人报信，闻者无从辨其真伪。幸我皇上亲加遴选，取中庶吉士二十七员，与所传名数姓氏不同，于是人心悦服。独是魏裔介以密勿大臣，敢于漏消息而窃威福，此其心为何心……”得旨：“这所参事情，着魏裔介明白回奏。”（《清圣祖实录》卷33）

（康熙二十一年二月癸未）宗人府题：“闲散宗室勒尔锦赠朱方旦‘至人里’‘圣人堂’扁额，原任湖广巡抚张朝珍赠‘圣教帝师’扁额，应行文巡抚王新命，查其果有凭据否，或系朱方旦自行标榜，俟问明具题，到日再议。”上谕大学士等曰：“此事无庸行查，前勒尔锦领兵在荆州时，朕已闻此等事，曾谕彼时差去之人，朕知朱方旦系狂妄小人，军机大事万不可听其蛊惑。”……寻议：“勒尔锦见在羁禁，张朝珍已经病故，俱无庸议。”得旨：“张朝珍所剩世袭官革去。”（《清圣祖实录》卷101）

（康熙二十四年十月戊申）吏部议复：“原任四川巡抚韩世琦题参酉阳土司运解楠木迟延，查土司无俸可罚，应免议。”上谕大学士等曰：“韩世琦前任江苏巡抚，居官狼藉。后任偏沅巡抚时，采办楠木，则称四川酉阳土产楠木合式，请令蜀省督抚劝谕捐输。及调任川抚，又题称酉阳地方楠木数目丈尺，路远不便察看，请行湖广督抚就近察明。经部驳察，今始委过土司，称‘大木难运’等语。前后题疏参差不合，着吏部严加议处。”寻部议：“巡抚韩世琦应革职。”从之。（《清圣祖实录》卷122）

（康熙二十五年十二月戊辰）先是，侍卫纳尔泰于内大臣前，首告兵部右侍郎蔡毓荣在云南时侵没逆藩吴三桂入官家财、人口，因伊奉差云南，恐致发露，送银八百余两。蔡毓荣之子蔡琳在京时，亦曾送银一百两，当时不即行出首，罪实难辞，应听处分……查蔡毓荣前任湖广总督，失陷城池，蒙皇上不即加诛，从宽优免，复授以封疆重任，不思效死赎罪，反负国恩，侵没逆藩家财人口，行贿请托，受财纵犯，罪恶莫大，应拟立斩，将所欺隐金银照追入官……上谕大学士等："蔡毓荣当日弃常德退回，以致湖南被陷，徐治都死守，故彝陵仅存……"（《清圣祖实录》卷128）

（康熙二十六年十月庚申）湖广巡抚张汧疏参上荆南道祖泽深勒诈婪赃十二款，枝江县知县赵嘉星私派殃民五款，通山县知县邢士麟才短误公，请分别革职究拟。得旨："这所参着刑部右侍郎塞楞额前往察审。"（《清圣祖实录》卷131）

（康熙二十六年十二月乙丑）奉差湖广审事刑部右侍郎色楞额疏言："湖广巡抚张汧所参上荆南道祖泽深婪赃款内得枉法赃金七两、银四十两是实，枝江县知县赵嘉星私派款内得银四百二十两是实，祖泽深、赵嘉星俱应革职，拟绞监候，秋后处决。其通山县知县邢士麟到任一月，并无才短误公之处，应毋庸议。巡抚张汧将邢士麟误参，应降一级调用，原揭布政使胡戴仁、按察使丁炜等各降二级调用。"得旨："所审未当，着于成龙等严加究拟具奏，色楞额着严加察议。"（《清圣祖实录》卷132）

（康熙二十六年十二月乙丑）山西道御史陈紫芝疏参："湖广巡抚张汧莅任未久，黩货多端，凡所属地方盐引、钱局、船埠等，无不搜括，甚至汉口市肆招牌亦按数派钱。当日保举之人，必有贿嘱情弊，请一并敕部议处。"得旨："张汧着革职，所参各款，着直隶巡抚于成龙、山西

巡抚马齐、左副都御史开音布驰驿前往，提拿究拟具奏。”（《清圣祖实录》卷132）

（康熙二十七年三月乙酉）刑部等衙门议复：“直隶巡抚于成龙、原任山西巡抚马齐、原任左副都御史开音布奉差湖广，审湖北巡抚张汧借称前任闽省藩库亏空帑银，勒索属员胡戴仁等出银抵补，又派收盐商之银共九万余两入己，上荆南道祖泽深勒索民人李二杨等银共八百余两入己。总督徐国相与张汧同城失察，差往湖广侍郎塞楞额审事不实，请一并交部议处。查侍郎塞楞额差审巡抚张汧徇情失实，又回奏欺罔，应论斩监候。张汧、祖泽深藐法受贿，应论绞监候。湖广总督徐国相与张汧同城，不行参奏，明系徇庇，应革职。布政使胡戴仁、按察使丁炜应降二级调用。又查从前保举张汧之人，有大学士梁清标、尚书熊一潇保举张汧为布政使，户部侍郎王遵训、内阁学士卢琦、大理寺寺丞任辰旦保举张汧为巡抚，俱应革职。”上曰：“塞楞额回奏时，原有审事不实甘受诛戮之言，张汧、祖泽深皆系贪官，着依议完结。至保举张汧之官俱议革职，似无分别，张汧事犯于巡抚任内，其保举为巡抚者俱着革职，其保举为布政使者着从宽免革职，降三级留任，徐国相着革职，胡戴仁等着降二级调用。”（《清圣祖实录》卷134）

（康熙二十七年八月甲辰）吏部题：“原任枝江县知县赵嘉星系论绞监候之犯，于楚兵变动时胁逼不从，奔投前来，愿伏国法，请令巡抚察明再议。”上曰：“赵嘉星虽系重犯，兵变之日胁逼不从，奔投愿受国法，情属可矜，其免之。”（《清圣祖实录》卷136）

（康熙二十八年十月壬午）湖广巡抚杨素蕴以病乞休。得旨：“杨素蕴居官并无善状，被灾处所不亲行察勘，托病求罢，殊为可恶，着革职。”（《清圣祖实录》卷142）

（康熙三十八年十月）辛卯，大学士等以湖广总督郭琇遵旨查明私派激变知州赵国瑄等事入奏。上曰：“郭琇止将赵国瑄等事查出，并未叙及往审之刚五达等公与不公之处，着移文郭琇，将刚五达等所审公与不公及伊等途中曾否乱行，令其一并查明具奏。”（《清圣祖实录》卷195）

（康熙四十四年八月己酉）吏部题：“湖广总督喻成龙于兵丁王汉杰等聚众抢掠一案，徇庇该管将弁，朦混具题，应革职。”得旨：“喻成龙着革职。”（《清圣祖实录》卷222）

（康熙四十五年二月）壬辰，刑部议复：“差往湖广郎中吴进泰等察审提标兵丁抢掠当铺一案，为首之王贵等应斩立决，为从之王汉杰等俱应斩监候，原任布政使今升太仆寺卿施世纶、原任按察使董廷恩、现任布政使董昭祚、按察使郎廷栋等俱应革职，提督俞益谟应降二级调用。”上曰：“此风不可长也。湖广兵丁原皆良善，后因武臣不能约束，流弊至此，岂可不严加惩治？且地方官不将此案审明，延捱推诿，朦胧具奏，殊为不合。着将兵丁首犯王贵等依拟立斩，从犯王汉杰等俱依拟应斩监候，秋后处决。施世纶、董廷恩、董昭祚、郎廷栋等俱着革职，提督俞益谟居官好，且在事发之后到任，着降二级，从宽留任。”（《清圣祖实录》卷224）

（康熙四十五年四月辛亥）湖广总督石文晟折参容美土司田舜年私造宫殿、暴虐奸淫不法各款。上谕大学士等曰：“顷湖广总督石文晟劾奏土司田舜年纵恣不法。昔吴三桂之乱，田舜年略无举动，即此一端，甚为可嘉。今石文晟有此劾奏，或因田舜年与地方官不协所致，其中恐有虚诬，此折且暂停批发。”（《清圣祖实录》卷225）

（康熙四十五年四月）丙辰，湖广总督石文晟疏言：“容美司土司田昞如，乃贪庸恶劣被参革职拿问之人。今据桑植宣慰司土司向长庚详称，田昞如主仆二人逃在伊处，及臣屡次檄行解审，而土司向长庚竟不将田昞如起解，反捏称田昞如卧病，不能前往。至原任土司田舜年既将伊子田昞如题参革职，理应将伊子正妻所生长孙申详袭职。今该土司报称，康熙四十年，已将长孙田宜男名字报部，其时田宜男年方十二岁，不久病故，因田宜男名字乃祖父所命，不忍改易，故将次孙仍名田宜男，今实七岁，如开送确实年岁，恐部驳查。据此，田舜年明有欺隐诳报之罪。"上谕大学士等曰："石文晟前劾土司田舜年，何不同此折一并具奏？乃作两次参劾，又折内不言两巡抚，专请交提督审问，此必有故。从前吴三桂自水西、乌蒙土司地方进兵取云南，因知其地产银，遂于康熙初年奏请进剿水西，后得其地，分为四府。我军于是役亦大有损伤，今此事虽小，断不可生事，尔等将前后奏折及土司呈词抄发湖南巡抚赵申乔、湖广提督俞益谟，令其不必会同商议，各出已见，作速具奏。"（《清圣祖实录》卷225）

（康熙四十五年六月癸巳）偏沅巡抚赵申乔、湖广提督俞益谟遵旨复奏容美司土司田舜年不法各款，请命大臣往审。得旨："着都察院左都御史梅鋗、内阁学士二鬲前往察审。"（《清圣祖实录》卷225）

（康熙四十五年六月）戊申，湖广总督石文晟疏言："原任容美司土司田舜年来省，臣令藩臬二司暂行拘留，随因中暑病故。又查田舜年降逆贼吴三桂时，以其印缴吴三桂，及投诚后，于康熙二十年铸印颁给，今验其印，乃康熙元年所铸，其中情弊，难逃圣鉴。"得旨："此两事俱发梅鋗等一并察审具奏。"（《清圣祖实录》卷225）

（康熙四十五九月癸未）先是湖广总督石文晟疏参容美司土司田舜年一案，上命都察院左都御史梅鋗、内阁学士二鬲前往会审。至是，梅鋗奏称："原任容美司土司田昞如酷虐事迹俱有证据，应革职。桑植宣慰土司向长庚抗匿田昞如，应降四级留任。已故容美司土司田舜年出征苗子，捏病规避各款俱有证据，应追革田舜年职。至田舜年私造宫殿淫乱各款俱无证据，应毋庸议。田昞如土司员缺应将田昞如子侄中择一人承袭。”湖广总督石文晟等奏称：“田舜年所属之人唐世甲等，控诉田舜年父子俱不善我等，情愿纳粮当差。应否将其土地、人民入我版图，伏候上裁。”学士二鬲奏称：“案内有名容美土司二十余人俱未赴审，故未经质审之处甚多。田舜年治病医生及检尸知县洪国柱俱未到案，田舜年身死尚未明白，倘草率结案，则土司之心不服。”奏入，下九卿、詹事、科道会议具奏。（《清圣祖实录》卷226）

（康熙四十五年十月）丁酉，谕大学士等：“九卿议土司事，但欲使两造平息。总督石文晟原参田舜年建造宫殿，行凶作恶，是以羁留于武昌府。今田舜年已故，石文晟又具奏欲息其事。如土司等果抗拒不法，则当发兵征剿，土司等若无罪，则当反坐原参之人。朕意以二鬲所奏为是，此事不便令督抚、提督会同审理，当再特遣大臣前往察审，着以此谕九卿。”（《清圣祖实录》卷227）

（康熙四十五年十二月）甲辰，刑部会同吏部等衙门复奏：“侍郎常绶等审奏广东海寇一案。一议，海寇蔡三十二等拦截泛海商船，劫夺银米，俱应立斩。总督郭世隆不将实情审出，应降三级调用。原任巡抚今升湖广总督石文晟、提督赵弘灿未经详察，列名具题，俱罚俸一年。承审按察使今升河南布政使许嗣兴等，分别降级调用。又一议，总督郭世隆不预先严禁强暴之人，及蔡三十二等事发，又朦胧掩饰，草率具奏，殊为溺职，应革职。余如前议。”得旨：“蔡三十二、曾赞伯、黄士文、赖亚客、陈阿七俱立斩，许嗣兴着降一级调用，郭世隆着革职，余依议。”（《清圣祖实录》卷227）

（康熙四十六年正月乙亥）革都察院左都御史梅鋗职，以审湖广土司田舜年一案回奏不实故也。（《清圣祖实录》卷228）

（康熙四十七年七月）丙戌，九卿遵旨议复："大理寺卿塔进泰疏言，湖北现用私钱，价值甚贱，奸徒射利，潜于襄阳、汉口收买私钱，运载粮艘至京城各处贩卖，以致流布四方。请严行禁止并收买销毁，嗣后事发地方文武官员知情立斩，家产人口入官，不知情革职，司道以上降二级调用。其私铸及工匠私贩人等，分别首从斩、绞，如粮艘、盐船私装贩卖，运弁船户等照私铸为首人例治罪。至湖北制钱甚少，使用不足，请将户部所铸重一钱四分之制钱，每年发四万缗，给各府州县分卖，所卖银两即作兵饷，给拨三年后停止。其武昌所铸一钱重制钱，限五年销毁。应如所请。"从之。（《清圣祖实录》卷 233）

（康熙四十八年五月）己亥，湖广巡抚陈诜疏言："臣查湖北藩库亏空银七万七千余两，请将布政使王毓贤解任候审。"得旨："王毓贤着解任，该督严审究拟具奏。"（《清圣祖实录》卷 238）

（康熙四十八年十一月甲申）湖广提督俞益谟遵旨回奏，疏言："巡抚赵申乔参臣抽取衡协兵丁三十五名，以致营伍空缺，此特言臣冒饷之意。提督衙门例有执事人役，向无额设，亦无工食。臣仿督抚衙门衙役工食取给于各州县之例，分派各营，令其呈送。如各营将人饷并送者，则臣各派职役，若但将名粮呈送者，臣即募充，其余剩之饷，以为操演、赏赉各公费之需，并无分毫扣克。臣不能与赵申乔同省办事，乞赐罢斥。"得旨："九卿、詹事、科道察议具奏。"（《清圣祖实录》卷 240）

（康熙四十九年六月戊午）吏部议复："湖广总督郭世隆疏言，翰林院侍读学士陈壮履致祭南岳，纡道嘉鱼县，骚扰地方。应将陈壮履降一级，罚俸一年。"得旨："陈壮履身为翰林，奉差在外，滥行生事，学问亦甚不及，着革去侍读学士，停止内廷供奉，仍为翰林院编修。"（《清圣祖实录》卷 242）

（康熙五十年十月丙辰）……上召三省原任督抚礼部尚书贝和诺、刑部尚书齐世武、郭世隆、工部尚书陈诜、左都御史赵申乔诘问纵容滋蔓陈四等情由，各免冠引罪，下部察议。寻部议："陈四等在湖广藏匿，巡抚陈诜不即行缉拿，纵往别省，又在陕西行走，巡抚齐世武并不查拿，俱照溺职例革职。湖广总督郭世隆、偏沅巡抚赵申乔照该管上司例，各降四级调用……"（《清圣祖实录》卷248）

（康熙五十年十月辛未）谕大学士等曰："窃盗、强盗皆系不良之徒，不可姑息。乃地方官不肯缉拿，督抚、提镇文移往来，不过沿袭故套，州县有司概行不究，更有乡绅大户始而畏贼，相为容隐，久之便作窝家，盗贼横行，皆由于此。直隶、山东向年盗案甚多，近日地方官协力躧缉，渐渐稀少。北方盗贼流往南方，因而江南、浙江、湖广、江西所在多有，若地方官实心办事，何难消弭……"（《清圣祖实录》卷248）

（康熙五十四年三月戊午）吏部议复："湖广监利等县江堤冲决，应照黄河例，将总督以下各降三级留任。"上谕大学士等曰："江堤与河堤不同。黄河之流，无定时，有移徙，故特设河员看守堤岸，江水从不移徙，偶有泛滥，亦非人力所能保护。该部引黄河例，将地方官议处误矣。本发还，再议。"寻议复："总督以下，应分别罚俸。"从之。（《清圣祖实录》卷262）

（康熙五十九年七月庚午）先是，上谕户部："直隶各省钱粮亏空甚多，应作何立法，使亏空之弊永远清理，着行文各该督抚确议具奏。"至是，户部据各该督抚等复疏会核定议："查直隶各省督抚等所奏，或与定例相符，或与钱粮无益者均无庸议外，如……湖广巡抚张连登……疏称'州县钱粮令知府严加稽查，随征随解，无许久存州县库内，以绝侵那之弊'，应如鄂海等所请，嗣后州县官征收钱粮，务令随征随解，如迟延不解，即令该府查报参处。如州县批解钱粮，而布政使抵充杂派，扣批不发，许州县官申报督抚，并报部院衙门题参……”（《清圣祖实录》卷288）

（雍正二年八月壬午）发下裁名奏折，参劾浙江巡抚黄叔琳徇庇乡绅陈世侃，杖毙民人贺懋芳，又从前审理湖广盐务，收受商人吴雨山贿赂，又伊弟巡视台湾御史黄叔璥，回京时路过浙江，纵仆骚扰地方……（《清世宗实录》卷23）

（雍正五年正月乙巳）署理湖广总督福敏等奏言：“湖广苗瑶地方不产硝磺，而各案每以枪炮伤人，明系奸民贩卖，转入峒寨。臣等正行严禁，乃查旧案，参革藩司张圣弼任内滥给硝磺牌照甚多，以致汉口经纪公然贩卖，至今尚有存贮。前抚臣郑任钥在藩司任内亦有伊戚林西周贩卖，虽经详明督抚，而违禁射利，殊玷官箴，理合奏闻。”得旨：“郑任钥在学政任内颇有清名，为巡抚时闻于应得之项亦不收受。今观福敏等所奏以硝磺违禁之物，且湖广地方苗瑶杂处，例禁更严，而郑任钥身为封疆大臣，纵其私人犯禁取利，是郑任钥之为人，于人所共知之处，则强制不取，以沽清廉之名，而于人所不知之处，则暗中巧取，以遂其营私之实，不知清廉之官，当如是否耶？彼意在于名实兼收，而不知其终归败露。又如湖广社仓一项，杨宗仁殚心经理劝导百姓，勉力公捐，以裕积贮，而郑任钥身为巡抚，徇庇属员，听其侵渔，置之不问，以致民间辛苦蓄积之物，皆化为乌有。但知取悦于属员，不顾民生之缓急，尚得谓之爱养斯民者乎？郑任钥着革职，在湖广修理江岸工程处效力赎罪。”（《清世宗实录》卷52）

（雍正五年二月乙丑）刑部等衙门遵旨议复：“太常寺卿邹汝鲁身为大臣，乃于进献河清疏内，故用悖逆之语，显肆讥讪。请革职，照律拟绞立决。”得旨：“邹汝鲁着革职，从宽免死，发往湖广荆州府沿江堤岸工程处效力。”（《清世宗实录》卷53）

（雍正五年三月）戊戌，谕大学士九卿等："朕办理天下事务，惟有物来顺应，初无成见成心。盖天下庶务殷繁，人情诈伪，变幻百出，朦蔽欺罔之处，往往有之，而一时听从，或不能不有错误。惟知其错误，而即为改易，不存回护之见，则误者可以不误，而是非了然，人亦知所警惧。古之圣贤，不曰无过，而曰改过不吝，朕常以此自勉也……朕因蔡珽力言程如丝居官甚优，是以用为四川按察使，以观其后效。然其中虚实真伪，朕究未释然于中，数年以来，未尝不时时留心访察也。前者检阅汪景祺记载程如丝贪横一条云，程如丝重贿蔡珽，调补夔州知府。程如丝至夔，凡商家所有之盐，尽以半价强买之。私盐船自夔至楚者，官素不甚禁，以活穷民。程如丝悉夺之，私盐船过夔。程如丝遣人籍其盐，私商不服，程如丝集吏人、乡勇、猎户、汛兵几千人往捕治之，鸟枪弓矢竞发，私商与捕人，死者枕籍，商人过客毙者无算。蔡珽庇之，不以上闻。湖督杨宗仁受客商呈词欲入告，程如丝指称是年大将军意，杨督竟寝其事。年公闻之，遂具题参劾，奉旨革职拿问。蔡珽入觐，力言程如丝为天下第一清官，上将大用之。今此案令西安巡抚石文焯秉公确审，石欲脱程罪，且议复其官，以合圣意……程如丝兴贩私盐、放枪杀人一案，着侍郎黄炳前往四川，会同岳钟琪、马会伯及湖北巡抚宪德逐一明白审理。从前被程如丝之害者，多系湖广之人，着宪德一一查出，带往四川质审。再此案内有应行质审之人，俱听黄炳等行文调取质审。目今岳钟琪现在四川，着行文令伊暂留川省，办理此事。蔡珽候刑部案件质问后，即发往四川。石文焯亦着前往四川，于黄炳等会审时，令蔡珽、石文焯二人在傍观看。"（《清世宗实录》卷54）

（雍正六年三月）乙卯，湖广总督迈柱疏言："原任武陵县知县马腾衢任内亏空银两，应于原任巡抚赵申乔名下追赔完项。"得旨："为督抚者，或操守不谨，平时勒索属员；或沽誉邀名，徇情宽纵，以示恩惠。有此二者，属员亏空，当令其分赔。如赵申乔当日居官，操守清廉，又复实心任事，毫不瞻徇情面，实大臣中之罕见者。今伊属员亏空，若照例令伊赔补，是清正任事之大臣，与贪鄙庸碌者同一处分，而子孙皆不免拖累，殊非激浊扬清之道。此项银两不必于赵申乔名下着追，倘赵申乔名下再有似此应赔之项，俱照此例免其赔补，着该部将此通行各直省知之。”（《清世宗实录》卷67）

（雍正六年八月丁亥）谕诸王大臣等：“朕待臣下至公至平，从无一毫偏向，惟视其人如何耳。如杨文乾为广东巡抚，石礼哈与阿克敦、常赉、官达四人协力朋谋，欲加倾陷，而朕早已洞烛其私，严加申饬。石礼哈曾面奏杨文乾与伊不合，恐被中伤，朕谕之曰，尔等四人协力，尚不能害一杨文乾，杨文乾一人之力，独能害尔等乎？后杨文乾具折陈辩，朕谕此事朕先已洞悉其隐微，何待尔辩？尔今自辩，转觉其小矣。总之满洲、汉军、汉人，朕俱视为一体，并无彼此分别。又如迈柱巡抚江西，则按察使积善诬奏之，及总督湖广，则布政使黄焜诬奏之。朕察二人之狡诈，并加处分……”（《清世宗实录》卷72）

（雍正六年九月）辛酉，谕内阁：“省会之区民居稠密，人烟凑集，一或弗戒于火，每至比屋延烧，被火之家仓皇搬运，兼有无赖棍徒以救火为名，乘机抢窃。地方官员虽率领衙役赴救，而心力不齐，且救火之具不备，难以扑灭。昨因湖广荆州居民失火蔓延邻舍，行令该地方官仿照京城置备救火器具，以资防范。今着各省督抚一体遵照，于省会之地多设水桶、水铳、钩镰、麻搭之类，分贮各衙门。令文武各官派定人役兵丁，倘遇火警，齐集救护，即时扑灭，并将抢火恶棍查拿治罪。向例地方失火，延烧屋宇稍多者，地方官员例有处分，近多视为具文，或曲为掩饰。嗣后着该上司严查参劾，不得徇情隐匿，其或赴救不力，以致延烧多户至数十家以上者，着据实查参，严加议处。至于各府州县，并令该地方官预备防范，以副朕恤民御患之至意。”（《清世宗实录》卷73）

（雍正六年九月庚午）吏部议奏："兵部尚书查弼纳等徇情给发黄国材家人路引，令往湖广、广东变产赔项，应照例处分。"得旨："查弼纳着降二级，从宽免革任，仍将降级之处注册，于应行开复之后，再俟三年无过，方准开复。嗣后革职降调留任之员，再有降革处分，朕复加恩宽免留任者，俱照此例，将后案注册，俟前案开复，再将后案计至三年无过，方准开复。其有数案处分者，计案递加，永着为例。"（《清世宗实录》卷73）

（雍正七年四月癸未）湖广总督迈柱复奏："湖北参革粮道张廷枢那移南米，纵役勒索一案，遵旨审讯。据供失察是实，应准监守自盗论罪，止杖流，准徒。因无婪赃情弊，折赎俱免。"得旨："大凡革职发审之员若审明是虚，即应准其开复，不得混称已经革职，无庸再议。此朕屡降谕旨训饬者。今迈柱既称审明张廷枢并无贪赃款迹，惟一失察案款，即应奏请开复，何得仍以相沿陋习，含糊归结，甚属不合。张廷枢着来京引见，朕另有用处。"（《清世宗实录》卷80）

（雍正十一年六月）乙丑，吏部议复湖北巡抚德龄奏称，州县审理刑名案件，各有限期，如限满不结，该管之知府、直隶知州不揭报者，请照徇庇例议处。其知府、直隶知州自行审理案件，督催之道员亦照例议处。更有并非难结案件，该管府州捏饰难结缘由、混详展限者，令臬司查核揭参，如臬司不行查揭，亦请照徇庇例议处。应如所请。从之。（《清世宗实录》卷132）

（雍正十二年五月己卯）兵部议复："湖广总督迈柱疏言'湖北施南宣抚司覃禹鼎与容美土司田旻如翁婿济恶，奸贪残暴，在施南铜鼓山私开路径，直抵容美，派夫运米，私藏炮位。今容美土民能明大义，将覃禹鼎及施南司印信一并押解到臣，理合请旨革职严审，明正其罪。又据施南土民周一昌、覃祚德等向化输诚，呈请改土归流，急救倒悬，请分设文武官弁，以资弹压’。应如所请，将施南宣抚司地方准其改土归流，一切善后事宜，令该督妥协办理。”从之。（《清世宗实录》卷143）

（雍正十三年十月乙未）是月，署湖北巡抚吴应棻密奏酷吏滥刑，致成冤狱，请革职审讯。得旨：“命案重大，知县高人杰若果锻炼成狱，拖累多人，则罪不可逭，应速具本严参，革职审讯，何待请旨而后行耶?”（《清高宗实录》卷5）

（乾隆元年九月）丙申，总理事务王大臣会同刑部等议奏：“遵旨会审古州苗疆一案……革职湖广提督董芳擅调官兵……均应佥妻发边远充军……”（《清高宗实录》卷26）

（乾隆元年十月壬戌）谕总理事务王大臣：“据湖广署总督史贻直奏‘湖广提督杨凯局量褊浅，居心诡诈，自恃粗知文墨，遇事率意妄为，以矜才使气为能，以训练士卒为耻，调度布置，种种乖方，若令久于其任，必致军务边防均有贻误’等语。杨凯，朕亦闻其办事不妥，不胜湖广提督之任，着解任来京，候朕再降谕旨。其湖广提督印务，着颜清如前往署理。”（《清高宗实录》卷28）

（乾隆二年三月甲辰）刑部遵旨议复：“革职湖广提督杨凯以督臣史贻直为奸险倾陷，忿激渎奏，又据湖南巡抚高其倬参奏杨凯于奉旨解任后恋职营私等款，应照律杖徒，不准纳赎。”得旨：“杨凯从宽准其纳赎。”（《清高宗实录》卷39）

（乾隆二年十二月癸丑）湖广总督宗室德沛奏：“遵旨密查史贻直在总督任内收受盐商礼物等事。”得旨：“知道了。史贻直身为大臣，朕不忍扬其劣，当别有以处之。至许登瀛乃无耻小人，所当即行具本严参者也。”（《清高宗实录》卷59）

（乾隆三年四月）丙午，谕大学士鄂尔泰等："前吴金奉差回京，密奏楚省事务甚多，朕发与总督德沛逐一查察，俱属子虚。且称吴金在楚喜怒无常，威福自用，每见地方官，必曰此番奉命，非徒祭祀，且将察尔等之贤否，即总督、巡抚未必无分。又致书素不相识之云梦县知县傅百揆，索借银五十两，该县未应。至汉口时，与盐商等互相拜往，因名吴金，遂与凡吴姓商人俱用宗末拜帖，楚人传为笑谈。又吴金奏请衡、永、宝等府销盐甚微，必须专设商人，请令卡商方宏源办理，经大学士等议驳。查方宏源本非安分之人，吴金去岁至汉口时，方宏源称为师生，叙谈数日，踪迹诡秘。其有无贿赂情弊，虽无由得知，然以此不伦之事，代伊入告，其为请托无疑等语。凡奉差各省官员于地方事务，自当留心访察，果能秉公据实陈奏朕前，有益于民生吏治，朕自嘉奖之。若无所见闻，即不敷陈一事，亦属奉使之常。今吴金假公济私，妄行渎奏，且行止卑鄙，招摇恣肆，甚属无耻，着交部严察议奏，以为官员奉使挟私妄奏者之戒。至方宏源一案与吴金有无行贿之处，着交与总督德沛查明具奏。"（《清高宗实录》卷67）

（乾隆四年七月甲戌）湖广总督宗室德沛参奏湖北粮道崔乃镛婪赃各款，并称与抚臣崔纪联宗，不便照督参抚审之例。得旨："此奏甚是，知道了。已擢用卿为福建总督矣，本到时，当交新督班第审理也。"（《清高宗实录》卷97）

（乾隆四年十月己卯）湖广总督班第奏："访得巡抚崔纪并无劣迹，但性情浅狭，遇事有偏僻处。现办聚众抗官之劣衿，不速行发落，听其狡展，拖累多人。今经向伊申说，颇知自咎。除与崔纪公商饬属速行审详结案外，其所参道员崔乃镛，伊曾认为同宗兄弟，有无别情，访确另奏。"得旨："知道了。此所奏俱秉公议。"（《清高宗实录》卷102）

（乾隆五年闰六月丁未）谕曰："湖广总督班第参奏巡抚崔纪袒护崔乃镛等事二折，朕降旨令崔纪明白回奏。今据崔纪回奏情节，意甚狡诈，辞复支离。如崔乃镛解漕赴淮，擅动存公银两，崔纪奏称崔乃镛禀明德沛，批有印领。及朕面询，乃称德沛于崔乃镛禀内批，候巡抚批示，是德沛并未批准明矣。且德沛即便批准，如心知其不可，亦岂得附和准行乎？崔纪又称，伊先曾驳二次，因崔乃镛再三苦求，始勉强批准。夫督抚之于属员，于事理之当行者，虽不求亦应准，于事理之不当行者，虽屡求亦应驳，岂有因属员苦求，而遂瞻徇情面，悖理以从者乎？试问崔纪若非伊欲袒护之崔乃镛，亦肯施之于他人乎？至于崔乃镛被参之后，查出亏欠银八百两，崔纪奏称恐贻累于己，是以代为赔补。夫属员参有亏项，例于本身追赔，及力不能完，然后着落上司，罪亦不过失察，从未有属员甫参，而上司即为代赔者，伊非于崔乃镛有固结之私情，肯如此乎？又司道府等捐助崔乃镛一节，崔纪奏称并未授意，夫巡抚既为代赔，即不明授以意，司道自必仰承捐助，此又显而易见之情事也。崔纪又称'臣若与崔乃镛稍有私弊，德沛岂肯不见诸弹章'，殊不知当日德沛参劾崔乃镛劣迹累累，原即奏称崔纪与崔乃镛素有交情，若照督参抚审之例交崔纪承审，必为开脱。朕是以特令新任总督班第审理，崔纪犹懵然不觉乎？又委巡捕孟炳署理知县一节，崔纪奏称'臣何私于汉军孟炳而委署之'，夫同为属员，止当论其才具可用与否，何论汉人汉军？今崔纪故为辩别，其怀挟私心，于此益见矣。崔纪受朕深恩，叠加擢用，至于巡抚。伊所到之处，偏执任性，事多徇私，与总督皆不和衷。朕犹望其悛改，屡有处分，悉皆宽宥，复加训诫，以观其后效。乃伊全未儆省，不肯净涤私心，殊负朕委任成全之德意，难称封疆之重任，着交部严察议奏。"（《清高宗实录》卷120）

（乾隆五年七月丙子）吏部议："湖广总督班第参奏湖北巡抚崔纪违例纵私各案，查崔纪滥准崔乃镛擅动存公银两，被参后复代赔亏缺，种种徇庇，应降三级调用。又委按察司经历，署理州县印务，应罚俸一年。

又密谕各府令民间暂食私盐，尤为骫法溺职，应照例革职。”得旨：“崔纪袒护崔乃镛一案，着照部议降三级调用。至令民间暂食私盐一案，虽悖谬实甚，但事尚未行，遽议革职，未免过重。此案着免其革职，再降五级调用，余依议。”（《清高宗实录》卷122）

（乾隆六年九月辛卯）谕军机大臣等：“据那苏图奏称‘吴龙应在武昌道任内，曾有侵扣银两之事’，朕以其事尚小，未治伊罪，然其人操守难信可知。今吴龙应已升用晋藩，尔等可抄录原奏，寄与喀尔吉善，令其留心试看，密加访察，不可为其所欺。”（《清高宗实录》卷151）

（乾隆六年九月辛卯）又谕：“总督那苏图参奏‘荆宜施道姜邵湘管理荆关税务，肆志贪饕，横征重耗，侵蚀冒销，饱填欲壑。荆关税课，每年虽正余银三万余两，而实在约可征五六万两，除去应用公费，每年侵蚀，亦几及一半。该关凡遇缴银之日，系四六扣存，如征银一千，止将六百缴官，其四百两俱为管关员役侵肥’等语。姜邵湘着革职，将原参各款并折内有名人犯，交湖广总督孙嘉淦严审定拟具奏，折并发。”（《清高宗实录》卷151）

（乾隆六年十二月辛亥）工部议复：“湖北布政使严瑞龙奏称，工程核减银两，例于文到日立追，惟承办各员多有升迁事故，请定年限处分。应如所请，嗣后凡应核减银两，照依杂项钱粮之例，计限着追。如限满不完，将承追官初参降俸二级，戴罪督催完纳，复参罚俸一年。如承办之员遇有升迁事故，于任所原籍催追，限满不行完缴者，亦令该督抚等查参议处。”从之。（《清高宗实录》卷157）

（乾隆六年十二月庚申）湖北巡抚范璨奏：“襄阳县知县刘元龙不胜繁剧，以承缉盗案未获，不便调简。请嗣后州县繁缺调简，不必俟其参展处分限满，将应得处分带于调任。”得旨：“在此一事虽无情弊，若似

此行之，恐将来有百弊出矣。若不胜任，即参奏可耳。”（《清高宗实录》卷157）

（乾隆七年正月庚寅）（湖广总督孙嘉淦）又奏：“遵查前任楚臬吴龙应在官废事，经管关税，侵隐入己。”得旨：“这所参吴龙应着革职，发往楚省，交该督严审定拟具奏。该部知道。”（《清高宗实录》卷159）

（乾隆八年三月辛未）前任湖广总督孙嘉淦题：“已革湖南粮道谢济世，讯有强勒铺民购米，浮收价银劣迹。应依枉法赃律议，不准折赎。”得旨：“此案俟阿里衮、孙嘉淦会审具题到日，再降谕旨。该部知道。”（《清高宗实录》卷187）

（乾隆八年闰四月壬戌）谕：“湖广吏治废弛已极，前谢济世一案，许容冤诬锻炼，孙嘉淦瞻徇扶同。朕已降旨，将许容解任，孙嘉淦不准会审。今又闻楚省盗案甚多，营伍更属废弛，水路无巡江船只，陆路无会哨官兵。所谓游巡，皆虚应故事，以致盗贼肆行，全无畏惧。其水师营汛，竟有哨船久泊江岸，无人驾用，致有船多于兵之谣。是孙嘉淦、许容身任封疆，惟事敷衍虚文，并无一毫实际，因而文武效尤，上下颓废，其罪已至不可问矣。谢济世一案情节现已显著，孙嘉淦、许容亦无可再问，着即来京候旨。若有应行质审之处，着阿里衮奏明留彼，俟事竣带回。”（《清高宗实录》卷190）

（乾隆八年八月丁巳）又谕：“前因孙嘉淦、许容将地方一切政务废弛不理，而于谢济世一案，许容则挟私诬陷，孙嘉淦则扶同作弊，二人大负朕恩，是以令其于顺义县城工效力赎罪。今金溶奏称‘孙嘉淦操守不苟，中外共知，且言历任以来，其办事之能否，才具之优绌，未敢深论’，是意中明以孙嘉淦为才守兼优之人，不当处分者矣。独不思孙嘉淦自朕简用直隶总督，并未能办一事，即如经理永定河务，先请放水，后倡筑台之议，人人以为笑谈。及调任湖广，奏明往襄阳亲阅堤工，行至中途，闻有匿名书帖之事，即行回省，此岂封疆大吏所为？至于诸事废弛，扶同许容，其错谬难以枚举。即其操守一节，亦不过见功令森严，未敢肆行贪黩耳，岂一尘不染者可比？金溶系伊门生，力为陈奏，其意全为孙嘉淦而发，乃并为许容丐恩，可谓巧矣。当皇考时，臣工内有负恩溺职之员，多令于河工、城工效力赎罪者，彼时言官，从未见有一人陈奏，何至今日乃敢喋喋以行其私耶？且金溶折内，更申明不敢避师生之微嫌，忘国家赏罚之大计，巧诈已极。朕即位之初，陈树萱曾荐伊兄弟二人，托言内举不避亲之义，朕深悉其私衷，曾经议处。金溶此举，事同一辙。夫言路为国家耳目，若以师生私谊，扰乱是非，所关匪细，朕不惜处一言官，而使臣僚知假公济私，必难逃朕之洞鉴，庶几少知儆惕，亦挽回风气之一道也。金溶着交部严察议奏。”（《清高宗实录》卷198）

（乾隆八年九月癸巳）刑部复奏：“户部右侍郎阿里衮奏称，会审……湖广总督孙嘉淦扶同许容草率定案，应照溺职例革职，其余各官分别议处。署粮道仓德通揭情由，审俱得实，可否照例议叙。”得旨：“依议。许容、张灿、王玠、孙嘉淦俱着革职，仓德着交部议叙。”（《清高宗实录》卷200）

（乾隆九年正月戊申）湖北巡抚晏斯盛奏：“楚省征催钱粮，每乡每里各有里书、册书盘踞乡曲，包揽侵收，飞洒诡寄，以及需索册费等弊。前署荆门州知州高世荣纵用里书，朋比为奸，业经参革。嗣后顽抗之户临限无完，令该管官照例查比，即山区窎远，亦分委佐贰就近征比，无事蠹役代赔，借为弊柄。”得旨：“汝在湖广年余，惟此事尚属办理得宜耳。告之许容，令其继此妥办。”（《清高宗实录》卷209）

（乾隆十一年四月乙未）（湖北巡抚开泰）又奏：“各属赈务告竣，复借给耔种口粮，减粜仓谷，以资接济。并查荆州卫及枝江、潜江、天门

等县查办饥口时，有书吏希图需索之弊，饬令该道等分别惩办。”得旨：“好。知道了。”（《清高宗实录》卷265）

（乾隆十一年九月庚申）湖广总督鄂弥达疏参：“湖北驿盐道曹绳柱借入都引见，勒借汉镇商人银六千两，有总商张云甫可证。又亏空仓谷价银二三千两，有仓书可讯。臣不敢以先经保荐，稍事瞻徇，请旨革职究拟。至曹绳柱系臣与前抚臣晏斯盛荐举卓异之员，应附疏检举，听部议处。”得旨：“这所参曹绳柱着革职，其勒借亏空情由及本内有名人等，该抚一并严审究拟具奏。曹绳柱勒借等款，系朕得之传闻，令大学士等传谕，鄂弥达始具本题参，不得以自行检举，免其处分。其滥行保荐之处，着照例察议，该部知道。”（《清高宗实录》卷275）

（乾隆十一年九月壬戌）谕曰：“鄂弥达行止不检，久经废弃，朕复加擢用，冀其痛改前非，力图报称。乃伊自任湖广总督以来，旧习未除，于一切地方事务，并不实心经理。即今曹绳柱贪劣各款，亦系奉朕谕后，始行查参，可见于察吏安民处并不留心。且年已就衰，不称封疆之寄，着来京候旨，湖广总督员缺着山东巡抚塞楞额补授，山东巡抚员缺着山西巡抚阿里衮调补，仍兼管提督事务……（《清高宗实录》卷275）

（乾隆十一年十月戊辰）谕军机大臣等：“原任湖北驿盐道曹绳柱勒借盐商银六千两，亏空仓谷价银二三千两，现今题参革职审拟。并据该督抚等奏称‘此项勒借亏空银两恐伊任所难以完结，已经咨明江西抚臣，令将曹绳柱原籍家产，查明封固，以备还项’等语，陈宏谋向有沽名习气，遇此等事件，往往瞻徇，不肯实心办理。可传谕陈宏谋，此案务必严行确查，毋致寄顿隐匿。”（《清高宗实录》卷276）

（乾隆十一年十月癸未）大学士等奏：“据御史万年茂参奏‘学士陈邦彦、于振于本年八月瀛台赐宴之日，向户部侍郎傅恒屈膝请安’一折，臣等查问陈邦彦、于振，俱云并无此事，及询其同班裘曰修、董邦达，亦云未见。至万年茂指证之大学士史贻直、尚书王安国皆系大臣，若果有见闻，岂有不行具奏之理？是该御史所奏，毫无实据，应请交部察议。”得旨：“……从前湖广余铨出身不正一案，万年茂奏称‘素不认识余铨，并与彭维新亦未谋面，而彭维新私将伊名填写文内，咨送吏部’等语。朕令大学士等询问彭维新，彭维新奏称‘本年二月内，湖北人佥云，余铨系程姓世仆，不当与会，并将余铨姓名涂抹。其时万年茂身为会首，屡为附和，不得诿为不知，且万年茂托人准出结官先行检举之呈，更不得诿为不知。反奏称与余铨远隔，不知实据，巧为辞说，为余铨出脱，欺罔反复，情状毕露。至臣与万年茂未尝不相见，即如前二月内祀神宴会，则竟日晤接，彼此交揖团拜。今奏称与臣未曾谋面，又未尝与臣一揖，诞幻倾险’等语。彼时朕因此案现在行查，且系口舌之事，有关大臣言路之体，暂存未发。今伊所奏之事与前意相同，又系诬蔑词臣，且余铨一案，该省已审明家仆是实，则万年茂反复狡诈之处百喙难辞，着交部一并察议具奏。”寻议：“万年茂照奏事诈不以实例革职。”从之。（《清高宗实录》卷277）

（乾隆十一年十月己丑）吏部议：“原任湖广总督鄂弥达疏参湖北驿盐道曹绳柱勒借亏空一案，奉旨将滥行保荐之上司照例察议，应将原任湖广总督鄂弥达、湖北布政使安图分别降调。前任湖北巡抚晏斯盛、湖北按察使石去浮现俱终养在籍，应于补官日分别降级调用。”得旨：“安图着降三级调用，鄂弥达着降二级调用，石去浮着于补官日降二级用，晏斯盛着于补官日降一级用。”（《清高宗实录》卷277）

（乾隆十一年十一月丁未）又谕：“原任湖北驿盐道曹绳柱勒借盐商银六千两，亏空仓谷价银二三千两，题参革职审拟。并据该督抚等奏称，此项勒借亏空银两恐伊任所难以完结，咨查原籍，朕已谕令陈宏谋严行确查。今陈宏谋已调任湖北巡抚，所有查办曹绳柱家产之处，着巡抚开

泰秉公实力严查，以清帑项，毋令其寄顿隐匿。”（《清高宗实录》卷279）

（乾隆十二年四月丙寅）谕曰：“湖北按察使徐琳原系获罪之人，朕加恩起废录用，后复缘事降调，又加恩用至臬司。今据塞楞额奏，伊时存邀誉市恩之念，办理刑名，援引未当，且办事乖张，居心诈伪，深负朕擢用之恩，着革职。湖北按察使员缺着洮岷道刘芳蔼补授，洮岷道员缺着刑部郎中石柱补授。”（《清高宗实录》卷288）

（乾隆十三年正月壬辰）又谕：“从前楚省沉失铜斤之池玉、袁金城、陈述虞、崔锡四案，俱经该抚结报题咨请豁，该部屡行驳查，事历数年，悬案未结。今思池玉等沉失地方，既据该抚等称实在三峡之内，若再往返驳诘，该员等不无羁累，情殊可悯，着加恩准其豁免。但铜斤体质甚重，即遭风沉溺，亦不过在沙石之间，非比他物易于漂流散失，若实力打捞，断无不可复得之理。此四案如免其赔补，又不予以处分，则将来解员等必致益滋捏饰等弊。池玉等着交部议处。”（《清高宗实录》卷306）

（乾隆十三年二月丙辰）兵部议奏：“湖广提督革职留任，王无党于兵丁不法，隐匿不报，应照例革任。”得旨：“王无党着革任，该部调取来京引见。”（《清高宗实录》卷308）

（乾隆十三年闰七月癸酉）又谕军机大臣等：“塞楞额于孝贤皇后大事二十七日后违制剃头，已据自行陈奏，可即寄谕新柱，令其接到谕旨，即刻兼程速赴湖广总督署内。传谕塞楞额，此等违制之事，在汉人犹可云冒昧无知，伊系满洲大臣，丧心病狂，一至如此，实出意料之外。其平日居官不妥之处朕已洞悉，前经降旨令其来京矣。今伊身获重罪，法无可逭，即因其自行检举，或稍为宽贷，亦仅可稍迟数日之死，其所有家产，岂得尚思安享？着传谕伊只随身携带家人二名，星夜来京候旨。新柱即将伊任所家资详细查明，封固奏闻，不得稍有遗漏。并查伊自具

折以后，自知不免罪戾，或有藏匿寄顿，及起程赴京，沿途一切举动情形，详悉查明具奏。”（《清高宗实录》卷321）

（乾隆十三年闰七月己卯）又谕：“据尹继善奏‘周学健剃头之案，因前经奉有谕旨，各省督抚未发觉者不必查参，是以未行参奏’等语，朕之传谕不必查参者，原指所属微员而言，恐其无知犯法，不忍罪及多人耳，岂所论于历任督抚之周学健耶……周学健已于塞楞额剃头之案，降旨免其交部治罪，至所属河员皆视周学健所为，更不必置问。即如湖广两省属员，亦因视塞楞额而行，是以悉行宽免……”（《清高宗实录》卷321）

（乾隆十三年八月丁未）又谕曰：“彭树葵顺从总督塞楞额，于国制百日内剃头，朕特加恩宽免。前已有旨，将塞楞额拿解来京，并差侍卫鄂实等前赴湖广，拿治塞楞额之罪。今据彭树葵具折奏谢，止知一己之幸邀宽免为格外之恩施，而于塞楞额始终作何情状，现在侍卫等到楚曾否将塞楞额拿解，及总督印务伊已护理之处，竟未奏及。地方大吏于此等事件本当亟行陈奏，况彭树葵又此一案之人，何以漠不关心，罔知轻重，则所言痛自愧励者何在？着传谕申饬之。”（《清高宗实录》卷323）

（乾隆十三年九月癸丑）刑部等衙门议复：“原任湖广总督塞楞额奏称‘地方私宰耕牛，保甲牌邻知情容隐，请分别拟杖’等语。查保甲牌头容隐盗宰，例有治罪之条，若邻佑本无相涉，所奏无庸议。至所称‘地方官不行查拿，照失察例，按只数多寡，分别罚俸降留，若能查拿究治者免’，应如所请。”从之。（《清高宗实录》卷324）

（乾隆十三年九月庚申）又谕：“据额驸策凌奏‘扎萨克图汗巴勒达尔拿获安插荆州之额鲁特逃人察罕岱，解交理藩院办理，其失察容留之巴勒达尔应否交部议处’等语。扎萨克图汗巴勒达尔该管旗分，容留额鲁特逃人居住年久，未经查出，实属疏忽，理应交部议处。但经额驸策凌严饬，而巴勒达尔即能逐户稽察，将察罕岱拿获，尚属可恕，着加恩宽免。其容留察罕岱之蒙古多尔济等，亦着照策凌所奏，令由本处惩治，察罕岱俟解送来京，该部定拟请旨。”（《清高宗实录》卷324）

（乾隆十四年正月丙寅）又谕：“据纳敏奏称‘有驻防德州城守尉之笔帖式富森到署，假捏奉委前往湖广采买船只木料，及诘以委牌，则情词闪烁，毫不足凭，除委弁押送回旗外，请交部察议’等语，现任旗员并无部照旗咨，擅敢私出外省招摇撞骗，殊干法纪，自应严审治罪。乃纳敏仅请交部察议，甚属徇纵，着传旨申饬。”（《清高宗实录》卷333）

（乾隆十四年八月壬辰）谕军机大臣等：“据开泰奏称‘参革永昌府知府刘樵之子刘天任已经拿获解滇’等语，刘樵侵帑误工，又纵伊子携带银两潜行，甚属不法，应行严究。据供，已于古州修城及滇楚还债，用去无存。而本年二月内，刘天任又在户部捐纳知县，即用银三千八百八十两，则其所携云南之银七千两进京之说，已有明证。尚云‘修城还债用去’，其为谎供无疑。刘天任着革去职衔，传谕开泰，令其再于武陵县原籍严行查勘，勿令稍有隐匿。并传谕张允随、图尔炳阿，务将刘樵并伊子刘天任严加审讯，根究追拟。向来外任审案，因曾经现任多不加刑，刘樵父子情罪可恶，非寻常侵亏可比，着严行夹讯。倘稍有瞻徇遗漏之处，惟该督抚是问。”（《清高宗实录》卷347）

（乾隆十四年九月壬申）谕军机大臣等：“参革湖北应城县知县骆玉图侵蚀税银一案，该部前曾行文该省，照例倍追，其有无完过银两，至今尚未报部。着传谕唐绥祖，令其即将骆玉图应追银两曾否完过若干之处，速行查明奏闻。”（《清高宗实录》卷349）

（乾隆十五年三月壬申）湖北巡抚唐绥祖奏：“丁忧四川学政朱荃，

闻讣回浙江桐乡本籍，于三月初九日舟泊巴东县地方失足落水，饬属捞寻未获。”得旨：“此事殊属可疑，汝若能踪迹出实情，朕自嘉悦，不必迟徊疑虑，恐读书者流怨汝。且汝素不见重于若辈，而汝亦不求若辈之吹嘘，尚能知朕恩者，于此事若能勉力得实情，则益见赏于朕，较之若辈之吹嘘，不更善乎？朕意朱荃必系变名而逃，然汝宜密行物色，亦不必过于吹求也。”（《清高宗实录》卷361）

（乾隆十五年四月戊子）又谕：“据湖广总督永兴奏报‘原任四川学政朱荃起程回籍，伊家人禀报在重庆府闻讣丁忧，二月初一日赴成都交印，初十日起程回籍，三月初九日行至巴东县地方湾泊，夜起失足落水，拉救不及，打捞未获’等语，此等情甚可疑。朱荃若非潜踪灭迹，即系投江自尽，必非失足落水。伊自上年七月丁忧，岁除封印之时，尚趱紧开考，其有意匿丧，情节显然。经御史参奏，该部现在行查，朱荃蔑伦伤化，其心迹已不可问。明系闻讣之后，乘未报出，连考数郡，贿卖生童，以饱行橐，一闻被参之信，知无可掩，因托词落水，希图了事。伊家人戚属从行者甚多，岂有泊舟之后乘夜复起，竟无一人知觉，而听其失足落水之理？其隐匿实情，通行捏报，不问可知。况家人不行护救，又不急打捞，已有应得之罪，此外别有谋害等事，俱未可知。伊家属前行，此时应已抵家，着传谕永贵，令其即提朱荃随从家人严行审讯，务得实情，即速具奏。并谕四川总督策楞、湖广总督永兴、巡抚唐绥祖知之。”（《清高宗实录》卷363）

（乾隆十五年五月丙寅）又谕：“……又据永贵审出朱荃与湖北道姜顺龙为儿女姻亲，伊子朱鸿勋素在妻父署中，三月内因有伊父之事，即先行回家。观朱荃之死，不在蜀而在楚，则姜顺龙处不可不密为踪迹，或虑一时难于脱逃，即潜匿姻家署中，俟事势稍解，再图远扬之策，亦未可定。看来朱荃之死十居一二，而诈伪十居七八，不出朕前此所见，已显然矣。着将此详悉谕永兴、唐绥祖知之，令其作速密行，详悉查

办。”（《清高宗实录》卷365）

（乾隆十五年七月辛亥）谕：“据湖广总督永兴奏称‘查讯朱荃落水一案，据宜昌府知府阿尔布、安陆府同知黄修忠等研讯朱荃家人赵成，供出朱荃上年十月，在邛接到家信，当即焚毁。又于十一月十六日，家人朱二持讣到署，朱荃亦不令声张，历考嘉定等三郡一州，贿卖生童九名，典史李荣秀及宜宾县高知县、范教官等过付，朱荃婪得银两及肉桂三斤。又出京时道出山西蒲州府知府李为栋系四川巴县人，馈送朱荃银两、貂套等物，按试时将李姓童生二人并取入学’等语，朱荃匿丧情节并贿卖童生，供证确凿，殊堪发指。朱荃虽称落水自戕，所有查出贿买生童及伊弟家人等俱不得纵之漏网。着将永兴原折抄发，现在湖广之家人等并伊弟朱华、朱英俱解交四川总督策楞严审定拟具奏。其告病之蒲州府知府李为栋如未回籍，即着山西巡抚阿里衮就近审明具奏。”（《清高宗实录》卷368）

（乾隆十五年七月癸丑）又谕曰：“……现据湖广总督永兴等审据朱荃家人供称，共卖生童九名，又收受李为栋银两、貂套等物，即将李姓童生二名并取入学。赃私累累，策楞何以全无知觉于事先，并未究出于事后……”（《清高宗实录》卷368）

（乾隆十五年七月）庚申，谕曰：“朱荃在四川学政任内匿丧赶考，贿卖生童，并勒索新生规礼，赃私累累。已据四川、湖广、浙江各督抚等研讯伊弟及家人等，供据确凿，实近年来学政所未有……”（《清高宗实录》卷369）

（乾隆十五年七月庚申）又谕军机大臣等：“朱荃匿丧赶考、贿卖生童一案，先经湖广总督永兴等讯据伊在楚家人一一供吐，今据永贵审据朱荃之弟朱英等供称‘于贿卖书籍外，勒索新进诸生规礼及补廪出贡等银，约有四五千两’等语，朱荃赃私狼籍至此，实堪发指。前已传谕该抚，将朱华、朱英并曾经随任之在籍家人等一并解川，交该督策楞严审定拟。着该抚遴照前谕，遴委干员，将所有人犯严行锁解赴川，并在楚解往各犯，归案质审定拟。”（《清高宗实录》卷369）

（乾隆十六年正月戊辰）湖广总督阿里衮奏报到任日期，并遵旨将湖北参抚唐绥祖革职看守，任所资财搜查，俟犯齐审拟。得旨：“知道了，速行严审定拟。外省似此大员，不无官官相护之习，汝宜不出于此，俟定案时，一面具折奏闻，一面将唐绥祖锁拿，差可信道府大员押送刑部，此时不可豫露消息，亦不可豫咨部也。”（《清高宗实录》卷381）

（乾隆十六年二月辛卯）又谕曰：“湖广总督阿里衮参奏署巡抚布政使严瑞龙狡诈贪劣各款，着钞寄河南巡抚鄂容安，即行驰驿，前赴楚省，将所参各款及折内有名犯证，会同该督逐一秉公确查，研审定拟具奏。至鄂容安接到此旨，于何时起身，于何时可以到楚，速行奏闻，以便临期颁发明旨。”（《清高宗实录》卷383）

（乾隆十六年二月辛卯）又谕曰：“湖广总督阿里衮参奏严瑞龙贪诈各款原折并朕所降谕旨，俱着钞寄永兴阅看，令其将严瑞龙平素居官如何，所参款迹曾否闻知之处，据实复奏。”寻奏：“严瑞龙久任藩司，有练达名，初见亦觉老成，言论且以廉隅自励，后渐觉其遇事取巧。即如参巡抚唐绥祖劣迹，面询时指款直陈，迨令列款具禀，则迟之又久，禀复后旋即补参，巧诈可见。至其贪劣各款，未先察觉，实属愚暗。”报闻。（《清高宗实录》卷383）

（乾隆十六年二月辛卯）又谕曰：“阿里衮参奏严瑞龙一折，款迹昭彰，阿里衮据实参奏，甚属可嘉，严瑞龙着革职看守。已谕令河南巡抚鄂容安前赴楚省，会同该督秉公确审定拟具奏。严瑞龙任所资财，照唐绥祖之例，即行查办，不可少令其隐匿寄顿。其湖北巡抚印务，即着阿里衮暂行兼管。至楚省吏治废弛，从前督抚屡经更易，永兴诚实有余，初莅外任，又不甚谙汉文，诸务未及整顿。阿里衮既洞悉其弊，着督率属员，实心办理，务使玩愒因循，观望迎合，种种陋习，竭力剔除，以崇实政。至德文，本属年轻，未经历练，楚省臬司诚难胜任，所奏甚当，已将明德调补，并谕该督知之。”（《清高宗实录》卷383）

（乾隆十六年三月）戊午，谕：“据湖广总督阿里衮奏称‘本年三月初一日，接到兵部加封军机处日行六百里公文，竟至逾限三日，且有破损之处，现在挨查有无沉搁私拆之弊。并称楚省邮政废弛，驿盐道刘士铭才本平庸，性复苍猾，遇事不肯振作，惟工结纳逢迎，似此旷官尸位之员，实不称监司之任’等语，刘士铭着革职，其湖北驿盐道员缺着三宝补授。所有迟延破损情节，着即速查办。”（《清高宗实录》卷385）

（乾隆十六年五月己未）刑部议复：“湖广总督阿里衮等奏称，严瑞龙身任藩司，种种不法，诬捏唐绥祖婪赃巨万，愚弄永兴，怂恿参奏。应将严瑞龙比照诬告人死罪已决律，拟斩监候秋后处决。其应追银两，均照追入官。永兴轻信严瑞龙，将唐绥祖率入弹章，应照严瑞龙死罪减一等，杖一百，流三千里，系旗人，折枷六十日，鞭一百，不准纳赎。其提用道库及各属帮助盘费、雇骡价银共六千四百七十两零，应令该旗着追。至原任同知王云翔合依监临官吏借贷所部财物计赃，准不枉法论律，应杖一百，流三千里，但查其母老丁单，已于上年十月告请终养，应准存留养亲。”得旨：“严瑞龙依拟应斩，着监候秋后处决。永兴枷号、鞭责之处，着准其纳赎。王云翔原拟杖流，亦着令纳赎，准其存留养亲。余依议。”（《清高宗实录》卷389）

（乾隆十六年十二月）壬寅，谕：“浙省今年春旱成灾本重，巡抚永贵竟至张皇失措，茫无定见，于附近之江南、江西、福建、湖广、山东

等省既四出告籴不已，甚至欲委员远赴奉天采买米粮……故朕降旨训饬……”（《清高宗实录》卷404）

（乾隆十七年正月丁亥）又谕：“据湖北巡抚恒文奏称‘上年十二月三十日夜，汉口江岸有江西客民网子船失火，时西南风大作，顺风延烧蕲州卫头帮粮船七只，云南、贵州运京、运楚铜铅等船三十五只，又大小盐船十一只。所有被烧粮船，例应按出厂年分着落旗丁赔造买补。运员打捞铜铅需用银两，应据各该员呈请之数暂行挪借，移咨滇、黔二省，解楚还项。失防各官，另行查明报参’等语，粮运铜铅，于运次延烧沉溺，或因有心舞弊，或因疏忽失事，是以定有分别着赔参处之例，以重典守。此次船只，既经该抚目击，实因风烈致毁，非特抢救不及，亦且退避不能，是非寻常失火所可并论。所有被烧粮船，着即官为修造，免其赔补。至各运员借项，着该抚即于楚省耗羡项下赏给报销，免其还项。但须查明动用确数，核实支给，毋致转有冒滥。其被烧逃救人口，已据该抚查明，酌量抚恤安插。其失防各官，仍照例查参。”（《清高宗实录》卷407）

乾隆十七年壬申五月辛酉朔，谕军机大臣等：“前据永常奏到‘天堂寨奸民为匪一案，罗田县知县冯孙龙禀称马朝柱等均属勤苦农民，逐加验看，并无可疑形迹’等情，当经传谕永常，俟此案办理完结，必当致之重辟，以申国法。将来案犯获齐，即降谕旨。今据巡抚恒文奏称‘冯孙龙于此案发觉之初，并不亲身赴寨确查。迨至蕲州禀报，该县往捕，又不到寨查搜，致令首犯远扬’等语。冯孙龙身为县令，致匪犯自乾隆十五年盘踞县境结党聚众，不但不加觉察，乃于已经败露之时，仍不亲身赴寨确查，并不亲往搜捕，玩纵养奸莫此为甚。此等幺麽小丑，虽无能为，而军器硝磺、逆词书迹、党羽往来，种种情形并非架空所能捏造。国家赏罚必不可不公当严明，使畏缩容奸者知勇往认真，未必即为贼所杀，而惜命纵恶，必不为国法所容者。着传谕永常，即差员将冯孙龙拿至该处，宣明此旨，即行正法。不必俟接部文，令得迁延，或致自尽。日内即降谕旨宣布始末，交部晓谕。其首犯马朝柱严缉务获，该督永常以军功议叙。在事员弁及从前失察各员，一一查明分别议叙议处，完结此案。”寻永常奏：“请停止军功议叙。”得旨：“不必辞，朕之赏罚至公，于此可见。”（《清高宗实录》卷414）

（乾隆十七年六月戊午）又谕：“据永常奏称‘湖南湘乡县知县卓尔布遵奉抚檄，平粜仓谷，有刁民周二、朱姓等意欲多买，率众搬石县门，喝令罢市。藩司周人骥等委知府吕肃高前往，臣恐查办未周，即委岳常道淑宝星赴该县率同查办’等语，此事在于六月初八日，时永常尚在黄州查审逆案，至十三日回署。接据该藩臬等禀报，即行奏闻，而范时绶近驻长沙，何以转未奏及……”（《清高宗实录》卷417）

（乾隆十八年正月戊寅）谕军机大臣等：“现在审讯卢鲁生一案，原革江南卫守备杨琳有应行质讯之处，已经军机大臣等飞咨提解。杨琳系此案要犯，查系原籍湖广，现住江西，着传谕江西巡抚署两江总督鄂容安、湖广总督永常、湖北巡抚恒文等速将该犯杨琳提拿到案，遴委妥员管押，由驿递飞解来京。并饬解员小心防范，倘稍有疏虞，或致该犯途次自戕灭口，该督抚之罪，即无可逭矣。”（《清高宗实录》卷431）

（乾隆十八年六月丙午）谕军机大臣等：“据蒋炳所奏审讯黄安县逆札一案，知县汪沁因佥点银匠一事，适有李遇隆包揽赴省控告，遂悬拟造札，妄事刑求，几成冤狱。如此不职之员，自不得以奸徒倾陷之故，而曲为姑容。但此案李遇隆等及王刚臣父子既经反复推鞫，委无遁情，则造札正犯，必应速缉务获，严治其罪。且札内所称该县之事，若非本地衙门中人，何以知之？此亦易为踪迹，不可但以通饬查拿，遂为了事，使奸徒得遂其倾陷之技，而窜身远扬，安然事外，致愚顽之人罔知惩戒也。然但使马朝柱就擒，自无此等假托之事，更不可不留心物色耳。可

一并传谕知之。”（《清高宗实录》卷441）

（乾隆二十年三月癸未）广西巡抚卫哲治疏参：“原任湖南盐驿道谢济世纵子谢梦熊指官撞骗，并携带二子赴湖广、江南就姻，不听查审。”得旨：“谢济世前任御史，以建言自命，历任监司，屡蹈罪戾，俱邀恩宽宥，休致家居，应自知检束。今据卫哲治题参纵子指官撞骗，巧词牵告，又不听查审，任意避匿，此风断不可长。着湖广、江南督抚于谢济世所到之处，即行拿解广西，俟该抚审明后，仍解交刑部请旨。”（《清高宗实录》卷484）

（乾隆二十二年六月）庚午，谕：“今日召对西安布政使刘藻，据奏‘卢焯在西安巡抚任内，遇有进贡方物，只量给薄值，实皆派办。及调任湖北，向借库银一千两，未曾应付’等语。卢焯乃获罪废斥之员，朕念伊尚系旧人，加恩录用，适因一时乏人，令以京卿署理抚篆，旋复实授，理宜感激朕恩，勉图报效，不意其卑鄙性成，不知悛改，尚复如此……卢焯深负朕恩，着革职发往巴里坤效力赎罪，并将此通行传谕知之。”（《清高宗实录》卷540）

（乾隆二十二年七月丙午）谕军机大臣等：“据硕色等奏‘黄州府属广济县蠹书周锡琏等十二人，轮充粮库总书，自乾隆十四年至今，岁岁加派私征分肥。现在提究属实，并将庇纵捏饰之守令李珌、马汝明题参’等语，加派私征，例干严禁，当此政务肃清之时，何以该省尚有此种锢弊历久未破？且广济一县，既有不法蠹书朋比为奸，则他邑难保其必无，此所关于吏治民风者甚大。总督硕色年已渐老，精神恐不能周到，巡抚庄有恭到任尚需时日，着传谕布政使富勒浑速赴湖北新任，护理抚篆，会同硕色即将此案情弊详细追究，从重办理。其余各邑亦应彻底通查，毋得草率从事。富勒浑未到之前，巡抚印务着吴士功护理。再此案系硕色先行查出，抑由卢焯查出，会同该督具奏，着硕色一并据实奏闻。”

（《清高宗实录》卷543）

（乾隆二十二年八月丙戌）谕军机大臣等："据硕色查奏'黄州府属广济蠹书周锡琏等轮充粮库总书，加派私征'一案，内称'乾隆二十年六月内，县民夏廷佐等在前任巡抚张若震任内控告，批发黄州府查讯，该府知府李珌审详，并非长征，分别拟以枷责，随经张若震批结'等语。此案现据该督等究讯，私征属实，历任知县均有分肥情弊。李珌系该管知府，虽已于本案题参革职，但从前巡抚批发查审时，自当彻底根究，据实详揭，乃以并非长征朦胧详复，转将控告民人枷责，而此后仍任该县等加派私征，是李珌既讳饰于前，复徇纵于后，其罪尤无可逭。着该督等审明情节，从重治罪，可将此传谕硕色知之。"（《清高宗实录》卷545）

（乾隆二十二年十月壬戌）谕军机大臣等："据富勒浑奏'续经查出巴东、长乐等州县俱有浮收情弊，现在提犯严审'等语，察吏乃巡抚专责，加派私征，病民为甚，不可不极力惩治。富勒浑已授湖南巡抚，着将原折钞寄庄有恭，令其严行查办，彻底清厘，务期积弊悉除。倘别经发觉，仍前朦蔽，恐庄有恭亦不能当此罪也。"（《清高宗实录》卷548）

（乾隆二十三年四月甲戌）吏部等部议："湖广总督硕色疏参知府李泌、知县马汝明及前任正署知县虞学灏等加征私派，将累任失查各上司分别降革。"得旨："此案失察属员私派，不行揭报之该督抚等，分别议以降革。但向来外省失查属员至降革者，往往以事属因公，且人材难得，故加恩留任者多，然以此视为泛常，遂致姑息容忍。此案私派加征，历有年所，乃从未经见之事，该上司徇纵许久，漫无觉察，非寻常因公罣误者可比。若不严加惩处，何以剔积弊而肃吏治？但案内人数众多，且有向曾出力、尚堪策励者，自当量为区别。范时绶、李治运、新柱、永兴、开泰俱着革职，从宽留任。彭树葵在仓场任内既无所短长，及任侍郎，亦不过旅进旅退，着照部议降三级调用。阿里衮近在军营办理沙喇斯玛呼斯贼众，亦未能奋勉，着革去侍郎，仍以副都统革职留任。沈世枫材似堪用，而总不肯实心奋勉，一味模棱，但革职又觉可惜，着以道员降补。德福着销去纪录十二次，免其降调。王勍、张为旃、德文俱依议降调，不必出具考语，送部引见。余依议。”（《清高宗实录》卷561）

（乾隆二十五年二月丁丑）谕：“御史朱丕烈参奏‘复勘试卷大臣秦蕙田等瞻徇不公’一折，经朕详悉面谕，并特派大臣等会同军机大臣提取各原卷逐一详加核对，今据复奏，有该御史原经签出而复勘大臣误行指驳者，江西省汪其度一卷；未经列入奏单者，湖北省陶大朋、广西省萧鼎揆二卷。秦蕙田等既经司事复勘，乃未将原勘官签出各条应存应驳及应行声明之处悉心分别查办，咎本难辞……”（《清高宗实录》卷606）

（乾隆二十五年二月乙巳）又谕：“部议失察流丐轮奸、应行降调之房县知县唐文运，引见时，朕以地方遇有轮奸事犯，向无遽将知县降调之例，因降旨面询。乃唐文运转以流丐并非流民，坚执自文。夫流丐与流民有何分别？及令吏部检核原参，则唐文运原以失察流民定案，向来事干公罪，朕量其人尚堪录用者，莫不加恩，唐文运之罪，本不至摈弃不录，乃当面奏时仍饰词取巧，转觉其心不可问矣。唐文运着照部议降调。”（《清高宗实录》卷607）

（乾隆二十五年十月辛巳）谕军机大臣等：“御史朱稽折奏‘各省收漕，有暗开斛角，密宽斗面，且或置斗不用，专以斗量，又零尖浮收，至所收已经足额，即令各户折价’等语。已饬部速议，并令该御史指参矣。征收漕粮向多积弊，屡经降旨厘剔，渐就肃清。如该御史所奏置斛用尖斗诸弊，或系该上司查察未周，以致不肖州县乘机舞弊，亦不能保其必无，然各督抚并未见查参一二。至兑漕封仓之后复行折价，尤属骇闻，如果有之，则营私蠹民莫此为甚，该督抚自当严参治罪，以示创惩，岂得漫无觉察耶？现在正届收漕之候，着传谕有漕省分督抚速即留心访

查，据实具奏。”……（《清高宗实录》卷622）

（乾隆二十六年三月丙寅）荆州将军嵩椿奏：“抚臣周琬谈论风生，似属忠直，细察其人，言行矛盾，矫饰外貌，小有聪慧，往往恃才用巧，渐染外任陋习，一切奏报，俱不以实。臣仍与之外相洽比，料理地方事务，断不致有贻误。”得旨：“汝之所奏尚为公正。伊昨来京，较前亦异，朕亦微疑。此时伊果有行私舞弊之处，即行参奏，如无大故，俟朕徐徐处置，密之。”（《清高宗实录》卷633）

（乾隆二十六年八月丁亥）又谕：“前据爱必达查奏周琬折内，有知州赵泰交酷刑妄断一案，该府佛保住草率核转，而周琬捏称派委该府会审，其为徇庇劣员无疑，已降旨将周琬革职，发往巴里坤效力赎罪。今阅周琬参劾赵泰交本内，既称由府招解，又称据宜昌府知府佛保住揭报前来，尤为自相矛盾。今爱必达参奏佛保住之疏亦至，不知周琬何以明知佛保住之非，且经该督谆谆札商，而始终曲为袒护若此？此时周琬尚未起身，着传谕爱必达将各情节询问周琬，令其逐一明白登答，据实复奏。”（《清高宗实录》卷643）

（乾隆二十七年十月丁酉）又谕曰：“朱丕烈参奏编修柯瑾罔识例禁，投递书函一折，已交军机大臣传询。据柯瑾称‘有同乡翰林胡绍鼎之子与杨姓缔姻，后因胡绍鼎休致，背约赖婚，是以致书朱丕烈，冀其为之成就’等语。职官悔婚伤化，其事原有关风纪，但胡绍鼎既不自行理直，与柯瑾复何干涉？况此等户婚事件，在京则有都察院等衙门管理，外省则有督抚为政，于学政更非专管。乃柯瑾不但踵门请谒，又复致书隐跃其词，安知非意中别有干渎情事，一经参劾遂讳而不言，仅以此等道路不平之事，直为搪塞耶？今即不必再行深究，而柯瑾身系翰林，不能键户读书，辄将无干己责之事，不避形迹，欲与学政关说，自有应得之咎，柯瑾着交部察议。朱丕烈据实直陈，能破除一切依违瞻徇之陋习，实可嘉予，着交部议叙。至胡绍鼎与杨姓联姻一事，询据胡绍鼎称实有杨为璧图赖婚姻情节，其是否仅系一面之词，着爱必达就近秉公查办，亦维持风教之一端也。”寻湖广总督爱必达奏：“讯据杨为璧与胡绍鼎议婚后，因妇女之言，彼此负气，以致愆期，无实在赖婚情事，除饬令完娶外，胡绍鼎、杨为璧合依不应律，分别笞责，照例纳赎。”报闻。（《清高宗实录》卷672）

（乾隆二十八年五月乙丑）又谕：“前刑部奏湖北归州盗犯张洪舜等于前案业经开释，而后发盗案张红顺字音相同，该省并未报部，事属可疑，因命阿永阿、叶存仁驰驿前往会勘，并谕该督抚先行奏复。乃爱必达、宋邦绥奏到，惟以前后文移往返游移之词种种支饰，而于两案情节关键，并无一言别白，此则复成何语？督抚于盗犯重案，不问有司详禀翻覆，只知按例批饬，已属不成事体。况即如所奏，批饬往复，尘案已极纷繁，而何独先靳于报部之一牍？是其情固不问可知。且使张洪舜果非真盗，从前既负奇冤，又备尝苦累，岂有甫经昭雪，旋甘自陷于辟，为污蔑者实其言？此三尺童子不可欺诳之事，而因循不悟一至于此，甚乃以后案自认确凿之盗，甫经录报，旋复翻供，并以一囚待质，一赃待搜，坐使全案凶渠稽戮至三四年之久，推此以观地方吏治尚可言耶？国家将焉用此督抚为也。至宋邦绥莅任日浅，前案并未承办，受事之始既知案情矛盾，又经赵泰交、李作棋等具词赴诉，伊即据实奏闻，朕自必深为嘉予，又何惮而不为？是其一味模棱，不过瞻顾总督徇庇臬司耳。殊不知朕教大臣以同寅协恭，原期奉公体民为重，若似此私心附会，置公事民命于不问，顾可谓之和衷共济乎？且于同官不惜瞻顾徇庇，而乃敢于朕前支词朦混，则诚何心？此案情罪轻重，俟阿永阿等鞫讯明确后，该督抚等自有应得之罪。即此一折之支离牵混，已出情理之外，断不可不加以严惩，爱必达、宋邦绥即着交部严加议处。看来伊等如此扶同捏饰，非沈作朋从中力护前非，播弄怂恿，亦不至此。况盗案枉纵司臬者本属罪魁，沈作朋即着革职拿问，交与阿永阿等一并严审定拟具奏。”

（《清高宗实录》卷 686）

（乾隆二十八年五月甲戌）又谕曰："高诚复奏'归州张洪舜犯盗'一折，错谬已极。前因该州先后两案盗犯音字相同，又事隔经年并不审讯报部，形迹可疑，经刑部参奏，在高诚虽非承办，但伊为臬司，到任一载，岂竟毫无见闻？是以令其据实陈奏。今高诚奏到，不特种种掩饰支离，大失司宪之体，且诿过于原任知州秦鏁用刑致毙伙盗马祥。夫州县官讯鞫重案，即刑毙一盗犯，亦不得谓之枉滥。设以此欲加秦鏁之罪，岂伊等纵脱首犯转得借口无过乎？其意不过以此案由刑部举发，该州秦鏁系尚书秦蕙田之侄，妄疑秦鏁通信内部，故为此挟嫌砌陷，殊不知事属子虚，而秦鏁以捕风捉影之谈，徇私诬捏潜通消息，不独秦鏁罪无可逭，即秦蕙田朕必不稍为姑贷。今此案冤良纵盗，物议沸腾，而通省督抚、藩臬上下扶同一气，有心朦混若此，秦鏁即直揭部科亦所应得，又安得以通信为嫌乎？高诚乃谓爱必达署抚篆时，每次照详批示，并无回护，宋邦绥到任后，闻改委承审，亦无牵制之处，且谓赵泰交、秦鏁办理不善，不得不加详慎，曲为督抚掩饰，而归过下僚，其居心行事尚可问耶？高诚着革职拿问。武昌府知府锡占以承审之员观望迟疑，甚属不堪，亦着革职拿问，交与阿永阿等一并严讯。此案沈作朋提讯批驳，亦陈臬平反所常有，但既偏执己见，枉纵于前，复巧饰弥缝，力护前非于后，小人情态毕露，不得不加以重谴耳。至爱必达历任封疆，办理大案，不应舛错若此，只以从前曾经参奏周琬，遂始终意存回护，不知周琬之取戾，由于高傲乖张，其不附参佛保住特其劣迹之一节，又何必巧为文饰耶？宋邦绥向来尚属能事，及用为巡抚，顿不如前，莅楚后既知案情矛盾，又经赵泰交、李作棋等控诉，乃不奏不办，一味模棱瞻徇，深负委任之意。督抚锢蔽成风，于吏治民生所关非小，不便姑容贻误。爱必达、宋邦绥俱着解任来京候旨，湖广总督员缺着李侍尧补授，湖北巡抚员缺着辅德补授。并将此通行晓谕知之。"（《清高宗实录》卷 687）

（乾隆二十八年五月乙亥）又谕曰："阿永阿等奏查湖北盗犯一案，称'后案之张洪舜等即系李作棋案内纵脱之犯，供证确凿，并无丝毫疑义。乃沈作朋承办时，既偏执枉纵，致成冤狱，及至后案举发，复护前非，暗中牵制。经高诚劝令检举，并不回答，且在督抚前声言，两案俱毫无影响，以致承审之知府锡占承顺迎合，不行审办，遂使重案久悬，良民冤累'等语。地方办理大案，批驳平反亦司谳之常，即狃于一时臆见，偶尔舛错，原可据实详奏，及早救正，以赎前愆。乃沈作朋承办重案，不思惩暴安良，俾冤抑得以早雪，转从中有意牵制，力护前非。锡占复迎合意指，冀欲淆乱黑白，坐致奸良倒置。沈作朋、锡占实为此案罪魁，业经先后降旨，革职拿问。着阿永阿等将伊二人严加刑讯，务得实情，慎勿稍存瞻顾，以纾楚人公愤。至监犯张洪舜、张洪贵辗转狡翻，希图漏网，且已逭罚二年，情罪甚属可恶，不必照寻常案犯办理，此旨到日，着于该处即行正法，俾奸暴知所惩警。看来此案由该州秦鑅亲赴监犯家起赃，历历指明详报，究属首先举发之员，能事可嘉，秦鑅俟服阕后，着以知府升用。督抚、藩臬为朕倚任大员，乃于地方命盗攸关之案，辄敢上下联为一气，扶同朦混若此，吏治尚可问耶？此而不严加整顿，何以澄官方而清案狱。宋邦绥甫经简擢，顿易前规，初不料其猥琐无能一至于此。爱必达在总督中尚属朕所信任，乃因从前参奏周琬一节，竟为沈作朋所愚弄挟制，始终曲护，实出情理之外。爱必达、宋邦绥俱着革职来京候旨，以昭炯戒。并将此通谕各督抚知之。"（《清高宗实录》卷687）

（乾隆二十八年五月己卯）谕："据阿永阿等查奏归州赵启贤家被盗一案，经该州秦鑅禀明，张洪贵兄弟即系李作棋案内释放之犯。彼时正汤聘身任巡抚，屡次批详，乃扶同朦混，并未据实奏闻，又不咨部，显有徇庇沈作朋情弊。设以业经离任，竟使脱然事外，何以饬官方而昭平允？汤聘着革职，交与阿永阿等一并严讯查办。"（《清高宗实录》卷687）

（乾隆二十八年五月）乙酉，谕："据舒赫德奏'将沈作朋等如何纵盗冤良之处查询，已革知府佛保住供称，此案原审赃证确凿，两次招解，臬司沈作朋并不追究正盗，反将事主李作棋等严刑逼供，并称闻得沈作朋与知州赵泰交系乡亲，素有嫌隙，是以如此办理'等语。沈作朋审理盗案，初以其错误虽出无心，而始终回护，致奸良倒置，情理已无可恕。乃挟同乡宿嫌，竟不顾变乱黑白，构成冤狱，借以快其私愤，小人无忌惮之尤，一至于此，其罪尚可逭乎？此案前后情节业已洞彻底里，且盗犯俱经正法，受屈之事主即予超豁，此后应须根究之处，全在沈作朋、周琬及承审迎合各员。现在周琬已令拿交刑部，阿永阿等亦不必留楚完案，叶存仁着即回任，所有案内应行讯质各要犯及知州赵泰交等，着阿永阿等一并分别押带回京，交军机大臣会同刑部严审究拟，佛保住着该部带领引见。"（《清高宗实录》卷687）

（乾隆二十八年六月）丙申，谕曰："亢保前在湖北布政使任内，曾扶同附和，揭参赵泰交，并会衔滥行保举陈铨、陈文枢等，亦有应得之咎，着解任来京候旨。所遗贵州布政使员缺，着钱度补授。"（《清高宗实录》卷688）

（乾隆二十八年六月）丁酉，谕军机大臣等："昨阿永阿等奏'俟汤聘到楚质讯后，再行起程'等语。此案前后情节，业已传谕，伊等在楚，无应行查办之处，即汤聘到后，亦无庸再行质讯。至汤聘办理后案瞻徇袒护，其情罪虽不至如爱必达之有心欺饰，周琬、沈作朋之朋比为奸，然亦不能轻于宋邦绥。着照宋邦绥之例，交该督李侍尧，于地方应办工程在二三万之数者，令其认修，俟工竣奏闻后，再令回籍。阿永阿奉到此旨，即速起程，将案内应行起解各犯押赴行在，沿途加意防范，毋稍疏虞。叶存仁可遵前旨，仍回豫抚之任，并将此传谕李侍尧知之。"（《清高宗实录》卷688）

（乾隆二十八年六月戊戌）又谕：“向来各省督抚于地方应办事务，往往饬委属员，以次转详，遂成通例。此于寻常事件则可，若案情重大，督抚自应躬先董率，庶足以资弹压而杜欺蔽。乃积习相沿，并不问事理之轻重，动辄批委属员，督抚既委之司道，司道复委之州县，层层辗转推延，初若不与己事者然。夫为通省表率之大员，遇事不能亲身奋往，而以责之递委之州县，不知州县官事权本轻，且不免有庸懦无能之辈混厕其间，安望其必能奋勉集事哉？即如开泰于喇嘛堪布等教唆生事之初，并不亲赴该处查讯……又如爱必达徇庇沈作朋纵盗诬良一案，使爱必达早能亲提确讯，不难将案情彻底清厘，何至为沈作朋所愚弄，扶同回护，自蹈欺罔，以速罪戾乎？此等耽逸偷安，掩饰朦混之恶习，恐现在督抚中尚不乏人。幸而未值楚、蜀两省之事，不至尽露其短，若易地以处，亦未必不蹈此覆辙也。朕日阅内外章奏，于寻常案件，何尝不交部议？若情节稍关紧要，或迹介疑似者，即不惮再三体察，日进军机大臣及各部旗大臣觌面咨询，务使一切政务无畸重畸轻之失。凡以事必亲历，始得其真。督抚大吏皆朕所倚任之人，朕尚不敢好逸恶劳，为督抚者，固宜托名敦体，恶劳好逸乎？嗣后务宜各加猛省，痛改前非，毋溺于宴安鸩毒，及以掩饰弥缝为得计。既于政务有益，且可自免愆尤，亦何惮而不加淬励乎？倘仍不知悛悟，一经发觉，则开泰、爱必达之炯鉴具在，断不能幸邀曲贷也。”（《清高宗实录》卷688）

（乾隆二十八年六月）乙巳，谕军机大臣等：“据辅德奏，查周琬札稿内，有寄前任彰德府知府蒋希宗嘱令代改呈词，又托安阳县知县戴清断赎卖出地亩各情节，业将蒋希宗、戴清押送来京，与周琬质对。俟其到时，一并交军机大臣鞫讯，所有查出周琬家中物件，其应行解京者，即委员解京，其应变价者，即行变价，并其中有应留该省充公之处，俱着交与叶存仁接办。至周琬此案内，在湖北尚有应查事件，着辅德即赴新任办理。可将此传谕该抚等知之。”（《清高宗实录》卷689）

（乾隆二十八年六月丙午）谕："据阿永阿等奏'汉阳府知府傅显承审张红顺等盗案，于去年十一月内奉委会审，今年二月内曾经按察使高诚檄催，始于三月内将后案审明实系赃实罪确，取供详报，其前案仍未录供'等语。傅显将后案审明具报，虽非若锡占等有意迎合上司者可比，但既经承审，仍复迟滞数月，设非闻钦差出京，亦将与锡占等同出一辙耳。且张红顺等于傅显承审时，业将行劫赵启贤家情节供认不讳，则李作棋家之行劫属实，不问可知，何难一并详禀，改正从前之谬？乃迟之又久，仍未录供详报，则其迟回观望，已属显然。傅显着交与李侍尧，将不能据实审理之处查明，请旨交部议处，并有似此者，一并查参。各直省有司于承审案件，往往揣合上司意旨，不问案情之曲直，辗转迁就，遂至颠倒讹谬，是非失实，若不力为整顿，何以清吏治而肃官常？故朕于此案，有心者特从重处分，其观望揣摩者亦不令其幸而漏网，以为有意模棱，不实心任事之戒，该部其传谕各省知之。"（《清高宗实录》卷689）

（乾隆二十八年七月）壬戌，谕曰："沈作朋等纵盗冤良一案，经钦差阿永阿、叶存仁等审明各情节具奏，竟系湖北通省前后办理之督抚、藩臬上下联为一气，终始扶同，公行欺蔽，坐致奸盗久稽显戮，良民冤累经年，为通省人民所共愤。而有司莫敢为之举发昭雪者，似此肆行罔上，实为从来罕见之事。是以命将沈作朋、周琬、爱必达等官犯提至热河，亲加研鞫。据爱必达供，实系办理错误，若因后案发觉，再将前案翻改，惟恐有碍颜面，所以未经推求。此则复成何语？朕初以李作棋家被盗一案，爱必达为属员朦混，咎在懵懂，是以仅予革职，发往伊犁效力赎罪。既经查出赵启贤家盗案秦鏻原报详文，爱必达辄将详内无关紧要之处逐层批驳，则是有心回护矣。爱必达身为总督，欲顾自己颜面，竟置奸良不问，现今审出实情，身罹法网，颜面更复何在？爱必达为满洲世臣，乃负恩欺蔽至此，其罪尚可逭乎？周琬前为刑部司员，颇称强干，今于此等紧要盗案，惟听信沈作朋之言，扶同徇庇，既经亲自提讯，仍任盗犯狡翻，转将赵泰交参劾，其朋比为奸，情弊已属显然。至其平日任性乖张，亦幸而未与后案耳。设令其仍在巡抚之任，其坚护前非，存心枉纵，更不知何所底止。亲鞫之下，周琬已俯首无辞，至沈作朋纵盗冤良于前，复播弄阻挠于后，始终酿成冤滞，实为此案罪魁。且现供失入强盗，关系四命，若失入事主，罪止军流，夫宜诛之强盗，四命何妨，不宜罚之冤民，一家已破，设司臬者皆如此存心，天下可以无盗，但轻罚告盗者，闾阎尚得安居乎？锡占系知府大员，专委承审重案，乃有意迁延，致沉冤积年未白。陈铨、陈文枢、单言扬等逢迎锻炼，均罪无可贷。但究系受上司挟制，核其情罪，与沈作朋、周琬有间。高城明知前案冤抑，乃办理选软，不即据实具奏，实为庸懦无能，但将后案实情定谳，尚无有心欺饰。以上各情节，经朕亲讯，无不水落石出，所有各官犯应得之罪，着行在大学士、九卿定拟速奏，并将此通谕各督抚知之。”寻奏：“沈作朋等纵盗冤良，朋比欺罔，按律定拟，沈作朋、周琬、爱必达应斩立决，锡占应发伊犁当差，单言扬、陈铨、陈文枢均应发巴里坤当差。”得旨：“沈作朋着即处斩，周琬着从宽改为应斩监候，秋后处决，爱必达着从宽改为应绞监候，秋后处决。余依议。”（《清高宗实录》卷690）

（乾隆二十八年七月壬戌）谕军机大臣等：“沈作朋等纵盗冤良一案，经朕亲行廷鞫，无不一一供吐，水落石出，已明降谕旨，令大学士、九卿定拟具奏矣。据赵泰交供称‘湖北省向有绍兴作幕人徐掌丝弟兄及卢培元等盘踞多年，串通一气，与地方官交接往来。徐掌丝在臬司沈作朋署内，伊弟即在爱必达署内，伊妹夫卢培元即在巡抚汤聘署内’等语，是此案各衙门批驳，俱出伊等数人之手，其为彼此关通朦蔽，情节显然。在督抚、藩臬等身为大员，承办此等大案，竟至颠倒是非，行私罔上，固不得诿过旁人，稍为宽宥。但此等劣幕，辄敢暗通声气，从中把持，为地方之害，不可不明正其罪，俾凡作幕者共知儆惕。着传谕李侍尧，查明该犯等现在何处，或潜往他省，速即行文锁拿，解交刑部，会同军机大臣审讯。如或已经回籍，即着熊学鹏查明解京，毋得延缓，致令闻

风免脱。”（《清高宗实录》卷690）

（乾隆二十八年八月丙申）谕：“前因湖北纵盗冤良案内，究出幕宾徐掌丝弟兄、卢培元等盘踞多年，串通一气，与地方官交接往来，从中关通把持，为地方之害。此等劣幕，不可不明治其罪，因降旨李侍尧、熊学鹏查拿解京审讯。今据李侍尧已将徐掌丝之弟徐登三、卢培元等拿获解京，而徐掌丝一犯，先经阿永阿等递解回籍，乃黄冈县知县叶世度捏称该犯患病，改用长解。现据熊学鹏奏到，业经将徐掌丝盘获，讯据该犯供称，系由叶世度将长解公文令其自持回籍，并无兵役解送。是该县改用长解之禀，并属欺朦上官，情理更为可恶。然则该犯之径行回浙，特未知有拿解刑部之信耳。倘稍有风闻，必致远扬。该县瞻顾同乡，玩视要犯如此，与徇情私纵何异？叶世度着革职，拿交刑部治罪。”（《清高宗实录》卷692）

（乾隆二十八年九月癸亥）谕：“前审讯湖北纵盗冤良一案，根究始事之由，询及知州赵泰交，据供‘有幕友浙江人徐掌丝、卢培元等弟兄、亲戚盘踞楚省，历有年所，与地方官交接往来。徐掌丝在臬司沈作朋署内，伊弟徐登三即在总督爱必达署内，伊妹夫卢培元即在巡抚汤聘署内，彼此串通一气，此案各衙门前后批详，皆出伊等数人之手’等语。地方大吏承办重案，竟至颠倒是非，行私罔上，固不得诿过旁人，稍为宽贷，而此等恶幕，暗通声势，从中把持，实为民生吏治之蠹。已降旨李侍尧、熊学鹏等拿解刑部，会同军机大臣严审治罪。在外省督抚、藩臬衙门案牍纷繁，书记之任亦不可少，然一切应准应驳，必当自为主持，岂可听一二幕友操纵自由？且此辈贤否不一，甚至彼此潜相照应，或援引党类，往还出入，因而媒衒招摇，转致受其愚弄。向来勒荐幕宾例有明禁，复经台臣条奏，严定处分，乃楚省尚有敢于上下勾结，纵盗殃民，若徐掌丝等之甚者，一省如此，恐他省亦不能保其必无。着传谕各省督抚留心密访严查，如有此等久惯恶幕潜居省会，倚托上司衙门因缘为奸者，立即严拿重究，以昭炯戒，毋得稍存姑息，仅一递回原籍，颟顸了事。倘督抚等视为泛常，不知实力整顿，一经朕别有访闻，惟伊等是问。并闻有新任督抚、藩臬接用旧任幕友者，徒因其经办多年，一切多所谙习，遂尔相沿趋便。不知若辈借历幕吏事为名，始终占踞一衙门，官有去留，幕无更易，不肖之徒，易于乘间滋弊，涓涓不息，将为江河，亦不可不杜其渐，嗣后一体饬禁。并将此通谕各省督抚、藩臬等知之。”（《清高宗实录》卷694）

乾隆二十八年癸未十一月己巳，谕：“前据宜昌镇总兵吴宗宁参奏‘守备王大有经管马价银两，先侵后吐，咆哮潜走’一折，朕以总兵参一备弁，事属寻常，且该督当必即行奏到，是以但批‘该部知道’。今据李侍尧奏称‘吴宗宁任内差办营伍公事及自买什物多有短发银两、抑勒赔垫之处。至提验王大有所管马价一项时，见其将银买补麸料，辄行怒骂，王大有措银补足，仍复欲行棍责，擅加锁铐’，是吴宗宁显有侵借事权、擅作威福情事，吴宗宁着解任，交与李侍尧一并严审定拟具奏。”（《清高宗实录》卷699）

（乾隆二十八年十一月丁丑）谕曰：“李侍尧等奏‘湖北粮道王鸿勋诸事不能振作，一味模棱，难胜监司之任，请勒令休致’一折。王鸿勋前在江南河工本非实心任事之员，朕念其年力就衰，尚无大过，加恩调授湖北道员，理应倍加奋勉，以图报称。乃不知感激，遇事仍循模棱恶习，实负朕恩，仅予休致不足示儆。王鸿勋着革职，归旗当差，着该督即押令来京，该旗请旨。”（《清高宗实录》卷699）

（乾隆三十年三月乙巳）谕军机大臣等：“……又据尹继善奏称，张宏运在淮徐道任内，尚有张家马路漫工一案，应追分赔银两，除将任所资财抵赔外，所有未完之项，业将张宏运解回湖北，交原籍地方官，严查家产，勒限追赔。此案漫工银两，系贻误工程，应行追完之项，不便听其任意拖延。着传谕吴达善、李因培，即将张宏运监追，并将伊原籍产业尽数查抵，毋得令其稍有隐匿拖欠，以为承办工程任意冒销者戒。俟帑项全完再奏。”（《清高宗实录》卷733）

（乾隆三十年五月丁酉）谕军机大臣等：“李侍尧等审拟‘李星垣婪索土知州岑宜栋银两’一折，定罪甚属失当。李星垣始向岑宜栋索借银二千两，因其一时难以措应，辄将营中现存买谷价银一千五百两令其豫领，俟秋间备谷交仓，旋即令家人张同收取入己侵用。以库贮买谷官项，假豫发之名，巧为腾那，私充欲壑，非监守自盗而何？李侍尧并不按伊应得之罪定拟，乃引索借所部财物律拟，似于本条加重科断。即其家人张同、赵八承李星垣意指，两次向岑宜栋勒索六百余金，情均可恶，亦不仅以杖责完结，已交部另行核拟矣。李侍尧前在两广总督及户部尚书任内，办理诸事，颇知认真，此次自用为湖广总督，调任两广以来，一味委靡不振，殊非朕倚任之意。况李星垣即系该督保举堪胜总兵之人，今其赃罪败露，犹欲为之回护，意从轻减，即此一端，其一切之不能如前可知矣。该督现在年力壮盛，尚可造就有成，若似此因循，不思极力整顿，何以承受朕恩耶？李侍尧着传旨申饬。”（《清高宗实录》卷737）

（乾隆三十年十二月丁未）谕军机大臣等：“周琬平日情性乖张，妄自尊大，而归州盗犯张洪顺一案办理错谬，因将伊发往伊犁效力赎罪。但此案情节系爱必达始终回护所致，周琬止有前案率行批结之咎，后案则与伊无涉，使周琬在巡抚任日久，充其刚愎乖谬之伎俩，其匿非护短，未必不更甚于爱必达。然就此案而论，周琬究系离任之员，情罪较爱必达稍为轻减，且发遣已二年余，应加恩释放回籍。但其为人究难深信，或在遣所私有记撰，语涉怨尤，亦未可知。安泰现在前往伊犁，可密至周琬住处严行搜查，如其并无怨望字迹，即令明瑞将伊放回。并将此旨传示周琬，俾知朕于臣工，赏罚一秉大公，而其人之优劣，罪之轻重，皆洞鉴其情，处以至当。若有显然背谬字迹，则是怙恶不悛，罪无可逭。

着一面奏闻，一面即行正法，亦将此旨传示于彼，俾知朕虽加恩，罪仍由彼自取。倘字句介在疑似之间，安泰未能明晰，即将周琬拘禁该处，以所有字迹封固进呈，候旨定夺。周琬原系朕令明瑞管束之人，前曾传谕明瑞，令其将周琬有无怨言字迹之处查明复奏。安泰如恐查出字迹，与明瑞有碍，因此心存瞻顾，不据实办理，目前即可掩饰，日后必致败露，试问安泰能当此罪名耶？可将此传谕安泰知之。”（《清高宗实录》卷750）

（乾隆三十一年二月）壬寅，谕：“前据刘藻等奏，莽匪不法侵扰土司边界，曾降旨令其严行剿捕，勿以姑息了事。嗣据奏报，攻剿九龙江橄榄坝诸寨已获全胜，惟参将何琼诏、游击明浩等派赴整控江防御，该弁等不遵军令，冒昧渡江，以致遇贼失事。彼时即疑，所奏未必尽系实情。今据奏，何琼诏、明浩前后回营，因将伊等参奏，审拟治罪，已交军机大臣会同法司核拟具奏……刘藻本属书生，军行机宜非所娴习，故朕不肯责伊以所不能。至于调度赏罚诸事，尚可力为筹办，乃于审讯此案情节竟舛谬若此，岂堪复胜总督之任？刘藻着降补湖北巡抚……”（《清高宗实录》卷754）

（乾隆三十一年四月丙午）谕军机大臣等：“据吴达善奏‘江夏县起解发遣新疆人犯胡崇德，贿嘱兵役江海等，解至孝感县脱逃’一折，此等紧要遣犯，该兵役等胆敢受贿纵放，实属大干法纪，若不严加惩创，何以示儆？胡崇德现已弋获，固应即正典刑，其贿纵为首之兵役，审明后亦应即行正法，为从各犯并着发往乌噜木齐，以昭炯戒。所有在逃之兵役，应严饬所属上紧勒缉务获，毋任远扬漏网。至折称，典史刘禄徵明知人犯未到孝感县投文，并不禀县查究，千总熊作相亦置若罔闻，其有无通同贿纵情弊，该督抚务须彻底严行查究。江夏县知县七十一任家人书役婪赃纵放，非寻常失察可比，亦应详悉查讯，严参究处。县丞左世卿能留心访缉，尚属能事，该督曾作何奖赏鼓励之处，并着附折奏闻。

计此旨到日，吴达善谅已起程，即交定长查办。”（《清高宗实录》卷758）

（乾隆三十二年正月丁卯）又谕：“据期成额等查审‘已革知州张宏燧营私交结一案，究出伊现有亏空，及从前李因培、赫升额曾令伊代武陵县冯其柘弥补亏空银一万余两’等语，览奏深为骇异。李因培前在顺天府尹任内曾经获罪，朕不次加恩任用，擢至巡抚，乃于查办常德灾赈一事，玩视民瘼，诸未妥协，是以将伊照部议降调。复念其材堪驱策，摈弃殊为可惜，旋即用为四川按察使。初不料其在湖南巡抚任内，竟敢授意张宏燧代冯其柘弥补亏空至一万余两之多，实为深负朕恩。李因培着革职拿问，解往湖北，交与侍郎期成额等质讯。……向来各省亏空案件最为锢弊，雍正年间，经皇考严加整顿，稍知敛戢，每恭绎朱批谕旨，于此事不啻三令五申，人亦不敢轻犯，意诸弊渐就肃清。朕御极以来，三十余载，虽未特降旨查办，然亦有犯必惩。乃迩年来不肖之员营私骫法之案叠次发觉，岂若辈因稽察稍疏，故智复萌耶？朕惟自愧水弱之失，与宽诚之不能感人，若再不能执法，则朕亦非甚懦弱姑息之主也。至督抚为国家大吏，乃于属员亏空，曲为徇隐，其欺罔实法所不容，在伊等平日，未尝不以弥缝隙漏为得计，孰知天理昭彰，终归败露。即如段成功一案，其贪黩发自江苏，而侵亏遂败于山右，此案本为查究侯七郎命案正凶，乃于张宏燧供吐现在亏帑情形，辗转究诘，遂至冯其柘之事水落石出，足见天道可畏，断无久而不败之理。外省似此巧为掩饰之伎俩，未经举发者，尚恐不免，朕亦不肯令人告讦，惟俟其自败，即行按法惩治，决不稍为宽贷也。将此通谕中外知之。”（《清高宗实录》卷776）

（乾隆三十二年正月丁卯）谕军机大臣等：“李因培前在湖南巡抚任内，有徇庇属员亏空，授意代为弥补之事，现已降旨革职拿问。着传谕阿尔泰即将伊锁拿，慎派干员解往湖北，交与期成额等质审，并将李因培任所资财严密查封，并传谕明德、汤聘将伊原籍及尚在江阴家口资财一并查封，毋使稍有隐匿。”（《清高宗实录》卷776）

（乾隆三十二年正月）戊辰，谕："昨因李因培令张宏燧代冯其柘弥补亏空一案，将李因培革职拿问，解往湖北质审。所降谕旨未将李因培徇庇欺罔之罪叙明，恐不知者或疑李因培已将亏空之员参革究拟，似无袒护情形，何以复治其罪？因命取李因培原参本细阅，即以李因培原参而论，其欺隐实迹，已不能掩，今为一一指出，不特众人知其情真罪当……"（《清高宗实录》卷776）

（乾隆三十二年正月庚辰）谕军机大臣等："据鄂宁奏'已革知州张宏燧于管理铅厂内，两次赴司捏领脚价银两，赫升额并不详明指驳，以致张宏燧亏空银九千余两。又张宏燧于署常德府任内，请借武陵县城工银一万两，赫升额又私行批发，致张宏燧于库项内，亏空银七千余两。请交与湖广总督定长归案审拟'等语，赫升额身任藩司，乃膜视帑项，于劣员请给银两并不查明详报，辄敢私行给发，以致侵亏盈万之多，殊堪骇异。赫升额所有湖北资财，着该督严行查封，毋使稍有隐匿寄顿。可将此传谕知之。"（《清高宗实录》卷776）

（乾隆三十二年正月辛巳）谕军机大臣等："期成额等查审冯其柘弥补亏空一案，分别拟罪之处，已批三法司核拟具奏矣。此案李因培、赫升额授意属员，以致辗转那移，巧为弥补，实出情理之外。巡抚为封疆大臣，藩司系钱粮总汇，一省之整饬稽查，惟于抚藩是寄，仍伊等竟敢上下扶同，徇情朦蔽，充其伎俩将何事不可为？是伊等之罪，实在于有心欺罔，较之监守自盗，更为重大。今期成额等以赫升额依侵盗钱粮一千两以上律，问拟斩候，于情罪既不相符，而牵引侵盗钱粮律文，转似故为周内，亦不足以服赫升额之心。赫升额不必就此案完结，李因培前已降旨拿解湖北质审，俟解到后，与赫升额质对明确，即照此旨定拟，再行具奏，并将谕旨叙入折内，可传谕期成额、定长知之。"（《清高宗实录》卷777）

（乾隆三十二年五月己巳）谕曰："杨应琚办理缅匪一事，种种乖谬，汤聘从前并未奏闻。朕以军营之事，汤聘或未能深悉，尚可不加深责，仅从宽交部议处，仍将伊调任贵州巡抚。今据明瑞奏到，李时升呈出书札稿本，则李时升于此事前后情形，无一不告知汤聘。李时升系提督大员，一应军务皆当随时入告，固不能因此稍宽其罪。但汤聘既据李时升手札，则于杨应琚偾事乖方之处详悉备知，竟尔扶同讳饰，匿不上闻，封疆大臣敢于瞻徇朦蔽若此，其心实不可问。汤聘着革职拿交刑部治罪，所有贵州巡抚员缺着鄂宝调补，即由该处驰驿前赴新任。其湖北巡抚印务，着定长暂行兼署。"（《清高宗实录》卷784）

（乾隆三十二年八月辛巳）又谕曰："方世俊奏审绥宁县耙冲地方开矿一案，内称'赫升额因欲调剂鼓铸，固执己见，任意详开，研讯各犯俱供。赫升额除听家人借端索赃外，别无请托受贿之处'等语，所讯供词未可尽信。开矿系湖南公事，并无迫不及待之势。赫升额既已调任湖北，何以当离任之时急欲赶办？详请抚臣批准，即云赫升额志切办公，亦何至急遽若此？此中情节，恐或有未实未尽之处。赫升额现在刑部监禁，着传谕刑部堂官就近确切严讯，据实具奏。方世俊折并着钞寄。"（《清高宗实录》卷793）

（乾隆三十二年九月癸丑）谕军机大臣等："德保于九龙江一带退逃欺饰，种种不堪，已降旨革职拿问，令鄂宁委员解送来京。着传谕贵州、湖南、湖北、河南、直隶各省督抚，于德保到境时，即添派妥干员弁沿途协同，小心护送，作速驰解，毋得稍有疏虞。可将此传谕知之。"（《清高宗实录》卷795）

（乾隆三十三年七月）癸卯，谕："去岁查审'黎明五等派费修堤，侵蚀入己'一案，卢谦系本管道员，当瞿学富控告之始，并不亲提审讯，任听承审属员问拟，转将原告坐诬。又定长等奏‘勘黄梅等县董家口江堤’一事，始由卢谦具禀，请借动公项，交民自修，复欲蹈黎明五等故辙，种种办理不善，已有应得之罪。今伊父卢见曾因查办两淮提引积弊，豫将家中资财私行寄匿，并于两淮商家究出从前托人营运银两，至于盈千累万。而卢谦亦有寄银营运之事，是卢见曾在任时，必系与各盐政及各商等交结分肥，自问情虚，故为此狡狯伎俩，将来审明之日，自当按律究治。伊子卢谦，若令其仍任监司，殊不足以示惩儆，卢谦着革职，发往军台效力。”（《清高宗实录》卷815）

（乾隆三十三年八月丙寅）湖北巡抚程焘奏：“宜城县典史孟衍孔佥差不慎，致遣犯脱逃，照例咨部斥革，仍留该地方协缉。宜城县知县温颐瞻徇捏详，应请革职。”得旨：“这所参温颐着革职，典史孟衍孔于查点起解要犯，并不实力确查，一任差役当堂顶替，辗转雇代，致遣犯中途脱逃，又复捏饰具禀，情殊可恶，非寻常佥差不慎者可比。孟衍孔着革职拿问，余着议奏。”（《清高宗实录》卷816）

（乾隆三十三年十月甲戌）又谕：“前据定长等奏称‘湖北黄冈县拿获割辫匪僧普阔，到案并未刑求，即经供认确凿，并据供出河南固始县张文栋教令剪辫’等语，因降旨阿思哈，速将张文栋缉获，俟普阔解至豫省时，就近质讯，一面奏闻，一面解京。今据阿思哈奏到‘审明张文栋等一干人证，无不极口呼冤。并据普阔供，在楚省时，因赴田都司船上探望伊父杨国谟，即被锁拿送县，经黄冈县掺夹严讯，受刑不过，是以混供’等语，普阔往田都司处探望伊父，并非形迹可疑，该都司何以不令其父子相见，转将普阔作为匪犯擒拿？及黄冈县审讯，又不虚心研鞫被获缘由，辄尔严刑锻炼，以致畏罪诬招。该督等提犯到省，何竟不亲自复讯，究出实情？遽凭都司知县虚饰之言，率行具奏，且谓并非得自刑求，若非令将案犯解京，复令豫抚就近质讯，几成冤狱。可见外省办事尽属虚诳不实，全不可信，积习锢蔽深可痛恨。该督等之草率荒唐，将来结案时自当另予处分，而田都司及黄冈县知县之有心罗织，不可不讯明治罪。着将该都司、知县查明姓名，俱着解任，即派委妥员押解来京，听候讯究，并饬沿途小心防范，毋令自戕。其普阔之父杨国谟，既在田都司署中，何以不令相见？而黄冈县审讯时，并令其供非亲子，种种怪诞，俱出情理之外。此时伊等或将杨国谟致死灭口亦未可定，并着将杨国谟善为料理送京，以备质对。将此传谕定长等知之。”（《清高宗实录》卷821）

（乾隆三十三年十二月己未）谕：“……又程焘奏拿获僧人普阔，不加刑求，即自认为割辫匪犯。及交河南巡抚阿思哈，将普阔案内应质人犯于普阔解至该省时就近提质，究出普阔向湖北都司田国恩任所寻父，经田国恩妄拿，送交黄冈县查讯，该县杨仪辄加刑讯，普阔畏惧，信口混供。及查起辫药，毫无确据，已传谕将田国恩、杨仪及普阔等解京审讯，俟审结时再将程焘议处。割辫匪犯蔓延各省，扰害良民，督抚等自当饬属上紧严拿。但获犯到案，必须细察情由，反复研讯，岂得滥加刑拷，累及无辜？屡经传谕各督抚，极为明悉，乃各省并未获一真实匪犯，而山东、湖北二省，辄将无干之人妄加锻炼，辗转株连，若非朕洞晰其情，提解复讯，几成冤狱。至富尼汉始而颇知认真躧缉，程焘则因朕降旨询问，始行盘获一二游僧塞责，核其初办情形，富尼汉与程焘判然不同，而以刑逼成招之案，敢以不事刑求诳奏，则两人如出一辙。督抚等偶有无心之过，尚可加恩宽宥，乃办理此等重大案件，公然有心欺饰，且二人皆初经委任之员，竟不知以诚实自矢，即重治其罪，亦所应得。若仅予以革职留任，未足蔽辜，而似此居心，岂可复膺封疆之寄？富尼汉着降补山西布政使，革职留任，其山东巡抚员缺，即着富明安补授。程焘着降补江西布政使，革职留任，其湖北巡抚员缺，即着揆义署理。”（《清高宗实录》卷824）

（乾隆三十四年正月）己丑，谕：“前军机大臣会同刑部审奏僧人普阔一案，该僧并非割辫正犯，系黄冈县用刑逼认，而巡抚程焘原奏有'不事刑求，即行供吐'之语，因降旨令其明白回奏。今据奏复，多方回护支离，更不成话，已于折内批谕。普阔叠经受刑，其拶夹伤痕显而易见，岂军机大臣等能辨之于解京之后，而程焘转不能辨之于解抚之时？折内乃云，该僧到案，所有受刑诬服缘由，匿情不吐。试问过堂复讯，该僧虽则无言，程焘岂竟无目者，咎将谁归？封疆大臣遇有重案，虽情词暧昧，尚须研穷得实，若人犯曾否受刑，其迹岂复更须推勘，乃犹不能明其黑白耶？程焘着交部严加议处。”（《清高宗实录》卷826）

（乾隆三十四年二月丁巳）谕曰：“方世俊奏'湖南省传钞谣词一案，前经根追至湘潭县民人李坚仁，供得自李文有，而李文有旋经病故，将李坚仁加以刑吓，矢口不移，并无另有传给之犯，此案无凭究讯，请将失察之署湘潭县现任长沙县知县杨鹏翮交部议处'等语，所办非是，已于折内批示矣。奸匪传播谣词，自应根追编造之人，重治其罪。今此案自李坚仁传写以前，皆有踪线可寻。至李坚仁则仅诿之一死无质证之人，希图诿卸，该地方官既不能留心查察于前，及接到湖北省咨复李文有身故之文，又不复向李坚仁严切追究，辄以更无活口可质，思欲草率完案。外省此等恶习牢不可破，甚属可恶。杨鹏翮即着革职，以示儆戒。此案仍着该抚另行严讯确情，据实具奏，毋得仍以颟顸取咎。”（《清高宗实录》卷828）

（乾隆三十四年二月己巳）又谕曰：“高晋奏'荆州副都统世良办事迟钝，又复年老多病，难以胜任，请勒令休致'等语，所奏颇属公当，世良着即休致。高晋到楚未久，即行留心整顿，皆由朕屡加训诲，稍知悛改，是以据实奏闻。但世良之衰庸恋栈已非一日，定长在任时岂竟毫无闻见？而一味姑容徇庇，其膜视公务，不问可知。前此该部以定长应否议恤具题，朕念其平日尚属勤慎，降旨加恩予恤，今观其阘茸若此，所有恤典应即敕部停止，使封疆大臣知不实心奉公之咎，虽身后已邀优

典，亦当亟行追正，庶足以示创惩。将此通谕知之。”（《清高宗实录》卷829）

（乾隆三十四年五月丁亥）又谕曰：“揆义参奏‘通山县知县温伯魁、典史李鳌疏纵盗犯越狱，请将温伯魁革职协缉，李鳌革职拿问’一折。温伯魁于邻省关拘盗伙三名，仅获蔡及山一犯，并不上紧根缉余盗，又以蔡及山所供名字与原关之蔡奇山未符，不复究其是否捏饰，辄照常收禁待质，并未全加杻镣，以致该犯乘间脱逃，殊属疏玩。温伯魁着革职留于该省协缉，李鳌着革职拿问。所有逸犯蔡及山及未获各犯，并着该抚严饬上紧躧缉务获，其刑禁人等有无贿放情由，一并严审究拟具奏。”（《清高宗实录》卷834）

（乾隆三十四年七月丙申）谕军机大臣等：“揆义自擢任巡抚以来，于地方事务并未见有实力整顿之处，其屡次陈奏，不过仅以寻常纠劾属员，具折塞责，按之总无实际。且闻其前在江西藩司任内不甚妥协，恐其于巡抚不能胜任，或并有劣迹，亦未可定。曾谕吴达善，令其密行查察，据实奏闻。近于盗犯龚在山一案，揆义初奏称，系广济县知县刘长灵，差役追至怀宁县地方，被捕役盘获。而富尼汉则奏，系安省千总王光国在桐城县盘获。因两人所奏不符，随降旨传询，揆义始以广济县所禀系差役得信于怀宁捕役，告知获盗情由。而富尼汉咨文内，原有‘千总王光国督同兵役拿获之语，前奏失于查叙’等语奏复，是其前奏并非词语含混，实系有心取巧，岂得以糊涂粗率自解？现已交部严加议处。看来揆义经朕加恩，委任封疆，尚如此取巧，则伊为藩司时，必有不实不端之事……”（《清高宗实录》卷839）

（乾隆三十四年七月丙申）又谕：“前因安省拿获盗犯龚在山等十二名一案，揆义原奏称‘系广济县知县刘长灵，差役追至怀宁县盘获’，而富尼汉折则称‘系安省千总王光国擒获’，彼此情节不符，因传旨申饬，并谕各该抚查明究系何人首先缉获，据实复奏。昨据富尼汉奏称‘龚在山等犯实系千总王光国在桐城县老洲头饭店盘获，并无楚省差役知会协拿’。今据撰义奏称‘此案获盗情由，率据广济县知县刘长灵禀报，于叙折时，止以捕役盘获入奏，并未声明系怀宁捕役告知，词句实属含糊’等语。此等沿江巨猾，犯案累累，既经邻省拿获，自应据实入告。乃撰义初奏，止称广济县差役追至前途，查得各盗犯于四月初三四等日逃至安徽怀宁县地方，被捕役盘获。而于安省咨文内，千总王光国督同兵役拿获之语全行删去，明系有心取巧，攘为湖北盘获。此并非词句含糊，亦岂得以粗率糊涂自解？其原折具在，亦复何能致辩？撰义着交部严加议处。至安省巡江外委千总王光国留心躧缉，盘获邻省巨盗，颇属能事，着送部引见。”（《清高宗实录》卷839）

（乾隆三十四年七月戊戌）又谕：“前闻建昌府知府黄肇隆有倚恃上官、任意妄行之事，因传谕吴绍诗查明具奏。今据该抚参奏‘黄肇隆果有倚势纵恣、听用家人借端索诈并需索属员、逢迎上司各款，请旨革审’等语，黄肇隆着革职，交总督高晋与案内有名人犯一并严审究拟具奏。至撰义于盗犯龚在山等一案，以安省盘获之犯，攘为湖北盘获，有心捏词取巧，已降旨交部严加议处。今据查撰义在江西藩司任内待黄肇隆甚优，升任后，黄肇隆尚有馈送优人之事，则其平日与属员交结，不知检束，已可概见，岂可复任封疆重寄？撰义着解任来京候旨。吴绍诗身任巡抚，属员劣款累累，不能先事查劾，经朕传旨询问，始行据实参奏，所为察吏者安在？吴绍诗着交部严加议处。”（《清高宗实录》卷839）

（乾隆三十四年七月戊戌）谕军机大臣等：“据吴绍诗参奏建昌府知府黄肇隆倚势纵肆，信用家人借端索诈，需索属员，逢迎上司各款，已将该府革职，交该督严审究拟矣。其馈送撰义吹唱优人一节，已在撰义升任巡抚之后，殊不可解。撰义既赴湖北新任，建昌即非其所属，岂能复为提拔？近日又无奏带旧任属员之例，黄肇隆更何所希冀？撰义若敢于冒昧吁陈，当时即已败露，亦不能待至今日矣。若非揆义平日与黄肇隆别有交结情弊，何至于去任后，尚尔殷勤若此。着传谕高晋，于此一款，尤须切实严讯，务得实情，毋任稍有遁饰。”（《清高宗实录》卷839）

（乾隆三十四年七月）癸卯，谕军机大臣等：“据高晋复奏‘湖北黄梅扁担裂江堤溃决之处，系前任黄梅县知县吕世庆承修。请敕湖广省督抚查明溃决丈尺，着令原办之员赔修。从前不能实心督办之道府，查明参处’等语，此项堤工濒江捍御所资，关系最为紧要。前岁因江水暴涨，旧堤残缺者多，恐民修力或不赡，工作未得实济，是以于高晋等会勘奏到时，特饬动帑修筑，以期永固。乃报竣甫逾一年，偶遇盛涨，即有溃塌之处，是承修之员不能如式坚筑，实难辞咎。着传谕吴达善，即将黄梅县溃决丈尺迅速查明具奏，着令原办之吕世庆赔修，其从前派出稽查验收之大员，并着一并查明参奏。再该处江堤毗连数省，前闻江涨溃涌，随谕令高晋、吴达善即速确查，各行具奏，迄今已将一月。湖北、江南距京道里相等，高晋已经奏到，吴达善何以尚未复奏？并着该督将因何迟玩不复情由，据实具奏。”（《清高宗实录》卷839）

（乾隆三十四年七月）甲辰，谕：“前以安省盘获盗犯龚在山等案内，讯出各犯有在江西九江孤洲地方拒捕伤差情事，未经该抚奏及，因降旨令吴绍诗查明，据实复奏。今据奏称‘盗犯在德化县拒捕，殴伤湖北广济县弓兵，曾据同知禀报，勘明缉拿，嗣以盗犯已在安省弋获，其江西拒捕之案，准咨应归安省并案究拟，是以未经具奏’等语，此等沿江积盗，敢于拒捕伤差，一经地方官禀报，该抚自应据实入告，一面上紧严拿。乃吴绍诗辄以安省已经获犯，归案审办，视为寻常事件，不行奏闻，殊属不知轻重，吴绍诗着交部严加议处。”（《清高宗实录》卷839）

（乾隆三十四年七月）戊申，谕：“前以安省盘获盗犯龚在山等一案，揆义奏系广济县知县刘长灵，差役追至怀宁县盘获，与富尼汉所奏千总王光国擒获之处，彼此语涉含糊，随传旨询问该抚等，查明究系何人首先缉获，分晰具奏，并谕令吴达善详密确查，据实奏复。昨据揆义复奏，以前折内未将刘长灵原禀怀宁县捕役告知在彼处拿获缘由叙入，并删去安徽咨文内千总王光国盘获之语，自行认罪。是其初奏时，希图将邻省盘获之犯攘为湖北所获，已属显然。乃吴达善本日奏到尚有'揆义即欲归功属吏，亦断难于邻省咨缉，并通禀有案之事，代为捏饰'等语，曲为揆义开脱，殊属非是。试思揆义从前，若非有心取巧，何不即照刘长灵原禀叙奏？且既接有安省咨文，则揆义已明知获盗乃千总王光国之事，并与邻封捕役无涉，而妄加以捕役盘获一语，与广济差役影射，希冀邀功。原折具在，即揆义亦无从置办，而吴达善尚以揆义为并非捏饰，岂欲掩其自取之咎，转以朕为屈抑之耶？吴达善久任封疆，于特旨查询事件，辄敢心存瞻徇，深蹈外省官官相护恶习，着交部严加议处。"（《清高宗实录》卷839）

（乾隆三十四年七月）己酉，吏部议："湖北巡抚揆义于桐城县拿获盗犯，攘为湖北盘获，应照例革职。"得旨："揆义着革职。"（《清高宗实录》卷839）

（乾隆三十四年十月癸丑）谕："前以揆义于江西藩司任内与属员黄肇隆交结，并有托买优伶及收受礼物等款，因降旨交高晋将黄肇隆提审具奏，今据奏称'黄肇隆与揆义逢迎结纳各款一一供认，并究出揆义滥行卓荐黄肇隆及违例豫借养廉，请拿交刑部治罪'等语。揆义前于盗犯龚在山攘为湖北盘获一案，已照部议革职，令以三等侍卫衔前赴喀什噶尔效力，今既据高晋审出贪鄙营私各情节，自应按律治罪。揆义着革去侍卫职衔，拿交刑部讯明治罪。"（《清高宗实录》卷844）

（乾隆三十四年十一月）丙午，谕："据海明参奏'彭泽县知县高尚礼于事主张起凤盐船被盗一案，经湖北江夏县及本省湖口县先后获盗李先、刘老官等，供认确凿，移文彭泽县查案。该县高尚礼仍不确查据实通报，惟以并无事主报案移复，逸盗徐国士等四犯亦不上紧缉拿，玩弛已极。马当镇巡检姚炳失察不报，均属溺职，请旨一并革职’等语，高尚礼、姚炳俱着革职，高尚礼仍勒令留于地方，协缉逸盗徐国士等务获。”（《清高宗实录》卷847）

（乾隆三十五年二月己酉）谕军机大臣等：“吴达善等审拟良卿、方世俊一案，已交法司速议，并降旨将良卿即行正法，方世俊从宽改为监候矣。前曾传谕，如吴达善已经审完各案，即先回湖广本任，令钱维城等监视行刑。今各案既未审完，吴达善自尚在黔省，可即会同钱维城等将良卿绑赴市曹，宣示所降谕旨，即行正法，令官民人等共知良卿之黩货营私，负恩罔上，为天理国法所不容，俾昭炯戒……”（《清高宗实录》卷852）

（乾隆三十五年五月己卯）又谕曰：“吴达善等在黔省审办各案为时已久，现在俱经陆续完结，惟桐梓县刁民聚众案内尚有一二逸犯未获，及通查各属有无派办军需之事，均可交与巡抚宫兆麟，俟缉获查明之日妥协办理。吴达善可即回湖广总督之任，钱维城、富察善着即行回京。将此传谕知之。”（《清高宗实录》卷858）

（乾隆三十五年八月丙子）又谕曰：“永德奏‘怀庆府通判吴为墉，于光山县任内获盗柯之礼等，并未究出行劫明良仁、胡尚连二案，反将伙同行劫楚省郭世璜之案认为盗首，复于彭起周被劫一案勒令事主报窃，辄将伙盗徐国秀等杖刺完结，显有情弊，请将吴为墉革审’等语。吴为墉着革职，交与该抚，同案内人犯一并严审定拟具奏。”（《清高宗实录》卷866）

（乾隆三十五年九月乙卯）谕：“据吴达善等奏‘黄陂县知县吴世贤

与驻防千总郭亮尚气挟私，互责兵役，该管知府兆城袒属朦详，颟顸率结。除千总郭亮现咨部斥革外，请将知县吴世贤、知府兆城饬部严加议处’等语，兆城、吴世贤俱着交部严加议处。”（《清高宗实录》卷868）

（乾隆三十六年二月丙戌）谕军机大臣等：“据梁国治奏‘前任署襄阳镇都司张智远，于混禀光化县兵丁甘定邦咆哮公堂、违断抢亲一案，经直隶解到收审，张智远乘间自缢身死，请将该县等革职，并自请与按察使秦鐄一并交部’等语，业经批交该部议奏矣。张智远不过因上司饬令访查，率混禀复，虽经解任提讯，并无应得大罪，何以遽至轻生？或其中尚有别情，以致畏罪自缢，亦未可定。着传谕梁国治再行彻底根究，务得实情，以成信谳。”（《清高宗实录》卷878）

（乾隆三十六年二月丁酉）谕军机大臣等：“吴达善参奏马铭勋贪黩败检各款一折，已降旨交该督严审定拟矣。马铭勋身为提督大员，敢于肆意贪婪，劣迹种种，实为法所难宽，吴达善即当严加鞫讯，并查此外有无别项款迹，务须彻底根究，按例定拟，审结之日一面照例具题，一面专折奏闻。至马铭勋从前调任安西提督，来京召见，察其奏对词气，竟惮于远行，已知伊沾染绿营恶习，畏葸不堪，即令前往西陲亦属无益，第因其彼时尚无大过，是以仍留湖广提督之任，亦经严训遣往。今观其贪鄙如此，则伊向日之留恋内地，专以便其牟利之图，尤属负恩不法，着吴达善查审时，并将此旨诘询马铭勋，取具供词一并具奏。”（《清高宗实录》卷879）

（乾隆三十六年四月甲午）又谕曰：“马铭勋从前调任安西提督时来京召见，词气之间竟惮于远行，即知其畏葸不堪，岂宜复膺边陲要缺？第伊平日尚无大过，是以仍令留湖广提督之任。乃竟贪黩营私，簠簋不饬，至于此极，则伊前此之留恋内地，专欲遂其牟利之图，实属负恩败检，为法所难宽。马铭勋着照刑部所拟处绞立决，以昭炯戒。并将此通

谕知之。”（《清高宗实录》卷883）

（乾隆三十六年五月丁巳）兵部议奏湖广总督吴达善奏称，原任提督马铭勋抑勒摊派案内各员分别议处。得旨：“此案内馈送马匹、礼物及摊扣派办之文坛等，均系由马铭勋抑勒所致，与有心迎合之马之驸、周成谟情罪有间。薛隆绍、杨有凤、常怀义、陈文裕、李中汉、童君佑、刘建武、刘克敏，俱着从宽改为降三级留任，免其降调。文坛于补官日降三级留任。其已经别案休致革职之吴文英、党云龙，俱着以降三级留任注册。余依议。”（《清高宗实录》卷885）

（乾隆三十七年正月乙丑）湖广总督富明安等奏：“编查保甲为弭盗要务，向例专责印官办理，印官事繁，难频巡乡曲，不得不权委佐杂分查，佐杂例无处分，恐难核实。请嗣后准州县分段酌委州同、州判、县丞、巡检、典史等员专管编查，事竣具报州县，抽查结报。佐杂疏玩，州县揭参，州县徇隐，道府将州县、佐杂一并参处。”报闻。（《清高宗实录》卷901）

（乾隆三十八年二月庚申）吏部议准湖北按察使刘秉愉奏称，请严定外省官员失察子弟干与公事处分，如听信子弟借办公事，以致营私滋弊者，照应得罪名革职。未经舞弊而与人接见出入无忌者，照约束不严例降一级调用。该管上司明知属员子弟滋弊，不行查参，照徇庇例降三级调用，仅止失察，降一级留任，兼辖上司俱照失察例罚俸一年。从之。（《清高宗实录》卷926）

（乾隆三十八年四月）辛卯，谕：“昨据陈辉祖奏‘拿获竹溪县图奸杀死四命并致伊母自缢之凶犯张世华，现在按拟具题’一折，内称‘该犯久匿谷城县境内，知县王之黻并无觉察，业于另案参革’等语。因检查该县被参原案，系滥准书吏请发谕单，清查编审，致令索钱舞弊一事，题请革职。至此案张世华系淫凶悖恶，罪应寸磔之重犯，在谷城县境内各处佣工，为期至一年之久，王之濈毫无觉察，致凶犯得以匿迹稽诛。其纵恶玩公之罪，较之参革原案，尤为重大，岂可因其已经革职，遂置不问？王之濈着照管狱官重犯越狱革职拿问之例，交陈辉祖即行拿问，严讯定拟具奏。”（《清高宗实录》卷932）

（乾隆三十八年六月己亥）谕：“据陈辉祖奏‘审拟升任监利县周世绪于高王氏被盗讳匿，署县鲍祖望、知府九格听嘱弊混’一折，其案内假印骗钱之曹金安等分别问拟之处，俱属罪所应得，已批交该部核拟矣。至该府九格，当周世绪馈遗请托时，果能据实具详揭参，方为持正出色之员，乃受贿徇情，将曹金安假印一事任听幕友营私弊混，并不提究，核其情罪，实与周世绪无异。今该督将周世绪拟发新疆效力赎罪，而于九格仅依故减重作轻论拟徒，系旗员解部发落等语，是同一情罪。九格特以旗员得邀末减，即解部枷责，亦不过具文完结，伊转得家居安享，岂足称情法之平？朕于满汉诸臣功罪，从不稍从歧视，间有因满洲人员获罪加重办理者，断不肯以同案、同罪之事宽于满员，而严于汉员，内外臣工皆所深悉。九格自应与周世绪一体发遣，方为平允。至府幕王良伯欺朦舞弊，实为罪魁，问发乌噜木齐，足示惩儆。其案内尚有县幕周性存往见王良伯商办情节，劣幕交通，自有应得之罪，该督将周性存请免置议，殊属未协，并着该部另行改议具奏。”（《清高宗实录》卷936）

（乾隆三十八年六月己亥）又谕：“据陈辉祖奏‘署宜都县知县万象新于县民董信明被盗欧劫一案保邻捕役，将乞丐吴太等私拷诬认。该县并不虚衷验讯，滥刑逼招，迨经邻封另案获犯起赃，该县又捏称吴太等前系自行供认，讳饰刑逼情事，请旨将万象新革职审拟’等语，万象新着革职，交该署督与案内有名犯证一并严审定拟具奏。”（《清高宗实录》卷936）

(乾隆三十八年六月戊申)谕:"据陈辉祖奏'宜昌府知府席芑、署东湖县知县杨朝宗于截抄宋元俊之子宋嵝舟次资物并不严密清厘,以致失去同舟之张永烈银两。据禀不问,并将船户水手私贩钱文滥行给领不究,任听胥役乘机索诈,迨经饬查,仍复朦胧具复,请旨革职审拟'等语,席芑、杨朝宗着革职,交与该抚提同案内有名人犯,一并严审定拟具奏。"(《清高宗实录》卷937)

(乾隆三十八年十一月乙丑)又谕:"据德保参奏'陆丰县属内改遣军犯常福儿、王老四,并寻常军犯袁徵、遣犯童三过万苍,俱于八月十六日夜在配同逃,现在饬属严拿,并咨明原籍邻封及经由各省分一体捕缉,请将兼辖之知县刘三善、专管之河田司巡检张铜英革职留任,戴罪勒缉'等语,已批交该部矣……常福儿原籍陕西,王老四即王文贵原籍苏州,移居湖北江夏县,或潜回本籍,亦未可知。着传谕陕西、江苏、湖北各督抚并经过之湖南、江西、浙江各省分,即速派委干员,严行蹑缉务获,毋致漏网。其在何省弋获,即行奏闻,照例就所获省分正法。嗣后直省如有接到邻省移咨查拿脱逃改发军犯者,即照此案,派员一体上紧严拿,毋稍歧视。倘或虚应故事,不即严紧查缉,致被别省拿获,究出实情,惟疏漏之各该督抚是问。将此遇各督抚奏事之便,通行传谕知之。"(《清高宗实录》卷946)

(乾隆三十九年七月)乙卯,谕曰:"陈辉祖奏'湖北臬司杨仲兴于案牍不能细心推鞫,动多粗率,请与湖南按察使农起对调'一折,所奏非是。陈辉祖既称杨仲兴勘鞫案情,于分肌擘理之处未中肯綮,即不能胜臬司之任。乃又称其人尚明爽,酌调湖南犹堪胜任,殊非情理。湖北、湖南虽省分略有繁简,而臬司为刑名之总汇则同,既不宜于此,又安能复宜于彼?岂湖北则惧其贻误,而湖南竟可置之不顾耶?杨仲兴原非朕所素知之人,上年冬以俸满来京引见,观其人似直爽,且任道员年久,是以用为按察使。陈辉祖如果见其不堪司臬,即当据实直陈,朕必奖其公正。乃奏折抑扬并用，既攻其短，又不肯直斥其非，必因杨仲兴诸事不能相合，故欲改移隔省，又以其为朕所特简，因而曲事调停。封疆大臣办事，不应若此，陈辉祖着交部议处。至杨仲兴，因案经指驳，心辄生疑，遇有公事，阻令属员不向陈辉祖关白，竟欲掣抚臣之肘，即不能令其仍任臬司，杨仲兴着调取来京引见，再降谕旨。湖北按察使员缺着农起调补，其湖南按察使员缺着郑大进补授。藩臬两司固朕所简用，而督抚尤朕所倚畀以察吏者，察吏当自藩臬始，是以朕于藩臬两司，凡经督抚奏其不能胜任，或改调，或另用，无不即时降旨准行。即如今春裴宗锡奏，臬司瑭琦性情偏拗，朕知其才不及杨魁远甚，而又自不服愚，故不能与之和衷，因将瑭琦调取来京，引见后观其果属年老不及，另以京堂补用。是督抚之与藩臬，又何所顾忌，而必为之委曲迁就耶？然此等习见，非公明老练之督抚，每不能免。陈辉祖之于杨仲兴，特其显然者，即前此裴宗锡面奏瑭琦，其词亦若茹若吐，经朕察其底里，始肯尽言，恐外省风气大半如此，不可不知改也。将此通谕知之。”（《清高宗实录》卷962）

（乾隆四十年正月辛亥）谕：“湖广提督李国柱陛见来京，于十二月二十四日召见略询地方情形。因谕汝尚未至老迈，可仍回任。语未毕，彼即奏请于新正初二日请训，仍告假扫墓。以其言不近理，顾而哂之，即令其出，俾其自知省悟。乃伊竟于昨早具折告假而去，可谓不知礼之甚者矣。外省提镇来京，每有召对时，经朕谕令回任，或有再三恳请多留数日者，虽未必尽出于中诚，然在臣子奉上之义，自应如此。今李国柱既请陛见入都，乃甫一召见辄思回任，且正值新年，凡朝觐至者均集于此，而该提督遽以回籍扫墓为请，太觉不识轻重。朕宵旰励精，办理庶务，从不稍羁时刻，或遇军报要件，即除夕元旦，何日不召见军机大臣，降旨筹办？并不因令节，少嫌烦碎。至臣下乞假私情且系拜扫之事，岂新岁所宜言？李国柱不过因在京多住一日，恐略添用度，遂尔急欲告假，冀图省费，竟置大体于不顾，所见实属猥琐。况伊在提督任，亦非出色之员，即如楚兵在川省军营者，前据富德奏称衣履不全，皆由楚省解送迟延所致。虽非李国柱专责，既为提督，则通省之兵何一非伊所辖，亦应向陈辉祖豫为商酌，以供接济，乃竟视同膜外。且此事朕尚未问及，彼乃急遽请回若此，尤属不合。李国柱着交部严加议处。”（《清高宗实录》卷974）

（乾隆四十年九月）辛亥，谕军机大臣等：“据陈辉祖奏‘审拟参革郧阳府知府王采珍承审典史蔡安弦刀戮衙皂杨魁身死一案，于关要情节均亲自动笔，改作杨魁自戕，辄将全案供状移易，以致是非倒置，请将王采珍发往军台效力赎罪’等语，王采珍以知府大员，辄敢于承审属员戮毙人命重案，亲笔改换供招，捏叙仵作辩论，种种添设删抹，希图朦混结案，情节实为可恶。着将王采珍拿交刑部治罪，并传谕陈辉祖派委妥员，小心管解来京，沿途倘有疏虞，或致王采珍有畏罪自戕等事，惟陈辉祖是问。”（《清高宗实录》卷990）

（乾隆四十一年正月）戊寅，停年终汇奏幕友例。谕：“前因御史胡翘元条奏各衙门延请幕友，恐日久弊滋，定以五年更换，并不准延请本省之人及邻省五百里以内者。彼时觉所言似尚有理，是以谕令各督抚通行查明，于年终汇奏造报，以备稽考。迄今已阅数年，各该省届期奏报，并未实在查出违例延请及逾期不行更换之人，可见汇奏一节，不过沿袭具文，仍属有名无实。各省幕友，在署帮办事件，原不当令其出外交游结纳，致滋弊端，惟在督抚等董饬所属大小各员，关防严密，随处留心，自不虞其顾私谊而挠公事。若徒定以隔省，限以五年，而不能实力防闲，亦未必即为正本清源之法。且如劣幕徐掌丝、叶木果二案，皆系浙人，而一在楚省，一在滇省，相隔不为不远，仍不免于作奸犯科，可见杜弊不系乎限地。至幕友如果不使交通声气，虽年深亦不至于请托舞文，设或不能远迹避嫌，即年浅亦难保无徇私曲法。且有驯谨之幕，相随日久，尚可资其佽助，若因已满年期，另易生手，诸事未能即谙，而新延之人，亦未必悉皆可信，是防微亦不在乎限年。嗣后着各该督抚实力整饬稽查，如有恶幕招摇生事及劣员徇纵滥交者，即行严参究治，若督抚袒庇属员，姑容消弭，或经科道参奏，或别经发觉，惟该督抚是问。所有各省年终汇奏幕友之例，着停止。仍将此通谕知之。”（《清高宗实录》卷 1000）

（乾隆四十一年四月丙辰）谕军机大臣等：“陈辉祖奏‘缉拿万安县巡检丁楚江’一案，据称‘丁楚江原住麻城县北城内，先年尽变已产，捐纳吏目，分发江西，嗣丁忧服阕，又借变伊弟丁楚沣产业作费，赴任得缺。复将伊妻子及丁楚沣夫妇接往任所，其在家之弟兄亲族，数年未通音问，实不知在逃情事’等语。丁楚江始则变产捐官，嗣又借变弟产作费赴补，其人本非恬淡可知，岂肯无故弃官，托言高尚？若云病迷潜出，则又留禀缴印，明言削发为僧，其中必有情虚畏罪之事，恐该县揭参，故尔潜逸不返，亦未可知。海成自应从此详悉访究，得其底里。至丁楚江曾任职官，且有弓兵练达随行，即或匿迹缁流，较之寻常逸犯，尚易于物色。今楚省本籍既查无踪迹，其人似未必远扬，不过在江西境内，潜匿山僻庵寺，而地方官不肯实力稽查，遂至久缉未获，实属不成事体。着海成即派委妥干员弁严行缉拿，毋任稽延漏网。将此由五百里传谕海成实力妥办，即速复奏。再丁楚江虽本籍本家查无下落，或在附近山林幽僻之所潜往藏匿，不可不一例访缉，着陈辉祖饬属严密侦捕，毋得视为具文。将此并谕陈辉祖知之。”（《清高宗实录》卷 1006）

（乾隆四十一年十一月辛巳）谕：“据陈辉祖参奏‘前任建始县知县吴森，于利川县民刘明先被窃拒捕、戳伤身死一案，将无辜之马老三滥刑逼供，若非提省委员彻底细鞫，几成冤狱，请旨革去职衔’等语。吴森承审窃盗杀人重案，不能虚公研鞫，审出捕役私拷教供等情，乃偏执刑求，几令无辜被陷，仅拟革去职衔，不足蔽辜。吴森着革去职衔，交部另行按律改拟。此案着该抚严饬审缉正凶，定拟具奏。”（《清高宗实录》卷 1020）

（乾隆四十二年四月丁酉）谕军机大臣等："前因彭理来京陛见时，看其年力已衰，不胜臬司之任，加恩降旨以京堂补用，自应在京静候。乃伊于该旗佐领处具呈，请将伊原典买价银四千四百余两之房产，缴抵分赔代赔银二万六千余两，并称此外别无房产，实系尽绝，并无丝毫隐匿。余俟补官日将俸银扣缴等情，所呈实属取巧。旗员追赔官项，自应遵照例限按期完纳，如果家产尽绝，力不能完，方准其由佐领族长取具结状，呈明都统查办。岂有分毫未经交纳，辄请将房屋缴抵之理？彭理久经外任，家产何以仅止此数？况闻彭理此次来京，不过随身行李，跟役亦止二三人，如此行径，尤非情理。是必伊于进京之先，豫为安置停妥，是以一闻留京，遂亟亟呈缴家产。向来汉军习气，多于外任私置产业，以为日后安享地步。彭理久任湖广、云南，岂不防虑及此？所有伊历官处所隐匿寄顿，或于直隶近京地方私置产业，谅所不免。着传谕周元理、李侍尧、裴宗锡、陈辉祖、敦福于彭理历任各属及近京州县，密访严查有无隐匿寄顿财产物件之处，逐一详查，据实复奏，毋稍徇纵，亦不得声张滋扰。"（《清高宗实录》卷1030）

（乾隆四十二年五月乙丑）又谕："昨召见长芦盐政西宁，据奏'运使秦鏷才识迂滞，且自称催科政拙'等语，其言迂谬无理，所谓抚字催科者，专指力田民庶而言。至商人领运盐引，已擅牢盆之利，所有应完纲课，理宜按限催交，无可复以虚词推诿。乃以富商比之穷民，谓为催科政拙，则有司粮赋，又当何如？秦鏷系科目出身，岂白居易新乐府盐商妇之篇亦从未寓目耶？秦鏷前在归州知州任内，因盗犯张洪顺一案尚能持正，是以特加超擢。及用为臬司，来京请训，见其人甚糊涂，已恐其不能称职。而在任又有失察余犯自缢之案，经部议降调，犹念其人尚谨饬，运使事务稍简，是以令其补授。今识见庸陋若此，竟系徒好名而不达事理之人，并不胜运使之任。秦鏷着来京，以部属用。其长芦盐运使员缺，着锡拉布调补。"（《清高宗实录》卷1032）

（乾隆四十二年六月戊申）又谕："前据敦福奏称'彭理以监司大员于所属违例放债，且将衣物勒当多银'等情，已降旨将彭理革职，敦福交部严加议处矣。昨陈辉祖以伊兼署督篆，不能早为觉察，亦请交部议处。陈辉祖兼署督篆，且远在湖北，与巡抚敦福之近在本省者不同，毋庸交部议处。将此传谕陈辉祖知之。"（《清高宗实录》卷1034）

（乾隆四十二年九月甲子）又谕："据李侍尧奏'前任云南剑川州知州嵇承豫于乾隆三十三年办运滇省军粮案内，有运夫尹天喜误运米石，该州因运户逃亡，将应加脚价银四百五十三两扣留未发，代尹天喜买米补运。其果否买补，亦系粮书一面之词，此外有无克扣，尚须彻底严究。嵇承豫现任湖北归州知州，请革职解滇质讯'等语，嵇承豫着革职，解赴云南，交该抚秉公严审，归案分别定拟具奏。"（《清高宗实录》卷1040）

（乾隆四十二年九月甲子）又谕曰："……至另折参奏'湖北归州知州嵇承豫前任云南知州时，扣留运送军粮脚价，擅自买米补运一案，请将嵇承豫革职，解滇质审'，已降旨将嵇承豫革职，并谕令陈辉祖即委妥员押解该员，作速赴滇质讯矣。嵇承豫系尚书嵇璜之子，李侍尧不稍瞻徇，据实参奏，深得公正大臣之体，甚属可嘉。并将此谕令知之。"（《清高宗实录》卷1040）

（乾隆四十二年十一月甲子）兵部议奏："署漕运总督德保奏称'近年粮船每多失风之案，黄河、大江、闸河水大溜急，或易失事，内河并无险阻，即风暴尚可力为拯挽。乃失风案，内河更多，总由押运厅弁并不实力稽查所致，且难保无奸丁捏报失风，亏折霉变，买余抵补情事。查失风处分，运弁罚俸一年，押运厅员罚俸六个月。其一帮内失风船只多寡并无区别，致厅弁视为无关考成。请嗣后除在大江、黄河、洪湖、闸河内失风查无情弊者，仍照向例办理外，若江浙帮在镇江口以内，江西帮在鄱阳湖以内，河南、山东、湖广各帮均至临清闸以北，或一二只失风，亦照向例议处外，其失风至三只以上，运弁降一级调用，厅员罚俸一年。五只以上，运弁革职，厅员降一级留任，旗丁杖一百，枷号一个月。捏报者从重定拟……’，均应如所奏。”从之。（《清高宗实录》卷1044）

（乾隆四十二年十二月乙未）谕：“据寅著奏‘湖北驿盐道吴之黼系淮南总商吴惇大胞兄，其服亲世戚，在淮扬一带行盐者，不可悉数。此等商人运盐赴楚，该道均应管理稽查，将来办事恐多未便，请将吴之黼另行酌调’等语，所奏甚是。吴之黼本系商家，其亲族行盐者甚多，难以悉行辞退，而管理又复不便，自不若将吴之黼更调，较为妥协。所有湖北驿盐道员缺，着张廷化调补。所遗之缺，即着吴之黼调补。”（《清高宗实录》卷1046）

（乾隆四十三年闰六月己巳）又谕：“据三宝等会参‘互行禀揭之均州知州宋镜、守备李文宣、参将巴达马图’一折，已降旨将该员等一并革职，交该督等秉公严审究拟矣。此等互揭之案，惟当据事劾参，不可豫存成见，尤不宜稍有偏徇，致审结时不能核实持平。今据奏，李文宣揭称宋镜因查缴私铸小钱，勒诈银二千余两，并有孙正成等数人赴守备首报其事，各有证据，非李文宣所能捏造。乃三宝折内称‘宋镜即欲挪借营饷，自必私往营员衙门商恳，断无在众人属目之地，向有嫌隙之守备公然称贷之理，恐非实情’等语，显系偏向宋镜，豫为开脱地步，殊属非是。外省督抚遇文武交涉之事，往往偏袒文员，最为恶习，三宝何亦蹈此辙耶？但此案不值专派钦差前往查办，着传谕三宝等将所揭各情节秉公严讯，彻底根究，务得确情，按律定拟具奏，毋得稍涉瞻徇，及颟顸了事，致干咎戾……”（《清高宗实录》卷1060）

（乾隆四十三年七月）甲寅，谕军机大臣等：“据陈辉祖参奏‘疏纵失囚捏饰详报一案，请将署谷城县邱德孚革职，钟祥县知县彭悦桂交部严加议处，典史韩盘革职拿问等因’一折，已着分别革审矣。王长系行窃掷伤事主，问拟斩候，秋审情实重犯，乃解役乔清辄敢开放锁铐，雇给驴骑，致令杳无踪迹，且始则云一同失足落水，差役得救，犯则沉溺无获，继复云王长乘间下驴跳河，仅系乔清一人随行，未经蹑获等语，前后支离矛盾，甚属可疑。况据该府查其地系洄流环抱，并非漩涡急溜，尸身不应漂没无踪。核此各种情节，悉属装点，显系乔清将王长贿纵脱逃，不可不彻底根究。现在各犯已经解省，着传谕三宝、陈耀祖即提乔清，严切审讯，务得贿纵实情，按律究拟，并选派妥干员弁，躧访王长踪迹，严缉务获，审明正法，毋使远扬漏网。设或该犯果系溺毙，亦当捞获尸身，识认明确，不得仅以疑词完案。”（《清高宗实录》卷1063）

（乾隆四十三年十月）己卯，谕：“据三宝等奏‘审拟谷城县知县邱德孚于起解斩犯王长时佥差不慎，致解役疏纵脱逃，捏称落水’一折，已批交该部议奏矣。州县解审重犯，理应佥派妥役，饬令小心管押。乃邱德孚漫不经心，听凭解役出钱雇替，以致中途纵放重囚，非寻常佥差不慎可比。其点派兵丁致令雇替之千总詹如侯亦然，仅予革职，不足蔽辜，着该部将邱德孚、詹如侯另行拟罪具奏，并着为例。”寻议：“嗣后押解重犯，遇有解役违例雇替，纵囚脱逃者，将佥差不慎之州县，照管狱官纵脱重犯例，减一等，杖七十，徒一年半，所有革职署谷城县知县邱德孚、千总詹如侯，请即照此例办理。”从之。（《清高宗实录》卷1069）

（乾隆四十三年十月己卯）谕军机大臣等：“据三宝等奏‘审拟谷城县知县邱德孚于起解斩犯王长时佥差不慎，致解役疏纵脱逃，捏称落水’一折，已另降谕旨，交该部等另行拟罪矣。折内称，有兵役率禀崩�落水之语。崩�二字，殊属不经。即系该处土语，自应按其语意，改作习见字面，叙入折内。岂宜率以此等俚俗难解之语混行入告？三宝、陈辉祖皆久任封疆，不应漫无检点若此，俱着传旨申饬。至要犯王长即应上

紧严缉务获，勿致漏网，不得仅以具文塞责。并着三宝等迅速派委妥干员弁，设法蹤缉，严拿务获，审明正法，毋使远扬，久稽显戮。”（《清高宗实录》卷1069）

（乾隆四十四年二月丁巳）又谕：“据三宝等奏‘拿获偷捞官铜之匪徒，审拟具奏’一折，已批交三法司核拟速奏矣。据称‘云南押运铜斤，委员张大本在武昌县属大江遭风，打至对岸白露矶，沉铜九万余斤，一面移县雇人打捞，因距城窎远，协同护送武员会拨兵役保甲看守，夜间被匪船先后踵至，偷捞铜斤，旋经兵役鸣锣放枪，贼匪竟声喊抗拒，捞铜而去，因雨夜莫追’等语，殊不成事。既有护送武员会拨兵役保甲看守，何至贼匪踵至偷捞？事前既不能严防，临时又不能擒捕，转以雨夜为词，其护送武员之无能，及兵役保甲等之有名无实，已可概见，自当各予严惩。乃该督等仅将现获各犯拟罪，而于护送武员及兵役保甲等均未议及，殊属非是。着传谕三宝等，即将护送武员查明参奏。其兵役保甲，并查明责革示儆。其未获各犯，并严饬该地方官，速行蹤缉务获，定拟具奏，毋任一名漏网。”（《清高宗实录》卷1076）

（乾隆四十四年三月庚子）又谕：“据三宝等奏‘兴国州候选训导冯王孙呈所著《五经》《简咏》二本，语多狂悖，并有不避庙讳之处。现在提同应质犯证，严审究拟，俟将刷印各本搜查净尽，同起出板片一并解京’等语，朕初阅时，尚以为不过如李湖前奏陶汝鼐、黎元宽诗集一例。及加细阅，则冯王孙现系捐贡候选训导，且曾在国子监肄业，久为学校教育之人，理应知法守分。今阅签出诗内各句，悖妄狂诞，不可枚举，且有复明削清之语，并于庙讳全然不避，悖逆显然，实属可恶。应即严讯该犯，录取确供，照大逆凌迟缘坐例，迅速问拟具奏，以正人心而伸法纪。并将所有刷印各本尽行查缴，毋使片纸存留。并查此外不法诗文，一并解京销毁，勿以具文了事。计此时三宝应已遵旨驰驿赴闽，图思德尚未到任，此案即交郑大进速行妥办具奏。此旨着由五百里传谕知之。”

(《清高宗实录》卷1079)

(乾隆四十四年十月)戊辰，吏部议复："湖北巡抚郑大进奏，失入斩绞，据详率转之郧阳府知府邢玓、署臬司吴之黼，均应照例降三级调用。"得旨："邢玓系本管知府，前据该县详报，即行转详，致将军流等罪，错拟斩绞。罪在失入，非寻常率转可比，邢屿着照部议，降三级调用。至吴之黼系道员署理臬篆，尚属统辖之官，着该督等出具考语，送部引见，候朕再降谕旨。"(《清高宗实录》卷1093)

(乾隆四十五年八月)甲寅，谕曰："富勒浑等奏'滇省运铜知州李治管运铜船十二只，在东湖县地方，经巡防兵弁于船内起获私盐八百十七包，讯系船头蔡大玉所买，其为贩私无疑，当批饬严讯。运员李治前既漫无觉察，及经盘获，始称移县查办，殊属巧诈，显有知情故纵情弊，请将李治革职严审'等语。贩运私盐，例有明条，且以运铜官船，装载贩私，尤干例禁，此风断不可长。况贩运至三万余斤之多，自非一时所能私买，何至运员毫无觉察，及湖北弁役等盘获后，始行移县查办？其为知情故纵，分肥入己，情弊显然，尤不可不彻底审究。李治着革职拿问，交该督等提集案内有名人犯，一并严审定拟，毋使稍有支饰……"寻议："……如有前项夹带情弊，别经发觉，除将运员船户参究外，其管理盐务及地方文武各官，照失察漕船夹带之例分别议处。"从之。(《清高宗实录》卷1112)

(乾隆四十五年十月己巳)谕："据舒常等奏'滇省解京官犯汪圻委员徐勉，称病落后，汪圻行至荆州地方，不由陆路正站行走，因与汉口较近，即托病违例船行，探视家属，实为猥鄙不堪，请交部严行查办'等语，汪圻曾任臬司大员，非不谙定例者，乃知法犯法，不由陆路正站遄行，竟敢雇船由水路前赴汉口，探视家属，殊属胆大可恶。汪圻因馈送李侍尧银两，其罪固所应得，但此案究系李侍尧婪索营私所致，即如孙士毅已加恩用为编修，汪圻若安静到京，朕本欲宽其一线，加恩末减。乃竟毫无忌惮，任意妄行若此，则是伊自取重戾，不能稍为曲贷矣。汪圻着沿途督抚截拿，锁解刑部，严审治罪，解员徐勉仍遵前旨，一并解京审办。”（《清高宗实录》卷1117）

（乾隆四十六年二月丙辰）又谕曰：“阿桂等奏‘原任嘉兴府知府陈虞盛声名不好，上年与王燧同在差局总理通同浮冒，查该员在任时，于省城购买民居，盖造房屋八十余间，又于嘉兴地方置有田房产业。伊身故后，其眷属现住嘉兴，并未回籍，现在将伊产业资财查封入官，并行文该员湖北原籍，一体查办’等语。陈虞盛在差局办理沿途水营，昨南巡时，于入浙首站，见其过于糜费，曾传旨申饬三宝等。彼时三宝等尚奏称‘伊为要好起见，皆自捐养廉’等语。兹据阿桂等所奏，可见陈虞盛与王燧竟以办差为名，通同浮冒侵蚀为自私自利之计。三宝、王亶望何以从前并未奏及？除三宝已就近令军机大臣传旨询问外，阿桂等传谕王亶望，问其何以不行参奏，其如何登答之处，即行据实复奏。”（《清高宗实录》卷1124）

（乾隆四十六年十一月）丙寅，谕：“据舒常等奏‘甘肃冒赈案内革职靖远县知县麦桓由粤解甘，行至湖北黄陂县境病故’等语，麦桓系解甘审办要犯，中途身死，保无畏罪服毒自尽情弊，不可不严行查究。着刑部堂官派委能事司员一员，带领熟谙仵作，驰驿前往，详细检验，毋得草率了事。”（《清高宗实录》卷1145）

（乾隆四十六年十一月丙寅）谕军机大臣等：“据舒常等奏‘甘省折收监粮冒赈案内原任靖远县知麦桓由粤解甘审办，行至湖北黄陂县地方病故’一折，麦桓在甘肃州县任内办灾冒赈，且胆敢向王亶望夤缘关说，指缺求官，公行贿赂，其情罪实为重大。伊知到甘审办，其款迹尽行败露，将来定案时，罪在不赦，或有中途服毒，畏罪自戕之事，该省解员及经过地方各州县官官相护，为之捏饰禀报，均未可定。现令刑部堂官派委能干司员一员，带同仵作，驰驿前往检验。着传谕舒常等，俟刑部司员到境时，即交令悉心开棺验看，如尸身变烂，即蒸检亦无不可。将此由五百里谕令知之。并传谕李侍尧，将该犯侵冒银数多寡罪名比较前经定案各犯应拟何律之处，即行逐一详晰查明，据实速行复奏。”（《清高宗实录》卷1145）

（乾隆四十八年十月丁丑）吏部议处：“湖北按察使汪新于贿嘱顶凶重案，不能究出实情，率行审转，应降三级调用，巡抚姚成烈无级可降，应革任。”得旨：“姚成烈着从宽免其革任，仍注册。至臬司为通省刑名总汇，凡有招详罪名案件，自应悉心确核，无稍枉纵，即巡抚见有未到之处，尚当秉公持正，再三商论，务期允协，方为无忝司谳之责。乃汪新于胡光璘贿嘱顶凶一案，不能严究实情，率行审转，以致罪名出入。臬司专司刑名，其处分自较巡抚为重，若不实予降调，将来各省臬司何以示儆？所有此案率转之前任湖北按察使汪新，即照部议，降三级调用。”（《清高宗实录》卷1191）

（乾隆四十八年十一月壬子）又谕：“据孙士毅奏‘查审举人岑照科场舞弊一案，系串同永安州知州叶道和家人曾兴照应，向随同叶道和在闱之幕友湖北举人曹文藻代倩传递，请将叶道和革职，曹文藻革去举人，严审究办’等语，科场舞弊，久经严切申禁，功令森严，乃该犯等公然贿嘱，肆行无忌。叶道和以现任职官，敢于串通舞弊，保无贿嘱等情，实属怪事，不可不彻底严办审究，以示惩儆。此案非外省所能完结，叶道和着革职，曹文藻着革去举人，并案内应讯犯证，均着该抚等一并派委妥员，迅速拿解来京，交大学士会同该部严审定拟具奏。”（《清高宗实录》卷1193）

（乾隆四十八年十一月壬子）谕军机大臣等：“据孙士毅奏‘查审岑

照科场舞弊一案，系永安州知州叶道和之幕友、家人串通贿嘱，代倩传递，一面将叶道和摘印严审，一面飞咨湖北抚臣，密拿举人曹文藻迅解来粤，彻底严办’等语，已明降谕旨矣。当此功令森严之际，该犯等敢于如此公行无忌，串通舞弊，情节甚属可恶。此案非外省所能完结，着传谕姚成烈，即将举人曹文藻拿解来京审讯，毋庸解往广西，如已起解，亦即追回转解。其案内要犯岑照、叶道和、曾兴并应行质讯犯证，着孙士毅即派委妥员，迅速解京，交大学士会同刑部彻底审办，沿途严密防范，毋致有疏虞自戕等事。至孙士毅，系乡试监临，虽有失察之咎，但审办此案能究出实情，尚属认真，将来定案时，其处分自邀宽典也。将此由五百里各谕令知之。”（《清高宗实录》卷1193）

（乾隆四十九年闰三月）己巳，谕军机大臣等：“据李世杰参奏‘前署酉阳州知州窦绢等于邢持试等争界之案并不速为勘断，及邢持试等聚众焚烧房屋，又不亲往验报，请旨一并革职，提解来省，委员严讯’一折，总不成话，已于折内详悉严切批饬矣。川省匪徒滋扰，经前此大加惩创之后，地方稍得安静。甫隔年余，复有此等焚杀抢劫之案，自系李世杰抵任后，并不照前实力整饬，观望不报。及案情重大，湖北等省前后奏报，特成额、姚成烈等俱经驰往查拿。李世杰岂不应亲身前往，会同督缉，乃仅以查参属员塞责耶？此岂参处属员所可了事者？况纠众焚杀首伙重犯俱籍隶川省，捏混朦蔽吴受申等又系川省之官，李世杰岂得诿为不知，尚以为事在湖北，欲将各犯解归湖北审办乎？其折内所称‘糊涂’二字，实莫甚于李世杰。伊平素既已因循玩愒，酿成事端，又复意存推诿，玩视重案，并不认真督办，是诚何心？李世杰由佐杂微员经朕加恩特擢，用至总督，所办一切地方事务即大不如前，器小易盈，真所谓福薄灾生，不能承受恩眷者矣。着再传旨严行申饬，仍着明白回奏。将此由五百里传谕知之。”（《清高宗实录》卷1202）

（乾隆四十九年闰三月）庚午，谕曰：“特成额参奏‘署酉阳州知州窦绖于川匪邢持试等聚众焚抢一案并未亲勘，仅委州判李世龙前往，见有烧毁形迹，辄信为楚民放火属实。窦組即捏称已经会营查勘，备文移交本任知州吴受申率行转报，均属捏混，请将署酉阳州知州窦組、州判李世龙一并革职审究’等语。窦組、李世龙俱着革职，交该督等严审定拟具奏，该部知道。”（《清高宗实录》卷1202）

（乾隆四十九年十一月丙子）又谕：“据富勒浑奏‘德克进布承办海塘桩木，于木商许送加一银两之外，又复每万两勒扣银五百五十两，其为婪扣，已无疑义。但案犯抵浙尚须时日，请先赴京入宴，其德克进布到案，交福崧先审，俟与宴后，飞即回浙会同审办’等语，此案初据福崧奏到，朕恐该抚或不免意存嫌隙，是以特令富勒浑于顺道过浙之便，会同秉公审办。今据富勒浑奏，德克进布于木商许送一成之外，又复每万两勒扣银五百五十两，是该员从中短发侵扣，情弊已属显然。本日据陆耀奏，于十一月十七日将德克进布即行解浙收审，但湖南距浙遥远，到案尚须时日。富勒浑自当即行来京，豫备入宴，如此案人犯迅解到浙，即交福崧严行速办，如案犯不能到齐，尚须彻底清查，即俟该督回浙，会同审办定拟具奏，亦无不可。至德克进布身为满洲道员，辄敢恣意婪索，实堪骇异。其由浙赴楚之家属，据陆耀奏，已派员迎截查抄，并着该抚严密办理具奏，毋任丝毫隐匿寄顿。将此由五百里各传谕知之。”（《清高宗实录》卷1219）

（乾隆四十九年十二月壬午）谕军机大臣等：“据李绶参奏‘署襄阳府同知刘具斌，因阎太保等伙窃牛驴衣被等物，窝住汪成焕家，该署同知将汪成焕差拘质讯，不认窝伙，用木棒责打左右脚踝，因伤身死，将刘具斌革审’一折，细核此案情节，汪成焕伙同阎太保、徐洪太等屡次行窃，窝留分赃，犯案后又坚供不认，经该署同知责打，始行供认。虽该犯因伤身死，而该署同知究因贼匪狡赖翻供，用刑拷打，与故勘平人者究属有间，将来定案时，亦不过交部议以降留，尚不至于革职。倘该署同知于此案另有故勘索诈枉滥情弊，自当严行查审。李绶原折着暂行存记，并传谕特成额查明据实奏到，再行交部核办。”（《清高宗实录》卷1220）

（乾隆五十年四月庚子）又谕：“吏部议处上年办理秋审失入一案之升任湖北巡抚姚成烈，失入一案之山东巡抚明兴、升任按察使冯晋祚，失入二案之升任江西巡抚李绶，失入三案之前任安徽按察使福宁，失入一案之广东巡抚孙士毅等各本，已降旨将姚成烈等从宽留任，其冯晋祚因不胜藩司之任，已照部议降调，交该部带领引见矣。秋审罪名出入，为民命所系，一经定案，死者不可复生，是以失入处分重于失出，该抚司等自应详细推究定谳，以期无枉无纵。乃姚成烈等于民命重案漫不经心，致多失入，即予以革职降调，亦所应得。昔宋仁宗于吏部选人，凡坐失入死者，终身不迁，是止不予升迁，而本朝则因人命至重，是以处分綦严，定例降革。但今各案失入处分应行降革之员，内而尚书、侍郎，外而巡抚、臬司，不一而足，皆系国家大员，若概予降革，一时人才难得，既不能遽有如许更换之人，且内外办事大员，亦未便因此悉易生手，是以从宽留任。该抚司等受朕简任深恩，于案情生死出入，办理错误，既得邀恩宽宥，扪心自问，亦当知愧。姚成烈、李绶、明兴、孙士毅俱令其自行议罚具奏，福宁并着自行议罚，由该抚代为转奏，俱解交浙省海塘公用，以稍赎其素餐。”（《清高宗实录》卷1229）

（乾隆五十年六月乙酉）又谕：“据李世杰奏‘参革大宁县知县魏履中，于拿获湖北纠众殴官首犯黎赞武，不即解楚审办，妄希优叙，擅自解省，业经革职，应毋庸议。虽该员尚有拿获湖北省另案首伙盗犯三名，亦未便以功抵过’等语，魏履中前于拿获黎赞武时，既经总督批饬解楚，乃并不遵奉，擅行解至省中，其急于见长，希图优叙，固有应得之咎。但该员又有另案拿获湖北首伙盗犯三名，是其于缉捕事宜认真办理，尚为知县中急公奋勉之员，其功亦足以抵过。除将拿获盗犯审拟一折，已

交行在法司核拟速奏施行外，魏履中着加恩仍留川省，以知县试用。其革职之案，带于新任。”(《清高宗实录》卷1232)

(乾隆五十年八月丙戌)谕：“据特成额奏‘湖北潜江、钟祥二县应修民堤，先行借项兴修，仍于有堤业户名下分别征还，共用过银七万八千五百余两，经部驳减银一万九千六百余两，请于承办各员名下勒限催追，俟缴齐时，发商营运生息，以备再有工程，动支给发’等语，工程动项兴修，自有勘估原册，及工竣报销，部中核减，亦必有一定章程。今湖北省借项兴修堤工，动用银七万八千五百余两，此必因当仍征于民之项，地方官任意浮冒多估，为营私之地也。设如部中核减不过数千两，尚在情理之内，乃竟驳减至一万九千六百余两之多，则是七分之二矣。设遇数十万两之工程，竟将核减至十余万两，有是理乎？此在部中，非书吏婪索不遂，借端苛驳，即系司员希图渔利分肥，与书吏串同一气，甚或该堂官等亦思染指，有意苛求，均未可定矣。即使无此等情事，而驳减如此之多，若该省皆实工实料，该督抚等当据实直奏部驳之苛求，朕亦自有办理之法。今竟受之，是承办工程各员必有浮冒侵蚀之弊，不然何甘受核减、屈意认赔之理？且向来工部遇有此等浮冒，如海塘及韩庄岁修闸坝等工，皆系专折奏明，查办有案。此案以七万余两工程，竟至驳减七分之二，何不奏闻请旨饬查，仅照例题本完结？此事着交留京王大臣传集工部堂司各官，拘提书吏，并吊齐报销册籍驳减例案，秉公查询有无前项情弊，据实具奏，该督抚亦着明白回奏。其特成额所奏核减银一万九千余两，追完时发商营运，以备再有工程动支之处，着照所请行。”(《清高宗实录》卷1236)

(乾隆五十年八月丙戌)谕军机大臣曰：“特成额奏‘湖北省钟祥、潜江二县堤工溃决，借官项兴修，仍于有堤业户名下分年立限征收完项，共用银七万八千五百四十四两零。经部议驳，一万九千六百三十六两零于承办各员名下追缴，但未便查照民捐原数分晰扣除，按数给还。所有核减银两，请俟缴齐之时，发商营运，遇有大工，再行支给’等语，民间堤垸原以保护田庐，今以应追之公项备待给之工需，于经理堤塍自有裨益，即照该督所请办理。但此项堤工用银七万八千五百余两，报销时核减一万九千六百余两，核计驳减银数竟至七分之二。该省承办各员亦即遵照追缴，其中必有浮冒侵蚀情弊，是以核减虽多，只可隐忍不言，追缴归项。若果修堤银数均系实用，而部中胥吏或因需索不遂以致苛驳，该督亦应据实奏闻请旨，朕无难彻底查明，从公剖办。乃该督于部驳后随即转行遵照，不置一词，设令部中竟将报销银七万八千余两驳至七分之五，该督又将若何办理耶？或原估实有浮冒，或系部中司官胥吏需索不遂，故为苛减之处，二者必居其一。着传谕特成额，令其据实明白回奏，毋任回护瞻徇。”（《清高宗实录》卷1236）

（乾隆五十一年三月）甲寅，谕军机大臣等：“据特成额奏‘浙省赴川买米，委员杭州府司狱徐道所押第四号船只载米一千一百三十余石，于巴东县地方遇风碰破船身，仅抢获湿米一百三十石’等语，米船经过险滩，猝遇暴风，沉溺米石，虽非有心，究由于该委员管押不慎。而且沉失米石为数较多，殊觉可惜，着传谕福崧将该司狱徐道所停升三年，以示惩儆。”（《清高宗实录》卷1250）

（乾隆五十一年五月丙辰）又谕：“前据孙士毅奏富勒浑家人殷士俊等有招摇婪索之事，降旨将富勒浑解任，令舒常会同孙士毅秉公审究，并谕四德、长麟将殷士俊苏州原籍家产严密查抄，兹据四德等奏‘前赴该犯住居常熟地方，于住房内查出现存并借出银钱共二万余两，田六百三十余亩，房屋三所，并起出殷士俊之子殷孝基捐监部照一张’等语。殷士俊以微贱长随拥资数万，且父子蒙混捐纳，滥膺顶带，计其一切资财，俱系跟随富勒浑为长随后所得。富勒浑若果无知情故纵、听其乞恩浸润之事，则其伎俩止于如部中书办，诈骗招摇，地方官吏见其久而不灵，断不肯多给银钱，岂能积资累万？盖各部书役遇有案件，往往设计撞骗，然所得者无多，亦断不能颠倒是非，作奸骫法，计其家私积至千百者，容或有之，断无积累巨万之事。且朕日理万几，常在朕前使令之总管太监、奏事太监辈，如伊等欲婪索银钱，必须积压外省文报奏折，或于朕前揣探意旨，假作威福，方能婪得厚资。今之总管奏事太监等，不过借每月钱粮养家糊口。其家资之至多者，或不过千金，从无与中外官吏结交招摇之事。朕为天下主，尚不肯假手近侍，任拥厚资。乃殷士俊不过跟随总督之长随，积资竟如许之多，必系平日属员中有托其营求升调，富勒浑曲意听从，或勒索不遂，富勒浑即不假辞色。该犯有所恃而不恐，始敢恣意勒索，而属员中因其夤缘有效，触忤蒙愆，相率送给银钱，是以数年以来，乃至拥资累万。父子俱捐纳顶带官职，且该犯于富勒浑在藩司任内始行跟随，及为工部尚书，伊即辞去。至四十五年，富勒浑复为湖广总督，伊又跟随前往，反复狡狯，昧尽天良。富勒浑何所取而受其愚弄，一心委托耶？核其情罪，较之从前安宁家人李忠更属可恶，若谓富勒浑于该犯如此婪索，竟同木偶，若罔闻知，夫谁信之，此即童稚尚不可欺，安能逃朕之洞鉴乎？即此一节，富勒浑之罪已不可逭，富勒浑着革职，若此时孙士毅已另行审出别项情节，即发交阿桂等办理。孙士毅接奉此旨，即派委妥干道府大员，将富勒浑解往浙江，交与阿桂等秉公质讯审办。至富勒浑到粤未久，殷士俊所得银钱必系在闽浙地方勒索者居多，着阿桂等就近彻底查究，据实定拟具奏，毋得少有徇隐……”（《清高宗实录》卷1254）

乾隆五十一年丙午五月己未，谕：“都察院奏‘据湖北江陵县民蒋鲁玉等控告县书苏秉六等克扣赈项，舞弊侵吞’一折。上年湖北被旱成灾，叠经降旨，粜赈兼施，并饬该督抚董率各属实力稽查，妥协办理，俾灾黎均沾实惠。今据该县民蒋鲁玉等所控各款，如果属实，则是朕轸念灾氓，不惜数百万帑金，俱为蠹吏奸胥中饱，殊出情理之外。该地方官所司何事？此案关系甚大，着派李侍尧、勒保驰驿前往，彻底查办，严审定拟具奏。所有随带司员，着一并驰驿。其原告蒋鲁玉等，交该部照例解往。昨经降旨，令特成额来京陛见。湖广总督印务，着调任广东巡抚图萨布留彼暂行署理。湖北巡抚已将李封补授，李封奉到谕旨，着即赴新任。特成额接奉前旨，自已起程，图萨布着俟李侍尧到彼，将总督印务交李侍尧暂行署理，即行起程，前赴广东新任。李侍尧俟特成额陛见回任，再行来京复命。”（《清高宗实录》卷1255）

（乾隆五十一年七月壬子）又谕曰：“李侍尧等奏‘审拟江陵县民蒋鲁玉等控告该县及书吏侵蚀赈银一案，讯系江陵县书吏苏秉六等虽无吞赈侵谷情弊，而于复查户口，勒索保正银六十余两，五人分用。知县孔毓檀于灾赈银两尚无侵蚀，但于领到银谷，先放附近各垸其较远处所，直至本年正月始行放给，以致灾民情急呈控。请将孔毓檀革职，从重发往军台，效力赎罪，书吏苏秉六等从重改发乌噜木齐为奴’等语。朕细阅此案情节，该县于灾赈银两不能按户发给，以致灾黎情急控告。该县如果实有侵蚀入己情弊，自应从严治罪，即立置重典，亦不为枉。今孔毓檀领到赈银，不按初赈、二赈之例，使远近同时均沾实惠。其咎止于办理不善，与侵蚀入己者有间，予以革职，已足蔽辜。其发往军台效力之处，着加恩宽免。至书吏如另有欺压百姓，借端吓诈，赃款数多，自应即行正法。今苏秉六等于跟随本官承办赈务，勒索保正银两，每人分得十余两。其呈报户口尚无增减情弊，即照李侍尧等所拟完结，亦足示儆。余着该部议奏。”（《清高宗实录》卷1258）

（乾隆五十一年闰七月壬辰）又谕：“据李侍尧等参奏‘怠玩废弛之利川县知县陈象渭请旨革职’一折，内称‘该县民人李谷池妻周氏自缢身死一案，系四十九年报县，验讯通详。其致缢情由，迄今两载未据审详’等语。特成额在湖广总督任内，于地方命案事件自应饬令速行审结，乃此案系四十九年详报，该督并未催查，一任该县迟延不结，不行参奏，其于公事废弛，已可概见。现在调云贵总督，地方事务较繁，尤宜加意整顿，事事认真，若复仍前怠忽，则是自取愆尤，殊负朕委任封圻之意。

并将李谷池一案从前何以不行参奏之处，据实复奏。”（《清高宗实录》卷1261）

（乾隆五十一年八月壬寅）谕军机大臣等：“据李侍尧等参奏汉阳县知县胡金门，宋维翰于县民刘相臣搭伤余方得身死，续经翻供，验明余方得实系自缢，并不即时审结，犯证久禁拖累……此二案俱系特成额任内之事。特成额在任有年，于属员承审案件，任其阘冗玩延，并不即时参奏，以致案犯羁系拖累……可见特成额在任，并不实力整饬，一味玩延，遂致文武废弛。朕若早知其如此，断不将伊调云贵边疆要地矣。着将李侍尧折钞寄特成额阅看，令其将因何如此诸事废弛之处明白回奏，并着自行议罪。”（《清高宗实录》卷1262）

（乾隆五十一年八月丙辰）谕：“据李侍尧参奏‘施南协守备陈兴龙自京引见回楚，捏报到任日期，借称护送特成额家眷，辄行赴滇，请旨革职拿究’等语，向来督抚家眷赴省，自有家丁跟随，即千把外委微弁，亦不应私行派令护送。守备职任较大，有经管兵马钱粮之责，陈兴龙引见回楚，自应依限到营任事，乃将部文凭限票，托都司详缴，捏报到任日期，转以护送前督家眷为词，私自赴滇，自应革职审究。其是否特成额派令该弁护送家眷赴滇，抑系私自随行之处，着该督严切究讯，务得确情，定拟具奏。”（《清高宗实录》卷1263）

（乾隆五十一年八月丙辰）谕军机大臣等：“施南协守备陈兴龙自京回楚，李侍尧既未派委，其禀称奉派护送特成额家眷赴滇之语，自非无因。着传谕特成额，将曾否派令陈兴龙护送家眷赴滇，抑系该备私自随行之处，据实明白回奏，毋得稍存讳饰。”（《清高宗实录》卷1263）

（乾隆五十一年九月辛卯）谕军机大臣等：“据特成额奏‘准督臣李侍尧咨拿守备陈兴龙’一折，称‘本年七月，道过荆州，陈兴龙前来谒见，称赴施南本任，并未言及李侍尧委令护送臣之眷属，臣亦无令其护送之事’等语，前据李侍尧以守备陈兴龙自京引见回楚，捏报到任日期，借称护送特总督家眷赴滇，将陈兴龙参奏，当经降旨询问特成额曾否派令该备护送家眷，抑系该备私自随行之处，据实复奏。今特成额奏称，在荆州遇见陈兴龙，伊并未言及李侍尧委令护送之事，是何言乎？岂有李侍尧既差该备护送特成额家眷赴滇，又将该备参劾，并咨云贵截留之理？此非特成额幕友文理不通，即系特成额故作不知，以为诿卸地步。陈兴龙断无自欲护送家眷之理，着该督据实明白回奏，勿得讳饰。仍着李侍尧将陈兴龙所称护送特成额家眷一节，究系何人差委，抑系该备借词捏报之处，讯取亲供，据实复奏。”（《清高宗实录》卷1265）

（乾隆五十一年十月辛丑）谕：“据李侍尧等参奏‘前署孝感县知县秦朴任内有县民刘务孝、刘金立、乌老么等，因上年歉收乏食，各携器皿向本处村民及伊等族姓借贷粮食不遂，即将谷麦等物搬抢。旋有并未被抢之革生梅调元虑及被累，伊子梅应奇邀同杨维智及各村居民刘成烈等公立议单，派人防守，先捉获刘大么等四人，捆至僧寺拷问，逼令各报同伙姓名。即着多人，分途捉获张又咏等一十九人。梅调元父子起意，商同刘成烈等于本年三月初十日主使村民，将两次捉获之刘大么、张又咏等二十三人，活埋于查家山地内，并将刘金立等房屋烧毁。经巡检袁学澄禀报，该署县秦朴并不查拿，亦不通报，请旨革职严审’等语。此事大奇，殊出情理之外。上年湖北省被旱成灾，朕轸念灾黎，叠经降旨，蠲赈兼施。该督抚等于赈恤事宜，开销帑银至五百余万两。朕因该督等查办尚属认真，曾经降旨交部议叙。乃督抚以及布按不能实心督率各属妥协料理，俾灾氓均沾实惠，以致有贫民乏食抢夺米粮之事。其被抢居民理应呈报，官为办理。乃该处劣衿，竟敢纠众逞凶，活埋生命至二十三人之多，似此凶残不法，何事不可为？乃该署县秦朴经巡检禀报，既不严速查拿，并不通行详禀，有心讳匿。而该管道府及藩臬、督抚等亦俱置若罔闻，竟同聋瞶，是该省吏治阘冗，废弛已极。此事较之直隶大名逆匪纠众戕官一案更为骇异，大名匪犯滋事，即经该督据实奏报查拿，尚不敢扶同朦隐，至此事则竟通同讳匿，置重案于不问。且此外又有李谷祥等将堂兄李道亨等七命一并捆埋，而梅调元于埋毙多命之后，虑及官司查究，辄令刘金立捏造书写白布名单，内开七十五人，有同心竭力、誓同生死字样，并滴洒鸡血，诬死者以歃血订盟之据，其居心更属狡险。如此凶徒竟得漏网，地方大小官员所司何事？此而不严加惩创，督抚等无所儆畏，因循怠玩，其流弊伊于何底？将何以整官方而饬吏治耶？除湖北巡抚吴垣侥幸已经病故外，特成额在湖广总督任内，诸事废弛，屡经饬谕，令明白回奏，其咎尚轻，此事则更在情理之外，若再姑容，无所示警。况云贵系边疆重地，尤非湖广可比，特成额着革职拿问，交刑部治罪。永庆、王廷燮于此等重案不行查办，亦难胜藩臬之任，俱着革职拿问，交刑部治罪。所有署孝感县事汉川县知县秦朴，着革职拿交刑部治罪。其该管道府，交李侍尧查明，系何人任内之事，一并革职拿交刑部治罪。巡检袁学澄既经禀报，着送部引见。近年各省督抚，遇有交部议处降革之案，朕因一时乏人，多有从宽留任者，伊等习以为常，不知儆畏，此即水懦，为朕之咎，此案不得不严加整顿矣……”（《清高宗实录》卷1266）

（乾隆五十一年十月壬寅）谕军机大臣等：“上年湖北省被旱成灾，朕轸念灾黎，叠经降旨，蠲赈兼施，动用帑项五百余万两之多。该督抚及藩臬等果能督率府州县，实心料理，何至复有贫民乏食抢夺粮食之事？况该省被灾处所，不过几府州县，其应赈人口，有极贫、次贫、大口、小口之别，且其中尚有不应予赈者，断无有五百余万人口之数。即使果有此数，每人各给银一两，亦可均沾实惠，何致酿成事端？可见该督抚司道等并不认真查办，一任不肖之府州县官侵吏蚀，泽不下逮，以致穷黎乏食，抢夺逞凶，实出情理之外。着传谕李侍尧、李封即行严密访查湖北成灾各属正赈、展赈时，该地方官及吏胥人等有无混冒开销、侵肥入己情事，据实严参具奏。倘李侍尧等瞻徇情面，不行严查参奏，或将来别经发觉，该督抚恐不能当其咎也。至该犯梅调元、李谷祥并未被抢粮食，辄敢纠约多人，捆缚刘大么等活埋多命，凶恶不法已极。在寻常杀死一家非死罪三人者，尚应凌迟处死，况梅调元一案，绝人父子，伤残骨肉，其凶悍残忍，莫此为甚。但能纠约党羽多人，声势必大，若将该犯定拟后，又候部复，辗转稽延，恐又有结伙劫囚越狱等事，更属不成事体。着传谕李侍尧等速将此案首要各犯审讯明确后，或当凌迟斩决，即于该处先行一面正法，一面具奏，勿得拘例耽搁，致滋事端。再署汉阳府王希曾，于本年八月奏署，从前系何人署理，曾否将此案禀报特成额及藩臬等，并着李侍尧一并查讯明确，仍遵前旨，据实参奏。”（《清高宗实录》卷1266）

（乾隆五十一年十月壬寅）谕：“昨据李侍尧等参奏‘孝感县革生梅调元等纠众逞凶，活埋多命，地方官讳匿不办’一案，已明降谕旨，将特成额等革职，拿交刑部治罪矣。昨年湖北荒歉，已发五百余万帑金赈恤，若地方官办理得宜，何致尚有抢掠之事？即以为发帑不足用，何妨再请，朕岂惜而不与乎？此必有贪官污吏侵冒其间，以致饥民有不受实惠者耳。所关甚大，亦可恶。且乏食贫民向各邻族借贷亦情事之常，但不得邀约多人，强行抢取，如有此等案件，理应报官究治，以儆其余。乃梅调元父子并未被抢，特以家拥厚资，恐致将来受累，辄敢纠约刘成烈等，同日捆埋二十三命之多，尸身多有殴缚伤痕，骸骨俱有闷蒸血晕，甚至绝人父子，惨及无辜，似此残忍不法，何事不可为？乃经巡检袁学澄禀报，该署县秦朴并不查拿，亦不通报，有心讳匿，而该管道府及藩臬、督抚等亦俱置若罔闻。试思此等大事，一省之中，岂无风闻？诿为不知，是何心也？几至凶徒漏网，多命含冤，李侍尧等到任后，据署知府王希曾查出禀报，即派委大员前往查办，拿获凶犯多名，起出尸身，皆有凭据，据实参奏，具见留心认真整顿地方，甚属可嘉。李侍尧、李封俱着交部议叙。至此案虽系该署县心存隐匿，未经禀报，然为督抚者，安民察吏是其专责，所属有惨杀多命之案，且孝感距省不远，岂无闻见？

乃竟同聋瞶，形如木偶，若以州县未经禀报即诿为不知，则朕日理万几，于民隐无不洞悉，且伊犁、云南不啻数万里，朕亦付之不问不知可乎？即如大名逆匪滋事一案，刘峨一闻禀报，即具折奏闻，亲往查拿，特因首犯未获，交部严议，特成额等之废弛怠玩，更出情理之外，是以俱行革职拿问。设湖广亦有此等戕官重案，亦将隐匿不报矣。督抚受朕恩眷，委以封疆重寄，岂徒令其养尊处优，而于地方重案一切置之不问，又安用此督抚为耶？特成额于湖广总督任内诸事阘冗，而此案则获罪更重，是以严加惩治。在外间无识之徒，见李侍尧屡次查参该省事件，未必不以为有意搜寻，欲觊觎实授总督之任，督抚等前后交代，如果心存倾陷、有意参劾者，其隐微亦难逃朕洞鉴。似此不法重案，倘李侍尧等瞻顾特成额情面，不行查办，将来别经后任发觉，则李侍尧、李封俱系曾经获罪弃瑕录用之人，更非特成额可比，将首领不保。李侍尧等安敢为特成额回护，而不据实入告耶？李侍尧等此奏，岂得谓之过事吹求乎？朕于诸臣功罪轻重，悉视自取，真伪难逃照鉴，此皆五十余年来，天下臣民所共见共闻者。而近来恐因老而或疏于志，所为犹日孜孜，益加精勤，以待归政，以保末路，想众人亦无不知也。着将办理缘由，再行明白通谕知之。”（《清高宗实录》卷1266）

（乾隆五十一年十月）癸卯，谕曰：“朕爱养黎元，勤求民瘼，各省偶遇地方偏灾，一经禀报，即降旨蠲赈兼施，并屡谕该督抚实心实力，督率各属妥协办理，不惜千百万帑金，务俾灾黎均沾实惠，此朕五十余年如一日，亦天下臣民所共见共闻者。上年湖北荒歉，已发五百万帑金赈恤，若地方官办理得宜，何至复有贫民乏食抢夺粮食之事？乃刘金立等因借贷不遂，辄将谷麦搬抢，而劣衿梅调元父子，竟敢纠众逞凶，活埋多命。此必该督抚、司道并不认真查办，一任贪官污吏浮冒侵渔，以致朕恩不得下逮闾阎，乃有饥民乏食，抢夺滋事。及酿成重案之后，大小各员恐从此究出弊端，遂尔通同讳匿，联为一气。吏治如此，实出情理之外。试思活埋三十人，俱经起出尸身，尚有殴缚伤痕，及闷蒸血晕，证据确凿，是岂李侍尧等所能捏造者？而籍隶湖北之御史等，并无一人奏及。科道为朝廷耳目之官，各省闾阎疾苦及官吏侵贪、讳匿命盗各事，理应据实直陈，方为不负言职。今湖北省竟有此不法重案，本省舆论，本省之官必有风闻。该员等家信、乡亲中岂无言及，而得诿为不知，可乎？若该科道等能将此事据实纠参，朕必深为嘉奖，断无回护总督特成额之理。乃缄默不言，而第摭拾浮词，毛举细故，如曹锡宝参奏和珅家人全儿一事，以下贱奴仆委办崇文门税务，借沾余润，有数十间住屋，于国计民生有何关系？即现在查抄特成额家产，其家人黄永等名下俱有房屋资财典当，价值累万，该御史又何以置之不问耶？所有未能参奏湖北抢掠、活埋人命二案之隶籍该省前任给事中梁景阳、御史许兆椿，着交部议处。其余各省有无似此重大案件而地方官讳匿不办者，着军机大臣传询各科道，令其据实直陈，朕必严加惩治。倘各科道因朕有此旨，遂心存挟制本省督抚，致令地方诸事掣肘，亦难逃朕洞鉴。一经查出，亦必重治其罪。将此通谕知之。”（《清高宗实录》卷1266）

（乾隆五十一年十月戊申）谕：“据李侍尧等审讯参革守备陈兴龙，因感激特成额提拔私恩，欲护送家眷往滇，遂捏报到任日期，私赴荆州，见特成额面禀，经特成额谕以职官不便随往，又不前赴施南新任，潜回省城逗留，殊属欺诈，应发往伊犁充当苦差，并请将瞻徇捏报之都司梁焕等交部严加议处一折。陈兴龙既经面见特成额，恳请送眷赴滇，经特成额饬止，从前降旨询问时，特成额何以并未据实陈奏？乃两次复奏折内俱称在荆州遇见陈兴龙，伊并未言及李侍尧委令护送之事，是何言乎？岂有李侍尧既差该备护送特成额家眷赴滇，又将该备参劾之理？明系特成额饰词诿卸，俟伊解到后，着刑部一并询问，令其据实登答。特成额在湖广总督任内种种废弛，于抢掠活埋多命一案且置之不办，此一节尚其罪之轻者，所有李侍尧等具奏该参备等分别定议之处，着该部议奏。”（《清高宗实录》卷1266）

（乾隆五十一年十月辛亥）谕军机大臣等："前据李侍尧等参奏，孝感县革生梅调元父子纠合多人，逞凶不法，活埋至二十余命之多，且惨及无辜，绝人父子。似此残忍凶悍，何事不可为？地方有此奇闻异事，一时断无不舆论喧腾。而该处距省不远，亦必有传扬至省者。乃督抚司道置若罔闻，实出情理之外。至巡检袁学澄，曾经禀报，是否专禀该署县秦朴？其道府藩臬及督抚曾否通详？即使该省大小官员联为一气，有心讳匿，或将原禀销毁，该巡检处自有原详禀稿可查。着传谕李侍尧等彻底详查，如果该巡检未经通禀，特成额等岂无闻见？乃诿为不知，不行查办，已属身同聋瞶，形如木偶。若曾经详禀有案，而特成额等欲化大为小，化有为无，心存讳匿，置重案于不问，其罪更大。李侍尧等当详悉检查，据实具奏，固不可有心周内，亦不可瞻顾特成额等，稍涉回护也。再署汉阳府王希曾到任后，即此案查出禀报，是否系李侍尧等先有风闻，交该署府查办，或系尸亲控告，抑系该署府自行检出旧案查报之处，并着李侍尧一并查询明确，迅速复奏。将此由六百里谕令知之，此案亦应速结。"（《清高宗实录》卷1266）

（乾隆五十一年十月庚午）谕："前据李侍尧等奏'孝感县革生梅调元等因饥民抢掠粮食，纠众逞凶，活埋多命，地方官讳匿不办'一案，因思湖北因灾发帑至五百余万，为赈济饥民之用，即有所不足，再请亦所勿靳也。必系该省办理灾赈事务，有不肖官吏从中侵冒情弊，使恩不下逮，故降旨令该督等严查具奏。兹据李侍尧等查奏'黄安县上年放赈，该县经承王炳、王言纶勾串知县陈玉之子虚开户口，侵冒赈项。又兴国州参革知州温有光于上年承办抚恤加赈，领银易钱，查对所放数目，竟有易多散少、侵渔入己情弊。请将知县陈玉革职，同参革知州温有光，提同应讯人等，一并严审按律定拟'等语，已发者如是，未发者更不知几何也。上年湖北因旱成灾，朕轸念灾黎，蠲赈兼施，动用帑金至五百余万两，令特成额等督率所属加意抚恤，今据李侍尧等查奏，该省不肖州县竟有浮开户口、冒赈侵渔之事，此皆由特成额在湖广总督任内诸事废弛，而藩司永庆、臬司王廷燮亦俱因循怠玩，于赈恤要务全不认真查办，一任不肖州县侵渔舞弊，以致灾民不能均沾实惠。若非令李侍尧、李封前往接任督抚，彻底清查，则此等劣员皆得饱其欲壑，不至败露，其何以肃吏治而惩贪墨耶？是特成额、永庆、王廷燮前此之身获重谴，解京治罪，实属天理彰著，昭昭不爽，可为封疆大吏废弛不职者炯戒。除令军机大臣存记，俟特成额等解到逐款讯究外，所有黄安县知县陈玉着革职，同参革兴国州知州温有光一并拿问，交李侍尧等提集应讯人证，严切根究。一经审讯质证得实，即将该州县及陈玉之子并经承王炳、王言纶等一并解交刑部审讯，按律定拟，以示惩儆。”（《清高宗实录》卷1267）

（乾隆五十一年十一月丙戌）谕军机大臣等：“据湖北委员将署知府尹良鼎、知县秦朴解到，特令军机大臣会同刑部审讯。据秦朴供称‘本年三月间，在省城审办案件，六月间巡检袁学澄向我禀说，他访得县民梅调元有私埋命案，当即令其查明人犯姓名，确实证据，再行通禀。至七月二十七日，我在省闻得尸亲刘傅氏在本府具控，随即星夜回县，选差役刘胜、张恩严拿，于闰七月初五日下晚拿获刘成烈、梅调元等十一名。我因新任知县高为济业已到任，交卸在即，于原差禀帖内亲批移送，亲任审讯。后来我见高为济说及此案，他还说原差禀内将新任抬写，是给他虚体面的话，这俱可以行查质对得的’，又据尹良鼎供‘本年七月二十七日，据孝感县民妇刘傅氏控告伊子刘金立等被刘成烈活埋多命一案，我立即查讯，究出起意唆讼之杨维芝一犯，押交秦朴审办，并于闰七月十六、八月初五日两次札催，未据禀复。我即于八月卸事，后来接署知府王希曾如何摧提究办，我已卸任，实不知道’等语，此案如果秦朴等讳匿不办，情罪甚重，今既据秦朴等供出，从前闻得尸亲刘傅氏在本府控告，即派差役查拿刘成烈、梅调元等共十一名，并有亲批移交后任审讯差禀，似属有据。再王希曾详禀各该上司时，或系捏称访闻究办，抑系因有移交案卷讯问详报，并未将前任府县查拿多犯之处叙入，均须彻底查明。着传谕李侍尧等再行提集案卷，并传讯王希曾将尹良鼎、秦朴所供情节是否确实，逐一详细检查，核实复奏，毋稍回护。若仍不得实情，即将王希曾送京，以凭质对，方得明白。再前召见由湖北一带回京复命试官，将该省办赈情形面加询问，据奏‘办理赈务，全在各上司实力稽查，饬属妥办，虽有一二不肖劣员，自不敢稍有侵渔情弊’等语，所言似属有理。上年湖北被旱成灾，朕不惜五百万帑金加恩赈恤，原欲百姓等均沾实惠，该上司等果能逐层查核，州县等自无由滋弊。现在兴国州温有光、黄安县陈玉即于办赈案内有侵肥舞弊之事，可见该省赈务实有办理不善、冒赈分肥之处。并着李侍尧等于严审温有光等时，再行详晰研讯，如果各该上司等有通同侵肥之弊，即行据实严参，毋得稍存讳匿之见。”（《清高宗实录》卷1269）

（乾隆五十一年十一月甲午）谕军机大臣等：“前据李侍尧等奏‘革审兴国州知州温有光、黄安县知县陈玉办理赈务，扣克浮冒’一案，节次降旨，令该督等严切根究，定拟速奏。乃迄今已将一月，何以尚未据该督等审讯奏到？着传谕李侍尧等即遵照前旨，严审确情，迅速具奏，毋再迟延。再据刘峨等将大名案内要犯张均德解京审讯，供称‘曾到过汉口，由该处从河南回家，即被拿获’等语。该犯既到过汉口，若该地方文武员弁认真缉捕，即应立时盘获，何以任其来往自如？该地方官竟置之不问，所司何事？李侍尧向来办事认真，不应如此。现在段文经、刘勤二犯尚未就获，屡经谕令李侍尧等饬属严拿，或该犯等亦逃往汉口、武当山一带潜匿，着该督等即选派干练员弁，改装觅线，实力搜捕，以期弋获。该督等既失察于前，又疏纵于后，将来若经别省缉获，究出又在该省潜藏经过，则获咎滋重矣。将此由六百里谕令知之，仍即迅速复奏。”（《清高宗实录》卷1269）

（乾隆五十一年十二月壬寅）又谕：“本日据李侍尧等复奏‘署孝感县知县秦朴，于梅调元活埋多命之案并未审办，又捏写批禀，移交后任’一折，当令军机大臣提讯秦朴等，据供‘我于闰七月初五日，据差役刘胜、张恩禀称，拿获刘成烈等十一名。我因初六日卸事，随于原差禀内亲批移送新任审讯是实。今李总督说我是捏造的，我移交时，如无人犯，只有空禀，高为济如何肯收，只求将原差刑书等提来质讯’等语。此案秦朴始终并未通禀查办，自有应得之罪。但所供拿获刘成烈等十一犯一节，于闰七月初五日拿到，初六日卸事移交，似毋庸捏写批禀。或刑书朱士珩等扶同高为济，见秦朴业已解京，遂将从前秦朴任内批禀供称捏写，亦未可定。若不将案卷人证提集质对，无以成信谳而服秦朴之心。着传谕李侍尧等，即将原差刘胜、张恩，刑书朱士珩、张明玉，并传讯高为济录取确供及全案卷宗，一并委员迅速解京，以凭质讯。”（《清高宗实录》卷1270）

（乾隆五十二年三月辛未）军机大臣议奏：“署湖广总督舒常奏‘审拟江陵县劫盗周国泰等，分别斩决发遣，知县汤廷芳等各员分别发遣杖革’，均如所拟。”得旨：“此案于乾隆四十三年，即经事主具报被盗，该守令等俱不上紧审办，上司亦未查催，任意迟延，几及十年之久，足见湖北吏治废弛已极，不可不严加惩创。除历任之督抚司道交部查照职名，严加议处具奏，候朕另降谕旨外，其知县汤廷芳，着于该处先行枷号一年。黄炜，着枷号半年，俟满日，再照议分别发遣杖徒。议以革职之知县亢依禄、王嘉谟、孔毓檀，俱着枷号三个月。革职知府曾恒德、廷毓，俱着枷号一个月。汪献琛俟解到之日，该督抚审拟具奏后，即照此办理。此内应行枷号各员如有回籍者，并着提至该省枷号，以为亲民之官尸禄不理民事之戒。其盗犯周国泰，着即处斩。余依议。”（《清高宗实录》卷1276）

（乾隆五十二年六月）癸亥，谕：“前因内外文武大臣遇有应得处分，部议降革，经朕从宽留任，及免其革任者甚多，竟有一人而累至十余案者，未免视为故常，无所警惕，转属有名无实，非所以整饬官方之意。是以谕吏、兵二部，将内外文武大臣每人名下所积处分查明具奏，候朕核办，并令嗣后每届五年查奏一次。兹据该部摘叙原案次数，开单呈览，朕详加察核，在京大臣内，如喀宁阿、穆精阿所得降革处分俱已积至七案，姜晟积至九案，处分数多。喀宁阿、穆精阿着将任内应得廉俸分例各罚出二年，姜晟已任湖北巡抚，但其所得处分俱系在刑部侍郎任内之事，仍着将侍郎任内应得廉俸分例罚出二年。所有喀宁阿、穆精阿、姜晟从前降革处分俱准其开复。至各省督抚处分，积至六案以上至十案者八人，内如尚书德保、侍郎李封所得降革处分，多系从前在巡抚任内之事，德保、李封俱着罚出巡抚养廉二年；刘峨、李世杰、孙士毅、闵鹗元、毕沅俱着照本任罚出督抚养廉二年。内刘峨因大名府段文经等滋事一案，停止本年廉俸。李世杰因各营火药短少一案，停止三年廉俸。此二案不比寻常失察，仍着照旧扣支外，毕沅并未拿获要犯，其本年廉俸仍照前旨支给一半。雅德现以副都统衔在喀什噶尔办事，所得处分俱在从前督抚任内者，着罚出总督养廉二年。所有德保、刘峨、李世杰、孙士毅、雅德、闵鹗元、毕沅、李封从前降革处分，既已议罚，俱着准其开复。伊等俱系屡获愆尤，经朕从宽留任，今又概予开复，益当倍加警省，感激思奋，以副朕弃瑕委任之意。此外降革处分俱在五案以下之各员，统候五年查办时，该部查明具奏，再行核办。”（《清高宗实录》卷1283）

（乾隆五十三年三月）甲子，谕军机大臣等：“据伍拉纳、孙永清先后奏‘查出福建同安县流犯吕辰在中途贿嘱顶替’一案，已降旨将疏纵之知县宁淑昌革职治罪，并谕令伍拉纳等将吕辰一犯迅速拿获讯究矣。本日又据伍拉纳由驿复奏‘被窃鞘银贼犯徐长俚’一折，内称‘上年十一月内，浦城县被窃鞘银一案，于本年二月内，接准何裕城来咨，随查此案，并未经地方官详报。诘讯解员黄陂县县丞熊泗，供认领解饷银五万两，押至浦城县地方，被窃鞘银一千两，畏惧处分，商同该县知县李景观赔补。已于本月十二日，会同督臣参奏’等语。鞘银被窃，该地方官竟敢私行赔补，讳匿不报，殊为可恶。既据该督等具折参奏，但此折尚未奏到，想系差弁赍递，以致迟滞，着传谕李侍尧、伍拉纳即将该员等拿问，严行究讯如何商同讳匿赔补，并提集同行抬夫及押解接护官弁兵役人等，一并详悉审究，务得实情，即行迅速具奏……”（《清高宗实录》卷1300）

（乾隆五十三年三月戊辰）谕军机大臣等：“本日有湖北荆门州民人蔡士仁，在道傍叩阍，当即令军机大臣讯问，据供‘该州征收漕米，书役舞弊，不收本色，要收折色，上年该处米粮甚贱，每斗卖制钱一百文，交纳时要交八百文。又多出田单卡票，索诈常规钱文，四十二年、四十六年历经州民赴院司道府衙门具控，积弊如故。蔡士仁曾于五十一年赴府控告，被书役等朦混，耸禀前任知州，讯息详销’等供。地方官征收粮米，自应按例收纳，何得任意折收，例外苛索？现据蔡士仁供，节经州民赴院司道府衙门控告有案，何以并未查办？如果蔡士仁所供属实，则该州官吏苛征舞弊，各上司通同徇隐，不可不严查究办。但以一州之事，蔡士仁一人挺身控告，恐有贿嘱唆讼情事，亦当据实质讯，以儆刁健。现在穆精阿自广西审案，业经完竣起程，此案即着该侍郎顺道前赴荆门州，会同舒常、姜晟吊集案卷，提齐犯证，秉公查审具奏。所有军机大臣审讯奏片及蔡士仁原呈，并呈出卡票田单，着一并发往，将此由六百里各谕令知之。”（《清高宗实录》卷1300）

（乾隆五十三年三月壬午）又谕：“淮商办运引盐，例应年清年款。乃未销纲引，竟至一百余万之多。此皆楚省地方官巡缉不力，私贩充斥，而口岸费用又复繁重，商人未能源源转运所致，现已传谕该督抚等实力整顿。至楚省官吏虽非盐政所辖，但此项盐引积年递压，地方官于缉私等事不能实力奉行，已非一日。即使盐务衙门呼应不灵，亦应及早奏闻，设法调剂，或据实参办。乃竟任其积压，因循观望，殊属延玩。所有历任盐政，着军机大臣查明，按其在任年月分别议罪，以示惩儆。”（《清高宗实录》卷1301）

（乾隆五十三年七月辛酉）又谕："据兴兆奏，伊接任后同副都统敷伦泰等察验各兵技艺、军械、马匹、饷银，一切均须筹议等语，各省将军大臣理宜实心任事，若有相沿陋例必须变更者，固宜办理。若因甫经抵任，辄将旧有章程骤议纷更，以为见长地步，未几遂又因循怠忽，此等恶习，朕甚恶之。即如兴兆前任荆州，又何尝善为整顿，加意训练？以伊办事而论，尚不如长清。今乃初至西安，即为此奏，不过欲显前任未周之处，以见己之留心耳。至敷伦泰，从前与长清相处最久，兴兆此奏，若以为必宜更张，则敷伦泰前此所司何事？今又会同具奏，殊属可笑，兴兆、敷伦泰俱着传旨申饬，并晓谕各省将军、副都统等，嗣后必须实心任事，毋蹈沽名见长之咎。"（《清高宗实录》卷1308）

（乾隆五十三年七月）庚辰，谕："昨福建台湾文武员弁因循玩愒，肆意贪婪，酿成逆案，不得不彻底究办。因富勒浑、雅德久任该处督抚，皆系伊二人之罪，即经拿交刑部治罪。兹湖北官员，虽无酿变情事，而其废弛贻误，竟与相等，此而不行严办，其何以惩贪玩而慰舆情？特成额擢用湖广总督，在任三年之久，首为废弛，所有活埋冒赈各案，俱系伊任内之事。乃于该管堤工，又复毫无觉察，其罪竟不减于富勒浑、雅德，似此负恩溺职，岂可复令驻扎回疆，仍带翎顶，管束人众？特成额着革职，拿交刑部治罪。所有乌什事务，着侍郎明兴前往接管。此旨即着明兴带往，俟其行抵乌什，亲向特成额宣谕后，将伊拿问，即派委妥员迅速解京，交刑部治罪，务于冬至前赶到……朕本欲舒常来京供职，因其曾任湖广总督，上年李侍尧调任闽浙，一时乏人，以舒常人尚小心，是以差往署理，续行实授。今该省似此种种废弛贻误，舒常并未据实陈奏，咎无可辞，岂可复膺封疆之任？舒常即着解任，留于荆州工次，效力自赎。李封曾任该省巡抚，并不能实力整顿，相沿玩误。伊亦无颜在京供职，并着前往荆州，管工效力自赎。其行在刑部印钥，着福康安带管。现在荆州堤塍、城垣各工，已命阿桂、德成前往勘办，阿桂等将大局勘定估明后，即交与舒常、李封在彼监修，俟各工及灾赈等务完竣，另降谕旨。其十年以内之承修官员并该管各上司，仍着阿桂遵照前旨，详细查明，分别严参，从重治罪，并着赔补，用昭惩创。所有湖广总督员缺，着毕沅补授。目下河南并无紧要应办之事，毕沅接奉此旨，不必来行在请训，即速往荆州，办理抚恤各事。其河南巡抚员缺，着伍拉纳补授。徐嗣曾现在台湾承办城工诸事，其巡抚事务系伍拉纳护理，伍拉纳俟徐嗣曾回至内地后，再赴河南新任。伍拉纳未到之前，河南巡抚事务着惠龄速行前往署理。惠龄现在出差，距豫省不远，伊系朕素知之人，不必再来请训，即着就近驰往河南署事。李侍尧虽到湖广正署将及一年，履任未久，亦难辞咎，但念伊到湖广任后，即将活埋人命一案据实查参，随即调任闽浙，于地方诸事不及整顿，未暇查出。且伊到福建后，即在泉州、厦门办理军需一切，始终无误，功过实足相抵，着加恩免其治罪。姜晟到任未久，将来查明，亦可从宽。此系朕格外矜原，李侍尧、姜晟当倍加感激，奋勉自效，毋负委任。朕临御五十余年，敬天勤民，孜孜不倦，于臣下功过轻重，惟视其人之自取，因不肯为已甚，亦必去其太甚，贪玩从不稍宽，而权衡务归至当。所有台湾及荆州两事，地方官懈弛玩愒，误公殃民，至于此极，朕不能早行查察，弭于未然，朕方引以为愧。今相踵败露，安可再事姑息，不为从严办理，以儆将来？为此明白宣谕大小臣工，嗣后务当益知儆凛，倍矢清勤，以副朕整饬官方、谆谆教诫至意。将此通谕知之。”（《清高宗实录》卷1309）

（乾隆五十三年七月辛巳）又谕：“昨因近年湖北吏治废弛已极，荆州现复有溃决堤塍，淹毙多命之事，不可不严行办理。已明降谕旨，将特成额革职拿问，舒常、李封管工自赎，其承修及该管各官员，交阿桂查明严参，分别从重治罪着赔。因念姜晟到任未久，俟查明后尚可从宽，但姜晟擢用湖北巡抚已将年余，于该省官员似此种种玩误，并未据实陈奏。即如匣费一事，昨舒常前来行在陛见，朕面加询问，亦据奏实有其事。两淮盐引，在楚省行销地方各官，其职专在缉私督销，乃竟敢借端向商人勒索，层层剥削，以致商力疲乏，配运不前，积压课引。姜晟若无染指情事，何不据实查参？乃到任一年，并未奏及。兹于该管堤工，复有漫淹之事，虽因履任未久，从宽免治其罪，岂可复膺封疆之任，享丰厚养廉乎？姜晟着即来京。舒常与李封同系该省督抚，舒常业经解任，李封亦着解任，前往荆州管工自效。其刑部左侍郎员缺即着姜晟补授，姜晟接奉此旨，即速起程来京供职，务于朝审以前赶到。其湖北巡抚员缺着惠龄补授，惠龄接奉此旨，即着速赴湖北任事。所有湖北巡抚印篆，着姜晟亲带于途次，迎交惠龄接收。毕沅昨已补放湖广总督，其未到之先，湖广总督印务，仍着舒常暂行署理，俟毕沅到后再行交代。朕因该地方官员因循玩愒，误公殃民，至于已极，不得不严加惩创。毕沅、惠龄受朕深恩，擢用督抚。伊二人到彼后，堤工及抚恤各事宜皆有阿桂等在彼经理，惟地方一切事务，必须实力整顿，一洗从前积习，俾吏治日有起色。如嗣后该省尚有仍前玩误，及再有染指匣费等项情弊，则是伊二人不能承受朕恩，自蹈咎戾。勉之，慎之……”（《清高宗实录》卷1309）

（乾隆五十三年七月）壬午，谕军机大臣曰：“……阿桂历经委任，自能将工程及抚恤各事督饬各该地方官妥协办理，俾兵民不致失所，而工程足垂久远。若该地方官等因见发往帑项宽余，复思从中染指，则是太无良心矣。一经查出，伊等自思，当得何罪耶？又据舒常另片奏称‘将军、副都统衙署均有坍塌，恳请借廉修理，分年归款’等语，将军、都统同系大员，皆有廉俸，所有衙署自应准其借廉修理，分年扣缴。将此由六百里传谕阿桂、毕沅知之。仍着将现决堤塍系何年何人所修，遵照前旨，将承修之员及该管上司详细查明，分别严参，治罪着赔，以示惩儆。”（《清高宗实录》卷1309）

（乾隆五十三年七月甲申）又谕：“据舒常奏‘荆州府城猝被水淹，监犯不带刑具，遂皆随水漂散。查系该犯日间开放杻镣，以致被水后是逃是毙，无从稽考。现在先后查获四十四名，又有自行投到者四名，尚有未获四十名，请将署江陵县典史徐桐革职拿问，署江陵县知县屈振甲革职，该管知府俞大猷、荆宜施道沈世泰交部严加议处，并请与巡抚姜晟、臬司李天培一并交部分别议处’等语，各省府州县设立监狱，在监人犯均应照例日夜加上杻锁，方免疏虞。乃该处应管各员，平日擅将狱囚刑具松放，以致被水漂散，无从稽查，非寻常疏纵者可比。舒常等身任督抚，疏慢至此，早行降旨将伊等离任，实不为屈，足见天理昭彰，难逃朕之洞鉴。所有署江陵县典史徐桐着革职拿问，署江陵县知县屈振甲着革职，交与阿桂等提同该员及刑禁人等严审有无贿纵别情，另行定拟具奏。荆州府知府俞大猷、荆宜施道沈世泰交部严加议处，臬司李天培及舒常、姜晟俱着交部分别议处。其自行投到之绞犯黄悦林、谭青虎、杨广墀、军犯彭添明等四犯尚知守法，着照直隶段文经案内之权曾、宁好等犯减等发落。”（《清高宗实录》卷1309）

（乾隆五十三年七月丙戌）又谕：“……各工既有查核，承修各员自必有所顾忌，不敢任意从中侵克，且有保固限期，亦自不敢草率办理，庶工程可期久固，而闾阎不致有被淹受害情事。此正系朕为保护民生节省民费起见，各督抚务宜仰体朕意，遇有民修之工，妥为办理，严加查核报部。如有仍前任令属员从中克扣、草率从事之处，经朕访闻，或经科道参奏，百姓告发，不特将承办各员从严办理，必将该督抚一并从重治罪。着为令。”（《清高宗实录》卷1309）

（乾隆五十三年八月乙巳）又谕曰：“舒常业经解任，着暂留翎顶，俟监修各工完竣回京，再降谕旨。李天培系该省臬司，监狱是其专管，平时不能督饬稽查，固有应得之咎，但念该司驻扎省城，距荆州较远，李天培着改为革职留任。姜晟已补授刑部侍郎，亦着从宽改为革职留任。至荆宜施道沈世泰、荆州府知府俞大猷近在同城，于所属监犯不能先事管束，任听属员擅松刑具，非寻常失察可比，且该处堤工溃决，亦由该道府于每岁修理时，并不亲加查验，一任承办官员草率侵渔所致，沈世泰着照部议降三级调用，俞大猷着革职，皆留工所效力赎罪，以示惩

儆。”（《清高宗实录》卷1311）

乾隆五十三年戊申九月己未朔，谕：“据阿桂等奏‘查勘荆州被水情形’一折，内称‘荆州水患，询之该处官员兵民人等，咸以窖金洲侵占江面，涨沙逼溜为言，且言之不自今日始。经阿桂等亲往履勘属实，并查有本地萧姓民人，于雍正年间至乾隆二十七年，陆续契买洲地，种植芦苇，每年纳课，因贪得利息，逐渐培植。每遇洲沙涨出，芦苇即环洲而生，阻遏江流，洲面渐阔，江面即愈就窄狭。是以上流壅高，所在溃决’等语。窖金洲涨沙逐年增长，侵占江面，逼溜北趋，以致郡城屡有溃决之事，其受病之源，实由于此。该处官员兵民人等众口一词，且其说相传已久，该督抚等经四十四、四十六年两次被水之后，仍不留心查察，置若罔闻，直同聋瞶，所司何事？又萧姓置买洲地，种植芦苇，牟利肥家，已非一日。此项洲地原因沙涨而成，何得谓之祖业？必系尔时萧姓贿求地方官薄认轻租所得耳。现在荆州被水，数万生灵咸受其害，情节甚属可恶，现饬令阿桂等将萧姓家产查抄，并交刑部按律治罪。至该督抚等，平日于此等关系民生之事，何以竟置不问？除特成额诸事阘茸废弛，业经查抄家产，现已降旨将伊革职拿问外，至舒常才具本属中平，因其小心谨慎，且系大学士舒赫德之子，是以屡加拔擢，用至总督。乃伊两任楚省，并不实心任事，感激图报，于荆州窖金洲涨沙逼溜共见共闻之事，尚不加意体访，随时筹办，致郡城被水成灾，为数十年所未睹，实属辜负任使。舒常着革去翎顶，仍留工所效力赎罪。李封系曾经获罪之人，经朕弃瑕录用，简擢巡抚，乃在任时并不加倍感奋，于地方要务视同膜外，其咎甚重。李封前经降旨将伊解任，亦着革去顶戴，留工效力赎罪。至姜晟到楚已及一年，于地方利病，岂得诿为不知？亦着革去顶戴，姑念其平日办理刑名尚为熟习，仍着加恩署理刑部侍郎事务。所有此次荆州堤工加高培厚各土方及府县漂失仓米，并着阿桂等查明历任督抚、藩司及该管道府等，分别着落赔补，以示惩儆。至荆州窖金洲涨沙逼溜由来已久，该处萧姓民人种植芦苇起自雍正年间，不特彼时在任督抚难以查考，即乾隆四十年以前历任各督抚，事隔多年，亦难悉行查办。前经降旨，令阿桂查明以十年为限，非于十年以来督抚等有所偏重，即如楚省匣费日渐加增，而近年督抚等所得尤厚。前舒常来京陛见，经朕面加询问，伊亦不敢不据实承认。舒常系小心拘谨之人，是以经朕询问，不敢欺饰，但伊尚不能不从中染指，则此外各督抚，不问可知。是此案即将近年之督抚等从重惩办，于伊等亦无所委屈。朕办理庶务，一秉至公，固不肯以事经年久，令后人独任其咎，而于轻重权衡，务求平允，即令伊等扪心自问，亦当无可置喙也。将此通谕知之。”（《清高宗实录》卷1312）

（乾隆五十三年九月）庚申，谕：“湖北荆州窖金洲地方涨沙逼溜，萧姓民人贪图洲地利息，种植芦苇，壅遏江流，致郡城被灾甚重。该省督抚平日于此等关系民生要务，置若罔闻，视同膜外，业经降旨，将该督抚等分别拿问罢斥示儆。至陈淮系现任藩司，于地方利病并不留心体访，豫行筹办，咎无可辞，本应同舒常等一并革任。第念该藩司前因驰赴长阳查勘水势，及回至荆州，适值该郡被水，该藩司即督同文武各员上紧扎筏，顾觅船只，分救被淹人口，并办理一切抚恤事宜，尚属认真，不辞劳瘁。除该郡堤工应赔银两，俟阿桂等查奏着落分赔外，陈淮着加恩仍留藩司之任，免其革去顶戴，从宽改为革职留任，八年无过，方准开复。”（《清高宗实录》卷1312）

（乾隆五十三年九月己巳）又谕：“本日兰第锡四百里报至，朕以为或系河工有紧要事件，及加披阅，乃系奏报沿河地方得雨情形，且阅折内有圣德感召，甘霖应时之语，殊属不诚。本年巡幸木兰，因连值阴雨，以致秋狝大典不能举行，朕方引以为愧。即或豫省沿河一带，近日雨泽稍短，现获优沾，亦止须照常奏报，何得辄用驿递，并以肤泛不诚之语漫为颂扬？是该督此奏，非以为颂，乃徒增朕愧耳。各省雨旸，无刻不关朕念，但天下至大，安能悉臻时若？即偶有旱涝不齐之处，亦止饬令地方官妥协办理，从不因偏灾而遽加守土者之罪。其有雨水调匀、收成丰稔者，亦惟倍加敬感，并不因此将地方大吏辄予褒嘉。即如此次荆州被淹较重，朕亦因该省吏治废弛日久，于民生利病平日漠不关心，以荆州堤工乃全郡保障，仅令佐杂微员董率民修，道府等近在同城，并不亲加查察，任令草率偷减，工程不固，而窖金洲涨沙逼溜为共见共闻之事，又皆置之不问，是以不得不从严惩处，以肃官方而儆将来。原非因荆州被有水灾，遂归咎于该督抚等，而加之谴责也。盖以雨旸嘉地方官，或申饬，则地方官必致讳灾，朕不为也。督抚等俱受朕深恩，简擢重任，岂尚不知朕怀？然如兰第锡之似此虚词称颂者，殊亦不少。并着通谕各督抚，嗣后凡属奏报雨水地方事件，务期以实，不得辄用颂扬虚词，填砌入告，以副朕崇实黜华至意。”（《清高宗实录》卷 1312）

（乾隆五十三年十一月）乙丑，谕：“湖北近年以来吏治阘茸，地方大吏于盐务匣费任意染指，滥觞已极。福建吏治亦复废弛，营伍毫无整顿，以致海洋劫盗频闻，酿成林爽文等滋事巨案。朕询访舆论，佥以为湖北之积弊起于陈辉祖，福建则起于杨景素。伊二人受朕厚恩，用至总督，乃不思洁己奉公，实心任事，致通省官吏贪黩懈弛，相习成风，日甚一日。现经朕力为整顿，其历任督抚如舒常、李封已经革职，特成额、富勒浑、雅德俱先后拿交刑部治罪，而该二省吏治之坏，实作俑于陈辉祖、杨景素二人，使其身尚在，必当与特成额等一体治罪。今伊二人俱已物故，而其在任婪索所得资财，伊子等又得捐纳官职，以为进身之阶，此等昧良负恩之人，岂可任其子复登仕版？若不从严示惩，何以儆贪玩而饬纪纲？所有陈辉祖之子陈山岷、杨景素之子杨炤俱系捐纳主事，均着革职，发往伊犁效力赎罪。其余子如有职衔者，俱查明斥革，一概不许出仕，以为大臣贻误地方者戒。”（《清高宗实录》卷 1316）

（乾隆五十三年十二月）己亥，谕：“据惠龄奏‘湖北藩司衙门失火，烧毁科房七间，门房一间，文卷均多被焚，请将布政使陈淮交部议处’

等语，陈淮现在荆州办理工赈事务，其疏防处分，尚可从宽。陈淮着免其交部，其书吏人等有无别项情弊，着该抚严行讯明，究拟完结。”（《清高宗实录》卷 1318）

（乾隆五十四年四月癸卯）又谕曰：“舒常、李封前在湖北督抚任内因循废弛，又不能留心保护堤工，以致上年荆州被淹，是以将伊等革职，仍留工所效力。今该处堤工业经完竣，舒常着赏给头等侍卫，在乾清门行走，李封年力就衰，着赏给按察使衔，即令回籍。”（《清高宗实录》卷 1327）

（乾隆五十四年四月癸卯）又谕曰：“梁肯堂奏‘河南息县盐务乏商经理，恐民间淡食，是以官为拨运。乃该县陈文衡于两淮委员汪良增运到盐斤后，并不设法速销，转借端搜剔，辗转捺延，其中不无徇利营私情弊，请将陈文衡解任严审’等语，两淮盐引，因湖广地方官向商人需索陋规，并不认真缉私，以致滞销压课。上年甫经整顿清查，河南尚未闻有此等情事，乃息县知县陈文衡竟敢意存需索，勒措耽延，此而不彻底根究，即是贪婪之渐，势必至如湖广，大为盐务之害。梁肯堂参奏甚是，但仅请解任，所办不足蔽辜，陈文衡着即革职，交与该抚提集案内人证，严审定拟具奏。”（《清高宗实录》卷 1327）

（乾隆五十四年闰五月）癸丑，谕：“前因和琳参奏李天培私派湖北帮船带运桅木一千八百根，以致漕运迟滞，已降旨将李天培革职，发往伊犁矣。本日又据苏凌阿等奏‘讯据湖南三帮弁丁等供称，该省帮船于三月初一二日行抵汉口，至二十七八等日始得领到运费，又奉本道谕，代湖北臬司等桅木一百五十根，迟至四月初三四日方自汉口开行’等语，李天培身为臬司大员，且系屡经获罪经朕弃瑕录用之人，竟敢牟利误公，派令官船私带木植至一千八百根之多，其负恩作弊已出情理之外。乃于湖南各帮船复洒带桅木一百五十根，致该省漕船又羁延八九日，似此辗转洒派，贪多无厌，罔顾漕运迟延，其罪甚大，仅予发往伊犁，不足蔽辜。且伊何由积有多资购此木植，作何使用，均应逐一根究。李天培着革职拿问，交与阿桂会同毕沅、惠龄严行审讯，定拟具奏。再据苏凌阿等奏称‘湖广二省漕船脱帮，始因州县运米稽迟，岳州卫守备发费不早，该湖北调任粮道王均、湖南署粮道张官五办理不善，捏报颟顸，继为李天培分带木植，以致稽迟时日’等语，除张官五业经有旨严加议处外，王均亦着一并交部严加议处。其运米稽迟之各州县，并发费不早之卫守备，并着阿桂等查明参奏。”（《清高宗实录》卷1331）

（乾隆五十四年六月甲子）吏部议：“于洒带李天培木植及江广漕船迟误之处，并不据实参奏之漕运总督毓奇等，分别革职降调。其查明据实参奏之巡漕御史和琳照例加级。”得旨：“毓奇身为漕运总督，项家达特派巡视南漕，稽查漕运是其专责，乃于江广各船开行迟误，并不豫行檄催，迨至节节脱帮，仍思曲为回护，不将该管粮道等迟开捏报各情弊据实严参。且湖广通帮因代李天培洒带桅木，以致耽延多日，毓奇有签盘之责，项家达驻扎瓜仪，此项桅木至一千九百五十根之多，根件又复长大，捆缚系带无难一望而知，毓奇、项家达宁得诿为未见，辄敢有心徇隐？及传旨询问，尚以失于觉察，捏词巧辩，其获咎较重，非寻常错误可比。况毓奇由巡漕擢任漕运总督，八年以来，皆有截留守冻之事，有过无功，其不实心经理可知。毓奇、项家达均着照部议革职，其漕运总督员缺着管干珍补授，即速赴运河一带接印任事。至毕沅、惠龄任听粮道捏报开帮，又不将李天培私带多木之处参奏，本应照部议降调，但念毕沅向来尚属能事，惠龄在外任未久，姑着从宽，改为革职留任，八年无过，再行开复，以观后效。”（《清高宗实录》卷1332）

（乾隆五十四年六月）丙寅，谕曰：“毕沅等奏‘李天培交与湖广通省帮船洒带木植一事，据李天培供，曾向调任粮道王均、护粮道王兴谟、张官五等告知。该道等虽讯无分肥情事，但袒徇同官，并不劝阻，又不禀揭，任其洒带，以致迟阻漕船，请旨革职拿问，押运各官均请革职，并自请从重治罪’等语。王均、王兴谟、张官五俱着革职拿问，交该督等审明，定拟具奏。通判李英、谭尧龙俱着革职，毕沅、惠龄并着交部严察议奏。”（《清高宗实录》卷1332）

（乾隆五十四年七月）丙申，谕：“前据巡漕御史和琳参奏李天培私交湖广通省帮船洒带木植一案，毕沅、惠龄于审办时屡怀观望，经朕节降严旨申饬，始据奏称，讯之李天培，供‘上年福康安曾带信与我，以汉口一带向为木植会集之区，嘱为代买，并令扎办运送进京。我因福康安是旧上司，心欲见好，自己又可影射多带，若扎簰送京，需用脚价甚大，莫如交粮船带运，可以减省脚费，是我贪图小利，混交洒带’等语，并将福康安原书呈出。昨又据福康安奏称‘上年曾寄信与李天培，托其购买木植数百根，实无令其派交粮船洒带之事。接奉谕旨，战悚恐惧，无地自容，恳将公爵、红宝石帽顶、双眼花翎、四团龙褂、黄带、紫缰全行撤回，并将协办大学士、吏部尚书、两广总督概行革去，从重治罪，仍请罚缴总督养廉’等语，李天培系臬司大员，有奏事之责，如伊能矫矫自持，于福康安嘱令购办时，原可不允代办，或竟据实参奏，朕必嘉其持正，不次超擢。乃伊既意图见好，允为购办，又因有福康安托办木植，可以借其声势，将自用一千余根之木，一并勒交粮船带运，图占便宜，从中获利，并将原书存留，豫防败露后以为避卸之地，反复险诈，实为小人之尤。是此案固由李天培假托声势，牟利营私，而其实总缘福康安向其托办所致。毕沅等于初交审办时并不据实陈奏，始则称俟讯有确供，再行奏闻，巧为尝试，继仅于供单内带叙，希图混过。而阿桂在荆州已有所闻，亦未即时奏闻。迨接奉查办谕旨，始在安阳途次，密行奏出，以福康安曾著微劳，求朕不加深究，为爱惜人才起见。现经朕节降严旨询问，据阿桂、毕沅俱奏，于荆门州审案会晤时，即曾谈及此事。是此事阿桂与毕沅早有见闻，彼时即应参奏，方无愧公正大臣之体。乃竟未据入告，伊二人自以此项木植系福康安交办，意欲消弭其事。毕沅始终观望，隐跃其词，其瞻顾周旋，已属显而易见。即阿桂之迟迟始奏，亦未必不因朕严旨交查，虑及事难终掩，方补行奏出。在阿桂等欲商消弭之意，不过以福康安为孝贤皇后之侄，傅恒之子，屡经任使，平定台湾贼匪，曾著微劳，误疑朕欲曲为保全，一经奏出，或至碍难办理。岂知朕从来综理庶务，一秉大公，于诸臣功罪权衡至当，从不稍存畸重畸轻之见？即如傅恒在日，为朕深加倚畀，久承渥眷，偶有过失，并不稍为宽假。福康安平定台湾，生擒二丑，蒇事完善，朕非不嘉奖其功，但伊既获咎，朕亦岂能置之不问？若因其曾著微劳，遂不加究治，仅将李天培发往伊犁完事，天下之人，不将疑朕于福康安有所偏徇耶？况福康安既可如此，充其所为，则阿桂、嵇璜、和珅、王杰俱为大学士，通同一气，又复何事不可为耶？且即欲保全功臣，亦应俟审讯明确，据实奏闻，候朕裁夺，断无臣下等可以意欲消弭、通同颟顸了事之理。阿桂年逾七旬，日依禁近，为大学士领袖班联，资望最深，不应有此。即毕沅久任封疆，于汉大臣中尚为能事之人，亦不当似此进退无据。朕临御五十余年，信赏必罚，纲纪严明，于满汉大臣从无偏向，臣下功罪，岂能逃朕洞鉴？即如国泰、王亶望、陈辉祖、郝硕等骫法营私，无不以次败露，按律严办。福康安虽断不至如王亶望等之赃私狼籍，然既有此交办木植之事，即或隐饰一时，日久终归破露，维时不特福康安获戾更重，即阿桂与毕沅亦不得不治以瞻徇之罪。今幸而朕素怀寅畏，纲纪肃清，虽受恩深重如福康安者，一有过失，立即查出办理，不至酿成大案，而朕之大公至正，亦可以共对天下臣民而无愧。是此事及早发觉，得以秉公办理，悉赖昊苍眷佑，朕于此益加感激敬凛。至此案止论福康安之交办与否，若福康安本无其事，李天培虽属狡诈性成，亦何由假其声势？总由福康安不知避嫌，曾托购办，是以李天培得借见好献勤之举，以遂其牟利肥橐之私，即当治福康安以应得之罪。若现无安南抒诚求觐一事，虽福康安平定台湾，功绩懋著，核其情节，尚不至于革去公爵，其所赏红宝石帽顶、四团龙褂、黄带、紫缰俱应革除，断不能施恩与留。第念现在阮光显前赴热河瞻觐，阮惠又恳于明年亲自来京祝嘏，倘将福康安所有章服遽行更换，匪特观瞻不肃，且类于爱憎无定，所关甚巨。所有福康安自请撤回公爵章服等项及斥革治罪之处，着加恩免其撤回斥革。但福康安受恩深重，乃不能加意谨慎，致蹈愆尤，亦不可无以示儆。福康安着罚总督养廉三年，仍加罚公俸十年，并带革职留任，用昭惩创。阿桂、毕沅、惠龄未即据实奏出，固有不是，但此事究系福康安之过，阿桂、毕沅等俱不过相因而及，朕亦不加深究，一概弗问矣。将此通谕知之。”（《清高宗实录》卷1334）

（乾隆五十四年九月己酉）谕：“吏部进呈‘原任湖南学政钱沣失察生员匿丧冒考议处’一本。各省学政训饬士子是其专责，今生员杨德钟于母丧未满，朦混冒考，似此忘亲躁进之徒，不特违犯例禁，实于伦纪有关。钱沣身为学政，竟若罔闻知，所谓训士者安在？岂国家设立学政，惟令坐享厚廉，而于风化士习，俱可置之不问耶？钱沣前在御史任内自诩刚方，节经参劾毕沅、国泰，朕念其尚有风力，一两年间，即擢至通政使副使，简放湖南学政，并特令连任。乃伊在湖南将及六年，从未见其续有纠劾之举，岂该省大小官员尽皆廉法，竟无一二应挂弹章者？况近年湖广活埋、匣费、江堤等案节次破露，钱沣近在楚省，宁独无所闻知？而默不一言，可见伊从前参奏毕沅、国泰不过以自峻丰裁，为售知邀升之地……”（《清高宗实录》卷1339）

（乾隆五十四年九月壬子）谕：“昨毕沅奏‘湖北汉黄德道孟钰才不胜任，请以同知降补’等语，已照所请交部矣。因思孟钰系部员出身，其外放道府，必有人保送。兹据军机大臣查奏‘该员系三十五年经刑部堂官保送简缺知府’等语，六部郎中截取知府，该堂官于保送繁缺之员尚知慎重，如有才具平常者，引见时朕亦即予驳改。其保送简缺者，该堂官往往视为无甚紧要，又可为属员外任地步，向来未免率行姑息保送，此大不可。知府为方面大员，无论繁简皆有表率属员之责，所谓有民人焉，有社稷焉，即使缺分事简，亦岂可以才不胜任者滥竽贻误？嗣后六部堂官于俸满郎中截取时，其有才具平常者，即当留部当差，虽简缺亦不得率行保送。倘该堂官仍前滥保，引见请训时经朕驳改，及外放后该督抚奏请降补者，惟保送之该堂官是问。”（《清高宗实录》卷 1339）

（乾隆五十四年十一月）乙酉，谕军机大臣曰：“富纲等参奏‘前署昭通府事永北同知谢洪恩豫发京铜运脚银四千二百余两，现在饬查无着，该员既违例滥放，又不即时赔补，请将谢洪恩革职严审，并分咨原籍安徽及迁居之湖北、浙江各省查封家产，一体备抵’等语，已将谢洪恩革职，交该督抚严审定拟具奏矣……且该员原籍安徽歙县，迁居湖北汉阳，现又移居浙江嘉善，迁徙无定，辗转搬移，安知非因有侵蚀官项恐被发觉，豫为隐匿地步，不可不从严查办。着传谕富纲、谭尚忠将该员任所资财严密查封外，并着陈用敷、惠龄、琅玕于该员原籍、寄籍处所家产一体查封备抵，毋任有丝毫偷漏寄顿情弊。”（《清高宗实录》卷 1342）

（乾隆五十四年十一月）庚戌，谕：“据惠龄奏‘江西委员乐平县县丞徐宝麟管解云南饷银五十鞘，行至钟祥县地方，该县知县叶治赴乡相验，经典史黄宝璋佥差拨夫，至荆门州交替，查点失去一鞘，现在提集兵役等严审定拟，请将典史黄宝璋、委员徐宝麟革职。至知县叶治是否先已赴乡，容俟查明参奏’等语，江西解滇饷鞘，经过湖北钟祥县地方，该典史黄宝璋并不慎重佥差，委员徐宝麟亦不小心管押，致被中途串窃，非寻常疏玩可比。黄宝璋、徐宝麟俱着革职拿问，交该抚提同案犯，严行确审具奏。知县叶治虽因公出，但平时不能约束差役，致有疏虞，及失去饷鞘，又不能即时拿获究办，咎实难辞。湖北政治废弛已久，若不从严惩治，不足示儆。叶治亦着一并革职拿问，其该管道府及疏防武职各官，着该抚即行查参，照例议处。”（《清高宗实录》卷 1343）

（乾隆五十五年二月戊午）步军统领衙门奏：“湖北广济县民杨瀊霏呈控该县重征勒折，请派大员往审。”得旨：“此案着派韩鑅、玉德驰驿

前往，秉公严审，定拟具奏。所有随带司员着一并驰驿，原告民人杨瀣霏着照例解往备质。”（《清高宗实录》卷1348）

（乾隆五十五年六月己未）又谕：“昨因热河道府面禀军机大臣，接到沿途传单，供应阮光平等尖宿，一日约用银四千两……福康安见沿途如此糜费，亦当一面据实参奏，一面密为晓谕节减，方不失为公正晓事之大臣。计此时阮光平已将抵楚境，何以该督漫不加察，竟未奏闻耶？且此项虚糜银两，大半为地方官花费冒销，或系护送员弁从中勒索，于福康安、阮光平皆无实惠。况所用之银，既难于例外开销，自必在通省官员养廉内摊扣，地方官办公竭蹶，势必仍取之闾阎，更不可不防其渐，将来众怨归福康安矣。着福康安即查明似此过事糜费之举从何处而起，即行据实查参，毋稍回护。福康安受恩深重，亦不致稍有隐饰也。”（《清高宗实录》卷1356）

（乾隆五十五年六月）癸亥，谕军机大臣曰：“琅玕等奏‘闵鹗元长子闵思敬现任湖北武昌府同知，第四子闵思毅现任内阁中书，所有资财，现飞咨湖北顺天府查办’等语。闵鹗元于高邮、句容二案先后发觉，并不亲提严审，玩视民瘼，徇情骫法，实属欺饰负恩。伊任所原籍资产自应查抄入官，留于江省以备公用示惩。此系闵鹗元罪由自取，与伊子无涉。闵思敬、闵思毅现在湖北、京城服官当差，一切俱资用度，着传谕蒋赐棨、毕沅等接到琅玕咨会，竟可毋庸查办，若现在已经查办，亦着即行给还。”（《清高宗实录》卷1356）

（乾隆五十五年六月己巳）又谕：“据奇丰额奏‘查抄闵鹗元资产案内，有原任德安府知府赵枏、捐职理问赵深、捐职员外郎祝徵萃，俱系闵鹗元姻亲，并有寄顿银两，恐尚有虚捏隐饰等弊，请一并革职，解交浙省归案审办’等语，赵枏、赵深、祝徵萃俱着革职解赴浙省，交与琅玕一并归案审办。”（《清高宗实录》卷1357）

（乾隆五十五年十月丙辰）谕军机大臣等："都察院衙门奏'湖北江陵县民赵学三呈控易群占等串通书吏何良弼等包揽堤工，偷减土方'一折。湖北荆州堤工，俱令官为经理，今赵学三所控方家渊民堤被包头易群占等侵蚀土方钱文，并不按照原估丈尺修筑，复串通书役朦混舞弊，如果所言属实，自当严行查办，以警蠹役包揽之弊。但赵学三或因伊兄赵五登系属讼棍，现被地方官监禁审讯，将来恐有干涉，逃避赴京，架词呈控，以图拖累泄忿亦未可定，均不可不彻底根讯，以杜积弊而儆刁风。着传谕吉庆、王昶于湖南审案完竣，即取道湖北，与前日应城县已革武生李杜控告仓书科派浮收一案，一并秉公确讯，定拟具奏。"（《清高宗实录》卷1364）

（乾隆五十五年十一月壬午）谕军机大臣等："据步军统领衙门奏'湖南长沙县保正王泽远呈控监生李敬思、生员李楷等，串通该县仓书黄克明等，勒派采买仓谷，短发价值，历控不办'一案，事关蠹书骩法，派累乡民，该省总督藩司等何以不为查究，恐亦有徇庇情弊。如果所控属实，自应从严究办。若王泽远受人唆嘱，挟嫌妄控，亦当治以应得之罪，以儆刁风。着传谕吉庆、王昶，于审讯湖北李杜、赵学三两案完竣后，仍赴湖南提集案证，将此案实在情节秉公确讯，定拟具奏。"（《清高宗实录》卷1366）

（乾隆五十五年十一月）丁酉，谕曰："尹壮图奏，督抚等借交纳罚项为名，派累属员，致有亏缺。因降旨令将何人勒派、何处亏缺，一一指实参奏。兹据复奏'各督抚声名狼籍，吏治废弛，经过各省地方，体察官吏贤否，商民半皆蹙额兴叹，各省风气，大抵皆然。若问勒派逢迎之人，彼上司属员授受时，外人岂能得见？徒以道路风闻，漫形奏牍，断不敢作此孟浪之行'等语，朕披览再三，折内并未指实一人一事，仍系摭拾浮辞，空言支饰。朕五十五年之间，简任督抚多矣，凡弃瑕录用之员，皆因一时无人，或所获之咎又非侵贪败检、法难宽贷者，是以量予从宽，复加起用。若如王亶望、陈辉祖、国泰、郝硕等有贪黩营私劣迹，一经发觉，无不加以重辟，从不稍存宽假……至折内所称，伊经过之直隶、山东、河南、湖广、江、浙、广西、贵州、云南等省，商民半皆蹙额兴叹之语，竟似居今之世，民不堪命矣。朕临御五十五年，子惠元元，恩施优渥，普免天下钱粮四次，普免各省漕粮二次，为数何啻万万？偶遇水旱偏灾，不惜千百万帑金，初助抚恤，赈贷兼施，蔀屋穷檐，共沾实惠。凡身被恩膏者，无不家喻户晓，小民等具有天良，方将感戴之不暇，何至蹙额兴叹，相聚怨咨？或系尹壮图往来途次，间有一二小民为胥役扰累者，向其陈诉，尹壮图亦即当据实奏闻，朕必差大臣往办。但此系闻之何人，于何处见此情状，亦令其据实指出……若如尹壮图所奏，则大小臣工等皆系虚词贡谀，面为欺罔，而朕五十余年以来竟系被人朦蔽，于外间一切情形，全无照察，终于不知矣。着尹壮图将所奏直隶等省亏空者何处，商民兴叹究系何人，月选官议论某缺亏空若干，又系闻自何人传说，逐一指实复奏。若果查询得实，朕从不肯颟顸混过，自有办法。尹壮图不可徒以空言无实，自蹈欺罔之咎也。”（《清高宗实录》卷 1367）

（乾隆五十六年三月）甲辰，谕曰：“额勒春奏‘平远州知州朱昕领运楚铅，据该员报称，在楚镕化，竟短少七万余斤，连后帮核计，共短二十万斤。查该员在局领兑时，如果低潮，何以并无只字禀闻？且后帮之铅，未到未镕，何以知其短少？显有情弊，请将朱昕革职，提解回黔，严审究拟’等语。委员朱昕领运楚铅，在局领兑时既无短少，何以在楚镕化，忽称短铅七万余斤？且将未到未镕之铅，逆料其必有短少，豫留侵冒情弊，居心实属巧诈，仅予革职审拟，不足蔽辜。朱昕着革职拿问，交该抚严审定拟具奏。至阅折内该委员系于五十五年在局领运，该员在途任意迟延，经该抚札催，并将迟延职名开查咨部，是该员领运在途无故逗留，显有偷换舞弊情事。该抚明知该员行走迟滞，仅行札催，并不查明参究，迨事已逾年，经该员禀报铅斤短少，始行奏参，实属非是。额勒春着传旨申饬。现在该员朱昕已据提解回黔，严审究拟，该抚务须秉公研鞫，彻底查办，毋得意存瞻徇，致滋宽纵干咎。该部知道。”（《清高宗实录》卷 1375）

（乾隆五十六年八月戊申）谕：“刑部复奏‘议驳湖北省陈谷松与王廷英共殴吕九如身死一案，称王廷英所殴同一伤痕，该抚前因正犯陈谷松未获，称为轻伤，继因陈谷松已获，复将王廷英所殴指为重伤，图宽陈谷松绞抵之罪，办理自相抵牾，是以题驳’等语，向来共殴之案，因旧例本未允协，以致引用牵混。但伤重伤轻，自当验讯明确，核实办理，方可定谳。今该抚等审拟陈谷松一案，始以王廷英殴系轻伤，继复指为重伤，办理实属矛盾。此案系惠龄初审，以王廷英所殴系属轻伤，不至于死，应以在逃之陈谷松拟抵，即将王廷英拟徒，旋即中途病故之处，咨明刑部，尚无不合。毕沅兼署巡抚时，亦欲照拟完案，因福宁即日到任不远，即将卷宗移交福宁办理，是本案虽非毕沅题结，亦有应得之咎。至福宁与臬司孙曰秉系承办定拟具题之人，乃于王廷英一人忽云伤轻，忽云伤重，办理两歧，罪名出入，实难辞咎。毕沅着交部议处，福宁、孙曰秉俱着交部严加议处。其共殴之案，仍着该部详悉核议，酌改具奏。”……（《清高宗实录》卷 1384）

（乾隆五十六年十二月戊申）谕军机大臣等：“昨令军机大臣将各省积欠银两数目查明开单进呈，朕详加披阅……湖北省未完银六十四万七千五百余两，为数甚多……此项积欠银两俱系应征正项钱粮，在小民等踊跃急公，自无不输将恐后，其各省所报未完银数，必非尽系实欠在民。闻总由地方官吏借口水旱歉收，因灾带缓，从中那前移后，官侵吏蚀，借称积欠在民。况连岁以来，各省秋收多属丰稔，间有歉收之处，亦不过一隅偏灾。即如……湖北省只系荆州府属堤塍决溃，偶被水淹，均不过一隅中之一隅……若非经手官吏，任意侵那，何至积欠银粮竟有此数？

从前雍正年间曾特派大臣往各省逐一清查，朕临御以来，惟恐派出之员奉行不善，或致扰累地方，是以未经派员查办。但国家经费有常，似此悬宕无着，便于蠹吏诬及良民，年复一年，伊于何底？着传谕各该督抚，即将前项未完积欠银两实在因何、民欠若干、官吏侵蚀若干详晰查明，分别开单据实具奏。此项历年积欠，在州县等断不肯自行呈报，但该督抚等俱系升调未几，其经征州县辗转那欠已非一日，此时自无可用其回护，惟当确切严查，据实陈奏，其经征不力之咎，转可加恩宽宥。若该督抚等心存袒护，代为隐瞒，不过与海捕具文视同一例，稍有不实不尽，经朕派员查出，或被百姓告发，恐该督抚等不能当此重戾也。将此传谕知之。”（《清高宗实录》卷1392）

（乾隆五十七年九月）辛丑，谕：“刑部参奏‘额外主事魏若虚，于核议湖北省卢秀等活埋卢在伦身死一案，欲照擅杀例减等问拟，抗不画稿，并自缮奏折说帖，欲行陈奏，实属任性偏执，意图争胜，请交部严加议处’一折。朕详加披阅，此案卢秀于缌麻侄孙卢在伦犯窃，设当甫经查获，未交保正之先，因其玷辱祖宗，遽以家法处治致死，犹可援照新例减等。乃卢在伦业经邻人刘惟查获，拿交保正潘见名送官，是此案即应听官办理。而卢秀竟复将卢在伦夺回捆缚，活埋致毙，迨保正查知，欲行禀报，卢秀复阻令勿报寝事。其为畏累逞忿，挟私故杀，自无疑义。该抚照谋故杀本律问拟，情罪原属相当。且为首之卢秀一犯，业已在监病故，所有现拟杖流之卢谷升等俱系为从之犯，其案情更为无关紧要。今刑部堂官以卢秀因畏卢在伦扳害，起意埋毙，系为自己除害，并非为玷辱祖宗起见，自不得援照擅杀卑幼之例减等定拟，是以仍照谋故杀本律问拟。所办原属循照向例，并无错误。即核之魏若虚所引四川、湖南徐子俸等各案，虽同一尊长杀死卑幼，彼则因玷辱祖宗颜面忿激致死，故照擅杀律减等，此则因畏其扳害，非激于公忿，故仍照谋故杀问拟，本属两不相悖。乃魏若虚固执己见，任意乖张，始终抗不画稿，且意图见长，并自行缮折，意欲陈奏。其意不过因近来有讦告上司、曾邀迁擢之事，遂欲借此一案独出己见，希冀一经上闻，或得幸邀识拔。其为躁进用巧，尤属显然。若部中司员相率效尤，各持异议，堂官何以办事？魏若虚着交部严加议处，以示惩儆。”（《清高宗实录》卷1412）

（乾隆五十八年二月己巳）谕：“前据全德参奏‘运使柴桢那移商人盐课二十二万两，解送浙江，弥补盐道库内短缺银两’一案，事关侵那帑项，不得不切实严究，特派庆桂会同长麟前往查审，彼时朕不但不疑福崧于此案有通同侵染情弊，即柴桢由贵州举人用至府道，擢授运使，该员以边省寒畯得此优厚俸廉，已为逾分，亦不应再有败检营私之事。今据庆桂等审明福崧、柴桢侵婪各款，于原参二十二万之外，又审出福崧侵用掣规、月费等银六万余两，殊为骇异，实出意料之外。经庆桂等将福崧、柴桢及案内各员按律分别定拟具奏，现据军机大臣会同大学士九卿核议，请照庆桂等所奏，将柴桢拟斩，即于浙省犯事地方正法，福崧亦拟斩，即行正法，均属罪无可逭。柴桢着交长麟，即于浙省处决示众。至福崧初次在浙江巡抚任内，尚能循分供职，嗣因失察知县黄梅勒折苛征一案，令其前往新疆办事，伊在彼三年，自当愧悔勉励，稍资历练，复加恩擢用巡抚，又由江苏调任浙江，冀收驾轻就熟之效。福崧系硕色之孙，伊家世受国恩，历任封圻，自应廉隅谨饬，勉力图报，乃辄向盐道婪索多赃，以致柴桢亏缺库项，营私骫法，莫此为甚。此而不严办示惩，何以肃官方而儆贪黩？本应将福崧解京廷讯，如从前王亶望、国泰等严加刑讯，俾封疆大吏知所惩惧。但朕年寿已高，若亲加讯问，必生愤懑，且福崧下流，不值朕动怒且惭也。着无庸解京，即令庆桂于押带福崧所到地方，如在江南境内，即着会同书麟在该处监视正法，如已行抵山东，即会同吉庆在该处监视正法，亦足以为封疆大员辜恩骫法者戒。归景照身为藩司大员，本有奏事之责，凡遇督抚有贪婪不职情事，即应据实参奏。乃于福崧种种贪劣各款，并不据实劾参，转代为购办金两，可见归景照在藩司任内素属无能，惟知取悦上司，听从指使。以藩司大员，似此逢迎交结，吏治更不可问，即治以重辟，亦属罪所应得。

今姑念归景照于此案尚无通同染指之处，免其深究。伊前于定海县严承夏自缢一案，发往军台，因尚属公罪，准其捐赎。今复有代巡抚购办金两之事，自难再邀宽宥。归景照着发往伊犁效力赎罪，再不准捐赎。至明保、张慎和俱系道府大员，非丞倅佐杂可比，于盐道库贮银两亏短禀明巡抚，未经查办，即应直揭部科。乃扶同徇隐，率行接受交代，结报无亏，亦属溺职。明保、张慎和均着革职，发往军台效力赎罪。柴桢家人柏顺代伊主馈送金两，从中侵扣，赃至逾贯，即与奴窃主财无异，自应按律拟绞，即在该处正法，如已一并押解来京，即着庆桂等于所到地方会同监视处决，余俱照所议办理。嗣后各督抚等务当咸知儆省，共矢洁清，于地方事务实心整饬，毋致怠玩废弛，自罹重罪，以副朕谆谆训诫、辟以止辟至意，毋似福崧欺朕耄而悖也。将此通谕知之。”（《清高宗实录》卷1422）

（乾隆五十九年八月乙亥）又谕：“川省拿获邪教一案，据福康安、秦承恩究讯，竟倡自湖北襄阳及竹溪地方。毕沅系该省总督，平日岂竟毫无闻见？乃所管地方有此等邪教，该督既未查明具奏，且川省委员前赴竹溪，查拿案内陈金玉等要犯，而该犯等伙党至有夺犯伤毙差役之事，川省已据委员禀报，经福康安具折奏到，岂毕沅于所属有此等重案，近在境内，转无闻知？该省地方官，亦岂有不行禀报之理？竟未奏闻，是何意见？况四川、陕西俱经咨明湖北会同搜缉，而毕沅至今竟无一字奏及，则该督所司何事？又安用此封疆大吏为耶？着传旨严行申饬。”（《清高宗实录》卷1459）

（乾隆五十九年八月）壬午，谕：“前福康安奏，拿获传习邪教之大宁县民人谢添繍等，与湖北竹溪县之王占魁、陈金玉往来，传授灵文。经川省委员前往湖北查拿，于拿获后，竟有伙党在途抢回，殴毙差役之事。毕沅于所属地方有此等案件，并未奏及，业经降旨严行申饬，并令该督亲赴各该处严密查拿。兹据毕沅等奏‘接到陕省咨会，当即饬属驰赴襄阳地方，拿获樊学鸣一犯，并将首犯宋之清拿获，及究出同教各犯刘喜等十八名，搜获经卷’等语。该犯等在湖北地方传习邪教，已经数年，该督并未及早访闻查办，迨别省犯出，接到札会，始行饬属拿获案犯，已属迟缓。又另片奏‘接到川省札会，当又饬属将传教之王占魁、韩陇二犯拿获，解川审办’等语，而于夺犯伤毙差役之事，既经接准福康安咨会，岂该县并无禀报？乃全未提及一字，可见该督既经失察于前，又复回护于后，殊属非是。毕沅着严行申饬，并着交部严加议处。”（《清高宗实录》卷1459）

（乾隆五十九年八月甲申）谕：“昨因毕沅奏，接到川省札会，拿获传教之王占魁、韩陇等犯，而于前被抢回之陈金玉一犯因何被抢并伤毙差役之处转未奏及，显系回护讳饰，已降旨将伊交部严加议处矣。本日又据该督奏‘先因此案人犯籍隶襄阳，当委郧阳府知府杨如桂前往襄阳，会同该府张翙严密躧缉，并派臬司张长庚驰往督饬妥办，先后共获首伙五十二名。又因竹溪县地方与川省接壤，据该县禀报有夺犯殴差之事，飞饬郧阳府知府驰回本郡，严密查拿。请将疏防之竹溪县知县李秉中、游击杨化禄革职协缉。抚臣惠龄、藩司汪新现往安陆查办被水抚恤事宜，省城重地，未便同时远出，复饬臬司会同该镇实力督拿’等语，所奏大奇，不料毕沅竟昏愦至此。地方遇有聚众传教，以至夺犯杀役，已非小案。毕沅身任总督，平日漫无觉察，已难辞咎。及至川、陕二省破获咨缉，该督一接咨会，理应星速亲赴要处，董率严拿，将案犯立时捕获，以期稍赎罪愆。乃毕沅视若无事，先止派委知府杨如桂前往会拿，及竹溪县有夺犯殴差之事，该督尚以省城重地为词，安坐衙斋，复令该府杨如桂驰回本郡，往返耽迟，更不成话。且靦颜委过于知县李秉中、游击杨化禄，思以参奏属员了事。种种错谬，殊出情理之外。毕沅本应革职治罪，姑念其久任封圻，从前办事尚属勤奋，着加恩降补山东巡抚，以观后效。但伊办理地方事务如此玩误，若复任其坐拥厚廉，不特无以示儆，即令其扪心自问，何以自安。毕沅着摘去花翎，罚交湖广总督养廉五年，即行完缴，以为浙江海塘工程之用。再罚山东巡抚养廉三年，分作六年扣缴，俾伊每年仍得支领一半，以资办公。于惩创之中，予以自新之路，此系朕格外恩宥。毕沅务宜倍加愧奋，亟思湔悔，毋再因循，致干重咎。所有湖广总督员缺，着福宁补授，即由河南速赴新任，途次亦可办邪教之案。穆和蔺着仍留河南巡抚之任，所有毕沅参奏之知县李秉中、游击杨化禄即着革职，留于该处协缉。”（《清高宗实录》卷 1459）

（乾隆五十九年九月）戊子，谕：“前因毕沅于查办邪教一案，既经接到川省札会，竹溪县有夺犯殴差之事，并未早行具奏，又不亲往督缉，止派委臬司道府前往会拿。该督安坐省城，厥咎甚重，业经明降谕旨，将毕沅降补山东巡抚，摘去花翎，并罚交督抚养廉八年，以示惩儆矣。本日又据秦承恩奏‘接据臬司禀报，带同委员等续获伙犯邱正魁等三十五名，又于途次盘获赵显章等二名，先后获犯共一百十二名，现俟楚省拿获之樊学鸣等解到后，即与萧贵等面质严究’等语。此案邪教虽由该省破案，且前后获犯已有一百余名，但似此大案，秦承恩接据该府禀报，止派臬司等分往查拿，亦未亲赴该处。其未亲往之咎，与毕沅无异。秦承恩着罚养廉三年，分作六年半扣缴，以示薄惩。至外省督抚办理地方事件，非失之不及，即失之太过。所有邪教一案，因系蔓延数省，搜出经卷内又有违悖字句，甚至夺犯伤差，已非小案。毕沅身为总督，无刑名钱谷繁案，是以罚重。秦承恩亦并未亲往查拿，是以罚轻。若各督抚等因见毕沅以此获咎，遇有地方寻常事件亦纷纷前往，致涉张皇，又非镇静之道。督抚等受朕厚恩，简任封圻，办理事务，自当权其缓急轻重，酌中妥办。固不可养尊处优，亦不可轻举妄动。嗣后各督抚等务宜随时斟酌，妥协办理，以副朕谆谆训诲至意。”（《清高宗实录》卷 1460）

（乾隆五十九年九月）庚寅，谕：“前因毕沅于查办邪教一案，接到川省札会，有夺犯殴差之事，并不亲往督缉，已降旨将毕沅降补山东巡抚，摘去花翎，罚交督抚养廉八年示儆。又因秦承恩于此案接据该府禀报，亦未亲往查拿，将该抚罚养廉三年，以示薄惩矣。第恐外间未悉分别办理原委，以为毕沅、秦承恩共办邪教一案，俱未经亲往，毕沅则降补巡抚，摘去花翎，又罚养廉八年，秦承恩则仅罚养廉三年，几疑为一事两办，轩轾悬殊。不知此事先由陕西破案，计该省获犯前后已有一百余名，秦承恩之咎，止于未经亲往及奏报迟延，是以将该抚交部严议，并罚养廉三年，以示薄惩。至毕沅于邪教一事，现在究获宋之清、樊学鸣、李喜狗、戴大名传教各要犯，俱籍隶湖北，且据萧贵供，经卷实系传自湖北，是此事起自楚省，已无疑义。毕沅于所属地方有聚众传教夺犯重案，日久漫无觉察，已难辞咎。迨接川、陕二省咨会缉拿，竹溪县复有夺犯殴毙差役之事，毕沅尚不亲身驰赴该处督缉，止派臬司道府前往会拿，其过甚大。况各省刑名钱谷俱系巡抚专政，事务较繁，至总督则专辖营伍，凡遇地方有匪徒滋事之处，则应总督带兵前往捕缉。毕沅身为总督，营伍地方皆其所辖，乃于此等聚众传教、夺犯伤差重案并不亲往，惟知安坐衙斋，养尊处优，其咎较秦承恩为重，是以将伊降补巡抚，摘去花翎，并罚养廉，用昭惩儆。朕于臣工功过无不一秉大公，权衡至当，轻重惟其人之自取，从不稍涉偏畸之处。再行通谕各督抚知之。”（《清高宗实录》卷1460）

（乾隆五十九年十一月丙戌）又谕曰：“……邪教一案，自福康安、秦承恩奏到，降旨交湖北、河南各处通缉，已将数月，该县岂尚未闻知？即云刘知协系因窃案先行关审，但‘知’字与‘之’字音本相同，有何分别？该县关到刘之协后即应从此根究，何得置若罔闻，并不留心收管，致被要犯潜逃？况安省差役解到后，该县业经给与印信回照，又何得捏禀安省差役与之同逃，希图诿卸？此等玩误劣员，岂得止以革职协缉，参奏完事？刘清鼐着即革职，拿交刑部治罪，穆和蔺、吴瓛、陈文纬及该管道府俱着交部严加议处。穆和蔺身任巡抚，吴瓛、陈文纬身任两司，平日不能留心整饬，以致所属地方官于此等关提要犯漫不经心，致有疏脱，若复任其坐拥厚廉，不足示惩。穆和蔺着罚养廉五年，即时完缴。

吴璥、陈文纬并着各罚养廉三年，亦着即行完缴，以为玩误地方者戒。所有刘之协一犯，即着责成穆和蔺、吴璥、陈文纬三人亲往分投督拿，务期速就弋获，如不能即时拿获，致令远扬漏网，恐伊等不能当此重戾。其革职拿问之扶沟县刘清鼐，并着穆和蔺遴派妥员，小心管押，迅速送部。倘途中再任疏懈，致该员有畏罪自戕等事，必将穆和蔺立置重典，不能再为宽贷也。”（《清高宗实录》卷1464）

（乾隆六十年二月癸丑）又谕曰：“……刘之协为邪教要犯，在扶沟脱逃后，日久无获，屡经降旨严缉，至再至三。陈用敷既经提讯阮沉等，供出刘之协逃往樊城踪迹，并于正月初七日业经委员前往查拿，正可从此跟踪缉获。该抚即为见长，亦应将访有踪迹之处先行驰奏，以便及早饬交湖北严缉，此时已经就获，亦未可定。乃从无一字奏及，直至军机大臣审出具奏，降旨饬询，始将办理缘由具折入告，今日始到。若非朕询问，则此等紧要情节，此时尚未必奏及，糊涂已极。况陈用敷身任巡抚，于此等查拿要犯之事，既究出潜脱踪迹，宁不当亲身前往查拿乎？乃仅委之知县微员前往躧缉，此等知县，想不过如刘清鼐之庸懦无能。今委令查拿，设办理不能严密，又致刘之协闻风远遁，更复成何事体。前此毕沅在湖广总督任内，因竹溪县夺犯殴差一案安坐省城，未经亲往查拿，特降为巡抚，以示惩儆。此系上年九月之事，陈用敷岂未闻之？况刘之协更为邪教要犯，尤非夺犯殴差之犯可比，乃仅委令知县前往，又安用此巡抚为耶？且据奏称‘刘之协在扶沟脱逃后，曾回至太和，在史有义家住宿，旋即逃往湖北樊城’，是刘之协自扶沟逃逸后，曾经回至太和逗留，当此查拿严紧之际，而安省地方官员岂竟毫无闻见……看来近日督抚等于地方事务竟全不认真，陈用敷办理此案颠倒错谬，实属可笑可恨，殊出意料之外，着革职，解交刑部治罪……”（《清高宗实录》卷1470）

（乾隆六十年九月乙丑）谕军机大臣等：“据福长安等奏‘舍尔图所

控之案，查讯大半俱实’等语，此事殊堪骇异，将军大臣等于地方相沿陋习理宜剔除，舒亮等踵循流弊，滥行勒索，实属不堪。舒亮、安庆、那彦泰、舒通阿俱着革职拿问，交福长安等严讯定拟具奏。又另片奏，审出那彦泰于官兵俸饷内私扣银二千两，据供，现因楚省用兵，恐调该处官兵，意欲存此以备兵丁整装之用，其为托词狡饰无疑。伊诚欲如此办理，何不先禀将军、副都统及与诸协领商酌耶……”（《清高宗实录》卷1487）

（乾隆六十年十月丁未）又谕：“前因京师及各省钱价日贱，由于小钱充斥，节经降旨饬禁，并立限收缴。乃自查禁以来，已逾年余，而京城钱价近又减落，步军统领衙门尚有陆续收缴小钱，是钱价之贱，总由于私钱未能净尽。京城地方辽阔，人烟稠密，并无偏僻处所，奸徒无从藏匿偷铸，所有小钱必系外省夹带来京，而外省私贩若由陆运，需费繁多，不能获利，必从水路私行贩运来京。前经降旨，交各关口实力严查。今小钱尚敢于辇毂之下私行使用，自由管关各员奉行不力，日久生懈，而地方官查禁私铸，亦视为具文，不过出告示查禁，止过一年半载，胥忘之矣。否则各省现俱停铸，京城户、工二局亦各减卯，并将应发兵饷实支银两，又赏借王公及文武各官俸银，银多钱少，钱价自当增长，何以转日就减落？其为小钱未净，情弊显然。昨据陈淮奏拿获小钱一案，讯系由湖北汉口贩至江西，是汉口竟为小钱聚集之所，该督抚及地方官所司何事？本应从重治罪，姑念该省现有承办军需要务，从宽免其深究，该督抚务宜严饬所属，上紧查拿，若仍阳奉阴违，别经发觉，惟该督抚等是问，恐不能当其咎也。至云贵、四川，尤为私铸之薮，虽据该督抚奏‘现在实力收缴，渐次净尽’，但所奏如果属实，则私铸既绝，来源肃清，因何各省仍复搀和行使？是该督抚所奏现无私铸之处，亦系托诸空言。况前据徵瑞奏‘于天津关已另设收缴小钱之局，晓谕过往客贩，令其尽数缴出’等语，随交各监督仿照徵瑞留心查验。嗣据盛住奏‘在淮、宿、海三关设局，于查看税货之便逐细严查’，并据刁玉成奏‘应责成地方官，令钱铺出具不敢搀和小钱甘结’各等语，乃自该监督等具奏以来，惟淮关收过小钱三百余斤，浒墅关奏收过小钱六百千文，此外并未据将收过数目具奏，而刁玉成转以责成地方官为词，可见该监督等并不认真遵办，惟以一奏了事。所有查办不实之各督抚及管关各监督，均着传旨严行申饬。除就近饬知步军统领衙门及五城顺天府严密查拿，责成钱经纪毋许搀用轻减外，并再通谕各省督抚及管关各员，嗣后当各矢天良，一体实心查察，清其源以杜其流，务期圜法肃清，国宝流通，钱价增平。不可因有此旨，一时严行查禁，久而渐忘，又复因循懈弛。倘经此次饬查之后，仍有盘获小钱，必当彻底根究系何处私铸及经过何处，即将该管各督抚暨地方官并管关各员一并从重惩治，不能复邀宽宥也。”（《清高宗实录》卷1489）

（乾隆六十年十一月）丙子，谕曰：“景安奏‘豫省小钱较前日少，但尚未能净尽，请展限半年，尽力收缴’，又据苏凌阿等奏‘江苏省收缴小钱，俱系磓碎存局，自上年冬底至今，又收缴十三万余斤’等语，各省小钱，屡经降旨交查，并予限收缴，其鼓铸各省分，又已概行停止，何以钱价仍未增平？自系私钱未经净尽所致。前据陈淮奏拿获私贩小钱之案，讯系由汉口转贩。昨又据方维甸奏‘湖广帮船难保无携带小钱沿途使用’等语，可见湖广地方竟为小钱聚集之所。现在该省办理军务，督抚、司道、府州县各官有承办紧要之件，尚可借词查察未周。即日大功告成，该督抚务宜董率所属实力严查，如明年各省再有拿获小钱之案，讯系贩自楚省，必将该督抚及地方官从重惩治，不能复邀宽宥。至粮艘限期紧迫，虽难停泊候查，但过淮签盘时，其船中有无小钱，无难一望而知。且各帮到杨村暂泊待拨时，亦可顺便抽查，除就近传知仓场侍郎外，并着漕运总督于签盘湖广帮船时，一体严密查验。如该侍郎、总漕并不认真妥办，任令帮船仍前夹带使用，别经发觉，惟该侍郎、总漕是问，恐不能当此咎戾。至各省收缴小钱，期限皆已届满，而河南、江苏二省，据该督抚奏尚未净尽，可见外省办事，多系托诸空言，有名无实。

今景安既有展限之奏，着再通行展限半年，交步军统领衙门、五城御史、顺天府府尹及各省督抚再行剀切晓谕，俾依限呈缴，一律肃清。倘逾限不缴，一经查出，必按律治罪。但清查小钱之道，惟在随时留心，核实办理，如经此次展限之后，该督抚等仍敢视为具文，始勤终怠，将来遇有查出私贩小钱之案，必究明来自何处及经过何省，将督抚及地方官一并从重惩处，不可不知凛慎也。”（《清高宗实录》卷1491）

（嘉庆元年三月丁巳）毕沅等奏：“保康、竹山二县向无城垣，被贼残破，知县陈世章、刘大成等均以遇贼被害。”得旨：“事定后咨部议恤。”寻又奏：“保康县知县陈世章遇贼被羁，骂贼不屈，经乡民救免，嗣西安将军恒瑞查奏，陈世章并无骂贼不屈实据，请革职发往新疆效力赎罪。”从之。又陕甘总督宜绵查奏：“竹山县知县刘大成、署游击孙魁抡、典史吴国华，贼至不能固守，均自尽。”上以刘大成等虽未骂贼捐躯，究与偷生者有间，仍下部议恤。寻议：“均照伤亡例减等赐恤。”从之。（《清仁宗实录》卷3）

（嘉庆二年四月）壬申，定苗疆善后事宜。谕内阁：“毕沅等奏‘苗疆添设营汛官兵及修城筑堡，酌给新设苗弁饷银’各折，此等善后章程，既经毕沅等分折具奏，自应核议施行。但地方事件，有治人，无治法，从前湖南省苗疆各镇，一切设汛安兵，何尝不系前人妥为布置规模？只因地方大小各官因循废弛，不能实力整顿，以致苗匪勾结滋事，邪教乘隙作乱。即如湖北省邪教肆扰，本系民人，该省岂无文武官管束弹压？乃任其煽诱蹂躏，辗转奔窜，至今尚未扫除净尽。可见楚省地方滋扰不宁，总由封疆大吏等日久懈驰，未能抚辑得宜所致。此次定议之后，若不实力奉行，仍属具文塞责，何以垂永久而靖苗疆？除该省从前贻误各员，再降谕旨查办外，所有毕沅等奏到各折，着交军机大臣会同各该部详悉核议具奏。”……（《清仁宗实录》卷16）

（嘉庆三年六月）甲午，湖广道御史汪镛奏："查向例，长随及家奴门子等概不准捐。惟长随一项，人尤纷杂，每厕优伶，其中倚官致富者，不无幸进之心，改籍换名，滥竽冒捐，在所不免。以仆隶之贱，一旦荣膺章服，既于体统有碍，或竟与服役本官共事一方，主仆杂居齐齿，更开夤缘徇庇之端。且此辈平日惟利是图，于为国为民之道全未谙悉，幸登仕版，不惟有玷官方，且必大为民害，不可不杜其渐。查向例，报捐者惟凭京官印结及地方官文结，原所以杜假冒。第恐奉行日久，视为具文，一遇情托贿嘱，即不免滥行出结，遂致长随亦得朦混上捐。请敕下各部堂官及各省督抚悉心查核，严谕出结人员，不得冒滥及贿嘱勒索等情，倘有滥行出结及借端勒索者，一经查出，即行参奏。如此，庶足杜宵小幸进之心，而名器益昭慎重矣。"得旨："该部议奏。"寻议："该御史所奏均属捐纳现行之例，将来报捐人员给照后，臣部仍行文原籍地方官逐细查明，如有前项违碍假冒等弊，地方官徇隐不报，即从重参办，滥行出结之同乡京官一并严加议处，办理益为严密。"从之。（《清仁宗实录》卷31）

（嘉庆三年十月己酉）谕内阁："景安参奏'安襄郧道胡齐仑在任声名狼籍，办理军需事务种种虚捏，任意侵欺，与候补府经历朱谟狼狈为奸，又候补道员刘锡嘏平日官声操守亦甚平常'等语。胡齐仑身任监司，现在军需事务款项繁多，岂容狡诈劣员侵欺冒滥？胡齐仑、朱谟俱着革职拿问，交该督秉公彻底查究，勿任狡展，即行从重定拟具奏。刘锡嘏着勒令休致，速饬回籍，不许在楚逗遛，以示惩创。"（《清仁宗实录》卷35）

（嘉庆四年正月）庚午，谕内阁："和珅受大行太上皇考特恩，由侍卫荐擢至大学士，在军机处行走多年，叨沐殊施，在廷诸臣无有其比。朕亲承付托之重，兹猝遭皇考大故，苫块之中，每思《论语》所云'三年无改'之义。如我皇考敬天法祖，勤政爱民，实心实政，薄海内外，咸所闻知，方将垂示万年，永为家法，何止三年无改？至皇考所简用之重臣，朕断不肯轻为更易，即有获罪者，若稍有可原，犹未尝不思保全，此实朕之本衷，自必仰蒙昭鉴。今和珅情罪重大，并经科道诸臣列款参奏，实有难以刻贷者，是以朕于恭颁遗诰日，即将和珅革职拿问，胪列罪状，特谕众知之……年来剿办川楚教匪，皇考盼望军书，刻萦宵旰。乃和珅于各路军营递到奏报，任意延搁，有心欺蔽，以致军务日久未竣……今和珅罪状已著，其得罪我皇考之处擢发难数，亦百喙难辞，朕若置之不办，何以仰对在天之灵？此不得已之苦衷，尔封疆大臣等以为何如？除交在京王公大臣会审定拟外，着通谕各督抚，将指出和珅各款应如何议罪，并此外有何款迹，各行据实迅速复奏。”（《清仁宗实录》卷37）

（嘉庆四年正月甲戌）又谕：“昨经降旨，将和珅罪状宣谕各督抚，令其议罪。兹据直隶总督胡季堂奏称‘和珅丧尽天良，非复人类，种种悖逆不臣，蠹国病民，几同川楚贼匪……’等语……自剿办教匪以来，皇考盼望军书，刻萦宵旰，乃和珅于各路军营递到奏报，任意延搁，有心欺蔽，以致军务日久未竣，其大罪五……”（《清仁宗实录》卷37）

（嘉庆四年二月癸卯）安徽巡抚陈用敷奏：“浙江监生陈卿延捐纳县丞职衔，曾在前督臣毕沅署帮办笔墨，存有湖广总督空白官封。毕沅病故未经缴销，遂捏造湖广总督景安奏请采买军需米石折稿及知会九江、芜湖、浒墅三关拨动银两书稿，假刻委员木戳，先至九江关投书。九江道刘朴因无项可拨，发给回文。该犯复至安抚衙门投书，署巡抚朱珪以无印文知会，迹涉可疑，咨查楚省，并札饬芜湖关员查拿。适该犯到关投书，盘获解省，讯供前情不讳，应照伪造关防印记，盗各衙门文书，事干军机钱粮，绞监候律拟绞，请旨即行正法，以昭炯戒。”得旨：“陈用敷奏‘审拟私盗印封撞骗关饷’一案，已批交军机王大臣会同刑部核拟具奏矣。陈卿延存留空白印封，捏造折稿，撞骗关课，应照盗各衙门文书事干军机钱粮律拟绞监候。今陈用敷奏请即行正法，又系于本律之外加重办理，前经降旨，内外问刑衙门，只应按律科断，不得于律外援引从重之条，即有情节较重者，亦必候朕随案酌定。今陈用敷办理此案，尚在未奉前旨之先，是以如此定拟。但所称以昭炯戒之词，殊非按律入奏之体。陈卿延一犯，已令核复时仍照本律拟绞监候，以符定律，着赶入本年秋审情实办理。九江道刘朴于陈卿延到关撞骗时，既以该犯赍有官封，并无印文，形迹可疑，未经发给银两，即当扣留究讯，据实奏闻，否则亦即当禀知巡抚审办。乃刘朴不加查讯，任其他往，设非朱珪留心查出，札饬芜湖关员拿获，则要犯几于漏网。刘朴实难辞咎，着交部议处。”（《清仁宗实录》卷39）

（嘉庆四年二月癸丑）谕军机大臣等：“朕闻武昌府同知常丹葵，前岁因奉文查缉刘之协，任意吓诈村民，连累无辜至数千人，非刑拷打，极为惨酷。及聂杰人约谋拒捕，常丹葵尚不知收敛安慰，以致激成事端。是邪匪所称官逼民反，皆由该同知起衅，实为罪首，不可不确切审讯，严行惩治。着传谕景安，即将常丹葵革职拿问，派委妥员迅速解京，交刑部严审定拟具奏。如所派之员不妥，致令有畏罪自尽之事，皆景安之咎。”（《清仁宗实录》卷39）

（嘉庆四年二月癸丑）又谕：“有人参奏‘湖北学政陈崇本校士衡文，任情去取，去岁考录遗才，尤为不公，及肆为豪侈，所带仆婢众多，衙署不容，添盖广厦’等语。陈崇本身任学政，理宜秉公考试，方为克称厥职，如果实有不公之事，必应严查究办。着传谕祖之望密为查访，该学政考试时于某府某县生童任情去取及考录遗才如何不公，必须确有其人，确有其事，实在证据。并有无携带多人及衙署添建房屋等事，即作为该司查出，具折参奏，毋稍瞻徇。”（《清仁宗实录》卷39）

（嘉庆四年五月己巳）谕军机大臣等：“昨据湖北委员将胡齐仑、朱谟解到，当令军机大臣会同刑部严讯，供词闪烁，不肯吐露实情。此案胡齐仑擅杀难民、侵欺公帑二事，最关紧要。胡齐仑经手荆、襄、安、郧四府军需银四百一十九万余两，为数甚多，一人在私衙独办，岂无染指之处？乃景安、祖之望查办胡齐仑经手未完各件，并未将支发底帐豫行封提，转借行查领项各员为名，耽延数月，且令胡齐仑自行核对卷宗，为弥缝抽改地步。是景安、祖之望有心徇隐，并未彻底查究，必有同胡齐仑通同取巧之处，显而易见。此时送到各册，自已无瑕可摘，必须在楚严密清查，始能得有根据。倭什布甫由豫抚特恩升授湖广总督，从前胡齐仑经手军需，并非伊任内之事，无所庸其回护，着传谕倭什布，即将胡齐仑侵贪捏报之处，逐一查出实据，毋任丝毫掩饰。惟楚省官员，久已串通一气，若委员查核，仍恐扶同左袒，不能得其弊实，该督应另派自豫带来亲信佐杂或幕友家人密行体访，庶不至为属员欺蔽，一得实情，即行据实密奏。若查出景安、祖之望实有听情贿嘱、同侵帑项及恐带累多员、化大为小诸情弊，亦即一并劾参。再胡齐仑在夹河洲擅杀降民一节，是否实系余匪潜谋勾结，抑系就抚难民致被妄杀，此时汪新、马瑀虽已身故，尚有候补知县萧应登、守备衔武举王德洋等现在湖北，着倭什布将萧应登等密传至军营面讯，据实奏闻。以上各情节，系密交倭什布专办，务当严切根查，以期水落石出，毋得稍有徇庇。倘此次仍复颟顸了事，别经发觉，惟倭什布是问，该督不值代人受过也。”（《清仁宗实录》卷44）

（嘉庆四年五月丁丑）谕内阁：“……且陕西之贼皆从川楚窜往，并非起自陕境，秦承恩之不善防堵，较之惠龄任湖北巡抚时，聂杰人即在本境起事者，尤属有间。今惠龄尚未加以严惩，仍准在家守制，若独将秦承恩治罪，转似朕宽待满洲而苛责汉人，同罪异罚，非所以示平允……”（《清仁宗实录》卷45）

（嘉庆四年五月）乙酉，谕内阁：“湖北布政使祖之望审办胡齐仑一案，迟延多日，意存掩饰，非寻常怠玩可比。祖之望着解任来京候旨。”（《清仁宗实录》卷45）

（嘉庆四年六月己丑）又谕："户部奏'湖广、四川二省原任各员子孙代赔未完银两'一折。毕沅前在湖广总督任内声名本属平常，聂杰人等即系于彼时起事，楚省各股教匪滋扰，亦多由毕沅酿成，不将伊家产查抄，已属格外施恩，不为已甚。今此项应赔银两，即系失察邪教之款，岂能再邀恩免？所有毕沅名下未完银二万两，仍着落伊家属如数赔交。至原任四川夔州府知府张至铃，前在军营积劳病故，业经加恩赏给道衔，并将渝关赔项宽免，此项罚赔夔关缺额税银三万四千一百余两，事同一例，着再加恩全行豁免。"（《清仁宗实录》卷46）

（嘉庆四年六月）戊戌，谕内阁："前日朕召见富森布，看其人甚平庸，即欲令其回本营当差，但念永琅保举，姑令其暂署副都统事务。今日阅看富森布条奏各款，甚属悖谬，即如伊折内所称'外省地方官员酷虐闾阎，勒索钱财，以致小民被迫而滋事，请将河州、甘肃、台湾、湖南、湖北等处贻误各员，无论大小，全行抄没'等语，是诚何言？地方官如果骚扰闾阎，酿成事端，自必有人参劾，按法办理。今富森布并不能指出某省某官实据，辄为此捕风捉影之言，殊属非是，且事属已往，岂有日后追论概行查抄之理？又奏请嗣后各省地方官遇有应审案件，于外省驻防满洲人员内拣派干员，在旁监视。此事断不可行，于吏治甚属不合。现在京城副都统内，尚有似伊糊涂无知之员，况外省驻防满洲官员，其能通晓吏治者尤属无多……"（《清仁宗实录》卷46）

（嘉庆四年八月丙午）又谕："据都察院奏'湖北安陆县生员沈从隆控告知府盛德昌挟嫌锁押伊子沈逢巽'一案，已降旨交姜晟前往审办矣。朕阅原呈内，有将伊子押入内监，用数十余斤大锁脚镣手肘之语。前因外省地方官私设班馆及自新所，曾降严旨饬禁。至刑具等项，皆系按刑部制度，官为印烙颁发，有一定尺寸式样，若私创刑具，任用非法，例干严禁。苏州有新造小夹棍等名目，湖北又有数十余斤之大锁，非私造而何？况官设刑具，原视犯者情罪之轻重，分别责罚。即施之邪教，亦应概用官刑，何况审办寻常案件？自设非刑，任情妄逞，借严峻之法，济贪酷之私，此而不严行查禁，何以肃吏治而服民心？着通谕各督抚严饬所属，嗣后一切刑具，皆用官定尺寸，颁发印烙。如有私自创设刑具非法滥用者，即行严参治罪，决不宽贷。”（《清仁宗实录》卷50）

（嘉庆四年九月辛巳）又谕：“从前毕沅身任湖广总督，不能实力整顿，贻误地方，以致教匪潜谋勾结，乘间滋事。毕沅又不能督饬所属，迅速剿除。迄今匪徒蔓延川陕等省，日久尚未扑灭，皆由毕沅于教匪起事之初办理不善，其罪甚重。昨又据倭什布查奏，胡齐仑经手动用军需底帐，毕沅提用银两及馈送领兵各大员银数过多，即如永保解交刑部后，毕沅寄送银两，又复帮助恒秀赎罪等事，是毕沅既经贻误地方，复将军需帑项任意滥支，结交馈送，骫法营私，莫此为甚。若毕沅尚在，必当重治其罪，今虽已身故，岂可复令其子孙仍任官职？所有承袭毕沅轻车都尉世职之长孙毕兰庆，及承荫毕沅荫生之次子毕嵩珠，俱着革去，不准承袭。”（《清仁宗实录》卷52）

（嘉庆四年十月）丁酉，谕内阁：“胡齐仑身为道员，经手湖北襄阳局军需四百一十九万余两，并不按例支发，于奉文扣平之外，复又私扣银至二万九千余两，任情馈送，其罪甚重。因将胡齐仑革职，拿解来京，交军机大臣会同刑部严行审讯，并传集人证质对。今据审明属实，照侵盗钱粮入己数在一千两以上例，问拟斩监候，洵属法无可贷。自剿办教匪以来，迄今四载，所费帑项多至七千余万，贼匪滋扰，始自湖北，而军营馈送之风，亦始自湖北。毕沅身为总督，公然提用军需正项，信任胡齐仑一人经理，恣意侵扣，实为首先作俑，如毕沅尚在，朕必立置重典也。军营带兵大员如明亮、永保等借剿贼为名，稽延时日，不愿蒇事，其意以功成受赏，即加五等之封，诏糈自有定额，不如常在军营，厚享馈赂，一领兵过往间，而所得动至盈千累万，以养寇为肥身之计，以糜帑为饱橐之资，纵贼蔓延，日久未灭，皆由于此。即如毕沅馈送永保银二千两，胡齐仑馈送永保银六千两一节，伊等即因永保在京监禁，欲行佽助，亦当各出己资，何得用国帑为朋情耶？试思此项银两，皆兵丁等衣粮扉屦之资，今忽短饷八千，则从征之士，因兹而罹冻馁之患者，不知其几千人矣。而欲令其踊跃戎行，克敌致果，其可得乎？从征之士，不能饱暖，焉能破贼？以致贼害良民，不可屈指，其罪皆由于此等劣员所积也。朕亲政以来，将军营积弊，屡次严饬禁止，而伊等习为故事，仍恐相率效尤，不得不再为明白晓谕，俾知儆惧。现在四川军饷已彻底查办，务使领兵各员无利可图，方能专心剿贼，以冀速蒇大功。至胡齐仑为此案罪魁，今问拟斩监候，核其情罪，明年秋审时，必当予勾，且业已动刑，监禁一年之久，或致病毙，转得幸逃显戮。然予以斩决，在胡齐仑虽不足惜，而于本律究有所加。朕详慎庶狱，俱系按律办理，从不肯有意从严，胡齐仑着即处绞，余依议。将此通谕中外，并领兵大员及现办军需者知之。”（《清仁宗实录》卷53）

（嘉庆四年十一月己卯）谕内阁：“前据费淳奏，富纲在总漕任内有得受卫弁银两之事，曾经降旨，令书麟详悉查讯。兹据书麟复奏‘富纲在任时，有已故守备支秀发向众告知，在济宁谒见富纲时，面向言及赔项甚多，用度不敷，似有欲令帮助之意，嘱令各备弁量力馈送。各备弁于禀见时，富纲亦曾露用度不敷之语，是以各措银一二百两至三百余两不等，俱交支秀发转交富纲管门家人刘姓接收’等语，富纲系漕运总督大员，不知洁己奉公，乃向所属备弁需索帮费，约计书麟查奏清单，富纲于江浙两省备弁内，所得馈送已不下万两，而江西、湖广、豫东等省备弁有无馈送，现尚未经查出，是富纲任意贪婪，实为卑鄙无耻。富纲着革职拿问，交书麟严审定拟具奏，并着查抄家产，以为大员贪黩者戒。”（《清仁宗实录》卷55）

（嘉庆五年二月壬子）湖北布政使孙玉庭奏：“湖北省仓库钱粮，各州县有并未经手军需者，即应先为查办。惟弥补之法，办理不善，必至挪东掩西，甚或借词科派，扰累地方，反成害民之举。请将亏数在一万两以内者，先行革职离任，调至省城，分别银数多寡，勒限完缴。如限内全完，奏请开复，逾限不完，即行监追，照例问拟。其在一万两以上者，仍立即奏参监追，毋庸先行予限措完，内有升调别省及已回旗籍者，均请照此办理，已故者照例在家属名下着追。该州县一有亏缺，即应离任，亦不致苛扰小民。”得旨：“朕所以不急办者，原恐病民，此谕只可同姜晟看，不可宣露于众。”（《清仁宗实录》卷60）

（嘉庆五年四月辛卯）谕军机大臣等：“教匪之事起于湖北，沿及河南、陕甘、四川地方，彼时各该督抚往往借军营出力为词，任意保奏私人，得膺升赏，并有将幕友亲串厕入者，与实在出力之人漫无区别。从前督抚如宜绵、景安、秦承恩、永保等，皆因贻误军务，分别治罪。毕沅、汪新均已病故，伊二人所保各员，如胡齐仑即系奏请赏戴花翎，加按察使衔，此外滥邀保荐者，自不一而足。此等冒功之人，若不查明甄别，不足以昭惩劝。着传谕曾经用兵省分各督抚等，查明嘉庆元年以后，三年以前，各省因军功保奏人员内如有众人共知冒滥确有可据者，即当指名参奏。其曾经赏给花翎、蓝翎及加按察使、道府、同知、知县升衔者，着一并开列名单进呈，并于各员名下将因何事出力、系何人保奏之处详悉注明，候朕按名稽核，分别办理，以杜冒滥而慎名器。”（《清仁宗实录》卷63）

（嘉庆五年闰四月）甲子，谕内阁：“松筠上年在陕甘总督任内，曾经条奏请将私盐、私铸二项悉行弛禁，所见殊属迂谬，断不可行。本应降旨交部严议，特以松筠平日尚能持正，为有用之材，是以不加深责，特令军机大臣亲书谕旨，密为训饬，即军机章京等亦未令闻知。此乃朕欲保全松筠不得已之苦心，曾经详悉示知。而松筠自任总督以来，屡称患病，于一切防堵事宜，并不能妥为布置，致任川省窜匪于今春阑入甘境，又不能实力拦截，以致辗转奔突，蔓延至今。本应治以应得之罪，即不至如魁伦之重，较之倭什布之疏于防范，其咎正复相等，宁不应予以降调处分？犹念其居官声名尚好，且不似楚省之屡任贼匪窜入，是以从宽免议，令长麟接办总督事务，将松筠授为伊犁将军，仍令赴湖北暂署督篆，并令居首督办剿贼之事。而松筠甫经到楚，仍即称病，漫无展布，辄行恳请陛见。朕于伊初奏到时，尚以松筠在彼或能得力，未经允准，而伊又称有恩出自上之事，必须面奏，具折恳请，随经降旨准行。及松筠到京，经朕日日召见，面加询问，则其所欲面陈者，仍系私盐、私铸请宽禁例二项，并无奇谋秘策。经朕详加开导，平心静气，反复譬晓，以此事碍难施行，松筠固执己见，将此事又复怀折渎奏，并不由奏事处呈递。试思私盐、私铸律有明禁，系开国以来祖宗定制，岂得轻议更张？设朕有不循成法之意，妄思更改，在廷诸臣尚当直言极谏，松筠安可以一人臆说，妄欲纷更？且如松筠所奏，将私盐、私铸概宽其禁，则自盐政以下各官皆当裁去，另派专司盐税之官，纷纷更制。且现在私盐有禁，不过官役巡拦，尚有私枭拒捕等事，若设立税口，是向日贩私者转需交纳官税，倘贩私之徒逞其刁悍，不肯交税，又将如何办理……松筠着加恩赏给副都统职衔，前往伊犁作为领队大臣，并赏戴花翎，替换珠尔杭阿回京。其伊犁将军员缺，仍着保宁实授，俟简放有人，再行更换。松筠当力改前非，随同保宁学习办事，以期稍赎罪愆，无负朕格外矜全教诲至意。”（《清仁宗实录》卷65）

（嘉庆五年九月）丁未，谕内阁：“……现在川陕、湖北贼匪不日荡平，所发帑项接济各路军需，极为充裕，即督抚等果有具奏富户捐输之事，朕断不准行。然一俟地方官禀报，督抚陈奏后，始行饬禁，而闾阎已不胜其扰，与其惩办于事后，莫若严禁于事前。朕宵旰勤求，于小民生计，刻萦怀抱，总期户有盖藏，人皆乐利，庶几渐臻上理。岂忍令贪官墨吏借词扰我良民？着传谕现无军务各省分之督抚等，此后如有奏请捐输者，不但不准所请，必将该督抚治以渎奏之罪。倘府州县有指称百

姓乐输、从中渔利者，该督抚查出，即行严参治罪，决不宽贷。”（《清仁宗实录》卷74）

（嘉庆六年二月乙亥）升任湖南巡抚祖之望奏……搜出湖北学政陈崇本寄桂林府知府邱庭漋，湖北布政使孙玉庭寄广西布政使清安泰，湖南粮道陈兰森寄署桂林府知府陆受丰、署长沙府知府张五纬各书信等情，陈崇本、孙玉庭、陈兰森下部严议，祖之望下部议叙。（《清仁宗实录》卷79）

（嘉庆六年四月壬戌）谕内阁：“书麟奏称患病，恳请至军营后路调理，当经降旨令其回京供职。其湖广总督员缺紧要，因念倭什布办理军务非其所长，而于湖北地方情形自应谙悉，是以将伊补授，仍令戴用三品翎顶，以观后效。兹据德楞泰奏，年来湖北办理粮饷总不能随时接济，以致军行乏食，贼匪不能克期剿竣，实由于此。此次德楞泰追剿徐添德，粮饷不继，赖书麟捐给银两，俾兵丁沿途购买，得以无误。其长龄、明亮、孙清元各路军粮，亦皆不能接济。并据奏‘前岁德楞泰在湖北剿贼时，兵丁行走四十五日，仅得五日之粮’等语，倭什布本由湖广总督降补湖北巡抚，皆伊任内之事。昨年因该省办理军务总未奏请拨饷，经朕降旨查询，遂不待伊等奏请，节次拨发饷项，计本年两次所发已有六十万两，何至不能接济军食？前此伊等不奏请拨饷之故，不过欲图见好，殊不思粮饷不继，军务一日不完，则军需一日不减，所费更大。且剿贼本以安民，朕从不于帑金稍有吝惜，即近日川陕两省饷银，亦皆不待奏请，先行拨发。朕豫筹军食，时刻萦怀，岂忍令兵丁等效命戎行，枵腹从事？乃楚省数年以来，积玩因循，并不视为要务，自书麟到后，虽极力整顿，尚不能随时接济。倭什布在楚省督抚两任，时日最久，其玩误之咎，实无可辞，有忝封疆重寄，岂可复邀升擢？倭什布即着解任来京候旨，所有湖广总督员缺着吴熊光补授，即驰驿前赴新任。其河南巡抚员缺着颜检补授，亦着驰驿速赴新任，以便吴熊光交卸赴楚。”（《清仁宗实

录》卷82）

（嘉庆六年五月）癸未，谕内阁："前因德楞泰奏，年来湖北办理粮饷，不能随时接济，军行乏食，是以贼匪不能克期剿竣。近日德楞泰追剿徐添德，粮饷不继，仅赖书麟捐给银两，俾兵丁沿途购买。即长龄、明亮、孙清元各路军粮，亦皆不能接济。当即明降谕旨，以倭什布本由湖广总督降补湖北巡抚，皆伊任内之事，乃积玩因循，其罪实无可辞，因令解任来京候旨。本日倭什布奏到之折，力为申辩，正在降旨查办，适额勒登保奏到密陈湖北情形一折，据称'久闻湖北办理粮饷甚不妥协，因嘱德楞泰于赴楚时留心察访，现据伊来札内称，楚省所派防堵官兵竟不给发粮饷，以致官兵有勒索百姓之事。而乡勇等系每月给银三两，不给粮食，近则数月以来，并银两亦未给发，甚至扰累居民'等语，殊堪骇异。各省派调兵勇，原以剿贼安良，数年以来，糜帑至数千万，何尝稍有吝惜？昨年因楚省军营久未奏请拨饷，经朕降旨查询，并不待伊等奏请，节次拨发饷银，计自上年至今，所发银数已及一百七十余万两，并拨邻省米石，何至不能接济军食？此必承办之员任意侵扣，私肥囊橐，竟忍令兵勇枵腹从事，累及闾阎，是国家派拨兵勇，未能安民，先已病民，不料该省大小官员丧心昧良一至于此。倭什布在楚有年，种种纰缪，着即革职拿问，交军机大臣会同刑部严审治罪。计倭什布已将行抵河南，着交颜检传旨，将伊锁解来京，派委诚妥大员小心押送，毋令稍有疏虞。"（《清仁宗实录》卷83）

（嘉庆六年六月）甲寅，谕内阁："姜晟在湖广总督任内办理军需各务种种贻误，前据吴熊光查奏，当即降旨将姜晟交部严加议处，部议上时，必当治以溺职之罪。今京城自六月朔日起，大雨五日四夜，水势骤长，节经朕派令乾清门侍卫等驰赴城外，查勘被水情形。旋据复奏，永定河两岸决口四处，卢沟桥一带几成泽国，并经设法将各路军报赍递，此皆朕与廷臣集议办理，又分命众卿员四路查灾办赈，众臣均能奔走不辞劳瘁。而自初一日至初八日，地方大吏杳无音信，殊出情理之外。保定距京甚近，值此大雨盛涨，即邻近地方百姓尚应随处留心体察，岂有京师帝居所在，为臣子者漠不关心，视同膜外？有如此之封疆大吏乎？若云被水阻隔，则朕近日派往之大员、侍卫等尚能策马淌渡，接递军报。姜晟即不亲自前来，独不当差人赍折，自陈悚惧不安之意耶？及本日姜晟奏到一折，只据河道禀报，内称本年永定河河流未断，汛前节次长水，实为嘉兆，又称大雨叠沛，查明田禾尚无妨碍，真如在梦中矣。向来永定河至伏汛时，该督豫行赴工防汛，上年河水未经泛涨，胡季堂尚往来工次，冒雨触热，以致积劳成疾。乃姜晟折内犹称一面豫备，如应赴工，即起程前往督防，可谓全无人心。畿辅距京咫尺，地方大员已玩愒乃尔，若远省督抚相率效尤，岂复尚成治体？姜晟之在直隶如此，其在湖北办理军需废弛玩误，不必言矣。近因雨水过多，朕遇灾增惧，不肯迁怒，节次降旨引为己过，即宫廷内太监偶有过失，方且曲意优容，岂肯于封疆大吏有意苛求，以塞灾应？但姜晟辜恩尸位，昏愦瞀乱，伊若出之有意，即属丧尽天良，若云全无闻见，则是形同木偶，此而不加惩办，何以整饬官联？经朕询问本日奏事之王大臣等，佥以姜晟罪由自取，必当革职拿问，若复加曲贷，转非执法持平之道。姜晟着革职，派侍郎熊枚驰驿带同司员前往传旨拿问，即暂行接署直隶总督篆务，派委妥员将姜晟押解来京，交军机大臣会同刑部严审具奏……”（《清仁宗实录》卷84）

（嘉庆六年八月）癸酉，谕内阁：“前据经略额勒登保、参赞德楞泰先后参奏倭什布在巡抚任内办理粮饷种种贻误，以致官兵等勒索百姓，抢掠粮食，并闻于赈济饥民一事张大其词，多有不实，又补放官员有伊家人与办事属员通同舞弊各等情，当经降旨，将倭什布革职拿问解京，交军机大臣会同刑部严讯。倭什布逐条登答，惟自认办理不善，其余坚不承认，是以节次降旨交吴熊光详查具奏。兹据吴熊光奏到‘查明倭什布款迹’一折，朕详加披阅，如楚省兵丁追剿窜匪分合无定，倭什布运送饷银不能设法赶运，积有尾欠。其支给满汉各营饷项，并不照经略等酌定章程办理，所给未免浮多。并于制备军装、军火等事不知缓急，致形缺乏。又上年所截漕粮，原以备兵米之用，倭什布并不运送襄、郧，转解房、竹。迨大兵入境，仓猝赶运，多糜脚价，仍复缓不济急。又上年倭什布奏报郧县难民二十余万，内有各回本籍民人，并非全系待赈之人。倭什布并不分别查察，率行入奏，实属张大其词。以上各款，尚无贪婪骫法及纵容家人舞弊之处。其经理军需不能妥协，以致多有贻误，并于饥民数目奏报不实，自当治以应得之罪。着军机大臣会同刑部，即查照吴熊光折内所列款迹，将倭什布按例定拟具奏。”寻议：“请将倭什布发往军台效力。”得旨：“赏倭什布七品笔帖式顶带，发交陆有仁，令充当苦差。”（《清仁宗实录》卷86）

（嘉庆七年八月己酉）谕内阁：“本年春间常明参奏‘道员孙文焕滥用军需，朦混洒销’一案，降旨令百龄会同张长庚确审实情，禀明琅玕，定拟具奏。嗣经孙曰秉奏到‘孙文焕差人呈控藩司百龄勒派瞻徇，捏饰欺妄’各款，并将原呈进呈，当派初彭龄、富尼善前往秉公查办。兹据初彭龄、富尼善奏到‘审讯大概情形，请将巡抚常明、臬司张长庚、贵西道吕云栋、候补道员冯克巩一并革职严审’等语，详阅折内所叙情节，孙文焕所控百龄假公勒索等款，经初彭龄等传齐人证，反复究诘，均属虚诬。而巡抚常明久任黔藩，将军需款项牵混支抵，于应拨铅厂银两延宕未缴，又将军需用剩铅丸十四万余斤交商镕化，令幕友金玉堂私卖，并任听抽匿报销卷案各款，业据初彭龄等质审属实，常明之罪，已无可逭。而此内私卖铅斤一节，情罪尤重，此项铅丸，既经军营用剩，自应归入军需项下报销。乃既不奏明，又未报部，辄因幕友金玉堂向来贩卖白铅，竟将铅丸镕作铅斤，与伊合伙运往汉口发卖，希图渔利。迨至藩司百龄查知，常明始应允照数买还。骫法营私，行同市侩，且于军需报销要案漫不检查，任听幕友私自抽匿，亦难保无侵冒情弊，竟不料其负国至于如此。常明着革职，交初彭龄等严审定拟具奏，一并查抄任所家产。其所卖铅斤曾否照数买还，或将价银交官，抑系私行入己之处，并着查明复奏。臬司张长庚于署藩司时，接收常明交代，并未清厘，又听从移藏案卷，显有受嘱朦混情弊，张长庚亦着革职治罪。贵西道吕云栋于常明应拨铅厂银两代为担认。候补道员冯克巩，现据孙文焕供称滥应提赏银两，系与冯克巩同在饷局经手，吕云栋、冯克巩均着革职，交初彭龄一并归案审办。至藩司百龄于孙文焕所控各款，虽审属全虚，但百龄既经查出常明欠缴库项，并纵令劣幕私卖铅斤各款，不即据实参奏，仅以催追押缴完结，意存瞻顾巡抚，以致孙文焕心怀不甘，捏词呈控，实属有心袒庇。百龄业经解任，并令初彭龄等于定案时，治以徇隐之罪。至已革道员孙文焕着遵照前旨，归案按律定拟具奏。”（《清仁宗实录》卷102）

（嘉庆八年十一月戊戌）又谕：“湖北学政茹棻，因蒲圻县劣衿熊士鳌抗粮纵凶滋事，自请议处一折。各省设立学政，原欲其化导士子，训俗型方，非徒以校阅艺文，遂称尽职。盖士为四民之首，学政于平日诚能尽心训迪，令士子循循然动遵法度，而士子等又各于乡党中互相劝喻，俾人人知尊君亲上之义，则奸宄潜消，善良蔚起，士习端而民风厚，所谓经正则庶民兴，庶民兴斯无邪慝也。今熊士鳌身列胶庠，敢于抗粮纵凶，酿成龚如升等纠众劫狱巨案，此等劣衿，自由平时失于教导所致。茹棻到任已久，咎有应得，着交部议处。至各省学政，职司学校，有教士之责。与其俟该生员等有抗粮包漕、唆讼武断种种不法之事，犯而后惩，曷若正其趋向，迁善远罪而不自知？总之，道政齐刑，末也；道德齐礼，本也。德礼之化，非平日渐摩涵育，焉能蒸蒸丕变？着通谕各学政，务宜敦崇教化，庶庠序皆循规矩，闾阎得资表率，用副朕端本善俗至意。”（《清仁宗实录》卷123）

（嘉庆九年七月）丁酉，谕内阁：“本年春间，高杞由湖北巡抚来京候旨，朕询以吴熊光平日办事，据称吴熊光性情躁急，于接见属员每加呵斥，而批禀书札中往往措词过当，因其在军机章京年久，拟写谕旨于训饬之语习以为常，遂尔率意书写。及问以操守何如，则坚称实属廉洁，愿以身家相保，并称如吴熊光稍有簠簋不饬之事，必虑人指摘，其待下不敢如此严峻，伊与吴熊光意见龃龉，亦断不肯代为容隐等语。旋据初彭龄密折参奏，吴熊光得受沔阳州知州秦泰银一万两，及每年收受匣费银六万两，又将资财密送回家，交伊亲家李世望营运三款，朕即一面密降朱谕，令全保据实详查，于召见初彭龄时，再三究问此语得自何人，据称系高杞向伊告知。其时高杞派往新疆办事，经朕向其诘询，据高杞面奏，秦泰馈送总督一节系湖北通判魏耀所言。又复申谕全保查奏，据全保先后奏复，吴熊光实无贪鄙情事，而魏耀向高杞所言，亦坚不承认。其匣费一款，并令佶山密查，据奏该省匣费久经裁革，吴熊光既无劣迹，是以亦未将李世望代伊营运之处降旨饬查。而高杞先在朕前力保吴熊光廉洁，复向他人播扬吴熊光款迹，似系怀恨吴熊光将伊参劾，欲借他人弹章为报复之计。适高杞于夏间缘事革职，即令其来京询问，并令全保将魏耀解京，与高杞质对，兹于解到时，交军机大臣会同刑部审讯。据魏耀供称，秦泰馈送一事，高杞先向伊询问，伊随口迎合，称系在汉口兑换金子，实则毫无影响。其匣费及李世望代为营运二事，高杞与初彭龄彼此诿卸，各执一词。朕念初彭龄现任卿贰，尚欲全其颜面，不肯遽令对质，此即朕格外施恩，保全敢言之臣，正所以去朕之壅蔽。迨高杞供出初彭龄将密奏事件及面奉谕旨向伊一一详述，实堪诧异，此岂高杞所能捏造乎？因将初彭龄解任，与高杞面质，初彭龄理屈词穷，惟有俯首认罪。详阅所供，伊于漏泄密谕一节无可置辩，恳请治罪，并称与吴熊光向无仇怨，惟自认风闻不实等语。朕此时若治初彭龄以陈奏失实之咎，恐无识之徒见言事者身获咎戾，相率缄默，即遇臣工果有不公不法之事，亦不肯直言无隐，于政治大有关系。且初彭龄参奏吴熊光后，朕不过密为饬查，亦未遽以所言为实，初彭龄既非有心倾陷，转不必哓哓辨白。惟伊于独对时，将密陈面谕事件向人传述，是在朕前欲博侃直之名，而在外间又欲透漏消息，借张声势，其居心竟不可问。初彭龄之罪，实在于此，朕亦不能曲为保全矣。至高杞既闻秦泰有馈送吴熊光之语，于朕垂询时即深信该督操守廉洁，亦何妨将此一事据实直陈？乃于朕前不言，转告之初彭龄，殊非以诚事上之道，有负国恩，高杞之罪在此。魏耀本系微员，惟知迎合高杞，将捕风捉影之谈污蔑总督，尤为卑鄙。除高杞、魏耀业经革职外，初彭龄着革去顶带，俱交刑部看守，不必监禁，听候定拟。知县王垂纪既经讯明湖北匣费由初彭龄误听生疑，与伊无干，应无庸议。所有此案罪名，着大学士、满汉尚书会同原审大臣定拟具奏。”（《清仁宗实录》卷131）

（嘉庆九年七月甲辰）谕军机大臣等：“吴熊光自简用湖广总督以来，朕即闻其接待属员过于严峻，批禀事件往往措词过当，因其在军机章京年久，拟写谕旨于训饬之语，习以为常，率意书写。迨高杞到京，朕询及吴熊光办事如何，据称性情躁急，及询以操守，则称其颇为廉洁。旋经初彭龄密参吴熊光收受秦泰馈送，及得受匣费交伊亲戚李世望代为营运三款，经朕饬交各处密查，均无确据，已将此事明降谕旨，并分别惩办矣。但人言可畏，岂尽无因？物必先腐也，而后虫生之。试思各督抚中，何独于吴熊光编造蜚语？今事已讯明，该督尤不可不返躬自省，有则改之，无则加勉。若以初彭龄所参不实，而廉洁之名又为朕所知，辄意存自满，不加检束，则是吴熊光自取咎戾，不能永承恩眷，凛之慎之。至文禀批答，自有一定体制，即使属员偶有过失，亦应明白开导，何至动遭呵斥？竟与拟写谕旨相似，亦非体制。若云该督曾在军机行走，则军机章京中，如勒保、方维甸等亦俱行走有年，简放外任，并未闻伊等于属员批禀有似吴熊光措词过当之处。嗣后该督务须平心办事，不可仍前躁妄，用副委任。将此谕令知之。”（《清仁宗实录》卷132）

（嘉庆十年闰六月辛丑）谕内阁：“……今瑚图礼折内，辄将从前所定民堤例限作为专指官堤，又将堤工通例作为专指万城堤一处，竟系有意朦混。且钟祥、潜江二处工程，俱系嘉庆七年所办，彼时亦曾声明保固十年。瑚图礼前奏不但请免着追，并欲此后永免保固，则承办之员，尚复何所儆戒？势必人人效尤，偷减工料，草率从事，明系为属员办工取巧地步，大属非是。瑚图礼、台斐音均着传旨严行申饬。此事瑚图礼系转据布政使台斐音禀请具奏，台斐音着交部严加议处，瑚图礼着交部议处……”（《清仁宗实录》卷146）

（嘉庆十年九月）甲子，谕内阁：“据那彦成奏，已革南海、番禺二县知县王轼等被劾不甘，禀出百龄在巡抚任内自制联枷，将犯人枷毙二命，又派伊妾弟任二管门，传令两首县家人代办供应食物，并一切应用物件共用银一万一千五百余两，百龄仅发过银一百两，并于离任时，将一切紫檀、玻璃等项什物搬运下船，价值终未给发。并据那彦成奏，伊与百龄联衔参劾首县私设班馆及英德县逼勒银匠垫办钱粮二折，又百龄具奏巡抚衙门例折，回粤迟延，询据折差禀明，系百龄到湖北后，谕令黄梅县将该折差截留，令其由驿赍至武昌省城，百龄将朱批奏折留下，仅抄录行文移知等语，殊堪骇异。此案关系重大，而其最重者，尤在截留朱批奏折一款。现派直隶总督吴熊光、侍郎托津驰驿前往查办，着伊二人先至湖北省城，传旨讯问百龄，伊已升任湖广总督，前在广东与那彦成联衔各折，系广东应办之事，因何绕道截留，及拆阅后，又不将原奉朱批谕旨交回，此内若有密交那彦成朱谕，伊自必擅行拆阅，殊出情理之外。又伊在广东任内，派令妾弟任二管门，需索两首县供应什物等项，用银至一万一千余两之多，何以百龄在任仅发价银一百两，及升任时，复将紫檀、玻璃及一切什物概行搬带下船，伊既参奏南、番两县私设班馆，何以复制造非刑，联枷毙命，种种贪纵款迹，令其逐一登答，并将任二严行审讯。如讯出确据，即传旨将百龄革职拿问，将任所资财查抄。所有湖广总督印务，交瑚图礼暂行兼署，一俟审得大概情形，先行具奏，再赴粤东查办。本日又据佶山奏‘湖北襄郧一带，晋省私盐充斥，盐道海昌诸事因循废弛，请将该道交部严议，另请简放’一折，亦着吴熊光、托津于到楚时详悉查明，据实具奏。此旨即着伊二人赍往。”（《清仁宗实录》卷150）（盐茶商贸）

（嘉庆十年十一月）丙辰，谕内阁："前据那彦成等奏，已革南海、番禺二县知县王轼等禀出百龄在巡抚任内用联枷致毙二命，又派伊家人任二传令两首县代办供应物件，并于离任时将一切玻璃、紫檀物件搬运下船。并又据奏称，那彦成有与百龄联衔具奏各折，百龄到湖北后将折差截留，仅抄录朱批行文等款，情节重大，特派吴熊光、托津驰往查办。先据吴熊光、托津奏到查讯大概情形一折，据称百龄供认在广东任内，曾因惩办棍徒，用过联枷。其与那彦成会奏之折，因系巡抚衙门主稿，是以于到湖北后将折差截留，行文知会。至于在粤省起程时，将署内各物件用人夫二千余名搬运下船一节，坚不承认。请将百龄解任质讯，其印务遵交瑚图礼兼署，已降旨允行。本日复据吴熊光、托津奏到续行究出任二寄顿一折，据称'连日详细研讯，据任二供称，六月初二日百龄自广东起身时，眷船随后行走，将历年积存之件并广东署中原备器用家伙私自搬取下船，于到楚后，觅得汉阳李姓栈房，运往安放，百龄均不知情'等语，当将任二寄顿各件逐一查明，其百龄署内物件亦行查封，内即有木器、挂灯等项，亦系广东之物。据百龄供称'均系任二私自安放，实不知情，惟自认糊涂昏愦'等语，并据将百龄供单进呈。百龄素号精明，岂有于伊家人私带物件安置署内，竟毫无觉察之理？殊不足凭。且披阅单内有买房六处，买地五十余顷，为价不少。伊本年出京时，曾闻其称盘费不敷，向人挪借银两，竟似清贫有素，而现在查出所置产业如此，其平日所为恐未足深信。百龄于在广东巡抚任内与总督会奏事件，不将朱批移交总督，仅行恭录知照，又因惩办光棍，制用联枷，均属错谬。今又查出伊署内现有存贮广东物件，是其巧诈营私，不可不彻底讯明办理。现在吴熊光已赴两广总督新任，百龄着革职拿问，交托津会同瑚图礼提同伊家人任二及广东人证详细质讯，将所控自广东携带各件一一点对，无任隐匿推卸。俟审讯确实后，再将百龄前此供认二款，一并核拟情罪，按律定拟具奏。"（《清仁宗实录》卷152）

（嘉庆十年十二月丙午）谕内阁："军机大臣会同刑部议奏'侍郎托津等审拟已革湖广总督百龄截留批折，制造非刑，及令属员代办供应，致家人任二借端需索等情，请旨将百龄发往伊犁效力赎罪'一折，朕详加酌核，百龄所犯共系三罪。其截留批折一事，系前在广东巡抚任内，会同总督具奏之折，虽系巡抚衙门主稿，但伊列衔在后，且已赴湖广总督新任，即不得与闻广东之事，应听那彦成等行文知照。即不知照百龄，亦无不合，何得于折差过境时擅给驿马，令赍赴武昌省城？及拆阅后，并不将原奉朱批移交广东，仅止照录行文，实属非是。姑念此次系寻常奏折，并无密谕查办之件，因此泄漏，事尚可原。其制用联枷一事，在百龄原因广东省民风刁恶，用以惩办奸徒，但究属非刑，有违定例。设地方官因此效尤，纷纷仿造，并将寻常案犯一概施用，与凶恶匪徒毫无区别，率致枷毙，岂非百龄作俑乎？至伊令属员代办供应，并失察家人借端需索一节，百龄在广东巡抚任内，虽并无向属员婪索赃款及授意家人需索情事，但伊到任之初，暂寓书院，亦应自行购办食物，何得委之两县家人，发银承办？即署内铺陈物件，虽系两县先期豫备，但伊于进署后，亦应查询来历，岂得诿为不知？总缘百龄委交两县代办食物，又不驳回铺垫，以致家人任二借端需索，两县家人朦混开销，数逾巨万。而于任二私带家伙物件前赴湖北时，寄顿隐匿，毫无觉察，现在抄出任二物件俱系粗重什物，若百龄意在贪赃，则粤中珍玩细软可带者多，何必携此累重之物乎？是百龄委不知情，所供尚属可信。且伊自擢用督抚以来，所到之处俱能实心任事，整顿地方。国家办理刑章，八议中原有议能之条，从前李侍尧在总督任内，宣力最久，其后不自检束，有营私殖货之事，并于办理军务亦有贻误，曾经问拟大辟，仰蒙皇考高宗纯皇帝悯念勤劳，特援议能之典，屡加赦贳。今百龄才具与李侍尧相去不远，而伊所获咎愆，则视李侍尧婪索赃私贻误军国者，其情节罪名轻重悬殊，尚可量加宽宥。百龄着免其发往伊犁，加恩在实录馆效力行走。"（《清仁宗实录》卷155）

（嘉庆十一年二月壬午）又谕："连日军机大臣会同刑部审讯粤省解到盗首李崇玉，将该犯供出那彦成给予银牌并印札等件均经呈览。银牌泐有'免死'字样，已属不合，而札付则系授意总兵武隆阿，令署潮州右营守备直书署守备李崇玉，并豫支行粮廪给，太不成事体矣……武隆阿系专阃大员，曾在乾清门行走，亦当略知政体，当那彦成谕令给札时，理应力持正论，拦阻不给。乃竟率意听从，其咎甚重。本当革职惩治，姑念伊在川楚军营出力有年，曾赏给'巴图鲁'名号，素属奋勇，武隆阿着革去总兵，仍加恩赏留'巴图鲁'名号，作为二等侍卫发往台湾，交与钦差大臣赛冲阿差遣委用。着吴熊光即传旨令该员迅速前往，如果奋勉立功，再加恩赏。"（《清仁宗实录》卷157）

（嘉庆十一年九月癸酉）又谕："本年八月间，甫据直隶藩司庆格查出司书银匠串通州县等，将应解藩库正杂银两侵欺舞弊一案，特派费淳、长麟前往审办，将作弊官吏大加惩治，速行审结。而本日又据瑚图礼奏到，藩司章煦查出湖北省武昌等五县节年解司地丁正耗银两，银匠陈信义亦有任意侵欺，私将库收照票洗改之事，实可骇异。藩司衙门收支出纳，自应有一定章程，钩稽考核，岂容稍有弊混？即州县等于应解帑项，亦当加意慎重，岂容率交书吏人等不加查核，以致有省城银匠包揽交收、通同舞弊情事？甚至不肖州县等亦竟与之勾通分肥，今数旬之间连破两案，可见外省积习颟顸，平日并不认真综核，书吏等乘机作弊，肆意侵欺，所在皆有，殊难凭信。前经特降谕旨，通饬各省藩司，将章程有未善者妥为核办，着再传谕各该省藩司等，即将平日收支库项有无似此弊混之处，各行详细确查，早为厘剔，亦不限以时日，一经查有弊窦，随时禀明督抚，迅即奏办，不可稍存回护。即查明实在并无弊端，亦着遵照前旨，将该省收银章程妥为筹议，以期经久无弊，勿致劣员蠹胥等因缘为奸，再酿成此等重案，庶不负朕谆谆训诫至意。将此通谕知之。"（《清仁宗实录》卷167）

（嘉庆十一年九月癸酉）谕内阁："瑚图礼奏'司库清查节年未解钱粮，究出银匠县书侵亏舞弊，现在严行审办'一折，据称'藩司章煦到任后清厘库项，因民欠较多，本年奏销时完解不及八分，恐有以完作欠之弊。且查上年台斐音任内有银匠陈信义亏挪大冶、枣阳等县钱粮五千余两并未详办一案，随又彻底清查，复经查出武昌、通城、枣阳、光化、谷城等县已解嘉庆六、七、八、九等年地丁正耗内有二万五百余两，司库并未兑收。随密调该县等库收照票与司库收簿核对，所有枣阳县照票库收竟系将一千两洗改五千两，十月洗改八月。其武昌等县库收照票，或将银数挖改，以少填多，或将旧存照票洗改年月。讯出各该县钱粮均交银匠陈信义倾镕代解，节次侵挪，上年虑恐败露，业经服毒身死，伊子陈士芳亦已在逃，现在严拿审办'各等语。各州县征解钱粮关系国帑，岂可率委书吏、银匠之手，任其侵蚀舞弊？近日直隶省官吏串通侵帑一案，即系司书王丽南起意将库收挖改，与州县通同冒领虚收，种滋弊窦。今湖北省武昌、通城、枣阳、光化、谷城等各县钱粮，亦由银匠等将照票内银数挖改，并将旧票洗改年月作为新票，侵亏至二万五百余两。作伪多端，其奸巧如出一辙，实可痛恨。该州县承解书吏固难免勾串分肥情事，即该州县于应解银两得有库收，亦当亲自查阅。如果并不知情，则所解者少，而库收数目转多，何以不详请核对？恐该州县等亦不免有知情串通之事，不可不彻底究明，以惩奸蠹。着全保、瑚图礼率同章煦提集案内人等严加审讯，务得实情。其在逃之陈士芳，并着饬缉务获，归案审办，定拟具奏。所有武昌、通城、枣阳、光化、谷城等各县，着查明系何人任内之事。如现任该省者，即行解任质讯，如业因事故离省，着即行文提至该省一并讯办。此外有无不实不尽之处，并着详查办理，审明结案时，从重定拟具奏。至前任藩司台斐音于查出陈信义亏挪库项畏罪自尽一案，辄因正犯已故，查无家产，仅于互结之银匠名下赔完银两，并不据实详办，颟顸不职，莫此为甚。该抚仅请交部议处，其咎岂止于此？台斐音现在新疆办事，着革职，交奇臣派员拿解刑部审讯治罪。"（《清仁宗实录》卷167）

（嘉庆十二年二月癸酉）又谕："本日据给事中王钟健奏，有湖北提塘送到参将王定远书信一封，拆看并无信札，内只有转投成亲王红封一件，谨将原封呈奏。朕阅封内禀辞，系称'原任总督百龄办事认真，今降级调用，求成亲王转奏'等语，当命军机大臣询问成亲王曾否认识王定远，据称并不记有王定远姓名。朕召见瑚图礼询及，据瑚图礼奏称，王定远系由武举出身，充兵部差官，捐纳参将，在楚省于营伍事务不甚谙习，才具亦属平常。复交兵部查明，该参将系直隶人，其出身履历与瑚图礼所奏相符。王定远并非武进士，亦未曾充当侍卫，无由与成亲王认识，辄敢擅通禀启，又不径递至成亲王府中，封交王钟健转投。及询之王钟健，又称与该参将素不识面。王定远形踪诡谲，实系不安本分之徒。至百龄获罪缘由，若伊居官别有劣迹，早加重谴，原因其咎止失察家人犯赃，是以仅予薄惩，旋加恩用至道员。封疆大吏，其黜陟用舍，朕权衡一秉至公，王定远以卑贱武弁，辄敢妄言国事，殊属狂谬。王定远着革职，交汪志伊、章煦亲身提讯。伊因何擅写禀函，专欲投递成亲王，又因何封交素不识面之王钟健转递，令其据实供吐，毋任稍有隐饰，审明后即按例定拟具奏。"寻奏："讯明王定远并无交接情事，应照上书不称本职而条陈事务诈妄者律，从重发往伊犁充当苦差。"从之。（《清仁宗实录》卷174）

（嘉庆十六年六月壬子）又谕："昨谕军机大臣传询明亮，令将伊轿夫开场赌博一事曾否素知，并伊何以知有御史条奏禁止赌博，一一据实具奏。今据伊登答各条，显多谎饰。前日步军统领衙门奏，明亮于伊轿夫另住房屋之时，曾传唤该处步军校到家面为嘱付。今明亮称该步军校并非由伊传唤前往，系因轿夫另觅房屋，自赴明亮家关白，伊因嘱以轿夫倘或滋事，即随时查拿等语。步军校并非明亮所属，若非明亮遣人传唤，何为到伊家中？殊非情理。至明亮称伊于御史参奏轿房赌博一事，系闻朝房窗外有人传说，不能辨其为何人声音等语，更不成话。明亮曾经奏称，伊从前因点放爆竹，致将一耳震聋，况时常召见，常有错听朕语之时，伊平日既未能审听语言，此时在朝房内，何以又闻窗外之言？且既不能辨别声音，又何由详悉语句？其为掩饰，更不问而知。即窗外私论密奏之事，亦必低言细语，断无高声大喊之理，皆由伊从前在军营中习惯编谎，今陋态未除，诸欠真实……着先交部严加议处，其究竟有无知情之处，着军机大臣仍会同刑部将伊家人等研讯具奏。”寻议革职，得旨：“……本应照部议褫职，姑念明亮前同阿桂平定金川，著有功绩，嗣剿办三省邪匪，于湖北孝感歼毙贼众、保护地方亦有微劳。此次系因文职任内获咎，着将伊所有太子少保衔、内大臣、协办大学士、兵部尚书、镶蓝旗满洲都统、阅兵大臣、管理稽察坛庙事务、上书房总谙达、清字经馆总裁、紫禁城骑马、双眼花翎全行革去。至伊所得伯爵，系由军功给予，着加恩仍留三等襄勇伯，降用二品顶带，赏给单眼花翎，并赏给副都统，署理富兰镶黄旗汉军副都统出差之缺，仍管理火器营事务，轮流直班。”（《清仁宗实录》卷244）

（嘉庆十六年十二月丙寅）又谕：“直隶天津一带，向有私贩盐斤卖给回空粮船之弊，前任盐政嵩年查缉甚力，惟将肩挑负贩之人纷纷查拿，未免苛扰，曾经温承惠奏及。乃祥绍接任后，又一味因循，任令奸商私售……粮船私载盐斤至二十九万之多，必非零星担负所能售给，自系奸商私开店铺，大起贩运，毫无顾忌。盐政系专管之员，祥绍着交部议处。温承惠不能查察，着交部察议。所有应行承缉各员，着该督查明参奏，分别议处……”（《清仁宗实录》卷252）

（嘉庆十七年正月乙酉）已革湖北按察使周季堂以劣款审实，发往乌噜木齐效力赎罪。（《清仁宗实录》卷253）

（嘉庆十九年八月丁亥）又谕：“御史何彤然奏请严禁重征一节，国家惟正之供，原不准额外丝毫多取，扰累闾阎。乃近日州县中骫法营私，将收粮串照内印写‘如有重征，准其更正’字样，于征收正课之外，复借追积欠为名，多方抑勒。即控告上司，仍发交本官审办，莫为申理。似此横加苛索，罔上病民，害何可言？据该御史奏称，此事山东为甚，湖北、江苏等省亦间有之，着该督抚严行查察，如有似此重征巧取者，指名严参究办。并将粮串内‘重征’‘更正’字样通行饬禁，勿任影射，以惩贪墨而安黎元。”（《清仁宗实录》卷295）

（嘉庆十九年九月甲午）又谕：“御史孙汶奏‘荣麟截卸漕米办理未协’一折，北仓截卸米石，先后定有章程。昨荣麟奏请改自湖北头帮起，至饶州半帮止，先在北仓起卸，所办本未妥善。业经降旨，饬令遵照原议章程办理。乃荣麟于八月二十日接奉谕旨后，仍将湖北头、二、三帮在北仓起卸，其在后之九江后等帮转改寄剥，复迟至二十三日始行补奏，实属固执偏见，乖张错谬，荣麟着交部议处。至该御史所奏，湖北头、二、三帮本不应截卸，系该帮头伍利其省便，向荣麟所带书吏吴姓及舍人刘姓贿嘱所致，是否属实，着交熙昌会同广惠就近秉公查讯确情，据实分别参奏。”（《清仁宗实录》卷296）

（嘉庆十九年九月甲辰）又谕：“熙昌等奏‘查讯荣麟办理北仓截卸漕米缘由’一折。荣麟于北仓截卸各帮米石，并不遵旨照原议办理，又将满号船只一并任意截卸，种种乖谬，已据熙昌等查明具奏，惟于荣麟办理此事有无情弊之处，尚未查明。现据折内奏称‘传到在通开设木厂收买湖北头帮满号船只之李泳发，据供该帮头伍毛胜于八月间，曾经告伊因贪图省便，贿买仓场衙门截卸北仓，船只可免到坝’等语，毛胜既有此语，情弊显然，必须彻底究问。现在毛胜尚未获案，已降旨山东巡抚将该头伍迅速获解，着熙昌等于毛胜到时严加根究。其贿嘱截卸一事，是否该头伍恳书吏等夤缘请托荣麟受贿檄饬办理，抑系书吏等私行受贿朦禀，荣麟率行听信准办，均即讯问明确，据实参奏，不可袒护。将此谕令知之。”（《清仁宗实录》卷297）

（嘉庆十九年九月）壬子，谕内阁："荣麟于北仓截卸漕米，并不遵照奏定章程，辄将在前行走各帮率行截卸，并将例应到通之满号船只一并截卸。迨经降旨饬令照原议办理，仍不凛遵，朦胧具奏，殊属种种乖谬。兹复据熙昌等奏'讯明仓场衙门书吏徐建超等，因湖北头、二、三帮本不在截卸之列，闻荣麟欲改议截卸，遂起意向该帮头伍撞骗银两。该帮头伍毛胜等贪图截卸省便，行贿属实，荣麟毫无觉察，请旨严议'等语，荣麟如果遵照原议办理，该书吏等何由借端撞骗？皆由伊固执己见，擅改章程，致令不法奸胥乘机舞弊。荣麟胆大妄为，实属溺职，前经部议降四级调用，不足示惩，着降补六部笔帖式，余着该部核议具奏。"（《清仁宗实录》卷 297）

（嘉庆二十年六月戊午）谕内阁："马慧裕等遵旨明白回奏，并自请处分一折，王树勋以犯案僧人改名朦捐官职，荐升知府，在楚省多年。马慧裕等既风闻该犯从前有为僧之说，并闻人呼为妖道，且察其才具不胜方面之任，早应据实参奏。乃因循迁就，殊乖实心任事之义。马慧裕、张映汉俱着交部议处。"（《清仁宗实录》卷 307）

（嘉庆二十年七月）乙酉，谕军机大臣等："庆溥等奏'原任广东雷州府经历李棠遣家人蔡福呈控蒋攸铦专擅徇私各款'一案，已明降谕旨交章煦等查办矣。此案李棠因大计参劾浮躁，胪列款目呈控总督，遣人到京投递。章煦等于襄阳审案事竣，即驰赴广东秉公确查。如蒋攸铦实有专擅徇私情弊，即据实参奏，治蒋攸铦以应得之咎。若所控各款系任意摭拾，全无实据，则李棠本以贪劣被劾，又计图反噬，此等刁风断不可长，着章煦等即将李棠从重定拟，仍在广东地方量加枷号，以儆官邪。即所控事非全虚，该革员以被劾讦诉，其本罪亦难末减。将此谕令知之。"（《清仁宗实录》卷 308）

（嘉庆二十年十二月丙子）又谕："前据马慧裕等奏，湖北江陵县知县捐升知府李若璋，请加捐离任，留楚委用，当经降旨准行。兹经吏部查明，该员任内有承缉展参各案，均干降调，与报捐离任之例不符，请旨查销，所驳甚是，殊为可嘉。直省各督抚具奏事件，不将例案原委声明，朕安能一一鉴悉？若一经奉旨允准，虽与例格碍之事，亦皆迁就奉行，转非都俞吁咈、并行不悖之意。吏部驳奏此案，朕不特不以为非，尚且加以嘉奖，各部院皆当引以为法。所有李若璋捐升知府着注销，令其仍回江陵县知县之任。马慧裕系吏部司员出身，此等定例，岂得诿为不知？乃与张映汉联衔具奏，实属朦混。马慧裕、张映汉均着交部严加议处。"（《清仁宗实录》卷314）

（嘉庆二十二年十二月乙亥）又谕："孙玉庭等奏'湖北押运剥船委员抵江逗遛玩误，现在押回参办'一折。湖北分造直隶二限剥船，该省委令试用通判喻芬督同试用从九品张业培等管解北上，行抵江南，喻芬以水手口粮不敷，两次禀借银三千五百余两，乃任意逗遛数月之久，尚未行出江境，该通判复先赴清江，屡催罔应，实属怠玩。所有此项剥船，着庆保等迅速遴派妥员兼程赴江，督率张业培等接运开行。孙玉庭等一面派员将喻芬押解回楚，交庆保等严讯玩误确情，并查明所领银两有无浮冒侵扣情弊，据实严参具奏。"（《清仁宗实录》卷337）

（嘉庆二十四年五月乙酉）又谕："……上年庆保等奏，酌改湖广行销盐引章程，经户部议驳，曾降旨将该督等议处。今该御史复为此奏，显系受人怂恿，轻议更张。唐鉴不胜御史之任，着以六部员外郎用。"（《清仁宗实录》卷358）

（嘉庆二十五年四月）癸卯，谕内阁："本日庆保奏参均州知州胡大典违例给示，扰害商民，折内声叙请将该员革职，勒令交出门丁蔡升。又陈若霖奏参泰顺县知县林轩开玩视命案，解证迟延，折内声叙该革员门丁孙安避匿不到，知情徇纵。二事相同，门丁为奴隶下贱，控案中一经干涉，即应立时解审，如到案少迟，该上司迅速查拿，何至纵令远扬？若州县官于督抚行提丁役，皆敢抗不申解，必俟督抚奏参始能提案审讯，则属员藐视上官，全无畏惧，其风断不可长。嗣后直省督抚于所属州县，无论官亲、幕友、门丁、胥役，如有被人指控者，即行提讯，稍有迁延，立即派人入署锁拿，按律惩办，若讯系被诬，不妨再为省释。其折奏内均毋庸声叙，以昭体制。”（《清仁宗实录》卷369）

（嘉庆二十五年十月己亥）谕军机大臣等：“寄谕湖北学政杨怿曾。本日有人参奏‘张映汉在湖北巡抚任十年，一切升迁调补，物议沸腾’等语。督抚大吏平日官声贤否，断难掩人耳目，张映汉在楚年久，是否实有贪黩声名及得赃卖缺情事，无难一访而知。盐道章廷梁与巴哈布之子结为兄弟，有无其事；湖北盐价之贵，是否起于章廷梁任内；前任盐道秦维岳之告病，是否抚藩授意夺缺；章廷梁声名狼籍，果否由于张映汉庇之纵之；方士淦因审理邪教案件，经张映汉保举，有无不公之处；武昌府知府陆溥考试咸宁县文童改换名次一案，原审有无虚饰；前任臬司方体是否因此告病，该学政同官一省，见闻必确，着将以上各款逐一密加察访。如果查有实据，即行由驿据实密奏，不可扶同隐饰，稍涉瞻徇。若实无其事，亦即逐款声明，由驿复奏，勿稍迁就。此系特旨交查之件，务须秉公持正，据实直陈，以副委任。将此谕令知之。”（《清宣宗实录》卷7）

（嘉庆二十五年十月庚子）又谕：“有人参奏陕西绥德州知州罗应庚籍隶杭州，身家本不清白，曾充湖北知县永佑长随，川楚例内，冒籍顺天，朦捐县丞，发往陕西，其时军功冒滥，得荐升知县、知州……该抚等从前虽有失察之咎，朕概不追论，惟当秉公查明，据实直陈，以凭究办，不可稍涉回护。将此各谕令知之。”（《清宣宗实录》卷7）

（嘉庆二十五年十二月戊戌）谕军机大臣等："张映汉等奏'湖北各属清查弥补银两催提全完'一折。湖北省自嘉庆十二年清查各属仓库案内亏空无着银五十五万八千三百十二两零，自嘉庆十三年初限起，至本年五月底止，节次催提，均已按限解清，全数完缴。湖北仓库经此次清查之后，弥补悉臻完善。此后该省州县倘再有那掩亏缺，查出一案，着即指参一案，从严惩办，以遏其流。该督抚稍有徇纵，别经发觉，并将该督抚严惩不贷。将此谕令知之。"（《清宣宗实录》卷11）

（道光元年正月丁巳）又谕："本日据庆祥将温承惠谢恩呈词代奏，温承惠现虽简放湖北布政使，计其在伊犁具呈时，尚系废员释回，乃呈内遽行奏恳敬诣观德殿行礼，实属冒昧。温承惠着传旨申饬，嗣后务须安分供职，不可高兴。将此传谕知之。"（《清宣宗实录》卷12）

（道光元年正月）甲戌，严禁滥用非刑，谕内阁："本日张映汉等奏，钟祥县知县王馀莒因户书私雕假印，伪造串票，诓骗钱粮，该县以犯供狡展，辄用木棒敲击脚踝，以致案未审定，先将正犯拷毙，已降旨将王馀莒革职讯问矣。凡问刑衙门审理案件，皆当平情推鞫。其犯罪至死者，亦于狱成之后方丽于法。若于取供时辄用非刑敲讯加以惨毒，甚有因以致死者，是狱囚不死于法而死于问刑之官，岂称祥刑之义？前御史余本敦曾奏'近闻各省问官多于常刑之外擅用非刑，有天平架、阎王架、鹦哥架、燕子飞、美人桩等名目，皆以严酷勒供'等语。刑具设有定制，不容私行增减，若于定制之外，以新意创造此以施于情真罪当者，犹且不可。况酷虐相寻，或致无辜枉服其冤滥，更何可言？着通谕各直省督抚各饬所属，如有私设一切非刑，概行禁绝，地方有司遇案务各虚心研究，期得实情。倘有仍前滥用非刑者，查明据实严参，勿稍徇纵，以副朕明慎用刑之意。"（《清宣宗实录》卷12）

（道光元年八月庚子）谕内阁："本日陈若霖等奏'已革黄梅县知县

王进祖亏短钱粮’一案，已照所拟办理矣。州县亏空仓库钱粮，侵盗那移，情节轻重悬殊，即罪名出入迥别。其侵盗官帑私肥己橐者，审实必当执法严惩，以儆贪黩。若因公那移，其情不无可原，然该督抚必须将动用实据根究明确，方成信谳。即如王进祖那移库银，以为买补驿马，黏修城垣、仓廒，抢筑堤堰之用，必皆有工程簿籍可考，均当一一验明，方足以杜借词支饰之弊。着通谕直省各督抚，嗣后审办此等案件，务将那用实据查核明确，于折内详细声叙，朕察其情节，分别核办，以昭平允。”（《清宣宗实录》卷22）

（道光二年八月甲辰）谕军机大臣等：“御史佘文铨奏称，楚北私盐有二，一潞私，一川私。川私之偷越，由东湖县之南沱、归州之毛坪、巴东县之万户沱、管堵口等处，船载马驮，肆无忌惮。有龚载赓者，系东湖县典史，革职后并不回籍，盘踞南沱地方，包揽私盐。因督抚访拿，改姓为龙，于宜昌府城外开设大川钱铺，以供私贩银钱交易。现于本年捐复原官，仍发湖北候补。典史龚载赓于革职后仍易姓潜匿南沱地方，包揽枭贩，以致私盐充斥。又在部捐复原官，仍发该省，意图暗中包揽。似此积蠹营私，实属目无法纪。着陈若霖等密切访查，如龚载赓实有前项不法情事，即行严拿究办，毋稍疏纵，致贻地方之害也。将此谕令知之。”寻湖广总督李鸿宾等复奏：“遵将龚载赓咨部斥革提讯，实止与刘建忠伙开钱店，将米油易换私盐八百余斤，转售渔利，并无包揽枭贩及改姓情事，应按律拟以杖一百、流二千里。”下部议。从之。（《清宣宗实录》卷39）

（道光二年十二月壬子）谕军机大臣等：“御史佘文铨奏‘州县办案积弊，呈词一经批准，衙役贿图此票，自数十两至二三百两不等，前赴两造之家，任意坐索，不遂所求，则另生枝节，案外成案，所欲既饱，卧票不催。有时两造到案，又复层层勒索，有投到礼、挂牌礼、铺堂礼、散班礼各名目，往往案未审结，小民家资荡然。至州县下乡相验命案，跟役多至百人，甫到尸场，即议场费。被告赤贫，责偿于邻右，邻右赤贫，责偿于远邻，亲族邻保，株连收系。有钱者侥幸散收，无钱者拴系铁索，缀以重石，水饭不许入口’等语。该御史籍隶湖北，所闻该省办案情形如此，着李鸿宾、杨懋恬逐一查明，如有前项各情弊，悉行禁革，并将该州县据实严参，以杜弊端。将此谕令知之。”（《清宣宗实录》卷46）

（道光三年正月辛未）又谕：“本年朕于元旦御殿受贺，闿惠覃敷，左右近臣，允宜特加恩泽……侍郎张映汉前在湖北布政使任内，失察假印给照，降二级留任。又盐引行销地界，奏请更改成例，降二级留任。又失察书役舞文弄法，降二级留任。共三案，俱着加恩宽免……用示朕履端行庆至意。”（《清宣宗实录》卷48）

（道光三年三月己亥）（安徽巡抚陶澍）又奏：“暹罗国使私买内地子女，应行查禁。”得旨：“本日据陶澍奏称，暹罗国使入安徽境时，携有幼稚子女，询系前途所买奴婢，当饬将子女八名截留核办。至委员王文苑由舒城回伊原籍太平县省亲，未入桐城地界等语，雷州府知府王文苑系粤省派委护送夷使之员，理应沿途小心照料。乃任听家人通事等购买人口，毫无觉察。倘使臣俱各效尤，竟将内地人民远携外夷役使，尚复成何体制？现在使臣等已于三月十二日由安徽入湖北境，着杨懋恬于接奉此旨后，即传王文苑详加查问，因何潜回本籍之处讯究明确，据实具奏。”又批：“可见诸事留心，查办甚属得体，而此等妄行之委员，更不可不示以惩戒。”（《清宣宗实录》卷50）

（道光四年七月丁卯）解福建汀漳龙道张曾霱、江西广饶九南道费履升、湖北荆州府知府金宗培任，归侯际清赎罪案审讯。（《清宣宗实录》卷70）

（道光四年九月丁未）以湖北京山县王家营月堤冲溃缺口，革承修知

县方椿森顶带。（《清宣宗实录》卷73）

道光五年乙酉六月壬申，荆州将军庆山等奏参："违例用刑、责毙兵丁之佐领等，请解任审讯。"得旨："此案佐领忠贵因兵丁章京禄赌钱，于热审减刑之时，违例责打至一百四十板之多，以致该兵丁因伤身死，殊出情理之外。防御忠兴保有心推卸，骁骑校全禄不行拦阻，均应彻底根究。佐领忠贵、防御忠兴保、骁骑校全禄俱着解任，交庆山提同一干人证，严讯有无挟嫌情弊，按律定拟具奏。协领富占于所辖佐领滥刑毙命毫无觉察，着于定案时附参。"寻奏："讯明忠贵并无挟嫌有心致死情事，惟于章京禄聚赌，率行板责至一百四十之多，应依决不如法杖一百律革职。全禄不行阻止，拟杖八十。忠兴保人本平庸，又复有心推卸，请一并革职。"下部议，从之。（《清宣宗实录》卷84）

（道光六年正月己亥）谕军机大臣等："那彦成奏，接据由驿递到前任湖北汉黄德道庄均一禀封一件，据称伊已故堂叔庄咏前在直隶沧州任内亏欠银两，经伊堂叔庄诩具报家产尽绝。其实庄咏及伊嗣子庄懋濂等共有屯田一万三千余亩，生息字号十余处，所报朦胧捏饰。伊劝令庄诩首举，反被率领子侄多人将伊殴伤，报官延不详办。并据该督查看，庄均一所递禀封，背面注明'借用印信''台马飞申'字样等语。故员庄咏前在沧州及任丘县任内，亏欠地粮正耗等项银三千三百余两。该家属隐匿寄顿，捏报无力完缴，固有应得之罪。庄均一以告病在籍道员，何以擅用驿递，其封面注明'借用印信'，篆刻字迹模糊，难以辨认，究系向何处所借，均须彻底查究。现据那彦成将原禀邮封等件咨交该省，着武隆阿即将一干人证亲提严鞫，是否该故员家属朦混具禀，地方官扶同捏报，及庄均一另有诈索起衅别情，逐一严密确查，据实究办，勿任稍有狡饰。将此谕令知之。"（《清宣宗实录》卷94）

（道光六年二月壬戌）又谕："琦善奏'拿获私枭，讯出透私包庇等弊，请将失察各员宽免处分’等语。近来私盐充斥，总由灶丁透漏私煎，兵役得规包庇，以及枭犯出境入境，制造违禁器械，该管官虑于处分，往往回护徇纵，以致益无忌惮。兹经该督饬属拿获枭犯二百余名，将透私包庇根追得实，从重惩治，办理尚属认真，着加恩将地方文武及盐务官员从前失察处分免其参处。经此次格外施恩，该督务当饬令各该管官始终奋勉，俾枭徒及不肖灶丁兵役咸知敛迹，鹾务渐可肃清，毋得日久生懈。并着该督移知湖广、江西各督抚，一体督饬文武印委各员认真躧缉，务将大伙私枭随时捕获，尽法惩创，不得仅以拿获零星肩挑负贩塞责。若地方有著名枭匪，该管官事前既无觉察，事后又不访拿，即着据实严参，毋稍宽贷，该部知道。”（《清宣宗实录》卷95）

（道光七年二月）丙寅，谕军机大臣等：“本日步军统领衙门奏‘湖北监利县民李振纲京控’一案，已明降谕旨，交嵩孚督同臬司福珠隆阿严讯矣。此案据李振纲呈控，该县被水众乡民捐资交李点等修筑河堤，李点侵用未修，屡经县民历控，至今未结。李点挟嫌率众抢劫伊所贩棉花，用刀将伊划伤，控经巴陵县，将李点等拿获，伙犯张光龙供认李点率同子侄抢劫属实。李点串通差役熊点，贿给魏知县银四百两，将张光龙等释放，又将李点等移送监利县审办，李点又串通差役李光华，贿给赵知县银一百两，将全案人犯释放等情。案关官员婪赃，如果属实，大干法纪。嵩孚到任在后，福珠隆阿甫经调任，俱无所用其回护，着即亲提全案人证，隔别严讯，务得确情。其知县魏姓、赵姓，如实有染指情弊，即着严参惩办，毋稍徇纵。将此谕令知之。”寻奏：“讯得李振纲系怀疑越控，照例发边远充军。李点与李振纲构讼时，因李振纲匿不到案，擅自纠人拦捉送官，以致李振纲棉花被人私卖，实属恃符滋事，应革去从九品职衔，照例杖一百折责发落。”下部议，从之。（《清宣宗实录》卷114）

（道光七年四月丁巳）安徽巡抚邓廷桢奏：“已革建德县典史秦学健，

列款禀揭知县陈葵纵子陈瑞串通城守把总汪涛狼狈为奸，勒索诈赃各情。经委员审讯，禀揭各款全属子虚。惟事关知县营弁骫法营私，未便稍涉颟顸，请将知县陈葵、把总汪涛一并暂行解任，以便根究实情。”得旨：“虽似挟嫌妄控，于吏治官方大有关系，断不可先存成见，稍露是非，致承办之人有所揣测，化有为无，是非倒置也。”（《清宣宗实录》卷116）

（道光七年五月壬午）署山东巡抚程含章复奏：“讯明前任湖北汉黄德道庄均一控告庄诩等捏报家产尽绝，虽无索诈情事，惟于禀控事件擅用带回官封，由驿驰递，实属任性妄为，请交部议处。”得旨：“着即革职，以示惩创。”（《清宣宗实录》卷117）

（道光七年闰五月）丙午，谕内阁：“刑部议复嵩孚奏‘湖北孝感县民丁庭青京控该县粮书刘祥超侵吞运漕水脚银两’一案。该县漕南粮米，嗣后着仍照旧章办理，惟运漕水脚银两，必应当堂给发。甲首、总甲二役，亦由该船民自行举报，不准该县派充。并着该管上司及该县严加查察，如有书役侵扣勒派情事，随时据实惩办，毋稍宽纵。”（《清宣宗实录》卷118）

（道光八年六月丁亥）谕军机大臣等：“嵩孚等奏，查湖北已故荆门直隶州知州郎锦骏任内短交正杂各款及盘折仓谷折价，共银一万九千三百四十七两零。该故员之子郎汝琳曾任良乡县知县，现在尚未到楚，已降旨令屠之申严饬该员迅速前赴湖北，交该督等提同经手丁书人等质审究追，定拟具奏。该故员原籍系山西代州，应将家产查封备抵。近年州县亏空仓库钱粮，动辄盈千累万。迨至查封资产，该督抚等并不认真查抄，竟有资财少至数两省，实属草率从事，蹈官官相护之恶习。此案郎锦骏短交各款，至一万九千余两之多，自应核实惩办。着卢坤将该故员家产严密查封备抵，毋得仍前玩视，致有寄顿隐匿之弊。将此谕令知之。”（《清宣宗实录》卷137）

（道光八年十一月丙午）又谕："前据给事中张鉴参奏，湖广总督嵩孚等请以黄州府通判周存义升补荆门直隶州知州，朦混滥保，请旨核办，当交军机大臣查明具奏。兹据将周存义缘事案由摘叙清单呈览，该员在地方则亏缺仓库，在河工则贻误修防，屡经获咎，岂可复予升途？周存义着撤回黄州府通判本任，不准升补荆门直隶州知州。嵩孚等具奏原折，但称其缘事革职，并未将案由详细声叙，且以该员委署钟祥县知县办理裕如，出具精明勤干考语，实属有心含混。嵩孚、杨健俱着交部严加议处。"（《清宣宗实录》卷146）

（道光九年正月甲辰）谕军机大臣等："嵩孚等奏'守备呈报查获前任四川学政潘光藻船上私盐，转被诬抢勒赔，与该学政信知围船抢殴情节不符，恐有滋事捏饰情弊'一案，已明降谕旨，将巴东县官渡口卡缉私之荆州水师营守备张湖革职，交该督抚提集人证秉公审讯矣。此案据张湖具报，与该学政所称情节互异，是否该守备纵容弁兵等借查私盐，抢诈滋事，饰词捏报，抑系该学政竟有不法情事，或系家丁夹带私盐，或系舵工、水手等倚恃官船，私行夹带，必应据实严办。该督等现已饬委道府驰往查确，着即将实在情形秉公讯明具奏，断不准稍有隐混。潘光藻系交卸学政给假回籍之员，着暂留该省以备质对。将此谕令知之。"（《清宣宗实录》卷150）

（道光九年二月）癸酉，谕内阁："前据嵩孚等奏'湖北汉黄德道吉光随带夫役，中途酿命，提省审办'一案，降旨将该道先行交部议处。旋经吏部议以降二级调用，查级抵销，照例具题。兹据嵩孚等将此案人犯审拟具奏，该道吉光虽讯无知情纵容情事，惟不能约束随从人役，致有踢毙人命之事，非寻常失察可比。吉光着实降三级调用，不准抵销。"（《清宣宗实录》卷151）

（道光九年四月）辛未，谕内阁：“嵩孚等奏‘已革房县知县王纲、典史张绍宗诬良为盗，捏禀冒功，审讯众证已明，仍复狡执不服，请钦派大臣审办’一折。着汤金钊、保昌于四川审案完结后，即赴湖北提集此案人证，秉公严审，按律定拟具奏。”（《清宣宗实录》卷155）

（道光九年四月辛未）谕军机大臣等：“前据嵩孚等奏，荆州水师营守备张湖呈报查获前任四川学政潘光藻船上私盐，转被诬抢勒赔，该学政亦用印封致信该督等，称系被守卡官弁围船抢殴，与该守备所禀情节不符，当经降旨将张湖革职，潘光藻暂留该省备质，计期将及三月，尚未据审明奏结。是否该守备纵容弁兵等借查缉私盐，抢诈滋事，饰词捏禀，抑系该学政竟有不法情事，或系家丁、舵工、水手等倚势夹带私盐，着汤金钊、保昌于赴湖北时，一并将此案人证卷宗提集，秉公审讯，务得确情，定拟奏结，勿稍含混。将此谕令知之。”（《清宣宗实录》卷155）

（道光九年五月辛亥）谕军机大臣等：“据嵩孚等奏‘审讯湖北荆州水师营守备张湖呈报查获前任四川学政潘光藻船上私盐，转被诬抢勒赔，并潘光藻信知该督等被缉私弁兵围船抢殴’一案，朕细阅该督等审讯两造供词及定拟罪名，无非一片弥缝将就，多有不实不尽。此案前因嵩孚等奏参后，日久并未讯明奏结，特交汤金钊等审办。今该督等所讯情节又与原参相去径庭，保无有意存消弭情事。汤金钊等务当查提原卷，向两造逐一严切根究，断不可因该督等业经奏结，依样葫芦，颟顸了事。总须秉公审拟，据实具奏，以成信谳。将此谕令知之。”（《清宣宗实录》卷156）

（道光九年六月癸酉）谕军机大臣等：“湖北荆州水师营守备张湖与前任四川学政藩光藻互讦一案，前因嵩孚等审拟未协，特交汤金钊等复讯。兹据奏称，潘光藻于该督结案后，已起程赴京，当经飞咨沿途督抚并牌行各州县一体截留。现在曾否回楚，着那彦成、杨国桢即饬沿途各

地方官，无论潘光藻行抵何处，即行截留，饬令迅速回湖北备质。将此谕令知之。”（《清宣宗实录》卷157）

（道光九年六月乙酉）谕内阁：“汤金钊等奏‘审拟已革知县、典史诬良为盗，捏禀冒功’一折。已革署房县事宣恩县知县王纲，于万大儒被殴身死之案误疑劫杀，将马老五等非刑拷认，并拖毙无辜，且扶同张绍宗捏禀冒功，抽换文卷，尤为徇私舞弊，王纲着发往乌噜木齐效力赎罪。已革郧县典史张绍宗捏禀冒功，辄将事主不肯领回之衣妄指为赃，擅留己室，众供已明，犹复狡执，且牵扯上司挟嫌，意图挟制，实属刁恶，张绍宗着发往伊犁效力赎罪。该革员等所犯情节较重，俱不准其援减。并着都察院、步军统领等衙门，如张绍宗遣人赴京，仍将指留刘传家葱白布衫一件指为盗赃，捏情具控，即行发回湖北给与刘传家具领，以免拖累。”（《清宣宗实录》卷157）

（道光九年七月甲午）刑部奏，遵议礼部尚书汤金钊等奏审明已革知县、典史诬良为盗，捏禀冒功一案。得旨：“此案失察王纲擅用非刑之湖北前任郧阳府知府升任江西粮道李羲文，虽未能查出揭参，而各犯罪名生死出入，究由该前府审出实情，李羲文着加恩免其议处。余依议。”（《清宣宗实录》卷158）

（道光九年七月己酉）刑部奏，遵议礼部尚书汤金钊等奏审明湖北已革守备张湖与前任四川学政潘光藻互讦一案。得旨：“此案已革荆州水师营把总李仕华查起船内私盐，并未向舵工、水手根究来历，当场指拿，又不能督率兵丁善为防范，于起出什物，致多遗失。复将彭中甫殴踢致伤，并将彭中甫所带婢女指为兴贩人口，带回禀究，实属借端滋扰。李仕华着发往军台效力赎罪。已革荆州水师营守备张湖因李仕华查获盐斤并未获人，转将坐船婢女带送盘问，该革备虑恐被告获咎，即出具查无私盐甘结，冀图消弭。迨闻潘光藻信知该镇总兵，复敢添捏情词，具文通禀，种种错谬，实属有乖职守，业经革职，着无庸议。已革外委王得贵，因潘光藻将伊扣留船上，心怀不平，指为捆缚殴打，虽事出有因，究属失实，着开复原官，交部照例议处。县丞丁瑞章于查起私盐时并未在卡，乃不查询明确，即行出具无盐甘结，亦属疏忽，着交部照例议处。前任四川学政翰林院编修潘光藻原信指称弁兵围抢磕诈，讯明事出怀疑，并非有心捏饰，惟辄将外委王得贵扣留船上，又失察所搭船内夹带私盐，着交部议处。该省审办此案，讯取供词，既未确凿，定拟罪名，亦有出入。所有承审、审转及督率各员，俱着交部查取职名，分别议处。”（《清宣宗实录》卷158）

（道光九年七月）辛酉，谕内阁：“吏部议奏，湖北公安县县丞丁瑞章于查起私盐时并未在卡，又不查询明确，即行出具并无私盐甘结，着照部议降二级调用，准其抵销。前任四川学政翰林院编修藩光藻擅将外委王得贵扣留船上，着降一级调用，不准抵销，其失察船夹带私盐，应罚俸一年，着准其查抵。已革外委王得贵因潘光藻将伊扣留船上，心怀不平，指为捆缚殴打，虽事出有因，究属失实，着罚俸九个月，不准抵销，照例开复原官。至此案取供未确，拟罪出入之承审、审转及督率各员，着该抚查取职名，咨部分别议处。”（《清宣宗实录》卷158）

（道光九年九月庚戌）谕军机大臣等：“刑部奏，审讯京控案内附递条陈之湖北岁贡生千总顶带喻若印，请照例斥革，问拟杖罪，交该省折责管束，已依议行矣。此案喻若印所递条陈内有‘该省均州武当山香客鸣锣聚众，商贾设立会馆，结讼演戏，并私学天主教、青莲教’一节，聚众习教，为害地方，不可不严行究办。该处现在有无匪徒潜匿，着嵩孚确切查明，据实具奏，勿稍隐饰。将此谕令知之。”寻奏：“遵饬司道及委员查明，均州武当山间有人赴庙烧香，并无鸣锣聚众，结讼习教，观宇之外亦无商贾设立会馆等事，仍严行查禁，并责成安襄郧荆道，每年于会哨四峰山之便，亲诣细查。”报闻。（《清宣宗实录》卷160）

（道光十年七月壬申）谕军机大臣等：“托津等审讯假照一案，据揽捐人李汝岩供出庞熿之弟庞湘亦为其办捐。庞湘捐纳从九品，分发湖北，于上年十月到省，着该督等即行严密查提，派委妥员迅速解交刑部，归案审办，毋稍疏纵。将此谕令知之。”（《清宣宗实录》卷171）

（道光十年八月庚寅）谕军机大臣等：“有人参奏‘湖北候补道员现署盐道继德旧有继大彪子之名，向来在楚与盐商等交接往来。及署武昌汉阳知府，任用商人洪少弓及经历程汝功为之爪牙，人因其簠簋不饬，又有继刮地皮之号。该员娶得苏州妓女姜姓为妾，往来桃花寺中，又常携至洪少弓家，与商人黄正泰等听戏赌博，吸食鸦片，风声所播，远近喧传。而该省督抚未肯揭参者，盖由该员小有才辩，善为逢迎。总督嵩孚有宠妾之父马姓，最为该督所宠信，出入内外，督署公事，无不干预，继德深相结纳，遂于该督之一举一动皆能豫知，无不揣摩曲中，故马姓视之为至交，而该督倚之为心腹。或该督于下属欲有举动，辄先期告人，卖弄威福，是以湖北官员无不畏奉，州县执贽拜门者数十人，而直隶州知州捐升知府之胡源亦拜其门下，谄谀朋比，奔走若狂，盖恐失欢于继德，即失欢于马姓，而因以失欢于总督’等语。继德等纵恣妄为，断难掩人耳目，该督等是否知情纵容，抑竟毫无觉察，着钟昌等于回抵湖北时细加访察，如有前项情弊，即行据实参奏，勿稍徇隐。将此谕令知之。”（《清宣宗实录》卷172）

（道光十年八月癸巳）又谕：“据讷尔经额奏‘拿获假照案内要犯姚凤山同族之山东试用县丞姚钧，据供姚凤山平日与湖北郧县典史冯春晖往来甚密’等语，着该督抚确切访查，如该犯现在冯春晖署内潜匿，迅即拿获，解交刑部归案审办，毋任闻风远扬。将此谕令知之。”（《清宣宗实录》卷172）

（道光十年十月己酉）谕军机大臣等："据钟昌等奏查复湖北各员一折，并片一件，览奏均悉。惟原奏内称该督懒于见官一节，未据该侍郎等声复。总督接见官员与否，系众所共知共闻之事，不难访查得实。究竟该督如何懒于见官情形，着钟昌等据实详悉复奏，毋得稍有含混。将此谕令知之。"寻奏："前经访察，该督实无懒于见官之事，一时疏忽，遗漏声叙，据实复奏。"报闻。（《清宣宗实录》卷178）

（道光十年十一月）壬午，谕内阁："嵩孚在湖广总督任内倚任继德、胡源为心腹，继德纨绔性成，前在同知任内与商人往来宴会，自捐升道员，遇有差委等事不能慎密，或竟先事漏言，无识之徒因此群相趋奉。胡源行止卑鄙，拜在继德门下，嵩孚于此等劣员不行参劾，转加信用，且任听劣幕盘踞省城，毫无觉察，岂复能胜总督之任？嵩孚着赏给副都统衔，作为喀喇沙尔办事大臣，即由湖北前往，不许来京请训。至继德前于道光五年在江西同知任内经成格保举，此等人员岂宜滥膺荐牍？成格着交部议处。"（《清宣宗实录》卷180）

（道光十年十一月壬午）谕军机大臣等："前据钟昌等复奏'访闻湖北劣幕，总督衙门陆廷槐、臬司衙门童濂在楚盘踞多年，州县幕友半系所荐。又前在盐道衙门幕友何埽华，现在首府承办发审之彭绍堂，亦复盘踞勒荐。童濂、何埽华及陆廷槐之子陆襄均捐通判，分发各省，闻其子弟仍有盘踞在楚者，民间遂有楚中劣幕最堪夸之谣'等语，劣幕盘踞省城，最为地方之害，断不可任听容留。着卢坤等即将陆廷槐、彭绍堂及童濂等之子弟在楚省者，均严行驱逐，勒令各回原籍。并着查明陆廷槐等，如另有舞弊不法情事，即奏明从严惩办，毋稍宽贷。将此各谕令知之。"（《清宣宗实录》卷180）

（道光十一年十一月己巳）刑部议复湖广总督卢坤审明盐商借官贩私一案，请加等问拟。得旨："此案已革捐纳知府巴怡裕即巴树蕃，身充盐商，运售引盐，乃敢伙同张逢昌另开子店，借官行私。前经湖广总督审明，收贩船户脚私七千二百余包，核计盐数至五万九千七百余斤之多。巴树蕃系捐纳知府，不思奉公守法，私开子店，收卖脚私，占碍官引，已属骫法营私。复因访闻传讯，辄敢捏造合同，饰词狡赖，情更可恶。现经刑部加等拟军，着于犯事地方加枷号一个月，满日发近边充军，以示惩儆。”（《清宣宗实录》卷201）

（道光十一年十二月）癸巳，谕军机大臣等：“有人参奏‘湖北臬司衙门劣幕童濂前在楚省盘踞多年，嗣捐纳运判，分发两淮，辄夤缘至省城差委，自谓熟谙刑名，凡遇地方要案，无不营求会审，从中擅作威福。本年陶澍以该员承审枭匪李二一案，保举遇有运判本班缺出尽先补用。该员谒见各上司，均与首县一同出入，地方公事皆得与闻，以致不肖官员群相趋附，通省幕友无不联络，恃其积惯伎俩，把持公事，声名狼籍’等语。着朱士彦等于查看皖省赈务及审办汤添赐控案事竣，即赴江南省城，察访该员童濂。如果声名狼籍，实有擅作威福情事，即行据实参奏。原折着钞给阅看。将此谕令知之。”（《清宣宗实录》卷202）

（道光十二年六月乙未）又谕：“卢坤等奏‘参革知州自揣年力强健，不甘废弃，情愿自备资斧，留于襄阳等属帮同缉捕’等语。前任随州参革知州徐步云，于随州任内，客民周俊英等六家同日被抢，仅将二案详报，参奏革职。嗣经讯明因金光大等于喊禀后遣人补报，未开失单，差传又不赴案，是以未将同日被抢情由一并声明，尚无抑勒讳饰情弊。此等人员，业经议以革职，自应早日饬令回籍，岂容任其迁延观望，借事夤缘？前因刘湜参革后，四年之久不肯回籍，陶澍等奏请降捐通判，特旨驳斥，乃该督等仍以徐步云熟悉地方情形，辄令会同侦缉盗匪，并声请俟所获各犯审拟完结，再行酌量办理，显系该督等瞻徇情面，为属员见好乞恩地步，冀图起复。此风断不可长，徐步云着即饬令回籍，毋得听其任意逗留。”（《清宣宗实录》卷214）

（道光十二年八月己亥）以湖北京山县吕家潭、江陵县虎渡汛堤工漫溃，摘通判胡楷等项带。（《清宣宗实录》卷218）

（道光十二年九月甲辰）又谕：“长龄奏‘讯出借案索赃并事后受财之知县、典史，分别定拟’一折。此案山西怀仁县知县前署太谷县王椝，于该县八品职衔孙阜昌买用五台县青白石，被杨世选等控告，辄令门丁张四向索赃银。现据孙阜昌供出给过王椝银六千两，典史周舞旸银二百两。前署太谷县试用知县王承庆于杨世选等复行讦告，赴孙阜昌家勘验，事后得受银一千六百两，现据长龄查讯得实。试用知县王承庆着革职发往新疆效力赎罪，赃银追缴入官。怀仁县知县王椝委解湖北饷银，门丁张四是否随同前往，着湖北巡抚饬属将张四严拿务获，同王椝一并委员押解至山西，交新任巡抚提同周舞旸、孙阜昌质讯明确，按律定拟具奏，余着照拟完结。”寻奏：“查王椝已在籍病故，张四弋获无期。提讯周舞旸，事后受谢属实，按不枉法赃折半科罪，拟杖流。”下部议，从之。（《清宣宗实录》卷219）

（道光十二年九月丙寅）谕军机大臣等：“给事中孙兰枝奏‘蠹役讹诈，县令讳盗，请饬查办’一折，据称浙江嘉兴府属之石门县，系水道通津，为各省商贩由江南至浙江要路，浙民全赖湖广、江西、江南等处贩运米船接济……”（《清宣宗实录》卷220）

（道光十二年闰九月己丑）谕军机大臣等：“本日据卢坤密奏‘湖北盐引滞销，由于商船脚私占碍官引，上年派大冶县知县王启炳管理总卡，比往年溢销官引十一二万及二十余万引不等。本年委王启炳代理江夏县知县，该岸即形滞销，迨王启炳回卡，引销复畅，盐道刘肇绅恐难胜任’等语，已明降谕旨将该道刘肇绅撤任，令该督遴员署理矣。督销系盐道专责，何以王启炳一离总卡，即形滞销？自系该道不能破除情面、深察弊端所致。讷尔经额甫经到任，无所用其回护，着查明刘肇绅平日居官若何，并将王启炳离卡后何以滞销缘由据实复奏，毋稍含混。将此谕令知之。”寻奏：“湖北春季因水灾并逆瑶滋事，是以盐引滞销，入夏二麦登场，瑶匪荡平，销盐复畅。刘肇绅公事认真，尚无得规瞻徇情弊。”得旨：“刘肇绅着送部引见。”（《清宣宗实录》卷222）

（道光十二年闰九月己亥）又谕：“吴其濬奏‘请饬查因案逗留之训导’等语。湖北竹山县训导石应期诬详生员刘逢年辱詈师长，经道府提讯，全无实据。该训导不俟审结，径行请咨会试，据学政查明，至今并未回任，若非潜匿京城，即系沿途逗留。着步军统领、直隶河南督抚查明饬回湖北归案审办，并着讷尔经额查明该训导现在曾否到省，即饬原讯之员秉公讯结。”（《清宣宗实录》卷222）

（道光十二年闰九月辛丑）又谕：“前据吴其濬奏，湖北竹山县训导石应期因案逗留，当交步军统领、直隶河南各督抚查明饬回归案审办。兹据步军统领查该训导尚在京中逗留，现今查获讯取供词，石应期着该部照例解往湖北，交讷尔经额即饬原讯各员秉公讯结。”（《清宣宗实录》卷222）

（道光十二年十月乙丑）又谕：“御史瞿溶奏湖北已革恩施县知县左章昞来信，开载十条，均系湖北巡抚杨怿曾、武昌府知府裕谦居官劣迹，已派穆彰阿前往会同湖广总督讷尔经额查办。另降谕旨，将挖堤一案交朱士彦、敬徵会同陶澍审办，改河之说系朱士彦条陈，交敬徵会同陶澍、张井履勘复奏。穆彰阿接奉此旨，即带同司员，由清江驰往湖北省城，会同讷尔经额将左章昞所开十条按款讯明。倘左章昞有挟嫌泄忿情事，此风断不可长，即从重治以应得之罪。若该府等实有不公不法劣迹，亦须水落石出，不许稍有含混。瞿溶原折及款迹十条，俱着钞给阅看。将此谕令知之。”（《清宣宗实录》卷224）

（道光十二年十一月甲戌）谕军机大臣等："有人条奏'河南通省钱粮，从前并不短少。自道光二年，闻各州县共短正杂钱粮银二百四十余万两，仓谷二十余万石之多，吏役人等通同舞弊分肥，即或上司查出，无非推在民欠，上司无可如何，相沿日久，恐无底止。又河南、山东等处，本年秋成甚丰，其所以亦报荒歉之故，因各行交易买卖，斗行经纪，作价不平，以致民心不定'等语。各州县亏短正杂钱粮银谷，吏胥通同舞弊，并有将丰报歉各情，如果属实，于国计民生大有关系。着穆彰阿于查办湖北事竣后，回京经过河南，将所奏各情节严密查察，务得确情，据实具奏。将此谕令知之。"（《清宣宗实录》卷225）

（道光十二年十二月丙辰）谕军机大臣等："有人陈奏'湖北江汉堤工每年于八九月水退时修筑，以资捍御。本年水退，尚未兴修。十月底，云南考官路过荆州、安陆等处，目击情形，道府州县观望迟疑，毫无定见。孝感、黄陂劫案甚多，地方官置若罔闻，或避重就轻，规避处分，家道稍裕者，多迁城内，其他州县类此者恐亦不少。署天门县知县吕恂上年办理赈务，将合邑民商捐赈银二万余两只发一万两，余皆肥己，督抚捐有被灾各州县棉衣三千件银两，该署县领回，止给草衣，以棉衣开报，乡民怨讟，致有谣言'等语。江汉堤工为各州县保障，该处频年水患，自应及时修筑坚固，以卫民生，何以迟至十月底尚未兴筑？着穆彰阿会同讷尔经额确切查明，饬令赶紧修筑，毋许草率侵冒。棍徒抢劫尤为地方之害，孝感、黄陂等处是否有匪徒抢劫，并着查明惩办。至所称署天门县知县吕恂侵蚀捐赈等项银两，如果属实，大干法纪，着一并查明具奏，毋稍隐饰。原折钞给阅看，将此谕令知之。"（《清宣宗实录》卷227）

（道光十二年十二月戊午）谕军机大臣等："昨据穆彰阿等奏'提讯已革恩施县知县左章昞致书讦诉一案，该革员坚不承认，当即传到御史瞿溶询问此信得之何人，且既与左章昞同年，果否系该革员亲笔，令其据实明白回奏。兹据瞿溶奏，本年闰九月初八日，伊看门家人递进书信一封，回称有不识姓名人，口称由东直门送来。该御史与左章昞虽系同年，以前并无书信来往，亦未见过伊字迹，是否亲笔，无凭臆度。将左章昞名帖一纸、信三纸、细字钞单一纸呈览’等语，左章昞因亏空被参，是否胪列上司款迹，意图泄忿，致书言路，或有主使同谋之人，抑系他人与伊有隙，假名投递，必须审讯明确。着穆彰阿等即将该革员书信钞单查对笔迹，如果属实，严行根究。如笔迹不符，即将该革员之侄监生左庆桐，伊戚生员张映垣，家人卢祥、孙福、李升隔别研讯，自可得其端倪。诚恐该革员始则列款致书，继闻特派大员来楚会同该督审办，情虚畏罪，意图狡赖，必应切实根究，以期水落石出。御史瞿溶奏折着钞给阅看，左章昞名帖一纸、信三纸、细字钞单一纸，一并发给阅看。将此谕令知之。”（《清宣宗实录》卷228）

（道光十三年正月甲申）又谕：“讷尔经额奏‘确查审理积案之县令奖励过当，请撤销升衔’一折。前因卢坤等以襄阳县知县阮克峻完结积案较多，奏请赏加知州衔，旋经降旨，令卢坤将襄阳县所积八百余案查系积自何任何时，据实奏参办理。兹据讷尔经额奏称‘该令在襄阳县任内，审结自理词讼四百余起，承审前任内结、外结命、盗、奸、拐、窃、杂及上控委审等案二百三十起，自理词讼一百八十起’等语，州县身膺民社，审理案件是其专责，至命案、奸拐等案，例有一定审限，尤应赶紧办理。阮克峻在襄阳任内将及两载，核计所结自理词讼，每日审理不及一案，并不为多。其承审各案，多有查销、详销及解赴别处审办，并该令接审违限，业于本案附参，求其实在审明办结不逾例限者，不过十之五六。卢坤等前请赏加知州衔，实属过当，着即撤销。前任湖北臬司栗毓美并不详细查核，据禀率详，着交部议处。会详之藩司衍庆着交部察议。卢坤、杨怿曾未经核明，即据详入奏，着一并交部议处。其递积各案之前令关维纪等各员，既据该督查明尚属有因，并非有心延拦，着

免其开参。”(《清宣宗实录》卷229)

(道光十三年正月戊子)谕内阁:“前据蒋立镛奏‘湖北堤工,地方官未赶紧兴修,孝感、黄陂抢劫之案甚多,署天门县知县吕恂侵蚀捐赈棉衣银两’各款,当降旨交穆彰阿等查办。兹据奏‘讷尔经额于到任后,查知各属官民,希冀借帑兴修,以致观望迟延,即严饬该管道府亲诣督勘筹议,并勒限严督赶办,春汛以前,均可一律完竣。至历年残缺堤工,须俟水势归槽,方能集费修筑,实非有意迟延。孝感、黄陂二县,因上年捻匪窜入抢劫滋扰,业经该督等严饬营县尽力搜捕,当时各乡居民防范绸缪,在所不免。嗣获犯后民情安帖,乡民并非全迁城内,州县遇有抢劫案件,据实具报,处分甚轻,若一讳匿,转成私罪,即被害之人无不即时上控。现检查两县及各州县并无被控抢劫案件,其无规避处分讳盗不报之事,自属可信。又吕恂上年代理天门县事,共收绅商捐输工赈钱文,查明各垸内实在贫民户口,择其公正绅士耆民,将钱文当堂给领,每垸给钱自一百余千至数十千文不等,有花名细册、绅耆领状可据。其余钱文为修复各垸溃堤之用,均系绅耆经手,俱有工程底帐可查,不但该员毫无沾染,且未假手吏胥,可保无克扣之弊。至制备御寒棉衣、草衣,系该员捐廉施舍,并未报销,从何侵冒’等语,穆彰阿系钦派大臣,讷尔经额系新任湖广总督,交查事件均无所用其回护,既据详查具奏,自系实在情形。蒋立镛所奏,着毋庸议。”(《清宣宗实录》卷230)

道光十四年甲午六月乙未朔,谕军机大臣等:“本日据讷尔经额等奏‘参妄拿酿命之通判,请旨革职审办’一折,已明降谕旨,交该督等严行审讯矣。此案兼署湖北荆州府通判事理事同知恒敬之门丁胡升,因素识之邵文希告知刘庆云贩卖鸦片烟土,可以讹诈图利,哄令恒敬查街,先嘱火夫廖忠赴栈买出烟土,差役朱正明等将栈伙杨和贵等并刘师友拿获,将刘师友踢伤脐肚,拖走带署。恒敬因刘师友不认贩卖,杖责交保,越二日身死。既据廖忠供认,胡升给钱赴栈,买得鸦片烟土,胡升亦供认串商图诈属实，难保非伙串栽诬。案关职官妄拿酿命，不可不确切根究。恒敬业经革职，着讷尔经额、尹济源亲提人证卷宗，严切究明如何串诈妄拿，殴踢刑讯，刘师友实因何伤致死，并究明廖忠所买鸦片烟土确实来历是否系刘师友贩卖，抑系胡升、廖忠等伙串栽诬。务须详细确查，无稍含混，将此谕令知之。”寻奏：“讯明胡升诱买刘师友吸剩烟土，索诈不遂，将刘师友踢毙，依律拟斩。朱正明、廖忠、邵文希伙同串诈，致毙人命，均依为从拟流。恒敬讯无授意妄拿情事，业经革职，应毋庸议。”下部议，从之。（《清宣宗实录》卷253）

（道光十四年七月乙酉）谕军机大臣等：“据吴荣光奏，坐选湘潭县丞胡潆，以曾之馥等诬告该员得受私盐陋规，勾串李青云、尹本和捏造谳语，贿串盐道丁幕傅石柱等陷害一案，督臣不为据实奏办等情，赴该抚衙门呈递禀揭一件，案内登复亲供等四件，前经降旨交讷尔经额提讯，已将曾之馥等分别问拟军杖，胡潆违例擅受，交部议处。该县丞于结案后已将半年，忽又具禀呈告，其呈内所称，湖北李粮道委赴湖南，行提该员来省面讯，并单开案情，令该员一一登复。该员到湖北省后，武昌府知府裕谦等始则劝伊改换供情，继则用言吓唬，并将伊差押武昌府官厅冻饿三日，内署造出避重就轻、化大为小、化有为无各假供，勒令画押，并允许不将伊处分……等语。该员既经画擅受民词之供，处分岂能宽免？如有屈抑，当时何肯听问官逼勒？是否系被参情急，妄思造言反噬，希冀开复原官，抑系实有冤抑，若不彻底究明，不足以折服其心。着升寅、赛尚阿于广东审案完竣后，即驰赴湖南省城，提集全案人证卷宗，秉公研讯，务得确情，毋任稍有讳饰，致有不实不尽，以成信谳。吴荣光原折并胡潆原禀，俱着钞给阅看。将此谕令知之。”寻奏：“盐道胡镂委无听受丁幕怂恿及恃势抑勒等情，武昌府知府裕谦承审此案并未劝勒画供……”（《清宣宗实录》卷254）

（道光十四年八月丁巳）又谕：“讷尔经额等奏‘代办知县与举贡职

员互相讦禀，请一并革审’一折。湖北代办石首县事县丞钟文选散放该县地方抚恤银两，如果毫无弊端，何以不将应抚户口出榜晓示？且该县原领银数核与刘经邦等续控散放数目，多寡悬殊，恐实有克扣侵蚀情弊。至贡生徐衷超等，或夺取印册，或拦截灾民，令将领票盖用图章，虽据供并未挟制图诈，难保非捏饰狡避。耿敬之等果未捏名冒领，何致陈复元路过厂所，无端被书差锁押？举人张孝渠先以必须安顿之言赴县关说，因被申饬，即挟忿上控，其于徐衷超等纷纷阻闹，未必无勾串主使情事。案关克减冒领，官吏绅民互相禀讦，必应彻底根究，严行惩办。县丞钟文选着革职，举人张孝渠，捐贡徐衷超，生员刘经邦、耿敬之，职员陈复元俱着一并暂行斥革，交该督等亲提全案人证，秉公严讯，务得确情，按律定拟具奏。断不可任其狡展，尤不可被人弊混。勉之。”寻奏：“钟文选散放抚恤银两，不将被灾户口榜示，仅传灾民赴领，已属办理不善，迨经绅士阻闹，停厂不放，复致灾黎待哺，实属乖谬，请发往军台效力赎罪。捐贡徐衷超商同郑潮等拦截灾民，复以克减等词上控，妄为滋事，拟杖一百，徒三年。举人张孝渠挟钟文选申饬之嫌，辄借词控告，照律杖八十，开复举人纳赎。生员耿敬之等讯无串闹情事，均免置议。”下部议，从之。（《清宣宗实录》卷255）

（道光十五年七月壬子）谕内阁：“讷尔经额等奏‘典史买食鸦片烟，复列款讦告代办知县，请分别革职撤任’一折。湖北保康县典史杨干春买食鸦片烟，复于任内擅受民词，因该县代办知县畅际泰欲请撤参，自行检举，并讦告该代办知县浮勒侵蚀，门丁讹索，暨挪改月日案犯，违例收卡等款，案关职官讦告，必应据实严办。保康县典史杨干春着先行革职拿问，代办保康县事襄阳县县丞畅际泰着撤任，交该督等提同应讯人证，将该典史指讦各款，秉公研审，务得确情，并究明鸦片烟来历，按例定拟，无稍枉纵。”寻奏：“讯明杨干春以买食鸦片，恐为畅际泰揭参，乃先列款诬讦，应按照以奸赃事污人名节例，发近边充军。”下部议，从之。（《清宣宗实录》卷269）

（道光十六年十月戊寅）又谕："有人奏'湖北监利县堤工向系官征民修，每年岁修土方六十余万，派征制钱六万余串，由该县签点董事，发给印单，收取土费，粮书、工书等辄用墨券私收，致董事赔累，不足完工。又有库总六人，狼狈为奸，被控未结。前经讷尔经额派员前往会议章程，设立总局收土，并公举诚正首士八人及领修数十人分修，一切事宜不假吏胥，士民踊跃。而蠹书等遂把持花户，不许赴局完土，首士屡经禀究，藐玩如故，一年所收土费，不及三万串，余皆尽饱蠹橐。本年四月，库总龚绍绪勾通粮书萧之桐，纠众抗土闹局，殴辱首士秦祖恩等，县令不为究办。从前吏胥包揽征收，县令与汛员每年得陋规数千串，今改总局收土，不能遂其需索，蠹书尤不利于总局，百计寻衅。本年七月十五日，乘该县公出，连夜聚众千百余人，拆毁总局，劫夺册券，局中衣物银钱抢掠一空，并殴首士周超伯等多人。报验勘办，该县邓兰薰仅拿粮书张良佐一名，略加惩戒，其余首从各犯置之不问。又本年荆江水未大涨，该蠹书等潜往刨毁，溃决二十余丈，致淹毛老等一百四十余垸，下及沔阳、汉阳等处，皆受其害'等语。收土修堤，改设总局，行之一年，士民称便，该地方官自应实力奉行，用收实效。何以该蠹书等辄因无从渔利，胆敢纠众毁局，抢劫肆殴？如果属实，大干法纪。该县知县亟应将首从各犯按名严拿，从重惩办，倘竟徇庇蠹书，一味姑容，必致益无忌惮。首士畏其凌虐，不敢承管局事，于民命要工大有关系，不可不严行查究。着讷尔经额、周之琦亲提现获粮书张良佐，并饬该县严拿首从各犯务获，秉公审讯，认真研究，务即查明溃堤毁局各确情，依律究办，并追出抗缴土费，以杜包揽而清积弊。至该县邓兰薰倘查有徇纵情事，着即据实严参，毋稍姑息。将此谕令知之。"寻总督林则徐等奏："监利县设立总局、散局收土，仍令粮书帮收，散局首士秦祖恩因粮书萧之桐旧欠不缴，令工人、县役将萧之桐锁拿赴局，以致争闹。至江堤溃决，实因渗漏所致。粮书张良佐等声称田墓被淹，赴局吵闹，将总局首士周超伯等殴伤，被人乘间窃去钱文衣物，张良佐按律拟杖。又粮书龚绍绪，于十四年擅用墨券，私收土费至六十串之多，拟发近边充军，余俱照律定拟。监利县知县邓兰薰查无私得陋规情事，其审办萧之桐、张良佐二案，亦尚非徇纵。惟失察县书龚绍绪等侵收土费，又该县赔修堤工，而抢险用费仍于土费内开销，殊属非是，应请革职，以示惩儆。”下部议，从之。（《清宣宗实录》卷290）

（道光十六年十一月）壬寅，谕内阁：“本日据阮元等将广东省承修督修炮位各员议处具奏，署游击黄冈协左营都司黄廷彪着即照部议革职，仍留云骑尉世职，其炸裂炮位，着责令赔造。邓廷桢、关天培部议降二级留任，本系公罪，原可准抵，惟督率不善，以致演放伤人，非寻常失察可比，俱着降二级留任，不准抵销。”（《清宣宗实录》卷291）

（道光十八年五月）丁巳，谕内阁：“梁章钜奏‘实缺总兵久未到任’一折。广西右江镇总兵满承绪于上年十月间简补该镇员缺，何以迄今尚未到省？着该旗查明该员于何时出京，并着直隶、河南、湖北、湖南沿途各督抚查明该员因何逗留，现在何处，饬令迅速赴任，毋再迟延。”（《清宣宗实录》卷310）

（道光十八年六月甲午）又谕：“前因广西右江镇总兵满承绪久未到粤，降旨令沿途各督抚查明饬催赴任。兹据梁章钜奏称‘该总兵已于五月十六日抵省，因在河南途次患病延医，致行程未能迅速’等语，着河南、湖北、湖南各督抚仍遵前旨，确查该总兵究于何处逗留，是否确系患病，据实具奏。”（《清宣宗实录》卷311）

（道光十八年九月）戊申，谕军机大臣等：“有人奏‘湖北德安府知府方长庆倡为设局销盐之议，借捐办书院膏火为名，敛取民财，归入盐局，以作运本，并亲赴随州传齐富户，抑勒捐银。随州户书徐锡龄、李熙安包办漕粮，著名蠹吏，该府与之交若友朋，以致该户书等倚势将局中盐斤分派各乡保，多寡不均，借以需索使费。本年五月间，乡民拆毁盐局，该府州掩饰不究，徐锡龄等现有被控之案，亦未完结。该府到任时，派捐留养贫民公所，并未留养一人，公项尽归无着。又随州历任知州俱令民间捐纳谷价，借饱私囊，追呼逼迫，亟于正供，民间畏累，不敢呈控’等语。地方官借端科派，久干例禁，若如所奏，实属扰累闾阎，且难保无侵吞入己情弊，不可不严行惩办。着林则徐即照原折所指各款，明查谙访，务得确实，如有前项情弊，即据实严参，毋稍瞻徇。原折着钞给阅看，将此谕令知之。”（《清宣宗实录》卷314）

（道光十八年十月癸巳）又谕：“前因有人奏‘湖北德安府知府方长庆倡为设局销盐之议，借捐办书院膏火为名，敛取民财归入盐局’一案，当降旨交林则徐查办。兹据该督奏称‘正在确查，适奉旨进京陛见，业经移交伍长华查办’等语，此案关系地方官借端科派，扰累闾阎，不可不严行惩办。现在随州户书徐锡龄等被州民任正兴京控之案，已提省严鞫，该书等如何包办漕粮，方长庆果否与之交好，以致该书等倚势勒索使费，被乡民拆毁盐局，及随州历任知州如何令民间捐纳谷价，借饱私橐等情，尚未得有切实证据。着该署督彻底查明，如果实有前项情弊，即据实严参办理，毋许稍有瞻徇。将此谕令知之。”（《清宣宗实录》卷315）

（道光十九年正月戊申）谕内阁：“前据御史狄听奏，湖北德安府知府方长庆设立盐局，借端科派各款，当降旨交该督等查明具奏。兹据伍长华奏，该员方长庆于所属随州地方设立盐局，并建留养局，劝捐书院膏火，均系因公起见，并无借端科敛、扰累闾阎情弊，亦无与州书徐锡龄交若友朋、赏戴金顶情事。惟于徐锡龄需索票钱被控饬讯后不加察究，复令总理盐局，咎有应得，着交部议处。”（《清宣宗实录》卷318）

（道光十九年三月甲寅）又谕：“有人奏‘湖北襄阳县双沟巡检宣维屏将民人绍学礼非刑毙命，尸亲累控，案悬未结。又襄阳吕堰巡检冯潮因案受梁万昌贿嘱，转托李巡检代办，李巡检将耿幗贤之母刑责，致该氏忿激轻生，李巡检向知县纪昌期跪恳弥缝，该县诬指耿幗贤嘱母自尽，希图抵赖。又襄阳县役吴思雄借端勒逼，致徐大情急投江。县役丁正顺私立班馆，禁押良民，串通纪昌期之子诈赃数千两。该县纪昌期又借修城筑堤，敛派商民累数万金，并赴乡办案，将良民房舍指作贼巢，即肆焚毁。凡遇民人涉讼，动用非刑，又挟嫌将生员欧阳俊锁铐游街。甚至襄阳匪徒黄被臣等扰害地方，该县并不查拿，致匪党李和尚等纠众抢掠，劫案四出。并黄被臣案内之乔道士等，与县役相为表里，既被弋获，旋即释放，该匪等复纠人贩运私盐，掳掠财物，肆行无忌，破案后发该县禁锢，而县役任克和私行开释，该县若罔闻知’等语。案关佐杂受贿滥刑，知县婪赃黩法，纵匪殃民，如果属实，必应从严惩办。着周天爵亲提各案人证卷宗，严行审讯，据实参奏，务期水落石出，毋得稍有瞻徇回护，致令不实不尽。原折着钞给阅看，将此谕令知之。”（《清宣宗实录》卷320）

（道光十九年五月癸卯）谕军机大臣等：“有人奏‘湖北省职官吸食鸦片烟并营私’各款。开单呈览，职官营私黩法，已干例禁，况当此查办禁烟之时，牧民者先不能表率，何以惩办军民人等？桂良甫经到任，无所用其回护，着按照单内所开各款逐一密查，如果属实，从严参办，不得走漏风声，消弭瞻徇，致干咎戾。原单着发给阅看，将此谕令知之。”寻奏：“查照原奏单开，逐一讯究，武昌府知府崇善讯无岁得盐规二万余两等事，惟失察幕友家丁吸烟，且徇庇属员，并不随时参革，已于另案拟发军台效力。盐道于克襄与试用从九品官彤绅系属表亲，率行派委查关，实属徇庇，业经另案奏请革职。其余单开之三十三人内，当阳县知县邱上东现因详报不实，另案参办。州同沈兆鹏，巡检石裕禧、庆槐，未入流金恒曾经吸烟，照新例勒令休致。巡检郑时彦声名平常，布政司经历朱文縠素非安分，均请革职。从九品官彤绅不知引嫌，应请勒休，永不叙用。长阳县知县秦宪曾于交代案内先行革职。从九品朱龄

祖籍浙江，幼随伊祖游幕楚北，应请饬部改发他省试用。其余均令回任。”下部议，从之。（《清宣宗实录》卷 322）

（道光十九年六月乙亥）又谕：“前据周天爵等奏参‘前任郧阳府知府李嘉祥派买仓谷，任令书役诈赃’一案，当降旨交该督等审讯。兹据周天爵奏称‘研讯该革员门丁，有包揽渔利事后贿和情弊，惟李嘉祥因病不能到案，迨追取收仓帐簿，坚称遗失无存’等语，地方官借端苛派，朘削民膏，情殊可恶，不可不彻底根究，以除积弊。着桂良、伍长华亲提研鞫，务期水落石出，毋稍含混。朱林着即严拿务获，归案审办。将此谕令知之。”寻奏：“李嘉祥采买仓谷，借端浮派勒折，科敛入己，依枉法赃律拟绞监候。”下部议，从之。（《清宣宗实录》卷 323）

（道光十九年六月）庚寅，署湖广总督周天爵复奏：“湖北襄阳县知县纪昌期现经撤任提讯，并无婪赃情事，其焚毁盗贼房屋，重责匪徒，亦为整顿地方起见。双沟巡检宣维屏被劾一案，该县当时揭报尚无不合，即失察县役诈赃勒赎及滥责生员，其咎亦止革职。惟于巡检朱烈擅受酿命，并不据实通详，辄因朱烈跪求，令尸子改换报呈，与朱烈厥罪维均，请革职发往军台效力赎罪。前襄阳县知县任秉钧于蠹役吴思雄倚势逼毙徐奎昌一案，添供捏详，非寻常徇纵可比，请发往新疆效力赎罪。”下部议，从之。（《清宣宗实录》卷 323）

（道光十九年九月丙午）又谕：“周天爵奏‘审明铅船滋事水手，分别定拟’一折。此案贵州押运委员准升贞丰州知州德亨，于铅船水手黄大等沿途抢劫毫无觉察，非寻常疏忽可比，着交部严加议处。前兼署湖北臬司盐法武昌道于克襄承审此案，并不悉心推鞫，反将犯供重情化为游移，实属有心回护，仅予革职，不足蔽辜。于克襄着发往军台效力赎罪，以示惩儆。”（《清宣宗实录》卷 326）

（道光二十年正月戊戌）谕内阁："前年五月据林则徐奏，江汉安澜，恳请鼓励各员，当经降旨加恩。兹据周天爵查明江汉堤塍漫溃情形，京山、天门二县系安陆府所属，沔阳州系汉阳府所属，江夏等县公堤系武昌府所属。此次漫溃堤段，虽因水势过大，猝不及防，究系筹办验收未能尽善。所有安陆府知府周鸣銮、前加道衔汉阳府知府杨炳堃交部议叙之处，着即注销。试用布政司照磨胡廷琨前请尽先补用之处，亦着注销。其原请奖励之调任湖广总督林则徐，着交部议处……"（《清宣宗实录》卷330）

（道光二十年四月癸酉）又谕："周天爵奏'遵旨改拟已革巡检宣维屏罪名'一折，着刑部议奏，所有该督自请严议之处，着加恩改为交部察议。"寻奏："查已革湖北襄阳县巡检宣维屏听从刘可富嘱托，滥责邵学礼酿命，该督将宣维屏、刘可富均拟绞监候。经军机大臣等会议，以一命不能二抵，共案须分首从，驳令复审。兹据讯明，邵学礼被宣维屏掌责后，曾被刘可富踢伤，刘可富仍拟绞监候，业经在监病故，应毋庸议，改拟宣维屏为从请发往新疆充当苦差。"从之。（《清宣宗实录》卷333）

（道光二十年五月辛卯）谕内阁："周天爵奏'请将估办堤工草率玩延各员交部严议'一折……前任荆州府告病知府王若闳任听书吏朦估，率行详报，荆宜施道陶樑、前代理荆州府事襄阳府同知张书年接手承办，并不认真厘剔，均属草率玩延。王若闳、陶樑、张书年，着一并交部严加议处，全工俱不准开销，以示惩儆。其未完工段，勒令各段夫头照依领估丈尺，赶紧加培补足，克日报竣，毋再玩延。"（《清宣宗实录》卷334）

（道光二十年六月）癸亥，谕内阁："周天爵、伍长华奏'营弁禀讦知县''知县反讦总督'各一折。向来匿名揭帖，概行销毁，例不查办。此案湖北保安汛外委陈俊烈拾获匿名揭帖，罗列大冶县知县孔广义各款劣迹，该弁呈递时，该督即不应查办，乃因查办该知县劣款，遂致反噬总督，实属自生枝节。况孔广义各项劣迹，该督等既称先有风闻，即应采访确实，按律惩办，又何用拆阅匿帖，作此违例之举？若各省纷纷查办匿名揭帖，成何事体？伍长华奏请钦派大臣赴楚查办，似此地方官应办之事，总由该督等办理失当，以致被属员挟制，不值钦派大臣前往。大冶县知县孔广义、保安汛外委陈俊烈均着革职，即交伍长华督同藩臬秉公严讯。此项揭帖是否即系该弁挟嫌编造，抑系拾获，着严拿确讯，按律治罪。并着仍照访闻该县各款，逐一推鞫，毋稍含混，据实具奏。匿帖内所列各款，一概不准核办。周天爵折内奏称‘既经该外委呈来，即不得谓揭帖无名，遽置不问’，伍长华奏‘未便因匿名揭帖，例不准办，遂置访闻劣迹于不问’等语，实属错谬，不晓事体。周天爵、伍长华均着交部议处。”（《清宣宗实录》卷335）

（道光二十年九月甲午）又谕：“昨据都察院奏‘秋审册内官犯李嘉祥之妻他塔拉氏遣抱在该衙门代夫鸣冤，据称伊夫李嘉祥在湖北郧阳府知府任内督买仓谷，被民人江经林等以书差诈赃浮买勒折等情具控，业已解省，讯系诬告。复经该督复讯刑求，逼令画供，问成死罪’等语，本日已降旨派吴其濬、麟魁前往查办。吴其濬接奉此旨，如新任江西学政尚未到任，即将学政关防送交钱宝琛暂护，迅即驰赴湖北省城，俟麟魁驰抵该省后，将李嘉祥一案提集人证卷宗，秉公研鞫，务得确情，以成信谳。将此谕令知之。”（《清宣宗实录》卷339）

（道光二十年九月甲辰）又谕：“前因周天爵等奏‘湖北保安汛外委陈俊烈拾获匿名揭帖，禀讦大冶县知县孔广义反噬总督’一案，当经降旨交伍长华督同藩臬秉公严讯。兹据该抚审明定拟具奏，着吴其濬、麟魁复加审讯，务得确情。至周天爵之子周光岳并未到案，着提同全案人证一并讯究，按律定拟具奏。原折着钞给阅看，将此谕令知之。”（《清宣宗实录》卷339）

（道光二十年十月乙丑）谕军机大臣等："有人奏'湖北候补知县楚镛创造刑具，名曰飞禽椅，垫以沙石瓷锋，跪人于上而架其两膀，瓷锋压入膝盖，勒取供招。该员讯鞫之犯解至臬司往往翻异，虽驳令再审，而因伤身死者，已累累相望，且豫取该犯病结，使尸亲无可如何'等语。州县为亲民之官，遇有案件，自应细心研鞫，务得实情。若滥用非刑，勒逼供吐，三木之下，何求不得？着吴其濬等详细访查，如果有各项违例刑具及滥用非刑等事，即一面将该员提讯，一面据实奏闻，毋稍徇隐。将此谕令知之。"（《清宣宗实录》卷 340）

（道光二十年十月辛巳）又谕："有人奏'河南睢州知州阎应德贪鄙不法''巨盗刘玉玑纠党抢劫'各一折。州县有牧民之责，岂容贪劣之员剥民肥己，姑息养奸，致为地方之害？至积年巨盗纠党横行，亦必应随时拿办，以靖闾阎。着吴其濬等于湖北查办事竣后，驰赴河南严密访察该州阎应德被参各款是否属实，据实查办。并将刘玉玑抢劫各案及该地方官是否有规避处分耽延不究情事一并确查办理。原折二件，着钞给阅看。将此谕令知之。"（《清宣宗实录》卷 340）

（道光二十年十一月丁亥）又谕："吴其濬等奏'讯出委员滥用非刑，奏请革审'一折。湖北署武昌府同知候补知县楚镛奉委审案，辄将督署所置非刑恣意施用，惨酷已极。楚镛着革职拿问，交该侍郎等提集董耀雄案内应讯人证，严审确情，按律定拟具奏。"（《清宣宗实录》卷 341）

（道光二十年十一月辛丑）湖广总督周天爵奏，违例用刑，自请先行革任。得旨："着俟吴其濬等审明定案后再降谕旨。"又批："嫉恶过严，原当若是，例外非刑，有是理乎？自古严明之吏，未闻创造非刑，即使情真罪当，已为过举，若有不白于其间，于心忍乎？于法平乎？所谓猛以济宽，除恶务尽，并非逞一时之忿，专尚酷毒也。"（《清宣宗实录》卷 341）

（道光二十年十一月甲寅）谕内阁："吴其濬等奏'审明委员非刑毙命及总督信用属员滥刑滋扰各情'一折。此案已革候补知县楚镛在督署审案擅用非刑，酷讯毙命，并因委办盐卡，违例株连刑责，并将系杆人犯任意叠杖，拖毙多命，惨酷已极，楚镛着先在省城枷号两个月，满日发往乌噜木齐充当苦差。湖广总督周天爵创造非刑，信任楚镛在署审案，并派总管盐卡于应归地方官审办之件违例专委讯办，以致恣行威福，拖毙多命，并将匪犯亲自掐伤，两目成瞽，种种妄为，现经钦差侍郎逐款讯出。该督以一品大员，辄逞一时之忿，专尚酷毒，实属负恩任性。周天爵着即革职，发往伊犁充当苦差，其该督署内伺候扛抬夫头永行禁革。所置非刑即着尽行销毁，并严禁问刑衙门效尤私设。"（《清宣宗实录》卷341）

（道光二十年十二月甲戌）钦差户部左侍郎吴其濬等奏："讯明已革湖北郧阳府知府李嘉祥，于道光十六年奉文督饬郧县采买仓谷，照例每石领银六钱五分。因是年抚恤灾民，捐资赔累，起意于应买一千五百石外，自照例价发银，浮买一千二百余石。分派郧县差役赴各堡催传乡保领价，收过本色谷一千二百余石，其余概令折价，每石二千五百五十文。嗣有民人江绍凰赴总督衙门，具控乡保王德修以仓书李春和等浮买勒折，赴都察院呈控，咨回该省审办。李嘉祥幕友任小山托廪生张经华向王德修贿劝认诬，经前督臣林则徐究出，行提张经华解审。李嘉祥复令王德修之子克仁至省，再行说和认诬，该督周天爵旋因提讯江经林控案究出各情，奏请将李嘉祥革审。复讯李春和等浮派勒收实数，李春和等畏刑供认派买谷三千八百石，除收一千石外，余皆折收。李嘉祥亦恐受刑，即照李春和等所供数目承认。其所供捐资抚恤等情，该督并未详查，将李嘉祥照枉法赃满贯律拟绞监候不足以折服其心，应请酌减一等，发往新疆充当苦差，余照例治罪。督臣周天爵草率定案，抚臣伍长华率行会奏，请交部分别议处。"下部议，从之。（《清宣宗实录》卷343）

（道光二十年十二月甲戌）又谕："吴其濬等奏'审明已革知县禀讦总督各情，分别定拟'一折。此案湖广总督周天爵前已降旨革职遣戍，着毋庸再议。湖北巡抚伍长华于饬交严审之案，未将应提人证到案质讯，仅据周天爵咨复结案，殊属阿附不职，伍长华着与随同审讯之布政使孙善宝、按察使林绂均交部严加议处。武昌府知府明峻于周天爵谕令查讯李毓华行贿一节，现虽据实禀明，惟于该抚饬查时，未经明晰声叙，亦属不合，着交部察议。"寻议上，得旨："伍长华着照部议革职，孙善宝、林绂着照部议降四级调用，明峻着降一级留任，不准抵销。"（《清宣宗实录》卷343）

（道光二十一年正月己酉）又谕："裕泰奏'请将接递紧要公文退回迟误之知县交部严加议处'一折。湖北蕲州、广济二州县，于本省总督衙门发递限行紧要公文，辄听丁书人等互相推诿，任意退回，以致迟延六日之久，并将邮封排单擦损，实非寻常玩误可比。署湖北蕲州事巴东县知县刘鸿庚、广济县知县蔡学清着一并交部，严加议处，以为玩视驿站者戒。"（《清宣宗实录》卷345）

（道光二十一年十一月己未）谕内阁："黄爵滋等奏'审明运员拖欠剥船银米，请勒限严追'一折。此案湖南运员兆瑞奉委采办例木运京，因赔修船只，资费罄尽，将民人罗大华等应领水脚银两拖欠，虽讯无克扣情弊，惟经年累月不为措给，控经都察院等衙门咨行直隶总督提追，仍复借端延缓，以致该民人情急复控，实属玩泄。兆瑞着交部严加议处，其所欠该民人银七千七百余两，准其援照成案，由天津道库借领油舱项下银一千五百两，给发该民人等先行具领，着湖北巡抚于伊子巴扬阿应领鹤峰州任内全廉扣解，以清库项。其余下欠之数，现经兆瑞书立分限归还手帖，着讷尔经额派员将兆瑞押解湖南，交该抚勒限一年追出，给该民人等具领，倘逾限不完，即按例惩办。"（《清宣宗实录》卷361）

（道光二十一年十二月）壬辰，谕内阁：“宝兴奏‘请将浮开船价之游击革职’一折。四川广元营游击梁有才分起带兵赴浙，因闻湖北州县折给船价无多，辄商明巴县知县李世彬，于船领内豫行浮开，冀图多领，且另有纵兵勒索之处，实属任意妄为。梁有才着即革职，无论行抵何处，即行撤回川省，所带官兵，着沿途督抚就近委员管领赴浙。李世彬当该游击向商并未阻止，着宝兴确查有无通同徇纵情事，另行分别办理。”（《清宣宗实录》卷363）

（道光二十一年十二月癸巳）又谕：“昨据宝兴奏，四川广元营游击梁有才带兵赴浙，有纵兵勒索、浮开船价等弊，已降旨将该游击革职撤回四川。兹复据裕泰奏‘四川官兵路过江陵县，于阻风之际，四出强拉客船，任意讹诈，以致商运官盐全载沉溺。带兵游击梁有才置若罔闻’等语，梁有才着宝兴严切讯究，定拟具奏。”（《清宣宗实录》卷363）

（道光二十二年正月甲戌）谕军机大臣等：“……另折奏‘武昌汉阳水路委员防堵’等情，着即知照赵炳言实力清查，严防勾结，并随时知照吴其濬一体防堵，毋使窜越。其典史王光宇已据供报自尽，外委邓永煊是否从贼，并教官有无捏饰，着俟克复二城后确切查明，同逃出已革知县李垒等分别究办，以肃国纪而励官方。断不可因大功已蒇，稍从末减，致守土文武官员无所儆惧，相率效尤……将此由五百里谕令知之。”（《清宣宗实录》卷366）

（道光二十二年二月戊子）谕军机大臣等：“御史张灏奏‘湖北郧阳府属之房县向无漕米，有兵米一千八百九十余石。近来每石米折制钱二十余千，每两银折制钱八千。道光二十年，该县生员王日升、民人邓必达等历控书役金有声、金道文、何凤鸣、程明介、傅克明等二十五人勒折浮收，通同舞弊，经该员巡抚审讯，斥革在案。金有声等更名复充，该县施仲麟形同聋聩，并称革役金道文绰号金三王，金有声之胞兄武生金道炘绰号金大王，请饬惩办’等语。革役复充，久干例禁，若如该御史所奏，把持盘踞，勒折浮收，该县徇庇不办，必应彻底根究。着裕泰、赵炳言亲提人证，秉公审办，以除积蠹而饬官方。将此谕令知之。”寻奏：“查房县卯簿内，粮书实止八人，每书名下清书二人，尚无多设。县书魏世青与革书金有声即金道文，只向花户多索票钱，实无浮收银米之事，亦无金大王、金三王绰号，应均按例拟边远充军。邓必达虽非平空诬控，究属失实，应按律杖一百，折责四十板。该县施仲麟查无劣迹，惟失察县书需索票钱，应交部照例议处。”下部议，从之。（《清宣宗实录》卷367）

（道光二十二年二月）辛丑，谕内阁：“昨据裕泰奏‘湖北盐法道叶敬昌总理军需局务，并捐资雇募乡勇随同防剿。武昌府知府明峻办理行营粮务，又带乡勇收复通城，均为出力，恳恩分别鼓励，并请将该二员应得处分，量予宽免’等语，崇阳县系该道府所属，此次逆匪滋事，例有应得处分，至该员等于军务出力，系属分所应为，不应论以功过相抵。叶敬昌、明峻均仍着交部照例议处，所有该督奏请鼓励之处，着不准行。此外失察文武各员，着裕泰一并查明具奏，不准稍有隐饰。”（《清宣宗实录》卷368）

（道光二十二年二月甲辰）谕内阁：“裕泰奏参湖北署蒲圻县事拣发知县萧荫恩，于禀报港口、官塘二驿前此被逆匪抢去马匹，与委员等所查多寡悬殊。又屡次领银并不开明用款，总以筹垫甚巨，空言请益，显有希图浮领马价及冒销经费情事。现当核实军需之际，必须严行究办，以儆将来。该县曾经裕泰保奏赏加知州衔着即撤销，仍着先行撤任，交该督督同司道饬提该驿丁书册档到案，逐一彻底根究，如查有浮冒情弊，即着从严参办。”寻奏：“查蒲圻县三驿失马一百一十七匹，数目相符，现均陆续查获。其倒毙无着马匹，已如数赔补。垫用军需银一万一千二百九十五两零，因款目纷杂，曾请事竣造报，亦非朦混冒销。惟具禀轻率，应将该署县萧荫恩知州衔撤销，免其再议。”从之。（《清宣宗实录》卷368）

（道光二十二年二月）丁未，谕内阁：“朕维攘外必先安内，禁暴即以爱民。近因逆𠹭犯顺，不得已而用兵。每逢征调，必谆谕各省督抚严饬管带员弁，毋任沿途滋扰。并因浙江命将出师，明谕该将军等分饬所属谨守纪律，秋毫无犯，违者即以军法从事。谅该将军、督抚等必能仰体朕心，不致重贻民困矣。本日据御史吕贤基奏‘近海之区，借防堵以派费，征兵之境，借调发以索财。并各经过地方，以护送供给为名，科敛无度，湖北、湖南、安徽等处皆有加派勒捐之事，浙江、直隶、山东亦然，请旨饬禁’等语，地方遇有军行，偶尔借资民力，各省士民自必志切同仇，群思报效。朕屡经降旨，将捐输踊跃者破格施恩，所以嘉其急公慕义之忱也。倘地方官奉行不善，或至加派勒捐，是阳借办公之名，阴图肥己之橐，甚或纵令吏胥借端需索，致国家卫民之举，先滋病民之弊，亦不可不防其渐。着各该督抚谆饬所属，遇有捐输各项，务当核实办理，俾士民咸知所输之款一一皆归实用，官吏毫无染指，庶使感奋之气上下相孚。并着该督抚等随时密查，如有前项情弊，立即据实严参，毋稍姑息，用副朕爱惜民力、戢暴安良至意。将此通谕知之。”（《清宣宗实录》卷368）

（道光二十二年三月庚午）又谕：“裕泰等奏‘审明逆犯，委员解京讯办，并自请议处’一折。崇阳匪徒滋事，该督抚平日失于觉察，本有应得之咎，姑念剿办尚为迅速，裕泰、赵炳言均着加恩免其议处。所有失察之湖北盐法道叶敬昌、武昌府知府明峻，前已有旨降调，着毋庸议。又另片奏，前任崇阳县知县折锦元于刁民胥吏挟嫌构讼，不能随时惩治，难胜民社之任，折锦元着即行革职。”（《清宣宗实录》卷369）

（道光二十二年四月丙午）又谕："湖北崇阳县户书向花户勒索耗银样米，由来已久，此次逆犯钟人杰等滋事，讯非因此起衅。惟此等积弊，亟应禁革。嗣后着该督抚等严申例禁，并不准地方劣生人等包揽完纳漕粮，以安闾阎而肃法纪。"（《清宣宗实录》卷371）

道光二十二年壬寅九月丙午朔，谕内阁："裕泰奏参'疏防邻境捻匪入境滋事之知县、守备，请先行交议'一折。湖北枣阳县地方有河南泌阳县捻匪邓韩玉等百余人窜入境内，拒毙汛弁。该县知县熊文凤身任地方，署都司张煜有兼辖之责，未能先事豫防，事后又未将首要各犯全数拿获，熊文凤、张煜着一并先行交部议处，勒限两个月，务将首从各犯悉数拿获究办……"（《清宣宗实录》卷380）

（道光二十三年正月辛亥）谕内阁："裕泰等奏'审明安陆县民蒋兆棠京控一案，分别定拟'一折。此案已撤安陆县知县德泰，前因未将被控门丁交出，经该督奏参，交部议处，当有旨饬令裕泰等严提审讯。兹据奏称'该县知县德泰因门丁王七等先已回籍，以致拘解迟延，尚无徇庇情事。惟于蒋兆棠等互控，既将人证传案，并不即时讯结，以致差役乘机指骗。迨酿成京控，又不将被证赶紧拘解，实属任意延玩。该员现经部议降一级调用，尚不足以示儆，德泰着再行交部严加议处。"（《清宣宗实录》卷388）

（道光二十三年五月）癸丑，谕内阁："禄普等奏'佐领责打误班旗生，经举贡生员联名禀控'一折。此案旗生泰成因赴学报名补考误班，该佐领以该生未经先向回明请假，加以鞭责。该营举贡生员乃敢聚至七十余人，联名在学政衙门呈控……此等刁风，实属可恶，必应严加惩创。着禄普等即查明该举贡生员等究系何人为首，应斥革者即行斥革严讯。并查明该佐领是否有意凌辱，秉公研鞫，按律定拟具奏，毋得稍存徇庇，致滋枉纵。"寻奏："讯得文举人达哈逊等闻泰成被责，列名七十余人禀控，又有廪生寿福激怒唆讼属实。泰成误班被责，起意控告，应与达哈逊等一并斥革，余分别罚科戒饬，佐领功额讷降二级留任。”下部议，寻议上，得旨：“兵部奏‘请将擅责生员之佐领降三级调用，毋庸议抵’等语。各省驻防取进生员，嘉庆五年奉有谕旨，交该佐领约束。可见驻防生员，该佐领已有管教之责，况身当甲兵，尤其职任所辖。此案荆州佐领功额讷因文生甲兵泰成误班鞭责，事属因公，并无不合。所有该将军原请降留及部议降调之处，均无庸议。”（《清宣宗实录》卷392）

（道光二十三年七月）己未，谕内阁：“裕泰等奏‘请将失察家丁得赃之知县革职’一折。前任湖北谷城县降调知县林凤仪于该县门丁被控得赃，讯无知情徇纵等弊，惟事前毫无觉察，事后又不能交出质审，实属溺职，林凤仪着即革职。”（《清宣宗实录》卷394）

（道光二十四年二月己酉）又谕：“陆费瑔奏参‘卫守备应造军船延不领银赶办’一折，湖南沔阳卫守备宋廷楷应造大造赔造军船至八只之多，该守备并不先事豫筹，设法赶办，迨至新漕临兑，委员守催，始以屯田被淹借词延宕，实属任意玩违。宋廷楷着交部议处，并着该抚查明该卫应造各船屯坐田垸，是否均在被灾之列，如有影射捏饰情弊，即着从严参办。”寻奏：“宋廷楷业准部咨革职，应行买补雇募各船已据署守备冯树堂等分别加修兑运。”下部知之。（《清宣宗实录》卷402）

（道光二十四年七月癸未）又谕：“裕泰奏‘督署不戒于火，自请议处’一折。湖广总督衙门不戒于火，致二堂五间、后房一间及西首群房三间俱被焚毁，着即赶紧购料，照式赔修。该督未能先事豫防，着交部照例议处。”（《清宣宗实录》卷407）

（道光二十四年八月辛亥）又谕：“裕泰奏‘查明李家埠老堤漫溃情形，请将防护不力之知府道员分别革职摘去顶带’一折。湖北荆州府知府程伊湄，于修防大堤是其专责，既不能先事豫筹，迨漫缺之后又不将堤头妥为裹护，以致刷宽至一百五十余丈之多，实属办理不善。程伊湄着即行革职，仍留工效力，以示惩儆。荆宜施道李廷棨有兼辖之责，经该督奏委督防，不能抢护平稳，致有漫缺，亦难辞咎，着即摘去顶带，责成监修，如不能妥速竣工，着一并严参具奏。”（《清宣宗实录》卷408）

（道光二十四年八月丁巳）又谕：“裕泰奏‘请将疏防民堤漫溃之知县摘去顶带’一折。湖北石首、松滋两县，本年六七月间，因江水涨溢，致将民修各堤工均被漫缺。该县等疏于防范，咎无可辞。石首县知县罗珍、松滋县知县陆锡璞，着一并摘去顶带，仍饬迅速勘估，集费兴工，勒限年内一律完竣，如稍逾违，即着严行参办。”（《清宣宗实录》卷408）

（道光二十四年十一月戊辰）谕军机大臣等：“传谕湖北按察使陈功，本日裕泰奏参‘通城县知县林逢年审办窃案乖谬’一案，已明降谕旨，将该员林逢年革职，交臬司陈功审办矣。此案尸子魏信道称伊父魏圆圭系被烟熏刑毙，经该督委员检验魏圆圭尸身，系属生前因病身死。魏信道坚以伊父右肋骨损折，系生前被张贵先殴伤，其余骨殖残缺，指为仵作保户受贿匿报捏抵，结求复检，自应复加确验。着陈功详细检明尸骨，其右肋骨究竟是否生前受伤，京控无名之张贵先必须传案讯其曾否殴折，骨殖因何残缺，是否仵作保户等舞弊藏匿。所称各情殊多疑窦，尤须彻底严切根究，以服该尸子之心。倘稍有瞻徇含混，迁就了事，将来别经发觉，该臬司不能当此重咎也。将此传谕知之。”寻裕泰、陈功复奏：“魏圆圭被控窝贼，经该县知县林逢年差拘，复行殴伤差役。该县提审魏圆圭，喝令用小竹板责打四次，跪炼压膝二次，并吓称如再刁狡，即用烟熏鼻，魏圆圭仍未实供，旋因病保出身故。复检魏圆圭骨殖，实系因病身死。复提要证张贵先等质讯，并非张贵先殴伤。密饬委员诣埋尸处坑内淘得脚跟骨，验明与魏圆圭右脚胫骨接笋相符，尸子魏信道亦查明尸骨被兽残食缺失属实。魏信道合依子孙误执伤痕告官蒸检者，杖一百，流三千里，加徒役三年例科罪，余各按律问拟。知县林逢年含糊详报，又于差役诈赃失察，业经革职，应毋庸议。”下部议。从之。（《清宣宗实录》卷411）

（道光二十六年十二月乙亥）又谕：“此案荆州驻防旗人祖连等与咸宁、武昌民人挟嫌聚殴，凶伤多人，烧毁会馆。该将军等平时约束不严，临事复不能弹压，又不及时据实具奏，均属咎无可辞。荆州将军恒通，副都统忠灵、德凌阿，均着交部严加议处。该管协领、佐领等官着一并查取职名，送部严加议处。”（《清宣宗实录》卷437）

（道光二十九年三月）庚辰，谕内阁：“裕泰奏‘总督衙署不戒于火，自请赔修，并请议处’一折。湖广总督衙门失火，延烧房间，焚毁敕书、火牌、文卷等件。裕泰疏于防范，着交部照例议处。所有被烧房间，着落赔修。”（《清宣宗实录》卷465）

（道光二十九年七月）辛亥，谕内阁：“裕泰、唐树义奏‘请将漂失米谷较多之知县撤任查追’等语。湖北咸宁县知县施均于存贮仓谷并拨运征存米石，值雨多水涨，溢灌入城，未能赶即搬贮，致将未及抢出各项米谷漂失二千余石之多。又该县距省不及二百里，所报连被暴雨情形与省城大不相同，显系禀报不实，难保非先已亏那，借口掩饰。施均着先行撤任，该督等即委员前往接署，并责成该管知府督同确查，是否亏那捏报，悉心研讯，断不准任其狡展。并查该员经手钱粮有无短绌，一并勒限追赔，严参惩办。”（《清宣宗实录》卷470）

（道光二十九年七月乙丑）又谕：“有人奏‘湖北撤任知县施均以办灾为由，向本县富室派捐银数千两，并不发赈，致饥民将首事各家房屋全行拆毁，该县竟不敢办’等语。地方偶遇偏灾，不肖州县借捐赈为名，浮冒侵吞，以肥私橐，遂致匪类、饥民勾结为患，可恨已极。着裕泰、唐树义即将该撤任知县施均被参各情确切查明，悉心研究，断不准任其狡展，致有不实不尽。倘稍涉徇纵，经朕访闻，或别经发觉，惟该督等是问，恐不能当此重咎也。懔之。将此谕令知之。”寻奏：“施均并无抑勒侵吞情弊，惟办理乖方，请交部严议。”从之。（《清宣宗实录》卷470）

（道光三十年四月戊子）又谕：“户部议复‘湖南粮船运义，造费不敷，借动藩库银两’，又另片奏‘报灾防弊’等语。湖北荆州等四卫及湖南岳州卫军船载运湖南漕粮，应征运义造费业经因灾缓征，自应准其借给，以济运行。惟运务既不能稍缓，借项又未便久悬。历查旧案，该五卫每岁必灾，每灾必借。其应征之款，每岁必缓，每缓必展，习成故套，竟未有不需奏借之年，从未有如数征还之日。明目张胆，其为捏报灾荒，希图覃恩豁免，已可概见。着万贡珍即将此案办理蒙混缘由迅速查明，据实具奏，不得因本任藩司自行回护。因思湖南一省如此，他省可知，并着各该督抚严饬所属，偶遇地方偏灾，务须查照定例，勘验明确，分别轻重准驳，毋得任意报灾，有心欺罔。该管道府亦应亲往履勘，核实办理。倘有扶同影射情弊，即着该督抚严行参处。经此次通谕之后，仍敢怠玩欺蒙，一经查出，或经该部指参，该地方官等试思能当此重咎否耶！懔之。”（《清文宗实录》卷8）

（道光三十年四月己丑）谕内阁：“陆建瀛奏‘访闻湖北、江西两岸现办盐务情形，请饬严查’一折。淮南新办盐务章程，前经降旨永禁整轮，裁减岸费，并令陆建瀛查有掣肘阻挠之员，即行参办。兹据该督奏称‘访闻湖北盐道邹之玉，仍谕各商扳提售价，不遵永禁整轮办法，以致存盐滞销，民食增贵。江西署盐道庆云，需索月费，争竞不已，并有应照廉俸支缴谬论’等语。现在整顿盐务之时，似此不遵札饬，甚至需索陋规，于鹾政实大有害。着湖广总督、江西巡抚秉公严查，据实参办，毋稍姑容。”（《清文宗实录》卷8）

（道光三十年七月己亥）又谕："裕泰、龚裕奏'请将滥刑酿命之同知撤任审办'一折。湖北安陆府同知多瑞本无审案之责，乃轻信差役等口禀，辄将民人邓正国等杖责，以致酿成命案。且难保无纵容诬诈情事，自应彻底根究，以成信谳。多瑞着即撤任，交该督等提同全案人证严行审讯，并将邓正国杖责后是否被毒身死之处研讯确情，按律定拟具奏。钟祥县知县马晋图原验尸格，漏填伤痕，着俟定案时查明办理。"（《清文宗实录》卷13）

（道光三十年十一月癸卯）又谕："前据裕泰等奏，武昌府同知劳光泰议论鹾务新章，其子率行刊刷，当降旨将劳光泰严加议处，并令陆建瀛查明该员所论系何意见，据实具奏。兹据陆建瀛奏'该同知投递禀函，并作有《移岸三论》，现在板虽销毁，而散布已多，深恐商贩见而裹足'等语。淮南盐务新章甫有成效，岂可任不肖委员散播浮言，阻挠挟制？着裕泰派员将劳光泰解往江南，交陆建瀛督同运司刘良驹严行审讯，务将折内所指各情逐一研鞫，据实具奏，毋稍含混。当此整顿鹾务之时，销岸畅行，方收实效。裕泰总制楚疆，自当不分畛域，协力疏销，着即督同该盐道认真办理，一面严密查访，如有似此播散浮言者，即行拿究，按律惩办，断不可稍有徇隐，以除积习而杜弊端。"（《清文宗实录》卷21）

道光三十年庚戌十一月甲辰，谕内阁："徐泽醇奏'故员家属应缴银两，捏报家产净尽，审明定拟'一折，此案已故湖北黄州府知府杨庚，应摊赔属员亏那银共四千五百十二两零，该前署江安县知县卢光吉并不认真查追，辄行捏报该故员家属赤贫，无力完缴，并有试用训导周懋涛代为调停嘱托等情。卢光吉、周懋涛着一并革职，所有未完摊赔银两仍饬令该故员家属按限赔缴。"（《清文宗实录》卷22）

（道光三十年十二月辛巳）谕内阁："裕泰、龚裕奏'请将道员休致'等语。湖北盐法武昌道邹之玉于盐务新章甫定之际遇事因循，且委令查

办川私，屡催尚未启程，实属不知振作。邹之玉着即勒令休致。”（《清文宗实录》卷24）

（咸丰元年二月壬申）又谕：“龚裕奏‘被参降调同知列款禀讦，牵涉多人’一折。湖北降调武昌府同知劳光泰现经解往江南审讯，着陆建瀛于讯明后即行解回湖北，交程矞采、龚裕会同亲提该参员逐款严审，彻底究办，毋得稍有不实不尽。所有牵涉回籍及升任离省各员，即着该督抚分别咨查办理。”（《清文宗实录》卷27）

（咸丰元年二月壬申）又谕：“龚裕奏‘参员列款禀讦’一折，据称湖北降调武昌府同知劳光泰讦称署藩司椿寿向盐道邹之玉索银五万两，已许银二万两。该参员亲供椿寿署藩司以何词向邹盐道索银，应取与否，伊不敢问。又称‘浙江巡抚常大淳甫卸藩司数日，内中情节必深知之’等语。椿寿有无向邹之玉索银情事，如何措词，作何使用，着常大淳据实回奏。将此谕令知之。”寻奏：“前在湖北藩司时，未见椿寿向邹之玉索银情事，惟据劳光泰口中所述及外间传说，原委未及详查，无从证明。”报闻。（《清文宗实录》卷27）

（咸丰元年三月癸丑）荆州将军台湧等奏：“骁骑校三音阿与文举人春福自京回荆，行至湖北钟祥县地方不知去向，咨送署湖广总督龚裕提案根究。”得旨：“认真究办，俟查有何情弊再行具奏，春福尤应严讯。”寻奏：“遵查三音阿前赴京引见防御缺，因未经补缺，心常怏怏，与驻防文举人春福结伴回家，途中言语颠倒，行至湖北钟祥县石牌地方泊舟后忽失所在，将同行之春福及船户等再四研讯，所供前情相符，坚称并无别故。三音阿失志忿郁，走失落水，均难臆料，其为别无疑窦，已可概见。春福于该将军等委员查讯时，未即详晰供明，殊有不合，应请照不应轻律笞四十。”下部议。从之。（《清文宗实录》卷30）

（咸丰元年三月乙卯）又谕："龚裕奏'审明同知滥刑酿命，知县验讯粗率，请交部严议议处'一折。湖北安陆府同知多瑞本无审理案件之责，辄因轻听差役，滥押民人，擅用刑责，以致邓正国畏罪服毒身死。又误指王双和等抬尸图赖，实属谬妄。多瑞着即行革职，以示惩儆。钟祥县知县马晋图相验漏填伤痕，并误审邓正儒为谋命图赖，虽未成招定案，验讯俱属粗率，马晋图着交部照例议处。"（《清文宗实录》卷 30）

（咸丰元年四月丁巳）谕内阁："陆建瀛奏'委员议论盐务，阻挠挟制，审明定拟'一折。此案降调湖北武昌府同知劳光泰奉委催盐，辄以船户市肆无据之言作为《移岸三论》，刊板传播，并投禀要挟阻挠。且借修署等项，曾向商人借银八千余两，尤属卑鄙不职。劳光泰着即革职，永不叙用。仍着该督遵照前旨，派员解回湖北，交该省督抚归案讯办。"（《清文宗实录》卷 31）

（咸丰元年四月丁丑）湖北巡抚龚裕……又奏："查出已故监利县知县陈进、荆门州知州郭觐宸短交银米谷石，现已严提该故员丁属究办。"得旨："认真究办。"（《清文宗实录》卷 32）

（咸丰元年七月壬辰）谕军机大臣等："据骆秉章奏'接据赛尚阿移咨，湖北汉阳府属士民程瑞凯等呈请捐资助饷，代已革发往新疆之前任湖南长宝道杨炳堃赎罪，并请饬赴广西军营效力'等语。已革发遣道员杨炳堃前在汉阳府知府任内是否实在恤民爱士，除莠安良，著有善政实迹；该士民程瑞凯等所具呈词，公捐银两，果否实心爱戴，乐于捐助，抑系该革员授意饰词，着程矞采详加访察，据实具奏，毋稍徇隐。原折钞给阅看。将此谕令知之。"（《清文宗实录》卷 37）

（咸丰元年七月乙未）又谕："程矞采、龚裕奏'请将疏防盗案之文武员弁摘去顶带，勒限严缉'一折。湖北江陵县沙市地方盗匪多人，执持刀械，一夜连劫三家，并拒伤事主铺伙及营弁兵丁至十五人之多，实属目无法纪。该管文武员弁平日捕务废弛，事后又未能获犯，自应分别示惩。湖北江陵县知县俞昌烈、署江陵县沙市巡检陈长春、专汛荆州城守营右哨千总丁达璋、协防外委常辉廷，着一并摘去顶带，勒限三个月严拿赃贼务获。倘逾限无获，即着严参惩办。署荆州府通判施镗系有督捕之责，疏于防范，着交部先行议处。”（《清文宗实录》卷 37）

（咸丰元年八月丁卯）又谕：“前经都察院奏，湖北已革巡检潘箴遣抱告赴该衙门具控各款，已降旨交龚裕提讯，并查该参员被劾劣迹具奏。本日据程矞采、龚裕奏称‘该革员于违例擅受词讼被参革职之后，禀讦藩司家丁倚势弄法。汉阳府家丁勒荐长随，汉阳县知县侵蚀赈银’等款。该革员并不将应讯家丁荐函交出，显有挟私报复情事。潘箴着即拿问，仍交龚裕提同全案人证研讯确情，按律惩办，毋稍徇纵。”（《清文宗实录》卷 39）

（咸丰元年八月丁卯）又谕：“前据骆秉章奏，湖北汉阳府属士民程瑞凯等呈请捐资助饷，代已革发遣新疆之前任湖南长宝道杨炳堃赎罪，当降旨交程矞采访察具奏。兹据查明该士民等同心爱戴，系属实情。惟该革员前次获咎，情节较重，且此端一开，将来获罪人员恐不免有授意饰词、希图邀恩情事。所有该士民等呈请代杨炳堃赎罪之处，着不准行。”（《清文宗实录》卷 39）

（咸丰二年正月戊辰）又谕：“程矞采、龚裕奏‘审明革员劳光泰讦控上司，分别定拟’一折。此案浙江藩司椿寿前在署湖北藩司任内，于前护湖北盐道武昌府知府明善移查裕泰提支岸费用款，未将前藩司请发捐项缘由声叙，明善亦未查明因捐项提支岸费，又于裕泰札借修署银两漏未查禀，俱属率忽，椿寿、明善均着交部议处。其历任总卡委员虚报盐引，俱经随时补销，姑从宽免其查参。”（《清文宗实录》卷 52）

（咸丰二年二月甲申）谕内阁："前据步军统领衙门奏'已革湖南浏阳县县丞王逢吉遣抱呈控御史与外官通信请托'等情，当降旨将给事中雷维翰解任，交刑部查讯。兹据该部奏称，讯取雷维翰供词，与王逢吉呈出原信情节尚属相符。惟雷铎信函未经该给事中呈出，有无请托等弊未得实据。王逢吉系雷维翰参劾之员，其借端讦告是否虚捏，希图反噬，非确切查讯，不足折服其心。着交湖北巡抚龚裕亲提王逢吉全案人证卷宗，再行研讯，核实定拟，并将湖南醴陵县知县雷铎提案讯取确供具奏。并着湖广总督程矞采查明雷维翰所寄书函有无请托，明白回奏。解任给事中雷维翰着暂交都察院，饬令听候传讯。"寻奏："雷维翰所寄信函并无请托，亦无雷铎传递信函之事。王逢吉信任门丁婪赃舞弊等情，已由湖南抚臣骆秉章亲讯确供，情真罪当。该革员以雷维翰系参奏之人虚捏反噬，情节显然。"报闻。（《清文宗实录》卷53）

（咸丰二年四月己亥）又谕："有人奏'湖南沿江一带盗匪结党肆劫，该省线湖港、擂鼓台地方有舥子船百余只拦江抢劫，被劫商旅有报案者，该地方官辄将船只扣留。湖南临湘及湖北监利、沔阳交界地方，每遇报案，地方官互相推诿，不准呈报'等语。盗匪肆行，大为商旅之害，若如所奏，州县纵容书差借案苛累事主，无怪盗匪益无忌惮，若不严加究办，何以除凶暴而安善良？着程矞采、龚裕、骆秉章各委干员前往履勘，查明界址，责成该管地方官严拿惩办，毋令漏网。如有徇庇书差、苛累商旅及推诿不报等情，即着从严参处。原折着钞给阅看。将此各谕令知之。"（《清文宗实录》卷59）

（咸丰二年五月甲子）革湖北巡抚龚裕职，仍令戴罪筹办防堵事宜。（《清文宗实录》卷61）

（咸丰二年六月甲申）又谕："龚裕奏'请将越分言事之知县交部议

处'等语，湖北枝江县知县朱启鸿禀陈广西军务，实属越分言事，着交部照例议处。惟念该员籍隶桂林，于本地情形或能谙悉，着即饬赴广西军营，交劳崇光差遣委用。并着察其才具能否得力，如系空言无实，即行据实参奏。"（《清文宗实录》卷63）

（咸丰二年七月壬申）以剿贼无功，钦差大臣大学士赛尚阿、湖广总督程矞采、湖南巡抚骆秉章下部议处。（《清文宗实录》卷67）

（咸丰二年八月庚辰）吏部遵议："钦差大臣赛尚阿、湖广总督程矞采、前任湖南巡抚骆秉章处分请照溺职例革职。"得旨："赛尚阿、程矞采、骆秉章均着加恩改为革职留任。"（《清文宗实录》卷68）

（咸丰二年八月癸未）谕军机大臣等："有人奏参'湖北荆州府知府达昌阿性耽安逸，公务废弛，不理词讼，同城官旬月不见一面。所管万城堤工，冬间估工派土，既不亲诣估勘，夏令防险，又不到工督催。所属各县堤工，并不督率修防，及水涨溃漫，即捏报无工处所，希图规避。又黄州府岐亭同知邵纶，不到本任，专住武昌省城谋干差事，遇乡试之年，营求监试，招摇士子拜伊门下，上年乡试榜后，即有邵半榜之谣'等语。着常大淳按照所参情节确切访查，如果属实，即行严参具奏，毋稍瞻徇。原奏片查钞给阅看。将此由四百里谕令知之。"寻奏："达昌阿勉力供职，修防堤工无失事。江陵各县失防堤溃，例无处分，无所庸其规避。邵纶查无乡试舞弊实据，亦未委派差事，现饬速回本任。"报闻。（《清文宗实录》卷68）

（咸丰二年十二月）辛丑，谕内阁："前因广西逆匪窜扰湖南，赛尚阿师久无功，特命徐广缙为钦差大臣，就近督办。乃由梧州抵衡州军营，业已迁延多日，长沙被围两月有余，若非向荣及地方文武竭力守御，几致失事。及解围后，徐广缙始抵长沙省城，而逆匪已乘虚复陷岳州，长驱北窜，直扑武昌。徐广缙调度失机，罪已难逭。朕犹冀其戴罪图功，仅予薄惩，叠经严谕，令其督兵兼程赴援。乃借词土匪牵掣，耽延不进，至今株守岳州，一筹莫展。惟向荣及诸将先后赶到武昌，与贼接仗，虽屡次获胜，而主将远隔数百里外，兵机紧急，何所禀承？汉阳既已失守，武昌省垣又复沦陷，文武官员、兵丁人民，数万生灵，惨遭荼毒。朕引咎自责，寝馈难安。乃昨据徐广缙奏报，仍以防贼回窜为词，竟拟驻扎岳州，所有江面上下游及汉阳北路一带全未筹及，是直以岳郡为藏身之固，拥重兵为自卫之谋，甘心失机，大负委任。已革两广总督暂署湖广总督徐广缙着革去署任，即行拿问，由张亮基派员解交刑部治罪。向荣自抵军营两载有余，虽亦不免挫失，而桂林、长沙两处守城均能迅速赴援，追贼湖北，亦系该员首先赶到。朕用人略短取长，毫无成见，但能勇于任事，即可承受朕恩。向荣着即授为钦差大臣，接受关防，赏还提督顶带，专办军务。所有军营文武统归节制，有能奋勇立功者，据实保奏。其不遵调度、临阵退缩巧避者，即按律严办。值此剿贼吃紧之际，陆建瀛、琦善、向荣虽分省统兵，实则共办一事，若彼此推诿，稍分畛域，不肯合力夹击，以致邻境被扰，滋蔓难图，朕亦惟有执法从事，决不姑宽。懔之，勉之。”（《清文宗实录》卷80）

（咸丰二年十二月乙巳）谕内阁：“张亮基奏‘查明湖南岳州府文武弁兵下落’一折，据称‘岳州府知府廉昌、巴陵县知县胡方穀出城避贼，先后因病身故’等情。该府县等有守土之责，自应竭力固守，效死勿去，乃竟先期弃城逃避。前经照准部议，分别定罪，若该员等尚在，必当明正典刑，以昭炯戒。现在均已病故，着毋庸议。已革参将阿克东阿、已革提督博勒恭武及武昌、汉阳各文武下落并殉难家属，着该署督查明迅速具奏。”（《清文宗实录》卷80）

（咸丰三年正月戊辰）又谕：“琦善奏‘请饬查办知县、典史互讦’等语。湖北黄陂县知县吕锡麟身任地方，乃于军情紧急之时，以设措支应为词，辗转越境他往，难保非借词规避。该县典史张治捏称琦善饬令代理县事，更属荒谬。着署湖广总督张亮基、署湖北巡抚骆秉章一并严行查究，按律惩办。”（《清文宗实录》卷83）

（咸丰三年正月）辛未，谕内阁：“吏部奏参‘已革巡抚借病回籍’一折，前有旨，将已革湖北巡抚龚裕仍交常大淳差遣委用。乃该革员于回籍奉到谕旨后，迟之又久，始行启程。及行至中途，又以旧疾复发，呈请回籍调理，实属借词巧避，始终不知奋勉，深负朕恩，龚裕着即交刑部按律治罪。江西巡抚张芾仅据该革员呈词咨部，并不奏明请旨，亦属不合，着交部议处。”（《清文宗实录》卷83）

（咸丰三年正月乙亥）又谕：“……湖南、湖北失守各州县文武员弁，除已查明外，其余各员，一并速查具奏，毋再延宕。”（《清文宗实录》卷83）

（咸丰三年二月辛巳）谕内阁：“僧格林沁、花沙纳奏‘遵旨查抄’一折。已革大学士赛尚阿前在广西军营劳师糜饷，日久无功；已革两广总督徐广缙接受关防，督办军务，迁延不进，以致武昌、汉阳等府相继失守；已革两江总督陆建瀛带兵防堵九江，一战兵溃，置九江、安庆于不顾，遽回江宁，以致省城惊扰，贼船下窜，均属罪无可逭。除将在京寓所资财家产分别查抄，并赛尚阿之子先已有旨革职外，所有徐广缙之子刑部员外郎徐叔乔、陆建瀛之子刑部员外郎陆钟汉，均着革职。徐广缙、陆建瀛原籍家产及任所资财，一并查抄。”（《清文宗实录》卷84）

（咸丰三年二月乙酉）已革湖广总督程矞采遣发新疆充当苦差。（《清文宗实录》卷84）

（咸丰三年二月乙酉）已革湖北巡抚龚裕遣发新疆效力赎罪。（《清文宗实录》卷84）

（咸丰三年二月辛卯）又谕："陆应谷奏'请将约束不严之领兵官革职审办'一折。陕西宁夏营都司雍恰布带领宁夏、延绥等营弁兵经过河南长葛县地方，经该县照例应付车马盐粮，该兵丁等辄将车马私行卖放，复向讹索勒折钱文，并敢拥至公所，攫取衣物。该都司坐视不管，难保无故纵情弊。若不从严惩办，何以肃戎行而申法纪？雍恰布现已行抵襄阳，着即革职，交罗绕典审明办理，原带官兵并着派员另行管带。"（《清文宗实录》卷 85）

（咸丰三年二月乙未）以湖北黄州府城被贼窜陷，署知府刘若珪革职逮问。（《清文宗实录》卷 85）

（咸丰三年三月乙丑）谕内阁："大学士、军机大臣会同刑部定拟徐广缙罪名一折。已革署湖广总督徐广缙，经朕简派钦差大臣，接办军务，沿途行走已属迟延。追贼由湖南下窜，汉阳、武昌相继失守，犹复株守岳州，一筹莫展，实属调度失机。徐广缙着即照裕诚等所拟，按律定为斩监候，秋后处决。"（《清文宗实录》卷 89）

（咸丰三年三月戊辰）又谕："张亮基、崇纶奏'查明湖北失事文武员弁'一折，并开单呈览。前因已革湖北提督博勒恭武自岳州溃逃后，犹复辗转偷生，降旨令张亮基等提解到省，即行正法。兹据奏称，访查该革员复赴江南就医，改道由河南南阳府地方行走，并有嘱令伊子探听消息紧急，即报病故之语。种种狡诈，实出情理之外。着江西、江苏、安徽、河南、直隶各督抚一体迅速查拿，无论该革员行抵何处，拿获后，一面奏闻，一面就地正法。伊子刑部员外郎贵山现由湖北回京，并着直隶总督、正白旗满洲都统查明拿交刑部，严讯确情，以凭查办。其未经查出各员，仍着张亮基等确查，随时具奏。"（《清文宗实录》卷 89）

（咸丰三年四月）庚辰，谕内阁："前据张亮基奏，湖北荆宜施道文辉因案撤省查办，请以湖南遇缺前选道员蒋徵蒲暂行署理。兹据吏部奏称，该员系应行赴部投供候选人员，向无委署外省篆务之例，蒋徵蒲着毋庸署理荆宜施道员缺，以符定制。至前任道员文辉，因不能督兵堵剿，擅离防所，曾降旨交徐广缙等查明奏参。着张亮基仍遵前旨，迅即确查，据实参奏。"（《清文宗实录》卷90）

（咸丰三年五月壬戌）又谕："自逆匪窜扰粤楚以来，所过州县地方动辄失陷，即省会郡城如安庆、九江等处，亦未闻有摧遏凶锋、婴城固守者。推原其故，总由地方各官先存一幸生畏死之心，遂将土地人民委之不顾，实堪痛恨。前经降旨，谕令统兵大臣及守土大吏将失守城池各员查办，乃或称下乡募勇，或称遇救得生，曲为隐饰，且有久未查明入奏者，似此遇贼逃避之员，若不严行惩办，何以肃国纪而儆将来？着各该督抚大吏，凡有失守地方未经复奏各员，迅即查明，按律定拟具奏。并着该部分别催查，倘仍延玩，即将该管上司参处。"（《清文宗实录》卷94）

（咸丰三年六月戊子）又谕："向荣奏参借病久延及办事乖方之都司守备一折。四川保安营都司蒋立勋、广西桂林营守备胡元昌因病请假，逗遛楚省至数月之久，未经报痊，均属有心规避。四川广元营守备张宗文派赴长沙，管带伤病兵丁来营，辄敢不遵差遣，借词径回川省，且不能约束兵丁，致令在途滋事，尤属乖谬取巧。蒋立勋、胡元昌、张宗文均着革职，仍责令随营效力，倘再不知奋勉，即着严参治罪。"（《清文宗实录》卷97）

（咸丰三年八月壬寅）钦差大臣湖北提督向荣等奏报上海、川沙等厅县失守，拨兵进剿。得旨："数日间四县接连失守，深堪诧异，除业经自缢之地方官，有无逃避者，着迅速查明。向荣虽日久无功，而金陵贼匪，尚不至肆意窜往下游，此时断断不可离营。"（《清文宗实录》卷104）

（咸丰三年十一月甲辰）又谕："兵部奏'驿递迟延，请饬查办并开单呈览'一折。现当军务吃紧之际，文报往来最关紧要。据该部查奏，本年九十月间，接到河南等省奏折传牌，核计迟缓至五六日者，竟至八件之多。其由部外发文报，恐延阁者亦复不少。前经降旨，谕令各省严查参办，尚敢仍前积习，实属玩忽。着直隶、河南、湖北、山东、江苏、安徽、浙江、福建各督抚按照此次单开，并前次奏请饬查，及由部咨查各案，一并查取职名，交部议处。仍着各省督抚严饬驿站地方，遇有紧要文报，务须按限递送，毋得再有迟缓。倘有借词绕道任意稽延者，即着从严参办。将此通谕知之。"（《清文宗实录》卷111）

（咸丰三年十一月己未）谕军机大臣等："朱凤标奏'守门兵弁借法营私'一折，据称'侍读金国均有家人从湖北来京，由广安门进城，门军查问数语，即向索饭钱二百文，任意放入，并未将其人行李查看'等语。京师各城门弁兵，原为盘缉奸宄而设，现当巡防吃紧之际，更应加倍严密，逐细稽查。若索得钱文，即行放进，是奸细无难溷入，商民转致扰累，其弊不可胜言。着步军统领衙门严饬值班官兵认真盘诘，如有形迹可疑者，即拿获送究，其实系良民，不得以查察为名，刁难留滞。并着将广安门勒索钱文之人查明严办，以杜弊端。原折着钞给阅看，将此谕令知之。"（《清文宗实录》卷112）

（咸丰四年正月己未）湖广总督吴文镕奏参知县姚国振侵用绅富捐款，延误军糈。得旨："姚国振着革职拿问，即行从重定拟具奏，仍先行勒令交清，开具捐绅名册。"（《清文宗实录》卷118）

（咸丰四年十一月丁丑）又谕："已革湖北巡抚龚裕前因借病回籍，饰词巧避，当降旨发往新疆效力赎罪。兹据杨以增奏称'该革员因病未能起解，捐饷赎罪，恳请免戍'等语，龚裕系曾任巡抚大员，特旨发遣，

情节较重，杨以增冒昧渎请，殊属非是。龚裕着不准捐输，仍遵前旨，即行发遣。”（《清文宗实录》卷127）

（咸丰四年五月壬子）以留防托病，革前任湖北巡抚崇纶职。（《清文宗实录》卷130）

（咸丰四年七月戊午）又谕：“……另片奏‘司道各员平日办事实力实心，且股匪皆由湖北窜入，并非本地奸民会匪，请免处分’等语。藩司陆元烺、督粮道邓仁堃均未督办，臬司恽光宸虽带兵出省，亦未前赴武宁剿捕，应得处分未便概予抵免，仍着该抚咨部照例办理。”（《清文宗实录》卷137）

（咸丰四年九月丁亥）前任礼部侍郎曾国藩奏报谢恩，并恳辞署湖北巡抚。得旨：“朕料汝必辞，又念及整师东下，署抚空有其名，故已降旨，令汝毋庸署湖北巡抚，赏给兵部侍郎衔。汝此奏虽不尽属固执，然官衔竟不书署抚，好名之过尚小，违旨之罪甚大，着严行申饬。”（《清文宗实录》卷146）

（咸丰四年十月丙午）又谕：“萨迎阿等奏‘遵旨查明已革湖北巡抚崇纶现赴陕西就医’一折。崇纶经朕简任湖北巡抚，上年贼扰田镇，不能与前任总督吴文镕共筹战守，丁忧后留办防剿，复与巡抚青麐不能和衷协力，共保省城，经朕革职示惩，宜如何愧奋图报？乃当武昌失守，辄即逃往荆州，偷生避难，实属昧良负恩。兹据该旗查明该革员现在陕西就医，着王庆云派员押解来京，交刑部候旨讯办。”寻奏：“崇纶于陕西省寓病故。”报闻。（《清文宗实录》卷148）

（咸丰四年四月乙酉）谕内阁：“恒春奏‘勒休知县私自出省，请革职提讯’一折。勒休山西兴县知县梁元槐亏短钱粮至一万余两之多，并未交代清楚，辄敢私往湖北樊城地方，实属胆玩已极，梁元槐着先行革职。该员原籍广东，着湖北、广东各督抚确查梁元槐逗遛何处，即日派员押解山西交恒春提省讯办，如查有侵那情弊，即着据实严参。”（《清文宗实录》卷151）

（咸丰五年正月）丁丑，谕内阁：“杨霈‘奏参知县不赴署任，借词规避’一折，并片奏‘藩司腿疾未痊，迹涉骄矜’等语。湖北谷城县知县陈大焕经杨霈委令署理黄陂县事，数月未报到任，藩司夏廷樾以该员尚有经手捐输款项为词，另行改委。该员即有捐款未收，尽可移交后任，无庸守候清算，实属借词规避，陈大焕着即革职。夏廷樾于此等劣员不加申饬，催令赴任，转行改委，其为徇庇同乡，情弊显然，且据该督奏称，该藩司办事纰缪，受人朦混，夏廷樾着交部议处，即着来京听候部议。”（《清文宗实录》卷156）

（咸丰五年正月乙酉）又谕：“载龄奏‘发遣新疆官犯，捐请改发内地’一折。已革湖广总督程矞采以带兵大员毫无布置，以致贼匪连陷城池，革职后派办粮台，又敢借病告假，情节较重，是以将该革员发往新疆充当苦差。前经张芾代奏，捐资助饷，恳恩免其发遣，降旨不准。程矞采着即行起解，所有伊子程福均呈请捐资改发内地之处，仍不准行。”（《清文宗实录》卷157）

（咸丰五年六月）壬寅，谕内阁：“劳崇光奏‘请将应缴银两延不解完之同知革职提追’一折。广西候补同知曾绍理前承办湖南行营粮台，领过军饷银一百六万余两，报销时多有应追核减及滥支浮销各款，经该藩司驳饬，分限完缴。嗣该员奉委赴湖北查探军情，日久未经回省，所有应追银两延不完解，并闻该员已携眷远避黔省，实属居心巧诈，借差宕延。曾绍理着即革职拿问，并着湖北、贵州各巡抚查明该员现在何处，迅即委员解赴广西，交劳崇光严行勒追，如查有侵冒情弊，即将该员家

产查抄，按律治罪。”（《清文宗实录》卷169）

（咸丰五年八月）庚戌，谕内阁：“桂良奏‘请将那用地粮，率请作正开销之知州调省查办’一折。即补知府李麟遇前在直隶景州知州任内，支发勇粮，筑修套堤，动用银钱数目，与原禀均不相符，且数逾巨万，并未详请奏咨，率请作正开销，实属荒谬。该员现在湖北军营，着西凌阿饬令迅赴直隶，听候核办。如查有浮冒情弊，即着严行参奏。”（《清文宗实录》卷175）

（咸丰六年十月丁未）以督办匪徒不力，革湖北布政使马秀儒等职，仍留任。（《清文宗实录》卷210）

（咸丰七年二月己丑）以防剿湖北竹山土匪不力及挟嫌任性，已革参将佛尔国春、游击文英、都司多恩均逮问。（《清文宗实录》卷219）

（咸丰七年四月癸巳）谕内阁：“胡林翼奏‘特参私那仓库钱粮捐款之知县，请革职拿问’一折。湖北候补同知直隶州署孝感县知县李殿华假托团练为名，私那地丁钱粮等项，又私收捐输，另立亩费名目，为数甚巨。李殿华着即革职拿问，交胡林翼亲提严讯，查追该员寓所及陕西原籍财产，着一并查封备抵。”（《清文宗实录》卷223）

（咸丰七年闰五月）丁酉，谕军机大臣等：“……再据内务府奏，河南拿获逃走太监鲁得才即王得喜一名，解交审办。据供逃回原籍后，曾往投高唐军营，复由湖北至信阳州始被盘获。一面之词，殊难凭信。且在逃日久，难保无不法别情，自应确切查明，以凭讯究。着英桂查明王得喜是否实系信阳州盘获，抑系附近军营交审，有无从贼重情，所供同行贾姓等四人是否实有其人，该州作何发落。并着咨查湖北各行营，有无黑龙江六品军功关姓名图尔拉及该弁名下跟役查五子其人，一并详晰具奏。将此谕令知之。”寻奏：“王得喜实系信阳州勇目盘获，查无从贼情事，亦无同行贾姓等四人。并行查黑龙江，亦无关图尔拉及查五子其人。”报闻。（《清文宗实录》卷228）

（咸丰七年六月甲子）又谕：“谭廷襄奏‘请将交代未清私行回籍之知县革职勒追’一折。前任直隶饶阳县知县乔绥福亏短银谷，为数甚巨，交代未清，辄敢擅回湖北孝感县原籍。虽经咨报服满启程，仍未报到，实属玩延。乔绥福着即行革职，并着湖北及沿途各督抚饬属查传，委员押解迅赴直隶，勒限两个月将欠交银谷钱文饬令交清，如限满无完，或完不足数，即着照例监追，并将该革员原籍资财查封备抵。”（《清文宗实录》卷229）

（咸丰七年十二月）壬戌，谕内阁：“胡林翼奏参‘抽取厘金延不批解之知县，请旨革追’一折。湖北署汉川县知县拣发知县张祥泰接管该县厘金局，半年之内抽钱二万五千余串，报解甚属寥寥。迨经该抚将该员撤任查办，又复捏饰支吾，任意开报，实属胆玩。张祥泰着即革职，交胡林翼提同经手人等彻底讯明，照数追缴，按律惩办，以儆官邪。”（《清文宗实录》卷241）

（咸丰七年十二月壬戌）又谕：“胡林翼奏参‘知州纵差浮收漕粮，请革任提审’一折。湖北署荆门直隶州革职留任知州方卓然征收漕粮，并不遵照新定章程，辄敢任意浮收，纵容粮差勒索钱文，且将新漕扣作陈欠，实属胆大妄为，居心贪鄙。方卓然着即革任，交胡林翼提同书役人等严讯确情，按律惩办，以肃漕政而儆官邪。”（《清文宗实录》卷241）

（咸丰八年二月丁巳）又谕：“胡林翼奏‘甄别庸劣各员，请分别革职降补’一折。湖北候补知州徐德澍官声平常，不洽舆情；候补知县张德坚居心险诈，民怨沸腾；升用知县刘壎滥刑肆虐，不得民心；候补从九品汪铭思行踪诡僻，办事荒谬；候补从九品徐源行止不端，夤缘卑鄙；候补府经历黄自新性情浮躁，劣迹昭著，均着即行革职，拣发知州。钟秀才具短绌，办公竭蹶，着以州判降补，以示惩戒。”（《清文宗实录》卷245）

（咸丰八年二月）庚申，谕内阁：“御前大臣、军机大臣会同刑部议复陕西官钱铺局委员舞弊罪名一折。各省设立官钱铺局，原以军务未竣，借资协济。派委管理各员宜如何激发天良，实心经理……丁忧湖北知县李应诰、管事人路万太，明知委员匿扣局钱，听从指使，狼狈为奸，均应从重惩办。李应诰着照议改为革职，发往新疆效力赎罪。路万太着照议改为杖一百，流三千里。候补府照磨刘克健续派在局学习，不能查出弊端，又未将委员等不容查阅之处据实禀明，着即革职。至司徒照以藩司大员摈斥道府，独任私人，可恶已极。于李应诏等通同黄君任种种舞弊，三年之久，岂能毫无觉察？直至曾望颜查出弊端，始以风闻详禀。虽未讯出婪赃入己情事，谓非自图立足，其谁信耶？本应即照甘省成案，立正典刑，姑念其人本平庸，稍予末减。司徒照着革职，发往新疆充当苦差。所有李应诏、李洵、郭廷椿、王迎科、黄君任等五人应完赔项，均由司徒照名下追缴，勒限一年就近完清，再行发遣。逾限不完，即行送部监追……嗣后无论京外，有似此案情罪俱重者，必应从严惩办，立予正法，着追赔项，俾现在京外局号大员、委员、吏胥等早知儆戒，或自顾身家者，不敢泯尽天良。将此通谕知之。”（《清文宗实录》卷245）

（咸丰八年五月丙子）以湖北黄安县城被贼窜陷，革知县林基职，摘同知何忠骏顶带，均留营。（《清文宗实录》卷253）

（咸丰八年七月庚子）又谕：“御史朱文江奏‘楚省办理善后，宜严禁官役扰累’一折。据称，楚省三遭兵燹，民生凋敝异常，小民辗转还乡，仍复流离失所。甚至吏胥借端勒索，将民间屋宇地基拆毁霸占，地方官不加禁止，复转令民房缴契盖印，为勒税营私之计。如果属实，大干法纪，亟应严行禁止。着官文通饬所属，凡民间产业，概行给还，如契约遗失，查明补给。如有官役勒索霸产情弊，立即严参惩办，以示朕奠安灾黎之至意。”（《清文宗实录》卷259）

（咸丰八年八月癸丑）又谕：“官文奏‘领款无从核销，请饬原领之员自行造报’等语。已革西安副都统常亮前在湖北粮台支领盐粮等银一万九千两，至今未据造报，既据官文奏称无案可查，即着该旗传讯该革员在湖北领款作何支销，并前在山东省曾否支过银两，有无短欠，据实呈明，即由该旗代奏，再降谕旨。”（《清文宗实录》卷261）

（咸丰八年十一月）辛卯，谕内阁：“官文奏‘劣员巧于干进，请旨勒休’一折。湖北前署钟祥县知县马效良因操守不谨，性情浮躁，经官文等甄别，奏参革职。乃该员旋赴李孟群军营办理霍山团练，仅及年余，即保升直隶州知州，实属巧于干进。马效良着即勒令休致，永不叙用，以肃功令。”（《清文宗实录》卷270）

（咸丰八年十二月）甲辰，谕内阁：“载增奏‘旗营劝捐，请旨遵办’等语。湖北荆州旗营本无地方之责，嗣后劝捐接济军饷，着载增等仍照旧章，派员会同地方官绅妥为劝谕，如有不肖官吏借端勒索，即着从严参办。”（《清文宗实录》卷271）

（咸丰九年八月）己酉，谕内阁：“胡林翼奏‘特参性情浮躁、要挟委署之知县，请旨革职’一折。四川试用知县李文灿因游幕回避，改发湖北，甫经到省，辄敢以川省曾有轮委一次，自行具禀藩司，列册委署。经该藩司详参后，即呈请赴山东措资，希图规避，实属躁进取巧。李文灿着即革职，以示惩儆。”（《清文宗实录》卷291）

（咸丰九年十月丁酉）谕内阁："骆秉章奏'请将疏纵官犯逃脱之县丞并失察各员分别革职议处'一折……张宗世系亏短钱漕、革职拿问之员，案未审结，辄敢潜逃湖北，投效军营，胆玩已极。所有官文等前保该革员出力开复原官之处，着先行撤销。即着官文等将张宗世迅速解交骆秉章审办，以儆刁玩。"（《清文宗实录》卷296）

（咸丰九年十月丁巳）谕军机大臣等："据步军统领衙门奏，湖北通山县职员谭觉先，遣抱告杨安以生员陈用中于咸丰四年贼扰该县时，逼令伊主递册降贼，并陈用中之子陈学源从逆戕官，抢掠伊主财物。迨地方克复后，该署知县孔继廉准令陈用中等复充团长。接任知县王颂三复将在押逆犯吴鹤元等释放，以致该犯等焚烧县署，攻扰义宁，烧毁伊主房间。伊主并伊主之子谭贞吉先后赴巡抚总督前控告，委员审讯属实。乃委员因知县禀伊主咆哮，将其收押等情，赴该衙门呈控，生员从逆，助恶戕官，扰害地方，情罪甚属重大。如果属实，亟应严行惩办。着官文、胡林翼亲提人证卷宗，秉公研讯，按律定拟具奏，毋许稍有不实不尽。其呈递逆凭等件，并着发交该督抚查阅。将此谕令知之。"（《清文宗实录》卷298）

（咸丰九年十一月甲戌）又谕："耆龄奏'访闻关署幕友私分公项银两'一折。江西已故升任吉南赣宁道周玉衡，于咸丰六年正月在吉安殉难。兹据耆龄奏，访闻该故员署内幕友张焯焬等有搬取赣关公项银两、私自瓜分情事。现在传集人证，讯有端倪，并据供称'张焯焬已往湖北荆门州找寻周玉衡之子周瀚'等语。捐纳府经历张焯焬，着官文、胡林翼等派员查传押解，并传四川候补知县周瀚一并前赴江西备质。周瀚如已赴四川，即着四川总督饬令该员前往候讯，以重帑项而惩贪蠹。"（《清文宗实录》卷299）

（咸丰九年十一月辛卯）又谕："户部奏'道员欠完米石，饰词拖延'

一折。湖北署粮道张曜孙于应征武昌县任内南米借口叠遭兵燹，饰词捏禀，实属有心延宕，着交吏部从重议处，以示儆戒。其欠完米四千九百余石，勒令赶紧完解，入册造报。官文、胡林翼听信该员捏报，率行题咨，着一并交部议处。”(《清文宗实录》卷 301)

(咸丰十年十二月己巳）新授河南巡抚严树森奏报谢恩。得旨：“抵任后，迅将庆廉、贾臻互参一案秉公研讯，勿得稍有瞻徇顾忌。再豫省丁粮，能否照楚省认真核办，察看情形，次第经理。”(《清文宗实录》卷 337)

(咸丰十一年正月甲寅）又谕：“胡林翼奏‘请将贪鄙不职之知县革职’一折。湖北代理石首县知县刘定范居心鄙诈，难膺民社；前任嘉鱼县丁忧知县武振西官声狼籍，物议沸腾，均着即行革职，以儆官邪。”(《清文宗实录》卷 341)

(咸丰十一年七月丙午）以湖北通城、崇阳、咸宁、蒲圻、兴国、武昌、通山、大冶八州县被贼窜扰，革知县傅诗、王筠节职，知州徐芝，署知县金东昀、孙宝田、龙云、王墉、王绍薪均革职留任。(《清穆宗实录》卷 1)

(咸丰十一年八月）辛酉，谕内阁：“户部奏‘遵议浙省饷需，请饬催广东等省协济，并请将延不报解各巡抚先行议处’一折。浙江省需饷孔亟，本年除福建尚能陆续批解，其余各省并无丝毫解到，实属玩视要需。除江西巡抚毓科业经因擅截浙饷交部议处外，其广东、湖南、湖北各巡抚着查取职名，一并先行交部议处……”(《清穆宗实录》卷 2)

(咸丰十一年十月戊寅）又谕：“庆端奏‘军报驿递迟延，请饬查办’等语。福建文报因江南道梗，改由江西等省绕递，乃据称近来火票部文均有迟误，甚至六百里寄谕要件，行走至四十五日之久，实属任意稽迟。着江西、湖北、湖南、河南、山东、直隶各督抚查明参办，以儆将来。”(《清穆宗实录》卷 8)

(咸丰十一年十二月癸亥)谕议政王、军机大臣等:“前因有人叠次参奏‘候补运司金安清种种贪黩，借捐殃民’各款，当经谕令曾国藩查明严参。兹又有人奏‘金安清自选授湖北粮道后，规避延不赴任，遂于皖北军营倡为捐饷减成之说，赴浙江各处，指捐皖省绅富之在浙者，以数十万计，解营不过十之一二，请饬赴袁甲三军营清算捐款’等语。金安清借捐肥己，扰累闾阎，本系贪劣之员，薛焕等徇情奏请，遂充总办南北两台筹饷委员。该员借作威福，以致民怨沸腾。当此小民荡析离居，方冀地方大吏抚辑招徕，岂容此等贪吏肆其剥削?着吴棠拣派妥员，接办南北两台粮饷，并勒令该员迅赴袁甲三军营，将前次捐款核算清楚。倘再有意迁延，不肯赴皖，即着吴棠派员押解前往，以重军饷。该员经手江北捐款，着吴棠查明。如有亏短侵那不符等弊，即一面严参，从重治罪，一面将该员本籍及寓所杭、湖、上海寄顿资财先行严密查抄备抵，庶贪墨巧诈之员知所畏惧，无所施其伎俩。该署督受朕特达之知，谅不敢存官官相护之心，稍为徇隐，致为人受累也。金安清赴临淮军营，袁甲三即督饬核实销算，不准稍有瞻徇。将此由六百里各谕令知之。”(《清穆宗实录》卷 12)

(同治元年二月丁巳)谕内阁:“……其曾元福所募兵勇，未渡以前给过勇粮，着责令台湾道孔昭慈、升授湖北汉黄德道台湾府知府洪毓琛全数分赔，以示惩儆。仍着饬令曾元福等赶紧督勇内渡，以资剿办。倘再延误，即着严参治罪。”(《清穆宗实录》卷 18)

(同治元年八月庚辰)谕议政王、军机大臣等:“吏部奏‘遵议职官承办事件迟延处分’一折。前据恭亲王等奏，前任浙江运司潘仕成之子分发湖北试用通判潘国荣，于咸丰十年冬间，呈请回粤捐办洋炮二十尊、炮子五千斤、炸炮十尊、炮子一百枚、力木炮架三十座。当经奉有谕旨，令劳崇光饬令潘仕成率同伊子办理呈缴。迄今一年有余，并未办齐报解。叠次行文催办，亦未声复，请将该员先行交部议处。兹据吏部以潘国荣照承办事件迟延例，议以降一级留任，例准抵销。潘国荣系自行呈请回籍捐办炮位，事经钦奉谕旨，饬令该督抚责令伊父潘仕成督同办理之件。迨经回籍，遂敢任意耽延年余之久，屡催罔应，尚复成何事体？仍着劳崇光将潘国荣捐办炮位等件，严饬伊父潘仕成督同该员迅速如数捐办，呈缴该督验明演放，据实具奏，听候拨解。其所捐办价值，仍照原奏，由该督查明奏请奖励。倘敢仍前再行任意延宕，即将该员之父潘仕成一并从严参办，毋稍姑容。将此谕令知之。”（《清穆宗实录》卷 38）

（同治二年正月丙辰）以湖北随州、京山、应城各城被贼窜陷旋即收复，革代理知州马元骧、署知县张庆云职，免治罪。署知县景汇革职留任。（《清穆宗实录》卷 54）

（同治二年二月乙未）又谕：“多隆阿奏‘遵提谢开基等监禁并复陈抚回情形，及因病请假’各折片。谢开基及伊子谢顺，既据多隆阿札交大荔县监禁，并行文湖北派员提解，即着照所议办理，俟湖北委员到陕，即令押解赴鄂，照例惩处。该大臣督军劳苦，遍体生疮，竟至不能骑乘，实深廑念。着赏假半月，在营加意调治，以资休息。穆图善伤痕渐愈，而雷正绾病势沉重，尤所系怀，着即传知该提督安心调理，用慰驰念。多隆阿等倘假期已满，尚未全愈，仍可在营休养。至回民应剿应抚，朝廷本无成见，该大臣职任统帅，谅可随机办理，无俟朝廷远为指示。现在虽经给假，一切调度机宜，仍由该大臣酌量办理。将此由六百里谕令知之。”（《清穆宗实录》卷 58）

（同治二年四月）辛巳，谕议政王、军机大臣等：“御史洪昌燕奏

‘请将从贼在逃之知县严拿惩办’等语，据称咸丰十年二月间，浙江省城失守，钱塘县知县袁忠清甘心从贼，身任伪监军之职，并搜难民中妇女献于逆首。闻该员曾潜往上海，兼至江北，请饬严拿惩办。又该省司道大员，除林福祥外，无下落者甚多，请饬查办。知县袁忠清于杭城失陷时，甘心从逆，身受伪职，且虐民媚贼，尤属罪不胜诛。袁忠清现在究竟逃匿何所，抑或潜回湖北本籍，着左宗棠、李鸿章、吴棠、严树森饬各该地方官严密查拿务获，将该员从贼各情逐一严讯得实，即行正法，以儆奸宄……将此由四百里各谕令知之。”（《清穆宗实录》卷63）

（同治二年四月乙酉）以办事玩延，革湖北知县陈五典职。（《清穆宗实录》卷63）

（同治二年六月丁丑）以亏那公项，湖北知县乔云苓、游击王心安革职讯办。（《清穆宗实录》卷69）

（同治二年八月辛巳）谕内阁：“前因陕西汉南军务紧要，四川所派之道员张由庚、总兵朱桂秋两军，数月以来尚未出境，湖北所派之道员梁作楫一军，亦复迁延未进，降旨交部分别严议议处。兹据该部奏，请将张由庚、朱桂秋降二级调用，梁作楫降一级调用，无庸查级议抵。该文武员弁等于紧要军情竟敢任意耽延，不以国事为重，即照部议降调，亦属咎有应得。惟现当援师云集之际，若将该员弁等各予降调，转得置身事外。张由庚、朱桂秋着改为革职留任，梁作楫着改为降三级留任。即着官文、严树森、刘蓉等饬令迅图剿贼，立功自赎，倘再不知愧奋，即行从严惩办。”（《清穆宗实录》卷75）

（同治二年十月丙戌）又谕：“前据官文等奏请将剿办发逆出力之知县诸镳等开复革职留任处分，当经降旨允准。俟经吏部议照新章，将该员等按二次得有劳绩给予知县虚衔顶带。兹据官文等奏‘诸镳、孙继祖失守城池，均于援兵未至之先，带勇克复，并续著有劳绩，至署应城县知县艾锟于游勇扰入城中，当即集团击退，仓库均未损失。该员等均有微劳足录，可盖前愆，与日久被贼踞扰者不同，亦与随同克复者有间，请仍准开复’等语，诸镳、孙继祖、艾锟均着准其开复革职，暂行留任处分。”（《清穆宗实录》卷82）

（同治二年十二月丙子）谕议政王、军机大臣等：“官文、严树森奏‘访查原保知府身家不清，据实检举’一折，据称‘湖北补用知府周有全曾充前署嘉鱼县已故知县钱炳熙长随，蒙混投入军营，效力多年，叠著战绩。历经官文、胡林翼、李续宜、唐训方、严树森保奏，荐升今职。彼时未及详其家世，今访询得实，请将周有全拔去花翎，革职永不叙用’等语。朝廷名器不可滥膺，周有全既系身家不清，经官文等访查确实，自应照例办理。惟各路军营带队人员流品不一，若斯之类恐复不少，周有全既以战功卓著保升今职，若遽将其罢斥，在该员固无足惜，特恐各路军营其有出身卑贱未经查出者，因之心怀疑惧，贻误事机，亦不可不先为筹及。着该督等查明周有全现在管带炮船于兴郧一带防剿究竟是否得力，如或改膺武职有无窒碍之处，着即酌核奏明，再降谕旨。将此谕令知之。”寻奏：“遵查周有全管带水师颇著战功，防剿亦甚得力，未便以出身卑贱，没其微长，拟请以都司改补。”从之。（《清穆宗实录》卷87）

（同治三年二月辛卯）又谕：“前因步军统领衙门奏‘李际晟呈控知府李逢春劣款’一折，降旨交官文密查具奏。兹据官文奏‘李逢春被控情节重大，请暂行斥革提解’等语。湖南候补知府李逢春业经丁忧回直隶景州原籍，该员系李际晟呈控案内最要人证，亟应查提质讯明确，以成信谳。李逢春着暂行革职，并着刘长佑选派妥员将该革员迅速押赴湖北归案质讯。将此谕令知之。”（《清穆宗实录》卷94）

（同治三年七月辛丑）又谕：“前据步军统领衙门奏湖南已革巡检李

际晟呈控知府李逢春等挟嫌参革等款，当经谕令官文密查复奏。嗣据官文奏请将李逢春革职，押赴湖北归案质讯，亦经谕令刘长佑遵办。兹据官文奏‘李际晟已提到鄂省，饬司先讯大概供词。讵该革员任意刁狡，形同讼棍，牵涉多端，万难理谕。所控李逢春挟嫌受贿捏饰驿站等款，仍当详细查明，折服其心。至毛鸿宾纳妾一节，请令该督自行回奏。再所控私提库银，行贿载垣等一款，并无可凭，请予免究’等语。参员挟嫌京控上官，照例原系立案不行，以戢刁健。惟李际晟所控毛鸿宾受妾行贿等款，牵涉疆臣，案情较重，如不切实查办，彻底研诘，遽行概予免究，致妄控者有所借口，转无以折服其心。着官文仍遵前旨，迅即咨提李逢春到鄂，按照李际晟所控各情逐一秉公研讯，务期水落石出，以成信谳，毋庸稍涉回护。其所控湖南省劣员倚势作威、夤缘要结等情，并着官文咨明恽世临会同甄核，悉心考察，毋稍徇隐。另片奏‘记名总兵王万年等不胜专阃之任’等语，览奏已悉，并谕知刘蓉察看佘福象能否胜任，核奏办理矣。原片着留中。将此谕令知之。”（《清穆宗实录》卷108）

（同治三年八月辛卯）谕内阁：“吏部奏‘湖北咸宁县知县罗琳疏防连劫盗案，限满无获，暂署湖北巡抚唐训方迟至四个月疏防限满之后，始会同湖广总督官文奏参摘顶勒缉，应比照徇隐例议处，拟请将唐训方降二级调用，官文降一级调用，俱无庸查级纪议抵’等语。官文着加恩改为降二级留任，唐训方着加恩改为降三级留任，其议以降二级调用之知县罗琳，着准其抵销。”（《清穆宗实录》卷113）

（同治三年十一月癸卯）又谕：‘前因御史刘庆奏参已革臬司李元度罪重罚轻，请仍按律定拟，当经谕令曾国藩、左宗棠查明具奏。嗣据曾国藩奏称，前因徽州失守，将李元度奏参革职拿问，本属从严。该革员前在江西，力战抚州，支持危局，本有兼人之才，恳请酌量录用。复经谕令左宗棠查奏，兹据左宗棠奏称‘李元度固守徽州三日，贼众兵单，力竭城陷，原参谓其弃城逃避，在徽城未失之先，殊为失实……惟饰报克复江西义宁等城一节，查李元度由平江、通城尾贼而来，于贼去之后，居复城之功，未经开仗，竟报捷书。嗣后在江山随营剿贼，辄因曾国藩参劾落职，悻悻求去，必欲将各营全撤，逼索军饷，不顾大局，则实咎由自取’等语。李元度从前本有战功，被参各节亦多不实，情有可原。惟在江西饰报胜仗，复不顾大局，撤勇索饷，咎有应得。着该部分别情罪，秉公按律定拟，以昭平允。”（《清穆宗实录》卷120）

（同治三年十二月）丙戌，谕内阁：“刑部奏‘遵议已革臬司李元度情罪，定拟具奏’一折。已革浙江按察使李元度，前于逆贼由皖南、江西纷窜湖北时，该革员由平江、通城尾贼而来，并未与贼接仗，贼去后辄饰报胜仗，克复城池。迨经曾国藩奏劾落职后，该革员复悻悻求去，禀请左宗棠将随剿队伍全行遣撤，并逼索欠饷，尤属不顾大局，罪有应得。李元度着照该部所议，从重发往军台效力赎罪。”（《清穆宗实录》卷124）

（同治四年正月）壬戌，谕内阁：“……知县张昆祁不知检束，才具亦难胜民社，着革去知县，以府经历县丞改归湖北补用……”寻吏部议：“恽世临降四级调用，毛鸿宾降一级调用，胡崧降二级调用，均私罪不准抵销。”从之。（《清穆宗实录》卷128）

（同治四年正月癸亥）谕议政王、军机大臣等：“有人奏‘藩司大员声名狼藉，请饬查办’一折，据称‘湖北藩司厉云官巧于逢迎，升任藩司后，于粮台事务概存推诿。营官彭楚汉等来鄂结算饷帐，该藩司概不允见，以致遣勇久停境内，几酿事端。又于劝办官捐勒索解费，每百两派银六两，而呈开清折与实收大相悬殊，约计官捐十万，侵蚀尾数解费不下万余金，各州县均有印札实收可查。每遇委缺，未挂牌之前，外间即豫知某缺某人。近闻有人送银五百二十两，委署沔阳州同一缺，闻外议沸腾，撤牌另委。该藩司信任家人，私用关防，运米贩卖，经前抚臣胡林翼查明惩办在案，近又任用家丁杨萃亭招权纳贿，有小藩司之目。查该藩司前在清泉县任内丁忧，奏留办理粮台。咸丰六年，又在军营丁艰，以经手事件未完留省。现在原籍肃清，未闻该藩司呈请回籍补行穿孝，贪恋升阶，罔识伦纪，为清议所不容，恳请密饬查办，以肃政纪'等语。藩司总司会计，表率官常，自应洁己秉公，整躬率属，方于地方有裨。若如所奏种种劣迹，实属忝窃名位，有玷官箴。着官文、吴昌寿按照所参各款确切查明，据实具奏。官文久任鄂省，务当破除情面，认真查办，不得以曾经出考在前，意存回护。吴昌寿到任未久，无所用其回护，即着会同该督密速查参，毋得稍有徇隐。原折着钞给阅看，将此谕令知之。”（《清穆宗实录》卷128）

（同治四年正月壬戌）谕议政王、军机大臣等：“胡家玉等奏，遵查毛鸿宾被参收纳部民之女一款，传到毛鸿宾在湖南巡抚任内巡捕李炳耀、舒元凯、张玉恩隔别严讯，均供有毛抚院管帐师爷李文藻买一张姓婢女，由抚署东花园便门而进等语。复又传到当日说合之陈品文，据供张泰运婢女卖与抚署李师爷，议定身价银一百五十两，契写张金鑑堂婢女，卖与李荫穀堂为亲，并非为婢。传讯张泰运，则坚称契写为婢，并非为亲等语。张玉恩、李炳耀均称有李师爷买来时送与毛抚院不受之说。此案前经已革巡检李际晟在京呈控知府李逢春、知县杨鼎勋合买一妾送与毛巡抚等情，李际晟现在湖北，李逢春前经官文奏参提解，杨鼎勋及江肇成、张玉恩亦经檄调赴鄂归案审办。所有毛鸿宾被参行贿、纳妾两案，请仍由官文提讯各等语。毛鸿宾纳妾各情，既经李际晟呈控有案，必须与李逢春质讯明确，方足以折服其心。且杨鼎勋及江肇成、张玉恩均系案内要证，现经赴鄂归案，着官文按照胡家玉等所奏各情，提集全案人证，确切讯明，以成信谳，毋稍徇隐。胡家玉等片着钞给阅看，将此谕令知之。”（《清穆宗实录》卷128）

（同治四年三月丙午）又谕："前因御史陈廷经奏参湖北布政使厉云官声名狼藉，巧于逢迎各款，当经谕令官文等严查参办。兹据官文、吴昌寿奏称，查明厉云官性情耿介，不避嫌怨，并非善于逢迎。此案既经该督等查明均无其事，着无庸议。官文等请饬该员补行回籍守制之处，着照所请，厉云官即着开缺回籍守制，并着官文等饬令该员将经手事件赶紧清厘，以便迅速起程。"（《清穆宗实录》卷133）

（同治四年三月乙卯）以任意逗遛，革湖北都司谢有才职。（《清穆宗实录》卷133）

（同治四年三月乙卯）以私贩盐斤，湖北守备郭恒昌革职讯办。（《清穆宗实录》卷133）

（同治四年五月）己酉，谕内阁："吏部等衙门奏'遵旨严议督剿不力各大员处分'一折。上年逆匪窜扰湖北，湖广总督官文以钦差大臣出省督军，兵力甚厚，乃日久毫无成效，任令该逆窜回东豫等省；前任河南巡抚张之万身任封圻，吏部左侍郎毛昶熙督办团练，于发捻窜扰本境，徒恃有僧格林沁追逐之师，未能督率兵团协力截杀，以致贼匪乘虚远窜，贻害邻疆，均属咎无可辞，本应均照部议各降三级调用，不准抵销。惟念该督抚等于境内贼匪远窜他省，系因该逆马队飘忽，致疏防范，尚非有心贻误。官文着加恩改为革职留任，拔去双眼花翎，撤销太子太保衔，以示薄惩。张之万着降为三品顶带，仍带革职留任处分，暂留河东河道总督署任。毛昶熙着加恩改为革职留任。"（《清穆宗实录》卷139）

（同治四年九月癸酉）以疏防堤工，革湖北知县徐畅达职。（《清穆宗实录》卷154）

（同治四年十一月戊寅）又谕："官文奏'特参带领遣散勇丁与洋人

滋事之都司、把总，请旨分别革职拿问’一折，据称‘前在谋胜营充当营官之都司尹昌景，寓居汉阳南岸嘴地方，因与洋人口角争斗，带领遣撤勇丁夏修荣等执械帮殴，致将洋人殴伤。现饬江汉关监督照会法国领事，照例办理’等语。此案尽先都司尹昌景逗遛汉阳，藏匿军器，容留遣勇，辄因法国医官将伊窗棂打坏，纠约勇丁持械追赶，殴伤洋人，实属任性妄为，尹昌景着即革职拿问。把总陈士雄手持洋枪，随同助势，着一并革职。并着勒令知县尹启健将伊侄尹昌景交出，严拿在逃之陈老表等到案，再行讯究，余着照所议办理。案关中外交涉，该督必须督饬所属严拿逸犯，将此事持平办理，不准畸重畸轻，无以折服洋人之心，致令有所借口，别生枝节。并着迅速了结，不准稍有耽延。将此谕令知之。”（《清穆宗实录》卷160）

（同治四年十二月癸巳）又谕：“吴棠奏‘陈国瑞患病疯狂，押送回籍，请旨革职，并请饬湖北督抚派员妥视’各折片，本日已降旨将该总兵革职矣。所有该革员售盐资本提充淮徐兵饷，宝应田产归公，战马交营各节，均着照所请行。其另存现银二万五千两，已由吴棠封解官文，即着官文、郑敦谨饬司存储，分年交陈国瑞收领，以资回籍生计。该革员现既病疯，即使他日就痊，而喜怒无常，性情犷悍，官文等亦不可再任以兵事，致滋贻误。第念其从前宣力戎行，战功叠著，今竟成废，情殊可悯。官文等务当随时派员妥视，毋令失所。其疯疾能否痊愈，并着随时察看具奏，以副朝廷保全爱惜之至意。原折片着钞给官文、郑敦谨阅看，将此各谕令知之。”寻奏：“陈国瑞业经到籍，察看病势，渐可痊愈。其胞兄陈光荣、堂兄陈光藻出结领回原籍应城县医治，解到银两存汉黄道库，以备该革员随时支领，俾资养赡。”报闻。（《清穆宗实录》卷162）

（同治五年四月辛亥）又谕：“……本日据杨岳斌奏，领饷委员曾广照在江苏办买铜帽并洋火药等，派于召喜解送湖北，转解甘肃军营，由上海雇船装运起程，行抵棉花堤，因火药轰发，将铜帽、火药焚烧净尽。业经降旨，将曾广照革职矣。该革员领办火药等项，需费甚巨，所禀火药轰发各节有无别情？船户曾广长不戒于火，曾据李鸿章奏报，即着该署督提集曾广照等严切讯究，从重惩办。原片着钞给阅看。将此由五百里谕令知之。”（《清穆宗实录》卷175）

（同治五年四月戊午）又谕：“……火药被轰至十余万斤之多，该管司人员漫无防范，非寻常疏忽可比。着刘蓉迅即查明，严参惩办。将此由六百里各谕令知之。”（《清穆宗实录》卷175）

（同治五年十一月丁丑）谕军机大臣等：“绵森、谭廷襄奏‘驰抵湖北，查办总督被参各款大概情形’一折。原参官文劣迹各款，该尚书等既讯有端倪，事非无因，即应切实根究。惟官文以总督重臣，地方文武皆其属吏，诚恐各怀疑畏，不敢吐实，则此案必多不实不尽之处。本日将官文先行撤任，令谭廷襄暂行署理湖广总督。即着绵森、谭廷襄将原参各款及所称竹木捐有由外奖，并因公动用例不报销之处是否核实，着逐一确切查明，据实直陈，以成信谳。不准化有为无，稍涉瞻徇。将此由五百里各谕令知之。”（《清穆宗实录》卷190）

（同治五年十一月丁丑）又谕：“前因曾国荃奏参督臣官文贪庸骄蹇各节，内有馈送升任侍郎胡家玉等程仪银两一款，当命尚书绵森、侍郎谭廷襄前往查办，并令胡家玉明白回奏。旋据胡家玉先后复陈，于差竣路过湖北省城时，因信阳州一带路梗，改由水路前进。官文等公送程仪二千两，胡家玉、张晋祺即璧回未收。次日复来声称，此次改由水路一千数百里，并无水驿，所有雇纤夫发水脚之费州县不管，且护送之炮船亦须日给犒赏，所费甚多。胡家玉等恐水路无驿站，中途需用浩繁，始行收受等语。本日据绵森、谭廷襄奏‘驰抵湖北，查明总督被参，先将大概情形复陈’一折，据称‘该尚书等到后饬提人证，札调军需各册核对，将原参内上年馈送程仪银两一款是否由粮台提取。据官文咨复，钱漕、盐厘、关税、捐输均归粮台实用实支，并无浮滥。惟汉阳竹木捐一款有给与议叙内奖者，移解粮台充饷，其零星不请议叙外奖者，归入粮台军需善后动支。曾经奏明有案，凡善后事宜因公动用例不报销之项，由此动支。上年胡家玉、张晋祺差竣入都，道经湖北，该督因向章系由省筹拨公款，按站给发，不由地方官支应造报，当与前抚臣郑敦谨等面商，由外销款内提银应付，计入境以至出境二十余名站，并在省公所一切共用银二千余两。又因道途多梗，仍于外销款内备银二千两，为胡家玉等沿途添雇车马犒赏之用。胡家玉等辞不肯受，后经告知并非私相馈送，始行接收。统计先后提银四千余两，委非粮台正款等情。经绵森等核对竹木捐收支清折内，提银二千三百两，又制钱二千余串，以银钱合计原参四千两之数约略相符，与胡家玉明白回奏所称二千两之数亦尚吻合'等语。上年胡家玉等差竣过鄂，官文等查照向章，由省提银支应，以免州县赔累，濒行又因水程阻滞，沿途需添雇车马犒赏，费用孔多，另筹银二千两致送。胡家玉、张晋祺始而力辞，继因水程费重，恐致沿途周折，权留备用。核其情节，虽与私相馈送者有间，究属不知远嫌。胡家玉、张晋祺均着交部议处，湖广总督官文着先行撤任，听候查办。湖广总督着谭廷襄暂行署理。钦差大臣关防着交谭廷襄封存。其余官文被参各节，仍着绵森、谭廷襄传集人证，饬提卷宗，秉公详悉查办。”（《清穆宗实录》卷190）

（同治五年十二月戊申）谕内阁：“前因曾国荃奏参‘总督官文贪庸骄蹇，欺罔徇私，宠任家丁贻误军政’各节，并将道员张开霁所上官文私书钞录呈览，当派绵森、谭廷襄前往查办。旋据绵森等将大概情形具奏，业经降旨将侍郎胡家玉等交部议处，仍令确切查办。兹据绵森、谭廷襄奏‘遵旨查明总督被参各款，分别定拟’一折，据称‘就原参各款逐一核实推求，官文尚无贪婪欺罔通贿各重情。其于应行典礼时，偶因腿疾，任听巡捕搀扶跪拜，并于侍妾病故后，僧道诵经，书写一品夫人牌位，未能先时查知禁止，尚非有心骄纵僭妄。惟动用竹木商捐银款致送程仪，并历年酬应往来过客统计至二万数千两之多，此项虽由外销，并非给予议叙执照正款，究系奏明归入善后案内汇报经费，实属滥支。且将在楚投效委员杨汝楫等延入幕内，办理刑钱事件，累保官职。又将先经咨保翎顶之李维翰派充门丁，复于该家丁郭庆等私在署外朋开钱铺，任意招摇，并得受所属喜资，毫无觉察，种种不合，实难辞咎，请将官文交部严议'等语。此案大学士湖广总督官文虽查无骄纵贪婪各劣迹，惟滥支公款、信任家丁，实属咎有应得。官文着照绵森等所拟，交部严加议处。保举直隶州知州杨汝楫投效军营，先办文案，继即入署滥充幕友，叠膺保奖。其于湖南李际晟京控案件，虽查无借端索诈情事，惟既招物议，仍复迁延不去，实属违例干进，着即行革职，勒令回籍，不准在湖北逗遛。郭二即郭庆等应得罪名，均照所拟办理。其竹木商捐外奖一款，系奏明作为善后经费，所有滥支银二万四千八百两，着不准开销，责令照数分赔，以重公项。其历任动用之巡抚司道，仍着吏部查取职名，一并议处。嗣后此款，即着解交藩库收支，照案汇报，不准稍有浮冒。未获之林光祖、李约即李崐，着瑞麟、蒋益澧严饬嘉应州访拿，解往湖北讯办。沙市盐局按月提解督署公款作何开销，应撤应留，着户部查核具奏。至张开霁以湖北候补道员献诗本省长官，内夹书函，语多要挟。及官文欲自行检举，咨明巡抚查办，该员复浼人央求，免其查办，实属不安本分。张开霁一员，着该督抚随时留心察看，如实有劣迹，即着逐令回籍，不准在湖北招摇生事，以肃官常。”（《清穆宗实录》卷193）

（同治六年正月丙寅）又谕：“前因官文在湖广总督任内动用捐款各情，当经降旨交部严加议处。兹据吏部议以革职，自属咎所应得。惟念官文在湖广总督任内十余年，历经会同胡林翼、曾国藩廓清江鄂，勋劳甚著。而被议各款，尚非贪污欺罔可比，若遽尽予罢斥，殊非朝廷保全功臣之意。大学士一等伯官文着革去湖广总督，加恩仍留伯爵大学士，改为革职留任，八年无过，方准开复，并罚伯俸十年，不准抵销，即行

来京供职。”（《清穆宗实录》卷194）

（同治六年二月丁亥）谕内阁：“郑敦谨奏‘据实陈明，并自请议处’一折。前任湖广总督官文提用竹木商捐余款，致送胡家玉等夫马费用时，该前抚尚未到任，此外致送何人，均未与闻。惟官文动用捐款致送过客，该前抚到任后未能查出，究有失察之咎，郑郭谨着交部议处。”寻谭廷襄奏：“据官文查明公商提取竹木捐款，系前任巡抚吴昌寿任内之事，上年登复文内，缮写郑敦谨名，系属一时误记，恳为奏明更正。”得旨：“吴昌寿着交部议处，官文缮写错误，着一并交部议处。”（《清穆宗实录》卷196）

（同治六年三月丙辰）又谕：“吏部奏‘遵议官文缮写错误，郑敦谨等失察及动用竹木捐款等情处分’一折。大学士前任湖广总督官文、前任湖北巡抚刑部左侍郎郑敦谨，均着照部议罚俸一年。前任湖北巡抚广东布政使署广西巡抚吴昌寿，着加恩改为降四级留任。均不准其抵销。”（《清穆宗实录》卷198）

（同治六年四月庚寅）又谕：“新授山西太原府遗缺知府杜藻，前曾有旨饬令赵长龄留心察看。兹有人奏‘杜藻前在湖北军营，夤缘撞骗，为绅民所切齿。并在山西隰州知州任内大肆婪索，因缉拿烟土一案，得赃数十万，拖毙十余人。开缺后寄寓榆次县，广放私债，偷贩烟土，强取民女为妾’，另片奏‘该员来京日久，并不投供，简放后始行到部，居心巧诈’各等语。所参缉拿烟土一案并贪婪不法各情，如果属实，何堪表率？着赵长龄按照所参各节确切查明，并提集烟土案内人证卷宗严行讯究，据实参办，毋稍徇隐。原折片均着钞给阅看，将此谕令知之。”（《清穆宗实录》卷200）

（同治六年五月己卯）又谕：“昨据御史佛尔国春奏称，本年春间，绵森等将收受湖北省馈送职名清单咨送刑部，请饬查议。兹据军机大臣将刑部送到原单呈览，所开赠送各员川资等项内，如前任湖北主考颜宗仪等皆系出使人员，藩司唐训方等皆系地方大吏，均各收受馈送，何以绵森等未经分晰奏明办理？着绵森、谭廷襄明白回奏。佛尔国春原折，着发给阅看。其单内所开各员，应如何分别办理之处，并着详核具奏。”（《清穆宗实录》卷204）

（同治六年六月甲午）又谕：“前因英桂奏，道员丁杰交出竹枝词，牵涉督抚司道大员，当经谕令英桂会同吴棠查明编造之人惩办，并将词内所指各节悉心查访。兹据英桂、吴棠查明实在情形复奏，据称词内所指抽收厘税、创造轮船、调员来闽差委等事及道员曾宪德考语前后歧异……其调闽及派委厘差各员亦多籍隶各省，并非尽属楚人……惟吴大廷赴任台湾，带勇五百名前往，并此外委员缉捕护饷，间亦拨勇随行，并非为护卫本员而设，周开锡等亦无遮护楚人等情，均着无庸置议……”（《清穆宗实录》卷205）

（同治六年七月）乙亥，谕内阁：“吏部奏‘遵议动用竹木商捐各员处分，并声明知府等员无庸议处’各折片。前任湖北巡抚现任贵州布政使严树森、前署湖北巡抚前直隶布政使唐训方、前任湖北巡抚现任刑部左侍郎郑敦谨、前任湖北布政使厉云官、前署湖北布政使前任按察使唐际盛、前兼署湖北按察使前任盐法武昌道盛康、兼署湖北按察使现任督粮道丁守存应得降一级调用处分，均着加恩改为降四级留任，不准抵销。应行分赔之武昌府知府黄昌辅等七员，均着无庸议处。”（《清穆宗实录》卷208）

（同治六年十月）丁酉，以猥劣庸鄙，革湖北道员何元普职。（《清穆宗实录》卷214）

（同治六年十一月壬戌）以湖北省城火药局被焚，革巡检张士衡、守备万年青职。（《清穆宗实录》卷216）

（同治六年十二月丁酉）以索饷罢操，革湖北副将王福彬职。（《清穆宗实录》卷219）

（同治八年正月乙酉）谕内阁："郭柏荫、何璟奏'遵查知府难资表率，据实参劾'一折。湖北施南府知府张观钧处事任性，操纵失宜，不足以资表率，着以同知降补，归部选用。"（《清穆宗实录》卷250）

（同治八年六月壬寅）谕内阁："前据御史范熙溥奏参'湖北幕友徐翼夤缘招摇'各款，谕令该省督抚查办。兹据李鸿章查明具奏，此案候选知府徐翼在将军巴扬阿署中办理文案，虽无夤缘确据，惟既系幕友，即不应干预外事，乃招致降人莫涓幅等投效将军衙门，查拿教匪。莫涓幅等遇事骚扰，控案累累，皆徐翼引用匪人所致。该员访闻河南教匪甚多，辄令莫涓幅等勾至荆州，议欲诱入城中擒拿，不顾人心惊惶，实属荒谬。惟念该员于拿获教首刘汉忠案内尚属在事出力，着从宽撤销前次知府花翎保案，勒令回籍，不准在荆州逗遛，以示薄惩。千总莫涓幅前以诱擒刘汉忠保得官职，乃不知检束，辄敢借端滋扰，情殊可恶，着即斥革，提省审明被控各案，再行按律惩办。荆州将军巴扬阿保举徐翼及饬拿教党，事属因公，尚无回护情事，着免其置议。惟查拿教匪，并不由地方官解勘，径行审讯，殊属非是。嗣后如访有教匪潜匿，着知会督抚饬属查拿解勘，毋庸由将军审办，以符体制。"（《清穆宗实录》卷260）

（同治九年六月）己未，谕内阁："刘崐奏'革员捏词刁控，并续查出劣迹，请饬查拿'一折。湖南已革知县陈士玙与已革知府陈鼎金经刘崐参劾后，辄敢捏词牵涉该抚幕友许绍汾赴湖广总督衙门呈控，并据刘崐续查出该革员等劣迹。属员因参讦告上司，意存挟制，此风断不可长，

亟应严切根究。着李瀚章即将该革员陈士玙、陈鼎金查拿到案，严行审讯，按律惩办。”（《清穆宗实录》卷285）

（同治九年十二月癸酉）又谕：“李瀚章、郭柏荫奏‘查明庸劣不职各员，请分别降革勒休’一折。湖北施南府同知熊兆鼎心性粗浮，不谙吏治；蒲圻县知县杨思谦委靡不振，声名平常；试用知县谭惠海才具平庸，办事竭蹶，均着以原品休致。候补知州姚时熙遇事颟顸，居心贪鄙；试用通判庄文波品地卑污，人亦委琐；东湖县知县窦达生使酒任性，心地糊涂；通山县知县张炳元治理乖谬，才具平常；候补知县李良璧人极粗庸，嗜好甚重；补用知县宾凌汉性情鄙诈，办事乖方，均着即行革职。南漳县知县赵文蔚才欠开展，听断未娴，着开缺以州判降补，以肃吏治。”（《清穆宗实录》卷300）

（同治十年二月戊寅）谕军机大臣等：“有人奏，湖北汉川县知县暨之骐于职官马凤瑞呈报被窃，纵容门丁刁难陵辱，诬以哥老会匪，滥刑责押，经汉阳府知府提案查讯，现闻该县有贿买私和等情。州县于所属地方窃盗案件理宜赶紧缉拿，若如所奏，纵盗诬良各节，实出情理之外。着郭柏荫将此案即行提省，秉公审究，务得确情，按律惩办，毋稍瞻徇。原折着钞给阅看，将此谕令知之。”（《清穆宗实录》卷305）

（同治十年四月己卯）以阻挠堤工，湖北在籍道员陈相清革职讯办。（《清穆宗实录》卷309）

（同治十年五月）己酉，谕内阁：“曾国藩奏‘曾任提镇大员，寻仇构衅，据实参奏’一折。前任江南提督李世忠因事逗遛扬州，与前任浙江处州镇总兵陈国瑞相遇。李世忠挟陈国瑞从前夺取盐船银物之仇，阳与交好，于四月十四日潜赴陈国瑞寓中，喝党将陈国瑞捆缚赴船，行抵扬州四里铺地方。适陈国瑞之侄陈泽培等赶至呼救，一时各船水手人等哗聚来援，李世忠将陈国瑞藏匿，自觅小船逃走，落水遇救得生。其辎重被抢一空，家属亦遭殴辱，致有落水淹毙者。此案李世忠以提督大员，辄行寻仇斗很，实属不安本分。李世忠着即行革职，革令回籍，交地方官严加管束。陈国瑞与李世忠往来，日夜演戏，致生事端，亦属性非安静，着以都司降补，勒令速回湖北原籍，交地方官严加管束。李世忠、陈国瑞均不准在扬州逗遛。”（《清穆宗实录》卷311）

（同治十年十一月壬子）又谕：“淮安关监都舒麟奏‘运铅委员欠缴银两，请饬追缴’等语。江苏候补同知直隶州知州朱桂生、候补知县朱应江、湖北候补知县方殿元解运京铅，行抵淮安大关，经舒麟照例查验，该委员等抗不遵照。其单开木植等货，应纳淮、宿二关正税及船料等银七百十四两零，亦未完交。税课自有定章，岂容任意延宕？着两江总督督饬藩司，勒令该委员等将欠缴税银如数完缴，毋许抗欠。嗣后各省运解官物，若有多余及别项货物，务令遵例即时纳税。船料一项，并令船户完纳，倘再违抗，即由监督查明奏参，以重税课而儆效尤。”（《清穆宗实录》卷324）

（同治十一年二月庚辰）谕内阁：“李瀚章、郭柏荫奏‘访获指官招摇之职官，请革职审办’一折。湖北在籍知县鲍凤文与已革从九品马凤瑞指官招摇，业经访获讯办，并究出候选县丞黄文斌等有伙同招摇撞骗情事。鲍凤文等以职官诈称卖缺，指官撞骗，实属大干法纪。安徽候补知县鲍凤文、候选教职熊善先、候选县丞宋涛着先行革职，在逃之候选县丞黄文斌并着斥革，即饬查拿务获，一并归案讯办，以儆官邪。另片奏，起获马凤瑞往来书信，讯据供称‘前在京所控知县暨之骐案呈词，系托工部主事马佩瑾在京转觅李贵即李云钊顶充抱告，李贵系马佩瑾厨夫李卿庵之子’等语。工部主事马佩瑾，着该部堂官饬令前赴湖北，听候传质，并将厨夫李卿庵之子李贵交出，归案讯办。”（《清穆宗实录》卷329）

（同治十一年八月）庚申，谕内阁：“左宗棠奏‘请将侵亏军装银两之已革知县发往军台效力赎罪’等语。已革湖北候补知县陈兆兰侵亏军装银两至七千余两之多，胆敢潜逃赴陕，追经查获，始将亏项陆续缴齐，殊属咎无可逭。陈兆兰着发往军台效力赎罪，并永不叙用，以昭儆戒。”（《清穆宗实录》卷 338）

（同治十一年十一月癸未）又谕：“前据都察院奏‘湖北民人冯式纯呈控伊兄安徽署天长县知县冯至沂被逼自尽’一案，降旨派何璟亲提研讯。兹据该前署督讯明具奏，此案署盱眙县知县路玉阶，于学政临考之时，遽行称疾请假。时冯至沂正在盱眙，景其濬即派巡捕盱眙县典史赵诚持帖谕令暂缓回县。冯至沂疑系路玉阶怂留帮办，并因路玉阶禀催天长考费文内有筹款多金归入宦囊之言，以致愁急莫释，触发痰疾，遽行投水。路玉阶虽无欺轧情事，实与逼迫无异，着即行革职，以示惩儆。景其濬于路玉阶请假之时，不令提调官派员办考，径遣巡捕持帖谕留，殊属措置失宜，着交部议处。”寻议：“景其濬应照不应重公罪例降二级留任。”得旨：“准其抵销。”（《清穆宗实录》卷 344）

（同治十一年十一月）戊戌，谕内阁：“李瀚章、王文韶奏‘节妇孝女同时自尽，请特赐旌表，并道员处置乖方，请旨革职’各折片。湖南已故知府李杏春，于咸丰五年在湖北剿贼阵亡。该故员之妻朱氏痛夫成瞽，矢志守节。其女嫦贞、娥贞，均经许字，立志不嫁，茹素，求愈母目。李杏春之兄李光燎向伊侄女劝解，强令开斋。嫦贞等孝思纯笃，坚执己志。李朱氏因伊目失明，致误二女终身，乘间自尽。嫦贞、娥贞痛母情切，亦即自缢殒命。一门节孝，深堪嘉悯。李朱氏并其女嫦贞、娥贞，着交部一并照例旌表。贵州候补道李光燎劝伊侄女开斋出嫁，操之过切，致酿三命，已属咎无可辞。且事后复以李朱氏母女吃斋入魔自尽等词呈报，希图掩饰己过，居心尤为险诈。李光燎着即行革职，以示惩

儆。”（《清穆宗实录》卷345）

（同治十二年九月癸酉）又谕：“……另片奏‘遵查陈得贵等一案’等语，陈得贵业因另案参革，李玉墀究竟现在何处，有无不法情事，仍着该抚密饬刘玉成确切查明，并俟湖北、云南各督抚查复后悉心核办。将此由四百里各谕令知之。”（《清穆宗实录》卷357）

（光绪元年三月甲寅）以亏短银两，逮问湖北已革知县上官振勋，严讯勒追，并籍产备抵。现月　（《清德宗实录》卷6）

光绪元年乙亥五月壬子，谕内阁：“刑部、步军统领衙门奏‘刑部科房失火情形’各一折。本月十五日，刑部山东司科房不戒于火，延烧陕西、广东、湖广三司及山东、广东、陕西等司科房共十余间，旋即扑灭。山东司直宿书吏孟继孔，着交步军统领衙门照例审办。是日，当月主事宗室恩福、候补主事王春沛、司务厅直宿笔帖式铭勋等未能先事豫防，着交部议处刑部堂官着一并议处。”现月档　（《清德宗实录》卷10）

（光绪二年六月乙巳）兼署湖广总督湖北巡抚翁同爵奏：“文武各员借案招摇并图奸民妻，请将湖北候补知府段世濂、补用知县胥春霖、副将姜玉顺暂行革职提讯。”得旨：“段民濂等均着暂行革职严讯，按律惩办。”折包　（《清德宗实录》卷35）

（光绪三年九月丁丑）以领运白铅，久不造报运费，革湖北通判陈荣寿职。随手　（《清德宗实录》卷58）

（光绪三年十月乙酉）谕内阁：“李瀚章奏‘特参包抗钱粮之知县，请旨革职’一折。湖北在籍前湖南通道县知县游本怀，于该族各户应完钱粮竟敢从中把持，抗不完纳，实属藐法。游本怀着暂行革职严追，照

例究办。”现月 （《清德宗实录》卷59）

（光绪三年十月己亥）又谕：“李鸿章奏‘请将贪庸之知县革职’等语。湖北崇阳县知县祝应焘声名本属平常，近复纵容差丁赴乡挖取民间树木，几致激成事端，实属贪庸不职。祝应焘着革职，永不叙用，以肃官方。”现月 （《清德宗实录》卷60）

（光绪三年十二月丁亥）谕军机大臣等：“都察院奏‘已革湖南知县马云以挟嫌枉参等词赴该衙门呈诉，据称该革员前在湖南派分岳常澧道差委，传闻道署差使须讲使费，该道增寿生辰，道署门丁等需索银两，将该革员薪水扣抵。嗣因该门丁等向教谕施大纶等索要规费，该革员回明增寿，讵该道因此挟嫌，于该革员赴署请假时在门内谩骂，并纵令门丁等殴辱。旋经该道诬揭，致被枉参。惟该革员原呈既称道署差使须讲使费，而该革员曾奉派石门会勘案件，殊属自相矛盾’等语。该革员所控各节是否属实，着李瀚章秉公确查，据实具奏，毋稍徇隐。革员马云已令该部解往湖北备质矣。原折呈着钞给阅看，将此谕令知之。”现月档 （《清德宗实录》卷63）

（光绪三年十二月）癸巳，谕内阁：“李瀚章奏‘办厘舞弊各员，请旨惩处’等语。湖北候补知府王锡康信用伊戚王云阶稽查各货，管理银钱，诸多弊端，致招物议。候补县主簿金学敏玩视差务，举止轻浮，亟应惩儆，以重厘政。王锡康着交部议处，金学敏着即行革职。”现月档 （《清德宗实录》卷63）

（光绪四年六月）戊子，谕内阁：“前据潘鼎新奏‘总督刘长佑袒庇楚勇’等节，当经谕令丁宝桢确查具奏。兹据查明该前抚所奏，或事出有因，或传闻失实。惟提督胡中和于催饷遣勇一节，并不查明溃勇数目，划清月日，算齐口粮，依数缴回。乃含混支领，将盘费一项空粮赢余作为遣散赏需，虽无侵吞情事，实属意存见好。胡中和着褫去黄马褂勇号，以示薄惩。知府魏鼎勋、知州李光舒与在省各官往来，征逐饮食，虽无钻营串合各情，殊属不知检束，均着暂行革职，交该督抚认真察看。盐法道沈寿榕与魏鼎勋等往来亲密，虽无钻营串合各情，究系不知远嫌，且平日声名平常，着即开缺送部引见……”现月 （《清德宗实录》卷75）

（光绪四年六月己亥）又谕：“谭钟麟奏‘在籍同知疑匪擅杀，请革职审办’一折。湖北候补同知梁遇士奉差回籍，与团首梁多士等擅杀佘得升等六命一案，谭钟麟以案多疑窦，督饬署西安府知府等提讯。据梁遇士供认，梁多士杀毙四命，伊同梁多士等杀毙二命不讳，惟坚称佘得升等持械呐喊，系属匪党。此外人证佥称并无执械进街呐喊各情，实系疑匪妄杀等语。案关擅杀多命，亟应彻底根究。在籍湖北候补同知梁遇士着先行革职，归案审讯。其在逃之梁多士等一体查拿，务获究办，以成信谳。各省委员因差回籍，往往任意逗遛，易滋流弊。现在各督抚等委赴别省之员，如即系该委员本籍，均着撤回，另行派员前往。嗣后各该督抚等遇有差委事件，派员前赴他省，概不准即派籍隶该省之人，以杜弊端。”现月 （《清德宗实录》卷75）

（光绪四年九月丙子）谕内阁：“前据御史李廷箫奏，湖北樊口堤闸关系农田民命，委员勘报不实，请饬复查，当派彭玉麟等前往确查。兹据彭玉麟奏‘樊口堤闸于滨湖农田民命所关甚重，必须将滨江黄柏山起至樊口四十里之大堤赶紧修补，再于黄柏山以上添修里许。樊口以内宜修一石闸，其横直宽广可以度地布置。并应设立埠头，搬运货物，均由民间自行经理，官则严立规条，重惩需索’等语。该处堤闸既据该前侍郎查明有裨国课民生，而于渔户商贩尚无大害，自应权衡轻重，酌度兴修。即着照所请，由李瀚章等督饬属员赶紧办理，毋任该地方官拘泥成规，稍形松懈。此次所筑堤闸实因地势变迁必须兴办，既可于民田有益，而江流宣泄，亦无妨碍。他处情形不同，不得援以为例。讼棍袁甲甫即增生袁兆麟、杨光明，着该督抚严拿务获，从重惩办。其修堤建闸及被水灾区应如何减免钱粮之处，并着查明具奏。另片奏‘此案获咎各员可否开复’等语，已革监利县知县刘笃庆着送部引见。廪生郭瑞麟、训导胡书田、武举皮周福、生员刘玉田，着该督抚随时察看，如果安分，再行奏请开复。”寻李瀚章等奏：“拿获增生袁兆麟、监生杨光明，饬司研审，并查其有无武断包讼、被人告发案据，俟查审明确，再行按例究办。”报闻。现月折包 （《清德宗实录》卷78）

（光绪四年十月戊寅）以亏短正款，湖北已故试用知县谢兰、朱华，已革房县知县郭俊，一并籍产备抵。现月 （《清德宗实录》卷79）

（光绪五年三月丙午）湖广总督李瀚章等奏：“樊口创建石闸，遵旨严立章程。”得旨：“所议樊口建闸章程尚属周妥，该督等饬属兴办，仍随时体察情形，总期有利无弊，方为妥善。革生胡炳卢仍着饬拿务获，讯明惩办。”折包 （《清德宗实录》卷89）

（光绪六年十一月乙丑）以亏短钱粮，革湖北房县知县郭俊，已故候补知县朱荣实、朱华职，分别逮问提属勒追，籍产备抵。现月 （《清德宗实录》卷123）

（光绪七年十一月丁酉）谕军机大臣等：“刘坤一奏‘已革湖北同知李玉墀于法人最密，每代法人画策，专与越南为难。同治十二年，法国兵轮驶入越南，李玉墀时在法船，托言运送云贵军装，一过险隘，遂肆披猖，东京由是失守。光绪三年，李扬才窜扰越南，李玉墀来粤投效，于法人割取越南六省并法兵接仗情形言之娓娓。此次法人图占越南东京，诚恐李玉墀逞其鬼蜮’等语。中国不逞之徒如为外国所用，贻患实深。着张树声、裕宽、庆裕不动声色，暗地访查，设法诱致，并咨明该革员原籍督抚，一体密查实在下落，妥筹办理。原片均着钞给阅看，将此由

四百里各密谕知之。”洋务 （《清德宗实录》卷139）

（光绪七年十二月甲申）又谕：“左宗棠奏‘遵旨查办事件，先行复陈大概情形’一折。湖北候补道杨宗濂，着先行革职，听候查办。湖北汉黄德道何维键，着即开缺送部引见。湖北候补知府李谦，着交彭祖贤察看甄别。其余应查事件，仍着左宗棠详细查明，据实具奏。”现月 （《清德宗实录》卷141）

（光绪八年二月）癸酉，谕军机大臣等：“张树声、裕宽奏‘现将革员李玉墀设法诱致，解回原籍，请旨遵行’一折。前湖北同知李玉墀于革职后种种不安本分，现经张树声等设法诱致，派员解回原籍，即着李文敏将该革员牢固监禁，免再出外滋生事端。将此由四百里各谕令知之。”洋务 （《清德宗实录》卷143）

（光绪八年六月丁卯）以亏短钱粮，革湖北已故安陆县知县何锡俨、蕲州卫守备王鸿猷职，并籍产备抵。现月 （《清德宗实录》卷147）

（光绪八年六月辛未）谕军机大臣等：“有人奏‘湖北地方官决堤殃民，及贪酷最著之知县请饬查参’各折片，据称‘湖北监利县子贝垸滨临江、汉，向赖洪心河宣泄水势。该垸百姓请修河道，署江陵县吴耀斗不允所请。本年夏间，江、汉涨溢，吴耀斗前往查勘，将子贝堤开挖，南岸七百余垸田庐尽没，决堤殃民，请饬查办。又湖北州县中，宋熙曾最为贪酷，设立站桄，杀人以千计。上年署理蕲州，诬害良民，株连甚夥，纵容门丁，浮收钱粮，虐政不可枚举，请一并查参’等语。监利县挖堤一案，前经彭祖贤具奏，刁民借端滋事，派营弹压查办首要各犯，并经派员勘估，拟建石闸以弭后患。兹据所奏各节关系地方民生水利，究竟决堤情形是否吴耀斗办理不善，及该处河道如何修复，着涂宗瀛确切查明，据实复奏。至宋熙曾被参各款如果属实，必应从严参办，并着

一并确查具奏，毋稍徇隐。原折片着钞给阅看，将此谕令知之。”现月（《清德宗实录》卷148）

（光绪八年十月）乙丑，谕内阁：“前因云南报销一案，叠谕云南、安徽各督抚将崔尊彝、潘英章迅速解部候质。兹据裕禄奏称，崔尊彝正未到籍。该员究竟逗遛何处，抑系径回云南？至潘英章亦未据该督抚奏报起解，着云贵总督，云南、安徽巡抚，暨沿途直隶、山东、河南、湖北、湖南、贵州各督抚迅速查明，该二员无论行抵何处，即行派员解送来京，不准稍涉迟延。”现月 （《清德宗实录》卷153）

（光绪八年十一月）辛卯，谕内阁：“涂宗瀛奏‘甄别庸劣不职各员’一折。湖北光化县知县李镜心糊涂昏愦，办事颟顸；前署潜江县知县史致谟违例滥委，任性妄为；前署蒲圻县知县廖润鸿乖僻成性，舆论沸腾；潜江县典史赵德秀违例受委，性情轻躁，均着即行革职。黄陂县知县瞿元灿才具较逊，人地不宜，着开缺另补，以肃官方。”现月 （《清德宗实录》卷154）

（光绪八年十一月癸巳）又谕：“前因有人奏‘湖北营兵滋事’一案，叠经谕令彭玉麟确查具奏。兹又有人奏‘涂宗瀛专以封殖为务，扬州、上海暨安徽本籍贸易产业甚多，江宁藩库寄存银十六万两交藩司梁肇煌经管。其在湘抚任内，于保甲缉捕，并不认真办理，惟事调勇自卫。正月初二日，抚标聚众拆毁中军衙署，亦不拿办一人，敷衍完案。及任湖广总督，收受川盐陋规、新堤关税，仍蹈旧习。秋间鄂省兵变，该督首将眷属私送过江，以致民心惊惶’等语。着彭玉麟按照所参各节归入前奏，一并确查，据实具奏。原片着钞给阅看，将此谕令知之。”现月（《清德宗实录》卷154）

（光绪八年十一月壬寅）又谕：“阎敬铭奏参‘监司大员，前任户部司官，声名贪劣，群议沸腾，请旨罢斥，并不准其来京居住’一折。广东布政使姚觐元、湖北荆宜施道董俊翰、湖北候补道杨鸿典，均着革职，即行回籍。”现月 （《清德宗实录》卷155）

（光绪八年十二月）乙丑，谕内阁：“前据给事中邓承修奏参‘李瀚章在湖广总督任内黩货无厌，任用私人’各款，当经谕令左宗棠查明具奏。兹据奏称‘李瀚章被参各款均查无实据，惟于已革道员杨宗濂素日声名平常，经管新关税务致招物议，该督漫无觉察，请将李瀚章交部严加议处。已革道员杨宗濂，请从重发往军台效力赎罪。惟该革员家有老亲，年逾八旬，可否免其置议’等语。前任湖广总督李瀚章，于杨宗濂声名平常，漫无觉察，咎有应得，着交部议处。湖北候补道杨宗濂业经革职，即着毋庸置议。”现月 （《清德宗实录》卷156）

（光绪九年五月壬辰）谕内阁：“林肇元奏‘劝捐各员绅欠缴捐项，请旨革职勒追’一折。湖南黔捐局劝捐各员绅欠解捐项为数甚巨，经该抚叠次催缴，置若罔闻，实属玩泄。……分发湖北试用州同蒋桂林、典籍衔附贡生李国柱、湖南补用参将陈永昌，均着革职，勒限追缴，以重款项。”现月 （《清德宗实录》卷163）

（光绪九年九月丁未）署湖广总督卞宝第等奏：“安陆府知府李庆霖、知县沈星标玩忽堤工，请交部议处。县丞张福镇督工草率，拟定斩监候。”均下部议。折包 （《清德宗实录》卷170）

（光绪九年十月戊辰）谕军机大臣等：“都察院奏‘湖北举人刘斌等遣抱以官吏侵蚀书院田租等词赴该衙门呈诉，据称安陆府兰台书院田租，知府李庆霖令礼书经手，任意侵蚀，延请山长，并不到院开课，以致有名无实，并假书院名目，因案收取罚款，请饬查办，并请将钟祥县属石牌镇滩田照案归入文庙岁修暨书院膏火’等语。着卞宝第、彭祖贤查明

办理。原呈均着钞给阅看，将此各谕令知之。”现月 （《清德宗实录》卷172）

（光绪九年十月丙子）又谕：“御史屠仁守奏‘湖北郧西县廪生余琼芳身死一案，传闻各情与该督抚原奏大相径庭，疑窦种种，约举数端，请派大员查办’等语。人命重案，必应彻底根究。着派卞宝第提集人证卷宗，秉公严讯，务得确情，按律定拟具奏。此等命案，何得率准免验？即着督饬属员详加检验，以成信谳。此案经言官参奏，本应另派大员查办，因念该署督向来办事尚属认真，是以特令悉心复鞫。倘敢回护前奏，稍涉偏徇，致有不实不尽之处，定惟该署督是问。另片奏‘知县谢翼清浮捐侵挪，请饬查参’等语，据奏该员剥民肥己各节，殊出情理之外，着卞宝第确切查明，严参着追。此外知县如有似此借名苛敛者，并着据实参办。又片奏‘房县陈添青等惨杀八命一案，知县彭熙规避处分，蒙混具详，将萧永培等释放，该督抚并不参奏，陈添青稽诛已久，余犯逍遥事外’等语。着该署督将此案严行审办，以伸法纪，并将劣员照例参处。原折片着钞给阅看。将此谕令知之。”现月 （《清德宗实录》卷172）

（光绪九年十二月癸酉）谕军机大臣等：“有人奏‘广东巡抚倪文蔚于广西官军擒斩陆之平一案，将并未在事出力之广东试用知府邹覲皋滥行列保，复于剿除积匪各案滥保多员，并收受州县季规。又于剿匪案内将其弟湖北试用州判倪文寀列入保奏，种种徇私，请旨严惩’各等语。着张树声将所参各节确切查明，据实具奏，毋稍徇隐。原折片着钞给阅看。将此谕令知之。”（《清德宗实录》卷176）

（光绪十年四月辛酉）又谕：“有人奏‘湖北学政科岁两试取进生员，有所谓书价银，由来已久，逐渐增加，近年竟须交制钱十七八千，实为士子之累，请饬酌中定数’等语。此项钱文，既据奏称学署办公所资，若尽行裁革，转恐别滋弊端。即着孙毓汶、乌拉布确切查明，酌量定数，务从减损，以恤寒儒。又据奏称‘湖北应城县征收盐斤石膏税课，自德安府同知蔡懋赓接办以来，百弊丛生，多立名目，恣意朘削’等语。地方官不恤民瘼，贪黩营私，亟应严行惩治。着孙毓汶等将所参蔡懋赓各节彻底详查，如果属实，即行从严参办。并将该处征收税课明定章程，剔除弊混，毋致贻累闾阎。原片着摘钞给与阅看，将此由四百里各谕令知之。”现月　（《清德宗实录》卷182）

（光绪十年闰五月辛亥）又谕：“内阁学士尚贤奏‘遵旨保荐人才’一折，湖北荆宜施道于荫霖着交军机处存记。刑部郎中王应孚着该堂官出具切实考语，由吏部带领引见。至已革礼部侍郎宝廷，前因差次不自检束，厥咎甚重，当照部议革职。已革河南巡抚李鹤年办理命案，有意罗织，前经降旨罢斥。该学士率请将该革员等量予起用，殊属冒昧，尚贤着传旨严行申饬。”现月　（《清德宗实录》卷185）

（光绪十一年三月己酉）以亏短银两，革故前署湖北监利县知县朱光耀职，并籍产备抵。折包　（《清德宗实录》卷205）

（光绪十一年九月甲子）谕内阁：“吏部奏‘遵议管狱等官处分’一折。湖北按察使黄彭年应得降二级调用处分，着加恩改为降三级留任。至此事究涉刑名，又非紧要之件，该部于斋戒期内呈递，殊属不合，所有吏部堂官及承办司员，着交都察院察议。”现月　（《清德宗实录》卷216）

（光绪十一年十月）戊辰，谕军机大臣等：“有人奏‘鄂省政治积弊滋深，请饬整顿’一折。官税牙厘自应核实征收，岂容稍有侵蚀？所陈各弊端是否属实，道员恭钊、瞿廷韶有无朋比为奸通行贿赂情事，着裕禄逐款查明，据实具奏。教匪王觉一叠经谕饬查拿，久未弋获，其党与甚多，深恐勾结为患，着严饬地方文武实力搜拿，毋任漏网。至所称银龙殿地方会匪严姓谋为不轨，纠党夺回匪犯邓玉亭一案，及襄阳刀痞抢掠妇女，德安等属匪类横行等情，亟应查拿惩办，着按照所奏各节，饬属认真缉捕，以靖地方。荆州堤工摊收经费一节，据称‘前令林瑞枝敛钱入己，草率修筑，后任郭作霖贪鄙尤甚，岁修土费并未兴工’等语，着该署督确查，如果属实，即行参办。至堤工经费，应如何严杜苛派，体恤闾阎，并着酌定章程，核实办理。原折着钞给阅看，将此由四百里谕令知之。”寻奏：“查明道员恭钊、瞿廷韶尚无朋比为奸情事，各处缉匪尚属认真，地方安谧。惟松滋县知县林瑞枝堤工重要，未能克期蒇事，应请交部议处。”从之。折包 （《清德宗实录》卷217）

（光绪十一年十二月庚辰）（直隶总督李鸿章）又奏：“出洋随员候选道伍廷芳请留津差委。”又奏：“仿照西法创设武备学堂，请以革职湖北道员杨宗濂总理。”均报闻。折包 （《清德宗实录》卷222）

（光绪十二年二月戊子）又谕：“太仆寺少卿延茂奏‘已革湖北道员杨宗濂获谴较重，不宜调委要差’等语。向来参革人员情节较重者，均不准留营效力。杨宗濂前因声名平常，经管税务致招物议，被参革职，自不应调办要差，致开幸进之路。所有该革员总理武备学堂差使，即着撤去，由李鸿章另派妥员接管。”现月 （《清德宗实录》卷224）

（光绪十二年五月丁未）又谕：“有人奏‘劣绅恶迹昭著，请饬查究’一折，据称‘湖北在籍侍卫黄兆晋聚赌诓财，贩卖人口，霸占妇女，抢劫财物，擅用私刑，包揽词讼，武断乡曲，闾阎侧目’等语。绅士居乡理宜安分守己，似此瞀不畏法，扰害乡闾，亟应认真究办。着裕禄、谭钧培按照原参各款确切查明，严行惩办。原折着钞给阅看，将此各谕令知之。”现月 （《清德宗实录》卷228）

（光绪十二年五月）甲寅，谕军机大臣等：“都察院奏，湖北生员黄士鹏等以书吏浮收钱粮等词赴该衙门呈诉，据称‘湖北宜城县应征粮银，每两浮收七百余文，设立票钱盘脚等项名目，借端勒索，民不堪命’等语。征收钱粮向有定例，岂容额外浮收，恣意勒索？着裕禄、谭钧培按照所呈各节确切查明，如果属实，亟行从严参办，并着永远禁革，以纾民力而杜弊端。原呈着钞给阅看，将此各谕令知之。”现月 （《清德宗实录》卷228）

（光绪十二年七月癸卯）以供词狡展，革湖北在籍侍卫黄兆晋职。折包 （《清德宗实录》卷230）

（光绪十二年七月）乙巳，谕内阁：“裕禄等奏‘甄别贪劣不职各员’一折。湖北竹山县知县谢裕三借端科敛，物议沸腾；郧西县知县达诚听断颟顸，粗鄙近利；署长乐县知县陈元枢假公济私，纵役扰民，均着即行革职，以肃官方。”现月 （《清德宗实录》卷230）

（光绪十三年十二月己丑）以杖毙人犯，革湖北公安县知县孙汝言职，并讯办。（《清德宗实录》卷250）

（光绪十四年七月甲寅）谕军机大臣等：“有人……另片奏‘光化县老河口镇文武各衙门每交冬令，勒令各镇致送银钱’等语。地方各官借端科敛民财，大干例禁。着该督抚等确切查明，严行禁止。原折片均着钞给阅看，将此各谕令知之。”寻奏：“体察情形，湖北提督仍应驻扎襄阳，现驻襄樊防营尚敷巡缉，毋须另行调拨。再查光化县老河口镇文武各衙门，尚无每交冬令勒令乡镇致送银钱实据。”报闻。（《清德宗实录》卷257）

（光绪十四年十月己卯）以亏短银两，革湖北署江陵县知县林佐职，并勒追。折包 （《清德宗实录》卷260）

（光绪十四年十月乙巳）又谕：“有人奏‘现任吴县知县夏宗彝选授

湖北粮道，传闻该员系属冒顶难荫，曾被人在江苏控告有案，官声亦极平常，参罚之案尚多’等语，着曾国荃、崧骏确切查明，据实具奏，毋稍徇隐。将此各谕令知之。”寻奏：“夏宗彝历任地方舆情尚无不协，惟伊父夏学曾在苏游幕病故，并非殉难，该员履历亦无恤荫字样，请饬部查明有无冒顶难荫情弊。”得旨：“夏宗彝承袭难荫，有无弊混，着该部查明具奏。”现月 （《清德宗实录》卷260）

（光绪十五年八月乙未）以品行不端，降湖北督粮道夏宗彝为同知。折包 （《清德宗实录》卷273）

（光绪十五年十一月己酉）又谕：“张之洞奏‘随带亲兵前赴湖北’等语，各省督标均有额定兵弁足敷差委，本不必另立亲兵名目。近来总督赴任，辄复添带亲兵前往，既多縻费，且与定制不符。该督所请添招亲兵五十名，着不准行。其原有之二百名，即着管带官吴良儒带回广东，不准随往湖北。经此次训谕之后，各督抚升调赴任倘有再行渎请者，定即予以惩处不贷。将此通谕知之。”现月 （《清德宗实录》卷276）

（光绪十八年二月己亥）以亏欠银两，革湖北蕲州卫守备龚恩培职，并勒追。（《清德宗实录》卷308）

（光绪十八年六月丁酉）以贪劣营私，废坏营制，革湖北署荆州营副将王清和职。折包 （《清德宗实录》卷312）

（光绪十九年正月戊申）谕军机大臣等：“有人奏‘疆臣辜恩溺职，据实纠参’一折，据称‘湖广总督张之洞自移督湖广以来，议办炼铁，并开煤铁各矿，乞留巨款，轻信人言，浪掷正供，又复多方搜索，借电竿，毁通桥，几酿巨患。督署被焚而不入告，州县补缺勒捐，逞臆妄行。藩司王之春掊克聚敛，直隶州知州赵凤昌声名甚秽’等语，着刘坤一按

照所参各节确切查明，据实具奏。原折着钞给阅看，将此谕令知之。”现月 （《清德宗实录》卷320）

（光绪十九年正月戊申）又谕：“有人奏‘疆臣辜恩溺职，据实纠参’一折，据称‘湖广总督张之洞前在两广总督任内，司道谒见，往往候至终日而不得见，候补州县概不接见。所喜者一人而兼十数差，率皆浮薄夸诈之辈，兴居无节，号令不时探访本地富家，借端罚捐，数至巨万，恣意挥霍，亏耗帑项甚巨。藩司王之春掊克聚敛，直隶州知州赵凤昌声名甚秽，该督俱加信任’等语，着李瀚章按照原参各节确切查明，据实具奏。原折着摘钞给与阅看，将此谕令知之。”现月 （《清德宗实录》卷320）

（光绪十九年三月庚子）谕内阁：“谭继洵奏‘甄别庸劣不职各员’一折。湖北补用知府本任广济县知县彭广心居心巧诈，遇事欺蒙；补用知县前署襄阳县知县茹朝政嗜酒任性，昏谬妄为；补用直隶州知州前署武昌县知县钟期濬性暴政酷，物议沸腾，均着即行革职，以肃官方。”现月 （《清德宗实录》卷322）

（光绪十九年四月）戊辰，谕内阁：“前据大理寺卿徐致祥奏，湖广总督张之洞辜恩负职，当谕令刘坤一、李瀚章确查具奏。兹据该督等先后查明复奏，张之洞在两广总督任内，并无懒见僚属、用人不公、兴居无节、苛罚滥用等情。现在湖北办理炼铁开矿，尚无浪掷经费情事。其余各条，均系传闻之误。湖北布政使王之春，亦无掊克聚敛实据。张之洞、王之春均着毋庸置议。候补直隶州知州赵凤昌不恤人言，罔知自爱，着即革职，勒令回籍，以肃官方。张之洞向来办事尚属认真，嗣后于应办事宜务当督率属员，力求撙节，妥为经理，用副委任。”现月 （《清德宗实录》卷323）

（光绪二十年三月癸未）又谕：“有人奏‘士子舞弊幸中，监临骫法弥缝，据实揭参’一折，据称‘上年甘肃新中第七名举人李运达，原籍湖北黄陂县，以伊父李景庚服官省分冒入两当县学籍。上年乡试，雇倩枪手湖北李某在场中换卷幸中。嗣因枪手索讨谢银呈控，杨昌濬以枪者、中者均属同乡，瞻徇情面，嘱令内监试胡孚骏等代出银两和息，并闻有更换墨卷情事，请饬查办’等语。冒籍考试，例禁綦严，李运达事既败露，杨昌濬何以置之不办，犹复曲为弥缝？着鹿传霖派委道府大员查明据实复奏，不得稍涉徇隐。原折着钞给阅看，将此谕令知之。”现月（《清德宗实录》卷336）

（光绪二十年三月）丙戌，谕内阁：“张之洞奏‘省城制造火药所，因碾盘出火，引燃火药，以致轰毁房屋，伤毙工匠多名，请将委员革职’等语。湖北补用通判恩玉疏于防范，着即行革职。其该管各官，该部查取职名，按照奏定章程，分别议处。”现月 （《清德宗实录》卷336）

（光绪二十年三月癸巳）以亏短课银，革湖北淮盐局委员候选知县欧阳萼职，并勒追。折包 （《清德宗实录》卷337）

（光绪二十年六月壬戌）又谕：“鹿传霖奏‘遵查甘肃士子舞弊幸中，据实复陈’一折。据称‘李运达实系湖北孝感县人，在其父李景庚服官省分冒入甘肃两当县学籍，上年乡试幸中举人，至换卷说合，查无实据，倩枪舞弊，事出有因，请饬查拿归案讯办’等语。已革举人李运达于乡试后未经复试，即行回籍，难保非因事败露，畏罪潜逃。即着张之洞、谭继洵严饬查拿，解交鹿传霖归案审办。杨昌濬虽据查无瞻徇情面等事，惟于李运达冒籍幸中，失于觉察，究属疏忽，杨昌濬着交部察议。”现月（《清德宗实录》卷343）

（光绪二十年八月辛未）以厂屋被烧，疏于防范，革湖北汉阳枪厂委员候选巡检严用炳职，候选通判冯熙光降一级调用。现月 （《清德宗实录》

卷 347）

（光绪二十年九月癸卯）又谕："前据御史钟德祥奏'川盐各弊，官吏侵蚀，商民朘伤'等情，当经谕令裕德、廖寿恒驰往四川查办。嗣又据该御史奏称'四川盐局簿据皆系事后改换，惟提井场各灶商卖盐及计岸各行号买盐帐簿查阅抽对，即可核出真情'等语，复谕令裕德等察酌办理。兹据查明据实复奏，官运济楚，漏纳渝厘，影占商岸，以致公私交病。前总办局务唐炯自紊定章，造销蒙混；接办局务道员夏时相率徇隐，含混奏办，致亏课款甚多，均着交部严加议处……"现月 （《清德宗实录》卷 350）

（光绪二十一年正月辛卯）谕内阁："谭继洵奏'甄劾庸劣不职各员'一折。湖北通山县知县刘焕章任性妄为，滥刑科罚；宣恩县知县王志章任意苛派，民怨沸腾，均着即行革职，以肃官方。"现月 （《清德宗实录》卷 359）

（光绪二十一年七月己未）又谕："都察院奏，湖北麻城县生员袁洁三等以该县征收钱粮，知县张集庆等任听里书种种舞弊等词，赴该衙门呈诉，案关里书包揽浮收，县官徇私纵容，亟应彻底根究。着谭继洵确切查明，如果属实，即行从严禁革，以苏民困。将此谕令知之。"（《清德宗实录》卷 373）

（光绪二十一年七月丁卯）谕内阁："据都察院奏'已革湖南候补知县张铭呈称前控被参冤抑之案，回鄂年余终未提讯，复行来京呈诉'等语，此案前谕令张之洞查奏，嗣经调署两江，奏明移交谭继洵承办。现已年余，何以尚未讯结？着谭继询迅即提集人证，研讯确情，据实复奏。该革员张铭，仍着该衙门饬令前赴湖北，听候传讯。"现月 （《清德宗实录》卷 373）

（光绪二十一年八月丁亥）以亏款延缴，革已故署湖北兴国州知州陆佑勤职，提属勒追。折包　（《清德宗实录》卷375）

（光绪二十一年十一月辛酉）又谕："有人奏'湖北襄阳县恶役李伯林，于本年中秋日，殴毙蒋姓身死。该县知县汤炳堃勒令和息，意欲含混了结，请饬查办'等语，着谭继洵确切查明，据实奏参。原片着钞给阅看，将此谕令知之。"寻奏："遵查知县汤炳堃获犯即办，并无勒和含混了结情事。惟因徐明浩到厂较迟，既经戒饬，又复交差管压，究有不合，应请交部察议，并饬本任知县梅冠林将差役换票之弊密查禁革，有犯即行重办，以示惩儆。"得旨："汤炳堃着交部察议。"现月折包　（《清德宗实录》卷380）

（光绪二十三年正月乙巳）以亏短交代银两，革已故湖北黄陂县知县唐步云、襄阳卫守备段必魁职，提属勒追。折包　（《清德宗实录》卷400）

（光绪二十三年三月）壬寅，以侵挪公款，革湖北武昌卫守备冯国栋职，并勒追。折包　（《清德宗实录》卷402）

（光绪二十三年十二月）戊午，谕内阁："张之洞奏'都司交卸，不将钱粮公款交清，潜行避匿，请革职查追'一折。湖南准补靖州协中军都司李友胜，经前兼护湖广总督谭继洵饬调考验，给咨赴部。该都司并未请咨，竟敢携带公款潜行避匿，实属谬妄。李有胜着先行革职，由该督通饬湖南、湖北两省勒传归案，讯究追缴，以重饷项而儆官邪。"现月　（《清德宗实录》卷413）

（光绪二十四年三月乙酉）以亏款延缴，革已故前任湖北云梦县知县汪齐辉职，提属勒追。（《清德宗实录》卷416）

(光绪二十四年七月己未)又谕："……招商局董同知衔候选知县张鸿泽袒护更夫，致酿巨案，南帮会首从九品职衔杨明阶于该帮纠众滋事不能约束，着一并斥革，永不准投效军营，更名捐复，并即行驱逐回籍，毋任逗遛。管带沙防营勇总兵江得意近驻该镇，于匪党滋事不能弹压解散，着以都司降补。哨官游击李心鑑、把总池士祥均着即行革职。江陵县知县刘秉彝，甫经到任，事起仓猝，骤出巨案，虽据将首要各犯拿获多名，究属防范不严，着降一级留任。管带荆州水师副将张国栋因所带各船一时难以调集，尚非保护不力，着俟补官日降一级留任，以示惩儆。至英、日两国公寓洋行损失货物，业经该监督会商各该领事分别赔补，沙市关税务司毁失衣物，亦经另行补给。嗣后仍着该督抚严饬该地方官遵照五月二十四日谕旨，凡通商各埠地方尤当实力保护，毋任以薄物细故轻启衅端。倘有疏虞，定将该管各官从严惩办。"现月 (《清德宗实录》卷 423)

(光绪二十四年十二月乙酉)谕内阁："前据湖北巡抚曾钵奏，请变通成例，当经降旨，令该衙门议奏，以觇众论。兹据翰林院侍讲学士贻穀奏参大臣擅请变法，光禄寺少卿张仲炘奏参疆臣莠言乱政各一折。曾钵原奏语言纰缪，于朝廷整顿庶务力图自强之本意大相剌谬，是为乱法，不得以变法借口。曾钵着革职，永不叙用，以为莠言乱政者戒。原奏着毋庸置议。"现月 (《清德宗实录》卷 435)

(光绪二十五年正月己巳)又谕："张之洞奏'特参贪劣不职各员'一折。湖北候补道李谦操守不谨，引庇私人；前署当阳县知县试用同知何政祥科派民船，纵容会匪，酿乱殃民；候补知县詹道镕品行卑鄙，钻营生事；候补知县李兆庚营谋厘差，任意亏短；试用知县徐耀宗抽厘扰民，侵蚀无忌；试用布照磨吴德奎承办工程，浮冒不实；试用从九品龚熙麟收厘舞弊，以多报少，均着即行革职。准补当阳县知县张良弼小有

才能，轻率专擅；候补知县张飞鹏昏庸鄙俗，办事颟顸，均着以巡检降补。该部知道。”现月 （《清德宗实录》卷438）

（光绪二十五年正月）癸酉，谕内阁：“邓华熙奏‘特参纵盗养奸劣员’一折。捐升湖北试用直隶州知州前署涡阳县知县桑寯讳匿劫案，致长盗风，养痈贻患，此次土匪之乱，实自该员酿成，未便因其已经改省，稍事宽容。湖北试用直隶州知州桑寯着即行革职，以示惩儆。”现月 （《清德宗实录》卷438）

（光绪二十五年二月丁亥）以轻率谬妄，革湖北候补知县魏远猷职，永不叙用，并交地方官严加管束。（《清德宗实录》卷439）

（光绪二十五年二月庚寅）以疏防匪徒劫官肆掠，革署湖北长乐县知县苏贻英等职。（《清德宗实录》卷439）

（光绪二十五年四月）丙戌，湖广总督张之洞等奏：“复陈现办清讼章程，并将积案各员分别示惩。”得旨：“林佐等均着摘去顶戴，如再不知振作，即行严参。”折包 （《清德宗实录》卷442）

（光绪二十五年七月）乙丑，谕内阁：“张之洞、于荫霖奏‘特参庸劣无能之知县及任性妄为之在籍知府’一折。湖北通山县知县高震鑅沾染嗜好，听断不勤，纵容家丁，不能钤束，办理积谷、保甲团练，科派病民，实属庸劣，不胜民社之任。通山县在籍知府王明璠妄自尊大，遇事把持，借筹平粜为词，勒派滋扰，实属任性妄为，肆行无忌。通山县知县高震鑅、在籍江西候补知府王明璠均着即行革职，以儆官邪。此等弊端，恐他省亦所不免，着各该省督抚将积谷保甲团练事宜妥定章程，必得公正绅士与地方官协力举办，庶不致苛敛扰民。如查有假公济私、借端派费情事，即着据实严参，毋稍徇纵。”现月 （《清德宗实录》卷448）

（光绪二十五年十一月壬戌）吏部奏："已革湖北补用知府前广济县知县彭广心捐助赈银，开复原官，与例不符，声明更正。"依议行。早事（《清德宗实录》卷455）

（光绪二十五年十二月癸巳）以亏款延缴，潜回原籍，饬传已革湖北通山县知县高震鑅到案，勒追。现月　（《清德宗实录》卷457）

（光绪二十六年四月丁亥）以参劾属员，官衔错误，湖广总督张之洞等下部察议。（《清德宗实录》卷462）

（光绪二十七年四月乙卯）以亏欠公款，革已故湖北安陆县知县王立勋职，提属勒追。折包　（《清德宗实录》卷482）

（光绪二十七年七月甲子）又谕："张之洞奏'特参贪劣各员'一折。湖北署归州知州试用知县龚瑞清，任用劣绅丁役，借端勒捐逼毙人命，着革职提讯，按律惩办。郧县知县曾囿藻糊涂执拗，任听差保勒和命案，着即行革职。兴山县知县崔长文加增陋规，擅释监犯，着开缺以巡检降补，以示惩儆。"（《清德宗实录》卷485）

（光绪二十七年七月乙丑）以亏款延缴，已故前任湖北安陆县知县王立勋提属勒追，籍产备抵。现月　（《清德宗实录》卷485）

（光绪二十七年七月丙子）又谕："张百熙奏'整顿台纲，分别举劾'一折，据称'升任御史陈璧才识优长，明达治体，前管理京城街道时论翕然，去秋巡视中城，严缉盗贼，地方安堵，请嘉奖录用'等语。陈璧办事认真，不辞劳怨，朝廷业经不次擢用，仍着传旨嘉奖。巡视东城掌湖广道监察御史阎锡龄，习于夤缘，有亏名节；巡视南城掌江西道监察

御史郑炳麟交结非人，颇滋物议，该尚书所请撤差察看，不足蔽辜，均着即行革职……”现月 （《清德宗实录》卷485）

（光绪二十八年二月丁酉）以狡诈贪鄙，革湖北郧阳镇标守备饶敷国职。折包 （《清德宗实录》卷495）

（光绪二十八年二月甲辰）又谕：“有人奏‘云南学政田智枚赴任时，行至湖北建阳驿地方，该学政家人殴毙夫役，激动众愤，相率阻行，致向地方官借银说和’等语，着张之洞、端方按照所参各节确切查明，据实具奏，毋稍徇隐。原片着钞给阅看，将此各谕令知之。”寻奏：“该学政赴任中途遇雪，行李稽迟，致家丁有殴毙夫役二命之事，原奏谓其约束不严，已可概见。惟尚无百姓阻行，及向地方官借银说和等情，其家丁赵留、李祥现已先后病故，查明属实。”得旨：“田智枚着交部议处。”寻议降二级调用，公罪准其抵销。（《清德宗实录》卷495）

（光绪二十八年四月己亥）以贪劣不职，革湖北竹山协中军都司王东华职。（《清德宗实录》卷498）

（光绪二十八年五月丁丑）又谕：“有人奏‘湖北蕲州知州凌兆熊疏懒糊涂，信任丁役，积压公事，纵盗弛刑，以致持械抢劫之案层见叠出，请饬查参’等语。着张之洞、端方按照所指各节确切查明，据实参奏，毋稍徇纵。原片着钞给阅看，将此谕令知之。”寻奏：“该知州被参各款或尚属有因，或并无其事，应请毋庸置议。惟蕲州滨临长江，近来游匪日多，捕务尤为吃重，该知州性情柔缓，人地不甚相宜，应请将蕲州知州凌兆熊开缺另补。”从之。现月 （《清德宗实录》卷499）

（光绪二十八年十月）壬子，谕内阁：“张之洞、端方奏参道员，请旨惩办等语。湖北试用道任子龄由刑幕捐纳道员，指分湖北，广通声气，变乱是非，舞文玩法。此等劣员，若不严加惩办，必致败坏风气。该督等仅请饬令回籍，尚属轻纵。任子龄着即行革职，驱逐回籍，交地方官严加管束，以肃吏治。”现月 （《清德宗实录》卷506）

（光绪二十九年二月乙未）以亏款延缴，革前署湖北咸宁县知县杨钧职，并勒追。（《清德宗实录》卷512）

（光绪二十九年八月壬戌）以司铎称职，予湖北远安县训导刘洪烈等四员，暨敦品积学之生员杨超卢等三名奖叙。其不职之襄阳府训导左质谦等二员分别革职，勒休。折包 （《清德宗实录》卷520）

（光绪三十年三月壬午）以湖北试用知县赵应元行止卑污，监利县县丞周鸿钧婪索规费，监利县白螺司巡检周祚康品行卑鄙，均革职，周祚康并永不叙用。折包 （《清德宗实录》卷528）

（光绪三十年三月癸巳）以串吞巨款，革湖北试用道程廷飏职，并讯办。（《清德宗实录》卷528）

（光绪三十年六月）丁卯，谕军机大臣等：“电寄张之洞，据电奏‘查明施南教案，系因天主教会主教德希圣率带多人，前往沙子地游览，路经花背，有福音教民向元新欲看德主教，被德主教随行教友贾澄清喝拦，彼此争吵。经德主教已令向姓服礼寝事，因贾澄清勒令向姓补放鞭爆，致激众怒。匪徒乘间将德主教、德神甫董、神甫三人杀毙，并毙华教友四人，随即解散，并无洋教士被捉，亦无闹教堂之事，已将该主教等妥为棺敛，速拿各犯讯明惩办’等语，此案该两教以细故起衅，致令主教德希圣等三人无辜被害，殊堪矜悯。该地方文武疏于防范，正犯尚无弋获，所有代理施南府知府何锡章、署施南协副将吴友贵着即摘去顶戴，恩施县知县王鸿宾着暂行革职，勒限留缉，仍着该督严饬赶紧捕拿

首要各犯，讯明惩办，毋稍耽延。”电寄　（《清德宗实录》卷532）

（光绪三十年九月丙申）以亏欠公项，革已故湖北蕲水县知县高培兰职，提属勒追。折包　（《清德宗实录》卷535）

（光绪三十年十一月癸巳）以亏短税项，革湖北试用知府邓沅职。折包　（《清德宗实录》卷538）

（光绪三十年十二月壬戌）谕军机大臣等：“有人奏‘湖北宜城县河西地方，因清丈军户地亩，知县沈俊勒捐苛派，典史李荣恩等相助为虐，请饬查办’等语，着张之洞按照所参各节确切查明，据实具奏，毋稍徇隐。原折着钞给阅看，将此谕令知之。”寻奏：“沈俊尚无办理失宜之处，惟失于优柔，致军户敢聚众要挟；李荣恩等查无贪劣实据，惟未能拿匪，应一并撤任，调省察看。清丈章程，经重加厘定，群情翕然。其滋事要犯，饬缉究办。”报闻。折包　（《清德宗实录》卷540）

（光绪三十一年六月丁未）以欠款延缴，革湖北淮南引盐分销局委员分省知县席信芳等四员职，与已革知县恩润、通判鲁沛、运判宣兆熊一并勒追，籍产备抵。折包　（《清德宗实录》卷546）

（光绪三十二年三月乙未）以贪利影射、擅卖官地，革湖北江夏县指分江苏试用道陈锦奎职，并讯办。折包　（《清德宗实录》卷557）

（光绪三十二年七月己亥）又谕：“有人奏参‘湖北钟祥县陈礽颐贪黩不职，罔恤民艰’一折，着张之洞按照所参各节确切查明，据实复奏，毋稍徇隐。原折着钞给阅看，将此谕令知之。”寻奏：“遵查原参各节均无确据，实因该县生员黄焕升兼充册书，造谣腾谤，现拟将黄焕升册书及增生一并斥革。”报闻。（《清德宗实录》卷562）

（光绪三十二年八月戊寅）以亏欠课款，革委办湖北浙河分销安徽候补知州董学沣、朱河分销分省补用县丞欧阳振鳌职。折包 （《清德宗实录》卷563）

（光绪三十二年十二月辛未）以亏欠公款，革湖北署孝感县知县陆景舆职，并勒追。折包 （《清德宗实录》卷568）

（光绪三十三年正月癸丑）以坏法营私，革湖北陆军管带单启鹏职，并讯办。折包 （《清德宗实录》卷569）

（光绪三十四年四月辛酉）以亏欠公款，革已故湖北署麻城县知县李士英职，提属勒追。折包 （《清德宗实录》卷589）

（光绪三十四年七月壬辰）以胆大妄为，革湖北试用道萧衡职。（《清德宗实录》卷594）

（光绪三十四年七月辛亥）以亏款延缴，革湖北石首县知县赵震东、福建前署南靖县知县邱晋濂职。（《清德宗实录》卷594）

（宣统元年闰二月癸未）以行为卑鄙，革湖北卫昌营中军守备王开顺职。折包 （《宣统政纪》卷9）

（宣统元年四月戊子）以蒙设银行，革湖北试用道尹湘林职。现月 （《宣统政纪》卷12）

（宣统元年五月壬子）以惑众敛钱，不安本分，革湖北试用县丞张星耀职。（《宣统政纪》卷13）

（宣统元年八月庚辰）以亏欠公款，革湖北前麻城县知县刘炳南职，勒追。折包 （《宣统政纪》卷 19）

（宣统元年八月庚子）以声名恶劣，革湖北试用道馨龄职，永不叙用。折包 （《宣统政纪》卷 20）

（宣统元年九月）癸亥，谕军机大臣等："有人奏'湖北布政使李岷琛，精神本已竭蹶，烟瘾尚未戒断'等语，着陈夔龙确切查明，据实具奏，毋稍回护。原片着钞给阅看。"寻奏："李岷琛烟瘾实已戒断，唯精神不支，已经奉旨卸任，请毋庸议。"报闻。廷寄 （《宣统政纪》卷 22）

（宣统元年十一月）乙卯，谕内阁："前据御史胡思敬奏参'大员罔利营私'一折，当即谕令张人骏确查具奏。兹据查明，已革直隶总督端方前在两江总督任内被参各节尚无罔利行私实迹，惟束身不检，用人太滥，难辞疏忽之咎。现在业已革职，即着毋庸置议。知县陈润藻前办厘捐，不能杜弊，声名平常；都司夏鸣皋行止卑污，冠裳不齿；米占元纪律不严，屡招物议，均着即行革职。湖北候补道孙廷林，前办裕宁官银钱局，公家获利甚微，该员私积日丰，有无亏挪情弊，着彻底查清，奏明办理。候补道王燮、候补知府许星璧，均着随时察看。升任湖北布政使杨文鼎，前在淮扬海道任内办理赈务，虽无侵吞情弊，惟在服官省分置产，究属不合，着交部议处。"寻吏部议以罚俸一年。从之。现月早事 （《宣统政纪》卷 25）

（宣统元年十一月辛酉）以胆大妄为，革湖北试用知县殷天泰职。折包 （《宣统政纪》卷 25）

（宣统元年十二月庚辰）谕军机大臣等："有人奏'视学官戴展诚等

在湖北棋盘街驰马，将老叟蹂躏毙命，该视学官等安无所动，亦不遵例报官’等语，着杨文鼎按照所奏各节秉公查办，据实复奏，毋稍徇隐。原片着钞给阅看。”寻奏：“此案系县役陈亮因乘马惊跳，以致撞毙人命，业经提案讯办。且肇事之时，戴展诚等已先回寓，实非意料所及，应毋庸议。”报闻。廷寄 （《宣统政纪》卷27）

（宣统元年十二月辛丑）以亏款不解，革湖北补用直隶州知州志琦职。折包 （《宣统政纪》卷28）

（宣统二年正月癸亥）以滥刑勒罚，革署湖北随州州判陈铭鼎职。（《宣统政纪》卷30）

（宣统二年正月癸亥）监察御史江春霖奏：“遵谕明白回奏……夔龙赴川督任，畏道难，逗遛汉口，旋调两湖，实奕劻力……”奉上谕：“前据御史江春霖奏参庆亲王奕劻一折，牵涉琐事，罗织多人，朝廷早鉴其诬妄。其中谓陈夔龙为奕劻之干女婿，朱家宝之子朱纶为载振之干儿，尤属荒诞不经，当即谕令明白回奏。兹据复奏，率以数十年前捕风捉影之事及攻讦阴私之言，皆属毫无确据，恣意牵扯，谬妄已极。国家设立言官，原冀其指陈得失，有裨政治。若如该御史两次所奏，实属莠言乱政，有妨大局。亲贵重臣固不应任意诋诬，即内外大臣名誉所关，亦不当轻于污蔑。似此信口雌黄，意在沽名，实不称言官之职。江春霖着回原衙门行走，以示薄惩。”（《宣统政纪》卷30）

（宣统二年二月庚子）谕军机大臣等：“电寄瑞澂，据电奏‘湖北候补道黄厚成承办针钉厂办理不善，虚糜巨款’等语，黄厚成着先行革职，提同该厂员司从严究追。”电寄 （《宣统政纪》卷32）

（宣统二年三月戊午）以亏欠公款，革湖北通城县知县功钊职，并勒

追。折包 （《宣统政纪》卷 33）

（宣统二年四月）辛巳，谕内阁：“瑞澂奏‘巡警道溺职殃民，据实纠参’一折。湖北巡警道冯启钧徇利忘义，警政废弛，纵容劣弁扰害商民，着即行革职，永不叙用，以示惩儆。”现月 （《宣统政纪》卷 34）

（宣统二年四月）己亥，谕军机大臣等：“电寄杨文鼎，据湖南咨议局议长谭延闿等电请军机处代奏，称‘鄂督分罪士绅为岑抚曲脱，请旨复查’等情。咨议局议事权限载在章程，不容逾越，乃于朝廷处分官绅、督臣查办奏案，亦欲借端干预，殊属不安本分，着传旨严行申饬，并着该署抚随时查察。该局议长谭延闿等如借咨议局之名，于不应与闻之地方公事借词抗阻，即着从严参撤。”电寄 （《宣统政纪》卷 35）

（宣统二年五月戊午）谕军机大臣等：“电寄瑞澂，据电奏‘湖北承办建筑审判厅工程委员候补知县杨葆初承办工程，营私浮冒，请革职查抄’等语，杨葆初着即行革职，查抄押追。”电寄 （《宣统政纪》卷 36）

（宣统二年七月壬寅）又谕：“电寄瑞澂，据电奏‘湖北候补道张赓扬出身微贱，牟利营求，前在汉口创办劝工院，购地包屋，侵蚀渔利。案卷残缺，复将购地契约匿不移交，作弊情迹显然，请先行革职查究’等语，着照所请，该部知道。”（《宣统政纪》卷 38）

（宣统二年七月）甲辰，谕军机大臣等：“电寄瑞澂，据电奏‘湖北候补道谢绍佐涂改清丈局印收局骗洋行巨款，请先行革职，归案彻究’等语，着照所请，该部知道。”（《宣统政纪》卷 38）

（宣统二年七月丙午）以禁烟朦混，革广西知州姚履萃职；纵盗殃民，革湖北松滋县知县刘肇墀职；不服戒烟，革湖北守备徐堂职，永不

叙用；亏款潜逃，革黑龙江县丞高益善职；匪逃兵扰，已革黑龙江参将王吉林永不叙用。（《宣统政纪》卷38）

（宣统二年十二月丙申）以玩视民瘼，革署湖北广济县知县何庆涛职。（《宣统政纪》卷47）

（宣统二年十二月丙申）以嗜好未除，革湖北候补通判王尚宾、候补游击李枝宏等九员职，永不叙用。（《宣统政纪》卷47）

（宣统三年正月辛酉）以亏欠公款，已革湖北汉川县知县何蔚绅勒追。折包 （《宣统政纪》卷48）

（宣统三年三月壬戌）以舞弊营私、侵蚀公款，革湖北知县朱文瑞职，勒追，并革嗜好未断知县徐礼隆职，永不叙用。折包 （《宣统政纪》卷51）

（宣统三年六月）癸酉，谕内阁："电寄瑞澂，据电奏'抢筑沙洋堤工，仍被漫溃，请将承办各员分别参处，并自请议处'等语，……近因连日大雨，襄水陡涨，已成之工多被冲刷，虽因水势过猛，人力难施，承办各员终难辞咎。坐办委员候补知府彭觉先、分修中段委员候选知县常梧均着暂行革职；分修东段委员候补知县方述猷着革职提省究问；总办堤工候补道袁励桢着摘去顶戴；前派查勘堤工之丁忧湖北候补知府伍玑着以县丞降补，发交湖北，留工效力。仍着该督督饬各该员将未溃之堤认真防护，务保无虞，并将已溃之工豫为筹备，届时赶速抢筑，毋再疏失。所有自请议处之处，着加恩宽免。"（《宣统政纪》卷55）

（宣统三年七月乙亥）又谕："电寄瑞澂，据电奏'请将萧湘羁留鄂省，俟通电后再行查明办理'等语，着照所请。"电寄 （《宣统政纪》卷58）

（宣统三年八月乙巳）以延欠公款，已革湖北通城县知县熊家琪籍产备抵。（《宣统政纪》卷60）

（宣统三年九月己巳）又谕："资政院奏'部臣违法侵权，激生变乱，据实纠参'一折，据称'祸乱之源，皆邮传大臣盛宣怀欺蒙朝廷，违法敛怨，有以致之。该大臣手握交通机关，不惜专愎擅权，隔绝上下之情……罔上欺民，涂附政策，酿成祸阶。此次川乱之起，大半原因，即以该部奏定仅给实用工料之款，以国家保利股票，不能与鄂路商股一律照本发还，又将施典章等所亏倒数百万弃置不顾，怨苦郁结，上下争持，川乱既作，人心浮动，革党叛军乘机窃发，该大臣实为误国首恶'等语。铁路国有，本系朝廷体恤商民政策，乃盛宣怀不能仰承德意，办理诸多不善。盛宣怀受国厚恩，竟敢违法行私，贻误大局，实属辜恩溺职。邮传大臣盛宣怀着即行革职，永不叙用。内阁总理大臣庆亲王奕劻、协理大臣大学士那桐、徐世昌，于盛宣怀蒙混具奏时率行署名，亦有不合，着交该衙门议处。嗣后该大臣等于一切用人行政事宜，务当不避嫌怨，竭诚赞画，以维大局而济时艰。"（《宣统政纪》卷62）

（宣统三年九月）壬申，谕内阁："湖北省城乱事初起，瑞瀓身任总督，弃城逃走，避登兵轮，当将该督革职，谕令带罪图功，并谕令袁世凯查其当日弃城情形，再行办理。兹忽接据瑞瀓电奏'因兵舰煤尽而至九江，因九江兵变而至上海'等语，该革督竟不遵旨带罪图功，乃敢潜逃出省，辜负朕恩，偷生丧耻，实堪痛恨，何能再予姑容？着张人骏迅即派员将瑞瀓拿解来京，交法部严讯治罪。其带出之湖广总督印信，并着张人骏派员收取赍送袁世凯军营。"（《宣统政纪》卷62）

（宣统三年九月庚寅）（御史温肃）又奏："用兵之道，首重功罪分明。自湖北肇乱以来，地方官望风逃窜，几不知国法为何物。除瑞瀓、张彪业经明谴外，布政司连甲、交涉司施炳燮、提学司王寿彭、劝业道高松如、巡警道王履康，均闻弃城而遁。其未逃之提法司马吉樟、盐法道黄祖徽、武昌府知府赵毓楠、江夏县知县李曾麟，皆为贼拘，未闻一人死节者。汉口商会总理道员蔡文惠开会迎贼，以兵三百人渡江，遂占汉口。汉黄德道齐耀珊、汉阳府知府琦璋、夏口厅同知王国铎、汉阳县知县张振声，亦复闻风逃匿。其为贼主谋之咨议局议长汤化龙、副议长张国溶，皆挂名朝籍，且为内阁奏调人员，节义扫地，至斯已极。以上诸人，照例皆应惩处。乃一月以来，既不追究其人，复不简补其缺，以至各省效尤，不以为耻。不独国纪荡然，抑且人纪顿丧，如此安望军事日有起色？应请立降谕旨，声明诸罪状。各省逃员，亦一律查办，按律问拟，以警效尤。”得旨：“着段芝贵确切查明，据实具奏，原片着钞给阅看。”（《宣统政纪》卷64）

（宣统三年九月庚寅）（御史温肃）又奏：“已故大员包藏祸心，反形已著，请宣示罪状，以快人心而伸国法。窃已故山西巡抚吴禄贞跋扈素著，曾游学东洋，归后昌言排满革命不讳。此次武昌事起，该员首与黎元洪通谋，又东说滦州军队，西煽太原叛兵，截留前敌军械，并欲阻绝南北交通，以抄第一军之后路，皆该员主谋。以至旬日之间，畿辅几于震惊，朝廷为其要挟。旋于正定军次为其部下戕毙，赴正定县出首，此事人言凿凿，若不明正其罪，势将以仓猝被害，蒙邀恤典。而下手刺杀之人，且以凶手而罹法网，是非不明，功罪倒置，则人心去矣。”得旨：“着陈夔龙迅即查明，据实复奏，原折着钞给阅看。”（《宣统政纪》卷64）